ÉDITION 2007

CODE DE COMMERCE

DALLOZ

ÉDITION 2007

CODE DE COMMERCE

CENT-DEUXIÈME ÉDITION

Annotations de jurisprudence et bibliographie par

NICOLAS RONTCHEVSKY
Professeur à l'Université Robert-Schuman
(Strasbourg III)

avec le concours de

ERIC CHEVRIER ET PASCAL PISONI
Rédacteurs aux Éditions Dalloz

DALLOZ

ÉDITIONS DALLOZ

31-35, rue Froidevaux, 75685 Paris Cedex 14

Avertissement

Quelque deux cents ans après le Code napoléonien de 1807, le **nouveau Code de commerce** *redonne au droit commercial son homogénéité en réunissant, dans neuf livres, les règles fondamentales qui régissent la matière :*

- ***livre I** : Commerce et commerçants ; fonds de commerce*
- ***livre II** : Sociétés commerciales et groupements d'intérêt économique*
- ***livre III** : Ventes particulières (au déballage, aux enchères, soldes) et clauses d'exclusivité*
- ***livre IV** : Concurrence et prix*
- ***livre V** : Effets de commerce et garanties*
- ***livre VI** : Difficultés des entreprises (prévention, sauvegarde, redressement et liquidation judiciaires)*
- ***livre VII** : Juridictions commerciales et organisation du commerce*
- ***livre VIII** : Professions réglementées (administrateurs et mandataires judiciaires, experts en diagnostic, commissaires aux comptes)*
- ***livre IX** : Outre-mer*

L'édition 2007 du Code de commerce Dalloz comprend :

— la nouvelle codification enrichie d'importantes annotations jurisprudentielles et bibliographiques, complétée de différents textes intéressant les matières traitées dans ces nouveaux articles.

— d'importants extraits de la codification de la partie « Réglementaire » du Code monétaire et financier.

— une refonte des annotations concernant le crédit aux entreprises (C. mon. fin., art. L. 313-12), l'information des cautions (C. mon. fin., art. L. 333-22), le secret bancaire (C. mon. fin., art. L. 511-33) et les intérêts des capitaux (C. consom., art. L. 313-1 s.) – V. App. v° Code monétaire et financier (extraits) et v° Prêts d'argent – Intérêts des capitaux.

— *des tables sur pages roses : la table des matières en début d'ouvrage, les tables de concordance du Code de commerce et du Code monétaire et financier ainsi que les tables chronologique et alphabétique en fin d'ouvrage.*

Les pictogrammes (jurisprudence), (doctrine des revues Dalloz) et (législation) signalent que les textes intégraux correspondants sont accessibles en liens contextuels sur Dalloz.fr.

NOTA Dans tous les textes réglementaires, la référence aux mentions visées aux 1 et 2 de l'article 72 du décret n° 84-406 du 30 mai 1984 relatif au registre du commerce et des sociétés est substituée à la référence au numéro d'immatriculation au registre du commerce et des sociétés (Décr. n° 98-550 du 2 juill. 1998).

Les règlements de la Commission des opérations de bourse et le règlement général du Conseil des marchés financiers demeurent applicables. Ils peuvent être modifiés ou abrogés par l'Autorité des marchés financiers dans les conditions prévues à l'article L. 621-6 du code monétaire et financier (L. n° 2003-706 du 1er août 2003, art. 47 ; L. n° 2006-387 du 31 mars 2006, art. 26-VIII).

Dans toutes les dispositions législatives et réglementaires en vigueur, la référence au gage et au créancier gagiste s'entend de la référence au nantissement et au créancier nanti lorsque la sûreté a pour objet un bien meuble incorporel. Réciproquement, la référence au nantissement et au créancier nanti s'entend de la référence au gage et au créancier gagiste lorsque la sûreté a pour objet un bien meuble corporel (Ord. n° 2006-346 du 23 mars 2006, art. 55).

LISTE DES ABRÉVIATIONS

Lien contextuel vers la décision intégrale accessible sur Dalloz.fr

Lien contextuel vers un article de doctrine dans une revue Dalloz accessible sur Dalloz.fr

Lien contextuel vers un texte complémentaire accessible sur Dalloz.fr

Act. proc. coll. Actualités des procédures collectives
AJ Actualité jurisprudentielle du Recueil Dalloz
AJDA Actualité juridique Droit administratif (Dalloz)
AJDI Actualité juridique Droit immobilier (Dalloz)
AJ famille Actualité juridique famille (Dalloz)
AJ pénal Actualité juridique pénal (Dalloz)
Al. Alinéa
ALD Actualité législative Dalloz (à partir de 1993)
AMF Autorité des marchés financiers
Ann. loyers Annales des loyers
ANSA Association nationale des sociétés par actions
Arr. Arrêté
Art. Article
Ass. Assemblée
Ass. nat. Assemblée nationale
Ass. plén. Arrêt de l'Assemblée plénière de la Cour de cassation
aud. sol. Audience solennelle

Banque Revue Banque
Banque et Droit Revue Banque et Droit
BIBL. Bibliographie
BIBL. GÉN. Bibliographie générale
BICC Bulletin d'information de la Cour de cassation
BID Bulletin d'information et de documentation de la Direction générale de la concurrence, de la consommation et de la répression des fraudes
BLD Bulletin législatif Dalloz
BOCC Bulletin officiel de la concurrence, de la consommation et de la répression des fraudes
BODACC Bulletin officiel des annonces civiles et commerciales
BRDA Bulletin rapide de droit des affaires
Bull. act. Lamy droit économique Bulletin d'actualité Lamy droit économique
Bull. Aix Bulletin d'Aix-en-Provence

Bull. civ.	Bulletin des arrêts des chambres civiles de la Cour de cassation
Bull. CNCC	Bulletin du Conseil national des commissaires aux comptes
Bull. COB	Bulletin de la Commission des opérations de bourse
Bull. crim.	Bulletin des arrêts de la chambre criminelle de la Cour de cassation
Bull. Joly	Bulletin mensuel Joly d'information des sociétés
Bull. Joly Bourse	Bulletin Joly Bourse et produits financiers
Bull. transp.	Bulletin des transports

C.	Code
c/	Contre
CAA	Arrêt d'une cour administrative d'appel
C. adm.	Code administratif Dalloz
Cah. dr. entr.	Cahiers de droit de l'entreprise
Cah. dr. eur.	Cahiers de droit européen
Cah. fonct. publ.	Cahier de la Fonction publique et de l'Administration
Cah. jurispr. Aquitaine	Cahiers de jurisprudence d'Aquitaine
CASF	Code de l'action sociale et des familles Dalloz
Cass.	Cour de cassation
C. assur.	Code des assurances Dalloz
C. baux	Code des baux et de la copropriété Dalloz
CCH	Code de la construction et de l'habitation Dalloz
CCLRF	Comité consultatif de la législation et de la réglementation financière
C. civ.	Code civil Dalloz
C. com.	Code de commerce Dalloz
C. communic.	Code de la communication Dalloz
C. consom.	Code de la consommation Dalloz
C. copr.	Code de la copropriété Dalloz
C. défense	Code de la défense
C. dom. Ét.	Code du domaine de l'État
CE	Arrêt du Conseil d'État
CECEI	Comité des établissements de crédit et des entreprises d'investissement
CEDH	Arrêt de la Cour européenne des droits de l'homme
C. élect.	Code électoral Dalloz
C. envir.	Code de l'environnement Dalloz
CEPC	Commission d'examen des pratiques commerciales
C. étrangers	Code de l'entrée et du séjour des étrangers et du droit d'asile
C. eur. affaires	Code européen des affaires Dalloz
C. eur. concurrence	Code européen de la concurrence Dalloz
C. eur. personnes	Code européen des personnes Dalloz
C. et marchés publics	Contrats et marchés publics
C. for.	Code forestier
CGCT	Code général des collectivités territoriales Dalloz

CGI	Code général des impôts Dalloz
CGPPP	Code général de la propriété des personnes publiques
ch.	Chambre
chap.	Chapitre
Ch. mixte	Arrêt d'une chambre mixte de la Cour de cassation
Ch. réun.	Arrêt des chambres réunies de la Cour de cassation
Chron.	Chronique
Circ.	Circulaire
Civ.	Arrêt d'une chambre civile de la Cour de cassation
CJCE	Arrêt de la Cour de justice des Communautés européennes
C. marchés	Code des marchés publics
C. mon. fin.	Code monétaire et financier
C. nat.	Code de la nationalité
COB	Commission des opérations de bourse
COJ	Code de l'organisation judiciaire
Com.	Arrêt de la chambre commerciale de la Cour de cassation
Comm.	Commentaire
Comm. EDH	Commission européenne des droits de l'homme
Comm. CEE, Comm. CE	Décision de la Commission des Communautés européennes
Comm. com. élec.	Communication Commerce électronique
Comp.	Comparez
concl.	Conclusions
conf.	Solution conforme
Cons. conc.	Décision du Conseil de la concurrence
Cons. const.	Décision du Conseil constitutionnel
Contra	Solution contraire
Contrats Conc. Consom.	Contrats Concurrence Consommation
Conv. EDH	Convention européenne de sauvegarde des droits de l'homme et des libertés fondamentales
C. patr.	Code du patrimoine
CPCE	Code des postes et des communications électroniques
C. pén.	Code pénal Dalloz
CPI	Code de la propriété intellectuelle Dalloz
C. pr. civ.	Code de procédure civile Dalloz
C. pr. fisc.	Code de procédure fiscale Dalloz
C. pr. pén.	Code de procédure pénale Dalloz
CRB	Comité de la réglementation bancaire et financière
Crim.	Arrêt de la chambre criminelle de la Cour de cassation
C. rur.	Code rural
C. rur. et for.	Code rural et Code forestier Dalloz
CSP	Code de la santé publique Dalloz
CSS	Code de la sécurité sociale Dalloz
C. sociétés	Code des sociétés Dalloz
C. sport	Code du sport Dalloz
C. tourisme	Code du tourisme
C. trav.	Code du travail Dalloz

C. urb.	Code de l'urbanisme Dalloz
D.	Recueil Dalloz
DA	Recueil analytique de jurisprudence et de législation Dalloz *(années 1941 à 1944)*
D. Affaires	Dalloz Affaires
DC	Recueil critique de jurisprudence et de législation Dalloz *(années 1941 à 1944)*
Décis.	Décision
Décr.	Décret
Décr.-L.	Décret-Loi
Defrénois	Répertoire du notariat Defrénois
DGCCRF	Direction générale de la concurrence, de la consommation et de la répression des fraudes
DH	Recueil hebdomadaire de jurisprudence Dalloz *(années antérieures à 1941)*
Dir.	Directive
Doctr.	Doctrine
Dossier ANSA	Dossier publié par l'Association nationale des sociétés par action
DP	Recueil périodique et critique mensuel Dalloz *(années antérieures à 1941)*
Dr. adm.	Droit administratif
Dr. et patr.	Droit et patrimoine
Dr. et procédures	Droit et procédures (ancienne Revue des huissiers)
Dr. fam.	Droit de la famille
Dr. mar. fr.	Droit maritime français
Dr. pénal	Droit pénal
Dr. soc.	Droit social
Dr. sociétés	Droit des sociétés
eod. loc.	Au même endroit
*eod. v^o^, eisd. v^is^*	Même(s) mot(s) que celui (ceux) qui vient (viennent) d'être cité(s)
Err.	Erratum
esp.	Espèce
FCP	Fonds communs de placement
Gaz. Pal.	Gazette du Palais
GEIE	Groupement européen d'intérêt économique
ibid.	Au même endroit
infra	Ci-dessous
Instr.	Instruction
IR	Informations rapides du Recueil Dalloz

J. Jurisprudence
JAF Juge aux affaires familiales
JAM Juge aux affaires matrimoniales
JCP Juris-classeur périodique (Semaine juridique)
JCP E Juris-classeur périodique, édition Entreprise
JCP N Juris-classeur périodique, édition notariale
JDI Journal de droit international (Clunet)
JEX Juge de l'exécution
JME Juge de la mise en état
JO Journal officiel
JOAN Q, JO Sénat Q Journal officiel, édition Débats parlementaires, Questions
JOCE Journal officiel des Communautés européennes
JONC Journal officiel, numéro complémentaire
JOUE Journal officiel de l'Union européenne
Journ. not. Journal des notaires et des avocats
Justices Revue Justices (revue générale de droit processuel Dalloz)

L. Loi
Légipresse Légipresse
Lettre distrib. La lettre de la distribution
Liv. Livre
Loyers et copr. Loyers et copropriété
LPF Livre des procédures fiscales

Mod. Modifié
Moniteur Le Moniteur

---

n° Numéro
NCPC Nouveau code de procédure civile
Nouv. Nouveau

---

obs. Observations
Ord. Ordonnance

---

p. Page
Pan. Panorama
Petites affiches Les petites affiches
préc. Précité
Procédures Procédures
Propr. ind. Propriété industrielle

Quot. jur. Quotidien juridique

R. Répertoire alphabétique de législation, de doctrine et de jurisprudence Dalloz (1845-1870)
rapp. Rapport

rappr.	Rapprocher
RCS	Registre du commerce et des sociétés
RD bancaire et bourse	Revue de droit bancaire et de la bourse
RD banc. fin.	Revue de droit bancaire et financier
RDC	Revue des contrats
RD imm.	Revue de droit immobilier Sirey
RDLC	Revue des droits de la concurrence – Concurrences
RD rur.	Revue de droit rural
RD sanit. soc.	Revue de droit sanitaire et social (Dalloz)
Rec. CE	Recueil des arrêts du Conseil d'État (Lebon) (Sirey)
Rec. jur. de l'Est	Recueil juridique de l'Est
Recommand.	Recommandation
Rect.	Rectificatif
réf.	Référé
Règl.	Règlement
Rép.	Réponse
Rép. C. cass.	Réponse de la Cour de cassation à une question posée par une juridiction du fond
RÉP. CIV.	Répertoire de droit civil Dalloz
RÉP. COM.	Répertoire de droit commercial Dalloz
RÉP. COMMUNAUTAIRE	Répertoire de droit communautaire Dalloz
RÉP. INTERN.	Répertoire de droit international Dalloz
RÉP. MIN.	Réponse ministérielle
RÉP. PÉN.	Répertoire de droit pénal et de procédure pénale Dalloz
RÉP. PR. CIV.	Répertoire de procédure civile Dalloz
RÉP. SOCIÉTÉS	Répertoire des sociétés Dalloz
RÉP. TRAV.	Répertoire de droit du travail Dalloz
Req.	Arrêt de la chambre des requêtes de la Cour de cassation
req.	Requête
réquis.	Réquisitions
RCA	Responsabilité civile et assurances
Rev. arb.	Revue de l'arbitrage
Rev. Conc. consom.	Revue de la concurrence et de la consommation
Rev. crit. DIP	Revue critique de droit international privé (Sirey)
Rev. dr. bancaire	Revue de droit bancaire et de la bourse
Rev. dr. rur.	Revue du droit rural
Rev. fonds com.	Revue des fonds de commerce
Rev. huiss.	Revue des huissiers
Rev. loyers	Revue des loyers
Rev. proc. coll.	Revue des procédures collective
Rev. sociétés	Revue des sociétés (Dalloz)
RF compt.	Revue française de comptabilité
RFD adm.	Revue française de droit administratif (Sirey)
RG proc.	Revue générale des procédures
RID comp.	Revue internationale de droit comparé
RJ com.	Revue de jurisprudence commerciale
RJDA	Revue de jurisprudence de droit des affaires
RJF	Revue de jurisprudence fiscale Francis Lefebvre

RJPF	Revue juridique personnes et famille
RJS	Revue de jurisprudence sociale
RLC	Revue Lamy de la concurrence
RLDA	Revue Lamy droit des affaires
RS crim.	Revue de science criminelle et de droit pénal comparé (Dalloz)
RTD civ.	Revue trimestrielle de droit civil (Dalloz)
RTD com.	Revue trimestrielle de droit commercial (Dalloz)
RTD eur.	Revue trimestrielle de droit européen (Dalloz)

S.	Recueil Sirey
s.	Et suivants
Sect.	Section
Soc.	Arrêt de la chambre sociale de la Cour de cassation
sol. impl.	Solution implicite
Somm.	Sommaires
ss.	Sous
supra	Ci-dessus

t.	Tome
TA	Jugement d'un tribunal administratif
TASS	Jugement d'un tribunal des affaires de sécurité sociale
T. civ.	Jugement d'un tribunal, chambre civile
T. com.	Jugement d'un tribunal de commerce
T. confl.	Décision du Tribunal des conflits
T. corr.	Jugement d'un tribunal, chambre correctionnelle
TEG	Taux effectif global
TGI	Jugement d'un tribunal de grande instance
TI	Jugement d'un tribunal d'instance
Tit.	Titre
TPICE	Jugement du tribunal de première instance des Communautés européennes
T. pol.	Jugement d'un tribunal de police
Trav. Com. fr. DIP	Travaux du Comité français de droit international privé

V.	Voyez
v° ou v^{is}	Mot ou mots

TABLE DES MATIÈRES

CODE DE COMMERCE

LIVRE PREMIER

DU COMMERCE EN GÉNÉRAL

LIVRE DEUXIÈME

DES SOCIÉTÉS COMMERCIALES ET DES GROUPEMENTS D'INTÉRÊT ÉCONOMIQUE

LIVRE CINQUIÈME

DES EFFETS DE COMMERCE ET DES GARANTIES

LIVRE SIXIÈME

DES DIFFICULTÉS DES ENTREPRISES L. 610-1

LIVRE NEUVIÈME

DISPOSITIONS RELATIVES À L'OUTRE-MER

APPENDICE

CODE MONÉTAIRE ET FINANCIER

LIVRE PREMIER

LA MONNAIE

LIVRE DEUXIÈME

LES PRODUITS

TITRE I LES INSTRUMENTS FINANCIERS

TITRE II LES PRODUITS D'ÉPARGNE

LIVRE TROISIÈME

LES SERVICES

LIVRE QUATRIÈME

LES MARCHÉS

LIVRE SIXIÈME

LES INSTITUTIONS EN MATIÈRES BANCAIRE ET FINANCIÈRE

TITRE I LES INSTITUTIONS COMMUNES AUX ÉTABLISSEMENTS DE CRÉDIT ET AUX ENTREPRISES D'INVESTISSEMENT

CODE DE COMMERCE

L'ord. nº 2000-912 du 18 sept. 2000 relative à la partie législative du code de commerce a été ratifiée par l'art. 50-I de la loi nº 2003-7 du 3 janv. 2003 (JO 4 janv.).

BIBL. GÉN. ▶ BUREAU et MOLFESSIS, *D. 2001. 361* (le nouveau code de commerce ? Une mystification). – ARRIGHI DE CASANOVA et DOUVRELEUR, *JCP 2001. I. 285* (la codification par ordonnances. A propos du code de commerce). – REIGNÉ et DELORME, *JCP E 2001, p. 1* (même thème). – REIGNÉ, *Dr. sociétés-mars 2001, repères, p. 3*. – Dossier spécial, *Dr. et patr. juill.-août 2001. 50* (nouveau code de commerce). – PACLOT, *JCP E 2002, nº 2002, nº 39, p. 1514* (de l'illégalité des dispositions pénales de l'ord. du 18 sept. 2000 relative à la partie législative du code de commerce). – GUÉVEL, *Gaz. Pal. 2003. 1. Doctr. 875* (remarques sur la syntaxe et quelques substantifs du code de commerce). – VOINOT, *Petites affiches 9 mars 2005, p. 3* (la législation commerciale : instrument du rayonnement du droit français dans le monde). – GUÉVEL, *Gaz. Pal. 2005. Doctr. 2483* (la loi commerciale française). – LARGARDE, *D. 2005. 2745* (brèves réflexions sur l'attractivité économique du droit français des contrats). – DU MARAIS, *D. 2006. 1110* (à la recherche du paradis du droit des affaires).

Les différentes lois qui sont intervenues depuis l'ordonnance de codification du 18 sept. 2000 et qui ont modifié la partie législative du code de commerce n'ont eu ni pour objet ni pour effet de ratifier l'ensemble de cette ordonnance. • CE 27 mai 2002 : *D. 2002. AJ. 2188, obs. Lienhard ; RTD com. 2003. 372, obs. Martin-Serf ; RD banc. fin. 2002, nº 192, obs. Lucas ; RJDA 2002, nº 1350.*

LIVRE PREMIER DU COMMERCE EN GÉNÉRAL

TITRE PREMIER DE L'ACTE DE COMMERCE

Art. L. 110-1 La loi répute actes de commerce :

1º Tout achat de biens meubles pour les revendre, soit en nature, soit après les avoir travaillés et mis en œuvre ;

2º Tout achat de biens immeubles aux fins de les revendre, à moins que l'acquéreur n'ait agi en vue d'édifier un ou plusieurs bâtiments et de les vendre en bloc ou par locaux ;

3º Toutes opérations d'intermédiaire pour l'achat, la souscription ou la vente d'immeubles, de fonds de commerce, d'actions ou parts de sociétés immobilières ;

4º Toute entreprise de location de meubles ;

5º Toute entreprise de manufactures, de commission, de transport par terre ou par eau ;

6º Toute entreprise de fournitures, d'agence *[agences]*, bureaux d'affaires, établissements de ventes à l'encan, de spectacles publics ;

7º Toute opération de change, banque et courtage ;

8° Toutes les opérations de banques publiques ;
9° Toutes obligations entre négociants, marchands et banquiers ;
10° Entre toutes personnes, les lettres de change. – *[C. com., art. 632].*

Pour la définition du commerçant, V. C. com., art. L. 121-1.

Pour la définition légale des activités agricoles ayant un caractère civil, V. C. rur., art. L. 311-1, infra.

RÉP. COM. v^is *Acte de commerce*, par DUBAELE ; *Cautionnement commercial*, par DELEBECQUE.

BIBL. GÉN. ▶ CALAIS-AULOY, *Grandeur et décadence de l'art. 632 C. com., in Études à la mémoire d'H. Cabrillac.*

I. ACTES DE COMMERCE

A. ACTES DE COMMERCE PAR NATURE

1. *Achat pour revendre.* L'achat pour revendre avec bénéfice n'a le caractère commercial que s'il est exécuté avec une finalité lucrative. • T. com. Seine, 12 mars 1912 : *DP 1912. 2. 207.* ♦ L'achat pouvant porter sur tout bien meuble, le pharmacien qui achète des médicaments fait acte de commerce. • Crim. 25 mai 1905 : *DP 1905. 1. 399.*

2. L'intention de revendre se prouve par tout moyen et peut résulter notamment de la multiplicité des opérations. • Colmar, 16 juin 1982 : *Gaz. Pal. 1983. 1. Somm. 114.*

3. Sur les cessions d'actions ou de parts sociales, V. note 5 ss. art. L. 721-3, *infra.*

4. Sur les opérations boursières réalisées par des particuliers, qui sont commerciales, notamment en raison de la fréquence et de l'importance des ordres, V. • Paris, 13 janv. 1976 : *JCP 1977. II. 18576, note Boitard ; RTD com. 1977. 73, obs. Jauffret.*

5. La promesse d'achat d'un fonds de commerce en vue de son exploitation est un acte de commerce. • Com. 19 juin 1972 : *D. 1972. 607 ; JCP 1973. II. 17356, note Calais-Auloy.*

6. Opérations immobilières. **BIBL.** Frossard, *RTD com. 1966. 535.* – Jestaz, *D. 1972. Chron. 177.* – Steinmetz, *RTD com. 1973. 471.* ♦ Il résulte de l'art. 632, al. 3 [C. com., art. L. 110-1, al. 3], que l'achat pour revendre avec bénéfice est commercial lorsqu'il a pour objet un immeuble, et il n'en est autrement que lorsque l'acquéreur a agi en vue d'édifier un ou plusieurs bâtiments et de les vendre en bloc ou par locaux. V. : Rép. min., *JO déb. Sénat 18 mai 1971, p. 469.* ♦ Pour une application de cette disposition à un marchand de biens apparent, V. • Com. 3 mai 1994 : *Bull. civ. IV, n° 168.*

La société civile immobilière qui rénove des immeubles en vue de la vente a une activité commerciale malgré sa forme civile. • T. com. Paris, 18 avr. 1991 : *Dr. sociétés 1992, n° 179, obs. Chaput.* – V. aussi • Rouen, 22 nov. 1995 : *JCP E 1996. Pan. 461* • Paris, 14 juin 2002 : *RJDA 2003, n° 848* (pour une société en participation). ♦ Sur la nécessité de déterminer le caractère civil ou commercial de l'activité principale d'une société civile immobilière, dans la mesure où elle perd sa nature civile et donc sa personnalité morale en cas d'activité principale commerciale, V. s'agissant d'une société ayant été contrainte de vendre des terrains non bâtis alors que son objet social était la construction d'immeubles et la vente de ceux-ci, • Civ. 3e, 5 juill. 2000 : *BRDA 2000, n° 15-16, p. 4.*

Les opérations de lotissement qui consistent à acquérir un terrain, à le diviser en parcelles et à vendre celles-ci après avoir réalisé les équipements de voirie et d'assainissement nécessaires dans le respect de la réglementation d'urbanisme applicable, constituent une activité de nature commerciale. • Rouen, 22 nov. 1995 : *préc.*

Un commerçant ne peut prétendre tirer la preuve qu'une acquisition immobilière a été effectuée dans son intérêt et pour son usage personnel du fait qu'il n'a pas mentionné sa qualité de marchand de biens dans l'acte d'acquisition de l'immeuble ni fait figurer cette transaction dans son registre professionnel non plus qu'au bilan de son activité commerciale, alors qu'il est établi que le but de l'opération était bien de revendre l'immeuble après l'avoir transformé et amélioré ou de le louer pour en tirer des bénéfices et que l'achat a été réalisé dans un but spéculatif avec la participation de deux autres marchands de biens en s'inscrivant dans le cadre de l'activité commerciale de l'intéressé. • Paris, 11 janv. 1995 : *D. 1995. IR. 62.*

Une entreprise de construction est commerciale, même si elle ne comporte que la fourniture de la main-d'œuvre, sans revente de marchandises ou location de matériel. • Req. 20 oct 1908 : *DP 1909. 1. 246.* ♦ Sur les travaux de nature artisanale, V. aussi notes 27 et 28. — V. RÉP. COM., v° *Marchand de biens,* par Duranton.

Le notaire ne peut céder séparément ses activités (de négociation de biens à louer et de gérance d'immeubles donnés à bail) pratiquées hors monopole qui, au sein de l'office, ne peuvent être exercées qu'à titre accessoire, sans méconnaître l'interdiction qui lui est faite de se livrer à des opérations de commerce. • Civ. 1re

30 mars 2005 : *Bull. civ. I, n° 158 ; D. 2005. IR. 1051, obs. Daleau ; JCP E 2005, n° 23, p. 975 ; JCP N 2005, n° 50, p. 2054, avis Sainte-Rose.* — V. Décr. n° 45-0117 du 19 déc. 1945, art. 13, 1°, **NCPC**.

7. Sur la nature civile de l'entreprise de location d'immeuble, à moins qu'elle ne soit l'accessoire d'une activité commerciale, V. • Com. 5 déc. 1961 : *D. 1962. 88.* – V. déjà • Req. 26 juill. 1911 : *DP 1913. 1. 298.* ♦ En revanche, l'exploitant d'un camping est commerçant. V. • Soc. 13 nov. 1980 : *Bull. civ. V, n° 816.*

8. Sur le caractère civil de l'activité agricole, V. notes 24 à 26.

9. Activités extractives. Sur l'exploitation des mines, V. art. 23 C. minier, *infra.*

Sur le caractère civil de l'exploitation des sources, V. • Req. 27 mars 1866 : *DP 1866. 1. 428.*

10. Agence d'affaires et courtage. ♦ Les activités d'agence d'affaires sont commerciales, qu'il s'agisse d'agences de recouvrement de créances. V. • Paris, 7 févr. 1977 : *Gaz. Pal. 1977. 1. 293.* ♦ ... D'agences de voyage et de tourisme. V. • Com. 8 juill. 1969 : *JCP 1970. II. 16155 bis.* ♦ ... De généalogistes. V. • CE 16 févr. 1948 : *JCP 1948. II. 4346.* ♦ Pour des consultations juridiques, V. • T. com. Seine, 18 avr. 1966 : *RTD com. 1967. 467, obs. Jauffret.* ♦ Pour l'exploitation d'un bureau d'expertises, V. • Com. 21 mars 1995 : *Bull. civ. IV, n° 93 ; Bull. Joly 1995. 509, note Couret.* ♦ Sur la nature des sociétés de perception et de répartition des droits d'auteur et des droits voisins, V. CPI, art. L. 321-1 et L. 321-2. – **C. civ.** ou **CPI**.

Sur les agences de voyages, V. L. n° 92-645 du 13 juill. 1992, abrogée et insérée au code du tourisme par l'ord. n° 2004-1391 du 20 déc. 2004 (*JO 24 déc.*). – **C. consom.** – V. **Rép. com.**, v[is] *Agence de voyages*, par Py ; *Agents d'affaires*, par Voinot.

Sur le caractère commercial de l'activité d'agent artistique, V. C. trav., art. L. 762-4, ss. art. L. 134-17 C. com.

11. A un caractère commercial, malgré son objet, l'agence matrimoniale. V. • Com. 3 avr. 1984 : *Gaz. Pal. 1984. 2. 708, note Dupichot ; RTD com. 1985. 81, 89 et 563* • 11 oct. 1982 : *D. 1982. IR. 536 ; RTD com. 1982. 85, obs. Derruppé.*

Sur le courtage matrimonial, V. L. n° 89-421 du 23 juin 1989, art. 6. – **C. pén.** ou **C. consom.**

12. Sur le caractère commercial d'un acte de courtage immobilier isolé, V. • Civ. 1re, 21 oct. 1968 : *D. 1969. 82.*

13. Opérations de banque et d'assurance. **Bibl.** E. Prieur, *Banque et Droit mars-avr. 1990. 83* (banques non commerçantes). – P. Bernard et D. Sardin, *Procédures 1998. Chron. 6* (les tribunaux de commerce sont-ils compétents à l'égard des sociétés d'assurance mutuelles ?). – Vallansan, *RJ com. 2002. 243* (observations sur le caractère commercial des banques mutualistes). ♦ Les opérations de banque sont de nature commerciale. ♦ V., pour un notaire, • Com. 2 févr. 1970 : *JCP 1970. II. 16313, obs. J. A.* • TGI Bressuire, 5 janv. 1966 : *JCP 1966. II. 14683 ; D. 1966. Somm. 83 ; RTD com. 1966. 648, obs. Houin.* ♦ ... A moins qu'elles ne soient réalisées sans intention spéculative : V., en ce sens, pour le service public des chèques postaux, • Com. 20 oct. 1981 : *D. 1982. IR. 121, obs. Vasseur.* ♦ Conf., pour une caisse de crédit agricole, société civile à caractère coopératif et mutualiste, • Civ. 3e, 26 janv. 1982 : *D. 1983. IR. 185, obs. Vasseur.* ♦ *Contra* : • Bastia, 26 nov. 1992 : *D. 1994. Somm. 322, obs. Vasseur.* ♦ ... Et, pour une caisse centrale de crédit mutuel, • Com. 24 janv. 1984 : *Bull. civ. IV, n° 27* • 11 déc. 1973 : *RTD com. 1974. 317, obs. Jauffret* • T. com. Paris, 21 févr. 1995 : *Gaz. Pal. 1996. 1. Somm. 62.*

Une personne morale, même si elle est de statut civil, peut être tenue pour commerçante dans l'exercice d'une activité habituelle consistant en la pratique répétée d'actes de commerce, ce qui est le cas pour les Caisses de crédit agricole, dans leur pratique des opérations de banque. • Com. 17 juill. 2001 : *D. 2001. AJ. 2409 ; RTD com. 2001. 868, obs. Saintourens ; Banque et Droit janv.-févr. 2002. 46, obs. Bonneau.* ♦ Dans le même sens, s'agissant des caisses d'épargne effectuant habituellement des opérations de banque et de bourse. • Orléans, 18 oct. 2001 : *RJDA 2002, n° 582.* ♦ Jugeant qu'aucun texte ne sanctionne le fait pour une société coopérative d'exercer une activité commerciale, V. • Paris, 1er avr. 2005 : *D. 2005. AJ. 1148, obs. Delpech ; D. 2006. Pan. 161, obs. Synvet.*

Dès lors que la responsabilité contractuelle imputée à une caisse syndicale de crédit mutuel, ayant légalement la possibilité de garder son statut civil, est afférente à son activité de dispensatrice de crédits, la juridiction commerciale est compétente pour en connaître. • Com. 10 mars 1998 : *Bull. civ. IV, n° 94 ; D. 1998. IR. 98 ; D. Affaires 1998. 621, obs. J. F. ; RTD com. 1998. 651, obs. Cabrillac.*

Les sociétés d'assurances à primes fixes ont le caractère commercial et sont justiciables des tribunaux de commerce pour les engagements qu'elles contractent. • Civ. 5 févr. 1884 : *DP 1894. 1. 134.* ♦ En revanche, les compagnies d'assurances mutuelles sont, en principe, des sociétés civiles, dont les opérations n'ont pas le caractère commercial. • Civ. 3 août 1921 : *DP 1925. 1. 75* • Paris, 2 mars 1974 : *Gaz. Pal. 1975. Somm. 14 ; RTD com. 1975. 266, obs. Jauffret* • 4 déc.

1991 : *D. 1992. IR. 75.* – Dans le même sens, V. • Civ. 1re, 22 oct. 1996 : *cité note 5 ss. art. L. 110-2* • Versailles, 14 févr. 2002 : *BICC 2002, n° 1115* • 28 févr. 2002 : *RJDA 2003, n° 93.* ♦ V. art. L. 310-7 C. assur. – **C. assur.**

Le litige opposant une banque à un syndic de copropriété professionnel, titulaire nominal de comptes bancaires ouverts pour la gestion des intérêts de la copropriété, relève de la compétence de la juridiction commerciale. • Paris, 28 févr. 1996 : *BICC 1996, n° 691.* — V. Veaux, *RTD com. 1950. 11.*

14. Cautionnement. V. note 32.

15. Spectacles publics. V. Ord. n° 45-2239 du 13 oct. 1945. – **C. adm.** ♦ L'exploitation d'une salle de conférence a un caractère commercial. • Com. 7 mars 1972 : *Bull. civ. IV, n° 81.* ♦ Dans le même sens, pour un théâtre, • Paris, 3 juill. 1996 : *D. Affaires 1996. 1187.* ♦ Conf., pour un club de football professionnel, • Reims, 19 févr. 1980 : *JCP 1981. II. 19496, note Guyon ; RTD com. 1981. 520, obs. Dubarry ; ibid. 606, obs. Merle.* ♦ Comp. : notes 17 et 21.

16. Actes civils par accessoire. V. note 21.

B. COMMERCIALITÉ ACCESSOIRE

17. Actes de commerce. Sur la présomption de commercialité, V. note 1 *quater* ss. art. L. 721-3 *infra*. Un acte civil par nature accompli par un commerçant pour les besoins de son commerce est commercial par accessoire. • Req. 29 janv. 1883 : *DP 1883. 1. 514* • Civ. 3 janv. 1956 : *D. 1956. Somm. 133.* ♦ Ont été, dès lors, jugés de nature commerciale : un contrat d'assurance. • Civ. 24 janv. 1865 : *DP 1865. 1. 72* • Paris, 13 nov. 1909 : *ibid. 1910. 5. 9* • T. civ. Seine, 22 déc. 1931 : *DH 1932. 143.* ♦ ... Le mandat de représentation en justice donné par un commerçant à un agréé. • Req. 12 déc. 1911 : *DP 1913. 1. 129, note Feuilloley.* ♦ ... Des emprunts. • Civ. 30 juill. 1907 : *DP 1908. 1. 161* • Douai, 31 juill. 1913 : *ibid. 1914. 2. 1, note Percerou* • Besançon, 16 mars 1936 : *DH 1936. 2. 136.* ♦ ... Une convention de compte courant. • Req. 1er févr. 1928 : *DH 1928. 151.* ♦ ... Les cotisations d'assurance sociale. • Civ. 28 oct. 1957 : *D. 1958. 461.* ♦ ... Le contrat de location de matériel de télésurveillance destiné à assurer la sécurité d'un fonds de commerce. • Lyon, 30 avr. 1999 : *BICC 1999, n° 1312.* ♦ Comp., pour une association, • Com. 12 févr. 1985 : *Bull. civ. IV, n° 59* • Dijon, 4 nov. 1987 : *D. 1988. IR. 223, obs. Hassler.*

18. Délits et quasi-délits. **BIBL.** Giverdon, *RTD com. 1953. 855.* ♦ Sont commerciales en vertu de l'accessoire, les obligations qui peuvent résulter pour un commerçant d'un délit ou d'un quasi-délit ou, plus généralement, des règles de la responsabilité civile. • Civ. 28 oct. 1896 : *DP 1897. 1. 583* • Req. 11 juill. 1900 : *ibid. 1900. 1. 508* • Civ. 19 mars 1907 : *ibid. 1907. 1. 423* • 25 févr. 1924 : *ibid. 1925. 1. 188* • Req. 11 déc. 1944 : *D. 1945. 213, note Gabolde* • T. com. Seine, 22 juin 1951 : *D. 1951. Somm. 78* • Paris, 11 févr. 1976 : *RTD com. 1976. 678, obs. Jauffret.* ♦ Il est nécessaire que l'infraction ou la faute se rattache par un lien direct et immédiat à l'exercice du commerce. • Civ. 9 déc. 1901 : *DP 1902. 1. 311.* – Comp. : • T. com. Paris, 7 avr. 1995 : *Gaz. Pal. 1996. 1. Somm. 62.* ♦ V., au cas d'injure ou de diffamation par un commerçant à l'égard d'un autre à propos de leur commerce, • T. civ. Saint-Nazaire, 17 avr. 1951 *D. 1951. Somm. 69.* ♦ A propos de concurrence déloyale, V. • Com. 7 avr. 1967 : *D. 1968. 61* ♦ V. cep., pour les dommages causés par les véhicules, la compétence reconnue aux tribunaux de grande instance par l'art. R. 311-4 COJ. – **C. pr. civ.**

19. Opérations sur fonds de commerce Au sens de l'art. 632 [C. com., art. L. 110-1], un acte accompli par un non-commerçant devient un acte de commerce lorsqu'il est passé dans le but d'exercer un commerce et qu'il est indispensable à l'exercice de celui-ci. • Com. 13 ma[i] 1997 : *Bull. civ. IV, n° 139 ; D. Affaires 1997 753 ; Defrénois 1998. 664, obs. J. Honorat et Hovasse.* ♦ Tel n'est pas le cas du prêt souscrit par l'épouse d'un commerçant en vue de l'acquisition d'un fonds de commerce, dès lors que l'emprunteur, conjoint collaborateur, n'exploite pa[s] personnellement le fonds. • Même arrêt. ♦ Il ne se déduit pas de la seule participation du conjoint à l'achat du fonds de commerce qu'il avait lui-même la qualité de commerçant, san[s] rechercher s'il avait, lui aussi, l'intention de l'exploiter. • Com. 15 nov. 2005 : *D. 2006. AJ. 229 obs. Chevrier ; JCP E 2006, n° 10, p. 453, note Reifegerste ; RJDA 2006, n° 451 ; RLDA janv. 2006. 25, obs. Lefèvre et Vasa.*

Sur la qualification d'acte de commerce d'une promesse d'achat d'un fonds de commerce en vue de son exploitation, V. • Com. 19 juin 1972 *préc. note 5.* – V. aussi • Civ. 19 nov. 1924 *DP 1926. 1. 138* • 3 févr. 1930 : *DP 1932. 1. 2[8]* ♦ Sur la souscription de billets à ordre en règlement du prix, V. • Paris, 18 mai 1957 : *D. 1957 Somm. 111.*

La location d'un immeuble par un commerçant pour y exploiter son commerce est un acte de commerce. • Civ. 19 nov. 1924 : *DP 1926. 1. 138* • Paris, 28 mai 1945 : *D. 1945. 34[…]* • 14 nov. 1949 : *D. 1950. 372, note Ripert* • Com. 28 nov. 1961 : *Gaz. Pal. 1962. 1. 220.*

Est commerciale la vente du fonds de commerce. • Com. 20 mai 1969 : *Bull. civ. IV, n° 18[…]*

• 13 juin 1989 : *D. 1989. IR. 195.* ♦ V. *contra*, lorsque le vendeur n'a plus la qualité de commerçant, • Paris, 27 nov. 1962 : *D. 1963. 49.*

La cession d'un fonds de commerce présentant le caractère d'un acte de commerce, les cédants, en l'absence de stipulation contraire, s'obligent solidairement au respect de la clause de non-rétablissement et à la réparation du préjudice causé par sa violation. • Com. 8 juin 1993 : *Bull. civ. IV, n° 228.*

La promesse synallagmatique de vente d'un fonds de commerce constitue un acte de commerce au sens de l'art. 632 [C. com., art. L. 110-1]. • Com. 8 janv. 1991 : *Bull. civ. IV, n° 23 ; RTD com. 1991. 565, obs. Derruppé.*

Sur la commercialité d'un contrat de concession de franchise, V. • Paris, 6 nov. 1991 : *D. 1992. IR. 24.*

20. Sociétés à forme commerciale. V. note 4 ss. art. L. 721-3, *infra*. – Sur l'exclusion de la propriété commerciale, V. art. L. 145-1.

21. Actes civils par accessoire. Un acte commercial par nature a un caractère civil s'il n'est que l'accessoire d'une activité ou d'un acte civil, tel étant le cas de spectacles publics organisés par un comité des fêtes caritatif. • Com. 13 mai 1970 : *D. 1970. 644.* ♦ Comp. : notes 6 et 7.

22. Actes mixtes. V. § VI ss. art. L. 721-3, *infra*.

C. ACTES DE COMMERCE PAR LA FORME

BIBL. Pirovano, *D. 1976. Chron. 249.*

23. Effets de commerce. V. art. L. 511-1 et L. 721-4, *infra*. – V. aussi, *infra*, App., v° *Ventes commerciales*, V. – *Crédit (ventes à)*, C. consom., art. L. 313-13 (L. n° 93-949 du 26 juill. 1993).

II. ACTIVITÉS CIVILES

A. AGRICULTURE

24. V. *infra*, l'art. L. 311-1 C. rur., reprenant l'art. 2 de la loi du 30 déc. 1988 et définissant les activités agricoles à caractère civil.

[Jurisprudence antérieure à la loi du 30 déc. 1988]

25. Activités à caractère civil. V. art. L. 721-6 al. 1er, C. com., *infra*. ♦ La vente des produits d'un fonds rural par le propriétaire, fermier ou cultivateur de ce fonds, constitue un acte civil. • Civ. 30 nov. 1931 : *DH 1932. 83* • Rennes, 12 févr. 1974 : *D. 1974. Somm. 49 ; RTD com. 1957. 267.* ♦ Ainsi, par exemple, les Hospices de Beaune lorsqu'ils vendent leur vin accomplissent un acte civil. • Civ. 1re, 21 avr. 1976 : *JCP 1977. II. 18605, note Chaput ; D. 1976. Somm. 58 ; RTD com. 1976. 484, obs. Jauffret.* ♦ Il en va de même de l'exploitant dont la production d'œufs est l'activité principale, et bien qu'il achète une grande quantité hebdomadaire d'aliments, dès lors qu'il vend les produits de son élevage sans procéder à des achats pour revendre. • Com. 11 avr. 1995 : *Bull. civ. IV, n° 127 ; D. 1995. IR. 151 ; Defrénois 1995. 1296, obs. J. Honorat ; Quot. jur. 27 juin 1995, p. 5, note P.M.*

26. Exploitation commerciale. Lorsque l'agriculteur procède à une exploitation agricole de transformation de produits venant à titre principal d'autres exploitations, son activité est de nature commerciale. • Req. 4 févr. 1925 : *DH 1925. 138* • Aix-en-Provence, 3 sept. 1976 : *D. 1978. 119, note Sortais ; RTD com. 1978. 92, obs. Derruppé.* ♦ Est commercial l'élevage d'animaux en vue de la revente dont l'engraissement n'est pas assuré par les produits de l'exploitation mais principalement par des fourrages ou aliments du dehors. • Com. 23 mars 1981 : *Bull. civ. IV, n° 153 ; RTD com. 1981. 515, obs. Derruppé* • 7 févr. 1982 : *Bull. civ. IV, n° 65 ; RTD com. 1983. 58, obs. Derruppé* • Rennes, 1er juin 1983 : *ibid. 1985. 82, obs. Derruppé* • 20 janv. 1984 : *ibid.* ♦ Les prestations de travaux agricoles qui ne sont pas le prolongement de l'acte de production et qui n'ont pas pour support l'exploitation agricole sont des activités de service ayant un caractère commercial. • CCRCS, avis, n° 03-38 : du 13 sept. 2004 : *Bull. RCS 2005, n° 28 ; BRDA 2005, n° 4, p. 16.*

B. ARTISANAT

BIBL. Malassigne, *Droit soc. 1966. 609.* – Roblot, *Ann. dr. écon. 1953. 99.* – Stoufflet, *RTD com. 1968. 33.*

27. Définition. L'artisan se distingue du commerçant en ce que ses revenus professionnels proviennent essentiellement de son travail manuel et qu'il ne spécule ni sur les matières premières, ni sur le travail d'autrui. • Civ. 22 avr. 1909 : *DP 1909. 1. 344* • Com. 4 déc. 1968 : *D. 1969. 200 ; RTD com. 1969. 439, obs. Jauffret.* ♦ Pour un chauffeur de taxi conduisant seul son propre véhicule, V. • Com. 28 mars 1973 : *Bull. civ. IV, n° 141.* – Comp. : • Com. 21 mai 1985 : *D. 1985. IR. 490, obs. A. Honorat* • 19 nov. 1975 : *JCP 1976. IV. 111.* ♦ Pour un maçon, V. • Com. 12 juill. 1982 : *Bull. civ. IV, n° 272.* – *Contra* : • Com. 19 juin 1984 : *RTD com. 1985. 83, obs. Derruppé.* ♦ ... Un réparateur de machines agricoles, V. • Com. 4 oct. 1966 : *D. 1966. 682 ; RTD com. 1967. 127, obs. Jauffret.* ♦ ... Un coiffeur, V. • Com. 3 nov. 1954 : *Bull. civ. IV, n° 324.*

28. N'a pas la qualité d'artisan, mais celle de commerçant, un fabricant de pâtes alimentaires n'employant pas de main-d'œuvre, mais utilisant des machines importantes. • Com. 2 mai 1972 : *Bull. civ. IV, n° 128 ; D. 1972. Somm. 163 ; RTD com. 1973. 60, obs. Jauffret.* ♦ L'emploi de huit salariés a été jugé incompatible avec le caractère civil de l'activité. V. • Toulouse, 13 janv. 1983 : *Gaz. Pal. 1983. 2. Somm. 413.* ♦ V., pour un employeur qui porte son personnel de dix à vingt-cinq puis à soixante ouvriers, bien qu'il n'ait qu'un seul client, • Com. 23 janv. 1967 : *Bull. civ. III, n° 40.* ♦ Au contraire, est un simple artisan le cordonnier qui n'emploie aucun ouvrier, ne possède ni magasin, ni vitrine, ne travaille que sur commande et dont le gain ne semble avoir pour origine que son travail manuel, alors que ses achats de cuir ne sont faits qu'au fur et à mesure de ses besoins. • Req. 22 avr. 1909 : *DP 1909. 1. 344.* ♦ Comp., pour un serrurier : • Req. 28 févr. 1933 : *DH 1933. 177.* ♦ ... Pour un plâtrier-peintre : • Civ. 18 oct. 1954 : *D. 1954. 751.*

L'inscription au registre des métiers d'un artisan n'est qu'une formalité d'ordre purement administratif qui ne permet pas d'exclure la qualité de commerçant. • Poitiers, 23 nov. 1992 : *RJ Centre-Ouest 1994. 192, note Quément.*

28 bis. Le contrat de franchise n'étant pas nécessairement commercial, s'agissant du litige opposant le franchiseur à un franchisé artisan indépendant non inscrit au registre du commerce, le tribunal de commerce n'est pas compétent. • Com. 25 oct. 1994 : *Contrats Conc. Consom. 1995, n° 27, note Leveneur.*

28 ter. Nantissement du fonds artisanal. Sur la compétence de la juridiction civile, V. L. n° 96-603 du 5 juill. 1996, ss. art. L. 142-1.

29. Statut professionnel. V. *infra*, App., v° *Artisans.*

C. ENSEIGNEMENT

30. Auto-école. L'enseignement de la pratique automobile est essentiellement un acte de technicien et a donc une nature civile, les fournitures n'en étant que l'accessoire. • Com. 3 juin 1986 : *D. 1986. IR. 417, obs. A. Honorat ; RTD com. 1986. 513, obs. Derruppé* • T. com. Paris, 8 juill. 1977 : *ibid. 1977. 476, obs. Derruppé* • Colmar, 17 déc. 1996 : *Petites affiches 2 mai 1997, p. 8, note Vallens.*

31. Internat. Un chef d'institution ne fait pas acte de commerce en assurant, avec le concours de collaborateurs, l'instruction de ses élèves, bien qu'il pourvoie au logement et à la nourriture de ceux-ci. • Civ. 20 avr. 1931 : *DH 1931. 314.* – Comp. : • Caen, 12 juill. 1967 : *D. 1968. 208.* ♦ Pour l'achat d'articles de bureau, V. • Civ. 14 mai 1952 : *D. 1953. Somm. 5.*

Sur des actes de commerce accessoires à une activité civile principale, V. note 21.

31 bis. Instituteur. Sur l'incompatibilité de cette qualité avec celle de commerçant, V. • Com. 4 oct. 1994 : *Bull. civ. IV, n° 271 ; D. 1995. 456, note Barabé-Bouchard ; RTD com. 1995. 105, obs. Derruppé.*

D. CAUTIONNEMENT

32. Intérêt personnel de la caution. BIBL. Bouloc, *Rev. sociétés 1992. 1* (cautionnement donné par un dirigeant de société). – Legros, *Rev. sociétés 1998. 281* (protection jurisprudentielle du dirigeant social caution). ♦ Le cautionnement est un acte civil, à moins que la caution, qu'elle ait ou non la qualité de commerçant, ait un intérêt patrimonial au paiement de la dette garantie, alors même qu'elle ne participe pas directement ou indirectement à l'activité du débiteur. • Com. 20 juill. 1981 : *RJ com. 1982. 59, note J. Mestre* • 21 oct. 1980 : *Gaz. Pal. 1981. 1. Somm. 34, obs. Piedelièvre* • 16 mars 1993 : *Bull. civ. IV, n° 110 ; D. 1993. IR. 143 ; Bull. Joly 1993. 559, note Delebecque* (cassant • Versailles, 28 juin 1990 : *D. 1991. Somm. 385, obs. Aynès)* • Paris, 28 oct. 1992 : *Bull. Joly 1993. 75, note Delebecque.* ♦ Il en est ainsi du cautionnement donné par un gérant pour une dette de la SARL qu'il dirige. • Com. 7 juill. 1969 : *D. 1970. 14.* ♦ Considérant que le dirigeant est présumé avoir un intérêt patrimonial lorsqu'il cautionne les dettes de la société qu'il dirige, V. • Com. 18 janv. 2000 : *RD banc fin. 2000, n° 191, obs. Legeais* • Paris, 9 févr. 2000 : *ibid.* ♦ Cette présomption semble renforcée lorsque le dirigeant est en même temps l'actionnaire majoritaire, V. • Paris, 21 janv. 2000 : *ibid.* • 14 févr. 2001 : *BRDA 2001, n° 9, p. 3.* ♦ V., pour le président d'une SA, • Com. 28 oct. 1968 : *JCP 1969. II. 15884* • Paris, 16 juin 1993 : *D. 1993. IR. 213.* ♦ Dans le même sens, s'agissant de cautions garantissant des sociétés commerciales faisant partie d'un groupe économique, dont l'une en était le véritable dirigeant et dans lequel les deux avaient des intérêts et des responsabilités croisés, V. • Com. 26 mai 1999 : *RJDA 1999, n° 1002.* ♦ ... Pour un associé, gérant de fait, • Com. 4 juin 1973 : *RJ com. 1975. 49, note Chartier* • 10 juill. 1973 : *ibid.* • Paris, 22 avr. 1992 : *RJDA 1992, n° 740* • Rouen, 28 juill. 1999 : *RD banc. fin. 2000, n° 191, obs. Legeais.* ♦ ... Pour un associé détenant 33 % des parts, les autres parts appartenant à ses frères, fondateur de la société et y exerçant depuis la création, les fonctions de directeur des travaux. • Paris, 20 janv. 1999 : *BRDA 1999, n° 7, p. 4 ; JCP E 1999, n° 9-10, p. 394.* ♦ ... Pour les associés d'une société qui se sont portés caution du remboursement d'un prêt consenti pour l'acquisition d'un fonds de commerce dès lors qu'ils s'étaient engagés dans le seul espoir de réaliser une opération permettant d'améliorer une situation financière et patrimoniale personnelle difficile. • Rouen, 7 oct. 1999 : *JCP 2000. IV. 2732 ; BRDA 2000, n° 8, p. 3.* ♦ ... Pour des associés qui avaient contribué à la création de la société, qui remplaçaient le gérant en cas d'empêchement de celui-ci et qui étaient habilités par les statuts à signer les effets de commerce. • Com. 21 févr. 2006 : *RJDA 2006, n° 701.* ♦ ... Pour une directrice commerciale salariée, détentrice de 50 % des parts sociales, • Versailles, 19 oct. 1995 : *Bull. Joly 1996. 31, note P.S.* ♦ Comp., jugeant la qualité de dirigeant de fait insuffisante, • Paris, 10 févr. 1993 : *JCP 1995. II. 22438, note Guez.* ♦ Comp. aussi, jugeant que la communauté de biens entre époux ne suffit pas à caractériser l'intérêt personnel du conjoint à l'obtention d'un crédit pour la société dont l'autre époux est le dirigeant, • Paris, 13 juin 1991 : *D. 1991. Somm. 385, obs. Aynès* • Civ. 1re, 9 déc. 1992 : *Bull. civ. I, n° 306 ; D. 1993. Somm. 311, obs. Aynès ; RJ com. 1994. 104, note Kiminou ; Dr. sociétés 1993, n° 68, obs. Bonneau* • Versailles, 18 mai 1995 : *Bull. Joly 1995. 841, note Delebecque.* ♦ Mais n'a pas le caractère commercial un cautionnement donné par les administrateurs d'une société alors qu'il n'est pas établi qu'ils avaient un intérêt personnel dans le prix qu'ils cautionnaient. • Com. 19 nov. 1973 : *JCP 1973. IV. 429* • Paris, 10 déc. 1971 : *Gaz. Pal. 1972. 1. 218 ; RTD com. 1972. 328.* ♦ V., par exemple, pour un actionnaire minoritaire, • Paris, 22 juin 1994 : *RTD com. 1994. 698, obs. Derruppé ;* • 11 déc. 1996 : *Bull. Joly 1997. 204, note Delebecque* • 26 nov. 1997 : *ibid. 1998. 220* • Toulouse, 8 mars 1999 : *RD banc. fin. 2000, n° 191, obs. Legeais.* ♦ ... Pour un associé égalitaire ne participant pas à la gestion de la société, • Paris, 25 janv. 1995 : *D. 1995. IR. 80.* – V. aussi • Paris, 2 juill. 1997 : *RJDA 1997, n° 1377* • Aix-en-Provence, 26 nov. 1998 : *Petites affiches 24 mai 2000, p. 15, note Vincensini.* ♦ ... Pour un associé majoritaire retraité cautionnant les engagements de la société dont son fils était gérant dès lors que l'intention libérale résultant du lien parental est le seul moteur de l'engagement en tant que caution, V. • Aix-en-Provence, 17 sept. 1999 : *RD banc. fin. 2000, n° 191, obs. Legeais.* ♦ En ce sens qu'a un intérêt personnel d'ordre patrimonial la caution, concubin du débiteur principal, vivant avec celui-ci au siège de l'entreprise, V. • Com. 22 avr. 1997 : *D. Affaires 1997. 701.* ♦ V. aussi, considérant que le fait, pour la caution, d'être le conjoint du gérant de la société débitrice suffit à caractériser son intérêt patrimonial, • Paris, 19 sept. 1997 : *JCP 1998. I. 149, n° 3, obs. Simler et Delebecque* • Nancy, 27 nov. 1997 : *ibid.* ♦ Comp., considérant que la qualité de membre de surveillance de la société cautionnée à une date postérieure à l'engagement souscrit, tout comme la qualité d'épouse commune en biens du dirigeant de ladite société ne saurait conférer au cautionnement une nature commerciale : • Paris, 1er déc. 1999 : *JCP E 2000, n° 3, p. 61 ; Bull. Joly 2000. 391, note Le Cannu.* ♦ Sur la commercialité par accessoire, V. note 17. ♦ Sur la preuve, V. note 6 ss. art. L. 110-3.

32 bis. La possession de la moitié des parts de la société cautionnée ne suffit pas à donner à l'engagement de caution une nature commerciale. • Paris, 19 mai 1998 : *Gaz. Pal. 1999. 1. Somm. 261.*

32 ter. Le fait pour un dirigeant de s'engager en qualité de caution à de multiples reprises au profit de plusieurs personnes morales qu'il dirige, ne confère pas à son engagement un caractère commercial dans la mesure où, n'accomplissant pas à titre habituel des actes de commerce, il ne peut être considéré comme commerçant. • Com. 1er oct. 1997 : *Bull. Joly 1997. 1083 ; RTD com. 1998. 131, obs. Derruppé ; Petites affiches 24 mai 1999, p. 16, note Kéita.*

33. Le caractère commercial du cautionnement, à lui seul, ne confère pas la qualité de commerçant à la caution. • Com. 25 mars 1997 : *Bull. civ. IV, n° 79 ; D. Affaires 1997. 608* • Paris, 14 févr. 2001 : *préc. note 32.*

Code minier *(Décr. n° 56-838 du 16 août 1956, D. 1956. 305 ; BLD 1956. 624).*

Art. 23 L'exploitation des mines est considérée comme un acte de commerce ; cette disposition s'applique aux sociétés civiles existantes sans qu'il y ait lieu pour cela de modifier leurs statuts.

Code rural **Art. L. 311-1** *(Al. 1er et 2)* Sont réputées agricoles toutes les activités correspondant à la maîtrise et à l'exploitation d'un cycle biologique de caractère végétal ou animal et constituant une ou plusieurs étapes nécessaires au déroulement de ce cycle ainsi que les activités exercées par un exploitant agricole qui sont dans le prolongement de l'acte de production ou qui ont pour support l'exploitation. *(L. n° 97-1051 du 18 nov. 1997)* « Les activités de cultures marines sont réputées agricoles, nonobstant le statut social dont relèvent ceux qui les pratiquent. » *(L. n° 2005-157 du 23 févr. 2005, art. 38-I)* « Il en est de même des activités de préparation et d'entraînement des équidés domestiques en vue de leur exploitation, à l'exclusion des activités de spectacle. » — Les activités agricoles ainsi définies ont un caractère civil. — *[L. n° 88-1202 du 30 déc. 1988, art. 2].*

RÉP. COM. v° *Agriculture*, par PRÉVAULT.

Pour des annotations et des références bibliographiques, V. ***C. rur. et for.***

Art. L. 110-2 **La loi répute pareillement actes de commerce :**

1° Toute entreprise de construction, et tous achats, ventes et reventes de bâtiments pour la navigation intérieure et extérieure ;

2° Toutes expéditions maritimes ;

3° Tout achat et vente d'agrès, apparaux et avitaillements ;

4° Tout affrètement ou nolissement, emprunt ou prêt à la grosse ;

5° Toutes assurances et autres contrats concernant le commerce de mer ;

6° Tous accords et conventions pour salaires et loyers d'équipages ;

7° Tous engagements de gens de mer pour le service de bâtiments de commerce. — *[C. com., art. 633].*

L'art. R. 311-5 du COJ précise que l'art. R. 311-4 du même code relatif à la compétence exclusive des tribunaux de grande instance et d'instance pour connaître des actions en responsabilité délictuelle et quasi délictuelle résultant des dommages causés par les véhicules ne déroge à la compétence des tribunaux de commerce pour la réparation des dommages causés par les navires de mer, les bateaux de navigation intérieure et tous engins de transport par voie d'eau. — V. ***C. pr. civ.***

1. *Plaisance.* L'achat d'un navire de plaisance, non en vue de la revente, mais pour l'usage personnel de l'acquéreur, n'a pas le caractère commercial. • Req. 23 janv. 1888 : *DP 1888. 1. 405.* ♦ ... Pas plus que la navigation de plaisance, même si le yacht se rendait pour réparations, dans le chantier d'un port. • Caen, 25 févr. 1963 : *D. 1963. 348, note Jambu-Merlin.* – Et, sur pourvoi, • Com. 2 déc. 1965 : *D. 1966. 501, note Rodière.*

2. *Expéditions maritimes.* Il a été jugé cependant que toutes les expéditions maritimes, sans exception, sont commerciales ; il en est ainsi, notamment, des entreprises de pêche, si modestes soient-elles. • Douai, 6 févr. 1913 : *DP 1914. 2. 56* • Rouen, 31 mars 1931 : *DH 1931. 359.*

Ne donnait pas une base légale à sa décision la cour d'appel qui, pour attribuer la qualité de commerçant à un patron-pêcheur, retenait que, quelle que fût l'étendue de son activité de patron de pêche, simple pêcheur vendant les poissons tirés de la mer, ou pêcheur industriel transformant et conditionnant les fruits de sa pêche avant de les vendre, il effectuait habituellement des expéditions maritimes, lesquelles sont réputées actes de commerce par l'art. 633 [C. com., art. L. 110-2], sans rechercher dans quelles conditions s'exerçait son activité professionnelle. • Com. 18 janv. 1994 : *Bull. civ. IV, n° 24 ; JCP 1994. IV. 764.* ♦ Comp. désormais, disposant que toute activité de pêche maritime pratiquée, à titre professionnel, à bord d'un navire et en vue de la commercialisation des produits est réputée commerciale sauf lorsqu'elle est exercée à titre individuel sur des navires d'une longueur inférieure ou égale à douze mètres ou effectuant habituellement des sorties de moins de vingt-quatre heures : L. n° 97-1051 du 18 nov. 1997, art. 14, al. 1er, modifié par ord. n° 2005-554 du 26 mai 2005 *(JO 27 mai)*, en note ss. art. L. 123-1.

3. *Affrètement.* Le contrat d'affrètement n'est commercial pour l'affréteur qu'autant qu'il se rattache à des opérations de commerce. • Req. 30 juill. 1884 : *DP 1885. 1. 193* • Aix-en-Provence, 22 juin 1899 : *DP 1899. 2. 438.* ♦ V. conf., pour un affrètement conclu par l'État en vue du transport de denrées nécessaires au ravitaillement de l'armée, • Paris, 26 oct. 1927 : *DP 1928. 2. 205.* ♦ ... Ou par l'Office national interprofessionnel des céréales, • Aix-en-Provence, 16 oct. 1951 : *D. 1951. 676.* ♦ Comp., en ce sens que la nature maritime d'une vente *caf* ou *fob* ne suffit pas à la faire considérer comme commerciale : • Alger, 19 nov. 1952 : *D. 1954. 541, note Chauveau* • T. com. Alger, 14 déc. 1953 : *ibid.*

4. Transport de passagers. Le contrat de transport de passagers par mer, commercial pour l'armateur, est purement civil pour le passager, qui peut donc, à son choix, assigner l'armateur devant le tribunal civil ou le tribunal de commerce. • Req. 11 janv. 1860 : *DP 1860. 1. 91.*

5. Assurances concernant le commerce de mer. Il résulte de l'art. L. 322-26-1 C. assur. que les sociétés d'assurances mutuelles ont un objet non commercial ; par suite, elles échappent à la compétence des tribunaux de commerce, même si elles accomplissent des actes qui, telles les assurances concernant le commerce de la mer visées à l'art. 633 [C. com., art. L. 110-2], sont réputés acte de commerce. • Civ. 1re, 22 oct. 1996 : *Bull. civ. I, n° 360 ; RTD com. 1997. 85, obs. Derruppé ; Bull. Joly 1997. 468, note Rontchevsky ; Defrénois 1997. 652, obs. J. Honorat.* ♦ Comp. : note 13 ss. art. L. 110-1.

6. Engagement maritime. Le contrat d'engagement maritime est commercial, même pour les gens de mer. • Civ. 5 févr. 1896 : *DP 1896. 1. 575, concl. Desjardins.*

Art. L. 110-3 **A l'égard des commerçants, les actes de commerce peuvent se prouver par tous moyens à moins qu'il n'en soit autrement disposé par la loi.** – *[C. com., art. 109].*

Sur la signature électronique, V. art. 1316-4 C. civ. – ***C. civ.*** *et art. 287 à 288-1 NCPC. –* ***C. pr. civ.***

RÉP. COM. v° *Preuve*, par GRYNBAUM.

BIBL. GÉN. ▶ PARLÉANI, *D. 1983. Chron. 65.* – CHAMOUX, *JCP 1981. I. 3008.* – C.N., *Petites affiches 6 juill. 1987* (techniques nouvelles). – RUET, *RTD com. 1991. 151* (office du juge). – LÉONNET, *JCP 1993. I. 3722* (preuve en matière de concurrence et de réglementation économique).

Sur le commerce électronique : TONNELLIER et DUPUIS-TOUBOL, *JCP E 1998, n° 51, p. 2011* (le commerce électronique vaut bien une réforme du droit de la preuve). – VILLEROIL, *Banque et Droit janv.-févr. 1999. 22* (télétransmission confrontée au droit de la preuve). – Colloque du 13 mai 1998, *Gaz. Pal. 1998. 2. Doctr. 1323* (commerce électronique et avenir des circuits de distribution). – ESPAGNON, *RD bancaire et bourse 1999. 7* (ordre de paiement émis sur internet). – HASSLER, *Petites affiches 21 sept. 1999, p. 4* (preuve de l'existence d'un contrat et internet). – MORENO, *ibid. 27 sept. 2000, p. 4* (droit de la preuve à l'heure d'internet). – SCHWERER, *Contrats Conc. Consom. 2000. Chron. 16* (réflexions sur la preuve et la signature dans le commerce électronique). – LUCAS DE LEYSSAC et LACAZE, *Comm. com. élec. 2001. Chron. 5* (le paiement en ligne). – COUPEZ et GAILLIÈGUE, *ibid. 2002. Chron. 25* (vers une signature électronique juridiquement maîtrisée). – LIARD, *ibid. 26* (responsabilité des prestataires de service de certification). – ASSAYA et BAUDOUIN, *JCP E 2003, n° 4, p. 164* (signature électronique par cryptographie à clé publique). – LINANT DE BELLEFONDS, *JCP N 2003, n° 10, p. 382* (notaires et huissiers face à l'acte authentique électronique). – KHALIL, *Comm. com. élec. 2003. Chron. 10* (signature électronique : certificats qualifiés « publics » ou certificats qualifiés « privés » ?). – PIETTE-COUDOL, *ibid. 2004. Chron. 29* (écrit et signature électronique depuis la LCEN). – STOFFEL-MUNCK, *JCP E 2004, n° 38, p. 1428* (réforme des contrats du commerce électronique). – JALUZOT, *D. 2004. 2866* (signature électronique : comparaison franco-allemande). – PIETTE-COUDOUL, *Comm. com. élec. 2005. Chron. 2* (identité des personnes, les certificats et la signature électronique). – BLANCHETTE, *ibid. Chron. 13* (modernité et intelligibilité du droit de la preuve français).

A. DOMAINE D'APPLICATION

1. Critère de commercialité. V. C. civ., art. 1341, al. 2. – **C. civ.** ♦ L'art. 109 [C. com., art. L. 110-3] n'est applicable que lorsque le commerçant a agi dans l'exercice ou pour l'intérêt de son propre commerce. • Com. 19 janv. 1993 : *Bull. civ. IV, n° 21 ; D. 1993. IR. 36 ; Defrénois 1993. 1374, obs. Aubert* • 12 oct. 1982 : *Bull. civ. IV, n° 313.* ♦ A l'égard d'une SARL, commerciale par la forme, une vente peut être prouvée par tous moyens, sauf à la société à justifier que l'acte était étranger à son commerce. • Com. 10 mars 2004 : *RJDA 2004, n° 994.*

2. En revanche, les règles de preuve de droit civil s'appliquent à un commerçant dès lors que le prêt que celui-ci a consenti à un autre commerçant est étranger à l'exercice de son commerce. • Civ. 1re, 23 mai 1977 : *Bull. civ. I, n° 246.* ♦ Dès lors qu'il est constaté que le demandeur a souhaité financer une opération commerciale consistant en l'aménagement et l'exploitation d'un restaurant après transformation d'un fonds de commerce de buvette, ce dont il résulte que la preuve est libre. • Com. 26 mai 2004 : *RJDA 2004, n° 1290.*

3. Sur la stipulation d'intérêt conventionnelle, V. C. civ. art. 1907. – **C. civ.**

V. *infra*, App., v° *Prêts d'argent – Intérêts*, note 13 ss. art. L. 313-2 C. consom. (L. n° 93-949 du 26 juill. 1993).

4. Pour une reconnaissance de dette, V. • Civ. 1re, 2 mai 2001 : *Bull. civ. I, n° 108 ; D. 2001. AJ. 1950, obs. Lienhard ; RTD com. 2001. 865, obs. Saintourens.*

4 bis. Les règles de la preuve commerciale s'appliquent à l'acte modificatif d'une convention initiale intervenue entre deux commerçants pour l'exercice de leur commerce, même si l'une des parties a perdu la qualité de commerçant lors de l'acte modificatif. • Com. 16 déc. 1980 : *Bull. civ. IV, n° 425.*

5. Actes mixtes. La règle vaut dans les actes mixtes à l'égard du seul commerçant, contre qui un acte de commerce peut se prouver par tout moyen. • Civ. 1re, 21 févr. 1984 : *Bull. civ. I, n° 66.* ♦ C'est à l'égard des commerçants que les actes de commerce peuvent se prouver par tous moyens. • Paris, 24 oct. 1986 : *D. 1987. Somm. 443, obs. Aynès* • Com. 21 juill. 1988 : *RTD com. 1989. 60, obs. Derruppé ; JCP E 1989. II. 15519, note Delebecque* • 21 juin 1994 : *Bull. civ. IV, n° 232 ; D. 1994. IR. 216* (preuve à l'égard d'une banque) • Civ. 1re, 8 févr. 2000 : *Bull. civ. I, n° 35 ; D. 2000. AJ. 135, obs. Daleau ; RTD com. 2000. 327, obs. Derruppé ;* et *704, obs. Bouloc* (preuve à l'égard d'un garage). ♦ V. aussi note 6.

5 bis. L'art. 1326 C. civ. ne s'applique pas lorsqu'il s'agit, à l'égard de commerçants, de prouver des actes de commerce, lesquels, conformément à l'art. L. 110-3 C. com., peuvent se prouver par tous moyens, à moins qu'il n'en soit décidé autrement par la loi. • Civ. 1re, 2 mai 2001 : *Bull. civ. I, n° 108 ; D. 2001. AJ. 1950, obs. Lienhard ; RTD com. 2001. 867, obs. Saintourens ; Defrénois 2001. 1057, obs. Libchaber.* ♦ Dans un acte mixte, les règles de preuve de droit civil s'appliquent envers la partie pour laquelle il est de caractère civil. • Même arrêt.

5 ter. L'existence du nantissement constitué en garantie des engagements d'un commerçant envers un autre commerçant peut être prouvé par tous moyens, même s'il a été consenti envers un autre commerçant. • Com. 2 oct. 2001 : *RTD com. 2002. 33, obs. Saintourens.*

6. Cautionnement. BIBL. Bouloc, *Rev. sociétés 1992. 1* (cautionnement par un dirigeant de société). – Mouly, *RJDA 1993. 679* (cautionnement omnibus). – Danet, *RTD com. 1994. 173* (même thème). – Moulin, *RD banc. fin., janv.-févr. 2001, p. 32* (preuve du cautionnement par télécopie). – V. art. 2292 C. civ. – **C. civ.** ♦ Alors même qu'un cautionnement serait de nature commerciale, l'art. 1326 C. civ. s'applique à un souscripteur qui n'a pas la qualité de commerçant, aurait-il en tant que dirigeant de la société cautionnée un intérêt patrimonial dans l'opération principale. • Com. 21 juin 1988 : *Bull. civ. IV, n° 212 ; D. 1988. IR. 195 ; JCP 1989. II. 21170, note Delebecque* • 7 févr. 1989 : *ibid.* • 11 janv. 1994 : *Bull. civ. IV, n° 16* • Paris, 24 oct. 1986 : *D. 1987. Somm. 443, obs. Aynès.* ♦ Dans le même sens, jugeant que l'application de l'art. 109 [C. com., art. L. 110-3], s'agissant du cautionnement d'une SARL donné par un associé détenant 50 % du capital, suppose la preuve que cet associé accomplissait à titre habituel et professionnel des actes de commerce, V. • Com. 2 avr. 1996 : *Bull. Joly 1996. 665, note Delebecque.* ♦ V. aussi, • Com. 12 mai 1998 : *Bull. civ. IV, n° 150 ; D. Affaires 1998. 1174, obs. J. F. ; Contrats Conc. Consom. 1998, n° 128, obs. Leveneur ; JCP E 1998, n° 50, p. 1970, note Leveneur* • Civ. 1re, 18 mai 2004 : *D. 2004. AJ. 1665 ; JCP E 2005, n° 24, p. 1005, obs. Simler ; RTD com. 2004. 693, obs. Saintourens ; Defrénois 2005. 161, obs. Honorat ; Petites affiches 21 mars 2005, p. 14, note Favario.* ♦ En revanche, l'art. 1326 C. civ. ne s'applique pas lorsqu'il s'agit, à l'égard des commerçants, de prouver des actes de commerce. • Com. 15 nov. 1988 : *Bull. civ. IV, n° 310 ; D. 1990. 3, note Ancel* • 11 déc. 1990 : *Bull. civ. IV, n° 315 ; D. 1991. 584, note Bandrac.* ♦ *Contra*, antérieurement à l'entrée en vigueur de la loi du 12 juill. 1980, • Com. 10 déc. 1985 : *Bull. civ. IV, n° 291 ; JCP 1986. IV. 68.* – V. aussi • Com. 5 oct. 1993 : *Bull. civ. IV, n° 310 ; Rev. sociétés 1994. 47, note Legeais.*

6 bis. Sur les conséquences attachées au caractère commercial du cautionnement, en ce qui concerne l'application de l'art. 1326 C. civ. et la couverture des intérêts conventionnels, V. • Civ. 1re, 29 févr. 2000 : *Bull. civ. I, n° 68 ; D. 2000. Somm. 342, obs. Brémond* • 10 juill. 2001 : *D. 2001. AJ. 2408.* – Comp. • Com. 16 mars 1999 : *Bull. civ. IV, n° 59 ; JCP 1999. II. 10184, note Casey* • 17 juill. 2001 : *D. 2001. AJ. 2514.*

6 ter. Cession de parts sociales. V. • Com. 11 mars 2003 : *RJDA 2003, n° 599.* ♦ V. aussi, *infra, art. L. 721-3*, note 5.

B. LIBERTÉ DE LA PREUVE

7. Modes de preuve. BIBL. J. Huet, *D. 1992. Chron. 33* (télécopie) ; *ibid. 2000. Chron. 95* (consécration de la preuve et de la signature électroniques). – Dutour, *Petites affiches 23 févr. 1996, p. 16* (convention de preuve et télécopieurs). – Ammar, *RTD civ. 1993. 499* (preuve technologique). – Van Gœthem-Devoluet, *Petites affiches 15 août 1994, p. 4* (télépaiement). – Garola Giuglaris, *D. Affaires 1995. 211*. – Bréban et Pottier, *Gaz. Pal. 1996. 1. Doctr. 276 ; ibid. 2. Doctr. 863* (transactions électroniques). – Lautrette, *Petites affiches 10 mai 1996* (télex, télécopie, télégramme). – Colloque du 10 nov. 1995, *ibid. 29 mai 1996* (informatique, télématique et preuve). – Oudot, *ibid. 6 mai 1998, p. 32* (signature numérique). – Bitan, *Gaz. Pal. 27-28 oct. 2000, p. 53*. – V. bibl. sur le commerce électronique, *supra*. ♦ Tous les modes de preuve sont admissibles en matière commerciale, la preuve par présomptions comme la preuve par témoins. • Civ. 3 févr. 1904 : *DP 1904. 1. 215*. ♦ ... Même pour prouver contre et outre le contenu des actes. • Req. 25 nov. 1903 : *DP 1904. 1. 183*.

Le juge peut souverainement retenir à titre de présomption simple la composition d'un code confidentiel d'un système informatique fonctionnant régulièrement. • Montpellier, 9 avr. 1987 : *JCP 1988. II. 20984, note Boizard ; RTD civ. 1988. 758, obs. Mestre*. – V. C. mon. fin., art. L. 132-1 s., *infra*, App., v° *Code monétaire et financier (extraits)*. ♦ Cependant, l'automatisme d'une écriture informatisée ne saurait exprimer la volonté d'une banque de contrepasser une écriture. • Com. 22 nov. 1976 : *Banque 1977. 505, note L. Martin*.

7 bis. Sur l'adaptation du droit commun de la preuve aux technologies de l'information et sur la signature électronique, V. C. civ., art. 1316 s. – **C. civ.**

8. Une *facture*, bien qu'établie par des moyens informatiques, peut valoir preuve de l'existence et du contenu d'un contrat conclu entre EDF et ses clients, même non commerçants. • T. com. Paris, 24 juin 1975 : *RJ com. 1976. 19*. – Comp. • Com. 11 mars 1980 : *JCP 1980. IV. 206*. – V. aussi, sur l'insuffisance de la seule production de factures pour justifier de l'obligation de la partie à laquelle on les oppose, en raison de la règle selon laquelle nul ne peut se créer une preuve à soi-même, • Versailles, 4 févr. 1993 : *Gaz. Pal. 1994. 1. Somm. 81* • Com. 6 déc. 1994 : *Contrats Conc. Consom. 1994, n° 67, note Leveneur*.

Sur la question, V. aussi R. Savatier, *RTD com. 1973. 1*.

V. art. 289 *bis* CGI, *infra*, App., v° *Factures*.

9. Sur la force probante des *documents comptables*, V. notes ss. art. L. 123-23.

10. Preuve de la date. A l'égard des commerçants la date d'un acte de commerce peut être prouvée par tous moyens. • Civ. 3e, 29 nov. 2005 : *D. 2006. AJ. 144, obs. Chevrier ; RTD com. 2006. 45, obs. Monéger ; JCP E 2006, n° 2, p. 69 ; RJDA 2006, n° 115 ; Defrénois 2006. 441, obs. Ruet ; Loyers et copr. 2006, n° 36, obs. Pereira-Osouf ; Administrer févr. 2006. 31, obs. Boccara et Lipman-W. Boccara*. ♦ L'art. 1328 C. civ., relatif à la date certaine des actes sous seing privé, n'est pas applicable en matière commerciale. • Civ. 21 avr. 1869 : *DP 1869. 1. 407* • Req. 9 janv. 1906 : *DP 1906. 1. 77* • Com. 25 avr. 1983 : *D. 1984. 1, note Jourdain ; Gaz. Pal. 1983. 2. Pan. 239, obs. Dupichot* • 17 mars 1992 : *Bull. civ. IV, n° 121 ; D. 1992. Somm. 399, obs. Delebecque* • 4 mai 1999 : *RJDA 1999, n° 775*.

Art. L. 110-4 **I. — Les obligations nées à l'occasion de leur commerce entre commerçants ou entre commerçants et non-commerçants se prescrivent par dix ans si elles ne sont pas soumises à des prescriptions spéciales plus courtes.**

II. — Sont prescrites toutes actions en paiement :

1° Pour nourriture fournie aux matelots par l'ordre du capitaine, un an après la livraison ;

2° Pour fourniture de matériaux et autres choses nécessaires aux constructions, équipements et avitaillements du navire, un an après ces fournitures faites ;

3° Pour ouvrages faits, un an après la réception des ouvrages.

III. — Les actions en paiement des salaires des officiers, matelots et autres membres de l'équipage se prescrivent par cinq ans conformément à l'article 2277 du code civil. — *[C. com., art. 189 bis, 433 et 433-1].*

L'art. L. 110-4 (II et III) [anciens art. 433 et 433-1 C. com.] est applicable à la Nouvelle-Calédonie et dans les territoires de la Polynésie française. — Les prescriptions en cours à la date de publication de la loi n° 96-609 du 5 juill. 1996 [JO 9 juill.] sont acquises par cinq ans à compter de cette date. — Cependant la disposition qui précède ne pourra avoir pour effet de prolonger le délai de la prescription au-delà du terme résultant de l'application de la loi ancienne si ce dernier délai est supérieur à cinq ans (L. n° 96-609 du 5 juill. 1996, art. 10, II et III).

RÉP. COM. v° *Prescription*, par DUBAELE.

BIBL. ▸ LEGROS, *Dr. Sociétés nov. 1991. 1* (prescription du cautionnement du dirigeant). – RODOLPHE, *Petites affiches 5 nov. 2004, p. 6* (prescription en matière d'octroi de crédit à long terme).

A. PRESCRIPTION DE DROIT COMMUN : PRESCRIPTION DÉCENNALE

1. Obligations visées. La prescription de l'art. 189 *bis* [C. com., art. L. 110-4] vise toutes les obligations nées à l'occasion du commerce du commerçant, qu'elles soient contractuelles, V. • Nancy, 6 nov. 1979 : *JCP 1979. IV. 390.* ♦ ... Quasi contractuelles, V. • Com. 7 avr. 1967 : *D. 1967. 511 ; RTD com. 1967. 1047, obs. Jauffret* • Orléans, 18 oct. 2001 : *RJDA 2002, n° 582.* ♦ ... Délictuelles. V. • Com. 14 mai 1979 : *Bull. civ. IV, n° 152* • Civ. 3e, 5 oct. 1994 : *RJDA 1994, n° 1003* • Paris, 26 juin 1996 : *D. 1996. IR. 185.* – V. aussi : • Com. 12 mai 2004 : *Bull. civ. IV, n° 92 ; D. 2004. Somm. 2708, obs. Aynès ; ibid. AJ. 1664, note Avena-Robardet ; JCP E 2004, n° 27, p. 1079 ; Banque et Droit juill.-août 2004. 53, obs. Rontchevsky ; RD banc. fin. 2004, n° 160, obs. Legeais ; Petites affiches 28 juill. 2004, p. 8, obs. E. C. ; RJDA 2004, n° 1287 ; Defrénois 2005. 892, obs. Honorat* • Civ. 3e, 26 oct. 2004 : *AJDI 2004. 911* (responsabilité délictuelle de l'agent immobilier ayant commis une erreur lors de la conclusion d'un bail commercial entre commerçants). ♦ Sont soumises à la prescription décennale les obligations nées de la loi entre commerçants ou entre commerçants et non-commerçants à l'occasion de leur commerce, telle que l'obligation de rembourser résultant du paiement de l'indu. • Com. 29 nov. 2005 : *D. 2006. AJ. 230, obs. Chevrier ; JCP E 2006, n° 2, p. 82 ; RJDA 2006, n° 381* • 23 oct. 2001 : *RJDA 2002, n° 228.*

1 bis. L'expiration des délais prévus par la convention de place du 22 nov. 1988 pour saisir la commission arbitrale prévue par cette convention n'est pas une cause d'extinction des obligations d'une société de bourse à qui il est demandé par une autre de livrer des titres, et ne peut introduire un délai préfix ou une prescription autre que celle que la loi détermine. • Paris, 18 mai 1992 : *Petites affiches 28 oct. 1992, chron. de Vauplane ; Bull. Joly Bourse 1993. 143, note Peltier.*

La prescription applicable à l'action en paiement de bons de caisse est celle de droit commun, prévue par l'art. 189 *bis* [C. com., art. L. 110-4], et non le délai spécifique aux effets de commerce édicté par l'art. 179 [C. com., art. L. 511-78]. • Com. 21 mars 1995 : *Bull. civ. IV, n° 92.* – V. aussi note 1 ss. art. L. 223-1 C. mon. fin., *infra*, App., v° *Code monétaire et financie[r] (extraits).*

1 ter. La lettre qui garantit le transporteur ma[ri]time, ou le consignataire du navire, des consé[quences] dommageables pour eux d'une livrai[son] irrégulière faite sans remise d[u] connaissement, consacrant un engagement indé[pendant] du contrat de transport, il en résult[e] que l'action exercée sur le fondement exclusi[f] d'une telle lettre de garantie par son bénéfi[ciaire] à l'encontre de son signataire, celui-ci fût[-]il le commissionnaire ayant conclu le contrat d[e] transport maritime, est soumise non à l[a] prescription annale du droit des transports, mai[s] à la prescription commerciale de droit commun • Com. 17 juin 1997 : *Bull. civ. IV, n° 196 D. 1998. Somm. 322, obs. Mercadal ; D. Affai[res] 1997. 1115 ; Quot. jur. 29 juill. 1997, p. 4 note P.M.* — Cet arrêt applique cette mêm[e] prescription à l'action ayant pour fondemen[t] non le contrat de transport, mais le mandat sa[]larié existant entre les parties. ♦ L'action en res[]ponsabilité civile du transporteur contre l'entre[]preneur de manutention pour dommage caus[é] au navire relève de la prescription décennale d[e] l'art. L. 110-4. • Com. 7 déc. 2004 : *Bull. civ. IV, n° 218 ; JCP E 2005, n° 4, p. 111 ; RJDA 2005 n° 258.*

1 quater. Sur l'application de la prescriptio[n] décennale de l'art. L. 110-4 à une demande ten[]dant à voir constater la déchéance du droit au[x] intérêts, même présentée par voie d'exceptio[n] dans le cadre d'un litige en matière de prêt im[]mobilier, V. • Civ. 1re, 16 oct. 2001 : *Bull. ci[v.] I, n° 258 ; RTD com. 2002. 34, obs. Saintourer*. ♦ Le délai de la prescription court alors [à] compter de la date à laquelle le contrat de cr[é]dit est définitivement formé. • Civ. 1re, 18 no[v.] 2003 : *RJDA 2004, n° 611.* ♦ Jugeant que [le] créancier bénéficiaire d'un engagement de ma[in]levée d'hypothèque doit en obtenir l'exécutio[n] dans les dix ans prévus à l'art. L. 110-4 pour n[e] pas encourir la prescription, V. • Civ. 3e, 24 av[r.] 2003 : *JCP E 2003, n° 25, p. 1025 ; RD ban[c.] fin. 2003, n° 143, obs. Legeais ; RJDA 200[3,] n° 884.*

2. Actes mixtes. L'art. 189 *bis* [C. com., ar[t.] L. 110-4] ne distingue pas selon le caractère civ[il] ou commercial des obligations qu'il vise. • Ci[v.] 1re, 29 avr. 1997 : *Bull. civ. I, n° 134 ; D. 199[7.] 327, note Chartier ; D. Affaires 1997. 757*

Contrats Conc. Consom. 1997, n° 130, note Leveneur ; Defrénois 1997. 1269, obs. Honorat et Hovasse (obligations nées des fautes professionnelles d'un notaire à l'égard d'une banque). ♦ ... Il s'applique donc à la dette d'honoraires d'une société commerciale découlant des prestations d'un avocat exécutées pour son compte. • Civ. 2e, 4 janv. 2006 : *D. 2006. AJ. 303, obs. Chevrier ; JCP E 2006, n° 5, p. 242 ; RJDA 2006, n° 484.* ♦ La prescription décennale s'applique à des obligations nées à l'occasion de l'exercice de son activité par un entrepreneur qui a exécuté des ouvrages pour une copropriété alors même que les factures correspondent à des travaux ayant un caractère civil. • Civ. 3e, 2 févr. 1994 : *Bull. civ. III, n° 17.* ♦ V. aussi, appliquant la prescription décennale à la demande de l'emprunteur d'un crédit immobilier à voir constater la déchéance du droit aux intérêts, en application de l'art. L. 312-33 C. consom., • Civ. 1re, 30 sept. 1997 : *Bull. civ. I, n° 262 ; D. 1997. IR. 215 ; D. Affaires 1997. 1247 ; Contrats Conc. Consom. 1997, n° 184, obs. Raymond* • 4 mai 1999 : *D. 1999. IR. 170 ; D. Affaires 1999. 934, obs. V. A.-R. ; Contrats Conc. Consom. 1999, n° 150, obs. Raymond ; RTD com. 1999. 629, obs. Derruppé* ; • 13 mars 2001 : *Bull. civ. I, n° 70* • 9 juill. 2003 : *Bull. civ. I, n° 170 ; D. 2003. AJ. 2008 ; JCP E 2003, n° 39, p. 1509 ; RD banc. fin. 2003, n° 220, obs. Crédot et Gérard ; Dr. et patr. nov. 2003. 85, obs. Chauvel ; RJDA 2003, n° 1114* • Com. 7 janv. 2004 : *RDC 2004. 663, obs. Bruschi.* – V. déjà : Rép. min. n° 9004 : *JOAN Q, 8 déc. 1986 ; JCP 1987. IV. 56.* – *Contra* : Houin, *RTD com. 1977. 518.* – V. aussi • Rouen, 2 juill. 1992 : *Dr. sociétés 1993, n° 114, obs. Bonneau.* ♦ Pour une application de la prescription décennale à une caisse de crédit agricole dans sa pratique des opérations de banque, V. • Com. 17 juill. 2001 : *D. 2001. AJ. 2409 ; RTD com. 2001. 868, obs Saintourens ; RJDA 2002, n° 116 ; Banque et Droit janv.-févr. 2002. 46, obs. Bonneau.* ♦ ... A une demande en responsabilité dirigée contre une banque sur le fondement d'une obligation d'information et de conseil qui lui incombe en sa qualité de souscripteur de l'assurance groupe proposée aux emprunteurs. • Civ. 2e, 24 févr. 2005 : *Bull. civ. II, n° 43 ; JCP E 2005, n° 15-16, p. 643 ; RJDA 2005, n° 774.*

2 bis. Point de départ. Le point de départ de la prescription doit être fixé au jour où l'obligation du débiteur principal a été mise à exécution. • Rennes, 20 sept. 1989 : *Gaz. Pal. 1990. 1. 152, note Prévault.* ♦ Le caractère accessoire du cautionnement a pour conséquence que le point de départ de l'obligation de la caution est le même que celui de l'obligation principale. • Même arrêt. ♦ Le délai de prescription de dix ans de l'action contractuelle directe du maître de l'ouvrage contre le fabricant, fondée sur la non-conformité des matériaux, court à compter de la livraison des matériaux à l'entrepreneur. • Civ. 3e, 26 juin 2002 : *Bull. civ. III, n° 148 ; Contrats Conc. Consom. 2002, n° 173, obs. Leveneur ; RD imm. 2002. 424, obs. Malinvaud.* ♦ Sur la question de savoir si le point de départ de l'action en responsabilité contre les gérants et dépositaires de fonds communs à crédits d'impôts, dits fonds turbo, en cas de redressement fiscal, doit être la date de notification du crédit d'impôts, celle des avis de mise en recouvrement ou celle des notifications de redressement, V. • T. com. Paris, 2 déc. 2003 : *D. 2004. AJ. 504 ; RJDA 2004, n° 728.* – V. aussi sur cet arrêt, Belloc, *JCP E 2004, n° 45-46, p. 1768.* ♦ La responsabilité du mandataire commerçant envers son mandant, à raison des fautes résultant des vices affectant des notifications, se prescrit par dix ans à compter de la réalisation du dommage. • Com. 27 sept. 2005 : *Bull. civ. IV, n° 187 ; JCP 2005. IV. 3310 ; RJDA 2006, n° 23 ; Loyers et copr. 2005, n° 214, obs. Vial-Pedroletti* (la nullité des notifications n'a pas produit d'effets dommageables avant sa constatation judiciaire).

3. Interruption. Il appartient à celui qui se prévaut d'un acte interruptif de prescription de l'établir, et ce n'est pas au commerçant débiteur qui oppose à la demande en paiement de son créancier que son obligation est prescrite par l'accomplissement du délai de dix ans prévu à l'art. 189 *bis* [C. com., art. L. 110-4] qu'il appartient d'établir que le versement d'une somme, invoquée par son adversaire comme ayant interrompu la prescription, est intervenu pour une autre raison que celle avancée par le demandeur. • Com. 9 nov. 1993 : *Bull. civ. IV, n° 396 ; JCP 1994. IV. 77.* ♦ Sur l'effet interruptif attaché à la compensation, V. • Civ. 1re, 22 oct. 2002 : *Bull. civ. I, n° 238 ; JCP E 2002, n° 49, p. 1939 ; RJDA 2003, n° 212.*

3 bis. La procédure pénale, du chef de complicité de banqueroute, à l'encontre d'un banquier, s'étant terminée par un jugement de relaxe qui a débouté les parties civiles de leurs demandes de dommages-intérêts, et dès lors que, par application de l'art. 2247 C. civ., si la demande est rejetée, l'interruption de la prescription est regardée comme non avenue, ladite procédure n'a pu interrompre la prescription de l'action des créanciers et du liquidateur en réparation du préjudice subi pour octroi abusif de crédit par ce banquier. • Civ. 2e, 24 janv. 1996 : *Bull. civ. II, n° 13.* ♦ Saisie d'une action en responsabilité engagée à titre principal par des cautions contre une banque pour soutien abusif de crédit, une cour d'appel décide exactement que le point de départ du délai de prescription de l'art. L. 110-4 doit être fixé au jour où les cautions ont su que les obligations résultant de leurs engagements étaient mises à exécution du fait de la défaillance du débiteur principal, en l'espèce à la date à laquelle l'assignation en paiement leur a été délivrée. • Com. 24 juin 2003 : *Bull. civ. IV, n° 103 ; D. 2003. AJ. 2308, obs. Avena-Robardet (3e esp.) ; JCP E 2003, n° 37, p. 1409 ; Banque et Droit nov.-déc. 2003. 56, obs. Bonneau ; RJDA 2004, n° 98 ; Petites affiches 24 nov. 2003, p. 7, obs. Houtcieff ; Bull. Joly 2004. 35, note Routier.* ♦ Comp., retenant que le délai de prescription commence à courir à compter de la mise en demeure de la caution et non nécessairement à la date de son assignation devant les tribunaux : • Com. 12 mai 2004 : *préc. note 1* (cautionnement disproportionné). ♦ Pour un arrêt retenant comme point de départ de la prescription le jour d'un commandement aux fins de saisie, V. • Com. 12 mai 2004 : *Bull. civ. IV, n° 93 ; JCP E 2004, n° 27, p. 1079 ; RD banc. fin. 2004, n° 160, obs. Legeais ; Petites affiches 28 juill. 2004, p. 8, obs. E. C. ; RJDA 2004, n° 1288 ; Defrénois 2005. 892, obs. Honorat.* ♦ Jugeant que, s'agissant d'une action en responsabilité pour soutien abusif, le point de départ de la prescription court à compter du jour de la connaissance par les créanciers du principe du dommage et de l'imputabilité de ce dommage aux concours financiers consentis par la banque. • Paris, 13 janv. 2005 : *RD banc. fin. 2005, n° 100, obs. Lucas.*

4. *Réduction conventionnelle.* Le délai de l'art. 189 *bis* [C. com., art. L. 110-4] peut être conventionnellement réduit. • Com. 21 mars 1995 : *préc. note 1 bis.*

4 *bis. Interversion.* Le code de commerce n'institue pas une interversion de prescription pour la prescription décennale prévue à l'art. L. 110-4 • Paris, 28 juin 2001 : *D. 2001. AJ. 2741, obs. Avena-Robardet,* conf. par • Civ. 1re, 14 déc. 2004 : *D. 2005. AJ. 280, obs. Avena-Robardet ; JCP E 2005, n° 6, p. 207 ; Contrats Conc. Consom. 2005, n° 63, obs. Leveneur ; RJDA 2005, n° 487.* ♦ V., jugeant qu'en retenant que la prescription applicable était celle prévue par l'art. 2262 C. civ., même si la créance autrement constatée eût été soumise à la prescription prévue à l'art. L. 110-4 C. com., alors qu'il s'agissait d'une action en justice pour avoir paiement, peu important que l'acte litigieux fût un titre exécutoire et alors que les obligations nées à l'occasion de leur commerce entre commerçants ou entre commerçants et non-commerçants se prescrivent par dix ans sans distinguer selon la forme en laquelle elles ont été constatées, une cour d'appel a violé ce texte. • Civ. 1re, 11 févr. 2003 : *Bull. civ. I, n° 43 ; D. 2003. AJ. 694, obs. Chevrier ; JCP E 2003, n° 14, p. 587 ; RJDA 2003, n° 1033 ; Procédures 2003, n° 165, obs. Perrot.* ♦ Comp., jugeant que l'action en recouvrement des condamnations résultant d'une décision de justice est soumise à la prescription de droit commun de trente ans, même entre commerçants : • Civ. 2e, 10 juin 2004 : *Bull. civ. II, n° 287 ; Defrénois 2005. 626, obs. Bénabent.*

Sur la non-admission d'un pourvoi au motif que le moyen tiré de la violation des art. 189 *bis* [C. com., art. L. 110-4] et 2262 C. civ. n'est pas de nature à permettre l'admission des pourvois, V. • Com. 8 oct. 2003 : *JCP E 2004, n° 32-35, p. 1296, note Billiau ; JCP 2004. II. 10096, note Descorps-Declère* (contrariété avec • Civ. 1re, 11 févr. 2003 : *préc.*). ♦ V. aussi, posant que la poursuite de l'exécution d'un titre exécutoire est régie par la prescription de droit commun de trente ans : • Civ. 2e, 9 juin 2005 : *Bull. civ. II, n° 150 ; D. 2005. IR. 1732 ; RTD civ. 2005. 638, obs. Perrot ; JCP 2005. II. 10120, note crit. Croze ; RD banc. fin. 2005, n° 188, obs. S. Piedelièvre ; RJDA 2005, n° 1279 ; Procédures 2005, n° 231, obs. Perrot ; Dr. et procédures 2006. 45, obs. Putman ; Defrénois 2006. 191, obs. Théry.*

B. PRESCRIPTIONS SPÉCIALES

5. La prescription annale prévue par l'art. 433 [C. com., art. L. 110-4] pour les actions en paiement des travaux réalisés sur ouvrage existant ne s'applique pas à la construction d'un navire qui constitue une vente à livrer. • Com. 9 avr. 1991 : *Bull. transp. 1991. 364.*

6. Le régime spécifique réservé aux prescriptions particulières prévues aux art. 2271, 2272 et 2273 C. civ. ne peut être étendu aux prescriptions des actions mentionnées à l'art. 433 [C. com., art. L. 110-4] ci-dessus, qui ne sont pas fondées sur une présomption de paiement. • Com. 26 mai 1987 : *Gaz. Pal. 1987. 2. Pan. 181.* ♦ La prescription décennale de l'art. L. 110-4 C. com. ne s'applique, selon ce texte, que si les obligations ne sont pas soumises à des prescriptions spéciales plus courtes ; or il résulte de l'art. 227[illegible] C. civ. que les intérêts moratoires des somme[s] dues se prescrivent par cinq ans, pourvu que l[a] dette ne soit pas contestée en son principe o[u] sa quotité. • Paris, 10 mars 2004 : *Gaz. Pal. 2005 Somm. 564, obs. Vray.* ♦ Sur l'action en responsabilité contractuelle contre les constructeurs, V. • Civ. 3e, 16 oct. 2002 : *Bull. civ. III, n° 205 D. 2003. 300, note Malinvaud ; JCP 2002. IV 2901 et 2902 ; RD imm. 2003. 93, obs. Malinvau[d] ; Defrénois 2003. 330, obs. Périnet-Marque[t]* • 26 oct. 2005 : *Bull. civ. III, n° 202 ; Dr. et pat. mars 2006. 115, obs. Mallet-Bricout.* – V. auss[i] art. 2270 C. civ. – **C. civ.**

7. Sauf impossibilité absolue d'agir, l'action e[n]

paiement du prix de travaux de réparation exécutés sur un navire se prescrit dans un délai d'un an à compter de leur réception. • Com. 14 janv. 1997 : *RJDA 1997, n° 732.*

8. Concours de prescriptions. Jugé que le délai d'un an pour agir en garantie des vices cachés contre le constructeur d'un navire (L. 3 janv. 1967, art. 8) ne peut être utilement invoqué qu'à l'intérieur de la prescription extinctive de dix ans prévue par l'art. L. 110-4 • Com. 27 nov. 2001 : *JCP E 2002, n° 8-9, p. 370 ; Contrats Conc. Consom. 2002, n° 43, obs. Leveneur ; RJDA 2002, n° 454.* ♦ Comp. : • Com. 27 nov. 2001 : *JCP E 2002, n° 3, p. 107 ; RJDA 2002, n° 455.*

Loi n° 77-4 du 3 janvier 1977,

Modifiant l'article 189 bis du code de commerce [C. com., art. L. 110-4, I] concernant la prescription en matière commerciale.

....

Art. 2 Les établissements dépositaires de sommes et valeurs sont autorisés à clôturer les comptes qu'ils tiennent lorsque les dépôts et avoirs inscrits à ces comptes n'ont fait l'objet, de la part des ayants droit, d'aucune opération ou réclamation depuis dix années. Ces avoirs sont déposés dans un établissement habilité à cet effet par décret. — *L'établissement habilité est la caisse des dépôts et consignations (Décr. n° 79-894 du 15 oct. 1979, art. 1er).*

Ils resteront détenus pour le compte de leur titulaire par ledit établissement jusqu'à l'expiration du délai prévu à l'article *(Ord. n° 2006-460 du 21 avr. 2006, art. 2 et 7-I)* « L. 1126-1 du code général de la propriété des personnes publiques ».

Il en est de même pour les sociétés ou établissements à caractère commercial en ce qui concerne les titres émis par eux et visés à l'article *(Ord. n° 2006-460 du 21 avr. 2006, art. 2 et 7-I)* « L. 1126-1 (2°) du code général de la propriété des personnes publiques » lorsqu'il s'est écoulé plus de dix ans sans réclamation des titulaires depuis le jour où ils ont eu le droit d'en exiger le paiement. — *V. ledit art. L. 1126-1, infra, App., v° Code monétaire et financier (extraits).*

Un décret en Conseil d'État fixera les conditions d'application du présent article. — *V. C. dom. Ét., art. R. 46 à R. 50, modifiés et complétés par Décr. n° 79-894 du 15 oct. 1979, art. 2 (D. et BLD 1979. 361).* — ***C. sociétés.***

Les dispositions qui précèdent dérogent à l'article 189 *bis* du code de commerce *[C. com., art. L. 110-4, I].*

Sur la non-application de la prescription commerciale à un compte bancaire n'ayant enregistré aucun mouvement pendant plus de dix ans, V. • Paris, 13 oct. 2000 : *JCP E 2000, n° 50, p. 1930.* ♦ Pour une application combinée des art. 2, ci-dessus, et 189 *bis* [C. com. L. 110-4 (I)], V. • Com. 13 mars 2001 : *Bull. civ. IV, n° 54 ; RTD com. 2001. 745, obs. Cabrillac ; Petites affiches 10 mai 2001, p. 7, obs. E. C.* ♦ La prescription de l'action en restitution des dépôts inscrits en compte ne commence à courir qu'après la clôture du compte. • Com. 10 déc. 2003 : *RJDA 2004, n° 605.* ♦ Comp., retenant implicitement la connaissance par le déposant de la clôture du compte comme point de départ de la prescription, V. • Com. 8 mars 2005 : *Bull. civ. IV, n° 43 ; D. 2006. Pan. 164, obs. Martin ; D. 2005. AJ. 884, obs. Chevrier ; JCP E 2005, n° 47, p. 1973, obs. Salgueiro ; Petites affiches 16 janv. 2006, p. 10, obs. E. C. ; RD banc. fin. 2005, n° 76, obs. Crédot ; Banque et Droit juill.-août 2005. 68, obs. Bonneau ; RTD com. 2005. 397, obs. Legeais ; RJDA 2005, n° 871.*

3 Les prescriptions en cours à la date de la publication de la présente loi seront acquises à l'expiration d'un délai de dix ans à compter de cette date sans que la durée totale de la prescription puisse excéder le délai prévu par la loi antérieure.

4 L'article 189 *bis* du code de commerce *[C. com., art. L. 110-4, I]* est applicable à la Nouvelle-Calédonie, dans les territoires de la Polynésie française, de Wallis-et-Futuna, des Terres australes et antarctiques françaises ainsi que dans le département de Saint-Pierre-et-Miquelon.

TITRE DEUXIÈME DES COMMERÇANTS

CHAPITRE PREMIER DE LA DÉFINITION ET DU STATUT

SECTION PREMIÈRE DE LA QUALITÉ DE COMMERÇANT

Art. L. 121-1 Sont commerçants ceux qui exercent des actes de commerce et en font leur profession habituelle. – *[C. com., art. 1er].*

Sur les effets attachés à l'immatriculation au registre du commerce et des sociétés, V. art. L. 123-7 s.

RÉP. COM. v° *Commerçant*, par DUBAELE.

1. *Actes de commerce.* V. art. L. 110-1. ♦ N'accomplissant pas à titre habituel et principal des actes de commerce, n'ont pas la qualité de commerçant : les agréés près les tribunaux de commerce. V. • Civ. 5 févr. 1907 : *DP 1907. 1. 429.* ♦ ... Les architectes, V. • Civ. 12 déc. 1897 : *DP 1900. 1. 584* • T. com. Marseille, 23 févr. 1923 : *DP 1926. 2. 157, note Minvielle.* ♦ ... Sauf s'ils ne se cantonnent pas à l'exercice de leur profession, à l'égard d'entrepreneurs. • Civ. 10 juill. 1922 : *DP 1925. 1. 216.* ♦ ... Ou à l'occasion d'achats de matériaux de construction. • Civ. 15 janv. 1900 : *DP 1900. 1. 97.* ♦ A la qualité de commerçant la personne physique qui, bien que non inscrite au RCS et n'ayant pas réitéré la promesse d'achat du fonds de commerce de débit de boissons, a exploité ce fonds et fait des actes de commerce de manière habituelle et à titre professionnel. • Caen, 31 mars 2005 : *JCP E 2005, n° 36, p. 1430.*

Pour un arrêt jugeant que la demande tendant à ce qu'il soit fait interdiction à certaines sociétés d'exercer une activité d'assistance et de représentation devant le tribunal de commerce, de consultation et de rédaction d'actes en matière juridique, ne relève pas des tribunaux de commerce, V. • Paris, 29 oct. 1997 : *D. 1997. IR. 246 ; D. Affaires 1998. 26, obs. V. A.-R.*

2. *Profession habituelle.* **BIBL.** Ponton-Grillet, *D. 1990. Chron. 157* (spéculation). – Pousson-Petit, *RTD com. 1984. 15* (pluri-activité). ♦ La profession s'entend d'une occupation sérieuse de nature à produire des bénéfices et à subvenir aux besoins de l'existence. • Paris, 30 avr. 1906 : *DP 1907. 5. 9.* ♦ Comp., pour des spéculations en bourse : • Paris, 13 janv. 1976 : *JCP 1977. II. 18576 ; RTD com. 1977, obs. Boitard* • Com. 28 avr. 1981 : *JCP 1982. II. 19740.* ♦ ... Pour la signature de lettres de change : • Com. 11 mai 1993 : *Bull. civ. IV, n° 179 ; Gaz. Pal. 1994. 2. 639, note Dupichot* • Paris, 14 janv. 1987 : *D. 1987. IR. 38* • Orléans, 17 déc. 1964 : *D. 1965. 330 ; RTD com. 1965. 576, obs. Jauffret* • Aix-en-Provence, 28 févr. 1973 : *D. 1974. Somm. 111 ; RTD com. 1976. 62, obs. Jauffret* • 21 juin 1991 : *RJDA 1991, n° 1067.*

La qualification relève du contrôle de la Cour de cassation. • Com. 2 oct. 1984 : *RTD com. 1985. 506, obs. Derruppé* • 18 nov. 1986 : *Gaz. Pal. 1987. 1. 167, note A. Honorat.* ♦ L'exercice habituel d'actes de commerce constitue un fait juridique dont la preuve peut être rapportée par tous moyens. • Amiens, 17 oct. 1997 : *Gaz. Pal. 23-24 déc. 1998. Pan. 10.* ♦ La qualité de commerçant ne saurait résulter de cette seule indication dans une déclaration fiscale. • Civ. 1re, 31 janv. 1966 : *D. 1966. 288.* ♦ Comp. : • Req. 24 févr. 1903 : *DP 1903. 1. 189.* ♦ ... Et pour l'inscription au rôle des patentes : • Civ. 14 mai 1912 : *DP 1912. 1. 303.* ♦ ... Ou au répertoire SIRENE : • Nîmes, 22 mai 2003 : *cité note 3.* ♦ La qualité de commerçant ne saurait non plus résulter : de la seule inscription sur la liste des électeurs au tribunal de commerce. • Agen, 23 déc. 1921 : *DP 1922. 2. 7.* ♦ ... De l'inscription d'un nantissement sur du matériel d'équipement par un établissement de crédit. • Versailles, 22 janv. 1998 : *Gaz. Pal. 2-4 mai 1999, p. 14.* ♦ ... De l'accomplissement d'un acte de commerce isolé. • Aix-en-Provence, 12 nov. 1998 : *Act. proc. coll. 1999, n° 156.*

L'acte isolé de marchand de biens, non renouvelé, pas plus que l'utilisation de lettres de change et bordereaux Dailly pour règlements dans le cadre de l'activité professionnelle d'architecte ne peuvent permettre de caractériser une activité commerciale. • Pau, 18 mai 1995 : *Cah. jurispr. Aquitaine 1993, n° 3, p. 113.* ♦ V. aussi, sur l'insuffisance à cet égard de l'acte de donner son fonds de commerce en location-gérance à une société, de s'être porté caution des dettes de cette société et d'être inscrit au registre du commerce. • Com. 20 févr. 1996 :

Bull. civ. IV, n° 54 ; RTD com. 1996. 443, obs. Derruppé ; *Defrénois 1996. 653, obs. J. Honorat.* ♦ V. également, pour la seule souscription d'un cautionnement commercial, note 33 ss. art. L. 110-1.

Sont commerçants pour avoir, de manière indépendante, effectué des actes de commerce à titre de profession habituelle, des frères ayant exploité en commun le fonds de commerce familial, et en ont assuré l'un et l'autre la direction effective en se substituant à leur mère âgée dans l'exercice d'une profession commerciale. • Com. 30 mars 1993 : *Bull. civ. IV, n° 126 ; D. 1993. IR. 130.*

2 bis. L'utilisation de personnes morales pour masquer des agissements personnels ne fait pas obstacle à la constatation d'une pratique habituelle, par leur auteur, d'actes de commerce pour son propre compte. • Paris, 27 sept. 1996 : *RJ com. 1997. 161, note X. Vincent.*

3. Activité indépendante. N'a pas la qualité de commerçant celui qui, bien qu'agissant à titre professionnel, n'accomplit pas d'actes de commerce en son nom et pour son compte personnel. ♦ V., pour des gérants salariés de succursales. • Soc. 19 nov. 1959 : *JCP 1960. II. 11397, note Bizière.* ♦ ... Des agents commerciaux. • Com. 28 oct. 1980 : *D. 1981. IR. 196* • 29 oct. 1979 : *Bull. civ. IV, n° 166 ; Gaz. Pal. 1980. 1. 187, note Dupichot* • Amiens, 13 juill. 1977 : *JCP 1979. II. 19163, note J. Hémard ; RTD com. 1979. 697, obs. Derruppé.* ♦ ... Un agent d'assurances. • Req. 8 nov. 1933 : *DH 1933. 586.* ♦ ... Des VRP. • Civ. 15 mai 1912 : *DP 1912. 1. 303.* ♦ V. art. L. 751-1 à L. 751-15 C. trav., ss. art. L. 134-17 C. com. ♦ N'ont pas non plus la qualité de commerçant : le médecin, personne physique exploitant et dirigeant un laboratoire d'analyses de biologie médicale, car il exerce une activité libérale selon les règles de l'art prescrites par l'art. L. 754 CSP [devenu l'art. L. 6212-1]. • Aix-en-Provence, 21 juin 1991 : *D. 1993. Somm. 24, obs. J. Penneau.* ♦ ... Le marabout fournissant des conseils et directives. • Paris, 27 mai 1992 : *JCP E 1992. Pan. 1194.* ♦ ... Le magnétiseur, qui reçoit des clients pour la mise en œuvre individuelle d'un art ou d'une science. • Nîmes, 22 mai 2003 : *JCP 2004. IV. 2338.* ♦ La qualité de commerçant a été, en revanche, reconnue à un salarié qui n'en accomplissait pas moins des actes de commerce pour son compte personnel. V. • Req. 9 juin 1928 : *DA 1928. 397.* ♦ ... Ou encore exceptionnellement à un conseil juridique, lequel était, en outre, organisateur-conseil. V. • Com. 18 janv. 1966 : *D. 1966. 358.* ♦ Sur la qualité de commerçant : du locataire-gérant d'un fonds de commerce, V. art. L. 144-2. ♦ ... De l'agent artistique, V. C. trav., art. L. 762-4, ss. art. L. 134-17 C. com.

4. Associations. BIBL. Do Carmo, *Petites affiches 7 juill. 1995, p. 21.* – Grellière, *RTD com. 1997. 537* (de l'illicéité ou non de l'association commerçante). ♦ Nonobstant le caractère religieux et sacré de l'objet d'une association régie par la loi du 1er juill. 1901, les juges du fond ont pu décider que l'activité de l'association est de nature commerciale dès lors que, notamment, elle approvisionne les fidèles en denrées alimentaires préparées conformément à des préceptes religieux, et qu'ainsi elle exerce par profession habituelle des actes réputés de commerce par l'art. 1er [C. com., art. L. 121-1]. • Com. 17 mars 1981 : *D. 1983. 23, note Plaisant ; Rev. sociétés 1982. 124, note Sousi.* ♦ Comp., reprochant à une décision d'avoir retenu la qualité de commerçant d'une association, au motif qu'elle se livrait habituellement à des actes de commerce, sans avoir recherché si cette activité revêtait un caractère spéculatif répété au point de primer l'objet statutaire : • Com. 12 févr. 1985 : *Bull. civ. IV, n° 59 ; D. 1985. IR. 473, obs. Julien ; RTD com. 1985. 772, obs. Alfandari et Jeantin ; ibid. 1986. 67, obs. Derruppé.* ♦ Relève des juridictions consulaires l'association dont l'activité commerciale d'agence de voyage absorbe l'essentiel voire même la totalité de l'activité sociale de l'association et alors que l'importance de la rémunération de son président ne peut être liée qu'à la recherche d'un profit. • Toulouse, 19 déc. 1995 : *Petites affiches 5 mai 1997, p. 9, note Do Carmo Silva.* ♦ Pour un arrêt considérant qu'une association, dont l'objet est l'insertion sociale de personnes handicapées, qui effectue des achats de matière première en vue de leur revente après transformation, n'a pas la qualité de commerçant dans la mesure où le but de ces actes n'est pas de générer des bénéfices dont elle aurait la libre disposition, ce qui est la situation de tout commerçant, V. • Versailles, 29 mai 2000 : *Rev. sociétés 2000. 735, obs. crit. Guyon.* ♦ V. aussi, refusant à une association le bénéfice : de la loi du 20 mars 1956 relative à la location-gérance des fonds de commerce, note 3 ss. art. L. 144-3. ♦ ... De l'inscription au registre du commerce et des sociétés, note 1 ss. art. L. 123-1. ♦ V. aussi *infra*, note 6.

5. Représentants d'une société. Si selon l'art. 5, al. 2, de la loi du 24 juill. 1966 [C. com., art. L. 210-6], les personnes agissant au nom d'une société en formation n'ayant pas encore acquis la personnalité morale sont tenues solidairement et indéfiniment des actes accomplis, il ne résulte pas de ce texte que leur soit nécessairement conférée la qualité de commerçant selon les critères de l'art. 1er [C. com., art. L. 121-1]. • Paris, 14 janv. 1987 : *préc. note 2.* ♦ Cette qualité n'est pas attribuée aux membres d'une SARL, fussent-ils gérants. • T. com. Seine,

14 janv. 1927 : *DP 1928. 2. 27, note Pic* • Lyon, 11 févr. 1943 : *DC 1943. 112, note Chéron* • Montpellier, 23 nov. 1954 : *D. 1956. Somm. 13.*

6. Paracommercialité. BIBL. Lapierre, *RJ com. 1980, n° spécial, p. 113.* – Le Roy, *JCP E 1981. II. 13587.* ♦ V. aussi note 4, *supra.*

6 bis. Fonctionnaires. Si la qualité de fonctionnaire est incompatible avec celle de commerçant, cette incompatibilité ne peut être invoquée par un fonctionnaire qui a pris un fonds de commerce en location-gérance pour se soustraire à ses obligations contractuelles. • Com. 30 janv. 1996 : *Bull. civ. IV, n° 30 ; D. 1996. IR. 58 ; D. Affaires 1996. 377 ; Dr. sociétés 1996, n° 70, note Bonneau.*

6 ter. Conseil en propriété industrielle. Sur l'incompatibilité de la profession de conseil en propriété industrielle avec toute activité de caractère commercial, qu'elle soit exercée directement ou par personne interposée, V. art. L. 422-12 CPI tel qu'issu de la loi n° 2004-130 du 11 févr. 2004 *(JO 12 févr.).* – **CPI.**

7. Professions civiles. Pour la définition légale des activités agricoles ayant un caractère civil, V. C. rur., art. L. 311-1, ss. art. L. 110-1 C. com. ♦ V. notes 24 s., *ibid.*

8. Preuve. BIBL. Delga, *ALD 1985. 79.* ♦ Sur les effets attachés à l'immatriculation au RCS, V. art. L. 123-7 s. – V. aussi • Com. 6 janv. 1987 : *Rev. sociétés 1987. 411, note Chaput.* ♦ ... Et sur l'absence de radiation, V. Delga, *D. 1985. Chron. 117.* ♦ Une personne physique ne saurait se soustraire au risque commercial en omettant de se soumettre à l'obligation d'inscription au RCS. • Caen, 31 mars 2005 : *préc. note 1.*

Art. L. 121-2 **Le mineur, même émancipé, ne peut être commerçant.** – *[C. com., art. 2].*

BIBL. ▸ Gaudemet-Tallon, *RTD com. 1966. 229.* ▸ Sur l'accomplissement d'actes de commerce isolés : Jauffret, *ibid. 1974. 229.* – Massip, *Defrénois 1974. 1057.* – Couchez, *JCP 1975. I. 2684.* – Lecourt, *JCP N 1974. I. 5788.* – Moreau, *JCP 1975. I. 2718.*

1. Mineur émancipé. Sur les actes accomplis par un mineur émancipé, V. art. 481 C. civ.

2. Jouissance légale. Sur l'exploitation d'un fonds appartenant au mineur en vertu du droit de jouissance légale, V. art. 383 et 384 C. civ. – **C. civ.**

3. Majeur sous tutelle. V. note 2 ss. ancien art. L. 624-1.

Art. L. 121-3 **Le conjoint d'un commerçant n'est réputé lui-même commerçant que s'il exerce une activité commerciale séparée de celle de son époux.** – *[C. com., art. 4].*

RÉP. COM. v° *Conjoint de commerçant ou d'artisan,* par Derruppé.

BIBL. ▸ Martin, *D. 1982. Chron. 293.* — Maubru, *JCP 1983. I. 3109.* — Randoux, *ibid. 3103.* — Colomer, *Defrénois 1982. 1393.* — Beauchard, *D. 1984. Chron. 147 ; Rect. 174.* — Derruppé, *RTD com. 1983. 209 et 1984. 67.* — Guyénot, *ALD 1983. 84 et 95.* — Wagner, *D. 1985. Chron. 1.* — Le Dolley, *JCP E 1982. II. 14069.* — Menjucq, *JCP N 1996. I. 1141.* — Teilliais, *Rev. huiss. 1997. 217* (conjoint collaborateur et régimes matrimoniaux) ; *Petites affiches 29 nov. 1996, p. 14* (collaboration non statutaire). – D'Hoir-Lauprêtre, *Dr. et patr. janv. 1998. 20* (le conjoint du chef d'entreprise : la nécessité d'une plus grande autonomie patrimoniale dans le respect des intérêts de tous les créanciers). – Cocquempot-Caulier, *JCP E 2002, n° 15, p. 639* (le conjoint collaborateur endetté « laissé pour compte » des mesures d'assainissement économique) ; *ibid n° 15-16, p. 705* (la protection du conjoint collaborateur... un leurre !). – Conte et Monéger (ss la dir.), *JCP N 2003, n° 17, p. 655* (conjoint et exploitation). – Malaurie et Fulchiron, *Defrénois 2004. 1503* (les relations pécuniaires entre époux à l'occasion de leur activité professionnelle) – Quétant, *ibid. 2005. 486* (contrat de travail entre époux).

1. Conditions. Après avoir constaté que le conjoint d'un commerçant non seulement entretenait avec les clients du magasin de son épouse des relations suivies et fréquentes, et avait une procuration sur le compte bancaire du commerce, mais surtout qu'il avait conclu le contrat d'assurance du magasin et que son nom figurait, comme celui de son épouse, dans la publicité du magasin, une cour d'appel peut, en l'état de ces constatations et sans inverser la charge de la preuve, retenir que ce conjoint était commerçant pour avoir, de manière indépendante exercé des actes de commerce et en avoir fait sa profession habituelle. • Com. 15 oct. 1991 : *Bull. civ. IV, n° 286 ; D. 1991. IR. 246.*

V. aussi • Com. 4 janv. 1994 : *Bull. civ. IV n° 1 ; D. 1994. IR. 22.*

1 bis. Ne donne pas de base légale à sa décision la cour d'appel qui tient pour commerçante l'épouse d'un commerçant, dont il est par ailleurs allégué qu'elle est institutrice, sans rechercher si l'intéressée n'exerçait pas de manière habituelle une autre activité que celle de commerçante, exclusive de celle-ci. • Com. 4 oct. 1994 : *Bull. civ. IV, n° 271 ; D. 1995. 456, note Barabé-Bouchard ; Defrénois 1995. 249, obs. Le Cannu.* ♦ Comp., jugeant que la présomption dont bénéficie, en vertu de l'art. 4 [C. com., art. L. 121-3], le conjoint d'un commerçant, mentionné au RCS en qualité de collaborateur, est irréfragable. • Rouen, 12 nov. 1992 : *RJDA 1993, n° 343.*

2. *Redressement judiciaire.* BIBL. Maubru, *JCP 1976. I. 2804.* – Colloque du 30 mai 1997, *Petites affiches 26 août 1998* (procédures collectives et communauté conjugale). ♦ Une procédure de redressement judiciaire peut être ouverte à l'égard de chacun des époux dès lors que chacun d'eux a acquis la qualité de commerçant en accomplissant des actes de commerce de façon habituelle et indépendante au sein de l'activité commune, notamment en raison des opérations commerciales effectuées par l'intermédiaire du compte bancaire de l'épouse. • Com. 27 mai 1986 : *RTD com. 1986. 514, obs. Derruppé* • 15 juill. 1987 : *ibid. 1988. 421, obs. Derruppé ; Rev. proc. coll. 1988. 34, obs. Didier.*

♦ Il ne se déduit pas de la souscription, par l'épouse de l'exploitant d'un fonds de commerce en liquidation judiciaire, déclarée au registre du commerce en qualité de « conjoint collaborateur », en son nom personnel, d'un emprunt professionnel en vue de l'achat du droit au bail du local commercial et d'une ouverture de crédit sur le compte courant de l'entreprise dont elle avait la signature, qu'elle ait exercé une activité commerciale à titre de profession habituelle. • Com. 21 mai 1996 : *D. 1996. IR. 162 ; Dr. sociétés 1996, n° 125, obs. Chaput.*

Les personnes qui exploitent en commun un fonds de commerce et qui remplissent les conditions fixées par l'art. L. 620-2 C. com. *[ancien]* peuvent, chacune, faire l'objet d'un redressement ou d'une liquidation judiciaire ; en l'absence de confusion des patrimoines, le tribunal doit, après avoir constaté l'état de cessation des paiements de chacune d'elles, ouvrir autant de procédures distinctes que de personnes. • Com. 15 mars 2005 : *Bull. civ. IV, n° 55 ; D. 2005. Pan. 2013, obs. Lucas ; ibid. AJ. 952, obs. Lienhard ; Rev. sociétés 2005. 684, note Le Corre ; JCP E 2005, n° 49, p. 2098, note Leobon ; RJDA 2005, n° 839 ; Bull. Joly 2005. 949, note Lécuyer ; Defrénois 2005. 1924, obs. Gibirila.*

SECTION II **DU CONJOINT DU CHEF D'ENTREPRISE TRAVAILLANT DANS L'ENTREPRISE FAMILIALE** *(L. n° 2005-882 du 2 août 2005, art. 12-I).*

Art. L. 121-4 *(L. n° 2005-882 du 2 août 2005, art. 12-II)* **I. — Le conjoint du chef d'une entreprise artisanale, commerciale ou libérale qui y exerce de manière régulière une activité professionnelle opte pour l'un des statuts suivants :**

1° Conjoint collaborateur ;

2° Conjoint salarié ;

3° Conjoint associé.

II. — En ce qui concerne les sociétés, le statut de conjoint collaborateur n'est autorisé qu'au conjoint du gérant associé unique ou du gérant associé majoritaire d'une société à responsabilité limitée ou d'une société d'exercice libéral à responsabilité limitée répondant à des conditions de seuils fixées par décret en Conseil d'État.

Le choix effectué par le conjoint du gérant associé majoritaire de bénéficier du statut de conjoint collaborateur est porté à la connaissance des associés lors de la première assemblée générale suivant la mention de ce statut auprès des organismes mentionnés au IV.

III. — Les droits et obligations professionnels et sociaux du conjoint résultent du statut pour lequel il a opté.

IV. — Le chef d'entreprise mentionne le statut choisi par le conjoint auprès des organismes habilités à enregistrer l'immatriculation de l'entreprise.

V. — La définition du conjoint collaborateur, les modalités selon lesquelles le choix de son statut est mentionné auprès des organismes visés au IV et les autres conditions d'application du présent article sont fixées par décret en Conseil d'État.

BIBL. ▸ Loi du 2 août 2005 : DELFOSSE et PENIGUEL, *Dr. et patr. oct. 2005, suppl., p. 5.* – LÉCUYER, *Dr. sociétés 2005. Chron. 12.* – SAINTOURENS, *RTD com. 2005. 701* . – MONNET, *Dr. sociétés 2005, nº 222.* – CASTAGNÉ, *JCP N 2005, nº 50, p. 2065.*

Dès lors qu'il est établi que le mari participe effectivement à l'activité de son épouse à titre professionnel et habituel et qu'il perçoit une rémunération horaire minimale égale au SMIC, il faut en déduire que les dispositions du code du travail sont applicables à leur relation professionnelle, sans qu'il soit nécessaire de se prononcer sur l'existence d'un lien de subordination qui n'est pas une condition d'application de l'art. L. 784-1 C. trav. • Soc. 6 nov. 2001 : *D. 2002. 987, note Rossi* ; *ibid. Somm. 767, obs. Lokiec* ; *RTD com. 2002. 33, obs. Saintourens* ; *JCP E 2002, nº 13, p. 575, note Corrignan-Carsin.*

Art. L. 121-5 Une personne immatriculée au répertoire des métiers ou un commerçant ne peut, sans le consentement exprès de son conjoint, lorsque celui-ci participe à son activité professionnelle en qualité de conjoint travaillant dans l'entreprise, aliéner ou grever de droits réels les éléments du fonds de commerce ou de l'entreprise artisanale dépendant de la communauté, qui, par leur importance ou par leur nature, sont nécessaires à l'exploitation de l'entreprise, ni donner à bail ce fonds de commerce ou cette entreprise artisanale. Il ne peut, sans ce consentement exprès, percevoir les capitaux provenant de telles opérations.

Le conjoint qui n'a pas donné son consentement exprès à l'acte peut en demander l'annulation. L'action en nullité lui est ouverte pendant deux années à compter du jour où il a eu connaissance de l'acte, sans pouvoir jamais être intentée plus de deux ans après la dissolution de la communauté. – *[L. nº 82-596 du 10 juill. 1982, art. 2].*

Sur la mention au répertoire des métiers du conjoint collaborant au fonctionnement de l'entreprise artisanale, V. Décr. nº 98-247 du 2 avr. 1998, art. 14, infra, App., vº Artisans.

V. C. civ., art. 1424 et 1425. – **C. civ.**

Art. L. 121-6 Le conjoint collaborateur, lorsqu'il est mentionné au registre du commerce et des sociétés, au répertoire des métiers ou au registre des entreprises tenu par les chambres de métiers d'Alsace et de Moselle est réputé avoir reçu du chef d'entreprise le mandat d'accomplir au nom de ce dernier les actes d'administration concernant les besoins de l'entreprise.

Par déclaration faite devant notaire, à peine de nullité, chaque époux a la faculté de mettre fin à la présomption de mandat, son conjoint présent ou dûment appelé. La déclaration notariée a effet, à l'égard des tiers, trois mois après que mention en aura été portée au registre du commerce et des sociétés, au répertoire des métiers ou au registre des entreprises tenu par les chambres de métiers d'Alsace et de Moselle. En l'absence de cette mention, elle n'est opposable aux tiers que s'il est établi que ceux-ci en ont eu connaissance.

La présomption de mandat cesse également de plein droit en cas d'absence présumée de l'un des époux, de séparation de corps ou de séparation de biens judiciaire de même que lorsque les conditions prévues au premier alinéa ci-dessus ne sont plus remplies. – *[L. nº 82-596 du 10 juill. 1982, art. 9].*

Pour un arrêt ayant admis que puisse être déduite de l'attitude du conjoint collaborateur sa volonté de « sortir » du statut légal, V. • Douai, 13 mars 1997 : *D. 1997. 433, note Voinot* . ♦ Jugeant que la conjointe du commerçant objet d'une procédure collective, qui n'est pas immatriculée en qualité de commerçante, ne peut, sur sa demande, être admise au bénéfice de la liquidation judiciaire : • Com. 11 févr. 2004 : *Bull. civ. IV, nº 28* ; *D. 2004. AJ. 565, obs. Lienhard* ; *JCP E 2004, nº 22, p. 856, obs. Cabrillac* ; *ibid., nº 48, p. 1886, note Parachkevova* ; *RTD com. 2004. 243, obs. Saintourens* ; *Dr. et patr. juin 2004. 101, obs. Monsèrié-Bon* ; *Defrénois 2004. 1654, obs. Gibirila* ; *RJDA 2004, nº 731* ; *Bull. Joly 2004. 784, note Léobon.* – Comp. : • Angers, 11 mars 2003 : *RD banc. fin. 2004, nº 21, obs. Lucas.* – V. aussi note 4 *ter* ss. art. L. 620-2 ancien.

Art. L. 121-7 *(L. nº 2005-882 du 2 août 2005, art. 14)* **Dans les rapports avec les tiers, les actes de gestion et d'administration accomplis pour les besoins de l'entreprise par le conjoint collaborateur sont réputés l'être pour le compte du chef d'entreprise et n'entraînent à la charge du conjoint collaborateur aucune obligation personnelle.**

BIBL. ▶ Loi du 2 août 2005 : DELFOSSE et PENIGUEL, *Dr. et patr. oct. 2005, suppl., p. 8.* – LÉCUYER, *Dr. sociétés 2005. Chron. 12.* – SAINTOURENS, *RTD com. 2005. 701* .

Loi nº 89-1008 du 31 décembre 1989,

Relative au développement des entreprises commerciales et artisanales et à l'amélioration de leur environnement économique, juridique et social.

Art. 14 I. — Le conjoint survivant du chef d'une entreprise *(L. nº 2005-882 du 2 août 2005, art. 16-V)* « artisanale, commerciale ou libérale » qui justifie par tous moyens avoir participé directement et effectivement à l'activité de l'entreprise pendant au moins dix années, sans recevoir de salaire ni être associé aux bénéfices et aux pertes de l'entreprise, bénéficie d'un droit de créance d'un montant égal à trois fois le salaire minimum interprofessionnel de croissance annuel en vigueur au jour du décès dans la limite de 25 p. 100 de l'actif successoral. Ce droit est garanti sur la généralité des meubles par le privilège inscrit au 4° de l'article *(Ord. nº 2006-346 du 23 mars 2006, art. 54)* « 2331 » du code civil, sur la généralité des immeubles par le privilège inscrit au 2° de l'article *(Ord. nº 2006-346 du 23 mars 2006, art. 54)* « 2375 » du code civil et sur les immeubles par une hypothèque légale. Le cas échéant, le montant des droits propres du conjoint survivant dans les opérations de partage successoral et de liquidation du régime matrimonial est diminué de celui de cette créance. Pour la liquidation des droits de succession, cette créance s'ajoute à la part du conjoint survivant.

II *et* III. ....

BIBL. ▶ DAGOT, *JCP N 1990. I. 317.*

Sur l'interprétation de l'art. 14 ci-dessus, V. : *p. 1743 ; JCP E 1992. Pan. 531.*
Rép. min. nº 51775, *JOAN Q, 13 avr. 1992,*

CHAPITRE II DES COMMERÇANTS ÉTRANGERS

RÉP. COM. vº *Carte d'identité de commerçant*, par RANC.

BIBL GÉN. ▶ TAGER, *AJDI 1939. 278.* – PEUCHOT, *Rev. dr. publ. 1989. 1095* (carte d'identité de commerçant étranger).

Art. L. 122-1 *(Ord. nº 2004-279 du 25 mars 2004, art. 1er-I)* **Un étranger ne peut exercer sur le territoire français une profession commerciale, industrielle ou artisanale dans des conditions rendant nécessaire son inscription ou sa mention au registre du commerce et des sociétés ou au répertoire des métiers sans avoir au préalable été autorisé par le préfet du département dans lequel il envisage d'exercer pour la première fois son activité.** — *Pour les étrangers titulaires de la carte de résident, V. C. étrangers, art. L. 314-4, infra, App., vº Étrangers.*

Toute personne en possession d'une carte d'identité spéciale portant la mention « commerçant » à la date de publication de l'ord. nº 2004-279 du 25 mars 2004 (JO 27 mars) est dispensée de l'autorisation prévue par l'art. L. 122-1 (art. 1er-II). — Cette disposition est applicable à Mayotte (art. 7-II). L'ord. précitée a été ratifiée par l'art. 78-XVI de la L. nº 2004-1343 du 9 déc. 2004 (JO 10 déc.).

Dans l'attente de la publication du décret devant préciser les conditions de délivrance de l'autorisation préfectorale, il y a lieu de continuer à demander la carte de commerçant étranger : Avis CCRCS nº 04-39, Bull. CCRCS 2004, nº 26-27 ; BRDA 2004, nº 17, p. 12.

Ancien art. L. 122-1 *Il est interdit à tout étranger d'exercer sur le territoire français une profession commerciale, industrielle ou artisanale sans justifier de la possession d'une carte d'identité spéciale portant la mention « commerçant », délivrée par le préfet du département où l'étranger doit exercer son activité.* — [Décr.-L. 12 nov. 1938, art. 1er, al. 1er].

Conditions d'octroi (jurisprudence antérieure à l'ord. n° 2004-279 du 25 mars 2004). La carte de commerçant étranger n'est accordée par le préfet qu'aux étrangers dotés de la capacité de faire le commerce selon la loi française et présentant des garanties de valeur morale et professionnelle, sans que son refus puisse être discrétionnaire. • CE 10 juill. 1987 : *Rec. CE 253* • 18 nov. 1987 : *ibid. 370* • 16 avr. 1986 : *D. 1987. Somm. 221.*

Art. L. 122-2 Toute infraction aux prescriptions de l'article L. 122-1 et à celles du décret d'application prévu à l'article L. 122-4 est punie d'un emprisonnement de six mois et d'une amende de 3 750 €. En cas de récidive, les peines sont portées au double. Le tribunal peut, en outre, ordonner la fermeture de l'établissement. — *[Décr.-L. 12 nov. 1938, art. 1er, al. 2].*

1. Sanctions. Lorsque l'intéressé a commencé irrégulièrement à exercer le commerce, la délivrance de la carte doit lui être refusée et son exercice est pénalement sanctionné. • Crim. 30 déc. 1948 : *D. 1949. 84.* ♦ Sur la constitution frauduleuse d'une SARL par un étranger, commerçant de fait, V. • Paris, 7 oct. 1967 : *JCP 1968. II. 15525 ; RTD com. 1968. 1017, obs. Jauffret.* ♦ Sur la complicité d'un tiers dans la réalisation de l'infraction, V. • Paris, 9 juill. 1985 : *Gaz. Pal. 1985. 2. 551.*

2. Les actes irrégulièrement accomplis par un étranger non titulaire de la carte sont annulables, sans que cette nullité soit opposable à un cocontractant de bonne foi. • Soc. 19 juill. 1957 : *Bull. civ. IV, n° 878 ; JDI 1958. 1026, obs. Sialelli* • 11 avr. 1962 : *ibid. 1964. 99, obs. Sialelli.*

Art. L. 122-3 I. — Les dispositions des articles L. 122-1 et L. 122-2 ne sont pas applicables aux ressortissants d'un État membre de la Communauté européenne *(Ord. n° 2004-279 du 25 mars 2004, art. 1er-I)* « , d'un État partie à l'accord sur l'Espace économique européen ou d'un État membre de l'Organisation de coopération et de développement économiques » agissant pour leur propre compte ou pour le compte soit d'un autre ressortissant d'un de ces États, soit d'une société constituée conformément à la législation de l'un de ces États et ayant son siège statutaire, son administration centrale ou son principal établissement dans l'un de ces États.

II. — Toutefois, lorsqu'un étranger ou une société mentionnés au I crée une agence, une succursale ou une filiale sur le territoire de la République française ou y fournit des prestations de services, le bénéfice du I n'est accordé qu'à la condition que :

1° L'étranger soit établi sur le territoire d'un État membre de la Communauté européenne *(Ord. n° 2004-279 du 25 mars 2004, art. 1er-I)* « , d'un État partie à l'accord sur l'Espace économique européen ou d'un État membre de l'Organisation de coopération et de développement économiques » ;

2° La société, si elle n'a que son siège statutaire à l'intérieur de la Communauté européenne *(Ord. n° 2004-279 du 25 mars 2004, art. 1er-I)* « , d'un État partie à l'accord sur l'Espace économique européen ou d'un État membre de l'Organisation de coopération et de développement économiques », exerce une activité présentant un lien effectif et continu avec l'économie de l'un de ces États. — *[Décr.-L. 12 nov. 1938, art. 2].*

L'ord. n° 2004-279 du 25 mars 2004 a été ratifiée par l'art. 78-XVI de la L. n° 2004-1343 du 9 déc. 2004 (JO 10 déc.).

Art. L. 122-4 Un décret en Conseil d'État fixe les conditions d'application du présent chapitre. — *[Décr.-L. 12 nov. 1938, art. 4]. — V. Décr. n° 98-58 du 28 janv. 1998, infra, App., v° Étrangers.*

V. Circ. 1er août 1975 (D. et BLD 1975. 374) relative à la situation des ressortissants des États membres de la Communauté européenne ; Circ. 22 mars 1976 (D. et BLD 1976. 173) relative à la délivrance de la carte d'identité de commerçant aux étrangers désirant exercer une activité industrielle en France ; Circ. 24 oct. 1985 (D. et ALD 1986. 238) relative aux conditions de délivrance de la carte d'identité de commerçant aux étrangers désirant exercer en France une activité commerciale ou artisanale ; Circ. 23 déc. 1992 (JO 6 mars 1993) relative à la délivrance de la carte d'identité de commerçant étranger à des dirigeants sociaux ; Circ. 21 juin 1983 (D. et ALD 1983. 378) ayant pour objet de la suite à réserver aux opérations de régularisation des étrangers sans papiers exerçant une activité commerciale ou artisanale.

Sur la restitution, par les bénéficiaires d'une aide publique à la réinsertion, de leur carte d'identité de commerçant étranger, V. Décr. n° 84-795 du 24 août 1984 (D. et ALD 1984. 509) mod. par Décr. n° 87-1027 du 17 déc. 1987 (D. et ALD 1988. 28).

CHAPITRE III DES OBLIGATIONS GÉNÉRALES DES COMMERÇANTS

SECTION PREMIÈRE DU REGISTRE DU COMMERCE ET DES SOCIÉTÉS

RÉP. COM. v° *Registre du commerce et des sociétés*, par BEDER.

BIBL. ▶ DERRUPPÉ, *RTD com. 1985. 84.* – A.P.S., *Gaz. Pal. 1984. 2. Doctr. 482.* – AZZOUZ, *JCP N 1988. Prat., p. 117.* – BOULOC, *Gaz. Pal. 1985. 2. Doctr. 419.* – LE CANNU, *Petites affiches 11 sept. 1984.* – DELEBECQUE, *Journ. not. 1986. 1031.* – ROTTY, *JCP E 1984. I. 13621.* – BAHANS, *Dr. et patr. mars 2005. 66* (les actes de société sous forme électronique). – GUERIN, *Administrer oct. 2005. 25* (conséquences de la non-immatriculation d'une SCI au RCS dans ses relations avec la copropriété). – BARBIER, *AJDI 2005. 887* (particularités de l'obligation d'immatriculation au registre du commerce en droit spécial des baux commerciaux). ▶ Commentaire du décret du 10 avr. 1995 : COUTANT, *Gaz. Pal. 1995. 2. Doctr. 1095.* ▶ Commentaire du décret et de l'arrêté du 2 juill. 1998 : COUTANT, *Gaz. Pal. 1998. 2. Doctr. 1747.*

SOUS-SECTION 1 DES PERSONNES TENUES À L'IMMATRICULATION

Art. L. 123-1 **I. — Il est tenu un registre du commerce et des sociétés auquel sont immatriculés, sur leur déclaration :**

1° Les personnes physiques ayant la qualité de commerçant, même si elles sont tenues à immatriculation au répertoire des métiers ;

2° Les sociétés et groupements d'intérêt économique ayant leur siège dans un département français et jouissant de la personnalité morale conformément à l'article 1842 du code civil ou à l'article L. 251-4 ;

3° Les sociétés commerciales dont le siège est situé hors d'un département français et qui ont un établissement dans l'un de ces départements ;

4° Les établissements publics français à caractère industriel ou commercial ;

5° Les autres personnes morales dont l'immatriculation est prévue par les dispositions législatives ou réglementaires ; — *V. Arr. 20 juin 1989 relatif à l'immatriculation des GEIE (D. et ALD 1989. 215), mod. par Arr. 9 avr. 1990 (D. et ALD 1990. 211). — Sur le registre relatif aux courtiers d'assurances, V. Arr. 27 févr. 1997 (JO 7 mars).*

6° Les représentations commerciales ou agences commerciales des États, collectivités ou établissements publics étrangers établis dans un département français.

II. — Figurent au registre, pour être portés à la connaissance du public, les inscriptions et actes ou pièces déposés prévus par décret en Conseil d'État. — *[Décr. n° 84-406 du 30 mai 1984, art. 1er]. — V. Décr. n° 84-406 du 30 mai 1984, infra, App., v° Registre du commerce et des sociétés.*

Pour l'immatriculation des personnes qui font profession habituelle d'effectuer des opérations de change manuel, V. C. mon. fin., art. L. 520-1, infra, App., v° Code monétaire et financier (extraits).

L'immatriculation obligatoire à un registre de l'agriculture, prévue par l'art. L. 311-2 C. rur. des personnes physiques ou morales exerçant à titre habituel des activités réputées agricoles au sens du code rural, à l'exception des cultures marines et des activités forestières, ne dispense pas, le cas échéant, de l'immatriculation au RCS (C. rur., art. L. 311-2). — V. supra, art. L. 311-1 C. rur., ss. art. L. 110-1.

Pour l'immatriculation au RCS, des personnes pratiquant, à titre professionnel, l'activité de pêche maritime à bord d'un navire et en vue de la commercialisation des produits, V. L. n° 97-1051 du 18 nov. 1997, art. 14 (JO 19 nov.). — V. pour application, Décr. n° 98-406 du 22 mai 1998 (JO 26 mai), mod. par Décr. n° 99-1136 du 21 déc. 1999 (JO 29 déc.), Décr. n° 2003-595 du 26 juin 2003 (JO 3 juill.) et Décr. n° 2003-1274 du 23 déc. 2003 (JO 28 déc.).

Sur les conditions d'immatriculation des sociétés d'exercice libéral, V. Circ. 16 mars 1998 : BOMJ, n° 69, p. 92. — Sur l'obligation faite aux sociétés civiles constituées avant le 1er juill. 1978 et non encore immatriculées de s'immatriculer avant le 1er nov. 2002, V. L. n° 78-9 du 4 janv. 1978, telle que modifiée par la L. n° 2001-420 du 15 mai 2001, art. 44 au **C. sociétés.** *— Sur l'extension de cette obligation à toutes les sociétés, V. Rép. min. n° 36676 : JO Sénat Q, 14 févr. 2002, p. 499.*

1. *Associations.* **BIBL.** Kamden, *D. 1996. Chron. 213.* ♦ L'art. 1er du Décr. de 1984 [C. com., art. L. 123-1] limitant l'immatriculation au registre du commerce et des sociétés des personnes morales à celles pour lesquelles la loi ou le règlement le prévoit, il y a lieu d'infirmer une ordonnance ayant dit qu'un greffier devait procéder à l'inscription d'une association, ayant pour objet la gestion d'un foyer assurant la restauration, l'hébergement ainsi que l'animation culturelle de groupes de jeunes français ou étrangers. • Paris, 13 févr. 1992 : *JCP E 1992. II. 291 ; Bull. Joly 1992. 437, note Jeantin ; D. 1992. IR. 142 ; RTD com. 1992. 579, obs. Derruppé* ; (V., rejetant le pourvoi, • Com. 1er mars 1994 : *Bull. civ. IV, n° 90 ; D. 1994. 528, note Coutant ; Rev. sociétés 1994. 502, note Guyon ; Defrénois 1994. 1038, obs. Hovasse ; JCP 1995. II. 22418, note Kamden ; Bull. Joly 1994. 529, note Baillod ; Dr. sociétés 1994, n° 88, note Bonneau*). ♦ La Convention européenne de sauvegarde des droits de l'homme ne peut pas être invoquée par une association pour réclamer son inscription au registre du commerce et des sociétés qui lui a été justement refusée au motif qu'elle n'entrait dans aucune des catégories de personnes morales dont l'art. 1er prévoit qu'elles peuvent y être inscrites. • Com. 15 nov. 1994 : *Bull. civ. IV, n° 339 ; D. 1994. IR. 269 ; Dr. sociétés 1995, n° 24, note Bonneau ; Petites affiches 26 juill. 1995, p. 47, note Gibirila* (V. l'arrêt d'appel : • Paris, 12 nov. 1992 : *Dr. sociétés 1993, n° 25, note Bonneau ; Bull. Joly 1993. 103, note Legros).* ♦ V. aussi note 8 ss. art. L. 123-9.

2. Agriculteurs exerçant des activités touristiques. Sur la nécessité et les conditions de l'immatriculation, V. : Rép. min. n° 21010 : *JO Sénat Q, 15 oct. 1992, p. 2358.*

3. Diffusion par voie télématique. **BIBL.** Colloque CREDA, *JCP E 1994. I. 387.* ♦ L'art. 1er, dern. al. [C. com., art. L. 123-1, dern. al.], prévoyant que les inscriptions, actes ou pièces déposés figurent au registre pour être portés à la connaissance du public, en diffusant ces informations par le biais de son serveur, INFOGREFFE ne fait que se conformer à ces prescriptions légales, sauf à démontrer qu'il porte à la connaissance du public des informations non prévues par le texte ou inexactes, et qu'il enfreint les dispositions de la loi du 6 janv. 1978 (informatique et libertés). • TGI Paris, 23 sept. 1992 : *JCP E 1992. Pan. 1196.* ♦ Ne peut être reprochée la diffusion de l'adresse personnelle du demandeur, cette mention étant prévue par l'art. 15 (10°) du Décr. n° 84-406 du 30 mai 1984. • Même jugement. ♦ Comp., jugeant qu'un dirigeant peut s'opposer à la diffusion d'informations le concernant pour raison légitime : • Paris, 22 juin 1993 : *JCP E 1994. I. 359, n° 13, obs. Vivant et Le Stanc.*

4. En ce que le serveur minitel EURIDILE, géré par l'Institut national de la propriété industrielle, constitue un service public à caractère industriel et commercial, les actions tendant à la réparation des préjudices causés aux tiers par son fonctionnement ressortissent à la compétence des juridictions de l'ordre judiciaire. • TGI Bar-le-Duc, 16 janv. 1997 : *D. Affaires 1997. 317.* ♦ La diffusion par l'INPI, par le biais de ce serveur, d'une information erronée est constitutive d'une faute civile de nature à engager la responsabilité délictuelle de son auteur. • Même jugement.

Art. L. 123-2 Nul ne peut être immatriculé au registre s'il ne remplit les conditions nécessaires à l'exercice de son activité. Les personnes morales doivent, en outre, avoir accompli les formalités prescrites par la législation et la réglementation en vigueur les concernant. — *[Décr. n° 84-406 du 30 mai 1984, art. 2].*

BIBL. ▶ LEBOUCHÉ, *Dr. sociétés 1999. Chron. 1* (dirigeants étrangers de sociétés : quelles règles respecter pour exercer ?).

S'agissant d'une demande d'immatriculation introduite par un gérant de SARL de nationalité algérienne, il n'y a pas lieu de prendre en compte la réglementation des étrangers relative aux conditions d'obtention d'un titre de séjour en France supérieur à trois mois, l'immatriculation au RCS n'étant soumise qu'aux seules conditions imposées par le décret n° 84-406 du 30 mai 1984. • Paris, 7 juill. 1995 : *JCP E 1995. Pan. 1178.* ♦ Comp., en ce sens que, s'agissant d'un ressortissant algérien, le demandeur se trouve dispensé de la carte de commerçant étranger et peut présenter à l'appui de son immatriculation le récépissé de demande de carte de séjour, en vertu des dispositions de la circulaire du 14 mars 1986 relative aux conditions de circulation, d'emploi et de séjour en France des ressortissants algériens, • Paris, 12 oct. 1995 : *Bull. Joly 1996. 59, obs. P. S.* – V. aussi • Paris, 27 oct. 1995 : *Gaz. Pal. 1996. 2. Somm. 366.* ♦ V. également, sur l'obligation de présenter un titre de séjour, pour le ressortissant algérien acquéreur d'un fonds de commerce, Rép. min. n° 31063 : *JOAN Q, 22 janv. 1996, p. 389.* ♦ Sur le contrôle du greffier, V. note ss. art. 30 du Décr. n° 84-406 du 30 mai 1984, *infra*, App., v° *Registre du commerce et des sociétés.*

Art. L. 123-3 Faute par un commerçant personne physique de requérir son immatriculation dans le délai prescrit, le juge commis soit d'office, soit à la requête du procureur de la République ou de toute personne justifiant y avoir intérêt, rend une ordonnance lui enjoignant de demander son immatriculation.

Dans les mêmes conditions, le juge peut enjoindre à toute personne immatriculée au registre du commerce et des sociétés qui ne les aurait pas requises dans les délais prescrits, de faire procéder soit aux mentions complémentaires ou rectifications qu'elle doit y faire porter, soit aux mentions ou rectifications nécessaires en cas de déclarations inexactes ou incomplètes, soit à la radiation.

Le greffier d'une juridiction qui rend une décision impliquant l'obligation pour une personne de s'immatriculer doit notifier cette décision au greffier du tribunal de commerce dans le ressort duquel l'intéressé a son siège ou son établissement principal. Le greffier du tribunal de commerce destinataire de la décision saisit le juge commis à la surveillance du registre. — *[Décr. n° 84-406 du 30 mai 1984, art. 58].*

Bien que codifié à l'art. L. 123-3, l'al. 3 de l'art. 58 du décret n° 84-406 du 30 mai 1984 n'a pas été abrogé par l'Ord. de codification n° 2000-912 du 18 sept. 2000. — V. cet art., infra, App., v° Registre du commerce et des sociétés.

Art. L. 123-4 Le fait pour toute personne tenue de requérir une immatriculation, une mention complémentaire ou rectificative, ou une radiation au registre du commerce et des sociétés, de ne pas, sans excuse jugée valable, dans les quinze jours de la date à laquelle est devenue définitive l'ordonnance rendue par le juge commis à la surveillance du registre lui enjoignant de requérir l'une de ces formalités, déférer à cette injonction, est puni d'une amende de 3 750 €.

Le tribunal peut, en outre, priver l'intéressé, pendant un temps qui n'excédera pas cinq ans, du droit de vote et d'éligibilité aux élections des tribunaux de commerce, chambres de commerce et d'industrie et conseils de prud'hommes.

Le tribunal ordonne que l'immatriculation, les mentions ou la radiation devant figurer au registre du commerce et des sociétés y seront portées dans un délai déterminé, à la requête de l'intéressé. — *[Ord. n° 58-1352 du 27 déc. 1958, art. 1er]. — V. Décr. n° 84-406 du 30 mai 1984, art. 26-1, infra, App., v° Registre du commerce et des sociétés.*

La sanction prévue en cas de récidive, telle qu'elle figurait à l'art. 1er de l'Ord. n° 58-1352 du 27 déc. 1958, n'a pas été reprise lors de la codification de cet art.

Sur la réinsertion de la virgule après les mots « sans excuse jugée valable », par l'art. 50-II de la L. n° 2003-7 du 3 janv. 2003 (JO 4 janv.), V. Saintourens, RTD com. 2003. 269.

Art. L. 123-5 Le fait de donner, de mauvaise foi, des indications inexactes ou incomplètes en vue d'une immatriculation, d'une radiation ou d'une mention

complémentaire ou rectificative au registre du commerce et des sociétés est puni d'une amende de 4 500 € et d'un emprisonnement de six mois.

Les dispositions des deuxième et troisième alinéas de l'article L. 123-4 sont applicables dans les cas prévus au présent article. – *[Ord. n° 58-1352 du 27 déc. 1958, art. 2].*

Doit être condamné le prévenu qui, lors de son inscription en vue de sa nomination au poste de P-DG d'une société, a omis de mentionner une déclaration de faillite personnelle. • Paris, 26 avr. 1993 : *JCP E 1993. Pan. 744.* ♦ La présence d'un « homme de paille » destiné à occuper la place de gérant de droit alors que la direction effective de l'entreprise est assurée de fait par une autre personne constitue une fraude passible des sanctions pénales prévues par l'art. L. 123-5, et dont le but consiste à dissimuler aux autorités de contrôle et aux tiers l'identité du véritable dirigeant de l'entreprise ; celui qui a sciemment prêté son nom à l'accomplissement d'une telle fraude ne saurait s'en prévaloir, sauf à invoquer sa propre turpitude. • Versailles, 11 sept. 2003 : *RJDA 2004, n° 206.*

Art. L. 123-5-1 *(L. n° 2001-420 du 15 mai 2001)* **A la demande de tout intéressé ou du ministère public, le président du tribunal, statuant en référé, peut enjoindre sous astreinte au dirigeant de toute personne morale de procéder au dépôt des pièces et actes au registre du commerce et des sociétés auquel celle-ci est tenue par des dispositions législatives ou réglementaires.**

Le président peut, dans les mêmes conditions et à cette même fin, désigner un mandataire chargé d'effectuer ces formalités.

L'art. L. 123-5-1 est applicable à Mayotte, en Nouvelle-Calédonie et à Wallis-et-Futuna (Ord. n° 2004-604 du 24 juin 2004, art. 56-I, 57-II et 58-II).

L'art. L. 123-5-1 est applicable en cas de carence du président du conseil d'administration dans la production du rapport sur le contrôle interne, qui doit être annexé au rapport de gestion et, à ce titre, déposé avec lui au greffe du tribunal de commerce : Rép. min. n° 3779 : *JOAN Q 11 janv. 2005, p. 372.* ♦ L'instauration de la procédure de référé-injonction de faire afin de contraindre le dirigeant de la société d'effectuer le dépôt des pièces et actes au RCS, conforte l'intention du législateur de dépénaliser l'obligation de dépôt des comptes annuels visée par l'art. L. 232-22 C. com. • Douai, 3 déc. 2004 : *D. 2005. AJ. 359, obs. Lienhard ; Rev. sociétés 2005. 668, obs. Bouloc ; Bull. Joly 2005. 486, note Mascala ; RJDA 2005, n° 993.*

SOUS-SECTION 2 TENUE DU REGISTRE ET EFFETS ATTACHÉS À L'IMMATRICULATION

Art. L. 123-6 Le registre du commerce et des sociétés est tenu par le greffier de chaque tribunal de commerce, sous la surveillance du président ou d'un juge commis à cet effet, qui sont compétents pour toutes contestations entre l'assujetti et le greffier. – *[Décr. n° 84-406 du 30 mai 1984, art. 4, al. 1er]. – V. Décr. n° 84-406 du 30 mai 1984, art. 4, infra, App., v° Registre du commerce et des sociétés.*

Art. L. 123-7 L'immatriculation d'une personne physique emporte présomption de la qualité de commerçant. Toutefois, cette présomption n'est pas opposable aux tiers et administrations qui apportent la preuve contraire. Les tiers et administrations ne sont pas admis à se prévaloir de la présomption s'ils savaient que la personne immatriculée n'était pas commerçante. – *[Décr. n° 84-406 du 30 mai 1984, art. 64].*

BIBL. ▶ DELGA, *ALD 1985. 79 ; D. 1985. Chron. 117.* – DESDEVISES, *JCP 1975. I. 2705.*

Qualité de commerçant. Sur la jurisprudence antérieure à l'art. 64 du décret du 30 mai 1984 [C. com., art. L. 123-7], V. • Com. 7 déc. 1983 : *Bull. civ. IV, n° 341.* ♦ Sur la présomption irréfragable de la qualité de commerçant, en l'absence de radiation, lorsque l'intéressé avait exercé une activité, V. • Com. 6 janv. 1987 : *Rev. sociétés 1987. 411, note Chaput* • 9 févr. 1971 : *D. 1972. 600, note Jauffret ; RTD com. 1972. 475, obs. Houin* • 17 mars 1981 :

ibid. 1981. 517, obs. Derruppé • Paris, 19 sept. 1995 : *Dr. sociétés 1995, n° 243, obs. Chaput.* – Comp. : • Paris, 24 févr. 1995 : *ibid. 1995, n° 136, obs. Chaput ; RJDA 1995, n° 991.* ♦ Comp. aussi, exigeant, de la part d'une personne inscrite, la preuve de l'exercice effectif du commerce : • Paris, 1er oct. 1996 : *Bull. Joly 1997. 44, note crit. Vallansan.* ♦ Sur l'inefficacité d'une radiation anticipée alors que l'intéressé poursuit en fait son activité, V. • Com. 4 juill. 1960 : *D. 1960. Somm. 106.*

Art. L. 123-8 **La personne assujettie à immatriculation qui n'a pas requis cette dernière à l'expiration d'un délai de quinze jours à compter du commencement de son activité, ne peut se prévaloir, jusqu'à immatriculation, de la qualité de commerçant tant à l'égard des tiers que des administrations publiques. Toutefois, elle ne peut invoquer son défaut d'inscription au registre pour se soustraire aux responsabilités et aux obligations inhérentes à cette qualité.**

Sans préjudice de l'application de l'article L. 144-7, le commerçant inscrit qui cède son fonds ou qui en concède l'exploitation notamment sous forme de location-gérance ne peut opposer la cessation de son activité commerciale, pour se soustraire aux actions en responsabilité dont il est l'objet du fait des obligations contractées par son successeur dans l'exploitation du fonds, qu'à partir du jour où a été opérée la radiation ou la mention correspondante. — *[Décr. n° 84-406 du 30 mai 1984, art. 65].*

1. Défaut d'immatriculation. Sur l'impossibilité, pour une personne physique, faute d'immatriculation, de bénéficier d'un redressement judiciaire, V. note 4 *ter* ss. art. L. 620-2 ancien.

1 bis. Siège social. Pour une société immatriculée au lieu de son siège social et non pas au lieu où elle exploite son fonds de commerce, V. • Civ. 3e, 31 mai 1978 : *Bull. civ. III, n° 229 ; RTD com. 1979. 89, obs. Derruppé.*

2. Compétence juridictionnelle. Sur l'influence de l'immatriculation sur la revendication de la compétence commerciale, V. • T. civ. Pontoise, 13 oct. 1964 : *RTD com. 1965. 85, obs. Jauffret.* ♦ ... De la prescription décennale découlant de l'art. 189 *bis* [C. com., art. L. 110-4], V. • Com. 2 mars 1993 : *Bull. civ. IV, n° 91.*

3. Radiation. Pour une application du 2e al. de l'art. L. 123-8, V. • Besançon, 30 nov. 2004 : *JCP E 2005, n° 4, p. 109.*

Art. L. 123-9 **La personne assujettie à immatriculation ne peut, dans l'exercice de son activité, opposer ni aux tiers ni aux administrations publiques, qui peuvent toutefois s'en prévaloir, les faits et actes sujets à mention que si ces derniers ont été publiés au registre.**

En outre, la personne assujettie à un dépôt d'actes ou de pièces en annexe au registre ne peut les opposer aux tiers ou aux administrations, que si la formalité correspondante a été effectuée. Toutefois, les tiers ou les administrations peuvent se prévaloir de ces actes ou pièces.

Les dispositions des alinéas précédents sont applicables aux faits ou actes sujets à mention ou à dépôt même s'ils ont fait l'objet d'une autre publicité légale. Ne peuvent toutefois s'en prévaloir les tiers et administrations qui avaient personnellement connaissance de ces faits et actes. — *[Décr. n° 84-406 du 30 mai 1984, art. 66].*

1. Domaine d'application. Les art. 8 de la loi du 24 juill. 1966 [C. com., art. L. 210-9] et 66 [C. com., art. L. 123-9] ci-dessus ne sont pas applicables au litige qui oppose la société à une personne qui, après avoir cessé ses fonctions d'administrateur, agit en qualité de salarié et n'est donc pas un tiers. • Soc. 9 oct. 1991 : *Bull. civ. V, n° 404 ; D. 1991. IR. 258 ; Rev. sociétés 1992. 318, note Chartier ; Bull. Joly 1991. 1119.*

2. L'épouse séparée de corps d'un commerçant exploitant un fonds ayant appartenu à la communauté, qui, n'ayant pas la qualité de commerçante, n'était pas assujettie à l'immatriculation, peut opposer aux tiers le jugement de séparation de corps bien qu'il n'ait pas été publié au registre du commerce. • Civ. 1re, 20 oct. 1992 : *Bull. civ. I, n° 260 ; Defrénois 1993. 512, obs. crit. Sénéchal* (Décr. n° 67-237 du 23 mars 1967). ♦ De même, l'épouse du commerçant peut opposer le changement de régime matrimonial, malgré le défaut de publication. • Toulouse, 27 avr. 1995 : *JCP 1995. I. 3869, n° 6, obs. Wiederkehr.*

3. L'art. 66, al. 1er [C. com., art. L. 123-9, al. 1er], ne concerne que les actes par lesquels la responsabilité d'une société peut être engagée, et non ceux qui servent de base à l'application des sanctions à l'égard des dirigeants sociaux en cas de procédure collective. • Com. 14 oct. 1997 : *Bull. civ. IV, n° 254 ; D. 1997. IR. 243 ; D. Affaires 1997. 1290* • Paris, 18 janv. 1994 : *RJDA 1994, n° 528 ; Bull. Joly 1994. 309, note A. C.* • 22 mars 1994 : *ibid. 679.* ♦ V. aussi note 2 ss. art. L. 624-1 ancien et note 2 *bis* ss. art. L. 625-5 ancien.

3 bis. Une société en nom collectif, bénéficiaire d'un contrat de crédit-bail, n'ayant pas respecté l'obligation contractuelle d'informer le crédit-bailleur de sa transformation en SARL, ne peut pas opposer à celui-ci le changement de sa forme sociale, quand bien même ce changement a été régulièrement publié. • Com. 1er oct. 1996 : *Bull. Joly 1997. 37, note Le Cannu.*

4. Actes modificatifs. Manque de base légale de l'arrêt qui, à la suite de la fusion de sociétés de caution mutuelle, retient que ces sociétés n'ont d'autres obligations, selon la loi du 13 mars 1917 [C. mon. fin., art. L. 515-4 s.], que de déposer les actes modificatifs au greffe du tribunal d'instance, ce qui a été fait en l'espèce, alors que les actes modificatifs affectant une société ne sont opposables aux tiers que s'ils ont été publiés au RCS, conformément à l'art. 66 [C. com., art. L. 123-9] ci-dessus, même s'ils ont fait l'objet d'une autre publicité légale. • Com. 29 juin 1993 : *Bull. civ. IV, n° 275 ; D. 1993. IR. 206 ; Defrénois 1993. 1464, obs. Hovasse ; Bull. Joly 1993. 914, note Saintourens ; Dr. sociétés 1993, n° 180, note Bonneau ; JCP E 1994. II. 563, note Le Nabasque.* ♦ L'opposabilité aux tiers des cessions de parts d'une SNC suppose que les formalités d'opposabilité à la société prévues par le 1er al. de l'art. L. 221-14 C. com. aient été accomplies antérieurement ou concomitamment à la publicité au RCS ; dès lors qu'une seule des formalités légales n'a pas été observée, la cession est inopposable aux tiers, peu important qu'ils en aient eu connaissance par ailleurs. • Paris, 4 nov. 2003 : *RJDA 2004, n° 998.*

4 bis. Possibilité pour les tiers de se prévaloir des actes non publiés. Les tiers, dont fait partie le banquier par rapport à la société qui est sa cliente, peuvent se prévaloir des actes ou faits même non publiés (changement de gérant) dont ils ont connaissance. • T. com. Paris, 22 mars 1994 : *Dr. sociétés 1994, n° 132, note Bonneau.*

5. Connaissance personnelle des tiers. Les dispositions de l'art. L. 123-9, al. 3, bien que codifiées dans un chapitre concernant les obligations des commerçants, ont une portée générale ; elles s'appliquent à toutes personnes assujetties à un dépôt d'acte au registre du commerce telles que les associés des sociétés civiles qui sont tenus de publier l'acte par lequel ils cèdent leurs parts sociales. • Bordeaux, 17 juin 2004 : *RJDA 2005, n° 716. — Contra :* • Paris, 8 mars 2005 : *RTD com. 2005. 760, obs. Champaud et Danet ; Rev. sociétés 2005. 469, obs. Urbain-Parléani ; RJDA 2005, n° 1231.* ♦ En vertu de l'art. 66, al. 3, *in fine* [C. com., art. L. 123-9, al. 3], un établissement financier ne peut se prévaloir de l'absence de publication de la démission du gérant d'une SARL dès lors qu'il reconnaît en avoir eu connaissance dans un journal d'annonces légales. En conséquence, cette connaissance de la démission décharge le gérant qui, s'étant porté caution de la société vis-à-vis de l'établissement financier pour une durée limitée à ses fonctions, n'est pas concerné par les dettes sociales postérieures à la cessation de ses fonctions. • Bordeaux, 24 mars 1993 : *JCP 1993. IV. 1771.*

De même, une SARL ne peut prétendre n'avoir pas eu personnellement connaissance de la nomination du président du conseil d'administration d'une SA, alors que son personnel avait travaillé dans les locaux de cette SA et que la presse s'était largement fait l'écho de cette nomination. • Paris, 15 sept. 1995 : *BRDA 1995, n° 22, p. 3 ; Bull. Joly 1996. 50, note Le Cannu.*

6. Un gérant de SARL ayant régulièrement démissionné et le tribunal en ayant été informé à l'audience, l'intéressé n'avait plus qualité pour représenter la société lors de l'audition préalable au prononcé d'un redressement judiciaire. • Com. 23 mai 1995 : *Bull. civ. IV, n° 156 ; D. 1995. IR. 195 ; Bull. Joly 1995. 879, note Le Cannu.*

7. Réinscription rétroactive. L'autorité de chose jugée qui s'attache à l'arrêt ayant réformé l'ordonnance du juge commis à la surveillance du RCS, ayant, par suite d'une erreur administrative, ordonné à tort la radiation d'office de la société preneur à bail dudit registre, ne s'oppose pas à ce que le bailleur ait pu valablement, au regard des dispositions de l'art. 66 [C. com., art. L. 123-9], fonder le congé, avec refus de renouvellement sans indemnité d'éviction, sur le défaut, à la date où il avait été délivré, d'immatriculation au registre. • Com. 12 janv. 1999 : *Bull. civ. IV, n° 15 ; D. Affaires 1999. 447, obs. Y. R. ; Petites affiches 25 févr. 1999, p. 8 ; Bull. Joly 1999. 488, note Bahans ; Defrénois 1999. 489, obs. Duplan-Miellet ; JCP 1999. II. 10125, note Kéita ; Loyers et copr. 1999, n° 154, obs. Brault et Mutelet.* ♦ Un preneur à bail ne peut donc faire grief à une cour d'appel d'avoir déclaré inopposable au bailleur sa réinscription rétroactive audit registre, suite à l'annulation de la radiation d'office. • Même arrêt.

8. Bail commercial. BIBL. Cornille, *Gaz.*

Pal. 2005. Doctr. 903 (immatriculation et droit au renouvellement). – Brault, *Loyers et copr. 2005. Chron. 5* (évolution de la jurisprudence). – Barbier,*AJDI 2005. 887* (particularités de l'obligation d'immatriculation en droit spécial des baux commerciaux). – Denizot, *AJDI 2006. 24* (rôle de la bonne foi dans la condition d'immatriculation au RCS posée par le statut des baux commerciaux). – Boccara, *Administrer avr. 2006. 13* (simplifier la problématique de l'immatriculation au RCS). – Betoulle, *AJDI 2006. 356* (immatriculation, commerces dépendants et statut des baux commerciaux). ♦ Dès lors que le locataire n'est pas immatriculé au RCS à la date de sa demande de renouvellement de bail, même si ce défaut d'inscription résulte d'une erreur commise par le greffe du tribunal de commerce, le bailleur peut valablement refuser le renouvellement du bail. • Civ. 3e, 12 juill. 2000 : *Bull. civ. III, n° 141 ; D. 2000. AJ. 415, obs. Rouquet ; JCP E 2001, n° 2, p. 83, note Kéita ; RD imm. 2000. 612, obs. Derruppé* ; • Pau, 10 mars 2003 : *JCP E 2004, n° 14, p. 538* • Paris, 21 nov. 2003 : *Administrer mars 2004. 28, obs. Boccara et Lipman-Boccara.* ♦ Même solution lorsque le défaut d'immatriculation résulte d'une faute ou d'une négligence du bailleur. • Civ. 3e, 18 oct. 2005 : *JCP E 2006, n° 20-21, p. 908, obs. Kenfack ; RJDA 2006, n° 10 ; Loyers et copr. 2005, n° 226, obs. Pereira Osouf ; Administrer déc. 2005. 66, obs. Boccara et Lipman-W. Boccara ; Rev. Loyers 2006. 30.* ♦ *Contra*, jugeant que la radiation du RCS lorsqu'elle est la conséquence d'une impossibilité d'exploitation résultant d'un manquement du bailleur à son obligation de délivrance ne saurait être retenue comme cause de dénégation du droit au statut du locataire : • Rouen, 10 sept. 2002 : *Administrer févr. 2003. 36, obs. Boccara et Lipman-Boccara.* ♦ Mais en cas de soumission volontaire au statut des baux commerciaux, l'immatriculation du preneur au RCS n'est pas une condition impérative de son droit au renouvellement. • Civ. 3e, 9 févr. 2005 : *Bull. civ. III, n° 33 ; D. 2006. Pan. 928, obs. Rozès ; D. 2005. AJ. 643, obs. Rouquet ; JCP E 2005, n° 22, p. 918, obs. Monéger ; AJDI 2005. 658, obs. Blatter ; Gaz. Pal. 2005. 4139, obs. Barbier ; RJDA 2005, n° 510 ; Defrénois 2005. 1833, obs. Ruet ; Loyers et copr. 2005, n° 114, obs. Brault ; Rev. loyers 2005. 188, obs. Quément ; Administrer mai 2005. 28, obs. Boccara et Lipman-W. Boccara ; RDC 2005. 1081, obs. Lardeux.* – Rappr. • Paris, 12 sept. 2005 : *AJDI 2005. 906 ; Gaz. Pal. 2005. 4239, obs. Brault.*

L'immatriculation du locataire au jour de la délivrance du congé portant refus de renouvellement conditionne son droit au renouvellement du bail. • Civ. 3e, 10 juill. 2002 : *Bull. civ. III, n° 160 ; D. 2002. AJ. 2806, obs. Rouquet ; Bull. Joly 2002. 1196, obs. Scholer.* ♦ La condition d'immatriculation s'apprécie à la date de délivrance du congé ou de la demande de renouvellement et cette inscription doit être faite à l'adresse des lieux loués. • Paris, 29 nov. 2002 : *AJDI 2003. 267, obs. Porcheron* • 14 févr. 2003 : *AJDI 2004. 32* (pour un local accessoire). ♦ La condition d'immatriculation doit être remplie à la date de la demande de renouvellement et à la date d'expiration du bail, mais non pendant le cours de la procédure en fixation du loyer du bail renouvelé. • Civ. 3e, 18 mai 2005 : *Bull. civ. III, n° 107 ; D. 2005. AJ. 1554, obs. Rouquet ; JCP E 2005, n° 37, p. 1469, note Brault ; Petites affiches 9 sept. 2005, p. 10, note Quément ; RJDA 2005, n° 940 ; Defrénois 2006. 438, obs. Ruet ; Loyers et copr. 2005, n° 138, obs. Brault ; Rev. loyers 2005. 316, obs. Prigent ; Administrer août-sept. 2005. 40, obs. Barbier.* ♦ L'immatriculation n'est requise du locataire en place qu'à la date de la délivrance du congé et, de la société cessionnaire, qu'à la date d'effet dudit congé (preneur qui se maintient dans les lieux durant l'instance de fixation de l'indemnité d'éviction). • Civ. 3e, 28 janv. 2004 : *Bull. civ. III, n° 14 ; D. 2004. AJ. 422, obs. Rouquet ; Loyers et copr. 2004, n° 92, obs. Brault ; Petites affiches 28 juin 2004, p. 14, obs. Teilliais ; Defrénois 2004. 1330, note Ruet ; RJ com. 2004. 459, note Auque ; Administrer avr. 2004. 32, obs. Boccara et Lipman-Boccara ; ibid. juin 2004. 31, note Barbier ; Bull. Joly 2004. 831, note Coquelet ; Rev. loyers 2004. 146, obs. Quément.* ♦ Ayant relevé que la radiation du locataire du RCS est intervenue après la date d'expiration du bail, une cour d'appel déduit exactement que le bailleur ne peut lui dénier le bénéfice du statut des baux commerciaux. • Civ. 3e, 29 sept. 2004 : *Bull. civ. III, n° 159 ; D. 2004. AJ. 2718, obs. Rouquet ; JCP E 2005, n° 23, p. 965, obs. Kenfack ; Gaz. Pal. 2005. 1251, note Barbier ; Dr. et patr. janv. 2005. 97, obs. Chauvel ; RJDA 2004, n° 1301 ; AJDI 2005. 297, note Blatter ; Defrénois 2005. 1164, obs. Ruet ; Administrer déc. 2004. 47, obs. Boccara et Lipman-Boccara ; ibid. mai 2005. 15, avis Gariazzo ; Rev. loyers 2004. 628, note Prigent.* – *Contra* : • Civ. 3e, 27 mars 2002 : *Bull. civ. III, n° 75 ; D. 2002. AJ. 1423, obs. Rouquet ; AJDI 2002. 374, obs. Blatter ; RTD com. 2002. 275, obs. Monéger.*

Le défaut, à la date du congé, de mention au registre du commerce des locaux loués au preneur ne peut avoir pour effet que de priver celui-ci du droit au renouvellement de son bail ; dès lors qu'il est constaté que ce droit au renouvellement n'était pas en cause, une cour d'appel peut en déduire que le bail dont bénéficiait le preneur, soumis expressément aux dispositions des art. L. 145-1 s., continuait à régir les relations entre les parties et que le congé délivré au locataire, non conforme aux exigences de l'art. L. 145-9, devait être déclaré nul. • Civ. 3e, 1er oct. 2003 : *Bull. civ. III, n° 168 ; D. 2003. AJ. 2575, obs. Rouquet ; AJDI 2004. 199, obs. Blatter ; JCP E 2003, n° 47, p. 1839 ; Dr. et patr. mars 2004. 101, obs. Chauvel ; RDC 2004. 695, obs. Lardeux ; BRDA 2003, n° 20, p. 9 ; Rev. loyers 2003. 654, obs. Martin-Imperatori ; Administrer déc. 2003. 45, note Barbier.* ♦ Comp., jugeant que la dénégation du statut pour défaut d'immatriculation à la date du congé ne doit pas nécessairement intervenir au moyen d'un congé par dénégation que les dispositions du statut de la propriété commerciale n'imposent pas, mais peut être utilement soulevée en tout état de cause et notamment postérieurement à un congé avec offre de renouvellement ou d'indemnité d'éviction, et ce par tous moyens : • TGI Paris, 13 sept. 2005 : *RJ com. 2006. 112, obs. Auque.* ♦ Sur la renonciation tacite mais sans équivoque à se prévaloir du défaut d'immatriculation du preneur (une association) au registre du commerce, lors du renouvellement du bail, V. • Paris, 23 janv. 2004 : *AJDI 2004. 728* .

9. Une société bénéficiaire d'un apport partiel d'actif n'a pas droit au bénéfice du statut des baux commerciaux, si à la date de la délivrance du congé, elle n'est pas immatriculée au RCS pour les locaux considérés, l'immatriculation de la société apporteuse étant indifférente. • Civ. 3e, 7 nov. 2001 : *RTD com. 2002. 275, obs. Saintourens ; AJDI 2002. 125, obs. Blatter* . ♦ Et il importe peu que les bailleurs soient intervenus à l'acte d'apport, aient agréé la société comme locataire aux lieu et place de la société apportante et aient été informés de l'exploitation commerciale de la société dans les lieux loués dès lors que l'inscription au RCS des sociétés tant principale que complémentaire ou secondaire est une condition objective du droit au renouvellement du bail. • Paris, 29 nov. 2002 : *préc. note 8.* ♦ Pour prétendre au bénéfice du statut des baux commerciaux, le titulaire du bail doit être immatriculé au RCS à la date de délivrance du congé par le bailleur, peu importe que le preneur héberge, en vertu d'une autorisation figurant dans les clauses du bail, une société régulièrement immatriculée au RCS. • Versailles, 29 janv. 2004 : *BICC 2004, n° 1357.* ♦ A la date de délivrance du congé (21 mars 2003), le défaut d'immatriculation du preneur initial qui n'était pas titulaire du bail est sans incidence sur le droit au renouvellement, la condition d'application du statut tirée de l'immatriculation au RCS devant s'apprécier en la personne de la SNC, immatriculée le 25 sept. 2002. • Paris, 2 mars 2006 : *JCP E 2006, n° 19, p. 864.*

Art. L. 123-9-1 *(L. n° 2003-721 du 1er août 2003)* **Le greffier du tribunal ou l'organisme mentionné au dernier alinéa de l'article 2 de la loi n° 94-126 du 11 février 1994 relative à l'initiative et à l'entreprise individuelle délivre gratuitement un récépissé de dépôt de dossier de création d'entreprise à toute personne assujettie à l'immatriculation au registre, dès que celle-ci a déposé un dossier de demande d'immatriculation complet. Ce récépissé permet d'accomplir, sous la responsabilité personnelle de la personne physique ayant la qualité de commerçant ou qui agit au nom de la société en formation, les démarches nécessaires auprès des organismes publics et des organismes privés chargés d'une mission de service public. Il comporte la mention : « En attente d'immatriculation ».**

Les conditions d'application du présent article sont définies par décret en Conseil d'État.

Les dispositions de l'art. L. 123-9-1 sont applicables en Polynésie française, à Wallis-et-Futuna et en Nouvelle-Calédonie (L. n° 2003-721 du 1er août 2003).

V. relatif au registre du commerce et des sociétés, Décr. n° 84-406 du 30 mai 1984, art. 29-1, infra, App., v° Registre du commerce et des sociétés.

BIBL. ► LIENHARD, *D. 2003. 1900.* – TRÉBULLE, *Dr. sociétés 2003, n° 159.* – SAINTOURENS, *RTD com. 2003. 687.*

SOUS-SECTION 3 DOMICILIATION DES PERSONNES IMMATRICULÉES

BIBL. ► Loi pour l'initiative économique : LIENHARD, *D. 2003. 1900.* – Œuvre collective, *R com. 2003. 339, spéc. 345.* – TRÉBULLE, *Dr. sociétés 2003, n° 161.* – BRAULT, *Gaz. Pal. 2003. Doctr 2802.* – SAINTOURENS, *RTD com. 2003. 689.* – BLATTER, *AJDI 2004. 14* .

V. Circ. CIV 2004-06 D1 du 14 juin 2004, relative à la domiciliation des personnes demandant leur immatriculation au RCS et au répertoire des métiers (BO Min. Justice 2004, n° 94 ; BRDA 2005, n° 3 p. 20).

§ 1er DISPOSITIONS APPLICABLES AUX PERSONNES PHYSIQUES *(L. n° 2003-721 du 1er août 2003, art. 6-I).*

Art. L. 123-10 *(L. n° 2003-721 du 1er août 2003, art. 6)* **Les personnes physiques demandant leur immatriculation au registre du commerce et des sociétés ou au répertoire des métiers doivent déclarer l'adresse de leur entreprise et en justifier la jouissance.**

Les personnes physiques peuvent déclarer l'adresse de leur local d'habitation et y exercer une activité, dès lors qu'aucune disposition législative ou stipulation contractuelle ne s'y oppose.

Lorsqu'elles ne disposent pas d'un établissement, les personnes physiques peuvent, à titre exclusif d'adresse de l'entreprise, déclarer celle de leur local d'habitation. Cette déclaration n'entraîne ni changement d'affectation des locaux ni application du statut des baux commerciaux.

L'art. L. 123-10, dans sa rédaction issue de la loi initiative économique, est applicable aux entreprises immatriculées au registre du commerce et des sociétés ou au répertoire des métiers à la date de la promulgation de cette loi (JO 1er août). — Les dispositions de l'art. L. 123-10 sont applicables en Polynésie française, à Wallis-et-Futuna et en Nouvelle-Calédonie (L. n° 2003-721 du 1er août 2003, art. 58-I).

L'art. L. 123-10 n'autorise plus les personnes physiques à domicilier leurs entreprises dans des locaux occupés en commun par plusieurs entreprises en souscrivant un contrat de domiciliation : Avis CCRCS n° 03-51 du 6 nov. 2003, Bull. RCS 2004, n° 24, p. 17. - Comp., précisant que la domiciliation d'une personne physique dans une société de domiciliation en commun est possible à la condition que cette personne y soit installée de manière effective et y exerce une activité, ce qui implique la mise à disposition d'un local dont l'adresse est déclarée au registre à titre d'adresse d'établissement : Avis CCRCS n° 04-40, BRDA 2004, n° 17, p. 11.

V. relatif au registre du commerce et des sociétés, Décr. n° 84-406 du 30 mai 1984, art. 7, 8, 12-1, infra, App., v° Registre du commerce et des sociétés. — V. relatif au répertoire des métiers, Décr. n° 98-247 du 2 avr. 1998, art. 9, infra, App., v° Artisans.

§ 2 DISPOSITIONS APPLICABLES AUX PERSONNES MORALES *(L. n° 2003-721 du 1er août 2003).*

Art. L. 123-11 *(L. n° 2003-721 du 1er août 2003, art. 6-I)* **Toute personne morale demandant son immatriculation au registre du commerce et des sociétés doit justifier de la jouissance du ou des locaux où elle installe, seule ou avec d'autres, le siège de l'entreprise, ou, lorsque celui-ci est situé à l'étranger, l'agence, la succursale ou la représentation établie sur le territoire français.**

La domiciliation d'une entreprise dans des locaux occupés en commun par plusieurs entreprises est autorisée dans des conditions fixées par décret en Conseil d'État. Ce décret précise, en outre, les équipements ou services requis pour justifier la réalité du siège de l'entreprise domiciliée. — *V. Décr. n° 84-406 du 30 mai 1984, art. 26-1, infra, App., v° Registre du commerce et des sociétés.*

(L. n° 2005-1579 du 19 déc. 2005, art. 25-V) **« L'activité de domiciliataire ne peut être exercée dans un local à usage d'habitation principale ou à usage mixte professionnel.**

« Sont qualifiés pour procéder, dans le cadre de leurs compétences respectives, à la recherche et à la constatation des infractions aux dispositions des articles de la présente sous-section et des règlements pris pour leur application :

« 1° Les agents mentionnés à l'article L. 243-7 du code de la sécurité sociale ;

« 2° Les inspecteurs du travail et les contrôleurs du travail et fonctionnaires de contrôle assimilés au sens de l'article L. 611-10 du code du travail ;

« 3° Les agents des caisses de la mutualité sociale agricole mentionnés à l'article L. 724-7 du code rural.

« A cet effet, ils agissent, chacun pour ce qui le concerne, conformément aux règles de recherche et de constatation des infractions déterminées par les dispositions du code de la sécurité sociale, du code du travail et du code rural qui leur sont applicables.

« Les infractions sont constatées par des procès-verbaux faisant foi jusqu'à preuve du contraire et transmis directement au parquet. »

V. relatif au registre du commerce et des sociétés, Décr. n° 84-406 du 30 mai 1984, infra, App., v° Registre du commerce et des sociétés.

Sur la rédaction de l'art. L. 123-11 antérieure à la loi n° 2003-721 du 1er août 2003, V. ss. art. L. 123-11-1.

L'inscription d'une SARL au registre du commerce et des sociétés ne peut pas être écartée au motif que le siège social se situe dans un centre de domiciliation. • Paris, 7 juill. 1995 : *Dr. sociétés 1995, n° 232, obs. Bonneau.*

Art. L. 123-11-1 *(L. n° 2003-721 du 1er août 2003, art. 6-I ; L. n° 2005-882 du 2 août 2005, art. 30)* **« Toute personne morale est autorisée » à installer son siège au domicile de son représentant légal et y exercer une activité, sauf dispositions législatives ou stipulations contractuelles contraires.**

Lorsque la personne morale est soumise à des dispositions législatives ou stipulations contractuelles mentionnées à l'alinéa précédent, son représentant légal peut en installer le siège à son domicile, pour une durée ne pouvant ni excéder cinq ans à compter de la création de celle-ci, ni dépasser le terme légal, contractuel ou judiciaire de l'occupation des locaux.

Dans ce cas, elle doit, préalablement au dépôt de sa demande d'immatriculation *(L. n° 2005-882 du 2 août 2005, art. 30)* **« ou de modification d'immatriculation » notifier par écrit au bailleur, au syndicat de la copropriété ou au représentant de l'ensemble immobilier son intention d'user de la faculté ainsi prévue.**

Avant l'expiration de la période mentionnée au deuxième alinéa, la personne doit, sous peine de radiation d'office, communiquer au greffe du tribunal les éléments justifiant son changement de situation, selon les modalités fixées par décret en Conseil d'État.

Il ne peut résulter des dispositions du présent article, ni le changement de destination de l'immeuble, ni l'application du statut des baux commerciaux. — *V. ancien art. L. 123-11 infra.*

V. relatif au RCS, Décr. n° 84-406 du 30 mai 1984, art. 15 et 42-2, infra, App., v° Registre du commerce et des sociétés.

Les art. L. 123-11 et L. 123-11-1, dans leur rédaction issue de la L. n° 2003-721 du 1er août 2003, sont applicables aux entreprises immatriculées au RCS ou au répertoire des métiers à la date de la promulgation de cette loi. — Les dispositions des art. L. 123-11 et L. 123-11-1 sont applicables en Polynésie française, à Wallis-et-Futuna et en Nouvelle-Calédonie (L. n° 2003-721 du 1er août 2003).

BIBL. ► Loi du 2 août 2005 : SAINTOURENS, *Rev. sociétés 2005. 540.* – LÉCUYER, *Dr. sociétés 2005. Chron. 12.*

Dans le cas où aucune disposition législative ou stipulation contractuelle contraire ne s'oppose à l'installation du siège social de la personne morale au domicile de son représentant légal (C. com., art. L. 123-11-1, al. 1er), le transfert du siège social est possible à tout moment ; dans le cas contraire, une personne morale ne peut transférer son siège social au domicile de son représentant légal après son immatriculation au RCS : Avis CCRCS n° 02-62 du 6 nov. 2003 : *Bull. RCS 2003, n° 24, p. 21.* — V. aussi Rép. min. n° 38172, *JOAN Q 22 juin 2004, p. 4749 ; Bull. Joly 2004. 1008.* — V. la nouvelle rédaction de l'al. 1er de l'art. L. 123-11-1, issue de la L. n° 2005-882 du 2 août 2005. ♦ Le déclarant n'est pas tenu de justifier qu'il n'existe aucune disposition légale qui s'oppose à l'installation du siège social de la personne morale au domicile de son représentant légal : Avis CCRC n°s 04-22 et 03-56 : *Bull. RCS 2005, n° 28 ; BRDA 2005, n° 5, p. 14.* ♦ La domiciliation d'une société par actions simplifiée n'est permise que dans le logement du président, seul représentant légal de la SAS, et non dans celui du directeur général ou du directeur général délégué, même lorsque les statuts leur confèrent le même pouvoir de représenter la société à l'égard des tiers que celui attribué par la loi au président : Avis CCRC n° 04-50 : *Bull. RCS 2005, n° 30 ; BRDA 2005, n° 17, p. 3.* ♦ La faculté prévue à l'art. L. 123-11-1 de fixer le siège de la SA au domicile de son représentant légal est limitée à celui du directeur général ; une SA ne peut installer de siège au domicile des directeurs généraux délégués : Avis CCRSC n° 04-59 du 17 oct. 2005, *BRDA n° 24, p. 4.* ♦ Les dispositions législatives contraires se trouvent aux art. L. 510-1 à L. 510-4 C. urb. et L. 631-7 s. CCH : Rép. min. n° 14295, *JO Sénat Q 7 juill. 2005, p. 1834 ; Bull. Joly 2005. 900.*

Ancien art. L. 123-11 ***La personne qui demande son immatriculation lors de la création d'une entreprise ou société est autorisée, nonobstant toute disposition légale ou toute stipulation contraire, à en installer le siège dans son local d'habitation ou dans celui de son représentant légal pour une durée qui ne peut excéder deux ans ni dépasser le terme légal, contractuel ou judiciaire de l'occupation des locaux. Elle doit, préalablement au dépôt de sa demande, notifier par écrit au bailleur ou au syndicat de la copropriété son intention d'user de la faculté prévue au présent alinéa.***

Avant l'expiration de cette période, la personne doit, sous peine de radiation d'office, communiquer au greffe du tribunal le titre justifiant de la jouissance des locaux affectés au siège de son entreprise conformément à l'article L. 123-10. Si le bailleur ou le syndic le demande par lettre recommandée avec avis de réception au plus tard deux mois avant l'expiration de cette période, le copropriétaire ou le locataire doit justifier du transfert du siège de son entreprise. A défaut de justification du transfert au jour de l'expiration de ladite période, le tribunal constate la résiliation de plein droit du bail ou condamne le copropriétaire, le cas échéant, sous astreinte, à se conformer aux clauses du règlement de copropriété, et fixe, s'il y a lieu, des dommages et intérêts.

Il ne peut toutefois résulter des dispositions du présent article ni le changement de destination de l'immeuble, ni l'application du statut des baux commerciaux. – [Ord. n° 58-1352 du 27 déc. 1958, art. 1er ter].

Jurisprudence relative à l'ancien art. L. 123-11.

Les dispositions de l'art. L. 123-11 ne permettant que la domiciliation du siège social dans des locaux loués à usage d'habitation et non l'affectation de ceux-ci à l'exercice d'une activité commerciale, V. validant le congé délivré par le bailleur à un gérant exerçant une activité d'agent commercial, et ayant domicilié celle-ci dans un appartement loué à usage exclusif d'habitation, • Paris, 15 mars 2002 : *RJDA 2002, n° 1273.* ♦ En ce sens que les art. L. 631-7 et L. 631-7-3 CCH, disposant que l'exercice d'une activité professionnelle y compris commerciale est autorisé dans une partie du local d'habitation dès lors que l'activité considérée n'est exercée que par le ou les occupants ayant leur résidence principale dans ce local et ne conduit à y recevoir ni clientèle, ni marchandise, ne contiennent aucune dérogation à la limitation de durée prévue à l'art. 1er *ter* [C. com., art. L. 123-11], V. • Paris, 24 sept. 1999 : *D. 1999. AJ. 57, obs. A. L. ; RJDA 2000, n° 162 ; Rev. sociétés 1999. 874, obs. Guyon ; Bull. Joly 2000. 543, note M. Storck.*

SECTION II DE LA COMPTABILITÉ DES COMMERÇANTS

SOUS-SECTION 1 DES OBLIGATIONS COMPTABLES APPLICABLES À TOUS LES COMMERÇANTS

RÉP. COM. v° *Inventaire et comptes annuels*, par ANDERNACK.

BIBL. GÉN. ▸ DERRUPPÉ, *RTD com. 1984. 66.* — CORDOLIANI, *JCP E 1983. II. 14158.* — DELMOTTE, *Journ. not. 1984. 145.* — KERVILER, *Banque 1984. 907 et 1246.* — DU PONTAVICE, CORMAILLE DE VALBRAY, D'ILLIERS, DANJOU, LEDOUBLE, MULLENBACH, KAISER, BLUETH et MANSON, *RF compt. 1987. 379.* — REINHARD, *RJ com. 1987, n° spéc., p. 34.* — LEDOUBLE, *JCP E 1995. I. 497.* — PETITJEAN, *JCP E 2004,* *n° 51, p. 2015* (l'internationalisation de la comptabilité française en 2005). – HOVASSE, *Cah. dr. entr. 2005, n° 1, p. 11* (comptes sociaux et liberté contractuelle). – BOULOC, *Rev. sociétés 2005. 31* (incidence des normes européennes sur les normes comptables). – ROSSIGNOL, *Petites affiches 30 sept. 2005, p. 4* (l'État et la comptabilité de l'entreprise).

Art. L. 123-12 Toute personne physique ou morale ayant la qualité de commerçant doit procéder à l'enregistrement comptable des mouvements affectant le patrimoine de son entreprise. Ces mouvements sont enregistrés chronologiquement.

Elle doit contrôler par inventaire, au moins une fois tous les douze mois, l'existence et la valeur des éléments actifs et passifs du patrimoine de l'entreprise.

Elle doit établir des comptes annuels à la clôture de l'exercice au vu des enregistrements comptables et de l'inventaire. Ces comptes annuels comprennent le bilan, le compte de résultat et une annexe, qui forment un tout indissociable. – *[C. com., art. 8]. – V. art. L. 123-25.*

Sur l'institution du Comité de la réglementation comptable, V. L. n° 98-261 du 6 avr. 1998, art. 1er à 5 (JO 7 avr.), mod. par L. n° 2006-387 du 31 mars 2006, art. 24 (JO 1er avr.). – V. aussi, pour application, Décr. n° 98-939 du 14 oct. 1998 (JO 21 oct.).

Sur la réécriture du plan comptable général, V. Règl. CRC n° 99-03, homologué par Arr. 22 juin 1999 (JO 21 sept.), mod. par Règl. CRC n° 2002-10 (lui-même mod. par Règl. n° 2003-07 du 12 déc. 2003, JO 30 déc., et Règl. n° 2005-09 du 3 nov. 2005, JO 3 janv. 2006), homologué par Arr. 27 déc. 2002 (JO 31 déc.), Règl. CRC nos 2003-01, 2003-02, 2003-03, 2003-04, homologués par Arr. 16 déc. 2003 (JO 30 déc.), Règl. CRC nos 2004-06 et 2004-15, homologués par Arr. 24 déc. 2004 (JO 1er janv. 2005), Règl. CRC n° 2005-09, homologué par Arr. 26 déc. 2005 (JO 3 janv. 2006). – V. aussi Règl. CRC nos 99-08 et 99-09 du 24 nov. 1999 (JO 31 déc.).

BIBL. ▶ BARTHÈS DE RUYTER, *Petites affiches 10 déc. 1999, p. 7.*

1. Durée de l'exercice social. Les dispositions de l'art. 8, auxquelles il ne saurait être dérogé qu'à titre exceptionnel, ayant pour finalité de permettre l'appréciation suivant une périodicité fixe des résultats de l'activité de la société, notamment par comparaison des résultats financiers de chaque exercice, une société ne peut donc valablement adopter de manière permanente et pour des raisons de commodité, une périodicité inférieure ou supérieure à un an, en prévoyant dans ses statuts que les dates d'ouverture et de clôture des exercices sociaux seraient fixées « à la fin du mois de mars ou au début avril ». • Paris, 21 mars 2000 : *RJDA 2000, n° 876.*

2. Sanctions. En cas d'ouverture d'une procédure de redressement judiciaire, constitue le délit de banqueroute par abstention de tenue de toute comptabilité le fait, par tout commerçant ou dirigeant d'une personne morale commerçante, de s'abstenir de procéder, au mépris des dispositions de l'art. 8 [C. com., art. L. 123-12], à l'enregistrement chronologique des mouvements affectant le patrimoine de l'entreprise et à l'établissement de l'inventaire périodique des éléments actifs et passifs de ce patrimoine. • Crim. 6 déc. 1993 : *Bull. crim. n° 370 ; D. 1994. IR. 50.* ♦ V. aussi : • Crim. 17 nov. 2004 : *Dr. pénal 2005, n° 61, obs. Robert* • 26 janv. 2005 : *Dr. sociétés 2005, n° 146, obs. Salomon ; Dr. pénal 2005, n° 61, obs. Robert.* – V. aussi • Paris, 12 oct. 2005 : *Dr. sociétés 2006, n° 66, obs. Salomon.*

Le danger d'être éventuellement exposé à des vols et agressions (fonds de commerce de bijouterie) ne peut justifier le défaut de dépôt des comptes annuels au greffe du tribunal de commerce. • Crim. 1er juin 2005 : *D. 2005. Pan. 2993, obs. Mascala ; ibid. AJ. 1777, obs. Lienhard ; RTD com. 2005. 751, obs. Champaud et Danet ; Rev. sociétés 2005. 681, obs. Bouloc ; Dr. pénal 2005, n° 121, obs. Véron ; ibid., n° 130, obs. Robert ; RJDA 2005, n° 1239 ; Bull. Joly 2005. 1367, note Malabat.* – V. C. com., art. L. 232-22.

Art. L. 123-13 Le bilan décrit séparément les éléments actifs et passifs de l'entreprise, et fait apparaître, de façon distincte, les capitaux propres.

Le compte de résultat récapitule les produits et les charges de l'exercice, sans qu'il soit tenu compte de leur date d'encaissement ou de paiement. Il fait apparaître, par différence après déduction des amortissements et des provisions, le bénéfice ou la

perte de l'exercice. Les produits et les charges, classés par catégorie, doivent être présentés soit sous forme de tableaux, soit sous forme de liste.

Le montant des engagements de l'entreprise en matière de pension, de compléments de retraite, d'indemnités et d'allocations en raison du départ à la retraite ou avantages similaires des membres ou associés de son personnel et de ses mandataires sociaux est indiqué dans l'annexe. Par ailleurs, les entreprises peuvent décider d'inscrire au bilan, sous forme de provision, le montant correspondant à tout ou partie de ces engagements.

L'annexe complète et commente l'information donnée par le bilan et le compte de résultat. – *[C. com., art. 9, al. 1er à 4].*

Art. L. 123-14 Les comptes annuels doivent être réguliers, sincères et donner une image fidèle du patrimoine, de la situation financière et du résultat de l'entreprise.

Lorsque l'application d'une prescription comptable ne suffit pas pour donner l'image fidèle mentionnée au présent article, des informations complémentaires doivent être fournies dans l'annexe.

Si, dans un cas exceptionnel, l'application d'une prescription comptable se révèle impropre à donner une image fidèle du patrimoine, de la situation financière ou du résultat, il doit y être dérogé. Cette dérogation est mentionnée à l'annexe et dûment motivée, avec l'indication de son influence sur le patrimoine, la situation financière et le résultat de l'entreprise. – *[C. com., art. 9, al. 5 à 7].*

BIBL. ▶ Sur l'image fidèle : Doyen, *Gaz. Pal. 1984. 1. Doctr. 211.* – Matt et Mikol, *RF compt. déc. 1986, p. 39.* – Stolowy, *JCP E 2000, n° 6, p. 219.* – Medus, *Rev. sociétés 1993. 509* (conventions de portage et information comptable et financière). – Ledouble, *JCP E 1995. I. 437* (même thème).

Des engagements de portage doivent, en application des art. 9 [C. com., art. L. 123-14] et 24 du Décr. n° 83-1020 du 29 nov. 1983, faire l'objet d'une mention spéciale dans l'annexe du bilan pour donner une image fidèle du patrimoine, de la situation financière et des résultats de l'entreprise. • Paris, 6 avr. 1994 : *D. 1994. IR. 144 ; JCP E 1994. I. 388, obs. Ledouble ; Rev. sociétés 1994. 735, note Medus ; Gaz. Pal. 1995. 1. 100, note J.M. ; Dr. sociétés 1995, n° 105, note Hovasse.* ♦ Comp., estimant, notamment, que les conséquences comptables de la convention de portage doivent être tirées au moment de son exécution, et non dès sa signature : Rép. min. n° 22967 : *JOAN Q, 2 mai 1995, p. 2296 ; Dr. sociétés 1995, n° 167, note crit. Vidal.*

Art. L. 123-15 Le bilan, le compte de résultat et l'annexe doivent comprendre autant de rubriques et de postes qu'il est nécessaire pour donner une image fidèle du patrimoine, de la situation financière et du résultat de l'entreprise. Chacun des postes du bilan et du compte de résultat comporte l'indication du chiffre relatif au poste correspondant de l'exercice précédent.

Le classement des éléments du bilan et du compte de résultat, les éléments composant les capitaux propres ainsi que les mentions à inclure dans l'annexe sont fixés par décret. – *[C. com., art. 10, al. 1er et 2]. – V. Décr. n° 83-1020 du 29 nov. 1983, art. 9 s. infra, ss. art. L. 123-28.*

Art. L. 123-16 Les commerçants, personnes physiques ou morales, peuvent, dans des conditions fixées par décret, adopter une présentation simplifiée de leurs comptes annuels lorsqu'ils ne dépassent pas à la clôture de l'exercice des chiffres fixés par décret pour deux des critères suivants : le total de leur bilan, le montant net de leur chiffre d'affaires ou le nombre moyen de salariés permanents employés au cours de l'exercice. Ils perdent cette faculté lorsque cette condition n'est pas remplie pendant deux exercices successifs. – *[C. com., art. 10, al. 3]. – V. Décr. n° 83-1020 du 29 nov. 1983, art. 17 et 18, infra, ss. art. L. 123-28.*

Code général des impôts

(Décr. n° 50-478 du 6 avr. 1950)

Art. 1743 *(Décr. n° 65-1060 du 3 déc. 1965)* [*L. 6 janv. 1948, art. 47*]. Est également puni des peines prévues à l'article 1741 :

1° Quiconque a sciemment omis de passer ou de faire passer des écritures ou a passé ou fait passer des écritures inexactes ou fictives au livre-journal et au livre d'inventaire, prévus par *(Décr. n° 2001-435 du 21 mai 2001)* « les articles L. 123-12 à L. 123-14 du code de commerce », ou dans les documents qui en tiennent lieu.

La présente disposition ne met pas obstacle à l'application des peines de droit commun.

....

Sanctions de droit commun. Sur la *faillite personnelle,* V. art. L. 653-3. ♦ Sur la *banqueroute,* V. art. L. 654-2. ♦ Sur la *sanction pénale des faux,* V. art. 441-1 C. pén. – **C. pén.** – Comp. : • Paris, 18 avr. 1970 : *D. 1970. 595, note Vasseur ; RTD com. 1971. 514, obs. Bouza.* ♦ Sur le délit d'escroquerie, V. • Crim. 10 nov. 1971 : *D. 1972. Somm. 17.*

Art. L. 123-17 A moins qu'un changement exceptionnel n'intervienne dans la situation du commerçant, personne physique ou morale, la présentation des comptes annuels comme des méthodes d'évaluation retenues ne peuvent être modifiées d'un exercice à l'autre. Si des modifications interviennent, elles sont décrites et justifiées dans l'annexe. – [*C. com., art. 11*].

La prolongation des concessions aéroportuaires des sociétés prévue au II de l'art. 7 de la L. n° 2005-357 du 20 avr. 2005 (relative aux aéroports) constitue un changement exceptionnel intervenu dans la situation de ces sociétés au sens de l'art. L. 123-17.

BIBL. ▸ BROUSSART, *RF compt. 1987. 81* (continuité).

Les comptes annuels d'une société en nom collectif ne peuvent être établis et approuvés que conformément aux dispositions de l'art. 16 de la loi du 24 juill. 1966 [C. com., art. L. 221-7]. • Com. 21 mars 1995 : *Bull. civ. IV, n° 100 ; D. 1995. IR. 132 ; Defrénois 1995. 1306, obs. Hovasse ; Dr. sociétés 1995, n° 148, note Vidal ; Quot. jur. 6 juin 1995, p. 4 ; Bull. Joly 1995. 536, note Ledouble.* ♦ V. art. L. 221-7.

Art. L. 123-18 A leur date d'entrée dans le patrimoine de l'entreprise, les biens acquis à titre onéreux sont enregistrés à leur coût d'acquisition, les biens acquis à titre gratuit à leur valeur vénale et les biens produits à leur coût de production.

Pour les éléments d'actif immobilisés, les valeurs retenues dans l'inventaire doivent, s'il y a lieu, tenir compte des plans d'amortissement. Si la valeur d'un élément de l'actif devient inférieure à sa valeur nette comptable, cette dernière est ramenée à la valeur d'inventaire à la clôture de l'exercice, que la dépréciation soit définitive ou non.

Les biens fongibles sont évalués soit à leur coût moyen pondéré d'acquisition ou de production, soit en considérant que le premier bien sorti est le premier bien entré.

La plus-value constatée entre la valeur d'inventaire d'un bien et sa valeur d'entrée n'est pas comptabilisée. S'il est procédé à une réévaluation de l'ensemble des immobilisations corporelles et financières, l'écart de réévaluation entre la valeur actuelle et la valeur nette comptable ne peut être utilisé à compenser les pertes ; il est inscrit distinctement au passif du bilan. – [*C. com., art. 12*]. – *V. infra, Décr. n° 83-1020 du 29 nov. 1983, art. 7.*

BIBL. ▸ Sur la réévaluation des immobilisations : DOMINICIS, *RF compt. 1976. 289.* – JADAUD *Defrénois 1978. 1391.* – PINOTEAU, *JCP 1974. I. 2636.* – DU PONTAVICE, *Rev. sociétés 1974. 29.* – Comp. : R. SAVATIER, *RF compt. 1975. 119.*

Art. L. 123-19 Les éléments d'actif et de passif doivent être évalués séparément.

Aucune compensation ne peut être opérée entre les postes d'actif et de passif du bilan ou entre les postes de charges et de produits du compte de résultat.

Le bilan d'ouverture d'un exercice doit correspondre au bilan de clôture de l'exercice précédent. – *[C. com., art. 13].*

Art. L. 123-20 Les comptes annuels doivent respecter le principe de prudence. Pour leur établissement, le commerçant, personne physique ou morale, est présumé poursuivre ses activités.

Même en cas d'absence ou d'insuffisance du bénéfice, il doit être procédé aux amortissements et provisions nécessaires.

Il doit être tenu compte des risques et des pertes intervenus au cours de l'exercice ou d'un exercice antérieur, même s'ils sont connus entre la date de la clôture de l'exercice et celle de l'établissement des comptes. – *[C. com., art. 14].*

BIBL. ▶ Feuillet, *Rev. sociétés 1984. 464* (principe de prudence).

Art. L. 123-21 Seuls les bénéfices réalisés à la date de clôture d'un exercice peuvent être inscrits dans les comptes annuels. Peut être inscrit, après inventaire, le bénéfice réalisé sur une opération partiellement exécutée et acceptée par le cocontractant lorsque sa réalisation est certaine et qu'il est possible, au moyen de documents comptables prévisionnels, d'évaluer avec une sécurité suffisante le bénéfice global de l'opération. – *[C. com., art. 15].*

BIBL. ▶ Feuillet, *Rev. sociétés 1984. 464* (principe d'annuité).

Art. L. 123-22 Les documents comptables sont établis en *(L. nº 2003-7 du 3 janv. 2003)* « euros » et en langue française. – *V., dérogeant à cette règle pour les SICAV et les fonds communs de placement, art. L. 214-11 C. mon. fin., au* ***C. sociétés****.*

Les documents comptables et les pièces justificatives sont conservés pendant dix ans.

Les documents comptables relatifs à l'enregistrement des opérations et à l'inventaire sont établis et tenus sans blanc ni altération d'aucune sorte, dans des conditions fixées par décret en Conseil d'État. – *[C. com., art. 16]. – V. Décr. nº 83-1020 du 29 nov. 1983, infra, ss. art. L. 123-28.*

Loi nº 98-546 du 2 juillet 1998, *portant diverses dispositions d'ordre économique et financier.* **Art. 16** I. — Par dérogation aux dispositions de l'article 16 du code de commerce *[C. com., art. L. 123-22]*, les documents comptables peuvent être établis en unité euro. Ce choix est irrévocable.

II. — Les différences d'arrondis de conversion résultant de l'application des règles d'arrondissement propres à l'introduction de l'euro sont inscrites en résultat pour leur montant net.

Ces dispositions entrent en vigueur le 1er janv. 1999 (L. nº 98-546 du 2 juill. 1998, art. 49).

Sur l'unité monétaire et l'euro, V. art. L. 111-1 s. C. mon. fin., infra, App. vº Code monétaire et financier (extraits).

1. Capital social en écus ou en euros. **BIBL.** Ghilardi, *Bull. Joly 1992. 880.* – Grua, *RJ com. 1993. 227.* – J.-F. Barbièri, *Petites affiches 6 sept. 1999, p. 4* (basculement du capital et tenue de comptabilité des sociétés en euros sont-ils dissociables ?). – Dossier : Les entreprises et l'euro, *JCP E 2001, nº 43-44, p. 1710 s.* ♦ L'art. 16 [C. com., art. L. 123-22] ne fait pas obstacle au libellé du capital social en écus dès lors que dans les comptes, la contre-valeur en francs français de ce capital est indiquée pour assurer, notamment, l'information des tiers (à propos d'une société d'exercice libéral à responsabilité limitée). • Paris, 3 juin 1994 : *D. 1994. IR. 190 ; Rev. sociétés 1994. 701, note G. Parléani ; JCP 1994. II. 22316, note Guyon ; Bull. Joly 1994. 791, note Fasquelle ; RF compt. oct. 1994. 43, note Reigne ; Petites affiches 19 oct. 1994, p. 19, note Gavalda ; Dr. sociétés 1994, n° 158, obs. Le Nabasque ; Gaz. Pal. 1995. 1. 13, note Monnot des Angles* (V. l'ord. confirmée : • TGI Paris, réf., 29 juin 1993 : *Bull. Joly 1993. 901, note Gavalda*). ♦ Comp., pour une opinion contraire, au motif que l'art. 14 de la loi n° 92-666 du 16 juill. 1992 ne déroge pas à l'art. 16 ci-dessus : Rép. min. n° 442 : *JO Sénat Q, 9 sept. 1993, p. 1587* ; n° 16642 : *JOAN Q, 21 nov. 1994, p. 5792.* ♦ V. ledit art. 14 au **C. civ.** ♦ V. aussi, pour les sociétés par actions simplifiées, art. L. 227-1. ♦ V. désormais, L. n° 98-546 du 2 juill. 1998, art. 17, ss. art. L. 223-30.

2. Publication des comptes établis en écus. V. *infra*, App., v° *Sociétés commerciales*, art. 283-1 du décret n° 67-236 du 23 mars 1967.

3. Délai de conservation. Une banque ne peut être condamnée à communiquer des documents de plus de dix ans, qu'elle n'était pas tenue de conserver. • Com. 11 janv. 2005 : *Banque et Droit mars-avr. 2006. 77, obs. Guillot.* ♦ Mais l'expiration du délai de prescription n'interdit pas au juge d'ordonner la présentation du document qui aurait été conservé. • Dijon, 29 févr. 1876 : *DP. 1877. 2. 94.* ♦ Sur l'obligation de conservation décennale, V. • Paris, 10 mars 1986 : *Banque 1986. 505, obs. Rives-Lange.* ♦ Il ne résulte pas de l'art. L. 123-22 que le commerçant ait l'obligation de détruire ses archives à l'expiration du délai de dix ans pendant lequel il doit les conserver. • Com. 29 oct. 2003 : *Bull. civ. IV, n° 155 ; D. 2003. IR. 2803 ; JCP E 2004, n° 10, p. 374, note Barbièri ; Petites affiches 11 mars 2004, p. 4, obs. E. C. ; Bull. Joly 2004. 92, note Saintourens ; RJDA 2004, n° 394* ♦ L'action en paiement d'un salarié n'étant pas prescrite, il appartient à la banque, qui ne conteste pas avoir été dépositaire des fonds (réserve de participation), de justifier, fût-ce au-delà du délai de conservation des archives commerciales, de l'exécution de son obligation de restitution. • Même arrêt. ♦ Les difficultés à retrouver dans leurs archives certaines pièces utiles pour leur défense, sans montrer en quoi l'ancienneté de ces pièces excédait les délais imposés par les règles de droit commun de conservation des documents des sociétés commerciales, ne permettent pas aux requérantes de démontrer en quoi la durée de la procédure d'enquête a pu nuire à leur défense • Cons. conc. n° 04-D-74, du 21 déc. 2004 *BOCC 31 mars 2005 ; Lettre distrib. janv. 2005, p. 4.* ♦ Aux termes de l'art. L. 110-4 C. com., les obligations nées à l'occasion de leur commerce entre commerçants ou entre commerçants et non commerçants se prescrivent généralement par dix ans, de telle sorte que les entreprises, notamment celles visées par les griefs dans une procédure devant le Conseil de la concurrence, avaient l'obligation de conserver leurs documents commerciaux de manière à pouvoir présenter leur défense. • Cons. conc. n° 06-D-03 du 9 mars 2006 : *D. 2006. AJ. 1040, obs. Chevrier ; RLDA avr. 2006. 40, obs. Méar.* ♦ V. aussi, sur l'articulation entre les art. L. 123-22, L. 441-3, al. 2 C. com. et 13 du Décr. n° 2002-689 du 30 avr 2002 : • Cons. conc. n° 05-D-32 du 22 juin 2005 *BOCC 14 mars 2006 ; Procédures 2005, n° 212 obs. Croze.*

Art. L. 123-23 La comptabilité régulièrement tenue peut être admise en justice pour faire preuve entre commerçants pour faits de commerce.

Si elle a été irrégulièrement tenue, elle ne peut être invoquée par son auteur à son profit.

La communication des documents comptables ne peut être ordonnée en justice que dans les affaires de succession, communauté, partage de société et en cas *(L. n° 2005-845 du 26 juill. 2005, art. 165-II)* **« de procédures de sauvegarde, » de redressement ou de liquidation judiciaires.** – *[C. com., art. 17].*

1. Force probante. Sur la valeur probante des documents comptables, V. art. 1329 s. C. civ. – Comp. : art. L. 110-3 C. com. ♦ La comptabilité régulièrement tenue peut être admise par le juge pour faire preuve entre commerçants pour faits de commerce. • Com. 2 juin 1980 : *Bull. civ. IV, n° 226* • 27 avr. 1993 : *Contrats Conc. Consom. 1993, n° 147.* ♦ Sur l'obligation, pour le juge, de rechercher si la comptabilité était régulièrement tenue, V. • Com. 18 févr. 1992 : *Bull. civ. IV, n° 77.* ♦ Sur le pouvoir souverain d'appréciation du juge, V. • Com. 18 mars 1969 *D. 1969. 514.* ♦ Sur la présomption de fait tirée d'une comptabilité irrégulièrement tenue, V. • Civ. 17 mars 1938 : *DP 1938. 1. 115, note Mimin.* – V. aussi Japiot, *RTD com. 1923. 5.*

Dans l'impossibilité de se procurer une preuve littérale de la part d'un commerçant, les juges peuvent puiser dans les livres de commerce de celui-ci les renseignements propres à étayer des présomptions. • Com. 12 oct. 1982 : *Bull. civ. IV, n° 312.*

2. Production et communication. Sur la production et la communication de documents comptables, V. art. 11 et 132 à 142 NCPC. – **C. pr. civ.** ♦ Et sur une communication en dehors de tout litige, Comp. : • Req. 16 mars 1892 : *DP 1892. 1. 240.* ♦ Sur les droits de l'acquéreur d'un fonds de commerce, V. art. L. 141-2. ♦ Sur la communication à l'administration fiscale, V. art. L. 85 et R. 85-1 LPF. – **C. pr. fisc.**

3. Les dispositions de l'art. 17 [C. com., art. L. 123-23] ne peuvent être invoquées pour faire échec au pouvoir du juge d'ordonner, sur le fondement de l'art. 145 NCPC (dans le cadre d'une mesure d'instruction *in futurum*), les productions utiles. • Civ. 2e, 6 mai 1999 : *Bull. civ. II, n° 81 ; D. Affaires 1999. 1080, obs. V. A.-R.*

Art. L. 123-24 Tout commerçant est tenu de se faire ouvrir un compte *(Abrogé par L. n° 2003-7 du 3 janv. 2003)* ***« dans une banque, »*** **dans un établissement de crédit ou dans un bureau de chèques postaux.** – *[L. 22 oct. 1940, art. 6, 1re phrase].*

Loi du 22 octobre 1940,

Relative aux règlements par chèques et virements (DC 1942. L. 2).

Art. 6 *1re phrase abrogée par Ord. n° 2000-912 du 18 sept. 2000, et codifiée ss. C. com., art. L. 123-24, supra.* Les infractions aux dispositions du présent article sont punies d'une amende fiscale de 0 F 50 recouvrée comme en matière de timbre. Un arrêté du ministre secrétaire d'État aux finances désignera les agents qualifiés pour constater les contraventions. – *Les dispositions de l'art. 6, 2e phrase, seront abrogées à compter de l'entrée en vigueur de la partie réglementaire du code de commerce (Ord. n° 2000-912 du 18 sept. 2000, art. 4, III, 7°).*

SOUS-SECTION 2 DES OBLIGATIONS COMPTABLES APPLICABLES À CERTAINS COMMERÇANTS, PERSONNES PHYSIQUES

Art. L. 123-25 Par dérogation aux dispositions des premier et troisième alinéas de l'article L. 123-12, les personnes physiques placées sur option ou de plein droit sous le régime réel simplifié d'imposition peuvent n'enregistrer les créances et les dettes qu'à la clôture de l'exercice et ne pas établir d'annexe. – *[C. com., art. 17-1].*

Art. L. 123-26 Par dérogation aux dispositions du deuxième alinéa de l'article L. 123-13, les personnes physiques placées sur option ou de plein droit sous le régime réel simplifié d'imposition peuvent inscrire au compte de résultat, en fonction de leur date de paiement, les charges dont la périodicité n'excède pas un an, à l'exclusion des achats. – *[C. com., art. 17-2].*

Art. L. 123-27 Par dérogation aux dispositions du troisième alinéa de l'article L. 123-18, les personnes physiques placées sur option ou de plein droit sous le régime réel simplifié d'imposition peuvent procéder à une évaluation simplifiée des stocks et des productions en cours, selon une méthode fixée par décret. – *[C. com., art. 17-3].*

Art. L. 123-28 Par dérogation aux dispositions des articles L. 123-12 à L. 123-23, les personnes physiques soumises au régime d'imposition des micro-entreprises peuvent ne pas établir de comptes annuels. Elles doivent, dans des conditions fixées par décret, enregistrer au jour le jour les recettes encaissées et les dépenses payées, établir un relevé en fin d'exercice des recettes encaissées et des dépenses payées, des dettes financières, des immobilisations et des stocks évalués de manière simplifiée.

Toutefois, lorsque leur chiffre d'affaires annuel n'excède pas un montant de 18 293,88 €, les personnes physiques inscrites au registre du commerce et des sociétés peuvent ne tenir qu'un livre mentionnant chronologiquement le montant et l'origine des recettes qu'elles perçoivent au titre de leur activité professionnelle. Un décret fixe les conditions dans lesquelles ce livre est tenu. – *[C. com., art. 17-4].*

Sur la communication à l'administration, par les personnes ayant la qualité de commerçant, des livres dont la tenue est obligatoire ainsi que des documents annexes, V. LPF, art. L. 85 et R. 85-1. – ***C. pr. fisc.***

Décret nº 83-1020 du 29 novembre 1983,

Pris en application de la loi nº 83-353 du 30 avril 1983 et relatif aux obligations comptables des commerçants et de certaines sociétés.

RÉP. COM. v^is^ *Amortissement et dépréciation des actifs ; Inventaire et comptes annuels*, par ANDERNACK.

BIBL. GÉN. ▶ DANJOU, *RF compt. 1984. 406.* – KLING, *Petites affiches 10 déc. 1999, p. 10* (nouvelle méthodologie des comptes consolidés). – RICHARD, *ibid. p. 20* (approbation des comptes consolidés). – MULLENBACH, *ibid. p. 23* (même thème). – NAVARRO, *JCP E 2002, nº 50, p. 2011* (nouvelle simplification de tenue de comptabilité). – DELESALLE, *Petites affiches 16 juin 2004, p. 3* (suppression du décret comptable). – DELESALLE et ROSSIGNOL, *ibid. 5 sept. 2005, p. 3* (les vingt-deux ans de la loi comptable).

TITRE Ier. DISPOSITIONS PRISES EN APPLICATION DES ARTICLES 1er À 17-4 DU CODE DE COMMERCE *[C. com., art. L. 121-1 à L. 121-3 et L. 123-12 à L. 123-28]* *(Décr. nº 94-750 du 30 août 1994).*

Art. 1er Un document décrivant les procédures et l'organisation comptables est établi par le commerçant dès lors que ce document est nécessaire à la compréhension du système de traitement et à la réalisation des contrôles.

Ce document est conservé aussi longtemps qu'est exigée la présentation des documents comptables auxquels il se rapporte.

2 Tout commerçant tient obligatoirement un livre-journal, un grand livre et un livre d'inventaire.

Le livre-journal et le livre d'inventaire *(Décr. nº 2002-312 du 26 févr. 2002)* « peuvent, à la demande du commerçant, être cotés et paraphés », dans la forme ordinaire et sans frais, par le greffier du tribunal de commerce ou, le cas échéant, du tribunal de grande instance statuant en matière commerciale, au registre duquel le commerçant est immatriculé. Chaque livre reçoit un numéro d'identification répertorié par le greffier sur un registre spécial.

(Abrogé par Décr. nº 2002-312 du 26 févr. 2002) « Par dérogation à l'alinéa précédent, » des documents informatiques écrits peuvent tenir lieu de livre-journal et de livre d'inventaire ; dans ce cas, ils doivent être identifiés, numérotés et datés dès leur établissement par des moyens offrant toute garantie en matière de preuve.

3 Les mouvements affectant le patrimoine de l'entreprise sont enregistrés opération par opération et jour par jour sur le livre-journal.

Tout enregistrement comptable précise l'origine, le contenu et l'imputation de chaque donnée ainsi que les références de la pièce justificative qui l'appuie.

Les opérations de même nature, réalisées en un même lieu et au cours d'une même journée, peuvent être récapitulées sur une pièce justificative unique.

Les pièces justificatives sont classées dans un ordre défini au document visé à l'article 1er.

(Décr. nº 2002-312 du 26 févr. 2002) « Toutefois, les personnes mentionnées aux articles L. 123-25 et L. 123-28 du code de commerce peuvent procéder à l'enregistrement comptable des encaissements et des paiements en retenant la date de l'opération figurant sur le relevé qui leur est adressé par un établissement de crédit ou la poste. »

L'art. 3, al. 2, n'a pas pour objet de définir une opération comptable mais les règles à suivre dans la tenue du livre journal des commerçants, l'inobservation de ces règles ne pouvant avoir pour effet d'enlever à l'opération portée sur ce livre son caractère d'écriture comptable. • Crim. 3 mars 1993 : *Bull. crim. nº 99 ; D. 1993. IR. 94.*

4 Les écritures du livre-journal sont portées sur le grand livre et ventilées selon le plan de comptes du commerçant.

5 Le livre-journal et le grand livre sont détaillés en autant de journaux auxiliaires et de livres auxiliaires que les besoins du commerce l'exigent.

Les écritures portées sur les journaux et les livres auxiliaires sont centralisées une fois par mois au moins sur le livre-journal et le grand livre.

(Décr. nº 2002-312 du 26 févr. 2002) « Toutefois, les personnes mentionnées aux articles L. 123-25 à L. 123-27 du code de commerce et à l'article 17-1º du présent décret peuvent centraliser ces écritures tous les trois mois. »

6 L'inventaire est un relevé de tous les éléments d'actif et de passif au regard desquels sont mentionnées la quantité et la valeur de chacun d'eux à la date d'inventaire.

Les données d'inventaire sont regroupées sur le livre d'inventaire et distinguées selon la nature et le mode d'évaluation des éléments qu'elles représentent. Le livre d'inventaire doit être suffisamment détaillé pour justifier le contenu de chacun des postes du bilan.

(Décr. nº 88-418 du 22 avr. 1988) « Les comptes annuels sont transcrits chaque année sur le livre d'inventaire, sauf lorsqu'ils doivent être publiés en annexe au registre du commerce et des sociétés. »

6-1 *(Décr. nº 94-750 du 30 août 1994)* Par dérogation aux articles 2 à 6 précités, les personnes physiques visées au premier alinéa de l'article 17-4 du code de commerce *[C. com., art. L. 123-28]* qui n'établissent pas de comptes annuels sont dispensées de tenir un livre-journal, un grand livre et un livre d'inventaire ; elles doivent dans ce cas tenir un journal de banque et un journal de caisse sur lesquels sont enregistrées au jour le jour, les recettes encaissées et les dépenses payées, ainsi que les références des pièces justificatives.

Les stocks figurant sur le relevé, établi en fin d'exercice, sont évalués selon la méthode fixée au 6º de l'article 7 ci-dessous.

6-2 *(Décr. nº 94-750 du 30 août 1994)* Par dérogation aux articles 2 à 6 précités, les personnes physiques visées au deuxième alinéa de l'article 17-4 du code de commerce *[C. com., art. L. 123-28]* qui n'établissent pas de comptes annuels sont dispensées de tenir un livre-journal, un grand livre et un livre d'inventaire.

Les personnes susvisées tiennent un livre aux pages numérotées sur lequel elles inscrivent, sans blanc ni rature, le montant de leurs recettes professionnelles suivant leur date d'encaissement, en distinguant les règlements en espèces des autres modes de règlement et en indiquant les références des pièces justificatives.

6-3 *(Décr. nº 2002-312 du 26 févr. 2002)* Les personnes mentionnées aux articles L. 123-25 à L. 123-28 du code de commerce sont dispensées de produire les justificatifs des frais généraux accessoires lorsqu'une telle dispense est accordée en matière fiscale. Elles peuvent, en outre, enregistrer forfaitairement, selon un barème publié chaque année par l'administration fiscale, les frais relatifs aux carburants consommés lors des déplacements professionnels.

7 Pour l'application de l'article 12 du code de commerce *[C. com., art. L. 123-18]* :

1º Le coût d'acquisition est égal au prix d'achat majoré des frais accessoires nécessaires à la mise en état d'utilisation du bien ;

2º Le coût de production est égal au coût d'acquisition des matières consommées augmenté des charges directes et d'une fraction des charges indirectes de production : les intérêts des capitaux empruntés pour financer la fabrication d'une immobilisation peuvent être inclus dans le coût de production lorsqu'ils concernent la période de fabrication ; en ce qui concerne les éléments de l'actif circulant tel qu'il est défini à l'article 11 ci-dessous, cette faculté est limitée à ceux dont le cycle de production dépasse nécessairement la durée de l'exercice ; la justification et le montant de ces inclusions figurent à l'annexe mentionnée au 3e alinéa de l'article 8 du code de commerce *[C. com., art. L. 123-12]* ;

3° La valeur vénale d'un bien acquis à titre gratuit correspond au prix qui aurait été acquitté dans des conditions normales de marché ;

4° La valeur actuelle est une valeur d'estimation qui s'apprécie en fonction du marché et de l'utilité du bien pour l'entreprise ;

5° La valeur d'inventaire est égale à la valeur actuelle ; toutefois, lorsque la valeur d'inventaire d'une immobilisation non financière n'est pas jugée notablement inférieure à sa valeur comptable nette, celle-ci est retenue comme valeur d'inventaire.

(Décr. n° 94-750 du 30 août 1994) « 6° Par dérogation aux dispositions des 1° à 5° ci-dessus, les personnes physiques placées sur option ou de plein droit sous le régime réel simplifié d'imposition visé à l'article 302 *septies* A *bis* du code général des impôts peuvent déterminer :

« *a)* La valeur d'inventaire des biens en stocks en pratiquant sur le prix de vente de ces biens à la date du bilan un abattement correspondant à la marge pratiquée par l'entreprise sur chaque catégorie de biens ;

« *b)* La valeur d'inventaire des travaux en cours en retenant le montant des acomptes réclamés avant facturation. »

8 La dépréciation d'une immobilisation est, sous réserve des dispositions de l'alinéa 2 ci-dessous, constatée par l'amortissement. Celui-ci consiste à répartir le coût du bien sur sa durée probable d'utilisation selon un plan d'amortissement. *(Décr. n° 2005-1757 du 30 déc. 2005, art. 2)* « Un règlement du Comité de la réglementation comptable peut toutefois prévoir des modalités d'amortissement différentes pour ceux des commerçants qui ne dépassent pas, à la clôture de l'exercice, deux des trois critères fixés par le 2° de l'article 17. » Toute modification significative des conditions d'utilisation du bien justifie la révision du plan en cours d'exécution.

L'amoindrissement de la valeur d'un élément d'actif résultant de causes dont les effets ne sont pas jugés irréversibles est constaté par une *(Décr. n° 2005-1757 du 30 déc. 2005, art. 2)* « dépréciation ».

Les amortissements et les *(Décr. n° 2005-1757 du 30 déc. 2005, art. 2)* « dépréciations » sont inscrits distinctement à l'actif en diminution de la valeur des éléments correspondants.

Les risques et charges, nettement précisés quant à leur objet, que des événements survenus ou en cours rendent probables, entraînent la constitution de provisions.

Les *(Décr. n° 2005-1757 du 30 déc. 2005, art. 2)* « dépréciations et » provisions sont rapportées au résultat quand les raisons qui les ont motivées ont cessé d'exister. Il ne peut en être de même pour les amortissements que dans des cas exceptionnels exposés dans l'annexe.

Sur le décompte des alinéas, comp. la version initiale du Décr. n° 83-1020 du 29 nov. 1983 (JO 1er déc.) avec le Décr. modificateur n° 2005-1757 du 30 déc. 2005 (JO 31 déc.).

Les dispositions du Décr. n° 2005-1757 du 30 déc. 2005 sont applicables aux comptes ouverts au 1er janv. 2005 et approuvés postérieurement à sa publication (JO 31 déc. ; art. 3 du décret).

9 Le classement des éléments du bilan et du compte de résultat ainsi que la liste des informations contenues dans l'annexe peuvent être adaptés par secteurs d'activité après avis du Conseil national de la comptabilité.

Les comptes annuels peuvent être présentés en négligeant les centimes.

10 Les éléments du patrimoine de l'entreprise sont classés à l'actif et au passif du bilan suivant leur destination et leur provenance. Les éléments destinés à servir de façon durable à l'activité de l'entreprise constituent l'actif immobilisé. Lorsqu'un élément d'actif ou de passif relève de plusieurs postes du bilan, mention doit être faite dans l'annexe des postes dans lesquels il ne figure pas.

11 L'actif du bilan fait apparaître successivement au moins les éléments suivants :

1° Au titre de l'actif immobilisé : les immobilisations incorporelles, les immobilisations corporelles et les immobilisations financières ;

2° Au titre de l'actif circulant : les stocks et en-cours, les avances et acomptes versés sur commandes, les créances, les valeurs mobilières de placement et les disponibilités ;

3° Les comptes de régularisation ;

4° Les primes de remboursement des obligations et les écarts de conversion.

La contrepartie du capital souscrit non appelé doit figurer distinctement comme premier poste de l'actif.

12 Les postes de l'actif doivent permettre de distinguer notamment :

1° Parmi les immobilisations incorporelles : les frais d'établissement, les frais de recherche et de développement, les concessions, brevets, licences, marques, procédés, droits et valeurs similaires, le fonds commercial ainsi que les avances et acomptes ;

2° Parmi les immobilisations corporelles : les terrains, les constructions, les installations techniques, matériels et outillages, les avances et acomptes ainsi que les immobilisations corporelles en cours ;

3° Parmi les immobilisations financières : les participations, les créances rattachées à des participations, les autres titres immobilisés et les prêts ;

4° Parmi les stocks et en-cours : les matières premières et autres approvisionnements, les en-cours de production, les produits intermédiaires et finis ainsi que les marchandises ;

5° Parmi les créances : les créances clients, le capital souscrit, appelé et non versé ;

6° Parmi les valeurs mobilières de placement : les actions que la société a émises et dont elle est propriétaire.

13 Le passif du bilan fait apparaître successivement au moins les éléments suivants : les capitaux propres, les autres fonds propres, les provisions *(Abrogé par Décr. nº 2005-1757 du 30 déc. 2005, art. 2)* « *pour risques et charges* », les dettes, les comptes de régularisation et les écarts de conversion.

Les postes du passif doivent permettre de distinguer notamment :

1° Parmi les capitaux propres : le capital, les primes d'émission et primes assimilées, les écarts de réévaluation, le résultat de l'exercice, les subventions d'investissement et les provisions réglementées, ainsi que les réserves en isolant la réserve légale, les réserves statutaires ou contractuelles et les réserves réglementées ;

2° Parmi les autres fonds propres : le produit des émissions de titres participatifs, les avances conditionnées ;

(Décr. nº 2005-1757 du 30 déc. 2005, art. 2) « 3° Les provisions ; »

4° Parmi les dettes : les emprunts obligataires convertibles, les autres emprunts obligataires, les emprunts et dettes auprès des établissements de crédit, les emprunts et dettes financiers divers, les avances et acomptes reçus sur commandes en cours, les dettes fournisseurs, les dettes fiscales et sociales ainsi que les dettes sur immobilisation.

V. la 2e note ss. art. 8.

14 Les produits et les charges de l'exercice sont classés au compte de résultat de manière à faire apparaître par différence les éléments du résultat courant et le résultat exceptionnel dont la réalisation n'est pas liée à l'exploitation courante de l'entreprise.

15 Le compte de résultat fait apparaître successivement, outre les variations de stocks :

1. Au titre des charges : les charges d'exploitation, les charges financières, les charges exceptionnelles ainsi que la participation des salariés aux fruits de l'expansion et l'impôt sur le bénéfice ; les postes de charges doivent permettre de distinguer notamment :

a) Au titre des charges d'exploitation : les achats de marchandises, les achats de matières premières et autres approvisionnements, les autres achats et charges externes, les impôts, taxes et versements assimilés, à l'exception de l'impôt sur le bénéfice, les rémunérations du personnel et des dirigeants, les charges sociales, les dotations aux amortissements *(Décr. nº 2005-1757 du 30 déc. 2005, art. 2)* « et aux dépréciations » et les dotations aux provisions qui se rapportent à l'exploitation ;

b) Au titre des charges financières : les dotations aux amortissements *(Décr. nº 2005-1757 du 30 déc. 2005, art. 2)* « , aux dépréciations » et aux provisions relatives aux éléments financiers, les intérêts et charges assimilées, les différences négatives de change et les moins-values de cession de valeurs mobilières de placement ;

c) Parmi les charges exceptionnelles, celles afférentes aux opérations de toute nature présentant ce caractère, qu'il s'agisse d'opérations de gestion, d'opérations en capital, d'amortissements *(Décr. n° 2005-1757 du 30 déc. 2005, art. 2)* « , de dépréciations » ou de provisions ;

2. Au titre des produits : les produits d'exploitation, les produits financiers et les produits exceptionnels ; les postes de produits doivent permettre de distinguer notamment :

a) Au titre des produits d'exploitation : les ventes de marchandises et la production vendue de biens et de services, le montant net du chiffre d'affaires, la production immobilisée, les subventions d'exploitation et les reprises *(Décr. n° 2005-1757 du 30 déc. 2005, art. 2)* « sur dépréciations et provisons » qui se rapportent à l'exploitation ;

b) Au titre des produits financiers : les produits des participations, les produits des autres valeurs mobilières et créances de l'actif immobilisé, les autres intérêts et produits assimilés, les reprises sur provisions *(Décr. n° 2005-1757 du 30 déc. 2005, art. 2)* « et dépréciations » relatives aux éléments financiers, les différences positives de change et les plus-values de cessions de valeurs mobilières de placement ;

c) Parmi les produits exceptionnels, ceux afférents aux opérations de toute nature présentant ce caractère, qu'il s'agisse d'opérations de gestion, d'opérations en capital *(Décr. n° 2005-1757 du 30 déc. 2005, art. 2)* « ou de dépréciations et de provisions » ;

3. Le résultat de l'exercice.

V. la 2e note ss. art. 8.

16 Le compte de résultat de l'exercice présenté sous forme de liste conformément aux dispositions de l'alinéa 2 de l'article 9 du code de commerce *[C. com., art. L. 123-13]* doit également permettre de dégager successivement le résultat d'exploitation, le résultat financier, le résultat courant avant impôt et le résultat exceptionnel.

17 Pour l'application du troisième alinéa de l'article 10 du code de commerce *[C. com., art. L. 123-16]* relatif à l'adoption d'une présentation simplifiée des comptes annuels :

1° *(Décr. n° 86-221 du 17 févr. 1986)* « En ce qui concerne le bilan et le compte de résultat établis par les personnes physiques et les personnes morales ayant la qualité de commerçant, le total du bilan est fixé à *(Décr. n° 94-663 du 2 août 1994 ; Décr. n° 2001-373 du 27 avr. 2001)* « 267 000 » €, le montant net du chiffre d'affaires à *(Décr. n° 94-663 du 2 août 1994 ; Décr. n° 2001-373 du 27 avr. 2001)* « 534 000 » € et le nombre moyen de salariés permanents employés au cours de l'exercice à dix » ;

2° *(Décr. n° 85-295 du 1er mars 1985)* « En ce qui concerne l'annexe établie par les personnes morales ayant la qualité de commerçant, le total du bilan est fixé à *(Décr. n° 2005-1757 du 30 déc. 2005, art. 2)* « 3 650 000 € », le montant net du chiffre d'affaires à *(Décr. n° 2005-1757 du 30 déc. 2005, art. 2)* « 7 300 000 € et le nombre moyen de salariés permanents employés au cours de l'exercice à 50. »

Le total du bilan est égal à la somme des montants nets des éléments d'actif.

Le montant net du chiffre d'affaires est égal au montant des ventes de produits et services liés à l'activité courante, diminué des réductions sur ventes, de la taxe sur la valeur ajoutée et des taxes assimilées.

Le nombre moyen de salariés permanents employés au cours de l'exercice est égal à la moyenne arithmétique des effectifs à la fin de chaque trimestre de l'année civile, ou de l'exercice comptable lorsque celui-ci ne coïncide pas avec l'année civile, liés à l'entreprise par un contrat de travail à durée indéterminée.

V. la 2e note ss. art. 8.

18 Le bilan et le compte de résultat simplifiés visés à l'article 10, alinéa 3, du code de commerce *[C. com., art. L. 123-16]* font apparaître successivement les éléments suivants :

A. — Au bilan :

1° Au titre de l'actif immobilisé : les immobilisations incorporelles en distinguant le fonds commercial, les immobilisations corporelles et les immobilisations financières ;

2° Au titre de l'actif circulant : les stocks et en-cours, les avances et acomptes versés sur commandes, les créances en distinguant les clients, les valeurs mobilières de placement et les disponibilités ;

3° Les charges constatées d'avance ;

4° Les capitaux propres détaillés comme il est indiqué à l'article 13, à l'exception des réserves qui peuvent être regroupées ;

5° Les provisions *(Abrogé par Décr. n° 2005-1757 du 30 déc. 2005, art. 2)* *« pour risques et charges »* ;

6° Les dettes en distinguant : les emprunts et dettes assimilées, les avances et acomptes sur commandes en cours et les fournisseurs ;

7° Les produits constatés d'avance ;

B. — Au compte de résultat, outre les variations de stocks :

1° Les charges d'exploitation en distinguant les achats, les autres charges externes, les impôts, taxes et versements assimilés, à l'exception de l'impôt sur le bénéfice, les rémunérations du personnel et des dirigeants, les charges sociales ainsi que les dotations aux amortissements *(Décr. n° 2005-1757 du 30 déc. 2005, art. 2)* « , aux dépréciations » et aux provisions qui se rapportent à l'exploitation ;

2° Les charges financières ;

3° Les charges exceptionnelles ;

4° L'impôt sur le bénéfice ;

5° Les produits d'exploitation en distinguant les ventes de marchandises, la production vendue et les subventions d'exploitation ;

6° Les produits financiers ;

7° Les produits exceptionnels.

V. la 2e note ss. art. 8.

19 Les dépenses engagées à l'occasion d'opérations qui conditionnent l'existence ou le développement de l'entreprise mais dont le montant ne peut être rapporté à des productions de biens et de services déterminées peuvent figurer à l'actif du bilan au poste « frais d'établissement ».

Les frais de recherche appliquée et de développement peuvent être inscrits à l'actif du bilan, au poste correspondant, à la condition de se rapporter à des projets nettement individualisés, ayant des sérieuses chances de rentabilité commerciale.

Les éléments acquis du fonds de commerce qui ne peuvent figurer à d'autres postes du bilan sont inscrits au poste « fonds commercial ».

Les éléments constitutifs des postes ci-dessus visés sont commentés à l'annexe.

Les frais d'établissement ainsi que les frais de recherche appliquée et de développement sont amortis selon un plan et dans un délai maximal de cinq ans. A titre exceptionnel et pour des projets particuliers, les frais de recherche appliquée et de développement peuvent être amortis sur une période plus longue qui n'excède pas la durée d'utilisation de ces actifs : il doit en être justifié à l'annexe.

Tant que ces postes ne sont pas apurés, il ne peut être procédé à aucune distribution de dividendes sauf si le montant des réserves libres est au moins égal à celui des frais non amortis.

Les frais d'exploration minière assimilés à des frais de recherche appliquée et de développement peuvent être inscrits à l'actif du bilan sous ce poste. Le point de départ du plan d'amortissement correspondant peut être différé jusqu'au terme des recherches sans préjudice de l'application éventuelle des dispositions de l'article 8 ci-dessus. Dans ce cas, nonobstant les dispositions de l'alinéa précédent, une société filiale au sens de l'article 354 de la loi n° 66-537 du 24 juillet 1966 sur les sociétés commerciales *[C. com., art. L. 233-1]* peut procéder à une distribution anticipée de dividendes si la société mère gage cette distribution par la constitution des réserves nécessaires.

20 Constituent des participations les droits dans le capital d'autres entreprises, matérialisés ou non par des titres, qui, en créant un lien durable avec celles-ci, sont destinés à contribuer à l'activité de la société détentrice.

21 Le montant des primes de remboursement d'emprunts est porté à l'actif du bilan au poste à intitulé correspondant. Il est amorti systématiquement sur la durée de l'emprunt selon des modalités indiquées à l'annexe. Les primes afférentes à la fraction d'emprunts remboursée ne peuvent en aucun cas y être maintenues.

22 Les capitaux propres correspondent à la somme algébrique des apports, des écarts de réévaluation, des bénéfices autres que ceux pour lesquels une décision de distribution est intervenue, des pertes, des subventions d'investissement et des provisions réglementées.

23 Les charges comptabilisées pendant l'exercice qui concernent un exercice ultérieur doivent figurer à l'actif du bilan au poste « Comptes de régularisation ».

Les produits comptabilisés pendant l'exercice qui concernent un exercice ultérieur doivent figurer au passif du bilan au poste « Comptes de régularisation ».

Ces postes font l'objet d'une information explicative à l'annexe.

Les produits à recevoir et les charges à payer, rattachés aux postes de créances et de dettes, sont détaillés à l'annexe.

24 *(Décr. n° 85-295 du 1er mars 1985)* « Outre les informations obligatoires prévues par les articles 9 à 15 du code de commerce *[C. com., art. L. 123-13 à L. 123-21]*, la loi n° 66-537 modifiée du 24 juillet 1966 sur les sociétés commerciales *[C. com., livre II]*, les articles 8 à 23 ci-dessus », l'article 13 du décret n° 71-524 du 1er juillet 1971 *[mod. par Décr. n° 94-483 du 8 juin 1994 ; V. désormais art. 14 et 15 nouv.,* ***C. sociétés****]* et l'article R. 313-14 du code monétaire et financier, l'annexe doit comporter toutes les informations d'importance significative sur la situation patrimoniale et financière et sur le résultat de l'entreprise. Sous réserve des dispositions de l'article 26, ces informations portent notamment sur les points suivants :

1. Les modes et méthodes d'évaluation appliqués aux divers postes du bilan et du compte de résultat ;

2. Les méthodes utilisées pour le calcul des amortissements *(Décr. n° 2005-1757 du 30 déc. 2005, art. 2)* « , des dépréciations » et des provisions, leur montant par catégories en distinguant ceux qui ont été pratiqués pour l'application de la législation fiscale ;

3. Les circonstances qui empêchent de comparer d'un exercice à l'autre certains postes du bilan et du compte de résultat, et, le cas échéant, les moyens qui permettent d'en assurer la comparaison ;

4. Les mouvements ayant affecté les divers postes de l'actif immobilisé ;

5. La nature, le montant et le traitement comptable des écarts de conversion en monnaie nationale d'éléments exprimés en monnaie étrangère ;

6. Les méthodes utilisées, en cas de réévaluation, pour le calcul des valeurs retenues, la liste des postes concernés au bilan et au compte de résultat et les montants correspondants, le traitement fiscal de l'écart de réévaluation, les mouvements ayant affecté pendant l'exercice les postes de passif concernés ;

7. Les créances et les dettes classées selon la durée restant à courir jusqu'à leur échéance en distinguant, d'une part, les créances à un an au plus et, d'autre part, les dettes à un an au plus, à plus d'un an et cinq ans au plus et à plus de cinq ans ;

8. L'indication pour chacun des postes relatifs aux dettes de celles garanties par des sûretés réelles ;

9. Le montant des engagements financiers classés par catégories, en distinguant, le cas échéant, ceux qui concernent les dirigeants, les filiales, les participations et les autres entreprises liées ; une entreprise est considérée comme liée à une autre lorsqu'elle est susceptible d'être incluse par intégration globale dans un même ensemble consolidable ;

10. Pour chaque poste du bilan concernant les éléments fongibles de l'actif circulant, l'indication de la différence entre l'évaluation figurant au bilan et celle qui résulterait des derniers prix du marché connus à la clôture des comptes ;

11. La liste des filiales et participations, telles qu'elles sont visées aux articles 354 et 355 de la loi n° 66-537 du 24 juillet 1966 *[C. com., art. L. 233-1 et L. 233-2]*, avec l'indication pour chacune d'elles de la part de capital détenue directement ou par prête-nom, du montant des capitaux propres et du résultat du dernier exercice clos ; les titres d'une société émettrice représentant moins de 1 p. 100 du capital social d'une société détentrice peuvent être regroupés ; si certaines de ces indications sont omises en raison du préjudice grave qui pourrait résulter de leur divulgation, il est fait mention du caractère incomplet des informations figurant sur la liste ;

12. Le nombre et la valeur nominale des actions, parts sociales et autres titres composant le capital social, regroupés par catégorie selon les droits qu'ils confèrent, avec l'indication de ceux qui ont été créés ou remboursés pendant l'exercice ;

13. Les parts bénéficiaires avec l'indication de leur nombre, de leur valeur et des droits qu'elles confèrent ;

14. L'identité de toute société établissant des comptes consolidés dans lesquels les comptes annuels de la société concernée sont inclus suivant la méthode de l'intégration globale ;

15. L'indication de la fraction des immobilisations financières, des créances et des dettes ainsi que des charges et produits financiers concernant les entreprises liées ;

16. Le montant des engagements pris en matière de pensions, compléments de retraite et indemnités assimilées en distinguant, d'une part, ceux qui ont fait l'objet de provisions et, d'autre part, ceux qui ont été contractés au profit de dirigeants ;

17. Le montant des avances et des crédits alloués aux dirigeants sociaux avec l'indication des conditions consenties et des remboursements effectués pendant l'exercice ;

18. Le montant des rémunérations allouées au titre de l'exercice aux membres des organes d'administration, de direction et de surveillance à raison de leurs fonctions : ces informations sont données de façon globale pour chaque catégorie. *(Décr. n° 94-663 du 2 août 1994)* « Elles peuvent ne pas être fournies lorsqu'elles permettent d'identifier la situation d'un membre déterminé de ces organes ; »

19. Les obligations convertibles, échangeables en titres similaires avec l'indication par catégorie de leur nombre, de leur valeur nominale et des droits qu'ils confèrent ;

20. La ventilation de l'impôt entre la partie imputable aux éléments exceptionnels du résultat et la partie imputable aux autres éléments, avec l'indication de la méthode utilisée ;

21. La ventilation du montant net du chiffre d'affaires par secteur d'activité et par marché géographique ; si certaines de ces indications sont omises en raison du préjudice grave qui pourrait résulter de leur divulgation, il est fait mention du caractère incomplet de cette information ;

22. La ventilation par catégorie de l'effectif moyen, salarié d'une part et mis à disposition de l'entreprise pendant l'exercice d'autre part ; l'effectif employé à temps partiel ou pour une durée inférieure à l'exercice est pris en compte en proportion du temps de travail effectif, par référence à la durée conventionnelle ou légale du travail ;

23. L'indication sommaire de la mesure dans laquelle le résultat de l'exercice a été affecté par l'application des dispositions fiscales visées au point 2 ci-dessus et des conséquences qui en résultent sur les postes de capitaux propres ;

24. L'indication des accroissements et des allégements de la dette future d'impôt provenant des décalages dans le temps entre le régime fiscal et le traitement comptable de produits ou de charges et, lorsqu'ils sont d'un montant exceptionnel, de ceux dont la réalisation est éventuelle.

V. la 2e note ss. art. 8.

V. bibl. et note ss. art. L. 123-14, *supra.*

25 Les éléments chiffrés de l'annexe sont, sauf exception dûment justifiée, déterminés selon les mêmes principes et les mêmes méthodes que pour l'établissement du bilan et du compte de résultat.

Ils concernent l'ensemble des activités de l'entreprise quel que soit le lieu de leur exercice. Ils doivent être vérifiables par rapprochement avec des documents justificatifs.

Les éléments chiffrés qui figurent déjà au bilan ou au compte de résultat peuvent être omis dans l'annexe.

26 Les personnes physiques ne sont pas tenues de mentionner à l'annexe les informations visées aux points 10 et suivants de l'article 24 ci-dessus.

Les personnes morales visées à l'alinéa 3 de l'article 10 du code de commerce *[C. com., art. L. 123-16]* ne sont pas tenues de mentionner à l'annexe les informations énumérées aux points 18 et suivants de l'article 24 ci-dessus.

(Décr. n° 94-663 du 2 août 1994) « En outre, les personnes mentionnées aux deux alinéas qui précèdent ne sont pas tenues de commenter dans l'annexe le poste « frais d'établissement » visé au premier alinéa de l'article 19. »

27 Lors de la présentation des premiers comptes annuels établis conformément à la loi n° 83-353 du 30 avril 1983 et au présent décret, les personnes morales assujetties aux règles de publicité des comptes annuels joignent au rapport de gestion les explications et tableaux appropriés pour rendre compte des modifications apportées aux postes des comptes annuels de l'exercice précédent afin de les rendre comparables avec ceux de l'exercice clos. Les commissaires aux comptes, le cas échéant, indiquent dans leur rapport les vérifications qu'ils ont effectuées et les observations qu'appellent de leur part ces opérations.

CHAPITRE IV DES SOCIÉTÉS COOPÉRATIVES DE COMMERÇANTS DÉTAILLANTS

BIBL. ▸ GRANVUILLEMIN, *JCP E 2003, n° 20, p. 844* (déclin ou renouveau ?). – SAINTOURENS, *Bull. Joly 2004. 752* (réforme par l'ord. n° 2004-274 du 25 mars 2004).

Art. L. 124-1 *(L. n° 2001-420 du 15 mai 2001)* **« Les sociétés coopératives de commerçants détaillants ont pour objet d'améliorer par l'effort commun de leurs associés les conditions dans lesquelles ceux-ci exercent leur activité commerciale. A cet effet, elles peuvent notamment exercer directement ou indirectement pour le compte de leurs associés les activités suivantes : »**

1° Fournir en totalité ou en partie à leurs associés les marchandises, denrées ou services, l'équipement et le matériel nécessaires à l'exercice de leur commerce, notamment par la constitution et l'entretien de tout stock de marchandises, la construction, l'acquisition ou la location ainsi que la gestion de magasins et entrepôts particuliers, l'accomplissement dans leurs établissements ou dans ceux de leurs associés de toutes opérations, transformations et modernisation utiles ;

2° Regrouper dans une même enceinte les commerces appartenant à leurs associés, créer et gérer tous services communs à l'exploitation de ces commerces, construire, acquérir ou louer les immeubles nécessaires à leur activité ou à celle des associés, et en assurer la gestion, le tout dans les conditions prévues par le chapitre V du présent titre ;

3° Dans le cadre des dispositions législatives concernant les activités financières, faciliter l'accès des associés et de leur clientèle aux divers moyens de financement et de crédit ;

4° Exercer les activités complémentaires à celles énoncées ci-dessus, et notamment fournir à leurs associés une assistance en matière de gestion technique, financière et comptable ;

5° Acheter des fonds de commerce dont, par dérogation aux dispositions de l'article L. 144-3, la location-gérance est concédée dans un délai de deux mois à un associé et qui, sous les sanctions prévues aux deuxième et troisième alinéas de l'article L. 124-15, doivent être rétrocédés dans un délai maximum de sept ans ;

6° *(L. n° 2001-420 du 15 mai 2001)* **« Définir et mettre en œuvre par tous moyens une politique commerciale commune propre à assurer le développement et l'activité de ses associés, notamment :**

(Ord. n° 2004-274 du 25 mars 2004, art. 1er) **« – par la mise en place d'une organisation juridique appropriée ; »**

« – par la mise à disposition d'enseignes ou de marques dont elles ont la propriété ou la jouissance ;

« – par la réalisation d'opérations commerciales publicitaires ou non pouvant comporter des prix communs ;

« – par l'élaboration de méthodes et de modèles communs d'achat, d'assortiment et de présentation de produits, d'architecture et d'organisation des commerces ;

« 7° Prendre des participations même majoritaires dans des sociétés directement ou indirectement associées exploitant des fonds de commerce. »

L'art. L. 124-1 dans sa rédaction issue de la L. n° 2001-420 du 15 mai 2001 et de l'Ord. n° 2004-274 du 25 mars 2004, ratifiée par l'art. 78-XV de la L. n° 2004-1343 du 9 déc. 2004 (JO 10 déc.), est applicable à Mayotte (Ord. préc., art. 47-II).

Art. L. 124-2 Les sociétés coopératives de commerçants de détail ne peuvent admettre de tiers non associés à bénéficier de leurs services.

Toutefois, les sociétés coopératives de pharmaciens d'officine ne peuvent refuser leurs services en cas d'urgence, aux pharmaciens d'officine non associés et à tous les établissements publics ou privés où sont traités les malades, lorsque ces établissements sont régulièrement propriétaires d'une officine. – *[L. n° 72-652 du 11 juill. 1972, art. 2].*

Art. L. 124-3 Les sociétés coopératives de commerçants de détail sont des sociétés anonymes à capital variable constituées et fonctionnant conformément aux dispositions du livre II, titre III, chapitre Ier. Elles sont régies par les dispositions du présent chapitre et par celles non contraires du livre II, titres Ier à IV et de la loi n° 47-1775 du 10 septembre 1947 portant statut de la coopération. Les dispositions du livre II, titres Ier à IV concernant la constitution des réserves légales leur sont applicables.

Peuvent être seules considérées comme sociétés coopératives de commerçants de détail ou unions de ces sociétés, et sont seules autorisées à prendre ce titre et à l'adjoindre à leur dénomination, les sociétés et unions constituées dans le but d'effectuer les opérations visées à l'article L. 124-1 et qui se conforment, pour leur constitution et leur fonctionnement, aux prescriptions du présent chapitre. – *[L. n° 72-652 du 11 juill. 1972, art. 3]. – V. L. n° 47-1775 du 10 sept. 1947, portant statut de la coopération au* **C. sociétés.**

Art. L. 124-4 *(Ord. n° 2004-274 du 25 mars 2004, art. 2-II)* « Sans préjudice de l'application des dispositions de l'article 3 *bis* de la loi n° 47-1775 du 10 septembre 1947 portant statut de la coopération, tout commerçant, exerçant le commerce de détail, régulièrement établi sur le territoire d'un État étranger, peut être membre de coopératives de commerçants. » Il en est de même des sociétés coopératives régies par le présent chapitre, ainsi que des entreprises immatriculées à la fois au répertoire des métiers et au registre du commerce et des sociétés. Les coopératives régies par le présent chapitre peuvent admettre en qualité d'associés des personnes physiques ou morales intéressées par leur activité et compétentes pour en connaître.

Les sociétés coopératives de commerçants de détail qui exercent les activités visées au 2° de l'article L. 124-1 peuvent, en outre, admettre en qualité d'associé toute personne visée à l'article L. 125-1. – *[L. n° 72-652 du 11 juill. 1972, art. 4].*

(Ord. n° 2004-274 du 25 mars 2004, art. 2-II) « Les commerçants de détail dont la coopérative est affiliée à une autre coopérative de commerçants de détail peuvent bénéficier directement des services de cette dernière. » – *V. L. n° 47-1775 du 10 sept. 1947, portant statut de la coopération au* **C. sociétés.**

Art. L. 124-5 Les sociétés régies par le présent chapitre peuvent constituer entre elles des unions ayant les mêmes objets que ceux définis à l'article L. 124-1.

Ces unions doivent se conformer, pour leur constitution et leur fonctionnement, aux mêmes règles que lesdites sociétés. Le deuxième alinéa de l'article 9 de la loi du 10 septembre 1947 portant statut de la coopération leur est applicable.

Les unions de sociétés coopératives de commerçants de détail ne peuvent comprendre que des sociétés coopératives de détail ou leurs associés. Les commerçants détaillants dont la coopérative est affiliée à une union peuvent bénéficier directement des services de cette union.

Les sociétés coopératives de commerçants de détail et leurs unions peuvent constituer des unions mixtes avec d'autres sociétés coopératives et leurs unions.

Par dérogation à l'article L. 225-1, le nombre des associés d'une union régie par le présent article peut être inférieur à sept. – *[L. n° 72-652 du 11 juill. 1972, art. 5]. – V. L. n° 47-1775 du 10 sept. 1947, portant statut de la coopération au* ***C. sociétés.***

Art. L. 124-6 Les administrateurs ou les membres du directoire et du conseil de surveillance sont des personnes physiques ayant soit la qualité d'associé, à titre personnel, soit la qualité de président du conseil d'administration, *(L. n° 2005-882 du 2 août 2005, art. 31-I)* « de directeur général, » de membre du directoire ou de gérant d'une société ayant elle-même la qualité d'associé.

Les fonctions des membres du conseil d'administration ou des membres du conseil de surveillance sont gratuites et n'ouvrent droit qu'au remboursement, sur justification, des frais, ainsi que, le cas échéant, au paiement d'une indemnité compensatrice du temps et du travail consacrés à l'administration de la coopérative.

(Ord. n° 2004-274 du 25 mars 2004, art. 3) « Le président du conseil d'administration ou les membres du directoire ainsi que le président du conseil de surveillance peuvent recevoir une rémunération. Toutefois, ils ne peuvent être rémunérés au prorata des opérations faites ou des excédents réalisés que si ce mode de rémunération est prévu par les statuts. » Ceux-ci précisent l'instance habilitée à fixer pour une durée n'excédant pas cinq années le maximum de rétributions annuelles.

Les décisions prises pour l'exécution de l'alinéa précédent sont ratifiées par l'assemblée générale annuelle qui suit la date à laquelle elles sont intervenues. – *[L. n° 72-652 du 11 juill. 1972, art. 7].*

Art. L. 124-7 Les statuts peuvent prévoir que des sociétés coopératives de commerçants détaillants sont associées dans les conditions prévues à l'article 3 *bis* de la loi du 10 septembre 1947 portant statut de la coopération. Dans ce cas, elles ne peuvent recourir aux services de la société coopérative dont elles sont associées. – *[L. n° 72-652 du 11 juill. 1972, art. 8].*

Art. L. 124-8 L'assemblée générale délibère valablement lorsque le tiers des associés existants à la date de la convention sont présents ou représentés.

Toutefois, les assemblées convoqués en vue de modifier les statuts ne délibèrent valablement que si la moitié au moins des associés existants à la date de la convocation sont présents ou représentés.

Les associés qui ont exprimé leur suffrage par correspondance, quand les statuts les y autorisent, comptent pour la détermination du quorum.

Lorsque le quorum n'est pas atteint, une nouvelle assemblée est convoquée. Elle délibère valablement quel que soit le nombre des associés présents ou représentés. – *[L. n° 72-652 du 11 juill. 1972, art. 9].*

Art. L. 124-9 Les délibérations de l'assemblée générale sont prises à la majorité des voix dont disposent les associés présents ou représentés. *(Ord. n° 2004-274 du 25 mars 2004, art. 4)* « Toutefois, une majorité des deux tiers des voix des associés présents ou représentés est requise pour toute modification des statuts. »

Si la coopérative exerce les activités prévues au 2° de l'article L. 124-1, il est dérogé à cette disposition dans les conditions prévues par l'article L. 125-10. – *[L. n° 72-652 du 11 juill. 1972, art. 10].*

Art. L. 124-10 L'exclusion d'un associé peut être prononcée, selon le cas, par le conseil d'administration ou par le conseil de surveillance, l'intéressé étant dûment entendu.

Tout associé frappé d'une mesure d'exclusion a la possibilité de faire appel de cette décision devant l'assemblée générale qui statue sur son recours lors de la première réunion ordinaire qui suit la notification de l'exclusion. Celle-ci prend effet au jour de la notification de son acceptation par l'assemblée générale.

Toutefois, le conseil d'administration ou le conseil de surveillance, selon le cas, peut, lorsque l'intérêt de la société l'exige, suspendre l'exercice des droits que l'associé exclu tient de sa qualité de coopérateur jusqu'à notification à ce dernier de la décision de l'assemblée générale, sans que la durée de cette suspension puisse excéder une année.

Si la décision tendant à exclure un associé n'est pas justifiée par un motif sérieux et légitime, le tribunal, saisi dans le délai d'un mois à compter de la notification du rejet du recours de l'associé par l'assemblée générale, peut, soit réintégrer l'associé indûment exclu, soit lui allouer des dommages et intérêts, soit prononcer l'une et l'autre de ces mesures.

Lorsque la coopérative exerce les activités prévues au 2° de l'article L. 124-1, les dispositions du présent article ne sont pas applicables. Il est fait application des articles L. 125-15 et L. 125-16. – *[L. n° 72-652 du 11 juill. 1972, art. 11].*

Art. L. 124-11 S'il s'agit d'une coopérative exerçant les activités prévues au *(Ord. n° 2004-274 du 25 mars 2004, art. 5)* « 2° » de l'article L. 124-1, le remboursement des parts sociales de l'associé qui se retire ou qui est exclu s'effectue, par dérogation à l'article 18 de la loi du 10 septembre 1947 portant statut de la coopération, dans les conditions prévues par les articles L. 125-17 et L. 125-18.

Il reste cependant tenu pendant cinq années à compter du jour où il a définitivement perdu la qualité d'associé, tant envers la coopérative qu'à l'égard des tiers, de toutes les obligations existant à la clôture de l'exercice au cours duquel il a quitté la coopérative. Le conseil d'administration ou le conseil de surveillance, selon le cas, peut, pendant cinq ans au plus, conserver tout ou partie des sommes dues à l'ancien associé, en application de l'alinéa précédent, dans la limite du montant nécessaire à la garantie des obligations dont il est tenu en application du présent alinéa, et à moins que l'intéressé ne fournisse des sûretés suffisantes. – *[L. n° 72-652 du 11 juill. 1972, art. 12]. – V. L. n° 47-1775 du 10 sept. 1947, portant statut de la coopération au* ***C. sociétés.***

Art. L. 124-12 L'assemblée générale ordinaire peut, en statuant aux conditions de quorum et de majorité de l'assemblée générale extraordinaire, transformer en parts sociales tout ou partie des ristournes bloquées en comptes individualisés ainsi que tout ou partie des ristournes distribuables aux coopérateurs au titre de l'exercice écoulé.

Dans ce dernier cas, les droits de chaque coopérateur dans l'attribution des parts résultant de cette augmentation de capital sont identiques à ceux qu'il aurait eus dans la distribution des ristournes. – *[L. n° 72-652 du 11 juill. 1972, art. 14].*

Art. L. 124-13 La caisse centrale de crédit coopératif est autorisée à effectuer toutes opérations financières en faveur des sociétés constituées conformément aux dispositions du présent chapitre, notamment à mettre à leur disposition les fonds qui lui sont spécialement attribués ou qu'elle peut se procurer sous forme d'emprunts ou par le réescompte des effets souscrits, à donner son aval ou à se porter caution pour garantir leurs emprunts, à recevoir et à gérer leurs dépôts de fonds. – *[L. n° 72-652 du 11 juill. 1972, art. 15].*

Art. L. 124-14 En cas de dissolution d'une société coopérative ou d'une union régie par les dispositions du présent chapitre et sous réserve des dispositions des alinéas suivants du présent article, l'excédent net de l'actif sur le capital est dévolu soit à d'autres sociétés coopératives ou unions de coopératives, soit à des œuvres d'intérêt général ou professionnel.

Toutefois, une société coopérative ou une union peut être autorisée par arrêté du ministre chargé de l'économie et des finances, pris après avis du Conseil supérieur de la coopération, à répartir l'excédent net de l'actif à ses associés. Cette répartition ne peut comprendre la part de l'excédent net d'actif qui résulte de l'aide accordée directement ou indirectement à la société ou à l'union par l'État ou par une collectivité publique. Cette part doit être reversée dans les conditions prévues par l'arrêté d'autorisation.

La répartition entre les associés de l'excédent net d'actif est de plein droit lorsque la société coopérative exerce les activités visées au 2° de l'article L. 124-1. – *[L. nº 72-652 du 11 juill. 1972, art. 16].*

Art. L. 124-15 Tout groupement de commerçants détaillants établi en vue de l'exercice d'une ou plusieurs des activités visées aux 1°, 3° et 4° de l'article L. 124-1 doit, s'il n'a pas adopté la forme de société coopérative de commerçants détaillants régie par les dispositions du présent chapitre, être constitué sous la forme de société anonyme, de société à responsabilité limitée, de groupement d'intérêt économique ou de groupement européen d'intérêt économique.

Est puni d'une amende de 9 000 € le fait de constituer un groupement de commerçants détaillants en infraction aux dispositions de l'alinéa précédent.

Le tribunal peut en outre ordonner la cessation des opérations de l'organisme en cause et, s'il y a lieu, la confiscation des marchandises achetées et la fermeture des locaux utilisés. – *[L. nº 72-652 du 11 juill. 1972, art. 17].*

Art. L. 124-16 Les sociétés coopératives d'achat en commun de commerçants détaillants et leurs unions constituées sous l'empire de la loi nº 49-1070 du 2 août 1949 sont considérées comme satisfaisant aux dispositions du présent chapitre sans qu'il soit nécessaire qu'elles modifient leurs statuts.

Toutefois, les sociétés bénéficiaires des dispositions de l'alinéa précédent doivent procéder à la mise en conformité de leurs statuts à l'occasion de toute modification ultérieure desdits statuts. – *[L. nº 72-652 du 11 juill. 1972, art. 18, al. 2 et 3].*

CHAPITRE V DES MAGASINS COLLECTIFS DE COMMERÇANTS INDÉPENDANTS

RÉP. COM. vº *Magasins collectifs de commerçants indépendants*, par PAILLUSSEAU et LE FLOCH.

BIBL. GÉN. ▶ GUYON, *D. 1973. Chron. 91.* – SENNA, *Rev. sociétés 1972. 443* (sociétés coopératives de commerçants et magasins collectifs de commerçants indépendants).

SECTION PREMIÈRE DE LA CONSTITUTION DU MAGASIN COLLECTIF

Art. L. 125-1 Les dispositions du présent chapitre s'appliquent aux personnes physiques ou morales réunies dans une même enceinte, sous une même dénomination, pour exploiter, selon des règles communes, leur fonds de commerce ou leur entreprise immatriculée au répertoire des métiers sans en aliéner la propriété, créant ainsi un magasin collectif de commerçants indépendants. – *[L. nº 72-651 du 11 juill. 1972, art. 1er].*

Art. L. 125-2 Les personnes visées à l'article L. 125-1 constituent, sous forme de groupement d'intérêt économique ou de société anonyme à capital variable ou de société coopérative de commerçants détaillants, une personne morale qui a la propriété et la jouissance ou seulement la jouissance des bâtiments et aires annexes du magasin collectif, définit et met en œuvre la politique commune, organise et gère les services communs.

Le groupement d'intérêt économique ou la société, propriétaire de tout ou partie des sols, bâtiments et aires annexes du magasin collectif, ne peut rétrocéder tout ou partie de ces biens immobiliers à ses membres pendant l'existence dudit magasin.

Peuvent seuls être considérés comme magasins collectifs de commerçants indépendants, et sont seuls autorisés à prendre ce titre et à l'adjoindre à leur dénomination, les groupements d'intérêt économique, les sociétés anonymes à capital variable et les sociétés coopératives de commerçants détaillants qui se conforment, pour leur constitution et leur fonctionnement, aux prescriptions du présent chapitre. – *[L. n° 72-651 du 11 juill. 1972, art. 2].*

Art. L. 125-3 Le groupement d'intérêt économique ou la société qui a recours au crédit-bail, est considéré comme utilisateur au sens de l'article 5 *b* de l'ordonnance n° 67-837 du 28 septembre 1967. – *[L. n° 72-651 du 11 juill. 1972, art. 3].*

Art. L. 125-4 Chaque membre du groupement d'intérêt économique ou de la société est titulaire de parts ou d'actions non dissociables de l'utilisation d'un emplacement déterminé par le contrat constitutif ou les statuts, et bénéficie de services communs.

Le contrat constitutif ou les statuts peuvent attribuer à tout titulaire un autre emplacement en fonction d'activités saisonnières.

L'assemblée des membres ou l'assemblée générale, selon le cas, est seule compétente pour modifier, avec l'accord des intéressés, les emplacements ainsi attribués.

Les dispositions du présent chapitre relatives aux parts sociales sont applicables aux actions visées au premier alinéa ci-dessus. – *[L. n° 72-651 du 11 juill. 1972, art. 4].*

Art. L. 125-5 Lorsqu'un fonds de commerce ou une entreprise immatriculée au répertoire des métiers sont transférés ou créés dans le magasin collectif, il n'en est pas fait apport au groupement ou à la société en représentation des parts attribuées à leur propriétaire. Les parts du groupement ou de la société ne représentent pas la valeur du fonds ou de l'entreprise. Sont également prohibés tous apports autres qu'en espèces. – *[L. n° 72-651 du 11 juill. 1972, art. 5].*

Art. L. 125-6 En cas de location-gérance du fonds de commerce ou de l'entreprise immatriculée au répertoire des métiers, le bailleur est seul membre du groupement ou de la société.

Le transfert dans le magasin collectif d'un fonds ou d'une entreprise préexistante ne peut être effectué qu'avec l'accord du locataire-gérant. – *[L. n° 72-651 du 11 juill. 1972, art. 6].*

Art. L. 125-7 Le propriétaire d'un fonds de commerce grevé du privilège ou d'un nantissement prévu par les chapitres Ier à III du titre IV du présent livre doit, préalablement à son adhésion à un magasin collectif et au transfert de ce fonds dans ledit magasin, accomplir les formalités de publicité prévues aux articles L. 141-21 et L. 141-22.

Si le créancier titulaire du privilège ou du nantissement n'a pas notifié d'opposition par voie d'inscription au greffe dans les dix jours de la dernière en date des publications prévues aux articles L. 141-12 et L. 141-13, il est réputé avoir donné son accord à l'adhésion du propriétaire du fonds.

En cas d'opposition, la mainlevée de celle-ci est ordonnée en justice, si le propriétaire du fonds justifie que les sûretés dont dispose le créancier ne sont pas diminuées par le fait de l'adhésion au magasin collectif ou que des garanties au moins équivalentes lui sont offertes. A défaut de mainlevée de l'opposition, le commerçant ne peut adhérer au magasin collectif tant qu'il demeure propriétaire du fonds. – *[L. n° 72-651 du 11 juill. 1972, art. 7].*

Art. L. 125-8 Le contrat constitutif ou les statuts, selon le cas, doivent, à peine de nullité, et sous la responsabilité solidaire des signataires, contenir la mention expresse, soit qu'aucun fonds n'est grevé du privilège ou d'un nantissement prévu aux chapitres Ier à III du titre IV du présent livre, soit, dans le cas contraire, qu'il n'a pas été formé d'opposition préalablement à l'adhésion d'un des membres ou que mainlevée en a été ordonnée par justice. – *[L. n° 72-651 du 11 juill. 1972, art. 8].*

Art. L. 125-9 Les magasins collectifs de commerçants indépendants déjà créés par l'intermédiaire d'une personne morale peuvent, par voie d'adaptation ou de transformation, se placer sous le régime prévu par le présent chapitre.

Tout membre peut, par voie de référé, demander la désignation d'un mandataire spécialement chargé de convoquer l'assemblée aux fins de statuer sur ces adaptations ou transformations.

Nonobstant toute disposition contraire, ces décisions sont prises à la majorité en nombre des membres composant la personne morale. Ceux qui n'y ont pas concouru peuvent, toutefois, se retirer en demandant le remboursement de leurs titres, actions ou parts, dans les conditions prévues aux articles L. 125-17 et L. 125-18. – *[L. n° 72-651 du 11 juill. 1972, art. 19, al. 1er à 3].*

SECTION II DE L'ADMINISTRATION DU MAGASIN COLLECTIF

Art. L. 125-10 Un règlement intérieur est annexé au contrat constitutif ou aux statuts, selon le cas.

Le contrat constitutif ou les statuts, ainsi que le règlement intérieur, ne peuvent être modifiés que par l'assemblée, ou l'assemblée générale, selon le cas, statuant à la majorité absolue en nombre des membres du groupement ou de la société, ou, si le contrat constitutif ou les statuts le prévoient, à une majorité plus importante. Il en est de même des décisions portant agrément ou exclusion.

Les autres décisions sont prises dans les conditions propres à chacune des formes prévues à l'article L. 125-2. Toutefois, nonobstant les dispositions du livre II, les statuts d'une société anonyme à capital variable constituée en application du présent chapitre peuvent stipuler que chacun des actionnaires dispose d'une voix en assemblée générale, quel que soit le nombre d'actions qu'il détient. – *[L. n° 72-651 du 11 juill. 1972, art. 9].*

Art. L. 125-11 Le règlement intérieur détermine les règles propres à assurer une politique commerciale commune. Il fixe les conditions générales d'exploitation, et, notamment :

1° Les jours et heures d'ouverture ainsi que, le cas échéant, les périodes de fermeture saisonnières ou pour congés annuels ;

2° L'organisation et la gestion des services communs et la répartition des charges correspondant à ces services ;

3° Sous réserve de la législation en vigueur en la matière, l'aménagement des activités concurrentes, ainsi que la détermination des activités annexes qui peuvent être exercées par chaque membre en concurrence avec celles d'autres membres du magasin ;

4° Le choix des inscriptions publicitaires et décors propres à chaque emplacement et éventuellement leur harmonisation ;

5° Les actions collectives ou individuelles d'animation du magasin, notamment celles à caractère saisonnier. – *[L. n° 72-651 du 11 juill. 1972, art. 10].*

SECTION III DE L'AGRÉMENT ET DE L'EXCLUSION

Art. L. 125-12 Le contrat constitutif ou les statuts, selon le cas, peuvent subordonner toute cession de parts à l'agrément du cessionnaire par l'assemblée du groupement ou par l'assemblée générale de la société, selon le cas. L'assemblée ou l'assemblée générale se prononce dans le délai d'un mois à compter de la date de la demande d'agrément.

Le contrat constitutif ou les statuts, selon le cas, peuvent également soumettre à cet agrément les ayants droit d'un titulaire de parts décédé qui ne participaient pas à son activité dans le magasin collectif.

Le refus d'agrément donne droit à indemnité dans les conditions prévues aux articles L. 125-17 et L. 125-18. – *[L. n° 72-651 du 11 juill. 1972, art. 11].*

Art. L. 125-13 La clause d'agrément n'est pas opposable en cas de vente forcée des parts, que celles-ci aient ou non fait l'objet d'un nantissement. – *[L. n° 72-651 du 11 juill. 1972, art. 12].*

Art. L. 125-14 Le contrat constitutif ou les statuts, selon le cas, peuvent subordonner la mise en location-gérance d'un fonds de commerce ou d'une entreprise artisanale du magasin collectif à l'agrément du locataire gérant par l'assemblée.

En cas *(L. n° 2005-845 du 26 juill. 2005, art. 165-II)* « de procédures de sauvegarde, » de redressement ou de liquidation judiciaires du propriétaire, cette clause ne peut être invoquée si la conclusion d'un contrat de location-gérance est autorisée par le tribunal conformément aux dispositions du titre II du livre VI. – *[L. n° 72-651 du 11 juill. 1972, art. 13].*

Art. L. 125-15 L'organe d'administration du magasin collectif peut adresser un avertissement à tout membre qui, par son fait ou celui des personnes à qui il a confié l'exploitation de son fonds ou de son entreprise, commet une infraction au règlement intérieur.

En cas de location-gérance, cet avertissement est également notifié au locataire-gérant.

Si dans les trois mois qui suivent, cet avertissement est demeuré sans effet et si les intérêts légitimes du magasin collectif ou de certains de ses membres sont compromis, l'assemblée des membres, ou l'assemblée générale, selon le cas, a la faculté de prononcer, à la majorité prévue à l'article L. 125-10, l'exclusion de l'intéressé.

Jusqu'à ce que la décision d'exclusion soit devenue définitive, l'exclu a la faculté de présenter un ou plusieurs cessionnaires dans les conditions déterminées par le contrat constitutif ou les statuts. – *[L. n° 72-651 du 11 juill. 1972, art. 14].*

Art. L. 125-16 Sous réserve de la procédure d'évaluation des parts prévue au second alinéa de l'article L. 125-17, tout membre d'un magasin collectif peut déférer au tribunal de grande instance, dans le délai d'un mois de sa notification par lettre recommandée avec demande d'avis de réception, toute décision prise en application des articles L. 125-12, L. 125-14 et du troisième alinéa de l'article L. 125-15.

Le tribunal peut annuler ou réformer la décision qui lui est déférée ou y substituer sa propre décision.

Nonobstant toute clause contraire, le recours en justice est suspensif de l'exécution de la décision déférée, sauf dans le cas d'une décision d'exclusion motivée par la non-utilisation des emplacements ou par le non-paiement des charges. – *[L. n° 72-651 du 11 juill. 1972, art. 15].*

Art. L. 125-17 En cas d'exclusion, de départ ou de décès accompagnés du refus d'agrément du cessionnaire ou des successeurs, le titulaire des parts, ou, en cas de décès, ses ayants droit, ont la faculté de transférer ou d'aliéner leur fonds de commerce ou leur entreprise immatriculée au répertoire des métiers. Le nouvel attributaire de l'emplacement ou, à défaut, le groupement ou la société, selon le cas, leur rembourse la valeur de leurs parts, augmentée, s'il y a lieu, de la plus-value que leurs aménagements ont pu conférer à l'emplacement dont ils étaient titulaires.

Cette valeur est fixée par l'assemblée ou l'assemblée générale, selon le cas, en même temps qu'est prise la décision d'exclusion ou celle refusant l'agrément du cessionnaire ou des successeurs. En cas de désaccord, elle est déterminée à la date de ces décisions par un expert désigné par ordonnance du président du tribunal de grande instance statuant en la forme des référés. Cette ordonnance n'est susceptible d'aucune voie de recours nonobstant toute clause contraire. Le rapport d'expertise est soumis à l'homologation du président du tribunal de grande instance statuant en la forme des référés. – *[L. n° 72-651 du 11 juill. 1972, art. 16].*

Art. L. 125-18 Dans les cas prévus au premier alinéa de l'article L. 125-17, le groupement ou la société ne peuvent procéder à l'installation d'un nouvel attributaire que si ont été versées à l'ancien titulaire des parts ou, en cas de décès, à ses ayants droit, les sommes prévues audit article L. 125-17, ou à défaut, une provision fixée par le président du tribunal de grande instance statuant en la forme des référés.

Toutefois, ce versement préalable n'est pas exigé lorsqu'une caution a été donnée pour le montant de ces sommes ou de cette provision par *(L. n° 2003-7 du 3 janv. 2003)* « un établissement de crédit » ou un établissement financier spécialement habilité à cet effet, ou lorsque ce montant a été consigné entre les mains d'un mandataire désigné au besoin par ordonnance rendue en la forme des référés.

En outre, s'il s'agit d'une coopérative, le conseil d'administration ou le directoire, selon le cas, peut invoquer les dispositions du second alinéa de l'article L. 124-11. – *[L. n° 72-651 du 11 juill. 1972, art. 17].*

SECTION IV DE LA DISSOLUTION

Art. L. 125-19 Sauf clause contraire du contrat constitutif ou des statuts, *(L. n° 2005-845 du 26 juill. 2005, art. 165-II)* « la procédure de sauvegarde ou le » redressement ou la liquidation judiciaires de l'un des membres n'entraîne pas de plein droit la dissolution du groupement d'intérêt économique. – *[L. n° 72-651 du 11 juill. 1972, art. 18].*

CHAPITRE VI DES SOCIÉTÉS DE CAUTION MUTUELLE

Art. L. 126-1 Les règles de création de sociétés de caution mutuelle entre commerçants, industriels, fabricants, artisans, sociétés commerciales, membres des professions libérales, propriétaires d'immeubles ou de droits immobiliers, ainsi qu'entre les opérateurs mentionnés à l'article L. 524-1, sont fixées par la loi du 13 mars 1917 *[C. mon. fin., art. L. 515-4 s.]. – V. art. L. 515-4 s. C. mon. fin., infra, App., v° Code monétaire et financier (extraits).*

CHAPITRE VII DU CONTRAT D'APPUI AU PROJET D'ENTREPRISE POUR LA CRÉATION OU LA REPRISE D'UNE ACTIVITÉ ÉCONOMIQUE

(L. n° 2003-721 du 1er août 2003, art. 20)

BIBL. ▶ AUZERO, *Bull. Joly 2003. 895, spéc. 902.* – Œuvre collective, *RJ com. 2003. 339, spéc. 370.* – CASTAGNÉ, *JCP N 2004, n° 14, p. 597, spéc. n° 28* (création d'entreprise). – TOUBOUL, *JCP E 2004, n° 27, p. 1092* (le dispositif « couveuse »). – ADOM et HIEZ, *Bull. Joly 2005. 1316.*

Art. L. 127-1 *(L. n° 2003-721 du 1er août 2003, art. 20)* **L'appui au projet d'entreprise pour la création ou la reprise d'une activité économique est défini par un contrat par lequel une personne morale s'oblige à fournir, par les moyens dont elle dispose, une aide particulière et continue à une personne physique, non salariée à temps complet, qui s'engage à suivre un programme de préparation à la création ou à la reprise et à la gestion d'une activité économique. Ce contrat peut aussi être conclu entre une personne morale et le dirigeant associé unique d'une personne morale.**

Art. L. 127-2 *(L. n° 2003-721 du 1er août 2003, art. 20)* **Le contrat d'appui au projet d'entreprise est conclu pour une durée qui ne peut excéder douze mois, renouvelable deux fois. Les modalités du programme d'appui et de préparation et de l'engagement respectif des parties contractantes sont précisées par le contrat. Sont ainsi déterminées les conditions dans lesquelles la personne bénéficiaire peut prendre à l'égard des tiers des engagements en relation avec l'activité économique projetée.**

Le contrat est, sous peine de nullité, conclu par écrit.

Art. L. 127-3 *(L. n° 2003-721 du 1er août 2003, art. 20)* **Le fait pour la personne morale responsable de l'appui de mettre à disposition du bénéficiaire les moyens nécessaires à sa préparation à la création ou à la reprise et à la gestion de l'activité économique projetée n'emporte pas, par lui-même, présomption d'un lien de subordination.**

La mise à disposition de ces moyens et la contrepartie éventuelle des frais engagés par la personne morale responsable de l'appui en exécution du contrat figurent à son bilan.

Art. L. 127-4 *(L. n° 2003-721 du 1er août 2003, art. 20)* **Lorsqu'en cours de contrat débute une activité économique, le bénéficiaire doit procéder à l'immatriculation de l'entreprise, si cette immatriculation est requise par la nature de cette activité.**

Avant toute immatriculation, les engagements pris par le bénéficiaire à l'égard des tiers à l'occasion du programme d'appui et de préparation sont, au regard de ces tiers, assumés par l'accompagnateur. La personne morale responsable de l'appui et le bénéficiaire sont, après l'immatriculation, tenus solidairement des engagements pris par ce dernier conformément aux stipulations du contrat d'appui, jusqu'à la fin de celui-ci.

Art. L. 127-5 *(L. n° 2003-721 du 1er août 2003, art. 20)* **Le contrat d'appui au projet d'entreprise pour la création ou la reprise d'une activité économique ne peut avoir pour objet ou pour effet d'enfreindre les dispositions des articles L. 125-1, L. 125-3, L. 324-9 ou L. 324-10 du code du travail.**

L'acte de création ou de reprise d'entreprise doit être clairement distingué de la fonction d'accompagnement.

Art. L. 127-6 *(L. n° 2003-721 du 1er août 2003, art. 20)* **La situation professionnelle et sociale du bénéficiaire du contrat d'appui au projet d'entreprise est déterminée par les articles L. 783-1 et L. 783-2 du code du travail.**

La personne morale responsable de l'appui est responsable à l'égard des tiers des dommages causés par le bénéficiaire à l'occasion du programme d'appui et de préparation mentionné aux articles L. 127-1 et L. 127-2 avant l'immatriculation visée à l'article L. 127-4. Après l'immatriculation, la personne morale responsable de l'appui garantit la responsabilité à l'occasion du contrat d'appui, si le bénéficiaire a bien respecté les clauses du contrat jusqu'à la fin de ce dernier.

Art. L. 127-7 *(L. n° 2003-721 du 1er août 2003, art. 20)* **Les modalités de publicité des contrats d'appui au projet d'entreprise pour la création ou la reprise d'une activité économique et les autres mesures d'application du présent chapitre sont fixées par décret en Conseil d'État.** – *V. Décr. n° 2005-505 du 19 mai 2005, partiellement reproduit ci-dessous.*

Décret n° 2005-505 du 19 mai 2005,

Relatif au contrat d'appui au projet d'entreprise pour la création ou la reprise d'une activité économique.

Art. 1er Le contrat d'appui au projet d'entreprise pour la création ou la reprise d'une activité économique défini à l'article L. 127-1 du code de commerce :

1° Fixe le programme de préparation à la création ou à la reprise et à la gestion d'une activité économique ainsi que les engagements respectifs des parties contractantes, en distinguant d'une part les stipulations prévues jusqu'au début d'une activité économique au sens de l'article L. 127-4 du code de commerce et, d'autre part, les stipulations applicables après le début de cette activité ;

2° Précise la nature, le montant et les conditions d'utilisation des moyens mis à la disposition du bénéficiaire par la personne morale responsable de l'appui ainsi que leur évolution éventuelle au cours de l'exécution du contrat ;

3° Prévoit, le cas échéant, les modalités de calcul ou le montant forfaitaire de la rétribution de la personne morale responsable de l'appui ainsi que leur évolution éventuelle au cours de l'exécution du contrat ;

4° Détermine la nature, le montant maximal et les conditions des engagements pris par le bénéficiaire à l'égard des tiers au cours de l'exécution du contrat ainsi que la partie qui en assume la charge financière à titre définitif ;

5° Détermine, après le début d'une activité économique, les modalités et la périodicité selon lesquelles la personne responsable de l'appui est informée des données comptables du bénéficiaire ;

6° Précise les modalités de rupture anticipée ;

7° Peut prévoir, avant le début d'une activité économique, une rémunération du bénéficiaire du contrat ainsi que, le cas échéant, ses modalités de calcul et de versement ainsi que son montant ;

8° Prévoit, après le début d'une activité économique, les conditions dans lesquelles le bénéficiaire du contrat s'acquitte auprès de la personne morale responsable de l'appui du règlement des sommes correspondant au montant des cotisations et contributions sociales versées par celle-ci pour son compte en application du deuxième alinéa de l'article L. 783-1 du code du travail.

2 Le contrat d'appui est renouvelé par écrit.

3 Avant toute immatriculation ou inscription au registre du commerce et des sociétés, au répertoire des métiers, au registre spécial des agents commerciaux ou à tout autre registre de publicité légale, ou lorsque l'activité économique ne requiert pas d'immatriculation, le bénéficiaire du contrat indique sur les factures, notes de commande, documents publicitaires ainsi que sur toutes correspondances et tous récépissés concernant son activité et signés par lui en son nom et plus généralement sur ses papiers d'affaires qu'il bénéficie d'un contrat d'appui pour la création ou la reprise d'une activité économique. Il mentionne également sur ces documents la dénomination sociale, le lieu du siège social et le numéro d'identification de la personne morale responsable de l'appui, ainsi que le terme du contrat.

Lorsque la nature de l'activité requiert une immatriculation, les obligations du bénéficiaire et les modalités de publicité du contrat d'appui au projet d'entreprise pour la création ou la reprise d'une activité économique sont fixées pour les commerçants par les dispositions du décret du 30 mai 1984 susvisé, pour les artisans par le décret du 2 avril 1998 susvisé et pour les agents commerciaux par le décret du 23 décembre 1958 susvisé.

4 à 6 *V. C. trav., art. R. 322-10-5 et R. 783-1 et CSS, art. R. 312-5.*

V. relatif au registre du commerce et des sociétés, Décr. n° 84-406 du 30 mai 1984, art. 8 (5°), 15 (14°), 72 (5), infra, App., v° Registre du commerce et des sociétés. — V. relatif au répertoire des métiers, Décr. n° 98-247 du 2 avr. 1998, art. 10 bis, infra, App., v° Artisans.

CHAPITRE VIII DES INCAPACITÉS D'EXERCER UNE PROFESSION COMMERCIALE OU INDUSTRIELLE

(Ord. n° 2005-428 du 6 mai 2005)

RÉP. COM. v° *Commerçant*, par DUBAELE.

BIBL. ▶ Loi n° 47-1635 du 30 août 1947 : RIPERT, *D. 1947. Chron. 141.* — KUHNMUNCH, *RSC 1961. 1.* – MIELLET, *JCP E 2003, n° 6, p. 258* (le point sur les déchéances liées à une condamnation pénale). ▶ Ord. n° 2005-458 du 6 mai 2005 : SAINTOURENS, *RTD com. 2005. 478*. – MASCALA, *D. 2005. Pan. 2994*. – BOULOC, *RJ com. 2006. 9.*

Art. L. 128-1 *(Ord. n° 2005-428 du 6 mai 2005, art. 1er)* **Nul ne peut, directement ou indirectement, pour son propre compte ou pour le compte d'autrui, entreprendre l'exercice d'une profession commerciale ou industrielle, diriger, administrer, gérer ou contrôler, à un titre quelconque, une entreprise commerciale ou industrielle ou une société commerciale s'il a fait l'objet depuis moins de dix ans d'une condamnation définitive :**

1° Pour crime ;

2° A une peine d'au moins trois mois d'emprisonnement sans sursis pour :

a) L'une des infractions prévues au titre Ier du livre III du code pénal, et pour les délits prévus par des lois spéciales et punis des peines prévues pour l'escroquerie et l'abus de confiance ;

b) Recel ou l'une des infractions assimilées au recel ou voisines de celui-ci prévues à la section II du chapitre Ier du titre II du livre III du code pénal ;

c) Blanchiment ;

d) Corruption active ou passive, trafic d'influence, soustraction et détournement de biens ;

e) Faux, falsification de titres ou autres valeurs fiduciaires émises par l'autorité publique, falsification des marques de l'autorité ;

f) Participation à une association de malfaiteurs ;

g) Trafic de stupéfiants ;

h) Proxénétisme ou l'une des infractions prévues par les sections II et II *bis* du chapitre V du titre II du livre II du code pénal ;

i) L'une des infractions prévues à la section III du chapitre V du titre II du livre II du code pénal ;

j) L'une des infractions à la législation sur les sociétés commerciales prévues au titre IV du livre II du présent code ;

k) Banqueroute ;

l) Pratique de prêt usuraire ;

m) L'une des infractions prévues par la loi du 21 mai 1836 portant prohibition des loteries, par la loi du 15 juin 1907 *(L. n° 2006-437 du 14 avr. 2006, art. 7-IV)* « relative aux casinos » et par la loi n° 83-628 du 12 juillet 1983 relative aux jeux de hasard ;

n) Infraction à la législation et à la réglementation des relations financières avec l'étranger ;

o) Fraude fiscale ;

p) L'une des infractions prévues aux articles L. 115-16 et L. 115-18, L. 115-24, L. 115-30, L. 121-6, L. 121-28, L. 122-8 à L. 122-10, L. 213-1 à L. 213-5, L. 217-1 à L. 217-3, L. 217-6 à L. 217-10 du code de la consommation ;

q) L'une des infractions prévues aux articles L. 324-9, L. 324-10 et L. 362-3 du code du travail ;

3° A la destitution des fonctions d'officier public ou ministériel. – *[L. n° 47-1635 du 30 août 1947, art. 1er].*

Les personnes exerçant une profession ou activité mentionnée à l'art. L. 128-1 qui, antérieurement à l'entrée en vigueur de l'ord. n° 2005-428 du 6 mai 2005, ont été condamnées pour des faits énoncés par les art. L. 128-1 et L. 128-3 dans leur rédaction issue de l'ordonnance précitée sont frappées, à compter de la date de publication de cette dernière (JO 7 mai), d'une incapacité d'exercer. Toutefois, ces personnes peuvent, dans un délai de trois mois suivant la date de publication de l'ordonnance précitée, demander à la juridiction qui les a condamnées ou, en cas de pluralité de condamnation, à la dernière juridiction qui a statué, soit de les relever de l'incapacité dont elles sont frappées, soit d'en déterminer la durée. Les personnes qui font usage de ce droit peuvent exercer leur profession ou activité jusqu'à ce qu'il ait été statué sur leur demande. Si la juridiction qui a statué n'existe plus ou s'il s'agit d'une juridiction étrangère, la chambre de l'instruction de la cour d'appel dans le ressort de laquelle le requérant a sa résidence est compétente. Il en est de même si l'incapacité résulte d'une décision disciplinaire (Ord. préc., art. 2).

Les modifications apportées par la L. n° 2006-437 du 14 avr. 2006 entrent en vigueur à l'expiration du délai de six mois à compter de la publication du décret mentionné à l'art. L. 133-18 du code du tourisme (L. préc., art. 7-VII). – **C. tourisme.**

Loi plus douce (jurisprudence antérieure). Les dispositions de l'art. 4 de la loi du 10 août 1947 étant plus sévères que celles de l'art. 131-27 C. pén., applicable depuis le 1er mars 1994, il y a lieu d'annuler un arrêt en ce qu'il a prononcé la peine de 10 ans d'interdiction d'exercer une profession commerciale pour escroquerie, abus de confiance, faux en écriture de commerce et abus de biens sociaux. • Cass., Ass. plén., 22 nov. 2002 *Bull. crim. n° 2 ; BICC févr. 2003, p. 5, avis Fréchède et rapp. Challe ; JCP E 2003, n° 17-18, p. 757, note Robert ; JCP 2003. II. 10042, note Jeandidier ; Rev. sociétés 2003. 359, note Bouloc ; Dr. pénal 2003, n° 37, obs. Robert ; RJDA 2003, n° 731.* – V. aussi • Crim. 8 janv. 2003 : *cité note 1 bis ss. art. L. 626-6 ancien.*

Décret-loi du 8 août 1935, *Portant application aux gérants et administrateurs de sociétés de la législation de la faillite et de la banqueroute et instituant l'interdiction et la déchéance du droit de gérer et d'administrer une société. — Texte abrogé par Ord. n° 2005-428 du 6 mai 2005 (JO 7 mai 2005).* **Ancien art. 6** (Abrogé par Ord. n° 2005-428 du 6 mai 2005, art. 3) *Toute condamnation définitive pour crime de droit commun, pour vol, pour abus de confiance, pour escroquerie ou pour délit puni par les lois des peines de l'escroquerie ou de la banqueroute, pour soustraction commise par dépositaire public, pour extorsion de fonds ou valeurs, pour émission, de mauvaise foi, de chèques sans provision, pour atteinte au crédit de l'État, pour recel des choses obtenues à l'aide de ces infractions, comporte de plein droit interdiction du droit de diriger, administrer, gérer à un titre quelconque une société par actions ou à responsabilité limitée, ou une agence ou succursale de société par actions ou à responsabilité limitée, ou d'exercer les fonctions de membre du conseil de surveillance ou de commissaire dans ces sociétés, ou d'engager la signature sociale de ces sociétés.*

Toute condamnation pour tentative ou complicité des infractions ci-dessus entraînera la même incapacité.

Al. dernier abrogé par L. n° 67-563 du 13 juill. 1967, art. 159.

Jurisprudence relative à l'art. 6 [abrogé] du décret-loi du 8 août 1935

1. Portée de l'article 6. Une personne qui est frappée de l'interdiction de gérer une société prévue par l'art. 6 n'a pas qualité pour agir en justice au nom de cette société. • Com. 27 janv. 1998 : *Bull. civ. IV, n° 47 ; D. 1998. IR. 62 ; D. Affaires 1998. 302, obs. V. A.-R. ; Bull. Joly 1998. 376, note Calendini ; Dr. sociétés 1998, n° 74, note Bonneau ; Petites affiches 8 juill. 1998, p. 27, note L. Grosclaude ; RTD com. 1998. 359, obs. Champaud et Danet ; ibid. 1998. 374, obs. Petit et Reinhard.*

1 bis. Si une condamnation pour les infractions énumérées par l'art. 6 du décret-loi du 8 août 1935 entraîne de plein droit une interdiction définitive de gérer une société, les juges, lorsqu'ils prononcent cette peine en application de l'art. 313-7 du code pénal, ne peuvent pas excéder le maximum fixé par ce texte. • Crim. 18 mai 1998 : *RJDA 1998, n° 1239.* ♦ Les dispositions de l'art. 6 qui font notamment interdiction aux faillis d'engager la signature d'une société par actions ou à responsabilité limitée sont uniquement sanctionnées par des peines d'amende et d'emprisonnement ; la signature donnée malgré l'interdiction édictée par ce texte n'est pas entachée de nullité. • Paris, 24 nov. 1972 : *Bull. Joly 1973. 443.*

2. Domaine d'application. L'usage abusif des biens d'une société ne figure pas au nombre des délits limitativement énumérés par l'art. 6 et n'est pas puni des peines de l'escroquerie ou de la banqueroute, mais des peines spécifiques prévues par l'art. 425 de la loi du 24 juill. 1966 [C. com., art. L. 241-3]. • Crim. 13 déc. 1988 : *Rev. sociétés 1989. 257, note Bouloc.* ♦ Dès lors, une condamnation prononcée pour une telle infraction n'emporte pas interdiction de diriger, administrer ou gérer une société par actions ou à responsabilité limitée. • Même arrêt. ♦ Dans le même sens, pour le recel, V. • Paris, 13 sept. 2002 : *JCP E 2002, n° 47, p. 1849 ; Rev. sociétés 2002. 768, obs. Guyon.*

3. Lorsque la juridiction répressive n'use pas du pouvoir que lui confère l'art. 201, al. 1er, de la loi du 25 janv. 1985 [C. com., art. L. 626-6, al. 1er ancien] de prononcer l'interdiction prévue à l'art. 192 de ladite loi [C. com., art. L. 625-8 ancien], l'art. 6 du décret-loi du 8 août 1935 ne doit recevoir application qu'en cas de condamnation pour un délit autre que la banqueroute proprement dite. • Com. 31 mars 1998 : *Bull. civ. IV, n° 122 ; D. 1998. IR. 119 ; D. Affaires 1998. 719, obs. A. L. ; Dr. pénal 1998, n° 86, note J.-H. Robert ; Bull. Joly 1998. 662, note Saintourens ; JCP E 1998, n° 37, p. 1401, obs. Pétel ; RTD com. 1998. 949, obs. Mascala ; RJ com. 2000. 38, obs. Teilliais.* – V., sur renvoi : • Paris, 19 mai 1999 : *D. 1999. IR. 165.* ♦ Il ne doit pas recevoir application en cas de condamnation pour un délit de complicité de banqueroute. • Versailles, 22 janv. 2004 : *RJDA 2004, n° 575 (2e esp.).* ♦ En revanche, l'abrogation implicite de l'art. 6 ne s'étend donc pas au recel de banqueroute. • Rouen, 25 juin 1998 : *RJDA 1999, n° 53 ; JCP 1999. IV. 2189.* ♦ Comp., en ce sens qu'une condamnation pour banqueroute est assortie de plein droit de l'interdiction de gérer prévue par l'art. 6 : • Com. 26 mai 1992 : *Dr. sociétés 1992, n° 198, note Bonneau.* ♦ V. aussi, jugeant que, désormais, l'art. 201 de la loi du 25 janv. 1985 [C. com., art. L. 626-6 ancien] donne le pouvoir, pour la juridiction répressive entrant en voie de condamnation du chef de banqueroute, envers l'une des personnes visées à l'art. 196 de cette loi [C. com., art. L. 626-1 ancien], d'apprécier en cette occurrence l'opportunité de prononcer, pour une durée déterminée, soit une faillite personnelle soit une interdiction de diriger, gérer, administrer ou contrôler directement ou indirectement toute entreprise commerciale, artisanale et toute personne morale : • Paris, 7 nov. 1994 : *Gaz. Pal. 1995. 1. 91, note J. M.*

4. Rapports avec l'incapacité prévue par la loi du 30 août 1947. Viole l'art. 6 ci-dessus, l'arrêt qui, pour refuser la radiation du registre du commerce du gérant d'une société, condamné pénalement pour escroquerie, retient que la condamnation prononcée, ayant été assortie du sursis, n'était pas de nature, au regard de la loi n° 47-1635 du 30 août 1947, à interdire à l'intéressé l'exercice de l'activité commerciale, alors que, selon l'art. 2 de ladite loi, l'incapacité prévue à l'art. 1er s'applique sans préjudice des dispositions du décret-loi du 8 août 1935. • Com. 26 mai 1992 : *Bull. civ. IV, n° 209 ; Dr. sociétés 1992, n° 198, note Bonneau.*

5. Réhabilitation. La condamnation du gérant d'une SARL à deux ans de prison pour vol ne figurant pas sur l'extrait de son casier judiciaire à la suite d'une réhabilitation, il n'y a pas lieu de faire droit à la demande de radiation de ce gérant au registre du commerce et des sociétés fondée sur l'art. 6 du décret-loi de 1935. • Rouen, 6 nov. 1997 : *RJDA 1998, n° 870 ; Rev. proc. coll. 1999. 185, obs. Bach.*

Art. L. 128-2 *(Ord. nº 2005-428 du 6 mai 2005, art. 1er)* **Les personnes exerçant l'une des activités mentionnées à l'article L. 128-1 qui font l'objet de l'une des condamnations prévues au même article doivent cesser leur activité dans un délai de trois mois à compter de la date à laquelle la décision entraînant l'incapacité d'exercer est devenue définitive.**

Interdiction (jurisprudence antérieure). La condamnation aux peines prévues au texte entraîne de plein droit l'application de la déchéance sans que la juridiction ait à la prononcer expressément. • Crim. 17 juin 1954 : *D. 1954. 593* • 29 févr. 1956 : *D. 1956. 321* • 18 févr. 1958 : *D. 1958. 323.* – Comp. : • Versailles, 10 juin 1987 : *Gaz. Pal. 1987. 2. Somm. 477.* ♦ Elle est alors perpétuelle. • Bordeaux, 15 avr. 1951 : *D. 1951. 694.* ♦ Sur le relevé de déchéance, V. note ss. art. L. 128-4.

Art. L. 128-3 *(Ord. nº 2005-428 du 6 mai 2005, art. 1er)* **En cas de condamnation prononcée par une juridiction étrangère et passée en force de chose jugée pour une infraction constituant, selon la loi française, un crime ou l'un des délits mentionnés à l'article L. 128-1, le tribunal de grande instance du domicile du condamné, statuant en matière correctionnelle, à la requête du ministère public, déclare, après constatation de la régularité et de la légalité de la condamnation et l'intéressé dûment appelé en chambre du conseil, qu'il y a lieu à l'application de l'incapacité prévue à l'article L. 128-1.**

Cette incapacité s'applique également à toute personne non réhabilitée ayant fait l'objet d'une interdiction d'exercer prononcée par une juridiction étrangère quand le jugement a été déclaré exécutoire en France. La demande d'exequatur peut être, à cette fin seulement, formée par le ministère public devant le tribunal de grande instance du domicile du condamné. – *[L. nº 47-1635 du 30 août 1947, art. 3].*

V. note ss. art. L. 128-1.

Art. L. 128-4 *(Ord. nº 2005-428 du 6 mai 2005, art. 1er)* **La juridiction qui a prononcé la destitution prévue au 3° de l'article L. 128-1 peut, à la demande de l'officier public ou ministériel destitué, soit le relever de l'incapacité prévue à l'article précité, soit réduire la durée de l'incapacité.** – *[L. nº 47-1635 du 30 août 1947, art. 5].* – *Sur le relèvement des interdictions, déchéances ou incapacités professionnelles résultant d'une condamnation pénale, V. art. 132-21 C. pén. et 702-1 C. pr. pén., applicables à compter du 1er mars 1994.* – ***C. pén.*** *et* ***C. pr. pén.***

Relevé de déchéance (jurisprudence antérieure). BIBL. Roujou de Boubée, *D. 1973. Chron. 275.* – Thomas, *JCP 1973. I. 2581.* – Robert, *ibid. 1975. I. 2729.* note L. B. – V. • Crim. 19 nov. 1970 : *D. 1971. 572, note Roujou de Boubée* • Paris, 25 févr. 1977 : *D. 1977. 574, note L.B.* ♦ Sur l'absence de relevé de déchéance, à propos d'une mesure de fermeture obligatoire d'un fonds de commerce, V. • Crim. 16 oct. 1973 : *JCP 1974. II. 17755, note Robert.* – Comp. : • Crim. 14 oct. 1971 : *D. 1972. 501, note Roujou de Boubée* • 11 janv. 1972 : *ibid.*

Art. L. 128-5 *(Ord. nº 2005-428 du 6 mai 2005, art. 1er)* **Est puni des peines prévues à l'article 313-1 du code pénal le fait, pour toute personne, de contrevenir aux incapacités prévues aux articles L. 128-1, L. 128-2 et L. 128-3.**

Les personnes coupables de l'infraction prévue à l'alinéa qui précède encourent également la peine complémentaire de confiscation, suivant les modalités prévues par l'article 131-21 du code pénal, des marchandises ou du fonds de commerce. – *[L. nº 47-1635 du 30 août 1947, art. 6].*

Art. L. 128-6 *(Ord. nº 2005-428 du 6 mai 2005, art. 1er)* **Les dispositions du présent chapitre ne font pas obstacle à l'application des règles propres à l'exercice de certaines professions.** – *[L. nº 47-1635 du 30 août 1947, art. 7].*

Elles s'appliquent aux personnes qui exercent la représentation commerciale.

Indépendamment de leur application de plein droit à Mayotte, les dispositions du chapitre VIII, du titre II du livre Ier du code de commerce, sont applicables dans les îles Wallis-et-Futuna et en Nouvelle-Calédonie (Ord. n° 2005-428, 6 mai 2005, art. 5).

CHAPITRE IX DU TUTORAT EN ENTREPRISE

(L. n° 2005-882 du 2 août 2005, art. 24-I)

BIBL. ▶ Delfosse et Peniguel, *Dr. et patr. oct. 2005, suppl., p. 11.*

Art. L. 129-1 *(L. n° 2005-882 du 2 août 2005, art. 24-I)* **Le cédant d'une entreprise commerciale, artisanale ou de services peut, après cette cession et la liquidation de ses droits à pension de retraite, conclure avec le cessionnaire de cette entreprise une convention aux termes de laquelle il s'engage à réaliser une prestation temporaire de tutorat. Cette prestation vise à assurer la transmission au cessionnaire de l'expérience professionnelle acquise par le cédant en tant que chef de l'entreprise cédée. Lorsque la prestation de tutorat est rémunérée, le tuteur reste affilié aux régimes de sécurité sociale dont il relevait antérieurement à la cession.**

Les conditions d'application des dispositions du présent article sont fixées par décret en Conseil d'État.

Loi n° 2005-882 du 2 août 2005,

En faveur des petites et moyennes entreprises.

Art. 25 I. — Le cédant d'une entreprise assurant la prestation de tutorat mentionnée à l'article L. 129-1 du code de commerce bénéficie, sur sa demande, d'une prime de transmission à la charge de l'État.

L'octroi de cette prime est subordonné à la production d'un acte établissant la vente de l'entreprise et de la convention de tutorat conclue entre le cédant et le cessionnaire conformément aux dispositions de l'article L. 129-1 du code de commerce.

L'État confie la gestion de cette prime aux caisses d'assurance vieillesse des travailleurs non salariés des professions artisanales et des professions industrielles et commerciales, qui procèdent à son versement.

Les conditions d'application de ces dispositions, et notamment les modalités d'attribution de cette prime, sont fixées par décret en Conseil d'État.

II. — La prime de transmission est incessible. Elle n'est pas cumulable avec le bénéfice de l'aide mentionnée à l'article 106 de la loi de finances pour 1982 (n° 81-1160 du 30 décembre 1981).

Ces dispositions entrent en vigueur le 1er janv. 2006 (L. n° 2005-882 du 2 août 2005, art. 25-IV).

TITRE TROISIÈME DES COURTIERS, DES COMMISSIONNAIRES, DES TRANSPORTEURS ET DES AGENTS COMMERCIAUX

CHAPITRE PREMIER DES COURTIERS

RÉP. COM. v° *Courtiers*, par DURANTON.

Sur l'habilitation du gouvernement à simplifier les règles applicables à l'exercice de la profession de courtier de marchandises assermenté, V. L. n° 2003-591 du 2 juill. 2003, art. 27 (JO 3 juill.).

Art. L. 131-1 **Il y a des courtiers de marchandises, des courtiers interprètes et conducteurs de navires, des courtiers de transport par terre et par eau.** – *[C. com., art. 77]. – V. notes 4 et 6 ss. art. L. 132-1.*

Art. L. 131-2 (Abrogé par L. n° 2001-43 du 16 janv. 2001) ***Les courtiers interprètes et conducteurs de navires font le courtage des affrètements. Ils ont, en outre, seuls le droit de traduire, en cas de contestations portées devant les tribunaux, les déclarations, chartes-parties, connaissements, contrats, et tous actes de commerce dont la traduction serait nécessaire. Ils constatent le cours du fret ou du nolis.***

Dans les affaires contentieuses de commerce, et pour le service des douanes, ils servent seuls de truchement à tous étrangers, maîtres de navires, marchands, équipages de vaisseau et autres personnes de mer. – [C. com., art. 80]. – Sur l'entrée en vigueur de l'abrogation du privilège, V. L. n° 2001-43 du 16 janv. 2001, art. 6, infra, ss. art. L. 131-11.

L'art. 80 [C. com., art. L. 131-2], n'est pas en vigueur dans les départements du Bas-Rhin, du Haut-Rhin et de la Moselle, où le courtage maritime est libre (L. 1er juin 1924, art. 1er, DP 1924. 4. 321).

RÉP. COM. v° *Armateur*, par CORBIER.

Loi n° 51-1082 du 10 septembre 1951,

Supprimant le cautionnement des courtiers maritimes (D. 1951. 341 ; BLD 1951. 749), abrogée en tant qu'elle concerne les courtiers interprètes et conducteurs de navires par L. n° 2001-43 du 16 janv. 2001, art. 7 (JO 17 janv.).

Art. L. 131-3 **Les courtiers de transport par terre et par eau constitués selon la loi ont seuls, dans les lieux où ils sont établis, le droit de faire le courtage des transports par terre et par eau. Ils ne peuvent cumuler leurs fonctions avec celles de courtiers de marchandises ou de courtiers conducteurs de navires, désignés** *(L. n° 2003-7 du 3 janv. 2003)* **« à l'article L. 131-1 ».** – *[C. com., art. 82].*

Art. L. 131-4 (Abrogé par L. n° 2001-43 du 16 janv. 2001) ***La même personne peut, si l'acte qui l'institue l'y autorise, cumuler les fonctions de courtier de marchandises et de courtier interprète et conducteur de navire.*** – [C. com., art. 81].

Le courtage des marchandises, devenu libre depuis la loi du 18 juill. 1866 (loi abrogée et remplacée par Décr. n° 64-399 du 29 avr. 1964, sauf son art. 7 qui a été abrogé et codifié par Ord. n° 2000-912 du 18 sept. 2000, à l'art. L. 131-11, infra peut être effectué par tout commerçant. – Sur les courtiers de marchandises assermentés, V. Décr. n° 64-399 du 29 avr. 1964, infra, ss. art. L. 131-11.

Art. L. 131-5 **Les prestataires de services d'investissement peuvent faire, concurremment avec les courtiers de marchandises, les négociations et le courtage des ven-**

tes ou achats des matières métalliques. Ils ont seuls le droit d'en constater le cours. – *[C. com., art. 76]*.

Art. L. 131-6 (Abrogé par L. n° 2001-43 du 16 janv. 2001) ***Les courtiers interprètes conducteurs de navire sont tenus d'avoir un livre revêtu des formes prescrites par un décret en Conseil d'État.***

Ils sont tenus de mentionner dans ce livre, et par ordre de dates, sans ratures, interlignes ni transpositions, et sans abréviations ni chiffres, toutes les conditions des négociations et, en général, toutes les opérations faites par leur entremise. – [C. com., art. 84].

Art. L. 131-7 (Abrogé par L. n° 2001-43 du 16 janv. 2001) ***Un courtier ne peut, dans aucun cas et sous aucun prétexte, faire des opérations de commerce ou de banque pour son compte.***

Il ne peut s'intéresser directement ni indirectement, sous son nom, ou sous un nom interposé, dans aucune entreprise commerciale. – [C. com., art. 85].

Pour une exception à cet art. en ce qui concerne les courtiers de marchandises, V. supra, note ss. art. L. 131-4.

Art L. 131-8 (Abrogé par L. n° 2001-43 du 16 janv. 2001) ***Toute infraction aux dispositions énoncées à l'article précédent entraîne la peine de destitution, et est punie d'une amende de 3 750 €, sans préjudice de l'action des parties en dommages et intérêts.*** – [C. com., art. 87].

Art. L. 131-9 (Abrogé par L. n° 2001-43 du 16 janv. 2001) ***Tout courtier destitué en vertu de l'article précédent ne peut être réintégré dans ses fonctions.*** – [C. com., art. 88].

Art. L. 131-10 (Abrogé par L. n° 2001-43 du 16 janv. 2001) ***Un décret en Conseil d'État fixe les conditions relatives à la négociation et à la transmission de la propriété des effets publics et autres susceptibles d'être cotés.*** – [C. com., art. 90].

Sur les dispositions applicables aux courtiers interprètes et conducteurs de navires, V. L. n° 2001-43 du 16 janv. 2001, infra, ss. art. L. 131-11.

Art. L. 131-11 Le fait pour un courtier d'être chargé d'une opération de courtage pour une affaire où il avait un intérêt personnel, sans en prévenir les parties auxquelles il aura servi d'intermédiaire, est puni d'une amende de 3 750 €, sans préjudice de l'action des parties en dommages-intérêts. S'il est inscrit sur la liste des courtiers, dressée conformément aux dispositions réglementaires, il en est rayé et ne peut plus y être inscrit de nouveau. – *[L. 18 juill. 1866, art. 7]*.

Loi n° 2001-43 du 16 janvier 2001,

Portant diverses dispositions d'adaptation au droit communautaire dans le domaine des transports.

TITRE Ier. TRANSPORTS MARITIMES ET ACTIVITÉS NAUTIQUES

CHAPITRE Ier. *DISPOSITIONS RELATIVES AUX COURTIERS INTERPRÈTES ET CONDUCTEURS DE NAVIRES*

Art. 1er I. – *Abrogation de l'art. L. 131-2 C. com.*

II. — Le courtage d'affrètement, la constatation du cours du fret ou du nolis, les formalités liées à la conduite en douane, la traduction des déclarations, des chartes-parties, des connaissements, des contrats et de tous actes de commerce, lorsqu'ils concernent les navires, sont effectués librement par l'armateur ou son représentant qui peut être le capitaine.

2 Les titulaires d'office de courtiers interprètes et conducteurs de navires sont indemnisés du fait de la perte du droit qui leur a été reconnu à l'article 91 de la loi du 28 avril 1816 sur les finances de présenter un successeur à l'agrément du ministre chargé de la marine marchande. – *V. Décr. n° 2003-247 du 13 mars 2003 (JO 20 mars).*

Lorsqu'ils exercent les activités mentionnées à l'article 1er, les courtiers interprètes et conducteurs de navires conservent leur qualité de commerçant.

....

5 Les conditions dans lesquelles les courtiers interprètes et conducteurs de navires peuvent, sur leur demande, accéder aux professions de commissionnaire de transport, de greffier de tribunal de commerce, d'huissier de justice ou de *(L. n° 2005-845 du 26 juill. 2005, art. 165-V)* « mandataire judiciaire », notamment en ce qui concerne les dispenses totales ou partielles de diplômes et de formation professionnelle, sont fixées par décret en Conseil d'État. Leur demande doit être présentée au plus tard dans les trois ans suivant la date de publication du décret susmentionné. – *V. Décr. n° 2003-247 du 13 mars 2003 (JO 20 mars).*

Les courtiers, interprètes et conducteurs de navires peuvent se porter candidat à l'exercice de la profession de greffier de tribunal de commerce sans avoir à justifier de la condition de diplôme prévue au 6° de l'art. 1er du Décr. n° 87-601 du 29 juill. 1987 ; ... demander à être nommés aux offices d'huissier de justice sans avoir à justifier de la condition de diplôme prévue au 5° de l'art. 1er du Décr. n° 75-770 du 14 août 1975 ; ... demander à être inscrits sur la liste des mandataires judiciaires sans avoir à justifier de la condition de diplôme prévue à l'art. 4 du Décr. n° 85-1389 du 27 déc. 1985. Les demandes doivent être présentées dans les trois ans suivant la publication du décret n° 2003-247 du 13 mars 2003 (JO 20 mars).

6 Pendant un délai *(L. n° 2002-1576 du 30 déc. 2002)* « d'un an après la publication du décret prévu à l'article 3 », les courtiers interprètes et conducteurs de navires conserveront le privilège institué par l'article L. 131-2 du code de commerce dans sa rédaction antérieure à son abrogation par la présente loi, en étant cependant libérés des contraintes prévues par l'article L. 131-7 du même code avant son abrogation par la présente loi.

BIBL. ▸ DELPECH, *D. 2001. 682* (droit français des transports revisité par l'Europe).

Décret n° 2003-247 du 13 mars 2003,

Pris pour l'application du chapitre Ier du titre Ier de la loi n° 2001-43 du 16 janv. 2001 portant diverses dispositions d'adaptation au droit communautaire dans le domaine des transports et relatif aux courtiers interprètes et conducteurs de navires (JO 20 mars).

Décret n° 64-399 du 29 avril 1964,

Portant codification et modification des dispositions concernant les courtiers de marchandises assermentés.

CHAPITRE Ier. *EXERCICE DE LA PROFESSION DE COURTIER DE MARCHANDISES ASSERMENTÉ*

Art. 1er Le courtage en marchandises peut être effectué par tout commerçant.

Toutefois, l'exercice de certaines opérations est réservé aux courtiers de marchandises qui, ayant fourni la preuve de leur compétence professionnelle pour une catégorie de marchandises donnée et présentant les garanties nécessaires, auront été inscrits sur la liste dressée annuellement à cet effet *(Décr. n° 94-728 du 19 août 1994)* « sur réquisition du procureur général et auront prêté serment devant la cour d'appel dans le ressort de laquelle ils exerceront leur activité ».

La liste des courtiers de marchandises assermentés *(Décr. n° 94-728 du 19 août 1994)* « établie par chaque cour d'appel fait apparaître pour chacun d'eux la date de son inscription ainsi que sa ou ses spécialisations professionnelles telles qu'elles ont été sanctionnées par l'examen d'aptitude prévu à l'article 3 ci-après ».

La cour d'appel peut procéder en cours d'année à de nouvelles inscriptions ou à des modifications de la liste chaque fois qu'elle en est requise.

2 Nul ne peut être inscrit sur la liste des courtiers de marchandises assermentés s'il ne présente les garanties de moralité professionnelle nécessaires et s'il ne remplit les conditions suivantes :

1° Être français ou ressortissant d'un État membre de la Communauté européenne ;

2° Être âgé de vingt-cinq ans révolus ;

3° N'avoir subi aucune condamnation, déchéance ou sanction prévue par *(Ord. n° 2005-428 du 6 mai 2005, art. 4)* « le chapitre VIII du titre II du livre Ier du code de commerce » *(Décr. n° 94-728 du 19 août 1994)* « et n'avoir pas été frappé de faillite personnelle ou d'une autre sanction en application du titre VI de la loi n° 85–98 du 25 janvier 1985 relative au redressement et à la liquidation judiciaires des entreprises *[C. com., art. L. 625-1 s.]* ou, dans le régime antérieur à cette loi, en application du titre II de la loi n° 67-563 du 13 juillet 1967 sur le règlement judiciaire, la faillite personnelle et les banqueroutes » ;

4° Être inscrit au registre du commerce *(Décr. n° 94-728 du 19 août 1994)* « et des sociétés » à titre personnel ;

5° Avoir versé au Trésor un droit d'inscription fixé par décret pris sur le rapport du ministre *(Décr. n° 94-728 du 19 août 1994)* « chargé de l'économie » ;

6° Avoir depuis moins de deux ans avant sa demande d'inscription mentionnée à l'article 4 ci-dessous :

Ou bien accompli un stage de quatre ans chez un courtier assermenté, dont deux au moins dans la spécialité professionnelle pour laquelle l'inscription est demandée ;

Ou bien exercé pendant trois ans la profession de courtier de marchandises, dont deux au moins dans cette même spécialité, soit à titre personnel, soit en qualité de *(Décr. n° 94-728 du 19 août 1994)* « président du conseil d'administration ou de membre du directoire d'une société anonyme, de gérant d'une société commerciale », d'associé d'une société en nom collectif, de directeur ou de fondé de pouvoir d'une entreprise pratiquant le courtage ;

7° Avoir subi avec succès depuis moins de trois ans l'examen d'aptitude aux fonctions dans une ou plusieurs spécialités professionnelles correspondant à sa demande ainsi qu'il est prévu à l'article 3.

Lorsqu'un courtier inscrit désire ajouter une nouvelle spécialité professionnelle à celles pour lesquelles il figure déjà sur la liste, il devra se soumettre à *(Décr. n° 94-728 du 19 août 1994)* « l'épreuve orale » technologique correspondant à cette spécialité, dans des conditions qui seront fixées par l'arrêté prévu à l'article 3.

3 *(Examen d'aptitude).*

4 Tout candidat à l'inscription sur la liste des courtiers de marchandises assermentés doit adresser une demande, accompagnée de toutes pièces justificatives et précisant la ou les spécialités professionnelles pour lesquelles il désire figurer sur la liste, au procureur général près la cour d'appel *(Décr. n° 94-728 du 19 août 1994)* « dans le ressort de laquelle il exercera son activité professionnelle, qui procède à son instruction ». Il en est de même en cas de modification, d'adjonction de spécialité professionnelle ou de renouvellement d'inscription.

(Décr. n° 94-728 du 19 août 1994) « La demande est affichée durant quinze jours dans les locaux de la cour d'appel à la diligence du procureur général. » Il transmet la demande pour enquête et avis au président de la chambre syndicale des courtiers assermentés dont le candidat est susceptible de relever.

Le président de la chambre syndicale porte la demande à la connaissance de tous les courtiers assermentés de la compagnie. Il la fait afficher dans les locaux de cette compagnie et dans l'enceinte de la bourse de commerce et fait procéder par le syndic rapporteur à l'enquête prescrite par le *(Décr. n° 94-728 du 19 août 1994)* « procureur général ».

Le syndic rapporteur présente son rapport à la chambre syndicale, qui donne son avis motivé. *(Décr. n° 94-728 du 19 août 1994)* « Le président de la chambre le communique au procureur général. »

5 La cour d'appel dans le ressort de laquelle le candidat exerce son activité professionnelle statue en assemblée générale et en chambre du conseil sur la demande d'inscription.

6 Dans la huitaine de la décision de la cour d'appel concluant à l'inscription du candidat sur la liste des courtiers de marchandises assermentés, celui-ci est tenu de prêter, devant *(Décr. n° 94-728 du 19 août 1994)* « la cour d'appel » dans le ressort duquel *[de laquelle]* il désire exercer son activité professionnelle, le serment de remplir avec honneur et probité les devoirs de sa fonction.

7 Un courtier assermenté peut être radié de la liste soit à la suite d'une démission volontaire, soit par mesure disciplinaire.

Son inscription devient caduque s'il cesse d'exercer à titre personnel le courtage des marchandises faisant l'objet de la spécialité professionnelle pour laquelle il est inscrit ou si, spécialisé dans une branche d'activité pour laquelle l'exigence du renouvellement de l'examen technologique a été reconnue nécessaire, il n'a pas subi avec succès ce nouvel examen à l'expiration de la période fixée.

Il peut, pour des raisons importantes appréciées par la cour d'appel, après avis du *(Décr. n° 94-728 du 19 août 1994)* « procureur général », demander sa mise en congé temporaire ; *(Décr. n° 94-728 du 19 août 1994)* « il en est fait mention sur la liste si elle s'applique à une période égale ou supérieure à six mois ».

8 L'honorariat peut être conféré au courtier assermenté qui s'est retiré par démission après vingt ans d'exercice de la profession.

La décision est prise, dans les formes indiquées à l'article 5 ci-dessus, par la cour d'appel dans le ressort de laquelle le courtier assermenté a exercé ses fonctions, après avis *(Décr. n° 94-728 du 19 août 1994)* « de la chambre syndicale ».

CHAPITRE II. *FONCTIONS DES COURTIERS DE MARCHANDISES ASSERMENTÉS*

9 Le courtier de marchandises assermenté est compétent, sur l'ensemble du territoire national, dans la branche d'activité correspondant à sa spécialité professionnelle telle qu'elle figure sur les listes d'inscription prévues à l'article 1er du présent décret. Si dans le ressort *(Décr. n° 94-728 du 19 août 1994)* « de la cour d'appel » il n'existe pas de courtier assermenté spécialisé dans une catégorie de marchandises donnée ou si ce courtier se récuse, le tribunal peut requérir un courtier de la spécialité considérée assermenté auprès *(Décr. n° 94-728 du 19 août 1994)* « d'une autre cour ».

10 A défaut d'experts désignés par accord entre les parties, les courtiers assermentés sont requis pour l'estimation des marchandises déposées dans un magasin général.

Ils peuvent être appelés à procéder à des expertises judiciaires ou amiables de marchandises en gros.

11 Dans chaque ville où existe une bourse de commerce, le cours des marchandises cotées à cette bourse est constaté par les courtiers assermentés de la spécialité professionnelle correspondante exerçant sur cette place.

Dans le cas où ces courtiers ne représenteraient pas suffisamment toutes les spécialités professionnelles et opérations commerciales qui se pratiquent sur la place, la chambre de commerce et d'industrie, après avis *(Décr. n° 94-728 du 19 août 1994)* « de la chambre syndicale des courtiers assermentés », peut décider, chaque année, qu'un certain nombre de courtiers non assermentés et de négociants de la place concourront avec les courtiers assermentés, et sous la responsabilité de ceux-ci, à la constatation du cours des marchandises.

Les courtiers de marchandises assermentés sont également compétents pour effectuer la constatation des cours des marchandises faisant l'objet de ventes aux enchères en gros prévues par le décret n° 58-560 du 28 juin 1958.

Les modalités d'application du présent article seront fixées en tant que de besoin par arrêtés du ministre chargé du commerce.

12 Les courtiers assermentés délivrent des certificats de cours des marchandises lorsque ceux-ci ont été constatés dans les conditions prévues à l'article 11.

Dans le cas contraire, ils établissent des attestations de prix indiquant, sous leur responsabilité, le prix pratiqué pour une marchandise à la date et aux lieux déterminés.

13 Les courtiers assermentés procèdent aux reventes et rachats de marchandises en bourse en cas d'inexécution d'un contrat ou marché.

14 Les ventes publiques de marchandises aux enchères et en gros pour lesquelles des dispositions législatives ou réglementaires prévoient l'intervention d'un courtier sont confiées à un courtier assermenté compétent pour la catégorie de marchandises en cause.

Si dans le ressort *(Décr. n° 94-728 du 19 août 1994)* « de la cour d'appel » il n'existe pas de courtier assermenté spécialisé dans une catégorie de marchandises donnée ou si ce courtier se récuse, *(Décr. n° 94-728 du 19 août 1994)* « la cour » peut, nonobstant les dispositions de l'article 9 du présent décret, désigner pour la vente un courtier assermenté exerçant dans son ressort une autre spécialité professionnelle.

15 En application de l'article 14 ci-dessus, les ventes suivantes doivent être effectuées par les soins des courtiers assermentés :

Ventes volontaires aux enchères de marchandises en gros en application de la loi du 28 mai 1858 *[C. com., art. L. 322-8 s.]* ;

Ventes de marchandises déposées dans un magasin général en application de l'article 27 de l'ordonnance du 6 août 1945 modifiée *[C. com., art. L. 522-31]* ainsi que de l'article 9 du décret du 6 août 1945.

16 Les courtiers assermentés sont compétents, sauf désignation par le tribunal d'un autre officier public, pour procéder aux ventes publiques suivantes :

Ventes de marchandises en gros autorisées ou ordonnées par la justice consulaire dans les conditions de la loi du 3 juillet 1861 *[C. com., art. L. 322-14 s.]* ;

Ventes des marchandises du débiteur *(Décr. n° 94-728 du 19 août 1994)* « en cas de liquidation judiciaire dans les conditions de l'article 156 de la loi n° 85-98 du 25 janvier 1985 *[C. com., art. L. 622-18]* ».

Ventes sur réalisation de gage dans les conditions de l'article 93 du code de commerce *[C. com., art. L. 521-3]*.

17 Les courtiers assermentés peuvent être désignés pour procéder aux ventes publiques suivantes :

Ventes aux enchères de marchandises en gros ayant fait l'objet d'une saisie administrative ou judiciaire ;

Ventes aux enchères de marchandises au détail dans les conditions de la loi du 25 juin 1841 modifiée *[C. com., art. L. 320-1 s.]* ;

Ventes de marchandises en application de la loi du 30 avril 1906 sur les warrants agricoles ;

Ventes aux enchères dans les conditions prévues à l'article 3 du décret n° 58-560 du 28 juin 1958. Ils sont dans ce cas dispensés de la prestation du serment mentionné à l'alinéa 2 de l'article 3 dudit décret.

18 A peine de radiation définitive de la liste, le courtier assermenté chargé de procéder à une vente publique ou qui a été requis pour l'estimation de marchandises déposées dans un magasin général ne peut se rendre acquéreur pour son compte des marchandises dont la vente ou l'estimation lui a été confiée.

19 Les droits de courtage pour les ventes publiques ainsi que le montant des vacations dues au courtier assermenté pour l'estimation des marchandises déposées dans un magasin général sont fixés dans les conditions prévues par arrêté du ministre chargé du commerce.

(Décr. n° 94-728 du 19 août 1994) « Toutefois, en cas de ventes publiques aux enchères judiciaires ou forcées, la rémunération des courtiers de marchandises assermentés est fixée

ainsi qu'il est dit aux articles 16 et 18 du décret n° 85-382 du 29 mars 1985 modifié fixant le tarif des commissaires-priseurs. » — *V. ce texte au* ***C. pr. civ.***

20 En dehors de sa fonction de courtier de marchandises assermenté, celui-ci peut exercer, soit à titre personnel, soit dans le cadre d'une société, sa profession habituelle, notamment la commission, le courtage, l'agence commerciale et la consignation de marchandises. Dans l'exercice de ces activités, il doit clairement faire apparaître qu'il n'agit pas en qualité de courtier assermenté.

CHAPITRE III. *LES COMPAGNIES ET LES CHAMBRES SYNDICALES DES COURTIERS DE MARCHANDISES ASSERMENTÉS*

21 *(Décr. nº 94-728 du 19 août 1994)* Les courtiers de marchandises assermentés exerçant dans le ressort d'une même cour d'appel sont groupés dans une compagnie dirigée et administrée par une chambre syndicale comprenant au moins un président et un syndic rapporteur.

Les membres de la chambre syndicale sont élus pour trois ans par l'assemblée générale de la compagnie dans les conditions fixées par son règlement intérieur, qui doit être soumis à l'approbation du ministre chargé du commerce. Ils sont rééligibles. Leurs fonctions sont gratuites.

Lorsque le nombre des courtiers assermentés exerçant dans le ressort d'une même cour d'appel est inférieur à trois, ceux-ci sont rattachés à une compagnie du ressort d'une cour d'appel voisine par arrêté conjoint du garde des sceaux, ministre de la justice, et du ministre chargé du commerce. — *V. Arr. 23 déc. 1994 (JO 27 déc.), mod. par Arr. 7 oct. 2003 (JO 16 oct.).*

22 La chambre syndicale a pour attributions :

1° D'examiner les questions relatives à l'exercice de la fonction de courtier assermenté ;

2° De donner son avis *(Décr. nº 94-728 du 19 août 1994)* « aux cours d'appel » lorsqu'elle en est requise, conformément à l'article 4 du présent décret, sur les candidatures aux fonctions de courtier assermenté ; elle peut aussi, lorsqu'elle l'estime nécessaire, présenter des requêtes, des comptes rendus, ou formuler des avis auprès de la cour d'appel, du tribunal de commerce ou de la chambre de commerce et d'industrie sur les questions relevant de sa compétence ;

3° D'établir le règlement intérieur de la compagnie et d'en assurer l'application après l'avoir fait approuver par *(Décr. nº 94-728 du 19 août 1994)* « la cour d'appel du siège statuant en chambre du conseil », après avis de la chambre de commerce et d'industrie ;

4° De préparer le budget de la compagnie, d'en établir les comptes, de les présenter annuellement à l'approbation de l'assemblée générale, d'assurer le recouvrement des cotisations et de gérer les biens de la compagnie ;

5° Réunie en chambre de discipline :

De prévenir et concilier les différends entre les membres de la compagnie ;

D'examiner toute réclamation contre eux à raison de l'exercice de leurs fonctions ;

De prononcer s'il y a lieu des sanctions disciplinaires dans les conditions prévues au chapitre suivant.

CHAPITRE IV. *DISCIPLINE DES COURTIERS DE MARCHANDISES ASSERMENTÉS*

23 Tout manquement aux règles professionnelles et toutes fautes commises par le courtier de marchandises assermenté qui a manqué à son obligation de remplir avec honneur et probité les devoirs de sa fonction ou qui ne présente plus les garanties de moralité professionnelle nécessaires sont poursuivis et réprimés soit par la chambre syndicale, réunie en chambre de discipline et agissant d'office, ou à l'initiative du syndic rapporteur, ou à la demande du procureur de la République, soit par la cour d'appel saisie par le procureur général.

24 La chambre de discipline statue dans tous les cas par décision motivée et prononce, s'il y a lieu, l'une des sanctions disciplinaires suivantes :

Le rappel à l'ordre ;

La censure ;
(Décr. n° 94-728 du 19 août 1994) « L'interdiction ne pouvant excéder trois ans » ;
La radiation définitive.

25 Aucune sanction disciplinaire ne peut être prononcée par la chambre de discipline sans que le courtier assermenté mis en cause ait été entendu ou appelé, avec délai de huitaine.

Le président de la chambre syndicale notifie par lettre recommandée avec demande d'avis de réception toute décision de la chambre de discipline au courtier assermenté, dans les dix jours de sa date. Il la notifie dans les mêmes conditions et délais au *(Décr. n° 94-728 du 19 août 1994)* « premier président de la cour d'appel et au procureur général ».

Si la décision disciplinaire a été rendue par défaut, le courtier assermenté frappé d'une sanction peut former opposition dans le délai d'un mois de la notification. L'opposition est faite par lettre recommandée avec demande d'avis de réception adressée au président de la chambre syndicale.

26 Le droit d'appeler des décisions de la chambre de discipline appartient, dans tous les cas, au courtier assermenté frappé d'une sanction et au *(Décr. n° 94-728 du 19 août 1994)* « procureur général ».

L'appel doit être formé dans les dix jours de la notification, ou, en cas de décision par défaut, de l'expiration du délai d'opposition.

Il est formé par lettre recommandée avec demande d'avis de réception adressée au greffe de la cour d'appel.

L'appel est porté devant la cour d'appel, qui statue en chambre du conseil.

(Décr. n° 94-728 du 19 août 1994) « L'appel est suspensif. »

27 Au cas où la cour d'appel est saisie directement, le procureur général doit recueillir l'avis *(Décr. n° 94-728 du 19 août 1994)* « de la chambre syndicale compétente ».

La cour d'appel inflige, s'il y a lieu, l'une des sanctions disciplinaires prévues par l'article 24 ci-dessus.

La saisine de la cour d'appel, en application du présent arrêté, dessaisit d'office les autorités disciplinaires appelées à connaître des mêmes faits en application des articles 24 et 25.

CHAPITRE V. *ASSEMBLÉE PERMANENTE DES PRÉSIDENTS DE CHAMBRES SYNDICALES DE COURTIERS DE MARCHANDISES ASSERMENTÉS*

28 L'assemblée permanente des présidents de chambres syndicales de courtiers de marchandises assermentés est composée de l'ensemble des présidents *(Décr. n° 94-728 du 19 août 1994)* « des compagnies » prévues à l'article 21. Chaque président de chambre syndicale peut se faire remplacer par un suppléant élu sur sa proposition par la compagnie à laquelle il appartient.

L'assemblée permanente des présidents représente, sur le plan national, l'ensemble des courtiers assermentés.

29 L'assemblée permanente des présidents est dirigée et administrée par un comité de direction.

Les membres du comité de direction sont élus *(Décr. n° 94-728 du 19 août 1994)* « pour trois ans » par l'assemblée permanente des présidents ; ils sont rééligibles.

(Décr. n° 94-728 du 19 août 1994) « Le comité de direction est composé d'un président, d'au moins un vice-président, d'un secrétaire général, d'un trésorier et de deux membres rapporteurs. »

Les fonctions occupées au sein de l'assemblée permanente des présidents sont gratuites.

30 L'assemblée permanente des présidents est chargée :

1° D'examiner, sur le plan national, les questions relatives à l'exercice de la fonction de courtier assermenté et de donner, le cas échéant, aux pouvoirs publics son avis sur ces questions ;

2° De fixer annuellement son budget et d'en répartir les charges entre les compagnies ;
3° D'organiser les œuvres sociales intéressant les courtiers assermentés et leur personnel.

31 Le comité de direction est chargé :
1° De convoquer l'assemblée permanente des présidents ;
2° De tenir à jour, sur le plan national, la liste des courtiers inscrits auprès des cours d'appel en les regroupant éventuellement par spécialités ;
3° De prévenir et concilier tous différends entre les compagnies ainsi que, après avis des présidents de chambres syndicales intéressées et sans préjudice des attributions de celles-ci, entre les courtiers assermentés n'appartenant pas à la même compagnie.

DISPOSITIONS DIVERSES ET TRANSITOIRES

32 Les courtiers de marchandises assermentés inscrits sur les listes dressées par les tribunaux de commerce à la date de la publication du présent décret restent en fonctions et seront inscrits d'office et sans formalité sur la première liste établie par les cours d'appel.

Les chambres syndicales existantes restent en fonctions jusqu'à la date de leur renouvellement annuel.

Dans les six mois de la publication du présent décret, devront être organisées l'assemblée permanente des présidents de chambres syndicales ainsi que les compagnies nouvelles prévues aux alinéas 3 et 4 de l'article 21.

………………………………………………………………………………

Loi nº 49-1652 du 31 décembre 1949,

Réglementant la profession de courtiers en vins dits « courtiers de campagne » (D. 1950. 15 ; BLD 1950. 23). — Mod. par L. nº 51-1125 du 26 sept. 1951 (D. 1951. 356 ; BLD 1951. 780), L. nº 96-314 du 12 avr. 1996, art. 63 (D. 1996. 162), Ord. nº 2005-1091 du 1er sept. 2005 (JO 2 sept.). — V. aussi, Décr. nº 51-372 du 27 mars 1951 (D. 1951. 91 ; BLD 1951. 213) ; Décr. nº 97-591 du 30 mai 1997 (JO 31 mai).

Décret nº 96-488 du 31 mai 1996,

Relatif à l'exercice de la profession de courtier de fret fluvial (JO 6 juin).

CHAPITRE II DES COMMISSIONNAIRES

SECTION PREMIÈRE DES COMMISSIONNAIRES EN GÉNÉRAL

RÉP. COM. vº *Commissionnaire*, par CHAUVEL.

BIBL. GÉN. ▶ LAVABRE, *RJDA 1996, p. 619*. – AUCKENTHALER, *D. 1998. Chron. 53* (commettant, commissionnaire à la vente) – AUQUE, *AJDI 2001. 1059* (commission-affiliation).

Art. L. 132-1 Le commissionnaire est celui qui agit en son propre nom ou sous un nom social pour le compte d'un commettant.

Les devoirs et les droits du commissionnaire qui agit au nom d'un commettant sont déterminés par le titre XIII du livre III du code civil. – *[C. com., art. 94].*

I. CRITÈRES DU CONTRAT DE COMMISSION

A. NOTION DE COMMISSIONNAIRE

1. Action en son nom propre. Le commissionnaire, à la différence d'un mandataire, agit en son nom propre ou sous un nom social qui n'est pas celui de son commettant. • Com. 6 juill. 1960 : *Bull. civ. III, n° 257* • 3 mai 1965 : *ibid. n° 280.* ♦ V. aussi, pour une agence de voyages, • Com. 20 nov. 1967 : *D. 1968. 362.* ♦ ... Pour un commissionnaire de transport, • Com. 3 oct. 1989 : *Bull. civ. IV, n° 244 ; RTD com. 1990. 251, obs. Bouloc* • Civ. 1re, 10 févr. 1998 : *Bull. civ. I, n° 59 ; RTD com. 1998. 914, obs. Bouloc.* ♦ ... Pour l'exploitant d'une station-service, • Com. 3 janv. 1995 : *RJDA 1995, n° 425.*

1 bis. Pour décider qu'une société agit en qualité de commissionnaire de transport, il ne suffit pas de retenir que celle-ci est titulaire de la licence de commissionnaire de transport, que, dans ses relations contractuelles avec le donneur d'ordre, elle est tenue de réexpédier les marchandises de celui-ci, d'établir un contrat de transport émargé chaque fois par le transporteur affrété ; encore faut-il constater que, dans l'organisation du transport des marchandises que le donneur d'ordre lui confie, cette société agit en qualité d'intermédiaire libre du choix des voies et des moyens et concluant les conventions de transport en son propre nom. • Com. 6 oct. 1992 : *Bull. civ. IV, n° 298 ; D. 1992. IR. 257.* ♦ V. aussi, • Rouen, 6 avr. 2000 : *JCP 2001. IV. 1768* • Versailles, 22 oct. 1998 : *BICC 1999, n° 1232.*

Une société qui conclut un contrat de ferroutage en optant pour le transport ferroviaire de ses marchandises selon un horaire SNCF qu'elle a choisi n'agit pas en qualité de commissionnaire dans la mesure où, dans l'organisation du transport, elle n'a pas eu le libre choix des voies et des moyens. • Com. 19 janv. 1999 : *Bull. civ. IV, n° 20 ; D. 1999. 243, note Delebecque ; D. Affaires 1999. 513 ; Petites affiches 12 févr. 1999, p. 5* (et sur renvoi • Rouen, 13 mai 2003 : *JCP E 2004, n° 38, p. 1443, obs. Letacq ; RDC 2004. 378, obs. Delebecque* ; partiellement cassé par • Com. 1er févr. 2005 : *JCP E 2005, n° 44-45, p. 1865, obs. Letacq*). ♦ Sur la distinction entre contrat de ferroutage et contrat de commission, V. aussi • Paris, 2 juill. 1999 : *D. 2000. Somm. 293, obs. Mercadal.*

1 ter. Sur la distinction entre le contrat de commission et le mandat de transmission d'ordre, V. • TGI Paris, 15 déc. 1999 : *Banque et Droit juill.-août 2000. 41, obs. de Vauplane.*

2. Révélation du commettant. Dès lors que le commissionnaire a agi en son propre nom, il importe peu que l'acheteur ait eu connaissance de l'identité du commettant. • Com. 7 mai 1962 : *Bull. civ. III, n° 240.* ♦ Sur la responsabilité du commissionnaire révélant, sans l'accord de celui-ci, le nom du commettant, V. • Rouen, 25 juin 1904 : *DP 1906. 2. 191.*

3. Mandataire. Il résulte de l'art. 94 [C. com., art. L. 132-1] que les dispositions du code civil sur le mandat, et notamment l'art. 1994, al. 2, qui autorise le mandataire substitué à agir directement contre le mandant en paiement de la rétribution qui lui est due, ne sont applicables au contrat de commission de transport que si le commissionnaire a agi au nom de son commettant et non en son propre nom. • Com. 9 déc. 1997 : *Bull. civ. IV, n° 333 ; D. Affaires 1998. 195, obs. S. P. ; RJ com. 1998. 194, rapp. Réméry et note Vialard ; JCP 1998. II. 10201, note Litty.* ♦ V. aussi • Com. 28 mai 2002 : *Bull. civ. IV, n° 96 ; D. 2002. AJ. 2187 ; JCP E 2003, n° 36, p. 1381, obs. Bon-Garcin ; RTD com. 2003. 160, obs. Bouloc.* ♦ Sur la qualité de mandataire, exclusive de celle de commissionnaire, V. aussi : • Com. 10 févr. 1970 : *Bull. civ. IV, n° 49* • Reims, 18 mai 1976 : *RTD com. 1976. 789, obs. Hémard.* – Comp. • Crim. 24 juill. 1852 : *DP 1852. 1. 255* • 30 avr. 1853 : *DP 1853. 5. 140.*

4. Courtier. Le courtier se distingue du commissionnaire en ce qu'il ne passe pas par lui-même un contrat et qu'il se borne à rapprocher les parties. • Com. 15 oct. 1964 : *D. 1965. 175.*

5. Agent commercial. L'agent commercial n'a pas la qualité de commissionnaire, dès lors qu'il ne s'engage pas personnellement. • Paris, 20 nov. 1963 : *RTD com. 1964. 136, obs. Hémard.* ♦ V. art. L. 134-1 s.

6. Centrales d'achat et de référencement. BIBL. Delbarre et Lavabre, *D. 1985. Chron. 165 ; RJDA 1996, p. 135.* – Van Eeckhout et Farasse, *RDC 2004. 502* (référencement de sites internet). ♦ Pour une qualification en contrat de courtage, V. : • Com. 17 mars 2004 : *cité note 1 ss. art. L. 442-6.* ♦ Une centrale d'achat se borne à exécuter les commandes de ses adhérents en vue de les faire bénéficier de conditions plus avantageuses que celles consenties au commerce indépendant ; ses responsables agissant comme commissionnaires ne deviennent à aucun moment propriétaires de la marchandise et n'achètent pas en vue de revendre avec bénéfices. • T. corr. Paris, 30 janv. 1974 : *Gaz. Pal. 1974. 2. 529, note Fourgoux.* – V. Rép. Com. v° *Centrales et groupements d'achat et de référencement*, par Retterer.

7. S'analyse en un contrat de référencement, le contrat passé entre un fournisseur et un groupement d'achat qui se charge de négocier aux meilleures conditions des offres avec les fournisseurs au profit de ses adhérents ou affiliés qui conservent la maîtrise de leurs achats. • Versailles, 16 déc. 1987 : *D. 1988. IR. 50.* ♦ Ainsi, une telle centrale n'a pas la qualité de commissionnaire, lorsqu'elle se borne à apporter à ses adhérents une assistance technique et que les contrats sont conclus directement entre les adhérents et les fournisseurs. • Versailles, 29 sept. 1988 : *JCP 1989. II. 21190, note Estoup.* – Comp. : • Versailles, 16 déc. 1987 : *préc.* ♦ V. aussi, pour une centrale de référencement investie par les fournisseurs d'un mandat de recouvrement, • Paris, 5 mai 1993 : *D. 1995. Somm. 80, obs. Ferrier*.

7 bis. Dès lors qu'elle relève que le rôle d'une société était celui d'un intermédiaire qui faisait connaître des fournisseurs à ses adhérents et négociait les meilleures conditions des transactions à intervenir entre eux, une cour d'appel constate par là même que l'économie du contrat conclu entre cette société et un fournisseur n'impliquait pas que celle-là fût garante de l'exécution des commandes passées par les membres du groupement. • Com. 28 mai 1991 : *Bull. civ. IV, n° 196 ; D. 1992. Somm. 390, obs. Ferrier*. – V. déjà en ce sens : • Com. 23 oct. 1990 : *Bull. civ. IV, n° 257.* ♦ Ayant retenu qu'un fournisseur traitait directement avec les commerçants qu'une société, déclarant agir en qualité d'« organisme référenceur », avait fait connaître à ce fournisseur, une cour d'appel a décidé à juste titre qu'en l'absence de stipulation à cet égard, cette société n'avait pas l'obligation de l'informer de l'éventuelle insolvabilité de ses cocontractants pendant le cours des relations entre ces parties. • Com. 28 mai 1991 : *préc.* ♦ V., dans le même sens, pour un groupement d'achat agissant en qualité de courtier, • Com. 28 mai 1991 : *Bull. civ. IV, n° 183 ; D. 1992, préc.* ♦ Comp., pour une société coopérative d'achats garante de la solvabilité de ses adhérents, • Com. 25 oct. 1994 : *Bull. civ. IV, n° 317 ; D. 1997. Somm. 64, obs. Ferrier*. – V. aussi • Com. 3 janv. 1995 : *Bull. civ. IV, n° 5 ; D. 1997. Somm. 64, obs. Ferrier*.

Ne caractérise pas un contrat de commission entre le fournisseur agréé d'une centrale d'acheteurs et celle-ci, le fait que l'organisme centralise les commandes de ses adhérents, les transmet aux fournisseurs à une date déterminée et vérifie la ponctualité des livraisons, qu'il effectue les paiements pour la totalité des factures de ses adhérents émanant des fournisseurs agréés et se porte « ducroire » des premiers à l'égard des seconds, lesquels doivent toujours et sans aucune exception considérer les membres du groupement au travers de celui-ci, alors que si la convention interdit au fournisseur de traiter avec un adhérent de la centrale, c'est uniquement dans le cas où ces relations se feraient en dehors et à l'insu d'elle. • Com. 22 mars 1994 : *Bull. civ. IV, n° 124 ; D. 1995. Somm. 80, obs. Ferrier ; JCP 1994. I. 3781, n° 4, obs. Virassamy.* V. aussi note 22.

Sur la licéité des centrales au regard du droit de la concurrence, V. note 16 ss. art. L. 420-1.

B. NATURE COMMERCIALE

8. Exercice professionnel. Lorsque le commissionnaire conclut un contrat de commission à titre professionnel, l'opération est commerciale et il a la qualité de commerçant. • Com. 2 nov. 1954 : *Gaz. Pal. 1955. 1. 5.* ♦ Sur le droit du commissionnaire à la propriété commerciale, V. • Bordeaux, 18 oct. 1948 : *JCP 1949. II. 4706, note Hémard.*

9. Preuve. Sur la liberté de preuve de la commission commerciale, V. • Aix-en-Provence, 23 nov. 1937 : *DH 1938. 105.* ♦ Sur la preuve de la clause de ducroire, V. note 12.

II. OBLIGATIONS DES PARTIES

A. OBLIGATIONS DU COMMISSIONNAIRE

10. Engagement personnel. Le commissionnaire agissant en son propre nom se trouve personnellement et seul engagé à l'égard des tiers avec lesquels il traite. • Com. 15 juill. 1963 : *Bull. civ. III, n° 378.* ♦ Sur l'action directe des tiers à l'encontre du commettant, V. note 21.

11. Contrepartie. Le commissionnaire ne peut se porter contrepartiste à l'insu de son commettant, lequel serait en droit de demander la nullité de l'opération et la répétition des sommes payées. • Civ. 10 déc. 1912 : *DP 1914. 1. 97, note Lacour ; S. 1916. 1. 41, note Nacquet* • Req. 28 mars 1904 : *DP 1905. 1. 65, note Lacour ; S. 1904. 1. 456.* ♦ Sur la qualification d'escroquerie, V. • Crim. 1er déc. 1911 : *DP 1915. 1. 57, note Lacour* • 23 janv. 1913 : *ibid.* ♦ En revanche, le commettant peut expressément autoriser le commissionnaire à se porter contrepartiste, serait-ce par une régularisation *a posteriori*. • Civ. 10 déc. 1912 : *préc.*

Sur la validité des *marchés d'application*, V. • Versailles, 13 nov. 1985 : *Gaz. Pal. 1986. 2. Somm. 281.*

12. Ducroire. BIBL. Hennebelle, *JCP E 2000, n° 36, p. 1366.* ♦ L'existence d'un engagement de ducroire ne se présume pas. V. • Versailles, 16 déc. 1987 : *préc. note 7.* ♦ Cependant, la preuve d'une convention de ducroire dans un contrat de commission commerciale peut être rapportée par tout moyen. • Aix-en-Provence, 23 nov. 1937 : *préc. note 9* • TGI Reims, 25 oct.

1984 : *Gaz. Pal. 1985. 1. Somm. 106.* ♦ La preuve peut résulter d'un usage professionnel, s'agissant d'un dépositaire distributeur de journaux. • Rennes, 9 juill. 1974 : *JCP 1975. II. 17990, note Plaisant.*

13. L'obligation du commissionnaire ducroire ne se limite pas, sauf convention contraire, à la solvabilité du tiers avec lequel il contracte. V. • Com. 6 janv. 1981 : *Bull. civ. IV, n° 4 ; JCP 1982. II. 19829, note Hémard ; Gaz. Pal. 1981. 2. Pan. 180, obs. Piedelièvre.* ♦ V. aussi cet arrêt pour l'inclusion dans la garantie des frais de poursuite et des intérêts de découverts supportés par le commettant. ♦ A défaut de stipulation contraire, fût-elle implicite, la clause de ducroire garantit le défaut de paiement à l'échéance par un tiers et non la solvabilité de celui-ci. • Com. 22 oct. 1996 : *Bull. civ. IV, n° 246 ; D. 1998. 511, note Arlie ; D. Affaires 1997. 23 ; Contrats Conc. Consom. 1997, n° 21, note Leveneur.*

14. Le commissionnaire ducroire d'une société de financement qui, en cette qualité, conclut un contrat de crédit-bail a qualité pour agir en résiliation du contrat pour non-paiement des loyers et a intérêt à poursuivre le débiteur pour obtenir réparation de son préjudice, dès lors que, en sa qualité, il est tenu de régler l'intégralité des loyers dus à la société de financement. • Paris, 15 mai 1990 : *D. 1990. IR. 158.*

15. Responsabilité envers le commettant. S'agissant de la responsabilité du commissionnaire à l'égard du commettant, s'appliquent les règles du mandat. • Com. 4 déc. 1973 : *Bull. civ. IV, n° 351.* ♦ V. art. 1991 s. C. civ. – **C. civ.**

16. Sur l'obligation d'information, à la charge du commissionnaire, au cas de difficultés d'exécution, V. • Com. 24 nov. 1970 : *D. 1971. Somm. 58* • Paris, 17 juin 1932 : *Gaz. Pal. 1932. 2. 562.* ♦ Sur sa responsabilité, s'il traite avec un tiers notoirement insolvable, V. • Com. 5 oct. 1965 : *Gaz. Pal. 1966. 1. 218.* ♦ Comp., sur l'obligation de renseignement sur la solvabilité des adhérents d'un groupement d'achat agissant en tant que courtier : • Com. 16 janv. 1990 : *D. 1990. IR. 42.*

17. Sur le caractère libératoire de la force majeure, V. • Req. 7 nov. 1904 : *S. 1906. 1. 284* • Com. 26 févr. 1980 : *Bull. civ. IV, n° 100.*

18. Exclusivité. Le commissionnaire peut s'engager à traiter des opérations pour le compte exclusif du commettant. • Reims, 18 mai 1976 : *RTD com. 1977. 789, obs. Hémard.*

19. Faculté de substitution. Au cas de substitution par un tiers, le commissionnaire reste responsable, à l'égard du commettant, du choix de la personne et de la transmission des instructions du commettant. • Com. 23 nov. 1970 : *Bull. civ. IV, n° 274.* ♦ Le commissionnaire intermédiaire est responsable vis-à-vis du commissionnaire principal des dommages dus au fait du voiturier qu'il a choisi librement. • Com. 3 oct. 1989 : *préc. note 1.* ♦ V. art. L. 133-1. ♦ Le recours à un substitué imposé par une autorité étrangère ne fait perdre au commissionnaire de transport ni sa qualité, ni la responsabilité qui s'y attache. • Com. 5 déc. 1989 : *Bull. transp. 1990. 204 ; D. 1990. Somm. 270, obs. Rèmond-Gouilloud.*

19 bis. Responsabilité envers le transporteur. Le commissionnaire de transport qui agit en son propre nom est responsable envers le transporteur des dommages causés par la marchandise au moyen de transport. • Com. 14 janv. 2004 : *Bull. civ. IV, n° 12 ; D. 2004. Somm. 1348, obs. Delebecque ; JCP E 2004, n° 12, p. 445 ; Contrats Conc. Consom. 2004, n° 36, obs. Leveneur ; RTD com. 2004. 588, obs. Bouloc ; RJDA 2004, n° 557.*

20. Responsabilité envers les tiers. Le commissionnaire peut être tenu d'une obligation de garantir les vices cachés de la chose vendue à l'égard de l'acquéreur. • Paris, 13 juin 1892 : *DP 1893. 2. 470.*

Sur la responsabilité d'une agence de voyages, V. • Com. 20 nov. 1967 : *préc. note 1.* ♦ Comp., désormais : C. tourisme, art. L. 211-17 et L. 211-18 (anciens art. 23 et 24 de la L. n° 92-645 du 13 juill. 1992). – **C. consom.**

20 bis. Responsabilité pénale. Sur la condamnation pour tromperie d'un commissionnaire français ayant introduit sur le territoire national des marchandises espagnoles non conformes aux qualités substantielles présentées sur l'étiquetage, V. • Crim. 9 mars 1999 : *D. Affaires 1999. 826, obs. C. R.*

B. OBLIGATIONS DU COMMETTANT

21. Action des tiers. Sur l'absence d'engagement direct du commettant envers le cocontractant du commissionnaire, V. note 10. ♦ Sur l'exercice de l'action *de in rem verso* par le tiers, V. • Rouen, 25 juin 1904 : *DP 1906. 2. 191.* ♦ En revanche, en ce sens que le cocontractant dispose d'une action directe contre le commettant dont le nom lui a été révélé, V. • T. com. Paris, 25 sept. 1985 et • Lyon, 6 déc. 1985 : *Cah. dr. entr. 1986, n° 27, p. 10 et 12.*

22. Paiement de la commission. A défaut de stipulation contraire, la commission est due dès la conclusion, que le contrat soit ou non exécuté. • Req. 21 déc. 1892 : *D. 1893. 1. 118.* ♦ Comp., subordonnant le versement de ristournes à une centrale d'achat au paiement effectif du prix par le fournisseur : • Versailles, 16 déc. 1987 : *préc. note 7.*

23. Toutefois, la commission n'est pas due dès lors que l'inexécution tient à une faute du commissionnaire. • Req. 17 mars 1926 : *S. 1926. 1. 285* • Colmar, 6 juill. 1937 : *DH 1937. 559.*

24. Détermination de la commission. A défaut de détermination contractuelle, la commission est fixée par le juge lequel peut retenir les usages du lieu d'exécution. • Com. 16 janv. 1979 : *JCP 1979. IV. 98.*

25. Frais et avances. Les frais et avances sont dus que l'opération soit ou non conclue. • Com. 26 janv. 1965 : *Bull. civ. III, n° 72.*

C. FIN DU CONTRAT

26. Intuitus personae. Le contrat de commission est conclu *intuitu personae* et prend fin au décès de l'une des parties. • Paris, 30 mai 1969 : *RTD com. 1970. 767, obs. Hémard.*

27. Durée déterminée. A l'arrivée du terme, le commettant peut mettre fin au contrat sans avoir à justifier de son refus. • Paris, 20 nov. 1963 : *D. 1964. Somm. 42.*

Pour un non-renouvellement abusif, V. • Com. 22 oct. 1996 : *préc. note 13.*

28. Durée indéterminée. Lorsque la commission est conclue pour une durée indéterminée, elle peut être résiliée unilatéralement par chacune des parties. • Rennes, 3 juill. 1974 : *JCP 1975. II. 17990, note Plaisant.* ♦ Sur la sanction d'une rupture abusive, V. • Com. 10 févr. 1970 : *Bull. civ. IV, n° 149 ; D. 1970. 392* • 30 nov. 1993 : *RJDA 1994, n° 513.* ♦ Sur le rejet de la qualification de mandat d'intérêt commun, V. • Com. 27 juin 1978 : *Bull. civ. IV, n° 182 ; D. 1978. IR. 452 ; RTD com. 1979. 316, obs. Hémard* • Reims, 18 mai 1976 : *ibid. 1976. 789, obs. Hémard* • Com. 10 févr. 1970 : *préc.* ♦ Comp., accordant cette qualité aux diffuseurs de presse • Com. 2 mars 1993 : *Bull. civ. IV, n° 90 ; D. 1994. 48, note Aubert-Monpeyssen ; JCP 1993. II. 22176, note Béhar-Touchais ; Contrats Conc. Consom. 1993, n° 106, note Leveneur.* – V. Ghestin, *D. 1994. Chron. 73.* ♦ Dans le même sens, V. • Com. 29 févr. 2000 : *Bull. civ. IV, n° 44 ; D. 2000. AJ. 165, obs. Faddoul ; Contrats Conc. Consom. 2000, n° 93, obs. Leveneur.*

Art. L. 132-2 **Le commissionnaire a privilège sur la valeur des marchandises faisant l'objet de son obligation et sur les documents qui s'y rapportent pour toutes ses créances de commission sur son commettant, même nées à l'occasion d'opérations antérieures.**

Dans la créance privilégiée du commissionnaire sont compris, avec le principal, les intérêts, commissions et frais accessoires. – *[C. com., art. 95].*

A. BÉNÉFICIAIRES DU PRIVILÈGE

1. Absence de formalités. L'art. 95 [C. com., art. L. 132-2] accorde de plein droit au commissionnaire régulièrement entré en possession, le privilège qu'il institue. • Com. 2 juin 1977 : *Bull. civ. IV, n° 158.*

2. Commissionnaires visés. Le privilège de l'art. 95 [C. com., art. L. 132-2] appartient au commissionnaire acheteur aussi bien qu'au commissionnaire vendeur. • Rouen, 7 mars 1906 : *DP 1910. 1. 345, note Lacour (sous Civ. 27 juill. 1909).* ♦ Il appartient au commissionnaire de transport, comme à tout autre commissionnaire. • Lyon, 13 mars 1933 : *DP 1933. 1. 60* • 27 mai 1977 : *Bull. transp. 1977. 336.*

2 bis. Le commissionnaire de transport qui s'est dessaisi de la marchandise au profit de son client, avant de se la voir confiée à nouveau pour la stocker en attente d'une revente, doit, pour bénéficier du privilège, prouver que c'est en qualité de commissionnaire qu'il est en possession de ladite marchandise. • Com. 19 déc. 1995 : *Bull. civ. IV, n° 311 ; D. Affaires 1996. 174.* ♦ V. aussi • Paris, 11 juill. 1999 : *JCP 2000. I. 259, n° 22, obs. Simler et Delebecque.*

2 ter. Il appartient au commissionnaire en douane, pour bénéficier du privilège de l'art. 95 [C. com., art. L. 132-2], de rapporter la preuve qu'il a effectué les formalités douanières, non en qualité de transitaire, mais en celle de commissionnaire. • Com. 2 févr. 1999 : *Bull. civ. IV, n° 39 ; D. 2000. Somm. 293, obs. Mercadal ; D. Affaires 1999. 591, obs. J. F. ; Petites affiches 27 mai 1999, p. 5.* – V. rapp. Rémery, *RJDA 1999, p. 214.* ♦ En effet, un tel commissionnaire, malgré l'intitulé de sa profession, peut accomplir les formalités en douane, soit comme mandataire d'autrui, soit pour le compte d'un commettant, mais sous son nom propre, mais il ne bénéficie du privilège institué à l'art. 95 [C. com., art L. 132-2] que dans le second cas. • Même arrêt.

B. CRÉANCES GARANTIES

3. Avances et frais. Le privilège s'étend au payement des avances et frais relatifs à l'ensemble des opérations faites avec le commettant, sans distinguer suivant qu'elles se rapportent aux marchandises encore détenues ou à celles qui ont été précédemment expédiées. • Com. 11 mai 1976 : *Bull. civ. IV, n° 161* • 11 juin 1978 : *ibid., n° 171.*

4. Absence de lien. Il n'est pas nécessaire qu'existe un lien entre la créance garantie et les marchandises détenues. • Lyon, 13 mars 1933 : *préc. note 2* • Paris, 6 nov. 1968 : *D. 1969. Somm. 19* • Rouen, 15 mai 1959 : *JCP 1959. II. 11192, note Rodière.* ♦ Ainsi, par exemple, une société commise pour recevoir les marchandises et les acheminer sur le destinataire après avoir effectué les opérations de dédouanement nécessaires est en droit d'exercer sur les marchandises le privilège de l'art. 95 [C. com., art. L. 132-2] pour obtenir de son commettant le règlement des sommes dues relatives à un transport antérieur. • Paris, 18 mai 1994 : *D. 1995. 15, note B.M.*

C. ASSIETTE

5. Possession des marchandises. Le privilège ne subsiste que sous la condition que le commissionnaire conserve la possession des marchandises. • Req. 26 mars 1902 : *DP 1902. 1. 243* • Paris, 12 mai 1980 : *D. 1980. IR. 555* • 8 oct. 1987 : *D. 1987. IR. 218.*

6. Propriété du donneur d'ordre. Les marchandises entrant dans l'assiette du privilège doivent appartenir au donneur d'ordre. • Com. 5 févr. 1980 : *Bull. civ. IV, n° 63* • Paris, 27 janv. 1960 : *Gaz. Pal. 1960. 1. 170* • Rouen, 15 mai 1959 : *préc. note 4.* ♦ Mais il suffit que, lors de l'exercice de ce droit, le commissionnaire ait cru de bonne foi que la marchandise était la propriété de son débiteur, cette condition étant remplie lorsque l'existence d'une clause de réserve de propriété n'était pas visée sur les documents de transport et n'a été portée que tardivement à la connaissance du commissionnaire. • Paris, 18 mai 1994 : *préc. note 4.* ♦ Sur l'influence de la bonne foi, V. aussi • Paris, 25 avr. 1969 : *Gaz. Pal. 1969. 1. 322* • Lyon, 21 févr. 1969 : *RTD com. 1972. 680, obs. Hémard.*

D. EXERCICE DU PRIVILÈGE

7. Rang du privilège. Les privilèges établis par les art. 91 et 95 [C. com., art. L. 521-1 et L. 132-2] étant du même ordre, leur rang, en cas de conflit, se règle d'après l'antériorité. • Civ. 12 mai 1885 : *DP 1885. 1. 185.* ♦ Le privilège du commissionnaire est primé par le privilège du tiers qui a engagé des frais pour la conservation des marchandises après leur remise au concessionnaire. • Civ. 13 nov. 1962 : *JCP 1963. II. 12976.*

8. Il avait été jugé que le commissionnaire de transport, s'il est de bonne foi, peut opposer son privilège au vendeur non payé des marchandises qui les revendique dans la *faillite* de l'acheteur. • Com. 15 déc. 1947 : *D. 1948. 112* • Paris, 25 avr. 1969 : *D. 1969. Somm. 67.* ♦ V. aussi note 11.

9. Saisie-arrêt et saisie-attribution. Sur le droit du commissionnaire de faire saisir-arrêter le prix de vente en cas d'aliénation des marchandises par le commettant, V. • Civ. 24 déc. 1895 : *DP 1896. 1. 237.* ♦ V. note 10 *bis.*

E. DROIT DE RÉTENTION

9 bis. La rétention ne peut être interprétée comme une voie de fait, même si les sommes dues par le client du commissionnaire se situent dans la limite des facilités de règlement qu'il accorde habituellement, alors qu'il ne peut être fait échec à l'exercice du privilège prévu à l'art. 95 [C. com., art. L. 132-2] lorsque les conditions de cet exercice sont remplies. • Com. 15 oct. 1991 : *Bull. civ. IV, n° 287 ; D. 1991. IR. 255.*

9 ter. Le droit de rétention dont bénéficie le commissionnaire de transport sur les marchandises qui lui ont été confiées pour expédition est la conséquence du privilège institué au profit de tout commissionnaire par l'art. 95 [C. com., art. L. 132-2], ce dont il résulte que le commissionnaire qui n'a demandé son admission au passif de la procédure collective du commettant qu'à titre chirographaire, perdant ainsi son privilège, ne peut, non plus retenir les marchandises. • Com. 8 juin 1999 : *Bull. civ. IV, n° 125 ; D. 2000. Somm. 297, obs. Mercadal ; ibid. 388, obs. Piedelièvre ; D. Affaires 1999. 1209, obs. J. F. ; JCP 1999. II. 10121, rapp. Rémery ; ibid. 2000. I. 209, n° 18, obs. Delebecque, et 233, obs. Cabrillac ; Banque et Droit sept.-oct. 1999. 50, obs. Rontchevsky ; Dr. et patr. nov. 1999. 121, obs. Monsèrié-Bon ; RTD com. 1999. 968, obs. Martin-Serf ; ibid. 2000. 167, obs. Bouloc.* ♦ Sur l'exercice du droit de rétention dans la procédure collective, V. *infra*, note 26 *bis* ss. art. L. 621-24 ancien.

10. Sur le droit de rétention du commissionnaire, V. aussi • Civ. 6 avr. 1875 : *DP 1875. 1. 354* • Com. 28 mai 1991 : *Bull. transp. 1991. 718.* ♦ Sur l'exigence d'une créance certaine et exigible, V. • Com. 7 janv. 1992 : *Bull. civ. IV, n° 10.* ♦ ... Sauf en cas de doute sérieux sur la solvabilité du débiteur. V. • Paris, 27 janv. 1993 : *Bull. transp. 1993. 259.*

Pour un exercice abusif, faute d'exigibilité des créances, V. • Com. 28 juin 1994 : *Bull. transp. 1994. 581.* ♦ Mais dès lors qu'il est établi qu'au jour de l'exercice du droit de rétention, le commissionnaire disposait de plusieurs créances liquides et exigibles à l'encontre du commettant, l'exercice du droit de rétention ne caractérise aucun abus quand bien même il aurait été fait état par erreur d'une dette n'incombant pas au commettant. • Versailles, 14 oct. 2004 : *BICC 2005, n° 447 ; JCP 2005. IV.*

2524. – V. aussi • T. com. Bordeaux, 3 oct. 2004 : *JCP E 2005, n° 24, p. 1008, obs. Delebecque.*

10 bis. En ce sens que la saisie-arrêt par le commissionnaire entre ses propres mains ne fait pas perdre le droit de rétention, seule la demande en validité de la saisie pouvant avoir cet effet, V. • Com. 23 juin 1992 : *Bull. transp. 1992. 498.*

10 ter. Un commissionnaire ne peut invoquer son droit de rétention sur des marchandises contrefaites dès lors que leur caractère illicite interdit leur commercialisation. • Com. 26 oct. 1999 : *Bull. civ. IV, n° 185 ; D. 2000. 365, note Marotte ; ibid. Somm. 388, obs. Piedelièvre ; JCP 1999. I. 209, n° 14, obs. Delebecque ; RJ com. 2000. 253, note Dumont.*

11. Sur le conflit avec le vendeur sous réserve de propriété, V. • Paris, 4 févr. 2000 : *BRDA 2000, n° 9, p. 9.* ♦ Jugeant que le commissionnaire, qui n'est pas partie au contrat de vente, n'a pas à vérifier que les marchandises qui lui sont confiées ne sont pas grevées d'une clause de réserve de propriété ni à informer le vendeur de ces marchandises de l'existence de créances antérieures susceptibles d'entraîner l'exercice du droit de rétention. • Paris, 17 sept. 2003 : *RJDA 2004, n° 161.* ♦ V. aussi, note 26 *in fine* ss. art. L. 621-122 ancien.

SECTION II DES COMMISSIONNAIRES POUR LES TRANSPORTS

RÉP. COM. v° *Commissionnaire de transport*, par MERCADAL.

BIBL. GÉN. ▸ PEYREFITTE, *D. 1978. Chron. 213.* – RODIÈRE, *RTD com. 1957. 1 et 523.*

▸ Sur la loi n° 98-69 du 6 févr. 1998 : DELEBECQUE, *D. Affaires 1998. 870* (amélioration des conditions d'exercice de la profession de transporteur routier). – TILCHE, *Bull. transp. 1998. 275* (garanties de paiement).

Art. L. 132-3 Le commissionnaire qui se charge d'un transport par terre ou par eau est tenu d'inscrire sur son livre-journal la déclaration de la nature et de la quantité des marchandises, et, s'il en est requis, de leur valeur. – *[C. com., art. 96].*

V. Décr. n° 90-200 du 5 mars 1990 relatif à l'exercice de la profession de commissionnaire de transport (D. et ALD 1990. 174), mod. par Décr. n° 99-295 du 15 avr. 1999 (JO 16 avr.), Décr. n° 2002-1312 du 24 oct. 2002 (JO 31 oct.), Décr. n° 2004-548 du 14 juin 2004 (JO 16 juin). – V. aussi, Arr. 3 sept. 1999 (JO 30 sept.) relatif à la capacité financière requise pour les entreprises commissionnaires de transport ; Arr. 20 déc. 1993 relatif à la délivrance de l'attestation de capacité professionnelle permettant l'exercice de la profession de commissionnaire de transport, mod. par Arr. 21 juin 2004 (JO 7 juill.).

Sur l'impossibilité pour les sociétés coopératives d'entreprises de transport public routier de marchandises d'exercer les activités d'auxiliaire de transport régies par les art. L. 132-3 à L. 132-7 C. com., V. L. n° 83-657 du 20 juill. 1983, art. 35 quater, ss. art. L. 133-7.

A. CRITÈRES DISTINCTIFS

1. Distinction du contrat de transport. La commission de transport, convention par laquelle le commissionnaire s'engage envers le commettant à accomplir pour le compte de celui-ci des actes juridiques nécessaires au déplacement d'une marchandise d'un lieu à un autre, se caractérise, non seulement par la latitude laissée au commissionnaire d'organiser librement le transport par les voies et les moyens de son choix, sous son nom et sa responsabilité, mais aussi par le fait que cette convention porte sur le transport de bout en bout. • Com. 16 févr. 1988 : *Bull. civ. IV, n° 75 ; RTD com. 1988. 682, obs. Hémard et Bouloc* • 8 déc. 1980 : *D. 1981. IR. 346* • 26 févr. 1985 : *Bull. civ. IV, n° 81 ; RTD com. 1986. 155, obs. Hémard et Bouloc.* ♦ Comp., définissant le commissionnaire de transport comme un intermédiaire chargé d'organiser et de faire exécuter tout ou partie du transport : • Versailles, 15 déc. 1994 : *RJDA 1995, n° 844.*

A agi en qualité de commissionnaire de transport et non comme transporteur aérien la société qui a assuré la totale maîtrise des voies et moyens pour faire exécuter de bout en bout le transport des marchandises qui lui avaient été confiées par son client et qui a, à cette fin, émis le document « House airway bill » et confié le transport aérien à la compagnie aérienne qu'elle a choisie et qui l'a effectué réellement. • Versailles, 23 nov. 1995 : *RJDA 1996, n° 635.*

2. Ainsi, quelles qu'aient pu être les modalités ultérieures selon lesquelles, en pratique, le transporteur a exécuté ses obligations, il y a contrat de transport et non commission de transport, dès lors qu'une entreprise s'est engagée à prendre en charge des marchandises et à les transporter elle-même à destination, et encore que les parties au contrat n'aient entendu se lier que pour cet objet, s'il n'a pas été convenu que cette société donne ses soins au transport et y fasse procéder de bout en bout par les moyens de son choix. • Com. 13 févr. 1978 : *Bull. civ. IV, n° 63* • 17 juill. 1978 : *ibid. n° 203 ; D. 1979. IR. 32.*

2 bis. Revêt la qualité de commissionnaire de transport l'intermédiaire qui, aux termes mêmes de ses conditions générales, détermine librement l'organisation des prestations confiées à des sous-traitants, choisis par lui, sans que le cocontractant puisse intervenir dans ce choix. A ce premier critère s'ajoute la conclusion du contrat de transport par l'intermédiaire en son nom propre (circonstance résultant de sa qualité d'expéditeur et même de destinataire) portée sur la lettre de voiture, ainsi que celui de la facturation forfaitaire de l'ensemble des prestations. • Com. 6 mai 1997 : *Bull. civ. IV, n° 127 ; RJDA 1997, n° 1045 ; JCP E 1999, n° 16, p. 715, obs. D. M.* ♦ V. aussi note 1 *bis* ss. art. L. 132-1.

3. La qualité de commissionnaire de transport ne résulte pas, pour celui qui a été chargé de l'acheminement d'une marchandise de bout en bout, du seul fait qu'il s'est substitué un tiers dans l'exécution de l'expédition s'il ne justifie pas du consentement de son donneur d'ordre à l'existence de cette substitution. • Com. 10 mai 2005 : *Bull. civ. IV, n° 101 ; D. 2005. 2293, note Guignard ; ibid. Pan. 2753, obs. Kenfack ; ibid. AJ. 1411, obs. Chevrier ; RTD com. 2006. 187, obs. Bouloc ; JCP E 2005, n° 44-45, p. 1866, obs. Letacq ; RJDA 2005, n° 1217 ; RDC 2005. 1100, obs. Delebecque.* ♦ Sur la qualification d'une entreprise de transport se substituant un tiers pour l'exécution du transport dont elle était chargée, V. • Com. 25 juin 1979 : *Bull. civ. IV, n° 214 ; Bull. transp. 1979. 452 et 446, chron. Brunat.* – V. aussi • Com. 29 mai 1990 : *D. 1992. Somm. 81, obs. Rèmond-Gouilloud.* ♦ N'a pas la qualité de commissionnaire, l'intermédiaire à qui un transport a été commandé et qui le sous traite. • Paris, 11 juin 1981 : *Bull. transp. 1981. 420* • Douai, 25 nov. 1982 : *ibid. 1982. 594.*

4. Sur la pratique, par le commissionnaire de transport, du « ferroutage », V. • Paris, 6 juin 1996 : *Gaz. Pal. 1997. 1. 316.*

5. Sur la qualification de « transitaire » ayant pour mandat d'assurer le passage d'un moyen de transport à un autre, V. • Com. 10 oct. 1966 : *Bull. civ. III, n° 387.* – Comp. : • Req. 6 juill. 1927 : *Bull. transp. 1927. 103* • Paris, 25 févr. 1960 : *Gaz. Pal. 1960. 1. 110* • Com. 9 avr. 1991 : *Bull. transp. 1991. 378* • Paris, 12 avr. 1991 : *ibid.* – V. Brunat, *ibid. 1979. 478 ;* Tilche, *ibid. 1995. 826.* ♦ V. note *9 bis* ss. art. L. 132-5.

6. Licence professionnelle. La détention par l'intermédiaire d'une licence de commissionnaire n'emporte pas, par elle-même, qualification du contrat. • Rennes, 5 juin 1986 : *Bull. transp. 1986. 631* • Com. 6 oct. 1992 : *Bull. civ. IV, n° 298 ; D. 1992. IR. 257.* ♦ L'absence de licence n'est pas de nature à disqualifier un contrat de commission. • Com. 11 mai 1976 : *Bull. transp. 1976. 317* • Versailles, 14 juin 2001 : *JCP E 2002, n° 1, p. 11.*

7. Contrats particuliers. Il avait été jugé que l'entreprise de déménagement, qui s'engage à assurer le transport d'un mobilier, doit être considérée comme commissionnaire au sens des art. 96 s. [C. com., art. L. 132-3 s.] • Com. 19 juin 1957 : *D. 1958. 113, note Rodière* • 20 avr. 1967 : *Bull. civ. III, n° 157.* – Rappr. : • Com. 25 févr. 1963 : *D. 1963. 422.* ♦ Pour un déménagement industriel où il a été jugé que le prestataire – chargé du démontage, du transport et du remontage, sans instruction du client et disposant du libre choix des modalités de transport – est bien intervenu en qualité de commissionnaire de transport, V. • Versailles, 14 juin 2001 : *préc. note 6.* ♦ Comp., désormais : note 3 ss. art. L. 133-6. ♦ Sur le contrat de remorquage, V. • Soc. 12 mars 1942 : *DC 1943. 35, note Roger* • Montpellier, 15 févr. 1956 : *D. 1957. Somm. 27.* ♦ Sur le contrat de « remonte-pente », V. • Grenoble, 11 mars 1941 : *DC 1943. 143, note Desbois,* et sur pourvoi, • Com. 7 févr. 1949 : *D. 1949. 377, note Derrida.*

7 bis. L'entreprise qui a reçu mission du transporteur maritime de décharger un conteneur d'un navire et d'en assurer la garde et le dépotage dans ses entrepôts aux fins de délivrance des marchandises au destinataire, est intervenue en qualité d'entreprise de manutention et non de commissionnaire de transport, dès lors que rien ne permet d'isoler la mission d'ensemble qui était la sienne, le transport ferroviaire du conteneur qu'impliquait la localisation de ses entrepôts. • Rouen, 10 sept. 1998 : *JCP E 1999, n° 26, p. 1129.*

B. CONTENU DU CONTRAT

8. Devoir de conseil. Le commissionnaire est tenu d'un devoir de conseil à l'égard du commettant. • Com. 22 avr. 1986 : *Bull. transp. 1986. 395* • 18 juin 1980 : *ibid. 1980. 552.* ♦ Il en va différemment dès lors que le commettant est en mesure d'apprécier les risques courus. • Aix-en-Provence, 7 déc. 1977 : *Bull. transp. 1978. 264.* – V. • Com. 31 janv. 1978 : *JCP 1979. II. 19142, note Rodière.*

8 bis. Le commissionnaire de transport, tenu d'une obligation de résultat envers son client ainsi que d'une obligation de veiller au bon déroulement de l'opération, à charge pour lui de mettre tout en œuvre pour résoudre les difficultés qui pourraient se présenter, est tenu de se renseigner et d'informer son client, avant l'expédition, des conditions d'acheminement de la marchandise et notamment de l'aviser que des garanties bancaires pourraient être exigées pour traverser certains pays. • Versailles, 14 mai 1998 : *BICC 1999, n° 148 ; JCP E 1998, n° 40, p. 1524.* ♦ Il lui appartient donc, sous astreinte, de mettre en place la caution bancaire requise pour permettre la réexpédition de la marchandise. • Même arrêt.

9. Assurance. Sauf stipulation contraire, le commissionnaire n'est pas tenu d'assurer la marchandise contre le risque de transport. • Com. 27 oct. 1975 : *Bull. transp. 1975. 526.* ♦ Le mandat à lui donné de souscrire une assurance en garantie de la valeur de la marchandise doit résulter d'une manière non équivoque d'instructions précises, de même que l'acceptation par le commissionnaire de cette mission spécifique. • Paris, 29 mai 1990 : *D. 1992. Somm. 79, obs. Rèmond-Gouilloud.* ♦ Sur l'inexécution d'une obligation conventionnelle, V. • Paris, 24 mars 1983 : *Bull. transp. 1983. 542.* ♦ Sur l'obligation du commissionnaire de vérifier que le transporteur qu'il a choisi est assuré, V. • Bordeaux, 13 juill. 1982 : *Bull. transp. 1983. 542.*

10. Choix du transporteur. Le commissionnaire peut engager sa responsabilité si le transporteur qu'il a choisi n'est pas apte à assurer l'opération. • Com. 15 janv. 1980 : *Bull. transp. 1980. 160.*

11. Groupage de marchandises. BIBL. Brunat, *Bull. transp. 1989. 355.* ♦ Pour une application à des marchandises appartenant à des expéditeurs différents mais destinées à un même lieu, V. • T. com. Angoulême, 22 févr. 1979 : *JCP 1980. II. 19275, note Rodière.*

12. Droit international privé. Sur la loi d'autonomie applicable à un contrat de transport international, V. • Com. 8 juill. 1981 : *Bull. civ. IV, n° 311.* ♦ Sur la loi applicable au contrat par lequel une société belge confie à une autre société belge le soin de procéder au transport d'une machine depuis l'Espagne jusqu'en Belgique, V. • Rouen, 2 févr. 1995 : *D. 1995. 612, note B.M.*

13. Droit du travail. Lorsque le commissionnaire, en qualité d'intermédiaire, organise le transport en concluant avec le transporteur un contrat de transport, son exécution par les salariés du transporteur exclut qu'ils soient, au sens de l'art. L. 412-5 C. trav., mis à disposition du commissionnaire, peu important les directives générales données par celui-ci au transporteur. • Soc. 15 févr. 2006 : *pourvoi n° 05-60.088.*

Art. L. 132-4 **Il est garant de l'arrivée des marchandises et effets dans le délai déterminé par la lettre de voiture, hors les cas de la force majeure légalement constatée.** – *[C. com., art. 97].*

Sur la responsabilité du voiturier en cas de retard dans l'arrivée de la chose transportée, V. C. com., art. L. 133-2.

BIBL. ► DELEBECQUE, *RJDA 1996, p. 219.*

1. Délai de livraison. En l'absence de stipulation relative à la durée de l'opération, le commissionnaire doit respecter un délai raisonnable en fonction des circonstances. • Paris, 23 mars 1982 : *D. 1983. IR. 125.* ♦ Sa mention sur le bordereau de groupage, signé par le transporteur, oblige ce dernier au respect de ce délai. • Grenoble, 10 juill. 1980 : *Bull. transp. 1981. 346.*

2. Retards de livraison. Le retard dans la livraison en gare ne donne lieu à des dommages-intérêts qu'à partir du jour où le chemin de fer a été mis en demeure de livrer par une sommation ou autre acte équivalent, tel qu'une lettre recommandée. • Civ. 7 déc. 1938 : *DH 1939. 67* • 9 juill. 1945 : *D. 1946. 52* • Com. 13 juill. 1945 : *D. 1946. 52* • 13 juill. 1953 : *D. 1953. 644.* ♦ Sur les effets de l'avis d'arrivée en gare, qui n'opère pas mise en demeure, mais fixe seulement le point de départ des droits de magasinage, V. • Com. 3 juin 1953 : *D. 1954. Somm. 2.* ♦ Même en l'absence de mise en demeure, la société de chemin de fer peut être condamnée à des dommages-intérêts si elle a reconnu sa responsabilité. • Com. 10 janv. 1956 : *D. 1956. Somm. 109.*

Sur la responsabilité d'un commissionnaire de transport pour manquement à son obligation de diligence et de surveillance en cas de retard dans la livraison de la marchandise destinée à un salon professionnel, V. • Aix-en-Provence, 9 mars 2000 : *JCP 2000. IV. 2903.*

2 bis. Information sur la livraison. Le commissionnaire de transport est tenu de suivre le déroulement du transport de bout en bout jusqu'à la livraison et notamment d'aviser le destinataire de l'arrivée de la marchandise. • Versailles, 14 sept. 2004 : *BICC 2005, n° 749.* ♦ Si une absence d'avis caractérise une faute personnelle du commissionnaire de nature à engager sa responsabilité, une condamnation à réparation suppose qu'un lien de causalité entre la faute et le préjudice puisse être établi ; tel n'est pas le cas lorsqu'il n'est pas démontré qu'un avis donné au destinataire aurait permis une prise de possession immédiate des marchandises par la suite volées. • Même arrêt.

3. Force majeure. En ce sens que présente les caractères de la force majeure, la situation de blocage même prévisible, qui empirait dans le transport aérien et résultait de la guerre du Golfe, à laquelle un commissionnaire de transport s'est heurté en dépit de toutes les mesures qu'il avait prises pour éviter que cet événement ne retarde l'acheminement des marchandises, mais sans toutefois pouvoir y parvenir en raison de l'irrésistibilité de la situation, V. • Com. 16 mars 1999 : *Contrats Conc. Consom. 1999, n° 86, obs. Leveneur.* ♦ V. note 14 ss. art. L. 132-5.

Art. L. 132-5 Il est garant des avaries ou pertes de marchandises et effets, s'il n'y a stipulation contraire dans la lettre de voiture, ou force majeure. – *[C. com., art. 98].*

Sur la responsabilité du voiturier en cas de perte ou d'avaries, V. C. com., art. L. 133-1.

BIBL. ▶ Rodière, *RTD com. 1957. 535.* – Georgiadès, *Rev. fr. dr. aérien 1981. 47.* – Delebecque, *RJDA 1996. 219.*

A. FAIT PERSONNEL DU COMMISSIONNAIRE

1. Commissionnaires intermédiaires. En vertu des art. 98 et 99 [C. com., art. L. 132-5 et L. 132-6] et sous réserve des clauses conventionnelles d'exonération de responsabilité, le commissionnaire de transport, fût-il un commissionnaire intermédiaire, est garant, sauf force majeure, vice propre de la marchandise ou faute de l'expéditeur, des avaries ou perte de marchandises qu'il a confiées au transporteur choisi par lui (à propos d'une action entre un commissionnaire principal et un commissionnaire intermédiaire). • Com. 1er juill. 1997 : *Bull. civ. IV, n° 217 ; D. 1997. IR. 172 ; D. Affaires 1997. 939.*

1 bis. Preuve. Sur l'obligation pour les juges du fond de caractériser la faute personnelle du commissionnaire, V. • Com. 22 juill. 1986 : *Bull. civ. IV, n° 187* • 16 nov. 1993 : *D. 1993. IR. 256.*

2. Mode de transport. Le commissionnaire est responsable du non-respect des instructions de l'expéditeur dans le choix du mode de transport ayant entraîné une augmentation du coût de transport. • Paris, 27 févr. 1975 : *Bull. transp. 1975. 131* • 24 mars 1958 : *D. 1958. 127.* – Comp. : • Com. 16 déc. 1957 : *JCP 1958. II. 10675, note Rodière.* ♦ Jugeant que l'obligation du transporteur d'acheminer la marchandise par air ou par route est une obligation alternative, V. • Com. 7 déc. 2004 : *D. 2005. 2392, note Delebecque ; RTD civ. 2005. 782, obs. Mestre et Fages.*

Commet une faute personnelle le commissionnaire de transport qui choisit, d'une part, un matériel dépourvu d'unité de froid pour l'acheminement d'un conteneur chargé de bœuf congelé, d'autre part, des transporteurs qui ont accepté d'effectuer le transport dans de telles conditions. • Rouen, 16 mars 1995 : *JCP 1995. IV. 1830.*

3. État des marchandises. Sur la responsabilité du commissionnaire du fait du mauvais arrimage de fûts contenant la marchandise, V. • Paris, 15 juin 1979 : *Dr. mar. fr. 1980. 86.* ♦ Comp., lorsque le défaut d'arrimage et de calage des marchandises est imputable à l'expéditeur : • Com. 3 oct. 1989 : *Bull. civ. IV, n° 245.* ♦ Mais si le commissionnaire de transport doit réparer l'entier dommage causé aux marchandises transportées, l'indivisibilité d'éléments transportés dans des colis différents ne peut lui être opposée que s'il en a été informé lors de la conclusion du contrat et qu'il a pu ainsi prévoir l'aggravation possible des conséquences dommageables d'une avarie et de l'obligation à réparation lui incombant. • Paris, 19 juin 2003 : *RJDA 2003, n° 1176.*

4. Le commissionnaire de transport est responsable des avaries dues au conditionnement des marchandises chargées avec d'autres, dans un conteneur, lorsque ces avaries sont dues au contact avec ces dernières marchandises qui ont rendu les marchandises avariées impropres à la consommation à laquelle elles étaient destinées. • T. com. Paris, 19 nov. 1979 : *Dr. mar. fr. 1980. 376.* ♦ Pour la condamnation d'un commissionnaire à réparer le préjudice occasionné aux marchandises alors qu'il avait préconisé au transporteur chargé de l'acheminement de celles-ci, de la faire dans une remorque bâché sans lui indiquer la nature et la valeur des marchandises, V. • Com. 5 févr. 2002 : *JCP E 2002, n° 13, p. 517.*

5. Le commissionnaire qui a omis de faire une déclaration de valeur, alors que la marchandise dépasse le montant de la limitation de responsabilité du transporteur, commet une faute qui l'engage à réparer le préjudice ainsi causé au propriétaire des marchandises dont il avait la charge. • Rouen, 16 août 1979 : *Dr. mar. fr. 1980. 272.*

6. *Prix.* BIBL. Brunat, *Bull. transp. 1977. 311* (application des tarifs). ♦ En cas de redressement de tarif opéré par l'Administration dans les rapports entre commissionnaire et transporteurs affrétés, l'expéditeur, en raison du caractère d'ordre public des tarifs, doit payer au commissionnaire le supplément de tarif ; mais le commissionnaire doit lui payer la même somme à titre de dommages-intérêts pour faute professionnelle. • Com. 9 mai 1977 : *Bull. civ. IV, n° 127 ; D. 1977. IR. 484.*

7. Le commissionnaire qui a contracté l'obligation, non seulement de pourvoir au transport des marchandises mais d'en recouvrer le prix, est responsable de plein droit, en vertu de l'art. 99 [C. com., art. L. 132-6], de celui qu'il a choisi pour exécuter cette prestation. • Com. 6 févr. 1973 : *Bull. civ. IV, n° 64 ; D. 1973. IR. 88 ; JCP 1973. II. 17432, note Rodière* • 8 juill. 2003 : *Bull. civ. IV, n° 133 ; D. 2003. AJ. 2237, obs. Chevrier ; JCP E 2003, n° 41, p. 1601 ; Contrats Conc. Consom. 2003, n° 154, obs. Leveneur ; RTD com. 2004. 366, obs. Bouloc ; RJDA 2004, n° 41.*

7 *bis.* Sur la responsabilité du commissionnaire de transport chargé d'une expédition contre remboursement, le transporteur ayant accepté à son ordre un chèque, libellé, qui n'était pas provisionné alors que les modalités de paiement prévoyaient que le chèque devait être établi à l'ordre de l'expéditeur, V. • Paris, 8 avr. 1998 : *JCP E 1999, n° 16, p. 717, obs. B.-G.* ♦ Commet une faute le transporteur qui accepte en paiement une lettre de change alors que l'expédition contre remboursement impose un paiement par chèque ou espèces. • Com. 12 oct. 1999 : *JCP E 2000, n° 29, p. 1183, obs. Bon-Garcin.* ♦ En l'absence de stipulation contraire, le transport contre remboursement étant soumis au contrat type messagerie applicable en la cause, le transporteur est tenu de ne délivrer la marchandise qu'en contrepartie de la remise d'espèces ou d'un chèque. • Com. 8 juill. 2003 : *préc. note 7.*

8. *Attestation bancaire.* Le fait qu'un commissionnaire ait livré des marchandises en contrepartie d'une attestation bancaire qui était fausse ne peut engager sa responsabilité, car il n'aurait pu avoir l'obligation de s'assurer de l'authenticité de cette attestation que s'il s'était trouvé en présence de circonstances de nature à éveiller sa méfiance. • Paris, 22 avr. 1977 : *D. 1977. 531, note Vasseur.* ♦ Sur la responsabilité du commissionnaire pour inobservation des instructions de livraison contre remise d'une attestation bancaire de paiement et pour retard à informer le commettant du refus par le destinataire de prendre livraison, V. • Paris, 14 avr. 1980 : *Bull. transp. 1980. 500.*

Le commissionnaire de transport qui, ayant en outre de sa mission reçu mandat de son commettant de se faire remettre, préalablement à la livraison de la marchandise, les documents en justifiant le paiement, et qui, pour avoir fait perdre à son mandant le prix de la marchandise en la délivrant sans exiger la remise de ces documents, est condamné à lui en payer le prix, est légalement subrogé dans les droits du vendeur créancier, qu'il a ainsi remboursé, contre l'acheteur, débiteur du prix, dont il a payé la dette. • Com. 5 oct. 1993 : *Bull. civ. IV, n° 324 ; D. 1993. IR. 231.*

8 *bis. Solvabilité du destinataire.* Dans le cadre de son mandat, le commissionnaire de transport a pour seule obligation de se faire remettre un chèque présentant une apparence régulière et portant la mention de certification. Il ne lui appartient pas de contrôler, lorsque ces vérifications ont été faites, la solvabilité du destinataire ou de se renseigner auprès de la banque mentionnée sur le titre ; s'il s'avère ultérieurement que le titre a été falsifié, la responsabilité du commissionnaire ne peut être engagée sauf à l'expéditeur de rapporter la preuve que l'anomalie que comportait le titre pouvait être aisément décelée par un professionnel vigilant. • Versailles, 24 juin 1993 : *D. 1993. IR. 210.*

B. CLAUSES LIMITATIVES DE RESPONSABILITÉ

9. *Validité.* BIBL. Brunat, *Bull. transp. 1976. 78.* – Tilche, Chao et Berthod, *ibid. 1992. 472* (adhésion du destinataire). ♦ Sur la validité, depuis la loi du 17 mars 1905, de la clause de non-responsabilité stipulée par un commissionnaire de transport, V. • Besançon, 27 janv. 1911 : *DP 1913. 2. 144.* ♦ L'absence de protestation de l'expéditeur lors de la réception du récépissé de transport fixant un plafond de réparation ne prouve pas que l'expéditeur avait eu connaissance de la clause limitative et l'avait acceptée au moment de la formation du contrat. • Com. 3 déc. 1985 : *Bull. civ. IV, n° 289.* ♦ Une clause du papier à lettres du commissionnaire de transport mentionnant que toutes ses opérations sont effectuées aux conditions générales établies par une organisation professionnelle n'apporte pas la preuve que l'expéditeur ait connu cette clause à l'occasion soit du transport litigieux, qui n'avait donné lieu à aucun échange de correspondance, soit de transports antérieurs. • Paris, 26 janv. 1981 : *Bull. transp. 1981. 141.*

Pour l'inopposabilité de clauses limitatives de responsabilité figurant au verso du bulletin de remise de marchandises signé par le préposé du donneur d'ordre, en raison de leur illisibilité et de leur manque de clarté, V. • Com. 14 avr. 1992 : *Bull. civ. IV, n° 166 ; D. 1992. IR. 164.*

Le destinataire de la marchandise volée au cours du transport, étant étranger au contrat conclu entre l'expéditeur et le commissionnaire, il en résulte qu'il n'avait pas eu connaissance de la clause et n'avait pu l'accepter. • Com. 26 mai 1992 : *Bull. civ. IV, n° 211.*

9 bis. Les conditions générales de la Fédération des commissionnaires et auxiliaires de transport, dont les limitations de réparation, concernent tous les intermédiaires membres de la fédération, quels que soient le titre juridique ou la fonction au titre de laquelle ils interviennent, ces membres étant génériquement désignés sous le terme de « transitaires ». • Com. 11 juin 1996 : *Bull. civ. IV, n° 172 ; RJDA 1996, n° 1332.* ♦ V. aussi note 2 *ter* ss. art. L. 132-6.

10. Faute lourde. La personne qui intervient dans l'organisation d'un transport en qualité de commissionnaire substitué est tenue de garantir le fait du voiturier en la personne duquel doivent être appréciées les conditions de la force majeure et de l'existence d'une faute lourde afin d'appliquer ou non une clause limitative de responsabilité (à propos du transport de pièces de monnaie). V. • Com. 3 oct. 1989 : *Bull. civ. IV, n° 246 ; D. 1990. 81, concl. Jéol, et Somm. 269, obs. Rèmond-Gouilloud.* ♦ Le commissionnaire de transport, « garant » des faits de son substitué, ne peut opposer à son client les limitations contractuelles de responsabilité si celui qu'il a choisi a commis une faute lourde. • Paris, 15 déc. 1986 : *Bull. transp. 1987. 171.*

Commet une faute lourde, le commissionnaire confiant des marchandises périssables à la SNCF, sans modifier l'itinéraire, alors qu'il savait qu'une grève des cheminots allait intervenir. • Com. 6 mai 1997 : *D. Affaires 1997. 893.* ♦ Sur la faute lourde, V. aussi note 18 ss. art. L. 133-1.

C. EXONÉRATION DE RESPONSABILITÉ

11. Faute de l'expéditeur. Le commissionnaire de transport a la possibilité de s'exonérer de sa responsabilité envers le destinataire ou son assureur subrogé s'il fait la preuve que le dommage résulte de la faute du chargeur. • Com. 3 oct. 1989 : *préc. note 3.* ♦ V., refusant de limiter la responsabilité du commissionnaire de transport en raison de la faute de l'expéditeur qui n'aurait pas spécialement attiré son attention sur la valeur de la marchandise transportée, alors que la cour d'appel aurait dû rechercher si le chauffeur ne pouvait stationner son véhicule sur une aire de stationnement éclairée ou dans un site clos et surveillé du commissionnaire : • Com. 30 juin 2004 : *Bull. civ. IV, n° 145 ; JCP E 2004, n° 38, p. 1421.*

12. Force majeure. Sur le verglas, cas de force majeure, à condition qu'il soit cumulativement imprévisible et insurmontable, V. • Com. 6 févr. 1973 : *Bull. civ. IV, n° 62 ; JCP 1973. II. 17501, note Rodière.* ♦ V. aussi à propos de la tempête de décembre 1999 : • Versailles, 30 oct. 2003 : *RJDA 2004, n° 405.* ♦ Jugeant que la simple constatation administrative de l'état de catastrophe naturelle ne suffit pas à caractériser la force majeure, V. • Civ. 3e, 10 déc. 2002 : *D. 2003. IR. 106 ; RJDA 2003, n° 243.*

13. Saisis par l'expéditeur d'une marchandise, à l'égard du commissionnaire de transport, d'une demande de réparation du préjudice causé par le retard dû au fait du seul voiturier, les juges du fond ne peuvent, sans contradiction, d'une part, admettre, dans les relations entre le commissionnaire et le voiturier, la force majeure invoquée par ce dernier, et, d'autre part, rejeter cette même excuse, dans les rapports du commissionnaire avec l'expéditeur. • Com. 15 juin 1973 : *Bull. civ. IV, n° 207 ; D. 1973. Somm. 131.*

14. V., admettant la force majeure, pour des wagons-citernes bloqués dans une gare par la SNCF, • Com. 26 févr. 1980 : *Bull. civ. IV, n° 100 ; RTD com. 1981. 356, obs. Hémard.* ♦ V. aussi, pour un *vice propre de la marchandise* (santé fragile d'une jument), qualifié de cause étrangère ne pouvant être imputée, au sens de l'art. 1147 C. civ., au commissionnaire, • Paris, 14 déc. 1989 : *D. 1990. Somm. 269, obs. Rèmond-Gouilloud.* ♦ En revanche, n'ont pas été jugées constitutives de force majeure : la guerre civile au Liban, événement connu au moment de la conclusion du contrat. • Paris, 9 févr. 1984 : *Bull. transp. 1985. 13.* – Comp. note 3 ss. art. L. 132-4. ♦ ... Une grève de dockers menaçant depuis treize jours. • Paris, 26 avr. 1984 : *ibid. 1985. 61.*

15. Vice de la chose. Dès lors que le commissionnaire de transport est lui-même expéditeur et n'allègue pas la force majeure, il ne peut s'exonérer de sa responsabilité qu'en établissant le vice propre de la marchandise transportée, à condition que celui-ci constitue pour lui une cause étrangère. • Com. 20 janv. 1998 : *RJDA 1998, n° 595.* ♦ V. aussi notes 4 et 7 s. ss. art. L. 132-1.

D. ACTION EN PAIEMENT CONTRE LE COMMISSIONNAIRE DE TRANSPORT

16. En ce sens que l'expéditeur et le destinataire ayant adhéré au contrat de transport disposent chacun d'un droit d'action contre le commissionnaire de transport et ce, quels que soient les termes de la vente à l'origine du déplacement de la marchandise, V. • Versailles, 14 mai

1998 : *JCP E 1998, n° 40, p. 1524.* ♦ Le destinataire, subrogé dans les droits de l'expéditeur, est en droit d'obtenir la condamnation *in solidum* du commissionnaire et de son transporteur. • Paris, 21 mars 2002 : *BICC 2002, n° 1179.*

17. Commissionnaire subrogé. Jugeant qu'en indemnisant son commettant en réparation d'une avarie, en application de l'art. L. 132-5, un commissionnaire a exécuté son obligation légale de garantie et se trouve légalement subrogé dans les droits du destinataire pour agir à l'encontre du transporteur aérien. • Versailles, 4 sept. 2003 : *RJDA 2004, n° 158.*

Art. L. 132-6 **Il est garant des faits du commissionnaire intermédiaire auquel il adresse les marchandises.** – *[C. com., art. 99].*

BIBL. ► RODIÈRE, *D. 1958. Chron. 217* (commissionnaires de transport successifs).

1. Commissionnaires et actions visés. V. note 1 ss. art. L. 132-5.

1 bis. Responsabilité du fait d'autrui. Le commissionnaire de transport est responsable non seulement de ses propres fautes mais aussi de celles des transporteurs qu'il s'est substitués. • Com. 16 nov. 1993 : *Bull. transp. 1993. 915.* ♦ Le commissionnaire de transport est, par application des art. 98, 99 et 103 [C. com., L. 132-5, L. 132-6 et L. 133-1], responsable du fait de son substitué envers son donneur d'ordre, notamment en cas de vol des marchandises, et s'il peut invoquer une clause contractuelle limitative de responsabilité, encore faut-il que son substitué n'ait pas commis une faute lourde exclusive de toute limitation de responsabilité. • Versailles, 20 juin 2000 : *JCP E 2000, n° 42, p. 1639.* ♦ Le commissionnaire-chargeur ne peut s'exonérer de sa responsabilité en alléguant qu'il n'a commis aucune faute et en prouvant que la perte ou l'avarie est imputable au transporteur intermédiaire. • Civ. 9 juill. 1872 : *DP 1872. 1. 224* • Req. 3 juill. 1894 : *DP 1894. 1. 488.* ♦ Il répond même de la faute lourde du transporteur. • Com. 14 janv. 1975 : *Bull. transp. 1975. 81.*

2. Sur la responsabilité relative au recouvrement du prix des marchandises, V. note 7 ss. art. L. 132-5. ♦ Sur la responsabilité du commissionnaire de transport en cas de perte survenue au cours d'un transport aérien, V. • Com. 28 févr. 1984 : *Bull. civ. IV, n° 78 ; RTD com. 1985. 158, obs. Hémard et Bouloc.*

2 bis. Effets des limitations de responsabilité. Le commissionnaire de transport, responsable en raison de la faute commise par l'un de ses substitués, bénéficie dans ce cas des limitations légalement prévues et applicables auxdits substitués (à propos d'un transport maritime régi par la L. n° 66-420 du 18 juin 1966). • Com. 29 nov. 1994 : *Bull. civ. IV, n° 360 ; D. 1995. IR. 8.* ♦ Comp., considérant qu'un commissionnaire de transport, garant envers son commettant du transporteur maritime qu'il s'est substitué, ne peut en cette qualité, ni opposer à l'ayant droit le caractère exclusif de la responsabilité du transporteur, ni se prévaloir des clauses limitatives de sa propre responsabilité personnelle, ni invoquer les limitations légales de responsabilité du transporteur maritime, dès lors que la faute inexcusable de celui-ci y fait échec. • Com. 27 oct. 1998 : *Bull. civ. IV, n° 268 ; D. 1999. 427, note Ammar ; JCP E 1998, n° 50, p. 1953 ; RJDA 1999, n° 41.* ♦ Comp., aussi jugeant que le commissionnaire de transport, tenu responsable du fait du transporteur aérien qu'il s'est substitué, sur le fondement de l'art. 99 [C. com., art. L. 132-6] ci-dessus, ne peut se prévaloir à l'égard de son commettant des dispositions de l'art. 22 de la Convention de Varsovie relatives à la limitation de responsabilité du transporteur aérien. • Paris, 18 juin 1992 : *JCP 1992. IV. 2850.* ♦ Si le commissionnaire de transport ne peut être tenu à l'égard de son commettant, au-delà de ce à quoi est tenu son substitué, il peut en aller différemment lorsqu'il a commis une faute personnelle dans l'accomplissement de la mission qui lui avait été confiée (à propos dudit art. 22 de la Convention de Varsovie). • Com. 22 oct. 1996 : *Bull. civ. IV, n° 258.* – Sur la faute personnelle, V. note 10 *bis.*

Sauf clause limitant sa responsabilité propre, le commissionnaire de transport peut se voir opposer, par le transporteur commis, la limitation de responsabilité incluse dans le récépissé de livraison de la marchandise qu'il a remis au transporteur. • Com. 6 févr. 1996 : *Bull. civ. IV, n° 43 ; D. Affaires 1996. 388.*

2 ter. Les conditions générales de la Fédération nationale des commissionnaires de transport n'ayant pas de caractère réglementaire, la limitation d'indemnité qu'elles contiennent, en cas de pertes ou avaries, ne peut être opposée par le commissionnaire substitué au commissionnaire principal, domicilié en Suisse, dès lors qu'elle n'avait pas été stipulée pour l'opération litigieuse ou à l'occasion de prestations antérieures. • Com. 20 févr. 1996 : *Bull. civ. IV, n° 60 ; D. 1996. 290, note Delebecque ; JCP 1996. IV. 858.* ♦ V. note 8 *ter.*

3. Absence de solidarité. Le commissionnaire de transport, garant des faits du commissionnaire ou du voiturier intermédiaire, n'est pas solidairement responsable avec eux des avaries ou des pertes survenues à la marchandise, alors du moins qu'aucune faute n'est relevée à sa charge. • Com. 5 déc. 1951 : *D. 1952. 449, note Goré.* ♦ Sur sa responsabilité solidaire en cas de faute, V. • Paris, 30 oct. 1944 : *D. 1945. 192, note Aubrun.*

4. Exonération. Le commissionnaire de transport ne répond que de la partie du transport dont il s'est chargé. • Com. 16 mars 1981 : *Bull. transp. 1981. 316.*

5. Le commissionnaire de transport ne répond de plein droit de l'activité des agents ultérieurs du transport que dans la mesure où ceux-ci ont été librement choisis par ses soins ; lorsque le choix d'un transitaire a été imposé par l'expéditeur au commissionnaire, à qui aucune faute personnelle n'est reprochée, les juges sont fondés à décider que ce dernier n'est pas responsable du préjudice causé à l'expéditeur par le fait dudit transitaire. • Com. 4 déc. 1973 : *Bull. civ. IV, n° 354.* – V. aussi • Lyon, 7 nov. 1974 : *Bull. transp. 1975. 46.* ♦ V., pour la responsabilité du commissionnaire dit « intermédiaire », • Paris, 12 mars 1975 : *Bull. transp. 180* • 20 mars 1975 : *ibid. 346* • 28 mars 1977 : *ibid. 1977. 348.*

6. En revanche, le commissionnaire ne peut dégager sa responsabilité en invoquant le fait que le choix du transporteur lui a été imposé par un organisme public bénéficiaire d'un monopole. • Com. 13 janv. 1987 : *Bull. civ. IV, n° 18* • 11 févr. 2004 : *Bull. civ. IV, n° 24 ; D. 2004. AJ. 699 ; JCP E 2004, n° 38, p. 1444, obs. Bon-Garcin ; RTD com. 2004. 395, obs. Delebecque ; RJDA 2004, n° 705.* ♦ V., dans le même sens, alors même que le commissionnaire a informé par lettre l'expéditeur de l'intervention nécessaire d'un agent imposé par une autorité locale : • Com. 5 déc. 1989 : *D. 1990. Somm. 270, obs. Rèmond-Gouilloud .*

7. Lorsque le transporteur est légalement exonéré d'un dommage subi par la marchandise, le commissionnaire l'est pareillement à l'égard de son commettant. • Aix-en-Provence, 18 avr. 1975 : *Bull. transp. 1975. 383.* ♦ V. aussi, pour une exonération du voiturier pour cause de force majeure, • Com. 6 févr. 1973 : *Bull. civ. IV, n° 62 ; JCP 1973. II. 17501, note Rodière.*

8. Action directe. L'expéditeur, ou le destinataire, est recevable à agir contre les commissionnaires ou voituriers intermédiaires qui ont concouru au transport. • Civ. 12 juin 1872 : *DP 1872. 1. 216* • 1er déc. 1896 : *DP 1897. 1. 561.* ♦ Toutefois, le voiturier intermédiaire ne répond que de son fait ; il ne peut donc être déclaré responsable de la perte ou de l'avarie extérieure d'un colis que s'il est établi qu'il l'a reçu du précédent transporteur, et de l'avarie antérieure que s'il est prouvé qu'elle s'est produite pendant la partie du transport qu'il a effectuée. • Civ. 13 avr. 1874 : *DP 1876. 1. 255* • 4 févr. 1914 : *DP 1916. 1. 141* • 23 janv. 1924 : *DH 1924. 162.*

Il en est de même du dernier voiturier. • Civ. 21 janv. 1925 : *DP 1927. 1. 127.* ♦ ... A moins que le transport n'ait eu lieu en port dû, auquel cas ce voiturier, exerçant, pour le recouvrement du prix, les droits des voituriers antérieurs, doit subir les conséquences des faits qui engagent leur responsabilité. • Civ. 6 mai 1872 : *DP 1872. 1. 107* • Req. 6 janv. 1874 : *DP 1875. 5. 81* • Civ. 7 juill. 1924 : *DH 1924. 583.*

8 bis. Il résulte de la lettre et de l'esprit de l'art. 101 C. com. [dans sa rédaction antérieure à la L. n° 98-69 du 6 févr. 1998] que, lorsque le commissionnaire fait exécuter un transport (en l'occurrence un déménagement) par un sous-traitant, qui a nécessairement en la matière la qualité de sous-commissionnaire ou de voiturier, l'expéditeur peut agir directement contre celui-ci, même si son nom ne figure pas dans le titre de transport, sur le fondement de la seule responsabilité contractuelle, s'agissant d'une demande concernant un même contrat de transport. • Paris, 18 janv. 1995 : *D. 1995. IR. 111.* ♦ V. désormais art. L. 132-8.

8 ter. Les dommages subis par une machine transportée s'étant produits au cours de l'exécution du contrat de manutention conclu entre le manutentionnaire et le commissionnaire substitué en sa qualité de mandataire substitué du commettant, la responsabilité du manutentionnaire ne peut être recherchée par l'assureur, subrogé dans les droits du commettant, que sur le fondement contractuel. • Com. 20 févr. 1996 : *préc. note 2 ter.*

8 quater. Si le commissionnaire de transport est tenu envers son commettant en raison du fait de ses substitués, le commettant peut ne demander réparation qu'au commissionnaire de transport sur le fondement de l'art. 99 [C. com., art. L. 132-6], sans avoir à mettre en cause le transporteur en vertu de l'art. 103 [C. com., art. L. 133-1], aucune indivisibilité n'existant entre les deux actions. • Com. 6 janv. 1998 : *Bull. civ. IV, n° 10 ; D. 1998. IR. 36 ; D. Affaires 1998. 244, obs. S. P. ; Quot. jur. 11 juin 1998, p. 8, obs. P. M.* – V. rapp. Apollis, *RJDA 1998, p. 179.*

9. Action récursoire. Le commissionnaire de transport peut agir contre le transporteur en réparation du préjudice subi par son commettant, même s'il ne l'a pas encore indemnisé, faute d'action principale exercée par ce dernier. • Com. 4 nov. 1977 : *Bull. civ. IV, n° 247 ; D. 1978. IR. 164* • 18 déc. 1978 : *Bull. civ. IV, n° 315 ; D. 1979. IR. 135.* ♦ Toutefois, le commissionnaire ne peut agir en garantie contre le transporteur qu'à concurrence des sommes qu'il a lui-même payées à son commettant et son action doit être rejetée dès lors qu'il a été indemnisé par son assureur et ne justifie pas avoir indemnisé le destinataire. • Rouen, 14 mai 1980 : *Bull. transp. 1980. 331.* ♦ Le commissionnaire exerçant l'action directe contre le transporteur doit prouver qu'il a dédommagé l'ayant droit ou s'est engagé à le faire. • Com. 4 mai 1982 : *Bull. civ. IV, n° 151 ; D. 1982. IR. 482* • 14 juin 1994 : *Bull. civ. IV, n° 219.* – V. aussi • Com. 2 févr. 1993 : *Bull. civ. IV, n° 47 ; D. 1993. 588, note B. M.* (à propos d'un commissionnaire qui s'était substitué un autre commissionnaire intermédiaire) • 23 sept. 1982 : *Bull. transp. 1982. 548* • 4 oct. 1982 : *ibid. 549* • 22 avr. 1997 : *Quot. jur. 27 mai 1997, p. 2.* ♦ Le commissionnaire de transport n'a pas à justifier d'une subrogation dans les droits de son client pour agir en garantie contre le voiturier. • Com. 13 juin 1989 : *Bull. transp. 1989. 527* • Reims, 22 mai 1996 : *D. 1998. Somm. 320, obs. Mercadal*. ♦ V. aussi • Com. 31 mars 1998 : *Petites affiches 19 mai 1998, p. 16, note Humann.*

9 bis. Lorsqu'à la suite de pertes ou dommages résultant d'un transport maritime le commissionnaire de transport est assigné par son commettant en tant que garant du fait du transporteur maritime qu'il s'est substitué, il a qualité pour agir, dans le délai de trois mois, en responsabilité à l'encontre de celui-ci, par la voie d'un appel en garantie, quand bien même le commettant figurerait comme chargeur au connaissement, dès lors que c'est le commissionnaire qui, en tant que chargeur réel ayant conclu le contrat de transport maritime et du fait de la garantie qu'il assume, à ce titre envers son client, supporte le préjudice. • Com. 2 févr. 1999 : *Bull. civ. IV, n° 38 ; D. 2000. 295, obs. Mercadal*.

10. Le commissionnaire a la charge de la preuve de la responsabilité de son substitué dans l'avarie subie par la marchandise. Cette preuve n'est pas rapportée lorsqu'il n'est pas démontré que les réserves mentionnées dans la lettre de transport à l'arrivée n'ont pas été, en réalité, rajoutées postérieurement et qu'une lettre de confirmation a effectivement été adressée. • Paris, 18 juin 1992 : *préc. note 2 bis.*

10 bis. Faute personnelle. La faute personnelle du commissionnaire de transport lui interdit d'obtenir la garantie des voituriers. • Rouen, 16 mars 1995 : *JCP 1995. IV. 1830.* ♦ Ayant relevé que le vol de la marchandise avait comme origine le refus par le destinataire d'accepter la marchandise en raison d'une erreur dans la préparation de la commande commise par le commissionnaire qui a conduit le transporteur à reprendre puis entreposer la marchandise dans ses locaux où elle a été volée, une cour d'appel a ainsi caractérisé un lien de causalité entre la faute du commissionnaire et le préjudice, et a ainsi légalement justifié sa décision condamnant le commissionnaire. • Com. 12 avr. 2005 : *Bull. civ. IV, n° 90 ; D. 2005. Pan. 2753, obs. Kenfack ; ibid. AJ. 1350, obs. Chevrier ; RTD com. 2005. 828, obs. Bouloc ; JCP E 2005, n° 26, p. 1119 ; RJDA 2005, n° 977 ; RDC 2006. 408, obs. Delebecque.*

11. Obligation d'information. Sur l'obligation d'information du commissionnaire substitué, pesant sur le commissionnaire, V. • Com. 22 févr. 1994 : *Bull. civ. IV, n° 80.*

12. Partage de responsabilité. Le commissionnaire de transport répondant envers le commettant non seulement de ses propres fautes mais aussi de celles des transporteurs qu'il s'est substitués, il convient de tenir compte dans la condamnation du commissionnaire de la part de préjudice provenant de la faute du transporteur. • Com. 12 avr. 2005 : *préc. note 10 bis.* ♦ Un partage de responsabilité est sans incidence sur l'application du plafond d'indemnisation prévu par le contrat type. • Même arrêt.

Art. L. 132-7 **La marchandise sortie du magasin du vendeur ou de l'expéditeur voyage, s'il n'y a convention contraire, aux risques et périls de celui à qui elle appartient, sauf son recours contre le commissionnaire et le voiturier chargés du transport.** – *[C. com., art. 100].*

Charge des risques. Les clauses franco-frontière, qui ne concernent que les frais de transport, n'ont pas pour effet de différer le transfert de propriété, et sont, dès lors, sans incidence sur les risques du transport, lesquels sauf convention contraire restent soumis à l'art. 100 [C. com., art. L. 132-7]. • Com. 23 juin 1998 : *Bull. civ. IV, n° 210.*

Art. L. 132-8 **La lettre de voiture forme un contrat entre l'expéditeur, le voiturier et le destinataire ou entre l'expéditeur, le destinataire, le commissionnaire et le voiturier. Le voiturier a ainsi une action directe en paiement de ses prestations à**

l'encontre de l'expéditeur et du destinataire, lesquels sont garants du paiement du prix du transport. Toute clause contraire est réputée non écrite. – *[C. com., art. 101].*

BIBL. ▶ DELEBECQUE, *D. Affaires 1998. 870* (amélioration des conditions d'exercice de la profession de transporteur routier) ; *ibid. 1995. 189* (le destinataire de la marchandise : tiers ou partie au contrat ?). – TILCHE, *Bull. transp. 1998. 275* (garanties de paiement). – VALLANSAN, *JCP E 2000, n° 37, p. 1415* (grande distribution et prix du transport). – ZERBO, *D. 2001. 2290* (privilège et droit de rétention du voiturier : halte à la confusion). – BON-GARCIN, *RJDA 2002, p. 1039* (action en paiement du prix du transport). – F. PETIT, *JCP E 2004, n° 26, p. 1044* (nature de l'action du transporteur impayé).

1. Application dans le temps. La loi n° 98-69 du 6 févr. 1998 n'est pas applicable aux contrats conclus antérieurement à son entrée en vigueur. • Com. 10 mai 2005 : *Bull. civ. IV, n° 100 ; D. 2005. Pan. 2748, obs. Kenfack ; ibid. AJ. 1412, obs. Chevrier ; JCP E 2005, n° 46, p. 1927, obs. C. L. ; RJDA 2005, n° 973.* – V. aussi note 4 *bis*.

1 bis. Destinataire intermédiaire. Dès lors que les lettres de voiture mentionnent explicitement, sans précisions ou réserves, comme destinataire, la société contre laquelle le transporteur intente l'action directe, et, d'autre part, comportent toutes, dans la rubrique « émargement destinataires », le cachet de cette entreprise, cette dernière est bien ainsi le destinataire au sens de l'art. L. 132-8, peu important qu'après réception des colis transportés, elle ait ensuite, en vertu d'autres accords, finalement livré ces marchandises à un tiers. • Paris, 18 déc. 2003 : *D. 2004. AJ. 698* (2 arrêts).

2. Manutention. La manutention étant indissociable du contrat de transport, en raison de son caractère accessoire, il convient de faire application de l'art. 101 [ancienne rédaction] et de considérer que, le manutentionnaire ayant été requis par le commissionnaire, le recours direct de l'expéditeur contre cet opérateur relève de la responsabilité contractuelle. • Com. 11 juin 1996 : *Bull. civ. IV, n° 173 ; JCP 1996. IV. 1800.* ♦ V. aussi note 17 *bis* ss. art. L. 133-6.

Dès lors qu'il n'est pas établi que les opérations de manutention ont été accomplies avant la prise en charge du matériel par le transporteur, elles ne font pas partie du contrat de transport. • Paris, 21 janv. 1998 : *JCP E 1999, n° 16, p. 715, obs. D. M.*

3. Action en responsabilité contractuelle. Le consentement du destinataire au contrat de transport ne s'étend pas à la clause attributive de compétence qui, insérée dans la lettre de voiture, ne fait pas partie de l'économie du contrat et doit être acceptée par lui. • Com. 4 janv. 2005 : *Bull. civ. IV, n° 5 ; D. 2005. Pan. 2749, obs. Kenfack ; ibid. AJ. 214, obs. Chevrier ; RTD com. 2005. 589, obs. Bouloc ; JCP 2005. II. 10067, note Legros ; RJDA 2005, n° 377 ; Procédures 2005, n° 42, obs. Croze ; RDC 2005. 756, obs. Delebecque.* – Comp. • Com. 10 janv. 2006 : *cité note 5 ter.* ♦ Le destinataire, qui est en droit de réclamer au transporteur maritime la réparation des avaries subies par la marchandise livrée, exerce, même si les clauses attributives de compétence territoriale figurant sur l'ordre de mouvement ne lui sont pas opposables faute d'avoir été portées à sa connaissance et d'avoir été acceptées par lui, une action en responsabilité contractuelle sur le fondement de la convention de transport. • Com. 18 oct. 1994 : *Bull. civ. IV, n° 308 ; JCP 1995. I. 3853, n° 1, obs. Viney.* ♦ V. aussi, jugeant que pour être opposable la clause de juridiction doit présenter un caractère contractuel et être acceptée par les parties, • Paris, 10 nov. 1999 : *Gaz. Pal. 3-5 févr. 2002. Somm. 21.* ♦ V. notes 8 *bis* et 8 *ter* ss. art. L. 132-6.

4. Contrat de transport. Dès lors qu'il est établi qu'une société est destinataire de la marchandise transportée, il en résulte qu'elle est partie à un contrat de transport, peu important que la lettre de voiture ne comporte pas toutes les mentions imposées par l'art. L. 132-9 C. com. • Com. 15 mars 2005 : *Bull. civ. IV, n° 66 ; D. 2005. 1161, note Tosi ; ibid. AJ. 889, obs. Chevrier ; RTD com. 2005. 827, obs. Bouloc ; JCP E 2005, n° 44-45, p. 1866, obs. Bon-Garcin ; RJDA 2005, n° 695 ; RDC 2005. 752, obs. Delebecque.* – Comp. • Com. 10 janv. 2006 : *cité note 5 ter.*

4 bis. Livraison. Avant la loi n° 98-69 du 6 févr. 1998, le destinataire ne devenait partie au contrat de transport qu'à la livraison des marchandises : • Com. 18 mars 2003 : *Bull. civ. IV, n° 49 ; D. 2003. AJ. 1164, obs. Chevrier ; JCP E 2003, n° 23, p. 932 ; RTD com. 2003. 562, obs. Bouloc ; RDC 2003. 139, obs. Delebecque ; RJDA 2003, n° 830* • Dijon, 24 sept. 2002 : *JCP E 2003, n° 10, p. 395.* ♦ Sur l'absence d'effet légal du contrat de transport, V. note 1.

5. Action directe. Le voiturier qui exécute, en qualité de substitué, l'expédition, a une action directe en paiement de ses prestations contre l'expéditeur, garant du prix du transport sauf si ce dernier a interdit à son cocontractant toute substitution. • Com. 28 janv. 2004 : *Bull. civ. IV, n° 19 ; D. 2004. 944, note Tosi ; ibid. AJ. 418 ; JCP E 2004, n° 18, p. 722, note Delebecque ; JCP 2004. II. 10077, note Paulin ; Contrats Conc.*

Consom. 2004, n° 54, obs. Leveneur ; RTD com. 2004. 588, obs. Bouloc ; RJDA 2004, n° 704. – V. aussi Rép. min. n° 45952 : *JOAN Q 12 oct. 2004, p. 7996 ; D. 2004. 2929.* ♦ L'action directe ouverte au voiturier contre le destinataire, partie au contrat de transport, n'est pas subordonnée par les dispositions légales à la constatation préalable d'un obstacle définitif au recouvrement de la créance du voiturier à l'encontre de l'expéditeur. • Paris, 18 déc. 2003 : *préc. note 1 bis.* ♦ Jugeant que le voiturier qui n'a pas été réglé de ses prestations peut en exiger directement le paiement auprès de l'expéditeur, qui n'est pas fondé à lui opposer les paiements faits par lui antérieurement au commissionnaire, même s'il ignorait, lors de ces paiements, l'existence du transporteur. • Com. 26 nov. 2002 : *Bull. civ. IV, n° 181 ; JCP E 2003, n° 4, p. 154 ; RJDA 2003, n° 382.* ♦ Rappr. (s'agissant de l'action de l'expéditeur contre le voiturier alors que son nom ne figure pas dans le titre de transport) : • Paris, 18 janv. 1995 : *D. 1995. IR. 111.* ♦ Le destinataire est garant du paiement du prix du transport alors même que l'expéditeur a déjà fait un premier versement entre les mains du commissionnaire. • Com. 4 févr. 2003 : *Bull. civ. IV, n° 16 ; JCP E 2003, n° 13, p. 541 ; RJDA 2003, n° 719.* ♦ *Contra*, s'agissant de l'action du sous-mandataire contre le mandant initial, • Com. 3 déc. 2002 : *Bull. civ. IV, n° 188 ; D. 2003. 786, note Mallet-Bricout ; JCP E 2003, n° 36, p. 1381, obs. Bon-Garcin ; Contrats Conc. Consom. 2003, n° 55, obs. Leveneur ; Defrénois 2003. 236, obs. Savaux ; RTD com. 2003. 214, obs. Delebecque ; RTD civ. 2003. 312, obs. Gautier ; RJDA 2003, n° 486.* – Pour un parallèle avec la situation du mandataire substitué, V. les notes ss. art. 1994 C. civ. – **C. civ.**

L'attitude du transporteur, qui ne s'est nullement inquiété du non-paiement de ces traites à leurs échéances et qui a poursuivi pendant plusieurs mois ses prestations de transport sans tenter aucun recouvrement à l'égard de l'expéditeur, empreinte de négligence et de légèreté, se trouve être en grande partie à l'origine du préjudice subi par le destinataire actionné en vertu d'une action directe et qui se trouve contraint de régler à nouveau des frais de transport déjà inclus dans le prix des marchandises qu'il avait payé. • Colmar, 12 nov. 2003 : *JCP 2004. IV. 2595* (dommages-intérêts alloués au destinataire).

5 bis. Transport franco de port. Le destinataire est garant du paiement du prix du transport franco de port envers le voiturier alors même qu'il s'est déjà acquitté de sa facture auprès de l'expéditeur. • Com. 15 mars 2005 : *préc. note 4.*

5 ter. Preuve du prix. L'expéditeur, le transporteur et le destinataire étant parties à une convention ayant pour objet la même opération de transport, le prix dont le destinataire est garant du paiement auprès du transporteur est celui convenu entre ce dernier et l'expéditeur. • Com. 10 janv. 2006 : *D. 2006. AJ. 442, obs. Chevrier ; JCP E 2006, n° 8, p. 358.* ♦ Ayant relevé que le transporteur n'apportait pas la preuve de ce prix convenu, un tribunal a légalement justifié sa décision rejetant la demande en paiement du transporteur dirigée contre le destinataire. • Même arrêt.

6. Commissionnaire. Lorsque le commissionnaire de transport a réglé le prix des transports aux voituriers, il est subrogé dans leurs droits (C. civ., art. 1251, 3°) et comme tel fondé à actionner directement le destinataire en paiement. • Com. 2 juin 2004 : *Bull. civ. IV, n° 114 ; D. 2004. 2492, note Bon-Garcin ; JCP E 2004. II. 10185, note Planckeel ; Contrats Conc. Consom. 2004, n° 120, obs. Leveneur ; RJDA 2004, n° 1213 ; RDC 2004. 997, obs. Delebecque ; RTD com. 2005. 163, obs. Bouloc ; RTD civ. 2005. 398, obs. Mestre et Fages.* ♦ L'exercice de l'action directe du commissionnaire n'est pas subordonné à la preuve de la défaillance de son donneur d'ordre. • Orléans, 19 janv. 2006 : *RJDA 2006, n° 407.* ♦ La subrogation n'a lieu qu'à concurrence de la somme versée au transporteur, laquelle ne peut comprendre que le prix du transport à l'exclusion de la marge bénéficiaire et de la commission du commissionnaire. • Même arrêt.

7. Liquidation judiciaire. L'action directe du transporteur n'est pas subordonnée à la déclaration de sa créance au passif du donneur d'ordre. • Com. 17 déc. 2003 : *Bull. civ. IV, n° 209 ; D. 2004. AJ. 212 ; JCP E 2004, n° 8-9, p. 301 ; RTD com. 2004. 367, obs. Bouloc ; RJDA 2004, n° 421 ; Dr. et patr. mai 2004. 88, obs. Monsèrié-Bon ; RDC 2004. 374, obs. Delebecque ; Procédures 2004, n° 80, obs. Laporte* • Rouen, 13 janv. 2000 : *Act. proc. coll. 2000, n° 202* • Colmar, 12 nov. 2003 : *JCP 2004. IV. 2595.* ♦ Et la procédure collective dont le commissionnaire fait l'objet est, à cet égard, sans incidence sur l'action du transporteur. • Versailles, 21 nov. 2002 : *RJDA 2003, n° 719.* – V. aussi note 21 *quater* ss. art. L. 621-43 ancien.

8. Transports internationaux. L'art. L. 132-8 est une loi de police qui entre dans les prévisions de l'art. 7-2 de la Convention de Rome. • T. com. Paris, 19 avr. 2005 : *RTD com. 2005. 642, obs. Delebecque ; RDC 2005. 752, obs. Delebecque.* ♦ La Convention internationale de transport de marchandises par route du 19 mai 1956, dite CMR, étant muette sur l'action directe du transporteur à l'encontre du destinataire, il convient, par application de l'art. 4 de la Convention de Rome du 19 juin 1980, de la soumettre à la loi avec laquelle le contrat présente les liens les plus étroits (en l'espèce l'art. L. 132-8). • Com. 24 mars 2004 : *Bull. civ. IV, n° 63 ; D. 2004. AJ. 1163* ; *D. 2005. Pan. 2756, obs. Kenfack* ; *JCP E 2004, n° 30, p. 1208, note Delebecque ; ibid., n° 39, p. 1489, obs. D. M. ; RTD com. 2004. 805, obs. Bouloc* ; *RJDA 2004, n° 977 ; RDC 2004. 1066, obs. Deumier.* – Sur cet arrêt, V. aussi note 6 ss. art. L. 133-6. ♦ Dans le même sens : • Versailles, 3 avr. 2003 : *RTD com. 2003. 848, obs. Delebecque* • TGI Thionville, 22 janv. 2004 : *ibid. 2004. 640, obs. Delebecque* • Paris, 29 juin 2005 : *ibid. 2005. 872, obs. Delebecque*. ♦ Comp. retenant que l'art. L. 132-8 n'est pas applicable en matière de transports internationaux et que les obligations du destinataire doivent s'apprécier au regard de la Convention de Genève du 19 mai 1956, V. • Com. 26 nov. 2002 : *Bull. civ. IV, n° 180 ; JCP E 2003, n° 4, p. 154 ; RTD com. 2003. 211, obs. Delebecque* ; *RJDA 2003, n° 383.*

9. Prescription. L'action directe en paiement que le transporteur peut exercer à l'encontre de l'expéditeur, sur le fondement de l'art. L. 132-8, se prescrit, en droit interne, par un an, ainsi qu'il est prévu à l'art. L. 133-6, al. 2. • Orléans, 23 sept. 2004 : *RJDA 2004, n° 1323.* ♦ V. pour les transports internationaux, note 6 ss. art. L. 133-6.

Art. L. 132-9 I. — La lettre de voiture doit être datée.

II. — Elle doit exprimer :

1° La nature et le poids ou la contenance des objets à transporter ;

2° Le délai dans lequel le transport doit être effectué.

III. — Elle indique :

1° Le nom et le domicile du commissionnaire par l'entremise duquel le transport s'opère, s'il y en a un ;

2° Le nom de celui à qui la marchandise est adressée ;

3° Le nom et le domicile du transporteur.

IV. — Elle énonce :

1° Le prix de la voiture ;

2° L'indemnité due pour cause de retard.

V. — Elle est signée par l'expéditeur ou le commissionnaire.

VI. — Elle présente en marge les marques et numéros des objets à transporter.

VII. — La lettre de voiture est copiée par le commissionnaire sur un registre coté et paraphé, sans intervalle et de suite. — *[C. com., art. 102].*

La lettre de voiture a été remplacée par le récépissé, d'abord pour les transports par chemin de fer, puis pour les transports sur route et par eau (L. 13 mai 1863, art. 10, DP 1863. 4. 54 ; L. 30 mars 1872, art. 1er, § 2, DP 1872. 4. 77).

1. Portée des omissions. Il appartient aux tribunaux d'apprécier quelles sont, parmi les mentions prévues par l'art. 102 [C. com., art. L. 132-9], dont aucune n'est prescrite à peine de nullité, celles qui sont substantielles et sans lesquelles il ne peut y avoir de lettre de voiture. • Civ. 30 janv. 1867 : *DP 1867. 1. 72* • Req. 11 mai 1915 : *DP 1916. 1. 11.* ♦ Ainsi, l'écrit remis à un voiturier peut être qualifié lettre de voiture, bien qu'il n'indique ni le délai ni le prix du transport. • Civ. 2 mai 1854 : *DP 1854. 1. 253.* – V. aussi note 4 ss. art. L. 132-8.

2. Équivalences. La griffe ou le cachet d'une maison de commerce peut équivaloir, notamment pour les lettres de voiture, à la signature du négociant (sol. impl.). • Req. 11 mai 1915 : *préc. note 1.*

3. Droits du porteur. Bien que son nom ne figure sur la lettre de voiture ni comme expéditeur, ni comme destinataire, la personne qui a donné mandat à un tiers d'expédier des marchandises lui appartenant, et qui est porteur de la lettre de voiture, est recevable à agir directement contre le transporteur. • Civ. 24 mai 1897 : *DP 1898. 1. 23, note Sarrut* • Req. 22 juin 1903 : *DP 1904. 1. 242.* – Comp. : • Civ. 5 déc. 1952 : *D. 1953. Somm. 17.* ♦ V. aussi note 8 *bis* ss. art. L. 132-6.

Décret-Loi du 14 juin 1938,

Relatif aux récépissés et lettres de voitures des chemins de fer (titre provisoire).

Art. 1er Le ministre des travaux publics peut autoriser, par arrêté, sur leur demande, les administrations des chemins de fer, à modifier les énonciations à faire figurer sur le récépissé délivré à l'expéditeur pour toute expédition de marchandises remise sans être accompagnée d'une lettre de voiture. — *V. Arr. 15 mai 1943 (JO 17 juin).*

Des autorisations analogues pourront être données par le ministre des travaux publics aux entreprises de transports par route.

Convention du 19 mai 1956,

relative au contrat de transport international de marchandises par route (CMR) [signée à Genève]. — Publiée par Décr. n° 61-725 du 5 juill. 1961 (D. 1961. 233 ; BLD 1961. 463). — V. Décr. n° 82-655 du 15 juill. 1982 (D. et BLD 1982. 370) portant publication du protocole fait à Genève le 5 juill. 1978.

Convention internationale du 7 février 1970,

concernant le transport des marchandises par chemins de fer (CIM) [signée à Berne]. — Publiée par Décr. n° 75-786 du 7 août 1975 (JO 26 août). — V. Décr. n° 76-385 du 1er avr. 1976 (JO 4 mai) portant publication de divers protocoles et annexes, Décr. n° 78-614 du 17 mai 1978 (JO 31 mai), Décr. n° 81-380 du 14 avr. 1981 (JO 22 avr.).

Convention internationale du 7 février 1970,

concernant le transport des voyageurs et des bagages par chemins de fer (CIV) [signée à Berne] — Publiée par Décr. n° 75-786 du 7 août 1975 (JO 26 août). — V. Décr. n° 76-385 du 1er avr. 1976 (JO 4 mai) portant publication de divers protocoles et annexes. V. Décr. n° 82-1037 du 2 déc. 1982 (JO 8 déc.) portant publication de la disposition complémentaire concernant le mode de conversion du franc-or prévu aux art. 57 de la CIM, 53 de la CIV et 21 de la convention additionnelle à la CIV, adoptée à Berne le 11 nov. 1977.

Convention du 9 mai 1980,

relative aux transports internationaux ferroviaires (Cotif) [signée à Berne]. — V. Décr. n° 87-722 du 25 août 1987 (JO 3 sept.) portant publication de cette convention et d'un protocole concernant sa mise en vigueur, fait à Berne le 17 févr. 1984. — V. aussi Décr. n° 91-497 du 15 mai 1991 (JO 23 mai) portant publication des appendices à cette convention, tels que modifiés et applicables à compter du 1er janv. 1991 ; Décr. n° 95-814 du 20 juin 1995 (JO 27 juin) portant publication des dispositions complémentaires aux règles uniformes de la convention, telles qu'adoptées le 26 nov. 1993 à Berne et applicables à compter du 1er janv. 1995 ; L. n° 2006-243 du 2 mars 2006 (JO 3 mars) autorisant l'approbation du protocole portant modification de la convention adoptée à Vilnius le 3 juin 1999.

BIBL. ▸ Bronner et Allégret, *JCP E 1986. II. 14770* (droit applicable aux transports internationaux de marchandises).

Code de l'aviation civile

RÉP. COM. v° *Transports aériens*, par MERCADAL.

BIBL. ▶ CHAUVEAU, *D. 1955. Chron. 81.* – DE JUGLART, *D. 1955. Chron. 111.* – RIPERT, *D. 1957. Chron. 79.* – GODFROY, *Rev. fr. dr. aérien 1984. 26.* – TOSI, *D. 2005. 719* (responsabilité du transporteur aérien : dépoussiérons le code de l'aviation civile !).

PREMIÈRE PARTIE : LÉGISLATIVE

(Décr. n° 67-333 du 30 mars 1967, D. 1967. 184 ; BLD 1967. 320)

Art. L. 321-1 Les règles du code de commerce relatives aux transports par terre et par eau sont applicables au transport par air sous réserve des dispositions suivantes.

V., considérant comme un transport aérien un baptême de l'air (à titre onéreux), • Civ. 1re, 5 févr. 1980 : *Bull. civ. I, n° 47.* – Comp. : • TGI Metz, 1er juin 1995 : *BICC 1995, n° 1259 ; Gaz. Pal. 1996. 1. Somm. 188, obs. Vray.*

L. 321-2 *(L. n° 72-1090 du 8 déc. 1972)* Le contrat de transport de marchandises par air est constaté par une lettre de voiture ou un récépissé. Ce titre doit contenir, outre les énonciations prévues par l'article 102 du code de commerce *[C. com., art. L. 132-9]*, l'indication que le transport est effectué par aéronef.

L. 321-3 La responsabilité du transporteur de marchandises ou de bagages est régie, au cas de transport par air, par les seules dispositions de la Convention de Varsovie du 12 octobre 1929 ou de toute convention la modifiant et applicable en France, même si le transport n'est pas international au sens de cette convention. – *V. Convention de Varsovie du 12 oct. 1929 (D. 1956. 16 ; BLD 1956. 28).*

L. 321-4 Pour l'application de l'article 25 de ladite convention, la faute considérée comme équipollente au dol est la faute inexcusable. Est inexcusable la faute délibérée qui implique la conscience de la probabilité du dommage et son acceptation téméraire sans raison valable.

La faute prévue à l'article 26 (alinéa 4) de ladite convention est celle par laquelle le transporteur a dissimulé ou tenté de dissimuler les avaries, manquants ou retards, ou a par tout autre moyen empêché ou tenté d'empêcher le réceptionnaire de formuler ses protestations dans les délais requis. La victime est pareillement relevée de la forclusion prévue par ce texte si elle a été empêchée de formuler ces protestations par un cas de force majeure. – *V. Convention de Varsovie, art. 25 et 26.*

BIBL. ▶ RODIÈRE, *D. 1978. Chron. 31.*

L. 321-5 L'action en responsabilité contre le transporteur de marchandises et de bagages doit être intentée, sous peine de déchéance, dans les deux ans du jour où l'aéronef est arrivé ou aurait dû arriver à destination. – *V. Convention de Varsovie, art. 29.*

L. 321-6 Le jet de marchandises indispensable au salut de l'aéronef n'engage pas la responsabilité du transporteur envers l'expéditeur et le destinataire, à raison de cette perte de marchandises.

L. 321-7 *(L. n° 2002-3 du 3 janv. 2002)* En vue d'assurer préventivement la sûreté des vols, le transporteur aérien doit mettre en œuvre des mesures de sûreté sur le fret et les colis postaux préalablement à leur embarquement dans les aéronefs.

Le transporteur aérien :

– soit effectue des visites de sûreté mentionnées à l'article L. 282-8 du fret et des colis postaux qui lui sont remis ;

– soit s'assure que ce fret ou ces colis postaux lui sont remis par un « agent habilité ».

Le fret ou les colis postaux qui ne peuvent pas faire l'objet de contrôle après leur conditionnement du fait de leurs caractéristiques doivent être remis à l'« agent habilité » exclusivement par un « chargeur connu ».

Peut être agréé en qualité d'« agent habilité » par l'autorité administrative compétente l'entreprise ou l'organisme qui intervient dans l'organisation du transport de fret ou de colis postaux et qui met en place des contrôles et des procédures appropriées.

Peut être agréé en qualité de « chargeur connu » par l'autorité administrative compétente l'entreprise ou l'organisme qui met en œuvre directement ou sous son contrôle des mesures appropriées pendant le conditionnement du fret et des colis postaux expédiés à sa demande et qui préserve l'intégrité de ces marchandises jusqu'à leur remise à un « agent habilité ».

En cas de dommage résultant d'un acte malveillant et causé par des colis postaux ou du fret visés par le présent article, la responsabilité d'une entreprise ou d'un organisme agréé ne peut être engagée qu'en raison de l'inobservation des procédures et mesures prévues par le présent code.

Les agréments visés aux alinéas ci-dessus peuvent être refusés ou retirés lorsque l'entreprise ou l'organisme ne se conforme pas aux obligations prévues par le présent article ou peut constituer, par ses méthodes de travail ou le comportement de ses dirigeants ou agents, un risque pour la sûreté. Ils peuvent faire l'objet d'une suspension immédiate en cas d'urgence.

Les militaires de la gendarmerie et les fonctionnaires de police, sous le contrôle des officiers de police judiciaire, ainsi que les agents des douanes vérifient que les entreprises ou organismes respectent les conditions de délivrance de l'agrément en qualité d'« agent habilité ». A cet effet, ils ont accès, à tout moment, aux locaux et terrains à usage professionnel des entreprises ou organismes titulaires de l'agrément ou qui en demandent le bénéfice, à l'exception des pièces exclusivement réservées à l'habitation. Ils peuvent requérir, pour l'accomplissement de leurs missions, l'ouverture de tous colis, bagages et véhicules professionnels en présence du responsable de l'entreprise ou de l'organisme, ou de ses préposés en cas d'absence de celui-ci, et se faire communiquer les documents comptables, financiers, commerciaux ou techniques propres à faciliter l'accomplissement de leurs contrôles.

Les agents visés à l'article L. 282-11 ainsi que des organismes techniques habilités à cet effet vérifient que les entreprises ou organismes respectent les conditions de délivrance de l'agrément en qualité de « chargeur connu ».

Un décret en Conseil d'État fixe les conditions d'application du présent article. Ce décret tient compte des contraintes propres à chacune des catégories de personnes visées au présent article. Il peut prévoir que le fret ou les colis postaux visés au présent article, ainsi que les correspondances et le transport de la presse, sont soumis à des règles particulières ou sont exemptés de procédure de sûreté.

Il détermine également les prescriptions que les « agents habilités » doivent respecter en matière de réception et de contrôle pour éviter des dépôts et des expéditions anonymes.
Les entreprises ou organismes titulaires d'un agrément au titre des dispositions de l'article L. 321-7 en vigueur antérieurement à la publication de la loi n° 2002-3 du 3 janvier 2002 relative à la sécurité des infrastructures et systèmes de transport, aux enquêtes techniques et au stockage souterrain de gaz naturel, d'hydrocarbures et de produits chimiques conservent le bénéfice de leur agrément.

Les dispositions du présent article sont applicables dans la collectivité départementale de Mayotte, en Polynésie française, en Nouvelle-Calédonie et dans les îles Wallis-et-Futuna.

L. 321-8 *(L. n° 2006-64 du 23 janv. 2006, art. 26-II)* L'accès aux lieux de traitement, de conditionnement et de stockage du fret et des colis postaux visés aux sixième et septième alinéas de l'article L. 321-7 est soumis à la possession d'une habilitation délivrée par le représentant de l'État dans le département et, à Paris, par le préfet de police.

L'enquête administrative diligentée aux fins d'instruction de la demande d'habilitation peut donner lieu à consultation du bulletin n° 2 du casier judiciaire et des traitements automatisés de données à caractère personnel gérés par les services de police et de gendarmerie nationales relevant des dispositions de l'article 26 de la loi n° 78-17 du 6 janvier 1978 relative à l'informatique, aux fichiers et aux libertés, à l'exception des fichiers d'identification.

....

L. 322-3 La responsabilité du transporteur de personnes est régie par les dispositions de la Convention de Varsovie comme prévu aux articles L. 321-3, L. 321-4 et L. 321-5. *(L. n° 76-529 du 18 juin 1976)* « Toutefois, la limite de la responsabilité du transporteur relative à chaque passager, prévue par le paragraphe premier de l'article 22 de ladite convention, est fixée à *(L. n° 89-467 du 10 juill. 1989 ; Ord. n° 2000-916 du 19 sept. 2000)* « 114 336,76 € ». Si, en raison d'une modification apportée à la Convention de Varsovie, la limite de responsabilité du transporteur aérien se trouve portée à un niveau supérieur au chiffre susvisé, cette nouvelle limite se substitue à celle de *(L. n° 89-467 du 10 juill. 1989 ; Ord. n° 2000-916 du 19 sept. 2000)* « 114 336,76 € » à compter de la mise en vigueur pour la France de la modification de ladite convention. En outre, sauf stipulations conventionnelles contraires, la responsabilité du transporteur effectuant un transport gratuit ne sera engagée, dans la limite prévue ci-dessus, que s'il est établi que le dommage a pour cause une faute imputable au transporteur ou à ses préposés. »

La responsabilité du transporteur par air ne peut être recherchée que dans les conditions et limites prévues ci-dessus, quelles que soient les personnes qui la mettent en cause et quel que soit le titre auquel elles prétendent agir. — *V. Convention de Varsovie, art. 19 à 25.*

Les dispositions de la loi n° 76-529 du 18 juin 1976 sont applicables dans les territoires d'outre-mer (art. 3) ; celles de la loi n° 89-467 du 10 juill. 1989 aux territoires d'outre-mer et à Mayotte (art. 22).

L. 322-4 Le commandant de bord a la faculté de débarquer toute personne parmi les passagers qui peut présenter un danger pour la sécurité ou le bon ordre à bord d'un aéronef.

L. 322–5 *(L. n° 2003-239 du 18 mars 2003)* Lorsque des violences sont commises dans un aéronef ou dans un lieu destiné à l'accès à un aéronef, la sanction est celle prévue par les articles 222-12 et 222-13 du code pénal.

Lorsque l'auteur de l'un des délits mentionnés à l'alinéa précédent se trouve hors d'état de justifier d'un domicile ou d'un emploi sur le territoire français ou d'une caution agréée par l'administration habilitée à percevoir les amendes garantissant le paiement éventuel des condamnations pécuniaires encourues, le ou les bagages ainsi que le contrat de transport de la personne pourront être retenus par l'officier ou l'agent de police judiciaire, jusqu'au versement d'une consignation dont le montant ne pourra excéder 1 500 €.

La décision imposant le paiement d'une consignation est prise par le procureur de la République, qui est tenu de statuer dans le délai de la garde à vue si la personne fait l'objet de cette mesure ou, à défaut, dans un délai de quatre heures à compter soit de la constatation du délit si celui-ci a été commis dans un lieu destiné à l'accès à un aéronef, soit de l'arrivée des passagers si le délit a été commis dans un aéronef.

La consignation est versée à un comptable du Trésor ou à un agent visé à l'article L. 330-10 porteur d'un carnet de quittances à souche.

DEUXIÈME PARTIE : DÉCRETS EN CONSEIL D'ÉTAT

(Décr. n° 67-334 du 30 mars 1967, D. 1967. 190 ; BLD 1967. 331 ; Décr. n° 80-909 du 17 nov. 1980, D. et BLD 1980. 408)

Art. R. 321-1 L'action en responsabilité contre le transporteur aérien de marchandises prévue à l'article L. 321-5 doit être portée au choix du demandeur soit devant le tribunal du domicile du transporteur, du siège principal de son exploitation ou du lieu où il possède un établissement par le soin duquel le contrat a été conclu, soit devant le tribunal du lieu de destination. — *V. Convention de Varsovie, art. 28.*

....

R. 322-2 L'action en responsabilité contre le transporteur aérien de personnes devra être exercée dans les conditions prévues à l'article R. 321-1. – *V. Convention de Varsovie, art. 29.*

CHAPITRE III DES TRANSPORTEURS

V. C. civ., art. 1782 à 1786. – ***C. civ.***

RÉP. COM. v° *Contrat de transport*, par MERCADAL.

BIBL. GÉN. ▸ COUDEVYLLE-LOQUET, *RTD com. 1992. 751* (effet relatif des contrats en matière de transport interne de marchandises). – CARRÉ, *JCP E 2002, n° 26, p. 1086* (conditions d'exercice du métier de chauffeur routier et l'alternative du contrat de transport).

Art. L. 133-1 **Le voiturier est garant de la perte des objets à transporter, hors les cas de la force majeure.**

Il est garant des avaries autres que celles qui proviennent du vice propre de la chose ou de la force majeure.

Toute clause contraire insérée dans toute lettre de voiture, tarif ou autre pièce quelconque, est nulle. – [*C. com., art. 103*].

Sur la responsabilité du commissionnaire en cas de perte ou d'avaries, V. C. com., art. L. 132-5.

La responsabilité des prestataires de services postaux au sens de l'art. L. 1 CPCE est engagée dans les conditions prévues par les art. 1134 s. et 1382 s. C. civ. à raison des pertes et avaries survenues lors de la prestation. Toutefois, cette responsabilité tient compte des caractéristiques des envois et des tarifs d'affranchissement selon des modalités fixées par un décret en Conseil d'État qui détermine des plafonds d'indemnisation (CPCE, art. L. 7).

A. CONDITIONS DE LA GARANTIE

1. Notion de voiturier. BIBL. Brunat, *Bull. transp. 1979. 446.* ♦ V. • Lyon, 13 mars 1933 : *DP 1933. 2. 60, concl. Gabolde* • 12 nov. 1951 : *S. 1952. 2. 133, note Gervisié et Chabrier.*

Est transporteur celui qui a la maîtrise et la direction de l'opération. • Paris, 30 janv. 1960 : *D. 1960. Somm. 61.* ♦ Comp., pour la qualification de contrat d'entreprise : • Versailles, 12 janv. 1989 : *D. 1989. IR. 72.* ♦ Comp. aussi, à propos du contrat de promenade à cheval ou à dos d'âne, • Civ. 1re, 3 mai 1988 : *Bull. civ. I, n° 126* • 25 avr. 1967 : *ibid., n° 148.*

Sur la responsabilité du tractionnaire, V. aussi • Com. 25 juin 1991 : *D. 1992. Somm. 80, obs. Rèmond-Gouilloud*. – Comp. • Com. 3 janv. 1991 : *Bull. transp. 1991. 237.*

Le transport effectué à titre bénévole n'est pas soumis aux art. 103 s. [C. com., art. L. 133-1 s.]. • Com. 14 déc. 1993 : *Bull. transp. 1994. 51 ; RJDA 1994, n° 520.* ♦ Sur le caractère essentiel du prix pour l'existence d'un contrat de transport, V. • Aix-en-Provence, 27 janv. 1988 : *Bull. transp. 1989. 365.* ♦ Sur la notion de transport « intéressé », V. obs. Jourdain ss. • Civ. 1re, 6 avr. 1994 : *RTD civ. 1994. 866*. ♦ Sur l'expédition en port payé, V. • Rennes, 19 juin 1985 : *Bull. transp. 1985. 373.* ♦ Sur l'obligation pesant sur le destinataire en cas d'expédition en port dû, V. • Com. 19 mars 1985 : *Bull. civ. IV, n° 103* • 20 janv. 1987 : *ibid., n° 29.* – Comp. : • Paris, 13 sept. 1989 : *RTD com. 1990. 257, obs. Bouloc*.

La location de véhicule avec chauffeur n'est pas soumise aux art. 103 s. [C. com., art. L. 133-1 s.]. • Paris, 7 avr. 1994 : *Bull. transp. 1994. 352.* ♦ Si dans un contrat de transport, le transporteur est, sauf cas de force majeure, garant des objets transportés, le contrat de location de véhicule n'implique pas, quant à lui, que le loueur réponde des objets transportés. • Com. 3 juin 1998 : *Bull. civ. IV, n° 179.* ♦ Sur la distinction entre contrat de location et contrat de transport, V. • Paris, 26 févr. 2004 : *JCP E 2004, n° 38, p. 1443, obs. Bon-Garcin.*

Le fait de tracter une semi-remorque avec un tracteur appartenant à l'entreprise et de la transporter d'un point à un autre pour le compte d'un tiers, constitue non un simple convoyage mais un transport routier de marchandises au sens de l'art. 1er du Décr. n° 86-567 du 14 mars 1986 *[abrogé]* relatif au registre des transporteurs. • Poitiers, 15 avr. 1994 : *JCP 1994. IV. 2522.*

Sur la distinction entre contrat de transport et contrat de convoyage, V. • Poitiers, 6 oct. 1998 : *BICC 1999, n° 482.*

Sur le transport pour son propre compte, V. Brunat, *Bull. transp. 1990. 423.*

Sur le contrat d'affrètement, V. • Civ. 1re, 6 juin 1990 : *Bull. civ. I, n° 151 ; D. 1990. Somm. 272, obs. Rèmond-Gouilloud*. – V. aussi Carré, *JCP E 1999, n° 5, p. 210.*

Sur le contrat de ferroutage, V. • Com. 19 janv. 1999 : *préc. note 1 bis ss. art. L. 132-1.*

Celui qui effectue régulièrement des transports sous bordereau de livraison émis par un commissionnaire est un transporteur public, peu important qu'il ait été radié du RCS. • Com. 3 avr. 2002 : *Bull. civ. IV, n° 68 ; RTD com. 2002. 719, obs. Bouloc*.

2. Marchandises. Avant la prise en charge par le voiturier, la marchandise reste sous la garde de l'expéditeur, dont la responsabilité peut être engagée (à propos de l'explosion de produits pyrotechniques sur le quai d'embarquement de l'expéditeur). • Com. 8 févr. 1994 : *Bull. civ. IV, n° 59 ; Petites affiches 15 mars 1996, p. 14, note Duquesne.*

Sur l'application du principe selon lequel le voiturier n'est plus responsable des marchandises dès lors qu'elles ont été délivrées au destinataire, au cas d'un wagon pénétrant sur un embranchement particulier, V. • Com. 29 nov. 1971 : *Gaz. Pal. 1972. 1. 216.* – Comp. : • Paris, 27 déc. 1920 : *ibid. 1921. 1. 57.*

Justifie légalement sa décision condamnant un voiturier à garantir un chargeur organisant un transport de marchandises en conteneur des condamnations mises à la charge de ce dernier, l'arrêt qui, en relevant que ce voiturier a pris en charge le conteneur sans formuler de réserves, alors qu'il aurait pu aisément vérifier son poids, ne met pas à la charge de ce transporteur l'obligation de vérifier le contenu du conteneur ni inverse la charge de la preuve. • Com. 14 avr. 1992 : *Bull. civ. IV, n° 166 ; D. 1992. IR. 169.*

A commis une faute dans l'exécution de son mandat et doit être condamné au paiement du prix des marchandises transportées, le transporteur routier qui, à deux reprises, a livré les marchandises non dans le local commercial du destinataire mais directement dans le coffre d'une voiture garée dans la rue et a accepté du destinataire la remise de chèques, assortis d'une demande de présentation différée au paiement, qui se sont révélés non provisionnés. • Com. 7 juill. 1992 : *Bull. civ. IV, n° 269 ; JCP 1992. IV. 2651.* ♦ De même, est justifiée la condamnation d'un transporteur au paiement des marchandises qu'il a livrées au destinataire contre remise d'un chèque qui s'est révélé être sans provision, alors que ce transporteur qui, aux termes du contrat de transport, n'était tenu d'accepter des espèces que si la législation l'y autorisait, a livré la marchandise contre remise d'un chèque tiré, non pas sur le compte du destinataire, mais sur celui d'un tiers, et qu'il a ainsi commis une faute dans l'exécution de sa mission. • Com. 5 oct. 1993 : *Bull. civ. IV, n° 325 ; D. 1993. IR. 231.* ♦ Comp., s'agissant d'un transporteur chargé dans le cadre de son mandat de livrer la marchandise contre remboursement d'un chèque tiré, non pas sur le compte du destinataire mais sur celui d'un tiers : • Versailles, 26 nov. 1998 : *RJDA 1999, n° 167.*

2 bis. En ce sens que la SNCF est responsable du vol de bagages à main dans les casiers des TGV, V. • Paris, 1re ch. B, 14 oct. 1993 : *Gaz. Pal. 1993. 2. 483.* – Comp., refusant d'étendre la responsabilité contractuelle de la SNCF aux bagages demeurés sous la garde des voyageurs : • Paris, 8e ch. A, 23 nov. 1993 : *Gaz. Pal. 1994. 1. 1, note J.-G. M. ; BICC 1994, n° 291* • Paris, 7e ch., 26 oct. 1994 : *Gaz. Pal. 1995. 2. 494* • Paris, 1re ch. A, 24 sept. 1996 : *D. 1996. IR. 234* • Paris, 1re ch. B, 2 oct. 1998 : *D. 1998. IR. 238 ; D. Affaires 1998. 1901, obs. J. F.* ♦ De même, jugeant que sauf texte ou stipulation contraire, l'obligation de transport d'un véhicule n'étend ni son objet ni son régime aux bagages qui s'y trouvent enfermés, • Civ. 1re, 25 févr. 2003 : *Bull. civ. I, n° 56 ; D. 2003. 790, note Gridel ; JCP E 2003, n° 17-18, p. 737 ; Contrats Conc. Consom. 2003, n° 85, obs. Leveneur ; Dr. et patr. juill.-août 2003. 82, obs. Chauvel ; RJDA 2003, n° 829 ; RDC 2004. 373, obs. Delebecque.* ♦ V. aussi, rejetant une demande fondée sur l'art. 1382 C. civ., • Civ. 2e, 29 avr. 1994 : *Bull. civ. II, n° 122 ; D. 1994. IR. 131 ; Defrénois 1994. 1130, obs. Delebecque ; Contrats Conc. Consom. 1994, n° 144, note Raymond ; RTD civ. 1994. 869, obs. Jourdain*. ♦ ... Ou cassant une décision ayant retenu la responsabilité de la SNCF, sans préciser le fondement de cette responsabilité, • Civ. 2e, 6 mars 1996 : *Bull. civ. II, n° 58 ; D. 1997. Somm. 25, obs. Delebecque ; JCP 1996. I. 3958, n° 4, obs. Fabre-Magnan* • Civ. 1re, 10 juill. 1996 : *Bull. civ. I, n° 307.*

2 ter. La nature du contrat liant des touristes à une agence de voyages est sans incidence sur la responsabilité du transporteur, contractuellement tenu envers les clients de l'agence pour le compte desquels un contrat de transport avait été conclu. • Civ. 1re, 3 juin 1998 : *Bull. civ. I, n° 199 ; D. 1998. IR. 160 ; D. Affaires 1998. 1393, obs. S. P. ; JCP 1999. II. 10010, note Rzepecki ; RJDA 1998, n° 1225 ; JCP E 1999, n° 5, p. 225, note Youego.* ♦ Justifie légalement sa décision la cour d'appel qui estime, s'agissant d'un voyage organisé en car, que tous les bagages accompagnant les touristes pendant la durée de leur séjour ont fait l'objet d'un contrat accessoire au contrat de transport pour en déduire que la société de transport est tenue d'une obligation de résultat, et retient que la négligence du chauffeur, qui avait laissé le car en stationnement sans surveillance sur un parking isolé, était la seule cause du dommage subi par les voyageurs dont les bagages ont été volés. • Même arrêt.

3. Personnes. BIBL. Mascala, *D. 1991. Chron. 80* (accident de quai). – Chao, *Bull. transp. 1989. 327 ; ibid. 531* (transport routier de voyageurs et loi du 5 juill. 1985). – Nerac-Croisier, *D. 1995. Chron. 35.* ♦ Le transporteur n'est tenu d'une obligation contractuelle de sécurité qu'au cas où existe un contrat de transport avec le passager. • Civ. 2e, 5 oct. 1988 : *Bull. civ. II, n° 189 ; RTD com. 1989. 302, obs. Bouloc* • Civ. 1re, 7 mars 1989 : *Bull. civ. I, n° 118 ; D. 1991. 1, note Malaurie ; RTD com. 1989. 722, obs. Bouloc ; Gaz. Pal. 1989. 2. 632, note Paire.* ♦ Le titre de transport fait preuve du contrat. • Civ. 2e, 5 oct. 1988 : *préc.* ♦ Le contrat de transport se forme par la délivrance du billet. • Civ. 1re, 6 oct. 1998 : *Bull. civ. I, n° 269 ; D. Affaires 1998. 1809, obs. J. F. ; JCP 1999. II. 10186, note Aubree.* ♦ L'obligation de conduire le voyageur sain et sauf n'existe à la charge du transporteur que pendant l'exécution du contrat de transport, c'est-à-dire à partir du moment où le voyageur commence à monter dans le véhicule et jusqu'au moment où il achève d'en descendre. • Civ. 1re, 1er juill. 1969 : *D. 1969. 640, note G.C.M. ; JCP 1969. II. 16091, concl. Lindon* • 7 mars 1989 : *préc.* • 21 oct. 1997 : *D. 1997. IR. 247 ; D. Affaires 1997. 1352* • Limoges, 17 oct. 1996 : *BICC 1997, n° 329* • Paris, 16 sept. 1998 : *D. Affaires 1998. 1639, obs. J. F.* ♦ V. aussi excluant la présomption de responsabilité qui pèse sur la SNCF, lorsque la faute de la victime constitue la cause exclusive de son dommage, • Civ. 1re, 6 oct. 1998 : *préc.* ♦ Il en va ainsi pour un acte de suicide qui, en raison de son caractère imprévisible et irrésistible, ne peut engager la responsabilité de la RATP en tant que gardien. • Cass., Ass. plén., 14 avr. 2006 : *D. 2006. IR. 1131, obs. Gallmeister ; BRDA 2006, n° 9, p. 6.* ♦ Le fait pour la victime d'être descendue du train en marche ne constitue pas pour la SNCF un fait imprévisible qui, compte tenu du système mis en place, demeure possible, bien que dangereux. • Civ. 2e, 23 janv. 2003 : *Bull. civ. II, n° 17 ; D. 2003. 2465, note Depadt-Sebag ; RJDA 2003, n° 452 ; Dr. et patr. juin 2003. 91, obs. Chabas ; RTD civ. 2003. 301, obs. Jourdain .* ♦ La SNCF, tenue d'une obligation de sécurité de résultat à l'égard des voyageurs, est responsable en cas d'agression dans un train d'un voyageur par un autre voyageur démuni d'un titre de transport et en état d'ébriété, ces éléments ne constituant pas un cas de force majeure dès lors que les contrôleurs n'ont pas effectué de rondes pour assurer la sécurité de la victime et que l'agresseur n'a pas été contrôlé au moment des faits. • Civ. 1re, 12 déc. 2000 : *Bull. civ. I, n° 323 ; D. 2001. 1650, note Paulin ; Contrats Conc. Consom. 2001, n° 53, obs. Leveneur* • TGI Cambrai, 23 janv. 2003 : *D. 2003. IR. 533.* ♦ V. également retenant l'absence de caractère irrésistible de l'agression commise dans un train, aucune preuve ou allégation de quelconques mesures de prévention n'étant rapportée : • Civ. 1re, 3 juill. 2002 : *Bull. civ. I, n° 183 ; D. 2002. 2631, note Gridel ; RTD civ. 2002. 821, obs. Jourdain ; RCA 2002, n° 323, obs. Groutel ; RJDA 2003, n° 11.* ♦ La personne qui a acquitté le prix de son billet pour voyager confie indiscutablement à la SNCF sa sécurité sur tous les plans, non seulement en ce qui concerne la sécurité du déplacement ferroviaire proprement dit, mais également en ce qui concerne la sûreté de sa personne vis-à-vis de tout élément extérieur et notamment des autres passagers du train. • TGI Cambrai, 23 janv. 2003 : *préc.* ♦ En dehors de l'exécution du contrat de transport, la responsabilité du transporteur à l'égard du voyageur est soumise aux règles de la responsabilité délictuelle. • Civ. 1re, 7 mars 1989 : *préc.* • Civ. 2e, 27 févr. 2003 : *D. 2003. IR. 809 ; Dr. et patr. juin 2003. 90, obs. Chabas.* ♦ Lorsqu'une correspondance divise un transport en plusieurs trajets, la responsabilité du transporteur à l'égard d'un voyageur victime d'un accident survenu au cours de cette correspondance est soumise aux règles de la responsabilité délictuelle. • Civ. 1re, 19 févr. 1991 : *Bull. civ. I, n° 72.*

En ce sens que les manquements de la SNCF à son obligation de ponctualité peuvent engager sa responsabilité contractuelle, V. • Paris, 4 oct. 1996 : *D. 1996. IR. 241 ; D. Affaires 1996. 1287 ; JCP 1997. II. 22811, note Paisant et Brun ; Rev. huiss. 1997. 713, note Bazin.*

3 bis. Si un transporteur aérien n'est tenu d'une obligation de sécurité de résultat vis-à-vis de ses passagers qu'en ce qui concerne, outre le vol proprement dit, les opérations d'embarquement et de débarquement, il reste tenu à leur égard d'une obligation de sécurité de moyens dans l'exécution du contrat le liant à ses clients. • Civ. 1re, 15 juill. 1999 : *Bull. civ. I, n° 242 ; D. 2000. 283, note Pech-Le Gac ; D. Affaires 1999. 1239, obs. J. F. ; RTD civ. 1999. 843, obs. Jourdain ; JCP E 2000, n° 30, p. 1225, obs. Bon-Garcin.* ♦ Dès lors, en réalisant une escale sur l'aérodrome de Koweït City, qui n'était pas mentionnée sur les billets, mais avait été portée à la connaissance des passagers lors du départ de Londres, à un moment ou l'imminence d'un conflit armé était hautement prévisible et cela, bien que l'avion ait disposé d'une réserve de carburant suffisante pour l'éviter, le transporteur aérien a exposé les passagers sans raison valable à un risque de guerre et a, par conséquent, failli à son obligation de sécurité de moyens. • Même arrêt.

3 ter. Obligation de confidentialité. **BIBL.** Tilche, *Bull. transp. 1994. 753.* ♦ Le transporteur est tenu vis-à-vis de l'expéditeur d'une obligation de confidentialité. • Lyon, 7 oct. 1994 : *Bull. transp. 1995. 757.*

B. EXCLUSION DE LA GARANTIE

4. Vice de la chose. La preuve du vice propre de la chose incombe au transporteur. • Com. 25 janv. 1954 : *Gaz. Pal. 1954. 1. 423.* ♦ La réception par le transporteur des colis sans observations ni réserves ne lui enlève pas le droit de faire la preuve du fait exonératoire. • Civ. 15 nov. 1897 : *DP 1898. 1. 127* • 24 avr. 1914 : *DP 1916. 1. 150* • 16 juill. 1914 : *ibid.* • 19 oct. 1914 : *ibid.* • 26 juin 1915 : *ibid.* • Aix-en-Provence, 27 mai 1988 : *RTD com. 1989. 723, obs. Bouloc.* ♦ Comp., sur la présomption d'avaries en cas de réserves formulées, • Com. 8 nov. 1983 : ♔ *Bull. civ. IV, n° 303.*

5. Ni le défaut d'emballage, ni la fragilité de l'objet transporté ne constituent par eux-mêmes un vice propre de la chose ; il y a lieu de rechercher dans chaque espèce si l'emballage était défectueux à raison de la nature de l'objet. • Civ. 27 déc. 1909 : *DP 1912. 1. 59* • 26 mai 1914 : *DP 1916. 1. 157.* ♦ En ce qui concerne une marchandise impropre par elle-même à supporter un transport, V. • Paris, 28 mai 1980 : *Bull. transp. 1980. 346* • 24 nov. 1960 : *JCP 1961. II. 12222, note Rodière* • Rouen, 6 nov. 1970 : *D. 1971. 274, note Rodière.* ♦ ... Un arrimage insuffisant, V. • Com. 10 avr. 1962 : *JCP 1963. II. 12984.*

6. Sur le fait de la chose d'un tiers (wagons chargés d'explosifs) sous la garde du voiturier, V. • Aix-en-Provence, 7 mars 1942 : *DC 1943. 137, note Le Balle* • Lyon, 1er mars 1943 : *ibid.* • T. com. Seine, 22 juill. 1943 : *ibid.*

7. Force majeure. Le caractère de force majeure n'est reconnu à la guerre ou à la grève que s'il en résulte, pour le transporteur, une impossibilité absolue d'exécuter le contrat. • Req. 19 févr. 1872 : *DP 1872. 1. 245* • 24 avr. 1872 : *ibid. 448* • 17 juill. 1912 : *DP 1913. 1. 539* • Paris, 24 févr. 1916 : *DP 1916. 2. 49, note L.S.* • Grenoble, 8 mars 1916 : *ibid.* ♦ Les juges doivent rechercher si l'extension d'une grève de la SNCF est prévisible en fonction des circonstances. • Civ. 1re, 18 mai 1989 : ♔ *Bull. civ. I, n° 205 ; RTD com. 1990. 96, obs. Bouloc* ✎.

8. Les phénomènes atmosphériques (inondation, neige, gelée ou chaleur) ne sont considérés comme des cas de force majeure que s'ils revêtent une intensité exceptionnelle. • Civ. 17 mai 1882 : *DP 1883. 1. 14* • 11 juill. 1892 : *DP 1892. 1. 429* • Req. 19 févr. 1924 : *DH 1924. 186* • Com. 6 févr. 1973 : ♔ *JCP 1973. II. 17501, note Rodière* • 19 avr. 1982 : *Bull. transp. 1982. 331.* ♦ Sur l'influence des prévisions météorologiques, V. • Paris, 21 mai 1985 : *Bull. transp. 1985. 346.*

Constitue un cas de force majeure pour la SNCF la coupure d'alimentation en électricité de la rame imputable au disjoncteur du fournisseur d'électricité qui s'est déclenché en raison de graves conditions climatiques locales. • Bourges, 10 nov. 1993 : *JCP 1994. IV. 1220.*

9. En principe, l'incendie et le vol ne sont pas considérés comme des cas de force majeure. • Civ. 17 févr. 1874 : *DP 1874. 1. 302* • Req. 6 janv. 1892 : *DP 1892. 1. 356* • Lyon, 30 avr. 1947 : *D. 1948. Somm. 14* • Com. 5 janv. 1988 : *JCP E 1988. I. 17202* • Paris, 17 févr. 1988 : *D. 1988. IR. 88* • Com. 3 oct. 1989 : ♔ *Bull. civ. IV, n° 246 ; RTD com. 1990. 255, obs. Bouloc* ✎. ♦ Toutefois, l'irrésistibilité de l'événement, est à elle seule, constitutive de la force majeure, lorsque sa prévision ne saurait permettre d'en empêcher les effets, sous réserve que le débiteur ait pris toutes les mesures requises pour éviter la réalisation de l'événement (à propos d'un vol à main armée). • Com. 1er oct. 1997 : ♔ *Bull. civ. IV, n° 240 ; D. 1998. Somm. 199, obs. Delebecque* ✎ *; ibid. 318, obs. Mercadal* ✎ *; Quot. jur. 21 oct. 1997, p. 9, note P.M. ; Contrats Conc. Consom. 1998, n° 4, note Leveneur.* – V. Rapp. Apollis, *RJDA 1997, p. 899.* ♦ V. aussi, considérant que la force majeure peut être constituée par la seule irrésistibilité de l'événement, • Com. 28 avr. 1998 : ♔ *D. 1999. 469, note B. M.-F. L.* ✎ ♦ *Contra*, jugeant l'irrésistibilité insuffisante et réaffirmant l'exigence du critère de l'imprévisibilité, V. • Cass., Ass. plén., 14 avr. 2006 : ♔ *cité note 252, App., v° Contrats d'affaires, infra.* ♦ En déduisant le caractère irrésistible de l'incendie d'un entrepôt de son imprévisibilité et en se bornant à relever que le transporteur avait pris toutes les mesures requises pour éviter la réalisation de l'événement, une cour d'appel n'a pas dit en quoi l'événement avait été irrésistible. • Com. 5 juill. 2005 : ♔ *RJDA 2005, n° 1192.* ♦ Jugeant que l'imprévisibilité ne résulte pas du pourcentage de risque encouru mais de la connaissance de l'instant réel où elle peut être subie (l'attrait particulier de la marchandise transportée – tabac – ne rend pas le vol prévisible) : • Douai, 6 févr. 2003 : *BICC 2003, n° 1488 ; RJDA 2004, n° 526.*

Les vols ou les destructions volontaires commis à l'intérieur d'une enceinte où stationnent habituellement des véhicules de transport de marchandises ne sont, d'une manière générale, ni imprévisibles, ni inévitables, et ne peuvent par conséquent constituer un cas de force majeure, même lorsque l'enceinte est clôturée et fermée à clé. • Dijon, 26 sept. 1995 : *Gaz. Pal. 1998. 1. Somm. 397.* ♦ Jugeant que la perturbation du fonctionnement de l'entreprise ne constitue pas une circonstance propre à rendre l'événement inévitable, V. • Com. 2 juin 2004 : *Bull. civ. IV, n° 115 ; JCP E 2004, n° 30, p. 1223 ; RTD com. 2004. 640, obs. Delebecque ; RJDA 2004, n° 1214.*

9 bis. Il appartient au commissionnaire de transport et à son transporteur substitué qui tentent de s'exonérer de la responsabilité pesant sur eux au titre de la perte totale de la marchandise transportée en se prévalant de la force majeure, de prouver la réalité d'un événement irrésistible dont la prévision n'a pas empêché les effets, et ce, sous réserve qu'aient été prises toutes les mesures requises pour éviter la réalisation de l'événement. • Versailles, 21 janv. 1999 : *BICC 1999, n° 1451.* ♦ Tel n'est pas le cas lorsque le vol avec violence dont a été victime le voiturier est survenu alors que celui-ci a commis une faute d'imprudence en choisissant de garer son camion, de nuit, sur une aire de stationnement non gardée, dans une zone géographique où le risque d'agression était important alors qu'il ne pouvait ignorer ni la fréquence des vols sur parkings, ni la nature aisément commercialisable des marchandises transportées et le caractère peu protecteur de son camion muni d'une simple bâche. • Même arrêt • Orléans, 11 mars 2004 : *RJDA 2004, n° 976* (mauvaise conception et organisation du transport). ♦ Le départ du convoi en fin de journée impliquant un arrêt de nuit n'est pas fautif s'agissant d'un transport international d'environ 900 km. • Com. 30 juin 2004 : *JCP E 2004, n° 38, p. 1421 ; BRDA 2004, n° 19, p. 7.*

9 ter. Est exonéré de sa responsabilité en raison d'une force majeure, le transporteur qui, sauf à se rendre coupable de non assistance à personne apparemment en danger, a stoppé son véhicule devant le corps inanimé d'un cycliste, alors qu'aucun fait ne pouvait l'inciter à la méfiance, que les conditions de la prise d'otage excluait toute résistance du chauffeur, le caractère insurmontable du vol étant ainsi établi. • Com. 29 mai 2001 : *Bull. civ. IV, n° 109.*

10. Fait d'un tiers. Le fait d'un tiers exonère le transporteur. • Req. 1er août 1929 : *DP 1930. 1. 25, note Josserand.* ♦ ... Du moins s'il est imprévisible et irrésistible, c'est-à-dire constitutif de la force majeure. • Req. 2 mars 1927 : *DP 1927. 1. 121, note L. Mazeaud* • Civ. 1er févr. 1937 : *DP 1937. 1. 41, note Roger.* – Jurisprudence constante. ♦ Sur la faute de la victime, V. • Lyon, 5 déc. 1929 : *DP 1930. 2. 23* • Grenoble, 12 juin 1945 : *D. 1945. 344* • 14 avr. 1958 : *D. 1958. 414, note Rodière.*

11. Le transporteur ne peut s'exonérer de sa responsabilité en invoquant l'assurance contractée par l'expéditeur. • Civ. 13 mai 1924 : *DP 1924. 1. 160* • Req. 27 mars 1928 : *DH 1928. 272* • Paris, 3 mai 1949 : *D. 1950. 283.* – V. aussi, note Aubrun, *DP 1924. 2. 111.* – Comp. : • Grenoble, 3 févr. 1954 : *D. 1954. 617, note Sauvage.*

11 bis. Sur l'inapplicabilité de l'art. 103 [C. com., art. L. 133-1] en cas de transport international de marchandises sur route, les dispositions de la Convention CMR de Genève du 19 mai 1956 devant impérativement recevoir application, V. • Com. 25 mai 1993 : *Bull. civ. IV, n° 212 ; D. 1993. IR. 162.*

C. INDEMNISATION

12. Étendue. Le voiturier n'est tenu, conformément à l'art. 1150 C. civ., que des dommages-intérêts qui ont été prévus ou qu'on a pu prévoir lors du contrat. • Civ. 22 nov. 1893 : *DP 1894. 1. 358* • 7 juill. 1924 : *DP 1927. 1. 119.* ♦ ... Sauf en cas de faute lourde assimilable au dol, où le dommage doit être intégralement réparé. • Civ. 29 juin 1932 : *DP 1933. 1. 49, note Josserand.* ♦ Sur la faute lourde, V. note 18.

Si la SNCF, qui reconnaît sa responsabilité à la suite d'un retard de train ayant empêché les voyageurs de prendre un vol charter pour la suite d'un voyage organisé, ne peut effectivement connaître l'objet précis du voyage de chacun de ses clients ni, par suite, être tenue d'indemniser toutes les conséquences qu'un retard dans l'arrivée des trains peut avoir pour ceux-ci, elle n'ignore pas en revanche que, de manière générale, beaucoup de voyageurs ne sont pas arrivés à destination lorsqu'ils sont en gare d'arrivée, notamment s'il s'agit d'une gare parisienne, qui ne représente qu'une étape dans l'exécution d'un parcours nécessitant l'utilisation de plusieurs moyens de transport successifs (à propos de l'application de l'art. 1150 C. civ.). • Paris, 31 mars 1994 : *D. 1994. IR. 134 ; Gaz. Pal. 1994. 1. 407.* – V. Tilche, *Bull. transp. 1995. 95.*

13. Fixation de l'indemnité. Il appartient au demandeur de rapporter la preuve du dommage qu'il allègue. • Paris, 10 juill. 1975 : *Bull. transp. 1975. 419.* ♦ L'art. 1150 C. civ. ne concerne que la détermination du dommage (nature, étendue), et non son indemnisation ; c'est donc à bon droit qu'en cas de perte d'une marchandise, le juge tient compte, dans la fixation de l'indemnité, de la hausse des cours au jour du jugement. • Com. 16 févr. 1954 *D. 1954. 534, note Rodière.* ♦ Le voiturier, en cas d'avarie, ne peut être contraint à réparer en nature. • Civ. 4 juin 1924 : *DP 1927. 1. 136 et la note.* – V. conf. • Civ. 19 janv. 1926 : *DH 1926. 115.*

Les juges, devant trancher le litige conformément à l'art. 103 [C. com., art. L. 133-1], ne peuvent modérer, en équité, la responsabilité du transporteur : V. • Com. 16 avr. 1996 : *Contrats Conc. Consom. 1996, n° 122, note Leveneur.*

14. Prohibition des clauses de non-responsabilité. Toute clause qui exonère le transporteur de sa responsabilité est réputée non écrite. • Com. 3 avr. 1968 : *JCP 1968. II. 15575, note Rodière.* ♦ La nullité des clauses de non-responsabilité n'enlève pas au voiturier le droit de prouver que l'avarie provient de la force majeure, du vice propre de la chose ou de la faute de l'expéditeur. • Civ. 25 févr. 1913 : *DP 1913. 1. 228* • 23 avr. 1913 : *ibid.* ♦ Le voiturier conserve également le droit de prouver qu'il y a eu erreur dans le pesage au départ, bien que le chargement et le poids mentionné aient été acceptés sans réserves. • Civ. 30 janv. 1923 : *DP 1923. 1. 46.*

15. Validité des clauses limitatives. BIBL. Chao, *Bull. transp. 1988. 397.* – Rodière, *D. 1954. 123.* ♦ La prohibition des clauses de non-responsabilité, édictée par l'art. 103, al. 3 [C. com., art. L. 133-1, al. 3], ne s'étend pas aux clauses limitatives de la responsabilité, qui demeurent licites. • Civ. 12 juill. 1923 : *DP 1926. 1. 229* • 14 avr. 1924 : *DH 1924. 393* • Com. 3 janv. 1950 : *D. 1950. 225* • 30 janv. 1967 : *D. 1968. 160, note Durand.* ♦ Le voiturier, qui n'a commis aucune faute lourde équivalente au dol, ne peut être tenu de garantir son donneur d'ordres au-delà des limites du contrat qu'il a conclu avec lui. • Com. 26 mai 1992 : *Bull. civ. IV, n° 211.* ♦ ... Pourvu que l'indemnité ne soit pas tellement réduite qu'il y aurait, en fait, exonération totale de responsabilité. • Com. 3 janv. 1950 : *préc.* ♦ Le juge doit constater expressément le caractère dérisoire de l'indemnité. • Même arrêt. ♦ ... Et rechercher si la clause limitative n'a pas été acceptée en contrepartie de l'application d'un tarif réduit. • Com. 19 mars 1952 : *D. 1952. 401.*

16. L'indemnité due pour cause de retard peut être invoquée alors même que le maximum fixé est inférieur à la valeur de l'objet. • Com. 3 janv. 1950 : *préc. note 15* • Lyon, 26 sept. 1961 : *Gaz. Pal. 1962. 1. 44 ; RTD civ. 1962. 344, obs. Tunc.*

16 bis. Le spécialiste du transport rapide qui garantit la fiabilité et la célérité de son service, s'étant engagé à livrer les plis de son client dans un délai déterminé, en raison du manquement à cette obligation essentielle, la clause limitative de responsabilité du contrat, qui contredit la portée de l'engagement pris, doit être réputée non écrite. • Com. 22 oct. 1996 : *Bull. civ. IV, n° 261 ; D. 1997. 121, note Sériaux ; Quot. jur. 26 nov. 1996, p. 7, note P. M. ; D. Affaires 1997. 235 et 247, note Delebecque ; JCP 1997. I. 4002, n° 1, obs. Fabre-Magnan ; Contrats Conc. Consom. 1997, n° 24, note Leveneur ; Defrénois 1997. 333, obs. D. Mazeaud ; JCP E 1997. II. 924, note Adam ; JCP 1997. II. 22881, note Cohen.* – V. aussi Larroumet, *D. 1997. Chron. 145* ; Chazal, *JCP 1998. I. 152* ; Guéguen, *D. 1999. Chron. 352.* ♦ V. sur renvoi, validant la limitation de responsabilité sur le fondement du contrat type applicable à la cause, • Com. 9 juill. 2002 : *cité note 2 ss. art. 8 de la L. n° 82-1153 du 30 déc. 1982, ss. art. L. 133-7* (cassation de • Caen, 5 janv. 1999 : *D. 2000. Somm. 294, obs. Mercadal ; D. Affaires 1999. 1210 ; JCP 2000. I. 199, n° 14, obs. Viney ; ibid. 215, n° 1, obs. Rochfeld).* ♦ V. également • Paris, 28 avr. 2000 : *BRDA 2000, n° 12, p. 7* • T. com. Nanterre, 1er déc. 2000 : *D. 2001. IR. 358.* – Rappr., • Com. 17 juill. 2001 : *JCP 2002. I. 148, n° 17, obs. Loiseau* • Civ. 1re, 22 juin 2004 : *RDC 2005. 270, obs. D. Mazeaud.* ♦ Comp., jugeant que l'expéditeur ne saurait se prévaloir de la plaquette publicitaire du transporteur mentionnant des délais de livraison de 24 à 72 heures sur toute la France, pour retenir la responsabilité du transporteur en raison d'un retard, ces délais n'ayant qu'un caractère indicatif, à défaut de signature du document par le client : • Paris, 29 janv. 1997 : *JCP 1997. IV. 2122.*

17. Une clause limitative de responsabilité n'est admise que si elle a été connue et acceptée par l'expéditeur au moment de la conclusion du contrat et si elle ne fixe pas un montant dérisoire à l'indemnité pouvant être due par le voiturier. Toutefois, quel que soit le montant de l'indemnité proposée, la clause limitative est valable lorsque le voiturier offre à l'expéditeur la possibilité d'une réparation intégrale moyennant la souscription d'une assurance. • Rouen, 25 sept. 1996 : *JCP 1997. IV. 664.* ♦ Sur l'acceptation de la clause, V. aussi note 9 ss. art. L. 132-5.

18. Faute lourde. BIBL. Matsopoulou, *JCP E 1997. I. 646.* – Brunat, *Bull. transp. 1979. 130.* – Rèmond-Gouilloud, *ibid. 1985. 337.* ♦ La clause est inefficace au cas de faute lourde. • Com. 17 nov. 1981 : *Bull. civ. IV, n° 398* • 7 mai 1980 : *D. 1981. 245, note Chabas ; JCP 1980. II. 19473, note Rodière.* ♦ *Contra*, en matière de clause abréviative de prescription : • Com. 12 juill. 2004 : *cité note 14 bis ss. art. L. 133-6.* ♦ La faute lourde est une négligence d'une extrême gravité, confinant au dol et dénotant l'inaptitude du transporteur, maître de son action, à l'accomplissement de la mission contractuelle qu'il a acceptée. • Com. 3 mai 1988 : *Bull. civ. IV, n° 150 ; RTD com. 1989. 116, obs. Bouloc.* ♦ La faute lourde de nature à tenir en échec la limitation d'indemnisation prévue ne saurait résulter du seul retard de livraison (affaire *Chronopost*). • Cass., Ch. mixte, 22 avr. 2005 : *Bull. civ. n° 4 ; BICC 15 juill. 2005, p. 17, rapp. Garban, avis de Gouttes ; D. 2005. 1864, note Tosi ; ibid. Pan. 2750, obs. Kenfack ; ibid. AJ. 1224, obs. Chevrier ; RTD civ. 2005. 604, obs. Jourdain ; JCP E 2005, n° 40, p. 1634, note Paulin ; ibid. n° 44-45, p. 1868, obs. Letacq ; JCP 2005. II. 10066, note Loiseau ; Contrats Conc. Consom. 2005, n° 150, obs. Leveneur ; RJDA 2005, n° 808 et p. 667, rapport Garban ; RDC 2005. 651, avis de Gouttes, note D. Mazeaud ; Dr. et patr. oct. 2005. 36, note Viney.* ♦ ... Ni du seul fait pour le transporteur de ne pouvoir fournir d'éclaircissements sur la cause du retard. • Cass., Ch. mixte, 22 avr. 2005 : *Bull. civ. n° 3 ; eod. loc.* – V. aussi • Paris, 2 déc. 2004 : *RDC 2005. 266, obs. D. Mazeaud.* ♦ La faute lourde de nature à tenir en échec la limitation d'indemnisation prévue par le contrat-type messagerie applicable à la cause ne saurait résulter du seul manquement à une obligation contractuelle, fût-elle essentielle, mais doit se déduire de la gravité du comportement du débiteur. • Com. 21 févr. 2006 : *D. 2006. AJ. 717, obs. Chevrier ; JCP E 2006, n° 16, p. 731 ; RJDA 2006, n° 645.* ♦ Comp. la seconde note rédactionnelle ss. art. L. 133-2.

V., par exemple, pour un vol dans un camion laissé sans surveillance, • Com. 15 nov. 1988 : *Bull. civ. IV, n° 312* • 3 avr. 2002 : *Bull. civ. IV, n° 68 ; RTD com. 2002. 719, obs. Bouloc* • 10 oct. 1995 : *Bull. transp. 1995. 763* • Paris, 11 janv. 1996 : *D. 1997. 149, note B.M.* • Versailles, 4 févr. 2003 : *RJDA 2003, n° 489* (chauffeur dormant dans la cabine) • 16 janv. 1997 : *D. Affaires 1997. 602* • 13 janv. 1999 : *Gaz. Pal. 12-14 déc. 1999, Somm., p. 45* (stationnement dans un lieu où l'attaque à main armée est courante) • 18 févr. 1998 : *JCP E 1999, n° 16, p. 716, obs. I. B.-G.* (chauffeur victime d'une supercherie) • 7 mai 1999 : *D. 2000. 198, note Mercadal ; RJDA 1999, n° 1208* • 28 mars 2000 : *RJDA 2000, n° 765.* ♦ Sur la faute lourde du voiturier qui n'a pas tenu compte de la consigne du commissionnaire de ne pas s'arrêter dans une zone déterminée, la marchandise ayant été volée la nuit, tandis que le camion était stationné dans un parking se situant dans cette zone alors que le chauffeur dormait pendant le stationnement qui a duré cinq heures, V. • Com. 28 nov. 2000 : *Bull. civ. IV, n° 188 ; D. 2001. 2029, note Mercadal et Letacq ; RTD com. 2001. 504, obs. Bouloc.* – Comp. : • Rouen, 27 juin 1996 : *JCP 1997. IV. 666.* ♦ Comp., lorsque le camion, fermé et équipé d'un dispositif antivol, n'est resté qu'une heure sans surveillance, • Com. 16 nov. 1993 : *Bull. civ. IV, n° 414.* – Comp. aussi, en cas de vol du chargement d'un camion que le chauffeur avait garé dans la cour fermée du transporteur, contre un quai de déchargement en vue de bloquer les portes, qu'il avait verrouillées et dont l'antivol était enclenché : • Com. 3 avr. 2002 : *Bull. civ. IV, n° 67 ; RTD com. 2002. 719, obs. Bouloc.* – Dans le même sens : • Com. 14 juin 1994 : *Bull. civ. IV, n° 230 ; D. 1994. IR. 185* • Versailles, 18 sept. 2003 : *RJDA 2004, n° 156.* ♦ ... Pour une omission d'informer le cocontractant de la non-livraison de la marchandise, stockée pendant plus de deux mois dans les entrepôts du transporteur. • Paris, 3 juin 1993 : *D. 1994. 255, note B.M.* ♦ ... Pour une négligence grave dans le contrôle de l'arrimage d'un voilier. • Com. 31 janv. 1995 : *Bull. civ. IV, n° 32.* ♦ ... Pour un transporteur qui remet un colis à un tiers sans s'assurer qu'il a reçu mandat de réceptionner la marchandise pour le compte du destinataire. • Com. 11 juill. 1995 : *Bull. civ. IV, n° 215.* ♦ ... Pour l'abandon d'une partie de la marchandise. • Orléans, 7 oct. 2004 : *RJDA 2005, n° 130.* ♦ Sur la faute lourde de la SNCF dans le cas de disparitions successives de colis ayant une grande valeur et impliquant des précautions particulières, cette société ayant fait preuve de négligence en ne justifiant d'aucune mesure concrète prise à la suite des différents sinistres. V. • Paris, 21 janv. 2000 : *BICC 2000, n° 878.*

Dès lors que n'est pas constaté le fait qu'il ait circulé plusieurs heures avec un chargement précieux facilement repérable, ne commet pas de faute lourde le transporteur qui, n'ayant pas pu effectuer sa livraison au jour dit en raison d'une présentation tardive chez le destinataire, ramène en vue d'une seconde présentation la marchandise dans ses entrepôts et se trouve alors victime d'un vol avec agression. • Com. 2 févr. 1999 : *JCP E 1999, n° 13, p. 551.* ♦ Constitue une simple négligence et non une faute lourde le fait pour un transporteur de ne pas avoir retiré les clés de contact du camion contenant la marchandise volée alors que celui-ci était resté stationné sans surveillance pendant un bref instant dans un parking privé physiquement séparé de la voie publique par une clôture. • Paris, 13 sept. 2000 : *JCP E 2000, n° 43-44, p. 1686 ; RJDA 2001, n° 311*, cassé par • Com. 15 oct. 2002 : *RJDA 2003, n° 136.*

En ce sens que la politique commerciale de surréservation, pratiquée par un transporteur aérien, étant constitutive d'un dol pour ceux des passagers à l'égard desquels le transporteur s'est mis, consciemment, dans l'impossibilité d'honorer ses obligations contractuelles, la limitation de responsabilité ne peut être invoquée, V. • Paris, 15 sept. 1992 : *D. 1993. 98, note Delebecque,* conf. par • Com. 14 mars 1995 : *Bull. transp. 1995. 264.*

Sur la faute lourde d'un transporteur pour un vol de marchandises entreposées dans ses locaux, celui-ci s'étant abstenu de changer le code d'accès après le départ de l'entreprise d'un salarié, V. • Paris, 25 oct. 2000 : *BRDA 2001, n° 1, p. 7.*

V., en matière d'accident de la circulation : Pour un camion coincé sous un pont, • Com. 17 nov. 1992 : *Contrats Conc. Consom. 1993, n° 42, note Leveneur* • 2 févr. 1993 : *Bull. civ. IV, n° 48* • 8 juin 1993 : *ibid. n° 238 ; D. 1993. IR. 198.* ♦ Sur la faute lourde d'un transporteur roulant à une vitesse excessive, V. • Com. 28 juin 2005 : *Bull. civ. IV, n° 147 ; D. 2005. Pan. 2750, obs. Kenfack ; ibid. AJ. 1939, obs. Chevrier ; JCP 2005. II. 10150, note Tricoire ; Contrats Conc. Consom. 2005, n° 201, obs. Leveneur ; RJDA 2005, n° 1214.* – Comp. • Com. 3 mars 1998 : *Bull. civ. IV, n° 92 ; RJDA 1998, n° 860.* ♦ V. dans le domaine des transports ferroviaires, • Com. 26 juin 1972 : *D. 1972. 607 ; JCP 1973. II. 17379, note Rabut.* ♦ Jugeant que l'assoupissement du chauffeur n'étant pas dû à une cause exogène telle que l'alcool, que l'accident s'étant produit un mardi tandis que le conducteur, qui n'avait pas conduit pendant la fin de semaine précédente, n'avait parcouru que 300 km et que les conditions atmosphériques et de trafic étant normales, la faute commise, en l'absence de tout élément aggravant, ne peut constituer une faute lourde : • Com. 30 juin 2004 : *Bull. civ. IV, n° 143 ; D. 2004. AJ. 2301 ; D. 2005. Pan. 2750, obs. Kenfack ; JCP E 2004, n° 38, p. 1422 ; RJDA 2005, n° 31 ; RTD com. 2005. 163, obs. Bouloc.* ♦ Dès lors que les limitations de vitesse ont été respectées, un brusque coup de frein n'est pas la cause du dommage dans la mesure où celui-ci constitue un risque inhérent au transport par route qui doit être pleinement pris en compte par l'expéditeur dans la réalisation des opérations de calage/arrimage. • Versailles, 27 oct. 2005 : *RJDA 2006, n° 646 (2e esp.).*

18 bis. Le seul fait pour le transporteur de ne pouvoir donner d'éclaircissements sur les causes et les circonstances de la perte d'une partie de la marchandise transportée n'établit pas l'existence d'une faute lourde. • Com. 9 mai 1995 : *Bull. civ. IV, n° 140 ; D. 1995. IR. 150* • 30 mars 1999 : *JCP E 2000, n° 29, p. 1184, obs. Bon-Garcin* • Paris, 12 janv. 2000 : *ibid.*

18 ter. La conjonction des fautes des auteurs du dommage dans la réalisation de celui-ci n'interdit pas aux juges du fond d'apprécier la gravité respective des fautes commises. • Com. 19 nov. 1996 : *Bull. civ. IV, n° 280 ; RJDA 1997, n° 354.*

D. EXERCICE DE L'ACTION

19. Titulaires de l'action. BIBL. Delebecque, *D. Affaires 1995. 189.* ♦ Le droit d'agir contre le voiturier appartient à la fois à l'expéditeur, qui a contracté avec lui, et au destinataire, qui exerce une action directe née de la stipulation que le contrat contient en sa faveur. • Civ. 8 mars 1911 : *DP 1913. 1. 228* • 23 juin 1943 : *DA 1943. J. 69* • Paris, 19 juin 1943 : *DC 1944. J. 61, note Roger* • Com. 1er févr. 1955 : *D. 1956. 338, note Durand ; JCP 1955. II. 8772, note Hémard.* ♦ Le destinataire, subrogé dans les droits de l'expéditeur, est en droit d'obtenir la condamnation *in solidum* du commissionnaire et de son transporteur. • Paris, 21 mars 2002 : *BICC 2002, n° 1179.* ♦ L'action est de nature contractuelle. • Com. 28 févr. 1984 : *Bull. civ. IV, n° 81* • 10 juill. 1989 : *Bull. transp. 1989. 619.* ♦ Sur l'absence de lien juridique entre le destinataire et le mandataire de l'expéditeur, V. • Com. 20 févr. 1990 : *Bull. civ. IV, n° 50.* ♦ Sur la qualité de destinataire de la société ayant réceptionné les marchandises en apposant sur le bon de livraison la mention « sous réserve de déballage », alors même que la livraison ne s'est pas faite au lieu de son établissement, V. • Com. 20 janv. 1998 : *Bull. civ. IV, n° 38 ; D. Affaires 1998. 373, obs. J. F. ; JCP E 1999, n° 16, p. 713, obs. D. M.*

V. aussi note 2 ss. art. L. 132-8.

20. Livraison des marchandises. Le voiturier est responsable des pertes et dommages subis par la marchandise jusqu'à sa livraison, laquelle s'entend de la remise physique de la marchandise au destinataire ou à son représentant qui l'accepte. • Com. 11 juin 2003 : *Bull. civ. IV, n° 98 ; D. 2003. AJ. 1837 ; JCP E 2003, n° 32-35, p. 1313 ; RTD com. 2004. 150, obs. Bouloc ; RJDA 2003, n° 1175 ; RDC 2004. 375, obs. Delebecque* • 30 juin 2004 : *JCP E 2004, n° 38, p. 1422 ; Contrats Conc. Consom. 2004, n° 150, obs. Leveneur ; RJDA 2005, n° 30.* ♦ L'action de l'expéditeur n'est pas subordonnée à la preuve d'un préjudice personnel ; mais elle n'est recevable que si le destinataire n'a pas pris livraison ou ne l'a fait qu'en conservant son recours conformément à l'art. 105 [C. com., art. L. 133-3]. • Paris, 19 juin 1943 : *préc. note 19.* ♦ Sur la réception des marchandises, V. art. L. 133-3 et L. 133-4. ♦ Sur la prescription de l'action, V. art. L. 133-6.

Art. L. 133-2 **Si, par l'effet de la force majeure, le transport n'est pas effectué dans le délai convenu, il n'y a pas lieu à indemnité contre le voiturier pour cause de retard.** – *[C. com., art. 104].*

Sur la responsabilité du commissionnaire en cas de retard dans l'arrivée de la chose transportée, V. C. com., art. L. 132-4.

Pour les dommages directs causés par le retard dans la distribution d'un envoi postal, la responsabilité des prestataires des services postaux au sens de l'art. L. 1 CPCE est engagée dans les conditions prévues par les art. 1134 s. et 1382 s. C. civ., si le prestataire a souscrit un engagement portant sur le délai d'acheminement de cet envoi postal. Toutefois, cette responsabilité tient compte des caractéristiques des envois et des tarifs d'affranchissement selon des modalités fixées par un décret en Conseil d'État qui détermine des plafonds d'indemnisation (CPCE, art. L. 8).

Art. L. 133-3 **La réception des objets transportés éteint toute action contre le voiturier pour avarie ou perte partielle si dans les trois jours, non compris les jours fériés, qui suivent celui de cette réception, le destinataire n'a pas notifié au voiturier, par acte extrajudiciaire ou par lettre recommandée, sa protestation motivée.**

Si dans le délai ci-dessus prévu il est formé une demande d'expertise en application de l'article L. 133-4, cette demande vaut protestation sans qu'il soit nécessaire de procéder comme il est dit au premier alinéa.

Toutes stipulations contraires sont nulles et de nul effet. Cette dernière disposition n'est pas applicable aux transports internationaux. — *[C. com., art. 105].*

BIBL. ▶ DURAND, *D. 1950. Chron. 56.* – HÉMARD, *RTD com. 1951. 3.* – BRUNAT, *Bull. transp. 1968. 98 ; ibid. 1977. 394.* – COLAS, *Gaz. Pal. 1981. 2. Doctr. 564.*

A. EXTINCTION DE L'ACTION

1. *Notion de réception.* La réception de la marchandise, qui sert de point de départ au délai de trois jours de l'art. 105 [C. com., art. L. 133-3], s'entend de la prise de livraison effective ; l'émargement du livre de sortie et la mise de la marchandise à la disposition du destinataire ne suffisent pas. • Civ. 3 févr. 1913 : *DP 1914. 1. 63* • Paris, 24 nov. 1922 : *DP 1922. 2. 175.* ♦ Sur la « réception » et ses effets, V. note P.M.F. Durand ss. • Com. 21 oct. 1958 : *D. 1959. 224* • Com. 6 févr. 1968 : *D. 1968. 529.* ♦ V. aussi, jugeant que la livraison s'entend de la remise physique de la marchandise au destinataire où à son représentant qui l'accepte : • Com. 11 juin 2003 : *cité note 20 ss. art. L. 133-1, supra.*

1 *bis. Retour de marchandises.* **BIBL.** Tilche, *Bull. transp. 1994. 545.* ♦ L'expéditeur n'a pas à se conformer aux prescriptions de l'art. 105 [C. com., art. L. 133-3], applicables au seul destinataire ayant pris possession des marchandises. • Rouen, 9 juin 1994 : *Bull. transp. 1994. 555.*

2. *Absence de réception.* Dès lors que la réception de la marchandise par le destinataire n'a pas été réalisée, le transporteur ne peut opposer la fin de non-recevoir de l'art. 105 [C. com., art. L. 133-3]. • Com. 9 mars 1967 : *Bull. civ. III, n° 114.* ♦ ... Même si, après avoir, aux termes du premier contrat de transport, refusé les pièces endommagées, le destinataire a donné son accord à un nouveau transport pour retour de celles-ci à leur fabricant aux fins de réparation. • Même arrêt.

Une cabine de téléphérique, objet lourd et encombrant transporté dans des conditions spéciales, ayant été déposée dans la cour du destinataire, qui avait refusé de signer une décharge au transporteur, sans qu'il en ait pris possession, une cour d'appel peut en déduire que la réception, au sens de l'art. 105 [C. com., art. L. 133-3], ne s'était pas opérée et que le transporteur n'était donc pas fondé à se prévaloir de la fin de non-recevoir instituée par ce texte. • Com. 20 mai 1986 : *Bull. civ. IV, n° 97 ; RTD com. 1987. 256, obs. Hémard et Bouloc.*

3. *Modalités d'expédition.* Il n'y a pas à distinguer suivant que l'expédition est faite en port dû ou en port payé. • Req. 25 mai 1891 : *DP 1892. 1. 273* • Civ. 23 juin 1913 : *DP 1915. 1. 6.*

4. *Droit de vérification.* Le destinataire a le droit d'exiger, avant de prendre livraison, la vérification tant intérieure qu'extérieure des colis. • Civ. 22 nov. 1933 : *DP 1934. 1. 97, note Roger* • Req. 8 janv. 1912 : *DP 1912. 1. 293.* ♦ Le voiturier ne peut invoquer l'art. 105 [C. com., art. L. 133-3] si le destinataire n'a pas été mis en mesure de vérifier les marchandises, par le fait du voiturier ou par force majeure. • Civ. 27 avr. 1921 : *DP 1926. 1. 237* • 21 juin 1911 : *DP 1913. 1. 3.* ♦ Sur la fraude du voiturier, V. • Req. 29 avr. 1947 : *Gaz. Pal. 1947. 2. 79.*

5. *Action contre le transporteur.* La fin de non-recevoir de l'art. 105 [C. com., art. L. 133-3] s'étend à toute action née du contrat de transport dirigée contre le voiturier en cas d'avarie ou de perte partielle. • Com. 6 mai 1965 : *D. 1966. Somm. 2.* ♦ Elle est opposable à l'expéditeur comme au destinataire. • Civ. 16 janv. 1923 : *DP 1926. 1. 237.* ♦ Mais elle ne concerne que les rapports entre l'expéditeur ou le destinataire d'une part, et le voiturier ou le commissionnaire de transport, d'autre part, et pour les seules actions nées du contrat de transport proprement dit. • Req. 5 nov. 1923 : *ibid.* ♦ Elle est donc inapplicable au cas où le transporteur est assigné en tant que responsable du fait d'un de ses préposés. • T. civ. Seine, 14 mai 1949 : *D. 1949. 374.*

6. Le dernier transporteur n'est pas soumis à l'art. 105 [C. com., art. L. 133-3], dans ses rapports avec une entreprise qui, ayant reçu la marchandise d'un transporteur intermédiaire, a seulement joué le rôle d'expéditeur à son égard. • Com. 30 janv. 1978 : *Bull. civ. IV, n° 40.*

7. Avarie et perte partielle. La fin de non-recevoir de l'art. 105 [C. com., art. L. 133-3] peut être opposée par le transporteur au cas de perte d'un ou de plusieurs des colis qui composent une expédition unique, cette perte étant partielle et non totale. • Civ. 7 juin 1904 : *DP 1906. 1. 296.* ♦ Sur la distinction entre ces deux sortes de pertes, V. • Com. 5 janv. 1973 : *Bull. civ. IV, n° 7 ; D. 1973. IR. 40* • 6 juin 1984 : *Bull. civ. IV, n° 190 ; RTD com. 1985. 569, obs. Hémard et Bouloc.*

8. Sur une fin de non-recevoir opposée au cas de substitution d'un colis étranger à l'expédition, V. • Civ. 1er juill. 1896 : *DP 1898. 1. 396, note Sarrut* • Req. 16 avr. 1904 : *DP 1905. 1. 415.* ♦ Sur l'absence d'application de l'art. 105 [C. com., art. L. 133-3] au cas de perte totale, V. • Com. 26 janv. 1982 : *D. 1983. IR. 125, obs. Mercadal.*

Sur l'application de l'art. 105 [C. com., art. L. 133-3] au cas de vice caché, V. • Com. 30 mars 1993 : *Bull. transp. 1993. 307.*

8 bis. Faute lourde. La faute lourde du transporteur est insuffisante pour rendre inapplicables les dispositions de l'art. 105 [C. com., art. L. 133-3]. • Com. 28 mars 2000 : *Dr. et patr. déc. 2000. 72, obs. Chabas.*

9. Livraison tardive. L'action exercée contre le transporteur pour retard dans la livraison n'est pas soumise à la déchéance édictée par l'art. 105 [C. com., art. L. 133-3]. • Civ. 5 mai 1903 : *DP 1904. 1. 244* • Com. 4 nov. 1970 : *D. 1971. 324.*

10. Transport maritime. La fin de non-recevoir de l'art. 105 [C. com., art. L. 133-3] n'est pas applicable aux transports maritimes. • Com. 28 févr. 1984 : *Bull. civ. IV, n° 80.*

11. Action contre le commissionnaire. BIBL. Brunat, *Bull. transp. 1983. 174.* ♦ Le commissionnaire de transport ne peut invoquer l'inobservation des formalités de l'art. 105 [C. com., art. L. 133-3] lorsqu'il a l'obligation d'assurer ou de faire assurer leur accomplissement. • Com. 16 oct. 1967 : *D. 1968. Somm. 45.* ♦ Mais la fin de non-recevoir profite au commissionnaire dans la mesure où, faute de protestation régulière formulée par le destinataire à la livraison, l'action en responsabilité contre le transporteur effectif se trouve elle-même éteinte. • Com. 13 avr. 1972 : *D. 1972. Somm. 152.*

12. CMR. Sur l'inapplicabilité de l'art. 105 [C. com., art. L. 133-3] au transport régi par la Convention de Genève du 19 mai 1956 (CMR), V. • Com. 2 oct. 1990 : *Bull. civ. IV, n° 226* • 25 mars 1997 : *D. Affaires 1997. 533.*

B. PROTESTATIONS DU DESTINATAIRE

12 bis. Réserves antérieures à la livraison. Des réserves formulées avant livraison et au surplus non acceptées par le transporteur, ne suppléent pas valablement aux formalités de l'art. 105 [C. com., art. L. 133-3]. • Com. 23 mai 1977 : *Bull. civ. IV, n° 152.* ♦ L'accusé de réception des réserves n'en implique pas l'acceptation. • Com. 11 déc. 1950 : *D. 1951. 110.* ♦ Sur la reconnaissance de responsabilité par le transporteur, V. • Paris, 10 juin 1955 : *D. 1955. 582, note Rodière.* ♦ Pour produire effet, les réserves faites pour des marchandises détériorées au cours d'un transport, doivent être concomitantes à la livraison. • Paris, 16 mai 1990 : *D. 1990. Somm. 270, obs. Rèmond-Gouilloud.* ♦ Si elles ont été formulées antérieurement, elles doivent être renouvelées dans les formes prescrites par l'art. 105 [C. com., art. L. 133-3]. • Com. 6 févr. 1968 : *D. 1968. 529* • Paris, 21 janv. 1964 : *D. 1964. Somm. 50.* ♦ Sur le refus de prendre livraison, V. • Com. 11 févr. 1958 : *RTD com. 1958. 818, obs. Hémard* • 20 mai 1986 : *Bull. transp. 1986. 446.*

13. Délai de trois jours. Les réserves, dès lors qu'elles ont été formulées dans le délai de l'art. 105 [C. com., art. L. 133-3], n'ont pas à être renouvelées lors de la prise de possession ultérieure. • Com. 21 oct. 1958 : *D. 1959. 224.*

14. Dès lors qu'il a constaté que la livraison a été effectuée le 16 déc., la lettre recommandée comportant la protestation motivée du destinataire ayant été envoyée au voiturier le 20 déc., lendemain d'un jour férié, c'est à bon droit qu'un arrêt retient que la réclamation du destinataire relative à du mobilier livré après sa conservation en garde-meubles de façon incomplète est recevable. • Com. 12 mai 1992 : *Bull. civ. IV, n° 186 ; D. 1992. IR. 190.* ♦ Sur la computation du délai, V. aussi, pour la prise en compte du samedi, • T. com. Paris, 11 janv. 1972 : *Bull. transp. 1972. 54.*

15. Acceptation tacite. Des réserves verbales sont insuffisantes dès lors que leur notification n'intervient que cinq jours après la livraison. • Com. 4 oct. 1971 : *Bull. civ. IV, n° 228.* ♦ Il en va différemment lorsqu'elles ont été acceptées par le transporteur de façon non équivoque. • Com. 17 juill. 1968 : *JCP 1969. II. 15717, note R.R.* ; *D. 1969. 98* • Aix-en-Provence, 18 mars 1982 : *D. 1983. 580, note Sériaux* • Paris, 16 mai 1990 : *D. 1990. Somm. 270, obs. Rèmond-Gouilloud*.

16. Le conducteur d'un camion dont le commettant est un entrepreneur de transport représente celui-ci pour tout ce qui a trait à l'exécution du transport dont il est chargé. Par suite, le transporteur ne saurait faire grief aux juges du fond d'avoir écarté la fin de non-recevoir tirée de l'art. 105 [C. com., art. L. 133-3], dès lors que les réserves formulées par le destinataire ont été portées par le réceptionnaire sur le bon de livraison en présence du préposé du transporteur, qui ne les a ni contestées, ni contredites par une mention contraire. • Com. 24 nov. 1987 : *Bull. civ. IV, n° 248* ; *D. 1987. IR. 250* ; *Bull. transp. 1987. 651, obs. Chao* ; *RTD com. 1988. 498, obs. Hémard et Bouloc* • 19 mars 1996 : *RJDA 1996, n° 918* ; *Bull. transp. 1996. 273.*

17. Forme des protestations. Les formalités imposées par l'art. 105 [C. com., art. L. 133-3] pour la notification au voiturier de la protestation motivée du destinataire sont impérativement et limitativement déterminées et ne cessent exceptionnellement de s'appliquer que si des réserves, même verbales, ont été faites par le destinataire lors de la livraison et acceptées, expressément ou tacitement, par le transporteur. • Civ. 5 févr. 1918 : *DP 1919. 1. 37* • 4 juin 1934 : *DH 1934. 430* • Com. 18 oct. 1949 : *D. 1949. 567.* ♦ La protestation motivée qui doit être adressée au transporteur par le destinataire doit être formulée dans les formes limitativement énumérées par l'art. 105 [C. com., art. L. 133-3]. • Com. 3 janv. 1978 : *Bull. civ. IV, n° 7.* ♦ Une lettre recommandée adressée au fabricant de la marchandise est insuffisante, même confirmée par une lettre simple adressée au transporteur. • Même arrêt. ♦ L'envoi d'un télex ne satisfait pas aux exigences de ce texte. • Com. 4 nov. 1986 : *Bull. civ. IV, n° 203* • 30 nov. 1993 : *Bull. civ. IV, n° 443* ; *Contrats Conc. Consom. 1994, n° 45, note Leveneur.*

18. Motivations. L'accomplissement, par le destinataire, des formalités de l'art. 105 [C. com., art. L. 133-3] ne le dispense pas d'établir que le dommage est antérieur à la livraison. • Paris, 18 mars 1977 : *JCP 1979. II. 19247, note Rodière.* ♦ Une réserve trop générale et imprécise faite à la livraison ne peut tenir lieu de cette preuve. • Même arrêt. ♦ Ne remplissent pas l'exigence de l'art. 105 [C. com., art. L. 133-3] les réserves telles que « matériels endommagés – sous réserve ». • T. com. Paris, 12 juin 1995 : *Gaz. Pal. 1996. 2. Somm. 549.* – V. aussi • Metz, 1er oct. 1980 : *D. 1981. IR. 544, obs. Mercadal.* ♦ Pour pouvoir déroger aux dispositions de l'art. L. 133-3 les réserves écrites mentionnées à la livraison sur le document de transport doivent être significatives, complètes et acceptées par le transporteur ; ainsi les réserves doivent faire apparaître avec netteté l'étendue et l'importance du dommage et donc être précises quant à la nature de l'avarie et quant à la quantité de matériels concernés. • Versailles, 6 nov. 2003 : *RJDA 2004, n° 422.*

19. Expertise amiable. Une expertise amiable ne saurait être assimilée à l'une des formes de protestation de l'art. 105, al. 2 [C. com., art. L. 133-3, al. 2], dès lors qu'elle n'est pas formée en application de l'art. 106 [C. com., art. L. 133-4]. • Com. 11 déc. 1985 : *Bull. transp. 1986. 196* • 6 févr. 1968 : *ibid. 1968. 48* • Paris, 9 avr. 1986 : *ibid. 1987. 46.*

Art. L. 133-4 **En cas de refus des objets transportés ou présentés pour être transportés, ou de contestation de quelque nature qu'elle soit, sur la formation ou l'exécution du contrat de transport, ou à raison d'un incident survenu au cours même et à l'occasion du transport, l'état des objets transportés ou présentés pour être transportés et, en tant que de besoin, leur conditionnement, leur poids, leur nature, etc., sont vérifiés et constatés par un ou plusieurs experts nommés par le président du tribunal de commerce ou, à défaut, par le président du tribunal d'instance et par ordonnance rendue sur requête.**

Le requérant est tenu, sous sa responsabilité, d'appeler à cette expertise, même par simple lettre recommandée ou par télégramme, toutes parties susceptibles d'être mises en cause, notamment l'expéditeur, le destinataire, le voiturier et le commissionnaire, et les experts doivent prêter serment, sans formalité d'audience, devant le juge qui les a commis ou devant le juge du tribunal d'instance où ils procèdent. Toutefois, en cas d'urgence, le juge saisi de la requête peut dispenser de l'accomplissement de tout ou partie des formalités prévues au présent alinéa. Mention est faite de cette dispense dans l'ordonnance.

Le dépôt ou séquestre des objets en litige, et ensuite leur transport dans un dépôt public, peut être ordonné.

La vente peut en être ordonnée jusqu'à concurrence des frais de voiture ou autres éjà faits. Le juge attribue le produit de la vente à celle des parties qui a fait avance desdits frais. – *[C. com., art. 106]*.

BL. ▶ BRUNAT, *Bull. transp. 1982. 306*. – JEULAND, *D. 2000. Chron. 209* (expertise ommerciale).

. EXPERTISE JUDICIAIRE

1. *Domaine d'application.* L'art. 106 [C. om., art. L. 133-4] ne s'applique que dans les apports du voiturier avec le destinataire ou expéditeur ; en cas de contestation entre ces erniers, l'expertise est soumise aux règles du roit commun. • Civ. 1er mars 1892 : *DP 1892. 1. 35* • Req. 15 juill. 1907 : *DP 1908. 1. 31* • Com. juill. 1953 : *JCP 1954. II. 8072, note Rodière*.

2. *Demandes multiples.* L'expertise peut intervenir utilement après l'introduction d'une instance relative à l'exécution du contrat de transport. • Req. 2 août 1911 : *DP 1912. 1. 264*. ♦ expertise ne peut être ordonnée qu'une seule ois en application de l'art. 106 [C. com., art. 133-4]. • Req. 1er août 1934 : *DH 1934. 457*. • Sur la recevabilité d'une action en référé de roit commun, V. • Civ. 6 mai 1929 : *DP 1929. 1. 18*.

3. *Autres modes de preuve.* L'expertise de art. 106 [C. com., art. L. 133-4] n'est que l'un des rocédés pour établir l'existence et l'importance u dommage et n'exclut aucun autre mode de reuve. • Com. 30 janv. 1978 : *Bull. civ. IV, o 40*.

4. *Caractère conservatoire.* L'expertise de art. 106 [C. com., art. L. 133-4] est une mesure onservatoire prise dans l'intérêt commun de ous ceux que l'état de la marchandise intéesse. • Req. 2 août 1911 : *DP 1912. 1. 264* 22 juill. 1913 : *DP 1915. 1. 16*. ♦ Il s'ensuit que es frais qu'elle occasionne incombent à celui ont elle établit la faute, et il n'importe que ette faute ait été ou non l'objet d'une action udiciaire. • Com. 7 déc. 1948 : *D. 1949. 43* 14 mars 1949 : *D. 1949. 441 et la note*.

5. *Mise en cause.* Sur les formes (lettres simles ou télégrammes), V. • Com. 23 mai 1977 : *ull. transp. 1977. 388*.

6. *Opposabilité de l'expertise.* Les résultats e l'expertise sont opposables même à ceux qui n'y ont été ni présents, ni représentés. • Civ. 3 avr. 1913 : *DP 1914. 1. 96* • Req. 24 juin 1912 : *DP 1913. 1. 363*. – Comp. : • Colmar, 9 nov. 1955 : *D. 1956. Somm. 70*.

7. Les juges ne sont pas tenus de suivre l'avis de l'expert, mais ils doivent établir expressément que le voiturier n'a pas prouvé le fait exonératoire, tel que le vice propre, qu'il invoque. • Civ. 19 janv. 1914 : *DP 1914. 1. 294* • 16 juill. 1914 : *DP 1916. 1. 150*. ♦ ... Ou du moins énoncer les motifs pour lesquels ils se sont écartés de l'avis des experts. • Civ. 16 juin 1914 : *DP 1914. 1. 294*.

7 bis. *Principe du contradictoire.* La convocation des parties à une réunion d'expertise diligentée en application de l'art. 106 [C. com., art. L. 133-4], adressée par fax 24 heures à l'avance, satisfait suffisamment aux exigences de ce texte dès lors qu'un tel délai est suffisant pour permettre aux parties de se faire représenter et, s'agissant du transporteur, pour prévenir en tant que de besoin son assureur. • Versailles, 7 sept. 2000 : *JCP E 2001, no 1, p. 14*.

B. VENTES DES MARCHANDISES

8. *Obligations du voiturier.* Le voiturier qui s'est conformé, pour procéder à la vente, aux dispositions de l'art. 106 [C. com., art. L. 133-4] n'est tenu envers le propriétaire de la marchandise que d'une somme égale au produit de la vente ; il ne peut être condamné, notamment, à verser à l'expéditeur le prix que celui-ci devait recevoir du destinataire acheteur. • Civ. 7 juin 1904 : *DP 1906. 1. 316* • 8 févr. 1909 : *DP 1910. 1. 158*.

9. *Sanction.* La vente des marchandises par le transporteur sans observer les formalités de l'art. 106 [C. com., art. L. 133-4] est de nature à engager sa responsabilité et à le rendre débiteur, envers le destinataire, d'une somme supérieure au prix de la vente, si l'omission desdites formalités a été la cause du dommage. • Com. 15 déc. 1947 : *D. 1948. 153*.

Art. L. 133-5 Les dispositions contenues dans le présent chapitre sont communes aux transporteurs routiers et aux transporteurs fluviaux. – *[C. com., art. 107]*.

Art. L. 133-6 Les actions pour avaries, pertes ou retards, auxquelles peut donner lieu contre le voiturier le contrat de transport, sont prescrites dans le délai d'un an, sans préjudice des cas de fraude ou d'infidélité.

Toutes les autres actions auxquelles ce contrat peut donner lieu, tant contre le voiturier ou le commissionnaire que contre l'expéditeur ou le destinataire, aussi

bien que celles qui naissent des dispositions de l'article 1269 du Nouveau code de procédure civile, sont prescrites dans le délai d'un an.

Le délai de ces prescriptions est compté, dans le cas de perte totale, du jour où la remise de la marchandise aurait dû être effectuée, et, dans tous les autres cas, du jour où la marchandise aura été remise ou offerte au destinataire.

Le délai pour intenter chaque action récursoire est d'un mois. Cette prescription ne court que du jour de l'exercice de l'action contre le garanti.

Dans le cas de transports faits pour le compte de l'État, la prescription ne commence à courir que du jour de la notification de la décision ministérielle emportant liquidation ou ordonnancement définitif. – *[C. com., art. 108].*

Les actions en responsabilité pour avaries, pertes ou retards engagées au titre des art. L. 7 et L. 8 CPCE sont prescrites dans le délai d'un an à compter du lendemain du jour du dépôt de l'envoi (CPCE, art. L. 10). – V. les secondes notes ss. art. L. 133-1 et L. 133-2.

I. DOMAINE D'APPLICATION

A. ACTIONS VISÉES PAR L'ART. L. 133-6

1. Actions nées du contrat de transport. La demande du voiturier en règlement du prix du transport par lui exécuté est bien née du contrat de transport. • Com. 7 janv. 1955 : *D. 1955. 453* • 2 mai 1966 : *D. 1967. Somm. 3.* ♦ ... Comme l'action en réparation des avaries causées au moyen de transport par le vice propre des marchandises chargées par l'affréteur. • Rouen, 6 nov. 1970 : *D. 1971. 274, note Rodière.* ♦ Au nombre des actions relatives au contrat de transport doivent être comprises celles qui ont trait aux frais de magasinage. • Com. 7 janv. 1955 : *D. 1955. 453.* ♦ ... Celle relative aux « taxes de précarité » destinées à compenser les moyens supplémentaires mis en œuvre par le transporteur pour une courte période. • Versailles, 4 nov. 2004 : *RJDA 2005, n° 1304.* ♦ ... Celle tendant au paiement de sommes encaissées par le transporteur. • Com. 30 oct. 1979 : *D. 1980. IR. 29.* ♦ ... Celle visant à obtenir la restitution d'accessoires de transports, tels que les modules, étagères ou roll danois utilisés pour le transport de végétaux. • Orléans, 17 mars 2005 : *RJDA 2005, n° 974.* ♦ ... Et, plus généralement, celles qui sont relatives aux frais exposés à l'occasion d'opérations se rattachant directement au contrat de transport et aux obligations respectives des voituriers. • Com. 4 déc. 1967 : *D. 1968. 246.* ♦ En revanche, n'entre pas dans le domaine de l'art. L. 133-6 l'action dérivée d'un autre contrat que le contrat de transport, telle l'action fondée sur l'inexécution d'un contrat de vente et d'installation de divers équipements sur un tracteur ayant été endommagé lors d'un accident survenu à l'occasion du transport. • Paris, 8 juin 2001 : *Gaz. Pal. 3-5 févr. 2002. Somm. 21, note Vray.* ♦ Est soumise à la prescription annale de l'art. 108 [C. com., art. L. 133-6] l'action du transporteur visant la compensation effectuée par son donneur d'ordre entre des créances nées à l'occasion de l'exécution de contrats de transport. • Com. 8 juin 1993 : *Bull. transp. 1993. 475.* ♦ Sur l'effet interruptif attaché à la compensation et le moment où elle peut être invoquée, V. note 23 *bis*.

Sur l'application au mandat spécial, accessoire du contrat de transport, V. • Paris, 16 janv. 1991 : *Bull. transp. 1991. 363.* ♦ Comp., pour un mandat d'assurance, • Lyon, 12 juill. 1996 : *ibid. 1997. 64.* ♦ V. aussi note 1 *ter* ss. art. L. 110-4.

La prescription annale de l'art. L. 133-6 est applicable à l'action en réparation introduite par une société à l'encontre d'une autre société avec laquelle elle a participé de manière concertée en vue d'assurer un transport de marchandise • Com. 15 mai 2001 : *Bull. civ. IV, n° 92.* ♦ De la même façon, c'est la prescription annale, et non la prescription biennale de l'art. L. 114-1 C. assur., qui s'applique à l'égard de la victime de l'avarie qui agit contre l'assureur au titre du contrat d'assurance liant le transporteur à l'assureur. • Paris, 23 oct. 2001 : *D. 2001. IR. 3327.*

1 bis. Dès lors que la marchandise ne lui a pa été livrée en raison d'un accident survenu au camion qui la transportait, le destinataire n'a pu adhérer au contrat de transport conclu entre l'expéditeur et le transporteur. Aussi ce destinataire, agissant contre le transporteur en réparation des dommages causés à son chantier par suite d'une erreur de manœuvre du camionneur, ne peut se voir opposer la prescription de l'art. 108 [C. com., art. L. 133-6]. • Com. 6 oct. 1992 : *Bull. civ. IV, n° 300 ; JCP 1992. IV. 3000*

1 ter. La prétention du client d'une société de transport tendant à obtenir la compensation de sa dette (paiement du prix de transport) avec une créance sur la société de transport résultant de livraisons inférieures en quantité à celles prévues s'analyse en une créance de dommages intérêts constituant une demande reconventionnelle. • Com. 26 mai 1998 : *Bull. civ. IV, n° 172 ; D. 1998. IR. 160 ; D. Affaires 1998. 1210, obs. S. P. ; RTD com. 1999. 182, obs. Bouloc.*

1 quater. Lorsqu'en raison d'une avarie imputable au seul transporteur, un client a ét condamné à payer au fournisseur le prix de la marchandise transportée, il ne saurait, deux années plus tard, retenir ce prix sur celui de transports ultérieurs, ce procédé revenant à imposer au transporteur, contre son gré, le paiement par voie de compensation d'une indemnité d'avarie, alors que ce client avait laissé se prescrire l'action en paiement d'une telle indemnité, soumise au délai d'un an prévu par l'art. 108 [C. com., art. L. 133-6]. • Rennes, 21 janv. 1998 : *JCP E 1998, n° 50, p. 1954.*

1 quinquies. La courte prescription de l'art. 108 [C. com., art. L. 133-6], en matière de transport, ne court pas à l'encontre de celui qui était dans l'impossibilité d'agir pour avoir, de manière légitime et raisonnable, ignoré la naissance de son droit. • Com. 13 avr. 1999 : *Bull. civ. IV, n° 89 ; JCP 1999. II. 10222, note Fages ; RTD com. 1999. 948, obs. Bouloc ; JCP E 2000, n° 29, p. 1184, obs. D. M.*

2. Autres actions. La demande en paiement de dommages-intérêts intentée par le transporteur contre l'expéditeur pour rupture abusive du contrat de transport liant les parties est fondée sur le contrat de transport dont la résiliation est contestée (art. L. 133-6, al. 2) ; elle se prescrit donc dans le délai d'un an. • Com. 9 juill. 2002 : *RJDA 2002, n° 1271.* ♦ L'action en responsabilité des transporteurs en cas de rétention abusive des marchandises découle du contrat de transport et, comme telle, est soumise à la prescription biennale. • Chambéry, 4 mai 2004 : *JCP E 2005, n° 5, p. 181, obs. Delebecque.*

3. Entreprises de déménagements. Le contrat de déménagement est un contrat d'entreprise qui se différencie du contrat de transport en ce que son objet n'est pas limité au déplacement de la marchandise. • Com. 20 janv. 1998 : *D. Affaires 1998. 331, obs. V. A.-R.* • 26 juin 2001 : *Contrats Conc. Consom. 2001, n° 153, note Leveneur ; RTD com. 2003. 804, obs. Bouloc ; RJDA 2002, n° 37* • 1er avr. 2003 : *Bull. civ. IV, n° 52 ; JCP E 2003, n° 36, p. 1378, obs. Bon-Garcin ; Contrats Conc. Consom. 2003, n° 103, obs. Leveneur ; RTD com. 2003. 804, obs. Bouloc ; RDC 2003. 137, obs. Delebecque ; RJDA 2003, n° 944.* ♦ Dès lors, les règles spéciales concernant la livraison et la prescription dans le contrat de transport et résultant des art. L. 133-3 à L. 133-6 ne trouvent pas à s'appliquer. • Com. 3 avr. 2001 : *Bull. civ. IV, n° 70 ; JCP E 2002, n° 15, 642, note Delebecque* • 26 juin 2001 : *préc.* • 9 juill. 2002 : *Contrats Conc. Consom. 2003, n° 1, obs. Leveneur.* ♦ Sur la cassation d'un arrêt qui, ayant retenu que l'opération de déménagement s'analysant en un dépôt et un contrat de transport, la facturation du prix du garde-meuble étant inférieur au déménagement et la part du transport étant la plus importante des prestations effectuées, a accueilli la fin de non-recevoir tirée de l'art. L. 133-3 C. com., V. • Com. 11 juin 2002 : *Bull. civ. IV, n° 102 ; JCP E 2002, n° 36, p. 1360 ; RTD com. 2003. 159, obs. Bouloc ; Gaz. Pal. 2003. Somm. 552, obs. Peisse.* ♦ Comp., jugeant que la prescription de l'art. 108 [C. com., art. L. 133-6] est applicable à l'action en responsabilité exercée contre une entreprise de déménagements : • Com. 19 juin 1957 : *D. 1958. 113, note Rodière.* – Comp. : • Com. 25 févr. 1963 : *D. 1963. 422* • 20 avr. 1967 : *D. 1968. 33* • Paris, 2 avr. 1960 : *D. 1961. Somm. 66.* ♦ V. aussi note 7 ss. art. L. 132-3. ♦ Rappr., dans une hypothèse où l'expéditeur s'était chargé des opérations d'emballage, le voiturier ne se chargeant, outre le transport, que de la manutention qui n'était alors que l'accessoire au transport proprement dit, de telle sorte que la relation contractuelle ainsi nouée devait être qualifiée de contrat de transport et non de contrat de déménagement : • Com. 10 mars 2004 : *Bull. civ. IV, n° 46 ; D. 2004. AJ. 1019 ; JCP E 2004, n° 38, p. 1442, obs. Bon-Garcin ; Contrats Conc. Consom. 2004, n° 93, obs. Leveneur ; RTD com. 2004. 803, obs. Bouloc ; RJDA 2004, n° 813 ; RDC 2005. 369, obs. Delebecque.*

3 bis. V. désormais l'art. 26 de la loi n° 2003-495 du 12 juin 2003 *(JO 13 juin)* qui ajoute à l'art. 5 de la loi n° 82-1153 du 30 déc. 1982 un alinéa assimilant à un transport de marchandises l'opération de transport effectuée dans le cadre d'un déménagement, et qui modifie en ce sens, notamment, l'art. 8 de cette même loi. – V. cet article, *infra* ss. l'art. L. 133-7. ♦ Les modifications apportées à la loi de 1982 précitée par la loi du 12 juin 2003 qui, pour l'obligation de la présence de certaines clauses dans les contrats, assimilent désormais contrats de transport et contrats relatifs au déménagement, à supposer qu'on puisse en déduire que le contrat de déménagement soit devenu globalement, par détermination de la loi, un contrat de transport, n'ont pas vocation à s'appliquer en l'espèce, dès lors que la nouvelle loi est intervenue au cours du délibéré du premier juge et qu'il n'existe aucun indice que le législateur aurait entendu répondre à un impérieux motif d'intérêt général pour corriger la qualification du contrat de déménagement donnée par la Cour de cassation. • Orléans, 21 oct. 2004 : *RJDA 2005, n° 129.* ♦ La clause d'un contrat de déménagement qui renvoie à l'art. L. 133-6 pour l'application de la prescription annale est licite et s'impose aux parties, peu important que l'art. 5 de la L. n° 82-1153 du 30 déc. 1982, dans sa rédaction issue de la L. n° 2003-495 du 12 juin 2003, assimile les opérations de transport effectuées dans le cadre d'un déménagement à des transports de marchandise. • Versailles, 25 mai 2004 : *BICC 2005, n° 298.*

4. *Commissionnaires de transport.* La prescription de l'art. 108 [C. com., art. L. 133-6] doit être étendue aux actions qui concernent le commissionnaire. • Com. 20 avr. 1967 : *D. 1968. 33* • Paris, 15 juill. 1925 : *DH 1925. 615.* ♦ Comp. : note Aubrun, *DP 1924. 2. 111* • T. com. Seine, 21 déc. 1938 : *DH 1939. 224* • Com. 8 avr. 1967 : *Bull. civ. III, n° 132.* ♦ Sur l'application au commissionnaire de transport et en douane, V. • Paris, 25 juin 1991 : *Bull. transp. 1991. 489.*

L'art. 108 [C. com., art. L. 133-6] s'applique à l'action du commissionnaire contre le transporteur, à qui il avait confié le soin d'acheminer les marchandises avariées, en réparation du préjudice commercial résultant de la perte de la clientèle de son mandant, cette perte étant en relation directe avec la mauvaise exécution du contrat de transport par le transporteur. • Com. 22 avr. 1997 : *Bull. civ. IV, n° 106 ; D. 1998. Somm. 321, obs. Mercadal.*

Les marchandises n'étant pas perdues du seul fait de leur rétention par un commissionnaire de transport, la prescription de l'action en réparation du préjudice résultant de l'exercice abusif du droit de rétention formée contre ce dernier par le destinataire non livré ne court pas. • Com. 8 juin 1999 : *préc. note 9 ter ss. art. L. 132-2.* ♦ Comp., jugeant que viole l'art. L. 133-6, al. 2, une cour d'appel qui, pour rejeter une fin de non-recevoir tirée de la prescription de l'action, retient que l'action intentée par le destinataire découle de l'exercice du droit de rétention du commissionnaire et qu'elle n'est donc pas atteinte par la prescription d'un an prévue par ce texte : • Com. 24 sept. 2003 : *D. 2003. AJ. 2570 ; JCP E 2004, n° 36, p. 1343, obs. Delebecque ; RTD com. 2004. 366, obs. Bouloc ; RJDA 2004, n° 160.*

Sur la notion de commissionnaire de transport, V. notes ss. art. L. 132-3. ♦ V. aussi note 10, *infra.*

4 bis. *Action directe en paiement.* L'action directe en paiement que le transporteur peut exercer à l'encontre de l'expéditeur, sur le fondement de l'art. L. 132-8 C. com., se prescrit, en droit interne, par un an, ainsi qu'il est prévu à l'art. L. 133-6, al. 2. • Orléans, 23 sept. 2004 : *RJDA 2004, n° 1323.* ♦ V. pour les transports internationaux : • Com. 24 mars 2004 : *cité note 6, infra.*

5. *Livraison contre remboursement.* Il a été jugé que sont applicables à la stipulation d'une livraison contre remboursement les dispositions de l'art. 108 [C. com., art. L. 133-6] fixant à un an la période pendant laquelle toute action dirigée contre le commissionnaire est recevable, la stipulation d'une livraison contre remboursement n'étant qu'une modalité de la livraison, elle-même incluse dans le contrat de commission. • Paris, 13 sept. 1989 : *D. 1989. IR. 248 ; RTD com. 1990. 257, obs. Bouloc.* ♦ V. aussi, pour l'action de l'expéditeur contre le transporteur tendant au remboursement, dans le cadre d'une « expédition contre remboursement », • Versailles, 16 janv. 1997 : *RJDA 1997, n° 509.*

6. *Transports internationaux.* La Convention de Varsovie ne s'appliquant pas aux rapports entre le commissionnaire de transport et son commettant, la prescription applicable, en matière de transport aérien, est celle de l'art. 108 [C. com., art. L. 133-6], non celle de deux ans de la Convention de Varsovie. • T. com. Paris, 28 nov. 1979 : *Bull. transp. 1980. 54.* ♦ Dès lors que les règles uniformes concernant le contrat de transport international de marchandises, dites RUCIM, de la convention de Berne du 9 mai 1980 relatives aux transports ferroviaires internationaux sont applicables, l'application des dispositions de l'art. 108 [C. com., art. L. 133-6] est exclue. • Com. 9 déc. 1997 : *Bull. civ. IV, n° 335.*

Dans le cadre d'un transport soumis à la Convention du 19 mai 1956, dite CMR, la prescription de l'action directe en paiement des prestations du transport à l'encontre du destinataire est soumise aux dispositions de l'art. 32 de cette Convention ; dès lors, pour déclarer prescrite cette action, le juge, qui fait application de l'art. L. 133-6 C. com., viole les art. 32 CMR et L. 132-8 C. com. • Com. 24 mars 2004 : *cité note 8 ss. art. L. 132-8.* ♦ Comp., sur l'exclusion de l'art. 32 de la Convention de Genève (CMR) du 19 mai 1956, V. • Com. 22 nov. 1988 : *Bull. civ. IV, n° 321 ; RTD com. 1989. 532, obs. Bouloc* • Paris, 18 déc. 1996 : *Bull. transp. 1997. 570.*

B. ACTIONS EXCLUES DE L'ART. L. 133-6

7. *Autres transports.* L'art. 108 [C. com., art. L. 133-6] ne concerne que les actions auxquelles donne lieu le transport des marchandises, à l'exclusion de celles qui naissent du transport des personnes. • Req. 28 juin 1916 : *DP 1917. 1. 35.* ♦ Il ne s'applique pas à l'action en responsabilité fondée sur un accident corporel survenu à l'occasion du contrat de transport. • Com. 28 avr. 1965 : *D. 1966. 6, note Durand* • Rouen, 6 nov. 1970 : *D. 1971. 274, note Rodière.*

8. L'art. 108 [C. com., art. L. 133-6] ne s'applique qu'aux transports par terre ou par eau, à l'exclusion des transports maritimes, qui sont régis, à cet égard, par l'art. 433 [C. com., art.

L. 110-4]. • Req. 7 nov. 1904 : *DP 1908. 1. 67.* – Comp. : • Com. 20 avr. 1967 : *préc. note 3.* ♦ La prescription de l'art. 108 [C. com., art. L. 133-6] ne s'applique pas au transport maritime international. • Versailles, 6 avr. 1995 : *RJDA 1995, n° 920.*

9. L'art. 108 [C. com., art. L. 133-6] ne s'applique pas aux engagements concernant un transport exceptionnel mais indépendants du contrat de transport. • Com. 21 avr. 1970 : *D. 1970. 611.* ♦ ... Ni aux actions récursoires entre propriétaires locateurs de wagons-réservoirs et réseaux immatriculateurs. • Civ. 22 nov. 1926 : *DP 1927. 1. 159, note Roger* • 7 mai 1945 : *D. 1945. 296.* ♦ ... Ni à l'action récursoire dirigée contre le manutentionnaire. • Com. 10 mars 1981 : *Bull. civ. IV, n° 130.*

10. Formalités de douane. L'art. 108 [C. com., art. L. 133-6] n'est pas applicable aux actions nées de l'exécution, par un commissionnaire de transport, d'un mandat donné pour l'accomplissement de formalités de douanes. • Com. 11 déc. 1985 : *Bull. civ. IV, n° 294 ; RTD com. 1987. 117, obs. Hémard et Bouloc* • 30 mai 1995 : *Bull. transp. 1995. 435* • Paris, 18 sept. 1990 : *D. 1991. IR. 219 ; RTD com. 1991. 287, obs. Bouloc* • Versailles, 4 avr. 2002 : *BICC 2003, n° 187.* – Rappr. dans le cas d'un transport routier international : • Com. 28 mai 2002 : *Bull. civ. IV, n° 97 ; RTD com. 2003. 161, obs. Bouloc ; BRDA 2002, n° 18, p. 9.*

10 bis. Autres litiges entre transporteurs. Est soumis à la prescription décennale applicable en matière commerciale et non à la prescription annale du contrat de transport de litige né de l'exécution d'une convention organisant, au sein d'un pool de transporteurs, tant la répartition des commandes de transport que leur facturation. • Rouen, 9 nov. 1995 : *JCP 1996. IV. 402.* ♦ Même si les créances relevaient de l'art. 108 [C. com., art. L. 133-6], celui-ci ne serait pas pour autant applicable dès lors que les transporteurs procédaient entre eux à des règlements par compte courant générant une novation des créances. • Même arrêt.

10 ter. Mesures d'instruction. L'action purement probatoire fondée sur l'art. 145 NCPC n'est pas une action née du contrat de transport. • Com. 13 mai 2003 : *Bull. civ. IV, n° 81 ; D. 2003. AJ. 1563 ; JCP 2003. II. 10193, note Chabot ; RTD com. 2003. 805, obs. Bouloc ; Gaz. Pal. 2004. Somm. 1403, obs. du Rusquec ; RJDA 2003, n° 1062 ; Procédures 2003, n° 173, obs. Croze ; RDC 2004. 376, obs. Delebecque.* ♦ Sur la mise en œuvre de l'art. 145 NCPC, V. notes ss. cet art., *infra*, App., v° *Tribunaux de commerce.*

C. CAS DE FRAUDE ET D'INFIDÉLITÉ

BIBL. Tilche, *Bull. transp. 1992. 650.*

11. Critères. La fraude ou l'infidélité, visée par l'art. 108, al. 1er [C. com., art. L. 133-6, al. 1er], suppose de la part du voiturier la volonté malveillante, la déloyauté, la dissimulation du préjudice causé à l'expéditeur ou au destinataire ; elle ne peut consister en une simple rectification matérielle opérée sur le récépissé, conformément aux résultats du pesage à l'arrivée. • Com. 2 janv. 1952 : *D. 1952. Somm. 45* • Paris, 22 avr. 1992 : *Bull. transp. 1992. 653.*

N'est pas constitutif de fraude ou d'infidélité le comportement d'un commissionnaire qui a gardé le silence pendant quelques mois sur la circonstance que la marchandise n'avait pas été délivrée contre remise de l'original de connaissement, comme le prévoyait le contrat conclu avec l'expéditeur. • Com. 11 janv. 1994 : *Bull. civ. IV, n° 22 ; JCP 1994. IV. 671 ; Contrats Conc. Consom. 1994, n° 68, note Leveneur.*

12. Mensonges. Même s'ils ne sont pas constitutifs de fraude au sens de l'art. 108, les mensonges répétés d'un commissionnaire de transport ont pour effet de suspendre le délai de prescription entre la date où la livraison aurait dû avoir lieu et le jour où le commissionnaire de transport a annoncé aux destinataires la perte des colis. • Com. 3 mai 1976 : *JCP 1977. II. 18573, note Rodière.*

13. Portée. En ce sens que l'al. 1er concernant la fraude ou l'infidélité concerne également les actions visées à l'al. 2, V. • Bordeaux, 7 janv. 1969 : *D. 1969. 422, note Rodière,* et sur pourvoi, • Com. 4 mai 1970 : *D. 1970. 521* • Paris, 22 avr. 1992 : *préc. note 11.*

II. DÉLAI DE PRESCRIPTION

BIBL. Tilche, *Bull. transp. 1995. 51* (computation du délai).

14. Absence d'ordre public. La disposition de l'art. 108, al. 1er, relative au délai de la prescription, n'est pas d'ordre public ; les parties peuvent donc y déroger, notamment par une clause abréviative. • Civ. 4 déc. 1895 : *DP 1896. 1. 241* • Montpellier, 9 nov. 1954 : *D. 1955. Somm. 35.*

14 bis. Faute lourde. La disposition contractuelle abrégeant le délai de prescription reçoit application même en cas de faute lourde. • Com. 12 juill. 2004 : *D. 2004. 2296, note Delebecque ; ibid. AJ. 2231, obs. Chevrier ; D. 2005. Pan. 2845, obs. Fauvarque-Cosson ; JCP E 2005, n° 44-45, p. 1869, obs. Legros ; Contrats Conc. Consom. 2004, n° 169, obs.*

Leveneur ; RJDA 2004, n° 1286 ; RTD com. 2005. 164, obs. Bouloc ; RTD civ. 2005. 133, obs. Mestre et Fages ; RDC 2005. 272, obs. D. Mazeaud.

15. Le moyen tiré de la prescription ne peut être invoqué pour la première fois devant la Cour de cassation. • Civ. 1er févr. 1899 : *DP 1899. 1. 337.*

A. POINT DE DÉPART

BIBL. Tilche, *Bull. transp. 1994. 667* (retour à l'expéditeur).

16. Principe. Le point de départ de la prescription des actions contre le voiturier n'est pas le jour de la conclusion du contrat de transport mais celui où la marchandise a été remise ou offerte au destinataire. • Com. 8 janv. 1979 : *D. 1979. IR. 173.* ♦ De la même façon, viole l'art. 133-6, une cour d'appel qui fait partir le délai de prescription à la date de la rupture des relations contractuelles entre les parties alors que le délai de prescription court à compter du jour où la marchandise a été remise ou offerte au destinataire. • Com. 18 févr. 2003 : *Bull. civ. IV, n° 25 ; JCP E 2003, n° 15, p. 637 ; RTD com. 2003. 562, obs. Bouloc ; RJDA 2003, n° 720.* ♦ *Contra :* ayant déduit du transbordement de la marchandise depuis le navire choisi par le commissionnaire de transport sur un navire choisi par le donneur d'ordre et de la poursuite de l'expédition à la seule initiative de ce dernier que le contrat de commission de transport avait pris fin lors du transbordement, une cour d'appel a retenu à bon droit que le point de départ de la prescription de l'action contre le commissionnaire était la date du transbordement. • Com. 5 juill. 2005 : *Bull. civ. IV, n° 157 ; D. 2005. Pan. 2751, obs. Kenfack ; ibid. AJ. 1997, obs. Chevrier ; JCP E 2005, n° 43, p. 1821 ; RJDA 2005, n° 1218.*

17. Avaries. En cas d'avaries, la prescription court du jour où la marchandise avariée a été livrée. • Com. 15 oct. 1957 : *D. 1958. 76, note Rodière.* ♦ ... Ou mise à la disposition du destinataire, sans qu'il soit nécessaire que le voiturier ait eu recours à une mise en demeure formelle, ou que la marchandise refusée ait été déposée dans un lieu public. • Civ. 4 mars 1890 : *DP 1890. 1. 371* • 7 mai 1930 : *DP 1930. 1. 142.* ♦ La date de restitution à l'expéditeur de colis endommagés constitue le point de départ du délai de prescription. • Com. 13 mars 1984 : *Bull. civ. IV, n° 100 ; RTD com. 1985. 571, obs. Hémard et Bouloc.*

17 bis. La manutention, malgré son importance, n'ayant été que l'accessoire du contrat unique de transport au cours duquel une machine a été avariée, l'action diligentée contre le transporteur hors délai annal de l'art. 108 [C. com., art. L. 133-6], courant à compter de la livraison, est prescrite. • Com. 11 juin 1996 : *Bull. civ. IV, n° 173.*

18. Perte totale. En cas de perte totale, le délai de prescription court du jour où la remise de la marchandise aurait dû être effectuée. • Paris, 24 nov. 1960 : *D. 1961. Somm. 55* • Com. 6 juin 1984 : *Bull. civ. IV, n° 190 ; RTD com. 1985. 570, obs. Hémard et Bouloc.* ♦ V. note 20.

18 bis. Accident. Lorsqu'un accident se produit lors d'une opération de transport, la prescription annale n'a pas pour point de départ le jour de cet accident mais le jour de livraison de la marchandise accidentée. • T. com. Paris, 27 juin 1994 : *RJDA 1994, n° 1141.*

19. Fractionnement de l'envoi. Dans le cas où le contrat a prévu le fractionnement de l'expédition en plusieurs envois, le point de départ est le jour de la dernière livraison. • Com. 8 janv. 1979 : *préc. note 16* • Versailles, 27 nov. 2003 : *BICC 2004, n° 719.*

20. Influence du lieu de livraison. Lorsque le contrat de commission prévoit que la livraison doit avoir lieu au domicile du destinataire et non à l'issue de la traversée maritime, l'exécution du contrat couvre la période d'entrepôt des meubles et le délai de prescription de l'art. 108 [C. com., art. L. 133-6] ne commence à courir que du jour où le mobilier a été remis au domicile du destinataire et accepté par lui. • Com. 3 janv. 1978 : *Bull. civ. IV, n° 6.* ♦ La perte, au sens de l'art. 108 [C. com., art. L. 133-6], s'entend non seulement de la destruction des choses transportées, mais encore de leur livraison par erreur à une personne autre que le destinataire. • Civ. 4 mars 1914 : *DP 1916. 1. 143* • 3 nov. 1947 *D. 1948. Somm. 1.*

21. Actions récursoires. **BIBL.** Tilche, *Bull. transp. 1993. 518.* ♦ Ne sont soumises aux délais de prescription d'un mois, prévu par l'art. 108, al. 4 [C. com., art. L. 133-6, al. 4], que les actions récursoires qui sont elles-mêmes fondées sur un contrat de transport. • Com. 26 mai 1998 : *Bull. civ. IV, n° 173 ; D. 1998. IR. 166 D. Affaires 1998. 1125, obs. V. A.-R. ; JCP E 1999 n° 16, p. 714, obs. D. M. ; RTD com. 1999. 182 obs. Bouloc.* ♦ Le délai de prescription d'un mois de l'art. L. 133-6 n'est pas opposable à un prestataire de services qui, assigné en indemnisation par son client en raison d'une livraison tardive de la prestation promise, appelle en garantie le transporteur, dès lors que cette action récursoire ne se rattache pas à une action principale née de l'exécution du contrat de transport mais d'un contrat d'entreprise. • Versailles 15 mai 2003 : *BICC 2004, n° 542.* ♦ Cette prescription ne commence à courir que du jou où une action principale née du contrat de transport a été exercée contre le transporteur garanti. • Com. 15 oct. 1957 : *D. 1958. 37, note Rodière.*

En ce sens que viole l'art. 108, al. 4 [C. com., art. L. 133-6, al. 4], la cour d'appel qui, pour écarter la fin de non-recevoir tirée de la prescription d'un mois prévue par cet article, retient que la caducité de l'assignation du destinataire de la marchandise à l'encontre de l'expéditeur ayant été constatée par jugement, le tribunal n'avait pas à être saisi et que le délai d'un mois pour l'exercice de l'action récursoire du fournisseur à l'encontre du transporteur n'avait pas couru, alors que le délai pour exercer l'action récursoire à l'encontre du transporteur avait couru à compter du jour de l'exercice de l'action du destinataire contre le fournisseur. • Com. 7 juill. 1998 : *Bull. civ. IV, n° 223 ; D. Affaires 1998. 1691, obs. V. A.-R. ; RJDA 1998, n° 1220.*

La règle de calcul du délai de l'art. 642 NCPC est applicable. • Paris, 23 nov. 1994 : *Bull. transp. 1995. 55.*

B. INTERRUPTION

22. Actes interruptifs. La citation en justice n'interrompt la prescription que si elle a été signifiée par le créancier lui-même au débiteur se prévalant de la prescription. • Com. 14 nov. 1977 : *Bull. civ. IV, n° 257* • 9 janv. 1990 : *ibid., n° 11 ; D. 1990. Somm. 271, obs. Rèmond-Gouilloud ; RTD com. 1990. 465, obs. Bouloc.* ♦ Aussi l'assignation délivrée au transporteur par l'assureur de l'expéditeur n'a-t-elle pas d'effet interruptif sur l'action engagée par celui-ci. • Com. 11 juin 1996 : *préc. note 17 bis.*

22 bis. L'assignation en référé en vue de faire désigner un expert a pour effet d'interrompre la prescription annale. • Com. 10 oct. 1995 : *Bull. civ. IV, n° 229 ; D. Affaires 1995. 179 ; RJ com. 1996. 52, rapp. Rémery.* ♦ L'assignation en référé qui tend à obtenir une provision constitue une citation en justice interruptive de la prescription dont l'effet se prolonge jusqu'à ce que le litige porté devant le juge des référés ait trouvé sa solution. • Com. 27 nov. 2001 : *Bull. civ. IV, n° 191 ; RTD com. 2002. 361, obs. Bouloc.* ♦ V. C. civ., art. 2244. – **C. civ.**

Il a aussi été jugé que la prescription de l'art. 108 [C. com., art. L. 133-6] peut être interrompue par une demande reconventionnelle présentée oralement devant le tribunal de commerce (art. 871 NCPC). • Paris, 14 oct. 1994 : *RJ com. 1996. 18, note François.* ♦ ... Ou par une assignation non placée (assignation dont la copie n'a pas été remise au greffe au plus tard huit jours avant la date de l'audience ; art. 857, al. 2, NCPC). • Paris, 9 nov. 1994 : *ibid.* ♦ ... La plainte avec constitution de partie civile contre une personne non dénommée, le demandeur manifestant ainsi sa volonté de mettre en jeu la responsabilité du transporteur. • Com. 28 avr. 1998 : *Bull. civ. IV, n° 142 ; D. 1998. IR. 219 ; D. Affaires 1998. 996, obs. S. P. ; Contrats Conc. Consom. 1998, n° 98, obs. Leveneur ; RTD com. 1999. 181, obs. Bouloc.*

22 ter. Dès lors que l'interruption de prescription n'exige pas que l'acte soit porté à la connaissance du débiteur dans le délai de prescription, viole les art. 108 [C. com., art. L. 133-6] et 2244 C. civ., l'arrêt qui, pour une demande reconventionnelle en paiement du transporteur, présentée par conclusion au greffe dans le délai d'un an, déclare l'action prescrite pour ne pas avoir été signifiée dans le délai d'un an. • Civ. 2e, 26 nov. 1998 : *Bull. civ. II, n° 282 ; D. 1999. IR. 28 ; D. Affaires 1999. 333, obs. J. F.*

23. Sur la possibilité de régulariser l'acte interruptif, et de le faire après l'expiration du délai d'un an, en vertu de l'art. 126 NCPC, V. • Com. 5 juill. 1988 : *Bull. civ. IV, n° 233 ; RTD com. 1989. 303, obs. Bouloc.*

23 bis. Compensation. Par application de l'art. 1290 C. civ., la compensation s'opère de plein droit par la seule force de la loi même à l'insu du débiteur, son bénéfice pouvant être invoqué à tout moment. • Com. 30 mars 2005 : *Bull. civ. IV, n° 72 ; D. 2005. Pan. 2751, obs. Kenfack ; ibid. AJ. 1024, obs. Chevrier ; RTD civ. 2005. 599, obs. Mestre et Fages ; JCP E 2005, n° 23, p. 976 ; Petites affiches 18 mai 2005, p. 14, note Tosi ; RJDA 2005, n° 1034 et p. 791, rapp. de Monteynard ; Procédures 2005, n° 134, obs. Croze ; Defrénois 2005. 1249, note Libchaber ; RDC 2005. 755, obs. Delebecque ; ibid. 1021, obs. Stoffel-Munck.* ♦ *Contra* : • Com. 6 févr. 1996 : *Bull. civ. IV, n° 42 ; D. 1998. 87, note Brémond ; D. 1996. Somm. 336, obs. Delebecque ; RTD com. 1996. 518, obs. Bouloc.* – V. aussi • Com. 26 mai 1998 : *Bull. civ. IV, n° 172 ; D. 1998. IR. 160 ; D. Affaires 1998. 1210, obs. S. P. ; RTD com. 1999. 182, obs. Bouloc* (la prétention tendant à obtenir la compensation constitue une demande reconventionnelle qui doit être formée dans le délai d'un an). ♦ A la date de la compensation légale, la prescription de l'excédent de la dette la plus élevée est interrompue. • Com. 30 mars 2005 : *préc.*

24. Effet interversif. Les actes interruptifs de la prescription annale de l'art. 108 [C. com., art. L. 133-6] (reconnaissance de responsabilité, offre d'une indemnité) ne produisent effet interversif, substituant à cette prescription celle de trente ans du droit commun, que s'ils ont un caractère novatoire. • Civ. 11 juin 1877 : *DP 1877. 1. 374* • 12 nov. 1877 : *DP 1880. 1. 88, note Holleaux.* – V. aussi Halleaux, note *DP 1928. 2. 174* • Com. 3 juin 1955 : *D. 1956. Somm. 53.* ♦ La substitution de la prescription de droit commun à la courte prescription de l'art. 108 [C. com., art. L. 133-6] ne peut résulter que d'une reconnaissance de responsabilité et d'un engagement de réparer le dommage émanant du débiteur de l'obligation. • Com. 3 déc. 1996 : *Bull. civ. IV, n° 306 ; D. 1997. Somm. 180, obs. Delebecque* • 19 févr. 2002 : *RJDA 2002, n° 761.* ♦ A défaut de reconnaissance de la dette contenant un engagement inconditionnel de payer, l'acte interruptif fait simplement courir, à compter de sa date, un nouveau délai de prescription d'un an. • Paris, 15 oct. 1997 : *D. 1997. IR. 241 ; D. Affaires 1998. 62, obs. J.F.*

25. Les juges du fond peuvent, par une souveraine appréciation, estimer que des écrits émanant d'un transporteur constituent, tant de la part du transporteur que de son assureur, une reconnaissance précise de responsabilité valant titre nouveau substituant à la prescription annale la prescription décennale entre commerçants. • Com. 12 janv. 1988 : *Bull. civ. IV, n° 29 ; D. 1989. 23, note Legros.* ♦ V. aussi, déduisant la reconnaissance de sa responsabilité, par le transporteur, d'une lettre de celui-ci invitant l'assureur à « faire le maximum » pour réparer le dommage, • Com. 26 févr. 1991 : *D. 1992. Somm. 80, obs. Rèmond-Gouilloud* ♦ Comp., exigeant : une offre d'indemnisation : • Com. 3 déc. 1996 : *préc. note 24.* ♦ ... Une « promesse chiffrée de réparer les conséquences de l'accident » : • Com. 29 janv. 1985 : *Bull. civ. IV, n° 41 ; RTD com. 1986. 299, obs. Hémard et Bouloc.*

En ce sens que l'interversion de la prescription ne saurait résulter de la non-contestation par le transporteur de sa responsabilité envers l'expéditeur et de l'avis à celui-ci des démarches immédiatement accomplies auprès des gendarmes et de l'assureur à qui a été demandée la mise en jeu de la garantie, V. • Civ. 1re, 10 mai 2000 : *Bull. civ. I, n° 134 ; D. 2000. AJ. 307, obs. Faddoul ; RTD com. 2000. 1004, obs. Bouloc.*

26. L'existence d'un accord entre les parties, portant sur l'état de leurs factures et avoirs respectifs, a pour effet de substituer à la prescription prévue à l'art. 108 [C. com., art. L. 133-6] la prescription de droit commun. • Com. 23 juin 1987 : *Bull. civ. IV, n° 161 ; RTD com. 1988. 497, obs. Hémard et Bouloc.* ♦ V. aussi, pour une reconnaissance de dette de l'expéditeur valant engagement inconditionnel de payer, provoquant l'interversion de la prescription, • Com. 14 mars 1995 : *Bull. civ. IV, n° 88 ; Quot. jur. 3 août 1995, p. 6.*

Une demande de renseignements émanant tant du transporteur que de son assureur ne constitue pas une reconnaissance du droit du réclamant de nature à interrompre la prescription. • Versailles, 6 avr. 1995 : *BICC 1995, n° 1067.*

26 bis. Il ne saurait être fait grief à un tribunal d'avoir déclaré prescrite l'action contre le transporteur, alors que la reconnaissance de responsabilité de ce dernier, accompagnée de la remise d'un chèque, aurait substitué au délai annal de l'art. 108 [C. com., art. L. 133-6] la prescription de droit commun, dès lors qu'il ne résulte ni du jugement, ni du dossier de procédure, ni d'aucun autre moyen de preuve que l'ayant droit à la marchandise ait soutenu, en réplique aux conclusions orales de ce transporteur soulevant la prescription, qu'il y avait eu interversion de celle-ci du fait du règlement de l'indemnité. • Com. 2 mars 1999 : *JCP E 1999, n° 17, p. 744.*

27. Absence d'effet interruptif. Ni le refus d'accepter la marchandise, ni sa remise ultérieure, sous réserve des droits des parties, ni l'expertise prévue par l'art. 106 [C. com., art. L. 133-4], ni de simples pourparlers entre le voiturier et le destinataire, ne suffisent pour interrompre la prescription. • Civ. 19 juin 1895 : *DP 1896. 1. 171* • 7 mai 1930 : *DP 1930. 1. 142* • Paris, 24 nov. 1960 : *D. 1961. Somm. 55.* – V. aussi • Versailles, 16 déc. 2004 : *BICC 2005, n° 852.* ♦ ... Laquelle n'est pas davantage interrompue par l'envoi d'une lettre recommandée avec avis de réception. • Paris, 8 juill. 1977 : *RTD com. 1978. 180, obs. Hémard.* ♦ ... D'un courrier afin de trouver une solution amiable au litige. • Versailles, 30 janv. 1997 : *D. Affaires 1997. 569.* ♦ ... Ou par l'émission d'une facture de réclamation. • Versailles, 20 avr. 1995 : *Gaz. Pal. 1996. 1. Somm. 189.* ♦ ... Elle n'est pas non plus interrompue par une expertise amiable. • Com. 21 mars 1984 : *Bull. civ. IV, n° 116 ; RTD com. 1985. 160, obs. Hémard et Bouloc.* ♦ ... Ni par de nombreuses démarches précontentieuses. • Com. 12 nov. 1997 : *Bull. civ. IV, n° 291 ; D. Affaires 1997. 1461.* ♦ ... Ni par l'indemnisation du dommage matériel alors que l'assureur de responsabilité du transporteur a refusé l'indemnisation du dommage immatériel, les dommages litigieux relevant d'une garantie distincte. • Civ. 1re, 9 oct. 2001 : *Bull. civ. I, n° 246 ; JCP E 2001, n° 47, p. 1841 ; RJDA 2002, n° 150.* ♦ ... Ou par l'existence d'une lettre du mandataire de l'assureur du transporteur contestant le droit à indemnisation réclamée par l'expéditeur. • Même arrêt. ♦ Des courriers adressés par un commissionnaire à son client, soit pour solliciter le versement de pièces nécessaires au traitement d'un dossier ouvert à la suite d'un vol des marchandises transportées, soit pour l'informer des principes qui régissent la responsabilité du commissionnaire de transport, ne peuvent avoir un caractère interruptif à défaut de renfermer une quelconque offre d'indemnisation comportant reconnaissance du préjudice subi ni aucune promesse formelle de le réparer. • Versailles, 11 mars 2004 : *BICC 2005, n° 2165.*

28. Point de départ du nouveau délai. En procédant à l'assignation au fond plus d'un an après l'ordonnance de désignation d'expert, les demandeurs ont agi tardivement. • Civ. 2e, 27 janv. 1993 : *Bull. civ. II, n° 40.* – V. aussi • Com. 10 oct. 1995 : *préc. note 22 bis* • 5 déc. 1995 : *Bull. civ. IV, n° 288 ; RTD com. 1996. 327, obs. Bouloc.* ♦ V., en matière de compensation, note 23 *bis.*

29. Durée de l'interruption. L'effet interruptif de la prescription résultant d'une action en justice se prolonge jusqu'à ce que le litige trouve sa solution. • Com. 15 oct. 1991 : *Bull. civ. IV, n° 295 ; D. 1992. Somm. 409, obs. Aubert.* ♦ Une assignation en référé aux fins de rendre communes à un tiers les opérations d'expertise précédemment ordonnées interrompt la prescription à l'égard de ce tiers jusqu'à ce que le litige ait trouvé sa solution, c'est-à-dire jusqu'à la décision rendant communes les opérations d'expertise. • Com. 30 juin 2004 : *Bull. civ. IV, n° 140 ; RJDA 2005, n° 30.*

Art. L. 133-7 Le voiturier a privilège sur la valeur des marchandises faisant l'objet de son obligation et sur les documents qui s'y rapportent pour toutes créances de transport, même nées à l'occasion d'opérations antérieures, dont son donneur d'ordre, l'expéditeur ou le destinataire restent débiteurs envers lui, dans la mesure où le propriétaire des marchandises sur lesquelles s'exerce le privilège est impliqué dans lesdites opérations.

Les créances de transport couvertes par le privilège sont les prix de transport proprement dits, les compléments de rémunération dus au titre de prestations annexes et d'immobilisation du véhicule au chargement ou au déchargement, les frais engagés dans l'intérêt de la marchandise, les droits, taxes, frais et amendes de douane liés à une opération de transport et les intérêts. – *[C. com., art. 108-1].*

BIBL. ▶ Delebecque, *D. Affaires 1998. 870* (amélioration des conditions d'exercice de la profession de transporteur routier). – Tilche, *Bull. transp. 1998. 275* (garanties de paiement). – Simler et Delebecque, *JCP 1998. I. 149, n° 21.* – Zerbo, *D. 2001. 2290* (privilège et droit de rétention du voiturier : halte à la confusion).

1. Procédure collective. Le transporteur dispose, par application de l'art. 108-1, en garantie du paiement des créances dont elle est titulaire sur le propriétaire des marchandises, d'un droit de rétention sur l'ensemble des marchandises qui lui ont été confiées par ce dernier, sans que l'ouverture d'une procédure collective ne puisse remettre en cause son exercice, en le limitant aux seules marchandises confiées au voiturier antérieurement à l'ouverture de ladite procédure. • Besançon, 8 mars 2000 : *JCP 2000. I. 259, n° 23, obs. Delebecque.*

2. Étendue du privilège. Le privilège s'étend à tout document constitutif de droit au profit du débiteur, et notamment aux chèques remis à l'ordre de ce dernier dans le cadre, comme en l'espèce, d'expéditions contre remboursement. • Paris, 10 sept. 2003 : *JCP E 2004, n° 36, p. 1343, obs. Delebecque.*

3. Propriété des marchandises. Sur l'exigence que le propriétaire des marchandises soit « impliqué » dans les opérations pour que le transporteur puisse se prévaloir du privilège, V. • Paris, 5 avr. 2005 : *JCP E 2005, n° 51-52, p. 2209, obs. Delebecque.*

Loi n° 82-1153 du 30 décembre 1982,

D'orientation des transports intérieurs.

Art. 6-1 *(L. n° 2005-882 du 2 août 2005, art. 93)* I. — Un véhicule utilisé par une entreprise de transport de marchandises non résidente ou, dans le cas de services occasionnels, par une entreprise de transport de personnes non résidente, pour effectuer sur le territoire français des prestations de cabotage prévues par les règlements (CEE) n° 3118/93 du Conseil, du 25 octobre 1993, fixant les conditions de l'admission de transporteurs non résidents aux transports nationaux de marchandises par route dans un État membre et

(CE) n° 12/98 du Conseil, du 11 décembre 1997, fixant les conditions de l'admission des transporteurs non résidents aux transports nationaux de voyageurs par route dans un État membre ne peut demeurer sur ce territoire plus de trente jours consécutifs, ni plus de quarante-cinq jours sur une période de douze mois.

II. — *(transport par voie navigable)*

III. — Un décret en Conseil d'État définit les modalités d'application et de contrôle des dispositions prévues au présent article.

6-2 *(L. n° 2005-882 du 2 août 2005, art. 94)* I. — Un transporteur ne peut se prévaloir des dispositions des règlements (CEE) n° 3118/93 du Conseil, du 25 octobre 1993, précité et (CE) n° 12/98 du Conseil, du 11 décembre 1997, précité lorsqu'il exerce sur le territoire national :

— une activité de transport intérieur de façon habituelle, continuelle ou régulière ;

— une activité qui est réalisée à partir de locaux ou d'infrastructures situés sur le territoire national et concourant à l'exercice de cette activité d'une façon permanente, continuelle ou régulière.

II. — Dans les situations visées au I, le transporteur est assujetti aux dispositions des articles 7 et 8.

....

8 I. — *(L. n° 90-396 du 11 mai 1990)* « L'exercice des professions de transporteur public de marchandises, *(L. n° 2003-495 du 12 juin 2003, art. 26-I)* « de déménageur, » de loueur de véhicules industriels destinés au transport *(L. n° 2003-495 du 12 juin 2003, art. 26-I)* « , de commissionnaire de transport » et d'auxiliaire de transport peut être subordonné selon des modalités fixées par décret en Conseil d'État à des conditions d'honorabilité professionnelle, de capacité financière et de capacité professionnelle ainsi qu'à l'inscription à un registre tenu par les autorités de l'État.

« Les entreprises inscrites au registre à la date d'entrée en vigueur des présentes dispositions conservent le bénéfice de cette inscription. Les titulaires d'une licence de commissionnaire de transport, à la date d'entrée en vigueur du présent article, sont inscrits de droit à ce registre. » — *V. Décr. n° 99-752 du 30 août 1999, infra ; Décr. n° 86-608 du 14 mars 1986 (JO 19 mars).*

Pour l'application de l'alinéa précédent *[des alinéas précédents]*, sont considérées comme *(L. n° 2003-495 du 12 juin 2003, art. 26-I)* « commissionnaires de transport et comme » auxiliaires de transport de marchandises les personnes qui assurent, pour le compte d'autrui, des opérations de groupage, d'affrètement ou toutes autres opérations connexes à l'exécution de transport de marchandises *(L. n° 2003-495 du 12 juin 2003, art. 26-I)* « ou de déménagement ».

(Ord. n° 2005-1039 du 26 août 2005, art. 1er-I) « La capacité professionnelle peut être reconnue par un organisme présentant des garanties d'impartialité et de compétence, habilité à cet effet dans des conditions fixées par décret en Conseil d'État. »

II. — Tout contrat de transport public de marchandises *(L. n° 2003-495 du 12 juin 2003, art. 26-I)* « ou tout contrat relatif au déménagement » doit comporter des clauses précisant la nature et l'objet du transport *(L. n° 2003-495 du 12 juin 2003, art. 26-I)* « ou du déménagement », les modalités d'exécution du service en ce qui concerne le transport proprement dit et les conditions d'enlèvement et de livraison des objets transportés, les obligations respectives de l'expéditeur, du commissionnaire, du transporteur *(L. n° 2003-495 du 12 juin 2003, art. 26-I)* « , du déménageur » et du destinataire, et le prix du transport *(L. n° 2003-495 du 12 juin 2003, art. 26-I)* « ou du déménagement » ainsi que celui des prestations accessoires prévues. *(L. n° 2003-495 du 12 juin 2003, art. 26-I)* « De même, le contrat de commission de transport doit faire l'objet de dispositions identiques. »

(L. n° 2006-10 du 5 janv. 2006, art. 52-I) « De même, pour les services occasionnels publics de transports routiers non urbains de personnes, tout contrat doit comporter des clauses précisant l'objet de la prestation et son prix, les droits et obligations des parties, l'affectation du personnel de conduite, les caractéristiques du matériel roulant ainsi que les conditions d'exécution du service notamment en fonction des personnes ou des groupes de personnes à transporter. »

(L. n° 2003-495 du 12 juin 2003, art. 26-I) « Sans préjudice de dispositions législatives en matière de contrat et à » défaut de convention écrite définissant les rapports entre les parties au contrat sur les matières mentionnées *(L. n° 2006-10 du 5 janv. 2006, art. 52-II)* « aux alinéas précédents », les clauses de contrats types s'appliquent de plein droit. Ces contrats types sont établis par décret, après avis *(Abrogé par Ord. n° 2005-1039 du 26 août 2005, art. 1er-II) « des organismes professionnels concernés et »* du conseil national des transports. — *V. Décr. 14 mars 1986 (JO 19 mars)* [transport public routier de marchandises] ; *2 Décr. 12 févr. 2001 (JO 17 févr.)* [transport public routier de marchandises périssables sous température dirigée ; ... d'animaux vivants], *mod. par Décr. n° 2001-1363 du 28 déc. 2001 (JO 30 déc.) ; Décr. n° 90-193 du 1er mars 1990 (JO 4 mars)* [transport public routier d'objets indivisibles] ; *Décr. n° 2001-658 du 19 juill. 2001 (JO 22 juill.)* [transport public routier de véhicules roulants], *mod. par Décr. n° 2001-1363 du 28 déc. 2001 (JO 30 déc.) ; Décr. n° 2001-657 du 19 juill. 2001 (JO 22 juill.)* [transport public routier de fonds et de valeurs] ; *Décr. n° 99-269 du 6 avr. 1999 (JO 11 avr.)* [transports publics routiers de marchandises pour lesquels il n'existe pas de contrat type spécifique], *mod. par Décr. n° 2000-1052 du 20 oct. 2000 (JO 27 oct.) et Décr. n° 2001-1363 du 28 déc. 2001 (JO 30 déc.) ; Décr. n° 2000-527 du 16 juin 2000 (JO 18 juin)* [transport routier en citernes], *mod. par Décr. n° 2000-1052 du 20 oct. 2000 (JO 27 oct.) et Décr. n° 2001-1363 du 28 déc. 2001 (JO 30 déc.) ; Décr. n° 2000-528 du 16 juin 2000 (JO 18 juin)* [transport public d'objets indivisibles], *mod. par Décr. n° 2000-1052 du 20 oct. 2000 (JO 27 oct.) et Décr. n° 2001-1363 du 28 déc. 2001 (JO 30 déc.) ; Décr. n° 2003-1295 du 26 déc. 2003 (JO 30 déc.)* [contrat type applicable aux transports publics routiers de marchandises exécutés par des sous-traitants] ; *Décr. n° 2002-566 du 17 avr. 2002* [contrat type de location d'un véhicule industriel avec conducteur pour le transport routier de marchandises].

III. — *Abrogé par Ord. n° 86-1243 du 1er déc. 1986, art. 58.*

IV. — La rémunération *(L. n° 2003-495 du 12 juin 2003, art. 26-I)* « des commissionnaires de transport et » des auxiliaires de transport est fixée en fonction des services effectivement rendus. Elle est supportée par ceux qui en bénéficient.

RÉP. SOCIÉTÉS v° *Transport (sociétés de)*, par BROUSSOLLE.

Sur les contrats de transport public de marchandises par voies navigables, V. C. dom. publ. fluv., art. 189 s. et 209, issus de la L. n° 2001-43 du 16 janv. 2001, art. 21 et 22 (JO 17 janv.). — Sur le contrat type pour les transports publics de marchandises par voie navigable dit « contrat de sous-traitance », V. Décr. n° 99-263 du 1er avr. 1999 (JO 7 avr.). — Sur les contrats types dits « contrat à temps » et « contrat au tonnage », V. Décr. nos 99-267 et 99-268 du 1er avr. 1999 (JO 9 avr.).

BIBL. ▶ DELEBECQUE, *D. 2000. Chron. 135* (nouveau contrat type applicable aux transports publics routiers de marchandises). - CARRÉ, *JCP E 2002, n° 26, p. 1086* (conditions d'exercice du métier de chauffeur routier et l'alternative du contrat de transport).

1. Inscription au registre. V. • Poitiers, 15 avr. 1994 : *préc. note 1 ss. art. L. 133-1.*

2. Clauses de contrats types. En vertu de l'art. 8-II, les clauses des contrats types s'appliquent de plein droit à un contrat de transport public de marchandises qui ne comporte aucune convention écrite définissant les rapports entre les parties, et, par conséquent, les stipulations limitatives de responsabilité du transporteur en cas de perte ou d'avarie de l'art. 14 du contrat type messagerie approuvé par le Décr. du 4 mai 1988 sont opposables au client bien que celui-ci ne les ait pas connues et acceptées. • Com. 28 juin 1994 : *Bull. civ. IV, n° 247 ; D. 1995. 206, note B.M. ; JCP 1994. I. 3809, n° 17, obs. Viney.* – V. aussi • Com. 25 nov. 1997 : *D. 1998. Somm. 319, obs. Mercadal ; D. Affaires 1998. 105, obs. S.P.* • Versailles, 9 mai 1996 : *BICC 1996, n° 1104.* ♦ En l'absence de stipulation contraire, le transport contre remboursement étant soumis au contrat type messagerie applicable en la cause, le transporteur est tenu de ne délivrer la marchandise qu'en contrepartie de la remise d'espèces ou d'un chèque. • Com. 8 juill. 2003 : *cité note 7 ss. art. L. 132-5.* ♦ Pour une application du contrat type citernes s'agissant des obligations de surveillance du destinataire lors des opérations de déchargement, V. • Com. 24 mai 2005 : *Bull. civ. IV, n° 118 ; RTD com. 2006. 188, obs. Bouloc.* ♦ Jugeant qu'après avoir décidé que la clause limitative de responsabilité du contrat pour retard à la livraison était réputée non écrite, cela entraîne l'application du plafond légal d'indemnisation prévu par le contrat type messagerie, V. • Com. 9 juill. 2002 : *Bull. civ. IV, n° 121 ; D. 2002. AJ. 2329, obs. Chevrier ; ibid. Somm.*

2836, obs. Delebecque ; ibid. 2003. 457, obs. D. Mazeaud ; JCP E 2002, n° 48, p. 1923, note Loiseau et Billiau ; Contrats Conc. Consom. 2003, n° 2, obs. Leveneur ; RJDA 2003, n° 23. – Comp. • T. com. Nanterre, 24 févr. 2003 : *Petites affiches 22 oct. 2003, p. 14, note Humann ; RDC 2004. 286, obs. D. Mazeaud.* ♦ V. aussi dans cette affaire *Chronopost* : • Com. 21 févr. 2006 : *cité note 18 ss. art. L. 133-1.* ♦ Pour d'autres exemples appliquant une règle régissant un contrat type, V. • Com. 1er oct. 1997 : *Bull. civ. IV, n° 241 ; D. 1997. IR. 220 ; D. Affaires 1997. 1250* • CE 6 juill. 2005 : *D. 2005. 2094, note Delebecque ; RTD civ. 2005. 779, obs. Mestre et Fages (4e esp.) ; RFD adm. 2005. 1065 ; JCP 2005. II. 10154, concl. Donnat ; JCP E 2005, n° 44-45, p. 1868, obs. Bon-Garcin ; RJDA 2006, n° 594 ; RDC 2006. 375, obs. Fenouillet* (absence de caractère abusif). ♦ Toutefois, cette limitation de responsabilité cesse d'être applicable en cas de faute lourde du transporteur. • Com. 9 juill. 2002 : *préc.* • Versailles, 8 juin 1995 : *Gaz. Pal. 1996. 1. Somm. 189.* – V. note 18 ss. art. L. 133-1.

3. Convention écrite. Les parties pouvant, aux termes de l'art. 8-II, définir leurs rapports par une convention écrite, doit être écarté le contrat type messagerie prévu par le Décr. du 7 avr. 1988, dès lors que les lettres de voiture avaient soumis le transport litigieux à la convention internationale de Genève du 19 mai 1956 (CMR), dont les dispositions (relatives aux limitations de responsabilité du transporteur) ne sont pas contraires aux règles d'ordre public régissant le contrat de transport national. • Com. 1er juill. 1997 : *Bull. civ. IV, n° 218 ; D. 1998. 143, note B. M.-F. L. ; D. Affaires 1997. 1114 ; JCP 1998. II. 10076, note Delebecque.* – V. Tilche, *Bull. transp. 1997. 531.*

9 ....

Est nulle de plein droit, dans les contrats de transport *(L. n° 2003-495 du 12 juin 2003, art. 26-I)* « , dans les contrats relatifs au déménagement » et dans les contrats de travail, toute clause de rémunération principale ou accessoire de nature à compromettre la sécurité, notamment par l'incitation directe ou indirecte au dépassement de la durée du travail et des temps de conduite autorisés. — *Sur les infractions commises par les employeurs de salariés affectés à la conduite de véhicules de transport routier de personnes ou de marchandises et par les donneurs d'ordres aux transporteurs routiers de marchandises, V. Décr. n° 92-699 du 23 juill. 1992 (D. et ALD 1992. 434).*

Sur la nullité d'une clause d'indétermination du prix, V. • Com. 13 avr. 1999 : *Bull. civ. IV, n° 89 ; JCP 1999. II. 10222, note Fages ; JCP E 2000, n° 29, p. 1184, obs. A. M.*

....

32 Les contrats de transport routier de marchandises doivent prévoir, à peine de nullité, l'estimation des temps nécessaires à l'exécution des différentes tâches et les modalités de calcul, d'une part, de la rémunération des transporteurs lorsque les temps alloués sont dépassés du fait de l'expéditeur, du commissionnaire, du destinataire ou de tout autre donneur d'ordre de fait, d'autre part, des pénalités dues par le transporteur lorsque le dépassement est de son fait.

33 Le transporteur routier qui a passé un contrat de transport est tenu, soit de l'exécuter lui-même ou à l'aide de ses préposés, soit sous sa responsabilité de le sous-traiter pour tout ou partie à une autre entreprise de transport public, soit de l'assurer en passant un contrat de location avec un loueur de véhicules industriels avec conducteurs, dans les limites fixées par décret en Conseil d'État.

Le transporteur routier ne peut recourir à la sous-traitance que s'il a la qualité de commissionnaire de transport ou dans des cas exceptionnels. — *V. Décr. n° 99-752 du 30 août 1999, art. 15 s., infra.*

Le contrat de sous-traitance est soumis à l'ensemble des règles et conditions applicables au transport public de marchandises. La rémunération du transporteur principal est calculée conformément aux règles applicables aux contrats d'affrètement conclus par les commissionnaires de transport.

La situation des entreprises qui assurent habituellement des transports de marchandises en tant que sous-traitants à la date de la publication de la présente loi et qui ne remplissent pas les conditions requises pour exécuter des opérations de transport public devra être régularisée dans un délai de deux ans à compter de cette date. – *Sur la sous-traitance, V. L. n° 92-1445 du 31 déc. 1992, infra, App., v° Sous-traitance.*

34 Tout contrat de location d'un véhicule industriel avec conducteur doit comporter des clauses précisant les obligations respectives des parties dans les conditions d'emploi du conducteur et dans l'exécution des opérations de transport. Ce contrat doit assurer la couverture des coûts réels du service rendu dans des conditions normales d'organisation et de productivité.

A défaut de convention écrite définissant les rapports entre les parties au contrat sur les matières mentionnées à l'alinéa précédent, les clauses de contrats types s'appliquent de plein droit. Les contrats types sont établis par décret, après avis *(Abrogé par Ord. n° 2005-1039 du 26 août 2005, art. 1er-II) « des organismes professionnels concernés et »* du conseil national des transports. – *V. Décr. 14 mars 1986 (JO 19 mars).*

(L. n° 98-69 du 6 févr. 1998) « Le loueur de véhicules industriels avec conducteur a une action directe en paiement de ses prestations à l'encontre de l'expéditeur et du destinataire, lesquels sont garants du paiement du prix de la location dû par le transporteur auquel ils ont confié l'acheminement de leurs marchandises. Toute clause contraire est réputée non écrite. »

....

36 *(L. n° 98-69 du 6 févr. 1998)* Sur le territoire national, les activités de transport routier public *(L. n° 99-505 du 18 juin 1999)* « de personnes ou » de marchandises et de location de véhicules industriels avec conducteur destinés au transport de marchandises s'effectuent sous le couvert d'une licence de transport intérieur ou d'une licence communautaire.

La licence communautaire est délivrée dans les conditions prévues par *(L. n° 99-505 du 18 juin 1999)* « le règlement (CEE) n° 684/92 du Conseil du 16 mars 1992 ou » le règlement (CEE) n° 881/92 du Conseil du 26 mars 1992.

La licence de transport intérieur est délivrée aux entreprises inscrites au registre mentionné *(L. n° 99-505 du 18 juin 1999)* « aux articles 7 et 8 » de la présente loi et qui n'ont pas l'obligation de détenir une licence communautaire. Cette licence est exigée de toute entreprise de transport routier public *(L. n° 99-505 du 18 juin 1999)* « de personnes ou » de marchandises ou de location de véhicules industriels avec conducteur disposant d'un ou plusieurs *(L. n° 2006-10 du 5 janv. 2006, art. 24)* « véhicules motorisés ». Elle est établie au nom de l'entreprise et incessible. L'entreprise reçoit des copies certifiées conformes de sa licence de transport intérieur en nombre égal à celui des véhicules qu'elle détient.

Un décret en Conseil d'État pris après avis du Conseil national des transports, fixe les modalités d'application du présent article en tenant compte notamment des spécificités de chaque type de transport. – *V. Décr. n° 99-752 du 30 août 1999, art. 10 s., infra.*

Les dispositions issues de la L. n° 2006-10 du 5 janv. 2006 sont applicables à compter du 1er janv. 2007 (ancienne rédaction : « véhicules automobiles d'au moins deux essieux »).

37 *(L. n° 98-69 du 6 févr. 1998)* I. — Les autorisations et les copies conformes de la licence de transport intérieur ou de la licence communautaire prévues aux chapitres III et IV du titre II *[art. 29 à 38, relatifs au transport routier non urbain de personnes et au transport routier de marchandises]* de la présente loi pourront faire l'objet d'un retrait, à titre temporaire ou définitif, *(L. n° 2003-495 du 12 juin 2003, art. 26-I)* « en cas de constat d'infraction aux réglementations des transports, du travail, de l'hygiène ou de la sécurité » constituant au moins une contravention de la cinquième classe ou d'infractions répétées constituant au moins des contraventions de la troisième classe.

II. — Saisie d'un procès-verbal constatant une infraction de nature délictuelle *(L. n° 2003-495 du 12 juin 2003, art. 26-I)* « aux réglementations des transports, du travail, de l'hygiène ou de la sécurité », commise après au moins une première infraction de même nature, l'autorité administrative peut, indépendamment des sanctions pénales, prononcer l'immobilisation d'un ou plusieurs véhicules ou ensembles routiers à la disposition d'une entreprise de transport routier *(L. n° 2003-495 du 12 juin 2003, art. 26-I)* « ou d'une entreprise de déménagement, » pour une durée de trois mois au plus, aux frais et risques de celle-ci. *(L. n° 2003-495 du 12 juin 2003, art. 26-I)* « Ces dispositions s'appliquent également aux entreprises dont le transport est accessoire à leur activité. »

L'immobilisation est exécutée sous le contrôle de l'autorité administrative dans un lieu désigné par le préfet. Une publication dans les locaux de l'entreprise sanctionnée et par voie de presse de la sanction administrative prévue au présent article est effectuée.

III. — Un décret en Conseil d'État, pris après avis du Conseil national des transports, fixe les modalités d'application du présent article, notamment celles concernant la publication de la sanction administrative, et fixe la liste des infractions mentionnées au II. — *V. Décr. n° 99-752 du 30 août 1999, art. 18 s., infra.*

Retrait de la licence. La sanction de retrait temporaire de licence de transport communautaire, prévue en termes clairs et précis par la réglementation communautaire et le droit interne, n'est pas contraire au principe d'égalité. • Crim. 6 avr. 2004 : *Bull. crim. n° 85 ; Gaz. Pal. 2004. 3791, note Monnet.* ♦ Les principes de procès équitable ne trouvent pas à s'appliquer en totalité devant la commission de sanctions administratives du comité régional des transports qui n'est pas un premier degré de juridiction mais un organisme consultatif ; la commission doit cependant respecter le principe du contradictoire et veiller à délibérer sans méconnaître l'exigence d'impartialité. • Même arrêt.

V. L. n° 52-401 du 14 avr. 1952, art. 25-II, mod. par L. n° 95-96 du 1er févr. 1995, art. 21 (D. et ALD 1995. 119), L. n° 98-69 du 6 févr. 1998, art. 9-III (D. 1998. 103), L. n° 2005-882 du 2 août 2005, art. 92 (JO 3 août) ; L. n° 2003-495 du 12 juin 2003 (JO 13 juin) relative aux peines encourues en cas de non-respect de certaines règles d'exercice de l'activité de transport routier.

Loi n° 83-657 du 20 juillet 1983,

Relative au développement de certaines activités d'économie sociale.

Art. 35 Les sociétés coopératives d'entreprises de transports ont pour objet l'exercice de toutes les activités des entreprises de transports publics de marchandises et de voyageurs à l'exception de celles formées par les personnes physiques en vue de l'exploitation en commun d'un fonds de commerce de transport routier de marchandises et de voyageurs régies par la loi n° 78-763 du 19 juillet 1978 portant statut des sociétés coopératives ouvrières de production.

Les dispositions du titre Ier de la présente loi sont applicables aux sociétés coopératives d'entreprises de transports. — *V. ces dispositions, infra, App., v° Artisans.*

Toutefois :

— pour l'application des articles 2, 6, 16, 18, 19, l'inscription au registre prévu par *(L. n° 2005-882 du 2 août 2005, art. 99)* « les articles 7 et 8, » paragraphe I, de la loi n° 82-1153 du 30 décembre 1982 d'orientation des transports intérieurs est substituée à l'immatriculation au répertoire des métiers ou au registre détenu par les chambres de métiers d'Alsace et de Moselle ;

(L. n° 2005-882 du 2 août 2005, art. 99) « — pour l'application du 1° de l'article 6, seules peuvent être associées d'une société coopérative de transport, les personnes physiques ou morales exerçant la profession de transporteur public routier ; le 2° de l'article 6 n'est pas applicable.

« — pour l'application de l'article 18, l'inscription des conjoints collaborateurs au registre du commerce et des sociétés prévue par l'article L. 121-4 du code de commerce est substituée à l'immatriculation au répertoire des métiers ou au registre détenu par les chambres de métiers d'Alsace et de Moselle. »

— les pouvoirs dévolus au ministre chargé de l'artisanat le sont au ministre chargé des transports.

Les modalités d'application du présent article sont définies par un décret.

35 *bis* *(L. n° 2005-882 du 2 août 2005, art. 100)* Les sociétés coopératives d'entreprises de transport public routier de marchandises ont la qualité de voiturier. Les dispositions des articles L. 132-8, L. 132-9 et L. 133-1 à L. 133-7 du code de commerce leur sont applicables.

35 *ter* *(L. n° 2005-882 du 2 août 2005, art. 100)* Les sociétés coopératives d'entreprises de transport public routier de marchandises peuvent ainsi conclure directement des contrats de transport mentionnés au II de l'article 8 de la loi n° 82-1153 du 30 décembre 1982 d'orientation des transports intérieurs ou régis par la convention relative au contrat de transport international de marchandises par route du 19 mai 1956, dont l'exécution est assurée par les moyens propres de la coopérative et/ou ceux de ses membres.

Ces sociétés coopératives peuvent notamment exercer directement ou indirectement pour le compte de leurs associés, au sein d'une agence commune, les activités suivantes :

1° Fournir en totalité ou en partie à leurs associés les marchandises ou services, l'équipement et le matériel nécessaires à l'exercice de leurs activités de transport, notamment par la constitution et l'entretien de tout stock de marchandises, la construction, l'acquisition ou la location ainsi que la gestion de matériel, de stations ou d'entrepôts nécessaires au développement et à la modernisation de leurs entreprises ;

2° Dans le cadre des dispositions législatives concernant les activités financières, faciliter l'accès des associés aux divers moyens de financement et de crédit ;

3° Exercer les activités complémentaires à celles énoncées ci-dessus, et notamment fournir à leurs associés une assistance en matière de gestion technique, financière et comptable ;

4° Définir et mettre en œuvre par tous moyens une politique commerciale commune propre à assurer le développement et l'activité de ses associés, et notamment par :

— la mise à disposition d'enseignes ou de marques dont elles ont la propriété ou la jouissance ;

— la création d'une plate-forme commune assurant la gestion de la logistique des transports et de son organisation ;

— une gestion commune de la clientèle et du fret ;

5° Prendre des participations même majoritaires dans des sociétés directement ou indirectement associées exploitant des fonds de commerce liés à l'activité de transport.

35 *quater* *(L. n° 2005-882 du 2 août 2005, art. 100)* Les sociétés coopératives visées à l'article 35 *bis* et les membres de ces sociétés ne peuvent exercer aucune des activités d'auxiliaires de transport de marchandises par voie terrestre régies par les articles L. 132-3 à L. 132-7 du code de commerce.

35 *quinquies* *(L. n° 2005-882 du 2 août 2005, art. 100)* Les dispositions prévues aux deuxième à septième alinéas de l'article 35 *ter* sont applicables aux sociétés coopératives dont l'objet est l'exercice d'activités d'entreprises de transport public de voyageurs régies par l'article 7 de la loi n° 82-1153 du 30 décembre 1982 précitée.

Loi n° 95-96 du 1er février 1995,

Concernant les clauses abusives et la présentation des contrats et régissant diverses activités d'ordre économique et commercial.

Art. 23-1 *(L. n° 96-603 du 5 juill. 1996)* Est puni d'une amende de 90 000 € le fait pour tout prestataire de transport public routier de marchandises, et notamment les transporteurs routiers de marchandises, commissionnaires de transports ou loueurs de véhicules industriels avec conducteurs, d'offrir ou de pratiquer un prix inférieur au coût de la prestation qui ne permet pas de couvrir les charges entraînées par les obligations légales et réglementaires, notamment en matière sociale et de sécurité, ainsi que les charges de carburant et d'entretien, les amortissements ou les loyers des véhicules, les frais de route des conducteurs de véhicules, les frais de péage, les frais de documents de transport, les timbres fiscaux et, pour les entreprises unipersonnelles, la rémunération du chef d'entreprise.

Les personnes morales peuvent être déclarées pénalement responsables dans les conditions prévues par l'article 121-2 du code pénal de l'infraction prévue au présent article.

La peine encourue par les personnes morales est l'amende suivant les modalités prévues à l'article 131-38 du code pénal.

L'action est engagée par le ministère public, le ministre chargé de l'économie ou son représentant.

Les infractions sont recherchées et constatées dans les conditions prévues à l'article 45, premier et troisième alinéas, 46, 47, 51 et 52 de l'ordonnance n° 86-1243 du 1er décembre 1986 précitée *[C. com., art. L. 450-1, al. 1er et 3, L. 450-2, L. 450-3, L. 450-7 et L. 450-8]*. Le procureur de la République est préalablement avisé des opérations envisagées. Les procès-verbaux, qui font foi jusqu'à preuve du contraire, lui sont transmis sans délai. Copie en est adressée à l'intéressé. — *V. ces art., infra.*

Le transporteur public routier de marchandises, le commissionnaire ou le loueur de véhicule industriel avec conducteur évincé en raison d'un prix trop bas et les organisations professionnelles de transporteurs routiers, de commissionnaires de transports et de loueurs de véhicules industriels, représentatives au niveau national, peuvent se porter partie civile.

Le ministre chargé de l'économie ou son représentant peut, devant la juridiction compétente, déposer des conclusions et les développer oralement à l'audience. Il peut également produire les procès-verbaux et les rapports d'enquête.

L'action est prescrite dans un délai d'un an à compter de la date de fin d'exécution du contrat.

23-2 *(L. n° 98-69 du 6 févr. 1998)* Lors que des contrôles qu'ils font en entreprise, les contrôleurs des transports terrestres sont habilités à se faire communiquer tout document leur permettant de constater les prix pratiqués, ainsi que le volume de l'activité traitée ou sous-traitée. Les dispositions des quatrième et cinquième alinéas de l'article 4 de la loi n° 92-1445 du 31 décembre 1992 relative aux relations de sous-traitance dans le domaine du transport routier de marchandises sont applicables à ces contrôles. — *V. ce texte, infra, App., v° Sous-traitance.*

Les habilitations des agents de contrôle des transports terrestres dits « contrôleurs des transports terrestres » à constater les infractions prévues par l'art. 23-2 sont dévolues aux autres fonctionnaires ou agents de l'État, qui sont chargés du contrôle des transports terrestres et sont placés sous l'autorité du ministre chargé des transports (L. n° 2002-3 du 3 janv. 2002, art. 12-II).

24 *(L. n° 2006-10 du 5 janv. 2006, art. 23-I)* « I » Toute opération de transport routier de marchandises pour compte d'autrui est rémunérée sur la base :

— des prestations effectivement accomplies par le transporteur et ses préposés ;

— des durées pendant lesquelles le véhicule et son équipage sont à disposition en vue du chargement et du déchargement ;

— de la durée nécessaire pour la réalisation du transport dans les conditions compatibles avec le respect des réglementations de sécurité, telles qu'elles résultent notamment du deuxième alinéa de l'article 9 de la loi n° 82-1153 du 30 décembre 1982 d'orientation des transports intérieurs[;] — *V. loi préc., supra.*

(L. n° 2006-10 du 5 janv. 2006, art. 23-II) « — des charges de carburant nécessaires à la réalisation de l'opération de transport. »

Un décret en Conseil d'État précise les modalités particulières d'application *(L. n° 2006-10 du 5 janv. 2006, art. 23-II)* « du présent I » lorsqu'une opération de transport implique plusieurs opérations successives de chargement ou de déchargement. — *V. infra, Décr. n° 95-541 du 2 mai 1995 et la note ss. ce texte.*

(L. n° 2006-10 du 5 janv. 2006, art. 23-IV) « II. — Lorsque le contrat de transport mentionne les charges de carburant retenues pour l'établissement du prix de l'opération de transport, le prix de transport initialement convenu est révisé de plein droit pour prendre en compte la variation des charges liée à la variation du coût du carburant entre la date du contrat et la date de réalisation de l'opération de transport. La facture fait apparaître les charges de carburant supportées par l'entreprise pour la réalisation de l'opération de transport.

« III. — A défaut de stipulations contractuelles identifiant les charges de carburant dans les conditions définies au II, celles-ci sont déterminées, au jour de la commande de transport, par référence au prix du gazole publié par le Comité national routier et à la part des charges de carburant dans le prix du transport, telle qu'établie dans les indices synthétiques du Comité national routier. Le prix du transport initialement convenu est révisé de plein droit en appliquant aux charges de carburant la variation de l'indice gazole publié par le Comité national routier sur la période allant de la date de la commande de l'opération de transport à sa date de réalisation. La facture fait apparaître les charges de carburant supportées par l'entreprise pour la réalisation de l'opération de transport.

« IV. — Les dispositions des II et III sont applicables aux contrats de commission de transport pour la part relative à l'organisation des transports routiers de marchandises. »

25 En vue de l'exécution d'un contrat de transport routier de marchandises pour compte d'autrui, le cocontractant de l'entreprise de transport qui effectue la prestation est tenu, préalablement à la présentation du véhicule au chargement, de transmettre à celle-ci, par écrit ou par tout autre procédé permettant la mémorisation, les informations nécessaires à l'exécution du contrat, la liste des prestations annexes convenues ainsi que son acceptation des différentes durées prévues pour la réalisation du contrat et des conditions de rémunération des différentes opérations.

Les prestations annexes sont les prestations autres que la conduite du véhicule, la préparation de celui-ci aux opérations de chargement et de déchargement et la mise en œuvre des matériels spécialisés attachés au véhicule.

26 L'exécution des prestations prévues au contrat donne lieu à l'établissement par le transporteur d'un document qui est rempli au fur et à mesure de l'opération de transport. *(L. n° 98-69 du 6 févr. 1998)* « Ce document, dûment signé par le remettant ou son représentant, qui est conservé dans le véhicule, mentionne les dates et heures d'arrivée et de départ du véhicule ou de l'ensemble routier, tant au lieu de chargement qu'au lieu de déchargement, l'heure d'arrivée au lieu de déchargement demandée par le remettant ou son représentant, ainsi que les prestations annexes, prévues ou accomplies, effectuées par son équipage. » — *Sur la sanction par l'immobilisation immédiate de l'absence à bord du véhicule de ce document, V. C. route, art. L. 325-4. — V. aussi Arr. 9 nov. 1999 (JO 25 nov.), mod. par Arr. 8 janv. 2004 (JO 28 janv.) relatif aux documents de transport ou de location devant se trouver à bord des véhicules de transport routier de marchandises.*

Le dépassement des durées de réalisation des opérations de chargement et de déchargement par rapport à celles qui avaient été acceptées par le cocontractant ouvre droit à un complément de rémunération lorsque ce dépassement n'est pas imputable au fait du transporteur. Il en est de même pour toute prestation annexe non prévue au contrat de transport.

Le document prévu au premier alinéa fait foi jusqu'à preuve contraire des modalités d'exécution du contrat. Il doit être signé par le remettant ou son représentant sur le lieu de chargement et par le destinataire ou son représentant sur le lieu de déchargement.

Le refus non motivé de signature engage la responsabilité des personnes désignées à l'alinéa précédent.

27 Toute prestation annexe non prévue au contrat de transport routier de marchandises qui cause un dommage engage la responsabilité de l'entreprise bénéficiaire de la prestation.

28 Les dispositions du présent chapitre sont d'ordre public.

V. Recommandation n° 82-01 de la commission des clauses abusives concernant les contrats proposés par les transporteurs terrestres de marchandises et les commissionnaires de transport (BOCC 27 mars 1982).

Décret nº 95-541 du 2 mai 1995,

Relatif aux opérations de transport impliquant plusieurs opérations successives de chargement et de déchargement.

Art. 1er Lorsqu'un contrat de transport prévoit plusieurs opérations successives de chargement ou de déchargement, les durées pendant lesquelles le véhicule et son équipage sont à disposition pour ces opérations de chargement et de déchargement, lorsque ces durées n'excèdent pas trente minutes, font l'objet d'une évaluation et d'une rémunération globales pour la totalité de l'opération de transport, sauf convention particulière entre les parties.

Dans le cas où les durées constatées sont supérieures à trente minutes, il est procédé au décompte réel des durées pendant lesquelles le véhicule et son équipage sont à disposition.

2 Pour l'application des dispositions de l'article 1er, un document de suivi est signé par chacun des remettants successifs ou son représentant sur les lieux de chargement et par chacun des destinataires successifs ou son représentant sur les lieux de déchargement. Lorsqu'une opération de transport implique plusieurs rotations, le document de suivi est signé lors de la dernière rotation.

Pour la prise en compte des durées pendant lesquelles le véhicule et son équipage sont à disposition en vue du changement et du déchargement, conformément à l'art. 24, al. 3, l'identification du véhicule constitue le point de départ à partir duquel court le délai de chargement et de déchargement. — A compter du 31 déc. 1998, un décret fixe en tant que de besoin, les conditions dans lesquelles est opérée l'identification (L. nº 98-69 du 6 févr. 1998, art. 14 (D. 1998. 104)).

Décret nº 99-752 du 30 août 1999,

Relatif aux transports routiers de marchandises.

RÉP. COM. vº *Transports routiers de marchandises (Organisation des)*, par BROUSSOLLE.

TITRE Ier. DE L'EXERCICE DE LA PROFESSION DE TRANSPORTEUR OU DE LOUEUR

Section I. *Conditions d'exercice*

Art. 1er Les entreprises de transport public routier de marchandises ou de location de véhicules industriels avec conducteur destinés au transport de marchandises, immatriculées au registre du commerce et des sociétés ou au répertoire des métiers, doivent, pour exercer leur activité, être également inscrites au registre des transporteurs et des loueurs tenu par le préfet de la région où elles ont leur siège. Pour les entreprises étrangères établies en France, le lieu d'inscription est celui de leur établissement principal. L'inscription au registre des transporteurs et des loueurs est soumise à des conditions d'honorabilité professionnelle, de capacité financière et de capacité professionnelle.

2 I. — Il doit être satisfait à la condition d'honorabilité professionnelle par chacune des personnes suivantes :

a) Le commerçant chef d'entreprise individuelle ;

b) Les associés et les gérants des sociétés en nom collectif ;

c) Les associés commandités et les gérants des sociétés en commandite ;

d) Les gérants des sociétés à responsabilité limitée ;

e) Le président du conseil d'administration, les membres du directoire et les directeurs généraux des sociétés anonymes ;

f) Le président et les dirigeants des sociétés par actions simplifiées ;

g) La personne physique qui assure la direction permanente et effective de l'activité de transport ou de location de l'entreprise.

II. — Il n'est pas satisfait à la condition d'honorabilité professionnelle lorsque l'une des personnes mentionnées au I fait l'objet :

Soit d'une condamnation prononcée par une juridiction française et inscrite au bulletin n° 2 de son casier judiciaire ou par une juridiction étrangère et inscrite dans un document équivalent, entraînant une interdiction d'exercer une profession commerciale ou industrielle ;

Soit de plus d'une condamnation mentionnée au bulletin n° 2 du casier judiciaire pour l'un ou l'autre des délits suivants :

a) Infractions mentionnées aux articles L. 1er, L. 2, L. 4, L. 7, L. 9, L. 9-1, L. 12 et L. 19 du code de la route ; — *Ces art. ont été abrogés et codifiés par Ord. n° 2000-930 du 22 sept. 2000. — V. désormais, C. route, art. L. 234-1, L. 234-3 à L. 234-8, L. 234-11, L. 224-5, L. 233-1, L. 233-2, L. 412-1, L. 317-1 à L. 317-4, L. 221-2, L. 224-16 à L. 224-18 et L. 223-5. — V. aussi art. L. 231-1 C. route.*

b) Infractions mentionnées aux articles L. 125-1, L. 125-3, L. 324-9, L. 324-10 et L. 341-6 du code du travail ;

c) Infractions aux dispositions de l'article 25 de la loi *[52-401]* du 14 avril 1952 susvisée ; — *V. note ss. art. 37 de la L. n° 82-1153 du 30 déc. 1982, supra.*

d) Infractions aux dispositions des articles 3 et 3 *bis* de l'ordonnance *[58-1310]* du 23 décembre 1958 susvisée ;

e) Infractions mentionnées à l'article 24 de la loi *[75-633]* du 15 juillet 1975 susvisée *[C. envir., art. L. 541-46]* ;

f) Infractions aux dispositions des articles 4 et 5 de la loi *[75-1335]* du 31 décembre 1975 susvisée ;

g) Infractions aux dispositions de l'article 3 de la loi *[92-1445]* du 31 décembre 1992 susvisée ;

h) Infractions aux dispositions de l'article 23-1 de la loi *[95-96]* du 1er février 1995 susvisée. — *V. art. préc., supra.*

III. — Le préfet de région est, à sa demande, informé des condamnations mentionnées ci-dessus au moyen du bulletin n° 2 du casier judiciaire.

Les personnes résidant en France depuis moins de cinq ans et dont les États de leurs résidences précédentes appartiennent à l'Union européenne doivent apporter la preuve qu'elles y satisfaisaient à la condition d'honorabilité professionnelle définie par ces États pour l'accès à la profession de transporteur ou de loueur.

Les personnes résidant en France depuis moins de cinq ans et dont les États de leurs résidences précédentes n'appartiennent pas à l'Union européenne ne peuvent exercer en France l'activité de transporteur ou de loueur que si elles n'ont pas subi dans ce ou ces États des condamnations pour des délits semblables à ceux mentionnés au II.

3 Il est satisfait à la condition de capacité financière lorsque l'entreprise dispose de capitaux propres et de réserves ou de garanties d'un montant total au moins égal à 900 € pour chaque véhicule n'excédant pas 3,5 tonnes de poids maximum autorisé et, pour les véhicules excédant cette limite, 9 000 € pour le premier véhicule, 5 000 € pour chacun des véhicules suivants. Toutefois, le montant des garanties ne peut excéder la moitié du montant de la capacité financière exigible.

Dans les départements d'outre-mer, ces montants sont fixés respectivement à 600 €, 6 000 € et 3 000 €.

Les véhicules pris en compte pour la détermination du montant de la capacité financière exigible sont ceux possédés en pleine propriété, ou ceux qui font l'objet de contrats de crédit-bail, ou qui sont pris en location, avec ou sans conducteur.

Les véhicules donnés en location sans conducteur ne sont pas pris en compte pour la détermination du montant de la capacité financière exigible des entreprises.

Les modalités d'application du présent article sont fixées par arrêté conjoint du ministre chargé des transports et du ministre chargé de l'économie. — *V. Arr. 18 nov. 1999 (JO 8 déc.).*

4 I. — Il est satisfait à la condition de capacité professionnelle lorsque la personne physique qui assure la direction permanente et effective de l'activité de transport ou de location de l'entreprise est titulaire d'une attestation de capacité professionnelle ou, lorsque l'entreprise utilise exclusivement des véhicules n'excédant pas 3,5 tonnes de poids maximum autorisé, d'un justificatif de capacité professionnelle.

II. — L'attestation de capacité professionnelle est délivrée par le préfet de région aux personnes ayant satisfait à un examen écrit de capacité professionnelle. Un jury présidé par le préfet de région est constitué à cet effet. L'examen doit pemettre l'évaluation des connaissances des candidats en matière de droit civil, de droit commercial, de droit social, de droit fiscal, de gestion commerciale et financière de l'entreprise, d'accès au marché, de normes et d'exploitation techniques, de sécurité routière. — *Sur la délivrance de l'attestation de capacité professionnelle permettant l'exercice des professions de transporteur public routier de marchandises et de loueur de véhicules industriels avec conducteur destinés au transport de marchandises, V. Arr. 17 nov. 1999 (JO 30 nov.).*

Sont dispensées de cet examen les personnes qui justifient d'une expérience pratique d'au moins cinq ans dans une entreprise de transport à un niveau de direction, sous réserve qu'elles n'aient pas cessé cette activité depuis plus de trois ans, et qui satisfont à un contrôle de cette expérience devant une commission présidée par le préfet de région.

Sont également dispensées de l'examen les personnes titulaires d'un diplôme de l'enseignement supérieur ou de l'enseignement technique qui implique une bonne connaissance dans les mêmes matières que celles prévues ci-dessus pour cet examen.

III. — Le justificatif de capacité professionnelle est délivré par le préfet de région soit aux personnes ayant satisfait avec succès à des tests de vérification des connaissances, en matière de gestion, de réglementation du transport routier, du travail et de la sécurité, à l'issue d'un stage obligatoire organisé par un organisme de formation professionnelle habilité par le préfet de région, soit pouvant présenter un diplôme ou un certificat de formation admis en équivalence.

Toutefois le jutificatif de capacité professionnelle n'est pas exigé de la personne assurant la direction permanente et effective de l'entreprise immatriculée au registre du commerce et des sociétés ou au répertoire des métiers à la date de publication du présent décret.

IV. — Des arrêtés du ministre chargé des transports précisent les modalités d'application du présent article, notamment, au II, la composition du jury, le programme et la nature des épreuves de l'examen écrit prévu au premier alinéa, la composition et le fonctionnement de la commission prévue au deuxième alinéa, la liste des diplômes requis au troisième alinéa et, au III, la durée et le contenu du stage de formation ainsi que, conjointement avec le ministre chargé de l'éducation nationale, les diplômes et certificats admis en équivalence. — *Sur la création de commissions consultatives pour la délivrance des attestations de capacité professionnelle et des justificatifs de capacité professionnelle relatifs à l'exercice de certaines professions liées au transport public routier, V. Arr. 15 nov. 1999 (JO 30 nov.).*

Section II. *Inscription au registre*

5 L'entreprise qui satisfait aux conditions d'exercice de la profession est inscrite sur sa demande, avec mention de l'ensemble de ses établissements, au registre des transporteurs et des loueurs tenu par le préfet de la région où elle a son siège ou, pour une entreprise étrangère établie en France, celui de son établissement principal. Chacun des établissements d'une entreprise inscrite doit être mentionné au registre de la région où il est implanté.

Un arrêté du ministre chargé des transports fixe la composition du dossier de demande d'inscription ainsi que, après l'avis de la Commission nationale de l'informatique et des libertés, les informations qui figurent dans le registre.

6 Les entreprises de transport membres d'une coopérative d'entreprises de transport sont soumises aux mêmes conditions d'inscription au registre que la coopérative.

En cas de location-gérance d'un fonds de commerce de transport ou de location, le locataire-gérant est tenu de demander son inscription dans les conditions prévues à l'article 5.

7 Les entreprises inscrites au registre sont tenues de porter à la connaissance du préfet de la région dans laquelle elles sont inscrites, dans un délai d'un mois, tout changement de nature à modifier leur situation au regard de l'inscription.

8 Lorsque la personne physique qui assure la direction permanente et effective de l'activité de transport ou de location de l'entreprise décède ou est dans l'incapacité physique ou légale de gérer ou de diriger l'entreprise, le préfet de région peut maintenir l'inscription de l'entreprise au registre, sans qu'il soit justifié de l'aptitude d'une autre personne, pendant une période maximale d'un an à compter du jour du décès ou de l'incapacité. Ce délai peut, à titre exceptionnel, être prorogé de six mois sur décision motivée du préfet de région.

9 Sous réserve des dispositions de l'article 8, les entreprises sont radiées du registre par le préfet de région, après avis de la *(Décr. n° 2004-548 du 14 juin 2004, art. 5)* « commission régionale des sanctions administratives » prévue à l'article 17 de la loi du 30 décembre 1982 susvisée, lorsqu'il n'est plus satisfait à l'une des conditions requises lors de leur inscription à ce registre. La radiation ne peut être prononcée qu'après une mise en demeure du préfet de région demeurée sans effet, invitant l'entreprise à régulariser dans un délai de trois mois sa situation au regard de la condition à laquelle il a cessé d'être satisfait. Ce délai peut être porté jusqu'à douze mois pour la condition de capacité financière s'il apparaît que la situation économique de l'entreprise peut lui permettre de remplir à nouveau cette condition dans ce délai.

L'entreprise est de même radiée du registre par le préfet de région, après avis de la commission des sanctions administratives, lorsqu'il est constaté, soit qu'elle a fourni des informations inexactes en vue d'obtenir son inscription au registre, soit qu'elle ne dispose plus d'aucun titre administratif de transport à la suite d'une décision de retrait définitif. Dans ce cas, aucune demande d'inscription nouvelle au registre n'est recevable avant un délai de deux ans.

Il est également mis fin à l'inscription au registre lorsque l'entreprise n'a plus ni siège ni établissement dans la région ou lorsqu'elle a cessé, pour quelque motif que ce soit, pendant plus d'un an, l'activité de transporteur ou de loueur.

Il est fait rapport trimestriellement à la *(Décr. n° 2004-548 du 14 juin 2004, art. 5)* « commission régionale des sanctions administratives » des décisions du préfet de région prises en application du présent article.

TITRE II. DES TITRES ADMINISTRATIFS ET DES DOCUMENTS DE TRANSPORT

10 L'inscription au registre donne lieu à la délivrance par le préfet de région de l'un des deux types de licences suivants :

a) Une licence communautaire pour les véhicules dont le poids maximum autorisé dépasse 6 tonnes et dont la charge utile autorisée, y compris celle des remorques, dépasse 3,5 tonnes ;

b) Une licence de transport intérieur lorsque les véhicules n'excèdent pas l'une de ces limites. Lorsque l'entreprise utilise exclusivement des véhicules n'excédant pas 3,5 tonnes de poids maximum autorisé, la licence de transport intérieur porte la mention suivante : « Activité de transport ou de location assurée exclusivement à l'aide de véhicules n'excédant pas 3,5 tonnes de poids maximum autorisé. »

11 La licence, établie au nom de l'entreprise pour le type de véhicules considéré, lui est délivrée pour une durée de cinq ans renouvelable. Elle est accompagnée d'autant de copies conformes numérotées que l'entreprise dispose de véhicules. L'original de la licence est conservé dans les locaux de l'entreprise et doit être restitué au préfet de région à la fin de sa période de validité ou lorsque l'entreprise est radiée du registre des transporteurs et des loueurs.

12 Tout véhicule effectuant en France un transport routier de marchandises doit, sous réserve des dispositions dérogatoires prévues au titre IV du présent décret et sans préjudice des dispositions correspondant à la réglementation spécifique de certains types de transports, être accompagné des documents suivants :

a) Le titre administratif de transport requis, soit, selon le cas, une copie conforme de l'un des deux types de licences mentionnés à l'article 10 pour les entreprises établies en France ou, pour les entreprises non résidentes, une copie conforme de la licence communautaire ou une autorisation de transport délivrée en application de règlements communautaires ou d'accords internationaux ;

b) La lettre de voiture nationale ou internationale ;

c) Le cas échéant, le document justificatif de la location du véhicule avec ou sans conducteur ;

d) Un document établi par l'employeur attestant la relation d'emploi existant entre l'entreprise et le conducteur du véhicule.

L'entreprise doit conserver pendant deux ans, afin d'être en mesure de la présenter à toute réquisition des agents des services de contrôle de l'État, la lettre de voiture mentionnée au *b*.

13 Un arrêté du ministre chargé des transports précise, en tant que de besoin, les conditions d'application du présent titre. Il fixe notamment le contenu et le modèle de la licence de transport intérieur, des autorisations et des documents exigibles à bord des véhicules mentionnés à l'article 12 et rappelle en annexe la liste des règlements communautaires et des accords internationaux mentionnés au *a* de cet article. — *V. Arr. 9 nov. 1999 (JO 25 nov.), mod. par Arr. 8 janv. 2004 (JO 28 janv.) relatif aux documents de transport ou de location devant se trouver à bord des véhicules de transport routier de marchandises. — V. aussi Arr. 16 nov. 1999 (JO 30 nov.) relatif aux titres administratifs de transport qui doivent être détenus par les entreprises effectuant en France un transport routier de marchandises.*

14 Les dispositions du présent titre ne sont pas applicables aux transports effectués dans les départements d'outre-mer.

TITRE III. DE LA SOUS-TRAITANCE

15 En application du deuxième alinéa de l'article 33 de la loi du 30 décembre 1982 susvisée, peuvent recourir à la sous-traitance sans être inscrites au registre des commissionnaires de transport :

1° Les entreprises de transport, les coopératives de transport et les coopératives d'entreprises de transport n'ayant pas opté pour le statut résultant de la loi du 20 juillet 1983 susvisée, qui, en raison d'une surcharge temporaire d'activité, se trouvent dans l'impossibilité d'exécuter les contrats de transports dont elles sont titulaires par leurs propres moyens.

Les opérations sous-traitées à ce titre, dont le montant ne peut excéder 15 % du chiffre d'affaires annuel de l'activité de transport routier de marchandises de l'entreprise ou de la coopérative, sont enregistrées par l'entreprise et font l'objet d'une déclaration au préfet de région dans les conditions fixées par arrêté du ministre chargé des transports ; — *V. Arr. 19 nov. 1999 (JO 3 déc.).*

2° Les coopératives d'entreprises de transport ayant opté pour le statut résultant de la loi du 20 juillet 1983 susvisée, lorsqu'elles confient l'exécution des contrats de transport routier à d'autres transporteurs publics que leurs membres ou associés, dans les limites fixées par la loi susvisée et dans les conditions de déclaration fixées au 1° ci-dessus ;

3° Les entreprises de déménagement, pour les opérations de déménagement, y compris le transport, confiées à une autre entreprise de déménagement ;

4° Les entreprises qui recourent aux opérateurs de transport combiné, pour l'activité correspondant aux parcours initiaux et terminaux ;

5° Les entreprises de transport qui assurent des transports de lots inférieurs à trois tonnes et qui, tout en conservant leur responsabilité sur l'opération de transport, soit confient à d'autres transporteurs auxquels elles sont liées par une convention de compte courant certains des lots qui leur sont confiés, soit font exécuter par d'autres transporteurs les opérations terminales de ramassage ou de livraison.

16 Le transporteur qui effectue un transport public routier de marchandises en le sous-traitant à un autre transporteur ou en prenant en location un véhicule avec conducteur doit s'assurer, préalablement à la conclusion du contrat, que le transporteur ou le loueur auquel il a recours est habilité à exécuter les opérations qui lui sont confiées.

TITRE IV. DISPOSITIONS DÉROGATOIRES

17 Les dispositions du titre Ier et du titre II ne sont pas applicables aux transports suivants :

1° Transports exécutés par des entreprises dont le transport n'est pas l'activité principale et qui sont liées entre elles par un contrat en vue de l'exécution d'un travail commun ou de la mise en commun d'une partie de leur activité dans les conditions suivantes :

a) Les véhicules utilisés appartiennent à ces entreprises ou ont été pris en location par elles ;

b) Les marchandises transportées sont la propriété de l'une des parties du contrat ;

c) Le transport est nécessaire à la réalisation, par l'une des autres parties contractantes, d'une activité de transformation, de réparation, de travail à façon ou de vente ;

d) Le transport est accessoire à l'activité principale définie par le contrat ;

Un arrêté du ministre chargé des transports fixe les modalités selon lesquelles le préfet de région accorde des dérogations à ce type de transports ;

2° Transports exécutés à l'intérieur d'une zone de 100 kilomètres de rayon autour de la commune dans laquelle ce transport a son origine :

a) Au moyen de véhicules et appareils agricoles définis par le A de l'article R. 138 du code de la route pour les besoins d'une exploitation agricole ;

b) A titre occasionnel et gracieux, pour les besoins d'une exploitation agricole, au moyen de véhicules appartenant à une autre exploitation agricole ;

c) Pour la collecte du lait lorsque cette activité est le complément d'une activité agricole ;

d) Pour le débardage du bois en grumes entre le lieu d'abattage et le lieu d'exploitation ;

3° Transports exécutés dans le cadre des groupements d'entreprises agricoles dans les conditions suivantes :

a) Les véhicules utilisés appartiennent au groupement ou à ses membres ou encore ont été pris en location par ceux-ci ;

b) Les marchandises sont transportées pour les besoins de la production agricole à destination d'une exploitation pour l'approvisionnement nécessaire à sa production ou au départ de celle-ci pour la collecte et l'expédition de ses produits ;

c) Le transport n'est que l'accessoire et le complément de l'activité du groupement ou de celle de ses membres ;

4° Transports de marchandises exécutés par des transporteurs publics routiers de personnes au moyen de véhicules destinés au transport de personnes, à l'occasion de services réguliers ou à la demande ;

5° Transports exécutés au moyen de certains véhicules affectés à des emplois très spéciaux, dont l'intervention est nécessaire pour la mise en œuvre des matériaux qu'ils transportent. Ces véhicules sont ceux qui sont mentionnés aux articles R. 138, R. 167 et R. 168 du code de la route ;

6° Transports de véhicules accidentés ou en panne par véhicule spécialisé entre le lieu de l'accident ou de la panne et le lieu de réparation ;

7° Transports sur route de wagons de chemin de fer exécutés par des véhicules aménagés spécialement à cet effet ;

8° Transports exécutés par La Poste au moyen de ses véhicules pour ses missions de service public.

TITRE V. DES SANCTIONS ADMINISTRATIVES ET DES SANCTIONS PÉNALES

18 Lorsqu'une infraction aux dispositions relatives aux transports, aux conditions de travail et à la sécurité est constatée, copie des éléments constitutifs de la constatation de l'infraction est adressée au préfet de la région dans laquelle l'entreprise concernée est inscrite au registre des transporteurs et des loueurs.

Au vu de ces éléments, et si l'infraction correspond à une contravention au moins de la 5e classe, ou au moins de la 3e classe en cas d'infractions répétées, le préfet peut prononcer le retrait temporaire ou définitif des titres administratifs détenus par l'entreprise. La décision de retrait définitif ne peut intervenir qu'après une première décision de retrait de titres administratifs intervenue au cours des cinq années précédentes. Elle porte sur l'ensemble des titres de transport détenus par l'entreprise.

Pendant toute la durée du retrait temporaire des titres administratifs de transport, il ne pourra être délivré à l'entreprise aucun titre de transport nouveau de quelque nature que ce soit.

Lorsque le préfet constate qu'une infraction de nature délictuelle figurant parmi celles mentionnées au II de l'article 2, commise après au moins une infraction de même nature, a été relevée, il peut prononcer l'immobilisation d'un ou de plusieurs véhicules de l'entreprise pour une durée de trois mois au plus, aux frais de l'entreprise. La décision du préfet précise le lieu de l'immobilisation, sa durée et les modalités du contrôle exercé par les agents de l'État.

Les décisions de retrait et d'immobilisation sont prises après avis de la *(Décr. n° 2004-548 du 14 juin 2004, art. 5)* « commission régionale des sanctions administratives ».

La décision du préfet est publiée dans deux journaux régionaux et est affichée dans les locaux de l'entreprise pour une durée qui ne peut excéder la durée du retrait ou de l'immobilisation. Les frais de publication et d'affichage sont à la charge de l'entreprise.

19 I. — Est puni de l'amende prévue pour les contraventions de la 5e classe le fait de méconnaître l'une des obligations mentionnées aux articles 7 et 12 du présent décret.

II. — Est puni de l'amende prévue pour les contraventions de la 4e classe le fait de méconnaître les obligations d'enregistrement ou de déclaration prévues au deuxième alinéa du 1° de l'article 15 du présent décret.

TITRE VI. DISPOSITIONS DIVERSES

20 Dans le présent décret, l'expression « poids maximum autorisé » désigne :

a) Le poids total autorisé en charge d'un véhicule isolé ;

b) Pour les ensembles articulés, la plus petite des deux valeurs suivantes :

— poids total roulant autorisé du véhicule tracteur ;

— somme du poids à vide du véhicule tracteur et du poids total autorisé en charge de la semi-remorque ;

c) Pour les trains routiers, la plus petite des deux valeurs suivantes :

— poids total roulant autorisé du véhicule à moteur ;

— somme des poids totaux autorisés en charge du véhicule à moteur et de la remorque.

Les poids totaux autorisés en charge mentionnés ci-dessus sont éventuellement relevés des poids correspondant aux dérogations mentionnées au 2 de l'article R. 55 du code de la route.

21 Les entreprises disposent d'un délai d'un an à compter de la date de publication du présent décret *[JO 2 sept.]* pour se mettre en conformité avec ses dispositions. Jusqu'à ce qu'elles aient procédé à cette opération, les titres administratifs qu'elles détiennent demeurent valables.

22 *(Abrogation des textes antérieurs)*

Dès lors qu'elle constitue un élément d'évolution vers la libre concurrence, peut être établie par décret, une procédure contribuant à l'information sur les coûts de transports routiers de marchandises et facilitant la gestion des entreprises (Ord. n° 86-1243 du 1er déc. 1986, art. 58, al. 3).

Pour les dispositions applicables aux sociétés coopératives d'entreprises de transports, V. L. n° 83-657 du 20 juill. 1983 (D. et ALD 1983. 385). — ***C. sociétés.***

CHAPITRE IV DES AGENTS COMMERCIAUX

RÉP. COM. v° *Agent commercial*, par LELOUP.

BIBL. GÉN. ► JAZÉ-DEKEUWER, *ALD 1992. 131*. – FERRIER, *Cah. dr. entr. 1991, n° 6*. – LELOUP, *JCP 1992. I. 3557*. – THREARD, *Gaz. Pal. 1992. 1. Doctr. 74* (agents de l'automobile). – FERRY, *JCP E 1993. I. 233* (contrat international d'agent commercial).

Art. L. 134-1 **L'agent commercial est un mandataire qui, à titre de profession indépendante, sans être lié par un contrat de louage de services, est chargé, de façon permanente, de négocier et, éventuellement, de conclure des contrats de vente, d'achat, de location ou de prestation de services, au nom et pour le compte de producteurs, d'industriels, de commerçants ou d'autres agents commerciaux. Il peut être une personne physique ou une personne morale.**

Ne relèvent pas des dispositions du présent chapitre les agents dont la mission de représentation s'exerce dans le cadre d'activités économiques qui font l'objet, en ce qui concerne cette mission, de dispositions législatives particulières. – *[L. n° 91-593 du 25 juin 1991, art. 1er].*

Sur la présomption légale de non-salariat s'agissant des personnes physiques immatriculées au registre des agents commerciaux, V. infra, App., v° Commerce (organisation), C. trav., art. L. 120-3.

1. Profession indépendante. Le statut d'agent commercial issu du Décr. du 23 déc. 1958 ne permet pas d'assimiler celui-ci à un mandataire salarié agissant dans le seul intérêt de son mandant. • Com. 31 mars 1992 : *RJDA 1992, n° 817.* ♦ Pour une qualification de mandat d'intérêt commun et non plus de contrat d'agence commerciale en raison du fait que le mandataire a cédé une certaine maîtrise de l'organisation de son activité en contrepartie d'un risque commercial amoindri, V. • Com. 29 oct. 2002 : *RJDA 2003, n° 132.* ♦ Retenant que c'est à celui qui se prétend agent commercial d'en rapporter la preuve : • Com. 24 sept. 2003 : *Lettre distrib. nov. 2003, p. 2.*

1 bis. L'agent commercial est un mandataire exerçant une activité civile ayant pour objet de négocier et de conclure des contrats pour le compte et au nom de son mandant, à l'inverse du concessionnaire, qui est un commerçant agissant pour son propre compte en achetant personnellement des marchandises en vue de les revendre à sa propre clientèle. • Versailles, 6 nov. 1997 : *RJDA 1998, n° 579* • 20 nov. 1997 : *JCP E 1998, n° 10, p. 349.* ♦ V. aussi • Com. 3 oct. 2000 : *RJDA 2001, n° 20* • Paris, 14 mai 1999 : *RJDA 1999, n° 1198.* ♦ Sur la requalification d'une convention en contrat d'agence commerciale, V. • Paris, 2 mai 2002 : *RJDA 2002, n° 1130 ; Petites affiches 3 juill. 2003, p. 33, obs. Etner.*

1 ter. Une société qui reçoit mandat d'effectuer des opérations afférentes à l'enregistrement et au paiement de paris puis de restituer les fonds ainsi perçus n'exerce pas une activité d'agent commercial dès lors que, n'ayant pas reçu mission de démarcher la clientèle, elle est d'une part soumise à un contrôle de son mandant sur les conditions d'exploitation du point de vente et d'autre part, à des consignes réglementaires strictes lui otant toute marge de négociation. • Paris, 18 oct. 2001 : *RJDA 2002, n° 495.* ♦ V. aussi, s'agissant d'un distributeur de téléphones mobiles dépourvu de liberté commerciale par rapport à l'opérateur : • Versailles, 16 déc. 2004 : *BICC 2005, n° 633 ; JCP E 2005, n° 8, p. 304 ; Gaz. Pal. 2005. Somm. 1280.* – V. aussi • Paris, 23 févr. 2006 : *Comm. com. élec. 2006, n° 82, obs. Stoffel-Munck.* ♦ Pour une qualification en contrat de courtage, V. • Com. 24 sept. 2003 : *préc. note 1.* ♦ Sur le pouvoir souverain des juges du fond pour apprécier les caractères indépendant et permanent de l'activité de l'agent, V. • Com. 14 juin 2005 : *D. 2006. Pan. 514, obs. Ferrier ; Lettre distrib. juill.-août 2005, p. 3.*

2. Nature civile. Le contrat d'agent commercial étant de nature civile, il ne peut être reçu aucune preuve par témoins contre et outre le contenu des actes. • Com. 24 oct. 1995 : *Bull. civ. IV, n° 248 ; D. 1995. IR. 247 ; D. Affaires 1995. 195.* ♦ De même, n'est pas valable la clause attributive de compétence au tribunal de commerce. • Com. 24 oct. 1995 : *Bull. civ. IV, n° 258 ; D. 1995. IR. 247 ; D. Affaires 1995. 197.* ♦ V. et comp. : note 33 (Com. 10 juin 1997) ss. art. L. 721-3 *infra.* ♦ Toutefois, nonobstant la nature civile du mandat unissant l'agent commercial à la société appelante, celle-ci est bien fondée à revendiquer la compétence de la juridiction consulaire puisque le litige oppose deux personnes morales ayant la qualité de commerçantes et ayant contracté à l'occasion de leur activité commerciale. • Paris, 3 oct. 2002 : *Lettre distrib. nov. 2002, p. 2* • Com. 3 nov. 2004 : *RJDA 2005, n° 543* (agent immatriculé au RCS). ♦ Sur l'application des options de compétence territoriale de l'art. 46 NCPC, V. • Paris, 17 sept. 1997 : *D. Affaires 1997. 1219.* ♦ Dès lors qu'un agent commercial n'entend pas prouver outre et contre le contenu du contrat mais démontrer l'existence d'une convention verbale distincte postérieure, la preuve d'un accord par tous moyens est recevable. • Com. 25 juin 2002 : *cité ss. art. L. 134-2.*

2 bis. Qualité du mandant. Les dispositions des art. L. 134-1 s. n'exigent pas que l'activité économique qu'elles visent soit l'activité principale du mandant (chambre de commerce et d'industrie). • Com. 5 avr. 2005 : *Bull. civ. IV, n° 77 ; D. 2005. AJ. 1149, obs. Chevrier ; JCP E 2005, n° 31-34, p. 1328, obs. Respaud ; Contrats Conc. Consom. 2005, n° 110, obs. Malaurie-Vignal ; RJDA 2005, n° 963 ; AJDA 2005. 1364.*

3. Réglementation particulière. La mission d'intermédiaire en opérations de banque est une activité exercée en vertu d'un mandat délivré par un établissement de crédit, exclue en conséquence du champ d'application de la loi du 25 juin 1991 [C. com., art. L. 134-1]. • Agen, 11 mars 2002 : *BICC 2002, n° 838.* ♦ Conf. par : • Com. 18 févr. 2004 : *Bull. civ. IV, n° 32 ; D. 2004. AJ. 633, obs. Chevrier ; JCP E 2004, n° 20-21, p. 811, obs. Stoufflet ; Contrats Conc. Consom. 2004, n° 72, obs. Leveneur ; RD banc. fin. 2004, n° 151, obs. Crédot et Gérard ; Banque et Droit mai-juin 2004. 47, obs. Bonneau ; RTD com. 2004. 586, obs. Bouloc ; RJDA 2004, n° 1209.* – V. *infra*, note ss. art. L. 519-3 C. mon. fin., *App.*, v° *Code monétaire et financier (extraits).* ♦ Pour l'activité d'agent immobilier (loi Hoquet), V. • Com. 7 juill. 2004 : *Bull. civ. IV, n° 147 ; D. 2004. AJ. 2230, obs. Rouquet ; JCP 2005. II. 10132, note Leloup ; Contrats Conc. Consom. 2004, n° 167, obs. Leveneur ; RJDA 2005, n° 27 ; AJDI 2005. 236, note Thioye ; RTD com. 2005. 42, obs. Saintourens ; Loyers et copr. 2004, n° 177, obs. Vial-Pedroletti.* – Sur cet arrêt, V. aussi, Guilly et d'Orso, *Rev. loyers 2005. 232.* — Sur cette question, V. aussi Rép. min. n°s 58040 et 59222 : *JOAN Q 3 mai 2005, p. 4662 ; AJDI 2005. 686, obs. Rouquet* et Rép. min. n° 54072 : *JOAN Q. 5 juill. 2005, p. 6679 ; Administrer oct. 2005. 88.*

4. Personne morale. Sur la substitution à l'agent personne physique d'une société pour exercer ses activités, V. • Versailles, 4 sept. 2003 : *RJDA 2004, n° 38.*

5. Rattachement volontaire au statut. L'application du statut d'agent commercial ne dépend ni de la volonté exprimée par les parties dans le contrat, ni de la dénomination qu'elles ont donnée à leurs conventions mais des conditions dans lesquelles l'activité est effectivement exercée. • Com. 10 déc. 2003 : *Bull. civ. IV, n° 198 ; D. 2005. Pan. 150, obs. Ferrier ; D. 2004. AJ. 210, obs. Chevrier ; JCP E 2004, n° 7, p. 252 ; Contrats Conc. Consom. 2004, n° 34, obs. Leveneur ; RTD civ. 2004. 285, obs. Mestre et Fages ; RDC 2004. 731, obs. Behar-Touchais ; Cah. dr. entr. 2004, n° 3, p. 31, obs. Grignon ; RJDA 2004, n° 416.* ♦ V. aussi, jugeant que les juges ne sont pas liés par la qualification juridique que les parties donnent à leurs conventions : • Paris, 15 mai 2003 : *RJDA 2003, n° 1056* • 2 mai 2002 : *préc. note 1 bis.*

Art. L. 134-2 **Chaque partie a le droit, sur sa demande, d'obtenir de l'autre partie un écrit signé mentionnant le contenu du contrat d'agence, y compris celui de ses avenants.** – *[L. n° 91-593 du 25 juin 1991, art. 2].*

Le contrat d'agent commercial est un contrat consensuel qui peut être prouvé par tout écrit, dès lors qu'il est accepté par les cocontractants et qu'il indique la qualité de chacune des parties (à propos de l'ancien art. 1er du Décr. du 23 déc. 1958). • Com. 19 janv. 1993 : *Bull. civ. IV, n° 11.* ♦ Il peut ainsi être prouvé par de simples échanges de correspondances. • Com. 12 nov. 1997 : *D. Affaires 1997. 1663* • 9 juill. 2002 : *Cah. dr. entr. 2002, n° 5, p. 32, obs. Grignon.* ♦ Dans le même sens, s'agissant d'un contrat de sous-agent commercial, V. • Com. 28 mai 2002 : *Bull. civ. IV, n° 92 ; JCP 2002. IV. 2249 ; RTD com. 2003. 157, obs. Bouloc.* ♦ L'art. L. 134-2 n'exigeant aucun écrit, la preuve d'un accord par tous moyens est donc recevable, y compris par attestations, dès lors que l'agent commercial n'entend pas prouver contre et outre le contenu du contrat. • Com. 25 juin 2002 : *Bull. civ. IV, n° 110 ; D. 2002. AJ. 2529, obs. Chevrier ; RTD com. 2003. 157, obs. Bouloc ; RJDA 2002, n° 1259 ; Cah. dr. entr. 2002, n° 5, p. 32, obs. Grignon ; Petites affiches 3 juill. 2003, p. 35, obs. Etner.*

Art. L. 134-3 **L'agent commercial peut accepter sans autorisation la représentation de nouveaux mandants. Toutefois, il ne peut accepter la représentation d'une entre-**

prise concurrente de celle de l'un de ses mandants sans accord de ce dernier. – *[L. nº 91-593 du 25 juin 1991, art. 3].*

Art. L. 134-4 **Les contrats intervenus entre les agents commerciaux et leurs mandants sont conclus dans l'intérêt commun des parties.**

Les rapports entre l'agent commercial et le mandant sont régis par une obligation de loyauté et un devoir réciproque d'information.

L'agent commercial doit exécuter son mandat en bon professionnel ; le mandant doit mettre l'agent commercial en mesure d'exécuter son mandat. – *[L. nº 91-593 du 25 juin 1991, art. 4]. – V. art. L. 134-16.*

Sur l'obligation de non-concurrence qu'implique le devoir de loyauté, V. • Paris, 17 janv. 1995 : *D. 1995. Somm. 260, obs. Serra* (à propos de l'ancien art. 2 du décret du 23 déc. 1958) • 20 janv. 1995 : *ibid.* (même régime) • Com. 16 oct. 2001 : *RJDA 2002, nº 149.*

Sur l'obligation du mandant de mettre l'agent commercial en mesure d'exécuter son mandat, V. • Com. 24 nov. 1998 : *Bull. civ. IV, nº 277 ; D. 1999. IR. 9 ; Contrats Conc. Consom. 1999, nº 56, obs. Malaurie-Vignal ; Quot. jur. 22 déc. 1998, p. 6, obs. P. M. ; Defrénois 1999. 373, obs. Mazeaud ; JCP 1999. II. 10210, note Picod ; JCP E 1999, nº 29, p. 1242, note Jamin ; RTD civ. 1999. 98, obs. Mestre ; ibid. 646, obs. Gautier* .

Sur la réciprocité de l'obligation de loyauté et d'information entre le mandant et l'agent commercial pouvant entraîner un partage de responsabilité, V. • Paris, 8 mars 2001 : *D. 2002. Somm. 1263, obs. Picod* .

Sur la notion de mandat d'intérêt commun dans le cas d'un contrat d'agence commerciale, V. • Aix-en-Provence, 19 juin 2001 : *JCP 2002. II. 10122, note Mouveau* • Com. 29 oct. 2002 : *RJDA 2003, nº 252.*

Art. L. 134-5 **Tout élément de la rémunération variant avec le nombre ou la valeur des affaires constitue une commission au sens du présent chapitre.**

Les articles L. 134-6 à L. 134-9 s'appliquent lorsque l'agent est rémunéré en tout ou partie à la commission ainsi définie.

Dans le silence du contrat, l'agent commercial a droit à une rémunération conforme aux usages pratiqués, dans le secteur d'activité couvert par son mandat, là où il exerce son activité. En l'absence d'usages, l'agent commercial a droit à une rémunération raisonnable qui tient compte de tous les éléments qui ont trait à l'opération. – *[L. nº 91-593 du 25 juin 1991, art. 5].*

Art. L. 134-6 **Pour toute opération commerciale conclue pendant la durée du contrat d'agence, l'agent commercial a droit à la commission définie à l'article L. 134-5 lorsqu'elle a été conclue grâce à son intervention ou lorsque l'opération a été conclue avec un tiers dont il a obtenu antérieurement la clientèle pour des opérations du même genre.**

Lorsqu'il est chargé d'un secteur géographique ou d'un groupe de personnes déterminé, l'agent commercial a également droit à la commission pour toute opération conclue pendant la durée du contrat d'agence avec une personne appartenant à ce secteur ou à ce groupe. – *[L. nº 91-593 du 25 juin 1991, art. 6].*

1. Agent chargé d'un secteur géographique. L'art. 7, paragr. 2, premier tiret, de la dir. 86-653-CEE du 18 déc. 1986, relative à la coordination des droits des États membres concernant les agents commerciaux indépendants, doit être interprété en ce sens que l'agent commercial, lorsqu'il est chargé d'un secteur géographique, a droit à la commission afférente aux opérations conclues avec des clients appartenant à ce secteur, même si elles l'ont été sans son intervention. • CJCE 12 déc. 1996 : *D. 1997. 438, note Leloup* ; *D. Affaires 1997. 184.* ♦ Le même art. 7, paragr. 2, doit être interprété en ce sens que la notion de « client appartenant à ce secteur » est déterminée, dans le cas où le client est une personne morale, par le lieu des activités commerciales effectives de cette dernière. Lorsque la société exerce son activité commerciale en divers lieux ou lorsque l'agent opère sur plusieurs territoires, d'autres éléments peuvent entrer en ligne de compte pour déterminer le centre de gravité de l'opération encourue, notamment le lieu où les négociations avec l'agent ont eu lieu ou auraient normalement dû avoir lieu, l'endroit où la marchandise a été livrée, ainsi que le lieu où se trouve l'établissement qui a passé la commande. • Même arrêt. ♦ S'agissant d'une convention qui concède à l'agent commercial le droit d'exercer son activité dans certains départements déterminés, il convient d'appliquer le principe selon lequel l'agent, dès lors qu'il est chargé d'un secteur géographique a droit à la commission afférente aux opérations conclues avec des clients appartenant à ce secteur, même si elles l'ont été sans son intervention. • Paris, 8 nov. 2000 : *D. 2001. 232, obs. Chevrier*. ♦ Pour la reconnaissance d'une exclusivité implicite de secteur, V. • Com. 8 mars 2005 : *Lettre distrib. avr. 2005, p. 2.*

2. Garantie de bonne fin. Est valable la clause selon laquelle seules sont dues les commissions portant sur les affaires menées à bonne fin, qui a pour but d'assurer l'équilibre entre les parties et d'éviter les ventes hasardeuses par un agent assuré de percevoir immédiatement la commission prévue dans son intégralité. • Com. 31 mars 1992 : *RJDA 1992, n° 817.*

3. Fait générateur. Le fait générateur de la créance de commission de l'agent commercial se situe au moment où le cocontractant se trouve lié au mandant, conformément à l'art. L. 134-6, lequel fixe le droit à commission « pour toute opération commerciale conclue pendant la durée du contrat d'agence ». • Com. 15 nov. 2005 : *D. 2005. AJ. 3086, obs. Lienhard ; JCP E 2006, n° 2, p. 82 ; RJDA 2006, n° 432 ; RLDA janv. 2006. 50, obs. Marchand.*

Art. L. 134-7 Pour toute opération commerciale conclue après la cessation du contrat d'agence, l'agent commercial a droit à la commission, soit lorsque l'opération est principalement due à son activité au cours du contrat d'agence et a été conclue dans un délai raisonnable à compter de la cessation du contrat, soit lorsque, dans les conditions prévues à l'article L. 134-6, l'ordre du tiers a été reçu par le mandant ou par l'agent commercial avant la cessation du contrat d'agence. – *[L. n° 91-593 du 25 juin 1991, art. 7].*

Art. L. 134-8 L'agent commercial n'a pas droit à la commission prévue à l'article L. 134-6 si celle-ci est due, en vertu de l'article L. 134-7, à l'agent commercial précédent, à moins que les circonstances rendent équitable de partager la commission entre les agents commerciaux. – *[L. n° 91-593 du 25 juin 1991, art. 8].*

Art. L. 134-9 La commission est acquise dès que le mandant a exécuté l'opération ou devrait l'avoir exécutée en vertu de l'accord conclu avec le tiers ou bien encore dès que le tiers a exécuté l'opération.

La commission est acquise au plus tard lorsque le tiers a exécuté sa part de l'opération ou devrait l'avoir exécutée si le mandant avait exécuté sa propre part. Elle est payée au plus tard le dernier jour du mois qui suit le trimestre au cours duquel elle était acquise. – *[L. n° 91-593 du 25 juin 1991, art. 9]. – V. art. L. 134-16.*

Art. L. 134-10 Le droit à la commission ne peut s'éteindre que s'il est établi que le contrat entre le tiers et le mandant ne sera pas exécuté et si l'inexécution n'est pas due à des circonstances imputables au mandant.

Les commissions que l'agent commercial a déjà perçues sont remboursées si le droit y afférent est éteint. – *[L. n° 91-593 du 25 juin 1991, art. 10]. – V. art. L. 134-16.*

Art. L. 134-11 Un contrat à durée déterminée qui continue à être exécuté par les deux parties après son terme est réputé transformé en un contrat à durée indéterminée.

Lorsque le contrat d'agence est à durée indéterminée, chacune des parties peut y mettre fin moyennant un préavis. Les dispositions du présent article sont applicables au contrat à durée déterminée transformé en contrat à durée indéterminée. Dans ce cas, le calcul de la durée du préavis tient compte de la période à durée déterminée qui précède.

La durée du préavis est d'un mois pour la première année du contrat, de deux mois pour la deuxième année commencée, de trois mois pour la troisième année commencée et les années suivantes. En l'absence de convention contraire, la fin du délai de préavis coïncide avec la fin d'un mois civil.

Les parties ne peuvent convenir de délais de préavis plus courts. Si elles conviennent de délais plus longs, le délai de préavis prévu pour le mandant ne doit pas être plus court que celui qui est prévu pour l'agent. – *V. art. L. 134-16.*

Ces dispositions ne s'appliquent pas lorsque le contrat prend fin en raison d'une faute grave de l'une des parties ou de la survenance d'un cas de force majeure. – *[L. nº 91-593 du 25 juin 1991, art. 11].*

1. Domaine d'application. Si les dispositions de l'art. 11 [C. com., art. L. 134-11], selon lesquelles les parties à un contrat d'agence commerciale à durée indéterminée peuvent y mettre fin en respectant un préavis, s'appliquent au contrat à durée déterminée qui, du fait de la poursuite de son exécution par les deux parties au-delà de son terme est devenu un contrat à durée indéterminée, en revanche elles ne s'appliquent ni en cas de faute grave de l'une des parties ni en présence d'un contrat à durée déterminée dont la résiliation est intervenue avant l'expiration de cette durée. • Rouen, 14 mai 1998 : *RJDA 1998, nº 1353* • 11 mai 2000 : *BRDA 2000, nº 19, p. 7.*

2. Préavis. Sur la distinction entre préavis légal et préavis réel, V. • T. com. Paris, 3 avr. 2001 : *Gaz. Pal. 30 juin-2 juill. 2002. Somm. 20.*

3. Tacite reconduction d'un CDD. Pour un arrêt estimant, implicitement, qu'un contrat à durée déterminée avec tacite reconduction illimitée ne doit pas être requalifié en contrat à durée indéterminée en application de l'art. L. 134-11, V. • Com. 13 nov. 2003 : *Bull. civ. IV, nº 166 ; D. 2003. AJ. 3047, obs. Chevrier ; JCP E 2004, nº 1-2, p. 6 ; RTD com. 2004. 365, obs. Bouloc ; Cah. dr. entr. 2004, nº 3, p. 32, obs. Grignon ; RJDA 2004, nº 300.*

Art. L. 134-12 **En cas de cessation de ses relations avec le mandant, l'agent commercial a droit à une indemnité compensatrice en réparation du préjudice subi.**

L'agent commercial perd le droit à réparation s'il n'a pas notifié au mandant, dans un délai d'un an à compter de la cessation du contrat, qu'il entend faire valoir ses droits.

Les ayants droit de l'agent commercial bénéficient également du droit à réparation lorsque la cessation du contrat est due au décès de l'agent. – *[L. nº 91-593 du 25 juin 1991, art. 12].*

BIBL. ► MOUSSERON, *Cah. dr. entr. 1992, nº 5, p. 27.* – WAGNER, *Contrats Conc. Consom. 1998. Chron. 9* (indemnité de cessation de contrat après la directive du 18 déc. 1986).

1. Ordre public. Est contraire à l'ordre public la clause par laquelle les parties décident qu'un comportement déterminé constitue une faute grave privative d'indemnité. • Com. 28 mai 2002 : *cité note 1 ss. art. L. 134-13.* ♦ Dans le même sens, s'agissant de la clause d'un contrat d'agence commerciale limitant l'indemnité de clientèle due à l'agent en cas de rupture imputable à l'entreprise. • Pau, 24 sept. 1998 : *Cah. Jurispr. d'Aquitaine 1999, nº 1, p. 120.* ♦ Il résulte du caractère d'ordre public que si les parties peuvent convenir d'indemnités se cumulant avec celle prévue par le texte, toute clause prévoyant une indemnisation différente est non avenue. • Com. 17 juin 2003 : *cité note 3 ter.* ♦ L'art. 19 de la dir. 86/563/CEE du 18 déc. 1986 doit être interprété en ce sens que l'indemnité de cessation de contrat qui résulte de l'art. 17 de cette directive ne peut pas être remplacée, en application d'une convention collective, par une indemnité déterminée en fonction de critères autres que ceux fixés par cette dernière disposition sauf s'il est établi que l'application de cette convention garantit, dans tous les cas, à l'agent commercial une indemnité égale ou supérieure à celle qui résulterait de l'application de ladite disposition. • CJCE 23 mars 2006 : *JCP E 2006, nº 16, p. 728.*

1 bis. Loi de police. La loi du 25 juin 1991 [C. com., art. L. 134-1 s.], loi protectrice d'ordre public interne, n'est pas une loi de police applicable dans l'ordre international, de telle sorte que la rupture du contrat de droit international peut être régie, conformément aux stipulations contractuelles, par le droit d'un autre État ne prévoyant pas l'attribution d'une indemnité de rupture. • Com. 28 nov. 2000 : *Bull. civ. IV, nº 183 ; D. 2001. AJ. 305, obs. Chevrier ; RTD com. 2001. 1067, obs. Jacquet ; JCP 2001. II. 10527, note Bernardeau.* – V. aussi Raynaud, *Cah. dr. entr. 2001, nº 2, p. 12.* ♦ Déniant également le caractère d'ordre public international à l'art. L. 134-4 C. com. : • Civ. 1re, 25 oct. 2005 : *Bull. civ. I, nº 378 ; D. 2006. 199, avis Sainte-Rose ; Lettre distrib. nov. 2005, p. 3.*

1 ter. Préjudice du mandataire. L'indemnité de cessation de contrat due à l'agent commercial a pour objet de réparer le préjudice qui comprend la perte de toutes les rémunérations acquises lors de l'activité développée dans l'intérêt commun des parties, sans qu'il y ait lieu de distinguer selon leur nature. • Com. 5 avr. 2005 : *Bull. civ. IV, n° 76 ; D. 2005. AJ. 1150, obs. Chevrier ; JCP E 2005, n° 31-34, p. 1329, obs. Respaud ; JCP 2005. II. 10102, note Rouquié ; Contrats Conc. Consom. 2005, n° 146, obs. Leveneur ; RJDA 2005, n° 964 ; RDC 2005. 903, obs. Bourgeon.* ♦ Mais doit être pris en compte comme base de calcul de l'indemnité le montant des commissions perçues par l'agent à l'exclusion de la rémunération au titre de l'activité d'importation qu'il exerçait dès lors que cette dernière était une simple faculté accordée à l'agent qui ne pouvait être considérée comme accessoire à l'activité d'agent commercial. • Orléans, 12 mai 2005 : *RJDA 2005, n° 1345.* ♦ Sur les composantes de ce préjudice, V. • Com. 6 févr. 1996 : *RJDA 1996, n° 492* • Paris, 20 janv. 1995 : *D. 1997. Somm. 52, obs. Ferrier* • Com. 27 oct. 1998 : *Bull. civ. IV, n° 256 ; RJDA 1999, n° 32.* ♦ Sur le calcul du montant de l'indemnité de résiliation, V. • Nancy, 22 sept. 1999 : *D. 1999. AJ. 62, obs. J. F. ; Petites affiches 9 mars 2000, p. 16, obs. Mathey* • Paris, 27 oct. 2000 : *D. 2001. AJ. 477, obs. Chevrier* • 25 févr. 2004 : *cité note 2 ss. art. L. 134-16.* ♦ L'exercice, par l'agent commercial, de mandats similaires susceptibles de lui procurer des ressources de substitution est sans incidence sur l'évaluation de l'indemnité de cessation de contrat. • Paris, 11 févr. 2004 : *D. 2005. Pan. 153, obs. Ferrier.* ♦ La cessation du contrat d'agent commercial fait perdre à l'agent la part de marché qu'il pouvait espérer de la poursuite du contrat dès lors qu'il justifie des commissions perçues pendant la durée de celui-ci. • Com. 8 nov. 2005 : *Lettre distrib. déc. 2005, p. 3.*

1 quater. Période d'essai. Jugé que le statut des agents commerciaux, qui suppose pour son application que la convention soit définitivement conclue, n'interdit pas une période d'essai ; par suite, dans un cas où le mandant met fin au contrat avant l'expiration de cette période, l'indemnité compensatrice légale n'est pas due. • Com. 17 juill. 2001 : *RJDA 2002, n° 36.*

2. Préjudice du mandant. Sur l'application de l'art. 2007 C. civ., selon lequel le mandant, si la renonciation du mandataire au mandat lui préjudicie, devra en être indemnisé par le mandataire (à propos de l'ancien art. 3 du Décr. du 23 déc. 1958), V. • Com. 14 mars 1995 : *Bull. civ. IV, n° 74 ; D. 1995. IR. 85.* ♦ En ce sens que l'art. 2007 C. civ. ne trouve application que s'il est établi que le mandataire a rompu le contrat de manière abusive ou déloyale et s'il en résulte un préjudice pour le mandant, V. : • Versailles, 26 juin 1997 : *D. Affaires 1997. 1151.*

2 bis. Non-renouvellement. Jugeant que l'agent commercial a le droit au paiement de l'indemnité compensatrice à la suite du non-renouvellement du contrat par le mandant, V. • Com. 28 mai 2002 : *Bull. civ. IV, n° 91 ; Cah. dr. entr. 2002, n° 5, p. 33, obs. Grignon.*

3. Cumul d'indemnités. Pour un arrêt censurant une cour d'appel ayant accordé à un agent commercial une indemnité au titre de la rupture du contrat et une indemnité au titre de la perte de clientèle, V. • Com. 25 juin 2002 : *Bull. civ. IV, n° 109 ; D. 2002. AJ. 2467, obs. Chevrier ; Contrats Conc. Consom. 2002, n° 152, obs. Leveneur ; RTD com. 2003. 158, obs. Bouloc ; RJDA 2002, n° 1260 ; Cah. dr. entr. 2002, n° 5, p. 33, obs. Grignon ; Petites affiches 3 juill. 2003, p. 40, obs. Etner.*

3 bis. Rupture d'un CDD. Selon l'art. L. 134-12 la cessation du contrat d'agent commercial, même à durée déterminée, donne droit à réparation du préjudice résultant de la perte pour l'avenir des revenus tirés de l'exploitation de la clientèle commune, tandis que le caractère anticipé de cette cessation donne droit à réparation du préjudice résultant de la perte de commissions jusqu'à la date conventionnellement prévue. • Com. 23 avr. 2003 : *Bull. civ. IV, n° 55 ; D. 2003. 2883, note Ferrier ; ibid. AJ. 1362, obs. Chevrier ; JCP E 2004, n° 12, p. 464, obs. Grignon ; Contrats. Conc. Consom. 2003, n° 121, obs. Leveneur ; RJDA 2003, n° 940 ; Lettre distrib. mai 2003, p. 1 ; RJ com. 2003. 390, obs. Leloup.* ♦ Pour un arrêt entérinant, implicitement, la solution selon laquelle l'indemnité de rupture est due à l'échéance d'un contrat conclu pour une durée déterminée, V. • Com. 13 nov. 2003 : *cité note 3 ss. art. L. 134-11.*

3 ter. Avance sur indemnité. Pour un arrêt refusant de considérer que l'indemnité de rupture avait été versée dans le cours de l'exécution du contrat car incluse dans le calcul des commissions perçues par l'agent, V. • Com. 17 juin 2003 : *Bull. civ. IV, n° 99 ; D. 2003. Somm. 2428, obs. Ferrier ; ibid. AJ. 1910, obs. Chevrier ; JCP E 2004, n° 12, p. 464, obs. Grignon ; Contrats Conc. Consom. 2003, n° 133, obs. Leveneur ; RJDA 2003, n° 1170.*

4. Prescription. La prescription annale commence à courir à compter de l'extinction effective des relations contractuelles et non à la date de la notification de la rupture par le mandant. • Com. 11 juin 2002 : *Cah. dr. entr. 2003, n° 3, p. 25, obs. Grignon ; Lettre distrib. oct. 2002, p. 3.* ♦ Il incombe au mandant qui invoque la déchéance du droit à indemnité d'établir que la réclamation de l'agent commercial est tardive. • Com. 27 sept. 2005 : *Bull. civ. IV, n° 179 ; D. 2005. AJ. 2590, obs. Chevrier ; AJDI 2005. 857 ; JCP E 2005, n° 44-45, p. 1871 ; RJDA*

2006, n° 129 ; Lettre distrib. oct. 2005, p. 3. ♦ Seule la demande concernant l'indemnité de cessation du contrat réclamée par le mandataire est mentionnée par les dispositions de l'art. L. 134-12. • Paris, 20 oct. 2004 : *D. 2004. AJ. 3067* *(3 arrêts).* ♦ Les dispositions de l'art. L. 134-12 ne sont assorties d'aucun formalisme particulier ; l'agent commercial a satisfait à la loi par son courrier notifiant au mandant son désaccord sur les conditions d'indemnisation proposées par ce dernier. • Mêmes arrêts. ♦ ... Ou par son assignation en référé qui manifestait de façon expresse son intention de faire valoir ses droits. • Mêmes arrêts. ♦ La notification prévue à l'art. 12, al. 2 [C. com., art. L. 123-18, al. 2], par laquelle l'agent commercial doit faire connaître au mandant dans le délai d'un an à compter de la cessation du contrat qu'il entend faire valoir ses droits, peut être faite par l'intermédiaire de son conseil dès lors que le courrier respecte les dispositions des art. 665 à 669 NCPC. • Nancy, 22 sept. 1999 : *préc. note 1 ter.* ♦ L'art. L. 134-12 n'institue pas une prescription extinctive de l'action de l'agent commercial, mais une déchéance de son droit à réparation. • Com. 18 mai 2005 : *Bull. civ. IV, n° 102 ; D. 2005. AJ. 1475, obs. Chevrier ; RTD com. 2006. 186, obs. Bouloc ; JCP 2005. IV. 2505 ; Contrats. Conc. Consom. 2005, n° 134, obs. Malaurie-Vignal ; ibid., n° 162, obs. Leveneur ; RJDA 2005, n° 965 ; Procédures 2005, n° 185, obs. Croze.* ♦ ... De sorte que les règles de la prescription de l'action ne sont pas applicables. • Com. 27 sept. 2005 : *Bull. civ. IV, n° 180 ; D. 2005. AJ. 2591, obs. Chevrier ; JCP E 2006, n° 5, p. 244, note Faure-Abbad ; RJDA 2005, n° 1346 ; Lettre distrib. oct. 2005, p. 3.*

5. Tribunal compétent. L'indemnité de fin de contrat étant une dette indépendante du caractère licite ou non de la rupture du contrat, il en résulte que la demande en paiement de cette indemnité ne porte pas sur l'exécution d'une prestation de service, de telle sorte qu'en application de l'art. 42 NCPC étendu à l'ordre international, seul est compétent le tribunal du domicile du défendeur. • Civ. 1re, 14 mars 2006 : *D. 2006. IR. 1062 ; JCP 2006. IV. 1815 ; Lettre distrib. avr. 2006, p. 3.*

6. Régime fiscal. Sur les modalités d'imposition des indemnités de rupture de contrat perçues par les agents commerciaux, V. : Res n° 2006/26 (FP), 28 mars 2006 : *JCP E 2006, n° 19, p. 887, obs. D. F.*

Art. L. 134-13 **La réparation prévue à l'article L. 134-12 n'est pas due dans les cas suivants :**

1° La cessation du contrat est provoquée par la faute grave de l'agent commercial ;

2° La cessation du contrat résulte de l'initiative de l'agent à moins que cette cessation ne soit justifiée par des circonstances imputables au mandant ou dues à l'âge, l'infirmité ou la maladie de l'agent commercial, par suite desquels la poursuite de son activité ne peut plus être raisonnablement exigée ;

3° Selon un accord avec le mandant, l'agent commercial cède à un tiers les droits et obligations qu'il détient en vertu du contrat d'agence. — *[L. n° 91-593 du 25 juin 1991, art. 13]. — V. art. L. 134-16.*

1. Faute grave. Pour déterminer si un agent commercial a droit, lors de la rupture du contrat d'agence, à l'indemnité compensatrice légalement prévue, il appartient au seul juge, et non à la convention des parties, de qualifier de faute grave les faits qui lui sont soumis. • Com. 28 mai 2002 : *Bull. civ. IV, n° 91 ; D. 2003. Somm. 459, obs. Delebecque ; ibid. 2002. Somm. 3004, obs. Ferrier et AJ. 2405 ; JCP E 2002, n° 51-52, p. 2063, note Perruchot-Triboulet ; RTD civ. 2002. 833, obs. Gautier ; RTD com. 2003. 158, obs. Bouloc ; Dr. et patr. oct. 2002, p. 102, obs. Chauvel ; Petites affiches 3 juill. 2003, p. 39, obs. Etner.* ♦ ... Et c'est au mandant qu'il appartient de rapporter la preuve d'une telle faute. • Com. 15 oct. 2002 : *Contrats Conc. Consom. 2003, n° 19, obs. Leveneur ; Cah. dr. entr. 2003, n° 3, p. 24, obs. Grignon ; Lettre distrib. déc. 2002, p. 2* • Versailles, 27 oct. 2005 : *BICC 2006, n° 425.* ♦ Jugeant que le manquement d'un agent commercial au devoir de loyauté (représentation de produits concurrents) constitue une faute grave, exclusive du versement de l'indemnité de résiliation : • Com. 16 oct. 2001 : *RJDA 2002, n° 149* • 30 nov. 2004 : *RJDA 2005, n° 541* (actionnaire de l'agent en concurrence avec le mandant) • Paris, 27 janv. 2005 : *Lettre distrib. mars 2005, p. 3* (gravité intrinsèque). ♦ Mais la dissimulation de la représentation d'une société concurrente par l'épouse de l'agent commercial, qui n'était pas tenu d'une exclusivité au bénéfice de son mandant, ne constitue pas, par nature, une faute grave. • Com. 27 sept. 2005 : *Lettre distrib. nov. 2005, p. 2.* ♦ Pour un autre exemple de faute grave, V. • Montpellier, 4 févr. 2003 : *Cah. dr. entr. 2003, n° 3, p. 24, obs. Grignon ; Lettre distrib. mars 2003, p. 2.* ♦ La faute grave est celle qui porte atteinte à la finalité commune du mandat d'intérêt commun et rend impossible le maintien du lien contractuel. • Com. 15 oct. 2002 : *préc.*

2. Sur la nullité d'une clause prévoyant la résiliation d'un contrat d'agence commerciale sans indemnité en cas de non-réalisation des objectifs assignés à l'agent, V. • Versailles, 15 sept. 2000 : *BRDA 2000, n° 21, p. 7.* ♦ V. aussi, considérant que le défaut de réalisation des objectifs commerciaux ne constitue pas nécessairement une faute grave, celle-ci devant être appréciée par le juge, les parties ne pouvant en définir valablement les éléments dans le contrat : • Même arrêt. ♦ De simples griefs même justifiés ne caractérisent pas la faute grave dès lors que les obligations respectives des parties n'avaient pas été formalisées par écrit et qu'aucun courrier préalable ne faisait précisément état de difficultés susceptibles de justifier la rupture. • Bordeaux, 17 mai 2004 : *JCP 2004. IV. 3542.*

2 bis. Le mandant peut toujours, même si elle s'est révélée postérieurement à la rupture du contrat, invoquer l'existence d'une faute commise antérieurement. • Paris, 19 juin 2003 : *D. 2003. AJ. 2437* ♦ Mais le comportement de l'agent ne peut être qualifié de faute grave par le mandant qui en avait eu connaissance avant la rupture du contrat mais l'avait toléré en ne lui reprochant aucune faute grave dans le courrier qu'il invoquait. • Com. 11 juin 2002 : *RJDA 2002, n° 1132 ; Petites affiches 3 juill. 2003, p. 36, obs. Etner.*

3. Clause résolutoire. Considérant que le fait que l'agent commercial ait demandé en justice l'application de la clause résolutoire figurant au contrat et la résiliation de ce dernier n'emporte pas, à lui seul, rupture du contrat de sa part, V. • Com. 24 nov. 1998 : *D. 1999. IR. 9 ; RJDA 1999, n° 32.* ♦ Sur la résiliation d'un contrat d'agence par le mandant en application d'une clause lui en donnant le droit en cas de non-réalisation des objectifs par l'agent, V. • Paris, 18 juin 1999 : *RJDA 1999, n° 1199.*

4. Initiative de l'agent. Pour une rupture intervenue à l'initiative de l'agent qui a manifesté son intention de reprendre son travail salarié à l'issue d'un congé sabbatique durant lequel il avait, pour le compte de son employeur, exercé l'activité d'agent commercial, V. • Com. 22 janv. 2002 : *RJDA 2002, n° 375.* ♦ Rappr., jugeant que dès lors qu'elle ne justifie pas de la contrainte qu'elle invoque l'ayant obligée à nover son contrat d'agent commercial en contrat de travail, la requérante ne justifie pas d'une résiliation par le mandant de son contrat d'agent commercial mais bien plutôt d'un accord réciproque pour mettre fin, selon certaines modalités, à ce contrat : • Paris, 19 juin 2003 : *préc. note 2 bis.* ♦ Pour une rupture de contrat d'agence commerciale intervenue à l'initiative de l'agent, mais imputable au mandant, V. • Com. 23 juin 2004 : *Bull. civ. IV, n° 130 ; JCP E 2004, n° 37, p. 1371 ; Contrats Conc. Consom. 2004, n° 134, obs. Leveneur ; RTD com 2005. 409, obs. Bouloc* ; *RJDA 2005,* n° 28 • Rouen, 14 mai 1998 : *RJDA 1998, n° 1353.* ♦ V. également • Rouen, 11 mai 2000 : *BRDA 2000, n° 19, p. 7* • Paris, 12 mars 2003 : *Lettre distrib. mai 2003, p. 4.*

5. Circonstances imputables au mandant. La demande d'indemnité d'un agent commercial ayant pris l'initiative de la rupture du contrat doit être rejetée dès lors que le mandant qui s'était trouvé dans une situation financière délicate l'ayant empêché de continuer à assurer le même niveau de rémunération de son agent commercial, n'avait pas tenté de causer un préjudice à celui-ci et que c'était bien l'agent qui avait préféré ne pas poursuivre une activité qu'il n'estimait plus rentable. • Paris, 14 févr. 2002 : *RJDA 2002, n° 758 ; Petites affiches 3 juill. 2003, p. 37, obs. Etner.* ♦ Le mandant qui ne respecte pas la clause d'exclusivité dont bénéficie l'agent et qui ne lui verse pas les commissions pour toute opération conclue avec une personne appartenant au secteur exclusif dont il bénéficie (C. com., art. L. 134-6, al. 2), crée les circonstances qui lui rendent imputable la rupture du contrat à l'initiative de l'agent. • Com. 5 oct. 2004 : *RJDA 2005, n° 373 ; Lettre distrib. nov. 2004, p. 3.* – V. aussi • Com. 5 avr. 2005 : *RJDA 2005, n° 1206 ; Lettre distrib. mai 2005, p. 2* • 14 juin 2005 : *Lettre distrib. juill.-août 2005, p. 2.*

6. Cession du contrat par le mandant. Le contrat d'agence commerciale, conclu en considération de la personne du contractant, ne peut être transmis, même par cession partielle d'actif, qu'avec l'accord du cessionnaire et de l'agent commercial. • Com. 29 oct. 2002 : *D. 2003. 2231, note Brill et Koering* ; *Contrats Conc. Consom. 2003, n° 36, obs. Leveneur ; Bull. Joly 2003. 192, note Krajeski ; RTD civ. 2003. 295, obs. Mestre et Fages* ; *RJDA 2003, n° 263.* ♦ V., toutefois, sur la poursuite du contrat d'agence commerciale en cas de mise en location-gérance du fonds du mandant malgré la contestation par le locataire-gérant de l'existence d'un lien contractuel entre lui et l'agent commercial engagé par le loueur : • Bordeaux, 13 nov. 2002 : *Lettre distrib. juill.-août 2003, p. 3.*

7. Âge de l'agent. La seule circonstance que l'âge de l'agent était supérieur à 60 ans, âge de départ à la retraite de droit commun pour les salariés, ne le dispense pas de l'obligation de démontrer qu'en l'espèce cet âge ne permettait plus d'exiger raisonnablement de lui la poursuite de son activité et justifiait par là la cessation du contrat. • Paris, 12 févr. 2004 : *D. 2004.*

AJ. 696 ; *Cah. dr. entr. 2004, n° 3, p. 33, obs. Grignon ; RJDA 2004, n° 972* (2 arrêts). ♦ C'est au jour où l'agent prend l'initiative de rompre le mandat ou, au plus tard, à la date d'effet de cette rupture, que doivent exister les circonstances d'âge ou de maladie justifiant la cessation du contrat, étant précisé que, si elles n'existent qu'à la date où la cessation a pris effet, elles doivent avoir été prévisibles à la date où elle a été notifiée. • Mêmes arrêts.

Art. L. 134-14 Le contrat peut contenir une clause de non-concurrence après la cessation du contrat.

Cette clause doit être établie par écrit et concerner le secteur géographique et, le cas échéant, le groupe de personnes confiés à l'agent commercial ainsi que le type de biens ou de services pour lesquels il exerce la représentation aux termes du contrat.

La clause de non-concurrence n'est valable que pour une période maximale de deux ans après la cessation d'un contrat. – *[L. n° 91-593 du 25 juin 1991, art. 14]. – V. art. L. 134-16.*

1. *Critère de proportionnalité.* Sur l'absence de base légale d'une décision qui, pour décider de la nullité d'une clause de non-concurrence, se détermine par référence à l'étendue territoriale de la clause, sans constater qu'elle ne se limitait pas au secteur géographique et au type de biens et services pour lesquels le contrat d'agent commercial avait été conclu et qu'elle n'était pas nécessaire à la protection des intérêts du mandant et sans vérifier de façon concrète si cette clause avait pour effet d'empêcher les anciens agents commerciaux d'exercer toute activité professionnelle, V. • Com. 4 juin 2002 : *Bull. civ. IV, n° 98 ; D. 2003. Somm. 904, obs. Picod* ; *ibid. 2002. AJ. 2328, obs. Chevrier* ; *JCP 2003. II. 10164, note Licari ; Contrats Conc. Consom. 2002, n° 153, obs. Leveneur ; RTD com. 2003. 159, obs. Bouloc* ; *Gaz. Pal. 2003. Somm. 1112, obs. Guével ; Cah. dr. entr. 2002, n° 5, p. 33, n° 9, obs. Grignon.* ♦ Sur le critère de proportionnalité en matière de clause de non-concurrence, V. L. n° 63-628 du 2 juill. 1963, art. 2, notes 83 et 89, *infra*, App., v° *Concurrence*.

2. *Contrepartie financière.* L'exigence d'une contrepartie financière ne saurait être imposée dans le cadre du contrat d'agent commercial dans la mesure où rien ne permet d'ajouter aux conditions de validité limitativement énumérées par le législateur dans l'art. L. 134-14. • Reims, 9 mai 2005 : *JCP 2006. IV. 1858.* ♦ Sur cette exigence en matière de contrat de travail, V. L. n° 63-628 du 2 juill. 1963, art. 2, note 84, *infra*, App., v° *Concurrence*.

Art. L. 134-15 Lorsque l'activité d'agent commercial est exercée en exécution d'un contrat écrit passé entre les parties à titre principal pour un autre objet, celles-ci peuvent décider par écrit que les dispositions du présent chapitre ne sont pas applicables à la partie correspondant à l'activité d'agence commerciale.

Cette renonciation est nulle si l'exécution du contrat fait apparaître que l'activité d'agence commerciale est exercée, en réalité, à titre principal ou déterminant. – *[L. n° 91-593 du 25 juin 1991, art. 15]. – V. art. L. 134-16.*

Pour une application de ce texte à un agent de marque automobile (agent services) malgré la maladresse de la rédaction de la clause, les juges préférant rechercher la commune intention des parties plutôt que de s'arrêter aux termes de la stipulation contractuelle, V. • Paris, 26 mars 2002 : *Cah. dr. entr. 2002, n° 5, p. 32, obs. Grignon.* ♦ Pour une appréciation du caractère « principal ou déterminant » de l'activité d'agence commerciale, V. • Com. 3 mars 2004 : *Bull. civ. IV, n° 42 ; D. 2004. AJ. 1382* ; *JCP E 2004, n° 49, p. 1928, note Rouquié ; Contrats Conc. Consom. 2004, n° 73, obs. Leveneur ; Petites affiches 27 juin 2005, p. 18, obs. Bacchichetti et Dom ; RTD com. 2004. 804, obs. Bouloc* ; *Cah. dr. entr. 2004, n° 3, p. 32, obs. Grignon ; RJDA 2004, n° 971 ; RJ com. 2005. 194, obs. Lebreton-Derrien.*

Ayant constaté que l'activité d'agent commercial ne représentait que 1 % de son chiffre d'affaires total, ce dont il résultait qu'elle était accessoire, une cour d'appel, qui retient que le distributeur ne justifie nullement du caractère déterminant du contrat d'agent de service Renault pour son activité principale de garagiste liée à l'attrait du panneau de la marque Renault, a pu estimer licite la renonciation au statut d'agent commercial. • Com. 12 juill. 2005 : *Bull. civ. IV, n° 158 ; D. 2005. AJ. 2216, obs. Chevrier* ; *JCP E 2005, n° 40, p. 1636 ; RJDA 2005, n° 1205 ; Lettre distrib. oct. 2005, p. 3.*

Art. L. 134-16 **Est réputée non écrite toute clause ou convention contraire aux dispositions des articles L. 134-2 et L. 134-4, des troisième et quatrième alinéas de l'article L. 134-11, et de l'article L. 134-15 ou dérogeant, au détriment de l'agent commercial, aux dispositions du deuxième alinéa de l'article L. 134-9, du premier alinéa de l'article L. 134-10, des articles L. 134-12 et L. 134-13 et du troisième alinéa de l'article L. 134-14.** – *[L. n° 91-593 du 25 juin 1991, art. 16].*

1. L'art. L. 134-16, qui répute non écrite toute clause contraire à certaines dispositions du statut des agents commerciaux, n'interdit pas aux parties de subordonner la prise d'effet du contrat d'agent commercial à l'immatriculation de l'agent sur le registre spécial. • Com. 8 juill. 2003 : *Bull. civ. IV, n° 116 ; D. 2003. AJ. 2234, obs. Chevrier ; JCP E 2004, n° 11, p. 422, obs. Grignon ; RTD com. 2004. 364, obs. Bouloc ; RJDA 2004, n° 37 ; RJ com. 2003. 389, obs. Leloup ; RDC 2004. 394, obs. Behar-Touchais.* – Sur l'immatriculation, V. notes ss. art. 4 du Décr. n° 58-1345 du 23 déc. 1958, *infra* ss. art. L. 134-17.

2. Jugeant que la clause limitant l'indemnité prévue à l'art. L. 134-12 C. com. à la valeur revenant personnellement à l'agent commercial dans l'apport, la création ou le développement de la clientèle, empêche l'indemnisation entière du préjudice éprouvé par l'agent et qu'elle doit donc être réputée non écrite : • Paris, 25 févr. 2004 : *RJDA 2004, n° 1210.* – Comp., pour les VRP, art. L. 751-9 C. trav., V., *infra*, ss. art. L. 134-17.

Art. L. 134-17 **Un décret en Conseil d'État fixe les conditions d'application du présent chapitre.** – *[L. n° 91-593 du 25 juin 1991, art. 19].* – *V. Décr. n° 58-1345 du 23 déc. 1958, art. 1er à 3-1 et 12, infra.*

Décret n° 58-1345 du 23 décembre 1958, *relatif aux agents commerciaux.*

Art. 1er *(Décr. n° 92-506 du 10 juin 1992)* L'agent commercial doit communiquer à son mandant toute information nécessaire à l'exécution de son contrat.

Les dispositions du Décr. n° 92-506 du 10 juin 1992 s'appliquent aux contrats conclus après l'entrée en vigueur de la loi du 25 juin 1991 relative aux agents commerciaux [C. com., art. L. 134-1 s.] et, pour l'ensemble des contrats en cours à cette date, à compter du 1er janv. 1994 (art. 4 du décret).

2 *(Décr. n° 92-506 du 10 juin 1992)* Le mandant doit mettre à la disposition de l'agent commercial toute documentation utile sur les produits ou services qui font l'objet du contrat d'agence.

Il doit communiquer à l'agent commercial les informations nécessaires à l'exécution du contrat. Il doit, notamment s'il prévoit que le volume des opérations sera sensiblement inférieur à celui auquel l'agent commercial aurait pu normalement s'attendre, l'en aviser dans un délai raisonnable.

Il doit également informer l'agent commercial, dans un délai raisonnable, de son acceptation, de son refus ou de l'inexécution d'une opération que celui-ci lui a apportée. – *V. note ss. art. 1er.*

3 *(Décr. n° 92-506 du 10 juin 1992)* Le mandant remet à l'agent commercial un relevé des commissions dues, au plus tard le dernier jour du mois suivant le trimestre au cours duquel elles sont acquises. Ce relevé mentionne tous les éléments sur la base desquels le montant des commissions a été calculé.

L'agent commercial a le droit d'exiger de son mandant qu'il lui fournisse toutes les informations, en particulier un extrait des documents comptables, nécessaires pour vérifier le montant des commissions qui lui sont dues. – *V. note ss. art. 1er.*

3-1 *(Décr. n° 92-506 du 10 juin 1992)* Est réputée non écrite toute clause ou convention contraire aux dispositions des articles 1er et 2 ou dérogeant, au détriment de l'agent commercial, aux dispositions de l'article 3. – *V. note ss. art. 1er.*

4 *(Décr. n° 68-765 du 22 août 1968)* La loi du 8 octobre 1919 modifiée relative à la carte d'identité professionnelle de représentant *[C. trav., art. L. 751-13, R. 751-2 s.]* n'est pas applicable aux agents commerciaux.

Ceux-ci doivent, avant de commencer l'exercice de leurs activités, se faire immatriculer sur un registre spécial tenu au greffe du tribunal de commerce ou du tribunal de grande instance statuant commercialement dans le ressort duquel ils sont domiciliés. Ils doivent à cet effet produire une déclaration dont récépissé leur est délivré. — *V. Arr. 8 janv. 1993 (JO 10 mars) relatif à l'immatriculation au registre spécial des agents commerciaux.*

Par dérogation aux dispositions de l'alinéa précédent, dans les départements du Bas-Rhin, du Haut-Rhin et de la Moselle, le registre spécial d'immatriculation des agents commerciaux est tenu pour l'étendue du ressort de chaque tribunal de grande instance au greffe des tribunaux d'instance de Colmar, Metz, Mulhouse, Sarreguemines, Saverne, Strasbourg et Thionville.

Tout fait de nature à modifier l'une des mentions figurant à la déclaration d'immatriculation doit également faire l'objet d'une déclaration.

BIBL. ▶ PUTMAN, *RJ com. 1993. 1* (l'obligation d'immatriculation, après le décret du 10 juin 1992).

1. Étranger. Une société espagnole, ayant sur le territoire espagnol la représentation exclusive des produits d'une société française, pouvait, dans ses relations avec son mandant, bénéficier des dispositions du décret du 23 déc. 1958, conformément aux stipulations contractuelles s'y référant expressément, sans que puisse lui être opposé le défaut d'immatriculation au greffe de la juridiction commerciale dans le ressort de laquelle elle est domiciliée, cette condition ne pouvant être appliquée à un agent ayant son siège et son activité à l'étranger. • Com. 9 oct. 1990 : *Bull. civ. IV, n° 232 ; JCP E 1991. II. 211, note Hanine* • Paris, 15 déc. 1995 : *D. Affaires 1996. 203.* ♦ Le défaut d'immatriculation ne peut être opposé à une personne qui exerce son activité à l'étranger, peu important que l'indemnité compensatrice n'ait pas été stipulée dans la convention. • Com. 19 nov. 1996 : *Bull. civ. IV, n° 273 ; D. Affaires 1997. 77 ; Quot. jur. 10 déc. 1996, p. 5, note P.M.*

2. Portée de l'immatriculation. La directive du 18 déc. 1986 s'oppose à une réglementation nationale qui subordonne la validité d'un contrat d'agence à l'inscription de l'agent de commerce sur un registre prévu à cet effet. • CJCE 30 avr. 1998 : *D. 1998. IR. 138.* ♦ Si la directive de 1986 ne s'oppose pas à ce que les États entretiennent des registres dans lesquels les agents commerciaux doivent ou peuvent s'inscrire, c'est à la condition que les conséquences de la non-inscription ne portent pas atteinte à la protection que la directive accorde aux agents commerciaux dans leurs relations avec leurs commettants. • CJCE 6 mars 2003 : *BEEI 2003, n° 83 ; Europe 2003, n° 173.* ♦ Comp., jugeant que l'art. L. 134-16 C. com. n'interdit pas aux parties de subordonner la prise d'effet du contrat d'agent commercial à l'immatriculation de l'agent sur le registre spécial : • Com. 8 juill. 2003 : *cité note 1 ss. art. L. 134-16.* ♦ Faute de démontrer que l'absence d'immatriculation au registre spécial, qui n'est qu'une simple mesure de police professionnelle, a eu une incidence sur les rapports de droit privé existant entre elle et son mandant, une société ne peut considérer que ce défaut d'immatriculation constitue une faute grave au sens de l'art. L. 134-13 C. com. • Com. 15 oct. 2002 : *cité note 1 ss. art. L. 134-13.* ♦ L'art. 1er de la L. n° 91-593 du 25 juin 1991 [C. com., art. L. 134-1], prise en application de la directive du 18 déc. 1986, qui s'oppose à toute réglementation nationale qui subordonnerait la validité d'un contrat d'agence commerciale à l'inscription du professionnel sur un registre prévu à cet effet, ne subordonne pas l'application du statut des agents commerciaux à l'inscription sur le registre spécial qui est une mesure de police professionnelle. • Com. 7 juill. 2004 : *Bull. civ. IV, n° 146 ; D. 2004. AJ. 2228 ; JCP E 2005, n° 21, p. 850, note Rouquié ; RTD com. 2005. 409, obs. Bouloc ; RJDA 2004, n° 1314.*

4-1 *(Décr. n° 2005-77 du 1er févr. 2005, art. 41)* Lors de sa demande d'immatriculation, la personne physique mariée sous un régime de communauté légale ou conventionnelle fournit un justificatif conformément au modèle défini par arrêté du garde des sceaux, ministre de la justice, établissant que son conjoint a été informé des conséquences sur les biens communs des dettes contractées dans l'exercice de sa profession.

5 *(Décr. n° 68-765 du 22 août 1968)* L'immatriculation au registre spécial des agents commerciaux et le récépissé de déclaration sont valables cinq ans à compter de la date d'immatriculation.

6 *(Décr. n° 68-765 du 22 août 1968)* Tout agent commercial qui cesse d'exercer son activité doit, dans un délai de deux mois, demander la radiation de son immatriculation en indiquant la date de cette cessation. La même obligation incombe à l'agent commercial qui ne remplit plus les conditions exigées par le présent décret.

7 *(Décr. n° 68-765 du 22 août 1968)* A défaut de demande de radiation dans le délai prescrit, le juge commis à la surveillance du registre du commerce du ressort rend soit d'office, soit à la requête du procureur de la République ou de toute personne justifiant y avoir intérêt une ordonnance enjoignant à l'intéressé de faire procéder à sa radiation.

(Décr. n° 92-506 du 10 juin 1992) « L'ordonnance du juge est notifiée à l'intéressé dans les conditions prévues à l'article 60 du décret n° 84-406 du 30 mai 1984 relatif au registre du commerce et des sociétés. Les voies de recours sont exercées conformément aux dispositions des articles 61 et 62 dudit décret. » — *V. ledit décret, infra, App., v° Registre du commerce et des sociétés.*

L'ordonnance doit être exécutée dans le délai de quinze jours à compter du jour où elle est devenue définitive. A défaut, le greffier procède d'office à cette radiation à l'expiration de ce délai.

8 *(Décr. n° 68-765 du 22 août 1968)* En cas de décès d'un agent commercial, l'obligation de demander la radiation incombe à ses héritiers ou ayants cause à titre universel.

Lorsque le greffier a reçu la preuve du décès d'une personne immatriculée, et faute par les héritiers ou ayants cause à titre universel de se conformer aux dispositions de l'alinéa précédent, il procède d'office à la radiation de cette personne un an après la date du décès.

9 *(Décr. n° 68-765 du 22 août 1968)* La radiation d'un agent commercial inscrit doit être ordonnée d'office par toute juridiction de l'ordre judiciaire lorsque cette juridiction rend une décision entraînant pour l'intéressé l'incapacité ou l'interdiction d'exercer sa profession.

Cette radiation est faite par le greffier ou notifiée par lui au greffier compétent.

10 *(Décr. n° 68-765 du 22 août 1968)* Le lieu et le numéro de l'immatriculation au registre spécial doivent figurer sur les documents et correspondances à usage professionnel de l'intéressé.

10-1 *(Décr. n° 2005-77 du 1er févr. 2005, art. 42)* *a)* Les déclarations relatives à l'immatriculation des agents commerciaux, à la modification de leur situation ou à la cessation de leur activité peuvent être effectuées par voie électronique dès lors qu'elles peuvent être transmises et reçues par cette voie ;

b) Pour toutes les transmissions par voie électronique mentionnées au *a*, il est fait usage d'une signature électronique sécurisée dans les conditions prévues à l'article 1316-4 du code civil et par le décret n° 2001-272 du 30 mars 2001 pris pour son application. Toutefois, pour les déclarations relatives à l'immatriculation des agents commerciaux, cette signature électronique peut résulter de l'usage d'un procédé répondant aux conditions définies à la première phrase du second alinéa de l'article 1316-4 du code civil ;

c) Le greffier accuse réception, selon les modalités fixées par l'arrêté prévu à l'article 14, de toute transmission qui lui est faite dès que celle-ci lui parvient.

11 *(Décr. n° 68-765 du 22 août 1968)* Sera punie de l'amende prévue pour les contraventions de la 5e classe toute personne qui aura fait des déclarations inexactes ou incomplètes en vue de son immatriculation au registre spécial prévu à l'article 4 ou en vue de la modification ou du renouvellement de celle-ci.

12 *(Décr. n° 68-765 du 22 août 1968)* Sera punie de l'amende prévue pour les contraventions de la 5e classe toute personne exerçant les activités définies à l'article 1er *(Décr. n° 92-506 du 10 juin 1992)* « de la loi n° 91-593 du 25 juin 1991 relative aux agents commerciaux *[C. com., art. L. 134-1 s.]* » :

1° Qui n'aura pas en vue de son immatriculation au registre spécial fait la déclaration prévue à l'article 4 dans les conditions prévues par ledit article ou les textes pris pour son application ;

2° Qui n'aura pas signalé les changements survenus dans les mentions figurant sur cette déclaration ;

3° Qui n'aura pas demandé le renouvellement de son immatriculation en application de l'article 5.

Sera punie de la même peine toute personne qui, ayant cessé d'exercer les activités définies à l'article 1er *(Décr. n° 92-506 du 10 juin 1992)* « de la loi n° 91-593 du 25 juin 1991 relative aux agents commerciaux *[C. com., art. L. 134-1 s.]* », n'aura pas demandé la radiation de son immatriculation au registre spécial. — *V. note ss. art. 1er.*

13 *(Décr. n° 68-765 du 22 août 1968)* Sera punie de l'amende prévue pour les contraventions de la 3e classe toute personne qui, régulièrement inscrite au registre spécial n'aura pas fait figurer sur tous les documents et correspondances à usage professionnel qu'elle utilise le lieu et le numéro de son immatriculation audit registre.

14 *(Décr. n° 68-765 du 22 août 1968)* Un arrêté du garde des sceaux, ministre de la justice, et du ministre de l'économie et des finances précisera les modalités d'application du présent décret ; il fixera notamment la forme de la déclaration d'immatriculation. — *V. Arr. 8 janv. 1993 (JO 10 mars).*

En ce qui concerne les dispositions applicables au registre des agents commerciaux en cas de modification de ressorts de juridictions commerciales, V. Décr. n° 69-389 du 18 avr. 1969, art. 10, infra, App., v° Registre du commerce et des sociétés.

La convention sur la loi applicable aux contrats d'intermédiaires et à la représentation, faite à La Haye le 14 mars 1978, a été publiée par le décret n° 92-423 du 4 mai 1992 (D. et ALD 1992. 285).

Code du travail

(L. n° 73-4 du 2 janv. 1973)

VOYAGEURS, REPRÉSENTANTS ET PLACIERS

RÉP. COM. v° *VRP (Voyageurs, Représentants, Placiers)*, par GRIGNON.

Art. L. 751-1 Les conventions dont l'objet est la représentation, intervenues entre les voyageurs, représentants ou placiers, d'une part, et leurs employeurs, d'autre part, sont, nonobstant toute stipulation expresse du contrat ou en son silence, des contrats de louage de services lorsque les voyageurs, représentants ou placiers :

1° Travaillent pour le compte d'un ou plusieurs employeurs ;

2° Exercent en fait d'une façon exclusive et constante leur profession de représentant ;

3° Ne font effectivement aucune opération commerciale pour leur compte personnel ;

4° Sont liés à leurs employeurs par des engagements déterminant la nature des prestations de services ou des marchandises offertes à la vente ou à l'achat, la région dans laquelle ils doivent exercer leur activité ou les catégories de clients qu'ils sont chargés de visiter, le taux des rémunérations.

L'absence de clauses interdisant, soit l'exercice d'une autre profession, soit l'accomplissement d'opérations commerciales personnelles ne peut faire obstacle à l'application des dispositions ci-dessus.

L. 751-2 *(Décr. n° 73-1046 du 15 nov. 1973)* Les dispositions du présent titre s'appliquent aux employés qui, conjointement à l'exercice effectif et habituel de la représentation, ont accepté de se livrer à d'autres activités, quelle qu'en soit la nature, pourvu qu'ils les exercent pour le compte d'un ou plusieurs de leurs employeurs.

L. 751-3 Les contrats peuvent, pour leur durée, contenir l'interdiction pour le voyageur, représentant ou placier, de représenter des maisons ou des produits déterminés.

Lorsque les contrats ne contiennent pas cette interdiction ils doivent, à moins que les parties n'y renoncent par une stipulation expresse, contenir, s'il y a lieu, la déclaration des maisons ou produits que les voyageurs, représentants ou placiers, représentent déjà et l'engagement de ne pas prendre en cours de contrat de nouvelles représentations sans autorisation préalable de l'employeur.

L. 751-4 En l'absence de contrat écrit, les personnes exerçant la représentation sont présumées être des voyageurs, représentants ou placiers, soumis aux règles particulières du présent titre.

L. 751-5 *(Ord. nº 82-130 du 5 févr. 1982)* « Les contrats sont soit d'une durée fixe, soit d'une durée indéterminée » ; ils doivent dans ce dernier cas stipuler un délai-congé dont la durée est au moins égale à celle qui est fixée par les *(L. nº 82-957 du 13 nov. 1982)* « conventions ou accords collectifs de travail » ou, à défaut, par les usages. Elle ne peut jamais être inférieure à un mois durant la première année d'application, à deux mois durant la deuxième année, et à trois mois au-delà de la deuxième année.

Le délai-congé des représentants et voyageurs employés hors de France est augmenté de la durée normale du voyage de retour lorsque la résiliation de leur contrat entraîne leur retour en France.

Les dispositions de l'ordonnance nº 82-130 du 5 févr. 1982 s'appliquent aux contrats conclus ou renouvelés après son entrée en vigueur (art. 10 de l'ordonnance).

L. 751-6 Il peut être stipulé une période d'essai dont la durée ne saurait être supérieure à trois mois.

Lorsque la rupture du contrat de travail par la volonté d'une seule des parties sans faute grave de l'autre partie intervient au cours de la période d'essai, il n'est dû aucune indemnité.

L. 751-7 Après l'expiration de la période d'essai, lorsque la rupture du contrat sans faute grave de l'employé est le fait de l'employeur, il est dû au voyageur, représentant ou placier :

1° S'il s'agit d'un contrat à durée indéterminée :

a) En cas d'inobservation du délai-congé : à titre de salaire, le montant évalué en argent de tous les avantages directs et indirects qu'il aurait recueillis pendant le délai-congé ;

b) En cas d'observation du délai-congé : une indemnité pour résiliation abusive, s'il y a lieu, dans les conditions fixées au chapitre II du titre II du livre Ier du présent code.

2° S'il s'agit de la rupture anticipée d'un contrat à durée déterminée :

a) A titre de salaire, le montant des avantages directs et indirects qu'il aurait recueillis jusqu'à l'expiration normale du contrat, compte tenu des avantages que l'employé trouvera par suite de la rupture du contrat ;

b) Une indemnité pour résiliation du contrat.

Les éléments des deux indemnités prévues aux alinéas 1 *b* et 2 *b* ci-dessus sont ceux énumérés par le chapitre II du titre II du livre Ier du présent code. Il peut être tenu compte de toutes autres causes de préjudice dûment justifiées.

L. 751-8 Quelles que soient la cause et la date de la cessation des services de l'employé, même lorsqu'elle se produit à l'expiration du contrat à durée déterminée, l'employé a toujours droit, à titre de salaire, aux commissions et remises sur les ordres non encore transmis à la date de son départ de l'établissement, mais qui sont la suite directe des échantillonnages et des prix faits antérieurs à l'expiration du contrat. *(L. nº 73-1113 du 20 déc. 1973)* « Sauf clause plus favorable au voyageur, représentant ou placier, ce droit à commissions sera apprécié en fonction de la durée normale consacrée par les usages. Une durée plus longue, qui ne pourra excéder trois ans à compter de la date à laquelle le contrat de travail a pris fin, sera retenue pour tenir compte des sujétions administratives, techniques, commerciales ou financières propres à la clientèle. »

L. 751-9 En cas de résiliation d'un contrat à durée indéterminée par le fait de l'employeur et lorsque cette résiliation n'est pas provoquée par une faute grave de l'employé, ainsi que dans le cas de cessation du contrat par suite d'accident ou de maladie entraînant une incapacité permanente totale de travail de l'employé, celui-ci a droit à une indemnité pour la part qui lui revient personnellement dans l'importance en nombre et en valeur de la clientèle apportée, créée ou développée par lui, compte tenu des rémunérations spéciales accordées en cours de contrat pour le même objet ainsi que des diminutions qui pourraient être constatées dans la clientèle préexistante et provenant du fait de l'employé.

Tout contrat de durée déterminée comporte un droit à la même indemnité pour le cas où, sans faute grave de l'employé et du fait de l'employeur, le contrat serait rompu avant son échéance ou le contrat venu à expiration ne serait pas renouvelé.

L'indemnité prévue au premier alinéa ne se confond ni avec celle qui pourrait être due pour rupture abusive du contrat et qui serait fixée conformément aux dispositions du chapitre II du titre II du livre Ier du présent code, ni avec celle qui pourrait être due en cas de rupture anticipée pour l'inexécution des obligations nées du contrat de durée déterminée.

Cette indemnité ne peut pas être déterminée forfaitairement à l'avance.

(Décr. n° 73-1046 du 15 nov. 1973) « Lorsque l'employeur sera assujetti à une *(L. n° 82-957 du 13 nov. 1982)* « convention ou accord collectif de travail » ou à un règlement applicable à l'entreprise résultant d'une décision d'employeur ou d'un groupement d'employeurs, le voyageur, représentant ou placier pourra, dans les cas de cessation d'activité susindiqués, prétendre, en tout état de cause, à une indemnité qui sera égale à celle à laquelle il aurait eu droit si, bénéficiant de la convention *(L. n° 82-957 du 13 nov. 1982)* « ou accord » ou du règlement il avait, selon son âge, été licencié ou mis à la retraite. Cette indemnité et celle prévue au premier alinéa du présent article ne sont pas cumulables, seule la plus élevée est due. »

L. 751-10 Tous les litiges relatifs à l'application du contrat de représentation régi par les articles L. 751-1 et suivants sont de la compétence du conseil de prud'hommes. Il en est ainsi même lorsque l'employeur n'est ni industriel ni commerçant.

L. 751-11 Est nulle, toute convention dont le but serait d'éluder l'application des dispositions des articles L. 751-1 à L. 751-10.

L. 751-12 Les commissions dues aux voyageurs et représentants du commerce donnent lieu à un règlement au moins tous les 3 mois.

L. 751-13 *(Carte d'identité professionnelle de représentant) Abrogé par l'art. 4 de l'Ord. n° 2004-279 du 25 mars 2004 (JO 27 mars), ratifiée par art. 78-XVI de la L. n° 2004-1343 du 9 déc. 2004 (JO 10 déc.).*

L. 751-14 Les dispositions *(Ord. n° 2005-428 du 6 mai 2005, art. 4)* « du chapitre VIII du titre II du livre Ier du code de commerce » sont applicables aux personnes qui exercent la représentation commerciale dans les conditions du présent titre.

L. 751-15 *(L. n° 73-623 du 10 juill. 1973)* Les dispositions de l'article L. 143-10 sont applicables aux voyageurs, représentants et placiers régis par le présent code pour les rémunérations de toute nature dues au titre des quatre-vingt-dix derniers jours de travail.

....

L. 795-1 *(Sanction du défaut de carte d'identité professionnelle). Abrogé par l'art. 4 de l'Ord. n° 2004-279 du 25 mars 2004 (JO 27 mars), ratifiée par l'art. 78-XVI de la L. n° 2004-1343 du 9 déc. 2004 (JO 10 déc.).*

ARTISTES DE SPECTACLES

L. 762-4 L'activité définie à l'article L. 762-3 ci-dessus *[activité d'agent artistique]* présente un caractère commercial au sens des dispositions du code de commerce.

TITRE QUATRIÈME DU FONDS DE COMMERCE

RÉP. COM. v° *Fonds de commerce*, par DERRUPPÉ.

BIBL. GÉN. ▶ CHAVEAU, *DH 1939. 1. 37.* – COLLOMB, *RTD com. 1979. 1.* – GUYÉNOT et GALLIMARD, *Dr. prat. jud. 1981. 1.* – LESCAILLON, *Rev. huiss. 1980. 89.* – SAVARY, *Defrénois 1984. 673 et 753.* – THOMAS, *RJ com., n° spéc., nov. 1988. 25.* – VIATTE, *Rev. loyers 1972. 132.* – MONÉGER, *AJDI 2001. 1042* (émergence et évolution de la notion de fonds de commerce). – VERBIEST et LEBORNE, *Gaz. Pal. 23-24 oct. 2002, p. 21* (fonds de commerce virtuel : une réalité juridique ?). – REZEK, *JCP N 2002, n° 51-52, p. 1785* (nécessaire distinction entre fonds de commerce et fonds artisanal).

CHAPITRE PREMIER DE LA VENTE DU FONDS DE COMMERCE

SECTION PREMIÈRE DE L'ACTE DE VENTE

BIBL. ▶ LE MAZIER, *Defrénois 1990. 271.* — RAFFRAY, *JCP N 1997. Prat. 3929* (rédaction de l'acte de vente de fonds de commerce). — TEILLIAIS, *Petites affiches 25 avr. 1997, p. 11.* – BILLON-GRAND et HERRNBERGER, *JCP N 2004, n° 40, p. 1477* (« questionnaire-cédant » préalable à une cessaion de fonds de commerce). – BIGAS et VARLET, *ibid. 2005, n° 44-45, p. 1844* (réalisation en France d'un contrat de *sale of business* de droit anglais). – HERRNBERGER et BILLON-GRAND, *ibid. 2006, n° 7, p. 361* (lettre de mission du conseil pour une cession de fonds de commerce). – REZEK, *ibid., n° 9, p. 450 ; rect. ibid. n° 15-16, p. 795* (nécessaire relecture de certains textes relatifs aux ventes de fonds de commerce).

Art. L. 141-1 I. — Dans tout acte constatant une cession amiable de fonds de commerce, consentie même sous condition et sous la forme d'un autre contrat ou l'apport en société d'un fonds de commerce, le vendeur est tenu d'énoncer :

1° Le nom du précédent vendeur, la date et la nature de son acte d'acquisition et le prix de cette acquisition pour les éléments incorporels, les marchandises et le matériel ;

2° L'état des privilèges et nantissements grevant le fonds ;

3° Le chiffre d'affaires qu'il a réalisé au cours de chacune des trois dernières années d'exploitation, ou depuis son acquisition s'il ne l'a pas exploité depuis plus de trois ans ;

4° Les bénéfices commerciaux réalisés pendant le même temps ;

5° Le bail, sa date, sa durée, le nom et l'adresse du bailleur et du cédant, s'il y a lieu.

II. — L'omission des énonciations ci-dessus prescrites peut, sur la demande de l'acquéreur formée dans l'année, entraîner la nullité de l'acte de vente. — *[L. 29 juin 1935, art. 12].*

A. ACTES VISÉS PAR LA LOI

1. Vente d'un fonds. **BIBL.** Rossignol, *JCP N 1977. I. 6596.* ♦ La loi du 29 juin 1935 ne vise que le cas où un acte a été rédigé pour constater la vente d'un fonds de commerce. • Riom, 23 juin 1947 : *D. 1948. 117, note crit. Ripert.* ♦ Le fait que le fonds vendu soit en location-gérance ne permet pas au vendeur de se soustraire à l'obligation d'énoncer les mentions prévues par la loi. • Riom, 27 oct. 1964 : *D. 1964. 771 ; RTD com. 1965. 88.* ♦ L'art. 12 [C. com., art. L. 141-1] s'applique à la cession d'une agence matrimoniale, laquelle constitue un fonds de commerce. • Limoges, 10 juin 1980 : *D. 1981. 573, note Jauffret.*

1 bis. En ce sens que la cession distincte du mobilier et d'une licence de débit de boissons, ne comportant aucun élément relatif à la nature et à l'importance d'une clientèle, ni au chiffre d'affaires d'un fonds de commerce, ne constitue pas la vente d'un fonds de commerce, V. • Com. 26 mars 1996 : *D. Affaires 1996. 640.*

♦ V. considérant que la cession d'un service minitel ne saurait constituer une cession de fonds de commerce : • Paris, 6 avr. 2001 : *Comm. com. élec. 2002, n° 60, obs. Grynbaum. – Contra :* • Paris, 28 janv. 2005 : *RTD com. 2005. 250, obs. Saintourens* . ♦ Pour l'hypothèse d'une cession du droit au bail et non d'une cession du fonds de commerce, V. • Paris, 26 mars 2003 : *Rev. loyers 2003. 374.*

1 ter. Sur l'application de l'art. 12 [C. com., art. L. 141-1] dans le cadre de la mise en œuvre d'un droit de préemption contractuel, accordé au bailleur en cas de vente du fonds par le preneur, V. • Versailles, 7 juin 1991 : *D. 1991. IR. 215* • Civ. 3e, 12 juill. 1995 : *Bull. civ. III, n° 184.*

2. Opérations assimilées. Pour un contrat de gérance-vente, V. • Rouen, 22 nov. 1968 : *D. 1969. 67 ; RTD com. 1969. 442, obs. Jauffret.* ♦ ... Pour la cession du matériel à un locataire-gérant, V. • Com. 18 janv. 1984 : *RTD com. 1984. 656, obs. Derruppé.* ♦ ... Pour la résiliation de droit au bail contre une indemnité, V. • Civ. 1re, 4 mai 1977 : *RTD com. 1977. 484, obs. Derruppé.* ♦ ... Pour l'ouverture et la fermeture concomitantes, V. • Civ. 1re, 10 oct. 1979 : *RTD com. 1980. 73, obs. Derruppé.* ♦ ... Pour une cession de contrat de concession, V. • Versailles, 24 mars 1988 : *D. 1988. IR. 124. – Contra :* • Com. 3 juin 1982 : *RTD com. 1983. 219, obs. Derruppé.* ♦ ... Pour une concession de licence d'exploitation, V. • Com. 9 juin 2004 : *JCP E 2004, n° 32-35, p. 1280.* – Sur cet arrêt, V. aussi Cozian, *JCP E 2004, n° 47, p. 1819* (abus de droit ?).

3. Cession de parts sociales. Sur l'inapplicabilité de l'art. 12 [C. com., art. L. 141-1] à une cession massive de parts sociales, V. • Com. 13 févr. 1990 : *Bull. civ. IV, n° 42 ; D. 1990. 470, note d'Hoir-Laupretre ; JCP 1990. II. 21587, note Lazarski ; Rev. sociétés 1990. 251, note Le Cannu ; Bull. Joly 1990. 660, note Jeantin* • 6 juin 1990 : *Bull. civ. IV, n° 161 ; Defrénois 1991. 607, note J. Honorat* • 19 nov. 1991 : *Dr. sociétés 1992, n° 12, obs. Le Nabasque* • Paris, 28 mars 1995 : *D. 1995. IR. 163* • 25 juin 2004 : *RJDA 2004, n° 1337. – Contra :* • Paris, 31 janv. 1997 : *D. 1997. IR. 59 ; D. Affaires 1997. 319 ; JCP 1997. II. 22875, note Viandier ; Bull. Joly 1997. 427, note Le Cannu* • Montpellier, 24 oct. 1991 : *JCP E 1992. I. 172, n° 12, obs. Viandier et Caussain* • Aix-en-Provence, 5 oct. 1993 : *JCP 1994. IV. 629* (jugeant que les cessions successives de la totalité des parts sociales d'une SARL impliquent nécessairement le transfert du fonds de commerce constitutif de l'objet social). – Comp. : • Com. 3 nov. 1980 : *Bull. civ. IV, n° 358.* ♦ V. toutefois, sur la nullité d'une cession de parts de SARL ayant eu pour but de dissimuler une cession de fonds de commerce, afin d'éluder l'art. 12 [C. com., art. L. 141-1], • Versailles, 25 févr. 1988 : *D. 1988. IR. 94.* – Rappr. : • Paris, 31 mai 1996 : *RJDA 1996, n° 1205.*

4. Fusion de sociétés. Le choix fait par les parties en faveur de l'adoption du régime juridique de la fusion-absorption exclut l'application des règles propres à la cession de fonds de commerce. • Paris, 10 avr. 1986 : *Rev. sociétés 1986. 428, note Daigre ; D. 1987. Somm. 391, obs. Bousquet.*

5. Ventes verbales. Sur leur validité, V. • Com. 22 déc. 1955 : *Bull. civ. III, n° 380* • Rennes, 2 mars 1976 : *D. 1976. Somm. 87.* ♦ Sur la preuve par tout moyen, V. • Civ. 3 févr. 1930 : *DP 1932. 1. 28* • Com. 22 déc. 1955 : *préc.*

6. Promesse de vente. BIBL. Biquez, *RTD com. 1957. 73.* – Boccara, *JCP 1970. I. 2357 bis.* – J. Honorat, *Defrénois 1986. 1334.* – Précigout, *JCP N 1955. I. 1243.* – Rezek et Kéravec, *JCP N 2006, n° 20, p. 1012* (formule). ♦ L'art. 12 [C. com., art. L. 141-1] est applicable lorsqu'il ressort des stipulations que l'acte relate une promesse synallagmatique de vente sous une condition qui ne s'est pas réalisée, alors qu'aux termes de l'art. 1589 C. civ., une telle promesse vaut vente. • Com. 24 nov. 1954 : *Gaz. Pal. 1955. 1. 35* • Paris, 3 juill. 1963 : *D. 1963. 654 ; RTD com. 1964. 53, obs. Jauffret.* ♦ Il a été jugé qu'une promesse unilatérale de vente assortie d'un important dédit doit contenir les énonciations de l'art. 12 [C. com., art. L. 141-1]. • Com. 8 nov. 1972 : *JCP 1973. II. 17565, note Boccara* • Lyon, 26 juill. 1950 : *D. 1951. 97, note Ripert* • Paris, 22 oct. 1991 : *D. 1993. Somm. 234, obs. Paisant* . – Comp. : • Com. 20 nov. 1962 : *D. 1963. 3.* ♦ V., pour un dédit non chiffré, • Com. 24 oct. 1984 : *Bull. civ. IV, n° 282 ; RTD com. 1985. 507, obs. Derruppé. – Contra :* • Com. 9 nov. 1971 : *D. 1972. 62* • Caen, 16 févr. 1970 : *JCP 1970. II. 16526* • T. com. Seine, 22 déc. 1949 : *D. 1950. 308, note Ripert.* ♦ Le fait que la promesse doive être réitérée devant notaire ne dispense pas d'y faire figurer les énonciations obligatoires. • Com. 24 avr. 1981 : *: Bull. civ. IV, n° 184 ; D. 1981. 556* • Paris, 8 oct. 1991 : *RJDA 1991, n° 1012.*

7. Droit international privé. L'art. 12 [C. com., art. L. 141-1] s'applique à la vente passée en France d'un fonds de commerce situé à l'étranger, lorsque n'est pas établie la volonté des parties de soumettre la forme de leur contrat à la loi qui régit au fond celui-ci ou à leur loi nationale. • Civ. 1re, 10 déc. 1974 : *D. 1975. 685, note Malaurie et Morin.*

B. ÉNONCIATIONS OBLIGATOIRES

8. Liste exhaustive. La liste des énonciations obligatoires de l'art. 12 [C. com., art. L. 141-1] est limitative. • Com. 7 juin 1974 : *Bull. civ. IV, n° 177 ; D. 1974. Somm. 103 ; RTD com. 1974. 485, obs. Jauffret.* ♦ La perte d'une clientèle ne figure pas au nombre de ces énonciations. • Com. 13 janv. 1998 : *D. Affaires 1998. 322, obs. A.-L. M.-D. ; RTD com. 1998. 323, obs. Derruppé.* ♦ Pour les livres de comptabilité, V. art. L. 141-2.

9. Chiffre d'affaires et bénéfices. La déclaration de l'acquéreur figurant dans l'acte, qu'il a pris connaissance du chiffre d'affaires et des bénéfices des trois dernières années, ne remplace pas l'indication précise et exacte de ces chiffres. • Lyon, 26 juill. 1950 : *D. 1951. 97, note Ripert.* ♦ De même, les indications orales sur le chiffre d'affaires sont insuffisantes en l'absence des énonciations légales. • Com. 18 oct. 1971 : *Bull. civ. IV, n° 242.*

9 bis. Ne constitue pas « l'omission » de la mention obligatoire des chiffres d'affaires et des bénéfices prévue par l'art. 12 [C. com., art. L. 141-1] l'irrégularité résultant de ce que les chiffres d'affaires et les bénéfices mentionnés ne correspondent pas à l'activité du seul fonds de commerce mais également aux ventes réalisées sur les marchés. • Paris, 6 sept. 1994 : *RJDA 1994, n° 1273.*

10. La période des trois dernières années mentionnée par la loi doit être calculée de quantième en quantième en remontant dans le passé à partir du jour de la conclusion de la vente. • Com. 24 nov. 1954 : *Gaz. Pal. 1955. 1. 35 ; RTD com. 1955. 303* • 9 mars 1964 : *Gaz. Pal. 1964. 1. 361 ; RTD com. 1964. 526* • 22 juill. 1969 : *D. 1970. Somm. 52* • 10 déc. 1991 : *D. 1993. 21, note Hallouin ; Bull. civ. IV, n° 381.*

11. Lorsque l'exploitation a été inférieure à trois ans, le vendeur n'est tenu de fournir que les chiffres correspondant au temps où il a personnellement exploité le fonds. • Com. 23 juill. 1957 : *D. 1957. 710* • 22 juill. 1969 : *Bull. civ. IV, n° 278.* ♦ Il appartient à l'acquéreur de tenir compte du fait qu'il achète un fonds de commerce n'ayant pas même une année d'existence ; le seul fait de communiquer des comptes prévisionnels établis sur trois années ne saurait constituer une manœuvre dolosive susceptible d'entraîner l'annulation de la cession. • Paris, 11 janv. 2005 : *RTD com. 2005. 251, obs. Saintourens.*

11 bis. La mise en location-gérance d'un fonds de commerce ne dispense pas, par elle-même, son vendeur d'observer les prescriptions édictées par l'art. 12 [C. com., art. L. 141-1]. • Com. 7 déc. 1993 : *Bull. civ. IV, n° 453 ; D. 1994. IR. 16 ; Defrénois 1994. 554, obs. Le Cannu ; RTD com. 1994. 42, obs. Derruppé ; JCP N 1996. II. 231, note Raffray.* – V. déjà en ce sens : • Riom, 27 oct. 1964 : *D. 1964. 771 ; RTD com. 1965. 88, obs. Jauffret.* – Comp. : • Com. 1er déc. 1992 : *Bull. civ. IV, n° 385 ; D. 1993. IR. 17.*

12. Des mentions relatives à deux années sur trois sont insuffisantes. • Civ. 1re, 12 déc. 1979 : *D. 1980. IR. 176.* ♦ Comp. • Paris, 29 juin 2000 : *JCP E 2000, n° 37, p. 1401.* ♦ Le vendeur, qui n'a fourni à l'acquéreur qu'un seul bilan accompagné de deux déclarations non signés de TVA, n'a pas respecté l'art. L. 141-1. • Toulouse, 5 nov. 2002 : *cité note 27.*

12 bis. Le vendeur ne peut s'exonérer de son obligation pour la période correspondant à l'exercice en cours au prétexte que ses comptes ne sont pas arrêtés et doit, au contraire, prendre toutes dispositions pour fournir ces informations à l'acquéreur, en procédant, si nécessaire, par approximation à partir des éléments comptables en sa possession. • Com. 29 avr. 1997 : *D. Affaires 1997. 851 ; RTD com. 1998. 134, obs. Derruppé.* – V. aussi • Versailles, 9 oct. 1992 : *D. 1992. IR. 272 ; RTD com. 1993. 83, obs. Derruppé ;* • Paris, 12 sept. 2005 : *AJDI 2005. 906.* – Comp. : • Nancy, 22 janv. 1992 : *JCP 1992. IV. 2481 ; RTD com. 1992. 784, obs. Derruppé.*

13. Le montant du chiffre d'affaires et des bénéfices commerciaux ne doit pas être celui du forfait fiscal des bénéfices commerciaux. • Paris, 28 oct. 1953 : *D. 1954. 81* • 22 nov. 1976 : *RTD com. 1977. 486, obs. Derruppé* • T. com. Lyon, 14 janv. 1953 : *D. 1953. 280 ; RTD com. 1953. 627, obs. Jauffret.* ♦ Il s'agit des bénéfices réels nets et non bruts. • Paris, 18 déc. 1965 : *Gaz. Pal. 1966. 1. 154 ; RTD com. 1966. 309, obs. Jauffret* • Com. 8 févr. 1971 : *Bull. civ. IV, n° 36* • Civ. 1re, 12 déc. 1979 : *D. 1980. IR. 176 ; RTD com. 1980. 74, obs. Derruppé.* ♦ V. note 1 ss. art. L. 141-3.

14. Bail. Sur l'insuffisance de la seule mention de l'existence d'un bail « en cours de renouvellement », V. • Paris, 22 sept. 1987 : *D. 1987. IR. 199.*

14 bis. Contrats de distribution. V. note 14 *quater* ss. art. L. 141-5.

C. SANCTION DES OMISSIONS

15. Nullité relative. Aux termes de l'art. 12 [C. com., art. L. 141-1], l'omission des formalités prévues par ce texte ne peut être prononcée que sur la demande de l'acquéreur. • Com. 17 nov. 1998 : *D. Affaires 1999. 116.* ♦ La nullité résultant de l'omission des énonciations prescrites est relative et seul l'acquéreur peut l'invoquer. • Lyon, 10 févr. 1948 : *D. 1948. Somm. 22.* ♦ Le vendeur et ses créanciers sont irrecevables. • T. com. Saint-Étienne, 6 juill. 1939 : *Rev. fonds com. 1938. 168.* ♦ V. aussi note 20.

16. Preuve. C'est à l'acquéreur qu'il incombe, du fait qu'il est demandeur en annulation du contrat, de prouver que, par l'omission des énonciations légales, son consentement a été vicié et qu'il a subi un préjudice. • Com. 21 juill. 1953 : *Gaz. Pal. 1953. 2. 316* • 10 mai 1982 : *Bull. civ. IV, n° 166* • Paris, 12 sept. 2005 : *préc. note 12 bis.* ♦ Il incombe à l'acquéreur de prouver que son consentement a été vicié par erreur à raison de l'omission des énonciations légales ; tel n'est pas le cas s'il est établi que l'acheteur connaissait exactement l'activité et la valeur du fonds, s'il a pu consulter les livres comptables et ainsi être suffisamment averti de la situation du fonds. • Caen, 31 mars 2005 : *JCP E 2005, n° 31-34, p. 1318.*

17. Délai pour agir. Le délai d'une année court du jour de la vente et non de la prise de possession. • Com. 15 déc. 1987 : *Bull. civ. IV, n° 273 ; JCP 1988. IV. 77* • 3 mars 1992 : *Bull. civ. IV, n° 106 ; D. 1992. IR. 101 ; RTD com. 1992. 353, obs. Derruppé* ; (à propos d'un compromis de vente sous seing privé). – Dans le même sens : • Com. 6 févr. 1996 : *Bull. civ. IV, n° 44 ; D. 1996. IR. 84 ; D. Affaires 1996. 452 ; JCP E 1996. II. 841, note Petit.* – V. aussi • Rouen, 31 janv. 1958 : *D. 1958. 455* • Rennes, 30 avr. 1969 : *Gaz. Pal. 1969. 2. 378 ; RTD com. 1970. 98, obs. Jauffret.* ♦ Pour la détermination du point de départ du délai de prescription en cas de pluralité d'actes, V. • Com. 26 mai 2004 : *RJDA 2004, n° 1208.* ♦ Il s'agit d'un délai préfix, qui n'est susceptible ni d'interruption, ni de suspension. • Com. 10 déc. 1991 : *Bull. civ. IV, n° 382 ; Contrats Conc. Consom. 1992, n° 45, obs. crit. Leveneur ; RTD com. 1992. 353, obs. Derruppé* . ♦ Comp. : art. 2244 C. civ. ♦ Sur la possibilité d'agir encore en nullité pour dol, V. • Com. 5 juill. 1977 : *D. 1977. IR. 494.* ♦ V. note 19.

Après avoir exactement énoncé que le délai d'un an dans lequel se trouve enfermée l'action fondée sur les art. 12 et 13 de la loi du 29 juin 1935 [C. com., art. L. 141-1 et L. 141-3] constitue un délai préfix, une cour d'appel décide à bon droit que l'expiration de ce délai interdit à l'acquéreur d'un fonds de commerce d'invoquer, même par voie d'exception, les omissions et inexactitudes visées par ces textes. • Com. 31 mars 2004 : *Bull. civ. IV, n° 67 ; D. 2004. AJ. 1238, obs. Chevrier ; JCP E 2004, n° 28-29, p. 1153, note Kéita ; RTD com. 2004. 695, obs. Saintourens ; RJDA 2004, n° 966 ; Procédures 2004, n° 129, obs. Croze.*

18. Consentement de l'acquéreur. Le juge doit rechercher si l'omission a vicié le consentement de l'acquéreur et a été pour lui la cause d'un préjudice. • Com. 5 janv. 1971 : *Bull. civ. IV, n° 6* • 6 mars 1973 : *ibid., n° 112* • 11 oct. 1982 : *ibid. n°s 299 et 302* • 13 mars 2001 : *JCP E. 2001, n° 48, p. 1915, note Kamdem* • Paris, 10 sept. 1993 : *D. 1993. IR. 239* • Versailles, 24 mars 1994 : *D. 1994. IR. 155.* ♦ V. aussi • Paris, 29 juin 2000 : *JCP E 2000, n° 37, p. 1401.*

La nullité n'a pas été retenue, même en l'absence de toute énonciation, dès lors qu'il est établi que l'acquéreur connaissait la plupart des précisions exigées et que l'omission des autres ne lui a pas causé préjudice. • Com. 4 févr. 1965 : *Bull. civ. III, n° 92* • 9 janv. 1978 : *ibid. IV, n° 15* • 8 juin 1970 : *D. 1970. Somm. 192 ; RTD com. 1971. 283* • 1er déc. 1992 : *préc. note 11 bis.* – V. aussi • Dijon, 19 févr. 1998 : *JCP 1998. IV. 3146* • Rouen, 2 déc. 1999 : *RJDA 2000, n° 645.* ♦ Comp., pour un acquéreur, professionnel averti : • Com. 22 nov. 1965 : *Bull. civ. III, n° 590* • 18 janv. 1984 : *ibid. IV, n° 23.* ♦ ... Ou ayant pu compulser les livres comptables : • Com. 23 juin 1980 : *D. 1980. 542 ; RTD com. 1981. 65, obs. Derruppé* • 30 janv. 1990 : *Bull. civ. IV, n° 29 ; D. 1991. Somm. 163, obs. Paisant* .

Pour l'exclusion de la nullité lorsque l'acte de vente a été rédigé par l'avocat de l'acquéreur, à la demande expresse de ce dernier, qui a reconnu, dans cet acte, avoir visé et paraphé les livres de comptabilité, V. • Paris, 9 nov. 2001 : *RJDA 2002, n° 491.* — V. aussi note 26.

Sur la possibilité de se servir d'éléments postérieurs à la vente pour prouver l'existence d'un vice du consentement au moment de celle-ci, V. • Com. 10 déc. 1991 : *préc. note 10.*

18 bis. Si les dispositions de l'art. 12 [C. com., art. L. 141-1] sont applicables à l'acte sous seing privé, par lequel le transfert de propriété du fonds vendu est subordonné à la passation d'un acte authentique, et qui ne comporte aucune mention quant au résultat du fonds, l'acquéreur n'est toutefois pas fondé à poursuivre l'annulation de la vente dès lors que les parties ont maintenu leur commune volonté lors de la signature de l'acte authentique qui n'était affecté d'aucune cause de nullité. • Com. 27 juin 2000 : *Bull. civ. IV, n° 132 ; D. 2000. AJ. 357, obs. Monéger-Dupuis ; RTD com. 2000. 849, obs. Derruppé ; JCP N 2001, n° 25, p. 1068, note Leveneur ; Petites affiches 16 mars 2001, p. 16, obs Martin ; Defrénois 2001. 513, obs. Honorat.*

19. Dol. Le dol ne peut être invoqué par l'acquéreur que dans la mesure où le vendeur lui a caché sciemment l'existence d'une situation susceptible d'influer dans des conditions notables sur le chiffre d'affaires des fonds et où, par sa réticence ou son silence volontaire, il a manqué à la bonne foi sur laquelle l'autre partie était en droit de compter. • Versailles, 21 mai 1986 : *D. 1986. 560, note Jeantin.* ♦ V. aussi • Com. 21 mars 2000 : *Dr. et patr.-oct. 2000. 103, obs. Chauvel.*

L'acquéreur d'un fonds de commerce de réparation automobile ne peut se prétendre victime de manœuvres dolosives en invoquant que la cession incluait l'activité de vente de véhicules, dès lors qu'étant lui-même un professionnel de l'automobile, il ne pouvait ignorer que par nature le nom du constructeur n'était pas aliénable, que la concession de vente, dépendant d'un contrat conclu *intuitu personae* entre le représentant de la marque et le concessionnaire était incessible, et que la modicité du prix ne pouvait laisser penser que la concession était incluse dans la vente. • Versailles, 6 juin 1997 : *BICC 1998, n° 332.* ◆ Le simple silence observé par l'une des parties sur un fait qui aurait été de nature à influencer la négociation peut constituer un dol, mais celui-ci doit être apprécié en considération de la personne du cocontractant. • Paris, 28 janv. 2000 : *AJDI 2000. 350*.

Pour un arrêt considérant que la réticence dolosive rend toujours excusable l'erreur provoquée, V. • Civ. 3e, 21 févr. 2001 : *Bull. civ. III, n° 20 ; D. 2001. 2702, note D. Mazeaud ; JCP 2001. I. 330, n° 10, obs. Constantin ; Defrénois 2001. 703, obs. Libchaber.* – Sur cet arrêt, V. aussi Mouly, *D. 2003. 2023*.

La vente du fonds de commerce doit être annulée pour vice du consentement en raison du dol du vendeur, ce dernier ayant cédé un fonds indisponible en raison de la vente forcée dont il avait fait l'objet antérieurement à la cession. • T. com. Paris, 17 juin 1992 : *JCP 1992. IV. 2342.* ◆ Sur le dol résultant de l'absence d'information sur un litige intéressant le droit au bail, V. • Com. 14 nov. 1995 : *JCP 1997. II. 22818, note Boccara.* ◆ Sur l'annulation d'une vente de fonds d'officine de pharmacie lorsque, par des manœuvres dolosives, des ventes massives de produits et de substances illicites augmentant le chiffre d'affaires ont été dissimulées à l'acquéreur du fonds, alors qu'un tel chiffre était irréalisable dans le cadre d'une exploitation licite normale, V. • Rouen, 10 déc. 1996 : *JCP E 1998, n° 41, p. 1571.* ◆ Sur l'annulation pour dol en raison du défaut d'information du cessionnaire de la non-réalisation de travaux demandés par la commission départementale de sécurité, V. • Civ. 3e, 6 juill. 2005 : *JCP E 2005, n° 38, p. 1534 ; BRDA 2005, n° 19, p. 5.*

Pour une réticence dolosive relative aux contrats de distribution, V. note 14 *quater* ss. art. L. 141-5. ◆ ... À l'obligation de non-concurrence, V. • Com. 20 juin 1995 : *cité note 5 bis ss. art. L. 141-5.* ◆ ... À l'opposition du voisinage à la poursuite de l'exploitation, manifestée par de nombreuses plaintes, pétitions et enquêtes de police. • Amiens, 9 janv. 1998 : *JCP E 1998, n° 44, p. 1714.* ◆ ... À l'existence d'un projet d'implantation à proximité du fonds d'une enseigne concurrente. • Rouen, 7 avr. 2005 : *RJDA 2005, n° 985.*

Sur le caractère déterminant du dol, V. • Com. 9 oct. 2001 : *RJDA 2002, n° 5.*

V. aussi note 5 *bis* ss. art. L. 141-3.

Viole les art. 1116 et 1234 C. civ., l'arrêt qui, après avoir constaté l'existence d'un dol commis par un vendeur de fonds de cinéma ayant dissimulé la résiliation du droit au bail, dol qui avait eu pour effet de vicier l'ensemble de la transaction, considère que la remise en l'état des parties étant impossible en fait, le vendeur doit simplement être condamné à restituer une indemnité, alors qu'il résulte de la nullité de la cession que l'acheteur est en droit d'obtenir restitution de l'intégralité des sommes versées lors de la vente. • Com. 19 mai 1998 : *Bull. civ. IV, n° 160 ; D. 1999. 406, note Ribeyrol-Subrenat ; D. Affaires 1998. 1252, obs. S. P. ; JCP 1999. II. 10194, note Karm ; RJDA 1998, n° 1094.* ◆ Viole l'art. 1371 C. civ., l'arrêt qui pour décider que le cessionnaire d'un fonds de commerce ne peut prétendre à la restitution intégrale des sommes versées lors de la cession énonce que cette restitution le ferait profiter d'un enrichissement sans cause, alors que le cédant s'étant rendu coupable de dol, se trouve donc privé de l'action *de in rem verso.* • Même arrêt.

19 bis. Seul un dol imputable à la société cédante ou à son représentant agissant en tant que tel peut justifier l'action en réduction de prix formée par l'acquéreur. • Com. 23 nov. 1993 : *Bull. civ. IV, n° 421 ; D. 1994. Somm. 234, obs. Paisant*.

Le droit de demander la nullité d'un contrat par application des art. 1116 et 1117 C. civ. n'exclut pas l'exercice, par la victime des manœuvres dolosives, d'une action en responsabilité délictuelle pour obtenir de leur auteur réparation du préjudice qu'elle a subi. • Com. 18 oct. 1994 : *Bull. civ. IV, n° 293 ; D. 1995. 180, note Atias ; Defrénois 1995. 332, obs. D. Mazeaud.*

Les acquéreurs ayant obtenu l'annulation de la cession du fonds de commerce pour dol peuvent se faire indemniser des dépenses faites pour l'amélioration de ce fonds en y développant une activité complémentaire de celle qui existait lors de la cession annulée. • Com. 7 mars 1995 : *Bull. civ. IV, n° 69 ; D. 1995. IR. 88 ; JCP 1996. I. 22661, note du Rusquec.*

Pour un arrêt retenant l'indemnisation de l'acquéreur d'un fonds de commerce bien que figurait une mention expresse dans l'acte de vente sur la non-reprise par les acquéreurs du contrat de franchise, dans la mesure où la cédante avait néanmoins failli à son devoir d'information en omettant d'attirer l'attention de sa cocontractante sur le fait qu'en conséquence de cette re nonciation et contrairement à ce qui était indiqué, l'enseigne n'était pas incluse dans les éléments cédés, la demande d'indemnisation de l'acquéreur est alors fondée, V. • Com. 9 oct. 2001 : *Defrénois 2002. 608, obs. Honorat.*

19 ter. Erreur. N'est pas une cause de nullité de la vente l'erreur portant uniquement sur la valeur du fonds de commerce. • Com. 28 juin 1994 : *Rev. loyers 1994. 493* • Paris, 28 mars 1995 : *préc. note 3.*

Dès lors que le caractère erroné des énonciations fournies par les vendeurs concernant les résultats d'exploitation du bien cédé ainsi que l'absence de clientèle propre à celui-ci malgré sa désignation à l'acte de vente comme partie du fonds de commerce ont vicié le consentement des acquéreurs au point qu'ils n'auraient pas contracté s'ils en avaient eu connaissance, il en résulte une erreur sur les qualités substantielles de la chose vendue, sanctionnée par la nullité de la vente. • Com. 18 juin 1996 : *D. 1998. 305, note Jault-Seseke.*

Pour une nullité en raison de l'absence des mentions prescrites par l'art. 1326 C. civ., V. • Bourges, 31 janv. 1996 : *JCP E 1997. Pan. 796.*

20. Renonciation. Si l'acquéreur ne peut renoncer dans l'acte de vente à demander la nullité. • Com. 4 nov. 1970 : *D. 1971. 231, préc. note 18.* ♦ ... Ni même renoncer à ce droit avant la conclusion de l'acte. • Versailles, 1er juill. 1999 : *D. 1999. AJ. 28.* ♦ ... Il a été cependant jugé que, s'agissant d'une nullité relative, il peut y renoncer après la vente. • T. com. Mirecourt, 13 déc. 1935 : *Rev. loyers 1936. 263.*

21. Pouvoirs du juge. La nullité est facultative pour le juge, qui peut apprécier si l'omission des énonciations a pu vicier le consentement de l'acquéreur. • Com. 30 oct. 1951 : *D. 1952. 86 ; RTD com. 1952. 305* • 21 juin 1966 : *Bull. civ. III, n° 317* • Poitiers, 26 févr. 1986 : *Defrénois 1986. 1334, obs. J. Honorat* • Versailles, 24 mars 1988 : *D. 1988. IR. 124.* ♦ Le juge du fond doit rechercher si l'omission a pu causer un préjudice à l'acquéreur. • Com. 8 févr. 1971 : *Bull. civ. IV, n° 36* • 11 oct. 1982 : *ibid., n° 299* • Versailles, 24 mars 1988 : *préc.* ♦ V. aussi • Com. 20 oct. 1998 : *D. Affaires 1998. 1892 ; RJDA 1998, n° 1347.* ♦ Par suite, il y a lieu à cassation de l'arrêt qui juge que l'omission des mentions suffit à rendre admissible l'action en nullité et refuse d'apprécier si cette nullité devait ou non être prononcée. • Com. 19 janv. 1983 : *Bull. civ. IV, n° 25* • 23 juill. 1957 : *D. 1957. 710 ; RTD com. 1958. 66* • 9 déc. 1957 : *Gaz. Pal. 1958. 1. 109.* – Comp. : • Com. 3 mai 1976 : *D. 1976. IR. 208.*

V. note 9 *bis.*

22. Réduction du prix. La loi ne prévoyant que l'action en nullité, une action en réduction du prix est irrecevable. • Paris, 12 oct. 1962 : *D. 1963. 167* • Com. 18 janv. 1984 : *Bull. civ. IV, n° 23.* – V. cep. • Com. 23 mars 1965 : *Bull. civ. III, n° 226.* ♦ Rappr. note 5 ss. art. L. 141-3.

23. Dommages et intérêts. Le dommage peut être suffisamment réparé par l'octroi de dommages et intérêts. • Com. 11 juill. 1977 : *D. 1978. 155 ; RTD com. 1978. 95, obs. Derruppé.* ♦ Comp., au cas d'inexactitude : note 5 ss. art. L. 141-3.

24. Responsabilité de l'intermédiaire. Pour la condamnation d'un rédacteur d'acte ayant omis les indications relatives aux chiffres d'affaires et bénéfices, sans même avoir vérifié si la comptabilité empêchait de fournir ces résultats, V. • Civ. 1re, 17 déc. 1996 : *Bull. civ. I, n° 453 ; D. Affaires 1997. 150 ; Bull. Joly 1997. 243, note Baranger.*

25. Le notaire, en sa qualité d'officier public, est tenu de veiller à l'efficacité des actes qu'il établit et doit prendre toutes les mesures qui permettent de sauvegarder les intérêts des acquéreurs d'un fonds de commerce au regard des exigences de l'art. 12 [C. com., art. L. 141-1]. • Civ. 1re, 13 oct. 1999 : *Bull. civ. I, n° 276 ; JCP 1999. IV. 2948 ; Defrénois 1999. 1342, obs. Aubert ; RTD com. 2000. 330, obs. Derruppé.* ♦ La faute du notaire ayant fait signer aux vendeurs un acte de vente incomplet au regard de l'art. 12 [C. com., art. L. 141-1], dès lors qu'elle a concouru avec celle des vendeurs à l'annulation de la vente, peut entraîner un partage de responsabilité entre l'officier public et ses clients ; mais le notaire, s'il peut être condamné à garantir les vendeurs des dommages-intérêts prononcés au profit de l'acquéreur, ne peut être tenu à la restitution d'un prix qu'il n'a pas lui-même perçu. • Civ. 1re, 17 mars 1993 : *JCP N 1996. II. 1089, obs. Sanséau.* ♦ Bien qu'il puisse écarter tout recours en garantie contre le notaire, en dépit de sa faute professionnelle, de la part du client s'étant rendu coupable d'un dol, le juge dispose également de la faculté de condamner l'officier public, en considération de la faute commise par lui, à une garantie partielle dans une mesure qui relève de son pouvoir souverain d'appréciation. • Civ. 3e, 3 mars 1998 : *D. Affaires 1998. 572, obs. J. F.* ♦ V. aussi • Civ. 1re, 16 janv. 2001 : *D. 2001. IR. 594.*

26. L'acquéreur qui a contracté en toute connaissance de cause est mal fondé à faire grief au notaire d'avoir établi l'acte authentique malgré l'absence des derniers chiffres d'affaires et bénéfices commerciaux, non fournis par le vendeur, dès lors que le notaire a agi sur demande expresse de l'acquéreur et qu'il a effectué toutes les diligences requises. • Bordeaux, 22 mars 1994 : *JCP N 1996. II. 1090, obs. Sanséau.*

27. Liquidation judiciaire. L'action en nullité de la cession d'un fonds de commerce en raison du non-respect des dispositions de l'art. L. 141-1, n'entre pas dans les prévisions de l'art. L. 621-40 C. com. *[ancien]*, dans la mesure où si cette cession peut effectivement entraîner la restitution du prix, elle n'est pas une action en paiement visée à l'art. L. 621-40 *[ancien]*, la restitution du prix n'étant que la conséquence de l'annulation de la vente. • Toulouse, 5 nov. 2002 : *JCP E 2003, n° 41, p. 1598.*

Art. L. 141-2 **Au jour de la cession, le vendeur et l'acheteur visent tous les livres de comptabilité qui ont été tenus par le vendeur** *(L. n° 2005-882 du 2 août 2005, art. 32)* **« durant les trois exercices comptables précédant celui de la vente, ce nombre étant réduit à la durée de possession du fonds si elle a été inférieure à trois ans, ainsi qu'un document présentant les chiffres d'affaires mensuels réalisés entre la clôture du dernier exercice et le mois précédant celui de la vente. »**

Ces livres font l'objet d'un inventaire signé par les parties et dont un exemplaire est remis à chacune d'elles. Le cédant doit mettre ces livres à la disposition de l'acquéreur pendant trois ans, à partir de son entrée en jouissance du fonds.

Toute clause contraire est réputée non écrite. – *[L. 29 juin 1935, art. 15].*

V. note ss. art. L. 141-12.

BIBL. ► Crémieux, *Rev. fonds com. 1936. 408.* – Hugot, *JCP E 1994. I. 347* (panorama de jurisprudence). ► Loi du 2 août 2005 : Delfosse et Peniguel, *Dr. et patr. oct. 2005, suppl., p. 16.* – Saintourens, *RTD com. 2005. 706*.

1. Non-confidentialité des livres de comptabilité. Il résulte de l'art. 15 [C. com., art. L. 141-2] que les documents comptables qui s'y trouvent mentionnés n'ont, à l'égard de l'acheteur d'un fonds de commerce, aucun caractère confidentiel ; ces documents peuvent donc être communiqués directement à l'acquéreur par le comptable du vendeur, sans faute de sa part. • Civ. 1re, 27 janv. 1993 : *Bull. civ. I, n° 36 ; Defrénois 1993. 1440, obs. Vermelle.*

1 bis. Promesses de vente. L'art. 15 [C. com., art. L. 141-2] concernant le visa des livres de comptabilité du vendeur est applicable aux promesses synallagmatiques de vente. • Paris, 24 mai 1983 : *D. 1983. IR. 355 ; RTD com. 1984. 68, obs. Derruppé.*

2. Délai triennal. La période des trois dernières années mentionnée à l'art. 15 [C. com., art. L. 141-2] doit être calculée de quantième à quantième en remontant dans le passé à partir du jour de la conclusion de la vente. • Paris, 24 mai 1983 : *préc. note 1 bis.*

3. Mise à disposition. Le vendeur d'un fonds de commerce, qui demeure propriétaire de ses livres de comptabilité, satisfait à l'obligation, que lui impose l'art. 15, al. 2 [C. com., art. L. 141-2, al. 2], de les communiquer à l'acquéreur, en les tenant à sa disposition chez un tiers, si aucun obstacle n'empêche leur consultation. • Com. 16 mars 1993 : *Bull. civ. IV, n° 108 ; D. 1993. IR. 95.* ♦ Jugeant que l'exécution de l'obligation de communication des livres de comptabilité est sans incidence sur la prise de possession des éléments du fonds de commerce dont ces livres ne font pas partie. • Com. 23 juin 2004 : *cité note 1 ss. art. L. 141-4.*

4. Non-communication. Lorsque le vendeur n'a pas communiqué ses livres, il lui aps partiendra d'établir l'exactitude des mentions figurant dans l'acte de vente. • Lyon, 30 mars 1938 : *Rev. fonds com. 1939. 177.* – Comp. : note 2 ss. art. L. 141-3 C. com. ♦ Le défaut de visa n'implique pas de vice de consentement d'un acquéreur qui ne conteste pas avoir eu connaissance de la comptabilité. • Com. 29 mai 1973 : *Bull. civ. IV, n° 190.* – V. aussi • Com. 17 nov. 1998 : *D. Affaires 1999. 18, obs. A.-L. M.-D.* ♦ Il a parfo[is] été jugé que l'art. 15 [C. com., art. L. 141-2] n'ayant prévu aucune sanction, le défaut de visa et d'inventaire n'emporterait aucune conséquence en lui-même. V. • Lyon, 30 mars 1938 *Rev. fonds com. 1939. 177* • Rouen, 24 févr. 1939 : *ibid. 372.*

Art. L. 141-3 **Le vendeur est, nonobstant toute stipulation contraire, tenu de la garantie à raison de l'inexactitude de ses énonciations dans les conditions édictées par les articles 1644 et 1645 du code civil.**

Les intermédiaires, rédacteurs des actes et leurs préposés, sont tenus solidairement avec lui s'ils connaissent l'inexactitude des énonciations faites. – *[L. 29 juin 1935, art. 13].*

1. Notion d'inexactitude. L'art. 13 [C. com., art. L. 141-3] assimile l'inexactitude des énonciations de l'acte de vente d'un fonds de commerce à un vice caché (à propos d'une officine de pharmacie inapte, dans le cadre d'un exercice régulier de la profession de pharmacien, à produire le chiffre d'affaires annoncé). • Civ. 1re, 3 juill. 1996 : *Bull. civ. I, n° 290.*

Dès lors que dans l'acte de vente doit figurer la mention du bénéfice réel, l'indication des seuls bénéfices fiscaux constitue une inexactitude, pas une omission. • Com. 10 mai 1982 : *Bull. civ. IV, n° 166* • 3 nov. 1983 : *ibid., n° 286 ; JCP 1984. IV. 10* • 29 avr. 1997 : *D. Affaires 1997. 851 ; RTD com. 1998. 134, obs. Derruppé*. ♦ Sur la distinction entre omission et inexactitude, V. aussi • Chambéry, 28 oct. 1991 : *JCP E 1992. Pan. 606.*

Les mentions portées dans l'acte de vente sont inexactes lorsqu'elles ne se rapportent pas exclusivement au fonds de commerce vendu (à propos d'annuités de bénéfices commerciaux correspondant à l'activité de l'ensemble du fonds exploité par les vendeurs, dont seule une partie est vendue). • Com. 31 mars 1992 : *Bull. civ. IV, n° 142 ; D. 1992. IR. 133* • 3 déc. 2002 : *JCP N 2003, n° 7-8, p. 297 ; RTD com. 2003. 270, obs. Saintourens* ; *RJDA 2003, n° 583.*

L'acquéreur qui établit le caractère incertain des pièces comptables à partir desquelles a été calculé le montant des mentions relatives au chiffre d'affaires porté dans l'acte de vente apporte la preuve de l'inexactitude des énonciations. • Com. 29 mars 1994 : *Bull. civ. IV, n° 129.*

Considérant que constitue une inexactitude justifiant une réduction du prix de vente le fait de mentionner dans l'acte de vente d'un fonds de commerce que les chiffres d'affaires étaient donnés hors taxes alors qu'il s'agissait de montants toutes taxes comprises, V. • Paris, 15 déc. 1999 : *RJDA 2000, n° 646.*

1 bis. L'art. 13 [C. com., art. L. 141-3] renvoie aux art. 1644 et 1645 C. civ. et, dès lors, le vendeur d'une officine de pharmacie est tenu à garantie à raison de l'inexactitude de ses énonciations, ainsi assimilée à un vice caché, dans les conditions édictées par ces articles. • Civ. 1re, 3 juill. 1996 : *Bull. civ. I, n° 290 ; JCP E 1997. I. 1021, note Monéger.*

2. Charge de la preuve. S'agissant de la garantie du vendeur, l'acquéreur doit démontrer cette inexactitude. • Com. 9 juin 1970 : *D. 1970. 762* • Paris, 13 mai 1969 : *D. 1969. 608.* ♦ Le seul fait que l'acheteur n'ait pas réalisé les mêmes bénéfices ou chiffre d'affaires n'est pas, en lui-même, pertinent. • Paris, 13 mai 1969 : *D. 1969. 608* • T. com. Seine, 1er déc. 1937 : *Gaz. Pal. 1938. 1. 214.* ♦ Comp. : note 4 ss. art. L. 141-2.

3. Intérêt pour agir. Il est nécessaire que les inexactitudes soient préjudiciables à l'acquéreur et l'action ne saurait être admise lorsque les bénéfices réels ont été supérieurs au bénéfice fiscal, seul indiqué. • Com. 21 mars 1966 : *D. 1966. 435.* ♦ Il a pu être exigé la preuve que l'inexactitude a constitué une cause d'erreur viciant le consentement. • Com. 8 juin 1970 : *D. 1970. Somm. 200.* ♦ La relaxe du vendeur des poursuites pour escroquerie n'est pas un obstacle à l'action. • Com. 1er mars 1971 : *Bull. civ. IV, n° 62.*

4. Clause de non-garantie. La clause par laquelle l'acquéreur d'un fonds de commerce s'oblige à prendre le fonds dans l'état où il se trouve, sans pouvoir exiger aucune indemnité ou diminution de prix pour quelque cause que ce soit, ne fait pas obstacle à l'action résolutoire résultant de l'existence d'un vice caché. • Com. 26 juin 1973 : *Bull. civ. IV, n° 223.*

4 bis. L'accord des parties pour une approximation du montant des bénéfices en cause figurant à l'acte de vente n'enlève rien à la garantie des cédants concernant le montant énoncé. • Com. 12 mars 1996 : *RTD com. 1996. 445, obs. Derruppé*. ♦ La garantie due par le vendeur ne saurait être écartée par le fait que l'acquéreur ait été informé par l'acte de vente que les chiffres mentionnés étaient globaux et incluaient en conséquence toutes les activités exercées par le vendeur, y compris celles qu'il avait conservées (hypothèse d'une cession partielle). • Com. 3 déc. 2002 : *préc. note 1.*

5. Réduction de prix. L'inexactitude des mentions obligatoires ne peut donner lieu qu'à l'action en garantie prévue à l'art. 13, al. 1er [C. com., art. L. 141-3, al. 1er], sans pouvoir entraîner, à la différence de leur omission, l'annulation de la vente du fonds de commerce, seule demandée par les acquéreurs. • Com. 1er déc. 1992 : *Bull. civ. IV, n° 385 ; D. 1993. IR. 17.* ♦ Retenant les inexactitudes, et pas seulement les omissions dans les mentions d'un acte de vente relatives au chiffre d'affaires et aux bénéfices, les juges ont pu déclarer recevable et fondée l'action en réduction de prix de l'acquéreur procédant de l'art. 13 [C. com., art. L. 141-3]. • Com. 23 mars 1965 : *Bull. civ. III, n° 226* • 16 juill. 1981 : *ibid. IV, n° 319 ; RTD com. 1982. 400, obs. Derruppé.* ♦ Sur les sanctions de la garantie des vices cachés, V. art. 1644 et 1645 C. civ. ♦ Considérant que la restitution à laquelle un cocontractant est condamné à la suite d'une réduction de prix prévue à l'art. 1644 C. civ. ne constitue pas par elle-même un préjudice indemnisable, V. • Civ. 1re, 16 janv. 2001 : *Bull. civ. I, n° 4 ; D. 2001. IR. 594 ; Defrénois 2001. 722, obs. Aubert.* ♦ V. • Poitiers, 21 janv. 1987 : *Defrénois 1987. 1317, note J. Honorat.*

Le prix de cession d'un fonds de commerce peut être réduit au motif que le fichier « clients » était difficilement exploitable par le cessionnaire. • Com. 20 oct. 1992 : *JCP 1992. IV. 3089.*

5 bis. Seul peut justifier l'action en réduction du prix de vente formée par l'acquéreur, un dol imputable au vendeur ou à son représentant, à l'exclusion des réticences dolosives qui pourraient être le fait du cédant du pas-de-porte de la boutique où s'exerce l'activité, lequel, n'étant pas le vendeur du fonds ne peut être condamné personnellement à supporter la réduction du prix. • Com. 23 nov. 1993 : *Bull. civ. IV, n° 421 ; D. 1994. Somm. 234, obs. Paisant ; JCP 1994. IV. 267.* ♦ La simple exagération du prix de cession du fonds ne peut justifier une réduction de celui-ci, dès lors que la négociation avait été loyale et que la seule circonstance de la réalisation, par les acquéreurs d'un chiffre d'affaires inférieur à celui mentionné dans l'acte, ne suffisait pas à remettre en cause la vente du fonds, ni à en modifier les conditions. • Rennes, 11 févr. 1998 : *JCP E 1998, n° 26, p. 1015.*

6. Énonciation facultative. Lorsqu'une action en garantie est exercée en raison de l'inexactitude d'une énonciation qui n'est pas exigée par l'art. 12 [C. com., art. L. 141-1], elle est soumise au droit commun de la garantie des vices cachés. • Com. 7 juin 1974 : *Bull. civ. IV, n° 177 ; RTD com. 1974. 485, obs. Jauffret. – Contra* : • Lyon, 21 mai 1975 : *ibid. 1975. 801, obs. Jauffret.*

7. Obligation de délivrance. L'acquéreur mis en possession de l'objet de la vente a néanmoins, s'il s'agit d'une vente commerciale, le droit d'obtenir la réduction du prix en cas d'exécution défectueuse ou incomplète par le vendeur de son obligation de délivrance, prévue par l'art. 1610 C. civ. • Com. 15 déc. 1992 : *Bull. civ. IV, n° 421.* ♦ Pour une résolution de la vente aux torts du vendeur, celui-ci n'ayant pas assuré la conservation du fonds de commerce jusqu'au terme convenu pour sa livraison en raison de la disparition du fonds, le locataire-gérant ayant cessé de l'exploiter. • Com. 12 mai 2004 : *RJDA 2004, n° 1206.* ♦ Pour un manquement à l'obligation de délivrance résultant de vices cachés empêchant l'exploitation du fonds cédé dans des conditions normales et de sécurité, V. • Paris, 2 févr. 2005 : *AJDI 2005. 479.*

7 bis. Garantie d'éviction. BIBL. Coudert, *D. 1973. Chron. 113.* – Chalvignac, *Petites affiches 16 déc. 2002, p. 4.* ♦ En ce sens que, pour la mise en œuvre de la garantie d'éviction, il n'y a pas lieu de rechercher si l'acquéreur était de bonne foi, V. • Com. 20 févr. 2001 : *JCP E 2001, n° 47, p. 1866, note Kéita.*

7 ter. Pour un arrêt écartant le jeu de la garantie d'éviction à l'occasion d'une vente des éléments incorporels d'un fonds de commerce, l'acquéreur s'étant engagé dans une opération risquée sans précaution, V. • Com. 9 oct. 2001 : *RJDA 2002, n° 240.*

7 quater. Responsabilité de droit commun. Les dispositions spéciales de l'art. 13 [C. com., art. L. 141-3] n'interdisent pas à l'acquéreur d'un fonds de commerce de rechercher la responsabilité de droit commun du vendeur, notamment pour dol, quand bien même les manœuvres alléguées auraient trait à l'inexactitude des énonciations obligatoires portées à l'acte. • Com. 15 janv. 2002 : *Bull. civ. IV, n° 11 ; D. 2002. Somm. 2045, obs. Brémond ; JCP 2002. II. 136, note Cermolacce ; RTD com. 2002. 265, obs. Saintourens ; RTD civ. 2002. 290, obs. Mestre et Fages ; Defrénois 2002. 1536, obs. J. Honorat.* ♦ Sur l'obligation du vendeur de s'abstenir de tout acte de nature à priver l'acquéreur des avantages du fonds cédé et à lui causer un préjudice, V. • Rouen, 8 janv. 2004 : *JCP E 2004, n° 42, p. 1613.*

8. Responsabilité des intermédiaires. Pour un arrêt écartant le recours en garantie formé par le cédant d'un fonds de commerce qui était coresponsable d'un dol, contre le notaire rédacteur de l'acte ayant commis une faute professionnelle, V. • Civ. 1re, 16 janv. 2001 : *JCP 2001. IV. 1411* • Com. 28 avr. 2004 : *RJDA 2004, n° 1087* (rejet d'un recours en garantie contre un expert-comptable). ♦ Pour des applications de l'art. 13, al. 2 [C. com., art. L. 141-3, al. 2], V. • Civ. 3e, 7 mars 1969 : *Bull. civ. III, n° 20* • Lyon, 10 oct. 1968 : *RTD com. 1969. 443, obs. Jauffret* • Paris, 11 avr. 1973 : *ibid. 1973. 503, obs. Jauffret.*

Art. L. 141-4 **L'action résultant de l'article L. 141-3 doit être intentée par l'acquéreur dans le délai d'une année, à compter de la date de sa prise de possession.** – *[L. 29 juin 1935, art. 14].*

1. Computation du délai. Le délai d'une année court de la date de prise de possession et non pas à dater du jour de l'acte de vente. • Amiens, 13 mars 1968 : *RTD com. 1969. 41* • Com. 11 oct. 1971 : *D. 1972. 181 ; RTD com. 1972. 50, obs. Jauffret* • 3 mars 1992 : *Bull. civ. IV, n° 106.* ♦ Dès lors que l'acquéreur n'a pas pris possession, le délai n'a pas couru et il est toujours en droit d'agir. • Rouen, 31 janv. 1958 : *D. 1958. 455 ; RTD com. 1958. 740.* ♦ L'action en garantie intentée plus d'un an après la prise de possession est prescrite sans qu'il y ait lieu de rechercher si le point de départ du délai devait être différé à la date de remise des livres de caisse à l'acquéreur qui ne font pas partie des éléments du fonds. • Com. 23 juin 2004 : *RJDA 2005, n° 22.* – V. aussi note 3 ss. art. L. 141-2.

1 bis. Au regard des prescriptions de l'art. 14 [C. com., art. L. 141-4], l'action en garantie est intentée par l'acquéreur à la date de la délivrance de l'assignation au vendeur (et non de la saisine du tribunal). • Com. 15 oct. 1996 : *Bull. civ. IV, n° 235 ; D. 1996. IR. 240 ; D. Affaires 1996. 1347 ; Defrénois 1997. 464, obs. Le Cannu.*

2. Nature du délai. Le délai imposé par l'art. 14 [C. com., art. L. 141-4] est un délai préfix qui n'est susceptible ni d'interruption, ni de suspension. • Com. 7 oct. 1997 : *Bull. civ. IV, n° 249 ; D. 1997. IR. 230 ; D. Affaires 1997. 1277 ; JCP E 1997. II. 1034, note Croze ; Defrénois 1998. 245, obs. Le Cannu ; RTD com. 1998. 134, obs. Derruppé.* ♦ Il ne peut donc être interrompu par une assignation délivrée devant un tribunal incompétent. • Même arrêt. – V. déjà • T. com. Montauban, 8 janv. 1937 : *Rev. fonds com. 1938. 367* • Grenoble, 14 déc. 1998 : *RTD com. 1999. 632, obs. Derruppé ; JCP 1999. IV. 1810.* ♦ *Contra* : • Com. 14 mars 1972 : *D. 1972. 547 ; RTD com. 1973. 69, obs. Jauffret.* ♦ Comp., considérant que les conclusions reconventionnelles déposées au greffe d'un tribunal de commerce interrompent, à leur date, la prescription dès lors que le concluant a comparu ou a été représenté à l'audience et qu'il en résulte que viole les art. 2244 C. civ., 871 NCPC, ensemble les art. 13 et 14 de la loi du 19 juin 1935 [C. com., art. L. 141-3 et L. 141-4], l'arrêt qui, pour déclarer irrecevable la demande reconventionnelle de l'acquéreur d'un fonds de commerce en réduction du prix, retient que les conclusions reconventionnelles de l'acquéreur produisent effet à la date à laquelle elles ont été soutenues et que le délai préfix de l'art. 14 [C. com., art. L. 141-4] était alors expiré : • Civ. 2e, 26 nov. 1998 : *Bull. civ. II, n° 283 ; D. 1999. IR. 28 ; D. Affaires 1999. 199, obs. A.-L. M.-D.* ♦ Comp. aussi : art. 2244 C. civ.

Après avoir exactement énoncé que le délai d'un an dans lequel se trouve enfermée l'action fondée sur les art. 12 et 13 de la loi du 29 juin 1935 [C. com., art. L. 141-1 et L. 141-3] constitue un délai préfix, une cour d'appel décide à bon droit que l'expiration de ce délai interdit à l'acquéreur d'un fonds de commerce d'invoquer, même par voie d'exception, les omissions et inexactitudes visées par ces textes. • Com. 31 mars 2004 : *cité note 17 ss. art. L. 141-1.*

3. Dol. Seule l'action fondée sur l'inexactitude des mentions obligatoires est enfermée dans le délai de l'art. 14 [C. com., art. L. 141-4], mais non l'action en résolution de la vente pour dol. • Com. 5 juill. 1977 : *D. 1977. IR. 494.* ♦ L'action en nullité fondée sur le dol ne se prescrit que par cinq ans. • Paris, 19 févr. 1971 : *RTD com. 1973. 69, obs. Jauffret.* – Comp. : • Lyon, 21 mai 1975 : *D. 1975. Somm. 107.*

4. Exception de nullité. L'exception de nullité peut seulement jouer pour faire échec à la demande d'exécution d'un acte juridique qui n'a pas encore été exécuté ; par suite, dans un cas où, poursuivie en exécution de son engagement, une caution avait opposé la nullité de celui-ci en conséquence de la nullité de la vente du fonds de commerce sur lequel le créancier avait inscrit un nantissement, une cour d'appel peut décider que, la caution n'ayant invoqué la nullité de cette vente qu'après l'expiration du délai d'un an prévu à l'art. L. 141-4, sa demande d'annulation était irrecevable. • Com. 8 oct. 2003 : *RJDA 2004, n° 272.* ♦ V., pour une demande reconventionnelle par voie d'exception, • Com. 31 mars 2004 : *préc. note 2.*

SECTION II **DU PRIVILÈGE DU VENDEUR**

Art. L. 141-5 **Le privilège du vendeur d'un fonds de commerce n'a lieu que si la vente a été constatée par un acte authentique ou sous seing privé, dûment enregistré, et que s'il a été inscrit sur un registre public tenu au greffe du tribunal de commerce dans le ressort duquel le fonds est exploité.**

Il ne porte que sur les éléments du fonds énumérés dans la vente et dans l'inscription, et à défaut de désignation précise, que sur l'enseigne et le nom commercial, le droit au bail, la clientèle et l'achalandage.

Des prix distincts sont établis pour les éléments incorporels du fonds, le matériel et les marchandises.

Le privilège du vendeur qui garantit chacun de ces prix, ou ce qui en reste dû, s'exerce distinctement sur les prix respectifs de la revente afférents aux marchandises, au matériel et aux éléments incorporels du fonds.

Nonobstant toute convention contraire, les paiements partiels autres que les paiements comptants s'imputent d'abord sur le prix des marchandises, ensuite sur le prix du matériel.

Il y a lieu à ventilation du prix de revente mis en distribution, s'il s'applique à un ou plusieurs éléments non compris dans la première vente. — *[L. 17 mars 1909, art. 1er].*

I. ÉLÉMENTS DU FONDS DE COMMERCE

BIBL. Derruppé, *in Mélanges Terré, Dalloz, PUF, Juris-Classeur, 1999, p. 577* (avenir du fonds de commerce et de la propriété commerciale). – Chazal, *Defrénois 2001. 167* (l'usufruit d'un fonds de commerce). – Rezek, *JCP N 2004, n° 36, p. 1294* (principe de spécialité des inscriptions grevant un fonds de commerce).

1. *Universalité de fait.* Aucun texte ne définit la composition du fonds de commerce et la loi du 17 mars 1909 énumère seulement les divers éléments qui peuvent servir à le constituer. • Civ. 2e, 10 juill. 1953 : *Bull. civ. II, n° 252 ; D. 1953. 598 ; Gaz. Pal. 1953. 2. 292.* ♦ Le fonds de commerce est une universalité distincte des éléments qui la composent. • Req. 13 mars 1888 : *DP 1888. 1. 351* • Civ. 31 oct. 1906 : *DP 1906. 1. 528 ; S. 1922. 1. 313, note H. Rousseau* • 26 juill. 1932 : *Gaz. Pal. 1932. 2. 687, sous note.* ♦ C'est une universalité mobilière insusceptible de cession partielle (à propos de l'application de l'art. 1840 CGI). • Com. 12 nov. 1992 : *Bull. civ. IV, n° 350 ; Defrénois 1993. 502, obs. Le Cannu ; D. 1992. IR. 281* • 26 oct. 1993 : *Bull. civ. IV, n° 362 ; D. 1994. Somm. 54, obs. Rozès ; JCP N 1994. II. 65, note Destame* (à propos de la cession d'un fonds de commerce exploité dans un local essentiel à cette exploitation et pris à bail, qui emporte nécessairement cession de ce bail).

Il appartient aux juges du fond d'apprécier, d'après les éléments désignés par la convention, si ceux que les parties ont compris dans leurs opérations sont ou non des éléments essentiels sans lesquels un fonds ne saurait exister. • Civ. 10 juill. 1953 : *préc.* ♦ La question de savoir si un fonds survit à la disparition de certains éléments et la détermination des éléments essentiels à cet égard, sont laissées aux juges du fond. • Civ. 1re, 30 oct. 1957 : *Bull. civ. I, n° 407.* ♦ Sur la recherche par le juge, tant au travers des éléments intrinsèques qu'extrinsèques, des éléments inclus dans la cession du fonds de commerce, V. • Caen, 28 mars 2002 : *RTD com. 2002. 651, obs. Saintourens.*

A. CLIENTÈLE

2. *Caractère essentiel.* **BIBL.** Collomb, *RTD com. 1979. 1.* – Derruppé, *in Études Jauffret, 1974, p. 231.* – Randoux, *JCP 1991. I. 3533* (désinvestissement). – Sabireau-Perez, *Gaz. Pal. 1998. 2. Doctr. 1313.* ♦ La clientèle est la condition essentielle d'existence d'un fonds de commerce. • Req. 15 févr. 1937 : *DP 1938. 1. 13, note Cordonnier ; S. 1937. 1. 169, note H. Rousseau ; Rev. gén. dr. com. 1938. 164, note Lagarde* • Com. 29 mai 1953 : *JCP 1953. II. 7720, note Cohen* • Civ. 10 juill. 1953 : *D. 1953. 598* • Com. 7 mars 1978 : *Bull. civ. IV, n° 84 ; D. 1978. IR. 453 ; RTD com. 1979. 91, obs. Derruppé* • Civ. 3e, 18 mai 1978 : *RTD com. 1978. 559, obs. Derruppé.* ♦ A défaut de clientèle, un fonds de commerce ne saurait exister. • Com. 23 mai 1960 : *Bull. civ. III, n° 192* • 16 janv. 1990 : *JCP 1991. II. 21662* • Civ. 3e, 18 mai 1978 : *D. 1978. IR. 488.* ♦ Sur une clientèle réduite à un seul client, V. • Com. 7 déc. 1965 : *Bull. civ. III, n° 630.* ♦ Un fonds de commerce ne survit pas à la disparition de la clientèle. • Civ. 3e, 18 mai 1978 : *JCP 1978. IV. 220.* ♦ V. cependant, • Com. 2 août 1949 : *JCP 1949. II. 5188, note Saint-Alary* • 10 mars 1970 : *D. 1970. 586 ; Journ. not. 1971, art. 49897, note Viatte.* ♦ En ce sens que la cession d'une branche autonome d'activité à laquelle est attachée une clientèle propre constitue une cession de fonds de commerce indépendant, V. • Com. 14 avr. 1992 : *Bull. civ. IV, n° 161 ; RTD com. 1993. 82, obs. Derruppé.*

Sur la cession successive d'éléments isolés emportant transfert de clientèle, V. • Com. 6 juin 1990 : *Bull. civ. IV, n° 165 ; RTD com. 1991. 27, obs. Derruppé.* ♦ V. aussi note 5.

2 *bis.* L'omission de transmettre tout ou partie de la clientèle lors de la cession du fonds constitue pour le vendeur une inexécution de son obligation de délivrance et justifie la demande en résiliation de ladite cession formée par l'acquéreur. • Com. 24 nov. 1992 : *Bull. civ. IV, n° 371.* ♦ Mais le bailleur ne peut demander la nullité de la cession d'un fonds de commerce au motif que la clientèle n'a pas été cédée du fait du retrait des produits offerts à la vente – à base de porc ou d'alcool –, alors que la liberté du commerce permet au cessionnaire de s'adapter à sa clientèle et que la preuve n'est pas rapportée du départ de la clientèle de proximité. • TGI Bobigny, 22 sept. 2004 : *Rev. loyers 2004. 689, obs. Pansier.*

2 ter. Personne de l'exploitant. Juridiquement, il serait contraire à la dignité de l'Homme et à la liberté du travail, de considérer la personne physique de l'exploitant (chef étoilé de renommée internationale) ou celle de ses collaborateurs, comme un élément matériel d'un fonds de commerce ; il convient de ne pas confondre l'attraction de la personne de l'exploitant, ayant son effet propre de valorisation économique du fonds où il travaille, avec le transfert juridique d'une clientèle d'un fonds de commerce à un autre. • Paris, 1er juill. 2004 : *RTD com. 2005. 248, obs. Saintourens*.

3. Clientèle préexistante. **BIBL.** Boccara, *Gaz. Pal. 1994. 2. Doctr. 1021* (distribution intégrée). – Rakotovahiny, *Bull. act. Lamy droit commercial juill. 2003, p. 1* (commerce inclus). – Sainturat, *AJDI 2004. 355* (même thème). – Boulogne-Yang-Ting, *AJDI 2005. 556* (commerce intégré). ♦ Le premier gérant libre d'une station-service ne peut prétendre n'avoir trouvé aucune clientèle à son entrée dans les lieux, dès lors que dès le premier jour des automobilistes s'y sont ravitaillés ; en conséquence, il n'a jamais acquis la propriété d'un fonds de commerce en l'absence de création d'une clientèle attachée au fonds. • Com. 27 févr. 1973 : *D. 1974. 283, obs. Derruppé ; JCP 1973. II. 17403, note A.S.* – Dans le même sens, V. • Com. 21 mars 1995 : *Bull. civ. IV, n° 91 ; D. 1995. IR. 101 ; Defrénois 1995. 950, obs. Le Cannu.* – Comp. cependant : • Com. 3 juin 1982 : *Bull. civ. IV, n° 216.*

Le public qui fréquente les buffets-buvettes s'étant rendu sur les lieux pour assister aux courses de chevaux, les exploitants ne se constituent pas une clientèle personnelle distincte de celle de l'organisateur des courses. • Cass., Ass. plén., 24 avr. 1970 : *D. 1970. 381, note R.L.* • Amiens, 26 juin 1978 : *RTD com. 1979. 94, obs. Derruppé.* ♦ Exigeant que le preneur rapporte la preuve d'une clientèle propre, mais non que celle-ci soit *prépondérante*, V. • Civ. 3e, 19 mars 2003 : *Bull. civ. III, n° 66 ; D. 2003. 2749, note Kenfack ; ibid. AJ. 973, obs. Rouquet ; JCP E 2003, n° 30, p. 1243, note Kéita ; JCP 2003. II. 10143, note Clamour et Tosi ; RTD com. 2003. 275, obs. Monéger ; RJDA 2003, n° 572 ; Loyers et copr. 2003, n° 110, obs. Brault et Pereira-Osouf ; Dr. et patr. juill.-août 2003. 94, obs. Chauvel ; Rev. loyers 2003. 353, obs. Vaissie ; Administrer juill. 2003. 29, note Barbier* • 19 janv. 2005 : *Bull. civ. III, n° 10 ; D. 2006. Pan. 926, obs. Rozès ; D. 2005. AJ. 491, obs. Rouquet ; JCP E 2005, n° 22, p. 915, obs. Kenfack ; JCP E 2005. II. 10040, note Reifegerste ; JCP 2005. II. 10097, note Bouzol ; Petites affiches 22 nov. 2005, p. 15, note Humann ; ibid. 10 janv. 2006, p. 10, note Boismain ; Gaz. Pal. 2005. Somm. 1305, obs. Jacquin ; RJDA 2005, n° 362 ; Dr. et patr. avr. 2005. 107, obs. Chauvel ; AJDI 2005. 476, obs. Blatter ; Loyers et copr. 2005, n° 51, obs. Brault ; Administrer mars 2005. 29, obs. Boccara et Lipman-W. Boccara ; Rev. loyers 2005. 241, note de Maillard.* ♦ *Contra*, précisant que n'est pas titulaire d'un fonds de commerce le commerçant exploitant un banc de poissons installé à proximité d'un supermarché, dès lors que la clientèle de ce commerce est constituée, de manière largement prépondérante, par celle du supermarché exploité par la société propriétaire du local. • Civ. 3e, 27 nov. 1991 : *Bull. civ. III, n° 289.* ♦ Comp., lorsque le locataire a une pleine autonomie de gestion et une clientèle propre, distincte de celle du supermarché : • Civ. 3e, 24 janv. 1996 : *RJDA 1996, n° 464.* ♦ Pour une discussion sur l'existence d'un « fonds de commerce de messagerie télématique » et la notion de clientèle attachée à ce fonds, V. • TGI Paris, 10 mai 2000 : *Comm. com. élec. 2000, n° 102, obs. Galloux.*

Sur la propriété de la clientèle en cas de franchise, V. note 7 ss. Arr. 21 févr. 1991, art. 2, *infra*, ss. art. L. 330-3.

4. Achalandage. **BIBL.** Derruppé, *Écrits en l'honneur de J. Savatier, p. 167.* – Rotondi, *Ann. dr. com. 1930. 137.* ♦ L'achalandage constitué par le monopole de fait résultant du privilège d'exploitation par un concessionnaire d'un emplacement de marché se distingue d'une véritable clientèle nécessaire à l'existence d'un fonds de commerce. • Com. 3 févr. 1970 : *Bull. civ. IV, n° 42 ; D. 1970. 626.* – Comp. : • Paris, 9 juin 1987 : *RTD com. 1987. 495, obs. Derruppé* • Com. 31 mai 1988 : *ibid. 1988. 609, obs. Derruppé.*

5. Clientèle commerciale. Pour que le fonds soit commercial, il est nécessaire qu'il soit exploité par un commerçant et que l'objet du fonds soit de faire des actes de commerce. • Pau, 30 mars 1960 : *Gaz. Pal. Tables 1960-1965, v° Fonds de commerce, n° 1.* ♦ Une société à forme commerciale et à objet civil n'exploite pas un fonds de commerce. • Paris, 14 nov. 1959 : *Gaz. Pal. 1960. 1. 339 ; JCP 1960. II. 11784, note Boccara ; RTD com. 1960. 551, obs. Jauffret.* ♦ Comp. : note 20 ss. art. L. 110-1.

Les débits de tabacs ne constituent pas des fonds de commerce. • Req. 13 mars 1905 : *DP 1907. 1. 15* • Lyon, 20 juin 1912 : *DP 1915. 2. 69 ; S. 1914. 2. 1, note Mestre* • Aix-en-Provence, 21 févr. 1939 : *DH 1939. 234.*

Les établissements publics ne sont pas propriétaires d'un fonds de commerce. • Civ. 29 janv. 1952 : *D. 1952. 737, note Derrida* (à propos d'EDF).

5 bis. Obligation de non-rétablissement. BIBL. Chalvignac, *Petites affiches 16 déc. 2002, p. 4* (garantie légale d'éviction et clause de non-concurrence). – Violet, *Defrénois 2006. 467* (quels rapports entre obligation de garantie et obligation de non-concurrence). ♦ Même si l'acte de cession ne comporte aucune clause de non-rétablissement, il n'en demeure pas moins que le vendeur qui a cédé son fonds de commerce et notamment sa clientèle, est tenu de procurer à son acheteur la jouissance paisible de la chose vendue et de s'abstenir de tout acte de nature à détourner la clientèle du fonds vendu. V. • Paris, 26 nov. 1990 : *JCP E 1991. Pan. 88* • Com. 14 avr. 1992 : *Bull. civ. IV, n° 160 ; Contrats Conc. Consom. 1992, n° 149, note Leveneur ; Defrénois 1992. 1358, obs. Sénéchal ; D. 1993. Somm. 239, obs. Paisant*. ♦ Constitue une faute délictuelle à la charge de l'acquéreur l'achat d'un fonds de commerce créé par le vendeur en infraction à l'obligation légale de garantie pesant sur lui à l'égard du cessionnaire d'un fonds similaire, objet d'une vente antérieurement conclue, dès lors que l'acquéreur du fonds était informé de cette obligation. • Com. 4 mai 1993 : *Bull. civ. IV, n° 164 ; RJDA 1993, n° 888.*

Comp., en cas de clause de non-rétablissement, sur la nécessité de constater en quoi le comportement du vendeur est contraire aux stipulations, lorsqu'il n'est que salarié d'une société concurrente : • Com. 22 janv. 1991 : *Bull. civ. IV, n° 35 ; D. 1991. IR. 53* • 22 oct. 1991 : *D. 1992. Somm. 349, obs. Serra* • 8 déc. 1992 : *Bull. civ. IV, n° 395 ; D. 1993. 603, note Sage ; D. 1994. Somm. 76, obs. Picod* (relevant le lien de subordination entre le vendeur devenu gérant technique salarié d'un concurrent et son employeur) • Rouen, 7 mars 2002 : *RJDA 2003, n° 2.* ♦ V. aussi, pour un vendeur vivant maritalement avec la locataire-gérante d'un fonds de même nature, • Com. 4 mai 1993 : *Bull. civ. IV, n° 161.* ♦ Le vendeur d'un fonds de commerce ne contrevient à la clause de non-concurrence insérée dans l'acte de vente que s'il participe à la direction d'un établissement concurrent mais ne la méconnaît pas s'il n'en est qu'un collaborateur subordonné même bénévole. • Com. 5 déc. 2000 : *RJDA 2001, n° 414.* ♦ Le cédant d'un fonds de commerce ne viole pas son engagement de non-concurrence même s'il a répondu à des commandes de clients situés dans la zone visée par la clause de non-concurrence dès lors qu'il n'est pas prouvé que le cédant ait procédé à un démarchage actif des clients. • Grenoble, 18 nov. 2004 : *Contrats Conc. Consom. 2005, n° 130, obs. Malaurie-Vignal.* ♦ V. pour le vendeur qui a financé, sous couvert d'une tierce personne, l'acquisition d'un fonds concurrent, se trouvait en permanence dans le magasin, participait directement à la gestion, recevait les clients et réalisait les opérations commerciales : • Dijon, 15 avr. 2004 : *JCP E 2004, n° 25, p. 983.*

Sur l'interprétation d'une clause de non-concurrence relative à un fonds de commerce de débit de boissons, proposant également de la petite restauration, V. • Com. 26 oct. 1993 : *Bull. civ. IV, n° 356 ; D. 1995. Somm. 207, obs. Serra*.

Dans le cas où les parties ont stipulé que le vendeur ne pourrait se rétablir dans une activité déterminée pendant un certain délai, l'expiration de ce délai n'a pas pour effet de le libérer de l'obligation légale de garantie de son fait personnel, qui est d'ordre public (arrêt fondé sur les art. 1625, 1626 et 1628 C. civ.). • Com. 14 avr. 1992 : *préc.* ♦ Dans le même sens, V. • Com. 16 janv. 2001 : *Bull. civ. IV, n° 16 ; D. 2001. Somm. 1312, obs. Serra ; D. 2002. 712, note Archer ; JCP E 2001, n° 37, p. 1429, note Kéita ; RTD com. 2001. 406, obs. Derruppé ; Contrats Conc. Consom. 2001, n° 42, obs. Malaurie-Vignal, et n° 71, obs. Leveneur.* ♦ En cas de cession d'un fonds de commerce, la garantie légale d'éviction interdit au vendeur de détourner la clientèle du fonds cédé, et si le vendeur est une personne morale cette interdiction pèse non seulement sur elle, mais aussi sur son dirigeant ou sur les personnes qu'il pourrait interposer pour échapper à ses obligations. • Com. 24 mai 2005 : *Bull. civ. IV, n° 112 ; D. 2005. AJ. 1634, obs. Chevrier ; JCP E 2005, n° 27-28, p. 1181 ; Contrats Conc. Consom. 2005, n° 135, obs. Malaurie-Vignal ; RJDA 2005, n° 962 ; Dr. et patr. sept. 2005. 113, obs. Poracchia ; AJDI 2005. 660 ; Bull. Joly 2005. 1362.* ♦ Même si le vendeur d'un fonds de commerce a été une SARL et non personnellement sa gérante, il n'en demeure pas moins que l'obligation de non-concurrence pèse également sur cette dernière. • Paris, 30 janv. 1992 : *D. 1993. Somm. 160, obs. Serra*.

Commet une réticence dolosive le gérant d'une société venderesse de son fonds de commerce contractuellement tenu d'une obligation de non-concurrence et de non-rétablissement, dès lors que son épouse est gérante d'une autre société, qui a un objet social et une activité identiques, et que ladite épouse n'a cédé ses parts et cessé son activité qu'après la vente du fonds. • Com. 20 juin 1995 : *D. Affaires 1995. 9 ; D. 1995. IR. 211.*

La cession d'un fonds de commerce présentant le caractère d'un acte de commerce, les cédants, en l'absence de stipulation contraire, s'obligent solidairement au respect de la clause de non-rétablissement stipulée à l'acte et à la réparation du préjudice en résultant. • Com. 8 juin 1993 : *Bull. civ. IV, n° 228.*

En ce sens qu'en l'absence de préjudice, l'acheteur est sans intérêt à agir en exécution de la clause de non-réinstallation et qu'il commet un abus de droit en en demandant l'exécution, V. • Civ. 1re, 19 nov. 1996 : *BRDA 1996, n° 23, p. 6* (vente d'une officine pharmaceutique).

5 *ter*. Sur la condamnation à une réduction du prix de cession du fonds, du cédant n'ayant pas respecté l'obligation de garantie d'éviction à laquelle il est tenu à l'égard du cessionnaire, bien que la clause de non-concurrence insérée dans l'acte ait été respectée, V. • Paris, 17 déc. 1999 : *JCP E 2000, n° 8, p. 295 ; RTD com. 2000. 329, obs. Derruppé*.

Sur la transmissibilité de l'obligation de non-concurrence, V. note 14 *quater* (al. 3).

B. DIVERSITÉ DES ÉLÉMENTS

BIBL. Rezek, *JCP E 2003, n° 28-29, p. 1183* (vente de fonds de commerce et titre d'occupation des locaux commerciaux).

6. *Droit au bail.* De principe, le droit au bail n'est pas nécessairement l'élément essentiel d'un fonds de commerce. • Req. 22 oct. 1923 : *DP 1924. 1. 77* • Civ. 17 juill. 1928 : *DH 1928. 510* • Req. 30 janv. 1934 : *S. 1935. 1. 12* • Civ. 13 mars 1944 : *Gaz. Pal. 1944. 1. 263* • Com. 29 mai 1953 : *D. 1953. 599 ; RTD com. 1954. 75, obs. Jauffret* • Civ. 1re, 8 déc. 1964 : *Bull. civ. I, n° 549 ; Gaz. Pal. 1965. 1. 250.* ♦ Il n'importe que le bail ait une importance considérable et constitue à lui seul la presque totalité de la valeur du fonds. • T. civ. Cambrai, 10 déc. 1953 : *JCP 1954. II. 8289, note Cohen.* – Comp. : • Com. 6 déc. 1982 : *JCP 1984. II. 20158, note Cohen* • 14 nov. 1995 : *Administrer févr. 1996. 33, obs. Boccara.* ♦ La cession du droit au bail ne constitue celle du fonds de commerce que lorsqu'elle implique la cession de la clientèle. • T. civ. Périgueux, 30 déc. 1927 : *JCP 1928. 214.* – Comp. : • Rennes, 10 juill. 1986 : *JCP 1987. II. 20784, note Bey* • Paris, 6 janv. 1989 : *RTD com. 1989. 646, obs. Derruppé.* ♦ Jugeant que dès lors qu'une partie non négligeable de la clientèle a été effectivement cédée, il y a bien vente de fonds de commerce et non cession de droit au bail, V. • Civ. 3e, 29 nov. 2005 : *Administrer févr. 2006. 32, obs. Boccara et Lipman-W. Boccara.* ♦ Comp., jugeant que l'acte, intitulé cession de fonds de commerce, emportait en réalité la vente du seul droit au bail en l'absence totale d'achalandage, de marchandises et d'activité commerciale durant l'année ayant précédé l'acte litigieux : • Com. 24 janv. 2006 : *RJDA 2006, n° 626.*

Quelle que soit son importance, le droit au bail ne constitue pas, de plein droit, un élément nécessaire du fonds de commerce, qui peut exister en dehors de lui (à propos d'un local occupé en vertu d'un droit d'usage intransmissible). • Com. 27 avr. 1993 : *Bull. civ. IV, n° 157 ; D. 1993. IR. 129 ; Defrénois 1993. 1202, obs. Le Cannu.* ♦ Sur les conséquences de la résolution de la vente d'un fonds de commerce sur le bail commercial conclu en vue de son exploitation, V. • Civ. 3e, 30 oct. 2002 : *AJDI 2003. 31, obs. Dumont ; Defrénois 2003. 249, obs. Libchaber ; RTD com. 2003. 56, obs. Saintourens ; JCP E 2003, n° 26, p. 1096, note Kéita ; RDC 2003. 115, obs. Lardeux ; RJDA 2003, n° 12 ; Rev. loyers 2003. 81, obs. Gallet.* ♦ V. aussi note 4 ss. ancien art. L. 621-88 et, en la matière, • Com. 13 nov. 2002 : *AJDI 2003. 504, obs. Le Corre*.

Sur la cession du fonds de commerce incluant le droit au bail à une société en formation et ses conséquences sur le droit au renouvellement et, partant, ses corollaires que sont le droit à indemnité d'éviction et le droit au maintien dans les lieux, V. • Civ. 3e, 2 févr. 2005 : *Bull. civ. III, n° 22 ; D. 2005. AJ. 718, obs. Lienhard ; JCP E 2005, n° 11, p. 452 ; RTD com. 2005. 259, obs. Monéger ; ibid. 340, obs. Champaud et Danet ; RJDA 2005, n° 509 ; Rev. loyers 2005. 247, note Quément ; Bull. Joly 2005. 643, note Saintourens* • 6 avr. 2005 : *Bull. civ. III, n° 84 ; D. 2006. Pan. 929, obs. Rozès ; D. 2005. AJ. 1229, obs. Rouquet ; JCP E 2005, n° 43, p. 1089, note Brault ; ibid., n° 48, p. 2042, obs. Kenfack ; AJDI 2005. 659, obs. Dumont ; RJDA 2005, n° 943 ; Loyers et copr. 2005, n° 156, obs. Brault ; Administrer juill. 2005. 46, obs. Boccara et Lipman-W. Boccara.*

6 *bis*. *Droit de place sur un marché.* La présentation d'un successeur par le bénéficiaire d'un droit de place sur un marché à l'autorité municipale octroyante, qui ne contrevient en rien à l'inaliénabilité du domaine public, peut s'accompagner de la cession onéreuse d'éléments identiques à ceux d'un fonds de commerce. • Civ. 1re, 5 déc. 1995 : *Bull. civ. I, n° 445 ; D. Affaires 1996. 167 ; JCP 1996. I. 3929, n° 10, obs. Billiau ; Defrénois 1996. 743, obs. Delebecque.*

Sur le droit d'occupation d'emplacement dans un marché d'intérêt national, V. art. L. 761-1. – BIBL. Jauffret, *RTD com. 1968. 1019.* – Vilar, *ibid. 1973. 27.* ♦ Sur la concession immobilière, V. note 8.

7. *Exclusion des immeubles.* BIBL. Blaise, *RTD com. 1966. 827.* ♦ Lorsque le propriétaire d'un fonds de commerce est en même temps propriétaire de l'immeuble où s'effectue l'exploitation, ledit immeuble n'est pas un élément du fonds de commerce, lequel consiste en un ensemble de biens mobiliers corporels et incorporels. • Limoges, 26 nov. 1990 : *D. 1992. 452, note Prévault*. ♦ Le droit réel en vertu duquel le commerçant occupe un immeuble est exclu des éléments du fonds susceptibles d'être cédés ou nantis. • Civ. 21 juill. 1937 : *DP 1940. 1. 17, note Voirin ; S. 1938. 1. 337, note Lagarde.* ♦ Sur l'exclusion d'un droit de passage, V. • Civ. 3ᵉ, 8 déc. 1971 : *Bull. civ. III, n° 616.* ♦ L'exclusion s'étend aux immeubles par destination, tel le matériel qui est au service de l'immeuble. • Req. 20 janv. 1913 : *S. 1920. 1. 33, note Wahl* • Civ. 27 juin 1944 : *DC 1944. 93, note A.C.* • Civ. 3ᵉ, 6 janv. 1972 : *D. 1972. 398* • Civ. 1ʳᵉ, 4 juin 1962 : *Bull. civ. I, n° 284 ; D. 1962. Somm. 133.* ♦ La vente du matériel par le propriétaire met fin à l'immobilisation. • Aix-en-Provence, 29 déc. 1949 : *JCP 1950. 2. 5571, note Saint-Alary ; RTD com. 1950. 399, obs. Jauffret.* – Comp. : • Req. 23 févr. 1926 : *DH 1926. 179.*

7 bis. L'adjudicataire d'un immeuble comportant un fonds, et qui n'a contracté aucune obligation particulière sur l'exploitation dudit fonds, ne peut voir sa responsabilité mise en œuvre par l'exploitant du seul fait de la privation imposée de la jouissance des lieux où s'exerce le commerce. • Limoges, 26 nov. 1990 : *préc. note 7.*

8. Concession immobilière. Le droit de concession immobilière est susceptible d'être compris dans un nantissement de fonds de commerce. – V. L. n° 67-1253 du 30 déc. 1967, art. 51, al. 2 et 3. – **C. civ.** ou **C. baux**.

9. Marchandises et matériel. Quand, dans un fonds de commerce, la clientèle a presque totalement disparu et qu'une ordonnance d'expulsion est sur le point de mettre fin au droit au bail, le matériel peut constituer la seule valeur et la véritable substance du fonds. • Com. 2 août 1949 : *JCP 1949. II. 5188, note Saint-Alary ; S. 1950. 1. 81, note Cohen.* ♦ V. art. 9. – Comp. : • Com. 2 juill. 1979 : *Bull. civ. IV, n° 220.* – V. aussi • Com. 9 oct. 1990 : *Bull. civ. IV, n° 227.* ♦ Pour l'inclusion dans la cession d'un fonds de commerce d'ambulancier des véhicules spécialisés, au regard des éléments intrinsèques et extrinsèques du contrat, V. • Caen, 28 mars 2002 : *préc. note 1.* ♦ Sur l'immobilisation, V. note 7.

10. Nom commercial. V. Rép. com., v° *Nom commercial*, par Loiseau. ♦ Le nom commercial est un élément du fonds de commerce. L'extinction du droit privatif portant sur le nom commercial et l'enseigne ne pouvant résulter que de la disparition du fonds de commerce ou de l'abandon de ce droit, le commerçant, qui quitte le lieu où se trouve installé son établissement, peut conserver les éléments incorporels et les utiliser ultérieurement pour distinguer son activité au nouveau siège de celle-ci (à propos d'un théâtre). • Paris, 3 juill. 1996 : *D. Affaires 1996. 1187.* ♦ L'obligation de délivrance du vendeur d'un fonds de commerce comprenant tous les éléments corporels et incorporels composant le fonds, y compris l'enseigne et le nom commercial, manque à cette obligation le vendeur qui affirme dans l'acte de cession avoir la libre disposition du fonds et de tous les éléments le composant, alors qu'il avait autorisé un ancien employé à utiliser l'enseigne, bien qu'il ait obtenu en justice, avant la cession, la condamnation de celui-ci à en cesser toute utilisation. • Paris, 25 oct. 2000 : *BRDA 2000, n° 24, p. 9.*

En principe, l'acquéreur et tous les exploitants successifs ont le droit de faire usage du nom du fondateur sous lequel la maison est connue. • Paris, 7 nov. 1949 : *JCP 1951. II. 6079.* ♦ A défaut de mention dans l'acte, l'usage du nom par l'acquéreur ne doit pas être réduit en fonction de la durée d'une interdiction de rétablissement. • Com. 16 juin 1958 : *Bull. civ. III, n° 249.* ♦ En revanche, l'acquéreur du fonds ne saurait se présenter sous ce nom dans l'accomplissement d'actes juridiques par substitution à son nom patronymique. • Paris, 12 nov. 1908 : *Ann. propr. ind. 1909. 293.* – Comp. : • Com. 12 mars 1985 : *D. 1985. 471, note Ghestin ; Gaz. Pal. 1985. 1. 246, note Le Tallec ; JCP 1985. II. 20400, concl. Montanier et note Bonet* • TGI Paris, 27 juin 1984 : *JCP 1986. II. 20582, note Plaisant ; RTD com. 1986. 245, obs. Chavanne et Azéma ; RTD civ. 1987. 83, obs. Rubellin-Devichi.*

11. Enseigne. BIBL. Boulanger, *Rev. gén. dr. com. 1940. 5.* ♦ Sur la dissociation du fonds et de l'enseigne, V. • T. com. Lyon, 19 déc. 1949 : *D. 1950. 275, note Ripert.* ♦ V. aussi • Paris, 3 juill. 1996 : *préc. note 10.* – Rép. com. v° *Enseigne*, par Olszak.

11 bis. Numéro de téléphone. Le numéro de téléphone d'un établissement commercial, lié au nom commercial et servant comme lui à identifier et à localiser l'activité, constitue un élément incorporel du fonds de commerce dans la mesure où il sert à l'exploitation du fonds. • Nancy, 21 mai 1997 : *JCP 1998. IV. 2553.* ♦ Commettent une faute engageant leur responsabilité, les anciens gérants salariés d'un fonds de commerce qui, alors qu'ils figurent dans l'annuaire téléphonique, transfèrent la ligne sous le même numéro au nom du nouvel établissement qu'ils exploitent. • Même arrêt.

11 ter. Services télématiques. Les services minitels créés par une société ne sauraient être assimilés au fonds de commerce lui-même. • Paris, 6 avr. 2001 : *Comm. com. élec. 2002, n° 60, obs. Grynbaum.*

12. Propriété industrielle. Sur l'inclusion de droits de propriété industrielle dans un fonds de commerce, V. • Com. 18 janv. 1950 : *Bull. civ. II,* *n° 24* • 6 déc. 1984 : *D. 1987. Somm. 39, obs. Burst* • 24 sept. 2002 : *JCP E 2003, n° 37, p. 1436, obs. Greffe* • TGI Paris, 9 juill. 1985 : *RTD com. 1987. 51, obs. Azéma et Chavanne.*

13. Licences. Les licences de débits de boissons sont des accessoires du fonds de commerce. • Req. 14 juin 1926 : *S. 1927. 1. 266* • 23 juin 1930 : *DH 1930. 410* • Com. 17 juin 1953 : *Bull. civ. III, n° 227* • Civ. 3e, 14 déc. 1971 : *Bull. civ. III, n° 628.* ♦ Comp., jugeant que la licence ne peut être cédée qu'en tant qu'élément du fonds de commerce indispensable à son exploitation mais dépourvu d'utilité en dehors de ce cadre commercial : • Limoges, 24 mai 1993 : *RTD com. 1994. 38, obs. Derruppé*. ♦ Pour un arrêt considérant que la cession d'une licence de débit de boissons, présentée comme seul élément d'actif subsistant, équivaut à la cession du fonds de commerce, V. • Com. 20 oct. 1998 : *D. Affaires 1998. 1946, obs. A.-L. M.-D.* ♦ La licence d'exploitation d'un débit de boissons constitue un droit incorporel saisissable dans les conditions de la saisie des valeurs mobilières. • Cass., avis, 8 févr. 1999 : *Bull. civ., n° 1 ; D. Affaires 1999. 583, obs. A.-L. M.-D. ; Rev. huiss. 1999. 454, obs. Daigre ; RTD com. 1999. 631, obs. Derruppé*. ♦ V. aussi note 1 *bis* ss. art. L. 141-1. ♦ La licence d'exploitation d'un débit de boissons ayant la même nature de meuble incorporel que le fonds de commerce dont elle est l'un des éléments et ne se transmettant pas par simple tradition manuelle, doit être écartée pour ladite licence la présomption prévue par l'art. 2279 C. civ. selon lequel « en fait de meubles, la possession vaut titre ». • Com. 7 mars 2006 : *JCP E 2006, n° 17, p. 774 ; RLDA mai 2006, p. 25, obs. Lefèvre et Vasa.*

La caducité de la licence peut entraîner la disparition du fonds si elle était nécessaire à l'exploitation, et provoquer la nullité de la cession pour dol. • Com. 11 mai 1970 : *Bull. civ. IV, n° 152.* ♦ Comp., pour la cession de la jouissance d'une licence : • Com. 20 mars 1973 : *Bull. civ. IV, n° 128.* ♦ ... Et pour une licence d'exploitation de moulins ou les contingents d'exploitation ou de mouture : • Com. 7 mars 1955 : *Gaz. Pal. 1955. 1. 336 ; RTD com. 1955. 545, obs. Jauffret* • 23 juin 1965 : *Bull. civ. III, n° 393* • 10 mai 1971 : *ibid. IV, n° 126.*

Sur la cession de la carte de transports publics, V. • Com. 24 oct. 1949 : *D. 1949. 550.*

14. Exclusion des documents comptables. V. art. L. 141-2.

14 bis. Transmission des contrats d'édition. Sur la transmission des contrats d'édition en cas de transmission du fonds de commerce d'édition, V. CPI, art. L. 132-16 (ancien art. 62 de la loi n° 57-298 du 11 mars 1957). – **C. civ.** ou **CPI.**

14 ter. Transmission des contrats d'assurance. BIBL. Pichard, *JCP E 1996. I. 547.* – V. C. assur., art. L. 121-10. – **C. civ.** ou **C. assur.**

14 quater. Exclusion des autres contrats. En l'absence de clause expresse, la vente d'un fonds de commerce n'emporte pas de plein droit cession à la charge de l'acheteur du passif des obligations dont le vendeur pourra être tenu en raison des engagements initialement souscrits par lui. • Civ. 3e, 7 déc. 2005 : *JCP E 2006, n° 4, p. 190 ; BRDA 2006, n° 2, p. 8.* ♦ Il est de principe constant que le fonds de commerce n'est pas un patrimoine autonome, et ne comprend ni les dettes ni les créances du commerçant, et que, par voie de conséquence, les contrats en sont exclus. • Paris, 19 juin 1991 : *D. 1992. Somm. 388, obs. Ferrier*. ♦ Il n'est d'exception que pour certains d'entre eux admis par la loi, à savoir les contrats de travail, d'assurance, d'édition et de bail. Pour tous autres contrats, il appartient aux parties de prévoir leur inclusion, ce qui peut être fait, de manière expresse ou tacite, et dans le cas seulement où lesdits contrats n'ont pas été passés *intuitu personae* (à propos d'un contrat de distribution). • Même arrêt. – V., dans le même sens, • Com. 25 janv. 2000 : *RJDA 2000, n° 644* • Paris, 24 sept. 1991 : *D. 1991. IR. 248.* ♦ V. aussi, à défaut d'acceptation par le crédit-bailleur de la clause de reprise du contrat de crédit-bail, • Com. 8 mars 1994 : *RJDA 1994, n° 771.*

Viole les art. 1134 et 1165 C. civ., l'arrêt qui condamne l'acquéreur d'un fonds de commerce à exécuter les obligations engendrées par un contrat que son vendeur avait conclu avec un tiers pour l'exploitation du fonds, dès lors qu'aucun accord de volontés entre l'acquéreur et le tiers pour la continuation entre eux du contrat litigieux n'a été constaté. • Com. 24 juin 1997 : *Defrénois 1998. 345, obs. D. Mazeaud.* ♦ V. aussi, • Com. 3 juin 1998 : *RJDA 1998, n° 1178.*

Pour conclure valablement le contrat de cession du fonds, l'acquéreur devant avoir connaissance du contenu des contrats de distribution, la vente peut être annulée, dès lors que le vendeur a, par une réticence dolosive, omis de révéler à l'acquéreur l'interdépendance des contrats de distributeurs agréés dont il avait le bénéfice et les conditions contractuelles qui subordonnaient leur reconduction. • Com. 4 mai 1993 : *Bull. civ. IV, n° 163 ; D. 1993. IR. 144 ; JCP E 1994. I. 310, n° 2, obs. Izorche ; Contrats Conc. Consom. 1993, n° 171, note Leveneur.* ♦ V. aussi : sur la responsabilité du fait de la rupture suite à la cession du fonds, • Paris, 30 juin 1994 : *RTD com. 1994. 696, obs. Derruppé*. ♦ ... Sur la stipulation, dans l'acte de vente, d'une condition suspensive de reconduction, au profit de l'acquéreur, du contrat de distribution, • Com. 10 janv. 1995 : *Contrats Conc. Consom. 1995, n° 66, note Leveneur.*

Pour un arrêt retenant la validité entre les parties de la cession d'un contrat de crédit-bail lors de la vente d'un fonds de commerce, V. • Bordeaux, 19 janv. 1999 : *RTD com. 1999. 835, obs. Derruppé.*

Une clause de non-concurrence ne peut valablement être opposée au cessionnaire du fonds qu'à condition qu'elle ait été insérée dans l'acte de cession du fonds et expressément acceptée par lui. • Com. 1er avr. 1997 : *Bull. civ. IV, n° 89 ; D. 1998. Somm. 111, obs. Libchaber ; ibid. 214, obs. Serra ; D. Affaires 1997. 629 ; RTD com. 1998. 135, obs. Derruppé ; RTD civ. 1999. 659, obs. Zenati.* ♦ De même, la convention passée entre l'apporteur du fonds et un tiers, comportant une obligation de non-concurrence à la charge de ce dernier, n'a pas été transmise dans le cadre de l'apport en société dans la mesure où l'acte d'apport n'y fait nullement référence et n'en prévoit aucune évaluation. Au surplus, à supposer que cette convention ait réellement été comprise dans l'acte d'apport, il aurait fallu, pour que la convention d'apport soit opposable au débiteur de l'obligation de non-concurrence, qu'elle lui soit signifiée conformément à l'art. 1690 C. civ., en l'absence de transmission des éléments d'actif et de passif à titre universel. • Paris, 14 juin 1993 : *JCP 1994. IV. 226 ; Dr. sociétés 1994, n° 4, note Bonneau.* ♦ V. aussi, cassant un arrêt ayant admis qu'une clause de non-concurrence, constituant un accessoire du fonds de commerce, avait été transmise au locataire-gérant, • Com. 1er oct. 1996 : *RJDA 1997, n° 12.*

Comp., décidant que c'est par une appréciation souveraine de volontés qu'une cour d'appel a condamné une EURL à l'exécution d'une obligation qui incombait primitivement à l'apporteur du fonds de commerce et a ainsi retenu implicitement mais nécessairement que l'apport de ce fonds de commerce à la société s'était accompagné d'une cession de l'obligation de garantie afférente à la vente d'une caravane : • Com. 4 juill. 1995 : *Bull. civ. IV, n° 306 ; Defrénois 1995. 1299, obs. J. Honorat ; Dr. sociétés 1995, n° 205, note Bonneau ; JCP 1996. II. 22623, note Leveneur.*

14 quinquies. *Taxe professionnelle.* Lors de la cession du fonds de commerce, les parties peuvent convenir que le cessionnaire supportera une fraction de la taxe professionnelle, mais eu égard à la nature personnelle de cette imposition la clause du contrat doit être expresse et dépourvue de toute ambiguïté. • Paris, 22 oct. 1999 : *D. 1999. IR. 272.*

II. PRIVILÈGE

A. PORTÉE DU PRIVILÈGE

15. *Éléments du fonds.* A défaut de précision sur les éléments dans la vente et dans l'inscription, le privilège, en ce qui concerne les éléments incorporels, ne portera que sur le nom commercial et l'enseigne, le droit au bail, la clientèle et l'achalandage. • Paris, 2 nov. 1923 : *DH 1924. 13.* ♦ Comp. : art. L. 141-9.

Sur les frais et coûts du contrat, V. • Paris, 17 oct. 1935 : *Rev. fonds com. 1939. 454.*

16. *Rang du privilège.* BIBL. Mazin, *Defrénois 1935. 281.* ♦ V. aussi note 1 ss. art. L. 141-1.

16 bis. *Renonciation.* Jugeant que manque à son devoir de conseil, l'avocat qui n'attire pas spécialement l'attention de son client sur les risques de la renonciation au privilège du vendeur : • Civ. 1re, 21 janv. 2003 : *RD banc. fin. 2004, n° 19, obs. Legeais.*

B. CONDITIONS

17. *Acte écrit.* Une inscription de privilège peut être prise en vertu d'un jugement constatant l'existence d'une vente de fonds de commerce. • T. com. Marseille, 7 juill. 1939 : *Rev. fonds com. 1939. 532.* ♦ Sur la subrogation à un cessionnaire, V. • Req. 15 janv. 1934 : *DP 1934. 1. 158, note Montier ;* et sur les billets de fonds, V. • Civ. 11 déc. 1940 : *DC 1943. J. 49, note Trasbot* • Com. 10 déc. 1968 : *RTD com. 1969. 549.*

18. *Ventilation du prix.* V. note 15 et *infra*, art. L. 141-9 ; ... et sur la nullité qui résulterait de l'énonciation d'un prix global, V. • Paris, 2 nov. 1923 : *DH 1924. 13.*

Art. L. 141-6 **L'inscription doit être prise, à peine de nullité, dans la quinzaine de la date de l'acte de vente. Elle prime toute inscription prise dans le même délai du chef de l'acquéreur ; elle est opposable aux créanciers de l'acquéreur** *(L. n° 2005-845 du 26 juill. 2005, art. 165-II)* **« en sauvegarde, » en redressement ou en liquidation judiciaire, ainsi qu'à sa succession bénéficiaire.**

L'action résolutoire, établie par l'article 1654 du code civil, doit, pour produire effet, être mentionnée et réservée expressément dans l'inscription. Elle ne peut être exercée au préjudice des tiers après l'extinction du privilège. Elle est limitée, comme

le privilège, aux seuls éléments qui ont fait partie de la vente. – *[L. 17 mars 1909, art. 2, al. 1er et 2].*

A. INSCRIPTION DU PRIVILÈGE

1. *Délai d'inscription.* Le délai court à compter de la signature de l'acte de vente par l'une et l'autre des parties. • Paris, 25 avr. 1974 : *RTD com. 1974. 485, obs. Jauffret.* – Comp. : • Amiens, 24 juin 1952 : *JCP 1953. II. 7770, note Cohen.* ♦ Le jour qui sert de point de départ au délai n'appartient pas à celui-ci. • Paris, 3 févr. 1969 : *D. 1969. Somm. 58* • Rouen, 16 juin 1961 : *Gaz. Pal. Tables 1961-1965, v° Fonds de commerce, n° 102.* ♦ V. art. 642 NCPC. – **C. pr. civ.**

2. *Nullité.* La perte, par le vendeur, du privilège dont il n'a requis l'inscription dans les délais ou à défaut de renouvellement de l'inscription, emporte, vis-à-vis des tiers, celle de l'action résolutoire. • Civ. 17 juill. 1928 : *Gaz. Pal. 1928. 2. 609* • Req. 16 avr. 1942 : *ibid. 1942. 2. 15.* ♦ Sur l'influence du redressement ou de la liquidation judiciaire de l'acheteur, V. art. L. 622-30.

B. ACTION RÉSOLUTOIRE

3. *Condition de publicité.* BIBL. Jauffret, *Rev. crit. légis. et jurispr. 1929. 183.* ♦ L'action résolutoire du vendeur impayé est subordonnée à l'inscription régulière du privilège du vendeur. • Com. 3 oct. 1977 : *Bull. civ. IV, n° 213.* ♦ Comp. : note 2. – Toutefois, les créanciers chirographaires n'étant pas des tiers au sens de l'art. 7 de la loi du 23 mars 1855 (art. 2379 C. civ.), la sanction de l'absence d'inscription ne peut être invoquée que par les créanciers nantis du chef de l'acquéreur ou par les sous-acquéreurs de bonne foi. • Req. 7 mai 1923 : *S. 1924. 1. 103* • 12 févr. 1936 : *DH 1936. 145.* ♦ *Contra*, à propos de la masse des créanciers du débiteur en liquidation judiciaire : • Req. 16 avr. 1942 : *Gaz. Pal. 1942. 2. 15.* ♦ Sur l'interdiction actuelle d'une action en résolution après ouverture d'un redressement ou d'une liquidation judiciaires, V. les art. L. 622-21 et L. 643-1. ♦ V. aussi note 3 ss. art. L. 622-23 ancien. ♦ Seuls les tiers pouvant invoquer l'absence de publicité, le vendeur reste recevable à agir en résolution de la vente selon le droit commun, à l'égard de l'acquéreur. • Com. 10 févr. 1958 : *Bull. civ. III, n° 65 ; JCP 1959. II. 10993, note Cohen ; RTD com. 1959. 688, obs. Jauffret* • Req. 7 mai 1923 : *préc.* • T. com. Dunkerque, 26 juin 1950 : *RTD com. 1950. 401, obs. Jauffret.*

4. *Location-gérance.* La résolution de la vente entraîne résiliation de la location-gérance. • T. com. Marseille, 3 juill. 1957 : *JCP 1958. II. 10847, note Cohen ; RTD com. 1959. 77, obs. Jauffret.*

Art. L. 141-7 **En cas de résolution judiciaire ou amiable de la vente, le vendeur est tenu de reprendre tous les éléments du fonds qui ont fait partie de la vente, même ceux pour lesquels son privilège et l'action résolutoire sont éteints. Il est comptable du prix des marchandises et du matériel existant au moment de sa reprise de possession d'après l'estimation qui en est faite par expertise contradictoire, amiable ou judiciaire, sous la déduction de ce qui peut lui rester dû par privilège sur les prix respectifs des marchandises et du matériel, le surplus, s'il y en a, devant rester le gage des créanciers inscrits et, à défaut, des créanciers chirographaires.** – *[L. 17 mars 1909, art. 2, al. 3].*

V. 3e note rédactionnelle à la fin de l'Avertissement en début d'ouvrage.

1. *Compte de reprise de possession.* La reprise porte sur tous les éléments du fonds objet de la vente. • Com. 14 mai 1952 : *JCP 1952. II. 7327, note Cohen* • Dijon, 18 nov. 1938 : *Rev. gén. dr. com. 1939. 796, note Hémard* • Aix-en-Provence, 19 janv. 1954 : *D. 1954. Somm. 37.* ♦ Les éléments incorporels doivent être repris pour le prix porté au contrat. • Com. 20 juin 1978 : *Bull. civ. IV, n° 175 ; JCP 1979. II. 19122, note A.S.* ♦ V., sur la limitation de la mission de l'expert à l'estimation du matériel et des marchandises, • Aix-en-Provence, 19 janv. 1954 : *préc.* ♦ Le vendeur peut compenser de façon séparée pour chaque compartiment, le prix qu'il doit régler avec ce qui lui restait dû sur ces éléments. • Paris, 27 juin 1975 : *RTD com. 1976. 49, obs. Jauffret.*

2. Toutefois, le vendeur peut obtenir des dommages-intérêts de résolution : ... en cas de préjudice causé par la moins-value du fonds. • Com. 4 nov. 1975 : *RTD com. 1976. 343, obs. Jauffret* • Versailles, 17 déc. 1980 : *Gaz. Pal. 1982. 1. Somm. 24* • Orléans, 13 mai 1925 : *DP 1931. 2. 65, note Montier.* ♦ ... En cas de préjudice certain, et pour indemnisation de privation de jouissance. • T. com. Le Havre, 25 nov. 1933 : *Gaz. Pal. 1934. 1. 143* • 27 févr. 1934 : *ibid. 1934. 1. 764.* ♦ ... Quand la mauvaise gestion de l'acquéreur a entraîné une diminution de valeur des éléments incorporels. • Paris, 1er avr. 1941 : *Gaz. Pal. 1941. 1. 489.*

3. Il y a lieu de tenir compte des bénéfices réalisés par l'acheteur dans l'exploitation du fonds qu'il doit restituer. • Orléans, 13 mai 1925 : *préc. note 2* • T. com. Le Havre, 27 févr. 1934 : *ibid.* • Lyon, 1er juin 1939 : *Rev. fonds com. 1939. 437.*

Sur le droit de rétention de l'acheteur invoquant des créances contre le vendeur, V. • Amiens, 11 juin 1964 : *D. 1965. 355, note M. Cabrillac.*

4. Sur la réparation du préjudice subi par le vendeur d'un fonds de commerce en cas de résolution de la vente entraînant la disparition du fonds, V. • Com. 30 juin 1998 : *JCP E 1999, n° 22, p. 960, note Moizard.*

5. Droits des sous-acquéreurs. L'action en résolution du vendeur lui permet de reprendre en quelques mains qu'ils soient et en quelque lieu qu'ils aient été transportés, tous les éléments du fonds qui ont fait partie de la vente, même ceux dont il a reçu le prix et pour lesquels son privilège est éteint. • Com. 14 mai 1952 : *Bull. civ. II, n° 189 ; JCP 1952. II. 7327, note Cohen.* ♦ Pour les sous-acquéreurs d'éléments isolés, la revendication est permise, s'agissant d'éléments incorporels, l'art. 2279 C. civ. n'étant pas applicable, alors que, pour les éléments corporels, elle est possible si les acquéreurs sont de mauvaise foi. • Civ. 28 juill. 1938 : *DH 1938. 497.*

Art. L. 141-8 **Le vendeur qui exerce l'action résolutoire doit la notifier aux créanciers inscrits sur le fonds au domicile par eux élu dans leurs inscriptions. Le jugement ne peut intervenir qu'après un mois écoulé depuis la notification.** – *[L. 17 mars 1909, art. 2, al. 4].*

1. Notification aux tiers. L'art. 2 [C. com., art. L. 141-10] disposant que le jugement ne peut intervenir qu'après un mois écoulé depuis la notification, celle-ci peut encore avoir lieu postérieurement à l'introduction de l'instance, dès lors qu'entre la date de la notification et celle du jugement du tribunal se sera écoulé au moins un mois. • Com. 25 oct. 1972 : *Bull. civ. IV, n° 266.* ♦ Seuls les créanciers inscrits peuvent se prévaloir de cette irrecevabilité, à l'exclusion de l'acquéreur. • T. com. Marseille, 25 oct. 1933 : *Rev. fonds com. 1936. 614.* ♦ En l'absence de notification, la demande de résolution sera déclarée irrecevable. • T. com. Seine, 30 déc. 1909 : *DP 1910. 2. 315.* ♦ En revanche, s'il n'y a pas de créanciers inscrits, la résolution peut intervenir sans qu'il y ait lieu à notification. • Orléans, 13 mai 1925 : *Gaz. Trib. 1925. 2. 795.*

2. Créanciers du vendeur. La résolution est opposable aux créanciers du vendeur, alors même qu'ils auraient fait opposition au paiement du prix. • Req. 12 févr. 1936 : *DH 1936. 145.*

Art. L. 141-9 **Le vendeur, qui a stipulé lors de la vente que, faute de paiement dans le terme convenu, la vente serait résolue de plein droit, ou qui en a obtenu de l'acquéreur la résolution à l'amiable, doit notifier aux créanciers inscrits, aux domiciles élus, la résolution encourue ou consentie, qui ne deviendra définitive qu'un mois après la notification ainsi faite.** – *[L. 17 mars 1909, art. 2, al. 5].*

Art. L. 141-10 **Lorsque la vente d'un fonds est poursuivie aux enchères publiques, soit à la requête d'un administrateur judiciaire ou d'un** *(L. n° 2005-845 du 26 juill. 2005, art. 165-V)* **« mandataire judiciaire », soit judiciairement à la requête de tout autre ayant droit, le poursuivant doit la notifier aux précédents vendeurs, au domicile élu dans leurs inscriptions, avec déclaration que, faute par eux d'intenter l'action résolutoire dans le mois de la notification, ils sont déchus, à l'égard de l'adjudicataire, du droit de l'exercer.** – *[L. 17 mars 1909, art. 2, al. 6].*

Art. L. 141-11 **Les articles L. 624-11 à L. 624-18 ne sont applicables ni au privilège ni à l'action résolutoire du vendeur d'un fonds de commerce.** – *[L. 17 mars 1909, art. 2, al. 7].*

Art. L. 141-12 **Sous réserve des dispositions relatives à l'apport en société des fonds de commerce prévues aux articles L. 141-21 et L. 141-22, toute vente ou cession de fonds de commerce, consentie même sous condition ou sous la forme d'un autre contrat, ainsi que toute attribution de fonds de commerce par partage ou licitation, est,** *(L. n° 2005-845 du 26 juill. 2005, art. 161-I)* **« sauf si elle intervient en application de l'article L. 642-5, » dans la quinzaine de sa date, publiée à la dili-**

gence de l'acquéreur sous forme d'extrait ou d'avis dans un journal habilité à recevoir les annonces légales dans l'arrondissement ou le département dans lequel le fonds est exploité et *[L. n° 2003-7 du 3 janv. 2003, art. 50-II « , dans la quinzaine de cette publication, »]* **au *Bulletin officiel des annonces civiles et commerciales*. En ce qui concerne les fonds forains, le lieu d'exploitation est celui où le vendeur est inscrit au registre du commerce et des sociétés.** – *[L. 17 mars 1909, art. 3, al. 1er].*

L'insertion des mots « , dans la quinzaine de cette publication, » avant les mots « au Bulletin officiel des annonces civiles et commerciales » prévue par la loi n° 2003-7 du 3 janv. 2003 (art. 50, II) pour l'art. L. 141-2 concernerait en fait l'art. L. 141-12. – V. sur ce point Saintourens, RTD com. 2003. 271.

Art. L. 141-13 **La publication de l'extrait ou de l'avis faite en exécution de l'article précédent doit être, à peine de nullité, précédée soit de l'enregistrement de l'acte contenant mutation, soit, à défaut d'acte, de la déclaration prescrite par les articles 638 et 653 du code général des impôts. Cet extrait doit, sous la même sanction, rapporter les date, volume et numéro de la perception, ou, en cas de simple déclaration, la date et le numéro du récépissé de cette déclaration et, dans les deux cas, l'indication du bureau où ont eu lieu ces opérations. Il énonce, en outre, la date de l'acte, les noms, prénoms et domiciles de l'ancien et du nouveau propriétaire, la nature et le siège du fonds, le prix stipulé, y compris les charges ou l'évaluation ayant servi de base à la perception des droits d'enregistrement, l'indication du délai ci-après fixé pour les oppositions et une élection de domicile dans le ressort du tribunal.** – *[L. 17 mars 1909, art. 3, al. 2].*

I. CONDITIONS ET FORME DE LA PUBLICITÉ DE LA VENTE

BIBL. Cohen, *RTD com. 1949. 256 ; JCP 1955. I. 1252.* – Rezek, *JCP N 2006, n° 9, p. 450, spéc. p. 453* (rédaction d'une annonce légale).

A. OPÉRATIONS VISÉES

1. *Fonds de commerce.* Une vente portant sur un élément isolé du fonds de commerce autre que la clientèle n'est pas soumise à publicité. • Civ. 13 mars 1944 : *S. 1944. 1. 83* • T. civ. Seine, 12 févr. 1957 : *JCP 1957. II. 10282, note Cohen.* ♦ V., au cas de disparition de la clientèle et de l'achalandage, • Com. 10 mars 1970 : *Bull. civ. IV, n° 92 ; D. 1970. 586.* – Comp. : • Amiens, 13 mai 1976 : *D. 1976. Somm. 68.* ♦ V. note 1 ss. art. L. 141-5. – BIBL. – Raffray et Sénéchal, *JCP N 1986. Prat. 441.* ♦ Il a été jugé que la vente d'un manège forain avec tournée est une vente de fonds de commerce dont le paiement est inopposable aux tiers en l'absence de formalités de publicité. • Grenoble, 10 janv. 1968 : *Journ. Grenoble 1968. 93* • Com. 1er févr. 1966 : *Bull. civ. III, n° 69.* ♦ Sur l'exclusion de la vente des fonds artisanaux, V. • Com. 29 oct. 1963 : *Bull. civ. III, n° 449 ; D. 1964. 51.*

2. *Cession de parts sociales.* BIBL. Jeantin, *JCP N 1988. Prat. 353.* – Taudin, *Petites affiches 21 janv. 1987.* ♦ La loi du 17 mars 1909 [C. com., art. L. 141-5 s.] est inapplicable, en l'absence de simulation : au cas de cession de la majorité des parts. • Com. 1er mars 1982 : *Bull. Joly 1982. 395* • 22 janv. 1974 : *Bull. civ. IV, n° 28.* ♦ … Ou même de la réunion des parts entre les mains d'un unique associé. • Com. 4 janv. 1971 : *Rev. sociétés 1972. 239, note J.H.* • 17 juill. 1973 : *ibid. 1974. 321, note Sortais.* ♦ Comp., en matière fiscale, Instr. 17 avr. 1987 : *BODGI 7 H. 1. 87* • Com. 7 mars 1984 : *Rev. sociétés 1985. 406, note Sortais ; Defrénois 1984. 1246, note Jadaud* • CE 2 mars 1987 : *Rev. sociétés 1988. 81, note David.* ♦ En revanche, la publicité est nécessaire lorsque la cession des parts ou des actions d'une société dissimule la vente d'un fonds de commerce. • Paris, 4 nov. 1963 : *D. 1964. 60 ; RTD com. 1964. 286, obs. Jauffret* • Com. 29 nov. 1971 : *Bull. civ. IV, n° 286 ; Rev. sociétés 1972. 703, note Oppetit.* ♦ V. aussi *infra*, note 3 ss. art. L. 141-1.

Sur l'apport en société, V. art. L. 141-21.

3. *Donation.* Sur l'application des formalités à la donation, V. : Rép. min. : *JOAN Q 11 juin 1952, p. 2825.*

3 bis. *Cession isolée du droit au bail.* BIBL. Dagot, *JCP N 1992. I. 197.* ♦ L'art. 3 [C. com., art. L. 141-12 s.] n'est pas applicable à la cession isolée du bail. • Com. 6 déc. 1982 : *Bull. civ. IV, n° 396* • Paris, 15 sept. 1995 : *Loyers et copr. 1995, n° 479, obs. Brault.*

3 ter. *Indemnité d'éviction.* Sur la question de savoir si une indemnité d'éviction peut-être assimilée au prix de cession d'un fonds de commerce pour l'application de l'art. 3 [C. com., art.

L. 141-12 s.], V. • Paris, 24 avr. 1998 : *D. Affaires 1998. 991, obs. A.-L. M.-D.*

3 quater. Redressement et liquidation judiciaires. BIBL. Jaffrain, *JCP E 1993. I. 205.* – Rakotovahiny, *D. 2000. Chron. 51.* ♦ La loi n° 85-98 du 25 janv. 1985 sur le redressement et la liquidation judiciaires ne contenant aucune disposition particulière sur la publicité de la cession des fonds dans le cadre d'une telle procédure, il en résulte que les formalités de publicité des cessions de fonds sont régies par la loi de 1909 et que les publicités doivent être effectuées, que la cession intervienne ou non dans le cadre de procédures collectives (Rép. min. n° 11026 du 1er oct. 1998 : *JOAN Q 3 déc. 1998, p. 3879).* ♦ V. aussi, note 14 ss. art. L. 621-83 ancien et notes 2 et 3 ss. art. L. 622-17 ancien.

Sur les conséquences du non-respect des mesures de publicité, en cas de clôture des opérations de liquidation pour insuffisance d'actif, V. note 4 *ter* ss. art. L. 622-32 ancien.

B. FORMES

4. Auteur. Si, suivant l'art. 3 [C. com., art. L. 141-12], la publicité est opérée à la diligence de l'acquéreur, elle peut aussi être effectuée à la diligence du vendeur ou des créanciers ou d'un *syndic de faillite.* • T. civ. Hazebrouck, 6 juin 1932 : *Gaz. Pal. 1933. 1. 152, sous-note.*

5. Enregistrement. A défaut d'enregistrement ou de mention dans les publications de cet enregistrement, la publicité est nulle et la nullité est d'ordre public. • T. com. Saint-Étienne, 10 oct. 1929 : *DH 1930. 31.* ♦ Cependant, la vente elle-même est valable. • T. com. Salon, 6 déc. 1935 : *Rev. fonds com. 1936. 46.* ♦ ... Et l'acte sous seing privé à date certaine. • Colmar, 3 juill. 1935 : *ibid. 616.*

6. Publicité. Les publications ne sont pas faites suivant les formes prescrites lorsque : l'insertion ne porte ni la mention du nom et du domicile de l'acquéreur, ni le domicile précis du vendeur, ni l'élection de domicile. • Paris, 24 janv. 1925 : *Gaz. Trib. 1926. 2. 74.* ♦ ... Lorsque ni le nom des parties, ni la date de l'acte de vente, ni l'indication des délais d'opposition ne figurent dans l'insertion. • T. com. Marseille, 24 juin 1912 : *Journ. Marseille 1913. 5* • 23 juill. 1914 : *ibid. 1915-1916. 39.* ♦ ... Lorsque l'insertion ne contient ni la date, ni le domicile des parties, ni l'indication des délais, ni l'élection de domicile. • T. com. Nice, 15 juill. 1910 : *D. 1913. 5. 3.* ♦ ... Ne contient pas élection de domicile. • Rennes, 23 mai 1914 : *Rec. Nantes 1914. 1. 316* • T. civ. Hazebrouck, 6 juin 1932 : *préc. note 4* • T. com. Orléans, 13 janv. 1954 : *D. 1954. Somm. 47 ; Gaz. Pal. 1954. 1. 235.* ♦ ... Ne contient pas le nom de l'acquéreur. • T. com. Marseille, 17 mai 1922 : *Journ. Marseille 1924. 50.*

7. Au contraire, ont été tenues pour valables : l'insertion ne contenant pas mention du délai des oppositions. • T. com. Calais, 29 déc. 1925 : *Gaz. Pal. 1926. 1. 611.* ♦ Comp. : note 10. ♦ ... L'insertion incomplète mais ne laissant aucun doute ni sur le nom du vendeur, ni sur la situation du fonds, ni sur la personne chargée de recevoir les oppositions, alors qu'une opposition a été utilement formée. • T. com. Marseille, 11 mai 1911 : *Journ. Marseille 1911. 268.* ♦ ... L'insertion ne portant pas le nom de l'acquéreur. • T. com. Seine, 16 juin 1910 : *Journ. Trib. com. 1912. 54.*

8. Lorsque la publication au *Bulletin officiel du registre du commerce* a été faite tardivement, la seule sanction est que le délai des oppositions ne part que de la publication au Bulletin. • T. com. Orléans, 13 janv. 1954 : *Gaz. Pal. 1954. 1. 235 ; RTD com. 1954. 597, obs. Jauffret ;* et sur appel, • Orléans, 29 juin 1954 : *Gaz. Pal. 1955. 1. 12 ; RTD com. 1955. 306, obs. Jauffret ;* et sur pourvoi, • Com. 14 oct. 1958 : *Gaz. Pal. 1958. 2. 297 ; RTD com. 1959. 79, obs. Jauffret.* – Comp. : • Alger, 18 mai 1954 : *ibid. 1955. 811.*

9. Sur la seconde insertion exigée antérieurement au décret du 3 déc. 1987, V. obs. Jauffret, *RTD com. 1956. 42.*

9 bis. Sur les difficultés rencontrées par l'acquéreur d'un fonds de commerce demandant son immatriculation au registre du commerce et des sociétés postérieurement à sa demande de parution de l'avis au BODACC, V. Rép. min. n° 10424 : *JOAN Q 8 juin 1998, p. 3170.*

II. CONSÉQUENCES

10. Sanctions de l'omission. En l'absence, dans l'avis de cession, de l'indication du délai légal de dix jours, l'opposition d'un des créanciers du vendeur au paiement du prix ne peut, du seul fait qu'elle est formée hors de ce délai, être déclarée irrecevable. • Com. 16 janv. 1996 : *Bull. civ. IV, n° 17 ; D. 1996. IR. 49 ; D. Affaires 1996. 315 ; RTD com. 1996. 239, obs. Derruppé ;* (V. l'arrêt cassé : • Paris, 30 juin 1992 : *RJDA 1993, n° 15*). ♦ Mais jugeant que l'avis paru au BODACC n'avait pas à mentionner à nouveau le délai de dix jours qui figurait dans l'avis publié au JAL auquel l'avis au BODACC renvoyait : • Paris, 3 déc. 2004 : *RTD com. 2005. 252, obs. Saintourens.*

La publicité organisée par la loi du 17 mars 1909, n'ayant d'autre objet que de protéger les créanciers contre la disparition de leur gage, la vente du fonds est parfaite dès que les parties sont d'accord sur la chose et sur le prix. • Poitiers, 9 juill. 1929 : *S. 1930. 2. 27.* ♦ ... Et le transfert de propriété du fonds, qui a lieu par le seul consentement, se réalise le jour même de la vente. • T. com. Marseille, 6 déc. 1961 : *RTD com. 1963. 72, obs. Jauffret.* ♦ Le défaut d'accomplissement de la publicité requise par l'art. 3 [C. com., art. L. 141-12] n'est pas sanctionné par la nullité de la vente mais par l'inopposabilité du paiement du prix aux créanciers du précédent propriétaire. • Com. 30 juin 1998 : *RJDA 1998, n° 1206.* ♦ Le fait que la vente n'ait pas été publiée n'est pas une cause de nullité, la seule sanction consistant dans la non-libération de l'acquéreur à l'égard des tiers s'il paye son vendeur sans avoir accompli les formalités. • Paris, 9 janv. 1929 : *JCP 1929. 347 ; Gaz. Pal. 1929. 1. 84* • Poitiers, 9 juill. 1929 : *préc.* – V. aussi • Com. 24 mai 2005 : *cité note 1 ss. art. L. 141-17.* ♦ Sur la qualité de tiers des créanciers qui n'ont pas fait opposition au paiement du prix pour une action exercée par un *syndic* en cas de *règlement judiciaire*, V. • Com. 1er juin 1981 : *Bull. civ. IV, n° 256 ; D. 1981. 654, note J.-P. Marty ; RTD com. 1982. 91, obs. Derruppé ; JCP 1982. II. 19878, note Cohen* • 24 mai 2005 : *cité note 2 ss. art. L. 141-17.*

11. L'engagement du vendeur de faire son affaire personnelle des éventuelles oppositions ne saurait faire échec aux dispositions de l'art. 3, al. 9 [C. com., art. L. 141-17], qui sont d'ordre public. • Com. 15 mai 1973 : *D. 1973. Somm. 103.*

12. Conflits d'acquéreurs. **BIBL.** Boulanger, *RTD civ. 1935. 435.* ♦ Sur l'opposabilité de la cession par la publicité aux seuls créanciers, à l'exclusion des acquéreurs successifs d'un même fonds, V. • Civ. 17 juill. 1930 : *S. 1931. 1. 297, note Hubert* • T. com. Marseille, 6 déc. 1961 : *RTD com. 1963. 72, obs. Jauffret.* ♦ L'art. 1141 C. civ. est inapplicable à la cession de fonds de commerce, le conflit entre deux acquéreurs successifs devant être résolu en fonction de la date de l'acte. • Besançon, 15 mars 1989 : *RTD com. 1990. 186, obs. Derruppé.*

Loi du 17 mars 1909,

Relative à la vente et au nantissement des fonds de commerce (DP 1909. 4. 41).

Art. 3 *Al. 1er et 2 abrogés et codifiés ss. art. L. 141-12 et L. 141-13 C. com. par Ord. n° 2000-912 du 18 sept. 2000, art. 4, III (3°).*

(L. n° 55-982 du 26 juill. 1955) « Dans les quinze jours de *(Décr. n° 87-970 du 3 déc. 1987)* « l'insertion », il sera procédé à la publication au *Bulletin officiel des annonces civiles et commerciales* de l'avis prévu à l'article 3 de la loi du 9 avril 1949 *[remplacé par l'art. 3 du décret n° 67-238 du instituant un* Bulletin officiel des annonces civiles et commerciales*]* ». *— Cet al. sera abrogé à compter de l'entrée en vigueur de la partie réglementaire du C. com. (Ord. n° 2000-912 du 18 sept. 2000, art. 4, III (3°)).*

Al. 4 à 8, abrogés et codifiés. — V. C. com., art. L. 141-14, infra.

Art. L. 141-14 Dans les dix jours suivant la dernière en date des publications visées à l'article *(L. n° 2003-7 du 3 janv. 2003)* **« L. 141-12 », tout créancier du précédent propriétaire, que sa créance soit ou non exigible, peut former au domicile élu, par simple acte extrajudiciaire, opposition au paiement du prix. L'opposition, à peine de nullité, énonce le chiffre et les causes de la créance et contient une élection de domicile dans le ressort de la situation du fonds. Le bailleur ne peut former opposition pour loyers en cours ou à échoir, et ce, nonobstant toutes stipulations contraires. Aucun transport amiable ou judiciaire du prix ou de partie du prix n'est opposable aux créanciers qui se sont ainsi fait connaître dans ce délai.** — *[L. 17 mars 1909, art. 3, al. 4].*

BIBL. GÉN. ▶ MOREL, *Ann. dr. com. 1912. 103.* – JAFFRAIN, *JCP N 1992. I. 363* (paiement d'un avis à tiers détenteur). – TEILLIAIS, *Rev. huiss. 1998. 11.* – BOUTRY, *JCP N 2001, n° 8, p. 478* (le sort des créanciers du cédant lors de la cession du fonds). – REZEK, *ibid. 2006, n° 9, p. 450, spéc. p. 413* (sort du prix de vente des marchandises).

I. CONDITIONS DE L'OPPOSITION

A. CONDITIONS DE FOND

1. Qualité du cédant. Les dispositions des art. L. 141-14 à L. 141-20 ne peuvent s'appliquer dans les cas où le vendeur du fonds de commerce est une collectivité ou un établissement public local : Rép. min. n° 12654 : *JO Sénat Q 26 août 2004, p. 1939 ; D. 2004. 2485 ; RTD com. 2005. 44, obs. Saintourens.*

2. Créanciers opposants. Le droit de faire opposition est ouvert à tout créancier du vendeur du fonds de commerce ; il n'importe qu'il s'agisse d'un créancier chirographaire ou d'un créancier privilégié, mais l'opposition est inutile aux créanciers inscrits pour exercer leur droit de suite. • Civ. 21 déc. 1937 : *DH 1938. 65.* ♦ Il n'importe que les créanciers soient antérieurs ou postérieurs à la vente. • Colmar, 11 mai 1935 : *Gaz. Pal. 1935. 2. 288.* ♦ Si les créanciers d'un précédent vendeur ne sont pas recevables, il en va différemment d'un porteur de billets de fonds faisant opposition au paiement du prix par un sous-acquéreur du fonds alors que le porteur du billet pouvait être considéré comme ayant un privilège inscrit. • Civ. 19 févr. 1946 : *D. 1946. 184 ; JCP 1946. II. 3113, note crit. Toujas.* ♦ Toutefois, le créancier agent d'affaires ne peut se prévaloir de la protection de l'art. 3 [C. com., art. L. 141-14] lorsqu'il a donné son accord au paiement fait par l'acheteur entre les mains du vendeur. • Com. 8 avr. 1976 : *D. 1976. Somm. 55.* ♦ En outre, seuls les créanciers peuvent faire opposition à l'exclusion de l'acquéreur du fonds. • Paris, 8 juin 1935 : *DH 1935. 546* • 17 avr. 1945 : *Gaz. Pal. 1945. 2. 157* • T. civ. Toulouse, 14 févr. 1947 : *JCP 1947. II. 3705, note Madray* • Grenoble, 17 juin 1963 : *D. 1964. 334 ; RTD com. 1964. 527, obs. Jauffret* • Amiens, 26 oct. 1977 : *D. 1978. IR. 79 ; RTD com. 1978. 98, obs. Derruppé* • Paris, 16 mai 1990 : *RTD com. 1990. 376, obs. Derruppé*. ♦ Est régulière l'opposition effectuée par l'huissier du Trésor public créancier, lequel est habilité au même titre que les huissiers de justice, à procéder aux mesures conservatoires nécessaires au recouvrement des créances. • Com. 6 mai 2002 : *cité note 7.*

3. Créances. La créance invoquée doit être certaine et non pas éventuelle pour ouvrir droit à l'opposition. • Com. 21 janv. 1974 : *Bull. civ. IV, n° 25* • Civ. 26 déc. 1927 : *DH 1928. 134* • Req. 16 nov. 1921 : *S. 1923. 1. 217, note Bourcart.* ♦ Est insuffisante l'invocation d'une créance litigieuse. • Civ. 2ᵉ, 10 juill. 1957 : *Bull. civ. II, n° 511* • Lyon, 14 déc. 1925 : *DP 1927. 2. 97, note Chéron.*

4. Délais. L'opposition doit être faite dans le délai de dix jours, au-delà elle serait nulle et de nul effet. • Civ. 5 juill. 1932 : *DP 1933. 1. 165, note Nast* • Com. 24 févr. 1981 : *D. 1981. 272 ; RTD com. 1981. 720, obs. Derruppé* • Paris, 5 mai 1924 : *DP 1927. 2. 65, note Chéron.* ♦ *Contra*, dès lors que le prix n'a pas encore été payé au vendeur : • T. com. Seine, 6 juill. 1920 : *Gaz. Pal. 1920. 2. 585* • T. com. Marseille, 15 mars 1928 : *Gaz. Trib. 1928. 1. 72* • Dijon, 16 juill. 1941 : *Gaz. Pal. 1941. 2. 261.* ♦ Le point de départ du délai est constitué par la publication au *BODACC* : Rép. min. : *JOAN Q 4 févr. 1980, p. 429 ; RTD com. 1980. 77, obs. Derruppé.*

4 bis. Sur la possibilité s'offrant aux créanciers de pratiquer une saisie-arrêt de droit commun au-delà du délai de 10 jours tant que le prix n'est pas payé, V. • Civ. 5 juill. 1932 : *préc. note 4* • Paris, 5 mai 1924 : *préc. note 4.*

5. Action paulienne. Sur l'exercice de l'action paulienne en application de l'art. 1167 C. civ., lorsque la cession a été faite en fraude des droits des créanciers, V. • Com. 12 janv. 1988 : *Bull. civ. IV, n° 20.*

6. Avis à tiers détenteur. Les avis à tiers détenteur émanant du Trésor public, même qualifiés par leur auteur d'opposition au paiement du prix de vente de fonds de commerce, restent soumis aux dispositions combinées des art. 1663 CGI [exigibilité de l'impôt], L. 262 et L. 263 LPF [attribution immédiate de la créance saisie], auxquels l'art. 3 [C. com., art. L. 141-14] ne déroge pas, de sorte qu'agit en violation de ces textes, l'administration qui procède au recouvrement forcé, par une voie d'exécution entraînant transfert immédiat de la créance appréhendée dans le patrimoine du Trésor, de sommes dont il est constant qu'elles n'étaient pas encore exigibles faute d'avoir fait l'objet de mises en recouvrement, et qu'elle ne peut davantage prétendre avoir agi à titre purement conservatoire faute de justifier d'une créance fiscale certaine à l'encontre de la société débitrice. • TGI Thonon-les-Bains, 15 avr. 1997 : *BICC 1997, n° 1130.* – V. aussi Bourdillat, *JCP N 1998, n° 10, p. 361.* ♦ V. également considérant que l'avis à tiers détenteur ne peut plus servir de support à la procédure d'opposition, • CE 28 nov. 1997 : *JCP N 1998, n° 15-16, p. 577, note Bourdillat ; RTD com. 1998. 570, obs. Derruppé*.

B. CONDITIONS DE FORME

7. Acte extra-judiciaire. BIBL. Soulard, *Rev. huiss. 1958. 205.* ♦ L'opposition au paiement du prix de vente d'un fonds de commerce, qui constitue un acte conservatoire, ne peut, aux termes de l'art. 3, al. 4 de la loi de 1909 [C. com., art. L. 141-14], être effectuée que par acte extrajudiciaire. • Com. 6 mai 2002 : *Bull. civ. IV, n° 80 ; D. 2002. AJ. 2126 ; RTD com. 2002. 652,* *obs. Saintourens*. ♦ Est donc régulière l'opposition effectuée par un huissier du Trésor public lequel est habilité à procéder, de même que les huissiers de justice, aux actes conservatoires nécessaires au recouvrement des créances de l'État. • Même arrêt. ♦ Toute opposition doit être faite par acte extrajudiciaire, sous peine de nullité. • Paris, 5 nov. 1957 : *D. 1958. Somm. 23 ; RTD com. 1958. 69, obs. Jauffret ; Gaz. Pal. 1957. 2. 381* • 9 mars 1994 : *JCP N 1994. II. 247, note Kuhn.* ♦ L'opposition prévue par l'art. 808 C. civ. n'équivaut pas à l'acte extrajudiciaire exigé par la loi de 1909. • Civ. 5 juill. 1932 : *préc. note 4.* ♦ Une opposition formée par lettre recommandée est dénuée de tout effet sans qu'il y ait à rechercher l'existence d'un préjudice. • Civ. 2e, 12 mai 1986 : *RTD com. 1986. 395, obs. Derruppé ; JCP N 1987. II. 4, note Lafond.* ♦ Comp., pour l'insuffisance d'une déclaration à une faillite : • Com. 5 déc. 1955 : *JCP 1956. II. 9131, note Cohen.* – *Contra* : • Paris, 28 mars 1946 : *D. 1946. 246.* ♦ Une lettre recommandée ne peut entraîner l'indisponibilité du prix de vente et son destinataire n'est tenu à l'égard du créancier d'aucune obligation d'information. • Civ. 1re, 22 mai 2001 : *Defrénois 2002. 1095, obs. Théry.*

8. Énonciations. L'opposition doit porter l'énonciation du chiffre et des causes de la créance. • Paris, 5 nov. 1957 : *préc. note 7.*

9. Opposition. En ce sens que l'absence d'opposition d'un créancier, en cas de liquidation amiable d'une société, ne peut exonérer de sa responsabilité le liquidateur qui a refusé de prendre en considération cette créance, V. • Com. 9 nov. 1993 : *Bull. civ. IV, no 400 ; Dr. sociétés 1994, no 22, note Bonneau* • 7 déc. 1993 : *Bull. civ. IV, no 464 ; Dr. sociétés 1994, no 22, note Bonneau.* ♦ Ayant constaté que la banque avait fait connaître sa volonté de se prévaloir de son nantissement et revendiqué à plusieurs reprises le paiement de ses créances, les juges du fond ont pu déduire que le séquestre et son mandataire (qui avaient reçu mission de ne payer le prix aux vendeurs qu'après avoir désintéressé les éventuels créanciers inscrits ou opposants suivant leur rang) avaient commis une faute en négligeant d'appeler ce créancier à la répartition du prix. • Com. 22 mai 2002 : *Banque et Droit nov.-déc. 2003. 62, obs. Guillot.*

II. EFFETS DE L'OPPOSITION

10. Indisponibilité du prix. N'est pas opposable aux créanciers du vendeur d'un fonds de commerce le paiement fait à ce dernier par l'acquéreur avant l'expiration du délai accordé par la loi aux créanciers pour faire opposition. • Com. 19 mai 1998 : *D. Affaires 1998. 1120, obs. A.-L. M.-D. ; RTD com. 1998. 823, obs. Derruppé*. ♦ L'opposition ne tend pas à une appropriation du prix au profit du créancier opposant mais s'analyse en un acte conservatoire ayant pour but de faire défense au séquestre de se dessaisir des fonds et de permettre au créancier opposant de faire valoir postérieurement ses droits. • Versailles, 10 juin 1993 : *D. 1993. IR. 214.* ♦ Le transfert du prix étant inopposable, un endossement prématuré des lettres de change acceptées par l'acquéreur est inopposable au créancier opposant. • Paris, 29 mars 1966 : *RTD com. 1967. 472, obs. crit. Jauffret.*

10 bis. Effet sur la prescription. L'opposition au paiement du prix de vente d'un fonds de commerce n'étant qu'un acte conservatoire, elle ne peut être assimilée à une saisie et n'est pas, par conséquent, un acte interruptif de la prescription au sens de l'art. 2244 C. civ., dont l'énumération est limitative. • Com. 16 juin 1998 : *Bull. civ. IV, no 194 ; D. Affaires 1998. 1207, obs. A.-L. M.-D. ; Procédures 1998, no 195, obs. Perrot.*

11. Modification du prix. Les parties à l'acte ne sauraient ultérieurement à l'opposition modifier le montant du prix au détriment des créanciers. • Grenoble, 28 janv. 1910 : *DP 1910. 2. 317.* ♦ V. cep., pour une résolution judiciaire de la vente, • Req. 12 févr. 1936 : *DH 1936. 145.*

12. Droit de suite. En prolongeant l'indisponibilité du prix de la vente, l'opposition, loin de valoir renonciation tacite au droit de suite du créancier opposant, tend à préserver l'exercice de celui-ci. • Versailles, 10 juin 1993 : *préc. note 10.*

13. Absence de droit de préférence. Les créanciers qui ont fait opposition dans le délai légal ne tiennent d'aucune disposition de la loi de 1909 [C. com., art. L. 141-5 s.], le droit d'être payé par préférence. • Civ. 3 juin 1935 : *Gaz. Pal. 1935. 2. 274* • Com. 5 avr. 1965 : *D. 1965. 742 ; JCP 1965. II. 14316, note J.A.* ♦ ... L'opposition, simple mesure conservatoire ayant pour effet de rendre provisoirement indisponible la créance du vendeur. • Com. 21 sept. 2004 : *RJDA 2005, no 118.* ♦ V. toutefois les exceptions résultant de l'art. L. 141-15, al. 2.

14. Saisie-attribution. Les créanciers opposants ne tiennent pas, de la loi de 1909, le droit d'être payés par préférence, l'opposition, simple mesure conservatoire, ayant pour effet de rendre provisoirement indisponible le prix, un créancier est donc en droit d'exercer une saisie-attribution. • Civ. 2e, 6 juill. 2000 : *D. 2000. AJ. 371, obs. Monéger-Dupuis ; RTD com. 2000. 850, obs. Derruppé*. ♦ L'acte de saisie-attribution emportant à concurrence des sommes pour lesquelles elle est pratiquée attribution immédiate au profit du saisissant de la créance disponible entre les mains du tiers, V. cassant un arrêt qui accueille la demande du créancier saisissant dirigée contre le tiers saisi en paiement des causes de la saisie, alors que la créance saisie, constituée par le prix de vente d'un fonds de commerce, n'est pas disponible : • Civ. 2e, 16 mars 2000 : *Bull. civ. II, n° 49 ; RTD com. 2000. 589, obs. Derruppé* ; *RD banc. fin. 2000, n° 167, obs. Delleci.*

15. Maintien de l'opposition. S'agissant de la cession d'un fonds de commerce, c'est à bon droit qu'une cour d'appel a relevé que l'opposition sur le prix de vente, prévue par l'art. 3 de la loi du 17 mars 1909 [C. com., art. L. 141-12 s.], a pour objet de préserver et de garantir les droits éventuels du bailleur et que dès lors que ce dernier, par son inaction, retarde l'issue du litige, il n'a aucune légitimité à voir maintenir une opposition, même cantonnée. • Civ. 3e, 9 juill. 2003 : *JCP E 2003, n° 39, p. 1510.*

III. REDRESSEMENT ET LIQUIDATION JUDICIAIRES

16. Sur l'obligation faite aux créanciers opposants de déclarer leurs créances à la procédure collective du vendeur, V. • Paris, 7 nov. 2001 : *D. 2001. AJ. 3618* .

Art. L. 141-15 **Au cas d'opposition au paiement du prix, le vendeur peut, en tout état de cause, après l'expiration du délai de dix jours, se pourvoir en référé devant le président du tribunal de grande instance afin d'obtenir l'autorisation de toucher son prix malgré l'opposition, à la condition de verser à la Caisse des dépôts et consignations, ou aux mains d'un tiers commis à cet effet, une somme suffisante, fixée par le juge des référés, pour répondre éventuellement des causes de l'opposition dans le cas où il se reconnaîtrait ou serait jugé débiteur. Le dépôt ainsi ordonné est affecté spécialement, aux mains du tiers détenteur, à la garantie des créances pour sûreté desquelles l'opposition aura été faite et privilège exclusif de tout autre leur est attribué sur ledit dépôt, sans que, toutefois, il puisse en résulter transport judiciaire au profit de l'opposant ou des opposants en cause à l'égard des autres créanciers opposants du vendeur, s'il en existe. A partir de l'exécution de l'ordonnance de référé, l'acquéreur est déchargé et les effets de l'opposition sont transportés sur le tiers détenteur.**

Le juge des référés n'accorde l'autorisation demandée que s'il lui est justifié par une déclaration formelle de l'acquéreur mis en cause, faite sous sa responsabilité personnelle et dont il est pris acte, qu'il n'existe pas d'autres créanciers opposants que ceux contre lesquels il est procédé. L'acquéreur, en exécutant l'ordonnance, n'est pas libéré de son prix à l'égard des autres créanciers opposants antérieurs à ladite ordonnance s'il en existe. — *[L. 17 mars 1909, art. 3, al. 5 et 6].*

1. Cantonnement. En cas de demande de cantonnement, la mise en cause de l'acquéreur est obligatoire. • Paris, 19 mars 1960 : *D. 1960. Somm. 78* • 15 oct. 1965 : *D. 1966. 261* • 26 mars 1966 : *RTD com. 1967. 131, obs. Jauffret.* ♦ Sur la compétence exclusive du président du TGI, juge des référés, V. • Civ. 28 févr. 1933 : *DH 1933. 218 ; S. 1935. 1. 57, note Hébraud* • Lyon, 14 déc. 1925 : *DP 1927. 2. 97, note Chéron* • Colmar, 11 mai 1935 : *Gaz. Pal. 1935. 2. 288.* ♦ Sur la voie de l'appel à l'ordonnance, V. • Colmar, 14 mai 1952 : *JCP 1953. II. 7437, note Cohen* ; et sur l'incidence de l'instance au fond, • Com. 7 déc. 1960 : *Bull. civ. III, n° 405 ; Gaz. Pal. 1961. 1. 169.* ♦ V. aussi note 15 ss. art. L. 141-14.

2. Mainlevée. BIBL. Ver Hulst, *Petites affiches 7 mars 2001, p. 5* (compétence d'attribution du président du TGI). ♦ Le président du tribunal n'est compétent qu'en l'absence d'instance au principal, alors même qu'il aurait été antérieurement saisi. • Com. 9 mai 1956 : *Gaz. Pal. 1956. 2. 30 ; JCP 1956. II. 9461, note E. M.* • 7 déc. 1960 : *préc. note 1.*

3. La cour d'appel est incompétente, sur appel de l'ordonnance, si, à la date de l'audience, le juge du principal est saisi. • Com. 7 déc. 1960 : *préc. note 1. – Contra* : • Paris, 5 nov. 1957 : *préc. note 8 ss. art. L. 141-14* • T. civ. Lille, 10 déc. 1957 : *D. 1958. Somm. 60.* ♦ Il n'en irait autrement qu'au cas où la loi du 17 mars 1909 n'est pas applicable. V. • Civ. 20 juin 1979 : *JCP E 1979. I. 8079 ; RTD com. 1979. 709, obs. Derruppé.*

4. Sur la compétence au principal du tribunal civil, V. • T. com. Seine, 29 juin 1938 : *Gaz. Pal. 1938. 2. 669.* ♦ *Contra*, sur la compétence exclusive au principal du tribunal de commerce, V. • T. civ. Lille, 18 juill. 1911 : *S. 1912. 2. 190.* ♦ Sur l'influence de la nature civile ou commerciale de la créance contestée, V. • T. com. Reims, 7 janv. 1938 : *Rev. fonds com. 1938. 161.*

5. L'art. 3 [C. com., art. L. 141-15] ne distingue pas entre l'instance introduite par le vendeur du fonds de commerce aux fins d'obtenir mainlevée de l'opposition et celle qui est engagée par le créancier opposant pour faire statuer sur son droit de créance, dès lors que l'action ainsi exercée met en jeu le bien-fondé de l'opposition. • Com. 29 juin 1954 : *JCP 1954. II. 8278, note A.C.* – V. aussi • Paris, 16 janv. 1924 : *DH 1924. 173* • Colmar, 15 juin 1955 : *D. 1955. 672.*

6. En l'absence d'instance au principal, le juge des référés est compétent si l'opposition est sans titre ni cause, les deux conditions devant être réunies. • Paris, 6 mars 1929 : *JCP 1929. 861* • Poitiers, 27 mars 1962 : *RTD com. 1962. 638, obs. Jauffret.*

7. Le président est compétent lorsque l'opposition est nulle par irrespect des formes. • Colmar, 13 janv. 1937 : *Rev. fonds com. 1937. 228.* ♦ Il en est ainsi en cas d'opposition tardive. • Paris, 5 mai 1924 : *DP 1927. 2. 65, note Chéron* • T. civ. Oran, 8 avr. 1930 : *DH 1930. 343.* – *Contra* : • Dijon, 16 juill. 1941 : *DA 1942. 44.* ♦ ... Ou au cas où l'opposant ne démontre pas l'existence d'une créance certaine à son profit. • Com. 21 janv. 1974 : ♔ *Bull. civ. IV, n° 25.*

8. En vertu de l'art. 3, al. 7 [C. com., art. L. 141-16], l'autorisation par le vendeur de toucher son prix est subordonnée à la justification par l'acquéreur de l'absence d'autres créanciers opposants que ceux qui se sont manifestés ; par suite le défaut de l'acquéreur devant le juge des référés paralyse l'action du vendeur. • Com. 25 juin 1969 : *Bull. civ. IV, n° 247.* ♦ La mise en cause de l'acquéreur absent de l'instance est nécessaire à la recevabilité de la demande de mainlevée. • Paris, 17 nov. 1982 : *D. 1983. IR. 130.* ♦ Comp., au cas d'opposition par un créancier sans droit ni titre : • Versailles, 30 sept. 1988 : *Gaz. Pal. 1989. 1. Somm. 125.*

Art. L. 141-16 Si l'opposition a été faite sans titre et sans cause ou est nulle en la forme et s'il n'y a pas instance engagée au principal, le vendeur peut se pourvoir en référé devant le président du tribunal de grande instance, à l'effet d'obtenir l'autorisation de toucher son prix, malgré l'opposition. – *[L. 17 mars 1909, art. 3, al. 7].*

1. Opposition irrégulière. L'opposition irrégulière n'est pas en elle-même une faute justifiant l'octroi de dommages et intérêts. • Civ. 2e, 10 févr. 1977 : ♔ *D. 1977. IR. 245 ; RTD com. 1977. 489, obs. Derruppé.*

2. Les notaires qui ont désintéressé le créancier du vendeur d'un fonds de commerce, ce créancier n'ayant pas été payé par l'acquéreur en raison du caractère irrégulier de son opposition, sont valablement subrogés dans les droits de celui-ci et peuvent ainsi obtenir du vendeur payé indûment le remboursement de leurs règlements. • Civ. 1re, 8 juill. 1994 : ♔ *Bull. civ. I, n° 243 ; Defrénois 1994. 1465, obs. Delebecque.* ♦ Engage sa responsabilité le notaire qui, nonobstant une opposition au paiement du prix de vente du fonds de commerce formée par un créancier du vendeur, se dessaisit d'une partie du prix au profit de ce dernier, alors qu'en cas de doute sur la régularité de l'opposition il lui appartient, non de se faire juge de cette validité, mais d'attendre qu'il soit statué sur la demande de mainlevée. • TGI Rochefort-sur-mer, 23 avr. 1997 : *Gaz. Pal. 1998. 1. Somm. 200, obs. Vray.*

3. Instance principale. Une instance ayant été engagée au principal par le créancier opposant pour faire statuer sur l'existence de son droit de créance, il en résulte, par application de l'art. L. 141-16, que le juge des référés est dépourvu de pouvoirs pour se prononcer sur la demande d'autorisation faite par le vendeur de toucher son prix malgré l'opposition, peu important que cette instance au principal n'ait été introduite que postérieurement à la demande du vendeur. • Orléans, 18 déc. 2003 : *RJDA 2004, n° 414.* ♦ V. aussi notes 3 et 5 ss. art. L. 141-15.

Art. L. 141-17 L'acquéreur qui paie son vendeur sans avoir fait les publications dans les formes prescrites, ou avant l'expiration du délai de dix jours, n'est pas libéré à l'égard des tiers. – *[L. 17 mars 1909, art. 3, al. 8].*

1. Opposabilité du prix. Il résulte de l'art. 3, al. 8, de la loi du 17 mars 1909, devenu l'art. L. 141-17, que la publicité de la vente du fonds de commerce constitue une condition d'opposabilité aux tiers, non de la vente, mais du paiement du prix. • Com. 24 mai 2005 : ♔ *Bull. civ. IV, n° 114 ; D. 2005. AJ. 1698, obs. Chevrier* ✎ *; JCP E 2006, n° 12, p. 563, note Rezek ; Banque et Droit sept.-oct. 2005. 63, obs. Rontchevsky ; RJDA 2005, n° 960.* – V. aussi note 10 ss. art. L. 141-13.

2. Action en paiement. Après avoir relevé que l'acquéreur d'un fonds de commerce avait versé le prix au vendeur avant l'expiration du délai pendant lequel les oppositions pouvaient être faites, une cour d'appel a légalement justifié sa décision en retenant que le paiement était inopposable aux créanciers du vendeur, peu important qu'ils aient ou non fait opposition au paiement du prix. • Com. 24 mai 2005 : *Bull. civ. IV, n° 113 ; D. 2005. 2612, note Sénéchal ; ibid. AJ. 1634, obs. Chevrier ; JCP E 2005, n° 30, p. 1284 ; RJDA 2005, n° 961 ; AJDI 2005. 661 ; RDC 2005. 1073, obs. Collart Dutilleul.* ♦ Les créanciers du vendeur du fonds étant des tiers au sens de l'art. 3 [C. com., art. L. 141-17], qu'ils aient ou non fait opposition au paiement du prix, le *syndic de faillite*, agissant au nom de l'ensemble des créanciers du vendeur, a qualité pour exercer l'action en paiement contre les acquéreurs sur le fondement du dernier alinéa de l'art. 3 [C. com., art. L. 141-17]. • Com. 1er juin 1981 : *préc. note 10 ss. art. L. 141-13.*

3. Saisie-arrêt. Lorsque les créanciers n'ont pas fait opposition régulière dans les délais, ils peuvent agir suivant les voies d'exécution du droit commun en opérant saisie-arrêt. • Civ. 5 juill. 1932 : *DP 1933. 1. 165, note Nast.*

Art. L. 141-18 **Si la vente ou cession d'un fonds de commerce comprend des succursales ou établissements situés sur le territoire français, l'inscription et la publication prescrites aux articles L. 141-6 à L. 141-17 doivent être faites également dans un journal habilité pour recevoir les annonces légales au lieu du siège de ces succursales ou établissements.** – *[L. 17 mars 1909, art. 4, al. 1er, 1re phrase].*

Notion de succursale. BIBL. Lescot, *Rev. jur. sociétés 1924. 207.* – Bruzin, *JCP 1946. I. 567.* ♦ La succursale effectue des activités semblables à celles de l'établissement principal. • Com. 6 nov. 1951 : *D. 1952.58.* ♦ Le seul emploi d'une enseigne commune ne saurait suffire à caractériser la succursale. • T. civ. Rouen, 30 nov. 1948 : *Gaz. Pal. 1949. 1. 96.* ♦ Le responsable de la direction de la succursale doit être sous la dépendance du propriétaire de l'établissement principal. • Req. 29 janv. 1934 : *S. 1934. 1. 181* • Paris, 5 juill. 1971 : *Gaz. Pal. 1971. 2. 761* • Bourges, 7 nov. 1923 : *S. 1924. 2. 4* • Aix-en-Provence, 9 mai 1933 : *S. 1933. 2. 171.* ♦ Toutefois, le directeur de la succursale doit avoir qualité pour traiter au nom de l'établissement avec des tiers. • Besançon, 25 janv. 1928 : *Gaz. Pal. 1928. 1. 546* • Bordeaux, 16 mars 1923 : *Journ. sociétés 1924. 280* • Agen, 22 juill. 1935 : *S. 1935. 2. 236* • T. civ. Lille, 6 nov. 1950 : *D. 1951. 198.* – Comp. : • CJCE 22 nov. 1978 : *Rec. CJCE, p. 2138.*

Loi du 17 mars 1909,

Relative à la vente et au nantissement des fonds de commerce (DP 1909. 4. 41).

Art. 4 *1re phrase abrogée et codifiée à l'art. L. 141-18 C. com. par Ord. n° 2000-912 du 18 sept. 2000, art. 4, III (3°). (L. n° 55-982 du 26 juill. 1955)* « Le délai, qui est de quinzaine dans la France continentale, est d'un mois en Corse et *en Algérie*, de trois mois dans les départements d'outre-mer, les territoires d'outre-mer et les territoires associés ».

La publication contiendra élection de domicile dans le ressort du tribunal de la situation de l'établissement principal et dans le ressort où se trouve la succursale, si celle-ci forme l'objet unique de la cession. — *L'art. 4, 2e phrase et l'al. 2 seront abrogés à compter de l'entrée en vigueur de la partie réglementaire du C. com. (Ord. n° 2000-912 du 18 sept. 2000, art. 4, III (3°)).*

Art. L. 141-19 **Pendant les vingt jours qui suivent la publication au *Bulletin officiel des annonces civiles et commerciales* prévue à l'article L. 141-12, une copie authentique ou l'un des originaux de l'acte de vente est tenu, au domicile élu, à la disposition de tout créancier opposant ou inscrit pour être consulté sans déplacement.**

Pendant le même délai, tout créancier inscrit ou qui a formé opposition dans le délai de dix jours fixé par l'article L. 141-14 peut prendre, au domicile élu, communication de l'acte de vente et des oppositions et, si le prix ne suffit pas à désintéresser les créanciers inscrits et ceux qui se sont révélés par des oppositions, au plus tard dans les dix jours qui suivent la publication au *Bulletin officiel des annonces civiles et commerciales* prévue à l'article L. 141-12, former, en se conformant aux pres-

criptions des articles L. 141-14 à L. 141-16 une surenchère du sixième du prix principal du fonds de commerce, non compris le matériel et les marchandises.

La surenchère du sixième n'est pas admise après la vente judiciaire d'un fonds de commerce ou la vente poursuivie à la requête d'un administrateur judiciaire ou d'un *(L. nº 2005-845 du 26 juill. 2005, art. 165-V)* **« mandataire judiciaire », ou de copropriétaires indivis du fonds, faite aux enchères publiques et conformément aux articles L. 143-6 et L. 143-7** *(L. nº 2005-845 du 26 juill. 2005, art. 161-II)* **« , ou selon les dispositions de l'article L. 642-5 ».**

L'officier public commis pour procéder à la vente doit n'admettre à enchérir que des personnes dont la solvabilité lui est connue, ou qui ont déposé soit entre ses mains, soit à la Caisse des dépôts et consignations, avec affectation spéciale au paiement du prix, une somme qui ne peut être inférieure à la moitié du prix total de la première vente, ni à la portion du prix de ladite vente stipulée payable comptant, augmentée de la surenchère.

L'adjudication sur surenchère du sixième a lieu aux mêmes conditions et délais que la vente sur laquelle la surenchère est intervenue.

Si l'acquéreur surenchéri est dépossédé par suite de la surenchère, il doit, sous sa responsabilité, remettre les oppositions formées entre ses mains à l'adjudicataire, sur récépissé, dans la huitaine de l'adjudication, s'il ne les a pas fait connaître antérieurement par mention insérée au cahier des charges. L'effet de ces oppositions est reporté sur le prix de l'adjudication. — *[L. 17 mars 1909, art. 5].*

BIBL. ▶ RIVAL, *Rev. fonds com. 1938. 1.*

I. CONDITION DE LA SURENCHÈRE

A. VENTE D'UN FONDS DE COMMERCE

1. Nécessité d'une vente. La surenchère, supposant une vente de fonds de commerce, est irrecevable au cas d'une cession de location-gérance. • Civ. 8 mars 1938 : *DH 1938. 225.* ♦ Sur l'admission au cas d'échange, V. • Com. 21 mars 1960 : *Bull. civ. III, nº 108.*

2. Préemption. En cas d'exercice du droit de préemption de l'enregistrement ou de l'administration des impôts prévu en cas d'insuffisance de prix, par l'art. 668 CGI (art. L. 18 LPF), les créanciers conservent les droits d'opposition et de surenchère. • Lyon, 31 mars 1949 : *Gaz. Pal. 1949. 2. 37 ; JCP 1949. II. 7067, note D.L. ; RTD com. 1949. 623, obs. Jauffret.*

3. Exclusion des ventes judiciaires. Les ventes qui ont été effectuées aux enchères publiques assujetties aux formes de l'art. 17 [C. com., art. L. 143-6], offrant toutes les garanties de juste prix n'ouvrent pas la voie de la surenchère, qu'il s'agisse d'une vente ordonnée à la requête de l'administration des Domaines. • Paris, 12 juill. 1948 : *Gaz. Pal. 1948. 2. 206.* ♦ ... De la vente d'un fonds de commerce indivis appartenant pour partie à un mineur. • Com. 6 mai 1953 : *JCP 1953. II. 7688, note Cohen ; RTD com. 1953. 880, obs. Jauffret.* ♦ ... De la vente décidée par l'ordonnance du président du tribunal civil à la requête de l'administrateur séquestre. • Paris, 12 juill. 1948 : *préc.* ♦ Il en irait autrement au cas d'irrégularité dans le déroulement de la procédure. • T. civ. Doullens, 14 févr. 1945 : *Gaz. Pal. 1945. 1. 190* (à propos de l'omission d'une signification aux créanciers inscrits). ♦ En outre, les dispositions de l'art. 5 [C. com., art. L. 141-19] ne sont pas d'ordre public. • Req. 14 déc. 1926 : *S. 1927. 1. 50.* – Comp. : • T. com. Fécamp, 19 févr. 1958 : *Rec. Le Havre 1958. 2. 53.* ♦ Par conséquent, a pu être insérée au cahier des charges de la vente une clause autorisant la surenchère, alors même que la vente portait sur un immeuble et sur un fonds de commerce. • Req. 1er avr. 1925 : *DP 1925. 1. 169, note J. Percerou* • 2 juill. 1928 : *JCP 1928. 1350* (sur la théorie de l'accessoire). ♦ Pour une licitation du seul fonds de commerce, V. • Aix-en-Provence, 17 avr. 1931 : *DP 1932. 2. 103* • T. civ. Perpignan, 30 mars 1949 : *RTD com. 1949. 207, obs. Jauffret.*

4. Redressement judiciaire. **BIBL.** Bac, *JCP E 1998, nº 6, p. 211.* ♦ Sous l'ancienne législation, il a été jugé que l'autorisation donnée au syndic de traiter à forfait une partie de l'actif mobilier du débiteur ne transforme pas la vente amiable du fonds de commerce ainsi consentie en une vente judiciaire de nature à faire échec à la surenchère du sixième. • Com. 30 mars 1981 : *Bull. civ. IV, nº 164 ; RTD com. 1981. 519, obs. Derruppé ; JCP E 1981. I. 9823.* ♦ V. note 14 ss. art. L. 621-83 ancien et notes 2 et 3 ss. art. L. 622-17 ancien.

B. INSUFFISANCE DU PRIX

5. Montant des créances. Dès lors que le montant total des créances ouvrant droit à surenchère s'avère inférieur au prix de la vente, la demande de surenchère n'a plus de raison d'être et sera rejetée. • Grenoble, 28 janv. 1910 : *DP 1910. 2. 317 ; S. 1911. 2. 297, note Wahl.*

6. Détermination du prix. Bien que la surenchère se calcule sur les seuls éléments incorporels, il doit être tenu compte du prix de tous les éléments du fonds. • Aix-en-Provence, 22 janv. 1913 : *S. 1913. 2. 217* • Req. 24 mai 1927 : *DP 1927. 1. 170* • Com. 23 mai 1960 : *D. 1960. Somm. 110 ; Gaz. Pal. 1960. 2. 177 ; RTD com. 1961. 57, obs. Jauffret.* ♦ Le prix à prendre en considération est le prix total comportant et la partie du prix payable au comptant et les paiements à terme. • Aix-en-Provence, 11 juill. 1939 : *Rev. fonds com. 1939. 513.* ♦ V. toutefois, ne tenant compte que du prix payé comptant, • Paris, 21 nov. 1911 : *Gaz. Pal. 1911. 2. 634* • T. com. Marseille, 23 nov. 1938 : *Rev. fonds com. 1939. 300* • Aix-en-Provence, 10 mars 1941 : *Gaz. Pal. 1941. 1. 505.* ♦ Au cas d'une vente globale du fonds avec d'autres biens, V. • Aix-en-Provence, 10 mars 1941 : *préc. – Contra* : • T. com. Toulouse, 29 mai 1936 : *Gaz. Pal. 1936. 2. 110* • T. com. Seine, 19 nov. 1935 : *ibid. 1936. 1. 198* (procédant à une ventilation du prix s'agissant des droits de gérance d'un débit de tabacs).

C. CRÉANCIERS SURENCHÉRISSEURS

7. Qualité des créances. En ce qui concerne les créances permettant de surenchérir, il n'y a lieu de tenir compte que des créances inscrites et de celles des créanciers qui ont fait opposition dans les délais. La seule formalité de déclaration des créances ne saurait, au cas de procédure collective du vendeur suppléer à l'absence d'opposition. • Com. 5 déc. 1955 : *Bull. civ. III, n° 353 ; JCP 1956. II. 9131, note Cohen.* ♦ Pour des exemples jurisprudentiels de créances permettant de former surenchère, V. • Toulouse, 13 oct. 1930 : *S. 1931. 2. 224* • T. com. Saint-Étienne, 11 févr. 1954 : *Gaz. Pal. 1954. 1. 318 ; RTD com. 1954. 596, obs. Jauffret.* – Comp. : • Req. 16 nov. 1921 : *S. 1923. 1. 217, note Bourcart.* ♦ Dès lors que sa créance est certaine, alors même qu'elle n'est pas exigible, l'épouse divorcée du vendeur, créancière d'une pension alimentaire, est recevable en sa surenchère. • Req. 24 mai 1927 : *DP 1927. 1. 170 ; Gaz. Pal. 1927. 2. 330.*

8. Dirigeant social. S'agissant d'un acte utile à la conservation du gage de la société, le représentant légal de celle-ci a le pouvoir de former surenchère, en l'absence de décision de l'assemblée générale. • Com. 21 mars 1960 : *préc. note 1.*

8 bis. Société en formation. La surenchère faite au nom d'une société en formation qui, non immatriculée, était alors dépourvue d'existence légale, n'est pas régulière. • Civ. 2e, 18 mai 1989 : *JCP N 1990. II. 205, note Garçon* • 13 déc. 1995 : *Dr. sociétés 1996, n° 50, note Bonneau ; Defrénois 1996. 666, obs. Hovasse ; RJ com. 1998. 19, note Putman* • 25 juin 1997 : *Dr. sociétés 1997, n° 141, note Bonneau ; Defrénois 1997. 1287, obs. Hovasse.*

II. PROCÉDURE DE LA SURENCHÈRE

A. DÉLAI

9. Nature juridique. Le délai de 20 jours n'est pas un délai franc. – V. NCPC, art. 640 s. – **C. pr. civ.**

10. Ce délai n'est pas d'ordre public et peut être allongé d'un commun accord entre vendeur et acquéreur. • Civ. 14 avr. 1924 : *DH 1924. 370.*

11. Nullité de la publication. En ce sens que, lorsque la publication est nulle, le délai de surenchère comme le délai d'opposition courent et qu'il n'est pas possible pour les créanciers de faire opposition à une surenchère, V. • Rennes, 3 janv. 1950 : *JCP 1950. II. 5483, note crit. Cohen ; RTD com. 1950. 401, obs. crit. Jauffret.*

B. FORMES

12. Signification. En ce qui concerne les formes de la surenchère, la signification peut être faite au domicile élu, bien que la loi ne le précise pas, alors qu'il importe que tous les actes faits pour la sauvegarde de l'intérêt des créanciers puissent être signifiés au domicile élu. • Civ. 27 juill. 1920 : *S. 1921. 1. 55.*

13. Contenu de l'acte. Une surenchère supérieure à la surenchère légale (sixième du prix des éléments incorporels, non compris le matériel et les marchandises), en ce qu'elle porte sur le prix total du fonds, n'est pas nulle, les juges pouvant rectifier l'erreur matérielle. • T. com. Marseille, 20 juill. 1928 : *DH 1928. 603.* ♦ En revanche, la surenchère est nulle si elle ne contient pas offre de fournir caution, ni justification d'une solvabilité suffisante. • Toulouse, 13 oct. 1930 : *S. 1931. 2. 224.* – Comp. : • T. com. Beauvais, 24 juill. 1928 : *Gaz. Pal. 1928. 2. 907.* ♦ Il a été jugé que la surenchère était valable, même sans qu'aucune caution ait été présentée, lorsque le juge a enjoint au surenchérisseur de fournir cette caution pour une somme fixée. • T. com. Rouen, 4 déc. 1957 : *RTD com. 1958. 319, obs. crit. Jauffret.* ♦ S'agissant d'une formalité qui n'est pas substantielle, le défaut de signature du surenchérisseur n'est pas sanctionné par la nullité. – V. • Lyon, 2 déc. 1981 : *JCP N 1983. II. 256.*

14. Solvabilité du surenchérisseur. V. note

13. ♦ La justification de la solvabilité suffisante du surenchérisseur ne saurait être exigée dans l'acte, la loi n'en précisant pas le moment. • Com. 21 juill. 1987 : *Bull. civ. IV, n° 203.* ♦ La solvabilité peut être implicitement admise. • Com. 21 mars 1960 : *préc. note 1.* – Comp. : • Com. 28 févr. 1956 : *Bull. civ. III, n° 88.*

15. Désistement. V. art. L. 143-14, al. 4. ♦ Il résulte de la combinaison de l'art. 5 [C. com., art. L. 141-19] et de l'art. 23, al. 4 [C. com., art. L. 143-14, al. 4], que le désistement du surenchérisseur doit être accepté par tous les créanciers opposants et inscrits. • Com. 6 déc. 1961 : *Bull. civ. III, n° 465.* ♦ Sur l'effet de ce désistement, V. • Com. 19 nov. 1963 : *ibid. III, n° 487.*

16. Procédures abusives. V., sur les hypothèses de procédure de surenchère abusive, • Com. 2 nov. 1964 : *Bull. civ. III, n° 469* • 17 nov. 1966 : *ibid. III, n° 435* • Lyon, 16 janv. 1961 : *Gaz. Pal. Tables 1960-65, n° 199.*

III. ADJUDICATION

17. Acquéreur initial adjudicataire. Quand l'adjudication est prononcée au profit de l'acquéreur primitif, c'est du jour de la vente qu'il est réputé propriétaire du fonds. • T. com. Marseille, 15 mars 1936 : *Rev. fonds com. 1936. 282.* ♦ Sur des offres réelles pour désintéresser les créanciers inscrits et opposants, comp. : • Civ. 23 déc. 1924 : *DP 1926. 1. 188 ; Gaz. Pal. 1925. 1. 313* (à propos de l'art. 23 [C. com., art. L. 143-13 s.]).

18. Tiers adjudicataire. Jugé que la surenchère du sixième ne rend pas le surenchérisseur propriétaire ou ne le rend propriétaire que sous condition suspensive et que les risques ne sont point à sa charge et qu'il est donc fondé en cas de perte totale du fonds à demander la décharge de sa surenchère. • Paris, 29 nov. 1923 : *Journ. Trib. com. 1925. 207.* ♦ Lorsque l'adjudication a été opérée au profit d'un autre que l'acquéreur primitif, l'adjudicataire est censé tenir ses droits non de l'acquéreur surenchéri, dont le titre est anéanti, mais du vendeur primitif. • T. com. Seine, 24 août 1912 : *Gaz. Pal. 1912. 2. 429.* ♦ L'adjudication consécutive à la surenchère du sixième entraîne la résolution de la vente initiale. • Civ. 2e, 17 déc. 1984 : *Bull. civ. II, n° 199 ; RTD com. 1985. 739, obs. Derruppé ; JCP 1985. II. 20520, note Cohen.* ♦ Le surenchérisseur reste en dehors de la gestion du fonds et ne saurait encourir aucune responsabilité en raison du passif créé entre la surenchère et l'adjudication définitive. • Montpellier, 10 juin 1933 : *DH 1933. 531.*

19. Dépenses. Lorsque l'acquéreur surenchéri a effectué des dépenses il a été décidé (mais en matière de surenchère du dixième) que, par application de l'art. 2175 [2470] C. civ., l'adjudicataire devait rembourser les dépenses utiles, dans la mesure où elles ont procuré une plus-value au fonds et les dépenses nécessaires intégralement. • Req. 23 mars 1925 : *DH 1925. 285.*

Art. L. 141-20 Lorsque le prix de la vente est définitivement fixé, qu'il y ait eu ou non surenchère, l'acquéreur, à défaut d'entente entre les créanciers pour la distribution amiable de son prix, est tenu, sur la sommation de tout créancier, et dans la quinzaine suivante, de consigner la portion exigible du prix, et le surplus au fur et à mesure de l'exigibilité, à la charge de toutes les oppositions faites entre ses mains ainsi que des inscriptions grevant le fonds et des cessions qui lui ont été notifiées. – *[L. 17 mars 1909, art. 6].*

BIBL. ► VAUVILLÉ, *JCP E 1996. I. 548* (distribution amiable du prix de cession).

Art. L. 141-21 Sauf s'il résulte d'une opération de fusion ou de scission soumise aux dispositions du quatrième alinéa de l'article L. 236-2 et des articles L. 236-7 à L. 236-22, tout apport de fonds de commerce fait à une société en constitution ou déjà existante doit être porté à la connaissance des tiers dans les conditions prévues par les articles L. 141-12 à L. 141-18 par voie d'insertion dans les journaux d'annonces légales et au *Bulletin officiel des annonces civiles et commerciales*.

Toutefois, si par suite de l'application des dispositions législatives et réglementaires en vigueur relatives à la publication des actes de société, les indications prévues par ces articles figurent déjà dans le numéro du journal d'annonces légales où les insertions doivent être effectuées, il peut être procédé par simple référence à cette publication.

Dans ces insertions, l'élection de domicile est remplacée par l'indication du greffe du tribunal de commerce où les créanciers de l'apporteur doivent faire la déclaration de leurs créances. – *[L. 17 mars 1909, art. 7, al. 1er à 3].*

RÉP. SOCIÉTÉS v[is] *Apports*, par BLAISE ; *Entreprise unipersonnelle à responsabilité limitée*, par SERLOOTEN.

BIBL. ▶ BOUVIER-BANGILLON, *Ann. dr. com. 1909. 449.* – HOUPIN, *Journ. sociétés 1933. 321.*

1. Apport d'un fonds. L'apport d'éléments corporels se présentant comme l'essentiel d'un fonds de commerce avec tous les éléments de valeur qui le composent est soumis à l'art. 7 [C. com., art. L. 141-21] et suppose l'accomplissement des mêmes formalités de publicité qu'au cas de vente. • Amiens, 13 mai 1976 : *D. 1976. Somm. 68 ; RTD com. 1976. 681, obs. Jauffret ; Banque 1977. 603.* – Comp. : • TGI Villefranche, 9 oct. 1970 : *Defrénois 1972. 706.* ♦ Sur les apports mixtes, V. • Paris, 24 oct. 1934 : *DP 1936. 2. 59.* ♦ Sur l'apport en jouissance, V. Wahl, *Journ. sociétés 1909. 252.* ♦ L'art. 7 ne faisant aucune distinction entre les droits rémunérant l'apport, l'attribution de parts en nue-propriété n'empêche pas l'application de ce texte. • Bordeaux, 27 nov. 1995 : *Cah. jurispr. Aquitaine 1996, n° 2, p. 91.* ♦ Sur la notion de fonds de commerce, V. art. L. 141-5.

2. Sociétés bénéficiaires. Toute société commerciale personnalisée quelle qu'en soit la forme est assujettie aux formalités de la loi du 17 mars 1909 [C. com., art. L. 141-21 s.], notamment une société anonyme. • T. com. Seine, 6 mars 1929 : *Gaz. Pal. 1929. 2. 132.* ♦ Toutefois, en l'absence de transfert de propriété, les dispositions légales ne s'appliquent pas. • Com. 15 mai 1973 : *D. 1974. 418, note Bouloc.* ♦ V. cependant, pour une application originale à une société en participation, au cas de transfert de la propriété du fonds à un membre, • Rouen, 23 avr. 1971 : *D. 1972. 676, note Bouloc,* conf. par • Com. 15 mai 1973 : *préc.* ♦ Comp., au cas de *faillite* de l'apporteur à une société de fait : • Com. 15 oct. 1963 : *Bull. civ. III, n° 415.*

3. Fusion. **BIBL.** Solal, *RTD com. 1967. 459.* ♦ Sur l'exclusion de la publicité légale au cas de fusion de sociétés, V., déjà avant l'intervention de la loi du 11 févr. 1994, • Paris, 17 juin 1930 : *DP 1932. 2. 104* • Bordeaux, 26 août 1997 : *BICC 1998, n° 453.* ♦ V. aussi, note 4 ss. art. L. 141-1. – Jurisprudence désormais confirmée par L. 141-21, al. 1er, reprenant l'art. 7, al. 1er de la loi de 1909 tel que mod. par L. n° 94-126 du 11 févr. 1994. ♦ Sur la portée de cette modification, V. Dossier ANSA nov.-déc. 1995, n° 2796.

4. Formalités. La publicité de l'apport étant distincte de celle de l'acte de société, avec laquelle elle ne se confond pas, il convient de procéder à des insertions distinctes ; sauf en ce qui concerne les informations communes aux deux publications, la seconde peut alors faire référence au premier avis. • Com. 11 févr. 1969 : *JCP 1969. II. 16137, note Richard ; RTD com. 1970. 100, obs. Jauffret.*

Art. L. 141-22 **Dans les dix jours de la dernière en date des publications prévues aux articles L. 141-12 et L. 141-13, tout créancier non inscrit de l'associé apporteur fait connaître au greffe du tribunal de commerce de la situation du fonds, sa qualité de créancier et la somme qui lui est due. Le greffier lui délivre un récépissé de sa déclaration.** – *V. infra, Décr. 28 août 1909, art. 4 et 6.*

A défaut par les associés ou l'un d'eux de former dans la quinzaine suivante une demande en annulation de la société ou de l'apport, ou si l'annulation n'est pas prononcée, la société est tenue, solidairement avec le débiteur principal, au paiement du passif déclaré dans le délai ci-dessus et justifié.

En cas d'apport d'un fonds de commerce par une société à une autre société, notamment par suite d'une fusion ou d'une scission, les dispositions de l'alinéa précédent ne sont pas applicables lorsqu'il y a lieu à application des articles L. 236-14, L. 236-20 et L. 236-21 ou lorsque est exercée la faculté prévue à l'article L. 236-22. – *[L. 17 mars 1909, art. 7, al. 4 à 6].*

A. DÉCLARATION DES CRÉANCES

1. Qualité de créancier. L'action est réservée aux seuls créanciers. • Com. 2 juin 1965 : *Bull. civ. III, n° 357.* ♦ Le créancier n'a pas à fournir de justification de sa créance au greffier. • Paris, 27 févr. 1926 : *Journ. sociétés 1926. 485.* ♦ Au cas de compte courant, une partie peut, en se prétendant créancière, être admise à bénéficier de l'art. 7. • Civ. 21 juill. 1931 : *DP 1932. 1. 49, note Hamel.* ♦ Lorsqu'une créance est reconnue par un jugement, celui-ci rétroagit au jour de la demande. • T. com. Seine, 6 mars 1929 : *Gaz. Pal. 1929. 2. 132.*

2. Créanciers inscrits. Les créanciers inscrits bénéficient d'un droit de suite et conservent leurs droits sans avoir à procéder à déclaration. • Civ. 21 déc. 1937 : *DP 1938. 1. 65.* ♦ V. cependant, sur la solidarité de la société, • T. com. Lyon, 29 juill. 1914 : *DP 1920. 2. 71.*

3. Délai. Le point de départ du délai de déclaration des créances est la dernière des publications prévues par l'art. 3 [C. com., art. L. 141-12 s.] et le délai n'est pas franc. • T. com. Marseille, 27 nov. 1925 : *DH 1925. 704.* ♦ Le créancier peut faire la déclaration avant même que le délai n'ait commencé à courir. • Com. 28 déc. 1968 : *D. 1969. Somm. 71* • 14 oct. 1958 : *Bull. civ. III, n° 346.*

4. Formalités. L'indication de la cause de la créance n'est pas exigée, la publicité n'étant établie que pour rendre la société débitrice ou l'obliger à demander la nullité de l'apport ou de la société. • Com. 14 oct. 1958 : *Bull. civ. III, n° 346 ; Gaz. Pal. 1958. 2. 297.*

5. Défaut de déclaration. Lorsque la déclaration n'a pas été faite ou lorsqu'elle est nulle, le créancier est déchu de tout droit contre la société à laquelle le fonds a été apporté. • T. com. Seine, 8 mai 1931 : *Gaz. Pal. 1931. 2. 213* • Orléans, 26 nov. 1970 : *RTD com. 1971. 984.* ♦ Sur l'inefficacité d'une saisie-arrêt à l'initiative du créancier forclos, V. • T. com. Marseille, 21 juin 1926 : *Journ. sociétés 1928. 592.*

B. ACTION EN NULLITÉ DES ASSOCIÉS

6. Titulaire. L'action en nullité n'appartient pas à l'apporteur lui-même qui ne peut invoquer une nullité provenant de son fait. • T. com. Seine, 19 avr. 1937 : *Gaz. Pal. 1937. 2. 53.*

7. Délai. L'action doit être engagée dans le délai de quinzaine dont le point de départ est le lendemain du jour où expire le délai de déclaration des créances. • T. com. Marseille, 27 nov. 1925 : *Gaz. Pal. 1926. 1. 256.*

8. Sanction. Le tribunal saisi de la demande en nullité n'est pas obligé de prononcer la nullité de l'apport ou de la société et peut rejeter la demande, en particulier lorsque les créanciers ont été désintéressés ou vont l'être. • T. com. Seine, 19 avr. 1937 : *Gaz. Pal. 1937. 2. 53.* ♦ Sur la nullité, V. art. L. 235-1.

C. ENGAGEMENT SOLIDAIRE DE LA SOCIÉTÉ

9. Nature juridique. La solidarité légale établie par l'art. 7 [C. com., art. L. 141-22] produit les mêmes effets que celle qui résulterait d'une convention et en vertu de l'art. 1285 C. civ., dès lors la remise de dette accordée par la société à l'un des codébiteurs doit profiter aux autres. • Lyon, 25 févr. 1914 : *Journ. sociétés 1914. 451.* ♦ La société n'a que les obligations d'une caution solidaire de la dette de l'apporteur. • Toulouse, 25 mars 1927 : *Journ. sociétés 1929. 288.* ♦ Sur le recours contre la société au cas de faillite de l'apporteur, V. • T. com. Seine, 4 avr. 1911 : *Journ. sociétés 1911. 514.* ♦ La dette de la société est chirographaire. • T. com. Marseille, 9 janv. 1911 : *Journ. faillites 1912. 186.*

D. SORT DES DETTES

10. L'apport d'un fonds de commerce à une société, même accompagné d'une cession expresse des dettes contractées pour son exploitation, n'a pas pour effet de décharger le cédant de ces dettes. • Com. 27 janv. 1998 : *D. Affaires 1998. 411, obs. A.-L. M.-D. ; RTD com. 1998. 324, obs. Derruppé.*

● CHAPITRE II DU NANTISSEMENT DU FONDS DE COMMERCE

RÉP. COM. v[is] *Fonds de commerce et Nantissement de fonds de commerce,* par DERRUPPÉ.

BIBL. GÉN. ▶ MAZIN, *Defrénois 1935. 281.* – MONTIER et FAUCON, *Rev. fonds com. 1939. 329.* – WEILL et MAUS, *D. 1956. Chron. 87.*

Art. L. 142-1 Les fonds de commerce peuvent faire l'objet de nantissements, sans autres conditions et formalités que celles prescrites par le présent chapitre et le chapitre III ci-après.

Le nantissement d'un fonds de commerce ne donne pas au créancier gagiste le droit de se faire attribuer le fonds en paiement et jusqu'à due concurrence. – *[L. 17 mars 1909, art. 8].*

Loi n° 96-603 du 5 juillet 1996, *relative au développement et à la promotion du commerce et de l'artisanat.* **Art. 22** Le fonds exploité dans l'exercice de l'une des activités professionnelles visées au I de l'article 19, par une personne physique ou morale qui n'a pas la qualité de commerçant, peut faire l'objet de nantissement dans les conditions et sous les formalités prévues par la loi du 17 mars 1909 *[C. com., art. L. 142-1 s.]* relative à la vente et au nantissement des fonds de commerce. — *V. ledit art. 19, infra, App., v° Artisans.*

Ce fonds est dénommé fonds artisanal.

Sont seuls susceptibles d'être compris dans le nantissement du fonds artisanal : l'enseigne et le nom professionnel, le droit au bail, la clientèle et l'achalandage, le mobilier professionnel, le matériel ou l'outillage servant à l'exploitation du fonds, les dessins ; modèles ainsi que les autres droits de propriété industrielle, littéraire ou artistique qui y sont attachés.

Sous réserve des dispositions de la loi n° 85-98 du 25 janvier 1985 *[C. com., art. L. 620-1 s.]* précitée, la juridiction civile connaît des questions relatives au nantissement du fonds artisanal. — *V. C. com., art. L. 620-1 s.*

BIBL. ▶ LEBLANC, *RD rur. 1997. 99.* — PUYGAUTHIER, *JCP N 1997. Prat. 4035.*

Code rural **Art. L. 311-3** *(L. n° 2006-11 du 5 janv. 2006, art. 1er-I)* Le fonds exploité dans l'exercice de l'activité agricole définie à l'article L. 311-1, dénommé « fonds agricole », peut être créé par l'exploitant. Cette décision fait l'objet d'une déclaration au centre de formalités des entreprises de la chambre d'agriculture compétente. – *V. art. préc., supra, ss. L. 110-1.*

Ce fonds, qui présente un caractère civil, peut faire l'objet d'un nantissement dans les conditions et selon les formalités prévues par les chapitres II et III du titre IV du livre Ier du code de commerce.

Sont seuls susceptibles d'être compris dans le nantissement du fonds agricole le cheptel mort et vif, les stocks et, s'ils sont cessibles, les contrats et les droits incorporels servant à l'exploitation du fonds, ainsi que l'enseigne, les dénominations, la clientèle, les brevets et autres droits de propriété industrielle qui y sont attachés.

BIBL. ▶ DELORME et GOSSEIN, *Defrénois 2006. 396* (le fonds agricole).

1. Nature. Sur la suppression de la dépossession symbolique et la nature d'hypothèque mobilière, V. Boyer, *Ann. dr. com. 1899. 384.* ♦ Le nantissement d'un fonds de commerce consenti en garantie de la dette d'un tiers est une sûreté réelle qui n'a pas pour effet de faire peser sur le propriétaire du fonds une obligation personnelle au paiement de cette dette. • Com. 24 sept. 2003 : *JCP E 2004, n° 36, p. 1340, obs. Simler ; RJDA 2004, n° 231* (nantissement consenti par le propriétaire du fonds au profit du créancier du locataire-gérant).

2. Fonds de commerce. Les concessions administratives ne constituent pas des fonds de commerce susceptibles d'être l'objet d'un nantissement. V. • Req. 22 juin 1943 : *D. 1946. 390, note Blaevoet* • Com. 29 janv. 1952 : *D. 1952. 737, note Derrida* • CE 6 sept. 1944 : *Rec. CE, p. 260.*

Il a été, autrefois, jugé qu'un fonds de commerce en formation ne saurait être donné en nantissement. • Bourges, 29 avr. 1901 : *S. 1902. 2. 273, note Wahl* • Req. 30 janv. 1934 : *S. 1935. 1. 12.* ♦ V. aussi, jugeant que, faute d'immatriculation une société ne peut consentir de nantissement sur le fonds de commerce qui résultera de l'exploitation des éléments de son actif, • Civ. 1re, 5 juill. 1989 : *RTD com. 1990. 400, obs. Champaud* ; *Gaz. Pal. 1989. 2. 634, note Hatoux.* – *Contra* : • Paris, 3 juill. 1963 : *Banque 1964. 115, obs. Marin ; RTD com. 1964. 54, obs. Jauffret ; JCP 1963. II. 13398* • TGI Paris, 20 avr. 1971 : *Journ. not. 1971. 960.* – Comp. : Mestre : *D. 1982. Chron. 141.*

Le nantissement de l'art. 8 [C. com., art. L. 142-1] ne saurait porter sur des éléments isolés du fonds. • Civ. 17 juin 1918 : *S. 1922. 1. 313, note H. Rousseau.* ♦ Sur le nantissement de l'outillage et du matériel, V. art. L. 525-1 s.

Sur la validité d'un nantissement constitué sur un fonds indivis, V. • Lyon, 6 juill. 1983 : *Gaz. Pal. 1984. 1. Somm. 40.*

2 bis. Fonds artisanal. V. art. 22 de la loi n° 96-603 du 5 juill. 1996, *supra*, ss. art. L. 142-1.

2 ter. Fonds agricole. V. art. L. 311-3 C. rur., *supra*, ss. L. 142-1.

3. Propriété du constituant. Pour consentir un nantissement, le débiteur doit être propriétaire du fonds de commerce. • T. com. Marseille, 31 mai 1923 : *Rec. Marseille 1925. 195.* ♦ La nullité du nantissement d'un fonds de commerce appartenant à autrui est couverte lorsque, avant toute action en nullité, le constituant devient propriétaire du fonds. • Com. 5 nov. 2002 : *Bull. civ. IV, n° 159 ; D. 2003. AJ. 70, obs. Chevrier ; JCP E 2003, n° 14, p. 616, note Kéita ; ibid., n° 23, p. 952, obs. Delebecque ; RTD com. 2003. 58, obs. Saintourens ; RJDA 2003, n° 322.* ♦ Comp. jugeant qu'est nul de nullité absolue le nantissement d'un fonds de commerce appartenant à autrui : • Rouen, 3 mai 1924 : *Gaz. Pal. 1924. 2. 312.* ♦ Aussi le débiteur qui a cédé son fonds ne saurait consentir valablement un nantissement. • Com. 8 juill. 1974 : *Bull. civ. IV, n° 220.* ♦ En revanche, est valable un nantissement consenti avant que ne soit exécutée la vente forcée du fonds. • T. com. Seine, 17 févr. 1958 : *RTD com. 1958. 518, obs. Jauffret.*

3 bis. La limitation de l'inscription de nantissement à un seul des propriétaires indivis du fonds de commerce a pour effet d'en réduire l'efficacité, et par là même la valeur du droit pouvant être transmis par subrogation, même en cas de confusion des patrimoines à l'occasion d'une procédure collective. • Civ. 1re, 26 avr. 2000 : *Bull. civ. I, n° 121 ; RTD com. 2000. 590, obs. Derruppé .* ♦ Le propriétaire indivis d'un fonds de commerce peut donner en nantissement la part qui lui revient ou même le fonds tout entier, le droit du créancier nanti étant en revanche subordonné au résultat du partage. • Paris, 22 oct. 1999 : *D. 2000. AJ. 52 ; RTD com. 2000. 331, obs. Derruppé .*

4. Sur la nullité d'un nantissement consenti sur un fonds appartenant en indivision à un mineur, V. • Aix-en-Provence, 22 janv. 1957 : *JCP 1957. II. 9877, note Cohen. – Contra* : • T. com. Tours, 20 nov. 1959 : *RJ com. 1960. 294.*

5. Est nul le nantissement consenti par le gérant libre d'un fonds de commerce. • Paris, 24 juin 1929 : *DP 1931. 2. 15, note Chéron* • Poitiers, 7 févr. 1933 : *S. 1933. 2. 100.* ♦ Jugé, cependant, que la mise en gérance libre du fonds et le fait qu'il a consenti une promesse de vente privent le propriétaire de la possibilité de donner le fonds en nantissement. • T. com. Le Havre, 18 déc. 1933 : *Gaz. Pal. 1934. 2. 296.* ♦ Comp. aussi, sur l'application de la théorie de l'apparence, s'agissant d'une location-gérance ne constituant qu'un artifice : • Com. 13 déc. 1994 : *RJDA 1995, n° 435.*

6. L'acheteur éventuel bénéficiaire d'une promesse unilatérale de vente ne saurait consentir un nantissement sur le fonds. • T. com. Seine, 16 août 1928 : *JCP 1928. II. 1313.*

6 bis. Promesse de nantissement. Si la promesse de consentir un nantissement sur un fonds de commerce futur est valable, elle ne peut donner lieu à une inscription de nantissement, l'assiette de la sûreté devant exister au moment de sa constitution, et permet seulement d'obtenir ultérieurement, en tant que de besoin par voie judiciaire, l'inscription de la sûreté lorsque le fonds est créé. • Paris, 27 sept. 1996 : *D. 1997. Somm. 251, obs. S. Piedelièvre ; RTD com. 1997. 629, obs. Derruppé .*

7. Créances garanties. Le nantissement peut être consenti en garantie d'une créance future et d'une créance conditionnelle ou éventuelle. • Civ. 24 juin 1903 : *DP 1903. 1. 472* • 21 juill. 1931 : *DP 1932. 1. 49, note Hamel.*

8. En revanche, les causes de nullité, d'extinction ou de résolution de la créance entraînent la nullité du nantissement. • Lyon, 1er déc. 1909 : *Gaz. Lyon 20 févr. 1910* • Rennes, 12 juill. 1933 : *Rec. Rennes 1933. 376* • T. com. Marseille, 10 avr. 1935 : *Rev. fonds com. 1935. 356* • Req. 8 oct. 1940 : *Gaz. Pal. 1940. 2. 62.*

9. Est nul le nantissement pris du chef d'une créance fictive. • T. com. Seine, 19 mars 1934 : *Gaz. Trib. 1934. II. 2.*

10. Absence de droit d'attribution. En application de l'art. 8, al. 2 [C. com., art. L. 142-1, al. 2], le nantissement d'un fonds de commerce ne donne pas au créancier gagiste le droit de se faire attribuer le fonds en paiement, et viole ce texte l'arrêt, qui pour accueillir le moyen de défense de cautions se prévalant de la décharge prévue par l'art. 2037 [2314] C. civ., reproche à une banque dont la créance était garantie par un nantissement sur le fonds de ne pas avoir demandé l'attribution judiciaire de son gage. • Com. 13 oct. 1998 : *Bull. civ. IV, n° 233 ; D. 1999. Somm. 299, obs. Piedelièvre ; D. Affaires 1998. 1805, obs. A.-L. M.-D. ; RJDA 1998, n° 1420 ; JCP 1999. I. 316, obs. Delebecque ; RTD com. 1999. 66, obs. Derruppé* • Orléans, 19 janv. 2006 : *RJDA 2006, n° 459.* ♦ V. aussi, jugeant que la banque, qui n'avait aucune obligation légale de consulter la caution, n'a pas commis de faute en ne s'opposant pas à la vente du fonds de commerce nanti :

• Com. 8 oct. 2003 : *RJDA 2004, n° 272.* ♦ Lorsque ce n'est pas un nantissement du chef de la loi du 18 janv. 1951 qui a été inscrit et visé dans un acte notarié, mais un nantissement sur le fonds de commerce comprenant en annexe un état détaillé et chiffré du matériel, c'est en application de l'art. 8, al. 2 [C. com., art. L. 142-1, al. 2], ci-dessus, et non en application de la loi précitée que l'attribution judiciaire du matériel faisant partie du fonds de commerce est interdite. • Paris, 23 avr. 1992 : *D. 1992. IR. 195 ; RTD com. 1992. 786, obs. Derruppé* .

Art. L. 142-2 **Sont seuls susceptibles d'être compris dans le nantissement soumis aux dispositions du présent chapitre comme faisant partie d'un fonds de commerce : l'enseigne et le nom commercial, le droit au bail, la clientèle et l'achalandage, le mobilier commercial, le matériel ou l'outillage servant à l'exploitation du fonds, les brevets d'invention, les licences, les marques, les dessins et modèles industriels, et généralement les droits de propriété intellectuelle qui y sont attachés.** – *Pour le fonds artisanal, V. L. n° 96-603 du 5 juill. 1996, art. 22, al. 2, supra, ss. art. L. 142-1.*

Le certificat d'addition postérieur au nantissement qui comprend le brevet auquel il s'applique suit le sort de ce brevet et fait partie, comme lui, du gage constitué.

A défaut de désignation expresse et précise dans l'acte qui le constitue, le nantissement ne comprend que l'enseigne et le nom commercial, le droit au bail, la clientèle et l'achalandage.

Si le nantissement porte sur un fonds de commerce et ses succursales, celles-ci doivent être désignées par l'indication précise de leur siège. – *[L. 17 mars 1909, art. 9].*

A. ÉLÉMENTS NÉCESSAIRES

1. Absence de désignation. Les éléments corporels ou incorporels énumérés dans l'art. 9, al. 1er [C. com., art. L. 142-2, al. 1er], et autres que ceux mentionnés à l'al. 3, ne peuvent être compris dans le même nantissement que moyennant une désignation expresse et précise dans l'acte constitutif et, par conséquent, à titre d'accessoire des éléments principaux et essentiels du fonds. • Civ. 17 juin 1918 : *S. 1922. 1. 313, note Rousseau.*

2. Droit au bail. Le créancier titulaire d'un nantissement sur un fonds de commerce ne bénéficie d'aucun droit de préférence ou de suite sur l'indemnité de résiliation du bail grâce auquel est exploité le fonds de commerce. • Civ. 3e, 6 avr. 2005 : *Bull. civ. III, n° 87 ; D. 2005. 1367, note S. Piedelièvre, ibid. AJ. 1152, obs. Rouquet ; JCP E 2005, n° 48, p. 2034, obs. Kenfack ; Loyers et copr. 2005, n° 117, obs. Brault ; RD banc. fin. 2005, n° 137, obs. Legeais ; Banque et Droit mai-juin 2005. 66, obs. Jacob ; RJDA 2005, n° 942 ; Rev. loyers 2005. 382, note Gallet ; Administrer juin 2005. 37, obs. Boccara et Lipman-W. Boccara ; RDC 2005. 1083, obs. Lardeux.* ♦ En l'absence de fraude du bailleur et d'une législation précise protégeant les créanciers inscrits en cas de versement d'une indemnité d'éviction, ces derniers ne peuvent faire valoir leurs droits sur le montant de l'indemnité d'éviction versée au locataire évincé et réclamer au bailleur le solde de leur gage. • Paris, 10 oct. 1997 : *Loyers et copr. 1998, n° 12, obs. Brault et Mutelet.* – V. déjà • T. com. Charleville, 29 août 1951 : *JCP 1952. II. 7037, note Cohen* • Toulouse, 13 avr. 1938 : *JCP 1938. II. 717.* ♦ *Contra,* en ce sens doit être comprise dans le droit au bail l'indemnité qui serait accordée au propriétaire du fonds au cas de défaut de renouvellement du bail, V. • Rouen, 25 juill. 1935 : *Gaz. Pal. 1935. 2. 650* • Aix-en-Provence, 23 mai 1961 : *D. 1961. 572 ; RTD com. 1961. 815, obs. Jauffret.*

Le droit au bail est exclu de l'assiette du nantissement lorsque le fonds est exploité dans un local appartenant au commerçant ou se trouve dépourvu de local. • T. com. Marseille, 13 juin 1929 : *Gaz. Pal. 1929. 2. 645.* ♦ Comp., pour une convention d'occupation précaire : • Aix-en-Provence, 25 juin 1936 : *DH 1936. 499.*

3. Clientèle. Un nantissement portant sur des éléments accessoires et notamment corporels décrits à l'al. 1er, mais considérés individuellement, n'est pas un nantissement de fonds de commerce régi par la loi de 1909 [C. com., art. L. 142-1 s.], mais un contrat de gage ordinaire. • Civ. 17 juin 1918 : *préc. note 1.* – V. aussi • Civ. 28 juin 1938 : *S. 1939. 1. 15.* ♦ V. cep., pour un fonds réduit à son seul matériel, • Com. 2 août 1949 : *S. 1950. 1. 81, note Cohen ; JCP 1949. II. 5188, note Saint-Alary.*

4. Licences. Outre les éléments énumérés à l'art. 9, al. 3 [C. com., art. L. 142-2, al. 3], la licence d'un débit de boissons est comprise dans le nantissement malgré le silence de l'acte. • Paris, 9 avr. 1996 : *JCP 1997. I. 4033, n° 22, obs. Delebecque* • 29 oct. 1936 : *Rev. fonds com. 1936. 645* • T. com. Le Havre, 29 juill. 1931 : *Rec. Le Havre 1931. 172.*

B. ÉLÉMENTS FACULTATIFS

5. *Énumération légale.* La liste donnée par l'art. 9, al. 1er [C. com., art. L. 142-2, al. 1er], est limitative. • Paris, 25 mai 1936 : *Rev. fonds com. 1939. 325.*

6. *Désignation.* Les éléments autres que ceux précités à l'art. 9, al. 3 [C. com., art. L. 142-2, al. 3], doivent être spécifiés de façon expresse et précise dans l'acte de nantissement et dans les bordereaux. • T. com. Nantes, 2 juin 1921 : *Rec. Nantes 1921. 1. 165* • T. com. Marseille, 13 juin 1929 : *JCP 1929. 1279.* ♦ Toutefois, un inventaire complet et analytique du matériel ne semble pas exigé. • Orléans, 5 déc. 1919 : *DP 1921. 2. 67* • Montpellier, 5 juin 1920 : *ibid.* • T. com. Cherbourg, 6 janv. 1922 : *Gaz. Pal. 1922. 1. 369.* – V. cep. • T. com. Lyon, 30 juin 1911 : *DP 1914. 2. 95* • T. com. Marseille, 22 juill. 1912 : *ibid.* • Bourges, 5 nov. 1913 : *DP 1914. 2. 142.* ♦ Sur la nécessité de mentionner le matériel dans l'acte, malgré une mention au seul bordereau d'inscription, V. • Aix-en-Provence, 21 avr. 1978 : *JCP N 1980. II. 16 ; RTD com. 1980. 76, obs. Derruppé.*

6 *bis.* Les dispositions de la loi du 18 janv. 1851 relatives au nantissement spécial sur le matériel ne sont pas applicables au nantissement sur le fonds de commerce. • Com. 23 nov. 1999 : *Bull. civ. IV, n° 209 ; D. 2000. AJ. 23, obs. A.-L. M.-D. ; JCP 2000. II. 10293, note Kéita ; Banque et Droit mars-avr. 2000. 45, obs. Jacob.*

7. *Droits sur des locaux.* BIBL. Boccara, *JCP 1969. I. 2245.* ♦ Sur l'inclusion, dans l'assiette du nantissement, du droit à la concession immobilière, V. L. n° 67-1253 du 30 déc. 1967, art. 51. – **C. civ.** ou **C. baux.** ♦ ... Et sur le droit d'occupation sur un marché d'intérêt national, V. art. L. 761-9.

8. *Matériel apparent.* Lorsqu'un créancier a reçu pour sûreté de sa créance le matériel d'un fonds de commerce qui comprenait, sans qu'il le sût, des objets loués à un commerçant par un tiers, le créancier nanti peut exercer son privilège à l'encontre du locataire de ces objets. • Req. 26 mars 1912 : *Gaz. Pal. 1912. 2. 208.* – V. aussi • Paris, 14 oct. 1912 : *ibid. 536* • Douai, 20 nov. 1930 : *DH 1931. Somm. 41.*

C. ÉLÉMENTS EXCLUS

9. *Immeubles.* Sont exclus les immeubles par nature et les droits réels immobiliers ; en conséquence le propriétaire de l'immeuble dans lequel il exploite le fonds ne peut comprendre dans le contrat de nantissement le mobilier et le matériel qui sont attachés à l'immeuble à perpétuelle demeure et qui sont ainsi devenus immeubles par destination. • Req. 28 juill. 1937 : *Gaz. Pal. 1937. 2. 639* • Civ. 25 juin 1944 : *JCP 1945. II. 2782, note Toujas* • Paris, 5 juill. 1935 : *DP 1936. 2. 30, note Lalou* • Com. 14 oct. 1965 : *Bull. civ. III, n° 499.* ♦ Sur la concession immobilière, V. note 7.

10. *Objets personnels.* Les meubles, tableaux et objets d'art appartenant au mobilier personnel du commerçant, même lorsqu'ils sont disposés dans les lieux où le fonds est exploité, ne font pas l'objet du nantissement. • Nancy, 4 déc. 1936 : *S. 1937. 2. 90.* ♦ V. cep., sur le matériel d'autrui, note 8.

11. *Marchandises.* Les marchandises ne peuvent faire l'objet d'un nantissement, bien qu'elles se distinguent parfois difficilement du matériel. • Bourges, 24 févr. 1914 : *DP 1915. 2. 83.* – Comp. : • Req. 21 juin 1933 : *DH 1933. 426.* ♦ La qualification relève du pouvoir souverain des juges du fond. • Req. 21 juin 1933 : *préc.*

D. MODIFICATION DES ÉLÉMENTS NANTIS

12. *Renouvellement du bail.* Le nantissement, portant sur le droit au bail, s'étend à l'expiration du bail initial, au bail renouvelé. • Paris, 19 juin 1924 : *DP 1924. 2. 129, note Lalou.*

13. *Propriété commerciale.* L'indemnité d'éviction remplaçant le droit au renouvellement du bail, le privilège du créancier nanti doit s'exercer sur l'indemnité qui le représente. • Rouen, 25 juill. 1935 : *S. 1937. 2. 81, note Marin* • Aix-en-Provence, 23 mai 1961 : *D. 1961. 572 ; RTD com. 1961. 814, obs. Jauffret.* – *Contra* : • Toulouse, 13 avr. 1938 : *JCP 1938. II. 717* • T. com. Charleville, 29 août 1951 : *JCP 1952. II. 7037, note Cohen.*

14. *Dommages et intérêts.* Le privilège des créanciers nantis s'étend à l'indemnité substituée à un élément nanti, au cas d'expropriation. • T. com. Marseille, 8 nov. 1935 : *Rev. fonds com. 1935. 720.* ♦ ... Ou à l'indemnité réparant le dommage causé par la perte du fonds. • T. com. Seine, 14 mars 1940 : *Gaz. Pal. 1940. 2. 73.* ♦ Le solde de l'indemnité dû par l'assureur garantissant la perte d'exploitation en cas de disparition du fonds de commerce par incendie, ne peut être attribué au créancier nanti dès lors que cette perte d'exploitation, qui ne constitue pas un élément du fonds n'est pas comprise dans le nantissement. • Civ. 1re, 9 nov. 1999 : *Bull. civ. I, n° 296 ; D. 2000. Somm. 390, obs. Piedelièvre ; ibid. AJ. 1, obs. A.-L. M.-D. ; JCP 2000. I. 209, n° 16, obs. Delebecque ; RTD com. 2000. 72, obs. Derruppé.*

Art. L. 142-3 **Le contrat de nantissement est constaté par un acte authentique ou par un acte sous seing privé, dûment enregistré.**

Le privilège résultant du contrat de nantissement s'établit par le seul fait de l'inscription sur un registre public tenu au greffe du tribunal de commerce dans le ressort duquel le fonds est exploité.

La même formalité doit être remplie au greffe du tribunal de commerce dans le ressort duquel est située chacune des succursales du fonds comprise dans le nantissement. — *[L. 17 mars 1909, art. 10]*. — *V. Décr. du 28 août 1909, art. 2, infra, ss. art. L. 143-23.*

1. *Lieu d'inscription.* Le lieu d'exploitation du fonds ne saurait s'entendre du lieu, parfois indéterminé ou instable, où le propriétaire du fonds concentre la direction intellectuelle de l'entreprise, mais du lieu où se réalise objectivement, à la connaissance du public, la mise en valeur des divers éléments soit corporels, soit incorporels, dont l'ensemble constitue le fonds de commerce et qui ont été remis en nantissement aux créanciers. • Civ. 20 juill. 1938 : *D. 1939. 1. 31, note Montier ; S. 1938. 1. 329, note H. Rousseau* • Com. 13 nov. 2003 : *RJDA 2004, n° 629.* ♦ Sur la notion de succursale, V. note ss. art. L. 141-18.

2. *Acte enregistré.* BIBL. Rouget, *Mélanges Derruppé, p. 355* (portée de la virgule de l'art. 10, al. 1er, de la loi de 1909). ♦ La rédaction d'un acte écrit est exigée. • Nîmes, 1er avr. 1914 : *Journ. Trib. com. 1916. 833* • T. civ. Seine, 9 nov. 1922 : *DP 1922. 5. 18.* ♦ La formalité de l'enregistrement est requise et l'inscription prise avant enregistrement est nulle. • T. com. Versailles, 28 juin 1950 : *D. 1950. 518.*

3. *Inscription.* Une erreur de qualification dans l'énoncé du bordereau entraîne la nullité de l'inscription en ce qu'elle interdit des recherches utiles aux tiers. • Douai, 19 déc. 1929 : *DH 1930. Somm. 42.* ♦ La nullité suppose qu'un préjudice résulte effectivement de l'irrégularité. • Amiens, 24 juin 1952 : *JCP 1953. II. 7770, note Cohen* • Rouen, 22 oct. 1958 : *Gaz. Pal. 1959. 1. 75.* ♦ Pour un nantissement consenti par le propriétaire du fonds de commerce au profit d'un créancier du locataire-gérant, alors que l'inscription du nantissement a été faite par erreur au nom de ce dernier et non à celui du propriétaire du fonds, V. • Com. 24 sept. 2003 : *cité note 1 ss. art. L. 142-1.*

4. *Date de constitution du nantissement.* Sur cette question, V. • Com. 5 nov. 2002 : *Bull. civ. IV, n° 159 ; D. 2003. AJ. 70, obs. Chevrier ; JCP E 2003, n° 14, p. 616, note Kéita ; ibid., n° 23, p. 952, obs. Delebecque ; RTD com. 2003. 58, obs. Saintourens ; RJDA 2003, n° 322.*

Art. L. 142-4 **L'inscription doit être prise, à peine de nullité du nantissement, dans la quinzaine de la date de l'acte constitutif.**

En cas de redressement ou de liquidation judiciaires, les articles L. 632-1 à L. 632-4 sont applicables aux nantissements de fonds de commerce. — *[L. 17 mars 1909, art. 11].*

Pour un arrêt retenant, à défaut de date figurant sur l'acte constitutif de garantie, la validité de l'inscription d'un nantissement opérée dans les quinze jours de l'enregistrement de l'acte constitutif, V. • Com. 17 sept. 2002 : *Bull. civ. IV, n° 127 ; D. 2002. AJ. 2800 ; ibid. Somm. 3338, obs. Aynès ; JCP 2003. I. 124, n° 19, obs. Delebecque ; ibid. 2004, n° 5, p. 178, note Kéita ; RTD com. 2003. 57, obs. Saintourens ; Banque et Droit nov.-déc. 2002. 48, obs. Rontchevsky ; RJDA 2003, n° 76.* ♦ Pour une autre application de l'art. L. 142-4, V. • Civ. 1re, 18 févr. 1997 : *Bull. civ. I, n° 64 ; D. 1997. Somm. 252, obs. S. Piedelièvre ; RTD com. 1997. 628, obs. Derruppé* . ♦ Pour un acte de prêt garanti par un nantissement sur fonds de commerce, stipulant que l'inscription du nantissement devait intervenir dans les quinze jours du début de l'exploitation du fonds, V. • Com. 9 juin 2004 : *RJDA 2004, n° 1391.*

Une caution n'a pas l'obligation d'informer la banque sur les risques encourus par elle en cas d'inscription tardive du nantissement. • Com. 23 nov. 2004 : *Bull. civ. IV, n° 198 ; D. 2005 AJ. 276 ; Petites affiches 28-29 mars 2005, p. 10, obs. D.H. ; RD banc. fin. 2005, n° 40, obs Legeais ; RJDA 2005, n° 329 ; Bull. Joly 2005. 477, obs. Constantin.*

Art. L. 142-5 **Le rang des créanciers gagistes entre eux est déterminé par la date de leurs inscriptions. Les créanciers inscrits le même jour viennent en concurrence** — *[L. 17 mars 1909, art. 12].*

Sur l'inscription provisoire de nantissement sur un fonds de commerce, à titre de sûreté judiciaire, V. L. n° 91-650 du 9 juill. 1991, art. 77 à 79, et Décr. n° 92-755 du 31 juill. 1992, art. 250, 252, 255 à 261, 263 à 265, infra, App., v° Code monétaire et financier (extraits).

En ce qui concerne le nantissement de l'outillage et du matériel d'équipement, V. L. 525-1 s.

1. Conflit de privilèges. Sur le conflit du privilège général de la Sécurité sociale et du privilège spécial du créancier nanti, V. • Com. 25 oct. 1976 : *D. 1977. 380, note Taisne.*

2. Renonciation. Si le privilège du créancier gagiste suit le fonds de commerce en quelques mains qu'il passe, ce droit de suite cesse d'exister par la renonciation, même tacite, du créancier. • Paris, 4 févr. 1987 : *D. 1987. IR. 40.*

CHAPITRE III DISPOSITIONS COMMUNES À LA VENTE ET AU NANTISSEMENT DU FONDS DE COMMERCE

RÉP. COM. v° *Fonds de commerce*, par DERRUPPÉ.

BIBL. ▶ MAZIN, *Defrénois 1935. 281.*

SECTION PREMIÈRE DE LA RÉALISATION DU GAGE ET DE LA PURGE DES CRÉANCES INSCRITES

BIBL. ▶ PALLU DE LESSORT, *Journ. not. 1962. 938.*

Art. L. 143-1 En cas de déplacement du fonds de commerce, les créances inscrites deviennent de plein droit exigibles si le propriétaire du fonds n'a pas fait connaître aux créanciers inscrits, quinze jours au moins d'avance, son intention de déplacer le fonds et le nouveau siège qu'il entend lui donner.

Dans la quinzaine de l'avis à eux notifié ou dans la quinzaine du jour où ils ont eu connaissance du déplacement, le vendeur ou le créancier gagiste doivent faire mentionner, en marge de l'inscription existante, le nouveau siège du fonds, et si le fonds a été transféré dans un autre ressort, faire reporter à sa date l'inscription primitive avec l'indication du nouveau siège, sur le registre du tribunal de ce ressort.

Le déplacement du fonds de commerce, sans le consentement du vendeur ou des créanciers gagistes, peut, s'il en résulte une dépréciation du fonds, rendre leurs créances exigibles.

L'inscription d'un nantissement peut également rendre exigibles les créances antérieures ayant pour cause l'exploitation du fonds.

Les demandes en déchéance du terme formées en vertu des deux alinéas précédents devant le tribunal de commerce sont soumises aux règles de procédure édictées par le quatrième alinéa de l'article L. 143-4. – *[L. 17 mars 1909, art. 13].*

BIBL. ▶ BÉQUIGNON, *Rev. crit. 1927. 325* (détournement d'objet compris dans un nantissement).

1. Droit du débiteur. Le débiteur conserve le droit de déplacer le fonds. • Req. 29 avr. 1938 : *Gaz. Pal. 1938. 2. 278.*

2. Notion de déplacement. Le déplacement d'un fonds de commerce ne saurait par principe, entraîner sa disparition, à moins que, compte tenu de sa nature et de son activité, sa localisation ne constitue une condition de sa survie. • Com. 6 oct. 1998 : *Bull. civ. IV, n° 227 ; D. 1999. Somm. 297, obs. Piedelièvre ; D. Affaires 1998. 1769, obs. A.-L. M.-D. ; JCP 1999. I. 316, obs. Delebecque ; RTD com. 1999. 64, obs. Derruppé ; Defrénois 1999. 1181, note Honorat.* ♦ Il n'y a pas déplacement si le lieu d'exploitation reste le même, sans qu'il importe que le fonds soit apporté à une société dont le siège social est dans un lieu différent. • T. com. Marseille, 16 nov. 1931 : *Gaz. Pal. 1932. 1. 329.* ♦ De même, l'art. 13 [C. com., art. L. 143-1] est inapplicable lorsque le fonds restant exploité dans les mêmes lieux, seule une partie du matériel est déplacée. • T. com. Lyon, 6 mars 1903 : *Gaz. com.*

• Lyon, 28 avr. 1903. – Comp. : • T. civ. Seine, 17 déc. 1956 : *JCP 1957. II. 10282, note Cohen* • 12 févr. 1957 : *ibid.* ♦ Sur la prise de nantissement sur l'outillage ou le matériel et équipement, V. art. L. 525-9. ♦ Sur le transfert d'un fonds dans un magasin collectif de commerçants indépendants, V. art. L. 125-7.

3. Notification. Le propriétaire du fonds doit faire connaître son intention de déplacer le fonds quinze jours au moins d'avance et une notification tardive resterait sans effet. • Paris, 7 janv. 1932 : *Gaz. Pal. 1932. 2. 577.* ♦ Il a été jugé qu'une mention au registre du commerce ne peut tenir lieu de la notification de l'art. 13 [C. com., art. L. 143-1]. • Paris, 15 nov. 1930 : *JCP 1931. 111.* – Dans le même sens, V. • Com. 29 janv. 2002 : *Bull. civ. IV, n° 22 ; D. 2002. AJ. 959, obs. Chevrier ; RTD com. 2002. 267, obs. Saintourens ; JCP E 2002, n° 21, p. 861, note Kéita ; RD banc. fin. 2002, n° 50, obs. Legeais ; Defrénois 2002. 1538, note J. Honorat ; Banque et Droit mars-avr. 2003. 66, obs. Guillot ; RJDA 2002, n° 694.* ♦ ... Pas plus que la publicité que prévoit le droit des sociétés. • T. com. Seine, 10 déc. 1937 : *Rev. fonds com. 1938. 85.*

4. Connaissance du créancier. Il a été cependant jugé que la connaissance personnelle par le créancier du déplacement du fonds équivaudrait à un avis et entraînerait les mêmes conséquences. • Montpellier, 30 nov. 1932 : *Gaz. Pal. 1933. 1. 268.*

4 bis. La connaissance du déplacement du fonds par le créancier ne peut se déduire du fait que celui-ci a été informé du changement d'adresse de la société, dès lors que le déplacement du siège social d'une société propriétaire d'un fonds de commerce n'emporte pas nécessairement transfert de ce fonds. • Com. 29 janv. 2002 : *préc. note 3* • 7 déc. 2004 : *RJDA 2005, n° 467.*

5. Absence d'avis. L'exigibilité des créances prévue par l'art. 13, al. 1er [C. com., art. L. 143-1, al. 1er], doit être prononcée par le tribunal de commerce ; mais elle est de droit et les juges n'ont aucun pouvoir d'appréciation. • T. com. Seine, 27 oct. 1922 : *Gaz. Trib. 1923. 2. 132.* – Comp. : • Civ. 3e, 16 févr. 1982 : *Rev. loyers 1982. 191, note Viatte ; JCP 1983. II. 19934, note Boccara ; RTD com. 1983. 221, obs. Derruppé.*

6. Absence de régularisation. Lorsque le créancier n'a pas fait régulariser l'inscription, la nullité de l'inscription primitive n'est pas de droit et les tribunaux doivent apprécier si le défaut de régularisation a causé un préjudice aux tiers induits en erreur sur la situation juridique du fonds. • Req. 19 oct. 1943 : *D. 1944. 112, note Chéron ; JCP 1943. II. 2464, rapp. Lescot* • Rouen, 30 mai 1932 : *Rev. fonds com. 1938. 96* • Montpellier, 30 nov. 1932 : *Gaz. Pal. 1933. 1. 268.* – *Contra* : • Paris, 29 mai 1934 : *DH 1934. 401.* ♦ Le propriétaire du fonds qui n'a pas procédé à la notification ne saurait se prévaloir de l'absence de régularisation. • T. com. Paris, 1er avr. 1969 : *RJ com. 1969. 217, note Diebolt.* ♦ Sur la preuve de la connaissance du déplacement, V. • Paris, 29 mai 1934 : *préc.*

Le bénéficiaire d'un nantissement sur fonds de commerce qui n'a pas eu connaissance du transfert du fonds nanti, et n'a pas, pour ce motif, procédé à la modification de son inscription au nouveau lieu d'exploitation, ne saurait être sanctionné par la déchéance de son privilège. • Com. 6 oct. 1998 : *préc. note 2.*

7. Déchéance du terme. L'expiration du délai de quinzaine pour faire modifier l'inscription après une notification n'implique pas acceptation du déplacement par les créanciers, qui peuvent agir après expiration de ce délai. • Paris, 7 janv. 1932 : *Gaz. Pal. 1932. 1. 577.*

8. Déspécialisation. Pour un arrêt retenant que l'obligation imposée à un locataire d'exploiter son fonds de commerce exclusivement sous l'enseigne franchisée est contraire au droit de déspécialisation partielle, V. • Civ. 3e, 12 juill. 2000 : *Bull. civ. III, n° 139 ; D. 2000. AJ. 399, obs. Monéger-Dupuis ; JCP E 2001, n° 4, p. 177, note Kéita ; Contrats Conc. Consom. 2001, n° 1, obs. Leveneur ; RTD com. 2000. 872, obs. Derruppé ; Administrer nov. 2000. 28, obs. Barbier ; Loyers et copr. 2001, n° 10, obs. Brault.* ♦ V. art. L. 145-49 et L. 145-50. – **BIBL.** – Solal, *AJPI 1966. 782.* – Pédamon, *RTD com. 1971. 987.* – Boccara, *JCP 1972. I. 2445.*

Art. L. 143-2 Le propriétaire qui poursuit la résiliation du bail de l'immeuble dans lequel s'exploite un fonds de commerce grevé d'inscriptions doit notifier sa demande aux créanciers antérieurement inscrits, au domicile élu par eux dans leurs inscriptions. Le jugement ne peut intervenir qu'après un mois écoulé depuis la notification.

La résiliation amiable du bail ne devient définitive qu'un mois après la notification qui en a été faite aux créanciers inscrits, aux domiciles élus. – *[L. 17 mars 1909, art. 14].*

BIBL. ▶ Guérin, *Loyers et copr. mai 1989. 1.* — Blatter, *AJPI 1997. 466.*

A. RÉSILIATION DU BAIL

1. Bail protégé. L'art. 14 [C. com., art. L. 143-2] visant le bail de l'immeuble dans lequel est exploité un fonds de commerce, peu importe que le bail soit écrit ou qu'il y ait location verbale, que le bail soit donc d'une durée limitée ou illimitée. • Paris, 4 janv. 1927 : *Gaz. Pal. 1927. 2. 167.* ♦ De même, peu importe qu'il s'agisse d'un bail d'origine, d'un bail prorogé ou renouvelé judiciairement. • Même arrêt. ♦ La notification doit être faite même si le preneur n'est pas celui d'origine mais le cessionnaire de la location, et si les différentes cessions intervenues n'ont pas été signifiées au bailleur. • Civ. 3e, 8 déc. 1993 : *Bull. civ. IV, n° 162 ; JCP 1994. IV. 393.*

Toutefois, l'art. 14 [C. com., art. L. 143-2] est inapplicable à la location en gérance. • Paris, 24 juin 1929 : *D. 1931. 2. 15, note Chéron.*

2. Notion de résiliation. La résiliation du bail de plein droit par le jeu d'une *clause résolutoire* est assimilée à la résiliation judiciaire ou amiable. • Civ. 23 janv. 1932 : *DP 1933. 1. 39, note Lalou* • 12 janv. 1944 : *S. 1944. 1. p. 120 ; JCP N 1944. II. 2748, note Boré* • Com. 6 nov. 1961 : *Gaz. Pal. 1962. 1. 132* • Civ. 3e, 21 juill. 1975 : *JCP 1977. II. 18545, note Boccara ; RTD com. 1977. 81, obs. Jauffret* • 13 avr. 1976 : *JCP 1977. II. 18546, note Boccara* • 16 févr. 1982 : *Rev. loyers 1982. 191, note Viatte ; JCP 1983. II. 19934, note Boccara ; RTD com. 1983. 221, obs. Derruppé* • 27 juin 1990 : *D. 1990. IR. 200.* ♦ L'art. 14 [C. com., art. L. 143-2] s'applique donc, par exemple, à la demande en constatation de l'acquisition d'une clause résolutoire avant l'ouverture d'une procédure collective à l'encontre du locataire. • Civ. 3e, 22 janv. 1997 : *Rev. loyers 1997. 254, note Gallet.* ♦ En vertu de l'art. 14 [C. com., art. L. 143-2], la dénonciation de l'assignation initiale (constatation de l'acquisition de la clause résolutoire) faite par le bailleur aux créanciers inscrits n'a pour but que de leur faire savoir qu'ils disposent d'un délai d'un mois pour se substituer au débiteur afin de sauvegarder leur gage sans entraîner pour le bailleur l'obligation de leur signifier l'ordonnance de référé rendue. • Civ. 3e, 4 mars 1998 : *Bull. civ. III, n° 53 ; D. Affaires 1998. 564, obs. A.-L. M.-D. ; Loyers et copr. 1998, n° 190, obs. Brault et Mutelet ; RTD com. 1998. 572, obs. Derruppé ; Petites affiches 18 juin 1999, p. 27, note Teilliais ; Administrer août-sept. 1999. 48, obs. Boccara, Lipman-Boccara et Sainturat.* ♦ En ce sens que l'absence de dénonciation régulière aux créanciers antérieurement inscrits a pour effet de rendre inopposable à ceux-ci la résiliation ainsi que l'ensemble de la procédure suivie, V. • Toulouse, 28 sept. 1998 : *Loyers et copr. 1999, n° 66, obs. Brault.* – V. déjà • TGI Paris, réf., 14 nov. 1996 : *AJPI 1997. 479.*

La résiliation de plein droit d'un bail devant être, pour l'application de la loi de 1909, assimilée à une résiliation amiable, la procédure de résiliation est opposable aux créanciers inscrits dès lors que le bailleur leur a signifié l'ordonnance suspendant les effets de la clause résolutoire. • Civ. 3e, 4 mars 1998 : *Bull. civ. III, n° 54 ; D. Affaires 1998. 564, obs. A.-L. M.-D. ; RTD com. 1998. 572, obs. Derruppé ; Defrénois 1998. 1192, obs. Duplan-Miellet.* ♦ Le bailleur qui entend poursuivre en justice la résiliation du bail par acquisition de la clause résolutoire doit notifier sa demande à tous les créanciers inscrits à la date de celle-ci. • Civ. 3e, 22 mars 2006 : *D. 2006. AJ. 1044, obs. Rouquet ; JCP E 2006, n° 20-21, p. 907, obs. Monéger ; RJDA 2006, n° 628 ; RLDA mai 2006, p. 26, obs. Lefèvre et Vasa.*

L'art. 14 [C. com., art. L. 143-2] n'est pas applicable à la mise en demeure du bailleur à l'administrateur d'une procédure de redressement judiciaire, d'exercer l'option prévue par l'art. 37 de la loi du 25 janv. 1985 [C. com., art. L. 621-28 ancien], relative à la continuation des contrats en cours. • Com. 11 déc. 1990 : *Bull. civ. IV, n° 319, JCP E 1991. I. 46, n° 20, obs. Cabrillac* • Paris, 28 juin 1991 : *D. 1992. Somm. 261, obs. Derrida* • 26 nov. 2003 : *Loyers et copr. 2004, n° 112, obs. Brault.* ♦ Comp., considérant que les dispositions de l'art. 14 [C. com., art. L. 143-2], qui sont d'application générale, doivent être respectées lorsque le bailleur, après renonciation du mandataire de justice à la poursuite du contrat de bail, demande la résiliation de celui-ci pour permettre aux créanciers nantis de faire valoir leurs droits : • Com. 13 oct. 1998 : *D. 1999. Somm. 297, obs. Piedelièvre ; D. Affaires 1998. 1846, obs. A.-L. M.-D. ; RJDA 1998, n° 1332.* – Dans le même sens : • TGI Béthune, 11 août 2004 : *D. 2004. AJ. 2376 ; RJDA 2005, n° 418.*

2 bis. Ni l'art. 37 de la loi du 25 janv. 1985 [C. com., art. L. 621-28 ancien], ni l'art. 1722 C. civ., n'autorisent le mandataire à la liquidation du preneur à résilier amiablement le bail et vendre la licence de boissons sans aviser le banquier créancier nanti, conformément à l'art. 14 [C. com., art. L. 143-2]. • Paris, 1er févr. 1996 : *JCP 1997. I. 4033, n° 22, obs. Delebecque.*

3. La résiliation du bail n'étant pas devenue *définitive* avant inscription du nantissement, les juges peuvent décider que le délai d'un mois prévu par le bail pour mettre fin au manquement invoqué n'a pu courir contre le créancier inscrit à compter de la sommation faite au débiteur. • Civ. 3e, 13 mai 1980 : *JCP 1981. II. 19618, note Boccara.*

4. *L'expulsion* ne pouvant être assimilée à la résiliation, le bailleur conserve le droit de faire ordonner l'expulsion en référé sans être tenu à la notification. • Req. 29 oct. 1934 : *DH 1934. 553* • Paris, 21 avr. 1944 : *S. 1945. 2. 48* • Bordeaux, 11 avr. 1951 : *JCP 1951. II. 6586.* ♦ Mais si l'expulsion ne met pas fin au bail, elle doit être distinguée de l'assignation en référé aux fins de faire constater la résiliation et le prononcé d'expulsion, cette assignation devant être notifiée. • Com. 13 nov. 1969 : *Bull. civ. IV, n° 333* • Rouen, 24 déc. 1959 : *Gaz. Pal. 1960. 1. 138 ; RTD com. 1960. 309* • TGI Gap, 9 oct. 1969 : *D. 1969. 663* • Rouen, 8 oct. 1971 : *D. 1971. Somm. 218.*

5. Toutefois, a été jugée insuffisante la notification de la sommation d'avoir à payer le loyer. • Com. 6 nov. 1961 : *Gaz. Pal. 1962. 1. 132 ; RTD com. 1962. 236, obs. Jauffret* • Civ. 3e, 21 juill. 1975 : *JCP 1977. II. 18545, note Boccara ; RTD com. 1977. 81, obs. Jauffret.* – Comp. : • Com. 22 oct. 1963 : *Bull. civ. III, n° 434.* ♦ ... De même que la simple mention de la résiliation au cahier des charges après incident de saisie immobilière. • Com. 6 mars 1968 : *Bull. civ. IV, n° 98.*

6. Il importe peu que le créancier ne puisse se substituer au preneur pour faire cesser l'infraction. • Civ. 3e, 14 déc. 1988 : *D. 1989. IR. 5* • 8 févr. 1989 : *D. 1989. IR. 77 ; RTD com. 1989. 459, obs. Derruppé.*

B. MODALITÉS DE LA NOTIFICATION

6 bis. Initiative du bailleur. La notification doit émaner du bailleur pour que la résiliation soit opposable aux créanciers inscrits. • Com. 3 mars 1992 : *cité note 9* • Grenoble, 10 janv. 1966 : *ibid.*

7. Formes. La notification prévue à l'art. L. 143-2 n'est régulière que si elle comporte l'ensemble des informations permettant au créancier d'apprécier l'intérêt d'un règlement de la dette à la place du débiteur. • Paris, 21 janv. 2004 : *AJDI 2004. 288.* ♦ En cas de clause résolutoire, c'est l'assignation tendant à la constatation de la résiliation et le jugement constatant cette résiliation qui doivent être notifiés aux créanciers. • Civ. 3e, 27 juin 1990 : *préc. note 2* • Paris, 18 juin 1991 : *Rev. loyers 1992. 445, note Gallet.*

7 bis. La publicité dans un journal d'annonces légales faite par le bailleur de la résiliation ne peut remplacer la notification de l'art. 14 [C. com., art. L. 143-2]. • Req. 25 avr. 1939 : *Gaz. Pal. 1939. 2. 220.* ♦ ... Et ce, alors même que la résiliation comporte le versement d'une indemnité aux locataires. • Douai, 3 mai 1928 : *Rec. Douai 1928. 269.*

8. Dans la mesure où seule importe l'information claire et non équivoque fournie au créancier inscrit, afin de lui permettre d'agir en temps utile, V., considérant que la lettre adressée par le bailleur au créancier lui rappelant les pourparlers engagés entre eux en vue de la relocation des lieux faisant l'objet du bail résilié et les différents contacts déjà intervenus constitue une preuve suffisante de l'information requise et vaut dès lors notification au sens de l'art. L. 143-2. • Com. 16 janv. 2001 : *Bull. civ. IV, n° 15 ; D. 2001. AJ. 862, obs. Rouquet ; JCP E 2001, n° 27, p. 1144, note Kéita ; RTD com. 2001. 408, obs. Derruppé.* ♦ L'intervention d'un créancier à l'instance en résiliation judiciaire dispense le propriétaire de la notification et fait courir le délai d'un mois. • Com. 20 juin 1967 : *Bull. civ. III, n° 254.*

9. En revanche, le défaut de notification à un créancier inscrit de la demande de résiliation ne peut être suppléé par la connaissance implicite des défaillances que révélerait la tierce opposition formée par celui-ci. • Civ. 3e, 4 juin 1986 : *Bull. civ. III, n° 86 ; RTD com. 1987. 194, obs. Derruppé.* ♦ Ni par la lettre recommandée adressée par le syndic au créancier nanti, l'informant de ce que le propriétaire avait délivré au locataire un commandement de payer visant la clause résolutoire. • Com. 3 mars 1992 : *Bull. civ. IV, n° 105 ; RTD com. 1992. 586, obs. Derruppé ; D. 1992. IR. 101.* ♦ ... Ni par la preuve de sa connaissance de la résiliation. • Grenoble, 10 janv. 1966 : *RTD com. 1967. 131, obs. Jauffret* • Limoges, 10 juin 1991 : *Rev. loyers 1992. 450, note Gallet.*

10. En outre, la notification de la mise en demeure de faire cesser les infractions au bail est insuffisante. • Com. 6 nov. 1961 : *Gaz. Pal. 1962. 1. 132 ; RTD com. 1962. 236, obs. Jauffret* • Civ. 3e, 21 juill. 1975 : *JCP 1977. II. 18545, note Boccara ; RTD com. 1977. 81, obs. Jauffret.*

11. Délais. Le bailleur qui notifie au créancier nanti les assignation et résolution du bail après le jugement, et non un mois avant comme le prescrit l'art. 14 [C. com., art. L. 143-2], satisfait néanmoins à ce texte dès lors que le jugement frappé d'appel ne peut être exécuté et que le créancier nanti a été ainsi mis en mesure de défendre ses intérêts en intervenant devant la cour d'appel. • Com. 6 juill. 1967 : *Bull. civ. III, n° 281.*

C. DROITS DES CRÉANCIERS

12. Absence de notification. L'art. 14 [C. com., art. L. 143-2], instauré dans le seul intérêt des créanciers inscrits pour préserver leur gage, n'étant pas d'ordre public, l'absence des formalités qu'il édicte n'a d'autre sanction que l'inopposabilité de la décision à celui des créanciers précités à qui la procédure n'aurait pas été notifiée. • Paris, 14 oct. 1998 : *D. Affaires 1999. 113, obs. Y. R.* ♦ Seuls les créanciers inscrits pouvant se prévaloir du défaut de notification, un créancier chirographaire ne saurait s'en prévaloir. • Req. 14 nov. 1933 : *S. 1934. 1. 66* • 30 déc. 1940 : *DA 1941. 87.* ♦ Comp., pour l'exclusion du Trésor, invoquant son hypothèque légale : • Bordeaux, 11 avr. 1951 : *JCP 1951. II. 6586, note Cohen ; RTD com. 1952. 70, obs. Jauffret.* ♦ *Contra*, jugeant que le Trésor public et les organismes chargés du recouvrement des cotisations prévues par l'art. L. 243-4 CSS sont des créanciers inscrits visés par l'art. 14 [C. com., art. L. 143-2] : • TGI Paris, 7 juill. 1994 : *Gaz. Pal. 1994. 2. 713.*

Les dispositions de l'art. 14 [C. com., art. L. 143-2] ne peuvent pas non plus être invoquées par un créancier titulaire d'une inscription provisoire de nantissement sur le fonds de commerce de son débiteur, dès lors que cette inscription est devenue rétroactivement sans effet, faute d'inscription complémentaire prise dans les deux mois à dater du jour où la décision constatant la créance a acquis l'autorité de la chose jugée (sous l'empire de l'art. 53 ancien C. pr. civ., abrogé, à compter du 1er janv. 1993, par L. n° 91-650 du 9 juill. 1991 ; V. désormais art. 70 de cette loi, prévoyant la caducité de l'inscription provisoire. – **C. pr. civ.**). • Civ. 3e, 6 déc. 1995 : *Bull. civ. III, n° 248 ; D. 1996. Somm. 386, obs. S. Piedelièvre ; D. Affaires 1996. 137 ; BRDA 1995, n° 24, p. 5.*

Le locataire ne saurait invoquer le défaut de notification. • Civ. 3e, 22 mai 1973 : *Bull. civ. III, n° 358* • 4 nov. 1987 : *ibid. n° 178 ; RTD com. 1988. 426, obs. Derruppé* • 20 mai 1992 : *Bull. civ. III, n° 155 ; D. 1992. IR. 206* • 20 juill. 1993 : *Rev. huiss. 1993. 1052* • 6 déc. 1995 : *Bull. civ. III, n° 249* • Aix-en-Provence, 29 mars 1988 : *D. 1989. 100, note Roy-Loustaunau.*

Sur la recevabilité de la demande d'un nouveau locataire des lieux en résolution du bail, motivée par l'absence de notification aux créanciers nantis de la résiliation de baux antérieurs au sien, V. • Civ. 3e, 10 mai 1990 : *Bull. civ. III, n° 111 ; D. 1990. Somm. 258, obs. Rozès.* ♦ Sur la recevabilité de l'action en responsabilité intentée par des cautions à l'encontre d'une banque pour avoir prétendument laissé dépérir son gage, V. • Com. 25 juin 2002 : *RJDA 2002, n° 1322.*

13. Lorsque la notification n'a pas été faite, la résiliation est inopposable aux créanciers inscrits et il ne peut être suppléé ultérieurement à ce défaut de notification. • Com. 25 mai 1970 : *D. 1970. Somm. 166* • Civ. 3e, 22 mars 1989 : *Bull. civ. III, n° 67 ; D. 1990. Somm. 258, obs. Rozès* • 6 déc. 1995 : *Bull. civ. III, n° 252 ; D. 1996. Somm. 386, obs. S. Piedelièvre ; D. Affaires 1996. 137* • Paris, 18 nov. 1988 : *D. 1989. IR. 5* • Aix-en-Provence, 11 juin 1987 : *D. 1989. 100, note Roy-Loustaunau.* ♦ ... Peu important que le défaut de notification soit imputable à la faute du greffier qui a omis un créancier. • Civ. 1er oct. 1941 : *DA 1942. Somm. 2* • 12 oct. 1944 : *S. 1944. 1. 120.* – Comp. : • Com. 3 juill. 1978 : *Bull. civ. IV, n° 185 ; RTD com. 1979. 233, obs. Derruppé.*

14. Lorsque aucune notification n'a été faite à un créancier inscrit qui a exercé une tierce opposition, c'est à bon droit qu'est prononcée la rétractation à l'égard de toutes les parties de l'arrêt ayant prononcé la résiliation de plein droit du bail. • Civ. 3e, 15 déc. 1976 : *Bull. civ. III, n° 466 ; D. 1977. IR. 145 ; RTD com. 1977. 82, obs. Jauffret.* – Comp. : • Civ. 2 déc. 1946 : *D. 1947. 93* • Civ. 3e, 8 févr. 1989 : *Bull. civ. III, n° 31 ; RTD com. 1989. 459, obs. Derruppé.* – V. cep. • Orléans, 22 févr. 1973 : *JCP 1973. IV. 239.* ♦ Encore faut-il que son inscription soit antérieure à la résiliation. • Com. 20 juin 1967 : *RTD com. 1968. 46* • Paris, 24 déc. 1965 : *ibid. 1966. 909.* ♦ Le créancier, inscrit a le droit de poursuivre la vente forcée du fonds de commerce, y compris le droit au bail, la résiliation ne lui étant pas opposable. • Req. 3 déc. 1930 : *Gaz. Pal. 1931. 1. 113* • Paris, 23 mars 1937 : *DH 1937. 274* • Civ. 3e, 14 déc. 1988 : *D. 1989. IR. 5 ; JCP 1989. II. 21261 ; RTD com. 1989. 459, obs. Derruppé.* ♦ Le créancier titulaire d'un nantissement sur fonds de commerce régulièrement publié dispose d'un droit propre pour s'opposer à la résiliation du bail en invoquant l'inobservation des formalités prévues à l'art. L. 143-2 et la possibilité de se substituer au débiteur défaillant pour éviter le dépérissement de sa sûreté. • Com. 19 mai 2004 : *RJDA 2004, n° 1196 ; Loyers et copr. 2004, n° 188, obs. Brault.*

15. Le nantissement, toutefois, ne confère à un créancier aucun droit de rétention ; dès lors en cas de vente forcée du fonds à la requête d'autrui, le droit de préférence de ce créancier ne se reporte qu'à son rang sur le produit de la vente et sa créance ne peut être préférée à celle du Trésor, qui bénéficie d'un privilège général. • Com. 13 avr. 1972 : *Bull. civ. IV, n° 102.*

16. Les juges du fond peuvent condamner le bailleur à rembourser aux créanciers inscrits le montant non payé de leurs créances sur le fonds si leurs constatations justifient la relation de causalité entre la faute du bailleur et le préjudice des créanciers. • Com. 13 nov. 1969 : *D. 1970. Somm. 111* • 3 mars 1992 : *JCP 1992. IV. 1347.* ♦ ... Le créancier pouvant obtenir la condamnation du bailleur à des dommages et intérêts s'il justifie d'un préjudice. • Req. 3 juill. 1935 : *DH*

1935. 458 • 21 mars 1938 : *DH 1938. 308* • Paris, 7 janv. 1932 : *Gaz. Pal. 1932. 1. 577* • 12 janv. 1993 : *D. 1993. IR. 109* • 5 janv. 1996 : *Gaz. Pal. 1996. 2. Somm. 487, obs. Brault.* ♦ Le bailleur condamné à des dommages et intérêts bénéficie d'un recours contre l'officier ministériel qui a omis de faire les notifications de l'art. 14 [C. com., art. L. 143-2]. • Req. 3 juill. 1935 : *DH 1935. 458* • Paris, 7 nov. 1932 : *Gaz. Pal. 1933. 1. 281* • Com. 1er févr. 1971 : *Bull. civ. IV, n° 31.* ♦ Sur l'appel en garantie d'un huissier, qui n'a pas dénoncé une demande en justice tendant à la résiliation du bail, V. • TGI Paris, 27 mai 1992 : *Gaz. Pal. 1992. 2. Somm. 509.* ♦ V. aussi, appliquant la théorie de la perte d'une chance, • Paris, 17 juin 1993 : *Gaz. Pal. 1994. 1. Somm. 173.*

17. *Notification régulière.* Le créancier inscrit qui a reçu une notification peut empêcher la résiliation en exécutant à la place du débiteur les obligations nées du bail, notamment quand la résiliation est fondée sur le défaut de paiement des loyers. • Civ. 23 janv. 1933 : *DH 1933. 161* • Com. 27 mai 1972 : *Bull. civ. IV, n° 157.* ♦ S'il fait des offres réelles, elles doivent être valables en la forme et suffisantes. • Req. 17 avr. 1934 : *S. 1934. 1. 190.*

18. Le créancier inscrit peut intervenir dans l'instance en résiliation judiciaire pour contester la demande du bailleur, et cela même en appel. • Aix-en-Provence, 22 nov. 1922 : *D. 1923. 2. 70* • Grenoble, 13 nov. 1935 : *Rev. fonds com. 1936. 104* • Paris, 17 mars 1937 : *DH 1937. 368.* ♦ Sur l'intervention en l'absence de notification, V. note 8.

19. Les créanciers inscrits peuvent demander le renouvellement du bail. • Rouen, 25 juill. 1935 : *Gaz. Pal. 1935. 2. 642.* ♦ ... Ou une indemnité d'éviction. • Montpellier, 20 oct. 1948 : *JCP 1949. II. 4828 ; RTD com. 1949. 462, obs. Jauffret.* ♦ Mais il a été jugé que les créanciers inscrits ne sauraient empêcher la résiliation en agissant dans le mois en vente forcée du fonds. • Paris, 2 déc. 1930 : *Gaz. Pal. 1930. 2. 1051* • 13 nov. 1935 : *ibid. 1935. 2. 920* • Lyon, 31 janv. 1935 : *Rev. fonds com. 1936. 99.* ♦ De même, les créanciers inscrits ne bénéficient d'aucun droit de préférence ou de suite sur l'indemnité de résiliation du bail. • Civ. 3e, 6 avr. 2005 : *préc. note 2 ss. art. L. 142-2.*

20. L'offre de paiement émanant d'un créancier nanti du preneur et parvenue au bailleur plus d'un mois après la notification faite au créancier inscrit de l'assignation délivrée au preneur en résiliation du bail est faite hors délai et est inopérante ; la résiliation du bail doit donc être prononcée. • Douai, 17 nov. 1994 : *Loyers et copr. 1996, n° 74, obs. Brault et Mutelet.*

21. Le créancier nanti ne commet aucune faute en ne payant pas le loyer du bail commercial à la place du débiteur et par là même en n'empêchant pas la résiliation du bail, même s'il en résulte une diminution de la valeur du fonds de commerce. • Paris, 20 janv. 1998 : *D. Affaires 1998. 280, obs. A.-L. M.-D.*

D. OBLIGATIONS DES CRÉANCIERS

22. *Information des cautions.* Le créancier nanti ne commet pas de faute en s'abstenant d'informer la caution de l'intention du bailleur de résilier le bail de l'immeuble dans lequel s'exploite un fonds de commerce grevé d'inscription. • Com. 7 déc. 2004 : *RD banc. fin. 2005, n° 39, obs. Legeais ; RJDA 2005, n° 464.*

Art. L. 143-3 Tout créancier qui exerce des poursuites de saisie-exécution et le débiteur contre lequel elles sont exercées peuvent demander, devant le tribunal de commerce dans le ressort duquel s'exploite le fonds, la vente du fonds de commerce du saisi avec le matériel et les marchandises qui en dépendent. – *V. LPF, art. 268, en note ci-dessous.*

Sur la demande du créancier poursuivant, le tribunal de commerce ordonne qu'à défaut de paiement dans le délai imparti au débiteur, la vente du fonds a lieu à la requête dudit créancier, après l'accomplissement des formalités prescrites par l'article L. 143-6.

Il en est de même si, sur l'instance introduite par le débiteur, le créancier demande à poursuivre la vente du fonds.

S'il ne le demande pas, le tribunal de commerce fixe le délai dans lequel la vente du fonds doit avoir lieu à la requête du débiteur, suivant les formalités édictées par l'article L. 143-6, et il ordonne que, faute par le débiteur d'avoir fait procéder à la vente dans ledit délai, les poursuites de saisie-exécution sont reprises et continuées sur les derniers errements. – *[L. 17 mars 1909, art. 15, al. 1er à 4].*

Lorsqu'ils envisagent de faire procéder à la vente d'un fonds de commerce, le comptable du Trésor et le comptable de la direction générale des impôts peuvent, par dérogation aux art. L. 143-3 et L. 143-4 du code de commerce, faire ordonner par le président du tribunal de grande instance que cette vente soit effectuée dans les formes prévues pour les ventes de biens appartenant à des mineurs. Le président exerce, à cet égard, toutes les attributions confiées au tribunal par le NCPC, art. 1272 s. (LPF, art. L. 268, mod. par Décr. n° 2001-436 du 21 mai 2001 [JO 23 mai]).

BIBL. ▸ PALLU DE LESSERT, *Journ. not. 1962. 398.*

1. Matériel d'équipement. L'art. 15 [C. com., art. L. 143-3] est applicable en cas de saisie par le créancier nanti sur le matériel d'équipement et le débiteur peut demander la mise en vente globale du fonds. • Com. 3 nov. 1970 : *D. 1971. Somm. 105 ; RTD com. 1971. 654, obs. crit. Jauffret.*

2. Initiative de la conversion. Peu important le créancier qui a poursuivi la saisie-exécution, la vente globale peut être demandée par le fisc. • Paris, 28 nov. 1938 : *Gaz. Trib. 5 janv. 1939.* ♦ ... Ou par le bailleur pour des loyers arriérés. • Req. 19 janv. 1938 : *DH 1938. 161.* ♦ Jugé qu'il résulte *a contrario* de l'art. 15, al. 4 [C. com., art. L. 143-3, al. 4], que la demande de vente globale formée par le débiteur suspend la procédure de saisie-exécution. • T. com. Seine, 19 août 1924 : *Gaz. Trib. 1925. II. 170.*

Le débiteur qui demande la vente globale du fonds doit établir l'avantage qu'elle pourrait présenter soit pour ses créanciers, soit pour lui-même. • Paris, 21 nov. 1961 : *D. 1962. Somm. 30.*

3. Délai d'exécution. La fixation du délai en cas de vente globale demandée par le créancier saisissant est obligatoire pour le juge et doit intervenir même si aucun délai de grâce n'est possible pour le paiement de la créance en vertu de laquelle la saisie-exécution a eu lieu. • Civ. 2 nov. 1955 : *D. 1956. 55 ; JCP 1956. II. 9088, note Cohen* • Rouen, 18 avr. 1955 : *D. 1955. 497 ; RTD com. 1955. 813, obs. Jauffret.* ♦ Et si l'art. 15, al. 2 et 3 [C. com., art. L. 143-3, al. 2 et 3], ne prévoit pas de délai à fixer par le tribunal de commerce pour la réalisation de la vente du fonds à la requête des créanciers poursuivants, après saisie-exécution, le silence de la loi sur ce point n'a pas pour effet de priver le juge de la faculté d'impartir, dans l'intérêt d'une bonne administration de la justice, un délai pour la réalisation d'une telle vente. • Com. 18 mars 1975 : *D. 1975. Somm. 79.* ♦ Il en va de même, en cas de vente forcée à la requête du Trésor : • Com. 4 nov. 1976 : *RTD com. 1977. 80, obs. Jauffret* • Versailles, 8 avr. 1993 : *D. 1993. IR. 57.* ♦ V. art. L. 268 LPF, en note ss. art. L. 143-3.

4. Dessaisissement. Sur le dessaisissement du tribunal de commerce au profit de la juridiction civile, V. • Com. 9 déc. 1966 : *Gaz. Pal. 1967. 1. 111.*

5. Trésor public. **BIBL.** Du Cheyron, *JCP E 1991. I. 33.* ♦ V. art. L. 268 LPF, en note ss. art. L. 143-3.

Art. L. 143-4 **Le tribunal nomme, s'il y a lieu, un administrateur provisoire du fonds, fixe les mises à prix, détermine les conditions principales de la vente, commet pour y procéder l'officier public qui dresse le cahier des charges.** – *V. Décr. 28 août 1909, art. 22, infra, ss. art. L. 143-20.*

La publicité extraordinaire, lorsqu'elle est utile, est réglée par le jugement ou, à défaut, par ordonnance du président du tribunal de commerce rendue sur requête.

Ce dernier peut, par la décision rendue, autoriser le poursuivant, s'il n'y a pas d'autre créancier inscrit ou opposant, et sauf prélèvement des frais privilégiés au profit de qui de droit, à toucher le prix directement et sur sa simple quittance, soit de l'adjudicataire, soit de l'officier public vendeur, selon les cas, en déduction ou jusqu'à concurrence de sa créance en principal, intérêts et frais.

Le tribunal de commerce statue, dans la quinzaine de la première audience, par jugement non susceptible d'opposition, exécutoire sur minute. L'appel du jugement est suspensif. Il est formé dans la quinzaine de sa signification à partie et jugé par la cour dans le mois. L'arrêt est exécutoire sur minute. – *[L. 17 mars 1909, art. 15, al. 5 à 8].*

1. Pouvoir du tribunal. En ce sens que le tribunal saisi de la demande dispose d'un pouvoir d'appréciation pour ordonner la vente globale, V. • Lyon, 28 oct. 1913 : *S. 1914. 2. 203 ; Gaz. Pal. 1914. 1. 155* • Rennes, 23 déc. 1943 : *ibid. 1944. 1. 66.*

2. Délai d'appel. Aucune disposition de la loi du 17 mars 1909 [C. com., art. L. 141-5 s.] ne prescrit de donner avertissement à la partie signifiée du délai spécial d'appel fixé par l'art. 15, dernier al. [C. com., art. L. 143-4, dern. al.] • Com. 26 mai 1965 : *Bull. civ. III, n° 338.*

Art. L. 143-5 **Le vendeur et le créancier gagiste inscrits sur un fonds de commerce peuvent également, même en vertu de titres sous seing privé, faire ordonner la vente du fonds qui constitue leur gage, huit jours après sommation de payer faite au débiteur et au tiers détenteur, s'il y a lieu, demeurée infructueuse.**

La demande est portée devant le tribunal de commerce dans le ressort duquel s'exploite ledit fonds, lequel statue comme il est dit à l'article L. 143-4. – *[L. 17 mars 1909, art. 16].*

V. 3e note rédactionnelle à la fin de l'Avertissement en début d'ouvrage.

1. Conditions. L'art. 16 [C. com., art. L. 143-5] n'exige pas, préalablement à la vente du fonds, une condamnation du débiteur. • Civ. 2e, 5 avr. 1993 : *Bull. civ. II, n° 142 ; D. 1994. Somm. 13, obs. A. Penneau*.

1 bis. Objet de la vente. Il a été jugé que si la vente doit porter sur tous les éléments du fonds, même ceux qui ne sont pas grevés du privilège, elle ne peut englober un élément nouveau ajouté par le tiers détenteur, par exemple un droit au bail. • Civ. 21 juill. 1937 : *DP 1940. 1. 17, note Voirin ; S. 1938. 1. 337, note Lagarde.*

2. Sommation. Une demande en paiement doit avoir été faite au débiteur, par sommation, une simple lettre adressée au débiteur étant insuffisante. • Versailles, 25 mai 1989 : *D. 1989. IR. 209 ; RTD com. 1989. 648, obs. Derruppé.* – Comp. : • Paris, 14 juin 1988 : *D. 1988. IR. 222.*

Sur le sort de la sommation de payer en cas de liquidation judiciaire du propriétaire du fonds, V. *infra*, v° *Difficultés des entreprises*, L. n° 85-98 du 25 janv. 1985, note 17 *ter* ss. ancien art. L. 621-40.

3. Assignation. L'assignation peut être signifiée dans le même exploit que la sommation. • T. com. Marseille, 3 févr. 1921 : *Journ. Marseille 1921. 1. 307* • T. com. Lyon, 20 août 1935 : *Gaz. jud. Lyon 1935. 402.* ♦ Comp., jugeant que l'assignation « contenant mise en demeure » qui ne fixe aucun délai de paiement ni n'informe le débiteur de la caducité de l'assignation en cas de paiement ne répond pas aux exigences de l'art. 16 [C. com., art. L. 143-5], et qu'à défaut de sommation valable préalable à l'action en vente du fonds, celle-ci est irrecevable : • Versailles, 10 mai 1990 : *D. 1990. IR. 169 ; RTD com. 1990. 560, obs. Derruppé*. ♦ Comme la sommation, l'assignation doit être délivrée à la fois au débiteur et au tiers détenteur s'il y en a un. • T. com. Marseille, 19 mars 1936 : *Journ. Marseille 1936. 1. 333.*

4. Droit de suite. La renonciation à un droit ne résultant que d'actes manifestant sans équivoque la volonté de renoncer, l'acceptation, même sans réserve, par le créancier titulaire d'un nantissement sur un fonds de commerce, de sommes à lui versées par le séquestre du prix de cession de ce fonds, ne constitue pas une manifestation univoque de sa volonté de renoncer à son gage et n'implique donc, ni sa renonciation à exercer le droit de suite, ni son acceptation du caractère libératoire à son égard de la consignation de l'acquéreur. • Com. 18 févr. 1997 : *D. 1997. Somm. 251, obs. S. Piedelièvre ; D. Affaires 1997. 405 ; RTD com. 1998. 325, obs. Derruppé*. ♦ *Contra*, jugeant que la renonciation par le créancier à son droit de suite peut s'induire du fait qu'il a concouru à la vente en acceptant le choix du séquestre du prix : ce qui a été assimilé à une acceptation du versement du prix : • Req. 23 déc. 1931 : *DH 1932. 68* • Rouen, 12 juill. 1943 : *D. 1946. 164.* – Comp. : • T. com. Seine, 22 mars 1928 : *Gaz. Pal. 1928. 2. 50* • Paris, 19 oct. 1962 : *D. 1963. 285* • 4 févr. 1987 : *D. 1987. IR. 40.*

5. Paiement par le tiers détenteur. Une société nouvellement constituée reprenant les mêmes associés, la même dénomination et exploitant dans les mêmes locaux la même activité qu'une précédente société dissoute de plein droit, est considérée comme tiers détenteur du fonds de commerce, au sens de l'art. 16 [C. com., art. L. 143-5]. • Paris, 17 janv. 1997 : *RJ com. 1998. 35, obs. Gallet.*

5 bis. Le tiers détenteur peut arrêter les poursuites en payant jusqu'à l'adjudication. • Paris, 1er févr. 1934 : *Gaz. Pal. 1934. 2. 344, sous-note.* ♦ Il a, toutefois, été jugé que les offres de paiement notifiées après l'expiration du délai de huit jours sont inefficaces. • Paris, 2 mai 1935 : *Gaz. Pal. 1935. 2. 272.*

6. Redressement et liquidation judiciaires. V. *supra*, art. L. 141-10 et L. 141-19, al. 3. – V. aussi, art. L. 642-18 s.

7. Compétence territoriale. L'art. 16, al. 2 [C. com., art. L. 143-5, al. 2], étant d'ordre public, ne peut recevoir application la clause attribuant compétence à un autre tribunal de commerce. • Paris, 23 nov. 1994 : *RJDA 1995, n° 493.*

Art. L. 143-6 **Le poursuivant fait sommation au propriétaire du fonds et aux créanciers inscrits antérieurement à la décision qui a ordonné la vente, au domicile**

élu par eux dans leurs inscriptions, quinze jours au moins avant la vente, de prendre communication du cahier des charges, de fournir leurs dires et observations et d'assister à l'adjudication, si bon leur semble.

La vente a lieu dix jours au moins après l'apposition d'affiches indiquant : les noms, professions, domiciles du poursuivant et du propriétaire du fonds, la décision en vertu de laquelle on agit, une élection de domicile dans le lieu où siège le tribunal de commerce dans le ressort duquel s'exploite le fonds, les divers éléments constitutifs dudit fonds, la nature de ses opérations, sa situation, les mises à prix, les lieu, jour et heure de l'adjudication, les nom et domicile de l'officier public commis et dépositaire du cahier des charges.

Ces affiches sont obligatoirement apposées, à la diligence de l'officier public, à la porte principale de l'immeuble et de la mairie de la commune où le fonds est situé, du tribunal de commerce dans le ressort duquel se trouve le fonds, et à la porte de l'étude de l'officier public commis.

L'affiche est insérée dix jours avant la vente dans un journal habilité à recevoir les annonces légales dans l'arrondissement ou le département dans lequel le fonds est situé.

La publicité est constatée par une mention faite dans le procès-verbal de vente. – *[L. 17 mars 1909, art. 17, al. 1er à 5].*

1. Absence de sommation. L'art. 17, al. 1er [C. com., art. L. 143-6, al. 1er], ayant pour seul but de lier à la procédure les créanciers inscrits dont le droit sera purgé par l'adjudication, le défaut de sommation n'a pas pour conséquence d'entraîner la nullité de l'adjudication, mais de placer l'acheteur, à l'égard des créanciers, dans la situation d'un acheteur lors d'une vente amiable. • Reims, 23 févr. 1976 : *D. 1977. IR. 43.*

2. Causes de nullité. Les nullités de procédure comprises entre le jugement ordonnant la vente et le jugement d'adjudication doivent être soulevées huit jours au moins avant l'adjudication, mais la déchéance n'est pas encourue si le caractère incomplet de la publicité a empêché le créancier inscrit d'agir dans le délai. • Com. 2 juin 1964 : *D. 1965. Somm. 6.*

3. Les nullités sont celles qui visent les formalités préalables à l'adjudication. • T. com. Marseille, 22 mars 1923 : *Journ. Marseille 1925. 1. 15* • T. civ. Seine, 2 nov. 1928 : *Gaz. Trib. 1929. 1. 312.* ♦ Les nullités du jugement qui ordonne la vente, y compris celles qui sont relatives à sa signification, échappent à la compétence du président du tribunal de grande instance et sont de la compétence de la juridiction d'appel. • Orléans, 24 nov. 1911 : *Gaz. Trib. 1912. 2. 262.*

4. Lorsque l'adjudication est prononcée, aucune nullité ne peut plus être proposée. • T. civ. Seine, 19 janv. 1926 : *Gaz. Trib. 1926. 2. 599.*

5. Procédures collectives. V. note 14 ss. art. L. 621-83 ancien.

Art. L. 143-7 **Il est statué, s'il y a lieu, sur les moyens de nullité de la procédure de vente antérieure à l'adjudication, et sur les dépens, par le président du tribunal de grande instance de l'arrondissement où s'exploite le fonds. Ces moyens doivent être opposés, à peine de déchéance, huit jours au moins avant l'adjudication. Le quatrième alinéa de l'article L. 143-4 est applicable à l'ordonnance rendue par le président.** – *[L. 17 mars 1909, art. 17, al. 6].*

Art. L. 143-8 **Le tribunal de commerce, saisi de la demande en paiement d'une créance se rattachant à l'exploitation d'un fonds de commerce, peut, s'il prononce une condamnation et si le créancier le requiert, ordonner par le même jugement la vente du fonds. Il statue dans les termes des premier et deuxième alinéas de l'article L. 143-4 et fixe le délai après lequel, à défaut de paiement, la vente pourra être poursuivie.**

Les dispositions du quatrième alinéa de l'article L. 143-4 et des articles L. 143-6 et L. 143-7 sont applicables à la vente ainsi ordonnée par le tribunal de commerce. – *[L. 17 mars 1909, art. 18].*

1. *Intérêt pour agir.* Sur l'irrecevabilité de la demande au cas de *faillite* ou de *règlement judiciaire* du débiteur, V. • Paris, 30 avr. 1924 : *Gaz. Pal. 1924. 2. 215.* ♦ Comp. art. L. 622-21.

2. *Dettes du locataire-gérant.* L'art. 18 [C. com., art. L. 143-8] ne saurait être utilisé par les fournisseurs contre le locataire-gérant ou gérant libre du fonds de commerce afin de leur permettre d'obtenir la vente du fonds. • Req. 22 févr. 1939 : *DP 1940. 1. 5, note Ripert.*

Art. L. 143-9 **Faute par l'adjudicataire d'exécuter les clauses de l'adjudication, le fonds est vendu à la folle enchère, selon les formes prescrites par les articles L. 143-6 et L. 143-7.**

Le fol enchérisseur est tenu, envers les créanciers du vendeur et le vendeur lui-même, de la différence entre son prix et celui de la revente sur folle enchère, sans pouvoir réclamer l'excédent s'il y en a. – *[L. 17 mars 1909, art. 19].*

Art. L. 143-10 **Il n'est procédé à la vente séparée d'un ou plusieurs éléments d'un fonds de commerce grevé d'inscriptions, poursuivie soit sur saisie-exécution, soit en vertu des dispositions du présent chapitre, que dix jours au plus tôt après la notification de la poursuite aux créanciers qui se sont inscrits quinze jours au moins avant ladite notification, au domicile élu par eux dans leurs inscriptions. Pendant ce délai de dix jours, tout créancier inscrit, que sa créance soit ou non échue, peut assigner les intéressés devant le tribunal de commerce dans le ressort duquel s'exploite le fonds, pour demander qu'il soit procédé à la vente de tous les éléments du fonds, à la requête du poursuivant ou à sa propre requête, dans les termes et conformément aux dispositions des articles L. 143-3 à L. 143-7.**

Le matériel et les marchandises sont vendus en même temps que le fonds sur des mises à prix distinctes, ou moyennant des prix distincts si le cahier des charges oblige l'adjudicataire à les prendre à dire d'experts.

Il y a lieu à ventilation du prix pour les éléments du fonds non grevés des privilèges inscrits. – *[L. 17 mars 1909, art. 20].*

Le défaut de notification ne peut être invoqué par le locataire. • Civ. 3e, 6 déc. 1995 : *Bull. civ. III, n° 249.*

Art. L. 143-11 **Aucune surenchère n'est admise lorsque la vente a eu lieu dans les formes prescrites par les articles L. 141-19, L. 143-3 à L. 143-8, L. 143-10 et L. 143-13 à L. 143-15.** – *[L. 17 mars 1909, art. 21].*

1. *Ordre public.* Sur l'absence de caractère d'ordre public de l'art. 21 [C. com., art. L. 143-11], V. • Req. 14 déc. 1926 : *S. 1927. 1. 50.*

2. *Personnes pouvant agir.* Sur l'énumération limitative des personnes recevables à agir, V. • T. civ. Perpignan, 30 mars 1950 : *RTD com. 1950. 207, obs. Jauffret* • Paris, 9 mars 1965 : *ibid. 1966. 488, obs. Jauffret ; Gaz. Pal. 1966. 2. 505.*

3. *Résiliation du bail.* Le recours d'un créancier nanti sur un fonds de commerce à la procédure prévue par l'art. 20 [C. com., art. L. 143-10] pour obtenir la vente de tous les éléments du fonds ne peut, à lui seul, soustraire le droit au bail qui y est compris à toutes les éventualités pouvant l'affecter en vertu du droit commun et en application, notamment, du bail lui-même et ne suffit donc pas à priver le bailleur du droit de résilier le contrat. • Paris, 1er oct. 1991 : *D. 1991. IR. 242.*

Art. L. 143-12 **Les privilèges du vendeur et du créancier gagiste suivent le fonds en quelques mains qu'il passe.**

Lorsque la vente du fonds n'a pas eu lieu aux enchères publiques conformément aux articles mentionnés à l'article L. 143-11 l'acquéreur qui veut se garantir des poursuites des créanciers inscrits est tenu, à peine de déchéance, avant la poursuite ou dans la quinzaine de la sommation de payer à lui faite, d'effectuer des notifications à tous les créanciers inscrits, dans des conditions définies par décret. – *[L. 17 mars 1909, art. 22, al. 1er et 2].*

L'art. L. 143-12, al. 2, correspond à la codification de l'art. 22, al. 2 (en partie) de L. 17 mars 1909, bien que cet alinéa n'ait pas été abrogé par l'Ord. n° 2000-912 du 18 sept. 2000.

Sur les conditions relatives aux notifications qui doivent être faites aux créanciers inscrits, V. infra, L. 17 mars 1909, art. 22, al. 2 (1° et 2°) et al. 3, étant précisé que ces deux alinéas seront abrogés, à compter de l'entrée en vigueur de la partie réglementaire du C. com. (Ord. n° 2000-912 du 18 sept. 2000, art. 4, III (3°)).

1. Vente d'éléments isolés. Au cas de vente d'éléments isolés, tels le matériel ou le droit au bail, n'emportant pas transmission du fonds, la procédure de purge est inapplicable. • Req. 22 avr. 1913 : *DP 1913. 1. 225, note Feuilloley* • Com. 5 nov. 1963 : *D. 1964. Somm. 71* • T. com. Charleville, 29 août 1951 : *JCP 1952. II. 7037, note Cohen ; RTD com. 1952. 69, obs. Jauffret* • Versailles, 4 juin 1992 : *JCP E 1993. I. 268, n° 23, obs. Delebecque.*

2. Mais le créancier peut, en cas de nantissement, invoquer le délit de détournement de gage que constitue la vente d'un élément isolé, par exemple le matériel. • Crim. 13 mars 1909 : *DP 1911. 1. 159* • 25 juill. 1912 : *DP 1913. 1. 123.* ♦ ... Ou une licence de débits de boissons. • Aix-en-Provence, 23 janv. 1936 : *Rev. fonds com. 1936. 182.* ♦ En outre, la cession d'un élément, par exemple le bail, pourrait dissimuler une cession de fonds. • Paris, 12 juin 1928 : *D. 1929. 2. 33, note L. Mazeaud* • Dijon, 14 oct. 1953 : *JCP 1954. II. 8044, note Cohen.*

2 bis. Il a ainsi été jugé que la disparition de l'immeuble n'ayant pas entraîné celle du fonds de commerce, la clientèle liée à l'emplacement et à l'enseigne demeurant, la cession de la licence de débit de boissons, présentée comme seul élément d'actif subsistant, était de nature à porter atteinte aux droits des créanciers inscrits, et que, par conséquent, le créancier nanti à qui l'acquéreur avait notifié la cession conformément à l'art. 22 [C. com., art. L. 143-12] était fondé à former une surenchère sur la vente du fonds de commerce, pris en ses éléments incorporels subsistants, en application de l'art. 23 [C. com., art. L. 143-13] : • Com. 20 oct. 1998 : *Bull. civ. IV, n° 248 ; D. 1999. Somm. 299, obs. Piedelièvre ; D. Affaires 1998. 1946, obs. A.-L. M.-D. ; RJDA 1999, n° 27 ; RTD com. 1999. 67, obs. Derruppé.* ♦ Sur les conditions de saisie d'une licence de boissons, V. note 13 ss. art. L. 141-5.

3. Enfin, il convient de réserver le jeu de l'action paulienne de l'art. 1167 C. civ. • Com. 12 janv. 1988 : *Bull. civ. IV, n° 20 ; RTD com. 1989. 458, obs. Derruppé* • T. com. Béthune, 18 juill. 1928 : *Gaz. Pal. 1928. 2. 860.*

4. Purge. La purge ne produit effet que si le tiers détenteur paie ou consigne la somme offerte. • T. com. Seine, 12 déc. 1924 : *DH 1925. 235 ; Gaz. Pal. 1925. 1. 606* • Civ. 10 avr. 1933 : *DH 1933. 317 ; Gaz. Pal. 1933. 2. 134.* ♦ La procédure de purge des inscriptions sur le fonds de commerce ayant pour but de permettre à l'acquéreur de se garantir des poursuites des créanciers inscrits, sa mise en œuvre constitue une faculté dont l'acquéreur est, sauf faute lourde ou abus, libre de ne pas user, peu important qu'il ait connaissance des inscriptions grevant le fonds. • Com. 28 avr. 2004 : *Bull. civ. IV, n° 78 ; D. 2004. AJ. 1527 ; JCP E 2004, n° 44, p. 1740, note Kéita ; RD banc. fin. 2004, n° 166, obs. Legeais ; RTD com. 2004. 696, obs. Saintourens ; RJDA 2004, n° 967 ; Defrénois 2005. 344, obs. Théry ; Gaz. Pal. 2005, Somm. 2833, obs. Guével.* ♦ Sur l'inapplicabilité à une vente ordonnée par le Trésor public, sur le fondement de l'art. 1909 CGI [LPF, art. L. 268. – V. note ss. art. L. 143-3], V. • Civ. 12 juill. 1933 : *S. 1935. 1. 289, note G. Lagarde.*

5. Distribution par contribution. Il ne résulte pas des art. 22, al. 1er [C. com., art. L. 143-12, al. 1er], ci-dessus, et 13, 15 et 16 de l'ord. du 3 juill. 1816, qu'en cas de distribution par contribution, la Caisse des dépôts et consignations puisse être tenue pour responsable, dans le cas où elle viendrait à libérer les fonds consignés au vu d'un procès-verbal de distribution, sans que celui-ci comporte mainlevée des nantissements. • Civ. 2e, 20 nov. 1991 : *Bull. civ. II, n° 311 ; D. 1992. IR. 10.*

6. Liquidation judiciaire. La banque qui n'est pas créancière de la société mise en redressement judiciaire n'est pas tenue de déclarer sa créance pour exercer le droit de suite que lui confère l'art. L. 143-12 • Com. 17 déc. 2002 : *Bull. civ. IV, n° 195 ; JCP E 2003, n° 37, p. 1440, note Kéita ; RTD com. 2003. 365, obs. Martin-Serf ; RJDA 2003, n° 515.* ♦ V. aussi note 8 ss. art. L. 622-18 ancien.

Loi du 17 mars 1909,

Relative à la vente et au nantissement des fonds de commerce (DP 1909. 4. 41).

Art. 22 *Al. 1er abrogé par Ord. n° 2000-912 du 18 sept. 2000, et codifié ss. C. com., art. L. 143-12.*

Lorsque la vente du fonds n'a pas eu lieu aux enchères publiques en vertu et conformité des articles 5, 15, 16, 17, 18, 20 et 23 de la présente loi *[C. com., art. L. 141-19, L. 143-3 à L. 143-8, L. 143-10 et L. 143-13 à L. 143-15]*, l'acquéreur qui veut se garantir des poursuites des créanciers inscrits est tenu, à peine de déchéance, avant la poursuite ou dans la quinzaine de la sommation de payer à lui faite, de notifier à tous les créanciers inscrits, au domicile élu par eux dans leurs inscriptions :

1° Les nom, prénoms et domicile du vendeur, la désignation précise du fonds, le prix, non compris le matériel et les marchandises, ou l'évaluation du fonds en cas de transmission à titre gratuit, par voie d'échange ou de reprise, sans fixation de prix, en vertu de convention de mariage, les charges, les frais et loyaux coûts exposés par l'acquéreur ;

2° Un tableau sur trois colonnes contenant : la première, la date des ventes ou nantissements antérieurs et des inscriptions prises ; la seconde, les noms et domiciles des créanciers inscrits ; la troisième, le montant des créances inscrites, avec déclaration qu'il est prêt à acquitter sur-le-champ les dettes inscrites jusqu'à concurrence de son prix, sans distinction des dettes exigibles ou non exigibles. La notification contiendra élection de domicile dans le ressort du tribunal de commerce de la situation du fonds.

Dans le cas où le titre du nouveau propriétaire comprendrait divers éléments d'un fonds, les uns grevés d'inscriptions, les autres non grevés, situés ou non dans le même ressort, aliénés pour un seul et même prix ou pour des prix distincts, le prix de chaque élément sera déclaré dans la notification, par ventilation, s'il y a lieu, du prix total exprimé dans le titre. — *V. supra, note ss. art. L. 143-12.*

Régularité de la notification. La notification devant comporter l'indication du prix du fonds, la seule référence à un prix à fixer ultérieurement serait inopérante. • Paris, 10 déc. 1919 : *Gaz. Pal. 1919. 2. 391* • T. com. Seine, 21 déc. 1923 : *ibid. 1924. 2. 272.* ♦ L'offre de purge doit être pure et simple et ne porter aucune réserve ou terme, alors même que les créances seraient à terme. • T. com. Seine, 29 oct. 1912 : *Gaz. Pal. 1913. 1. 19* • Paris, 11 mars 1925 : *Journ. Trib. com. 1926. 248* • Lyon, 1er mars 1934 : *Mon. Jud. Lyon, 5 nov. 1935.*

Art. L. 143-13 **Tout créancier inscrit sur un fonds de commerce peut, lorsque l'article L. 143-11 n'est pas applicable, requérir sa mise aux enchères publiques, en offrant de porter le prix principal, non compris le matériel et les marchandises, à un dixième en sus et de donner caution pour le paiement des prix et charges ou de justifier de solvabilité suffisante.**

Cette réquisition, signée du créancier, doit être, à peine de déchéance, signifiée à l'acquéreur et au débiteur précédent propriétaire dans la quinzaine des notifications, avec assignation devant le tribunal de commerce de la situation du fonds, pour voir statuer, en cas de contestation, sur la validité de la surenchère, sur l'admissibilité de la caution ou la solvabilité du surenchérisseur, et voir ordonner qu'il sera procédé à la mise aux enchères publiques du fonds avec le matériel et les marchandises qui en dépendent, et que l'acquéreur surenchéri sera tenu de communiquer son titre et l'acte de bail ou de cession de bail à l'officier public commis. Le délai de quinzaine ci-dessus n'est pas susceptible d'augmentation à raison de la distance entre le domicile élu et le domicile réel des créanciers inscrits. — *[L. 17 mars 1909, art. 23, al. 1er et 2].*

Art. L. 143-14 **A partir de la signification de la surenchère, l'acquéreur, s'il est rentré en possession du fonds, en est de droit administrateur séquestre et ne peut plus accomplir que des actes d'administration. Toutefois, il peut demander au tribunal de commerce ou au juge des référés, suivant les cas, à tout moment de la pro-**

cédure, la nomination d'un autre administrateur. Cette demande peut également être formée par tout créancier.

Le surenchérisseur ne peut, même en payant le montant de la soumission, empêcher par un désistement l'adjudication publique, si ce n'est du consentement de tous les créanciers inscrits.

Les formalités de la procédure et de la vente sont accomplies à la diligence du surenchérisseur et, à son défaut, de tout créancier inscrit ou de l'acquéreur, aux frais, risques et périls du surenchérisseur et sa caution restant engagée, selon les règles prescrites par les articles L. 143-4, L. 143-5 à L. 143-7 et par le troisième alinéa de l'article L. 143-10.

A défaut d'enchère, le créancier surenchérisseur est déclaré adjudicataire. – *[L. 17 mars 1909, art. 23, al. 3 à 6].*

Art. L. 143-15 **L'adjudicataire est tenu de prendre le matériel et les marchandises existant au moment de la prise de possession, aux prix fixés par une expertise amiable ou judiciaire, contradictoirement entre l'acquéreur surenchéri, son vendeur et l'adjudicataire.**

Il est tenu, au-delà de son prix d'adjudication, de rembourser à l'acquéreur dépossédé les frais et loyaux coûts de son contrat, ceux des notifications, ceux d'inscription et de publicité prévus par les articles L. 141-6 à L. 141-18, et, à qui de droit, ceux faits pour parvenir à la revente.

L'article L. 143-9 est applicable à la vente et à l'adjudication sur surenchère.

L'acquéreur surenchéri, qui se rend adjudicataire par suite de la revente sur surenchère, a son recours tel que de droit contre le vendeur pour le remboursement de ce qui excède le prix stipulé par son titre et pour l'intérêt de cet excédent à compter du jour de chaque paiement. – *[L. 17 mars 1909, art. 23, al. 7 à 10].*

1. Initiative de la surenchère. Le créancier qui est intervenu comme rédacteur de l'acte et a été désigné comme séquestre répartiteur du prix est réputé avoir accepté le prix de vente et ne peut faire surenchère. • Paris, 19 oct. 1962 : *D. 1963. 285 ; RTD com. 1963. 286.* ♦ En vertu de l'art. 23, al. 5 [C. com., art. L. 143-14, al. 2], et de l'art. 5, al. 2 [C. com., art. L. 141-19, al. 2], la procédure et la vente, en cas de surenchère ne peuvent être poursuivies, à défaut du surenchérisseur, qu'à la diligence de l'acquéreur ou des créanciers inscrits ou opposants, et non à celle du vendeur. • Com. 6 déc. 1961 : *Bull. civ. III, n° 465.*

Sur la nullité d'une surenchère faite antérieurement à la notification à fin de purge, V. • Paris, 10 mars 1914 : *Gaz. Trib. 1914. 2. 41 ; Journ. Trib. com. 1915. 302.*

2. Cautionnement. La caution doit être donnée à peine de nullité de la surenchère. • Toulouse, 13 oct. 1930 : *S. 1931. 2. 224 ; Gaz. Pal. 1930. 2. 577.* ♦ Le tribunal apprécie souverainement la solvabilité du créancier surenchérisseur et de la caution. • T. com. Marseille, 7 mars 1934 : *Rev. fonds com. 1936. 652.* ♦ La caution personnelle doit être désignée dans la notification même de la surenchère. • T. com. Seine, 22 mai 1928 : *Gaz. Pal. 1928. 2. 726.* ♦ Il a été jugé qu'un délai pouvait être accordé au créancier inscrit pour désigner la caution. • T. civ. Perpignan, 30 mars 1950 : *RTD com. 1950. 207, obs. Jauffret* • T. com. Beauvais, 24 juill. 1928 : *Gaz. Pal. 1928. 2. 907.*

3. Gestion intermédiaire. Il appartient à l'acquéreur surenchéri d'assurer une exploitation normale du fonds. • T. com. Seine, 24 août 1912 : *Journ. not. 1913. 124* • Paris, 28 nov. 1997 : *D. Affaires 1998. 138, obs. A.-L. M.-D. et P.P. ; RTD com. 1998. 325, obs. Derruppé.* ♦ Toutefois, dès lors qu'un administrateur a été désigné par le tribunal, le créancier surenchérisseur est tenu de fournir les sommes nécessaires à cette exploitation. • T. com. Nantes, 17 févr. 1912 : *Defrénois 1912. 457.*

3 bis. Remboursement des frais. En ce sens qu'il convient d'inclure dans la liste limitative des frais que le surenchérisseur adjudicataire d'un fonds de commerce doit rembourser à l'acquéreur dépossédé et donnée par l'art. 23 [C. com., art. L. 143-15], les frais d'acte de la vente initiale, V. • Com. 7 mars 2000 : *Bull. civ. IV, n° 51 ; D. 2000. AJ. 163, obs. Monéger-Dupuis ; RTD com. 2000. 332, obs. Derruppé ; JCP 2000. IV. 1741*, cassant • Paris, 14 janv. 1997 : *D. 1997. IR. 45 ; D. Affaires 1997. 596.* ♦ V. aussi : • Com. 25 févr. 2003 : *Bull. civ. IV, n° 28 ; D. 2003. AJ. 909, obs. Chevrier ; JCP E 2003, n° 20, p. 857, note Keita ; RTD com. 2004. 68, obs. Saintourens ; RJDA 2003, n° 712*, cassant

• Paris, 25 févr. 2000 : *RTD civ. 2000. 332, obs. Derruppé* .

3 ter. Répétition des impenses. La règle de l'art. 2175 [2470] C. civ., suivant laquelle le tiers détenteur d'un immeuble hypothéqué peut répéter ses impenses à concurrence de la plus-value résultant de l'amélioration, s'applique à l'acquéreur d'un fonds de commerce surenchéri. Devenu tiers détenteur du fonds après validation de la surenchère, celui-ci est dès lors en droit d'exiger de l'adjudicataire la répétition de ses impenses. • Paris, 16 juin 1995 : *RJ com. 1996. 71, note Guével* • 28 nov. 1997 : *préc. note 3*. – V. déjà • Req., 23 mars 1925 : *Gaz. Pal. 1925, 1, 624 ; DH 1925. 285.* ♦ Ne donne pas de base légale à sa décision la cour d'appel qui, pour rejeter la demande de remboursement de l'arriéré de loyers et du dépôt de garantie que l'acquéreur surenchéri avait versé au bailleur, se borne à énoncer que ce paiement ne constitue pas une dépense nécessaire et utile à la conservation de la chose dans les termes de l'art. 1381 C. civ. et n'entre pas dans les frais prévus par l'art. L. 143-15 C. com., sans rechercher si les dépenses litigieuses n'avaient pas eu pour but de conserver le bail indispensable à l'exploitation du fonds de commerce. • Com. 25 févr. 2003 : *préc. note 3 bis*, cassant • Paris, 25 févr. 2000 : *préc. note 3 bis.* ♦ Pour une référence à la fois à l'art. 1381 C. civ. et à l'art. 2175 du même code, V. • Paris, 28 nov. 1997 : *préc.*

4. Purge. Si des offres réelles, suivies de consignation, de désintéresser tous les créanciers inscrits paralysent la surenchère, il en va différemment d'une simple offre de déposer des sommes suffisantes entre les mains d'un notaire. • Civ. 23 déc. 1924 : *DP 1926. 1. 188 ; Gaz. Pal. 1925. 1. 313.*

5. Liquidation judiciaire. V. note 9 ss. art. L. 622-18 ancien.

SECTION II DES FORMALITÉS D'INSCRIPTION ET DE RADIATION

Art. L. 143-16 **L'inscription et la radiation du privilège du vendeur ou du créancier gagiste sont soumises à des formalités dont les modalités sont fixées par décret en Conseil d'État.** – *V. pour les formalités requises, L. 17 mars 1909, art. 24, al. 1er et 2, art. 25, 26, 30 à 33, infra, ss. art. L. 143-20 et Décr. 28 août 1909, art. 1er s., infra, ss. art. L. 143-23.*

Art. L. 143-17 **Outre les formalités d'inscription mentionnées à l'article L. 143-16, les ventes ou cessions de fonds de commerce comprenant des marques de fabrique et de commerce, des dessins ou modèles industriels, ainsi que les nantissements de fonds qui comprennent des brevets d'invention ou licences, des marques ou des dessins et modèles, doivent être inscrits à l'Institut national de la propriété industrielle, sur la production du certificat d'inscription délivré par le greffier du tribunal de commerce, dans la quinzaine qui suivra cette inscription, à peine de nullité à l'égard des tiers, des ventes, cessions ou nantissements en ce qu'ils s'appliquent aux brevets d'invention et aux licences, aux marques de fabrique et de commerce, aux dessins et modèles industriels.**

Les brevets d'invention compris dans la cession d'un fonds de commerce restent soumis pour leur transmission aux règles édictées aux articles L. 613-8 et suivants du code de la propriété intellectuelle. – *[L. 17 mars 1909, art. 24, al. 3 et 4]. – V. Décr. du 28 août 1909, art. 1er s., infra, ss. art. L. 143-23.*

Art. L. 143-18 **Si le titre d'où résulte le privilège inscrit est à ordre, la négociation par voie d'endossement emporte la translation du privilège.** – *[L. 17 mars 1909, art. 27].*

L'endossement des billets de fonds emporte par lui-même, et en dehors de toute subrogation expresse, la transmission au porteur de la sûreté réelle qui en est l'accessoire. • Civ. 11 déc. 1940 : *DC 1943. 49, note Trasbot ; JCP 1941. II. 1667, note Demontès.* ♦ ... Dès lors que la souscription de ces billets a été prévue par l'acte de vente lui-même et n'en constitue ainsi qu'une modalité. • Civ. 19 févr. 1946 : *D. 1946. 184 ; JCP 1946. II. 3113, note Toujas.*

Art. L. 143-19 **L'inscription conserve le privilège pendant dix années à compter du jour de sa date. Son effet cesse si elle n'a pas été renouvelée avant l'expiration de ce délai.**

Elle garantit au même rang que le principal deux années d'intérêt. – *[L. 17 mars 1909, art. 28].*

BIBL. ▶ REZEK, *JCP N 2005, n° 6, p. 262* (privilège de vendeur ou de nantissement de fonds de commerce).

Si la production de l'effet légal du nantissement sur fonds de commerce, qui a lieu, en cas de cession amiable de celui-ci, à la date de la notification de l'offre de purge faite par l'acquéreur, ne dispense pas le créancier nanti de renouveler son inscription avant l'expiration du délai de 10 ans fixé à l'art. 28, al. 1er [C. com., art. L. 143-19], cette formalité n'est obligatoire, comme en matière d'hypothèque, que jusqu'à paiement du prix ou à sa consignation. • Com. 14 janv. 1997 : *Bull. civ. IV, n° 15 ; D. 1997. 315, rapp. Rémery ; ibid. Somm. 213, obs. A. Honorat ; D. Affaires 1997. 270.*

Art. L. 143-20 **Les inscriptions sont rayées, soit du consentement des parties intéressées et ayant capacité à cet effet, soit en vertu d'un jugement passé en force de chose jugée.**

A défaut de jugement, la radiation totale ou partielle ne peut être opérée par le greffier que sur le dépôt d'un acte authentique *(L. n° 2003-721 du 1er août 2003, art. 3)* **« ou sous seing privé dûment enregistré » de consentement à la radiation donné par le créancier ou son cessionnaire régulièrement subrogé et justifiant de ses droits.**

La radiation totale ou partielle de l'inscription prise à l'Institut national de la propriété industrielle est opérée sur la production du certificat de radiation délivré par le greffier du tribunal de commerce. – *[L. 17 mars 1909, art. 29]. – V. Décr. 28 août 1909, art. 8, infra, ss. art. L. 143-23.*

Les dispositions de l'art. L. 143-20 issues de la L. n° 2003-721 du 1er août 2003, sont applicables en Polynésie française, à Wallis-et-Futuna et en Nouvelle-Calédonie (art. 58-I).

BIBL. ▶ Œuvre collective, *RJ com. 2003. 339, spéc. 349* (loi n° 2003-721 pour l'initiative économique). – SAINTOURENS, *RTD com. 2003. 694* (même thème).

L'art. 29 [C. com., art. L. 143-20] visant le créancier ou son cessionnaire régulièrement subrogé et justifiant de ses droits, il en résulte que seul le cessionnaire dont la subrogation a été régulièrement mentionnée en marge de l'inscription peut consentir la mainlevée. • Riom, 20 déc. 1935 : *DH 1936. 61.*

Sur l'application de l'art. 29 [C. com., art. L. 143-20], V. aussi : Rép. min. n° 63860 : *JOAN Q, 28 déc. 1992, p. 5864.*

Pour une appréciation de l'absence de parallélisme des formes en ce qui concerne les formalités requises pour l'inscription d'un nantissement de fonds de commerce et celles requises en cas de radiation de ce nantissement, V. Rép. min. n° 30831 : *JOAN Q, 27 sept. 1999, p. 5635.*

Loi du 17 mars 1909,

Relative à la vente et au nantissement des fonds de commerce (DP 1909. 4. 41).

Art. 24 Le vendeur ou le créancier gagiste, pour inscrire leur privilège, représentent, soit eux-mêmes, soit par un tiers, au greffier du tribunal de commerce, l'un des originaux de l'acte de vente ou du titre constitutif du nantissement s'il est sous seing privé ou une expédition s'il existe en minute. L'acte de vente ou de nantissement sous seing privé reste déposé au greffe.

(Décr. n° 55-602 du 20 mai 1955) « Il y est joint deux bordereaux sur papier non timbré dont la forme est déterminée par arrêté du garde des sceaux, ministre de la justice. » Ils contiennent : – *Pour les modèles de bordereaux, V. Arr. 26 déc. 1955 (D. 1956. 27 ; BLD 1956. 49).*

1° Les noms, prénoms et domiciles du vendeur et de l'acquéreur, ou du créancier et du débiteur, ainsi que du propriétaire du fonds si c'est un tiers, leur profession s'ils en ont une ;

2° La date et la nature du titre ;

3° Les prix de la vente établis distinctement pour le matériel, les marchandises et les éléments incorporels du fonds, ainsi que les charges évaluées, s'il y a lieu, ou le montant de la créance exprimée dans le titre, les conditions relatives aux intérêts et à l'exigibilité ;

4° La désignation du fonds de commerce et de ses succursales, s'il y a lieu, avec l'indication précise des éléments qui les constituent et sont compris dans la vente ou le nantissement, la nature de leurs opérations et leur siège, sans préjudice de tous autres renseignements propres à les faire connaître ; si la vente ou le nantissement s'étend à d'autres éléments du fonds de commerce que l'enseigne, le nom commercial, le droit au bail et la clientèle, ces éléments doivent être nommément désignés ;

5° Élection de domicile par le vendeur ou le créancier gagiste dans le ressort du tribunal de la situation du fonds.

Al. 3 et 4 codifiés ss. C. com., art. L. 143-17 et abrogés par Ord. n° 2000-912 du 18 sept. 2000, art. 4, III (3°).

1. *Désignation des parties.* L'inscription au bordereau est nulle si elle désigne comme débiteurs les gérants d'une SARL au lieu de la société elle-même. • Paris, 14 mai 1929 : *Gaz. Pal. 1929. 2. 442.* ♦ Le fait, pour le créancier, d'identifier sur le bordereau d'inscription une SNC, non pas par sa dénomination sociale exacte, mais par la mention SNC suivie du nom des associés, entraîne l'inopposabilité du nantissement aux tiers, même s'il n'existait aucun doute sur l'identification du fonds grevé dont tous les éléments d'identification étaient exacts, une telle irrégularité interdisant aux tiers toute recherche utile au greffe du tribunal. • Orléans, 23 mars 2006 : *RJDA 2006, n° 675.*

1 *bis. Acquéreur étranger.* Sur les titres à produire par un Algérien, V. : Rép. min. n° 31063 : *JOAN Q, 22 janv. 1996, p. 389.*

2. *Date du titre.* Il n'y a pas nullité si l'inexactitude de la date peut être rectifiée grâce à d'autres indications du bordereau et il suffit que le procès-verbal de dépôt contienne la date exacte. • Paris, 20 janv. 1932 : *Gaz. Pal. 1932. 2. 189, sous note.* ♦ Comp., exigeant une rectification résultant du bordereau lui-même : • T. civ. Montreuil, 30 déc. 1930 : *ibid. 1930. 1. 202.*

3. *Nature de l'acte.* Est nulle l'inscription portant qu'il s'agit du privilège du vendeur, alors qu'il y a en réalité nantissement. • T. com. Lille, 15 avr. 1929 : *Sem. Jur. 1929. 860* • Douai, 19 déc. 1929 : *DH 1930. Somm. 42.* ♦ V., sur l'inexactitude d'une inscription de nantissement non dommageable, note 7.

4. *Prix.* En ce qui concerne les prix de vente distincts, il a été jugé qu'une inscription est valable bien que le montant de la créance ne soit pas indiqué. • Amiens, 24 juin 1952 : *JCP 1953. II. 7770, note Cohen ; RTD com. 1953. 970, obs. Houin ; ibid. 1954. 77, obs. crit. Jauffret.* ♦ En ce sens qu'il suffit d'indiquer non le prix de vente, mais le solde restant dû, V. • Paris, 15 févr. 1935 : *S. 1935. 2. 191.* ♦ Il suffit d'inscrire le prix fixé au contrat et la clause d'échelle mobile stipulée. • T. civ. Pontoise, 25 mars 1953 : *Gaz. Pal. 1953. 1. 410 ; RTD com. 1953. 628, obs. Jauffret.* ♦ Est nulle une inscription qui ne comporte pas les conditions d'exigibilité. • T. com. Nantes, 16 juin 1923 : *Rec. Nantes 1923. 1. 251* • Paris, 25 janv. 1933 (motifs) : *Gaz. Pal. 1933. 1. 654.*

5. *Désignation du fonds.* Il est indispensable que le fonds soit exactement individualisé pour que les tiers soient certains de son identité. • T. com. Le Havre, 31 janv. 1934 : *Rev. fonds com. 1935. 98.* ♦ Si une succursale seule est vendue ou nantie, l'inscription doit être prise uniquement au greffe du tribunal de commerce dans le ressort duquel se trouve la succursale. • Civ. 20 juill. 1938 : *DP 1939. 1. 31 ; S. 1938. 1. 329, note H. Rousseau.* ♦ Sur une modification de l'inscription au cas de déplacement du fonds, V. • Paris, 29 mai 1934 : *DH 1934. 401.*

6. *Élection de domicile.* BIBL. J.-M. Fernandez, *D. Affaires 1998. 406.* ♦ Le domicile réel indiqué équivaut au domicile élu. • Paris, 25 janv. 1933 : *Gaz. Pal. 1933. 1. 654.* ♦ Toutefois, cette élection de domicile est une formalité substantielle dont l'absence emporte nullité. • T. com. Rouen, 9 déc. 1957 : *RTD com. 1959. 76, obs. Jauffret.* ♦ Sur l'absence de préjudice, V. note 7.

7. *Nécessité d'un préjudice.* L'inexactitude d'une inscription de nantissement n'entraîne pas nullité si cette inexactitude, commise dans le contenu de l'inscription, n'a pas eu pour l'acquéreur du fonds de conséquences dommageables. • Com. 1er déc. 1992 : *Bull. civ. IV, n° 384 ; D. 1993. IR. 17 ; RTD com. 1993. 286, obs. Derruppé* ; • Req. 16 mai 1938 : *Gaz. Pal. 1938.*

2. 338 • Paris, 13 déc. 1934 : *Gaz. Trib. 12 mars 1935* • Amiens, 24 juin 1952 : *JCP 1953. II. 7770, note Cohen.* ♦ N'est pas nulle une inscription contenant élection de domicile hors du ressort, en l'absence de préjudice causé aux tiers. • Paris, 22 nov. 1934 : *Rev. fonds com. 1935. 269.* ♦ V. aussi, pour une élection de domicile au tribunal de commerce, • Com. 1er déc. 1992 : *préc.* ♦ Comp., considérant que l'erreur sur la désignation du débiteur dans l'inscription du nantissement entraîne l'inopposabilité aux tiers de ce privilège : • Com. 19 mai 1998 : *Bull. civ. IV, n° 159 ; D. 1998. Somm. 377, obs. Piedelièvre ; D. Affaires 1998. 1036, obs. A.-L. M.-D. et P. P. ; RJDA 1998, n° 1160 ; JCP 1999. I. 316, obs. Delebecque.* ♦ Sur le moment où il convient d'invoquer l'absence de préjudice, V. • Com. 10 déc. 2002 : *D. 2003. AJ. 134, obs. Lienhard ; RJDA 2003, n° 524.*

25 *(Décr. n° 55-602 du 20 mai 1955)* Le greffier remet au requérant tant l'expédition du titre que l'un des bordereaux prévus à l'article 24, après l'avoir revêtu, dès sa réception, de la mention d'inscription qui comprend la date de celle-ci et le numéro sous lequel elle a été effectuée.

L'autre bordereau, portant les mêmes mentions, est conservé au greffe. — *V. Décr. du 28 août 1909, art. 2, infra, ss. art. L. 143-23.*

26 Il mentionne en marge des inscriptions les antériorités, les subrogations et radiations totales ou partielles dont il lui est justifié. Les antériorités et les subrogations pourront résulter d'actes sous seing privé, dûment enregistrés.

Mention de la subrogation. La loi ne fixe aucun délai pour faire mentionner la subrogation de l'inscription. • Riom, 20 déc. 1935 : *DH 1936. 61.* ♦ Il avait été jugé que le porteur de billets de fonds qui ne s'est fait subroger que postérieurement à la mention en marge de la subrogation accordée à un autre créancier est primé par celui-ci. • Req. 15 janv. 1934 : *DP 1934. 1. 158, note Montier* • 25 nov. 1929 : *S. 1930. 1. 369, note Batiffol.* – *Contra* : • Lyon, 11 févr. 1932 : *DH 1932. 228* • Aix-en-Provence, 10 mai 1933 : *DP 1934. 2. 41, note Chéron* • Paris, 2 mars 1936 : *Gaz. Pal. 1936. 1. 780.* ♦ V. note ss. art. L. 143-18.

....

30 Lorsque la radiation, non consentie par le créancier, est demandée par voie d'action principale, cette action est portée devant le tribunal de commerce du lieu où l'inscription a été prise.

Si l'action a pour objet la radiation d'inscriptions prises dans des ressorts différents sur un fonds et ses succursales, elle sera portée pour le tout devant le tribunal de commerce dans le ressort duquel se trouve l'établissement principal.

Redressement et liquidation judiciaires. V. *infra*, App., v° *Difficultés des entreprises*, Décr. n° 85-1388 du 27 déc. 1985, anciens art. 103-3, al. 2, 104, al. 3 et 151-1.

31 La radiation est opérée au moyen d'une mention faite par le greffier en marge de l'inscription.

Il en est délivré certificat aux parties qui le demandent.

32 Les greffiers des tribunaux de commerce sont tenus de délivrer à tous ceux qui le requièrent soit l'état des inscriptions existantes, avec les mentions d'antériorité, de radiations partielles et de subrogations partielles ou totales, soit un certificat qu'il n'en existe aucune ou simplement que le fonds est grevé.

Un état des inscriptions ou mentions effectuées à l'Office *[Institut]* national devra de même être délivré à toute réquisition.

L'officier public commis pour procéder à la vente d'un fonds de commerce pourra, s'il le juge utile, se faire délivrer par le greffier copie des actes de vente sous seing privé déposés au greffe et concernant ledit fonds. Il pourra également se faire délivrer expédition des actes authentiques de vente concernant ce fonds.

33 Dans aucun cas les greffiers ne peuvent refuser ni retarder les inscriptions ni la délivrance des états ou certificats requis.

Ils sont responsables de l'omission sur leurs registres des inscriptions requises en leur greffe, et du défaut de mention dans leurs états ou certificats d'une ou plusieurs inscriptions existantes, à moins, dans ce dernier cas, que l'erreur ne provînt de désignations insuffisantes qui ne pourraient leur être imputées.

Ces art. seront abrogés à compter de l'entrée en vigueur de la partie réglementaire du C. com. (Ord. n° 2000-912 du 18 sept. 2000, art. 4, III, 3°).

1. Opposabilité aux créanciers. Si le requérant n'a pas fait une notification aux créanciers inscrits en raison de la délivrance d'un certificat négatif par suite de l'inattention du greffier, cette faute ne peut avoir pour conséquence de rendre la procédure irrégulière par défaut de notification opposable au créancier inscrit. • Civ. 1er oct. 1941 : *DA 1942. Somm. 7 ; Gaz. Pal. 1942. 1. 28* • 12 janv. 1944 : *D. 1944. 55.*

2. Négligences du déclarant. Le greffier n'est pas responsable si l'erreur provient de désignations insuffisantes dans la réquisition. • Civ. 3e, 22 mai 1975 : *Bull. civ. III, n° 171* • TGI Saint-Nazaire, 13 oct. 1969 : *Gaz. Pal. 1970. 1. 61.* ♦ Il a été jugé qu'un greffier pouvait refuser une inscription à défaut d'acte véritable, et notamment d'enregistrement. • T. com. Seine, 9 nov. 1922 : *DP 1922. 5. 18* • T. civ. Seine, 16 janv. 1933 : *Gaz. Trib. 1933. 1. 291.*

3. Société en formation. Sur l'impossibilité d'inscrire le nantissement au nom d'une société non immatriculée, V. • Civ. 1re, 5 juill. 1989 : *Gaz. Pal. 1989. 2. 634, note Hatoux ; RTD com. 1990. 26, obs. Derruppé ; ibid. 400, obs. Champaud.* ♦ Sur l'inscription au nom d'une personne agissant pour le compte de la société en formation, V. • Com. 29 mai 1980 : *Bull. civ. IV, n° 221.*

SECTION III DES INTERMÉDIAIRES ET DE LA RÉPARTITION DU PRIX

Art. L. 143-21 Tout tiers détenteur du prix d'acquisition d'un fonds de commerce chez lequel domicile a été élu doit en faire la répartition dans les trois mois de la date de l'acte de vente.

A l'expiration de ce délai, la partie la plus diligente peut se pourvoir en référé devant la juridiction compétente du lieu de l'élection du domicile, qui ordonne soit le dépôt à la Caisse des dépôts et consignations, soit la nomination d'un séquestre répartiteur. – *[L. 29 juin 1935, art. 19].*

Pour l'application de l'art. L. 143-21, il est procédé selon les règles posées par les art. 1281-2 s. NCPC (Décr. n° 96-740 du 14 août 1996, art. 2-1, inséré par Décr. n° 2004-836 du 20 août 2004, art. 58). – ***C. pr. civ.***

BIBL. ▶ VAUVILLÉ, *JCP E 1996. I. 548* (distribution amiable de prix de cession ; régime antérieur au décret n° 96-740 du 14 août 1996). – RÉMERY, *D. 1997. Chron. 75* (procédure de distribution des deniers instaurée par le décret du 14 août 1996). – PUYGAUTHIER, *JCP E 1999, n° 4, p. 162* (distribution du prix de vente d'un fonds de commerce et le décret du 14 août 1996). – CRÔNE, *Defrénois 2004. 1198* (cas pratique). – SOUWEINE, *RTD com. 2004. 647* (séquestre du prix de vente à l'amiable d'un fonds de commerce et procédures de redressement ou de liquidation judiciaires).

La répartition demandée provenant de la vente amiable consentie, en dehors de toute procédure d'exécution, d'un fonds de commerce, le juge de l'exécution, institué par la loi n° 91-650 du 9 juill. 1991, n'est pas compétent. • TGI Lyon, 9 nov. 1993 : *D. 1994. IR. 16.* ♦ Sur la procédure à suivre, V. désormais art. 1281-1 s. NCPC, rendus applicables par l'art. 19, al. 2, mod. ♦ Pour une décision rendue en application de ce nouveau texte, V. • T. com. Chambéry, réf., 20 sept. 1996 : *Procédures 1996, n° 331, note Croze* (compétence du président du tribunal de commerce en référé pour désigner une personne chargée de la distribution du prix de vente). ♦ Jugeant que, faute d'avoir répondu aux conclusions par lesquelles une banque, dont le prêt était garanti par un nantissement inscrit sur le fonds de commerce, soutenait que le séquestre avait, en s'abstenant de l'informer de la cession du fonds et de l'appeler à la répartition du prix, commis des fautes engageant sa responsabilité délictuelle à son égard, une cour d'appel a méconnu les exigences de l'art. 455 NCPC. • Com. 28 avr. 2004 : *préc. note 4 ss. art. L. 143-12.* ♦ Le prix de vente, qui a été remis au séquestre conventionnel, n'entre pas dans le patrimoine de la société débitrice, le séquestre étant investi d'un mandat irrévocable d'effectuer les paiements. • Com. 7 janv. 2003 : *JCP N 2003, n° 47, p. 1696, obs. Vauvillé.*

V. L. n° 70-9 du 2 janv. 1970 réglementant les conditions d'exercice des activités relatives à certaines opérations portant sur les immeubles et les fonds de commerce (D. et BLD 1970. 37), mod. par L. n° 71-580 du 16 juill. 1971, art. 29 (D. et BLD 1971. 323), L. n° 94-624 du 21 juill. 1994, art. 46 (D. et ALD 1994. 378), L. n° 98-566 du 8 juill. 1998, art. 3 (JO 9 juill.), Ord. n° 2005-1278 du 13 oct. 2005, art. 6 (JO 14 oct.). – V. Décr. n° 72-678 du 20 juill. 1972 (D. et BLD 1972. 429 ; Rect. 499) fixant les conditions d'application, mod. par Décr. n° 74-1179 du 31 déc. 1974 (D. et BLD 1975. 43), Décr. n° 80-571 du 21 juill. 1980 (D. et BLD 1980. 319), Décr. n° 93-199 du 9 févr. 1993 (D. et ALD 1993. 239), Décr. n° 95-818 du 29 juin 1995 (D. et ALD 1995. 385), Décr. n° 2001-373 du 27 avr. 2001 (JO 29 avr.), Décr. n° 2002-642 du 29 avr. 2002 (JO 30 avr.), Décr. n° 2005-1315 du 21 oct. 2005 (JO 23 oct.). – L'art. 18 du Décr. n° 72-678 du 20 juill. 1972 a été annulé par une décision du Conseil d'État du 27 nov. 1974 (JO 5 janv. 1975). – Arr. du 16 mars 2006 (JO 22 mars) établissant le modèle des cartes professionnelles, de la déclaration d'activité et de l'attestation prévues par le Décr. de 1972. – ***C. pén.*** *ou* ***C. baux.***

Art. L. 143-22 **Lorsque la confiscation d'un fonds de commerce est prononcée par une juridiction répressive en application des articles 225-16, 225-19 et 225-22 du code pénal et 706-39 du code de procédure pénale, l'État doit procéder à la mise en vente du fonds confisqué selon les formes prévues par le présent titre dans un délai d'un an, sauf prorogation exceptionnelle de ce délai par ordonnance du président du tribunal de grande instance. Il n'est tenu à l'égard des créanciers qu'à concurrence du prix de vente de ce fonds.**

Cette mise en vente doit être réalisée sous forme d'une annonce légale faite quarante-cinq jours au moins avant la vente, que celle-ci ait lieu par adjudication ou sous forme amiable.

Les sûretés inscrites après la date de la mention de l'engagement des poursuites pour l'une des infractions visées au premier alinéa sont nulles de plein droit sauf décision contraire du tribunal.

L'autorité administrative peut, à tout moment, demander la fixation du loyer à un taux correspondant à la valeur locative des locaux.

Lorsque le propriétaire du fonds confisqué est en même temps propriétaire des locaux dans lesquels le fonds est exploité, il doit être établi un bail dont les conditions sont fixées, à défaut d'accord amiable, par le président du tribunal de grande instance, qui statue dans les formes prévues pour les baux d'immeubles ou de locaux à usage commercial, industriel ou artisanal. – *[L. 17 mars 1909, art. 34].*

Art. L. 143-23 **Un décret en Conseil d'État détermine toutes les mesures d'exécution des chapitres Ier et II ci-dessus et du présent chapitre, notamment les émoluments à allouer aux greffiers des tribunaux de commerce, les conditions dans lesquelles sont effectuées, à l'Institut national de la propriété industrielle, les inscriptions, radiations et délivrances d'états ou certificats négatifs concernant les ventes, cessions ou nantissements des fonds de commerce qui comprennent des brevets d'invention ou licences, des marques de fabrique et de commerce, des dessins et modèles industriels.** – *V. infra, Décr. 28 août 1909.*

Il détermine, en outre, les droits à percevoir par le Conservatoire des arts et métiers, pour le service de l'Institut national de la propriété industrielle, sur les inscriptions et mentions d'antériorité, de subrogation et de radiation, les états d'inscriptions ou certificats qu'il n'en existe aucune. – *[L. 17 mars 1909, art. 37].*

Décret du 28 août 1909,

Portant règlement d'administration publique pour l'exécution des lois des 17 mars et 1er avril 1909 sur la vente et le nantissement des fonds de commerce.

TITRE Ier. FORMALITÉS RELATIVES À L'INSCRIPTION AU GREFFE DU TRIBUNAL DE COMMERCE DU PRIVILÈGE RÉSULTANT DE LA VENTE OU DU NANTISSEMENT D'UN FONDS DE COMMERCE

Art. 1er Les pièces mentionnées à l'article 24 de la loi du 17 mars 1909 et toutes autres pièces produites aux greffes des tribunaux de commerce et des tribunaux de grande instance jugeant commercialement, reçoivent un numéro d'entrée au moment de leur production.

Ces pièces sont enregistrées sur un registre à souche, et il en est délivré un récépissé extrait dudit registre et mentionnant :

1° Le numéro d'entrée apposé sur les pièces conformément au paragraphe ci-dessus ;

2° La date du dépôt des pièces ;

3° Le nombre et la nature de ces pièces avec l'indication du but dans lequel le dépôt a été fait ;

4° Le nom des parties ;

5° La nature et le siège du fonds de commerce.

Le récépissé est daté et signé par le greffier auquel il est rendu contre remise de la pièce portant, conformément à l'article 25 de la loi, la certification que l'inscription du privilège a été effectuée.

Le registre est signé par première et dernière feuille, coté et paraphé en tous ses feuillets par le président du tribunal. Il est arrêté chaque jour. — *V. L. 17 mars 1909, art. 24, al. 1er et 2, et art. 25, supra, ss. art. L. 143-20.*

2 *(Décr. no 55-1670 du 26 déc. 1955)* Les greffiers des tribunaux ci-dessus mentionnés sont tenus, pour l'exécution des articles 1er *[C. com., art. L. 141-5]*, 2 *[C. com., art. L. 141-6 à L. 141-11]*, 10 *[C. com., art. L. 142-3]*, 24 *[partiellement codifié ss. C. com., art. L. 143-17]* et 25 de la loi du 17 mars 1909, d'enliasser et de relier à leurs frais les bordereaux d'inscription du privilège de vendeur et les bordereaux d'inscription du privilège résultant du contrat de nantissement d'un fonds de commerce.

Ils tiennent un fichier alphabétique des noms des débiteurs avec l'indication des numéros des inscriptions les concernant.

Le papier sur lequel sont établis les bordereaux est fourni par les greffiers aux frais des requérants. Toutefois, les officiers publics ou ministériels peuvent se le procurer eux-mêmes. — *V. supra, note ss. art. 1er.*

3 Le dépôt des actes sous seing privé de vente ou de nantissement de fonds de commerce, prescrit par l'article 24 de la loi du 17 mars 1909, est constaté sur un registre spécial que les greffiers sont tenus d'avoir.

Ce registre est divisé en deux colonnes.

La première contient le numéro d'ordre du registre.

Dans la seconde est inscrit le procès-verbal de dépôt contenant la date à laquelle il a été fait ; la mention, la date et le coût de l'enregistrement de l'acte ; son numéro d'entrée ; sa nature ; l'indication du nom du créancier et du débiteur ou du vendeur et de l'acheteur, la nature et l'adresse du fonds de commerce.

Ce procès-verbal est signé par le greffier.

Le registre de dépôt, complété par un répertoire alphabétique des noms des débiteurs ou vendeurs, est signé, coté, paraphé et arrêté comme il est dit ci-dessus. — *V. note ss. art. 1er.*

4 Les déclarations de créance faites aux greffiers en exécution de l'article 7 de la loi du 17 mars 1909 *[C. com., art. L. 141-22]* sont inscrites sur un registre à souche que les greffiers sont tenus d'avoir.

Ce registre est divisé en quatre colonnes destinées à recevoir :

1° Le numéro d'ordre de la déclaration ;

2° Le procès-verbal de la déclaration contenant la date à laquelle elle a été faite, le nom du déclarant, le nom et l'adresse du débiteur avec l'indication de la nature et du siège du fonds dont il est propriétaire, le montant de la créance, l'indication de l'apport du fonds dans une société dont la nature et le siège doivent être déterminés, la date et le numéro du dépôt au greffe de l'acte de constitution de ladite société.

Ce procès-verbal est signé par le greffier ;

3° La reproduction du numéro d'ordre ;

4° Le certificat de la déclaration de créance qui doit reproduire succinctement les indications portées à la colonne de déclaration.

Ce certificat, composé des mentions des troisième et quatrième colonnes du registre, est détaché et remis au déclarant. Il doit être daté et signé par le greffier.

Le registre de déclaration de créance, complété par un répertoire alphabétique des noms des débiteurs, est signé, coté et paraphé comme il est dit ci-dessus.

Il est arrêté chaque jour.

5 Chaque année, au mois de décembre, le président du tribunal se fait représenter les registres prévus par les articles ci-dessus ; il en vérifie la tenue, s'assure que les prescriptions du présent règlement ont été rigoureusement suivies et en donne l'attestation au pied de la dernière inscription.

6 Les registres sur lesquels les privilèges résultant des actes de vente ou de nantissement ont été, entre la date de la promulgation de la loi du 17 mars 1909 et celle de la publication du présent règlement, inscrits en exécution des articles 1er et 10 de la loi précitée, doivent mentionner, en marge ou à la suite de ces inscriptions, les antériorités, subrogations et radiations et contenir, à la fin, un répertoire alphabétique des noms des débiteurs ou vendeurs.

En ce qui concerne le dépôt des actes sous seing privé de vente ou de nantissement prescrit par l'article 24 de la loi du 17 mars 1909 et les déclarations de créance prévues par l'article 7 de la même loi *[C. com., art. L. 141-22]* qui, antérieurement à la publication du présent décret, n'ont pas été mentionnés sur des registres tenus au greffe, les greffiers sont autorisés à ne pas effectuer ces mentions sur des registres conformes aux prescriptions des articles 3 et 4 qui précèdent, mais ils doivent conserver aux minutes du greffe, par ordre de date et de numéro d'entrée et cotés et paraphés par le président du tribunal, les actes sous seing privé de vente ou de nantissement et ceux constatant les déclarations de créance. Un répertoire alphabétique des noms des débiteurs ou vendeurs est dressé et annexé à ces actes. — *V. supra, note ss. art. 1er.*

TITRE II. FORMALITÉS DES INSCRIPTIONS ET MENTIONS À L'OFFICE *[institut]* NATIONAL DE LA PROPRIÉTÉ INDUSTRIELLE

7 Lorsque les ventes ou cessions de fonds de commerce comprennent des marques de fabrique et de commerce et des dessins ou modèles industriels et lorsque les nantissements desdits fonds comprennent des brevets d'invention ou licences, des marques ou des dessins et modèles, le certificat d'inscription délivré par le greffier du tribunal de commerce, en exécution de l'article 24 de la loi du 17 mars 1909, doit mentionner :

(Décr. n° 87-970 du 3 déc. 1987) « 1° La nature, la date et le numéro de l'inscription effectuée au greffe ;

« 2° La forme et la date de l'acte de vente ou de l'acte constitutif du nantissement ;

« 3° L'identité et l'adresse du créancier gagiste et du débiteur ;

« 4° La désignation du fonds de commerce ainsi que la nature et les références des titres de propriété industrielle concernés. » — *V. supra, note ss. art. 1er.*

8 Le certificat de radiation, délivré par le greffier, en exécution de l'article 29 de la loi du 17 mars 1909 *[C. com., art. L. 143-20]*, doit contenir les mêmes indications que celles qui sont prévues pour le certificat d'inscription visé à l'article 7.

9 *(Décr. n° 87-970 du 3 déc. 1987)* L'inscription et la radiation du privilège ou du nantissement à l'Institut national de la propriété industrielle s'effectuent par report du certificat du greffier selon la nature des titres concernés :

a) Au registre national des brevets ou au registre national des marques, dans les conditions prévues par les textes qui leur sont applicables ;

b) Dans un registre spécial aux dépôts de dessins et modèles, à la demande de l'une des parties à l'acte.

Les dispositions de l'alinéa précédent sont applicables à l'inscription des antériorités et subrogations. Toutefois, le certificat du greffier est, dans ce cas, remplacé par les justifications prévues à l'article 26 de la loi du 17 mars 1909. — *V. art. préc. ss. C. com., art. L. 143-20.*

10 *(Décr. n° 96-103 du 2 févr. 1996)* Le nantissement de fonds qui comprennent des droits d'exploitation de logiciels ainsi que les ventes ou cessions de fonds de commerce comprenant des droits d'exploitation de logiciels nantis doivent être inscrits à l'Institut national de la propriété industrielle sur la production du certificat d'inscription délivré par le greffier du tribunal de commerce.

Les formalités prévues aux articles 7, 8 et 9 ci-dessus sont applicables aux actes inscrits au registre national spécial des logiciels tenu par l'Institut national de la propriété industrielle. — *Sur l'application de cette disposition dans les territoires d'outre-mer et à Mayotte, V. Décr. n° 96-103 du 2 févr. 1996, art. 5 (D. 1996. 76).*

11 à 17 *Abrogés par Décr. n° 87-970 du 3 déc. 1987, art. 4.*

18 *Abrogé par Décr. n° 80-307 du 29 avr. 1980.*

19 à 21 *Abrogés par Décr. n° 87-970 du 3 déc. 1987, art. 4.*

TITRE IV. TAXATION DES FRAIS DE L'ADMINISTRATEUR PROVISOIRE

22 Les frais et indemnités dus, s'il y a lieu, à l'administrateur provisoire nommé par application de l'article 15 de la loi du 17 mars 1909 *[C. com., art. L. 143-4]*, sont taxés par le président du tribunal de commerce.

Ordonnance n° 45-2339 du 13 octobre 1945,

Relative aux spectacles (D. 1945. 282).

Art. 3 Les baux d'immeubles à usage de spectacles, les locations, sous-locations et cessions de fonds de commerce d'entreprises de spectacles conclus postérieurement à la publication de la présente ordonnance doivent, à peine de nullité, être autorisés par le ministre *(L. n° 99-198 du 18 mars 1999)* « chargé de la culture ».

La nullité est constatée à la requête du ministère public, des parties, de l'une d'elles ou de tout tiers intéressé.

Code civil

RÉP. COM. v° *Fonds de commerce*, par DERRUPPÉ.

Art. 1321-1 *(Ord. n° 2005-1512 du 7 déc. 2005, art. 24-I)* Est nulle et de nul effet toute contre-lettre ayant pour objet une augmentation du prix stipulé dans le traité de cession d'un office ministériel et toute convention ayant pour but de dissimuler partie du prix d'une vente d'immeubles ou d'une cession de fonds de commerce ou de clientèle ou d'une cession d'un droit à un bail ou du bénéfice d'une promesse de bail portant sur tout ou partie d'un immeuble et tout ou partie de la soulte d'un échange ou d'un partage comprenant des biens immeubles, un fonds de commerce ou une clientèle.

....

1589-2 *(Ord. n° 2005-1512 du 7 déc. 2005, art. 24-I)* Est nulle et de nul effet toute promesse unilatérale de vente afférente à un immeuble, à un droit immobilier, à un fonds de commerce, à un droit à un bail portant sur tout ou partie d'un immeuble ou aux titres des sociétés visées aux articles 728 et 1655 ter du code général des impôts, si elle n'est pas constatée par un acte authentique ou par un acte sous seing privé enregistré dans le délai de dix jours à compter de la date de son acceptation par le bénéficiaire. Il en est de même de toute cession portant sur lesdites promesses qui n'a pas fait l'objet d'un acte authentique ou d'un acte sous seing privé enregistré dans les dix jours de sa date.

L'art. 1589-2 C. civ. reprend les dispositions de l'art. 1840 A CGI abrogé par l'Ord. n° 2005-1512 du 7 déc. 2005, art. 20-II.

Sur la vente des fonds de commerce appartenant à des mineurs ou à des majeurs sous tutelle, V. NCPC, art. 1271 s. — ***C. pr. civ.***

Sur le consentement nécessaire du conjoint pour aliéner ou grever de droits réels un fonds de commerce, V. C. civ., art. 1424, al. 1er. — ***C. civ.*** *; ... des éléments de celui-ci, V. art. L. 121-5.*

BIBL. ▶ SUQUET, *JCP N 2006, n° 15-16, p. 743* (faut-il encore enregistrer les promesses unilatérales de vente d'immeubles et de fonds de commerce ?).

Viole les art. 1103 C. civ. et 1840 A CGI une cour d'appel qui déclare une promesse unilatérale de vente nulle faute d'enregistrement tout en relevant qu'elle est contenue dans un accord constituant une transaction entre les parties. • Civ. 3e, 26 mars 2003 : *Bull. civ. III, n° 71 ; D. 2003. 2197, note Lipinski ; JCP E 2004, n° 18, p. 724, note Schmidt-Szalewski ; Petites affiches 3 déc. 2003, p. 18, note Dagorne-Labbe ; ibid. 27 janv. 2004, p. 10, note Chassagnard ; Defrénois 2003. 841, obs. Savaux ; Gaz. Pal. 2004. 408, note Bletterie ; RJDA 2003, n° 820 ; Procédures 2003, n° 151, obs. Croze* • Cass., Ass. plén., 24 févr. 2006 : *D. 2006. 1396, obs. Najjaz ; ibid. IR. 677, obs. Gallmeister ; JCP 2006. II. 10065, avis Cédras ; BRDA 2006, n° 5, p. 5.* ♦ Ce texte [CGI, art. 1840 A], d'interprétation stricte, ne s'applique pas aux avant-contrats qui n'obligent pas le propriétaire du bien ou des droits concernés. • Versailles, 6 févr. 2004 : *JCP 2004. IV. 2403.*

CHAPITRE IV DE LA LOCATION-GÉRANCE

RÉP. COM. v° *Location-gérance de fonds de commerce*, par HANNOUN, DERRIDA et KORNPROBST.

BIBL. GÉN. ▶ HOUIN, *RTD com. 1956. 197.* – MAUS, *D. 1956. Chron. 69.* – MAUS et LIDSKY, *D. 1957. 269 ; ALD 1957. 1.* – BÉRAUD, *Ann. loyers 1979, n° 3-4.* – COHEN, *JCP 1953. I. 1127.* – DERRIDA, *JCP E 1959. 65816.* – ESMEIN, *Gaz. Pal. 1953. 2. Doctr. 60.* – GUYÉNOT, *Rev. huiss. 1977. 21.* – TEILLIAIS, *ibid. 1997. 1407.* – BONIFACE, *JCP N 1995. Prat. 3322* (location-gérance d'un fonds appartenant à un mineur). – RAFFRAY, *JCP N 1997. Prat. 3979* (bon usage de la location-gérance). – TROUSSET, *JCP E 1999, n° 44-45, p. 1760* (la location gérance : une solution pour anticiper les effets d'une fusion en cours de réalisation). – SALVADOR, *JCP N 2000, n° 45, p. 1617* (cession d'entreprise et absence de surface financière du repreneur). – GOUYET, *JCP E 2000, n° 51-52, p. 2034* (la location-gérance : un mode de gestion fiscale à part entière ?). – VALDÈS, *Administrer nov. 2003. 20* (la mise en location-gérance du fonds de commerce de l'administrateur de biens). – BILLON-GRAND et HERRNBERGER, *JCP N 2005, n° 40, p. 1635* (mise en location-gérance : questionnaire préalable – fiche pratique). – CASTAGNÉ, *ibid. 2006, n° 14, p. 725* (les clauses essentielles du contrat de location-gérance).

Art. L. 144-1 Nonobstant toute clause contraire, tout contrat ou convention par lequel le propriétaire ou l'exploitant d'un fonds de commerce ou d'un établissement artisanal en concède totalement ou partiellement la location à un gérant qui l'exploite à ses risques et périls est régi par les dispositions du présent chapitre. — *[L. n° 56-277 du 20 mars 1956, art. 1er]. — V. Décr. n° 56-612 du 20 juin 1956, infra, ss. art. L. 144-13.*

V. C. mon. fin., art. L. 631-1.

1. Ordre public. Un contrat doit être qualifié de location-gérance s'il correspond à la définition légale, même s'il est qualifié différemment par les parties. • Paris, 31 mars 1994 : *D. 1994. IR. 122 ; RTD com. 1994. 475, obs. Derruppé ; JCP E 1995 I. 439, n° 3, obs. Raynard.*

1 bis. L'opération par laquelle une société concède à une autre société, dans un intérêt économique commun, un fonds de commerce que cette dernière a exploité à ses risques et périls relève de l'art. 1er de la loi [C. com., art. L. 144-1], sans qu'il soit nécessaire de rapporter la preuve d'une volonté non équivoque des parties de conclure un contrat de location-gérance (à propos d'une exploitation sans contrat écrit, ni redevance stipulée). • Com. 23 mars 1999 : *Bull. civ. IV, n° 71 ; D. 2000. Somm. 19, obs. Reygrobellet ; D. Affaires 1999. 825, obs. A.-L. M.-D. ; Petites affiches 27 avr. 1999, p. 8, note P. M. ; Contrats Conc. Consom. 1999, n° 88, obs. Leveneur ; JCP E 1999, n° 39, p. 1541, obs. Leveneur ; RTD com. 1999. 633, obs. Derruppé ; Dr. et patr. nov. 1999. 116, obs. Chauvel.* ♦ Pour une autre hypothèse de contrat verbal de location-gérance, V. • Paris, 1er juill. 2004 : *AJDI 2004. 811* .

2. Nature juridique. La location-gérance a la nature d'une location d'un meuble incorporel. • Com. 9 mars 1953 : *D. 1953. 324.* ♦ V. aussi • Com. 16 févr. 1993 : *cité note 1 ss. art. L. 144-11.* ♦ Sur les droits d'un usufruitier, V. note 1 ss. art. L. 144-3.

3. Caractère civil ou commercial. Le locataire-gérant étant nécessairement commerçant, le contrat présente pour lui un caractère commercial. • Colmar, 16 janv. 1937 : *Gaz. Pal. 1937. 1. 693* • T. com. Tours, 28 nov. 1952 : *RTD com. 1953. 388, obs. Jauffret.* – Comp. : art. L. 144-2. ♦ Lorsque le loueur exploitait le fonds antérieurement, le contrat est commercial à son égard. • Paris, 13 mars 1953 : *Gaz. Pal. 1953. 1. 265.* ♦ Sur la compétence du tribunal de commerce, V. • Civ. 14 nov. 1923 : *S. 1925. 1. 49* • T. com. Aix-en-Provence, 13 déc. 1954 : *D. 1956. Somm. 6 ; RTD com. 1955. 538, obs. Jauffret.* ♦ Si le loueur n'a jamais exercé d'activité commerciale, l'opération présente à son égard un caractère civil. • Bordeaux, 10 mai 1966 : *D. 1966. 422.* ♦ V. aussi, en ce sens que l'acte de donner son fonds de commerce en location-gérance n'entraîne pas la qualité de commerçant pour le loueur, • Com. 20 févr. 1996 : *Bull. civ. IV, n° 54 ; RTD com. 1996. 443, obs. Derruppé ; Defrénois 1996. 653, obs. J. Honorat.* ♦ Le loueur, qui n'a pas la qualité de commerçant pour avoir reçu le fonds de commerce en usufruit, est fondé à soutenir que le contrat de location-gérance revêt à son égard un caractère civil et, s'agissant d'une action en paiement des redevances de location-gérance et non des loyers commerciaux, il peut assigner le locataire-gérant devant le tribunal d'instance. • Paris, 8 nov. 2000 : *D. 2001. AJ. 236* . ♦ Sur le crédit-bail, V. note 10.

Sur les conséquences fiscales d'une location-gérance dissimulant une cession de fonds, V. • TGI Évry, 7 déc. 1989 : *Defrénois 1991. 164, note Chappert.*

4. Apport en jouissance. Viole les art. 1832 et 1843-3 C. civ., l'arrêt qui retient que l'apport en jouissance d'un fonds de commerce s'analyse en un bail de ce fonds. • Com. 3 déc. 1991 : *Bull. civ. IV, n° 373 ; Rev. sociétés 1992. 52 ; Dr. sociétés 1992, n° 22, obs. Bonneau ; RTD com. 1992. 382, obs. Champaud et Danet* .

4 bis. Convention d'occupation précaire. Sur la question de savoir si la location d'un local commercial à usage de pizzeria doit s'analyser en une convention d'occupation précaire ou en une location-gérance déguisée d'un fonds de commerce, V. • Civ. 3e, 3 juin 2004 : *Rev. loyers 2004. 604.*

5. Sous-location. La mise en location-gérance ne constitue pas une sous-location. • Com. 23 mai 1995 : *Bull. civ. IV, n° 127 ; RTD com. 1995. 752* . ♦ ... La jouissance des lieux n'étant que la conséquence accessoire et nécessaire de la location-gérance. • Civ. 3e, 9 juill. 2003 : *Bull. civ. III, n° 148 ; D. 2003. AJ. 2013, obs. Rouquet ; JCP E 2003, n° 39, p. 1510 ; RJDA 2003, n° 925 ; Dr. et patr. déc. 2003. 94, obs. Chauvel ; Petites affiches 24 mai 2004, p. 10, obs. Teilliais ; Administrer nov. 2003. 30, note Barbier.* ♦ Dès lors, le propriétaire bailleur du local où est exploité le fonds ne pouvait opposer au locataire la clause du bail lui imposant une « occupation » personnelle des lieux pour s'opposer à la location-gérance. • Civ. 3e, 14 nov. 2002 : *RJDA 2003, n° 115.* ♦ V. une solution différente lorsque l'obligation pesant sur le locataire est celle d'« exploiter » personnellement les lieux loués : • Civ. 3e, 14 nov. 1996 : *D. Affaires 1997. 74 ; RTD com. 1997. 227* ♦ ... Ou « de ne pas se substituer quelque personne que ce soit ni prêter les lieux, même temporairement, à des tiers ». • Civ. 3e, 22 janv. 2003 : *RJDA 2003, n° 367 ; Rev. loyers 2003. 180.* – Rappr. • Civ. 3e, 6 nov. 2001 : *Defrénois 2003. 706, obs. J. Honorat.* ♦ ... Ou lui interdit de « concéder la jouissance des lieux loués à qui que ce soit et sous quelque forme que ce soit, même temporairement à titre gratuit ou précaire ». • Paris, 12 oct. 2005 : *AJDI 2006. 195, obs. Denizot ; RJDA 2006, n° 510.* ♦ Les art. 1732 et 1733 C. civ., relatifs à la responsabilité du preneur en cas d'incendie, ne sont pas applicables à la location-gérance. • Com. 16 juill. 1980 : *Bull. civ. IV, n° 294* • 21 avr. 1992 : *ibid.,* *n° 168 ; D. 1992. IR. 189 ; JCP 1993. II. 22101, note Dubaele.* ♦ Dans le même sens, V. • Civ. 3e, 13 oct. 1999 : *JCP E 2000, n° 18-19, p. 758, note Leveneur ; RTD com. 2000. 592, obs. Derruppé*. ♦ V. aussi note 7 *bis* ss. art. L. 144-9. ♦ Comp., déclarant l'art. 684 C. pr. civ. [ancien], relatif au sort des baux en cas de saisie immobilière (V. depuis l'Ord. n° 2006-461 du 21 avr. 2006, C. civ., art. 2199), applicable à la location-gérance : • Civ. 2e, 5 juin 1996 : *Bull. civ. II, n° 140 ; D. Affaires 1996. 865 ; RTD com. 1996. 655, obs. Derruppé*.

5 bis. Constituent une sous-location : la convention par laquelle le fonds est mis en gérance libre avec droit au bail, qui impose au sous-locataire le paiement direct du loyer au propriétaire indépendamment du prix de gérance et lui impose de satisfaire à toutes les charges, clauses et obligations du bail. • Com. 2 juin 1958 : *Bull. civ. III, n° 219 ; JCP 1958. II. 11501, note Cohen* • Paris, 14 mars 1991 : *D. 1992. Somm. 367, obs. Rozès ; RTD com. 1991. 380, obs. crit. Derruppé*. ♦ ... Le prétendu contrat de location-gérance, lorsque le gérant exerce dans les lieux une activité plus étendue que celle que prévoyait le bail, sous son enseigne propre, et sans faire usage du nom commercial du fonds prétendument cédé. • Civ. 3e, 1er juill. 1975 : *Bull. civ. III, n° 229* • Paris, 20 nov. 2002 : *Loyers et copr. 2003, n° 132, obs. Brault et Pereira-Osouf.* ♦ ... La convention par laquelle le propriétaire d'un fonds de commerce se réserve toute l'exploitation prévue à son propre bail. • Civ. 3e, 26 nov. 1997 : *JCP E 1998, n° 4, p. 98.* ♦ Sur la distinction entre la location-gérance et la sous-location, V. aussi • Civ. 3e, 4 nov. 1998 : *JCP E 1999, n° 47, p. 1862, obs. Monéger.*

6. *Location-gérance partielle.* La location-gérance d'un fonds de commerce peut n'être que partielle. • Paris, 31 mars 1994 : *préc. note 1.* ♦ Le contrat de stand par lequel une société exploitant un supermarché autorise une autre société à ouvrir et tenir un rayon boucherie à l'intérieur de son commerce général d'alimentation n'est ni une location d'espace, ni un mandat, mais une location-gérance d'une fraction du fonds de commerce. • Même arrêt.

7. *Mise à la disposition d'un fonds de commerce.* BIBL. Raffray, *JCP N 1986. I. 9831* (crédit-bail). – Viatte, *Rev. loyers 1969. 204.* – Béraud, *Ann. loyers 1952. 522.* – Cohen, *JCP 1955. I. 1222.* ♦ V. *infra*, notes 1 s. ss. art. L. 141-5. ♦ V. aussi note ss. art. L. 144-3.

La location-gérance suppose que le loueur procure au locataire la jouissance d'un fonds de commerce, lequel peut comprendre le droit au bail du local d'exploitation. • Com. 30 juin 1970 : *Bull. civ. IV, n° 227.* ♦ Le statut spécial des baux commerciaux est en conséquence inapplicable. • Com. 16 juill. 1980 : *Bull. civ. IV, n° 294.* – V. aussi • Com. 29 avr. 1997 : *RTD com. 1997. 630, obs. Derruppé*. ♦ Il en irait autrement au cas de fictivité de la location d'un prétendu fonds de commerce en l'absence de clientèle. • Com. 9 mars 1953 : *préc. note 2* • Douai, 28 mai 1954 : *D. 1955. Somm. 11* • T. civ. Sarreguemines, 23 janv. 1951 : *JCP 1952. II. 6693, note Cohen.* ♦ Sur l'inexploitation des lieux caractérisant une sous-location prohibée qualifiée de location-gérance, V. • Paris, 24 mars 2004 : *AJDI 2004. 723*. – Comp. • Paris, 30 sept. 2004 : *BRDA 2004, n° 23, p. 11 ; Administrer déc. 2004. 48, obs. Boccara et Lipman-Boccara.* ♦ V. aussi, *infra*, note 6 ss. art. L. 144-9.

Sur la possibilité de donner en location-gérance un fonds de boucherie qui ne préexistait pas à la conclusion du contrat, s'agissant d'un rayon dans une grande surface, V. • Paris, 31 mars 1994 : *préc. note 1.* ♦ Jugeant qu'un contrat de location-gérance n'est pas nul pour défaut de clientèle, lorsque la clientèle attachée au fonds existait lors de la conclusion du contrat, alors même que le locataire-gérant ne souhaitait pas l'exploiter et envisageait de créer une nouvelle activité après accord du bailleur sur la déspécialisation, activité pour laquelle la clientèle n'était certes que potentielle. • Toulouse, 21 sept. 2004 : *JCP 2005. IV. 1320.*

Sur la distinction entre location-gérance et bail commercial, V. aussi • Civ. 3e, 30 janv. 2002 : *Bull. civ. III, n° 19 ; RTD com. 2002. 266, obs. Saintourens* • Com. 26 janv. 1993 : *RJDA 1993, n° 498 ; RTD com. 1994. 40, obs. Derruppé* ; • Toulouse, 25 mai 1998 : *Loyers et copr. 1999, n° 150, obs. Brault et Mutelet* • Paris, 31 oct. 2003 : *AJDI 2004. 121*.

Le contrat par lequel une commune confie à un particulier l'exploitation d'un bar-restaurant situé sur une parcelle domaniale ne peut être regardé, eu égard au caractère nécessairement précaire et révocable de l'occupation du domaine public, comme portant sur un fonds de commerce. • Bordeaux, 4 nov. 1997 : *RJDA 1998, n° 709.*

7 bis. La loi de 1956 ne saurait être invoquée au cas de cessation d'activité. • Com. 23 févr. 1988 : *Bull. civ. IV, n° 82.* ♦ ... Ou d'immoralité de l'exploitation. • Crim. 13 oct. 1965 : *JCP 1966. II. 14470, concl. Combaldieu.* ♦ ... Ou encore, s'agissant de la concession d'emplacement sur un marché. • Com. 3 févr. 1970 : *D. 1970. 626.*

8. *Délivrance du fonds de commerce.* Sur l'obligation de délivrance du loueur dans un cas de location-gérance d'un fonds de commerce comprenant une licence de débit de boissons périmée pour laquelle le locataire ne pouvait espérer une régularisation rapide, V. • Com. 30 juin

1998 : *RJDA 1998, n° 1214.* ♦ Sur la délivrance d'un fonds de commerce déclaré postérieurement inexploitable en raison de sa non-conformité aux normes de sécurité, V. • Com. 17 déc. 2002 : *RJDA 2003, n° 587.* ♦ Jugeant que le bailleur ne peut pas, par le biais d'une clause relative à l'exécution de travaux rendus nécessaires dans les lieux loués ou dans l'immeuble dont ils dépendent, s'affranchir de son obligation de délivrance : • Civ. 3e, 1er juin 2005 : *Bull. civ. III, n° 119 ; AJDI 2005. 650, obs. Rouquet ; RTD civ. 2005. 779, obs. Mestre et Fages (3e esp.) ; JCP E 2005, n° 30, p. 1284 ; RJDA 2005, n° 1071 ; Defrénois 2006. 439, obs. Ruet ; Rev. loyers 2005. 375, note Vaissie ; Administrer août-sept. 2005. 43, obs. Boccara et Lipman-W. Boccara.* ♦ Un locataire-gérant est fondé à suspendre le paiement des redevances dès lors qu'il a été dans l'obligation de cesser toute exploitation du fait de l'inertie que lui opposait la loueuse en s'abstenant de répondre aux demandes qu'il lui avait adressées en vue d'obtenir le remboursement du coût élevé des travaux qu'il avait dû effectuer dans les locaux en ses lieu et place. • Civ. 3e, 11 janv. 2006 : *D. 2006. AJ. 443, obs. Chevrier ; JCP E 2006, n° 6-7, p. 292 ; RJDA 2006, n° 404 ; RLDA mars 2006. 25, obs. Lefèvre et Vasa ; Administrer mars 2006. 40, obs. Boccara et Lipman-W. Boccara.* – V. aussi • Paris, 14 nov. 2005 : *AJDI 2006. 282.*

9. Location-vente. Sur la distinction de la location-vente, V. • Rouen, 22 nov. 1968 : *D. 1969. 67 ; RD 1980. 22, obs. Lancereau.*

10. Opérations de crédit-bail. V. C. mon. fin., art. L. 313-7, *infra*, App., v° *Code monétaire et financier (extraits).* – Bibl. Guingand, *Banque 1986. 566.* – Derruppé, *RTD com. 1986. 230.* – Daublon, *Defrénois 1986. 625.* – Raffray, *JCP N 1986. I. 9831.* – Zénati, *RTD com. 1986. 540.*

11. Sur la non-immatriculation du loueur au RCS et le bénéfice du statut des baux commerciaux, V. art. L. 145-1, dernier al. – V. Derruppé, *RTD com. 1985. 295.*

12. Redevance. La Cour de cassation avait considéré que l'existence d'une redevance à la charge du gérant était une condition essentielle de la location-gérance. • Com. 11 mai 1971 : *Bull. civ. IV, n° 129* • Civ. 3e, 28 mars 1973 : *ibid. III, n° 237.* ♦ Comp., désormais : note 1 *bis.* ♦ Le seul fait que le loueur n'ait pas mis en œuvre la clause résolutoire stipulée au contrat n'est de nature ni à faire peser sur lui l'imputabilité de la résiliation ni à libérer le locataire-gérant de son obligation de s'acquitter des redevances échues antérieurement. • Com. 25 janv. 2005 : *JCP E 2005, n° 8, p. 304.*

13. TVA. Bibl. Puyraveau, *RJ com. 1979. 201.* ♦ En l'absence de tout texte impératif imposant la charge de la TVA à l'une des parties, la taxe peut être mise d'un commun accord à la charge du locataire-gérant. • Com. 25 oct. 1976 : *D. 1977. IR. 22.*

14. Taxe professionnelle. Sur les clauses de répartition entre les parties, V. • Com. 8 déc. 1992 : *Defrénois 1993. 504, obs. Sénéchal.*

15. Stations-service. Bibl. Mousseron et Fabre, *Cah. dr. entr. 1978, n° 2.* – Schaeffer, *JCP 1972. I. 2503.* ♦ La loi du 21 mars 1941 [C. trav., art. L. 781-1] n'ayant pas été modifiée par la loi du 20 mars 1956 le locataire-gérant de station-service n'est pas exclu du bénéfice de la législation du travail. • Soc. 18 déc. 1975 : *D. 1976. 399, note Jeammaud* • 14 oct. 1976 : *D. 1977. 356, note Jeammaud* • 24 févr. 1977 : *D. 1978. 75, note Guyénot* • 13 janv. 1972 : *D. 1972. Somm. 124 ; JCP 1972. II. 17240 bis, note Schaeffer* • 27 févr. 1973 : *D. 1974. 283, note Derruppé* • Aix-en-Provence, 5 janv. 1977 : *JCP 1978. II. 18960, note Bizière.* ♦ Comp., pour l'application à un contrat de bière : • Soc. 19 déc. 1978 : *Bull. civ. V, n° 896.* ♦ Sur la compétence du tribunal de commerce lorsque le litige concerne exclusivement les modalités d'exploitation, V. • Paris, 11 juill. 1975 : *JCP 1976. IV. 120 ; RTD com. 1975. 803, obs. Jauffret.* ♦ ... Et pour la validité d'une clause attributive de compétence, V. • Paris, 14 juin 1982 (2 arrêts) : *JCP 1983. II. 19924 et 19925, concl. Connen.* ♦ Est, en revanche, un salarié, le locataire-gérant incapable de pratiquer une réelle politique personnelle des prix. • Soc. 17 janv. 1979 : *Bull. civ. V, n° 48.*

Dès lors qu'il est établi que les cogérants d'une station-service en location-gérance ont dissimulé la marque initiale et se sont approvisionnés en carburant à d'autres sources, ils se sont résolument placés hors du champ contractuel et se sont purement et simplement appropriés le fonds de commerce de la société. • Com. 8 févr. 2005 : *Bull. Joly 2005. 855, note Lafortune.*

16. Liquidation judiciaire. V. art. L. 642-13 s.

17. Baux commerciaux. La location-gérance est autorisée sauf disposition contraire dans le contrat de location. Tel n'est pas le cas de la clause stipulant que le preneur ne peut se substituer quelque personne que ce soit ni prêter les lieux même temporairement à des tiers figurant dans un article consacré à « l'occupation et à la jouissance » et au sein d'un alinéa relatif à la cession et à la sous-location qui vise uniquement les locaux et non l'exploitation du fonds de commerce. • Versailles, 24 juin 2004 : *Gaz. Pal. 2005. Somm. 1310, obs. Brault.* ♦ V. aussi note 7.

Art. L. 144-2 **Le locataire-gérant a la qualité de commerçant. Il est soumis à toutes les obligations qui en découlent.**

Lorsque le fonds est un établissement artisanal, le locataire-gérant est immatriculé au répertoire des métiers et est soumis à toutes les obligations qui en découlent. – *[L. n° 56-277 du 20 mars 1956, art. 2].*

Si la qualité de fonctionnaire est incompatible avec celle de commerçant, cette incompatibilité ne peut être invoquée par un fonctionnaire qui a pris un fonds de commerce en location-gérance pour se soustraire à ses obligations contractuelles. • Com. 30 janv. 1996 : *Bull. civ. IV, n° 30 ; D. 1996. IR. 58 ; D. Affaires 1996. 377 ; Dr. sociétés 1996, n° 70, note Bonneau.*

V. note 3 ss. art. L. 144-1.

Art. L. 144-3 **Les personnes physiques ou morales qui concèdent une location-gérance doivent** (*Abrogé par Ord. n° 2004-274 du 25 mars 2004, art. 10-I*) ***« avoir été commerçants ou avoir été immatriculés au répertoire des métiers pendant sept années ou avoir exercé pendant une durée équivalente les fonctions de gérant ou de directeur commercial ou technique et »*** **avoir exploité pendant deux années au moins le fonds ou l'établissement artisanal mis en gérance.**

(*Abrogé par Ord. n° 2004-274 du 25 mars 2004, art. 10-I*) ***« Toutefois, ne peuvent consentir une location-gérance les personnes visées par l'article 1er de la loi n° 47-1635 du 30 août 1947*** *[C. com., art. L. 128-1].* **»** – [L. n° 56-277 du 20 mars 1956, art. 4].

L'ord. n° 2004-274 du 25 mars 2004 a été ratifiée par l'art. 78-XV de la L. n° 2004-1343 du 9 déc. 2004 (JO 10 déc.).

V. L. n° 56-672 du 9 juill. 1956 (D. 1956. 249 ; BLD 1956. 501), art. 7, qui édicte une dérogation temporaire à l'art. L. 144-3 ci-dessus, en faveur des militaires rappelés ou maintenus provisoirement sous les drapeaux.

BIBL. ▶ Allix et Lefebvre, *Bull. Joly 1999. 235* (location-gérance et opérations de fusion-acquisition). – Leloup, *RJ com. 2001. 298* (faut-il supprimer les conditions de mise en location-gérance d'un fonds de commerce ?). ▶ Ord. n° 2004-274 du 25 mars 2004 : Saintourens, *RTD com. 2004. 245.* – Reygrobellet, *D. 2005. 220* .

1. Capacité. Il résulte de l'art. 595 C. civ. que l'usufruitier peut, sans le concours du nu-propriétaire, donner à bail un fonds de commerce dès lors que l'art. 815-3 C. civ., qui exige le consentement de tous les indivisaires, n'est pas applicable à leurs relations. • Civ. 1re, 25 nov. 1986 : *D. 1987. 141, note Morin ; RTD com. 1987. 194, obs. Derruppé ; JCP 1987. II. 20866, note Cohen.*

2. Conjoint travaillant dans l'entreprise. V. art. L. 121-5.

3. Qualité de commerçant ou assimilé — Condition des sept ans (jurisprudence antérieure à l'Ord. du 25 mars 2004). Une association de la loi de 1901 qui n'a pas la qualité de commerçant ne peut donner un bar-restaurant en location-gérance. • Com. 19 janv. 1988 : *Bull. civ. IV, n° 33 ; D. 1988. IR. 36 ; Defrénois 1988. 594, obs. J. Honorat ; RTD com. 1988. 420, obs. Derruppé ; ibid. 465, obs. Alfandari et Jeantin ; Rev. sociétés 1988. 565, note Castro ; Brichet, JCP 1989. I. 3385* • Chambéry, 15 mai 1996 : *Gaz. Pal. 1996. 2. Somm. 513, obs. Vray.* ♦ La veuve de l'exploitant, alors même qu'elle a participé à l'exploitation du fonds, mais qui n'en a pas assumé la direction ne remplit pas les conditions légales. • Com. 13 nov. 1963 : *JCP 1964. II. 13801, note Castro ; RTD com. 1964. 753, obs. Jauffret.* – Comp. : • Nancy, 6 nov. 1959 : *D. 1959. 607.*

Lorsque le loueur est une société commerciale, le point de départ du délai de sept années court à compter de son immatriculation au registre du commerce et des sociétés, et non de la date de signature du contrat de société. • Aix-en-Provence, 10 sept. 1991 : *RJDA 1991, n° 1018.*

La réunion des conditions en la personne d'un gérant de cantine ou d'un directeur commercial, n'aurait-il pas la qualité de commerçant, est suffisante. • Com. 22 mai 1970 : *D. 1970. 530.*

4. Exploitation personnelle — Condition des deux ans. Il n'est pas nécessaire que le délai soit acquis pour l'ensemble des activités, l'élément essentiel étant l'ouverture du fonds pendant deux ans. • TGI Laval, 21 févr. 1989 : *RTD com. 1989. 647, obs. Derruppé.* ♦ Si le propriétaire d'un fonds de commerce ne peut donner celui-ci en location-gérance sans l'avoir préalablement exploité au moins pendant deux ans, il n'est pas nécessaire que cette période précède immédiatement le contrat par lequel est concédé le fonds. • Com. 7 févr. 1995 : *Bull. civ.*

IV, n° 36 ; D. 1995. 489, note Coutant . – V. aussi • T. civ. Mont-de-Marsan, 24 sept. 1954 : *JCP 1955. II. 8461, note Cohen* • T. civ. Saint-Malo, 20 oct. 1954 : *ibid.*

La circonstance que l'épouse, qui avait signé seule le contrat de mise en location-gérance, ait aidé occasionnellement son mari à tenir le fonds de commerce ne peut suffire à établir qu'elle a exploité personnellement ce fonds pendant au moins deux années. • Versailles, 29 nov. 2001 : *RTD com. 2002. 653, obs. Saintourens* .

5. Acquéreur d'un fonds antérieurement donné en location-gérance. L'acquéreur du fonds antérieurement donné en location-gérance doit remplir les conditions légales en sa personne dès lors qu'il a fait l'acquisition en vue d'une location-gérance ou à des fins spéculatives. • Com. 25 juin 1974 : *Bull. civ. IV, n° 205.* ♦ L'acquéreur d'un fonds de commerce donné en location-gérance, contre lequel la preuve d'aucune fraude ni intention spéculative n'est établie, et alors que l'acquisition est liée à son activité professionnelle, doit être dispensé des conditions d'exploitation personnelle prévues à l'art. 4 [C. com., art. L. 144-3]. • Limoges, 13 mai 1985 : *JCP 1986. II. 20578, note Raffray ; RTD com. 1985. 508, obs. Derruppé.* – V. aussi • TGI Guéret, 22 févr. 1989 : *RTD com. 1989. 647, obs. Derruppé.*

6. Sous-location du fonds par un locataire-gérant. Jugeant que dans cette hypothèse, la condition d'exploitation du fonds pendant deux années au moins doit s'apprécier en la personne du premier locataire-gérant, et non en celle du propriétaire du fonds. • Com. 18 oct. 1994 : *Bull. civ. IV, n° 295 ; D. 1995. 231, note Coutant ; Defrénois 1994. 1546, obs. Hovasse ; Contrats Conc. Consom. 1995, n° 26, note Leveneur.*

7. Fonds de commerce commun. Lorsque la location-gérance est consentie par deux époux sur un fonds commun, les conditions légales peuvent être réunies en la personne d'un seul. • Nancy, 6 nov. 1959 : *préc note 3.* ♦ *Contra,* pour des coïndivisaires : • Montpellier, 2 mai 1973 : *JCP E 1974. I. 3476.* ♦ V. aussi, jugeant que la réunion des conditions légales doit s'apprécier en la personne des copropriétaires loueurs du fonds, et prononçant la nullité du contrat de location-gérance consenti par deux copropriétaires dont l'un n'avait pas exploité le fonds, • Paris, 9 nov. 2001 : *RJDA 2002, n° 251.*

8. Activité exercée à l'étranger. V., estimant une dispense judiciaire nécessaire : Rép. min. 9 juin 1980 : *JOAN Q, 9 juin 1980, p. 2358 ; RTD com. 1980. 762, obs. crit. Derruppé.*

9. Fonds de commerce transféré. Le preneur qui a personnellement exploité un fonds de commerce pendant les délais visés par la loi avant de le transférer dans un nouveau local pris à bail, sans que ce transfert ait pour effet de créer une nouvelle clientèle, compte tenu de la proximité des deux établissements, dispose de la possibilité de le mettre en location-gérance dans les nouveaux locaux dès lors qu'il n'y a pas création d'un fonds nouveau mais simple transfert. • Civ. 3e, 15 juin 1994 : *Bull. civ. III, n° 123 ; Defrénois 1994. 1225, obs. Le Cannu ; RJDA 1994, n° 1018 ; Administrer janv. 1995. 37, note Duthil.*

10. Nullité. Le contrat de location-gérance conclu en violation des conditions exigées du loueur, qui n'ont pas pour finalité la protection des intérêts particuliers des parties, est atteint d'une nullité absolue, faisant échec à l'art. 1304 C. civ. • Com. 4 oct. 2005 : *Contrats Conc. Consom. 2006, n° 22, obs. Leveneur.* ♦ La nullité du contrat, faute de remplir les conditions de l'art. 4 [C. com., art. L. 144-3], est d'ordre public et peut être invoquée par tout intéressé, même par celui qui l'a provoquée par son mensonge ou sa réticence. • Com. 4 févr. 1975 : *D. 1975. IR. 83* • 22 juin 1976 : *D. 1976. Somm. 76* • Aix-en-Provence, 28 sept. 1962 : *Gaz. Pal. 1962. 2. 312 ; RTD com. 1963. 73, obs. Jauffret.* – Comp. : • Paris, 31 mars 1994 : *D. 1994. IR. 122.* ♦ *Contra,* s'agissant du loueur : • T. com. Grenoble, 14 mars 1960 : *D. 1960. 363 ; RTD com. 1960. 553, obs. Jauffret.* ♦ Sur l'inefficacité d'une autorisation judiciaire ultérieure pour couvrir la nullité, V. • Agen, 18 juin 1984 : *JCP N 1987. II. 37, note Raffray* • Paris, 19 nov. 1963 : *D. 1964. Somm. 42 ;* et *infra,* art. L. 144-4. ♦ V. aussi note 1 *bis* ss. art. L. 144-10. ♦ Sur les droits des tiers, V. art. L. 144-10.

11. Charge de la preuve. Il appartient au loueur de justifier qu'il répond aux conditions requises par l'art. 4 [C. com., art. L. 144-3] lors de la conclusion du contrat de location-gérance. • Com. 18 avr. 2000 : *Bull. civ. IV, n° 77 ; D. 2000. AJ. 255, obs. Monéger-Dupuis ; JCP E 2000, n° 47, p. 1864, note Leveneur ; Defrénois 2001. 517, obs. Honorat.*

12. Liquidation judiciaire. V. art. L. 642-13 s.

Art. L. 144-4 Le délai prévu par l'article L. 144-3 peut être supprimé ou réduit par ordonnance du président du tribunal de grande instance rendue sur simple requête de l'intéressé, le ministère public entendu, notamment lorsque celui-ci justifie qu'il est dans l'impossibilité d'exploiter son fonds personnellement ou par l'intermédiaire de préposés. – *[L. n° 56-277 du 20 mars 1956, art. 5].*

1. Délais visés. Bien que la loi ne le précise pas, le juge est compétent pour réduire ou supprimer l'un ou l'autre des délais visés à l'art. 4 [C. com., art. L. 144-3]. • Civ. 3e, 9 avr. 1970 : *JCP 1970. II. 16477* • Grenoble, 17 mars 1965 : *D. 1965. 419 ; JCP 1965. II. 14199, note Givord*. – *Contra* : • Paris, 18 mars 1961 : *D. 1961. 399*.

2. Justifications. Les exemples de justification n'étant pas limitatifs, ont pu être pris en considération, sous le régime du décret de 1953 [abrogé] ou de la loi : la maladie du commerçant. • T. civ. Fontainebleau, 31 mars 1954 : *D. 1954. 414* • T. civ. Douai, 30 nov. 1954 : *JCP 1955. II. 8630* • Grenoble, 17 mars 1965 : *ibid. 1965. II. 14199, note Givord*. ♦ ... L'impossibilité de vendre ou de trouver un gérant salarié. • T. civ. Cahors, 18 sept. 1954 : *D. 1955. Somm. 18* • T. civ. Rouen, 30 mars 1954 : *D. 1954. 285*. ♦ ... L'intention d'établir un enfant. • Nancy, 19 nov. 1954 : *Gaz. Pal. 1954. 2. 431* • Colmar, 20 juin 1961 : *D. 1962. 158*. ♦ ... L'exploitation prévue par un ascendant. • Colmar, 1er oct. 1954 : *Gaz. Pal. Tables 1950-1955, v° Fonds de commerce, n° 185*. ♦ Pour la réorganisation d'une entreprise, V. • Rennes, 5 juill. 1977 : *D. 1978. IR. 466 ; RTD com. 1979. 94, obs. Derruppé*. ♦ Pour la mise en location-gérance de restaurants faisant partie d'une chaîne de restauration rapide, V., supprimant le délai, • Versailles, 18 janv. 1988 : *D. 1988. IR. 77* • Paris, 1er déc. 1994 : *RJDA 1995, n° 279 ; Petites affiches 25 août 1995, p. 8, note Marot*. ♦ *Contra*, refusant la suppression : • Montpellier, 29 janv. 1996 : *Gaz. Pal. 1996. 2. Somm. 512, obs. Vray*. ♦ V. aussi, jugeant suffisante la motivation tirée de la recherche d'une meilleure rentabilité résultant de la prise en gérance libre par une société mère de sept filiales, • TGI Bobigny, 23 mars 1993 : *Gaz. Pal. 1994. 2. Somm. 439*. ♦ L'acquisition d'un fonds de commerce et sa mise en location-gérance au profit de la filiale vendeur constituent des décisions de gestion internes au groupe de sociétés et sont exclusives de toute intention spéculative ou frauduleuse. • Paris, 10 nov. 2004 : *JCP E 2005, n° 14, p. 600*.

Sur l'impossibilité absolue d'exploiter le fonds personnellement, V. • Lyon, 8 juin 1971 : *Gaz. Pal. 1971. 2. 720* • Versailles, 18 janv. 1988 : *D. 1988. IR. 77* • TGI Montauban, 9 sept. 1985 : *RTD com. 1986. 394, obs. Derruppé ; JCP 1986. II. 20706, note Raffray*. ♦ *Contra*, lorsque l'intéressé peut se faire remplacer par un préposé : • T. civ. Briançon, 5 janv. 1954 : *D. 1954. 51*. ♦ ... Ou ne poursuit qu'un but spéculatif : • Com. 13 nov. 1963 : *JCP 1964. II. 13801, note Castro* • 11 avr. 1970 : *D. 1970. 627* • Poitiers, 13 nov. 1991 : *JCP 1992. IV. 1453*. – V. aussi • TGI Toulouse, 13 sept. 1993 : *JCP N 1994. II. 173, note crit. Raffray*.

3. Pouvoirs du juge. Les juges du fond sont souverains pour apprécier si les faits justifient une dérogation aux conditions de délai prévues par l'art. 4 [C. com., art. L. 144-3]. • Com. 11 avr. 1970 : *D. 1970. 627*. ♦ La dérogation accordée par le juge peut n'être que temporaire, compte tenu de la situation. • T. civ. Toulouse, 22 févr. 1954 : *JCP 1954. II. 8019, note Madray*.

4. Nullité. Sur l'absence de rétroactivité de l'autorisation, V. note 10 ss. art. L. 144-3. ♦ Le contrat de location-gérance conclu au mépris des termes de l'autorisation judiciaire est nul. • Com. 11 avr. 1970 : *D. 1970. 627*. ♦ En cas de fraude commise par le loueur, celui-ci ne peut, toutefois, invoquer la nullité pour se soustraire à son obligation de payer le passif du gérant. • Com. 26 juin 1973 : *Bull. civ. IV, n° 222*. ♦ V. art. L. 144-10 et note 1 *bis* ss. cet art.

Art. L. 144-5 *(Abrogé par Ord. n° 2004-274 du 25 mars 2004, art. 10-II)* **« I. — »** **L'article L. 144-3 n'est pas applicable :**

1° A l'État ;

2° Aux collectivités territoriales ;

3° Aux établissements de crédit ;

4° Aux majeurs faisant l'objet d'une mesure de protection légale ou aux personnes hospitalisées en raison de troubles mentaux dans les conditions fixées par les articles L. 3211-2 et L. 3212-1 à L. 3212-12 du code de la santé publique, en ce qui concerne le fonds dont ils étaient propriétaires avant la mesure de protection légale ou avant la survenance de l'hospitalisation ;

5° Aux héritiers ou légataires d'un commerçant ou d'un artisan décédé, ainsi qu'aux bénéficiaires d'un partage d'ascendant, en ce qui concerne le fonds recueilli ;

6° A l'établissement public créé par l'article L. 325-1 du code de l'urbanisme. *[;]* *(Ord. n° 2004-274 du 25 mars 2004, art. 10-II)* **« 7° Au conjoint attributaire du fonds de commerce ou du fonds artisanal à la suite de la dissolution du régime matrimonial, lorsque ce conjoint a participé à son exploitation pendant au moins deux ans avant la dissolution du régime matrimonial ou son partage** *[;]* **»**

(Abrogé par Ord. n° 2004-274 du 25 mars 2004, art. 10-II) **« *II. — Le premier alinéa de l'article L. 144-3 n'est pas applicable :* »**

(Ord. n° 2004-274 du 25 mars 2004, art. 10-II) **« 8° » Au loueur de fonds de commerce, lorsque la location-gérance a pour objet principal d'assurer, sous contrat d'exclusivité, l'écoulement au détail des produits fabriqués ou distribués par lui-même ;**

(Ord. n° 2004-274 du 25 mars 2004, art. 10-II) **« 9° » Aux loueurs de fonds de commerce de cinéma, théâtres et music-halls.** — *[L. n° 56-277 du 20 mars 1956, art. 6].*

L'ord. n° 2004-274 du 25 mars 2004 a été ratifiée par l'art. 78-XV de la L. n° 2004-1343 du 9 déc. 2004 (JO 10 déc.).

BIBL. ▶ Reygrobellet, *D. 2005. 220* (ord. n° 2004-274 du 25 mars 2004).

1. Stations-service. Sur l'existence d'une clientèle nécessaire et préalable à l'exploitation d'un fonds lors de l'installation du premier gérant à l'ouverture d'une station-service, V. • Com. 27 févr. 1973 : *D. 1974. 283, note Derruppé ; JCP 1973. II. 17403, note A.S.* – Comp. : • Com. 1er févr. 1984 : *Bull. civ. IV, n° 52 ; D. 1984. IR. 299.*

Le contrat de location-gérance conclu pour la vente de lubrifiants et autres ne peut être annulé pour non-respect de la condition d'exploitation personnelle par le loueur pendant deux ans dans la mesure où le contrat a pour objet principal d'assurer sous contrat d'exclusivité l'écoulement au détail des produits du loueur. • T. com. Paris, 26 oct. 1992 : *JCP 1993. IV. 360.*

2. Production de programmes audiovisuels. Un fonds de commerce portant sur la production et la diffusion sur tous supports, et par le biais d'abonnements à des chaînes thématiques, de programmes audiovisuels, n'entre pas dans le champ de l'exception de l'art. 6 [C. com., art. L. 144-5]. • Versailles, 3 mai 2001 : *Gaz. Pal. 30-31 janv. 2002, p. 10.*

3. Obligation précontractuelle d'information. V. notes ss. art. L. 330-3.

Art. L. 144-6 Au moment de la location-gérance, les dettes du loueur du fonds afférentes à l'exploitation du fonds peuvent être déclarées immédiatement exigibles par le tribunal de commerce de la situation du fonds, s'il estime que la location-gérance met en péril leur recouvrement.

L'action doit être introduite, à peine de forclusion, dans le délai de trois mois à dater de la publication du contrat de gérance dans un journal habilité à recevoir les annonces légales. — *[L. n° 56-277 du 20 mars 1956, art. 7].*

1. Exigibilité immédiate. **BIBL.** Houin, *RTD com. 1954. 21* (location-gérance et communauté d'exploitation). ♦ Il appartient aux créanciers du loueur dont les créances sont afférentes à l'exploitation de demander au tribunal de commerce de prononcer leur exigibilité immédiate s'il estime que la location-gérance met en péril leur recouvrement. • Com. 26 nov. 1979 : *Bull. civ. IV, n° 302 ; RTD com. 1980. 76, obs. Derruppé.* ♦ Sur les clauses de déchéance conventionnelle du terme, V. • Paris, 24 avr. 1928 : *Gaz. Pal. 1928. 2. 398.*

2. Absence de novation. L'art. 7 [C. com., art. L. 144-6] n'impliquant pas une novation par changement de débiteur, le fournisseur créancier du loueur est en droit de poursuivre le recouvrement de sa créance contre le propriétaire, en l'absence de preuve d'une volonté contraire. • Com. 26 nov. 1979 : *Bull. civ. IV, n° 302 ; D. 1980. IR. 175.*

Art. L. 144-7 Jusqu'à la publication du contrat de location-gérance et pendant un délai de six mois à compter de cette publication, le loueur du fonds est solidairement responsable avec le locataire-gérant des dettes contractées par celui-ci à l'occasion de l'exploitation du fonds. — *[L. n° 56-277 du 20 mars 1956, art. 8].*

1. Codification. L'abrogation d'une loi à la suite de sa codification à droit constant ne modifie ni la teneur des dispositions transférées ni leur portée. Dès lors, l'action en paiement d'une dette contractée par le locataire-gérant à l'occasion de l'exploitation de son fonds, à l'encontre du loueur, se trouve désormais soumise à l'art. L. 144-7, peu important que le créancier ait dans ses conclusions invoqué l'art. 8 de la loi du 20 mars 1956. • Com. 4 avr. 2006 : *D. 2006. AJ. 1455, obs. Chevrier ; JCP E 2006, n° 19, p. 865.*

2. Affectation des dettes. L'art. 8 [C. com., art. L. 144-7] est d'interprétation stricte. • Com. 8 janv. 1980 : *JCP 1980. II. 19358, note A.S. ; RTD com. 1980. 318, obs. Derruppé* • Paris, 28 juin 2002 : *RJDA 2002, n° 1266.* ♦ Les juges doivent relever le lien entre la conclusion du prêt et l'exploitation du fonds et le fait que la dette résulte de cette dernière exploitation. • Com. 19 févr. 1969 : *Bull. civ. IV, n° 70* • 19 févr. 1979 : *ibid., n° 67 ; D. 1979. IR. 187* • 8 janv. 1980 : *préc.* • 24 juin 1986 : *Bull. civ. IV, n° 139 ; RTD com. 1987. 41, obs. Derruppé.* ♦ Sur une simulation, V. • Civ. 3e, 14 mars 1968 : *Bull. civ. III, n° 114.* ♦ Doit être déclaré solidairement responsable du remboursement d'un prêt bancaire destiné au financement d'un programme d'investissements, malgré l'imprécision des mentions de l'acte quant aux biens en vue d'acquisition, le loueur qui est intervenu à l'acte de prêt pour confirmer son engagement solidaire et permettre le nantissement du fonds à titre de sûreté, reconnaissant ainsi expressément que la dette contractée par son locataire-gérant était liée à l'exploitation du fonds. • Angers, 27 avr. 2004 : *JCP 2004. IV. 3278.*

Pour l'application de l'art. 8 [C. com., art. L. 144-7], il suffit que les dettes impayées aient été nécessaires à l'exploitation du fonds donné en location-gérance. • Com. 4 mai 1999 : *Bull. civ. IV, n° 92 ; D. 2000. 135, note Langlès ; D. Affaires 1999. 893, obs. A.-L. M.-D. ; RTD com. 1999. 635, obs. Derruppé.* ♦ Dès lors, ne tire pas les conséquences légales de ses constatations et viole ce texte l'arrêt qui, pour rejeter une demande en paiement de cotisations de retraite complémentaire des salariés, retient que l'art. 8 [C. com., art. L. 144-7] ne vise que les dettes contractuelles et que tel n'est pas le cas d'une cotisation sociale qui résulte de la loi. • Même arrêt (cassant, • Basse-Terre, 13 janv. 1997 : *BICC n° 1119 ; Gaz. Pal. 1997. 2. Somm. 406, obs. Vray*). ♦ Un prêt destiné à payer les marchandises garnissant le fonds constitue une dette visée à l'art. 8 [C. com., art. L. 144-7]. • Com. 8 févr. 1972 : *Bull. civ. IV, n° 52.* – Comp. : • Com. 19 janv. 1981 : *JCP 1981. IV. 117.*

En revanche, il a été jugé que le loueur n'est pas responsable des obligations relatives à une activité étrangère à l'exploitation du fonds. • Com. 6 juin 1972 : *Bull. civ. IV, n° 178 ; D. 1972. 580 ; JCP 1973. II. 17332, note A.S. ; RTD com. 1973. 73, obs. Jauffret.* • T. com. Seine, 17 mai 1965 : *RJ com. 1965. 294, note J.F.M.* – Comp. : • Com. 3 juill. 1968 : *Bull. civ. III, n° 315.* ♦ ... De dettes telles que des cotisations de retraite vieillesse qui sont strictement personnelles au commerçant. • Com. 6 juin 1972 : *préc.* ♦ Comp., pour des cotisations de retraite complémentaire des salariés, • Com. 4 mai 1999 : *préc.* ♦ ... D'un prêt contracté par le locataire-gérant afin de verser le cautionnement réclamé par le loueur. • Com. 6 juin 1972 : *préc.* ♦ ... Des fournitures destinées à l'aménagement d'un hôtel-restaurant-bar, alors que la location portait sur un café-restaurant. • Com. 16 janv. 1985 : *Bull. civ. IV, n° 28.* ♦ Comp., pour une dette relative à l'extension du fonds non nécessaire à l'exploitation : • Com. 24 juin 1986 : *préc.*

2 bis. Ayant relevé que le créancier du locataire-gérant d'un fonds de commerce avait traité avec celui-ci avant qu'il n'acquière cette qualité, un tribunal a, par ce seul motif, légalement justifié sa décision rejetant la demande en paiement solidaire de la somme due formée par le créancier à l'encontre du loueur du fonds. • Com. 26 mai 1992 : *Bull. civ. IV, n° 207.* ♦ *Contra*, jugeant que les dettes relatives à l'exploitation du fonds engagent la responsabilité solidaire du loueur même si elles sont antérieures à la conclusion du contrat de location-gérance : • Com. 6 juin 1972 : *Bull. civ. IV, n° 179 ; D. 1972. 580 ; JCP 1973. II. 17332, note A.S.*

3. Bonne foi. En ce sens que par l'application de l'art. L. 144-7 seuls les tiers de bonne foi peuvent invoquer le bénéfice de la responsabilité solidaire du loueur (contrat d'installation et de maintenance d'un publiphone conclu par le locataire gérant et inopposable au loueur), V. • Paris, 28 juin 2002 : *préc. note 2.* ♦ Le loueur ne peut écarter la responsabilité solidaire qui pèse sur lui, en vertu de l'art. 8 [C. com., art. L. 144-7], qu'à condition d'établir que le fournisseur a commis une imprudence en laissant le locataire-gérant s'endetter à son égard de façon excessive. • Com. 17 oct. 1995 : *Bull. civ. IV, n° 238 ; D. 1995. IR. 236 ; D. Affaires 1995. 127 ; Defrénois 1996. 242, obs. Le Cannu* • T. com. Chambéry, 11 déc. 1998 : *RJDA 1999, n° 781.* ♦ Mais c'est alors au loueur qu'il incombe d'apporter la preuve d'une telle faute du créancier. • Com. 2 juill. 2002 : *RJDA 2002, n° 1267.* ♦ La responsabilité du loueur n'est pas engagée à l'égard du créancier qui a recruté le gérant. • Com. 11 oct. 1977 : *Bull. civ. IV, n° 225 ; RTD com. 1978. 97, obs. Derruppé.*

L'organisme financier, qui a réglé directement le fournisseur d'un commerçant, locataire-gérant de son fonds, sur présentation de la facture du matériel commandé devant servir à l'exploitation du fonds, n'a pas à surveiller l'utilisation effective ultérieure de ce crédit par le commerçant pour se prévaloir, à l'égard du loueur du fonds, des dispositions de l'art. 8 [C. com., art. L. 144-7]. • Com. 15 juin 1993 : *Bull. civ. IV, n° 248 ; D. 1993. IR. 199.*

4. Créances fiscales. V. art. 1684 CGI. – **CGI.** ♦ L'obligation solidaire porte, s'agissant de la TVA, sur les droits dont le fait générateur est intervenu au cours des six mois mentionnés à l'art. L. 144-7, alors même que la déclaration que le locataire-gérant aurait dû souscrire devait intervenir à une date à laquelle le loueur n'était plus tenu par son obligation solidaire. • CAA Nantes, 26 mai 2004 : *RJDA 2005, n° 29.*

5. *Nullité du contrat.* Sur l'absence d'influence de la nullité du contrat de location-gérance résultant de la fraude, V. • Com. 26 juin 1973 : *D. 1973. IR. 182.* ♦ V. aussi note 4 ss. art. L. 144-4.

6. *Confusion entre le créancier du locataire-gérant et le loueur.* La confusion qui s'opère entre le créancier d'un locataire-gérant et le loueur de ce fonds solidairement responsable avec son locataire-gérant en application de l'art. 8 [C. com., art. L. 144-7], décharge la caution du locataire-gérant. • Com. 24 mars 1992 : *Bull. civ. IV, n° 127.*

7. *Publicité de la location.* Dès lors qu'un contrat de location-gérance n'a pas été publié, le bailleur est solidairement responsable des dettes contractées par le locataire-gérant pour l'exploitation du fonds de commerce sans qu'il y ait lieu de rechercher si le créancier a eu connaissance de la mise en location-gérance de ce fonds. • Com. 7 janv. 1992 : *Bull. civ. IV, n° 5 ; D. 1992. IR. 52.* ♦ *Contra*, en cas d'information des créanciers par lettre recommandée avec accusé de réception : • T. com. Paris, 25 janv. 1993 : *RJDA 1993, n° 500.* ♦ Le contrat de location-gérance ayant fait l'objet d'une publication au RCS et ayant été enregistré à la recette principale des impôts, il ne pouvait être ignoré du trésorier qui devait alors vérifier, par l'examen de l'inventaire annexé au contrat, si les meubles saisis puis vendus appartenaient bien à son débiteur. • Civ. 2e, 23 sept. 2004 : *JCP E 2004, n° 43, p. 1662.*

La publication de la location-gérance n'a pas à être renouvelée en cas de tacite reconduction, si aucune modification n'est intervenue dans la nature de l'exploitation, ni dans la personne de l'exploitant depuis la publication initiale. • Com. 7 juill. 1966 : *D. 1966. 555 ; JCP 1966. II. 14842, note Nectoux ; RTD com. 1966. 908, obs. Jauffret* • 3 mars 1992 : *Bull. civ. IV, n° 104 ; Defrénois 1992. 1365, obs. Le Cannu ; D. 1992. IR. 101* • 4 mai 1999 : *préc. note 2. – Contra* : • Aix-en-Provence, 6 juin 1961 : *JCP 1961. II. 12316, note Cohen.* ♦ Toutefois, il y a lieu à renouvellement de la publicité lorsque les contrats successifs sont, dans l'intérêt des parties, distincts les uns des autres, alors que pour chacun d'eux le délai de six mois court de façon indépendante. • Com. 13 déc. 1971 : *Bull. civ. IV, n° 300 ; D. 1972. 421 ; JCP 1972. II. 17120, note A. S.* • Versailles, 16 avr. 1986 : *RTD com. 1986. 515, obs. Derruppé.*

Viole l'art. 8 [C. com., art. L. 144-7] et la loi du contrat, la cour d'appel qui, en présence d'une seconde convention reprenant le contenu d'un avenant, dûment publié, emportant substitution de gérant, déclare qu'il s'agit d'un acte distinct nécessairement soumis à la publication, alors que l'avenant désignait clairement le nouvel exploitant. • Com. 16 janv. 1996 : *Bull. civ. IV, n° 16 ; D. Affaires 1996. 346 ; JCP 1996. IV. 544.* ♦ Par ailleurs, le seul fait que la seconde convention comporte des dispositions plus contraignantes pour le gérant, notamment en ce qui concerne la charge des réparations et la consistance du matériel, ne saurait caractériser une modification dans la nature de l'exploitation du fonds depuis la publication initiale. • Même arrêt.

Sur la responsabilité du propriétaire en l'absence de publicité, V. aussi art. L. 123-8, al. 2.

8. *Délai de six mois.* Sur les dettes d'impôts, non soumises au délai de six mois, V. art. 1684-3 CGI. – **CGI.** ♦ Pour le calcul du point de départ du délai de six mois, il convient de retenir la date de naissance de la dette ; lorsqu'un contrat à exécution successive est conclu à l'intérieur de la période de six mois, le loueur est responsable des dettes du gérant qui en résultent, auraient-elles une échéance postérieure. • Com. 19 nov. 1975 : *Bull. civ. IV, n° 277 ; D. 1976. 286 ; JCP 1976. II. 18300* • 25 nov. 1986 : *Bull. civ. IV, n° 222 ; RTD com. 1987. 497, obs. Derruppé.*

9. *Compétence juridictionnelle.* En raison de la solidarité légale existant entre loueur et locataire-gérant, le propriétaire du fonds, même s'il n'est pas commerçant, doit être attrait en paiement devant le tribunal de commerce. • Com. 22 janv. 1991 : *Bull. civ. IV, n° 40 ; D. 1991. IR. 53 ; Defrénois 1991. 876, obs. Le Cannu.*

10. *Qualité pour agir.* La responsabilité solidaire du loueur avec le locataire-gérant des dettes contractées par celui-ci à l'occasion de l'exploitation du fonds n'étant instituée que dans l'intérêt des créanciers, le locataire-gérant ne peut agir, sur le fondement de l'art. 8 [C. com., art. L. 144-7], afin de voir déclarer le loueur du fonds solidaire de son passif. • Com. 16 janv. 1996 : *Bull. civ. IV, n° 16 ; D. 1996. IR. 48.* ♦ V., en matière de procédure collective, note 3 *ter* ss. art. L. 621-39 ancien.

11. *Responsabilité de droit commun.* V. • Com. 21 avr. 1977 : *Bull. civ. IV, n° 104 ; RTD com. 1977. 720, obs. Derruppé* • 22 déc. 1980 : *Bull. civ. IV, n° 439 ; RTD civ. 1981. 297, obs. Derruppé* • Com. 12 mars 1979 : *Bull. civ. IV, n° 95 ; D. 1979. IR. 285.*

12. *Recours du loueur.* Le loueur a un recours contre le gérant lorsque la dette a été contractée dans l'intérêt exclusif de ce dernier. • Com. 17 juill. 1978 : *Bull. civ. IV, n° 201.* ♦ La nullité du contrat de gérance pour inobservation de l'art. 4 [C. com., art. L. 144-3] n'a pas d'influence sur la validité de ce recours. • Même arrêt. ♦ La responsabilité du loueur si elle profite aux tiers, ne le prive pas de son recours contre le gérant pour le recouvrement du prix des marchandises qu'il a pu livrer en qualité de fournisseur. • Paris, 26 janv. 1984 : *D. 1984. IR. 175.*

13. Redressement judiciaire du locataire-gérant. BIBL. Guérin, *JCP E 1985. II. 14547.* ♦ Le bailleur, qui a régulièrement publié le contrat de location-gérance, est dispensé de revendiquer le fonds de commerce sans avoir à recourir à une seconde publicité dans les formes requises par l'ancien art. 85-5, al. 1er, du décret du 27 déc. 1985. • Com. 15 mars 2005 : *D. 2005. AJ. 890, obs. Lienhard ; JCP E 2005, n° 36, p. 1426, obs. Cabrillac ; JCP N 2005, n° 36, p. 1459, note Puygauthier ; Loyers et copr. 2005, n° 116, obs. Brault ; RJDA 2006, n° 170.* ♦ Sur le rejet d'une production à la faillite sous l'empire des textes antérieurs à la réforme du 25 janv. 1985, V. • Com. 29 oct. 1963 : *D. 1964. Somm. 58.* ♦ Sur la qualité du syndic du locataire-gérant à invoquer l'art. 8 [C. com., art. L. 144-7], V. • Aix-en-Provence, 6 juin 1961 : *RTD com. 1961. 460, obs. Houin. – Contra* : • Paris, 22 oct. 1962 : *D. 1963. 49 ; RTD com. 1963. 654, obs. Houin.* ♦ Sur la mise en cause de la responsabilité solidaire du loueur du fonds de commerce concernant les dettes contractées par le locataire-gérant à l'occasion de l'exploitation du fonds, V. note 3 *ter* ss. art. L. 621-39 ancien.

V. aussi art. L. 642-13 s. ♦ Sur l'effet à l'égard du loueur de l'extinction de la créance, faute de déclaration, V. note 6 ss. art. L. 621-46 ancien.

14. Mandataire de justice. L'intervention de l'autorité compétente fait disparaître la responsabilité du loueur dans les six mois de la publicité. • Com. 13 déc. 1971 : *préc. note 7.*

L'exonération de solidarité ne s'étend pas au renouvellement d'une location-gérance pour deux périodes successives par un mandataire de justice à l'expiration d'une période expressément limitée et en l'absence de mandat spécial. • Même arrêt.

Art. L. 144-8 Les dispositions des articles L. 144-3, L. 144-4 et L. 144-7 ne s'appliquent pas aux contrats de location-gérance passés par des mandataires de justice, chargés, à quelque titre que ce soit, de l'administration d'un fonds de commerce, à condition qu'ils aient été autorisés aux fins desdits contrats par l'autorité de laquelle ils tiennent leur mandat et qu'ils aient satisfait aux mesures de publicité prévues. – *[L. n° 56-277 du 20 mars 1956, art. 9].*

La désignation d'un mandataire *ad hoc*, dans le cadre de la loi n° 84-148 du 1er mars 1984 [C. com., art. L. 611-3 ancien], avec pour seule mission de faire rapport sur la situation de l'entreprise, échappe aux prévisions de l'art. 9 [C. com., art. L. 144-8]. • Versailles, 3 mai 2001 : *Gaz. Pal. 30-31 janv. 2002, p. 10.*

V. note 14 ss. art. L. 144-7.

Art. L. 144-9 La fin de la location-gérance rend immédiatement exigibles les dettes afférentes à l'exploitation du fonds ou de l'établissement artisanal, contractées par le locataire-gérant pendant la durée de la gérance. – *[L. n° 56-277 du 20 mars 1956, art. 10].*

1. Résiliation du contrat. Lorsque le contrat est à durée indéterminée chacune des parties peut le dénoncer par un congé qui ne doit pas être équivoque. • Com. 9 mars 1970 : *Bull. civ. IV, n° 87* • T. com. Marseille, 4 févr. 1932 : *Rec. Marseille, 1932. 1. 121 ; Gaz. Pal. tables, v° Fonds de commerce, nos 279 ter et quater.* ♦ Sur les formes de droit commun de la notification, V. • Civ. 3e, 11 déc. 1984 : *Gaz. Pal. 1985. 1. Pan. 122.*

2. Un contrat de location-gérance à durée déterminée ne peut être résilié que d'un commun accord des deux parties. • Com. 10 oct. 1966 : *Bull. civ. III, n° 386.* ♦ Sur le jeu d'une clause résolutoire au cas de non-paiement de la redevance, V. • Civ. 3e, 18 déc. 1968 : *Bull. civ. III, n° 564.* ♦ Au cas de résiliation du contrat avant terme par le locataire-gérant, le préjudice subi par le propriétaire sera réparé par le prélèvement sur le dépôt de garantie, des loyers restant dus jusqu'à la date normale d'expiration du contrat. • Com. 14 oct. 1975 : *D. 1976. IR. 8.* – Comp. : • Civ. 1re, 3 mai 1972 : *Bull. civ. I, n° 121.*

3. Motifs de résiliation. Il y a lieu à résiliation au cas d'insuffisance d'exploitation de la part du gérant. • Com. 8 févr. 1966 : *Bull. civ. III, n° 82.* ♦ ... Lorsque le fonds disparaît à la suite d'une expropriation ou d'une fermeture par décision administrative ou judiciaire. • Crim. 20 janv. 1960 : *JCP 1960. II. 11774, note Legeais* • Civ. 14 janv. 1941 : *D. 1941. 66.* ♦ L'indemnité d'expropriation est en principe due au propriétaire du fonds. • Com. 27 févr. 1973 : *JCP 1973. II. 17403, note A.S.* ♦ ... Au cas de non-paiement des redevances, sans que s'appliquent les dispositions du Décr. du 30 sept. 1953. • Paris, 18 janv. 1984 : *D. 1984. IR. 175 ; RTD com. 1984. 657, obs. Derruppé.*

Sur le pouvoir d'appréciation des juges du fond, V. • Com. 8 févr. 1966 : *préc.*

3 bis. La clause d'un contrat de location-gérance prévoyant la résiliation de plein droit du contrat en cas de résiliation du bail des locaux dans lesquels est exploité le fonds, ne recèle pas une condition potestative et n'est donc pas nulle, dès lors que la résiliation du bail des locaux par le propriétaire de ceux-ci est un événement qui dépend de sa seule volonté, même en cas de manquement du locataire à ses obligations, puisque la décision de poursuivre ou non la résiliation appartient au propriétaire qui est un tiers au regard du contrat de location-gérance. • Civ. 3e, 22 nov. 1995 : *RJDA 1996, n° 341.*

4. Redressement et liquidation judiciaires. Ni la liquidation judiciaire du locataire-gérant, ni la décision du liquidateur de mettre fin à l'exécution du contrat en cours n'ont, à elles seules, pour effet d'entraîner la résiliation du contrat de location-gérance et le retour au bailleur de l'entreprise donnée à bail. • Com. 7 févr. 1989 : *Bull. civ. IV, n° 49 ; D. 1989. IR. 67 ; RTD com. 1989. 215, obs. Derruppé.* ♦ Pas plus la liquidation judiciaire du propriétaire du fonds n'entraîne-t-elle automatiquement la cessation du contrat de location-gérance, le fonds de commerce et ledit contrat pouvant être cédés dans le cadre des opérations de liquidation. • Paris, 2 déc. 1994 : *RJDA 1995, n° 436.* ♦ V. aussi, art. L. 622-13 et L. 641-11. ♦ Comp., sous l'empire de la loi du 13 juill. 1967 : • Soc. 14 mai 1987 : *JCP N 1987. II. 641.*

5. Renouvellement. Lorsque le locataire-gérant continue son exploitation après l'échéance du terme sans qu'un nouveau contrat ait été conclu, il y a tacite reconduction, que celle-ci ait été prévue par le bail. • Com. 11 juill. 1967 : *Bull. civ. III, n° 289* • Paris, 28 juin 1966 : *Gaz. Pal. 1966. 2. 311.* ♦ ... Ou qu'elle ne l'ait pas été. • Com. 7 juill. 1966 : *D. 1966. 555 ; JCP 1966. II. 14842, note Nectoux.*

Sur le sort, en cas de tacite reconduction, d'une promesse de vente du fonds, V. • Com. 22 oct. 1996 : *Bull. civ. IV, n° 257 ; Defrénois 1997. 657, obs. J. Honorat ; RTD com. 1997. 228, obs. Derruppé.*

Dans le cas d'un contrat de location-gérance renouvelable par tacite reconduction, il ne résulte pas des termes de la clause précisant que la durée renouvelable « est fixée sous réserve du renouvellement du bail consenti par le propriétaire », que les parties aient eu la volonté de faire du non-renouvellement du bail de l'immeuble un obstacle au renouvellement du contrat de location-gérance, qui pouvait se perpétuer aussi longtemps que les loueurs disposaient du droit au maintien dans les lieux. • Com. 24 sept. 2003 : *RJDA 2004, n° 303.* ♦ Pour une obligation de réévaluation des loyers jugée conforme à l'exigence contractuelle d'un motif sérieux et légitime du non-renouvellement d'un contrat de location-gérance, V. • Com. 12 avr. 2005 : *Petites affiches 14 déc. 2005, p. 14, note Boismain ; Rev. loyers 2005. 426, note Gallet.*

6. Exclusion du statut des baux commerciaux. **BIBL.** Kéita, *JCP E 2003, n° 12, p. 504.* ♦ Le bénéfice du statut des baux commerciaux n'étant accordé qu'aux propriétaires de fonds de commerce, ne saurait être invoqué par le locataire-gérant. • Req. 22 juill. 1931 : *DH 1931. 507* • Com. 11 janv. 1960 : *D. 1960. 383.* ♦ Il en va différemment et le locataire-gérant peut invoquer le statut des baux commerciaux et le droit à renouvellement du bail, lorsqu'il s'est constitué une clientèle propre dans une activité indépendante. • Civ. 22 mai 1968 : *JCP 1969. II. 15784, note Boccara.* – Comp. : • Civ. 3e, 10 mai 1968 : *Bull. civ. III, n° 198.* ♦ L'art. L. 145-17 C. com., réglant les rapports entre bailleurs et locataires en ce qui concerne le renouvellement des locaux à usage commercial, n'est pas applicable à la location-gérance. • Com. 12 avr. 2005 : *préc. note 5.* ♦ V. art. L. 145-1 et L. 145-8. ♦ V. aussi, *supra*, note 7 ss. art. L. 144-1.

7. Restitutions et indemnités. L'obligation qui pèse sur le locataire-gérant de restituer le fonds en tous ses éléments en l'état où il se trouvait lors de la conclusion du contrat, n'implique pas celle de rendre un fonds ayant nécessairement la même valeur marchande qu'en début de contrat. • Com. 19 mai 1998 : *RJDA 1998, n° 1103.* ♦ Il appartient au propriétaire du fonds qui fait état d'une diminution de valeur de son fonds résultant des agissements du locataire de justifier cette prétention. • Même arrêt. ♦ A l'expiration du contrat, le locataire-gérant doit restituer le fonds, à défaut il peut être expulsé sur ordonnance de référé s'il s'y refuse. • Com. 3 oct. 1972 : *Bull. civ. IV, n° 230* • 18 déc. 1968 : *ibid., n° 564.* ♦ Au cas de maintien abusif dans les lieux, le propriétaire est fondé à réclamer au gérant une indemnité d'occupation. • Com. 17 mai 1966 : *Bull. civ. III, n° 255.* ♦ Aucune disposition légale n'impose au propriétaire d'un fonds de commerce donné en location-gérance de racheter le stock à l'expiration du contrat. Par conséquent, en l'absence de clause de reprise de stocks à l'expiration du contrat de location-gérance, le loueur n'est pas tenu de racheter les marchandises laissées par le locataire-gérant après son départ. • Com. 23 mars 1999 : *Bull. civ. IV, n° 72 ; D. 1999. IR. 110 ; D. Affaires 1999. 703, obs. A.-L. M.-D. ; Petites affiches 27 avr. 1999, p. 7 ; Contrats Conc. Consom. 1999, n° 109, obs. Leveneur ; RTD com. 1999. 636, obs. Derruppé.* ♦ Comp., ayant jugé que, sauf disposition contractuelle contraire, le loueur est tenu de reprendre le stock à l'expiration du contrat de location-gérance : • Paris, 10 juin 1992 : *RJDA 1992, n° 1123.* ♦ S'agissant de matériel manquant, il appartient au loueur qui en demande la restitution d'apporter la preuve qu'il était compris dans la location-gérance. • Com. 11 juin 1979 : *Bull. civ. IV, n° 192 ; RTD com. 1979. 708, obs. Derruppé.* ♦ V. aussi • Com. 15 déc. 1998 : *RJDA 1999, n° 165.* ♦ La présomption édictée par l'art. 1731 C. civ. n'est pas applicable. • Même arrêt.

7 bis. L'art. 1732 C. civ., relatif aux baux des maisons et des biens ruraux, n'étant pas applicable aux rapports entre loueur et locataire-gérant d'un fonds de commerce, l'engagement solidaire de locataires-gérants d'exécuter les obligations mises à leur charge par le contrat de location-gérance, notamment celle de restituer le matériel à la fin du contrat, oblige l'un quelconque d'entre eux à payer au loueur la valeur du matériel perdu, même si cette perte résulte de la faute de l'autre. • Com. 2 juill. 1996 : *Bull. civ. IV, n° 198 ; D. 1996. IR. 192 ; D. Affaires 1996. 944 ; RTD civ. 1996. 923, obs. Gautier ; Contrats Conc. Consom. 1996, n° 197, note Leveneur.*

Sur l'exclusion des art. 1732 et 1733 C. civ., en cas d'incendie, V. note 5 ss. art. L. 144-1.

7 ter. Le locataire-gérant tenu, à l'expiration du contrat, de restituer le fonds en tous ses éléments, doit répondre de la perte de valeur de celui-ci, lorsqu'elle est survenue par sa faute. • Com. 6 mai 2002 : *Bull. civ. IV, n° 79 ; RTD com. 2003. 55, obs. Saintourens ; JCP 2002. IV. 2048 ; RJDA 2002, n° 1016.* ♦ Est fautif l'arrêt d'exploitation du fonds pendant plus de six mois alors que la résolution judiciaire du contrat n'était pas assortie de l'exécution provisoire. • Même arrêt.

8. Sur les clauses d'indemnisation pour dépréciation anormale, V., pour une baisse du chiffre d'affaires due à l'environnement, • Poitiers, 16 nov. 1986 : *Defrénois 1987. 1323, obs. J. Honorat ; RTD com. 1988. 611, obs. Derruppé.*

9. Sauf clause contraire, le gérant est tenu de restituer sans indemnité les éléments nouveaux inséparables de l'exploitation du fonds. • Com. 11 janv. 1960 : *D. 1960. 383* • Fort-de-France, 12 mars 1981 : *RTD com. 1982. 90, obs. Derruppé.* ♦ *Contra*, au cas de création d'un fonds distinct, V. note 6.

Sur la validité des clauses stipulant la restitution des locaux sans indemnité à raison des améliorations apportées, V. • Com. 14 avr. 1992 : *JCP E 1992. Pan. 825.*

10. Le propriétaire doit restituer en fin de gérance le dépôt de garantie alors même que les fonds auraient été dissipés par son mandataire. • Com. 11 mai 1976 : *Bull. civ. IV, n° 158.*

11. Dans l'hypothèse où le fonds loué et le local où il est exploité appartiennent au même propriétaire, V. art. L. 145-46.

11 bis. Exigibilité des redevances à échoir. La clause stipulant, en cas de résiliation, l'exigibilité des redevances à échoir jusqu'à l'issue de la période contractuelle, tend seulement à assurer le paiement de la totalité du prix convenu pour la durée du contrat et ne peut s'analyser comme tendant à sanctionner l'inexécution de ses obligations par le locataire-gérant. • Paris, 22 juin 1993 : *D. 1993. IR. 219.*

12. Contrats de travail. Si à l'expiration du contrat de location d'un fonds de commerce, les contrats de travail subsistent en principe avec le bailleur, c'est à la condition que la même entreprise continue à fonctionner et fasse retour dans le patrimoine de celui-ci. • Soc. 9 juin 1983 : *Bull. civ. V, n° 318 ; RTD com. 1984. 476, obs. Derruppé.* ♦ Dès lors qu'il est constaté que le loueur avait mis fin au contrat de location-gérance, avait repris possession de son fonds de commerce, puis avait conclu un nouveau contrat de location-gérance avec un autre gérant, d'où il résultait des modifications dans la situation juridique de l'employeur intervenues en vertu de conventions successives entre ceux-ci, une cour d'appel a pu décider que le dernier employeur était tenu de verser au salarié la provision réclamée sur des sommes qui lui étaient dues. • Soc. 24 sept. 2002 : *Bull. civ. V, n° 274 ; JCP E 2003, n° 2, p. 86, note Fin-Langer.* ♦ Comp., en cas de liquidation judiciaire : • Com. 7 févr. 1989 : *préc. note 4.*

13. Clauses de non-rétablissement. Si un contrat de location-gérance n'interdit pas de plein droit au locataire-gérant d'exercer, à l'issue de la location-gérance, la même activité que celle faisant l'objet du fonds loué, aucune règle n'interdit aux parties de convenir, par une clause particulière du contrat, d'une telle prohibition pourvu qu'elle soit proportionnée à l'objet du contrat de location-gérance. • Paris, 2 févr. 2005 : *AJDI 2005. 479.* ♦ V. aussi • Com. 28 avr. 1987 : *D. 1988. Somm. 175, obs. Serra.*

Art. L. 144-10 **Tout contrat de location-gérance ou toute autre convention comportant des clauses analogues, consenti par le propriétaire ou l'exploitant d'un fonds de commerce ne remplissant pas les conditions prévues aux articles ci-dessus, est nul. Toutefois, les contractants ne peuvent invoquer cette nullité à l'encontre des tiers.**

La nullité prévue à l'alinéa précédent entraîne à l'égard des contractants la déchéance des droits qu'ils pourraient éventuellement tenir des dispositions du chapitre V du présent titre réglant les rapports entre bailleurs et locataires en ce qui concerne le renouvellement des baux à loyer d'immeubles ou de locaux à usage commercial, industriel ou artisanal. – *[L. n° 56-277 du 20 mars 1956, art. 11].*

1. Champ d'application. L'art. 11 [C. com., art. L. 144-10] n'attache la sanction de la nullité à l'égard des parties au contrat de location qu'aux infractions commises contre les prescriptions impératives de la loi concernant la conclusion même de ces contrats, et non pas à celles relatives à la publicité devant lui être donnée qui n'ont pour objet que d'informer les tiers. • Com. 5 mars 1969 : *Bull. civ. IV, n° 86.*

1 bis. Caractère impératif de la nullité. Le contrat de location-gérance conclu en violation des conditions exigées du loueur, qui n'ont pas pour finalité la protection des intérêts particuliers des parties, est atteint d'une nullité absolue et comme tel insusceptible de confirmation. • Com. 9 juin 2004 : *Loyers et copr. 2004, n° 186, obs. Brault.* ♦ Doit être cassé, pour violation des art. 4 et 11 [C. com., art. L. 144-3 et L. 144-10], l'arrêt qui, sur la demande en nullité d'une location-gérance faute par le bailleur, commerçant depuis moins de sept ans, d'avoir obtenu l'autorisation du président du tribunal de grande instance compétent, énonce qu'il a présenté une requête aux fins de dispense et que si l'ordonnance conforme n'a été rendue qu'après la signature du contrat de location-gérance, le retard incombe au service du procureur de la République, que le locataire a exécuté la convention et n'a invoqué qu'en cause d'appel la nullité, qu'aucun tiers n'a été lésé par la gérance et qu'en définitive « dans un tel concours de circonstances indépendantes de la volonté des parties et surtout du bailleur, le locataire n'est pas fondé à invoquer à son seul profit la nullité de la convention ». • Com. 4 févr. 1997 : *Bull. civ. IV, n° 42 ; D. 1998. 153, note Pasqualini et Pasqualini-Salerno ; D. Affaires 1997. 369 ; JCP E 1997. II. 977, note Leveneur.*

2. Opposabilité aux tiers. La nullité ne pouvant être invoquée par les cocontractants à l'encontre des tiers, le loueur ne saurait s'en prévaloir pour se libérer de la responsabilité des dettes contractées pour l'exploitation du fonds. • Com. 24 avr. 1985 : *Gaz. Pal. 1985. 2. Pan. 359* • 4 févr. 1986 : *Bull. civ. IV, n° 1.* ♦ Comp. : • Com. 12 janv. 1981 : *Bull. civ. IV, n° 21 ; D. 1981. IR. 223, obs. Derrida* (à propos d'indemnités de licenciement du personnel du locataire-gérant mis en liquidation des biens).

3. Propriété commerciale. La déchéance des droits à renouvellement des baux à loyer, prévue par l'art. 11, al. 2 [C. com., art. L. 144-10, al. 2], étant encourue dès lors que le preneur consent un contrat de location-gérance atteint par la nullité prévue à l'al. 1er du même art., l'auteur d'un tel contrat ne peut invoquer une réitération de la convention, quand bien même la cause de nullité aurait cessé, pour échapper à la déchéance de ses droits. • Com. 30 juin 1992 : *Bull. civ. IV, n° 256 ; D. 1992. IR. 287* • Paris, 9 nov. 2001 : *cité note 7 ss. art. L. 144-3.* ♦ Sur la déchéance du droit à la propriété commerciale, V. aussi • Com. 28 mars 1973 : *Gaz. Pal. 1973. 2. 562* • 13 nov. 1963 : *JCP 1964. II. 13801, note Castro.* ♦ Toutefois, la nullité de la location-gérance n'entraîne pas nécessairement la résiliation du bail. • Civ. 3e, 18 oct. 1968 : *JCP 1969. II. 15965, note B. B.*

Ayant retenu que le contrat de location-gérance conclu entre les parties doit être déclaré nul par application de l'art. L. 144-10 et que ce contrat n'a pu dès lors produire aucun effet, une cour d'appel en a exactement déduit que le demandeur doit être débouté de sa demande de requalification du contrat en sous-bail commercial et déclaré occupant sans droit ni titre du local où est exploité le fonds de commerce. • Civ. 3e, 18 mai 2005 : *Bull. civ. III, n° 110 ; D. 2005. AJ. 1556, obs. Rouquet ; AJDI 2005. 833, obs. Dumont ; JCP E 2005, n° 48, p. 2034, obs. Kenfack ; Loyers et copr. 2005, n° 136, obs. Brault ; Rev. loyers 2005. 377, note Quément ; RJDA 2005, n° 1100 ; Administrer juill. 2005. 47, obs. Boccara et Lipman-W. Boccara.*

Art. L. 144-11 **Si le contrat de location-gérance est assorti d'une clause d'échelle mobile, la révision du loyer peut, nonobstant toute convention contraire, être demandée chaque fois que, par le jeu de cette clause, ce loyer se trouve augmenté**

ou diminué de plus du quart par rapport au prix précédemment fixé contractuellement ou par décision judiciaire.

Si l'un des éléments retenus pour le calcul de la clause d'échelle mobile vient à disparaître, la révision ne peut être demandée et poursuivie que si les conditions économiques se sont modifiées au point d'entraîner une variation de plus du quart de la valeur locative du fonds. – *[L. nº 56-277 du 20 mars 1956, art. 12].*

BIBL. ▶ BÉRAUD, *Ann. loyers 1954. 674.* – JAUFFRET, *RTD com. 1955. 55.*

1. Licéité de l'indice. Dès lors qu'une clause prévoyant l'indexation du prix est en relation directe avec l'activité du locataire-gérant du fonds, elle ne tombe pas sous le coup de la prohibition édictée par l'art. 79, al. 3, de l'ordonnance du 30 déc. 1958 [désormais codifié à l'art. L. 112-2 du C. mon. fin.]. • Paris, 27 mars 1987 : *D. 1987. IR. 110.* ♦ Le contrat de location-gérance d'un fonds de commerce étant relatif à un bien meuble incorporel et non à un immeuble bâti, la clause prévoyant l'indexation sur l'indice national du coût de la construction n'est pas valable. • Com. 16 févr. 1993 : *Bull. civ. IV, nº 63 ; Defrénois 1993. 1193, obs. Le Cannu ; D. 1993. IR. 68* • Dijon, 17 juill. 1975 : *Gaz. Pal. 1976. 1. 338 ; RTD com. 1976. 344, obs. Jauffret.* – Comp. : • Civ. 3e, 13 janv. 1988 : *Loyers et copr. 1988, nº 81.*

Sur la validité d'une clause prévoyant que l'indexation est la condition déterminante du contrat, V. • Com. 27 mars 1990 : *Bull. civ. IV, nº 93 ; D. 1991. 289, note Testu ; Defrénois 1991. 610, note J. Honorat.*

2. Disparition de l'indice. Au cas de disparition de l'indice, la variation ne pourra être demandée qu'au cas d'une modification des conditions économiques entraînant une variation de plus du quart de la valeur locative du fonds. • TGI Bourg, 29 avr. 1963 : *D. 1964. Somm. 41* • TGI Grasse, 4 oct. 1966 : *Gaz. Pal. 1966. 2. 292* • Aix-en-Provence, 1er févr. 1968 : *ibid. 1968. 1. 347.*

3. Résultat de la révision. La Cour de cassation a admis, à propos du texte analogue de l'art. 28 du décret du 30 sept. 1953 [C. com., art. L. 145-39], en matière de bail commercial, que le texte doit jouer même lorsque la valeur locative est plus élevée que le loyer résultant de l'indexation. • Civ. 3e, 6 janv. 1993 : *Bull. civ. III, nº 3 ; RTD com. 1993. 632, obs. Derruppé.*

Art. L. 144-12 La partie qui veut demander la révision doit en faire la notification à l'autre partie par lettre recommandée avec demande d'avis de réception ou par acte extrajudiciaire.

A défaut d'accord amiable, l'instance est introduite et jugée conformément aux dispositions prévues en matière de révision du prix des baux à loyer d'immeubles ou de locaux à usage commercial ou industriel. – *V. art. L. 145-57 à L. 145-60 et Décr. nº 53-960 du 30 sept. 1953, art. 29 à 30-1, art. 33, al. 2, 33-1 et 33-2, ss. art. L. 145-60.*

Le juge doit, en tenant compte de tous les éléments d'appréciation, adapter le jeu de l'échelle mobile à la valeur locative équitable au jour de la notification. Le nouveau prix est applicable à partir de cette même date, à moins que les parties ne se soient mises d'accord avant ou pendant l'instance sur une date plus ancienne ou plus récente. – *[L. nº 56-277 du 20 mars 1956, art. 13].*

L'art. 13 [C. com., art. L. 144-12] dispose que l'instance en révision du loyer d'une location-gérance est introduite et jugée conformément aux dispositions du décret nº 53-960 du 30 sept. 1953 et ne comporte aucune restriction ; l'action en révision est donc soumise à la prescription biennale édictée par l'art. 33 dudit décret [C. com., art. L. 145-60]. • Com. 16 juin 1992 : *Bull. civ. IV, nº 237 ; D. 1992. IR. 227.*

Art. L. 144-13 Les dispositions des articles L. 144-11 et L. 144-12 ne sont pas applicables aux opérations de crédit-bail en matière de fonds de commerce ou d'établissement artisanal mentionnées au 3º de l'article 1er de la loi nº 66-455 du 2 juillet 1966 relative aux entreprises pratiquant le crédit-bail.

Les dispositions de l'article L. 144-9 ne sont pas applicables lorsque le locataire-gérant qui a pris en location par un contrat de crédit-bail un fonds de commerce ou un établissement artisanal lève l'option d'achat. – *[L. nº 56-277 du 20 mars 1956, art. 13-1].*

BIBL. ► Raffray, *JCP N 1986. I. 9831.* ► Pour une formule commentée : Bey, *JCP E 1987. II. 14860.*

Décret nº 56-612 du 20 juin 1956,

Portant application aux entreprises de transports publics et de location de véhicules industriels des dispositions de la loi du 20 mars 1956 relative à la location-gérance des fonds de commerce et des établissements artisanaux [C. com., art. L. 144-1 s.].

Art. 1er Les conditions particulières d'application aux entreprises de transports publics et de location de véhicules industriels de la loi du 20 mars 1956 *[C. com., art. L. 144-1 s.]* relative à la location-gérance des fonds de commerce et des établissements artisanaux sont déterminées par les articles ci-après.

2 Lorsque l'entrée en vigueur du contrat de location-gérance est subordonnée à une décision administrative en vertu des textes législatifs et réglementaires relatifs à la coordination des transports, le délai de quinzaine, fixé par le 2e alinéa *[abrogé ; V. infra, Décr. nº 86-465 du 14 mars 1986, art. 1er]* de l'article 2 de la loi du 20 mars 1956 *[C. com., art. L. 144-2]*, court de la date de notification par le préfet de ladite décision.

Cette notification est faite par lettre recommandée avec demande d'avis de réception ; elle fait également courir les délais impartis au locataire et au loueur par le code de commerce pour les inscriptions au registre du commerce.

3 Le propriétaire d'un fonds de commerce de transport ou de location de véhicules industriels, qui met en location-gérance une partie de son fonds, est tenu de mentionner, lors de l'inscription qu'il effectue au registre du commerce, la mise en location-gérance partielle, sans être astreint à préciser les éléments loués.

Cette mention demeurera valable, en cas de modification des éléments loués. Elle devra faire l'objet d'une inscription modificative si l'intéressé reprend l'exploitation de son fonds ou au contraire en loue la totalité. Elle fera l'objet d'une radiation si l'intéressé cède son fonds.

4 Lorsque l'inscription du locataire-gérant au plan des transports publics de voyageurs, au registre des transporteurs publics de marchandises ou au registre des loueurs de véhicules, comporte l'indication des nom, qualité, adresse et numéro d'immatriculation au registre du commerce du ou des loueurs de fonds, le locataire-gérant est autorisé à remplacer sur les documents visés à l'article 3 *[abrogé]* de la loi précitée ces indications par une référence à l'inscription susvisée.

Cette référence devra indiquer :

1° La nature du document : plan, registre des transporteurs ou registre des loueurs ;

2° Le département où il est tenu ;

3° Le cas échéant, l'annexe ou la section de ce document et le numéro de l'inscription.

5 Les contrats de location-gérance conclus entre la date de publication du décret du 22 septembre 1953 relatif à la location-gérance de fonds de commerce, et celle de la publication du présent décret, demeureront soumis, jusqu'à leur expiration ou leur renouvellement, quant à leurs conditions de validité, aux dispositions du décret nº 53-874 susvisé modifié par le décret nº 53-963 du 30 septembre 1953, sous réserve des décisions de justice passées en force de chose jugée intervenues, en vertu du décret du 22 septembre 1953 entre le 23 septembre 1953 et la date d'application de la loi du 28 septembre 1954, modifiée par la loi nº 55-348 du 2 avril 1955.

6 Ne sont pas considérées comme location de fonds de commerce, au sens de l'article 1er de la loi susvisée *[C. com., art. L. 144-1]*, les opérations ayant pour objet d'adapter les droits du locataire à la charge utile totale de son parc de véhicules lorsque le total des capacités de transport ainsi obtenues par le locataire n'excède pas cinq tonnes pour les transports publics de marchandises ou soixante places de voyageurs pour les services occasionnels de voyageurs et lorsque les locations, pour un même loueur, ne totalisent au maximum que dix tonnes ou soixante places de voyageurs et restent inférieures à la moitié du montant global des droits de ce loueur.

Ne sont également pas considérées comme location de fonds de commerce, les locations réciproques ayant pour objet de faciliter le fonctionnement des entreprises et consenties, pour chacune des parties, dans la limite de dix tonnes pour les transports publics de marchandises ou les locations de véhicules industriels ou de soixante places de voyageurs pour les services occasionnels de voyageurs.

Échappent de même à l'application de la loi du 20 mars 1956 *[C. com., art. L. 144-1 s.]* les accords conclus à titre provisoire par des exploitants de services réguliers de voyageurs pour l'aménagement avec l'accord de l'administration, de leurs services respectifs.

Décret n° 86-465 du 14 mars 1986,

Relatif aux mesures de publicité afférentes à la location-gérance d'un fonds de commerce ou d'un établissement artisanal.

BIBL. ▶ BACHASSON, *Gaz. Pal. 1990. 2. Doctr. 423.*

Art. 1er *(Abrogation des al. 2, 3 et 4 de l'art. 2 de la loi n° 56-277 du 20 mars 1956, désormais codifiée aux art. L. 144-1 s.).*

2 Les contrats de gérance définis à l'article 1er de la loi précitée du 20 mars 1956 *[C. com., art. L. 144-1]* sont publiés dans la quinzaine de leur date sous forme d'extraits ou d'avis dans un journal habilité à recevoir les annonces légales. La fin de la location-gérance donne lieu aux mêmes mesures de publicité.

Le défaut d'enregistrement et de publicité de la location-gérance, dont l'existence est néanmoins rapportée par les attestations de l'Administration fiscale, sont sans effet sur la validité du contrat et n'ont de conséquences que dans les rapports du locataire gérant et du bailleur de fonds avec les tiers. • Rouen, 20 oct. 1994 : *JCP 1995. IV. 1834.*

3 Les loueurs inscrits en cette qualité au registre du commerce et des sociétés peuvent, à partir de la date d'entrée en vigueur du présent décret, requérir la radiation ou la modification de leur immatriculation.

Le greffier peut procéder d'office à cette radiation ou modification six mois après l'envoi d'une lettre invitant les intéressés à user de la faculté prévue à l'alinéa précédent.

Sur l'obligation, pour le locataire-gérant, de préciser sa qualité sur ses papiers d'affaires, V. Décr. n° 84-406 du 30 mai 1984, art. 72, infra, App., v° Registre du commerce et des sociétés.

Sur le consentement nécessaire du conjoint pour donner à bail un fonds de commerce ou une entreprise artisanale, V. art. L. 121-5, al. 1er.

CHAPITRE V DU BAIL COMMERCIAL

Le code des baux commenté Dalloz comporte l'ensemble des textes, codifiés ou non, régissant la matière, assortis d'annotations de jurisprudence et de bibliographie. — ***C. baux.***

RÉP. COM. ET RÉP. CIV. v° *Baux commerciaux*, par DUMONT.

BIBL. ▶ AUQUE, *JCP 2000, n° 45, Actualité* (la codification des baux commerciaux à droit presque constant). – BLATTER, *AJDI 2001. 113* (pour une lecture à droit constant d'une codification à droit constant). – MONÉGER, *Loyers et copr. oct. 2000, Repères, p. 3* – PH.-H. BRAULT, *ibid. Chron. 11.* – BOCCARA, *D. 2001, Point de vue, p. 2018* (de l'interprétation obligée d'une codification à droit constant). – MONÉGER, *Rev. loyers 2004. 262* (baux commerciaux et sources du droit). – SEUBE, *Cah. dr. entr. 2005, n° 3, p. 22* (baux commerciaux : occuper les espaces de liberté).

SECTION PREMIÈRE DU CHAMP D'APPLICATION

Art. L. 145-1 I. — Les dispositions du présent chapitre s'appliquent aux baux des immeubles ou locaux dans lesquels un fonds est exploité, que ce fonds appartienne, soit à un commerçant ou à un industriel immatriculé au registre du commerce et des sociétés, soit à un chef d'une entreprise immatriculée au répertoire des métiers, accomplissant ou non des actes de commerce, et en outre :

1° Aux baux de locaux ou d'immeubles accessoires à l'exploitation d'un fonds de commerce quand leur privation est de nature à compromettre l'exploitation du fonds et qu'ils appartiennent au propriétaire du local ou de l'immeuble où est situé l'établissement principal. En cas de pluralité de propriétaires, les locaux accessoires doivent avoir été loués au vu et au su du bailleur en vue de l'utilisation jointe ;

2° Aux baux des terrains nus sur lesquels ont été édifiées — soit avant, soit après le bail — des constructions à usage commercial, industriel ou artisanal, à condition que ces constructions aient été élevées ou exploitées avec le consentement exprès du propriétaire.

II. — Si le fonds est exploité sous forme de location-gérance en application du chapitre IV du présent titre, le propriétaire du fonds bénéficie néanmoins des présentes dispositions sans avoir à justifier de l'immatriculation au registre du commerce et des sociétés ou au répertoire des métiers. — *[Décr. n° 53-960 du 30 sept. 1953, art. 1er].*

Sur la possibilité, pour un groupement d'intérêt économique dont l'objet est commercial, d'être titulaire d'un bail commercial, V. infra, art. L. 251-4.

BIBL. ► CANU, *Gaz. Pal. 2004. Doctr. 75* (pour le bail économique).

Art. L. 145-2 I. — Les dispositions du présent chapitre s'appliquent également :

1° Aux baux des locaux ou immeubles abritant des établissements d'enseignement ;

2° Aux baux consentis aux communes pour des immeubles ou des locaux affectés, soit au moment de la location, soit ultérieurement et avec le consentement exprès ou tacite du propriétaire, à des services exploités en régie ;

3° Aux baux d'immeubles ou de locaux principaux ou accessoires, nécessaires à la poursuite de l'activité des entreprises publiques et établissements publics à caractère industriel ou commercial, dans les limites définies par les lois et règlements qui les régissent et à condition que ces baux ne comportent aucune emprise sur le domaine public ;

4° Sous réserve des dispositions de l'article L. 145-26 *[,]* aux baux des locaux ou immeubles appartenant à l'État, aux départements, aux communes et aux établissements publics, dans le cas où ces locaux ou immeubles satisfont aux dispositions de l'article L. 145-1 ou aux 1° et 2° ci-dessus ;

5° Aux baux d'immeubles abritant soit des sociétés coopératives ayant la forme commerciale ou un objet commercial, soit des sociétés coopératives de crédit, soit des caisses d'épargne et de prévoyance ;

6° Aux baux des locaux consentis à des artistes admis à cotiser à la caisse de sécurité sociale de la maison des artistes et reconnus auteurs d'œuvres graphiques et plastiques, tels que définis par l'article 98 A de l'annexe III du code général des impôts.

II. — Toutefois, les dispositions du présent chapitre ne sont pas applicables aux autorisations d'occupation précaire accordées par l'administration sur un immeuble acquis par elle à la suite d'une déclaration d'utilité publique. *(L. n° 2005-882 du 2 août 2005, art. 58-II)* « Elles ne sont également pas applicables, pendant la période d'un an mentionnée au premier alinéa de l'article L. 214-2 du code de l'urbanisme, aux fonds artisanaux, aux fonds de commerce ou aux baux commerciaux préemptés en application de l'article L. 214-1 du même code. » — *[Décr. n° 53-960 du 30 sept. 1953, art. 2]. — V. les art. préc., infra.*

Art. L. 145-3 Les dispositions du présent chapitre ne sont pas applicables aux baux emphytéotiques, sauf en ce qui concerne la révision du loyer. Toutefois, elles s'appliquent, dans les cas prévus aux articles L. 145-1 et L. 145-2, aux baux passés par les emphytéotes, sous réserve que la durée du renouvellement consenti à leurs sous-locataires n'ait pas pour effet de prolonger l'occupation des lieux au-delà de la date d'expiration du bail emphytéotique. – *[Décr. n° 53-960 du 30 sept. 1953, art. 3].*

SECTION II DE LA DURÉE

Art. L. 145-4 La durée du contrat de location ne peut être inférieure à neuf ans.

Toutefois, à défaut de convention contraire, le preneur a la faculté de donner congé à l'expiration d'une période triennale, dans les formes et délai de l'article L. 145-9.

Le bailleur a la même faculté s'il entend invoquer les dispositions des articles L. 145-18, L. 145-21 et L. 145-24 afin de construire, de reconstruire, de surélever l'immeuble existant ou d'exécuter des travaux prescrits ou autorisés dans le cadre d'une opération de restauration immobilière.

Le preneur ayant demandé à bénéficier de ses droits à la retraite du régime social auquel il est affilié ou ayant été admis au bénéfice d'une pension d'invalidité attribuée dans le cadre de ce régime social a la faculté de donner congé dans les formes et délais de l'article L. 145-9.

Les dispositions de l'alinéa précédent sont applicables à l'associé unique d'une entreprise unipersonnelle à responsabilité limitée, ou au gérant majoritaire depuis au moins deux ans d'une société à responsabilité limitée, lorsque celle-ci est titulaire du bail. – *[Décr. n° 53-960 du 30 sept. 1953, art. 3-1 et 38-2].*

Art. L. 145-5 Les parties peuvent, lors de l'entrée dans les lieux du preneur, déroger aux dispositions du présent chapitre à la condition que le bail soit conclu pour une durée au plus égale à deux ans.

Si, à l'expiration de cette durée, le preneur reste et est laissé en possession, il s'opère un nouveau bail dont l'effet est réglé par les dispositions du présent chapitre.

Il en est de même en cas de renouvellement exprès du bail ou de conclusion, entre les mêmes parties, d'un nouveau bail pour le même local.

Les dispositions des deux alinéas précédents ne sont pas applicables s'il s'agit d'une location à caractère saisonnier. – *[Décr. n° 53-960 du 30 sept. 1953, art. 3-2].*

Art. L. 145-6 Le bailleur d'un local à usage commercial, industriel ou artisanal peut, au cours du bail originaire ou d'un bail renouvelé, reprendre les lieux en tout ou partie pour exécuter des travaux nécessitant l'évacuation des lieux compris dans un secteur ou périmètre prévu aux articles *(Ord. n° 2005-1527 du 8 déc. 2005, art. 29)* « L. 313-4 à L. 313-4-2 » du code de l'urbanisme et autorisés ou prescrits dans les conditions prévues auxdits articles, s'il offre de reporter le bail sur un local équivalent dans le même immeuble ou dans un autre immeuble. Cette offre précise les caractéristiques du local offert, lequel doit permettre la continuation de l'exercice de l'activité antérieure du locataire. L'offre doit être notifiée un an à l'avance.

Le locataire doit, dans un délai de deux mois, soit faire connaître son acceptation, soit saisir des motifs de son refus la juridiction compétente, faute de quoi il est réputé avoir accepté l'offre. – *[Décr. n° 53-960 du 30 sept. 1953, art. 38-1, al. 1er et 2].*

Les dispositions issues de l'Ord. n° 2005-1527 du 8 déc. 2005 entrent en vigueur à des dates fixées par décret en Conseil d'État et au plus tard le 1er juill. 2007 (art. 41 de l'ord. préc.).

Art. L. 145-7 Le locataire dont le bail est reporté a droit à une indemnité de dépossession qui comprend l'indemnisation des conséquences dommageables de la

privation temporaire de jouissance, compte tenu, s'il y a lieu, de l'installation provisoire réalisée aux frais du bailleur et du remboursement de ses frais normaux de déménagement et de réinstallation.

Lorsque l'offre a été acceptée ou reconnue valable par la juridiction compétente, et après l'expiration du délai d'un an à compter de la ratification de l'offre, le locataire doit quitter les lieux dès la mise à la disposition effective du local offert et le versement d'une indemnité provisionnelle dont le montant est fixé dans les formes prévues à l'article L. 145-19.

Les prix et les conditions accessoires du bail peuvent être modifiés à la demande de la partie la plus diligente. — *[Décr. nº 53-960 du 30 sept. 1953, art. 38-1, al. 3 à 5].*

SECTION III DU RENOUVELLEMENT

Art. L. 145-8 Le droit au renouvellement du bail ne peut être invoqué que par le propriétaire du fonds qui est exploité dans les lieux.

Le fonds transformé, le cas échéant, dans les conditions prévues à la section VIII du présent chapitre, doit, sauf motifs légitimes, avoir fait l'objet d'une exploitation effective au cours des trois années qui ont précédé la date d'expiration du bail ou de sa reconduction telle qu'elle est prévue à l'article L. 145-9, cette dernière date étant soit la date pour laquelle le congé a été donné, soit, si une demande de renouvellement a été faite, le terme d'usage qui suit cette demande. — *[Décr. nº 53-960 du 30 sept. 1953, art. 4].*

Les baux consentis par le tuteur ne confèrent au preneur, à l'encontre du mineur devenu majeur ou émancipé, aucun droit au renouvellement à l'expiration du bail (C. civ, art. 456, al. 3.). Ces dispositions ne sont toutefois pas applicables aux baux en cours à la date d'entrée en vigueur de la loi nº 64-1230 du 14 déc. 1964 ni à leur renouvellement (L. nº 65-570 du 13 juill. 1965, art. 22, al. 2). — V. ***C. civ.***

L'usufruitier ne peut sans le concours du nu-propriétaire, donner à bail un immeuble à usage commercial, industriel ou artisanal (C. civ., art. 595). Pour les baux en cours, V. L. nº 65-570 du 13 juill. 1965, art. 22, al. 1er. — ***C. civ.***

Pour la conclusion et le renouvellement des baux relatifs à des biens indivis, un mandat spécial est nécessaire. Si un indivisaire prend en main la gestion des biens indivis, au su des autres et néanmoins sans opposition de leur part, il est censé avoir reçu un mandat tacite couvrant les actes d'administration mais non la conclusion ou le renouvellement des baux (C. civ., art. 815-3). — ***C. civ.***

Sur la nécessité du consentement des deux conjoints pour donner à bail un immeuble à usage commercial, industriel ou artisanal dépendant de la communauté, V. supra, art. L. 121-5.

Sur le droit au renouvellement en cas d'opération de crédit-bail immobilier, V. infra, App., vº Code monétaire et financier (extraits), art. L. 313-9, al. 2.

Sur la dispense de l'obligation d'exploiter pour les commerçants et artisans en stage de formation, V., infra, art. L. 145-43.

Sur les effets sur le droit au renouvellement, en cas de location-gérance du fonds de commerce, de la nullité de ce contrat, V. supra, art. L. 144-10.

Art. L. 145-9 Par dérogation aux articles 1736 et 1737 du code civil, les baux de locaux soumis aux dispositions du présent chapitre ne cessent que par l'effet d'un congé donné suivant les usages locaux et au moins six mois à l'avance.

A défaut de congé, le bail fait par écrit se poursuit par tacite reconduction au-delà du terme fixé par le contrat, conformément à l'article 1738 du code civil et sous les réserves prévues à l'alinéa précédent.

Le bail dont la durée est subordonnée à un événement dont la réalisation autorise le bailleur à demander la résiliation ne cesse, au-delà de la durée de neuf ans, que par l'effet d'une notification faite six mois à l'avance et pour un terme d'usage. Cette notification doit mentionner la réalisation de l'événement prévu au contrat.

S'agissant d'un bail comportant plusieurs périodes, si le bailleur dénonce le bail à la fin des neuf premières années ou à l'expiration de l'une des périodes suivantes, le congé doit être donné dans les délais prévus à l'alinéa premier ci-dessus.

Le congé doit être donné par acte extrajudiciaire. Il doit, à peine de nullité, préciser les motifs pour lesquels il est donné et indiquer que le locataire qui entend, soit contester le congé, soit demander le paiement d'une indemnité d'éviction, doit, à peine de forclusion, saisir le tribunal avant l'expiration d'un délai de deux ans à compter de la date pour laquelle le congé a été donné. — *[Décr. n° 53-960 du 30 sept. 1953, art. 5].*

Art. L. 145-10 **A défaut de congé, le locataire qui veut obtenir le renouvellement de son bail doit en faire la demande soit dans les six mois qui précèdent l'expiration du bail, soit, le cas échéant, à tout moment au cours de sa reconduction.**

La demande en renouvellement doit être signifiée au bailleur par acte extrajudiciaire. Sauf stipulations ou notifications contraires de la part de celui-ci, elle peut, aussi bien qu'à lui-même, lui être valablement adressée en la personne du gérant, lequel est réputé avoir qualité pour la recevoir. S'il y a plusieurs propriétaires, la demande adressée à l'un d'eux vaut, sauf stipulations ou notifications contraires, à l'égard de tous.

Elle doit, à peine de nullité, reproduire les termes de l'alinéa ci-dessous.

Dans les trois mois de la signification de la demande en renouvellement, le bailleur doit, dans les mêmes formes, faire connaître au demandeur s'il refuse le renouvellement en précisant les motifs de ce refus. A défaut d'avoir fait connaître ses intentions dans ce délai, le bailleur est réputé avoir accepté le principe du renouvellement du bail précédent.

L'acte extrajudiciaire notifiant le refus de renouvellement doit, à peine de nullité, indiquer que le locataire qui entend, soit contester le refus de renouvellement, soit demander le paiement d'une indemnité d'éviction, doit, à peine de forclusion, saisir le tribunal avant l'expiration d'un délai de deux ans à compter de la date à laquelle est signifié le refus de renouvellement. — *[Décr. n° 53-960 du 30 sept. 1953, art. 6].*

Art. L. 145-11 **Le bailleur qui, sans être opposé au principe du renouvellement, désire obtenir une modification du prix du bail doit, dans le congé prévu à l'article L. 145-9 ou dans la réponse à la demande de renouvellement prévue à l'article L. 145-10, faire connaître le loyer qu'il propose, faute de quoi le nouveau prix n'est dû qu'à compter de la demande qui en est faite ultérieurement suivant des modalités définies par décret en Conseil d'État.** — *[Décr. n° 53-960 du 30 sept. 1953, art. 6-1].*

L'art. 6-1 du Décr. n° 53-960 du 30 sept. 1953, bien qu'entièrement abrogé, a partiellement été codifié à l'art. L. 145-11 qui renvoie pour son application à un décret pris en Conseil d'État. Les dispositions non reprises de cet article visaient les modalités de la demande du bailleur concernant le nouveau loyer et prévoyaient que le nouveau loyer ne serait dû qu'à compter de la demande qui en serait faite ultérieurement par acte d'huissier de justice, par lettre recommandée avec demande d'avis de réception, ou dans le mémoire prévu à l'art. 29 du même décret. — V. art. 29, infra, ss. art. L. 145-60.

Art. L. 145-12 **La durée du bail renouvelé est de neuf ans sauf accord des parties pour une durée plus longue.**

Les dispositions des deuxième et troisième alinéas de l'article L. 145-4 sont applicables au cours du bail renouvelé.

Le nouveau bail prend effet à compter de l'expiration du bail précédent, ou, le cas échéant, de sa reconduction, cette dernière date étant soit celle pour laquelle le congé a été donné, soit, si une demande de renouvellement a été faite, le terme d'usage qui suit cette demande.

Toutefois, lorsque le bailleur a notifié, soit par un congé, soit par un refus de renouvellement, son intention de ne pas renouveler le bail, et si, par la suite, il décide de le renouveler, le nouveau bail prend effet à partir du jour où cette accep-

tation a été notifiée au locataire par acte extrajudiciaire. – *[Décr. n° 53-960 du 30 sept. 1953, art. 7].*

Art. L. 145-13 Sous réserve des dispositions de la loi du 28 mai 1943 relative à l'application aux étrangers des lois en matière de baux à loyer et de baux à ferme, les dispositions de la présente section ne peuvent être invoquées par des commerçants, industriels ou personnes immatriculées au répertoire des métiers de nationalité étrangère, agissant directement ou par personne interposée, à moins que, pendant les guerres de 1914 et de 1939, ils n'aient combattu dans les armées françaises ou alliées, ou qu'ils n'aient des enfants ayant la qualité de Français. – *V. L. 28 mai 1943 au* **C. *civ.*** *ou* **C. *baux.***

L'alinéa précédent n'est pas applicable aux ressortissants d'un État membre de la Communauté européenne ou d'un État partie à l'accord sur l'Espace économique européen. – *[Décr. n° 53-960 du 30 sept. 1953, art. 38, al. 1er, 2 et 4].*

SECTION IV DU REFUS DE RENOUVELLEMENT

Art. L. 145-14 Le bailleur peut refuser le renouvellement du bail. Toutefois, le bailleur doit, sauf exceptions prévues aux articles L. 145-17 et suivants, payer au locataire évincé une indemnité dite d'éviction égale au préjudice causé par le défaut de renouvellement.

Cette indemnité comprend notamment la valeur marchande du fonds de commerce, déterminée suivant les usages de la profession, augmentée éventuellement des frais normaux de déménagement et de réinstallation, ainsi que des frais et droits de mutation à payer pour un fonds de même valeur, sauf dans le cas où le propriétaire fait la preuve que le préjudice est moindre. – *[Décr. n° 53-960 du 30 sept. 1953, art. 8].*

Art. L. 145-15 Sont nuls et de nul effet, quelle qu'en soit la forme, les clauses, stipulations et arrangements qui ont pour effet de faire échec au droit de renouvellement institué par le présent chapitre ou aux dispositions des articles L. 145-4, L. 145-37 à L. 145-41, du premier alinéa de l'article L. 145-42 et des articles L. 145-47 à L. 145-54. – *[Décr. n° 53-960 du 30 sept. 1953, art. 35].*

Art. L. 145-16 Sont également nulles, quelle qu'en soit la forme, les conventions tendant à interdire au locataire de céder son bail ou les droits qu'il tient du présent chapitre à l'acquéreur de son fonds de commerce ou de son entreprise.

En cas de fusion de sociétés ou d'apport d'une partie de l'actif d'une société réalisé dans les conditions prévues à l'article L. 236-22 la société issue de la fusion ou la société bénéficiaire de l'apport est, nonobstant toute stipulation contraire, substituée à celle au profit de laquelle le bail était consenti dans tous les droits et obligations découlant de ce bail.

En cas de cession, de fusion ou d'apport, si l'obligation de garantie ne peut plus être assurée dans les termes de la convention, le tribunal peut y substituer toutes garanties qu'il juge suffisantes. – *[Décr. n° 53-960 du 30 sept. 1953, art. 35-1].*

Art. L. 145-17 I. – Le bailleur peut refuser le renouvellement du bail sans être tenu au paiement d'aucune indemnité :

1° S'il justifie d'un motif grave et légitime à l'encontre du locataire sortant. Toutefois, s'il s'agit soit de l'inexécution d'une obligation, soit de la cessation sans raison sérieuse et légitime de l'exploitation du fonds, compte tenu des dispositions de l'article L. 145-8, l'infraction commise par le preneur ne peut être invoquée que si elle s'est poursuivie ou renouvelée plus d'un mois après mise en demeure du bailleur d'avoir à la faire cesser. Cette mise en demeure doit, à peine de nullité, être effectuée par acte extrajudiciaire, préciser le motif invoqué et reproduire les termes du présent alinéa ;

2° S'il est établi que l'immeuble doit être totalement ou partiellement démoli comme étant en état d'insalubrité reconnue par l'autorité administrative ou s'il est établi qu'il ne peut plus être occupé sans danger en raison de son état.

II. – En cas de reconstruction par le propriétaire ou son ayant droit d'un nouvel immeuble comprenant des locaux commerciaux, le locataire a droit de priorité pour louer dans l'immeuble reconstruit, sous les conditions prévues par les articles L. 145-19 et L. 145-20. – *[Décr. n° 53-960 du 30 sept. 1953, art. 9].*

Art. L. 145-18 Le bailleur a le droit de refuser le renouvellement du bail pour construire ou reconstruire l'immeuble existant, à charge de payer au locataire évincé l'indemnité d'éviction prévue à l'article L. 145-14.

Il en est de même pour effectuer des travaux nécessitant l'évacuation des lieux compris dans un secteur ou périmètre prévu aux articles *(Ord. n° 2005-1527 du 8 déc. 2005, art. 29)* « L. 313-4 à L. 313-4-2 » du code de l'urbanisme et autorisés ou prescrits dans les conditions prévues auxdits articles.

Toutefois, le bailleur peut se soustraire au paiement de cette indemnité en offrant au locataire évincé un local correspondant à ses besoins et possibilités, situé à un emplacement équivalent.

Le cas échéant, le locataire perçoit une indemnité compensatrice de sa privation temporaire de jouissance et de la moins-value de son fonds. Il est en outre remboursé de ses frais normaux de déménagement et d'emménagement.

Lorsque le bailleur invoque le bénéfice du présent article, il doit, dans l'acte de refus de renouvellement ou dans le congé, viser les dispositions de l'alinéa 3 et préciser les nouvelles conditions de location. Le locataire doit, dans un délai de trois mois, soit faire connaître par acte extrajudiciaire son acceptation, soit saisir la juridiction compétente dans les conditions prévues à l'article L. 145-58.

Si les parties sont seulement en désaccord sur les conditions du nouveau bail, celles-ci sont fixées selon la procédure prévue à l'article L. 145-56. – *[Décr. n° 53-960 du 30 sept. 1953, art. 10].*

V. note ss. art. L. 145-6.

Art. L. 145-19 Pour bénéficier du droit de priorité prévu à l'article L. 145-17, le locataire doit, en quittant les lieux ou, au plus tard dans les trois mois qui suivent, notifier sa volonté d'en user au propriétaire, par acte extrajudiciaire, en lui faisant connaître son nouveau domicile ; il doit notifier de même, sous peine de déchéance, tout nouveau changement de domicile.

Le propriétaire qui a reçu une telle notification doit, avant de louer ou d'occuper lui-même un nouveau local, aviser de la même manière le locataire qu'il est prêt à lui consentir un nouveau bail. A défaut d'accord entre les parties sur les conditions de ce bail, celles-ci sont déterminées selon la procédure prévue à l'article L. 145-56.

Le locataire a un délai de trois mois pour se prononcer ou saisir la juridiction compétente. Ce délai doit, à peine de nullité, être indiqué dans la notification visée à l'alinéa précédent. Passé ce délai, le propriétaire peut disposer du local.

Le propriétaire qui ne se conformerait pas aux dispositions des alinéas précédents est passible, sur demande de son locataire, du paiement à ce dernier de dommages-intérêts. – *[Décr. n° 53-960 du 30 sept. 1953, art. 11].*

Art. L. 145-20 Lorsque l'immeuble reconstruit, dans les conditions prévues à l'article L. 145-17, possède une superficie supérieure à celle de l'immeuble primitif, le droit de priorité est limité à des locaux possédant une superficie équivalente à celle des locaux précédemment occupés ou susceptibles de satisfaire aux mêmes besoins commerciaux que ces derniers.

Lorsque l'immeuble reconstruit ne permet pas la réinstallation de tous les occupants, la préférence est accordée aux locataires titulaires des baux les plus anciens qui ont fait connaître leur intention d'occuper les lieux. – *[Décr. n° 53-960 du 30 sept. 1953, art. 12].*

Art. L. 145-21 Le propriétaire peut également différer pendant une durée maximum de trois ans le renouvellement du bail, s'il se propose de surélever l'immeuble et si cette surélévation rend nécessaire l'éviction temporaire du locataire. Celui-ci a droit, dans ce cas, à une indemnité égale au préjudice subi sans pouvoir excéder trois ans de loyer. – *[Décr. n° 53-960 du 30 sept. 1953, art. 13].*

Art. L. 145-22 Le bailleur peut refuser le renouvellement du bail exclusivement sur la partie concernant les locaux d'habitation accessoires des locaux commerciaux pour habiter lui-même ceux-ci ou les faire habiter par son conjoint, ses ascendants, ses descendants ou ceux de son conjoint, à condition que le bénéficiaire de la reprise ne dispose pas d'une habitation correspondant à ses besoins normaux et à ceux des membres de sa famille vivant habituellement ou domiciliés avec lui.

Toutefois, la reprise dans les conditions ci-dessus indiquées ne peut être exercée sur des locaux affectés à usage d'hôtel ou de location en meublé, ni sur des locaux à usage hospitalier ou d'enseignement.

De même, la reprise ne peut être exercée lorsque le locataire établit que la privation de jouissance des locaux d'habitation apporte un trouble grave à l'exploitation du fonds ou lorsque les locaux commerciaux et les locaux d'habitation forment un tout indivisible.

Lorsque l'immeuble a été acquis à titre onéreux, le bailleur ne peut bénéficier des dispositions du présent article que si son acte d'acquisition a date certaine plus de six ans avant le refus de renouvellement.

Le bénéficiaire du droit de reprise est tenu de mettre à la disposition du locataire dont il reprend le local, le logement qui, le cas échéant, pourrait être rendu vacant par l'exercice de ce droit.

Dans le cas de reprise partielle prévu au présent article, le loyer du bail renouvelé tient compte du préjudice causé au locataire ou à son ayant droit dans l'exercice de son activité.

Sauf motif légitime, le bénéficiaire de la reprise doit occuper personnellement les lieux dans un délai de six mois à dater du départ du locataire évincé et pendant une durée minimum de six ans, faute de quoi le locataire évincé a droit à une indemnité d'éviction en rapport avec l'importance des locaux repris. – *[Décr. n° 53-960 du 30 sept. 1953, art. 14].*

Art. L. 145-23 Les dispositions de l'article *(L. n° 2003-7 du 3 janv. 2003)* « L. 145-22 » ne sont pas applicables aux bailleurs de nationalité étrangère, agissant directement ou par personne interposée, à moins que, pendant les guerres de 1914 et de 1939, ils n'aient combattu dans les armées françaises ou alliées, ou qu'ils n'aient des enfants ayant la qualité de Français.

L'alinéa précédent n'est pas applicable aux ressortissants d'un État membre de la Communauté européenne ou d'un État partie à l'accord sur l'Espace économique européen. – *[Décr. n° 53-960 du 30 sept. 1953, art. 38, al. 3].*

Art. L. 145-24 Le droit au renouvellement n'est pas opposable au propriétaire qui a obtenu un permis de construire un local d'habitation sur tout ou partie d'un des terrains visés au 2° de l'article L. 145-1.

Ce droit de reprise ne peut, en tout état de cause, être exercé que sur la partie du terrain indispensable à la construction. S'il a pour effet d'entraîner obligatoirement la cessation de l'exploitation commerciale, industrielle ou artisanale, les dispositions de l'article L. 145-18 sont applicables. – *[Décr. n° 53-960 du 30 sept. 1953, art. 15].*

Art. L. 145-25 Le propriétaire ou le principal locataire qui, en même temps qu'il est bailleur des lieux, est le vendeur du fonds de commerce qui y est exploité et qui a reçu le prix intégral ne peut refuser le renouvellement qu'à la charge de payer l'indemnité d'éviction prévue à l'article L. 145-14, sauf s'il justifie d'un motif reconnu grave et légitime à l'encontre du preneur. – *[Décr. n° 53-960 du 30 sept. 1953, art. 16].*

Art. L. 145-26 Le renouvellement des baux concernant des immeubles appartenant à l'État, aux départements, aux communes et aux établissements publics ne peut être refusé sans que la collectivité propriétaire soit tenue au paiement de l'indemnité d'éviction prévue à l'article L. 145-14, même si son refus est justifié par une raison d'utilité publique. – *[Décr. n° 53-960 du 30 sept. 1953, art. 17].*

Art. L. 145-27 Au cas où il viendrait à être établi à la charge du bailleur qu'il n'a exercé les droits qui lui sont conférés aux articles L. 145-17 et suivants qu'en vue de faire échec frauduleusement aux droits du locataire, notamment par des opérations de location et de revente, que ces opérations aient un caractère civil ou commercial, le locataire a droit à une indemnité égale au montant du préjudice subi. – *[Décr. n° 53-960 du 30 sept. 1953, art. 19].*

Art. L. 145-28 Aucun locataire pouvant prétendre à une indemnité d'éviction ne peut être obligé de quitter les lieux avant de l'avoir reçue. Jusqu'au paiement de cette indemnité, il a droit au maintien dans les lieux aux conditions et clauses du contrat de bail expiré. Toutefois, l'indemnité d'occupation est déterminée conformément aux dispositions des sections VI et VII, compte tenu de tous éléments d'appréciation.

Par dérogation au précédent alinéa, dans le seul cas prévu au deuxième alinéa de l'article L. 145-18, le locataire doit quitter les lieux dès le versement d'une indemnité provisionnelle fixée par le président du tribunal de grande instance statuant au vu d'une expertise préalablement ordonnée dans les formes fixées par décret en Conseil d'État, en application de l'article L. 145-56. – *[Décr. n° 53-960 du 30 sept. 1953, art. 20, al. 1er et 2].*

Art. L. 145-29 En cas d'éviction, les lieux doivent être remis au bailleur pour le premier jour du terme d'usage qui suit l'expiration du délai de quinzaine à compter du versement de l'indemnité entre les mains du locataire lui-même ou, éventuellement, d'un séquestre. A défaut d'accord entre les parties, le séquestre est nommé par le jugement prononçant condamnation au paiement de l'indemnité ou à défaut par simple ordonnance sur requête.

L'indemnité est versée par le séquestre au locataire sur sa seule quittance, s'il n'y a pas d'opposition des créanciers et contre remise des clés du local vide, sur justification du paiement des impôts, des loyers et sous réserve des réparations locatives. – *[Décr. n° 53-960 du 30 sept. 1953, art. 20, al. 3 et 4].*

Art. L. 145-30 En cas de non-remise des clés à la date fixée et après mise en demeure, le séquestre retient 1 % par jour de retard sur le montant de l'indemnité et restitue cette retenue au bailleur sur sa seule quittance.

Lorsque le délai de quinzaine prévu à l'article L. 145-58 a pris fin sans que le bailleur ait usé de son droit de repentir, l'indemnité d'éviction doit être versée au locataire ou, éventuellement, à un séquestre, dans un délai de trois mois à compter de la date d'un commandement fait par acte extrajudiciaire qui doit, à peine de nullité, reproduire le présent alinéa. – *[Décr. n° 53-960 du 30 sept. 1953, art. 20, al. 5 et 6].*

SECTION V DE LA SOUS-LOCATION

Art. L. 145-31 Sauf stipulation contraire au bail ou accord du bailleur, toute sous-location totale ou partielle est interdite.

En cas de sous-location autorisée, le propriétaire est appelé à concourir à l'acte.

Lorsque le loyer de la sous-location est supérieur au prix de la location principale, le propriétaire a la faculté d'exiger une augmentation correspondante du loyer de la location principale, augmentation qui, à défaut d'accord entre les parties, est déterminée selon une procédure fixée par décret en Conseil d'État, en application des dispositions de l'article L. 145-56.

Le locataire doit faire connaître au propriétaire son intention de sous-louer par acte extrajudiciaire ou par lettre recommandée avec demande d'avis de réception. Dans les quinze jours de la réception de cet avis, le propriétaire doit faire connaître s'il entend concourir à l'acte. Si, malgré l'autorisation prévue au premier alinéa, le bailleur refuse ou s'il omet de répondre, il est passé outre. – *[Décr. n° 53-960 du 30 sept. 1953, art. 21].*

Art. L. 145-32 Le sous-locataire peut demander le renouvellement de son bail au locataire principal dans la mesure des droits que ce dernier tient lui-même du propriétaire. Le bailleur est appelé à concourir à l'acte, comme il est prévu à l'article L. 145-31.

A l'expiration du bail principal, le propriétaire n'est tenu au renouvellement que s'il a, expressément ou tacitement, autorisé ou agréé la sous-location et si, en cas de sous-location partielle, les lieux faisant l'objet du bail principal ne forment pas un tout indivisible matériellement ou dans la commune intention des parties. – *[Décr. n° 53-960 du 30 sept. 1953, art. 22].*

SECTION VI DU LOYER

Art. L. 145-33 Le montant des loyers des baux renouvelés ou révisés doit correspondre à la valeur locative.

A défaut d'accord, *(L. n° 2001-1168 du 11 déc. 2001)* « cette valeur est déterminée d'après :

« 1° Les caractéristiques du local considéré ;

« 2° La destination des lieux ;

« 3° Les obligations respectives des parties ;

« 4° Les facteurs locaux de commercialité ;

« 5° Les prix couramment pratiqués dans le voisinage.

« Un décret en Conseil d'État précise la consistance de ces éléments. » – *[Décr. n° 53-960 du 30 sept. 1953, art. 23, al. 1er]. – V. infra, Décr. n° 53-960 du 30 sept. 1953, art. 23-1 à 23-5.*

Les modifications apportées à l'art. L. 145-33 par la loi n° 2001-1168 du 11 déc. 2001 sont applicables à Wallis-et-Futuna.

Décret n° 53-960 du 30 septembre 1953,

Réglant les rapports entre bailleurs et locataires en ce qui concerne le renouvellement des baux à loyers d'immeubles ou de locaux à usage commercial, industriel ou artisanal.

Art. 23 *Al. 1er abrogé par Ord. n° 2000-912 du 18 sept. 2000, codifié ss. C. com., art. L. 145-33.*

A défaut d'accord entre les parties, cette valeur est déterminée d'après :

1° Les caractéristiques du local considéré ;

2° La destination des lieux ;
3° Les obligations respectives des parties ;
4° Les facteurs locaux de commercialité ;
5° Les prix couramment pratiqués dans le voisinage. – *Comp. art. L. 145-33 C. com. tel que modifié par L. n° 2001-1168 du 11 déc. 2001, supra.*

23-1 *(Décr. n° 72-561 du 3 juill. 1972)* Les caractéristiques propres au local s'apprécient en considération :

De sa situation dans l'immeuble où il se trouve, de sa surface et de son volume, de la commodité de son accès pour le public ;

De l'importance des surfaces respectivement affectées à la réception du public, à l'exploitation ou à chacune des activités diverses qui sont exercées dans les lieux ;

Des rapports entre ses différentes dimensions, de la conformation de chaque partie et de son adaptation à la forme d'activité qui y est exercée ;

De l'état d'entretien, de vétusté ou de salubrité et, le cas échéant, de la conformité aux normes exigées par la législation du travail ;

De la nature et de l'état des équipements et des moyens d'exploitation mis à la disposition du locataire.

Les caractéristiques propres au local peuvent être affectées par des éléments extrinsèques constitués par des locaux accessoires, des locaux annexes ou des dépendances, loués par le même bailleur et susceptibles d'une utilisation conjointe avec les locaux principaux.

Lorsque les lieux loués comportent une partie affectée à l'habitation, la valeur locative de celle-ci est déterminée par comparaison avec les prix pratiqués pour des locaux d'habitation analogues faisant l'objet d'une location nouvelle, majorés ou minorés, pour tenir compte des avantages ou des inconvénients présentés par leur intégration dans un tout commercial.

23-2 *(Décr. n° 72-561 du 3 juill. 1972)* La destination des lieux est celle effectivement autorisée par le bail et ses avenants ou, dans les cas prévus au titre VII, par le tribunal.

23-3 *(Décr. n° 72-561 du 3 juill. 1972)* Du point de vue des obligations respectives des parties, les restrictions à la jouissance des lieux et les obligations incombant normalement au bailleur dont celui-ci se serait déchargé sur le locataire sans contrepartie constituent un facteur de diminution de la valeur locative. Il en est de même des obligations imposées au locataire au-delà de celles qui découlent de la loi ou des usages.

Les améliorations apportées aux lieux loués au cours du bail à renouveler ne sont prises en considération que si, directement ou indirectement, notamment par l'acceptation d'un loyer réduit, le bailleur en a assumé la charge.

Les obligations découlant de la loi et génératrices de charges pour l'une ou l'autre partie depuis la dernière fixation du prix peuvent être invoquées par celui qui est tenu de les assumer.

Il est aussi tenu compte des modalités selon lesquelles le prix antérieurement applicable a été originairement fixé.

V. infra, L. n° 64-1278 du 23 déc. 1964, art. 8. – V. aussi pour application, Décr. n° 64-1357 du 30 déc. 1964, art. 1er, infra.

23-4 *(Décr. n° 72-561 du 3 juill. 1972)* Les facteurs locaux de commercialité dépendent principalement de l'intérêt que présente, pour le commerce considéré, l'importance de la ville, du quartier ou de la rue où il est situé, du lieu de son implantation, de la répartition des diverses activités dans le voisinage, des moyens de transport, de l'attrait particulier ou des sujétions que peut présenter l'emplacement pour l'activité considérée et des modifications que ces éléments subissent d'une manière durable ou provisoire.

23-5 *(Décr. n° 72-561 du 3 juill. 1972)* Les prix couramment pratiqués dans le voisinage, par unité de surface, auxquels il est fait référence, doivent concerner des locaux équivalents, eu égard à l'ensemble des éléments mentionnés aux articles 23-1 à 23-4.

A défaut d'équivalence, ils peuvent, à titre indicatif, être utilisés pour la détermination des prix de base, sauf à être corrigés en considération des différences constatées entre le local loué et les locaux de référence.

Les références proposées de part et d'autre doivent porter sur plusieurs locaux et comporter, pour chaque local, son adresse et sa description succincte. Elles sont corrigées à raison des différences qui peuvent exister entre les dates de fixation des prix et les modalités de cette fixation.

Loi de finances rectificative pour 1964 (n° 64-1278) du 23 décembre 1964, *(D. 1965. 24 ; BLD 1965. 2).* **Art. 8** Dans tout immeuble comportant des locaux d'habitation, les locataires et occupants de locaux à usage commercial et industriel ne peuvent mettre obstacle aux travaux que le propriétaire se propose d'entreprendre et qui ont pour objet d'améliorer le confort de l'immeuble ou le confort d'un ou de plusieurs logements dudit immeuble, lorsque ces travaux n'empêchent pas l'utilisation normale des parties industrielles et commerciales.

La liste de ces travaux sera fixée par décret pris sur le rapport du ministre de la construction. — *V. infra, Décr. n° 64-1357 du 30 déc. 1964.*

Décret n° 64-1357 du 30 décembre 1964, *portant application de l'article 8 de la loi n° 64-1278 du 23 décembre 1964.* **Art. 1er** Les travaux susceptibles d'être effectués en application de l'article 8 de la loi susvisée du 23 décembre 1964 sont les suivants :

1° Travaux énumérés à l'article 1er du décret n° 64-1356 du 30 décembre 1964 ; — *V. ce décret D. 1965. 58 ; BLD 1965. 64. — **C. civ.** ou **C. baux**.*

2° Travaux autorisés par le ministre de la construction ou son délégué en application de l'article 14 de la loi du 1er septembre 1948 modifiée. — *V. **C. civ.** ou **C. baux**.*

Art. L. 145-34 **A moins d'une modification notable des éléments** *(L. n° 2001-1168 du 11 déc. 2001)* **« mentionnés aux 1° à 4° de l'article L. 145-33 », le taux de variation du loyer applicable lors de la prise d'effet du bail à renouveler, si sa durée n'est pas supérieure à neuf ans, ne peut excéder la variation de l'indice national trimestriel mesurant le coût de la construction publié par l'Institut national de la statistique et des études économiques intervenue depuis la fixation initiale du loyer du bail expiré. A défaut de clause contractuelle fixant le trimestre de référence de cet indice, il y a lieu de prendre en compte la variation de l'indice national trimestriel mesurant le coût de la construction, calculée sur la période de neuf ans antérieure au dernier indice publié.**

En cas de renouvellement postérieur à la date initialement prévue d'expiration du bail, cette variation est calculée à partir du dernier indice publié, pour une période d'une durée égale à celle qui s'est écoulée entre la date initiale du bail et la date de son renouvellement effectif.

Les dispositions de l'alinéa ci-dessus ne sont plus applicables lorsque, par l'effet d'une tacite reconduction, la durée du bail excède douze ans. — *[Décr. n° 53-960 du 30 sept. 1953, art. 23-6].*

L'art. L. 145-34, al. 1er, codification à droit constant de l'art. 23-6, al. 1er, du Décr. n° 53-960 du 30 sept. 1953, plafonnait le loyer « à moins d'une modification notable des éléments déterminant la valeur locative », alors que l'art. 23-6 ne visait qu'une « modification notable des éléments mentionnés aux art. 23-1 à 23-4 », excluant donc l'art. 23-5 sur les prix de comparaison, qui est un élément permettant de déterminer la valeur locative. Cette erreur de codification a été rétablie par la loi Murcef, laquelle en modifiant ledit art. L. 145-34, lui a conféré une valeur législative. — V. en ce sens, CE 27 mai 2002, n° 227338 : D. 2002. AJ. 2188, obs. Lienhard ; RTD com. 2003. 372, obs. Martin-Serf ; JCP E 2002, n° 30, p. 1262 ; RJDA 2002, n° 1350. - V. aussi Prétot, RJDA 2003, p. 3. - V., en tout état de cause, jugeant que la codification des baux commerciaux ayant été réalisée à droit constant, il n'y a pas lieu de déduire de la rédaction de l'art. L. 145-34 [antérieure à sa modification par la loi Murcef] qu'elle autorise le déplafonnement, au seul constat d'une évolution notable au cours du bail, des prix couramment pratiqués dans le voisinage, Civ. 3e, 19 mars 2003 : D. 2003. AJ. 1039, obs. Rouquet ; ibid. 2004. 561, note Grare ; Loyers et copr. 2003, no 112, obs. Brault et Pereira-Osouf ; JCP 2003. IV. 1888 ; RJDA 2003, no 573.

BIBL. ▶ Barbier, *Administrer janv. 2001. 8* (un nouveau motif de déplafonnement du loyer commercial).

Art. L. 145-35 Les litiges nés de l'application de l'article L. 145-34 sont soumis à une commission départementale de conciliation composée de bailleurs et de locataires en nombre égal et de personnes qualifiées. La commission s'efforce de concilier les parties et rend un avis.

Si le juge est saisi parallèlement à la commission compétente par l'une ou l'autre des parties, il ne peut statuer tant que l'avis de la commission n'est pas rendu.

La commission est dessaisie si elle n'a pas statué dans un délai de trois mois.

La composition de la commission, le mode de désignation de ses membres et ses règles de fonctionnement sont fixés par décret. – *[Décr. no 53-960 du 30 sept. 1953, art. 23-6-1]. – V. infra, Décr. no 88-694 du 9 mai 1988, art. 4 et 5.*

V. Circ. 3 août 1988, relative aux commissions départementales de conciliation (D. et ALD 1988. 423). – V. aussi Décr. no 2001-653 du 19 juill. 2001 (JO 21 juill.).

Décret no 88-694 du 9 mai 1988, *relatif aux commissions départementales de conciliation en matière de baux d'immeubles ou locaux à usage commercial, industriel ou artisanal.*

Art. 4 La commission est saisie par lettre recommandée avec demande d'avis de réception adressée à son secrétariat, qui convoque les parties à la séance au cours de laquelle l'affaire est examinée par lettre recommandée avec demande d'avis de réception adressée au minimum quinze jours avant la date retenue.

La commission émet son avis même si les parties, dûment convoquées, ne sont ni présentes ni représentées.

5 En cas de conciliation, il est dressé un acte signé des parties. A défaut de conciliation, la commission émet un avis faisant apparaître les points essentiels du désaccord des parties et la proposition motivée de la commission concernant la variation du loyer.

Cet avis est signé par le président et le secrétaire. Il est aussitôt notifié à chacune des parties par lettre recommandée avec demande d'avis de réception.

Art. L. 145-36 Les éléments permettant de déterminer le prix des baux des terrains, des locaux construits en vue d'une seule utilisation et des locaux à usage exclusif de bureaux sont fixés par décret en Conseil d'État. – *V. infra, Décr. no 53-960 du 30 sept. 1953, art. 23-7 à 23-9.*

Décret no 53-960 du 30 septembre 1953,

Réglant les rapports entre bailleurs et locataires en ce qui concerne le renouvellement des baux à loyer d'immeubles ou de locaux à usage commercial, industriel ou artisanal (D. 1954. L. 185, commentaire Robert-Martin, R. Maus et P. Lafarge).

Art. 23-7 *(Décr. no 72-561 du 3 juill. 1972)* Le prix du bail des terrains est fixé en considération de ceux des éléments qui leur sont particuliers, eu égard à la nature et aux modalités de l'exploitation effectivement autorisée.

23-8 *(Décr. no 72-561 du 3 juill. 1972)* Le prix du bail des locaux construits en vue d'une seule utilisation peut, par dérogation aux dispositions qui précèdent, être déterminé selon les usages observés dans la branche d'activité considérée.

Sur les rapports entre bailleurs et locataires des immeubles affectés à l'hôtellerie, V. L. n° 64-645 du 1er juill. 1964 (D. 1964. 221 ; BLD 1964. 373), mod. par L. n° 79-553 du 5 juill. 1979 (D. et BLD 1979. 245), puis abrogée et insérée au code du tourisme par l'ord. n° 2004-1391 du 20 déc. 2004 (JO 24 déc.). – V. aussi Décr. n° 65-374 du 18 mai 1965 (D. 1965. 169 ; BLD 1965. 298).

23-9 *(Décr. n° 72-561 du 3 juill. 1972)* Le prix du bail des locaux à usage exclusif de bureaux est fixé par référence aux prix pratiqués pour des locaux équivalents, sauf à être corrigés en considération des différences constatées entre le local loué et les locaux de référence.

Les dispositions de l'article 23-5, alinéas 2 et 3, sont en ce cas applicables.

Art. L. 145-37 **Les loyers des baux d'immeubles ou de locaux régis par les dispositions du présent chapitre, renouvelés ou non, peuvent être révisés à la demande de l'une ou de l'autre des parties sous les réserves prévues aux articles L. 145-38 et L. 145-39 et dans des conditions fixées par décret en Conseil d'État.** – *[Décr. n° 53-960 du 30 sept. 1953, art. 26, al. 1er].*

Décret n° 53-960 du 30 septembre 1953,

Réglant les rapports entre bailleurs et locataires en ce qui concerne le renouvellement des baux à loyer d'immeubles ou de locaux à usage commercial, industriel ou artisanal.

Art. 26 *Al. 1er abrogé par Ord. n° 2000-912 du 18 sept. 2000, codifié ss. C. com., art. L. 145-37, supra.*

(Décr. n° 66-12 du 3 janv. 1966) « La demande doit être formée par acte extrajudiciaire ou par lettre recommandée avec demande d'avis de réception. Elle doit, à peine de nullité, préciser le montant du loyer demandé ou offert.

« A défaut d'accord, la demande est jugée dans les conditions prévues aux articles 29 à 30-1 ci-après. » – *V. ces art. infra, ss. art. L. 145-60.*

Le nouveau prix est dû à dater du jour de la demande, à moins que les parties ne se soient mises d'accord avant ou pendant l'instance sur une date plus ancienne ou plus récente.

Art. L. 145-38 **La demande en révision ne peut être formée que trois ans au moins après la date d'entrée en jouissance du locataire ou après le point de départ du bail renouvelé.**

De nouvelles demandes peuvent être formées tous les trois ans à compter du jour où le nouveau prix sera applicable.

(L. n° 2001-1168 du 11 déc. 2001) **« Par dérogation aux dispositions de l'article L. 145-33, et » à moins que ne soit rapportée la preuve d'une modification matérielle des facteurs locaux de commercialité ayant entraîné par elle-même une variation de plus de 10 % de la valeur locative, la majoration ou la diminution de loyer consécutive à une révision triennale ne peut excéder la variation de l'indice trimestriel du coût de la construction intervenue depuis la dernière fixation amiable ou judiciaire du loyer.** – *V. Décr. n° 53-960 du 30 sept. 1953, art. 23-4, supra, ss. art. L. 145-33.*

En aucun cas il n'est tenu compte, pour le calcul de la valeur locative, des investissements du preneur ni des plus ou moins-values résultant de sa gestion pendant la durée du bail en cours. – *[Décr. n° 53-960 du 30 sept. 1953, art. 27].*

Les modifications apportées à l'art. L. 145-38 par la loi n° 2001-1168 du 11 déc. 2001 sont applicables à Wallis-et-Futuna.

Jugeant qu'il ne résulte ni des termes de la loi (art. 26 de la loi MURCEF n° 2001-1168 du 11 déc. 2001 qui a complété le troisième alinéa de l'art. L. 145-38) ni des travaux parlementaires que le législateur ait entendu répondre à un impérieux motif d'intérêt général pour corriger l'interprétation juridictionnelle de l'art. L. 145-38 et donner à cette loi nouvelle une portée rétroactive dans le but d'influencer sur le déroulement des litiges en cours : Ass. plén., 23 janv. 2004 : D. 2004. 1108, note Gautier ; AJDI 2004. 175, note Lassner ; JCP E 2004, n° 14, p. 567, note Monéger ; JCP 2004. II. 10030, note Billiau ; RJDA 2004, p. 364, rapp. Favre ; RTD com. 2004. 74, obs. Monéger ; Petites affiches 24 mai 2004, p. 5, obs. Teilliais ; Loyers et copr. 2004, n° 50, obs. Brault ; RDC 2004. 699, note Lardeux et 791, note Marais (conf. Versailles, 6 févr. 2003 : D. 2003. 720, note Gautier ; ibid. AJ. 832, obs. Rouquet ; JCP E 2003, n° 15, p. 635 ; AJDI 2003. 187 ; Loyers et copr. 2003, n° 90, obs. Brault ; RTD civ. 2003. 766, obs. Marguénaud ; RJDA 2003, n° 473 ; Lettre distrib. juill-août 2003, p. 1, obs. Raynard. — V. aussi Blatter, AJDI 2003. 157) ; Civ. 3e, 7 avr. 2004 : D. 2004. AJ. 1310 ; RJDA 2004, n° 793 ; Defrénois 2005. 243, obs. Ruet. - Contra : Civ. 3e, 27 févr. 2002 : Bull. civ. III, n° 50 ; D. 2002. AJ. 1142, obs. Rouquet ; AJDI 2002. 291, obs. Blatter ; RTD com. 2002. 269, obs. Monéger ; Paris, 7 févr. 2003 : AJDI 2003. 187 ; Loyers et copr. 2003, n° 90, obs. Brault ; Caen, 17 avr. 2003 : AJDI 2003. 585, obs. Schecroun ; Loyers et copr. 2003, n° 157, obs. Brault et Pereira-Osouf ; Versailles, 29 janv. 2004 : AJDI 2004. 960, note Morin .

Décret n° 59-790 du 3 juillet 1959,

Relatif à la révision des loyers commerciaux. — Ce décret a été abrogé par le décret n° 66-12 du 3 janv. 1966. Toutefois ses dispositions continuent à recevoir application dans tous les cas où le montant du loyer a été fixé antérieurement à la publication du décret du 3 janv. 1966 (art. 10).

Art. 1er Les augmentations résultant des actions en revision introduites en application de l'article 27 du décret susvisé du 30 septembre 1953 *[C. com., art. L. 145-38]* sont, sauf accord des parties, limitées chaque semestre à une majoration de 20 p. 100 par rapport au loyer du semestre précédent. Le point de départ de la première majoration est la date de la demande en revision. — *V. infra, L. n° 59-1483 du 28 déc. 1959.*

La valeur locative équitable mentionnée à l'article 23 du décret susvisé du 30 septembre 1953 *[C. com., art. L. 145-33]* ne s'applique qu'à la date à laquelle les majorations successives prévues à l'alinéa précédent auront permis d'en atteindre le montant. Toutefois, cette valeur sera exigible dès le semestre qui précède immédiatement :

1° L'expiration de la période de revision triennale en cours ;

2° La date d'expiration du bail résultant soit de la convention des parties, soit d'un congé régulier en cas de bail fait sans durée déterminée, lorsque, dans ces deux hypothèses, le bail prend fin avant le terme de la période triennale considérée.

2 Les dispositions du présent décret sont applicables au loyer provisionnel qui serait éventuellement fixé.

3 *(Abrogation de texte).*

Loi n° 59-1483 du 28 décembre 1959,

Relative à la révision des loyers commerciaux.

Art. unique Les dispositions du décret du 3 juillet 1959 relatif à la révision des loyers commerciaux sont applicables aux demandes en révision n'ayant pas fait l'objet d'une décision passée en force de chose jugée ou d'un accord amiable.

Elles s'appliquent à ces demandes à compter de la date à laquelle celles-ci ont été formées.

Loi nº 65-356 du 12 mai 1965,

Modifiant et complétant le décret nº 53-960 du 30 septembre 1953 [C. com., art. L. 145-1 s.] réglant les rapports entre les bailleurs et les locataires en ce qui concerne les baux à loyer d'immeubles ou de locaux à usage commercial, industriel ou artisanal (D. 1966. 48, commentaire R. Maus et P. Lafarge).

Art. 17 I. Le prix des baux en cours à la date de la publication de la présente loi pourra encore faire l'objet d'une révision suivant les règles de fond antérieurement applicables dès lors qu'à cette date, ce prix a effet depuis deux ans au moins.

A cette fin, toutes les demandes en révision déjà formées sont validées et déclarées recevables, en tant que de besoin. Les demandes nouvelles seront recevables sous la seule condition que le prix ait effet depuis plus de trois années.

Art. L. 145-39 En outre, et par dérogation à l'article L. 145-38, si le bail est assorti d'une clause d'échelle mobile, la révision peut être demandée chaque fois que, par le jeu de cette clause, le loyer se trouve augmenté ou diminué de plus d'un quart par rapport au prix précédemment fixé contractuellement ou par décision judiciaire. – *[Décr. nº 53-960 du 30 sept. 1953, art. 28, al. 1er].*

Est réputée non écrite toute clause d'un contrat à exécution successive, et notamment des baux et locations de toute nature, prévoyant la prise en compte d'une période de variation de l'indice supérieure à la durée s'écoulant entre chaque révision (C. mon. fin., art. L. 112-1, al. 2).

Décret nº 53-960 du 30 septembre 1953,

Réglant les rapports entre bailleurs et locataires en ce qui concerne le renouvellement des baux à loyer d'immeubles ou de locaux à usage commercial, industriel ou artisanal.

Art. 28 *Al. 1er abrogé par Ord. nº 2000-912 du 18 sept. 2000, codifié ss. C. com., art. L. 145-39.*

(Décr. nº 66-12 du 3 janv. 1966) « Le juge devra adapter le jeu de l'échelle mobile à la valeur locative au jour de la demande ».

Si l'un des éléments retenus pour le calcul de la clause d'échelle mobile vient à disparaître, la révision ne pourra être demandée et poursuivie que dans les conditions visées à l'article 27.

Art. L. 145-40 Les loyers payés d'avance, sous quelque forme que ce soit, et même à titre de garantie, portent intérêt au profit du locataire, au taux pratiqué par la Banque de France pour les avances sur titres, pour les sommes excédant celle qui correspond au prix du loyer de plus de deux termes. – *[Décr. nº 53-960 du 30 sept. 1953, art. 24].*

Loi nº 77-1457 du 29 décembre 1977, *relative à diverses dispositions en matière de prix.* **Art. 11** Tout locataire ou occupant de bonne foi peut exiger la remise d'une quittance ou d'un reçu à l'occasion d'un règlement effectué par lui.

SECTION VII DE LA RÉSILIATION

Art. L. 145-41 Toute clause insérée dans le bail prévoyant la résiliation de plein droit ne produit effet qu'un mois après un commandement demeuré infructueux. Le commandement doit, à peine de nullité, mentionner ce délai.

Les juges saisis d'une demande présentée dans les formes et conditions prévues aux articles 1244-1 à 1244-3 du code civil peuvent, en accordant des délais, suspendre la réalisation et les effets des clauses de résiliation, lorsque la résiliation n'est pas constatée ou prononcée par une décision de justice ayant acquis l'autorité de la chose jugée. La clause résolutoire ne joue pas, si le locataire se libère dans les conditions fixées par le juge. — *[Décr. n° 53-960 du 30 sept. 1953, art. 25]. — En cas de procédures de sauvegarde et de liquidation judiciaire, V. infra, art. L. 622-14 et L. 641-12.*

Compte tenu de la situation du débiteur et en considération des besoins du créancier, le juge peut, dans la limite de deux années, reporter ou échelonner le paiement des sommes dues. — Par décision spéciale et motivée, le juge peut prescrire que les sommes correspondant aux échéances reportées porteront intérêt à un taux réduit qui ne peut être inférieur au taux légal ou que les paiements s'imputeront d'abord sur le capital. — En outre, il peut subordonner ces mesures à l'accomplissement, par le débiteur, d'actes propres à faciliter ou à garantir le paiement de la dette (C. civ., art. 1244-1, al. 1er à 3, aj. par L. n° 91-650 du 9 juill. 1991, applicable à compter du 1er janv. 1993).

La décision du juge, prise en application du C. civ., art. 1244-1, suspend les procédures d'exécution qui auraient été engagées par le créancier. Les majorations d'intérêts ou les pénalités encourues à raison du retard cessent d'être dues pendant le délai fixé par le juge (C. civ., art. 1244-2, aj. par L. n° 91-650 du 9 juill. 1991, applicable à compter du 1er janv. 1993).

Toute stipulation contraire aux dispositions du C. civ., art. 1244-1 et 1244-2, est réputée non écrite (C. civ., art. 1244-3, aj. par L. n° 91-650 du 9 juill. 1991, applicable à compter du 1er janv. 1993).

Art. L. 145-42 Les clauses de résiliation de plein droit pour cessation d'activité cessent de produire effet pendant le temps nécessaire à la réalisation des transformations faites en application des dispositions de la section VIII.

Ce délai ne saurait excéder six mois à dater de l'accord sur la déspécialisation ou de la décision judiciaire l'autorisant. — *[Décr. n° 53-960 du 30 sept. 1953, art. 34-7].*

Art. L. 145-43 Sont dispensés de l'obligation d'exploiter pendant la durée de leur stage les commerçants et personnes immatriculées au répertoire des métiers, locataires du local dans lequel est situé leur fonds, qui sont admis à suivre un stage de conversion ou un stage de promotion au sens de l'article L. 900-2 (3° et 5°) du code du travail, dont la durée minimum est fixée par arrêté et dont la durée maximum ne peut excéder un an sauf s'il s'agit d'un stage dit de promotion bénéficiant de l'agrément prévu à l'article L. 961-3 dudit code. — *[L. n° 73-1193 du 27 déc. 1973, art. 53].*

Art. L. 145-44 Dans le cas où, à l'issue d'un des stages prévus à l'article L. 145-43, le commerçant ou l'artisan quitte le local dont il est locataire pour convertir son activité en la transférant dans un autre local ou pour prendre une activité salariée, la résiliation du bail intervient de plein droit et sans indemnité à l'expiration d'un délai de trois mois à partir du jour où elle est signifiée au bailleur. — *[L. n° 73-1193 du 27 déc. 1973, art. 55].*

Art. L. 145-45 *(L. n° 2005-845 du 26 juill. 2005, art. 165-II)* « La sauvegarde, » le redressement et la liquidation judiciaires n'entraînent pas, de plein droit, la résiliation du bail des immeubles affectés à l'industrie, au commerce ou à l'artisanat du débiteur, y compris les locaux dépendant de ces immeubles et servant à son

habitation ou à celle de sa famille. Toute stipulation contraire est réputée non écrite. – *[Décr. n° 53-960 du 30 sept. 1953, art. 36]. – V. infra, art. L. 622-13 s. et L. 641-12.*

BIBL. ▶ AUQUE, *RJ com. 2005. 478* (résiliation du bail commercial en cas de procédure de sauvegarde ou de redressement judiciaire du preneur). – SAINTOURENS, *Loyers et copr. 2005. Chron. 11* (régime du bail commercial après la réforme des procédures collectives). – GALLET, *Rev. loyers 2006. 71* (bail commercial après la loi du 26 juill. et le décret du 28 déc. 2005). – Le Corre, *AJDI 2006. 175* (les baux commerciaux et la réforme des procédures collectives).

Art. L. 145-46 **Lorsqu'il est à la fois propriétaire de l'immeuble loué et du fonds de commerce qui y est exploité et que le bail porte en même temps sur les deux, le bailleur doit verser au locataire, à son départ, une indemnité correspondant au profit qu'il peut retirer de la plus-value apportée soit au fonds, soit à la valeur locative de l'immeuble par les améliorations matérielles effectuées par le locataire avec l'accord exprès du propriétaire.** – *[Décr. n° 53-960 du 30 sept. 1953, art. 37].*

SECTION VIII DE LA DÉSPÉCIALISATION

Art. L. 145-47 **Le locataire peut adjoindre à l'activité prévue au bail des activités connexes ou complémentaires.**

A cette fin, il doit faire connaître son intention au propriétaire par acte extrajudiciaire, en indiquant les activités dont l'exercice est envisagé. Cette formalité vaut mise en demeure du propriétaire de faire connaître dans un délai de deux mois, à peine de déchéance, s'il conteste le caractère connexe ou complémentaire de ces activités. En cas de contestation, le tribunal de grande instance, saisi par la partie la plus diligente, se prononce en fonction notamment de l'évolution des usages commerciaux.

Lors de la première révision triennale suivant la notification visée à l'alinéa précédent, il peut, par dérogation aux dispositions de l'article L. 145-38, être tenu compte, pour la fixation du loyer, des activités commerciales adjointes, si celles-ci ont entraîné par elles-mêmes une modification de la valeur locative des lieux loués. – *[Décr. n° 53-960 du 30 sept. 1953, art. 34].*

Art. L. 145-48 **Le locataire peut, sur sa demande, être autorisé à exercer dans les lieux loués une ou plusieurs activités différentes de celles prévues au bail, eu égard à la conjoncture économique et aux nécessités de l'organisation rationnelle de la distribution, lorsque ces activités sont compatibles avec la destination, les caractères et la situation de l'immeuble ou de l'ensemble immobilier.**

Toutefois, le premier locataire d'un local compris dans un ensemble constituant une unité commerciale définie par un programme de construction ne peut se prévaloir de cette faculté pendant un délai de neuf ans à compter de la date de son entrée en jouissance. – *[Décr. n° 53-960 du 30 sept. 1953, art. 34-1].*

Art. L. 145-49 **La demande faite au bailleur doit, à peine de nullité, comporter l'indication des activités dont l'exercice est envisagé. Elle est formée par acte extrajudiciaire et dénoncée, en la même forme, aux créanciers inscrits sur le fonds de commerce. Ces derniers peuvent demander que le changement d'activité soit subordonné aux conditions de nature à sauvegarder leurs intérêts.**

Le bailleur doit, dans le mois de cette demande, en aviser, dans la même forme, ceux de ses locataires envers lesquels il se serait obligé à ne pas louer en vue de l'exercice d'activités similaires à celles visées dans la demande. Ceux-ci doivent, à peine de forclusion, faire connaître leur attitude dans le mois de cette notification.

A défaut par le bailleur d'avoir, dans les trois mois de la demande, signifié son refus, son acceptation ou encore les conditions auxquelles il subordonne son accord, il est réputé avoir acquiescé à la demande. Cet acquiescement ne fait pas obstacle à l'exercice des droits prévus à l'article L. 145-50. – *[Décr. nº 53-960 du 30 sept. 1953, art. 34-2].*

Art. L. 145-50 Le changement d'activité peut motiver le paiement, à la charge du locataire, d'une indemnité égale au montant du préjudice dont le bailleur établirait l'existence.

Ce dernier peut en outre, en contrepartie de l'avantage procuré, demander au moment de la transformation, la modification du prix du bail sans qu'il y ait lieu d'appliquer les dispositions des articles L. 145-37 à L. 145-39.

Les droits des créanciers inscrits s'exercent avec leur rang antérieur, sur le fonds transformé. – *[Décr. nº 53-960 du 30 sept. 1953, art. 34-3].*

Art. L. 145-51 Lorsque le locataire ayant demandé à bénéficier de ses droits à la retraite ou ayant été admis au bénéfice d'une pension d'invalidité attribuée par le régime d'assurance invalidité-décès des professions artisanales ou des professions industrielles et commerciales, a signifié à son propriétaire et aux créanciers inscrits sur le fonds de commerce son intention de céder son bail en précisant la nature des activités dont l'exercice est envisagé ainsi que le prix proposé, le bailleur a, dans un délai de deux mois, une priorité de rachat aux conditions fixées dans la signification. A défaut d'usage de ce droit par le bailleur, son accord est réputé acquis si, dans le même délai de deux mois, il n'a pas saisi le tribunal de grande instance.

La nature des activités dont l'exercice est envisagé doit être compatible avec la destination, les caractères et la situation de l'immeuble.

Les dispositions du présent article sont applicables à l'associé unique d'une entreprise unipersonnelle à responsabilité limitée, ou au gérant majoritaire depuis au moins deux ans d'une société à responsabilité limitée, lorsque celle-ci est titulaire du bail. – *[Décr. nº 53-960 du 30 sept. 1953, art. 34-3-1 et 38-2].*

Art. L. 145-52 Le tribunal de grande instance peut autoriser la transformation totale ou partielle malgré le refus du bailleur, si ce refus n'est point justifié par un motif grave et légitime.

Si le différend porte seulement sur le prix du bail, celui-ci est fixé conformément aux dispositions réglementaires prévues pour la fixation du prix des baux révisés. Dans les autres cas, l'affaire est portée devant le tribunal. – *[Décr. nº 53-960 du 30 sept. 1953, art. 34-4].*

Art. L. 145-53 Le refus de transformation est suffisamment motivé si le bailleur justifie qu'il entend reprendre les lieux à l'expiration de la période triennale en cours, soit en application des articles L. 145-18 à L. 145-24, soit en vue d'exécuter des travaux prescrits ou autorisés dans le cadre d'une opération de rénovation urbaine ou de restauration immobilière.

Le bailleur qui a faussement invoqué l'un des motifs prévus à l'alinéa qui précède ou qui n'a pas satisfait aux conditions ayant motivé le rejet de la demande du locataire ne peut s'opposer à une nouvelle demande de transformation d'activité, sauf pour motifs graves et légitimes, à moins que le défaut d'exécution ne lui soit pas imputable. Il peut, en outre, être condamné à verser au locataire une indemnité à raison du préjudice subi par ce dernier. – *[Décr. nº 53-960 du 30 sept. 1953, art. 34-5].*

Art. L. 145-54 Il n'est pas tenu compte de la plus-value conférée au fonds par la transformation prévue à l'article L. 145-48, lorsque l'immeuble dans lequel est exploité le fonds doit être démoli ou restauré, ou lorsque le fonds doit être exproprié dans le cadre d'une opération de rénovation ou de restauration immobilière décidée moins de trois ans après la demande prévue à l'alinéa 1er dudit article. – *[Décr. nº 53-960 du 30 sept. 1953, art. 34-6].*

Art. L. 145-55 A tout moment et jusqu'à l'expiration d'un délai de quinze jours à compter de la date à laquelle la décision est passée en force de chose jugée, le locataire qui a formé une demande conformément aux articles L. 145-47, L. 145-48 ou L. 145-49 peut y renoncer en le notifiant au bailleur par acte extrajudiciaire et, dans ce cas, il supporte tous les frais de l'instance. – *[Décr. nº 53-960 du 30 sept. 1953, art. 34-8].*

SECTION IX DE LA PROCÉDURE

Art. L. 145-56 Les règles de compétence et de procédure des contestations relatives au bail sont fixées par décret en Conseil d'État. – *V. Décr. nº 53-960 du 30 sept. 1953, art. 29 à 30-1, infra, ss. art. L. 145-60.*

Art. L. 145-57 Pendant la durée de l'instance relative à la fixation du prix du bail révisé ou renouvelé, le locataire est tenu de continuer à payer les loyers échus au prix ancien ou, le cas échéant, au prix qui peut, en tout état de cause, être fixé à titre provisionnel par la juridiction saisie, sauf compte à faire entre le bailleur et le preneur, après fixation définitive du prix du loyer.

Dans le délai d'un mois qui suit la signification de la décision définitive, les parties dressent un nouveau bail dans les conditions fixées judiciairement, à moins que le locataire renonce au renouvellement ou que le bailleur refuse celui-ci, à charge de celle des parties qui a manifesté son désaccord de supporter tous les frais. Faute par le bailleur d'avoir envoyé dans ce délai à la signature du preneur le projet de bail conforme à la décision susvisée ou, faute d'accord dans le mois de cet envoi, l'ordonnance ou l'arrêt fixant le prix ou les conditions du nouveau bail vaut bail. – *[Décr. nº 53-960 du 30 sept. 1953, art. 31].*

Art. L. 145-58 Le propriétaire peut, jusqu'à l'expiration d'un délai de quinze jours à compter de la date à laquelle la décision est passée en force de chose jugée, se soustraire au paiement de l'indemnité, à charge par lui de supporter les frais de l'instance et de consentir au renouvellement du bail dont les conditions, en cas de désaccord, sont fixées conformément aux dispositions réglementaires prises à cet effet. Ce droit ne peut être exercé qu'autant que le locataire est encore dans les lieux et n'a pas déjà loué ou acheté un autre immeuble destiné à sa réinstallation. – *[Décr. nº 53-960 du 30 sept. 1953, art. 32].*

Art. L. 145-59 La décision du propriétaire de refuser le renouvellement du bail, en application du dernier alinéa de l'article L. 145-57, ou de se soustraire au paiement de l'indemnité, dans les conditions prévues au dernier alinéa de l'article L. 145-58 est irrévocable. – *[Décr. nº 53-960 du 30 sept. 1953, art. 32-1].*

L'art. 32-1 du Décr. nº 53-960 du 30 sept. 1953, bien que codifié ss. l'art. L. 145-59 et initialement abrogé par Ord. nº 2000-912 du 18 sept. 2000, ne figure plus parmi les articles abrogés, dans le texte rectificatif de ladite ordonnance (JO 18 nov.).

Art. L. 145-60 Toutes les actions exercées en vertu du présent chapitre se prescrivent par deux ans. – *[Décr. nº 53-960 du 30 sept. 1953, art. 33, al. 1er]. – V. infra, Décr. nº 53-960 du 30 sept. 1953, art. 33, al. 2.*

Décret n° 53-960 du 30 septembre 1953,

Réglant les rapports entre bailleurs et locataires en ce qui concerne le renouvellement des baux à loyer d'immeubles ou de locaux à usage commercial, industriel ou artisanal.

TITRE VI. DE LA PROCÉDURE

Art. 29 *(Décr. n° 72-561 du 3 juill. 1972)* Les contestations relatives à la fixation du prix du bail revisé ou renouvelé sont portées, quel que soit le montant du loyer, devant le président du tribunal de grande instance ou le juge qui le remplace. Il est statué sur mémoire.

Les autres contestations sont portées devant le tribunal de grande instance qui peut, accessoirement, se prononcer sur les demandes mentionnées à l'alinéa précédent.

La juridiction territorialement compétente est celle du lieu de la situation de l'immeuble.

Sont exclues de la compétence du tribunal d'instance toutes les contestations en matière de baux à loyer d'immeubles ou de locaux à usage commercial, industriel ou artisanal régis par le décret n° 53-960 du 30 septembre 1953 (art. R. 321-2, al. 2, COJ), issue du Décr. n° 98-1231 du 28 déc. 1998. — Cette règle n'est applicable qu'aux instances introduites à compter du 1er mars 1999 (Décr. n° 98-1231 du 28 déc. 1998, art. 33).

29-1 *(Décr. n° 72-561 du 3 juill. 1972)* Les mémoires indiquent :

1° *a*) Pour les personnes physiques, leurs nom, prénoms, profession, domicile, nationalité, date et lieu de naissance ;

b) Pour les personnes morales, leurs dénomination et siège social, ainsi que le titre, les nom et prénoms de leur représentant légal ;

2° L'adresse de l'immeuble donné à bail.

Les mémoires doivent contenir :

1° Une copie de la demande en fixation de prix faite, selon le cas, en application de l'article 6-1 ou en application de l'article 26 ;

2° L'indication des autres prétentions ;

3° Les explications de droit et de fait de nature à justifier les prétentions de leur auteur ou à réfuter celles de l'autre partie.

Les mémoires en réplique ou ceux rédigés après l'exécution d'une mesure d'instruction peuvent ne comporter que les explications de droit ou de fait.

Les mémoires sont signés des parties ou de leurs représentants. Les copies des pièces que les parties estiment devoir y annexer sont certifiées conformes à l'original par le signataire du mémoire. Les mémoires sont notifiés par chacune des parties à l'autre, par lettre recommandée avec demande d'avis de réception. La notification est valablement faite par le locataire au gérant de l'immeuble.

29-2 *(Décr. n° 72-561 du 3 juill. 1972)* Le juge ne peut, à peine d'irrecevabilité, être saisi avant l'expiration d'un délai d'un mois suivant la réception par son destinataire du premier mémoire établi.

La partie la plus diligente remet au secrétariat-greffe son mémoire aux fins de fixation de la date de l'audience. Elle doit y annexer les pièces sur lesquelles elle fonde sa demande et un plan des locaux. Elle y joint également le mémoire et les pièces reçus de l'autre partie.

La remise peut être faite par la partie elle-même ou par un avocat. Les mémoires et les pièces peuvent être remis en original ou en copie.

Il est, pour le surplus, procédé, en tant que de raison, comme il est dit en matière de procédure d'urgence à jour fixe, aux articles 55 (alinéas 1 et 3), 56, 57 (alinéas 1 et 3), 69 (alinéa 1), et 93 à 101 du décret n° 71-740 du 9 septembre 1971 [*NCPC, art. 789, 791, 792 (al. 1er et 3), 802 (al. 1er), 821 à 826*]. L'assignation n'a toutefois pas à reproduire ou à contenir les éléments déjà portés à la connaissance du défendeur.

Les parties peuvent se faire assister ou représenter par un avocat. Elles ne peuvent, ainsi que leur conseil, développer oralement, à l'audience, que les moyens et conclusions de leurs mémoires.

30 *(Décr. n° 72-561 du 3 juill. 1972)* Le prix *[fixé]* judiciairement ne peut, en aucun cas, excéder les limites de l'offre et de la demande faite, selon le cas, en application de l'article 26 *[C. com., art. L. 145-37]* ou en application de l'article 6-1 *[C. com., art. L. 145-11]*, sauf si depuis lors les parties ont varié dans leurs prétentions.

En ce dernier cas, le prix ne peut prendre effet, dans la mesure où il excéderait les limites fixées par les prétentions originaires des parties, qu'à dater de la notification des nouvelles prétentions.

30-1 *(Décr. n° 72-561 du 3 juill. 1972)* Lorsque le juge s'estime insuffisamment éclairé sur des points qui peuvent être élucidés par une visite des lieux ou s'il lui apparaît que les prétentions des parties divergent sur de tels points, il se rend sur les lieux aux jour et heure décidés par lui *(Décr. n° 73-1122 du 17 déc. 1973)* « le cas échéant en présence d'un consultant ».

(Décr. n° 76-1236 du 28 déc. 1976) « Toutefois, s'il estime que des constatations purement matérielles sont suffisantes, il peut commettre toute personne de son choix pour y procéder. Il fixe alors le délai dans lequel le procès-verbal de constat devra être déposé au secrétariat-greffe. »

Si les divergences portent sur des points de fait qui ne peuvent être tranchés sans recourir à une expertise, le juge désigne un expert, lequel devra s'expliquer, indépendamment de la mission complémentaire qu'il aurait reçue du juge, sur tous les éléments mentionnés, selon le cas, aux articles 23-1 à 23-6 *[C. com., art. L. 145-34]*, 23-7, 23-8 ou 23-9. — *V. Décr. n° 53-960 du 30 sept. 1953, art. 23-1 à 23-5, ss. C. com., art. L. 145-33 et art. 23-7, 23-8 et 23-9 ss. C. com., art. L. 145-36.*

Toutefois, si le juge estime devoir limiter la mission de l'expert à la recherche de l'incidence de certains éléments seulement, il indique ceux sur lesquels elle doit porter.

(Décr. n° 76-1236 du 28 déc. 1976) « Dès le dépôt du constat ou du rapport, le secrétaire-greffier avise les parties par lettre recommandée avec demande d'avis de réception ou, si elles sont représentées, leurs avocats de la date à laquelle l'affaire sera reprise et de celle à laquelle les mémoires faits après l'exécution de la mesure d'instruction devront être échangés. »

Le juge, en présence des parties ou celles-ci dûment convoquées, peut entendre l'expert ou l'auteur du constat pour lui demander les éclaircissements qu'il estime nécessaires.

(Décr. n° 73-1122 du 17 déc. 1973) « En cas de conciliation intervenue au cours d'une mesure d'instruction, le technicien commis constate que sa mission est devenue sans objet et en fait rapport au juge. Mention en est faite au dossier de l'affaire et celle-ci est radiée. Les parties peuvent demander au juge de donner force exécutoire à l'acte exprimant leur accord. »

Lorsque des textes législatifs ou réglementaires disposent que les contestations sont jugées conformément aux dispositions de l'art. 30 du décret de 1953 il est statué conformément aux dispositions des art. 29 à 30-1 du décret (Décr. n° 66-12 du 3 janv. 1966, art. 8).

………………………………………………………………………………………………

33 *Al. 1er abrogé par Ord. n° 2000-912 du 18 sept. 2000, codifié ss. C. com., art. L. 145-60.*

La notification du mémoire institué par l'article 29 ci-dessus, interrompt la prescription. Il en est de même de la demande de désignation d'expert formée en application de l'alinéa 2 de l'article 32.

33-1 *(Décr. n° 76-1236 du 28 déc. 1976)* La rémunération définitive de l'expert est fixée en considération de la mission dont il était chargé et de son travail. En aucun cas la rémunération de l'expert ne peut être fixée proportionnellement au montant du loyer demandé ou proposé.

33-2 *(Décr. n° 66-12 du 3 janv. 1966)* En cas d'appel, les dispositions des articles 30-1 et 33-1 ci-dessus sont applicables.

Code de l'urbanisme

(Décr. n° 73-1022 du 8 nov. 1973)

DISPOSITIONS COMMUNES AU DROIT DE PRÉEMPTION URBAIN ET AUX ZONES D'AMÉNAGEMENT DIFFÉRÉ

Art. L. 213-9 *(L. n° 85-729 du 18 juill. 1985)* Lorsque le titulaire du droit de préemption lui a notifié sa décision d'exercer ce droit ou, dans les conditions fixées par les articles L. 211-5 ou L. 212-3, son intention d'acquérir, le propriétaire est tenu d'informer les locataires, les preneurs ou occupants de bonne foi du bien et de les faire connaître à ce titulaire.

L. 213-10 *(L. n° 85-729 du 18 juill. 1985)* Nonobstant toutes dispositions ou stipulations contraires, les preneurs de biens ruraux, les locataires ou occupants de bonne foi de locaux à usage d'habitation ainsi que les locataires de locaux à usage commercial, industriel ou artisanal situés dans un bien acquis par la voie de la préemption ou en application des articles L. 211-5 ou L. 212-3 ne peuvent s'opposer à l'exécution de travaux de restauration ou de transformation intérieure ni à la démolition de ces locaux.

Si l'exécution des travaux l'exige, ils sont tenus d'évacuer tout ou partie de ces locaux ; le nouveau propriétaire du bien est alors tenu aux obligations prévues aux articles L. 314-1 et suivants.

Nonobstant toutes dispositions ou stipulations contraires, ils peuvent à tout moment déclarer au titulaire du droit de préemption leur intention de quitter les lieux et de résilier le bail. Celui-ci, qui ne peut s'y opposer ni leur réclamer une indemnité à ce titre, est tenu de leur verser les indemnités auxquelles ils peuvent prétendre, notamment celles qui peuvent leur être dues à raison des améliorations qu'ils ont apportées au fonds loué. En cas de litige, ces indemnités sont fixées par la juridiction compétente en matière d'expropriation.

Les art. L. 213-9 et L. 213-10 ci-dessus sont applicables dans les zones de préemption créées dans les espaces naturels sensibles des départements (C. urb., art. L. 142-7).

DROIT DE PRÉEMPTION DES COMMUNES SUR LES FONDS ARTISANAUX, LES FONDS DE COMMERCE ET LES BAUX COMMERCIAUX

BIBL. ▶ DUTRIEUX, *JCP N 2005, n° 35, p. 1377.* – DELFOSSE et PENIGUEL, *Dr. et patr. oct. 2005, suppl., p. 18.* – BLATTER, *AJDI 2005. 705.* – SAINTOURENS, *RTD com. 2005. 707.* – JACQUIN, *Gaz. Pal. 2005. Doctr. 3950.* – BÉNARD, *Dr. et patr. févr. 2006. 32.* – DE GIRARD et PASCAUD, *JCP N 2006, n° 10, p. 497* (quel impact en matière de fusions-acquisitions ?).

L. 214-1 *(L. n° 2005-882 du 2 août 2005, art. 58-I)* Le conseil municipal peut, par délibération motivée, délimiter un périmètre de sauvegarde du commerce et de l'artisanat de proximité, à l'intérieur duquel sont soumises au droit de préemption institué par le présent chapitre les cessions de fonds artisanaux, de fonds de commerce ou de baux commerciaux. — *V. aussi CGPPP, art. L. 1112-6.* — ***C. adm.***

Chaque cession est subordonnée, à peine de nullité, à une déclaration préalable faite par le cédant à la commune. Cette déclaration précise le prix et les conditions de la cession.

Le droit de préemption est exercé selon les modalités prévues par les articles L. 213-4 à L. 213-7. Le silence de la commune pendant deux mois à compter de la réception de la déclaration vaut renonciation à l'exercice du droit de préemption. Le cédant peut alors réaliser la vente aux prix et conditions figurant dans sa déclaration.

L'action en nullité se prescrit par cinq ans à compter de la prise d'effet de la cession.

L. 214-2 *(L. n° 2005-882 du 2 août 2005, art. 58-I)* La commune doit, dans le délai d'un an à compter de la prise d'effet de la cession, rétrocéder le fonds artisanal, le fonds de commerce ou le bail commercial à une entreprise immatriculée au registre du commerce et des sociétés ou au répertoire des métiers, en vue d'une exploitation destinée à préserver la diversité de l'activité commerciale et artisanale dans le périmètre concerné. L'acte de rétrocession prévoit les conditions dans lesquelles il peut être résilié en cas d'inexécution par le cessionnaire du cahier des charges.

L'acte de rétrocession d'un fonds de commerce est effectué dans le respect des conditions fixées par les dispositions du chapitre Ier du titre IV du livre Ier du code de commerce.

La rétrocession d'un bail commercial est subordonnée, à peine de nullité, à l'accord préalable du bailleur. Cet accord figure dans l'acte de rétrocession.

L. 214-3 *(L. n° 2005-882 du 2 août 2005, art. 58-I)* Un décret en Conseil d'État précise les conditions d'application des dispositions du présent chapitre.

RESTAURATION IMMOBILIÈRE ET SECTEURS SAUVEGARDÉS

L. 313-5 *(L. n° 85-729 du 18 juill. 1985)* Les droits et obligations des locataires et occupants des immeubles faisant l'objet des travaux prévus aux articles L. 313-3 et L. 313-4 *[secteurs sauvegardés et restauration immobilière]* sont régis par les dispositions des articles L. 313-6 à L. 313-15, des articles L. 314-2 à L. 314-9 ainsi que par celles des articles 3 et 12 de la loi n° 48-1360 du 1er septembre 1948 modifiée et des articles 10, 20 et 38-1 du décret n° 53-960 du 30 septembre 1953 modifié.

L. 313-6 Les locataires ou les occupants de bonne foi de locaux à usage d'habitation, ainsi que les locataires de locaux à usage commercial, industriel ou artisanal situés dans les immeubles devant faire l'objet de travaux visés aux articles L. 313-3 et L. 313-4 ne peuvent s'opposer à l'exécution de ces travaux.

Si l'exécution des travaux l'exige, ils sont, sous réserve des dispositions de l'article L. 313-7 et des articles 3 et 12 de la loi n° 48-1360 du 1er septembre 1948 modifiés sur les loyers, tenus d'évacuer tout ou partie des locaux.

Dans ce cas, le bailleur doit donner à chaque locataire ou occupant un préavis de six mois pour quitter les lieux loués.

L. 313-7 *(Locaux à usage d'habitation ou à usage professionnel).*

L. 313-8 et L. 313-9 *Abrogés par L. n° 85-729 du 18 juill. 1985, art. 26-XIII.*

L. 313-10 Les propriétaires, locataires ou occupants d'immeubles visés par le présent chapitre ne peuvent s'opposer à la visite des lieux par un homme de l'art spécialement habilité à cet effet par le maire, dans des conditions qui seront fixées par décret. — *V. C. urb., art. R. 313-33 à R. 313-37.*

PROTECTION DES OCCUPANTS

L. 314-1 *(L. n° 85-729 du 18 juill. 1985)* La personne publique qui a pris l'initiative de la réalisation de l'une des opérations d'aménagement définies dans le présent livre ou qui bénéficie d'une expropriation est tenue, envers les occupants des immeubles intéressés, aux obligations prévues ci-après.

(L. n° 2000-1208 du 13 déc. 2000) « Les occupants, au sens du présent chapitre, comprennent les occupants au sens de l'article L. 521-1 du code de la construction et de l'habitation, ainsi que les preneurs de baux professionnels, commerciaux et ruraux. »

L. 314-2 *(L. n° 85-729 du 18 juill. 1985)* Si les travaux nécessitent l'éviction définitive des occupants, ceux-ci bénéficient des dispositions applicables en matière d'expropriation. *[...].*

En outre, les commerçants, artisans et industriels ont un droit de priorité défini à l'article L. 314-5.

L. 314-3 *(L. n° 85-729 du 18 juill. 1985)* Si les travaux nécessitent l'éviction provisoire des occupants, il doit être pourvu à leur relogement provisoire dans un local compatible avec leurs besoins, leurs ressources et, le cas échéant, leur activité antérieure, et satisfaisant aux conditions de localisation prévues à l'article 13 *bis* de la loi n° 48-1360 du 1er septembre 1948.

Nonobstant toutes dispositions ou stipulations contraires, le relogement provisoire peut donner lieu à un bail à titre précaire pour la durée des travaux. Au-delà de trois ans, toute éviction est considérée comme définitive et donne droit à l'application des dispositions de l'article précédent.

Lorsque la réinstallation provisoire n'est pas possible, le commerçant, l'artisan ou l'industriel bénéficie, en lieu et place, d'une indemnisation des pertes financières résultant de la cessation temporaire d'activité.

Les occupants disposent d'un droit à réintégration après les travaux dans le local qu'ils ont évacué. Les baux des locaux évacués pendant la période d'exécution des travaux sont considérés comme ayant été suspendus et reprennent cours à la date à laquelle la réintégration aura été possible. Toutefois, ces dispositions ne sont pas applicables lorsque le bailleur et l'occupant ont décidé d'un commun accord le report définitif du bail sur un local équivalent.

Les occupants sont remboursés de leurs frais normaux de déménagement et de réinstallation.

L. 314-4 *(L. n° 85-729 du 18 juill. 1985)* Si les travaux ne nécessitent pas l'éviction des occupants, ceux-ci ont droit au maintien sur place dans les conditions ci-après :

Selon la nature des travaux, et sous réserve d'un préavis de trois mois, les occupants sont tenus soit d'évacuer la partie des locaux intéressée par lesdits travaux, soit de permettre l'accès du local et d'accepter notamment le passage des canalisations ne faisant que le traverser.

Pendant la durée des travaux, le loyer est, s'il y a lieu, réduit dans les conditions définies au deuxième alinéa de l'article 1724 du code civil. La réduction du loyer est à la charge de la personne publique qui a pris l'initiative des travaux.

En cas d'expropriation ou d'exercice du droit de préemption dans le cas visé à l'article L. 213-5 *[déclaration d'utilité publique]*, un nouveau bail doit être proposé aux occupants. Ce bail doit permettre, le cas échéant, la poursuite des activités antérieures.

L. 314-5 *(L. n° 85-729 du 18 juill. 1985)* Les commerçants, artisans et industriels ont, dans le cas prévu à l'article L. 314-2, un droit de priorité pour l'attribution de locaux de même nature compris dans l'opération lorsque l'activité considérée est compatible avec les dispositions du *(L. n° 2000-1208 du 13 déc. 2000)* « plan local d'urbanisme » ou du document d'urbanisme en tenant lieu.

Les commerçants, artisans ou industriels auxquels il n'a pas été offert de les réinstaller dans les conditions prévues ci-dessus ont un droit de priorité pour acquérir un local dans un immeuble compris dans l'opération ou des parts ou actions d'une société immobilière donnant vocation à l'attribution, en propriété ou en jouissance, d'un tel local, lorsque l'activité considérée est compatible avec les dispositions du *(L. n° 2000-1208 du 13 déc. 2000)* « plan local d'urbanisme » ou du document d'urbanisme en tenant lieu.

L'exercice des droits prévus au présent article rend applicables les dispositions du deuxième alinéa de l'article L. 13-20 du code de l'expropriation pour cause d'utilité publique.

Les priorités prévues par le présent article jouent en faveur des titulaires de baux à usage des mêmes activités que celles dont l'installation est prévue dans les locaux nouveaux. Pour les commerces de chaque nature, les priorités sont données aux titulaires des baux les plus anciens.

L. 314-6 *(L. n° 85-729 du 18 juill. 1985)* L'indemnisation des commerçants et artisans afférente à l'activité qu'ils exercent dans un immeuble devant être acquis ou exproprié en vue de sa démolition dans le cadre d'une opération d'aménagement doit, sur leur demande, intervenir avant l'acte portant transfert de propriété et, par dérogation aux dispositions de l'article L. 13-15 du code de l'expropriation pour cause d'utilité publique, être fondée sur la situation existant avant le commencement de l'opération. Cette indemnité obéit pour le surplus au régime des indemnités d'expropriation.

Pour bénéficier de l'indemnisation avant transfert de propriété, l'intéressé doit :

1° Justifier d'un préjudice causé par la réduction progressive des facteurs locaux de commercialité à l'intérieur de l'opération et résultant directement de celle-ci ;

2° S'engager à cesser son activité et, s'il est locataire, à quitter les lieux dès le versement de l'indemnité et à ne pas se réinstaller sur le territoire concerné par l'opération avant que les bénéficiaires du droit de priorité visé à l'article L. 314-5 aient été appelés à exercer leur droit.

Le bail est résilié de plein droit, sans indemnité et nonobstant toute clause contraire, à compter de la notification au propriétaire du versement de l'indemnité prévue ci-dessus.

A l'expiration du délai d'un mois prévu à l'article L. 15-1 du code de l'expropriation pour cause d'utilité publique, les dispositions dudit article sont applicables.

Dans l'hypothèse où, indemnisés avant le transfert de propriété, un ou plusieurs commerçants ou artisans ont libéré les lieux, la valeur des immeubles ou parties d'immeubles ainsi libérés doit être estimée en prenant en compte la situation d'occupation qui existait avant l'indemnisation du ou des commerçants ou artisans. — *V. code de l'expropriation pour cause d'utilité publique, art. L. 13-15 et L. 15-1.* — **C. adm.**

L. 314-7 *(L. n° 85-729 du 18 juill. 1985)* Toute offre de relogement, définitive ou provisoire, doit être notifiée au moins six mois à l'avance. L'occupant doit faire connaître son acceptation ou son refus dans un délai de deux mois, faute de quoi il est réputé avoir accepté l'offre.

Au cas où les occupants bénéficient du droit à réintégration prévu au quatrième alinéa de l'article L. 314-3, le propriétaire doit les mettre en demeure, par lettre recommandée avec demande d'avis de réception ou par acte extrajudiciaire, et dès l'achèvement des travaux, de lui faire connaître, dans le délai d'un mois et dans la même forme, s'ils entendent user de ce droit. La notification doit mentionner, à peine de nullité, la forme et le délai de la réponse.

L. 314-8 *(L. n° 85-729 du 18 juill. 1985)* Dans le cas où des dispositions législatives ou réglementaires s'opposent à l'exercice, dans le local qu'il a le droit de réintégrer après travaux, de l'activité prévue au bail, le titulaire du bail d'un local commercial, industriel ou artisanal peut, si le bail ne le prévoit pas, être autorisé par l'autorité judiciaire à changer la nature de son commerce ou de son industrie, sous réserve des dispositions législatives ou réglementaires qui s'opposeraient à l'exercice dans ce local de la nouvelle activité choisie.

Code de la santé publique

(Ord. n° 2000-348 du 15 juin 2000)

TITRE III. DÉBITS DE BOISSONS

CHAPITRE Ier. *LIMITATION DU NOMBRE DES DÉBITS DE BOISSONS*

....

Art. L. 3331-6 Le propriétaire d'un local donné à bail ne peut, nonobstant toute convention contraire, même antérieurement conclue, s'opposer à la tranformation, réalisée par le locataire ou le cessionnaire du droit au bail, d'un débit de boissons de 3e ou 4e catégories, soit en un débit de 1re ou de 2e catégories, soit en un autre commerce, à la condition toutefois qu'il ne puisse en résulter, pour l'immeuble, ses habitants ou le voisinage, des inconvénients supérieurs à ceux découlant de l'exploitation du fonds supprimé.

L'occupant doit, avant de procéder aux modifications envisagées, informer le propriétaire, par lettre recommandée, avec demande d'avis de réception.

L'adaptation du contrat de bail aux conditions d'exploitation nouvelles est, à défaut d'accord entre les parties, effectuée dans les conditions prévues pour les baux de locaux à usage commercial.

....

CHAPITRE V. *ZONES PROTÉGÉES*

Art. L. 3335-6 Le bail portant sur les locaux dans lesquels s'exerce l'activité commerciale du preneur est résilié de plein droit à la date de la suppression du débit de boissons fixée en application de l'article L. 3335-2, sans que le propriétaire puisse prétendre à indemnité de ce fait.

En ce qui concerne l'offre d'un local équivalent par l'expropriant au commerçant, à l'artisan ou à l'industriel évincé, V. code de l'expropriation pour cause d'utilité publique, art. L. 13-20. — ***C. adm.*** *ou* ***C. baux*** *; ... l'indemnisation des commerçants et artisans afférente à l'activité qu'ils exercent dans un immeuble devant être acquis ou exproprié en vue de sa démolition dans le cadre d'une opération d'aménagement, V. supra, C. urb., art. L. 314-6.*

En ce qui concerne la réquisition des locaux commerciaux vacants ou inoccupés dans les communes où sévit une crise du logement, V. CCH, art. L. 641-12, R. 641-23 à R. 641-25. — ***CCH.***

Sur la situation et les droits de la Société nationale des entreprises de presse en matière de renouvellement des baux d'immeubles ou de locaux à usage commercial, industriel ou artisanal, V. Décr. n° 53-961 du 30 sept. 1953 (D. 1953. 398 ; BLD 1953. 824).

La Société nationale des entreprises de presse est supprimée à la date du 30 juin 1992. Ses droits, biens et obligations sont transférés à l'État (L. n° 91-1323 du 30 déc. 1991, art. 63).

CHAPITRE VI DES GÉRANTS-MANDATAIRES

(L. n° 2005-882 du 2 août 2005, art. 19)

BIBL. ▶ DELFOSSE et PENIGUEL, *Dr. et patr. oct. 2005, suppl., p. 9.* – SAINTOURENS, *RTD com. 2005. 704* . – JUCHS, *RLDA avr. 2006. 20.*

Art. L. 146-1 *(L. n° 2005-882 du 2 août 2005, art. 19)* **Les personnes physiques ou morales qui gèrent un fonds de commerce ou un fonds artisanal, moyennant le versement d'une commission proportionnelle au chiffre d'affaires, sont qualifiées de « gérants-mandataires » lorsque le contrat conclu avec le mandant, pour le compte duquel, le cas échéant dans le cadre d'un réseau, elles gèrent ce fonds, qui en reste propriétaire et supporte les risques liés à son exploitation, leur fixe une mission, en leur laissant toute latitude, dans le cadre ainsi tracé, de déterminer leurs conditions de travail, d'embaucher du personnel et de se substituer des remplaçants dans leur activité à leurs frais et sous leur entière responsabilité.**

Le gérant-mandataire est immatriculé au registre du commerce et des sociétés et, le cas échéant, au répertoire des métiers. Le contrat est mentionné à ce registre ou à ce répertoire et fait l'objet d'une publication dans un journal habilité à recevoir des annonces légales.

Les dispositions du présent chapitre ne sont pas applicables aux professions régies par le chapitre II du titre VIII du livre VII du code du travail.

Art. L. 146-2 *(L. n° 2005-882 du 2 août 2005, art. 19)* **Le mandant fournit au gérant-mandataire, avant la signature du contrat, toutes informations nécessaires à sa mission, telles que définies par décret, afin de lui permettre de s'engager en connaissance de cause.**

Décret n° 2006-259 du 3 mars 2006,

Portant application de l'article 19 de la loi n° 2005-882 du 2 août 2005 en faveur des petites et moyennes entreprises et relatif aux informations devant être fournies au gérant-mandataire par le mandant avant la signature du contrat.

Art. 1er Les informations prévues à l'article L. 146-2 du code de commerce doivent être communiquées par écrit dans un document dit « document précontractuel », devant comporter :

1° L'identité du mandant s'il s'agit d'une personne physique ou des dirigeants s'il s'agit d'une personne morale, son adresse ou son siège social, son numéro d'immatriculation au registre du commerce et des sociétés ou son numéro d'inscription au répertoire des métiers ;

2° L'adresse du siège de l'entreprise dont le fonds est mis en gérance-mandat, la nature de ses activités, l'indication de sa forme juridique, le cas échéant le montant du capital social ;

3° Le cas échéant, le chiffre d'affaires annuel réalisé au cours des deux derniers exercices du fonds mis en gérance-mandat, ainsi que le bilan annuel pour ces mêmes périodes ;

4° La date de création de l'entreprise dont le fonds est mis en gérance-mandat, ainsi qu'un rappel des principales étapes de son évolution depuis sa création ;

5° Les affiliations éventuelles du mandant à un réseau d'exploitants ainsi que la nature des contrats régissant les affiliations à ce réseau ;

6° Les conditions générales de gestion du fonds ;

7° Les taux, mode de calcul et tous autres éléments entrant en compte pour la détermination de la commission versée au gérant-mandataire ;

8° L'indication de la durée, des conditions de renouvellement, de cession et de résiliation du contrat proposé.

2 Ces informations doivent être communiquées au gérant-mandataire dix jours au moins avant la signature du contrat de gérance-mandat.

Aucune sanction n'est prévue en cas de défaut d'information. - Pour l'application des mêmes solutions que celles retenues en cas de non-respect de l'obligation précontractuelle d'information prévue par l'art. L. 330-3 C. com., V. BRDA 2006, n° 5, p. 6.

Art. L. 146-3 *(L. n° 2005-882 du 2 août 2005, art. 19)* **Un accord-cadre conclu entre le mandant et les gérants-mandataires auxquels il est lié par un contrat, ou leurs représentants, fixe notamment le montant de la commission minimale garantie dans tous les contrats de gérance-mandat conclus par ledit mandant. Cette commission minimale tient compte de l'importance de l'établissement et des modalités de son exploitation.**

A défaut d'accord, le ministre chargé des petites et moyennes entreprises fixe cette commission minimale.

Art. L. 146-4 *(L. n° 2005-882 du 2 août 2005, art. 19)* **Le contrat liant le mandant et le gérant-mandataire peut prendre fin à tout moment dans les conditions fixées par les parties. Toutefois, en cas de résiliation du contrat par le mandant, sauf faute grave de la part du gérant-mandataire, le mandant lui verse une indemnité égale, sauf conditions plus favorables fixées par les parties, au montant des commissions acquises, ou à la commission minimale garantie mentionnée à l'article L. 146-3, pendant les six mois précédant la résiliation du contrat, ou pendant la durée d'exécution du contrat si celle-ci a été inférieure à six mois.**

LIVRE DEUXIÈME DES SOCIÉTÉS COMMERCIALES ET DES GROUPEMENTS D'INTÉRÊT ÉCONOMIQUE

– Le code des sociétés et des marchés financiers Dalloz comporte l'ensemble des textes, codifiés ou non, régissant la matière, assortis d'annotations de jurisprudence et de bibliographie. – ***C. sociétés.***

RÉP. SOCIÉTÉS v° *Sociétés*, par P. DIDIER et B. SAINT-ALARY.

BIBL. ▸ GUYON, *Rev. sociétés 2000. 647* (nouveau code de commerce et droit des sociétés). – DOM, *Bull. Joly 2001. 215* (la sécurité juridique à l'épreuve du droit constant : aspects de droit des sociétés). – MATSOPOULOU, *D. 2001. 2021* (nouveau code de commerce et droit pénal des sociétés).

TITRE PREMIER DISPOSITIONS PRÉLIMINAIRES

Art. L. 210-1 **Le caractère commercial d'une société est déterminé par sa forme ou par son objet.**

Sont commerciales à raison de leur forme et quel que soit leur objet, les sociétés en nom collectif, les sociétés en commandite simple, les sociétés à responsabilité limitée et les sociétés par actions. – *[L. n° 66-537 du 24 juill. 1966, art. 1er].*

Art. L. 210-2 **La forme, la durée qui ne peut excéder quatre-vingt-dix-neuf ans, la dénomination sociale, le siège social, l'objet social et le montant du capital social sont déterminés par les statuts de la société.** – *[L. n° 66-537 du 24 juill. 1966, art. 2]. – V. Décr. n° 67-236 du 23 mars 1967, art. 2, infra, App., v° Sociétés commerciales.*

Art. L. 210-3 **Les sociétés dont le siège social est situé en territoire français sont soumises à la loi française.**

Les tiers peuvent se prévaloir du siège statutaire, mais celui-ci ne leur est pas opposable par la société si son siège réel est situé en un autre lieu. – *[L. n° 66-537 du 24 juill. 1966, art. 3].*

Art. L. 210-4 **Les formalités de publicité exigées lors de la constitution de la société ou en cas d'actes et délibérations postérieurs sont déterminées par décret en Conseil d'État.** – *[L. n° 66-537 du 24 juill. 1966, art. 4]. – V. Décr. n° 67-236 du 23 mars 1967, art. 281 s., infra, App., v° Sociétés commerciales.*

Art. L. 210-5 **En ce qui concerne les opérations des sociétés à responsabilité limitée et des sociétés par actions intervenues avant le seizième jour de la publication au *Bulletin officiel des annonces civiles et commerciales* des actes et indications soumis à cette publicité, ceux-ci ne sont pas opposables aux tiers qui prouvent qu'ils ont été dans l'impossibilité d'en avoir connaissance.**

Si, dans la publicité des actes et indications concernant les sociétés à responsabilité limitée et les sociétés par actions, il y a discordance entre le texte déposé au registre du commerce et des sociétés et le texte publié au *Bulletin officiel des annonces civiles et commerciales*, ce dernier ne peut être opposé aux tiers ; ceux-ci peuvent toutefois s'en prévaloir, à moins que la société ne prouve qu'ils ont eu connaissance du texte déposé au registre du commerce et des sociétés. – *[L. n° 66-537 du 24 juill. 1966, art. 4-1].*

Art. L. 210-6 **Les sociétés commerciales jouissent de la personnalité morale à dater de leur immatriculation au registre du commerce et des sociétés. La transfor-**

mation régulière d'une société n'entraîne pas la création d'une personne morale nouvelle. Il en est de même de la prorogation.

Les personnes qui ont agi au nom d'une société en formation avant qu'elle ait acquis la jouissance de la personnalité morale sont tenues solidairement et indéfiniment responsables des actes ainsi accomplis, à moins que la société, après avoir été régulièrement constituée et immatriculée, ne reprenne les engagements souscrits. Ces engagements sont alors réputés avoir été souscrits dès l'origine par la société. – *[L. n° 66-537 du 24 juill. 1966, art. 5].*

Sur l'immatriculation au registre du commerce et des sociétés, V. supra, art. L. 123-1 s. et Décr. n° 67-236 du 23 mars 1967, art. 1er, infra, App., v° Sociétés commerciales. – V. aussi : relative à l'accélération des procédures juridiques de création d'entreprises, Circ. 11 févr. 1985 (D. et ALD 1985. 196) ; ... relative à la justification de l'immatriculation des sociétés en vue du retrait des fonds correspondant à leur capital social, Circ. 13 févr. 1987 (D. et ALD 1987. 159).

Art. L. 210-7 **Il est procédé à l'immatriculation de la société après vérification par le greffier du tribunal compétent de la régularité de sa constitution dans les conditions prévues par les dispositions législatives et réglementaires relatives au registre du commerce et des sociétés.**

Si les statuts ne contiennent pas toutes les énonciations exigées par la loi et les règlements ou si une formalité prescrite par ceux-ci pour la constitution de la société a été omise ou irrégulièrement accomplie, tout intéressé est recevable à demander en justice que soit ordonnée, sous astreinte, la régularisation de la constitution. Le ministère public est habile à agir aux mêmes fins.

Les dispositions des alinéas qui précèdent sont applicables en cas de modification des statuts.

L'action prévue au deuxième alinéa se prescrit par trois ans à compter, soit de l'immatriculation de la société au registre du commerce et des sociétés, soit de l'inscription modificative audit registre et du dépôt, en annexe dudit registre, des actes modifiant les statuts. – *[L. n° 66-537 du 24 juill. 1966, art. 6]. – V. Décr. n° 67-236 du 23 mars 1967, art. 3, infra, App., v° Sociétés commerciales.*

Art. L. 210-8 **Les fondateurs de la société, ainsi que les premiers membres des organes de gestion, d'administration, de direction et de surveillance sont solidairement responsables du préjudice causé par le défaut d'une mention obligatoire dans les statuts ainsi que par l'omission ou l'accomplissement irrégulier d'une formalité prescrite par la loi et les règlements pour la constitution de la société.**

Les dispositions de l'alinéa précédent sont applicables en cas de modification des statuts, aux membres des organes de gestion, d'administration, de direction, de surveillance et de contrôle, en fonction lors de ladite modification.

L'action se prescrit par dix ans à compter de l'accomplissement de l'une ou l'autre, selon le cas, des formalités visées au quatrième alinéa de l'article L. 210-7. – *[L. n° 66-537 du 24 juill. 1966, art. 7]. – V. Décr. n° 67-236 du 23 mars 1967, art. 4, infra, App., v° Sociétés commerciales.*

Art. L. 210-9 **Ni la société ni les tiers ne peuvent, pour se soustraire à leurs engagements, se prévaloir d'une irrégularité dans la nomination des personnes chargées de gérer, d'administrer ou de diriger la société, lorsque cette nomination a été régulièrement publiée.**

La société ne peut se prévaloir, à l'égard des tiers, des nominations et cessations de fonction des personnes visées ci-dessus, tant qu'elles n'ont pas été régulièrement publiées. – *[L. n° 66-537 du 24 juill. 1966, art. 8].*

TITRE DEUXIÈME DISPOSITIONS PARTICULIÈRES AUX DIVERSES SOCIÉTÉS COMMERCIALES

CHAPITRE PREMIER DES SOCIÉTÉS EN NOM COLLECTIF

Art. L. 221-1 Les associés en nom collectif ont tous la qualité de commerçant et répondent indéfiniment et solidairement des dettes sociales.

Les créanciers de la société ne peuvent poursuivre le paiement des dettes sociales contre un associé, qu'après avoir vainement mis en demeure la société par acte extrajudiciaire. — *[L. n° 66-537 du 24 juill. 1966, art. 10]. — V. Décr. n° 67-236 du 23 mars 1967, art. 15, infra, App., v° Sociétés commerciales.*

Art. L. 221-2 La société en nom collectif est désignée par une dénomination sociale, à laquelle peut être incorporé le nom d'un ou plusieurs associés et qui doit être précédée ou suivie immédiatement des mots « société en nom collectif ». — *[L. n° 66-537 du 24 juill. 1966, art. 11]. — V. Décr. n° 67-236 du 23 mars 1967, art. 8 et 16, infra, App., v° Sociétés commerciales.*

Art. L. 221-3 Tous les associés sont gérants, sauf stipulation contraire des statuts qui peuvent désigner un ou plusieurs gérants, associés ou non, ou en prévoir la désignation par un acte ultérieur.

Si une personne morale est gérant, ses dirigeants sont soumis aux mêmes conditions et obligations et encourent les mêmes responsabilités civile et pénale que s'ils étaient gérants en leur nom propre, sans préjudice de la responsabilité solidaire de la personne morale qu'ils dirigent. — *[L. n° 66-537 du 24 juill. 1966, art. 12].*

Art. L. 221-4 Dans les rapports entre associés, et en l'absence de la détermination de ses pouvoirs par les statuts, le gérant peut faire tous actes de gestion dans l'intérêt de la société.

En cas de pluralité de gérants, ceux-ci détiennent séparément les pouvoirs prévus à l'alinéa précédent, sauf le droit pour chacun de s'opposer à toute opération avant qu'elle soit conclue. — *[L. n° 66-537 du 24 juill. 1966, art. 13].*

Art. L. 221-5 Dans les rapports avec les tiers, le gérant engage la société par les actes entrant dans l'objet social.

En cas de pluralité de gérants, ceux-ci détiennent séparément les pouvoirs prévus à l'alinéa précédent. L'opposition formée par un gérant aux actes d'un autre gérant est sans effet à l'égard des tiers, à moins qu'il ne soit établi qu'ils en ont eu connaissance.

Les clauses statutaires limitant les pouvoirs des gérants qui résultent du présent article sont inopposables aux tiers. — *[L. n° 66-537 du 24 juill. 1966, art. 14].*

Art. L. 221-6 Les décisions qui excèdent les pouvoirs reconnus aux gérants sont prises à l'unanimité des associés. Toutefois les statuts peuvent prévoir que certaines décisions sont prises à une majorité qu'ils fixent.

Les statuts peuvent également prévoir que les décisions sont prises par voie de consultation écrite, si la réunion d'une assemblée n'est pas demandée par l'un des associés. — *[L. n° 66-537 du 24 juill. 1966, art. 15]. — V. Décr. n° 67-236 du 23 mars 1967, art. 9 à 11 et 16, infra, App., v° Sociétés commerciales.*

Art. L. 221-7 Le rapport de gestion, l'inventaire et les comptes annuels établis par les gérants sont soumis à l'approbation de l'assemblée des associés, dans le délai de six mois à compter de la clôture dudit exercice.

A cette fin, les documents visés à l'alinéa précédent, le texte des résolutions proposées ainsi que, le cas échéant, le rapport des commissaires aux comptes, les comptes consolidés et le rapport sur la gestion du groupe sont communiqués aux associés dans les conditions et délais déterminés par décret en Conseil d'État. Toute délibération, prise en violation des dispositions du présent alinéa et du décret pris pour son application, peut être annulée.

Toute clause contraire aux dispositions du présent article et du décret pris pour son application est réputée non écrite. — *[L. n° 66-537 du 24 juill. 1966, art. 16]. — V. Décr. n° 67-236 du 23 mars 1967, art. 12-1, 12-2 et 16, infra, App., v° Sociétés commerciales.*

(Ord. n° 2004-1382 du 20 déc. 2004, art. 6) « Les troisième à sixième alinéas de l'article L. 225-100 et l'article L. 225-100-1 s'appliquent au rapport de gestion lorsque l'ensemble des parts sont détenues par des personnes ayant l'une des formes suivantes : société anonyme, société en commandite par actions ou société à responsabilité limitée. »

Art. L. 221-8 Les associés non gérants ont le droit, deux fois par an, d'obtenir communication des livres et documents sociaux et de poser par écrit des questions sur la gestion sociale, auxquelles il doit être répondu également par écrit. — *[L. n° 66-537 du 24 juill. 1966, art. 17]. — V. Décr. n° 67-236 du 23 mars 1967, art. 13 et 16, infra, App., v° Sociétés commerciales.*

Art. L. 221-9 Les associés peuvent nommer un ou plusieurs commissaires aux comptes dans les formes prévues à l'article L. 221-6.

Sont tenues de désigner un commissaire aux comptes au moins les sociétés qui dépassent, à la clôture de l'exercice social, des chiffres fixés par décret en Conseil d'État pour deux des critères suivants : le total de leur bilan, le montant hors taxes de leur chiffre d'affaires ou le nombre moyen de leurs salariés au cours d'un exercice. — *V. Décr. n° 67-236 du 23 mars 1967, art. 12, infra, App., v° Sociétés commerciales.*

Même si ces seuils ne sont pas atteints, la nomination d'un commissaire aux comptes peut être demandée en justice par un associé. — *[L. n° 66-537 du 24 juill. 1966, art. 17-1].*

Art. L. 221-10 *I. — Abrogé par Ord. n° 2005-1126 du 8 sept. 2005, art. 20-III.*

II et III — Abrogés par L. n° 2003-706 du 1er août 2003, art. 112.

IV. — abrogé par Ord. n° 2005-1126 du 8 sept. 2005, art. 20-III.

V. désormais, art. L. 820-3-1, L. 822-1 s. et L. 822-11.

Art. L. 221-11 *(Abrogé par Ord. n° 2005-1126 du 8 sept. 2005, art. 20-III)* ***« Les dispositions concernant les pouvoirs, les incompatibilités visées à l'article*** *(L. n° 2003-706 du 1er août 2003)* ***« L. 822-3 »*** *[L. 822-10]*, ***les fonctions, les obligations, la responsabilité, la suppléance, la récusation, la révocation, la rémunération des commissaires aux comptes des sociétés anonymes sont applicables aux sociétés en nom collectif, sous réserve des règles propres à celles-ci.***

« Le commissaire aux comptes est avisé, au plus tard en même temps que les associés, des assemblées ou consultations. Il a accès aux assemblées. » — *V. les art. L. 822-1 s.*

Les documents visés au premier alinéa de l'article L. 221-7 sont mis à la disposition du commissaire aux comptes dans les conditions et délais fixés par décret en Conseil d'État. — *[L. n° 66-537 du 24 juill. 1966, art. 17-3]. — V. Décr. n° 67-236 du 23 mars 1967, art. 12-1 et 16, infra, App., v° Sociétés commerciales.*

Art. L. 221-12 Si tous les associés sont gérants ou si un ou plusieurs gérants choisis parmi les associés sont désignés dans les statuts, la révocation de l'un d'eux de ses fonctions ne peut être décidée qu'à l'unanimité des autres associés. Elle entraîne la dissolution de la société, à moins que sa continuation ne soit prévue par les statuts ou que les autres associés ne la décident à l'unanimité. Le gérant révoqué peut alors décider de se retirer de la société en demandant le remboursement de ses droits sociaux, dont la valeur est déterminée conformément à l'article 1843-4 du code civil. Toute clause contraire à l'article 1843-4 dudit code est réputée non écrite.

Si un ou plusieurs associés sont gérants et ne sont pas désignés par les statuts, chacun d'eux peut être révoqué de ses fonctions, dans les conditions prévues par les statuts ou, à défaut, par une décision des autres associés, gérants ou non, prise à l'unanimité.

Le gérant non associé peut être révoqué dans les conditions prévues par les statuts ou, à défaut, par une décision des associés prise à la majorité.

Si la révocation est décidée sans juste motif, elle peut donner lieu à dommages-intérêts. – *[L. nº 66-537 du 24 juill. 1966, art. 18].*

Art. L. 221-13 Les parts sociales ne peuvent être représentées par des titres négociables. Elles ne peuvent être cédées qu'avec le consentement de tous les associés.

Toute clause contraire est réputée non écrite. – *[L. nº 66-537 du 24 juill. 1966, art. 19].*

Art. L. 221-14 La cession des parts sociales doit être constatée par écrit. Elle est rendue opposable à la société, dans les formes prévues à l'article 1690 du code civil. Toutefois, la signification peut être remplacée par le dépôt d'un original de l'acte de cession au siège social contre remise par le gérant d'une attestation de ce dépôt.

Elle n'est opposable aux tiers qu'après accomplissement de ces formalités et, en outre, après publicité au registre du commerce et des sociétés. – *[L. nº 66-537 du 24 juill. 1966, art. 20]. – V. Décr. nº 67-236 du 23 mars 1967, art. 14, infra, App., vº Sociétés commerciales.*

Art. L. 221-15 La société prend fin par le décès de l'un des associés, sous réserve des dispositions du présent article.

S'il a été stipulé qu'en cas de mort de l'un des associés, la société continuerait avec son héritier ou seulement avec les associés survivants, ces dispositions sont suivies, sauf à prévoir que pour devenir associé, l'héritier devra être agréé par la société.

Il en est de même s'il a été stipulé que la société continuerait, soit avec le conjoint survivant, soit avec un ou plusieurs des héritiers, soit avec toute autre personne désignée par les statuts ou, si ceux-ci l'autorisent, par dispositions testamentaires.

Lorsque la société continue avec les associés survivants, l'héritier est seulement créancier de la société et n'a droit qu'à la valeur des droits sociaux de son auteur. L'héritier a pareillement droit à cette valeur s'il a été stipulé que, pour devenir associé il devrait être agréé par la société et si cet agrément lui a été refusé.

Lorsque la société continue dans les conditions prévues au troisième alinéa ci-dessus, les bénéficiaires de la stipulation sont redevables à la succession de la valeur des droits sociaux qui leur sont attribués.

Dans tous les cas prévus au présent article, la valeur des droits sociaux est déterminée au jour du décès conformément à l'article 1843-4 du code civil.

En cas de continuation et si l'un ou plusieurs des héritiers de l'associé sont mineurs non émancipés, ceux-ci ne répondent des dettes sociales qu'à concurrence des forces de la succession de leur auteur. En outre, la société doit être transformée, dans le délai d'un an, à compter du décès, en société en commandite dont le mineur devient commanditaire. A défaut, elle est dissoute. – *[L. nº 66-537 du 24 juill. 1966, art. 21].*

Art. L. 221-16 Lorsqu'un jugement de liquidation judiciaire ou arrêtant un plan de cession totale, une mesure d'interdiction d'exercer une profession commerciale ou une mesure d'incapacité est *(L. nº 2005-845 du 26 juill. 2005, art. 162-I)* « devenu définitif » à l'égard de l'un des associés, la société est dissoute, à moins que sa continuation ne soit prévue par les statuts ou que les autres associés ne la décident à l'unanimité.

Dans le cas de continuation, la valeur des droits sociaux à rembourser à l'associé qui perd cette qualité est déterminée conformément aux dispositions de l'article 1843-4 du code civil. Toute clause contraire à l'article 1843-4 dudit code est réputée non écrite. – *[L. n° 66-537 du 24 juill. 1966, art. 22].*

Art. L. 221-17 Les sociétés en nom collectif qui, à la date du 1er avril 1967, utilisaient dans leur raison sociale le nom d'un ou plusieurs associés fondateurs décédés peuvent, par dérogation aux dispositions des articles L. 221-2 et L. 222-3, être autorisées à conserver ce nom dans leur dénomination sociale.

Un décret en Conseil d'État détermine les conditions auxquelles est subordonnée cette autorisation.

Ce décret fixe en outre les conditions dans lesquelles une opposition peut être formée par les tiers devant les juridictions de l'ordre judiciaire. – *[L. n° 66-537 du 24 juill. 1966, art. 490 bis]. – V. Décr. n° 68-1081 du 29 nov. 1968 (D. 1968. 336 ; BLD 1968. 595).*

CHAPITRE II DES SOCIÉTÉS EN COMMANDITE SIMPLE

Art. L. 222-1 Les associés commandités ont le statut des associés en nom collectif.

Les associés commanditaires répondent des dettes sociales seulement à concurrence du montant de leur apport. Celui-ci ne peut être un apport en industrie. – *[L. n° 66-537 du 24 juill. 1966, art. 23].*

Art. L. 222-2 Les dispositions relatives aux sociétés en nom collectif sont applicables aux sociétés en commandite simple, sous réserve des règles prévues au présent chapitre. – *[L. n° 66-537 du 24 juill. 1966, art. 24]. – V. Décr. n° 67-236 du 23 mars 1967, art. 6 s. et 17, infra, App., v° Sociétés commerciales.*

Art. L. 222-3 La société en commandite simple est désignée par une dénomination sociale à laquelle peut être incorporé le nom d'un ou plusieurs associés et qui doit être précédée ou suivie immédiatement des mots : « société en commandite simple ». – *[L. n° 66-537 du 24 juill. 1966, art. 25].*

Art. L. 222-4 Les statuts de la société doivent contenir les indications suivantes :

1° Le montant ou la valeur des apports de tous les associés ;

2° La part dans ce montant ou cette valeur de chaque associé commandité ou commanditaire ;

3° La part globale des associés commandités et la part de chaque associé commanditaire dans la répartition des bénéfices et dans le boni de liquidation. – *[L. n° 66-537 du 24 juill. 1966, art. 26].*

Art. L. 222-5 Les décisions sont prises dans les conditions fixées par les statuts. Toutefois, la réunion d'une assemblée de tous les associés est de droit, si elle est demandée soit par un commandité, soit par le quart en nombre et en capital des commanditaires. – *[L. n° 66-537 du 24 juill. 1966, art. 27].*

Art. L. 222-6 L'associé commanditaire ne peut faire aucun acte de gestion externe, même en vertu d'une procuration.

En cas de contravention à la prohibition prévue par l'alinéa précédent, l'associé commanditaire est tenu solidairement avec les associés commandités, des dettes et

engagements de la société qui résultent des actes prohibés. Suivant le nombre ou l'importance de ceux-ci, il peut être déclaré solidairement obligé pour tous les engagements de la société ou pour quelques-uns seulement. – *[L. n° 66-537 du 24 juill. 1966, art. 28]. – V. Décr. n° 67-236 du 23 mars 1967, art. 18, infra, App., v° Sociétés commerciales.*

Art. L. 222-7 Les associés commanditaires ont le droit, deux fois par an, d'obtenir communication des livres et documents sociaux et de poser par écrit des questions sur la gestion sociale, auxquelles il doit être répondu également par écrit. – *[L. n° 66-537 du 24 juill. 1966, art. 29]. – V. Décr. n° 67-236 du 23 mars 1967, art. 19, infra, App., v° Sociétés commerciales.*

Art. L. 222-8 I. – Les parts sociales ne peuvent être cédées qu'avec le consentement de tous les associés.

II. – Toutefois, les statuts peuvent stipuler :

1° Que les parts des associés commanditaires sont librement cessibles entre associés ;

2° Que les parts des associés commanditaires peuvent être cédées à des tiers étrangers à la société avec le consentement de tous les commandités et de la majorité en nombre et en capital des commanditaires ;

3° Qu'un associé commandité peut céder une partie de ses parts à un commanditaire ou à un tiers étranger à la société dans les conditions prévues au 2° ci-dessus. – *[L. n° 66-537 du 24 juill. 1966, art. 30].*

Art. L. 222-9 Les associés ne peuvent, si ce n'est à l'unanimité, changer la nationalité de la société.

Toutes autres modifications des statuts peuvent être décidées avec le consentement de tous les commandités et de la majorité en nombre et en capital des commanditaires.

Les clauses édictant des conditions plus strictes de majorité sont réputées non écrites. – *[L. n° 66-537 du 24 juill. 1966, art. 31].*

Art. L. 222-10 La société continue malgré le décès d'un commanditaire.

S'il est stipulé que malgré le décès de l'un des commandités, la société continue avec ses héritiers, ceux-ci deviennent commanditaires lorsqu'ils sont mineurs non émancipés. Si l'associé décédé était le seul commandité et si ses héritiers sont tous mineurs non émancipés, il doit être procédé à son remplacement par un nouvel associé commandité ou à la transformation de la société, dans le délai d'un an à compter du décès. A défaut, la société est dissoute de plein droit à l'expiration de ce délai. – *[L. n° 66-537 du 24 juill. 1966, art. 32].*

Art. L. 222-11 En cas de redressement ou de liquidation judiciaires d'un des associés commandités, d'interdiction d'exercer une profession commerciale ou d'incapacité frappant l'un des associés commandités, la société est dissoute, à moins que, s'il existe un ou plusieurs autres associés commandités, la continuation de la société ne soit prévue par les statuts ou que les associés ne la décident à l'unanimité. Dans ce cas, les dispositions du deuxième alinéa de l'article L. 221-16 sont applicables. – *[L. n° 66-537 du 24 juill. 1966, art. 33].*

Art. L. 222-12 Les dispositions de l'article L. 221-17 sont applicables aux sociétés en commandite *(L. n° 2003-7 du 3 janv. 2003)* **« simple ».**

CHAPITRE III DES SOCIÉTÉS À RESPONSABILITÉ LIMITÉE

Art. L. 223-1 La société à responsabilité limitée est instituée par une ou plusieurs personnes qui ne supportent les pertes qu'à concurrence de leurs apports.

Lorsque la société ne comporte qu'une seule personne, celle-ci est dénommée « associé unique ». L'associé unique exerce les pouvoirs dévolus à l'assemblée des associés par les dispositions du présent chapitre. *(L. n° 2005-882 du 2 août 2005, art. 33)* « Un décret approuve un modèle de statuts types qui peuvent être utilisés pour la société à responsabilité limitée dont l'associé unique assume personnellement la gérance. » — *V. Décr. n° 2006-301 du 9 mars 2006 (JO 16 mars) au* ***C. sociétés.***

La société est désignée par une dénomination sociale, à laquelle peut être incorporé le nom d'un ou plusieurs associés, et qui doit être précédée ou suivie immédiatement des mots « société à responsabilité limitée » ou des initiales « SARL » et de l'énonciation du capital social. — *V. Décr. n° 67-236 du 23 mars 1967, art. 28, infra, App., v° Sociétés commerciales. — V. aussi art. L. 241-7 (dispositions pénales).*

Les sociétés d'assurance, de capitalisation et d'épargne ne peuvent adopter la forme de société à responsabilité limitée. — *[L. n° 66-537 du 24 juill. 1966, art. 34 et 490].*

Art. L. 223-2 *(L. n° 2003-721 du 1er août 2003, art. 1er-I)* Le montant du capital de la société est fixé par les statuts. Il est divisé en parts sociales égales.

Les dispositions de l'art. L. 223-2 sont applicables en Polynésie française, à Wallis-et-Futuna et en Nouvelle-Calédonie (L. n° 2003-721 du 1er août 2003).

Art. L. 223-3 *(Ord. n° 2004-274 du 25 mars 2004, art. 11)* Le nombre des associés d'une société à responsabilité limitée ne peut être supérieur à cent. Si la société vient à comprendre plus de cent associés, elle est dissoute au terme d'un délai d'un an à moins que, pendant ce délai, le nombre des associés soit devenu égal ou inférieur à cent ou que la société ait fait l'objet d'une transformation. — *V. Décr. n° 67-236 du 23 mars 1967, art. 51, infra, App., v° Sociétés commerciales.*

Art. L. 223-4 En cas de réunion en une seule main de toutes les parts d'une société à responsabilité limitée, les dispositions de l'article 1844-5 du code civil relatives à la dissolution judiciaire ne sont pas applicables. — *[L. n° 66-537 du 24 juill. 1966, art. 36-1].*

Art. L. 223-5 Une société à responsabilité limitée ne peut avoir pour associé unique une autre société à responsabilité limitée composée d'une seule personne.

En cas de violation des dispositions de l'alinéa précédent, tout intéressé peut demander la dissolution des sociétés irrégulièrement constituées. Lorsque l'irrégularité résulte de la réunion en une seule main de toutes les parts d'une société ayant plus d'un associé, la demande de dissolution ne peut être faite moins d'un an après la réunion des parts. Dans tous les cas, le tribunal peut accorder un délai maximal de six mois pour régulariser la situation et ne peut prononcer la dissolution si, au jour où il statue sur le fond, la régularisation a eu lieu. — *[L. n° 66-537 du 24 juill. 1966, art. 36-2].*

Sur la résiliation, par l'associé unique d'un bail commercial dont l'EURL est titulaire, V. art. L. 145-4.

Art. L. 223-6 Tous les associés doivent intervenir à l'acte constitutif de la société, en personne ou par mandataire justifiant d'un pouvoir spécial. — *[L. n° 66-537 du 24 juill. 1966, art. 37]. — V. Décr. n° 67-236 du 23 mars 1967, art. 20, infra, App., v° Sociétés commerciales.*

Art. L. 223-7 *(L. n° 2001-420 du 15 mai 2001)* « Les parts sociales doivent être souscrites en totalité par les associés. Elles doivent être intégralement libérées lorsqu'elles représentent des apports en nature. Les parts représentant des apports en numéraire doivent être libérées d'au moins un cinquième de leur montant. La libération du surplus intervient en une ou plusieurs fois sur décision du gérant, dans un délai qui ne peut excéder cinq ans à compter de l'immatriculation de la

société au registre du commerce et des sociétés. Toutefois, le capital social doit être intégralement libéré avant toute souscription de nouvelles parts sociales à libérer en numéraire, à peine de nullité de l'opération.

« Le cas échéant, les statuts déterminent les modalités selon lesquelles peuvent être souscrites des parts sociales en industrie. »

La répartition des parts sociales est mentionnée dans les statuts.

Les fonds provenant de la libération des parts sociales sont déposés dans les conditions et délais déterminés par décret en Conseil d'État. – *[L. n° 66-537 du 24 juill. 1966, art. 38]. – V. Décr. n° 67-236 du 23 mars 1967, art. 22, infra, App., v° Sociétés commerciales. – Sur les sanctions pénales, V. art. L. 241-1.*

Pour l'application de l'art. L. 223-7 dans sa rédaction issue de la loi n° 2001-420 du 15 mai 2001 en Polynésie française, dans le territoire des îles Wallis-et-Futuna, en Nouvelle-Calédonie et à Mayotte, V. L. n° 2003-721 du 1er août 2003.

Art. L. 223-8 **Le retrait des fonds provenant de la libération des parts sociales ne peut être effectué par le mandataire de la société, avant l'immatriculation de celle-ci au registre du commerce et des sociétés.** – *V. Décr. n° 67-236 du 23 mars 1967, art. 23, infra, App., v° Sociétés commerciales.*

(Ord. n° 2004-274 du 25 mars 2004, art. 15) **« Si la société n'est pas constituée dans le délai de six mois à compter du premier dépôt de fonds, ou si elle n'est pas immatriculée au registre du commerce et des sociétés dans le même délai, les apporteurs peuvent individuellement demander en justice l'autorisation de retirer le montant de leurs apports. Dans les mêmes cas, un mandataire, dès lors qu'il représente tous les apporteurs, peut demander directement au dépositaire le retrait des fonds. »** *– V. Décr. n° 67-236 du 23 mars 1967, art. 24, infra, App., v° Sociétés commerciales.*

Si les apporteurs décident ultérieurement de constituer la société, il doit être procédé à nouveau au dépôt des fonds. – *[L. n° 66-537 du 24 juill. 1966, art. 39].*

Art. L. 223-9 **Les statuts doivent contenir l'évaluation de chaque apport en nature. Il y est procédé au vu d'un rapport annexé aux statuts et établi sous sa responsabilité par un commissaire aux apports désigné à l'unanimité des futurs associés ou à défaut par une décision de justice à la demande du futur associé le plus diligent.** – *V. Décr. n° 67-236 du 23 mars 1967, art. 25, infra, App., v° Sociétés commerciales.*

Toutefois, les futurs associés peuvent décider à l'unanimité que le recours à un commissaire aux apports ne sera pas obligatoire, lorsque la valeur d'aucun apport en nature n'excède *(Ord. n° 2000-916 du 19 sept. 2000)* **« 7 500 € » et si la valeur totale de l'ensemble des apports en nature non soumis à l'évaluation d'un commissaire aux apports n'excède pas la moitié du capital.**

Lorsque la société est constituée par une seule personne, le commissaire aux apports est désigné par l'associé unique. Toutefois le recours à un commissaire aux apports n'est pas obligatoire si les conditions prévues à l'alinéa précédent sont réunies.

Lorsqu'il n'y a pas eu de commissaire aux apports ou lorsque la valeur retenue est différente de celle proposée par le commissaire aux apports, les associés sont solidairement responsables pendant cinq ans, à l'égard des tiers, de la valeur attribuée aux apports en nature lors de la constitution de la société. – *[L. n° 66-537 du 24 juill. 1966, art. 40]. – Sur les sanctions pénales, V. art. L. 241-3, 1°.*

Art. L. 223-10 **Les premiers gérants et les associés auxquels la nullité de la société est imputable, sont solidairement responsables, envers les autres associés et les tiers, du dommage résultant de l'annulation. L'action se prescrit par le délai prévu au premier alinéa de l'article L. 235-13.** – *[L. n° 66-537 du 24 juill. 1966, art. 41]. – V. Décr. n° 67-236 du 23 mars 1967, art. 26, infra, App., v° Sociétés commerciales.*

Art. L. 223-11 *(Ord. n° 2004-274 du 25 mars 2004, art. 12)* **Une société à responsabilité limitée, tenue en vertu de l'article L. 223-35 de désigner un commissaire**

aux comptes et dont les comptes des trois derniers exercices de douze mois ont été régulièrement approuvés par les associés, peut, sans faire appel public à l'épargne, émettre des obligations nominatives.

L'émission d'obligations est décidée par l'assemblée *(Abrogé par L. nº 2004-1343 du 9 déc. 2004, art. 78-XV)* ***« générale »*** **des associés conformément aux dispositions applicables aux assemblées générales d'actionnaires. Ces titres sont soumis aux dispositions applicables aux obligations émises par les sociétés par actions, à l'exclusion de celles prévues par les articles L. 228-39 à L. 228-43 et L. 228-51.**

Lors de chaque émission d'obligations par une société remplissant les conditions de l'alinéa 1er, la société doit mettre à la disposition des souscripteurs une notice relative aux conditions de l'émission et un document d'information selon les modalités fixées par décret en Conseil d'État.

A peine de nullité de la garantie, il est interdit à une société à responsabilité limitée de garantir une émission de valeurs mobilières, sauf si l'émission est faite par une société de développement régional ou s'il s'agit d'une émission d'obligations bénéficiant de la garantie subsidiaire de l'État. – *Sur les sanctions pénales, V. art. L. 241-2.*

Les modifications apportées par la L. nº 2004-1343 du 9 déc. 2004 sont applicables à Mayotte, en Nouvelle-Calédonie et à Wallis-et-Futuna (art. 78-XV, 5º de la loi précitée).

Art. L. 223-12 **Les parts sociales ne peuvent être représentées par des titres négociables.** – *[L. nº 66-537 du 24 juill. 1966, art. 43].*

Art. L. 223-13 **Les parts sociales sont librement transmissibles par voie de succession ou en cas de liquidation de communauté de biens entre époux et librement cessibles entre conjoints et entre ascendant et descendant.**

(Ord. nº 2004-274 du 25 mars 2004, art. 13-I) **« Toutefois, les statuts peuvent stipuler que le conjoint, un héritier, un ascendant ou un descendant ne peut devenir associé qu'après avoir été agréé dans les conditions prévues à l'article L. 223-14. » A peine de nullité de la clause, les délais accordés à la société pour statuer sur l'agrément ne peuvent être plus longs que ceux prévus à l'article L. 223-14, et la majorité exigée ne peut être plus forte que celle prévue audit article. En cas de refus d'agrément, il est fait application des dispositions des troisième et quatrième alinéas de l'article L. 223-14. Si aucune des solutions prévues à ces alinéas n'intervient dans les délais impartis, l'agrément est réputé acquis.** – *[L. nº 66-537 du 24 juill. 1966, art. 44].*

(Ord. nº 2004-274 du 25 mars 2004, art. 13-II) **« Les statuts peuvent stipuler qu'en cas de décès de l'un des associés la société continuera avec son héritier ou seulement avec les associés survivants. Lorsque la société continue avec les seuls associés survivants, ou lorsque l'agrément a été refusé à l'héritier, celui-ci a droit à la valeur des droits sociaux de son auteur.**

« Il peut aussi être stipulé que la société continuera, soit avec le conjoint survivant, soit avec un ou plusieurs des héritiers, soit avec toute autre personne désignée par les statuts ou, si ceux-ci l'autorisent, par dispositions testamentaires. *(Abrogé par L. nº 2004-1343 du 9 déc. 2004, art. 78-XV)* ***« Lorsque la société continue dans ces conditions, la valeur des droits sociaux attribués aux bénéficiaires de cette stipulation est rapportée à la succession. »***

« Dans les cas prévus au présent article, la valeur des droits sociaux est déterminée au jour du décès conformément à l'article 1843-4 du code civil. »

V. note ss. art. L. 223-11.

Art. L. 223-14 *(Ord. nº 2004-274 du 25 mars 2004, art. 14-I)* **« Les parts sociales ne peuvent être cédées à des tiers étrangers à la société qu'avec le consentement de la majorité des associés représentant au moins la moitié des parts sociales, à moins que les statuts prévoient une majorité plus forte. »**

Lorsque la société comporte plus d'un associé, le projet de cession est notifié à la société et à chacun des associés. Si la société n'a pas fait connaître sa décision dans le délai de trois mois à compter de la dernière des notifications prévues au présent alinéa, le consentement à la cession est réputé acquis.

(*Ord. n° 2004-274 du 25 mars 2004, art. 14-II*) « Si la société a refusé de consentir à la cession, les associés sont tenus, dans le délai de trois mois à compter de ce refus, d'acquérir ou de faire acquérir les parts à un prix fixé dans les conditions prévues à l'article 1843-4 du code civil, sauf si le cédant renonce à la cession de ses parts. Les frais d'expertise sont à la charge de la société. A la demande du gérant, ce délai peut être prolongé par décision de justice, sans que cette prolongation puisse excéder six mois. »

La société peut également, avec le consentement de l'associé cédant, décider, dans le même délai, de réduire son capital du montant de la valeur nominale des parts de cet associé et de racheter ces parts au prix déterminé dans les conditions prévues ci-dessus. Un délai de paiement qui ne saurait excéder deux ans peut, sur justification, être accordé à la société par décision de justice. Les sommes dues portent intérêt au taux légal en matière commerciale. (*Abrogé par L. n° 2003-721 du 1er août 2003, art. 1er-III*) ***« Le cas échéant, les dispositions de l'article L. 223-2 sont suivies. »***

Si, à l'expiration du délai imparti, aucune des solutions prévues aux troisième et quatrième alinéas ci-dessus n'est intervenue, l'associé peut réaliser la cession initialement prévue.

Sauf en cas de succession, de liquidation de communauté de biens entre époux, ou de donation au profit d'un conjoint, ascendant ou descendant, l'associé cédant ne peut se prévaloir des dispositions des troisième et cinquième alinéas ci-dessus s'il ne détient ses parts depuis au moins deux ans.

Toute clause contraire aux dispositions du présent article est réputée non écrite. – *[L. n° 66-537 du 24 juill. 1966, art. 45]. – V. Décr. n° 67-236 du 23 mars 1967, art. 29 et 30, infra, App., v° Sociétés commerciales.*

Art. L. 223-15 **Si la société a donné son consentement à un projet de nantissement de parts sociales dans les conditions prévues aux premier et deuxième alinéas de l'article L. 223-14, ce consentement emportera agrément du cessionnaire en cas de réalisation forcée des parts sociales nanties selon les dispositions du premier alinéa de l'article 2078 du code civil, à moins que la société ne préfère, après la cession, racheter sans délai les parts, en vue de réduire son capital.** – *[L. n° 66-537 du 24 juill. 1966, art. 46]. – V. Décr. n° 67-236 du 23 mars 1967, art. 29, infra, App., v° Sociétés commerciales.*

Art. L. 223-16 **Les parts sont librement cessibles entre les associés.**

Si les statuts contiennent une clause limitant la cessibilité, les dispositions de l'article L. 223-14 sont applicables. Toutefois, les statuts peuvent, dans ce cas, réduire la majorité ou abréger les délais prévus audit article. – *[L. n° 66-537 du 24 juill. 1966, art. 47].*

Art. L. 223-17 **La cession des parts sociales est soumise aux dispositions de l'article L. 221-14.** – *[L. n° 66-537 du 24 juill. 1966, art. 48]. – V. Décr. n° 67-236 du 23 mars 1967, art. 31, infra, App., v° Sociétés commerciales.*

Art. L. 223-18 **La société à responsabilité limitée est gérée par une ou plusieurs personnes physiques.**

Les gérants peuvent être choisis en dehors des associés. Ils sont nommés par les associés, dans les statuts ou par un acte postérieur, dans les conditions prévues (*Ord. n° 2004-274 du 25 mars 2004, art. 16-I et II*) **« à l'article L. 223-29. Dans les mêmes conditions, la mention du nom d'un gérant dans les statuts peut, en cas de cessation des fonctions de ce gérant pour quelque cause que ce soit, être supprimée par décision des associés. »**

En l'absence de dispositions statutaires, ils sont nommés pour la durée de la société.

Dans les rapports entre associés, les pouvoirs des gérants sont déterminés par les statuts, et dans le silence de ceux-ci, par l'article L. 221-4.

Dans les rapports avec les tiers, le gérant est investi des pouvoirs les plus étendus pour agir en toute circonstance au nom de la société, sous réserve des pouvoirs que la loi attribue expressément aux associés. La société est engagée même par les actes du gérant qui ne relèvent pas de l'objet social, à moins qu'elle ne prouve que le tiers savait que l'acte dépassait cet objet ou qu'il ne pouvait l'ignorer compte tenu des circonstances, étant exclu que la seule publication des statuts suffise à constituer cette preuve.

Les clauses statutaires limitant les pouvoirs des gérants qui résultent du présent article sont inopposables aux tiers.

En cas de pluralité de gérants, ceux-ci détiennent séparément les pouvoirs prévus au présent article. L'opposition formée par un gérant aux actes d'un autre gérant est sans effet à l'égard des tiers, à moins qu'il ne soit établi qu'ils en ont eu connaissance. — *[L. n° 66-537 du 24 juill. 1966, art. 49].*

(Ord. n° 2004-274 du 25 mars 2004, art. 16-III) « Le déplacement du siège social dans le même département ou dans un département limitrophe peut être décidé par le ou les gérants, sous réserve de ratification de cette décision par les associés dans les conditions prévues au deuxième alinéa de l'article L. 223-30.

« Dans les mêmes conditions, le gérant peut mettre les statuts en harmonie avec les dispositions impératives de la loi et des règlements. »

(L. n° 2005-882 du 2 août 2005, art. 26-II) « Lorsque des parts sociales ont fait l'objet d'un contrat de bail en application de l'article L. 239-1, le gérant peut inscrire dans les statuts la mention du bail et du nom du locataire à côté du nom de l'associé concerné, sous réserve de la ratification de cette décision par les associés dans les conditions prévues à l'article L. 223-29. Il peut, dans les mêmes conditions, supprimer cette mention en cas de non-renouvellement ou de résiliation du bail. »

Sur la résiliation, par le gérant majoritaire d'un bail commercial dont le titulaire est une SARL, V. supra, art. L. 145-4.

Art. L. 223-19 Le gérant ou, s'il en existe un, le commissaire aux comptes, présente à l'assemblée ou joint aux documents communiqués aux associés en cas de consultation écrite, un rapport sur les conventions intervenues directement ou par personnes interposées entre la société et l'un de ses gérants ou associés. L'assemblée statue sur ce rapport. Le gérant ou l'associé intéressé ne peut prendre part au vote et ses parts ne sont pas prises en compte pour le calcul du quorum et de la majorité.

Toutefois, s'il n'existe pas de commissaire aux comptes, les conventions conclues par un gérant non associé sont soumises à l'approbation préalable de l'assemblée.

Par dérogation aux dispositions du premier alinéa, lorsque la société ne comprend qu'un seul associé et que la convention est conclue avec celui-ci, il en est seulement fait mention au registre des décisions *[délibérations]*.

Les conventions non approuvées produisent néanmoins leurs effets, à charge pour le gérant, et, s'il y a lieu, pour l'associé contractant, de supporter individuellement ou solidairement, selon les cas, les conséquences du contrat préjudiciables à la société.

Les dispositions du présent article s'étendent aux conventions passées avec une société dont un associé indéfiniment responsable, gérant, administrateur, directeur général, membre du directoire ou membre du conseil de surveillance, est simultanément gérant ou associé de la société à responsabilité limitée. — *[L. n° 66-537 du 24 juill. 1966, art. 50]. — V. Décr. n° 67-236 du 23 mars 1967, art. 34, 35 et 42-2, infra, App., v° Sociétés commerciales.*

Art. L. 223-20 Les dispositions de l'article L. 223-19 ne sont pas applicables aux conventions portant sur des opérations courantes et conclues à des conditions normales. – *[L. n° 66-537 du 24 juill. 1966, art. 50-1].*

Art. L. 223-21 A peine de nullité du contrat, il est interdit aux gérants ou associés autres que les personnes morales de contracter, sous quelque forme que ce soit, des emprunts auprès de la société, de se faire consentir par elle un découvert, en compte courant ou autrement, ainsi que de faire cautionner ou avaliser par elle leurs engagements envers les tiers. Cette interdiction s'applique aux représentants légaux des personnes morales associées.

L'interdiction s'applique également aux conjoint, ascendants et descendants des personnes visées à l'alinéa précédent ainsi qu'à toute personne interposée.

Toutefois, si la société exploite un établissement financier, cette interdiction ne s'applique pas aux opérations courantes de ce commerce conclues à des conditions normales. – *[L. n° 66-537 du 24 juill. 1966, art. 51].*

Art. L. 223-22 Les gérants sont responsables, individuellement ou solidairement, selon le cas, envers la société ou envers les tiers, soit des infractions aux dispositions législatives ou réglementaires applicables aux sociétés à responsabilité limitée, soit des violations des statuts, soit des fautes commises dans leur gestion.

Si plusieurs gérants ont coopéré aux mêmes faits, le tribunal détermine la part contributive de chacun dans la réparation du dommage.

Outre l'action en réparation du préjudice subi personnellement, les associés peuvent, soit individuellement, soit en se groupant dans les conditions fixées par décret en Conseil d'État, intenter l'action sociale en responsabilité contre les gérants. Les demandeurs sont habilités à poursuivre la réparation de l'entier préjudice subi par la société à laquelle, le cas échéant, les dommages-intérêts sont alloués.

Est réputée non écrite toute clause des statuts ayant pour effet de subordonner l'exercice de l'action sociale à l'avis préalable ou à l'autorisation de l'assemblée, ou qui comporterait par avance renonciation à l'exercice de cette action.

Aucune décision de l'assemblée ne peut avoir pour effet d'éteindre une action en responsabilité contre les gérants pour faute commise dans l'accomplissement de leur mandat. – *[L. n° 66-537 du 24 juill. 1966, art. 52].*

Art. L. 223-23 Les actions en responsabilité prévues aux articles L. 223-19 et L. 223-22 se prescrivent par trois ans à compter du fait dommageable ou, s'il a été dissimulé, de sa révélation. Toutefois, lorsque le fait est qualifié crime, l'action se prescrit par dix ans. – *[L. n° 66-537 du 24 juill. 1966, art. 53].*

Art. L. 223-24 En cas d'ouverture d'une procédure *(L. n° 2005-845 du 26 juill. 2005, art. 165-II)* « de sauvegarde, » de redressement ou de liquidation judiciaire en application des dispositions du livre VI, titre II *[titres II à IV]*, les personnes visées par ces dispositions peuvent être rendues responsables du passif social et sont soumises aux interdictions et déchéances, dans les conditions prévues par lesdites dispositions. – *[L. n° 66-537 du 24 juill. 1966, art. 54].*

Art. L. 223-25 *(Ord. n° 2004-274 du 25 mars 2004, art. 17)* « Le gérant peut être révoqué par décision des associés dans les conditions de l'article L. 223-29, à moins que les statuts prévoient une majorité plus forte. Si la révocation est décidée sans juste motif, elle peut donner lieu à des dommages et intérêts. »

En outre, le gérant est révocable par les tribunaux pour cause légitime, à la demande de tout associé.

Par dérogation au premier alinéa, le gérant d'une société à responsabilité limitée exploitant une entreprise de presse au sens de l'article 2 de la loi n° 86-897 du 1er août 1986 portant réforme du régime juridique de la presse, n'est révocable que par une décision des associés représentant au moins les trois quarts du capital social. – *[L. n° 66-537 du 24 juill. 1966, art. 55 et 491, al. 1er].*

Art. L. 223-26 Le rapport de gestion, l'inventaire et les comptes annuels établis par les gérants, sont soumis à l'approbation des associés réunis en assemblée, dans le délai de six mois à compter de la clôture de l'exercice.

A cette fin, les documents visés à l'alinéa précédent, le texte des résolutions proposées ainsi que le cas échéant, le rapport des commissaires aux comptes, les comptes consolidés et le rapport sur la gestion du groupe sont communiqués aux associés dans les conditions et délais déterminés par décret en Conseil d'État. Toute délibération, prise en violation des dispositions du présent alinéa et du décret pris pour son application, peut être annulée.

A compter de la communication prévue à l'alinéa précédent, tout associé a la faculté de poser par écrit des questions auxquelles le gérant est tenu de répondre au cours de l'assemblée.

L'associé peut, en outre, et à toute époque, obtenir communication, dans les conditions fixées par décret en Conseil d'État, des documents sociaux déterminés par ledit décret et concernant les trois derniers exercices.

Toute clause contraire aux dispositions du présent article et du décret pris pour son application, est réputée non écrite. – *[L. n° 66-537 du 24 juill. 1966, art. 56]. – V. Décr. n° 67-236 du 23 mars 1967, art. 32, 33, 36 et 44, infra, App., v° Sociétés commerciales. – Sur les sanctions pénales, V. art. L. 241-3, 2° et 3°, et L. 241-4 et L. 241-5.*

(Ord. n° 2004-1382 du 20 déc. 2004, art. 5) « Les troisième à sixième alinéas de l'article L. 225-100 et l'article L. 225-100-1 s'appliquent au rapport de gestion. Le cas échéant, l'article L. 225-100-2 s'applique au rapport consolidé de gestion. »

Art. L. 223-27 Les décisions sont prises en assemblée. Toutefois, les statuts peuvent stipuler qu'à l'exception de celles prévues au premier alinéa de l'article L. 223-26 toutes les décisions ou certaines d'entre elles peuvent être prises par consultation écrite des associés ou pourront résulter du consentement de tous les associés exprimé dans un acte.

Les associés sont convoqués aux assemblées dans les formes et délais prévus par décret en Conseil d'État. La convocation est faite par le gérant ou, à défaut, par le commissaire aux comptes, s'il en existe un. *(Ord. n° 2004-274 du 25 mars 2004, art. 18-I)* « L'assemblée ne peut se tenir avant l'expiration du délai de communication des documents mentionnés à l'article L. 223-26. »

Un ou plusieurs associés détenant la moitié des parts sociales ou détenant, s'ils représentent au moins le quart des associés, le quart des parts sociales, peuvent demander la réunion d'une assemblée. Toute clause contraire est réputée non écrite.

Tout associé peut demander en justice la désignation d'un mandataire chargé de convoquer l'assemblée et de fixer son ordre du jour.

(Ord. n° 2004-74 du 25 mars 2004, art. 18-II) « En cas de décès du gérant unique, le commissaire aux comptes ou tout associé convoque l'assemblée des associés à seule fin de procéder au remplacement du gérant. Cette convocation a lieu dans les formes et délais prévus par décret en Conseil d'État. »

Toute assemblée irrégulièrement convoquée peut être annulée. Toutefois, l'action en nullité n'est pas recevable lorsque tous les associés étaient présents ou représentés. – *[L. n° 66-537 du 24 juill. 1966, art. 57]. – V. Décr. n° 67-236 du 23 mars 1967, art. 37, 38, 40 et 53, infra, App., v° Sociétés commerciales.*

Art. L. 223-28 Chaque associé a droit de participer aux décisions et dispose d'un nombre de voix égal à celui des parts sociales qu'il possède.

Un associé peut se faire représenter par son conjoint à moins que la société ne comprenne que les deux époux. Sauf si les associés sont au nombre de deux, un associé peut se faire représenter par un autre associé.

Il ne peut se faire représenter par une autre personne que si les statuts le permettent.

Un associé ne peut constituer un mandataire pour voter du chef d'une partie de ses parts et voter en personne du chef de l'autre partie.

Toute clause contraire aux dispositions des premier, deuxième et quatrième alinéas ci-dessus est réputée non écrite. – *[L. n° 66-537 du 24 juill. 1966, art. 58]. – V. Décr. n° 67-236 du 23 mars 1967, art. 39, infra, App., v° Sociétés commerciales.*

Art. L. 223-29 **Dans les assemblées ou lors des consultations écrites, les décisions sont adoptées par un ou plusieurs associés représentant plus de la moitié des parts sociales.**

Si cette majorité n'est pas obtenue et sauf stipulation contraire des statuts, les associés sont, selon les cas, convoqués ou consultés une seconde fois, et les décisions sont prises à la majorité des votes émis, quel que soit le nombre des votants. – *[L. n° 66-537 du 24 juill. 1966, art. 59]. – V. Décr. n° 67-236 du 23 mars 1967, art. 41, 42 et 53, infra, App., v° Sociétés commerciales. – Sur la révocation du gérant, V. art. L. 223-25, al. 1er.*

Art. L. 223-30 **Les associés ne peuvent, si ce n'est à l'unanimité, changer la nationalité de la société.**

Toutes autres modifications des statuts sont décidées par les associés représentant au moins les trois quarts des parts sociales. Toute clause exigeant une majorité plus élevée est réputée non écrite. *(Abrogé par L. n° 2005-882 du 2 août 2005, art. 35)* ***« Toutefois, en aucun cas, la majorité ne peut obliger un associé à augmenter son engagement social. »*** – *Sur le déplacement du siège social, V. art. L. 223-18, al. 8.*

(L. n° 2005-882 du 2 août 2005, art. 35) **« Toutefois, pour les modifications statutaires des sociétés à responsabilité limitée constituées après la publication de la loi n° 2005-882 du 2 août 2005 en faveur des petites et moyennes entreprises, l'assemblée ne délibère valablement que si les associés présents ou représentés possèdent au moins, sur première convocation, le quart des parts et, sur deuxième convocation, le cinquième de celles-ci. A défaut de ce quorum, la deuxième assemblée peut être prorogée à une date postérieure de deux mois au plus à celle à laquelle elle avait été convoquée. Dans l'un ou l'autre de ces deux cas, les modifications sont décidées à la majorité des deux tiers des parts détenues par les associés présents ou représentés. Les statuts peuvent prévoir des quorums ou une majorité plus élevés, sans pouvoir, pour cette dernière, exiger l'unanimité des associés.**

« Les sociétés constituées antérieurement à la publication de la loi n° 2005-882 du 2 août 2005 précitée peuvent, sur décision prise à l'unanimité des associés, être régies par les dispositions du troisième alinéa.

« La majorité ne peut en aucun cas obliger un associé à augmenter son engagement social. »

Par dérogation aux dispositions *(L. n° 2005-882 du 2 août 2005, art. 35)* **« des deuxième et troisième alinéas », la décision d'augmenter le capital par incorporation de bénéfices ou de réserves est prise par les associés représentant au moins la moitié des parts sociales.** – *[L. n° 66-537 du 24 juill. 1966, art. 60]. – V. Décr. n° 67-236 du 23 mars 1967, art. 41, 42 et 53, infra, App., v° Sociétés commerciales.*

Loi n° 98-546 du 2 juillet 1998, *portant diverses dispositions d'ordre économique et financier.* **Art. 17** II. — Lorsque, en raison de la conversion du capital social en unité euro, l'assemblée d'une société à responsabilité limitée décide d'une augmentation de capital par incorporation de réserves ou de bénéfices, cette assemblée peut, dans la limite d'un plafond qu'elle fixe, déléguer aux gérants les pouvoirs nécessaires à l'effet de procéder à cette augmentation dans un délai de vingt-six mois, en une ou plusieurs fois, d'en constater la réalisation et de procéder à la modification corrélative des statuts.

III. — Les sociétés par actions et les sociétés à responsabilité limitée qui convertissent en unité euro leur capital social ou les actions ou parts qui le composent en arrondissant ces montants au centième d'euro ou à l'euro près, procèdent aux réductions de capital éventuellement nécessaires sur décision de l'assemblée générale compétente pour modifier les statuts.

Cette assemblée peut déléguer au conseil d'administration, au directoire ou aux gérants, selon le cas, les pouvoirs nécessaires à l'effet de procéder à cette réduction de capital dans un délai de vingt-six mois, d'en constater la réalisation et de procéder à la modification corrélative des statuts.

Les procédures prévues au troisième alinéa de l'article 63 et à l'article 216 de la loi n° 66-537 du 24 juillet 1966 précitée ne sont applicables ni en cas de réduction du capital consécutive à sa conversion globale à l'euro près, ni en cas de conversion des actions ou parts qui le composent lorsque le montant de la réduction de capital est affecté à un compte de réserve indisponible.

IV. ....

Les modifications du capital social ne peuvent prendre effet qu'à compter du 1er janv. 1999 (L. n° 98-546 du 2 juill. 1998, art. 49).

Art. L. 223-31 **Les trois premiers alinéas de l'article L. 223-26 et les articles L. 223-27 à L. 223-30 ne sont pas applicables aux sociétés ne comprenant qu'un seul associé.**

Dans ce cas, le rapport de gestion, l'inventaire et les comptes annuels sont établis par le gérant. L'associé unique approuve les comptes, le cas échéant après rapport des commissaires aux comptes, dans le délai de six mois à compter de la clôture de l'exercice. *(L. n° 2005-882 du 2 août 2005, art. 34)* **« Lorsque l'associé unique est seul gérant de la société, le dépôt au registre du commerce et des sociétés, dans le même délai, du rapport de gestion, de l'inventaire et des comptes annuels, dûment signés, vaut approbation des comptes. »**

L'associé unique ne peut déléguer ses pouvoirs. Ses décisions, prises au lieu et place de l'assemblée, sont répertoriées dans un registre.

Les décisions prises en violation des dispositions du présent article peuvent être annulées à la demande de tout intéressé. *– [L. n° 66-537 du 24 juill. 1966, art. 60-1]. – V. Décr. n° 67-236 du 23 mars 1967, art. 42-1 et 42-2, infra, App., v° Sociétés commerciales.*

Art. L. 223-32 **En cas d'augmentation de capital par souscription de parts sociales en numéraire, les dispositions du dernier alinéa de l'article L. 223-7 sont applicables.**

Le retrait des fonds provenant de souscriptions peut être effectué par un mandataire de la société après l'établissement du certificat du dépositaire.

Si l'augmentation du capital n'est pas réalisée dans le délai de six mois à compter du premier dépôt de fonds, il peut être fait application des dispositions du deuxième alinéa de l'article L. 223-8. *– [L. n° 66-537 du 24 juill. 1966, art. 61]. – V. Décr. n° 67-236 du 23 mars 1967, art. 22 à 24, infra, App., v° Sociétés commerciales.*

Art. L. 223-33 **Si l'augmentation du capital est réalisée, soit en totalité, soit en partie par des apports en nature, les dispositions du premier alinéa de l'article L. 223-9 sont applicables. Toutefois, le commissaire aux apports est nommé par décision de justice à la demande d'un gérant.**

Lorsqu'il n'y a pas eu de commissaire aux apports ou lorsque la valeur retenue est différente de celle proposée par le commissaire aux apports, les gérants de la société et les personnes ayant souscrit à l'augmentation du capital sont solidairement responsables pendant cinq ans, à l'égard des tiers, de la valeur attribuée *(L. n° 2003-7 du 3 janv. 2003)* **« auxdits » apports.** *– [L. n° 66-537 du 24 juill. 1966, art. 62]. – V. Décr. n° 67-236 du 23 mars 1967, art. 25, infra, App., v° Sociétés commerciales.*

Art. L. 223-34 La réduction du capital est autorisée par l'assemblée des associés statuant dans les conditions exigées pour la modification des statuts. En aucun cas, elle ne peut porter atteinte à l'égalité des associés.

S'il existe des commissaires aux comptes, le projet de réduction du capital leur est communiqué dans le délai fixé par décret en Conseil d'État. Ils font connaître à l'assemblée leur appréciation sur les causes et conditions de la réduction.

Lorsque l'assemblée approuve un projet de réduction du capital non motivée par des pertes, les créanciers dont la créance est antérieure à la date de dépôt au greffe du procès-verbal de délibération peuvent former opposition à la réduction dans le délai fixé par décret en Conseil d'État. Une décision de justice rejette l'opposition ou ordonne, soit le remboursement des créances, soit la constitution de garanties, si la société en offre et si elles sont jugées suffisantes. Les opérations de réduction du capital ne peuvent commencer pendant le délai d'opposition.

L'achat de ses propres parts par une société est interdit. Toutefois, l'assemblée qui a décidé une réduction du capital non motivée par des pertes peut autoriser le gérant à acheter un nombre déterminé de parts sociales pour les annuler. — *[L. nº 66-537 du 24 juill. 1966, art. 63]. — V. Décr. nº 67-236 du 23 mars 1967, art. 47 à 49, infra, App., vº Sociétés commerciales.*

Sur les réductions du capital social consécutives à la conversion du capital en euro, V. L. nº 98-546 du 2 juill. 1998, art. 17, supra, ss. art. L. 223-30.

Art. L. 223-35 Les associés peuvent nommer un ou plusieurs commissaires aux comptes dans les conditions prévues à l'article L. 223-29.

Sont tenues de désigner un commissaire aux comptes au moins les sociétés à responsabilité limitée qui dépassent à la clôture d'un exercice social des chiffres fixés par décret en Conseil d'État pour deux des critères suivants : le total de leur bilan, le montant hors taxes de leur chiffre d'affaires ou le nombre moyen de leurs salariés au cours d'un exercice. — *V. Décr. nº 67-236 du 23 mars 1967, art. 12 et 43, infra, App., vº Sociétés commerciales. — V. aussi, Décr. nº 85-295 du 1er mars 1985, art. 51, infra, App., vº Sociétés commerciales.*

Même si ces seuils ne sont pas atteints, la nomination d'un commissaire aux comptes peut être demandée en justice par un ou plusieurs associés représentant au moins le dixième du capital. — *[L. nº 66-537 du 24 juill. 1966, art. 64]. — Sur les sanctions pénales, V. art. L. 241-8. — Sur l'émission d'obligations nominatives, V. art. L. 223-11.*

Art. L. 223-36 Tout associé non gérant peut, deux fois par exercice, poser par écrit des questions au gérant sur tout fait de nature à compromettre la continuité de l'exploitation. La réponse du gérant est communiquée au commissaire aux comptes. — *[L. nº 66-537 du 24 juill. 1966, art. 64-1]. — V. Décr. nº 67-236 du 23 mars 1967, art. 44-3, infra, App., vº Sociétés commerciales.*

Art. L. 223-37 Un ou plusieurs associés représentant au moins le dixième du capital social peuvent, soit individuellement, soit en se groupant sous quelque forme que ce soit, demander en justice la désignation d'un ou plusieurs experts chargés de présenter un rapport sur une ou plusieurs opérations de gestion.

Le ministère public et le comité d'entreprise sont habilités à agir aux mêmes fins.

S'il est fait droit à la demande, la décision de justice détermine l'étendue de la mission et des pouvoirs des experts. Elle peut mettre les honoraires à la charge de la société.

Le rapport est adressé au demandeur, au ministère public, au comité d'entreprise, au commissaire aux comptes ainsi qu'au gérant. Ce rapport doit, en outre, être annexé à celui établi par le commissaire aux comptes en vue de la prochaine assemblée générale et recevoir la même publicité. — *[L. nº 66-537 du 24 juill. 1966, art. 64-2]. — V. Décr. nº 67-236 du 23 mars 1967, art. 44-4, infra, App., vº Sociétés commerciales. — Sur les sanctions pénales, V. art. L. 241-8.*

Art. L. 223-38 *I. — Abrogé par Ord. n° 2005-1126 du 8 sept. 2005, art. 20-III.*
II et III. — Abrogés par L. n° 2003-706 du 1er août 2003, art. 112.
IV. — Abrogé par Ord. n° 2005-1126 du 8 sept. 2005, art. 20-III.

V. désormais, art. L. 820-3-1, L. 822-1 s. et L. 822-11.

Art. L. 223-39 *(Abrogé par Ord. n° 2005-1126 du 8 sept. 2005, art. 20-III)* ***« Les dispositions concernant les pouvoirs, les incompatibilités visées à l'article*** *(L. n° 2003-706 du 1er août 2003)* **« L. 822-3 »** *[L. 822-10]*, ***les fonctions, les obligations, la responsabilité, la suppléance, la récusation, la révocation et la rémunération des commissaires aux comptes des sociétés anonymes sont applicables aux sociétés à responsabilité limitée, sous réserve des règles propres à celles-ci. »***

Les commissaires aux comptes sont avisés, au plus tard en même temps que les associés, des assemblées ou consultations. Ils ont accès aux assemblées.

Les documents visés au premier alinéa de l'article L. 223-26 sont mis à la disposition des commissaires aux comptes dans les conditions déterminées par décret en Conseil d'État. — *[L. n° 66-537 du 24 juill. 1966, art. 66]. — V. Décr. n° 67-236 du 23 mars 1967, art. 44, infra, App., v° Sociétés commerciales.*

Le 2e al. de l'art. L. 223-39 n'a pas été abrogé par l'art. 20-III de l'ord. n° 2005-1126 du 8 sept. 2005, contrairement au 2e al. de l'art. L. 221-11.

Art. L. 223-40 **La répétition des dividendes ne correspondant pas à des bénéfices réellement acquis peut être exigée des associés qui les ont reçus.**

L'action en répétition se prescrit par le délai de trois ans à compter de la mise en distribution des dividendes. — *[L. n° 66-537 du 24 juill. 1966, art. 67].*

Art. L. 223-41 **La société à responsabilité limitée n'est pas dissoute lorsqu'un jugement de liquidation judiciaire, la faillite personnelle, l'interdiction de gérer prévue par l'article L. 625-8 ou une mesure d'incapacité est prononcé à l'égard de l'un des associés.**

Elle n'est pas non plus dissoute par le décès d'un associé, sauf stipulation contraire des statuts. — *[L. n° 66-537 du 24 juill. 1966, art. 67 bis].*

Art. L. 223-42 **Si, du fait de pertes constatées dans les documents comptables, les capitaux propres de la société deviennent inférieurs à la moitié du capital social, les associés décident, dans les quatre mois qui suivent l'approbation des comptes ayant fait apparaître cette perte s'il y a lieu à dissolution anticipée de la société.**

Si la dissolution n'est pas prononcée à la majorité exigée pour la modification des statuts, la société est tenue, au plus tard à la clôture du deuxième exercice suivant celui au cours duquel la constatation des pertes est intervenue *(Abrogé par L. n° 2003-721 du 1er août 2003, art. 1er-I)* ***« et sous réserve des dispositions de l'article L. 223-2 »*, de réduire son capital d'un montant au moins égal à celui des pertes qui n'ont pu être imputées sur les réserves, si, dans ce délai, les capitaux propres n'ont pas été reconstitués à concurrence d'une valeur au moins égale à la moitié du capital social.**

Dans les deux cas, la résolution adoptée par les associés est publiée selon les modalités fixées par décret en Conseil d'État.

A défaut par le gérant ou le commissaire aux comptes de provoquer une décision ou si les associés n'ont pu délibérer valablement, tout intéressé peut demander en justice la dissolution de la société. Il en est de même si les dispositions du deuxième alinéa ci-dessus n'ont pas été appliquées. Dans tous les cas, le tribunal peut accorder à la société un délai maximal de six mois pour régulariser sa situation. Il ne peut prononcer la dissolution, si, au jour où il statue sur le fond, cette régularisation a eu lieu.

Les dispositions du présent article ne sont pas applicables aux sociétés *(L. n° 2005-845 du 26 juill. 2005, art. 165-II)* **« en procédure de sauvegarde ou de redressement**

judiciaire » ou qui bénéficient *(L. nº 2005-845 du 26 juill. 2005, art. 165-II)* « d'un plan de sauvegarde ou de redressement judiciaire ». — *[L. nº 66-537 du 24 juill. 1966, art. 68]. — V. Décr. nº 67-236 du 23 mars 1967, art. 50 et 51, infra, App., vº Sociétés commerciales. — Sur les sanctions pénales, V. art. L. 241-6.*

Art. L. 223-43 La transformation d'une société à responsabilité limitée en société en nom collectif, en commandite simple ou en commandite par actions, exige l'accord unanime des associés.

La transformation en société anonyme est décidée à la majorité requise pour la modification des statuts. Toutefois, elle peut être décidée par des associés représentant la majorité des parts sociales si les capitaux propres figurant au dernier bilan excèdent *(Ord. nº 2000-916 du 19 sept. 2000)* « 750 000 € ».

La décision est précédée du rapport d'un commissaire aux comptes inscrit, sur la situation de la société.

Toute transformation, effectuée en violation des règles du présent article, est nulle. — *[L. nº 66-537 du 24 juill. 1966, art. 69].*

Sur les infractions concernant les sociétés à responsabilité limitée, V. art. L. 241-1 s.

CHAPITRE IV DISPOSITIONS GÉNÉRALES APPLICABLES AUX SOCIÉTÉS PAR ACTIONS

Art. L. 224-1 La société par actions est désignée par une dénomination sociale, qui doit être précédée ou suivie de la mention de la forme de la société et du montant du capital social.

Le nom d'un ou plusieurs associés peut être inclus dans la dénomination sociale. Toutefois, dans la société en commandite par actions, le nom des associés commanditaires ne peut y figurer. — *[L. nº 66-537 du 24 juill. 1966, art. 70]. — V. Décr. nº 67-236 du 23 mars 1967, art. 56, infra, App., vº Sociétés commerciales. — Sur les sanctions pénales V. art. L. 242-1 s.*

Art. L. 224-2 Le capital social doit être de *(Ord. nº 2000-916 du 19 sept. 2000)* « 225 000 € » au moins si la société fait publiquement appel à l'épargne et de *(Ord. nº 2000-916 du 19 sept. 2000)* « 37 000 € » au moins dans le cas contraire.

La réduction du capital social à un montant inférieur ne peut être décidée que sous la condition suspensive d'une augmentation de capital destinée à amener celui-ci à un montant au moins égal au montant prévu à l'alinéa précédent, à moins que la société ne se transforme en société d'une autre forme. En cas d'inobservation des dispositions du présent alinéa, tout intéressé peut demander en justice la dissolution de la société. Cette dissolution ne peut être prononcée si, au jour où le tribunal statue sur le fond, la régularisation a eu lieu. — *V. Décr. nº 67-236 du 23 mars 1967, art. 198, infra, App., vº Sociétés commerciales.*

Par dérogation au premier alinéa, le capital des sociétés de rédacteurs de presse est de *(Ord. nº 2000-916 du 19 sept. 2000)* « 300 € » au moins lorsqu'elles sont constituées sous la forme de société anonyme. — *[L. nº 66-537 du 24 juill. 1966, art. 71 et 491, al. 3].*

Pour la définition de l'appel public à l'épargne, V. art. L. 411-1 C. mon. fin., infra, App., vº Code monétaire et financier (extraits).

Art. L. 224-3 *(L. nº 2003-706 du 1er août 2003)* « Lorsqu'une société de quelque forme que ce soit qui n'a pas de commissaire aux comptes se transforme en société par actions, » un ou plusieurs commissaires à la transformation, chargés d'apprécier sous leur responsabilité la valeur des biens composant l'actif social et les avantages

particuliers, sont désignés, sauf accord unanime des associés par décision de justice à la demande des dirigeants sociaux ou de l'un d'eux. Les commissaires à la transformation peuvent être chargés de l'établissement du rapport sur la situation de la société mentionné au troisième alinéa de l'article L. 223-43. Dans ce cas, il n'est rédigé qu'un seul rapport. Ces commissaires sont soumis aux incompatibilités prévues à l'article L. 225-224 *[Abrogé par L. n° 2003-706 du 1er août 2003 ; V. note ss. cet art.].* **Le commissaire aux comptes de la société peut être nommé commissaire à la transformation. Le rapport est tenu à la disposition des associés.**

Les associés statuent sur l'évaluation des biens et l'octroi des avantages particuliers. Ils ne peuvent les réduire qu'à l'unanimité.

A défaut d'approbation expresse des associés, mentionnée au procès-verbal, la transformation est nulle. – *[L. n° 66-537 du 24 juill. 1966, art. 72-1]. – V. Décr. n° 67-236 du 23 mars 1967, art. 56-1, infra, App., v° Sociétés commerciales.*

CHAPITRE V DES SOCIÉTÉS ANONYMES

Art. L. 225-1 La société anonyme est la société dont le capital est divisé en actions et qui est constituée entre des associés qui ne supportent les pertes qu'à concurrence de leurs apports. Le nombre des associés ne peut être inférieur à sept. – *[L. n° 66-537 du 24 juill. 1966, art. 73].*

SECTION PREMIÈRE DE LA CONSTITUTION DES SOCIÉTÉS ANONYMES

SOUS-SECTION 1 DE LA CONSTITUTION AVEC APPEL PUBLIC À L'ÉPARGNE

Art. L. 225-2 Le projet de statuts est établi et signé par un ou plusieurs fondateurs, qui déposent un exemplaire au greffe du tribunal de commerce du lieu du siège social.

Les fondateurs publient une notice dans les conditions déterminées par décret en Conseil d'État.

Aucune souscription ne peut être reçue si les formalités prévues aux premier et deuxième alinéas ci-dessus n'ont pas été observées.

Les personnes déchues du droit d'administrer ou de gérer une société ou auxquelles l'exercice de ces fonctions est interdit ne peuvent être fondateurs. – *[L. n° 66-537 du 24 juill. 1966, art. 74]. – V. Décr. n° 67-236 du 23 mars 1967, art. 54, 55, 58, 59 et 60, infra, App., v° Sociétés commerciales. – V. art. L. 228-27 s.*

Art. L. 225-3 Le capital doit être intégralement souscrit.

Les actions de numéraire sont libérées, lors de la souscription, de la moitié au moins de leur valeur nominale. La libération du surplus intervient en une ou plusieurs fois sur décision du conseil d'administration ou du directoire selon le cas, dans un délai qui ne peut excéder cinq ans à compter de l'immatriculation de la société au registre du commerce et des sociétés.

Les actions d'apport sont intégralement libérées dès leur émission.

Les actions ne peuvent représenter des apports en industrie. – *[L. n° 66-537 du 24 juill. 1966, art. 75].*

Art. L. 225-4 **La souscription des actions de numéraire est constatée par un bulletin établi dans les conditions déterminées par décret en Conseil d'État.** – *[L. n° 66-537 du 24 juill. 1966, art. 76]. – V. Décr. n° 67-236 du 23 mars 1967, art. 61, infra, App., v° Sociétés commerciales.*

Art. L. 225-5 **Les fonds provenant des souscriptions en numéraire et la liste des souscripteurs avec l'indication des sommes versées par chacun d'eux font l'objet d'un dépôt dans les conditions déterminées par décret en Conseil d'État, celui-ci fixe également les conditions dans lesquelles est ouvert le droit à communication de cette liste.**

A l'exception des dépositaires visés par le décret prévu à l'alinéa précédent, nul ne peut détenir plus de huit jours les sommes recueillies pour le compte d'une société en formation. – *[L. n° 66-537 du 24 juill. 1966, art. 77]. – V. Décr. n° 67-236 du 23 mars 1967, art. 62, infra, App., v° Sociétés commerciales.*

Art. L. 225-6 **Les souscriptions et les versements sont constatés par un certificat du dépositaire établi, au moment du dépôt des fonds, sur présentation des bulletins de souscription.** – *[L. n° 66-537 du 24 juill. 1966, art. 78].*

Art. L. 225-7 **Après la délivrance du certificat du dépositaire, les fondateurs convoquent les souscripteurs en assemblée générale constitutive dans les formes et délais prévus par décret en Conseil d'État.**

Cette assemblée constate que le capital est entièrement souscrit et que les actions sont libérées du montant exigible. Elle se prononce sur l'adoption des statuts qui ne peuvent être modifiés qu'à l'unanimité de tous les souscripteurs, nomme les premiers administrateurs ou membres du conseil de surveillance, désigne un ou plusieurs commissaires aux comptes. Le procès-verbal de la séance de l'assemblée constate, s'il y a lieu, l'acceptation de leurs fonctions par les administrateurs ou membres du conseil de surveillance et par les commissaires aux comptes. – *[L. n° 66-537 du 24 juill. 1966, art. 79]. – V. Décr. n° 67-236 du 23 mars 1967, art. 66 à 68 et 71, infra, App., v° Sociétés commerciales.*

Art. L. 225-8 **En cas d'apports en nature comme au cas de stipulation d'avantages particuliers au profit de personnes associées ou non, un ou plusieurs commissaires aux apports sont désignés par décision de justice, à la demande des fondateurs ou de l'un d'entre eux. Ils sont soumis aux incompatibilités prévues à l'article L. 225-224** *[abrogé par L. n° 2003-706 du 1er août 2003 ; V. note ss. cet art.].*

Les commissaires apprécient, sous leur responsabilité, la valeur des apports en nature et les avantages particuliers. Le rapport déposé au greffe, avec le projet de statuts, est tenu à la disposition des souscripteurs, dans les conditions déterminées par décret en Conseil d'État.

L'assemblée générale constitutive statue sur l'évaluation des apports en nature et l'octroi d'avantages particuliers. Elle ne peut les réduire qu'à l'unanimité de tous les souscripteurs.

A défaut d'approbation expresse des apporteurs et des bénéficiaires d'avantages particuliers, mentionnée au procès-verbal, la société n'est pas constituée. – *[L. n° 66-537 du 24 juill. 1966, art. 80]. – V. Décr. n° 67-236 du 23 mars 1967, art. 64 à 65, infra, App., v° Sociétés commerciales.*

Art. L. 225-9 **Les souscripteurs d'actions prennent part au vote ou se font représenter dans les conditions prévues aux articles L. 225-106, L. 225-110 et L. 225-113.**

L'assemblée constitutive délibère aux conditions de quorum et de majorité prévues pour les assemblées extraordinaires. – *[L. nº 66-537 du 24 juill. 1966, art. 81].*

Art. L. 225-10 Lorsque l'assemblée délibère sur l'approbation d'un apport en nature ou l'octroi d'un avantage particulier, les actions de l'apporteur ou du bénéficiaire ne sont pas prises en compte pour le calcul de la majorité.

L'apporteur ou le bénéficiaire n'a voix délibérative ni pour lui-même ni comme mandataire. – *[L. nº 66-537 du 24 juill. 1966, art. 82, al. 2 et 3].*

Art. L. 225-11 Le retrait des fonds provenant des souscriptions en numéraire ne peut être effectué par le mandataire de la société avant l'immatriculation de celle-ci au registre du commerce et des sociétés.

Si la société n'est pas constituée dans le délai de six mois à compter du dépôt du projet de statuts au greffe, tout souscripteur peut demander en justice la nomination d'un mandataire chargé de retirer les fonds pour les restituer aux souscripteurs, sous déduction des frais de répartition.

Si le ou les fondateurs décident ultérieurement de constituer la société, il doit être procédé à nouveau au dépôt des fonds et à la déclaration prévus aux articles L. 225-5 et L. 225-6. – *[L. nº 66-537 du 24 juill. 1966, art. 83]. – V. Décr. nº 67-236 du 23 mars 1967, art. 70 et 71, infra, App., vº Sociétés commerciales.*

SOUS-SECTION 2 DE LA CONSTITUTION SANS APPEL PUBLIC À L'ÉPARGNE

Art. L. 225-12 Lorsqu'il n'est pas fait publiquement appel à l'épargne, les dispositions de la sous-section 1 sont applicables, à l'exception des articles L. 225-2, L. 225-4, L. 225-7, des deuxième, troisième et quatrième alinéas de l'article L. 225-8 et des articles L. 225-9 et L. 225-10. – *[L. nº 66-537 du 24 juill. 1966, art. 84]. – V. Décr. nº 67-236 du 23 mars 1967, art. 72 et 76, infra, App., vº Sociétés commerciales.*

Art. L. 225-13 Les versements sont constatés par un certificat du dépositaire établi, au moment du dépôt des fonds, sur présentation de la liste des actionnaires mentionnant les sommes versées par chacun d'eux. – *[L. nº 66-537 du 24 juill. 1966, art. 85].*

Art. L. 225-14 Les statuts contiennent l'évaluation des apports en nature. Il y est procédé au vu d'un rapport annexé aux statuts et établi, sous sa responsabilité, par un commissaire aux apports.

Si des avantages particuliers sont stipulés, la même procédure est suivie. – *[L. nº 66-537 du 24 juill. 1966, art. 86]. – V. Décr. nº 67-236 du 23 mars 1967, art. 73, infra, App., vº Sociétés commerciales.*

Art. L. 225-15 Les statuts sont signés par les actionnaires, soit en personne, soit par mandataire justifiant d'un pouvoir spécial, après l'établissement du certificat du dépositaire et après mise à disposition des actionnaires, dans les conditions et délais déterminés par décret en Conseil d'État, du rapport prévu à l'article L. 225-14. – *[L. nº 66-537 du 24 juill. 1966, art. 87]. – V. Décr. nº 67-236 du 23 mars 1967, art. 74, infra, App., vº Sociétés commerciales.*

Art. L. 225-16 Les premiers administrateurs ou les premiers membres du conseil de surveillance et les premiers commissaires aux comptes sont désignés dans les statuts. – *[L. nº 66-537 du 24 juill. 1966, art. 88].*

Sur les infractions relatives à la constitution des sociétés anonymes, V. art. L. 242-1 s.

SECTION II DE LA DIRECTION ET DE L'ADMINISTRATION DES SOCIÉTÉS ANONYMES

SOUS-SECTION 1 DU CONSEIL D'ADMINISTRATION DE LA DIRECTION GÉNÉRALE *(L. n° 2001-420 du 15 mai 2001).*

Art. L. 225-17 **La société anonyme est administrée par un conseil d'administration composé de trois membres au moins. Les statuts fixent le nombre maximum des membres du conseil, qui ne peut dépasser** *(L. n° 2001-420 du 15 mai 2001)* **« dix-huit ».**

Toutefois, en cas de décès *(L. n° 2003-706 du 1er août 2003)* **« , de démission ou de révocation » du président du conseil d'administration et si le conseil n'a pu le remplacer par un de ses membres, il peut nommer, sous réserve des dispositions de l'article L. 225-24, un administrateur supplémentaire qui est appelé aux fonctions de président.** – *[L. n° 66-537 du 24 juill. 1966, art. 89]. – Concernant le nombre d'administrateurs en cas de fusion, V. art. L. 225-95.*

Les conseils d'administration disposent d'un délai de trois ans à compter de la date de publication de la L. n° 2001-420 du 15 mai 2001 (JO 16 mai) pour se mettre en conformité avec les art. L. 225-17 et L. 225-95 C. com. dans leur rédaction issue de ladite loi (L. n° 2001-420 du 15 mai 2001, art. 129).

Art. L. 225-18 **Les administrateurs sont nommés par l'assemblée générale constitutive ou par l'assemblée générale ordinaire. Dans le cas prévu à l'article L. 225-16, ils sont désignés dans les statuts. La durée de leurs fonctions est déterminée par les statuts sans pouvoir excéder six ans en cas de nomination par les assemblées générales et trois ans en cas de nomination dans les statuts. Toutefois, en cas de fusion ou de scission, la nomination peut être faite par l'assemblée générale extraordinaire.**

Les administrateurs sont rééligibles, sauf stipulation contraire des statuts. Ils peuvent être révoqués à tout moment par l'assemblée générale ordinaire.

Toute nomination intervenue en violation des dispositions précédentes est nulle, à l'exception de celles auxquelles il peut être procédé dans les conditions prévues à l'article L. 225-24. – *[L. n° 66-537 du 24 juill. 1966, art. 90]. – V. Décr. n° 67-236 du 23 mars 1967, art. 68 et 77, infra, App., v° Sociétés commerciales.*

Art. L. 225-19 **Les statuts doivent prévoir, pour l'exercice des fonctions d'administrateur, une limite d'âge s'appliquant soit à l'ensemble des administrateurs, soit à un pourcentage déterminé d'entre eux.**

A défaut de disposition expresse dans les statuts, le nombre des administrateurs ayant dépassé l'âge de soixante-dix ans ne peut être supérieur au tiers des administrateurs en fonctions.

Toute nomination intervenue en violation des dispositions de l'alinéa précédent est nulle.

A défaut de disposition expresse dans les statuts prévoyant une autre procédure, lorsque la limitation statutaire ou légale fixée pour l'âge des administrateurs est dépassée, l'administrateur le plus âgé est réputé démissionnaire d'office. – *[L. n° 66-537 du 24 juill. 1966, art. 90-1].*

Art. L. 225-20 **Une personne morale peut être nommée administrateur. Lors de sa nomination, elle est tenue de désigner un représentant permanent qui est soumis aux mêmes conditions et obligations et qui encourt les mêmes responsabilités civile et pénale que s'il était administrateur en son nom propre, sans préjudice de la responsabilité solidaire de la personne morale qu'il représente.**

Lorsque la personne morale révoque son représentant, elle est tenue de pourvoir en même temps à son remplacement. – *[L. n° 66-537 du 24 juill. 1966, art. 91]. – V. Décr. n° 67-236 du 23 mars 1967, art. 78 et 79, infra, App., v° Sociétés commerciales.*

Art. L. 225-21 *(L. n° 2001-420 du 15 mai 2001)* **Une personne physique ne peut exercer simultanément plus de cinq mandats d'administrateur de sociétés anonymes ayant leur siège sur le territoire français.**

(L. n° 2002-1303 du 29 oct. 2002) **« Par dérogation aux dispositions du premier alinéa, ne sont pas pris en compte les mandats d'administrateur ou de membre du conseil de surveillance exercés par cette personne dans les sociétés contrôlées au sens de l'article L. 233-16 par la société dont elle est administrateur.**

« Pour l'application des dispositions du présent article, les mandats d'administrateur des sociétés dont les titres ne sont pas admis aux négociations sur un marché réglementé et contrôlées au sens de l'article L. 233-16 par une même société ne comptent que pour un seul mandat, sous réserve que le nombre de mandats détenus à ce titre n'excède pas cinq. »

Toute personne physique qui se trouve en infraction avec les dispositions du présent article doit se démettre de l'un de ses mandats dans les trois mois de sa nomination, ou du mandat en cause dans les trois mois de l'événement ayant entraîné la disparition de l'une des conditions fixées à l'alinéa précédent. A l'expiration de ce délai, elle est réputée s'être démise, selon le cas, soit de son nouveau mandat, soit du mandat ne répondant plus aux conditions fixées à l'alinéa précédent, et doit restituer les rémunérations perçues, sans que soit, de ce fait, remise en cause la validité des délibérations auxquelles elle a pris part.

Les administrateurs, présidents du conseil d'administration, directeurs généraux, membres du directoire, directeurs généraux uniques et membres du conseil de surveillance disposent d'un délai de deux mois à compter de la date de publication de la loi n° 2002-1303 du 29 oct. 2002 (JO 30 oct.) modifiant certaines dispositions du code de commerce relatives aux mandats sociaux pour se mettre en conformité avec les articles L. 225-21, L. 225-54-1, L. 225-67, L. 225-77, L. 225-94 et L. 225-94-1 C. com. dans la rédaction issue de la loi précitée. A défaut, ils sont réputés démissionnaires de tous leurs mandats (L. n° 2001-420 du 15 mai 2001, art. 131 (II), mod. par L. n° 2002-1303 du 29 oct. 2002, art. 5). – Pour les sociétés immatriculées selon la réglementation applicable à Mayotte, en Nouvelle Calédonie et dans les îles Wallis-et-Futuna, V. Ord. n° 2004-604 du 24 juin 2004, art. 65-IV (JO 26 juin).

Les dérogations aux dispositions limitant le cumul des mandats prévues aux art. L. 225-21, L. 225-54-1, L. 225-67, L. 225-77, L. 225-94-1 et L. 225-95-1 C. com. sont applicables aux présidents, directeurs généraux ou directeurs généraux adjoints des établissements publics de l'État exerçant une activité industrielle et commerciale ainsi qu'au directeur général et aux directeurs de la Caisse des dépôts et consignations pour les mandats qu'ils détiennent dans des sociétés contrôlées au sens de l'art. L. 233-16 du même code par l'établissement public dans lequel ils exercent l'une des fonctions ci-dessus énumérées. Pour l'application des art. L. 225-54-1 et L. 225-67 C. com., l'exercice de chacune des fonctions ci-dessus énumérées compte pour un mandat (L. n° 2003-706 du 1er août 2003, art. 130).

Art. L. 225-22 **Un salarié de la société ne peut être nommé administrateur que si son contrat de travail** *(Abrogé par L. n° 2001-1168 du 11 déc. 2001)* ***« est antérieur de deux années au moins à sa nomination et »*** **correspond à un emploi effectif. Il ne perd pas le bénéfice de ce contrat de travail. Toute nomination intervenue en violation des dispositions du présent alinéa est nulle. Cette nullité n'entraîne pas celle des délibérations auxquelles a pris part l'administrateur irrégulièrement nommé.**

Le nombre des administrateurs liés à la société par un contrat de travail ne peut dépasser le tiers des administrateurs en fonction.

Toutefois, les administrateurs élus par les salariés, les administrateurs représentant les salariés actionnaires ou le fonds commun de placement d'entreprise en application de l'article L. 225-23 et, dans les sociétés anonymes à participation ouvrière, les représentants de la société coopérative de main-d'œuvre ne sont pas comptés pour la détermination du nombre des administrateurs liés à la société par un contrat de travail mentionné à l'alinéa précédent.

En cas de fusion ou de scission, le contrat de travail peut avoir été conclu avec l'une des sociétés fusionnées ou avec la société scindée. – *[L. n° 66-537 du 24 juill. 1966, art. 93].*

Il convient de souligner que l'art. L. 225-22, codification à « droit constant » de l'art. 93 de la loi n° 66-537 du 24 juill. 1966, ne reprend pas l'al. 1er de cet article tel que modifié par la loi n° 94-126 du 11 févr. 1994, et dans lequel la condition d'ancienneté du contrat de travail avait été supprimée. En effet, l'al. 1er dans sa rédaction modifiée disposait que : « Un salarié de la société ne peut être nommé administrateur que si son contrat de travail correspond à un emploi effectif ; il ne perd pas le bénéfice de ce contrat de travail. Toute nomination intervenue en violation des dispositions du présent alinéa est nulle. Cette nullité n'entraîne pas celles des délibérations auxquelles a pris part l'administrateur irrégulièrement nommé. » — Par la Rép. min. n° 30569 (JO Sénat Q, 1er mars 2001, p. 757), le garde des sceaux confirme qu'il s'agit là d'une erreur matérielle et que la condition d'antériorité devrait pouvoir être écartée, la L. n° 2001-1168 du 11 déc. 2001 a par ailleurs réparé cette erreur en supprimant la condition d'antériorité.

Art. L. 225-22-1 *(L. n° 2005-842 du 26 juill. 2005, art. 8-I)* **Dans les sociétés dont les titres sont admis aux négociations sur un marché réglementé, en cas de nomination aux fonctions de président, de directeur général ou de directeur général délégué d'une personne liée par un contrat de travail à la société ou à toute société contrôlée ou qui la contrôle au sens des II et III de l'article L. 233-16, les dispositions dudit contrat correspondant, le cas échéant, à des éléments de rémunération, des indemnités ou des avantages dus ou susceptibles d'être dus à raison de la cessation ou du changement de ces fonctions, ou postérieurement à celles-ci, sont soumises aux dispositions des articles L. 225-38 et L. 225-40 à L. 225-42.**

Ces dispositions sont applicables aux conventions conclues à compter du 1er mai 2005 (L. n° 2005-842 du 26 juill. 2005, art. 8-II).

Art. L. 225-23 *(L. n° 2002-73 du 17 janv. 2002)* **« Lorsque le rapport présenté par le conseil d'administration lors de l'assemblée générale en application de l'article L. 225-102 établit que les actions détenues par le personnel de la société ainsi que par le personnel de sociétés qui lui sont liées au sens de l'article L. 225-180 représentent plus de 3 % du capital social de la société, un ou plusieurs administrateurs doivent être nommés par l'assemblée générale des actionnaires sur proposition des actionnaires visés à l'article L. 225-102 dans des conditions fixées par décret. Ces administrateurs doivent être nommés parmi les salariés actionnaires ou, le cas échéant, parmi les salariés membres du conseil de surveillance d'un fonds commun de placement d'entreprise détenant des actions de la société. Ces administrateurs ne sont pas pris en compte pour la détermination du nombre minimal et du nombre maximal d'administrateurs prévus à l'article L. 225-17. »** – *V. Décr. n° 95-237 du 2 mars 1995, infra.*

(L. n° 2001-152 du 19 févr. 2001) **« Si l'assemblée générale extraordinaire ne s'est pas réunie dans un délai de dix-huit mois à compter de la présentation du rapport, tout salarié actionnaire peut demander au président du tribunal statuant en référé d'enjoindre sous astreinte au conseil d'administration de convoquer une assemblée générale extraordinaire et de soumettre à celle-ci les projets de résolutions tendant à modifier les statuts dans le sens prévu à l'alinéa précédent et au dernier alinéa du présent article.**

« Lorsqu'il est fait droit à la demande, l'astreinte et les frais de procédure sont à la charge des administrateurs. »

Les sociétés dont le conseil d'administration comprend un ou plusieurs administrateurs nommés parmi les membres du conseil de surveillance des fonds communs de placement d'entreprise représentant les salariés, ou un ou plusieurs salariés élus en application des dispositions de l'article L. 225-27, ne sont pas tenues aux obligations prévues *(L. n° 2001-152 du 19 févr. 2001)* **« au premier alinéa.**

« Lorsque l'assemblée générale extraordinaire est convoquée en application du premier alinéa, elle se prononce également sur un projet de résolution prévoyant l'élec-

tion d'un ou plusieurs administrateurs par le personnel de la société et des filiales directes ou indirectes dont le siège social est fixé en France. Le cas échéant, ces représentants sont désignés dans les conditions prévues à l'article L. 225-27. »
Dernier al. abrogé par L. n° 2002-73 du 17 janv. 2002, art. 217, 2°.

Décret n° 95-237 du 2 mars 1995, *pris pour l'application des articles 5 et 6 de la loi n° 94-640 du 25 juillet 1994 relative à l'amélioration de la participation des salariés dans l'entreprise.* **Art. 1er** Lorsque, en application des dispositions de l'article 93-1 de la loi du 24 juillet 1966 *[C. com., art. L. 225-23]* susvisée, les statuts prévoient qu'un ou deux administrateurs doivent être nommés parmi les salariés actionnaires, ces mêmes statuts prévoient également, selon les modalités suivantes, les conditions dans lesquelles sont désignés les candidats à cette nomination :

1° Lorsque le droit de vote attaché aux actions détenues par les salariés est exercé par les membres du conseil de surveillance d'un fonds commun de placement, les candidats sont désignés par ce conseil.

2° Lorsque le droit de vote attaché aux actions détenues par les salariés est exercé directement par ceux-ci, les candidats sont désignés, à l'occasion de la consultation prévue à l'article 161 de la loi du 24 juillet 1966 *[C. com., art. L. 225-106]* susvisée, soit par les salariés actionnaires spécialement réunis à cet effet, soit dans le cadre d'une consultation écrite. Seules les candidatures présentées par un groupe d'actionnaires représentant au moins 5 p. 100 de l'actionnariat salarié détenu directement sont recevables.

2 Lorsque, en application des dispositions de l'article 129-2 de la loi du 24 juillet 1966 *[C. com., art. L. 225-71]* susvisée, les statuts prévoient qu'un ou deux membres du conseil de surveillance doivent être nommés parmi les salariés actionnaires, ces mêmes statuts prévoient également, selon les modalités suivantes, les conditions dans lesquelles sont désignés les candidats à cette nomination :

1° Lorsque le droit de vote attaché aux actions détenues par les salariés est exercé par les membres du conseil de surveillance d'un fonds commun de placement, les candidats sont désignés par ce conseil.

2° Lorsque le droit de vote attaché aux actions détenues par les salariés est exercé directement par ceux-ci, les candidats sont désignés, à l'occasion de la consultation prévue à l'article 161 de la loi du 24 juillet 1966 *[C. com., art. L. 225-106]* susvisée, soit par les salariés actionnaires spécialement réunis à cet effet, soit dans le cadre d'une consultation écrite. Seules les candidatures présentées par un groupe d'actionnaires représentant au moins 5 p. 100 de l'actionnariat salarié détenu directement sont recevables.

3 Pour l'application des précédents articles et préalablement à la réunion de l'assemblée générale des actionnaires, le président du conseil d'administration ou du directoire, selon les cas, saisit les conseils de surveillance des fonds communs de placement, en vue de la désignation des candidats, procède à la réunion des salariés actionnaires ou à leur consultation écrite dans les conditions fixées statutairement.

4 Chacune des procédures visées aux articles 1er et 2 fait l'objet d'un procès-verbal comportant le nombre de voix recueillies par chacune des candidatures. Une liste de tous les candidats valablement désignés est établie. Celle-ci doit comporter un nombre de candidats au moins égal au double du nombre de postes à pourvoir.

5 Les procès-verbaux et la liste des candidats mentionnés à l'article 4 sont annexés à l'avis de convocation de l'assemblée générale des actionnaires mentionné à l'article 123 du décret n° 67-236 du sur les sociétés commerciales.

Art. L. 225-24 En cas de vacance par décès ou par démission d'un ou plusieurs sièges d'administrateur, le conseil d'administration peut, entre deux assemblées générales, procéder à des nominations à titre provisoire.

Lorsque le nombre des administrateurs est devenu inférieur au minimum légal, les administrateurs restants doivent convoquer immédiatement l'assemblée générale ordinaire en vue de compléter l'effectif du conseil.

Lorsque le nombre des administrateurs est devenu inférieur au minimum statutaire, sans toutefois être inférieur au minimum légal, le conseil d'administration doit procéder à des nominations à titre provisoire en vue de compléter son effectif dans le délai de trois mois à compter du jour où se produit la vacance.

Les nominations effectuées par le conseil en vertu des premier et troisième alinéas ci-dessus sont soumises à ratification de la plus prochaine assemblée générale ordinaire. A défaut de ratification, les délibérations prises et les actes accomplis antérieurement par le conseil n'en demeurent pas moins valables.

Lorsque le conseil néglige de procéder aux nominations requises ou de convoquer l'assemblée, tout intéressé peut demander en justice, la désignation d'un mandataire chargé de convoquer l'assemblée générale, à l'effet de procéder aux nominations ou de ratifier les nominations prévues au troisième alinéa. — *[L. n° 66-537 du 24 juill. 1966, art. 94]. — V. Décr. n° 67-236 du 23 mars 1967, art. 81, infra, App., v° Sociétés commerciales.*

Art. L. 225-25 Chaque administrateur doit être propriétaire d'un nombre d'actions de la société déterminé par les statuts. *(Abrogé par L. n° 2001-420 du 15 mai 2001)* ***« Ce nombre ne peut être inférieur à celui exigé par les statuts pour ouvrir aux actionnaires le droit d'assister à l'assemblée générale ordinaire. »***

Si, au jour de sa nomination, un administrateur n'est pas propriétaire du nombre d'actions requis ou si, en cours de mandat, il cesse d'en être propriétaire, il est réputé démissionnaire d'office, s'il n'a pas régularisé sa situation dans le délai de trois mois.

(L. n° 2001-420 du 15 mai 2001) « Les dispositions du premier alinéa ne s'appliquent pas aux actionnaires salariés nommés administrateurs en application de l'article L. 225-23. » — *[L. n° 66-537 du 24 juill. 1966, art. 95].*

Art. L. 225-26 Les commissaires aux comptes veillent, sous leur responsabilité, à l'observation des dispositions prévues à l'article L. 225-25 et en dénoncent toute violation dans leur rapport à l'assemblée générale annuelle. — *[L. n° 66-537 du 24 juill. 1966, art. 97].*

Art. L. 225-27 Il peut être stipulé dans les statuts que le conseil d'administration comprend, outre les administrateurs dont le nombre et le mode de désignation sont prévus aux articles L. 225-17 et L. 225-18, des administrateurs élus soit par le personnel de la société, soit par le personnel de la société et celui de ses filiales directes ou indirectes dont le siège social est fixé sur le territoire français. Le nombre de ces administrateurs ne peut être supérieur à quatre ou, dans les sociétés dont les actions sont admises aux négociations sur un marché réglementé, cinq, ni excéder le tiers du nombre des autres administrateurs. Lorsque le nombre des administrateurs élus par les salariés est égal ou supérieur à deux, les ingénieurs, cadres et assimilés ont un siège au moins.

Les administrateurs élus par les salariés ne sont pas pris en compte pour la détermination du nombre minimal et du nombre maximal d'administrateurs prévus à l'article L. 225-17. — *[L. n° 66-537 du 24 juill. 1966, art. 97-1].*

Art. L. 225-28 Les administrateurs élus par les salariés doivent être titulaires d'un contrat de travail avec la société ou l'une de ses filiales directes ou indirectes dont le siège social est fixé sur le territoire français antérieur de deux années au moins à leur nomination et correspondant à un emploi effectif. Toutefois, la condition d'ancienneté n'est pas requise lorsque au jour de la nomination la société est constituée depuis moins de deux ans.

Tous les salariés de la société et le cas échéant de ses filiales directes ou indirectes, dont le siège social est fixé sur le territoire français dont le contrat de travail est antérieur de trois mois à la date de l'élection sont électeurs. Le vote est secret.

Lorsqu'un siège au moins est réservé aux ingénieurs, cadres et assimilés, les salariés sont divisés en deux collèges votant séparément. Le premier collège comprend les ingénieurs, cadres et assimilés, le second les autres salariés. Les statuts fixent la répartition des sièges par collège en fonction de la structure du personnel.

Les candidats ou listes de candidats peuvent être présentés soit par une ou plusieurs organisations syndicales représentatives au sens de l'article L. 423-2 du code du travail, soit par le vingtième des électeurs ou, si le nombre de ceux-ci est supérieur à deux mille, par cent d'entre eux.

Lorsqu'il y a un seul siège à pourvoir pour l'ensemble du corps électoral, l'élection a lieu au scrutin majoritaire à deux tours. Lorsqu'il y a un seul siège à pourvoir dans un collège électoral, l'élection a lieu au scrutin majoritaire à deux tours dans ce collège. Chaque candidature doit comporter, outre le nom du candidat, celui de son remplaçant éventuel. Est déclaré élu le candidat ayant obtenu au premier tour la majorité absolue des suffrages exprimés, au second tour la majorité relative.

Dans les autres cas, l'élection a lieu au scrutin de liste à la représentation proportionnelle au plus fort reste et sans panachage. Chaque liste doit comporter un nombre de candidats double de celui des sièges à pourvoir.

En cas d'égalité des voix, les candidats dont le contrat de travail est le plus ancien sont déclarés élus.

Les autres modalités du scrutin sont fixées par les statuts.

Les contestations relatives à l'électorat, à l'éligibilité et à la régularité des opérations électorales sont portées devant le juge d'instance qui statue en dernier ressort dans les conditions prévues par le premier alinéa de l'article L. 433-11 du code du travail. – *[L. n° 66-537 du 24 juill. 1966, art. 97-2]*.

Art. L. 225-29 La durée du mandat d'administrateur élu par les salariés est déterminée par les statuts, sans pouvoir excéder six ans. Le mandat est renouvelable, sauf stipulation contraire des statuts.

Toute nomination intervenue en violation des articles L. 225-27, L. 225-28 et du présent article est nulle. Cette nullité n'entraîne pas celle des délibérations auxquelles a pris part l'administrateur irrégulièrement nommé. – *[L. n° 66-537 du 24 juill. 1966, art. 97-3]*.

Art. L. 225-30 Le mandat d'administrateur élu par les salariés est incompatible avec tout mandat de délégué syndical, de membre du comité d'entreprise, de délégué du personnel ou de membre du comité d'hygiène, de sécurité et des conditions de travail de la société. L'administrateur qui, lors de son élection, est titulaire d'un ou de plusieurs de ces mandats doit s'en démettre dans les huit jours. A défaut, il est réputé démissionnaire de son mandat d'administrateur. – *[L. n° 66-537 du 24 juill. 1966, art. 97-4]*.

Art. L. 225-31 Les administrateurs élus par les salariés ne perdent pas le bénéfice de leur contrat de travail. Leur rémunération en tant que salariés ne peut être réduite du fait de l'exercice de leur mandat. – *[L. n° 66-537 du 24 juill. 1966, art. 97-5]*.

Art. L. 225-32 La rupture du contrat de travail met fin au mandat de l'administrateur élu par les salariés.

Les administrateurs élus par les salariés ne peuvent être révoqués que pour faute dans l'exercice de leur mandat, par décision du président du tribunal de grande instance, rendue en la forme des référés, à la demande de la majorité des membres du conseil d'administration. La décision est exécutoire par provision. – *[L. n° 66-537 du 24 juill. 1966, art. 97-6]*.

Art. L. 225-33 Sauf en cas de résiliation à l'initiative du salarié, la rupture du contrat de travail d'un administrateur élu par les salariés ne peut être prononcée que par le bureau de jugement du conseil des prud'hommes statuant en la forme des référés. La décision est exécutoire par provision. — *[L. n° 66-537 du 24 juill. 1966, art. 97-7]*.

Art. L. 225-34 I. — En cas de vacance, par décès, démission, révocation, rupture du contrat de travail ou pour toute autre cause que ce soit, d'un siège d'administrateur élu par les salariés, le siège vacant est pourvu de la manière suivante :

1° Lorsque l'élection a eu lieu au scrutin majoritaire à deux tours, par le remplaçant ;

2° Lorsque l'élection a eu lieu au scrutin de liste, par le candidat figurant sur la même liste immédiatement après le dernier candidat élu.

II. — Le mandat de l'administrateur ainsi désigné prend fin à l'arrivée du terme normal du mandat des autres administrateurs élus par les salariés. — *[L. n° 66-537 du 24 juill. 1966, art. 97-8]*.

Art. L. 225-35 *(L. n° 2001-420 du 15 mai 2001)* « Le conseil d'administration détermine les orientations de l'activité de la société et veille à leur mise en œuvre. Sous réserve des pouvoirs expressément attribués aux assemblées d'actionnaires et dans la limite de l'objet social, il se saisit de toute question intéressant la bonne marche de la société et règle par ses délibérations les affaires qui la concernent.

« Dans les rapports avec les tiers, la société est engagée même par les actes du conseil d'administration qui ne relèvent pas de l'objet social, à moins qu'elle ne prouve que le tiers savait que l'acte dépassait cet objet ou qu'il ne pouvait l'ignorer compte tenu des circonstances, étant exclu que la seule publication des statuts suffise à constituer cette preuve.

« Le conseil d'administration procède aux contrôles et vérifications qu'il juge opportuns. » *(L. n° 2003-706 du 1er août 2003)* « Le président ou le directeur général de la société est tenu de communiquer à chaque administrateur tous les documents et informations nécessaires à l'accomplissement de sa mission. »

Les cautions, avals et garanties donnés par des sociétés autres que celles exploitant des établissements bancaires ou financiers font l'objet d'une autorisation du conseil dans les conditions déterminées par décret en Conseil d'État. Ce décret détermine également les conditions dans lesquelles le dépassement de cette autorisation peut être opposé aux tiers. — *[L. n° 66-537 du 24 juill. 1966, art. 98]. — V. Décr. n° 67-236 du 23 mars 1967, art. 89 et 90, infra, App., v° Sociétés commerciales.*

Art. L. 225-36 Le déplacement du siège social dans le même département ou dans un département limitrophe peut être décidé par le conseil d'administration, sous réserve de ratification de cette décision par la prochaine assemblée générale ordinaire. — *[L. n° 66-537 du 24 juill. 1966, art. 99]*.

Art. L. 225-36-1 *(L. n° 2001-420 du 15 mai 2001)* Les statuts de la société déterminent les règles relatives à la convocation et aux délibérations du conseil d'administration.

Lorsqu'il ne s'est pas réuni depuis plus de deux mois, le tiers au moins des membres du conseil d'administration peut demander au président de convoquer celui-ci sur un ordre du jour déterminé.

Le directeur général peut également demander au président de convoquer le conseil d'administration sur un ordre du jour déterminé.

Le président est lié par les demandes qui lui sont adressées en vertu des deux alinéas précédents.

Art. L. 225-37 Le conseil d'administration ne délibère valablement que si la moitié au moins de ses membres sont présents. Toute clause contraire est réputée non écrite.

A moins que les statuts ne prévoient une majorité plus forte, les décisions sont prises à la majorité des membres présents ou représentés.

(L. n° 2005-842 du 26 juill. 2005, art. 5-I) **« Sauf lorsque le conseil est réuni pour procéder aux opérations visées aux articles L. 232-1 et L. 233-16 et sauf disposition contraire des statuts, le règlement intérieur peut prévoir que sont réputés présents, pour le calcul du quorum et de la majorité, les administrateurs qui participent à la réunion par des moyens de visioconférence ou de télécommunication permettant leur identification et garantissant leur participation effective, dont la nature et les conditions d'application sont déterminées par décret en Conseil d'État. Les statuts peuvent limiter la nature des décisions pouvant être prises lors d'une réunion tenue dans ces conditions et prévoir un droit d'opposition au profit d'un nombre déterminé d'administrateurs. »** *– V. Décr. n° 67-236 du 23 mars 1967, art. 84-1 et 108-1, infra, App., v° Sociétés commerciales.*

Sauf disposition contraire des statuts, la voix du président de séance est prépondérante en cas de partage.

Les administrateurs, ainsi que toute personne appelée à assister aux réunions du conseil d'administration, sont tenus à la discrétion à l'égard des informations présentant un caractère confidentiel et données comme telles par le président du conseil d'administration. *– [L. n° 66-537 du 24 juill. 1966, art. 100]. – V. Décr. n° 67-236 du 23 mars 1967, art. 83 à 88, infra, App., v° Sociétés commerciales.*

(L. n° 2005-842 du 26 juill. 2005, art. 7-I) **« Dans les sociétés faisant appel public à l'épargne, »** *(L. n° 2003-706 du 1er août 2003)* **« le président du conseil d'administration rend compte, dans un rapport joint au rapport mentionné aux articles L. 225-100, L. 225-102, L. 225-102-1 et L. 233-26, des conditions de préparation et d'organisation des travaux du conseil ainsi que des procédures de contrôle interne mises en place par la société. Sans préjudice des dispositions de l'article L. 225-56, le rapport indique en outre les éventuelles limitations que le conseil d'administration apporte aux pouvoirs du directeur général. »** *– Cette disposition entre en vigueur pour les exercices comptables ouverts à partir du 1er janv. 2003 (L. n° 2003-706 du 1er août 2003, art. 117-II). – Sur la publicité de ces informations, pour les sociétés faisant appel public à l'épargne, V. C. mon. fin., art. L. 621-18-3, infra, App., v° Code monétaire et financier (extraits).*

Art. L. 225-38 *(L. n° 2001-420 du 15 mai 2001)* **Toute convention intervenant directement ou par personne interposée entre la société et son directeur général, l'un de ses directeurs généraux délégués, l'un de ses administrateurs, l'un de ses actionnaires disposant d'une fraction des droits de vote supérieure à** *(L. n° 2003-706 du 1er août 2003)* **« 10 % » ou, s'il s'agit d'une société actionnaire, la société la contrôlant au sens de l'article L. 233-3, doit être soumise à l'autorisation préalable du conseil d'administration.**

Il en est de même des conventions auxquelles une des personnes visées à l'alinéa précédent est indirectement intéressée.

Sont également soumises à autorisation préalable les conventions intervenant entre la société et une entreprise, si le directeur général, l'un des directeurs généraux délégués ou l'un des administrateurs de la société est propriétaire, associé indéfiniment responsable, gérant, administrateur, membre du conseil de surveillance ou, de façon générale, dirigeant de cette entreprise.

Art. L. 225-39 **Les dispositions de l'article L. 225-38 ne sont pas applicables aux conventions portant sur des opérations courantes et conclues à des conditions normales.** *– [L. n° 66-537 du 24 juill. 1966, art. 102].*

(L. n° 2001-420 du 15 mai 2001) **« Cependant, ces conventions** *(L. n° 2003-706 du 1er août 2003)* **« , sauf lorsqu'en raison de leur objet ou de leurs implications financières, elles ne sont significatives pour aucune des parties, » sont communiquées par l'intéressé au président du conseil d'administration. La liste et l'objet desdites conventions sont communiqués par le président aux membres du conseil d'adminis-**

tration et aux commissaires aux comptes. » – *V. Décr. nº 67-236 du 23 mars 1967, art. 92-1, infra, App. vº Sociétés commerciales.*

Art. L. 225-40 *(L. nº 2001-420 du 15 mai 2001)* **« L'intéressé » est tenu d'informer le conseil, dès qu'il a connaissance d'une convention à laquelle l'article L. 225-38 est applicable. Il ne peut prendre part au vote sur l'autorisation sollicitée.**

Le président du conseil d'administration donne avis aux commissaires aux comptes de toutes les conventions autorisées et soumet celles-ci à l'approbation de l'assemblée générale.

Les commissaires aux comptes présentent, sur ces conventions, un rapport spécial à l'assemblée, qui statue sur ce rapport.

L'intéressé ne peut pas prendre part au vote et ses actions ne sont pas prises en compte pour le calcul du quorum et de la majorité. – *[L. nº 66-537 du 24 juill. 1966, art. 103].* – *V. Décr. nº 67-236 du 23 mars 1967, art. 91, 92 et 191, infra, App., vº Sociétés commerciales.*

Art. L. 225-41 Les conventions approuvées par l'assemblée, comme celles qu'elle désapprouve, produisent leurs effets à l'égard des tiers, sauf lorsqu'elles sont annulées dans le cas de fraude.

Même en l'absence de fraude, les conséquences, préjudiciables à la société, des conventions désapprouvées peuvent être mises à la charge *(L. nº 2001-420 du 15 mai 2001)* **« de l'intéressé » et, éventuellement, des autres membres du conseil d'administration.** – *[L. nº 66-537 du 24 juill. 1966, art. 104].*

Art. L. 225-42 Sans préjudice de *(L. nº 2001-420 du 15 mai 2001)* **« la responsabilité de l'intéressé », les conventions visées à l'article L. 225-38 et conclues sans autorisation préalable du conseil d'administration peuvent être annulées si elles ont eu des conséquences dommageables pour la société.**

L'action en nullité se prescrit par trois ans, à compter de la date de la convention. Toutefois, si la convention a été dissimulée, le point de départ du délai de la prescription est reporté au jour où elle a été révélée.

La nullité peut être couverte par un vote de l'assemblée générale intervenant sur rapport spécial des commissaires aux comptes exposant les circonstances en raison desquelles la procédure d'autorisation n'a pas été suivie. Les dispositions du quatrième alinéa de l'article L. 225-40 sont applicables. – *[L. nº 66-537 du 24 juill. 1966, art. 105].*

Art. L. 225-42-1 *(L. nº 2005-842 du 26 juill. 2005, art. 8-I)* **Dans les sociétés dont les titres sont admis aux négociations sur un marché réglementé, les engagements pris au bénéfice de leurs présidents, directeurs généraux ou directeurs généraux délégués, par la société elle-même ou par toute société contrôlée ou qui la contrôle au sens des II et III de l'article L. 233-16, et correspondant à des éléments de rémunération, des indemnités ou des avantages dus ou susceptibles d'être dus à raison de la cessation ou du changement de ces fonctions, ou postérieurement à celles-ci, sont soumis aux dispositions des articles L. 225-38 et L. 225-40 à L. 225-42.**

Ces dispositions sont applicables aux conventions conclues à compter du 1er mai 2005 (L. nº 2005-842 du 26 juill. 2005, art. 8-II).

Art. L. 225-43 A peine de nullité du contrat, il est interdit aux administrateurs autres que les personnes morales de contracter, sous quelque forme que ce soit, des emprunts auprès de la société, de se faire consentir par elle un découvert, en compte courant ou autrement, ainsi que de faire cautionner ou avaliser par elle leurs engagements envers les tiers.

Toutefois, si la société exploite un établissement bancaire ou financier, cette interdiction ne s'applique pas aux opérations courantes de ce commerce conclues à des conditions normales.

La même interdiction s'applique *(L. n° 2001-420 du 15 mai 2001)* « au directeur général, aux directeurs généraux délégués » et aux représentants permanents des personnes morales administrateurs. Elle s'applique également aux conjoint, ascendants et descendants des personnes visées au présent article ainsi qu'à toute personne interposée.

L'interdiction ne s'applique pas aux prêts qui sont consentis par la société en application des dispositions de l'article L. 313-1 du code de la construction et de l'habitation aux administrateurs élus par les salariés. – *[L. n° 66-537 du 24 juill. 1966, art. 106].*

Art. L. 225-44 Sous réserve des dispositions de l'article L. 225-22 et de l'article L. 225-27, les administrateurs ne peuvent recevoir de la société aucune rémunération, permanente ou non, autre que celles prévues aux articles L. 225-45, L. 225-46, L. 225-47 et L. 225-53.

Toute clause statutaire contraire est réputée non écrite et toute décision contraire est nulle. – *[L. n° 66-537 du 24 juill. 1966, art. 107].*

Art. L. 225-45 L'assemblée générale peut allouer aux administrateurs en rémunération de leur activité, à titre de jetons de présence, une somme fixe annuelle que cette assemblée détermine sans être liée par des dispositions statutaires ou des décisions antérieures. Le montant de celle-ci est porté aux charges d'exploitation. *(L. n° 2001-420 du 15 mai 2001)* « Sa répartition entre les administrateurs est déterminée par le conseil d'administration. » – *[L. n° 66-537 du 24 juill. 1966, art. 108]. – V. Décr. n° 67-236 du 23 mars 1967, art. 93, infra, App., v° Sociétés commerciales.*

Art. L. 225-46 Il peut être alloué, par le conseil d'administration, des rémunérations exceptionnelles pour les missions ou mandats confiés à des administrateurs. Dans ce cas, ces rémunérations, portées aux charges d'exploitation sont soumises aux dispositions des articles L. 225-38 à L. 225-42. – *[L. n° 66-537 du 24 juill. 1966, art. 109].*

Art. L. 225-47 Le conseil d'administration élit parmi ses membres un président qui est, à peine de nullité de la nomination, une personne physique. Il détermine sa rémunération.

Le président est nommé pour une durée qui ne peut excéder celle de son mandat d'administrateur. Il est rééligible.

Le conseil d'administration peut le révoquer à tout moment. Toute disposition contraire est réputée non écrite. – *[L. n° 66-537 du 24 juill. 1966, art. 110].*

Art. L. 225-48 Les statuts doivent prévoir pour l'exercice des fonctions de président du conseil d'administration une limite d'âge qui, à défaut d'une disposition expresse, est fixée à soixante-cinq ans.

Toute nomination intervenue en violation des dispositions prévues à l'alinéa précédent est nulle.

Lorsqu'un président de conseil d'administration atteint la limite d'âge, il est réputé démissionnaire d'office. – *[L. n° 66-537 du 24 juill. 1966, art. 110-1].*

Art. L. 225-49 *Abrogé par L. n° 2001-420 du 15 mai 2001, art. 110, 2°.*

Art. L. 225-50 En cas d'empêchement temporaire ou de décès du président, le conseil d'administration peut déléguer un administrateur dans les fonctions de président.

En cas d'empêchement temporaire, cette délégation est donnée pour une durée limitée. Elle est renouvelable. En cas de décès, elle vaut jusqu'à l'élection du nou-

veau président. – *[L. n° 66-537 du 24 juill. 1966, art. 112].* – *V. Décr. n° 67-236 du 23 mars 1967, art. 94, infra, App., v° Sociétés commerciales.*

Art. L. 225-51 *(L. n° 2001-420 du 15 mai 2001)* **Le président du conseil d'administration** *(Abrogé par L. n° 2003-706 du 1er août 2003)* « ***représente le conseil d'administration. Il*** » **organise et dirige les travaux de celui-ci, dont il rend compte à l'assemblée générale. Il veille au bon fonctionnement des organes de la société et s'assure, en particulier, que les administrateurs sont en mesure de remplir leur mission.**

Art. L. 225-51-1 *(L. n° 2001-420 du 15 mai 2001)* **La direction générale de la société est assumée, sous sa responsabilité, soit par le président du conseil d'administration, soit par une autre personne physique nommée par le conseil d'administration et portant le titre de directeur général.**

Dans les conditions définies par les statuts, le conseil d'administration choisit entre les deux modalités d'exercice de la direction générale visées au premier alinéa. Les actionnaires et les tiers sont informés de ce choix dans des conditions définies par décret en Conseil d'État.

Lorsque la direction générale de la société est assumée par le président du conseil d'administration, les dispositions de la présente sous-section relatives au directeur général lui sont applicables. – *V. Décr. n° 67-236 du 23 mars 1967, art. 68, 142-1 et 299-3, infra, App., v° Sociétés commerciales.*

Pour les sociétés anonymes immatriculées au registre du commerce et des sociétés à la date de publication de la loi n° 2001-420 du 15 mai 2001 (JO 16 mai), et celles dont l'immatriculation est faite conformément à la réglementation applicable à Mayotte, en Nouvelle-Calédonie et dans les îles Wallis-et-Futuna à la date de publication de l'ord. n° 2004-604, du 24 juin 2004 (JO 26 juin), une assemblée générale extraordinaire est convoquée dans un délai de dix-huit mois à compter de cette même date pour procéder à la modification des statuts prévue par le deuxième alinéa de l'art. L. 225-51-1 C. com. A défaut, tout intéressé peut demander au président du tribunal statuant en référé d'enjoindre au conseil d'administration de procéder à cette convocation. Lorsqu'il est fait droit à la demande, l'astreinte et les frais de procédure sont mis à la charge des administrateurs. – Les sociétés anonymes dont les titres ne sont pas admis sur un marché réglementé et qui étaient immatriculées au registre du commerce et des sociétés avant la date de publication de la présente loi, et celles immatriculées selon la réglementation applicable à Mayotte, en Nouvelle-Calédonie et dans les îles Wallis-et-Futuna avant la publication de l'ord. n° 2004-604 du 24 juin 2004 peuvent conserver leurs statuts sans délibération particulière de leur assemblée générale, jusqu'à la convocation d'une assemblée générale extraordinaire pour d'autres raisons (L. n° 2001-420 du 15 mai 2001, art. 131-I ; Ord. n° 2004-604 du 24 juin 2004, art. 65-III).

Art. L. 225-52 En cas d'ouverture d'une procédure *(L. n° 2005-845 du 26 juill. 2005, art. 165-II)* **« de sauvegarde, » de redressement ou de liquidation judiciaire en application du titre II** *[des titres II à IV]* **du livre VI, les personnes visées par ces dispositions peuvent être rendues responsables du passif social et sont soumises aux interdictions et déchéances, dans les conditions prévues par lesdites dispositions.** – *[L. n° 66-537 du 24 juill. 1966, art. 114].*

Art. L. 225-53 *(L. n° 2001-420 du 15 mai 2001)* **Sur proposition du directeur général, le conseil d'administration peut nommer une ou plusieurs personnes physiques chargées d'assister le directeur général, avec le titre de directeur général délégué.**

Les statuts fixent le nombre maximum des directeurs généraux délégués, qui ne peut dépasser cinq.

Le conseil d'administration détermine la rémunération du directeur général et des directeurs généraux délégués.

Les personnes qui, à la date de publication de la L. n° 2001-420 du 15 mai 2001 (JO 16 mai) avaient reçu du conseil d'administration mandat d'assister le président avec le titre de directeur général prennent le titre de directeur général délégué (L. n° 2001-420 du 15 mai 2001, art. 131 (III)).

Art. L. 225-54 Les statuts doivent prévoir pour l'exercice des fonctions de directeur général *(L. n° 2001-420 du 15 mai 2001)* « ou de directeur général délégué » une limite d'âge qui, à défaut d'une disposition expresse, est fixée à soixante-cinq ans.

Toute nomination intervenue en violation des dispositions prévues à l'alinéa précédent est nulle.

Lorsqu'un directeur général *(L. n° 2001-420 du 15 mai 2001)* « ou un directeur général délégué » atteint la limite d'âge, il est réputé démissionnaire d'office. — *[L. n° 66-537 du 24 juill. 1966, art. 115-1].*

Art. L. 225-54-1 *(L. n° 2001-420 du 15 mai 2001)* Une personne physique ne peut exercer simultanément plus d'un mandat de directeur général de sociétés anonymes ayant leur siège sur le territoire français.

(L. n° 2002-1303 du 29 oct. 2002) « Par dérogation aux dispositions du premier alinéa :

« — un deuxième mandat de directeur général ou un mandat de membre du directoire ou de directeur général unique peut être exercé dans une société contrôlée au sens de l'article L. 233-16 par la société dont il est directeur général ;

« — une personne physique exerçant un mandat de directeur général dans une société peut également exercer un mandat de directeur général, de membre du directoire ou de directeur général unique dans une société, dès lors que les titres de celles-ci ne sont pas admis aux négociations sur un marché réglementé. »

Toute personne physique qui se trouve en infraction avec les dispositions du présent article doit se démettre de l'un de ses mandats dans les trois mois de sa nomination, ou du mandat en cause dans les trois mois de l'événement ayant entraîné la disparition de l'une des conditions fixées à l'alinéa précédent. A l'expiration de ce délai, elle est réputée s'être démise, selon le cas, soit de son nouveau mandat, soit du mandat ne répondant plus aux conditions fixées à l'alinéa précédent, et doit restituer les rémunérations perçues, sans que soit, de ce fait, remise en cause la validité des délibérations auxquelles elle a pris part. — *V. notes ss. art. L. 225-21.*

Art. L. 225-55 *(L. n° 2001-420 du 15 mai 2001)* Le directeur général est révocable à tout moment par le conseil d'administration. Il en est de même, sur proposition du directeur général, des directeurs généraux délégués. Si la révocation est décidée sans juste motif, elle peut donner lieu à dommages-intérêts, sauf lorsque le directeur général assume les fonctions de président du conseil d'administration.

Lorsque le directeur général cesse ou est empêché d'exercer ses fonctions, les directeurs généraux délégués conservent, sauf décision contraire du conseil, leurs fonctions et leurs attributions jusqu'à la nomination du nouveau directeur général.

Art. L. 225-56 *(L. n° 2001-420 du 15 mai 2001)* I. — Le directeur général est investi des pouvoirs les plus étendus pour agir en toute circonstance au nom de la société. Il exerce ces pouvoirs dans la limite de l'objet social et sous réserve de ceux que la loi attribue expressément aux assemblées d'actionnaires et au conseil d'administration.

Il représente la société dans ses rapports avec les tiers. La société est engagée même par les actes du directeur général qui ne relèvent pas de l'objet social, à moins qu'elle ne prouve que le tiers savait que l'acte dépassait cet objet ou qu'il ne pouvait l'ignorer compte tenu des circonstances, étant exclu que la seule publication des statuts suffise à constituer cette preuve.

Les dispositions des statuts ou les décisions du conseil d'administration limitant les pouvoirs du directeur général sont inopposables aux tiers.

II. — En accord avec le directeur général, le conseil d'administration détermine l'étendue et la durée des pouvoirs conférés aux directeurs généraux délégués.

Les directeurs généraux délégués disposent, à l'égard des tiers, des mêmes pouvoirs que le directeur général.

Sur les infractions relatives à la direction et à l'administration des sociétés anonymes, V. art. L. 242-6.

SOUS-SECTION 2 DU DIRECTOIRE ET DU CONSEIL DE SURVEILLANCE

Art. L. 225-57 Il peut être stipulé par les statuts de toute société anonyme que celle-ci est régie par les dispositions de la présente sous-section. Dans ce cas, la société reste soumise à l'ensemble des règles applicables aux sociétés anonymes, à l'exclusion de celles prévues aux articles L. 225-17 à L. 225-56.

L'introduction dans les statuts de cette stipulation, ou sa suppression, peut être décidée au cours de l'existence de la société. – *[L. n° 66-537 du 24 juill. 1966, art. 118].*

Art. L. 225-58 La société anonyme est dirigée par un directoire composé de cinq membres au plus. Lorsque les actions de la société sont admises aux négociations sur un marché réglementé, ce nombre peut être porté par les statuts à sept.

Dans les sociétés anonymes dont le capital est inférieur à *(Ord. n° 2000-916 du 19 sept. 2000)* **« 150 000 € », les fonctions dévolues au directoire peuvent être exercées par une seule personne.**

Le directoire exerce ses fonctions sous le contrôle d'un conseil de surveillance. – *[L. n° 66-537 du 24 juill. 1966, art. 119]. – V. Décr. n° 67-236 du 23 mars 1967, art. 96, infra, App., v° Sociétés commerciales.*

Art. L. 225-59 Les membres du directoire sont nommés par le conseil de surveillance qui confère à l'un d'eux la qualité de président.

Lorsqu'une seule personne exerce les fonctions dévolues au directoire, elle prend le titre de directeur général unique.

A peine de nullité de la nomination, les membres du directoire ou le directeur général unique sont des personnes physiques. Ils peuvent être choisis en dehors des actionnaires. – *[L. n° 66-537 du 24 juill. 1966, art. 120]. – V. Décr. n° 67-236 du 23 mars 1967, art. 98, infra, App., v° Sociétés commerciales.*

Art. L. 225-60 Les statuts doivent prévoir pour l'exercice des fonctions de membre du directoire ou de directeur général unique une limite d'âge qui, à défaut d'une disposition expresse, est fixée à soixante-cinq ans.

Toute nomination intervenue en violation des dispositions prévues à l'alinéa précédent est nulle.

Lorsqu'un membre du directoire ou le directeur général unique atteint la limite d'âge, il est réputé démissionnaire d'office. – *[L. n° 66-537 du 24 juill. 1966, art. 120-1].*

Art. L. 225-61 *(L. n° 2001-420 du 15 mai 2001)* **« Les membres du directoire ou le directeur général unique peuvent être révoqués par l'assemblée générale, ainsi que, si les statuts le prévoient, par le conseil de surveillance. » Si la révocation est décidée sans juste motif, elle peut donner lieu à dommages-intérêts.**

Au cas où l'intéressé aurait conclu avec la société un contrat de travail, la révocation de ses fonctions de membre du directoire n'a pas pour effet de résilier ce contrat. – *[L. n° 66-537 du 24 juill. 1966, art. 121].*

Art. L. 225-62 Les statuts déterminent la durée du mandat du directoire dans des limites comprises entre deux et six ans. A défaut de disposition statutaire, la durée du mandat est de quatre ans. En cas de vacance, le remplaçant est nommé pour le temps qui reste à courir jusqu'au renouvellement du directoire. – *[L. n° 66-537 du*

24 juill. 1966, art. 122]. – V. Décr. nº 67-236 du 23 mars 1967, art. 97, infra, App., vº Sociétés commerciales.

Art. L. 225-63 L'acte de nomination fixe le mode et le montant de la rémunération de chacun des membres du directoire. – *[L. nº 66-537 du 24 juill. 1966, art. 123].*

Art. L. 225-64 Le directoire est investi des pouvoirs les plus étendus pour agir en toute circonstance au nom de la société. Il les exerce dans la limite de l'objet social et sous réserve de ceux expressément attribués par la loi au conseil de surveillance et aux assemblées d'actionnaires.

Dans les rapports avec les tiers, la société est engagée même par les actes du directoire qui ne relèvent pas de l'objet social, à moins qu'elle ne prouve que le tiers savait que l'acte dépassait cet objet ou qu'il ne pouvait l'ignorer compte tenu des circonstances, étant exclu que la seule publication des statuts suffise à constituer cette preuve.

Les dispositions des statuts limitant les pouvoirs du directoire sont inopposables aux tiers.

Le directoire délibère et prend ses décisions dans les conditions fixées par les statuts. – *[L. nº 66-537 du 24 juill. 1966, art. 124]. – V. Décr. nº 67-236 du 23 mars 1967, art. 99 et 100, infra, App., vº Sociétés commerciales.*

Art. L. 225-65 Le déplacement du siège social dans le même département ou dans un département limitrophe peut être décidé par le conseil de surveillance, sous réserve de ratification de cette décision par la prochaine assemblée générale ordinaire. – *[L. nº 66-537 du 24 juill. 1966, art. 125].*

Art. L. 225-66 Le président du directoire ou, le cas échéant, le directeur général unique représente la société dans ses rapports avec les tiers.

Toutefois, les statuts peuvent habiliter le conseil de surveillance à attribuer le même pouvoir de représentation à un ou plusieurs autres membres du directoire, qui portent alors le titre de directeur général.

Les dispositions des statuts limitant le pouvoir de représentation de la société sont inopposables aux tiers. – *[L. nº 66-537 du 24 juill. 1966, art. 126].*

Art. L. 225-67 *(L. nº 2001-420 du 15 mai 2001)* Une personne physique ne peut exercer plus d'un mandat de membre du directoire ou de directeur général unique de sociétés anonymes ayant leur siège social sur le territoire français.

(L. nº 2002-1303 du 29 oct. 2002) « Par dérogation aux dispositions du premier alinéa :

« – un deuxième mandat de membre du directoire ou de directeur général unique ou un mandat de directeur général peut être exercé dans une société contrôlée au sens de l'article L. 233-16 par la société dont cette personne est membre du directoire ou directeur général unique ;

« – une personne physique exerçant un mandat de membre du directoire ou de directeur général unique dans une société peut également exercer un mandat de directeur général, de membre du directoire ou de directeur général unique dans une société, dès lors que les titres de celles-ci ne sont pas admis aux négociations sur un marché réglementé. »

Toute personne physique qui se trouve en infraction avec les dispositions du présent article doit se démettre de l'un de ses mandats dans les trois mois de sa nomination, ou du mandat en cause dans les trois mois de l'événement ayant entraîné la disparition de l'une des conditions fixées à l'alinéa précédent. A l'expiration de ce délai, elle est réputée s'être démise, selon le cas, soit de son nouveau mandat, soit du mandat ne répondant plus aux conditions fixées à l'alinéa précédent, et doit res-

tituer les rémunérations perçues, sans que soit, de ce fait, remise en cause la validité des délibérations auxquelles elle a pris part. – *V. notes ss. art. L. 225-21.*

Art. L. 225-68 **Le conseil de surveillance exerce le contrôle permanent de la gestion de la société par le directoire.**

Les statuts peuvent subordonner à l'autorisation préalable du conseil de surveillance la conclusion des opérations qu'ils énumèrent. Toutefois, la cession d'immeubles par nature, la cession totale ou partielle de participations, la constitution de sûretés, ainsi que les cautions, avals et garanties, sauf dans les sociétés exploitant un établissement bancaire ou financier, font l'objet d'une autorisation du conseil de surveillance dans des conditions déterminées par décret en Conseil d'État. Ce décret détermine également les conditions dans lesquelles le dépassement de cette autorisation peut être opposé aux tiers. – *V. Décr. n° 67-236 du 23 mars 1967, art. 100, 113 à 114, infra, App., v° Sociétés commerciales.*

A toute époque de l'année, le conseil de surveillance opère les vérifications et les contrôles qu'il juge opportuns et peut se faire communiquer les documents qu'il estime *(L. n° 2005-842 du 26 juill. 2005, art. 11-II)* **« nécessaires » à l'accomplissement de sa mission.**

Une fois par trimestre au moins le directoire présente un rapport au conseil de surveillance.

Après la clôture de chaque exercice et dans le délai fixé par décret en Conseil d'État, le directoire lui présente, aux fins de vérification et de contrôle, les documents visés au deuxième alinéa de l'article L. 225-100.

Le conseil de surveillance présente à l'assemblée générale prévue à l'article L. 225-100 ses observations sur le rapport du directoire ainsi que sur les comptes de l'exercice. – *[L. n° 66-537 du 24 juill. 1966, art. 128].*

(L. n° 2005-842 du 26 juill. 2005, art. 7-II) **« Dans les sociétés faisant appel public à l'épargne, »** *(L. n° 2003-706 du 1er août 2003)* **« le président du conseil de surveillance rend compte, dans un rapport à l'assemblée générale joint au rapport mentionné à l'alinéa précédent et à l'article L. 233-26, des conditions de préparation et d'organisation des travaux du conseil ainsi que des procédures de contrôle interne mises en place par la société. »** – *Cette disposition entre en vigueur pour les exercices comptables ouverts à partir du 1er janv. 2003 (L. n° 2003-706 du 1er août 2003, art. 117-II). – Sur la publicité de ces informations, pour les sociétés faisant appel public à l'épargne, V. C. mon. fin., art. L. 621-18-3, infra, App., v° Code monétaire et financier (extraits).*

Art. L. 225-69 **Le conseil de surveillance est composé de trois membres au moins. Les statuts fixent le nombre maximum des membres du conseil, qui est limité à** *(L. n° 2001-420 du 15 mai 2001)* **« dix-huit ».** – *[L. n° 66-537 du 24 juill. 1966, art. 129]. – V. art. L. 225-95.*

Les conseils de surveillance disposent d'un délai de trois ans à compter de la publication de la loi n° 2001-420 du 15 mai 2001 (JO 16 mai) pour se mettre en conformité avec les art. L. 225-69 (...) dans leur rédaction issue de ladite loi (L. n° 2001-420 du 15 mai 2001, art. 129).

Art. L. 225-70 **Les statuts doivent prévoir pour l'exercice des fonctions de membre du conseil de surveillance une limite d'âge s'appliquant soit à l'ensemble des membres du conseil de surveillance, soit à un pourcentage déterminé d'entre eux.**

A défaut de disposition expresse dans les statuts, le nombre des membres du conseil de surveillance ayant atteint l'âge de soixante-dix ans ne peut être supérieur au tiers des membres du conseil de surveillance en fonctions.

Toute nomination intervenue en violation des dispositions prévues à l'alinéa précédent est nulle.

A défaut de disposition expresse dans les statuts prévoyant une autre procédure, lorsque la limitation statutaire ou légale fixée pour l'âge des membres du conseil de surveillance est dépassée, le membre du conseil de surveillance le plus âgé est réputé démissionnaire d'office. – *[L. n° 66-537 du 24 juill. 1966, art. 129-1].*

Art. L. 225-71 *(L. n° 2002-73 du 17 janv. 2002)* Lorsque le rapport présenté par le directoire lors de l'assemblée générale en application de l'article L. 225-102 établit que les actions détenues par le personnel de la société ainsi que par le personnel de sociétés qui lui sont liées au sens de l'article L. 225-180 représentent plus de 3 % du capital social de la société, un ou plusieurs membres du conseil de surveillance doivent être nommés par l'assemblée générale des actionnaires sur proposition des actionnaires visés à l'article L. 225-102 dans des conditions fixées par décret. Ces membres doivent être nommés parmi les salariés actionnaires ou, le cas échéant, parmi les salariés membres du conseil de surveillance d'un fonds commun de placement d'entreprise détenant des actions de la société. Ces membres ne sont pas pris en compte pour la détermination du nombre minimal et du nombre maximal de membres du conseil de surveillance prévus à l'article L. 225-69. – *V. Décr. n° 95-237 du 2 mars 1995, art. 2 s., supra, ss. art. L. 225-23.*

(L. n° 2001-152 du 19 févr. 2001) « Si l'assemblée générale extraordinaire ne s'est pas réunie dans un délai de dix-huit mois à compter de la présentation du rapport, tout salarié actionnaire peut demander au président du tribunal statuant en référé d'enjoindre sous astreinte au directoire de convoquer une assemblée générale extraordinaire et de soumettre à celle-ci les projets de résolutions tendant à modifier les statuts dans le sens prévu à l'alinéa précédent et au dernier alinéa du présent article.

« Lorsqu'il est fait droit à la demande, l'astreinte et les frais de procédure sont à la charge des membres du directoire. »

Les sociétés dont le conseil de surveillance comprend un ou plusieurs membres nommés parmi les membres des conseils de surveillance des fonds communs de placement d'entreprise représentant les salariés, ou un ou plusieurs salariés élus en application des dispositions de l'article L. 225-79, ne sont pas tenues aux obligations prévues *(L. n° 2001-152 du 19 févr. 2001)* « au premier alinéa.

« Lorsque l'assemblée générale extraordinaire est convoquée en application du premier alinéa, elle se prononce également sur un projet de résolution prévoyant l'élection d'un ou plusieurs membres du conseil de surveillance par le personnel de la société et des filiales directes ou indirectes dont le siège social est fixé en France. Le cas échéant, ces représentants sont désignés dans les conditions prévues à l'article L. 225-79. »

Dernier al. abrogé par L. n° 2002-73 du 17 janv. 2002, art. 217, 4°.

Art. L. 225-72 Chaque membre du conseil de surveillance doit être propriétaire d'un nombre d'actions de la société déterminé par les statuts. *(Abrogé par L. n° 2001-420 du 15 mai 2001)* ***« Ce nombre ne peut être inférieur à celui exigé par les statuts pour ouvrir aux actionnaires le droit d'assister à l'assemblée générale ordinaire. »***

Si, au jour de sa nomination, un membre du conseil de surveillance n'est pas propriétaire du nombre d'actions requis ou si, en cours de mandat, il cesse d'en être propriétaire, il est réputé démissionnaire d'office, s'il n'a pas régularisé sa situation dans le délai de trois mois.

(L. n° 2001-420 du 15 mai 2001) « Les dispositions du premier alinéa ne s'appliquent pas aux actionnaires salariés nommés membres du conseil de surveillance en application de l'article L. 225-71. »

Art. L. 225-73 Les commissaires aux comptes veillent, sous leur responsabilité, à l'observation des dispositions prévues à l'article L. 225-72 et en dénoncent toute violation dans leur rapport à l'assemblée générale annuelle. – *[L. n° 66-537 du 24 juill. 1966, art. 132].*

Art. L. 225-74 Aucun membre du conseil de surveillance ne peut faire partie du directoire. – *[L. n° 66-537 du 24 juill. 1966, art. 133]. – V. Décr. n° 67-236 du 23 mars 1967, art. 98, infra, App., v° Sociétés commerciales.*

Art. L. 225-75 Les membres du conseil de surveillance sont nommés par l'assemblée générale constitutive ou par l'assemblée générale ordinaire. Dans le cas prévu à l'article L. 225-16, ils sont désignés dans les statuts. La durée de leurs fonctions est déterminée par les statuts, sans pouvoir excéder six ans en cas de nomination par les assemblées générales et trois ans en cas de nomination dans les statuts. Toutefois, en cas de fusion ou de scission, la nomination peut être faite par l'assemblée générale extraordinaire.

Ils sont rééligibles, sauf stipulation contraire des statuts. Ils peuvent être révoqués à tout moment par l'assemblée générale ordinaire.

Toute nomination intervenue en violation des dispositions précédentes est nulle à l'exception de celles auxquelles il peut être procédé dans les conditions prévues à l'article L. 225-78. – *[L. n° 66-537 du 24 juill. 1966, art. 134].*

Art. L. 225-76 Une personne morale peut être nommée au conseil de surveillance. Lors de sa nomination, elle est tenue de désigner un représentant permanent qui est soumis aux mêmes conditions et obligations et qui encourt les mêmes responsabilités civile et pénale que s'il était membre du conseil en son nom propre, sans préjudice de la responsabilité solidaire de la personne morale qu'il représente.

Lorsque la personne morale révoque son représentant, elle est tenue de pourvoir en même temps à son remplacement. – *[L. n° 66-537 du 24 juill. 1966, art. 135]. – V. Décr. n° 67-236 du 23 mars 1967, art. 102 et 103, infra, App., v° Sociétés commerciales.*

Art. L. 225-77 *(L. n° 2001-420 du 15 mai 2001)* Une personne physique ne peut exercer simultanément plus de cinq mandats de membre de conseil de surveillance de sociétés anonymes ayant leur siège social sur le territoire français.

(L. n° 2002-1303 du 29 oct. 2002) « Par dérogation aux dispositions du premier alinéa, ne sont pas pris en compte les mandats de membre du conseil de surveillance ou d'administrateur exercés par cette personne dans les sociétés contrôlées au sens de l'article L. 233-16 par la société dont elle est déjà membre du conseil de surveillance.

« Pour l'application des dispositions du présent article, les mandats de membre du conseil de surveillance des sociétés dont les titres ne sont pas admis aux négociations sur un marché réglementé et contrôlées au sens de l'article L. 233-16 par une même société ne comptent que pour un seul mandat, sous réserve que le nombre de mandats détenus à ce titre n'excède pas cinq. »

Toute personne physique qui se trouve en infraction avec les dispositions du présent article doit se démettre de l'un de ses mandats dans les trois mois de sa nomination, ou du mandat en cause dans les trois mois de l'événement ayant entraîné la disparition de l'une des conditions fixées à l'alinéa précédent. A l'expiration de ce délai, elle est réputée s'être démise, selon le cas, soit de son nouveau mandat, soit du mandat ne répondant plus aux conditions fixées à l'alinéa précédent, et doit restituer les rémunérations perçues, sans que soit, de ce fait, remise en cause la validité des délibérations auxquelles elle a pris part. – *V. notes ss. art. L. 225-21.*

Art. L. 225-78 En cas de vacance par décès ou par démission d'un ou plusieurs sièges de membre du conseil de surveillance, ce conseil peut, entre deux assemblées générales, procéder à des nominations à titre provisoire.

Lorsque le nombre des membres du conseil de surveillance est devenu inférieur au minimum légal, le directoire doit convoquer immédiatement l'assemblée générale ordinaire en vue de compléter l'effectif du conseil de surveillance.

Lorsque le nombre des membres du conseil de surveillance est devenu inférieur au minimum statutaire sans toutefois être inférieur au minimum légal, le conseil de surveillance doit procéder à des nominations à titre provisoire en vue de compléter son effectif dans le délai de trois mois à compter du jour où se produit la vacance.

Les nominations effectuées par le conseil, en vertu des premier et troisième alinéas ci-dessus, sont soumises à ratification de la prochaine assemblée générale ordinaire. A défaut de ratification, les délibérations prises et les actes accomplis antérieurement par le conseil n'en demeurent pas moins valables.

Lorsque le conseil néglige de procéder aux nominations requises ou si l'assemblée n'est pas convoquée, tout intéressé peut demander en justice la désignation d'un mandataire chargé de convoquer l'assemblée générale, à l'effet de procéder aux nominations ou de ratifier les nominations prévues au troisième alinéa. – *[L. n° 66-537 du 24 juill. 1966, art. 137]. – V. Décr. n° 67-236 du 23 mars 1967, art. 105, infra, App., v° Sociétés commerciales.*

Art. L. 225-79 Il peut être stipulé dans les statuts que le conseil de surveillance comprend, outre les membres dont le nombre et le mode de désignation sont prévus aux articles L. 225-69 et L. 225-75, des membres élus soit par le personnel de la société, soit par le personnel de la société et celui de ses filiales directes ou indirectes dont le siège social est fixé sur le territoire français.

Le nombre des membres du conseil de surveillance élus par les salariés ne peut être supérieur à quatre ni excéder le tiers du nombre des autres membres. Lorsque le nombre des membres élus par les salariés est égal ou supérieur à deux, les ingénieurs, cadres et assimilés ont un siège au moins.

Les membres du conseil de surveillance élus par les salariés ne sont pas pris en compte pour la détermination du nombre minimal et du nombre maximal de membres prévus à l'article L. 225-69. – *[L. n° 66-537 du 24 juill. 1966, art. 137-1].*

Art. L. 225-79-1 *(L. n° 2005-842 du 26 juill. 2005, art. 8-I)* Dans les sociétés dont les titres sont admis aux négociations sur un marché réglementé, en cas de nomination aux fonctions de membre du directoire d'une personne liée par un contrat de travail à la société ou à toute société contrôlée ou qui la contrôle au sens des II et III de l'article L. 233-16, les dispositions dudit contrat correspondant, le cas échéant, à des éléments de rémunération, des indemnités ou des avantages dus ou susceptibles d'être dus à raison de la cessation ou du changement de ces fonctions, ou postérieurement à celles-ci, sont soumises aux dispositions des articles L. 225-86 et L. 225-88 à L. 225-90.

Ces dispositions sont applicables aux conventions conclues à compter du 1er mai 2005 (L. n° 2005-842 du 26 juill. 2005, art. 8-II).

Art. L. 225-80 Les conditions relatives à l'éligibilité, à l'électorat, à la composition des collèges, aux modalités du scrutin, aux contestations, à la durée et aux conditions d'exercice du mandat, à la révocation, à la protection du contrat de travail et au remplacement des membres du conseil de surveillance élus par les salariés sont fixées selon les règles définies aux articles L. 225-28 à L. 225-34. – *[L. n° 66-537 du 24 juill. 1966, art. 137-2].*

Art. L. 225-81 Le conseil de surveillance élit en son sein un président et un vice-président qui sont chargés de convoquer le conseil et d'en diriger les débats. Il détermine, s'il l'entend, leur rémunération.

A peine de nullité de leur nomination, le président et le vice-président du conseil de surveillance sont des personnes physiques. Ils exercent leurs fonctions pendant la durée du mandat du conseil de surveillance. – *[L. n° 66-537 du 24 juill. 1966, art. 138].*

Art. L. 225-82 Le conseil de surveillance ne délibère valablement que si la moitié au moins de ses membres sont présents.

A moins que les statuts ne prévoient une majorité plus forte, les décisions sont prises à la majorité des membres présents ou représentés.

(L. n° 2005-842 du 26 juill. 2005, art. 5-II) « Sauf lorsque le conseil est réuni pour procéder aux opérations visées au cinquième alinéa de l'article L. 225-68 et sauf disposition contraire des statuts, le règlement intérieur peut prévoir que sont répu-

tés présents, pour le calcul du quorum et de la majorité, des membres du conseil de surveillance qui participent à la réunion par des moyens de visioconférence ou de télécommunication permettant leur identification et garantissant leur participation effective, dont la nature et les conditions d'application sont déterminées par décret en Conseil d'État. Les statuts peuvent limiter la nature des décisions pouvant être prises lors d'une réunion tenue dans ces conditions et prévoir un droit d'opposition au profit d'un nombre déterminé de membres du conseil de surveillance. »

Sauf disposition contraire des statuts, la voix du président de séance est prépondérante en cas de partage. – *[L. nº 66-537 du 24 juill. 1966, art. 139]. – V. Décr. nº 67-236 du 23 mars 1967, art. 107 à 112, infra, App., vº Sociétés commerciales.*

Art. L. 225-83 **L'assemblée générale peut allouer aux membres du conseil de surveillance, en rémunération de leur activité, à titre de jetons de présence, une somme fixe annuelle que cette assemblée détermine sans être liée par des dispositions statutaires ou des décisions antérieures. Le montant de celle-ci est porté aux charges d'exploitation.** *(L. nº 2001-420 du 15 mai 2001)* **« Sa répartition entre les membres du conseil de surveillance est déterminée par ce dernier. »** – *[L. nº 66-537 du 24 juill. 1966, art. 140]. – V. Décr. nº 67-236 du 23 mars 1967, art. 118, infra, App., vº Sociétés commerciales.*

Art. L. 225-84 **Il peut être alloué, par le conseil de surveillance, des rémunérations exceptionnelles pour les missions ou mandats confiés à des membres de ce conseil. Dans ce cas, ces rémunérations, portées aux charges d'exploitation, sont soumises aux dispositions des articles L. 225-86 à L. 225-90.** – *[L. nº 66-537 du 24 juill. 1966, art. 141].*

Art. L. 225-85 **Les membres du conseil de surveillance ne peuvent recevoir de la société aucune rémunération, permanente ou non, autre que celles qui sont prévues aux articles L. 225-81, L. 225-83 et L. 225-84 et, le cas échéant, celles dues au titre d'un contrat de travail correspondant à un emploi effectif.**

Le nombre des membres du conseil de surveillance liés à la société par un contrat de travail ne peut dépasser le tiers des membres en fonctions. Toutefois, les membres du conseil de surveillance élus conformément aux articles L. 225-79 et L. 225-80 et ceux nommés conformément aux dispositions de l'article L. 225-71 ne sont pas comptés pour la détermination de ce nombre.

Toute clause statutaire contraire est réputée non écrite et toute décision contraire est nulle. – *[L. nº 66-537 du 24 juill. 1966, art. 142].*

Art. L. 225-86 *(L. nº 2001-420 du 15 mai 2001)* **Toute convention intervenant directement ou par personne interposée entre la société et l'un des membres du directoire ou du conseil de surveillance, un actionnaire disposant d'une fraction des droits de vote supérieure à** *(L. nº 2003-706 du 1er août 2003)* **« 10 % » ou, s'il s'agit d'une société actionnaire, la société la contrôlant au sens de l'article L. 233-3 doit être soumise à l'autorisation préalable du conseil de surveillance.**

Il en est de même des conventions auxquelles une des personnes visées à l'alinéa précédent est indirectement intéressée.

Sont également soumises à autorisation préalable les conventions intervenant entre la société et une entreprise, si l'un des membres du directoire ou du conseil de surveillance de la société est propriétaire, associé indéfiniment responsable, gérant, administrateur, membre du conseil de surveillance ou, de façon générale, dirigeant de cette entreprise.

Art. L. 225-87 **Les dispositions de l'article L. 225-86 ne sont pas applicables aux conventions portant sur des opérations courantes et conclues à des conditions normales.** – *[L. nº 66-537 du 24 juill. 1966, art. 144].*

(L. n° 2001-420 du 15 mai 2001) « Toutefois, ces conventions *(L. n° 2003-706 du 1er août 2003)* « , sauf lorsqu'en raison de leur objet ou de leurs implications financières, elles ne sont significatives pour aucune des parties, » sont communiquées par l'intéressé au président du conseil de surveillance. La liste et l'objet en sont communiqués par le président aux membres du conseil de surveillance et aux commissaires aux comptes. » *— V. Décr. n° 67-236 du 23 mars 1967, art. 117-1, infra, App., v° Sociétés commerciales.*

Art. L. 225-88 *(L. n° 2001-420 du 15 mai 2001)* « L'intéressé » est tenu d'informer le conseil de surveillance dès qu'il a connaissance d'une convention à laquelle l'article L. 225-86 est applicable. S'il siège au conseil de surveillance, il ne peut prendre part au vote sur l'autorisation sollicitée.

Le président du conseil de surveillance donne avis aux commissaires aux comptes de toutes les conventions autorisées et soumet celles-ci à l'approbation de l'assemblée générale.

Les commissaires aux comptes présentent, sur ces conventions, un rapport spécial à l'assemblée, qui statue sur ce rapport.

L'intéressé ne peut pas prendre part au vote et ses actions ne sont pas prises en compte pour le calcul du quorum et de la majorité. *— [L. n° 66-537 du 24 juill. 1966, art. 145]. — V. Décr. n° 67-236 du 23 mars 1967, art. 117 et 191, infra, App., v° Sociétés commerciales.*

Art. L. 225-89 Les conventions approuvées par l'assemblée, comme celles qu'elle désapprouve, produisent leurs effets à l'égard des tiers, sauf lorsqu'elles sont annulées dans le cas de fraude.

Même en l'absence de fraude, les conséquences, préjudiciables à la société, des conventions désapprouvées peuvent être mises à la charge *(L. n° 2001-420 du 15 mai 2001)* « de l'intéressé » et, éventuellement, des autres membres du directoire. *— [L. n° 66-537 du 24 juill. 1966, art. 146].*

Art. L. 225-90 Sans préjudice de la responsabilité de l'intéressé, les conventions visées à l'article L. 225-86 et conclues sans autorisation préalable du conseil de surveillance peuvent être annulées si elles ont eu des conséquences dommageables pour la société.

L'action en nullité se prescrit par trois ans à compter de la date de la convention. Toutefois, si la convention a été dissimulée, le point de départ du délai de prescription est reporté au jour où elle a été révélée.

La nullité peut être couverte par un vote de l'assemblée générale intervenant sur rapport spécial des commissaires aux comptes exposant les circonstances en raison desquelles la procédure d'autorisation n'a pas été suivie. Le quatrième alinéa de l'article L. 225-88 est applicable. *— [L. n° 66-537 du 24 juill. 1966, art. 147].*

Art. L. 225-90-1 *(L. n° 2005-842 du 26 juill. 2005, art. 8-I)* Dans les sociétés dont les titres sont admis aux négociations sur un marché réglementé, les engagements pris au bénéfice d'un membre du directoire, par la société elle-même ou par toute société contrôlée ou qui la contrôle au sens des II et III de l'article L. 233-16, et correspondant à des éléments de rémunération, des indemnités ou des avantages dus ou susceptibles d'être dus à raison de la cessation ou du changement de ces fonctions, ou postérieurement à celles-ci, sont soumis aux dispositions des articles L. 225-86 et L. 225-88 à L. 225-90.

Ces dispositions sont applicables aux conventions conclues à compter du 1er mai 2005 (L. n° 2005-842 du 26 juill. 2005, art. 8-II).

Art. L. 225-91 A peine de nullité du contrat, il est interdit aux membres du directoire et aux membres du conseil de surveillance autres que les personnes mora-

les, de contracter, sous quelque forme que ce soit, des emprunts auprès de la société, de se faire consentir par elle un découvert, en compte courant ou autrement, ainsi que de faire cautionner ou avaliser par elle leurs engagements envers les tiers.

L'interdiction s'applique aux représentants permanents des personnes morales membres du conseil de surveillance. Elle s'applique également aux conjoint, ascendants et descendants des personnes visées au présent article, ainsi qu'à toute personne interposée.

Toutefois, si la société exploite un établissement bancaire ou financier, l'interdiction ne s'applique pas aux opérations courantes de ce commerce conclues à des conditions normales.

L'interdiction ne s'applique pas aux prêts qui sont consentis par la société en application des dispositions de l'article L. 313-1 du code de la construction et de l'habitation aux membres du conseil de surveillance élus par les salariés. – *[L. n° 66-537 du 24 juill. 1966, art. 148].*

Art. L. 225-92 **Les membres du directoire et du conseil de surveillance, ainsi que toute personne appelée à assister aux réunions de ces organes, sont tenus à la discrétion à l'égard des informations présentant un caractère confidentiel et données comme telles par le président.** – *[L. n° 66-537 du 24 juill. 1966, art. 149].*

Art. L. 225-93 **En cas d'ouverture d'une procédure** *(L. n° 2005-845 du 26 juill. 2005, art. 165-II)* **« de sauvegarde, » de redressement ou de liquidation judiciaire, en application du titre II** *[des titres II à IV]* **du livre VI, les personnes visées par ces dispositions peuvent être rendues responsables du passif social et sont soumises aux interdictions et déchéances, dans les conditions prévues par lesdites dispositions.** – *[L. n° 66-537 du 24 juill. 1966, art. 150].*

Sur les infractions concernant les sociétés anonymes comportant un directoire et un conseil de surveillance, V. art. L. 247-9.

SOUS-SECTION 3 DISPOSITIONS COMMUNES AUX MANDATAIRES SOCIAUX DES SOCIÉTÉS ANONYMES

Art. L. 225-94 **La limitation du nombre de sièges d'administrateur ou de membre du conseil de surveillance qui peuvent être occupés simultanément par une même personne physique, en vertu des articles L. 225-21 et L. 225-77, est applicable au cumul de sièges d'administrateur et de membre du conseil de surveillance.**

(L. n° 2002-1303 du 29 oct. 2002 **« Pour l'application des articles L. 225-54-1 et L. 225-67, est autorisé l'exercice simultané de la direction générale par une personne physique dans une société et dans une autre société qu'elle contrôle au sens de l'article L. 233-16. »** – *V. note ss. art. L. 225-21.*

Art. L. 225-94-1 *(L. n° 2002-1303 du 29 oct. 2002)* **« Sans préjudice des dispositions des articles L. 225-21, L. 225-54-1, L. 225-67, L. 225-77 et L. 225-94, une personne physique ne peut exercer simultanément plus de cinq mandats de directeur général, de membre du directoire, de directeur général unique, d'administrateur ou de membre du conseil de surveillance de sociétés anonymes ayant leur siège sur le territoire français. Pour l'application de ces dispositions, l'exercice de la direction générale par un administrateur est décompté pour un seul mandat. »**

(L. n° 2003-706 du 1er août 2003) **« Par dérogation aux dispositions ci-dessus, ne sont pas pris en compte les mandats d'administrateur ou de membre de conseil de surveillance dans les sociétés qui sont contrôlées, au sens de l'article L. 233-16, par**

la société dans laquelle est exercé un mandat au titre du premier alinéa. » – *Cette disposition entre en vigueur le 16 nov. 2002 (L. n° 2003-706 du 1er août 2003, art. 131-II).*

(L. n° 2001-420 du 15 mai 2001) **Toute personne physique qui se trouve en infraction avec les dispositions du présent article doit se démettre de l'un de ses mandats dans les trois mois de sa nomination, ou du mandat en cause dans les trois mois de l'événement ayant entraîné la disparition de l'une des conditions fixées à l'alinéa précédent. A l'expiration de ce délai, elle est réputée s'être démise, selon le cas, soit de son nouveau mandat, soit du mandat ne répondant plus aux conditions fixées à l'alinéa précédent, et doit restituer les rémunérations perçues, sans que soit, de ce fait, remise en cause la validité des délibérations auxquelles elle a pris part.** – *V. notes ss. art. L. 225-21.*

Art. L. 225-95 **En cas de fusion de sociétés anonymes, le nombre de membres du conseil d'administration ou du conseil de surveillance, selon le cas, peut dépasser le nombre de** *(L. n° 2001-420 du 15 mai 2001)* **« dix-huit », prévu aux articles L. 225-17 et L. 225-69, pendant un délai de trois ans à compter de la date de la fusion fixée à l'article L. 236-4, sans pouvoir être supérieur à** *(L. n° 2001-420 du 15 mai 2001)* **« vingt-quatre ».** – *[L. n° 66-537 du 24 juill. 1966, art. 152, al. 1er].*

Les conseils d'administration et conseils de surveillance disposent d'un délai de trois ans à compter de la date de publication de la L. n° 2001-420 du 15 mai 2001 (JO 16 mai) pour se mettre en conformité avec l'art. L. 225-95 dans sa rédaction issue de ladite loi (L. n° 2001-420 du 15 mai 2001 art. 129).

Art. L. 225-95-1 *(L. n° 2001-420 du 15 mai 2001)* **Par dérogation aux dispositions des articles L. 225-21, L. 225-77 et L. 225-94-1, ne sont pas pris en compte les mandats de représentant permanent d'une société de capital-risque mentionnée à l'article 1er de la loi n° 85-695 du 11 juillet 1985 portant diverses dispositions d'ordre économique et financier, d'une société financière d'innovation mentionnée au III (B) de l'article 4 de la loi n° 72-650 du 11 juillet 1972 portant diverses dispositions d'ordre économique et financier ou d'une société de gestion habilitée à gérer les fonds communs de placement régis par** *(L. n° 2003-706 du 1er août 2003)* **« le paragraphe 1 de la sous-section 6 de la section I du chapitre IV du titre Ier du livre II » et les articles L. 214-36 et L. 214-41 du code monétaire et financier.**

Dès lors que les conditions prévues au présent article ne sont plus remplies, toute personne physique doit se démettre des mandats ne répondant pas aux dispositions des articles L. 225-21, L. 225-77 et L. 225-94-1 dans un délai de trois mois. A l'expiration de ce délai, elle est réputée ne plus représenter la personne morale, et doit restituer les rémunérations perçues, sans que soit, de ce fait, remise en cause la validité des délibérations auxquelles elle a pris part.

(L. n° 2002-1303 du 29 oct. 2002) **« Par dérogation aux articles L. 225-21, L. 225-54-1, L. 225-67 et L. 225-94-1, les mandats de président, de directeur général, de directeur général unique, de membre du directoire ou d'administrateur d'une société d'économie mixte locale, exercés par un représentant d'une collectivité territoriale ou d'un groupement de collectivités territoriales ne sont pas pris en compte pour l'application des règles relatives au cumul des mandats sociaux. »**

V., supra, note ss. art. L. 225-21.

SECTION III **DES ASSEMBLÉES D'ACTIONNAIRES**

Art. L. 225-96 **L'assemblée générale extraordinaire est seule habilitée à modifier les statuts dans toutes leurs dispositions. Toute clause contraire est réputée non écrite. Elle ne peut, toutefois, augmenter les engagements des actionnaires, sous réserve des opérations résultant d'un regroupement d'actions régulièrement effectué.**

(L. nº 2005-842 du 26 juill. 2005, art. 6-I) **« Elle ne délibère valablement que si les actionnaires présents ou représentés possèdent au moins, sur première convocation, le quart et, sur deuxième convocation, le cinquième des actions ayant le droit de vote. A défaut, la deuxième assemblée peut être prorogée à une date postérieure de deux mois au plus à celle à laquelle elle avait été convoquée. Dans les sociétés ne faisant pas appel public à l'épargne, les statuts peuvent prévoir des quorums plus élevés. »**

Elle statue à la majorité des deux tiers des voix dont disposent les actionnaires présents ou représentés. — *[L. nº 66-537 du 24 juill. 1966, art. 153]. — V. Décr. nº 67-236 du 23 mars 1967, art. 127, 136, 137, 146 à 151 et 287 s., infra, App., vº Sociétés commerciales. — En ce qui concerne les actions détenues par la société elle-même, V. infra, art. L. 225-111.*

En ce qui concerne l'approbation par les associés de la clause de participation au bénéfice net de l'emprunteur dans le cas d'un prêt participatif, V. C. mon. fin., art. L. 313-17, App., vº Code monétaire et financier (extraits).

Art. L. 225-97 L'assemblée générale extraordinaire peut changer la nationalité de la société, à condition que le pays d'accueil ait conclu avec la France une convention spéciale permettant d'acquérir sa nationalité et de transférer le siège social sur son territoire, et conservant à la société sa personnalité juridique. — *[L. nº 66-537 du 24 juill. 1966, art. 154].*

Art. L. 225-98 L'assemblée générale ordinaire prend toutes les décisions autres que celles visées aux articles L. 225-96 et L. 225-97.

(L. nº 2005-842 du 26 juill. 2005, art. 6-II) **« Elle ne délibère valablement sur première convocation que si les actionnaires présents ou représentés possèdent au moins le cinquième des actions ayant le droit de vote. Dans les sociétés ne faisant pas appel public à l'épargne, les statuts peuvent prévoir un quorum plus élevé. » Sur deuxième convocation, aucun quorum n'est requis.**

Elle statue à la majorité des voix dont disposent les actionnaires présents ou représentés. — *[L. nº 66-537 du 24 juill. 1966, art. 155]. — V. Décr. nº 67-236 du 23 mars 1967, art. 127, 136, 137 et 146 à 151, infra, App., vº Sociétés commerciales.*

Art. L. 225-99 Les assemblées spéciales réunissent les titulaires d'actions d'une catégorie déterminée.

La décision d'une assemblée générale de modifier les droits relatifs à une catégorie d'actions n'est définitive qu'après approbation par l'assemblée spéciale des actionnaires de cette catégorie.

(L. nº 2005-842 du 26 juill. 2005, art. 6-III) **« Les assemblées spéciales ne délibèrent valablement que si les actionnaires présents ou représentés possèdent au moins, sur première convocation, le tiers et, sur deuxième convocation, le cinquième des actions ayant le droit de vote et dont il est envisagé de modifier les droits. A défaut, la deuxième assemblée peut être prorogée à une date postérieure de deux mois au plus à celle à laquelle elle avait été convoquée. Dans les sociétés ne faisant pas appel public à l'épargne, les statuts peuvent prévoir des quorums plus élevés. »**

Elles statuent dans les conditions prévues au troisième alinéa de l'article L. 225-96. — *[L. nº 66-537 du 24 juill. 1966, art. 156]. — V. Décr. nº 67-236 du 23 mars 1967, art. 127, 136, 137 et 146 à 151, infra, App., vº Sociétés commerciales.*

Art. L. 225-100 L'assemblée générale ordinaire est réunie au moins une fois par an, dans les six mois de la clôture de l'exercice, sous réserve de prolongation de ce délai par décision de justice.

(Ord. nº 2004-1382 du 20 déc. 2004, art. 3) **« Le conseil d'administration ou le directoire présente à l'assemblée son rapport ainsi que les comptes annuels et, le cas échéant, les comptes consolidés accompagnés du rapport de gestion y afférent. »**

(Ord. nº 2004-604 du 24 juin 2004, art. 51-I) **« Ce rapport comprend une analyse objective et exhaustive de l'évolution des affaires, des résultats et de la situation**

financière de la société, notamment de sa situation d'endettement, au regard du volume et de la complexité des affaires. » *(Ord. n° 2004-1382 du 20 déc. 2004, art. 3)* « Dans la mesure nécessaire à la compréhension de l'évolution des affaires, des résultats ou de la situation de la société et indépendamment des indicateurs clés de performance de nature financière devant être insérés dans le rapport en vertu d'autres dispositions du présent code, l'analyse comporte le cas échéant des indicateurs clés de performance de nature non financière ayant trait à l'activité spécifique de la société, notamment des informations relatives aux questions d'environnement et de personnel.

« Le rapport comporte également une description des principaux risques et incertitudes auxquels la société est confrontée.

« L'analyse mentionnée au troisième alinéa contient, le cas échéant, des renvois aux montants indiqués dans les comptes annuels et des explications supplémentaires y afférentes.

« Le rapport comporte en outre des indications sur l'utilisation des instruments financiers par l'entreprise, lorsque cela est pertinent pour l'évaluation de son actif, de son passif, de sa situation financière et de ses pertes ou profits. Ces indications portent sur les objectifs et la politique de la société en matière de gestion des risques financiers, y compris sa politique concernant la couverture de chaque catégorie principale de transactions prévues pour lesquelles il est fait usage de la comptabilité de couverture. Elles portent également sur l'exposition de la société aux risques de prix, de crédit, de liquidité et de trésorerie. »

(Ord. n° 2004-604 du 24 juin 2004, art. 51-I) « Est joint à ce rapport un tableau récapitulatif des délégations en cours de validité accordées par l'assemblée générale des actionnaires au conseil d'administration ou au directoire dans le domaine des augmentations de capital, par application des articles L. 225-129-1 et L. 225-129-2. Le tableau fait apparaître l'utilisation faite de ces délégations au cours de l'exercice.

« Les commissaires aux comptes relatent, dans leur rapport, l'accomplissement de la mission qui leur est dévolue par l'article *(Ord. n° 2005-1126 du 8 sept. 2005, art. 22)* « L. 823-9 ».

L'assemblée délibère et statue sur toutes les questions relatives aux comptes annuels *(L. n° 2001-420 du 15 mai 2001)* « et, le cas échéant, aux comptes consolidés » de l'exercice écoulé.

Elle exerce les pouvoirs qui lui sont attribués notamment par l'article L. 225-18, le quatrième alinéa de l'article L. 225-24, le troisième alinéa de l'article L. 225-40, le troisième alinéa de l'article L. 225-42 et par l'article L. 225-45 ou, le cas échéant, par l'article L. 225-75, le quatrième alinéa de l'article L. 225-78, l'article L. 225-83, le troisième alinéa de l'article L. 225-88 et le troisième alinéa de l'article L. 225-90.

(Abrogé par Ord. n° 2004-604 du 24 juin 2004, art. 51-I) ***« Elle autorise les émissions d'obligations ainsi que la constitution de sûretés particulières à leur conférer. Toutefois dans les sociétés qui ont pour objet principal d'émettre des emprunts obligataires destinés au financement des prêts qu'elles consentent, le conseil d'administration ou le directoire, selon le cas, est habilité de plein droit, sauf disposition statutaire contraire, à émettre ces emprunts. »*** — *[L. n° 66-537 du 24 juill. 1966, art. 157]. — V. Décr. n° 67-236 du 23 mars 1967, art. 121, 135, 146 à 151, 193, 293 et 294, infra, App., v° Sociétés commerciales.*

Les 3e à 6e alinéas de l'art. L. 225-100 s'appliquent au rapport de gestion (C. com., art. L. 223-26, al. 6). - V. aussi le 4e alinéa de l'art. L. 221-7 C. com.

Les dispositions des art. L. 225-100, L. 225-102-1 et L. 225-129-5 entrent en vigueur pour les exercices ouverts à partir du 1er janv. 2004. Les délégations accordées par les assemblées générales extraordinaires des sociétés antérieurement à la publication de l'ord. n° 2004-604 du 24 juin 2004 (JO 26 juin) restent valables jusqu'à leur terme sauf décision contraire d'une nouvelle assemblée générale extraordinaire. Toutefois, les modalités d'exercice de ces délégations sont régies par les dispositions de l'ordonnance précitée dès son entrée en vigueur (Ord. n° 2004-604 du 24 juin 2004, art. 64-I). Les dispositions de l'ord. n° 2004-1382 du 20 déc. 2004 s'appliquent à partir du premier exercice ouvert à compter du 1er janv. 2005 (art. 12 de l'ord. préc.).

Art. L. 225-100-1 *(Ord. nº 2004-1382 du 20 déc. 2004, art. 4)* **Les troisième à sixième alinéas de l'article L. 225-100 ne s'appliquent pas aux sociétés qui ne dépassent pas à la clôture de l'exercice des chiffres fixés par décret pour deux des critères suivants : le total de leur bilan, le montant net de leur chiffre d'affaires ou le nombre moyen de salariés permanents employés au cours de l'exercice. Le présent alinéa ne s'applique pas aux sociétés dont des instruments financiers mentionnés au 1 ou au 2 du I de l'article L. 211-1 du code monétaire et financier sont admis à la négociation sur un marché réglementé.** – *V. cet art., infra, App. vº Code monétaire et financier (extraits).*

Ne sont pas tenues de fournir les informations de nature non financière mentionnées à la dernière phrase du troisième alinéa de l'article L. 225-100 les sociétés qui ne dépassent pas à la clôture de l'exercice des chiffres fixés par décret pour deux des critères suivants : le total de leur bilan, le montant net de leur chiffre d'affaires ou le nombre moyen de salariés permanents employés au cours de l'exercice. Le présent alinéa ne s'applique pas aux sociétés dont des instruments financiers mentionnés au 1 ou au 2 du I de l'article L. 211-1 du code monétaire et financier sont admis à la négociation sur un marché réglementé.

Les dispositions de l'ord. nº 2004-1382 du 20 déc. 2004 s'appliquent à partir du premier exercice ouvert à compter du 1er janv. 2005 (art. 12 de l'ord. préc.).

L'art. L. 225-100-1 s'applique au rapport de gestion (C. com., art. L. 223-26, al. 6). – V. aussi le 4e alinéa de l'art. L. 221-7 C. com.

Art. L. 225-100-2 *(Ord. nº 2004-1382 du 20 déc. 2004, art. 4)* **Lorsque la société établit des comptes consolidés en application de l'article L. 233-16, le rapport consolidé de gestion comprend une analyse objective et exhaustive de l'évolution des affaires, des résultats et de la situation financière de l'ensemble des entreprises comprises dans la consolidation, notamment de leur situation d'endettement, au regard du volume et de la complexité des affaires. Dans la mesure nécessaire à la compréhension de l'évolution des affaires, des résultats ou de la situation des entreprises, l'analyse comporte des indicateurs clés de performance de nature tant financière que, le cas échéant, non financière ayant trait à l'activité spécifique des entreprises, notamment des informations relatives aux questions d'environnement et de personnel.**

Le rapport comporte également une description des principaux risques et incertitudes auxquels l'ensemble des entreprises comprises dans la consolidation est confronté.

L'analyse mentionnée au premier alinéa contient, le cas échéant, des renvois aux montants indiqués dans les comptes consolidés et des explications supplémentaires y afférentes.

Le rapport comporte en outre des indications sur l'utilisation des instruments financiers par l'entreprise, lorsque cela est pertinent pour l'évaluation de son actif, de son passif, de sa situation financière et de ses pertes ou profits. Ces indications portent sur les objectifs et la politique de la société en matière de gestion des risques financiers, y compris sa politique concernant la couverture de chaque catégorie principale de transactions prévues pour lesquelles il est fait usage de la comptabilité de couverture. Elles portent également sur l'exposition de la société aux risques de prix, de crédit, de liquidité et de trésorerie.

Les dispositions de l'ord. nº 2004-1382 du 20 déc. 2004 s'appliquent à partir du premier exercice ouvert à compter du 1er janv. 2005 (art. 12 de l'ord. préc.).

Le cas échéant, l'art. L. 225-100-2 s'applique au rapport consolidé de gestion (C. com., art. L. 223-36, al. 6).

Art. L. 225-100-3 *(L. nº 2006-387 du 31 mars 2006, art. 6)* **Pour les sociétés dont des titres sont admis aux négociations sur un marché réglementé, le rapport visé à**

l'article L. 225-100 expose et, le cas échéant, explique les éléments suivants lorsqu'ils sont susceptibles d'avoir une incidence en cas d'offre publique :

1° La structure du capital de la société ;

2° Les restrictions statutaires à l'exercice des droits de vote et aux transferts d'actions ou les clauses des conventions portées à la connaissance de la société en application de l'article L. 233-11 ;

3° Les participations directes ou indirectes dans le capital de la société dont elle a connaissance en vertu des articles L. 233-7 et L. 233-12 ;

4° La liste des détenteurs de tout titre comportant des droits de contrôle spéciaux et la description de ceux-ci ;

5° Les mécanismes de contrôle prévus dans un éventuel système d'actionnariat du personnel, quand les droits de contrôle ne sont pas exercés par ce dernier ;

6° Les accords entre actionnaires dont la société a connaissance et qui peuvent entraîner des restrictions au transfert d'actions et à l'exercice des droits de vote ;

7° Les règles applicables à la nomination et au remplacement des membres du conseil d'administration ou du directoire ainsi qu'à la modification des statuts de la société ;

8° Les pouvoirs du conseil d'administration ou du directoire, en particulier l'émission ou le rachat d'actions ;

9° Les accords conclus par la société qui sont modifiés ou prennent fin en cas de changement de contrôle de la société, sauf si cette divulgation, hors les cas d'obligation légale de divulgation, porterait gravement atteinte à ses intérêts ;

10° Les accords prévoyant des indemnités pour les membres du conseil d'administration ou du directoire ou les salariés, s'ils démissionnent ou sont licenciés sans cause réelle et sérieuse ou si leur emploi prend fin en raison d'une offre publique.

Art. L. 225-101 Lorsque la société, dans les deux ans suivant son immatriculation, acquiert un bien appartenant à un actionnaire et dont la valeur est au moins égale à un dixième du capital social, un commissaire, chargé d'apprécier, sous sa responsabilité, la valeur de ce bien, est désigné par décision de justice, à la demande du président du conseil d'administration ou du directoire, selon le cas. Ce commissaire est soumis aux incompatibilités prévues à l'article L. 225-224 *[abrogé par L. n° 2003-706 du 1er août 2003) ; — V. note ss. cet art.]*.

Le rapport du commissaire est mis à la disposition des actionnaires. L'assemblée générale ordinaire statue sur l'évaluation du bien, à peine de nullité de l'acquisition. Le vendeur n'a voix délibérative, ni pour lui-même ni comme mandataire.

Les dispositions du présent article ne sont pas applicables lorsque l'acquisition est faite en bourse, sous le contrôle d'une autorité judiciaire ou dans le cadre des opérations courantes de la société et conclues à des conditions normales. — *[L. n° 66-537 du 24 juill. 1966, art. 157-1]. — V. Décr. n° 67-236 du 23 mars 1967, art. 135 et 148-1, infra, App., v° Sociétés commerciales.*

Art. L. 225-102 Le rapport présenté par le conseil d'administration ou le directoire, selon le cas, à l'assemblée générale rend compte annuellement de l'état de la participation des salariés au capital social au dernier jour de l'exercice et établit la proportion du capital que représentent les actions détenues par le personnel de la société et par le personnel des sociétés qui lui sont liées au sens de l'article L. 225-180 dans le cadre du plan d'épargne d'entreprise prévu par les articles L. 443-1 à L. 443-9 du code du travail et par les salariés et anciens salariés dans le cadre des fonds communs de placement d'entreprise régis par le chapitre III de la loi n° 88-1201 du 23 décembre 1988 relative aux organismes de placement collectif en valeurs mobilières et portant création des fonds communs de créances *[C. mon. fin., art. L. 214-39 s.]*. Sont également prises en compte les actions détenues directement par les salariés durant les périodes d'incessibilité prévues aux articles L. 225-194 et L. 225-197, à l'article 11 de la loi n° 86-912 du 6 août 1986 relative aux modalités

des privatisations et à l'article L. 442-7 du code du travail. – *V. les art. préc. du C. mon. fin., l'art. préc. du C. trav. et la loi du 6 août 1986, art. 11 au* **C. *sociétés.***

Les titres acquis par les salariés dans le cadre d'une opération de rachat d'une entreprise par ses salariés prévue par la loi n° 84-578 du 9 juillet 1984 sur le développement de l'initiative économique ainsi que par les salariés d'une société coopérative ouvrière de production au sens de la loi n° 78-763 du 19 juillet 1978 portant statut de sociétés coopératives ouvrières de production ne sont pas pris en compte pour l'évaluation de la proportion du capital prévue à l'alinéa précédent. – *[L. n° 66-537 du 24 juill. 1966, art. 157-2]. – V. ladite loi du 19 juill. 1978 au* **C. *sociétés.***

(L. n° 2001-152 du 19 févr. 2001) **« Lorsque le rapport annuel ne comprend pas les mentions prévues au premier alinéa, toute personne intéressée peut demander au président du tribunal statuant en référé d'enjoindre sous astreinte au conseil d'administration ou au directoire, selon le cas, de communiquer ces informations.**

« Lorsqu'il est fait droit à la demande, l'astreinte et les frais de procédure sont à la charge des administrateurs ou des membres du directoire, selon le cas. »

Art. L. 225-102-1 *(L. n° 2001-420 du 15 mai 2001)* **Le rapport visé à l'article L. 225-102 rend compte de la rémunération totale et des avantages de toute nature versés, durant l'exercice, à chaque mandataire social** *(Ord. n° 2004-604 du 24 juin 2004, art. 51-II)* **« , y compris sous forme d'attribution de titres de capital, de titres de créances ou de titres donnant accès au capital ou donnant droit à l'attribution de titres de créances de la société ou des sociétés mentionnées aux articles L. 228-13 et L. 228-93. »**

Il indique également le montant des rémunérations et des avantages de toute nature que chacun de ces mandataires a reçu durant l'exercice de la part des sociétés contrôlées au sens de l'article L. 233-16 *(L. n° 2003-706 du 1er août 2003)* **« ou de la société qui contrôle, au sens du même article, la société dans laquelle le mandat est exercé ».**

(L. n° 2005-842 du 26 juill. 2005, art. 9-I) **« Ce rapport décrit en les distinguant les éléments fixes, variables et exceptionnels composant ces rémunérations et avantages ainsi que les critères en application desquels ils ont été calculés ou les circonstances en vertu desquelles ils ont été établis. Il indique également les engagements de toutes natures, pris par la société au bénéfice de ses mandataires sociaux, correspondant à des éléments de rémunération, des indemnités ou des avantages dus ou susceptibles d'être dus à raison de la prise, de la cessation ou du changement de ces fonctions ou postérieurement à celles-ci. L'information donnée à ce titre doit préciser les modalités de détermination de ces engagements. Hormis les cas de bonne foi, les versements effectués et les engagements pris en méconnaissance des dispositions du présent alinéa peuvent être annulés. »**

Il comprend également la liste de l'ensemble des mandats et fonctions exercés dans toute société par chacun de ces mandataires durant l'exercice.

Il comprend également des informations, dont la liste est fixée par décret en Conseil d'État, sur la manière dont la société prend en compte les conséquences sociales et environnementales de son activité. Le présent alinéa ne s'applique pas aux sociétés dont les titres ne sont pas admis aux négociations sur un marché réglementé. – *V. Décr. n° 67-236 du 23 mars 1967, art. 148-2 s., infra, App., v° Sociétés commerciales.*

(L. n° 2005-842 du 26 juill. 2005, art. 9-I) **« Les dispositions des deux derniers alinéas de l'article L. 225-102 sont applicables aux informations visées au présent article. »**

(L. n° 2003-706 du 1er août 2003) **« Les dispositions des premier** *(L. n° 2005-842 du 26 juill. 2005, art. 9-I)* **« à troisième » alinéas ne sont pas applicables aux sociétés dont les titres ne sont pas admis aux négociations sur un marché réglementé et qui ne sont pas contrôlées au sens de l'article L. 233-16 par une société dont les titres sont admis aux négociations sur un marché réglementé. »** *(Ord. n° 2004-604 du 24 juin 2004, art. 51-II)* **« Ces dispositions ne sont, en outre, pas applicables aux**

mandataires sociaux ne détenant aucun mandat dans une société dont les titres sont admis aux négociations sur un marché réglementé. »

V. note ss. art. L. 225-100, supra.

Les dispositions des trois premiers [deux premiers et du quatrième] al. de l'art. L. 225-102-1 prennent effet à compter de la publication du rapport annuel portant sur l'exercice ouvert à compter du 1er janv. 2001, celles du dernier [cinquième] al. de l'art. L. 225-102-1 prennent effet à compter de la publication du rapport annuel portant sur l'exercice ouvert à compter du 1er janv. 2002 (L. n° 2001-420 du 15 mai 2001, art. 116-II, JO 16 mai). Ces dates sont respectivement le 1er janv. 2004 et le 1er janv. 2005 pour Mayotte, la Nouvelle-Calédonie et les îles Wallis-et-Futuna (Ord. n° 2004-604 du 24 juin 2004, art. 65-I).

Art. L. 225-102-2 *(L. n° 2003-699 du 30 juill. 2003, art. 23)* **Pour les sociétés exploitant au moins une installation figurant sur la liste prévue au IV de l'article L. 515-8 du code de l'environnement, le rapport mentionné à l'article L. 225-102 du présent code :**

— informe de la politique de prévention du risque d'accident technologique menée par la société ;

— rend compte de la capacité de la société à couvrir sa responsabilité civile vis-à-vis des biens et des personnes du fait de l'exploitation de telles installations ;

— précise les moyens prévus par la société pour assurer la gestion de l'indemnisation des victimes en cas d'accident technologique engageant sa responsabilité.

Art. L. 225-103 **I. — L'assemblée générale est convoquée par le conseil d'administration ou le directoire, selon le cas.**

II. — A défaut, l'assemblée générale peut être également convoquée :

1° Par les commissaires aux comptes ;

2° Par un mandataire, désigné en justice, à la demande, soit de tout intéressé en cas d'urgence, soit d'un ou plusieurs actionnaires réunissant au moins *(L. n° 2001-420 du 15 mai 2001)* **« 5 % » du capital social, soit d'une association d'actionnaires répondant aux conditions fixées à l'article L. 225-120 ;**

3° Par les liquidateurs ;

4° Par les actionnaires majoritaires en capital ou en droits de vote après une offre publique d'achat ou d'échange ou après une cession d'un bloc de contrôle.

III. — Dans les sociétés soumises aux articles L. 225-57 à L. 225-93, l'assemblée générale peut être convoquée par le conseil de surveillance.

IV. — Les dispositions qui précédent *[précèdent]* **sont applicables aux assemblées spéciales. Les actionnaires agissant en désignation d'un mandataire de justice doivent réunir au moins le dixième des actions de la catégorie intéressée.**

V. — Sauf clause contraire des statuts, les assemblées d'actionnaires sont réunies au siège social ou en tout autre lieu du même département. *— [L. n° 66-537 du 24 juill. 1966, art. 158]. — V. Décr. n° 67-236 du 23 mars 1967, art. 122 et 194, infra, App., v° Sociétés commerciales.*

Art. L. 225-104 **La convocation des assemblées d'actionnaires est faite dans les formes et délais fixés par décret en Conseil d'État.** *— V. Décr. n° 67-236 du 23 mars 1967, art. 120 et 123 à 127, infra, App., v° Sociétés commerciales.*

Toute assemblée irrégulièrement convoquée peut être annulée. Toutefois, l'action en nullité n'est pas recevable lorsque tous les actionnaires étaient présents ou représentés. *— [L. n° 66-537 du 24 juill. 1966, art. 159].*

Art. L. 225-105 **L'ordre du jour des assemblées est arrêté par l'auteur de la convocation.**

Toutefois, un ou plusieurs actionnaires représentant au moins 5 % du capital ou une association d'actionnaires répondant aux conditions fixées à l'article L. 225-120 ont la faculté de requérir l'inscription à l'ordre du jour de projets de résolution. Ces

projets de résolution sont inscrits à l'ordre du jour de l'assemblée *(L. n° 2003-706 du 1er août 2003)* « et portés à la connaissance des actionnaires » dans les conditions déterminées par décret en Conseil d'État. Celui-ci peut réduire le pourcentage exigé par le présent alinéa, lorsque le capital social excède un montant fixé par ledit décret. — *V. Décr. n° 67-236 du 23 mars 1967, art. 128 à 131, infra, App., v° Sociétés commerciales.*

L'assemblée ne peut délibérer sur une question qui n'est pas inscrite à l'ordre du jour. Néanmoins, elle peut, en toutes circonstances, révoquer un ou plusieurs administrateurs ou membres du conseil de surveillance et procéder à leur remplacement.

L'ordre du jour de l'assemblée ne peut être modifié sur deuxième convocation. — *[L. n° 66-537 du 24 juill. 1966, art. 160].*

(L. n° 2003-706 du 1er août 2003) « Lorsque l'assemblée est appelée à délibérer sur des modifications de l'organisation économique ou juridique de l'entreprise sur lesquelles le comité d'entreprise a été consulté en application de l'article L. 432-1 du code du travail, l'avis de celui-ci lui est communiqué. »

Art. L. 225-106 Un actionnaire peut se faire représenter par un autre actionnaire ou par son conjoint.

Tout actionnaire peut recevoir les pouvoirs émis par d'autres actionnaires en vue d'être représentés à une assemblée, sans autres limites que celles résultant des dispositions légales ou statutaires fixant le nombre maximal des voix dont peut disposer une même personne, tant en son nom personnel que comme mandataire.

Avant chaque réunion de l'assemblée générale des actionnaires, le président du conseil d'administration ou le directoire, selon le cas, peut organiser la consultation des actionnaires mentionnés à l'article L. 225-102 afin de leur permettre de désigner un ou plusieurs mandataires pour les représenter à l'assemblée générale conformément aux dispositions du présent article.

Cette consultation est obligatoire lorsque, les statuts ayant été modifiés en application de l'article L. 225-23 ou de l'article L. 225-71, l'assemblée générale ordinaire doit nommer au conseil d'administration ou au conseil de surveillance, selon le cas, un ou des salariés actionnaires ou membres des conseils de surveillance des fonds communs de placement d'entreprise détenant des actions de la société.

(L. n° 2001-152 du 19 févr. 2001) « Cette consultation est également obligatoire lorsque l'assemblée générale extraordinaire doit se prononcer sur une modification des statuts en application de l'article L. 225-23 ou de l'article L. 225-71. »

Les clauses contraires aux dispositions des alinéas précédents sont réputées non écrites.

Pour toute procuration d'un actionnaire sans indication de mandataire, le président de l'assemblée générale émet un vote favorable à l'adoption des projets de résolution présentés ou agréés par le conseil d'administration ou le directoire, selon le cas, et un vote défavorable à l'adoption de tous les autres projets de résolution. Pour émettre tout autre vote, l'actionnaire doit faire choix d'un mandataire qui accepte de voter dans le sens indiqué par le mandant. — *[L. n° 66-537 du 24 juill. 1966, art. 161]. — V. Décr. n° 67-236 du 23 mars 1967, art. 132 et 133, infra, App., v° Sociétés commerciales.*

Art. L. 225-107 *(L. n° 2001-420 du 15 mai 2001)* « I. » — Tout actionnaire peut voter par correspondance, au moyen d'un formulaire dont les mentions sont fixées par décret en Conseil d'État. Les dispositions contraires des statuts sont réputées non écrites.

Pour le calcul du quorum, il n'est tenu compte que des formulaires qui ont été reçus par la société avant la réunion de l'assemblée, dans les conditions de délais fixées par décret en Conseil d'État. Les formulaires ne donnant aucun sens de vote ou exprimant une abstention sont considérés comme des votes négatifs. — *[L. n° 66-537 du 24 juill. 1966, art. 161-1]. — V. Décr. n° 67-236 du 23 mars 1967, art. 123, 130, 131-1 à 131-4, 133 et 136, infra, App., v° Sociétés commerciales.*

(L. n° 2001-420 du 15 mai 2001) « **II. – Si les statuts le prévoient, sont réputés présents pour le calcul du quorum et de la majorité les actionnaires qui participent à l'assemblée par visioconférence ou par des moyens de télécommunication permettant leur identification et dont la nature et les conditions d'application sont déterminées par décret en Conseil d'État.** » – *V. Décr. n° 67-236 du 23 mars 1967, art. 145-2 s., infra, App., v° Sociétés commerciales.*

Art. L. 225-107-1 *(L. n° 2001-420 du 15 mai 2001)* **Les propriétaires de titres mentionnés au** *(Ord. n° 2004-604 du 24 juin 2004, art. 51-III)* **« septième » alinéa de l'article L. 228-1 peuvent se faire représenter dans les conditions prévues audit article par un intermédiaire inscrit.**

Art. L. 225-108 **Le conseil d'administration ou le directoire, selon le cas, doit adresser ou mettre à la disposition des actionnaires les documents nécessaires pour permettre à ceux-ci de se prononcer en connaissance de cause et de porter un jugement informé sur la gestion et la marche des affaires de la société.**

La nature de ces documents et les conditions de leur envoi ou de leur mise à la disposition des actionnaires sont déterminées par décret en Conseil d'État. – *V. Décr. n° 67-236 du 23 mars 1967, art. 133, 135, 138, 139, 141 et 144, infra, App., v° Sociétés commerciales.*

A compter de la communication prévue au premier alinéa, tout actionnaire a la faculté de poser par écrit des questions auxquelles le conseil d'administration ou le directoire, selon le cas, est tenu de répondre au cours de l'assemblée. – *[L. n° 66-537 du 24 juill. 1966, art. 162].*

Art. L. 225-109 **Le président, les directeurs généraux, les membres du directoire d'une société, les personnes physiques ou morales exerçant dans cette société les fonctions d'administrateur ou de membre du conseil de surveillance ainsi que les représentants permanents des personnes morales qui exercent ces fonctions sont tenus, dans les conditions déterminées par décret en Conseil d'État, de faire mettre sous la forme nominative ou de déposer les actions qui appartiennent à eux-mêmes ou à leurs enfants mineurs non émancipés et qui sont émises par la société elle-même, par ses filiales, par la société dont elle est la filiale ou par les autres filiales de cette dernière société, lorsque ces actions sont admises aux négociations sur un marché réglementé.**

La même obligation incombe aux conjoints non séparés de corps des personnes mentionnées à l'alinéa précédent. – *[L. n° 66-537 du 24 juill. 1966, art. 162-1]. – V. Décr. n° 67-236 du 23 mars 1967, art. 153-1 à 153-3, infra, App., v° Sociétés commerciales. – Sur les pénalités, V. infra, art. L. 247-4. – V. aussi, art. L. 465-1 C. mon. fin., infra, App., v° Code monétaire et financier (extraits).*

Art. L. 225-110 **Le droit de vote attaché à l'action appartient à l'usufruitier dans les assemblées générales ordinaires et au nu-propriétaire dans les assemblées générales extraordinaires.**

Les copropriétaires d'actions indivises sont représentés aux assemblées générales par l'un d'eux ou par un mandataire unique. En cas de désaccord, le mandataire est désigné en justice à la demande du copropriétaire le plus diligent.

Le droit de vote est exercé par le propriétaire des titres remis en gage. A cet effet, le créancier gagiste dépose, à la demande de son débiteur, les actions qu'il détient en gage, dans les conditions et délais fixés par décret en Conseil d'État.

Les statuts peuvent déroger aux dispositions du premier alinéa. – *[L. n° 66-537 du 24 juill. 1966, art. 163]. – V. Décr. n° 67-236 du 23 mars 1967, art. 136, 137 et 152, infra, App., v° Sociétés commerciales.*

Art. L. 225-111 **La société ne peut valablement voter avec des actions par elle souscrites, acquises ou prises en gage. Il n'est pas tenu compte de ces actions pour le calcul du quorum.** – *[L. n° 66-537 du 24 juill. 1966, art. 164].*

Art. L. 225-112 *Abrogé par L. n° 2001-420 du 15 mai 2001, art. 115, 2°.*

Art. L. 225-113 **Tout actionnaire peut participer aux assemblées générales extraordinaires et tout actionnaire possédant des actions visées à l'article L. 225-99 peut participer aux assemblées spéciales. Toute clause contraire est réputée non écrite.** – *[L. n° 66-537 du 24 juill. 1966, art. 166].*

Art. L. 225-114 **A chaque assemblée, est tenue une feuille de présence dont les mentions sont déterminées par décret en Conseil d'État.** – *[L. n° 66-537 du 24 juill. 1966, art. 167]. – V. Décr. n° 67-236 du 23 mars 1967, art. 145, infra, App., v° Sociétés commerciales.*

Art. L. 225-115 **Tout actionnaire a droit, dans les conditions et délais déterminés par décret en Conseil d'État, d'obtenir communication :**

1° De l'inventaire, des comptes annuels et de la liste des administrateurs ou des membres du directoire et du conseil de surveillance, et, le cas échéant, des comptes consolidés ;

2° Des rapports du conseil d'administration ou du directoire et du conseil de surveillance, selon le cas, et des commissaires aux comptes, qui seront soumis à l'assemblée ;

3° Le cas échéant, du texte et de l'exposé des motifs des résolutions proposées, ainsi que des renseignements concernant les candidats au conseil d'administration ou au conseil de surveillance, selon le cas ;

4° Du montant global, certifié exact par les commissaires aux comptes, des rémunérations versées aux personnes les mieux rémunérées, le nombre de ces personnes étant de dix ou de cinq selon que l'effectif du personnel excède ou non deux cents salariés ;

5° Du montant global, certifié par les commissaires aux comptes des *(Ord. n° 2004-604 du 24 juin 2004, art. 51-VI)* **« versements effectués en application des 1 et 4 de l'article 238 *bis* du code général des impôts » ainsi que de la liste des actions nominatives de parrainage, de mécénat.**

(L. n° 2001-420 du 15 mai 2001) **« 6° De la liste et de l'objet des conventions portant sur des opérations courantes conclues à des conditions normales** *(L. n° 2003-706 du 1er août 2003)* **« , établis conformément aux articles L. 225-39 et L. 225-87. »** – *[L. n° 66-537 du 24 juill. 1966, art. 168].*

Art. L. 225-116 **Avant la réunion de toute assemblée générale, tout actionnaire a le droit d'obtenir, dans les conditions et les délais déterminés par décret en Conseil d'État, communication de la liste des actionnaires.** – *[L. n° 66-537 du 24 juill. 1966, art. 169]. – V. Décr. n° 67-236 du 23 mars 1967, art. 140, 141, 144 et 152, infra, App., v° Sociétés commerciales.*

Art. L. 225-117 **Tout actionnaire a le droit, à toute époque, d'obtenir communication des documents visés à l'article L. 225-115 et concernant les trois derniers exercices, ainsi que des procès-verbaux et feuilles de présence des assemblées tenues au cours de ces trois derniers exercices.** – *[L. n° 66-537 du 24 juill. 1966, art. 170]. – V. Décr. n° 67-236 du 23 mars 1967, art. 142, 144, 153 et 297, infra, App., v° Sociétés commerciales.*

Art. L. 225-118 **Le droit à communication des documents, prévu aux articles L. 225-115, L. 225-116 et L. 225-117, appartient également à chacun des copropriétaires d'actions indivises, au nu-propriétaire et à l'usufruitier d'actions.** – *[L. n° 66-537 du 24 juill. 1966, art. 171]. – V. Décr. n° 67-236 du 23 mars 1967, art. 135, 138 à 142 et 144, infra, App., v° Sociétés commerciales.*

Art. L. 225-119 *Abrogé par L. n° 2001-420 du 15 mai 2001, art. 122, 2°.*

Art. L. 225-120 I. – Dans les sociétés dont les actions sont admises aux négociations sur un marché réglementé, les actionnaires justifiant d'une inscription nominative depuis au moins deux ans et détenant ensemble au moins 5 % des droits de vote peuvent se regrouper en associations destinées à représenter leurs intérêts au sein de la société. Pour exercer les droits qui leur sont reconnus aux articles L. 225-103, L. 225-105, *(Ord. nº 2005-1126 du 8 sept. 2005, art. 22)* « L. 823-6 », L. 225-231, L. 225-232, *(Ord. nº 2005-1126 du 8 sept. 2005, art. 22)* « L. 823-7 » et L. 225-252, ces associations doivent avoir communiqué leur statut à la société et à *(L. nº 2003-706 du 1er août 2003, art. 46-V)* « l'Autorité des marchés financiers ».

II. – Toutefois, lorsque le capital de la société est supérieur à *(Ord. nº 2000-916 du 19 sept. 2000)* « 750 000 € », la part des droits de vote à représenter en application de l'alinéa précédent, est, selon l'importance des droits de vote afférent au capital, réduite ainsi qu'il suit :

1° 4 % entre *(Ord. nº 2000-916 du 19 sept. 2000)* « 750 000 € et jusqu'à 4 500 000 € » ;

2° 3 % entre *(Ord. nº 2000-916 du 19 sept. 2000)* « 4 500 000 € et 7 500 000 € » ;

3° 2 % entre *(Ord. nº 2000-916 du 19 sept. 2000)* « 7 500 000 € et 15 000 000 € » ;

4° 1 % au-delà de *(Ord. nº 2000-916 du 19 sept. 2000)* « 15 000 000 € ». – *[L. nº 66-537 du 24 juill. 1966, art. 172-1].*

Art. L. 225-121 Les délibérations prises par les assemblées en violation des articles L. 225-96, L. 225-97, L. 225-98, des troisième et quatrième alinéas de l'article L. 225-99, du deuxième alinéa de l'article L. 225-100 et des articles L. 225-105 et L. 225-114 sont nulles.

En cas de violation des dispositions des articles L. 225-115 et L. 225-116 ou du décret pris pour leur application, l'assemblée peut être annulée. – *[L. nº 66-537 du 24 juill. 1966, art. 173].*

Art. L. 225-122 I. – Sous réserve des dispositions des articles L. 225-10, L. 225-123, L. 225-124, L. 225-125 et L. 225-126, le droit de vote attaché aux actions de capital ou de jouissance est proportionnel à la quotité de capital qu'elles représentent et chaque action donne droit à une voix au moins. Toute clause contraire est réputée non écrite.

II. – Dans les sociétés par actions dont le capital est, pour un motif d'intérêt général, en partie propriété de l'État, de départements, de communes ou d'établissements publics, et dans celles ayant pour objet des exploitations concédées par les autorités administratives compétentes, hors de la France métropolitaine, le droit de vote est réglé par les statuts en vigueur le 1er avril 1967. – *[L. nº 66-537 du 24 juill. 1966, art. 174 et 492].*

Art. L. 225-123 Un droit de vote double de celui conféré aux autres actions, eu égard à la quotité de capital social qu'elles représentent, peut être attribué, par les statuts ou une assemblée générale extraordinaire ultérieure, à toutes les actions entièrement libérées pour lesquelles il sera justifié d'une inscription nominative, depuis deux ans au moins, au nom du même actionnaire.

En outre, en cas d'augmentation du capital par incorporation de réserves, bénéfices ou primes d'émission, le droit de vote double peut être conféré, dès leur émission, aux actions nominatives attribuées gratuitement à un actionnaire à raison d'actions anciennes pour lesquelles il bénéficie de ce droit.

Le droit de vote prévu aux premier et deuxième alinéas ci-dessus peut être réservé aux actionnaires de nationalité française et à ceux ressortissant d'un État membre de la Communauté européenne ou d'un État partie à l'accord sur l'Espace économique européen. – *[L. nº 66-537 du 24 juill. 1966, art. 175].*

Art. L. 225-124 **Toute action convertie au porteur ou transférée en propriété perd le droit de vote double attribué en application de l'article L. 225-123. Néanmoins, le transfert par suite de succession, de liquidation de communauté de biens entre époux, ou de donation entre vifs au profit d'un conjoint ou d'un parent au degré successible, ne fait pas perdre le droit acquis et n'interrompt pas les délais prévus audit article.**

La fusion ou la scission de la société est sans effet sur le droit de vote double qui peut être exercé au sein de la ou des sociétés bénéficiaires, si les statuts de celles-ci l'ont institué. — *[L. n° 66-537 du 24 juill. 1966, art. 176].*

Art. L. 225-125 **Les statuts peuvent limiter le nombre de voix dont chaque actionnaire dispose dans les assemblées, sous la condition que cette limitation soit imposée à toutes les actions sans distinction de catégorie, autres que les actions à dividende prioritaire sans droit de vote.** — *[L. n° 66-537 du 24 juill. 1966, art. 177].*

(L. n° 2006-387 du 31 mars 2006, art. 18) **« Les effets de la limitation mentionnée à l'alinéa précédent, prévue dans les statuts d'une société qui fait l'objet d'une offre publique et dont des actions sont admises à la négociation sur un marché réglementé, sont suspendus lors de la première assemblée générale qui suit la clôture de l'offre lorsque l'auteur de l'offre, agissant seul ou de concert, vient à détenir une fraction du capital ou des droits de vote de la société visée par l'offre supérieure à une quotité fixée par le règlement général de l'Autorité des marchés financiers, au moins égale à celle requise pour modifier les statuts, et dans la limite des trois quarts. »**

Art. L. 225-126 (Abrogé par Ord. n° 2004-604 du 24 juin 2004, art. 51-VII) ***Sous réserve des dispositions des articles L. 225-161 et L. 225-174, les statuts peuvent prévoir la création d'actions à dividende prioritaire sans droit de vote dans les assemblées générales des actionnaires. Elles sont régies par les articles L. 228-12 à L. 228-20.***

La création d'actions à dividende prioritaire sans droit de vote n'est permise qu'aux sociétés qui ont réalisé au cours des deux derniers exercices des bénéfices distribuables au sens du premier alinéa de l'article L. 232-11. — [L. n° 66-537 du 24 juill. 1966, art. 177-1].

Sur les infractions relatives aux assemblées d'actionnaires, V. art. L. 242-6, L. 242-8 à L. 242-16 [abrogé], L. 242-25 et L. 247-1.

SECTION IV DES MODIFICATIONS DU CAPITAL SOCIAL ET DE L'ACTIONNARIAT DES SALARIÉS

SOUS-SECTION 1 DE L'AUGMENTATION DU CAPITAL

L'ord. n° 2004-604 du 24 juin 2004, modifiant les art. L. 225-127 s. C. com., a été ratifiée par la l'art. 78-XXVII de la L. n° 2004-1343 du 9 déc. 2004 (JO 10 déc.).

Art. L. 225-127 *(Ord. n° 2004-604 du 24 juin 2004, art. 2)* **Le capital social est augmenté soit par émission d'actions ordinaires ou d'actions de préférence, soit par majoration du montant nominal des titres de capital existants.**

Il peut également être augmenté par l'exercice de droits attachés à des valeurs mobilières donnant accès au capital, dans les conditions prévues aux articles L. 225-149 et L. 225-177.

Art. L. 225-128 *(Ord. n° 2004-604 du 24 juin 2004, art. 3)* **Les titres de capital nouveaux sont émis soit à leur montant nominal, soit à ce montant majoré d'une prime d'émission.**

Ils sont libérés soit par apport en numéraire y compris par compensation avec des créances liquides et exigibles sur la société, soit par apport en nature, soit par incorporation de réserves, bénéfices ou primes d'émission, soit en conséquence d'une fusion ou d'une scission.

Ils peuvent aussi être libérés consécutivement à l'exercice d'un droit attaché à des valeurs mobilières donnant accès au capital comprenant, le cas échéant, le versement des sommes correspondantes.

Art. L. 225-129 *(Ord. nº 2004-604 du 24 juin 2004, art. 4)* **L'assemblée générale extraordinaire est seule compétente pour décider, sur le rapport du conseil d'administration ou du directoire, une augmentation de capital immédiate ou à terme. Elle peut déléguer cette compétence au conseil d'administration ou au directoire dans les conditions fixées à l'article L. 225-129-2.** — *V. Décr. nº 67-236 du 23 mars 1967, art. 154, infra, App., vº Sociétés commerciales.*

L'augmentation de capital doit, sous réserve des dispositions prévues aux articles L. 225-129-2 et L. 225-138, être réalisée dans le délai de cinq ans à compter de cette décision ou de cette délégation. Ce délai ne s'applique pas aux augmentations de capital à réaliser à la suite de l'exercice d'un droit attaché à une valeur mobilière donnant accès au capital ou à la suite des levées d'options prévues à l'article L. 225-177.

Art. L. 225-129-1 *(Ord. nº 2004-604 du 24 juin 2004, art. 5)* **Lorsque l'assemblée générale extraordinaire décide l'augmentation de capital, elle peut déléguer au conseil d'administration ou au directoire le pouvoir de fixer les modalités de l'émission des titres.**

Art. L. 225-129-2 *(Ord. nº 2004-604 du 24 juin 2004, art. 5)* **Lorsque l'assemblée générale extraordinaire délègue au conseil d'administration ou au directoire sa compétence pour décider de l'augmentation de capital, elle fixe la durée, qui ne peut excéder vingt-six mois, durant laquelle cette délégation peut être utilisée et le plafond global de cette augmentation.**

Cette délégation prive d'effet toute délégation antérieure ayant le même objet.

Les émissions mentionnées aux articles L. 225-135 à L. 225-138-1 et L. 225-177 à L. 225-186, *(L. nº 2004-1484 du 30 déc. 2004, art. 83-I)* **« L. 225-197-1 à L. 225-197-3 » ainsi que les émissions d'actions de préférence mentionnées aux articles L. 228-11 à L. 228-20 doivent faire l'objet de résolutions particulières.**

Dans la limite de la délégation donnée par l'assemblée générale, le conseil d'administration ou le directoire dispose des pouvoirs nécessaires pour fixer les conditions d'émission, constater la réalisation des augmentations de capital qui en résultent et procéder à la modification corrélative des statuts.

Art. L. 225-129-3 *Abrogé par L. nº 2006-387 du 31 mars 2006, art. 22-I. — V. art. L. 233-32.*

Art. L. 225-129-4 *(Ord. nº 2004-604 du 24 juin 2004, art. 5)* **Dans les sociétés anonymes dont les titres sont admis aux négociations sur un marché réglementé :**

***a)* Le conseil d'administration peut, dans les limites qu'il aura préalablement fixées, déléguer au directeur général, ou, en accord avec ce dernier, à un ou plusieurs directeurs généraux délégués le pouvoir de décider la réalisation de l'émission, ainsi que celui d'y surseoir ;**

***b)* Le directoire peut déléguer à son président ou, en accord avec celui-ci, à l'un de ses membres le pouvoir de décider la réalisation de l'émission, ainsi que celui d'y surseoir.**

Les personnes désignées rendent compte au conseil d'administration ou au directoire de l'utilisation faite de ce pouvoir dans les conditions prévues par ces derniers.

Art. L. 225-129-5 *(Ord. nº 2004-604 du 24 juin 2004, art. 5)* Lorsqu'il est fait usage des délégations prévues aux articles L. 225-129-1 et L. 225-129-2, le conseil d'administration ou le directoire établit un rapport complémentaire à l'assemblée générale ordinaire suivante dans les conditions fixées par décret en Conseil d'État.

V. note ss. art. L. 225-100, supra.

Art. L. 225-129-6 *(Ord. nº 2004-604 du 24 juin 2004, art. 5)* Lors de toute décision d'augmentation du capital par apport en numéraire, sauf si elle résulte d'une émission au préalable de valeurs mobilières donnant accès au capital, l'assemblée générale extraordinaire doit se prononcer sur un projet de résolution tendant à la réalisation d'une augmentation de capital dans les conditions prévues à l'article L. 443-5 du code du travail. *(L. nº 2004-1343 du 9 déc. 2004, art. 78-XXVII)* « Toutefois, l'assemblée générale extraordinaire se prononce sur un tel projet de résolution lorsqu'elle délègue sa compétence pour réaliser l'augmentation de capital conformément à l'article L. 225-129-2. »

(L. nº 2005-842 du 26 juill. 2005, art. 42) « Tous les trois ans », une assemblée générale extraordinaire est convoquée pour se prononcer sur un projet de résolution tendant à réaliser une augmentation de capital dans les conditions prévues à l'article L. 443-5 du code du travail si, au vu du rapport présenté à l'assemblée générale par le conseil d'administration ou le directoire en application de l'article L. 225-102, les actions détenues par le personnel de la société et des sociétés qui lui sont liées au sens de l'article L. 225-180 représentent moins de 3 % du capital. – *V. Décr. nº 67-236 du 23 mars 1967, art. 165, infra, App., vº Sociétés commerciales.*

Art. L. 225-130 *(Ord. nº 2004-604 du 24 juin 2004, art. 6)* Lorsque l'augmentation du capital, que ce soit par émission de titres de capital nouveaux ou par majoration du montant nominal des titres de capital existants, est réalisée par incorporation de réserves, bénéfices ou primes d'émission, l'assemblée générale, par dérogation aux dispositions de l'article L. 225-96, statue dans les conditions de quorum et de majorité prévues à l'article L. 225-98. Dans ce cas, elle peut décider que les droits formant rompus ne sont ni négociables, ni cessibles et que les titres de capital correspondants sont vendus. Les sommes provenant de la vente sont allouées aux titulaires des droits dans un délai fixé par décret en Conseil d'État. – *V. Décr. nº 67-236 du 23 mars 1967, art. 165, infra, App., vº Sociétés commerciales.*

L'augmentation de capital par majoration du montant nominal des titres de capital, en dehors des cas prévus à l'alinéa précédent, n'est décidée qu'avec le consentement unanime des actionnaires.

Art. L. 225-131 Le capital doit être intégralement libéré avant toute émission d'actions nouvelles à libérer en numéraire *(Abrogé par Ord. nº 2004-604 du 24 juin 2004, art. 51-IV)* « *, à peine de nullité de l'opération* ».

En outre, l'augmentation du capital par appel public à l'épargne, réalisée moins de deux ans après la constitution d'une société selon les articles L. 225-12 à L. 225-16, doit être précédée, dans les conditions visées aux articles L. 225-8 à L. 225-10, d'une vérification de l'actif et du passif ainsi que, le cas échéant, des avantages particuliers consentis. – *[L. nº 66-537 du 24 juill. 1966, art. 182].*

Art. L. 225-132 Les actions comportent un droit préférentiel de souscription aux augmentations de capital.

Les actionnaires ont, proportionnellement au montant de leurs actions, un droit de préférence à la souscription des actions de numéraire émises pour réaliser une augmentation de capital. *(Abrogé par Ord. nº 2004-604 du 24 juin 2004, art. 51-V)* « *Toute clause contraire est réputée non écrite.* »

Pendant la durée de la souscription, ce droit est négociable lorsqu'il est détaché d'actions elles-mêmes négociables. Dans le cas contraire, il est cessible dans les mêmes conditions que l'action elle-même.

Les actionnaires peuvent renoncer à titre individuel à leur droit préférentiel. – *[L. n° 66-537 du 24 juill. 1966, art. 183]. – V. Décr. n° 67-236 du 23 mars 1967, art. 157-1, infra, App., v° Sociétés commerciales.*

(Ord. n° 2004-604 du 24 juin 2004, art. 7) « La décision relative à la conversion des actions de préférence emporte renonciation des actionnaires au droit préférentiel de souscription aux actions issues de la conversion.

« La décision d'émission de valeurs mobilières donnant accès au capital emporte également renonciation des actionnaires à leur droit préférentiel de souscription aux titres de capital auxquels les valeurs mobilières émises donnent droit. »

Art. L. 225-133 *(Ord. n° 2004-604 du 24 juin 2004, art. 8)* Si l'assemblée générale ou, en cas de délégation prévue à l'article L. 225-129, le conseil d'administration ou le directoire le décide expressément, les titres de capital non souscrits à titre irréductible sont attribués aux actionnaires qui auront souscrit un nombre de titres supérieur à celui auquel ils pouvaient souscrire à titre préférentiel, proportionnellement aux droits de souscription dont ils disposent et, en tout état de cause, dans la limite de leurs demandes.

Art. L. 225-134 I. – Si les souscriptions à titre irréductible et, le cas échéant, à titre réductible n'ont pas absorbé la totalité de l'augmentation de capital :

(Ord. n° 2004-604 du 24 juin 2004, art. 9) « 1° Le montant de l'augmentation de capital peut être limité au montant des souscriptions sauf décision contraire de l'assemblée générale. En aucun cas, le montant de l'augmentation de capital ne peut être inférieur aux trois quarts de l'augmentation décidée ; »

2° Les actions non souscrites peuvent être librement réparties totalement ou partiellement, à moins que l'assemblée en ait décidé autrement ;

3° Les actions non souscrites peuvent être offertes au public totalement ou partiellement lorsque l'assemblée a expressément admis cette possibilité.

II. – Le conseil d'administration ou le directoire peut utiliser dans l'ordre qu'il détermine les facultés prévues ci-dessus ou certaines d'entre elles seulement. L'augmentation de capital n'est pas réalisée lorsque après l'exercice de ces facultés, le montant des souscriptions reçues n'atteint pas la totalité de l'augmentation de capital ou les trois quarts de cette augmentation dans le cas prévu au 1° du I.

III. – Toutefois, le conseil d'administration ou le directoire peut, d'office et dans tous les cas, limiter l'augmentation de capital au montant atteint lorsque les actions non souscrites représentent moins de 3 % de l'augmentation de capital. Toute délibération contraire est réputée non écrite. – *[L. n° 66-537 du 24 juill. 1966, art. 185].*

Art. L. 225-135 *(Ord. n° 2004-604 du 24 juin 2004, art. 10)* L'assemblée qui décide ou autorise une augmentation de capital peut supprimer le droit préférentiel de souscription pour la totalité de l'augmentation de capital ou pour une ou plusieurs tranches de cette augmentation. Elle statue sur le rapport du conseil d'administration ou du directoire. Lorsqu'elle décide l'augmentation de capital, elle statue également sur rapport des commissaires aux comptes. Lors des émissions auxquelles il est procédé par le conseil d'administration ou le directoire en application d'une autorisation donnée par l'assemblée générale, le commissaire aux comptes établit un rapport au conseil d'administration ou au directoire.

Dans les sociétés dont les titres de capital sont admis aux négociations sur un marché réglementé, l'assemblée peut prévoir que l'augmentation de capital qu'elle décide ou autorise comporte un délai de priorité de souscription en faveur des actionnaires, dont la durée minimale est fixée par décret en Conseil d'État. Elle peut également déléguer au conseil d'administration ou au directoire la faculté d'apprécier s'il y a lieu de prévoir un tel délai et éventuellement de fixer ce délai dans les mêmes conditions. - *V. Décr. n° 67-236 du 23 mars 1967, art. 165, infra, App., v° Sociétés commerciales.*

Un décret en Conseil d'État fixe les conditions dans lesquelles sont établis les rapports des commissaires aux comptes prévus au présent article.

Art. L. 225-135-1 *(Ord. n° 2004-604 du 24 juin 2004, art. 11)* **En cas d'augmentation de capital avec ou sans droit préférentiel de souscription, l'assemblée peut prévoir que le nombre de titres pourra être augmenté pendant un délai fixé par décret en Conseil d'État, dans la limite d'une fraction de l'émission initiale déterminée par ce même décret et au même prix que celui retenu pour l'émission initiale. La limite prévue au 1° du I de l'article L. 225-134 est alors augmentée dans les mêmes proportions.** *— V. Décr. n° 67-236 du 23 mars 1967, art. 155-4, infra, App., v° Sociétés commerciales.*

Art. L. 225-136 *(Ord. n° 2004-604 du 24 juin 2004, art. 12)* **L'émission par appel public à l'épargne, sans droit préférentiel de souscription, de titres de capital est soumise aux conditions suivantes :**

1° Pour les sociétés dont les titres de capital sont admis aux négociations sur un marché réglementé et dans la mesure où les valeurs mobilières à émettre de manière immédiate ou différée leur sont assimilables, le prix d'émission doit être fixé, selon des modalités prévues par décret en Conseil d'État pris après consultation de l'Autorité des marchés financiers. *— V. Décr. n° 67-236 du 23 mars 1967, art. 155-5, infra, App., v° Sociétés commerciales.*

Toutefois, dans la limite de 10 % du capital social par an, l'assemblée générale extraordinaire peut autoriser le conseil d'administration ou le directoire, à fixer le prix d'émission selon des modalités qu'elle détermine au vu d'un rapport du conseil d'administration ou du directoire, et d'un rapport spécial du commissaire aux comptes. Lorsqu'il est fait usage de cette autorisation, le conseil d'administration ou le directoire établit un rapport complémentaire, certifié par le commissaire aux comptes, décrivant les conditions définitives de l'opération et donnant des éléments d'appréciation de l'incidence effective sur la situation de l'actionnaire.

2° Dans les autres cas, le prix d'émission ou les conditions de fixation de ce prix sont déterminés par l'assemblée générale extraordinaire sur rapport du conseil d'administration ou du directoire et sur rapport spécial du commissaire aux comptes. *— V. Décr. n° 67-236 du 23 mars 1967, art. 155, infra, App., v° Sociétés commerciales.*

Art. L. 225-137 (Abrogé par Ord. n° 2004-604 du 24 juin 2004, art. 51-VII) ***I. — L'émission par appel public à l'épargne sans droit préférentiel de souscription d'actions nouvelles ne conférant pas à leurs titulaires les mêmes droits que les actions anciennes est soumise aux conditions suivantes :***

1° L'émission doit être réalisée dans un délai de deux ans à compter de l'assemblée générale qui l'a autorisée ;

2° Le prix d'émission ou les conditions de fixation de ce prix sont déterminés par l'assemblée générale extraordinaire sur le rapport du conseil d'administration ou du directoire et sur le rapport spécial du commissaire aux comptes.

II. — Lorsque l'émission n'est pas réalisée à la date de l'assemblée générale annuelle suivant la décision, une assemblée générale extraordinaire se prononce, sur le rapport du conseil d'administration ou du directoire et sur le rapport spécial du commissaire aux comptes, sur le maintien ou l'ajustement du prix d'émission ou des conditions de sa détermination. A défaut, la décision de la première assemblée devient caduque. — [L. n° 66-537 du 24 juill. 1966, art. 186-2].

Art. L. 225-138 *(Ord. n° 2004-604 du 24 juin 2004, art. 13, 1°)* **I. — L'assemblée générale qui décide l'augmentation du capital peut la réserver à une ou plusieurs personnes nommément désignées ou catégories de personnes répondant à des caractéristiques déterminées. A cette fin, elle peut supprimer le droit préférentiel de souscription. Les personnes nommément désignées bénéficiaires de cette disposition ne peuvent prendre part au vote. Le quorum et la majorité requis sont calculés**

après déduction des actions qu'elles possèdent. La procédure prévue à l'article L. 225-147 n'est pas applicable.

Lorsque l'assemblée générale extraordinaire supprime le droit préférentiel de souscription en faveur d'une ou plusieurs catégories de personnes répondant à des caractéristiques qu'elle fixe, elle peut déléguer au conseil d'administration ou au directoire le soin d'arrêter la liste des bénéficiaires au sein de cette ou de ces catégories et le nombre de titres à attribuer à chacun d'eux, dans les limites des plafonds prévus au premier alinéa de l'article L. 225-129-2. Lorsqu'il fait usage de cette délégation, le conseil d'administration ou le directoire établit un rapport complémentaire à la prochaine assemblée générale ordinaire, certifié par le commissaire aux comptes, décrivant les conditions définitives de l'opération.

II. — Le prix d'émission ou les conditions de fixation de ce prix sont déterminés par l'assemblée générale extraordinaire sur rapport du conseil d'administration ou du directoire et sur rapport spécial du commissaire aux comptes. – *V. Décr. n° 67-236 du 23 mars 1967, art. 155, infra, App., v° Sociétés commerciales.*

III. — L'émission doit être réalisée dans un délai de dix-huit mois à compter de l'assemblée générale qui l'a décidée ou qui a voté la délégation prévue à l'article L. 225-129.

Art. L. 225-138-1 *(Ord. n° 2004-604 du 24 juin 2004, art. 13, 2°)* **Pour l'application du premier alinéa de l'article L. 443-5 du code du travail** *(Ord. n° 2004-604 du 24 juin 2004, art. 14-1)* **« relatif aux augmentations de capital réservées aux adhérents d'un plan d'épargne d'entreprise », lorsque l'assemblée générale a supprimé le droit préférentiel de souscription en faveur des salariés de la société ou des sociétés qui lui sont liées au sens de l'article L. 225-180** *(Ord. n° 2004-604 du 24 juin 2004, art. 14-1)* **« , les dispositions des I et II de l'article L. 225-138 s'appliquent et » :**

1° Le prix de souscription demeure déterminé dans les conditions définies à l'article L. 443-5 du code du travail ;

2° L'augmentation de capital n'est réalisée qu'à concurrence du montant des *(Ord. n° 2004-604 du 24 juin 2004, art. 14-1)* **« titres de capital souscrits » par les salariés individuellement ou par l'intermédiaire d'un fonds commun de placement ou des titres émis par des sociétés d'investissement à capital variable régies par l'article L. 214-40-1 du code monétaire et financier. Elle ne donne pas lieu aux formalités prévues aux articles L. 225-142, L. 225-144 et L. 225-146 ;**

(Abrogé par Ord. n° 2004-604 du 24 juin 2004, art. 14-1II) ***« 3° L'émission par une société dont les actions sont admises aux négociations sur un marché réglementé peut être réalisée dans un délai de cinq ans à compter de l'assemblée générale qui l'a autorisée ; »***

4° Le délai susceptible d'être accordé aux souscripteurs pour la libération de leurs titres ne peut être supérieur à trois ans ;

5° Les *(Ord. n° 2004-604 du 24 juin 2004, art. 14-1V)* **« titres de capital ou valeurs mobilières donnant accès au capital peuvent être libérés », à la demande de la société ou du souscripteur, soit par versements périodiques, soit par prélèvements égaux et réguliers sur le salaire du souscripteur ;**

6° Les *(Ord. n° 2004-604 du 24 juin 2004, art. 14-V)* **« titres de capital ou valeurs mobilières donnant accès au capital ainsi souscrits délivrés » avant l'expiration du délai de cinq ans prévu à l'article L. 443-6 du code du travail ne sont négociables qu'après avoir été intégralement** *(Ord. n° 2004-604 du 24 juin 2004, art. 14-V)* **« libérés » ;**

(Ord. n° 2004-604 du 24 juin 2004, art. 14-VI) **« 7° Les titres de capital ou valeurs mobilières donnant accès au capital réservés aux adhérents aux plans d'épargne mentionnés à l'article L. 443-1 du code du travail peuvent, par dérogation aux dispositions du premier alinéa de l'article L. 225-131 du présent code, être émis alors même que le capital social n'aurait pas été intégralement libéré.**

« Le fait que les titres mentionnés à l'alinéa précédent n'aient pas été entièrement libérés ne fait pas obstacle à l'émission de titres de capital à libérer en numéraire.

« Les participants au plan d'épargne d'entreprise prévu à l'article L. 443-1 du code du travail peuvent obtenir la résiliation ou la réduction de leur engagement de souscription ou de détention de titres de capital ou de valeurs mobilières donnant accès au capital émis par l'entreprise dans les cas et conditions fixés par les décrets en Conseil d'État prévus à l'article L. 442-7 du même code. »

L'art. L. 225-138-1 est l'ancien IV de l'art. L. 225-138.

Art. L. 225-139 *(Ord. nº 2004-604 du 24 juin 2004, art. 15)* **Un décret en Conseil d'État détermine les mentions qui doivent figurer dans les rapports prévus aux articles L. 225-129, L. 225-135, L. 225-136 et L. 225-138, de même que dans les rapports prévus en cas d'émission d'actions de préférence ou de valeurs mobilières donnant accès au capital.** – *V. Décr. nº 67-236 du 23 mars 1967, art. 155, infra, App., vº Sociétés commerciales.*

Art. L. 225-140 Lorsque *(Ord. nº 2004-604 du 24 juin 2004, art. 16)* **« les titres de capital sont grevés » d'un usufruit, le droit préférentiel de souscription qui leur est attaché appartient au nu-propriétaire. Si celui-ci vend les droits de souscription, les sommes provenant de la cession ou les biens acquis par lui au moyen de ces sommes sont soumis à l'usufruit. Si le nu-propriétaire néglige d'exercer son droit, l'usufruitier peut se substituer à lui pour souscrire aux** *(Ord. nº 2004-604 du 24 juin 2004, art. 16)* **« titres nouveaux » ou pour vendre les droits. Dans ce dernier cas, le nu-propriétaire peut exiger le remploi des sommes provenant de la cession. Les biens ainsi acquis sont soumis à l'usufruit.**

Les *(Ord. nº 2004-604 du 24 juin 2004, art. 16)* **« titres nouveaux » appartiennent au nu-propriétaire pour la nue-propriété et à l'usufruitier pour l'usufruit. Toutefois, en cas de versement de fonds effectué par le nu-propriétaire ou l'usufruitier pour réaliser ou parfaire une souscription, les** *(Ord. nº 2004-604 du 24 juin 2004, art. 16)* **« titres nouveaux » n'appartiennent au nu-propriétaire et à l'usufruitier qu'à concurrence de la valeur des droits de souscription. Le surplus des** *(Ord. nº 2004-604 du 24 juin 2004, art. 16)* **« titres nouveaux » appartient en pleine propriété à celui qui a versé les fonds.**

Un décret en Conseil d'État fixe les conditions d'application du présent article dont les dispositions sont également suivies en cas d'attribution *(Ord. nº 2004-604 du 24 juin 2004, art. 16)* **« de titres gratuits ».** – *V. Décr. nº 67-236 du 23 mars 1967, art. 158, infra, App., vº Sociétés commerciales.*

Les dispositions du présent article s'appliquent dans le silence de la convention des parties. – *[L. nº 66-537 du 24 juill. 1966, art. 187].*

Art. L. 225-141 Le délai accordé aux actionnaires pour l'exercice du droit de souscription ne peut être inférieur à *(Ord. nº 2004-604 du 24 juin 2004, art. 17)* **« cinq jours de bourse »** *[ancienne rédaction : « dix jours de bourse »]* **à dater de l'ouverture de la souscription.**

Ce délai se trouve clos par anticipation dès que tous les droits de souscription à titre irréductible ont été exercés ou que l'augmentation de capital a été intégralement souscrite après renonciation individuelle à leurs droits de souscription des actionnaires qui n'ont pas souscrit. – *[L. nº 66-537 du 24 juill. 1966, art. 188].*

Art. L. 225-142 La société accomplit, avant l'ouverture de la souscription, des formalités de publicité dont les modalités sont fixées par décret en Conseil d'État. – *[L. nº 66-537 du 24 juill. 1966, art. 189].* – *V. Décr. nº 67-236 du 23 mars 1967, art. 156, 157, 159 à 162 et 287, infra, App., vº Sociétés commerciales.*

Art. L. 225-143 Le contrat de souscription *(Ord. nº 2004-604 du 24 juin 2004, art. 18)* **« à des titres de capital ou à des valeurs mobilières donnant accès au capi-**

tal » est constaté par un bulletin de souscription, établi dans les conditions déterminées par décret en Conseil d'État. – *V. Décr. n° 67-236 du 23 mars 1967, art. 163, infra, App., v° Sociétés commerciales.*

Toutefois, le bulletin de souscription n'est pas exigé des établissements de crédit et des prestataires de services d'investissement qui reçoivent mandat d'effectuer une souscription à charge pour ces mandataires de justifier de leur mandat. – *[L. n° 66-537 du 24 juill. 1966, art. 190].*

Art. L. 225-144 Les actions souscrites en numéraire sont obligatoirement libérées, lors de la souscription, d'un quart au moins de leur valeur nominale et, le cas échéant, de la totalité de la prime d'émission. La libération du surplus doit intervenir, en une ou plusieurs fois, dans le délai de cinq ans à compter du jour où l'augmentation du capital est devenue définitive.

Les dispositions du premier alinéa de l'article L. 225-5, à l'exception de celles relatives à la liste des souscripteurs, sont applicables. Le retrait des fonds provenant des souscriptions en numéraire peut être effectué par un mandataire de la société après l'établissement du certificat du dépositaire.

Si l'augmentation de capital n'est pas réalisée dans le délai de six mois à compter de l'ouverture de la souscription, il peut être fait application des dispositions du deuxième alinéa de l'article L. 225-11. – *[L. n° 66-537 du 24 juill. 1966, art. 191]. – V. Décr. n° 67-236 du 23 mars 1967, art. 164, 166 et 167, infra, App., v° Sociétés commerciales.*

Art. L. 225-145 Dans les sociétés faisant, pour le placement de leurs actions, publiquement appel à l'épargne, l'augmentation de capital est réputée réalisée lorsqu'un ou plusieurs prestataires de services d'investissement agréés *(L. n° 2001-1168 du 11 déc. 2001)* **« pour fournir le service d'investissement mentionné au 6 de l'article L. 321-1 du code monétaire et financier, ou personnes mentionnées à l'article L. 532-18 de ce code et autorisées à fournir le même service sur le territoire de leur État d'origine, » ont garanti de manière irrévocable sa bonne fin. Le versement de la fraction libérée de la valeur nominale et de la totalité de la prime d'émission doit intervenir au plus tard le trente-cinquième jour qui suit la clôture du délai de souscription.** – *[L. n° 66-537 du 24 juill. 1966, art. 191-1]. – V. art. préc., infra, App., v° Code monétaire et financier (extraits).*

Pour l'application en Nouvelle-Calédonie, en Polynésie française, dans les îles Wallis-et-Futuna et à Mayotte, V. L. n° 2001-1168 du 11 déc. 2001, art. 27-III (JO 12 déc.).

Art. L. 225-146 Les souscriptions et les versements sont constatés par un certificat du dépositaire établi, au moment du dépôt des fonds, sur présentation des bulletins de souscription.

Les libérations d'actions par compensation de créances liquides et exigibles sur la société sont constatées par un certificat du notaire ou du commissaire aux comptes. Ce certificat tient lieu de certificat du dépositaire. – *[L. n° 66-537 du 24 juill. 1966, art. 192]. – V. Décr. n° 67-236 du 23 mars 1967, art. 166, infra, App., v° Sociétés commerciales.*

Art. L. 225-147 En cas d'apports en nature ou de stipulation d'avantages particuliers, un ou plusieurs commissaires aux apports sont désignés par décision de justice. Ils sont soumis aux incompatibilités prévues à l'article *(Ord. n° 2004-604 du 24 juin 2004, art. 19)* **« L. 822-11 ».**

Ces commissaires apprécient, sous leur responsabilité, la valeur des apports en nature et les avantages particuliers. *(Ord. n° 2004-604 du 24 juin 2004, art. 19)* **« Un décret en Conseil d'État fixe les mentions principales de leur rapport, le délai dans lequel il doit être remis et les conditions dans lesquelles il est mis à la disposition des actionnaires. » Les dispositions de l'article L. 225-10 sont applicables à**

l'assemblée générale extraordinaire. – *V. Décr. n° 67-236 du 23 mars 1967, art. 169, infra, App., v° Sociétés commerciales.*

Si l'assemblée approuve l'évaluation des apports et l'octroi d'avantages particuliers, elle constate la réalisation de l'augmentation du capital.

Si l'assemblée réduit l'évaluation des apports ainsi que la rémunération d'avantages particuliers, l'approbation expresse des modifications par les apporteurs, les bénéficiaires ou leurs mandataires dûment autorisés à cet effet, est requise. A défaut, l'augmentation du capital n'est pas réalisée. – *[L. n° 66-537 du 24 juill. 1966, art. 193].*

(Ord. n° 2004-604 du 24 juin 2004, art. 19) **« Les titres de capital émis en rémunération d'un apport en nature sont intégralement libérés dès leur émission.**

« L'assemblée générale extraordinaire d'une société dont les titres sont admis aux négociations sur un marché réglementé peut déléguer, pour une durée maximale de vingt-six mois, au conseil d'administration ou au directoire les pouvoirs nécessaires à l'effet de procéder à une augmentation de capital, dans la limite de 10 % de son capital social, en vue de rémunérer des apports en nature consentis à la société et constitués de titres de capital ou de valeurs mobilières donnant accès au capital, lorsque les dispositions de l'article L. 225-148 ne sont pas applicables. Le conseil d'administration ou le directoire statue conformément au troisième ou quatrième alinéas ci-dessus, sur le rapport du ou des commissaires aux apports mentionnés aux premier et deuxième alinéas ci-dessus. »

Art. L. 225-148 **Les dispositions de l'article L. 225-147 ne sont pas applicables dans le cas où une société dont les actions sont admises aux négociations sur un marché réglementé procède à une** *(Ord. n° 2004-604 du 24 juin 2004, art. 51-VIII)* **« offre publique d'échange sur des titres d'une société » dont les actions sont admises aux négociations sur un marché réglementé d'un État partie à l'accord sur l'Espace économique européen ou membre de l'Organisation de coopération et de développement économique.**

L'augmentation de capital intervient dans les conditions prévues *(Ord. n° 2004-604 du 24 juin 2004, art. 51-VIII)* **« aux articles L. 225-129 à L. 225-129-6 ». Toutefois, les commissaires aux comptes doivent exprimer leur avis sur les conditions et les conséquences de l'émission, dans le prospectus diffusé à l'occasion de sa réalisation et dans leur rapport à la première assemblée générale ordinaire qui suit l'émission.** – *[L. n° 66-537 du 24 juill. 1966, art. 193-1].*

Art. L. 225-149 *(Ord. n° 2004-604 du 24 juin 2004, art. 20)* **L'augmentation de capital résultant de l'exercice de droits attachés aux valeurs mobilières donnant accès au capital n'est pas soumise aux formalités prévues à l'article L. 225-142, au deuxième alinéa de l'article L. 225-144 et à l'article L. 225-146. Lorsque le titulaire d'une valeur mobilière émise en application de l'article L. 225-149-2 n'a pas droit à un nombre entier, la fraction formant rompu fait l'objet d'un versement en espèces selon les modalités de calcul fixées par décret en Conseil d'État.** – *V. Décr. n° 67-236 du 23 mars 1967, art. 242-15, infra, App., v° Sociétés commerciales.*

L'augmentation de capital est définitivement réalisée du seul fait de l'exercice des droits et, le cas échéant, des versements correspondants.

A tout moment de l'exercice en cours et au plus tard lors de la première réunion suivant la clôture de celui-ci, le conseil d'administration ou le directoire constate, s'il y a lieu, le nombre et le montant nominal des actions créées au profit des titulaires des droits au cours de l'exercice écoulé et apporte les modifications nécessaires aux clauses des statuts relatives au montant du capital social et au nombre des titres qui le composent.

Le président du directoire ou le directeur général peut, sur délégation du directoire ou du conseil d'administration, procéder à ces opérations à tout moment de l'exercice et au plus tard dans une limite fixée par décret en Conseil d'État. – *V. Décr. n° 67-236 du 23 mars 1967, art. 165, infra, App., v° Sociétés commerciales.*

Art. L. 225-149-1 *(Ord. nº 2004-604 du 24 juin 2004, art. 21)* **En cas d'émission de nouveaux titres de capital ou de nouvelles valeurs mobilières donnant accès au capital ainsi qu'en cas de fusion ou de scission de la société appelée à émettre de tels titres, le conseil d'administration ou le directoire peut suspendre, pendant un délai maximum fixé par décret en Conseil d'État, la possibilité d'obtenir l'attribution de titres de capital par l'exercice du droit mentionné à l'article L. 225-149** *(L. nº 2004-1343 du 9 déc. 2004, art. 78-XXVII)* **« ou à l'article L. 225-178 ».** – *V. Décr. nº 67-236 du 23 mars 1967, art. 165-1, infra, App., vº Sociétés commerciales.*

Sauf disposition contraire du contrat d'émission, les titres de capital obtenus, à l'issue de la période de suspension, par l'exercice des droits attachés aux valeurs mobilières donnent droit aux dividendes versés au titre de l'exercice au cours duquel ils ont été émis.

Art. L. 225-149-2 *(Ord. nº 2004-604 du 24 juin 2004, art. 22)* **Les droits attachés aux titres donnant accès au capital qui ont été utilisés ou qui ont été acquis par la société émettrice ou par la société appelée à émettre de nouveaux titres de capital, sont annulés par la société émettrice.**

Art. L. 225-149-3 *(Ord. nº 2004-604 du 24 juin 2004, art. 22)* **Les décisions prises sur le fondement du second alinéa de l'article L. 225-129-6 ou relatives aux rapports complémentaires prévus à l'article L. 225-129-5, au second alinéa du 1º de l'article L. 225-136 et au second alinéa du I de l'article L. 225-138 peuvent donner lieu à une injonction de faire suivant les modalités définies aux articles L. 238-1 et L. 238-6.**

Peuvent être annulées les décisions prises en violation des articles *(L. nº 2006-387 du 31 mars 2006, art. 22-II)* **« L. 233-32 » et L. 225-142.**

Sont nulles les décisions prises en violation des dispositions de la présente sous-section autres que celles mentionnées au présent article.

Sur les infractions en matière d'augmentation de capital, V. infra, art. L. 242-17 à L. 242-21.

Art. L. 225-150 à L. 225-160 *Abrogés par Ord. nº 2004-604 du 24 juin 2004, art. 51-IX.*

*Ces art. constituaient l'ancienne sous-section 2 « Des obligations avec bon de souscription d'actions ». – V. édition 2004 du **C. com.** ou au **C. sociétés**.*

Art. L. 225-161 à L. 225-167 *Abrogés par Ord. nº 2004-604 du 24 juin 2004, art. 51-IX.*

*Ces art. constituaient l'ancienne sous-section 3 « Des obligations convertibles en actions ». – V. édition 2004 du **C. com.** ou au **C. sociétés**.*

Art. L. 225-168 à L. 225-176 *Abrogés par Ord. nº 2004-604 du 24 juin 2004, art. 51-IX.*

*Ces art. constituaient l'ancienne sous-section 4 « Des obligations échangeables contre des actions ». – V. édition 2004 du **C. com.** ou au **C. sociétés**.*

Les valeurs mobilières donnant accès au capital ou donnant droit à l'attribution de titres de créances, émises sur le fondement des régimes prévus par les sous-sections 2, 3, 4 de la section IV du chapitre V et par la section VI du chapitre VIII du titre II du livre II du code de commerce, sont régies, à compter de l'entrée en vigueur de l'ord. nº 2004-604 du 24 juin 2004 (JO 26 juin), par la sous-section 4 de la section 3 et par la section 6 du chapitre VIII du titre II du livre II du même code, sous réserve du maintien des droits des titulaires définis par le contrat d'émission, lorsque celui-ci est antérieur à l'entrée en vigueur de l'ordonnance précitée (art. 64-II ; L. nº 2004-1343 du 9 déc. 2004, art. 78-XXVII).

SOUS-SECTION 2 DE LA SOUSCRIPTION ET DE L'ACHAT D'ACTIONS PAR LES SALARIÉS *(Ord. n° 2004-604 du 24 juin 2004, art. 51-IX).*

(Anciennement sous-section 5)

§ 1er DES OPTIONS DE SOUSCRIPTION OU D'ACHAT D'ACTIONS

Art. L. 225-177 L'assemblée générale extraordinaire, sur le rapport du conseil d'administration ou du directoire, selon le cas, et sur le rapport spécial des commissaires aux comptes, peut autoriser le conseil d'administration ou le directoire à consentir, au bénéfice des membres du personnel salarié de la société ou de certains d'entre eux, des options donnant droit à la souscription d'actions. L'assemblée générale extraordinaire fixe le délai pendant lequel cette autorisation peut être utilisée par le conseil d'administration ou par le directoire, ce délai ne pouvant être supérieur à *(L. n° 2001-420 du 15 mai 2001)* « trente-huit mois. Toutefois, les autorisations antérieures à la date de publication de la loi n° 2001-420 du 15 mai 2001 relative aux nouvelles régulations économiques *[JO 16 mai]* sont valables jusqu'à leur terme. »

Le conseil d'administration ou le directoire fixe les conditions dans lesquelles seront consenties les options. Ces conditions pourront comporter des clauses d'interdiction de revente immédiate de tout ou partie des actions sans que le délai imposé pour la conservation des titres puisse excéder trois ans à compter de la levée de l'option.

Les options peuvent être consenties ou levées alors même que le capital social n'aurait pas été intégralement libéré.

Le prix de souscription est fixé au jour où l'option est consentie, par le conseil d'administration ou le directoire selon les modalités déterminées par l'assemblée générale extraordinaire sur le rapport des commissaires aux comptes. *(L. n° 2001-420 du 15 mai 2001)* « Si les actions de la société ne sont pas admises aux négociations sur un marché réglementé, le prix de souscription est déterminé conformément aux méthodes objectives retenues en matière d'évaluation d'actions en tenant compte, selon une pondération appropriée à chaque cas, de la situation nette comptable, de la rentabilité et des perspectives d'activité de l'entreprise. Ces critères sont appréciés le cas échéant sur une base consolidée ou, à défaut, en tenant compte des éléments financiers issus des filiales significatives. A défaut, le prix de souscription est déterminé en divisant par le nombre de titres existants le montant de l'actif net réévalué, calculé d'après le bilan le plus récent. Un décret fixe les conditions de calcul du prix de souscription. » Si les actions de la société sont admises aux négociations sur un marché réglementé le prix de souscription ne peut pas être inférieur à 80 % de la moyenne des cours cotés aux vingt séances de bourse précédant ce jour, aucune option ne pouvant être consentie moins de vingt séances de bourse après le détachement des actions d'un coupon donnant droit à un dividende ou à une augmentation de capital.

(L. n° 2001-420 du 15 mai 2001) « Dans une société dont les titres sont admis aux négociations sur un marché réglementé, les options ne peuvent être consenties :

« 1° Dans le délai de dix séances de bourse précédant et suivant la date à laquelle les comptes consolidés, ou à défaut les comptes annuels, sont rendus publics ;

« 2° Dans le délai compris entre la date à laquelle les organes sociaux de la société ont connaissance d'une information qui, si elle était rendue publique, pourrait avoir une incidence significative sur le cours des titres de la société, et la date postérieure de dix séances de bourse à celle où cette information est rendue publique.

« Des options donnant droit à la souscription de titres qui ne sont pas admis aux négociations sur un marché réglementé ne peuvent être consenties qu'aux salariés

de la société qui attribue ces options ou à ceux des sociétés mentionnées au 1° de l'article L. 225-180. »

Art. L. 225-178 **L'autorisation donnée par l'assemblée générale extraordinaire comporte, au profit des bénéficiaires des options, renonciation expresse des actionnaires à leur droit préférentiel de souscription aux actions qui seront émises au fur et à mesure des levées d'options.**

L'augmentation de capital résultant de ces levées d'options ne donne pas lieu aux formalités prévues aux articles L. 225-142, au deuxième alinéa de l'article L. 225-144 et à l'article L. 225-146. Elle est définitivement réalisée du seul fait de la déclaration de levée d'option, accompagnée du bulletin de souscription et du paiement en numéraire ou par compensation avec des créances, de la somme correspondante.

Lors de sa première réunion suivant la clôture de chaque exercice, le conseil d'administration ou le directoire, selon le cas, constate, s'il y a lieu, le nombre et le montant des actions émises pendant la durée de l'exercice à la suite des levées d'options et apporte les modifications nécessaires aux clauses des statuts relatives au montant du capital social et au nombre des actions qui le représentent. Le président peut, sur délégation du conseil d'administration ou du directoire, procéder à ces opérations dans le mois qui suit la clôture de l'exercice. Le conseil d'administration ou le directoire, ou le président en cas de délégation, peuvent également, à toute époque, procéder à cette constatation pour l'exercice en cours et apporter aux statuts les modifications correspondantes. — *[L. n° 66-537 du 24 juill. 1966, art. 208-2]*. — *V. Décr. n° 67-236 du 23 mars 1967, art. 174-21, infra, App., v° Sociétés commerciales.*

Art. L. 225-179 **L'assemblée générale extraordinaire peut aussi autoriser le conseil d'administration ou le directoire, selon le cas, à consentir au bénéfice des membres du personnel salarié de la société ou de certains d'entre eux, des options donnant droit à l'achat d'actions provenant d'un rachat effectué, préalablement à l'ouverture de l'option, par la société elle-même dans les conditions définies aux articles L. 225-208 ou L. 225-209.** *(L. n° 2001-420 du 15 mai 2001)* **« L'assemblée générale extraordinaire fixe le délai pendant lequel cette autorisation peut être utilisée par le conseil d'administration ou par le directoire, ce délai ne pouvant être supérieur à trente-huit mois. Toutefois, les autorisations antérieures à la date de publication de la loi n° 2001-420 du 15 mai 2001** *[JO 16 mai]* **relative aux nouvelles régulations économiques sont valables jusqu'à leur terme. »**

En ce cas, les dispositions *(L. n° 2001-420 du 15 mai 2001)* **« des deuxième et quatrième à septième alinéas » de l'article L. 225-177 sont applicables. En outre, le prix de l'action, au jour où l'option est consentie, ne peut pas être inférieur à 80 % du cours moyen d'achat des actions détenues par la société au titre des articles L. 225-208 et L. 225-209.** — *[L. n° 66-537 du 24 juill. 1966, art. 208-3]*.

(L. n° 2001-420 du 15 mai 2001) **« Des options donnant droit à l'achat de titres qui ne sont pas admis aux négociations sur un marché réglementé ne peuvent être consenties qu'aux salariés de la société qui attribue ces options ou à ceux des sociétés mentionnées au 1° de l'article L. 225-180. »**

Art. L. 225-180 **I. — Des options peuvent être consenties, dans les mêmes conditions qu'aux articles L. 225-177 à L. 225-179 ci-dessus :**

1° Soit au bénéfice des membres du personnel salarié des sociétés ou des groupements d'intérêt économique dont 10 % au moins du capital ou des droits de vote sont détenus, directement ou indirectement, par la société consentant les options ;

2° Soit au bénéfice des membres du personnel salarié des sociétés ou des groupements d'intérêt économique détenant, directement ou indirectement, au moins 10 % du capital ou des droits de vote de la société consentant les options ;

3° Soit au bénéfice des membres du personnel salarié des sociétés ou des groupements d'intérêt économique dont 50 % au moins du capital ou des droits de vote

sont détenus, directement ou indirectement, par une société détenant elle-même, directement ou indirectement, au moins 50 % du capital de la société consentant les options.

II. – L'assemblée générale ordinaire de la société contrôlant majoritairement, directement ou indirectement, celle qui consent les options est informée dans les conditions prévues à l'article L. 225-184. – *[L. n° 66-537 du 24 juill. 1966, art. 208-4].*

(L. n° 2001-420 du 15 mai 2001) **« Des options peuvent également être consenties dans les mêmes conditions qu'aux articles L. 225-177 à L. 225-179 par une entreprise contrôlée, directement ou indirectement, exclusivement ou conjointement, par un organe central ou les établissements de crédit qui lui sont affiliés au sens des articles L. 511-30 à L. 511-32 du code monétaire et financier aux salariés desdites sociétés ainsi qu'à ceux des entités dont le capital est détenu pour plus de 50 %, directement ou indirectement, exclusivement ou conjointement, par cet organe central ou des établissements affiliés. »** – *V. art. préc., infra, App., v° Code monétaire et financier (extraits).*

Art. L. 225-181 **Le prix fixé pour la souscription ou l'achat des actions ne peut pas être modifié pendant la durée de l'option.** *(Abrogé par Ord. n° 2004-604 du 24 juin 2004, art. 51-X)* ***« Toutefois, lorsque la société réalise une des opérations prévues aux cinquième et sixième alinéas de l'article L. 225-161, aux premier et troisième alinéas de l'article L. 225-162, le conseil d'administration ou le directoire doit procéder, dans des conditions qui sont fixées par décret en Conseil d'État, pour tenir compte de l'incidence de cette opération, à un ajustement du nombre et du prix des actions comprises dans les options consenties aux bénéficiaires des options. »*** – *[L. n° 66-537 du 24 juill. 1966, art. 208-5].*

(Ord. n° 2004-604 du 24 juin 2004, art. 51-X) **« Toutefois, lorsque la société réalise un amortissement ou une réduction du capital, une modification de la répartition des bénéfices, une attribution gratuite d'actions, une incorporation au capital de réserves, bénéfices ou primes d'émission, une distribution de réserves ou toute émission de titres de capital ou de titres donnant droit à l'attribution de titres de capital comportant un droit de souscription réservé aux actionnaires, elle doit prendre les mesures nécessaires à la protection des intérêts des bénéficiaires des options dans les conditions prévues à l'article L. 228-99. »**

Art. L. 225-182 **Le nombre total des options ouvertes et non encore levées ne peut donner droit à souscrire un nombre d'actions excédant une fraction du capital social déterminée par décret en Conseil d'État.** – *V. Décr. n° 67-236 du 23 mars 1967, art. 174-17, infra, App., v° Sociétés commerciales.*

Il ne peut être consenti d'options aux salariés et aux mandataires sociaux possédant plus de 10 % du capital social. – *[L. n° 66-537 du 24 juill. 1966, art. 208-6].*

Art. L. 225-183 **L'assemblée générale extraordinaire fixe le délai pendant lequel les options doivent être exercées.**

Les droits résultant des options consenties sont incessibles jusqu'à ce que l'option ait été exercée.

En cas de décès du bénéficiaire, ses héritiers peuvent exercer l'option dans un délai de six mois à compter du décès. – *[L. n° 66-537 du 24 juill. 1966, art. 208-7].*

Art. L. 225-184 *(L. n° 2001-420 du 15 mai 2001)* **Un rapport spécial informe chaque année l'assemblée générale ordinaire des opérations réalisées en vertu des dispositions prévues aux articles L. 225-177 à L. 225-186.**

Ce rapport rend également compte :

– du nombre, des dates d'échéance et du prix des options de souscription ou d'achat d'actions qui, durant l'année et à raison des mandats et fonctions exercés dans la société, ont été consenties à chacun de ces mandataires par la société et par celles qui lui sont liées dans les conditions prévues à l'article L. 225-180 ;

– du nombre, des dates d'échéance et du prix des options de souscription ou d'achat d'actions qui ont été consenties durant l'année à chacun de ces mandataires, à raison des mandats et fonctions qu'ils y exercent par les sociétés contrôlées au sens de l'article L. 233-16 ;

– du nombre et du prix des actions souscrites ou achetées durant l'exercice par les mandataires sociaux de la société en levant une ou plusieurs des options détenues sur les sociétés visées aux deux alinéas précédents.

Ce rapport indique également :

– le nombre, le prix et les dates d'échéance des options de souscription ou d'achat d'actions consenties, durant l'année, par la société et par les sociétés ou groupements qui lui sont liés dans les conditions prévues à l'article L. 225-180, à chacun des dix salariés de la société non mandataires sociaux dont le nombre d'options ainsi consenties est le plus élevé ;

– le nombre et le prix des actions qui, durant l'année, ont été souscrites ou achetées, en levant une ou plusieurs options détenues sur les sociétés visées à l'alinéa précédent, par chacun des dix salariés de la société non mandataires sociaux dont le nombre d'actions ainsi achetées ou souscrites est le plus élevé.

Art. L. 225-185 Des options donnant droit à la souscription d'actions peuvent être consenties pendant une durée de deux ans à compter de l'immatriculation de la société, aux mandataires sociaux personnes physiques qui participent avec des salariés à la constitution d'une société.

De telles options peuvent également être consenties, pendant une durée de deux ans à compter du rachat, aux mandataires sociaux personnes physiques d'une société qui acquièrent avec des salariés la majorité des droits de vote en vue d'assurer la continuation de la société.

Al. 3 abrogé par L. n° 2001-420 du 15 mai 2001, art. 132-IV (1°).

En cas d'attribution d'options, dans un délai de deux ans après la création d'une société ou le rachat de la majorité du capital d'une société par ses salariés ou ses mandataires sociaux, le maximum prévu au dernier alinéa de l'article L. 225-182 est porté au tiers du capital.

(L. n° 2001-420 du 15 mai 2001) « Le président du conseil d'administration, le directeur général, les directeurs généraux délégués, les membres du directoire ou le gérant d'une société par actions peuvent se voir attribuer par cette société des options donnant droit à la souscription ou à l'achat d'actions dans les conditions prévues aux articles L. 225-177 à L. 225-184.

« Ils peuvent également se voir attribuer des options donnant droit à la souscription ou à l'achat d'actions d'une société qui est liée dans les conditions prévues à l'article L. 225-180, sous réserve que les actions de cette dernière soient admises aux négociations sur un marché réglementé. »

Art. L. 225-186 *(L. n° 2001-420 du 15 mai 2001)* Les articles L. 225-177 à L. 225-185 sont applicables aux certificats d'investissement, aux certificats coopératifs d'investissement et aux certificats coopératifs d'associés.

V. Décr. n° 67-236 du 23 mars 1967, art. 174-8 s., infra, App., v° Sociétés commerciales.

§ 2 DE L'ÉMISSION ET DE L'ACHAT EN BOURSE D'ACTIONS RÉSERVÉES AUX SALARIÉS

Art. L. 225-187 *Abrogé par L. n° 2001-152 du 19 févr. 2001. – V. édition 2005* ***C. com.*** *ou au* ***C. sociétés.***

Art. L. 225-187-1 *(L. n° 2001-152 du 19 févr. 2001)* Les articles L. 225-192 à L. 225-194 et l'article L. 225-197 demeurent applicables dans leur rédaction anté-

rieure à la publication de la loi n° 2001-152 du 19 février 2001 sur l'épargne salariale jusqu'à l'expiration d'un délai de cinq ans à compter de cette publication.

Art. L. 225-188 à L. 225-197 *Abrogés par L. n° 2001-152 du 19 févr. 2001. – V. édition 2005* ***C. com.*** *ou au* ***C. sociétés.***

● § 3 DES ATTRIBUTIONS D'ACTIONS GRATUITES

(L. n° 2004-1484 du 30 déc. 2004, art. 83-I)

Art. L. 225-197-1 **I. – L'assemblée générale extraordinaire, sur le rapport du conseil d'administration ou du directoire, selon le cas, et sur le rapport spécial des commissaires aux comptes, peut autoriser le conseil d'administration ou le directoire à procéder, au profit des membres du personnel salarié de la société ou de certaines catégories d'entre eux, à une attribution gratuite d'actions existantes ou à émettre.**

L'assemblée générale extraordinaire fixe le pourcentage maximal du capital social pouvant être attribué dans les conditions définies ci-dessus. L'attribution des actions à leurs bénéficiaires est définitive au terme d'une période d'acquisition dont la durée minimale est déterminée par l'assemblée générale extraordinaire, mais ne peut être inférieure à deux ans. L'assemblée générale extraordinaire fixe également la durée minimale de l'obligation de conservation des actions par les bénéficiaires. Cette durée court à compter de l'attribution définitive des actions, mais ne peut être inférieure à deux ans.

Dans une société dont les titres sont admis aux négociations sur un marché réglementé, à l'issue de la période d'obligation de conservation, les actions ne peuvent pas être cédées :

1° Dans le délai de dix séances de Bourse précédant et suivant la date à laquelle les comptes consolidés, ou à défaut les comptes annuels, sont rendus publics ;

2° Dans le délai compris entre la date à laquelle les organes sociaux de la société ont connaissance d'une information qui, si elle était rendue publique, pourrait avoir une incidence significative sur le cours des titres de la société, et la date postérieure de dix séances de Bourse à celle où cette information est rendue publique.

Le conseil d'administration ou, le cas échéant, le directoire détermine l'identité des bénéficiaires des attributions d'actions mentionnées au premier alinéa. Il fixe les conditions et, le cas échéant, les critères d'attribution des actions.

L'assemblée générale extraordinaire fixe le délai pendant lequel cette autorisation peut être utilisée par le conseil d'administration ou le directoire. Ce délai ne peut excéder trente-huit mois.

Le nombre total des actions attribuées gratuitement ne peut excéder 10 % du capital social.

II. – Le président du conseil d'administration, le directeur général, les directeurs généraux délégués, les membres du directoire ou le gérant d'une société par actions peuvent se voir attribuer des actions de la société dans les mêmes conditions que les membres du personnel salarié.

Ils peuvent également se voir attribuer des actions d'une société liée dans les conditions prévues à l'article L. 225-197-2, sous réserve que les actions de cette dernière soient admises aux négociations sur un marché réglementé.

Il ne peut pas être attribué d'actions aux salariés et aux mandataires sociaux détenant chacun plus de 10 % du capital social. Une attribution gratuite d'actions ne peut pas non plus avoir pour effet que les salariés et les mandataires sociaux détiennent chacun plus de 10 % du capital social.

Art. L. 225-197-2 I. – Des actions peuvent être attribuées, dans les mêmes conditions que celles mentionnées à l'article L. 225-197-1 :

1° Soit au bénéfice des membres du personnel salarié des sociétés ou des groupements d'intérêt économique dont 10 % au moins du capital ou des droits de vote sont détenus, directement ou indirectement, par la société qui attribue les actions ;

2° Soit au bénéfice des membres du personnel salarié des sociétés ou des groupes d'intérêt économique détenant, directement ou indirectement, au moins 10 % du capital ou des droits de vote de la société qui attribue les actions ;

3° Soit au bénéfice des membres du personnel salarié des sociétés ou des groupements d'intérêt économique dont 50 % au moins du capital ou des droits de vote sont détenus, directement ou indirectement, par une société détenant elle-même, directement ou indirectement, au moins 50 % du capital de la société qui attribue les actions.

Les actions qui ne sont pas admises aux négociations sur un marché réglementé ne peuvent être attribuées dans les conditions ci-dessus qu'aux salariés de la société qui procède à cette attribution ou à ceux mentionnés au 1°.

II. – Des actions peuvent également être attribuées dans les mêmes conditions que celles prévues à l'article L. 225-197-1 par une entreprise contrôlée, directement ou indirectement, exclusivement ou conjointement, par un organe central ou les établissements de crédit qui lui sont affiliés au sens et pour l'application des articles L. 511-30 à L. 511-32 du code monétaire et financier, aux salariés de ces sociétés ainsi qu'à ceux des entités dont le capital est détenu pour plus de 50 %, directement ou indirectement, exclusivement ou conjointement, par cet organe central ou ces établissements de crédit.

Art. L. 225-197-3 Les droits résultant de l'attribution gratuite d'actions sont incessibles jusqu'au terme de la période d'acquisition.

En cas de décès du bénéficiaire, ses héritiers peuvent demander l'attribution des actions dans un délai de six mois à compter du décès.

V. CGI, art. 80 terdecies et 200 A au **CGI**. *– V. aussi CSS, art. L. 241-1 au* **CSS**.

Art. L. 225-197-4 Un rapport spécial informe chaque année l'assemblée générale ordinaire des opérations réalisées en vertu des dispositions prévues aux articles L. 225-197-1 à L. 225-197-3.

Ce rapport rend également compte :

– du nombre et de la valeur des actions qui, durant l'année et à raison des mandats et fonctions exercés dans la société, ont été attribuées gratuitement à chacun de ces mandataires par la société et par celles qui lui sont liées dans les conditions prévues à l'article L. 225-197-2.

– du nombre et de la valeur des actions qui ont été attribuées gratuitement, durant l'année à chacun de ces mandataires, à raison des mandats et fonctions qu'ils y exercent, par les sociétés contrôlées au sens de l'article L. 233-16.

Ce rapport indique également le nombre et la valeur des actions qui, durant l'année, ont été attribuées gratuitement par la société et par les sociétés ou groupements qui lui sont liés dans les conditions prévues à l'article L. 225-197-2, à chacun des dix salariés de la société non mandataires sociaux dont le nombre d'actions attribuées gratuitement est le plus élevé.

Art. L. 225-197-5 L'assemblée générale ordinaire de la société contrôlant majoritairement, directement ou indirectement, celle qui attribue gratuitement les actions est informée dans les conditions prévues à l'article L. 225-197-4.

● SOUS-SECTION 3 DE L'AMORTISSEMENT DU CAPITAL *(Ord. nº 2004-604 du 24 juin 2004, art. 51-IX).*

(Anciennement sous-section 6)

Art. L. 225-198 L'amortissement du capital est effectué en vertu d'une stipulation statutaire ou d'une décision de l'assemblée générale extraordinaire et au moyen des sommes distribuables au sens de l'article L. 232-11. Cet amortissement ne peut être réalisé que par voie de remboursement égal sur chaque action d'une même catégorie et n'entraîne pas de réduction du capital.

Les actions intégralement amorties sont dites actions de jouissance. – *[L. nº 66-537 du 24 juill. 1966, art. 209].*

Art. L. 225-199 Les actions intégralement ou partiellement amorties perdent, à due concurrence, le droit au premier dividende prévu à l'article L. 232-19 et au remboursement de la valeur nominale. Elles conservent tous leurs autres droits. – *[L. nº 66-537 du 24 juill. 1966, art. 210].*

Art. L. 225-200 Lorsque le capital est divisé, soit en actions de capital et en actions totalement ou partiellement amorties, soit en actions inégalement amorties, l'assemblée générale des actionnaires peut décider, dans les conditions requises pour la modification des statuts, la conversion des actions totalement ou partiellement amorties en actions de capital.

A cet effet, elle prévoit qu'un prélèvement obligatoire sera effectué, à concurrence du montant amorti des actions à convertir, sur la part des profits sociaux d'un ou plusieurs exercices revenant à ces actions, après paiement, pour les actions partiellement amorties, du premier dividende ou de l'intérêt statutaire auquel elles peuvent donner droit. – *[L. nº 66-537 du 24 juill. 1966, art. 211]. – V. Décr. nº 67-236 du 23 mars 1967, art. 175 et 176, infra, App., vº Sociétés commerciales.*

Art. L. 225-201 Les actionnaires peuvent être autorisés, dans les mêmes conditions, à verser à la société le montant amorti de leurs actions, augmenté, le cas échéant, du premier dividende ou de l'intérêt statutaire pour la période écoulée de l'exercice en cours et, éventuellement, pour l'exercice précédent. – *[L. nº 66-537 du 24 juill. 1966, art. 212]. – V. Décr. nº 67-236 du 23 mars 1967, art. 175, 177 et 178, infra, App., vº Sociétés commerciales.*

Art. L. 225-202 Les décisions prévues aux articles L. 225-200 et L. 225-201 sont soumises à la ratification des assemblées spéciales de chacune des catégories d'actionnaires ayant les mêmes droits. – *[L. nº 66-537 du 24 juill. 1966, art. 213].*

Art. L. 225-203 Le conseil d'administration ou le directoire, selon le cas, apporte les modifications nécessaires aux clauses des statuts, dans la mesure où ces modifications correspondent matériellement aux résultats effectifs des opérations prévues aux articles L. 225-200 et L. 225-201. – *[L. nº 66-537 du 24 juill. 1966, art. 214]. – V. Décr. nº 67-236 du 23 mars 1967, art. 176, infra, App., vº Sociétés commerciales.*

Sur les infractions en matière d'amortissement du capital, V. infra, art. L. 242-22.

● SOUS-SECTION 4 DE LA RÉDUCTION DU CAPITAL *(Ord. nº 2004-604 du 24 juin 2004, art. 51-IX).*

(Anciennement sous-section 7)

Art. L. 225-204 La réduction du capital est autorisée ou décidée par l'assemblée générale extraordinaire, qui peut déléguer au conseil d'administration ou au direc-

toire, selon le cas, tous pouvoirs pour la réaliser. En aucun cas, elle ne peut porter atteinte à l'égalité des actionnaires.

Un rapport établi par les commissaires aux comptes sur l'opération envisagée est communiqué aux actionnaires de la société dans un délai fixé par décret en Conseil d'État. L'assemblée statue sur le rapport des commissaires qui font connaître leur appréciation sur les causes et conditions de la réduction. – *V. Décr. n° 67-236 du 23 mars 1967, art. 179, infra, App., v° Sociétés commerciales.*

Lorsque le conseil d'administration ou le directoire, selon le cas, réalise l'opération, sur délégation de l'assemblée générale, il en dresse procès-verbal soumis à publicité et procède à la modification corrélative des statuts. – *[L. n° 66-537 du 24 juill. 1966, art. 215].*

Sur la réduction de capital résultant d'une conversion en euros, V. L. n° 98-546 du 2 juill. 1998, art. 17, supra, ss. art. L. 223-30.

Art. L. 225-205 **Lorsque l'assemblée approuve un projet de réduction du capital non motivée par des pertes, le représentant de la masse des obligataires et les créanciers dont la créance est antérieure à la date de dépôt au greffe du procès-verbal de délibération peuvent former opposition à la réduction, dans le délai fixé par décret en Conseil d'État.** – *V. Décr. n° 67-236 du 23 mars 1967, art. 180, infra, App., v° Sociétés commerciales.*

Une décision de justice rejette l'opposition ou ordonne, soit le remboursement des créances, soit la constitution de garanties si la société en offre et si elles sont jugées suffisantes.

Les opérations de réduction du capital ne peuvent commencer pendant le délai d'opposition ni, le cas échéant, avant qu'il ait été statué en première instance sur cette opposition.

Si le juge de première instance accueille l'opposition, la procédure de réduction du capital est immédiatement interrompue jusqu'à la constitution de garanties suffisantes ou jusqu'au remboursement des créances. S'il la rejette, les opérations de réduction peuvent commencer. – *[L. n° 66-537 du 24 juill. 1966, art. 216].*

Sur les infractions en matière de réduction de capital, V. art. L. 242-23.

Sur les réductions du capital social consécutives à la conversion du capital en euros, V. L. n° 98-546 du 2 juill. 1998, art. 17, supra, ss. art. L. 223-30.

SOUS-SECTION 5 DE LA SOUSCRIPTION, DE L'ACHAT OU DE LA PRISE EN GAGE PAR LES SOCIÉTÉS DE LEURS PROPRES ACTIONS (*Ord. n° 2004-604 du 24 juin 2004, art. 51-IX*).

(Anciennement sous-section 8)

Art. L. 225-206 **I. — Est interdite la souscription par la société de ses propres actions, soit directement, soit par une personne agissant en son propre nom, mais pour le compte de la société.**

Les fondateurs, ou, dans le cas d'une augmentation de capital, les membres du conseil d'administration ou du directoire, selon le cas, sont tenus, dans les conditions prévues à l'article L. 225-251 et au premier alinéa de l'article L. 225-256, de libérer les actions souscrites par la société en violation du premier alinéa.

Lorsque les actions ont été souscrites par une personne agissant en son propre nom mais pour le compte de la société, cette personne est tenue de libérer les actions solidairement avec les fondateurs ou, selon le cas, les membres du conseil d'administration ou du directoire. Cette personne est en outre réputée avoir souscrit ces actions pour son propre compte. – *V. Décr. n° 67-236 du 23 mars 1967, art. 181 s., infra, App., v° Sociétés commerciales.*

en application des dispositions de l'article L. 225-209. Elles rendent compte à *(L. n° 2003-706 du 1er août 2003)* « l'Autorité des marchés financiers » des acquisitions qu'elles ont effectuées.

(L. n° 2003-706 du 1er août 2003) « L'Autorité des marchés financiers » peut leur demander à ce sujet toutes les explications ou les justifications qu'elle juge nécessaires.

S'il n'est pas satisfait à ces demandes ou lorsqu'elle constate que ces transactions enfreignent les dispositions de l'article L. 225-209, *(L. n° 2003-706 du 1er août 2003)* « l'Autorité des marchés financiers peut » prendre toutes mesures pour empêcher l'exécution des ordres que ces sociétés transmettent directement ou indirectement. – *[L. n° 66-537 du 24 juill. 1966, art. 217-5].*

Art. L. 225-213 Les dispositions des articles L. 225-206 et L. 225-209 ne sont pas applicables aux actions entièrement libérées, acquises à la suite d'une transmission de patrimoine à titre universel ou encore à la suite d'une décision de justice.

Toutefois, les actions doivent être cédées dans un délai de deux ans à compter de la date d'acquisition lorsque la société possède plus de 10 % de son capital. A l'expiration de ce délai, elles doivent être annulées. – *[L. n° 66-537 du 24 juill. 1966, art. 217-6].*

Art. L. 225-214 Les actions possédées en violation des articles L. 225-206 à L. 225-210 doivent être cédées dans un délai d'un an à compter de leur souscription ou de leur acquisition. A l'expiration de ce délai, elles doivent être annulées. – *[L. n° 66-537 du 24 juill. 1966, art. 217-7].*

Art. L. 225-215 Est interdite la prise en gage par la société de ses propres actions, directement ou par l'intermédiaire d'une personne agissant en son propre nom, mais pour le compte de la société.

Les actions prises en gage par la société doivent être restituées à leur propriétaire dans le délai d'un an. La restitution peut avoir lieu dans un délai de deux ans si le transfert du gage à la société résulte d'une transmission de patrimoine à titre universel ou d'une décision de justice. A défaut, le contrat de gage est nul de plein droit.

L'interdiction prévue au présent article n'est pas applicable aux opérations courantes des établissements de crédit. – *[L. n° 66-537 du 24 juill. 1966, art. 217-8].*

Art. L. 225-216 Une société ne peut avancer des fonds, accorder des prêts ou consentir une sûreté en vue de la souscription ou de l'achat de ses propres actions par un tiers.

(L. n° 2001-152 du 19 févr. 2001) « Les dispositions du présent article ne s'appliquent ni aux opérations courantes des entreprises de crédit ni aux opérations effectuées en vue de l'acquisition par les salariés d'actions de la société, d'une de ses filiales ou d'une société comprise dans le champ d'un plan d'épargne de groupe prévu à l'article L. 444-3 du code du travail ».

Art. L. 225-217 Les articles L. 225-206 à L. 225-216 sont applicables aux certificats d'investissement. – *[L. n° 66-537 du 24 juill. 1966, art. 217-10].*

Sur les infractions en matière de souscription, d'achat ou de prise en gage par les sociétés de leurs propres actions, V. art. L. 242-24.

SECTION V DU CONTRÔLE DES SOCIÉTÉS ANONYMES

Art. L. 225-218 Le contrôle est exercé, dans chaque société, par un ou plusieurs commissaires aux comptes.

Al. 2 à 5 transférés par L. n° 2003-706 du 1er août 2003 ss. art. L. 822-9.

Art. L. 225-219 *Abrogé par L. n° 2003-706 du 1er août 2005. – V. désormais, art. L. 822-1.*

Art. L. 225-220 *Abrogé par L. n° 2003-706 du 1er août 2003. – V. désormais, art. L. 822-2.*

Art. L. 225-221 *Abrogé par L. n° 2003-706 du 1er août 2003. – V. désormais, art. L. 822-6 et L. 822-7.*

Art. L. 225-222 *Dispositions transférées par L. n° 2003-706 du 1er août 2003, ss. art. L. 822-10.*

Art. L. 225-223 *Abrogé par L. n° 2003-706 du 1er août 2003. – V. désormais, art. L. 822-3.*

Art. L. 225-224 *Abrogé par L. n° 2003-706 du 1er août 2003, art. 111. – V. désormais, art. L. 822-11.*

Art. L. 225-225 *Abrogé par L. n° 2003-706 du 1er août 2003. – V. désormais, art. L. 822-12.*

Art. L. 225-226 *Abrogé par L. n° 2003-706 du 1er août 2003. – V. désormais, art. L. 822-13.*

Art. L. 225-227 *Abrogé par Ord. n° 2005-1126 du 8 sept. 2005, art. 20-III. – V. désormais art. L. 820-3-1.*

Art. L. 225-228 *(L. n° 2003-706 du 1er août 2003)* **« Les commissaires aux comptes sont proposés à la désignation de l'assemblée générale par un projet de résolution émanant du conseil d'administration ou du conseil de surveillance ou, dans les conditions définies par la section 3 du présent chapitre, des actionnaires. Lorsque la société fait appel public à l'épargne, le conseil d'administration choisit, sans que prennent part au vote le directeur général et le directeur général délégué, s'ils sont administrateurs, les commissaires aux comptes qu'il envisage de proposer. »**

(Abrogé par Ord. n° 2005-1126 du 8 sept. 2005, art. 20-III) (L. n° 2003-706 du 1er août 2003) ***« Lorsque le commissaire aux comptes a vérifié, au cours des deux derniers exercices, les opérations d'apports ou de fusion de la société ou des sociétés que celle-ci contrôle au sens des I et II de l'article L. 233-16, le projet de résolution visé à l'alinéa précédent en fait état.***

« En dehors des cas prévus aux articles L. 225-7 et L. 225-16, les commissaires aux comptes sont désignés par l'assemblée générale ordinaire.

« Un ou plusieurs commissaires aux comptes suppléants, appelés à remplacer les titulaires en cas de refus, d'empêchement, de démission ou de décès, sont désignés par l'assemblée générale ordinaire. Les fonctions du commissaire aux comptes suppléant appelé à remplacer le titulaire prennent fin à la date d'expiration du mandat confié à ce dernier, sauf si l'empêchement n'a qu'un caractère temporaire. Dans ce dernier cas, lorsque l'empêchement a cessé, le titulaire reprend ses fonctions après la prochaine assemblée générale qui approuve les comptes.

(L. n° 2003-706 du 1er août 2003) ***« Les sociétés astreintes à publier des comptes consolidés en application des dispositions du présent livre sont tenues de désigner au moins deux commissaires aux comptes.***

« Les commissaires aux comptes se livrent ensemble à un examen contradictoire des conditions et des modalités d'établissement des comptes, selon les prescriptions énoncées par une norme d'exercice professionnel établie conformément au sixième alinéa de l'article L. 821-1. Une norme d'exercice professionnel détermine également les principes de réparti-

tion des diligences à mettre en œuvre par chacun des commissaires aux comptes pour l'accomplissement de leur mission. » – [L. n° 66-537 du 24 juill. 1966, art. 223]. – V. Décr. n° 85-295 du 1er mars 1985, art. 51, infra, App., v° Sociétés commerciales.

La nomination des commissaires aux comptes légalement faite avant l'entrée en vigueur de la loi du 1er août 2003 ne peut être remise en cause du seul fait de l'entrée en vigueur de celle-ci (L. n° 2003-706 du 1er août 2003, art. 114-II, JO 2 août).

Art. L. 225-229 *Abrogé par Ord. n° 2005-1126 du 8 sept. 2005, art. 20-III. – V. désormais, art. L. 823-3 s.*

Art. L. 225-230 *(Ord. n° 2005-1126 du 8 sept. 2005, art. 20-I)* **L'action mentionnée à l'article L. 823-6 peut être exercée par une association répondant aux conditions fixées par l'article L. 225-120.**

Art. L. 225-231 *(L. n° 2001-420 du 15 mai 2001)* **« Une association répondant aux conditions fixées à l'article L. 225-120, ainsi que un ou plusieurs actionnaires représentant au moins 5 % du capital social, soit individuellement, soit en se groupant sous quelque forme que ce soit, peuvent poser par écrit au président du conseil d'administration ou au directoire des questions sur une ou plusieurs opérations de gestion de la société, ainsi que, le cas échéant, des sociétés qu'elle contrôle au sens de l'article L. 233-3. Dans ce dernier cas, la demande doit être appréciée au regard de l'intérêt du groupe. La réponse doit être communiquée aux commissaires aux comptes.**

« A défaut de réponse dans un délai d'un mois ou à défaut de communication d'éléments de réponse satisfaisants, ces actionnaires peuvent demander en référé la désignation d'un ou plusieurs experts chargés de présenter un rapport sur une ou plusieurs opérations de gestion.

« Le ministère public, le comité d'entreprise et, dans les sociétés faisant publiquement appel à l'épargne, *(L. n° 2003-706 du 1er août 2003, art. 46-V)* **« l'Autorité des marchés financiers » peuvent également demander en référé la désignation d'un ou plusieurs experts chargés de présenter un rapport sur une ou plusieurs opérations de gestion. »**

S'il est fait droit à la demande, la décision de justice détermine l'étendue de la mission et des pouvoirs des experts. Elle peut mettre les honoraires à la charge de la société.

Le rapport est adressé au demandeur, au ministère public, au comité d'entreprise, au commissaire aux comptes et, selon le cas, au conseil d'administration ou au directoire et au conseil de surveillance ainsi que, dans les sociétés faisant publiquement appel à l'épargne, à *(L. n° 2003-706 du 1er août 2003, art. 46-V)* **« l'Autorité des marchés financiers ». Ce rapport doit, en outre, être annexé à celui établi par les commissaires aux comptes en vue de la prochaine assemblée générale et recevoir la même publicité.** *– [L. n° 66-537 du 24 juill. 1966, art. 226]. – V. Décr. n° 67-236 du 23 mars 1967, art. 195, infra, App., v° Sociétés commerciales.*

Art. L. 225-232 **Un ou plusieurs actionnaires représentant au moins** *(L. n° 2001-420 du 15 mai 2001)* **« 5 % » du capital social ou une association répondant aux conditions fixées à l'article L. 225-120 peuvent, deux fois par exercice, poser par écrit des questions au président du conseil d'administration ou au directoire sur tout fait de nature à compromettre la continuité de l'exploitation. La réponse est communiquée au commissaire aux comptes.** *– [L. n° 66-537 du 24 juill. 1966, art. 226-1]. – V. Décr. n° 67-236 du 23 mars 1967, art. 195-1, infra, App., v° Sociétés commerciales.*

Art. L. 225-233 *(Ord. n° 2005-1126 du 8 sept. 2005, art. 20-II)* **L'action mentionnée à l'article L. 823-7 peut être exercée par une association répondant aux conditions fixées par l'article L. 225-120.**

Art. L. 225-234 *Abrogé par Ord. n° 2005-1126 du 8 sept. 2005, art. 20-III. — V. désormais, art. L. 823-8.*

Art. L. 225-235 *(Abrogé par Ord. n° 2005-1126 du 8 sept. 2005, art. 20-III) (L. n° 2003-706 du 1er août 2003)* ***« Justifiant de leurs appréciations, » les commissaires aux comptes certifient que les comptes annuels sont réguliers et sincères et donnent une image fidèle du résultat des opérations de l'exercice écoulé ainsi que de la situation financière et du patrimoine de la société à la fin de cet exercice.***

« Lorsqu'une société établit des comptes consolidés, *(L. n° 2003-706 du 1er août 2003)* ***« justifiant de leurs appréciations, » les commissaires aux comptes certifient que les comptes consolidés sont réguliers et sincères et donnent une image fidèle du patrimoine, de la situation financière ainsi que du résultat de l'ensemble constitué par les entreprises comprises dans la consolidation. Sans préjudice des dispositions du quatrième alinéa de l'article L. 225-236, la certification des comptes consolidés est délivrée notamment après examen des travaux des commissaires aux comptes des entreprises comprises dans la consolidation ou, s'il n'en est point, des professionnels chargés du contrôle des comptes desdites entreprises.*** *(Abrogé par L. n° 2003-706 du 1er août 2003)* ***« Ces derniers sont libérés du secret professionnel à l'égard des commissaires aux comptes de la société consolidante. »*** — *V. désormais, infra, art. L. 822-15, al. 2.*

« Ils ont pour mission permanente, à l'exclusion de toute immixtion dans la gestion, de vérifier les valeurs et les documents comptables de la société et de contrôler la conformité de sa comptabilité aux règles en vigueur. Ils vérifient également la sincérité et la concordance avec les comptes annuels des informations données dans le rapport de gestion du conseil d'administration ou du directoire, selon le cas, et dans les documents adressés aux actionnaires sur la situation financière et les comptes annuels. *(L. n° 2005-842 du 26 juill. 2005, art. 9-II)* ***« Ils attestent spécialement l'exactitude et la sincérité des informations visées aux trois premiers alinéas de l'article L. 225-102-1. » Ils vérifient, le cas échéant, la sincérité et la concordance avec les comptes consolidés des informations données dans le rapport sur la gestion du groupe.***

« Les commissaires aux comptes s'assurent que l'égalité a été respectée entre les actionnaires. » — [L. n° 66-537 du 24 juill. 1966, art. 228]. — V. désormais, art. L. 823-9 s. — V. Décr. n° 67-236 du 23 mars 1967, art. 189 et 193, infra, App., v° Sociétés commerciales.

(L. n° 2003-706 du 1er août 2003) **« Les commissaires aux comptes présentent, dans un rapport joint au rapport mentionné au deuxième alinéa de l'article L. 225-100, leurs observations sur le rapport mentionné, selon le cas, à l'article L. 225-37 ou à l'article L. 225-68, pour celles des procédures de contrôle interne qui sont relatives à l'élaboration et au traitement de l'information comptable et financière. »**

Art. L. 225-236 *Abrogé par Ord. n° 2005-1126 du 8 sept. 2005, art. 20-III. — V. désormais, art. L. 823-13 et L. 823-14. — V. Décr. n° 67-236 du 23 mars 1967, art. 189 à 191, infra App., v° Sociétés commerciales.*

Art. L. 225-237 *Abrogé par Ord. n° 2005-1126 du 8 sept. 2005, art. 20-III. — V. désormais, art. L. 823-16.*

Sur la procédure d'alerte, V. art. L. 234-1 s.

Art. L. 225-238 *Abrogé par Ord. n° 2005-1126 du 8 sept. 2005, art. 20-III. — V. désormais, art. L. 823-17. — V. Décr. n° 67-236 du 23 mars 1967, art. 192, infra, App., v° Sociétés commerciales.*

Art. L. 225-239 *Abrogé par Ord. n° 2005-1126 du 8 sept. 2005, art. 20-III. — V. désormais, art. L. 823-18. — V. Décr. n° 69-810 du 12 août 1969, art. 119 s. (D. et BLD 1969. 320 Rect. 345), mod. par Décr. n° 85-665 du 3 juill. 1985, art. 42 (D. et ALD 1985. 367) ; Décr n° 2005-599 du 27 mai 2005 (JO 29 mai). —* ***C. sociétés.***

Art. L. 225-240 (*Abrogé par Ord. nº 2005-1126 du 8 sept. 2005, art. 20-III*) ***« Les commissaires aux comptes signalent, à la plus prochaine assemblée générale, les irrégularités et inexactitudes relevées par eux au cours de l'accomplissement de leur mission.***

« En outre, ils révèlent au procureur de la République les faits délictueux dont ils ont eu connaissance, sans que leur responsabilité puisse être engagée par cette révélation. » – V. désormais, art. L. 823-12.

(*Abrogé par L. nº 2003-706 du 1er août 2003*) ***« Sous réserve des dispositions des alinéas précédents, les commissaires aux comptes, ainsi que leurs collaborateurs et experts, sont astreints au secret professionnel pour les faits, actes et renseignements dont ils ont pu avoir connaissance à raison de leurs fonctions. »*** – [L. nº 66-537 du 24 juill. 1966, art. 233]. – V. Décr. nº 67-236 du 23 mars 1967, art. 193, infra, App., vº Sociétés commerciales. – Sur l'obligation de secret professionnel, V. désormais, infra, art. L. 822-15.

Art. L. 225-241 *Abrogé par Ord. nº 2005-1126 du 8 sept. 2005, art. 20-III. – V. désormais, art. L. 822-17*

Art. L. 225-242 *Abrogé par Ord. nº 2005-1126 du 8 sept. 2005, art. 20-III. – V. désormais, art. L. 822-18*

Sur les infractions relatives au contrôle des sociétés anonymes, V. infra, art. L. 242-25.

SECTION VI **DE LA TRANSFORMATION DES SOCIÉTÉS ANONYMES**

Art. L. 225-243 **Toute société anonyme peut se transformer en société d'une autre forme si, au moment de la transformation, elle a au moins deux ans d'existence et si elle a établi et fait approuver par les actionnaires le bilan de ses deux premiers exercices.** – *[L. nº 66-537 du 24 juill. 1966, art. 236].*

Art. L. 225-244 **La décision de transformation est prise sur le rapport des commissaires aux comptes de la société. Le rapport atteste que les capitaux propres sont au moins égaux au capital social.**

La transformation est soumise, le cas échéant, à l'approbation des assemblées d'obligataires et de l'assemblée des porteurs de parts bénéficiaires ou de parts de fondateur.

La décision de transformation est soumise à publicité, dont les modalités sont fixées par décret en Conseil d'État. – *[L. nº 66-537 du 24 juill. 1966, art. 237]. – V. Décr. nº 67-236 du 23 mars 1967, art. 196, infra, App., vº Sociétés commerciales.*

Art. L. 225-245 **La transformation en société en nom collectif nécessite l'accord de tous les associés. En ce cas, les conditions prévues aux articles L. 225-243 et au premier alinéa de l'article L. 225-244 ne sont pas exigées.**

La transformation en société en commandite simple ou par actions est décidée dans les conditions prévues pour la modification des statuts et avec l'accord de tous les associés qui acceptent d'être associés commandités.

La transformation en société à responsabilité limitée est décidée dans les conditions prévues pour la modification des statuts des sociétés de cette forme. – *[L. nº 66-537 du 24 juill. 1966, art. 238].*

Art. L. 225-245-1 (*L. nº 2005-842 du 26 juill. 2005, art. 11-II*) **En cas de transformation d'une société anonyme en société européenne, le premier alinéa de l'article L. 225-244 n'est pas applicable.**

La société établit un projet de transformation de la société en société européenne. Ce projet est déposé au greffe du tribunal dans le ressort duquel la société est immatriculée et fait l'objet d'une publicité dont les modalités sont fixées par décret

en Conseil d'État. – *V. Décr. n° 67-236 du 23 mars 1967, art. 203-23, infra, App., v° Sociétés commerciales.*

Un ou plusieurs commissaires à la transformation désignés par décision de justice établissent sous leur responsabilité un rapport destiné aux actionnaires de la société se transformant attestant que les capitaux propres sont au moins équivalents au capital social. Ils sont soumis aux incompatibilités prévues à l'article L. 822-11.

La transformation en société européenne est décidée selon les dispositions prévues aux articles L. 225-96 et L. 225-99.

SECTION VII DE LA DISSOLUTION DES SOCIÉTÉS ANONYMES

Art. L. 225-246 **La dissolution anticipée de la société est prononcée par l'assemblée générale extraordinaire.** – *[L. n° 66-537 du 24 juill. 1966, art. 239].*

Art. L. 225-247 **Le tribunal de commerce peut, à la demande de tout intéressé, prononcer la dissolution de la société, si le nombre des actionnaires est réduit à moins de sept depuis plus d'un an.**

Il peut accorder à la société un délai maximal de six mois pour régulariser la situation. Il ne peut prononcer la dissolution si, le jour où il statue sur le fond, cette régularisation a eu lieu. – *[L. n° 66-537 du 24 juill. 1966, art. 240].*

Art. L. 225-248 **Si, du fait de pertes constatées dans les documents comptables, les capitaux propres de la société deviennent inférieurs à la moitié du capital social, le conseil d'administration ou le directoire, selon le cas, est tenu dans les quatre mois qui suivent l'approbation des comptes ayant fait apparaître cette perte, de convoquer l'assemblée générale extraordinaire à l'effet de décider s'il y a lieu à dissolution anticipée de la société.**

Si la dissolution n'est pas prononcée, la société est tenue, au plus tard à la clôture du deuxième exercice suivant celui au cours duquel la constatation des pertes est intervenue et sous réserve des dispositions de l'article L. 224-2 de réduire son capital d'un montant au moins égal à celui des pertes qui n'ont pas pu être imputées sur les réserves, si, dans ce délai, les capitaux propres n'ont pas été reconstitués à concurrence d'une valeur au moins égale à la moitié du capital social.

Dans les deux cas, la résolution adoptée par l'assemblée générale est publiée selon les modalités fixées par décret en Conseil d'État.

A défaut de réunion de l'assemblée générale, comme dans le cas ou *[où]* **cette assemblée n'a pas pu délibérer valablement sur dernière convocation, tout intéressé peut demander en justice la dissolution de la société. Il en est de même si les dispositions du deuxième alinéa ci-dessus n'ont pas été appliquées. Dans tous les cas, le tribunal peut accorder à la société un délai maximal de six mois pour régulariser la situation. Il ne peut prononcer la dissolution, si, au jour où il statue sur le fond, cette régularisation a eu lieu.**

Les dispositions du présent article ne sont pas applicables aux sociétés *(L. n° 2005-845 du 26 juill. 2005, art. 165-II)* **« en procédure de sauvegarde ou en redressement judiciaire » ou qui bénéficient d'un** *(L. n° 2005-845 du 26 juill. 2005, art. 165-II)* **« plan de sauvegarde ou de redressement judiciaire ».** – *[L. n° 66-537 du 24 juill. 1966, art. 241].* – *V. Décr. n° 67-236 du 23 mars 1967, art. 197 et 198, infra, App., v° Sociétés commerciales.*

SECTION VIII DE LA RESPONSABILITÉ CIVILE

Art. L. 225-249 **Les fondateurs de la société auxquels la nullité est imputable et les administrateurs en fonction au moment où elle a été encourue peuvent être**

déclarés solidairement responsables du dommage résultant pour les actionnaires ou pour les tiers de l'annulation de la société.

La même responsabilité solidaire peut être prononcée contre ceux des actionnaires dont les apports ou les avantages n'ont pas été vérifiés et approuvés. – *[L. n° 66-537 du 24 juill. 1966, art. 242].*

Art. L. 225-250 L'action en responsabilité fondée sur l'annulation de la société se prescrit dans les conditions prévues au premier alinéa de l'article L. 235-13. – *[L. n° 66-537 du 24 juill. 1966, art. 243].*

Art. L. 225-251 *(L. n° 2001-420 du 15 mai 2001)* « Les administrateurs et le directeur général sont responsables, individuellement ou solidairement selon le cas, » envers la société ou envers les tiers, soit des infractions aux dispositions législatives ou réglementaires applicables aux sociétés anonymes, soit des violations des statuts, soit des fautes commises dans leur gestion.

Si plusieurs administrateurs *(L. n° 2001-420 du 15 mai 2001)* « ou plusieurs administrateurs et le directeur général » ont coopéré aux mêmes faits, le tribunal détermine la part contributive de chacun dans la réparation du dommage. – *[L. n° 66-537 du 24 juill. 1966, art. 244]. – V. Décr. n° 67-236 du 23 mars 1967, art. 199 et 199-1, infra, App., v° Sociétés commerciales.*

Art. L. 225-252 Outre l'action en réparation du préjudice subi personnellement, les actionnaires peuvent, soit individuellement, soit par une association répondant aux conditions fixées à l'article L. 225-120 soit en se groupant dans les conditions fixées par décret en Conseil d'État, intenter l'action sociale en responsabilité contre les administrateurs *(L. n° 2001-420 du 15 mai 2001)* « ou le directeur général ». Les demandeurs sont habilités à poursuivre la réparation de l'entier préjudice subi par la société, à laquelle, le cas échéant, les dommages-intérêts sont alloués. – *[L. n° 66-537 du 24 juill. 1966, art. 245]. – V. Décr. n° 67-236 du 23 mars 1967, art. 200 et 201, infra, App., v° Sociétés commerciales.*

Art. L. 225-253 Est réputée non écrite, toute clause des statuts ayant pour effet de subordonner l'exercice de l'action sociale à l'avis préalable ou à l'autorisation de l'assemblée générale, ou qui comporterait par avance renonciation à l'exercice de cette action.

Aucune décision de l'assemblée générale ne peut avoir pour effet d'éteindre une action en responsabilité contre les administrateurs *(L. n° 2001-420 du 15 mai 2001)* « ou contre le directeur général » pour faute commise dans l'accomplissement de leur mandat. – *[L. n° 66-537 du 24 juill. 1966, art. 246].*

Art. L. 225-254 L'action en responsabilité contre les administrateurs *(L. n° 2001-420 du 15 mai 2001)* « ou le directeur général », tant sociale qu'individuelle, se prescrit par trois ans, à compter du fait dommageable ou s'il a été dissimulé, de sa révélation. Toutefois, lorsque le fait est qualifié crime, l'action se prescrit par dix ans. – *[L. n° 66-537 du 24 juill. 1966, art. 247].*

Art. L. 225-255 En cas d'ouverture d'une procédure *(L. n° 2005-845 du 26 juill. 2005, art. 165-II)* « de sauvegarde, » de redressement ou de liquidation judiciaire en application des dispositions du titre II *[des titres II à IV]* du livre VI relatives au redressement et à la liquidation judiciaires des entreprises, les personnes visées par ces dispositions peuvent être rendues responsables du passif social et sont soumises aux interdictions et déchéances, dans les conditions prévues par celles-ci. – *[L. n° 66-537 du 24 juill. 1966, art. 248].*

Art. L. 225-256 Lorsque la société est soumise aux dispositions des articles L. 225-57 à L. 225-93, les membres du directoire sont soumis à la même responsabilité que les administrateurs dans les conditions prévues aux articles L. 225-249 à L. 225-255.

En cas d'ouverture d'une procédure *(L. nº 2005-845 du 26 juill. 2005, art. 165-II)* « de sauvegarde, » de redressement ou de liquidation judiciaire en application des dispositions du titre II *[des titres II à IV]* du livre VI relatives au redressement et à la liquidation judiciaires des entreprises, les personnes visées par ces dispositions peuvent être rendues responsables du passif social et sont soumises aux interdictions et déchéances, dans les conditions prévues par celles-ci. – *[L. nº 66-537 du 24 juill. 1966, art. 249].*

Art. L. 225-257 Les membres du conseil de surveillance sont responsables des fautes personnelles commises dans l'exécution de leur mandat. Ils n'encourent aucune responsabilité, en raison des actes de la gestion et de leur résultat. Ils peuvent être déclarés civilement responsables des délits commis par les membres du directoire si, en ayant eu connaissance, ils ne les ont pas révélés à l'assemblée générale.

Les dispositions des articles L. 225-253 et L. 225-254 sont applicables. – *[L. nº 66-537 du 24 juill. 1966, art. 250].*

SECTION IX DES SOCIÉTÉS ANONYMES À PARTICIPATION OUVRIÈRE

Art. L. 225-258 Il peut être stipulé dans les statuts de toute société anonyme que la société est « à participation ouvrière ».

Les sociétés dont les statuts ne contiennent pas cette stipulation peuvent se transformer en sociétés à participation ouvrière, en procédant conformément à l'article L. 225-96.

Les sociétés à participation ouvrière sont soumises, indépendamment des règles générales applicables aux sociétés anonymes, aux dispositions de la présente section. – *[L. 24 juill. 1867, art. 72].*

Art. L. 225-259 Si la société use de la faculté d'émettre des actions de travail, cette circonstance doit être mentionnée sur tous ses actes et documents destinés aux tiers par l'addition des mots « à participation ouvrière ». – *[L. 24 juill. 1867, art. 64, al. 2].*

Art. L. 225-260 Les actions de la société se composent :

1° D'actions ou coupures d'actions de capital ;

2° D'actions dites « actions de travail ». – *[L. 24 juill. 1867, art. 73].*

Art. L. 225-261 Les actions de travail sont la propriété collective du personnel salarié (ouvriers et employés), constitué en société commerciale coopérative de main-d'œuvre. Cette société de main-d'œuvre comprend obligatoirement et exclusivement tous les salariés liés à l'entreprise depuis au moins un an et âgés de plus de dix-huit ans. La perte de l'emploi salarié prive le participant, sans indemnité, de tous ses droits dans la coopérative de main-d'œuvre. La liquidation des droits qui ont été acquis dans l'entreprise par l'intéressé antérieurement à son départ, au cours du dernier exercice, est faite compte tenu du temps passé par lui au cours de cet exercice, et des dispositions de l'article L. 225-269.

Lorsqu'une société se constitue, dès son début, sous la forme de société anonyme à participation ouvrière, les statuts de la société anonyme doivent prévoir la mise en réserve, jusqu'à la fin de l'année, des actions de travail attribuées à la collectivité des salariés. A la fin de ce délai, les actions sont remises à la coopérative de main-d'œuvre légalement constituée.

Les dividendes attribués aux ouvriers et employés faisant partie de la coopérative ouvrière sont répartis entre eux conformément aux règles fixées par les statuts de la société ouvrière et aux décisions de ses assemblées générales. Toutefois, les statuts de la société anonyme doivent disposer que, préalablement à toute distribution de dividende, il est prélevé sur les bénéfices, au profit des porteurs d'actions de capital, une somme correspondant à celle que produirait, à l'intérêt qu'ils fixent, le capital versé.

En aucun cas les actions de travail ne peuvent être attribuées individuellement aux salariés de la société, membres de la coopérative de main-d'œuvre. – *[L. 24 juill. 1867, art. 74]*.

Art. L. 225-262 Les actions de travail sont nominatives, inscrites au nom de la société coopérative de main-d'œuvre, inaliénables pendant toute la durée de la société à participation ouvrière. – *[L. 24 juill. 1867, art. 75]*.

Art. L. 225-263 Les participants à la société coopérative de main-d'œuvre sont représentés aux assemblées générales de la société anonyme par des mandataires élus par ces participants, réunis en assemblée générale de la coopérative.

Les mandataires élus doivent être choisis parmi les participants. Leur nombre est fixé par les statuts de la société anonyme.

Le nombre des voix dont disposent ces mandataires, à chaque assemblée générale de la société anonyme, est établi d'après le nombre de voix dont disposent les autres actionnaires présents ou représentés, en respectant la proportion entre les actions de travail et les actions de capital résultant de l'application des statuts de la société. Il est déterminé au début de chaque assemblée d'après les indications de la feuille de présence.

Les mandataires présents partagent également entre eux les voix qui leur sont ainsi attribuées, les plus âgés bénéficiant des voix restantes.

L'assemblée générale de la coopérative de main-d'œuvre est réunie chaque année dans un délai fixé par les statuts et, à défaut de dispositions statutaires, dans un délai de quatre mois après la réunion de l'assemblée générale de la société anonyme. – *[L. 24 juill. 1867, art. 76]*.

Art. L. 225-264 Chaque participant dispose, à l'assemblée générale de la coopérative de main-d'œuvre, d'une voix.

Les statuts peuvent toutefois attribuer plusieurs voix aux participants, en fonction du montant de leur salaire, dans la limite d'un chiffre maximum égal à autant de voix que le salaire annuel de l'intéressé, établi sur les comptes arrêtés à la clôture de l'exercice précédent, comprend de fois le chiffre du salaire le plus faible attribué par la société aux salariés âgés de plus de dix-huit ans.

Les statuts peuvent prévoir que les participants sont répartis par collèges regroupant chacun une catégorie de personnel, chaque collège élisant son ou ses mandataires et que l'accord de chaque collège, à des majorités que les statuts précisent, est nécessaire pour la modification des statuts de la coopérative et d'autres décisions énumérées par les statuts. – *[L. 24 juill. 1867, art. 76-1]*.

Art. L. 225-265 L'assemblée générale de la coopérative de main-d'œuvre ne délibère valablement que si, sur première convocation, les deux tiers au moins des participants de la coopérative sont présents ou représentés. Les statuts fixent le quorum requis pour l'assemblée réunie sur seconde convocation. A défaut de dispositions statutaires, ce quorum est de la moitié des participants de la coopérative, présents ou représentés.

L'assemblée générale statue à la majorité des voix exprimées. Dans le cas où il est procédé à un scrutin, il n'est pas tenu compte des bulletins blancs.

Toutefois, pour la modification des statuts de la coopérative et pour d'autres décisions énumérées par les statuts, le quorum ne peut être inférieur à la moitié des participants de la coopérative. De plus, ces mêmes décisions sont prises à la majorité des deux tiers des voix exprimées. Dans le cas où il est procédé à un scrutin, il n'est pas tenu compte des bulletins blancs. – *[L. 24 juill. 1867, art. 76-2]*.

Art. L. 225-266 En cas d'action en justice, les mandataires élus à la dernière assemblée générale désignent un ou plusieurs d'entre eux pour représenter les participants. Si aucune élection n'a encore été faite, ou si aucun des mandataires élus ne fait partie de la coopérative de main-d'œuvre, il est procédé à l'élection de mandataires spéciaux dans les formes et conditions prévues au premier alinéa de l'article L. 225-263 et aux articles L. 225-264 et L. 225-265. – *[L. 24 juill. 1867, art. 76-3]*.

Art. L. 225-267 Toutefois, les assemblées générales des sociétés anonymes à participation ouvrière délibérant sur des modifications à apporter aux statuts ou sur des propositions de continuation de la société au-delà du terme fixé pour sa durée ou de dissolution avant ce terme ne sont régulièrement constituées et ne peuvent valablement délibérer qu'autant qu'elles comprennent un nombre d'actionnaires représentant les trois quarts des actions de capital. Il peut en être décidé autrement par les statuts.

Dans le cas où une décision de l'assemblée générale comporte une modification dans les droits attachés aux actions de travail, cette décision n'est définitive qu'après avoir été ratifiée par une assemblée générale de la coopérative de main-d'œuvre. – *[L. 24 juill. 1867, art. 77]*.

Art. L. 225-268 Le conseil d'administration de la société anonyme à participation ouvrière comprend un ou plusieurs représentants de la société coopérative de main-d'œuvre. Ces représentants sont élus par l'assemblée générale des actionnaires et choisis parmi les mandataires qui représentent la coopérative à cette assemblée générale. Le nombre en est fixé par le rapport qui existe entre les actions de travail et les actions de capital. Ils sont nommés pour le même temps que les autres administrateurs et sont comme eux rééligibles. Toutefois, leur mandat prend fin s'ils cessent d'être salariés de la société et, par suite, membres de la société. Si le conseil d'administration ne se compose que de trois membres, il doit comprendre tout au moins un représentant de ladite société coopérative. – *[L. 24 juill. 1867, art. 78]*.

Art. L. 225-269 En cas de dissolution, l'actif social n'est réparti entre les actionnaires qu'après l'amortissement intégral des actions de capital.

La part représentative des actions de travail, conformément aux décisions prises par l'assemblée générale de la coopérative ouvrière convoquée à cet effet, est alors répartie entre les participants et anciens participants comptant au moins dix ans de services consécutifs dans les établissements de la société, ou tout au moins une durée de services sans interruption égale à la moitié de la durée de la société, et ayant quitté la société pour l'une des raisons suivantes : départ à la retraite volontaire ou d'office avec droit à pension, maladie ou invalidité entraînant l'inaptitude à l'emploi précédemment occupé, licenciement motivé par une suppression d'emploi ou une compression de personnel.

Toutefois, les anciens participants remplissant les conditions prévues à l'alinéa précédent ne figurent à la répartition que pour une part correspondant à la durée de leurs services réduite d'un dixième de son montant total par année écoulée depuis la cessation de leurs services.

La dissolution de la société anonyme amène la dissolution de la coopérative de main-d'œuvre. – *[L. 24 juill. 1867, art. 79]*.

Art. L. 225-270 I. – Lorsqu'une société anonyme à participation ouvrière vient à se trouver dans la situation visée à l'article L. 225-248, et que sa dissolution n'est pas prononcée, l'assemblée générale extraordinaire peut décider, dans le délai fixé au deuxième alinéa du même article, une modification des statuts de la société entraînant la perte de la forme de société anonyme à participation ouvrière et, par la *[là]* même, la dissolution de la société coopérative de main-d'œuvre, nonobstant les dispositions du second alinéa de l'article L. 225-267 et toute disposition statutaire contraire.

Toutefois, la mise en œuvre de cette décision est subordonnée à l'existence d'un accord collectif d'entreprise conclu avec une ou plusieurs organisations syndicales de salariés représentatives au sens de l'article L. 132-2 du code du travail et prévoyant la dissolution de la société coopérative de main-d'œuvre. L'existence d'un accord collectif d'entreprise, incluant le même objet et conclu dans les mêmes conditions, antérieurement à l'entrée en vigueur de la loi n° 94-679 du 8 août 1994 portant diverses dispositions d'ordre économique et financier, répond aux dispositions du présent alinéa.

II. — Si la société coopérative de main-d'œuvre est dissoute en application des dispositions du I ci-dessus, il est attribué aux participants et anciens participants mentionnés au deuxième alinéa de l'article L. 225-269 une indemnisation.

Le montant de cette indemnisation, déterminé en prenant en compte notamment la nature et la portée particulière des droits attachés aux actions de travail, est fixé par l'assemblée générale extraordinaire des actionnaires de la société anonyme, après consultation des mandataires de la société coopérative de main-d'œuvre et au vu du rapport d'un expert indépendant désigné selon des modalités prévues par décret en Conseil d'État. — *V. Décr. n° 94-815 du 14 sept. 1994 (D. et ALD 1994. 511).*

III. — Sur décision de l'assemblée générale extraordinaire des actionnaires de la société anonyme, l'indemnisation peut prendre la forme d'une attribution d'actions au bénéfice exclusif des participants et anciens participants mentionnés au deuxième alinéa de l'article L. 225-269.

Ces actions peuvent être créées par prélèvement sur les primes et réserves disponibles. Par dérogation aux dispositions de l'article L. 225-206, la société anonyme peut également acquérir ses propres actions afin de les attribuer, dans le délai d'un an à compter de leur acquisition, aux participants et anciens participants mentionnés au deuxième alinéa de l'article L. 225-269.

Les actions ainsi attribuées ne peuvent être cédées qu'à l'expiration d'un délai de trois ans à compter de la date de la dissolution de la société coopérative de main-d'œuvre.

Nonobstant les dispositions de l'alinéa précédent, l'assemblée générale extraordinaire des actionnaires de la société anonyme peut décider de confier la gestion de ces actions à un fonds commun de placement d'entreprise, régi par les dispositions de l'article 21 de la loi n° 88-1201 du 23 décembre 1988 relative aux organismes de placement collectif en valeurs mobilières *[C. mon. fin., art. L. 214-40]* et portant création des fonds communs de créances, spécialement et exclusivement constitué à cet effet au plus tard le jour de l'attribution des actions. Dans ce cas, les parts du fonds et les actions qui en constituent l'actif ne peuvent être cédées qu'à l'expiration du délai mentionné à l'alinéa précédent. Le règlement de ce fonds est approuvé par la voie d'un accord collectif de travail. — *V. C. mon. fin., art. L. 214-40, au **C. sociétés.***

IV. — Pour l'application des dispositions prévues par le présent article, les décisions prises par l'assemblée générale des actionnaires de la société anonyme s'imposent de plein droit à tout actionnaire et à tout porteur ou titulaire de titres obligataires ou donnant immédiatement ou à terme accès au capital.

V. — L'indemnisation visée au II est répartie entre les ayants droit, en tenant compte de la durée de leurs services dans la société, de l'ancienneté acquise dans la coopérative de main-d'œuvre et de leur niveau de rémunération.

Après dissolution de la société coopérative de main-d'œuvre, et dans un délai de six mois après délibération de l'assemblée générale extraordinaire des actionnaires de la société anonyme fixant le montant et la forme de l'indemnisation, cette répartition est effectuée conformément aux décisions prises par l'assemblée générale de la société coopérative sur proposition de ses mandataires. A défaut de répartition

dans ce délai de six mois, celle-ci est effectuée par un mandataire liquidateur désigné par le président du tribunal de commerce du ressort du siège social de la société.

Les dispositions du troisième alinéa de l'article L. 225-269 sont applicables dans le cas visé au présent V.

VI. — L'indemnisation visée au II ou, le cas échéant, la valeur des actions attribuées à ce titre n'ont pas le caractère d'éléments de salaires pour l'application de la législation du travail et de la sécurité sociale. Elles ne sont pas retenues pour le calcul de l'assiette de tous impôts, taxes et prélèvements assis sur les salaires ou les revenus, sous réserve des dispositions de l'article 94A du code général des impôts. – *[L. 24 juill. 1867, art. 79-1].*

Loi du 24 juillet 1867,

Sur les sociétés.

TITRE VI. DES SOCIÉTÉS ANONYMES À PARTICIPATION OUVRIÈRE

Les art. 72 s. de la loi du 24 juill. 1867 ont été abrogés et codifiés par Ord. n° 2000-912 du 18 sept. 2000, aux art. 225-258 s. C. com. — V. supra.

Art. 80 *(L. 26 avr. 1917)* Les sociétés qui se conformeront aux dispositions précédentes seront affranchies, en ce qui concerne leurs statuts ou actes d'augmentation de capital, des droits de timbre et d'enregistrement, exclusivement applicables au montant des actions de travail.

Celles dans lesquelles le nombre des actions de travail sera égal au moins au quart du nombre des actions de capital bénéficieront, en outre, pour leurs actions de travail, des avantages accordés par l'article 21 de la loi du 30 décembre 1903, complété par l'article 25 de la loi de finances du 8 avril 1910, aux parts d'intérêts ou actions dans les sociétés de toute nature dites de coopération, formées exclusivement entre ouvriers et artisans. Ces mêmes titres seront, de plus, affranchis du droit proportionnel de timbre édicté par la loi du 5 juin 1850 et du droit de transmission établi par la loi du 23 juin 1857. Indépendamment des immunités fiscales ci-dessus prévues au paragraphe précédent, les sociétés à participation ouvrière bénéficieront des avantages accordés par les lois et décrets en vigueur aux sociétés coopératives en ce qui concerne les adjudications et soumissions de travaux publics.

CHAPITRE VI DES SOCIÉTÉS EN COMMANDITE PAR ACTIONS

Art. L. 226-1 La société en commandite par actions, dont le capital est divisé en actions, est constituée entre un ou plusieurs commandités, qui ont la qualité de commerçant et répondent indéfiniment et solidairement des dettes sociales, et des commanditaires, qui ont la qualité d'actionnaires et ne supportent les pertes qu'à concurrence de leurs apports. Le nombre des associés commanditaires ne peut être inférieur à trois.

Dans la mesure où elles sont compatibles avec les dispositions particulières prévues par le présent chapitre, les règles concernant les sociétés en commandite simple et les sociétés anonymes, à l'exception des articles L. 225-17 à L. 225-93, sont applicables aux sociétés en commandite par actions. — *[L. n° 66-537 du 24 juill. 1966, art. 251]. — V. Décr. n° 67-236 du 23 mars 1967, art. 202, infra, App., v° Sociétés commerciales.*

Art. L. 226-2 Le ou les premiers gérants sont désignés par les statuts. Ils accomplissent les formalités de constitution dont sont chargés les fondateurs de sociétés anonymes par les articles L. 225-2 à L. 225-16.

Au cours de l'existence de la société, sauf clause contraire des statuts, le ou les gérants sont désignés par l'assemblée générale ordinaire avec l'accord de tous les associés commandités.

Le gérant, associé ou non, est révoqué dans les conditions prévues par les statuts.

En outre, le gérant est révocable par le tribunal de commerce pour cause légitime, à la demande de tout associé ou de la société. Toute clause contraire est réputée non écrite. – *[L. nº 66-537 du 24 juill. 1966, art. 252].*

Art. L. 226-3 Les statuts doivent prévoir pour l'exercice des fonctions de gérant une limite d'âge qui, à défaut d'une disposition expresse, est fixée à soixante-cinq ans.

Toute nomination intervenue en violation des dispositions prévues à l'alinéa précédent est nulle.

Lorsqu'un gérant atteint la limite d'âge, il est réputé démissionnaire d'office. – *[L. nº 66-537 du 24 juill. 1966, art. 252-1].*

Art. L. 226-4 L'assemblée générale ordinaire nomme, dans les conditions fixées par les statuts, un conseil de surveillance, composé de trois actionnaires au moins.

A peine de nullité de sa nomination, un associé commandité ne peut être membre du conseil de surveillance. Les actionnaires ayant la qualité de commandité ne peuvent participer à la désignation des membres de ce conseil.

A défaut de disposition statutaire, les règles concernant la désignation et la durée du mandat des administrateurs de sociétés anonymes sont applicables. – *[L. nº 66-537 du 24 juill. 1966, art. 253].*

Art. L. 226-5 Les statuts doivent prévoir pour l'exercice des fonctions de membre du conseil de surveillance une limite d'âge s'appliquant soit à l'ensemble *(L. nº 2003-7 du 3 janv. 2003)* « des membres du conseil de surveillance », soit à un pourcentage déterminé d'entre eux.

A défaut de disposition expresse dans les statuts, le nombre des membres du conseil de surveillance ayant atteint l'âge de soixante-dix ans ne peut être supérieur au tiers des membres du conseil de surveillance en fonctions.

Toute nomination intervenue en violation des dispositions prévues à l'alinéa précédent est nulle.

A défaut de disposition expresse dans les statuts prévoyant une autre procédure, lorsque la limitation statutaire ou légale fixée pour l'âge des membres du conseil de surveillance est dépassée, le membre du conseil de surveillance le plus âgé est réputé démissionnaire d'office. – *[L. nº 66-537 du 24 juill. 1966, art. 253-1].*

Art. L. 226-6 L'assemblée générale ordinaire désigne un ou plusieurs commissaires aux comptes. – *[L. nº 66-537 du 24 juill. 1966, art. 254].*

Art. L. 226-7 Le gérant est investi des pouvoirs les plus étendus pour agir en toute circonstance au nom de la société.

Dans les rapports avec les tiers, la société est engagée même par les actes du gérant qui ne relèvent pas de l'objet social, à moins qu'elle ne prouve que le tiers savait que l'acte dépassait cet objet ou qu'il ne pouvait l'ignorer compte tenu des circonstances, étant exclu que la seule publication des statuts suffise à constituer cette preuve.

Les clauses statutaires limitant les pouvoirs du gérant qui résultent du présent article sont inopposables aux tiers.

En cas de pluralité de gérants, ceux-ci détiennent séparément les pouvoirs prévus au présent article. L'opposition formée par un gérant aux actes d'un autre gérant est sans effet à l'égard des tiers, à moins qu'il ne soit établi qu'ils en ont eu connaissance.

Sous réserve des dispositions du présent chapitre, le gérant a les mêmes obligations que le conseil d'administration d'une société anonyme. – *[L. nº 66-537 du 24 juill. 1966, art. 255].*

Art. L. 226-8 Toute autre rémunération que celle prévue aux statuts ne peut être allouée au gérant que par l'assemblée générale ordinaire. Elle ne peut l'être qu'avec l'accord des commandités donné, sauf clause contraire, à l'unanimité. – *[L. nº 66-537 du 24 juill. 1966, art. 256].*

Art. L. 226-9 Le conseil de surveillance assume le contrôle permanent de la gestion de la société. Il dispose, à cet effet, des mêmes pouvoirs que les commissaires aux comptes.

Il fait à l'assemblée générale ordinaire annuelle un rapport dans lequel il signale, notamment, les irrégularités et inexactitudes relevées dans les comptes annuels et, le cas échéant, les comptes consolidés de l'exercice.

Il est saisi en même temps que les commissaires aux comptes des documents mis à la disposition de ceux-ci.

Il peut convoquer l'assemblée générale des actionnaires. – *[L. nº 66-537 du 24 juill. 1966, art. 257].*

Art. L. 226-10 *(L. nº 2001-420 du 15 mai 2001)* « Les dispositions des articles L. 225-38 à L. 225-43 sont applicables aux conventions intervenant directement ou par personne interposée entre la société et l'un de ses gérants, l'un des membres de son conseil de surveillance, l'un de ses actionnaires disposant d'une fraction des droits de vote supérieure à *(L. nº 2003-706 du 1er août 2003)* « 10 % » ou, s'il s'agit d'une société actionnaire, la société la contrôlant au sens de l'article L. 233-3. De même, ces dispositions sont applicables aux conventions auxquelles une de ces personnes est indirectement intéressée. »

Elles sont également applicables aux conventions intervenant entre une société et une entreprise si l'un des gérants ou l'un des membres du conseil de surveillance de la société est propriétaire, associé indéfiniment responsable, gérant, administrateur, directeur général, membre du directoire ou membre du conseil de surveillance de l'entreprise.

L'autorisation prévue au premier alinéa de l'article L. 225-38 est donnée par le conseil de surveillance. – *[L. nº 66-537 du 24 juill. 1966, art. 258]. – V. Décr. nº 67-236 du 23 mars 1967, art. 203-1, infra, App., vº Sociétés commerciales.*

Art. L. 226-11 La modification des statuts exige, sauf clause contraire, l'accord de tous les commandités.

La modification des statuts résultant d'une augmentation de capital est constatée par les gérants. – *[L. nº 66-537 du 24 juill. 1966, art. 259].*

Art. L. 226-12 Les dispositions des articles L. 225-109 et L. 225-249 sont applicables aux gérants et membres du conseil de surveillance.

Les dispositions des articles L. 225-52, L. 225-251 et L. 225-255 sont applicables aux gérants, même non associés. – *[L. nº 66-537 du 24 juill. 1966, art. 260]. – V. Décr. nº 67-236 du 23 mars 1967, art. 203-2, infra, App., vº Sociétés commerciales.*

Art. L. 226-13 Les membres du conseil de surveillance n'encourent aucune responsabilité, en raison des actes de la gestion et de leur résultat.

Ils peuvent être déclarés civilement responsables des délits commis par les gérants si, en ayant eu connaissance, ils ne les ont pas révélés à l'assemblée générale. Ils sont responsables des fautes personnelles commises dans l'exécution de leur mandat. – *[L. n° 66-537 du 24 juill. 1966, art. 261].*

Art. L. 226-14 La transformation de la société en commandite par actions en société anonyme ou en société à responsabilité limitée est décidée par l'assemblée générale extraordinaire des actionnaires, avec l'accord de la majorité des associés commandités. – *[L. n° 66-537 du 24 juill. 1966, art. 262].*

Sur les infractions relatives aux sociétés en commandite par actions, V. infra, art. L. 243-1 s.

CHAPITRE VII DES SOCIÉTÉS PAR ACTIONS SIMPLIFIÉES

Art. L. 227-1 Une société par actions simplifiée peut être instituée par une ou plusieurs personnes qui ne supportent les pertes qu'à concurrence de leur apport.

Lorsque cette société ne comporte qu'une seule personne, celle-ci est dénommée « associé unique ». L'associé unique exerce les pouvoirs dévolus aux associés lorsque le présent chapitre prévoit une prise de décision collective.

Dans la mesure où elles sont compatibles avec les dispositions particulières prévues par le présent chapitre, les règles concernant les sociétés anonymes, à l'exception des articles L. 225-17 à L. 225-126 *(L. n° 2001-420 du 15 mai 2001)* **« et L. 225-243 », sont applicables à la société par actions simplifiée. Pour l'application de ces règles, les attributions du conseil d'administration ou de son président sont exercées par le président de la société par actions simplifiée ou celui ou ceux de ses dirigeants que les statuts désignent à cet effet.** – *[L. n° 66-537 du 24 juill. 1966, art. 262-1].*

Art. L. 227-2 La société par actions simplifiée ne peut faire publiquement appel à l'épargne. – *[L. n° 66-537 du 24 juill. 1966, art. 262-3]. – Sur les sanctions pénales, V. infra, art. L. 244-3.*

Art. L. 227-3 La décision de transformation en société par actions simplifiée est prise à l'unanimité des associés. – *[L. n° 66-537 du 24 juill. 1966, art. 262-4].*

Art. L. 227-4 En cas de réunion en une seule main de toutes les actions d'une société par actions simplifiée, les dispositions de l'article 1844-5 du code civil relatives à la dissolution judiciaire ne sont pas applicables. – *[L. n° 66-537 du 24 juill. 1966, art. 262-5].*

Art. L. 227-5 Les statuts fixent les conditions dans lesquelles la société est dirigée. – *[L. n° 66-537 du 24 juill. 1966, art. 262-6].*

Art. L. 227-6 La société est représentée à l'égard des tiers par un président désigné dans les conditions prévues par les statuts. Le président est investi des pouvoirs les plus étendus pour agir en toute circonstance au nom de la société dans la limite de l'objet social.

Dans les rapports avec les tiers, la société est engagée même par les actes du président qui ne relèvent pas de l'objet social, à moins qu'elle ne prouve que le tiers savait que l'acte dépassait cet objet ou qu'il ne pouvait l'ignorer compte tenu des circonstances, étant exclu que la seule publication des statuts suffise à constituer cette preuve.

(L. n° 2003-706 du 1er août 2003) **« Les statuts peuvent prévoir les conditions dans lesquelles une ou plusieurs personnes autres que le président, portant le titre de directeur général ou de directeur général délégué, peuvent exercer les pouvoirs confiés à ce dernier par le présent article. »**

Les dispositions statutaires limitant les pouvoirs du président sont inopposables aux tiers. – *[L. n° 66-537 du 24 juill. 1966, art. 262-7].*

Art. L. 227-7 **Lorsqu'une personne morale est nommée président ou dirigeant d'une société par actions simplifiée, les dirigeants de ladite personne morale sont soumis aux mêmes conditions et obligations et encourent les mêmes responsabilités civile et pénale que s'ils étaient président ou dirigeant en leur nom propre, sans préjudice de la responsabilité solidaire de la personne morale qu'ils dirigent.** – *[L. n° 66-537 du 24 juill. 1966, art. 262-8].*

Art. L. 227-8 **Les règles fixant la responsabilité des membres du conseil d'administration et du directoire des sociétés anonymes sont applicables au président et aux dirigeants de la société par actions simplifiée.** – *[L. n° 66-537 du 24 juill. 1966, art. 262-9].*

Art. L. 227-9 **Les statuts déterminent les décisions qui doivent être prises collectivement par les associés dans les formes et conditions qu'ils prévoient.**

Toutefois, les attributions dévolues aux assemblées générales extraordinaires et ordinaires des sociétés anonymes, en matière d'augmentation, d'amortissement ou de réduction de capital, de fusion, de scission, de dissolution, *(L. n° 2001-420 du 15 mai 2001)* **« de transformation en une société d'une autre forme, » de nomination de commissaires aux comptes, de comptes annuels et de bénéfices sont, dans les conditions prévues par les statuts, exercées collectivement par les associés.**

Dans les sociétés ne comprenant qu'un seul associé, le rapport de gestion, les comptes annuels et le cas échéant les comptes consolidés sont arrêtés par le président. L'associé unique approuve les comptes, après rapport du commissaire aux comptes, dans le délai de six mois à compter de la clôture de l'exercice. L'associé unique ne peut déléguer ses pouvoirs. Ses décisions sont répertoriées dans un registre.

Les décisions prises en violation des dispositions du présent article peuvent être annulées à la demande de tout intéressé. – *[L. n° 66-537 du 24 juill. 1966, art. 262-10].*

Art. L. 227-10 *(L. n° 2001-420 du 15 mai 2001)* **« Le commissaire aux comptes présente aux associés un rapport sur les conventions intervenues directement ou par personne interposée entre la société et son président, l'un de ses dirigeants, l'un de ses actionnaires disposant d'une fraction des droits de vote supérieure à** *(L. n° 2003-706 du 1er août 2003)* **« 10 % » ou, s'il s'agit d'une société actionnaire, la société la contrôlant au sens de l'article L. 233-3. »**

Les associés statuent sur ce rapport.

Les conventions non approuvées, produisent néanmoins leurs effets, à charge pour la personne intéressée et éventuellement pour le président et les autres dirigeants d'en supporter les conséquences dommageables pour la société.

Par dérogation aux dispositions du premier alinéa, lorsque la société ne comprend qu'un seul associé, il est seulement fait mention au registre des décisions des conventions intervenues directement ou par personnes interposées entre la société et son dirigeant. – *[L. n° 66-537 du 24 juill. 1966, art. 262-11].*

Art. L. 227-11 *(L. n° 2001-420 du 15 mai 2001 ; L. n° 2003-706 du 1er août 2003)* **« Sauf lorsqu'en raison de leur objet ou de leurs implications financières, elles ne sont significatives pour aucune des parties, » les conventions portant sur les opéra-**

tions courantes et conclues à des conditions normales sont communiquées au commissaire aux comptes. Tout associé a le droit d'en obtenir communication.

Art. L. 227-12 **Les interdictions prévues à l'article L. 225-43 s'appliquent, dans les conditions déterminées par cet article, au président et aux dirigeants de la société.** – *[L. n° 66-537 du 24 juill. 1966, art. 262-13].*

V. aussi Règl. CE n° 1103/97 du 17 juin 1997 fixant certaines dispositions relatives à l'introduction de l'euro (JOCE L 162 du 19 juin 1997 ; D. Affaires 1997. 973) ; Règl. CE n° 974/98 du 3 mai 1998 concernant l'introduction de l'euro (JOCE L 139 du 11 mai 1998 ; D. Affaires 1998. 1014), partiellement codifié par Ord. n° 2000-1227 du 14 déc. 2000, au C. mon. fin., art. L. 111-1 s., infra, App., v° Code monétaire et financier (extraits).

Art. L. 227-13 **Les statuts de la société peuvent prévoir l'inaliénabilité des actions pour une durée n'excédant pas dix ans.** – *[L. n° 66-537 du 24 juill. 1966, art. 262-14].*

Art. L. 227-14 **Les statuts peuvent soumettre toute cession d'actions à l'agrément préalable de la société.** – *[L. n° 66-537 du 24 juill. 1966, art. 262-15].*

Art. L. 227-15 **Toute cession effectuée en violation des clauses statutaires est nulle.** – *[L. n° 66-537 du 24 juill. 1966, art. 262-16].*

Art. L. 227-16 **Dans les conditions qu'ils déterminent, les statuts peuvent prévoir qu'un associé peut être tenu de céder ses actions.**

Ils peuvent également prévoir la suspension des droits non pécuniaires de cet associé tant que celui-ci n'a pas procédé à cette cession. – *[L. n° 66-537 du 24 juill. 1966, art. 262-17].*

Art. L. 227-17 **Les statuts peuvent prévoir que la société associée dont le contrôle est modifié au sens de l'article L. 233-3 doit, dès cette modification, en informer la société par actions simplifiée. Celle-ci peut décider, dans les conditions fixées par les statuts, de suspendre l'exercice des droits non pécuniaires de cet associé et de l'exclure.**

Les dispositions de l'alinéa précédent peuvent s'appliquer, dans les mêmes conditions, à l'associé qui a acquis cette qualité à la suite d'une opération de fusion, de scission ou de dissolution. – *[L. n° 66-537 du 24 juill. 1966, art. 262-18].*

Art. L. 227-18 **Si les statuts ne précisent pas les modalités du prix de cession des actions lorsque la société met en œuvre une clause introduite en application des articles L. 227-14, L. 227-16 et L. 227-17, ce prix est fixé par accord entre les parties ou, à défaut, déterminé dans les conditions prévues à l'article 1843-4 du code civil.** – *V. art. 1843-4 C. civ., infra, App., v° Sociétés commerciales.*

Lorsque les actions sont rachetées par la société, celle-ci est tenue de les céder dans un délai de six mois ou de les annuler. – *[L. n° 66-537 du 24 juill. 1966, art. 262-19].*

Art. L. 227-19 **Les clauses statutaires visées aux articles L. 227-13, L. 227-14, L. 227-16 et L. 227-17 ne peuvent être adoptées ou modifiées qu'à l'unanimité des associés.** – *[L. n° 66-537 du 24 juill. 1966, art. 262-20].*

Art. L. 227-20 **Les articles L. 227-13 à L. 227-19 ne sont pas applicables aux sociétés ne comprenant qu'un seul associé.** – *[L. n° 66-537 du 24 juill. 1966, art. 262-21].*

Sur les infractions relatives aux sociétés par actions simplifiées, V. infra, art. L. 244-1 à L. 244-4.

CHAPITRE VIII DES VALEURS MOBILIÈRES ÉMISES PAR LES SOCIÉTÉS PAR ACTIONS

SECTION PREMIÈRE DISPOSITIONS COMMUNES AUX VALEURS MOBILIÈRES

L'ord. nº 2004-604 du 24 juin 2004 a été ratifiée par l'art. 78-XXVII de la L. nº 2004-1343 du 9 déc. 2004 (JO 10 déc.).

Art. L. 228-1 *(Ord. nº 2004-604 du 24 juin 2004, art. 24)* **« Les sociétés par actions émettent toutes valeurs mobilières dans les conditions du présent livre.**

« Les valeurs mobilières émises par les sociétés par actions sont définies à l'article L. 211-2 du code monétaire et financier.

« Les valeurs mobilières émises par les sociétés par actions revêtent la forme de titres au porteur ou de titres nominatifs, sauf pour les sociétés pour lesquelles la loi ou les statuts imposent la seule forme nominative, pour tout ou partie du capital.

« Nonobstant toute convention contraire, tout propriétaire dont les titres font partie d'une émission comprenant à la fois des titres au porteur et des titres nominatifs a la faculté de convertir ses titres dans l'autre forme.

« Toutefois, la conversion des titres nominatifs n'est pas possible s'agissant des sociétés pour lesquelles la loi ou les statuts imposent la forme nominative pour tout ou partie du capital. »

Ces valeurs mobilières, quelle que soit leur forme, doivent être inscrites en compte au nom de leur propriétaire, dans les conditions prévues par le II de l'article 94 de la loi de finances pour 1982 *(nº 81-1160 du 30 décembre 1981) [C. mon. fin., art. L. 211-4].*

Toutefois, lorsque des titres de capital de la société ont été admis aux négociations sur un marché réglementé et que leur propriétaire n'a pas son domicile sur le territoire français, au sens de l'article 102 du code civil, tout intermédiaire peut être inscrit pour le compte de ce propriétaire. Cette inscription peut être faite sous la forme d'un compte collectif ou en plusieurs comptes individuels correspondant chacun à un propriétaire.

L'intermédiaire inscrit est tenu, au moment de l'ouverture de son compte auprès soit de la société émettrice, soit de l'intermédiaire financier habilité teneur de compte, de déclarer, dans les conditions fixées par décret, sa qualité d'intermédiaire détenant des titres pour le compte d'autrui. — *V. Décr. nº 67-236 du 23 mars 1967, art. 136 et 151-1 s., infra, App., vº Sociétés commerciales.*

(Ord. nº 2004-604 du 24 juin 2004, art. 24) **« En cas de cession de valeurs mobilières admises aux négociations sur un marché réglementé ou de valeurs mobilières non admises aux négociations sur un marché réglementé mais inscrites en compte chez un intermédiaire habilité participant à un système de règlement et de livraison mentionné à l'article L. 330-1 du code monétaire et financier, le transfert de propriété s'effectue dans les conditions prévues à l'article L. 431-2 de ce code. Dans les autres cas, le transfert de propriété résulte de l'inscription des valeurs mobilières au compte de l'acheteur, dans des conditions fixées par décret en Conseil d'État. »**

L'intermédiaire déjà inscrit pour le compte de propriétaires d'actions, à la date d'entrée en vigueur du Décr. nº 2002-803 du 3 mai 2002 (JO 5 mai), doit, dans les trois mois de la publication de celui-ci, déclarer sa qualité dans les conditions de l'art. L. 228-1 (Décr. nº 2002-803 du 3 mai 2002, art. 59).

Art. L. 228-2 *(L. nº 2001-420 du 15 mai 2001)* **I. — En vue de l'identification des détenteurs des titres au porteur, les statuts peuvent prévoir que la société émettrice est en droit de demander à tout moment, contre rémunération à sa charge,** *(L. nº 2003-706 du 1er août 2003, art. 125)* **« au dépositaire central »** *(Ord. nº 2004-604 du 24 juin 2004, art. 25)* **« qui assure la tenue du compte émission de ses titres »,**

selon le cas, le nom ou la dénomination, la nationalité, l'année de naissance ou l'année de constitution et l'adresse des détenteurs de titres conférant immédiatement ou à terme le droit de vote dans ses propres assemblées d'actionnaires ainsi que la quantité de titres détenue par chacun d'eux et, le cas échéant, les restrictions dont les titres peuvent être frappés.

Les renseignements sont recueillis par *(Ord. n° 2004-604 du 24 juin 2004, art. 25)* « le dépositaire central » l'organisme susmentionné auprès des établissements teneurs de comptes qui lui sont affiliés, lesquels les lui communiquent dans un délai fixé par décret en Conseil d'État. Dans les cinq jours ouvrables qui en suivent la réception, ces renseignements sont portés par *(Ord. n° 2004-604 du 24 juin 2004, art. 25)* « le dépositaire central » l'organisme à la connaissance de la société.

Lorsque le délai fixé par décret n'est pas respecté, ou lorsque les renseignements fournis par l'établissement teneur de comptes sont incomplets ou erronés, *(Ord. n° 2004-604 du 24 juin 2004, art. 25)* « le dépositaire central » peut demander l'exécution de l'obligation de communication, sous astreinte, au président du tribunal de grande instance statuant en référé. — *V. Décr. n° 67-236 du 23 mars 1967, art. 151-3 et 151-4, infra, App., v° Sociétés commerciales.*

II. — La société émettrice, après avoir suivi la procédure prévue au I et au vu de la liste transmise par *(Ord. n° 2004-604 du 24 juin 2004, art. 25)* « le dépositaire central » susmentionné, a la faculté de demander, soit par l'entremise de *(Ord. n° 2004-604 du 24 juin 2004, art. 25)* « ce dépositaire central », soit directement, dans les mêmes conditions et sous peine des sanctions prévues à l'article L. 228-3-2, aux personnes figurant sur cette liste et dont la société estime qu'elles pourraient être inscrites pour compte de tiers les informations concernant les propriétaires des titres prévues au I.

Ces personnes sont tenues, lorsqu'elles ont la qualité d'intermédiaire, de révéler l'identité des propriétaires de ces titres. L'information est fournie directement à l'intermédiaire financier habilité teneur de compte, à charge pour ce dernier de la communiquer, selon le cas, à la société émettrice ou *(Ord. n° 2004-604 du 24 juin 2004, art. 25)* « au dépositaire central » susmentionné.

III. — Les renseignements obtenus par la société ne peuvent être cédés par celle-ci, même à titre gratuit. Toute violation de cette disposition est punie des peines prévues à l'article 226-13 du code pénal.

Art. L. 228-3 *(L. n° 2001-420 du 15 mai 2001)* S'il s'agit de titres de forme nominative, donnant immédiatement ou à terme accès au capital, l'intermédiaire inscrit dans les conditions prévues à l'article L. 228-1 est tenu, dans un délai fixé par décret en Conseil d'État, de révéler l'identité des propriétaires de ces titres *(Ord. n° 2004-604 du 24 juin 2004, art. 51-XI)* « , ainsi que la quantité de titres détenus par chacun d'eux » sur simple demande de la société émettrice ou de son mandataire, laquelle peut être présentée à tout moment. — *V. Décr. n° 67-236 du 23 mars 1967, art. 151-5, infra, App., v° Sociétés commerciales.*

Les droits spéciaux attachés aux actions nominatives, notamment ceux prévus aux articles L. 225-123 et L. 232-14, ne peuvent être exercés par un intermédiaire inscrit dans les conditions prévues à l'article L. 228-1 que si les renseignements qu'il fournit permettent le contrôle des conditions requises pour l'exercice de ces droits.

Art. L. 228-3-1 *(L. n° 2001-420 du 15 mai 2001)* I. — Aussi longtemps que la société émettrice estime que certains détenteurs dont l'identité lui a été communiquée le sont pour le compte de tiers propriétaires des titres, elle est en droit de demander à ces détenteurs de révéler l'identité des propriétaires de ces titres *(Ord. n° 2004-604 du 24 juin 2004, art. 51-XI)* « , ainsi que la quantité de titres détenus par chacun d'eux », dans les conditions prévues respectivement au premier alinéa du II de l'article L. 228-2 pour les titres au porteur et au premier alinéa de l'article L. 228-3 pour les titres nominatifs.

II. — A l'issue de ces opérations, et sans préjudice des obligations de déclaration de participations significatives imposées par les articles L. 233-7, L. 233-12 et L. 233-13, la société émettrice peut demander à toute personne morale propriétaire de ses actions et possédant des participations dépassant le quarantième du capital ou des droits de vote de lui faire connaître l'identité des personnes détenant directement ou indirectement plus du tiers du capital social de cette personne morale ou des droits de vote qui sont exercés aux assemblées générales de celle-ci.

Art. L. 228-3-2 *(L. n° 2001-420 du 15 mai 2001)* L'intermédiaire qui a satisfait aux obligations prévues aux *(Ord. n° 2004-604 du 24 juin 2004, art. 51-XII)* « septième et huitième » alinéas de l'article L. 228-1 peut, en vertu d'un mandat général de gestion des titres, transmettre pour une assemblée le vote ou le pouvoir d'un propriétaire d'actions tel qu'il a été défini au *(Ord. n° 2004-604 du 24 juin 2004, art. 51-XII)* « septième » alinéa du même article.

Avant de transmettre des pouvoirs ou des votes en assemblée générale, l'intermédiaire inscrit conformément à l'article L. 228-1 est tenu, à la demande de la société émettrice ou de son mandataire, de fournir la liste des propriétaires non résidents des actions auxquelles ces droits de vote sont attachés *(Ord. n° 2004-604 du 24 juin 2004, art. 51-XII)* « ainsi que la quantité d'actions détenues par chacun d'eux ». Cette liste est fournie dans les conditions prévues, selon le cas, aux articles L. 228-2 ou L. 228-3.

Le vote ou le pouvoir émis par un intermédiaire qui soit ne s'est pas déclaré comme tel en vertu du *(Ord. n° 2004-604 du 24 juin 2004, art. 51-XII)* « huitième » alinéa de l'article L. 228-1 ou du deuxième alinéa du présent article, soit n'a pas révélé l'identité des propriétaires des titres en vertu des articles L. 228-2 ou L. 228-3, ne peut être pris en compte. — *V. Décr. n° 67-236 du 23 mars 1967, art. 151-6, infra, App., v° Sociétés commerciales.*

Art. L. 228-3-3 *(L. n° 2001-420 du 15 mai 2001)* Lorsque la personne qui fait l'objet d'une demande en vertu des articles L. 228-2 à L. 228-3-1 n'a pas transmis les informations dans les délais prévus à ces articles ou a transmis des renseignements incomplets ou erronés relatifs soit à sa qualité, soit aux propriétaires des titres, *(Ord. n° 2004-604 du 24 juin 2004, art. 51-XIII)* « soit à la quantité de titres détenus par chacun d'eux, » les actions ou les titres donnant accès immédiatement ou à terme au capital et pour lesquels cette personne a été inscrite en compte sont privés des droits de vote pour toute assemblée d'actionnaires qui se tiendrait jusqu'à la date de régularisation de l'identification, et le paiement du dividende correspondant est différé jusqu'à cette date.

En outre, au cas où la personne inscrite méconnaîtrait sciemment les dispositions des articles L. 228-1 à L. 228-3-1, le tribunal dans le ressort duquel la société a son siège social peut, sur demande de la société ou d'un ou plusieurs actionnaires détenant au moins 5 % du capital, prononcer la privation totale ou partielle, pour une durée totale ne pouvant excéder cinq ans, des droits de vote attachés aux actions ayant fait l'objet de l'interrogation et, éventuellement et pour la même période, du dividende correspondant.

Art. L. 228-3-4 *(L. n° 2001-420 du 15 mai 2001)* Toute personne participant à un titre quelconque à la direction ou à la gestion *(L. n° 2003-706 du 1er août 2003)* « du dépositaire central d'instruments financiers » ainsi que toute personne employée par celui-ci, par la société émettrice ou par l'intermédiaire inscrit, et ayant dans le cadre de son activité professionnelle connaissance des renseignements mentionnés aux articles L. 228-1 à L. 228-3-2 est tenue au secret professionnel dans les conditions et sous les peines prévues aux articles 226-13 et 226-14 du code pénal. Le secret professionnel ne peut être opposé ni à *(L. n° 2003-706 du 1er août 2003, art. 46-V)* « l'Autorité des marchés financiers » ni à l'autorité judiciaire.

Art. L. 228-4 *(Ord. n° 2004-604 du 24 juin 2004, art. 26)* « A peine de nullité, » l'émission de parts bénéficiaires ou parts de fondateur est interdite.

Toutefois, les parts bénéficiaires ou parts de fondateurs émises avant le 1er avril 1967 demeurent régies par les textes les concernant. – *[L. n° 66-537 du 24 juill. 1966, art. 264 et 504].*

Art. L. 228-5 A l'égard de la société, les titres sont indivisibles, sous réserve de l'application des articles L. 225-110 et L. 225-118. – *[L. n° 66-537 du 24 juill. 1966, art. 266].*

Art. L. 228-6 Nonobstant toutes stipulations statutaires contraires, les sociétés qui ont effectué soit des échanges de titres consécutifs à une opération de fusion ou de scission, de réduction de capital, de regroupement ou de division et de conversion obligatoire de titres au porteur en titres nominatifs, soit des distributions de titres imputées sur les réserves ou liées à une réduction de capital, soit des distributions ou attributions d'actions gratuites peuvent, sur simple décision du conseil d'administration, du directoire ou des gérants, vendre selon des modalités fixées par décret en Conseil d'État les titres dont les ayants droit n'ont pas demandé la délivrance, à la condition d'avoir procédé, deux ans au moins à l'avance, à une publicité selon des modalités fixées par ledit décret. – *V. Décr. n° 67-236 du 23 mars 1967, art. 205-1 et 205-2, infra, App., v° Sociétés commerciales.*

A dater de cette vente, les titres anciens ou les anciens droits aux distributions ou attributions sont, en tant que de besoin, annulés et leurs titulaires ne peuvent plus prétendre qu'à la répartition en numéraire du produit net de la vente des titres non réclamés. – *[L. n° 66-537 du 24 juill. 1966, art. 266-1].*

Sur les infractions relatives aux valeurs mobilières émises par les sociétés par actions, V. infra, art. L. 245-1.

Art. L. 228-6-1 *(Ord. n° 2004-604 du 24 juin 2004, art. 27)* Dans les sociétés dont les titres sont admis aux négociations sur un marché réglementé, l'assemblée générale extraordinaire des actionnaires ayant autorisé une fusion ou une scission peut décider qu'à l'issue d'une période qui ne peut excéder une limite fixée par décret en Conseil d'État, suivant la date d'inscription à leur compte du nombre entier d'actions attribuées, une vente globale des actions non attribuées correspondant aux droits formant rompus aura lieu, selon des modalités fixées par ce décret, en vue de la répartition des fonds entre les intéressés.

Art. L. 228-6-2 *(Ord. n° 2004-604 du 24 juin 2004, art. 27)* Les droits non pécuniaires attachés aux valeurs mobilières inscrites en compte joint sont exercés par l'un ou l'autre des cotitulaires dans les conditions déterminées par la convention d'ouverture de compte.

Art. L. 228-6-3 *(Ord. n° 2004-604 du 24 juin 2004, art. 27)* Les titres dont les titulaires, malgré le respect des formalités de convocation aux assemblées générales, sont inconnus du teneur de compte ou n'ont pas été atteints par les convocations, depuis dix années révolues, peuvent être vendus selon la procédure prévue à l'article L. 228-6. Cette vente a lieu à l'expiration d'un délai fixé, par décret en Conseil d'État, à compter de la publicité prévue à cet article, à condition que le teneur de compte ait, pendant ce délai, accompli toutes les diligences nécessaires, dans les conditions fixées par ce même décret, pour entrer en contact avec les titulaires ou leurs ayants droit.

SECTION II DES ACTIONS

L'ord. n° 2004-604 du 24 juin 2004 a été ratifiée par l'art. 78-XXVII de la L. n° 2004-1343 du 9 déc. 2004 (JO 10 déc.).

Art. L. 228-7 Les actions de numéraire sont celles dont le montant est libéré en espèces ou par compensation, celles qui sont émises par suite d'une incorporation au capital de réserves, bénéfices ou primes d'émission, et celles dont le montant résulte pour partie d'une incorporation de réserves, bénéfices ou primes d'émission et pour partie d'une libération en espèces. Ces dernières doivent être intégralement libérées lors de la souscription.

(Ord. n° 2004-604 du 24 juin 2004, art. 28) « Sous réserve des règles spécifiques applicables aux actions résultant d'une fusion ou d'une scission, toutes les autres actions sont des actions d'apport. » – *[L. n° 66-537 du 24 juill. 1966, art. 267].*

Art. L. 228-8 Le montant nominal des actions ou coupures d'action peut être fixé par les statuts. Cette option s'applique alors à toutes les émissions d'actions. – *[L. n° 66-537 du 24 juill. 1966, art. 268].*

Art. L. 228-9 L'action de numéraire est nominative jusqu'à son entière libération – *[L. n° 66-537 du 24 juill. 1966, art. 270].*

Art. L. 228-10 Les actions ne sont négociables qu'après l'immatriculation de la société au registre du commerce et des sociétés. En cas d'augmentation de capital les actions sont négociables à compter de la réalisation de celle-ci.

La négociation de promesse d'actions est interdite, à moins qu'il ne s'agisse d'actions à créer *(Ord. n° 2004-604 du 24 juin 2004, art. 29)* « dont l'admission sur un marché réglementé a été demandée, ou » à l'occasion d'une augmentation du capital d'une société dont les actions anciennes sont déjà admises aux négociations sur un marché réglementé. En ce cas, la négociation n'est valable que si elle est effectuée sous la condition suspensive de la réalisation de l'augmentation de capital. A défaut d'indication expresse, cette condition est présumée. – *[L. n° 66-537 du 24 juill. 1966, art. 271].*

Art. L. 228-11 *(Ord. n° 2004-604 du 24 juin 2004, art. 31)* Lors de la constitution de la société ou au cours de son existence, il peut être créé des actions de préférence, avec ou sans droit de vote, assorties de droits particuliers de toute nature, à titre temporaire ou permanent. Ces droits sont définis par les statuts dans le respect des dispositions des articles L. 225-10 et L. 225-122 à L. 225-125.

Le droit de vote peut être aménagé pour un délai déterminé ou déterminable. Il peut être suspendu pour une durée déterminée ou déterminable ou supprimé.

Les actions de préférence sans droit de vote ne peuvent représenter plus de la moitié du capital social, et dans les sociétés dont les actions sont admises aux négociations sur un marché réglementé, plus du quart du capital social.

Toute émission ayant pour effet de porter la proportion au-delà de cette limite peut être annulée.

L'ord. n° 2004-604 du 24 juin 2004 (art. 30-I et II) a transféré aux art. L. 228-35-1 et L. 228-35-2, en les modifiant, les dispositions de l'ancien art. L. 228-11.

Art. L. 228-12 *(Ord. n° 2004-604 du 24 juin 2004, art. 31)* L'assemblée générale extraordinaire des actionnaires est seule compétente pour décider l'émission, le rachat et la conversion des actions de préférence au vu d'un rapport spécial des commissaires aux comptes. Elle peut déléguer ce pouvoir dans les conditions fixées par les articles L. 225-129 à L. 225-129-6. – *V. Décr. n° 67-236 du 23 mars 1967 art. 206-4, infra, App., v° Sociétés commerciales.*

Les modalités de rachat ou de conversion des actions de préférence peuvent également être fixées dans les statuts.

A tout moment de l'exercice en cours et au plus tard lors de la première réunion suivant la clôture de celui-ci, le conseil d'administration ou le directoire constate, s'il y a lieu, le nombre et le montant nominal des actions issues de la conversion des actions de préférence, au cours de l'exercice écoulé, et apporte les modifications nécessaires aux clauses des statuts relatives au montant du capital social et au nombre des titres qui le composent.

Le président du directoire ou le directeur général peut, sur délégation du directoire ou du conseil d'administration, procéder à ces opérations à tout moment de l'exercice et au plus tard dans le délai fixé par décret en Conseil d'État. – *V. Décr. n° 67-236 du 23 mars 1967, art. 165, infra, App., v° Sociétés commerciales.*

Les dispositions de l'ancien art. L. 228-12 ont été transférées ss. le nouvel art. L. 228-35-3 (Ord. n° 2004-604 du 24 juin 2004, art. 30-III).

Art. L. 228-13 *(L. n° 2004-1343 du 9 déc. 2004, art. 78-XXVII)* « Les droits particuliers mentionnés à l'article L. 228-11 peuvent être exercés dans la société qui possède directement ou indirectement plus de la moitié du capital de l'émettrice ou dans la société dont l'émettrice possède directement ou indirectement plus de la moitié du capital. »

(Ord. n° 2004-604 du 24 juin 2004, art. 31) « L'émission doit alors être autorisée par l'assemblée générale extraordinaire de la société appelée à émettre des actions de préférence et par celle de la société au sein de laquelle les droits sont exercés.

« Les commissaires aux comptes des sociétés intéressées doivent établir un rapport spécial. »

Les dispositions de l'ancien art. L. 228-13 ont été transférées ss. le nouvel art. L. 228-35-4 (Ord. n° 2004-604 du 24 juin 2004, art. 30-III).

Art. L. 228-14 *(Ord. n° 2004-604 du 24 juin 2004, art. 31)* Les actions de préférence peuvent être converties en actions ordinaires ou en actions de préférence d'une autre catégorie.

En cas de conversion d'actions de préférence en actions aboutissant à une réduction de capital non motivée par des pertes, les créanciers dont la créance est antérieure à la date du dépôt au greffe du procès-verbal de délibération de l'assemblée générale, ou du conseil d'administration ou du directoire en cas de délégation, peuvent former opposition à la conversion dans le délai et suivant les modalités fixés par décret en Conseil d'État.

Les opérations de conversion ne peuvent commencer pendant le délai d'opposition ni, le cas échéant avant qu'il ait été statué en première instance sur cette opposition.

Les dispositions de l'ancien art. L. 228-14 ont été transférées ss. le nouvel art. L. 228-35-5 (Ord. n° 2004-604 du 24 juin 2004, art. 30-III).

Art. L. 228-15 *(Ord. n° 2004-604 du 24 juin 2004, art. 31)* La création de ces actions donne lieu à l'application des articles L. 225-8, L. 225-14, L. 225-147 et L. 225-148 relatifs aux avantages particuliers lorsque les actions sont émises au profit d'un ou plusieurs actionnaires nommément désignés. Dans ce cas, le commissaire aux apports prévu par ces articles est un commissaire aux comptes n'ayant pas réalisé depuis cinq ans et ne réalisant pas de mission au sein de la société.

Les titulaires d'actions devant être converties en actions de préférence de la catégorie à créer ne peuvent, à peine de nullité de la délibération, prendre part au vote sur la création de cette catégorie et les actions qu'ils détiennent ne sont pas prises en compte pour le calcul du quorum et de la majorité, à moins que l'ensemble des actions ne fassent l'objet d'une conversion en actions de préférence.

Les dispositions de l'ancien art. L. 228-15 ont été transférées ss. le nouvel art. L. 228-35-6 (Ord. n° 2004-604 du 24 juin 2004, art. 30-III).

Art. L. 228-16 *(Ord. n° 2004-604 du 24 juin 2004, art. 31)* **En cas de modification ou d'amortissement du capital, l'assemblée générale extraordinaire détermine les incidences de ces opérations sur les droits des porteurs d'actions de préférence.**

Ces incidences peuvent également être constatées dans les statuts.

Les dispositions de l'ancien art. L. 228-16 ont été transférées ss. le nouvel art. L. 228-35-7 (Ord. n° 2004-604 du 24 juin 2004, art. 30-III).

Art. L. 228-17 *(Ord. n° 2004-604 du 24 juin 2004, art. 31)* **En cas de fusion ou de scission, les actions de préférence peuvent être échangées contre des actions des sociétés bénéficiaires du transfert de patrimoine comportant des droits particuliers équivalents, ou selon une parité d'échange spécifique tenant compte des droits particuliers abandonnés.**

En l'absence d'échange contre des actions conférant des droits particuliers équivalents, la fusion ou la scission est soumise à l'approbation de l'assemblée spéciale prévue à l'article L. 225-99.

Les dispositions de l'ancien art. L. 228-17 ont été transférées ss. le nouvel art. L. 228-35-8 (Ord. n° 2004-604 du 24 juin 2004, art. 30-III).

Art. L. 228-18 *(Ord. n° 2004-604 du 24 juin 2004, art. 31)* **Le dividende distribué, le cas échéant, aux titulaires d'actions de préférence peut être accordé en titres de capital, selon les modalités fixées par l'assemblée générale extraordinaire ou les statuts.**

Les dispositions de l'ancien art. L. 228-18 ont été transférées ss. le nouvel art. L. 228-35-9 (Ord. n° 2004-604 du 24 juin 2004, art. 30-III).

Art. L. 228-19 *(Ord. n° 2004-604 du 24 juin 2004, art. 31)* **Les porteurs d'actions de préférence, constitués en assemblée spéciale, ont la faculté de donner mission à l'un des commissaires aux comptes de la société d'établir un rapport spécial sur le respect par la société des droits particuliers attachés aux actions de préférence. Ce rapport est diffusé à ces porteurs à l'occasion d'une assemblée spéciale.** — *V. Décr. n° 67-236 du 23 mars 1967, art. 206-7, infra, App., v° Sociétés commerciales.*

Les dispositions de l'ancien art. L. 228-19 ont été transférées ss. le nouvel art. L. 228-35-10 (Ord. n° 2004-604 du 24 juin 2004, art. 30-III).

Art. L. 228-20 *(Ord. n° 2004-604 du 24 juin 2004, art. 31)* **Lorsque les actions de préférence sont inscrites aux négociations sur un marché réglementé, elles peuvent être rachetées ou remboursées, à l'initiative de la société ou du porteur, si le marché n'est pas liquide, dans les conditions prévues par les statuts.** — *V. Décr. n° 67-236 du 23 mars 1967, art. 206-4, infra, App., v° Sociétés commerciales.*

Les dispositions de l'ancien art. L. 228-20 ont été transférées ss. le nouvel art. L. 228-35-11 (Ord. n° 2004-604 du 24 juin 2004, art. 30-III).

Art. L. 228-21 **Les actions demeurent négociables après la dissolution de la société et jusqu'à la clôture de la liquidation.** — *[L. n° 66-537 du 24 juill. 1966, art. 272].*

Art. L. 228-22 **L'annulation de la société ou d'une émission d'actions n'entraîne pas la nullité des négociations intervenues antérieurement à la décision d'annulation, si les titres sont réguliers en la forme. Toutefois, l'acquéreur peut exercer un recours en garantie contre son vendeur.** — *[L. n° 66-537 du 24 juill. 1966, art. 273].*

Art. L. 228-23 *(Ord. n° 2004-604 du 24 juin 2004, art. 32)* **« Dans une société dont les titres de capital ne sont pas admis aux négociations sur un marché réglementé, la cession de titres de capital ou de valeurs mobilières donnant accès au**

capital, à quelque titre que ce soit, peut être soumise à l'agrément de la société par une clause des statuts. Cette clause est écartée en cas de succession, de liquidation du régime matrimonial ou de cession, soit à un conjoint, soit à un ascendant ou à un descendant.

« Une clause d'agrément ne peut être stipulée que si les titres sont nominatifs en vertu de la loi ou des statuts. »

Lorsque les statuts d'une société ne faisant pas publiquement appel à l'épargne réservent des actions aux salariés de la société, il peut être stipulé une clause d'agrément interdite par les dispositions du premier alinéa ci-dessus, dès lors que cette clause a pour objet d'éviter que lesdites actions ne soient dévolues ou cédées à des personnes n'ayant pas la qualité de salarié de la société.

Toute cession effectuée en violation d'une clause d'agrément figurant dans les statuts est nulle. – *[L. n° 66-537 du 24 juill. 1966, art. 274].*

Art. L. 228-24 Si une clause d'agrément est stipulée, la demande d'agrément indiquant les nom, prénoms et adresse du cessionnaire, le nombre des *(Ord. n° 2004-604 du 24 juin 2004, art. 33)* « titres de capital ou valeurs mobilières donnant accès au capital » dont la cession est envisagée et le prix offert, est notifiée à la société. L'agrément résulte, soit d'une notification, soit du défaut de réponse dans un délai de trois mois à compter de la demande.

Si la société n'agrée pas le cessionnaire proposé, le conseil d'administration, le directoire ou les gérants, selon le cas, sont tenus, dans le délai de trois mois à compter de la notification du refus, de faire acquérir les *(Ord. n° 2004-604 du 24 juin 2004, art. 33)* « titres de capital ou valeurs mobilières donnant accès au capital », soit par un actionnaire ou par un tiers, soit, avec le consentement du cédant, par la société en vue d'une réduction du capital. A défaut d'accord entre les parties, le prix des *(Ord. n° 2004-604 du 24 juin 2004, art. 33)* « titres de capital ou valeurs mobilières donnant accès au capital » est déterminé dans les conditions prévues à l'article 1843-4 du code civil. *(Ord. n° 2004-604 du 24 juin 2004, art. 33)* « Le cédant peut à tout moment renoncer à la cession de ses titres de capital ou valeurs mobilières donnant accès au capital. » Toute clause contraire à l'article 1843-4 dudit code est réputée non écrite.

Si, à l'expiration du délai prévu à l'alinéa précédent, l'achat n'est pas réalisé, l'agrément est considéré comme donné. Toutefois, ce délai peut être prolongé par décision de justice à la demande de la société. – *[L. n° 66-537 du 24 juill. 1966, art. 275]. – V. Décr. n° 67-236 du 23 mars 1967, art. 207, infra, App., v° Sociétés commerciales.*

Art. L. 228-25 (Abrogé par Ord. n° 2004-604 du 24 juin 2004, art. 51-VII) *En cas de négociation par l'intermédiaire de prestataire*[s] *de services d'investissement et par dérogation aux dispositions de l'article L. 228-24, la société doit exercer son droit d'agrément dans le délai prévu par les statuts, qui ne peut excéder trente jours de bourse.*

Si la société n'agrée pas l'acquéreur, le conseil d'administration, le directoire ou les gérants sont tenus, dans le délai de trente jours de bourse à compter de la notification du refus, de faire acquérir les actions, soit par un actionnaire ou par un tiers, soit par la société en vue d'une réduction du capital.

Le prix retenu est celui de la négociation initiale ; toutefois, la somme versée à l'acquéreur non agréé ne peut être inférieure à celle qui résulte du cours de bourse au jour du refus d'agrément ou, à défaut de cotation ce jour, au jour de la dernière cotation précédant ledit refus.

Si, à l'expiration du délai prévu au deuxième alinéa ci-dessus, l'achat n'est pas réalisé, l'agrément est considéré comme donné. – [L. n° 66-537 du 24 juill. 1966, art. 276].

Art. L. 228-26 Si la société a donné son consentement à un projet de nantissement d'actions dans les conditions prévues au premier alinéa de l'article L. 228-24, ce consentement emporte agrément du cessionnaire en cas de réalisation forcée des actions nanties selon les dispositions du premier alinéa de l'article 2078 du code civil, à moins que la société ne préfère, après la cession, racheter sans délai les actions, en vue de réduire son capital. – *[L. n° 66-537 du 24 juill. 1966, art. 277].*

Art. L. 228-27 A défaut par l'actionnaire de libérer aux époques fixées par le conseil d'administration, le directoire ou les gérants, selon le cas, les sommes restant à verser sur le montant des actions par lui souscrites, la société lui adresse une mise en demeure.

Un mois au moins après cette mise en demeure restée sans effet, la société poursuit, sans aucune autorisation de justice, la vente desdites actions.

La vente des actions cotées est effectuée en bourse. Celle des actions non cotées est effectuée aux enchères publiques. L'actionnaire défaillant reste débiteur ou profite de la différence. Les modalités d'application du présent alinéa sont déterminées par décret en Conseil d'État. – *[L. n° 66-537 du 24 juill. 1966, art. 281]. – V. Décr. n° 67-236 du 23 mars 1967, art. 208 et 209, infra, App., v° Sociétés commerciales.*

Art. L. 228-28 L'actionnaire défaillant, les cessionnaires successifs et les souscripteurs sont tenus solidairement du montant non libéré de l'action. La société peut agir contre eux, soit avant ou après la vente, soit en même temps, pour obtenir tant la somme due que le remboursement des frais exposés.

Celui qui a désintéressé la société dispose d'un recours pour le tout contre les titulaires successifs de l'action. La charge définitive de la dette incombe au dernier d'entre eux.

Deux ans après le virement d'un compte de valeurs mobilières à un autre compte, tout souscripteur ou actionnaire qui a cédé son titre cesse d'être tenu des versements non encore appelés. – *[L. n° 66-537 du 24 juill. 1966, art. 282].*

Art. L. 228-29 A l'expiration du délai fixé par décret en Conseil d'État, les actions sur le montant desquelles les versements exigibles n'ont pas été effectués, cessent de donner droit à l'admission et aux votes dans les assemblées d'actionnaires et sont déduites pour le calcul du quorum. – *V. Décr. n° 67-236 du 23 mars 1967, art. 210, infra, App., v° Sociétés commerciales.*

Le droit aux dividendes et le droit préférentiel de souscription aux augmentations de capital attachés à ces actions sont suspendus.

Après paiement des sommes dues, en principal et intérêt, l'actionnaire peut demander le versement des dividendes non prescrits. Il ne peut exercer une action du chef du droit préférentiel de souscription à une augmentation de capital, après expiration du délai fixé pour l'exercice de ce droit. – *[L. n° 66-537 du 24 juill. 1966, art. 283].*

Sur les infractions relatives aux actions, V. art. L. 245-1 s., L. 245-16 et L. 245-17.

Art. L. 228-29-1 *(Ord. n° 2004-604 du 24 juin 2004, art. 34)* Les actions ayant une valeur nominale inférieure ou égale à un montant fixé par décret en Conseil d'État et non admises aux négociations sur un marché réglementé peuvent être regroupées nonobstant toute disposition législative ou statutaire contraire. Ces regroupements sont décidés par les assemblées générales d'actionnaires statuant dans les conditions prévues pour la modification des statuts et conformément aux dispositions de l'article L. 228-29-2.

Art. L. 228-29-2 *(Ord. n° 2004-604 du 24 juin 2004, art. 34)* Les regroupements d'actions prévus à l'article L. 228-29-1 comportent l'obligation, pour les actionnaires, de procéder aux achats ou aux cessions d'actions nécessaires pour réaliser le regroupement.

La valeur nominale des actions regroupées ne peut être supérieure à un montant fixé par décret en Conseil d'État.

Pour faciliter ces opérations, la société doit, avant la décision de l'assemblée générale, obtenir d'un ou de plusieurs actionnaires l'engagement de servir, pendant un délai de deux ans, au prix fixé par l'assemblée, la contrepartie tant à l'achat qu'à la vente des offres portant sur les rompus ou des demandes tendant à compléter le nombre de titres appartenant à chacun des actionnaires intéressés.

Art. L. 228-29-3 *(Ord. n° 2004-604 du 24 juin 2004, art. 34)* A l'expiration du délai fixé par le décret prévu à l'article L. 228-29-7, les actions non présentées en vue de leur regroupement perdent leur droit de vote et leur droit au dividende est suspendu.

Le décret mentionné au premier alinéa peut accorder un délai supplémentaire aux actionnaires ayant pris l'engagement prévu au troisième alinéa de l'article L. 228-29-2.

Les dividendes dont le paiement a été suspendu en exécution du premier alinéa sont, en cas de regroupement ultérieur, versés aux propriétaires des actions anciennes dans la mesure où ils n'ont pas été atteints par la prescription.

Art. L. 228-29-4 *(Ord. n° 2004-604 du 24 juin 2004, art. 34)* Lorsque les propriétaires de titres n'ont pas la libre administration de leurs biens, la demande d'échange des anciens titres et les achats ou cessions de rompus nécessaires pour réaliser le regroupement sont assimilés à des actes de simple administration, sauf si les nouveaux titres sont demandés sous la forme au porteur en échange de titres nominatifs.

Art. L. 228-29-5 *(Ord. n° 2004-604 du 24 juin 2004, art. 34)* Les titres nouveaux présentent les mêmes caractéristiques et confèrent de plein droit et sans l'accomplissement d'aucune formalité les mêmes droits réels ou de créances que les titres anciens qu'ils remplacent.

Les droits réels et les nantissements sont reportés de plein droit sur les titres nouveaux attribués en remplacement des titres anciens qui en sont grevés.

Art. L. 228-29-6 *(Ord. n° 2004-604 du 24 juin 2004, art. 34)* En cas d'inobservation par la société soit des articles L. 228-29-1 ou L. 228-29-2, soit des conditions dans lesquelles doivent être prises les décisions des assemblées générales et des formalités de publicité fixées par le décret prévu à l'article L. 228-29-7, le regroupement reste facultatif pour les actionnaires. Les dispositions de l'article L. 228-29-3 ne peuvent être appliquées aux actionnaires.

Si le ou les actionnaires ayant pris l'engagement prévu à l'article L. 228-29-2 ne remplissent pas celui-ci, les opérations de regroupement peuvent être annulées. Dans ce cas, les achats et les ventes de rompus peuvent être annulés à la demande des actionnaires qui y ont procédé ou de leurs ayants cause, à l'exception des actionnaires défaillants, sans préjudice de tous dommages et intérêts s'il y a lieu.

Art. L. 228-29-7 *(Ord. n° 2004-604 du 24 juin 2004, art. 34)* Un décret en Conseil d'État fixe les modalités d'application des articles L. 228-29-1 à L. 228-29-6, notamment les conditions non prévues à l'article L. 228-29-1 dans lesquelles doivent être prises les décisions des assemblées générales d'actionnaires et accomplies les formalités de publicité de ces décisions.

SECTION III DISPOSITIONS APPLICABLES AUX CATÉGORIES DE TITRES EN VOIE D'EXTINCTION *(Ord. n° 2004-604 du 24 juin 2004, art. 35-I).*

SOUS-SECTION 1 DISPOSITIONS GÉNÉRALES *(Ord. n° 2004-604 du 24 juin 2004, art. 35-II).*

L'ord. n° 2004-604 du 24 juin 2004 a été ratifiée par l'art. 78-XXVII de la L. n° 2004-1343 du 9 déc. 2004 (JO 10 déc.).

Art. L. 228-29-8 *(Ord. n° 2004-604 du 24 juin 2004, art. 35-II)* Aucun titre nouveau ne peut être émis en application des articles de la présente section à l'exception de ceux qui seraient émis en application de décisions d'assemblées générales antérieures à l'entrée en vigueur de l'ordonnance n° 2004-604 du 24 juin 2004 portant réforme du régime des valeurs mobilières émises par les sociétés commerciales et extension à l'outre-mer de dispositions ayant modifié la législation commerciale.

Art. L. 228-29-9 *(Ord. n° 2004-604 du 24 juin 2004, art. 35-II)* Les porteurs de titres régis par la présente section disposent, sauf application de l'article L. 225-138, d'un droit préférentiel de souscription des actions de préférence mentionnées à l'article L. 228-11 lorsque celles-ci confèrent des droits équivalents à ceux des titres qu'ils possèdent.

Les porteurs de titres régis par la présente section disposent, sauf application de l'article L. 225-138, d'un droit de préférence à la souscription des valeurs mobilières mentionnées à l'article L. 228-91 lorsque celles-ci donnent lieu à l'attribution de titres conférant des droits équivalents à ceux des titres qu'ils possèdent.

Art. L. 228-29-10 *(Ord. n° 2004-604 du 24 juin 2004, art. 35-II)* Pour le calcul des quotités prévues à l'article L. 228-11, il est tenu compte des actions à dividende prioritaire sans droit de vote et des certificats d'investissement existants.

Toutefois, l'application des dispositions de l'alinéa précédent ne fait pas obstacle au maintien des droits des titulaires de titres existants.

SOUS-SECTION 2 DES CERTIFICATS D'INVESTISSEMENT *(Ord. n° 2004-604 du 24 juin 2004, art. 36-I).*

Art. L. 228-30 L'assemblée générale extraordinaire d'une société par actions, ou dans les sociétés qui n'en sont pas dotées, l'organe qui en tient lieu, peut décider, sur le rapport du conseil d'administration ou du directoire, selon le cas, et sur celui des commissaires aux comptes, la création, dans une proportion qui ne peut être supérieure au quart du capital social, de certificats d'investissement représentatifs des droits pécuniaires et de certificats de droit de vote représentatifs des autres droits attachés aux actions émises à l'occasion d'une augmentation de capital ou d'un fractionnement des actions existantes.

En cas d'augmentation de capital, les porteurs d'actions et, s'il en existe, les porteurs de certificats d'investissement, bénéficient d'un droit de souscription préférentiel aux certificats d'investissement émis et la procédure suivie est celle des augmentations de capital. Les porteurs de certificats d'investissement renoncent au droit préférentiel en assemblée spéciale convoquée et statuant selon les règles de l'assemblée générale extraordinaire des actionnaires. Les certificats de droit de vote sont répartis entre les porteurs d'actions et les porteurs des certificats de droit de vote, s'il en existe, au prorata de leurs droits.

En cas de fractionnement, l'offre de création des certificats d'investissement est faite en même temps et dans une proportion égale à leur part du capital à tous les porteurs d'actions. A l'issue d'un délai fixé par l'assemblée générale extraordinaire, le solde des possibilités de création non attribuées est réparti entre les porteurs d'actions qui ont demandé à bénéficier de cette répartition supplémentaire dans une proportion égale à leur part du capital et, en tout état de cause, dans la limite de leurs demandes. Après cette répartition, le solde éventuel est réparti par le conseil d'administration ou le directoire, selon le cas.

Le certificat de droit de vote doit revêtir la forme nominative.

Le certificat d'investissement est négociable. Sa valeur nominale est égale à celle des actions. Lorsque les actions sont divisées, les certificats d'investissement le sont également.

Le certificat de droit de vote ne peut être cédé qu'accompagné d'un certificat d'investissement. Toutefois, il peut être également cédé au porteur du certificat d'investissement. La cession entraîne de plein droit reconstitution de l'action dans l'un et l'autre cas. L'action est également reconstituée de plein droit entre les mains du porteur d'un certificat d'investissement et d'un certificat de droit de vote. Celui-ci en fait la déclaration à la société dans les quinze jours. Faute de cette déclaration, l'action est privée du droit de vote jusqu'à régularisation et pendant un délai d'un mois suivant celle-ci. – *V. Décr. nº 67-236 du 23 mars 1967, art. 169-8, infra, App., vº Sociétés commerciales.*

Il ne peut être attribué de certificat représentant moins d'un droit de vote. L'assemblée générale fixe les modalités d'attribution des certificats pour les droits formant rompus.

En cas de fusion ou de scission, les certificats d'investissement et les certificats de droit de vote d'une société qui disparaît peuvent être échangés contre des actions de sociétés bénéficiaires du transfert de patrimoine. – *[L. nº 66-537 du 24 juill. 1966, art. 283-1].*

Sur la cession des droits de vote dans les sociétés privatisées, V. L. nº 86-912 du 6 août 1986, art. 6, al. 2 (D. et ALD 1986. 431). – ***C. sociétés.***

Sur les certificats coopératifs d'investissement, V. L. nº 47-1775 du 10 sept. 1947, art. 19 sexdecies s. – ***C. sociétés.***

Sur les procédures d'offre publique et de demande de retrait portant sur des certificats d'investissement ou des certificats de droit de vote admis à la négociation sur un marché réglementé ou qui ont cessé d'être négociés sur ce marché, V. C. mon. fin., art. L. 212-6-3 et L. 212-6-4, infra, App., vº Code monétaire et financier (extraits).

Art. L. 228-31 L'assemblée générale extraordinaire d'une société dont les actions sont admises aux négociations sur un marché réglementé et dont les certificats d'investissement existants représentent au plus 1 % du capital social peut décider, sur le rapport du conseil d'administration, de procéder à la reconstitution des certificats existants en actions, et à celle des certificats existants assortis d'avantages particuliers en actions conférant à leurs titulaires les mêmes avantages.

L'assemblée générale extraordinaire prévue à l'alinéa précédent statue dans les conditions prévues pour l'approbation des avantages particuliers par l'article L. 225-147, après qu'une assemblée des titulaires de certificats de droits de vote, convoquée et statuant selon les règles des assemblées spéciales d'actionnaires, a approuvé le projet à une majorité de 95 % des titulaires présents ou représentés. La cession s'opère alors à la société, par dérogation au sixième alinéa de l'article L. 228-30, au prix fixé par l'assemblée générale extraordinaire mentionnée au premier alinéa du présent article.

Le prix mentionné à l'alinéa précédent est déterminé selon les modalités énoncées au 2° de l'article 283-1-1 de la loi n° 66-537 du 24 juillet 1966 sur les sociétés commerciales *[C. mon. fin., art. L. 212-6-3 et L. 212-6-4]*. – *V. ces art. infra, App., v° Code monétaire et financier (extraits).*

Le montant de l'indemnisation revenant aux détenteurs non identifiés est consigné.

La reconstitution s'opère par la cession aux porteurs de certificats d'investissement, à titre gratuit, des certificats de droits de vote correspondants.

A cet effet, la société peut demander l'identification des porteurs de certificats, même en l'absence de disposition statutaire expresse, selon les modalités prévues par l'article L. 228-2. – *[L. n° 66-537 du 24 juill. 1966, art. 283-1-2].*

Art. L. 228-32 Les porteurs de certificats d'investissement peuvent obtenir communication des documents sociaux dans les mêmes conditions que les actionnaires. – *[L. n° 66-537 du 24 juill. 1966, art. 283-2].*

Art. L. 228-33 En cas de distribution gratuite d'actions, de *(Ord. n° 2004-604 du 24 juin 2004, art. 36-II)* « nouvelles actions de préférence sans droit de vote et assorties des mêmes droits que les certificats d'investissement doivent être créées et remises » gratuitement aux propriétaires des certificats anciens, dans la proportion du nombre des actions nouvelles attribuées aux actions anciennes, sauf renonciation de leur part au profit de l'ensemble des porteurs ou de certains d'entre eux. – *[L. n° 66-537 du 24 juill. 1966, art. 283-3].*

Art. L. 228-34 *(Ord. n° 2004-604 du 24 juin 2004, art. 37-I)* En cas d'augmentation de capital en numéraire, à l'exception de celle réservée aux salariés sur le fondement de l'article L. 225-138-1, il est émis de nouvelles actions de préférence sans droit de vote et assorties des mêmes droits que les certificats d'investissement en nombre tel que la proportion qui existait avant l'augmentation entre actions ordinaires et certificats d'investissement soit maintenue, en tenant compte de ces actions de préférence, après l'augmentation en considérant que celle-ci sera entièrement réalisée.

Les propriétaires des certificats d'investissement ont, proportionnellement au nombre de titres qu'ils possèdent, un droit de préférence à la souscription à titre irréductible de ces nouvelles actions de préférence. Lors d'une assemblée spéciale, convoquée et statuant selon les règles de l'assemblée générale extraordinaire des actionnaires, les propriétaires des certificats d'investissement peuvent renoncer à ce droit. Les actions de préférence non souscrites sont réparties par le conseil d'administration ou le directoire. La réalisation de l'augmentation de capital s'apprécie sur sa fraction correspondant à l'émission d'actions. Toutefois, par dérogation aux dispositions du premier alinéa ci-dessus, lorsque les propriétaires de certificats ont renoncé à leur droit préférentiel de souscription, il n'est pas procédé à l'émission de nouvelles actions de préférence.

Art. L. 228-35 En cas d'émission d'obligations convertibles en actions, les porteurs des certificats d'investissement ont, proportionnellement au nombre de titres qu'ils possèdent, un droit de préférence à leur souscription à titre irréductible. Leur assemblée spéciale, convoquée et statuant selon les règles de l'assemblée générale extraordinaire des actionnaires, peut y renoncer.

(Ord. n° 2004-604 du 24 juin 2004, art. 36-IV) « Ces obligations ne peuvent être converties qu'en actions de préférence sans droit de vote et assorties des mêmes droits que les certificats d'investissement. »– *[L. n° 66-537 du 24 juill. 1966, art. 283-5]. – V. Décr. n° 67-236 du 23 mars 1967, art. 169-1 à 169-7, infra, App., v° Sociétés commerciales.*

SOUS-SECTION 3 LES ACTIONS DE PRIORITÉ *(Ord. nº 2004-604 du 24 juin 2004, art. 37I).*

Art. L. 228-35-1 *(Ord. nº 2004-604 du 24 juin 2004, art. 30-I)* **Lors de la constitution de la société ou au cours de son existence, il peut être créé des actions de priorité jouissant d'avantages par rapport à toutes autres actions, sous réserve des dispositions des articles L. 225-122 à L. 225-125.** – *[L. nº 66-537 du 24 juill. 1966, art. 269, al. 1er].*

(Ord. nº 2004-604 du 24 juin 2004, art. 37-II) **« Par exception à l'article L. 225-99, les statuts ou le contrat d'émission peuvent prévoir que la décision de conversion des actions de priorité en actions ordinaires par l'assemblée générale extraordinaire ne s'impose pas aux porteurs de ces actions. »**

Cet art. est l'ancien premier al. de l'art. L. 228-11.

SOUS-SECTION 4 LES ACTIONS À DIVIDENDE PRIORITAIRE SANS DROIT DE VOTE *(Ord. nº 2004-604 du 24 juin 2004, art. 38-1).*

Art. L. 228-35-2 *(Ord. nº 2004-604 du 24 juin 2004, art. 30-II)* **Il peut de même être créé des actions à dividende prioritaire sans droit de vote dans les conditions prévues aux articles** *(Ord. nº 2004-604 du 24 juin 2004, art. 38-II)* **« L. 228-35-3 à L. 228-35-11 » sous réserve des dispositions des articles L. 225-122 à L. 225-126.** – *[L. nº 66-537 du 24 juill. 1966, art. 269, al. 2].*

Cet art. est l'ancien second al. de l'art. L. 228-11.

Art. L. 228-35-3 *(Ord. nº 2004-604 du 24 juin 2004, art. 30-III)* **Les actions à dividende prioritaire sans droit de vote peuvent être créées par augmentation de capital ou par conversion d'actions ordinaires déjà émises. Elles peuvent être converties en actions ordinaires.**

Les actions à dividende prioritaire sans droit de vote ne peuvent représenter plus du quart du montant du capital social. Leur valeur nominale est égale à celle des actions ordinaires ou, le cas échéant, des actions ordinaires de l'une des catégories précédemment émises par la société.

Les titulaires d'actions à dividende prioritaire sans droit de vote bénéficient des droits reconnus aux autres actionnaires, à l'exception du droit de participer et de voter, du chef de ces actions, aux assemblées générales des actionnaires de la société.

En cas de création d'actions à dividende prioritaire sans droit de vote par conversion d'actions ordinaires déjà émises ou en cas de conversion d'actions à dividende prioritaire sans droit de vote en actions ordinaires, l'assemblée générale extraordinaire détermine le montant maximal d'actions à convertir et fixe les conditions de conversion sur rapport spécial du commissaire aux comptes. Sa décision n'est définitive qu'après approbation *(Ord. nº 2004-604 du 24 juin 2004, art. 38-III)* **« des assemblées spéciales prévues aux articles L. 228-35-6 et L. 228-103 ».**

L'offre de conversion est faite en même temps et à proportion de leur part dans le capital social à tous les actionnaires, à l'exception des personnes mentionnées à l'article *(Ord. nº 2004-604 du 24 juin 2004, art. 38-II)* **« L. 228-35-8 ». L'assemblée générale extraordinaire fixe le délai pendant lequel les actionnaires peuvent accepter l'offre de conversion.** – *[L. nº 66-537 du 24 juill. 1966, art. 269-I]. – V. Décr. nº 67-236 du 23 mars 1967, art. 153-6-1, infra, App., vº Sociétés commerciales.*

(Ord. nº 2004-604 du 24 juin 2004, art. 38-III) **« Par exception à l'article L. 225-99, les statuts ou le contrat d'émission peuvent prévoir que la décision de conver-**

sion des actions à dividende prioritaire sans droit de vote en actions ordinaires par l'assemblée générale extraordinaire ne s'impose pas aux porteurs de ces actions. »

Cet art. est l'ancien art. L. 228-12.

Art. L. 228-35-4 *(Ord. nº 2004-604 du 24 juin 2004, art. 30-III)* **Les actions à dividende prioritaire sans droit de vote donnent droit à un dividende prioritaire prélevé sur le bénéfice distribuable de l'exercice avant toute autre affectation. S'il apparaît que le dividende prioritaire ne peut être intégralement versé en raison de l'insuffisance du bénéfice distribuable, celui-ci doit être réparti à due concurrence entre les titulaires d'actions à dividende prioritaire sans droit de vote. Le droit au paiement du dividende prioritaire qui n'a pas été intégralement versé en raison de l'insuffisance du bénéfice distribuable est reporté sur l'exercice suivant et, s'il y a lieu, sur les deux exercices ultérieurs ou, si les statuts le prévoient, sur les exercices ultérieurs. Ce droit s'exerce prioritairement par rapport au paiement du dividende prioritaire dû au titre de l'exercice.**

Le dividende prioritaire ne peut être inférieur ni au premier dividende visé à l'article *(Ord. nº 2004-604 du 24 juin 2004, art. 38-II)* **« L. 232-35-7 » ni à un montant égal à 7,5 % du montant libéré du capital représenté par les actions à dividende prioritaire sans droit de vote. Ces actions ne peuvent donner droit au premier dividende.**

Après prélèvement du dividende prioritaire ainsi que du premier dividende, si les statuts en prévoient, ou d'un dividende de 5 % au profit de toutes les actions ordinaires calculé dans les conditions prévues à l'article *(Ord. nº 2004-604 du 24 juin 2004, art. 38-II)* **« L. 232-35-7 », les actions à dividende prioritaire sans droit de vote ont, proportionnellement à leur montant nominal, les mêmes droits que les actions ordinaires.**

Dans le cas où les actions ordinaires sont divisées en catégories ouvrant des droits inégaux au premier dividende, le montant du premier dividende prévu au second alinéa du présent article s'entend du premier dividende le plus élevé. – *[L. nº 66-537 du 24 juill. 1966, art. 269-2].*

Cet art. est l'ancien art. L. 228-13.

Art. L. 228-35-5 *(Ord. nº 2004-604 du 24 juin 2004, art. 30-III)* **Lorsque les dividendes prioritaires dus au titre de trois exercices n'ont pas été intégralement versés, les titulaires des actions correspondantes acquièrent, proportionnellement à la quotité du capital représentée par ces actions, un droit de vote égal à celui des autres actionnaires.**

Le droit de vote prévu à l'alinéa précédent subsiste jusqu'à l'expiration de l'exercice au cours duquel le dividende prioritaire aura été intégralement versé, y compris le dividende dû au titre des exercices antérieurs.

Cer art. est l'ancien art. L. 228-14.

Art. L. 228-35-6 *(Ord. nº 2004-604 du 24 juin 2004, art. 30-III)* **Les titulaires d'actions à dividende prioritaire sans droit de vote sont réunis en assemblée spéciale dans des conditions fixées par décret en Conseil d'État.** – *Décr. nº 67-236 du 23 mars 1967, art. 145-1 et 153-4 à 153-11, infra, App. Vº Sociétés commerciales.*

Tout actionnaire possédant des actions à dividende prioritaire sans droit de vote peut participer à l'assemblée spéciale. Toute clause contraire est réputée non écrite.

L'assemblée spéciale des actionnaires à dividende prioritaire sans droit de vote peut émettre un avis avant toute décision de l'assemblée générale. Elle statue alors à la majorité des voix exprimées par les actionnaires présents ou représentés. Dans le cas où il est procédé à un scrutin, il n'est pas tenu compte des bulletins blancs. L'avis est transmis à la société. Il est porté à la connaissance de l'assemblée générale et consigné à son procès-verbal.

L'assemblée spéciale peut désigner un ou, si les statuts le prévoient, plusieurs mandataires chargés de représenter les actionnaires à dividende prioritaire sans droit de vote à l'assemblée générale des actionnaires et, le cas échéant, d'y exposer leur avis avant tout vote de cette dernière. Cet avis est consigné au procès-verbal de l'assemblée générale.

Sous réserve de l'article *(Ord. n° 2004-604 du 24 juin 2004, art. 38-II)* « L. 228-35-7 », toute décision modifiant les droits des titulaires d'actions à dividende prioritaire sans droit de vote n'est définitive qu'après approbation par l'assemblée spéciale visée au premier alinéa du présent article, statuant selon les conditions de quorum et de majorité prévues à l'article L. 225-99. – *[L. n° 66-537 du 24 juill. 1966, art. 269-4].*

(Ord. n° 2004-604 du 24 juin 2004, art. 38-IV) « S'il est fait obstacle à la désignation des mandataires chargés de représenter les actionnaires à dividende prioritaire sans droit de vote à l'assemblée générale des actionnaires, le président du tribunal, statuant en référé, peut à la demande de tout actionnaire désigner un mandataire chargé de cette fonction. »

Cet art. est l'ancien art. L. 228-15 modifié.

Art. L. 228-35-7 *(Ord. n° 2004-604 du 24 juin 2004, art. 30-III)* En cas d'augmentation de capital par apports en numéraire, les titulaires d'actions à dividende prioritaire sans droit de vote bénéficient, dans les mêmes conditions que les actionnaires ordinaires, d'un droit préférentiel de souscription. Toutefois, l'assemblée générale extraordinaire peut décider, après avis de l'assemblée spéciale prévue à l'article *(Ord. n° 2004-604 du 24 juin 2004, art. 38-II)* « L. 228-35-6 », qu'ils auront un droit préférentiel à souscrire, dans les mêmes conditions, de nouvelles *(Ord. n° 2004-604 du 24 juin 2004, art. 38-V)* « actions de préférence sans droit de vote et assorties des mêmes droits que les actions à dividende prioritaire sans droit de vote » qui seront émises dans la même proportion.

L'attribution gratuite d'actions nouvelles, à la suite d'une augmentation de capital par incorporation de réserves, bénéfices ou primes d'émission, s'applique aux titulaires d'actions à dividende prioritaire sans droit de vote. Toutefois l'assemblée générale extraordinaire peut décider, après avis de l'assemblée spéciale prévue à l'article L. 228-15, que les titulaires d'actions à dividende prioritaire sans droit de vote recevront, au lieu et place d'actions ordinaires, *(Ord. n° 2004-604 du 24 juin 2004, art. 38-V)* « des actions de préférence sans droit de vote et assorties des mêmes droits que les actions à dividende prioritaire sans droit de vote » qui seront émises dans la même proportion.

Toute majoration du montant nominal des actions existantes à la suite d'une augmentation de capital par incorporation de réserves, bénéfices ou primes d'émission, s'applique aux actions à dividende prioritaire sans droit de vote. Le dividende prioritaire prévu à l'article *(Ord. n° 2004-604 du 24 juin 2004, art. 38-II)* « L. 228-35-4 » est alors calculé, à compter de la réalisation de l'augmentation du capital, sur le nouveau montant nominal majoré, s'il y a lieu, de la prime d'émission versée lors de la souscription des actions anciennes. – *[L. n° 66-537 du 24 juill. 1966, art. 269-5].*

Cet art. est l'ancien art. L. 228-16 modifié.

Art. L. 228-35-8 *(Ord. n° 2004-604 du 24 juin 2004, art. 30-III)* Le président et les membres du conseil d'administration, les directeurs généraux, les membres du directoire et du conseil de surveillance d'une société anonyme, les gérants d'une société en commandite par actions et leur conjoint non séparé de corps ainsi que leurs enfants mineurs non émancipés ne peuvent détenir, sous quelque forme que ce soit, des actions à dividende prioritaire sans droit de vote émises par cette société.

Cet art. est l'ancien art. L. 228-17.

Art. L. 228-35-9 *(Ord. nº 2004-604 du 24 juin 2004, art. 30-III)* Il est interdit à la société qui a émis des actions à dividende prioritaire sans droit de vote d'amortir son capital.

En cas de réduction du capital non motivée par des pertes, les actions à dividende prioritaire sans droit de vote sont, avant les actions ordinaires, achetées dans les conditions prévues aux deux derniers alinéas de l'article *(Ord. nº 2004-604 du 24 juin 2004, art. 38-II)* « L. 228-35-10 » et annulées.

Toutefois, ces dispositions ne sont pas applicables aux réductions de capital réalisées dans le cadre de l'article L. 225-209. Dans ce cas, les dispositions de l'article L. 225-99 ne sont pas applicables si les actions ont été acquises sur un marché réglementé.

Les actions à dividende prioritaire sans droit de vote ont, proportionnellement à leur montant nominal, les mêmes droits que les autres actions sur les réserves distribuées au cours de l'existence de la société. – *[L. nº 66-537 du 24 juill. 1966, art. 269-7].*

Cet art. est l'ancien art. L. 228-18.

Art. L. 228-35-10 *(Ord. nº 2004-604 du 24 juin 2004, art. 30-III)* Les statuts peuvent donner à la société la faculté d'exiger le rachat, soit de la totalité de ses propres actions à dividende prioritaire sans droit de vote, soit de certaines catégories d'entre elles, chaque catégorie étant déterminée par la date de son émission. Le rachat d'une catégorie d'actions à dividende prioritaire sans droit de vote doit porter sur l'intégralité des actions de cette catégorie. Le rachat est décidé par l'assemblée générale statuant dans les conditions fixées à l'article L. 225-204. Les dispositions de l'article L. 225-205 sont applicables. Les actions rachetées sont annulées conformément à l'article L. 225-207 et le capital réduit de plein droit.

Le rachat d'actions à dividende prioritaire sans droit de vote ne peut être exigé par la société que si une stipulation particulière a été insérée à cet effet dans les statuts avant l'émission de ces actions.

La valeur des actions à dividende prioritaire sans droit de vote est déterminée au jour du rachat d'un commun accord entre la société et une assemblée spéciale des actionnaires vendeurs, statuant selon les conditions de quorum et de majorité prévues à l'article L. 225-99. En cas de désaccord, il est fait application de l'article 1843-4 du code civil.

Le rachat des actions à dividende prioritaire sans droit de vote ne peut intervenir que si le dividende prioritaire dû au titre des exercices antérieurs et de l'exercice en cours a été intégralement versé.

Cet art. est l'ancien art. L. 228-19.

Art. L. 228-35-11 *(Ord. nº 2004-604 du 24 juin 2004, art. 30-III)* Il n'est pas tenu compte des actions à dividende prioritaire sans droit de vote pour la détermination du pourcentage prévu à l'article L. 233-1 ou à l'article L. 233-2.

Cet art. est l'ancien art. L. 228-20.

SECTION IV DES TITRES PARTICIPATIFS

Art. L. 228-36 Les sociétés par actions appartenant au secteur public *(L. nº 2001-624 du 17 juill. 2001)* « et les sociétés coopératives constituées sous la forme de société anonyme ou de société à responsabilité limitée » peuvent émettre des titres participatifs. Ces titres ne sont remboursables qu'en cas de liquidation de la société ou, à son initiative, à l'expiration d'un délai qui ne peut être inférieur à sept ans et dans les conditions prévues au contrat d'émission.

Leur rémunération comporte une partie fixe et une partie variable calculée par référence à des éléments relatifs à l'activité ou aux résultats de la société et assise sur le nominal du titre. Un décret en Conseil d'État fixe les conditions dans lesquelles l'assiette de la partie variable de la rémunération est plafonnée. — *V. Décr. n° 67-236 du 23 mars 1967, art. 242-1, infra, App., v° Sociétés commerciales.*

Les titres participatifs sont négociables.

Pour l'application de l'article 26 de la loi n° 78-741 du 13 juillet 1978 relative à l'orientation de l'épargne vers le financement des entreprises, les prêts participatifs ne sont remboursés qu'après désintéressement complet de tous les autres créanciers privilégiés ou chirographaires à l'exclusion des propriétaires de titres participatifs. — *[L. n° 66-537 du 24 juill. 1966, art. 283-6]. — V. C. mon. fin., art. L. 313-15, infra, App., v° Code monétaire et financier (extraits).*

Art. L. 228-37 **L'émission et le remboursement de titres participatifs doivent être autorisés dans les conditions prévues par le cinquième alinéa de l'article L. 225-100 et les articles L. 228-40 à L. 228-44.**

Les porteurs de titres participatifs d'une même émission sont groupés de plein droit pour la défense de leurs intérêts communs en une masse qui jouit de la personnalité civile. Ils sont soumis aux dispositions des articles L. 228-47 à L. 228-71, L. 228-73 et L. 228-76 à L. 228-90.

En outre, la masse est réunie au moins une fois par an pour entendre le rapport des dirigeants sociaux sur la situation et l'activité de la société au cours de l'exercice écoulé et le rapport des commissaires aux comptes sur les comptes de l'exercice et sur les éléments servant à la détermination de la rémunération des titres participatifs.

Les représentants de la masse assistent aux assemblées d'actionnaires ou de porteurs de parts. Ils sont consultés sur toutes les questions inscrites à l'ordre du jour, à l'exception de celles relatives à la désignation ou à la révocation des membres des organes sociaux. Ils peuvent intervenir à tout moment au cours de l'assemblée.

Les porteurs de titres participatifs peuvent obtenir communication des documents sociaux dans les mêmes conditions que les actionnaires.

Dans les entreprises publiques non pourvues d'une assemblée générale, le conseil d'administration exerce les pouvoirs dévolus à l'assemblée générale ordinaire pour l'émission des titres participatifs. Le quatrième alinéa du présent article n'est pas applicable. — *[L. n° 66-537 du 24 juill. 1966, art. 283-7].*

V. Décr. n° 67-236 du 23 mars 1967, art. 242-1 à 242-7, infra, App., v° Sociétés commerciales.

Le régime fiscal des titres participatifs est celui des obligations à taux fixe (L. n° 83-1 du 3 janv. 1983, art. 22).

Sur l'émission de titres participatifs par les banques mutualistes ou coopératives, les établissements publics de l'État à caractère industriel et commercial, V. C. mon. fin., art. L. 213-32, L. 213-35 et D. 213-27 au ***C. sociétés*** *; ... les sociétés coopératives agricoles et leurs unions, V. C. rur., art. L. 523-8, créé par L. n° 85-703 du 12 juill. 1985, art. 7 (D. et ALD 1985. 400) ; ... les sociétés d'assurances à forme mutuelle, les sociétés mutuelles d'assurances et leurs unions, ainsi que les caisses d'assurances et de réassurances mutuelles agricoles soumises à l'agrément administratif, V. C. assur., art. L. 322-2-1 au* ***C. sociétés*** *; ... les institutions de prévoyance complémentaire des salariés et les mutuelles, V. CSS, art. L. 931-12, et C. mutualité, art. L. 144-44, issu de l'ord. n° 2001-350 du 19 avr. 2001 (JO 22 avr.).*

SECTION V **DES OBLIGATIONS**

Art. L. 228-38 **Comme il est dit à l'article 284 de la loi n° 66-357** *[537]* **du 24 juillet 1966 sur les sociétés commerciales :** — *Cet art. a été abrogé et codifié au C. mon. fin., art. L. 213-5, par Ord. n° 2000-1223 du 14 déc. 2000. — V. infra.*

Code monétaire et financier

(Ord. n° 2000-1223 du 14 déc. 2000)

LIVRE II. LES PRODUITS

TITRE Ier. LES INSTRUMENTS FINANCIERS

……………………………………………………………………

CHAPITRE III. *TITRES DE CRÉANCES*

SECTION II. *Les obligations*

Art. L. 213-5 Les obligations sont des titres négociables qui, dans une même émission, confèrent les mêmes droits de créance pour une même valeur nominale. – *[L. n° 66-537 du 24 juill. 1966, art. 284].*

L. 213-6 L'émission d'obligations à lots doit être autorisée par la loi.

(L. n° 2003-706 du 1er août 2003) « Toute émission faite en violation des dispositions du présent article est nulle. Sans préjudice de l'action en responsabilité contre les mandataires sociaux, le ministère public ainsi que tout intéressé peut exercer l'action en nullité. » – *[L. n° 66-537 du 24 juill. 1966, art. 292].*

……………………………………………………………………

TITRE III. DISPOSITIONS PÉNALES

CHAPITRE Ier. *INFRACTIONS RELATIVES AUX INSTRUMENTS FINANCIERS*

SECTION I. *Infractions relatives aux titres*

SOUS-SECTION 1. *Les obligations*

L. 231-1 Les infractions relatives aux obligations sont prévues et sanctionnées dans les conditions fixées par *(Ord. n° 2005-429 du 6 mai 2005, art. 42)* « l'article L. 245-9 » du code de commerce.

Art. L. 228-39 *(L. n° 2001-420 du 15 mai 2001)* **« L'émission d'obligations par une société par actions n'ayant pas établi deux bilans régulièrement approuvés par les actionnaires doit être précédée d'une vérification de l'actif et du passif dans les conditions prévues aux articles L. 225-8 et L. 225-10. »**

L'émission d'obligations est interdite aux sociétés dont le capital n'est pas intégralement libéré sauf si les actions non libérées ont été réservées aux salariés en application de l'article L. 225-187 ou de l'article L. 443-5 du code du travail, et sauf si elle est faite en vue de l'attribution aux salariés des obligations émises au titre de la participation de ceux-ci aux fruits de l'expansion de l'entreprise. – *[L. n° 66-537 du 24 juill. 1966, art. 285].*

L'art. L. 228-39 n'est pas applicable aux sociétés de crédit foncier (C. mon. fin., art. L. 515-32).

Art. L. 228-40 *(Ord. n° 2004-604 du 24 juin 2004, art. 39)* **Le conseil d'administration, le directoire, le ou les gérants ont qualité pour décider ou autoriser l'émission d'obligations, sauf si les statuts réservent ce pouvoir à l'assemblée générale ou si celle-ci décide de l'exercer.**

Le conseil d'administration peut déléguer à un ou plusieurs de ses membres, au directeur général ou, en accord avec ce dernier, à un ou plusieurs directeurs géné-

raux délégués, et dans les établissements de crédit, à toute personne de son choix, les pouvoirs nécessaires pour réaliser, dans un délai d'un an l'émission d'obligations et en arrêter les modalités.

Le directoire peut déléguer à son président et avec l'accord de celui-ci à un ou plusieurs de ses membres, et dans les établissements de crédit, à toute personne de son choix, les pouvoirs nécessaires pour réaliser dans le même délai, l'émission d'obligations et en arrêter les modalités.

Les personnes désignées rendent compte au conseil d'administration ou au directoire dans les conditions déterminées par ces organes.

Art. L. 228-41 (Abrogé par Ord. n° 2004-604 du 24 juin 2004, art. 40) *L'assemblée générale des actionnaires peut déléguer au conseil d'administration, au directoire ou aux gérants, selon le cas, les pouvoirs nécessaires pour procéder à l'émission d'obligations en une ou plusieurs fois, dans le délai de cinq ans, et d'en arrêter les modalités.*

Le conseil d'administration ou le directoire, selon le cas, peut déléguer à son président ou à toute personne de son choix, membre du conseil d'administration ou du directoire, les pouvoirs qu'il a reçus en application de l'alinéa précédent. Le président ou le délégué rend compte au conseil d'administration ou au directoire dans les conditions prévues par ce dernier. — [L. n° 66-537 du 24 juill. 1966, art. 287].

Art. L. 228-42 (Abrogé par Ord. n° 2004-604 du 24 juin 2004, art. 40) *Les dispositions des articles L. 228-40 et L. 228-41 ne sont pas applicables aux sociétés qui ont pour objet principal d'émettre des obligations nécessaires au financement des prêts qu'elles consentent.* — [L. n° 66-537 du 24 juill. 1966, art. 288].

Art. L. 228-43 S'il est fait publiquement appel à l'épargne, la société accomplit, avant l'ouverture de la souscription, des formalités de publicité sur les conditions d'émission selon des modalités fixées par décret en Conseil d'État. — *[L. n° 66-537 du 24 juill. 1966, art. 289]. — V. Décr. n° 67-236 du 23 mars 1967, art. 211 s., infra, App., v° Sociétés commerciales.*

Art. L. 228-44 La société ne peut constituer un gage quelconque sur ses propres obligations. — *[L. n° 66-537 du 24 juill. 1966, art. 290].*

Art. L. 228-45 Dans le cas où la société émettrice a continué à payer les produits d'obligations remboursables par suite d'un tirage au sort, elle ne peut répéter ces sommes lorsque ces obligations sont présentées au remboursement.

Toute clause contraire est réputée non écrite. — *[L. n° 66-537 du 24 juill. 1966, art. 291].*

Sur les conditions d'émission d'obligations à lots, V. C. mon. fin., art. L. 213-6, supra, ss. art. L. 228-38 C. com.

Art. L. 228-46 Les porteurs d'obligations d'une même émission sont groupés de plein droit pour la défense de leurs intérêts communs, en une masse qui jouit de la personnalité civile.

Toutefois, en cas d'émissions successives d'obligations, la société peut, lorsqu'une clause de chaque contrat d'émission le prévoit, grouper en une masse unique les porteurs d'obligations ayant des droits identiques. — *[L. n° 66-537 du 24 juill. 1966, art. 293].*

Art. L. 228-47 La masse est représentée par un ou plusieurs mandataires élus par l'assemblée générale des obligataires. Leur nombre ne peut en aucun cas excéder trois. En cas d'émission par appel public à l'épargne, les représentants peuvent être désignés dans le contrat d'émission. — *[L. n° 66-537 du 24 juill. 1966, art. 294]. — V. Décr. n° 67-236 du 23 mars 1967, art. 216, 217 et 219, infra, App., v° Sociétés commerciales.*

Art. L. 228-48 Le mandat de représentant de la masse ne peut être confié qu'aux personnes de nationalité française ou ressortissant d'un État membre de la Communauté européenne, domiciliées en territoire français, et aux associations et sociétés y ayant leur siège. – *[L. n° 66-537 du 24 juill. 1966, art. 295].*

Art. L. 228-49 Ne peuvent être choisis comme représentants de la masse :

1° La société débitrice ;

2° Les sociétés possédant au moins le dixième du capital de la société débitrice ou dont celle-ci possède au moins le dixième du capital ;

3° Les sociétés garantes de tout ou partie des engagements de la société débitrice ;

4° Les gérants, administrateurs, membres du directoire, du conseil de surveillance, directeurs généraux, commissaires aux comptes ou employés des sociétés visées aux 1° et 3°, ainsi que leurs ascendants, descendants et conjoint ;

5° Les personnes auxquelles l'exercice de la profession de banquier est interdit ou qui sont déchues du droit de diriger, administrer ou gérer une société à un titre quelconque. – *[L. n° 66-537 du 24 juill. 1966, art. 296].*

Art. L. 228-50 En cas d'urgence, les représentants de la masse peuvent être désignés par décision de justice à la demande de tout intéressé. – *[L. n° 66-537 du 24 juill. 1966, art. 297]. – V. Décr. n° 67-236 du 23 mars 1967, art. 215, infra, App., v° Sociétés commerciales.*

Art. L. 228-51 Lorsqu'ils n'ont pas été désignés dans le contrat d'émission, les représentants de la masse des porteurs d'obligations d'un emprunt pour lequel la société a fait publiquement appel à l'épargne sont nommés dans le délai d'un an à compter de l'ouverture de la souscription et au plus tard un mois avant le premier amortissement prévu.

Cette nomination est faite par l'assemblée générale ou, à défaut, par décision de justice, à la demande de tout intéressé. – *[L. n° 66-537 du 24 juill. 1966, art. 298]. – V. Décr. n° 67-236 du 23 mars 1967, art. 215 et 216, infra, App., v° Sociétés commerciales.*

Art. L. 228-52 Les représentants de la masse peuvent être relevés de leurs fonctions par l'assemblée générale des obligataires. – *[L. n° 66-537 du 24 juill. 1966, art. 299]. – V. Décr. n° 67-236 du 23 mars 1967, art. 216 et 217, infra, App., v° Sociétés commerciales.*

Art. L. 228-53 Les représentants de la masse ont, sauf restriction décidée par l'assemblée générale des obligataires, le pouvoir d'accomplir au nom de la masse tous les actes de gestion pour la défense des intérêts communs des obligataires. – *[L. n° 66-537 du 24 juill. 1966, art. 300].*

Art. L. 228-54 Les représentants de la masse, dûment autorisés par l'assemblée générale des obligataires, ont seuls qualité pour engager, au nom de ceux-ci, les actions en nullité de la société ou des actes et délibérations postérieurs à sa constitution, ainsi que toutes actions ayant pour objet la défense des intérêts communs des obligataires, et notamment requérir la mesure prévue à l'article L. 237-14.

Les actions en justice dirigées contre l'ensemble des obligataires d'une même masse ne peuvent être intentées que contre le représentant de cette masse.

Toute action intentée contrairement aux dispositions du présent article doit être déclarée d'office irrecevable. – *[L. n° 66-537 du 24 juill. 1966, art. 301].*

Art. L. 228-55 Les représentants de la masse ne peuvent s'immiscer dans la gestion des affaires sociales. Ils ont accès aux assemblées générales des actionnaires, mais sans voix délibérative.

Ils ont le droit d'obtenir communication des documents mis à la disposition des actionnaires dans les mêmes conditions que ceux-ci. – *[L. n° 66-537 du 24 juill. 1966, art. 302].*

5° Sur toute proposition relative à l'abandon total ou partiel des garanties conférées aux obligataires, au report de l'échéance du paiement des intérêts et à la modification des modalités d'amortissement ou du taux des intérêts ; – *[L. nº 66-537 du 24 juill. 1966, art. 313].*

(L. nº 2005-842 du 26 juill. 2005, art. 11-II) « 6° Sur tout projet de transfert du siège social d'une société européenne dans un autre État membre. »

(Ord. nº 2004-604 du 24 juin 2004, art. 43) « II. – L'assemblée générale délibère dans les conditions de quorum prévues au deuxième alinéa de l'article L. 225-98. Elle statue à la majorité des deux tiers des voix dont disposent les porteurs présents ou représentés. »

Art. L. 228-66 Le droit de vote dans les assemblées générales d'obligataires appartient au nu-propriétaire. – *[L. nº 66-537 du 24 juill. 1966, art. 314].*

Art. L. 228-67 Le droit de vote attaché aux obligations doit être proportionnel à la quotité du montant de l'emprunt qu'elles représentent. Chaque obligation donne droit à une voix au moins. – *[L. nº 66-537 du 24 juill. 1966, art. 315].*

Art. L. 228-68 Les assemblées ne peuvent ni accroître les charges des obligataires ni établir un traitement inégal entre les obligataires d'une même masse.

Elles ne peuvent décider la conversion des obligations en actions, sous réserve des dispositions de l'article *(Ord. nº 2004-604 du 24 juin 2004, art. 51-XIV)* « L. 228-106 ».

Toute disposition contraire est réputée non écrite. – *[L. nº 66-537 du 24 juill. 1966, art. 317].*

Art. L. 228-69 Tout obligataire a le droit d'obtenir, dans les conditions et délais déterminés par décret en Conseil d'État, communication du texte des résolutions qui seront proposées et des rapports qui seront présentés à l'assemblée générale.

Il a, à toute époque, le même droit en ce qui concerne les procès-verbaux et les feuilles de présence des assemblées générales de la masse à laquelle il appartient. – *[L. nº 66-537 du 24 juill. 1966, art. 318]. – V. Décr. nº 67-236 du 23 mars 1967, art. 228, 231, 232 et 242, infra, App., vº Sociétés commerciales.*

Art. L. 228-70 Les obligataires ne sont pas admis individuellement à exercer un contrôle sur les opérations de la société ou à demander communication des documents sociaux. – *[L. nº 66-537 du 24 juill. 1966, art. 319].*

Art. L. 228-71 La société débitrice supporte les frais de convocation, de tenue des assemblées générales, de publicité de leurs décisions ainsi que les frais résultant de la procédure prévue à l'article L. 228-50. Les autres dépenses de gestion décidées par l'assemblée générale de la masse peuvent être retenues sur les intérêts servis aux obligataires et leur montant peut être fixé par décision de justice.

Les retenues visées à l'alinéa précédent ne peuvent excéder le dixième de l'intérêt annuel. – *[L. nº 66-537 du 24 juill. 1966, art. 320]. – V. Décr. nº 67-236 du 23 mars 1967, art. 233, infra, App., vº Sociétés commerciales.*

Art. L. 228-72 A défaut d'approbation par l'assemblée générale des propositions visées aux 1° et 4° du I. de l'article L. 228-65, le conseil d'administration, le directoire ou les gérants de la société débitrice peuvent passer outre, en offrant de rembourser les obligations dans le délai fixé par décret en Conseil d'État.

La décision du conseil d'administration, du directoire ou des gérants de passer outre est publiée dans les conditions fixées par décret en Conseil d'État, qui détermine également le délai pendant lequel le remboursement doit être demandé. – *[L.*

n° 66-537 du 24 juill. 1966, art. 321]. — V. Décr. n° 67-236 du 23 mars 1967, art. 234, infra, App., v° Sociétés commerciales.

Art. L. 228-73 Si l'assemblée générale des obligataires de la société absorbée ou scindée n'a pas approuvé une des propositions visées *(L. n° 2005-842 du 26 juill. 2005, art. 11-II)* « aux 3° et 6° du I » de l'article L. 228-65 ou si elle n'a pu délibérer valablement faute du quorum requis, le conseil d'administration, le directoire ou les gérants de la société débitrice peuvent passer outre. La décision est publiée dans les conditions fixées par décret en Conseil d'État.

Les obligataires conservent alors leur qualité dans la société absorbante ou dans les sociétés bénéficiaires des apports résultant de la scission, selon le cas.

Toutefois, l'assemblée générale des obligataires peut donner mandat aux représentants de la masse de former opposition à l'opération dans les conditions et avec les effets prévus à l'article L. 236-14. — *[L. n° 66-537 du 24 juill. 1966, art. 321-1]. — V. Décr. n° 67-236 du 23 mars 1967, art. 234-1 et 261-1, infra, App., v° Sociétés commerciales.*

Art. L. 228-74 Les obligations rachetées par la société émettrice, ainsi que les obligations sorties au tirage et remboursées, sont annulées et ne peuvent être remises en circulation. — *[L. n° 66-537 du 24 juill. 1966, art. 322].*

Art. L. 228-75 En l'absence de dispositions spéciales du contrat d'émission, la société ne peut imposer aux obligataires le remboursement anticipé des obligations. — *[L. n° 66-537 du 24 juill. 1966, art. 323].*

Art. L. 228-76 En cas de dissolution anticipée de la société, non provoquée par une fusion ou par une scission, l'assemblée générale des obligataires peut exiger le remboursement des obligations et la société peut l'imposer. — *[L. n° 66-537 du 24 juill. 1966, art. 324].*

Art. L. 228-77 En cas d'émission d'obligations assorties de sûretés particulières, celles-ci sont constituées par la société avant l'émission, pour le compte de la masse des obligataires. L'acceptation résulte du seul fait des souscriptions. Elle rétroagit à la date de l'inscription pour les sûretés soumises à inscription et à la date de leur constitution pour les autres sûretés. — *[L. n° 66-537 du 24 juill. 1966, art. 325].*

Art. L. 228-78 Les garanties prévues à l'article L. 228-77 sont conférées par le président du conseil d'administration, le représentant du directoire ou le gérant, sur autorisation de l'organe social habilité à cet effet par les statuts. — *[L. n° 66-537 du 24 juill. 1966, art. 326].*

Art. L. 228-79 Les sûretés sont constituées dans un acte spécial. Les formalités de publicité desdites sûretés doivent être accomplies avant toute souscription, pour le compte de la masse des obligataires en formation.

Dans le délai de six mois à compter de l'ouverture de la souscription, le résultat de celle-ci est constaté dans un acte authentique par le représentant de la société.

Les modalités de l'inscription et du renouvellement de l'inscription des sûretés sont déterminées par décret en Conseil d'État.

Les représentants de la masse veillent, sous leur responsabilité, à l'observation des dispositions relatives au renouvellement de l'inscription. — *[L. n° 66-537 du 24 juill. 1966, art. 327]. — V. Décr. n° 67-236 du 23 mars 1967, art. 235 et 236, infra, App., v° Sociétés commerciales.*

Art. L. 228-80 La mainlevée des inscriptions intervient dans les conditions déterminées par décret en Conseil d'État. — *[L. n° 66-537 du 24 juill. 1966, art. 328]. — V. Décr. n° 67-236 du 23 mars 1967, art. 237, infra, App., v° Sociétés commerciales.*

Art. L. 228-81 Les garanties constituées postérieurement à l'émission des obligations sont conférées par le président du conseil d'administration, le représentant du directoire ou le gérant, sur autorisation de l'organe social habilité à cet effet par les statuts. Elles sont acceptées par le représentant de la masse. – *[L. n° 66-537 du 24 juill. 1966, art. 329].*

Art. L. 228-82 L'émission d'obligations, dont le remboursement est garanti par une société de capitalisation, est interdite. – *[L. n° 66-537 du 24 juill. 1966, art. 330].*

Art. L. 228-83 En cas *(L. n° 2005-845 du 26 juill. 2005, art. 165-II)* « de sauvegarde, » de redressement ou de liquidation judiciaires de la société, les représentants de la masse des obligataires sont habilités à agir au nom de celle-ci. – *[L. n° 66-537 du 24 juill. 1966, art. 331].*

Art. L. 228-84 Les représentants de la masse déclarent au passif *(L. n° 2005-845 du 26 juill. 2005, art. 165-II)* « de la sauvegarde, » du redressement ou de la liquidation judiciaires de la société, pour tous les obligataires de cette masse, le montant en principal des obligations restant en circulation augmenté pour mémoire des coupons d'intérêts échus et non payés, dont le décompte est établi par le *(L. n° 2005-845 du 26 juill. 2005, art. 165-III)* « mandataire judiciaire ». Ils ne sont pas tenus de fournir les titres de leurs mandants, à l'appui de cette déclaration. – *[L. n° 66-537 du 24 juill. 1966, art. 332].*

Art. L. 228-85 A défaut de déclaration par les représentants de la masse, une décision de justice désigne à la demande du *(L. n° 2005-845 du 26 juill. 2005, art. 165-III)* « mandataire judiciaire », un mandataire chargé d'assurer la représentation de la masse dans les opérations *(L. n° 2005-845 du 26 juill. 2005, art. 165-II)* « de sauvegarde, » de redressement ou de liquidation judiciaires et d'en déclarer la créance. – *[L. n° 66-537 du 24 juill. 1966, art. 333]. – V. Décr. n° 67-236 du 23 mars 1967, art. 239, infra, App., v° Sociétés commerciales.*

Art. L. 228-86 Les représentants de la masse sont consultés par le *(L. n° 2005-845 du 26 juill. 2005, art. 165-III)* « mandataire judiciaire » sur les modalités de règlement des obligations proposées en application de l'article L. 626-4. Ils donnent leur accord dans le sens défini par l'assemblée générale ordinaire des obligataires, convoquée à cet effet. – *[L. n° 66-537 du 24 juill. 1966, art. 335].*

Art. L. 228-87 Les frais entraînés par la représentation des obligataires au cours de la procédure *(L. n° 2005-845 du 26 juill. 2005, art. 165-II)* « de sauvegarde ou » de redressement judiciaire de la société incombent à celle-ci et sont considérés comme des frais d'administration judiciaire. – *[L. n° 66-537 du 24 juill. 1966, art. 336].*

Art. L. 228-88 *(L. n° 2005-845 du 26 juill. 2005, art. 165-II)* « La sauvegarde, » le redressement ou la liquidation judiciaires de la société ne met pas fin au fonctionnement et au rôle de l'assemblée générale des obligataires. – *[L. n° 66-537 du 24 juill. 1966, art. 337].*

V. Décr. n° 67-236 du 23 mars 1967, art. 238 s., infra, App., v° Sociétés commerciales.

Art. L. 228-89 En cas de clôture pour insuffisance d'actif, le représentant de la masse ou le mandataire de justice désigné, recouvre l'exercice des droits des obligataires. – *[L. n° 66-537 du 24 juill. 1966, art. 338].*

Art. L. 228-90 Sauf clause contraire du contrat d'émission, les dispositions des articles L. 228-46 à L. 228-69, L. 228-71, L. 228-72, L. 228-76 à L. 228-81 et

L. 228-83 à L. 228-89 ne sont pas applicables aux sociétés dont les emprunts sont soumis à un régime légal spécial, ni aux emprunts garantis par l'État, les départements, les communes ou les établissements publics ni aux emprunts émis à l'étranger par des sociétés françaises. – *[L. n° 66-537 du 24 juill. 1966, art. 339].*

Sur les infractions relatives aux obligations, V. art. L. 245-7 s.

SECTION VI DES VALEURS MOBILIÈRES DONNANT ACCÈS AU CAPITAL OU DONNANT DROIT À L'ATTRIBUTION DE TITRES DE CRÉANCE *(Ord. n° 2004-604 du 24 juin 2004, art. 44).*

L'ord. n° 2004-604 du 24 juin 2004 a été ratifiée par l'art. 78-XXVII de la L. n° 2004-1343 du 9 déc. 2004 (JO 10 déc.).

SOUS-SECTION 1 DISPOSITIONS GÉNÉRALES *(Ord. n° 2004-604 du 24 juin 2004, art. 44).*

L'ord. n° 2004-604 du 24 juin 2004 a été ratifiée par l'art. 78-XXVII de la L. n° 2004-1343 du 9 déc. 2004 (JO 10 déc.).

Art. L. 228-91 *(Ord. n° 2004-604 du 24 juin 2004, art. 45)* **Les sociétés par actions peuvent émettre des valeurs mobilières donnant accès au capital ou donnant droit à l'attribution de titres de créance.**

Les actionnaires d'une société émettant des valeurs mobilières donnant accès au capital ont, proportionnellement au montant de leurs actions, un droit de préférence à la souscription de ces valeurs mobilières.

Ce droit est régi par les dispositions applicables au droit de préférence à la souscription attaché aux titres de capital conformément aux articles L. 225-132 et L. 225-135 à L. 225-140.

Le contrat d'émission peut prévoir que ces valeurs mobilières et les titres de capital ou de créances auxquels ces valeurs mobilières donnent droit ne peuvent être cédés et négociés qu'ensemble. Dans ce cas, si le titre émis à l'origine est un titre de capital, celui-ci ne relève pas d'une catégorie déterminée au sens de l'article L. 225-99.

Les titres de capital ne peuvent être convertis ou transformés en valeurs mobilières représentatives de créances. Toute clause contraire est réputée non écrite.

Les valeurs mobilières émises en application du présent article ne peuvent être regardées comme constitutives d'une promesse d'action pour l'application du second alinéa de l'article L. 228-10.

Pour la sanction, V. art. L. 228-95.

Art. L. 228-92 *(Ord. n° 2004-604 du 24 juin 2004, art. 46)* **Les émissions de valeurs mobilières donnant accès au capital ou donnant droit à l'attribution de titres de créance régies par l'article L. 228-91 sont autorisées par l'assemblée générale extraordinaire des actionnaires conformément aux articles L. 225-129 à L. 225-129-6. Celle-ci se prononce sur le rapport du conseil d'administration ou du directoire et sur le rapport spécial du commissaire aux comptes.** – *V. Décr. n° 67-236 du 23 mars 1967, art. 155-3, infra, App., v° Sociétés commerciales.*

Art. L. 228-93 *(Ord. n° 2004-604 du 24 juin 2004, art. 47)* **Une société par actions peut émettre des valeurs mobilières donnant accès au capital de la société qui possède directement ou indirectement plus de la moitié de son capital ou de la société dont elle possède directement ou indirectement plus de la moitié du capital.**

Le nombre de titres de capital de la ou des sociétés absorbantes ou nouvelles auquel ils peuvent prétendre est déterminé en corrigeant le nombre de titres qu'il est prévu d'émettre ou d'attribuer au contrat d'émission en fonction du nombre d'actions à créer par la ou les sociétés bénéficiaires des apports. Le commissaire aux apports émet un avis sur le nombre de titres ainsi déterminé.

L'approbation du projet de fusion ou de scission par les actionnaires de la ou des sociétés bénéficiaires des apports ou de la ou des sociétés nouvelles emporte renonciation par les actionnaires, et le cas échéant, par les titulaires de certificats d'investissement de ces sociétés, au droit préférentiel de souscription mentionné à l'article L. 228-35 ou au deuxième alinéa de l'article L. 228-91, au profit des titulaires de valeurs mobilières donnant accès de manière différée au capital.

La ou les sociétés bénéficiaires des apports ou la ou les nouvelles sociétés sont substituées de plein droit à la société émettrice dans ses obligations envers les titulaires des dites valeurs mobilières.

Art. L. 228-102 *(Ord. nº 2004-604 du 24 juin 2004, art. 49-II)* Sauf stipulations spéciales du contrat d'émission et hors le cas de dissolution anticipée ne résultant pas d'une fusion ou d'une scission, la société ne peut imposer aux titulaires de valeurs mobilières donnant accès à son capital le rachat ou le remboursement de leurs droits.

Art. L. 228-103 *(Ord. nº 2004-604 du 24 juin 2004, art. 49-II)* Les titulaires de valeurs mobilières donnant accès à terme au capital après détachement, s'il y a lieu, des droits du titre d'origine en application de la présente section sont groupés de plein droit, pour la défense de leurs intérêts communs, en une masse qui jouit de la personnalité civile et est soumise à des dispositions identiques à celles qui sont prévues, en ce qui concerne les obligations, par les articles L. 228-47 à L. 228-64, L. 228-66 et L. 228-90. Il est formé, s'il y a lieu, une masse distincte pour chaque nature de titres donnant les mêmes droits.

Les assemblées générales des titulaires de ces valeurs mobilières sont appelées à autoriser toutes modifications au contrat d'émission et à statuer sur toute décision touchant aux conditions de souscription ou d'attribution de titres de capital déterminées au moment de l'émission.

Chaque valeur mobilière donnant accès au capital donne droit à une voix. Les conditions de quorum et de majorité sont celles qui sont déterminées aux deuxième et troisième alinéas de l'article *(L. nº 2004-1343 du 9 déc. 2004, art. 78-XXVII)* « L. 225-96 ».

Les frais d'assemblée ainsi que, d'une façon générale tous les frais afférents au fonctionnement des différentes masses, sont à la charge de la société appelée à émettre ou attribuer de nouvelles valeurs mobilières représentatives de son capital social.

Lorsque les valeurs mobilières émises en application de la présente section sont des obligations destinées à être converties ou remboursées en titres de capital ou échangées contre des titres de capital, les dispositions des deuxième, troisième et quatrième alinéas du présent article sont applicables à la masse créée en application de l'article L. 228-46.

Art. L. 228-104 *(Ord. nº 2004-604 du 24 juin 2004, art. 49-II)* Les délibérations ou stipulations prises en violation des articles L. 228-98 à L. 228-101 et L. 228-103 sont nulles.

Art. L. 228-105 *(Ord. nº 2004-604 du 24 juin 2004, art. 49-II)* Les titulaires des valeurs mobilières donnant accès au capital disposent, dans les conditions fixées par décret en Conseil d'État, auprès de la société émettrice des titres qu'ils ont vocation à recevoir, d'un droit de communication des documents sociaux transmis par la société aux actionnaires ou aux titulaires de certificats d'investissement ou mis à leur disposition. — *V. Décr. n° 67-236 du 23 mars 1967, art. 242-16, infra, App., v° Sociétés commerciales.*

Lorsque les droits à l'attribution d'une quote-part du capital social sont incorporés ou attachés à des obligations, le droit de communication est exercé par les représentants de la masse des obligataires, conformément à l'article L. 228-55.

Après détachement de ces droits du titre d'origine, le droit de communication est exercé par les représentants de la masse constituée conformément à l'article L. 228-103.

Dans tous les cas les représentants des différentes masses ont accès à l'assemblée générale des actionnaires, mais sans voix délibérative. Ils ne peuvent, en aucune façon, s'immiscer dans la gestion des affaires sociales.

Art. L. 228-106 *(Ord. n° 2004-604 du 24 juin 2004, art. 49-II)* Lorsqu'une procédure *(L. n° 2005-845 du 26 juill. 2005, art. 165-II)* « de sauvegarde ou » de redressement judiciaire est ouverte à l'égard d'une société émettrice de valeurs mobilières donnant accès au capital dans les conditions de l'article L. 228-91, le délai prévu pour l'exercice du droit à attribution d'une quote-part de capital social est ouvert dès le jugement arrêtant le *(L. n° 2005-845 du 26 juill. 2005, art. 165-II)* « plan de sauvegarde ou de redressement judiciaire », au gré de chaque titulaire, et dans les conditions prévues par ce plan.

CHAPITRE IX DE LA SOCIÉTÉ EUROPÉENNE

(L. n° 2005-842 du 26 juill. 2005, art. 11-I)

Art. L. 229-1 *(L. n° 2005-842 du 26 juill. 2005, art. 11-I)* Les sociétés européennes immatriculées en France au registre du commerce et des sociétés ont la personnalité juridique à compter de leur immatriculation.

La société européenne est régie par les dispositions du règlement (CE) n° 2157/2001 du Conseil, du 8 octobre 2001, relatif au statut de la société européenne, celles du présent chapitre et celles applicables aux sociétés anonymes non contraires à celles-ci. — *V. le règl. préc. au* ***C. sociétés.***

La société européenne est soumise aux dispositions de l'article L. 210-3. Le siège statutaire et l'administration centrale de la société européenne ne peuvent être dissociés.

Art. L. 229-2 *(L. n° 2005-842 du 26 juill. 2005, art. 11-I)* Toute société européenne régulièrement immatriculée au registre du commerce et des sociétés peut transférer son siège dans un autre État membre. Elle établit un projet de transfert. Ce projet est déposé au greffe du tribunal dans le ressort duquel la société est immatriculée et fait l'objet d'une publicité dont les modalités sont fixées par décret en Conseil d'État. — *V. Décr. n° 67-236 du 23 mars 1967, art. 203-6, infra, App., v° Sociétés commerciales.*

Le transfert de siège est décidé par l'assemblée générale extraordinaire dans les conditions prévues à l'article L. 225-96 et est soumis à la ratification des assemblées spéciales d'actionnaires mentionnées aux articles L. 225-99 et L. 228-35-6. — *V. Décr. n° 67-236 du 23 mars 1967, art. 203-8, infra, App., v° Sociétés commerciales.*

En cas d'opposition à l'opération, les actionnaires peuvent obtenir le rachat de leurs actions dans les conditions fixées par décret en Conseil d'État. — *V. Décr. n° 67-236 du 23 mars 1967, art. 203-9, infra, App., v° Sociétés commerciales.*

Le projet de transfert de siège est soumis aux assemblées spéciales des porteurs de certificats d'investissement statuant selon les règles de l'assemblée générale des

actionnaires, à moins que la société n'acquière ces titres sur simple demande de leur part et que cette acquisition ait été acceptée par leur assemblée spéciale. L'offre d'acquisition est soumise à publicité dont les modalités sont fixées par décret en Conseil d'État. Tout porteur de certificats d'investissement qui n'a pas cédé ses titres dans le délai fixé par décret en Conseil d'État le demeure sous réserve d'un échange de ces certificats d'investissement et de droit de vote contre des actions. – *V. Décr. n° 67-236 du 23 mars 1967, art. 203-12, infra, App., v° Sociétés commerciales.*

Le projet de transfert est soumis à l'assemblée d'obligataires de la société, à moins que le remboursement des titres sur simple demande de leur part ne soit offert auxdits obligataires. L'offre de remboursement est soumise à publicité dont les modalités sont fixées par décret en Conseil d'État. Tout obligataire qui n'a pas demandé le remboursement dans le délai fixé par décret en Conseil d'État conserve sa qualité dans la société aux conditions fixées dans le projet de transfert. – *V. Décr. n° 67-236 du 23 mars 1967, art. 203-13, infra, App., v° Sociétés commerciales.*

Les créanciers non obligataires de la société transférant son siège et dont la créance est antérieure au transfert du siège peuvent former opposition à celui-ci dans le délai fixé par décret en Conseil d'État. Une décision de justice rejette l'opposition ou ordonne soit le remboursement des créances, soit la constitution de garanties si la société transférant son siège en offre et si elles sont jugées suffisantes. A défaut de remboursement des créances ou de constitution des garanties ordonnées, le transfert de siège est inopposable à ces créanciers. L'opposition formée par un créancier n'a pas pour effet d'interdire la poursuite des opérations de transfert. Les dispositions du présent alinéa ne mettent pas obstacle à l'application des conventions autorisant le créancier à exiger le remboursement immédiat de sa créance en cas de transfert de siège.– *V. Décr. n° 67-236 du 23 mars 1967, art. 203-14, infra, App., v° Sociétés commerciales.*

Un notaire délivre un certificat attestant de manière concluante l'accomplissement des actes et formalités préalables au transfert. – *V. Décr. n° 67-236 du 23 mars 1967, art. 203-5 et 203-15, infra, App., v° Sociétés commerciales.*

Art. L. 229-3 *(L. n° 2005-842 du 26 juill. 2005, art. 11-I)* **I. – Le contrôle de la légalité de la fusion est effectué, pour la partie de la procédure relative à chaque société qui fusionne, par le greffier du tribunal dans le ressort duquel est immatriculée la société conformément aux dispositions de l'article L. 236-6.**

Le contrôle de la légalité de la fusion est effectué, pour la partie de la procédure relative à la réalisation de la fusion et à la constitution de la société européenne, par un notaire. – *V. Décr. n° 67-236 du 23 mars 1967, art. 203-5, infra, App., v° Sociétés commerciales.*

A cette fin, chaque société qui fusionne remet au notaire le certificat visé à l'article 25 du règlement (CE) n° 2157/2001 du Conseil du 8 octobre 2001 précité dans un délai de six mois à compter de sa délivrance ainsi qu'une copie du projet de fusion approuvé par la société. – *V. le règl. préc. au* ***C. sociétés.***

Le notaire contrôle en particulier que les sociétés qui fusionnent ont approuvé un projet de fusion dans les mêmes termes et que les modalités relatives à l'implication des travailleurs ont été fixées conformément aux dispositions des articles L. 439-25 à L. 439-45 du code du travail. – *Ces dispositions prévoient notamment la mise en place d'un groupe spécial de négociation chargé de déterminer les modalités de l'implication des salariés au sein de la société européenne et, à défaut d'accord, d'un comité de la société européenne, et excluent les règles gouvernant le comité d'entreprise européen alors même que la société européenne serait une entreprise ou un groupe d'entreprises de dimension communautaire.*

Le notaire contrôle en outre que la constitution de la société européenne formée par fusion correspond aux conditions fixées par les dispositions législatives françaises.

II. – Les causes de nullité de la délibération de l'une des assemblées qui ont décidé de l'opération de fusion conformément au droit applicable à la société anonyme ou

les manquements au contrôle de légalité constituent une cause de dissolution de la société européenne. — *V. Décr. n° 67-236 du 23 mars 1967, art. 203-17, infra, App., v° Sociétés commerciales.*

Lorsqu'il est possible de porter remède à l'irrégularité susceptible d'entraîner la dissolution, le tribunal saisi de l'action en dissolution d'une société européenne créée par fusion accorde un délai pour régulariser la situation.

Les actions en dissolution de la société européenne se prescrivent par six mois à compter de la date de la dernière inscription au registre du commerce et des sociétés rendue nécessaire par l'opération.

Lorsque la dissolution de la société européenne est prononcée, il est procédé à sa liquidation conformément aux dispositions des statuts et du chapitre VII du titre III du présent livre.

Lorsqu'une décision judiciaire prononçant la dissolution d'une société européenne pour l'une des causes prévues au sixième alinéa du présent article est devenue définitive, cette décision fait l'objet d'une publicité dont les modalités sont fixées par décret en Conseil d'État. — *V. Décr. n° 67-236 du 23 mars 1967, art. 203-17, infra, App., v° Sociétés commerciales.*

Art. L. 229-4 *(L. n° 2005-842 du 26 juill. 2005, art. 11-I)* L'autorité compétente pour s'opposer, conformément aux dispositions du 14 de l'article 8 et de l'article 19 du règlement (CE) n° 2157/2001 du Conseil, du 8 octobre 2001, précité, au transfert de siège social d'une société européenne immatriculée en France et dont résulterait un changement du droit applicable ainsi qu'à la constitution d'une société européenne par voie de fusion impliquant une société relevant du droit français, est le procureur de la République. — *V. le règl. préc. au* **C. *sociétés.***

Sur la compétence du Comité des établissements de crédit et des entreprises d'investissement s'agissant des établissements de crédit, V. C. mon. fin., art. L. 511-13-1. — ... Et s'agissant des entreprises d'investissement, V. C. mon. fin., art. L. 532-3-2. — Sur la compétence de l'Autorité des marchés financiers s'agissant des sociétés de gestion de portefeuille, V. C. mon. fin., art. L. 532-9-2. — V. ces art., infra, App., v° Code monétaire et financier (extraits).

Art. L. 229-5 *(L. n° 2005-842 du 26 juill. 2005, art. 11-I)* Les sociétés promouvant l'opération de constitution d'une société européenne holding établissent un projet commun de constitution de la société européenne.

Ce projet est déposé au greffe du tribunal dans le ressort duquel lesdites sociétés sont immatriculées et fait l'objet d'une publicité dont les modalités sont fixées par décret en Conseil d'État. — *V. Décr. n° 67-236 du 23 mars 1967, art. 203-18, infra, App., v° Sociétés commerciales.*

Un ou plusieurs commissaires à la constitution d'une société européenne holding, désignés par décision de justice, établissent sous leur responsabilité un rapport destiné aux actionnaires de chaque société dont les mentions sont précisées par décret en Conseil d'État. — *V. Décr. n° 67-236 du 23 mars 1967, art. 203-20, infra, App., v° Sociétés commerciales.*

Par accord entre les sociétés qui promeuvent l'opération, le ou les commissaires peuvent établir un rapport écrit pour les actionnaires de l'ensemble des sociétés.

Les dispositions des troisième et quatrième alinéas de l'article L. 236-9 et des articles L. 236-13 et L. 236-14 sont applicables en cas de constitution d'une société européenne holding.

Art. L. 229-6 *(L. n° 2005-842 du 26 juill. 2005, art. 11-I)* Par exception à la deuxième phrase de l'article L. 225-1, une société européenne peut constituer une société européenne dont elle est le seul actionnaire. Elle est soumise aux dispositions applicables à la société européenne et à celles relatives à la société à responsabilité limitée à associé unique édictées par les articles L. 223-5 et L. 223-31.

Dans cette hypothèse, l'actionnaire unique exerce les pouvoirs dévolus à l'assemblée générale.

En cas de société européenne unipersonnelle, les articles L. 225-25, L. 225-26, L. 225-72 et L. 225-73 ne s'appliquent pas aux administrateurs ou membres du conseil de surveillance de cette société.

Art. L. 229-7 *(L. n° 2005-842 du 26 juill. 2005, art. 11-I)* La direction et l'administration de la société européenne sont régies par les dispositions de la section II du chapitre V du présent titre, à l'exception du premier alinéa des articles L. 225-37 et L. 225-82 et du quatrième alinéa de l'article L. 225-64.

Toutefois, par exception à l'article L. 225-62, en cas de vacance au sein du directoire, un membre du conseil de surveillance peut être nommé par ce conseil pour exercer les fonctions de membre du directoire pour une durée maximale fixée par décret en Conseil d'État. Pendant cette durée, les fonctions de l'intéressé au sein du conseil de surveillance sont suspendues. – *V. Décr. n° 67-236 du 23 mars 1967, art. 203-26, infra, App., v° Sociétés commerciales.*

Les dispositions du premier alinéa de l'article L. 225-17, du deuxième alinéa de l'article L. 225-22, de l'article L. 225-69 et du deuxième alinéa de l'article L. 225-79 ne peuvent faire obstacle à la participation des travailleurs définie à l'article L. 439-25 du code du travail.

Chaque membre du conseil de surveillance peut se faire communiquer par le président du directoire les documents qu'il estime nécessaires à l'accomplissement de sa mission.

La société européenne est dirigée par un directoire composé de sept membres au plus.

Les statuts doivent prévoir des règles similaires à celles énoncées aux articles L. 225-38 à L. 225-42 et L. 225-86 à L. 225-90. Toutefois, lorsqu'il s'agit d'une société visée à l'article L. 229-6, la mention au registre des délibérations vaut approbation de la convention.

Art. L. 229-8 *(L. n° 2005-842 du 26 juill. 2005, art. 11-I)* Les assemblées générales de la société européenne sont soumises aux règles prescrites par la section III du chapitre V du présent titre dans la mesure où elles sont compatibles avec le règlement (CE) n° 2157/2001 du Conseil, du 8 octobre 2001, précité. – *V. ce texte au* ***C. sociétés.***

Art. L. 229-9 *(L. n° 2005-842 du 26 juill. 2005, art. 11-I)* Si la société européenne n'a plus son administration centrale en France, tout intéressé peut demander au tribunal la régularisation de la situation par le transfert du siège social ou le rétablissement de l'administration centrale au lieu du siège social en France, le cas échéant sous astreinte.

Le tribunal fixe une durée maximale pour cette régularisation.

A défaut de régularisation à l'issue de ce délai, le tribunal prononce la liquidation de la société dans les conditions prévues aux articles L. 237-1 à L. 237-31.

Ces décisions sont adressées par le greffe du tribunal au procureur de la République. Le juge indique dans sa décision que le jugement est transmis par le greffe.

En cas de constat de déplacement de l'administration centrale en France d'une société européenne immatriculée dans un autre État membre, contrevenant à l'article 7 du règlement (CE) n° 2157/2001 du Conseil, du 8 octobre 2001, précité, le procureur de la République du tribunal de grande instance dans le ressort duquel l'administration centrale est installée doit informer sans délai l'État membre du siège statutaire.

En cas de constat de déplacement de l'administration centrale dans un autre État membre d'une société européenne immatriculée en France, contrevenant à l'article 7 du règlement (CE) n° 2157/2001 du Conseil, du 8 octobre 2001, précité, les autorités de cet État membre doivent informer sans délai le procureur de la République du tribunal de grande instance dans le ressort duquel la société est immatriculée. – *V. le règl. préc. au* ***C. sociétés.***

Art. L. 229-10 *(L. n° 2005-842 du 26 juill. 2005, art. 11-I)* Toute société européenne peut se transformer en société anonyme si, au moment de la transformation, elle est immatriculée depuis plus de deux ans et a fait approuver le bilan de ses deux premiers exercices.

La société établit un projet de transformation de la société en société anonyme. Ce projet est déposé au greffe du tribunal du siège de la société et fait l'objet d'une publicité dont les modalités sont fixées par décret en Conseil d'État. — *V. Décr. n° 67-236 du 23 mars 1967, art. 203-27, infra, App., v° Sociétés commerciales.*

Un ou plusieurs commissaires à la transformation désignés par décision de justice établissent sous leur responsabilité un rapport destiné aux actionnaires de la société se transformant attestant que les capitaux propres sont au moins équivalents au capital social. Ils sont soumis aux incompatibilités prévues à l'article L. 822-11.

La transformation en société anonyme est décidée selon les dispositions prévues aux articles L. 225-96 et L. 225-99.

Art. L. 229-11 *(L. n° 2005-842 du 26 juill. 2005, art. 11-I)* Les statuts d'une société européenne ne faisant pas appel public à l'épargne peuvent soumettre tout transfert d'actions à des restrictions à la libre négociabilité sans que ces restrictions ne puissent avoir pour effet de rendre ces actions inaliénables pour une durée excédant dix ans.

Toute cession réalisée en violation de ces clauses statutaires est nulle. Cette nullité est opposable au cessionnaire ou à ses ayants droit. Elle peut être régularisée par une décision prise à l'unanimité des actionnaires non parties au contrat ou à l'opération visant à transférer les actions.

Art. L. 229-12 *(L. n° 2005-842 du 26 juill. 2005, art. 11-I)* Dans les conditions qu'ils déterminent, les statuts d'une société européenne ne faisant pas appel public à l'épargne peuvent prévoir qu'un actionnaire peut être tenu de céder ses actions. Ils peuvent également prévoir la suspension des droits non pécuniaires de cet actionnaire tant que celui-ci n'a pas procédé à cette cession.

Art. L. 229-13 *(L. n° 2005-842 du 26 juill. 2005, art. 11-I)* Les statuts d'une société européenne ne faisant pas appel public à l'épargne peuvent prévoir que la société actionnaire dont le contrôle est modifié au sens de l'article L. 233-16 doit, dès cette modification, en informer la société européenne. Celle-ci peut décider, dans les conditions fixées par les statuts, de suspendre l'exercice des droits non pécuniaires de cet actionnaire et de l'exclure.

Les dispositions du premier alinéa peuvent s'appliquer, dans les mêmes conditions, à l'actionnaire qui a acquis cette qualité à la suite d'une opération de fusion, de scission ou de dissolution.

Art. L. 229-14 *(L. n° 2005-842 du 26 juill. 2005, art. 11-I)* Si les statuts ne précisent pas les modalités d'évaluation du prix de cession des actions lorsque la société européenne met en œuvre une clause introduite en application des articles L. 229-11 à L. 229-13, ce prix est fixé par accord entre les parties ou, à défaut, déterminé dans les conditions prévues à l'article 1843-4 du code civil.— *V. cet art., infra, App., v° Sociétés commerciales.*

Lorsque les actions sont rachetées par la société européenne, celle-ci est tenue de les céder dans un délai de six mois ou de les annuler.

Art. L. 229-15 *(L. n° 2005-842 du 26 juill. 2005, art. 11-I)* Les clauses stipulées en application des articles L. 229-11 à L. 229-14 ne sont adoptées ou modifiées qu'à l'unanimité des actionnaires.

TITRE TROISIÈME DISPOSITIONS COMMUNES AUX DIVERSES SOCIÉTÉS COMMERCIALES

CHAPITRE PREMIER DU CAPITAL VARIABLE

Art. L. 231-1 Il peut être stipulé dans les statuts des sociétés qui n'ont pas la forme de société anonyme ainsi que dans toute société coopérative que le capital social est susceptible d'augmentation par des versements successifs des associés ou l'admission d'associés nouveaux et de diminution par la reprise totale ou partielle des apports *(L. n° 2003-7 du 3 janv. 2003)* « effectués ». — *V. L. n° 81-1162 du 30 déc. 1981, art. 32, infra ss. art. L. 231-6.*

Les sociétés dont les statuts contiennent la stipulation ci-dessus sont soumises, indépendamment des règles générales qui leur sont propres suivant leur forme spéciale, aux dispositions du présent chapitre. — *[L. 24 juill. 1867, art. 48].*

Art. L. 231-2 Si la société a usé de la faculté accordée par l'article L. 231-1 cette circonstance doit être mentionnée dans tous les actes et documents émanant de la société et destinés aux tiers, par l'addition des mots « à capital variable ». — *[L. 24 juill. 1867, art. 64, al. 1er].*

Art. L. 231-3 Ne sont pas assujettis aux formalités de dépôt et de publication les actes constatant les augmentations ou les diminutions du capital social opérées dans les termes de l'article L. 231-1, ou les retraits d'associés, autres que les gérants ou administrateurs, qui auraient lieu conformément à l'article L. 231-6. — *[L. 24 juill. 1867, art. 49].*

Art. L. 231-4 Les actions ou coupons d'actions sont nominatifs, même après leur entière libération.

Ils ne sont négociables qu'après la constitution définitive de la société.

La négociation ne peut avoir lieu que par voie de transfert sur les registres de la société, et les statuts peuvent donner, soit au conseil d'administration, soit à l'assemblée générale, le droit de s'opposer au transfert. — *[L. 24 juill. 1867, art. 50].*

Art. L. 231-5 Les statuts déterminent une somme au-dessous de laquelle le capital ne peut être réduit par les reprises des apports autorisés par l'article L. 231-1.

(L. n° 2001-420 du 15 mai 2001) « Cette somme ne pourra être inférieure ni au dixième du capital social stipulé dans les statuts ni, pour les sociétés autres que coopératives, au montant minimal du capital exigé pour la forme de la société considérée par les dispositions législatives la régissant. »

« Les sociétés coopératives sont définitivement constituées après le versement du dixième. »

Les sociétés régies par les dispositions du chapitre Ier du titre III du Livre II du code de commerce, immatriculées au RCS à la date de publication (JO 16 mai) de la L. n° 2001-420 du 15 mai 2001, et celles dont l'immatriculation est faite conformément à la réglementation applicable à Mayotte, en Nouvelle-Calédonie et dans les îles Wallis-et-Futuna à la date de publication de l'Ord. n° 2004-604 du 24 juin 2004 (JO 26 juin), ont un délai de 5 ans pour se mettre en conformité avec les dispositions de l'art. L. 231-5 et notamment pour procéder à la libération de leur capital social (L. n° 2001-420 du 15 mai 2001, art. 124-II (2)).

Art. L. 231-6 Chaque associé peut se retirer de la société lorsqu'il le juge convenable à moins de conventions contraires et sauf application du premier alinéa de l'article L. 231-5.

Il peut être stipulé que l'assemblée générale a le droit de décider, à la majorité fixée pour la modification des statuts, que l'un ou plusieurs des associés cessent de faire partie de la société. – *V. L. n° 81-1162 du 30 déc. 1981, art. 32, infra.*

L'associé qui cesse de faire partie de la société, soit par l'effet de sa volonté, soit par suite de décision de l'assemblée générale, reste tenu, pendant cinq ans, envers les associés et envers les tiers, de toutes les obligations existant au moment de sa retraite. – *[L. 24 juill. 1867, art. 52].*

Loi n° 81-1162 du 30 décembre 1981,

Relative à la mise en harmonie du droit des sociétés commerciales avec la deuxième directive adoptée par le Conseil des communautés européennes, le 13 décembre 1976.

Art. 32 Dans les sociétés anonymes à capital variable, qui sont tenues d'harmoniser leurs statuts avec les dispositions de l'article 30 *[V. art. L. 231-1 C. com., supra]* ci-dessus, la clause insérée dans les statuts en vertu de l'article 52, alinéas 1 et 2, de la loi du 24 juillet 1867 précitée demeure valable.

Les actions des associés qui cessent de faire partie de la société sont soit cédées à un autre associé ou à un salarié de la société, soit apportées à un fonds commun de placement comprenant exclusivement des actions de la société ; ce fonds commun de placement peut être géré par la société.

Le règlement du fonds commun de placement doit prévoir l'institution d'un conseil de surveillance composé des représentants des actionnaires désignés selon des conditions fixées par décret. Le conseil de surveillance exerce les droits de vote attachés aux actions comprises dans le fonds commun de placement et désigne à cet effet un ou plusieurs mandataires.

(L. n° 83-1 du 3 janv. 1983) « Les dispositions de l'article 3 et de l'article 7, alinéas 1, 2 et 4, de la loi n° 79-594 du 13 juillet 1979 relative aux fonds communs de placement *[abrogée par L. n° 88-1201 du 23 déc. 1988]* ne sont pas applicables aux fonds communs de placement constitués en vertu du présent article ; le gérant n'est pas non plus tenu de demander la désignation d'un commissaire aux comptes. »

Art. L. 231-7 La société, quelle que soit sa forme, est valablement représentée en justice par ses administrateurs. – *[L. 24 juill. 1867, art. 53].*

Art. L. 231-8 La société n'est dissoute ni par la mort ou par le retrait d'un associé ni par un jugement de liquidation, ou par une mesure d'interdiction d'exercer une profession commerciale, ou par une mesure d'incapacité prononcée à l'égard de l'un des associés ou la déconfiture de l'un d'entre eux. Elle continue de plein droit entre les autres associés. – *[L. 24 juill. 1867, art. 54].*

CHAPITRE II DES COMPTES SOCIAUX

SECTION PREMIÈRE DES DOCUMENTS COMPTABLES

Art. L. 232-1 I. – A la clôture de chaque exercice le conseil d'administration, le directoire ou les gérants dressent l'inventaire, les comptes annuels conformément aux dispositions de la section II du chapitre III du titre II du livre Ier et établissent un rapport de gestion écrit. Ils annexent au bilan :

1° Un état des cautionnements, avals et garanties donnés par la société. Cette disposition n'est pas applicable aux sociétés exploitant un établissement de crédit ou une entreprise d'assurance ;

2° Un état des sûretés consenties par elle.

II. – Le rapport de gestion expose la situation de la société durant l'exercice écoulé, son évolution prévisible, les événements importants survenus entre la date de la clôture de l'exercice et la date à laquelle il est établi, ses activités en matière de recherche et de développement.

III. – Les documents mentionnés au présent article sont, le cas échéant, mis à la disposition des commissaires aux comptes dans des conditions déterminées par décret en Conseil d'État. – *[L. n° 66-537 du 24 juill. 1966, art. 340]. – V. Décr. n° 67-236 du 23 mars 1967, art. 243, infra, App., v° Sociétés commerciales.*

Art. L. 232-2 Dans les sociétés commerciales qui répondent à l'un des critères définis par décret en Conseil d'État et tirés du nombre de salariés ou du chiffre d'affaires, compte tenu éventuellement de la nature de l'activité, le conseil d'administration, le directoire ou les gérants sont tenus d'établir une situation de l'actif réalisable et disponible, valeurs d'exploitation exclues, et du passif exigible, un compte de résultat prévisionnel, un tableau de financement en même temps que le bilan annuel et un plan de financement prévisionnel.

Le décret en Conseil d'État ci-dessus mentionné précise la périodicité, les délais et les modalités d'établissement de ces documents. – *V. Décr. n° 67-236 du 23 mars 1967, art. 244 et 244-1, infra, App., v° Sociétés commerciales.*

Pour la détermination du nombre des salariés, sont assimilés aux salariés de la société, ceux des sociétés, quelle que soit leur forme, dont elle détient directement ou indirectement plus de la moitié du capital. – *[L. n° 66-537 du 24 juill. 1966, art. 340-1].*

Art. L. 232-3 Dans les sociétés anonymes, les documents visés à l'article L. 232-2 sont analysés dans des rapports écrits sur l'évolution de la société, établis par le conseil d'administration ou le directoire. Les documents et rapports sont communiqués simultanément au conseil de surveillance, au commissaire aux comptes et au comité d'entreprise.

En cas de non-observation des dispositions de l'article L. 232-2 et de l'alinéa précédent, ou si les informations données dans les rapports visés à l'alinéa précédent appellent des observations de sa part, le commissaire aux comptes le signale dans un rapport au conseil d'administration ou au directoire, selon le cas. Le rapport du commissaire aux comptes est communiqué simultanément au comité d'entreprise. Il est donné connaissance de ce rapport à la prochaine assemblée générale. – *[L. n° 66-537 du 24 juill. 1966, art. 340-2]. – V. Décr. n° 67-236 du 23 mars 1967, art. 244-1 s., infra, App., Sociétés commerciales.*

Art. L. 232-4 Dans les sociétés autres que les sociétés anonymes, les rapports prévus à l'article L. 232-3 sont établis par les gérants qui les communiquent au commissaire aux comptes, au comité d'entreprise et, le cas échéant, au conseil de surveillance lorsqu'il est institué dans ces sociétés.

En cas de non-observation des dispositions de l'article L. 232-2 et de l'alinéa précédent, ou si les informations données dans les rapports visés à l'alinéa précédent appellent des observations de sa part, le commissaire aux comptes le signale dans un rapport au gérant ou dans le rapport annuel. Il peut demander que son rapport soit adressé aux associés ou qu'il en soit donné connaissance à l'assemblée des associés. Ce rapport est communiqué au comité d'entreprise. – *[L. n° 66-537 du 24 juill. 1966, art. 340-3]. – V. Décr. n° 67-236 du 23 mars 1967, art. 244-1 s., infra, App., v° Sociétés commerciales.*

Art. L. 232-5 Les sociétés qui établissent des comptes consolidés conformément aux articles L. 233-18 à L. 233-26 peuvent, dans les conditions prévues à l'article L. 123-17 et par dérogation à l'article L. 123-18, inscrire les titres des sociétés qu'elles contrôlent de manière exclusive, au sens de l'article L. 233-16, à l'actif du bilan en fonction de la quote-part des capitaux propres déterminée d'après les règles de consolidation que ces titres représentent. Cette méthode d'évaluation, si elle est choisie, s'applique à l'ensemble des titres qui répondent aux conditions précédentes. Il est fait mention de l'option dans l'annexe.

La contrepartie de la variation annuelle de la quote-part globale de capitaux propres représentative de ces titres ne constitue pas un élément de résultat ; elle est inscrite distinctement dans un poste de capitaux propres ; elle n'est pas distribuable et ne peut être utilisée à compenser les pertes. Néanmoins, si l'écart global devient négatif, il est inscrit au compte de résultat.

Si une société fait usage de la méthode prévue aux alinéas précédents, les sociétés qu'elle contrôle appliquent la même méthode lorsqu'elles contrôlent elles-mêmes d'autres sociétés dans les mêmes conditions.

Un décret en Conseil d'État fixe les modalités d'application du présent article. – *[L. n° 66-537 du 24 juill. 1966, art. 340-4]. – V. Décr. n° 67-236 du 23 mars 1967, art. 245, infra, App., v° Sociétés commerciales.*

Art. L. 232-6 Lorsque, dans les conditions définies à l'article L. 123-17, des modifications interviennent dans la présentation des comptes annuels comme dans les méthodes d'évaluation retenues, elles sont de surcroît signalées dans le rapport de gestion et, le cas échéant, dans le rapport des commissaires aux comptes. – *[L. n° 66-537 du 24 juill. 1966, art. 341].*

SECTION II DES DOCUMENTS PROPRES AUX SOCIÉTÉS FAISANT PUBLIQUEMENT APPEL À L'ÉPARGNE

Art. L. 232-7 Les sociétés dont les actions sont admises aux négociations sur un marché réglementé sont tenues d'annexer à leurs comptes annuels un inventaire des valeurs mobilières détenues en portefeuille à la clôture de l'exercice.

Elles annexent également un tableau relatif à la répartition et à l'affectation des sommes distribuables qui seront proposées à l'assemblée générale.

Ces sociétés, à l'exception des sociétés d'investissement à capital variable, sont également tenues d'établir et de publier, au plus tard dans les quatre mois qui suivent le premier semestre de l'exercice, un rapport commentant les données chiffrées relatives au chiffre d'affaires et aux résultats de la société au cours du semestre écoulé et décrivant son activité au cours de cette période ainsi que son évolution prévisible au cours de l'exercice et les événements importants survenus au cours du semestre écoulé. Les mentions obligatoires du rapport semestriel et les modalités de sa publication sont fixées par décret en Conseil d'État. Les commissaires aux comptes vérifient la sincérité des informations contenues dans le rapport semestriel. – *[L. n° 66-537 du 24 juill. 1966, art. 341-1]. – V. Décr. n° 67-236 du 23 mars 1967, art. 297-1, infra, App., v° Sociétés commerciales.*

Art. L. 232-8 Lorsque la moitié de leur capital appartient à une ou plusieurs sociétés dont les actions sont admises aux négociations sur un marché réglementé, les sociétés dont les actions n'y sont pas admises et celles qui ne revêtent pas la forme de sociétés par actions sont tenues, si leur bilan dépasse *(Ord. n° 2000-916 du 19 sept. 2000)* « 3 000 000 € » ou si la valeur d'inventaire ou la valeur boursière de leur portefeuille excède *(Ord. n° 2000-916 du 19 sept. 2000)* « 300 000 € », d'annexer à leurs comptes annuels un inventaire des valeurs mobilières détenues en portefeuille à la clôture de l'exercice. – *[L. n° 66-537 du 24 juill. 1966, art. 341-2]. – V. Décr. n° 67-236 du 23 mars 1967, art. 298, infra, App., v° Sociétés commerciales.*

SECTION III DES AMORTISSEMENTS ET DES PROVISIONS

Art. L. 232-9 Sous réserve des dispositions du deuxième alinéa de l'article L. 232-15, les frais de constitution de la société sont amortis avant toute distribution de bénéfices et, au plus tard, dans un délai de cinq ans.

Les frais d'augmentation de capital sont amortis au plus tard à l'expiration du cinquième exercice suivant celui au cours duquel ils ont été engagés. Ces frais peuvent être imputés sur le montant des primes d'émission afférentes à cette augmentation.

Toutefois, les sociétés dont l'objet exclusif est la construction et la gestion d'immeubles locatifs à usage principal d'habitation ou le crédit-bail immobilier, ainsi que les sociétés immobilières pour le commerce et l'industrie, peuvent amortir les frais de constitution de la société et les frais d'augmentation de capital dans les mêmes conditions que leurs immeubles. Les sociétés agréées pour le financement des télécommunications peuvent amortir les frais de constitution et les frais d'augmentation de capital dans les mêmes conditions que leurs immeubles et leurs équipements. – *[L. n° 66-537 du 24 juill. 1966, art. 343].*

SECTION IV DES BÉNÉFICES

Art. L. 232-10 A peine de nullité de toute délibération contraire, dans les sociétés à responsabilité limitée et les sociétés par actions, il est fait sur le bénéfice de l'exercice, diminué, le cas échéant, des pertes antérieures, un prélèvement d'un vingtième au moins affecté à la formation d'un fonds de réserve dit « réserve légale ».

Ce prélèvement cesse d'être obligatoire, lorsque la réserve atteint le dixième du capital social. – *[L. n° 66-537 du 24 juill. 1966, art. 345].*

Art. L. 232-11 Le bénéfice distribuable est constitué par le bénéfice de l'exercice, diminué des pertes antérieures, ainsi que des sommes à porter en réserve en application de la loi ou des statuts, et augmenté du report bénéficiaire.

En outre, l'assemblée générale peut décider la mise en distribution de sommes prélevées sur les réserves dont elle a la disposition. En ce cas, la décision indique expressément les postes de réserve sur lesquels les prélèvements sont effectués. Toutefois, les dividendes sont prélevés par priorité sur le bénéfice distribuable de l'exercice.

Hors le cas de réduction du capital, aucune distribution ne peut être faite aux actionnaires lorsque les capitaux propres sont ou deviendraient à la suite de celle-ci inférieurs au montant du capital augmenté des réserves que la loi ou les statuts ne permettent pas de distribuer.

L'écart de réévaluation n'est pas distribuable. Il peut être incorporé en tout ou partie au capital. – *[L. n° 66-537 du 24 juill. 1966, art. 346].*

Art. L. 232-12 Après approbation des comptes annuels et constatation de l'existence de sommes distribuables, l'assemblée générale détermine la part attribuée aux associés sous forme de dividendes.

Toutefois, lorsqu'un bilan établi au cours ou à la fin de l'exercice et certifié par un commissaire aux comptes fait apparaître que la société, depuis la clôture de l'exercice précédent, après constitution des amortissements et provisions nécessaires, déduction faite s'il y a lieu des pertes antérieures ainsi que des sommes à porter en réserve en application de la loi ou des statuts et compte tenu du report bénéficiaire, a réalisé un bénéfice, il peut être distribué des acomptes sur dividendes avant l'approbation des comptes de l'exercice. Le montant de ces acomptes ne peut excéder le montant du bénéfice défini au présent alinéa. Ils sont répartis aux conditions et suivant les modalités fixées par décret en Conseil d'État. – *V. Décr. n° 67-236 du 23 mars 1967, art. 245-1, infra, App., v° Sociétés commerciales.*

Tout dividende distribué en violation des règles ci-dessus énoncées est un dividende fictif. – *[L. n° 66-537 du 24 juill. 1966, art. 347].*

Art. L. 232-13 Les modalités de mise en paiement des dividendes votés par l'assemblée générale sont fixées par elle ou, à défaut, par le conseil d'administration, le directoire ou les gérants, selon le cas.

Toutefois, la mise en paiement des dividendes doit avoir lieu dans un délai maximal de neuf mois après la clôture de l'exercice. La prolongation de ce délai peut être accordée par décision de justice. – *[L. n° 66-537 du 24 juill. 1966, art. 347-1]. – V. Décr. n° 67-236 du 23 mars 1967, art. 246, infra, App., v° Sociétés commerciales.*

Art. L. 232-14 Une majoration de dividendes dans la limite de 10 % peut être attribuée par des statuts à tout actionnaire qui justifie, à la clôture de l'exercice, d'une inscription nominative depuis deux ans au moins et du maintien de celle-ci à la date de mise en paiement du dividende. Son taux est fixé par l'assemblée générale extraordinaire. Dans les sociétés admises aux négociations sur un marché réglementé, le nombre de titres éligibles à cette majoration de dividendes ne peut excéder, pour un même actionnaire, 0,5 % du capital de la société. La même majoration peut être attribuée, dans les mêmes conditions en cas de distribution d'actions gratuites.

Cette majoration ne peut être attribuée avant la clôture du deuxième exercice suivant la modification des statuts. – *[L. n° 66-537 du 24 juill. 1966, art. 347-2].*

Art. L. 232-15 Il est interdit de stipuler un intérêt fixe ou intercalaire au profit des associés. Toute clause contraire est réputée non écrite.

Les dispositions de l'alinéa précédent ne sont pas applicables, lorsque l'État a accordé aux actions la garantie d'un dividende minimal. – *[L. n° 66-537 du 24 juill. 1966, art. 348].*

Art. L. 232-16 Les statuts peuvent prévoir l'attribution, à titre de premier dividende, d'un intérêt calculé sur le montant libéré et non remboursé des actions. Sauf disposition contraire des statuts, les réserves ne sont pas prises en compte pour le calcul du premier dividende. – *[L. n° 66-537 du 24 juill. 1966, art. 349].*

Art. L. 232-17 La société ne peut exiger des actionnaires ou porteurs de parts aucune répétition de dividendes, sauf lorsque les deux conditions suivantes sont réunies :

1° Si la distribution a été effectuée en violation des dispositions des articles L. 232-11, L. 232-12 et L. 232-15 ;

2° Si la société établit que les bénéficiaires avaient connaissance du caractère irrégulier de cette distribution au moment de celle-ci ou ne pouvaient l'ignorer compte tenu des circonstances. – *[L. n° 66-537 du 24 juill. 1966, art. 350].*

Art. L. 232-18 Dans les sociétés par actions, les statuts peuvent prévoir que l'assemblée statuant sur les comptes de l'exercice a la faculté d'accorder à chaque actionnaire, pour tout ou partie du dividende mis en distribution ou des acomptes sur dividende, une option entre le paiement du dividende ou des acomptes sur dividende en numéraire ou en actions.

Lorsqu'il existe des catégories différentes d'actions, l'assemblée générale statuant sur les comptes de l'exercice a la faculté de décider que les actions souscrites seront de la même catégorie que les actions ayant donné droit au dividende ou aux acomptes sur dividende.

L'offre de paiement du dividende ou des acomptes sur dividende en actions doit être faite simultanément à tous les actionnaires. — *[L. nº 66-537 du 24 juill. 1966, art. 351].*

Art. L. 232-19 Le prix d'émission des actions émises dans les conditions prévues à l'article L. 232-18 ne peut être inférieur au nominal.

Dans les sociétés dont les actions sont admises aux négociations sur un marché réglementé, le prix d'émission ne peut être inférieur à 90 % de la moyenne des cours cotés aux vingt séances de bourse précédant le jour de la décision de mise en distribution diminuée du montant net du dividende ou des acomptes sur dividende.

Dans les autres sociétés, le prix d'émission est fixé, au choix de la société, soit en divisant le montant de l'actif net calculé d'après le bilan le plus récent par le nombre de titres existants, soit à dire d'expert désigné en justice à la demande du conseil d'administration ou du directoire, selon le cas. L'application des règles de détermination du prix d'émission est vérifiée par le commissaire aux comptes qui présente un rapport spécial à l'assemblée générale visée à l'article L. 232-18.

Lorsque le montant des dividendes ou des acomptes sur dividende auquel il a droit ne correspond pas à un nombre entier d'actions, l'actionnaire peut recevoir le nombre d'actions immédiatement inférieur complété d'une soulte en espèces ou, si l'assemblée générale l'a demandé, le nombre d'actions immédiatement supérieur, en versant la différence en numéraire. — *[L. nº 66-537 du 24 juill. 1966, art. 352].*

Art. L. 232-20 La demande de paiement du dividende en actions, accompagnée, le cas échéant, du versement prévu au deuxième alinéa de l'article L. 232-19 doit intervenir dans un délai fixé par l'assemblée générale, sans qu'il puisse être supérieur à trois mois à compter de la date de ladite assemblée générale. L'augmentation de capital est réalisée du seul fait de cette demande, et, le cas échéant, de ce versement et ne donne pas lieu aux formalités prévues à l'article L. 225-142, au deuxième alinéa de l'article L. 225-144, et à l'article L. 225-146.

Toutefois, en cas d'augmentation du capital, le conseil d'administration ou le directoire, selon le cas, peut suspendre l'exercice du droit d'obtenir le paiement du dividende en actions pendant un délai qui ne peut excéder trois mois.

Lors de sa première réunion suivant l'expiration du délai fixé par l'assemblée générale en application du premier alinéa du présent article, le conseil d'administration ou, selon le cas, le directoire, constate le nombre des actions émises en application du présent article et apporte les modifications nécessaires aux clauses des statuts relatives au montant du capital social et au nombre des actions qui le représentent. Le président peut, sur délégation du conseil d'administration ou du directoire, procéder à ces opérations dans le mois qui suit l'expiration du délai fixé par l'assemblée générale. — *[L. nº 66-537 du 24 juill. 1966, art. 353].*

● SECTION V DE LA PUBLICITÉ DES COMPTES

Art. L. 232-21 I. — Les sociétés en nom collectif dont tous les associés indéfiniment responsables sont des sociétés à responsabilité limitée ou des sociétés par actions sont tenues de déposer, en double exemplaire, au greffe du tribunal, pour être annexés au registre du commerce et des sociétés, dans le mois qui suit l'approbation des comptes annuels par l'assemblée ordinaire des associés :

1° Les comptes annuels, le rapport de gestion et, le cas échéant, les comptes consolidés, le rapport sur la gestion du groupe, les rapports des commissaires aux comptes sur les comptes annuels et les comptes consolidés, éventuellement complétés de leurs observations sur les modifications apportées par l'assemblée qui leur ont été soumis ;

2° La proposition d'affectation du résultat soumis à l'assemblée et la résolution d'affectation votée ou la décision d'affectation prise.

II. — En cas de refus d'approbation ou d'acceptation, une copie de la délibération de l'assemblée est déposée dans le même délai.

III. — Les obligations définies ci-dessus s'imposent également aux sociétés en nom collectif dont tous les associés indéfiniment responsables sont des sociétés en nom collectif ou en commandite simple dont tous les associés indéfiniment responsables sont des sociétés à responsabilité limitée ou par actions.

IV. — Pour l'application du présent article, sont assimilées aux sociétés à responsabilité limitée ou par actions les sociétés de droit étranger d'une forme juridique comparable. — *[Décr. n° 67-236 du 23 mars 1967, art. 13-1]. — Sur les sanctions pénales, V. Décr. n° 67-236 du 23 mars 1967, art. 16, infra, App., v° Sociétés commerciales. — Sur le dépôt par voie électronique, V. Décr. n° 84-406 du 30 mai 1984, art. 54, al. 4, infra, App., v° Registre du commerce et des sociétés.*

Art. L. 232-22 I. — Toute société à responsabilité limitée est tenue de déposer, en double exemplaire, au greffe du tribunal, pour être annexés au registre du commerce et des sociétés, dans le mois qui suit l'approbation des comptes annuels par l'assemblée ordinaire des associés ou par l'associé unique :

1° Les comptes annuels, le rapport de gestion et, le cas échéant, les comptes consolidés, le rapport sur la gestion du groupe, les rapports des commissaires aux comptes sur les comptes annuels et les comptes consolidés, éventuellement complétés de leurs observations sur les modifications apportées par l'assemblée ou l'associé unique aux comptes annuels qui leur ont été soumis ;

2° La proposition d'affectation du résultat soumise à l'assemblée ou à l'associé unique et la résolution d'affectation votée ou la décision d'affectation prise.

II. — En cas de refus d'approbation ou d'acceptation, une copie de la délibération de l'assemblée ou de la décision de l'associé unique est déposée dans le même délai. *— [Décr. n° 67-236 du 23 mars 1967, art. 44-1]. — Sur les sanctions pénales, V. Décr. n° 67-236 du 23 mars 1967, art. 53, infra, App., v° Sociétés commerciales. — Sur le dépôt par voie électronique, V. Décr. n° 84-406 du 30 mai 1984, art. 54, al. 4, infra, App., v° Registre du commerce et des sociétés.*

Art. L. 232-23 I. — Toute société par actions est tenue de déposer, en double exemplaire, au greffe du tribunal, pour être annexés au registre du commerce et des sociétés, dans le mois qui suit l'approbation des comptes annuels par l'assemblée générale des actionnaires :

1° Les comptes annuels, le rapport de gestion, le rapport des commissaires aux comptes sur les comptes annuels, éventuellement complété de leurs observations sur les modifications apportées par l'assemblée aux comptes annuels qui ont été soumis à cette dernière ainsi que, le cas échéant, les comptes consolidés, le rapport sur la gestion du groupe, le rapport des commissaires aux comptes sur les comptes consolidés et le rapport du conseil de surveillance ;

2° La proposition d'affectation du résultat soumise à l'assemblée et la résolution d'affectation votée.

II. — En cas de refus d'approbation des comptes annuels, une copie de la délibération de l'assemblée est déposée dans le même délai. — *[Décr. n° 67-236 du 23 mars 1967, art. 293, al. 1er et 2]. — Sur le dépôt par voie électronique, V. Décr. n° 84-406 du 30 mai 1984, art. 54, al. 4, infra, App., v° Registre du commerce et des sociétés.*

Sur les sanctions pénales, V. Décr. n° 67-236 du 23 mars 1967, art. 293, al. 3, infra, App., v° Sociétés commerciales.

Bien que « déclassées » vers la partie Législative du code, les dispositions des art. L. 232-21 à L. 232-23, issues des art. 13-1, 44-1 et 293, al. 1er et 2, du décret du 23 mars 1967, demeurent sanctionnées par des peines contraventionnelles prévues, respectivement, par les art. 16, 53 et 293, al. 4, dudit décret, toujours en vigueur en attendant leur future codification dans la partie Réglementaire du code. – V. sur ce point Lettre du président de la CNCC du 27 nov. 2002 : BRDA 2002, nº 24, p. 5. – Contra, V. BRDA 2002, nº 19, p. 6.

CHAPITRE III DES FILIALES, DES PARTICIPATIONS ET DES SOCIÉTÉS CONTRÔLÉES

SECTION PREMIÈRE DÉFINITIONS

Art. L. 233-1 **Lorsqu'une société possède plus de la moitié du capital d'une autre société, la seconde est considérée, pour l'application du présent chapitre, comme filiale de la première.** – *[L. nº 66-537 du 24 juill. 1966, art. 354].*

Art. L. 233-2 **Lorsqu'une société possède dans une autre société une fraction du capital comprise entre 10 et 50 %, la première est considérée, pour l'application du présent chapitre, comme ayant une participation dans la seconde.** – *[L. nº 66-537 du 24 juill. 1966, art. 355].*

Art. L. 233-3 I. – Une société est considérée, pour l'application des sections 2 et 4 du présent chapitre, comme en contrôlant une autre :

1º Lorsqu'elle détient directement ou indirectement une fraction du capital lui conférant la majorité des droits de vote dans les assemblées générales de cette société ;

2º Lorsqu'elle dispose seule de la majorité des droits de vote dans cette société en vertu d'un accord conclu avec d'autres associés ou actionnaires et qui n'est pas contraire à l'intérêt de la société ;

3º Lorsqu'elle détermine en fait, par les droits de vote dont elle dispose, les décisions dans les assemblées générales de cette société. *[;]*

(L. nº 2005-842 du 26 juill. 2005, art. 33-I) « 4º Lorsqu'elle est associée ou actionnaire de cette société et dispose du pouvoir de nommer ou de révoquer la majorité des membres des organes d'administration, de direction ou de surveillance de cette société. »

II. – Elle est présumée exercer ce contrôle lorsqu'elle dispose directement ou indirectement, d'une fraction des droits de vote supérieure à 40 % et qu'aucun autre associé ou actionnaire ne détient directement ou indirectement une fraction supérieure à la sienne. – *[L. nº 66-537 du 24 juill. 1966, art. 355-1].*

(L. nº 2001-1168 du 11 déc. 2001) « III. – Pour l'application des mêmes sections de *[du]* présent chapitre, deux ou plusieurs personnes agissant de concert sont considérées comme en contrôlant conjointement une autre lorsqu'elles déterminent en fait les décisions prises en assemblée générale. »

Art. L. 233-4 **Toute participation au capital même inférieure à 10 % détenue par une société contrôlée est considérée comme détenue indirectement par la société qui contrôle cette société.** – *[L. nº 66-537 du 24 juill. 1966, art. 355-2].*

Art. L. 233-5 **Le ministère public et** *(L. nº 2003-706 du 1er août 2003, art. 46-V)* **« l'Autorité des marchés financiers » pour les sociétés faisant publiquement appel à l'épargne sont habilités à agir en justice pour faire constater l'existence d'un contrôle sur une ou plusieurs sociétés.** – *[L. nº 66-537 du 24 juill. 1966, art. 355-3].*

SECTION II DES NOTIFICATIONS ET DES INFORMATIONS

Art. L. 233-6 Lorsqu'une société a pris, au cours d'un exercice, une participation dans une société ayant son siège social sur le territoire de la République française représentant plus du vingtième, du dixième, du cinquième, du tiers ou de la moitié du capital de cette société ou s'est assuré le contrôle d'une telle société, il en est fait mention dans le rapport présenté aux associés sur les opérations de l'exercice et, le cas échéant, dans le rapport des commissaires aux comptes.

Le conseil d'administration, le directoire ou le gérant d'une société rend compte dans son rapport de l'activité et des résultats de l'ensemble de la société, des filiales de la société et des sociétés qu'elle contrôle par branche d'activité. Lorsque cette société établit et publie des comptes consolidés, le rapport ci-dessus mentionné peut être inclus dans le rapport sur la gestion du groupe mentionné à l'article L. 233-26. — *[L. n° 66-537 du 24 juill. 1966, art. 356].*

Art. L. 233-7 *(L. n° 2005-842 du 26 juill. 2005, art. 33-II)* I. — Lorsque les actions d'une société ayant son siège sur le territoire de la République sont admises aux négociations sur un marché réglementé ou sur un marché d'instruments financiers admettant aux négociations des actions pouvant être inscrites en compte chez un intermédiaire habilité dans les conditions prévues par l'article L. 211-4 du code monétaire et financier, toute personne physique ou morale agissant seule ou de concert qui vient à posséder un nombre d'actions représentant plus du vingtième, du dixième, des trois vingtièmes, du cinquième, du quart, du tiers, de la moitié, des deux tiers, des dix-huit vingtièmes ou des dix-neuf vingtièmes du capital ou des droits de vote informe la société dans un délai fixé par décret en Conseil d'État, à compter du franchissement du seuil de participation, du nombre total d'actions ou de droits de vote qu'elle possède. — *V. Décr. n° 67-236 du 23 mars 1967, art. 247-1, infra, App., v° Sociétés commerciales. — Pour la définition de l'action de concert, V. art. L. 233-10.*

L'information mentionnée à l'alinéa précédent est également donnée dans les mêmes délais lorsque la participation en capital ou en droits de vote devient inférieure aux seuils mentionnés par cet alinéa.

La personne tenue à l'information prévue au premier alinéa précise le nombre de titres qu'elle possède donnant accès à terme au capital ainsi que les droits de vote qui y sont attachés.

II. — La personne tenue à l'information mentionnée au I informe également l'Autorité des marchés financiers, dans un délai et selon des modalités fixées par son règlement général, à compter du franchissement du seuil de participation, lorsque les actions de la société sont admises aux négociations sur un marché réglementé ou sur un marché d'instruments financiers autre qu'un marché réglementé, à la demande de la personne qui gère ce marché d'instruments financiers. Cette information est portée à la connaissance du public dans les conditions fixées par le règlement général de l'Autorité des marchés financiers. — *V. Règl. gén. AMF, livre II (Émetteurs et information financière) au* ***C. sociétés****.*

Le règlement général précise également les modalités de calcul des seuils de participation.

III. — Les statuts de la société peuvent prévoir une obligation supplémentaire d'information portant sur la détention de fractions du capital ou des droits de vote inférieures à celle du vingtième mentionnée au I. L'obligation porte sur la détention de chacune de ces fractions, qui ne peuvent être inférieures à 0,5 % du capital ou des droits de vote.

IV. — Les obligations d'information prévues aux I, II et III ne s'appliquent pas aux actions :

1° Acquises aux seules fins de la compensation, du règlement ou de la livraison d'instruments financiers, dans le cadre habituel du cycle de règlement à court terme défini par le règlement général de l'Autorité des marchés financiers ;

2° Détenues par les teneurs de comptes conservateurs dans le cadre de leur activité de tenue de compte et de conservation ;

3° Détenues par un prestataire de services d'investissement dans son portefeuille de négociation au sens de la directive 93/6/CE du Conseil, du 15 mars 1993, sur l'adéquation des fonds des entreprises d'investissement de crédit à condition que ces actions ne représentent pas une quotité du capital ou des droits de vote de l'émetteur de ces titres supérieure à un seuil fixé par le règlement général de l'Autorité des marchés financiers et que les droits de vote attachés à ces titres ne soient pas exercés ni autrement utilisés pour intervenir dans la gestion de l'émetteur ;

4° Remises aux membres du Système européen de banques centrales ou par ceux-ci dans l'exercice de leurs fonctions d'autorités monétaires, dans les conditions fixées par le règlement général de l'Autorité des marchés financiers.

V. — Les obligations d'information prévues aux I, II et III ne s'appliquent pas :

1° Au teneur de marché lors du franchissement du seuil du vingtième du capital ou des droits de vote dans le cadre de la tenue de marché, à condition qu'il n'intervienne pas dans la gestion de l'émetteur dans les conditions fixées par le règlement général de l'Autorité des marchés financiers ;

2° Lorsque la personne mentionnée au I est contrôlée, au sens de l'article L. 233-3, par une entité soumise à l'obligation prévue aux I à III pour les actions détenues par cette personne ou que cette entité est elle-même contrôlée, au sens de l'article L. 233-3, par une entité soumise à l'obligation prévue aux I à III pour ces mêmes actions.

VI. — En cas de non-respect de l'obligation d'information mentionnée au III, les statuts de la société peuvent prévoir que les dispositions des deux premiers alinéas de l'article L. 233-14 ne s'appliquent qu'à la demande, consignée dans le procès-verbal de l'assemblée générale, d'un ou plusieurs actionnaires détenant une fraction du capital ou des droits de vote de la société émettrice au moins égale à la plus petite fraction du capital dont la détention doit être déclarée. Cette fraction ne peut toutefois être supérieure à 5 %.

VII. — Lorsque les actions de la société sont admises aux négociations sur un marché réglementé, la personne tenue à l'information prévue au I est tenue de déclarer, à l'occasion des franchissements de seuil du dixième ou du cinquième du capital ou des droits de vote, les objectifs qu'elle a l'intention de poursuivre au cours des douze mois à venir. Cette déclaration précise si l'acquéreur agit seul ou de concert, s'il envisage d'arrêter ses achats ou de les poursuivre, d'acquérir ou non le contrôle de la société, de demander sa nomination ou celle d'une ou plusieurs personnes comme administrateur, membre du directoire ou du conseil de surveillance. Elle est adressée à la société dont les actions ont été acquises et à l'Autorité des marchés financiers dans un délai de dix jours de bourse. Cette information est portée à la connaissance du public dans les conditions fixées par le règlement général de l'Autorité des marchés financiers. En cas de changement d'intention, lequel ne peut être motivé que par des modifications importantes dans l'environnement, la situation ou l'actionnariat des personnes concernées, une nouvelle déclaration doit être établie, communiquée à la société et à l'Autorité des marchés financiers et portée à la connaissance du public dans les mêmes conditions. — *V. Règl. gén. AMF, livre II (Émetteurs et information financière) au* ***C. sociétés.***

Toute personne physique ou morale, agissant seule ou de concert, qui, entre le 27 juin 2004 et le 11 déc. 2004, a franchi en droits de vote ou en capital l'un des seuils de détention du capital ou des droits de vote prévus à l'art. L. 233-7, dans sa version antérieure à la L. n° 2005-842 du 26 juill. 2005, d'une société dont les actions sont admises à la négociation sur un marché réglementé et qui, sur le fondement de l'art. 51 de l'ord. n° 2004-604 du 24 juin 2004, n'a pas déclaré ses franchissements de seuils parce qu'elle détenait les titres sous la forme nominative, est tenue d'informer la société et l'Autorité des marchés financiers du nombre total d'actions ou de droits de vote qu'elle possède dans un délai de trois mois suivant la publication de la loi précitée (JO 26 juill.). Cette information est portée à la connaissance du public dans les conditions fixées par le règlement général de l'Autorité des marchés financiers (L. n° 2005-842 du 26 juill. 2005, art. 33-V, A).

Cette déclaration ne concerne pas les personnes qui, depuis un éventuel franchissement de seuil durant la période ci-dessus mentionnée : détiennent une fraction du capital ou des droits de vote qui les place, au regard des obligations de déclaration mentionnées à l'art. L. 233-7 C. com., dans la même situation que celle qui prévalait avant ledit franchissement ; ou ont déclaré depuis le 11 déc. 2004 le franchissement d'un nouveau seuil (L. n° 2005-842 du 26 juill. 2005, art. 33-V, B).

Au-delà du délai mentionné au A, les personnes visées au A sont soumises à l'application de l'art. L. 233-14 C. com. (L. n° 2005-842 du 26 juill. 2005, art. 33-V, C).

Ancien art. L. 233-7 (Ord. n° 2004-604 du 24 juin 2004, art. 51-XV) ***« Lorsque les actions d'une société ayant son siège sur le territoire de la République sont inscrites en compte chez un intermédiaire habilité dans les conditions prévues par l'article L. 211-4 du code monétaire et financier, toute personne physique ou personne morale agissant seule ou de concert*** (Abrogé par L. n° 2004-1343 du 9 déc. 2004, art. 78-XXVII) ***« détenant des titres de capital au porteur inscrits en compte chez un intermédiaire habilité et »*** ***qui vient à posséder un nombre d'actions représentant plus du vingtième, du dixième, du cinquième, du tiers, de la moitié ou des deux tiers du capital ou des droits de vote informe la société dans un délai fixé par décret en Conseil d'État, à compter du franchissement du seuil de participation, du nombre total d'actions ou de droits de vote qu'elle possède. »*** — V. Décr. n° 67-236 du 23 mars 1967, art. 247-1, infra, App., v° Sociétés commerciales. — Pour la définition de l'action de concert, V. art. L. 233-10.

Elle en informe également (L. n° 2003-706 du 1er août 2003, art. 46-I) ***« l'Autorité » des marchés financiers dans un délai de cinq jours de bourse à compter du franchissement du seuil de participation, lorsque les actions de la société sont admises aux négociations sur un marché réglementé.*** (L. n° 2003-706 du 1er août 2003, art. 46-I) ***« Cette information est portée à la connaissance du public dans les conditions fixées par le règlement général de l'Autorité des marchés financiers. »*** — V. Règl. gén. AMF, livre II (Emetteurs et information financière), homologué par Arr. 12 nov. 2004 (JO 24 nov.) au **C. sociétés**.

Les informations mentionnées aux deux alinéas précédents sont également faites dans les mêmes délais lorsque la participation au capital devient inférieure aux seuils prévus au premier alinéa.

La personne tenue à l'information prévue au premier alinéa précise le nombre de titres qu'elle possède donnant accès à terme au capital ainsi que les droits de vote qui y sont attachés.

Les statuts de la société peuvent prévoir une obligation supplémentaire d'information portant sur la détention de fractions du capital ou des droits de vote inférieures à celle du vingtième mentionnée au premier alinéa. L'obligation porte sur la détention de chacune de ces fractions, qui ne peuvent être inférieures à 0,5 % du capital ou des droits de vote.

En cas de non-respect de l'obligation d'information mentionnée à l'alinéa qui précède, les statuts de la société peuvent prévoir que les dispositions des deux premiers alinéas de l'article L. 233-14 ne s'appliquent qu'à la demande, consignée dans le procès-verbal de l'assemblée générale, d'un ou plusieurs actionnaires détenant une fraction du capital ou des droits de vote de la société émettrice au moins égale à la plus petite fraction du capital dont la détention doit être déclarée. Cette fraction ne peut toutefois être supérieure à 5 %.

(Ord. n° 2004-604 du 24 juin 2004, art. 51-XV) ***« Lorsque les actions de la société sont admises aux négociations sur un marché réglementé, » la personne tenue à l'information prévue au premier alinéa est tenue de déclarer, à l'occasion des franchissements de seuil du dixième ou du cinquième du capital ou des droits de vote, les objectifs qu'elle a l'intention de poursuivre au cours des douze mois à venir. Cette déclaration précise si l'acquéreur agit seul ou de concert, s'il envisage d'arrêter ses achats ou de les poursuivre, d'acquérir ou non le contrôle de la société, de demander sa nomination ou celle d'une ou plusieurs personnes comme administrateur, membre du directoire ou du conseil de surveillance. Elle est adressée à la société dont les actions ont été acquises, à l'Autorité des marchés financiers dans un délai de dix jours de bourse. Cette information est portée à la connaissance du public dans les conditions fixées par le règlement général de l'Autorité des marchés financiers. En cas de changement d'intention, lequel ne peut être motivé que par des modifications importantes dans l'environnement, la situation ou l'actionnariat des*** *personnes concernées, une nouvelle déclaration doit être établie et portée à la connaissance du public dans les mêmes conditions.* — [L. n° 66-537 du 24 juill. 1966, art. 356-1]. — V. Règl. gén. AMF, livre II (Emetteurs et information financière), homologué par Arr. 12 nov. 2004 (JO 24 nov.) au **C. sociétés.**

(Abrogé par L. n° 2003-706 du 1er août 2003) (L. n° 2001-420 du 15 mai 2001) *« L'intermédiaire inscrit comme détenteur de titres conformément au troisième alinéa de l'article L. 228-1 est tenu, sans préjudice des obligations des propriétaires des titres, d'effectuer les déclarations prévues au présent article, pour l'ensemble des actions de la société au titre desquelles il est inscrit en compte. La violation des obligations découlant du présent alinéa est sanctionnée conformément aux dispositions de l'article L. 228-3-3. »*

L'ord. n° 2004-604 du 24 juin 2004 a été ratifiée par l'art. 78-XXVII de la L. n° 2004-1343 du 9 déc. 2004 (JO 10 déc.).

Art. L. 233-8 *(L. n° 2005-842 du 26 juill. 2005, art. 33-III)* **I. — Au plus tard dans les quinze jours qui suivent l'assemblée générale ordinaire, toute société par actions informe ses actionnaires du nombre total de droits de vote existant à cette date. Dans la mesure où, entre deux assemblées générales ordinaires, le nombre de droits de vote varie d'un pourcentage fixé par arrêté du ministre chargé de l'économie, par rapport au nombre déclaré antérieurement, la société, lorsqu'elle en a connaissance, informe ses actionnaires.** — *Pourcentage fixé à 5 % par Arr. 14 déc. 1989.*

II. — Les sociétés dont des actions sont admises aux négociations sur un marché réglementé publient chaque mois le nombre total de droits de vote et le nombre d'actions composant le capital de la société s'ils ont varié par rapport à ceux publiés antérieurement, dans des conditions et selon des modalités fixées par le règlement général de l'Autorité des marchés financiers. Ces sociétés sont réputées remplir l'obligation prévue au I. — *V. Décr. n° 67-236 du 23 mars 1967, art. 247, infra, App., v° Sociétés commerciales. — V. Règl. gén. AMF, livre II (Émetteurs et information financière) au* **C. sociétés.**

Art. L. 233-9 *(L. n° 2005-842 du 26 juill. 2005, art. 33-IV)* **I. — Sont assimilés aux actions ou aux droits de vote possédés par la personne tenue à l'information prévue au I de l'article L. 233-7 :**

1° Les actions ou les droits de vote possédés par d'autres personnes pour le compte de cette personne ;

2° Les actions ou les droits de vote possédés par les sociétés que contrôle cette personne au sens de l'article L. 233-3 ;

3° Les actions ou les droits de vote possédés par un tiers avec qui cette personne agit de concert ; — *V. art. L. 233-10.*

4° Les actions ou les droits de vote que cette personne, ou l'une des personnes mentionnées aux 1° à 3° ci-dessus est en droit d'acquérir à sa seule initiative en vertu d'un accord ;

5° Les actions dont cette personne a l'usufruit ;

6° Les actions ou les droits de vote possédés par un tiers avec lequel cette personne a conclu un accord de cession temporaire portant sur ces actions ou droits de vote ;

7° Les actions déposées auprès de cette personne, à condition que celle-ci puisse exercer les droits de vote qui leur sont attachés comme elle l'entend en l'absence d'instructions spécifiques des actionnaires ;

8° Les droits de vote que cette personne peut exercer librement en vertu d'une procuration en l'absence d'instructions spécifiques des actionnaires concernés.

II. — Ne sont pas assimilées aux actions ou aux droits de vote possédés par la personne tenue à l'information prévue au I de l'article L. 233-7 :

1° Les actions détenues par les organismes de placement collectif en valeurs mobilières gérés par une société de gestion de portefeuille contrôlée par cette personne

au sens de l'article L. 233-3, sauf exceptions prévues par le règlement général de l'Autorité des marchés financiers ;

2° Les actions détenues dans un portefeuille géré par un prestataire de services d'investissement contrôlé par cette personne au sens de l'article L. 233-3, dans le cadre du service de gestion de portefeuille pour compte de tiers dans les conditions fixées par le règlement général de l'Autorité des marchés financiers, sauf exceptions prévues par le même règlement général.

Art. L. 233-10 *(L. nº 2001-1168 du 11 déc. 2001)* **« I. — Sont considérées comme agissant de concert les personnes qui ont conclu un accord en vue d'acquérir ou de céder des droits de vote ou en vue d'exercer les droits de vote, pour mettre en œuvre une politique** *[commune]* **vis-à-vis de la société. »**

II. — Un tel accord est présumé exister :

1° Entre une société, le président de son conseil d'administration et ses directeurs généraux ou les membres de son directoire ou ses gérants ;

2° Entre une société et les sociétés qu'elle contrôle au sens de l'article L. 233-3 ;

3° Entre des sociétés contrôlées par la même ou les mêmes personnes ;

4° Entre les associés d'une société par actions simplifiée à l'égard des sociétés que celle-ci contrôle.

III. — Les personnes agissant de concert sont tenues solidairement aux obligations qui leur sont faites par les lois et règlements. — *[L. nº 66-537 du 24 juill. 1966, art. 356-1-3].*

Art. L. 233-10-1 *(L. nº 2006-387 du 31 mars 2006, art. 4)* **En cas d'offre publique d'acquisition, sont considérées comme agissant de concert les personnes qui ont conclu un accord avec l'auteur d'une offre publique visant à obtenir le contrôle de la société qui fait l'objet de l'offre. Sont également considérées comme agissant de concert les personnes qui ont conclu un accord avec la société qui fait l'objet de l'offre afin de faire échouer cette offre.**

Art. L. 233-11 *(L. nº 2001-420 du 15 mai 2001)* **Toute clause d'une convention prévoyant des conditions préférentielles de cession ou d'acquisition d'actions admises aux négociations sur un marché réglementé et portant sur au moins 0,5 % du capital ou des droits de vote de la société qui a émis ces actions doit être transmise** *(L. nº 2003-706 du 1er août 2003, art. 46-I)* **« dans un délai de cinq jours de bourse à compter de la signature de la convention ou de l'avenant introduisant la clause concernée, à la société et à l'Autorité des marchés financiers ». A défaut de transmission, les effets de cette clause sont suspendus, et les parties déliées de leurs engagements, en période d'offre publique.**

(L. nº 2003-706 du 1er août 2003, art. 46-I) **« La société et l'Autorité des marchés financiers doivent également être informées de la date à laquelle la clause prend fin. »** — *V. Décr. nº 67-236 du 23 mars 1967, art. 247-1, infra, App., vº Sociétés commerciales.*

Les clauses des conventions conclues avant la date de publication de la loi nº 2001-420 du 15 mai 2001 relative aux nouvelles régulations économiques qui n'ont pas été transmises *(L. nº 2003-706 du 1er août 2003, art. 46-V)* **«** *[à]* **l'Autorité des marchés financiers » à cette date doivent lui être transmises, dans les mêmes conditions et avec les mêmes effets que ceux mentionnés au premier alinéa, dans un délai de six mois.** — *La loi nº 2001-420 du 15 mai 2001 a été publiée le 16 mai 2001.*

(L. nº 2003-706 du 1er août 2003, art. 46-I) **« Les informations mentionnées aux alinéas précédents sont portées à la connaissance du public dans les conditions fixées par le règlement général de l'Autorité des marchés financiers. »** — *V. Règl. gén. AMF, livre II (Émetteurs et information financière) au* ***C. sociétés.***

Art. L. 233-12 Lorsqu'une société est contrôlée directement ou indirectement par une société par actions, elle notifie à cette dernière et à chacune des sociétés participant à ce contrôle le montant des participations qu'elle détient directement ou indirectement dans leur capital respectif ainsi que les variations de ce montant.

Les notifications sont faites dans le délai d'un mois à compter soit du jour où la prise de contrôle a été connue de la société pour les titres qu'elle détenait avant cette date, soit du jour de l'opération pour les acquisitions ou aliénations ultérieures. – *[L. n° 66-537 du 24 juill. 1966, art. 356-2].*

Art. L. 233-13 En fonction des informations reçues en application des articles L. 233-7 et L. 233-12, le rapport présenté aux actionnaires sur les opérations de l'exercice mentionne l'identité des personnes physiques ou morales détenant directement ou indirectement plus du vingtième, du dixième, *(L. n° 2005-842 du 26 juill. 2005, art. 33-VI)* « des trois vingtièmes, du cinquième, du quart, du tiers, de la moitié, des deux tiers ou des dix-neuf vingtièmes » du capital social ou des droits de vote aux assemblées générales. Il fait également apparaître les modifications intervenues au cours de l'exercice. Il indique le nom des sociétés contrôlées et la part du capital de la société qu'elles détiennent. Il en est fait mention, le cas échéant, dans le rapport des commissaires aux comptes. – *[L. n° 66-537 du 24 juill. 1966, art. 356-3].*

Art. L. 233-14 A défaut d'avoir été régulièrement déclarées dans les conditions prévues aux *(L. n° 2005-842 du 26 juill. 2005, art. 33-VII)* « I et II de l'article L. 233-7, les actions excédant la fraction qui aurait dû être déclarée, lorsqu'elles sont admises aux négociations sur un marché réglementé ou sur un marché d'instruments financiers admettant aux négociations des actions pouvant être » *(Ord. n° 2004-604 du 24 juin 2004, art. 51-XV bis ; L. n° 2004-1343 du 9 déc. 2004, art. 78-XXVII)* « inscrites en compte chez un intermédiaire habilité dans les conditions prévues à l'article L. 211-4 du code monétaire et financier », sont privées du droit de vote pour toute assemblée d'actionnaires qui se tiendrait jusqu'à l'expiration d'un délai de deux ans suivant la date de régularisation de la notification.

Dans les mêmes conditions, les droits de vote attachés à ces actions et qui n'ont pas été régulièrement déclarés ne peuvent être exercés ou délégués par l'actionnaire défaillant.

L'actionnaire qui n'aurait pas procédé à la déclaration prévue au *(L. n° 2005-842 du 26 juill. 2005, art. 33-VII)* « VII » de l'article L. 233-7 est privé des droits de vote attachés aux titres excédant la fraction du dixième ou du cinquième mentionnée au même alinéa *[VII précité]* pour toute assemblée d'actionnaires qui se tiendrait jusqu'à l'expiration d'un délai de deux ans suivant la date de régularisation de la notification.

Le tribunal de commerce dans le ressort duquel la société a son siège social peut, le ministère public entendu, sur demande du président de la société, d'un actionnaire ou de *(L. n° 2003-706 du 1er août 2003, art. 46-V)* « l'Autorité des marchés financiers », prononcer la suspension totale ou partielle, pour une durée ne pouvant excéder cinq ans, de ses droits de vote à l'encontre de tout actionnaire qui n'aurait pas procédé aux déclarations prévues à l'article L. 233-7 ou qui n'aurait pas respecté le contenu de la déclaration prévue au *(L. n° 2005-842 du 26 juill. 2005, art. 33-VII)* « VII » de cet article pendant la période de douze mois suivant sa publication *(L. n° 2003-706 du 1er août 2003, art. 46-I)* « dans les conditions fixées par le règlement général de l'Autorité des marchés financiers ». – *[L. n° 66-537 du 24 juill. 1966, art. 356-4]. – V. Règl. gén. AMF, livre II (Émetteurs et information financière) au* ***C. sociétés.***

V. 3e note ss. art. 233-7.

Art. L. 233-15 Le conseil d'administration, le directoire ou le gérant de toute société ayant des filiales ou des participations, annexe au bilan de la société un

tableau, en vue de faire apparaître la situation des dites *[desdites]* **filiales et participations.** – *[L. n° 66-537 du 24 juill. 1966, art. 357]. – V. Décr. n° 67-236 du 23 mars 1967, art. 248, infra, App., v° Sociétés commerciales.*

SECTION III DES COMPTES CONSOLIDÉS

Art. L. 233-16 I. – **Les sociétés commerciales établissent et publient chaque année à la diligence du conseil d'administration, du directoire, du ou des gérants, selon le cas, des comptes consolidés ainsi qu'un rapport sur la gestion du groupe, dès lors qu'elles contrôlent de manière exclusive ou conjointe une ou plusieurs autres entreprises ou qu'elles exercent une influence notable sur celles-ci, dans les conditions ci-après définies.**

II. – Le contrôle exclusif par une société résulte :

1° Soit de la détention directe ou indirecte de la majorité des droits de vote dans une autre entreprise ;

2° Soit de la désignation, pendant deux exercices successifs, de la majorité des membres des organes d'administration, de direction ou de surveillance d'une autre entreprise. La société consolidante est présumée avoir effectué cette désignation lorsqu'elle a disposé au cours de cette période, directement ou indirectement, d'une fraction supérieure à 40 % des droits de vote, et qu'aucun autre associé ou actionnaire ne détenait, directement ou indirectement, une fraction supérieure à la sienne ;

3° Soit du droit d'exercer une influence dominante sur une entreprise en vertu d'un contrat ou de clauses statutaires, lorsque le droit applicable le permet *(Abrogé par L. n° 2003-706 du 1er août 2003)* ***« et que la société dominante est actionnaire ou associée de cette entreprise. »*** – *Les dispositions modifiées par la L. n° 2003-706 du 1er août 2003, s'appliquent à compter du premier exercice ouvert après publication de cette loi au Journal officiel (L. n° 2003-706 du 1er août 2003, art. 133-II, JO 2 août).*

III. – Le contrôle conjoint est le partage du contrôle d'une entreprise exploitée en commun par un nombre limité d'associés ou d'actionnaires, de sorte que les décisions résultent de leur accord.

IV. – L'influence notable sur la gestion et la politique financière d'une entreprise est présumée lorsqu'une société dispose, directement ou indirectement, d'une fraction au moins égale au cinquième des droits de vote de cette entreprise. – *[L. n° 66-537 du 24 juill. 1966, art. 357-1].*

Art. L. 233-17 **Par dérogation aux dispositions de l'article L. 233-16, les sociétés mentionnées audit article, à l'exception de celles qui émettent des valeurs mobilières admises aux négociations sur un marché réglementé ou des titres de créances négociables, sont exemptées, dans des conditions fixées par décret en Conseil d'État, de l'obligation d'établir et de publier des comptes consolidés et un rapport sur la gestion du groupe :**

1° Lorsqu'elles sont elles-mêmes sous le contrôle d'une entreprise qui les inclut dans ses comptes consolidés et publiés. En ce cas, toutefois, l'exemption est subordonnée à la condition qu'un ou plusieurs actionnaires ou associés de l'entreprise contrôlée représentant au moins le dixième de son capital social ne s'y opposent pas ; – *V. Décr. n° 67-236 du 23 mars 1967, art. 248-13, infra, App., v° Sociétés commerciales.*

2° Ou lorsque l'ensemble constitué par une société et les entreprises qu'elle contrôle ne dépasse pas pendant deux exercices successifs sur la base des derniers comptes annuels arrêtés une taille déterminée par référence à deux des trois critères mentionnés à l'article L. 123-16. – *[L. n° 66-537 du 24 juill. 1966, art. 357-2]. – V. Décr. n° 67-236 du 23 mars 1967, art. 248-14, infra, App., v° Sociétés commerciales.*

Art. L. 233-18 Les comptes des entreprises placées sous le contrôle exclusif de la société consolidante sont consolidés par intégration globale.

Les comptes des entreprises contrôlées conjointement avec d'autres actionnaires ou associés par la société consolidante sont consolidés par intégration proportionnelle.

Les comptes des entreprises sur lesquelles la société consolidante exerce une influence notable sont consolidés par mise en équivalence.

(Abrogé par ord. n° 2004-1382 du 20 déc. 2004, art. 2) ***« Lorsque les comptes annuels de certaines entreprises consolidables par application des dispositions des II, III et IV de l'article L. 233-16 sont structurés de manière à ce point différente que leur consolidation par intégration globale ou proportionnelle se révèle impropre à donner l'image fidèle mentionnée à l'article L. 233-21, ces comptes sont consolidés par mise en équivalence. »*** – [L. n° 66-537 du 24 juill. 1966, art. 357-3].

Art. L. 233-19 I. – Sous réserve d'en justifier dans l'annexe établie par la société consolidante, une filiale ou une participation est laissée en dehors de la consolidation lorsque des restrictions sévères et durables remettent en cause substantiellement le contrôle ou l'influence exercée par la société consolidante sur la filiale ou la participation ou les possibilités de transfert de fonds par la filiale ou la participation.

II. – Sous la même réserve, une filiale ou une participation peut être laissée en dehors de la consolidation lorsque :

1° Les actions ou parts de cette filiale ou participation ne sont détenues qu'en vue de leur cession ultérieure ;

2° La filiale ou la participation ne représente, seule ou avec d'autres, qu'un intérêt négligeable par rapport à l'objectif défini à l'article L. 233-21 ;

3° Les informations nécessaires à l'établissement des comptes consolidés ne peuvent être obtenues sans frais excessifs ou dans des délais compatibles avec ceux qui sont fixés en application des dispositions de l'article L. 233-27. – *[L. n° 66-537 du 24 juill. 1966, art. 357-4]*.

Art. L. 233-20 Les comptes consolidés comprennent le bilan et le compte de résultat consolidés ainsi qu'une annexe : ils forment un tout indissociable.

A cet effet, les entreprises comprises dans la consolidation sont tenues de faire parvenir à la société consolidante les informations nécessaires à l'établissement des comptes consolidés.

Les comptes consolidés sont établis et publiés selon des modalités fixées par décret en Conseil d'État pris après avis du Conseil national de la comptabilité. Ce décret détermine notamment le classement des éléments du bilan et du compte de résultat ainsi que les mentions à inclure dans l'annexe. – *[L. n° 66-537 du 24 juill. 1966, art. 357-5]. – V. Décr. n° 67-236 du 23 mars 1967, art. 248 s., infra, App., v° Sociétés commerciales.*

Art. L. 233-21 Les comptes consolidés doivent être réguliers et sincères et donner une image fidèle du patrimoine, de la situation financière ainsi que du résultat de l'ensemble constitué par les entreprises comprises dans la consolidation.

Il est fait application, le cas échéant, des dispositions prévues aux premier et deuxième alinéas de l'article L. 123-14. – *[L. n° 66-537 du 24 juill. 1966, art. 357-6]*.

Art. L. 233-22 Sous réserve des dispositions de l'article L. 233-23, les comptes consolidés sont établis selon les principes comptables et les règles d'évaluation du présent code compte tenu des aménagements indispensables résultant des caractéristiques propres aux comptes consolidés par rapport aux comptes annuels.

Les éléments d'actif et de passif, les éléments de charge et de produit compris dans les comptes consolidés sont évalués selon des méthodes homogènes, sauf si les retraitements nécessaires sont de coût disproportionné et d'incidence négligeable sur

le patrimoine, la situation financière et le résultat consolidés. – *[L. n° 66-537 du 24 juill. 1966, art. 357-7].*

Art. L. 233-23 Sous réserve d'en justifier dans l'annexe, la société consolidante peut faire usage, dans les conditions prévues à l'article L. 123-17, de règles d'évaluation fixées par règlement du Comité de la réglementation comptable, et destinées :

1° A tenir compte des variations de prix ou des valeurs de remplacement ;

2° A évaluer les biens fongibles en considérant que le premier bien sorti est le dernier bien rentré ;

3° A permettre la prise en compte de règles non conformes à celles fixées par les articles L. 123-18 à L. 123-21. – *[L. n° 66-537 du 24 juill. 1966, art. 357-8]. – V. Décr. n° 67-236 du 23 mars 1967, art. 248-8, infra, App., v° Sociétés commerciales.*

Art. L. 233-24 *(Ord. n° 2004-1382 du 20 déc. 2004, art. 1er)* **Lorsqu'elles utilisent les normes comptables internationales adoptées par règlement de la Commission européenne, les sociétés commerciales qui établissent et publient des comptes consolidés au sens de l'article L. 233-16 sont dispensées de se conformer aux règles comptables prévues par les articles L. 233-18 à L. 233-23 pour l'établissement et la publication de leurs comptes consolidés.** – *V. Règl. CRC n° 99-02 du 29 avr. 1999 relatif aux comptes consolidés des sociétés commerciales et entreprises publiques, homologué par Arr. 22 juin 1999 (JO 31 juill.), mod. par Règl. CRC n° 2002-12, homologué par Arr. 27 déc. 2002 (JO 31 déc.), Règl. CRC n° 2004-03, homologué par Arr. 7 juin 2004 (JO 8 juin), Règl. CRC n° 2004-14, homologué par Arr. 24 déc. 2004 (JO 1er janv. 2005), Règl. CRC n° 2005-10, homologué par Arr. 26 déc. 2005 (JO 3 janv. 2006). – V. aussi C. mon. fin., art. L. 421-2, infra, App., v° Code monétaire et financier (extraits).*

Les dispositions de l'ord. n° 2004-1382 du 20 déc. 2004 s'appliquent à partir du premier exercice ouvert à compter du 1er janv. 2005 (art. 12 de l'ord. précitée). Lorsque seuls leurs titres de créances sont admis aux négociations sur un marché réglementé, les sociétés relevant de l'ord. précitée peuvent n'établir et ne publier leurs comptes consolidés selon les normes comptables internationales adoptées par règlement de la Commission européenne, qu'à partir du premier exercice ouvert à compter du 1er janv. 2007 (art. 7 de l'ord. précitée).

Art. L. 233-25 Sous réserve d'en justifier dans l'annexe, les comptes consolidés peuvent être établis à une date différente de celle des comptes annuels de la société consolidante.

Si la date de clôture de l'exercice d'une entreprise comprise dans la consolidation est antérieure de plus de trois mois à la date de clôture de l'exercice de consolidation, ceux-ci sont établis sur la base de comptes intérimaires contrôlés par un commissaire aux comptes ou, s'il n'en est point, par un professionnel chargé du contrôle des comptes. – *[L. n° 66-537 du 24 juill. 1966, art. 357-9].*

Art. L. 233-26 Le rapport sur la gestion du groupe expose la situation de l'ensemble constitué par les entreprises comprises dans la consolidation, son évolution prévisible, les événements importants survenus entre la date de clôture de l'exercice de consolidation et la date à laquelle les comptes consolidés sont établis ainsi que ses activités en matière de recherche et de développement. Ce rapport peut être inclus dans le rapport de gestion mentionné à l'article L. 232-1. – *[L. n° 66-537 du 24 juill. 1966, art. 357-10].*

Art. L. 233-27 Un décret en Conseil d'État fixe les conditions dans lesquelles les comptes consolidés et le rapport sur la gestion du groupe sont mis à la disposition des commissaires aux comptes. – *[L. n° 66-537 du 24 juill. 1966, art. 357-11]. – V. Décr. n° 67-236 du 23 mars 1967, art. 243, infra, App., v° Sociétés commerciales.*

Art. L. 233-28 Les personnes morales ayant la qualité de commerçant qui, sans y être tenues en raison de leur forme juridique ou de la taille de l'ensemble du

groupe, publient des comptes consolidés, se conforment aux dispositions des articles L. 233-16 et L. 233-18 à L. 233-27. En ce cas, lorsque leurs comptes annuels sont certifiés dans les conditions prévues au premier alinéa de l'article *(Ord. n° 2005-1126 du 8 sept. 2005, art. 22)* « L. 823-9 », leurs comptes consolidés le sont dans les conditions du deuxième alinéa de cet article. – *[L. n° 85-11 du 3 janv. 1985, art. 14].*

SECTION IV DES PARTICIPATIONS RÉCIPROQUES

Art. L. 233-29 Une société par actions ne peut posséder d'actions d'une autre société, si celle-ci détient une fraction de son capital supérieure à 10 %.

A défaut d'accord entre les sociétés intéressées pour régulariser la situation, celle qui détient la fraction la plus faible du capital de l'autre doit aliéner son investissement. Si les investissements réciproques sont de la même importance, chacune des sociétés doit réduire le sien, de telle sorte qu'il n'excède pas 10 % du capital de l'autre.

Lorsqu'une société est tenue d'aliéner les actions d'une autre société, l'aliénation est effectuée dans le délai fixé par décret en Conseil d'État. La société ne peut exercer les droits de vote attachés à ces actions. – *[L. n° 66-537 du 24 juill. 1966, art. 358].*
– V. Décr. n° 67-236 du 23 mars 1967, art. 249 et 251, infra, App., v° Sociétés commerciales.

Art. L. 233-30 Si une société autre qu'une société par actions compte parmi ses associés une société par actions détenant une fraction de son capital supérieure à 10 %, elle ne peut détenir d'actions émises par cette dernière.

Si elle vient à en posséder, elle doit les aliéner dans le délai fixé par décret en Conseil d'État et elle ne peut, de leur chef, exercer le droit de vote.

Si une société autre qu'une société par actions compte parmi ses associés une société par actions détenant une fraction de son capital égale ou inférieure à 10 %, elle ne peut détenir qu'une fraction égale ou inférieure à 10 % des actions émises par cette dernière.

Si elle vient à en posséder une fraction plus importante, elle doit aliéner l'excédent dans le délai fixé par décret en Conseil d'État et elle ne peut, du chef de cet excédent, exercer le droit de vote. – *[L. n° 66-537 du 24 juill. 1966, art. 359]. – V. Décr. n° 67-236 du 23 mars 1967, art. 250, 251 et 303, infra, App., v° Sociétés commerciales.*

Art. L. 233-31 Lorsque des actions ou des droits de vote d'une société sont possédés par une ou plusieurs sociétés dont elle détient directement ou indirectement le contrôle, les droits de vote attachés à ces actions ou ces droits de vote ne peuvent être exercés à l'assemblée générale de la société. Il n'en est pas tenu compte pour le calcul du quorum. – *[L. n° 66-537 du 24 juill. 1966, art. 359-1].*

Sur les infractions relatives aux filiales, participations et sociétés contrôlées, V. art. L. 247-1 s.

SECTION V DES OFFRES PUBLIQUES D'ACQUISITION

(L. n° 2006-387 du 31 mars 2006, art. 11)

Art. L. 233-32 *(L. n° 2006-387 du 31 mars 2006, art. 12)* I. — Pendant la période d'offre publique visant une société dont des actions sont admises aux négociations sur un marché réglementé, le conseil d'administration, le conseil de surveillance, à l'exception de leur pouvoir de nomination, le directoire, le directeur général ou l'un des directeurs généraux délégués de la société visée doivent obtenir l'approbation

préalable de l'assemblée générale pour prendre toute mesure dont la mise en œuvre est susceptible de faire échouer l'offre, hormis la recherche d'autres offres.

II. — Sans préjudice des autres mesures permises par la loi, l'assemblée générale extraordinaire de la société visée, statuant dans les conditions de quorum et de majorité prévues à l'article L. 225-98, peut décider l'émission de bons permettant de souscrire, à des conditions préférentielles, à des actions de ladite société, et leur attribution gratuite à tous les actionnaires de cette société ayant cette qualité avant l'expiration de la période d'offre publique.

L'assemblée générale peut déléguer cette compétence au conseil d'administration ou au directoire. Elle fixe le montant maximum de l'augmentation de capital pouvant résulter de l'exercice de ces bons ainsi que le nombre maximum de bons pouvant être émis.

La délégation peut également prévoir la fixation de conditions relatives à l'obligation ou à l'interdiction, pour le conseil d'administration ou le directoire, de procéder à l'émission et à l'attribution gratuite de ces bons, d'y surseoir ou d'y renoncer. La société visée porte à la connaissance du public, avant la clôture de l'offre, son intention d'émettre ces bons.

Les conditions d'exercice de ces bons, qui doivent être relatives aux termes de l'offre ou de toute offre concurrente éventuelle, ainsi que les autres caractéristiques de ces bons, dont le prix d'exercice ou les modalités de détermination de ce prix, sont fixées par l'assemblée générale ou, sur délégation de celle-ci, par le conseil d'administration ou le directoire. Ces bons deviennent caducs de plein droit dès que l'offre et toute offre concurrente éventuelle échouent, deviennent caduques ou sont retirées.

III. — Toute délégation d'une mesure dont la mise en œuvre est susceptible de faire échouer l'offre, hormis la recherche d'autres offres, accordée par l'assemblée générale avant la période d'offres, est suspendue en période d'offre publique.

Toute décision du conseil d'administration, du conseil de surveillance, du directoire, du directeur général ou de l'un des directeurs généraux délégués, prise avant la période d'offre, qui n'est pas totalement ou partiellement mise en œuvre, qui ne s'inscrit pas dans le cours normal des activités de la société et dont la mise en œuvre est susceptible de faire échouer l'offre doit faire l'objet d'une approbation ou d'une confirmation par l'assemblée générale.

Art. L. 233-33 *(L. nº 2006-387 du 31 mars 2006, art. 13)* **Les dispositions de l'article L. 233-32 ne sont pas applicables lorsque la société fait l'objet d'une ou plusieurs offres publiques engagées par des entités, agissant seules ou de concert au sens de l'article L. 233-10, dont l'une au moins n'applique pas ces dispositions ou des mesures équivalentes ou qui sont respectivement contrôlées, au sens du II ou du III de l'article L. 233-16, par des entités dont l'une au moins n'applique pas ces dispositions ou des mesures équivalentes. Toutefois, les dispositions de l'article L. 233-32 s'appliquent si les seules entités qui n'appliquent pas les dispositions de cet article ou des mesures équivalentes ou qui sont contrôlées, au sens du II ou du III de l'article L. 233-16, par des entités qui n'appliquent pas ces dispositions ou des mesures équivalentes, agissent de concert, au sens de l'article L. 233-10, avec la société faisant l'objet de l'offre. Toute contestation portant sur l'équivalence des mesures fait l'objet d'une décision de l'Autorité des marchés financiers.**

Dans le cas où le premier alinéa s'applique, toute mesure prise par le conseil d'administration, le conseil de surveillance, le directoire, le directeur général ou l'un des directeurs généraux délégués de la société visée doit avoir été expressément autorisée pour l'hypothèse d'une offre publique par l'assemblée générale dans les dix-huit mois précédant le jour du dépôt de l'offre. L'autorisation peut notamment porter sur l'émission par le conseil d'administration ou le directoire des bons visés au II de l'article L. 233-32 ; dans ce cas, l'assemblée générale extraordinaire des

actionnaires statue dans les conditions de quorum et de majorité prévues à l'article L. 225-98.

Art. L. 233-34 *(L. nº 2006-387 du 31 mars 2006, art. 14)* Sauf lorsqu'elles résultent d'une obligation législative, les clauses des statuts d'une société dont des actions sont admises à la négociation sur un marché réglementé prévoyant des restrictions statutaires au transfert d'actions de la société sont inopposables à l'auteur d'une offre publique pour les titres qui lui seraient apportés dans le cadre de son offre.

Art. L. 233-35 *(L. nº 2006-387 du 31 mars 2006, art. 15)* Les statuts d'une société dont des actions sont admises à la négociation sur un marché réglementé peuvent prévoir que les effets de toute clause d'une convention conclue après le 21 avril 2004 prévoyant des restrictions au transfert d'actions de la société sont inopposables à l'auteur de l'offre, en période d'offre publique.

Art. L. 233-36 *(L. nº 2006-387 du 31 mars 2006, art. 16)* Les statuts d'une société dont des actions sont admises à la négociation sur un marché réglementé peuvent prévoir que les effets de toute clause d'une convention conclue après le 21 avril 2004 prévoyant des restrictions à l'exercice des droits de vote attachés à des actions de la société sont suspendus en période d'offre publique visant la société lors des assemblées réunies aux fins d'adopter ou d'autoriser toute mesure susceptible de faire échouer l'offre.

Art. L. 233-37 *(L. nº 2006-387 du 31 mars 2006, art. 17)* Les statuts d'une société dont des actions sont admises à la négociation sur un marché réglementé peuvent prévoir que les effets des restrictions statutaires à l'exercice des droits de vote attachés à des actions de la société sont suspendus en période d'offre publique visant la société lors des assemblées réunies aux fins d'adopter ou d'autoriser toute mesure susceptible de faire échouer l'offre.

Art. L. 233-38 *(L. nº 2006-387 du 31 mars 2006, art. 19)* Les statuts d'une société dont des actions sont admises à la négociation sur un marché réglementé peuvent prévoir que les effets des restrictions statutaires à l'exercice des droits de vote attachés à des actions de la société ainsi que les effets de toute clause d'une convention conclue après le 21 avril 2004 prévoyant des restrictions à l'exercice des droits de vote attachés à des actions de la société sont suspendus lors de la première assemblée générale suivant la clôture de l'offre lorsque l'auteur de l'offre, agissant seul ou de concert, vient à détenir, à l'issue de celle-ci, une fraction du capital ou des droits de vote supérieure à une quotité fixée par le règlement général de l'Autorité des marchés financiers, sans pouvoir atteindre le seuil prévu par le dernier alinéa de l'article L. 225-125. — *V. Règl. gén. AMF au **C. sociétés.***

Art. L. 233-39 *(L. nº 2006-387 du 31 mars 2006, art. 20)* Les statuts d'une société dont des actions sont admises à la négociation sur un marché réglementé peuvent prévoir que les droits extraordinaires de nomination ou révocation des administrateurs, membres du conseil de surveillance, membres du directoire, directeurs généraux, directeurs généraux délégués, détenus par certains actionnaires sont suspendus lors de la première assemblée générale suivant la clôture de l'offre lorsque l'auteur de l'offre, agissant seul ou de concert, détient à l'issue de celle-ci une fraction du capital ou des droits de vote supérieure à une quotité fixée par le règlement général de l'Autorité des marchés financiers. — *V. Règl. gén. AMF au **C. sociétés.***

Art. L. 233-40 *(L. nº 2006-387 du 31 mars 2006, art. 21)* Lorsqu'une société décide d'appliquer ou de mettre fin à l'application des dispositions prévues aux articles L. 233-35 à L. 233-39, elle en informe l'Autorité des marchés financiers, qui

rend cette décision publique. Les conditions et modalités d'application du présent article sont fixées par le règlement général de l'Autorité des marchés financiers. – *V. Règl. gén. AMF au* ***C. sociétés.***

CHAPITRE IV DE LA PROCÉDURE D'ALERTE

Art. L. 234-1 **Lorsque le commissaire aux comptes d'une société anonyme relève, à l'occasion de l'exercice de sa mission, des faits de nature à compromettre la continuité de l'exploitation, il en informe le président du conseil d'administration ou du directoire dans des conditions fixées par décret en Conseil d'État.** – *V. Décr. n° 67-236 du 23 mars 1967, art. 251-1, infra, App., v° Sociétés commerciales.*

A défaut de réponse sous quinze jours ou si celle-ci ne permet pas d'être assuré de la continuité de l'exploitation, le commissaire aux comptes invite *(L. n° 2005-845 du 26 juill. 2005, art. 162-II)* **« , par un écrit dont copie est transmise au président du tribunal de commerce, » le président du conseil d'administration ou le directoire à faire délibérer le conseil d'administration ou le conseil de surveillance sur les faits relevés. Le commissaire aux comptes est convoqué à cette séance.** *(L. n° 2005-845 du 26 juill. 2005, art. 162-II)* **« La délibération du conseil d'administration ou du conseil de surveillance est communiquée au président du tribunal de commerce et au comité d'entreprise ou, à défaut, aux délégués du personnel.**

« En cas d'inobservation de ces dispositions ou si le commissaire aux comptes constate qu'en dépit des décisions prises la continuité de l'exploitation demeure compromise, une assemblée générale est convoquée dans des conditions et délais fixés par décret en Conseil d'État. Le commissaire aux comptes établit un rapport spécial qui est présenté à cette assemblée. Ce rapport est communiqué au comité d'entreprise ou, à défaut, aux délégués du personnel. »

Si, à l'issue de la réunion de l'assemblée générale, le commissaire aux comptes constate que les décisions prises ne permettent pas d'assurer la continuité de l'exploitation, il informe de ses démarches le président du tribunal de commerce et lui en communique les résultats. – *[L. n° 66-537 du 24 juill. 1966, art. 230-1].*

Art. L. 234-2 **Dans les autres sociétés que les sociétés anonymes, le commissaire aux comptes demande au** *(L. n° 2005-845 du 26 juill. 2005, art. 162-III)* **« dirigeant », dans des conditions fixées par décret en Conseil d'État, des explications sur les faits visés au premier alinéa de l'article L. 234-1. Le** *(L. n° 2005-845 du 26 juill. 2005, art. 162-III)* **« dirigeant » est tenu de lui répondre sous quinze jours. La réponse est communiquée au comité d'entreprise** *(L. n° 2005-845 du 26 juill. 2005, art. 162-III)* **« ou, à défaut, aux délégués du personnel » et, s'il en existe un, au conseil de surveillance. Le commissaire aux comptes en informe le président du tribunal de commerce.** – *V. Décr. n° 67-236 du 23 mars 1967, art. 251-2, infra, App., v° Sociétés commerciales.*

(L. n° 2005-845 du 26 juill. 2005, art. 162-III) **« En cas d'inobservation de ces dispositions ou s'il constate qu'en dépit des décisions prises la continuité de l'exploitation demeure compromise, le commissaire aux comptes établit un rapport spécial et invite, par un écrit dont la copie est envoyée au président du tribunal de commerce, le dirigeant à faire délibérer sur les faits relevés une assemblée générale convoquée dans des conditions et délais fixés par décret en Conseil d'État. »**

Si, à l'issue de la réunion de l'assemblée générale, le commissaire aux comptes constate que les décisions prises ne permettent pas d'assurer la continuité de l'exploitation, il informe de ses démarches le président du tribunal de commerce et lui en communique les résultats. – *[L. n° 66-537 du 24 juill. 1966, art. 230-2].*

Art. L. 234-3 **Le comité d'entreprise ou, à défaut, les délégués du personnel exercent dans les sociétés commerciales les attributions prévues aux articles L. 422-4 et L. 432-5 du code du travail.**

Le président du conseil d'administration, le directoire ou les gérants, selon le cas, communiquent aux commissaires aux comptes les demandes d'explication formées par le comité d'entreprise ou les délégués du personnel, les rapports adressés au conseil d'administration ou au conseil de surveillance, selon le cas, ainsi que les réponses faites par ces organes, en application des articles L. 422-4 et L. 432-5 du code du travail. – *[L. nº 66-537 du 24 juill. 1966, art. 230-3].*

Art. L. 234-4 *(L. nº 2005-845 du 26 juill. 2005, art. 162-IV)* Les dispositions du présent chapitre ne sont pas applicables lorsqu'une procédure de conciliation ou de sauvegarde a été engagée par les dirigeants conformément aux dispositions des titres Ier et II du livre VI.

CHAPITRE V DES NULLITÉS

Art. L. 235-1 La nullité d'une société ou d'un acte modifiant les statuts ne peut résulter que d'une disposition expresse du présent livre ou des lois qui régissent la nullité des contrats. En ce qui concerne les sociétés à responsabilité limitée et les sociétés par actions, la nullité de la société ne peut résulter ni d'un vice de consentement ni de l'incapacité, à moins que celle-ci n'atteigne tous les associés fondateurs. La nullité de la société ne peut non plus résulter des clauses prohibées par l'article 1844-1 du code civil.

La nullité d'actes ou délibérations autres que ceux prévus à l'alinéa précédent ne peut résulter que de la violation d'une disposition impérative du présent livre ou des lois qui régissent les contrats. – *[L. nº 66-537 du 24 juill. 1966, art. 360]. – Comp. C. civ., art. 1844-10, infra, App., vº Sociétés commerciales.*

Art. L. 235-2 Dans les sociétés en nom collectif et en commandite simple, l'accomplissement des formalités de publicité est requis à peine de nullité de la société, de l'acte ou de la délibération, selon les cas, sans que les associés et la société puissent se prévaloir, à l'égard des tiers, de cette cause de nullité. Toutefois, le tribunal a la faculté de ne pas prononcer la nullité encourue, si aucune fraude n'est constatée. – *[L. nº 66-537 du 24 juill. 1966, art. 361].*

Art. L. 235-2-1 *(L. nº 2006-387 du 31 mars 2006, art. 23)* Les délibérations prises en violation des dispositions régissant les droits de vote attachés aux actions peuvent être annulées.

Art. L. 235-3 L'action en nullité est éteinte lorsque la cause de la nullité a cessé d'exister le jour où le tribunal statue sur le fond en première instance, sauf si cette nullité est fondée sur l'illicéité de l'objet social. – *[L. nº 66-537 du 24 juill. 1966, art. 362]. – Comp. C. civ., art. 1844-11, infra, App., vº Sociétés commerciales.*

Art. L. 235-4 Le tribunal de commerce, saisi d'une action en nullité, peut, même d'office, fixer un délai pour permettre de couvrir les nullités. Il ne peut prononcer la nullité moins de deux mois après la date de l'exploit introductif d'instance.

Si, pour couvrir une nullité, une assemblée doit être convoquée ou une consultation des associés effectuée, et s'il est justifié d'une convocation régulière de cette assemblée ou de l'envoi aux associés du texte des projets de décision accompagné des documents qui doivent leur être communiqués, le tribunal accorde par jugement le délai nécessaire pour que les associés puissent prendre une décision. – *[L. nº 66-537 du 24 juill. 1966, art. 363]. – Comp. C. civ., art. 1844-13, infra, App., vº Sociétés commerciales.*

Art. L. 235-5 Si, à l'expiration du délai prévu à l'article L. 235-4, aucune décision n'a été prise, le tribunal statue à la demande de la partie la plus diligente. – *[L. nº 66-537 du 24 juill. 1966, art. 364].*

Art. L. 235-6 En cas de nullité d'une société ou d'actes et délibérations postérieurs à sa constitution, fondée sur un vice du consentement ou l'incapacité d'un associé, et lorsque la régularisation peut intervenir, toute personne y ayant intérêt peut mettre en demeure celui qui est susceptible de l'opérer, soit de régulariser, soit d'agir en nullité dans un délai de six mois à peine de forclusion. Cette mise en demeure est dénoncée à la société.

La société ou un associé peut soumettre au tribunal saisi dans le délai prévu à l'alinéa précédent, toute mesure susceptible de supprimer l'intérêt du demandeur, notamment par le rachat de ses droits sociaux. En ce cas, le tribunal peut, soit prononcer la nullité, soit rendre obligatoires les mesures proposées, si celles-ci ont été préalablement adoptées par la société aux conditions prévues pour les modifications statutaires. Le vote de l'associé dont le rachat des droits est demandé est sans influence sur la décision de la société.

En cas de contestation, la valeur des droits sociaux à rembourser à l'associé est déterminée conformément aux dispositions de l'article 1843-4 du code civil. Toute clause contraire est réputée non écrite. – *[L. n° 66-537 du 24 juill. 1966, art. 365]. – Comp. C. civ., art. 1844-12, infra, App., v° Sociétés commerciales. – V. Décr. n° 67-236 du 23 mars 1967, art. 252, infra, eod. loc.*

Art. L. 235-7 Lorsque la nullité d'actes et délibérations postérieurs à la constitution de la société est fondée sur la violation des règles de publicité, toute personne ayant intérêt à la régularisation de l'acte peut mettre la société en demeure d'y procéder, dans le délai fixé par décret en Conseil d'État. A défaut de régularisation dans ce délai, tout intéressé peut demander la désignation, par décision de justice, d'un mandataire chargé d'accomplir la formalité. – *[L. n° 66-537 du 24 juill. 1966, art. 366]. – V. Décr. n° 67-236 du 23 mars 1967, art. 252 et 253, infra, App., v° Sociétés commerciales.*

Art. L. 235-8 La nullité d'une opération de fusion ou de scission ne peut résulter que de la nullité de la délibération de l'une des assemblées qui ont décidé l'opération ou du défaut de dépôt de la déclaration de conformité mentionnée au troisième alinéa de l'article L. 236-6.

Lorsqu'il est possible de porter remède à l'irrégularité susceptible d'entraîner la nullité, le tribunal saisi de l'action en nullité d'une fusion ou d'une scission accorde aux sociétés intéressées un délai pour régulariser la situation. – *[L. n° 66-537 du 24 juill. 1966, art. 366-1].*

Art. L. 235-9 Les actions en nullité de la société ou d'actes et délibérations postérieurs à sa constitution se prescrivent par trois ans à compter du jour où la nullité est encourue, sous réserve de la forclusion prévue à l'article L. 235-6.

Toutefois, l'action en nullité d'une fusion ou d'une scission de sociétés se prescrit par six mois à compter de la date de la dernière inscription au registre du commerce et des sociétés rendue nécessaire par l'opération. – *[L. n° 66-537 du 24 juill. 1966, art. 367]. – Comp. C. civ., art. 1844-14, infra, App., v° Sociétés commerciales.*

(Ord. n° 2004-604 du 24 juin 2004, art. 51-XVI) « L'action en nullité fondée sur l'article L. 225-149-3 se prescrit par trois mois à compter de la date de l'assemblée générale suivant la décision d'augmentation de capital. »

Art. L. 235-10 Lorsque la nullité de la société est prononcée, il est procédé à sa liquidation conformément aux dispositions des statuts et du chapitre VII du présent titre. – *[L. n° 66-537 du 24 juill. 1966, art. 368]. – V. Décr. n° 67-236 du 23 mars 1967, art. 253-1, infra, App., v° Sociétés commerciales.*

Art. L. 235-11 Lorsqu'une décision judiciaire prononçant la nullité d'une fusion ou d'une scission est devenue définitive, cette décision fait l'objet d'une publicité dont les modalités sont fixées par décret en Conseil d'État.

Elle est sans effet sur les obligations nées à la charge ou au profit des sociétés auxquelles le ou les patrimoines sont transmis entre la date à laquelle prend effet la fusion ou la scission et celle de la publication de la décision prononçant la nullité.

Dans le cas de la fusion, les sociétés ayant participé à l'opération sont solidairement responsables de l'exécution des obligations mentionnées à l'alinéa précédent à la charge de la société absorbante. Il en est de même, dans le cas de scission, de la société scindée pour les obligations des sociétés auxquelles le patrimoine est transmis. Chacune des sociétés auxquelles le patrimoine est transmis répond des obligations à sa charge nées entre la date de prise d'effet de la scission et celle de la publication de la décision prononçant la nullité. — *[L. nº 66-537 du 24 juill. 1966, art. 368-1].*

Art. L. 235-12 Ni la société ni les associés ne peuvent se prévaloir d'une nullité à l'égard des tiers de bonne foi. Cependant, la nullité résultant de l'incapacité ou d'un vice du consentement est opposable même aux tiers, par l'incapable et ses représentants légaux, ou par l'associé dont le consentement a été surpris par erreur, dol ou violence. — *[L. nº 66-537 du 24 juill. 1966, art. 369]. — Comp. C. civ., art. 1844-16, infra, App., vº Sociétés commerciales.*

Art. L. 235-13 L'action en responsabilité fondée sur l'annulation de la société ou des actes et délibérations postérieurs à sa constitution se prescrit par trois ans à compter du jour où la décision d'annulation est passée en force de chose jugée.

La disparition de la cause de nullité ne met pas obstacle à l'exercice de l'action en dommages intérêts tendant à la réparation du préjudice causé par le vice dont la société, l'acte ou la délibération était entaché. Cette action se prescrit par trois ans à compter du jour où la nullité a été couverte. — *[L. nº 66-537 du 24 juill. 1966, art. 370]. — Comp. C. civ., art. 1844-17, infra, App., vº Sociétés commerciales.*

Art. L. 235-14 *(Ord. nº 2004-274 du 25 mars 2004, art. 20-II)* Le fait pour le président des organes de direction et d'administration ou le président de séance de ces organes de ne pas constater les délibérations de ces organes par des procès-verbaux est sanctionné par la nullité des délibérations desdits organes.

L'action est ouverte à tout administrateur, membre du directoire ou membre du conseil de surveillance.

Cette action en nullité peut être exercée jusqu'à l'approbation du procès-verbal de la deuxième réunion du conseil d'administration, du directoire ou du conseil de surveillance qui suit celle dont les délibérations sont susceptibles d'être annulées.

Elle est soumise aux articles L. 235-4 et L. 235-5.

CHAPITRE VI DE LA FUSION ET DE LA SCISSION

SECTION PREMIÈRE DISPOSITIONS GÉNÉRALES

Art. L. 236-1 Une ou plusieurs sociétés peuvent, par voie de fusion, transmettre leur patrimoine à une société existante ou à une nouvelle société qu'elles constituent.

Une société peut aussi, par voie de scission, transmettre son patrimoine à plusieurs sociétés existantes ou à plusieurs sociétés nouvelles.

Ces possibilités sont ouvertes aux sociétés en liquidation à condition que la répartition de leurs actifs entre les associés n'ait pas fait l'objet d'un début d'exécution.

Les associés des sociétés qui transmettent leur patrimoine dans le cadre des opérations mentionnées aux trois alinéas précédents reçoivent des parts ou des actions de la ou des sociétés bénéficiaires et, éventuellement, une soulte en espèces dont le montant ne peut dépasser 10 % de la valeur nominale des parts ou des actions attribuées. – *[L. nº 66-537 du 24 juill. 1966, art. 371]. – Comp. C. civ., art. 1844-4, al. 1er et 2, infra, App., vº Sociétés commerciales.*

Art. L. 236-2 Les opérations visées à l'article L. 236-1 peuvent être réalisées entre des sociétés de forme différente.

Elles sont décidées, par chacune des sociétés intéressées, dans les conditions requises pour la modification de ses statuts.

Si l'opération comporte la création de sociétés nouvelles, chacune de celles-ci est constituée selon les règles propres à la forme de société adoptée. – *Comp. C. civ., art. 1844-4, al. 3 à 5, infra, App., vº Sociétés commerciales.*

Lorsque les opérations comportent la participation de sociétés anonymes et de sociétés à responsabilité limitée, les dispositions des articles L. 236-10, L. 236-11, L. 236-14, L. 236-20 et L. 236-21 sont applicables. – *[L. nº 66-537 du 24 juill. 1966, art. 372 et 389].*

Art. L. 236-3 I. – La fusion ou la scission entraîne la dissolution sans liquidation des sociétés qui disparaissent et la transmission universelle de leur patrimoine aux sociétés bénéficiaires, dans l'état où il se trouve à la date de réalisation définitive de l'opération. Elle entraîne simultanément l'acquisition, par les associés des sociétés qui disparaissent, de la qualité d'associés des sociétés bénéficiaires, dans les conditions déterminées par le contrat de fusion ou de scission.

II. – Toutefois, il n'est pas procédé à l'échange de parts ou d'actions de la société bénéficiaire contre des parts ou actions des sociétés qui disparaissent lorsque ces parts ou actions sont détenues :

1º Soit par la société bénéficiaire ou par une personne agissant en son propre nom mais pour le compte de cette société ;

2º Soit par la société qui disparaît ou par une personne agissant en son propre nom mais pour le compte de cette société. – *[L. nº 66-537 du 24 juill. 1966, art. 372-1].*

Art. L. 236-4 La fusion ou la scission prend effet :

1º En cas de création d'une ou plusieurs sociétés nouvelles, à la date d'immatriculation, au registre du commerce et des sociétés, de la nouvelle société ou de la dernière d'entre elles ;

2º Dans les autres cas, à la date de la dernière assemblée générale ayant approuvé l'opération sauf si le contrat prévoit que l'opération prend effet à une autre date, laquelle ne doit être ni postérieure à la date de clôture de l'exercice en cours de la ou des sociétés bénéficiaires ni antérieure à la date de clôture du dernier exercice clos de la ou des sociétés qui transmettent leur patrimoine. – *[L. nº 66-537 du 24 juill. 1966, art. 372-2].*

Art. L. 236-5 Par dérogation aux dispositions du deuxième alinéa de l'article, L. 236-2, si l'opération projetée a pour effet d'augmenter les engagements d'associés ou d'actionnaires de l'une ou de plusieurs sociétés en cause, elle ne peut être décidée qu'à l'unanimité desdits associés ou actionnaires. – *[L. nº 66-537 du 24 juill. 1966, art. 373].*

Art. L. 236-6 Toutes les sociétés qui participent à l'une des opérations mentionnées à l'article L. 236-1 établissent un projet de fusion ou de scission.

Ce projet est déposé au greffe du tribunal de commerce du siège desdites sociétés et fait l'objet d'une publicité dont les modalités sont fixées par décret en Conseil d'État.

A peine de nullité, les sociétés participant à l'une des opérations mentionnées au premier et au deuxième alinéa de l'article L. 236-1 sont tenues de déposer au greffe une déclaration dans laquelle elles relatent tous les actes effectués en vue d'y procéder et par laquelle elles affirment que l'opération a été réalisée en conformité des lois et règlements. Le greffier, sous sa responsabilité, s'assure de la conformité de la déclaration aux dispositions du présent article. – *[L. n° 66-537 du 24 juill. 1966, art. 374]. – V. Décr. n° 67-236 du 23 mars 1967, art. 254, 255 et 265, infra, App., v° Sociétés commerciales.*

Art. L. 236-7 Les dispositions du présent chapitre relatives aux obligataires sont applicables aux titulaires de titres participatifs. – *[L. n° 66-537 du 24 juill. 1966, art. 389-1].*

SECTION II DISPOSITIONS PARTICULIÈRES AUX SOCIÉTÉS ANONYMES

Art. L. 236-8 Les opérations visées à l'article L. 236-1 et réalisées uniquement entre sociétés anonymes sont soumises aux dispositions de la présente section. – *[L. n° 66-537 du 24 juill. 1966, art. 375].*

Art. L. 236-9 La fusion est décidée par l'assemblée générale extraordinaire de chacune des sociétés qui participent à l'opération.

La fusion est soumise, le cas échéant, dans chacune des sociétés qui participent à l'opération, à la ratification des assemblées spéciales d'actionnaires mentionnées aux articles L. 225-99 et L. 228-15.

Le projet de fusion est soumis aux assemblées spéciales des porteurs de certificats d'investissement statuant selon les règles de l'assemblée générale des actionnaires, à moins que la société absorbante n'acquière ces titres sur simple demande de leur part, dans les conditions de publicité dont les modalités sont fixées par décret en Conseil d'État, et que cette acquisition ait été acceptée par leur assemblée spéciale. Tout porteur de certificats d'investissement qui n'a pas cédé ses titres dans le délai fixé par décret en Conseil d'État le demeure dans la société absorbante aux conditions fixées par le contrat de fusion, sous réserve des dispositions du dernier alinéa de l'article L. 228-30.

Le conseil d'administration ou le directoire de chacune des sociétés participant à l'opération établit un rapport écrit qui est mis à la disposition des actionnaires. – *[L. n° 66-537 du 24 juill. 1966, art. 376]. – V. Décr. n° 67-236 du 23 mars 1967, art. 256, infra, App., v° Sociétés commerciales.*

Art. L. 236-10 I. – Un ou plusieurs commissaires à la fusion, désignés par décision de justice, établissent sous leur responsabilité un rapport écrit sur les modalités de la fusion. Ils peuvent obtenir auprès de chaque société communication de tous documents utiles et procéder à toutes vérifications nécessaires. Ils sont soumis à l'égard des sociétés participantes aux incompatibilités prévues à l'article L. 225-224 *[abrogé par L. n° 2003-706 du 1er août 2003. – V. note ss. cet art.].*

II. – Les commissaires à la fusion vérifient que les valeurs relatives attribuées aux actions des sociétés participant à l'opération sont pertinentes et que le rapport d'échange est équitable.

III. – Le ou les rapports des commissaires à la fusion sont mis à la disposition des actionnaires. Ils doivent :

1° Indiquer la ou les méthodes suivies pour la détermination du rapport d'échange proposé ;

2° Indiquer si cette ou ces méthodes sont adéquates en l'espèce et mentionner les valeurs auxquelles chacune de ces méthodes conduit, un avis étant donné sur l'importance relative donnée à ces méthodes dans la détermination de la valeur retenue ;

3° Indiquer en outre les difficultés particulières d'évaluation s'il en existe.

IV. — En outre, les commissaires à la fusion apprécient sous leur responsabilité la valeur des apports en nature et les avantages particuliers et établissent à cet effet le rapport prévu à l'article L. 225-147. — *[L. n° 66-537 du 24 juill. 1966, art. 377]. — V. Décr. n° 67-236 du 23 mars 1967, art. 257 et 258, infra, App., v° Sociétés commerciales.*

Art. L. 236-11 Lorsque, depuis le dépôt au greffe du tribunal de commerce du projet de fusion et jusqu'à la réalisation de l'opération, la société absorbante détient en permanence la totalité des actions représentant la totalité du capital des sociétés absorbées, il n'y a lieu ni à approbation de la fusion par l'assemblée générale extraordinaire des sociétés absorbées ni à l'établissement des rapports mentionnés au dernier alinéa de l'article L. 236-9, et à l'article L. 236-10. L'assemblée générale extraordinaire de la société absorbante statue au vu du rapport d'un commissaire aux apports, conformément aux dispositions de l'article L. 225-147. — *[L. n° 66-537 du 24 juill. 1966, art. 378-1].*

Art. L. 236-12 Lorsque la fusion est réalisée par voie de création d'une société nouvelle, celle-ci peut être constituée sans autres apports que ceux des sociétés qui fusionnent.

Dans tous les cas, le projet de statuts de la société nouvelle est approuvé par l'assemblée générale extraordinaire de chacune des sociétés qui disparaissent. Il n'y a pas lieu à approbation de l'opération par l'assemblée générale de la société nouvelle. — *[L. n° 66-537 du 24 juill. 1966, art. 379].*

Art. L. 236-13 Le projet de fusion est soumis aux assemblées d'obligataires des sociétés absorbées, à moins que le remboursement des titres sur simple demande de leur part ne soit offert auxdits obligataires. L'offre de remboursement est soumise à publicité, dont les modalités sont fixées par décret en Conseil d'État.

Lorsqu'il y a lieu à remboursement sur simple demande, la société absorbante devient débitrice des obligataires de la société absorbée.

Tout obligataire qui n'a pas demandé le remboursement dans le délai fixé par décret en Conseil d'État conserve sa qualité dans la société absorbante aux conditions fixées par le contrat de fusion. — *[L. n° 66-537 du 24 juill. 1966, art. 380]. — V. Décr. n° 67-236 du 23 mars 1967, art. 263 et 264, infra, App., v° Sociétés commerciales.*

Art. L. 236-14 La société absorbante est débitrice des créanciers non obligataires de la société absorbée au lieu et place de celle-ci, sans que cette substitution emporte novation à leur égard.

Les créanciers non obligataires des sociétés participant à l'opération de fusion et dont la créance est antérieure à la publicité donnée au projet de fusion peuvent former opposition à celui-ci dans le délai fixé par décret en Conseil d'État. Une décision de justice rejette l'opposition ou ordonne, soit le remboursement des créances, soit la constitution de garanties si la société absorbante en offre et si elles sont jugées suffisantes.

A défaut de remboursement des créances ou de constitution des garanties ordonnées, la fusion est inopposable à ce créancier.

L'opposition formée par un créancier n'a pas pour effet d'interdire la poursuite des opérations de fusion.

Les dispositions du présent article ne mettent pas obstacle à l'application des conventions autorisant le créancier à exiger le remboursement immédiat de sa créance en cas de fusion de la société débitrice avec une autre société. — *[L. n° 66-537 du 24 juill. 1966, art. 381]. — V. Décr. n° 67-236 du 23 mars 1967, art. 261 à 262, infra, App., v° Sociétés commerciales.*

Art. L. 236-15 Le projet de fusion n'est pas soumis aux assemblées d'obligataires de la société absorbante. Toutefois, l'assemblée générale *(Abrogé par Ord. n° 2004-604 du 24 juin 2004, art. 51-XVII)* « ***ordinaire*** » des obligataires peut donner mandat aux représentants de la masse de former opposition à la fusion dans les conditions et sous les effets prévus aux alinéas deuxième et suivants de l'article L. 236-14. – *[L. n° 66-537 du 24 juill. 1966, art. 381 bis].*

Art. L. 236-16 Les articles L. 236-9 et L. 236-10 sont applicables à la scission. – *[L. n° 66-537 du 24 juill. 1966, art. 382].*

Art. L. 236-17 Lorsque la scission doit être réalisée par apports à des sociétés anonymes nouvelles, chacune des sociétés nouvelles peut être constituée sans autre apport que celui de la société scindée.

En ce cas, et si les actions de chacune des sociétés nouvelles sont attribuées aux actionnaires de la société scindée proportionnellement à leurs droits dans le capital de cette société, il n'y a pas lieu à l'établissement du rapport mentionné à l'article L. 236-10.

Dans tous les cas, les projets de statuts des sociétés nouvelles sont approuvés par l'assemblée générale extraordinaire de la société scindée. Il n'y a pas lieu à approbation de l'opération par l'assemblée générale de chacune des sociétés nouvelles. – *[L. n° 66-537 du 24 juill. 1966, art. 383].*

Art. L. 236-18 Le projet de scission est soumis aux assemblées d'obligataires de la société scindée, conformément aux dispositions du 3° du I de l'article L. 228-65, à moins que le remboursement des titres sur simple demande de leur part ne soit offert auxdits obligataires. L'offre de remboursement est soumise à publicité, dont les modalités sont fixées par décret en Conseil d'État. – *V. Décr. n° 67-236 du 23 mars 1967, art. 263, infra, App., v° Sociétés commerciales.*

Lorsqu'il y a lieu à remboursement sur simple demande, les sociétés bénéficiaires des apports résultant de la scission sont débitrices solidaires des obligataires qui demandent le remboursement. – *[L. n° 66-537 du 24 juill. 1966, art. 384].*

Art. L. 236-19 Le projet de scission n'est pas soumis aux assemblées d'obligataires des sociétés auxquelles le patrimoine est transmis. Toutefois, l'assemblée ordinaire des obligataires peut donner mandat aux représentants de la masse de former opposition à la scission, dans les conditions et sous les effets prévus aux alinéas deuxième et suivants de l'article L. 236-14. – *[L. n° 66-537 du 24 juill. 1966, art. 384-1].*

Art. L. 236-20 Les sociétés bénéficiaires des apports résultant de la scission sont débitrices solidaires des obligataires et des créanciers non obligataires de la société scindée, au lieu et place de celle-ci sans que cette substitution emporte novation à leur égard. – *[L. n° 66-537 du 24 juill. 1966, art. 385].*

Art. L. 236-21 Par dérogation aux dispositions de l'article L. 236-20, il peut être stipulé que les sociétés bénéficiaires de la scission ne seront tenues que de la partie du passif de la société scindée mise à la charge respective et sans solidarité entre elles.

En ce cas, les créanciers non obligataires des sociétés participantes peuvent former opposition à la scission dans les conditions et sous les effets prévus aux alinéas deuxième et suivants de l'article L. 236-14. – *[L. n° 66-537 du 24 juill. 1966, art. 386]. – V. Décr. n° 67-236 du 23 mars 1967, art. 261 et 261-1, infra, App., v° Sociétés commerciales.*

Art. L. 236-22 La société qui apporte une partie de son actif à une autre société et la société qui bénéficie de cet apport peuvent décider d'un commun accord de soumettre l'opération aux dispositions des articles L. 236-16 à L. 236-21. – *[L. nº 66-537 du 24 juill. 1966, art. 387].*

SECTION III DISPOSITIONS PARTICULIÈRES AUX SOCIÉTÉS À RESPONSABILITÉ LIMITÉE

Art. L. 236-23 Les dispositions des articles L. 236-10, L. 236-11, L. 236-14, L. 236-20 et L. 236-21 sont applicables aux fusions ou aux scissions des sociétés à responsabilité limitée au profit de sociétés de même forme.

Lorsque la fusion est réalisée par apports à une société à responsabilité limitée nouvelle, celle-ci peut être constituée sans autres apports que ceux des sociétés qui fusionnent.

Lorsque la scission est réalisée par apports à des sociétés à responsabilité limitée nouvelles, celles-ci peuvent être constituées sans autre apport que celui de la société scindée. En ce cas, et si les parts de chacune des sociétés nouvelles sont attribuées aux associés de la société scindée proportionnellement à leurs droits dans le capital de cette société, il n'y a pas lieu à l'établissement du rapport mentionné à l'article L. 236-10.

Dans les cas prévus aux deux alinéas précédents, les associés des sociétés qui disparaissent peuvent agir de plein droit en qualité de fondateurs des sociétés nouvelles et il est procédé conformément aux dispositions régissant les sociétés à responsabilité limitée. – *[L. nº 66-537 du 24 juill. 1966, art. 388].*

Art. L. 236-24 La société qui apporte une partie de son actif à une autre société et la société qui bénéficie de cet apport peuvent décider d'un commun accord de soumettre l'opération aux dispositions applicables en cas de scission par apports à des sociétés à responsabilité limitée existantes. – *[L. nº 66-537 du 24 juill. 1966, art. 388-1].*

Les banques mutualistes ou coopératives sont soumises au régime des fusions scissions et apports des sociétés anonymes prévues par le livre II du code de commerce même si elles ne sont pas constituées sous une forme régie par cette loi. Toutefois, les dispositions de l'art. L. 236-10 C. com. ne sont pas applicables à ceux de ces établissements qui n'ont pas émis de titres donnant un droit sur l'actif net. Les banques mutualistes et coopératives peuvent faire appel public à l'épargne (C. mon. fin., art. L. 512-1).

CHAPITRE VII DE LA LIQUIDATION

SECTION PREMIÈRE DISPOSITIONS GÉNÉRALES

Art. L. 237-1 Sous réserve des dispositions du présent chapitre, la liquidation des sociétés est régie par les dispositions contenues dans les statuts. – *[L. nº 66-537 du 24 juill. 1966, art. 390]. – V. aussi C. civ., art. 1844-8, infra, App., vº Sociétés commerciales.*

Art. L. 237-2 La société est en liquidation dès l'instant de sa dissolution pour quelque cause que ce soit sauf dans le cas prévu au troisième alinéa de l'article 1844-5 du code civil. Sa dénomination sociale est suivie de la mention « société en liquidation ».

La personnalité morale de la société subsiste pour les besoins de la liquidation, jusqu'à la clôture de celle-ci.

La dissolution d'une société ne produit ses effets à l'égard des tiers qu'à compter de la date à laquelle elle est publiée au registre du commerce et des sociétés. – *[L.*

n° 66-537 du 24 juill. 1966, art. 391]. – V. Décr. n° 67-236 du 23 mars 1967, art. 266, infra, App., v° Sociétés commerciales.

Art. L. 237-3 **L'acte de nomination du liquidateur est publié par celui-ci, dans les conditions et délais fixés par décret en Conseil d'État, qui détermine également les documents à déposer en annexe au registre du commerce et des sociétés.** – *[L. n° 66-537 du 24 juill. 1966, art. 392]. – V. Décr. n° 67-236 du 23 mars 1967, art. 290, infra, App., v° Sociétés commerciales.*

Art. L. 237-4 **Ne peuvent être nommées liquidateurs les personnes auxquelles l'exercice des fonctions de directeur général, d'administrateur, de gérant de société, de membre du directoire ou du conseil de surveillance est interdit ou qui sont déchues du droit d'exercer ces fonctions.** – *[L. n° 66-537 du 24 juill. 1966, art. 498, al. 1er].*

Art. L. 237-5 **La dissolution de la société n'entraîne pas de plein droit la résiliation des baux des immeubles utilisés pour son activité sociale, y compris des locaux d'habitation dépendant de ces immeubles.**

Si, en cas de cession du bail, l'obligation de garantie ne peut plus être assurée dans les termes de celui-ci, il peut y être substitué, par décision de justice, toute garantie offerte par le cessionnaire ou un tiers, et jugée suffisante. – *[L. n° 66-537 du 24 juill. 1966, art. 393]. – V. Décr. n° 67-236 du 23 mars 1967, art. 267, infra, App., v° Sociétés commerciales.*

Art. L. 237-6 **Sauf consentement unanime des associés, la cession de tout ou partie de l'actif de la société en liquidation à une personne ayant eu dans cette société la qualité d'associé en nom, de commandité, de gérant, d'administrateur, de directeur général, de membre du conseil de surveillance, de membre du directoire, de commissaire aux comptes ou de contrôleur, ne peut avoir lieu qu'avec l'autorisation du tribunal de commerce, le liquidateur et, s'il en existe, le commissaire aux comptes ou le contrôleur dûment entendus.** – *[L. n° 66-537 du 24 juill. 1966, art. 394].*

Art. L. 237-7 **La cession de tout ou partie de l'actif de la société en liquidation au liquidateur ou à ses employés ou à leurs conjoint, ascendants ou descendants est interdite.** – *[L. n° 66-537 du 24 juill. 1966, art. 395].*

Art. L. 237-8 **La cession globale de l'actif de la société ou l'apport de l'actif à une autre société, notamment par voie de fusion, est autorisé :**

1° Dans les sociétés en nom collectif, à l'unanimité des associés ;

2° Dans les sociétés en commandite simple, à l'unanimité des commandités et à la majorité en nombre et en capital des commanditaires ;

3° Dans les sociétés à responsabilité limitée, à la majorité exigée pour la modification des statuts ;

4° Dans les sociétés par actions, aux conditions de quorum et de majorité prévues pour les assemblées extraordinaires et, en outre, dans les sociétés en commandite par actions, avec l'accord unanime des commandités. – *[L. n° 66-537 du 24 juill. 1966, art. 396].*

Art. L. 237-9 **Les associés, y compris les titulaires d'actions à dividende prioritaire sans droit de vote, sont convoqués en fin de liquidation pour statuer sur le compte définitif, sur le quitus de la gestion du liquidateur et la décharge de son mandat et pour constater la clôture de la liquidation.**

A défaut, tout associé peut demander en justice la désignation d'un mandataire chargé de procéder à la convocation. – *[L. n° 66-537 du 24 juill. 1966, art. 397]. – V. Décr. n° 67-236 du 23 mars 1967, art. 268 et 270, infra, App., v° Sociétés commerciales.*

Art. L. 237-10 Si l'assemblée de clôture prévue à l'article L. 237-9 ne peut délibérer ou si elle refuse d'approuver les comptes du liquidateur, il est statué, par décision de justice, à la demande de celui-ci ou de tout intéressé. – *[L. n° 66-537 du 24 juill. 1966, art. 398]. – V. Décr. n° 67-236 du 23 mars 1967, art. 269 à 271, infra, App., v° Sociétés commerciales.*

Art. L. 237-11 L'avis de clôture de la liquidation est publié selon les modalités fixées par décret en Conseil d'État. – *[L. n° 66-537 du 24 juill. 1966, art. 399]. – V. Décr. n° 67-236 du 23 mars 1967, art. 292, infra, App., v° Sociétés commerciales.*

Art. L. 237-12 Le liquidateur est responsable, à l'égard tant de la société que des tiers, des conséquences dommageables des fautes par lui commises dans l'exercice de ses fonctions.

L'action en responsabilité contre les liquidateurs se prescrit dans les conditions prévues à l'article L. 225-254. – *[L. n° 66-537 du 24 juill. 1966, art. 400]. – V. Décr. n° 67-236 du 23 mars 1967, art. 291, infra, App., v° Sociétés commerciales.*

Art. L. 237-13 Toutes actions contre les associés non liquidateurs ou leurs conjoint survivant, héritiers ou ayants cause, se prescrivent par cinq ans à compter de la publication de la dissolution de la société au registre du commerce et des sociétés. – *[L. n° 66-537 du 24 juill. 1966, art. 401].*

SECTION II DISPOSITIONS APPLICABLES SUR DÉCISION JUDICIAIRE

Art. L. 237-14 I. – A défaut de clauses statutaires ou de convention expresse entre les parties, la liquidation de la société dissoute est effectuée conformément aux dispositions de la présente section, sans préjudice de l'application de la première section du présent chapitre.

II. – En outre, il peut être ordonné par décision de justice que cette liquidation sera effectuée dans les mêmes conditions à la demande :

1° De la majorité des associés, dans les sociétés en nom collectif ;

2° D'associés représentant au moins *(L. n° 2001-420 du 15 mai 2001)* « 5 % » du capital, dans les sociétés en commandite simple, les sociétés à responsabilité limitée et les sociétés par actions ;

3° Des créanciers sociaux.

III. – Dans ce cas, les dispositions des statuts contraires à celles du présent chapitre sont réputées non écrites. – *[L. n° 66-537 du 24 juill. 1966, art. 402]. – V. Décr. n° 67-236 du 23 mars 1967, art. 272, infra, App., v° Sociétés commerciales.*

Art. L. 237-15 Les pouvoirs du conseil d'administration, du directoire ou des gérants prennent fin à dater de la décision de justice prise en application de l'article L. 237-14 ou de la dissolution de la société si elle est postérieure. – *[L. n° 66-537 du 24 juill. 1966, art. 403].*

Art. L. 237-16 La dissolution de la société ne met pas fin aux fonctions du conseil de surveillance et des commissaires aux comptes. – *[L. n° 66-537 du 24 juill. 1966, art. 404].*

Art. L. 237-17 En l'absence de commissaires aux comptes, et même dans les sociétés qui ne sont pas tenues d'en désigner, un ou plusieurs contrôleurs peuvent être nommés par les associés dans les conditions prévues au I de l'article L. 237-27. A défaut, ils peuvent être désignés, par décision de justice, à la demande du liquidateur ou de tout intéressé.

L'acte de nomination des contrôleurs fixe leurs pouvoirs, obligations et rémunérations ainsi que la durée de leurs fonctions. Ils encourent la même responsabilité que les commissaires aux comptes. – *[L. nº 66-537 du 24 juill. 1966, art. 405]. – V. Décr. nº 67-236 du 23 mars 1967, art. 273, infra, App., vº Sociétés commerciales.*

Art. L. 237-18 I. – Un ou plusieurs liquidateurs sont désignés par les associés, si la dissolution résulte du terme statutaire ou si elle est décidée par les associés.

II. – Le liquidateur est nommé :

1° Dans les sociétés en nom collectif, à l'unanimité des associés ;

2° Dans les sociétés en commandite simple, à l'unanimité des commandités et à la majorité en capital des commanditaires ;

3° Dans les sociétés à responsabilité limitée, à la majorité en capital des associés ;

4° Dans les sociétés anonymes, aux conditions de quorum et de majorité prévues pour les assemblées générales ordinaires ;

5° Dans les sociétés en commandite par actions, aux conditions de quorum et de majorité prévues pour les assemblées générales ordinaires, cette majorité devant comprendre l'unanimité des commandités ;

6° Dans les sociétés par actions simplifiées, à l'unanimité des associés, sauf clause contraire. – *[L. nº 66-537 du 24 juill. 1966, art. 406]. – V. Décr. nº 67-236 du 23 mars 1967, art. 276, infra, App., vº Sociétés commerciales. – V. aussi, supra, art. L. 237-4.*

Art. L. 237-19 Si les associés n'ont pu nommer un liquidateur, celui-ci est désigné par décision de justice à la demande de tout intéressé, dans les conditions déterminées par décret en Conseil d'État. – *[L. nº 66-537 du 24 juill. 1966, art. 407]. – V. Décr. nº 67-236 du 23 mars 1967, art. 274 et 276, infra, App., vº Sociétés commerciales.*

Art. L. 237-20 Si la dissolution de la société est prononcée par décision de justice, cette décision désigne un ou plusieurs liquidateurs. – *[L. nº 66-537 du 24 juill. 1966, art. 408]. – V. Décr. nº 67-236 du 23 mars 1967, art. 275, infra, App., vº Sociétés commerciales.*

Art. L. 237-21 La durée du mandat du liquidateur ne peut excéder trois ans. Toutefois, ce mandat peut être renouvelé par les associés ou le président du tribunal de commerce, selon que le liquidateur a été nommé par les associés ou par décision de justice.

Si l'assemblée des associés n'a pu être valablement réunie, le mandat est renouvelé par décision de justice, à la demande du liquidateur.

En demandant le renouvellement de son mandat, le liquidateur indique les raisons pour lesquelles la liquidation n'a pu être clôturée, les mesures qu'il envisage de prendre et les délais que nécessite l'achèvement de la liquidation. – *[L. nº 66-537 du 24 juill. 1966, art. 409]. – V. art. L. 238-2. – V. Décr. nº 67-236 du 23 mars 1967, art. 277, infra, App., vº Sociétés commerciales.*

Art. L. 237-22 Le liquidateur est révoqué et remplacé selon les formes prévues pour sa nomination. – *[L. nº 66-537 du 24 juill. 1966, art. 410].*

Art. L. 237-23 Dans les six mois de sa nomination, le liquidateur convoque l'assemblée des associés à laquelle il fait rapport sur la situation active et passive de la société, sur la poursuite des opérations de liquidation et le délai nécessaire pour les terminer. Le délai dans lequel le liquidateur fait son rapport peut être porté à douze mois sur sa demande par décision de justice.

A défaut, il est procédé à la convocation de l'assemblée soit par l'organe de contrôle, s'il en existe un, soit par un mandataire désigné, par décision de justice, à la demande de tout intéressé.

Si la réunion de l'assemblée est impossible ou si aucune décision n'a pu être prise, le liquidateur demande en justice les autorisations nécessaires pour aboutir à la

liquidation. – *[L. n° 66-537 du 24 juill. 1966, art. 411]. – V. Décr. n° 67-236 du 23 mars 1967, art. 277, infra, App., v° Sociétés commerciales.*

Art. L. 237-24 **Le liquidateur représente la société. Il est investi des pouvoirs les plus étendus pour réaliser l'actif, même à l'amiable. Les restrictions à ces pouvoirs, résultant des statuts ou de l'acte de nomination, ne sont pas opposables aux tiers.**

Il est habilité à payer les créanciers et répartir le solde disponible.

Il ne peut continuer les affaires en cours ou en engager de nouvelles pour les besoins de la liquidation que s'il y a été autorisé, soit par les associés, soit par décision de justice s'il a été nommé par la même voie. – *[L. n° 66-537 du 24 juill. 1966, art. 412]. – V. Décr. n° 67-236 du 23 mars 1967, art. 275 et 277, infra, App., v° Sociétés commerciales.*

Art. L. 237-25 **Le liquidateur, dans les trois mois de la clôture de chaque exercice, établit les comptes annuels au vu de l'inventaire qu'il a dressé des divers éléments de l'actif et du passif existant à cette date et un rapport écrit par lequel il rend compte des opérations de liquidation au cours de l'exercice écoulé.**

Sauf dispense accordée par décision de justice, le liquidateur convoque selon les modalités prévues par les statuts, au moins une fois par an et dans les six mois de la clôture de l'exercice l'assemblée des associés qui statue sur les comptes annuels, donne les autorisations nécessaires et éventuellement renouvelle le mandat des contrôleurs, commissaires aux comptes ou membres du conseil de surveillance.

Si l'assemblée n'est pas réunie, le rapport prévu au premier alinéa ci-dessus est déposé au greffe du tribunal de commerce et communiqué à tout intéressé. – *[L. n° 66-537 du 24 juill. 1966, art. 413]. – V. art. L. 238-2. – V. Décr. n° 67-236 du 23 mars 1967, art. 277, infra, App., v° Sociétés commerciales.*

Art. L. 237-26 **En période de liquidation, les associés peuvent prendre communication des documents sociaux, dans les mêmes conditions qu'antérieurement.** – *[L. n° 66-537 du 24 juill. 1966, art. 414].*

Art. L. 237-27 **I. – Les décisions prévues au deuxième alinéa de l'article L. 237-25 sont prises :**

1° A la majorité des associés en capital, dans les sociétés en nom collectif, en commandite simple et à responsabilité limitée ;

2° Dans les conditions de quorum et de majorité des assemblées ordinaires, dans les sociétés par actions ;

3° Sauf clause contraire, à l'unanimité des associés, dans les sociétés par actions simplifiées.

II. – Si la majorité requise ne peut être réunie, il est statué, par décision de justice, à la demande du liquidateur ou de tout intéressé.

III. – Lorsque la délibération entraîne modification des statuts, elle est prise dans les conditions prescrites à cet effet, pour chaque forme de société.

IV. – Les associés liquidateurs peuvent prendre part au vote. – *[L. n° 66-537 du 24 juill. 1966, art. 415]. – V. Décr. n° 67-236 du 23 mars 1967, art. 277, infra, App., v° Sociétés commerciales.*

Art. L. 237-28 **En cas de continuation de l'exploitation sociale, le liquidateur est tenu de convoquer l'assemblée des associés, dans les conditions prévues à l'article L. 237-25. A défaut, tout intéressé peut demander la convocation, soit par les commissaires aux comptes, le conseil de surveillance ou l'organe de contrôle, soit par un mandataire désigné par décision de justice.** – *[L. n° 66-537 du 24 juill. 1966, art. 416].*

Art. L. 237-29 **Sauf clause contraire des statuts, le partage des capitaux propres subsistant après remboursement du nominal des actions ou des parts sociales est**

effectué entre les associés dans les mêmes proportions que leur participation au capital social. – *[L. n° 66-537 du 24 juill. 1966, art. 417]. – V. Décr. n° 67-236 du 23 mars 1967, art. 278 à 280, infra, App., v° Sociétés commerciales.*

Art. L. 237-30 Le remboursement des actions à dividende prioritaire sans droit de vote doit s'effectuer avant celui des actions ordinaires.

Il en est de même pour le dividende prioritaire qui n'a pas été intégralement versé.

Les actions à dividende prioritaire sans droit de vote ont, proportionnellement à leur montant nominal, les mêmes droits que les autres actions sur le boni de liquidation.

Toute clause contraire aux dispositions du présent article est réputée non écrite. – *[L. n° 66-537 du 24 juill. 1966, art. 417-1].*

Art. L. 237-31 Sous réserve des droits des créanciers, le liquidateur décide s'il convient de distribuer les fonds devenus disponibles en cours de liquidation.

Après mise en demeure infructueuse du liquidateur, tout intéressé peut demander en justice qu'il soit statué sur l'opportunité d'une répartition en cours de liquidation.

La décision de répartition des fonds est publiée selon les modalités fixées par décret en Conseil d'État. – *[L. n° 66-537 du 24 juill. 1966, art. 418]. – V. Décr. n° 67-236 du 23 mars 1967, art. 278, infra, App., v° Sociétés commerciales.*

Sur les infractions relatives à la liquidation, V. art. L. 247-5 et L. 247-6.

En ce qui concerne la société en participation, V. C. civ., art. 1871 s., infra, App., v° Sociétés commerciales.

CHAPITRE VIII DES INJONCTIONS DE FAIRE

(L. n° 2001-420 du 15 mai 2001)

Art. L. 238-1 Lorsque les personnes intéressées ne peuvent obtenir la production, la communication ou la transmission des documents visés aux articles L. 221-7, L. 223-26, L. 225-115, L. 225-116, L. 225-117, L. 225-118, *(Ord. n° 2004-604 du 24 juin 2004, art. 51-XVIII)* **« L. 225-129, L. 225-129-5, L. 225-129-6, L. 225-135, L. 225-136, L. 225-138, L. 225-177, L. 225-184, » L. 228-69, L. 237-3 et L. 237-26, elles peuvent demander au président du tribunal statuant en référé soit d'enjoindre sous astreinte au liquidateur ou aux administrateurs, gérants, et dirigeants de les communiquer, soit de désigner un mandataire chargé de procéder à cette communication.**

(Ord. n° 2004-274 du 25 mars 2004, art. 21-II) **« La même action est ouverte à toute personne intéressée ne pouvant obtenir du liquidateur, des administrateurs, gérants ou dirigeants communication d'une formule de procuration conforme aux prescriptions fixées par décret en Conseil d'État ou des renseignements exigés par ce décret en vue de la tenue des assemblées. »**

Lorsqu'il est fait droit à la demande, l'astreinte et les frais de procédure sont à la charge des administrateurs, des gérants, des dirigeants ou du liquidateur mis en cause.

L'art. L. 238-1 dans sa rédaction issue de la L. n° 2001-420 du 15 mai 2001 et de l'Ord. n° 2004-274 du 25 mars 2004, est applicable à Mayotte, en Nouvelle-Calédonie et dans les îles Wallis-et-Futuna (Ord. préc., art. 47-II, 48-II, 49-II).

Art. L. 238-2 *(L. n° 2003-706 du 1er août 2003)* **Tout intéressé peut demander au président du tribunal statuant en référé d'enjoindre sous astreinte au liquidateur de remplir les obligations prévues aux art. L. 237-21 et L. 237-25.**

L'art. L. 238-2 dans sa rédaction issue de la loi n° 2003-706 du 1er août 2003, est applicable en Nouvelle-Calédonie et dans les îles Wallis-et-Futuna (Ord. n° 2004-274 du 25 mars 2004, art. 48-III et 49-III).

Art. L. 238-3 *(L. n° 2003-721 du 1er août 2003)* **Le ministère public ainsi que tout intéressé peuvent demander au président du tribunal statuant en référé d'enjoindre sous astreinte au représentant légal d'une société à responsabilité limitée, d'une société anonyme, d'une société par actions simplifiée** *(L. n° 2005-842 du 26 juill. 2005, art. 11-II)* **« , d'une société européenne » ou d'une société en commandite par actions, de porter sur tous les actes et documents émanant de la société la dénomination sociale, précédée ou suivie immédiatement et lisiblement des mots « société à responsabilité limitée » ou des initiales « SARL », « société anonyme » ou des initiales « SA », « société par actions simplifiée » ou des initiales « SAS »** *(L. n° 2005-842 du 26 juill. 2005, art. 11-II)* **« ,« société européenne » ou des initiales « SE » » ou « société en commandite par actions », et de l'énonciation du capital social.**

L'art. L. 238-3 dans sa rédaction issue de la loi n° 2003-721 du 1er août 2003 est applicable en Nouvelle-Calédonie et dans les îles Wallis-et-Futuna (Ord. n° 2004-274 du 25 mars 2004, art. 48-IV et 49-IV).

Art. L. 238-3-1 *(L. n° 2005-842 du 26 juill. 2005, art. 11-II)* **Tout intéressé peut demander au président du tribunal statuant en référé d'enjoindre sous astreinte aux sociétés utilisant le sigle "SE" dans leur dénomination sociale en méconnaissance des dispositions de l'article 11 du règlement (CE) n° 2157/2001 du Conseil, du 8 octobre 2001, relatif au statut de la société européenne (SE), de modifier cette dénomination sociale.** — *V. ce texte au* ***C. sociétés.***

Art. L. 238-4 *(Ord. n° 2004-274 du 25 mars 2004, art. 20-III)* **Tout intéressé peut demander au président du tribunal statuant en référé d'enjoindre sous astreinte au président des organes de direction et d'administration de transcrire les procès-verbaux de ces réunions sur un registre spécial tenu au siège social.**

Art. L. 238-5 *(Ord. n° 2004-274 du 25 mars 2004, art. 22-III)* **Tout intéressé peut demander au président du tribunal statuant en référé d'enjoindre sous astreinte au président de l'assemblée générale des actionnaires ou des obligataires de transcrire les procès-verbaux de ces assemblées sur un registre spécial tenu au siège social.**

Art. L. 238-6 *(Ord. n° 2004-604 du 24 juin 2004, art. 50-I)* **Si l'assemblée spéciale des actionnaires à dividende prioritaire n'est pas consultée dans les conditions prévues aux articles L. 228-35-6, L. 228-35-7 et L. 228-35-10, le président du tribunal statuant en référé peut, à la demande de tout actionnaire, enjoindre sous astreinte aux gérants ou au président du conseil d'administration ou du directoire de convoquer cette assemblée ou désigner un mandataire chargé de procéder à cette convocation.**

La même action est ouverte à tout actionnaire ou tout titulaire de valeurs mobilières donnant accès au capital lorsque l'assemblée générale ou spéciale à laquelle il appartient n'est pas consultée dans les conditions prévues à l'article L. 225-99, au deuxième alinéa de l'article L. 225-129-6 et aux articles L. 228-16 ou L. 228-103.

CHAPITRE IX DE LA LOCATION D'ACTIONS ET DE PARTS SOCIALES

(L. n° 2005-882 du 2 août 2005, art. 26-I)

Art. L. 239-1 *(L. n° 2005-882 du 2 août 2005, art. 26-I)* **Les statuts peuvent prévoir que les actions des sociétés par actions ou les parts sociales des sociétés à res-**

ponsabilité limitée soumises à l'impôt sur les sociétés de plein droit ou sur option peuvent être données à bail, au sens des dispositions de l'article 1709 du code civil, au profit d'une personne physique.

La location d'actions ne peut porter que sur des titres nominatifs non négociables sur un marché réglementé, non inscrits aux opérations d'un dépositaire central et non soumis à l'obligation de conservation prévue à l'article L. 225-197-1 du présent code ou aux délais d'indisponibilité prévus aux chapitres II et III du titre IV du livre IV du code du travail.

La location d'actions ou de parts sociales ne peut pas porter sur des titres :

1° Détenus par des personnes physiques dans le cadre de la gestion de leur patrimoine privé lorsque les produits et plus-values bénéficient d'un régime d'exonération en matière d'impôt sur le revenu ;

2° Inscrits à l'actif d'une société de capital-risque mentionnée à l'article 1er-1 de la loi n° 85-695 du 11 juillet 1985 portant diverses dispositions d'ordre économique et financier ou d'une société unipersonnelle d'investissement à risque mentionnée à l'article 208 D du code général des impôts ;

3° Détenus par un fonds commun de placement à risques, un fonds commun de placement dans l'innovation ou un fonds d'investissement de proximité respectivement mentionnés aux articles L. 214-36, L. 214-41 et L. 214-41-1 du code monétaire et financier.

A peine de nullité, les actions ou parts louées ne peuvent faire l'objet d'une sous-location ou d'un prêt de titres au sens des articles L. 432-6 à L. 432-11 du même code.

Les actions des sociétés par actions ou les parts sociales des sociétés à responsabilité limitée, lorsque les unes ou les autres de ces sociétés sont constituées pour l'exercice des professions visées à l'article 1er de la loi n° 90-1258 du 31 décembre 1990 relative à l'exercice sous forme de sociétés des professions libérales soumises à un statut législatif ou réglementaire ou dont le titre est protégé et aux sociétés de participations financières de professions libérales, ne peuvent pas faire l'objet du contrat de bail prévu au présent article, sauf au profit de professionnels salariés ou collaborateurs libéraux exerçant en leur sein.

Lorsque la société fait l'objet d'une procédure de redressement judiciaire en application du titre III du livre VI du présent code, la location de ses actions ou parts sociales ne peut intervenir que dans les conditions fixées par le tribunal ayant ouvert cette procédure.

Art. L. 239-2 *(L. n° 2005-882 du 2 août 2005, art. 26-I)* **Le contrat de bail est constaté par acte authentique ou sous seing privé soumis à la procédure de l'enregistrement. Il comporte, à peine de nullité, des mentions dont la liste est fixée par décret en Conseil d'État.**

Il est rendu opposable à la société dans les formes prévues à l'article 1690 du code civil.

La délivrance des actions ou parts est réalisée à la date à laquelle est inscrite, dans le registre des titres nominatifs de la société par actions ou dans les statuts de la société à responsabilité limitée, à côté du nom de l'actionnaire ou de l'associé, la mention du bail et du nom du locataire. A compter de cette date, la société doit adresser au locataire les informations dues aux actionnaires ou associés et prévoir sa participation et son vote aux assemblées conformément aux dispositions du deuxième alinéa de l'article L. 239-3.

Les actions ou parts louées font l'objet d'une évaluation en début et en fin de contrat, ainsi qu'à la fin de chaque exercice comptable lorsque le bailleur est une personne morale. Cette évaluation est effectuée sur la base de critères tirés des comptes sociaux. Elle est certifiée par un commissaire aux comptes.

Art. L. 239-3 *(L. nº 2005-882 du 2 août 2005, art. 26-I)* **Les dispositions légales ou statutaires prévoyant l'agrément du cessionnaire de parts ou d'actions sont applicables dans les mêmes conditions au locataire.**

Le droit de vote attaché à l'action ou à la part sociale louée appartient au bailleur dans les assemblées statuant sur les modifications statutaires ou le changement de nationalité de la société et au locataire dans les autres assemblées. Pour l'exercice des autres droits attachés aux actions et parts sociales louées, le bailleur est considéré comme le nu-propriétaire et le locataire comme l'usufruitier.

Pour l'application des dispositions du livre IV du présent code, le bailleur et le locataire sont considérés comme détenteurs d'actions ou de parts sociales.

Art. L. 239-4 *(L. nº 2005-882 du 2 août 2005, art. 26-I)* **Le bail est renouvelé dans les mêmes conditions que la conclusion du bail initial.**

En cas de non-renouvellement du contrat de bail ou de résiliation, la partie la plus diligente fait procéder à la radiation de la mention portée dans le registre des titres nominatifs de la société par actions ou dans les statuts de la société à responsabilité limitée.

Art. L. 239-5 *(L. nº 2005-882 du 2 août 2005, art. 26-I)* **Tout intéressé peut demander au président du tribunal statuant en référé d'enjoindre sous astreinte au représentant légal de la société par actions ou de la société à responsabilité limitée, en cas de signification ou d'arrivée à terme d'un contrat de bail portant sur des actions ou des parts sociales de la société, de modifier le registre des titres nominatifs ou les statuts et de convoquer l'assemblée des associés à cette fin.**

Les parts ou actions des sociétés d'exercice libéral ne peuvent faire l'objet du contrat de bail prévu aux art. L. 239-1 à L. 239-5 C. com., sauf au profit de professionnels salariés ou collaborateurs libéraux exerçant au sein de celles-ci (L. nº 90-1258 du 31 déc. 1990, art. 8, tel que modifié par L. nº 2005-882 du 2 août 2005, art. 26-III).

TITRE QUATRIÈME DISPOSITIONS PÉNALES

Dans les art. L. 241-1 s., le terme « sciemment » qui figurait dans le texte des articles de la loi du 24 juill. 1966 a disparu. Cette disparition est sans incidence juridique sur la définition de l'infraction, dès lors que, depuis le nouveau code pénal, le principe selon lequel les crimes et délits sont des infractions intentionnelles a acquis une portée générale (art. 121-3 C. pén.). A noter, toutefois, que la Cour de cassation n'en a pas moins maintenu, en matière de société, sa théorie des infractions purement matérielles, pour la constitution desquelles l'élément intentionnel ne serait pas repris (V., pour le défaut de réunion de l'assemblée générale, prévu par l'art. 441 de la loi du 24 juill. 1966, devenu art. L. 242-10 : Crim. 9 janv. 1995 : Bull. Joly 1995. 677, note J.-F. Barbièri).

CHAPITRE PREMIER DES INFRACTIONS CONCERNANT LES SOCIÉTÉS À RESPONSABILITÉ LIMITÉE

Art. L. 241-1 *(L. nº 2003-721 du 1er août 2003, art. 9)* **Est puni d'un emprisonnement de six mois et d'une amende de 9 000 € le fait, pour les associés d'une société à responsabilité limitée, d'omettre, dans l'acte de société, la déclaration concernant la répartition des parts sociales entre tous les associés, la libération des parts ou le dépôt des fonds.**

Les dispositions du présent article sont applicables en cas d'augmentation de capital. – [L. nº 66-537 du 24 juill. 1966, art. 423].

Art. L. 241-2 **Est puni d'un emprisonnement de six mois et d'une amende de 9 000 € le fait, pour des gérants, d'émettre, directement ou par personne interpo-**

sée, pour le compte de la société des valeurs mobilières quelconques *(Ord. nº 2004-274 du 25 mars 2004, art. 19)* « à l'exception des obligations émises dans les conditions déterminées par l'article L. 223-11 ». – *[L. nº 66-537 du 24 juill. 1966, art. 424].*

Art. L. 241-3 Est puni d'un emprisonnement de cinq ans et d'une amende de 375 000 € :

1° Le fait, pour toute personne, de faire attribuer frauduleusement à un apport en nature une évaluation supérieure à sa valeur réelle ;

2° Le fait, pour les gérants, d'opérer entre les associés la répartition de dividendes fictifs, en l'absence d'inventaire ou au moyen d'inventaires frauduleux ;

3° Le fait, pour les gérants, même en l'absence de toute distribution de dividendes, de présenter aux associés des comptes annuels ne donnant pas, pour chaque exercice, une image fidèle du résultat des opérations de l'exercice, de la situation financière et du patrimoine à l'expiration de cette période en vue de dissimuler la véritable situation de la société ;

4° Le fait, pour les gérants, de faire, de mauvaise foi, des biens ou du crédit de la société, un usage qu'ils savent contraire à l'intérêt de celle-ci, à des fins personnelles ou pour favoriser une autre société ou entreprise dans laquelle ils sont intéressés directement ou indirectement ;

5° Le fait, pour les gérants, de faire, de mauvaise foi, des pouvoirs qu'ils possèdent ou des voix dont ils disposent, en cette qualité, un usage qu'ils savent contraire aux intérêts de la société, à des fins personnelles ou pour favoriser une autre société ou une autre entreprise dans laquelle ils sont intéressés directement ou indirectement. – *[L. nº 66-537 du 24 juill. 1966, art. 425].*

Art. L. 241-4 Est puni d'une amende de 9 000 € :

1° Le fait, pour les gérants, de ne pas, pour chaque exercice, dresser l'inventaire, établir les comptes annuels et un rapport de gestion ;

(Abrogé par L. nº 2001-420 du 15 mai 2001) « 2° Le fait, pour les gérants, de ne pas, dans le délai de quinze jours avant la date de l'assemblée, adresser aux associés les comptes annuels, le rapport de gestion, le texte des résolutions proposées et, le cas échéant, le rapport des commissaires aux comptes, ou de ne pas tenir l'inventaire à la disposition des associés au siège social ; »

(Abrogé par L. nº 2001-420 du 15 mai 2001) « 3° Le fait, pour les gérants, de ne pas mettre, à toute époque de l'année, à la disposition de tout associé, au siège social, les documents suivants concernant les trois derniers exercices soumis aux assemblées : comptes annuels, inventaire, rapports des gérants et, le cas échéant, des commissaires aux comptes, et procès-verbaux des assemblées. »– [L. nº 66-537 du 24 juill. 1966, art. 426].

Art. L. 241-5 Est puni d'un emprisonnement de six mois et d'une amende de 9 000 € le fait, pour les gérants, de ne pas procéder à la réunion de l'assemblée des associés dans les six mois de la clôture de l'exercice ou, en cas de prolongation, dans le délai fixé par décision de justice, ou de ne pas soumettre à l'approbation de ladite assemblée ou de l'associé unique les documents prévus au 1° de l'article L. 241-4. – *[L. nº 66-537 du 24 juill. 1966, art. 427].*

Art. L. 241-6 Est puni d'un emprisonnement de six mois et d'une amende de 4 500 € le fait, pour les gérants, lorsque les capitaux propres de la société, du fait de pertes constatées dans les documents comptables, deviennent inférieurs à la moitié du capital social :

1° De ne pas dans les quatre mois qui suivent l'approbation des comptes ayant fait apparaître ces pertes, consulter les associés afin de décider s'il y a lieu à dissolution anticipée de la société ;

2° De ne pas déposer au greffe du tribunal de commerce, inscrire au registre du commerce et des sociétés et publier dans un journal d'annonces légales, la décision adoptée par les associés. – *[L. n° 66-537 du 24 juill. 1966, art. 428].*

Art. L. 241-7 (Abrogé par L. n° 2003-701 du 1er août 2003, art. 9) ***Est puni d'une amende de 3 750 € le fait, pour les gérants d'une société à responsabilité limitée, d'omettre de mentionner sur tous actes ou sur tous documents émanant de la société et destinés aux tiers, l'indication de sa dénomination sociale, précédée ou suivie immédiatement des mots « Société à responsabilité limitée » ou des initiales « SARL » et de l'énonciation du capital social.*** – [L. n° 66-537 du 24 juill. 1966, art. 429]. – V. art. L. 238-3.

Art. L. 241-8 *Abrogé par L. n° 2001-420 du 15 mai 2001, art. 113 (III).*

Art. L. 241-9 Les dispositions des articles L. 241-2 à *(L. n° 2003-721 du 1er août 2003, art. 9)* « L. 241-6 » sont applicables à toute personne qui, directement ou par personne interposée, aura, en fait, exercé la gestion d'une société à responsabilité limitée sous le couvert ou au lieu et place de son gérant légal. – *[L. n° 66-537 du 24 juill. 1966, art. 431].*

CHAPITRE II DES INFRACTIONS CONCERNANT LES SOCIÉTÉS ANONYMES

SECTION PREMIÈRE DES INFRACTIONS RELATIVES À LA CONSTITUTION

Art. L. 242-1 Est puni d'une amende de 9 000 € le fait, pour les fondateurs, le président, les administrateurs ou les directeurs généraux d'une société anonyme, d'émettre des actions ou des coupures d'actions soit avant l'immatriculation de ladite société au registre du commerce et des sociétés, soit à une époque quelconque si l'immatriculation a été obtenue par fraude, soit encore sans que les formalités de constitution de ladite société aient été régulièrement accomplies.

Un emprisonnement d'un an peut, en outre, être prononcé si les actions ou coupures d'actions sont émises sans que les actions de numéraire aient été libérées à la souscription d'un quart au moins ou sans que les actions d'apport aient été intégralement libérées antérieurement à l'immatriculation de la société au registre du commerce et des sociétés. – *Comp. : C. com., art. L. 225-3, al. 2, codification de l'art. 75, al. 2, de la loi n° 66-537 du 24 juill. 1966, tel que modifié par L. n° 94-475 du 10 juin 1994.*

Est puni des peines prévues à l'alinéa précédent le fait, pour les personnes visées au premier alinéa, de ne pas maintenir les actions de numéraire en la forme nominative jusqu'à leur entière libération.

Les peines prévues au présent article peuvent être portées au double, lorsqu'il s'agit de sociétés anonymes faisant publiquement appel à l'épargne. – *[L. n° 66-537 du 24 juill. 1966, art. 432].*

Art. L. 242-2 Est puni d'un emprisonnement de cinq ans et d'une amende de 9 000 € le fait, pour toute personne :

1° *(Abrogé par L. n° 2001-420 du 15 mai 2001)* ***« Pour l'établissement du certificat du dépositaire constatant les souscriptions et les versements, d'affirmer sincères et véritables des souscriptions sachant qu'elles sont fictives ou de déclarer que les fonds qui n'ont pas été mis définitivement à la disposition de la société ont été effectivement versés, ou de remettre au dépositaire une liste des actionnaires mentionnant des souscriptions fictives ou le versement de fonds qui n'ont pas été mis définitivement à la disposition de la société ;***

« 2° (*Abrogé par L. n° 2001-420 du 15 mai 2001*) ***D'obtenir ou de tenter d'obtenir des souscriptions ou des versements par simulation de souscriptions ou de versements, ou par publication de souscriptions ou de versements qui n'existent pas ou de tous autres faits faux ;***

« 3° (*Abrogé par L. n° 2001-420 du 15 mai 2001*) ***De publier les noms des personnes désignées contrairement à la vérité comme étant ou devant être attachées à la société à un titre quelconque, pour provoquer des souscriptions ou des versements ;*** »

4° De faire attribuer frauduleusement à un apport en nature une évaluation supérieure à sa valeur réelle. – *[L. n° 66-537 du 24 juill. 1966, art. 433].*

Art. L. 242-3 Est puni d'un emprisonnement d'un an et d'une amende de 9 000 € le fait, pour les fondateurs, le président du conseil d'administration, les administrateurs ou les directeurs généraux d'une société anonyme, ainsi que pour les titulaires ou porteurs d'actions, de négocier :

1° Des actions de numéraire qui ne sont pas demeurées sous la forme nominative jusqu'à leur entière libération ;

2° Des actions de numéraire pour lesquelles le versement du quart n'a pas été effectué ;

3° (*Abrogé par L. n° 2001-420 du 15 mai 2001*) « ***Des promesses d'actions, sauf en ce qui concerne les promesses d'actions à créer à l'occasion d'une augmentation de capital dans une société dont les actions anciennes sont déjà admises aux négociations sur un marché réglementé.*** »– [L. n° 66-537 du 24 juill. 1966, art. 434].

Art. L. 242-4 Est puni des peines prévues à l'article L. 242-3 le fait, pour toute personne, d'avoir (*Abrogé par Ord. n° 2004-604 du 24 juin 2004, art. 50-II*) « ***soit participé aux négociations, soit*** » établi ou publié la valeur des actions ou promesses d'actions visées audit article. – *[L. n° 66-537 du 24 juill. 1966, art. 435].*

Art. L. 242-5 Est puni d'un emprisonnement de six mois et d'une amende de 9 000 € le fait d'accepter ou de conserver les fonctions de commissaire aux apports, nonobstant les incompatibilités et interdictions légales. – *[L. n° 66-537 du 24 juill. 1966, art. 436].*

SECTION II DES INFRACTIONS RELATIVES À LA DIRECTION ET À L'ADMINISTRATION

Art. L. 242-6 Est puni d'un emprisonnement de cinq ans et d'une amende de 375 000 € le fait pour :

1° Le président, les administrateurs ou les directeurs généraux d'une société anonyme d'opérer entre les actionnaires la répartition de dividendes fictifs, en l'absence d'inventaire, ou au moyen d'inventaires frauduleux ;

2° Le président, les administrateurs ou les directeurs généraux d'une société anonyme de publier ou présenter aux actionnaires, même en l'absence de toute distribution de dividendes, des comptes annuels ne donnant pas, pour chaque exercice, une image fidèle du résultat des opérations de l'exercice, de la situation financière et du patrimoine, à l'expiration de cette période, en vue de dissimuler la véritable situation de la société ;

3° Le président, les administrateurs ou les directeurs généraux d'une société anonyme de faire, de mauvaise foi, des biens ou du crédit de la société, un usage qu'ils savent contraire à l'intérêt de celle-ci, à des fins personnelles ou pour favoriser une autre société ou entreprise dans laquelle ils sont intéressés directement ou indirectement ;

4° Le président, les administrateurs ou les directeurs généraux d'une société anonyme de faire, de mauvaise foi, des pouvoirs qu'ils possèdent ou des voix dont ils disposent, en cette qualité, un usage qu'ils savent contraire aux intérêts de la société, à des fins personnelles ou pour favoriser une autre société ou entreprise dans laquelle ils sont intéressés directement ou indirectement. – *[L. n° 66-537 du 24 juill. 1966, art. 437].*

Art. L. 242-7 (Abrogé par Ord. n° 2004-274 du 25 mars 2004, art. 20-I) ***Est puni d'une amende de 3 750 € le fait, pour le président ou l'administrateur président de séance de ne pas constater les délibérations du conseil d'administration par des procès-verbaux formant un registre spécial tenu au siège de la société.*** – [L. n° 66-537 du 24 juill. 1966, art. 438].

Art. L. 242-8 **Est puni d'une amende de 9 000 € le fait, pour le président, les administrateurs ou les directeurs généraux d'une société anonyme, de ne pas, pour chaque exercice, dresser l'inventaire et établir des comptes annuels et un rapport de gestion.** – *[L. n° 66-537 du 24 juill. 1966, art. 439].*

SECTION III DES INFRACTIONS RELATIVES AUX ASSEMBLÉES D'ACTIONNAIRES

Art. L. 242-9 **Est puni d'un emprisonnement de deux ans et d'une amende de 9 000 € :**

1° Le fait d'empêcher un actionnaire de participer à une assemblée d'actionnaires ;

(Abrogé par L. n° 2003-706 du 1er août 2003) ***« 2° Le fait de participer au vote dans une assemblée d'actionnaires, directement ou par personne interposée, en se présentant faussement comme propriétaire d'actions ou de coupures d'actions ; »***

3° Le fait de se faire accorder, garantir ou promettre des avantages pour voter dans un certain sens ou pour ne pas participer au vote, ainsi que le fait d'accorder, garantir ou promettre ces avantages. – *[L. n° 66-537 du 24 juill. 1966, art. 440].*

Art. L. 242-10 **Est puni d'un emprisonnement de six mois et d'une amende de 9 000 € le fait, pour le président ou les administrateurs d'une société anonyme, de ne pas réunir l'assemblée générale ordinaire dans les six mois de la clôture de l'exercice ou, en cas de prolongation, dans le délai fixé par décision de justice ou de ne pas soumettre à l'approbation de ladite assemblée les comptes annuels et le rapport de gestion prévus à l'article L. 232-1.** – *[L. n° 66-537 du 24 juill. 1966, art. 441].*

Art. L. 242-11 *Abrogé par L. n° 2003-706 du 1er août 2003. – V. édition 2005* ***C. com.***

Art. L. 242-12 et L. 242-13 *Abrogés par Ord. n° 2004-274 du 25 mars 2004, art. 21-I. – V. édition 2005* ***C. com.*** *Cette abrogation est également applicable en Nouvelle-Calédonie et dans les îles Wallis-et-Futuna (Ord. n° 2004-274 du 25 mars 2004, art. 48-II et 49-II).*

Art. L. 242-14 *Abrogé par L. n° 2001-420 du 15 mai 2001. – V. édition 2005* ***C. com.***

Art. L. 242-15 **Est puni d'une amende de 3 750 € le fait, pour le président ou les administrateurs d'une société anonyme :**

(Abrogé par L. n° 2003-706 du 1er août 2003, art. 134-I) ***« 1° De ne pas faire tenir pour toute réunion de l'assemblée des actionnaires, une feuille de présence émargée par les actionnaires présents et les mandataires, certifiée exacte par le bureau de l'assemblée, et contenant :***

« *a) Les nom, prénom usuel et domicile de chaque actionnaire présent et le nombre d'actions dont il est titulaire, ainsi que le nombre de voix attaché à ces actions ;*

« *b) Les nom, prénom usuel et domicile de chaque mandataire et le nombre d'actions de ses mandants, ainsi que le nombre de voix attaché à ces actions ;*

« *c) Les nom, prénom usuel et domicile de chaque actionnaire représenté et le nombre d'actions dont il est titulaire, ainsi que le nombre de voix attaché à ces actions ou, à défaut de ces mentions, le nombre de pouvoirs donnés à chaque mandataire ;* »

2° De ne pas annexer à la feuille de présence les pouvoirs donnés à chaque mandataire ;

3° De ne pas procéder à la constatation des décisions de toute assemblée d'actionnaires par un procès-verbal signé des membres du bureau, *(Abrogé par Ord. n° 2004-274 du 25 mars 2004, art. 22-I)* « *conservé au siège social dans un recueil spécial et* » **mentionnant : la date et le lieu de la réunion, le mode de convocation, l'ordre du jour, la composition du bureau, le nombre d'actions participant au vote et le quorum atteint, les documents et rapports soumis à l'assemblée, un résumé des débats, le texte des résolutions mises aux voix et le résultat des votes.** – *[L. n° 66-537 du 24 juill. 1966, art. 447].*

Art. L. 242-16 *Abrogé par L. n° 2003-706 du 1er août 2003. - V. édition 2005* ***C. com.*** *- V. désormais art. L. 235-2-1.*

SECTION IV DES INFRACTIONS RELATIVES AUX MODIFICATIONS DU CAPITAL SOCIAL

SOUS-SECTION 1 DE L'AUGMENTATION DU CAPITAL

Art. L. 242-17 **I. – Est puni d'une amende de 9 000 € le fait, pour le président, les administrateurs ou les directeurs généraux d'une société anonyme, d'émettre, lors d'une augmentation de capital, des actions ou des coupures d'actions :**

1° Soit avant que le certificat du dépositaire ait été établi, ou le contrat de garantie prévu à l'article L. 225-145 signé ;

2° Soit encore sans que les formalités préalables à l'augmentation de capital aient été régulièrement accomplies.

II. – Un emprisonnement d'un an peut, en outre, être prononcé, si les actions ou coupures d'actions sont émises sans que le capital antérieurement souscrit de la société ait été intégralement libéré, ou sans que les nouvelles actions d'apport aient été intégralement libérées antérieurement à l'inscription modificative au registre du commerce et des sociétés, ou encore, sans que les actions de numéraire nouvelles aient été libérées, lors de la souscription, d'un quart au moins de leur valeur nominale et, le cas échéant, de la totalité de la prime d'émission.

III. – Est puni des peines d'amende et d'emprisonnement prévues au I et au II le fait, pour les mêmes personnes de ne pas maintenir les actions de numéraire en la forme nominative jusqu'à leur entière libération.

IV. – Les peines prévues au présent article peuvent être doublées, lorsqu'il s'agit de sociétés anonymes faisant publiquement appel à l'épargne.

V. – Les dispositions du présent article ne sont applicables ni aux actions qui ont été régulièrement émises par conversion d'obligations convertibles à tout moment,

ou par utilisation des bons de souscription, ni aux actions émises dans les conditions prévues aux articles L. 232-18 à L. 232-20. – *[L. nº 66-537 du 24 juill. 1966, art. 449].*

Art. L. 242-18 et L. 242-19 *Abrogés par L. nº 2003-706 du 1er août 2003. – V. édition 2005 C. com.*

Art. L. 242-20 Est puni d'un emprisonnement de deux ans et d'une amende de 18 000 € le fait, pour le président, les administrateurs ou les commissaires aux comptes d'une société anonyme, de donner ou confirmer des indications inexactes dans les rapports présentés à l'assemblée générale appelée à décider de la suppression du droit préférentiel de souscription des actionnaires. – *[L. nº 66-537 du 24 juill. 1966, art. 452].*

Art. L. 242-21 Les dispositions des articles L. 242-2 à L. 242-5 relatives à la constitution des sociétés anonymes sont applicables en cas d'augmentation de capital. – *[L. nº 66-537 du 24 juill. 1966, art. 452-1].*

SOUS-SECTION 2 DE L'AMORTISSEMENT DU CAPITAL

Art. L. 242-22 *Abrogé par L. nº 2001-420 du 15 mai 2001. – V. édition 2005 C. com.*

SOUS-SECTION 3 DE LA RÉDUCTION DU CAPITAL

Art. L. 242-23 Est puni d'une amende de 9 000 € le fait, pour le président ou les administrateurs d'une société anonyme, de procéder à une réduction du capital social :

1º Sans respecter l'égalité des actionnaires ;

2º Sans assurer la publicité de la décision de réduction du capital, au registre du commerce et des sociétés et dans un journal habilité à recevoir les annonces légales. – *[L. nº 66-537 du 24 juill. 1966, art. 454].*

Art. L. 242-24 Est puni de la peine prévue à l'article L. 242-23 le fait, pour le président, les administrateurs ou les directeurs généraux d'une société anonyme, de souscrire, acquérir, prendre en gage, conserver ou vendre, au nom de la société, des actions émises par celle-ci en violation des dispositions des articles L. 225-206 à L. 225-215.

Est passible de la même peine le fait, pour le président, les administrateurs ou les directeurs généraux, d'utiliser des actions achetées par la société, en application de l'article L. 225-208, à des fins autres que celles prévues audit article.

Est passible de la même peine le fait, pour le président, les administrateurs ou les directeurs généraux d'une société anonyme, d'effectuer, au nom de celle-ci, les opérations interdites par le premier alinéa de l'article L. 225-216. – *[L. nº 66-537 du 24 juill. 1966, art. 454-1].*

SECTION V DES INFRACTIONS RELATIVES AU CONTRÔLE

Art. L. 242-25 à L. 242-28 *Abrogés par L. nº 2001-420 du 15 mai 2001, art. 113 (III). – V. infra, art. L. 820-1 s.*

SECTION VI DES INFRACTIONS RELATIVES À LA DISSOLUTION

Art. L. 242-29 Est puni d'un emprisonnement de six mois et d'une amende de 4 500 € le fait, pour le président ou les administrateurs d'une société anonyme, lorsque les capitaux propres de la société, du fait de pertes constatées dans les documents comptables, deviennent inférieurs à la moitié du capital social :

1° De ne pas, dans les quatre mois qui suivent l'approbation des comptes ayant fait apparaître ces pertes, convoquer l'assemblée générale extraordinaire à l'effet de décider s'il y a lieu à dissolution anticipée de la société ;

2° De ne pas déposer au greffe du tribunal de commerce, inscrire au registre du commerce et des sociétés et publier dans un journal d'annonces légales la décision adoptée par l'assemblée générale. – *[L. n° 66-537 du 24 juill. 1966, art. 459].*

SECTION VII DES INFRACTIONS RELATIVES AUX SOCIÉTÉS ANONYMES COMPORTANT UN DIRECTOIRE ET UN CONSEIL DE SURVEILLANCE

Art. L. 242-30 Les peines prévues par les articles L. 242-6 à L. 242-29 *(Abrogé par L. n° 2003-721 du 1er août 2003 art. 9)* *« et L. 246-1 »* pour les présidents, les directeurs généraux et les administrateurs des sociétés anonymes sont applicables, selon leurs attributions respectives, aux membres du directoire et aux membres du conseil de surveillance des sociétés anonymes régies par les dispositions des articles L. 225-57 à L. 225-93.

Les dispositions de l'article L. 246-2 sont en outre applicables aux sociétés anonymes régies par les articles L. 225-57 à L. 225-93. – *[L. n° 66-537 du 24 juill. 1966, art. 464].*

SECTION VIII DES INFRACTIONS RELATIVES AUX SOCIÉTÉS ANONYMES À PARTICIPATION OUVRIÈRE

Art. L. 242-31 Est puni d'une amende de 3 750 € le fait, pour le président, les administrateurs ou les directeurs généraux d'une société anonyme à participation ouvrière, usant de la faculté d'émettre des actions de travail, de ne pas mentionner cette circonstance par l'addition des mots « à participation ouvrière » sur tous actes ou sur tous documents émanant de la société et destinés aux tiers. – *[L. 24 juill. 1867, art. 64, al. 2 et 3].*

CHAPITRE III DES INFRACTIONS CONCERNANT LES SOCIÉTÉS EN COMMANDITE PAR ACTIONS

Art. L. 243-1 Les articles L. 242-1 à L. 242-29 s'appliquent aux sociétés en commandite par actions.

Les peines prévues pour les présidents, les administrateurs ou les directeurs généraux des sociétés anonymes sont applicables, en ce qui concerne leurs attributions, aux gérants des sociétés en commandite par actions. – *[L. n° 66-537 du 24 juill. 1966, art. 460].*

Art. L. 243-2 *Abrogé par L. n° 2001-420 du 15 mai 2001. – V. édition 2005* **C. com.**

CHAPITRE IV DES INFRACTIONS CONCERNANT LES SOCIÉTÉS PAR ACTIONS SIMPLIFIÉES

Art. L. 244-1 Les articles L. 242-1 à L. 242-6, L. 242-8, L. 242-17 à L. 242-29 s'appliquent aux sociétés par actions simplifiées.

Les peines prévues pour le président, les administrateurs ou les directeurs généraux des sociétés anonymes sont applicables au président et aux dirigeants des sociétés par actions simplifiées.

Les articles L. 242-20, L. 242-26, et L. 242-27 s'appliquent aux commissaires aux comptes des sociétés par actions simplifiées. – [L. n° 66-537 du 24 juill. 1966, art. 464-1].

Art. L. 244-2 *(Abrogé par L. n° 2003-721 du 1er août 2003, art. 9)* ***« Est puni d'une amende de 3 750 € le fait, pour le président d'une société par actions simplifiée, d'omettre de mentionner, sur tous actes et sur tous documents émanant de la société et destinés aux tiers, l'indication de la dénomination sociale, précédée ou suivie immédiatement des mots : « société par actions simplifiée » ou des initiales : « SAS » et de l'énonciation du capital social. »*** – *[L. n° 66-537 du 24 juill. 1966, art. 464-2]. – V. art. L. 238-3.*

(L. n° 2001-420 du 15 mai 2001) « Le fait, pour un président ou un dirigeant de société par actions simplifiée de ne pas consulter les associés dans les conditions prévues par les statuts en cas d'augmentation, d'amortissement ou de réduction du capital, de fusion, de scission, de dissolution ou de transformation en une société d'une autre forme *(Abrogé par L. n° 2003-721 du 1er août 2003, art. 9)* ***« , de nomination de commissaires aux comptes, d'approbation des comptes annuels et de répartition des bénéfices »*** est puni de six mois d'emprisonnement et de 7 500 € d'amende. »

Art. L. 244-3 Est puni d'une amende de 18 000 € le fait, pour les dirigeants d'une société par actions simplifiée, de faire publiquement appel à l'épargne. – *[L. n° 66-537 du 24 juill. 1966, art. 464-3].*

Art. L. 244-4 Les dispositions des articles L. 244-1, L. 244-2 et L. 244-3 sont applicables à toute personne qui, directement ou par personne interposée, aura en fait exercé la direction d'une société par actions simplifiée sous le couvert ou au lieu et place du président et des dirigeants de cette société. – *[L. n° 66-537 du 24 juill. 1966, art. 464-4].*

CHAPITRE IV *bis* DES INFRACTIONS CONCERNANT LES SOCIÉTÉS EUROPÉENNES

(L. n° 2005-842 du 26 juill. 2005, art. 11-II)

Art. L. 244-5 *(L. n° 2005-842 du 26 juill. 2005, art. 11-II)* Les articles L. 242-1 à L. 242-30 s'appliquent aux sociétés européennes.

Les peines prévues pour le président, les administrateurs, les directeurs généraux, les membres du directoire ou les membres du conseil de surveillance des sociétés anonymes sont applicables au président, aux administrateurs, aux directeurs généraux, aux membres du directoire ou aux membres du conseil de surveillance des sociétés européennes.

L'article L. 242-20 s'applique aux commissaires aux comptes des sociétés européennes.

CHAPITRE V DES INFRACTIONS RELATIVES AUX VALEURS MOBILIÈRES ÉMISES PAR LES SOCIÉTÉS PAR ACTIONS

SECTION PREMIÈRE DES INFRACTIONS RELATIVES AUX ACTIONS

Art. L. 245-1 et L. 245-2 *Abrogés par L. nº 2001-420 du 15 mai 2001. – V. édition 2005* ***C. com.***

Art. L. 245-3 Sont punis d'un emprisonnement de six mois et d'une amende de 6 000 € le président et les administrateurs, les directeurs généraux, les membres du directoire et du conseil de surveillance d'une société anonyme, les gérants d'une société en commandite par actions :

(Abrogé par Ord. nº 2004-604 du 24 juin 2004, art. 50-III) ***« 1º Dont la société émet des actions à dividende prioritaire sans droit de vote dépassant le pourcentage fixé par l'article L. 228-12 ;***

« 2ºQui font obstacle à la désignation des mandataires représentant les titulaires d'actions à dividende prioritaire sans droit de vote et à l'exercice de leur mandat ;

3º Qui omettent de consulter, dans les conditions prévues aux articles L. 228-15, L. 228-16 et L. 228-19, une assemblée spéciale des titulaires d'actions à dividende prioritaire sans droit de vote ; »

(Ord. nº 2004-604 du 24 juin 2004, art. 50-III) « 1º » Dont la société procède à l'amortissement de son capital alors que la totalité des actions à dividende prioritaire sans droit de vote n'ont pas été intégralement rachetées et annulées ;

(Ord. nº 2004-604 du 24 juin 2004, art. 50-III) « 2º » Dont la société, en cas de réduction du capital non motivée par des pertes et réalisée selon les modalités prévues à l'article L. 225-207, ne rachète pas, en vue de leur annulation, les actions à dividende prioritaire sans droit de vote avant les actions ordinaires. – *[L. nº 66-537 du 24 juill. 1966, art. 467-1].*

Art. L. 245-4 Le fait, pour le président et les administrateurs, les directeurs généraux, les membres du directoire et du conseil de surveillance d'une société anonyme, les gérants des sociétés en commandite par actions, de détenir, directement ou indirectement dans les conditions prévues par l'article *(Ord. nº 2004-604 du 24 juin 2004, art. 38-II)* « L. 228-35-8 », des actions à dividende prioritaire sans droit de vote de la société qu'ils dirigent est puni des peines prévues à l'article L. 245-3. – *[L. nº 66-537 du 24 juill. 1966, art. 467-2].*

Art. L. 245-5 Est puni d'un emprisonnement de six mois et d'une amende de 6 000 € le fait, pour le liquidateur d'une société de ne pas respecter les dispositions de l'article L. 237-30. – *[L. nº 66-537 du 24 juill. 1966, art. 467-3].*

SECTION II DES INFRACTIONS RELATIVES AUX PARTS DE FONDATEUR

Art. L. 245-6 *Abrogé par L. nº 2001-420 du 15 mai 2001. – V. édition 2005* ***C. com.***

SECTION III DES INFRACTIONS RELATIVES AUX OBLIGATIONS

Art. L. 245-7 et L. 245-8 *Abrogés par L. nº 2001-420 du 15 mai 2001. – V. édition 2005* ***C. com.***

Art. L. 245-9 Est puni d'une amende de 9 000 € le fait, pour le président, les administrateurs, les directeurs généraux ou les gérants d'une société par actions *(Ord. n° 2004-274 du 25 mars 2004, art. 23-II)* « d'émettre, pour le compte de cette société, des obligations négociables qui, dans une même émission, ne confèrent pas les mêmes droits de créance pour une même valeur nominale. »

(Abrogé par Ord. n° 2004-274 du 25 mars 2004, art. 23-I) ***« 1° D'émettre, pour le compte de cette société, des obligations négociables qui, dans une même émission, ne confèrent pas les mêmes droits de créance pour une même valeur nominale ;***

« 2° D'émettre, pour le compte de cette société, des obligations négociables dont la valeur nominale est inférieure au minimum légal. » – [L. n° 66-537 du 24 juill. 1966, art. 471].

Art. L. 245-10 *Abrogé par L. n° 2003-706 du 1er août 2003, art. 134-I. – V. édition 2005 du code de commerce.*

Art. L. 245-11 Est puni d'un emprisonnement de deux ans et d'une amende de 9 000 € le fait :

1° D'empêcher un obligataire de participer à une assemblée générale d'obligataires ;

(Abrogé par Ord. n° 2004-604 du 24 juin 2004, art. 50-IV) ***« 2° De participer au vote dans une assemblée générale d'obligataires, directement ou par personne interposée, en se présentant faussement comme propriétaire d'obligations : »***

(Ord. n° 2004-604 du 24 juin 2004, art. 50-IV) « 2° » De se faire accorder, garantir ou promettre des avantages particuliers pour voter dans un certain sens ou pour ne pas participer au vote, ainsi que le fait d'accorder, garantir ou promettre ces avantages particuliers. – *[L. n° 66-537 du 24 juill. 1966, art. 473].*

Art. L. 245-12 Est puni d'une amende de 6 000 € le fait :

1° Pour le président, les administrateurs, les directeurs généraux, les gérants, les commissaires aux comptes, les membres du conseil de surveillance ou les employés de la société débitrice ou de la société garante de tout ou partie des engagements de la société débitrice ainsi que pour leurs ascendants, descendants ou conjoints de représenter des obligataires à leur assemblée générale, ou d'accepter d'être les représentants de la masse des obligataires ;

(Abrogé par Ord. n° 2004-604 du 24 juin 2004, art. 50-IV) ***« 2° Pour les personnes auxquelles l'exercice de la profession de banquier ou le droit de gérer ou d'administrer une société à un titre quelconque est interdit, de représenter les obligataires à l'assemblée des obligataires ou d'accepter d'être les représentants de la masse des obligataires ; »***

« 3° Pour les détenteurs d'obligations amorties et remboursées, de prendre part à l'assemblée des obligataires ;

« 4° Pour les détenteurs d'obligations amorties et non remboursées, de prendre part à l'assemblée des obligataires sans pouvoir invoquer, pour le non-remboursement, la défaillance de la société ou un litige relatif aux conditions de remboursement ;

« 5° Pour le président, les administrateurs, les directeurs généraux ou les gérants d'une société par actions, de prendre part à l'assemblée des obligataires à raison des obligations émises par cette société et rachetées par elle ; »

(Ord. n° 2004-604 du 24 juin 2004, art. 50-V) « 2° » Pour le président, les administrateurs, les directeurs généraux ou les gérants de sociétés détenant au moins 10 % du capital des sociétés débitrices, de prendre part à l'assemblée générale des obligataires à raison des obligations détenues par ces sociétés.– *[L. n° 66-537 du 24 juill. 1966, art. 474].*

Art. L. 245-13 Est puni d'une amende de 4 500 € le fait, pour le président de l'assemblée générale des obligataires, de ne pas procéder à la constatation des décisions de toute assemblée générale d'obligataires par procès-verbal, *(Abrogé par Ord. n° 2004-274 du 25 mars 2004, art. 22-II)* ***« transcrit sur un registre spécial tenu au siège social et »*** mentionnant la date et le lieu de la réunion, le mode de convoca-

tion, l'ordre du jour, la composition du bureau, le nombre d'obligataires participant au vote et le quorum atteint, les documents et rapports soumis à l'assemblée, un résumé des débats, le texte des résolutions mises aux voix et le résultat des votes. – *[L. n° 66-537 du 24 juill. 1966, art. 475].*

Art. L. 245-14 *Abrogé par L. n° 2003-706 du 1er août 2003. – V. édition 2005* **C. com.**

Art. L. 245-15 Les infractions prévues *(Ord. n° 2004-604 du 24 juin 2004, art. 50-VI)* **« aux articles L. 245-9, » L. 245-12,** *(L. n° 2003-706 du 1er août 2003)* **« et L. 245-13 » sont punies de cinq ans d'emprisonnement et de 18 000 € d'amende lorsqu'elles ont été commises frauduleusement en vue de priver les obligataires ou certains d'entre eux d'une part des droits attachés à leur titre de créance.** – *[L. n° 66-537 du 24 juill. 1966, art. 477].*

● SECTION IV DISPOSITIONS COMMUNES

Art. L. 245-16 Les dispositions du présent chapitre visant le président, les administrateurs, les directeurs généraux et les gérants de sociétés par actions sont applicables à toute personne qui, directement ou par personne interposée, aura, en fait, exercé la direction, l'administration ou la gestion desdites sociétés sous le couvert ou au lieu et place de leurs représentants légaux. – *[L. n° 66-537 du 24 juill. 1966, art. 478].*

● SECTION V DES INFRACTIONS RELATIVES AUX SOCIÉTÉS ANONYMES COMPORTANT UN DIRECTOIRE ET UN CONSEIL DE SURVEILLANCE

Art. L. 245-17 Les peines prévues par les articles L. 245-1 à L. 245-15 pour les présidents, les directeurs généraux et les administrateurs des sociétés anonymes sont applicables, selon leurs attributions respectives, aux membres du directoire et aux membres du conseil de surveillance des sociétés anonymes régies par les dispositions des articles L. 225-57 à L. 225-93.

Les dispositions de l'article L. 245-16 sont en outre applicables aux sociétés anonymes régies par les articles L. 225-57 à L. 225-93. – *[L. n° 66-537 du 24 juill. 1966, art. 479].*

● CHAPITRE VI DES INFRACTIONS COMMUNES AUX DIVERSES FORMES DE SOCIÉTÉS PAR ACTIONS

Art. L. 246-1 *Abrogé par L. n° 2003-721 du 1er août 2003, art. 9. – V. édition 2005* **C. com.**

Art. L. 246-2 Les dispositions des articles L. 242-1 à L. 242-29 *(L. n° 2005-842 du 26 juill. 2005, art. 11-II)* **« , L. 243-1 et L. 244-5 » visant le président, les administrateurs ou les directeurs généraux de sociétés anonymes** *(L. n° 2005-842 du 26 juill. 2005, art. 11-II)* **« ou de sociétés européennes » et les gérants de sociétés en commandite par actions sont applicables à toute personne qui, directement ou par personne interposée, a, en fait, exercé la direction, l'administration ou la gestion desdites sociétés sous le couvert ou au lieu et place de leurs représentants légaux.** – *[L. n° 66-537 du 24 juill. 1966, art. 463].*

CHAPITRE VII DES INFRACTIONS COMMUNES AUX DIVERSES FORMES DE SOCIÉTÉS COMMERCIALES

SECTION PREMIÈRE DES INFRACTIONS RELATIVES AUX FILIALES, AUX PARTICIPATIONS ET AUX SOCIÉTÉS CONTRÔLÉES

Art. L. 247-1 I. – Est puni d'un emprisonnement de deux ans et d'une amende de 9 000 € le fait, pour les présidents, les administrateurs, les directeurs généraux ou les gérants de toute société :

1° De ne pas faire mention dans le rapport annuel présenté aux associés sur les opérations de l'exercice, d'une prise de participation dans une société ayant son siège sur le territoire de la République française représentant plus du vingtième, du dixième, du cinquième, du tiers, de la moitié ou des deux tiers du capital ou des droits de vote aux assemblées générales de cette société ou de la prise de contrôle d'une telle société ;

2° De ne pas, dans le même rapport, rendre compte de l'activité et des résultats de l'ensemble de la société, des filiales de la société et des sociétés qu'elle contrôle par branche d'activité ;

3° De ne pas annexer au bilan de la société le tableau prévu à l'article L. 233-15 et comportant les renseignements en vue de faire apparaître la situation desdites filiales et participations.

II. – Est puni d'une amende de 9 000 € le fait, pour les membres du directoire, du conseil d'administration ou les gérants des sociétés visées à l'article L. 233-16, sous réserve des dérogations prévues à l'article L. 233-17, de ne pas établir et adresser aux actionnaires ou associés, dans les délais prévus par la loi, les comptes consolidés. Le tribunal peut en outre ordonner l'insertion du jugement, aux frais du condamné, dans un ou plusieurs journaux.

III. – Est puni des peines mentionnées au I le fait, pour le commissaire aux comptes, de ne pas faire figurer dans son rapport les mentions visées au 1° du I du présent article. – *[L. nº 66-537 du 24 juill. 1966, art. 481].*

Art. L. 247-2 I. – Est puni d'une amende de 18 000 € le fait, pour les présidents, les administrateurs, les membres du directoire, les gérants ou les directeurs généraux des personnes morales, ainsi que pour les personnes physiques de s'abstenir de remplir les obligations d'informations auxquelles cette personne est tenue, en application de l'article L. 233-7, du fait des participations qu'elle détient.

II. – Est puni de la même peine le fait, pour les présidents, les administrateurs, les membres du directoire, les gérants ou les directeurs généraux d'une société, de s'abstenir de procéder aux notifications auxquelles cette société est tenue, en application de l'article L. 233-12, du fait des participations qu'elle détient dans la société par actions qui la contrôle.

III. – Est puni de la même peine le fait, pour les présidents, les administrateurs, les membres du directoire, les gérants ou les directeurs généraux d'une société, d'omettre de faire mention dans le rapport présenté aux actionnaires sur les opérations de l'exercice de l'identité des personnes détenant des participations significatives dans cette société, des modifications intervenues au cours de l'exercice, du nom des sociétés contrôlées et de la part du capital de la société que ces sociétés détiennent, dans les conditions prévues par l'article L. 233-13.

IV. – Est puni de la même peine le fait, pour le commissaire aux comptes, d'omettre dans son rapport les mentions visées au III.

V. – Pour les sociétés faisant publiquement appel à l'épargne, les poursuites sont engagées après que l'avis de *(L. n° 2003-706 du 1er août 2003, art. 46-V)* « l'Autorité des marchés financiers » a été demandé. – *[L. n° 66-537 du 24 juill. 1966, art. 481-1]*.

Art. L. 247-3 Est puni d'une amende de 18 000 € le fait, pour les présidents, les administrateurs, les membres du directoire, les directeurs généraux ou les gérants de sociétés, de contrevenir aux dispositions des articles L. 233-29 à L. 233-31.

Pour les sociétés faisant publiquement appel à l'épargne, les poursuites pour infraction aux dispositions de l'article L. 233-31 sont engagées après que l'avis de *(L. n° 2003-706 du 1er août 2003, art. 46-V)* « l'Autorité des marchés financiers » a été demandé. – *[L. n° 66-537 du 24 juill. 1966, art. 482]*.

SECTION II DES INFRACTIONS RELATIVES À LA PUBLICITÉ

Art. L. 247-4 Est puni d'une amende de 9 000 € le fait pour toute personne de ne pas satisfaire aux obligations résultant de l'article L. 225-109 dans le délai et suivant les modalités fixées par décret en Conseil d'État. – *[L. n° 66-537 du 24 juill. 1966, art. 485-1]*.

SECTION III DES INFRACTIONS RELATIVES À LA LIQUIDATION

Art. L. 247-5 Est puni d'un emprisonnement de deux ans et d'une amende 9 000 € le fait de contrevenir à l'interdiction d'exercer les fonctions de liquidateur.

Quiconque est condamné par application de l'alinéa précédent ne peut plus être employé, à quelque titre que ce soit, par la société dans laquelle il a exercé les fonctions prohibées. En cas d'infraction à cette interdiction, la personne condamnée et son employeur, si ce dernier en a eu connaissance, sont punis des peines prévues audit alinéa. – *[L. n° 66-537 du 24 juill. 1966, art. 498, al. 2 et 3]*.

Art. L. 247-6 Est puni d'un emprisonnement de six mois et d'une amende de 9 000 € le fait, pour le liquidateur d'une société :

1° De ne pas publier dans le délai d'un mois de sa nomination, dans un journal d'annonces légales dans le département du siège social, l'acte le nommant liquidateur et déposer au registre du commerce et des sociétés les décisions prononçant la dissolution ;

2° De ne pas convoquer les associés, en fin de liquidation, pour statuer sur le compte définitif, sur le quitus de sa gestion et la décharge de son mandat, et pour constater la clôture de la liquidation, ou de ne pas, dans le cas prévu à l'article L. 237-10, déposer ses comptes au greffe du tribunal ni demander en justice l'approbation de ceux-ci. – *[L. n° 66-537 du 24 juill. 1966, art. 486]*.

Art. L. 247-7 Est puni des peines prévues à l'article L. 247-6, au cas où la liquidation d'une société intervient conformément aux dispositions des articles L. 237-14 à L. 237-31, le fait pour un liquidateur :

1° De ne pas présenter, dans les six mois de sa nomination, un rapport sur la situation active et passive, sur la poursuite des opérations de liquidation, ni solliciter les autorisations nécessaires pour les terminer ;

2° De ne pas établir les comptes annuels au vu de l'inventaire et un rapport écrit dans lequel il rend compte des opérations de liquidation au cours de l'exercice écoulé, dans les trois mois de la clôture de chaque exercice ;

*3° (Abrogé par L. n° 2001-420 du 15 mai 2001) **« De ne pas permettre aux associés d'exercer, en période de liquidation, leur droit de communication des documents sociaux dans les mêmes conditions qu'antérieurement ; »***

(Abrogé par L. n° 2003-706 du 1er août 2003) **« 4° *De ne pas convoquer au moins une fois par an les associés pour leur rendre des comptes annuels, en cas de continuation de l'exploitation sociale ;***

« 5° *De continuer d'exercer ses fonctions à l'expiration de son mandat, sans en demander le renouvellement ;* » – *V. art. L. 238-2.*

6° De ne pas déposer à un compte ouvert dans un établissement de crédit au nom de la société en liquidation, dans le délai de quinze jours à compter de la décision de répartition, les sommes affectées aux répartitions entre les associés et les créanciers, ou de ne pas déposer à la Caisse des dépôts et consignations, dans le délai d'un an à compter de la clôture de la liquidation, les sommes attribuées à des créanciers ou à des associés et non réclamées par eux. – *[L. n° 66-537 du 24 juill. 1966, art. 487].*

Art. L. 247-8 Est puni d'un emprisonnement de cinq ans et d'une amende de 9 000 € le fait, pour un liquidateur, de mauvaise foi :

1° De faire des biens ou du crédit de la société en liquidation, un usage qu'il sait contraire à l'intérêt de celle-ci, à des fins personnelles ou pour favoriser une autre société ou entreprise dans laquelle il est intéressé directement ou indirectement ;

2° De céder tout ou partie de l'actif de la société en liquidation contrairement aux dispositions des articles L. 237-6 et L. 237-7. – *[L. n° 66-537 du 24 juill. 1966, art. 488].*

SECTION IV DES INFRACTIONS RELATIVES AUX SOCIÉTÉS ANONYMES COMPORTANT UN DIRECTOIRE ET UN CONSEIL DE SURVEILLANCE

Art. L. 247-9 Les peines prévues par les articles L. 247-1 à L. 247-4 pour les présidents, les directeurs généraux et les administrateurs de sociétés anonymes, sont applicables, selon leurs attributions respectives, aux membres du directoire et aux membres du conseil de surveillance des sociétés anonymes régies par les dispositions des articles L. 225-57 à L. 225-93. – *[L. n° 66-537 du 24 juill. 1966, art. 489].*

SECTION V DES INFRACTIONS RELATIVES AUX SOCIÉTÉS À CAPITAL VARIABLE

Art. L. 247-10 Est puni d'une amende de 3 750 € le fait, pour le président, le gérant ou, de façon générale, le dirigeant d'une société usant de la faculté prévue à l'article L. 231-1 de ne pas mentionner cette circonstance par l'addition des mots « à capital variable » sur tous actes et sur tous documents émanant de la société et destinés aux tiers. – *[L. 24 juill. 1867, art. 64, al. 1er et 3].*

CHAPITRE VIII DISPOSITIONS CONCERNANT LES DIRECTEURS GÉNÉRAUX DÉLÉGUÉS DES SOCIÉTÉS ANONYMES OU DES SOCIÉTÉS EUROPÉENNES

(L. n° 2005-842 du 26 juill. 2005, art. 11-II).

Art. L. 248-1 Les dispositions du présent titre visant les directeurs généraux des sociétés anonymes *(L. n° 2005-842 du 26 juill. 2005, art. 11-II)* **« ou des sociétés européennes » sont applicables, selon leurs attributions respectives, aux directeurs généraux délégués.**

TITRE CINQUIÈME DES GROUPEMENTS D'INTÉRÊT ÉCONOMIQUE

CHAPITRE PREMIER DU GROUPEMENT D'INTÉRÊT ÉCONOMIQUE DE DROIT FRANÇAIS

RÉP. SOCIÉTÉS v° *Groupement d'intérêt économique*, par GUYON.

BIBL. GÉN. ▶ GUYÉNOT, *D. 1969. L. 187 ; D. 1972. Chron. 13* (créances des tiers). – GUYON, *Rev. sociétés 1978. 25*. – LAVABRE, *D. 1969. Chron. 35 ; D. 1973. Chron. 223* (participation des coopératives agricoles). – GEISENBERGER, *Rev. sociétés 1971. 339* (GIE et sociétés de fait). – BONNEAU, *ibid. 1974. 43* (GIE et sociétés agricoles). – CHARTIER, *ibid. 1974. 601* (GIE et sociétés coopératives). – TROCHON, *D. Affaires 1996. 699* (coopérations industrielles européennes). – BABANDO, *Le Moniteur 29 janv. 1999, p. 44* (modes d'utilisation d'un GIE). – BAHANS et MENJUCQ, *JCP E 1999, n° 39, p. 1521* (formalités constitutives d'un GEIE). – Réforme du 13 juin 1989 : GUYON, *ALD 1989. 169*. – LEPELTIER, *Bull. Joly 1989. 939*.

Pour des annotations de jurisprudence relatives aux art. L. 251-1 s., V. ***C. sociétés.***

Art. L. 251-1 Deux ou plusieurs personnes physiques ou morales peuvent constituer entre elles un groupement d'intérêt économique pour une durée déterminée.

Le but du groupement est de faciliter ou de développer l'activité économique de ses membres, d'améliorer ou d'accroître les résultats de cette activité. Il n'est pas de réaliser des bénéfices pour lui-même.

Son activité doit se rattacher à l'activité économique de ses membres et ne peut avoir qu'un caractère auxiliaire par rapport à celle-ci. – *[Ord. n° 67-821 du 23 sept. 1967, art. 1er].*

Art. L. 251-2 Les personnes exerçant une profession libérale soumise à un statut législatif ou réglementaire ou dont le titre est protégé peuvent constituer un groupement d'intérêt économique ou y participer. – *[Ord. n° 67-821 du 23 sept. 1967, art. 1er -1].*

Peuvent être membres d'un groupement d'intérêt économique : les avocats (L. n° 70-1130 du 31 déc. 1970, art. 7 et 8, mod., à compter du 1er janv. 1992, par L. n° 90-1259 du 31 déc. 1990, art. 6 et 7). — ... les notaires (Ord. n° 45-2590 du 2 nov. 1945, art. 1er bis, aj., à compter du 1er janv. 1992, par L. n° 90-1259 du 31 déc. 1990, art. 45). — ... les administrateurs judiciaires et les mandataires judiciaires (C. com., art. L. 811-7 et L. 812-5). — ... les greffiers des tribunaux de commerce (COJ., art. L. 821-1, mod., à compter du 1er janv. 1992, par L. n° 90-1259 du 31 déc. 1990, art. 61).

Art. L. 251-3 Le groupement d'intérêt économique peut être constitué sans capital.

Les droits de ses membres ne peuvent être représentés par des titres négociables. Toute clause contraire est réputée non écrite. – *[Ord. n° 67-821 du 23 sept. 1967, art. 2].*

BIBL. ▶ RICHARD, *JCP 1990. I. 3435* (sort des résultats depuis la loi du 13 juin 1989).

Art. L. 251-4 Le groupement d'intérêt économique jouit de la personnalité morale et de la pleine capacité à dater de son immatriculation au registre du commerce et des sociétés, sans que cette immatriculation emporte présomption de commercialité du groupement. Le groupement d'intérêt économique dont l'objet est commercial peut faire de manière habituelle et à titre principal tous actes de commerce pour son propre compte. Il peut être titulaire d'un bail commercial.

Les personnes qui ont agi au nom d'un groupement d'intérêt économique en formation avant qu'il ait acquis la jouissance de la personnalité morale sont tenues, solidairement et indéfiniment, des actes ainsi accomplis, à moins que le groupe-

ment, après avoir été régulièrement constitué et immatriculé, ne reprenne les engagements souscrits. Ces engagements sont alors réputés avoir été souscrits dès l'origine par le groupement. – *[Ord. n° 67-821 du 23 sept. 1967, art. 3].*

Art. L. 251-5 La nullité du groupement d'intérêt économique ainsi que des actes ou délibérations de celui-ci ne peut résulter que de la violation des dispositions impératives du présent chapitre, ou de l'une des causes de nullité des contrats en général.

L'action en nullité est éteinte lorsque la cause de la nullité a cessé d'exister le jour où le tribunal statue sur le fond en première instance, sauf si cette nullité est fondée sur l'illicéité de l'objet du groupement.

Les articles 1844-12 *(L. n° 2003-7 du 3 janv. 2003)* « à » 1844-17 du code civil sont applicables aux groupements d'intérêt économique. – *[Ord. n° 67-821 du 23 sept. 1967, art. 3-1]. – V. ces art., infra, App., v° Sociétés commerciales.*

Sur la rédaction de l'art. L. 251-5 antérieure à la L. n° 2003-7 du 3 janv. 2003 qui ne visait que les art. 1844-12 « et » 1844-17 C. civ., V. Versailles, 7 mars 2002 : BRDA 2002, n° 9, p. 4.

Art. L. 251-6 Les membres du groupement sont tenus des dettes de celui-ci sur leur patrimoine propre. Toutefois, un nouveau membre peut, si le contrat le permet, être exonéré des dettes nées antérieurement à son entrée dans le groupement. La décision d'exonération doit être publiée. Ils sont solidaires, sauf convention contraire avec le tiers cocontractant.

Les créanciers du groupement ne peuvent poursuivre le paiement des dettes contre un membre qu'après avoir vainement mis en demeure le groupement par acte extrajudiciaire. – *[Ord. n° 67-821 du 23 sept. 1967, art. 4].*

V. supra, C. com., art. L. 225-127.

Art. L. 251-7 Le groupement d'intérêt économique peut émettre des obligations, aux conditions générales d'émission de ces titres par les sociétés, s'il est lui-même composé exclusivement de sociétés qui satisfont aux conditions prévues par le présent livre pour l'émission d'obligations.

Le groupement d'intérêt économique peut également émettre des obligations aux conditions générales d'émission de ces titres prévues par la loi n° 85-698 du 11 juillet 1985 autorisant l'émission de valeurs mobilières par certaines associations s'il est lui-même composé exclusivement d'associations qui satisfont aux conditions prévues par cette loi pour l'émission d'obligations. – *[Ord. n° 67-821 du 23 sept. 1967, art. 5].*

Art. L. 251-8 I. – Le contrat de groupement d'intérêt économique détermine l'organisation du groupement, sous réserve des dispositions du présent chapitre. Il est établi par écrit et publié selon les modalités fixées par décret en Conseil d'État.

II. – Le contrat contient notamment les indications suivantes :

1° La dénomination du groupement ;

2° Les nom, raison sociale ou dénomination sociale, la forme juridique, l'adresse du domicile ou du siège social et, s'il y a lieu, le numéro d'identification de chacun des membres du groupement, ainsi que, selon le cas, la ville où se situe le greffe où il est immatriculé ou la ville où se situe la chambre des métiers où il est inscrit ;

3° La durée pour laquelle le groupement est constitué ;

4° L'objet du groupement ;

5° L'adresse du siège du groupement.

III. – Toutes les modifications du contrat sont établies et publiées dans les mêmes conditions que le contrat lui-même. Elles ne sont opposables aux tiers qu'à dater de cette publicité. – *[Ord. n° 67-821 du 23 sept. 1967, art. 6].*

Art. L. 251-9 Le groupement, au cours de son existence, peut accepter de nouveaux membres dans les conditions fixées par le contrat constitutif.

Tout membre du groupement peut se retirer dans les conditions prévues par le contrat, sous réserve qu'il ait exécuté ses obligations. — *[Ord. n° 67-821 du 23 sept. 1967, art. 7].*

Art. L. 251-10 L'assemblée des membres du groupement est habilitée à prendre toute décision, y compris de dissolution anticipée ou de prorogation, dans les conditions déterminées par le contrat. Celui-ci peut prévoir que toutes les décisions ou certaines d'entre elles seront prises aux conditions de quorum et de majorité qu'il fixe. Dans le silence du contrat, les décisions sont prises à l'unanimité.

Le contrat peut aussi attribuer à chaque membre un nombre de voix différent de celui attribué aux autres. A défaut, chaque membre dispose d'une voix.

L'assemblée est obligatoirement réunie à la demande d'un quart au moins des membres du groupement. — *[Ord. n° 67-821 du 23 sept. 1967, art. 8].*

Art. L. 251-11 Le groupement est administré par une ou plusieurs personnes. Une personne morale peut être nommée administrateur du groupement sous réserve qu'elle désigne un représentant permanent, qui encourt les mêmes responsabilités civile et pénale que s'il était administrateur en son nom propre. Le ou les administrateurs du groupement, et le représentant permanent de la personne morale nommée administrateur sont responsables individuellement ou solidairement selon le cas, envers le groupement ou envers les tiers, des infractions aux dispositions législatives et réglementaires applicables aux groupements, de la violation des statuts du groupement, ainsi que de leurs fautes de gestion. Si plusieurs administrateurs ont coopéré aux mêmes faits, le tribunal détermine la part contributive de chacun dans la réparation du dommage. Sous cette réserve, le contrat de groupement ou, à défaut, l'assemblée des membres organise librement l'administration du groupement et nomme les administrateurs dont il détermine les attributions, les pouvoirs et les conditions de révocation.

Dans les rapports avec les tiers, un administrateur engage le groupement par tout acte entrant dans l'objet de celui-ci. Toute limitation de pouvoirs est inopposable aux tiers. — *[Ord. n° 67-821 du 23 sept. 1967, art. 9].*

Art. L. 251-12 Le contrôle de la gestion, qui doit être confié à des personnes physiques, et le contrôle des comptes sont exercés dans les conditions prévues par le contrat constitutif du groupement.

Toutefois, lorsqu'un groupement émet des obligations dans les conditions prévues à l'article L. 251-7, le contrôle de la gestion doit être exercé par une ou plusieurs personnes physiques nommées par l'assemblée. La durée de leurs fonctions et leurs pouvoirs sont déterminés dans le contrat.

Le contrôle des comptes dans les groupements visés à l'alinéa précédent et dans les groupements qui comptent cent salariés ou plus à la clôture d'un exercice doit être exercé par un ou plusieurs commissaires aux comptes choisis sur la liste visée à l'article *(L. n° 2003-706 du 1er août 2003)* « L. 822-1 » et nommés par l'assemblée pour une durée de six exercices. Les dispositions du présent code concernant les incompatibilités, les pouvoirs, les fonctions, les obligations, la responsabilité, la récusation, la révocation, la rémunération du commissaire aux comptes des sociétés anonymes ainsi que les sanctions prévues par l'article L. 242-27 sont applicables aux commissaires des groupements d'intérêt économique, sous réserve des règles propres à ceux-ci.

Dans les cas prévus aux deux alinéas précédents, les dispositions des articles L. 242-25, L. 242-26 et L. 242-28, L. 245-8 à L. 245-17 sont applicables aux dirigeants du groupement, aux personnes physiques dirigeants des sociétés membres ou

représentants permanents des personnes morales dirigeants de ces sociétés. – *[Ord. n° 67-821 du 23 sept. 1967, art. 10]. – V. infra, note ss. art. L. 251-16.*

Art. L. 251-13 **Dans les groupements qui répondent à l'un des critères définis à l'article L. 232-2, les administrateurs sont tenus d'établir une situation de l'actif réalisable et disponible, valeurs d'exploitation exclues, et du passif exigible, un compte de résultat prévisionnel, un tableau de financement en même temps que le bilan annuel et un plan de financement prévisionnel.**

Un décret en Conseil d'État précise la périodicité, les délais et les modalités d'établissement de ces documents. – *[Ord. n° 67-821 du 23 sept. 1967, art. 10-1]. – V. infra, note ss. art. L. 251-16.*

Art. L. 251-14 **Les documents visés à l'article L. 251-13 sont analysés dans des rapports écrits sur l'évolution du groupement établis par les administrateurs. Les documents et rapports sont communiqués au commissaire aux comptes et au comité d'entreprise.**

En cas de non-observation des dispositions de l'article L. 251-13 et de l'alinéa précédent, ou si les informations données dans les rapports visés à l'alinéa précédent appellent des observations de sa part, le commissaire aux comptes le signale dans un rapport aux administrateurs ou dans le rapport annuel. Il peut demander que son rapport soit adressé aux membres du groupement ou qu'il en soit donné connaissance à l'assemblée de ceux-ci. Ce rapport est communiqué au comité d'entreprise. – *[Ord. n° 67-821 du 23 sept. 1967, art. 10-2]. – V. infra, note ss. art. L. 251-16.*

Art. L. 251-15 **Lorsque le commissaire aux comptes relève, à l'occasion de l'exercice de sa mission, des faits de nature à compromettre la continuité de l'exploitation du groupement, il en informe les administrateurs, dans des conditions qui sont fixées par décret en Conseil d'État. Ceux-ci sont tenus de lui répondre sous quinze jours. La réponse est communiquée au comité d'entreprise. Le commissaire aux comptes en informe le président du tribunal.** – *V. Décr. n° 85-295 du 1er mars 1985, art. 21, infra ss. art. L. 251-16.*

En cas d'inobservation de ces dispositions, ou s'il constate qu'en dépit des décisions prises la continuité de l'exploitation demeure compromise, le commissaire aux comptes établit un rapport spécial et invite par écrit les administrateurs à faire délibérer la prochaine assemblée générale sur les faits relevés. Ce rapport est communiqué au comité d'entreprise.

Si, à l'issue de la réunion de l'assemblée générale, le commissaire aux comptes constate que les décisions prises ne permettent pas d'assurer la continuité de l'exploitation, il informe de ses démarches le président du tribunal et lui en communique les résultats. – *[Ord. n° 67-821 du 23 sept. 1967, art. 10-3].*

BIBL. ▶ BARBIÈRI, *Petites affiches 14 sept. 1994, p. 40.*

Art. L. 251-16 **Le comité d'entreprise ou, à défaut, les délégués du personnel exercent dans les groupements d'intérêt économique, les attributions prévues aux articles L. 422-4 et L. 432-5 du code du travail.**

Les administrateurs communiquent au commissaire aux comptes les demandes d'explication formées par le comité d'entreprise ou les délégués du personnel, les rapports qui leur sont adressés et les réponses qu'ils ont faites en application des articles L. 422-4 et L. 432-5 du code du travail. – *[Ord. n° 67-821 du 23 sept. 1967, art. 10-4].*

Pour application des art. L. 251-12 à L. 251-16, V. infra, Décr. n° 85-295 du 1er mars 1985, art. 19 à 21.

Décret nº 85-295 du 1er mars 1985,

Pris pour l'application de la loi nº 84-148 du 1er mars 1984 relative à la prévention et au règlement amiable des difficultés des entreprises.

CHAPITRE II. *DISPOSITIONS APPLICABLES AUX GROUPEMENTS D'INTÉRÊT ÉCONOMIQUE*

Art. 19 Le groupement d'intérêt économique cesse d'être assujetti à l'obligation de désigner un commissaire aux comptes en application des dispositions du troisième alinéa de l'article 10 de l'ordonnance nº 67-821 du 23 septembre 1967 *[C. com., art. L. 251-12]* dès lors qu'il compte moins de cent salariés pendant les deux exercices précédant l'expiration de son mandat.

20 *(Décr. nº 88-418 du 22 avr. 1988)* « Les dispositions des articles 244 à 244-5 » du décret nº 67-236 du modifié sur les sociétés commerciales sont applicables au groupement d'intérêt économique. Toutefois, les documents mentionnés à l'article 244-1 ainsi que les rapports mentionnés à l'article 244-2 sont établis par les administrateurs auxquels le commissaire aux comptes communique, le cas échéant, ses observations. — *V. ce texte, infra, App., vº Sociétés commerciales.*

Al. 2 abrogé par Décr. nº 88-418 du 22 avr. 1988, art. 28-II.

Lorsque le commissaire aux comptes demande par lettre recommandée avec demande d'avis de réception que son rapport prévu à l'article 244-5 du décret du 23 mars 1967 précité soit communiqué aux membres du groupement, les administrateurs procèdent à cette communication dans les huit jours de la réception de la demande. Le rapport est communiqué au comité d'entreprise dans le même délai.

21 *(Décr. nº 94-910 du 21 oct. 1994)* « L'information prévue à l'article 10-3 de l'ordonnance nº 67-821 du 23 septembre 1967 sur les groupements d'intérêt économique *[C. com., art. L. 251-15]* » que le commissaire aux comptes adresse aux administrateurs porte sur tout fait qu'il relève lors de l'examen des documents qui lui sont communiqués ou sur tout fait dont il a connaissance à l'occasion de l'exercice de sa mission.

(Décr. nº 94-910 du 21 oct. 1994) « Les administrateurs répondent par lettre recommandée avec demande d'avis de réception dans les quinze jours qui suivent la réception de l'information mentionnée ci-dessus et adressent copie de la demande et de sa réponse, dans les mêmes formes et les mêmes délais, au comité d'entreprise. Dans leur réponse, ils donnent une analyse de la situation et précisent, le cas échéant, les mesures envisagées. Le commissaire aux comptes informe immédiatement le président du tribunal compétent de l'existence de cette procédure par lettre remise en mains propres contre récépissé au président ou à son délégataire, ou par lettre recommandée avec demande d'avis de réception.

« La demande du commissaire aux comptes de communication du rapport qu'il a rédigé conformément au deuxième alinéa de l'article 10-3 précité *[C. com., art. L. 251-15]* est formulée par lettre recommandée avec demande d'avis de réception dans les quinze jours qui suivent la réception de la réponse des administrateurs. La demande du commissaire aux comptes et son rapport sont communiqués par les administrateurs au comité d'entreprise dans les quinze jours qui suivent la réception de cette demande.

« Lorsque, dans les conditions prévues au dernier alinéa de l'article 10-3 précité *[C. com., art. L. 251-15]*, le commissaire aux comptes informe de ses démarches le président du tribunal compétent, cette information doit être faite immédiatement par lettre recommandée avec demande d'avis de réception. Cette information comporte la copie de tous les documents utiles à l'information du président du tribunal ainsi que l'exposé des raisons qui l'ont conduit à constater l'insuffisance des décisions prises. » — *Le décret nº 94-910 du 21 oct. 1994 [JO 22 oct.], vu l'urgence, entre immédiatement en vigueur (art. 134).*

Art. L. 251-17 Les actes et documents émanant du groupement et destinés aux tiers, notamment les lettres, factures, annonces et publications diverses, doivent indiquer lisiblement la dénomination du groupement suivie des mots : « groupement d'intérêt économique » ou du sigle : « GIE ».

Toute infraction aux dispositions de l'alinéa ci-dessus est punie d'une amende de 3 750 €. – *[Ord. nº 67-821 du 23 sept. 1967, art. 11].*

Art. L. 251-18 Toute société ou association dont l'objet correspond à la définition du groupement d'intérêt économique peut être transformée en un tel groupement sans donner lieu à dissolution ni à création d'une personne morale nouvelle.

Un groupement d'intérêt économique peut être transformé en société en nom collectif sans donner lieu à dissolution ni à création d'une personne morale nouvelle. – *[Ord. nº 67-821 du 23 sept. 1967, art. 12].*

Pour la transformation d'un groupement d'intérêt économique en groupement européen d'intérêt économique, V. infra, art. L. 252-8. – Pour la transformation en société coopérative artisanale, V. L. nº 83-657 du 20 juill. 1983, art. 30, infra, App., vº Artisans.

Art. L. 251-19 Le groupement d'intérêt économique est dissous :

1° Par l'arrivée du terme ;

2° Par la réalisation ou l'extinction de son objet ;

3° Par la décision de ses membres dans les conditions prévues à l'article L. 251-10 ;

4° Par décision judiciaire, pour de justes motifs ;

5° Par le décès d'une personne physique ou par la dissolution d'une personne morale, membre du groupement, sauf stipulation contraire du contrat. – *[Ord. nº 67-821 du 23 sept. 1967, art. 13].*

Art. L. 251-20 Si l'un des membres est frappé d'incapacité, de faillite personnelle ou de l'interdiction de diriger, gérer, administrer ou contrôler une entreprise commerciale, quelle qu'en soit la forme, ou une personne morale de droit privé non commerçante, le groupement est dissous, à moins que sa continuation ne soit prévue par le contrat ou que les autres membres ne la décident à l'unanimité. – *[Ord. nº 67-821 du 23 sept. 1967, art. 14].*

Art. L. 251-21 La dissolution du groupement d'intérêt économique entraîne sa liquidation. La personnalité du groupement subsiste pour les besoins de la liquidation. – *[Ord. nº 67-821 du 23 sept. 1967, art. 15].*

Art. L. 251-22 La liquidation s'opère conformément aux dispositions du contrat. A défaut, un liquidateur est nommé par l'assemblée des membres du groupement ou, si l'assemblée n'a pu procéder à cette nomination, par décision de justice.

Après paiement des dettes, l'excédent d'actif est réparti entre les membres dans les conditions prévues par le contrat. A défaut, la répartition est faite par parts égales. – *[Ord. nº 67-821 du 23 sept. 1967, art. 16].*

Art. L. 251-23 L'appellation « groupement d'intérêt économique » et le sigle « GIE » ne peuvent être utilisés que par les groupements soumis aux dispositions du présent chapitre. L'emploi illicite de cette appellation, de ce sigle ou de toute expression de nature à prêter à confusion avec ceux-ci est puni d'un emprisonnement d'un an et d'une amende de 6 000 €.

Le tribunal peut, en outre, ordonner la publication du jugement, aux frais du condamné, dans trois journaux au maximum et son affichage dans les conditions prévues à l'article 131-35 du code pénal. – *[Ord. nº 67-821 du 23 sept. 1967, art. 17].*

CHAPITRE II DU GROUPEMENT EUROPÉEN D'INTÉRÊT ÉCONOMIQUE

BIBL. GÉN. ▶ GUYON, *ALD 1989. 169.* – VION, *Defrénois 1989. 945* (avec formules de statuts). – FERRET, *ibid. 1989. 407.* – IDOT et SAINT-ALARY HOUIN, *Petites affiches 4 oct. 1989.*

Art. L. 252-1 Les groupements européens d'intérêt économique immatriculés en France au registre du commerce et des sociétés ont la personnalité juridique dès leur immatriculation. – *[L. nº 89-377 du 13 juin 1989, art. 1er].*

Art. L. 252-2 Les groupements européens d'intérêt économique ont un caractère civil ou commercial selon leur objet. L'immatriculation n'emporte pas présomption de commercialité d'un groupement. – *[L. nº 89-377 du 13 juin 1989, art. 2].*

Art. L. 252-3 Les droits des membres du groupement ne peuvent être représentés par des titres négociables. – *[L. nº 89-377 du 13 juin 1989, art. 3].*

Art. L. 252-4 Les décisions collégiales du groupement européen d'intérêt économique sont prises par l'assemblée des membres du groupement. Toutefois, les statuts peuvent stipuler que ces décisions, ou certaines d'entre elles, peuvent être prises sous forme de consultation écrite. – *[L. nº 89-377 du 13 juin 1989, art. 4].*

Art. L. 252-5 Le ou les gérants d'un groupement européen d'intérêt économique sont responsables, individuellement ou solidairement selon le cas, envers le groupement ou envers les tiers, soit des infractions aux dispositions législatives ou réglementaires applicables au groupement, soit des violations des statuts, soit de leurs fautes de gestion. Si plusieurs gérants ont coopéré aux mêmes faits, le tribunal détermine la part contributive de chacun dans la réparation du dommage. – *[L. nº 89-377 du 13 juin 1989, art. 5].*

Art. L. 252-6 Une personne morale peut être nommée gérant d'un groupement européen d'intérêt économique. Lors de sa nomination, elle est tenue de désigner un représentant permanent qui encourt les mêmes responsabilités civile et pénale que s'il était gérant en son nom propre, sans préjudice de la responsabilité solidaire de la personne morale qu'il représente. – *[L. nº 89-377 du 13 juin 1989, art. 6].*

Art. L. 252-7 Les dispositions du chapitre précédent applicables aux groupements d'intérêt économique de droit français relatives aux obligations comptables, au contrôle des comptes et à la liquidation sont applicables aux groupements européens d'intérêt économique. – *[L. nº 89-377 du 13 juin 1989, art. 7]. – V. art. L. 251-12 à L. 251-16, L. 251-21 et L. 251-22. – Pour les groupements de nature civile, V. infra, art. L. 612-1.*

Art. L. 252-8 Toute société ou association, tout groupement d'intérêt économique peut être transformé en un groupement européen d'intérêt économique sans donner lieu à dissolution ni à création d'une personne morale nouvelle.

Un groupement européen d'intérêt économique peut être transformé en un groupement d'intérêt économique de droit français ou une société en nom collectif, sans donner lieu à dissolution ni à création d'une personne morale nouvelle. – *[L. nº 89-377 du 13 juin 1989, art. 8].*

Art. L. 252-9 La nullité du groupement européen d'intérêt économique ainsi que des actes ou délibérations de celui-ci ne peut résulter que de la violation des dispositions impératives du règlement nº 2137-85 du 25 juillet 1985 du Conseil des Communautés européennes, ou des dispositions du présent chapitre ou de l'une des causes de nullité des contrats en général.

L'action en nullité est éteinte lorsque la cause de la nullité a cessé d'exister le jour où le tribunal statue sur le fond en première instance, sauf si cette nullité est fondée sur l'illicéité de l'objet du groupement.

Il est fait application des articles 1844-12 à 1844-17 du code civil. – *[L. n° 89-377 du 13 juin 1989, art. 9]. – V. ces art. infra, App., v° Sociétés commerciales.*

Art. L. 252-10 Les groupements européens d'intérêt économique ne peuvent, à peine de nullité des contrats conclus ou des titres émis, faire publiquement appel à l'épargne.

Est puni d'un emprisonnement de deux ans et d'une amende de 300 000 € le fait, pour le ou les gérants d'un groupement européen d'intérêt économique ou le représentant permanent d'une personne morale gérant d'un groupement européen d'intérêt économique de faire appel public à l'épargne. – *[L. n° 89-377 du 13 juin 1989, art. 10]. – V. C. mon. fin., art. L. 642-3, infra, App., v° Code monétaire et financier (extraits).*

Art. L. 252-11 L'utilisation dans les rapports avec les tiers de tous actes, lettres, notes et documents similaires ne comportant pas les mentions prescrites par l'article 25 du règlement n° 2137-85 du 25 juillet 1985 du Conseil des Communautés européennes est punie des peines prévues à l'article L. 251-17. – *[L. n° 89-377 du 13 juin 1989, art. 11]. – V. Règlement n° 2137-85 du 25 juill. 1985, art. 25, infra, ss. art. L. 252-13 et art. L. 251-17.*

Art. L. 252-12 L'appellation « groupement européen d'intérêt économique » et le sigle « GEIE » ne peuvent être utilisés que par les groupements soumis aux dispositions du règlement n° 2137-85 du 25 juillet 1985 du Conseil des Communautés européennes. L'emploi illicite de cette appellation ou de ce sigle ou de toute expression de nature à prêter à confusion avec ceux-ci est puni des peines prévues à l'article L. 251-23. – *[L. n° 89-377 du 13 juin 1989, art. 12].*

Art. L. 252-13 *Abrogé par Ord. n° 2005-1126 du 8 sept. 2005, art. 20-III.*

Règlement CEE n° 2137-85 du 25 juillet 1985,

Relatif à l'institution d'un groupement européen d'intérêt économique (GEIE) (JOCE n° L 199 du 31 juill.).

RÉP. SOCIÉTÉS v° *Groupement européen d'intérêt économique*, par WOODLAND.

BIBL. GÉN. ▶ PÉTELAUD, *Rev. sociétés 1986. 191.* – WOODLAND, *JCP 1986. I. 3247.* – GAVALDA, *Mélanges Derruppé, p. 37.* – TROCHON, *D. Affaires 1996. 699* (coopérations industrielles européennes). – BAHANS et MENJUCQ, *JCP N 1999, n° 47, Conseils, p. 1707* (formalités constitutives).

Art. 1er 1. Les groupements européens d'intérêt économique sont constitués dans les conditions, selon les modalités et avec les effets prévus par le présent règlement.

A cette fin, ceux qui entendent constituer un groupement doivent conclure un contrat et faire procéder à l'immatriculation prévue à l'article 6.

2. Le groupement ainsi constitué a la capacité, en son propre nom, d'être titulaire de droits et d'obligations de toute nature, de passer des contrats ou d'accomplir d'autres actes juridiques et d'ester en justice, à dater de l'immatriculation prévue à l'article 6.

3. Les États membres déterminent si les groupements immatriculés à leurs registres en vertu de l'article 6 ont ou non la personnalité juridique. – *V. supra, C. com., art. L. 252-1.*

2 1. Sous réserve des dispositions du présent règlement, la loi applicable, d'une part au contrat de groupement, sauf pour les questions relatives à l'état et à la capacité des personnes physiques et à la capacité des personnes morales, d'autre part au fonctionnement interne du groupement, est la loi interne de l'État du siège fixé par le contrat de groupement.

2. Lorsqu'un État comprend plusieurs unités territoriales dont chacune a ses propres règles applicables aux matières visées au paragraphe 1, chaque unité territoriale est considérée comme un État aux fins de la détermination de la loi applicable selon le présent article.

3 1. Le but du groupement est de faciliter ou de développer l'activité économique de ses membres, d'améliorer ou d'accroître les résultats de cette activité ; il n'est pas de réaliser des bénéfices pour lui-même.

Son activité doit se rattacher à l'activité économique de ses membres et ne peut avoir qu'un caractère auxiliaire par rapport à celle-ci.

2. En conséquence, le groupement ne peut :

a) exercer, directement ou indirectement, le pouvoir de direction ou de contrôle des activités propres de ses membres ou des activités d'une autre entreprise, notamment dans les domaines relatifs au personnel, aux finances et aux investissements ;

b) détenir, directement ou indirectement, à quelque titre que ce soit, aucune part ou action, quelle qu'en soit la forme, dans une entreprise membre ; la détention de parts ou d'actions dans une autre entreprise n'est possible que dans la mesure où elle est nécessaire pour atteindre l'objectif du groupement et où elle a lieu pour le compte de ses membres ;

c) employer plus de cinq cents salariés ;

d) être utilisé par une société pour faire un prêt à un dirigeant d'une société, ou à toute personne liée à lui, lorsque de tels prêts sont sujets à restriction ou à contrôle selon les lois des États membres applicables aux sociétés ; un groupement ne doit pas non plus être utilisé pour le transfert d'un bien entre une société et un dirigeant, ou toute personne liée à lui, sauf dans la mesure permise par les lois des États membres applicables aux sociétés. Aux fins de la présente disposition, le prêt englobe toute opération d'effet similaire et le bien peut avoir un caractère mobilier ou immobilier ;

e) être membre d'un autre groupement européen d'intérêt économique.

4 1. Peuvent seules être membres d'un groupement :

a) les sociétés, au sens de l'article 58 deuxième alinéa du traité *[devenu art. 48, al. 2]*, ainsi que les autres entités juridiques de droit public ou privé, constituées en conformité avec la législation d'un État membre, qui ont leur siège statutaire ou légal et leur administration centrale dans la Communauté ; lorsque, selon la législation d'un État membre, une société ou autre entité juridique n'est pas tenue d'avoir un siège statutaire ou légal, il suffit que cette société ou autre entité juridique ait son administration centrale dans la Communauté ;

b) les personnes physiques exerçant une activité industrielle, commerciale, artisanale, agricole, de profession libérale ou d'autres services dans la Communauté.

2. Un groupement doit être composé au moins :

a) de deux sociétés ou autres entités juridiques, au sens du paragraphe 1, ayant leur administration centrale dans des États membres différents ;

b) de deux personnes physiques, au sens du paragraphe 1, exerçant leur activité à titre principal dans des États membres différents ;

c) au sens du paragraphe 1, d'une société ou d'une autre entité juridique et d'une personne physique, dont la première a son administration centrale dans un État membre et la seconde exerce son activité à titre principal dans un État membre différent.

3. Un État membre peut prévoir que les groupements immatriculés à ses registres conformément à l'article 6 ne peuvent avoir plus de vingt membres. A cette fin, cet État membre peut prévoir que, conformément à sa législation, chaque membre d'une entité juridique constituée en conformité avec sa législation, autre qu'une société immatriculée, soit traité comme membre individuel du groupement.

4. Tout État membre est autorisé à exclure ou restreindre, pour des raisons tenant à son intérêt public, la participation de certaines catégories de personnes physiques, de sociétés ou d'autres entités juridiques à tout groupement.

Peuvent être membres d'un groupement européen d'intérêt économique : les avocats (L. n° 70-1130 du 31 déc. 1970, art. 7 et 8, mod., à compter du 1er janv. 1992, par L. n° 90-1259 du 31 déc. 1990, art. 6 et 7). — ... les notaires (Ord. n° 45-2590 du 2 nov. 1945, art. 1er bis, aj., à compter du 1er janv. 1992, par L. n° 90-1259 du 31 déc. 1990, art. 45). — ... les administrateurs judiciaires et les mandataires judiciaires (C. com., art. L. 811-7 et L. 812-5). — ... les greffiers des tribunaux de commerce (COJ, art. L. 821-1, mod., à compter du 1er janv. 1992, par L. n° 90-1259 du 31 déc. 1990, art. 61).

5 Doivent figurer dans le contrat de groupement, au moins :

a) la dénomination du groupement précédée ou suivie, soit des mots « groupement européen d'intérêt économique », soit du sigle « GEIE », à moins que ces mots ou ce sigle ne figurent déjà dans la dénomination ;

b) le siège du groupement ;

c) l'objet en vue duquel le groupement est formé ;

d) les nom, raison ou dénomination sociale, la forme juridique, le domicile ou siège social et, le cas échéant, le numéro et le lieu d'immatriculation de chacun des membres du groupement ;

e) la durée du groupement, lorsqu'elle n'est pas indéterminée.

6 Le groupement est immatriculé dans l'État du siège au registre désigné en vertu de l'article 39 paragraphe 1.

7 Le contrat de groupement est déposé au registre visé à l'article 6.

Doivent également faire l'objet d'un dépôt à ce registre les actes et indications suivants :

a) toute modification du contrat de groupement, y compris tout changement dans la composition du groupement ;

b) la création et la suppression de tout établissement du groupement ;

c) la décision judiciaire constatant ou prononçant la nullité du groupement, conformément à l'article 15 ;

d) la nomination du ou des gérants du groupement, leur nom et tout autre renseignement d'identité exigé par la loi de l'État membre dans lequel le registre est tenu, l'indication qu'ils peuvent agir seuls ou doivent agir conjointement, ainsi que la cessation de leurs fonctions ;

e) toute cession par un membre de sa participation dans le groupement ou d'une fraction de celle-ci, conformément à l'article 22 paragraphe 1 ;

f) la décision des membres prononçant ou constatant la dissolution du groupement, conformément à l'article 31, ou la décision judiciaire prononçant cette dissolution, conformément aux articles 31 ou 32 ;

g) la nomination du ou des liquidateurs du groupement visés à l'article 35, leur nom et tout autre renseignement d'identité exigé par la loi de l'État membre dans lequel le registre est tenu, ainsi que la cessation de leurs fonctions ;

h) la clôture de la liquidation du groupement, visée à l'article 35 paragraphe 2 ;

i) le projet de transfert de siège, visé à l'article 14 paragraphe 1 ;

j) la clause exonérant un nouveau membre du paiement des dettes nées antérieurement à son entrée, conformément à l'article 26 paragraphe 2.

8 Doivent faire l'objet d'une publication, dans les conditions prévues à l'article 39, au bulletin visé au paragraphe 1 de cet article :

a) les mentions devant obligatoirement figurer dans le contrat de groupement en vertu de l'article 5, ainsi que leurs modifications ;

b) le numéro, la date et le lieu d'immatriculation, ainsi que la radiation de l'immatriculation ;

c) les actes et indications visés à l'article 7 points b) à j).

Les indications visées aux points *a)* et *b)* doivent faire l'objet d'une publication intégrale. Les actes et indications visés au point c) peuvent faire l'objet d'une publication soit intégrale, soit sous forme d'extrait ou de mention de leur dépôt au registre, selon la législation nationale applicable.

9 1. Les actes et indications soumis à publication par le présent règlement sont opposables aux tiers par le groupement dans les conditions prévues par le droit national applicable, conformément à l'article 3 paragraphes 5 et 7 de la directive 68/151/CEE du Conseil, du 9 mars 1968 *[JOCE n° L 65 du 14 mars]*, tendant à coordonner, pour les rendre équivalentes, les garanties qui sont exigées, dans les États membres, des sociétés au sens de l'article 58 *[désormais art. 48]* deuxième alinéa du traité, pour protéger les intérêts tant des associés que des tiers.

2. Si des actes ont été accomplis au nom d'un groupement avant son immatriculation conformément à l'article 6 et si le groupement ne reprend pas après son immatriculation les engagements résultant de tels actes, les personnes physiques, sociétés ou autres entités juridiques qui les ont accomplis en sont solidairement et indéfiniment responsables.

10 Tout établissement du groupement situé dans un État membre autre que celui du siège fait l'objet d'une immatriculation dans cet État. En vue de cette immatriculation, le groupement dépose au registre compétent de ce dernier une copie des documents dont le dépôt au registre de l'État membre du siège est obligatoire, accompagnée, si nécessaire, d'une traduction établie conformément aux usages existant au registre d'immatriculation de l'établissement. — *V. Arr. 20 juin 1989 relatif à l'immatriculation des GEIE au registre du commerce et des sociétés, art. 4 (D. et ALD 1989. 215).*

11 La constitution et la clôture de la liquidation d'un groupement, avec indication du numéro, de la date et du lieu de l'immatriculation de celui-ci, ainsi que de la date, du lieu et du titre de la publication, sont publiées au *Journal officiel des Communautés européennes* après la publication au bulletin visé à l'article 39 paragraphe 1.

12 Le siège mentionné par le contrat de groupement doit être situé dans la Communauté.

Ce siège doit être fixé :

a) soit au lieu où le groupement a son administration centrale ;

b) soit au lieu où l'un des membres du groupement a son administration centrale ou, lorsqu'il s'agit d'une personne physique, son activité à titre principal, à condition que le groupement y ait une activité réelle.

13 Le siège du groupement peut être transféré à l'intérieur de la Communauté.

Lorsque ce transfert n'a pas pour conséquence un changement de la loi applicable en vertu de l'article 2, la décision de transfert est prise dans les conditions prévues au contrat de groupement.

14 1. Lorsque le transfert du siège a pour conséquence un changement de la loi applicable en vertu de l'article 2, un projet de transfert doit être établi et faire l'objet d'un dépôt et d'une publication dans les conditions prévues aux articles 7 et 8.

La décision de transfert ne peut intervenir que deux mois après la publication dudit projet. Elle doit être prise à l'unanimité des membres du groupement. Le transfert prend effet à la date à laquelle le groupement est immatriculé, conformément à l'article 6, au registre du nouveau siège. Cette immatriculation ne peut s'effectuer que sur preuve de la publication du projet de transfert du siège.

2. La radiation de l'immatriculation du groupement au registre du précédent siège ne peut s'effectuer que sur preuve de l'immatriculation du groupement au registre du nouveau siège.

3. La publication de la nouvelle immatriculation du groupement rend le nouveau siège opposable aux tiers dans les conditions visées à l'article 9 paragraphe 1 ; toutefois, tant que la publication de la radiation de l'immatriculation au registre du précédent siège n'a pas eu lieu, les tiers peuvent continuer de se prévaloir de l'ancien siège, à moins que le groupement ne prouve que les tiers avaient connaissance du nouveau siège.

4. La législation d'un État membre peut prévoir, en ce qui concerne les groupements immatriculés dans ce dernier conformément à l'article 6, qu'un transfert du siège, dont résulterait un changement de la loi applicable, ne prend pas effet si, dans le délai de deux mois visé au paragraphe 1, une autorité compétente de cet État s'y oppose. Cette opposition ne peut avoir lieu que pour des raisons d'intérêt public. Elle doit être susceptible de recours devant une autorité judiciaire.

15 1. Lorsque la loi applicable au groupement en vertu de l'article 2 prévoit la nullité du groupement, cette nullité doit être constatée ou prononcée par décision judiciaire. Toutefois, le tribunal saisi doit, lorsqu'une régularisation de la situation du groupement est possible, accorder un délai permettant de procéder à cette régularisation.

2. La nullité du groupement entraîne la liquidation de celui-ci dans les conditions prévues à l'article 35.

3. La décision constatant ou prononçant la nullité du groupement est opposable aux tiers dans les conditions visées à l'article 9 paragraphe 1.

Cette décision ne porte pas atteinte par elle-même à la validité des obligations nées à la charge ou au profit du groupement antérieurement à la date à laquelle elle devient opposable aux tiers dans les conditions visées à l'alinéa précédent. — *V. supra, C. com., art. L. 252-9.*

16 1. Les organes du groupement sont les membres agissant collégialement et le ou les gérants.

Le contrat de groupement peut prévoir d'autres organes ; il en détermine alors les pouvoirs.

2. Les membres du groupement, agissant en tant qu'organe, peuvent prendre toute décision en vue de la réalisation de l'objet du groupement. — *V. supra, C. com., art. L. 252-4.*

17 1. Chaque membre dispose d'une voix. Le contrat de groupement peut toutefois attribuer plusieurs voix à certains membres, à condition qu'aucun d'eux ne détienne la majorité des voix.

2. Les membres ne peuvent décider qu'à l'unanimité de :

a) modifier l'objet du groupement ;

b) modifier le nombre de voix attribué à chacun d'eux ;

c) modifier les conditions de la prise de décision ;

d) proroger la durée du groupement au-delà du terme fixé dans le contrat de groupement ;

e) modifier la part contributive de chacun des membres ou de certains d'entre eux au financement du groupement ;

f) modifier toute autre obligation d'un membre, à moins que le contrat de groupement n'en dispose autrement ;

g) procéder à toute modification du contrat de groupement non visée au présent paragraphe, à moins que ce contrat n'en dispose autrement.

3. Dans tous les cas où le présent règlement ne prévoit pas que les décisions doivent être prises à l'unanimité, le contrat de groupement peut déterminer les conditions de quorum et de majorité dans lesquelles les décisions, ou certaines d'entre elles, seront prises. Dans le silence du contrat, les décisions sont prises à l'unanimité.

4. A l'initiative d'un gérant ou à la demande d'un membre, le ou les gérants doivent organiser une consultation des membres afin que ces derniers prennent une décision.

18 Chaque membre a le droit d'obtenir des gérants des renseignements sur les affaires du groupement et de prendre connaissance des livres et documents d'affaires.

19 1. Le groupement est géré par une ou plusieurs personnes physiques nommées dans le contrat de groupement ou par une décision des membres.

Ne peuvent être gérants d'un groupement les personnes qui :

— selon la loi qui leur est applicable,

ou

— selon la loi interne de l'État du siège du groupement,

ou

— à la suite d'une décision judiciaire ou administrative rendue ou reconnue dans un État membre,

ne peuvent faire partie de l'organe d'administration ou de direction d'une société, ne peuvent gérer une entreprise ou ne peuvent agir en qualité de gérant d'un groupement européen d'intérêt économique.

2. Un État membre peut prévoir, pour les groupements immatriculés à ses registres en vertu de l'article 6, qu'une personne morale peut être gérant, à condition qu'elle désigne un ou des représentants, personnes physiques, qui doivent faire l'objet de la mention prévue à l'article 7 point d). — *V. supra, C. com., art. L. 252-6.*

Si un État membre exerce cette option, il doit prévoir que ce ou ces représentants encourent la même responsabilité que s'ils étaient eux-mêmes gérants du groupement.

Les interdictions prévues au paragraphe 1 s'appliquent également à ces représentants.

3. Le contrat de groupement ou, à défaut, une décision unanime des membres détermine les conditions de nomination et de révocation du ou des gérants et fixe leurs pouvoirs.

20 1. A l'égard des tiers, seul le gérant ou, s'ils sont plusieurs, chacun des gérants représente le groupement.

Chacun des gérants engage le groupement envers les tiers lorsqu'il agit au nom du groupement, même si ses actes ne relèvent pas de l'objet de celui-ci, à moins que le groupement ne prouve que le tiers savait que l'acte dépassait les limites de l'objet du groupement ou ne pouvait l'ignorer, compte tenu des circonstances, étant exclu que la seule publication de la mention visée à l'article 5 point c) suffise à constituer cette preuve.

Toute limitation, apportée par le contrat de groupement ou par une décision des membres, aux pouvoirs du ou des gérants est inopposable aux tiers, même si elle est publiée.

2. Le contrat de groupement peut prévoir que le groupement n'est valablement engagé que par deux ou plusieurs gérants agissant conjointement. Cette clause n'est opposable aux tiers, dans les conditions visées à l'article 9 paragraphe 1, que si elle est publiée conformément à l'article 8.

21 1. Les bénéfices provenant des activités du groupement sont considérés comme bénéfices des membres et répartis entre eux dans la proportion prévue au contrat de groupement ou, à défaut, par parts égales.

2. Les membres du groupement contribuent au règlement de l'excédent des dépenses sur les recettes dans la proportion prévue au contrat de groupement ou, à défaut, par parts égales.

22 1. Tout membre du groupement peut céder sa participation dans le groupement, ou une fraction de celle-ci, soit à un autre membre, soit à un tiers ; l'effet de la cession est subordonné à une autorisation donnée à l'unanimité par les autres membres.

2. Un membre du groupement ne peut constituer une sûreté sur sa participation dans le groupement qu'après autorisation donnée à l'unanimité par les autres membres, à moins que le contrat de groupement n'en dispose autrement. Le titulaire de la sûreté ne peut, à aucun moment, devenir membre du groupement du fait de cette sûreté.

23 Le groupement ne peut faire publiquement appel à l'épargne. — *V. supra, C. com., art. L. 252-10.*

24 1. Les membres du groupement répondent indéfiniment et solidairement des dettes de toute nature de celui-ci. La loi nationale détermine les conséquences de cette responsabilité. — *Sur la responsabilité des gérants, V. supra, C. com., art. L. 252-5.*

2. Jusqu'à la clôture de la liquidation du groupement, les créanciers du groupement ne peuvent poursuivre le paiement des dettes contre un membre, dans les conditions prévues au paragraphe 1, qu'après avoir demandé au groupement de payer et que si le paiement n'a pas été effectué dans un délai suffisant.

25 Les lettres, notes de commande et documents similaires doivent indiquer lisiblement :

a) la dénomination du groupement précédée ou suivie, soit des mots « groupement européen d'intérêt économique », soit du sigle « GEIE », à moins que ces mots ou ce sigle ne figurent déjà dans la dénomination ;

b) le lieu du registre visé à l'article 6 où le groupement est immatriculé, ainsi que le numéro d'inscription du groupement à ce registre ;

c) l'adresse du siège du groupement ;

d) le cas échéant, la mention que les gérants doivent agir conjointement ;
e) le cas échéant, la mention que le groupement est en liquidation en vertu des articles 15, 31, 32 ou 36.

Tout établissement du groupement, lorsqu'il est immatriculé conformément à l'article 10, doit faire figurer les indications visées ci-dessus, accompagnées de celles relatives à sa propre immatriculation, sur les documents visés au premier alinéa du présent article qui émanent de cet établissement. – *V. supra, C. com., art. L. 252-11.*

26 1. La décision d'admettre de nouveaux membres est prise à l'unanimité des membres du groupement.

2. Tout nouveau membre répond, dans les conditions prévues à l'article 24, des dettes du groupement, y compris celles découlant de l'activité du groupement antérieure à son entrée.

Il peut toutefois être exonéré, par une clause du contrat de groupement ou de l'acte d'admission, du paiement des dettes nées antérieurement à son entrée. Cette clause n'est opposable aux tiers, dans les conditions visées à l'article 9 paragraphe 1, que si elle est publiée conformément à l'article 8.

27 1. La démission d'un membre du groupement est possible dans les conditions prévues au contrat de groupement ou, à défaut, avec l'accord unanime des autres membres.

Tout membre du groupement peut, en outre, démissionner pour juste motif.

2. Tout membre du groupement peut être exclu pour des motifs énumérés dans le contrat de groupement et, en tout cas, lorsqu'il contrevient gravement à ses obligations ou lorsqu'il cause ou menace de causer des troubles graves dans le fonctionnement du groupement.

Cette exclusion ne peut avoir lieu que sur décision du tribunal prise à la demande conjointe de la majorité des autres membres, à moins que le contrat de groupement n'en dispose autrement.

28 1. Tout membre du groupement cesse d'en faire partie au moment de son décès ou au moment où il ne répond plus aux conditions fixées à l'article 4 paragraphe 1.

En outre, un État membre peut prévoir, pour les besoins de sa législation en matière de liquidation, de dissolution, d'insolvabilité ou de cessation des paiements, qu'un membre d'un groupement cesse d'en faire partie au moment fixé par ladite législation.

2. En cas de décès d'une personne physique membre du groupement, nul ne peut prendre sa place dans le groupement si ce n'est dans les conditions prévues au contrat de groupement ou, à défaut, avec l'accord unanime des membres restants.

29 Dès qu'un membre cesse de faire partie du groupement, le ou les gérants doivent notifier cette situation aux autres membres ; ils doivent également mettre en œuvre les obligations appropriées énoncées aux articles 7 et 8. En outre, tout intéressé peut mettre en œuvre lesdites obligations.

30 Sauf disposition contraire du contrat de groupement et sans préjudice des droits acquis par une personne en vertu de l'article 22 paragraphe 1 ou de l'article 28 paragraphe 2, le groupement subsiste entre les membres restants, après qu'un membre a cessé d'en faire partie, dans les conditions prévues par le contrat de groupement ou déterminées par une décision unanime des membres considérés.

31 1. Le groupement peut être dissous par une décision de ses membres prononçant cette dissolution. Cette décision est prise à l'unanimité, à moins que le contrat de groupement n'en dispose autrement.

2. Le groupement doit être dissous par une décision de ses membres :
a) constatant l'arrivée du terme fixé dans le contrat de groupement ou de toute autre cause de dissolution prévue par ce contrat,
ou
b) constatant la réalisation de l'objet du groupement ou l'impossibilité de le poursuivre.

Si, trois mois après la survenance d'une des situations visées à l'alinéa précédent, la décision des membres constatant la dissolution du groupement n'a pas été prise, tout membre peut demander au tribunal de prononcer cette dissolution.

3. Le groupement doit également être dissous par une décision de ses membres ou du membre restant lorsque les conditions de l'article 4 paragraphe 2 ne sont plus remplies.

4. Après dissolution du groupement par une décision de ses membres, le ou les gérants doivent mettre en œuvre les obligations appropriées énoncées aux articles 7 et 8. En outre, tout intéressé peut mettre en œuvre lesdites obligations.

32 1. A la demande de tout intéressé ou d'une autorité compétente, le tribunal doit prononcer la dissolution du groupement en cas de violation des articles 3 ou 12 ou de l'article 31 paragraphe 3, à moins qu'une régularisation de la situation du groupement ne soit possible et n'intervienne avant qu'il ait été statué sur le fond.

2. Sur demande d'un membre, le tribunal peut prononcer la dissolution du groupement pour juste motif.

3. Un État membre peut prévoir que le tribunal peut, sur demande d'une autorité compétente, prononcer la dissolution d'un groupement ayant son siège dans l'État dont relève cette autorité dans tous les cas où le groupement, par son activité, contrevient à l'intérêt public de cet État, si une telle possibilité existe dans la législation de ce dernier pour des sociétés immatriculées ou d'autres entités juridiques soumises à cette législation.

L'autorité compétente pour saisir le tribunal de grande instance ou le tribunal de commerce, selon le cas, en application de l'art. 32-1 ci-dessus, est le procureur de la République (Décr. n° 90-72 du 17 janv. 1990, art. 1er).

33 Lorsqu'un membre cesse de faire partie du groupement pour une cause autre que la cession de ses droits dans les conditions prévues à l'article 22 paragraphe 1, la valeur des droits qui lui reviennent ou des obligations qui lui incombent est déterminée sur la base du patrimoine du groupement tel qu'il se présente au moment où ce membre cesse d'en faire partie.

La valeur des droits et obligations du membre sortant ne peut être fixée forfaitairement à l'avance.

34 Sans préjudice de l'article 37 paragraphe 1, tout membre qui cesse de faire partie du groupement reste tenu, dans les conditions prévues à l'article 24, des dettes découlant de l'activité du groupement antérieure à la cessation de sa qualité de membre.

35 1. La dissolution du groupement entraîne sa liquidation.

2. La liquidation du groupement et la clôture de cette liquidation sont régies par le droit national.

3. La capacité du groupement, au sens de l'article 1er paragraphe 2, subsiste jusqu'à la clôture de la liquidation.

4. Le ou les liquidateurs mettent en œuvre les obligations appropriées énoncées aux articles 7 et 8.

36 Les groupements européens d'intérêt économique sont soumis aux dispositions du droit national régissant l'insolvabilité et la cessation des paiements. L'ouverture d'une procédure à l'encontre d'un groupement en raison de son insolvabilité ou de sa cessation des paiements n'entraîne pas d'elle-même l'ouverture d'une telle procédure à l'encontre des membres de ce groupement.

37 1. Est substitué à tout délai plus long éventuellement prévu par le droit national applicable, le délai de prescription de cinq ans à compter de la publication, conformément à l'article 8, du départ d'un membre du groupement pour les actions contre ce membre relatives aux dettes qui découlent de l'activité du groupement antérieure à la cessation de sa qualité de membre.

2. Est substitué à tout délai plus long éventuellement prévu par le droit national applicable, le délai de prescription de cinq ans à compter de la publication, conformément à l'article 8, de la clôture de la liquidation du groupement pour les actions contre un membre du groupement relatives aux dettes qui découlent de l'activité de ce groupement.

38 Lorsqu'un groupement exerce, dans un État membre, une activité qui contrevient à l'intérêt public de cet État, une autorité compétente de celui-ci peut interdire cette activité. La décision de l'autorité compétente doit être susceptible de recours devant une autorité judiciaire.

39 1. Les États membres désignent le ou les registres compétents pour procéder à l'immatriculation visée aux articles 6 et 10 et déterminent les règles applicables à celle-ci. Ils fixent les conditions dans lesquelles s'effectue le dépôt des documents visés aux articles 7 et 10. Ils s'assurent que les actes et indications visés à l'article 8 sont publiés dans le bulletin officiel approprié de l'État membre où le groupement a son siège, et prévoient éventuellement les modes de publication des actes et indications visés à l'article 8 point c). — *V. Arr. 20 juin 1989 relatif à l'immatriculation des GEIE au registre du commerce et des sociétés (D. et ALD 1989. 215), mod. par Arr. 9 avr. 1990 (D. et ALD 1990. 211).*

En outre, les États membres s'assurent que chacun peut prendre connaissance, au registre compétent en vertu de l'article 6 ou, le cas échéant, de l'article 10, des documents visés à l'article 7 et en obtenir, même par la poste, copie intégrale ou partielle.

Les États membres peuvent prévoir le paiement des frais afférents aux opérations visées aux alinéas précédents, sans que le montant de ces frais puisse être supérieur au coût administratif.

2. Les États membres s'assurent que les indications qui doivent être publiées au *Journal officiel des Communautés européennes* en vertu de l'article 11 sont communiquées à l'Office des publications officielles des Communautés européennes dans le mois suivant la publication au bulletin officiel visé au paragraphe 1.

3. Les États membres prévoient les sanctions appropriées en cas de manquement aux dispositions des articles 7, 8 et 10 en matière de publicité et en cas de manquement aux dispositions de l'article 25. — *V. supra, C. com., art. L. 252-1, L. 252-2, L. 252-9 et L. 252-11.*

40 Le résultat provenant de l'activité du groupement n'est imposable qu'au niveau de ses membres. — *V. CGI, art. 239 quater C.* — ***CGI.***

41 1. Les États membres prennent les mesures requises en vertu de l'article 39 avant le 1er juillet 1989. Ils les communiquent immédiatement à la Commission.

2. A titre d'information, les États membres communiquent à la Commission les catégories de personnes physiques, de sociétés et d'autres entités juridiques qu'ils excluent de la participation à un groupement conformément à l'article 4 paragraphe 4.

La Commission en informe les autres États membres.

42 *(Institution auprès de la Commission d'un comité de contact).*

43 Le présent règlement entre en vigueur le troisième jour suivant celui de sa publication au *Journal officiel des Communautés européennes.*

Le présent règlement est applicable à partir du 1er juillet 1989, à l'exception des articles 39, 41 et 42 qui sont applicables dès l'entrée en vigueur du présent règlement.

LIVRE TROISIÈME DE CERTAINES FORMES DE VENTES ET DES CLAUSES D'EXCLUSIVITÉ

TITRE PREMIER DES LIQUIDATIONS, DES VENTES AU DÉBALLAGE, DES SOLDES ET DES VENTES EN MAGASINS D'USINE

BIBL. ▶ RAYMOND, *Contrats Conc. Consom. 1996, n°s 153 et 154.* – ROUBACH, *Gaz. Pal. 1997. 1. Doctr. 37.* – BRETZNER et PAGES, *D. Affaires 1998. 184* (marchandises susceptibles d'être vendues en soldes). – AUQUE, *JCP E 1998, n° 17, p. 648* (ambiguïtés de la réglementation des soldes). – MOULIGNER, *D. 2004. 259* (interprétation jurisprudentielle de la définition légale des soldes). – GIL, *Bull. act. Lamy droit économique juill. 2004, p. 1* (ventes promotionnelles ou soldes).

Art. L. 310-1 Sont considérées comme liquidations les ventes accompagnées ou précédées de publicité et annoncées comme tendant, par une réduction de prix, à l'écoulement accéléré de la totalité ou d'une partie des marchandises d'un établissement commercial à la suite d'une décision, quelle qu'en soit la cause, de cessation, de suspension saisonnière ou de changement d'activité, ou de modification substantielle des conditions d'exploitation. – *[L. n° 96-603 du 5 juill. 1996, art. 26].*

(Ord. n° 2004-274 du 25 mars 2004, art. 26) **« Les liquidations sont soumises à déclaration préalable auprès de l'autorité administrative dont relève le lieu de la liquidation. Cette déclaration comporte la cause et la durée de la liquidation qui ne peut excéder deux mois. Elle est accompagnée d'un inventaire des marchandises à liquider. Lorsque l'événement motivant la liquidation n'est pas intervenu au plus tard dans les six mois qui suivent la déclaration, le déclarant est tenu d'en informer l'autorité administrative compétente.** – *V. Décr. n° 2004-275 du 25 mars 2004 (JO 27 mars) donnant compétence, pour recevoir la déclaration préalable, au préfet du département où les liquidations sont prévues. – V. Décr. n° 96-1097 du 16 déc. 1996, art. 1er à 6, infra, ss. art. L. 310-7.*

« Pendant la durée de la liquidation, il est interdit de proposer à la vente d'autres marchandises que celles figurant à l'inventaire sur le fondement duquel la déclaration préalable a été déposée. » – *Pour les sanctions pénales, V. art. L. 310-5 (1°).*

L'ord. n° 2004-274 du 25 mars 2004 a été ratifiée par l'art. 78-XV de la L. n° 2004-1343 du 9 déc. 2004 (JO 10 déc.).

Sur l'interdiction des publicités portant sur des opérations non autorisées, V. C. consom. art. L. 121-15, infra, App., v° Publicité commerciale.

1. Notion de liquidation. Il y a vente en liquidation dès lors que le message publicitaire annonce une réduction de prix liée aux travaux projetés, le magasin souhaitant se libérer du stock avant lesdits travaux. • Paris, 28 oct. 1998 : *Contrats Conc. Consom. 1999, n° 83, obs. Malaurie-Vignal.* ♦ Alors même que la publicité n'annonçait pas une réduction du prix, il y a liquidation lorsque la société fait de la publicité pour la cessation définitive d'activité et pratique des réductions de prix d'au moins 50 %, visibles du client par un double marquage de prix, révélant ainsi l'objectif d'écouler un stock. • Paris, 16 oct. 2002 : *Contrats Conc. Consom. 2003, n° 149 (1re esp.), obs. Raymond.*

2. Publicité. Est constitutive d'une publicité l'expédition par voie postale de trois mille exemplaires d'une invitation, l'utilisation de ce procédé n'ayant d'autre but que d'attirer le public et de faire connaître la liquidation à un grand nombre de personnes. • Com. 12 nov. 1991 : *Contrats Conc. Consom. 1992, n° 192, obs. Raymond.*

3. Modification des conditions d'exploitation. Constitue une modification des conditions d'exploitation le remplacement, sur l'enseigne du magasin, de la marque du groupement d'achat auquel une bijouterie était adhérente par la marque d'un autre groupement dès lors que l'adhésion au premier groupement revêtait une grande importance pour le fonctionnement du magasin et que ce groupement avait une certaine notoriété auprès des consommateurs. • Rennes, 1er avr. 1993 : *RJDA 1993, n° 611.*

4. Interdiction de réapprovisionnement. L'interdiction faite au distributeur de recevoir pendant la durée de la liquidation, des marchandises de la catégorie figurant à l'inventaire qu'il a produit à l'appui de sa demande d'autorisation [désormais sa déclaration préalable] s'applique même si les marchandises proviennent d'autres établissements relevant de la même société que le bénéficiaire de la demande et ayant eux-mêmes obtenu une autorisation de liquidation. • Montpellier, 22 févr. 1994 : *RJDA 1994, n° 1015 ; BID 1994, n° 10, p. 31.*

5. Personne morale (jurisprudence antérieure à l'ord. du 25 mars 2004). Sur la condamnation du gérant de SARL ayant procédé à une vente en liquidation sans autorisation et retenant également la responsabilité pénale de la personne morale, V. • Lyon, 3 juin 1998 : *Contrats Conc. Consom. 1998, n° 170, obs. Raymond ; Bull. Joly 1999. 258, obs. Barbièri ; BID 1999, n° 4, p. 55 ; Dr. pénal 1998, n° 118, obs. J.-H. Robert.* ♦ V. aussi, • Lyon, 5 mai 1999 : *BID 1999, n° 12, p. 54 ; Dr. pénal 1999, n° 119, obs. J.-H. Robert.*

6. Application dans le temps. V. note 1 ss. art. L. 310-5.

7. Publicité. Sur le caractère mensonger d'une publicité justifiant une liquidation par des travaux à venir, qui ne devaient pas être effectués, V. • TGI Rouen, 23 févr. 1979 : *D. 1979. 409, note Fortin.*

8. Préjudice (jurisprudence antérieure à l'ord. du 25 mars 2004). Sur la recevabilité de l'action d'une association de consommateurs en réparation du préjudice causé par une opération de liquidation effectuée sans autorisation préfectorale, V. • Rennes, 24 nov. 2000 : *BRDA 2001, n° 8, p. 9.* ♦ ... D'une chambre professionnelle, pour atteinte à la concurrence, préjudiciable à l'intérêt collectif de la profession, V. • Crim. 25 janv. 2005 : *D. 2005. Pan. 2461, obs. Valette.*

9. Justification. Lorsque la demande de liquidation [désormais la déclaration préalable] a été motivée par une modification substantielle des conditions d'exploitation résultant de travaux, les factures de ces travaux doivent être produites dans le délai de six mois ; lorsque la demande [désormais la déclaration] a été motivée par une décision de cessation définitive d'activité, le commerçant doit apporter la preuve de sa radiation au RCS ou un extrait de ce registre justifiant que l'établissement n'est plus exploité : Rép. min. n° 10157 : *JOAN Q 10 mars 2003, p. 1866 ; Contrats Conc. Consom. juill. 2003, p. 4.*

10. Revente à perte. V. note 11 *bis* ss. art. L. 442-4.

Art. L. 310-2 **I. — Sont considérées comme ventes au déballage les ventes de marchandises effectuées dans des locaux ou sur des emplacements non destinés à la vente au public de ces marchandises, ainsi qu'à partir de véhicules spécialement aménagés à cet effet.**

Les ventes au déballage ne peuvent excéder deux mois par année civile dans un même local ou sur un même emplacement et doivent faire l'objet d'une autorisation préalable.

Cette autorisation est délivrée par *[l']* *(Ord. n° 2004-274 du 25 mars 2004, art. 29)* **« autorité administrative compétente » si l'ensemble des surfaces de vente utilisées par le demandeur en un même lieu, y compris l'extension de surface consacrée à l'opération de vente au déballage, est supérieur à 300 mètres carrés, et par le maire de la commune dont dépend le lieu de la vente dans le cas contraire.** — *V. Décr. n° 2004-275 du 25 mars 2004, art. 2 (JO 27 mars), donnant compétence au préfet du département et, à Paris, au préfet de police. — Pour les sanctions pénales, V. art. L. 310-5 (2°).*

(L. n° 2005-882 du 2 août 2005, art. 21) **« Les particuliers non inscrits au registre du commerce et des sociétés sont autorisés à participer aux ventes au déballage en vue de vendre exclusivement des objets personnels et usagés deux fois par an au plus, à condition qu'ils aient leur domicile ou leur résidence secondaire dans la commune, l'intercommunalité ou l'arrondissement départemental ou, pour les villes de Lyon, Marseille et Paris, dans l'arrondissement municipal siège de la manifestation. Les modalités d'application du présent alinéa sont fixées par décret en Conseil d'État. »** — *Sur les difficultés engendrées par la limitation relative au périmètre géographique et son éventuelle modification, V. Circ. 13 avr. 2006, D. 2006. 1164.*

II. – Les dispositions du I ne sont pas applicables aux professionnels :

1° Effectuant, dans une ou plusieurs communes, des tournées de ventes définies par le 1° de l'article L. 121-22 du code de la consommation ; – *V. ce texte, infra, App., v° Ventes commerciales, VIII - Domicile (ventes à).*

2° Réalisant des ventes définies par l'article L. 320-2 ;

3° Qui justifient d'une permission de voirie ou d'un permis de stationnement pour les ventes réalisées sur la voie publique lorsque la surface de vente n'est pas supérieure à 300 mètres carrés. – *[L. n° 96-603 du 5 juill. 1996, art. 27].*

(Ord. n° 2004-274 du 25 mars 2004, art. 27) **« III. – Les dispositions du I ne sont pas applicables aux organisateurs de :**

« 1° Manifestations commerciales comportant des ventes de marchandises au public dans un parc d'exposition ;

« 2° Manifestations commerciales qualifiées de salon professionnel ne se tenant pas dans un parc d'exposition ;

« 3° Fêtes foraines et de manifestations agricoles lorsque seuls des producteurs ou des éleveurs y sont exposants. »

L'ord. n° 2004-274 du 25 mars 2004 a été ratifiée par l'art. 78-XV de la L. n° 2004-1343 du 9 déc. 2004 (JO 10 déc.).

Sur la réglementation relative aux manifestations commerciales, V. art. L. 762-1 s., infra.

Sur l'application des dispositions législatives relatives au démarchage aux ventes au déballage, V. C. consom., art. L. 121-21, al. 2, infra, App., v° Ventes commerciales, VIII - Domicile (ventes à).

1. Notion de déballage. Il y a vente au déballage dès lors qu'un ou plusieurs spécimens sont présentés à la vente sans qu'il soit nécessaire que la totalité des lots soit déballée. • Crim. 25 janv. 1967 : ♔ *D. 1967. 432 ; JCP 1967. II. 15094, note Guérin.* – Comp. : • Paris, 3 févr. 1966 : *D. 1967. Somm. 36 ; JCP 1966. II. 14743, note Guérin.* ♦ Constitue une vente au déballage la présentation à la vente de produits sur des emplacements non destinés à la vente au public de ces marchandises, quel que soit le lieu du paiement, les juges appréciant souverainement que les marchandises sont bien mises en vente dans les lieux litigieux. • Crim. 29 nov. 2000 : ♔ *Bull. crim. n° 360 ; D. 2001. IR. 410 ; Gaz. Pal. 21-22 nov. 2001, p. 76.* ♦ En revanche, ne constitue pas une vente au déballage mais des soldes, une « grande vente au déballage » annoncée avec des réductions de prix de 30 % à 50 %. • Bourges, 25 juill. 2001 : *BRDA 2001, n° 22, p. 11.*

2. Lieu de vente. Le fait de servir des clients, d'accepter des commandes et des règlements dans un camion stationné sur une aire de station-service constitue une vente au déballage. • Crim. 24 nov. 1993 : ♔ *BID 1995, n° 10, p. 23.* ♦ Entre dans le champ d'application de la loi, la vente : de tapis dans un bar. • Crim. 9 févr. 1961 : *D. 1961. 213, rapp. Costa.* ♦ ... De machines à laver dans un café. • Crim. 8 avr. 1967 : *D. 1967. 432.* ♦ ... De vin dans l'enceinte d'une gare. • Crim. 8 oct. 1985 : ♔ *Bull. crim. n° 304.* ♦ ... D'articles de literie sous un chapiteau implanté sur l'aire de stationnement du magasin. • Crim. 22 févr. 1993 : ♔ *Bull. crim. n° 85 ; Contrats Conc. Consom. 1993, n° 184, obs. Raymond.* ♦ ... L'exposition d'articles, avec affichage de leurs caractéristiques et de leurs prix, sur le parking, dans le sas d'entrée et l'allée marchande d'un magasin, lieux habituellement non affectés à la vente, malgré l'obligation de passer l'article en caisse. • Crim. 29 nov. 2000 : ♔ *préc. note 1.*

Jugeant qu'à défaut de production du règlement de copropriété et du règlement du centre commercial permettant de connaître le statut et la destination de la galerie marchande au sein de laquelle la vente litigieuse a eu lieu, la preuve n'est pas rapportée que les locaux ou l'emplacement litigieux n'étaient pas destinés à la vente au public. • TGI Créteil, 26 sept. 2001 : *BID 2002, n° 12, p. 30* • 20 juin 2001 : *ibid., p. 31.*

2 bis. Locaux ou emplacements loués. Entre dans le champ d'application de la loi la vente dans un local vide et désaffecté, ayant servi de magasin pour des pièces d'automobiles, loué pour les besoins de la cause et pour un temps très court. • Crim. 6 mars 1973 : ♔ *D. 1973. 520.* ♦ Manque de base légale au regard de l'art. L. 310-2 le jugement par lequel un tribunal, pour rejeter la demande en réparation du préjudice causé par des ventes au déballage irrégulières, s'est borné à retenir que les statuts de la société bailleresse n'autorisent pas la société à exercer directement une activité commerciale dans les locaux dont elle dispose et qu'en conséquence les ventes litigieuses se sont déroulées conformément à la réglementation, sans rechercher si ces ventes ont été effectuées dans des locaux ou sur des emplacements non destinés à la vente au public et, dans l'affirmative, si ces ventes ont été effectuées sans autorisation administrative préalable. • Com. 24 sept. 2003 : *Bull. civ. IV, n° 149 ; D. 2003. AJ. 2636 ; JCP E 2003, n° 44, p. 1744 ; Cah. dr. entr. 2003, n° 5, p. 51, obs. Mainguy ; RTD com. 2004. 148, obs. Bouloc ; RJDA 2004, n° 154 (1re esp.).* ♦ Jugeant que sont impropres à caractériser une vente au déballage les motifs tirés de ce qu'il n'existe aucune fixité relativement à la nature des produits vendus par une société dans son local « l'entrepôt » et que celui-ci n'a fait l'objet d'aucune autorisation de la commission départementale d'urbanisme commercial, V. • Com. 24 sept. 2003 : *Bull. civ. IV, n° 148 ; eod. loc. (2e esp.).* – V. aussi David, *Bull. act. Lamy droit économique nov. 2003, p. 1.*

3. Application dans le temps. V. note 2 ss. art. L. 310-5.

4. Liberté du commerce. La méconnaissance du principe de la liberté du commerce et de l'industrie ne saurait être utilement invoquée à l'encontre d'une décision du maire [jurisprudence rendue ss. l'empire de la loi de 1906, exigeant l'obtention de l'autorisation du maire pour les ventes au déballage, V. désormais art. L. 310-2, codification de l'art. 27 de la loi du 5 juill. 1996, prévoyant la délivrance d'une autorisation du préfet ou du maire] refusant d'autoriser une vente au déballage dès lors qu'une telle vente est soumise à autorisation en vertu des dispositions législatives. • CE 10 juill. 1996 : *RJDA 1997, n° 632.*

5. Droit de la concurrence. Les limites apportées à la liberté des ventes au déballage instituées par la loi du 30 déc. 1906 [abrogée et remplacée par la loi n° 96-603 du 5 juill. 1996, art. 27, désormais codifiée à l'art. L. 310-2] ne constituent pas des pratiques anticoncurrentielles au sens des art. 7 et 8 de l'ord. du 1er déc. 1986 [C. com., art. L. 420-1 et L. 420-2] (inapplicabilité de l'art. 26, al. 2 de l'ord. codifiée ss. C. com., art. L. 462-3). • CE 10 juill. 1996 : *préc. note 4.* ♦ L'autorité administrative tient de l'art. L. 310-2, le pouvoir d'apprécier l'opportunité des ventes projetées et d'accorder ou de refuser les autorisations demandées ; ce pouvoir lui est conféré, en même temps que dans un but de police, en vue de protéger les intérêts du commerce local et des consommateurs, sans pour autant méconnaître les règles de la concurrence. • CAA Douai, 16 nov. 2004 : *AJDA 2005. 77, note J. Michel ; RLC 2005, n° 3, p. 72, obs. Destours et Clamour.*

6. Décompte du délai de deux mois. S'agissant des ventes à déballage soumises à autorisation, la période de deux mois par année civile visée à l'art. 27 de la loi du 5 déc. 1996 [C. com., art. L. 310-2] peut être fractionnée. Cependant, le vendeur voulant organiser plusieurs journées non consécutives de vente devra, compte tenu des délais imposés pour le dépôt de la demande d'autorisation, solliciter autant d'autorisations qu'il y a de périodes comprises entre cinq et trois mois avant le début des ventes projetées. Pour autoriser ces ventes, l'autorité compétente doit prendre en compte toutes celles réalisées au cours de l'année civile, dans le même local ou sur le même emplacement, quel que soit le vendeur bénéficiaire (Rép. min. : *JOAN Q, 13 avr. 1998, p. 2155*). ♦ Sur les modalités de la demande d'autorisation, V. Décr. n° 96-1097 du 16 déc. 1996, art. 7, *infra*, ss. art. L. 310-7.

7. Compatibilité avec le Traité de Rome. L'ancienne loi de 1906 est compatible avec l'art. 30 [devenu art. 28] du Traité de Rome et il n'y a pas lieu de poser une question préjudicielle à la cour de justice des Communautés, dès lors d'une part, que la réglementation française sur le déballage ne crée aucune restriction quantitative à l'importation dans la Communauté économique européenne et n'engendre aucun effet équivalent, d'autre part, que le régime d'autorisation préalable qu'elle institue n'est pas discriminatoire et qu'il a seulement pour objet d'assurer la protection du consommateur, la sécurité et la loyauté des transactions. • Crim. 25 oct. 1993 : *Bull. crim., n° 309 ; RTD com. 1994. 585, obs. Bouzat.*

Art. L. 310-3 I. – Sont considérées comme soldes les ventes accompagnées ou précédées de publicité et annoncées comme tendant, par une réduction de prix, à l'écoulement accéléré de marchandises en stock.

Ces ventes ne peuvent être réalisées qu'au cours de deux périodes par année civile d'une durée maximale de six semaines dont les dates sont fixées dans chaque département par *[l']* *(Ord. n° 2004-274 du 25 mars 2004, art. 29)* **« autorité administrative compétente » selon des modalités fixées par le décret prévu à l'article L. 310-7 et ne peuvent porter que sur des marchandises proposées à la vente et payées depuis au moins un mois à la date de début de la période de soldes considérée.** – *V. Décr. n° 2004-275 du 25 mars 2004 (JO 27 mars) donnant compétence, pour fixer la période des soldes, au préfet du département où les ventes seront réalisées.*

II. – Dans toute publicité, enseigne, dénomination sociale ou nom commercial, l'emploi du mot : solde(s) ou de ses dérivés est interdit pour désigner toute activité, dénomination sociale ou nom commercial, enseigne ou qualité qui ne se rapporte pas à une opération de soldes telle que définie au I ci-dessus. – *[L. nº 96-603 du 5 juill. 1996, art. 28]. – Pour les sanctions pénales, V. art. L. 310-5 (3º et 4º). – Sur l'opposabilité de l'arrêté préfectoral, V. note ss. art. L. 310-7.*

1. Notion de soldes. BIBL. Mouligner, *D. 2004. 259* (interprétation jurisprudentielle de la définition légale). – Gil, *Bull. act. Lamy droit économique juill. 2004, p. 1* (deux lectures de l'art. L. 310-3 C. com.). ♦ Estimant que l'art. 28 [C. com., art. L. 310-3] a pour but d'empêcher la vente en solde de marchandises acquises pour cette occasion pendant la période même des soldes et le mois qui a précédé, mais ne restreint pas la vente en solde de marchandises acquises auparavant et ce, quelles que soient les conditions tarifaires consenties par les fournisseurs aux revendeurs, V. : Rép. min. nº 430 : *JO Sénat Q, 16 oct. 1997, p. 2805 ; D. Affaires 1997. 1324.* ♦ Jugeant qu'il est indifférent que les publicités ne mentionnent pas le terme « soldes », dès lors que la société, informée de la législation en vigueur, s'est abstenue d'employer le mot, tout en suggérant aux consommateurs une opération d'écoulement accéléré du stock par l'effet d'importante réduction de prix ; • Crim. 13 janv. 2004 : *Bull. crim. nº 10 ; D. 2004. AJ. 634 ; Contrats Conc. Consom. 2004, nº 119, obs. Raymond ; RJDA 2004, nº 545 ; Dr. pénal 2004, nº 52, obs. Robert ; RTD com. 2004. 586, obs. Bouloc ; RLC 2005, nº 1, p. 80, obs. Bouloc.* – V. aussi sur l'indifférence de l'emploi du terme « soldes » : • Crim. 23 sept. 2003 : *Contrats Conc. Consom. 2004, nº 70, obs. Raymond.*

La loi du 5 juill. 1996 [C. com., art. L. 310-3] ne fait aucune distinction entre soldes « privés » et soldes « publics », le critère des soldes étant un déstockage portant sur un lot de marchandises préexistant et non renouvelable, dont l'écoulement rapide est favorisé par une réduction de prix annoncée à l'aide de publicité. • TGI Paris, 12 juin 1997 : *BID 1998, nº 4, p. 37* • 21 janv. 1998 : *ibid. nº 12, p. 31* • Crim. 19 févr. 2003 : *Bull. crim. nº 47 ; JCP E 2003, nº 15, p. 638 ; RTD com. 2003. 582, obs. Bouloc ; RJDA 2003, nº 1053 ; Petites affiches 15 juin 2004, p. 17, obs. Baccichetti* (publicité par l'envoi de cartons d'invitation). ♦ L'opération de vente d'articles d'une collection d'été ayant déjà été soldés, accompagnée de publicité mentionnant « dans la limite des stocks disponibles » ou comportant un double affichage de prix, doit être qualifiée de soldes en dehors des périodes autorisées. • Paris, 27 sept. 2002 : *BICC 2003, nº 748.* ♦ Dès lors que les ventes sont accompagnées de publicités sur lesquelles l'objectif d'écoulement accéléré de marchandises en stock n'apparaît nullement mentionné de manière explicite, les divers supports publicitaires se bornant à annoncer une réduction de prix sur une sélection d'articles, la qualification de soldes ne peut être retenue sans qu'il soit nécessaire d'examiner, par ailleurs, les conditions dans lesquelles les marchandises ont été achetées et stockées. • Paris, 1er mars 1999 : *D. Affaires 1999. 753, obs. E. P. ; Petites affiches 26 nov. 1999, p. 22, obs. Pelletier.* ♦ V. aussi • Paris, 26 mars 2002 : *BRDA 2002, nº 10, p. 13* • 27 févr. 2002 : *Contrats Conc. Consom. 2002, nº 169, obs. Raymond.* ♦ Comp. • Crim. 19 févr. 2003 : *préc.* • 13 janv. 2004 : *préc.*

Ne constitue pas une vente en promotion mais des soldes, la vente des affaires de fin d'année en l'absence de renouvellement des marchandises après cette opération : en effet, la publicité et l'aspect occasionnel de cette vente sont démontrés par la présence d'affiches et les remises importantes manifestent la volonté d'écoulement accéléré des stocks. • Riom, 14 avr. 1993 : *JCP E 1993. Pan. 1415.* ♦ Dans le même sens, s'agissant d'opérations de promotions précédant des périodes de soldes, V. • DGCCRF avis nº 99-051 du 11 sept. 1998 : *BID 1999, nº 3, p. 8.* ♦ V. aussi, pour une opération commerciale annoncée par son auteur comme une « grande vente au déballage » au cours de laquelle des réductions de prix de 30 % à 50 % seraient proposées, • Bourges, 24 juill. 2001 : *RJDA 2002, nº 30.* ♦ Dans le même sens, s'agissant d'une vente suivant la période des soldes d'été présentée dans les publicités comme une opération en vue « d'en finir » : • Paris, 22 mars 2002 : *BRDA 2002, nº 10, p. 13 ; Contrats Conc. Consom. 2002, nº 169, obs. Raymond ; BID 2002, nº 12, p. 29.* ♦ ... Ou présentée comme devant se dérouler « dans la limite des stocks disponibles » : • Paris, 27 sept. 2002 : *Contrats Conc. Consom. 2003, nº 149 (2e esp.), obs. Raymond.* ♦ V. aussi jugeant qu'un panneau figurant sur la vitrine et portant la mention « et pour finir... » atteste tout à la fois d'une publicité et d'une opération de liquidation de stock, • TGI Créteil, 12 oct. 2001 : *BID 2002, nº 12, p. 30.* ♦ Sur la distinction entre soldes et opération promotionnelle à propos d'une offre de réductions de prix portant sur des marchandises proposées par une société de vente à distance, V. • Douai, 25 juill. 2000 : *BID 2002, nº 2, p. 29.*

V. aussi • Limoges, 22 févr. 1995 : *Contrats Conc. Consom. 1995, nº 79, note Raymond.* ♦ ...

A propos d'une vente à « prix barrés ». • Crim. 20 nov. 2001 : *iContrats Conc. Consom. 2002, n° 70, obs. Raymond ; BID 2002, n° 10, p. 32.* ♦ ... D'une vente à prix réduits de produits d'exposition. • Pau, 26 juin 2001 : *ibid.*

2. Nature des stocks. Sont considérées comme des soldes les ventes accompagnées ou précédées de publicité et annoncées comme tendant, par une réduction de prix, à l'écoulement accéléré d'un stock prédéterminé et non renouvelable de marchandises • Com. 28 janv. 2004 : *Bull. civ. IV, n° 20 ; D. 2004. 1228, note Mouligner ; ibid. AJ. 417, obs. Chevrier ; JCP E 2004, n° 13, p. 493 ; Gaz. Pal. 2004. Somm. 1443, obs. Joseph ; RTD com. 2004. 586, obs. Bouloc ; RJDA 2004, n° 694.* ♦ Même solution sous l'empire de la loi de 1906. • Com. 19 janv. 1993 : *Bull. civ. IV, n° 27 ; D. 1993. IR. 48.* ♦ A défaut de prouver que le stock de marchandises mis en vente était prédéterminé et non renouvelable, il n'est pas établi que l'opération litigieuse constitue une vente en solde prohibée. • Com. 13 oct. 1998 : *D. Affaires 1998. 1893, obs. E. P.* ♦ Jugeant que la mention « sur produits signalés » tend à montrer que seuls étaient concernés les articles exposés et que l'opération était limitée au stock disponible dans le magasin : • Crim. 13 janv. 2004 : *préc. note 1.*

3. Interdiction de réapprovisionnement. Sur la condamnation d'un franchisé s'étant réapprovisionné auprès de son franchiseur pendant la période des soldes, V. • Chambéry, 2 déc. 1999 : *BRDA 2000, n° 23, p. 14.* ♦ Jugeant que la livraison par une société à sa succursale de certains articles stockés dans les entrepôts de la première ne saurait constituer un réapprovisionnement interdit, V. • T. corr. Bobigny, 8 oct. 1998 : *BID 1999, n° 11, p. 53.* ♦ Refusant de considérer comme un réassortiment les commandes passées par la société poursuivie à une autre société à laquelle « elle est étroitement liée », V. • Com. 2 juin 2004 : *Bull. civ. IV, n° 116 ; D. 2004. AJ. 1897 ; JCP E 2004, n° 31, p. 1224 ; RJDA 2004, p. 864, rapp. de Monteynard ; RTD com. 2005. 161, obs. Bouloc.*

4. Revente à perte. En ce sens que les produits vendus en période de soldes peuvent valablement être revendus à perte, V. • DGCCRF avis n° 99-050 du 18 mars 1998 : *BID 1999, n° 3, p. 7.* ♦ Sur la dérogation à l'interdiction légale de revente à perte, V. L. n° 63-628 du 2 juill. 1963, art. 1er, II, al. 4, abrogé, reproduit ss., art. L. 442-4. – Depuis la loi n° 96-588 du 1er juill. 1996, cette dérogation résulte dudit art. 32, II (1°) codifié à l'art. L. 442-4.

5. Carte de fidélité. L'art. 28 [C. com., art. L. 310-3] ne précisant pas la forme de la réduction de prix devant être appliquée pour les ventes présentées comme des soldes ou permettant de qualifier de soldes une opération promotionnelle, les tribunaux pourront au cas par cas, requalifier de soldes, des ventes précédées ou accompagnées de publicité et dont les prix peuvent être réduits par l'utilisation d'une carte de fidélité, chaque fois qu'elles tendent à l'écoulement accéléré de marchandises en stock. Toutefois une telle requalification ne semble fondée que si les remises de fidélité sont accessibles sans conditions contraignantes, telles qu'un montant important d'achats préalables, à une partie importante de la clientèle. • DGCCRF avis n° 99-049, 27 oct. 1998 : *BID 1999, n° 3, p. 6.*

6. Bons d'achats. L'opération par laquelle un hypermarché organise une campagne publicitaire annonçant la vente d'articles ouvrant droit à une remise de 50 % sous forme de bons d'achats ne constitue pas le délit de vente en soldes en dehors de périodes autorisées, dès lors que ce procédé de vente ne confère pas une réduction de prix sur le produit vendu, mais est destiné à fidéliser la clientèle en accordant pour des achats ultérieurs, un avoir dont le montant est fixé en proportion du prix des achats réalisés. • Crim. 23 janv. 2001 : *Bull. crim. n° 22 ; JCP E 2001, n° 19, p. 781 ; RTD com. 2001. 792, obs. Bouloc ; Dr. pénal 2001, n° 64, obs. Robert ; Gaz. Pal. 15-16 mai 2002, p. 45, obs. Jalade* • Caen, 15 mai 2000 : *BRDA 2001, n° 3, p. 11.*

7. Personne morale. Sur la responsabilité pénale d'une SARL dont le gérant avait réalisé une vente en solde portant sur des marchandises acquises moins d'un mois avant la date de début de la période de soldes considérée, V. • TGI Paris, 8 oct. 1997 : *BID 1998, n° 10, p. 25.*

8. Vente par correspondance. La loi du 30 déc. 1906 [abrogée par L. n° 96-603 du 5 juill. 1996] s'appliquant également à la vente par correspondance, les opérations de soldes saisonniers des sociétés de vente par correspondance ne peuvent se dérouler en dehors des périodes déterminées pour le département du siège de ces entreprises : Rép. min. : *JO Sénat Q, 5 oct. 1995, p. 1904.*

9. Emploi du mot « soldes ». Considérant que le mot solde, même amputé de la dernière lettre et intégré dans un nom composé, ne peut être utilisé dans l'enseigne d'un magasin, V. • Grenoble, 12 mai 1999 : *Contrats Conc. Consom. 2000, n° 16, obs. Raymond.*

10. Concurrence déloyale. En pratiquant des soldes en dehors des périodes autorisées déterminées par un usage local, un grand magasin commet un acte de concurrence déloyale envers les autres commerçants. Cet usage dont la preuve peut être rapportée par tous moyens constitue une source de droit au même titre qu'un texte légal ou qu'un accord contractuel. • Riom, 14 avr. 1993 : *JCP E 1993. Pan. 1415.*

Constitue des actes de concurrence déloyale, le fait de pratiquer des soldes sans autorisation, avec des rabais de 20 à 50 %, dans le 16e arrondissement de Paris, tandis qu'un autre magasin commercialise les vêtements de la même marque à proximité, un tel fait incitant la clientèle à se diriger de préférence vers le soldeur, la distance séparant les deux établissements étant faible. • Com. 18 oct. 1994 : *Bull. civ. IV, n° 299 ; D. 1995. IR. 12.* ♦ Ainsi, l'opération de liquidation réalisée par un commerçant sans autorisation constitue un acte de concurrence déloyale portant atteinte à l'intérêt collectif de la profession représentée par un syndicat professionnel de commerçants détaillants. • Com. 8 juill. 1997 : *BRDA 1997, n° 21, p. 15.*

V. aussi L. n° 63-628 du 2 juill. 1963, art. 2, note 47, *infra*, App., v° *Concurrence*.

11. Publicité trompeuse. En ce sens que, le mot solde étant dans l'esprit du consommateur indissociablement lié à la notion de rabais, est de nature à induire en erreur la publicité annonçant des soldes en l'absence de réduction des prix, V. • Pau, 21 oct. 1992 : *Contrats Conc. Consom. 1993, n° 120, obs. Raymond.* – V. aussi • Pau, 22 juin 1994 : *ibid. 1994, n° 256, note Raymond ; JCP 1994. IV. 2215.* ♦ Sur l'application de l'arrêté n° 77-105/P du 2 sept. 1977, relatif à la publicité des prix, V. • Limoges, 6 avr. 1994 : *Contrats Conc. Consom. 1994, n° 239, note Raymond.* ♦ V. aussi Rép. min. n° 26955 : *JOAN Q, 31 juill. 1995, p. 3369.* ♦ V. également • Com. 19 oct. 1999 : *Bull. civ. IV, n° 175.*

La publicité susceptible d'induire en erreur le consommateur sur la réduction de prix annoncée avec la vente est inopérante sur la qualification de soldes. • Crim. 23 janv. 2001 : *Bull. crim. n° 22.*

12. Internet. Même dans le cadre d'une interprétation stricte de la loi pénale, la notion de « soldes » visée par l'art. L. 310-3 ne peut se confondre avec celle de vente effective d'un produit, elle-même réalisée par l'accord sur la chose et sur le prix (ici le « clic » de l'acheteur en ligne à l'issue de la procédure de validation de son achat). • TGI Bordeaux, 9 janv. 2006 : *Comm. com. élec. 2006, n° 80, obs. Chabert.* ♦ La présentation d'une offre sur internet ayant une portée nationale et englobant nécessairement l'ensemble des départements, il en résulte que cette présentation dans un ressort départemental où l'ouverture officielle des soldes est décalée caractérise l'élément matériel de l'infraction, indépendamment du lieu du siège de la société. • Même jugement. ♦ Pour la condamnation d'un site internet pour manquement aux règles de publicité des prix à l'égard du consommateur lors d'une opération promotionnelle, V. : • T. pol. Boissy-Saint-Léger, 3 févr. 2004 : *cité note 2 bis ss. art. L. 113-3 C. consom., App., v° Ventes commerciales (Dispositions générales).* — V. aussi • TGI Pontoise, 19 mai 2004 : *Comm. com. élec. 2004, n° 162, obs. Grynbaum.*

Art. L. 310-4 **La dénomination de magasin ou de dépôt d'usine ne peut être utilisée que par les producteurs vendant directement au public la partie de leur production non écoulée dans le circuit de distribution ou faisant l'objet de retour. Ces ventes directes concernent exclusivement les productions de la saison antérieure de commercialisation, justifiant ainsi une vente à prix minoré.** – *[L. n° 96-603 du 5 juill. 1996, art. 30].*

Art. L. 310-5 **Est puni d'une amende de 15 000 € :**

1° *(Ord. n° 2004-274 du 25 mars 2004, art. 28-I)* **« Le fait de procéder à une liquidation sans la déclaration préalable mentionnée à l'article L. 310-1 ou en méconnaissance des conditions prévues à cet article ; »**

2° Le fait de procéder à une vente au déballage sans l'autorisation prévue par l'article L. 310-2 ou en méconnaissance de cette autorisation ;

3° Le fait de réaliser des soldes en dehors des périodes prévues au I de l'article L. 310-3 ou portant sur des marchandises détenues depuis moins d'un mois à la date de début de la période de soldes considérée ;

4° Le fait d'utiliser le mot : solde(s) ou ses dérivés dans les cas où cette utilisation ne se rapporte pas à une opération de soldes définie au I de l'article L. 310-3 ;

5° Le fait d'utiliser la dénomination magasin d'usine ou dépôt d'usine en méconnaissance des dispositions de l'article L. 310-4 *[;]*

(Ord. n° 2004-274 du 25 mars 2004, art. 28-II) **« 6° Le fait d'organiser une manifestation commerciale sans la déclaration prévue à l'article L. 762-2 ou de ne pas respecter les conditions de réalisation de la manifestation déclarée. »**

Les personnes physiques encourent également la peine complémentaire d'affichage ou de diffusion de la décision prononcée, dans les conditions prévues par l'article 131-35 du code pénal. — *[L. n° 96-603 du 5 juill. 1996, art. 31 (I)].*

Les modifications apportées par le I de l'art. 28 de l'Ord. n° 2004-274 du 25 mars 2004 (JO 27 mars) au 1° de l'art. L. 310-5, sont applicables dans les îles Wallis-et-Futuna (art. 49-II). L'ord. précitée a été ratifiée par l'art. 78-XV de la L. n° 2004-1343 du 9 déc. 2004 (JO 10 déc.).

1. Application dans le temps. Une loi nouvelle abrogeant une incrimination pénale s'appliquant aux faits commis avant son entrée en vigueur mais non définitivement jugés, les infractions à l'interdiction des ventes en soldes sans autorisation municipale, commises avant l'entrée en vigueur de la loi du 5 juill. 1996, ne peuvent plus être sanctionnées. • Crim. 18 juin 1997 : *Bull. crim. n° 243 ; D. Affaires 1997. 956* • 17 déc. 1997 : *Bull. crim. n° 435 ; JCP E 1998, n° 10, p. 351 ; Contrats Conc. Consom. 1998, n° 67, obs. Raymond.* ♦ Même si la loi de 1996, immédiatement applicable aux poursuites en cours, ne soumet plus les ventes en soldes à l'autorisation du maire qui était prévue par la loi de 1906, les ventes en liquidation restent punissables, à défaut d'une telle autorisation, en application de l'art. 26 de la loi de 1996 [C. com., art. L. 310-1], et les ventes en soldes pratiquées en dehors des périodes fixées par arrêté préfectoral entrent tout à la fois dans les prévisions de l'art. 28 de la loi [C. com., art. L. 310-3] et dans celles de l'art. 1er, al. 1er à 3 de la loi de 1906 [abrogée]. • Crim. 12 oct. 1999 : *Bull. crim. n° 215* • 26 avr. 2000 : *Dr. pénal 2001, n° 8, obs. Robert.* ♦ Pour l'ord. n° 2004-274 du 25 mars 2004, V. • Crim., 3 nov. 2004 : *Bull. Lamy droit économique janv. 2005, p. 5.*

2. Les dispositions de vente au déballage se suffisent à elles-mêmes et n'ont pas besoin d'être complétées par un décret pour entrer en vigueur ; il y a donc continuité de la loi dans le temps et validité des poursuites, les faits antérieurs de vente au déballage continuant à revêtir un caractère délictueux. • TGI Aurillac, 17 oct. 1996 : *BID 1998, n° 4, p. 24.* – Conf. par • Riom, 26 mars 1997 : *ibid., p. 26.* ♦ V. aussi • Grenoble, 29 oct. 1998 : *BID 1999, n° 7-8, p. 57.*

3. Pour un arrêt considérant qu'il ne peut être reproché à un prévenu d'avoir réalisé des soldes en dehors des périodes prévues au 1° de l'art. 28 [C. com., art. L. 310-3], dès lors qu'à la date des faits, le décret d'application prévu à l'art. 32 de la loi [C. com., art. L. 310-7] n'avait pas encore été pris, V. • Poitiers, 29 janv. 1998 : *BID 1998, n° 10, p. 24.* ♦ Dans le même sens, s'agissant d'une vente en liquidation non autorisée, dans la mesure où le défaut d'obtention de l'autorisation est un élément constitutif de l'infraction et que les modalités de cette obtention n'étaient pas encore définies par le décret d'application de la loi à la date des faits, V. • TGI Paris, 23 oct. 1997 : *ibid., p. 25.*

4. Élément intentionnel. L'élément intentionnel du délit se déduit du caractère volontaire de l'omission de se munir de l'autorisation nécessaire. • Crim. 24 nov. 1993 : *BID 1995, n° 10, p. 23* • 17 janv. 1994 : *RJDA 1994, n° 395* • 8 avr. 1998 : *BID 1998, n° 11, p. 37.* ♦ En ce sens que, s'agissant de l'interdiction de recevoir d'autres marchandises que celles figurant à l'inventaire, l'intention frauduleuse réside dans la négligence commise par le responsable de la vente qui n'a pas procédé aux vérifications suffisantes et que l'exonération de responsabilité pénale supposerait soit la preuve d'un cas de force majeure, soit de l'action malveillante d'un tiers, V. • Paris, 18 mai 1995 : *Contrats Conc. Consom. 1996, n° 17, obs. Raymond.*

4 bis. Auteur principal. Le délit de vente au déballage sans autorisation n'est imputable, à titre d'auteur principal, qu'à la personne qui procède à la vente. • Crim. 29 avr. 2003 : *Bull. crim. n° 91 ; D. 2004. 167, note Saint-Pau ; ibid. Somm. 318, obs. Roujou de Boubée ; JCP E 2003, n° 27, p. 1121 ; Contrats Conc. Consom. 2003, n° 150, obs. Raymond ; Dr. pénal 2003, n° 86, obs. Robert ; RTD com. 2003. 831, obs. Bouloc ; RJDA 2003, n° 937.* ♦ Pour une condamnation, V. • Paris, 24 févr. 1995 : *Contrats Conc. Consom. 1995, n° 98, obs. Raymond.*

5. Complicité. Pour la condamnation, pour complicité de vente au déballage non autorisée et de publicité en vue d'une telle vente, de la société ayant réalisé une opération de mailing, V. • Paris, 13 avr. 1995 : *Contrats Conc. Consom. 1995, n° 212, obs. Raymond.* ♦ Sur la condamnation, pour complicité de vente en soldes et en liquidation sans autorisation antérieure à l'entrée en vigueur de la loi du 5 juill. 1996, d'une gérante de société ayant organisé en dehors des soldes saisonniers, pour le compte d'un autre commerçant, une vente accompagnée d'une publicité, présentant un caractère occasionnel et tendant à l'écoulement accéléré de tout ou partie d'un stock de marchandises, malgré le refus de l'autorisation administrative demandée, V. : • Crim. 12 oct. 1999 : *Bull. crim. n° 215.*

6. Pouvoir du préfet. A défaut de transmission des pièces justifiant la demande de liquidation dans le délai prévu [C. com., art. L. 310-1, al. 2], il appartient au préfet de saisir la direction départementale de la concurrence afin de faire constater, par procès-verbal, l'infraction : Rép. min. n° 10157 : *JOAN Q 10 mars 2003, p. 1866 ; Contrats Conc. Consom. juill. 2003, p. 4.*

Art. L. 310-6 **Les personnes morales peuvent être déclarées pénalement responsables, dans les conditions prévues par l'article 121-2 du code pénal, des infractions définies à l'article L. 310-5.**

Les peines encourues par les personnes morales sont :

1° L'amende selon les modalités prévues par l'article 131-38 du code pénal ;

2° L'affichage ou la diffusion de la décision prononcée dans les conditions prévues au 9° de l'article 131-39 du code pénal. – *[L. n° 96-603 du 5 juill. 1996, art. 31 (II)].*

Sur la condamnation d'une personne morale pour une infraction commise par le subdélégataire de pouvoirs, V. • Crim. 26 juin 2001 : *Bull. crim. n° 161 ; Dr. pénal 2002, n° 8, obs. Robert.* ♦ Ne donne pas de base légale à sa décision la cour d'appel qui déclare une association coupable du délit de vente au déballage sans préciser quel organe ou représentant aurait engagé la responsabilité pénale de la personne morale. • Crim. 29 avr. 2003 : *cité note 4 bis ss. art. L. 310-5.*

Art. L. 310-7 **Les modalités d'application des dispositions du présent titre sont fixées par décret en Conseil d'État, et notamment les secteurs dans lesquels les annonces, quel qu'en soit le support, de réduction de prix aux consommateurs ne peuvent s'exprimer en pourcentage ou par la mention du prix antérieurement pratiqué, et la durée ou les conditions de cette interdiction.** – *[L. n° 96-603 du 5 juill. 1996, art. 32 et 29]. – V. Décr. n° 96-1097 du 16 déc. 1996, infra.*

La publication de l'arrêté préfectoral fixant les dates des soldes au recueil périodique des actes administratifs de la préfecture suffit à le rendre opposable à tous les commerçants, sans qu'une information individuelle soit nécessaire. • Crim. 20 nov. 2001 : *RJDA 2002, n° 241.*

Décret n° 96-1097 du 16 décembre 1996,

Pris pour l'application du titre III, chapitre Ier, de la loi n° 96-603 du 5 juillet 1996 [C. com., art. L. 310-1 s.] et relatif aux ventes en liquidation, ventes au déballage, ventes en soldes et ventes en magasins d'usines.

CHAPITRE Ier. *VENTES EN LIQUIDATION*

Art. 1er *(Décr. n° 2005-39 du 18 janv. 2005, art. 1er)* Une déclaration préalable de la vente en liquidation est adressée par lettre recommandée avec demande d'avis de réception ou remise, au préfet du département où les opérations de vente sont prévues, deux mois au moins avant la date prévue pour le début de la vente.

Toutefois, ce délai est réduit à cinq jours lorsque le motif invoqué à l'appui de la déclaration est consécutif à un fait imprévisible de nature à interrompre le fonctionnement de l'établissement.

Un arrêté du ministre chargé du commerce fixe la liste des informations relatives, notamment, à l'identité du vendeur, à la cause et à la durée de la vente et à l'inventaire des marchandises liquidées, ainsi que des pièces qui sont annexées à cette déclaration. – *Arr. 26 janv. 2005, art. 1er et 2, infra.*

2 *(Décr. n° 2005-39 du 18 janv. 2005, art. 1er)* Le préfet délivre un récépissé de déclaration de la vente en liquidation dans un délai maximum de quinze jours à compter de la réception du dossier complet de ladite déclaration ; si le dossier est incomplet, le préfet notifie à l'intéressé la liste des pièces manquantes dans un délai de sept jours à compter de sa réception ; à défaut de production des pièces complémentaires dans un délai de sept jours à compter de la réception de la notification des pièces manquantes, la déclaration mentionnée à l'article 1er ne peut faire l'objet d'un récépissé de déclaration. — *V. Arr. 26 janv. 2005, art. 3, infra.*

Dans le cas de survenance du fait imprévisible mentionné au deuxième alinéa de l'article 1er, le préfet délivre le récépissé de déclaration dès réception du dossier complet.

Aucune vente en liquidation ne peut intervenir tant que le récépissé de déclaration n'a pas été délivré par le préfet.

Le préfet informe la chambre de commerce et d'industrie de la vente en liquidation ainsi déclarée.

3 *(Décr. n° 2005-39 du 18 janv. 2005, art. 1er)* Le récépissé de déclaration est affiché sur les lieux de la vente en liquidation par le déclarant, pendant toute sa durée ; l'arrêté mentionné à l'article 1er fixe les conditions et les modalités de cet affichage. — *V. Arr. 26 janv. 2005, art. 4, infra. — Sur la sanction, V. art. 15 (1°).*

4 *(Décr. n° 2005-39 du 18 janv. 2005, art. 1er)* La durée maximale de la vente en liquidation fixée à deux mois par l'article L. 310-1 du code de commerce est réduite à quinze jours en cas de suspension saisonnière d'activité du déclarant.

5 *(Décr. n° 2005-39 du 18 janv. 2005, art. 1er)* Le report de la date de la vente en liquidation indiquée dans la déclaration mentionnée à l'article 1er doit faire l'objet d'une information préalable du préfet par lettre recommandée avec demande d'avis de réception, comportant la justification de ce changement. — *V. Arr. 26 janv. 2005, art. 5, infra.*

Tout report de cette date supérieur à deux mois donne lieu à une nouvelle déclaration dans les conditions prévues à l'article 1er.

Dès qu'il en a connaissance, le déclarant est tenu d'informer le préfet par lettre recommandée avec demande d'avis de réception de toute modification de l'événement motivant la liquidation mentionné au deuxième alinéa de l'article L. 310-1 du code de commerce.

6 *(Décr. n° 2005-39 du 18 janv. 2005, art. 1er)* La publicité relative à une vente en liquidation ne peut porter que sur les produits inscrits à l'inventaire fourni en annexe à la déclaration préalable mentionnée à l'article 1er.

L'arrêté mentionné à l'article 1er précise également les informations qui doivent figurer dans cette publicité et les modalités de son organisation. — *V. Arr. 26 janv. 2005, art. 6, infra. — Sur la sanction, V. art. 15 (2°).*

CHAPITRE II. *VENTES AU DÉBALLAGE*

7 I. — La demande d'autorisation de vente au déballage est adressée par le vendeur à l'autorité compétente telle qu'elle est définie par le dernier alinéa du I de l'article 27 de la loi du 5 juillet 1996 susvisée *[C. com., art. L. 310-2]* cinq mois au plus et trois mois au moins avant la date prévue pour le début de la vente.

Lorsqu'une même opération de vente au déballage concerne plusieurs vendeurs, la demande est, dans le même délai, adressée à l'autorité compétente par l'organisateur de cette opération pour la surface totale de vente envisagée.

II. — Cette demande, qui doit être signée par une personne ayant qualité pour représenter le vendeur ou l'organisateur, mentionne l'identité ou la dénomination sociale de ce dernier, le cas échéant son nom commercial, la date de début et la durée de l'opération projetée, la localisation, les caractéristiques et la surface de l'emplacement concerné ainsi que la nature des marchandises proposées à la vente.

Elle est accompagnée des documents suivants :

Un justificatif de l'identité et, le cas échéant, de l'immatriculation au registre du commerce et des sociétés du demandeur ;

Toutes pièces justifiant du titre d'occupation de l'emplacement où la vente est envisagée ;

Lorsque la surface de vente envisagée est à proximité immédiate d'un magasin de commerce de détail d'une surface de vente supérieure à 300 mètres carrés ou d'un ensemble commercial tel que défini par l'article 29-1 de la loi du 27 décembre 1973 susvisée *[C.*

com., art. L. 752-3], un extrait du plan cadastral portant identification des parcelles adjacentes aux lieux de vente ; — *V. ce texte, supra, C. com.*

Lorsque le demandeur exploite déjà une surface de vente au lieu de l'opération projetée, une attestation en précisant l'importance ou, si elle est supérieure à 300 mètres carrés, une copie de sa déclaration annuelle, prévue à l'article 4 de la loi du 13 juillet 1972 susvisée *[loi nº 72-657, instituant des mesures en faveur de certaines catégories de commerçants et artisans âgés, mod. par L. nº 2002-1575 du 30 déc. 2002, art. 35]*, à la Caisse nationale de l'organisation autonome d'assurance vieillesse des professions industrielles et commerciales.

Sur la nécessité de procéder à plusieurs autorisations, en cas de vente au déballage fractionnée dans le temps, V. note 6 ss. art. L. 310-2, supra.

1. Autorisation du maire [ancien régime]. Si le maire peut apprécier l'opportunité d'une vente au déballage et accorder ou refuser l'autorisation de procéder à cette vente, dans les formes précisées par les art. 5 et 6 du Décr. du 26 nov. 1962 [abrogés], en prenant en compte le maintien de l'ordre public, ainsi que les intérêts du commerce local et des consommateurs, il ne peut, par une interdiction générale et absolue, porter atteinte à la liberté du commerce et de l'industrie en refusant d'autoriser toute vente au déballage sur le territoire de sa commune. • TA Grenoble, 9 déc. 1992 : *JCP 1993. IV. 2482 ; Contrats Conc. Consom. 1993, nº 185.*

A suffisamment motivé sa décision sans édicter une mesure générale et absolue d'interdiction, le maire d'une ville qui, pour refuser à une société l'autorisation d'organiser une vente au déballage, retient notamment que l'octroi d'une telle autorisation engendrerait une concurrence déloyale au regard des commerçants locaux qui acquittent une taxe professionnelle sur la ville. • CE 8 déc. 1995 : *RJDA 1996, nº 488.*

Est motivée la décision qui, pour refuser à un commerçant la possibilité d'organiser pendant plus d'une journée une exposition-vente de bijoux, a invoqué le déroulement récent d'une liquidation effectuée par un bijoutier désirant cesser son activité commerciale et le fait que la période de fin d'année concernée était une période favorable pour la vente des articles de bijouterie dont tous les bijoutiers aspiraient légitimement à bénéficier. • CE 17 juin 1996 : *BRDA 1996, nº 18, p. 13.*

2. Autorisation du maire. Sur le caractère nécessairement préalable de l'autorisation, V. • T. corr. Seine, 7 nov. 1961 : *D. 1962. Somm. 67.* – V. aussi note Fourgoux, ss. • Crim. 12 mai 1966 : *D. 1967. 111.* ♦ V. également • Crim. 21 juill. 1998 : *BID 1998, nº 12, p. 40.*

3. L'autorisation peut être rapportée sans engager la responsabilité de la commune, le demandeur ne disposant d'aucun droit au maintien d'une mesure de police. • CE 29 nov. 1961 : *JCP 1962. II. 12731.*

4. Pour la relaxe, pour erreur de droit invincible, d'un prévenu ayant sollicité une autorisation auprès de la mairie qui lui avait répondu que cette autorisation n'était pas nécessaire, V. • Chambéry, 30 juin 1994 : *BID 1995, nº 10, p. 23.*

8 Il est délivré un accusé de réception de la demande qui mentionne la date de réception du dossier complet par l'autorité compétente. Lorsque l'autorité saisie est incompétente, elle transmet la demande et les pièces qui l'accompagnent à l'autorité compétente, et en informe le demandeur.

La chambre de commerce et d'industrie et la chambre des métiers sont informées de l'opération projetée et disposent d'un délai de quinze jours pour faire connaître leurs observations.

L'autorité compétente fixe la date de début et la durée, la surface et la nature de marchandises pour lesquelles la vente au déballage est autorisée. Sa décision mentionne le lieu de la vente, l'identité ou la dénomination sociale du vendeur ou de l'organisateur et, le cas échéant, son nom commercial.

9 Le maire et le préfet se tiennent mutuellement informés de leurs décisions afin que, conformément aux dispositions du deuxième alinéa du I de l'article 27 de la loi du 5 juillet 1996 susvisée *[C. com., art. L. 310-2]*, les ventes au déballage autorisées dans un même local ou sur un même emplacement n'excèdent pas deux mois par année civile.

10 Toute publicité relative à une vente au déballage mentionne la date et l'auteur de l'autorisation, la période pour laquelle elle a été délivrée ainsi que l'identité et la qualité du bénéficiaire. — *V. art. 15 (3º).*

CHAPITRE III. *VENTES EN SOLDES*

11 L'arrêté préfectoral fixant ou modifiant les deux périodes de soldes par année civile prévues au I de l'article 28 de la loi du 5 juillet 1996 susvisée *[C. com., art. L. 310-3]* est pris après consultation des organisations professionnelles concernées représentées dans le département, des chambres de commerce et d'industrie et des chambres de métiers du département, ainsi que du comité départemental de la consommation. Ces consultations sont renouvelées chaque année.

12 Toute personne se livrant à des ventes en soldes tient à la disposition des agents habilités à opérer des contrôles les documents justifiant que les marchandises vendues en soldes avaient été proposées à la vente, et lorsque le vendeur n'est ni le producteur ni son mandataire que leur prix d'achat avait été payé, depuis au moins un mois à la date de début de la période de soldes considérée.

13 Toute publicité relative à une opération de soldes mentionne la date de début de l'opération et la nature des marchandises sur lesquelles porte l'opération, si celle-ci ne concerne pas la totalité des produits de l'établissement. — *V. art. 15 (4°).*

CHAPITRE IV. *VENTES EN MAGASINS OU DÉPÔTS D'USINES*

14 Tout producteur, vendant directement au public une partie de sa production sous l'une des dénominations mentionnées à l'article 30 de la loi du 5 juillet 1996 susvisée *[C. com., art. L. 310-4]*, tient à la disposition des agents habilités à opérer des contrôles toute pièce justifiant de l'origine et de la date de fabrication des produits faisant l'objet de ces ventes directes au public.

V. Circ. 16 janv. 1997 (titre quatrième) (D. Affaires 1997. 1046).

CHAPITRE V. *SANCTIONS ET DISPOSITIONS DIVERSES*

15 I. — Est puni de l'amende prévue pour les contraventions de la cinquième classe : *(Décr. n° 2005-39 du 18 janv. 2005, art. 2)* « 1° Le fait de ne pas afficher le récépissé de déclaration de la vente en liquidation dans les conditions prévues à l'article 3 ; »

2° Le fait de ne pas mentionner dans toute publicité relative à une opération de liquidation les indications exigées à l'article 6 ;

3° Le fait de ne pas mentionner dans toute publicité relative à une vente au déballage les indications exigées à l'article 10 ;

4° Le fait de ne pas mentionner dans toute publicité relative à une opération de soldes les indications exigées à l'article 13.

II. — Les personnes morales peuvent être déclarées responsables pénalement, dans les conditions de l'article 121-2 du code pénal, des infractions définies au présent article.

La peine encourue par les personnes morales est l'amende selon les modalités prévues par l'article 131-41 du code pénal.

16 Sont abrogés :

Le décret n° 62-1463 du 26 novembre 1962 modifié précisant les modalités d'application de la loi du 30 novembre 1906 sur les ventes au déballage ;

Le décret n° 91-1068 du 16 octobre 1991 relatif aux soldes périodiques ou saisonniers ;

Le décret n° 74-429 du 15 mai 1974 relatif aux ventes directes aux consommateurs.

Sur les modalités d'application de la nouvelle réglementation des ventes en liquidation, au déballage ou en solde, V. Circ. 16 janv. 1997 (D. Affaires 1997. 1046).

Arrêté du 26 janvier 2005,

Pris en application du décret n° 2005-39 du 18 janvier 2005 modifiant le décret n° 96-1097 du 16 décembre 1996 pris pour application du titre Ier du livre III du code de commerce et relatif aux ventes en liquidation.

Art. 1er La déclaration préalable de vente en liquidation, prévue à l'article L. 310-1 du code de commerce, mentionne l'identité ou la dénomination sociale du vendeur, le nom, l'adresse et le numéro unique d'identification de l'établissement commercial concerné, ainsi que le motif, la date de début et la durée de la liquidation. Elle est signée par le vendeur ou par une personne ayant qualité pour le représenter.

Cette déclaration est établie conformément au modèle figurant en annexe 1 du présent arrêté. — *V. JO du 10 févr. 2005.*

2 La déclaration est accompagnée des documents suivants :

— toute pièce justifiant, selon le motif de la demande, de la perspective d'une cessation de commerce, d'une suspension saisonnière, d'un changement d'activité ou d'une modification substantielle des conditions d'exploitation et, notamment, en cas de prévision de travaux, le ou les devis correspondants ;

— un inventaire détaillé des marchandises concernées par l'opération de liquidation comportant au minimum les renseignements suivants : nature et dénomination précise des articles, quantités, prix de vente, prix d'achat moyen hors taxe. Les produits dont le prix de vente unitaire est inférieur à 5 euros peuvent être décrits par lots homogènes.

— le cas échéant, si la déclaration est faite par un mandataire, une copie de sa procuration.

3 Le récépissé de déclaration prévu à l'article 2 du décret du 18 janvier 2005 susvisé mentionne l'identité ou la dénomination sociale du déclarant, le nom, l'adresse et le numéro unique d'identification de l'établissement commercial concerné par la liquidation, ainsi que le motif, la date de début et sa durée. Il est daté. Il est établi conformément au modèle figurant en annexe 2 du présent arrêté. — *V. JO du 10 févr. 2005.*

4 L'information sur le lieu de vente est assurée par le déclarant durant toute la durée de l'opération de liquidation au moyen de l'affichage d'une copie du récépissé de déclaration délivrée par la préfecture qui doit être lisible de la voie publique.

Pour les établissements pratiquant la vente par correspondance, les éléments d'information figurant à l'article 3 du présent arrêté doivent être portés à la connaissance des consommateurs.

5 Dans le cas d'un changement de date de l'opération de liquidation dans les conditions prévues par l'article 5 du décret du 18 janvier 2005 susvisé, une copie de la lettre informant le préfet du report doit être affichée sur le lieu de vente au côté de la copie du récépissé de déclaration du dossier initial dans les conditions prévues à l'article 4 du présent arrêté.

Pour les établissements pratiquant la vente à distance, la date de la lettre au préfet et les motifs du report sont portés à la connaissance des consommateurs.

6 Toute publicité relative à une opération de liquidation mentionne la date du récépissé de déclaration ainsi que la nature des marchandises sur lesquelles porte l'opération si celle-ci ne concerne pas la totalité des produits de l'établissement.

Sur l'interdiction de toute publicité portant sur une opération n'ayant pas reçu l'autorisation prévue par C. com., art. L. 310-1 s., V. infra, App., v° Publicité commerciale, C. consom., art. L. 121-15.

Les infractions aux dispositions de la loi du 5 juill. 1996 [C. com., art. L. 310-1 s.] peuvent être constatées et poursuivies dans les conditions fixées par les art. 45, al. 1er et 3, 46, 47, 51 et 52 de l'ord. n° 86-1243 du 1er déc. 1986 [C. com., art. L. 450-1, al. 1er et 3, L. 450-2, L. 450-3, L. 450-7 et L. 450-8] (L. n° 89-1008 du 31 déc. 1989, art. 9, al. 1er, mod. par L. n° 96-603 du 5 juill. 1996, art. 33). — V. ces art., supra.

Sur les soldes et liquidations de livres, V. L. n° 81-766 du 10 août 1981, art. 5 et 7, infra, App., v° Concurrence.

TITRE DEUXIÈME DES VENTES AUX ENCHÈRES PUBLIQUES

RÉP. COM. v[is] *Ventes volontaires de meubles aux enchères publiques ; Ventes aux enchères publiques de marchandises neuves,* par MAUGER-VIELPEAU.

Art. L. 320-1 Nul ne peut faire des enchères publiques un procédé habituel de l'exercice de son commerce. – *[L. 25 juin 1841, art. 1er].*

1. Portée. Nul ne peut faire des enchères publiques un procédé habituel d'exercice de son commerce. • Com. 12 oct. 1999 : *Contrats Conc. Consom. 2000, n° 5, obs. Leveneur.* ♦ Dès lors que le caractère commercial de l'activité d'organisation de ventes à l'encan, pratiquée par une société commerciale, n'est nullement subordonné à la condition que la société soit propriétaire des objets qu'elle vend, exerce une activité commerciale illicite au sens de l'art. 1er [C. com., art. L. 320-1] la société commerciale qui prête habituellement ses services à quiconque pour organiser de telles ventes. • Colmar, 2 sept. 1999 : *BICC 2000, n° 941.*

2. Droit communautaire (jurisprudence antérieure à la loi n° 2000-642 du 10 juill. 2000, partiellement codifiée aux art. L. 321-1 s.). L'application à des produits en provenance d'autres États membres de dispositions nationales qui limitent ou interdisent certaines modalités de vente, pourvu qu'elles s'appliquent à tous les opérateurs concernés exerçant leur activité sur le territoire national et pourvu qu'elles affectent de la même manière, en droit comme en fait la commercialisation des produits nationaux et de ceux en provenance des autres États membres, n'est pas selon une jurisprudence communautaire récente, apte à entraver directement ou indirectement, actuellement ou potentiellement, le commerce entre les États membres. La loi de 1841, étant indistinctement applicable à la vente de produits nationaux et de produits importés, les dispositions de l'art. 1er, al. 3, [abrogées] en ce qu'elles interdisaient la vente aux enchères de marchandises d'occasion dont étaient propriétaires ou détenteurs des commerçants qui ne sont pas inscrits au registre du commerce et sur le rôle des patentes depuis deux ans au moins dans le ressort du tribunal de grande instance où les ventes doivent être opérées sont compatibles avec l'art. 30 [désormais 157] du Traité de Rome, et sont par conséquent applicables aux entreprises important en France des produits d'un autre État membre. • Com. 5 oct. 1999 : *Bull. civ. IV, n° 164 ; D. 2000. 542, note Voinot.* ♦ Rappr. (s'agissant de la législation sur la vente à perte) : • CJCE 24 nov. 1993 : *D. 1994. 185, note Voinot ; Gaz. Pal. 1994. 2. 414, note O. d'Ormesson et A. Wachsmann ; Contrats Conc. Consom. 1993, n° 210, obs. Vogel.* ♦ *Contra*, considérant qu'en raison de la primauté du droit communautaire, les dispositions de l'art. 1er, al. 3, [abrogées] ci-dessus étaient inapplicables aux entreprises important en France des produits d'occasion en provenance d'un autre État membre de la CEE, en vue de les vendre aux enchères publiques. • Com. 28 janv. 1992 : *D. 1992. IR. 96* (cassant • Paris, 5 nov. 1988 : *D. 1988. IR. 296).* – V. aussi • CJCE 30 avr. 1991 : *D. 1991. IR. 148.*

3. Internet. Pour une décision jugeant qu'une vente aux enchères « en ligne » d'objets mobiliers sur le réseau « internet » viole le monopole des commissaires-priseurs, V. • TGI Paris, 3 mai 2000 : *D. 2000. Somm. 278, obs. Caron ; Gaz. Pal. 19-20 juill. 2000, p. 47, obs. Pottier ; Petites affiches 29 sept. 2000, p. 9, note Cabrol.* ♦ V. désormais art. L. 321-3.

Art. L. 320-2 Sont exceptées de l'interdiction prévue à l'article L. 320-1 les ventes prescrites par la loi ou faites par autorité de justice, ainsi que les ventes après décès, liquidation judiciaire ou cessation de commerce ou dans tous les autres cas de nécessité dont l'appréciation est soumise au tribunal de commerce.

Sont également exceptées les ventes à cri public de comestibles et d'objets de peu de valeur connus dans le commerce sous le nom de menue mercerie. – *[L. 25 juin 1841, art. 2].*

CHAPITRE PREMIER DES VENTES VOLONTAIRES DE MEUBLES AUX ENCHÈRES PUBLIQUES

RÉP. COM. v° *Ventes volontaires de meubles aux enchères publiques,* par MAUGER-VIELPEAU.

BIBL. ▶ MATHIAS, *Petites affiches 18 oct. 2000, p. 6* (analyse de la réglementation des ventes aux enchères sur internet). – HONLET et DE BAECQUE, *D. 2001. 141* (réforme des ventes volontaires de meubles aux enchères publiques). – BARBRY et OLIVIER, *JCP 2000, n° 46, Actualités* (la prise en compte des enchères électroniques). – LOCHOUARN, *Petites affiches 22 nov. 2002, p. 4* (le point sur les ventes de meubles aux enchères publiques). – ARMAND, *Gaz. Pal. 2003. 1. Doctr. 20* (ventes judiciaires et ventes volontaires). – SERMIER, *ibid. 17 mars 2003, p. 13* (comment distinguer les ventes aux enchères volontaires des ventes judiciaires ?). – DURET-ROBERT, *Contrats Conc. Consom. 2004. Chron. 4* (problèmes posés par la loi du 10 juill. 2000). – MAUGER-VIELPEAU, *JCP N 2004, n° 18, p. 716* (premier bilan jurisprudentiel) ; *D. 2004. 2482* (courtage en ligne de biens culturels) ; *D. 2005. 1404* (vente volontaire/vente judiciaire).

SECTION PREMIÈRE DISPOSITIONS GÉNÉRALES

Art. L. 321-1 **Les ventes volontaires de meubles aux enchères publiques ne peuvent porter que sur des biens d'occasion ou sur des biens neufs issus directement de la production du vendeur si celui-ci n'est ni commerçant ni artisan. Ces biens sont vendus au détail ou par lot.**

Sont considérés comme meubles par le présent chapitre les meubles par nature.

Sont considérés comme d'occasion les biens qui, à un stade quelconque de la production ou de la distribution, sont entrés en la possession d'une personne pour son usage propre, par l'effet de tout acte à titre onéreux ou à titre gratuit. – *[L. n° 2000-642 du 10 juill. 2000, art. 1er].*

Art. L. 321-2 **Les ventes volontaires de meubles aux enchères publiques sont, sauf les cas prévus à l'article L. 321-36 organisées et réalisées par des sociétés de forme commerciale régies par le livre II, et dont l'activité est réglementée par les dispositions du présent chapitre.**

Ces ventes peuvent également être organisées et réalisées à titre accessoire par les notaires et les huissiers de justice *(L. n° 2006-728 du 23 juin 2006, art. 35-II)* **« dans les communes où il n'est pas établi d'office de commissaire-priseur judiciaire ». Cette activité est exercée dans le cadre de leur office et selon les règles qui leur sont applicables. Ils ne peuvent être mandatés que par le propriétaire des biens.** – *[L. n° 2000-642 du 10 juill. 2000, art. 2]. – V. L. n° 2000-642 du 10 juill. 2000, art. 53, infra, ss. art. L. 321-38.*

Les dispositions issues de la L. n° 2006-728 du 23 juin 2006 entrent en vigueur le 1er janv. 2007 (art. 47-I).

Art. L. 321-3 **Le fait de proposer, en agissant comme mandataire du propriétaire, un bien aux enchères publiques à distance par voie électronique pour l'adjuger au mieux-disant des enchérisseurs constitue une vente aux enchères publiques au sens du présent chapitre.**

Les opérations de courtage aux enchères réalisées à distance par voie électronique, se caractérisant par l'absence d'adjudication et d'intervention d'un tiers dans la conclusion de la vente d'un bien entre les parties, ne constituent pas une vente aux enchères publiques.

Sont également soumises aux dispositions du présent chapitre, à l'exclusion des articles L. 321-7 et L. 321-16 les opérations de courtage aux enchères portant sur des biens culturels réalisées à distance par voie électronique. – *[L. n° 2000-642 du 10 juill. 2000, art. 3].*

BIBL. ▶ BARBRY et PRADÈRE, *Gaz. Pal. 2003. Doctr. 906* (le courtage aux enchères menacé...). – GARNIER, *ibid. 2696* (les clauses contestables des conventions d'utilisation des sites de « vente aux enchères »). – MAUGER-VIELPEAU, *D. 2004. 2482* (courtage en ligne de biens culturels). – V. aussi Bibl. en tête de chapitre.

Courtier aux enchères électroniques. Jugeant que l'entreprise exploitant un site de courtage aux enchères n'étant qu'un intermédiaire technique entre acheteurs et vendeur, elle n'engage sa responsabilité que dans cette limite (obligation de prudence à la charge de l'acquéreur) : • TI Saint-Jean-de-Maurienne, 6 août 2003 : *Comm. com. élec. 2004, n° 91, obs. Stoffel-Munck.* ♦ ... Et n'est contractuellement engagée qu'à l'égard des participants au processus d'enchères. • TI Pau, 26 févr. 2004 : *ibid., n° 92, obs. Stoffel-Munck.*

SOUS-SECTION 1 LES SOCIÉTÉS DE VENTES VOLONTAIRES DE MEUBLES AUX ENCHÈRES PUBLIQUES

Art. L. 321-4 **L'objet des sociétés de ventes volontaires de meubles aux enchères publiques est limité à l'estimation de biens mobiliers, à l'organisation et à la réalisation de ventes volontaires de meubles aux enchères publiques dans les conditions fixées par le présent chapitre.**

Les sociétés de ventes volontaires de meubles aux enchères publiques agissent comme mandataires du propriétaire du bien. Elles ne sont pas habilitées à acheter ou à vendre directement ou indirectement pour leur propre compte des biens meubles proposés à la vente aux enchères publiques. Cette interdiction s'applique également aux dirigeants, associés et salariés de la société. A titre exceptionnel, ceux-ci peuvent cependant vendre, par l'intermédiaire de la société, des biens leur appartenant à condition qu'il en soit fait mention dans la publicité. – *[L. n° 2000-642 du 10 juill. 2000, art. 4].*

Art. L. 321-5 **Les sociétés de ventes volontaires de meubles aux enchères publiques ne peuvent exercer leur activité qu'après avoir obtenu l'agrément du Conseil des ventes volontaires de meubles aux enchères publiques institué à l'article L. 321-18.**

Elles doivent présenter des garanties suffisantes en ce qui concerne leur organisation, leurs moyens techniques et financiers, l'honorabilité et l'expérience de leurs dirigeants ainsi que les dispositions propres à assurer pour leurs clients la sécurité des opérations. – *[L. n° 2000-642 du 10 juill. 2000, art. 5]. – V. Décr. n° 2001-650 du 19 juill. 2001, art. 1er s., infra, ss. art. L. 321-38.*

Art. L. 321-6 **Les sociétés de ventes volontaires de meubles aux enchères publiques doivent, quelle que soit leur forme, désigner un commissaire aux comptes et un commissaire aux comptes suppléant.**

Elles doivent justifier :

1° De l'existence dans un établissement de crédit d'un compte destiné exclusivement à recevoir les fonds détenus pour le compte d'autrui ;

2° D'une assurance couvrant leur responsabilité professionnelle ; – *V. C. assur., art. L. 124-1 s. et R. 124-2 au **C. assur.***

3° D'une assurance ou d'un cautionnement garantissant la représentation des fonds mentionnés au 1°. – *[L. n° 2000-642 du 10 juill. 2000, art. 6]. – V. Décr. n° 2001-650 du 19 juill. 2001, art. 9 s., infra, ss. art. L. 321-38.*

Art. L. 321-7 **Les sociétés de ventes volontaires de meubles aux enchères publiques donnent au Conseil des ventes volontaires de meubles aux enchères publiques toutes précisions utiles sur les locaux où auront lieu de manière habituelle les expositions de meubles offerts à la vente ainsi que les opérations de ventes aux enchères publiques. Lorsque l'exposition ou la vente a lieu dans un autre local, ou à distance par voie électronique, la société en avise préalablement le conseil.** – *[L. n° 2000-642 du 10 juill. 2000, art. 7]. – V. Décr. n° 2001-650 du 19 juill. 2001, art. 26, infra, ss. art. L. 321-38.*

Art. L. 321-8 **Les sociétés de ventes volontaires de meubles aux enchères publiques doivent comprendre parmi leurs dirigeants, leurs associés ou leurs salariés au moins**

une personne ayant la qualification requise pour diriger une vente ou titulaire d'un titre, d'un diplôme ou d'une habilitation reconnus équivalents en la matière, dans des conditions définies par décret en Conseil d'État. – *[L. n° 2000-642 du 10 juill. 2000, art. 8]. – V. Décr. n° 2001-650 du 19 juill. 2001, infra, ss. art. L. 321-38.*

Art. L. 321-9 Les personnes mentionnées à l'article L. 321-8 sont seules habilitées à diriger la vente, à désigner le dernier enchérisseur comme adjudicataire ou à déclarer le bien non adjugé et à dresser le procès-verbal de cette vente.

Le procès-verbal est arrêté au plus tard un jour franc après clôture de la vente. Il mentionne les nom et adresse du nouveau propriétaire déclarés par l'adjudicataire, l'identité du vendeur, la désignation de l'objet ainsi que son prix constaté publiquement.

Dans le délai de quinze jours à compter de la vente, le vendeur peut, par l'intermédiaire de la société, vendre de gré à gré les biens déclarés non adjugés à l'issue des enchères. Cette transaction n'est précédée d'aucune exposition ni publicité. Elle ne peut être faite à un prix inférieur à la dernière enchère portée avant le retrait du bien de la vente ou, en l'absence d'enchères, au montant de la mise à prix. Le dernier enchérisseur est préalablement informé s'il est connu. Elle fait l'objet d'un acte annexé au procès-verbal de la vente. – *[L. n° 2000-642 du 10 juill. 2000, art. 9].*

Art. L. 321-10 Les sociétés de ventes volontaires de meubles aux enchères publiques tiennent jour par jour un registre en application des articles 321-7 et 321-8 du code pénal ainsi qu'un répertoire sur lequel elles inscrivent leurs procès-verbaux. – *[L. n° 2000-642 du 10 juill. 2000, art. 10].*

Art. L. 321-11 Chaque vente volontaire de meubles aux enchères publiques donne lieu à une publicité sous toute forme appropriée.

Le prix de réserve est le prix minimal arrêté avec le vendeur au-dessous duquel le bien ne peut être vendu. Si le bien a été estimé, ce prix ne peut être fixé à un montant supérieur à l'estimation la plus basse figurant dans la publicité, ou annoncée publiquement par la personne qui procède à la vente et consignée au procès-verbal. – *[L. n° 2000-642 du 10 juill. 2000, art. 11]. – V. Décr. n° 2001-650 du 19 juill. 2001, art. 27, infra, ss. art. L. 321-38.*

Art. L. 321-12 Une société de ventes volontaires de meubles aux enchères publiques peut garantir au vendeur un prix d'adjudication minimal du bien proposé à la vente, qui est versé en cas d'adjudication du bien. Si le bien a été estimé, ce prix ne peut être fixé à un montant supérieur à l'estimation mentionnée à l'article L. 321-11.

Cette faculté n'est offerte qu'à la société qui a passé avec un organisme d'assurance ou un établissement de crédit un contrat aux termes duquel cet organisme ou cet établissement s'engage, en cas de défaillance de la société, à rembourser la différence entre le montant garanti et le prix d'adjudication si le montant du prix garanti n'est pas atteint lors de la vente aux enchères. – *[L. n° 2000-642 du 10 juill. 2000, art. 12].*

Art. L. 321-13 Une société de ventes volontaires de meubles aux enchères publiques peut consentir au vendeur une avance sur le prix d'adjudication du bien proposé à la vente. – *[L. n° 2000-642 du 10 juill. 2000, art. 13].*

Art. L. 321-14 Les sociétés de ventes volontaires de meubles aux enchères publiques sont responsables à l'égard du vendeur et de l'acheteur de la représentation du prix et de la délivrance des biens dont elles ont effectué la vente. Toute clause qui vise à écarter ou à limiter leur responsabilité est réputée non écrite.

Le bien adjugé ne peut être délivré à l'acheteur que lorsque la société en a perçu le prix ou lorsque toute garantie lui a été donnée sur le paiement du prix par l'acquéreur.

A défaut de paiement par l'adjudicataire, après mise en demeure restée infructueuse, le bien est remis en vente à la demande du vendeur sur folle enchère de l'adjudicataire défaillant ; si le vendeur ne formule pas cette demande dans un délai d'un mois à compter de l'adjudication, la vente est résolue de plein droit, sans préjudice de dommages et intérêts dus par l'adjudicataire défaillant.

Les fonds détenus pour le compte du vendeur doivent être versés à celui-ci au plus tard deux mois à compter de la vente. – *[L. n° 2000-642 du 10 juill. 2000, art. 14].*

Art. L. 321-15 I. – Est puni de deux ans d'emprisonnement et de 375 000 € d'amende le fait de procéder ou de faire procéder à une ou plusieurs ventes volontaires de meubles aux enchères publiques :

1° Si la société qui organise la vente ne dispose pas de l'agrément prévu à l'article L. 321-5 soit qu'elle n'en est pas titulaire, soit que son agrément a été suspendu ou retiré à titre temporaire ou définitif ;

2° Ou si le ressortissant d'un État membre de la Communauté européenne ou d'un État partie à l'accord sur l'Espace économique européen qui organise la vente n'a pas procédé à la déclaration prévue à l'article L. 321-24 ;

3° Ou si la personne qui dirige la vente ne remplit pas les conditions prévues à l'article L. 321-8 ou est frappée d'une interdiction à titre temporaire ou définitif de diriger de telles ventes.

II. – Les personnes physiques coupables de l'une des infractions aux dispositions prévues au présent article encourent également les peines complémentaires suivantes :

1° L'interdiction, pour une durée de cinq ans au plus, d'exercer une fonction publique ou d'exercer l'activité professionnelle ou sociale dans l'exercice ou à l'occasion de l'exercice de laquelle l'infraction a été commise ;

2° L'affichage ou la diffusion de la condamnation prononcée dans les conditions prévues par l'article 131-35 du code pénal ;

3° La confiscation des sommes ou objets irrégulièrement reçus par l'auteur de l'infraction, à l'exception des objets susceptibles de restitution.

III. – Les personnes morales peuvent être déclarées responsables pénalement, dans les conditions prévues par l'article 121-2 du code pénal, des infractions définies au présent article. Les peines encourues par les personnes morales sont :

1° L'amende, suivant les modalités prévues par l'article 131-38 du code pénal ;

2° Pour une durée de cinq ans au plus, les peines mentionnées aux 1°, 2°, 3°, 4°, 8° et 9° de l'article 131-39 du code pénal. L'interdiction mentionnée au 2° du même article porte sur l'activité dans l'exercice ou à l'occasion de l'exercice de laquelle l'infraction a été commise. – *[L. n° 2000-642 du 10 juill. 2000, art. 15].*

Art. L. 321-16 Les dispositions des articles L. 752-1, L. 752-2 et L. 752-15 ne sont pas applicables aux locaux utilisés par les sociétés mentionnées à l'article L. 321-2. – *[L. n° 2000-642 du 10 juill. 2000, art. 17].*

Art. L. 321-17 Les sociétés de ventes volontaires de meubles aux enchères publiques et les officiers publics ou ministériels compétents pour procéder aux ventes judiciaires et volontaires *(L. n° 2004-130 du 11 févr. 2004, art. 57)* « ainsi que les experts qui procèdent à l'estimation des biens » engagent leur responsabilité au cours ou à l'occasion des ventes de meubles aux enchères publiques, conformément aux règles applicables à ces ventes.

Les clauses qui visent à écarter ou à limiter leur responsabilité sont interdites et réputées non écrites.

Les actions en responsabilité civile engagées à l'occasion des prisées et des ventes volontaires et judiciaires de meuble*[s]* aux enchères publiques se prescrivent par dix ans à compter de l'adjudication ou de la prisée. – *[L. nº 2000-642 du 10 juill. 2000, art. 30].*

L'art. 30 de la loi nº 2000-642 du 10 juill. 2000, codifié par l'Ord. nº 2000-912 du 18 sept. 2000 à l'art. L. 321-17, n'a été abrogé par ladite ordonnance qu'en tant qu'il s'applique aux ventes volontaires de meubles aux enchères publiques (Ord. nº 2000-912 du 18 sept. 2000, art. 4, I, 42º).

BIBL. ▸ PORCHER, *D. 2004. 2978* (la nouvelle prescription des actions en responsabilité professionnelle en matière de ventes et de prisées).

SOUS-SECTION 2 LE CONSEIL DES VENTES VOLONTAIRES DE MEUBLES AUX ENCHÈRES PUBLIQUES

Art. L. 321-18 **Il est institué un Conseil de ventes volontaires de meubles aux enchères publiques, doté de la personnalité morale.**

Le Conseil des ventes volontaires de meubles aux enchères publiques est chargé :

1º D'agréer les sociétés de ventes volontaires de meubles aux enchères publiques ainsi que les experts visés à la section III ;

2º D'enregistrer les déclarations des ressortissants des États mentionnés à la section II ;

3º De sanctionner, dans les conditions prévues à l'article L. 321-22 les manquements aux lois, règlements et obligations professionnelles applicables aux sociétés de ventes volontaires de meubles aux enchères publiques, aux experts agréés et aux ressortissants d'un État membre de la Communauté européenne ou d'un État partie à l'accord sur l'Espace économique européen exerçant à titre occasionnel l'activité de ventes volontaires de meubles aux enchères publiques en France.

La décision du Conseil des ventes volontaires de meubles aux enchères publiques qui refuse ou retire l'agrément d'une société ou d'un expert ou l'enregistrement de la déclaration d'un ressortissant d'un État mentionné à la section 2 doit être motivée. – *[L. nº 2000-642 du 10 juill. 2000, art. 18]. – V. Décr. nº 2001-650 du 19 juill. 2001, art. 29 s., infra, ss. art. L. 321-38.*

Art. L. 321-19 **Le Conseil des ventes volontaires de meubles aux enchères publiques et la Chambre nationale des commissaires-priseurs judiciaires assurent conjointement l'organisation de la formation professionnelle en vue de l'obtention de la qualification requise pour diriger les ventes.** – *[L. nº 2000-642 du 10 juill. 2000, art. 19].*

Art. L. 321-20 **Le Conseil des ventes volontaires de meubles aux enchères publiques informe la chambre nationale et les chambres des commissaires-priseurs judiciaires, ainsi que les chambres départementales des huissiers de justice et des notaires, des faits commis dans le ressort de celles-ci qui ont été portés à sa connaissance et qui porteraient atteinte à la réglementation des ventes volontaires de meubles aux enchères publiques.**

Les chambres départementales des huissiers de justice et des notaires, la chambre nationale et les chambres des commissaires-priseurs judiciaires procèdent à la même information envers le Conseil des ventes volontaires de meubles aux enchères publiques. – *[L. nº 2000-642 du 10 juill. 2000, art. 20].*

Art. L. 321-21 **Le Conseil des ventes volontaires de meubles aux enchères publiques comprend onze membres nommés pour quatre ans par le garde des sceaux, ministre de la justice :**

1º Six personnes qualifiées ;

2° Cinq représentants des professionnels, dont un expert.

Le mandat des membres du conseil n'est renouvelable qu'une seule fois.

Le président est élu par les membres du conseil en leur sein.

Des suppléants sont désignés en nombre égal et dans les mêmes formes.

Un magistrat du parquet est désigné pour exercer les fonctions de commissaire du Gouvernement auprès du Conseil des ventes volontaires de meubles aux enchères publiques.

Le financement du conseil est assuré par le versement de cotisations professionnelles acquittées par les sociétés de ventes volontaires de meubles aux enchères publiques et par les experts agréés. Le montant de ces cotisations est fixé par le conseil en fonction de l'activité des assujettis. – *[L. n° 2000-642 du 10 juill. 2000, art. 21].*

Art. L. 321-22 Tout manquement aux lois, règlements ou obligations professionnelles applicables aux sociétés de ventes volontaires de meubles aux enchères publiques, aux experts agréés et aux personnes habilitées à diriger les ventes en vertu du premier alinéa de l'article L. 321-9 peut donner lieu à sanction disciplinaire. La prescription est de trois ans à compter du manquement.

Le conseil statue par décision motivée. Aucune sanction ne peut être prononcée sans que les griefs aient été communiqués au représentant légal de la société, à l'expert ou à la personne habilitée à diriger les ventes, que celui-ci ait été mis à même de prendre connaissance du dossier et qu'il ait été entendu ou dûment appelé.

Les sanctions applicables aux sociétés de ventes volontaires de meubles aux enchères publiques, aux experts agréés et aux personnes habilitées à diriger les ventes, compte tenu de la gravité des faits reprochés, sont : l'avertissement, le blâme, l'interdiction d'exercice de tout ou partie de l'activité à titre temporaire pour une durée qui ne peut excéder trois ans et le retrait de l'agrément de la société ou de l'expert ou l'interdiction définitive de diriger des ventes.

En cas d'urgence et à titre conservatoire, le président du conseil peut prononcer la suspension provisoire de l'exercice de tout ou partie de l'activité d'une société de ventes volontaires de meubles aux enchères publiques, d'un expert agréé ou d'une personne habilitée à diriger les ventes, pour une durée qui ne peut excéder un mois, sauf prolongation décidée par le conseil pour une durée qui ne peut excéder trois mois. Il en informe sans délai le conseil. – *[L. n° 2000-642 du 10 juill. 2000, art. 22]. – V. Décr. n° 2001-650 du 19 juill. 2001, art. 35 s., infra, ss. art. L. 321-38.*

Art. L. 321-23 Les décisions du Conseil des ventes volontaires de meubles aux enchères publiques et de son président peuvent faire l'objet d'un recours devant la cour d'appel de Paris. Le recours peut être porté devant le premier président de ladite cour statuant en référé. – *[L. n° 2000-642 du 10 juill. 2000, art. 23]. – V. Décr. n° 2001-650 du 19 juill. 2001, art. 40 s., infra, ss. art. L. 321-38.*

SECTION II LIBRE PRESTATION DE SERVICES DE L'ACTIVITÉ DE VENTES VOLONTAIRES DE MEUBLES AUX ENCHÈRES PUBLIQUES PAR LES RESSORTISSANTS DES ÉTATS MEMBRES DE LA COMMUNAUTÉ EUROPÉENNE ET DES ÉTATS PARTIES À L'ACCORD SUR L'ESPACE ÉCONOMIQUE EUROPÉEN

Art. L. 321-24 Les ressortissants d'un État membre de la Communauté européenne ou d'un État partie à l'accord sur l'Espace économique européen qui exercent à titre permanent l'activité de ventes volontaires de meubles aux enchères publiques dans l'un de ces États autre que la France peuvent accomplir, en France, cette activité professionnelle à titre occasionnel. Cette activité ne peut être accomplie qu'après déclaration faite au Conseil des ventes volontaires de meubles aux

enchères publiques. La déclaration est faite au moins trois mois avant la date de la première vente réalisée en France. Le conseil est informé des ventes suivantes un mois au moins avant leur réalisation. Il peut s'opposer, par décision motivée, à la tenue d'une de ces ventes. – *[L. nº 2000-642 du 10 juill. 2000, art. 24]. – V. Décr. nº 2001-650 du 19 juill. 2001, art. 44 s., infra, ss. art. L. 321-38.*

Art. L. 321-25 Les personnes exerçant l'activité de ventes volontaires de meubles aux enchères publiques à titre permanent dans leur pays d'origine font usage, en France, de leur qualité exprimée dans la ou l'une des langues de l'État où elles sont établies, accompagnée d'une traduction en français, ainsi que, s'il y a lieu, du nom de l'organisme professionnel dont elles relèvent. – *[L. nº 2000-642 du 10 juill. 2000, art. 25].*

Art. L. 321-26 Pour pouvoir exercer l'activité de ventes volontaires de meubles aux enchères publiques à titre occasionnel, le ressortissant d'un État membre de la Communauté européenne ou d'un État partie à l'accord sur l'Espace économique européen doit justifier auprès du Conseil des ventes volontaires de meubles aux enchères publiques qu'il est titulaire de l'un des diplômes, titres ou habilitations prévus à l'article L. 321-8 ou, s'il s'agit d'une personne morale, qu'il comprend parmi ses dirigeants, ses associés ou ses salariés une personne remplissant cette condition.

Il doit également apporter la preuve auprès du conseil de l'existence d'un établissement dans son pays d'origine et de garanties de moralité professionnelle et personnelle. – *[L. nº 2000-642 du 10 juill. 2000, art. 26].*

Art. L. 321-27 Les ressortissants d'un État membre de la Communauté européenne ou d'un État partie à l'accord sur l'Espace économique européen sont tenus de respecter les règles régissant l'activité de ventes volontaires de meubles aux enchères publiques prévues par le présent chapitre sans préjudice des obligations non contraires qui leur incombent dans l'État dans lequel ils sont établis. – *[L. nº 2000-642 du 10 juill. 2000, art. 27].*

Art. L. 321-28 En cas de manquement aux dispositions du présent chapitre, les ressortissants des États membres de la Communauté européenne et des États parties à l'accord sur l'Espace économique européen sont soumis aux dispositions de l'article L. 321-22. Toutefois, les sanctions de l'interdiction temporaire de l'exercice de l'activité et du retrait de l'agrément sont remplacées par les sanctions de l'interdiction temporaire ou définitive d'exercer en France l'activité de ventes volontaires de meubles aux enchères publiques.

En cas de sanction, le Conseil des ventes volontaires de meubles aux enchères publiques en avise l'autorité compétente de l'État d'origine. – *[L. nº 2000-642 du 10 juill. 2000, art. 28].*

SECTION III DES EXPERTS AGRÉÉS PAR LE CONSEIL DES VENTES VOLONTAIRES DE MEUBLES AUX ENCHÈRES PUBLIQUES

BIBL. ▶ OLIVIER, *Gaz. Pal. 11-12 oct. 2000, p. 2* (experts agréés).

Art. L. 321-29 Les experts auxquels peuvent avoir recours les sociétés de ventes volontaires de meubles aux enchères publiques, les huissiers de justice, les notaires et les commissaires-priseurs judiciaires peuvent être agréés par le Conseil des ventes volontaires de meubles aux enchères publiques.

Le conseil établit une liste des experts agréés dans chaque spécialité. – *[L. nº 2000-642 du 10 juill. 2000, art. 31]. – V. Décr. nº 2001-650 du 19 juill. 2001, art. 55 s., infra, ss. art. L. 321-38.*

Art. L. 321-30 Tout expert agréé doit être inscrit dans l'une des spécialités dont la nomenclature est établie par le Conseil des ventes volontaires de meubles aux enchères publiques.

Nul ne peut l'être dans plus de deux spécialités, à moins qu'il ne s'agisse de spécialités connexes aux précédentes dont le nombre ne peut être supérieur à deux. – *[L. n° 2000-642 du 10 juill. 2000, art. 32].*

Art. L. 321-31 Tout expert *(L. n° 2004-130 du 11 févr. 2004, art. 58)* « , qu'il soit ou non agréé, » est tenu de contracter une assurance garantissant sa responsabilité professionnelle.

Il est solidairement responsable avec l'organisateur de la vente pour ce qui relève de son activité. – *[L. n° 2000-642 du 10 juill. 2000, art. 33].*

Art. L. 321-32 Toute personne inscrite sur la liste prévue à l'article L. 321-29 ne peut faire état de sa qualité que sous la dénomination « d'expert agréé par le Conseil des ventes volontaires de meubles aux enchères publiques ».

Cette dénomination doit être accompagnée de l'indication de sa ou ses spécialités. – *[L. n° 2000-642 du 10 juill. 2000, art. 34].*

Art. L. 321-33 Le fait, pour toute personne ne figurant pas sur la liste prévue à l'article L. 321-29 d'user de la dénomination mentionnée à cet article, ou d'une dénomination présentant une ressemblance de nature à causer une méprise dans l'esprit du public, est puni des peines prévues par l'article 433-17 du code pénal. – *[L. n° 2000-642 du 10 juill. 2000, art. 35].*

Art. L. 321-34 Le Conseil des ventes volontaires de meubles aux enchères publiques peut prononcer le retrait de l'agrément d'un expert en cas d'incapacité légale, de faute professionnelle grave, de condamnation pour faits contraires à l'honneur, à la probité ou aux bonnes mœurs. – *[L. n° 2000-642 du 10 juill. 2000, art. 36].*

Art. L. 321-35 Un expert *(L. n° 2004-130 du 11 févr. 2004, art. 58)* « , qu'il soit ou non agréé, » ne peut estimer ni mettre en vente un bien lui appartenant ni se porter acquéreur directement ou indirectement pour son propre compte d'un bien dans les ventes aux enchères publiques auxquelles il apporte son concours. – *[L. n° 2000-642 du 10 juill. 2000, art. 37].*

(L. n° 2004-130 du 11 févr. 2004, art. 58) « A titre exceptionnel, l'expert peut cependant vendre, par l'intermédiaire d'une personne mentionnée à l'article L. 321-2, un bien lui appartenant à condition qu'il en soit fait mention dans la publicité. »

Art. L. 321-35-1 *(L. n° 2004-130 du 11 févr. 2004, art. 58)* Lorsqu'il a recours à un expert qui n'est pas agréé, l'organisateur de la vente veille au respect par celui-ci des obligations prévues au premier alinéa de l'article L. 321-31 et à l'article L. 321-35.

SECTION IV DISPOSITIONS DIVERSES

Art. L. 321-36 Les ventes aux enchères publiques de meubles appartenant à l'État définies à l'article L. 68 du code du domaine de l'État, ainsi que toutes les ventes de biens meubles effectuées en la forme domaniale dans les conditions prévues à l'article L. 69 du même code, continuent d'être faites selon les modalités prévues à ces articles. Toutefois, par dérogation aux dispositions des articles L. 68, L. 69 et L. 70 du même code, ces ventes peuvent être faites avec publicité et concurrence, pour le

6 Les sociétés agréées font connaître au conseil, dans un délai de trente jours à compter de la date à laquelle elles se produisent, les modifications de fait ou de droit susceptibles d'affecter leur capacité d'exercer l'activité de ventes volontaires de meubles aux enchères publiques, notamment leur cessation temporaire ou définitive d'activité ainsi que tout changement dans la situation déclarée en application de l'article 1er. Ces notifications sont accompagnées des justificatifs nécessaires.

Chaque année, dans un délai de trente jours à compter de l'expiration de la précédente garantie, elles transmettent au conseil les justificatifs du renouvellement de l'assurance couvrant leur responsabilité professionnelle et de l'assurance ou du cautionnement garantissant la représentation des fonds détenus pour le compte d'autrui.

La caution ou l'assureur informe le conseil, dans les trente jours, de la suspension de la garantie ou de la résiliation du contrat.

7 Le greffier chargé de la tenue du registre du commerce et des sociétés avise le conseil de la radiation d'un dirigeant de société agréée lorsque celle-ci a été ordonnée après que la mise à jour du casier judiciaire a révélé l'existence d'une interdiction d'exercer le commerce ou de gérer.

8 En cas de manquement aux obligations prévues par les articles 5 et 6 ou au vu des éléments qui lui sont communiqués par le greffier chargé de la tenue du registre du commerce et des sociétés en application de l'article 7, le conseil peut décider du retrait de l'agrément d'une société de ventes volontaires de meubles aux enchères publiques.

La décision de retrait est notifiée à la société dans les conditions prévues à l'article 3 et, par lettre simple, au greffe du lieu d'immatriculation de la société. Le greffier porte d'office, sur l'extrait du registre du commerce et des sociétés, la mention du retrait de l'agrément.

CHAPITRE II. *ASSURANCE ET CAUTIONNEMENT DES SOCIÉTÉS DE VENTES VOLONTAIRES DE MEUBLES AUX ENCHÈRES PUBLIQUES*

9 Le cautionnement prévu au 3° de l'article L. 321-6 du code de commerce ne peut être consenti que par l'un des établissements de crédit mentionnés à l'article L. 511-9 du code monétaire et financier ou l'une des institutions ou l'un des établissements mentionnés à l'article L. 518-1 du même code, une société d'assurances ou une société de caution mutuelle, habilitée à donner caution.

Le cautionnement résulte d'une convention écrite qui, outre les conditions générales, précise notamment le montant de la garantie accordée, les conditions de rémunération, les modalités de contrôle comptable ainsi que les contre-garanties éventuellement exigées par la caution.

10 La caution ou l'assureur, selon le cas, délivre à la société de ventes volontaires de meubles aux enchères publiques une attestation de cautionnement ou d'assurance précisant la dénomination de l'établissement de crédit auprès duquel est ouvert le compte prévu au 1° de l'article L. 321-6 du code de commerce, ainsi que le numéro de ce compte, le montant et la durée de la garantie accordée et les restrictions éventuelles apportées à celle-ci.

11 Le cautionnement ou l'assurance, selon le cas, s'applique sur les seules justifications que la créance est certaine, liquide et exigible et que la société garantie est défaillante.

La caution ne peut opposer au créancier le bénéfice de discussion.

Pour le garant, la défaillance de la société garantie résulte d'une sommation de payer ou de restituer suivie de refus ou demeurée infructueuse pendant un délai d'un mois à compter de sa signification.

12 Le montant de la garantie accordée à une société ne peut être inférieur à la plus élevée des deux sommes suivantes :

1° Le chiffre moyen trimestriel des ventes, taxes comprises et net d'honoraires, réalisé par la société au cours de l'exercice précédent ;

2° Le montant maximal des fonds détenus par la société pour le compte des tiers, à un moment quelconque, au cours des douze mois précédents.

13 Lorsqu'une société de ventes volontaires de meubles aux enchères publiques exerce son activité depuis moins d'une année, le montant de la garantie ne peut être inférieur au montant prévisionnel moyen des ventes trimestrielles, taxes comprises et net d'honoraires, pour l'exercice en cours. Ce montant prévisionnel fait l'objet d'une déclaration par la société à l'assureur ou à la société de cautionnement.

14 Toute société de ventes volontaires de meubles aux enchères publiques doit adapter chaque année le montant de la garantie qu'elle a souscrite. Elle doit également réviser ce montant lorsque des circonstances particulières sont susceptibles de modifier l'étendue du risque.

15 Les contrats d'assurance ne doivent pas prévoir de franchise à la charge de l'assuré supérieure à 10 % des indemnités dues, dans la limite de 8 000 € par créancier. La franchise n'est pas opposable aux créanciers de la société.

CHAPITRE III. *QUALIFICATIONS REQUISES POUR DIRIGER DES VENTES VOLONTAIRES DE MEUBLES AUX ENCHÈRES PUBLIQUES*

16 à 25 *(Conditions d'examen et stage).*

CHAPITRE IV. *MESURES D'INFORMATION ET DE PUBLICITÉ*

26 Il est procédé à l'information du Conseil des ventes volontaires de meubles aux enchères publiques prévue à l'article L. 321-7 du code de commerce par lettre recommandée avec demande d'avis de réception, huit jours au moins avant la date d'exposition des meubles offerts à la vente ou de réalisation de la vente projetée.

Lorsque la vente a lieu à distance par voie électronique, l'information prévue à l'article L. 321-7 du code de commerce peut être adressée au conseil sur support électronique.

27 La publicité prévue au premier alinéa de l'article L. 321-11 du code de commerce précise au moins la date et le lieu de la vente projetée, la dénomination de la société organisatrice ainsi que son numéro d'agrément, le nom de la personne habilitée qui dirigera la vente et, le cas échéant, le numéro de la déclaration faite en application de l'article L. 321-24 du même code.

28 A la clôture d'une vente aux enchères publiques effectuée à distance par voie électronique, la société organisatrice assure l'information en ligne du public sur la désignation des biens adjugés, leur prix d'adjudication ainsi que sur le jour et l'heure de la clôture de la vente de chacun de ceux-ci.

TITRE II. LE CONSEIL DES VENTES VOLONTAIRES DE MEUBLES AUX ENCHÈRES PUBLIQUES

CHAPITRE PREMIER. *FONCTIONNEMENT*

29 Le Conseil des ventes volontaires de meubles aux enchères publiques se réunit sur convocation de son président. La convocation est de droit lorsque le commissaire du Gouvernement ou quatre membres du conseil en font la demande.

L'ordre du jour est fixé par le président. Le commissaire du Gouvernement ou quatre membres du conseil peuvent faire inscrire à l'ordre du jour toute question relevant de la compétence du conseil.

Le conseil ne peut valablement délibérer que si au moins six membres sont présents. Lorsque le quorum n'est pas atteint sur un ordre du jour donné, le conseil délibère valablement quel que soit le nombre de ses membres après une nouvelle convocation portant sur le même ordre du jour et précisant qu'aucun quorum n'est exigé.

Les décisions sont prises à la majorité des membres présents. En cas de partage égal des voix, la voix du président est prépondérante.

30 Le conseil établit son règlement intérieur, qui fixe notamment ses conditions de fonctionnement et l'organisation de ses services. Il définit également les conditions dans lesquelles le conseil peut désigner certains de ses membres pour procéder aux auditions et entretiens prévus aux articles 2 et 23. – *V. Décis. 11 oct. 2001 portant règlement intérieur du conseil des ventes volontaires de meubles aux enchères publiques (JO 7 nov.), mod. par Décis. 20 mars 2003 (JO 14 mai), Décis. 10 juill. 2003 (JO 1er août).*

31 Les fonctions de membre du conseil sont gratuites.

Toutefois, les membres du conseil et le commissaire du Gouvernement ont droit à l'indemnisation des frais et sujétions auxquels les expose l'exercice de leurs fonctions.

32 Le commissaire du Gouvernement est nommé par arrêté du garde des sceaux, ministre de la justice.

Il exerce ses attributions en matière disciplinaire dans les conditions prévues au chapitre II.

Il participe aux séances du conseil avec voix consultative, sous réserve des dispositions particulières prévues en matière disciplinaire au deuxième alinéa de l'article 38.

Il peut former, à l'encontre des décisions du conseil, le recours prévu à l'article L. 321-23 du code de commerce.

33 Pour l'application du dernier alinéa de l'article L. 321-21 du code de commerce les sociétés de ventes volontaires de meubles aux enchères publiques et les experts agréés déclarent au conseil, chaque année avant le 30 avril, le chiffre d'affaires réalisé ou les honoraires bruts perçus l'année précédente à l'occasion des ventes organisées sur le territoire national. Ces déclarations sont assorties des pièces justificatives.

Le conseil détermine le taux et les modalités de calcul de la cotisation annuelle des sociétés de ventes volontaires et des experts agréés. – *V. Décis. 29 nov. 2001 (JO 4 janv. 2002).*

Lorsqu'une société de ventes volontaires de meubles aux enchères publiques ou un expert agréé exercent leur activité depuis moins d'une année, la cotisation est calculée en fonction du chiffre d'affaires ou des honoraires bruts qu'ils prévoient de réaliser ou de percevoir au cours de la première année d'exercice. Le montant du chiffre d'affaires ou des honoraires bruts prévisionnels est déclaré dans les conditions prévues au premier alinéa.

Le conseil arrête son budget, chaque année, avant le 31 décembre, sur proposition du président.

Le président exécute le budget.

34 Le conseil rend compte de son activité dans un rapport annuel, qui comporte notamment un bilan de l'application de l'article L. 321-3 du code de commerce et du chapitre II du titre Ier du présent décret. Ce rapport est adressé au garde des sceaux, ministre de la justice, au ministre chargé de l'économie et des finances et au ministre chargé de la culture. Il est communiqué à la Chambre nationale des commissaires-priseurs judiciaires, au Conseil supérieur du notariat, à la Chambre nationale des huissiers de justice ainsi qu'aux instances départementales de ces professions. Le cas échéant, les observations du commissaire du Gouvernement sont annexées à ce rapport.

CHAPITRE II. *PROCÉDURE DISCIPLINAIRE*

35 Le Conseil des ventes volontaires de meubles aux enchères publiques statuant en matière disciplinaire, dans les cas prévus aux articles L. 321-22 et L. 321-28 du code de commerce, est saisi par le commissaire du Gouvernement.

Le commissaire du Gouvernement peut engager simultanément des poursuites à l'encontre de la société agréée et de la personne habilitée à diriger les ventes. Il procède à l'instruction préalable du dossier et peut se faire communiquer tous renseignements ou documents et procéder à toutes auditions utiles.

36 La personne poursuivie est appelée à comparaître devant le conseil par le commissaire du Gouvernement.

La convocation est adressée par lettre recommandée avec demande d'avis de réception, un mois au moins à l'avance. Elle énonce les faits reprochés.

La personne convoquée peut prendre connaissance de son dossier auprès du conseil.

37 Le conseil peut se faire communiquer tous renseignements ou documents et procéder à toutes auditions utiles.

Il siège hors la présence du public. Toutefois, à la demande de la personne poursuivie, les débats se déroulent en séance publique ; mention en est faite dans la décision.

La personne poursuivie est entendue et peut se faire assister d'un avocat.

38 Le conseil statue, par décision motivée, après avoir entendu le commissaire du Gouvernement et la personne poursuivie et, le cas échéant, son avocat.

Le commissaire du Gouvernement n'assiste pas au délibéré.

39 La décision est notifiée à la personne poursuivie, par lettre recommandée avec demande d'avis de réception, et au commissaire du Gouvernement. La notification indique le délai et les modalités du recours ouvert à l'encontre de la décision.

CHAPITRE III. *RECOURS CONTRE LES DÉCISIONS DU CONSEIL*

40 Le recours contre les décisions du Conseil des ventes volontaires de meubles aux enchères publiques est formé par déclaration remise contre récépissé ou adressée par lettre recommandée avec demande d'avis de réception au greffe de la cour d'appel de Paris.

Le délai de recours est d'un mois à compter de la notification de la décision. Toutefois, ce délai court à compter de la date de la décision pour les recours formés par le commissaire du Gouvernement.

Le délai de recours est interrompu par un recours gracieux.

Le recours n'est pas suspensif. Toutefois, le premier président de la cour d'appel de Paris, statuant en référé, peut suspendre l'exécution de la décision ou de certains de ses effets, lorsque l'urgence le justifie et qu'il est fait état d'un moyen propre à créer, en l'état de l'instruction, un doute sérieux quant à la légalité de la décision.

41 Le recours est instruit et jugé selon les règles applicables en matière contentieuse à la procédure sans représentation obligatoire, le ministère public entendu. Il est notifié au Conseil des ventes volontaires de meubles aux enchères publiques et, le cas échéant, à l'auteur de la demande faisant l'objet de la décision contestée.

Le Conseil des ventes volontaires de meubles aux enchères publiques est partie à l'instance.

Les parties ont la faculté de se faire assister ou représenter par un avocat ou un avoué.

42 Lorsqu'elle est saisie d'un recours formé contre une décision prise en application des dispositions du chapitre II du présent titre, la cour d'appel de Paris statue en chambre du conseil, hors le cas où, à la demande de l'intéressé, les débats se déroulent en audience publique ; mention en est faite dans la décision.

43 La décision de la cour d'appel est notifiée, à la diligence du greffe, par lettre recommandée avec demande d'avis de réception aux parties, au commissaire du Gouvernement et au procureur général.

TITRE III. CONDITIONS D'EXERCICE DE L'ACTIVITÉ DE VENTES VOLONTAIRES DE MEUBLES AUX ENCHÈRES PUBLIQUES PAR LES RESSORTISSANTS D'UN ÉTAT AUTRE QUE LA FRANCE, MEMBRE DE LA COMMUNAUTÉ EUROPÉENNE OU PARTIE À L'ESPACE ÉCONOMIQUE EUROPÉEN

44 Les ressortissants d'un État autre que la France, membre de la Communauté européenne ou partie à l'accord sur l'Espace économique européen, qui exercent à titre permanent ou occasionnel l'activité de ventes volontaires de meubles aux enchères publiques, sont tenus de souscrire les garanties mentionnées aux 2° et 3° de l'article L. 321-6 du code de commerce.

Ils sont réputés satisfaire à ces obligations s'ils justifient avoir contracté, selon les règles de l'État où ils les ont souscrites, des assurances et garanties équivalentes quant aux modalités et à l'étendue de la couverture. A défaut d'équivalence complète, ils sont tenus de souscrire une assurance ou une garantie complémentaire.

CHAPITRE PREMIER. *QUALIFICATIONS REQUISES*

45 Sont considérés comme ayant la qualification requise pour diriger les ventes volontaires de meubles aux enchères publiques sans avoir à remplir les conditions prévues aux 3°, 4° et 5° de l'article 16, les ressortissants d'un État membre de la Communauté européenne ou d'un État partie à l'accord sur l'Espace économique européen, qui ont suivi avec succès un cycle d'études postsecondaires, d'une durée d'au moins un an ou d'une durée équivalente en cas d'études à temps partiel, les préparant à l'exercice de cette activité et dont l'une des conditions d'accès est l'accomplissement du cycle d'études secondaires exigé pour accéder à l'enseignement universitaire ou supérieur, ainsi que la formation professionnelle éventuellement requise en plus de ce cycle d'études postsecondaires et qui sont titulaires :

1° D'un ou plusieurs diplômes, certificats ou autres titres permettant l'exercice de l'activité de ventes volontaires de meubles aux enchères publiques dans un État membre ou un État partie qui réglemente l'accès à l'exercice de la profession, délivrés :

a) Soit par l'autorité compétente de cet État et sanctionnant une formation acquise de façon prépondérante dans un État membre ou un État partie, ou dans un État tiers dans des établissements d'enseignement qui dispensent une formation conforme aux dispositions législatives, réglementaires ou administratives de cet État membre ou partie ;

b) Soit par un État tiers, à condition que soit fournie une attestation émanant de l'autorité compétente de l'État membre ou de l'État partie qui a reconnu le ou les diplômes, certificats ou autres titres certifiant que le titulaire de ce ou ces diplômes, certificats ou autres titres a une expérience professionnelle de trois ans au moins dans cet État ;

2° Ou d'un ou plusieurs diplômes, certificats ou autres titres sanctionnant une formation réglementée, spécifiquement orientée sur l'exercice de la profession, dans un État membre ou un État partie qui ne réglemente pas l'accès ou l'exercice de cette profession ;

3° Ou d'un ou plusieurs diplômes, certificats ou autres titres obtenus dans un État membre ou un État partie qui ne réglemente ni l'accès ou l'exercice de cette profession ni la formation conduisant à l'exercice de cette profession, à condition de justifier dans cet État d'un exercice à plein temps de la profession pendant deux ans au moins au cours des dix années précédentes ou pendant une période équivalente en cas d'exercice à temps partiel, sous réserve que cet exercice soit attesté par l'autorité compétente de cet État.

SECTION I. *LES VENTES VOLONTAIRES DE MEUBLES AUX ENCHÈRES PUBLIQUES PRATIQUÉES À TITRE OCCASIONNEL*

46 Les personnes satisfaisant aux conditions prévues à l'article 45 et souhaitant organiser ou diriger en France à titre occasionnel des ventes de meubles aux enchères publiques adressent au Conseil des ventes volontaires de meubles aux enchères publiques leur demande de reconnaissance de diplômes, certificats ou autres titres, assortie des documents justificatifs, par lettre recommandée avec demande d'avis de réception ou par tout autre moyen équivalent.

La décision du conseil est notifiée par lettre recommandée avec demande d'avis de réception. La notification indique le délai et les modalités du recours ouvert à l'encontre de cette décision.

La décision du conseil peut faire l'objet d'un recours dans les conditions prévues au chapitre III du titre II.

47 Lorsqu'il estime que les titres *(Décr. n° 2005-626 du 30 mai 2005, art. 8-I)* « et l'expérience professionnelle » de l'intéressé ne garantissent pas une connaissance suffisante de la réglementation des ventes volontaires de meubles aux enchères publiques, le conseil peut décider de lui faire subir, devant un membre du jury prévu à l'article 20, désigné par son président, une épreuve d'aptitude dans cette matière.

Le programme et les modalités de cette épreuve sont fixés par arrêté du garde des sceaux, ministre de la justice.

Le conseil notifie au demandeur les résultats de l'épreuve d'aptitude.

SECTION II. *L'ÉTABLISSEMENT EN FRANCE DES PERSONNES HABILITÉES À DIRIGER DES VENTES VOLONTAIRES DE MEUBLES AUX ENCHÈRES PUBLIQUES DANS UN AUTRE ÉTAT MEMBRE DE LA COMMUNAUTÉ EUROPÉENNE OU PARTIE À L'ACCORD SUR L'ESPACE ÉCONOMIQUE EUROPÉEN*

48 Les personnes satisfaisant aux conditions prévues à l'article 45 et souhaitant s'établir en France adressent au Conseil des ventes volontaires de meubles aux enchères publiques leur demande de reconnaissance de diplômes, certificats ou autres titres, assortie des documents justificatifs, par lettre recommandée avec demande d'avis de réception ou par tout autre moyen équivalent.

Le conseil dispose d'un délai de quatre mois pour se prononcer sur la demande. A défaut de décision expresse dans ce délai, la demande est réputée rejetée.

La décision du conseil est notifiée par lettre recommandée avec demande d'avis de réception. La notification indique le délai et les modalités du recours ouvert à l'encontre de cette décision.

La décision du conseil peut faire l'objet d'un recours dans les conditions prévues au chapitre III du titre II.

49 Lorsque sa formation porte sur des matières substantiellement différentes de celles qui figurent aux programmes des diplômes et de l'examen professionnel mentionnés à l'article 19, ou lorsqu'une ou plusieurs des activités professionnelles dont l'exercice est subordonné à la possession de ces diplômes et à la réussite de cet examen ne sont pas réglementées dans l'État membre d'origine ou de provenance ou sont réglementées de manière substantiellement différente, l'intéressé doit subir, devant le jury prévu à l'article 20, une épreuve d'aptitude dont le programme et les modalités sont fixés par arrêté du garde des sceaux, ministre de la justice. *(Décr. n° 2005-626 du 30 mai 2005, art. 8-II)* « Il peut toutefois être dispensé de subir l'épreuve d'aptitude si les connaissances qu'il a acquiss au cours de son expérience professionnelle sont de nature à rendre cette vérification inutile *[.]* »

Le conseil fixe les matières du programme mentionné à l'alinéa précédent sur lesquelles le candidat, compte tenu de sa formation initiale *(Décr. n° 2005-626 du 30 mai 2005, art. 8-II)* « et de son expérience professionnelle », doit être interrogé.

Le conseil notifie aux candidats les résultats de l'épreuve d'aptitude.

Nul ne peut se présenter plus de trois fois à l'examen.

CHAPITRE II. *PROCÉDURES DE DÉCLARATION ET D'INFORMATION*

SECTION I. *LA PROCÉDURE DE DÉCLARATION*

50 La déclaration prévue à l'article L. 321-24 du code de commerce est adressée, dans le délai prévu au même article, au Conseil des ventes volontaires de meubles aux enchères publiques par lettre recommandée avec demande d'avis de réception ou par tout autre moyen équivalent.

Cette déclaration est accompagnée des pièces suivantes :

1° Les documents justifiant l'identité et la nationalité de l'auteur de la déclaration ou, s'il s'agit d'une personne morale relevant de la législation d'un État membre de la Communauté européenne ou d'un État partie à l'accord sur l'Espace économique européen, une copie de ses statuts et la justification de son immatriculation dans un registre public ;

2° Les documents justifiant de l'exercice à titre permanent de l'activité de ventes volontaires de meubles aux enchères publiques dans l'État d'établissement, de la qualité professionnelle du déclarant et, s'il y a lieu, du nom de l'organisme professionnel dont il relève ;

3° La justification, conformément aux dispositions de l'article 45, de la qualification pour diriger les ventes volontaires de meubles aux enchères publiques acquise par l'auteur de la déclaration ou, s'il s'agit d'une personne morale, par l'un de ses dirigeants, associés ou salariés ;

4° Un extrait du casier judiciaire ou un document équivalent émanant de l'État dont le déclarant est ressortissant ainsi qu'une déclaration de non-faillite dans l'État d'établissement ;

5° Une attestation délivrée par l'organisme professionnel dont relève l'auteur de la déclaration ou, à défaut, une attestation sur l'honneur précisant qu'il n'a pas fait l'objet, dans le cadre de son activité, d'une sanction disciplinaire ou administrative de destitution, radiation, révocation, de retrait d'agrément ou d'autorisation pour des faits contraire à l'honneur ou à la probité ;

6° L'indication de la date et du lieu de réalisation de la vente projetée ainsi que l'identité et la qualification de la personne chargée de diriger celle-ci ;

7° La justification d'une assurance couvrant la responsabilité professionnelle encourue à l'occasion de cette vente et d'une assurance ou d'un cautionnement garantissant la représentation des fonds détenus pour le compte d'autrui.

Les pièces en langue étrangère doivent être assorties d'une traduction en langue française.

51 Le conseil dispose d'un délai d'un mois à compter de la réception de la déclaration pour refuser l'enregistrement et s'opposer à la tenue de la vente par décision motivée. Cette décision est notifiée par lettre recommandée avec demande d'avis de réception ou par tout autre moyen équivalent.

A défaut d'opposition dans le délai mentionné à l'alinéa précédent, la déclaration est tenue pour enregistrée et il peut être procédé à la vente projetée aux lieu et date prévus.

La décision d'opposition peut faire l'objet d'un recours dans les conditions prévues au chapitre III du titre II.

52 Dans les quinze jours suivant la tenue de la première vente, le conseil délivre une attestation à l'auteur de la déclaration, mentionnant les date et lieu de la vente, le nom de la personne habilitée qui a dirigé celle-ci et le numéro affecté à la déclaration.

SECTION II. *LA PROCÉDURE D'INFORMATION*

53 L'information prévue à l'article L. 321-24 du code de commerce est accompagnée des pièces mentionnées aux 6° et 7° de l'article 50, assorties, le cas échéant, de leur traduction en français, ainsi que d'une copie de l'attestation mentionnée à l'article 52.

Si des changements sont intervenus dans la situation de l'intéressé depuis la déclaration effectuée en application de l'article 50, les documents justifiant de ces changements sont joints à l'envoi.

54 Le conseil dispose d'un délai de quinze jours à compter de la réception de l'information pour s'opposer à la tenue de la vente par décision motivée. Cette décision est notifiée par lettre recommandée avec demande d'avis de réception ou par tout autre moyen équivalent.

A défaut d'opposition dans le délai mentionné au précédent alinéa, il peut être procédé à la vente aux lieu et date prévus.

La décision d'opposition peut faire l'objet d'un recours dans les conditions prévues au chapitre III du titre II.

TITRE IV. AGRÉMENT DES EXPERTS

55 Le Conseil des ventes volontaires de meubles aux enchères publiques arrête la liste des spécialités dont peuvent se prévaloir les experts agréés.

56 L'expert qui sollicite l'agrément en fait la demande au conseil par lettre recommandée avec demande d'avis de réception.

La demande est accompagnée des pièces suivantes :

1° Un document justifiant l'identité du demandeur ;

2° Une copie des diplômes dont il se prévaut et les documents justifiant de l'expérience professionnelle acquise dans les spécialités pour lesquelles l'agrément est sollicité ;

3° Le bulletin numéro 3 du casier judiciaire.

57 Le conseil dispose d'un délai de quatre mois à compter de la réception de l'ensemble des pièces mentionnées à l'article 56 pour se prononcer sur la demande. A défaut de décision expresse dans ce délai, la demande est réputée rejetée.

La décision est notifiée aux personnes qui ont sollicité l'agrément, par lettre recommandée avec demande d'avis de réception.

La notification indique le délai et les modalités du recours ouvert à l'encontre de cette décision.

58 Les experts agréés font connaître au conseil, dans les trente jours de leur agrément, la justification d'une assurance garantissant leur responsabilité professionnelle.

Ils font connaître au conseil, dans un délai de trente jours à compter de la date à laquelle elles se produisent, les modifications de fait ou de droit susceptibles d'affecter leur capacité d'exercer, notamment leur cessation temporaire ou définitive d'activité ainsi que tout changement dans la situation déclarée en application de l'article 56. Ces notifications sont accompagnées des justificatifs nécessaires.

Chaque année, dans un délai de trente jours à compter de l'expiration de la précédente garantie, les experts agréés transmettent au conseil le justificatif du renouvellement de l'assurance garantissant leur responsabilité professionnelle.

L'assureur informe le conseil, dans les trente jours, de la résiliation du contrat.

59 En cas de manquement aux obligations prévues par l'article 58, le conseil peut décider le retrait de l'agrément d'un expert.

La décision de retrait est notifiée à l'expert dans les conditions prévues à l'article 57.

60 Les décisions prises par le conseil en application du présent titre peuvent être contestées dans les conditions prévues par le chapitre III du titre II.

....

TITRE VI. DISPOSITIONS DIVERSES ET TRANSITOIRES

67 En cas de courtage aux enchères réalisé à distance par voie électronique, le courtier assure l'information en ligne du public sur la nature exacte des opérations de courtage, sur les obligations respectives des vendeurs et des acheteurs et sur les conditions de conclusion des ventes. Cette information reproduit, de manière apparente, les dispositions du deuxième alinéa de l'article L. 321-3 du code de commerce.

....

76 Dans tous les textes réglementaires en vigueur à la date de publication du présent décret, les mots : « commissaire-priseur » et « commissaires-priseurs » sont remplacés respectivement par les mots : « commissaire-priseur judiciaire » et « commissaires-priseurs judiciaires ».

....

78 I. — Le présent décret, à l'exception de son titre Ier, entrera en vigueur le premier jour du troisième mois suivant sa publication.

Le titre Ier s'applique sans délai. Toutefois, les sociétés de ventes volontaires de meubles aux enchères publiques et les experts ne pourront solliciter l'agrément du Conseil des ventes volontaires de meubles aux enchères publiques qu'à compter du premier jour du troisième mois suivant la publication du présent décret ou, si elle intervient antérieurement, à compter de la publication de l'arrêté du garde des sceaux, ministre de la justice, prévu à l'article L. 321-21 du code de commerce, nommant les membres de cette instance. Dans ce second cas, le délai d'examen des demandes prévu à l'article 3 ne commencera à courir qu'à compter du premier jour du troisième mois suivant la publication du présent décret.

CHAPITRE II DES AUTRES VENTES AUX ENCHÈRES

RÉP. COM. v° *Ventes aux enchères publiques de marchandises neuves*, par MAUGER-VIELPEAU.

Art. L. 322-1 **Les ventes publiques et au détail de marchandises qui ont lieu après décès ou par autorité de justice sont faites selon les formes prescrites et par les officiers ministériels préposés pour la vente forcée du mobilier conformément aux articles 53 de la loi n° 91-650 du 9 juillet 1991 relative à la réforme des procédures civiles d'exécution et 945 du code de procédure civile.** – *[L. 25 juin 1841, art. 3].* – *V. ces textes au* ***C. pr. civ.***

Art. L. 322-2 **Les ventes de marchandises après liquidation judiciaire sont faites conformément aux articles L. 642-19 et suivants.**

Le mobilier du débiteur ne peut être vendu aux enchères que par le ministère des commissaires-priseurs judiciaires, notaires ou huissiers, conformément aux lois et règlements qui déterminent les attributions de ces différents officiers. – *[L. 25 juin 1841, art. 4].*

Art. L. 322-3 **Les ventes publiques et par enchères après cessation de commerce, ou dans les autres cas de nécessité prévus par l'article L. 320-2, ne peuvent avoir lieu qu'autant qu'elles ont été préalablement autorisées par le tribunal de commerce, sur la requête du commerçant propriétaire, à laquelle est joint un état détaillé des marchandises.**

Le tribunal constate, par son jugement, le fait qui donne lieu à la vente ; il indique le lieu de l'arrondissement où se fait la vente ; il peut même ordonner que les adjudications n'ont lieu que par lots dont il fixe l'importance.

Il décide qui, des courtiers ou des commissaires-priseurs judiciaires ou autres officiers publics, est chargé de la réception des enchères.

L'autorisation ne peut être accordée pour cause de nécessité qu'au marchand sédentaire, ayant depuis un an au moins son domicile réel dans l'arrondissement où la vente doit être opérée.

Des affiches apposées à la porte du lieu où se fait la vente énoncent le jugement qui l'a autorisée. – *[L. 25 juin 1841, art. 5].*

La vente aux enchères publiques d'un stock de matériel après cessation de commerce à laquelle procède un commissaire-priseur, avec autorisation judiciaire délivrée à la requête du commerçant conformément à la loi du 25 juin 1841 [C. com., art. L. 322-3 s.], est une vente volontaire ne privant pas le commissaire-priseur de sa qualité de mandataire du vendeur et celui-ci de la possibilité d'assortir la vente de prix de réserve. • Com. 27 avr. 1993 : *Bull. civ. IV, n° 157 ; Contrats Conc. Consom. 1993, n° 186, note Raymond ; RJDA 1993, n° 889.*

Art. L. 322-4 **Les ventes publiques aux enchères de marchandises en gros sont faites par le ministère des courtiers de marchandises assermentés dans les cas, aux conditions et suivant les formes fixées par décret en Conseil d'État.** – *[L. 25 juin 1841, art. 6, (partie)].*

Art. L. 322-5 **Toute infraction aux dispositions des articles L. 320-1, L. 320-2 et L. 322-1 à L. 322-7 est punie de la confiscation des marchandises mises en vente et, en outre, d'une amende de 3 750 €, qui est prononcée solidairement tant contre le vendeur que contre l'officier public qui l'a assisté, sans préjudice des dommages intérêts, s'il y a lieu.**

Est considérée comme complice et frappée des mêmes peines toute personne dont l'interposition a pour but de tourner les interdictions formulées à l'article L. 320-1. – *[L. 25 juin 1841, art. 7, al. 1er et 2].*

Art. L. 322-6 Le fait pour les vendeurs ou officiers publics de comprendre dans les ventes faites par autorité de justice, sur saisie, après décès, liquidation judiciaire, cessation de commerce, ou dans les autres cas de nécessité prévus par l'article L. 320-2 des marchandises neuves ne faisant pas partie du fonds ou mobilier mis en vente, est passible des peines prévues à l'article L. 322-5. – *[L. 25 juin 1841, art. 8].*

Art. L. 322-7 Dans les lieux où il n'y a point de courtiers de commerce, les commissaires-priseurs, les notaires et huissiers font les ventes ci-dessus, selon les droits qui leur sont respectivement attribués par les lois et règlements.

Ils sont, pour lesdites ventes, soumis aux formes, conditions et tarifs imposés aux courtiers. – *[L. 25 juin 1841, art. 10].*

Art. L. 322-8 *(Ord. n° 2004-279 du 25 mars 2004, art. 3-I)* Les courtiers assermentés peuvent, sans autorisation du tribunal de commerce, procéder à la vente volontaire aux enchères de marchandises, en gros. Toutefois, une autorisation est requise pour les marchandises telles que le matériel de transport, les armes, munitions et leurs parties accessoires, les objets d'art, de collection ou d'antiquité et les autres biens d'occasion, dont la liste est fixée par arrêté du garde des sceaux, ministre de la justice, et du ministre chargé du commerce. – *V. Arr. du 17 juin 2004 (JO 7 juill.).*

Ces dispositions sont applicables en Nouvelle-Calédonie et dans les îles Wallis-et-Futuna (Ord. n° 2004-279 du 25 mars 2004, art. 8 et 9). L'ord. précitée a été ratifiée par l'art. 78-XVI de la loi n° 2004-1343 du 9 déc. 2004 (JO 10 déc.).

Ancien art. L. 322-8 ***La vente volontaire aux enchères, en gros, des marchandises dont la liste est fixée par décret, peut avoir lieu par le ministère des courtiers assermentés, sans autorisation du tribunal de commerce.*** – [L. 28 mai 1858, art. 1er, al. 1er].

Loi du 28 mai 1858,

Sur les ventes publiques de marchandises en gros (DP 58. 4. 75).

Art. 1er *Al. 1er, abrogé par Ord. n° 2000-912 du 18 sept. 2000, et codifié ss. C. com., art. L. 322-8, supra, qui a remplacé le tableau annexé à la loi, par une liste fixée par décret.*

Al. 2 abrogé par Ord. n° 2004-279 du 25 mars 2004 (art. 3-II), alors qu'il aurait dû l'être à compter de l'entrée en vigueur de la partie réglementaire du code de commerce (Ord. n° 2000-912 du 18 sept. 2000, art. 4-III, 1°).

Art. L. 322-9 Les courtiers établis dans une ville où siège un tribunal de commerce ont qualité pour procéder aux ventes régies par le présent chapitre, dans toute localité dépendant du ressort de ce tribunal où il n'existe pas de courtiers.

Ils se conforment aux dispositions prescrites par les articles 871 et 873 du code général des impôts. – *[L. 28 mai 1858, art. 2].*

Art. L. 322-10 Le droit de courtage pour les ventes qui font l'objet des articles L. 322-8 à L. 322-13 est fixé, pour chaque localité, par le ministre chargé de l'agriculture, du commerce ou des travaux publics, après avis de la chambre de commerce et d'industrie et du tribunal de commerce. En aucun cas, il ne peut excéder le droit établi dans les ventes de gré à gré, pour les mêmes sortes de marchandises. – *[L. 28 mai 1858, art. 3].*

Art. L. 322-11 Les contestations relatives aux ventes réalisées en application de l'article L. 322-8 sont portées devant le tribunal de commerce. – *[L. 28 mai 1858, art. 5].*

Art. L. 322-12 Il est procédé aux ventes prévues à l'article L. 322-8 dans des locaux spécialement autorisés à cet effet, après avis de la chambre de commerce et d'industrie et du tribunal de commerce. – *[L. 28 mai 1858, art. 6].*

Art. L. 322-13 Un décret en Conseil d'État détermine les mesures nécessaires à l'exécution des articles L. 322-11 et L. 322-12 notamment les formes et les conditions des autorisations prévues par l'article L. 322-12. – *[L. 28 mai 1858, art. 7].*

Art. L. 322-14 Les tribunaux de commerce peuvent, après décès ou cessation de commerce, et dans tous les autres cas de nécessité dont l'appréciation leur est soumise, autoriser la vente aux enchères en gros des marchandises de toute espèce et de toute provenance.

L'autorisation est donnée sur requête. Un état détaillé des marchandises à vendre est joint à la requête.

Le tribunal constate par son jugement le fait qui donne lieu à la vente. – *[L. 3 juill. 1861, art. 1er].*

Art. L. 322-15 Les ventes autorisées en vertu de l'article précédent, ainsi que toutes celles qui sont autorisées ou ordonnées par la justice consulaire dans les divers cas prévus par le présent code sont faites par le ministère des courtiers.

Néanmoins, il appartient toujours au tribunal, ou au juge qui autorise ou ordonne la vente, de désigner, pour y procéder, une autre classe d'officiers publics. Dans ce cas, l'officier public, quel qu'il soit, est soumis aux dispositions qui régissent les courtiers, relativement aux formes, aux tarifs et à la responsabilité. – *[L. 3 juill. 1861, art. 2].*

Art. L. 322-16 Les dispositions des articles L. 322-11 à L. 322-13 sont applicables aux ventes visées aux articles L. 322-14 et L. 322-15. – *[L. 3 juill. 1861, art. 3].*

Sur la pratique des enchères dans les lieux affectés à l'expédition ou à la vente en gros des denrées et produits provenant de l'agriculture et de la pêche, V. Décr. n° 58-560 du 28 juin 1958 (D. 1958. 233 ; BLD 1958. 453), ratifié par Ord. n° 59-44 du 6 janv. 1959 (D. 1959. 207 ; BLD 1959. 357), mod. par Décr. n° 68-658 du 10 juill. 1968, art. 2 (D. 1968. 240 ; BLD 1968. 424).

TITRE TROISIÈME **DES CLAUSES D'EXCLUSIVITÉ**

V. aussi art. L. 410-1 C. com. et Décr. n° 2002-689 du 30 avr. 2002, reproduit infra ss. art. L. 470-8. – Sur les règlements communautaires pris en application du Traité de Rome, art. 85, § 3 [devenu art. 81 § 3], V. ibid., note ss. cet art.

RÉP. COM. v^is *Accords de distribution (Droit de la concurrence) ; Automobile (Droit de la concurrence)*, par ARHEL.

Art. L. 330-1 Est limitée à un maximum de dix ans la durée de validité de toute clause d'exclusivité par laquelle l'acheteur, cessionnaire ou locataire de biens meubles s'engage vis-à-vis de son vendeur, cédant ou bailleur, à ne pas faire usage d'objets semblables ou complémentaires en provenance d'un autre fournisseur. – *[L. 14 oct. 1943, art. 1er].*

Art. L. 330-2 Lorsque le contrat comportant la clause d'exclusivité mentionnée à l'article L. 330-1 est suivi ultérieurement, entre les mêmes parties, d'autres engagements analogues portant sur le même genre de biens, les clauses d'exclusivité contenues dans ces nouvelles conventions prennent fin à la même date que celle figurant au premier contrat. – *[L. 14 oct. 1943, art. 2].*

I. CLAUSES D'EXCLUSIVITÉ

A. EXCLUSIVITÉ D'APPROVISIONNEMENT

BIBL. Didier, *D. 1966. Chron. 55.* – Mousseron et Seube, *D. 1973. Chron. 197.* – Le Tourneau, *RJ com. 1979. 121.* – De Mello, *Gaz. Pal. 1979. 2. Doctr. 667.* – Vogel, *JCP E 1992. I. 184.* – Leloup, *D. Affaires 1999. 1166.* – Lambert, *RJ com. 2000. 289* (le contrat de bière face au nouveau droit de la concurrence communautaire). – Lavabre, *RJDA 2002, p. 603* (élément de la problématique du contrat-cadre). – Lambert, *RJ com. 2002. 388* (influence d'internet sur la distribution). – Dumont-Lefrand, *RTD com. 2003. 43* (bail commercial et droit de la distribution). – Castagnon, *Contrats Conc. Consom. 2003. chron. 10* (internet et réseau de distribution). – Lambert, *D. 2005. 1085* (contrôle de l'assistance dans le contrat de bière).

1° DURÉE

1. *Domaine.* Selon l'art. 1er de la loi du 14 oct. 1943 [C. com., art. L. 330-1], une exclusivité d'achat doit être limitée à dix ans, même si la vente n'est pas encore parfaite au moment de la souscription de l'exclusivité et se réalisera par des actes d'exécution successive. • Com. 27 avr. 1971 : *D. 1972. 353, note Ghestin ; JCP 1972. II. 16975, note Boré* • 12 févr. 1974 : *D. 1974. 415, note Ghestin ; JCP 1975. II. 17915, note Boré.* ♦ Sur l'application de la loi de 1943 aux accords de distribution exclusive, V. • Com. 7 avr. 1992 : *Bull. civ. IV, n° 154 ; D. 1992. Somm. 396, obs. Ferrier ; JCP E 1992. II. 333, note Shodermeier ; Contrats Conc. Consom. 1992, n° 177, note Leveneur* (cassant • Paris, 20 sept. 1990 : *D. 1991. 165, note Malaurie ; JCP E 1992. II. 245, note Shodermeier,* qui avait écarté l'application de la loi).

1 bis. Une clause d'approvisionnement exclusif, portant en partie sur de la bière, qui figure dans un contrat de bail conclu pour une période de neuf ans renouvelable est soumise au respect de la loi de 1943. • Com. 14 déc. 1999 : *Bull. civ. IV, n° 227 ; D. 2000. AJ. 79, obs. Chevrier ; Contrats Conc. Consom. 2000, n° 46, obs. Poillot-Peruzetto et n° 55, obs. Leveneur ; RTD com. 2000. 709, obs. Bouloc.* ♦ Dans le même sens, considérant que l'annulation de la clause illicite ne doit pas entraîner celle du bail, V. • Civ. 3e, 31 janv. 2001 : *D. 2001. Somm. 3520, obs. Rozès ; RJDA 2001, n° 428.* – V. aussi Lutz et Wagner, *D. 2001. 1708* (pourquoi la loi Doubin n'est pas applicable aux contrats de bière ?).

2. Ne constituent pas une clause d'exclusivité, au sens de la loi du 14 oct. 1943, les dispositions d'un contrat de location et d'entretien d'une installation téléphonique conclu pour une durée de quinze années interdisant au locataire de s'adresser à un autre fournisseur que le bailleur pour toute adjonction ou modification de l'installation fournie, dès lors qu'elles ont leur justification dans le maintien de la propriété du matériel au bailleur et que la possibilité pour le locataire de faire poser et entretenir toute autre installation téléphonique par toute entreprise de son choix reste intacte. • Com. 19 janv. 1993 : *RJDA 1993, n° 497.* – V. déjà • Civ. 1re, 10 déc. 1985 : *Bull. civ. I, n° 497.* – *Contra* : • Paris, 14 juin 1994 : *Gaz. Pal. 1995. 1. Somm. 196.*

2 bis. Sur la preuve en matière d'obligation d'approvisionnement exclusif, V. note 18 *ter.*

3. *Caractère impératif.* Les dispositions légales sont d'ordre public. • Com. 25 mars 1974 : *Bull. civ. IV, n° 106 ; JCP 1976. II. 18378, note Simler.* ♦ L'application de la loi du 14 oct. 1943 pouvant être demandée par toute personne y ayant intérêt, les actes contraires à son art. 1er [C. com., art. L. 330-1], atteints de nullité absolue, ne sont pas susceptibles de confirmation. • Com. 7 avr. 1992 : *préc. note 1* (V. aussi l'arrêt cassé). – V., déjà en ce sens, • Com. 25 mars 1974 : *préc.* ♦ Comp., jugeant que seules les parties au contrat sont fondées à se prévaloir de la violation du dépassement, à l'exclusion des tiers : • Com. 21 déc. 1981 : *Bull. civ. IV, n° 452.*

3 *bis. Droit communautaire.* S'agissant des règlements communautaires applicables en la matière (qui prévoient une durée limitée à cinq ans), il a été jugé que n'est pas nécessairement nul un accord ne remplissant pas les conditions posées par un règlement d'exemption s'il n'est pas établi qu'il a pour objet ou pour effet d'empêcher, de restreindre ou de fausser le jeu de la concurrence à l'intérieur du marché commun. • Com. 3 déc. 2003 : *Contrats Conc. Consom. 2004, n° 23, obs. Malaurie-Vignal ; Petites affiches 27 juin 2005, p. 7, obs. Bacchichetti et Dom ; RDC 2004. 659, obs. Bergé ; RJDA 2004, n° 372.* ♦ Pour une relation contractuelle de sept ans, V. • Bourges, 14 avr. 2004 : *cité note 4.*

4. *Calcul du délai.* Sont atteintes d'une cause de nullité les viciant en leur totalité les deux conventions d'approvisionnement exclusif de toutes boissons y compris la bière, d'une durée égale respectivement de 5 et 2 ans, qui, comportant une même cause et un même objet puisqu'elles stipulent des obligations similaires à la charge du fournisseur, doivent être considérées comme un seul et unique contrat d'une durée de sept ans destiné à contourner la réglementation européenne. • Bourges, 14 avr. 2004 : *JCP 2004. IV. 3143.* ♦ V. aussi • Bourges, 15 déc. 1986 : *Gaz. Pal. 1988. 1. Somm. 195.*

5. *Sanction du dépassement.* Au cas où le contrat serait conclu pour une durée supérieure, il n'est pas nul de ce fait et doit être réduit à la durée légalement imposée. • Com. 1er déc. 1981 : *Bull. civ. IV, n° 423* • Paris, 3 nov. 1981 : *JCP 1982. IV. 210* • Com. 10 févr. 1998 : *Bull. civ. IV, n° 71 ; D. Affaires 1998. 373, obs. E. P. ; Contrats Conc. Consom. 1998, n° 55, note Leveneur ; RTD com. 1998. 911, obs. Bouloc*.

6. *Renouvellement.* Le contrat, dès lors qu'il est arrivé à expiration, peut être renouvelé par accord des parties, pour une nouvelle période maximale de dix ans, renouvelable. • Com. 11 mars 1981 : *Bull. civ. IV, n° 135* • 30 mars 1981 : *ibid., n° 166.* ♦ Le contrat conclu après l'arrivée du terme légal de dix ans ne constitue pas juridiquement la prorogation du premier contrat. • Com. 21 févr. 1995 : *Bull. civ. IV, n° 50 ; D. 1995. IR. 92 ; RJDA 1995, n° 803 ; Contrats Conc. Consom. 1995, n° 104, note Vogel.*

2° DÉTERMINATION DU PRIX

6 *bis. Nouveau critère de l'abus dans la fixation.* BIBL. Laude, *D. Affaires 1996. 3 ; Cah. dr. entr. 1997, n° 5, p. 29.* – Couret, *Dr. et patr. janv. 1996. 48.* – Frison-Roche, *RJDA 1996, p. 3.* – Leveneur, *Contrats Conc. Consom. 1996. Chron. 1.* – Pollaud-Dullian et Ronzano, *RTD com. 1996. 179* (contrat-cadre). – Jamin, *JCP E 1996. I. 3959* (de l'abus dans la détermination du prix au contrôle des pratiques abusives). – Bergoin, *Gaz. Pal. 1997. 1. Doctr. 600* (détermination du prix par référence au marché). – Colloque du 17 déc. 1996, *RTD com. 1997. 1* (nouveaux enjeux un an après). – Aynès, Kamara et de Fontbressin, *Cah. dr. entr. 1997, n° 3-4, p. 16.* – Brunet et Ghozis, *D. 1998. Chron. 1* (jurisprudence de l'Assemblée plénière sur le prix du point de vue de la théorie du contrat). – Boré, *Mélanges Champaud, Dalloz, p. 102.* – Mainguy, *Cah. dr. entr. 1998, n° 2, p. 24.* – Fages, *ibid., n° 6, p. 11* (abus dans les contrats de distribution). – Molfessis, *Petites affiches 5 mai 2000, p. 41* (exigences relatives au prix). ♦ Lorsqu'une convention prévoit la conclusion de contrats ultérieurs, l'indétermination du prix de ces contrats dans la convention initiale n'affecte pas, sauf dispositions légales particulières, la validité de celle-ci, l'abus dans la fixation du prix ne donnant lieu qu'à résiliation ou indemnisation (cassation pour violation des art. 1709 et 1710, ensemble les art. 1134 et 1135 C. civ., à propos de location-entretien d'installation téléphonique). • Cass., Ass. plén., 1er déc. 1995 : *Bull. civ., nos 7 et 9 ; BICC 15 janv. 1996, p. 10, concl. Jéol, note Fossereau ; D. 1996. 13, concl. Jéol, note Aynès ; D. Affaires 1996. 14 ; JCP 1996. II. 22565, concl. Jéol, note Ghestin ; Gaz. Pal. 1995. 2. 626, concl. Jéol, note de Fontbressin ; Quot. jur. 12 déc. 1995, p. 3, note P. M. ; JCP E 1996. II. 776, note Leveneur.* ♦ L'art. 1129 C. civ. n'étant pas applicable à la détermination du prix, une cour d'appel, qui n'est pas saisie d'une demande de résiliation ou d'indemnisation pour abus dans la fixation du prix justifie légalement sa décision en écartant l'exception de nullité d'un contrat de location d'une installation téléphonique et des avenants intervenus, tirée de l'indétermination du prix d'une partie des prestations stipulées. • Cass., Ass. plén., 1er déc. 1995 : *Bull. civ., n° 9 ; D. 1995. IR. 273 ; D. Affaires 1996. 13 ; Gaz. Pal. préc. ; JCP préc. ; JCP E préc.* ♦ V. aussi, pour un contrat de concession, • Com. 11 juin 1996 : *Bull. civ. IV, n° 165 ; D. 1996. Somm. 323, obs. Aynès ; D. 1997. Somm. 59, obs. Ferrier*. ♦ ... Pour un contrat de commission, • Paris, 4 oct. 1996 : *D. Affaires 1996. 1317.* ♦ ... Pour des contrats de location-gérance, V. • Com. 19 nov. 1996 : *RJDA 1997, n° 306* • 3 déc. 1996 : *ibid. ; Contrats Conc. Consom. 1997, n° 59, obs. Leveneur.* ♦ ... Pour un contrat d'approvisionnement exclusif de bière, V. • Com. 18 nov. 1997 : *RJDA 1998, n° 275.* ♦ ... Pour les contrats de franchisage, note 6 ss. Arr. 21 févr. 1991, art. 2, *infra.*

Pour des critères d'appréciation de l'abus dans la fixation du prix, V. • Com. 28 mars 2000 : *Cah. dr. entr. 2001, n° 2, p. 28, obs. Respaud* • 6 juin 2000 : *ibid.* • 15 janv. 2002 : *D. 2002. 1974, note Stoffel-Munck et Somm. 2841, obs. Mazeaud ; RTD civ. 2002. 294, obs. Mestre et Fages ; JCP 2002. II. 10157, note Jamin ; Petites affiches 3 juill. 2003, p. 27, obs. Mathey ; Cah. dr. entr. 2002, n° 5, p. 28, n° 2, obs. Mainguy ; RDC 2003. 154, obs. Behar-Touchais* • 13 nov. 2003 : *Cah. dr. entr. 2004, n° 3, p. 29, obs. Mainguy ; RJDA 2004, n° 415 ; RDC 2004. 1011, obs. Behar-Touchais.* — V. aussi • T. com. Paris, 13 oct. 2003 : *cité note 31 quinquies.*

La Cour de Paris, quant à elle, a jugé que la vente étant un contrat synallagmatique source d'obligation, l'art. 1129 C. civ. lui est applicable en l'absence de dispositions contraires propres à la vente, quoi qu'en dise la Cour suprême. • Paris, 6 févr. 1998 : *D. 1998. IR. 75 ; D. Affaires 1998. 713, obs. J. F. ; Petites affiches 23 sept. 1998, p. 20, obs. Malaurie-Vignal ; JCP 1999. II. 10018, note Chazal.* ♦ Il importe peu par contre que le contrat-cadre par lequel une société pétrolière confie l'exploitation d'une station-service à un locataire gérant fasse renvoi à un tarif établi par la compagnie pétrolière pour déterminer les prix des lubrifiants que l'exploitant doit lui acheter en exclusivité, dès lors que les signataires ont conclu leur accord sur la base d'un tarif qui existait déjà et dont l'un et l'autre admettaient qu'il pourrait évoluer en fonction de données économiques que ni l'un ni l'autre ne pouvait se targuer de dominer. • Même arrêt. ♦ Cet arrêt a également jugé, après avoir constaté que les prix des lubrifiants étaient déterminés lors de la conclusion du contrat-cadre et étaient déterminables à l'avenir au point d'être déterminés à chaque commande, que l'exploitant n'apporte aucune preuve tant d'un quelconque abus que la compagnie pétrolière aurait pu commettre dans la fixation évolutive des prix de ses lubrifiants, que de pratiques discriminatoires entre clients revendeurs soumis aux mêmes conditions économiques d'activité et ne saurait soutenir que la compagnie pétrolière se rendrait coupable d'un abus de droit en ne lui accordant aucune possibilité de négocier le prix de ses approvisionnements. • Même arrêt.

V. déjà, et comp. : • Civ. 1re, 29 nov. 1994 : *cité note 11.*

7. Ancien critère de la déterminabilité du prix (jurisprudence antérieure aux arrêts de l'Ass. plén. du 1er déc. 1995). **BIBL.** J. Schmidt, *D. 1985. Chron. 117.* – Barbièri, *RJ com. 1983. 329.* – Buhagiar, *JCP E 1976. I. 12138.* – Ferrier, *D. 1991. Chron. 239*. – Ghestin, *D. 1993. Chron. 251*. – Vogel, *D. 1995. Chron. 155.* ♦ La validité d'un contrat-cadre comportant un engagement d'approvisionnement exclusif était subordonnée à la condition que le prix du produit qui en était l'objet y fût déterminé ou à tout le moins déterminable sans nouvel accord des parties. • Com. 14 juin 1988 : *Bull. civ. IV, no 200 ; D. 1989. 89, note Malaurie.* ♦ L'adoption par les parties d'une clause d'offre concurrente n'en garantissait la validité que dans la mesure où les modalités prévues pour sa mise en œuvre permettaient cette détermination. • Même arrêt.

8. Pour la nullité, pour indétermination du prix des marchandises, d'un « contrat d'affiliation » auprès d'un distributeur interdisant à l'exploitant d'un supermarché de s'approvisionner chez des concurrents de l'affiliant à meilleur prix, sauf dans le cas où les produits n'auraient pas existé dans l'assortiment du distributeur, V. • Com. 14 avr. 1992 : *Bull. civ. IV, no 167.* – Dans le même sens : • Com. 23 juin 1992 : *Bull. civ. IV, no 247 ; D. 1992. IR. 209 ; JCP E 1993. II. 407, note Leveneur.* ♦ V., qualifiant aussi le contrat d'affiliation de contrat d'approvisionnement exclusif, • Com. 16 févr. 1993 : *Bull. civ. IV, no 60 ; D. 1993. IR. 72.*

9. Le contrat d'approvisionnement exclusif en bière était soumis aux dispositions de l'art. 1129 C. civ. • Com. 16 févr. 1993 : *Contrats Conc. Consom. 1993, no 84, note Leveneur.* ♦ V. note 12.

10. Le prix des produits vendus par une société pétrolière à son distributeur étant, par nature, un élément essentiel et déterminant de l'accord des volontés, la convention de location-gérance les liant était nulle pour indétermination du prix par application des art. 1129 et 1591 C. civ. • Paris, 18 nov. 1992 : *Gaz. Pal. 1993. 2. Somm. 362.* – V. aussi • Paris, 13 oct. 1993 : *D. 1995. Somm. 73, obs. Ferrier*. ♦ V. déjà, dans le même sens, pour un tel « contrat de mandat et de gérance », • Com. 12 févr. 1991 : *JCP E 1991. II. 201, note Leveneur.*

11. Sur l'insuffisance d'une simple référence au prix du marché, V. • Com. 11 oct. 1978 : *D. 1979. 135, note Houin ; JCP 1979. II. 19034, note Loussouarn* • Aix-en-Provence, 11 janv. 1994 : *JCP 1994. II. 22295, note Coutant.* ♦ Comp., admettant que le prix était déterminable, au motif qu'il existait un marché et que les mécanismes prévus faisaient échapper la détermination du prix à la volonté potestative de l'une des parties : • Paris, 28 juin 1993 : *JCP E 1994. I. 310, no 9, obs. Mousseron.* ♦ Sur la notion de condition potestative entraînant la nullité de l'obligation, V. à propos notamment des « clauses de prix catalogue », • Paris, 31 oct. 1990 : *D. 1992. Somm. 389, obs. Ferrier* • 10 oct. 1991 : *ibid.* • Com. 30 juin 1992 : *D. 1992. Somm. 391, obs. Ferrier*. – Comp. : • Com. 17 déc. 1991 : *Bull. civ. IV, no 395 ; D. 1992. Somm. 267, obs. Fortis*. ♦ Comp., aussi, validant le contrat dès lors que le bénéficiaire de l'exclusivité n'avait pas abusé de l'exclusivité qui lui était réservée pour majorer son tarif dans le but d'en tirer un profit illégitime : • Civ. 1re, 29 nov. 1994 : *D. 1995. 122, note Aynès ; JCP 1995. II. 22371, note Ghestin* (à propos de contrats de location et d'entretien d'installations téléphoniques) • Grenoble, 16 mars 1995 : *BICC 1995, no 485* (à propos de distribution de produits pétroliers). ♦ V. également, s'agissant plus particulièrement des contrats de franchise, note 6 *bis* ss. Arr. 21 févr. 1991, art. 2, *infra.*

12. Avait été jugé être devenu caduc le contrat d'approvisionnement exclusif de bières, contenant une clause de réévaluation de plein droit tenant compte, notamment, du salaire horaire de l'ouvrier brasseur, du moment où celui-ci n'avait plus été fixé paritairement au niveau départemental, mais avait fait l'objet de négociations dans l'entreprise entre les représentants syndicaux et l'employeur, ce dont il était résulté que depuis cette modification, le prix des bières dépendait pour partie de la seule volonté du fournisseur. • Com. 2 nov. 1993 : *Bull. civ. IV, no 371 ; D. 1995. Somm. 73, obs. Ferrier ; JCP 1994. IV. 17 ; Contrats Conc. Consom. 1994, no 22, note Leveneur.*

13. Sur la validité d'une clause prévoyant le recours à un arbitre, V. • Paris, 10 oct. 1991 : *D. 1991. IR. 260* • Com. 30 nov. 1993 : *Contrats Conc. Consom. 1994, nº 46, note Leveneur.*

14. La nullité d'une clause d'approvisionnement exclusif en lubrifiants entraînait la nullité du contrat-cadre et par voie de conséquence la nullité des ventes successives de lubrifiants réalisées en exécution de ce contrat-cadre. • Paris, 8 déc. 1993 : *D. 1994. IR. 37.* ♦ V. aussi, sur l'extension de la nullité du contrat de revente des lubrifiants au contrat de revente des carburants, en raison de leur indivisibilité, • Com. 14 févr. 1995 : *Bull. civ. IV, nº 49 ; D. 1995. IR. 68.* ♦ La nullité de la convention d'achat exclusif avait également pour conséquence la nullité du contrat de prêt conclu entre le fournisseur et le distributeur lorsque les deux conventions étaient indissociables. • Paris, 3 déc. 1991 : *D. 1992. Somm. 389, obs. Ferrier.* ♦ Comp., lorsque le prêteur était une banque : • Paris, 4 avr. 1990 : *D. 1991. Somm. 162, obs. Ferrier.* ♦ De même, la nullité s'étendait au contrat de mandat indivisiblement lié au contrat d'achat exclusif. • Paris, 8 oct. 1991 : *D. 1992, préc.* ♦ ... Ou au contrat de mandat lié à une convention de location-gérance nulle pour indétermination du prix. • Paris, 18 nov. 1992 : *préc. note 10.*

15. En raison de la nullité dont le contrat-cadre était affecté, le fournisseur était fondé à obtenir paiement, non pas du prix au tarif qu'il demandait et qui aboutissait à l'exécution des contrats nuls, mais de la valeur réelle des produits livrés en excluant tout bénéfice. • Com. 23 juin 1992 : *Bull. civ. IV, nºs 249 et 250 ; D. 1995. Somm. 73, obs. Ferrier ; JCP 1992. II. 21974, note Béhar-Touchais ; JCP E 1993. II. 407, note Leveneur* • 5 avr. 1994 : *Bull. civ. IV, nº 147 ; D. 1995. Somm. 73, obs. Ferrier.* ♦ La nullité du contrat liant le pétrolier au pompiste n'affectait pas la licéité des ventes au consommateur final, ni, par conséquent, la légitimité du profit que le pétrolier ou le pompiste, vendeur, avaient pu tirer de ces opérations. Le pompiste ayant fourni, dans le cadre de ces ventes, une prestation en qualité d'intermédiaire, il convenait, en conséquence, d'indemniser seulement l'éventuelle perte d'exploitation du pompiste, de telle sorte que le pétrolier ne tirât aucun enrichissement indu du concours apporté par ce dernier et que le pompiste ne subît aucun appauvrissement injustifié qui eût résulté de l'exécution du contrat annulé. • Com. 19 mars 1996 : *D. Affaires 1996. 581 ; JCP E 1997. I. 617, nº 8, obs. Raynard.* ♦ Comp., jugeant que le fournisseur devait restituer le prix des lubrifiants qu'il avait encaissé tandis que l'exploitant devait restituer ses marchandises ou, à défaut, leur valeur marchande conformément aux prix usuels de vente aux détaillants : • Paris, 8 déc. 1993 : *préc. note 14.* ♦ L'exploitant était également en droit de réclamer au fournisseur une rémunération pour la gestion de la station-service, ce qui excluait l'application des art. 1372 s. C. civ. concernant la gestion d'affaires, par nature gratuite. • Même arrêt.

15 bis. La nullité du contrat n'ayant pas éteint l'obligation de payer les livraisons effectuées, le débiteur principal et la caution restaient tenus respectivement de l'exécution et de la garantie de cette obligation valable. • Com. 25 janv. 1994 : *RJDA 1994, nº 622.*

V. note 20.

15 ter. Proportionnalité des engagements. Sur la nullité pour absence de cause d'un contrat d'approvisionnement exclusif, les engagements souscrits par le fournisseur à l'égard de ceux pris par le distributeur étant disproportionnés au point d'être considérés comme dérisoires, V. • Com. 14 oct. 1997 : *D. 1998. Somm. 333, obs. Ferrier (2ᵉ esp.) ; Defrénois 1998. 1040, obs. D. Mazeaud ; RJDA 1998, nº 164* • 8 févr. 2005 : *Bull. civ. IV, nº 21 ; D. 2005. Pan. 2841, obs. Amrani Mekki ; ibid. AJ. 639 ; D. 2006. Pan. 515, obs. Ferrier ; RTD com. 2005. 825, obs. Bouloc ; JCP E 2005, nº 31-34, p. 1326, obs. Mainguy et Respaud ;JCP 2006. II. 10011, note Luciani ; Contrats Conc. Consom. 2005, nº 104, obs. Leveneur ; RJDA 2005, nº 538 ; RDC 2005. 684, obs. D. Mazeaud, et 771, obs. Béhar-Touchais* • Versailles, 16 sept. 2004 : *BICC 2005, nº 448 ; BRDA 2004, nº 22, p. 6 ; Lettre distrib. févr. 2005, p. 3.*

3º DROIT DE LA CONCURRENCE

16. V. C. com., art. L. 420-1 s. et art. 81 (anc. art. 85) du Traité de Rome, *infra*, App., vº *Concurrence.* ♦ Une exclusivité d'achat n'est pas, par sa seule nature, incompatible avec la réglementation des ententes, mais elle peut le devenir lorsqu'elle est susceptible d'exercer un effet restrictif sur le jeu de la concurrence. • CJCE 12 déc. 1967 : *RTD eur. 1968. 15* • 18 mars 1970 : *ibid. 1970. 491, obs. Champaud* • Com. 28 janv. 1975 : *Bull. civ. IV, nº 2* • Paris, 12 juin 1970 : *RTD eur. 1970. 539, obs. Joliet ; JCP 1971. II. 16663, note H. D.* • CJCE 7 déc. 2000 : *Gaz. Pal. 3-5 févr. 2002. Somm. 25, note Vialens.*

Sur la validité de la clause d'approvisionnement exclusif en matière de franchise, V. note 40 ss. art. L. 420-1. ♦ Sur la force obligatoire des règlements d'exemption communautaires, V. note 3 *bis*.

Sur la validité de l'assistance financière consentie par le fournisseur sous la forme d'un prêt de somme d'argent ou du cautionnement d'un tel prêt accordé par un tiers, au regard de l'art. L. 511-5 C. mon. fin. qui réserve l'exercice des activités bancaires et financières aux seuls établissements financiers, V. note 3 ss. art. L. 511-7 C. mon. fin., *infra*, App., v° *Code monétaire et financier (extraits)*.

B. EXCLUSIVITÉ DE VENTE

BIBL. Plaisant, *RTD com. 1964. 1*. – Champaud, *ibid. 1963. 451*. – Maymon-Goutaly, *ibid. 1982. 518*. – Pigassou, *ibid. 1980. 473*. – Thréard, *JCP E 1977. II. 12536*. – Malaurie-Vignal, *JCP E 1998, n° 7-8, p. 260* (*intuitu personae* et liberté de la concurrence dans les contrats de distribution). – Collard et Roquilly, *Petites affiches 3 avr. 2002, p. 4* (réseaux de distribution fermés et commerce électronique). – Lambert, *RJ com. 2002. 388* (influence d'internet sur la distribution). – Amiel-Cosme, *Mélanges Guyon, Dalloz, 2003, p. 1* (théorie institutionnelle du réseau). – Dumont-Lefrand, *RTD com. 2003. 43* (bail commercial et droit de la distribution). – Castagnon, *Contrats Conc. Consom. 2003, Chron. n° 10* (internet et réseau de distribution). – Ayma, *Petites affiches 3 juill. 2003, p. 5* (même thème). – Decocq, *ibid. 13 ; Comm. com. élec. 2003, Chron. 24* (même thème). – Prieto, *RDC 2004. 875* (efficience contractuelle dans ledroit de la libre concurrence : illustration par la clause d'exclusivité). – Lebreton-Derrien, *RJ com. 2004. 506* (clause d'objectif). – Tisserand et Van Eeckhout, *RDC 2004. 1110* (distribution de téléphonie mobile). – Raynard, *Cah. dr. entr. 2005, n° 3, p. 30* (technique contractuelle au service de la pérennité du réseau de distribution).

1° DÉFINITION ET LICÉITÉ

17. Définition. Ne constitue pas un mandat, mais une concession de vente, la convention selon laquelle le fabricant vend à un commerçant l'exclusivité de ses produits, lorsque le prix est payé ferme au concédant, indépendamment de celui que payent les clients du concessionnaire auxquels les produits sont revendus, et que le concessionnaire assure l'entière responsabilité de la revente. • Com. 13 mai 1970 : *Bull. civ. IV, n° 161 ; D. 1970. 701, note Guyénot ; JCP 1971. II. 18891, note Sayag.* ♦ Sur la disqualification en contrat de travail, au cas d'existence d'un lien de subordination juridique, V. • Riom, 4 déc. 1968 : *JCP 1969. II. 15825, note Meyzonnade.* ♦ Sur la distinction entre agent commercial et concessionnaire, V. note 1 *bis* ss. art. L. 134-1.

17 bis. Pour un arrêt estimant que le contrat de concession est une convention d'adhésion, V. • Paris, 10 déc. 1998 : *Cah. dr. entr. 1999, n° 2, p. 30, obs. Mainguy.*

18. Sur l'inapplication à la concession d'exclusivité de la convention du 15 juin 1955 sur les ventes internationales d'objets mobiliers corporels, V. • Civ. 1re, 15 mars 1988 : *Bull. civ. I, n° 83 ; D. 1988. IR. 92.*

2° PREUVE

18 bis. L'existence d'un accord de distribution exclusive nécessite que soit établi de manière précise et non équivoque, l'objet de la concession, sa durée, la délimitation exacte du territoire concédé, les droits et obligations réciproques des parties et les modalités de résiliation. En raison du principe de la liberté de la preuve en matière commerciale, cette preuve peut être rapportée par écrit, par témoin, et par présomption, mais non par l'aveu puisque l'existence et la qualification d'un contrat constituent une question de droit et non un élément de fait. • Versailles, 26 oct. 1995 : *BICC 1996, n° 426 ; JCP 1996. IV. 1091.*

18 ter. Dans l'hypothèse d'un contrat de concession, lorsqu'il est mis à la charge du concessionnaire une obligation d'achat exclusif, l'exclusivité devient, selon les usages du commerce, réciproque pour le concédant ; en revanche, dans le cadre d'un contrat de distribution, la reconnaissance de l'exclusivité accordée par un fournisseur à un distributeur n'entraîne pas automatiquement une obligation d'approvisionnement exclusif s'imposant au distributeur par voie de simple réciprocité, l'exclusivité ne se présumant pas dans ce domaine. • Basse-Terre, 15 juin 1998 : *BICC 1999, n° 78.* ♦ En l'absence d'écrit non équivoque, en raison de la règle de la liberté de la preuve entre commerçants, il incombe, d'une part, à la partie qui s'en prétend bénéficiaire de rapporter la preuve de la clause d'exclusivité et il appartient, d'autre part, à la juridiction saisie d'apprécier le caractère suffisant des éléments qui lui sont soumis pour établir, à partir de la commune intention des parties, l'existence d'une obligation d'approvisionnement pour le distributeur auprès du fournisseur. • Même arrêt. ♦ V. aussi • Com. 3 juill. 2001 : *RJDA 2002, n° 35* • Lyon, 20 févr. 2003 : *RJDA 2003, n° 1055 ; Lettre distrib. oct. 2003, p. 2.*

19. Droit de la concurrence. Des restrictions quantitatives sont justifiables, dès lors qu'elles ont pour objet d'assurer un progrès économique et réservent aux utilisateurs une part équitable du profit qui en résulte. • Paris, 22 oct. 1991 : *D. 1992. Somm. 393, obs. Ferrier.* ♦ Mais il appartient au fournisseur d'établir la réalité de son intérêt économique. • Com. 22 oct. 1991 : *D. 1992, préc.*

3° EXÉCUTION DES CONVENTIONS

a. Détermination du prix

19 bis. Nouveau critère de l'abus dans la fixation. V. note 6 *bis*.

20. Ancien critère de la déterminabilité du prix. BIBL. Talon, *D. 1992. Chron. 67*. – Frison-Roche, *RTD civ. 1992. 269*. – Leduc, *JCP 1992. I. 3631*. – Aynès, *D. 1993. Chron. 25*. – Legeais, *JCP E 1992. I. 135* (franchise). – Virassamy et Le Tourneau, *Contrats Conc. Consom. 1993. Chron. 11*. ♦ V. note 7. ♦ Avant les arrêts rendus par l'Assemblée plénière le 1er déc. 1995 (V. note 6 *bis*), n'était pas soumis à l'obligation de détermination du prix le contrat ayant pour objet d'assurer l'exclusivité de la distribution des produits du fabricant par le distributeur, qui comportait essentiellement des *obligations de faire* et ne s'identifiait pas avec les contrats de vente successifs nécessaires à sa mise en œuvre, comprenant essentiellement des obligations de donner. • Com. 22 janv. 1991 : *Bull. civ. IV, n° 36 ; D. 1991. 175, concl. Jéol ; JCP 1991. II. 21679, note Virassamy ; JCP E 1991. II. 201, note Leveneur*. – Comp., sur renvoi : • Versailles, 27 sept. 1994 : *JCP E 1994. Pan. 1082 ; Gaz. Pal. 1994. 2. Somm. 740* • 2 juill. 1991 : *Bull. civ. IV, n° 250 ; D. 1991. 501, note Malaurie*. – V. déjà • Com. 9 nov. 1987 : *Bull. civ. IV, n° 237 ; D. 1989. 35, note Malaurie*. ♦ Dans le même sens, pour les conventions de franchise : • Com. 16 juill. 1991 : *JCP 1992. II. 21796, note Leveneur* • 28 janv. 1992 : *RJDA 1992, n° 340*. – Comp. : • Com. 5 nov. 1991 : *Bull. civ. IV, n° 335 ; D. 1993. 379, note Ghestin ; D. 1992. 266, obs. Aynès* • 21 févr. 1995 : *BRDA 1995, n° 6, p. 9*. – V. aussi • Com. 29 janv. 1991 : *JCP 1991. II. 21751, note Leveneur* • 23 févr. 1993 : *Bull. civ. IV, n° 71 ; Contrats Conc. Consom. 1993, n° 129, note Leveneur ; D. 1993, préc.* ♦ Comp., pour les contrats-cadres comportant une clause d'approvisionnement exclusif : notes 7 s.

21. N'était pas non plus soumis à l'obligation de détermination du prix, le *contrat de commission*. V. • Paris, 18 sept. 1991 : *D. 1991. IR. 260*. ♦ Sur la possibilité, en revanche, pour le mandataire, de se faire indemniser par le mandant des pertes essuyées à l'occasion de sa gestion, sur le fondement de l'art. 2000 C. civ., V. • Com. 17 déc. 1991 : *Bull. civ. IV, nos 393 et 396 ; D. 1992. Somm. 390, obs. Ferrier ; JCP E 1992. II. 372, note Gross ; Contrats Conc. Consom. 1992, n° 69, note Leveneur* • 28 janv. 1992 (2 arrêts) : *D. 1992, préc. ; JCP E, préc.* • 28 juin 1994 : *Bull. civ. IV, n° 245* • 3 janv. 1995 : *RJDA 1995, n° 425*. – Comp. : • T. com. Paris, 26 oct. 1992 : *JCP 1993. IV. 360*.

22. Effets d'une nouvelle réglementation. Une nouvelle réglementation des prix des produits pétroliers ne s'applique pas, à défaut d'une disposition expresse, aux actes juridiques conclus antérieurement et, quand bien même serait-elle d'ordre public, ne peut avoir pour effet de rendre caducs les actes passés avant son entrée en vigueur. • Com. 26 févr. 1991 : *Bull. civ. IV, n° 86 ; D. 1991. IR. 90*.

b. Obligations des parties

23. Détermination des obligations. Si l'art. 1129 C. civ., en tant qu'il permettait [avant les arrêts de l'Assemblée plénière du 1er déc. 1995 ; V. note 6 *bis*] d'annuler un contrat pour indétermination du prix, était inapplicable aux obligations de faire, il n'en demeure pas moins qu'il prescrit sur le plan général que l'objet de l'obligation soit suffisamment déterminé ou déterminable (à propos de l'obligation de pénétration d'un marché). • Paris, 2 oct. 1991 : *D. 1991. IR. 284*.

24. Concurrence déloyale. V. notes 44 à 47. ♦ Sur la responsabilité du concédant autorisant l'installation d'un autre concessionnaire, V. • Com. 19 déc. 1989 : *Bull. civ. IV, n° 327 ; RTD com. 1990. 457, obs. Bouloc*. ♦ Le seul fait pour un tiers de commercialiser des produits couverts par un contrat de distribution exclusive ne constitue pas un acte de concurrence déloyale. • Com. 16 févr. 1983 : *cité note 44* • 6 mai 2003 : *Contrats Conc. Consom. 2003, n° 159, obs. Malaurie-Vignal ; Petites affiches 15 juin 2004, p. 14, obs. Bacchichetti ; RJDA 2005, n° 211 ; RDC 2004. 297, obs. Bergé*.

25. Clause de non-concurrence. Une société concessionnaire ne viole pas la clause de non-concurrence stipulée au contrat du seul fait qu'une autre société, créée sous une dénomination voisine avec le même capital, le même objet social, les mêmes actionnaires, administrateurs et président-directeur général, avait procédé à la commercialisation de véhicules d'une marque concurrente, alors que les deux sociétés constituaient deux personnes morales distinctes l'une de l'autre, dont chacune était, en outre, distincte des personnes physiques de ses associés et dirigeants, qui n'étaient pas débiteurs, à titre personnel, de l'obligation de non-concurrence, dont seule était débitrice la société concessionnaire et qu'enfin, n'était pas retenue l'existence d'une fraude intervenue entre les deux sociétés. • Com. 15 déc. 1992 : *Bull. civ. IV, n° 409 ; D. 1994. Somm. 75, obs. Picod ; JCP 1993. IV. 522*.

25 bis. Sur la validité des clauses prévoyant une faculté de résiliation en cas de changement de contrôle de la société concessionnaire, V. • Paris, 25 janv. 1995 : *Bull. Joly 1995. 413, note*

Couret, cassé par • Com. 14 janv. 1997 : *D. Affaires 1997. 273.*

V. aussi, pour un arrêt jugeant un concédant fondé à soutenir que l'adhésion de l'actionnaire majoritaire de son concessionnaire à un réseau soumis à l'influence de son principal concurrent met un terme à la confiance qu'il avait dans le concessionnaire et compromet la confidentialité de ses secrets de fabrication et son développement économique, • Paris, 7 nov. 1996 : *JCP 1997. II. 22857, note Mousseron.*

26. Crédit abusif. Le concédant, en fournissant au concessionnaire une trésorerie totalement fictive et en lui permettant de poursuivre une activité irrémédiablement compromise, commet une faute en relation directe avec la création du passif, qui justifie, en cas de procédure collective ouverte à l'encontre du concessionnaire, sa condamnation à payer l'insuffisance d'actif. • Pau, 28 avr. 1993 : *D. 1995. Somm. 79, obs. Ferrier ; RJ com. 1994. 23, note Grua,* conf. par • Com. 9 mai 1995 : *D. 1997. Somm. 54, obs. Ferrier ; RJDA 1995, n° 1288.* ♦ V. aussi • Montpellier, 12 déc. 1994 : *Dr. sociétés 1996, n° 103, obs. Chaput* • Douai, 22 mai 1997 : *D. 1998. Somm. 330, obs. Ferrier .* – Comp. : • Toulouse, 30 juin 1997 : *RJDA 1997, n° 1420 ; Bull. Joly 1998. 53,* réformant • T. com. Saint-Gaudens, 25 avr. 1997 : *Dr. sociétés 1997, n° 105, obs. Chaput.* ♦ V., aussi, dans d'autres domaines, • Com. 22 févr. 1994 : *RJDA 1994, n° 859* (location-gérance) • 14 janv. 2004 : *Bull. civ. IV, n° 10 ; D. 2004. AJ. 278, obs. Lienhard ; JCP E 2004, n° 11, p. 398 ; BRDA 2004, n° 2, p. 7* (franchise).

26 bis. Substitution de concessionnaire. V., imposant au concédant, sur le fondement de l'art. 1134 C. civ., une obligation de motivation du refus d'agrément : • Com. 5 oct. 2004 : *Bull. civ. IV, n° 181 ; D. 2005. Pan. 2844, obs. Fauvarque-Cosson ; D. 2006. Pan. 516, obs. Ferrier ; JCP E 2005, n° 15-16, p. 668, note Chagny ; Contrats Conc. Consom. 2005, n° 1, obs. Leveneur ; Cah. dr. entr. 2004, n° 6, p. 11, obs. Respaud ; RTD com. 2005. 407, obs. Bouloc ; RJDA 2005, n° 120 ; RDLC 2005, n° 1, p. 72, obs. Fasquelle* et *Roberval ; Dr. et patr. mars 2005. 83, obs. Chauvel ; RTD civ. 2005. 127, obs. Mestre* et *Fages ; RDC 2005. 288, note Stoffel-Munck ; ibid. 384, obs. Behar-Touchais.* – V. aussi • Com. 3 nov. 2004 : *JCP E 2005, n° 31-34, p. 1324, obs. Mainguy ; RJDA 2005, n° 539 ; RDC 2005. 1130, obs. Béhar-Touchais.* ♦ Dans le cas d'un contrat de concession expressément conclu *intuitu personae*, prévoyant que son transfert au profit d'un tiers est subordonné à l'agrément du concédant et que ce dernier s'engage à « examiner équitablement et avec tout le soin requis le changement proposé et communiquer rapidement sa réponse au concessionnaire », le refus d'agrément par le concédant doit être justifié par des impératifs tenant à la sauvegarde des intérêts commerciaux légitimes et afin d'éviter tout arbitraire, il lui appartient de le motiver, à la seule fin de permettre au concessionnaire de vérifier que sa décision était fondée sur un examen équitable et soigneux conforme à ses engagements contractuels. • Com. 2 juill. 2002 : *Bull. civ. IV, n° 113 ; D. 2003. 93, note Mazeaud ; ibid. Somm. 2426, obs. Ferrier ; JCP 2002. II. 10023, note Mainguy ; JCP E 2003, n° 14, p. 609, obs. Respaud ; Contrats Conc. Consom. 2003, n° 10, obs. Malaurie-Vignal ; Petites affiches 3 juill. 2003, p. 30, obs. Malaurie-Vignal ; RJDA 2002, n° 1261 ; RDC 2003. 50, obs. Stoffel-Munck ; RTD civ. 2002. 810, obs. Mestre* et *Fages* (cassation de • Lyon, 17 mai 2001 : *RJDA 2001, n° 1204 ; RTD civ. 2002. 98, obs. Mestre et Fages,* qui avait retenu un refus d'agrément abusif sans vérifier si les motifs avancés par le concédant en cours d'instance étaient de nature à le justifier). ♦ Pour un contrat de concession stipulant qu'il ne pourra être cédé par le distributeur à un tiers sans l'accord formel du fournisseur, V. • Montpellier, 16 sept. 2003 : *JCP E 2004, n° 12, p. 461, obs. P. Mousseron ; Lettre distrib. nov. 2003, p. 2.* ♦ ... Ou prévoyant l'accord du concédant pour toute cession de parts sociales affectant plus du quart du capital de la société concessionnaire : • Paris, 28 janv. 2004 : *BRDA 2004, n° 7, p. 8.* ♦ Pour une opération de fusion, V. • Com. 13 déc. 2005 : *D. 2006. AJ. 149, obs. Lienhard ; JCP E 2006, n° 17, p. 782, note Hovasse ; Contrats Conc. Consom. 2006, n° 61, obs. Leveneur ; BRDA 2006 n° 3, p. 2 ; Dr. sociétés 2006, n° 23, obs. Monnet ; RLDA févr. 2006. 18, obs. Alves ; Bull. Joly 2006. 591, obs. Vamparys.*

4° DURÉE ET FIN DES CONVENTIONS

BIBL. Masquefa, *Cah. dr. entr. 2000, n° 5, p. 11* (fidélité et groupements de la grande distribution). – Dossier, *Dr. et patr. mai 2004. 55* (rupture unilatérale du contrat).

27. Contrats à durée déterminée. Il a été jugé qu'était licite et limitée dans le temps une exclusivité de trente ans renouvelable par tacite reconduction. • Com. 2 déc. 1969 : *D. 1970. 203, note J.L.*

28. Lorsqu'un contrat de concession à durée déterminée arrive à son terme, le concédant n'est pas tenu de le renouveler. • Com. 9 déc. 1986 : *D. 1988. Somm. 19, obs. Ferrier* • 9 juin 1992 : *Contrats Conc. Consom. 1992, n° 223.* ♦ Le refus de renouveler le contrat est de droit pour le concédant à condition de prévenir le concessionnaire dans le délai contractuel. • Paris, 11 mai 1989 : *D. 1990. Somm. 366, obs. Ferrier* • Com. 9 avr. 2002 : *Contrats Conc. Consom. 2003, n° 9, obs. Malaurie-Vignal ; Cah. dr. entr. 2003, n° 3, p. 21, obs. Respaud.* ♦ Le refus ne saurait constituer en lui-même un refus de vente. • Com. 4 févr. 1986 : *D. 1988. Somm. 19, obs. Ferrier* • 10 juin 1986 : *ibid.* ♦ ... Et le concédant n'est pas tenu de motiver sa décision. • Com. 4 janv. 1994 : *Bull. civ. IV, n° 13 ; D. 1995. 355, note Virassamy ; ibid. Somm. 69, obs. Ferrier* • 3 juill. 2001 : *RJDA 2002, n° 35.* – Comp. : • Com. 5 oct. 2004 : *préc. note 26 bis.* ♦ Sur le respect, en l'absence d'un préavis contractuel, d'un délai raisonnable, V. • Com. 30 nov. 1982 : *Bull. civ. IV, n° 392.* ♦ Comp., sur la sanction civile de la rupture brutale d'une relation commerciale établie : art. L. 442-6.

S'agissant d'un contrat conclu pour une durée déterminée, dénoncé avant son expiration dans le délai contractuellement prévu, le concédant n'a pas à tenir compte des investissements réalisés par le concessionnaire. • Com. 4 janv. 1994 : *préc.*

V. aussi, sur l'absence d'indemnité en cas de non-renouvellement, • Com. 6 janv. 1987 : *Bull. civ. IV, n° 7 ; RTD com. 1988. 122, obs. Bouloc* • 5 déc. 1989 : *Bull. civ. IV, n° 304* • 7 juin 1983 : *JCP 1984. II. 20261, note Durand* • 13 mai 1970 : *ibid. 1971. II. 16891, note Sayag.* ♦ V., cependant, sur la réparation due par le concédant : en cas de non-respect d'un accord de renouvellement, • Com. 9 févr. 1981 : *D. 1982. 4, note J. Schmidt ; RTD com. 1982. 295, obs. Hémard et Bouloc* • 3 juill. 2001 : *RJDA 2001, n° 1202.* ♦ ... En cas de rupture après tacite reconduction, de la concession, • Versailles, 14 mai 1996 : *D. Affaires 1996. 1093.* ♦ ... En cas de résiliation après avoir fait espérer au concessionnaire un renouvellement de contrat, en l'incitant à des investissements et à du recrutement de personnel, • Com. 23 juin 1998 : *RJDA 1998, n° 1213.* ♦ Dans le même sens, V. • Com. 23 mai 2000 : *RTD civ. 2001. 137, n° 6, obs. Mestre et Fages ; RJDA 2000, n° 973.* ♦ V. aussi note 31 ter. ♦ Jugeant que la proposition de nouvelles conditions contractuelles, même si elles sont inacceptables pour l'ancien concessionnaire, ne peut à elle seule constituer un abus : • Com. 6 juin 2001 : *RJDA 2001, n° 1201.* ♦ Pour un arrêt retenant l'existence d'un refus abusif de renouvellement, V. • Com. 27 oct. 1998 : *Defrénois 1999. 1318, obs. Mazeaud.*

29. Sur la résiliation anticipée par faute du concessionnaire, V. • Com. 11 juin 1981 : *Gaz. Pal. 1981. 2. Pan. 385* • 17 mars 1992 : *JCP 1992. IV. 1494* • Paris, 29 mai 1992 : *D. 1992. IR. 237.* ♦ V. aussi • Paris, 8 sept. 2000 : *BRDA 2000, n° 21, p. 7.* ♦ Pour une rupture abusive du concédant, V. • Com. 1er déc. 1992 : *Bull. civ. IV, n° 392* • Versailles, 17 déc. 1998 : *Gaz. Pal. 24-26 oct. 1999, p. 22.* ♦ Pour une résiliation de plein droit, V. • Com. 8 juin 1999 : *Petites affiches 9 mars 2000, p. 15, obs. Mathey* • Versailles, 10 déc. 1998 : *Gaz. Pal. 24-26 oct. 1999, p. 22* • Paris, 23 avr. 1990 : *D. 1990. IR. 141.*

29 bis. Est légalement justifié l'arrêt qui a fait droit à la demande, d'une société bénéficiant d'un contrat de distribution sélective, de condamnation d'une société de parfumerie en exécution de commandes fondées sur ledit contrat et au versement de dommages-intérêts pour rupture abusive de celui-ci, dès lors qu'ayant relevé que la première société, ayant une personnalité juridique distincte d'une autre société dont le gérant est identique, ne pouvait se voir reprocher une faute de celui-ci en qualité de gérant de cette autre société en l'absence de toute infraction prouvée et même alléguée de la part de la première, la cour d'appel n'avait pas à rechercher si les aptitudes de ce gérant lui permettaient d'assumer dans les sociétés qu'il dirigeait le respect des engagements pris envers le distributeur. • Com. 29 juin 1993 : *Bull. civ. IV, n° 271 ; JCP E 1994. II. 562, note Hannoun ; Rev. sociétés 1995. 50, note Delebecque.*

29 ter. Sur l'obligation d'assistance pesant sur le concédant, qui use de sa faculté de ne pas renouveler le contrat à durée déterminée du concessionnaire, pendant la phase de préavis de rupture (refus d'une demande du concessionnaire, de levée de l'exclusivité présentée pendant le délai de préavis et perte d'une chance de reconversion), V. • Paris, 26 mars 1999 : *JCP 2000. II. 10244, note Chazal ; Gaz. Pal. 12-14 déc. 1999, Somm., p. 31, obs. Vray ; Petites affiches 9 mars 2000, p. 13, obs. Mathey.* — V. aussi • Paris, 11 févr. 1999 : *D. 1999. IR. 82 ; RTD civ. 1999. 390, obs. Mestre ; JCP 2000. II. 10244, note Chazal.* ♦ *Contra :* jugeant que le concédant n'est pas tenu d'une obligation d'assistance du concessionnaire en vue de sa reconversion. • Com. 6 mai 2002 : *cité note 34 ter.*

30. Contrats à durée indéterminée. Un concédant a le droit de mettre fin à tout moment à un contrat de distribution exclusive à durée indéterminée à la condition qu'il respecte un préavis conventionnel ou d'usage. • Com. 8 avr. 1986 : *Bull. civ. IV, n° 58* • 3 juin 1986 : *D. 1988. Somm. 19, obs. Ferrier* • 22 juill. 1986 : *ibid.* • 9 déc. 1986 : *ibid.* • 3 juill. 2001 : *RJDA 2002, n° 147* • Versailles, 3 mai 1990 : *D. 1990. Somm. 367, obs. Ferrier* • Rennes, 28 janv. 1998 : *JCP E 1998, n° 50, p. 1953* • Paris, 10 déc. 1998 : *Cah. dr. entr. 1999, n° 2, p. 31, obs. Mainguy* • 14 nov. 2001 : *RJDA 2002, n° 242.* ♦ Le contrat de concession exclusive ne constitue pas un mandat d'intérêt commun. • Com. 7 oct. 1997 : *Bull. civ. IV, n° 252 ; D. 1998. 413, note Jamin ; D. Affaires 1997. 1284 ; Contrats Conc. Consom. 1998, n° 20, obs. Leveneur ; JCP 1998. II. 10085, note Chazal ; Petites affiches 14-16 sept. 1998, p. 9 et 17, note Constantin* • Paris, 12 mai 1995 : *D. 1997. Somm. 53, obs. Ferrier*. ♦ Ont été jugés raisonnables un délai de six à dix mois. • Paris, 17 févr. 1993 : *D. 1995. Somm. 69, obs. Ferrier*. ♦ ... Un délai d'un an (pour une concession ayant duré plus de vingt ans). • Paris, 8 déc. 1994 : *D. 1997. Somm. 52, obs. Ferrier ; RJDA 1995, n° 272* • 1er mars 1996 : *D. Affaires 1996. 612.* ♦ Un délai de préavis n'est, toutefois, pas nécessaire en cas de faute de nature à justifier la rupture immédiate du contrat. • Com. 14 avr. 1992 : *Contrats Conc. Consom. 1992, n° 152, note Leveneur.* ♦ Pour la résiliation d'un contrat de concession exclusive sans préavis, sans indemnité ni formalité préalable en application d'une clause de résiliation de plein droit en cas de non-respect d'une obligation de non-concurrence, V. • Com. 21 janv. 2003 : *Contrats Conc. Consom. 2003, n° 68.* ♦ En ce sens que la rupture d'un contrat de distribution exclusive sans respecter le délai de préavis prévu suppose l'impossibilité de le poursuivre, laquelle est souverainement appréciée par les juges du fond, V. • Com. 6 juill. 1999 : *RJDA 1999, n° 1197.* ♦ Pour une hypothèse d'incidents de paiements imputables au concessionnaire ayant entraîné une détérioration de l'équilibre financier, élément essentiel du contrat de concession, et justifiant de ce fait une rupture de ce contrat par le concédant, sans qu'aucun préavis ne soit nécessaire, V. • Com. 14 oct. 1997 : *D. 1998. Somm. 333, obs. Ferrier*. ♦ Pour une autre hypothèse, V. note 44 *bis*. ♦ Sur l'absence de caractère abusif de la résiliation de contrats de concession exclusive, moyennant un préavis d'un an, justifiée par la nécessité pour le concédant de réorganiser l'ensemble de son réseau de distribution, V. • Paris, 18 sept. 2000 : *Cah. dr. entr. 2001, n° 2, p. 29, obs. Mainguy ; RJDA 2001, n° 146.* ♦ V., sanctionnant des ruptures abusives en raison de leur brutalité. • Com. 28 juin 1994 : *Contrats Conc. Consom. 1994, n° 218, note Leveneur* • Versailles, 30 mars 1994 : *Gaz. Pal. 1994. 2. Somm. 577.* – V. aussi • Paris, 17 févr. 1992 : *Contrats Conc. Consom. 1992, n° 52, note Vogel ; D. 1992. IR. 138* • Versailles, 3 mai 1990 : *préc.* • 14 déc. 1995 : *D. Affaires 1996. 269* • Paris, 6 févr. 1997 : *D. 1998. Somm. 335, obs. Ferrier* • 11 févr. 1999 : *préc. note 29 ter* • Versailles, 17 juin 1999 : *Gaz. Pal. 17-18 mars 2000, p. 6.* – Comp. : • Com. 20 janv. 1998 : *Bull. civ. IV, n° 40 ; D. 1998. 413, note Jamin ; D. 1999. Somm. 114, obs. Mazeaud ; JCP 1999. II. 10018, note Chazal ; Quot. jur. 31 mars 1998, p. 8, note P. M. ; Contrats Conc. Consom. 1998, n° 56, obs. Leveneur ; Petites affiches 25 sept. 1998, p. 22, obs. Mathey ; RJ com. 1999. 68, note Poracchia* • 29 janv. 2002 : *RTD civ. 2002. 810, obs. Mestre et Fages*. ♦ Comp. aussi, sur la sanction civile de la rupture brutale d'une relation commerciale établie : art. L. 442-6.

31. Le respect du préavis peut être compensé par l'octroi d'une indemnité conventionnelle. • Com. 3 juin 1986 : *préc. note 30.*

31 bis. Pour des ruptures abusives et de mauvaise foi, bien que le délai de préavis ait été respecté, V. • Com. 5 oct. 1993 : *Bull. civ. IV, n° 326 ; D. 1995. Somm. 69, obs. Ferrier ; JCP 1994. II. 22224, note Jamin* • 5 avr. 1994 : *Bull. civ. IV, n° 149 ; Contrats Conc. Consom. 1994, n° 159, note Leveneur ; D. 1995. 355, note Virassamy ; ibid. Somm. 90, obs. D. Mazeaud* • 27 oct. 1998 : *RJDA 1998, n° 1352 ; Cah. dr. entr. 1999, n° 2, p. 30, obs. Mainguy* • Paris, 1er mars 1996 : *préc. note 30.* ♦ V. aussi, pour des manquements à la bonne foi contractuelle durant la période de préavis, • Paris, 12 mai 1995 : *RJDA 1995, n° 1354* • Com. 3 juill. 2001 : *RJDA 2001, n° 1203 (1re esp.).* ♦ Pour un manquement réciproque aux obligations contractuelles pendant le préavis de rupture : • Com. 23 juin 2004 : *RJDA 2005, n° 26.* ♦ Jugeant que le concessionnaire, à qui il revient de prouver l'abus dans la rupture, ne peut utiliser à cette fin un entretien téléphonique enregistré à l'insu de son concédant, V. • Com. 25 févr. 2003 : *Contrats Conc. Consom. 2003, n° 104, obs. Leveneur ; RJDA 2003, n° 1035 ; Comm. com. élec. 2004, n° 43, obs. Stoffel-Munck ; RTD civ. 2004. 92, obs. Mestre et Fages*.

31 ter. Le concédant, fournisseur de crédits non occasionnels au concessionnaire, ne peut, au seul motif de l'importance des effets impayés, résilier le contrat de concession sans un préavis dont il ne peut se dispenser que si le concessionnaire a eu un comportement gravement répréhensible ou est dans une situation irrémédiablement compromise. • Com. 5 avr. 1994 : *RJDA 1994, n° 1132.* ♦ Un concessionnaire automobile ne saurait se prévaloir d'un manquement à la loyauté contractuelle par le concédant du fait de la résiliation unilatérale, par ce dernier, du contrat de concession à durée indéterminée, dans le respect du délai de préavis contractuellement prévu, en invoquant le fait qu'il avait, à la connaissance de son cocontractant, réalisé d'importants investissements, dès lors que ceux-ci, qui n'étaient pas liés à l'exploitation de la concession, avaient été faits à l'initiative du concessionnaire, le concédant s'étant borné à consentir une aide exceptionnelle d'un montant limité, sans avoir fait une quelconque promesse sur l'extension de la concession pouvant l'inciter à de tels investissements. • Com. 11 mai 1999 : *RJDA 1999, n° 918 ; Dr. et patr. déc. 1999. 74, obs. Chauvel ; Petites affiches 8 mars 2000, p. 17, obs. Mathey.*

31 quater. Le concédant qui rompt un contrat de concession exclusive doit maintenir l'assistance due au concessionnaire jusqu'au terme du préavis. • Paris, 9 mai 1997 : *D. 1998. Somm. 335, obs. Ferrier*. ♦ Il ne peut, notamment, exclure le concessionnaire des publicités groupées dont il bénéficiait auparavant, ni, impunément, fragiliser le crédit bancaire de ce dernier, en tirant des traites sur des factures indues ou en différant l'encaissement des prix dus par les clients. • Même arrêt. ♦ Comp. • Com. 9 avr. 2002 : *préc. note 28.* ♦ Toutefois, il n'est pas tenu d'une obligation d'assistance du concessionnaire en vue de sa reconversion. • Com. 6 mai 2002 : *cité note 34 ter.* ♦ La transmission par le concédant du fichier clientèle du concessionnaire résilié au profit de son successeur, alors que ces derniers ont convenu d'une cession de clientèle, n'est pas faite en fraude des droits du concessionnaire résilié dès lors qu'elle n'est pas intervenue antérieurement à la cession. • Paris, 4 oct. 2002 : *JCP E 2003, n° 19, p. 783 ; Petites affiches 11 sept. 2003, p. 4, note Bertin.*

31 quinquies. La création par un constructeur automobile d'un réseau de distribution de ses produits et l'adhésion des concessionnaires à ce réseau, à l'essor duquel ils vont contribuer au mieux d'intérêts économiques communs, impliquent de la part du constructeur, propriétaire du réseau, des obligations d'assistance et de conseil qui ne prennent fin qu'après que les concessionnaires, auxquels il n'a pas de reproche à faire, ont quitté le réseau, et lui imposent, par application des art. 1134, al. 3, et 1135 C. civ., de veiller loyalement à ce que ces concessionnaires puissent partir sans perdre le fruit de leur participation à l'effort commun. • Paris, 11 févr. 1999 : *D. 1999. IR. 82 ; Cah. dr. entr. 1999, n° 2, p. 30, obs. Mainguy ; Petites affiches 9 mars 2000, p. 13, obs. Mathey ; RJ com. 1999. 395, note Grignon.*

Pour un arrêt retenant la responsabilité civile d'un concédant dans l'insuffisance d'actif d'un de ses concessionnaires, V. • Paris, 23 sept. 1999 : *Cah. dr. entr. 1999, n° 5, p. 20, obs. Grignon et Mainguy.* – V. aussi • T. com. Paris, 13 oct. 2003 : *RD banc. fin. 2004, n° 241, obs. F.-X. Lucas.* ♦ Pour un arrêt déclarant le concédant responsable de la perte de son fonds de commerce par le concessionnaire à la suite de la résiliation abusive des quatre conventions qui l'unissaient à ce dernier, V. • Com. 17 juill. 2001 : *RJDA 2002, n° 148.*

32. Sur la durée minimale des accords de distribution automobile et leur résiliation, V. notes 50 s.

32 bis. Lorsque un contrat de concession exclusive est suite à un avenant, devenu par novation un mandat d'intérêt commun, la clause de résiliation figurant dans le contrat initial continue de régir les obligations respectives des parties dès lors qu'elle n'a pas été expressément annulée par l'avenant. • Com. 3 juill. 2001 : *Bull. civ. IV, n° 131 ; D. 2001. AJ. 2826, obs. Chevrier ; ibid. Somm. 3245, obs. Delebecque ; Petites affiches 25 mars 2002, p. 14, note Corlay ; RJDA 2002, n° 40* (cassation de • Versailles, 9 avr. 1998 : *Petites affiches 25 sept. 1998, p. 23, note Mathey*).

32 ter. Sur la responsabilité du créancier à l'égard de la caution après la rupture abusive d'un contrat de concession, V. • Paris, 28 oct. 2005 : *JCP 2006. II. 10067, note Houtcieff.*

5° CONTENTIEUX ISSU DE LA CESSATION DES CONVENTIONS

33. Reprise des stocks. BIBL. Lambert, *RJ com. 2002. 4* (la pièce détachée en droit économique). ♦ Sur le principe de non-reprise des stocks, sauf clause expresse, au cas de cessation du contrat, V. • Com. 16 févr. 1970 : *Bull. civ. IV, n° 63* • 26 oct. 1982 : *ibid., n° 328* • 25 févr. 1986 : *JCP 1988. II. 20995, note Virassamy.* ♦ Sur le contrôle judiciaire sur les clauses de détermination du prix de reprise des stocks, V. • Com. 23 juin 1992 : *RJDA 1992, n° 1119.*

Sur la portée d'une clause de reprise des stocks, en présence de marchandises périmées, V., considérant que lorsque la clause ne comporte aucune restriction quant à la durée de validité ou la nature des produits pour leur reprise par le fournisseur, celle-ci est de droit sauf à démontrer que le distributeur a fait preuve de mauvaise foi dans l'exécution du contrat ou encore qu'il a commis une faute grave : • Paris, 15 janv. 1999 : *D. Affaires 1999. 516, obs. E. C. ; Petites affiches 9 mars 2000, p. 16, obs. Mathey.*

Pour un arrêt sanctionnant un refus abusif de renouvellement d'une concession par une reprise des stocks du concessionnaire, V. • Com. 23 mai 2000 : *préc. note 28.*

33 bis. Reprise des salariés. BIBL. Bertin, *Bull. act. Lamy droit économique, mars 2002, p. 1* (constructeurs automobiles employeurs potentiels des salariés de leurs concessionnaires). ♦ Une cour d'appel qui a constaté que la concession exclusive, dans le secteur géographique défini, qui avait été retirée au concessionnaire, n'avait été reprise par aucun concessionnaire unique nouveau et que la vente des automobiles était assurée désormais par plusieurs entreprises de la région entre lesquelles elle avait été répartie, a pu en déduire que l'entité économique constituée par la concession de vente exclusive de marques n'avait pas conservé son identité et, par voie de conséquence, que la société concessionnaire était restée l'employeur des salariés. • Soc. 28 mai 2003 : *D. 2005. Pan. 152, obs. Ferrier ; JCP E 2003, n° 31, p. 1268.* ♦ En disant que le concédant est devenu l'employeur des salariés du concessionnaire à la suite de la résiliation du contrat de concession exclusive, alors qu'il ne résulte pas de ses constatations que le concédant a effectivement poursuivi ou repris l'activité de vente de véhicules antérieurement concédée au concessionnaire sur le territoire concerné, un cour d'appel a violé l'art. L. 122-12, al. 2, C. trav. • Soc. 28 mai 2003 : *D. 2005. Pan. 152, obs. Ferrier ; JCP E 2003, n° 31, p. 1268.* ♦ Comp., jugeant que le transfert de l'entité économique – condition d'application de l'art. L. 122-12 C. trav. – peut résulter de la reprise par le propriétaire de la marque ou de l'exploitation par un nouveau concessionnaire d'une activité de concession exclusive de vente de véhicules automobiles dans un secteur déterminé, • Douai, 31 janv. 2002 : *Petites affiches 3 juill. 2003, p. 71, obs. Ayma ; Lettre distrib., mars 2002, p. 2.* ♦ Le changement de concessionnaire exclusif de la vente de véhicules automobiles d'une marque entraîne le transfert d'une entité économique autonome constituée d'un ensemble organisé de personnes et d'éléments corporels ou incorporels permettant l'exercice d'une activité économique qui poursuit un objectif propre, ayant conservé son identité et dont l'activité est poursuivie. • Soc. 11 juin 2002 : *Bull. civ. V, n° 197 ; D. 2003. 792, note Blary-Clément ; Petites affiches 3 juill. 2003, p. 74, obs. Ayma.* ♦ Pour un autre exemple d'application de l'art. L. 122-12 C. trav., dans le secteur de la distribution, V. • Soc. 24 sept. 2002 : *Lettre distrib. févr. 2003, p. 4.*

34. Restitution du matériel. L'obligation de restitution en nature du matériel impose des travaux coûteux au revendeur de carburant, non justifiés par des nécessités techniques en raison de la durée de vie des cuves, et elle est susceptible de le dissuader de traiter avec un autre fournisseur ; elle est ainsi disproportionnée avec la fonction qui lui a été fixée de faire respecter l'exclusivité d'achat du carburant et constitue un frein à la concurrence d'autres fournisseurs. • Com. 18 févr. 1992 : *Bull. civ. IV, n° 78 ; D. 1993. 57, note Hannoun ; ibid. 1992. Somm. 395, obs. Ferrier ; JCP 1992. II. 21897, note Béhar-Touchais* • 26 mai 1992 : *D. 1993, préc.* • 8 juin 1993 : *RJDA 1993, n° 688.* – Comp. : • Com. 22 juill. 1986 : *D. 1988. Somm. 21, obs. Ferrier* • 18 déc. 1986 : *ibid.* • 6 janv. 1987 : *ibid.* • 10 févr. 1987 : *ibid.* ♦ V. aussi, pour les accessoires de la cuve, • Lyon, 6 déc. 1990 : *JCP E 1991. Pan. 480.*

Une convention de bière prévoyait qu'en cas de résiliation à l'initiative de la brasserie en raison du non-respect par le débitant de ses engagements, « le débitant de boissons s'engage à restituer à la brasserie les avantages dont il a bénéficié » ; en l'absence de toute autre précision, il convient de juger que la convention prévoyait une simple restitution, laquelle doit littéralement s'entendre d'une restitution en nature et non d'une restitution en valeur. • Colmar, 7 juin 2005 : *JCP 2005. IV. 3769.*

34 bis. Anciens concessionnaires. Sur la faculté de se présenter comme un ancien concessionnaire, V. • Com. 25 avr. 1983 : *D. 1984. 449, note Daverat ; JCP 1983. II. 20090, note Chavanne* • 17 déc. 1991 : *D. 1992. Somm. 388, obs. Ferrier* • 29 juin 1993 : *D. 1995. Somm. 211, obs. Picod ; Contrats Conc. Consom. 1993, n° 193, note Leveneur.*

34 ter. Aide à la reconversion. BIBL. Respaud, *Cah. dr. entr. 2002, n° 5, p. 19.* ♦ Le concédant n'est pas tenu d'une obligation d'assistance du concessionnaire en vue de sa reconversion. • Com. 6 mai 2002 : *Bull. civ. IV, n° 81 ; D. 2002. Somm. 2842, obs. Mazeaud ; ibid. 3008, obs. Ferrier et AJ. 1754, obs. Chevrier ; JCP E 2002, n° 39, p. 1693, note Stoffel-Munck ; ibid. 2003, n° 2, p. 79, note Sonet ; Contrats Conc. Consom. 2002, n° 134, obs. Leveneur ; ibid., n° 158, obs. Malaurie-Vignal ; Petites affiches 3 juill. 2003, p. 29, obs. Mathey ; RTD com. 2003. 157, obs. Bouloc ; RDC 2003. 34, obs. Chazal* • 7 avr. 2004 : *RJDA 2004, n° 969 ; Cah. dr. entr. 2004, n° 3, p. 30, obs. Respaud ; Lettre distrib. mai 2004, p. 2 ; RJ com. 2005. 197, obs. Lebreton-Derrien.* ♦ *Contra :* • Paris, 11 févr. 1999 : *D. 1999. IR. 82 ; Cah. dr. entr. 1999, n° 2, p. 30, obs. Mainguy* • 26 mars 1999 : *préc. note 29 ter.* ♦ Comp. : • Com. 2 juill. 2002 : *préc. note 26 bis.* ♦ Comp. aussi, imposant de recueillir les explications du concessionnaire avant de rompre le contrat : • Com. 8 oct. 2003 : *RDC 2004. 392, obs. Behar-Touchais.* ♦ ... Il lui appartient toutefois, sauf à manquer à son devoir de loyauté commerciale, de l'informer de son éviction définitive du réseau dans un délai suffisamment rapide pour lui permettre de préserver au mieux ses actifs et de faciliter sa reconversion ainsi que la reprise éventuelle de la concession. • Paris, 28 avr. 2004 : *Lettre distrib. juin 2004, p. 3.*

34 quater. Fonds de commerce. Un distributeur à qui son concédant avait mis à disposition des locaux aménagés pour l'exercice de son activité, à titre accessoire du contrat d'exclusivité de vente, ne saurait bénéficier du statut des baux commerciaux. • Civ. 3e, 14 nov. 2002 :

AJDI 2003. 506, obs. Dumont ✎. – V. aussi note 7 ss. Arr. du 21 févr. 1991, art. 2, cité ss. art. L. 330-3, *infra*.

6° DROIT INTERNATIONAL PRIVÉ

35. BIBL. de Brosses, *Bull. act. Lamy droit économique janv. 2004* (rupture des contrats internationaux de distribution). ♦ Sur le règlement des conflits de lois et de juridictions dans un contrat de distribution exclusive, V. • Civ. 1re, 8 févr. 2000 : *D. 2000. 741, note Blanc* ✎ • 15 mai 2001 : *D. 2002. 198, note Diloy* ✎ ; *JCP 2001. II. 10634, note Raynard ; Petites affiches 30 mai 2002, note Chanteloup* • 25 nov. 2003 : *Bull. civ. I, n° 237 ; D. 2004. 494, note Kenfack* ✎ ; *JCP 2004. II. 10046, note Raynard ; Contrats Conc. Consom. 2004, n° 17, obs. Leveneur ; Dr. et patr. avr. 2004, p. 126, obs. Mainguy et Mousseron ; RDC 2004. 770, obs. Bureau ; RJDA 2004, n° 669 ; Cah. dr. entr. 2004, n° 3, p. 21, obs. Raynard ; ibid., p. 28, obs. Mainguy ; Rev. crit. DIP 2004. 102, note Lagarde*. ♦ Pour un contrat de distribution sélective, V. • Paris, 30 sept. 2004 : *RTD com. 2005. 188, obs. Delebecque* ✎. ♦ V. aussi notes 9 s., *App.*, v° *Contrats d'affaires (généralités)*.

II. RÉSEAUX DE DISTRIBUTION SÉLECTIVE

BIBL. Calvo, *Gaz. Pal. 1987. 1. Doctr. 32 ; Cah. dr. entr. 1991, n° 1*. – Schaming, *ibid. 1992, n° 5*. – M. et J.-M. Mousseron, *RJDA 1993, p. 7*. – Bonet et J.-M. Mousseron, *Cah. dr. entr. 1993, n° 1*. – Canivet et Vogel, *D. 1991. Chron. 283* ✎. – *Gaz. Pal. 1992. 1. Doctr. 381*. – Nussenbaum, *RJDA 1995, p. 316* (analyse économique). – Amédée-Manesme, *RJ com. 1995. 173* (distribution distinctive). – Ronzano, *JCP E 1996. I. 535* (clauses de rendement). – Malaurie-Vignal, *ibid. 1998, n° 7-8, p. 260* (*intuitu personae* et liberté de la concurrence dans les contrats de distribution). – Fages, *Cah. dr. entr. 1998, n° 6, p. 11* (abus dans les contrats de distribution). – Schaming, *D. 2000. Chron. 173* ✎ (distribution sélective : une voie de plus en plus étroite). – Arhel, *Petites affiches 20 nov. 2001, p. 23* (influence de la réforme communautaire sur les restrictions verticales). – Collard et Roquilly, *Petites affiches 3 avr. 2002* (réseaux de distribution fermés et commerce électronique : implications en droit communautaire). – Lambert, *RJ com. 2002. 388* (influence d'internet sur la distribution). – Castagnon, *Contrats Conc. Consom. 2003. Chron. 10* (internet et réseau de distribution). – Sabirau-Perez, *D. 2004. 1441* ✎ (distribution sélective et préjudice concurrentiel).

36. Définition. Est un contrat de distribution sélective celui par lequel le fournisseur s'engage à approvisionner dans un secteur déterminé un ou plusieurs commerçants qu'il choisit en fonction de critères objectifs de caractère qualitatif, sans discrimination et sans limitation quantitative injustifiées, et par lequel, d'autre part, le distributeur est autorisé à vendre d'autres produits concurrents. • Crim. 3 nov. 1982 : *Bull. crim. n° 238 ; D. 1983. IR. 211, obs. Gavalda et Lucas de Leyssac*. – V. aussi • Com. 27 oct. 1992 (3 arrêts) : *Bull. civ. IV, nos 332 et 333 ; D. 1992. 505, note Bénabent* ✎ ; *D. 1995. Somm. 81* ✎ et *83, obs. Ferrier* ✎ ; *RJDA 1993. p. 17, concl. Raynaud*.

36 bis. Par rapport à la distribution sélective, la distribution agréée se distingue en ce que ce dernier contrat ne prévoit aucune exclusivité au profit de l'une ou l'autre des parties. • Com. 9 févr. 1976 : *JCP 1977. II. 18598, note Hémard* • Paris, 22 nov. 1994 : *D. 1997. Somm. 62, obs. Ferrier* ✎. ♦ Sur les difficultés résultant de la coexistence d'un réseau de distribution agréé et d'un réseau de vente par correspondance, V. • Versailles, 1er oct. 1991 : *Gaz. Pal. 1993. 1. Somm. 14, obs. d'Hœraene*. ♦ V. aussi, jugeant qu'un fournisseur peut valablement faire coexister plusieurs catégories de distributeurs (en l'espèce des distributeurs agréés et non agréés) selon le type de relations commerciales qu'il entretient avec eux, dès lors qu'il n'existe aucune discrimination à l'intérieur de chacune de ces catégories, • Paris, 26 juin 2001 : *BOCC 27 mars 2002 ; Contrats Conc. Consom. 2002, n° 26, note Malaurie-Vignal ; RJDA 2002, n° 373*.

37. Sur la distinction entre le contrat de concession exclusive et le contrat de distribution sélective, V. • Paris, 24 sept. 1990 : *D. 1990. IR. 224* • T. com. Paris, 21 janv. 1998 : *Gaz. Pal. 15-16 oct. 1998, p. 8*.

38. Conditions de validité. BIBL. Kovar, *RJDA 1995, p. 311* (sélection quantitative). ♦ Pour justifier un refus de vente, le réseau de distribution ne doit pas être constitutif d'une restriction discriminatoire et non proportionnée aux nécessités de la distribution des produits en cause. • Com. 25 avr. 1989 : *Bull. civ. IV, n° 135 ; D. 1990. 64, note Lavillaine-Juliet* ✎ • Paris, 16 janv. 1995 : *D. 1997. Somm. 60, obs. Ferrier* ✎.

Sur la référence faite par le Conseil de la concurrence au règlement d'exemption 2790/99 pour l'examen d'un contrat de distribution sélective dont l'application est limitée au territoire national, V. • Cons. conc. n° 01-D-45 du 19 juill. 2001 : *BOCC 24 sept. 2001 ; RJDA 2002, n° 103 ; Europe 2002, n° 59* • n° 03-D-60 du 17 déc. 2003 : *BOCC 13 févr. 2004 ; JCP E 2004, n° 13, p. 520, note Arhel* (conf. par • Paris, 29 juin 2004 : *BOCC 30 sept. 2004 ; D. 2005. Pan. 149, obs. Ferrier* ✎ ; *RLC 2005, n° 1, p. 28, obs. Sélinsky*).

38 bis. Un réseau de distribution sélective n'implique pas l'existence de relations *intuitu personae* entre le fabricant et chacun des revendeurs ; dès lors, ne présente aucun caractère anormal justifiant un refus de vente, l'intervention d'un GIE auprès du fabricant pour centraliser des commandes destinées à certains membres de ce groupement, dont il était précisé que chacun d'eux remplissait les conditions qualitatives lui permettant de distribuer les produits du réseau. • Com. 4 mai 1999 : *RJDA 1999, n° 777 ; Petites affiches 8 mars 2000, p. 16, obs. Malaurie-Vignal.* ♦ Comp., considérant qu'une demande d'intégration à un réseau de concession ne saurait être rejeté dès lors que les critères quantitatifs et qualitatifs de sélection sont imprécis, discrétionnairement mis en application par le concédant et ne permettent pas de vérifier si les concessionnaires sont choisis selon les mêmes critères objectifs opposables à tous les candidats : • Com. 25 janv. 2000 : *Contrats Conc. Consom. 2000, n° 64, obs. Malaurie-Vignal.*

39. Sont légitimes, dans l'intérêt du consommateur, les critères de sélection qualitatifs tenant à la compétence du distributeur et à l'installation de son point de vente. • Paris, 26 juin 1991 : *D. 1992. Somm. 393, obs. Ferrier* • 22 oct. 1991 : *ibid.* ♦ Par exemple, jugé qu'évite toute discrimination arbitraire la méthode d'évaluation mise au point par un fabricant de parfum qui, par le nombre et la précision des rubriques, permet d'apprécier objectivement la qualité des candidats et, notamment, d'écarter un magasin disgracieux situé dans une zone portuaire. • Paris, 14 févr. 1991 : *D. 1991. IR. 122.* ♦ De même, un fabricant de parfums peut légitimement refuser l'agrément à un commerçant, dès lors que, après avoir fait procéder à une étude déterminant le nombre des points de vente potentiel par agglomération en fonction du nombre d'habitants et donc de la demande des consommateurs dans la zone considérée, il estime que la création de nouveaux points de vente excédentaires peut entraîner des surcoûts tant pour le fournisseur que pour les consommateurs, ce qui justifie la limitation quantitative de ses points de vente. • Paris, 10 févr. 1995 : *D. 1997. Somm. 62, obs. Ferrier* • 29 juin 2004 : *préc. note 38.* ♦ Sur l'absence de traitement discriminatoire à l'égard d'un candidat non agréé, bien qu'un autre commerçant ait été agréé dans le même centre commercial, V. • Versailles, 20 déc. 1995 : *D. Affaires 1996. 233.* ♦ Sur la licéité d'un réseau de distribution sélective reposant sur des critères tenant, d'une part, à la technologie du produit vendu qui, ayant bénéficié d'un investissement de recherche important, a entraîné des progrès technologiques indéniables et, d'autre part, à l'originalité de ce produit ainsi qu'à son aspect de création le faisant par conséquent entrer dans la catégorie des produits dits de mode, V. • T. com. Paris, 28 mars 1997 : *Gaz. Pal. 1998. 1. Somm. 178.* ♦ Pour des refus illicites, V. • Paris, 31 oct. 1991 : *D. 1992. IR. 40* • 13 mai 1993 : *Gaz. Pal. 1994. 1. Somm. 61* • 24 févr. 1994 : *RJDA 1994, n° 919.* ♦ V. aussi note 4 ss. art. L. 442-6.

39 bis. Est de nature à justifier le recours à un système de distribution sélective l'image « haut de gamme » d'un produit aux yeux des consommateurs. • Paris, 11 oct. 2000 : *D. 2000. AJ. 443* . ♦ Mais le seul fait que des produits dérivés soient vendus sous une marque de luxe n'est pas de nature à leur conférer la qualification de produits de luxe relevant d'un système de distribution sélective. • Com. 8 juill. 2003 : *Contrats Conc. Consom. 2003, n° 155, obs. Leveneur ; Petites affiches 27 juin 2005, p. 6, obs. Baccichetti et Dom.*

40. N'est pas licite la clause d'un contrat de distribution sélective de produits cosmétiques de luxe imposant la détention, à tout moment, de l'ensemble des exemplaires de chacune des références et coloris, l'exigence normale du fabricant pouvant se limiter aux deux tiers des référencements, quantité propre à répondre à l'attente d'un consommateur dès lors que celui-ci a accès à l'essentiel de ces référencements et qu'il a la certitude d'une mise à disposition rapide du produit désiré. • Paris, 31 mars 1995 : *RJDA 1995, n° 705.*

Sur la licéité, s'agissant de produits de luxe, d'un critère de sélection d'agrément des distributeurs relatif à la localisation géographique d'un point de vente, V. • Com. 13 nov. 2003 : *Contrats Conc. Consom. 2004, n° 18, obs. Leveneur ; Cah. dr. entr. 2004, n° 3, p. 30, obs. Mainguy.* ♦ V. aussi note 22 ss. art. L. 442-6.

Sur la licéité, s'agissant de produits de luxe, des conditions de commercialisation imposées au distributeur, V. aussi • Paris, 30 mars 1992 : *D. 1992. Somm. 395, obs. Ferrier* • 11 mars 1994 : *D. 1994. IR. 106* • 15 sept. 1995 : *D. 1995. IR. 230 ; D. Affaires 1995. 112* • Versailles, 14 mai 1992 : *D. 1992. préc.* • 8 juin 1995 : *Quot. jur. 14 déc. 1995, p. 2, note Calvo.* ♦ V. aussi note 46.

40 bis. La clause d'un contrat de distribution sélective prévoyant un montant minimal annuel d'achats est illicite lorsque, dans le chiffre d'affaires d'un revendeur offrant une gamme représentative des produits concurrents, ce montant dépasse manifestement le pourcentage que les produits du fabricant occupent sur le marché en cause. • Com. 13 mai 1997 : *Bull. civ. IV, n° 131 ; D. 1997. IR. 196 ; D. Affaires 1997. 733 ; Contrats Conc. Consom. 1997, n° 118, obs.*

Vogel ; RJDA 1997, n° 1185. ♦ Comp., sur la validité d'une résiliation justifiée par la non-réalisation du chiffre d'achats minimal : • Versailles, 20 déc. 1995 : *JCP 1996. IV. 1092 ; BICC 1996, n° 644.* – V. Ronzano, *JCP E 1996. I. 535.*

41. Est licite la clause qui stipule la résiliation de plein droit du contrat en cas de cession du fonds de commerce. • Paris, 3 juill. 1992 : *JCP E 1992. Pan. 1193.*

42. La charge de la preuve de la licéité du réseau de distribution pèse sur le fournisseur ou le fabricant. • Com. 31 janv. 1989 : *Bull. civ. IV, n° 45 ; D. 1989. 335, note Malaurie* • 7 mars 1989 : *Bull. civ. IV, n° 82 ; JCP 1990. II. 21391, note Dorsner-Dolivet* • 27 oct. 1992 : *préc. note 36 (2e esp.)* • 23 févr. 1993 : *D. 1993. IR. 84* • 26 oct. 1993 : *Bull. civ. IV, n° 368.* ♦ ... Et le promoteur du réseau est tenu de faire connaître les motifs concrets de son refus d'agrément. • Com. 23 févr. 1993 : *Bull. civ. IV, n° 78 ; D. 1993. IR. 72.* ♦ Plus spécialement, dans le cadre de la franchise, V. note 8 ss. art. 2, Arr. 21 févr. 1991, *infra.*

42 bis. La preuve de la licéité d'un réseau de distribution sélective mis en œuvre par des fabricants de produits de parfumerie est rapportée dès lors que le contrat liant ceux-ci aux distributeurs agréés est le contrat-type approuvé après modification par la Direction générale de la concurrence de la Commission des Communautés européennes et que ce contrat a pour finalité la vente dans un environnement commercial mettant en valeur la qualité des produits commercialisés. • Com. 15 mars 1994 : *Bull. civ. IV, n° 108 ; D. 1995. Somm. 81, obs. Ferrier ; ibid. 208, obs. Serra ; Contrats Conc. Consom. 1994, n° 158, note Leveneur.* – V. aussi • Com. 10 janv. 1995 : *RJDA 1995, n° 424.*

42 ter. La circonstance qu'un tiers ait pu s'approvisionner en parfums d'une marque déterminée n'est pas de nature à démontrer à elle seule l'illicéité du réseau de distribution sélective du fabricant de ces produits lié à ses revendeurs par des contrats leur faisant interdiction de vendre en dehors des circuits agréés. • Com. 21 juin 1994 : *Bull. civ. IV, n° 235.*

42 quater. L'appréciation du caractère licite d'un réseau de distribution sélective, de même que, dans le cas de licéité du réseau, l'application faite des critères de sélection, relève de la compétence exclusive des juges du fond. • Paris, 25 oct. 1996 : *D. Affaires 1997. 25.*

Sur la question du refus de vente, avant l'intervention de la loi n° 96-588 du 1er juill. 1996, V. aussi notes ss. art. L. 442-6.

42 quinquies. En ce sens que le distributeur évincé du réseau pour violation de ses obligations peut être à nouveau sélectionné après l'expiration d'un délai raisonnable (10 ans, en l'espèce), V. • Versailles, 29 févr. 1996 : *D. 1997. Somm. 62, obs. Ferrier.*

43. Exécution du contrat. La clause interdisant à un distributeur agréé de recourir à la vente « par correspondance » ou, en règle générale, à toute vente en dehors du lieu de vente désigné au contrat étant sans ambiguïté, aucune distinction ne peut être opérée entre la vente consentie après réception d'une lettre ou celle consentie après réception d'une communication téléphonique. • Versailles, 23 févr. 1995 : *RJDA 1995, n° 706 ; Gaz. Pal. 1996. 1. Somm. 142.*

Sur la demande d'un fournisseur tendant à la cessation de la commercialisation de ses produits sur un site internet par l'un de ses distributeurs, ladite commercialisation nuisant à l'ensemble du réseau et dépréciant l'image de marque des produits dermo-cosmétiques en général et des produits distribués sous les marques du fournisseur en particulier, lequel, ne saurait accepter, sans commettre un acte discriminatoire, que l'un de ses distributeurs agréés procède sans agrément et même sans l'en avertir à la commercialisation des produits sur un site internet, V. • Versailles, 2 déc. 1999 : *D. 2001. Somm. 299, obs. Ferrier ; D. 2000. AJ. 92, obs. Manara ; JCP 2000. II. 10282, note Vivant ; Contrats Conc. Consom. 2000, n° 43, obs. Malaurie-Vignal ; Dr. et patr. juin 2000. 109, obs. Caprioli,* infirmant une décision ayant retenu que dans le cadre d'un réseau de distribution sélective, dès lors que les documents contractuels ne font aucune référence aux modalités de commercialisation par un serveur en ligne et qu'il est seulement fait mention que le distributeur agréé s'engage à « tout faire pour développer les ventes », il convient de considérer que le moyen internet immatériel s'ajoute aux modalités traditionnelles mises en place par le distributeur dans son officine et conformes aux exigences relatives à la matérialité du lieu de vente, V. • T. com. Pontoise, réf., 15 avr. 1999 : *D. 1999. 725, note Manara ; D. Affaires 1999. 992, obs. E. C.*

43 bis. Manque à son obligation d'exécuter de bonne foi le contrat de distributeur agréé qu'elle a passé avec l'exploitant d'une station-service la société pétrolière qui, en l'absence de tout cas de force majeure, a privé le distributeur des moyens de pratiquer des prix concurrentiels. • Com. 3 nov. 1992 : *Bull. civ. IV, n° 338 ; D. 1995. Somm. 85, obs. Ferrier ; Defrénois 1993. 1377, obs. Aubert ; JCP 1993. II. 22164, note Virassamy ; RTD civ. 1993. 124, obs. Mestre.* ♦ Sur l'obligation pour un mandant de contrôler son réseau, et notamment les centrales d'achat à partir desquelles des importations parallèles se sont produites, afin de permettre à son mandataire de pratiquer des prix concurrentiels, V. • Com. 24 nov. 1998 : *Bull. civ. IV, n° 277 ; D. 1999. IR. 9 ; Contrats Conc. Consom. 1999, n° 56, obs. Malaurie-Vignal.*

43 ter. La résiliation unilatérale d'un contrat de distribution agréé, par le fournisseur, est justifiée dès lors que le distributeur a mis en vente des produits dont la présentation d'origine a été altérée. • Com. 28 nov. 1995 : *Bull. civ. IV, n° 276 ; D. Affaires 1996. 75.*

Sur la condamnation pour concurrence déloyale d'un distributeur agréé qui ne respecte pas les obligations qu'il a souscrites auprès du promoteur du réseau de distribution sélective, V. • Com. 1er juill. 2003 : *Bull. civ. IV, n° 115 ; D. 2003. Somm. 2427, obs. Ferrier ; JCP E 2003, n° 41, p. 1622, note Vilmart ; Contrats Conc. Consom. 2003, n° 160, note Malaurie-Vignal ; RTD com. 2004. 364, obs. Bouloc ; RJDA 2003, n° 1138 ; RJ com. 2004. 109, note Lebreton-Derrien ; Petites affiches 11 oct. 2004, p. 17, obs. Chagny ; RDC 2004. 396, obs. Behar-Touchais.*

43 quater. Un concessionnaire n'agit pas de mauvaise foi en appliquant une clause résolutoire au distributeur agréé, dès lors que le manquement contractuel de celui-ci est avéré. • Com. 18 mars 1997 : *D. Affaires 1997. 628.*

Les dispositions contractuelles qui imposent au distributeur agréé de s'assurer, préalablement à toute livraison croisée, que ses acheteurs font également partie du réseau sélectif et qui sont dépourvues de toute ambiguïté lient le distributeur agréé qui ne peut dès lors invoquer le caractère abusif de la rupture prononcée, sur la base de leur violation, par le fabricant. • Paris, 15 févr. 2001 : *D. 2001. AJ. 1465, obs. Chevrier.* ♦ Dès lors qu'il respecte les stipulations détaillées du contrat organisant les conditions de reprise de stocks, le fabricant ne peut se voir imposer des obligations supplémentaires par le distributeur dont le contrat est résilié. • Même arrêt. ♦ Sur la clause de chiffre d'achats minimal, V. note 40 *bis*.

43 quinquies. Renouvellement. Pour un refus de renouvellement abusif et discriminatoire, V. • Versailles, 5 oct. 1995 : *BICC 1996, n° 277.* ♦ Pour un exemple de refus abusif d'agrément d'un repreneur et de renouvellement, V. • Paris, 23 oct. 1998 : *Cah. dr. entr. 1999, n° 2, p. 31, obs. Mainguy.*

44. Distribution parallèle (jurisprudence antérieure à la L. n° 96-588 du 1er juill. 1996). BIBL. Jourdain, *D. 1990. Chron. 43*. – Burst, *Cah. dr. entr. 1991, n° 1.* – Froger, *ibid.* – Grellière, *Petites affiches 17 mai 1989.* – Jéol, *JCP 1992. I. 3588.* – R. Goyer, *Cah. dr. entr. 1997, n° 1, p. 1.* – Montalcino, *D. Affaires 1999. 1479.* ♦ Commettent une faute constitutive de concurrence déloyale les intermédiaires non agréés qui s'approvisionnent auprès de distributeurs agréés en violation du réseau de distribution sélective. • Com. 27 oct. 1992 : *préc. note 36 (1re esp.).* ♦ En effet, si le fait de commercialiser des produits relevant d'un réseau de distribution sélective ne constitue pas en lui-même un acte fautif, l'achat de marchandises, dans des conditions dont l'illicéité ou le caractère frauduleux est relevé par le refus de justifier leur provenance, constitue en lui-même un acte de concurrence déloyale. • Com. 27 oct. 1992 : *préc. note 36 (3e esp.)* • 15 mars 1994 : *préc. note 42 bis* • 9 avr. 1996 : *D. 1997. Somm. 26, obs. D. Mazeaud ; ibid. 61, obs. Ferrier ; D. Affaires 1996. 681* • Aix-en-Provence, 5 mai 1994 : *JCP 1994. IV. 1852.* ♦ Comp., désormais : art. L. 442-6. ♦ Mais le fait de satisfaire des commandes avec des produits acquis régulièrement, en dépit des droits d'exclusivité dont bénéficiait, à la connaissance du vendeur, une société, ne constitue pas en soi un acte de concurrence déloyale. • Com. 1er mars 1994 : *Bull. civ. IV, n° 86 ; D. 1995. Somm. 211, obs. Izorche* • Chambéry, 11 oct. 1995 : *D. 1996. IR. 17.* ♦ Comp., auparavant : • Com. 16 févr. 1983 : *Bull. civ. IV, n° 69 ; D. 1984. 489, note Ferrier* (concession exclusive) • 13 déc. 1988 : *Bull. civ. IV, n° 341 ; D. 1989. 427, note Bénabent ; Gaz. Pal. 1989. 1. 419, note Burst* (distribution sélective) • 10 janv. 1989 : *Bull. civ. IV, n° 18 ; D. 1989. 337, note Malaurie* (idem). ♦ V. aussi, sur la possibilité, pour le fabricant, de demander, sur le fondement de l'art. 145 NCPC, qu'il soit ordonné à un distributeur qui revend ses produits sans son agrément de lui communiquer les factures correspondantes, • Aix-en-Provence, 6 déc. 1991 : *RJDA 1992, n° 698.* ♦ Mais le commerçant ne peut pas être condamné sous astreinte à communiquer la facture d'achat des produits en cause, la condamnation sous astreinte à produire des pièces n'étant possible sans que leur existence soit, sinon établie avec certitude, du moins vraisemblable. • Civ. 2e, 17 nov. 1993 : *Bull. civ. II, n° 330.*

44 bis. Sur le caractère non abusif de la rupture, par l'organisateur du réseau, du contrat de distribution sélective du revendeur agréé fautif, V. • Com. 10 mai 1994 : *Contrats Conc. Consom. 1994, n° 158, note Leveneur* • Paris, 23 oct. 1995 : *D. 1996. IR. 20 ; RJDA 1996, n° 213.*

45. Le fait pour un intermédiaire non agréé de mettre en vente des produits dont le conditionnement portait la mention « vente exclusive par des distributeurs agréés » est constitutif de concurrence déloyale. • Com. 27 oct. 1992 : *préc. note 36 (1re esp.)* • 23 févr. 1993 : *Contrats Conc. Consom. 1993, n° 71, note Vogel*

• 21 juin 1994 : *préc. note 42 ter ; D. Affaires 1995. 112* • Paris, 7 juin 1995 : *Gaz. Pal. 1996. 1. Somm. 145.* ♦ Une telle mention, non démentie par le vendeur non agréé, étant de nature à faire croire à la clientèle que celui-ci a la qualité de distributeur agréé, constitue un acte de publicité mensongère, au sens de l'art. 44 de la loi du 27 déc. 1973 [C. consom., art. L. 121-1 s.]. • Com. 27 oct. 1992 : *préc. note 36 (2e esp.)* • 24 nov. 1992 : *Contrats Conc. Consom. 1993, n° 36, note Raymond* • 21 juin 1994 : *préc. note 42 ter* • 10 janv. 1995 : *RJDA 1995, n° 424* • 9 avr. 1996 : *préc. note 44.* – *Contra* : • Paris, 28 mars 1991 : *D. 1992. Somm. 394, obs. Ferrier*. ♦ En revanche, le fait pour un opérateur de ne pas indiquer dans ses documents publicitaires sa qualité de revendeur non agréé n'est pas de nature à créer une confusion à l'égard des concessionnaires, dès lors que n'a été relevée aucune indication ou présentation fausse ou de nature à induire en erreur l'acheteur de véhicules, laissant croire à ce dernier que l'opérateur était agréé. • Com. 26 janv. 1999 : *Bull. civ. IV, n° 29 ; D. 2001. Somm. 298, obs. Ferrier ; ibid. 1999. Somm. 241, obs. Omarjee ; D. Affaires 1999. 556, obs. E. C. ; Petites affiches 23 mars 1999, p. 6 ; Cah. dr. entr. 1999, n° 2, p. 31, obs. Mainguy ; Gaz. Pal. 20-24 août 1999, p. 14, obs. Guével.* ♦ Un concessionnaire exclusif d'une marque de véhicule peut s'opposer à ce qu'une société concurrente se prévale d'un agrément que le constructeur ne lui a pas donné en se présentant comme concessionnaire ou agent du constructeur, en recourant à des formules ambiguës pour insidieusement suggérer qu'elle a cette qualité et en faisant figurer en regard de l'énoncé de son nom commercial la reproduction d'un véhicule de la marque en cause. • Rouen, 4 sept. 1997 : *BICC 1998, n° 330.* ♦ Caractérisent des agissements constitutifs de concurrence déloyale à l'égard du concessionnaire exclusif d'une marque de moto, les diverses annonces publicitaires effectuées par un ancien concessionnaire qui utilise sans autorisation la marque et le logo du concessionnaire actuel et se présente comme « agent agréé » « ou spécialiste » de ladite marque. • Com. 15 déc. 1998 : *RJDA 1999, n° 357.*

Pour un arrêt considérant que constitue une atteinte à l'image de la marque d'un parfum, le fait pour un vendeur hors réseau de vendre des flacons avec un emballage sur lequel la mention « ne peut être vendu que par des distributeurs agréés » avait été oblitérée, alors qu'il ne rapportait pas la preuve d'une acquisition régulière de ces produits, V. • Com. 19 mai 1998 : *Bull. civ. IV, n° 157 ; RTD com. 1999. 180, obs. Bouloc*. ♦ Sur la détention de produits aux fins de marques d'appel, • Même arrêt. ♦ Sur l'application des art. L. 217-2 et L. 217-3 C. consom. en matière d'altération ou de suppression de sigles permettant d'identifier la marchandise vendue, V. • Paris, 28 nov. 2001 : *cité note 47 bis,* et les notes ss. ces articles au **C. consom.**

Constituent des actes de concurrence déloyale le fait de vendre à bas prix des produits faisant l'objet d'un réseau de distribution sélective et porteurs de la marque sans l'autorisation du titulaire de celle-ci et le fait de laisser l'indication du prix de vente pratiqué par ce dernier sur les produits en cause. • Com. 21 juin 1994 : *RJDA 1994, n° 1276 (2e esp.).*

45 bis. Le distributeur exclusif pour la France d'objets de marque étrangère (montres, pendules, pendulettes) qui les commercialise par l'intermédiaire d'un réseau de revendeurs agréés choisis par lui en fonction de critères sélectifs basés sur les conditions d'environnement, d'accueil et de compétence est fondé à se prévaloir de la notoriété des biens en question pour établir le préjudice que lui occasionnent les agissements d'autres revendeurs qui proposent ces produits, acquis sur le marché parallèle, dans des magasins d'articles bas de gamme ou de pacotille sans valeur, avec un personnel dépourvu des connaissances que tout consommateur est en droit d'attendre lorsqu'il s'agit de tels objets, d'une relative complexité. • Com. 18 oct. 1994 : *Bull. civ. IV, n° 310 ; D. 1996. 311, note Krimmer ; D. 1995. Somm. 261, obs. Serra ; JCP 1995. I. 3853, n° 5, obs. Viney.*

Comp., jugeant que, si le fait pour un revendeur de s'approvisionner sur le marché parallèle ne constitue pas, en tant que tel, une pratique de concurrence déloyale, encore faut-il qu'il informe clairement le consommateur des différences caractérisant les produits et services qu'il offre par rapport à ceux du réseau de la marque et respecte les conditions qualitatives du système de distribution agréé par le fabricant ou son représentant : • Paris, 2 oct. 1992 : *D. 1993. IR. 28.*

46. V., déjà, sur la sanction de la distribution parallèle ne s'opérant pas dans des conditions compatibles avec la qualité des produits concernés, • Dijon, 13 nov. 1990 : *D. 1992. Somm. 394, obs. Ferrier* • Versailles, 5 févr. 1991 : *ibid.* • Paris, 26 sept. 1991 : *ibid.* • Com. 19 mai 1992 : *Bull. civ. IV, n° 200 ; D. 1992, préc.*

47. En ce sens que la commercialisation d'un produit par un distributeur non agréé peut constituer un usage illicite de la marque, V. • Com. 23 févr. 1993 : *D. 1994. 318, note Fort-Cardon ; Contrats Conc. Consom. 1993, n° 71, note Vogel.* ♦ L'existence d'un réseau de distribution sélective, conforme aux critères de licéité imposés par le droit communautaire, constitue un juste motif pour écarter l'effet d'épuisement du droit de marque (CPI, art. L. 713-4) et interdire la distribution des produits et, de ce fait, la diffusion de la marque en cause lorsque celles-ci sont opérées en violation du réseau. • Paris, 1er oct. 1997 : *D. 1998. 445, note Malaurie-Vignal* ; *D. Affaires 1997. 1293.* – Comp. : • Com. 2 juill. 1996 : *cité note 47 bis.* ♦ *Contra*, ayant jugé que, s'agissant de produits authentiques revêtus de la marque apposée par le fabricant et régulièrement acquis par le distributeur non agréé, l'usage illicite ne pouvait résulter du seul fait d'une commercialisation au mépris d'un réseau de distribution sélective : • Com. 13 déc. 1988 : *préc. note 44* • 10 janv. 1989 : *D. 1989. 427, note Bénabent* • Paris, 18 mars 1994 : *JCP E 1994. Pan. 1363.* ♦ V. déjà, refusant d'appliquer l'art. 422 C. pén. [CPI., art. L. 716-9], lorsque la marque utilisée n'est pas contrefaite, • Crim. 18 avr. 1988 : *Bull. crim. n° 163* ; *D. 1989. Somm. 198, obs. Burst.* ♦ Dans le même sens, à propos d'un ancien distributeur agréé : • Paris, 30 janv. 1992 : *D. 1992. IR. 136.* ♦ Comp. aussi, en cas de modification ou d'altération des produits : • Paris, 22 oct. 1991 : *D. 1992. Somm. 394, obs. Ferrier.*

47 bis. Constitue un usage illicite de marque le fait de mettre en vente des produits acquis auprès de revendeurs soldeurs étrangers au réseau de distribution sélective du titulaire de la marque, produits que celui-ci avait refusés auprès du fabricant, alors que, si ces revendeurs avaient été autorisés à vendre ces produits, ils ne démontraient pas qu'ils avaient reçu l'accord du titulaire de la marque pour que les produits soient porteurs de celle-ci. • Com. 21 juin 1994 : *D. 1994. IR. 204* ; *RJDA 1994, n° 1276* ; *Cah. dr. entr. 1995, n° 6, p. 31, note Tardieu-Guigues.* ♦ De même, constitue un usage illicite de la marque la mise dans le commerce de produits faisant l'objet d'un réseau de distribution sélective, même dans le cadre de l'organisation d'une loterie, effectuée par une société qui n'a pas la qualité de revendeur agréé. • Paris, 18 nov. 1993 : *RJDA 1994, n° 1224.* ♦ La Cour de cassation a rejeté le pourvoi contre cet arrêt au motif que le propriétaire de la marque est en droit de s'opposer à ce que les produits la portant puissent être diffusés dans le public, dès lors que cette diffusion n'a pas pour objet la commercialisation. • Com. 2 juill. 1996 : *Bull. civ. IV, n° 201* ; *D. 1996. IR. 200* ; *Petites affiches 17 janv. 1997, note Calvo.* – V. Montégudet, *Bull. act. Lamy droit commercial oct. 1996, p. 1.*

En revanche, le titulaire d'une marque ne peut s'opposer, au titre de l'art. 7 de la dir. 89/104 [transposé à l'art. 713-4 CPI], à ce qu'un revendeur commercialisant habituellement des articles de même nature mais pas nécessairement de même qualité que ceux revêtus de ladite marque emploie cette dernière afin d'annoncer au public la commercialisation ultérieure des produits protégés, à moins qu'il ne soit établi que l'utilisation de cette marque porte une atteinte sérieuse à sa renommée. • CJCE 7 nov. 1997 : *D. Affaires 1997. 1427.* ♦ Considérant que l'art. 7 de la directive doit être interprété en ce sens que l'épuisement des droits conférés par la marque n'a lieu que si les produits ont été mis dans le commerce dans la Communauté (dans l'Espace économique européen) et qu'il ne laisse pas aux États membres la possibilité de prévoir dans leur droit national l'épuisement des droits conférés par la marque pour des produits mis dans le commerce dans des pays tiers, V. • CJCE 1er juill. 1999 : *D. 1999. IR. 227* ; *ibid. AJ. 22, obs. B. P.* ♦ Dans le même sens, V. aussi • CJCE 16 juill. 1998 : *D. Affaires 1998. 1592, note Arnaud.* ♦ Précisant qu'en matière d'épuisement des droits conférés par la marque, le « consentement » du titulaire à la commercialisation de ses produits peut être implicite dès lors qu'il traduit de façon certaine une renonciation à s'opposer à son droit exclusif, V. • CJCE 20 nov. 2001 : *D. 2002. AJ. 214, obs. Chevrier* ; *RTD com. 2002. 405, obs. Luby* ; *JCP E 2002, n° 22, p. 905, note Vilmart.* – Pour une application en droit interne, V. • Com. 9 avr. 2002 : *D. 2002. AJ. 1759, obs. Daleau*. ♦ Sur la charge de la preuve de l'épuisement des droits sur une marque, V. • CJCE 8 avr. 2003 : *D. 2003. 2358, note Arnaud* ; *ibid. AJ. 1166, obs. Chevrier* ; *JCP E 2003, n° 42, p. 1667, note Boespflug, Greffe et Bartheéemy* ; *Cah. dr. entr. 2003, n° 5, p. 6, note Raynard* ; *Dr. et patr. nov. 2003. 100, obs. P. Mousseron* ; *RJDA 2003, n° 790* ; *Europe 2003, n° 222, obs. Idot* • TGI Lille, 2 déc. 2004 : *Lettre distrib. déc. 2004, p. 2* (risque de cloisonnement). – Comp. • TGI Dijon, 18 oct. 2004 : *ibid. janv. 2005, p. 3.* ♦ V. aussi, en matière de transit sur le territoire communautaire de marchandises marquées licitement hors CEE et destinées à des pays tiers, • Paris, 28 nov. 2001 : *D. 2003. Somm. 127, obs. Durrande* ; *Lettre distrib., mars 2002, p. 1, obs. Tardieu-Guigues.* ♦ Sur l'« épuisement international », V. aussi • Metz, 21 mai 2003 : *JCP 2004. IV. 2650.* ♦ Une clause imposant une restriction territoriale ne peut faire échec à l'épuisement du droit. • CJCE 30 nov. 2004 : *RTD com. 2005. 74, obs. Azéma* ; *Gaz. Pal. 2005. Somm. 1323, obs. Arnaud* ; *Europe 2005, n° 25, obs. Idot.* ♦ Le titulaire d'une marque ne peut s'opposer à ce qu'un opérateur indépendant utilise celle-ci dans des documents publicitaires en vue d'annoncer au public qu'il effectue la réparation et l'entretien des produits revêtus de cette marque, mis dans le commerce sous cette marque par le titulaire ou avec son consentement, ou qu'il est spécialisé ou spécialiste de la vente ou la réparation et l'entretien de tels produits, à moins que la marque ne soit utilisée de manière telle qu'elle peut donner l'impression qu'il existe un lien commercial entre l'entreprise tierce et le titulaire de la marque. • CJCE 23 févr. 1999 : *D. Affaires 1999. 901, obs. E. C.* – Sur le risque de confusion, V. notes 26 s. ss. L. 2 juill. 1963, art. 2, *infra*, App., v° *Concurrence*.

V., sur la jurisprudence communautaire et l'épuisement du droit de marque, Bonet, *D. 2000. Chron. 337.*

47 ter. Sur la responsabilité civile résultant, désormais, de la participation à la violation de l'interdiction de revente hors réseau, V. art. L. 442-6.

48. En ce sens que le juge des référés peut prescrire des mesures conservatoires pour prévenir le trouble manifestement illicite résultant des ventes hors réseau, nonobstant l'existence d'une contestation sérieuse, à condition que le promoteur du réseau fasse la preuve de la licéité de celui-ci, V. • Com. 27 oct. 1992 : *préc. note 35 (2e esp.) ; JCP 1994. II. 22214, note Lévy.*

48 bis. En ce sens que la preuve de la commercialisation des produits par un vendeur non agréé est libre, et que les juges, faisant usage de leur pouvoir souverain d'appréciation de la force probante des moyens de preuve, peuvent se fonder sur des documents irréguliers, V. • Com. 12 juill. 1993 : *Bull. civ. IV, n° 296.*

48 ter. V., ordonnant à une entreprise l'interdiction de commercialiser sur son site internet des produits normalement commercialisés par un réseau de distribution sélective auquel elle n'appartient pas, internet étant un simple moyen de communication et ne pouvant constituer en soi un marché pertinent : • T. com. Nanterre, 4 oct. 2000 : *D. 2001. AJ. 1317, obs. Manara ; ibid. 2002. Somm. 934, obs. Caron ; Cah. dr. entr. 2001, n° 2, p. 27, obs. Mainguy.* – V. aussi Collard et Roquilly, *Petites affiches 3 avr. 2002, p. 4* (réseaux de distribution fermés et commerce électronique). ♦ Jugeant que le fait pour un distributeur hors réseau, de proposer sur internet des produits que le fabricant réserve à son réseau de distribution sélective constitue un trouble manifestement illicite indépendamment de la régularité des approvisionnements du distributeur : • Paris, 5 sept. 2003 : *Comm. com. élec 2004, n° 19, obs. Stoffel-Munck.* ♦ Sur cette question, V. encore • Cons. conc. n° 06-S-1 du 3 févr. 2006 : *D. 2006. AJ. 1229, obs. Manara*.

49. Parfums. BIBL. Bonet, *D. 1991. Chron. 9*. – Bonet et Mousseron, *Cah. dr. entr. 1989, n° 2.* – Mousseron, *ibid. 1990, n° 5.* – Fournier, *D. 2002. 793.* ♦ V. notes 38 s., *supra*, et note 25 ss. art. L. 442-6.

50. Concession automobile. BIBL. Möschel, *RTD com. 1991. 1*. – Durand, *Cah. dr. entr. 1992, n° 3.* – Gauclère, *ibid. 1999, n° 5, p. 10* (jurisprudence et distribution automobile). – R. et J. Royer, *ibid. n° 2, p. 1* (automobile et secteurs voisins). – Lambert, *RJ com. 2002. 4* (la pièce détachée en droit économique). – Thieffry, *Contrats Conc. Consom. 2003. Chron. 1* (distribution automobile sur internet). – J.-L. Fourgoux, *Dr. et patr. juin 2003. 75* (rapports constructeurs-distributeurs automobiles : du monologue au dialogue ?). – Castagnon, *Contrats Conc. Consom. 2003. Chron. 10* (internet et réseau de distribution). – Decocq, *ibid. 13* (même thème). – Arhel, *Petites affiches 16 juill. 2004, p. 4* (application du droit de la concurrence à la distribution automobile, juill. 2003-juin 2004). – Lambert, *D. 2006. 582* (le mandataire automobile acheteur-revendeur). RÉP. COM., v° *Automobile* (Droit de la concurrence), par Arhel.

Sur l'exemption par catégorie dans le secteur de l'automobile, V. désormais Règl. CE n° 1400/2002 du 31 juill. 2002 *(JOCE n° L 203 du 1er août 2002).* ♦ Pour une analyse des conditions de sélection de leurs réseaux par les constructeurs automobiles à l'occasion de l'entrée en vigueur du nouveau règlement, V. Bertin, *D. 2003. 1150.* ♦ Pour une bibliographie dédiée à la réglementation européenne, V. *infra*, App., v° *Concurrence (II. Droit communautaire)*, ss. art. 81 Traité de Rome.

Pour un concédant ayant opté pour la distribution sélective quantitative dans le cadre du Règl. CE n° 1400/2002 et la mise en œuvre du *numerus clausus* pour l'agrément des distributeurs : • Com. 28 juin 2005 : *Bull. civ. IV, n° 139 ; D. 2005. 2226, note Bertin ; ibid. AJ. 1938, obs. Chevrier ; D. 2006. Pan. 513, obs. Ferrier ; JCP E 2005, n° 47, p. 2001, note Chagny ; Contrats Conc. Consom. 2005, n° 191, obs. Malaurie-Vignal ; Petites affiches 16 mai 2006, p. 14, obs. Bacchichetti ; RDLC 2005, n° 4, p. 72, obs. M.-C. M. ; RLC 2005, n° 5, p. 25, obs. Peyre ; RJDA 2006, n° 255 ; RJ com. 2006. 132, obs. Lebreton-Derrien ; RDC 2006. 433, obs. Béhar-Touchais* (cassation de • Dijon, 1er avr. 2004 : *Lettre distrib. juill.-août 2004, p. 2*). ♦ Pour des résiliations concomitantes à l'entrée en vigueur du Règl. CE n° 1400/2002 : • Versailles, 25 mai 2004 : *ibid., p. 3.* ♦ La réorganisation d'un réseau peut se justifier par des motifs économiques ou juridiques ; si la réorganisation est justifiée par un motif juridique, dès lors que ce motif existe, le juge n'a pas à s'immiscer dans le choix du moment arrêté par le concédant pour réorganiser le réseau du point de vue juridique. • Versailles, 24 nov. 2005 : *Lettre distrib. déc. 2005, p. 2.* ♦ Si le juge se doit de vérifier la réalité des motifs et d'apprécier si le réseau a été réorganisé globalement ou substantiellement en raison de ces motifs, en revanche, il ne lui appartient pas de porter un jugement de valeur sur la pertinence du choix économique opéré par le concédant. • Même arrêt. ♦ Sur la licéité des réseaux et des contrats de distribution au regard du Règl. CEE n° 123/85 du 12 déc. 1984 [remplacé, à compter du 1er oct. 1995, par Règl. CE n° 1475/95 du 28 juin 1995, lequel est à son tour remplacé par Règl. CE n° 1400/2002 du 31 juill. 2002], V. • Com. 9 mai 1990 : *D. 1990. 509, note Jourdain ; Bull. civ. IV, n° 136 ; RTD com. 1991. 92, obs. Bouloc* • Paris, 28 nov. 1991 : *D. 1992. Somm. 387, obs. Ferrier* • Com. 10 déc. 1991 : *Contrats Conc. Consom. 1992, n° 70, note Vogel* • 9 nov. 1993 : *Bull. civ. IV, n° 386* ; ... et les décisions citées au *D. 1990. Somm. 366* et au *D. 1992. Somm. 387, obs. Ferrier.*

Le règl. d'exemption n° 123/85 rendant inapplicable l'art. 85 § 1 [désormais art. 81 § 1] du traité de Rome aux restrictions de concurrence constituées par l'interdiction de livrer les revendeurs non agréés, la licéité d'un accord de concession automobile exempté en application de ce règlement ne peut alors être contestée sur ce fondement, au regard de l'art. 36 (1) de l'ord. n° 86-1243 du 1er déc. 1986 [C. com., art. L. 442-6 (1)]. • Com. 7 avr. 1998 : *Bull. civ. IV, n° 126 ; D. 1998. Somm. 332, obs. Ferrier ; Contrats Conc. Consom. 1998, n° 118, obs. Malaurie-Vignal ; RTD com. 1999. 180, obs. Bouloc ; JCP E 1999, n° 48, obs. Arhel.*

Le règlement du 12 déc. 1984 ne fait pas obstacle à ce qu'un opérateur, qui n'est ni revendeur agréé du réseau de distribution du constructeur d'une marque automobile déterminée, ni intermédiaire mandaté au sens de ce texte, se livre à une activité d'importation parallèle et de revente indépendante de véhicules neufs de cette marque. Ce règlement ne s'oppose pas davantage à ce qu'un opérateur indépendant cumule les activités d'intermédiaire mandaté et celles de revendeur non agréé de véhicules provenant d'importations parallèles. • CJCE 15 févr. 1996 : *D. Affaires 1996. 419 ; Contrats Conc. Consom. 1996, n° 43, note Vogel* • 20 févr. 1997 : *D. Affaires 1997. 416.* – V. Ferrier, *Cah. dr. entr. 1996, n° 3, p. 13.* – Dans le même sens : • Com. 9 juill. 1996 : *Bull. civ. IV, n° 204 ; D. 1997. Somm. 56, obs. Ferrier ; JCP E 1998, n° 26, p. 1044, note Fourgoux* • 15 oct. 1996 : *D. Affaires 1997. 24 ; Contrats Conc. Consom. 1996, n° 205, note Vogel* • 7 oct. 1997 : *Bull. civ. IV, n° 245 ; D. 1998. 206, note Malaurie-Vignal ; ibid. Somm. 331, obs. Ferrier ; Contrats Conc. Consom. 1998, n° 10, note Vogel.* (V. l'arrêt d'appel : • Chambéry, 11 oct. 1995 : *D. Affaires 1996. 19 ; Gaz. Pal. 1996. 1. Somm. 140, obs. Vray*) • 13 janv. 1998 : *D. 1998. Somm. 331, obs. Ferrier ; D. Affaires 1998. 417, obs. E. C. ; Contrats Conc. Consom. 1998, n° 61, obs. Vogel ; Petites affiches 25 sept. 1998, p. 17, obs. Malaurie-Vignal et Petitier* • 1er déc. 1998 : *JCP E 1999, n° 5, p. 224, obs. Fourgoux ; ibid. n° 48, p. 1911, obs. Arhel ; Contrats Conc. Consom. 1999, n° 55, obs. Malaurie-Vignal.* ♦ L'acquisition de véhicules par un revendeur non agréé auprès de loueurs professionnels ne peut être considérée comme fautive dans la mesure où elle n'est accompagnée d'aucune tromperie ou manœuvre frauduleuse et qu'aucune interdiction de revente n'est stipulée à la charge des loueurs professionnels. • Com. 10 févr. 1998 : *Bull. civ. IV, n° 65 ; D. 1998. Somm. 331, obs. Ferrier ; D. Affaires 1998. 417, obs. E.C. ; JCP E 1998, n° 26, p. 1044, note Fourgoux ; Petites affiches 25 sept. 1998, p. 18, obs. Malaurie-Vignal et Petitier.* ♦ Comp., pour une condamnation pour concurrence déloyale d'un vendeur hors réseau : • Orléans, 29 nov. 1994 : *JCP 1995. IV. 1214.*

Viole l'art. 85 § 1 [désormais art. 81 § 1] du Traité de Rome et le règl. de 1984 l'arrêt qui, pour rejeter la demande de concessionnaires relative aux fautes commises par une société non agréée revendant hors réseau des véhicules neufs, considère qu'il appartient aux concessionnaires de faire la preuve que l'approvisionnement de l'opérateur non agréé s'est fait en connaissance de cause, au mépris des droits qu'ils tiennent de leurs contrats de concession, alors qu'il appartient à l'opérateur qui a acquis des véhicules neufs pour les revendre de prouver qu'il les a régulièrement acquis sur un réseau parallèle ou auprès d'un autre concessionnaire. • Com. 26 janv. 1999 : *préc. note 45* • 4 déc. 2001 : *Contrats Conc. Consom. 2002, n° 60, obs. Malaurie-Vignal.* ♦ Toutefois, aucune présomption d'approvisionnement illicite ne pouvant lui être opposée, l'opérateur ne saurait être tenu de rapporter la preuve de l'acquisition régulière des véhicules litigieux par le vendeur auquel il s'est adressé, cette recherche incombant aux concessionnaires ou aux fabricants. • Com. 19 oct. 1999 : *Bull. civ. IV, n° 168 ; D. 2000. 341, note Mauger-Vielpeau ; D. 2001. Somm. 298, obs. Ferrier ; JCP E 1999, n° 48, p. 1895, obs. Fourgoux ; Contrats Conc. Consom. 2000, n° 6, obs. Malaurie-Vignal* • 25 avr. 2001 : *Bull. civ. IV, n° 77 ; D. 2001. AJ. 1946, obs. Chevrier ; RTD com. 2001. 881, obs. Claudel.* ♦ Dans la mesure où le distributeur parallèle n'est pas tenu de s'assurer de l'approvisionnement régulier de son fournisseur, il ne saurait se voir imputer la faute de ne pas l'avoir fait. • Limoges, 11 avr. 2001 : *D. 2001. AJ. 1722, obs. Chevrier ; RTD com. 2001. 881, obs Claudel.* ♦ Sont réguliers les approvisionnements opérés auprès de loueurs professionnels dès lors que ceux-ci ne sont pas tenus d'une interdiction de revente des véhicules qui leur sont fournis par les constructeurs automobiles et que le distributeur parallèle n'a pas connaissance d'une telle interdiction. • Com. 25 avr. 2001 : *préc.* ♦ De même, le fait de s'approvisionner auprès de revendeurs non agréés s'étant faussement prétendus mandataires d'utilisateurs finaux n'est pas constitutif d'une faute dès lors que n'est pas établie la connaissance qu'avaient les distributeurs indépendants de la fraude commise par leurs vendeurs. • Même arrêt. ♦ Pour un arrêt considérant qu'un revendeur indépendant justifie de l'origine licite des véhicules commercialisés en reconnaissant s'être approvisionné auprès d'une entreprise du réseau de son choix à l'intérieur du Marché commun, V. • Com. 1er déc. 1998 : *préc.* ♦ Rapp., jugeant que le seul fait pour l'importateur indépendant de satisfaire des commandes avec des produits acquis régulièrement auprès d'un concessionnaire, en dépit des obligations contractuelles auxquelles ce dernier est tenu, ne constitue pas en soi un acte de concurrence déloyale : • Com. 9 oct. 2001 : *Contrats Conc. Consom. 2002, n° 8, obs. Malaurie-Vignal.*

N'est pas mensongère la mention « véhicule vendu avec une garantie de douze mois constructeur » figurant sur des factures établies par un revendeur non agréé, dès lors que l'art. 5-1 du règl. n° 123/85, repris par le règl. n° 1475-95, subordonne l'exemption des accords de concession automobile à ce que le distributeur s'engage à assurer sa garantie aux véhicules de sa marque vendus par une entreprise du réseau de distribution dans le marché commun. • Com. 10 févr. 1998 : *préc.* ♦ Il ne saurait être fait grief à un opérateur non agréé de mentionner dans sa publicité l'existence de la garantie constructeur, dès lors qu'il est tenu d'assurer l'obligation de garantie auprès de l'acheteur final quelles que soient les modalités par lesquelles cette obligation s'exerce. • Com. 19 oct. 1999 : *préc.*

Pour un arrêt considérant que les règl. d'exemption nos 123/85 et 1475/95 doivent être interprétés en ce sens que l'exemption accordée s'applique à une clause contractuelle imposant au distributeur un objectif déterminé de vente et prévoyant des sanctions pouvant aller jusqu'à la résiliation du contrat dans l'hypothèse où cet objectif n'est pas atteint, à condition toutefois que la fixation de l'objectif de vente constitue l'expression d'une simple obligation de moyens, V. • CJCE 30 avr. 1998 : *Petites affiches 7 août 1998, p. 28, note Arhel.*

Sur la validité des clauses d'objectifs, V. aussi • Com. 7 déc. 1993 : *Bull. civ. IV, n° 450 ; D. 1995. Somm. 70, obs. Ferrier ; Contrats Conc. Consom. 1994, n° 29, note Vogel ; Gaz. Pal. 1994. 2. 514, note Ristaino* • 1er févr. 1994 : *Contrats Conc. Consom. 1994, n° 103, note Vogel ; Gaz. Pal. préc.* • 21 mai 1996 : *D. 1997. Somm. 55, obs. Ferrier* • 16 déc. 1997 : *D. 1998. Somm. 330, obs. Ferrier* • 7 avr. 1998 : *Bull. civ. IV, n° 125 ; D. 1998. Somm. 330, obs. Ferrier ; Gaz. Pal. 1998. 1. Somm. 320 ; Petites affiches 25 sept. 1998, p. 19, obs. Reboul et Mathey ; JCP E 1999, n° 48, p. 1910, obs. Arhel* • Paris, 10 févr. 1994 : *Gaz. Pal. 1994. 2. 527, note Fourgoux* • 12 avr. 1996 : *D. 1996. IR. 131 ; D. Affaires 1996. 713.* – V. Ronzano, *JCP E 1996. I. 535.*

Pour la condamnation d'une pratique restrictive de concurrence consistant à exclure une entreprise d'un salon de l'automobile, V. • Cons. conc. n° 94-D-37 du 21 juin 1994 : *BOCC 27 sept. 1994.* ♦ ... Ou à faire pression sur un annonceur pour limiter les annonces faites par des mandataires hors réseaux, V. • Paris, 29 juin 2004 : *BOCC 30 sept. 2004 ; Contrats Conc. Consom. 2004, n° 162, obs. Poillot-Peruzzetto.*

Sur l'action en nullité du concessionnaire, V. note 1 *bis* ss. art. 9 du Règl. CEE du 6 févr. 1962, *infra*, App., v° *Concurrence.*

50 bis. Une résiliation ordinaire régulière suivie d'une résiliation extraordinaire pendant le préavis n'est pas contraire au règlement d'exemption automobile. • Com. 18 nov. 1997 : *Contrats Conc. Consom. 1998, n° 9, obs. Vogel.*

50 ter. Les stipulations régissant un contrat de distribution automobile sont celles en vigueur au jour de la résiliation. Par conséquent, l'adoption du règl. n° 1475/95 ne proroge pas le délai de préavis d'une année supplémentaire par rapport au préavis d'un an prévu dans l'ancien règl. n° 123/85 (le nouveau règlement porte le délai de un à deux ans). • T. com. Versailles, 8 oct. 1997 : *Contrats Conc. Consom. 1998, n° 8, obs. Vogel.*

50 quater. Sur l'application d'une disposition d'un contrat de concession exclusive prévoyant sa résiliation extraordinaire en cas de violation de la clause par laquelle une société concessionnaire automobile, agissant en son nom et se portant fort des personnes morales ou physiques composant ses organes de direction, d'administration ou de surveillance, s'était engagée à ne pas s'intéresser, soit par elle-même, soit par personne interposée, à la distribution de produits concurrents de ceux du concédant, V. • Com. 23 mars 1999 : *RJDA 1999, n° 659 ; Cah. dr. entr. 1999, n° 5, p. 20, obs. Respaud.* ♦ Les clauses contractuelles de non-concurrence qui visent des personnes physiques ou morales composant les organes de direction, d'administration ou de surveillance du distributeur, loin de constituer des restrictions additionnelles non prévues par le règl. d'exemption n° 123/85, sont la traduction nécessaire de ses dispositions lorsque l'entreprise concessionnaire est exploitée sous la forme d'une société disposant de la personnalité morale, sauf à priver l'interdiction prévue par ce règlement de toute portée. • Paris, 18 févr. 2000 : *D. 2000. AJ. 195, obs. Chevrier* ✐. ♦ Les dispositions du contrat de concession prohibant la prise d'intérêt direct ou indirect, la création d'établissements ou la constitution de sociétés exerçant une activité de distribution automobile, par le concessionnaire ainsi que par ses dirigeants et associés lorsque l'entreprise est exploitée sous forme de société, ne font que reprendre celles du règl. n° 123/85 relatives aux entreprises liées directement ou indirectement à l'une des parties à l'accord. • Même arrêt.

51. V. aussi, sur les entreprises agissant en qualité de mandataires pour l'achat de véhicules, Comm. CEE 4 déc. 1991 : *JOCE n° L 66 du 11 mars 1992* et • Grenoble, 8 juill. 1992 : *Contrats Conc. Consom. 1993, n° 109, obs. Vogel* • TGI Bonneville, 3 févr. 1993 : *ibid.* • TGI Sarreguemines, 15 mars 1993 : *ibid.* – V. Durand, *D. Affaires 1997. 1341.*

52. Distribution cinématographique. V. note 26 ss. art. L. 442-6.

Art. L. 330-3 Toute personne qui met à la disposition d'une autre personne un nom commercial, une marque ou une enseigne, en exigeant d'elle un engagement d'exclusivité ou de quasi-exclusivité pour l'exercice de son activité, est tenue, préalablement à la signature de tout contrat conclu dans l'intérêt commun des deux parties, de fournir à l'autre partie un document donnant des informations sincères, qui lui permette de s'engager en connaissance de cause.

Ce document, dont le contenu est fixé par décret, précise notamment, l'ancienneté et l'expérience de l'entreprise, l'état et les perspectives de développement du marché concerné, l'importance du réseau d'exploitants, la durée, les conditions de renouvellement, de résiliation et de cession du contrat ainsi que le champ des exclusivités.

Lorsque le versement d'une somme est exigé préalablement à la signature du contrat mentionné ci-dessus, notamment pour obtenir la réservation d'une zone, les prestations assurées en contrepartie de cette somme sont précisées par écrit, ainsi que les obligations réciproques des parties en cas de dédit.

Le document prévu au premier alinéa ainsi que le projet de contrat sont communiqués vingt jours minimum avant la signature du contrat, ou, le cas échéant, avant le versement de la somme mentionnée à l'alinéa précédent. – *[L. n° 89-1008 du 31 déc. 1989, art. 1er]. – V. Décr. n° 91-337 du 4 avr. 1991, infra.*

Pour l'application de l'art. 1er de la loi [C. com., art. L. 330-3] à Mayotte, aux territoires d'outre-mer et à la Nouvelle-Calédonie, V. Ord. n° 98-774 du 2 sept. 1998, art. 14 (JO 4 sept.), mod. par L. n° 99-1121 du 28 déc. 1999, art. 2 (JO 29 déc.).

RÉP. COM. v° *Franchise*, par FERRIER.

BIBL. ▸ VIRASSAMY, *JCP E 1990. II. 15809.* – PLANTAMP, *ALD 1990. 177. – Cah. dr. entr. 1990, n° 4.* – DURAND, *ibid., n° 5, p. 21.* – J.-P. CLÉMENT, *Gaz. Pal. 1991. 1. Doctr. 287.* – THREARD, *ibid., 2. Doctr. 609.* – GROLLEMUND-LOUSTALOT-FOREST, *RJ com. 1993. 60 et 101.* – CHAMBONNAUD, *in Mélanges Derruppé, p. 121.* – L. VOGEL et J. VOGEL, *D. Affaires 1995. 5* (cinq ans d'application de la loi). – MERESSE, *RJ com. 1997. 260* (étude de marché). – MAINGUY, GRIGNON et RESPAUD, *Cah. dr. entr. 1998, n° 5, p. 21* (synthèse de jurisprudence). – GAST et PEIRANI, *Petites affiches 31 mai 1999, p. 6* (comptes d'exploitation prévisionnels et franchise : vers un débat d'experts ?). – FERRIER, *Cah. dr. entr. 2000, n° 2, p. 12* (distribution sur l'internet). – MAROT, *Petites affiches 31 août 2000, p. 4* (collaboration entre franchiseur et franchisé). – FABRE, *D. 2001. 461* ✐ (contrats de distribution et internet à la lumière du nouveau règlement communautaire). – BENSOUSSAN, *ibid. 2498* ✐ (la « clientèle au franchisé », facteur d'illégitimité de la clause de non-rétablissement). – KENFACK, *D. 2002. 627* ✐ (la lettre et l'esprit, à propos du délai d'information précontractuelle). – COLLARD et ROQUILLY, *Petites affiches 3 avr. 2002, p. 4* (réseaux de distribution fermés et commerce électronique). – DE PANAFIEU, *AJDI 2001. 1062* ✐ (mythe de la propriété de la clientèle dans les centres commerciaux). – AMIEL-COSME, *Mélanges Guyon, Dalloz, 2003, p. 1* (théorie institutionnelle du réseau). – MAINGUY et RESPAUD, *Contrats Conc. Consom. 2003, Chron. n° 4* (comment renforcer l'efficacité de la « loi Doubin » ?). – REGNAULT, *Petites affiches 10 janv. 2003, p. 13* (la tentation d'autoritarisme de la loi Doubin). – CASTAGNON, *Contrats Conc. Consom. 2003, Chron. 10* (internet et réseau de distribution). – MAROT, *JCP E 2005, n° 49, p. 2087* (contenu et finalité de l'obligation d'information pré-contractuelle en franchise).

1. Domaine d'application. BIBL. Blanc, *D. 1993. Chron. 218.* – Lutz et Wagner, *D. 2001. 1708* (Pourquoi la loi Doubin n'est pas applicable aux contrats de bière ?). ♦ L'obligation d'information prévue à l'art. 1er de la loi du 31 déc. 1989 [C. com., art. L. 330-3] est applicable à un contrat de location-gérance dès lors que, pour l'application de ce texte, il suffit que les parties soient liées par des stipulations contractuelles prévoyant d'un côté la mise à disposition de l'enseigne, du nom commercial ou de la marque et d'un autre côté, un engagement d'exclusivité pour l'exercice de l'activité concernée. • Com. 10 févr. 1998 : *Bull. civ. IV, n° 71 ; D. 1998. Somm. 334, obs. Ferrier ; D. Affaires 1998. 375, obs. E. P. ; JCP E 1998, n° 23, p. 894, note Leveneur ; Defrénois 1998. 733, obs. Delebecque ; Contrats Conc. Consom. 1998, n° 55, note Leveneur* (V. l'arrêt d'appel : • Paris, 7 juill. 1995 : *JCP E 1996. I. 523, n° 1, obs. André et Raynard*). ♦ Dans le même sens, précisant que la forme sociale que les parties ont adoptée pour exercer leur activité n'a pas à être prise en considération (application à des coopératives de commerçants détaillants) • Douai, 4 juill. 2002 : *D. 2002. AJ. 2868, obs. Chevrier*. – Comp. • Paris, 9 avr. 2002 : *Petites affiches 3 juill. 2003, p. 24, obs. Etner.* — V. aussi, Kandem, *D. Affaires 1998. 989* ; Neau-Leduc, *Cah. dr. entr. 1998, n° 2, p. 27* ; Marot, *D. 1999. Chron. 431*. ♦ Sur l'application de la loi à la relation unissant un pétrolier et un gérant mandataire, V. • Montpellier, 2 avr. 1998 : *Cah. dr. entr. 1998, n° 5, p. 21, obs. Mainguy, Grignon et Respaud.* ♦ ... A un contrat d'affiliation à une centrale d'achats, V. • Bordeaux, 30 avr. 2002 : *Petites affiches 3 juill. 2003, p. 16, obs. Petitier.* ♦ ... Et à un contrat de sous-licence de marque et de savoir-faire, V. • T. com. Marseille, 22 janv. 2001 : *RJDA 2002, n° 446.* ♦ V. aussi • Com. 24 sept. 2003 : *RJDA 2004, n° 299.*

Le contrat d'assistance commerciale par lequel un fournisseur met à la disposition d'un distributeur des produits de sa marque moyennant l'obligation pour ce dernier de faire figurer la marque sur la porte de sa boutique de façon visible mais sans aucune obligation d'exclusivité, n'est pas soumis à l'art. 1er de la loi du 31 déc. 1989 [C. com., art. L. 330-3]. • T. com. Paris, 3 nov. 1992 : *JCP 1993. IV. 493.* ♦ V. aussi, relevant qu'aussi bien dans le contrat que dans les statuts ou le règlement intérieur d'une société coopérative aucun engagement d'exclusivité ou de quasi-exclusivité n'était stipulé : • Com. 17 mars 2004 : *Lettre distrib. juin 2004, p. 2.*

L'art. 1er [C. com., art. L. 330-3] ci-dessus s'applique au contrat d'affiliation par lequel une radio locale diffuse le programme d'un autre opérateur. • T. com. Paris, 22 mars 1993 : *D. 1994. Somm. 281, obs. Hassler ; RJ com. 1994. 30, note Hassler.*

2. Forme. L'ensemble contractuel comportant le contrat de vente, le contrat d'installation de celui-ci et le contrat d'approvisionnement entre bien, malgré les efforts entrepris pour éviter la qualification de contrat de franchise et ses conséquences, dans les prévisions de l'art. L. 330-3, il suffit à cet effet que soit établie la mise à disposition, en contrepartie d'un engagement d'exclusivité, d'une marque ou d'une enseigne. • Toulouse, 3 déc. 2002 : *D. 2003. Somm. 2432, obs. Ferrier ; JCP E 2004, n° 5, p. 153.* ♦ L'artifice consistant à renvoyer à une annexe au contrat ces deux obligations réciproques ne saurait permettre d'écarter l'application d'une loi d'ordre public, s'agissant d'ailleurs d'un contrat consensuel, conclu entre commerçants. • Même arrêt. ♦ Jugeant que le respect de la loi Doubin suppose la signature d'une convention écrite : • Com. 7 janv. 2004 : *Lettre distrib. févr. 2004, p. 2.*

3. Reconduction, cession du contrat. L'obligation précontractuelle d'information, prévue par la loi du 31 déc. 1989 [C. com., art. L. 330-3], doit s'appliquer lorsqu'un franchisé est amené à changer d'enseigne au sein d'un même groupe, avec lequel il est déjà contractuellement lié. • T. com. Toulouse, 8 févr. 1995 : *Gaz. Pal. 1996. 1. 84.* – V. Grosz, *ibid. Doctr. 118.* ♦ Pour une application de l'obligation précontractuelle d'information lors de la reconduction tacite d'un contrat, V. • Com. 14 janv. 2003 : *D. 2003. 2304, note Kenfack ; ibid. Somm. 2429, obs. Ferrier ; JCP E 2004, n° 11, p. 420, obs. Neau-Leduc ; Contrats Conc. Consom. 2003, n° 69 ; RDC 2003. 158, obs. Behar-Touchais ; Cah. dr. entr. 2003, n° 3, p. 20, obs. Mainguy ; RJ com. 2004. 104, note Lebreton-Derrien ; Lettre distrib. mars 2003, p. 1, obs. Mainguy.* ♦ ... V. en matière de cession du contrat de franchise : • Com. 7 janv. 2004 : *préc. note 2.* ♦ Jugeant que le grief tiré de l'insuffisance des informations précontractuelles suppose la signature d'un contrat et que cette insuffisance d'informations préalables à la signature d'un éventuel nouveau contrat est en toute hypothèse impropre à caractériser un abus dans la résiliation d'un contrat préexistant, V. • Paris, 13 sept. 2002 : *Lettre distrib. nov. 2002, p. 2.*

Aucune disposition légale ne régissant le cas où le contrat de franchise n'est que la reprise de contrats antérieurs, dès lors que les signataires sont les mêmes, que les caractéristiques fondamentales du nouveau contrat sont identiques à celles de l'ancien contrat et qu'il n'y a pas eu de modification dans le marché et dans le réseau, le défaut d'information lors du renouvellement du contrat de franchise n'est susceptible d'en entraîner la nullité que dans la mesure où la preuve est rapportée que l'omission de cette formalité a vicié le consentement du franchisé qui sollicite le renouvellement du contrat. • Paris, 6 nov. 1998 : *RJDA 1999, n° 400 ; Cah. dr. entr. 1999, n° 2, p. 31, obs. Mainguy, Grignon et Respaud.* ♦ Le contrat de franchise souscrit par le cédant d'un fonds de commerce doit être considéré comme continué par le cessionnaire dès lors qu'il a été en fait exécuté aux conditions initiales en dépit d'une novation par changement de franchisé et de l'existence d'une clause de tacite reconduction ; l'inobservation de l'obligation d'information prévue par la loi n'a pas vicié le consentement du nouveau franchisé dès lors que celui-ci a été averti, à l'occasion des négociations ayant précédé l'acquisition du fonds, de l'existence de la franchise, de ses modalités d'exécution et de ses résultats. • Paris, 11 déc. 1998 : *eod. loc.*

En raison des difficultés liées à la mise en place simultanée de deux cents magasins résultant d'un plan de redressement judiciaire par voie de cession, un avenant aux contrats de franchise peut dispenser le franchiseur de procéder à l'étude préalable pour les magasins déjà ouverts ; cela n'entache pas les contrats de nullité et n'autorise pas les franchisés à ne pas payer les redevances prévues. • Com. 1er juin 1993 : *Bull. act. Lamy droit économique août-sept. 1993, p. 9.* – V. aussi Vilmart, *JCP E 2004, n° 32-35, p. 1282* (conséquences de la cession d'un franchiseur). – Sur cette question, V. aussi note 15 ss. Arr. 21 févr. 1991, art. 2, *infra*.

4. *Entrée en vigueur.* BIBL. J.-P. Clément, *Gaz. Pal. 1992. 1. Doctr. 126.* ♦ Si la loi du 31 déc. 1989 [C. com., art. L. 330-3] prévoit un décret d'application pour fixer le contenu du document d'information qui doit être communiqué vingt jours au moins avant la signature du contrat, elle est d'application immédiate en ce qui concerne la communication préalable du projet de contrat dans ce délai. • Paris, 7 avr. 1993 : *D. 1995. Somm. 75, obs. Ferrier ; Petites affiches 3 déc. 1993, p. 15, obs. Marot* • 7 juill. 1995 : *préc. note 1.* ♦ V. note ss. Décr. n° 91-337 du 4 avr. 1991, art. 1er, *infra*.

5. *Ordre public interne.* En ce sens que l'art. L. 330-3, loi protectrice d'ordre public interne, n'est pas une loi de police applicable dans l'ordre international, V. • Paris, 30 nov. 2001 : *Lettre distrib. févr. 2002, p. 2.*

6. *Information précontractuelle.* Sur la jurisprudence antérieure à la loi du 31 déc. 1989 [C. com., art. L. 330-3], V. • Colmar, 9 mars 1990 : *D. 1990. 232, note Burst* • Versailles, 14 nov. 1996 : *RJDA 1997, n° 634.*

Sur l'absence d'obligation de résultat dans l'établissement, par le franchiseur des prévisions d'activité du franchisé, V. • Com. 19 mai 1992 : *JCP E 1993. II. 387, note Leveneur* • Civ. 1re, 11 janv. 2000 : *RJDA 2000, n° 259* • 5 déc. 2000 : *RJDA 2001, n° 440* • Paris, 29 mai 1992 : *D. 1992. Somm. 391, obs. Ferrier* • Paris, 4 oct. 1991 : *D. 1991. IR. 293.* ♦ Comp., sur la responsabilité du franchiseur en raison de la mauvaise qualité de son étude préalable, qui avait été déterminante de l'adhésion du franchisé : • Com. 4 déc. 1990 : *JCP 1991. II. 21725, note Virassamy* • 24 févr. 1998 : *RJDA 1998, n° 854* • Versailles, 29 juin 1995 : *D. 1997. Somm. 55, obs. Ferrier* • Lyon, 3 mars 2000 : *JCP 2002. IV. 1399.* ♦ ... Ou d'une erreur grossière : • T. com. Paris, 30 sept. 1993 : *Gaz. Pal. 1994. 2. Somm. 756 ; JCP E 1993. Pan. 1289 ; RJDA 1993, n° 1014*, conf. par • Paris, 3 févr. 1994 : *D. 1995. Somm. 75, obs. Ferrier ; Contrats Conc. Consom. 1994, n° 113, note Leveneur ; RJ com. 1994. 163, notes Lévy et Maniez*, puis par • Com. 30 janv. 1996 : *JCP 1996. I. 3929, n° 6, obs. Jamin ; RJDA 1996, n° 776.* – Sur cette affaire, V. Clément, *RJ com. 1996. 282.* – V. aussi • Douai, 6 oct. 1992 : *D. 1995. Somm. 76, obs. Ferrier* • Toulouse, 6 déc. 1995 : *D. Affaires 1996. 392.* ♦ V. aussi, pour des résiliations aux torts du franchiseur, pour manquement de ce dernier à son devoir d'information, • Com. 6 mai 2003 : *RJDA 2003, n° 1169* (présentation imprécise du projet de franchise, absence d'information sur le marché local, compte prévisionnel irréaliste) • Paris, 17 janv. 1992 : *D. 1992. IR. 101* • T. com. Paris, 22 déc. 1992 : *Gaz. Pal. 1994. 2. Somm. 757* • Com. 11 févr. 2003 : *BRDA 2003, n° 5, p. 5* • Versailles, 7 févr. 2002 : *JCP 2003. II. 10127, note Viennois* • Paris, 4 déc. 2003 : *Contrats Conc. Consom. 2004, n° 75, obs. Leveneur ; Petites affiches 1er oct. 2004, p. 4, note Tiquant.* ♦ ... Pour des décisions refusant l'annulation pour dol, • Paris, 26 mars 1992 : *RJDA 1992, n° 576* • T. com. Paris, 28 oct. 1992 : *JCP 1993. IV. 358* • Toulouse, 13 janv. 2000 : *D. 2000. AJ. 261* • Com. 10 janv. 1995 : *RJDA 1995, n° 561* • 11 févr. 2003 : *D. 2003. 2304, note Kenfack ; Petites affiches 17 sept. 2003, p. 3, note Perruchot-Triboulet ; Cah. dr. entr. 2003, n° 5, p. 41, obs. Mainguy.* ♦ Jugeant que compte tenu des éléments d'appréciation à la disposition du franchisé, c'est souverainement que les juges ont retenu que la faute du franchiseur – ayant consisté à garder le silence sur les difficultés conjoncturelles subies par le précédent franchisé et à présenter des prévisions de résultats exagérément optimistes – était insuffisante pour entraîner la nullité du contrat dès lors qu'il n'est pas démontré que les prévisions de chiffre d'affaires aient été mensongères. • Com. 8 juill. 2003 : *Contrats Conc. Consom. 2003, n° 153, note Leveneur ; RJDA 2004, n° 34* (dol incident par opposition au dol déterminant). ♦ L'absence d'indication de la domiciliation bancaire du franchiseur ne peut être sérieusement considérée comme de nature à vicier le consentement du franchisé. • Toulouse, 26 janv. 2006 : *Lettre distrib. mai 2006, p. 4.*

Pour une annulation pour cause illicite (exercice illégal de la médecine et de la pharmacie), V. • Civ. 1re, 11 juin 1996 : *D. 1997. Somm. 57, obs. Ferrier ; Contrats Conc. Consom. 1996, n° 166, obs. Leveneur.*

Satisfait à l'obligation de moyens qui lui incombe le franchiseur qui, après avoir accompli sans manquement particulier ni erreur flagrante des diligences complètes de nature à permettre au franchisé de se déterminer en connaissance de cause, s'implique à titre personnel pour cautionner les engagements de ce dernier auprès des organismes de crédit ; sa responsabilité ne saurait être engagée vis-à-vis du franchisé, dès lors que ce dernier, déjà rompu aux pratiques du franchisage, a contracté avant de connaître les résultats de l'étude de faisabilité. • Limoges, 28 oct. 1997 : *BICC 1998, n° 404.*

Sur la prise en compte de l'expérience du distributeur et ses éventuelles obligations, V. • Com. 7 juill. 2004 : *Bull. civ. IV, n° 150 ; D. 2004. AJ. 2229 ; JCP E 2004, n° 39, p. 1468 ; Contrats Conc. Consom. 2004, n° 170, obs. Leveneur ; Gaz. Pal. 2005. Somm. 584, obs. Guével ; RTD com. 2005. 406, obs. Bouloc ; RJDA 2005, n° 25 ; Cah. dr. entr. 2004, n° 6, p. 10, obs. Mainguy et Respaud.* ♦ Mais s'il est exact que le texte légal n'exige pas que le document pré contractuel réalise une véritable étude de marché local ou fournisse un prévisionnel d'activité du magasin en projet, le franchiseur est néanmoins tenu d'informer son partenaire avec loyauté et sincérité, tant en ce qui concerne le montant de l'investissement qu'il devra consentir, que pour ce qui est de l'état général et local du marché des produits faisant l'objet du contrat, et notamment de la situation concurrentielle existante et prévisible lorsqu'elle est de nature à avoir un impact significatif sur le chiffre d'affaires à réaliser. • Nîmes, 6 oct. 2005 : *Lettre distrib. janv. 2006, p. 5.* ♦ Sur une étude prévisionnelle faisant partie du savoir-faire du franchiseur et entrée dans le cadre contractuel, ce qui justifie la résiliation du contrat en cas de manquement, sans avoir à prouver un vice du consentement : • Com. 7 juill. 2004 : *D. 2005. Pan. 152, obs. Ferrier ; Cah. dr. entr. 2004, n° 6, p. 10, obs. Mainguy et Respaud ; Lettre distrib. sept. 2004, p. 2.* ♦ Sur la charge de la preuve du vice du consentement, V. • Com. 4 févr. 2004 : *D. 2005. Pan. 151, obs. Ferrier ; RDC 2004. 729, obs. Béhar-Touchais ; Cah. dr. entr. 2004, n° 3, p. 28, obs. Respaud.*

7. Date d'appréciation du délai légal. Seule la signature du contrat ayant marqué l'accord effectif de la volonté des parties sur les stipulations qu'il devait contenir, le délai légal d'information précontractuelle doit s'apprécier au moment de la signature même lorsqu'il a été prévu que le contrat prendrait effet à une date antérieure. • Com. 17 juill. 2001 : *Bull. civ. IV, n° 153 ; D. 2001. AJ. 2674, obs. Chevrier ; RTD civ. 2002. 289, obs. Mestre et Fages ; Contrats Conc. Consom. 2002, n° 2, obs. Leveneur ; JCP E 2002, n° 13, p. 569, note Kamdem.* ♦ V. aussi Kenfack, *D. 2002. 627* ; Choisy, *Petites affiches 11 avr. 2002, p. 19.*

8. Sanction civile. Pour prononcer la nullité du contrat conclu en violation de l'art. 1er [C. com., art. L. 330-3], il appartient au juge de rechercher que le défaut d'information a eu pour effet de vicier le consentement du cocontractant. • Com. 10 févr. 1998 : *préc. note 1* • 21 nov. 2000 : *JCP E 2001, n° 17, p. 712, note Leveneur ; Cah. dr. entr. 2001, n° 2, p. 28, obs. Respaud.* – V. déjà • T. com. Paris, 22 mars 1993 : *préc. note 1.* ♦ Dans le même sens, V. • Com. 13 avr. 1999 : *RJDA 1999, n° 660 ; Cah. dr. entr. 1999, n° 5, p. 18, obs. Grignon* • 19 oct. 1999 : *D. 2001. Somm. 296, obs. Ferrier.* ♦ De même, le non-respect par le franchiseur de son obligation d'information ne peut entraîner l'annulation du contrat pour dol, sur le fondement de l'art. 1116 C. civ., que si le comportement du franchiseur a conduit le franchisé à être abusé sur les conditions réelles dans lesquelles il était amené à contracter. • Com. 2 déc. 1997 : *D. 1998. Somm. 334, obs. Ferrier ; RJDA 1998, n° 417.* ♦ V. aussi, sur l'annulation d'un contrat de franchise, bien que le franchiseur ait transmis au futur franchisé les documents prévus par la loi, dans la mesure où les informations communiquées sur la composition de la clientèle potentielle étant incomplètes, elles l'avaient privé de la possibilité d'apprécier la rentabilité de l'entreprise : • Com. 16 mai 2000 : *JCP E 2001, n° 6, p. 269, obs. Neau-Leduc.* ♦ ... Et sur l'annulation pour dol en raison du silence gardé par le franchiseur sur la liquidation judiciaire d'un ancien franchisé prononcée plus d'un an auparavant, alors même que le 5°, *c)* du Décr. du 4 avr. 1991 n'oblige qu'à communiquer au candidat le nombre d'entreprises qui, étant liées au réseau, ont cessé d'en faire partie au cours de l'année précédent celle de la délivrance du document d'information précontractuelle, V. • TGI Avignon, 9 déc. 2003 : *Lettre distrib. févr. 2004, p. 4.* ♦ Sur la nécessité d'un élément intentionnel en cas de dol, et sur la prise en compte du caractère inexcusable de l'erreur, V. • Paris, 14 nov. 1997 : *JCP E 1998, n° 15-16, p. 604, obs. Ph. N.-L. ; RJDA 1998, n° 278.* ♦ Sur la condamnation du franchiseur sur le fondement des art. 1109, 1116, 1134 et 1147 C. civ. et dans le cadre de l'art. L. 330-3 C. com., V. • TGI Nîmes, 19 janv. 2005 : *JCP E 2005, n° 49, p. 2087, note Marot.*

Comp., jugeant suffisante la simple violation de l'art. 1er [C. com., art. L. 330-3], • Paris, 24 mars 1995 : *D. 1995. IR. 138 ; JCP 1995. I. 3867, n° 6, obs. Jamin* • 17 mai 1995 : *D. 1997. Somm. 55, obs. Ferrier* ; *RJDA 1996, n° 331* • 7 juill. 1995 : *préc. note 1* • 18 juin 1997 : *D. Affaires 1997. 1040.* ♦ Comp. aussi, jugeant que l'obligation précontractuelle de renseignements étant d'ordre public, son inexécution dans le délai légal entraîne la nullité du contrat, les choses devant être remises en état comme si le contrat n'avait jamais existé, • Montpellier, 4 déc. 1997 : *BICC 1998, n° 784* • 21 mars 2000 : *D. 2001. Somm. 296, obs. Ferrier* .

9. Effet de la nullité. Sur les conséquences de l'effet rétroactif de la nullité du contrat, au regard des restitutions auxquelles peuvent prétendre les parties, et sur la possibilité d'ordonner une expertise à cet égard, V. • Paris, 24 mars 1995 : *Gaz. Pal. 1996. 1. 69* • 5 déc. 1996 : *D. Affaires 1997. 380* – Sur ces arrêts, V. Grosz, *Gaz. Pal. 1996. 1. Doctr. 118.*

V. aussi, pour la réparation du préjudice d'associés ayant créé une société pour la seule exploitation d'un magasin franchisé, en cas d'annulation, pour dol du franchiseur, du contrat de franchise, • Versailles, 12 oct. 1995 : *JCP E 1996. Pan. 171.* ♦ Pour un autre exemple d'évaluation du préjudice du franchisé résultant de la résiliation du contrat aux torts du franchiseur, V. • Paris, 28 mars 1997 : *D. Affaires 1997. 667.*

10. Portée de l'art. L. 330-3 au regard de la faculté de résiliation. L'art. 1er [C. com., art. L. 330-3] n'a en aucune façon pour objet de restreindre la faculté de résiliation des contrats qu'il vise. • Paris, 12 mai 1995 : *cité par L. et J. Vogel, D. Affaires 1995. 6, n° 10.*

11. Offre d'adhésion à un réseau. La publicité afin d'adhérer à un réseau de franchise, diffusée sur une radio, ne constitue pas un appel public à l'épargne, au sens du règl. COB n° 88-04, dès lors qu'elle n'est porteuse que d'une offre d'adhésion audit réseau et non d'une proposition en vue de l'acquisition ou de la souscription de valeurs mobilières. • Paris, 15 févr. 1995 : *JCP 1995. II. 22470, note Granier ; Bull. Joly 1995. 186, note Le Cannu.*

Décret n° 91-337 du 4 avril 1991,

Portant application de l'art. 1er de la loi n° 89-1008 du 31 décembre 1989 [C. com., art. L. 330-3].

BIBL. ▶ DURAND, *Cah. dr. entr. 1991, n° 3.* – AMÉDÉE-MANESME, *JCP E 1991. I. 66.*

Art. 1er Le document prévu au premier alinéa de l'article 1er de la loi du 31 décembre 1989 susvisée *[C. com., art. L. 330-3]* doit contenir les informations suivantes :

1° L'adresse du siège de l'entreprise et la nature de ses activités avec l'indication de sa forme juridique et de l'identité du chef d'entreprise s'il s'agit d'une personne physique ou des dirigeants s'il s'agit d'une personne morale ; le cas échéant, le montant du capital ;

2° Le numéro d'immatriculation au registre du commerce et des sociétés ou le numéro d'inscription au répertoire des métiers ainsi que la date et le numéro d'enregistrement ou du dépôt de la marque et, dans le cas où la marque qui doit faire l'objet du contrat a été acquise à la suite d'une cession ou d'une licence, la date et le numéro de l'inscription correspondante au registre national des marques avec, pour les contrats de licence, l'indication de la durée pour laquelle la licence a été consentie ; — *Dans tous les textes réglementaires, la référence aux mentions visées aux 1 et 2 de l'art. 72 du Décr. n° 84-406 du 30 mai 1984 relatif au registre du commerce et des sociétés est substituée à la référence au numéro d'immatriculation au registre du commerce et des sociétés (Décr. n° 98-550 du 2 juill. 1998, art. 35).*

3° La ou les domiciliations bancaires de l'entreprise. Cette information peut être limitée aux cinq principales domiciliations bancaires ;

4° La date de la création de l'entreprise avec un rappel des principales étapes de son évolution, y compris celle du réseau d'exploitants, s'il y a lieu, ainsi que toutes indications permettant d'apprécier l'expérience professionnelle acquise par l'exploitant ou par les dirigeants.

Les informations mentionnées à l'alinéa précédent peuvent ne porter que sur les cinq dernières années qui précèdent celle de la remise du document. Elles doivent être complétées par une présentation de l'état général et local du marché des produits ou services devant faire l'objet du contrat et des perspectives de développement de ce marché.

Doivent être annexés à cette partie du document les comptes annuels des deux derniers exercices ou, pour les sociétés faisant publiquement appel à l'épargne, les rapports établis au titre des deux derniers exercices en application du troisième alinéa de l'article 341-1 de la loi n° 66-537 du 24 juillet 1966 sur les sociétés commerciales *[C. com., art. L. 232-7]* ;

5° Une présentation du réseau d'exploitants qui doit comporter :

a) La liste des entreprises qui en font partie avec l'indication pour chacune d'elles du mode d'exploitation convenu ;

b) L'adresse des entreprises établies en France avec lesquelles la personne qui propose le contrat est liée par des contrats de même nature que celui dont la conclusion est envisagée ; la date de conclusion ou de renouvellement de ces contrats est précisée ;

Lorsque le réseau compte plus de cinquante exploitants, les informations mentionnées à l'alinéa précédent ne sont exigées que pour les cinquante entreprises les plus proches du lieu de l'exploitation envisagée ;

c) Le nombre d'entreprises qui, étant liées au réseau par des contrats de même nature que celui dont la conclusion est envisagée, ont cessé de faire partie du réseau au cours de l'année précédant celle de la délivrance du document. Le document doit préciser si le contrat est venu à expiration ou s'il a été résilié ou annulé ;

d) S'il y a lieu, la présence, dans la zone d'activité de l'implantation prévue par le contrat proposé, de tout établissement dans lequel sont offerts, avec l'accord exprès de la personne qui propose le contrat, les produits ou services faisant l'objet de celui-ci ;

6° L'indication de la durée du contrat proposé, des conditions de renouvellement, de résiliation et de cession, ainsi que le champ des exclusivités.

Le document doit, en outre, préciser la nature et le montant des dépenses et investissements spécifiques à l'enseigne ou à la marque que la personne destinataire du projet de contrat devra engager avant de commencer l'exploitation.

Le Décr. n° 91-337 du 4 avr. 1991 est d'application immédiate. • Paris, 24 mars 1995 : *D. 1995. IR. 138 ; Gaz. Pal. 1996. 1. 69.*

2 Sera punie des peines d'amendes prévues pour les contraventions de la 5e classe toute personne qui met à la disposition d'une autre personne un nom commercial, une marque ou une enseigne en exigeant d'elle un engagement d'exclusivité ou de quasi-exclusivité pour l'exercice de son activité sans lui avoir communiqué, vingt jours au moins avant la signature du contrat, le document d'information et le projet de contrat mentionnés à l'article 1er de la loi du 31 décembre 1989 susvisée *[C. com., art. L. 330-3]*.

En cas de récidive, les peines d'amendes prévues pour la récidive des contraventions de la 5e classe sont applicables.

Arrêté du 21 février 1991,

Relatif à l'information du consommateur dans le secteur de la franchise.

Art. 1er Toute personne vendant des produits ou fournissant des services, liée par un accord de franchise à un franchiseur, doit informer le consommateur de sa qualité d'entreprise indépendante, de manière lisible et visible, sur l'ensemble des documents d'information, notamment de nature publicitaire, ainsi qu'à l'intérieur et à l'extérieur du lieu de vente.

V. Note de service n° 5724 du 21 mai 1991 (BOCC 30 mai).

Pour les sanctions pénales prévues en cas d'infraction à cet arrêté, V. Décr. n° 2002-689 du 30 avr. 2002, art. 14, infra, ss. art. L. 464-8.

1. *Nature de l'information.* L'arrêté du 21 févr. 1991 n'a pas créé de logo spécifique. La note n° 5724 du 21 mai 1991 *(BOCC 30 mai)* a précisé que les mentions « commerçant indépendant », « commerce indépendant » ou « entreprise indépendante » répondent aux conditions prévues par l'arrêté si elles accompagnent le nom ou la raison sociale du propriétaire du magasin (Rép. min. n° 2466 : *JOAN Q 23 août 1993, p. 2644*).

2. *Qualité d'entreprise indépendante.* BIBL. Cutajar, *RJDA 2002. 3* (la franchise hôtelière à l'épreuve de la fictivité). – Regnault, *Petites affiches 29 juill. 2005, p. 4* (pour une application raisonnée des dispositions de l'art. L. 81-1-2° C. trav.). ♦ Les franchisés qui exploitent en leur nom une entreprise doivent assumer les charges de tout entrepreneur. • Douai, 6 févr. 2003 : *BICC 2004, n° 255.* ♦ Sur la requalification d'un contrat de franchise en contrat de gérance salariée en raison de l'absence de liberté dans l'exploitation du commerce et de la détermination du prix de vente des marchandises par le fournisseur, V. • Com. 3 mai 1995 : *D. 1997. 10, note Amiel-Cosme ; ibid. Somm. 57, obs. Ferrier ; JCP E 1995. II. 748, note Leveneur.* – V. aussi • Soc. 25 févr. 1998 : *JCP E 1998, n° 14, p. 536, obs. Morvan* • Montpellier, 6 janv. 1999 : *D. 2001. Somm. 296, obs. Ferrier* • Nîmes, 5 juill. 2002 : *Cah. dr. entr. 2003, n° 3, p. 21, obs. Mainguy ; RJDA 2003, n° 251* (conf. par • Soc. 8 févr. 2005 : *D. 2006. Pan. 516, obs. Ferrier ; JCP E 2005, n° 31-34, p. 1328, obs. Mainguy*) • Nancy, 4 déc. 2002 : *BICC 2003, n° 386* • Nîmes, 20 déc. 2002 : *D. 2003. Somm. 2431, obs. Ferrier ; Lettre distrib. févr. 2003, p. 2* • Montpellier, 15 déc. 2004 : *JCP 2005. IV. 2231.* ♦ Pour une requalification d'un contrat de gérance-mandat en matière hôtelière en contrat de travail, V. • Paris, 7 juin 2001 : *RJDA 2002, n° 41.* – *Contra :* • Paris, 14 déc. 2001 : *RJDA 2002, n° 380 ; Lettre distrib., févr. 2002, p. 3* • Cons. prud'h. Angers, 24 juin 2002 : *Lettre distrib. janv. 2003, p. 2* • Soc. 26 nov. 2003 : *ibid. févr. 2004, p. 4.* ♦ V. aussi, précisant que dès lors que les conditions d'application de l'art. 781-1, 2°, C. trav. sont réunies, il y a lieu d'appliquer les dispositions du code du travail sans qu'il soit besoin d'établir l'existence d'un lien de subordination. • Soc. 4 déc. 2001 : *D. 2002. 1934, note Kenfack ; Petites affiches 11 avr. 2002, p. 14, note Picca et Sauret ; Contrats Conc. Consom. 2002, n° 55, obs. Leveneur ; JCP 2002. I. 148, n° 20, obs. Constantin ; Petites affiches 26 mars 2003, p. 13, obs. Jault* (et sur renvoi • Paris, 13 janv. 2004 : *Lettre distrib. févr. 2004, p. 3).* ♦ Sur les conséquences de l'application de l'art. L. 781-1 C. trav. à un franchisé, V. • Aix-en-Provence, 5 oct. 2005 : *Lettre distrib. nov. 2005, p. 3.* ♦ V., rappelant que la qualité de commerçant indépendant est un élément essentiel au contrat de franchise : • Paris, 18 juin 2003 : *Contrats Conc. Consom. 2004, n° 19, obs. Leveneur.*

3. *Immixtion du franchiseur.* Le fait qu'une société ait accordé sa franchise à un certain nombre de commerçants ne la rend pas redevable des factures de marchandises livrées à ces derniers, même si elle a reçu sans protester les factures litigieuses, dès lors qu'elle n'a pas manifesté la volonté de les régler. • Com. 3 juill. 1990 : *Bull. civ. IV, n° 201.* ♦ L'accord de règlement selon lequel, dans le cadre d'un contrat de distribution, le franchisé doit verser l'ensemble de ses recettes sur un compte spécial mis à la disposition du franchiseur, ne constitue pas un acte de gestion du seul franchiseur et ne peut, par conséquent, caractériser la gestion de fait susceptible d'entraîner une condamnation en comblement du passif, dès lors que cet accord permet simplement d'assurer au franchiseur le paiement de ses créances et non de gérer les entreprises franchisées. • Toulouse, 4 mai 2005 : *JCP E 2006, n° 2, p. 82.* ♦ En revanche, le franchiseur qui, dès le début des relations contractuelles, s'est immiscé dans la gestion de la société franchisée et a exercé au sein de celle-ci des pouvoirs de direction est devenu gérant de fait de la société. • Rouen, 14 mars 1992 : *RJDA 1992, n° 816.* ♦ Ainsi, s'est livré à une immixtion dans la gestion de la société franchisée dépassant les obligations à sa charge résultant du contrat de franchise, et en était en réalité le dirigeant de fait, le franchiseur qui détenait les documents comptables, sociaux et bancaires nécessaires pour gérer cette entreprise, conservait la signature bancaire, préparait tous les documents administratifs et les titres de paiement signés ensuite par la personne morale, établissait les déclarations fiscales et sociales, contrôlait l'embauche du personnel et a participé à la poursuite d'une activité déficitaire pendant plusieurs mois bien qu'il connût l'insuffisance de la trésorerie. • Com. 9 nov. 1993 : *Bull. civ. IV, n° 390 ; D. 1995. Somm. 79, obs. Ferrier ; JCP 1994. II. 22304, note Virassamy ; Rev. sociétés 1994. 321, note Le Tourneau ; Rev. huiss. 1994. 182, note Vidal.*

V., pour un arrêt ayant jugé que s'est immiscé dans la gestion du magasin des franchisés, le franchiseur qui, par divers mécanismes, avait obtenu de ces derniers non seulement le transfert de l'essentiel de la tenue de la comptabilité de leur magasin mais également une délégation de signature bancaire sur les comptes dont les franchisés étaient titulaires, lui permettant ainsi de recevoir toutes les correspondances de la banque, • Com. 16 déc. 1997 : *Bull. civ. IV, n° 337 ; Quot. jur., 13 janv. 1998, p. 4.*

V. aussi, condamnant un franchiseur apparaissant, au vu des documents signés par le client du franchisé, comme le cocontractant de ce client, V. • Com. 17 oct. 1995 : *Bull. civ. IV, n° 246 ; D. 1997. Somm. 57, obs. Ferrier ; RJDA 1996, n° 3 ; Contrats Conc. Consom. 1996, n° 4, note Leveneur ; Petites affiches 26 avr. 1996, p. 13, note Batteur.*

4. Partie civile. Sur la constitution de partie civile par franchisé du chef d'exercice illégal de la profession d'expert comptable, dans une action dirigée contre le groupement franchiseur qui tenait irrégulièrement la comptabilité de ce dernier, V. • Crim. 5 nov. 1997 : *Bull. crim. n° 374.*

2 Ces dispositions seront applicables six mois après la publication du présent arrêté au *Journal officiel* de la République française *[JO 1er mars]*.

V. Règl. CE n° 2790/1999 du 22 déc. 1999 concernant l'application de l'art. 81 § 3 du Traité de Rome à des catégories d'accords verticaux et de pratiques concertées (JOCE n° L 336 du 29 déc.) ; Règl. CEE n° 4087/88 du 30 nov. 1988 relatif à certaines catégories d'accords de franchise (JOCE n° L 359 du 28 déc.), applicable jusqu'au 31 mai 2000 (Règl. n° 2790/1999, art. 12, préc.). — V. supra, v° Concurrence (II — Droit communautaire), note ss. art. 81 du Traité de Rome.

V. aussi le « code » de déontologie européen de la franchise, élaboré par la Fédération européenne de la Franchise (JCP E 1990. II. 20656).

RÉP. COM. vis *Franchise*, par FERRIER ; *Savoir-faire*, par SCHMIDT-SZALEWSKI.

BIBL. ▶ Franchise : – BOUTARD-LABARDE, *Cah. dr. entr. 1987, n° 2.* – LEGEAIS, *JCP N 1992. I. 217.* – LELOUP, *JCP E 1989. II. 15455.* – LE TOURNEAU, *ibid. 1980. II. 13362.* – AMÉDÉE-MANESME, *RJ com. 1981. 165 ; ibid. 1993. 89 et 141* (distribution sélective et franchise). – CASTAN, *RJDA 1993, p. 514* (distinction entre franchise et affiliation). – BASCHET, *Gaz. Pal. 1994. 1. Doctr. 690* (savoir-faire) ; *ibid. 1996. 2. Doctr. 1478* (pratique de la franchise). – GASTINEL, *ibid. 1994. 1. Doctr. 696* (franchise internationale). – ATIAS, *Ann. loyers 1996. 1102* (contentieux de la franchise). – GAST, *Petites affiches 3 nov. 1995, p. 9* (du savoir-faire au savoir-réussir). – Colloque des 11-12 déc. 1996, *Cah. dr. entr. 1997, n° 3-4, p. 44.* – MALAURIE-VIGNAL, *JCP E 1998, n° 7-8, p. 260* (*intuitu personae* et liberté de la concurrence dans les contrats de distribution). – FAGES, *Cah. dr. entr. 1998, n° 6, p. 11* (abus dans les contrats de distribution). – ZIMMER, *D. Affaires 1999. 1152* (réseau commercial, mode de distribution à protéger). – FABRE, *Cah. dr. entr. 1999, n° 5, p. 26* (franchise, un ménage à trois). – ALBARIC, *ibid., p. 30* (adaptation de la franchise par le franchisé principal). – FERRIER, *ibid. 2000, n° 2, p. 12* (distribution sur l'internet). – LELOUP, *D. 2000, n° 40, p. III* (circonstances et constance du droit de la franchise). – CONTIS et CORDIER, *JCP 2001. I. 313* (accords de distributions à l'épreuve de l'internet). – CHEVRIER, *D. 2001. Forum, p. 842* (synthèse de la 5e conférence juridique du collège des experts de la FFF). – SOROUR, *RJ com. 2001. 292* (droit de la concurrence et franchise). – FOURNIER, *D. 2002. 793* (équilibre des réseaux de franchise de parfumerie de luxe). – COLLARD et ROQUILLY, *Petites affiches 3 avr. 2002, p. 4* (réseaux de distribution fermés et commerce électronique). – FABRE et DANY, *D. 2003. 195* (application de la nouvelle définition des opérations de concentration à la franchise). – CASTAGNON, *Contrats Conc. Consom. 2003, Chron. n° 10* (internet et réseau de distribution). – LECOURT, *D. 2004. 623* (franchise et internet). – VILMART, *JCP E 2004, n° 32-35, p. 1282* (conséquences de la cession d'un franchiseur sur les contrats des franchisés). – VAN DE WYNCKELE-BAZELA, *D. 2004. 2487* (pacte de préférence et contrat de franchise). – MELLERIO et SAVOVA, *JCP E 2005, n° 30, p. 1285* (franchise internationale). – AUGAGNEUR, *JCP 2005. I. 158* (consentement du franchisé dans la succession de contrats de franchise). – MAINGUY, RESPAUD et CADORET, *Petites affiches 8 mars 2006, p. 3* (panorama de jurisprudence 2003-2005).

▶ Sur le Règl. CE n° 2790/99 du 22 déc. 1999 : BENSOUSSAN, *D. 2000. Chron. 629* (franchise : l'exclusivité territoriale vidée de sa substance). – V. aussi bibl. ss. art. 81 du Traité de Rome, *infra*, App., v° *Concurrence (II – Droit communautaire)*.

1. Définition de la franchise. Un contrat de franchise doit comporter la mise à disposition du franchisé par le franchiseur d'un nom commercial, de sigles et symboles, d'une marque ainsi que d'un savoir-faire et d'une collection de produits et services offerts d'une manière originale et spécifique et exploités suivant des techniques commerciales uniformes préalablement expérimentées et constamment mises au point et contrôlées. • Colmar, 9 juin 1982 : *D. 1982. 553, note Burst.* – Comp. : • Paris, 15 déc. 1992 : *RJ com. 1993. 151, note Martin-Serf.* ♦ Il ne peut y avoir contrat de franchise que si le franchiseur possède et met à la disposition du franchisé un savoir-faire propre, original ou substantiel. • Paris, 7 juin 1990 : *D. 1990. IR. 176* • 31 mars 1993 : *RJDA 1993, n° 613* • Com. 19 févr. 1991 : *D. 1992. Somm. 391, obs. Ferrier*. ♦ Comp., lorsque la franchise porte sur un nouveau concept : • Rouen, 14 mars 1992 : *RJDA 1992, n° 816.*

Le contenu du savoir-faire est fonction de la branche d'activité ou du produit, objet de la franchise. • Paris, 18 juin 1992 : *D. 1995. Somm. 76, obs. Ferrier ; RJDA 1993, n° 106.*

Sur les éléments essentiels et spécifiques du contrat de franchisage, V. aussi • Com. 8 juill. 1997 : *D. Affaires 1997. 960 ; RJDA 1997, n° 1481.* ♦ Sur la distinction entre franchise et licence de marque, V. • Versailles, 7 mars 2002 : *RJDA 2002, n° 829 ; Petites affiches 3 juill. 2003, p. 21, obs. Etner.* ♦ Sur la qualification de franchise et non de contrat de location de matériel pour un professionnel se présentant comme un partenaire privilégié dans le domaine de la laverie automatique qui guide et conseille à tous les stades de l'investissement en établissant un dossier de financement et en réalisant une étude de faisabilité, et comme prestataire d'un savoir-faire, V. • Lyon, 3 mars 2000 : *JCP 2002. IV. 1399.*

1 bis. A titre d'exemple, il a été jugé que constitue un savoir-faire suffisamment substantiel et original pour faire l'objet d'un contrat de franchise portant sur la location de voitures d'occasion, l'expérience accumulée par le franchiseur – tant dans la fourniture des véhicules indispensables à l'exercice de l'activité que dans la prospection de la clientèle potentielle et la gestion des agences – et rassemblée sous forme de recueils fournis aux franchisés et mis à jour périodiquement pour tenir compte de l'évolution de ces connaissances spécifiques et de celle du marché. • Paris, 12 janv. 1994 : *RJDA 1994, n° 795.* ♦ Un manuel opérationnel qualifié de « bible », ensemble volumineux, peu maniable, mêlant synthèses et emprunts, n'en constitue pas moins un outil de travail qui opère par son contenu et son agencement, une transmission d'informations et de savoir-faire. • Paris, 20 déc. 1995 : *D. Affaires 1996. 268.* – V. aussi • Aix-en-Provence, 30 nov. 1995 : *Bull. Aix 1995, n° 2, p. 266, obs. Laurent.*

L'originalité du savoir-faire du franchiseur peut consister en la combinaison d'une formule club, à laquelle les franchisés sont tenus de souscrire, et d'une assurance groupe destinée à attirer et fidéliser une clientèle spécifique recherchant à la fois l'optimisation de l'offre immobilière par l'accès à un service télématique et une actualisation des offres nées de l'envoi de publications régulières, le tout, avec une sécurité juridique résultant d'un service d'assistance ou du bénéfice d'une assurance. • Paris, 8 mars 1996 : *D. 1996. IR. 108.*

2. Faute de notoriété, la marque offerte par le franchiseur n'est pas une contrepartie aux obligations souscrites par le franchisé, le contrat de franchise se trouve privé de cause et doit être annulé. • Com. 9 oct. 1990 : *JCP E 1991. I. 39, n° 5, obs. Azéma.* ♦ Le franchiseur qui ne démontre pas avoir procédé aux formalités nécessaires pour rendre opposable aux tiers le transfert de la marque, acquise par apport partiel d'actif, ni au renouvellement de son dépôt à l'échéance décennale, ne peut se prévaloir de la propriété de ce signe distinctif dont il concède l'utilisation ; il s'ensuit qu'à défaut de cause le contrat de franchise doit être annulé. • Versailles, 7 févr. 2002 : *JCP 2003. II. 10127, note Viennois* • 9 déc. 1987 : *Cah. dr. entr. 1988, n° 2, p. 42, note Burst* • Com. 6 mai 2003 : *RJDA 2003, n° 1169* (résolution pour dol). ♦ V. aussi, à défaut de transmission d'un savoir-faire original et substantiel, • Com. 10 mai 1994 : *RJDA 1994, n° 1016* • 30 janv. 1996 : *RJDA 1996, n° 775.* ♦ En revanche, dès lors que le franchisé a bénéficié de l'usage de l'enseigne et des méthodes de commercialisation mises au point par le franchiseur, le contrat ne peut être annulé pour défaut de cause. • Com. 26 mars 1996 : *Contrats Conc. Consom. 1996, n° 98, note Leveneur.* ♦ Satisfait à ses obligations de transmission de savoir-faire, le franchiseur qui, d'une part, offre à la vente des produits sélectionnés de sa marque, conditionnés spécialement et bénéficiant d'une notoriété incontestable et qui, d'autre part, met ses produits à la disposition du franchisé en lui délivrant des conseils adaptés pour leur vente, même si ces conseils ne présentent aucun caractère original. • Versailles, 4 juill. 1996 : *Petites affiches 7 janv. 1998, p. 14, note Marot.*

3. Il n'est pas nécessaire que les produits soient originaux. • Paris, 18 juin 1992 : *préc. note 1.*

4. Exclusivité territoriale. BIBL. Lecourt, *D. 2004. 623* (internet). ♦ Le contrat de franchise n'est pas nul par le seul fait de l'absence d'une clause d'exclusivité territoriale. • Com. 9 nov. 1993 : *Bull. civ. IV, n° 403 ; D. 1995. Somm. 78, obs. Ferrier ; Contrats Conc. Consom. 1994, n° 23, note Leveneur* • Paris, 12 janv. 1994 : *préc. note 1 bis.* ♦ L'exclusivité territoriale n'est pas de l'essence du franchisage. • Paris, 2 mars 1999 : *JCP E 1999, n° 18-19, p. 792 ; Petites affiches 10 janv. 2000, p. 10, note Petitier.* ♦ ... Même en présence d'une exclusivité d'approvisionnement. • Com. 19 nov. 2002 : *D. 2003. Somm. 2427, obs. Ferrier ; Cah. dr. entr. 2003, n° 3, p. 23, obs. Mainguy ; RJDA 2003, n° 482* (cassation de • Lyon, 10 mai 2001 : *Petites affiches 23 juill. 2003, p. 15, note Marot*). – V. aussi *infra*, note 12.

4 bis. Sur la nécessaire indépendance du franchisé, V. note 2 ss. Arr. 21 févr. 1991, art. 1er, *supra.*

4 ter. La résolution judiciaire du contrat de franchise, aux torts exclusifs du franchiseur, peut être prononcée en cas de non-transmission du savoir-faire promis. • Com. 24 mai 1994 : *Contrats Conc. Consom. 1994, n° 191, note Leveneur.* ♦ Faute pour le franchiseur de rapporter la preuve qu'il a exécuté ses obligations essentielles en fournissant au franchisé le savoir-faire et l'assistance technique, le contrat de franchise doit être résolu. • Com. 27 janv. 1998 : *Bull. act. Lamy droit économique, mars 1998, p. 7.*

5. Pour la définition communautaire, V. Règl. CEE n° 4087/88, art. 1er, cité *supra.*

6. Détermination du prix. BIBL. *Jurisprudence postérieure à l'intervention de l'Assemblée plénière :* V. note 6 *bis* ss. art. L. 330-2. – *Jurisprudence antérieure :* Legeais, *JCP E 1992. I. 135.* ♦ La clause d'un contrat de franchisage faisant référence au tarif en vigueur au jour des commandes d'approvisionnement à intervenir n'affecte pas la validité du contrat, l'abus dans la fixation du prix ne donnant lieu qu'à résiliation ou indemnisation. • Cass., Ass. plén., 1er déc. 1995 : *Bull. civ. n° 8 ; BICC 5 janv. 1996, concl. Jéol, note Fossereau ; D. 1996. 13, concl. Jéol, note Aynès ; D. Affaires 1996. 20 ; JCP 1996. II. 22565, concl. Jéol, note Ghestin ; JCP E 1996. II. 776, note Leveneur ; Gaz. Pal. 1995. 2. 626, concl. Jéol, note de Fontbressin.* ♦ V. les autres arrêts du même jour, note 6 *bis* ss. art. L. 330-2. ♦ Dans le même sens, V. • Com. 26 mars 1996 : *RJDA 1996, n° 912 ; Contrats Conc. Consom. 1996, n° 136, note Leveneur* • 4 févr. 1997 : *D. 1998. Somm. 335, obs. Ferrier* • 23 févr. 1999 : *Contrats Conc. Consom. 1999, n° 68, obs. Leveneur ; Cah. dr. entr. 1999, n° 5, p. 21, obs. Mainguy.*

Un franchiseur ne commet pas d'abus dans l'application d'une clause d'approvisionnement exclusif dès lors que celle-ci concernait une liste élargie de fournisseurs, un guide étendu des achats, ainsi qu'un catalogue des produits et un tarif de vente indicatif, et que ledit franchiseur a laissé au franchisé la liberté de négocier les prix selon la loi du marché sans souffrir d'une position dominante et arbitraire. • Com. 21 janv. 1997 : *D. 1997. 414, note Jamin ; D. Affaires 1997. 311.*

V. aussi, se fondant déjà sur le critère de la bonne foi du franchiseur dans l'exécution du contrat, • Paris, 31 mars 1995 : *D. 1995. 582, note Ghestin .*

Sur la nécessité d'un prix déterminé ou déterminable, dans le cadre de la jurisprudence antérieure aux arrêts de l'Assemblée plénière, V. • Com. 12 janv. 1988 : *Bull. civ. IV, n° 31 ; RTD civ. 1988. 527, obs. Mestre* • 12 déc. 1989 : *Bull. civ. IV, n° 318 ; D. 1990. Somm. 369, obs. Ferrier* • 5 nov. 1991 : *Bull. civ. IV, n° 335 ; D. 1992. Somm. 266, obs. Aynès* • 19 nov. 1991 : *Bull. civ. IV, n° 356 ; D. 1993. 379, note Ghestin ; D. 1992, préc.* • 10 janv. 1995 : *Gaz. Pal. 1995. 2. 502.* ♦ V. aussi, *supra*, note 7 ss. art. L. 330-2, et, sur l'ancienne distinction entre les contrats ayant pour objet des obligations de faire et ceux ayant pour objet des obligations de donner, V. note 20 ss. ce même art.

6 bis. Dans le cadre de l'exécution de la clause d'approvisionnement exclusif figurant au contrat de franchise, le fait que les prix ne pussent être librement débattus et acceptés par les parties avait pour effet de rendre nul le contrat et d'autoriser le franchisé à faire constater et prononcer cette nullité, même après un accord de résiliation des conventions. • Com. 8 nov. 1994 : *Bull. civ. IV, n° 331 ; D. 1995. IR. 5 ; Contrats Conc. Consom. 1995, n° 5, note Leveneur ; Defrénois 1995. 341, obs. Delebecque.* – V. aussi • Paris, 24 mars 1995 : *D. 1995. IR. 127.*

En ce sens que ne dépendaient pas de la seule volonté du franchiseur des prix ne pouvant être modifiés qu'après avis d'une commission de conciliation et de concertation, V. • Com. 24 mai 1994 : *Contrats Conc. Consom. 1994, n° 190, note Leveneur.* ♦ V. aussi, dès lors que le contrat prévoyait, en cas de contestation, la fixation du prix par expert, • Paris, 20 oct. 1995 : *D. Affaires 1995. 223.*

Sur la validité de cette clause, V. note 40 ss. art. L. 420-1.

7. Fonds de commerce. BIBL. De Belot, *Gaz. Pal. 1996. 1. Doctr. 538.* – Boccara, *ibid. 1994. 2. Doctr. 1256.* – Baschet, *ibid. 1996. 1. Doctr. 557 ; ibid. 1994. 2. Doctr. 1256.* – Guillemain, *Loyers et copr. 1996, Chron. 9.* – R. Fabre, *Cah. dr. entr. 1996, n° 3, p. 17.* – Derruppé, *AJPI 1997. 1002.* – Le Floch, *in Mélanges Champaud, Dalloz, p. 405.* – Bensoussan, *D. 2001. 2498* (la « clientèle au franchisé », facteur d'illégitimité de la clause de non-rétablissement). – Proost et Brisard, *Petites affiches 11 avr. 2002, p. 4* (clientèle et franchise : le divorce du droit et de l'économie). – Binder, *AJDI 2001. 1054* (mythe de la propriété de la clientèle : la franchise). – De Panafieu, *ibid. 1062* (le mythe de la propriété de la clientèle dans les centres commerciaux). – Boccara, *AJDI 2002. 502* (régime locatif des franchisés et renouvellement des concepts sur le fonds de commerce). – Fabre, *Cah. dr. entr. 2002, n° 5, p. 24* (autonomie du fonds de commerce du franchisé). – Dumont-Lefrand, *RTD com. 2003. 43* (bail commercial et droit de la distribution). ♦ Si une clientèle est au plan national attachée à la notoriété de la marque du franchiseur, la clientèle locale n'existe que par le fait des moyens mis en œuvre par le franchisé, parmi lesquels les éléments corporels de son fonds de commerce, matériel et stock, et l'élément incorporel que constitue le bail. Cette clientèle fait elle-même partie du fonds de commerce du franchisé puisque, même si celui-ci n'est pas le propriétaire de la marque et de l'enseigne mises à sa disposition pendant l'exécution du contrat de franchise, elle est créée par son activité, avec des moyens que, contractant à titre personnel avec ses fournisseurs ou prêteurs de deniers, il met en œuvre à ses risques et périls. • Civ. 3e, 27 mars 2002 : *Bull. civ. III, n° 77 ; D. 2002. 2400, note Kenfack* et *AJ. 1487, obs. Chevrier ; JCP 2002. II. 10112, note Auque ; Petites affiches 4 févr. 2003, p. 3, note Marot ; AJDI 2002. 376, obs. Blatter ; Contrats Conc. Consom. 2002, n° 111, obs. Malaurie-Vignal ; ibid. n° 155, obs. Leveneur.* ♦ Le franchiseur reconnaissant au franchisé le droit de disposer des éléments constitutifs de son fonds, une cour d'appel en a déduit exactement que le preneur était en droit de réclamer le paiement d'une indemnité d'éviction. • Même arrêt. ♦ La sanction d'une éventuelle perte de clientèle, voire d'un insuccès total, frappant directement le franchisé au point, le cas échéant, de mettre en péril l'existence de son fonds alors que le franchiseur n'est atteint que de manière différée, il en résulte que la clientèle attachée au fonds est celle du franchisé, laquelle est donc autonome par rapport à celle du franchiseur, cette constatation n'étant pas en contradiction avec le fait qu'il y a interdépendance entre franchiseur et franchisé laquelle se traduit aussi schématiquement : sans fonds du franchisé, pas de création de clientèle pour le franchiseur, et, sans franchiseur, pas de clientèle pour le franchisé. • Paris, 4 oct. 2000 (2 arrêts) : *D. 2001. Somm. 301, obs. Ferrier ; ibid. 1718, note Kenfack ; JCP 2001. II. 10467, note Boccara ; Rev. loyers 2000. 517, obs. Azéma ; AJDI 2001. 244, obs. Derruppé ; et 582, note Raynaud,* ♦ infirmant • TGI Paris, 30 oct. 1998 : *Gaz. Pal. 28-30 mars 1999, p. 32, obs. Barbier.* – Sur ce jugement, V. Boccara, *D. 2000. Chron. 15.* ♦ Jugeant, en réponse au bailleur qui prétendait qu'en raison des stipulations contractuelles le franchisé ne maîtrisait pas les risques de l'exploitation de sorte que le titulaire de la clientèle était en réalité le franchiseur, que si le franchiseur exige de recevoir périodiquement les pièces comptables du franchisé c'est non parce qu'il assume les risques pris par le franchisé mais au contraire pour en prévenir les effets à son égard en résiliant si nécessaire le contrat, V. • Paris, 3 juill. 2002 : *D. 2003. Somm. 2429, obs. Ferrier.* ♦ Comp., considérant que pour qu'un locataire franchisé ou concessionnaire d'une marque soit considéré comme ayant un fonds de commerce en propre, il faut qu'il apporte la preuve de ce qu'il a une clientèle liée à son activité personnelle, indépendamment de son attrait en raison de la marque du franchiseur ou du concédant, ou bien qu'il démontre que l'élément du fonds qu'il apporte, le droit au bail, attire la clientèle de manière telle qu'il prévaut sur la marque. • Paris, 16e ch. A, 6 févr. 1996 : *D. 1997. Somm. 57, obs. Ferrier ; D. Affaires 1996. 446 ; JCP 1997. II. 22818, note Boccara ; Defrénois 1996. 926, obs. Le Cannu* (confirmant • TGI Évry, 9 déc. 1993 : *D. 1995. Somm. 154, obs. Rozès ; Gaz. Pal. 1994. 1. 203, note de Belot ; Petites affiches 24 août 1994, p. 16, note Gast et Lanciaux*). ♦ Rappr. note 12 *ter.* ♦ *Contra,* au motif que « le contrat de franchise instaure une collaboration entre le franchisé et le franchiseur pour le développement d'une clientèle, qui pour n'être la propriété ni de l'un, ni de l'autre, n'en est pas moins indiscutablement le fruit des efforts des deux partenaires, mais sans que l'on puisse dénier au franchisé la qualité de propriétaire du fonds de commerce dès lors qu'il est bien titulaire d'un ensemble de droits l'autorisant à exploiter une clientèle ». • TGI Paris, 26 sept. 1995 : *Gaz. Pal. 1996. 1. Somm. 129, obs. Barbier ; Administrer janv. 1996. 57.* ♦ V. déjà, faisant bénéficier la franchise du statut des baux commerciaux, • TGI Paris, 24 nov. 1992 : *mêmes réf. que TGI Évry, préc.* – V. aussi • Versailles, 24 mars 1988 : *D. 1988. IR. 24.*

V. dans le domaine de la distribution des produits pétroliers, • Com. 27 févr. 1973 : *D. 1974. 283, note Derruppé.* ♦ Pour un arrêt caractérisant, à l'occasion d'une cession de fonds de commerce dans le domaine de la haute couture, l'existence d'une clientèle propre au franchisé, V. • Civ. 3e, 20 déc. 2000 : *BRDA 2001, n° 3, p. 9.* ♦ Sur l'abandon de l'exigence d'une clientèle propre *prépondérante* comme condition au bénéfice du statut des baux commerciaux, V. • Civ. 3e, 19 mars 2003 : *préc. note 3 ss. art. L. 141-5.*

Sur la prise en location-gérance du fonds de commerce par le franchisé, V. • Versailles, 18 janv. 1988 : *D. 1988. IR. 77* • Paris, 1er déc. 1994 : *RJDA 1995, n° 279 ; Petites affiches 25 août 1995, p. 8, note Marot.*

8. Droit de la concurrence. **BIBL.** Granier, *RTD com. 1991. 358* (prix imposés et conseillés). ♦ Le franchiseur est en droit de se prévaloir à l'égard des tiers des obligations qu'il contracte dans le cadre des conventions conclues avec les franchisés dès lors qu'il justifie du progrès économique apporté par le réseau mis en place et du profit en résultant pour les utilisateurs. • Paris, 13 juill. 1993 : *D. 1993. IR. 239.* ♦ Dès lors, est licite son refus de vente à un commerçant étranger au réseau ; ce refus de vente n'est pas non plus contraire aux dispositions de l'art. 85-1 [désormais 81-1] du Traité de Rome, d'une part, pour les mêmes motifs que dans le cadre de la législation interne et, d'autre part, parce qu'il bénéficie de l'exemption édictée par le règl. CEE n° 4087-88 du 30 nov. 1988 relatif aux accords de franchise, selon lequel l'interdiction des accords entre entreprises, susceptibles de restreindre le jeu de la concurrence est inapplicable aux accords de franchise auxquels ne participent que deux entreprises et qui comportent notamment l'obligation pour le franchiseur de ne pas fournir lui-même des produits à des tiers. • Même arrêt. – Dans le même sens : • Paris, 20 mars 1995 : *Gaz. Pal. 1995. 2. Somm. 490.* ♦ V. aussi notes 38 s. ss. art. L. 330-2.

8 bis. Sur la validité de la clause d'approvisionnement exclusif, V. note 40 ss. art. L. 420-1.

9. Pour la nullité d'un contrat de franchise fondée sur l'illicéité d'une clause prévoyant des marges conseillées, V. • Com. 1er juin 1993 : *Bull. civ. IV, n° 222 ; D. 1993. IR. 162 ; Contrats Conc. Consom. 1993, n° 175, note Vogel* • 2 juill. 2002 : *D. 2003. Somm. 2430, obs. Ferrier ; RJDA 2002, n° 1206.* ♦ ... D'un contrat de franchise prévoyant que le franchiseur fixe unilatéralement le prix des marchandises achetées par le franchisé et que ce dernier est tenu d'appliquer le prix de revente transmis par le franchiseur. • Com. 7 oct. 1997 : *Contrats Conc. Consom. 1998, n° 2, note Leveneur.* ♦ V. aussi sanctionnant la pratique consistant en la diffusion, par le franchiseur, de documents, destinés à la clientèle du franchisé, comportant les taux de commission et les frais forfaitaires fixes préimprimés, • Paris, 8 juill. 1994 : *D. 1994. IR. 224* • Cons. conc. n° 96-D-36 du 28 mai 1996 : *D. 1997. Somm. 63, obs. Ferrier*. ♦ ... Ou celle consistant à indiquer le prix « conseillé » sur une étiquette devant être obligatoirement agrafée sur le vêtement à vendre, • Pau, 22 juin 1995 : *Gaz. Pal. 1996. 1. 75.* ♦ En revanche, l'obligation souscrite par le franchisé d'utiliser les tarifs de base du franchiseur n'est pas illicite dès lors qu'il s'agit de tarifs maxima que le franchiseur peut définir afin d'assurer l'homogénéité du réseau de franchise. • Paris, 16 juin 1993 : *D. 1993. IR. 214* • 2 mars 1999 : *préc. note 4.*

Considérant que la pratique des prix imposés directement ou indirectement par le franchiseur, outre la violation de la réglementation de la concurrence qu'elle peut générer, méconnaît le statut d'indépendance du franchisé et peut entraîner l'annulation de la convention, V. • Paris, 2 mars 1999 : *préc. note 4.*

V. aussi notes 6, 30 et 40 *bis* ss. art. L. 420-1.

9 bis. Refus de renouvellement du contrat. Le non-renouvellement d'un contrat à durée déterminée ne constitue pas une rupture des conventions commerciales lorsque celles-ci ont pris fin en application du contrat, sous réserve de la preuve, par le franchisé, que le refus de renouvellement présente le caractère d'un abus de droit ou d'une malveillance. • Com. 5 juill. 1994 : *Contrats Conc. Consom. 1994, n° 219, note Leveneur.* ♦ Le non-renouvellement d'un contrat de franchise venu à expiration est un droit pour le franchiseur qui n'engage sa responsabilité qu'en cas d'abus dans l'exercice de celui-ci, abus dont la preuve incombe à celui qui s'en prétend victime. • Paris, 12 janv. 2005 : *Petites affiches 8 déc. 2005, p. 9, note Marot ; Lettre distrib. mai 2005, p. 3.* ♦ L'envoi des documents précontractuels d'information ainsi que d'un exemplaire du nouveau contrat type en vigueur ne saurait s'analyser en une proposition formelle de reconduction. • Même arrêt. ♦ Le franchiseur n'est pas tenu d'une obligation d'assistance de son franchisé en vue de sa reconversion. • Même arrêt. – V., en matière de concession exclusive, note 34 *ter* ss. art. L. 330-2.

9 ter. Résiliation du contrat. En application de l'art. 1184 C. civ., il ne peut être valablement mis fin de manière anticipée au contrat de franchise liant les parties qu'à la condition que la preuve soit rapportée de manquements suffisamment graves de l'une d'entre elles à ses obligations contractuelles. • Versailles, 13 mai 2004 : *Gaz. Pal. 2005. Somm. 1367, obs. Forgeron et Grasset.* ♦ La résiliation du contrat de franchise étant exclusivement imputable au franchiseur, celui-ci ne saurait prétendre à des dommages et intérêts pour non-paiement de factures, cette résiliation emportant celle des commandes non encore livrées. • Rouen, 22 sept. 1994 : *JCP 1995. IV. 303.* ♦ V. aussi cet arrêt pour l'indemnité allouée au franchisé du fait des investissements effectués. ♦ Sur cette question du préjudice, V. également • Paris, 28 mars 1997 : *D. Affaires 1997. 667* • 19 févr. 1998 : *Gaz. Pal. 1999. 1. Somm. 304.*

La diffusion par le franchiseur, deux mois avant l'expiration du contrat, d'une circulaire annonçant dans le territoire protégé par l'exclusivité conférée au franchisé les nom et adresse d'un nouveau franchisé et invitant les clients à prendre contact « dès à présent » pour plus d'information avec ce revendeur, constitue une atteinte fautive à l'exclusivité toujours en vigueur consentie au franchisé. • Com. 12 nov. 1996 : *D. 1996. IR. 263 ; D. Affaires 1997. 248.*

L'inexécution d'une convention peut être justifiée, si le cocontractant n'a lui-même pas satisfait à une obligation contractuelle, même découlant d'une convention distincte, dès lors que l'exécution de cette dernière est liée à celle de la première. Un tel lien n'existe pas entre les obligations résultant du contrat de franchise, d'une part, et celles découlant des ventes conclues entre les parties à ce contrat, d'autre part, dans la mesure où l'obligation de payer le prix d'une marchandise n'est pas la contrepartie de la bonne exécution du contrat de franchise, mais seulement celle de la délivrance d'une chose conforme à la commande en exécution du contrat de vente.

• Com. 12 juill. 2005 : *JCP 2005. I. 194, n° 19, obs. Constantin ; Defrénois 2006. 610, obs. Libchaber ; RJDA 2005, n° 1316.*

10. Obligation de non-concurrence. **BIBL.** Bensoussan, *D. 2001. 2498* (la « clientèle au franchisé », facteur d'illégitimité de la clause de non-rétablissement). – Jamin, *D. 2003. 2878* (clause de non-concurrence et contrat de franchise). ♦ La clause insérée dans un contrat de franchise, aux termes de laquelle, à l'expiration de celui-ci, le franchisé s'interdit de concurrencer le franchiseur n'est valable que si, limitée dans le temps ou dans l'espace, elle n'empêche pas l'ancien franchisé d'exercer sa profession. • Com. 29 mai 1980 : *Bull. civ. IV, n° 220* • 12 janv. 1988 : *ibid. IV, n° 31 ; D. 1989. Somm. 269, obs. Serra.* ♦ V. aussi, • Douai, 15 oct. 2001 : *RJDA 2002, n° 757* • Paris, 23 oct. 1986 : *D. 1988. Somm. 173, obs. Serra.* ♦ De plus, l'engagement de non-concurrence doit être nécessaire pour protéger les intérêts légitimes du franchiseur en rapport avec l'objet du contrat. • Com. 14 nov. 1995 : *D. 1997. Somm. 59, obs. Ferrier*. ♦ Il appartient ainsi aux juges du fond de rechercher si l'engagement n'était pas proportionné aux intérêts légitimes du franchiseur au regard de l'objet du contrat. • Com. 1er juill. 2003 : *JCP E 2004, n° 22, p. 869, note Moracchini-Zeidenberg ; Contrats Conc. Consom. 2003, n° 152, note Leveneur* • 1er juill. 2003 : *D. 2004. Somm. 1153, obs. Picod ; RJDA 2004, n° 8.* ♦ Pour une clause considérée comme une pratique restrictive de concurrence, au sens de l'art. 7 de l'ord. du 1er déc. 1986 [C. com., art. L. 420-1], V. • Cons. conc. n° 97-D-48 du 18 juin 1997 : *BOCC 17 sept. 1997 ; D. 1998. Somm. 223, obs. Serra*. – V. aussi Marot, *Petites affiches 27 nov. 1998, p. 20.*

11. Le règl. CEE n° 4087/88 a admis la validité d'une telle clause en en limitant toutefois la durée à une année après l'expiration du contrat et le champ d'application au seul territoire où la franchise a été exploitée. • Paris, 4 mars 1991 : *D. 1991. IR. 103.* ♦ Sur le pouvoir de réduction du juge, V. • Paris, 26 juin 1997 : *D. Affaires 1997. 1185.* ♦ V. note 17.

11 bis. Le règl. CEE n° 4087/88, qui limite à une année l'application d'une clause contractuelle de non-concurrence, ne concerne que les clauses de non-rétablissement de l'ancien franchisé et non la clause lui interdisant d'adhérer, directement ou indirectement, à un réseau de franchise ou à un réseau de distribution analogue pendant une durée de deux ans sur le territoire qui lui a été concédé. • Paris, 18 déc. 1998 : *D. Affaires 1999. 420, obs. E. P.*

Retenant la validité d'une clause de non-concurrence stipulée dans une franchise dès lors qu'il est établi, d'une part, qu'elle était nécessaire pour maintenir l'identité commune ou la réputation du réseau et que, d'autre part, elle n'interdisait pas la poursuite d'une activité identique sous une autre enseigne et procurait seulement au franchiseur un délai d'un an pendant lequel l'implantation par l'ancien franchisé d'une enseigne renommée concurrente ne serait pas possible de sorte qu'il pourra reconstituer son réseau localement, V. • Com. 22 févr. 2000 : *JCP E 2000, n° 37, p. 1429, note Leveneur ; Contrats Conc. Consom. 2000, n° 92, obs. Leveneur et n° 99, obs. Poillot-Peruzzetto.* ♦ Dès lors que la clause de non-réaffiliation imposée au franchisé n'interdit pas la poursuite d'une activité commerciale identique et se trouve limitée dans le temps et dans l'espace, une cour d'appel peut retenir qu'elle ne viole aucune règle d'ordre public. • Com. 17 janv. 2006 : *D. 2006. AJ. 498, obs. Chevrier ; Contrats Conc. Consom. 2006, n° 67, obs. Malaurie-Vignal ; Lettre distrib. févr. 2006, p. 1, obs. Raynard ; RLDA mai 2006, p. 39, note Kenfack.* ♦ V. aussi distinguant l'exercice de l'activité au sein d'une organisation avec autrui et l'exercice de cette même activité à titre individuel et en toute indépendance : • Com. 8 juill. 2003 : *RJDA 2004, n° 36.* ♦ ... Ou condamnant une clause de non réaffiliation auprès d'une enseigne existante pendant une durée d'un an dans la mesure où elle ne tend pas à la protection d'un savoir-faire substantiel et identifié mais vise exclusivement à protéger un territoire et à assurer la reconstitution locale du réseau : • Rennes, 23 mars 2004 : *JCP E 2005, n° 11, p. 474, obs. Raynard ; Lettre distrib. nov. 2004, p. 3.*

12. Respect d'une zone d'exclusivité. V. • Com. 27 mars 1990 : *Bull. civ. IV, n° 96* • 16 juin 1992 : *Contrats Conc. Consom. 1992, n° 199* • Versailles, 12 juin 1997 : *D. Affaires 1997. 931.* ♦ Sur le respect de la clause d'exclusivité territoriale, V. • Com. 9 mars 1993 : *Contrats Conc. Consom. 1993, n° 107, obs. Leveneur* • Paris, 23 janv. 1992 : *D. 1992. IR. 126* • 9 juin 1995 : *D. Affaires 1995. 20* • T. com. Paris, 7 mars 1995 : *Gaz. Pal. 1996. 1. Somm. 41* • Aix-en-Provence, 15 sept. 1995 : *Bull. Aix 1995, n° 2, p. 270, obs. Laurent.* – V. aussi *supra*, note 4. ♦ En ce sens que la clause d'un contrat de franchise par laquelle le franchiseur s'engage « à ne pas accorder de franchise et à ne pas installer par lui-même un magasin » dans la zone de chalandise du magasin du franchisé interdit seulement au franchiseur de créer dans cette zone de nouveaux magasins en franchise ou en gestion directe, mais non d'y modifier le mode d'exploitation de magasins existants du réseau, V. • Com. 11 janv. 2000 : *BRDA 2000, n° 4, p. 8.* ♦ Dans le même sens, V. • Toulouse, 16 oct. 2002 : *Lettre distrib. janv. 2003, p. 3.* ♦ Sur l'absence de responsabilité du franchiseur dès lors que les produits vendus dans la zone d'exclusivité concédée au franchisé étaient dégriffés, V. • Com. 14 janv.

2003 : *Contrats Conc. Consom. 2003, n° 70 ; Petites affiches 15 juin 2004, p. 14, obs. Baccichetti.* ♦ ... Ou que la boutique concurrente commercialisait la collection homme alors que le franchisé s'était toujours limité à la collection femme, même si l'exclusivité consentie portait sur l'intégralité de la collection. • Paris, 16 oct. 2002 : *Lettre distrib. janv. 2003, p. 2.*

Un gérant associé ne peut se voir reprocher des actes de concurrence déloyale par non-respect des obligations découlant d'un contrat de franchise et notamment la garantie de jouissance paisible et l'exclusivité géographique prévue alors que le contrat de franchise a été conclu entre la société demanderesse et une société dont le gérant est associé et que la faute personnelle du gérant poursuivi n'est pas caractérisée. • Com. 17 déc. 2002 : *Bull. Joly 2003. 423, note Godon.* ♦ En l'état d'une clause qui se borne à garantir au franchisé l'exclusivité territoriale dans un secteur déterminé, rien ne s'oppose à l'ouverture d'un site internet par le franchiseur, la création d'un site internet n'étant pas assimilable à l'implantation d'un point de vente dans le secteur protégé. • Com. 14 mars 2006 : *D. 2006. AJ. 914, obs. Chevrier ; JCP 2006. IV. 1832 ; RJDA 2006, n° 640 ; RLDA mai 2006. 51, obs. Méar ; Lettre distrib. avr. 2006, p. 3* (cassation de • Bordeaux, 26 févr. 2003 : *JCP E 2004, n° 14, p. 540 ; Comm. com. élec. 2004, n° 160, obs. Stoffel-Munck ; RJDA 2004, n° 805*, qui avait jugé que le fait pour un franchiseur de développer un site marchand sur internet troublait l'usage paisible de l'exclusivité concédée au franchisé).

12 bis. V., reconnaissant la possibilité pour un franchiseur d'ouvrir, après rupture du contrat de franchise, un point de vente à promixité du fonds d'un ancien franchisé, • Paris, 21 avr. 2000 : *D. 2000. AJ. 313 ; D. 2002. Somm. 1264, obs. Auguet.*

12 ter. Sur la responsabilité contractuelle pour acte de concurrence déloyale d'un franchiseur ayant tenté de détourner la clientèle du franchisé en utilisant le fichier de clientèle de ce dernier, V. • Paris, 24 janv. 2002 : *D. 2003. Somm. 2428, obs. Ferrier ; RJDA 2002, n° 626.*

13. Obligations du franchiseur. En matière de commercialisation de produits de luxe, la renommée d'une marque doit compenser l'importance des investissements mis à la charge du franchisé et cette compensation nécessaire à l'équilibre du contrat le liant à son unique franchisé en France nécessite, de la part du franchiseur, un effort particulièrement important de publicité et de promotion pour faire connaître sa marque et pallier ainsi l'absence de notoriété. • Com. 12 juill. 1993 : *Contrats Conc. Consom. 1993, n° 207, note Leveneur.* – V. aussi • Com. 1er févr. 1994 : *ibid. 1994, n° 93.*

14. Sur l'obligation d'assistance du franchisé, V. • Paris, 4 mars 1991 : *D. 1991. IR. 103* • 23 janv. 1992 : *D. 1992. Somm. 392, obs. Ferrier* • Com. 7 mars 1995 : *RJDA 1995, n° 836* (obligation de conseil à l'occasion du transfert du fonds de commerce dans un centre commercial) • Aix-en-Provence, 9 févr. 1996 : *Bull. Aix 1996, n° 2, p. 265, obs. Laurent.* ♦ V. aussi • Com. 17 nov. 1998 : *Bull. civ. IV, n° 271 ; RJDA 1999, n° 30* • 7 mars 2000 : *RJDA 2000, n° 756 ; RTD civ. 2000. 829, obs. Mestre et Fages* (obligation de renseignement sur la procédure collective du franchiseur) • 8 janv. 2002 : *RJDA 2002, n° 494 ; Petites affiches 3 juill. 2003, p. 26, obs. Malaurie-Vignal* (obligation de conseil en matière d'implantation et d'architecture du point de vente – station de lavage – malgré l'expérience du franchisé dans l'exploitation de ce type de centre). ♦ Pour une illustration de l'obligation pour le franchiseur de respecter tout engagement pris dans le cadre d'un avant-contrat et par lequel il s'oblige notamment à apporter son assistance au candidat en vue de son installation, V. • Versailles, 27 févr. 2003 : *RJDA 2003, n° 584.* ♦ Comp., cassant l'arrêt d'appel sanctionnant un franchiseur pour ne pas avoir redéfini un nouveau plan financier ni conseillé à son franchisé d'arrêter la poursuite de l'activité déficitaire, sans préciser quelles dispositions du contrat de franchise stipulant l'obligation de conseil auraient été méconnues : • Civ. 3e, 17 mai 2005 : *Contrats Conc. Consom. 2005, n° 169, obs. Malaurie-Vignal.*

Sur l'obligation faite au franchiseur, qui modifie son mode de distribution en adoptant des contrats de dépôts, de respecter ses engagements antérieurs à l'égard du franchisé, qui n'avait pas été intégré au nouveau système, V. • Paris, 15 sept. 2000 : *D. 2000. AJ. 389, obs. Chevrier.* ♦ Sur la cessation, par le franchiseur, de sa fonction de centrale d'achat, V. • Com. 20 mai 2003 : *Cah. dr. entr. 2003, n° 5, p. 43, obs. Respaud ; Lettre distrib. sept. 2003, p. 2.*

14 bis. Troubles du voisinage. Sur la responsabilité quasi délictuelle du franchiseur dans l'exploitation d'une station-service ayant causé des troubles anormaux du voisinage, V. • Civ. 2e, 21 mai 1997 : *Bull. civ. II, n° 157 ; D. 1998. 150, note Fages ; Contrats Conc. Consom. 1997, n° 128, obs. Leveneur ; JCP 1998. II. 10057, note Mauger-Vielpeau.*

14 ter. Cession du fonds de commerce du franchisé. Le refus d'agrément du cessionnaire des parts sociales du franchisé par le franchiseur, qui possède une minorité de blocage dans la société du franchisé, n'est pas constitutif d'un abus de droit. • Paris, 29 juin 1995 : *Rev. dr. bancaire 1995. 189, obs. Germain et Frison-Roche.*

Même si la résiliation du contrat de franchise n'est pas intervenue sur l'initiative du franchisé mais comme une conséquence nécessaire de la vente, avant le terme du contrat de franchise, du fonds de commerce à laquelle avait procédé le franchisé, celui-ci doit être déclaré seul responsable de la rupture. • Paris, 30 juin 2000 : *D. 2000. AJ. 379, obs. Chevrier*. – Comp. • Nîmes, 8 sept. 2005 : *Lettre distrib. déc. 2005, p. 3.*

15. Absorption du franchiseur. BIBL. Vilmart, *JCP E 2004, n° 32-35, p. 1282* (conséquences de la cession d'un franchiseur sur les contrats des franchisés). – Augagneur, *JCP 2005. I. 158* (consentement du franchisé dans la succession de contrats de franchise). ♦ En cas de reprise d'un franchiseur par un autre, l'économie du contrat de franchise ne peut être modifiée sans que le franchisé ait donné son accord. • Com. 3 janv. 1996 : *RJDA 1996, n° 490.*

Le franchisé ne peut obtenir la résolution du contrat du fait que le franchiseur a procédé à un apport partiel d'actif soumis au régime des scissions. • Pau, 24 janv. 1996 : *Cah. jurispr. Aquitaine 1996, n° 2, p. 89.* ♦ Sur la résiliation aux torts exclusifs du franchiseur d'un contrat de franchise qui, en raison du rachat de la franchise par un distributeur concurrent, n'a pas été exécuté jusqu'à son terme conformément aux stipulations contractuelles, V. • Rouen, 9 nov. 2000 : *RJDA 2001, n° 290* (infirmée par • Com. 20 mai 2003 : *JCP E 2004, n° 12, p. 461, obs. André*, faute pour la cour d'appel d'avoir suffisamment démontré le caractère déterminant de l'obligation litigieuse). ♦ Pour un contrat stipulant une clause excluant le caractère *intuitu personae* du contrat à l'égard du franchiseur, V. • Lyon, 23 oct. 2003 : *Lettre distrib. nov. 2003, p. 2.* ♦ Sur l'imputabilité et l'indemnisation de la rupture d'un contrat de franchise en cas de cession à un tiers du franchiseur lui-même et de l'enseigne commune au réseau sans l'accord des franchisés, V. • Rennes, 20 janv. 2004 : *JCP E 2004, n° 32-35, p. 1282, note Vilmart.* ♦ Sur les conséquences du refus d'un franchisé d'accepter le successeur du franchiseur, V. • Com. 28 juin 2005 : *RJDA 2005, n° 1207 ; Lettre distrib. nov. 2005, p. 2.*

16. Publicité fausse. Est caractérisée l'infraction de publicité fausse à la charge du franchisé qui a utilisé des affiches mensongères fournies par le franchiseur. • Crim. 27 nov. 1990 : *D. 1991. IR. 35.*

17. Droit communautaire. BIBL. Leloup, *JCP 1989. I. 3395* (règl. n° 4087/88). – Gastinel, *RTD eur. 1992. 465* (procédure d'opposition). ♦ Sur la jurisprudence de la Cour de justice des Communautés européennes, V. • CJCE 28 janv. 1986 : *Gaz. Pal. 1986. 1. 198* (affaire Pronuptia). – V. Clément, *Gaz. Pal. 1986. 1. Doctr. 226.* – Laurent, *ibid. 1986. 1. Doctr. 172.*

18. Compétence juridictionnelle. Le contrat de franchise n'étant pas nécessairement commercial, s'agissant d'un litige opposant le franchiseur à un franchisé artisan indépendant non inscrit au registre du commerce, le tribunal de commerce n'est pas compétent. • Com. 25 oct. 1994 : *Contrats Conc. Consom. 1995, n° 27, note Leveneur.*

LIVRE QUATRIÈME DE LA LIBERTÉ DES PRIX ET DE LA CONCURRENCE

BIBL. GÉN. ▶ Biolay, *D. 1987. Chron. 183*. – Gavalda et Lucas de Leyssac, *ALD 1988. 47*. – Jeantet, *JCP 1987. I. 3277*. – Malaurie-Vignal, *D. 1995. Chron. 51* (droit de la concurrence et droit des contrats) ; *Cah. dr. entr. 1998, n° 5, p. 10 ; ibid. 1999, n° 2, p. 16* (lexique de droit de la distribution et de la concurrence). – D. Brault, *RJDA 1995, p. 90* (dualité des régimes de contrôle). – Houin-Saint-Alary, *Rev. inter. dr. éco. 1995. 169*. – Nlend, *Petites affiches 31 juill. 1996, p. 23* (rôle de la DGCCRF). – Danet, *D. Affaires 1996. 1370* (le droit anti-trust doit-il être « économiquement correct » ?). – Arhel, *JCP E 1997. I. 626* (coopérative agricole). – Vogel, *ibid. 713* (droit de la concurrence et puissance d'achat : plaidoyer pour un changement) ; *D. Affaires 1999. 1464* (abus de puissance d'achat : du contrôle direct au contrôle indirect). – Blaise, *Mélanges Champaud, Dalloz, p. 86*. – Fages et Mestre, *RTD com. 1998. 71* (emprise du droit de la concurrence sur le contrat). – Pichaud, *Contrats Conc. Consom. 1999. Chron. 1* (informatique et droit de la concurrence). – Colloque du 7 avr. 1999, *Petites affiches 21 juill. 1999* (droit boursier et droit de la concurrence). – Idot, *ibid. 23 mars 2000, p. 4* (liberté de concurrence en France). – Dix ans d'application de l'ord. du 1er déc. 1986, *Gaz. Pal. 1997. 1. Doctr. 232*. – Claudel, *RTD com. 1999. 291* (le consentement en droit de la concurrence, consécration ou sacrifice). – Fourgoux, *Gaz. Pal. 2-4 janv. 2000, p. 65* (un droit de la concurrence ou une éthique de la concurrence pour le 3e millénaire). – Colloque du 7 juin 2000, *Petites affiches 28 déc. 2000* (efficacité des décisions en droit de la concurrence). ▶ Sur l'influence du droit communautaire : Vogel, *JCP 1992. I. 3550*. – J.-C. et J.-L. Fourgoux, *JCP E 1994. I. 325* (concurrence des compétences). – Babusiaux, *D. 1998. Chron. 249* (pour un espace européen de la concurrence). – Chérot, *Petites affiches 8 nov. 2000, p. 2* (nouveaux enjeux de la politique de la concurrence). – Alfredo, *D. 2000. Chron. 645* (droit de la concurrence : approche franco-espagnole). – Colloque du 15 oct. 1999, *Cah. dr. entr. 2000, n° 3* (droit de la concurrence et droit privé). – Larue, *ibid. n° 5, p. 5* (confrontation entre règles du droit des sociétés et du droit de la concurrence). – Luc, *Petites affiches 14 juin 2001, p. 8* (assurance et concurrence). – Charbit, *D. 2002. Jur. 631* (même thème). – Poulet et Robert, *RJ com. 2001. 254* (de Balladur à la NRE, 15 ans de régulation du droit de la concurrence en France, une approche comparée du droit et de l'économie). – Colloque du 6 déc. 2000, *Gaz. Pal. 9-10 nov. 2001* (conquête de la clientèle et droit de la concurrence). – Decocq, *RJ com. nov. 2001, n° spéc., p. 89* (dépénalisation du droit de la concurrence). – Lesguillons, *Gaz. Pal. 2003. Doctr. 1495* (la solitude pondérée de l'arbitre face au droit de la concurrence). – Mallet-Poujol, *Petites affiches 29 août 2003, p. 18* (accès aux œuvres d'art et droit de la concurrence). – Fichet, *ibid. 17 oct. 2003, p. 3* (secteur des télécommunications). – Decocq, *Contrats Conc. Consom. 2003 Chron. 13 ; Comm. com. élec. 2003. Chron. 24* (commerce électronique et droit de la concurrence). – Gruwez, *Gaz. Pal. 2003. Doctr. 3394* (renouveau du droit de la concurrence sur les marchés du droit et du conseil). – Brunet, *Petites affiches 6 févr. 2004, p. 45* (même thème). – Prieto, *D. 2004. 2134* (restriction de concurrence des compagnies aériennes). – Ateliers de la concurrence, *Rev. Conc. consom. juill.-sept. 2004, n° 139* (droit de la concurrence et propriété intellectuelle). – Respaud, *Cah. dr. entr. 2004, n° 4, p. 39* (même thème). – Débats, *RDC 2004. 861* (droit de la concurrence et droit des contrats). – Boy, *JCP 2004. I. 166 ; Contrats Conc. Consom. 2004. Chron. 16* (droit de la concurrence : régulation et/ou contrôle des restrictions de la concurrence). – Frison-Roche, *RTD civ. 2004. 451* (contrat, concurrence, régulation). – Azéma, *RLC 2005, n° 1, p. 147* (droit de la concurrence et accord de transfert de technologie). – Arcelin, *ibid., p. 159* (l'entreprise en difficulté face au droit de la concurrence). – Fasquelle, *RDLC 2005, n° 1, p. 41* (incidence des difficultés des entreprises sur l'application des règles de concurrence). – Barbier de La Serre et Nourissat, *RLC 2005, n° 2, p. 68* (contrôle des sentences arbitrales à l'aune du droit de la concurrence). – Riffault-Silk, *ibid., n° 3, p. 132* (droit des contrats et régulation économique). – Behar-Touchais, *Petites affiches 1er juill. 2005, p. 11* (grande distribution et concurrence). – Picod, *ibid., p. 19* (droit de la distribution et droit des contrats). – Mauléon-Wells, *RDLC 2005, n° 4, p. 53* (propriété intellectuelle et concurrence : de l'approche forcée à la négociation). – Teresi, *ibid., p. 143* (données publiques et concurrence). – Moeschel, *RTD com. 2006. 37* (harmonisation ou concurrence entre les différents droits de la concurrence ?).

▶ Sur la loi n° 96-588 du 1er juill. 1996 : J.-C. et J.-L. Fourgoux, *JCP E 1996. I. 601*. – Acquaviva, *Cah. dr. entr. 1996, n° 5, p. 20* (application de la réforme). – Abbou, *Petites affiches 21 juill. 1997, p. 4* (même thème). – Vogel, *JCP E 1996. I. 613*. – Simon, *D. Affaires 1997. 652*. – G. Parléani, *Cah. dr. entr. 1997, n° 5, p. 34* (prix d'achat et de revente).

▶ Sur la loi relative aux nouvelles régulations économiques : ARHEL, *JCP E 2000, n° 15-16, p. 644* (projet de loi). – CLAUDEL, *RTD com. 2000. 606* et *877* (même thème) ; *ibid. 2001. 663* (même thème). – PANSIER et CHARBONNEAU, *Petites affiches 23 et 24 mai 2001, p. 14 et 3*. – PANCRAZI, *Dr. et patr. déc. 2001. 65* (moralisation des pratiques commerciales). – PRIETO, *ibid. 74* (l'élan donné par la loi NRE sur la lutte contre les pratiques anticoncurrentielles). – ARHEL, *Contrats Conc. Consom. 2001. Chron. 17* (nouvelles règles aux comportements restrictifs de concurrence). – ARCELIN, *ibid. Chron. 18* (pratiques commerciales : apports de la loi NRE). – PIROVANO, *D. 2002. 62* (droit de la concurrence et progrès social). – Conférence-Débats du 15 nov. 2001, *Dict. perm. dr. aff. 13 janv. 2002, bull. 564* (les relations commerciales sous le contrôle de l'administration et du juge). – GUÉVEL, *Gaz. Pal. 29-30 mai 2002, p. 36* (quelques aspects de la loi NRE en matière de concurrence). – BABUSIAUX, *Petites affiches 3 juin 2002, p. 11* (conception de la régulation dans la réforme du droit de la concurrence par la loi NRE). – FRISON-ROCHE, *D. 2004. 126* (définition du droit de la régulation économique). – AUGUET, *Petites affiches 2 sept. 2004, p. 3* (nouvelles régulations économiques et nouveaux contentieux du droit de la concurrence devant les tribunaux de commerce).

▶ Sur la loi n° 2005-882 du 2 août 2005 en faveur des PME : GRALL, MEFFRE et GUET, *D. 2005. 2149* (analyse critique). – Rédaction DO, *JCP E 2005, n° 38, p. 1535* (présentation des dispositions en droit de la concurrence). – GUNTHER et VIALA, *Petites affiches 4 oct. 2005, p. 9* (impact et conséquences). – FERRIER et FERRÉ, *JCP E 2005, n° 43, p. 1812 ; Contrats Conc. Consom. 2005. Chron. 18* (réforme des pratiques commerciales). – FASQUELLE et ROBERVAL, *Petites affiches 6 déc. 2005, p. 4*. – LEBRETON-DERRIEN, *RJ com. 2005. 528*. – VILMART, *RLC 2006, n° 6, p. 33* (le volet concurrence de la loi en faveur des PME à la lumière du droit communautaire). – DECOCQ, *Cah. dr. entr. 2006, n° 1, p. 61* (le droit pénal de la concurrence en pleine mutation). – ARONICA et CHEVALLIER, *Petites affiches 9 mars 2006, p. 7* (relations commerciales dans l'industrie automobile). – CLAUDEL, *RTD com. 2006. 51*. – BOULOC, *RLC 2006, n° 7, p. 42* (modernisation du droit pénal de la concurrence).

TITRE PREMIER DISPOSITIONS GÉNÉRALES

BIBL. ▶ HÉMARD et BOULOC, *RTD com. 1987. 96.*

Art. L. 410-1 Les règles définies au présent livre s'appliquent à toutes les activités de production, de distribution et de services, y compris celles qui sont le fait de personnes publiques, notamment dans le cadre de conventions de délégation de service public. – *[Ord. n° 86-1243 du 1er déc. 1986, art. 53].*

Sur l'application des dispositions du Livre IV aux établissements de crédit, V. C. mon. fin., art. L. 511-4, infra, App., v° Code monétaire et financier (extraits).

V. Circ. 14 févr. 1994 (JO 19 févr.) relative à la diffusion des données publiques.

RÉP. CONTENTIEUX ADMINISTRATIF v° *Concurrence*, par PICARD.

RÉP. RESP. PUISS. PUBL. v° *Interventions économiques*, par TERNEYRE.

BIBL. ▶ BOUTARD-LABARDE et VOGEL, *Gaz. Pal. 1988. 2. Doctr. 733 ; ibid. 1989. 2. Doctr. 747*. – LLORENS et SOLER-COUTEAUX, *D. 1989. Chron. 67*. – J.-Y. CHÉROT, *D. 1991. Chron. 163*. – MOUSSERON, SÉLINSKY et FERRIER, *JCP E 1987. II. 14840*. – LIGNIÈRES, *ibid. 1993. I. 285* (limitation, par le droit de la concurrence, de l'octroi de garanties d'emprunt par les collectivités locales). – LHUILLIER, *RTD com. 1994. 645* (critère jurisprudentiel d'application du droit de la concurrence). – BAZEX, *Gaz. Pal. 1994. 2. Doctr. 1197 ; RFD adm. 1998. 781* (le droit public de la concurrence). – GAUDEMET, *Mélanges Perrot, p. 121, Dalloz*. – VAISSETTE, *RJDA 1994, p. 967* (accès des tiers au réseau public concédé). – MATHIEU, *D. 1995. Chron. 27*. – GRALL, *Petites affiches 30 juin 1995, p. 10* (recevabilité de la saisine du Conseil). – FRISON-ROCHE, *RJDA 1995. 847* (libres propos sur le « service public marchand »). – ANNEAU et JACQ, *RJ com. 1995. 371* (application aux pratiques sportives). – TRUCHET, *D. Affaires 1996. 731* (liberté d'entreprendre des personnes publiques). – LÉONNET, *Gaz. Pal. 1997. 1. Doctr. 262*. – NOUEL, *ibid. 1997. 1. Doctr. 321* (données publiques). – Atelier du 29 janv. 1997, *Rev. Conc. Consom. juill.-août 1997, p. 6* (même thème). – THOUVENIN, *D. Affaires 1997. 331*. – BAZEX, MESCHRIAKOFF, LESQUINS, BERLIN et BIANCARELLI, *Rev. Conc. Consom. mars-avr. 1997. 37*. – GENESTE, *D. Affaires 1996. 1446* (service public et concurrence : « publicisation » du droit français et communautaire). – Colloque du 25 mars 1998 (équilibres dans le secteur des services publics concurrentiels), *Petites affiches 10 juill. 1998.* – Stirn, *Mélanges Champaud, Dalloz, p. 555.* – Nicolas-Vullierme, *Contrats Conc. Consom. 1998. Chron. 6* (débats autour des règles de compétence en droit de la concurrence). – Courivaud, *ibid., Chron. 8* (adaptation des entreprises publiques françaises au droit de la concurrence). – Broussole, *JCP E 1998, n° 38, p. 1438* (aides d'État et concurrence déloyale d'organismes publics : combien de juges ?). – D. Brault, *Gaz. Pal. 9-10 avr. 1999, p. 4* (de nouveaux moyens pour lever les barrières réglementaires au jeu de la concurrence : progrès ou recul ?). – Gonzales, *AJDA 1999. 387* (domaine public et droit de la concurrence). – Pugeault, *D. 1999. Chron. 347* (services publics locaux et droit de la concurrence). – Laidie, *Gazette des communes 20 sept. 1999, p. 50* (contrats de droit public et droit de la concurrence). – Hubert, *Cah. fonct. publ., nov. 1999, p. 3* (administration et droit de la concurrence). – Stahl, *ibid., p. 10* (concurrence, administration et juge administratif). – Caillosse, *AJDA 2000. 99* (droit administratif saisi par la concurrence). – Dreyfus, *ibid. 575* (actualité des contrats entre personnes publiques). – Peyrical, *ibid. 581* (contrats de prestation entre collectivités publiques). – Brechon-Moulenes, *ibid. 679* (place du juge administratif dans le contentieux économique public). – Cherot, *ibid. 687* (méthode du juge administratif dans le contentieux de la concurrence. – Terneyre, *ibid. 697* (compétence du juge administratif). – Richer, *ibid. 703* (juge économiste ?). – Faure, *ibid. 2001. 136* (droit administratif des collectivités locales et de la concurrence). – Colloque du 6 déc. 2000, *Gaz. Pal. 9-10 nov. 2001* (libéralisation des services publics). – Mainguy et Berthault, *Cah. dr. entr. 2001, n° 5, p. 1* (concurrence et télécommunication). – Gouverner, administrer, juger (*liber amicorum* Jean Waline), *Dalloz 2002, p. 207* (égalité de concurrence entre opérateurs publics et privés sur le marché). – Pignon, *Petites affiches 21 juin 2002, p. 7, 24 juin, p. 6, et 25 juin* (le Conseil d'État au service du droit de la concurrence : les enseignements du rapport annuel). – Charbit, *RTD com. 2004. 47* (application du droit de la concurrence au domaine public). – Nincinski, *AJDA 2004. 751* (évolutions du droit administratif de la concurrence). – Landry, *Gaz. Pal. 2004. Doctr. 3455* (petits retours sur le concours de compétences pour l'application des règles de concurrence sur le domaine public). – Thouvenin, Mouly, Tran Thiet et Barthelemy, *RDLC 2005, n° 2, p. 10* (coûts incrémentaux : retour sur les avantages concurrentiels du secteur public). – Clamour, *RLC 2005, n° 3, p. 57* (domaine public et droit de la concurrence). – Arhel, *ibid., p. 63* (le juge administratif, juge de l'application du droit de la concurrence). – Linotte, *AJDA 2005. 1549* (existe-t-il un principe général du droit de la libre concurrence ?). – Clamour, *RLC 2005, n° 4, p. 40* (libre et égale concurrence entre opérateurs public et privé). – Thouvenin, *Contrats Conc. Consom. 2005. Chron. 19* (actes faisant grief et droit de la concurrence). – Bettinger, *Petites affiches 21 nov. 2005, p. 4* (concurrence loyale entre personnes publiques et entreprises privées dans les procédures d'appel à la concurrence). – Frison-Roche, *RLC 2005, n° 5, p. 90* (la dualité de juridictions appliquée à la régulation). – Clamour, *RLC 2006, n° 6, p. 43* (une application directe du droit de la concurrence par le juge administratif). – Fuchs, *AJDA 2006. 746* (conciliation des intérêts dans le contentieux administratif de la concurrence).

▸ Délégation de service public : Frison-Roche, *Gaz. Pal. 1995. 2. Doctr. 755.* – Long, *Petites affiches 4 sept. 1995, p. 4.* – Idot, *Justices 1995, n° 2, p. 318.*

1. Date d'entrée en vigueur des prescriptions nouvelles. Sur l'application des sanctions pénales de l'art. L. 420-6 aux seuls faits postérieurs à la création du Conseil de la concurrence V. note 1 ss. art. L. 420-6 et note 3 ss. art. 61 de l'ord. n° 86-1243 du 1er déc. 1986, reproduit *infra*, ss. art. L. 470-8.

I. CHAMP D'APPLICATION DU DROIT FRANÇAIS DE LA CONCURRENCE

A. DANS L'ESPACE

2. Exportations et importations. L'ord. du 1er déc. 1986 [C. com., art. L. 410-1 s.] s'applique aux produits achetés en France même si ces produits doivent être distribués ou revendus à l'étranger. • Com. 16 juin 1998 : *Bull. civ. IV, n° 192 ; D. 1998. IR. 179 ; JCP E 1998, n° 37, p. 1379 ; RJDA 1998, n° 1300 ; Contrats Conc. Consom. 1998, n° 146, obs. Malaurie-Vignal ; Petites affiches 23 juin 1999, p. 17, obs. Reboul.* ♦ Les dispositions de l'art. 31 de l'ord. du 1er déc. 1986 [C. com., art. L. 441-3] s'appliquent de la même manière aux produits nationaux et à ceux en provenance des autres États membres (condamnation d'un acheteur français en raison de l'irrégularité des factures émises par un fournisseur étranger, dès lors que les biens achetés ont été distribués en France). • Crim. 18 juin 1998 : *Contrats Conc. Consom. 1998, n° 148, obs. Malaurie-Vignal.*

3. Opérations effectuées à l'étranger. Le Conseil de la concurrence est compétent pour connaître d'opérations effectuées à l'étranger dès lors qu'elles ont des effets sur le territoire français : V. • Cons. conc. n° 89-D-22 du 13 juin

1989 : *D. 1991. Somm. 247, obs. Gavalda et Lucas de Leyssac* ; *Gaz. Pal. 1990. 1. 235, note Marchi.* ♦ V. aussi, dans le même sens, pour les pratiques concernant les exportations, • Cons. conc. n° 97-D-01 du 15 janv. 1997 : *BOCC 25 mars 1997 ; Contrats Conc. Consom. 1997, n° 81, obs. Vogel ; Dr. sociétés 1998. 17, note Vidal.* ♦ Ni la Convention de Bruxelles du 27 sept. 1968 concernant la compétence judiciaire et l'exécution des décisions en matière civile et commerciale, ni les protocoles annexes à cette Convention ne font obstacle à l'application des dispositions des art. 7 et 8 [C. com., art. L. 420-1 et L. 420-2] à une société ayant son siège social en Allemagne dès lors qu'elle s'est livrée en France à des pratiques entrant dans le champ d'application de ces textes. • Paris, 15 sept. 1993 : *D. 1993. IR. 225 ; Contrats Conc. Consom. 1993, n° 211, obs. Vogel.*

B. ACTIVITÉS ET PERSONNES CONCERNÉES

1° ACTIVITÉS DE PRODUCTION, DE DISTRIBUTION ET DE SERVICES DES PERSONNES PHYSIQUES OU MORALES

4. Portée générale. Les dispositions de l'art. 30 de l'ord. du 1er déc. 1986 [C. consom., art. L. 122-1], qui interdisent de subordonner la prestation d'un service à celle d'un autre service ou à l'achat d'un produit et qui, selon l'art. 53 [C. com., art. L. 410-1], s'appliquent à toutes les activités de production, de distribution et de services, y compris celles qui sont le fait de personnes publiques, ont une portée générale. • Crim. 12 févr. 1990 : *Bull. crim. n° 71 ; D. 1991. Somm. 247, obs. Lucas de Leyssac* ; *JCP 1990. II. 21582, note Conte ; Gaz. Pal. 1990. 2. 400, rapp. Bayet.*

4 bis. But lucratif. L'absence de but lucratif ne détermine pas le caractère économique ou non de l'activité. • Cons. conc. n° 05-D-14 du 6 avr. 2005 : *BOCC 28 oct. 2005 ; RDLC 2005, n° 3, p. 74, obs. Debroux ; RLC 2005, n° 4, p. 29, obs. Sélinsky.*

5. Prestations des mutuelles d'assurances. BIBL. Destours, *RLC 2005, n° 1, p. 63* (affaire de la Mutualité de la fonction publique). ♦ Les dispositions du droit de la concurrence s'appliquent notamment, en l'absence de dérogation expresse, aux prestations offertes par les mutuelles d'assurances, nonobstant l'art. L. 111-1 C. mutualité, dès lors que ces prestations ne sont pas spécifiques au domaine de la mutualité et relèvent du secteur concurrentiel (à propos de la subordination d'une assurance « maladie-chirurgie » à la garantie d'autres risques « accidents et incendies »). • Crim. 12 févr. 1990 : *préc. note 4.* – V. aussi, sur renvoi, • Paris, 27 nov. 1990 : *Gaz. Pal. 1991. 1. 159, note Marchi.* ♦ Le régime juridique des mutuelles, comme le caractère non lucratif de leur activité, n'est pas de nature à les exclure du champ d'application de l'ord. du 1er déc. 1986 [C. com., art. L. 410-1 s.], dès lors qu'elles procèdent à une activité de production de distribution et de services (commercialisation de médicaments). • Com. 21 oct. 1997 : *Bull. civ. IV, n° 270 ; D. 1997. IR. 246 ; D. Affaires 1997. 1386.* – V. aussi • Paris, 5 déc. 1991 : *BOCC 3 janv. 1992.* ♦ En revanche, un organisme gérant un régime légal d'assurance vieillesse – ce régime fût-il complémentaire et facultatif – selon les principes de répartition et de solidarité nationale énoncés aux art. L. 111-1 à L. 111-4 CSS, n'exerçant aucune activité commerciale, économique ou spéculative, échappe aux règles de concurrence formulées par les art. 7 et 8 [C. com., art. L. 420-1 et L. 420-2] et 85 et 86 [désormais 81 et 82] du Traité de Rome. • Crim. 25 nov. 1992 : *JCP 1993. IV. 595.* ♦ La notion d'entreprise, au sens des art. 85 et 86 [désormais 81 et 82] et des art. 7 et 8 [C. com., art. L. 420-1 et L. 420-2] ne vise pas les organismes chargés de la gestion de régimes de sécurité sociale. • Com. 12 juill. 1993 : *Contrats Conc. Consom. 1993, n° 151, note Vogel.* – Dans le même sens : • Com. 6 avr. 1993 : *Bull. civ. IV, n° 137* • Soc. 10 mars 1994 : *Bull. civ. V, n° 87 ; D. 1994. Somm. 302, obs. Langlois* . – V. aussi • Cons. conc. n° 94-D-04 du 8 mars 1994 : *BOCC 4 mai 1994* • CJCE 22 janv. 2002 : *Lettre distrib. févr. 2002, p. 3 ; Europe 2002, n° 109 ; Petites affiches 9 avr. 2002, p. 9, note Arhel.*

6. Production d'électricité. La production d'électricité destinée à EDF intervenant, non en tant qu'utilisateur final afin d'incorporer cette énergie à sa propre activité, mais en sa qualité de détenteur du monopole du transport et de la distribution en vue de la commercialisation de cette énergie auprès des utilisateurs des secteurs industriel, tertiaire et domestique, constitue une activité économique de production entrant dans le champ d'application de l'ord. du 1er déc. 1986 [C. com., art. L. 410-1 s.]. • Paris, 27 janv. 1998 : *BOCC 17 févr. 1998 ; D. Affaires 1998. 326, obs. A. M. ; Gaz. Pal. 1998. 1. Somm. 41 ; Rev. Conc. Consom. juill.-août 1998. 59, obs. Maigre.*

7. Certificats d'immatriculation. Si la fourniture de services en vue de l'obtention de certificats d'immatriculation ou de la gestion des demandes de cartes grises constitue une prestation économique au sens de l'art. 53 [C. com., art. L. 410-1], le choix opéré par le ministère de l'Intérieur d'une entreprise chargée d'une telle mission n'a pas pour objet ou pour effet de fausser le jeu de la concurrence sur le marché de la télétransmission des demandes d'immatriculation. • Paris, 20 oct. 1998 : *BOCC 31 oct. 1998 ; Contrats Conc. Consom. 1999, n° 7, obs. Malaurie-Vignal ; Petites affiches 21 juin 1999, p. 17, obs. Reboul ; Gaz. Pal. 17-19 oct. 1999, p. 40, obs. Godet.* ♦ V. aussi • Paris, 11 mai 1999 : *Gaz. Pal. 12-14 déc. 1999, p. 12, obs. Petit.*

8. Organisation syndicale et ordre professionnel. **BIBL.** Del Prete, *Petites affiches 20 mai 2004, p. 5* (ordres professionnels et droit communautaire de la concurrence). – Prieto, *JCP 2004. I. 126* (même thème). – Luc, *Petites affiches 24 sept. 2004, p. 5* (ordres professionnels et concurrence). ♦ Est soumise à l'art. 53 [C. com., art. L. 410-1] l'organisation syndicale qui se livre à une activité économique, distincte de sa mission première de défense des intérêts de ses adhérents. • Paris, 29 févr. 2000 : *D. 2000. AJ. 182, obs. Daleau* ✎. ♦ V. aussi l'arrêt de confirmation, qui précise que la cour d'appel ne s'est pas fondée sur le caractère isolé des agissements en cause, mais bien sur l'absence d'activité économique des syndicats poursuivis pour exclure, en l'espèce, l'application de l'art. L. 420-1 C. com. • Com. 15 janv. 2002 : ♖ *Bull. civ. IV, n° 15 ; D. 2002. AJ. 720, obs. Chevrier* ✎ *; JCP E 2002, n° 8-9, p. 338.* ♦ Dès lors qu'un ordre professionnel ne se borne pas à un simple rappel de dispositions légales adressé aux instances régionales et départementales de la profession, mais constitue en réalité un argumentaire qu'il invite à utiliser auprès des élus et des services responsables en vue de se réserver certaines activités, il exerce une activité qui entre dans le champ d'application de l'art. L. 410-1. • Paris, 13 nov. 2002 : *BOCC 31 déc. 2002 ; Contrats Conc. Consom. 2003, n° 41, obs. Malaurie-Vignal.*

9. Activités commerciales des fédérations sportives. Les juridictions de l'ordre judiciaire sont compétentes pour connaître de la validité d'un article du règlement de la Ligue nationale de football qui prévoyait l'obligation, pour les clubs participant aux championnats de France, de faire porter des équipements fournis par la Ligue, et permettait à cette dernière d'imposer l'exclusivité des signes faisant apparaître le parrainage d'une marque d'équipements sportifs, cette disposition concernant seulement des activités commerciales de distribution et ne se rattachant pas à la mission de service public de la Ligue. • Com. 2 déc. 1997 : ♖ *Bull. civ. IV, n° 316 ; D. 1998. IR. 19 ; Contrats Conc. Consom. 1998, n° 24, obs. Vogel.* – (V. l'arrêt d'appel : • Paris, 23 août 1995 : *Contrats Conc. Consom. 1995, n° 185, obs. Vogel).* ♦ Cette disposition a d'ailleurs été annulée pour excès de pouvoir : V. • CE 19 nov. 1997 : ♖ *BRDA 1997, n° 23, p. 12.* – V. aussi, Simon, *D. 1999. Chron. 174* ✎. ♦ Dans la même affaire, V., confirmant, d'une part, le caractère commercial des activités de la Ligue précédemment décrites et, d'autre part, la compétence du Conseil de la concurrence et de la cour d'appel pour apprécier la conformité des pratiques qui leur sont déférées tant au regard des règles communautaires de la concurrence qu'au regard des dispositions de l'ord. du 1er déc. 1986 [C. com., art. L. 410-1 s.] : • Paris, 16 févr. 1999 : *BOCC 26 févr. 1999 ; D. 1999. IR. 82 ; RG. proc. 1999. 269, obs. Idot ; Petites affiches 11 nov. 1999, p. 22, obs. Mathieu.* ♦ V. aussi, pour les pratiques mises en œuvre par la FIFA et le CFO à l'occasion de la revente des billets dans le cadre de la confection de forfaits touristiques lors de la coupe du monde de football 1998. • Paris, 30 oct. 2001 : *BOCC 31 déc. 2001 ; Lettre distrib. févr. 2002, p. 2.*

10. Activités de service des fédérations sportives. **BIBL.** Brault, *RLC 2005, n° 5, p. 46* (à quelles conditions des droits sportifs exclusifs peuvent-ils être concédés ?). ♦ La cession de droits de retransmission télévisée de matchs de football par la Fédération française de football est une activité de service entrant dans le champ d'application de l'ord. de 1986 [C. com., art. L. 410-1 s.]. • Paris, 23 déc. 1991 : *BOCC 24 janv. 1992 ; Gaz. Pal. 1991. 1. 9, obs. Jobard* • Com. 1er mars 1994 : ♖ *Bull. civ. IV, n° 91 ; D. 1995. Somm. 61, obs. Lacabarats* ✎. ♦ V. note 9 ss. art. L. 420-2. ♦ De même, la diffusion par la Fédération française de ski de produits d'assurance constitue une activité de service au sens de l'art. 53 [C. com., art. L. 410-1], détachable de ses prérogatives de puissance publique. • Paris, 14 juin 1995 : *BOCC 20 juill. 1995.* ♦ La Fédération française d'escrime exerce une activité de service au sens de l'art. 53 [C. com., art. L. 410-1], en mettant à la disposition d'un fournisseur de matériel et d'équipement, en contrepartie de la fourniture de l'assistance technique de la compétition, un emplacement dans l'enceinte de ladite compétition, pour qu'il y expose et vende ses produits. • Cons. conc. n° 98-D-31 du 13 mai 1998 : *BOCC 15 sept. 1998.* ♦ En revanche, les dispositions de l'ord. de 1986 [C. com., art. L. 410-1 s.] sont inapplicables au système mis en place par la Fédération française de tennis pour la vente des billets d'accès au tournoi qui portent en caractères très lisibles la mention « ce billet ne peut être revendu », offerts en priorité à titre individuel aux licenciés de la Fédération puis au public à l'exclusion de toute société autre que celle à qui incombent les opérations de relations publiques à l'intérieur du stade. • Paris, 20 nov. 1995 : *D. 1996. IR. 6.*

11. Communication audiovisuelle. Aucune des dispositions du titre III n'exclut de la compétence du Conseil de la concurrence les pratiques anti-concurrentielles commises dans le secteur de la communication audiovisuelle, mais, au contraire, l'art. 41-4 de la L. n° 86-1067 du 30 sept. 1986 relative à la liberté de la communication lui donne mission de veiller à la liberté de la concurrence dans ce secteur *[désormais secteurs de la radio et de la télévision : mod. apportée par L. n° 2004-669 du 9 juill. 2004, art. 77]* selon les règles et conditions prévues par l'ord. du 1er déc. 1986 [C. com., art. L. 410-1 s.]. • Paris, 3 juin 1993 : *D. 1993. IR. 182.* – V. cet art. au **C. communic.**

12. Sociétés d'auteurs. BIBL. Pollaud-Dulian, *Contrats Conc. Consom. 1995. Chron. 11.* ♦ En faveur de l'applicabilité de l'ord. de 1986 [C. com., art. L. 410-1 s.] à ces sociétés, V. • Paris, 17 janv. 1990 : *Gaz. Pal. 1990. 1. 205, note Marchi ; RTD com. 1990. 664, obs. Bouzat* • Com. 5 nov. 1991 : *D. 1993. 63, note Daverat*. – *Contra :* • Angers, 11 janv. 1989 : *Petites affiches 6 déc. 1989.*

13. Coopératives. V. • Cons. conc. n° 92-D-38 du 9 juin 1992 : *BOCC 31 juill. 1992.*

14. Sous-traitance. BIBL. Courivaud, *D. Affaires 1996. 1210.* ♦ Sur la soumission des activités de sous-traitance aux dispositions de l'ord. de 1986 [C. com., art. L. 410-1 s.], V. • Paris, 9 févr. 1994 : *Contrats Conc. Consom. 1994, n° 51, obs. Vogel.* ♦ S'il est loisible pour plusieurs entreprises, ayant étudié la possibilité d'établir entre elles des liens de sous-traitance à l'occasion d'un marché, de présenter des offres distinctes, elles ne sauraient établir des propositions apparemment concurrentes qu'à la condition, lors du dépôt de leurs offres, de faire connaître aux maîtres d'œuvre ou d'ouvrage, même s'ils ne le réclament pas expressément, la nature des liens de sous-traitance qui les unissent ou le fait qu'elles ont échangé des informations entre elles. • Cons. conc. n° 93-D-47 du 3 nov. 1993 : *RJDA 1994, n° 424.* ♦ V. aussi notes 23 et 23 *bis* ss. art. L. 420-1.

15. Prestation de services de manutention. V. note 20 ss. art. L. 420-1.

2° APPLICATION DU DROIT DE LA CONCURRENCE AUX PERSONNES DE DROIT PUBLIC

a. Appréciation de la légalité des actes des personnes publiques au regard du droit de la concurrence

16. Actes réglementaires. Sur la question de la soumission des actes réglementaires au droit de la concurrence défini par l'ord. de 1986 [C. com., art. L. 410-1 s.], V. • CE 26 oct. 1990 : *JCP 1992. II. 21876, note Bazex.* – V. aussi • CE 1er avr. 1998 : *cité note 19* • 5 oct. 1998 : *RJDA 1999, n° 479* • 30 avr. 2003 : *D. 2004. Somm. 1702, obs. Chelle et Prétot ; AJDA 2003. 1150, obs. Donnat et Casas ; ibid. 1849, note Subra de Bieusses ; RTD com. 2003. 490, obs. Orsoni ; Petites affiches 19 déc. 2003, p. 14, note Gate ; RJDA 2003, n° 782* (conciliation du droit de la concurrence et du droit des conventions collectives).

17. Octroi d'une subvention par un ministère. Ne relève pas de l'art. 53 [C. com., art. L. 410-1] mais du seul exercice des prérogatives de puissance publique le fait pour le ministre de l'économie d'octroyer des subventions à une mutuelle de fonctionnaires, comme l'art. R. 523-2 C. mutualité lui en réserve la faculté, ou bien encore de refuser d'étendre l'octroi des moyens internes à l'administration. • Paris, 11 janv. 1994 : *BOCC 28 janv. 1994 ; D. 1994. IR. 72.* ♦ Il en va de même des facilités accordées par le ministre chargé de l'éducation nationale aux mutuelles d'étudiants habilitées. • Cons. conc. n° 94-D-46 du 12 juill. 1994 : *BOCC 27 sept. 1994.*

18. Organisation d'un service public. L'organisation du service public de la distribution de l'eau à laquelle procède un conseil municipal n'est pas constitutive d'une activité de production, de distribution ou de services à laquelle une personne publique doit se livrer pour tomber sous le coup de l'art. 53 [C. com., art. L. 410-1]. • T. confl. 6 juin 1989 : *D. 1990. 418, note Israël ; ibid. Somm. 101, obs. Gavalda et Lucas de Leyssac ; JCP 1990. II. 21395, note Terneyre ; Gaz. Pal. 1989. 2. 582, concl. Stirn.* ♦ L'acte juridique de dévolution de l'exécution de ce service n'est pas, par lui-même, susceptible d'empêcher, de restreindre ou de fausser le jeu de la concurrence sur le marché, et il n'appartient en conséquence qu'aux juridictions de l'ordre intéressé de vérifier la validité de cet acte au regard des dispositions de l'art. 9 [C. com., art. L. 420-3]. • Même décision. ♦ V. déjà, dans la même affaire, • Paris, 19 janv. 1989 : *Gaz. Pal. 1989. 1. 242, concl. Jobard.* ♦ Dans le même sens : • CE 23 juill. 1993 : *D. 1993. IR. 222* • 22 janv. 1997 : *RJDA 1997, n° 662.* – Comp. : • Paris, 30 juin 1988 : *Gaz. Pal. 1988. 2. 656, notes Richer et Marchi* • Cons. conc. n° 98-D-52 du 7 juill. 1998 : *D. Affaires 1999. 23, obs. Emery.* ♦ De même, le Conseil d'État avait jugé que n'était pas une activité soumise à l'ord. de 1986 l'organisation, par le pouvoir réglementaire (Décr. 30 juill. 1985 relatif à l'union des groupements d'achats publics), du service des achats publics. • CE 29 juill. 1994 : *Contrats Conc. Consom. 1994, n° 221, obs. Vogel ; RJDA 1994, n° 1314.* ♦ Toutefois, l'UGAP est soumise, dans l'exercice de son activité de distribution et de services, aux règles définies par l'ordonnance. • Paris, 31 oct. 1994 : *Gaz. Pal. 1995. 1. 93, concl. Benas ; Contrats Conc. Consom. 1995, n° 29, note Vogel.* ♦ Sur les abus de position dominante commis par l'UGAP, V. • Paris, 13 janv. 1998 : *JCP E 1999, n° 8, p. 375, note Grandvuillemin.* ♦ Sur l'aide à l'accès au droit (mission de service public), qui inclut l'aide à la consultation en matière juridique par le biais, notamment, de la création de maisons de la justice et du droit, V. • Cons. conc. n° 03-D-27, du 4 juin 2003 : *BOCC 8 oct. 2003* (conf. par • Paris, 24 févr. 2004 : *BOCC 4 mai 2004*, puis par • Com. 19 avr. 2005 : *JCP E 2005, n° 21, p. 859*).

Ne constitue pas un service, au sens de l'art. 53 [C. com., art. L. 410-1], la commercialisation, en contrepartie du versement d'un prix, d'informations météorologiques par la Direction de la Météorologie nationale, dès lors que celle-ci gère, en application des dispositions de droit international et de réglementation interne, le service public de la météorologie aérienne et réserve aux seuls usagers de l'aviation civile des messages propres à assurer leur sécurité et celle des passagers, sans qu'il ait été constaté une commercialisation auprès du grand public des informations recueillies dans le cadre de sa mission. • Com. 12 déc. 1995 : *Bull. civ. IV, n° 301 ; D. 1996. IR. 4 ; D. Affaires 1996. 70 ; Contrats Conc. Consom. 1996, n° 23, note Vogel ; JCP E 1996. II. 810, note Berlin et Calvet ; RJ com. 1996. 175, note R. Drago et Boutard-Labarde* (cassation de • Paris, 18 mars 1993 : *BOCC 26 mars 1993 ; RJ com. 1993. 334, note Drago,* qui avait confirmé • Cons. conc. n° 92-D-35 du 13 mai 1992 : *BOCC 4 juill. 1992).*

19. Contrats de concession. Le Conseil d'État accepte désormais de contrôler la légalité de contrats de concession, au regard de l'ordonnance, dès lors qu'ils sont postérieurs à son entrée en vigueur. Il a décidé à ce titre que, si le contrat par lequel une commune concède le service extérieur des pompes funèbres à une entreprise crée, au profit de cette dernière, une position dominante, la durée de six ans, renouvelable une fois par décision expresse de cette convention, ne met cependant pas la société en situation d'abuser de cette position. • CE 3 nov. 1997 : *D. 1997. IR. 259 ; RFD adm. 1997. 1228, concl. Stahl ; RJDA 1998, p. 87* et *162, concl. Stahl.* – V. aussi, Destours, *Cah. dr. entr. 1998, n° 2, p. 1* ; Nicolas-Vullierme, *Contrats Conc. Consom. 1998, Chron. 6* ; Basex, *RFD adm. 1998. 781* ; Israël, *Gaz. Pal. 25-29 déc. 1999, p. 2.* – V. aussi • CE 30 nov. 1998 : *RJDA 1999, n° 480.* ♦ Dans le même sens, le Conseil d'État considère qu'il est loisible à l'État d'organiser le service public des bases de données en recourant, en ce qui concerne la diffusion, au procédé de la concession, ce mode d'organisation, bien que conférant au concessionnaire une position dominante, n'ayant pas pour effet de le placer dans une situation d'abus de cette position au regard de l'ordonnance (légalité du Décr. n° 96-481 du 31 mai 1996). • CE 17 déc. 1997 : *D. 1998. 591, note Jorion ; D. Affaires 1998. 236, obs. J. F. ; JCP E 1998, n° 1-2, p. 4.* ♦ V. aussi, admettant la légalité du Décr. du 18 avr. 1997 relatif aux structures d'hospitalisation prévues à l'art. L. 714-36 CSS [devenu l'art. L. 6146-10], dans la mesure où il ne peut être soutenu que cet acte réglementaire contreviendrait au principe de liberté de la concurrence résultant de l'ordonnance, • CE 1er avr. 1998 : *RJDA 1998, n° 1301 ; BID 1999, n° 1, p. 13.*

V. également, en ce sens que le fait, pour un établissement public exploitant le domaine public, de se réserver une activité économique est un acte du service public, • Com. 29 mars 1994 : *Contrats Conc. Consom. 1994, n° 177, note Vogel.* ♦ Comp., sur des activités de distribution (distribution de carburéacteur sur un aéroport) indépendantes des modalités d'organisation de la concession de service public : • Com. 5 mars 1996 : *Bull. civ. IV, n° 76 ; D. 1996. IR. 87 ; D. Affaires 1996. 410.* ♦ La fourniture de données publiques à un tiers diffuseur peut être légitimement refusée si elle menace l'existence du service, par exemple en mettant en cause l'équilibre économique du délégataire de ce service (Circ. 14 févr. 1994, *JO 19 févr.*). – V. désormais la précision apportée par la L. n° 95-127 du 8 févr. 1995 à l'art. 53.

20. Délégation de service public. Le principe de la liberté du commerce et de l'industrie ne fait pas obstacle, par lui-même, à ce qu'un établissement public administratif se porte candidat à l'obtention d'une délégation de service public proposée par une collectivité territoriale. • CE 16 oct. 2000 : *RFD adm. 2001. 106, concl. Bergeal ; Dr. adm. 2001, n° 6.* ♦ Rappr., retenant que si aucun texte ou principe n'interdit, en raison de sa nature, à une personne publique, de se porter candidate à l'attribution d'un marché public ou d'un contrat de délégation de service public, pour que soient respectés tant les exigences de l'égal accès aux marchés publics que le principe de la liberté de la concurrence, cette attribution suppose toutefois que le prix proposé par l'établissement soit déterminé en prenant en compte l'ensemble des coûts directs et indirects concourant à la formation du prix de la prestation objet du contrat. • CE 8 nov. 2000 : *RFD adm. 2001. 112, concl. Bergeal ; Dr. adm. 2000, n° 249.* ♦ Sur l'obligation pour les agents du Trésor de se conformer au droit de la concurrence lorsqu'ils distribuent des produits d'assurance, notamment en ce qui concerne la rémunération des prestations assurées et l'absence d'utilisation des avantages liés aux missions de service public par ailleurs assurées par ces services, V.

• CE 28 mars 2001 : *Rec. CE, p. 160* ; *D. 2002. 630, note Charbit*. ♦ Quelles que soient les prérogatives de puissance publique mises en œuvre à l'occasion de la conclusion d'un contrat de délégation de service public, les dispositions des art. L. 420-1 s. C. com. sont applicables aux actes qui en sont détachables et notamment les échanges d'informations antérieurs aux choix du délégataire. • Paris, 18 déc. 2001 : *Contrats Conc. Consom. 2002, n° 77, obs. Malaurie-Vignal.*

21. Dévolution d'une autorisation d'occupation du domaine public. L'exercice de l'activité consistant, pour la SNCF, à offrir dans l'enceinte des gares des prestations annexes, comprenant notamment des services de restauration, entre dans le champ d'application de l'ord. de 1986. • Paris, 31 oct. 1991 : *D. 1992. 312, note Sélinsky* ; *Gaz. Pal. 1992. 1. 357, concl. Thin, note Marchi.* ♦ Toutefois, les conventions par lesquelles elle choisit les entreprises chargées de fournir les services s'incorporant à sa propre activité n'ont pas en elles-mêmes pour objet de fausser le jeu de la concurrence sur les marchés spécifiques concernés. • Même arrêt. ♦ L'attribution à une société de la jouissance d'une portion du domaine public, pour y exercer une activité commerciale ne constituant nullement une activité de production, de distribution ou de service mais un acte de gestion du domaine public, l'examen des conditions dans lesquelles ladite société a été choisie échappe à la compétence du Conseil de la concurrence, lequel ne peut connaître que des seules pratiques commerciales détachables de la légalité d'un acte administratif. • Paris, 6 juin 2000 : *Gaz. Pal. 21-22 juill. 2000, p. 14.*

Mais ne constitue pas une activité de production, de distribution ou de service, mais un acte de gestion du domaine public, le fait pour un concessionnaire de service public d'exiger la signature d'une convention d'installation et d'exploitation pour des distributeurs automatiques de boissons ainsi que le paiement d'une redevance, en raison de l'occupation d'une portion du domaine public qu'implique l'installation de ces appareils, arrêtée en conseil d'administration et fixée par arrêté préfectoral. • Paris, 20 janv. 1998 : *Gaz. Pal. 1998. 1. Somm. 39.* ♦ Comp., jugeant que l'activité du groupe Decaux, qui porte à la fois sur la fourniture de mobilier urbain à des collectivités locales et sur la commercialisation des espaces publicitaires aménagés sur ce mobilier urbain, est une activité de prestation de service visée à l'art. 53 [C. com., art. L. 410-1], et que la circonstance qu'elle soit exercée sur le domaine public et qu'elle implique la conclusion de contrats de droit public avec les collectivités locales est sans incidence sur sa nature commerciale : • Cons. conc. n° 98-D-52 du 7 juill. 1998 : *D. Affaires 1999. 23, obs. Emery.* ♦ Les pratiques mises en œuvre par ce groupe en position dominante afin d'éviter une confrontation avec la concurrence et en vue de conserver l'exclusivité de l'installation des principaux types de mobiliers urbains publicitaires, notamment par le biais de clauses d'exclusivité assorties d'un droit de préférence, dans les villes où il est implanté, pour des durées excédant largement celles fixées dans les contrats initiaux, constituent une exploitation abusive de cette position prohibée par les dispositions de l'art. 8 [C. com., art. L. 420-2]. • Même décision. ♦ L'examen de pratiques mises en œuvre par des entreprises bénéficiaires d'une autorisation d'occupation du domaine public relève des pouvoirs accordés au Conseil de la concurrence par l'ord. du 1er déc. 1986 [C. com., art. L. 410-1 s.], ces pratiques étant indépendantes des modalités d'organisation de la concession de service public. • Paris, 6 juill. 1994 : *Contrats Conc. Consom. 1994, n° 195, obs. Vogel* ; *RJDA 1994, n° 1324.* – V. aussi Vaissette, *ibid. 1994, p. 967.*

22. Actes de gestion du domaine public. S'il appartient à l'autorité administrative affectataire de dépendances du domaine public de gérer celles-ci tant dans l'intérêt du domaine et de son affectation que dans l'intérêt général, il lui incombe en outre lorsque, conformément à l'affectation de ces dépendances, celles-ci sont le siège d'activités de production, de distribution ou de services, de prendre en considération les diverses règles, telles que le principe de la liberté du commerce et de l'industrie ou l'ord. du 1er déc. 1986 [C. com., art. L. 410-1 s.], dans le cadre desquelles s'exercent ces activités. • CE 26 mars 1999 : *D. 2000. 204, note Markus* ; *JCP E 1999, n° 27-28, p. 1170, obs. Rouault* ; *AJDA 1999. 427, concl. Stahl et obs. Bazex* ; *RD publ. 1999. 1545, note Manson.* — V. aussi • CAA Paris, 4 déc. 2003 : *AJDA 2005. 200, note Nicinski*. ♦ Il appartient alors au juge de l'excès de pouvoir, à qui il revient d'apprécier la légalité des actes juridiques de gestion du domaine public, de s'assurer que ces actes ont été pris compte tenu de l'ensemble de ces principes et de ces règles et qu'ils en font, en les combinant, une exacte application. • CE 26 mars 1999 : *préc.* ♦ Dans la même affaire, V. déjà considérant que l'activité d'ADP, qui consiste à mettre à la disposition d'opérateurs économiques, directement ou indirectement et en contrepartie de redevances, des installations permettant à ces opérateurs d'exercer leur activité de location de véhicules sans chauffeur, est une activité de service au sens de l'art. 53 [C. com., art. L. 410-1] : • Cons. conc. n° 98-MC-13 du 2 déc. 1998 : *BOCC 12 mai 1999* ; *AJDA 1999. 532, obs. Richer*. ♦ V. note ss. art. L. 462-3, *infra.*

23. Fixation des redevances afférentes à l'occupation du domaine public. La fixation du niveau de redevances afférentes à l'occupation du domaine public fait partie des actes de gestion du domaine public mettant en cause des prérogatives de puissance publique dont l'appréciation ne relève que de la juridiction administrative. • Cons. conc. n° 2000-D-41du 20 sept. 2000 : *BOCC 5 déc. 2000 ; Contrats Conc. Consom. 2001, n° 24, obs. Malaurie-Vignal,* conf. par • Com. 19 nov. 2002 : *Bull. civ. IV, n° 170 ; D. 2003. AJ. 272, obs. Chevrier ; JCP E 2003, n° 3, p. 107 ; JCP 2003. I. 119, obs. Levoyer ; Contrats Conc. Consom. 2003, n° 24, obs. Malaurie-Vignal ; RJDA 2003, n° 196 ; Lettre distrib. déc. 2002, p. 1, obs. Destours.* ♦ Il en est de même des décisions refusant d'accorder un droit d'occupation sur le domaine public. • Mêmes décisions. ♦ Mais si les droits de place et de stationnement dans les marchés communaux présentent le caractère de contributions indirectes et échappent à ce titre aux dispositions de l'ord. du 1er déc. 1986 [C. com., art. L. 410-1 s.], les recettes perçues par les concessionnaires en contrepartie de prestations complémentaires sont de nature contractuelle et doivent faire l'objet d'une facturation, conformément à l'art. 31 [C. com., art. L. 441-3]. • Crim. 10 oct. 1994 : *RJDA 1994, n° 1337.*

24. Pouvoir de police administrative. Dès lors que l'exercice du pouvoir de police administrative est susceptible d'affecter des activités de production, de distribution ou de services, la circonstance que les mesures de police ont pour objectif la protection de l'ordre public ou, dans certains cas, la sauvegarde des intérêts que l'administration a pour mission de protéger ou de garantir, n'exonère pas l'autorité investie de ces pouvoirs de l'obligation de prendre en compte la liberté du commerce et de l'industrie et les règles de concurrence. • CE,avis, 22 nov. 2000 : *D. 2001. 2110, note Albert et Somm. 1235, obs. Gonzalez ; RFD adm. 2001. 872, concl. Austry ; JCP E 2001, n° 28, p. 1164, obs. Rouault ; Petites affiches 21 févr. 2001, p. 4, obs. Charbit ; RTD com. 2001. 658, obs. Orsoni.* ♦ Il appartient au juge de l'excès de pouvoir d'apprécier la légalité de ces mesures de police administrative (réglementation de l'affichage publicitaire) compte tenu de l'ensemble de ces objectifs et de ces règles. • Même avis. – V. aussi Marceau, *AJDA 2002. 190.*

25. Établissement public industriel et commercial. BIBL. Lombard, *AJDA 2006. 79* (l'EPIC est-il condamné ?). ♦ Il appartient à la juridiction judiciaire de connaître d'une demande tendant à obtenir réparation du préjudice causé par certaines pratiques commerciales imputées à un groupement d'achat public, établissement public à caractère industriel et commercial, et de nature à fausser prétendument le jeu de la concurrence au regard tant du droit interne que du droit communautaire. • T. confl. 4 nov. 1991 : *D. 1992. IR. 43.* ♦ Dans le même sens, s'agissant d'un litige opposant des sociétés commerciales à la Poste et à ses filiales de droit privé, en vue d'obtenir la cessation ainsi que la réparation des dommages occasionnés par des pratiques commerciales imputées à la Poste et susceptibles de fausser le jeu de la concurrence, V. • T. confl. 19 janv. 1998 : *D. 1998. IR. 98 ; JCP E 1998, n° 12, p. 439.* – V. aussi Bréchon-Moulènes et Delvolvé, *RFD adm. 1999. 189.*

Le Conseil de la concurrence est incompétent pour dire si un EPIC est en droit d'exercer ou non une activité commerciale. • Cons conc. n° 04-D-02 du 10 févr. 2004 : *BOCC 4 mai 2004 ; Contrats Conc. Consom. 2004, n° 78, obs. Malaurie-Vignal.*

b. Répartition des compétences entre le Conseil de la concurrence et les juridictions administratives

26. Distinction entre la mise en œuvre de prérogatives de puissance publique et les actes détachables d'une mission de service public. Les décisions par lesquelles les personnes publiques ou les personnes privées chargées d'une mission de service public mettent en œuvre des prérogatives de puissance publique et qui peuvent constituer des actes de production, distribution ou de service au sens de l'art. 53 [C. com., art. L. 410-1], entrant dans son champ d'application, ne relèvent pas de la compétence du Conseil de la concurrence. Toutefois, il en est autrement lorsque ces organismes interviennent hors de cette mission ou ne mettent en œuvre aucune prérogative de puissance publique. • Com. 16 mai 2000 : *Bull. civ. IV, n° 99 ; D. 2000. 315, obs. Marmontel ; Contrats Conc. Consom. 2000, n° 112, obs. Malaurie-Vignal ; RTD com. 2000. 619, obs. Claudel.* ♦ V. aussi, retenant que si, dans la mesure où elles effectuent des activités de production, de distribution ou de services, les personnes publiques peuvent être sanctionnées par le Conseil de la concurrence agissant sous le contrôle de l'autorité judiciaire, les décisions par lesquelles ces personnes assurent la mission de service public qui leur incombe au moyen de prérogatives de puissance publique, relèvent de la compétence de la juridiction administrative pour en apprécier la légalité, et le cas échéant, pour statuer sur la mise en jeu de la responsabilité encourue par ces personnes : • T. confl. 18 oct. 1999 : *Bull. civ., n° 29 ; D. 2000. 607, note Louvaris ; ibid. AJ. 68, obs. A. M. ; JCP 2000. II. 10413, concl. Schwartz ; RFD adm. 2000. 567, note Laidié ;*

RTD com. 2000. 619, obs. Claudel. ♦ Sur les critères de répartition de compétence, V. aussi • Cons. conc. n° 99-D-72 du 1er déc. 1999 : *BOCC 31 janv. 2000.*

27. Actes indissociables de l'usage de prérogatives de puissance publique. Sur l'incompétence du Conseil de la concurrence pour apprécier les pratiques anti-concurrentielles, mises en œuvre par Aéroport de Paris, et qui sont en réalité indissociables de la réorganisation des aérogares décidée par l'établissement public, puis approuvée par le ministre de l'équipement, du transport et du logement, V. • T. confl. 18 oct. 1999 : *préc. note 26.* – V. Guedj, *Petites affiches 27 avr. 2000, p. 4.* ♦ De même, ressortit à la compétence de la juridiction administrative, le contrat de cession, par la Ligue, des droits liés à l'utilisation et à la reproduction d'un logiciel de gestion de billetterie. • T. confl. 4 nov. 1996 : *Bull. civ., n° 18 ; D. Affaires 1997. 371 ; AJDA 1997. 142 et 203, note Chauvaux et Girardot ; Contrats Conc. Consom. 1997, n° 63, obs. Vogel* (V. l'arrêt d'appel, en sens contraire : • Paris, 16 avr. 1996 : *BOCC 15 mai 1996 ; D. 1996. IR. 145 ; D. Affaires 1996. 706 ; Contrats Conc. Consom. 1996, n° 100, obs. Vogel).* ♦ Sur l'incompétence du Conseil de la concurrence pour examiner les conditions dans lesquelles l'INSEE, qui est une direction générale du ministère de l'économie, vend aux sociétés de marketing direct les informations sur les entreprises issues du répertoire Sirène, cette diffusion s'inscrivant dans le prolongement de sa mission de service public et le prix de cette prestation étant fixé par arrêté et donc exclu de toute négociation, V. • CE 29 juill. 2002 : *D. 2003. Somm. 901, obs. Gonzalez ; RJDA 2002, n° 1327* (V. dans la même affaire • Cons. conc. n° 01-D-78 du 6 déc. 2001 : *BOCC 28 févr. 2002 ; BRDA 2002, n° 7, p. 12*).

La décision par laquelle une collectivité publique décide de recourir à une concession pour la réalisation d'un équipement collectif et choisit les entreprises auxquelles elle confie cette concession n'est pas un acte de production, de distribution ou de services relevant de la compétence du Conseil de la concurrence. • Paris, 29 janv. 2002 : *Contrats Conc. Consom. 2002, n° 110, obs. Malaurie-Vignal.* ♦ Si la fourniture d'un navire par un service public constitue un acte de production économique qui relève de l'art. 53 [C. com., art. L. 410-1], la décision administrative par laquelle le ministre, à l'issue d'une procédure d'ouverture des plis faite en application des dispositions du code des marchés publics, attribue le marché à un des soumissionnaires, relève de la compétence de la juridiction administrative. • Com. 14 déc. 1993 : *Bull. civ. IV, n° 482 ; D. 1994. Somm. 175, obs. Gavalda et Lucas de Leyssac ; Contrats Conc. Consom. 1994, n° 25, note Vogel* (V. l'arrêt confirmé : • Paris, 6 nov. 1991 : *Gaz. Pal. 1992. 1. 359, concl. Jobard, note Marchi ; JCP E 1992. Pan. 5).* – V. aussi • Paris, 29 mars 1994 : *D. 1994. IR. 121* • Cons. conc. n° 02-D-73 du 10 déc. 2002 : *BOCC 28 févr. 2003 ; Contrats Conc. Consom. 2003, n° 90, obs. Malaurie-Vignal.*

28. Actes détachables d'une mission de service public. En mettant à la disposition de compagnies aériennes des installations aéroportuaires et en offrant diverses prestations regroupées sous l'appellation générale de « services d'assistance en escale » moyennant une redevance payée par lesdites compagnies qui, pour poursuivre leurs activités, utilisent ou occupent ces installations, locaux et espaces aménagés, l'établissement public ADP exerce alors une activité de services, de nature économique, telle que celle visée à l'art. 53 [C. com., art. L. 410-1], peu important au regard de ce texte, qui fait entrer dans son champ d'application les activités de production, de distribution et de services émanant de personnes publiques, que le gestionnaire soit investi de prérogatives de puissance publique ou gère une partie du domaine public. • Paris, 23 févr. 1999 : *D. 1999. IR. 108.* ♦ L'activité de mise à disposition de moyens de signalisation à des opérateurs privés contre redevance ne s'analyse pas comme une autorisation d'occupation du domaine public mais comme l'offre d'un service à des opérateurs en vue d'exercer leur activité économique ; elle ne relève ainsi pas de prérogative de puissance publique exercée par ADP excluant la compétence du Conseil de la concurrence. • Com. 7 janv. 2004 : *Bull. civ. IV, n° 5 ; JCP E 2004, n° 10, p. 351 ; RJ com. 2004. 96, note Decocq ; RJDA 2004, n° 633. – Contra* : • TA Paris, 7 janv. 2004 : *JCP E 2004, n° 47, p. 1810.* ♦ Dès lors, le Conseil de la concurrence en prononçant des sanctions, après avoir qualifié, d'une part, au regard de l'art. 7 [C. com., art. L. 420-1], les pratiques concertées mises en œuvre par ADP et par Air France sur le marché des locaux et espaces nécessaires aux activités des compagnies aériennes mis à leur disposition sur l'aéroport d'Orly, et d'autre part, au regard de l'art. 8 [C. com., art. L. 420-2], les pratiques discriminatoires émanant d'ADP, sans jamais se prononcer sur la validité ou la licéité de décisions administratives, a statué dans les limites de sa compétence sans jamais excéder ses pouvoirs. • Paris, 23 févr. 1999 : *préc.*

Des concertations entre entreprises en vue de répondre à une demande d'un maître d'ouvrage relative à la réalisation des travaux peuvent constituer des pratiques détachables de la décision administrative d'attribution et sont susceptibles de tomber sous le coup des dispositions du

Livre IV du code de commerce. En se refusant à apprécier la procédure de concession tout en acceptant d'examiner les concertations antérieures et postérieures à celle-ci, le Conseil de la concurrence a exactement fait la part entre ce qui relevait du contrôle de la légalité et ce qui ressortissait de sa compétence. • Paris, 29 janv. 2002 : *préc. note 27.* ♦ V. aussi, estimant que cette solution ne viole pas le principe *non bis in idem :* • Cons. conc. n° 03-D-46, du 30 sept. 2003 : *BOCC 17 déc. 2003 ; Contrats Conc. Consom. 2004, n° 9, obs. Malaurie-Vignal.* ♦ En octroyant des moyens de signalisations contre redevances à des opérateurs privés, afin d'informer les usagers potentiels de leur existence et de leur localisation à proximité de l'aéroport, ADP n'exerce pas une mission de service public relevant de prérogatives de puissance publique, mais une activité économique de prestations de services soumise à l'ord. de 1986 [C. com., art. L. 410-1 s.]. • Paris, 8 févr. 2000 : *D. 2000. AJ. 156* ; *JCP E 2000, n° 10, p. 393.* – V. aussi • Paris, 14 mars 2000 : *Contrats Conc. Consom. 2000, n° 82, obs. Malaurie-Vignal* • CJCE 24 oct. 2002 : *Contrats Conc. Consom. 2003, n° 11, obs. Poillot-Peruzzetto ; Europe 2002, n° 419, obs. Idot ; AJDA 2003. 436, note Chérot*. ♦ La publication, dans une lettre mensuelle du Conseil de l'ordre des chirurgiens-dentistes, d'une mise en garde qui commente les conditions d'application d'une réglementation, ne relève pas de l'exercice d'une prérogative de puissance publique et peut par conséquent être contestée devant le Conseil de la concurrence. • Cons. conc. n° 98-D-73 du 25 nov. 1998 : *BOCC 16 févr. 1999 ; Contrats Conc. Consom. 1999, n° 92, obs. Malaurie-Vignal.*

Art. L. 410-2 **Sauf dans les cas où la loi en dispose autrement, les prix des biens, produits et services relevant antérieurement au 1er janvier 1987 de l'ordonnance n° 45-1483 du 30 juin 1945 sont librement déterminés par le jeu de la concurrence.**

Toutefois, dans les secteurs ou les zones où la concurrence par les prix est limitée en raison soit de situations de monopole ou de difficultés durables d'approvisionnement, soit de dispositions législatives ou réglementaires, un décret en Conseil d'État peut réglementer les prix après consultation du Conseil de la concurrence. – *V. C.* ***consom.***

Les dispositions des deux premiers alinéas ne font pas obstacle à ce que le Gouvernement arrête, par décret en Conseil d'État, contre des hausses ou des baisses excessives de prix, des mesures temporaires motivées par une situation de crise, des circonstances exceptionnelles, une calamité publique ou une situation manifestement anormale du marché dans un secteur déterminé. Le décret est pris après consultation du Conseil national de la consommation. Il précise sa durée de validité qui ne peut excéder six mois. – *[Ord. n° 86-1243 du 1er déc. 1986, art. 1er]. – V. note 3 ci-dessous. – Sont punies de la peine d'amende prévue pour les contraventions de la 5e classe, la vente de biens ou produits, ou la prestation de services à des prix fixés en violation de l'art. 1er de l'ord. du 1er déc. 1986 [C. com., art. L. 410-2] ; en cas de récidive, les peines d'amende prévues pour la récidive des contraventions de la 5e classe sont applicables (C. consom., art. R. 113-1).*

Sur l'application de l'art. L. 410-2, al. 2, aux tarifs de vente de l'électricité, V. L. n° 2000-108 du 10 févr. 2000, art. 4 (JO 11 févr.), mod. par L. n° 2003-590 du 2 juill. 2003, art. 61 (JO 3 juill.), L. n° 2004-803 du 9 août 2004, art. 3 (JO 11 août), L. n° 2005-781 du 13 juill. 2005, art. 53, 73, 74 et 81-III (JO 14 juill.). - V. aussi Décr. n° 2001-365 du 26 avr. 2001 (JO 28 avr.). - Sur la tarification spéciale de l'électricité comme produit de première nécessité, V. Décr. n° 2004-325 du 8 avr. 2004 (JO 10 avr.). - ... Aux tarifs des redevances des services publics aéroportuaires, V. code de l'aviation civile, art. L. 224-2 (L. n° 2005-357 du 20 avr. 2005, art. 9, JO 21 avr.).

1. Champ d'application. L'ord. du 1er déc. 1986 [C. com., art. L. 410-1 s.] s'applique aux produits achetés en France même si ces produits doivent être distribués ou revendus à l'étranger. • Com. 16 juin 1998 : *Bull. civ. IV, n° 192 ; D. 1998. IR. 179 ; JCP E 1998, n° 37, p. 1379 ; RJDA 1998, n° 1300 ; Contrats Conc. Consom. 1998, n° 146, obs. Malaurie-Vignal ; Petites affiches 23 juin 1999, p. 17, obs. Reboul.*

2. Droit transitoire. V. note 1 ss. art. L. 420-6.

3. Prohibition des atteintes à la liberté des prix. V. notes ss. art. L. 420-1 (ententes) et notes ss. L. 442-5 (prix imposés).

4. Secteurs de concurrence limitée. La situation de concurrence limitée par les prix qui résulte nécessairement d'une position dominante occupée sur un marché de taille réduite sur lequel l'importation de marchandises est soumise à l'octroi de la mer, est de celles dans lesquelles, en application de l'art. L. 410-2, les prix peuvent être réglementés. • CE 18 janv. 2006 : *RFD adm. 2006. 413 ; RLDA mars 2006. 42,* *obs. Méar.* ♦ Sur les péages autoroutiers, V., concluant à la légalité du Décr. n° 88-1202 du 30 déc. 1988 [remplacé par Décr. n° 95-81 du 24 janv. 1995], • CE 3 mars 1993 : *RJDA 1993, n° 722.* ♦ Sur la possibilité pour les aéro-clubs de faire payer les baptêmes de l'air, V., concluant à la légalité du Décr. n° 98-884 du 28 sept. 1998, • CE 19 mars 2001 : *Rec. CE, p. 138 ; RTD com. 2001. 870, obs. Orsoni* .

Les services des huissiers de justice correspondant à leur activité hors monopole entrant dans le champ d'application de l'ord. du 1er déc. 1986 [C. com., art. L. 410-1 s.], doit être annulé, en ce qu'il fixe les tarifs applicables à cette activité, le Décr. n° 88-914 du 7 sept. 1988 modifiant le Décr. n° 67-18 du 5 janv. 1967 fixant le tarif général des huissiers de justice en matière civile et commerciale, qui a été pris sans que le Conseil de la concurrence ait été consulté. • CE 21 oct. 1994 : *D. 1994. IR. 261.* ♦ V., toutefois, la loi de validation n° 94-1133 du 27 déc. 1994 *(JO 28 déc.).*

Les actes réservés, en application de la loi n° 71-1130 du 31 déc. 1971, au monopole des avocats, sont exclus du champ d'application du principe, posé au 1er al. de l'art. L. 410-2, de libre détermination des prix par le libre jeu de la concurrence. • CE 23 nov. 2005 : *JCP 2006. II. 10038, note Aguila ; RLC 2006, n° 7, p. 38, obs. Clamour.* ♦ Ainsi, ce principe n'est pas applicable à la postulation devant les TGI en matière civile, réservée par l'art. 4 de la loi au monopole des avocats ; dès lors rien ne faisait obstacle à ce que le Gouvernement en réglemente la tarification, le moyen tiré de ce que le Gouvernement ne pouvait prendre cette réglementation sans procéder à la consultation préalable du Conseil de la concurrence, ultérieurement prévue par l'ord. du 1er déc. 1986, ne pouvant être utilement invoqué. • Même décision.

5. Consultation du Conseil. V. notes ss. art. L. 462-2.

6. Exceptions conjoncturelles. BIBL. Blary-Clément, *ALD 1991. 17* (produits pétroliers). ♦ Pour des applications de l'al. 3 de l'art. 1er [C. com., art. L. 410-2, al. 3], V. Décr. n° 89-680 du 20 sept. 1989 *(JO 21 sept.)*, réglementant jusqu'au 15 déc. 1989 le prix de certains produits en Guadeloupe à la suite des dommages causés par un cyclone. ♦ ... Décr. n° 90-700 du 8 août 1990 *(D. et ALD 1990. 364)*, réglementant jusqu'au 15 sept. 1990 le prix de vente des produits pétroliers à la suite de l'occupation du Koweït par l'Irak.

7. Prohibition des prix abusivement bas. V. notes ss. art. L. 420-5.

TITRE DEUXIÈME DES PRATIQUES ANTICONCURRENTIELLES

Art. L. 420-1 **Sont prohibées,** *(L. n° 2001-420 du 15 mai 2001, art. 52)* **« même par l'intermédiaire direct ou indirect d'une société du groupe implantée hors de France, » lorsqu'elles ont pour objet ou peuvent avoir pour effet d'empêcher, de restreindre ou de fausser le jeu de la concurrence sur un marché, les actions concertées, conventions, ententes expresses ou tacites ou coalitions, notamment lorsqu'elles tendent à :**

1° Limiter l'accès au marché ou le libre exercice de la concurrence par d'autres entreprises ;

2° Faire obstacle à la fixation des prix par le libre jeu du marché en favorisant artificiellement leur hausse ou leur baisse ;

3° Limiter ou contrôler la production, les débouchés, les investissements ou le progrès technique ;

4° Répartir les marchés ou les sources d'approvisionnement. – *[Ord. n° 86-1243 du 1er déc. 1986, art. 7].*

Sur la saisine du Conseil de la concurrence par le Conseil supérieur de l'audiovisuel pour des litiges dont il est saisi et étant susceptibles de constituer une pratique anticoncurrentielle, V. L. n° 86-1067 du 30 sept. 1986, art. 17-1 et 41-4 (L. n° 2004-669 du 9 juill. 2004, art. 35 et 77), au ***C. communic.***

BIBL. ► Boutard-Labarde et Saint-Estében, *JCP E 1989. II. 15406.* – Vogel, *ibid. 1991. I. 96* (définition et preuve de l'entente). – Perrot et Vogel, *ibid. 1993. I. 299* (entente tacite, oligopole et parallélisme de comportement). – Gavalda, *D. 1993. 597* (note ss. Cons. conc. 18 mai 1993). – Arhel, *D. Affaires 1998. 97* (auto-défense et droit de la concurrence) ; *ibid. 1348* (synthèse de jurisprudence) ; *ibid. 1722* (même thème). – Courivaud, *ibid. 1998. 1202* (organisations professionnelles confrontées au droit de la concurrence). – Putman, *RID éco. 1998. 107* (rapports entre droit social et droit de la concurrence). – Fasquelle, *RTD com. 1998. 763* (réparation des dommages causés par les pratiques anticoncurrentielles). – Fourgoux, *JCP E 1999, n° 50, p. 2005* (même thème). – Cartier-Bresson, *Petites affiches 1er juill. 1999, p. 4* (corruption et pratiques anticoncurrentielles). – Claudel, *RTD com. 1999. 291* (le consentement en droit de la concurrence, consécration ou sacrifice ?). – Benoît, *Dr. et patr. juin 2000. 62* (le droit de la concurrence est un droit de l'abus). – Vertut, *Contrats Conc. Consom. 2000, Chron. 15* (communications en matière de prix de revente et droit de la concurrence). – Arhel, *JCP E 2000, n° 46, p. 1799* (lutte contre les pratiques de prix imposés en Europe) ; *Petites affiches 5 févr. 2001, p. 5* (lutte contre les discriminations abusives en Europe) ; *ibid. 16 nov. 2001, p. 4* (lutte contre les pratiques de prix minimum imposés en Europe [2000 et 2001]) ; *ibid. 7 déc. 2001, p. 4* (activité de la cour d'appel de Paris dans le domaine des pratiques anticoncurrentielles) ; *ibid. 22 janv. 2002, p. 18* (même thème : déc. 2001). – Decocq, *RJ com., nov. 2001, n° spéc., p. 89* (dépénalisation du droit de la concurrence). – Poésy, *RJDA 2002. 391* (Cour de cassation et pratiques anticoncurrentielles). – Idot, *Bull. act. Lamy droit économique, mars 2003* (actualités 2002 du droit français des pratiques anticoncurrentielles). – Arhel, *Petites affiches 8 août 2003, p. 3* (activité de la cour d'appel de Paris févr.-mars 2003) ; *ibid. 5 sept. 2003, p. 3* (*ibid.* mai-juill.). – Brun et Toulemont-Dakoure, *Contrats Conc. Consom. 2003, Chron. 11* (barrières à l'entrée en droit de la concurrence). – Cot, *RJDA 2004, p. 603* (notion d'entente dans la jurisprudence communautaire récente). – Arhel, *Petites affiches 25 juin 2004, p. 4* (activité de la cour d'appel de Paris août 2003-févr. 2004). – Colloque, *ibid. 20 janv. 2005* (sanctions judiciaires des pratiques anticoncurrentielles). – Lesquins, *ibid., p. 17* (établissement des pratiques anticoncurrentielles lors du procès civil). – Venayre, *RLC 2005, n° 2, p. 122 ; RLC 2006, n° 6, p. 20* (accords d'échanges d'informations). – Grynfogel, *RJDA 2005. 551* (le concours de volontés entre entreprise, une notion protéiforme en droit communautaire des ententes). – Robin, *RLC 2005, n° 5, p. 20* (de l'intérêt du réseau d'agents en droit des ententes et du danger des participations aux réunions).

► Sur la loi relative aux nouvelles régulations économiques : Prieto, *Dr. et patr. déc. 2001. 74* (l'élan donné par la loi NRE sur la lutte contre les pratiques anticoncurrentielles). – Arhel, *Contrats Conc. Consom. 2001. Chron. 17* (nouvelles règles relatives aux comportements restrictifs de concurrence). – Arcelin, *ibid. Chron. 18* (pratiques commerciales : apports de la loi NRE). – Pirovano, *D. 2002. Chron. 62* (droit de la concurrence et progrès social). – Conférence-débats du 15 nov. 2001, *Dict. perm. dr. aff. 13 janv. 2002, bull. 564* (les relations commerciales sous le contrôle de l'Administration et du juge).

I. GÉNÉRALITÉS

1. Application territoriale. Le Conseil de la concurrence est compétent pour connaître d'opérations effectuées à l'étranger dès lors qu'elles ont des effets sur le territoire français : V. • Cons. conc. n° 89-D-22 du 13 juin 1989 : *D. 1991. Somm. 247, obs. Gavalda et Lucas de Leyssac ; Gaz. Pal. 1990. 1. 235, note Marchi.* ♦ V., dans le même sens, dès lors que les pratiques affectent le commerce entre États membres et ce, même si elles n'ont pas d'effet sur le territoire français, ne sont pas commises sur le territoire national et sont le fait d'entreprises non installées sur le territoire • Cons. conc. n° 00-MC-14 du 23 oct. 2000 : *BOCC 30 déc. 2000 ; BRDA 2002, n° 15-16, p. 16* • n° 02-MC-07 du 15 mai 2002 : *BOCC 28 juin 2002 ; Contrats Conc. Consom. 2002, n° 175, obs. Malaurie-Vignal* (conf. par • Paris, 26 juin 2002 : *BOCC 11 juill. 2003 ; Europe 2003, n° 283, obs. Idot).* ♦ V. aussi pour les pratiques concernant les exportations, • Cons. conc. n° 01-MC-04 du 24 sept. 2001 : *BOCC 30 oct. 2001* • n° 97-D-01 du 15 janv. 1997 : *BOCC 25 mars 1997 ; Contrats Conc. Consom. 1997, n° 81, obs. Vogel ; Dr. sociétés 1998. 17, note Vidal.* ♦ V. sur la question, Claudel, *RTD com. 2003. 491* (le Conseil de la concurrence à l'heure de la décentralisation).

Ni la Convention de Bruxelles du 27 sept. 1968 concernant la compétence judiciaire et l'exécution des décisions en matière civile et commerciale, ni les protocoles annexes à cette Convention ne font obstacle à l'application des dispositions des art. 7 et 8 [C. com., art. L. 420-1 et L. 420-2] à une société ayant son siège social en Allemagne dès lors qu'elle s'est livrée en France à des pratiques entrant dans le champ d'application de ces textes. • Paris, 15 sept. 1993 : *D. 1993. IR. 225 ; Contrats Conc. Consom. 1993, n° 211, obs. Vogel.*

S'agissant de la compétence des autorités des États membres, V. Règl. CE n° 1/2003 du 16 déc. 2003, *infra*, App., v° *Concurrence (II Droit communautaire).*

2. Ententes et position dominante. **BIBL.** Garcia-Rosado, *RLC 2005, n° 3, p. 139* (lien entre les ententes et les abus de position dominante collective). ♦ Les notions d'entente et d'abus de position dominante, au sens des art. 7 et 8 [C. com., art. L. 420-1 et L. 420-2], ne sont pas exclusives l'une de l'autre. • Com. 21 juin 1994 : *Bull. civ. IV, n° 233 ; D. 1994. IR. 213* • 5 mars 1996 : *D. Affaires 1996. 410.* ♦ Sur le cumul des sanctions, V. note 7 ss. art. L. 464-2.

3. Ententes et concentrations. Les procédures prévues par le titre III relatif au contrôle des ententes et par le titre V relatif au contrôle des concentrations sont différentes et inconciliables entre elles. • Paris, 28 juin 1994 : *D. 1994. IR. 195 ; Gaz. Pal. 1994. 2. 654, concl. Jobard ; Contrats Conc. Consom. 1994, n° 169, obs. Vogel,* conf. par • Com. 26 nov. 1996 : *Bull. civ. IV, n° 291 ; D. 1997. IR. 16 ; D. Affaires 1997. 145.* ♦ Sont donc irrecevables les saisines visant des opérations de concentration économique ayant fait l'objet d'un arrêté ministériel, en application des art. 38 s. [C. com., art. L. 430-1 s.], dès lors que les parties en litige n'ont pas fait état de pratiques illicites issues de ces accords pouvant faire l'objet, le cas échéant, d'une saisine distincte du Conseil de la concurrence sur le fondement des art. 7 et 8 [C. com., art. L. 420-1 et L. 420-2]. • Mêmes arrêts. ♦ V. aussi • Cons. conc. n° 02-D-44 du 11 juill. 2002 : *Contrats Conc. Consom. 2002, n° 157, obs. Malaurie-Vignal ; JCP E 2003, n° 5, p. 224, note Arhel ; Petites affiches 2 sept. 2002, p. 4, note Arhel* (conf. par • Paris, 18 févr. 2003 : *BOCC 21 nov. 2003 ; JCP E 2003, n° 14, p. 612, note Arhel*).

En ce sens que dans le cadre de l'appréciation d'une concentration notifiée, la Commission ne saurait être obligé, en vertu de l'art. 81 CE, d'examiner le risque hypothétique que les parties à la concentration puissent être amenées à conclure des accords restrictifs à la suite de cette concentration. En effet, selon les termes de cet article, l'interdiction y édictée ne s'applique que lorsque des accords anti-concurrentiels ont effectivement été conclus. • TPICE 8 juill. 2003 : *Contrats Conc. Consom. 2003, n° 164, note Poillot-Peruzzetto.*

4. Articulation avec le droit communautaire. V. *infra*, App., v° *Concurrence (II – Droit communautaire)*, note 1 ss. art. 9 du Règl. CEE n° 17-62 du 6 févr. 1962.

II. PRINCIPE DE PROHIBITION DES ENTENTES RESTRICTIVES DE CONCURRENCE

A. EXIGENCE D'UNE PRATIQUE COLLUSIVE

1° Neutralité de la forme juridique de l'entente : accords et pratiques concertées

5. Concours de volontés. La qualification de pratique concertée n'est pas limitée aux seuls comportements sur le marché mais peut aussi s'appliquer à une forme de coordination et à des prises de contacts entre les entreprises, supposant en cela un accord de volonté pour mener ensemble une telle concertation. • Cons. conc. n° 06-D-03 du 9 mars 2006 : *cité note 3 ss. art. L. 123-22.* ♦ Pour un arrêt considérant que l'art. 7 [C. com., art. L. 420-1] n'est applicable que s'il est démontré que les parties à l'entente ont eu l'intention de participer à une action concertée en vue de limiter l'accès au marché pertinent ou à la libre concurrence, V. • Com. 12 janv. 1999 : *Contrats Conc. Consom. 1999, n° 57, obs. Malaurie-Vignal ; Petites affiches 25 nov. 1999, p. 12, obs. Reboul ; JCP E 1999, n° 48, p. 1909, obs. Arhel.* ♦ Pour un arrêt retenant que la sanction d'une pratique sur le fondement des art. L. 420-1, L. 462-6 et L. 464-2 suppose que les entreprises aient librement et volontairement participé à une action concertée, en sachant qu'elle avait pour objet ou pouvait avoir pour effet d'empêcher, de restreindre ou de fausser le jeu de la concurrence sur le marché, V. • Paris, 9 janv. 2001 : *RTD com. 2001. 421, obs. Claudel* • 17 juin 2003 : *BOCC 29 sept. 2003 ; Contrats Conc. Consom. 2003, n° 180, obs. Malaurie-Vignal* (dépendance des distributeurs excluant qu'ils aient pu librement consentir à l'entente). ♦ En cas d'entente complexe, l'accord résulte de la preuve de réunions ayant un objet anticoncurrentiel, la responsabilité d'une entreprise pouvant être retenue si elle a participé à ces réunions, quelle que soit l'intensité de sa participation, en ayant connaissance de cet objet même si ensuite elle n'a pas mis en œuvre les mesures convenues. • CJCE 15 oct. 2002 : *Contrats Conc. Consom. 2003, n° 60, obs. Poillot-Peruzzetto.* ♦ ... Ou qu'elle n'a pas signé le procès-verbal de réunion. • Cons. conc. n° 03-D-54 du 28 nov. 2003 : *BOCC 13 févr. 2004 ; Contrats Conc. Consom. 2004, n° 61, obs. Malaurie-Vignal ; RTD com. 2004. 455, obs. Claudel.* ♦ Au moment où les décisions communes ont été prises, si les participants ne pouvaient préjuger du degré d'application de ces décisions, néanmoins, leur volonté, à ce moment là, était bien de définir des prix minima communs. En conséquence, le fait de participer à des réunions où ont été décidé des prix minima communs, ne laisse aucun doute sur leur volonté de participer à une concertation sur les prix, car la nature même de ces décisions établit leur caractère anticoncurrentiel. • Cons. conc. n° 05-D-27 du 15 juin 2005 : *BOCC 14 mars 2006.* ♦ Le Conseil retient que l'accord de volonté est démontré dans deux hypothèses : si l'entreprise n'a participé qu'à une seule réunion ayant un objet anticoncurrentiel dès lors qu'il est également établi qu'elle a adhéré à cet objet, notamment par la diffusion des consignes adoptées ou encore par l'application des mesures décidées au cours de cette réunion ; ou si l'entreprise a participé à plusieurs réunions ayant le même objet anticoncurrentiel. • Cons. conc. n° 06-D-03 du 9 mars 2006 : *préc.*

Pour un arrêt relevant que le boycott constitue une action délibérée en vue d'évincer un opérateur du marché et que faute d'établir la volonté d'éviction, les pratiques litigieuses ne peuvent être qualifiées d'entente illicite : • Com. 22 oct. 2002 : *cité note 34.* ♦ Jugeant que l'adhésion à une entente peut se déduire de la mise en œuvre par une entreprise du comportement anticoncurrentiel collectivement décidée par plusieurs de ses concurrents, V. • Paris, 18 mars 2003 : *cité note 21.* ♦ Le traitement discriminatoire entre distributeurs intégrés ne suffit pas à caractériser une entente entre distributeurs et fournisseurs, dans la mesure où l'opacité des conditions générales ne permet pas d'établir que les distributeurs avaient connaissance des différences de traitement, les pratiques litigieuses ne relevant pas, par conséquent, d'une concertation entre les intéressés, mais traduisant au contraire un comportement unilatéral du fournisseur. • Cons. conc. n° 99-D-31 du 18 mai 1999 : *BOCC 31 août 1999 ; Contrats Conc. Consom. 1999, n° 143, obs. Malaurie-Vignal.*

6. Contrat type. Entrent dans le champ des pratiques concurrentielles définies par l'art. 7 [C. com., art. L. 420-1] les accords liant un ensemble de distributeurs à un fournisseur au moyen d'un contrat type, prévoyant notamment que l'agrément des distributeurs est subordonné à l'acceptation par eux d'une politique de prix de revente conseillés. • Com. 18 mai 1993 : *Bull. civ. IV, n° 201.* – V. aussi • Com. 1er juin 1993 : *Bull. civ. IV, n° 222 ; D. 1995. Somm. 79, obs. Ferrier ; Contrats Conc. Consom. 1993, n° 175, note Vogel* (contrat de franchise) • 2 juill. 2002 : *BRDA 2002, n° 17, p. 10 ; Petites affiches 3 juill. 2003, p. 52, obs. Malaurie-Vignal ; Lettre distrib. nov. 2002, p. 2.*

S'il est envisageable qu'une évolution contractuelle puisse être considérée comme ayant été acceptée d'avance, lors de et par la signature d'un contrat de concession légal, lorsqu'il s'agit d'une évolution contractuelle légale qui, soit est envisagée par le contrat, soit est une évolution que le concessionnaire ne saurait, eu égard aux usages commerciaux ou à la réglementation, refuser, en revanche, il ne saurait être admis qu'une évolution contractuelle illégale puisse être considérée comme ayant été acceptée d'avance, lors de et par la signature d'un contrat de distribution légal. • TPICE 3 déc. 2003 : *D. 2004. AJ. 135 ; RJDA 2004, n° 233 ; Contrats Conc. Consom. 2004, n° 27, obs. Poillot-Peruzzetto ; Petites affiches 15 mars 2004, p. 12, obs. Arhel ; Lettre distrib. janv. 2004, p. 1, obs. Mainguy ; Europe 2004, n° 84, obs. Idot.* ♦ V. aussi, s'interrogeant sur le point de savoir si la mesure prise par le fabricant est entrée dans le champ des relations contractuelles : • TPICE 21 oct. 2003 : *Contrats Conc. Consom. 2004, n° 27, obs. Poillot-Peruzzetto ; Europe 2003, n° 404, obs. Idot ; RJDA 2004, n° 759* • CJCE 6 janv. 2004 : *D. 2004. Somm. 1970, obs. Claudel ; JCP E 2004, n° 18, p. 752, note Vilmart ; Petites affiches 12-13 avr. 2004, p. 4, obs. Arhel ; RJDA 2004, n° 759 ; Lettre distrib. janv. 2004, p. 1, obs. Mainguy ; Europe 2004, n° 84, obs. Idot ; Cah. dr. entr. 2004, n° 1, p. 33, obs. Respaud et Siau.* – Sur cet arrêt, V. aussi Grall et Grass, *Bull. act. Lamy droit économique févr. 2004 ;* Cot, *RJDA 2004, p. 603 ;* Idot, *RDC 2004. 289.* ♦ Pour une application en droit interne, V. • Cons. conc. n° 05-D-06 du 23 févr. 2005 : *BOCC 28 oct. 2005 ; RDLC 2005, n° 2, p. 50, obs. Debroux ; RLC 2005, n° 3, p. 28, obs. C. R.*

Comp., jugeant qu'en présence d'une invitation d'un fabricant à respecter des prix « conseillés », l'accord de volonté des distributeurs peut être démontré par une concentration anormale des prix pratiqués par les revendeurs mais aussi par la signature d'un contrat de coopération commerciale impliquant le respect de la politique commerciale ou de la politique de communication du fabricant par les revendeurs. • Cons. conc. n° 05-D-66 du 5 déc. 2005 : *cité note 7 ss. art. L. 463-1.* ♦ Dans les deux cas, l'entente est démontrée sans qu'il soit nécessaire d'avoir mis en cause chacun des distributeurs au stade de la notification des griefs, les fournisseurs prenant une part prépondérante dans la constitution de l'entente en diffusant des prix minimaux conseillés et veillant à ce qu'ils soient respectés par ces distributeurs. • Même décision. • Cons. conc. n° 06-D-04 du 13 mars 2006 : *RJDA 2006, n° 705 ; Lettre distrib. avr. 2006, p. 2 ; RLDA mai 2006, p. 45, obs. Méar ; Europe 2006, n° 164, obs. Idot.*

7. Organisations professionnelles. Toute pratique susceptible d'avoir un objet ou un effet anticoncurrentiel mise en ordre par un ordre professionnel, autorité qui représente la collectivité de ses membres, révèle nécessairement une entente entre ses membres. • Com. 16 mai 2000 : *Bull. civ. IV, n° 102 ; D. 2000. AJ. 298, obs. Marmontel .* ♦ V. déjà considérant que les actions des organisations professionnelles ont en elles-mêmes un caractère collectif et sont donc susceptibles d'entrer dans le champ de l'art. 7 [C. com., art. L. 420-1] sans qu'il soit nécessaire de démontrer l'existence d'une concertation entre ces organisations et d'autres parties. • Cons. conc. n° 94-D-05 du 18 janv. 1994 : *BOCC 8 mars*

1994 • n° 99-D-68 du 9 nov. 1999 : *BOCC 31 janv. 2000.*

8. Pratiques concertées et comportements parallèles. Justifie légalement sa décision de condamnation de sociétés pétrolières pour entente économique la cour d'appel qui établit le parallélisme de comportement de ces sociétés avec celui des autres distributeurs, constate que ce parallélisme, qui les a amenées, pour des stations qu'elles exploitaient par mandataires, à pratiquer systématiquement des prix de détail identiques à ceux des autres distributeurs, ne se justifiait ni par les caractéristiques du marché conduisant au contraire à une dispersion des prix de revient, ni par les coûts d'exploitation nécessairement spécifiques à la gestion par mandataires et énonce que ce comportement traduisait leur renoncement à suivre une politique commerciale autonome et s'expliquait par leur choix délibéré de coopérer en fait aux ententes formées par les autres distributeurs auxquels elles ont tacitement mais volontairement adhéré. • Com. 8 oct. 1991 : *Bull. civ. IV, n° 282 ; Contrats Conc. Consom. 1991, n° 237, note Vogel ; JCP 1993. II. 22095, note Synvet.* ♦ V. également, concernant une action concertée, entre deux sociétés, relative au « coût du port avancé » de la levure fraîche de panification, • Com. 14 janv. 1992 : *Bull. civ. IV, n° 16.* ♦ Sur les conditions d'un équilibre non collusif entre entreprises concurrentes, V. • Cons. conc. n° 04-D-43 du 8 sept. 2004 : *BOCC 9 déc. 2004 ; D. 2004. AJ. 2570 ; RLC 2005, n° 1, p. 33, obs. Sélinsky ; Lettre distrib. oct. 2004, p. 3.* ♦ Sur la preuve de la cartellisation d'un oligopole, V. • Cons. conc. n° 05-D-38 du 5 juill. 2005 : *BOCC 14 mars 2006 ; D. 2005. AJ. 2444, obs. Chevrier ; RDLC 2005, n° 4, p. 67, obs. Debroux.*

2° Parties à l'entente

9. Acteur économique. Bien que l'art. 7 [C. com., art. L. 420-1] ne pose pas comme condition de son application la qualité d'entreprise des parties à l'entente, une au moins des parties doit être considérée comme un acteur économique exerçant une activité sur le marché ; tel n'est pas le cas de syndicats professionnels organisant des actions concertées destinées à dissuader un éditeur de faire assurer l'impression de ses journaux dans une entreprise de labeur. • Paris, 29 févr. 2000 : *D. 2000. AJ. 182, obs. Daleau ; Contrats Conc. Consom. 2000, n° 95, obs. Malaurie-Vignal ; Petites affiches 6 févr. 2001, p. 13, obs. Bergé* (V. décision annulée • Cons. conc. n° 99-D-41 du 22 juin 1999 : *D. 1999. IR. 208 ; Contrats Conc. Consom. 1999, n° 178, obs. Malaurie-Vignal.* – Sur cette décision, V. Edelman, *D. 2000. Chron. 261*). ♦ V. aussi l'arrêt de confirmation, qui précise que la cour d'appel ne s'est pas fondée sur le caractère isolé des agissements en cause, mais bien sur l'absence d'activité économique des syndicats poursuivis pour exclure, en l'espèce, l'application de l'art. L. 420-1. • Com. 15 janv. 2002 : *Bull. civ. IV, n° 15 ; D. 2002. AJ. 720, obs. Chevrier ; RTD com. 2002. 287, obs. Claudel ; Contrats Conc. Consom. 2002, n° 61, obs. Malaurie-Vignal.*

Considérant qu'il importe peu, pour l'application des règles de concurrence, que la personne poursuivie pour entente n'ait pas la qualité d'opérateur économique sur le marché affecté dès lors que ses comportements sont susceptibles d'affecter le jeu de la concurrence dans un secteur économique, V. • Paris, 8 févr. 2000 : *BOCC 7 mars 2000 ; Contrats Conc. Consom. 2000, n° 128, obs. Malaurie-Vignal.*

V. aussi note 10.

9 bis. Convention collective. Les accords conclus dans le cadre d'une convention collective destinés à améliorer les conditions d'emploi et de travail, doivent être considérés, en raison de leur nature et de leur objet, comme ne relevant pas du droit des ententes, sauf s'ils portent sur des matières qui ne relèvent pas de l'essence des négociations collectives ou visent à affecter directement les rapports entre les employeurs et les tiers, tels que les clients, les fournisseurs, les employeurs concurrents ou les consommateurs, en portant atteinte à la concurrence. • Cons. conc. n° 03-D-30 du 2 juill. 2003 : *BOCC 8 oct. 2003 ; Contrats Conc. Consom. 2003, n° 141, obs. Malaurie-Vignal.*

10. Associations professionnelles. **BIBL.** Condomines, *JCP E 2005, n° 4, p. 120.* ♦ Constitue une interdiction générale et prohibée par l'art. 7 [C. com., art. L. 420-1] la disposition du règlement intérieur stipulant qu'aucun membre de l'association ne doit soumissionner à titre individuel à un quelconque appel d'offre de tel ou tel centre hospitalier. • Paris, 1er oct. 1996 : *D. Affaires 1996. 1316.* ♦ De même, les clauses statutaires organisant la procédure d'agrément des professionnels candidats à l'adhésion à une association professionnelle peuvent avoir un objet ou un effet anticoncurrentiel dès lors que la sélection n'est pas fondée sur des critères objectifs de nature qualitative et appliqués de manière non discriminatoire, et qu'elles sont utilisées pour empêcher l'accès au marché à certaines entreprises. • Cons. conc. n° 96-D-04 du 23 janv. 1996 : *BOCC 24 mai 1996.* ♦ Tel est le cas d'une clause figurant dans les statuts d'une association de taxis dans laquelle sont déterminées les conditions d'adhésion à l'association et notamment l'existence d'un droit d'entrée, sans que le montant de ce droit soit fixé dans des conditions objectives dans la mesure où il est laissé à l'appréciation des membres du bureau. • Cons. conc. n° 2000-D-78 du 21 mars 2001 : *BOCC 24 avr. 2001.* ♦ Sur l'illicéité de la décision d'éviction, prise par une association d'exploitants de taxi d'une commune, à l'égard d'un membre ayant décidé de recourir aux services d'un salarié pour exploiter son taxi, V. • Cons. conc. n° 97-D-40 du 4 juin 1997 : *BOCC 30 août 1997 ; D. Affaires 1997. 1139.* – V. aussi note 15.

Si l'admission de nouveaux membres au sein d'une organisation professionnelle par cooptation ne constitue pas en elle-même une pratique contraire au droit de la concurrence, une telle modalité peut, notamment lorsqu'elle est associée à d'autres dispositions telles que le parrainage et la dispense de motivation des refus, avoir pour effet de limiter le jeu de la concurrence. • Cons. conc. n° 98-D-81du 21 déc. 1998 : *BOCC 31 mars 1999 ; Contrats Conc. Consom. 1999, n° 94, obs. Malaurie-Vignal ; Petites affiches 25 nov. 1999, p. 10, obs. Reboul* • n° 02-D-60 du 27 sept. 2002 : *BOCC 28 nov. 2002 ; Contrats Conc. Consom. 2003, n° 26, obs. Malaurie-Vignal* (mais réformé par • Paris, 27 mai 2003 : *BOCC 11 juill. 2003*). ♦ Contrevient aux dispositions de l'art. 7 [C. com., art. L. 420-1] la clause des statuts d'une association qui subordonne l'adhésion d'un nouvel adhérent au parrainage d'un concurrent géographiquement proche. • Cons. conc. n° 96-D-22 du 22 avr. 1996 : *BOCC 18 janv. 1997 ; Contrats Conc. Consom. 1997, n° 29, obs. Vogel.* ♦ Constitue une pratique anticoncurrentielle le fait pour une association de taxis d'imposer comme condition d'adhésion l'interdiction de pratiquer le doublage, soit la renonciation par le futur adhérent à employer des salariés, dans la mesure où cette condition a pour conséquence inévitable de limiter la capacité des exploitants membres de l'association à développer leur activité en leur interdisant tout particulièrement d'améliorer l'offre des taxis dans l'intérêt des consommateurs. • Cons. conc. n° 2000-D-79 du 21 mars 2001 : *BOCC 24 avr. 2001.* ♦ En revanche, la concertation entre entreprises de transports sanitaires ayant créé une association professionnelle pour assurer le respect de la déontologie de leur profession et celui de la concurrence entre entreprises du secteur n'est pas en soi anticoncurrentielle. • Paris, 1er oct. 1996 : *préc.*

11. Groupements d'intérêt économique. Pour un GIE constitutif d'une entente, V. • Cons. conc. n° 88-D-37 du 11 oct. 1988 : *BOCC 15 oct. 1988 ; RTD com. 1989. 102, obs. Cabrillac et Teyssié* (groupement des cartes bancaires) • Paris, 26 avr. 1990 : *D. 1990. IR. 133 ; JCP 1991. II. 21597, note Bouteiller.* ♦ Pour un système satisfaisant, V., dans la même affaire, • Cons. conc. n° 89-D-15 du 3 mai 1989 : *BOCC 10 mai 1989 ; RTD com. 1989. 580, obs. Bouzat.* – V. aussi • Cons. conc. n° 90-D-41 du 30 oct. 1990 : *BOCC 9 nov. 1990 ; RTD com. 1991. 80, obs. Cabrillac et Teyssié* ✎. ♦ Plus généralement, sur l'application des règles de concurrence à la création d'un GIE, V. • Paris, 6 déc. 1990 : *BOCC 29 déc. 1990* • 17 sept. 1992 : *ibid. 3 oct. 1992.*

Les pratiques d'entente et d'abus de position dominante peuvent être le fait d'un groupement d'intérêt économique, fût-il bénéficiaire d'une convention d'occupation temporaire du domaine public. Ainsi, dès lors que les statuts de deux GIE constitués par deux sociétés subordonnent l'admission de nouveaux membres à « l'accord unanime du conseil d'administration », que les décisions de tarification sont concertées et que les approvisionnements sont assurés par des moyens logistiques communs, il apparaît que ces deux sociétés ont mis en place une stratégie commerciale commune et sont en mesure de s'opposer à l'accès d'un nouvel opérateur sur le marché du carburéacteur. • Com. 5 mars 1996 : *préc. note 2.* ♦ V. aussi note 15.

12. Centrales d'achat. BIBL. Delbarre et Lavabre, *RJDA 1996, p. 135.* – Pédamon, *RID comp. 1987. 579* et *1988. 470.* – G. Parléani, *Petites affiches 6 mars 1996, p. 11.* – Reyé, *ibid. 5 janv. 1998, p. 9* (coopération commerciale : référencement et services spécifiques). – Bonnet-Desplan, *Cah. dr. entr. 1998, n° 2, p. 12* (du déréférencement). – Retterer, *ibid. 1999, n° 2, p. 1* (contrat de référencement : du droit des obligations au droit de la concurrence). – Colloque du 6 déc. 2000, *Gaz. Pal. 9-10 nov. 2001* (abus de puissance d'achat et accès aux linéaires de la grande distribution). ♦ V. : Rép. min. : *JOAN Q 21 nov. 1988 ; JCP E 1989. II. 15370.* ♦ Sur les centrales de référencement, V. Leloup, *RJ com. n° spéc. nov. 1997. 161* (ventes à la grande distribution) et V. Estoup, note ss. • Versailles, 29 sept. 1988 : *JCP 1989. II. 21190.* ♦ V. aussi notes 6 s. ss. art. L. 132-1, *supra.*

13. Sociétés. Pour un exemple, V. • Cons. conc. n° 88-D-43 du 8 nov. 1988 : *BOCC 24 nov. 1988.* ♦ La constitution d'une société ou participation entre deux entreprises en vue d'exécuter en commun des travaux prévus par un marché auquel elles vont soumissionner n'est pas en soi constitutive d'une entente illicite. • Com. 10 janv. 1995 : *RJDA 1995, n° 596* • Paris, 6 juin 2000 : *Rev. sociétés 2000. 590, obs. Guyon.* ♦ Sur la constitution de filiales communes entre plusieurs banques pour la mise en place du porte-monnaie électronique Moneo, V. • Cons. conc. n° 03-A-17 du 18 sept. 2003 : *BOCC 26 avr. 2005 ; D. 2003. AJ. 2635* ✎.

14. Groupes de sociétés. BIBL. Paillusseau, *D. 2003. 2346* ✎ et *2418* (notion de groupe de sociétés en droit des activités économiques). ♦ Lorsqu'une société mère contrôle étroitement la stratégie commerciale de ses filiales, il n'existe pas d'ententes entre elles, en l'absence d'autonomie des participants. • Cons. conc. n° 87-D-25 du 7 juill. 1987 : *BOCC 27 févr. 1988* • n° 02-D-67 du 7 nov. 2002 : *BOCC 28 févr. 2003 ; Contrats Conc. Consom. 2003, n° 73, obs. Malaurie-Vignal ; RJDA 2003, n° 648* • Paris, 19 mai 1999 : *D. 1999. IR. 162 ; Contrats Conc. Consom. 1999, n° 160, obs. Malaurie-Vignal.*

Si, la création, par des entreprises ayant un objet social identique, de filiales communes peut avoir des effets restrictifs sur le marché, l'existence de ces filiales ne saurait, à elle seule, et à défaut d'autres éléments de preuve, établir que cette entente ait un caractère illicite. • Com. 29 nov. 1994 : *Contrats Conc. Consom. 1995, n° 33, note Vogel.* ♦ Ainsi, s'il est loisible à des entreprises ayant entre elles des liens juridiques ou financiers, mais disposant d'une autonomie commerciale, soit de renoncer à cette autonomie en se concertant pour décider quelle sera l'entreprise qui déposera une offre, à la condition de ne déposer qu'une seule offre, soit de présenter des offres distinctes concurrentes, à la condition de ne pas se concerter avant le dépôt de ces offres, il est en revanche interdit à ces entreprises de présenter des soumissions apparemment distinctes, mais en réalité concertées, dans la mesure où cette pratique a pour conséquence de tromper l'acheteur sur la réalité et l'étendue de la concurrence. • Cons. conc. n° 98-D-42 du 23 juin 1998 : *BOCC 15 sept. 1998* • n° 03-D-07 du 4 févr. 2003 : *BOCC 16 juin 2003 ; Contrats Conc. Consom. 2003, n° 92, obs. Malaurie-Vignal* (conf. par • Paris, 18 nov. 2003 : *BOCC 12 mars 2004*). ♦ ... Alors même que le responsable du marché avait connaissance des liens juridiques unissant les entreprises concernées, dès lors qu'il ignorait leur connivence. • Cons. conc. n° 92-D-22 du 17 mars 1992 : *Contrats Conc. Consom. 1992, n° 99, obs. Vogel* • n° 03-D-01 du 14 janv. 2003 : *BOCC 8 oct. 2003.*

15. Coopératives. Pour un exemple, V. • Cons. conc. n° 95-D-38 du 9 juin 1992 : *BOCC 31 juill. 1992.* ♦ Comp., jugeant que l'ord. de 1986 n'est pas applicable aux clauses d'un groupement de coopératives (prévoyant, entre autres, une pénalité en cas de retrait anticipé), au motif, notamment, que l'art. 8 (2) [C. com., art. L. 420-2 (I), 2°] vise le rapport client-fournisseur, et que le coopérateur n'est pas seulement un client de la coopérative, mais aussi son associé qui, dans le cadre de l'*affectio societatis*, profite de la coopérative et tire des bénéfices des activités de celle-ci en bénéficiant des avantages tarifaires obtenus des fournisseurs, en participant à la répartition des excédents et en tirant profit encore de l'accès aux filiales et aux services de la coopérative. • Versailles, 27 mars 1997 : *D. Affaires 1997. 824 ; Rev. sociétés 1997. 796, note Saintourens.* – Dans le même sens, V. • T. com. Paris, 19 juill. 1995 : *Dr. sociétés 1996, n° 68, obs. crit. Vidal.* ♦ Rappr., sanctionnant sur le fondement du droit commun mais n'excluant pas l'application de l'ordonnance [C. com., art. L. 420-1 s.], la clause statutaire réglant le sort des ristournes en cas d'exclusion d'un adhérent de groupement coopératif d'achat : • Com. 22 févr. 2000 : *D. 2000. AJ. 153, obs. Chevrier.* ♦ N'est pas caractérisée une entente entre sociétés coopératives qui aurait eu un effet restrictif sur la concurrence dès lors que les liens qui existent entre les deux coopératives participent à l'organisation et au fonctionnement normal du mouvement auquel elles appartiennent et que ces deux coopératives ne peuvent être considérées comme économiquement indépendantes l'une par rapport à l'autre. • Reims, 5 mai 2003 : *Rev. sociétés 2003. 865, note Saintourens.*

Sur l'illicéité d'une clause du règlement intérieur d'une coopérative de taxis, qui interdit aux membres de posséder et d'utiliser d'autres moyens de communication que le radiotéléphone agréé par la coopérative, V. • Paris, 13 juin 1997 : *BOCC 30 juill. 1997 ; D. Affaires 1997. 952 ; JCP E 1997. Pan. 752.* ♦ V. aussi, pour un règlement intérieur d'un GIE de taxis subordonnant l'adhésion à ce groupement à la participation à un syndicat professionnel • Cons. conc. n° 97-D-54 du 9 juill. 1997 : *BOCC 7 oct. 1997,* conf. par • Paris, 5 mai 1998 : *BOCC 15 mai 1998 ; D. Affaires 1998. 1526 ; Contrats Conc. Consom. 1998, n° 130, obs. Malaurie-Vignal.* ♦ Dans le même sens, V. • Cons. conc. n° 2000-D-77 du 21 mars 2001 : *BOCC 24 avr. 2001* • n° 2000-D-78 du 21 mars 2001 : *ibid.* ♦ V. également note 10.

16. Établissements de crédit. L'accord passé par plusieurs établissements bancaires français, visant à refuser, par principe, toute demande de renégociation ou de rachat de prêts ayant ainsi pour objet de figer des parts de marchés détenues par chaque réseau pour les crédits antérieurement accordés et, pour effet de dissuader ou de priver une partie de la clientèle de la possibilité de renégocier ses emprunts soit avec l'établissement prêteur d'origine soit avec un établissement concurrent, constitue une pratique anticoncurrentielle des plus graves dans la mesure où cette entente horizontale affecte les taux d'intérêts et en définitive les prix payés par les consommateurs finaux. • Cons. conc. n° 2000-D-28 du 19 sept. 2000 : *Contrats Conc. Consom. 2001, n° 27, obs. Malaurie-Vignal ; RTD com. 2001. 422, obs. Claudel,* conf. par • Paris, 27 nov. 2001 : *BOCC 31 janv. 2002 ; RTD com. 2002. 141, obs. Cabrillac* et *293, obs. Claudel*. ♦ Sur la sanction de cette pratique, V. *infra*, note 9 ss. art. L. 464-2.

3° Preuve de l'entente

BIBL. Vogel, *JCP E 1991. I. 96.* – Léonnet, *JCP 1993. I. 3722.*

17. Charge de la preuve. La preuve de pratiques anticoncurrentielles entrant dans le champ d'application des art. 7 et 8 [C. com., art. L. 420-1 et L. 420-2], ayant pour effet d'empêcher de restreindre ou de fausser le jeu de la concurrence, incombe à celui qui s'en prétend victime, ou aux autorités administratives dans le cadre des enquêtes qui sont diligentées en application de l'art. 47 [C. com., art. L. 450-3]. • Com. 12 oct. 1993 : *JCP 1993. IV. 2611.*

18. Faisceau d'indices. Pour des exemples d'ensemble d'indices graves, précis et concordants d'entente, tirés, notamment, du parallélisme de comportement, V. • Com. 8 déc. 1992 : *BOCC 18 déc. 1992* • Cons. conc. n° 95-D-51 du 11 juill. 1995 : *BOCC 29 sept. 1995 ; Contrats Conc. Consom. 1995, n° 187, obs. Vogel.* ♦ Sur la méthode du faisceau d'indices, V. aussi • Cons. conc. n° 95-D-76 du 29 nov. 1995 : *BOCC 15 mai 1996* • n° 97-D-39 du 17 juin 1997 : *cité note 27* • n° 99-D-10 du 2 févr. 1999 : *cité note 19* • n° 04-D-43 du 8 sept. 2004 : *préc. note 8* • Paris, 4 févr. 2003 : *BOCC 31 mars 2003.*

19. Autres moyens de preuve. La preuve d'une concertation entre des entreprises, n'ayant soumissionné que pour des lots situés dans leur zone d'intervention, n'est pas établie dès lors que le cahier des charges d'appel d'offres imposait que les soumissionnaires soient situés dans la zone d'intervention définie par les pouvoirs publics et non par un accord de volontés. • Paris, 16 sept. 1997 : *BOCC 29 janv. 1998 ; Contrats Conc. Consom. 1998, n° 73, obs. Vogel.* ♦ La constatation d'un parallélisme de comportements ne suffit pas à elle seule à démontrer l'existence d'une entente anticoncurrentielle dans la mesure où ce parallélisme peut résulter de décisions prises par des entreprises qui s'adaptent de façon autonome au contexte du marché ; il est nécessaire, pour établir l'existence d'une telle entente, d'apporter des éléments autres que la constatation du seul parallélisme de comportements, de telle sorte que soit constitué un faisceau d'indices graves, précis et concordants. • Cons. conc. n° 95-D-63 du 14 nov. 1995 : *BOCC 12 févr. 1996 ; Contrats Conc. Consom. 1996, n° 60, obs. Vogel.* – V. aussi • Cons. conc. n° 99-D-77 du 7 déc. 1999 : *Comm. com. élec. 2001, n° 2, obs. Caron.* – Dans le même sens, V. • Cons. conc. n° 02-D-29 du 7 mai 2002 : *BOCC 28 juin 2002.* ♦ Ainsi, l'évolution parallèle des tarifs des distributeurs peut résulter d'une anticipation permise par la transparence du marché et d'un comportement d'alignement, conduisant de manière systématique à la hausse des tarifs concurrents. • Cons. conc. n° 99-D-10 du 2 févr. 1999 : *BOCC 3 juin 1999 ; Contrats Conc. Consom. 1999, n° 128, obs. Malaurie-Vignal.* ♦ Jugeant que le degré de transparence d'un marché se définit en référence aux coûts en temps et en argent qu'il faut supporter pour recueillir l'information sur les prix souhaitée, coûts nécessairement réduits en cas d'échanges téléphoniques entre concurrents, V. • Cons. conc. n° 03-D-17 du 31 mars 2003 : *BOCC 8 oct. 2003 ; Contrats Conc. Consom. 2003, n° 109, obs. Malaurie-Vignal ; RJDA 2003, n° 649* (décision toutefois infirmée, l'alignement sur les prix étant ni systématique ni parfait : • Paris, 9 déc. 2003 : *BOCC 12 mars 2004 ; D. 2005. Pan. 148, obs. Ferrier ; Contrats Conc. consom. 2004, n° 44, obs. Malaurie-Vignal ; RJDA 2004, n° 758*). ♦ Pour une action concertée de sociétés pétrolières visant à l'alignement de leurs prix, V. • Com. 8 oct. 1991 : *Bull. civ. IV, n° 282 ; D. 1991. IR. 241 ; JCP 1993. II. 22095, note Synvet.* ♦ Pour un parallélisme des prix justifié par la structure du marché, en raison notamment des conditions d'approvisionnement et d'exploitation identiques ou très proches, V. • Paris, 19 oct. 1999 : *BOCC 30 nov. 1999 ; Contrats Conc. Consom. 2000, n° 9, obs. Malaurie-Vignal* • Cons. conc. n° 99-D-17 du 24 févr. 1999 : *BOCC 3 juin 1999 ; Contrats Conc. Consom. 1999, n° 129, obs. Malaurie-Vignal.* ♦ V. également • Paris, 15 févr. 2000 : *Contrats Conc. Consom. 2000, n° 65, obs. Malaurie-Vignal.* – V. aussi Condomines et Le Morhedec, *Petites affiches 2 mai 2002, p. 11.* ♦ Pour un parallélisme dans un mode d'expression des prix lié à la nature des produits ou des services sans induire une quelconque concordance des volontés, V. • TPICE, 14 oct. 2004 : *Contrats Conc. Consom. 2004, n° 183, obs. Poillot-Peruzzetto.*

19 bis. Sur l'utilisation des informations recueillies par les autorités communautaires, V. *infra*, App., v° *Concurrence (II – Droit communautaire)*, note 5 ss. art. 9 du Règl. CEE n° 17-62 du 6 févr. 1962.

B. EXIGENCE D'UNE RESTRICTION DE CONCURRENCE SUR LE MARCHÉ

20. Notion de marché. **BIBL.** Vogel, *Contrats Conc. Consom. juin 1992. 1* (distinction des sous-marchés). – Colloque du 6 déc. 2000, *Gaz. Pal. 9-10 nov. 2001* (délimitation du marché pertinent et entente). ♦ Les analyses de marché en matière de contrôle des concentrations revêtent nécessairement un caractère prospectif, alors qu'en matière de pratiques anticoncurrentielles, elles s'attachent à décrire un marché existant. • Cons. conc. n° 05-D-32 du 22 juin 2005 : *BOCC 14 mars 2006 ; RDLC 2005, n° 3, p. 75, obs. Wachsmann ; RJDA 2005, n° 1287 ; RDC 2005. 1038, obs. Prieto ; Petites affiches 16 mai 2006, p. 12, obs. Bacchichetti.* ♦ Les pratiques dénoncées étant recherchées au titre de la prohibition des ententes, il n'est alors pas nécessaire de définir le marché avec précision, comme en matière d'abus de position dominante, dès lors que le secteur et les marchés ont été suffisamment identifiés pour permettre de qualifier les pratiques qui y ont été constatées et de les imputer aux opérateurs qui les ont mises en œuvre. • Cons. conc. n° 05-D-27 du 15 juin 2005 : *préc. note 5.* – V. aussi • Cons. conc. n° 05-D-55 du 12 oct. 2005 : *cité note 35.*

Si une entente, au sens de l'art. 7 [C. com., art. L. 420-1], suppose l'existence d'actions concertées ou de conventions expresses ou tacites émanant d'opérateurs économiques en vue d'empêcher, de restreindre ou de fausser le jeu de la concurrence sur un marché déterminé, elle n'implique pas pour autant que les auteurs de ces actions prohibées exercent une activité économique sur le marché en cause. • Com. 13 févr. 1996 : *Bull. civ. IV, n° 48 ; D. 1996. IR. 70 ; D. Affaires 1996. 317.* ♦ Dès lors qu'une convention d'exclusivité conclue par une société ayant pour objet social d'organiser des salons professionnels, avec six entreprises de manutention, a eu pour effet de créer « artificiellement » une barrière à l'entrée du marché pertinent, délimité comme étant celui de la manutention des salons, l'existence de l'entente est caractérisée. • Même arrêt. ♦ En ce sens que des prestations de services distinctes appartiennent au même marché dès lors que le comportement réel des utilisateurs et des offreurs les rendent indivisibles (à propos des pompes funèbres), V. • Cons. conc. n° 97-D-26 du 21 oct. 1997 : *BOCC 29 janv. 1998 ; Contrats Conc. Consom. 1998, n° 74, obs. Vogel.* ♦ Sur l'existence d'un marché local conjoncturel des prestations de travail temporaire résultant de l'aménagement des sites olympiques, V. • Paris, 8 sept. 1998 : *cité note 21.* ♦ Un salon ou une foire à caractère commercial constitue un marché en soi puisqu'il s'agit d'un lieu spécifique et géographiquement limité où se rencontrent l'offre et la demande. • Cons. conc. n° 05-D-14 du 6 avr. 2005 : *cité note 4 bis ss. art. L. 410-1.*

La fixation de prix concertés par le distributeur d'une œuvre cinématographique, détenteur d'un droit de propriété intellectuelle, et le concessionnaire chargé de la fabrication et/ou de la distribution de produits publicitaires n'est pas contraire à l'art. 7 [C. com., art. L. 420-1], dans la mesure où les produits mis sur le marché ne peuvent être offerts que par un seul opérateur. • Cons. conc. n° 99-D-34 du 8 juin 1999 : *Contrats Conc. Consom. 2000, n° 8, obs. Malaurie-Vignal.*

V. aussi notes 5 et 6 ss. art. L. 420-2.

21. Seuil de sensibilité. **BIBL.** De La Laurencie et Cot, *Gaz. Pal. 1993. 2. Doctr. 1099* (seuil de sensibilité). – Retterer, *Petites affiches 2 août 1996, p. 12* (même thème). – Targa, *Rev. Conc. Consom. 1993, n° 76, p. 18.* – Bretzner, *D. Affaires 1999. 850.* ♦ Ne sont pas prohibés les accords n'ayant qu'une portée limitée dans le marché pertinent considéré et ne pouvant porter atteinte de façon sensible au jeu de la concurrence. • Com. 4 mai 1993 : *Bull. civ. IV, n° 172 ; D. 1994. Somm. 220, obs. Serra ; JCP 1993. II. 22111, note Boutard-Labarde ; Contrats Conc. Consom. 1993, n° 110, obs. Vogel.* ♦ En l'absence de toute définition légale ou réglementaire d'un seuil de sensibilité, il appartient aux juridictions saisies de vérifier dans chaque cas d'espèce si l'effet potentiel ou avéré des pratiques incriminées est de nature à restreindre de manière sensible le jeu de la concurrence sur le marché concerné. • Com. 12 janv. 1999 : *Bull. civ. IV, n° 9 ; D. 1999. IR. 37 ; D. Affaires 1999. 412, obs. A. M. ; Contrats Conc. Consom. 1999, n° 42, obs. Malaurie-Vignal ; Petites affiches 23 mars 1999, p. 14, obs. J. L. ; ibid. 25 nov. 1999, p. 13, obs. Reboul ; Cah. dr. entr. 1999, n° 2, p. 32, obs. Mainguy, Grignon et Respaud ; JCP E 1999, n° 48, p. 1909, obs. Arhel.*

La Cour de Paris considérait, quant à elle, que seule une atteinte sensible, avérée ou potentielle, pouvait justifier la sanction d'une pratique prohibée par l'art. 7 [C. com., art. L. 420-1]. • Paris, 7 juill. 1995 : *BOCC 8 sept. 1995 ; D. 1996. Somm. 176, obs. Gavalda et Lucas de Leyssac ; JCP E 1996. I. 613, n° 10, obs. Vogel* • 28 janv. 1997 : *BOCC 31 déc. 1997* • 4 avr. 1997 : *Petites affiches 3 oct. 1997, p. 24, note Arhel*, conf. par • Com. 18 mai 1999 : *BOCC 22 juin ; Contrats Conc. Consom. 2000, n° 25, obs. Malaurie-Vignal ; Gaz. Pal. 28-29 juin 2000, p. 18, note J. Bonneau.* ♦ Elle a cependant précisé que la nécessité d'établir la sensibilité de l'effet d'une entente, si elle doit conduire à exonérer de sanction les parties à un accord dont l'effet potentiel ou avéré serait trop faible pour affecter véritablement le fonctionnement d'un marché, ne saurait conduire à vider de son sens une disposition légale visant expressément l'effet potentiel. • Paris, 5 nov. 1996 : *BOCC 5 déc. 1996.* ♦ Dans un arrêt ultérieur, elle a considéré qu'en l'absence de toute définition légale ou réglementaire d'un seuil de sensibilité, il appartient aux juridictions saisies de vérifier dans chaque cas d'espèce si l'effet potentiel ou avéré des pratiques incriminées est de nature à restreindre de manière sensible le jeu de la concurrence sur le marché concerné. • Paris, 18 mars 1997 : *BOCC 22 avr. 1997 ; D. 1999. Somm. 24, obs. Claudel ; D. Affaires 1997. 625 ; Contrats Conc. Consom. 1997, n°s 82 et 83, obs. Vogel,* conf. par • Com. 12 janv. 1999 : *préc.* – V. aussi • Paris, 25 mars 1997 : *D. Affaires 1997. 725 ; Contrats Conc. Consom. 1997, n° 99, obs. Vogel* • 8 sept. 1998 : *D. 1998. IR. 237 ; D. Affaires 1998. 1847, obs. A. M. ; Contrats Conc. Consom. 1999, n° 8, obs. Malaurie-Vignal ; Petites affiches 23 juin 1999, p. 22, obs. Reboul.* ♦ Comp., décidant que sont prohibées les pratiques restrictives visées par l'art. 7 [C. com., art. L. 420-1], quels qu'en aient été les effets, dès lors qu'il est établi qu'elles avaient pour objet ou pouvaient avoir pour effet d'entraver la concurrence : • Cons. conc. n° 92-D-31 du 28 avr. 1992 : *BOCC 31 juill. 1992* • n° 93-D-50 du 23 nov. 1993 : *Contrats Conc. Consom. 1994, n° 50, obs. Vogel* • n° 94-D-05 du 18 janv. 1994 : *BOCC 8 mars 1994,* conf. par • Paris, 3 févr. 1995 : *ibid. 18 févr. 1995* • Cons. conc. n° 94-D-55 du 18 oct. 1994 : *ibid. 9 déc. 1994,* conf. par • Paris, 23 mai 1995 : *ibid. 16 juin 1995* • Cons. conc. n° 96-D-02 du 12 avr. 1996 : *Contrats Conc. Consom. 1996, n° 103, obs. Vogel.* ♦ Dans le même sens, affirmant l'indifférence du caractère sensible de l'effet anticoncurrentiel, V. • Paris, 7 juill. 1994 : *Contrats Conc. Consom. 1994, n° 196, obs. Vogel* • 14 juin 1995 : *D. Affaires 1995. 40.* ♦ V. aussi, jugeant que l'objet anticoncurrentiel de pratiques accomplies dans le cadre d'une entente tendant à l'élimination d'une entreprise du marché est caractérisé indépendamment des conséquences immédiates de ces pratiques : • Paris, 18 mars 2003 : *BOCC 20 mai 2003.* ♦ En matière de boycott, V. note 34.

Sur la position du Conseil de la concurrence en matière d'abus de position dominante, V. note 7 ss. art. L. 420-2.

1° Restriction de concurrence

22. Objet ou effet anticoncurrentiel. L'insertion, dans tous les contrats liant l'Office universitaire de presse aux éditeurs, d'une clause d'exclusivité lui réservant la prospection de la clientèle scolaire et universitaire de l'enseignement public et privé tend à lui assurer le monopole de la distribution des produits de presse dans cette partie substantielle du marché de la presse écrite et donc à éliminer à son seul profit toute concurrence. Cette clause, constitutive d'une entente entre les éditeurs et le prospecteur unique, est une pratique anticoncurrentielle discriminatoire, abusive et prohibée par les art. 7 et 8 [C. com., art. L. 420-1 et L. 420-2], est nulle par application de l'art. 9 [C. com., art. L. 420-3], dès lors qu'aucune justification économique n'est proposée. • Paris, 12 déc. 1996 : *D. 1997. IR. 34 ; D. Affaires 1997. 240 ; JCP E 1997. II. 953, note Béhar-Touchais.* – V. aussi C. Doucet, *Gaz. Pal. 1997. 2. Doctr. 1613.*

Le fait, pour un groupement de commerçants, de recommander à ses adhérents certains fournisseurs ou certains produits ne peut avoir à lui seul pour effet d'empêcher, de restreindre ou de fausser le jeu de la concurrence. • Com. 16 janv. 1990 : *Bull. civ. IV, n° 16 ; D. 1990. IR. 42.* ♦ Le référencement ou le déréférencement d'un fournisseur par un distributeur résultant du jeu normal de la négociation contractuelle et commerciale, le déréférencement ne revêt pas dès lors par nature le caractère d'une pratique anticoncurrentielle. • Paris, 13 déc. 1995 : *BOCC 28 févr. 1996 ; D. 1997. Somm. 108, obs. Paulin ; D. Affaires 1996. 114,* conf. par • Com. 27 janv. 1998 : *D. 1998. IR. 85 ; D. Affaires 1998. 836, obs. A. M. ; Petites affiches 24 août 1998, p. 6, obs. Malaurie-Vignal.* ♦ Toutefois, met en œuvre une pratique dont l'objet et l'effet sont anticoncurrentiels la centrale d'achat, qui, en suspendant tous les achats de produits d'un fournisseur, agit de manière concertée avec ses adhérents pour conforter la position de la centrale dans ses négociations sur les prix avec ce fournisseur. • Même arrêt (V. la décision confirmée : • Cons. conc. n° 94-D-60 du 13 déc. 1994 : *BOCC 18 févr. 1995 ; Contrats Conc. Consom. 1995, n°s 31, 32 et 35, note Vogel).* ♦ V. désormais, sanctionnant civilement les pratiques de rupture brutale de relations commerciales, art. L. 442-6 (I), 4° et 5°. ♦ La pratique ayant consisté à échanger des informations sur les prix et à coordonner les offres après une concertation préalable a, en elle-même, un objet anticoncurrentiel dès lors qu'elle conduisait nécessairement à une restriction de concurrence, peu important à cet égard que l'intention des requérantes fût de protester contre la présence de l'Imprimerie nationale dont elles contestaient les prix proposés au regard notamment de ses coûts réels de fonctionnement. • Paris, 24 mai 2005 : *BOCC 20 sept. 2005.*

23. Sous-traitance. BIBL. Courivaud, *D. Affaires 1996. 1210.* ♦ Lorsque l'objet d'un contrat synallagmatique est la sous-traitance, en exécution d'un marché moyennant rémunération suivant un tarif fixé par les parties, l'interdépendance entre le marché principal et le marché de sous-traitance trouve sa limite dans la liberté d'approvisionnement de l'entrepreneur principal, cette limite excluant la notion d'approvisionnement exclusif. • Paris, 15 déc. 1995 : *D. Affaires 1996. 168.* ♦ L'inobservation des art. 2 C. marchés publ. et 3 de la loi n° 75-1334 du 31 déc.

1975, faisant obligation à l'entrepreneur donneur d'ordre de faire accepter chaque sous-traitant par le maître de l'ouvrage, ne saurait, en soi, constituer une pratique prohibée par l'art. 7 de l'ord. du 1er déc. 1986 [C. com., art. L. 420-1], mais seulement dans la mesure où elle fausserait le jeu de la concurrence en induisant en erreur le maître de l'ouvrage sur la réalité et l'étendue du champ de ses choix. • Paris, 5 juill. 1994 : *D. 1994. IR. 220 ; Petites affiches 19 août 1994, p. 4, note Sélinsky.* ♦ Spécialement, la preuve n'est pas rapportée qu'ait pu avoir un objet ou un effet anticoncurrentiel le fait par des entreprises de n'avoir pas indiqué au maître de l'ouvrage, lors de la communication de leurs offres, leur intention de sous-traiter l'exécution de certaines parties du marché à des entreprises ayant des compétences bien spécifiques. • Même arrêt. ♦ Comp., jugeant que le fait de soumissionner à un appel d'offres sans mentionner le recours à un sous-traitant, qui implique que l'entreprise réalise elle-même les travaux et que, dans le cas contraire, elle trompe le maître de l'ouvrage sur la réalité et l'étendue de la concurrence, est susceptible d'avoir eu pour effet de fausser le jeu de la concurrence sur le marché, et constitue en conséquence une pratique prohibée par l'art. 7 [C. com., art. L. 420-1] : • Paris, 2 avr. 1996 : *BOCC 15 mai 1996 ; D. Affaires 1996. 643,* conf. par • Com. 24 mars 1998 : *BOCC 2 mai 1998.* – V. aussi • Paris, 22 sept. 1998 : *JCP E 1998, n° 43, p. 1667 ; Dr. administratif 1999, n° 5, obs. Braconnier.* ♦ Le fait pour une entreprise candidate dans un procédure d'appel d'offres pour la passation d'un marcé public d'être en outre sous-traitante multiple n'est pas en soi anticoncurrentiel et de nature à vicier cette procédure devant le juge administratif. • TA Paris, 16 mars 2004 : *Petites affiches, 26 nov. 2004, p. 17, concl. Guedj.*

23 bis. La loi n° 92-1445 du 31 déc. 1992 relative à la sous-traitance en matière de transports routiers, qui prévoit la fixation d'un prix minimal dans la conclusion des contrats individuels entre le donneur d'ordre et le sous-traitant (V. l'art. 3 de cette loi, *infra*, App., v° *Sous-traitance*), ne justifie pas la diffusion générale d'un même barème à un ensemble d'entreprises. • Paris, 25 janv. 1994 : *BOCC 9 févr. 1994.* – V. Magnan de Bornier, *Contrats Conc. Consom. 1994. Chron. 10.* ♦ Le guide établi par le ministre de l'Équipement, des Transports et du Tourisme sur la base des art. 9 et 10 de la loi n° 85-704 du 12 juill. 1985 relative à la maîtrise d'ouvrages publics et à ses rapports avec la maîtrise d'œuvre privée, ainsi que de l'art. 29 du Décr. n° 93-1268 du 29 nov. 1993 relatif aux missions de maîtrise d'œuvre confiées par des maîtres d'ouvrages publics à des prestataires de droit privé, se borne à énoncer certaines indications, dépourvues de toute valeur normative ou réglementaire, à l'effet d'inviter les maîtres d'ouvrages publics à procéder à la négociation des marchés de maîtrise d'œuvre, laquelle doit, en tout état de cause, être conduite dans le respect des dispositions de l'art. 7 [C. com., art. L. 420-1], c'est-à-dire par voie de négociation au cas par cas. • CE 27 mai 1998 : *RJDA 1998, n° 1421.* ♦ La compromission des maîtres de l'ouvrage (des personnes de droit public), à la supposer établie, ne fait pas échec à l'application de l'art. 7 [C. com., art. L. 420-1]. • Com. 6 oct. 1992 : *Bull. civ. IV, n° 294.*

24. Clauses de non-concurrence. BIBL. Serna, *D. 1983. Chron. 51.* ♦ Se rendent coupables d'entente illicite des entreprises qui, par le biais de tels engagements, aboutissent à un partage de clientèle sur une part importante du marché national. • Cons. conc. n° 92-D-20 du 10 mars 1992 : *BOCC 31 mars 1992,* conf. par • Paris, 10 déc. 1992 : *ibid. 15 janv. 1993.* – V. aussi • Cons. conc. n° 95-D-84 du 19 déc. 1995 : *BOCC 23 avr. 1996* • Versailles, 15 sept. 2005 : *JCP E 2005, n° 47, p. 2003.* ♦ Sur l'illicéité de clauses limitant le droit d'adhérents de coopératives de détaillants d'ouvrir de nouveaux points de vente, V. • Com. 16 mai 1995 : *Bull. civ. IV, n° 147 ; D. 1995. IR. 146.* ♦ L'interdiction apportée par une clause de non-concurrence doit s'apprécier concrètement et son ajustement doit être contrôlé dans le temps et dans l'espace par rapport à la fonction qu'elle remplit. • Com. 4 mai 1993 : *préc. note 21.* ♦ Pour des exemples de clauses posant une interdiction excessive, V. • Paris, 5 janv. 2000 : *D. 2000. AJ. 94* (clause insérée dans un bail commercial) • Cons. conc. n° 96-D-53 du 17 sept. 1996 : *BOCC 14 nov. 1996* • n° 97-D-01 du 15 janv. 1997 : *BOCC 25 mars 1997 ; Rev. sociétés 1997. 391, obs. Guyon* (à propos d'une clause des statuts d'un GIE). – V. de Vendeuil, *JCP E 1997, n° 41, p. 364.* ♦ Sur les clauses imposées dans le cadre des réseaux de franchise, V. note 13.

Le retrait ou l'éviction d'une organisation syndicale ne peut être assorti de restrictions au libre exercice d'une activité professionnelle, cette restriction étant en outre, en l'espèce, sans proportion avec la protection des intérêts commerciaux des moniteurs de ski regroupés en une école de ski français. • Com. 9 nov. 1993 : *Bull. civ. IV, n° 399 ; D. 1994. 399, note Lombard ; D. 1994. Somm. 220, obs. Serra.* ♦ Mais la concurrence entre commerçants opérant sur un même marché ne se trouve pas affectée par une exclusion d'adhérent en vertu d'une décision statutaire qui, à l'instar d'une décision de conseil d'administration ou d'assemblée générale d'associés, est nécessairement collective, mais ne peut être qualifiée d'entente au sens de l'art. 7

de l'ord. du 1er déc. 1986 [C. com., art. L. 420-1], dans la mesure où elle n'a pas pour objet ou pour effet de restreindre ou de fausser le jeu de la concurrence. • Com. 22 févr. 2000 : *Bull. civ. IV, n° 35 ; RJDA 2000, n° 719.*

25. *Clauses d'exclusivité de licence.* Dès lors qu'une clause d'exclusivité de licence de marque n'interdit pas dans les secteurs géographiques où elle s'applique la commercialisation de produits de même nature, elle n'empêche pas la concurrence. • Com. 10 janv. 1995 : *Bull. civ. IV, n° 12 ; D. 1995. IR. 43.* ♦ Jugeant que l'exercice d'un droit exclusif par son titulaire peut donner lieu à un comportement abusif : • Com. 26 nov. 2003 : *Bull. civ. IV, n° 178 ; Petites affiches 2 juill. 2004, p. 3, concl. Lafortune ; JCP E 2004, n° 52-53, p. 2068, obs. Chérigny ; RJDA 2004, n° 907 ; Comm. com. élec. 2004, n° 20, obs. Decocq.* ♦ Jugeant que le maintien d'une exclusivité de commercialisation pendant une durée de 20 ans, sans qu'aucune cause justificative ne soit invoquée, a manifestement pour effet d'interdire l'accès au marché, contrevenant dès lors aux dispositions de l'art. L. 420-1, V. • TGI Paris, 18 mai 2004 : *Lettre distrib. sept. 2004, p. 3.*

26. *Monopole de prospection.* V. note 22.

27. *Autres exemples.* Pour des *conditions générales de vente* dans un réseau de distribution, susceptibles d'affecter la concurrence sur le marché du son et de l'image, V. • Cons. conc. n° 90-D-23 du 3 juill. 1990 : *BOCC 31 juill. 1990.* ♦ Pour une *entente prohibée* : entre une *société d'auteurs* et un syndicat de producteurs de disques, V. • Paris, 17 janv. 1990 : *D. 1990. IR. 50 ; Gaz. Pal. 1990. 1. 205, note Marchi* • Com. 5 nov. 1991 : *D. 1991. IR. 271.* ♦ ... Entre des *sociétés de télévision* et des syndicats d'artistes-interprètes, ayant pour but de contraindre à une négociation collective, V. • Paris, 6 mars 1991 : *D. 1992. 10.* – V. Edelman, *D. 1992. Chron. 1* (pour un autre arrêt jugeant contraire à l'art. L. 420-1 une clause contenue dans une convention collective, V. • Paris, 26 sept. 1991 : *BOCC 17 oct. 1991*). ♦ Pour une entente dans le domaine de la distribution cinématographique, V. note 1 *bis* ss. art. L. 420-4.

Pour des *soumissions concertées* à des offres de marché public, V. • Com. 12 janv. 1993 : *D. 1993. IR. 36* • Crim. 9 nov. 1995 : *JCP E 1996. Pan. 303* • Paris, 20 nov. 1992 : *BOCC 15 janv. 1993* • Cons. conc. n° 95-D-76 du 29 nov. 1995 : *BOCC 15 mai 1996,* annulée partiellement par • Paris, 14 janv. 2003 : *BOCC 27 févr. 2003* • Cons. conc. n° 97-D-11 du 25 févr. 1997 : *BOCC 17 mai 1997* • n° 97-D-39 du 17 juin 1997 : *BOCC 30 août 1997 ; D. Affaires 1997. 1178* • n° 98-D-41 du 16 juin 1998 : *BOCC 15 sept. 1998,* conf. sur ce point par • Paris, 26 janv. 1999 : *D. 1999. IR. 52.* – Rappr. : dans un cas d'échange d'informations tarifaires avant l'adjudication d'un marché public. • Paris, 18 déc. 2001 : *Contrats Conc. Consom. 2002, n° 77, obs. Malaurie-Vignal.* ♦ ... S'agissant d'accords de répartition en vue de soumissionner à un appel d'offres, des sociétés concurrentes s'étant regroupées en une entreprise commune. • Paris, 29 janv. 2002 : *Contrats Conc. Consom. 2002, n° 110, obs. Malaurie-Vignal.* ♦ V. aussi notes 23 et 33.

2° *Objet de l'entente*

28. *Limitation de l'accès à un marché.* Le soutien financier accordé par une entreprise à une autre aux fins de pénétrer sur un marché n'a ni un objet ni un effet restrictifs de concurrence, alors au surplus qu'une telle pratique est examinée dans un secteur d'activité régi par la protection du pluralisme de l'information et la liberté de sa diffusion. • Paris, 11 mars 1992 : *JCP E 1992. Pan. 528.* ♦ Sur l'exclusion de foires et salons : de distributeurs de véhicules de marques japonaises ou coréennes, V. • Cons. conc. n° 94-D-05 du 18 janv. 1994 : *préc. note 7.* ♦ ... D'un mandataire pour l'achat de véhicules, V. • Cons. conc. n° 96-D-42 du 25 juin 1996 : *BOCC 20 août 1996,* conf. par • Paris, 25 mars 1997 : *préc. note 21.* ♦ Sur la limitation d'accès au marché de la vente de véhicules d'un mandataire automobile s'étant vu refuser l'insertion de publicité dans un journal d'annonces gratuit, suite à une pression exercée sur la société éditrice par un groupement de concessionnaires automobiles, V. • Cons. conc. n° 97-D-62 du 16 sept. 1997 : *BOCC 29 nov. 1997.* ♦ Sur les clauses de préférence prévues dans les contrats types de louage d'emplacement publicitaire (licites en cours de bail ; prohibées en fin de bail), V. • Cons. conc. n° 95-D-39 du 30 mai 1995 : *BOCC 25 août 1995 ; D. 1996. Somm. 179, obs. Gavalda et Lucas de Leyssac ; Contrats Conc. Consom. 1995, n° 165, obs. Vogel* • Aix-en-Provence, 29 janv. 1998 : *JCP 1998. IV. 2759.* ♦ Sur la pratique des offres de couverture sur le marché des titres restaurant, V. • Cons. conc. n° 2001-D-41 du 11 juill. 2001 : *BOCC 14 sept. 2001.* ♦ Jugeant que le cumul d'obligations similaires par les principaux fournisseurs sur un même marché ne suffit pas à justifier l'application de la théorie de l'effet cumulatif des contrats de distribution ayant pour effet de restreindre l'accès au marché, en l'absence d'une atteinte effective de la concurrence. • Cons. conc. n° 03-D-42 du 18 août 2003 : *BOCC 17 déc. 2003 ; Contrats Conc. Consom. 2003, n° 182, obs. Malaurie-Vignal.*

28 *bis.* Si le fait pour la fédération sportive de conclure un accord exclusif avec des fournisseurs de produits pour l'organisation de l'assistance technique de ses compétitions en permettant à deux d'entre eux de bénéficier, dans le cadre d'un tel accord, de l'image de la fédération en contrepartie de la fourniture de leurs prestations techniques et de remises sur le matériel individuel n'est pas en soi contraire à l'art. 7 [C. com., art. L. 420-1] un tel accord peut toutefois être visé par ces dispositions si les conditions dans lesquelles il a été négocié ou les clauses qu'il contient ont pour objet ou peuvent avoir pour effet de limiter directement ou indirectement l'accès à un marché. • Cons. conc. n° 98-D-31 du 13 mai 1998 : *BOCC 15 sept. 1998 ; Contrats Conc. Consom. 1998, n° 147, obs. Malaurie-Vignal.* ♦ Dès lors que l'accord d'exclusivité a été précédé d'appels à la concurrence dont les consultations ont échoué en raison de l'incapacité des entreprises concurrentes à fournir les prestations techniques requises, les conditions dans lesquelles cette convention a été conclue ne peuvent être considérées comme contraires aux dispositions du titre III de l'ordonnance [C. com., art. L. 430-1 s.]. • Même décision. ♦ Sur l'obligation d'une mise en concurrence effective par appel d'offres, V. • Cons. conc. n° 03-MC-01 du 23 janv. 2003 : *Contrats Conc. Consom. 2003, n° 89, obs. Malaurie-Vignal ; Comm. com. élec. 2003, n° 31, obs. Decocq ; Lettre distrib. févr. 2003, p. 1, obs. Sélinsky.* ♦ Sur la nécessité de préserver la possibilité pour de nouveaux opérateurs d'entrer sur le marché de l'assistance technique des compétitions organisées par une fédération sportive, V. jugeant contraires à l'art. 7 [C. com., art. L. 420-1] les clauses d'un contrat de partenariat prévoyant une durée d'exclusivité de quatre ans, et une tacite reconduction de la convention sans appel à la concurrence : • Même décision. ♦ S'agissant des compétitions les plus importantes et de celles qui drainent le plus grand nombre de clients potentiels, pour un arrêt considérant que l'exclusivité d'accès à ces compétitions produit, à elle seule, un effet anticoncurrentiel significatif, V. • Paris, 20 oct. 1998 : *BOCC 12 déc. 1998 ; Contrats Conc. Consom. 1999, n° 24, obs. Malaurie-Vignal.* – V. aussi sur cette question : Grandvuillemin, *Comm. com. élec. 2003. Chron. 11* (image et droit de la concurrence).

29. Limitation de l'accès à une profession. Le respect du principe général de délicatesse inclus dans le préambule du règlement intérieur de la CNAB, qui implique, de la part des professionnels, droiture et probité, n'est pas une notion anticoncurrentielle. • Com. 9 mars 1993 : *Bull. civ. IV, n° 100 ; D. 1994. Somm. 172, obs. Gavalda et Lucas de Leyssac ; RD imm. 1993. 394, obs. Tomasin.* ♦ Pour une clause d'exclusivité liant une clinique avec deux pédiatres, interdisant à celle-ci de faire appel à d'autres praticiens de cette spécialité pour réaliser l'examen médical du nouveau-né et établir le certificat de santé obligatoire, V. Raja, Godard et Vialla, *Cah. dr. entr. 2004, n° 1, p. 46.*

30. Fixation des prix. BIBL. Delbarre, J.-M. Mousseron et M. Mousseron, *Cah. dr. entr. 1995, n° 6, p. 9* (police des prix de revente). – Arhel, *JCP E 2000, n° 46, p. 1799* (lutte contre les pratiques de prix imposés en Europe) ; *Petites affiches 16 nov. 2001, p. 4* (lutte contre les pratiques de prix minimum imposés en Europe [2000 et 2001]). ♦ Sur l'illicéité d'une clause qui subordonne certaines ristournes calculées en fin d'année au respect par le vendeur de la réglementation relative à la vente à perte et au prix d'appel, V. • Com. 5 févr. 1991 : *Bull. civ. IV, n° 56 ; D. 1991. IR. 65.* – V. aussi • Crim. 5 nov. 1990 : *D. 1991. IR. 10* • Cons. conc. n° 91-D-50 du 13 nov. 1991 : *BOCC 11 déc. 1991 ; RJDA 1992, n° 169, et Chron. Delbarre, p. 91,* conf. par • Paris, 27 mai 1992 : *BOCC 16 juin 1992.* ♦ Comp., en ce sens que la clause subordonnant l'application des conditions de vente au respect des dispositions légales relatives à la revente à perte ne constitue pas un obstacle contractuel à la répercussion dans les prix à la consommation des remises qualitatives et quantitatives obtenues, dans la mesure où celles-ci sont toutes déduites directement sur facture : • Cons. conc. n° 94-D-33 du 31 mai 1994 : *BOCC 23 août 1994.* ♦ Sur une entente verticale et horizontale présentant faussement des ristournes sous la forme conditionnelle afin d'empêcher les distributeurs de les répercuter sur leurs prix de revente aux consommateurs, V. • Cons. conc. n° 03-D-45 du 25 sept. 2003 : *BOCC 17 déc. 2003 ; JCP E 2004, n° 3, p. 83, note Arhel ; Contrats Conc. Consom. 2004, n° 7, obs. Malaurie-Vignal.*

Constituent des pratiques anticoncurrentielles les stipulations qui fixent un taux de marge minimum à la revente, qui interdisent l'intégration de ristournes différées inconditionnelles dans les prix, ou encore des clauses dites « pénales » qui donnent au fabricant la possibilité de supprimer les remises de coopération commerciale s'il estime qu'il y a eu revente à perte. • Cons. conc. n° 94-D-55 du 18 oct. 1994 : *préc. note 21.* ♦ En revanche, l'octroi de ristournes ou de remises différées n'est pas restrictif de concurrence lorsque le principe et le montant de ces avantages sont acquis de manière certaine dès le franchissement des seuils quantitatifs qui en déterminent l'attribution et lorsque tous les distributeurs peuvent, sans aléas, ni restrictions, en répercuter le montant sur leurs prix de vente. • Com. 12 oct. 1993 : *Bull. civ. IV, n° 337 ; D. 1994. Somm. 169, obs. Gavalda et Lucas de Leyssac* (cassant • Paris, 13 juin 1991 : *Gaz. Pal. 1992. 1. 226, concl. Thin*). – Comp., sur renvoi : • Paris, 19 janv. 1996 : *BOCC 28 févr. 1996 ; RJDA 1996, n° 935.* – Comp. aussi : • Cons. conc. n° 93-D-41 du 12 oct. 1993 : *BOCC 4 déc. 1993.*

Le fait, pour un fournisseur, d'accorder des ristournes qualitatives ajoutées aux remises quantitatives aux seuls distributeurs offrant des services tels que la démonstration des produits à la demande des clients ou l'assistance technique au consommateur, n'est pas en soi une pratique restrictive de concurrence dès lors qu'elles sont définies de façon objective et qu'elles ne limitent pas la liberté des commerçants de fixer leur politique de prix de façon autonome. • Paris, 22 oct. 1997 : *D. 1997. IR. 255.* – V. aussi, sur la possibilité, pour un fournisseur, d'accorder des ristournes qualitatives : • Cons. conc. n° 90-D-42 du 6 nov. 1990 : *BOCC 30 nov. 1990,* conf. par • Paris, 5 juill. 1991 : *D. 1991. IR. 246* • Com. 12 oct. 1993 : ♜ *RJDA 1993, n° 921 (2e esp.)* • Cons. conc. n° 93-D-19 du 7 juill. 1993 : *BOCC 10 sept. 1993* (même affaire), conf. par • Paris, 8 juill. 1994 : *ibid. 5 août 1994.* ♦ La Cour de cassation a cassé cet arrêt au motif que la cour d'appel avait énoncé que des conditions générales de vente ou les avantages tarifaires proposés par un fournisseur et acceptés explicitement ou tacitement par les distributeurs constituent des conventions au sens de l'art. 7 [C. com., art. L. 420-1], sans vérifier s'il existait des présomptions établissant que ce fournisseur avait consenti à certains distributeurs bénéficiant d'une ristourne de 5 % des dérogations aux stipulations contractuelles leur imposant, en contrepartie de l'octroi de cette ristourne, l'exécution de prestations de service au profit de la clientèle. • Com. 29 oct. 1996 : ♜ *Bull. civ. IV, n° 262 ; D. 1996. IR. 257 ; D. Affaires 1996. 1348.* – V. concl. Raynaud, *RJDA 1997, p. 6.* – V. aussi Saint-Esteben, *Gaz. Pal. 3-4 juill. 1998, p. 19.* – Comp., sur renvoi : • Paris, 8 nov. 1997 : *BOCC 29 nov. 1997.* – V. aussi, Debruyne, *Cah. dr. entr. 1998, n° 2, p. 14.* ♦ Jugeant qu'un distributeur ne saurait invoquer, pour obtenir la condamnation d'un fournisseur pour entente illicite, le seul fait que ce dernier aurait accordé une ristourne discriminatoire à un autre revendeur, V. • Cons. conc. n° 02-D-08 du 12 févr. 2002 : *cité note 39.*

L'adoption d'une enseigne commune à un ensemble de distributeurs est une condition objective et vérifiable de l'octroi de remises par lesquelles un producteur peut choisir de rémunérer les prestations et avantages commerciaux qui lui sont fournis. Ce mode de rétribution n'est pas restrictif de concurrence, dès lors qu'il est la contrepartie de réelles prestations que tout distributeur, le souhaitant, peut fournir en groupant sa commande avec d'autres, sous la même enseigne. • Paris, 29 oct. 1997 : *D. 1997. IR. 255 ; D. Affaires 1998. 16, obs. J. F.* ♦ La fixation concertée de prix de revente par des commerçants indépendants regroupés sous une même enseigne ne constitue pas une pratique prohibée par les dispositions de l'art. L. 420-1 lorsque ces commerçants ne se situent pas sur les mêmes zones de chalandise. • Cons. conc. n° 03-D-39 du 4 sept. 2003 : *BOCC 17 déc. 2003 ; Contrats Conc. Consom. 2003, n° 181, obs. Malaurie-Vignal ; Petites affiches 15 juin 2004, p. 11, obs. Bacchichetti.*

30 bis. L'acte par lequel un distributeur, à l'occasion d'une opération de concentration réalisée par lui, fait savoir à l'ensemble de ses fournisseurs d'une catégorie de produits ou d'une partie substantielle d'entre eux, qu'il entend subordonner la poursuite des relations commerciales qu'il a nouées avec eux à des conditions supplémentaires par rapport à celles qu'il avait acceptées ne peut être qualifié d'action concertée ou d'entente que s'il est établi que les parties y ont librement consenti en vue de limiter l'accès au marché ou à la libre concurrence. Tel n'est pas le cas lorsque cette pratique prise à l'initiative du fournisseur avait été de nature à entraîner l'adhésion des distributeurs ou de certains d'entre eux et avait eu pour effet d'affecter leur autonomie de décision. • Com. 7 avr. 1998 : ♜ *Bull. civ. IV, n° 127 ; BRDA 1998, n° 9, p. 16 ; Contrats Conc. Consom. 1998, n° 89, note Vogel ; Petites affiches 21 août 1998, p. 16, obs. Malaurie-Vignal* (cassant • Paris, 5 mars 1996 : *BOCC 12 avr. 1996 ; D. Affaires 1996. 412 ; Contrats Conc. Consom. 1996, n° 59, note Vogel,* qui réformait • Cons. conc. n° 95-D-34 du 9 mai 1995 : *Contrats Conc. Consom. 1995, n° 146, obs. Vogel*) • Cons. conc. n° 02-D-67 du 7 nov. 2002 : *préc. note 14.* – V. aussi Ferrier, *Cah. dr. entr. 1996, n° 3, p. 10.* ♦ V. désormais art. L. 442-6 (I), 4° et 5°, reprenant l'art. 36 (4 et 5) dans sa rédaction issue de la L. n° 96-588 du 1er juill. 1996. – V. également, P. Arhel, *Petites affiches 19 avr. 2002, p. 4.*

La diffusion d'un journal d'information gratuit, financée par des recettes publicitaires, ne constitue pas par elle-même une pratique de prix artificielle restrictive de concurrence. • Paris, 11 mars 1992 : *préc. note 28.* ♦ Pour la sanction de pratiques d'opacité tarifaire dans le secteur de la publicité, V. • Cons. conc. n° 93-D-59 du 15 déc. 1993 : *BOCC 29 mars 1994* • n° 96-D-44 du 18 juin 1996 : *ibid. 14 nov. 1996.* ♦ V. aussi pour des rémunérations confidentielles, versées par des producteurs de lessive aux distributeurs, • Cons. conc. n° 94-D-60 du 13 déc. 1994, conf. par • Paris, 13 déc. 1995 : *préc. note 22.* ♦ De même, pour une entente visant à favoriser artificiellement une hausse des prix sur le marché des laits infantiles caractérisé par le fait que le consommateur ne prête pas une attention particulière au prix du lait, dès lors qu'une marque lui est recommandée par une maternité. • Paris, 11 sept. 2001 : *BOCC 23 oct. 2001 ; Gaz. Pal. 3-5 mars 2002, p. 40.* ♦ La diffusion par le franchiseur, auprès des entreprises franchisées du réseau, de documents destinés à la clientèle comportant les taux de commission et les frais forfaitaires fixes préimprimés ne constitue pas seulement un confort de gestion pour les franchisés mais une forte incitation à appliquer les taux de commission et les frais forfaitaires indiqués, lesquels, communiqués aux déposants et très généralement appliqués, ont entraîné une restriction effective du libre jeu de la concurrence sur le marché concerné, ayant ainsi un effet équivalent à une pratique de prix imposés. • Paris, 8 juill. 1994 : *D. 1994. IR. 224.* ♦ Si l'indication de prix conseillés peut être admise dès lors qu'il n'est exercé aucune pression sur les revendeurs pour en assurer le respect, le fait de préciser que les prix indiqués en annexe « font partie intégrante » du contrat est de nature à leur conférer un caractère obligatoire et à limiter la liberté commerciale des revendeurs. • Paris, 3 nov. 1995 : *BOCC 15 déc. 1995.* ♦ De même, lorsque les revendeurs disposent en réalité d'une marge de manœuvre réduite à l'extrême par le caractère très bas des prix maximaux figurant dans le catalogue d'un franchiseur, dans un contexte de grande tension des prix sur le marché et par les principes mêmes qui, par la charte du franchiseur, gouvernent ses relations avec les franchisés, leur faisant obligation de ne pas s'éloigner dans des proportions trop importantes des prix établis dans cette chaîne de distribution développant une image de prix bas, il en résulte une incitation vigoureuse du distributeur à se conformer à ces prix. • Paris, 13 déc. 1995 : *préc. note 22.* ♦ V. aussi note 40, *infra*, et note 9 ss. Arr. 21 févr. 1991, art. 2, reproduit *supra*, ss. art. L. 330-3.

31. Coopération commerciale. Le versement par un fournisseur d'une rémunération de coopération commerciale à ceux de ses distributeurs qui s'étaient engagés, en contrepartie, à offrir sur les lieux de vente des prestations de services spécifiques, n'est pas en soi une pratique de nature à empêcher, restreindre ou fausser le jeu de la concurrence, lorsque les conditions d'obtention de ces ristournes n'excluent pas les distributeurs prêts à fournir les mêmes services, qu'elles sont définies de façon objective, ne sont pas appliquées de façon discriminatoire, et n'ont ni pour objet ni pour effet de limiter la liberté des commerçants de déterminer de façon autonome leur politique de prix de revente. • Cons. conc. n° 97-D-15 du 4 mars 1997 : *BOCC 29 avr. 1997 ; Petites affiches 2 janv. 1998, p. 14, note Arhel,* conf. par • Paris, 10 mars 1998 : *BOCC 2 mai 1998 ; Contrats Conc. Consom. 1998, n° 90, obs. Vogel ; ibid., n° 114, obs. Malaurie-Vignal,* puis par • Com. 24 oct. 2000 : *Contrats Conc. Consom. 2001, n° 9, obs. Malaurie-Vignal ; Petites affiches 5 févr. 2001, obs. Arhel.* – V. aussi, Malaurie-Vignal, *Petites affiches 4 sept. 1998, p. 11.* ♦ En ce sens que si la clause subordonnant l'octroi et le maintien d'avantages figurant dans un accord de coopération commerciale à l'obligation pour le distributeur de respecter la propriété intellectuelle d'une maison d'édition ne présente pas en soi un caractère anticoncurrentiel, elle peut, lorsqu'elle est combinée avec une clause de résiliation en cas de non-respect de l'exclusivité, aboutir à des pratiques anticoncurrentielles, V. • Cons. conc. n° 98-D-76 du 9 déc. 1998 : *BOCC 27 avr. 1999 ; Contrats Conc. Consom. 1999, n° 114, obs. Malaurie-Vignal.*

32. Prix prédateur. Le prix prédateur est défini comme étant le prix de vente unitaire d'un produit inférieur au coût variable unitaire de celui-ci. • Paris, 3 nov. 1994 : *BOCC 9 déc. 1994 ; D. 1996. Somm. 181, obs. Gavalda et Lucas de Leyssac ; Contrats Conc. Consom. 1994, n° 7, note Vogel ; Gaz. Pal. 1995. 2. Doctr. 792, obs. Ricatte,* conf. par • Com. 4 févr. 1997 : *Bull. civ. IV, n° 41 ; D. 1997. IR. 56 ; D. Affaires 1997. 338.* – V. aussi, Ricatte, *Gaz. Pal. 1998. 2. Doctr. 845.* ♦ Ainsi, par exemple, dans l'affaire ayant donné lieu, sur appel, à l'arrêt précité, le Conseil de la concurrence a jugé qu'une entreprise de production qui choisit de vendre un produit industriel banalisé à un prix inférieur à son coût variable de production augmente délibérément ses pertes par rapport à celles qu'elle enregistrait si elle s'abstenait de vendre ce produit puisque, à la perte sur coûts fixes qu'elle encourait en tout état de cause, elle ajoute une perte supplémentaire sur les coûts variables auxquels elle doit faire face pour produire et livrer le produit considéré ; que la mise en œuvre d'une telle pratique par plusieurs entreprises, qui détiennent collectivement une part très importante du marché, à la suite de l'implantation d'un nouveau concurrent sur ce même marché, ne peut s'expliquer par l'intérêt individuel de chacune d'entre elles mais constitue, au contraire, l'indice d'une concertation entre les entreprises concernées pour éliminer le nouvel entrant et restaurer une entente de prix entre elles. • Cons. conc. n° 94-MC-10 du 14 sept. 1994 : *BOCC 27 oct. 1994 ; Contrats Conc. Consom. 1994, n° 250, note Vogel,* conf. par • Paris, 3 nov. 1994 : *préc.* ♦ Dans le cadre de la procédure d'urgence, le Conseil peut se prononcer en se référant aux coûts variables moyens des produits. • Com. 4 févr. 1997 : *préc.* ♦ Sur les coûts incrémentaux, V. • Cons. conc. n° 04-D-79 du 23 déc. 2004 : *RDCL 2005, n° 1, p. 66, obs. Spector ; RLC 2005, n° 2, p. 51, note Destours ; AJDA 2005. 470, obs.*

Richer ✎. ♦ Sur la notion de prix prédateur, V., à propos de la jurisprudence communautaire, note Vogel ss. • CJCE 3 juill. 1991 : *JCP E 1992. II. 273.* ♦ Les pratiques de prix de vente abusivement bas sont désormais sanctionnées par l'art. L. 420-5, *infra*.

V. aussi note 19 ss. art. L. 420-2 et note 5 ss. art. L. 464-1 (mesures conservatoires).

33. Offre de couverture. Les pratiques dites de l'offre « carte de visite », permettant à une entreprise de se faire connaître du maître de l'ouvrage, sans chercher à obtenir le marché, aussi fréquentes soient-elles et provoquées par le comportement de donneurs d'ordres publics quant à l'exigence d'une participation habituelle des entreprises intéressées à leurs appels d'offres, ne peuvent être tenues pour licites, dès lors que, par les échanges d'information sur les prix, elles trompent les maîtres de l'ouvrage sur la réalité et l'étendue de la concurrence sur le marché concerné. • Paris, 2 avr. 1996 : *préc. note 23.* – V. aussi • Paris, 15 sept. 1995 : *BOCC 15 déc. 1995 ; D. 1996. Somm. 177, obs. Gavalda et Lucas de Leyssac* ✎. ♦ L'entreprise désirant réellement soumissionner dans l'espoir d'obtenir le marché, qui communique ses prix à son concurrent afin de permettre à celui-ci de faire une offre « carte de visite », contribue dans la même mesure à cette tromperie. • Paris, 2 avr. 1996 : *préc.* ♦ Le fait pour une société de ne pas elle-même faire un usage direct du chiffrage qu'elle a reçu d'un concurrent, ne saurait les exonérer de leur participation à une entente dès lors, d'une part, que la communication d'un chiffrage de couverture a, en elle-même, un objet anticoncurrentiel et, d'autre part, que l'effet anticoncurrentiel est établi par l'utilisation de ce document au profit d'un tiers. • Cons. conc n° 04-D-55 du 4 déc. 2003 : *BOCC 13 févr. 2004 ; Lettre distrib. janv. 2004, p. 2.*

L'échange d'informations, à l'occasion d'un marché public, entre entreprises soumissionnaires concurrentes sur leurs offres respectives, dans le but de permettre à l'une d'elles d'apparaître la moins-disante, caractérise une action concertée pouvant avoir pour effet de fausser le libre jeu de la concurrence. • Paris, 25 sept. 1998 : *BICC 1999, n° 354.* ♦ Est à juste titre condamné sur le fondement des art. 7 et 17 [C. com., art. L. 420-1 et L. 420-6] le dirigeant qui, pour tenter d'emporter un marché (déménagement d'un militaire) aux meilleures conditions, a pris l'initiative d'adresser sous le même pli, non pas le seul devis qu'on lui avait demandé, mais les deux devis exigés par la réglementation (statut des militaires), dès lors que ces documents ont été établis à l'en-tête de deux sociétés distinctes, que le prévenu dirigeait, pour simuler une concurrence qui n'existait pas, et que l'envoi d'un devis de « couverture », en rendant inutile tout autre appel d'offres à un concurrent, est non seulement de nature à entraver le libre jeu de la concurrence, mais encore susceptible de provoquer une hausse artificielle des prix. • Crim. 14 déc. 1995 : ♜ *Bull. crim. n° 384 ; D. 1996. IR. 79* • Cons. conc. n° 02-D-62 du 27 sept. 2002 : *BOCC 28 nov. 2002.* ♦ En revanche, pour une décision admettant que le montant du marché et la technicité des travaux aient pu justifier que des entreprises de moyenne importance ne disposant pas chacune de tout le savoir-faire requis pour ce type de chantier aient pu se réunir pour soumissionner ce marché public. • Cons. conc. n° 2000-D-53 du 18 janv. 2001 : *BOCC 23 févr. 2001 ; Contrats Conc. Consom. 2001, n° 72, obs. Malaurie-Vignal.*

Sur la licéité des échanges d'informations sur les prix, V. • Cons. conc. n° 88-D-13 du 15 mars 1988 : *BOCC 16 avr. 1988 ; D. 1990. Somm. 102, obs. Gavalda et Lucas de Leyssac* ✎ • n° 92-D-29 du 5 mai 1992 : *BOCC 30 mai 1992 ; Contrats Conc. Consom. 1992, n° 116, obs. Vogel.* – V. Sélinsky, *Cah. dr. entr. 1995, n° 1, p. 24.*

34. Boycottage. BIBL. Bretzner, *D. 2000. Chron. 441.* ✎ ♦ Toute pratique de boycott est en soi anticoncurrentielle. • Paris, 10 mars 1998 : *D. 1998. IR. 106.* – V. aussi • Cons. conc. n° 04-D-56 du 15 nov. 2004 : *RLC 2005, n° 2, p. 26, note Brault.* ♦ Comp. jugeant que le boycott constitue une action délibérée en vue d'évincer un opérateur du marché et que, faute d'établir la volonté d'éviction, les pratiques litigieuses ne peuvent être qualifiées de boycott : • Com. 22 oct. 2002 : ♜ *Bull. civ. IV, n° 148 ; D. 2003. AJ. 63, obs. Chevrier* ✎ *; RTD com. 2003. 72, obs. Claudel* ✎ *; JCP E 2002, n° 49, p. 1940 ; Contrats Conc. Consom. 2003, n° 25, obs. Malaurie-Vignal ; RJDA 2003, n° 195* • Cons. conc. n° 03-D-06 du 29 janv. 2003 : *BOCC 16 juin 2003 ; Comm. com. élec. 2003, n° 63, obs. Lepage et Decocq.* ♦ Constituent des pratiques concertées prohibées par l'art. 7 [C. com., art. L. 420-1] les consignes données par un syndicat professionnel de boycotter les produits d'un fabricant de boissons rafraîchissantes sans alcool ayant installé des distributeurs automatiques de boissons devant divers commerces, alors que cette mesure de rétorsion n'est justifiée ni par la position dominante de la société fabriquant les boissons, aucun abus n'étant démontré, ni par l'illicéité des pratiques mises en œuvre par cette société, la résistance légitime à une concurrence jugée agressive et déloyale ne pouvant prendre la forme d'une pratique prohibée. • Paris, 10 juill. 1992 : *BOCC 15 août 1992 ; D. 1992. IR. 224.* – V. aussi • Paris, 4 juill. 1996 : *BOCC 27 juill. 1996 ; D. Affaires 1996. 1054.* ♦ Ayant constaté que sur le marché de l'assurance en général, le salon « assure-expo » était principalement fréquenté par des professionnels du monde de l'assurance pour lesquels le salon ne représentait pas un réel débouché commercial, une cour d'appel a pu en déduire que la disparition de ce lieu de rencontre n'avait pas atteint de manière sensible le fonctionnement de la concurrence sur le marché considéré. • Com. 22 oct. 2002 : ♁ *préc.* ♦ Le fait pour une centrale de référencement d'organiser entre les distributeurs indépendants qu'elle regroupe le boycott des produits d'un fournisseur qu'elle avait référencés pour la période en cours et l'élimination de ces produits de leurs linéaires est de nature à limiter artificiellement l'accès du fournisseur au marché et constitue une action concertée prohibée. • Cons. conc. n° 94-D-60 du 13 déc. 1994, conf. par • Paris, 13 déc. 1995 : *préc. note 22.* ♦ V. aussi, pour la condamnation d'une politique de boycott menée par des pharmaciens à l'encontre des laboratoires continuant d'approvisionner un pharmacien concurrent pratiquant des prix inférieurs aux leurs, • Cons. conc. n° 95-D-35 du 10 mai 1995 : *BOCC 25 juill. 1995.*

34 bis. Sur des actions concertées de boycottage organisées par un conseil régional de l'ordre des architectes, de nature à entraver l'accès des architectes à un marché, V. • Cons. conc. n° 96-D-15 du 12 mars 1996 : *BOCC 27 juill. 1996* • n° 96-D-18 du 26 mars 1996 : *ibid.* ♦ Sur la condamnation d'un groupement d'agriculteurs ayant imposé des prix de revente à la distribution de fruits, tout en menant des opérations de boycott des importations sur ces produits, V. • Cons. conc. n° 2000-D-01 du 22 févr. 2000 : *BOCC 5 déc. 2000 ; Contrats Conc. Consom. 2001, n° 25, obs. Malaurie-Vignal.* ♦ Sur l'illicéité d'un communiqué de l'ordre des pharmaciens invitant les pharmaciens à ne pas délivrer de médicaments aux entreprises de portage de médicaments à domicile, V. • Cons. conc. n° 97-D-18 du 18 mars 1997 : *BOCC 29 avr. 1997,* conf. par • Paris, 10 févr. 1998 : *BOCC 28 févr. 1998 ; Petites affiches 1er juill. 1999, p. 17, note Huichard et Tabutiaux* puis par • Com. 16 mai 2000 : *préc. note 7.* ♦ Sur la distinction entre la mise en garde adressée par un organisme professionnel à ses adhérents et une opération de boycott, V. • Paris, 27 juin 2000 : *Contrats Conc. Consom. 2000, n° 178, obs. Malaurie-Vignal,* conf. par • Com. 22 oct. 2002 : ♁ *préc. note 34.*

35. Intervention des organisations professionnelles. BIBL. Del Prete, *Petites affiches 20 mai 2004, p. 5* (ordres professionnels et droit communautaire de la concurrence). – Prieto, *JCP 2004. I. 126* (même thème). – Luc, *Petites affiches 24 sept. 2004, p. 5* (ordres professionnels et concurrence). ♦ Sur le rôle des organisations professionnelles, V., sanctionnant : les incitations à la hausse des tarifs ou des prix, • Paris, 10 mars 1988 : *D. 1988. IR. 105* • 19 mai 1988 : *Gaz. Pal. 1988. 2. 633* • 4 juin 1992 : *D. 1992. IR. 243.* ♦ ... La diffusion : de barèmes professionnels, • Cons. conc. n° 92-D-39 du 16 juin 1992 : *BOCC 15 août 1992* • Paris, 21 janv. 1993 : *JCP E 1993. Pan. 556* • 9 déc. 1997 : *BOCC 31 déc. 1997 ; D. 1998. IR. 26 ; Gaz. Pal. 1998. 1. 150, note Damien ; JCP 1998. II. 10078, note Martin ; Bull. Joly 1998. 378, obs. Saintourens.* – Conf. • Cons. conc. n° 96-D-78 du 3 déc. 1996 : *BOCC 11 févr. 1997 ; Gaz. Pal. 1997. 1. 310, note Damien* (honoraires d'avocats). – V. aussi Yedou, *Rev. Conc. Consom. nov.-déc. 1998, p. 34* • Paris, 11 sept. 2001 : *BOCC 23 oct. 2001, p. 901.* ♦ Pour des solutions en droit communautaire, V. • CJCE 29 nov. 2001 : *Contrats Conc. Consom. 2002, n° 33, note Poillot-Peruzzetto* • 19 févr. 2002 : *D. 2002. IR. 1114 ; RTD com. 2002. 389* ✐ *et 392, obs. Poillot-Peruzzetto* ✐ *; JCP 2002. I. 153, obs. Kostopoulos ; Petites affiches 9 avr. 2002, p. 11, note Arhel.* ♦ V. • Cons. conc. n° 97-D-41 du 4 mars 1997 : *BOCC 30 juill. 1997 ; Petites affiches 17 oct. 1997, p. 22, note Arhel* • n° 97-D-45 du 10 juin 1997 : *BOCC 30 août 1997.* – V. également • Cons. conc. n° 98-D-07 du 14 janv. 1998 : *BOCC 13 mars 1998,* conf. par • Paris, 10 nov. 1998 : *JCP E 1998, n° 50, p. 1951.* ♦ ... D'une étude de coûts de revient, • Cons. conc. n° 96-D-24 du 9 avr. 1996 : *BOCC 3 sept. 1996.* ♦ Dans le même sens, pour la fixation et la diffusion de prix de revente de lessives, dans une publication, par un groupement de producteurs (licéité de mise en œuvre d'un prix unique lorsque les commerçants ne sont pas situés dans la même zone de chalandise ; licéité, à l'intérieur d'une même zone, d'un prix conseillé ou maximum, dès lors qu'il ne s'agit pas de prix imposés) : • Cons. conc. n° 94-D-60 du 13 déc. 1994, conf. par • Paris, 13 déc. 1995 : *préc. note 22,* puis par • Com. 27 janv. 1998 : ♁ *ibid.* ♦ V. aussi, sanctionnant la diffusion d'une circulaire par un syndicat professionnel recommandant à ses adhérents la répercussion d'une taxe sur leurs factures : • Paris, 13 avr. 1999 : *JCP E 1999, n° 21, p. 887.* ♦ Apporte une limite à la liberté commerciale et se livre à une pratique anticoncurrentielle le barreau qui prévoit dans son règlement intérieur une clause précisant que les honoraires demandés par les avocats pour chaque type de prestation ne peuvent être inférieurs au coût économique de cette dernière, alors que, sauf cas particuliers où le législateur l'a interdit, il est toujours loisible à un opérateur économique et souvent nécessaire à un nouvel entrant sur un marché de pratiquer, pour un bien ou un service donné, un prix inférieur à son coût de revient. • Cons. conc. n° 00-D-23 du 31 mai 2000 : *BOCC 25 juill. 2000 ; Contrats Conc.*

Consom. 2000, n° 143, obs. Malaurie-Vignal. ♦ Sur la fixation de prix minimum de revente de fruits par un groupement d'agriculteurs, V. *supra*, note 34 *bis.* ♦ Comp., retenant la licéité de barèmes permettant de fixer le montant des honoraires dus aux experts en matière civile dès lors que ces barèmes élaborés à l'initiative des premiers présidents de cours d'appel conformément aux instructions du ministère n'ont pas été utilisés en dehors du cadre de l'expertise judiciaire et n'ont pas servi aux activités privées des experts. • Cons. conc. n° 99-D-15 du 24 févr. 1999 : *BOCC 22 juin 1999 ; Contrats Conc. Consom. 1999, n° 130, obs. Malaurie-Vignal.*

L'accord conclu entre une fédération du bâtiment et des entreprises de travail temporaire tendant à fixer un plafond maximal de rémunération, aligné sur les salaires versés aux salariés de qualification équivalente liés par un contrat de travail à durée indéterminée, vise à limiter la concurrence entre les entreprises de travail temporaire qui, par l'encadrement ainsi imposé du salaire de base, voient leur liberté de négociation réduite au minimum, ce qui a pour conséquence d'uniformiser leur offre et d'exclure du marché les entreprises de travail temporaire qui n'y sont pas adhérentes. • Paris, 8 sept. 1998 : *préc. note 21.* ♦ La circonstance que l'organisation interprofessionnelle n'ait pas eu à effectuer la police des prix auprès des producteurs, ceux-ci s'alignant spontanément sur les prix dits « conseillés », ne prive pas la pratique de sa qualification d'entente anticoncurrentielle, celle-ci ayant été réalisée sous l'égide d'une organisation qui possède, de par son statut administratif, les qualités de ses représentants et sa notoriété, une autorité naturelle à même d'assurer le respect de ses décisions. • Cons. conc. n° 05-D-55 du 12 oct. 2005 : *BOCC 14 mars 2006 ; Lettre distrib. nov. 2005, p. 2.*

36. Syndicats professionnels. Le refus d'un syndicat de pharmaciens d'agréer la demande d'un organisme d'assurance complémentaire à l'assurance maladie visant à mettre en place une convention de dispense d'avance de frais par les assurés sociaux constitue une action concertée en tant qu'il engage une profession et résulte d'une décision collective pouvant avoir pour effet de fausser le libre exercice de la concurrence sur le marché des prestations d'assurance complémentaire à l'assurance maladie. • Paris, 17 mars 1998 : *BICC 1998, n° 939.* ♦ V. aussi note 9.

37. Téléphonie mobile. Constitue une pratique anticoncurrentielle la commercialisation de téléphones mobiles préprogrammés sur un fournisseur d'accès internet, sans aucune indication sur les modalités permettant au consommateur de déverrouiller le poste ou d'en modifier la programmation en vue de l'utilisation d'une autre voie d'accès. • Paris, 13 juill. 2000 : *D. 2000. AJ. 382.* ♦ V. dans la même affaire, • Cons. conc. n° 00-MC-17 du 7 nov. 2000 : *Comm. com. élec. 2001, n° 30.* ♦ Pour des échanges d'information et une entente sur les parts de marché, V. • Cons. conc. n° 05-D-65 du 30 nov. 2005 : *BOCC 29 avr. 2006 ; Contrats Conc. Consom. 2006, n° 9, obs. Malaurie-Vignal ; RDLC 2006, n° 1, p. 129 et 131, obs. Claudel ; Comm. com. élec. 2006, n° 83, obs. Chagny.*

38. Nom de domaine. Pour une décision analysant l'attribution d'un nom de domaine sur internet au regard du droit des ententes, V. • Cons. conc. n° 00-D-32 du 9 juin 2000 : *D. 2000. AJ. 391, obs. Manara.*

III. TEMPÉRAMENT : MISE EN ŒUVRE DE LA RÈGLE DE RAISON

39. Distribution sélective et distribution exclusive. BIBL. Vogel, *JCP E 1992. I. 184* (distribution exclusive). – Sélinsky, *D. 1992. Chron. 41* (accords verticaux). ♦ Dès lors qu'ils préservent l'existence d'une concurrence sur le marché, les réseaux de distribution sélective ne sont pas contraires aux dispositions de l'art. 7 [C. com., art. L. 420-1] si les critères de choix ont un caractère objectif, n'ont pas pour objet ou pour effet d'exclure certaines formes déterminées de distribution et ne sont pas appliqués de manière discriminatoire. • Com. 21 oct. 1997 : *Bull. civ. IV, n° 271 ; D. 1997. IR. 244 ; D. Affaires 1998. 74, obs. E. P. ; RJDA 1997, n° 1480, et p. 995, note Leclerq* • Paris, 25 sept. 1991 : *D. 1991. IR. 240.* ♦ Pour des cas de discrimination, V. • Paris, 8 juill. 1991 : *D. 1991. IR. 226* • 31 oct. 1991 : *Contrats Conc. Consom. 1992, n° 50, note Leveneur.* ♦ ... Des critères d'agrément imprécis, V. • Paris, 16 janv. 1995 : *RJDA 1995, n° 266.* ♦ ... Un système de prix imposés faussant le jeu de la concurrence, V. • Com. 18 mai 1993 : *D. 1993. IR. 162* • Cons. conc. n° 01-D-45 du 19 juill. 2001 : *BOCC 24 sept. 2001 ; RJDA 2002, n° 103.* ♦ ... Une clause interdisant la revente de certains produits par le distributeur, même à des points de vente agréés, V. • Cons. conc. n° 95-D-14 du 7 févr. 1995 : *BOCC 6 avr. 1995.* ♦ ... Une application de l'art. 420-1 au fournisseur refusant de fournir un distributeur satisfaisant pourtant les critères de sélection requis, V. • Com. 14 janv. 2003 : *D. 2003. Somm. 2430, obs. Ferrier ; RJ com. 2004. 114, note Lebreton-Derrien ; Petites affiches 15 juin 2004, p. 16, obs. Baccichetti ; Cah. dr. entr. 2003, n° 3, p. 23, obs. Respaud.* ♦ Jugeant que les conditions de vente pratiquées à l'égard d'un distributeur, dès lors qu'elles ne sont pas connues des autres membres du réseau, ne permettent de caractériser aucune entente entre ceux-ci et le fournisseur mais seulement un comportement unilatéral de ce dernier, V. • Cons. conc. n° 02-D-08 du 12 févr. 2002 : *RJDA 2002, n° 816 ; Petites affiches 3 juill. 2003, p. 50, obs. Malaurie-Vignal.* ♦ Sur le contrôle de la mise en œuvre des critères de sélection exercé par la Cour de cassation, V. • Com. 21 oct. 1997 : *préc.* ♦ Sur la référence faite par le Conseil de la concurrence au règl. n° 2790/99 pour l'examen d'un contrat dont l'application est limitée au territoire national, V. • Cons. conc. n° 01-D-45 du 19 juill. 2001 : *préc.*

Sur la licéité, dans les contrats de distribution sélective de produits cosmétiques, des clauses relatives à la qualification professionnelle du distributeur, à l'exigence d'un espace clos et isolé pour la vente desdits produits, et d'une caisse particulière ; et, sur l'illicéité, des clauses exigeant une vitrine, des clauses de compatibilité de l'enseigne du magasin avec l'image de marque des produits et des clauses dites « de marques concurrentes », V. • Cons. conc. n° 96-D-57 du 1er oct. 1996 : *BOCC 11 févr. 1997 ; Contrats Conc. Consom. 1997, n° 50, obs. Vogel,* conf. par • Paris, 1er juill. 1997 : *BOCC 30 juill. 1997 ; D. Affaires 1997. 1033 ; Petites affiches 6 févr. 1998, p. 22, note Arhel.* – V. Arhel, *Petites affiches 18 juin 1997, p. 13.* ♦ Le critère de service de conseil et de démonstration établi en tenant compte du nombre de personnes affectées à la vente au regard du chiffre d'affaires du magasin n'encourt pas le grief d'illicéité. • Versailles, 16 mai 2002 : *D. 2003. Somm. 2433, obs. Ferrier* ✎ *; JCP E 2002, n° 31-35, p. 1314.* ♦ De même aucune disposition ne s'oppose à ce qu'un réseau de distribution sélective établisse sa propre grille d'évaluation et procède à la notation des points de vente candidats à l'agrément, faute de démontrer que le distributeur aurait agréé des établissements présentant des caractéristiques identiques à celles des points de ventes litigieux. • Même arrêt. ♦ Il est loisible à un fournisseur de déterminer librement les conditions de distribution de ses produits et de faire coexister plusieurs catégories de distributeurs dans son réseau (agréés et non agréés), dès lors qu'il n'existe de sa part aucune discrimination de nature anticoncurrentielle à l'intérieur de chaque catégorie et que les consommateurs peuvent bénéficier d'offres diversifiées. Ne constitue donc pas une entente ni un abus de position dominante le fait pour un fournisseur de faire bénéficier ces distributeurs agréés de bons de garantie internationaux en contrepartie de leur astreinte à des sujétions auxquelles les distributeurs non agréés n'ont pas à répondre. • Paris, 26 juin 2001 : *JCP E 2001, n° 42, p. 1648.* ♦ La distribution d'un produit par le biais d'un système de distribution à la fois exclusive et non exclusive est licite, sous réserve que le recours à ces systèmes ne soit pas discriminatoire et ne couvre pas les mêmes zones. • Cons. conc. n° 97-D-31 du 20 mai 1997 : *BOCC 30 août 1997 ; Contrats Conc. Consom. 1997, n° 151, obs. Vogel ; Petites affiches 2 mars 1998, p. 9, note Arhel.* ♦ V. aussi art. L. 420-4, notes 22 s. ss. art. L. 442-6 et notes 19 et 35 s. ss. art. L. 330-2. ♦ Sont licites les réseaux de distribution exclusive, lorsqu'ils répondent à ces conditions. • Cons. conc. n° 91-D-22 du 14 mai 1991 : *BOCC 20 juill. 1991* • Paris, 22 oct. 1991 : *D. 1992. Somm. 393, obs. Ferrier* ✎.

39 bis. Sur l'illicéité, s'agissant de la distribution exclusive de montres de luxe, de l'obligation d'installer un atelier de réparation et d'employer un personnel spécialement formé à l'horlogerie, V. • Cons. conc. n° 96-D-72 du 19 nov. 1996 : *BOCC 6 mars 1997 ; Contrats Conc. Consom. 1997, n° 66, obs Vogel,* conf. par • Paris, 9 déc. 1997 : *BOCC 19 déc. 1997 ; D. 1998. IR. 32 ; D. Affaires 1998. 465, obs. E. P. ; Contrats Conc. Consom. 1998, n° 26, obs. Vogel.* ♦ Sont illicites les systèmes de distribution visant à exclure du marché les entreprises de vente par correspondance sans justification autre que celle tenant à la politique de prix de ces entreprises. • Cons. conc. n° 93-D-49 du 16 nov. 1993 : *BOCC 28 janv. 1994.* ♦ Un fournisseur, recourant à un réseau de distributeurs exclusifs auxquels il concède des territoires d'exclusivité, ne saurait licitement interdire à ces distributeurs de répondre à des sollicitations de clients situés dans des zones géographiques autres que celles faisant l'objet de l'exclusivité, dès lors qu'ils ne procèdent pas à une politique de vente active en dehors du territoire qui leur a été concédé. • Cons. conc. n° 98-D-62 du 13 oct. 1998 : *BOCC 12 déc. 1998 ; Contrats Conc. Consom. 1999, n° 23.* ♦ La clause par laquelle il est fait interdiction à un concessionnaire, membre d'un réseau de distribution exclusive, de commercialiser directement ou indirectement une marchandise en dehors du territoire national est anticoncurrentielle. • Cons. conc. n° 2000-D-35 du 26 sept. 2000 : *Contrats Conc. Consom. 2001, n° 26, obs. Malaurie-Vignal.*

Justifie sa décision la cour d'appel qui, pour décider qu'une clause d'approvisionnement minimum contenue dans un contrat de distribution sélective ne présentait pas le « caractère raisonnable » devant s'attacher à un contrat d'approvisionnement et était par conséquence illicite au regard des dispositions des art. 7 et 9 de l'ord. du 1er déc. 1986 [C. com., art. L. 420-1 et L. 420-3], retient que l'obligation d'approvisionnement ainsi imposée était disproportionnée par rapport au pourcentage des ventes du fournisseur sur l'ensemble du marché et qu'elle avait pour effet, d'un côté, de réserver l'accès aux seuls revendeurs qui étaient en mesure de souscrire à un tel engagement et, de l'autre, de contraindre les distributeurs agréés à consacrer une part significative de leurs efforts à la vente des produits contractuels. • Com. 13 mai 1997 : *Bull. civ. IV, n° 131 ; Contrats Conc. Consom., 1997, n° 118, obs. Vogel.* ♦ Sur l'illicéité de la subordination, par une société pétrolière, de la fourniture de supercarburant sans plomb à un engagement d'exclusivité de la part des distributeurs n'appartenant pas au réseau de la marque, V. • Cons. conc. n° 92-D-56 du 13 oct. 1992 : *BOCC 5 nov. 1992*, conf. par • Paris, 20 oct. 1993 : *ibid. 6 nov. 1993 ; Contrats Conc. Consom. 1993, n° 167, obs. Vogel ; Petites affiches 25 févr. 1994, note Sélinsky.* ♦ Sur l'illicéité, dans un contrat de distribution sélective de logiciels, des clauses interdisant la vente par correspondance et comme produits d'appel, en tant qu'elles sont restrictives de concurrence entre revendeurs et permettent au distributeur de se prémunir contre la concurrence intra-marque au niveau de la distribution, V. • Paris, 28 oct. 1997 : *BOCC 18 nov. 1997.* ♦ Sur le caractère illicite d'une clause d'agrément de distributeurs sélectifs dans le secteur de la porcelaine de Limoges, se référant à la notion de « commerce traditionnel de produits de luxe », cette notion pouvant aboutir à exclure certaines formes modernes de distribution, V. • Cons. conc. n° 99-D-78 du 15 déc. 1999 : *BOCC 7 mars 2000.*

40. Franchise. BIBL. Gastinel, *Gaz. Pal. 1994. 2. Doctr. 1016.* – Marot, *ibid. 1995. 2. Doctr. 1088.* – H. Bensoussan, *D. Affaires 1998. 454* (de l'obligation d'approvisionnement exclusif à l'achat privilégié d'intérêt commun). – Dossier spécial, *D. Affaires 1999. 1151* (protection du réseau de franchise). ♦ Les clauses de non-affiliation ou de non-concurrence peuvent être considérées comme inhérentes à la franchise dans la mesure où elles permettent d'assurer la protection du savoir-faire transmis qui ne doit profiter qu'aux membres du réseau et de laisser au franchiseur le temps de réinstaller un franchisé dans la zone d'exclusivité ; ces clauses doivent cependant rester proportionnées à l'objectif qu'elles poursuivent. • Cons. conc. n° 96-D-36 du 28 mai 1996 : *BOCC 20 août 1996 ; Contrats Conc. Consom. 1996, n° 167, obs. Vogel,* conf. par • Paris, 18 mars 1997 : *préc. note 21,* puis par • Com. 12 janv. 1999 : *ibid.* ♦ Pour une clause disproportionnée, V. aussi • Cons. conc. n° 97-D-51 du 24 juin 1997 : *BOCC 7 oct. 1997 ; D. 1998. Somm. 223, obs. Serra.* ♦ Sur la non-application du règl. d'exemption n° 4087/88 concernant les accords de franchise aux clauses de non-affiliation, V. note 11 *bis* ss. Arr. 21 févr. 1991, art. 2, reproduit, *supra*, ss. art. L. 330-3.

La clause qui impose aux franchisés de s'approvisionner auprès du franchiseur exclusivement en produits portant sa marque ou en produits agréés par lui peut, à certaines conditions, être considérée comme ne constituant pas une restriction de concurrence. • Cons. conc. n° 94-D-31 du 24 mai 1994 : *BOCC 14 juill. 1994 ; Contrats Conc. Consom. 1994, n° 164.* ♦ Est, notamment, valable la clause d'approvisionnement exclusif qui a pour objet de préserver l'image de marque d'un réseau de franchise. • Cons. conc. n° 94-D-32 du 24 mai 1994 : *BOCC 14 juill. 1994.* ♦ Pour porter cette appréciation, il y a lieu de s'inspirer des principes dégagés tant par la réglementation que par la jurisprudence communautaires. • Cons. conc. n°s 94-D-31 et 94-D-32 du 24 mai 1994 : *préc.* ♦ En vertu du droit interne et des règles dégagées au plan communautaire, un franchiseur n'est en droit d'imposer aux franchisés de s'approvisionner exclusivement auprès de sa société ou auprès des fournisseurs qu'il aura référencés qu'autant qu'il est prouvé qu'il n'est pas possible, en pratique, en raison de la nature des produits qui font l'objet de la franchise, d'appliquer des spécifications de qualité objectives. • Paris, 18 mars 1997 : *préc.* • Cons. conc. n° 96-D-36 du 28 mai 1996 : *préc.* • n° 96-D-16 du 19 mars 1996 : *BOCC 24 mai 1996.* ♦ Sur l'illicéité d'une clause imposant aux franchisés des références de matériel informatique et de fournitures délivrées par le franchiseur, V. • Cons. conc. n° 97-D-48 du 18 juin 1997 : *BOCC 17 sept. 1997 ; D. 1998. Somm. 223, obs. Serra ; Contrats Conc. Consom. 1997, n° 152, obs. Vogel ; Petites affiches 8 avr. 1998, p. 26, obs. Arhel.* – Sur cette même affaire, V. Marot, *Petites affiches 27 nov. 1997, p. 20.* – V. aussi • Cons. conc. n° 97-D-51 du 24 juin 1997 : *préc.* ♦ V. Règl. CEE n° 4087/88 du 30 nov. 1988 *(JOCE n° L 359 du 28 déc.).* ♦ Sur la nécessité de démontrer concrètement en quoi la clause d'approvisionnement exclusif est indispensable pour préserver l'identité et la réputation du réseau de franchise, V. • Com. 10 janv. 1995 : *D. 1997. Somm. 58, obs. Ferrier ; Gaz. Pal. 1995. 2. 502 ; Petites affiches 5 mai 1995, p. 13, note Gast ; RJDA 1995, n° 561.* ♦ V. l'arrêt de renvoi, concluant, en l'espèce, à la validité de la clause, • Amiens, 17 juin 1996 : *D. Affaires 1997. 179.* – Et, sur cet arrêt, Gast, *D. Affaires 1997. 172.* ♦ V. aussi art. L. 420-4 et notes 8, 9 et 17 ss. Arr. 21 févr. 1991, art. 2, reproduit, *supra*, ss. art. L. 330-3.

40 bis. La clause interdisant les rétrocessions entre franchisés est contraire aux dispositions de l'art. 7 [C. com., art. L. 420-1] en ce qu'elle empêche les franchisés de s'approvisionner auprès d'autres franchisés et de profiter, le cas échéant, de meilleures conditions d'achat, sans qu'une telle clause apparaisse justifiée par la nécessité de maintenir l'image du réseau de franchise.

• Paris, 18 mars 1997 : *préc. note 21* • Cons. conc. n° 96-D-36 du 28 mai 1996 : *préc. note 40.* ♦ La fixation concertée de prix par des commerçants indépendants regroupés sous une même enseigne ne constitue pas une pratique prohibée par les dispositions de l'art. 7 [C. com., art. L. 420-1] lorsque ces commerçants ne sont pas situés dans la même zone de chalandise ; il est, en outre, possible à un franchiseur de communiquer à des franchisés, situés dans la même zone de chalandise, des barèmes de prix maximaux de revente ou de prix conseillés, à condition que ces indications soient sans ambiguïté et que ces prix ne revêtent pas en réalité le caractère de prix imposés ou de prix minimaux ; à l'inverse, lorsque les franchisés sont regroupés sous la même enseigne et situés, pour certains d'entre eux, sur les mêmes zones de chalandise, la fixation de prix de revente identiques ou minimaux que tous les membres du réseau se trouvent, en fait, dans l'obligation d'appliquer, constitue une pratique prohibée par l'art. 7 [C. com., art. L. 420-1]. • Paris, 18 mars 1997 : *préc.* • Cons. conc. n° 96-D-36 du 28 mai 1996 : *préc.* • n° 96-D-16 du 19 mars 1996 : *préc. note 40.* – V. aussi • Cons. conc. n° 97-D-48 du 18 juin 1997 : *ibid.* ♦ Sur l'illicéité de la clause d'aménagement exclusif des magasins, obligeant les franchisés à recourir à un décorateur choisi par le franchiseur ou à une filiale de celui-ci, V. • Paris, 18 mars 1997 : *préc. note 21* • Cons. conc. n° 96-D-36 du 28 mai 1996 : *préc.* • n° 96-D-16 du 19 mars 1996 : *préc.* ♦ Le fait de n'autoriser des franchisés à vendre les produits défraîchis ou périmés avec un rabais que pendant la période de solde limite leur liberté commerciale au-delà de ce qui est nécessaire pour la protection de la marque et, par conséquent, est contraire à l'art. 7 [C. com., art. L. 420-1]. • Cons. conc. n° 98-D-67 du 27 oct. 1998 : *BOCC 31 mars 1999 ; Contrats Conc. Consom. 1999, n° 93, obs. Malaurie-Vignal ; Cah. dr. entr. 1999, n° 5, p. 21, obs. Mainguy.*

41. Label. Une procédure d'admission dans un organisme certificateur de label n'est pas contraire à l'art. 7 [C. com., art. L. 420-1] dès lors que la sélection des candidats est fondée sur des critères objectifs de nature qualitative, appliqués de façon non discriminatoire, et qu'elle n'est pas utilisée pour empêcher l'accès au marché ou pour restreindre artificiellement l'offre de façon à limiter la concurrence par les prix. • Cons. conc. n° 94-D-41 du 5 juill. 1994 : *Contrats Conc. Consom. 1994, n° 225, obs. Vogel.*

Art. L. 420-2 *(L. n° 2001-420 du 15 mai 2001)* **Est prohibée, dans les conditions prévues à l'article L. 420-1, l'exploitation abusive par une entreprise ou un groupe d'entreprises d'une position dominante sur le marché intérieur ou une partie substantielle de celui-ci. Ces abus peuvent notamment consister en refus de vente, en ventes liées ou en conditions de vente discriminatoires ainsi que dans la rupture de relations commerciales établies, au seul motif que le partenaire refuse de se soumettre à des conditions commerciales injustifiées.**

Est en outre prohibée, dès lors qu'elle est susceptible d'affecter le fonctionnement ou la structure de la concurrence, l'exploitation abusive par une entreprise ou un groupe d'entreprises de l'état de dépendance économique dans lequel se trouve à son égard une entreprise cliente ou fournisseur. *(L. n° 2005-882 du 2 août 2005, art. 40)* **« Ces abus peuvent notamment consister en refus de vente, en ventes liées, en pratiques discriminatoires visées au I de l'article L. 442-6 ou en accords de gamme. »**

Pour des dispositions relatives aux opérateurs exerçant une influence significative sur un marché du secteur des communications électroniques, V. CPCE, art. L. 37-1 s. (L. n° 2004-669 du 9 juill. 2004, art. 18, JO 10 juill.) et Décr. n° 2004-1301 du 26 nov. 2004 (JO 30 nov.). – ***C. communic.***

Sur la définition du produit vendu sous marque de distributeur, V. infra, note ss. art. L. 442-6.

RÉP. COM. v° *Abus de position dominante*, par Blaise.

BIBL. ▸ Jeantet, *Petites affiches 28 mars 1987.* – Pédamon, *Cah. dr. entr. 1987, n° 1.* – Thréard et Bourgeon, *ibid. 1987, n° 2.* – Pigassou, *Gaz. Pal. 1987. 2. Doctr. 544.* – Glais, *ibid. 1989. 1. Doctr. 290.* – Ricatte, *ibid. 1991. 2. Doctr. 600* (clause dite « du client le plus favorisé »). – Mainguy, *Cah. dr. entr. 1998, n° 6, p. 23* (abus de droit dans les contrats soumis au droit de la concurrence). – Retterer, *ibid. 1999, n° 2, p. 1* (contrat de référencement : du droit des obligations au droit de la concurrence). – Vogel, *D. Affaires 1999. 1464* (abus de puissance d'achat : du contrôle direct au contrôle indirect). – Nourissat, *D. 2000. Chron. 369* (la violence économique, vice du consentement : beaucoup de bruit pour rien ?). – Colloque du 6 déc. 2000, *Gaz. Pal. 9-10 nov. 2001* (abus de puissance d'achat et accès aux linéaires de la grande distribution). – Grall, *Bull. Lamy droit économique, janv. 2002* (distinction entre « relation de dépendance » et « état de dépendance économique »). – Dumonceau-Beaune et Belmont, *Contrats Conc. Consom. 2002. Chron. 12* (fournisseurs de produits sous marques de distributeurs et la loi NRE ou comment prévenir et gérer une situation de dépendance économique). – Montels, *RTD com. 2002. 417* (la violence économique, illustration du conflit entre droit commun des contrats et droit de la concurrence). – G. Parléani, *Mélanges Guyon, Dalloz, 2003, p. 882* (violence économique, vertus contractuelles, vices concurrentiels). – Condomines, *Petites affiches 29 oct. 2003, p. 6* (pratique des enchères inversées). – Brun et Toulemont-Dakoure, *Contrats Conc. Consom. 2003, Chron. 11* (barrières à l'entrée en droit de la concurrence). – Pouille, *ibid. 2004. Chron. 11* (plaidoyer pour un changement dans les rapports entre fournisseurs et distributeurs). – Boizard, *Petites affiches 16 juin 2004, p. 5* (réception de la notion de violence économique en droit). – D. Brault, *Petites affiches 30 nov. 2004, p. 36 ; RLC 2005, nº 1, p. 182* (service public et position dominante : peut-il y avoir abus ?). – Idot, *RDLC 2005, nº 2, p. 31* (ventes liées). – Garcia-Rosado, *RLC 2005, nº 3, p. 139* (pratiques anticoncurrentielles au sein des oligopoles : le lien entre les ententes et les abus de position dominante collective). – Perrot, *ibid., nº 4, p. 195* (prédation, ventes liées, remises...). – Arsac-Ribeyrolles, *Petites affiches 27 janv. 2006, p. 10* (abus à la baisse dans la fixation du prix). – Rivoal, *D. 2006. 891* (la dépendance économique en droit du travail).

I. EXPLOITATION ABUSIVE D'UNE POSITION DOMINANTE

A. NOTION DE POSITION DOMINANTE

1º POSITION DOMINANTE INDIVIDUELLE OU COLLECTIVE

1. *Part de marché.* La notion de position dominante, qui s'entend comme le pouvoir de faire obstacle à une concurrence effective, suppose que l'entreprise considérée occupe sur le marché une place prépondérante que lui assurent notamment l'importance des parts qu'elle détient dans celui-ci, la disproportion entre celles-ci et celles de l'entreprise concurrente, comme éventuellement son statut, et ses modes d'action commerciale. • Paris, 17 oct. 1990 : *D. 1990. IR. 273* • 7 juill. 1995 : *Gaz. Pal. 1995. 2. Somm. 489.* ♦ L'appartenance à un groupe économique puissant, occupant une position de *leadership* sur le plan national dans un secteur d'activité, est un indice qui peut, parmi d'autres, être retenu pour caractériser une position dominante. • Com. 9 avr. 1996 : *D. Affaires 1996. 737.* ♦ Mais l'importance de l'écart entre les parts de marché détenues par plusieurs sociétés ne permet pas de présumer de l'existence d'une position dominante de l'une d'entre elles. • Paris, 19 oct. 1999 : *Gaz. Pal. 2000. Somm. 220.*

2. *Valeur économique.* La position dominante d'un producteur sur un marché géographiquement délimité se définit par la valeur économique qu'il développe par rapport à l'activité considérée (marché des pompes funèbres). • Com. 9 avr. 1996 : *préc. note 1.* ♦ Le fait pour une société de définir, dans le cadre du réseau de franchisage qu'elle a mis en place pour les ventes au détail des produits portant sa marque, la politique commerciale du groupe et de décider des conditions dans lesquelles ces produits peuvent ou non être vendus par des tiers qui ne sont pas des distributeurs exclusifs ou des points de vente à son enseigne permet de caractériser la position dominante de cette entreprise sur le marché concerné. • Com. 4 mai 1999 : *RJDA 1999, nº 1014.* ♦ Jugeant que le refus opposé par un fournisseur de baisser ses prix, comme le lui demande un distributeur, illustre la position dominante détenue par ce fournisseur sur le marché. • Cons. conc. nº 04-D-12 du 7 avr. 2004 : *JCP E 2004, nº 40, p. 1546, note Arhel.* ♦ Mais le seul critère de la notoriété reproché à la Fédération des Gîtes ne suffit pas à établir que les Gîtes de France peuvent exercer un rôle déterminant pour orienter le choix du consommateur vers leurs seules chambres d'hôtes, alors qu'il est par ailleurs constaté que 55 % des propriétaires de chambres d'hôtes ont des comportements indépendants vis-à-vis de leurs clients. • TGI Paris, 3 déc. 2002 : *JCP E 2003, nº 10, p. 392.*

3. *Moyens financiers.* Le juge ne doit pas limiter son contrôle concernant l'existence d'une position dominante à une comparaison du chiffre d'affaires de l'entreprise par rapport à celui de ses concurrents dans le domaine spécifique des productions audiovisuelles destinées à des usages non télévisuels sans prendre en considération les avantages financiers et matériels dont la société nationale de télévision en cause dispose pour promouvoir l'ensemble de ses activités reconnues par la loi. • Com. 28 janv. 1992 : *Bull. civ. IV, nº 50 ; D. 1995. 538*. – V., sur renvoi, • Versailles, 17 mai 1994 : *D. 1995. 539 ; Gaz. Pal. 1995. 1. 49, note Junqua-Lamarque.* – Sur ces arrêts, V. Lucas de Leyssac, *D. 1995. Chron. 288* ; Junqua-Lamarque, *Gaz. Pal. 1995. 2. Doctr. 981.* ♦ V. aussi, prenant en compte la disproportion des moyens financiers entre l'entreprise dominante et ses concurrents, • Cons. conc. nº 96-D-10 du 20 févr. 1996 : *BOCC 23 avr. 1996.*

4. Position dominante collective. BIBL. Givry et de La Laurencie, *Bull. act. Lamy droit économique, févr. 2003, p. 1.* – Rincazaux et Dieny, *RLC 2005, n° 3, p. 125 ; ibid. n° 4, p. 117.* ♦ Occupent une position dominante collective deux sociétés financièrement liées ayant mis en place une stratégie commerciale révélatrice d'une volonté commune de pratiquer une politique de vente coordonnée et étant en mesure de s'opposer à l'arrivée d'un nouvel opérateur sur un marché où elles sont les seules intervenantes. • Paris, 6 juill. 1994 : *Contrats Conc. Consom. 1994, n° 197, obs. Vogel ; RJDA 1994, n° 1324.* ♦ Dans le même sens, décidant que plusieurs entreprises simultanément présentes sur un même marché peuvent être considérées comme détenant conjointement une position dominante dès lors qu'il existe entre elles une interdépendance les conduisant à adopter une stratégie explicitement ou implicitement coordonnée, V. • Cons. conc. n° 98-D-76 du 9 déc. 1998 : *BOCC 27 avr. 1999 ; Contrats Conc. Consom. 1999, n° 111, obs. Malaurie-Vignal.* ♦ V. aussi, décidant que la position dominante collective peut être retenue à l'encontre de deux entités, économiquement interdépendantes, qui ont agi ensemble sur un même marché et ont adopté une ligne de conduite commune sur un même marché, • Paris, 30 oct. 2001 : *Contrats Conc. Consom. 2001, n° 173, obs. Malaurie-Vignal.* ♦ En l'absence de tels liens, la seule structure du marché peut permettre de mettre en évidence une position dominante collective, si les critères cumulatifs suivants sont réunis, à savoir la structure oligopolistique et la transparence du marché concerné, la possibilité d'exercer des représailles sur les entreprises déviant de la ligne d'action commune et enfin la non contestabilité du marché ou l'absence de compétition potentielle. • Cons. conc. n° 06-D-02 du 20 févr. 2006. ♦ Sur un abus de position dominante collective, caractérisé par l'abstention de plusieurs sociétés à répondre aux appels d'offres en concurrence avec les entreprises communes qu'elles ont créées, V. • Cons. conc. n° 02-D-44 du 11 juill. 2002 : *BOCC 30 sept. 2002 ; JCP E 2003, n° 5, p. 224, note Arhel ; Petites affiches 2 sept. 2002, p. 4, note Arhel ; Contrats Conc. Consom. 2002, n° 157, obs. Malaurie-Vignal ; Gaz. Pal. 2003. Doctr. 2177, note Thouvenin* (conf. par • Paris, 18 févr. 2003 : *BOCC 21 nov. 2003 ; JCP E 2003, n° 14, p. 612, note Arhel*). ♦ Pour une position dominante collective de la FIFA et du CFO sur le marché des billets destinés à être vendus à l'occasion de la coupe du monde de football 1998, V. • Paris, 30 oct. 2001 : *BOCC 31 déc. 2001 ; Lettre distrib. févr. 2002, p. 2.* ♦ Pour une position dominante collective sur les marchés de la distribution d'eau et de l'assainissement, résultant notamment des liens structurels liant les entreprises en cause, lesquels résultaient de la création d'une entreprise commune, V. • Cons. conc. n° 02-D-44 : du 11 juill. 2002 : *préc.* ♦ Comp. jugeant que des liens structurels de faible importance et un engagement d'exclusivité de commercialisation ou d'approvisionnement sont insuffisants pour caractériser une position dominante collective : • Cons. conc. n° 02-D-68 du 14 nov. 2002 : *BOCC 28 févr. 2003 ; Contrats Conc. Consom. 2003, n° 72, obs. Malaurie-Vignal ; RJDA 2003, n° 650.* ♦ Pour des solutions en droit communautaire, V. • CJCE 10 juill. 2001 : *Contrats Conc. Consom. 2001, n° 175, note Poillot-Peruzzetto.* – V. aussi Belmont, *ibid. 2002, Chron. 3 ;* Jalabert-Doury, *Cah. dr. entr. 2002, n° 5, p. 1.* ♦ V. également • TPICE 6 juin 2002 : *JCP E 2002, n° 29, p. 1209, note Vilmart ; Petites affiches 25 juill. 2002, p. 27, obs. Arhel.* ♦ Jugeant que l'existence d'une position dominante collective ne requiert pas l'adoption par les entreprises d'un même comportement pour tous les aspects de la concurrence sur le marché concerné, V. • TPICE 30 sept. 2003 : *Contrats Conc. Consom. 2004, n° 62, obs. Poillot--Peruzzetto.*

2° MARCHÉ DE RÉFÉRENCE

BIBL. Vogel, *Contrats Conc. Consom. juin 1992. 1 ; JCP 1994. I. 3737.* – Boutard-Labarde et Bureau, *RJDA 1993, p. 743.* – Campana et Barratin, *Gaz. Pal. 1997. 1. Doctr. 243.* – Canivet et Champalaune, *Liber amicorum Calais-Auloy, Dalloz, 2004, p. 227* (comportement du consommateur).

5. Substituabilité du produit. Le marché se définit comme le lieu théorique où se rencontrent l'offre et la demande de produits ou de services qui sont considérés par les acheteurs ou les utilisateurs comme substituables entre eux mais non substituables aux autres biens ou services offerts. • Paris, 17 juin 1992 : *RJDA 1992, n° 843* • 18 janv. 1995 : *D. 1995. IR. 81.* ♦ Les critères de substituabilité d'un produit permettant de délimiter le marché économique de référence au sens des art. 7 et 8 [C. com., art. L. 420-1 et L. 420-2] s'apprécient différemment selon la nature ou les modalités de commercialisation du produit en cause. • Com. 29 nov. 1994 : ⇧ *Bull. civ. IV, n° 358 ; D. 1995. IR. 4 ; Contrats Conc. Consom. 1995, n° 34, obs. Vogel.* ♦ Une Cour d'appel, qui a constaté qu'il existait pour un jeu de société, des jeux aux mécanismes intellectuels similaires rendant ce produit aisément substituable, a énoncé à bon droit que la notoriété d'un jeu ne saurait lui permettre de constituer à lui seul un marché particulier, et a pu décider que le marché de référence était celui des jeux de société, et en déduire qu'une société ne se trouvait pas en état de dépendance économique à l'égard du distributeur concessionnaire exclusif de ce jeu. • Com. 2 juin 1992 : *Bull. civ. IV, n° 224 ; Contrats, Conc. Consom. 1992, n° 229, obs. Vogel.* ♦ Le seul critère de notoriété d'un produit ne suffit pas à établir son insubstituabilité par rapport à d'autres créations et donc à délimiter un marché pertinent. • Com. 29 janv. 2002 : *Contrats Conc. Consom. 2002, n° 93, obs. Malaurie-Vignal.*

Sur l'appréciation de l'interchangeabilité d'une spécialité pharmaceutique et la détermination du marché de référence de ce produit, V. • Com. 15 juin 1999 : *Bull. civ. IV, n° 128 ; D. 1999. IR. 190 ; Contrats Conc. Consom. 1999, n° 180, obs. Poillot-Peruzzetto.* ♦ ... Sur le marché de référence des jeux de société et de connaissances, V. • Com. 8 juin 1992 : *Bull. civ. IV, n° 224 ; D. 1992. IR. 208.* ♦ ... Sur le marché des boissons au goût de cola, • Cons. conc. n° 96-D-67 du 29 oct. 1996 : *BOCC 6 mars 1997 ; Contrats Conc. Consom. 1997, n° 67, obs. Vogel,* annulée pour vice de procédure par • Paris, 8 sept. 1998 : *D. Affaires 1998. 1633, obs. J. F. ; Contrats Conc. Consom. 1998, n° 164, obs. Malaurie-Vignal.* ♦ ... Sur le marché de la réparation de carrosserie et la position dominante des compagnies d'assurance, • Paris, 29 sept. 1998 : *D. 1998. IR. 243 ; Contrats Conc. Consom. 1999, n° 6, obs. Malaurie-Vignal ; Petites affiches 18 juin 1999, p. 23, obs. Reboul.* ♦ ... Sur le marché du mobilier urbain, • Cons. conc. n° 98-D-52 du 7 juill. 1998 : *D. Affaires 1999. 23, obs. Emery.* – Dans cette même affaire, V. note 18 ss. art. L. 410-1. ♦ ... Sur le marché des locaux et espaces nécessaires aux activités de compagnies aériennes, V. • Paris, 23 févr. 1999 : *D. 1999. IR. 108.* ♦ ... Sur le marché de la télévision à péage, V. • Com. 30 mai 2000 : *Bull. civ. IV, n° 112 ; D. 2000. AJ. 366* (rejet du pourvoi contre • Paris, 15 juin 1999 : *cité note 2 ss. art. L. 463-7*). ♦ Sur la question de la spécificité du marché de la vente de livres par clubs, V., cassant un arrêt ayant conclu à un abus de position dominante, • Com. 10 mars 1992 : *Bull. civ. IV, n° 111 ; D. 1992. 355, note Gavalda* (cassation de • Paris, 21 mai 1990 : *D. 1990. 523, note Gavalda ; Gaz. Pal. 1990. 2. 426, obs. Jobard*). – Comp., sur renvoi : • Paris, 11 mars 1993 : *BOCC 26 mars 1993.*

6. Facteurs spécifiques de délimitation d'un marché. Sur l'incidence des particularismes géographiques et du coût de transport, pour la détermination du marché pertinent, • Com. 29 juin 1993 : *Bull. civ. IV, n° 276 ; RJDA 1993, n° 1056.* ♦ Considérant qu'il convient, pour apprécier l'existence d'un marché pertinent du traitement des déchets en décharge et la substituabilité des procédés existants, de tenir compte du comportement des utilisateurs, V. • Com. 22 mai 2001 : *Bull. civ. IV, n° 97 ; D. 2001. AJ. 2973 ; Contrats Conc. Consom. 2001, n° 135, obs. Malaurie-Vignal* (V. l'arrêt d'appel • Paris, 13 avr. 1999 : *D. 1999. IR. 140*). ♦ Jugeant que pour déterminer le marché pertinent à l'occasion d'un appel d'offres, il ne faut pas se limiter au marché particulier résultant du croisement de l'appel d'offres et des soumissions déposées mais y inclure aussi le marché où sont actifs l'ensemble des opérateurs susceptibles de répondre à l'appel d'offres, V. • Cons. conc. n° 01-D-67 du 10 oct. 2001 : *BOCC 21 janv. 2002 ; Contrats Conc. Consom. 2002, n° 47, obs. Malaurie-Vignal.* ♦ La relative porosité des bassins de chalandise n'empêche pas le droit de la concurrence de délimiter des marchés locaux ; s'il en était autrement, il faudrait admettre que la plupart des marchés locaux devraient, de proche en proche, être étendus aux marchés géographiques voisins pour constituer au final un marché global. • Cons. conc. n° 04-D-70 du 16 déc. 2004 : *BOCC 31 mars 2005.*

V. note 20 ss. art. L. 420-1.

6 bis. Marché connexe. Des pratiques mises en œuvre sur un marché non dominé ne peuvent être considérées comme constitutives d'une exploitation abusive d'un marché dominé connexe que si, du fait de cette connexité, et de la prééminence détenue sur le marché non dominé par l'entreprise, elle peut y manifester, par rapport aux autres opérateurs qui y sont présents, une indépendance de comportement lui conférant une responsabilité particulière dans le maintien d'une concurrence effective. • Cons. conc. n° 05-D-28 du 15 juin 2005 : *BOCC 14 mars 2006.*

B. ABUS DE POSITION DOMINANTE

7. Exigence d'un effet anticoncurrentiel. L'art. 8 (1) [C. com., art. L. 420-2, I, 1°] prohibe l'exploitation abusive d'une position dominante « dans les mêmes conditions » que l'art. 7 [C. com., art. L. 420-1], qui prohibe les ententes et actions concertées « lorsqu'elles ont pour objet ou peuvent avoir pour effet » d'empêcher, de restreindre, de fausser le jeu de la concurrence sur un marché. Il suffit donc, pour contrevenir à ce texte, qu'une clause ait eu pour objet de restreindre et de fausser le jeu de la concurrence (injonction de supprimer la clause sans condamnation pécuniaire). • Cons. conc. n° 97-D-72 du 7 oct. 1997 : *BOCC 23 janv. 1998.* ♦ Il appartient à la cour d'appel de Paris de rechercher, non si le Conseil avait établi que les nouveaux opérateurs de téléphonie fixe ne disposaient plus d'aucun moyen permettant d'éviter l'effet de ciseau subi en cas d'interconnexion directe, mais si les pratiques de « ciseau tarifaire » respectivement mises en œuvre par France Télécom et par SFR avaient pour objet ou pouvaient avoir pour effet de restreindre ou de fausser le jeu de la concurrence sur le marché de la téléphonie fixe vers mobile des entreprises. • Com. 10 mai 2006 : *D. 2006. AJ. 1527, obs. Chevrier*. ♦ V. aussi note 22 ss. art. L. 420-1. ♦ V. également, Arhel, *Petites affiches 19 avr. 2002, p. 4.*

1° ABUS DE COMPORTEMENT

8. Cessation d'approvisionnement. Une personne qui décide de cesser de s'approvisionner chez un commerçant, cette abstention fût-elle avec l'intention de nuire, ne fait qu'exercer la liberté fondamentale de s'approvisionner chez un commerçant et ne commet pas un abus de droit. • Com. 5 juill. 1994 : *Bull. civ. IV, n° 258 ; JCP 1994. II. 22323, note Léonnet ; Gaz. Pal. 1995. 1. 90, note Dureuil.* ♦ Comp., pour une cessation d'approvisionnement constitutive d'un abus de droit : • Com. 28 févr. 1995 : *Bull. civ. IV, n° 63 ; D. 1997. Somm. 64, obs. Ferrier ; Rev. huiss. 1995. 1221, note Grignon.* – V. Mainguy, *Cah. dr. entr. 1995, n° 6, p. 28.* ♦ Sur la sanction civile de la rupture brutale d'une relation commerciale établie, V. art. L. 442-6 (I), 5°.

9. Refus de vente. V. art. L. 122-1 C. consom., *infra*, App., v° *Ventes commerciales (Dispositions générales).* ♦ Sur un usage abusif et discriminatoire du droit de la Fédération française de football de refuser la retransmission télévisée de rencontres de football, V., • Paris, 10 févr. 1992 : *BOCC 21 févr. 1992 ; D. 1992. IR. 146 ; Gaz. Pal. 1993. 1. 12, note Marchi,* conf. par • Com. 1er mars 1994 : *Bull. civ. IV, n° 91 ; D. 1995. Somm. 61, obs. Lacabarats.* ♦ La concession à un diffuseur du droit de retransmettre en direct et intégralement une compétition sportive ne peut, en vertu du droit du public à l'information, faire obstacle à la communication de l'événement au public, sous la forme de brefs extraits ne portant pas atteinte au droit d'exclusivité du diffuseur. • Civ. 1re, 6 févr. 1996 : *Bull. civ. I, n° 70 ; D. 1996. IR. 82 ; D. Affaires 1996. 425.* – V. Galloux, *JCP 1997. I. 4046.* ♦ V. aussi et comp., désormais : C. sport, art. L. 333-1 s. et Décr. n° 2004-699 du 15 juill. 2004 *(JO 16 juill.)* au **C. sport**. – V. Théophile et Philipp, *Cah. dr. entr. 1992, n° 5* ; Mallet-Poujol, *D. 1996. Chron. 103.* ♦ Sur le refus par la Direction de la Météorologie nationale de communiquer ses informations, V. note 18 ss. art. L. 410-1.

Sur la légitimité, pour une société vendant des appareils photographiques, de se réserver le service après-vente de ses produits, V. • Com. 14 nov. 1995 : *Contrats Conc. Consom. 1996, n° 6, note Vogel ; RJDA 1996, n° 242* (cassant • Paris, 30 juin 1994 : *Contrats Conc. Consom. 1994, n° 167*). ♦ V. la même solution à propos d'une société qui refuse de répondre à une nouvelle demande qui excède ses capacités de production restant disponibles et qui réserve à l'une de ses filiales la partie de sa production en bien intermédiaire qui lui est nécessaire pour produire un produit fini, • Cons. conc. n° 01-D-70 du 24 oct. 2001 : *BOCC 21 janv. 2002 ; Contrats Conc. Consom. 2002, n° 48, obs. Malaurie-Vignal.*

9 bis. Refus d'accorder un droit exclusif. BIBL. Lévêque, *RDLC déc. 2004. 16* (quel est le prix raisonnable d'une licence obligatoire ?). – Idot, *Petites affiches 25 nov. 2005, p. 5* (droits exclusifs et abus de position dominante). ♦ Le refus, opposé par une entreprise en position dominante et qui est titulaire d'un droit exclusif, d'octroyer une licence pour l'utilisation de ce droit à une autre entreprise, constitue un abus de position dominante dès lors que les conditions suivantes sont réunies : l'entreprise qui a demandé la licence a l'intention d'offrir, sur le marché en cause, des produits ou des services nouveaux que le titulaire du droit de propriété intellectuelle n'offre pas et pour lesquels il existe une demande potentielle de la part des consommateurs ; le refus n'est pas justifié par des considérations objectives ; le refus est de nature à réserver à l'entreprise titulaire du droit exclusif le marché en cause, en excluant toute concurrence sur celui-ci. • CJCE 29 avr. 2004 : *D. 2004. 2366, note Sardain ; JCP E 2004, n° 49, p. 1927, obs. Sardain ; Gaz. Pal. 2005. Somm. 2069, obs. L.C.F. ; RJDA 2004, n° 1053 ; Comm. com. élec. 2004, n° 69, obs. Caron ; Europe 2004, n° 214, obs. Idot ; Lettre distrib. mai 2004, p. 1, obs. Mainguy ; RTD com. 2004. 491, obs. Pollaud-Dulian ; RDC 2005. 315, obs. Prieto.* – Sur cet arrêt, V. aussi Gendreau et Redon, *RJDA 2004, p. 1151* (droit de la concurrence et droit d'auteur) ; Peyre, *RLC 2005, n° 1, p. 26* (droit de propriété intellectuelle et droit de la concurrence) ; Gyselen, *RDLC 2005, n° 2, p. 24* (fourniture d'une licence à un concurrent). ♦ Un refus de licence n'est pas anticoncurrentiel en soi puisqu'il relève de la liberté commerciale du propriétaire du bien intellectuel, sauf si ce bien est essentiel à l'activité de l'entreprise demanderesse. • Cons. conc. n° 04-D-76 du 22 déc. 2004 : *BOCC 31 mars 2005* (décision annulée par • Paris, 24 mai 2005 : *BOCC 20 sept. 2005,* qui estime qu'en l'espèce le bien était essentiel à l'activité de la requérante).

10. Prix imposés et augmentations de tarifs. Constitue un abus de position dominante le fait, pour un laboratoire pharmaceutique qui détient le monopole de la production et de la distribution d'un médicament, d'avoir fortement majoré le prix de celui-ci, et d'avoir mis en place un mécanisme de remise liée à l'achat concomitant d'un autre médicament dont le brevet était tombé dans le domaine public. • Com. 15 juin 1999 : *préc. note 5,* conf. • Paris, 6 mai 1997 : *BICC 1997, n° 1187 ; JCP E 1997. Pan. 1175.* ♦ Sur l'abus de position dominante d'un fabricant de jouets ayant institué un système de prix imposés en prévoyant dans ses conditions de vente et contrats de coopération commerciale, sous peine de suppression de remise, l'obligation pour les grossistes de respecter ses tarifs et de ne pas imputer les remises dont ils bénéficiaient sur les prix de revente, l'interdiction aux distributeurs de rétrocéder les marchandises aux autres distributeurs appartenant au réseau, V. • Cons. conc. n° 99-D-45 du 30 juin 1999 : *BOCC 11 déc. 1999.* ♦ Mais le seul fait pour un opérateur occupant une position dominante sur un marché de relever ses tarifs étant insuffisant pour caractériser un abus de cette position, V. considérant que l'augmentation du tarif d'abonnement des fournisseurs de services exploitant des codes minitel ne suffit pas à établir l'abus de position dominante de France Télécom. • Paris, 3 oct. 2000 : *Comm. com. élec. 2001, n° 9, obs. Decocq* conf. par • Com. 24 sept. 2002 : *ibid. 2003, n° 9, obs. Decocq ; Gaz. Pal. 2004. 446, note L'Hénoret-Marcellesi.* ♦ V. aussi jugeant que le seul fait pour France Télécom d'utiliser les ressources de son activité monopolistique pour subventionner une nouvelle activité est insuffisant pour entraîner l'application des dispositions de l'art. L. 420-2. • Cons. conc. n° 02-D-63 du 8 oct. 2002 : *Contrats Conc. Consom. 2003, n° 40, obs. Malaurie-Vignal.*

11. Conditions de vente discriminatoires. Sur la condamnation d'une société pour avoir traité de façon discriminatoire des annonceurs selon qu'ils appartenaient ou non au groupe auquel elle appartenait, V. • Cons. conc. n° 99-D-85 du 22 déc. 1999 : *BOCC 31 mars 2000* (conf. par • Com. 26 nov. 2003 : *BOCC 12 mars 2004 ; Petites affiches 2 juill. 2004, p. 3, concl. Lafortune ; JCP E 2004, n° 4, p. 105 ; RTD com. 2004. 458, obs. Claudel*).

11 bis. Refus de résiliation. Jugeant qu'en tardant à tirer les conséquences de la résiliation du contrat et en ne coopérant pas avec le nouveau attributaire du marché, une société a abusé de sa position dominante, V. • Cons. conc. n° 04-D-32 du 8 juill. 2004 : *Contrats Conc. Consom. 2004, n° 156, obs. Malaurie-Vignal* (conf. par • Paris, 22 févr. 2005 : *BOCC 23 juin 2005 ; RDLC 2005, n° 2, p. 54, obs. Prieto*).

12. Action en justice. Le fait pour plusieurs personnes d'agir en justice de concert ne pourrait être qualifié de pratique anticoncurrentielle que dans des circonstances tout à fait exceptionnelles. • Cons. conc. n° 99-D-77 du 7 déc. 1999 : *BOCC 18 févr. 2000 ; Comm. com. élec. 2001, n° 2, obs. Caron.* ♦ Il en va ainsi lorsque l'action en justice est, dans une perspective objective, manifestement dépourvue de fondement et qu'elle a été conçue dans le cadre d'un plan ayant pour but d'éliminer la concurrence. • TPICE 17 juill. 1998 : *JCP 1998. I. 189, n° 2, obs. Boutard-Labarde.* ♦ Ainsi, pour que l'exercice d'une action en justice d'une entreprise occupant une position dominante reçoive la qualification d'abus il faut, d'une part, que l'action, manifestement dépourvue de tout fondement, ne puisse être raisonnablement considérée comme visant à faire valoir des droits de l'entreprise concernée et, d'autre part, qu'elle s'inscrive dans un plan visant à empêcher, restreindre ou fausser le jeu de la concurrence sur le marché considéré. • Paris, 4 févr. 2003 : *BOCC 31 mars 2003* • Cons. conc. n° 02-D-76 du 19 déc. 2002 : *BOCC 28 févr. 2003.* ♦ Tel n'est en revanche pas le cas si l'action est seulement mal fondée. • Cons. conc. n° 02-D-35 du 13 juin 2002 : *BOCC 30 sept. 2002 ; Contrats Conc. Consom. 2002, n° 174, obs. Malaurie-Vignal.* – Sur cet arrêt, V. note 65 ss. art. 2 L. 2 juill. 1963, *infra,* App., v° *Concurrence.*

Sur un parallèle fait entre la jurisprudence développée en matière d'abus d'action en justice d'une entreprise dominante et l'« abus de dépôts de dossier en Commission départementale d'équipement commercial » d'un distributeur consistant pour celui-ci à implanter des magasins dans des zones où il est déjà omniprésent et à surdimensionner ses surfaces de vente, nonobstant tout objectif de rentabilité, V. • Cons. conc. n° 04-D-12 du 7 avr. 2004 : *BOCC 6 sept. 2004 ; D. 2004. AJ. 1309* .

2° ABUS DE STRUCTURE

13. Rétention d'informations. Caractérise l'exploitation abusive d'une position dominante le fait de se réserver, en partie, pour France Télécom, pour l'édition des annuaires professionnels, l'information concernant les abonnés et obtenue dans l'exercice de ses missions relatives au service public de télécommunications ; une telle prérogative confère à l'exploitant public le monopole de l'édition des annuaires professionnels comprenant la liste exhaustive des abonnés au service du téléphone, en privant tout éditeur concurrent des informations relatives à ceux inscrits sur la liste orange. • Paris, 7 févr. 1994 : *Gaz. Pal. 1994. 2. 492, note Mole et Pottier,* conf. par • Com. 6 mai 1996 : *RJDA 1996, n° 938.* – V. aussi • Paris, 20 févr. 1995 : *Gaz. Pal. 1995. 2. 547, note Cousin.* ♦ V. note 26.

14. Exclusivité de diffusion télévisuelle. Abuse de la position dominante qu'elle détient sur le marché de la télévision à péage et sur le marché des droits de diffusion des films français récents la société qui impose aux producteurs la conclusion de contrats de préachat de droits de diffusion lui accordant une priorité et une exclusivité de diffusion payante, leur interdit de vendre les droits de leurs films pour une diffusion en paiement à la séance, empêchant ainsi l'émergence du marché né des progrès technologiques de la diffusion des films récents à la télévision par paiement à la séance. • Paris, 15 juin 1999 : *préc. note 5.* ♦ Sur l'effet anticoncurrentiel de publicités illicites réalisées par l'INC dans les émissions prévues pour l'information des consommateurs par le cahier des charges des chaînes de télévision publiques, V. • Com. 23 avr. 2003 : *BOCC 11 août 2003 ; Contrats Conc. Consom. 2003, n° 156, note Malaurie-Vignal ; Comm. com. élec. 2003, n° 98, obs. Decocq ; Gaz. Pal. 2004. Somm. 1265, obs. Biolay.* ♦ ... D'une clause d'exclusivité d'une durée anormale, V. • Paris, 8 janv. 2004 : *BOCC 4 mai 2004 ; Contrats Conc. Consom. 2004, n° 40, obs. Malaurie-Vignal.* ♦ V. aussi en la matière, • Paris, 22 avr. 2005 : *RTD com. 2005. 509, obs. Pollaud-Dulian* ✎.

15. Clause d'exclusivité. L'engagement d'exclusivité bien que limité à un an assorti d'une clause de reconduction tacite mais avec faculté de résiliation est abusif, lorsque son débiteur est dissuadé de rompre la convention d'approvisionnement exclusif faute d'une offre concurrente suffisamment développée, l'entrée de nouveaux entrants sur le marché étant alors rendue impossible. • Com. 12 févr. 2002 : ⚖ *Contrats Conc. Consom. 2002, n°109, obs. Malaurie-Vignal ; Petites affiches 3 juill. 2003, p. 58, obs. ibid. ; Cah. dr. entr. 2002, n° 5, p. 36, obs. Mainguy.* ♦ Jugeant que l'imposition systématique d'une clause d'exclusivité sans justification réelle ou objective, conjuguée d'une part avec la rétention des codes barres comme moyen de pression sur les clients et l'interdiction d'un double codage, et d'autre part avec des propositions tarifaires destinées à maintenir des relations d'exclusivité afin d'empêcher l'accès au marché à un concurrent constitue un abus de position dominante, V. • Cons. conc n° 02-D-33 du 10 juin 2002 : *BRDA 2002, n° 13, p. 13.*

Constitue un abus de position dominante le fait pour une société en position dominante sur le marché de la chaussure de football de marque d'imposer une clause contractuelle de priorité dans les contrats conclus avec les clubs de football professionnels de première et deuxième division, et dans ceux la liant à la Ligue nationale de football, faisant obligation de lui adresser copie des propositions concurrentes afin que, dans un certain délai, elle fasse valoir son droit d'option prioritaire à ses conditions. • Paris, 4 juill. 2000 : *RTD civ. 2001. 140, n° 7, obs. Mestre et Fages* ✎ *; JCP E 2000, n° 46, p. 1786.*

16. Refus de publication. Pour un refus, par une entreprise occupant une position dominante sur le marché de la presse spécialisée portant sur les détecteurs de métaux, de publier l'annonce publicitaire d'une entreprise concurrente, V. • Paris, 23 janv. 1998 : *BOCC 17 févr. 1998 ; Gaz. Pal. 1998. 1. Somm. 39.*

17. Délais de livraison. L'installateur d'une presse à fromage, à qui le brevet confère l'exclusivité sur la fourniture de ce type de dispositif, fait une exploitation abusive de sa position dominante sur le marché de l'installation des fromageries fabriquant du reblochon en se livrant à diverses manœuvres dilatoires pour différer la livraison de la presse à un concurrent en vue de l'empêcher d'accéder à ce marché. • Cons. conc. n° 97-D-16 du 11 mars 1997 : *BOCC 8 juill. 1997 ; D. 1997. Somm. 334, obs. Mousseron* ✎ *; Petites affiches 12 janv. 1998, p. 11, note Arhel.*

18. Refus d'achat. V. note 8.

19. Prix prédateurs. La prédation est une pratique tarifaire consistant, pour un opérateur dominant, à vendre en dessous de ses coûts de production dans le but d'éliminer, d'affaiblir ou de discipliner ses concurrents sous réserve de la possibilité de récupérer à terme et sous quelque forme que ce soit, les pertes accumulées délibérément. • Cons. conc. n° 04-D-17 du 11 mai 2004 : *BOCC 6 sept. 2004 ; RDLC déc. 2004. 60, obs. Spector ; Contrats Conc. Consom. 2004, n° 160, obs. Poillot-Peruzzetto.* ♦ Le fait, pour un producteur qui dispose d'une position dominante et est confronté à la concurrence d'un nouvel entrant pratiquant sur le marché des prix compétitifs, de chercher à éliminer un nouvel entrant en vendant son produit à un prix inférieur à son coût moyen variable, constitue un abus anticoncurrentiel de sa position dominante ; en effet, une telle stratégie le conduit délibérément à accumuler des pertes qu'il pourrait éviter, et ne peut être compatible avec son propre intérêt que s'il espère compenser ces pertes par les profits qu'il pourra réaliser une fois le concurrent disparu et sa position dominante restaurée. • Cons. conc. n° 94-D-30 du 24 mai 1994 : *BOCC 14 juill. 1994 ; Contrats Conc. Consom. 1994, n° 166, note Vogel* • n° 96-D-67 du 29 oct. 1996 : *préc. note 5.* ♦ Par ailleurs, le fait, pour un producteur dominant confronté à l'apparition d'un nouvel entrant, de réagir en pratiquant des prix inférieurs à ses coûts moyens totaux mais supérieurs à ses coûts moyens variables, peut être regardé comme un abus anticoncurrentiel de position dominante, s'il est établi que cette stratégie avait pour objet ou pouvait avoir pour effet d'interdire au nouveau concurrent de se maintenir sur le marché. • Même décision. ♦ Les pratiques de prix de vente abusivement bas sont désormais sanctionnées par l'art. L. 420-5. ♦ L'existence de prix prédateurs ne peut être déduite de la seule comparaison des prix pratiqués entre les appels d'offre, ni de la seule comparaison des prix pratiqués entre ces appels d'offres et les appels d'offres concernant les marchés antérieurs. • Cons. conc. n° 2001-D-10 du 30 mars 2001 : *BOCC 24 avr. 2001.* ♦ V. aussi note 32 ss. art. L. 420-1 et note 5 ss. art. L. 464-1 (mesures conservatoires).

Jugeant que, sans constituer une pratique de prix prédateurs, une pratique de prix mise en œuvre, indirectement, par un opérateur en position dominante faussant le fonctionnement de la concurrence peut constituer un abus au sens de l'art. L. 420-2. • Com. 10 déc. 2003 : *Bull. civ. IV, n° 202 ; JCP E 2004, n° 19, p. 766, note Grandvuillemin ; Contrats Conc. Consom. 2004, n° 58, obs. Malaurie-Vignal ; Petites affiches 5 mars 2004, p. 9, note Reifegerste ; BRDA 2004, n° 1, p. 11.*

20. Primes de fidélité et remises. Le fait, pour une entreprise détenant une position dominante sur un marché, d'offrir une prime de fidélité à ceux de ses clients qui pourraient être tentés de devenir également clients d'une entreprise concurrente, plutôt que de jouer le jeu d'une concurrence par les mérites en abaissant sans discrimination son tarif unitaire de vente ou en améliorant la qualité de ses produits pour les rendre plus compétitifs, constitue une pratique prohibée par l'art. 8 [C. com., art. L. 420-2]. • Cons. conc. n° 96-D-10 du 20 févr. 1996 : *BOCC 23 avr. 1996*, conf. partiellement par • Paris, 18 févr. 1997 : *D. Affaires 1997. 434*, puis sur ce point par • Com. 6 avr. 1999 : *JCP E 1999, n° 23, p. 986 ; Contrats Conc. Consom. 1999, n° 113, obs. Malaurie-Vignal ; RJDA 1999, n° 731 ; Petites affiches 25 nov. 1999, p. 16, obs. Marsac.* ♦ Sur l'illicéité de remises liées à la prépondérance des ventes de coca-cola, pratiquées par le fabricant à l'égard des entrepositaires-grossistes, V. • Cons. conc. n° 96-D-67 du 29 oct. 1996 : *préc. note 5.* ♦ V. aussi pour des remises facturées en contrepartie du référencement d'une gamme de produits d'une étendue telle qu'elle conduisait à saturer le plan d'assortiment (linéaires) des distributeurs : • Cons. conc. n° 04-D-13 du 8 avr. 2004 : *RDLC déc. 2004. 62, obs. Wachsmann ; Contrats Conc. Consom. 2004, n° 95, obs. Malaurie-Vignal ; JCP E 2004, n° 32-35, p. 1299, note Arhel ; Petites affiches 27 juin 2005, p. 20, obs. Baccichetti et Dom ; RJDA 2004, n° 1052 ; RLC 2005, n° 1, p. 38, obs. Sélinsky* (conf. par • Com. 6 déc. 2005 : *cité note 29.* – V. désormais la dernière phrase du 2e al. de l'art. L. 420-2. ♦ Sur une présomption de discrimination résultant de seuils élevés de déclenchement des différentes tranches de rabais mis en place par une entreprise en position dominante, V. • Cons. conc. n° 03-D-09 du 14 févr. 2003 : *RJDA 2003, n° 546 ; Comm. com. élec. 2003, n° 53, obs. Decocq* • CJCE 29 mars 2001 : *Rec. CJCE, p. I-2613* • Cons. conc. n° 03-D-09 du 14 févr. 2003 : *BRDA 2003, n° 5, p. 11.*

Constitue un abus de position dominante le fait pour une société, appartenant à un groupe industriel puissant traitant 54 % des déchets ménagers mis en décharge contrôlée en Ile-de-France, tandis que son concurrent n'en avait traité pour la même période que 19 %, d'offrir aux sociétés s'engageant à enfouir un tonnage minimum annuel, une remise par tonne sur l'ensemble du tonnage apporté, dans la mesure où il excédera de plus de 10 % le seuil fixé, dès lors que le tonnage minimum prévu est sans portée réelle puisque les apports des sociétés du groupe sont déjà supérieurs au seuil et que celui-ci est très largement supérieur aux tonnages livrés par des entreprises indépendantes, les tarifs préférentiels accordés aux sociétés filialisées par rapport au prix consenti à d'autres clients ne s'expliquant donc par aucune contrepartie réelle de la part des clients du groupe. • Paris, 13 avr. 1999 : *D. 1999. IR. 140 ; Contrats Conc. Consom. 1999, n° 159, obs. Malaurie-Vignal.* ♦ Sur les remises de couplage, V. • Com. 6 avr. 1999 : *préc.* • Cons. conc. n° 04-D-65 du 30 nov. 2004 : *Europe 2005, n° 22, obs. Idot* • n° 05-D-13 du 18 mars 2005 : *BOCC 28 oct. 2005 ; Contrats Conc. Consom. 2005, n° 84, obs. Malaurie-Vignal ; Petites affiches 15 mai 2006, p. 8, obs. Baccichetti ; RLC 2005, n° 3, p. 30, obs. C. R. et V. S. ; RDC 2005. 705, obs. Prieto.*

21. Mise à disposition gratuite de distributeur de boissons. V. • Cons. conc. n° 96-D-67 du 29 oct. 1996 : *préc. note 5.* – Comp. • Cons. conc. n° 04-D-28 du 2 juill. 2004 : *BOCC 8 nov. 2004 ; Contrats Conc. Consom. 2005, n° 6, obs. Malaurie-Vignal.*

22. Refus de communication des prix de vente en gros et délégation de service public. Lors d'une procédure de mise en concurrence pour le renouvellement de contrats de délégation du service public de distribution d'eau potable, il incombe à la société contrôlant les installations de production, de distribution et de stockage d'eau pour plusieurs communes, de permettre à la concurrence de s'exercer de manière effective par une réelle information des entreprises en compétition ; dès lors constitue un abus de position dominante le fait pour cette société assurant de manière exclusive la distribution d'eau potable de refuser de communiquer son prix de vente en gros de sorte que ses concurrents n'ont pu ni déterminer l'offre globale d'un prix de distribution de l'eau, dans les conditions prévues au cahier des charges, ni formuler des propositions complètes en l'absence de données nécessaires relatives au prix d'acquisition de l'eau. • Paris, 29 juin 1998 : *BICC 1999, n° 271 ; Petites affiches 28 juin 1999, p. 13, obs. Reboul.* ♦ Ce refus illicite constitue une atteinte grave et immédiate à l'économie générale et à celle du secteur intéressé puisque, émanant d'une entreprise détenant les ressources essentielles, il affecte directement les conditions financières de la délégation du service public de la distribution d'eau. • Même arrêt. ♦ Dans la même affaire, retenant qu'il peut être enjoint à une société de communiquer son prix de vente en gros de l'eau potable à tout tiers qui en ferait la demande dans le but de se porter candidat à un appel d'offre lancé par plusieurs communes dans la mesure où la communication du prix de vente en gros de l'eau aux seules communes ne permet pas aux entreprises soumissionnaires, à défaut d'informations directes, d'élaborer utilement leurs offres, V. • Com. 3 mai 2000 : *Bull. civ. IV, n° 92.* ♦ ... L'objet de l'injonction étant de vérifier que le prix de gros de l'eau fournie par la société en position dominante n'introduisait pas de distorsion de concurrence dans la distribution de l'eau. • Cons. conc. n° 05-D-58 du 3 nov. 2005 : *BOCC 14 mars 2006 ; RDLC 2006, n° 1, p. 143, obs. Spector.*

23. Monopole d'exploitation du réseau ferroviaire. La SNCF, qui dispose exclusivement en France du monopole d'exploitation du réseau ferroviaire et se trouve également investie d'un droit absolu sur la marque Orient-Express, n'a pas abusé de sa position dominante en subordonnant la traction de trains de luxe, par un particulier qui souhaitait aussi utiliser le signe protégé pour l'exploitation de ces trains, à la conclusion de contrats de licence de la marque Orient-Express, emportant paiement de redevances jugées excessives, dès lors que l'établissement public n'a pas refusé de tracter les trains en cas de non-acceptation des contrats de licence et n'a fait qu'user des droits légitimes attachés au signe distinctif, sans apporter de restriction à la libre circulation des marchandises. • Com. 4 juill. 1995 : *Bull. civ. IV, n° 205.*

24. Utilisation d'un code d'accès télématique. Sur l'adoption, non abusive, par l'Établissement public Météo France, du terme « Météo » comme code d'accès, V. • Paris, 31 janv. 1996 : *Gaz. Pal. 1996. 2. Somm. 495.*

25. Abus de la position dominante d'EDF. V. • Cons. conc. n° 96-D-80 du 10 déc. 1996 : *BOCC 6 mars 1997* • n° 99-D-51 du 20 juill. 1999 : *BOCC 11 déc. 1999 ; Contrats Conc. Consom. 2000, n° 24, obs. Malaurie-Vignal,* conf. par • Paris, 23 mai 2000 : *Contrats Conc. Consom. 2000, n° 110* • 27 janv. 1998 : *cité note 29.*

26. Abus de la position dominante de France Télécom. BIBL. Maigre, *Rev. Conc. consom. nov.-déc. 1998, p. 43.* – Mainguy et Berthault, *Cah. dr. entr. 2001, n° 5, p. 1.* ♦ V., à propos du marché de l'édition des annuaires, • Com. 6 avr. 1999 : *préc. note 20* • Paris, 18 févr. 1997 : *ibid.* ♦ V. aussi • T. com. Nanterre, 22 sept. 2000 : *JCP E 2001, n° 9, p. 376, note Clamens.* ♦ Dans cette même affaire, V. sur renvoi • Paris, 4 janv. 2000 : *D. 2000. AJ. 115.* ♦ V. aussi, s'agissant de l'accès par Transpac au réseau public Numéris, • Paris, 19 mai 1998 : *BOCC 18 juin 1998 ; Contrats Conc. Consom. 1998, n° 119, obs. Malaurie-Vignal ; Petites affiches 23 juin 1999, p. 23, obs. Petitier* • Cons. conc. n° 97-D-53 du 1er juill. 1997 : *Petites affiches 22 et 24 juill. 1998, p. 19 et 9, obs. Quenier.* ♦ ... S'agissant de l'accès à internet, • Cons. conc. n° 98-MC-03 du 19 mai 1998 : *D. 1998. IR. 166 ; Petites affiches 23 juin 1999, p. 25, obs. Petitier* • n° 2000-MC-01 du 18 févr. 2000 : *BOCC 21 avr. 2000 ; Contrats Conc. Consom. 2000, n° 80, obs. Malaurie-Vignal* • n° 05-D-59 du 7 nov. 2005 : *cité note 29* (ADSL). ♦ ... S'agissant de l'accès aux réseaux câblés de diffusion d'images, • Cons. conc. n° 99-MC-01 du 12 janv. 1999 : *BOCC 27 avr. 1999 ; Contrats Conc. Consom. 1999, n° 112 ; Petites affiches 22 nov. 1999, p. 22, obs. Marsac,* conf. par • Paris, 15 mars 1999 : *BOCC 3 juin 1999.* ♦ ... S'agissant de l'accès au marché des « grands comptes », • Cons. conc. n° 01-D-46 du 23 juill. 2001 : *BOCC 24 sept. 2001* • n° 01-D-66 du 10 oct. 2001 : *BOCC 21 janv. 2002.* ♦ ... S'agissant de ses offres tarifaires, • Cons. conc. n° 01-MC-06 du 19 déc. 2001 : *BOCC 28 févr. 2002.*

Pour un arrêt considérant qu'en exploitant le fichier complet de ses abonnés, y compris de ceux figurant sur les listes « rouge » et « orange » qu'elle s'est engagée à ne pas commercialiser, pour la diffusion d'une brochure contenant un message publicitaire relatif au secteur de la téléphonie mobile sur lequel elle est en concurrence avec des opérateurs privés, France Télécom utilise une facilité essentielle et crée ainsi un grave désavantage dans la concurrence, V. • Paris, 1er sept. 1998 : *D. 1998. IR. 227 ; D. Affaires 1998. 1559, obs. A. M. ; Contrats Conc. Consom. 1998, n° 163, obs. Malaurie-Vignal ; Petites affiches 23 juin 1999, p. 18, obs. Arsac.* ♦ Considérant que France Télécom, en position dominante sur le marché de la liste des abonnés au téléphone, a abusé de sa domination sur le marché aval des fichiers de prospection en obligeant les opérateurs, qui veulent accéder à la liste expurgée des abonnés en liste orange, à faire l'acquisition de listes d'adresses préalablement expurgées par l'opérateur et, avant chaque utilisation, pour expurger à nouveau des données de la liste orange, à réactualiser l'ensemble de leur fichier par le rachat de toutes les adresses qu'il contient, V. • Com. 4 déc. 2001 : *Contrats Conc. Consom. 2002, n° 31, obs. Poillot-Peruzzetto ; ibid. n° 46, obs. Malaurie-Vignal ; RTD com. 2002. 296, obs. Claudel* *et 394, obs. Poillot-Peruzzetto* *; Petites affiches 14 janv. 2003, p. 15, obs. Daverat,* conf. • Paris, 29 juin 1999 : *BOCC 23 août 1999,* annulant mais reprenant la même solution que • Cons. conc. n° 98-D-60 du 29 sept. 1998 : *D. Affaires 1999. 623, obs. A. M.* – Comp. dans cette même affaire, jugeant que les tarifs de France Télécom n'étaient pas anticoncurrentiels : • T. com. Paris, 18 juin 1999 : *RJDA 1999, n° 1403.* ♦ La position dominante occupée par France Télécom sur le marché de la téléphonie fixe ne saurait justifier que le lancement d'offres couplant des services de téléphonie fixe et mobile lui soit *a priori* et par principe interdit. • Cons. conc. n° 04-D-22 du 21 juin 2004 : *BOCC 8 nov. 2004 ; Contrats Conc. Consom. 2004, n° 139, obs. Malaurie-Vignal ; RLC 2005, n° 1, p. 39, obs. Sélinsky.*

27. Abus de la position dominante d'ADP. V. • Paris, 23 févr. 1999 : *préc. note 5* • 8 févr. 2000 : *D. 2000. AJ. 156* *; JCP E 2000, n° 10, p. 393.* ♦ V. note 28 ss. art. L. 410-1.

28. Abus de la position dominante de la Française des jeux. Pour une condamnation en raison de pratiques mises en œuvre dans les secteurs de la maintenance informatique et du mobilier de comptoir, V. • Cons. conc. n° 2000-D-50 du 5 mars 2001 : *BOCC 24 avr. 2001,* conf. par • Paris, 20 nov. 2001 : *BOCC 31 janv. 2002 ; Contrats Conc. Consom. 2002, n° 76, obs. Malaurie-Vignal,* puis par • Com. 10 déc. 2003 : *préc. note 19.*

29. Théorie des « infrastructures essentielles ». BIBL. Thill-Tayara et Couadou, *Contrats Conc. Consom. 1999. Chron. 6.* – L'Hénoret-Marcellesi, *Gaz. Pal. 2005. Doctr. 2456* (infrastructures essentielles dans le secteur des nouvelles technologies). ♦ Lorsque l'exploitant monopolistique d'une « infrastructure essentielle » (en l'espèce, une hélistation) est en même temps le concurrent potentiel d'une entreprise offrant un service exigeant le recours à cette facilité, cet exploitant peut restreindre ou fausser le jeu de la concurrence sur le marché aval du service en abusant de sa position dominante ou de la situation de dépendance dans laquelle se trouvent ses concurrents à son égard en établissant un prix d'accès injustifié à cette facilité. • Cons. conc. n° 96-D-51 du 3 sept. 1996 : *BOCC 8 janv. 1997 ; Contrats Conc. Consom. 1997, n° 31, obs. Vogel,* conf. par • Paris, 9 sept. 1997 : *BOCC 7 oct. 1997 ; D. Affaires 1997. 1416.* ♦ L'abus résulte de ce qu'une entreprise en position dominante sur un marché ne peut protéger cette position en refusant l'accès à une infrastructure à laquelle les entreprises opérant sur un marché connexe (aval ou amont) doivent nécessairement avoir accès pour concurrencer l'entreprise détentrice de l'infrastructure. • Cons. conc. n° 05-D-59 du 7 nov. 2005 : *BOCC 14 mars 2006 ; Contrats Conc. Consom. 2005, n° 207, obs. Malaurie-Vignal ; Comm. com. élec. 2005, n° 190, obs. Decocq ; RDLC 2006, n° 1, p. 141, obs. Prieto ; RLC 2006, n° 6, p. 27 et 30, obs. Sélinsky, p. 81, obs. Cheynel ; RDC 2006. 357, obs. Frison-Roche (2e esp.).* ♦ La société qui ne peut disposer d'installations essentielles dans la mesure où une autre société détient sur elles un monopole d'exploitation se trouve nécessairement en position de dépendance économique. • Com. 25 janv. 2000 : *Contrats Conc. Consom. 2000, n° 62, obs. Malaurie-Vignal.* ♦ V. aussi • Paris, 30 juin 1998 : *BOCC 16 juill. 1998 ; Contrats Conc. Consom. 1998, n° 162, obs. Malaurie-Vignal ; Petites affiches 23 juin 1999, p. 19, obs. Arsac.* ♦ Dans le même sens, s'agissant du titulaire d'un monopole légal de fourniture de prestation de service (insémination artificielle) ayant abusé de sa position dominante sur le marché aval de la fourniture de produit (semence), V. • Cons. conc. n° 98-D-65 du 20 oct. 1998 : *BOCC 16 févr. 1999 ; Contrats Conc. Consom. 1999, n° 72.* ♦ V. également pour l'exploitation par EDF d'une infrastructure essentielle, • Paris, 27 janv. 1998 : *BOCC 17 févr. 1998 ; D. Affaires 1998. 326, obs. A. M. ; Gaz. Pal. 1998. 1. Somm. 41 ; Rev. Conc. Consom. juill.-août 1998, 59, obs. Maigre ; Petites affiches 24 août 1998, p. 12, obs. Reboul.* ♦ ... Et pour la qualification d'installation essentielle d'un logiciel informatique, • Paris, 12 févr. 2004 : *BOCC 4 mai 2004 ; Contrats Conc. Consom. 2004, n° 111, obs. Malaurie-Vignal ; JCP E 2004, n° 48, p. 1880, obs. Caron ; Petites affiches 27 juin 2005, p. 15, obs. Baccichetti et Dom.* — Comp. : • Cons. conc. n° 04-D-54 du 9 nov. 2004 : *Contrats Conc. Consom. 2005, n° 7, obs. Malaurie-Vignal.*

Les réseaux câblés dont France Télécom est propriétaire et seul exploitant technique constituent une infrastructure essentielle pour l'exploitant commercial de ces réseaux, dès lors qu'il n'existe pas, en l'état actuel de l'équipement des sites, d'autres réseaux et que la construction d'un deuxième réseau câblé ne pourrait être rentabilisée en l'état actuel du marché, la circonstance que France Télécom ne serait pas concurrente dudit exploitant sur le marché de l'exploitation commerciale n'ayant pas à être prise en considération, V. • Cons. conc. n° 99-

MC-01 du 12 janv. 1999 : *BOCC 27 avr. 1999 ; Contrats Conc. Consom. 1999, n° 112 ; Petites affiches 22 nov. 1999, p. 22, obs. Marsac,* conf. par • Paris, 15 mars 1999 : *BOCC 3 juin 1999,* puis par • Com. 18 avr. 2000 : *JCP E 2000, n° 24, p. 921.* ♦ Jugeant qu'il ne suffit pas que les solutions alternatives soient moins avantageuses pour qualifier la ressource d'essentielle, V. • Com. 12 juill. 2005 : *Bull. civ. IV, n° 163 ; D. 2005. AJ. 2144, obs. Chevrier ; RTD civ. 2005. 773, obs. Mestre et Fages ; JCP E 2005, n° 47, p. 1994, note François ; JCP 2005. II. 10121, note Poumarède ; Contrats Conc. Consom. 2005, n° 190, obs. Malaurie-Vignal ; Comm. com. élec. 2005, n° 149, obs. Caron ; ibid., n° 160, obs. Decocq ; RDLC 2005, n° 4, p. 77, obs. Wachsmann et Bouin ; RJDA 2006, n° 202 ; RDC 2006. 357, obs. Frison-Roche (1re esp.).* ♦ Si l'État peut percevoir des droits à l'occasion de la communication de données publiques en vue de leur commercialisation (répertoire SIRENE), ces sommes ne doivent pas faire obstacle, par leur caractère excessif, à l'activité concurrentielle d'autres opérateurs économiques lorsque ces données constituent pour eux une « ressource essentielle » pour élaborer un produit ou assurer une prestation qui diffèrent de ceux fournis par l'État, la perception de droits excessifs constituant un abus de position dominante. • CE 29 juill. 2002 : *D. 2003. Somm. 901, obs. Gonzalez ; JCP E 2003, n° 4, p. 179, note Bruguière ; Contrats Conc. Consom. 2003, n° 39, obs. Malaurie-Vignal ; RJDA 2002, n° 1327.* – Sur cette question, V. aussi • CE 2 avr. 2003 : *RJDA 2003, n° 1022.* ♦ Il est peu probable, sauf circonstances vraiment exceptionnelles, que de simples terrains puissent être considérés comme une infrastructure essentielle. • Cons. conc. n° 05-D-30 du 21 juin 2005 : *BOCC 14 mars 2006 ; D. 2005. AJ. 2379, obs. Chevrier ; RLC 2005, n° 5, p. 51, obs. Destours.* ♦ La faible élasticité de l'offre de linéaires fait de ceux-ci une ressource rare, et la croissance des ventes sous marques de distributeurs, particulièrement dans le domaine des produits alimentaires, est une ressource de raréfaction des linéaires pour les producteurs offrant de façon privilégiée des produits sous leur propre marque. • Com. 6 déc. 2005 : *D. 2006. Pan. 514, obs. Ferrier ; ibid. AJ. 64, obs. Chevrier ; JCP E 2006, n° 16, p. 723, note Reifegerste ; Contrats Conc. Consom. 2006, n° 47, obs. Malaurie-Vignal ; RJDA 2006, n° 591 ; RLDA janv. 2006. 47, obs. Marchand.*

30. « Facilités essentielles ». **BIBL.** Richer, *D. 1999. Chron. 523.* – Mainguy et Berthault, *Cah. dr. entr. 2001, n° 5, p. 1.* – Martin et Levilain, *Gaz. Pal. 23-24 oct. 2002, p. 4.* ♦ Sur cette notion, V. • Paris, 1er sept. 1998 : *préc. note 26* • Cons. conc. n° 98-D-60 du 29 sept. 1998 : *ibid.*

II. EXPLOITATION ABUSIVE D'UN ÉTAT DE DÉPENDANCE ÉCONOMIQUE

31. Notion d'état de dépendance économique. L'état de dépendance économique caractérise une situation dans laquelle une entreprise est obligée de poursuivre des relations commerciales avec une autre lorsqu'il lui est impossible de s'approvisionner en produits substituables dans des conditions équivalentes. V. • Paris, 5 juill. 1991 : *D. 1991. IR. 247* • 22 janv. 1992 : *D. 1992. IR. 123* • Versailles, 27 janv. 2000 : *D. 2000. AJ. 157 ; JCP E 2000, n° 23, p. 872,* conf. par • Com. 9 avr. 2002 : *RTD com. 2003. 75, obs. Claudel ; Petites affiches 3 juill. 2003, p. 62, obs. Malaurie-Vignal.* ♦ Sur l'absence d'incidence de la disparition de la condition relative à « l'absence de solution équivalente » dans la nouvelle rédaction de l'art. L. 420-2, al. 2, issue de la loi NRE du 15 mai 2001, V. • Cons. conc. n° 01-D-49 du 31 août 2001 : *BOCC 30 oct. 2001 ; RTD com. 2003. 75, obs. Claudel ; RJ com. 2003. 30, note Courivaud ; RJDA 2002, n° 563.* ♦ ... Et dans la même affaire • Paris, 9 avr. 2002 : *BOCC 24 juin 2002 ; Petites affiches 3 juill. 2003, p. 62, obs. Malaurie-Vignal,* conf. sur ce point par • Com. 3 mars 2004 : *Bull. civ. IV, n° 44 ; D. 2004. 1661, note Picod ; ibid. AJ. 874, obs. Chevrier ; JCP E 2004, n° 36, p. 1345, note Chagny ; Contrats Conc. Consom. 2004, n° 108, obs. Malaurie-Vignal ; Petites affiches 27 juin 2005, p. 16, obs. Baccichetti et Dom ; RTD com. 2004. 463, obs. Claudel ; RJDA 2004, n° 908 ; Bull. act. Lamy droit économique avr. 2004, p. 1, note David.*

32. Dépendance économique du distributeur à l'égard du fournisseur. Si l'existence d'un état de dépendance économique s'apprécie en tenant compte de la notoriété de la marque du fournisseur, il convient également de tenir compte de l'importance de sa part dans le marché considéré et dans le chiffre d'affaires du revendeur ainsi que de l'impossibilité pour ce dernier d'obtenir d'autres fournisseurs des produits équivalents. • Com. 12 oct. 1993 : *Bull. civ. IV, n° 337* • Paris, 30 mars 1992 : *D. 1992. IR. 176.* – V. aussi • Paris, 16 oct. 1992 : *D. 1993. IR. 28* • Com. 3 oct. 1995 : *Contrats Conc. Consom. 1995, n° 203.* ♦ Est sous l'entière dépendance économique et ne dispose pas de solutions équivalentes la société qui, en sa qualité de mandataire, ne fait qu'exploiter le fonds aux clauses et conditions définies par une société pétrolière, en distribuant des carburants aux prix et conditions qui lui auront été définis, tout en n'étant pas libre de ses conditions d'achat, ni de vente, ce qui l'empêche de pouvoir préserver ses marges. • T. com. Paris, 3 févr. 1997 : *Gaz. Pal. 1998. 1. Somm. 176.*

Sur le rejet de la demande en paiement pour abus de dépendance économique formée par un distributeur contre deux de ses fournisseurs au motif que l'importance des parts de ces derniers dans le marché considéré ne peut se déduire, en l'absence d'autres justifications, de la seule notoriété de ces marques ou de l'exploitation de procédés de fabrication spécifiques, V. • Com. 12 janv. 1999 : *Bull. civ. IV, n° 10 ; RJDA 1999, n° 482 ; Petites affiches 25 nov. 1999, p. 15, obs. Arsac.* ♦ Est constitutif d'un abus de dépendance économique vis-à-vis d'un distributeur le fait, pour un fournisseur, de rompre des relations commerciales établies avec ce distributeur en situation de dépendance économique, pour des raisons non objectives et discriminatoires. • Cons. conc. n° 04-D-26 du 30 juin 2004 : *BOCC 8 nov. 2004 ; RLC 2005, n° 1, p. 38, obs. Sélinsky.* ♦ Sur la sanction civile de la rupture brutale d'une relation commerciale établie, V. art. L. 442-6 (I), 5°.

33. Dépendance économique du fournisseur à l'égard du distributeur. L'état de dépendance économique d'un fournisseur vis-à-vis d'un distributeur doit s'apprécier au regard de plusieurs critères et, notamment, de l'importance de la part du chiffre d'affaires réalisé par ce fournisseur avec le distributeur, de l'importance du distributeur dans la commercialisation des produits concernés, des facteurs ayant conduit à la concentration des ventes du fournisseur auprès du distributeur (choix stratégique ou nécessité technique), de l'existence et de la diversité éventuelle de solutions alternatives pour le fournisseur. • Cons. conc. n° 93-D-21 du 8 juin 1993 : *D. 1993. IR. 192 ; RJDA 1993, n° 1055,* conf. par • Paris, 25 mai 1994 : *BOCC 24 juin 1994 ; Contrats Conc. Consom. 1994, n° 119, note Vogel* • Cons. conc. n° 94-D-60 du 13 déc. 1994 : *Contrats Conc. Consom. 1995, n° 35, note Vogel,* conf. par • Paris, 13 déc. 1995 : *BOCC 28 févr. 1996 ; D. 1997. Somm. 108, obs. Paulin ; D. Affaires 1996. 114,* et par • Com. 27 janv. 1998 : *D. 1998. IR. 85.* – V. De Mello, *Gaz. Pal. 1994. 2. Doctr. 1224.* ♦ L'importance anormale des participations au financement du catalogue d'un distributeur ne saurait constituer l'abus de dépendance économique. • Paris, 13 déc. 1995 : *préc.*

En ce sens que, dès lors que les parties n'étaient liées par aucun engagement formel d'exclusivité, il appartient au juge de vérifier, de façon concrète, si la société prétendument en état de dépendance était dans l'impossibilité de trouver d'autres débouchés sur le marché local concurrentiel, V. • Com. 10 déc. 1996 : *Bull. civ. IV, n° 309 ; D. 1997. IR. 16.* ♦ L'absence de solution alternative peut être établie en prenant en compte, notamment, la faiblesse des ressources financières de l'entreprise, la faiblesse de ses marges et la durée et l'importance de la pratique de partenariat. • Cons. conc. n° 96-D-44 du 18 juin 1996 : *BOCC 14 nov. 1996 ; Contrats Conc. Consom. 1997, n° 8, obs. Vogel.*

34. Recevabilité. Une entreprise ne peut valablement invoquer le bénéfice de l'art. L. 420-2 qu'à la condition de démontrer s'être trouvée dans un rapport de client à fournisseur, ce qui n'est pas le cas d'un actionnaire majoritaire ou minoritaire d'une société dans les rapports qu'entretient celle-ci avec son fournisseur. • Versailles, 22 nov. 2001 : *D. 2002. 1824, note Zeidenberg,* conf. par • Com. 7 janv. 2004 : *Bull. civ. IV, n° 4 ; D. 2004. AJ. 346 ; JCP E 2004, n° 10, p. 351 ; Contrats Conc. Consom. 2004, n° 39, obs. Malaurie-Vignal ; Petites affiches 27 juin 2005, p. 14, obs. Baccichetti et Dom ; RJ com. 2004. 101, obs. Decocq ; RTD com. 2004. 466, obs. Claudel ; RJDA 2004, n° 632.* ♦ Les sociétés actionnaires qui invoquent un préjudice par ricochet ne seraient recevables à en demander réparation qu'à la condition que la société, dont elles détiennent une partie du capital, ait été jugée elle-même victime d'un abus de dépendance économique. • Mêmes arrêts. ♦ Sur le point de savoir si la dépendance économique peut être invoquée par un locataire à l'encontre d'un bailleur commercial, V. • Cons. conc. n° 05-D-05 du 18 févr. 2005 : *BOCC 28 oct. 2005 ; JCP E 2005, n° 22, p. 911, obs. Monéger ; RLC 2005, n° 3, p. 32, obs. V. S.*

35. Centrales d'achat. V. notes 12, 15 et 22 ss. art. L. 420-1.

35 bis. Société coopérative de commerçants. La prohibition de l'exploitation de l'état de dépendance économique ne peut être étendue de manière générale à tout partenariat économique et n'est pas applicable à un coopérateur, celui-ci n'étant pas seulement un client de la coopérative mais aussi et avant tout son associé. • Reims, 5 mai 2003 : *Rev. sociétés 2003. 865, note Saintourens .*

36. Déréférencement abusif. **BIBL.** Gournay, *Dr. et patr. juin 2003. 65* (rupture fautive d'un contrat de distribution et pratiques anticoncurrentielles). ♦ V. • Cons. conc. n° 93-D-21 du 8 juin 1993 : *préc. note 33* • n° 97-D-20 du 28 mars 1997 : *BOCC 11 juin 1997 ; Petites affiches 22 oct. 1997, p. 23, note Arhel* • Paris, 15 mai 1998 : *Contrats Conc. Consom. 1998, n° 115, obs. Malaurie-Vignal.* ♦ V. aussi *supra* note 22 ss. art. L. 420-1.

III. PREUVE DES ABUS DE DOMINATION

V. notes 17 s. ss. art. L. 420-1.

37. Moyen de preuve. La preuve de l'exploitation abusive d'un état de dépendance économique ou d'une position dominante ne saurait, en l'absence de toutes autres justifications, résulter des seuls quotas d'achat contenus dans un contrat de concession exclusive. • Com. 4 juill. 1995 : *RJDA 1995, n° 1388.*

38. Charge de la preuve. Pour un arrêt considérant qu'il appartient au distributeur qui se prétend victime d'un abus de dépendance économique d'en rapporter la preuve, V. • Com. 12 janv. 1999 : *préc. note 32.*

Art. L. 420-3 Est nul tout engagement, convention ou clause contractuelle se rapportant à une pratique prohibée par les articles L. 420-1 et L. 420-2. – *[Ord. n° 86-1243 du 1er déc. 1986, art. 9].*

BIBL. ▶ Brill, *Gaz. Pal. 1987. 2. Doctr. 775* (sanctions civiles). – Charbit et de Hauteclocque, *D. Affaires 1999. 1064* (action en indemnité des victimes de pratiques anticoncurrentielles). – Bénabent, *Petites affiches 20 nov. 2004, p. 31* (mise en jeu de la responsabilité civile). – Saint-Esteben, *ibid., p. 53* (dommages et intérêts punitifs). – Chagny, *RLC 2005, n° 4, p. 186* (la place des dommages-intérêts dans le contentieux des pratiques anticoncurrentielles).

1. Titulaire de l'action en nullité. Sur le droit d'agir en nullité des concurrents, V. • Com. 24 oct. 2000 : *Bull. civ. IV, n° 163 ; D. 2000. AJ. 429, obs. Marmontel ; Contrats Conc. Consom. 2001, n° 7, obs. Malaurie-Vignal ; RTD civ. 2001. 140, n° 7, obs. Mestre et Fages ; RTD com. 2001. 427, obs. Claudel .* ♦ En ce sens que le ministre de l'Économie ne saurait tirer de l'art. 9 le pouvoir de se substituer aux parties pour solliciter l'application de ces dispositions, celles-ci ne comportant, par ailleurs, aucune dispense au respect dû au principe de la contradiction qui implique qu'aient été appelées dans la cause toutes les parties signataires de la convention comportant la clause dont l'annulation est poursuivie, V. • Paris, 22 mars 2000 : *Gaz. Pal. 2000, 2, Somm. 1606.*

2. Stipulations nulles. Sur l'obligation de restitution du matériel (cuves) imposée aux pompistes par les compagnies pétrolières, V. note 34 ss. art. L. 330-2. ♦ Pour la nullité d'une clause d'exclusivité, V. note 22 ss. art. L. 420-1. ♦ Pour application de l'art. 9 [C. com., art. L. 420-3], l'annulation d'une convention se rapportant à une pratique anticoncurrentielle prohibée peut être prononcée même si tous les cocontractants n'y ont pas participé ou n'en ont pas eu connaissance. • Com. 24 oct. 2000 : *préc. note 1.*

3. Absence d'autre sanction civile. L'illicéité d'une clause anticoncurrentielle ne peut être sanctionnée que par sa nullité. • Com. 29 janv. 2002 : *D. 2002. AJ. 1550 ; Petites affiches 3 juill. 2003, p. 56, obs. Malaurie-Vignal ; Lettre distrib. mars 2002, p. 3.* ♦ L'art. 9 [C. com., art. L. 420-3] ne prévoit pas la possibilité pour le juge d'ordonner la conclusion d'un contrat ou son renouvellement. • Com. 24 oct. 2000 : *préc. note 1.*

4. Dommages-intérêts. Une partie à un contrat, support d'une entente anticoncurentielle, ne peut se prévaloir de l'illicéité d'une clause de ce contrat pour réclamer des dommages et intérêts pour non-exécution de cette clause. • Com. 29 janv. 2002 : *préc. note 3.* ♦ Comp., pour une solution en droit communautaire : une partie à un contrat constituant une entente anticoncurrentielle peut se prévaloir de l'illicéité de ce contrat pour en refuser l'exécution et demander l'allocation de dommages-intérêts lorsque le juge national n'a pas établi que le demandeur a une responsabilité significative dans la réalisation du contrat illicite. • CJCE 20 sept. 2001 : *RTD com. 2002. 398, obs. Poillot-Peruzzetto ; RDC 2003. 71, obs. Bergé ; BEEI 2001, n° 6, p. 8.* ♦ Une décision définitive du Conseil de la concurrence désignant nommément la société appelante comme l'une des victimes d'actions dilatoires concertées ayant eu pour objet d'entraver le libre exercice de la concurrence établit suffisamment que les comportements qu'elle a sanctionnés à ce titre constituent bien des fautes à l'égard de l'appelante, laquelle est bien fondée à poursuivre l'indemnisation du préjudice qui en a résulté pour elle. • Versailles, 24 juin 2004 : *JCP E 2004, n° 42, p. 1614.* ♦ V. aussi, jugeant que pour être constitutive d'un dol, et ouvrir droit à dommages-intérêts au profit de la victime, l'entente doit avoir constitué une manœuvre ayant surpris le consentement de la victime en l'amenant à conclure des marchés dans des conditions qu'elle n'aurait pas acceptées si elle n'avait pas été victime de la fraude : • CAA Paris, 22 avr. 2004 : *D. 2004. 3020, note Dreyfus ; AJDA 2004. 1417, concl. Haïm ; JCP 2005. II. 10013, note J. Martin (2 arrêts).* ♦ Sur la compétence des juridictions judiciaires, V. notes ss. art. L. 462-6.

5. Effets de la nullité. La nullité d'un contrat se rapportant à une pratique prohibée par l'art. 7 [C. com., art. L. 420-1] a pour conséquence de le priver rétroactivement de tout effet. • Com. 3 janv. 1996 : *RJDA 1996, n° 806.*

Si un contrat est nul en vertu de l'art. 9 [C. com., art. L. 420-3], cette nullité est sans effet sur la garantie à première demande qui l'accompagne, s'agissant d'un engagement autonome qui ne se rapporte pas directement à la pratique prohibée. • Versailles, 28 févr. 1992 : *D. 1993. Somm. 109, obs. Vasseur ; RJDA 1992, n° 715.*

Art. L. 420-4 **I. — Ne sont pas soumises aux dispositions des articles L. 420-1 et L. 420-2 les pratiques :**

1° Qui résultent de l'application d'un texte législatif ou d'un texte réglementaire pris pour son application ;

2° Dont les auteurs peuvent justifier qu'elles ont pour effet d'assurer un progrès économique *(L. n° 2001-420 du 15 mai 2001)* **« , y compris par la création ou le maintien d'emplois, » et qu'elles réservent aux utilisateurs une partie équitable du profit qui en résulte, sans donner aux entreprises intéressées la possibilité d'éliminer la concurrence pour une partie substantielle des produits en cause. Ces pratiques qui peuvent consister à organiser, pour les produits agricoles ou d'origine agricole, sous une même marque ou enseigne, les volumes et la qualité de production ainsi que la politique commerciale, y compris en convenant d'un prix de cession commun ne doivent imposer des restrictions à la concurrence, que dans la mesure où elles sont indispensables pour atteindre cet objectif de progrès.**

II. — Certaines catégories d'accords ou certains accords, notamment lorsqu'ils ont pour objet d'améliorer la gestion des entreprises moyennes ou petites, peuvent être reconnus comme satisfaisant à ces conditions par décret pris après avis conforme du Conseil de la concurrence. — *[Ord. n° 86-1243 du 1er déc. 1986, art. 10]. — V. Décr. n° 2002-689 du 30 avr. 2002, art. 1er, infra, ss. art. L. 470-8. — V. deuxième note ci-dessous.*

Les dispositions du 1° de l'art. 10 [C. com., art. L. 420-4, I, 1°] sont applicables aux accords étendus conclus dans le cadre des organisations interprofessionnelles agricoles ou sylvicoles reconnues. — Les organisations interprofessionnelles reconnues peuvent demander à l'autorité administrative compétente de prendre les décrets mentionnés au dernier al. du même art. (C. rur., art. L. 632-5).

Sur la possibilité d'adoption, par des organisations interprofessionnelles, d'accords restrictifs de concurrence mettant en œuvre des pratiques mentionnées au 1° de l'art. 10 [C. com., art. L. 420-4, I, 1°], V. art. L. 632-2 C. rur., au **C. rur.** *— V. aussi, pour des contrats conclus entre organisations professionnelles ou des groupements de producteurs, dans le cadre de crises conjoncturelles affectant les productions de produits agricoles périssables ou de produits issus de cycles courts de production, ou les productions de la pêche maritime ou des cultures marines, art. L. 611-4 C. rur., au* **C. rur.** *— V. aussi s'agissant d'accords conclus pour une catégorie de fruits ou de légumes frais en vue de faire face aux crises conjoncturelles, L. n° 99-574 du 9 juill. 1999, art. 71-1, résultant de la L. n° 2001-420 du 15 mai 2001, art. 50 (JO 16 mai), mais abrogé par L. n° 2003-721 du 1er août 2003, art. 53-11 (JO 5 août).*

V., en application de l'art. 10, dernier al. [C. com., art. L. 420-4, II] : Décr. n° 96-499 du 7 juin 1996 relatif aux accords entre producteurs bénéficiant de signes de qualité dans le domaine agricole (JO 11 juin) ; ... Décr. n° 96-500 du 7 juin 1996 relatif aux accords entre producteurs agricoles ou entre producteurs agricoles et entreprises concernant des mesures d'adaptation à des situations de crise (JO 11 juin).

BIBL. ▶ TRAN THIET, RAKOTOVAO, FRÉGET et VITAL-DURAND, *Contrats Conc. Consom. 1997. Chron. 1* (ententes dans le secteur agricole).

I. APPLICATION D'UN TEXTE

1. Dispositions légales. La position dominante de la société en charge du fonctionnement du MATIF est légale puisqu'elle s'inscrit dans les dispositions de la loi n° 87-1158 du 31 déc. 1987. • Paris, 27 juin 1990 : *D. 1991. Somm. 251, obs. Gavalda et Lucas de Leyssac*. ♦ De la même façon, l'application d'un régime forfaitaire à des discothèques réalisant un chiffre d'affaires inférieur à un certain seuil ne constitue que l'application de l'art. L. 131-4 du CPI et ne peut donc pas être sanctionnée sur le fondement des art. L. 420-1 et L. 420-2 C. com. • Paris, 22 mai 2001 : *Gaz. Pal. 2001. 2. Somm. 1952* (conf. par • Com. 7 janv. 2004 : *Bull. civ. IV, n° 3 ; D. 2004. AJ. 211 ; JCP E 2004, n° 10, p. 350 ; RTD com. 2004. 278, obs. Pollaud-Dulian ; Petites affiches 27 juin 2005, p. 12, obs. Bacchichetti et Dom ; RJDA 2004, n° 631 ; Comm. com. élec. 2004, n° 45, obs. Decocq*). ♦ Sur le Décr. n° 2003-727 du 1er août 2003 relatif à l'élimination des véhicules hors d'usage, V. • CE 20 avr. 2005 : 260779 : *AJDA 2005. 2064, note Nicinski*.

1 bis. La loi n° 82-652 du 29 juill. 1982 sur la communication audiovisuelle, qui autorise la constitution de groupements ou d'ententes entre entreprises de spectacles cinématographiques, ne s'oppose pas aux poursuites pour pratiques anticoncurrentielles contre ces entreprises. • Com. 21 juin 1994 : *Bull. civ. IV, n° 233 ;*

D. 1994. IR. 213. – V. l'art. 90 de cette loi au **C. pén.** – V. aussi note 26 ss. art. L. 442-6. – Sur les effets de la loi du 29 juill. 1881 sur la liberté de la presse, V. note 27 ss. art. L. 442-6. ♦ De même, les dispositions de l'art. 10 (1°) [C. com., art. L. 420-4 (I), 1°] doivent être écartées dans la mesure où l'art. R. 5015-26 CSS, bien que restreignant les conditions dans lesquelles les pharmaciens peuvent se concurrencer, n'implique nullement l'absence de toute concurrence entre ceux-ci, et à cet égard, si l'art. 5015-40 CSP invite les pharmaciens à tenter de résoudre leurs éventuels différends par voie de conciliation et préconise d'en aviser, le cas échéant, leurs autorités ordinales, le Conseil régional de l'ordre des pharmaciens ne peut cependant organiser une réunion tendant à conclure une entente sur les prix. • Com. 10 mars 1998 : *D. 1998. IR. 111 ; D. Affaires 1998. 754, obs. J. F. ; Petites affiches 21 août 1998, p. 13, obs. Reboul.*

1 ter. La pratique incriminée, qui résulte directement et nécessairement de l'application de l'art. 27 de la L. n° 71-1130 du 31 déc. 1971 qui exclut la faculté pour les avocats, lorsqu'une assurance collective de responsabilité civile professionnelle a été contractée par le barreau, de ne pas y adhérer et de s'assurer individuellement, bénéficie de l'exemption prévue au § 1 de l'art. L. 420-4. • Cons. conc. n° 03-D-03 du 16 janv. 2003 : *BOCC 16 juin 2003 ; D. 2003. IR. 600 ; JCP E 2003, n° 16, p. 714, note Martin ; Lettre distrib. févr. 2003, p. 3.* ♦ En revanche, et contrairement à la garantie des archives et supports d'information appartenant à l'assuré et à la garantie de toutes valeurs remises à un avocat, ni l'assurance responsabilité civile exploitation, ni l'assurance des objets et vêtements déposés dans les vestiaires de l'Ordre, ni les dommages par catastrophes naturelles, ne résulte de l'application directe et nécessaire d'un texte et constitue ainsi une pratique prohibée par les dispositions de l'art. 420-1 C. com. • Même arrêt.

2. Règlement général et convention. Le règlement général des manifestations commerciales, bien qu'approuvé par le ministre du commerce, ne constitue pas un texte législatif ou réglementaire au sens de l'art. 10 (1) [C. com., art. L. 420-4 (I), 1°]. • Cons. conc. n° 92-D-44 du 7 juill. 1992 : *BOCC 15 août 1992.* ♦ De même, une convention conclue entre la Fédération française de ski et le Syndicat national des téléphériques et téléskis de France ne peut être assimilée à un texte législatif ou réglementaire au sens de ce texte. • Paris, 14 juin 1995 : *BOCC 20 juill. 1995.* ♦ V. aussi • CE 29 juill. 2002 : *BRDA 2002, n° 19, p. 11.*

3. Usage professionnel. Un usage professionnel n'empêche pas l'application des dispositions du titre III de l'ord. du 1er déc. 1986. • Cons. conc. n° 95-D-39 du 30 mai 1995 : *BOCC 25 avr. 1995 ; Contrats Conc. Consom. 1995, n° 166.*

4. Concession de service public. Ayant relevé que la validité des contrats de concession sur lesquels le concessionnaire exclusif du service extérieur des pompes funèbres fonde son action n'est pas contestée, l'arrêt énonce à bon droit que les pratiques anticoncurrentielles du concessionnaire, qui trouvent leurs sanctions dans les poursuites administratives et dans les actions en responsabilité civile qui peuvent être engagées ne dispensent pas les tiers de respecter les contrats de concessions exclusives dont il se prévaut. • Com. 23 oct. 2001 : *JCP E 2001, n° 48, p. 1890 ; Contrats Conc. Consom. 2002, n° 9, obs. Malaurie-Vignal ; RJDA 2002, n° 243.*

II. PROGRÈS ÉCONOMIQUE

BIBL. Bienaymé et Lazarus, *Rev. Conc. Consom. nov.-déc. 1996.* – Blaise, *Gaz. Pal. 1997. 1. Doctr. 239.* – Pirovano, *D. 2002. 62.*

5. Charge de la preuve. Il appartient au fabricant de lits qui impose à ses distributeurs d'ouvrir leur local à la clientèle sans aucune restriction ni limitation d'apporter la preuve des faits qui, en vertu de l'art. 10 [C. com., art. L. 420-4], seraient propres à justifier cette pratique. • Com. 6 nov. 1990 : *Bull. civ. IV, n° 266 ; D. 1990. IR. 300 ; RTD com. 1991. 431, obs. Bouloc.*

6. Réseau de distribution. Une limitation absolue de la concurrence et du libre jeu du marché en faveur des franchisés porte atteinte au libre exercice par ceux-ci de la concurrence, alors qu'elle a pour seul effet de procurer une clientèle à chacun de ceux-ci sans apporter un complément au progrès économique déjà garanti par l'interdiction de revente directe : V. • Paris, 7 juin 1990 : *D. 1990. IR. 174.* ♦ Comp., pour un réseau de franchise constituant un développement économique avantageux pour les clients : • Paris, 13 juill. 1993 : *RJDA 1994, n° 303.*

Dans le cadre d'un réseau de franchise mis en place par une société de prêt-à-porter de luxe, pour un arrêt considérant que le mode de distribution de ces articles de luxe par des magasins spécialisés dans la présentation et la mise en valeur des articles proposés ainsi que dans l'argumentation de vente constitue un développement économique avantageux pour les clients, qui outre une sélection d'articles de qualité, trouvent dans ces boutiques un environnement soigné de nature à préserver et accroître le prestige de la marque et un personnel attentionné, bénéficiant d'un certain savoir-faire apte à les conseiller utilement, V. • Com. 4 mai 1999 : *RJDA 1999, n° 1014.*

Sur la justification des réseaux de distribution sélective ou exclusive, V. notes 39 et 39 *bis* ss. art. L. 420-1, et notes 19 et 35 s. ss. art. L. 330-2.

7. Sous-traitance. Pour un arrêt faisant bénéficier de l'art. 10 (2) [C. com., art. L. 420-4 (I), 2°] un contrat de sous-traitance, V. • Paris, 15 déc. 1995 : *D. Affaires 1996. 168.*

8. Événements conjoncturels. En ce sens qu'une situation de crise de secteur peut justifier l'application de l'art. 10 (2) [C. com., art. L. 420-4 (I), 2°] à condition que les atteintes à la concurrence soient accompagnées de dispositions d'ordre structurel touchant à la production et à la commercialisation des produits concernés, V. • Cons. conc. n° 95-D-77 du 5 déc. 1995 : *BOCC 12 févr. 1996 ; Contrats Conc. Consom. 1996, n° 61, obs. Vogel.*

9. Travail temporaire. Sur le progrès économique pouvant être apporté par les entreprises de travail temporaire, V. • Cons. conc. n° 97-D-52 du 25 juin 1997 : *BOCC 7 oct. 1997.*

Art. L. 420-5 Sont prohibées les offres de prix ou pratiques de prix de vente aux consommateurs abusivement bas par rapport aux coûts de production, de transformation et de commercialisation, dès lors que ces offres ou pratiques ont pour objet ou peuvent avoir pour effet d'éliminer d'un marché ou d'empêcher d'accéder à un marché une entreprise ou l'un de ses produits.

Les coûts de commercialisation comportent également et impérativement tous les frais résultant des obligations légales et réglementaires liées à la sécurité des produits.

Ces dispositions ne sont pas applicables en cas de revente en l'état, à l'exception des enregistrements sonores reproduits sur supports matériels *(L. n° 2005-882 du 2 août 2005, art. 45)* **« et des vidéogrammes destinés à l'usage privé du public ».** – *[Ord. n° 86-1243 du 1er déc. 1986, art. 10-1]. – V. Décr. n° 2002-689 du 30 avr. 2002, art. 40 et 46, infra, ss. art. L. 470-8. – En matière : de transport public routier de marchandises, V. L. n° 95-96 du 1er févr. 1995, supra, ss. art. L. 133-7 ; ... de transports aériens, V. C. aviat., art. L. 324-1, créé par L. n° 2001-43 du 16 janv. 2001, art. 19 (JO 17 janv.). – Sur la responsabilité de l'auteur d'une pratique, en situation de crise conjoncturelle, de prix de première cession abusivement bas pour les produits agricoles périssables, les produits agricoles issus de cycles courts de production, les animaux vifs, les produits de la pêche et de l'aquaculture, V. art. L. 442-9.*

V. Avis n° 97-A-18 du 8 juill. 1997 du Conseil de la concurrence relatif à l'application de l'art. 10-1 [C. com., art. L. 420-5] au secteur du disque (BOCC 17 sept. 1997 ; D. Affaires 1997. 1160).

BIBL. ▸ VOGEL, *Contrats Conc. Consom. 1996, n° 144.* – SEMADENI, *Cah. dr. entr. 1996, n° 5, p. 8.* – MALAURIE-VIGNAL, *D. 1996. Chron. 361.* – TRAN THIET, RAKOTOVAO, FRÉGET et VITAL-DURAND, *Contrats Conc. Consom. 1997. Chron. 1.* – FOURNIER, *Cah. dr. entr. 1997, n° 1, p. 5.* – DUCHENET, *BID 1998, n° 7-8, p. 77* (pratique des prix bas et abusivement bas). – MAINGUY, *Cah. dr. entr. 1998, n° 6, p. 23* (abus de droit dans les contrats soumis au droit de la concurrence). – KOVAR, *ibid. 1999, n° 5, p. 1* (pratique de prix abusivement bas et commercialisation des supports de sons). – BENOÎT, *Dr. et patr. juin 2000. 62* (le droit de la concurrence est un droit de l'abus). – MALAURIE-VIGNAL, *Contrats Conc. Consom. 2003, n° 142* (prix abusivement bas des produits agricoles et crise conjoncturelle). – DECOCQ, *Comm. com. élec. 2005, n° 175* (prohibition des prix abusivement bas des vidéogrammes).

1. Notion de prix abusivement bas. L'application des dispositions sur les prix abusivement bas de l'art. L. 420-5 n'est pas limitée aux pratiques des entreprises en position dominante à la différence des dispositions de l'art. L. 420-2 dont relèvent les pratiques de prix prédateurs mises en œuvre par une entreprise en position dominante. • Cons. conc. n° 04-D-10 du 1er avr. 2004 : *BOCC 6 sept. 2004 ; D. 2004. AJ. 1235 ; Gaz. Pal. 2004. Somm. 2007, et les obs. ; Lettre distrib. mai 2004, p. 3.* ♦ Admettant que le texte concerne les produits comme les prestations de services, V. • Cons. conc. n° 96-PB-01 du 27 nov. 1996 : *BOCC 8 janv. 1997.* ♦ Sur la détermination des coûts de référence pris en compte pour déterminer le caractère abusivement bas des prix pratiqués dans le secteur du disque, V. • Cons. conc. n° 98-PB-03 du 8 juill. 1998 : *BOCC 30 sept. 1998 ; Cah. dr. entr. 1999, n° 2, p. 33, obs. Mainguy, Grignon et Respaud* • n° 98-PB-04 du 8 juill. 1998 : *BOCC 30 sept. 1998* • n° 98-PB-05 du 8 juill. 1998 : *ibid.* ♦ V. aussi • Cons. conc. n° 98-PB-06 du 15 sept. 1998 : *BOCC 31 oct. 1998 ; D. Affaires 1999. 249, obs. A. M. ; Cah. dr. entr. 1999, n° 2, p. 33, obs. Mainguy, Grignon et Respaud.* ♦ Sur la définition du prix prédateur retenue, avant la loi du 1er juill. 1996, par le Conseil de la concurrence et la Cour de Paris, V.

note 32 ss. art. L. 420-1 et note 19 ss. art. L. 420-2.

2. *Notion de consommateur.* Le consommateur visé à l'art. 10-1 [C. com., art. L. 420-5] est la personne physique ou morale qui, sans expérience particulière dans le domaine où elle contracte, agit pour la satisfaction de ses besoins personnels et utilise, dans ce seul but, le produit ou le service acquis. • Paris, 3 juill. 1998 : *D. 1999. 249, note Chazal ; D. Affaires 1998. 1525, obs. A. M. ; Gaz. Pal. 1998. 2. Somm. 425 ; Contrats Conc. Consom. 1998, n° 131, obs. Malaurie-Vignal ; Petites affiches 28 juin 1999, p. 16, obs. Mathey.* ♦ V. aussi, précisant qu'il doit s'agir du consommateur final : • Cons. conc. n° 01-D-81 du 19 déc. 2001 : *BOCC 28 févr. 2002.* ♦ V., excluant l'application de ce texte aux personnes responsables de la passation de marchés publics (à propos d'une offre faite à un syndicat intercommunal), • Paris, 3 juill. 1998 : *préc.*, confirmant • Cons. conc. n° 97-PB-02 du 27 mai 1997 : *BOCC 30 août 1997 ; D. Affaires 1997. 1108.* ♦ V. aussi • Paris, 14 nov. 2000 : *JCP E 2000, n° 50, p. 1980 ; C. marchés 2001, n° 51, obs. Eckert* • Cons. conc. n° 01-D-10 du 30 mars 2001 : *BOCC 24 avr. 2001* • n° 04-D-52 du 9 nov. 2004 : *BOCC 31 mars 2005 ; RLC 2005, n° 2, p. 57, obs. Bazex, Blazy et Berkani.*

3. *Exclusion des distributeurs.* Jugeant que les prix pratiqués par des personnes exerçant une activité de distribution, c'est-à-dire de revente en l'état, ne tombent pas sous le coup de la prohibition édictée par l'art. L. 420-5, V. • Cons. conc. n° 04-D-33 du 19 juill. 2004 : *BOCC 9 déc. 2004 ; Lettre distrib. oct. 2004, p. 2.*

♦ V. aussi • Cons. conc. n° 01-D-81 du 19 déc. 2001 : *préc. note 2.*

4. *Éviction du marché.* Dès lors qu'un distributeur est confronté à plusieurs reprises, et, à intervalles suffisamment rapprochés, à des ventes à prix bas de la part d'un ou plusieurs concurrents, alors que lui-même ne serait pas en mesure de pratiquer de tels prix aussi régulièrement sans remettre en cause l'équilibre de son entreprise, et s'il est établi que les prix en question constituent des prix abusivement bas, une telle situation peut aboutir à l'éviction du marché de ce distributeur. • Cons. conc. n° 98-PB-06 du 15 sept. 1998 : *préc. note 1.*

Dans l'hypothèse où une entreprise aurait pratiqué un prix de vente qui serait inférieur aux coûts variables, la preuve de la volonté d'éviction résulte de plein droit de la mise en œuvre de cette pratique si l'entreprise est en position dominante ; si l'entreprise n'est pas en position dominante, cette pratique constitue une présomption simple, ou indice de sa volonté d'éviction, qui doit être complétée par d'autres indices pour établir l'existence de cette volonté. • Cons. conc. n° 02-D-66 du 6 nov. 2002 : *BOCC 28 févr. 2003 ; Contrats Conc. Consom. 2003, n° 74, obs. Malaurie-Vignal.*

Dès lors que la volonté d'éviction n'est pas établie par un faisceau d'indices suffisamment probants, la pratique de prix prédateurs ne peut être démontrée que si les prix pratiqués par l'opérateur dominant sont inférieurs à la moyenne des coûts variables. • Cons. conc. n° 04-D-10 du 1er avr. 2004 : *préc. note 1.*

Art. L. 420-6 **Est puni d'un emprisonnement de quatre ans et d'une amende de 75 000 € le fait, pour toute personne physique, de prendre frauduleusement une part personnelle et déterminante dans la conception, l'organisation ou la mise en œuvre de pratiques visées aux articles L. 420-1 et L. 420-2.**

Le tribunal peut ordonner que sa décision soit publiée intégralement ou par extraits dans les journaux qu'il désigne, aux frais du condamné. – *[Ord. n° 86-1243 du 1er déc. 1986, art. 17].*

(L. n° 2001-420 du 15 mai 2001) **« Les actes interruptifs de la prescription devant le Conseil de la concurrence en application de l'article L. 462-7 sont également interruptifs de la prescription de l'action publique. »**

BIBL. ▸ De Giles, *JCP E 2003, n° 1, p. 20 et n° 2, p. 68* (droit pénal de la concurrence en Europe). – Fourgoux, *RSC 2004. 651* (survivance du droit pénal dans l'antitrust). – Bouloc, *Petites affiches 20 janv. 2005, p. 11* (sanction judiciaire des pratiques anticoncurrentielles par la voie pénale). – Prunet, *Gaz. Pal. 2005. Doctr. 3786* (concurrence et responsabilité pénale des personnes morales : un effet inattendu de la loi Perben II).

1. *Droit transitoire.* **BIBL.** Azéma, *RSC 1989. 651* (dépénalisation). ♦ Les sanctions pénales que fait encourir la méconnaissance des prescriptions nouvelles de l'art. 17 [C. com., art. L. 420-6] ne peuvent concerner que des faits postérieurs à la création du Conseil de la concurrence. • Crim. 7 déc. 1987 : *D. 1988. 477, note Roujou de Boubée.*

2. Domaine d'application. Le délit de revente à perte n'entre pas dans les prévisions de l'art. 17 [C. com., art. L. 420-6]. • Crim. 4 févr. 1991 : *D. 1991. IR. 120 ; Gaz. Pal. 1991. 2. 401, note Doucet.*

3. Part personnelle et déterminante. V., appliquant l'art. 17 [C. com., art. L. 420-6] à un dirigeant, à propos d'une entente tendant à une soumission concertée à une offre de marché public, • Crim. 9 nov. 1995 : *BRDA 1995, n° 24, p. 10.* ♦ Pour une application à un simple salarié dès lors qu'il a fait montre d'un comportement actif, V. • TGI Albertville, 23 oct. 2000, cité par Claudel : *RTD com. 2003. 80.*

Pour d'autres exemples, V. • Crim., 16 mai 2001 : *Bull. crim. n° 124 ; RTD com. 2003. 80, obs. Claudel* • Rouen, 25 févr. 2002 : *Petites affiches 13 déc. 2002, p. 4, note Arhel ; RTD com. 2003. 80, obs. Claudel* • T. corr. Saint-Étienne, 26 juill. 2004 : *RLC 2005, n° 4, p. 55, obs. Bouloc.* ♦ Pour la prise en compte d'une violation délibérée et intentionnelle des règles de concurrence, V. • Cons. conc. n° 04-D-07 du 11 mars 2004 : *BOCC 4 mai 2004 ; D. 2004. AJ. 1082 ; Contrats Conc. Consom. 2004, n° 81, obs. Malaurie-Vignal.* – V. aussi note 33 ss. art. L. 420-1. ♦ Sur les pouvoirs du Conseil de la concurrence sur la qualification des faits, V. • Paris, 22 févr. 2005 : *cité note 6 ss. art. L. 462-6.*

4. Charge de la preuve. Il appartient aux parties civiles de rapporter la preuve que par leurs agissements personnels les prévenus se sont rendus coupables de pratiques anticoncurrentielles (à propos de l'exploitation abusive d'une position dominante non prouvée). • Crim. 21 nov. 1991 : *Gaz. Pal. 1992. 1. 256, note Fourgoux.*

5. Publication. La publication des paragraphes de la décision du Conseil de la concurrence qui énoncent, en termes détaillés, les charges retenues contre des personnes physiques ayant pris une part personnelle et déterminante dans la conception, l'organisation ou la mise en œuvre de pratiques anticoncurrentielles pour justifier la transmission du dossier au procureur de la République, en application de l'art. L. 462-6, al. 2, C. com., est de nature à porter atteinte, de façon irréparable, à la présomption d'innocence qui bénéficie aux intéressés. • Paris, 22 sept. 2004 : *D. 2004. AJ. 2788 ; RTD com. 2005. 279 et 280, obs. Claudel.*

6. Prescription. Compte tenu des liens étroits entre les faits à la source du délit pénal de l'art. L. 420-6 et les infractions au droit de la concurrence des art. L. 420-1 et L. 420-2 C. com., les actes afférents à l'instruction pénale, en ce qu'ils portent sur des faits dont la matérialité a une incidence directe sur la constitution de l'infraction de concurrence des art. L. 420-1 et L. 420-2, tendent à la recherche, à la constatation ou à la sanction des pratiques anticoncurrentielles. • Cons. conc. n° 05-D-69 du 15 déc. 2005 : *cité note 1 ss. art. L. 463-5.* ♦ Il en résulte que les actes d'instruction tendant à établir la matérialité du délit de l'art. L. 420-6 sont interruptifs de la prescription suivie devant le Conseil de la concurrence au sens de l'art. L. 462-7 C. com. • Même décision. ♦ ... Il ne s'agit pas d'appliquer un principe selon lequel le criminel tiendrait l'administratif en l'état, qui signifierait que le Conseil ne pourrait pas statuer sur les pratiques anticoncurrentielles avant que les faits objet de la procédure pénale n'aient été jugés par le juge pénal, ce que le Conseil a toujours écarté, les deux procédures étant distinctes, mais de faire application d'un texte spécial, l'art. L. 462-7 C. com., qui définit les actes interruptifs de prescription en fonction de leur objet ou de leur finalité sans préciser quels en sont les auteurs. • Cons. conc. n° 06-D-07 du 21 mars 2006 : *D. 2006. AJ. 1165, obs. Chevrier.*

Art. L. 420-7 *(Ord. n° 2004-1173 du 4 nov. 2004, art. 1er)* **Sans préjudice des articles L. 420-6, L. 462-8, L. 463-1 à L. 463-4, L. 463-6, L. 463-7 et L. 464-1 à L. 464-8, les litiges relatifs à l'application des règles contenues dans les articles L. 420-1 à L. 420-5 ainsi que dans les articles 81 et 82 du traité instituant la Communauté européenne et ceux dans lesquels ces dispositions sont invoquées sont attribués, selon le cas et sous réserve des règles de partage de compétences entre les ordres de juridiction, aux tribunaux de grande instance ou aux tribunaux de commerce dont le siège et le ressort sont fixés par décret en Conseil d'État. Ce décret détermine également le siège et le ressort de la ou des cours d'appel appelées à connaître des décisions rendues par ces juridictions.**

Pour l'application de l'art. L. 420-7, la liste des TGI compétents, ainsi que le siège et le ressort des juridictions commerciales compétentes sont fixés conformément aux tableaux XI bis et XI ter annexés au présent code (COJ, art. R. 311-7, R. 411-1, R. 921-5-1, R. 921-6, R. 943-4, R. 952-6). – Ces tableaux fixent de manière identique, pour les commerçants ou non commerçants et pour les artisans ou non artisans, les juridictions compétentes ; il s'agit de : Marseille, Bordeaux, Lille, Fort-de-France, Lyon,

Nancy, Paris et Rennes. – V. les tableaux annexés au Décr. n° 2005-1756 du 30 déc. 2005 (JO 31 déc.) pour connaître en détail le ressort des cours d'appel.

Pour l'application de la 2e phrase de l'art. L. 420-7, la cour d'appel de Paris est compétente (COJ, art. R. 212-1, R. 921-5-1, R. 921-6, R. 943-4, R. 952-6).

Le Décr. n° 2005-1756 du 30 déc. 2005 est entré en vigueur le 1er janv. 2006 (art. 23 du décret). La juridiction compétente primitivement saisie demeure compétente pour statuer sur les procédures introduites antérieurement à la date d'entrée en vigueur du décret précité (art. 22 du décret).

Tableaux XI bis

Juridictions compétentes pour connaître, en application de l'article L. 420-7 du code de commerce, des procédures applicables aux personnes qui ne sont ni commerçants ni artisans

Siège des tribunaux de grande instance	Ressort
Marseille	Le ressort des cours d'appel d'Aix-en-Provence, Bastia, Montpellier, Nîmes.
Bordeaux	Le ressort des cours d'appel d'Agen, Bordeaux, Limoges, Pau, Toulouse.
Lille	Le ressort des cours d'appel d'Amiens, Douai, Reims, Rouen
Fort-de-France	Le ressort des cours d'appel de Basse-Terre et de Fort-de-France.
Lyon	Le ressort des cours d'appel de Chambéry, Grenoble, Lyon, Riom.
Nancy	Le ressort des cours d'appel de Besançon, Colmar, Dijon, Metz, Nancy
Paris	Le ressort des cours d'appel de Bourges, Paris, Orléans, Saint-Denis-de-la-Réunion, Versailles et des tribunaux supérieurs d'appel de Mamoudzou et Saint-Pierre-et-Miquelon.
Rennes	Le ressort des cours d'appel d'Angers, Caen, Poitiers et Rennes.

Tableaux XI ter

Juridictions compétentes pour connaître, en application de l'article L. 420-7 du code de commerce, des procédures applicables aux personnes qui sont commerçants ou artisans

Tribunaux de commerce et tribunaux mixtes de commerce	Ressort
Marseille	Le ressort des cours d'appel d'Aix-en-Provence, Bastia, Montpellier, Nîmes.
Bordeaux	Le ressort des cours d'appel d'Agen, Bordeaux, Limoges, Pau, Toulouse.
Lille	Le ressort des cours d'appel d'Amiens, Douai, Reims, Rouen
Fort-de-France	Le ressort des cours d'appel de Basse-Terre et de Fort-de-France.
Lyon	Le ressort des cours d'appel de Chambéry, Grenoble, Lyon, Riom.
Nancy	Le ressort des cours d'appel de Besançon, Colmar, Dijon, Metz, Nancy

Tribunaux de commerce et tribunaux mixtes de commerce	Ressort
Paris	Le ressort des cours d'appel de Bourges, Paris, Orléans, Saint-Denis-de-la-Réunion, Versailles et des tribunaux supérieurs d'appel de Mamoudzou et Saint-Pierre-et-Miquelon.
Rennes	Le ressort des cours d'appel d'Angers, Caen, Poitiers et Rennes.

BIBL. ▶ ARHEL, *JCP E 2004, n° 51, p. 2010* (adaptation du droit national au droit communautaire de la concurrence). – MEFFRE et GUET, *D. 2005. 361* (contrôle *a posteriori* de la licéité des accords par le juge national : questions de procédure). – SÉLINSKY, *RLC 2005, n° 3, p. 17* (quand les juges du commerce appliquent le droit de la concurrence). ▶ Décr. n° 2005-1756 du 30 déc. 2005 : CHEYNEL, *RLC 2006, n° 6, p. 71* (spécialisation des juridictions judiciaires).

Pour des applications du droit de la concurrence par des juridictions judiciaires de droit commun, V. les jugements cités in RLC 2005, n° 3, p. 17, note Sélinsky et Europe 2005, n° 216, obs. Idot.

TITRE TROISIÈME DE LA CONCENTRATION ÉCONOMIQUE

RÉP. COM. v° *Concentrations*, par ARHEL.

BIBL. ▶ BOLZE, *Rev. sociétés 1987. 163.* – VOGEL, *JCP E 1988. II. 15115 ; RID comp. 1988. 475.* – SOUAM, *Petites affiches 28 déc. 2000, p. 16* (efficacité préventive des décisions en matière de concentrations). – LIEBSCHER, *Gaz. Pal. 2003. Doctr. 1501* (l'arbitrage dans les procédures de contrôle des concentrations). – BUCHER, *Bull. Joly Bourse 2003. 1* (droit des concentrations et offres publiques). – BERLIN, *RJDA 2003, p. 6* (actualité du contrôle des concentrations). – BRUN et TOULEMONT-DAKOURE, *Contrats Conc. Consom. 2003. Chron. 11* (barrières à l'entrée en droit de la concurrence). – LAURENT-BELLUE et BOURGEOIS, *Bull. Joly Bourse 2003. 741* (cession de bloc de contrôle au regard du droit boursier et de la concurrence). – GLAIS, *JCP E 2004, n° 39, p. 1476* (bilan analytique et statistique). – DE MONTALEMBERT et ANCELIN, *ibid. n° 42, p. 1626* (contrôle des concentrations appliqué aux opérations de capital-investissement). – MONTÉRAN, PONSARD et MARCINKOWSKI, *Rev. proc. coll. 2004, p. 193* (contrôle des concentrations et entreprises en redressement et liquidation judiciaires). – COLLIN et PONSARD, *Dr. sociétés 2004. Chron. 15* (bilan de l'année 2003). – S. MARTIN, *RDLC déc. 2004. 40 (ibid.* 2002-2004). – BOUGETTE et MONTET, *RLC 2005, n° 2, p. 9* (remèdes non structurels dans le contrôle des concentrations). – BRUNET, *ibid., n° 3, p. 9* (la consultation du Conseil de la concurrence a-t-elle encore une utilité ?). – HUBERT, *ibid., n° 4, p. 14* (contrôle des concentrations et juge administratif). – SEVY, *ibid., n° 5, p. 9* (contrôle des concentrations dans les industries de réseau). – THÉOPHILE et PARMENTIER, *RDLC 2006, n° 1, p. 39* (étendue du contrôle juridictionnel dans le contentieux du contrôle des concentrations en droits interne et communautaire). – FEDERICO, *RLC 2006, n° 7, p. 9* (concentrations dans le secteur du gaz et de l'électricité).

▶ Sur la loi relative aux nouvelles régulations économiques : IDOT, *JCP 2001. I. 343.* – LÉVY et MARTUCCI, *JCP E 2001, n° 41, p. 1593* (nouveau contrôle des concentrations en France). – PRIETO, *Dr. et patr. déc. 2001. 84* (contrôle des concentrations après la loi NRE). – ARCELIN, *Contrats Conc. Consom. 2001. Chron. 18* (concentrations économiques : les apports de la loi NRE). – PIROVANO, *D. 2002. 62* (droit de la concurrence et progrès social). – VILMART et FOURGOUX, *Gaz. Pal. 3-5 févr. 2002. Doctr. 3* (nouveau contrôle des concentrations en droit français). – L. et J. VOGEL, *JCP E 2002, n° 30, p. 1274* (quelles incidences du nouveau droit français des concentrations pour les entreprises ?). – COLLIN et PONSARD, *Dr. sociétés 2002, Chron. n° 13* (même thème). – FABRE et DANY, *D. 2003. 195* (application de la nouvelle définition des opérations de concentration à la franchise).

▶ Sur les lignes directrices de la DGCCRF : L. et J. VOGEL, *JCP E 2003, n° 12, p. 502* (projet de lignes directrices). – PONSARD et MARCINKOWSKI, *Contrats Conc. Consom. 2003. Chron. 3.* –

ARHEL, *Petites affiches 27 mars 2003, p. 8 ; JCP E 2005, n° 35, p. 1359* (lignes directrices du 15 juill. 2005). - MONTALCINO, *RDLC 2005, n° 3, p. 60.* - Note de la rédaction, *BRDA 2005, n° 24, p. 18.* - PELLET et CUZIAT, *RLC 2006, n° 6, p. 9.* - OSTER, *JCP E 2006, n° 11, p. 517* (la menace du recours à l'art. 22 du règlement communautaire sur les concentrations).

Art. L. 430-1 *(L. n° 2001-420 du 15 mai 2001)* **I. — Une opération de concentration est réalisée :**

1° Lorsque deux ou plusieurs entreprises antérieurement indépendantes fusionnent ;

2° Lorsqu'une ou plusieurs personnes, détenant déjà le contrôle d'une entreprise au moins ou lorsqu'une ou plusieurs entreprises acquièrent, directement ou indirectement, que ce soit par prise de participation au capital ou achat d'éléments d'actifs, contrat ou tout autre moyen, le contrôle de l'ensemble ou de parties d'une ou plusieurs autres entreprises.

II. — La création d'une entreprise commune accomplissant de manière durable toutes les fonctions d'une entité économique autonome constitue une concentration au sens du présent article.

III. — Aux fins de l'application du présent titre, le contrôle découle des droits, contrats ou autres moyens qui confèrent, seuls ou conjointement et compte tenu des circonstances de fait ou de droit, la possibilité d'exercer une influence déterminante sur l'activité d'une entreprise, et notamment :

— des droits de propriété ou de jouissance sur tout ou partie des biens d'une entreprise ;

— des droits ou des contrats qui confèrent une influence déterminante sur la composition, les délibérations ou les décisions des organes d'une entreprise.

Sur la saisine du Conseil de la concurrence, dans les secteurs de la radio et de la télévision, V. L. n° 86-1067 du 30 sept. 1986, art. 41-4, mod. par L. n° 2001-420 du 15 mai 2001, art. 98 (JO 16 mai) et par L. n° 2004-669 du 9 juill. 2004, art. 77 (JO 10 juill.), au **C. communic.**

1. Entreprise commune. Pour un exemple d'entreprise commune, dont la création relève du droit des concentrations, mais relève également du droit des pratiques anticoncurrentielles, V. • Cons. conc. n° 02-D-44 du 11 juill. 2002 : *JCP E 2003, n° 5, p. 224, note Arhel ; Petites affiches 2 sept. 2002, p. 4, note Arhel ; Contrats Conc. Consom. 2002, n° 157, obs. Malaurie-Vignal* (conf. par • Paris, 18 févr. 2003 : *BOCC 21 nov. 2003 ; JCP E 2003, n° 14, p. 612, note Arhel*). ♦ Avant la loi NRE, le conseil considérait que, pour que la création d'une entreprise commune constitue une concentration, il était nécessaire qu'elle assure toutes les fonctions d'une entreprise autonome d'une manière durable et que sa création n'ait pas pour objet et ne puisse avoir pour effet une coordination sur les marchés pertinents du comportement des sociétés-mères entre elles ou de l'une d'entre elles avec la filiale commune. • Cons. conc., avis, n° 97-A-23 du 17 oct. 1997 : *BOCC 29 janv. 1998 ; Contrats Conc. Consom. 1998, n° 72, obs. Vogel.* ♦ Une filiale commune à plusieurs entreprises ne peut être regardée comme une concentration que si elle assure de manière durable toutes les fonctions d'une entité économique autonome. • CE 31 mai 2000, *D. 2000. AJ. 336, obs. Marmontel ; Lamy Dr. affaires 2000, n° 30, p. 8, note Zavoli ; RTD com. 2000. 875, obs. Orsoni ; CJEG 2000. 492, concl. Lamy.* ♦ V. aussi, Lettre min. de l'économie du 12 déc. 2000 *(BOCC 23 févr. 2001)*, se prononçant sur la création de filiales communes dans le cadre d'une opération de concentration.

2. Fusion d'entreprises. L'absorption par une société, sous contrôle exclusif d'une holding, d'une filiale à 100 %, n'est pas soumise à la réglementation des concentrations car, bien qu'il se soit agi de la fusion de deux sociétés distinctes, elle consistait en la réorganisation interne du groupe et n'impliquait aucun changement de contrôle : Lettre min. de l'Économie du 9 août 2002 : *BOCC 21 oct. 2002 ; RJDA 2003, p. 6, obs. Berlin.* ♦ La constitution d'une entité commune chargée de la direction économique des sociétés fondatrices, en vertu d'une convention d'affiliation, peut être analysée en une opération de concentration en l'absence même de liens financiers entre les sociétés participantes et la nouvelle entité : Lettre min. de l'Économie du 21 nov. 2003 : *BOCC 30 sept. 2004 ; Contrats Conc. Consom. 2004, n° 174, obs. Malaurie-Vignal.*

3. Exception d'entreprise défaillante. **BIBL.** de Montalembert et Niedolistek, *JCP E 2005, n° 8, p. 314* (approche comparée). ♦ S'agissant de la reprise, par un concurrent, d'une société en difficulté, le ministre de l'Économie doit autoriser l'opération sans l'assortir de prescriptions lorsqu'il apparaît que les effets de cette opération sur la concurrence ne seraient pas plus défavorables que ceux qui résulteraient de la disparition de l'entreprise en difficulté, c'est-à-dire s'il est établi, en premier lieu, que ces difficultés entraîneraient la disparition rapide de la société en l'absence de reprise, en deuxième lieu, qu'il n'existe pas d'autre offre de reprise moins dommageable pour la concurrence, portant sur la totalité ou une partie substantielle de l'entreprise et, en troisième lieu, que la disparition de la société en difficulté ne serait pas moins dommageable pour les consommateurs que la reprise projetée. • CE 6 févr. 2004 : *D. 2004. AJ. 695* ; *JCP E 2004, n° 10, p. 349 ; Contrats Conc. Consom. 2004, n° 59, obs. Malaurie-Vignal ; AJDA 2004. 647, obs. Donnat et Casas* ; *RJDA 2004, p. 607, concl. Glaser ; RFD adm. 2004. 286, ibid.* ; *RTD com. 2004. 260, obs. Orsoni* ; *RDLC déc. 2004. 76, obs. Cot ; Lettre distrib. févr. 2004, p. 1, obs. Sélinsky.* – Sur cet arrêt, V. aussi Masson, *Contrats Conc. Consom. 2004. Chron. 14 ; Rev. proc. coll. 2004, p. 128.* – Sur les suites de l'affaire : • Cons. conc. n° 04-A-16 du 28 juill. 2004 et Lettre min. de l'Économie du 16 août 2004 : *RDLC 2005, n° 1, p. 81, obs. Cot ; RLC 2005, n° 2, p. 18, obs. Girgenson ; Europe 2005, n° 99, obs. Idot* • CE 13 févr. 2006 : *cité note 3 ss. art. L. 430-5.* ♦ Sur le point de savoir si le rachat d'une entreprise en redressement judiciaire est susceptible d'affecter le jeu de la concurrence, V. • Cons. conc., avis, n° 02-A-15, du 23 déc. 2002 : *BOCC 11 août 2003,* Lettre min. de l'Économie du 20 janv. 2003 : *ibid. ; Contrats Conc. Consom. 2003, n° 157, note Malaurie-Vignal ; JCP E 2003, n° 47, p. 1869, obs. Decocq.* ♦ Sur le contrôle des opérations de concentration et les entreprises en redressement et liquidation judiciaires, V. aussi Montéran, Ponsard et Marcinkowski, *Rev. proc. coll. 2004, p. 193.* ♦ Sur les interférences entre le droit de la concurrence et les procédures collectives, V. Rép. min. n° 48702 : *JOAN Q 15 févr. 2005, p. 1734 ; D. 2005. 636 ; Bull. Joly 2005. 436.*

4. Champ d'application. En l'absence de dispositions écartant expressément les marchés du lectorat de la presse écrite du champ d'application des dispositions des art. L. 430-1 s., celles-ci s'appliquent, conformément à l'art. L. 410-1 C. com., à toutes les activités de production, de distribution et de services, dont relèvent l'édition et la publication de publication de presse. • Cons. conc. n° 05-A-18 du 11 oct. 2005. ♦ Les dispositions de la L. n° 86-897 du 1er août 1986, notamment son art. 11, s'appliquent dès lors concomitamment à celles prévues par le code de commerce. • Même avis. ♦ Sur la compétence du Conseil de la concurrence en matière de radio et télévision, V. note rédactionnelle ss. art. L. 430-1.

5. Influence déterminante. Il y a lieu de tenir compte, pour l'appréciation du caractère déterminant de l'influence d'une entreprise sur une autre, non seulement des effets virtuels des accords au moment de leur examen, comme par exemple une simple participation minoritaire dans le capital, mais également des « effets potentiels » de ces accords, comme par exemple les incidences d'une importante créance ou encore des droits de conversion d'obligations, de préemption ou d'options sur l'émission possible d'actions nouvelles. • Cons. conc., avis, n° 95-A-13 du 11 juill. 1995 : *BOCC 8 sept. 1995 ; Contrats Conc. Consom. 1995, n° 167, obs. Vogel.*

Sur l'analyse de l'acquisition d'une minorité de blocage constituée par plus de 42 % du capital à une société exerçant son activité sur les mêmes marchés que l'acquéreur, V. Lettre min. de l'économie du 29 juill. 1997 : *BOCC 7 oct. 1997 ; Contrats Conc. Consom. 1997, n° 165, obs. Vogel* • Cons. conc., avis, n° 97-A-14 du 1er juill. 1997 : *ibid.* ♦ Constitue une concentration soumise au contrôle l'opération par laquelle une société prend une participation dans le capital d'une autre société et se met en mesure d'exercer une influence déterminante sur celle-ci en lui accordant un prêt important et en lui achetant une centaine de brevets. V. • Cons. conc., avis, n° 91-A-09 du 15 oct. 1991 : *BOCC 14 mars 1992 ; Contrats Conc. Consom. 1992, n° 80, obs. Vogel ; RJDA 1992, n° 479.*

Art. L. 430-2 *(L. n° 2001-420 du 15 mai 2001)* **Est soumise aux dispositions des articles L. 430-3 et suivants du présent titre toute opération de concentration, au sens de l'article L. 430-1, lorsque sont réunies les trois conditions suivantes :**

– le chiffre d'affaires total mondial hors taxes de l'ensemble des entreprises ou groupes des personnes physiques ou morales parties à la concentration est supérieur à 150 millions d'euros ;

– le chiffre d'affaires total hors taxes réalisé en France par deux au moins des entreprises ou groupes des personnes physiques ou morales concernés est supérieur à *(Ord. n° 2004-274 du 25 mars 2004, art. 25)* **« 50 millions d'euros » ;**

– l'opération n'entre pas dans le champ d'application du règlement (CEE) n° 4064/89 du Conseil du 21 décembre 1989 relatif au contrôle des opérations de

concentration entre entreprises. – *Ce règl. a été remplacé par le règl. CE n° 139-2004 du 20 janv. 2004, V. infra, App., v° Concurrence (II - Droit communautaire).*

Toutefois, une opération de concentration entrant dans le champ du règlement précité qui a fait l'objet d'un renvoi total ou partiel à l'autorité nationale est soumise, dans la limite de ce renvoi, aux dispositions du présent titre. – *V. Décr. n° 2002-689 du 30 avr. 2002, art. 2, infra, ss. art. L. 470-8.*

(L. n° 2003-660 du 21 juill. 2003, art. 59) **« Dans les départements d'outre-mer, lorsqu'une opération de concentration au sens de l'article L. 430-1 a pour effet de porter soit la surface de vente telle que définie à l'article L. 752-10 au-delà du seuil fixé au même article, soit la part de marché, exprimée en chiffre d'affaires, des entreprises soumises aux dispositions du même article au-delà de 25 %, le ministre peut, dans un délai de trois mois après la réalisation effective de l'opération, la soumettre à la procédure prévue aux articles L. 430-3 et suivants. Toutefois, les dispositions de l'article L. 430-4 ne sont pas applicables à ces opérations. »**

BIBL. ▸ DAMY, *Contrats Conc. Consom. 2003. Chron. 12* (projet d'augmentation des seuils en matière de concentration). – DU PAYRAT, *Petites affiches 28 mars 2006, p. 4* (pourquoi faut-il introduire un filet de sécurité dans le cadre du contrôle des concentrations ?).

Les chiffres d'affaires générés par ailleurs par les investisseurs du fonds d'investissement ne sont pas pris en compte dans le calcul du seuil de chiffres d'affaires : Lettre min. de l'Économie du 8 juill. 2002 : *BOCC 21 oct. 2002 ; RJDA 2003, p. 6, n° 7, obs. Berlin* • Cons. conc. 18 juill. 2002 : *BOCC 28 oct. 2002* • 9 août 2002 : *BOCC 25 nov. 2002.*

Art. L. 430-3 *(L. n° 2001-420 du 15 mai 2001 ; L. n° 2004-1343 du 9 déc. 2004, art. 83-II)* **« L'opération de concentration doit être notifiée au ministre chargé de l'économie avant sa réalisation. La notification peut intervenir dès lors que la ou les parties concernées sont en mesure de présenter un projet suffisamment abouti pour permettre l'instruction du dossier et notamment lorsqu'elles ont conclu un accord de principe, signé une lettre d'intention ou dès l'annonce d'une offre publique. Le renvoi au ministre chargé de l'économie de tout ou partie d'un cas de concentration notifié à la Commission européenne vaut notification au sens du présent article. »**

L'obligation de notification incombe aux personnes physiques ou morales qui acquièrent le contrôle de tout ou partie d'une entreprise ou, dans le cas d'une fusion ou de la création d'une entreprise commune, à toutes les parties concernées qui doivent alors notifier conjointement. Le contenu du dossier de notification est fixé par décret. – *V. Décr. n° 2002-689 du 30 avr. 2002, art. 3, infra, ss. art. L. 470-8.*

La réception de la notification d'une opération, ou le renvoi total ou partiel d'une opération de dimension communautaire, fait l'objet d'un communiqué publié par le ministre chargé de l'économie selon des modalités fixées par décret. – *V. Décr. n° 2002-689 du 30 avr. 2002, art. 5, infra, ss. art. L. 470-8.*

Dès réception du dossier de notification, le ministre en adresse un exemplaire au Conseil de la concurrence.

Sur la consultation du comité d'entreprise en cas d'opération de concentration, V. art. L. 432-1 bis C. trav. résultant de la L. n° 2001-420 du 15 mai 2001 (JO 16 mai).

BIBL. ▸ COT, *RDLC 2005, n° 1, p. 79* (projet de concentration).

1. Application dans le temps. Si la loi du 15 mai 2001 a rendu obligatoire la notification au ministre chargé de l'économie des projets de concentration entrant dans le champ d'application des art. L. 430-1 et L. 430-2, et si celui-ci a, de ce fait, perdu, dans le nouveau régime, le pouvoir de contrôler *a posteriori*, sauf dans les cas prévus à l'art. L. 430-8, les opérations de concentration définitivement réalisées, il résulte des dispositions du deuxième alinéa de l'art. 94 de ladite loi que le ministre a conservé ce pouvoir s'agissant des opérations de concentration engagées de façon irrévocable avant la date d'entrée en vigueur du nouveau régime de contrôle des concentrations, laquelle résulte des dispositions combinées de l'art. 94 de la loi du 15 mai 2001 et de l'art. 51 du décret du 30 avr. 2002, pris pour son application ; il résulte des mêmes dispositions que l'examen de ces dernières opérations reste régi, dans le cas où le ministre décide de les soumettre au Conseil de la concurrence, aux règles de fond et de procédure fixées par les art. L. 430-1 à L. 430-7 dans leur rédaction issue de l'ord. du 1er déc. 1986 ainsi que par les règlements pris pour leur application. • CE 9 juill. 2003 : *cité note 1 ss. art. L. 430-5.*

2. Droit communautaire. De même que la Commission européenne n'est pas compétente pour adopter une décision au titre du règlement relatif au contrôle des opérations de concentration entre entreprises avant la conclusion d'un tel accord, elle cesse d'être compétente aussitôt que cet accord vient à être résilié, quand bien même les entreprises concernées poursuivraient leurs négociations en vue de la conclusion d'un accord sous une autre forme. • TPICE 28 sept. 2004 : *D. 2004. AJ. 2650 ; Contrats Conc. Consom. 2005, n° 12, obs. Poillot-Peruzzetto ; RDLC déc. 2004. 78, obs. F. B. et I. G. ; Europe 2004, n° 368, obs. Idot ; RLC 2005, n° 1, p. 103, obs. Barbier de la Serre ; ibid., n° 2, p. 17, obs. Hyrkas et de Bure ; RJDA 2005, n° 333 ; Petites affiches 18 avr. 2005, p. 17, obs. Arhel.*

3. Projet de concentration. Sur la notion de projet suffisamment abouti, V. Lettre min. de l'Économie du 15 avr. 2005 : *RDLC 2005, n° 4, p. 94, obs. Cor.*

Art. L. 430-4 *(L. n° 2001-420 du 15 mai 2001)* **La réalisation effective d'une opération de concentration ne peut intervenir qu'après l'accord du ministre chargé de l'économie et, le cas échéant, du ministre chargé du secteur économique concerné.**

En cas de nécessité particulière dûment motivée, les parties qui ont procédé à la notification peuvent demander au ministre chargé de l'économie une dérogation leur permettant de procéder à la réalisation effective de tout ou partie de la concentration sans attendre la décision mentionnée au premier alinéa et sans préjudice de celle-ci. – *V. Décr. n° 2002-689 du 30 avr. 2002, art. 6, infra, ss. art. L. 470-8.*

1. Suspension. Les dispositions du premier alinéa de l'art. L. 430-4 n'ont ni pour objet ni pour effet de faire obstacle à la mise en œuvre des dispositions de l'art. L. 521-1 CJA qui permettent au juge des référés, lorsque certaines conditions sont réunies, de suspendre l'exécution d'une décision administrative. • CE 19 mai 2005 : *D. 2005. AJ. 1552, obs. Chevrier ; RTD com. 2006. 49, obs. Orsoni ; AJDA 2005. 2167, note Landais et Lenica ; JCP E 2006, n° 1, p. 31, obs. Decocq ; Contrats Conc. Consom. 2005, n° 131, obs. Malaurie-Vignal ; Lettre distrib. juin 2005, p. 1, obs. Destours ; RDLC 2005, n° 3, p. 93, obs. Philippe ; RLC 2005, n° 4, p. 17, obs. Geffriaud.*

2. Dérogation. Pour une application des dispositions du second alinéa de l'art. 430-4, V. jugeant que l'opération notifiée n'entraîne aucun chevauchement d'activité et permet d'attiser la concurrence de telle sorte qu'elle n'est pas de nature à porter atteinte à celle-ci sur les marchés concernés : Lettre min. de l'Économie du 15 nov. 2002 : *BOCC 31 janv. 2003.*

Art. L. 430-5 *(L. n° 2001-420 du 15 mai 2001)* **I. — Le ministre chargé de l'économie se prononce sur l'opération de concentration dans un délai de cinq semaines à compter de la date de réception de la notification complète.**

II. — Les parties à l'opération peuvent s'engager à prendre des mesures visant notamment à remédier, le cas échéant, aux effets anticoncurrentiels de l'opération soit à l'occasion de la notification de cette opération, soit à tout moment avant l'expiration du délai de cinq semaines à compter de la date de réception de la notification complète, tant que la décision prévue au I n'est pas intervenue.

Si les engagements sont reçus par le ministre plus de deux semaines après la notification complète de l'opération, le délai mentionné au I expire trois semaines après la date de réception desdits engagements par le ministre chargé de l'économie.

III. — Le ministre chargé de l'économie peut :

— soit constater, par décision motivée, que l'opération qui lui a été notifiée n'entre pas dans le champ défini par les articles L. 430-1 et L. 430-2 ;

– soit autoriser l'opération, en subordonnant éventuellement, par décision motivée, cette autorisation à la réalisation effective des engagements pris par les parties.

Toutefois, s'il estime que l'opération est de nature à porter atteinte à la concurrence et que les engagements pris ne suffisent pas à y remédier, il saisit pour avis le Conseil de la concurrence.

IV. – Si le ministre ne prend aucune des trois décisions prévues au III dans le délai mentionné au I, éventuellement prolongé en application du II, l'opération est réputée avoir fait l'objet d'une décision d'autorisation. – *V. Décr. n° 2002-689 du 30 avr. 2002, art. 7 s., infra, ss. art. L. 470-8.*

Sur l'articulation des règles relatives aux offres publiques d'acquisition avec la procédure d'autorisation des concentrations, V. Règl. gén. AMF, livre II (Émetteurs et information financière), art. 231-12 et 232-2 au ***C. sociétés****.*

Sur les opérations de concentration dans le secteur bancaire, V. notes 2 et 3 ss. art. L. 511-4 C. mon. fin., infra, App., v° Code monétaire et financier (extraits).

Sur les opérations de concentration dans le secteur de l'assurance, V. art. L. 322-4 et L. 413-1-1 C. assur. – ***C. assur.***

BIBL. ▸ Atelier de la concurrence, *Rev. Conc. Consom. nov.-déc. 1998, p. 5* (rôle des engagements dans les décisions des autorités de la concurrence). – DE VAUPLANE et DAIGRE, *Banque et Droit nov.-déc. 2002. 35* (offre publique, rapport avec le droit de la concurrence). – BRUNET, *RLC 2005, n° 3, p. 9* (la consultation du Conseil de la concurrence a-t-elle encore une utilité ?).

1. Saisine du Conseil de la concurrence. Tant sous le régime de contrôle des concentrations issu de l'ord. du 1er déc. 1986 que sous celui issu de la loi du 15 mai 2001, la saisine du conseil par le ministre chargé de l'économie n'est qu'un élément de la procédure qui permet aux autorités compétentes soit d'interdire l'opération de concentration, soit de l'autoriser ; elle a, dès lors, le caractère d'un acte préparatoire et ne constitue pas par elle-même une décision susceptible de faire l'objet d'un recours pour excès de pouvoir ; il en est de même de la décision par laquelle le ministre refuse de retirer cette saisine. • CE 9 juill. 2003 : *AJDA 2003. 2380, note Nicinski ; RFD adm. 2004. 121, concl. Séniers, et 573, note J. Petit ; JCP E 2003, n° 36, p. 1360 ; RTD com. 2004. 78, obs. Orsoni ; RJDA 2004, n° 634*. ♦ Pour une solution semble-t-il contraire dans le cas, inverse, où le ministre s'est abstenu de saisir le Conseil de la concurrence (solution rendue sous l'empire du régime issu de l'ord. du 1er déc. 1986), V. • CE 5 nov. 2003 : *RFD adm. 2004. 126, concl. Séniers ; Contrats Conc. Consom. 2004, n° 41, obs. Malaurie-Vignal ; Dr. adm. 2004, n° 4, note Basex et Blazy ; RJDA 2004, n° 635 ; Lettre distrib. nov. 2003, p. 4.*

Sur la saisine pour avis du Conseil de la concurrence par le Conseil d'État aux fins d'examiner, dans les mêmes conditions que celles prévues à l'art. L. 430-6 C. com., l'opération de concentration telle qu'elle a été notifiée au ministre de l'économie, V. • CE 20 juill. 2005 : *RTD com. 2006. 49, obs. Orsoni ; AJDA 2005. 2167, note Landais et Lenica ; RFD adm. 2005. 1065 ; JCP E 2006, n° 1, p. 31, obs. Decocq ; RJDA 2006, n° 68 (1re esp.) ; RJ com. 2006. 122, obs. Decocq.*

2. Motivation. Si les dispositions du IV de l'art. L. 430-5 prévoient qu'une opération de concentration peut faire l'objet d'une autorisation tacite, cette circonstance ne saurait faire obstacle à ce que le juge exerce un contrôle sur les motifs de la décision prise dans le délai prévu par la loi lorsque celle-ci, comme en l'espèce, a été expressément motivée. • CE 19 mai 2005 : *cité note 1 ss. art. 430-4.*

3. Autorité de la chose jugée. L'autorité de la chose jugée qui s'attache à l'annulation pour excès de pouvoir de la décision du 5 juill. 2002 prononcée par la décision du Conseil d'État du 6 févr. 2004 [V. note 3 ss. L. 430-1] s'étend aux motifs qui en sont le nécessaire soutien. • CE 13 févr. 2006 : *RFD adm. 2006. 416 ; JCP E 2006, n° 11, p. 522 ; RLC 2006, n° 7, p. 13, obs. Girgenson ; RJ com. 2006. 119, obs. Decocq.* ♦ L'autorité de la chose ainsi jugée ne sauraient être opposée aux appréciations dépendant de la situation de fait à la date de la nouvelle décision du ministre ; ainsi ce dernier n'a pas méconnu l'autorité de la chose jugée en tirant le 16 août 2004 des conclusions différentes de celles qu'il avait retenues deux ans auparavant s'agissant des effets de l'opération sur la concurrence, de la détention des marques notoires et des barrières à l'entrée. • Même décision.

Art. L. 430-6 *(L. nº 2001-420 du 15 mai 2001)* **Si une opération de concentration a fait l'objet, en application du III de l'article L. 430-5, d'une saisine du Conseil de la concurrence, celui-ci examine si elle est de nature à porter atteinte à la concurrence, notamment par création ou renforcement d'une position dominante ou par création ou renforcement d'une puissance d'achat qui place les fournisseurs en situation de dépendance économique. Il apprécie si l'opération apporte au progrès économique une contribution suffisante pour compenser les atteintes à la concurrence. Le conseil tient compte de la compétitivité des entreprises en cause au regard de la concurrence internationale** *(L. nº 2005-882 du 2 août 2005, art. 50)* **« et de la création ou du maintien de l'emploi ».**

La procédure applicable à cette consultation du Conseil de la concurrence est celle qui est prévue au deuxième alinéa de l'article L. 463-2 et aux articles L. 463-4, L. 463-6 et L. 463-7. Toutefois, les parties qui ont procédé à la notification et le commissaire du Gouvernement doivent produire leurs observations en réponse à la communication du rapport dans un délai de trois semaines.

Avant de statuer, le conseil peut entendre des tiers en l'absence des parties qui ont procédé à la notification. Les comités d'entreprise des entreprises parties à l'opération de concentration sont entendus à leur demande par le conseil dans les mêmes conditions.

Le conseil remet son avis au ministre chargé de l'économie dans un délai de trois mois.

Le ministre chargé de l'économie transmet sans délai cet avis aux parties qui ont procédé à la notification.

1. Progrès économique. Le développement du progrès économique peut s'entendre également d'une contribution à la lutte contre la pollution de l'environnement. • Cons. conc., avis, nº 94-A-18 du 17 mai 1994 : *Contrats Conc. Consom. 1994, nº 173.* ♦ Pour une opération de concentration considérée comme n'ayant que des effets très limités, tant du point de vue de la concurrence que de celui du progrès économique, V. • Cons. conc., avis, nº 93-A-17, du 16 nov. 1993 : *BOCC 31 déc. 1993.* ♦ Pour une divergence d'appréciation entre le Conseil de la concurrence et le ministre de l'économie sur la question de savoir si, dans le secteur des batteries automobiles, la puissance d'achat des distributeurs est susceptible de compenser un renforcement du pouvoir de marché des producteurs, V. : • Cons. conc., avis, nº 95-A-08, du 9 mai 1995 et Lettre min. de l'économie du 9 juin 1995 : *BOCC 25 juill. 1995 ; Contrats Conc. Consom. 1995, nº 147.*

2. Principe de la contradiction. La procédure prévue à l'art. L. 430-6 n'est pleinement contradictoire qu'à l'égard des parties à l'opération de concentration ; il en résulte que les concurrents qui contestent cette opération et qui, n'étant pas partie à cette opération, doivent être regardés comme des tiers, n'ont pas à recevoir communication du rapport établi par les rapporteurs. • CE 19 oct. 2005 : *RJDA 2006, nº 68 (2ᵉ esp.).* ♦ Les investigations auxquelles se livre le Conseil de la concurrence pour apprécier la portée économique d'une concentration impliquent qu'il prenne connaissance d'informations couvertes par le secret des affaires, ce qui exclut que les concurrents hostiles à cette concentration y soient contradictoirement associés. • CE 13 févr. 2006 : *RFD adm. 2006. 415 ; RJDA 2006, nº 711 ; RLC 2006, nº 7, p. 12, obs. Girgenson.* ♦ Eu égard à l'indépendance et aux méthodes de travail de cette autorité collégiale, le fait que les sociétés requérantes n'ont pas été contradictoirement associées auxdites investigations ne saurait suffire à faire regarder l'examen de cet avis comme viciant l'équité du procès. • Même décision.

Art. L. 430-7 *(L. nº 2001-420 du 15 mai 2001)* **I. — Lorsque le Conseil de la concurrence a été saisi, l'opération de concentration fait l'objet d'une décision dans un délai de quatre semaines à compter de la remise de l'avis du conseil au ministre chargé de l'économie.**

II. — Après avoir pris connaissance de l'avis du Conseil de la concurrence, les parties peuvent proposer des engagements de nature à remédier aux effets anticoncurrentiels de l'opération avant la fin d'un délai de quatre semaines à compter de la date de remise de l'avis au ministre, à moins que l'opération n'ait déjà fait l'objet de la décision prévue au I.

Si les engagements sont transmis au ministre plus d'une semaine après la date de remise de l'avis au ministre, le délai mentionné au I expire trois semaines après la date de réception desdits engagements par le ministre.

III. — Le ministre chargé de l'économie et, le cas échéant, le ministre chargé du secteur économique concerné peuvent, par arrêté motivé :

— soit interdire l'opération de concentration et enjoindre, le cas échéant, aux parties de prendre toute mesure propre à rétablir une concurrence suffisante ;

— soit autoriser l'opération en enjoignant aux parties de prendre toute mesure propre à assurer une concurrence suffisante ou en les obligeant à observer des prescriptions de nature à apporter au progrès économique et social une contribution suffisante pour compenser les atteintes à la concurrence.

Les injonctions et prescriptions mentionnées aux deux alinéas précédents s'imposent quelles que soient les clauses contractuelles éventuellement conclues par les parties.

Le projet d'arrêté est transmis aux parties intéressées, auxquelles un délai est imparti pour présenter leurs observations.

IV. — Si le ministre chargé de l'économie et le ministre chargé du secteur économique concerné n'entendent prendre aucune des deux décisions prévues au III, le ministre chargé de l'économie autorise l'opération, par une décision motivée. L'autorisation peut être subordonnée à la réalisation effective des engagements pris par les parties qui ont procédé à la notification.

V. — Si aucune des trois décisions prévues aux III et IV n'a été prise dans le délai mentionné au I, éventuellement prolongé en application du II, l'opération est réputée avoir fait l'objet d'une décision d'autorisation. – *V. Décr. n° 2002-689 du 30 avr. 2002, art. 7 s., infra, ss. art. L. 470-8.*

BIBL. ▶ FASQUELLE, *Petites affiches 1er mars 2000, p. 5* (unité ou dualité de contrôle des entreprises communes ?).

1. Injonctions. En ce sens qu'une condition purement comportementale, qui nécessiterait en outre un contrôle permanent du comportement des entreprises, ne répond pas aux objectifs du contrôle des concentrations, qui concerne les structures, V. Lettre min. de l'économie du 19 déc. 1994 : *Contrats Conc. Consom. 1995, n° 11, note Vogel.* ♦ Pour un exemple de concentration autorisée sous condition de procéder à des aménagements structurels de l'opération, V. Arr. 5 févr. 1997 : *préc. ss. art. L. 430-5.* ♦ Pour un exemple de concentration autorisée sous condition de procéder à la cession de certains actifs au bénéfice de sociétés autres que celles mentionnées dans la décision d'autorisation, V. Arr. 20 août 1996 : *préc. ss. art. L. 430-5.* ♦ Cet arrêté a été annulé au motif que, en imposant à des sociétés tierces à l'opération de concentration une sujétion et restreignant la liberté du commerce et de l'industrie non seulement à l'égard des entreprises concernées par ladite opération mais aussi à l'égard des sociétés mentionnées, ces dernières auraient dû être mises en mesure de faire valoir leurs droits conformément au principe des droits de la défense. • CE 9 avr. 1999 : *D. 2000. 157, obs. Troianiello ; JCP E 1999, n° 18-19, p. 786 ; RTD com. 1999. 855, obs. Orsoni.* – V. concl. Stahl, *RFD adm. 1999. 769.* – Dans cette même affaire, V. • CE 6 oct. 2000 : *AJDA 2000. 847, concl. Touvet.* – V. aussi Laidié, *Dr. adm. 2001. Chron. 8.*

2. Recours. Saisi d'un recours en annulation pour excès de pouvoir de l'arrêté du 17 sept. 1998 refusant une opération de concentration, le Conseil d'État considère qu'eu égard à la nature et à l'importance des effets anticoncurrentiels du projet de concentration et à la difficulté de déterminer des mesures adéquates pour les compenser, la décision prise par les ministres de s'opposer purement et simplement à l'opération projetée ne peut être regardée comme ayant porté une atteinte excessive à la liberté du commerce et de l'industrie. • CE 9 avr. 1999 : *D. 2000. 157, obs. Troianiello ; D. Affaires 1999. 856, obs. A. M. ; AJDA 1999. 611, note Bazex et Thiry ; RTD com. 1999. 855, obs. Orsoni*. – V. concl. Stahl, *RFD adm. 1999. 777*. ♦ V. aussi, sur l'appréciation d'une opération de concentration dans le secteur des boissons gazeuses : • CE 6 oct. 2000 : *CJEG 2001. 33, concl. Touvet ; BRDA 2000, n° 20, p. 12.*

3. Compétence. Sur la compétence du Conseil d'État en premier et dernier ressort pour connaître des conclusions dirigées contre un arrêté enjoignant à une société de renoncer à une opération de concentration, dès lors que celui-ci doit être regardé, pour l'application des dispositions de l'art. 2-3° du Décr. n° 53-934 du 30 sept. 1953, relatif à la réforme du contentieux administratif [codifié à l'art. R. 311-1 C. just. adm.], comme ayant un champ d'application s'étendant au-delà du ressort d'un seul tribunal administratif, V. • CE 9 avr. 1999 : *D. 2000. 157, obs. Troianiello ; D. Affaires 1999. 856, obs. A. M.*

Art. L. 430-8 *(L. n° 2001-420 du 15 mai 2001)* **I. — Si une opération de concentration a été réalisée sans être notifiée, le ministre chargé de l'économie peut infliger aux personnes auxquelles incombait la charge de la notification une sanction pécuniaire dont le montant maximum s'élève, pour les personnes morales, à 5 % de leur chiffre d'affaires hors taxes réalisé en France lors du dernier exercice clos, augmenté, le cas échéant, de celui qu'a réalisé en France durant la même période la partie acquise, et, pour les personnes physiques, à 1,5 million d'euros.**

En outre, le ministre enjoint sous astreinte aux parties de notifier l'opération, à moins de revenir à l'état antérieur à la concentration. Il peut également saisir le Conseil de la concurrence sans attendre la notification. La procédure prévue aux articles L. 430-5 à L. 430-7 est alors applicable.

II. — Si une opération de concentration notifiée et ne bénéficiant pas de la dérogation prévue au deuxième alinéa de l'article L. 430-4 a été réalisée avant l'intervention de la décision prévue au premier alinéa du même article, le ministre chargé de l'économie peut infliger aux personnes ayant procédé à la notification une sanction pécuniaire qui ne peut dépasser le montant défini au I.

III. — En cas d'omission ou de déclaration inexacte dans une notification, le ministre chargé de l'économie peut infliger aux personnes ayant procédé à la notification une sanction pécuniaire qui ne peut dépasser le montant défini au I.

Cette sanction peut s'accompagner du retrait de la décision ayant autorisé la réalisation de l'opération. A moins de revenir à l'état antérieur à la concentration, les parties sont alors tenues de notifier de nouveau l'opération dans un délai d'un mois à compter du retrait de la décision, sauf à encourir les sanctions prévues au I. – *V. Décr. n° 2002-689 du 30 avr. 2002, art. 11, infra, ss. art. L. 470-8.*

IV. — S'il estime que les parties n'ont pas exécuté dans les délais fixés une injonction, une prescription ou un engagement, le ministre chargé de l'économie peut saisir pour avis le Conseil de la concurrence.

Si l'avis du Conseil de la concurrence constate l'inexécution, le ministre chargé de l'économie et, le cas échéant, le ministre chargé du secteur économique concerné peuvent :

1° Retirer la décision ayant autorisé la réalisation de l'opération. A moins de revenir à l'état antérieur à la concentration, les parties sont tenues de notifier de nouveau l'opération dans un délai d'un mois à compter du retrait de la décision, sauf à encourir les sanctions prévues au I ;

2° Enjoindre sous astreinte aux parties auxquelles incombait l'obligation non exécutée d'exécuter dans un délai qu'ils fixent les injonctions, prescriptions ou engagements.

En outre, le ministre chargé de l'économie peut infliger aux personnes auxquelles incombait l'obligation non exécutée une sanction pécuniaire qui ne peut dépasser le montant défini au I.

Art. L. 430-9 *(L. nº 2001-420 du 15 mai 2001)* **Le Conseil de la concurrence peut, en cas d'exploitation abusive d'une position dominante ou d'un état de dépendance économique, demander au ministre chargé de l'économie d'enjoindre, conjointement avec le ministre dont relève le secteur, par arrêté motivé, à l'entreprise ou au groupe d'entreprises en cause de modifier, de compléter ou de résilier, dans un délai déterminé, tous accords et tous actes par lesquels s'est réalisée la concentration de la puissance économique qui a permis les abus même si ces actes ont fait l'objet de la procédure prévue au présent titre.** — *Reprise de l'anc. art. L. 430-6.*

BIBL. ▸ THOUVENIN, *Contrats Conc. Consom. 2005. Chron. 19, spéc. nos 34 s.* (l'art. L. 430-9 et l'acte faisant grief).

1. Conditions. Les procédures prévues par le titre III de l'ord. du 1er déc. 1986 [C. com., art. L. 420-1 s.], relatif au contrôle des ententes, et par le titre V [C. com., art. L. 430-1 s.], relatif au contrôle des concentrations, sont différentes et inconciliables entre elles. • Paris, 28 juin 1994 : *BOCC 14 juill. 1994 ; Contrats Conc. Consom. 1994, nº 169, note Vogel ; Gaz. Pal. 1994. 2. 654, concl. Jobard ; D. 1994. IR. 195.* ♦ L'art. 43 [C. com., art. L. 430-6], s'il permet le cumul des contrôles des concentrations et des pratiques anticoncurrentielles lorsqu'il s'agit d'un cas d'exploitation abusive d'une position dominante ou d'un état de dépendance économique, ne prévoit aucune possibilité d'examen conjoint des concentrations et des ententes. • Même arrêt. – Conf. par • Com. 26 nov. 1996 : *Bull. civ. IV, nº 291 ; D. 1997. IR. 16 ; D. Affaires 1997. 145.* ♦ V. note 3 ss. art. L. 420-1.

2. Conseil de la concurrence. Sur l'incompétence du Conseil pour examiner le bien-fondé d'accords restrictifs de concurrence intervenus dans le cadre d'une opération de concentration, sauf si ces accords sont détachables de l'opération de concentration considérée, V. • Cons. conc. nº 2000-D-16 du 12 avr. 2000 : *BOCC 23 mai 2000.* ♦ V. également • Cons. conc. nº 02-D-44 du 11 juill. 2002 : *cité infra, note 3.*

3. Application : remise en cause de la concentration. Il résulte de l'art. L. 430-9 que lorsqu'une opération concentrative qui, en elle-même, ne constitue pas une pratique répréhensible, a permis la réalisation d'un abus de position dominante, le Conseil de la concurrence peut, une fois qu'il a constaté qu'un tel abus avait été commis, demander au ministre de mettre en œuvre les dispositions précitées, afin que soit remise en cause pour l'avenir, par le biais d'une mesure de police non constitutive d'une sanction, l'opération de concentration. • Cons. conc. nº 02-D-44 du 11 juill. 2002 : *D. 2002. AJ. 2804 ; JCP E 2003, nº 5, p. 224, note Arhel ; Petites affiches 2 sept. 2002, p. 4, note Arhel ; Contrats Conc. Consom. 2002, nº 157, obs. Malaurie-Vignal.* ♦ Afin d'éviter que ne se reproduisent les abus de positions dominantes constatés, V., demandant au ministre d'enjoindre à plusieurs entreprises de modifier, compléter ou résilier, dans un délai déterminé, tous accords et tous actes ayant conduit ces entreprises à associer leurs moyens dans le cadre de filiales communes qu'elles ont créées conjointement dans différents secteurs. • Même décision.

4. Recours. Les décisions prises sur le fondement de l'art. L. 430-9 ne sont susceptibles que d'un recours devant le juge administratif. • Com. 12 juill. 2004 : *Bull. civ. IV, nº 152 ; D. 2004. AJ. 2374, obs. Chevrier ; JCP E 2004, nº 48, p. 1883, obs. Decocq ; Contrats Conc. Consom. 2004, nº 173, obs. Malaurie-Vignal ; Lettre distrib. sept. 2004, p. 1, obs. Destours ; RDLC déc. 2004. 92, obs. Momège ; RJDA 2004, nº 1270 ; RLC 2005, nº 1, p. 15, obs. Sélinsky.* – V. sur cet arrêt, Destours, *RJDA 2004, p. 1059.* ♦ En l'absence de disposition législative expresse dérogeant au principe selon lequel relève en dernier ressort de la compétence de la juridiction administrative l'annulation ou la réformation des décisions prises par les autorités exerçant le pouvoir exécutif dans l'exercice des prérogatives de puissance publique, il appartient à cette juridiction de connaître de la légalité des actes pris pour l'application de l'art. L. 430-9. • CE 7 nov. 2005 : *D. 2005. AJ. 3084, obs. Chevrier ; AJDA 2005. 2377, obs. Richer ; RFD adm. 2006. 191 ; JCP 2006. I. 120, nº 25, obs. Boiteau ; RJDA 2006, nº 67 ; RLC 2006, nº 7, p. 15, obs. de Bure et Kanellopoulos ; ibid., p. 54, obs. Cheynel ; RJ com. 2006. 124, obs. Decocq.*

La demande adressée par le Conseil de la concurrence au ministre de l'Économie sur le fondement de l'art. L. 430-9 ne fait pas grief, de sorte que le recours en annulation formé contre une telle demande est irrecevable. • Paris, 18 févr. 2003 : *BOCC 21 nov. 2003 ; JCP E 2003, n° 14, p. 612, note Arhel ; Contrats Conc. Consom. 2004, n° 8, obs. Malaurie-Vignal ; JCP E 2004, n° 48, p. 1883, obs. Decocq.* – Arrêt cassé, au motif que la Cour d'appel de Paris aurait dû se déclarer incompétente : • Com. 12 juill. 2004 : *préc.* ♦ La décision par laquelle le Conseil de la concurrence saisit le ministre de l'Économie d'une demande tendant à ce qu'il prenne les mesures entrant dans les prévisions de l'art. L. 430-9 n'est qu'un élément de la procédure qui permet à celui-ci de prononcer des injonctions à l'encontre des entreprises en cause ; elle est, par elle-même, dépourvue de tout effet juridique à leur égard ; elle présente, dès lors, le caractère d'un acte préparatoire et n'est pas susceptible de faire l'objet d'un recours pour excès de pouvoir. • CE 7 nov. 2005 : *préc.*

5. Application dans le temps. Pour l'application des dispositions de l'art. L. 430-9, il importe peu que les opérations en cause soient intervenues plusieurs décennies avant l'entrée en vigueur de cette disposition. • Paris, 18 févr. 2003 : *préc. note 4.*

Art. L. 430-10 *(L. n° 2001-420 du 15 mai 2001)* **I. – Les décisions prises en application des articles L. 430-5 à L. 430-8 sont rendues publiques, le cas échéant accompagnées de l'avis du Conseil de la concurrence, selon des modalités fixées par décret.** – *V. Décr. n° 2002-689 du 30 avr. 2002, art. 9, infra, ss. art. L. 470-8.*

II. – Lorsqu'il interroge des tiers au sujet de l'opération, de ses effets et des engagements proposés par les parties et rend publique sa décision dans les conditions prévues au I, le ministre chargé de l'économie tient compte de l'intérêt légitime des parties qui procèdent à la notification ou des personnes citées à ce que leurs secrets d'affaires ne soient pas divulgués.

TITRE TROISIÈME *[ANCIEN]* DE LA CONCENTRATION ÉCONOMIQUE

NDLR. *Rédaction antérieure à la loi n° 2001-420 du 15 mai 2001.*

Ancien art. L. 430-1 *Tout projet de concentration ou toute concentration de nature à porter atteinte à la concurrence notamment par création ou renforcement d'une position dominante peut être soumis, par le ministre chargé de l'économie, à l'avis du Conseil de la concurrence.*

Ces dispositions ne s'appliquent que lorsque les entreprises qui sont parties à l'acte ou qui en sont l'objet ou qui leur sont économiquement liées ont soit réalisé ensemble plus de 25 % des ventes, achats ou autres transactions sur un marché national de biens, produits ou services substituables ou sur une partie substantielle d'un tel marché, soit totalisé un chiffre d'affaires hors taxes de plus de 1 000 000 000 €, à condition que deux au moins des entreprises parties à la concentration aient réalisé un chiffre d'affaires d'au moins 300 000 000 €. – [Ord. n° 86-1243 du 1er déc. 1986, art. 38]. – V. Décr. n° 86-1309 du 29 déc. 1986, art. 27, au **C. com.**, éd. 2002. – V. aussi art. L. 462-4.

Ancien art. L. 430-2 *La concentration résulte de tout acte, quelle qu'en soit la forme, qui emporte transfert de propriété ou de jouissance sur tout ou partie des biens, droits et obligations d'une entreprise ou qui a pour objet, ou pour effet, de permettre à une entreprise ou à un groupe*

d'entreprises d'exercer, directement ou indirectement, sur une ou plusieurs autres entreprises une influence déterminante. – [Ord. n° 86-1243 du 1er déc. 1986, art. 39].

Ancien art. L. 430-3 ***Tout projet de concentration ou toute concentration ne remontant pas à plus de trois mois peut être soumis au ministre chargé de l'économie par une entreprise concernée. La notification peut être assortie d'engagements. Le silence gardé pendant deux mois vaut décision tacite d'acceptation du projet de concentration ou de la concentration ainsi que des engagements qui y sont joints. Ce délai est porté à six mois si le ministre saisit le Conseil de la concurrence.*** – [Ord. n° 86-1243 du 1er déc. 1986, art. 40]. – V. Décr. n° 86-1309 du 29 déc. 1986, art. 28, au **C. com.,** éd. 2002.

Ancien art. L. 430-4 ***Le Conseil de la concurrence apprécie si le projet de concentration ou la concentration apporte au progrès économique une contribution suffisante pour compenser les atteintes à la concurrence. Le conseil tient compte de la compétitivité des entreprises en cause au regard de la concurrence internationale.*** – [Ord. n° 86-1243 du 1er déc. 1986, art. 41].

Ancien art. L. 430-5 ***Le ministre chargé de l'économie et le ministre dont relève le secteur économique intéressé peuvent, à la suite de l'avis du Conseil de la concurrence, par arrêté motivé et en fixant un délai, enjoindre aux entreprises, soit de ne pas donner suite au projet de concentration ou de rétablir la situation de droit antérieure, soit de modifier ou compléter l'opération ou de prendre toute mesure propre à assurer ou à rétablir une concurrence suffisante.*** – V. Décr. n° 86-1309 du 29 déc. 1986, art. 30, au **C. com.,** éd. 2002.

Ils peuvent également subordonner la réalisation de l'opération à l'observation de prescriptions de nature à apporter au progrès économique et social une contribution suffisante pour compenser les atteintes à la concurrence.

Ces injonctions et prescriptions s'imposent quelles que soient les stipulations des parties. – [Ord. n° 86-1243 du 1er déc. 1986, art. 42].

V., par exemple, Arr. 18 mars 1993 (BOCC 26 mars) et Arr. 1er févr. 1994 (BOCC 9 févr.), relatifs à des concentrations dans le secteur de l'exploitation de salles de cinéma ; Arr. 12 déc. 1995 (BOCC 12 févr. 1996) relatif à une concentration dans le secteur des moyens de protection contre le vol en magasin ; Arr. 10 janv. 1997 (BOCC 18 janv.) relatif à une concentration dans le secteur de la distribution ; Arr. 20 août 1996 (BOCC 25 mars 1997 ; Contrats Conc. Consom. 1997, n° 80, obs. Vogel), relatif à une concentration dans le secteur de la bière, annulé par CE 9 avr. 1999 (JCP E 1999, n° 18-19, p. 786) ; Arr. 5 févr. 1997 (BOCC 7 mai ; Contrats Conc. Consom. 1997, n° 114, obs. Vogel) relatif à une concentration dans le secteur du chocolat ; Arr. 17 sept. 1998 (BOCC 7 oct.) relatif à une concentration dans le secteur des boissons gazeuses sans alcool.

Ancien art. L. 430-6 – V. nouvel art. L. 430-9 dont les dispositions reprennent celles de l'ancien art. L. 430-6.

Ancien art. L. 430-7 ***Les décisions mentionnées au présent titre sont prises selon la procédure prévue au deuxième alinéa de l'article L. 463-2 et aux articles L. 463-4, L. 463-6 et L. 463-7. Toutefois, les intéressés doivent produire leurs observations en réponse à la communication du rapport dans un délai d'un mois.***

Ces décisions sont motivées et publiées au Bulletin officiel de la concurrence, de la consommation et de la répression des fraudes avec l'avis du Conseil de la concurrence.

En cas de non-respect de ces décisions ou des engagements mentionnés à l'article L. 430-3, le ministre chargé de l'économie et le ministre dont relève le secteur économique intéressé peuvent, après consultation du Conseil de la concurrence et dans les limites de son avis, prononcer une sanction pécuniaire dont le montant est défini conformément aux troisième et quatrième alinéas de l'article L. 464-2. – [Ord. n° 86-1243 du 1er déc. 1986, art. 44].

TITRE QUATRIÈME DE LA TRANSPARENCE, DES PRATIQUES RESTRICTIVES DE CONCURRENCE ET D'AUTRES PRATIQUES PROHIBÉES

RÉP. COM. v^is *Transparence tarifaire et pratiques restrictives, Accords de distribution (Droit de la concurrence)*, par ARHEL.

CHAPITRE PRÉLIMINAIRE DISPOSITIONS GÉNÉRALES

(L. n° 2001-420 du 15 mai 2001, art. 51)

Art. L. 440-1 Une Commission d'examen des pratiques commerciales est créée. Elle est composée d'un député et d'un sénateur désignés par les commissions permanentes de leur assemblée compétentes en matière de relations commerciales entre fournisseurs et revendeurs, de membres, éventuellement honoraires, des juridictions administratives et judiciaires, de représentants des secteurs de la production et de la transformation agricole et halieutique, ainsi qu'industrielle et artisanale, des transformateurs, des grossistes, des distributeurs et de l'administration, ainsi que de personnalités qualifiées. Elle est présidée par un magistrat de l'ordre administratif ou judiciaire. Elle comprend un nombre égal de représentants des producteurs et des revendeurs.

Les membres de la commission sont tenus au secret professionnel pour les faits, actes et renseignements dont ils ont pu avoir connaissance en raison de leurs fonctions.

La commission a pour mission de donner des avis ou formuler des recommandations sur les questions, les documents commerciaux ou publicitaires, y compris les factures et contrats couverts par un secret industriel et commercial, et les pratiques concernant les relations commerciales entre producteurs, fournisseurs, revendeurs qui lui sont soumis. Elle assure, sous la responsabilité de son président, l'anonymat des saisines et des documents qui lui sont soumis, y compris vis-à-vis de ses membres.

La commission est saisie par le ministre chargé de l'économie, le ministre chargé du secteur économique concerné, le président du Conseil de la concurrence, toute personne morale, notamment les organisations professionnelles ou syndicales, les associations de consommateurs agréées, les chambres consulaires ou d'agriculture, ainsi que par tout producteur, fournisseur, revendeur s'estimant lésé par une pratique commerciale. Elle peut également se saisir d'office. Le président de la commission peut décider de mettre en place plusieurs chambres d'examen au sein de la commission.

L'avis rendu par la commission porte notamment sur la conformité au droit de la pratique ou du document dont elle est saisie.

La commission entend, à sa demande, les personnes et fonctionnaires qu'elle juge utiles à l'accomplissement de sa mission. Son président peut demander qu'une enquête soit effectuée par les agents habilités à cet effet par l'article L. 450-1 du présent code ou l'article L. 215-1 du code de la consommation, selon les procédures prévues. Le compte rendu de l'enquête est remis au président de la commission qui s'assure qu'il préserve l'anonymat des personnes concernées.

La commission peut également décider d'adopter une recommandation sur les questions dont elle est saisie et toutes celles entrant dans ses compétences, notamment celles portant sur le développement des bonnes pratiques. Lorsqu'elle fait suite à une saisine en application du troisième alinéa, cette recommandation ne contient aucune indication de nature à permettre l'identification des personnes concernées. La recommandation est communiquée au ministre chargé de l'économie et est publiée sur décision de la commission.

La commission exerce, en outre, un rôle d'observatoire régulier des pratiques commerciales, des facturations et des contrats conclus entre producteurs, fournisseurs, revendeurs qui lui sont soumis. Elle établit chaque année un rapport d'activité, qu'elle transmet au Gouvernement et aux assemblées parlementaires. Ce rapport est rendu public. *(L. n° 2005-882 du 2 août 2005, art. 56)* **« Il comprend une analyse détaillée du nombre et de la nature des infractions aux dispositions du présent titre ayant fait l'objet de sanctions administratives ou pénales. Il comprend également les décisions rendues en matière civile sur les opérations engageant la responsabilité de leurs auteurs. »**

Un décret détermine l'organisation, les moyens et les modalités de fonctionnement de la commission ainsi que les conditions nécessaires pour assurer l'anonymat des acteurs économiques visés dans les avis et recommandations de la commission. – *V. Décr. n° 2001-1370 du 31 déc. 2001 (JO 1er janv. 2002), mod. par Décr. n° 2002-1370 du 21 nov. 2002 (JO 22 nov.).*

V. Avis n° 02-01 du 2 oct. 2002, BOCC 25 nov. 2002 (taux de coopération commerciale) ; n° 04-02 du 25 févr. 2004, BOCC 4 mai 2004 ; D. 2004. 934 ; Contrats Conc. Consom. 2004, n° 96, obs. Malaurie-Vignal ; RDC 2004. 733, obs. Behar-Touchais ; BRDA 2004, n° 9, p. 14 (conformité de certaines pratiques à l'art. L. 442-6 C. com.) ; n° 04-04 et 04-05 du 7 juill. 2004, BOCC 8 nov. 2004 ; D. 2004. 2485 ; ibid. 3207, note Narayan-Fourment ; RDLC déc. 2004. 65, obs. Tran Thiet ; BRDA 2004, n° 19, p. 14 ; Lettre distrib. oct. 2004, p. 1, obs. Vertut (conditions d'achat et conditions générales de vente) ; n° 04-06 du 22 juin 2004, BOCC 21 janv. 2005 ; Lettre distrib. déc. 2004, p. 3, obs. Eréséo ; RDLC 2005, n° 1, p. 70, obs. de La Laurencie (pratiques dans le domaine de la distribution de produits alimentaires) ; n° 04-08 du 15 déc. 2004, BOCC 26 avr. 2005 ; Contrats Conc. Consom. 2005, n° 66, obs. Malaurie-Vignal (pratiques d'enchères électroniques inversées).

BIBL. ▶ Roiland, *Gaz. Pal. 21-22 nov. 2001, p. 6* (à propos de la loi NRE n° 2001-420 du 15 mai 2001). – Vilmart, *JCP E 2001, n° 50, p. 1994* (effectivité de la lutte contre les pratiques commerciales abusives dans la loi NRE). – Destours, *Lettre distrib. janv. 2002, p. 1* (obscure clarté du premier décret d'application de la loi NRE). – Grizaut, *Dict. perm. dr. aff. 13 janv. 2002* (nouvelle commission d'examen des pratiques commerciales). – Dumas, *D. 2003. Interview. 1146* (même thème). – Guével, *Gaz. Pal. 29-30 mai 2002, p. 36* (quelques aspects de la loi « NRE » en matière de concurrence).

▶ Rapport d'activité : 2002-2003, *BOCC 28 oct. 2003*. – 2003-2004, *BOCC 8 nov. 2004*. – 2004-2005, *BOCC 4 nov. 2005*.

CHAPITRE PREMIER DE LA TRANSPARENCE

BIBL. ▶ Lucas de Leyssac, *Mélanges Guyon, Dalloz, 2003, p. 751* (opacification du droit de la transparence, conséquence de sa codification).

Art. L. 441-1 Les règles relatives aux conditions de vente au consommateur sont fixées par l'article L. 113-3 du code de la consommation reproduit ci-après :

V. cet art. reproduit, infra, App., v° Ventes commerciales (Dispositions générales).

Art. L. 441-2 **Toute publicité à l'égard du consommateur, diffusée sur tout support ou visible de l'extérieur du lieu de vente, mentionnant une réduction de prix ou un prix promotionnel sur les produits alimentaires périssables doit préciser la nature et l'origine du ou des produits offerts et la période pendant laquelle est maintenue l'offre proposée par l'annonceur.** *(L. nº 2001-420 du 15 mai 2001)* **« La mention relative à l'origine est inscrite en caractères d'une taille égale à celle de l'indication du prix. »**

Al. 2 abrogé par L. nº 2001-420 du 15 mai 2001, art. 49-III.

Lorsque de telles opérations promotionnelles sont susceptibles, par leur ampleur ou leur fréquence, de désorganiser les marchés, un arrêté interministériel ou, à défaut, préfectoral fixe, pour les produits concernés, la périodicité et la durée de telles opérations.

(L. nº 2005-157 du 23 févr. 2005, art. 32) **« Pour un fruit ou légume frais ayant fait l'objet, entre le fournisseur et son client, d'un accord sur le prix de cession, l'annonce de prix, hors lieu de vente, est autorisée dans un délai maximum de soixante-douze heures précédant le premier jour de l'application du prix annoncé, pour une durée qui ne peut excéder cinq jours à compter de cette date.**

« Dans tous les autres cas, toute annonce de prix, hors lieu de vente, portant sur un fruit ou légume frais quelle que soit son origine, doit faire l'objet d'un accord interprofessionnel d'une durée d'un an renouvelable, conclu conformément aux dispositions de l'article L. 632-1 du code rural. Cet accord précise les périodes durant lesquelles une telle annonce est possible et ses modalités.

« Cet accord peut être étendu conformément aux dispositions des articles L. 632-3 et L. 632-4 du même code.

« Les dispositions des trois alinéas précédents ne sont pas applicables aux fruits et légumes frais appartenant à des espèces non produites en France métropolitaine.

« Toute infraction aux dispositions des alinéas ci-dessus est punie d'une amende de 15 000 €. »

La cessation de la publicité réalisée dans des conditions non conformes aux dispositions du présent article peut être ordonnée dans les conditions prévues à l'article L. 121-3 du code de la consommation. – *[Ord. nº 86-1243 du 1er déc. 1986, art. 28]. – V. cet art., infra, App., vº Publicité commerciale. – V. Décr. nº 2002-689 du 30 avr. 2002, art. 14, infra, ss. art. L. 470-8.*

Tous les produits susceptibles de faire l'objet d'un accord interprofessionnel relèvent du mécanisme décrit par l'art. L. 441-2, al. 3 ; seules les variétés de fruits et légumes frais non produites en France, et seulement celles-ci, sont exclues du champ d'application de cet article dès lors que l'interdiction ne peut être levée par conclusion d'un accord interprofessionnel. Les promotions sur ces produits ne doivent toutefois pas être réalisées dans des conditions qui troubleraient le marché des fruits et légumes frais (Rép. min. nº 38467 : *JO Sénat Q, 18 avr. 2002, p. 1114*). ♦ V. désormais le 6e al. de l'art. L. 441-2.

Art. L. 441-2-1 *(L. nº 2005-157 du 23 févr. 2005, art. 33)* **Pour les produits agricoles périssables ou issus de cycles courts de production, d'animaux vifs, de carcasses ou pour les produits de la pêche et de l'aquaculture, figurant sur une liste établie par décret, un distributeur ou prestataire de services ne peut bénéficier de remises, rabais et ristournes ou prévoir la rémunération de services de coopération commerciale que si ceux-ci sont prévus dans un contrat écrit portant sur la vente de ces produits par le fournisseur.** – *V. Décr. nº 2005-524 du 20 mai 2005 : les produits agricoles visés sont les fruits et légumes, à l'exception des pommes de terre de conservation, destinés à être vendus à l'état frais au consommateur.*

Ce contrat comprend notamment des clauses relatives aux engagements sur les volumes, aux modalités de détermination du prix en fonction des volumes et des qualités des produits et des services concernés et à la fixation d'un prix.

Lorsqu'un contrat type relatif aux activités mentionnées au premier alinéa est inclus dans un accord interprofessionnel adopté par l'organisation interprofessionnelle reconnue pour le produit concerné et étendu en application des dispositions des articles L. 632-3 et L. 632-4 du code rural, le contrat mentionné au premier alinéa doit être conforme à ce contrat type. Ce contrat type peut notamment comprendre des clauses types relatives aux engagements, aux modalités de détermination des prix mentionnés au deuxième alinéa *(L. n° 2006-11 du 5 janv. 2006, art. 53-III)* **« , aux calendriers de livraison, aux durées du contrat » et au principe de prix plancher, clauses types dont le contenu est élaboré dans le cadre de la négociation commerciale par les cocontractants.**

Toute infraction aux dispositions du présent article est punie d'une amende de 15 000 €.

Sur la responsabilité de l'auteur d'une pratique de prix abusivement bas en cas de crise conjoncturelle, V. art. L. 442-9.

Sur la prohibition des enchères à distance inversées pour les produits agricoles visés au 1er al. de l'art. L. 441-2-1, V. art. L. 442-10.

Art. L. 441-3 Tout achat de produits ou toute prestation de service pour une activité professionnelle doivent faire l'objet d'une facturation.

Le vendeur est tenu de délivrer la facture dès la réalisation de la vente ou la prestation du service. L'acheteur doit la réclamer. La facture doit être rédigée en double exemplaire. Le vendeur et l'acheteur doivent en conserver chacun un exemplaire. – *V. Décr. n° 2002-689 du 30 avr. 2002, art. 13, infra, ss. art. L. 470-8.*

La facture doit mentionner le nom des parties ainsi que leur adresse, la date de la vente ou de la prestation de service, la quantité, la dénomination précise, et le prix unitaire hors TVA des produits vendus et des services rendus ainsi que toute réduction de prix acquise à la date de la vente ou de la prestation de services et directement liée à cette opération de vente ou de prestation de services, à l'exclusion des escomptes non prévus sur la facture. – *Sur les autres mentions, et notamment le numéro d'identification de l'entreprise, V. Décr. n° 84-406 du 30 mai 1984, art. 72, infra, App., v° Registre du commerce et des sociétés.*

(L. n° 2001-420 du 15 mai 2001) **« La facture mentionne également la date à laquelle le règlement doit intervenir. Elle précise les conditions d'escompte applicables en cas de paiement à une date antérieure à celle résultant de l'application des conditions générales de vente ainsi que le taux des pénalités exigibles le jour suivant la date de règlement inscrite sur la facture. Le règlement est réputé réalisé à la date à laquelle les fonds sont mis, par le client, à la disposition du bénéficiaire ou de son subrogé. » –** *[Ord. n° 86-1243 du 1er déc. 1986, art. 31, al. 1er à 4]. - V. CGI, art. 237 sexies, infra, App., v° Factures.*

Pour l'interprétation administrative des nouvelles règles relatives à la facturation et aux délais de paiement, V. note de service n° 5955 du 5 août 1993 de la DGCCRF (Contrats Conc. Consom. 1993, n° 194) ; note d'information n° 1005 du 13 déc. 1993 et note de service n° 6032 du 28 mars 1994 (Contrats Conc. Consom. 1994, n° 116).

V. le rapport au Parlement sur les conditions d'application de la loi n° 92-1442 du 31 déc. 1992 relative aux délais de paiement entre les entreprises (BOCC 15 déc. 1994).

V. Dir. n° 2000/35/CE du 29 juin 2000 concernant la lutte contre les retards de paiement dans les transactions commerciales (JOCE n° L. 200 du 8 août 2000).

Les factures et autres documents échangés entre professionnels, personnes de droit privé françaises et étrangères, qui ne sont pas consommateurs ou utilisateurs finals des biens, produits ou services, ne sont pas visés par les dispositions de la loi nº 94-665 du 4 août 1994 relative à l'emploi de la langue française (Circ. 19 mars 1996, JO 20 mars ; D. Affaires 1996. 467).

Pour une remise en cause du mode de calcul du seuil de revente à perte, V. Avis nº 04-A-18 du Conseil de la concurrence et le Rapport Canivet, 18 oct. 2004 (D. 2004. 2772 ; RLC 2005, nº 1, p. 23, obs. Sélinsky, p. 45, obs. Behar-Touchais, et p. 174, obs. Montet et Venayre).

Circulaire du 8 décembre 2005,

Relative aux relations commerciales (JO 30 déc.)

BIBL. ▶ Circulaire du 8 déc. 2005 : FABRE, *Lettre distrib. déc. 2005, p. 1.* – Note de la rédaction, *BRDA 2005, nº 23, p. 17.* – ARHEL, *JCP E 2005, nº 50, p. 2135.* – GRALL, *RLDA janv. 2006. 37* (conséquences et implications pratiques). – BÉHAR-TOUCHAIS, *RLC 2006, nº 6, p. 37.* – MAINGUY, *JCP E 2006, nº 8, p. 349.* – FERRIER et FERRÉ, *Contrats Conc. Consom. 2006. Chron. 2.* – MALAURIE-VIGNAL, *ibid., nº 29.* – GÉRARD, FERRÉ, JAMNET et DELANNOY, *RDLC 2006, nº 1, p. 11* (des nouvelles relations producteurs-distributeurs ?). – ARONICA et CHEVALLIER, *Petites affiches 9 mars 2006, p. 7* (relations commerciales dans l'industrie automobile). – LEBRETON-DERRIEN, *RJ com. 2006. 127.*

▶ Circulaire du 16 mai 2003 : GRALL, *Dr. et patr. juin 2003. 81* (même thème) ; *ibid. juill.-août 2003. 28.* – MAINGUY, *Lettre distrib. juin 2003, p. 1.* – ARHEL, *JCP E 2003, nº 24, p. 969.* – FERRIER et FERRÉ, *D. 2003. 1751.* – SÉLINSKY, *Bull. act. Lamy droit économique juill. 2003, p. 1.* – ZOUGHI, *Petites affiches 2 juill. 2003, p. 6.* – PECNARD et VOISSET, *ibid. 24 sept. 2003, p. 4.* – MALAURIE-VIGNAL, *Contrats Conc. Consom. 2003, nº 113.* – MAINGUY et VERTUT, *JCP E 2003, nº 40, p. 1562.* – DELBARRE et GLAIS, *BRDA 2003, nº 22, p. 14 ; ibid. nº 23, p. 12* (coopération commerciale). – DANY et FABRE, *Cah. dr. entr. 2003, nº 5, p. 26* (avertissement sans frais ?). – Table ronde, *ibid., p. 33* (relations industrie-commerce). – L. et V. VOGEL, *JCP E 2003, nº 50, p. 1996.* – CLAUDEL, *RTD com. 2003. 707.* – POUILLE, *Contrats Conc. Consom. 2004. Chron. 11* (plaidoyer pour un changement dans les rapports entre fournisseurs et distributeurs).

RÉP. COM. vº *Transparence tarifaire et pratiques restrictives* par ARHEL.

BIBL. ▶ ANDRÉ et J.-M. MOUSSERON, *Cah. dr. entr. 1993, nº 1.* – MALAURIE-VIGNAL, *Petites affiches 3 oct. 1994, p. 11* (transparence tarifaire). – L. et J. VOGEL, *JCP E 1995. I. 436* (même thème). – GAFFURI, *Cah. dr. entr. 1996, nº 5, p. 24* (contexte international). – LEBOUCHÉ, *JCP E 1999, nº 12, p. 513* (euro, politique tarifaire et concurrence). – PIETTE-COUDOL, *Comm. com. élec. 2003, Chron. nº 12* (facture électronique). – NARAYAN-FOURMENT, *D. 2004. 2023* (maîtrise des prix : hors du droit de la concurrence, point de salut). – L. et J. VOGEL, *JCP E 2004, nº 28-29, p. 1136* (marges arrière et remises de gamme). – FERRIER, *D. 2004. 3054* ; *JCP E 2005, nº 3, p. 72* (rapport Canivet). – Colloque, *Petites affiches 1er juill. 2005, nº spécial* (pratiques dans la distribution : la réforme impossible ?).

▶ Sur les modifications apportées par la loi du 1er juill. 1996 (mentions des réductions de prix acquises et directement liées à l'opération – réalisation du règlement) : VOGEL, *Contrats Conc. Consom. 1996, nº 143.* – DELBARRE, *Cah. dr. entr. 1996, nº 5, p. 2.* – MALAURIE-VIGNAL, *D. 1996. Chron. 361.* – TRAN THIET, RAKOTOVAO, FRÉGET et VITAL-DURAND, *Contrats Conc. Consom. 1996. Chron. 11.* – PIGASSOU, *D. 1997. Chron. 157.* – DONSIMONI, *Petites affiches 9 févr. 1998, p. 7* (contradiction entre l'art. 31 et l'art. 289 CGI). – RETTERER, *D. 2003. 1210* (restauration de l'équilibre des relations commerciales dans la grande distribution).

▶ Sur les modifications apportées par la loi NRE : GIULJ, *Petites affiches 1er nov. 2002, p. 6* (rédaction des conditions de vente et des factures depuis la loi NRE : mentions obligatoires relatives aux conditions de règlement).

I. DOMAINE D'APPLICATION

BIBL. Arhel, *D. Affaires 1998. 1348.*

A. PERSONNES VISÉES

1. Particuliers. Jugeant que l'obligation de réclamer une facture s'impose quand bien même les achats sont effectués auprès de particuliers, en l'occurrence des ramasseurs de champignons qui ne souhaitaient pas apparaître dans les transactions, V. • TGI Bergerac, 9 mai 2000 : *BID 2002, n° 12, p. 24.*

2. Application aux importateurs. Les obligations de l'art. 31 [C. com., art. L. 441-3] qui s'imposent tant au vendeur qu'à l'acheteur ne constituent pas une entrave à la libre circulation des marchandises, au sens de l'art. 30 [devenu art. 28] du Traité de Rome, dès lors qu'elles portent sur les modalités de la vente et s'appliquent de la même manière aux produits nationaux et à ceux en provenance des autres États membres. • Crim. 18 juin 1998 : *Bull. crim. n° 199 ; D. 1998. IR. 218 ; D. Affaires 1998. 1434, obs. E. P. ; Contrats Conc. Consom. 1998, n° 148, obs. Malaurie-Vignal ; Petites affiches 28 juin 1999, p. 12, obs. Reboul.* ♦ Se rend coupable du délit prévu à l'art. 31 [C. com., art. L. 441-3] le dirigeant d'une société importatrice qui, pour des transactions réalisées sur le territoire national, produit des factures dont l'irrégularité a été établie, faute d'indication de la quantité des produits vendus, de leur dénomination précise et de leur prix unitaire. • Même arrêt.

3. Application aux exportateurs. Les règles de facturation de l'ord. du 1er déc. 1986 [C. com., art. L. 410-1 s.] s'appliquent aux produits achetés en France même si ces produits doivent être distribués ou revendus à l'étranger. • Com. 16 juin 1998 : *Bull. civ. IV, n° 192 ; D. 1998. IR. 179 ; JCP E 1998, n° 37, p. 1379 ; RJDA 1998, n° 1300 ; Contrats Conc. Consom. 1998, n° 146, obs. Malaurie-Vignal ; Petites affiches 23 juin 1999, p.17, obs. Reboul.*

B. TRANSACTIONS VISÉES

4. Prestations de services. Si les droits de place et de stationnement dans les marchés communaux présentent le caractère de contribution indirecte et échappent à ce titre aux dispositions de l'ord. du 1er déc. 1986 [C. com., art. L. 410-1 s.], les recettes perçues par les concessionnaires en contrepartie de prestations complémentaires sont en revanche de nature contractuelle et entrent dans les prévisions de ce texte. • Crim. 10 oct. 1994 : *RJDA 1994, n° 1337.* ♦ Les dispositions de l'art. L. 441-3 s'appliquent à toute vente ou prestation de services à caractère professionnel, quelle que soit la nature contractuelle spécifique de la prestation (pour des prestations de transport et de commissionnaire en transport). • Crim. 19 févr. 2003 : *Bull. crim. n° 46 ; JCP 2004. II. 10019, note Delebecque ; JCP E 2004, n° 38, p. 1445, obs. Letacq ; Contrats Conc. Consom. 2003, n° 128, obs. Malaurie-Vignal ; RTD com. 2003. 582, obs. Bouloc ; RJDA 2003, n° 1006.*

5. Factures de complaisance ou inexactes. Même en cas de factures de complaisance ou inexactes, les dispositions de l'art. 31 [C. com., art. L. 441-3] permettent à l'administration des impôts de bénéficier du mode d'investigation prévu par l'art. 48 de l'ord. du 1er déc. 1986 [C. com., art. L. 450-4]. • Com. 24 mai 1994 : *RJDA 1994, n° 1162.*

6. Prestation et vente fictives. Des factures constatant des prestations fictives et appuyant des paiements indus de rémunérations occultes obéissent aux conditions et qualification du délit de faux en écriture privés dès lors d'une part, qu'une facture, qui doit être conforme aux prescriptions de l'art. 31 [C. com., art. L. 441-3], ne doit être délivrée qu'à la réalisation effective d'une vente ou prestation de service et d'autre part, qu'elle sert de pièce comptable justifiant des passations d'écritures dans les livres et comptes dont la tenue est obligatoire et qui, selon l'art. 17 [C. com., art. L. 123-23] sont admis pour servir de preuve entre commerçants, V. • Paris, 21 sept. 1998 : *BICC 1999, n° 700.*

7. Coopération commerciale. Les factures établies par un distributeur pour les prestations réalisées en exécution de contrats de coopération commerciale doivent permettre d'identifier avec précision la nature exacte des services rendus, les produits et quantités de produits concernés ainsi que la date de réalisation de ces services, et ce, même si ces services font par ailleurs l'objet d'un contrat écrit en double exemplaire détenu par chacune des parties. • Paris, 29 juin 1998 : *RJDA 1998, n° 1407* • 12 mars 2004 : *JCP E 2004, n° 48, p. 1878, obs. Decocq.*

Le fait que les mentions apposées sur une facture de coopération ou de participation publicitaire soient insuffisantes au regard de l'obligation de facturation détaillée édictée par l'art. L. 441-3 n'est pas à lui seul de nature à établir ou à faire présumer l'existence d'une pratique discriminatoire. • Com. 8 févr. 2005 : *RDLC 2005, n° 2, p. 65, obs. de La Laurencie ; Lettre distrib. mars 2005, p. 3.* ♦ Pour des factures tardives et imprécises s'agissant de la date de réalisation des services rendus, de l'absence de quantité et de prix unitaire de ces services et de la désignation de ces services, V. • T. corr. Nantes, 29 sept. 2005 : *Lettre distrib. déc. 2005, p. 5.*

Sur la coopération commerciale, V. art. L. 441-7.

II. REMISE DE LA FACTURE

8. Obligations réciproques. BIBL. Charbit, *Gaz. Pal. 1997. 1. Doctr. 201.* ♦ Les dispositions de l'art. 31 [C. com., art. L. 441-3], selon lesquelles tout achat de produits ou toute prestation de service pour une activité professionnelle doit faire l'objet d'une facture mentionnant, notamment, les rabais, remises ou ristournes dont le principe est acquis et le montant chiffrable au moment de la vente, s'imposent indistinctement au vendeur et à l'acheteur, tenus à des obligations complémentaires et réciproques. • Crim. 20 juin 1994 : *Bull. crim. n° 245 ; D. 1994. IR. 201 ; Contrats Conc. Consom. 1994, n° 161, note Vogel* • TGI Paris, 12 oct. 2000 : *BID 2002, n° 2, p. 6.* ♦ Sur la compatibilité de l'obligation faite à l'acquéreur de réclamer la facture avec l'art. 121-1 C. pén., V. • TGI Saint-Nazaire, 7 mai 1999 : *BID 2002, n° 2, p. 25.* ♦ L'acheteur qui n'exige pas du vendeur une facturation répondant aux exigences légales se rend coupable du délit même si le vendeur n'est pas poursuivi. • Dijon, 26 mai 1994 : *BID 1994, n° 10, p. 25.* ♦ Comp., lorsque l'acheteur ayant acquis la marchandise auprès, non du fournisseur, mais d'une centrale d'achat, n'avait pas la maîtrise de la facturation : • Crim. 3 avr. 1995 : *Bull. act. Lamy droit économique juin 1995, p. 4.*

9. Moment de remise. S'agissant des relations commerciales entre une centrale de référencement et ses adhérents fournisseurs, c'est à la fin de chaque année, au moment où l'ensemble de la prestation est réalisé et connu, que celle-ci est chiffrable et doit donner lieu à une facturation répondant aux exigences fixées par l'ord. de 1986 [C. com., art. L. 441-3 s.]. En revanche, le versement d'« acomptes » à valoir sur la facture n'est soumis à aucun formalisme particulier. • T. corr. Nanterre, 14 mars 1995 : *RJDA 1995, n° 1016.* – V. aussi : Rép. min. n° 46291 : *JOAN Q, 21 oct. 1991, p. 4322.* ♦ Comp., jugeant que chaque facture – fût-elle d'acomptes – doit être analysée isolément et décrire avec une précision suffisante la nature de la prestation pour laquelle elle est émise et la date à laquelle cette prestation a été effectuée : • T. corr. Créteil, 16 déc. 2005 : *Lettre distrib. mai 2006, p. 4.*

9 bis. Résolution du contrat. La résolution ultérieure du contrat est sans incidence sur l'obligation de délivrance d'une facture, étant observé que la restitution du prix fera également l'objet d'une inscription dans la comptabilité du cocontractant. • Colmar, 21 janv. 2004 : *JCP E 2004, n° 48, p. 1878, obs. Decocq ; Contrats Conc. Consom. 2004, n° 113, obs. Malaurie-Vignal.*

III. MENTIONS OBLIGATOIRES

BIBL. Bouloc, *D. 2003. 448* (la facture mensongère et le faux).

10. Adresse des parties. La notoriété des clients ne dispense pas le fournisseur d'indiquer son adresse. • Reims, 17 juin 1994 : *Cah. dr. entr. 1996, n° 5, p. 32, obs. Arhel.* ♦ Si l'adresse d'une entreprise doit s'entendre de son siège social, il paraît toutefois possible d'admettre, sous réserve de l'appréciation souveraine des tribunaux, que soit mentionnée sur la facture l'adresse de l'établissement qui en assure le règlement et avec lequel l'émetteur de la facture est en relation, sous réserve que le nom ou la raison sociale mentionnés sur la facture, également obligatoires, correspondent à ceux de l'entreprise cliente : Lettre DGCCRF du 1er mars 2005 : *BRDA 2005, n° 7, p. 12.* – V. aussi : Lettre DLF du 15 févr. 2005 : *BF 2005, n° 4, inf. 361 ; Lettre distrib. mai 2005, p. 4.*

11. Dénomination précise des produits. La dénomination précise, au sens de l'art. 31 [C. com., art. L. 441-3], s'entend non seulement de l'indication de la nature du produit, mais aussi de ses caractéristiques permettant d'assurer la transparence des prix pratiqués. • Crim. 10 mars 1999 : *Bull. crim. n° 36 ; D. Affaires 1999. 704, obs. E. P. ; Contrats Conc. Consom. 1999, n° 95, obs. Malaurie-Vignal ; Petites affiches 26 nov. 1999, p. 20, obs. Pelletier.* ♦ V. aussi, considérant que la mention de la seule dénomination générique de fruits et légumes ne satisfait pas à l'obligation de mentionner la dénomination précise du produit et qu'une interprétation différente serait contraire à la lettre et à l'esprit de l'ordonnance [C. com., art. L. 441-3 s.] qui a pour objectif d'assurer le rôle d'instrument de preuve et de contrôle des factures : • Paris, 23 mars 1999 : *D. 1999. IR. 140 ; D. Affaires 1999. 984 ; Petites affiches 26 nov. 1999, p. 22, obs. Reboul.* ♦ La dénomination précise suppose l'indication de la marque du produit, la simple mention de la nature de la marchandise n'étant pas suffisamment explicite car elle ne permet pas de savoir avec certitude quel est le produit facturé. • Crim. 12 févr. 1998 : *Petites affiches 21 août 1998, p. 11, obs. Reboul.* ♦ De même, les mentions « congelé » ou « surgelé » doivent être précisées puisqu'elles permettent l'application des délais de paiement réglementés résultant des dispositions de l'art. 35 [C. com., art. L. 443-1]. • TGI Lyon, 8 sept. 2000 : *BID 2001, n° 11, p. 7.* ♦ Jugeant qu'un code TIPS (tarif interministériel des prestations sanitaires), bien qu'imprécis et inexact, n'étant pas un élément de dénomination du produit vendu, n'a jamais induit les utilisateurs en erreur sur sa nature et sa qualité, de telle sorte que l'infraction de facturation non conforme n'est pas caractérisée : • Rennes, 22 janv. 2004 : *JCP E 2004, n° 48, p. 1878, obs. Decocq.* ♦ Pour une facture sur des prestations de services, V. • TGI Lille, 24 oct. 2003 : *cité note 13.*

12. Quantité. En matière de prestations de services, la « quantité » au sens de l'art. L. 441-3, al. 3 est pour l'essentiel le temps passé par les techniciens qui fournissent ces prestations, et le cas échéant, les produits fournis pour la réalisation de ces prestations, de telle sorte que la facture doit procéder à la ventilation de ces différents éléments et non se contenter du montant total des prestations sans aucune précision quant au temps passé, au taux horaire pratiqué, ni au prix unitaire des fournitures. • TGI Nanterre, 23 janv. 2001 : *BID 2002, n° 2, p. 6.*

13. Prix unitaire. La loi n'exige que la mention, sur les factures, du prix unitaire des produits vendus avant toute imputation de réductions de prix et non l'indication du prix effectivement payé. • Crim. 12 juin 1997 : *Bull. crim. n° 234 ; D. 1997. IR. 187 ; D. Affaires 1997. 998.* – V. aussi rapp. Brieuc de Massiac, *RJDA 1997, p. 791.* ♦ Jugé qu'est irrégulière la facture établie par un commissionnaire de transport ne mentionnant qu'un prix forfaitaire sans distinguer entre la prestation de recherche et d'organisation des moyens de transport et le transport lui-même. • Crim. 19 févr. 2003 : *préc. note 4.* ♦ Pour une facture ne comportant qu'un montant global ne permettant pas de connaître le prix unitaire hors TVA de chacun des services rendus : • TGI Lille, 24 oct. 2003 : *Rev. Conc. consom. 2004, n° 138, p. 3.*

14. Remises et ristournes (jurisprudence antérieure à la loi du 1er juill. 1996). BIBL. Meffre, *Cah. dr. entr. 1993, n° 6.* – Frison-Roche et Meffre, *D. 1994. Chron. 311.* – Arhel, *Petites affiches 3 oct. 1994, p. 7.* ♦ La disposition de l'art. 31 [C. com., art. L. 441-3] selon laquelle les factures doivent comporter toutes les mentions, quelle que soit leur date de règlement, étant d'ordre public, enfreint ledit art. la clause des conditions générales de vente prévoyant que le droit aux remises quantitatives et ristournes de fin d'année est subordonné au règlement complet à leur échéance des factures sur la base desquelles la remise ou la ristourne a été calculée. • Paris, 15 nov. 1994 : *BID 1995, n° 12, p. 33.*

Une remise dont le taux est fonction du montant de la commande et effectivement maintenu, même en cas de non-réalisation du chiffre d'affaires initialement prévu, ne peut être conditionnelle. Certaine en son principe et chiffrable, puisque exprimée en valeur relative en fonction d'une base de calcul déterminée, une telle remise devait figurer sur la facture. • Paris, 19 déc. 1994 : *ibid., n° 6, p. 14.* – V. aussi • Paris, 13 déc. 1994 : *Gaz. Pal. 1996. 2. Doctr. 1196.*

En ce sens qu'une ristourne dépendant de la réalisation d'un chiffre d'affaires, n'étant pas acquise en son principe et chiffrable en son montant lors de la vente, n'avait pas à être mentionnée, V. • Colmar, 2 mars 1995 : *Lettre distrib. 1995, n° 3, p. 3.* – *Contra* : • Douai, 12 sept. 1995 : *RJDA 1996, n° 246.*

En ce sens qu'un budget publicitaire spécialement affecté à un article doit être assimilé à une remise spécialement accordée à cet article, V. • Toulouse, 24 oct. 1996 : *BID 1997, n° 9, p. 15.* V. aussi note 10 ss. art. 1er de la loi n° 63-628 du 2 juill. 1963, reproduit ss. art. L. 442-4.

15. Réduction de prix acquise au moment de la vente. Des ristournes de fin d'année, dont le bénéfice n'est acquis au distributeur des produits d'une marque qu'après réalisation de certains seuils de chiffre d'affaires ou d'opérations de promotion, ne sauraient être regardées, faute d'accomplissement des conditions auxquelles elles sont subordonnées, comme acquises au moment de la vente. • Crim. 12 juin 1997 : *Bull. crim. n° 235 ; D. 1997. IR. 187 ; D. Affaires 1997. 998.* – V. aussi rapp. Brieuc de Massiac, *RJDA 1997, p. 791.*

16. Réduction directement liée à l'opération de vente ou de prestations de services. Cette nouvelle condition, issue de la loi du 1er juill. 1996, vise les remises liées à la nature ou à la quantité des produits, ou bien encore à la périodicité ou au conditionnement des achats qui, si elles sont acquises et donc mentionnées sur facture, sont déductibles du prix d'achat. Il n'en est évidemment pas de même pour les prestations détachables du contrat de vente proprement dit, lesquelles font généralement l'objet d'accords de coopération commerciale. Les remises correspondantes devraient faire l'objet d'une facturation séparée, établie par le distributeur, grevée du taux de TVA frappant les services : Rép. min. n° 47190 : *JOAN Q, 17 mars 1997, p. 1409.* ♦ Pour des exemples de remise n'entrant pas dans le cadre d'une coopération commerciale, V. • Rennes, 9 oct. 1997 : *BID 1998, n° 6, p. 58* • Com. 3 mars 2004 : *Bull. civ. IV, n° 44 ; Contrats Conc. Consom. 2004, n° 114, obs. Malaurie-Vignal ; RJDA 2004, n° 908* (et sur renvoi : • Paris, 5 oct. 2004 : *JCP E 2005, n° 31-34, p. 1332, obs. Mainguy ; Contrats Conc. Consom. 2005, n° 30, obs. Malaurie-Vignal ; RJDA 2005, n° 198* : jugeant qu'un service ne cesse pas d'être spécifique au seul motif qu'il peut être rendu par différentes catégories de distributeurs ; conf. par • Com. 6 déc. 2005 : *D. 2006. Pan. 512, obs. Ferrier ; ibid. AJ. 140, obs. Chevrier ; JCP E 2006, n° 4, p. 202 ; Contrats Conc. Consom. 2006, n° 32, obs. Malaurie-Vignal ; RJDA 2006, n° 706 ; RDLC 2006, n° 1, p. 149, obs. Fasquelle et Robervall ; RLDA févr. 2006. 51, obs. Méar*).

17. Technique de la cagnotte. Les réductions de prix consenties, pendant la période de promotion, dans le cadre de pratiques relevant de la technique de la « cagnotte » doivent être mentionnées sur les factures, V. • Amiens, 25 mai 1999 : *Petites affiches 9 févr. 2000, p. 16, note Arhel.*

18. Conditions d'escompte. Un acheteur qui appliquerait l'escompte sans respecter le délai de paiement correspondant ne remplirait pas ses obligations et mettrait en jeu sa responsabilité contractuelle devant les tribunaux compétents : Rép. min. n° 3786 : *JOAN Q, 1er nov. 1993, p. 3822.*

Sont acquis à la date de la vente et constituent par conséquent des réductions de prix devant figurer sur les factures, les escomptes prévus préalablement par les parties en contrepartie du règlement anticipé de factures par rapport aux conditions générales de vente. • Crim. 21 juin 2000 : *BRDA 2000, n° 17 p. 10.*

19. Mode de règlement. L'entreprise qui vend ses produits au comptant doit indiquer ce mode de règlement sur ses factures, mention qui peut alors se substituer à l'indication de la date du règlement et des conditions d'escompte, ainsi que la dénomination précise des produits, l'indication de leur seul nom générique étant insuffisante. • Paris, 25 févr. 1998 : *D. Affaires 1998. 707, obs. E. P. ; Petites affiches 21 août 1998, p. 11, obs. Reboul.*

20. Pénalités pour paiement tardif. BIBL. M.-P. Wagner, *D. 2004. 2634* (pénalités de retard : encore des interrogations). ♦ En ce sens que la mention des pénalités pour paiement tardif n'est pas obligatoire sur les factures, V. : Rép. min. n° 5044 : *JO Sénat Q, 5 mai 1994, p. 1092 ; Contrats Conc. Consom. 1994, n° 163.*

IV. OBLIGATION DE CONSERVATION

21. Délai de conservation. Sur l'articulation entre les art. L. 123-22, L. 441-3, al. 2, C. com. et 13 du Décr. n° 2002-689 du 30 avr. 2002, V. • Cons. conc. n° 05-D-32 du 22 juin 2005 : *cité note 3 ss. art. L. 123-22.*

Art. L. 441-4 Toute infraction aux dispositions de l'article L. 441-3 est punie d'une amende de 75 000 €.

L'amende peut être portée à 50 % de la somme facturée ou de celle qui aurait dû être facturée. — *[Ord. n° 86-1243 du 1er déc. 1986, art. 31, al. 5 et 6]. — V. CGI, art. 1751, infra, App., v° Factures.*

1. Rétroactivité in mitius de la loi du 1er juill. 1996. Depuis l'entrée en vigueur, le 1er janv. 1997, de la nouvelle rédaction de l'art. 31, issue de la loi du 1er juill. 1996 [C. com., art. L. 441-3 s.], qui a restreint le champ d'application des mentions obligatoires à porter dans les factures, la sanction prononcée à l'encontre des demandeurs pour infraction à l'art. 31 [C. com., art. L. 441-3 s.], dans sa rédaction antérieure, ne peut être maintenue à raison de l'existence de leur pourvoi en cassation (application de l'art. 112-1, al. 3, C. pén. : rétroactivité des lois pénales plus douces). • Crim. 23 janv. 1997 : *Bull. crim. n° 36 ; D. 1997. IR. 92 ; D. Affaires 1997. 502* • 5 mai 1997 : *Bull. crim. n° 166 ; D. Affaires 1997. 1244* (V. l'arrêt de renvoi • Angers, 26 févr. 1998 : *BID 1999, n° 2, p. 20).*

2. Intention coupable. La seule constatation de la violation en connaissance de cause d'une prescription légale ou réglementaire implique, de la part de son auteur, l'intention coupable exigée par l'art. 121-3, al. 1er, C. pén. (à propos d'une vente sans facture). • Crim. 25 mai 1994 : *Bull. crim. n° 203 ; Contrats Conc. Consom. 1994, n° 248, obs. Vogel.*

3. Délégation de pouvoirs. BIBL. Dreyer, *D. 2004. 937* (les pouvoirs délégués afin d'exonérer pénalement le chef d'entreprise). ♦ Aucune disposition légale n'interdisant au chef d'entreprise de déléguer ses pouvoirs en matière de fixation des prix, encourt la censure la cour d'appel qui, pour écarter la délégation invoquée par le directeur d'un supermarché poursuivi pour revente à perte, se borne à énoncer que ce dirigeant avait seul le pouvoir, en raison de sa qualité, de s'opposer à l'application d'une opération illégale dans l'établissement dont il était le premier responsable. • Crim. 6 mai 1996 : *RJDA 1996, n° 1335 (1re esp.).* ♦ En revanche, un chef d'entreprise ne saurait s'exonérer de sa responsabilité pénale en invoquant une délégation de pouvoirs, dès lors que, selon les constatations des juges, la comptabilisation de factures fictives incriminée relevait des fonctions de direction qu'il assumait personnellement. • Crim. 13 mars 1995 : *Bull. crim. n° 100.* ♦ Justifie souverainement sa décision la cour d'appel qui, pour condamner le directeur d'un supermarché pour infractions aux règles de la facturation, refuse de prendre en compte la délégation de pouvoirs que celui-ci avait donnée, en cette matière, au chef du secteur des produits frais, au motif que l'établissement des factures relevait, en l'espèce, du service comptable de l'entreprise et que le chef du secteur des produits frais ne pouvait donner des instructions à un service sur lequel il n'avait pas autorité. • Crim. 6 mai 1996 : RJDA 1996, n° 1335 (2e esp.). ♦ En revanche, les chefs de rayon ayant établi de leur propre main les factures insuffisamment renseignées, ils sont les auteurs des infractions. Elles ne doivent pas être mises à la charge du directeur du magasin, dès lors que ces contrats-factures prévoyaient une place pour toutes ces mentions et quand bien même il accepte d'endosser la responsabilité d'infractions dont il n'est pas l'auteur. • Chambéry, 22 janv. 1997 : *BID 1997, n° 10, p. 24.* ♦ Jugeant que le chef d'entreprise a la possibilité de se décharger de sa responsabilité pénale sauf dans les domaines relevant de sa responsabilité ultime, au rang de laquelle ne figure pas la coopération commerciale qui peut faire l'objet d'une délégation à un chef de rayon : • Rennes, 18 mars 2004 : *Contrats Conc. Consom. 2006, n° 31, obs. Malaurie-Vignal ; Rev. Conc. consom. juill.-sept. 2004, p. 2.*

Il n'appartient pas aux enquêteurs d'apprécier la validité et l'étendue d'une délégation de pouvoirs dont l'existence est incertaine. • Crim. 7 mars 1996 : *Bull. crim. n° 109.*

L'étendue de la délégation de pouvoirs invoquée relève du pouvoir souverain d'appréciation des juges du fond. • Crim. 27 févr. 1995 : *RJDA 1995, n° 737.*

Sur les conditions d'efficacité de la délégation de pouvoirs, V. notes 22 s. ss. art. 1er de la loi n° 63-628 du 2 juill. 1963, reproduit ss. art. L. 442-4, *infra.*

4. Preuve des infractions. Les dispositions de l'art. 31 [C. com., art. L. 441-3] permettent à l'administration des impôts de bénéficier du mode d'investigation prévu à l'art. 48 [C. com., art. L. 450-4] pouvant être autorisé au cours de l'enquête prévue à l'art. 47 [C. com., art. L. 450-3]. La possibilité de mise en œuvre du droit de communication par l'Administration fiscale n'interdit pas de recourir aux visites et saisies domiciliaires prévues à l'art. 31 [C. com., art. L. 441-3]. • Com. 12 déc. 1995 : *RJDA 1996, n° 365.* – V. art. L. 450-3 et L. 450-4, *infra.*

Art. L. 441-5 Les personnes morales peuvent être déclarées responsables pénalement dans les conditions prévues à l'article 121-2 du code pénal de l'infraction prévue à l'article L. 441-4. Les peines encourues par les personnes morales sont :

1° L'amende suivant les modalités prévues par l'article 131-38 du code pénal ;

2° La peine d'exclusion des marchés publics pour une durée de cinq ans au plus, en application du 5° de l'article 131-39 du même code. – *[Ord. n° 86-1243 du 1er déc. 1986, art. 31, al. 7].*

Art. L. 441-6 *(L. n° 2005-882 du 2 août 2005, art. 41-I)* « Tout producteur, prestataire de services, grossiste ou importateur est tenu de communiquer à tout acheteur de produits ou demandeur de prestation de services pour une activité professionnelle, qui en fait la demande, ses conditions générales de vente. Celles-ci constituent le socle de la négociation commerciale. Elles comprennent :

« – les conditions de vente ;

« – le barème des prix unitaires ;

« – les réductions de prix ;

« – les conditions de règlement.

« Les conditions générales de vente peuvent être différenciées selon les catégories d'acheteurs de produits ou de demandeurs de prestation de services, et notamment entre grossistes et détaillants. Les conditions dans lesquelles sont définies ces catégories sont fixées par voie réglementaire en fonction notamment du chiffre d'affaires, de la nature de la clientèle et du mode de distribution.

« Dans ce cas, l'obligation de communication prescrite au premier alinéa ne s'applique qu'à l'égard des acheteurs de produits ou des demandeurs de prestation de services d'une même catégorie. Tout producteur, prestataire de services, grossiste ou importateur peut, par ailleurs, convenir avec un acheteur de produits ou un demandeur de prestation de services des conditions particulières de vente justifiées par la spécificité des services rendus qui ne sont pas soumises à cette obligation de communication. »

(L. n° 2001-420 du 15 mai 2001) « Sauf dispositions contraires figurant aux conditions de vente ou convenues entre les parties, le délai de règlement des sommes dues est fixé au trentième jour suivant la date de réception des marchandises ou d'exécution de la prestation demandée. »

(L. nº 2006-10 du 5 janv. 2006, art. 26) **« Contrairement aux dispositions de l'alinéa précédent, pour le transport routier de marchandises, pour la location de véhicules avec ou sans conducteur, pour la commission de transport ainsi que pour les activités de transitaire, d'agent maritime et de fret aérien, de courtier de fret et de commissionnaire en douane, les délais de paiement convenus ne peuvent en aucun cas dépasser trente jours à compter de la date d'émission de la facture. »**

(L. nº 2001-420 du 15 mai 2001) **« Les conditions de règlement doivent obligatoirement préciser les conditions d'application et le taux d'intérêt des pénalités de retard exigibles le jour suivant la date de règlement figurant sur la facture dans le cas où les sommes dues sont réglées après cette date. Sauf disposition contraire qui ne peut toutefois fixer un taux inférieur à une fois et demie le taux d'intérêt légal, ce taux est égal au taux d'intérêt appliqué par la Banque centrale européenne à son opération de refinancement la plus récente majoré de 7 points de pourcentage. Les pénalités de retard sont exigibles sans qu'un rappel soit nécessaire. »** – *V. CGI, art. 237 sexies, infra, App., vº Factures.*

La communication prévue au premier alinéa s'effectue par tout moyen conforme aux usages de la profession.

(Abrogé par L. nº 2005-882 du 2 août 2005, art. 41-II) ***« Les conditions dans lesquelles un distributeur ou un prestataire de services se fait rémunérer par ses fournisseurs, en contrepartie de services spécifiques, doivent faire l'objet d'un contrat écrit en double exemplaire détenu par chacune des deux parties. »*** — V. désormais art. L. 441-7.

Toute infraction aux dispositions visées ci-dessus est punie d'une amende de 15 000 €.

Les personnes morales peuvent être déclarées responsables pénalement, dans les conditions prévues par l'article 121-2 du code pénal.

La peine encourue par les personnes morales est l'amende, suivant les modalités prévues par l'article 131-38 dudit code. – *[Ord. nº 86-1243 du 1er déc. 1986, art. 33].*

V. Avis CERP nos 04-04 et 04-05 du 7 juill. 2004 (conditions d'achat et conditions générales de vente). — V. sur ces avis, Narayan-Fourment, D. 2004. 3207.

Sur les conditions de licéité de la négociation et de la coopération commerciales, V. Lettre de la Direction de la concurrence du 4 nov. 1994 : BID 1995, nº 2, p. 45 ; ... du 27 déc. 1994 : ibid., p. 47.

Sur les délais de paiement en matière de marchés publics, V. L. nº 2001-420 du 15 mai 2001, art. 54 et 55 (JO 16 mai). — Sur des projets de recommandations des organisations professionnelles en matière de délais de paiement, V. Avis CEPC nº 2004-03 du 25 févr. 2004 (BOCC 31 mars 2005). — V. aussi Recommand. CEPC nº 05-01 du 21 mars 2005 (BOCC 23 juin 2005 ; D. 2005. 1018 ; Contrats Conc. Consom. 2005, nº 113, obs. Malaurie-Vignal ; BRDA 2005, nº 7, p. 11 ; Lettre distrib. mai 2005, p. 4 ; RDLC 2005, nº 3, p. 85, obs. Fasquelle et Roberval).

RÉP. COM. vº *Transparence tarifaire et pratiques restrictives,* par ARHEL.

BIBL. ▶ ANDRÉ et J.-M. MOUSSERON, *Cah. dr. entr. 1993, nº 1.* – PIGASSOU, *JCP E 1990. II. 15720 ; RTD com. 1995. 693* (pénalisation de la transparence tarifaire et libre circulation des marchandises). – DELBARRE et LAVABRE, *RJDA 1994, p. 380* (confrontation des conditions générales de vente et conditions générales d'achat). – ACQUAVIVA et DE MONTBLANC, *Cah. dr. entr. 1993, nº 3* (nouveaux documents commerciaux). – ANSTETT-GARDEA, *ibid. 1995, nº 1.* – MALAURIE-VIGNAL, *Petites affiches 3 oct. 1994, p. 4 ; JCP E 1996. I. 537.* – M. MOUSSERON, *Petites affiches 3 oct. 1994, p. 11* (prestations de services). – CAPRIOLI et ROQUILLY, *Cah. dr. entr. 1994, nº 4* (dématérialisation des documents commerciaux). – L. et J. VOGEL, *JCP E 1995. I. 436.* – LUCAS DE LEYSSAC, *Petites affiches 6 mars 1996, p. 5.* – J.-M. MOUSSERON, *Cah. dr. entr. 1998, nº 2, p. 15* (des paiements entre fournisseurs et distributeurs). – LEBOUCHÉ, *JCP E 1999, nº 12, p. 513* (euro, politique tarifaire et concurrence). – LARDEUX, *JCP E 2000, nº 35, p. 1318* (lutte contre le retard de paiement dans les transactions commerciales). – FERRIER, *D. 2004. 3054* (rapport Canivet). – CHABERT, *Comm. com. élec. 2006, nº 65* (délai de paiement du transport).

▶ Sur la loi NRE : GUÉVEL, *Gaz. Pal. 29-30 mai 2002, p. 36* (quelques aspects en matière de concurrence). – GOUYET, *Contrats Conc. Consom. 2002. Chron. 11* (répression des retards de paiements dans les transactions commerciales à travers le prisme de la loi NRE). – RETTERER, *D. 2003. 1210* (restauration de l'équilibre des relations commerciales dans la grande distribution). – Giulj, *Petites affiches 1er nov. 2002, p. 6* (rédaction des conditions de vente et des factures depuis la loi NRE : mentions obligatoires relatives aux conditions de règlement).

▸ Sur la loi du 2 août 2005 : Grall, Meffre et Guet, *D. 2005. 2149* (analyse critique). – Gunther et Viala, *Petites affiches 4 oct. 2005, p. 9* (impact et conséquences). – Chagny, *JCP 2005. I. 173* (modernisation des relations commerciales). – Ferrier et Ferré, *JCP E 2005, n° 43, p. 1812 ; Contrats Conc. Consom. 2005. Chron. 18* (réforme des pratiques commerciales). – Inforeg, *Cah. dr. entr. 2005, n° 5, p. 75* (cahier pratique). – Fasquelle et Roberval, *Petites affiches 6 déc. 2005, p. 4* (réforme du droit des pratiques commerciales). – Béhar-Touchais, *RLC 2005, n° 5, p. 39*. – Fabre, *Cah. dr. entr. 2005, n° 6, p. 40* (les nouvelles conditions générales de vente et d'achat). – Vilmart, *Gaz. Pal. 2006. Doctr. 3813* (de la « facturologie » au « bidouillage »). – Aronica et Chevallier, *Petites affiches 9 mars 2006, p. 7* (relations commerciales dans l'industrie automobile).

▸ Sur la circulaire relative aux relations commerciales, V. ss. art. L. 441-3.

I. DOMAINE D'APPLICATION

1. Application aux seuls producteurs, prestataires de services, grossistes ou importateurs. La société régisseur de la publicité dans les annuaires officiels de France Télécom n'étant à l'évidence ni producteur, ni grossiste, ni importateur au sens de l'art. 33 [C. com., art. L. 441-6], et, par ailleurs, la société partie civile, qui commercialise des appareils de balnéothérapie, n'ayant pas la qualité de revendeur vis-à-vis de celle-ci, puisque leurs domaines d'activité sont totalement différents, ledit art. 33 [C. com., art. L. 441-6] est inapplicable et il y a lieu de relaxer les prévenus du chef de refus de communication de tarifs. • Paris, 3 juin 1993 : *JCP E 1993. Pan. 1076.*

2. Exclusion de l'obligation de communication à un concurrent non-acheteur. L'art. 33 [C. com., art. L. 441-6] ne peut bénéficier au concurrent qui n'a jamais prétendu qu'il pourrait acheter au fournisseur ses produits et, n'étant pas un revendeur habituel desdits produits, n'a jamais demandé au fournisseur de lui rétrocéder une quelconque marchandise mais indique naïvement vouloir connaître les prix des produits vendus par lui. • Versailles, 3 avr. 1997 : *D. Affaires 1997. 694,* conf. sur ce point par • Com. 1er juin 1999 : *Bull. civ. IV, n° 114 ; D. Affaires 1999. 1320 ; Contrats Conc. Consom. 2000, n° 10, obs. Malaurie-Vignal.*

II. PORTÉE DE L'OBLIGATION

3. Absence d'obligation d'établir des conditions générales de vente. L'obligation pour toute entreprise de communiquer son barème et ses conditions de vente prévue à l'art. 33 [C. com., art. L. 441-6] ne signifie pas que l'établissement de ces barèmes en conditions générales de vente soit obligatoire, en particulier dans les professions où la nature des prestations offertes ne s'y prête pas. Cela ne dispense cependant les entreprises, ni de mentionner dans leurs factures, la date limite de paiement qui doit, à peine de discrimination, être la même pour tous les acheteurs ni de rappeler dans ces documents les conditions d'escompte applicables en cas de paiement anticipé – y compris s'il n'y a pas d'escompte – ainsi que les pénalités, conformes à l'art. 33 [C. com., art. L. 441-6], auxquelles s'expose le débiteur en cas de paiement tardif (Rép. min. n° 3027 : *JO Sénat Q, 3 févr. 1994.*) ♦ V. aussi • Nancy, 23 juin 1998 : *JCP 1999. IV. 1540.*

L'absence de barèmes préétablis ne permet pas de se soustraire à l'obligation de communiquer les taux de ristournes accordés aux clients habituels ou occasionnels ainsi que les montants de commandes auxquels correspondent ces remises. • Com. 18 janv. 1994 : *Contrats Conc. Consom. 1994, n° 162, note Vogel.* – Dans le même sens, V. Rép. min. n° 5044 : *JO Sénat Q, 5 mai 1994, p. 1092 ; Contrats Conc. Consom. 1994, n° 163.*

4. Conditions générales de vente différenciées. Sur la faculté reconnue à un fournisseur d'établir des conditions générales de vente distinctes pour les différentes catégories d'acheteur, V. • Com. 12 mars 1996 : *D. Affaires 1996. 608* (commercialisation par un éditeur d'ouvrages à compte d'auteur). • T. com. Paris, 11 mai 2005 : *Lettre distrib. mai 2006, p. 1, obs. André* (distinction entre les négociants et les industriels). ♦ Si la loi du 2 août 2005 légitime les conditions particulières de vente et la différenciation tarifaire, les conditions générales de vente constituent le socle de la négociation commerciale (Lettre du min. de l'Économie du 29 août 2005 : *Lettre distrib. nov. 2005, p. 4*).

III. CONTENU ET MOYEN DE LA COMMUNICATION

5. Rabais, remises et ristournes. Ayant constaté que les rabais et ristournes accordés à titre occasionnel faisaient partie, selon un usage professionnel courant, des informations communiquées aux distributeurs dans un souci de transparence et que les accords versés aux débats n'imposaient aux revendeurs de la société fournisseur aucun service spécifique allant au-delà des obligations contractées ordinairement entre fournisseurs et distributeurs, le juge des référés a pu retenir que le refus opposé par le fournisseur de communiquer à l'un de ses distributeurs le détail des ristournes et escomptes qu'il accordait à certains de ses distributeurs, les conditions spéciales qu'il consentait à l'occasion de campagnes de promotion de certains produits ainsi que les modalités de ses accords de distribution, constituait un trouble manifestement illicite. • Com. 27 févr. 1990 : *Bull. civ. IV, n° 59 ; D. 1990. 521, note Malaurie*.

6. Avoirs sur transactions. En refusant d'ordonner la communication des conditions et de rémunération des avoirs sur transaction consentis à certains revendeurs au motif que ces avoirs ne concerneraient que la grande distribution à laquelle la société demanderesse n'appartient pas, une cour d'appel viole l'art. 33 [C. com., art. L. 441-6] en ajoutant à cette disposition une condition d'appartenance à un circuit de distribution qu'elle ne prévoit pas. • Com. 24 oct. 2000 : *Contrats Conc. Consom. 2001, n° 8, obs. Malaurie-Vignal.*

7. Conditions de règlement et pénalités. BIBL. Labarthe, *D. 1995. Chron. 61.* – M.-P. Wagner, *D. 2004. 2634* (pénalités de retard : encore des interrogations). ♦ Est incomplète la communication ne comprenant pour l'ensemble des produits ni catalogues ni documentation technique ni informations précises sur les conditions de règlement. • Com. 13 févr. 1990 : *Bull. civ. IV, n° 43.* ♦ Les pénalités prévues à l'art. 33, al. 2 [C. com., art. L. 441-6, al. 3], ne constituant pas un intérêt, n'entrent donc pas dans le champ d'application de la loi n° 66-1010 du 28 déc. 1966 prohibant l'usure [C. consom., art. L. 313-1 s.] et peuvent, en cas de mise en demeure adressée à l'acheteur, se cumuler avec des intérêts moratoires (Rép. min. n° 18436 : *JOAN Q, 4 déc. 1995, p. 515*). Par ailleurs, le vendeur qui renoncerait à réclamer le paiement de ces pénalités pourrait engager sa responsabilité civile pour pratique discriminatoire, sur le fondement de l'art. 36 [C. com., art. L. 442-6], s'il peut être démontré que cette renonciation, effectuée sans contrepartie, a entraîné, par exemple, pour un concurrent de l'acheteur, un préjudice indemnisable (Même réponse). Sur le régime fiscal des pénalités, V. Instr. min. 7 mai 1997 : *Contrats Conc. Consom. 1997, n° 121, obs. Vogel.* – V. aussi d'Harcourt, *JCP E 1997, n° 30, p. 282.*

8. Négociation verbale. La communication au demandeur des renseignements ne peut être subordonnée à une « négociation verbale » avec des représentants de la société. • Paris, 24 mars 1992 : *Gaz. Pal. 1992. 2. 590, note Marchi.* ♦ V. aussi, jugeant que la « négociation verbale », en raison de son caractère restrictif et le manque de transparence en résultant, contrevient aux dispositions de l'art. 33 [C. com., art. L. 441-6], et que la communication doit se faire par document écrit, • T. com. Grenoble, réf., 9 mars 1998 : *Gaz. Pal. 9-10 avr. 1999, p. 11.*

IV. SANCTIONS

9. Référé. Le juge des référés peut ordonner à un fournisseur de communiquer à un distributeur ses conditions générales de vente et ses tarifs ainsi que le détail des rabais et ristournes consentis aux revendeurs à titre occasionnel ou habituel si, la condition d'urgence étant remplie, l'existence d'un différend entre les parties justifie cette mesure. • Com. 8 oct. 1991 : *RJDA 1991, n° 1049.* ♦ En revanche, en prononçant une astreinte en vue d'assurer l'exécution de cette mesure au cas où le fournisseur s'abstiendrait ultérieurement de communiquer au distributeur les documents de cette nature, le juge statue pour l'avenir et par disposition générale en ajoutant à l'art. 33 [C. com., art. L. 441-6] une sanction que ce texte ne comporte pas. • Même arrêt. ♦ Sur la compétence du juge des référés, V. aussi • Com. 13 févr. 1990 : *préc. note 7.*

10. Responsabilité civile. Une cour d'appel a légalement justifié sa décision déclarant un fabricant de produits responsable du préjudice subi par un grossiste en raison de l'absence de communication en temps utile des conditions de vente. • Com. 26 nov. 1996 : *RJDA 1997, n° 377.* ♦ Pour la condamnation d'un fournisseur sur le fondement du refus de communiquer les conditions générales de contrat et les contrats de concession déjà conclus avec des concessionnaires. • Paris, 23 avr. 2003 : *Cah. dr. entr. 2003, n° 5, p. 41, obs. Mainguy.*

Art. L. 441-7 *(L. n° 2005-882 du 2 août 2005, art. 42)* **I. — Le contrat de coopération commerciale est une convention par laquelle un distributeur ou un prestataire de services s'oblige envers un fournisseur à lui rendre, à l'occasion de la revente de ses produits ou services aux consommateurs, des services propres à favoriser leur commercialisation qui ne relèvent pas des obligations d'achat et de vente.**

Le contrat de coopération commerciale indiquant le contenu des services et les modalités de leur rémunération est établi, avant leur fourniture, soit dans un docu-

ment unique, soit dans un ensemble formé par un contrat cadre annuel et des contrats d'application.

Chacune des parties détient un exemplaire du contrat de coopération commerciale.

Le contrat unique ou le contrat cadre annuel est établi avant le 15 février. Si la relation commerciale est établie en cours d'année, ces contrats sont établis dans les deux mois qui suivent la passation de la première commande.

Le contrat unique ou les contrats d'application précisent la date à laquelle les services sont rendus, leur durée, leur rémunération et les produits auxquels ils se rapportent.

Dans tous les cas, la rémunération du service rendu est exprimée en pourcentage du prix unitaire net du produit auquel il se rapporte.

Les conditions dans lesquelles un distributeur ou un prestataire de services se fait rémunérer par ses fournisseurs en contrepartie de services distincts de ceux figurant dans le contrat de coopération commerciale, notamment dans le cadre d'accords internationaux, font l'objet d'un contrat écrit en double exemplaire détenu par chacune des parties qui précise la nature de ces services.

II. — Est puni d'une amende de 75 000 € :

1° Le fait de ne pas pouvoir justifier avoir conclu, dans les délais prévus au I, un contrat de coopération commerciale précisant le contenu des services rendus et leur rémunération ;

2° Le fait de ne pas pouvoir justifier avoir conclu avant la fourniture des services les contrats d'application précisant la date des prestations correspondantes, leur durée, leur rémunération et les produits auxquels elles se rapportent ;

3° Le fait de ne pas pouvoir justifier avoir conclu le contrat prévu à la fin du dernier alinéa du I ;

4° Le fait, pour un distributeur ou un prestataire de services, de ne pas faire connaître à ses fournisseurs, avant le 31 janvier, le montant total des rémunérations se rapportant à l'ensemble des services rendus l'année précédente, exprimé en pourcentage du chiffre d'affaires pour chacun des produits auxquels ils se rapportent.

III. — Les personnes morales peuvent être déclarées responsables pénalement des infractions prévues au II dans les conditions prévues par l'article 121-2 du code pénal. La peine encourue est celle prévue par l'article 131-38 du même code.

BIBL. ► RENAUDIN, *Cah. dr. entr. 1995, n° 1.* – TARGA, *ibid.* – SEMADENI, *ibid.* (rédaction des accords de coopération commerciale). – GAFFURI, *ibid. 1996, n° 5, p. 24* (coopération commerciale dans un contexte international). – LEFEBVRE, LEVY et MOTTIER, *Dr. et patr. janv. 2003. 60* (coopération commerciale dans le secteur pharmaceutique). – FERRÉ, *Petites affiches 1er juill. 2005, p. 35.* – VERTUT, *Lettre distrib. janv. 2006, p. 1* (frein à la coopération commerciale). ► Sur la loi du 2 août 2005 : GRALL, MEFFRE et GUET, *D. 2005. 2149* (analyse critique). – GUNTHER et VIALA, *Petites affiches 4 oct. 2005, p. 9* (impact et conséquences). – FERRIER et FERRÉ, *JCP E 2005, n° 43, p. 1812 ; Contrats Conc. Consom. 2005. Chron. 18* (réforme des pratiques commerciales). – FASQUELLE et ROBERVAL, *Petites affiches 6 déc. 2005, p. 4* (même thème). – J.-L. FOURGOUX, *RLC 2005, n° 5, p. 34* (coopération commerciale en pharmacie). – BÉHAR-TOUCHAIS, *ibid., p. 41* (le contrat de coopération commerciale). – RENAUDIER, *Cah. dr. entr. 2005, n° 6, p. 43* (coopération commerciale et services distincts rendus par les distributeurs). – VILMART, *Gaz. Pal. 2006. Doctr. 3813* (de la « facturologie » au « bidouillage »).

► Sur la circulaire relative aux relations commerciales, V. ss. art. L. 441-3.

Jurisprudence antérieure à la L. n° 2005-882 du 2 août 2005.

1. Coopération commerciale. Sur l'obligation, faite à un fournisseur versant à certains de ses distributeurs une rémunération de coopération commerciale, de communiquer à un revendeur, sur le fondement de l'art. 33 [C. com., art. L. 441-6], l'ensemble des conditions, barèmes, taux de rémunération habituellement pratiqués, la nature et le nombre de services correspondants, les produits concernés et les facteurs généraux, objectivement définis, pris en compte pour la détermination des pourcentages de rémunération, afférents aux accords de coopération commerciale, à l'exclusion toutefois des contrats eux-mêmes, V. • Versailles, 8 janv.

1998 : *Petites affiches 4 sept. 1998, p. 11, note Malaurie-Vignal ; Gaz. Pal. 9-10 avr. 1999, p. 10, obs. F. M.-L.* – Sur cette pratique et dans la même affaire, V. aussi note 31 ss. art. L. 420-1. ♦ Sur le contenu des factures établies pour l'exécution des prestations spécifiques en cas de coopération commerciale, V. note 6 ss. art. L. 441-3.

Sur la condamnation d'un distributeur sur le fondement de l'art. L. 441-6, al. 5, qui a, à l'occasion d'un déménagement et de l'agrandissement de son magasin, souscrit avec plusieurs fournisseurs des contrats de coopération commerciale précisant le montant de la participation des fournisseurs mais ne comportant aucune indication explicite et précise des obligations du distributeur permettant d'évaluer l'équilibre du contrat, V. • T. corr. Colmar, 14 févr. 2002 : *RJDA 2002, n° 564.*

2. Coopération rétroactive. Pour la condamnation d'une centrale d'achat pour avoir conclu avec ses fournisseurs des protocoles d'accords transactionnels – qualifiés de contrats de coopération commerciale rétroactifs ne correspondant à aucun service rendu – censés réparer la discrimination qu'elle aurait subi dans ses conditions d'achat par rapport à d'autres distributeurs, V. • T. com. Nanterre, 15 nov. 2005 : *Contrats Conc. Consom. 2006, n° 27, obs. Malaurie-Vignal ; RJDA 2006, n° 69 ; Lettre distrib. nov. 2005, p. 1, note André ; RLC 2006, n° 6, p. 39, obs. Béhar-Touchais ; RDLC 2006, n° 1, p. 148, obs. Mitchell ; RDC 2006. 441, obs. Béhar-Touchais ; ibid. 573, obs. Tort.* – V. aussi art. L. 442-6, II, a).

CHAPITRE II DES PRATIQUES RESTRICTIVES DE CONCURRENCE

Art. L. 442-1 **Les règles relatives aux ventes ou prestations avec primes, aux refus de vente ou de prestation, prestations par lots ou par quantités imposées sont fixées par les articles L. 121-35 et L. 122-1 du code de la consommation reproduits ci-après :**

V. ces art. respectivement reproduits, infra, App., v° Ventes commerciales (XI – Primes ou cadeaux (ventes avec) et Dispositions générales).

Art. L. 442-2 **Le fait, pour tout commerçant, de revendre ou d'annoncer la revente d'un produit en l'état à un prix inférieur à son prix d'achat effectif est puni de 75 000 € d'amende. Cette amende peut être portée à la moitié des dépenses de publicité dans le cas où une annonce publicitaire, quel qu'en soit le support, fait état d'un prix inférieur au prix d'achat effectif.**

(L. n° 2005-882 du 2 août 2005, art. 47-I) **« Le prix d'achat effectif est le prix unitaire net figurant sur la facture d'achat majoré des taxes sur le chiffre d'affaires, des taxes spécifiques afférentes à cette revente et du prix du transport et minoré du montant de l'ensemble des autres avantages financiers consentis par le vendeur exprimé en pourcentage du prix unitaire net du produit, et excédant un seuil de 20 % à compter du 1er janvier 2006.**

« Ce seuil est de 15 % à compter du 1er janvier 2007. » – *V. note ss. art. L. 442-4.*

A compter du 1er janv. 2006, le prix d'achat effectif, tel que défini au 2e al. de l'art. L. 442-2, est affecté d'un coefficient de 0,9 pour le grossiste qui distribue des produits ou services exclusivement à des professionnels qui lui sont indépendants et qui exercent une activité de revendeur au détail, de transformateur ou de prestataire de services final. Est indépendante au sens de la phrase précédente toute entreprise libre de déterminer sa politique commerciale et dépourvue de lien capitalistique ou d'affiliation avec le grossiste (L. n° 2005-882 du 2 août 2005, art. 47-II).

Jusqu'au 31 déc. 2005, le prix d'achat effectif est le prix unitaire net figurant sur la facture d'achat majoré des taxes sur le chiffre d'affaires, des taxes spécifiques afférentes à cette revente et du prix du transport (L. n° 2005-882 du 2 août 2005, art. 47-III, reprenant l'ancienne rédaction du 2e al. de l'art. L. 442-2).

Du 1er janv. 2006 au 31 déc. 2006, pour l'application de l'art. L. 442-2, le montant minorant le prix unitaire net figurant sur la facture d'achat n'excède pas 40 % du montant total de l'ensemble des autres avantages financiers consentis par le vendeur, exprimé en pourcentage du prix unitaire net du produit (L. n° 2005-882 du 2 août 2005, art. 47-III).

Par dérogation aux art. 112-1 et 112-4 C. pén., l'infraction à l'art. L. 442-2 C. com. commise avant le 31 déc. 2006 est jugée, et l'exécution des sanctions prononcées se poursuit, selon la disposition en vigueur lors de sa commission (L. n° 2005-882 du 2 août 2005, art. 47-IV). - V. les art. du code pénal précités au ***C. pén.***

Le Gouvernement remettra au Parlement, avant le 31 déc. 2007 un rapport chargé, notamment, d'évaluer l'opportunité de baisser à 10 % puis à 0 % le seuil mentionné au 2e al. de l'art. L. 442-2 et de définir les modalités pour y parvenir (L. n° 2005-882 du 2 août 2005, art. 57).

BIBL. ▶ Sur la loi du 2 août 2005 en faveur des PME : GRALL, MEFFRE et GUET, *D. 2005. 2149* (analyse critique). – PECNARD et COUSIN, *Petites affiches 26 sept. 2005, p. 3* (quelles marges arrières intégrer dans le seuil de revente à perte ?). – GUNTHER et VIALA, *ibid. 4 oct. 2005, p. 9* (impact et conséquences). – FERRIER et FERRÉ, *JCP E 2005, n° 43, p. 1812 ; Contrats Conc. Consom. 2005. Chron. 18* (réforme des pratiques commerciales). – VILMART, *Gaz. Pal. 2006. Doctr. 3813* (de la « facturologie » au « bidouillage »). – FASQUELLE et ROBERVAL, *RDLC 2005, n° 4, p. 85* (nouveau calcul du seuil de revente à perte) ; *Petites affiches 6 déc. 2005, p. 4* (réforme du droit des pratiques commerciales). – BÉHAR-TOUCHAIS, *RLC 2005, n° 5, p. 41* (nouveau seuil de revente à perte). – GRALL, *Cah. dr. entr. 2005, n° 6, p. 36* (nouveau seuil de revente à perte).

Art. L. 442-3 Les personnes morales peuvent être déclarées pénalement responsables, dans les conditions prévues par l'article 121-2 du code pénal, de l'infraction prévue à l'article L. 442-2.

Les peines encourues par les personnes morales sont :

1° L'amende suivant les modalités prévues par l'article 131-38 du code pénal ;

2° La peine mentionnée au 9° de l'article 131-39 du même code.

La cessation de l'annonce publicitaire peut être ordonnée dans les conditions prévues à l'article L. 121-3 du code de la consommation. — *[Ord. n° 86-1243 du 1er déc. 1986, art. 32 (I), al. 3 et 4]. — V. note ss. art. L. 442-4.*

Art. L. 442-4 I. — Les dispositions de l'article L. 442-2 ne sont pas applicables :

1° Aux ventes volontaires ou forcées motivées par la cessation ou le changement d'une activité commerciale :

***a)* Aux produits dont la vente présente un caractère saisonnier marqué, pendant la période terminale de la saison des ventes et dans l'intervalle compris entre deux saisons de vente ;**

***b)* Aux produits qui ne répondent plus à la demande générale en raison de l'évolution de la mode ou de l'apparition de perfectionnements techniques ;**

***c)* Aux produits, aux caractéristiques identiques, dont le réapprovisionnement s'est effectué en baisse, le prix effectif d'achat étant alors remplacé par le prix résultant de la nouvelle facture d'achat ;**

***d)* Aux produits alimentaires commercialisés dans un magasin d'une surface de vente de moins de 300 mètres carrés et aux produits non alimentaires commercialisés dans un magasin d'une surface de vente de moins de 1000 mètres carrés, dont le prix de revente est aligné sur le prix légalement pratiqué pour les mêmes produits par un autre commerçant dans la même zone d'activité ;**

2° A condition que l'offre de prix réduit ne fasse l'objet d'une quelconque publicité ou annonce à l'extérieur du point de vente, aux produits périssables à partir du moment où ils sont menacés d'altération rapide.

II. — Les exceptions prévues au I ne font pas obstacle à l'application du *(L. n° 2005-845 du 26 juill. 2005, art. 164-I)* **« 2° de l'article L. 653-5 » et du 1 de l'article L. 626-2.** — *[Ord. n° 86-1243 du 1er déc. 1986, art. 32 (II et III)].*

Les dispositions de l'art. 32 de l'Ord. n° 86-1243 du 1er déc. 1986, issues de la loi n° 96-588 du 1er juill. 1996, abrogées et codifiées par l'Ord. n° 2000-912 du 18 sept. 2000 aux art. L. 442-2 à L. 442-4, sont entrées en vigueur le 1er janv. 1997. Jusqu'à cette date, le régime de la revente à perte était défini par l'art. 1er de la loi n° 63-628 du 2 juill. 1963. - V. ce texte, infra.

BIBL. ▶ VOGEL, *Contrats Conc. Consom. 1996, n° 140.* – TRAN THIET, RAKOTOVAO, FRÉGET et VITAL-DURAND, *ibid. 1996. Chron. 11.*

Loi de finances n° 63-628 du 2 juillet 1963, *rectificative pour 1963 portant maintien de la stabilité économique et financière.* **Art. 1er** (Abrogé, à compter du 1er janv. 1997, par L. n° 96-588 du 1er juill. 1996) *I.* (Ord. n° 86-1243 du 1er déc. 1986, art. 32 originel) *« Est puni d'une amende de 100 000 F le commerçant qui revend un produit en l'état à un prix inférieur à son prix d'achat effectif. Le prix d'achat effectif est présumé être le prix porté sur la facture d'achat, majoré des taxes sur le chiffre d'affaires, des taxes spécifiques afférentes à cette revente et, le cas échéant, du prix du transport. »*

II. Les dispositions qui précèdent ne sont pas applicables :

Aux produits périssables à partir du moment où ils sont menacés d'altération rapide ;

Aux ventes volontaires ou forcées motivées par la cessation ou le changement d'une activité commerciale ;

Aux produits dont la vente présente un caractère saisonnier marqué, pendant la période terminale de la saison des ventes et dans l'intervalle compris entre deux saisons de vente ;

Aux produits qui ne répondent plus à la demande générale en raison de l'évolution de la mode ou de l'apparition de perfectionnements techniques ;

Aux produits dont le réapprovisionnement s'est effectué ou pourrait s'effectuer en baisse, le prix effectif d'achat étant alors remplacé par le prix résultant de la nouvelle facture d'achat ou par la valeur de réapprovisionnement ;

Aux produits dont le prix de revente est aligné sur le prix légalement pratiqué pour les mêmes produits par un autre commerçant dans la même zone d'activité.

III. Les exceptions prévues au paragraphe II ci-dessus ne peuvent en aucun cas faire obstacle à l'application des articles 575-5° et 614-6-3° du code de commerce [L. n° 67-563 du 13 juill. 1967, art. 107 § 3 et 127 § 3, abrogés ; V. L. n° 85-98 du 25 janv. 1985, art. 189, 2° et 197, 1°, devenus C. com., art. L. 625-5, 2° et L. 626-2, 1° anciens]. — Les infractions aux dispositions de l'art. 1er sont constatées, poursuivies et réprimées dans les conditions fixées par l'Ord. n° 86-1243 du 1er déc. 1986 (L. n° 63-628 du 2 juill. 1963, art. 4).

BIBL. ▶ J.-M. et M. MOUSSERON, *Cah. dr. entr. 1995, n° 1* (coopération commerciale et revente à perte). – MAINGUY, *ibid.* (clause de prix à marge garantie). – RETTERER, *D. 2003. 1210* (restauration de l'équilibre des relations commerciales dans la grande distribution). – VOISSET, *Petites affiches 9 mai 2005, p. 3* (réforme des relations commerciales). – VILMART, *RLC 2005, n° 3, p. 35* (transparence tarifaire et interdiction de la revente à perte). – PECNARD, *Petites affiches 1er juill. 2005, p. 30* (la vente à perte). ▶ Loi du 2 août 2005 : GRALL, MEFFRE et GUET, *D. 2005. 2149* (analyse critique).

[Jurisprudence relative à l'art. 1er de la loi du 2 juill. 1963]

I. PRINCIPE D'INTERDICTION DE LA REVENTE À PERTE

A. GÉNÉRALITÉS

1. Compatibilité avec le droit communautaire. **BIBL.** Théophile et Giolito, *Cah. dr. entr. 1994, n° 4, p. 8.* – *BEEI 2002, n° 6, p. 11* (proposition de règlement sur les promotions des ventes). ♦ Les art. 3, 5, 85 et 86 [désormais 3, 10, 81 et 82] du Traité de Rome ne s'opposent pas à l'application d'une réglementation nationale interdisant aux commerçants de revendre un produit en l'état à un prix inférieur à son prix d'achat. • Crim. 28 sept. 1992 : *RJDA 1992, n° 1037.* – V. de Massiac, *ibid., p. 806.* ♦ L'art. 30 de ce Traité [désormais art. 157] doit être interprété en ce sens qu'il ne s'applique pas à une législation d'un État membre interdisant de façon générale la vente à perte. • CJCE 24 nov. 1993 : *D. 1994. 185, note Voinot ; Gaz. Pal. 1994. 2. 414, note O. d'Ormesson et A. Wachsmann ; Contrats Conc. Consom. 1993, n° 210, obs. Vogel.* – V. de Massiac, *RJDA 1994, p. 123.*

2. Domaine d'application. L'art. 1er-I ne faisant aucune distinction entre les opérateurs et incriminant tout commerçant qui revendait un produit en l'état à un prix inférieur à son prix d'achat, était punissable la revente à perte de produits par une centrale d'achat à ses filiales. • Crim. 21 juin 1993 : *RJDA 1993, n° 720,* conf. • Paris, 12 nov. 1991 : *BICC 1992, n° 646 ; Gaz. Pal. 1992. 1. 302, note Marchi.*

3. Application dans le temps. V. • Crim. 1er juin 1987 : *Bull. crim. n° 226.*

B. NOTION DE REVENTE À PERTE

4. *Économie globale de l'opération.* Pour apprécier l'existence du délit de revente à perte, il y a lieu de prendre en considération l'économie globale de l'opération de revente (opération combinant un abonnement au réseau internet et la fourniture de modem). • Crim. 7 mai 2002 : *Bull. crim. n°109 ; D. 2002. AJ. 2050 ; ibid. 2003. Somm. 1033, obs. Chopin ; Contrats Conc. Consom. 2002, n° 159, obs. Malaurie-Vignal ; ibid., n° 166, obs. Raymond ; JCP 2003. I. 103, n° 15, obs. Robert ; JCP 2003. II. 10047, note Courtois-Champenois ; RTD com. 2002. 738, obs. Bouloc ; Gaz. Pal. 2003. Somm. 2508, obs. Misse et Dupuy ; RJDA 2003, n° 197.* – V. aussi Serinet, *D. 2002. 3252.* – Comp. jugeant que l'incrimination doit s'analyser produit par produit et non de façon globale (à propos d'un rabais global accordé sur le contenu total d'un « caddie »). • TGI Toulouse, 4 juill. 1994 : *Cah. dr. entr. 1996, n° 5, p. 33, obs. Arhel.*

5. *Prix d'achat présumé (jurisprudence antérieure à la loi du 1er juill. 1996).* La présomption selon laquelle le prix d'achat effectif est celui porté sur la facture d'achat est une présomption simple. • T. com. Paris, réf., 6 sept. 1988 : *Gaz. Pal. 1988. 2. 839, note Marchi.* ♦ La preuve contraire peut résulter de ristournes différées et de conditions de coopération commerciale dont peut, par ailleurs, bénéficier le revendeur. • Même ordonnance. – V. aussi • Crim. 4 févr. 1991 : *Gaz. Pal. 1991. 1. 299, note Bayet.* ♦ Lorsque la facture n'est pas fiable, comme comportant une anomalie manifeste, le revendeur est libre d'apporter la preuve, dont la charge lui incombe, du caractère licite de la revente. • Douai, 7 oct. 1994 : *BICC 1995, n° 68 ; RJDA 1995, n° 302.*

6. *Remises pour paiement comptant.* Pour le calcul du seuil de revente à perte, aucune distinction ne saurait être opérée entre les différentes remises venant en diminution du prix d'achat. • Crim. 10 avr. 1995 : *Bull. crim. n° 153 ; D. 1995. IR. 156.* – V. désormais art. L. 441-3, al. 3, codifiant l'art. 31, al. 3 de l'Ord. de 1986, dans sa rédaction issue de la loi n° 96-588 du 1er juill. 1996.

7. *Réduction acquise à la date de la vente et directement liée à la vente.* En ce sens qu'une ristourne de fin de campagne consentie par un fournisseur à tous les adhérents d'une centrale d'achat, sans autre condition que l'achat, doit être prise en compte dans le calcul du seuil de revente à perte, V. • Orléans, 26 nov. 1998 : *D. Affaires 1999. 1205.*

8. *Prix du transport.* Une société de vente par correspondance peut valablement tenir compte pour le calcul du seuil de revente à perte des frais de port afférents à la livraison de la marchandise. • Douai, 28 sept. 1993 : *RJDA 1994, n° 1043.*

9. *Déduction pour coopération commerciale.* Sur la subordination de la déduction pour services dits « de coopération commerciale » à l'affectation de ces services au produit au prix litigieux : V. • Crim. 1er juin 1987 : *préc. note 3* • 4 févr. 1991 : *cité note 20* • Montpellier, 17 janv. 1995 : *BID 1995, n° 12, p. 34.* – V. aussi • T. com. Paris, 6 sept. 1988 : *préc. note 5* • Chambéry, 27 juin 1996 : *cité note 20.* ♦ V. désormais art. L. 441-3, al. 3, codifiant l'art. 31, al. 3, de l'Ord. de 1986, dans sa rédaction issue de la loi n° 96-588 du 1er juill. 1996.

10. *Remises futures et conditionnelles (jurisprudence antérieure à la loi du 1er juill. 1996).* V. note 10 ss. art. L. 442-4. ♦ Méconnaît le sens et la portée de l'art. 1er et de l'art. 31 de l'ord. n° 86-1243 du 1er déc. 1986 [dans sa rédaction antérieure à la loi du 1er juill. 1996], relatif aux factures, l'arrêt qui autorise le revendeur à faire prendre en compte, pour la détermination du prix d'achat effectif, toutes les remises mêmes futures et conditionnelles, dans la mesure où, leur principe étant acquis, elles devront être, sans fraude, régulièrement et effectivement octroyées, alors que les remises alléguées n'étaient pas chiffrables au jour de la vente. • Crim. 18 févr. 1991 : *JCP E 1991. Pan. 591 ; RTD com. 1991. 685, obs. Bouzat* (V. l'arrêt cassé : • Colmar, 26 févr. 1990 : *JCP 1990. II. 21522, note Burst)* • Crim. 18 mai 1992 : *RJDA 1992, n° 1152.* – V. aussi, • Metz, 26 sept. 1991 : *Cah. dr. entr. 1992, n° 3, note Burst et Mousseron* • Versailles, 14 mai 1992 : *RJDA 1992, n° 847* • TGI Reims, 25 oct. 1993 : *Contrats Conc. Consom. 1995, n° 71, obs. Vogel.* ♦ Les ristournes complémentaires qui peuvent être prises en compte pour la détermination du seuil de revente à perte ne doivent pas revêtir un caractère aléatoire ou être la contrepartie d'un service. • Versailles, 10 oct. 1991 : *RJDA 1992, n° 482.* – Comp. : • Versailles, 16 mars 1989 : *préc. note 2.* ♦ La rémunération de l'exposition des produits de la marque d'un fournisseur par certains détaillants étant accordée par ce premier au vu d'une facture établie par le revendeur, la prestation de ce dernier se trouve ainsi rémunérée dans le cadre de conventions non incluses dans les conditions générales de vente, et fait l'objet d'une facturation autonome, de telle sorte que sa valeur n'a pas à être déduite du prix du produit (pour établir le seuil de revente à perte). • Paris, 5 nov. 1996 : *D. Affaires 1997. 111.* ♦ Sur les remises non intégrées dans le prix facturé à l'origine, dites « remises arrières », V. la position défavorable de l'Administration : Rép. min. n° 19179 : *JO Sénat Q, 16 avr. 1992, p. 941.* ♦ Sur les remises devant figurer sur les factures avant l'intervention de la loi du 1er juill. 1996 et sur la rétroactivité de cette nouvelle loi, moins sévère, V. aussi notes 14 ss. art. L. 441-3 et 1 ss. L. 441-4. ♦ V. aussi notes 30 et 30 *bis* ss. art. L. 420-1. ♦ Comp., désormais : art. 31, al. 3, dans sa rédaction issue de la loi n° 96-588 du 1er juill. 1996 [C. com., art. L. 441-3, al. 3] ; et sur l'application de cet art., notes 15 et 16 ss. art. L. 441-3 et note 1 ss. art. L. 441-4.

II. EXCEPTIONS LÉGALES À L'INTERDICTION

11. Exclusion des exceptions non prévues par un texte. Jugeant qu'un commerçant ne peut valablement revendre à perte ses stocks en prétextant sauver son entreprise de la liquidation judiciaire, V. • T. corr. Paris, 23 janv. 2002 : *BRDA 2002, n° 14, p. 12.*

11 bis. Liquidation. L'interdiction de la revente à perte ne s'applique pas aux ventes volontaires motivées par la cessation ou le changement d'une activité commerciale ; tel est le cas des ventes de liquidation [C. com., art. L. 310-1] autorisées par le préfet en raison d'une prochaine fermeture pour travaux. • Orléans, 27 mars 2003 : *Contrats Conc. Consom. 2004, n° 52, obs. Raymond.* – V. l'article cité, *supra.*

A. PRODUITS SAISONNIERS

12. Produits potentiellement dépréciés. L'exception prévue pour certains produits dépréciables par l'art. 1er-II n'est admissible que lorsque leur revente a lieu à un moment où ils sont potentiellement dépréciés (condamnation, à propos d'une vente de jouets trois jours avant Noël). • Crim. 13 mars 1995 : *RJDA 1995, n° 599.* ♦ S'agissant d'une vente de jouets, le 15 décembre ne constitue pas la période terminale de la saison des ventes, celle-ci commençant en octobre pour s'achever le 24 décembre : • Orléans, 15 sept. 1997 : *BID 1998, n° 5, p. 26.* – V. aussi, pour une mise en vente dès le 19 décembre, • Caen, 7 avr. 1995 : *BID 1997, n° 10, p. 26.* ♦ Dans le même sens, V. • Besançon, 25 nov. 1999 : *BICC 2000, n° 440.* ♦ V., au contraire, jugeant que la mise en vente de jouets le 23 décembre se situe dans la phase terminale de la saison, laquelle ne peut pas se situer après le 24 décembre, • Crim. 3 mai 2001 : *RJDA 2002, n° 441 ; Dr. pénal 2001, n° 131, obs. Robert ; BID 2002, n° 10-11, p. 26.* ♦ Sur la contestation du caractère saisonnier des jouets, V. • TGI Quimper, 23 janv. 1997 : *BID 1998, n° 1, p. 18.* ♦ Sur la revente à perte de produits vendus en période de soldes, V. note 4 ss. art. L. 310-3.

B. PRODUITS NE RÉPONDANT PLUS À LA DEMANDE GÉNÉRALE

13. Quantité vendue. Le faible nombre de ventes ne suffit pas à établir que le produit litigieux ne répond plus à la demande générale en raison de l'évolution de la mode ou des progrès techniques. • Chambéry, 27 juin 1996 : *cité note 20.*

C. ALIGNEMENT DU PRIX

14. Nature de l'exception. L'alignement sur la concurrence est un moyen de défense au fond qui peut être soulevé à tout moment de la procédure. • Crim. 10 avr. 1995 : *préc. note 6.*

14 bis. Nature des produits. Pour la limitation de l'exception au cas prévu par le *d)* du 1° du I de l'art. L. 442-4, V. • Poitiers, 25 juin 2004 : *JCP E 2005, n° 17, p. 703 ; Contrats Conc. Consom. 2005, n° 112, obs. Malaurie-Vignal.*

15. Proximité temporelle. L'exception d'alignement prévue à l'art. 1er-II, dernier al., n'est pas subordonnée à la simultanéité des pratiques visées par ce texte. • Crim. 28 juin 1993 : *Bull. crim. n° 225* (délai de onze jours) • 17 janv. 1994 : *ibid. n° 22 ; D. 1995. 577, note Casson* (délai de trois semaines) • 3 mai 1995 : *Bull. crim. n ° 162 ; D. 1995. IR. 164* (délai d'une semaine). ♦ Mais le prix servant de base à l'alignement ne peut valablement consister en un prix ayant été pratiqué un mois après la date du contrôle. • Montpellier, 17 janv. 1995 : *préc. note 9.* ♦ Sur le rejet d'un alignement sur un prix non encore pratiqué, V. • Rouen, 24 févr. 1994 : *Cah. dr. entr. 1996, n° 5, p. 34, obs. Arhel.*

16. Proximité géographique. La notion de « zone d'activité » doit s'apprécier au regard de l'entreprise et du marché. • Crim. 10 avr. 1995 : *préc. note 6.* ♦ Le directeur d'un magasin à grande surface ne peut invoquer utilement un alignement sur un commerçant situé à 25 km dans une autre zone d'activité. • Crim. 10 oct. 1996 : *cité note 20.*

17. Proximité des prix. Il n'est pas exigé que le prix aligné soit identique au prix servant de référence (à propos d'un alignement partiel, tantôt sur un concurrent, tantôt sur un autre). • Crim. 3 mai 1995 : *préc. note 15.* ♦ ... Ni que le prix aligné soit égal au prix de référence (à propos d'un prix supérieur) : • Crim. 23 janv. 1995 : *Bull. crim. n° 29 ; RJDA 1995, n° 456.*

18. Alignement sur un prix lui-même illicite. Un prévenu ne peut valablement arguer d'un alignement sur le prix d'un concurrent, lui-même inférieur au seuil de revente à perte, ce qu'il ne pouvait ignorer dès lors qu'il s'agissait de deux enseignes en situation dominante. • TGI Lille, 26 avr. 1996 : *BID 1997, n° 5, p. 27.*

19. Preuve. Du moment où il n'est point contesté que le prévenu, auquel est reproché une revente à perte, a aligné ses prix sur ceux des commerçants concurrents, il ne saurait être exigé de lui la preuve de la légalité des prix pratiqués par ceux-ci, ce qui reviendrait à rapporter une preuve impossible. • Dijon, 1er mars 1990 : *Gaz. Pal. 1990. 2. 687, note Doucet.* ♦ Il suffit au revendeur d'apporter la preuve du prix sur lequel il prétend s'aligner, sauf à la partie poursuivante à établir le caractère illégal de ce prix. • Crim. 11 mars 1991 : *D. 1991. IR. 144 ; Gaz. Pal. 1991. 2. 399, note Bayet* • 3 mai 1995 : *préc. note 15* • Paris, 25 sept. 1995 : *D. 1995. IR. 270.* ♦ La preuve du prix du concurrent peut résulter de la production d'un ticket de caisse. • Crim. 11 mars 1991 : *JCP 1991. IV. 237.* – V. aussi • Crim. 3 juin 1991 : *ibid. 357.*

La preuve peut être rapportée postérieurement au contrôle effectué par les agents de la Direction de la concurrence et de la consommation. • Crim. 3 avr. 1997 : *D. Affaires 1997. 1212 ; RJDA 1997. 1506.*

III. SANCTIONS

A. SANCTIONS PÉNALES

20. Élément intentionnel de l'infraction. La seule constatation de la violation en connaissance de cause d'une prescription légale implique de la part de son auteur l'intention coupable exigée par l'art. 121-3 C. pén. • Crim. 4 avr. 2001 : *RJDA 2001, n° 1269.* ♦ Est ainsi caractérisé en tous ses éléments constitutifs le délit de revente à perte dès lors que les prix de revente du prévenu, compte tenu des seules remises dont il justifie, sont inférieurs à ses coûts d'achat effectifs. • Crim. 10 oct. 1996 : *Bull. crim. n° 358 ; D. Affaires 1997. 216.* ♦ Il importe peu pour la qualification que l'infraction ait porté sur une quantité restreinte de produits. • Pau, 21 avr. 2005 : *RDLC 2005, n° 4, p. 89, obs. Fasquelle et Roberval.* ♦ Comp., pour un arrêt ayant jugé que l'art. 121-3 C. pén. étant applicable, le délit de revente à perte n'est constitué que si le prévenu a eu l'intention de le commettre ou a été imprudent ou négligent dans le mode de calcul de son prix de revente : • Nancy, 8 févr. 1996 : *Gaz. Pal. 1996. 2. Doctr. 1197, obs. O.F.* ♦ Avant l'entrée en vigueur de l'art. 121-3 C. pén., le 1er mars 1994, la chambre criminelle considérait que le texte n'exige point que l'intention frauduleuse soit établie. • Crim. 4 févr. 1991 : *D. 1991. IR. 120 ; Gaz. Pal. 1991. 2. 401, note Doucet.* – Comp., précisant que le prévenu doit avoir agi « en connaissance de cause » : • Chambéry, 27 juin 1996 : *JCP E 1996. Pan. 991.* ♦ ... Jugeant que l'élément intentionnel est démontré par l'attitude du prévenu tendant à faire croire aux enquêteurs qu'il n'y avait pas eu de réapprovisionnement après la hausse de taxes sur le carburant. • Montpellier, 27 févr. 1995 : *BID 1996, n° 3, p. 41.* – Comp., aussi, pour une relaxe motivée, notamment, par l'imprécision de la position de l'Administration sur la prise en considération des ristournes : • TGI Strasbourg, 23 juin 1994 : *ibid.*

21. Preuve. La seule production de factures suffit à établir l'illicéité de la revente pratiquée en deçà du prix d'achat effectif qui y figure. • Crim. 4 avr. 2001 : *RJDA 2001, n° 1269.*

22. Admission de la délégation de pouvoirs. BIBL. Bayet, *Gaz. Pal. 1993. 2. Doctr. 923.* – De Massiac, *RJDA 1995, p. 927.* – Dreyer, *D. 2004. 937* (les pouvoirs délégués afin d'exonérer pénalement le chef d'entreprise). ♦ Sauf si la loi en dispose autrement, le chef d'entreprise qui n'a pas personnellement pris part à la réalisation de l'infraction peut s'exonérer de sa responsabilité pénale s'il rapporte la preuve qu'il a délégué ses pouvoirs à une personne pourvue de la compétence de l'autorité et des moyens nécessaires. • Crim. 11 mars 1993 : *Bull. crim. n° 112 ; D. 1994. Somm. 135, obs. Roujou de Boubée ; JCP E 1994. II. 571, note Robert ; Bull. Joly 1993. 666, note Cartier* • 17 janv. 1994 : *ibid.* • 3 mai 1995 : *ibid.* • 6 mai 1996 : *RJDA 1996, n° 1335.* – *Contra :* • Besançon, 8 mars 1994 : *Bull. act. Lamy droit économique, oct. 1994, p. 7.* ♦ Pour un arrêt ayant admis que les contrats de travail des responsables des secteurs alimentaire et non alimentaire d'une grande surface opéraient, pour les infractions d'achat sans facture de produits frais et de revente à perte de conserves et de lessives, délégation de pouvoirs, les préposés en question bénéficiant d'une connaissance technique suffisante à la compréhension des textes à faire respecter, V. • Angers, 22 nov. 1994 : *BID 1995, n° 12, p. 34.* ♦ Comp. aussi, auparavant, jugeant que le dirigeant de l'entreprise où les pratiques illicites sont constatées ne saurait s'exonérer en invoquant une délégation de pouvoir, dès lors que les faits incriminés relèvent des fonctions de direction qu'il assume personnellement : • Crim. 11 mars 1991 : *D. 1991. IR. 160 ; Rev. sociétés 1991. 565, note Bouloc* • 18 mai 1992 : *RJDA 1992, n° 1153.* ♦ Comp. : note 7 ss. art. L. 443-1.

23. Preuve de la délégation de pouvoirs. La délégation de pouvoir n'a pas besoin d'avoir date certaine, la preuve de la valeur et de l'étendue d'une délégation de pouvoirs, et des subdélégations éventuelles, n'étant soumise à aucune forme particulière. • Crim. 15 nov. 1994 : *Bull. act. Lamy droit économique janv. 1995, p. 3.* ♦ Sur la validité d'une subdélégation, sous réserve de la preuve, d'une part, de la formation et de la compétence du subdélégataire, d'autre part, de la faculté, par le subdélégant lui-même, de déléguer à un subordonné, V. • Crim. 25 janv. 1996 : *BID 1996, n° 6, p. 32.* – V. aussi • Crim. 3 avr. 1997 : *préc. note 19* • Rouen, 29 avr. 1996 : *BID 1997, n° 5, p. 20.*

B. ACTION EN JUSTICE

24. Action en référé d'un fournisseur. Peut être admise l'action en référé introduite par un fournisseur en cessation de la revente à perte pratiquée par un distributeur, cette pratique exposant le fournisseur, d'une part, à une dépréciation de son image de marque, le produit pouvant apparaître comme bradé et, d'autre part, aux soupçons des autres distributeurs sur l'existence de conditions préférentielles consenties à des concurrents, mettant ainsi en péril sa politique commerciale. • Com. 20 juin 1995 : *RJDA 1995, n° 1004.*

25. Action civile des associations. Une association de défense de commerçants et d'artisans ne peut valablement se constituer partie civile à l'occasion des poursuites exercées contre le dirigeant d'un hypermarché pour revente à perte, dès lors qu'elle n'est pas une victime directe de l'infraction et qu'elle ne figure pas au nombre des personnes auxquelles le législateur a reconnu le droit d'agir en justice. • Crim. 7 déc. 1992 : *RJDA 1993, n° 49.* ♦ En revanche, est recevable la constitution de partie civile d'une association de consommateurs agréée dès lors que la revente à perte, incompatible avec une concurrence saine et loyale, est contraire à l'intérêt général des consommateurs, et qu'est donc caractérisé le préjudice direct ou indirect causé à l'intérêt collectif des consommateurs. • Crim. 10 oct. 1996 : *préc. note 20.* ♦ Jugeant que l'intérêt protégé par la répression de la revente à perte est la loyauté de la concurrence entre commerçants et ne concerne pas directement les consommateurs bénéficiaires de cette concurrence sauvage, V. • TGI Amiens, 16 sept. 1997 : *BID 1998, n° 12, p. 26.*

Art. L. 442-5 **Est puni d'une amende de 15 000 € le fait par toute personne d'imposer, directement ou indirectement, un caractère minimal au prix de revente d'un produit ou d'un bien, au prix d'une prestation de service ou à une marge commerciale.** – *[Ord. n° 86-1243 du 1er déc. 1986, art. 34].*

V. dérogeant à cette prohibition en matière de livre, L. n° 81-766 du 10 août 1981, art. 1er, infra, App., v° Concurrence (I - Droit interne).

BIBL. ▸ DELBARRE, *RJDA 1993. 167.* – GRANIER, *RTD com. 1991. 358* (contrat de franchise). – J.-M. et M. MOUSSERON, *Cah. dr. entr. 1995, n° 1* (coopération commerciale et prix imposés). – DELBARRE, J.-M. et M. MOUSSERON, *ibid., n° 6, p. 9* (police des prix de revente par les fournisseurs). – VERTUT, *Contrats Conc. Consom. 2000. Chron. 15* (communications en matière de prix de revente et droit de la concurrence). – ARHEL, *JCP E 2000, n° 46, p. 1799* (lutte contre les pratiques de prix imposés en Europe). – ARHEL, *Petites affiches 16 nov. 2001, p. 4* (*idem* 2000 et 2001).

I. PRINCIPE DE PROHIBITION DES PRIX MINIMUM IMPOSÉS

1. Champ d'application. Jugeant que les dispositions de l'art. L. 442-5 ne sont pas applicables au propriétaire de marchandises que les fait vendre au détail en son nom et pour son compte par un prétendu franchisé, ce dernier ne pouvant se prévaloir de la qualité de commerçant indépendant, cet élément essentiel au contrat de franchise faisant défaut : • Paris, 18 juin 2003 : *Contrats Conc. Consom. 2004, n° 19, obs. Leveneur.*

1 bis. Imposition d'un coefficient minimal. L'envoi par un fournisseur de lettres de rappel à l'ordre à des distributeurs, qui ne respectent pas le coefficient minimal qu'il préconise, est constitutif du délit de prix imposés sans qu'il soit nécessaire d'apporter la preuve que ces injonctions aient été suivies d'un effet direct et matériellement constaté. • Versailles, 28 nov. 1990 : *Gaz. Pal. 1991. 2. 410, note Marchi.*

2. Exigence d'une autorisation du fournisseur. Le fait de subordonner à l'autorisation du fournisseur la fixation de prix inférieurs de 10 % à un prix moyen de référence contrevient à l'art. 34 [C. com., art. L. 442-5]. • T. com. Paris, 16 mai 1995 : *Petites affiches 22 mars 1996, p. 16, note Dreyer.*

3. Pratique des prix « conseillés ». Un prix présenté comme « conseillé » par le concédant, peut constituer, en réalité, un prix imposé, tant en ce qui concerne les produits vendus que les services rendus à la clientèle, dès lors que, par son statut, le concessionnaire se trouve dans un état de dépendance économique tel qu'il est tenu de le respecter. • Paris, 17 janv. 1995 : *D. 1997. Somm. 63, obs. Ferrier*. ♦ Est illicite la clause d'un contrat de franchise par laquelle le franchisé l'oblige à l'égard du franchiseur « à respecter autant que faire ce peu » des marges bénéficiaires décidées par le franchiseur, celles-ci ne pouvant dès lors être considérées comme des « marges conseillées à titre indicatif », qui a pour effet de dissuader les entreprises appartenant au réseau mis en place par le franchiseur de procéder à la fixation autonome de leurs prix. • Com. 1er juin 1993 : *Bull. civ. IV, n° 222 ; D. 1995, somm., 79, obs. Ferrier*. ♦ Pour un autre exemple de prix, présentés par le fabricant comme « conseillés » aux détaillants du réseau de distribution sélective, mais constituant, en réalité, des prix imposés, en raison de menaces de rétorsions commerciales, V. • Crim. 25 nov. 1991 : *Gaz. Pal. 1992. 1. Somm. 166, obs. Doucet.* ♦ Pour des prix « indicatifs » de revente qui revêtent un caractère obligatoire, compte tenu d'une clause interdisant aux revendeurs toute remise promotionnelle sur les produits de la marque sans le consentement du concédant et d'une politique de refus systématique de telles remises, V. • Crim. 22 août 1995 : *D. 1997. Somm. 63, obs. Ferrier ; RJDA 1996, n° 77.*

4. Clause d'approvisionnement exclusif. Ayant retenu que le prix d'achat des marchandises achetées par le franchisé était déterminé par le franchiseur, que le franchisé se trouvait dans l'obligation d'appliquer à la clientèle le tarif déterminé et transmis par le franchiseur, une cour d'appel a pu en déduire, en justifiant légalement sa décision d'annulation, que par l'effet de la clause d'approvisionnement exclusif les prix étaient déterminés dans des conditions contraires à l'art. 34 [C. com., art. L. 442-5]. • Com. 7 oct. 1997 : *Contrats Conc. Consom. 1998, n° 2, note Leveneur ; JCP 1998. II. 10110, note Mainguy.* – V. aussi note 30 ss. art. L. 420-1, *supra*, et note 9 ss. l'art. 2 de l'arrêté du 21 févr. 1991, *supra*, ss. art. L. 330-3.

5. Refus de livraison. Constitue un moyen indirect d'imposer un prix minimal au prix de revente d'un produit le refus de livrer celui-ci au motif que le prix de revente est insuffisant. • Crim. 31 oct. 2000 : *Bull. crim. n° 326 ; RTD com. 2001. 265, obs. Bouloc ; Contrats Conc. Consom. 2001, n° 73, obs. Malaurie-Vignal.*

5 bis. Prix accepté. Relevant qu'il résulte du contrat que le prix a été fixé à la suite d'un accord entre les parties, puisque signé, sans contrainte ni violence, et n'a donc pas été imposé, au sens des dispositions légales : • Nîmes, 22 mai 2003 : *Cah. dr. entr. 2003, n° 5, p. 51, obs. crit. Respaud.*

II. TEMPÉRAMENTS

6. Ristournes conditionnelles. Le fait d'offrir, à l'occasion de la cession d'un produit, des rabais, remises ou ristournes dans des conditions d'attribution définies de manière objective et ne prêtant pas à discrimination, n'est pas de nature à restreindre la liberté de leur bénéficiaire éventuel de fixer le prix de revente de ces produits et ne saurait constituer une pratique tendant à conférer un caractère minimal aux prix de revente. • Crim. 30 nov. 1992 : *Bull. crim. n° 396 ; D. 1993. IR. 37* • 29 nov. 1993 : *Bull. crim. n° 362 ; D. 1994. IR. 15.* ♦ La pratique de rabais, remises ou ristournes hors facture ne constitue pas une façon d'imposer indirectement un caractère minimal au prix de revente du distributeur, puisqu'il n'existe pas de délit de refus d'acheter et que le distributeur est libre d'adhérer ou non aux conditions de vente proposées par le fournisseur : • Versailles, 14 mai 1992 : *RJDA 1992, n° 849.* ♦ Mais l'infraction de prix imposés est commise par un fabricant qui, par un mécanisme conditionnel de ristournes, se donne les moyens de prévenir toute revente au-dessous du prix facturé, V. • Crim. 5 nov. 1990 : *D. 1991. IR. 10.* ♦ Pour un autre exemple de ristourne conditionnelle contraire à l'art. 34 [C. com., art. L. 442-5], V. • Paris, 29 mars 1994 : *Contrats Conc. Consom. 1994, n° 236, note Vogel.*

7. Plancher de rémunération variable. Un fournisseur a toujours le droit de fixer contractuellement un plancher à une rémunération variable. Ce faisant, il ne peut être accusé d'imposer un prix de revente minimal, le revendeur conservant le droit de fixer son prix en tenant compte des éléments de son prix de revient. • T. com. Paris, 16 mai 1995 : *préc. note 2.*

8. Tarifs maxima. L'obligation souscrite par le franchisé d'utiliser les tarifs de base du franchiseur n'est pas illicite, dès lors qu'il s'agit de tarifs maxima que le franchiseur peut définir afin d'assurer l'homogénéité du réseau de franchise. • Paris, 16 juin 1993 : *D. 1995. Somm. 79, obs. Ferrier*. ♦ Mais la pratique de prix minimum imposé est établie lorsque les revendeurs d'un groupement de commerçants indépendants disposent d'une marge de manœuvre réduite à l'extrême par le caractère très bas des prix maximaux figurant au recueil de prix promotionnels, dans un contexte de grande tension des prix des lessives sur le marché et par les principes mêmes qui, en vertu de la charte du groupement, gouvernent les relations de celui-ci avec les franchisés, leur faisant obligation de ne pas s'éloigner dans des proportions trop importantes des prix établis dans cette chaîne de distribution développant une image de pratique de prix bas et que le contrat de franchise souscrit par tous les revendeurs leur interdit de pratiquer des prix supérieurs au prix maximal ou encore de le baisser de manière anormale. • Com. 27 janv. 1998 : *RJDA 1998, n° 798.*

III. SANCTIONS

9. Imputabilité de l'infraction. Il entre dans les attributions du président du conseil d'administration de veiller à la bonne conduite de la politique commerciale pratiquée, notamment, vis-à-vis des grands distributeurs des produits de la société. • Paris, 29 mars 1994 : *préc. note 6.* ♦ Pour la condamnation du président d'une société à indemniser de leur préjudice moral les franchisés, personnes physiques et sociétés, constitués parties civiles : • Crim. 19 févr. 2003 : *Dr. pénal 2003, n° 87, obs. Robert.* ♦ En cet état, et dès lors que le prévenu, devant répondre des conséquences dommageables de l'infraction dont il s'est personnellement rendu coupable, ce délit eût-il été commis dans le cadre de ses fonctions de dirigeant social, engage sa responsabilité civile à l'égard des tiers auxquels cette infraction a porté préjudice. • Même arrêt.

10. Sanction civile : nullité du contrat. Justifie légalement sa décision d'annuler un contrat de franchise la cour d'appel qui a constaté que par l'effet de la clause d'approvisionnement exclusif liant les parties, les prix étaient déterminés dans des conditions contraires aux dispositions de l'art. 34 de l'ord. du 1er déc. 1986. • Com. 7 oct. 1997 : *préc. note 4.* ♦ Doit être annulé en raison de son caractère anticoncurrentiel le contrat de concession exclusive qui prévoit que le concessionnaire a l'obligation d'appliquer le tarif conseillé par le concédant et ne lui laisse aucune autonomie dans la fixation de ses prix, ce qui est contraire à l'art. 34 de l'ord. du 1er déc. 1986 (C. com., art. L. 441-5). • Paris, 17 janv. 1995 : *préc. note 3.* ♦ Pour d'autres décisions annulant des contrats stipulant des clauses contrevenant à l'art. 34 [C. com., art. L. 442-5], V. note 9 ss. l'art. 2 de l'arrêté du 21 févr. 1991, *supra*, ss. art. L. 330-3.

Art. L. 442-6 I. — Engage la responsabilité de son auteur et l'oblige à réparer le préjudice causé le fait, par tout producteur, commerçant, industriel ou *(L. n° 2003-7 du 3 janv. 2003)* **« personne immatriculée au répertoire des métiers » :**

1° De pratiquer, à l'égard d'un partenaire économique, ou d'obtenir de lui des prix, des délais de paiement, des conditions de vente ou des modalités de vente ou d'achat discriminatoires et non justifiés par des contreparties réelles en créant, de ce fait, pour ce partenaire, un désavantage ou un avantage dans la concurrence ;

2° *(L. n° 2001-420 du 15 mai 2001)* **«** ***a)*** **D'obtenir ou de tenter d'obtenir d'un partenaire commercial un avantage quelconque ne correspondant à aucun service commercial effectivement rendu ou manifestement disproportionné au regard de la valeur du service rendu. Un tel avantage peut notamment consister en la participation, non justifiée par un intérêt commun et sans contrepartie proportionnée, au financement d'une opération d'animation commerciale, d'une acquisition ou d'un investissement, en particulier dans le cadre de la rénovation de magasins ou encore du rapprochement d'enseignes ou de centrales de référencement ou d'achat ; »** *[.] (L. n° 2005-882 du 2 août 2005, art. 49-I)* **« Un tel avantage peut également consister en une globalisation artificielle des chiffres d'affaires ou en une demande d'alignement sur les conditions commerciales obtenues par d'autres clients ; »**

(L. n° 2001-420 du 15 mai 2001) **«** ***b)*** **D'abuser de la relation de dépendance dans laquelle il tient un partenaire ou de sa puissance d'achat ou de vente en le soumettant à des conditions commerciales ou obligations injustifiées ; »** *[.] (L. n° 2005-882 du 2 août 2005, art. 49-II)* **« Le fait de lier l'exposition à la vente de plus d'un produit à l'octroi d'un avantage quelconque constitue un abus de puissance de vente ou d'achat dès lors qu'il conduit à entraver l'accès des produits similaires aux points de vente ; »**

(L. n° 2001-420 du 15 mai 2001) **« 3° » D'obtenir ou de tenter d'obtenir un avantage, condition préalable à la passation de commandes, sans l'assortir d'un engagement écrit sur un volume d'achat proportionné et, le cas échéant, d'un service demandé par le fournisseur et ayant fait l'objet d'un accord écrit ;**

4° D'obtenir ou de tenter d'obtenir, sous la menace d'une rupture brutale *(L. n° 2001-420 du 15 mai 2001)* **« totale ou partielle » des relations commerciales, des prix, des délais de paiement, des modalités de vente ou des conditions de coopération commerciale manifestement dérogatoires aux conditions générales de vente ;**

5° *(L. nº 2001-420 du 15 mai 2001)* « De rompre brutalement, même partiellement, une relation commerciale établie, sans préavis écrit tenant compte de la durée de la relation commerciale et respectant la durée minimale de préavis déterminée, en référence aux usages du commerce, par des accords interprofessionnels. Lorsque la relation commerciale porte sur la fourniture de produits sous marque de distributeur, la durée minimale de préavis est double de celle qui serait applicable si le produit n'était pas fourni sous marque de distributeur. A défaut de tels accords, des arrêtés du ministre chargé de l'économie peuvent, pour chaque catégorie de produits, fixer, en tenant compte des usages du commerce, un délai minimum de préavis et encadrer les conditions de rupture des relations commerciales, notamment en fonction de leur durée. Les dispositions qui précèdent ne font pas obstacle à la faculté de résiliation sans préavis, en cas d'inexécution par l'autre partie de ses obligations ou en cas de force majeure ; *[.]* » *(L. nº 2005-882 du 2 août 2005, art. 49-III)* « Lorsque la rupture de la relation commerciale résulte d'une mise en concurrence par enchères à distance, la durée minimale de préavis est double de celle résultant de l'application des dispositions du présent alinéa dans les cas où la durée du préavis initial est de moins de six mois, et d'au moins un an dans les autres cas ; »

6° De participer directement ou indirectement à la violation de l'interdiction de revente hors réseau faite au distributeur lié par un accord de distribution sélective ou exclusive exempté au titre des règles applicables du droit de la concurrence ;

(L. nº 2001-420 du 15 mai 2001) « 7° De soumettre un partenaire à des conditions de règlement manifestement abusives, compte tenu des bonnes pratiques et usages commerciaux, et s'écartant au détriment du créancier, sans raison objective, du délai indiqué au *(L. nº 2005-882 du 2 août 2005, art. 48-I)* « huitième » alinéa de l'article L. 441-6 ; »

(L. nº 2005-882 du 2 août 2005, art. 48-II) « 8° De procéder au refus ou retour de marchandises ou de déduire d'office du montant de la facture établie par le fournisseur les pénalités ou rabais correspondant au non-respect d'une date de livraison ou à la non-conformité des marchandises, lorsque la dette n'est pas certaine, liquide et exigible, sans même que le fournisseur n'ait été en mesure de contrôler la réalité du grief correspondant. »

(L. nº 2001-420 du 15 mai 2001) « II. – Sont nuls les clauses ou contrats prévoyant pour un producteur, un commerçant, un industriel ou *(L. nº 2003-7 du 3 janv. 2003)* « une personne immatriculée au répertoire des métiers », la possibilité :

« *a)* De bénéficier rétroactivement de remises, de ristournes ou d'accords de coopération commerciale ;

« *b)* D'obtenir le paiement d'un droit d'accès au référencement préalablement à la passation de toute commande ;

« *c)* D'interdire au cocontractant la cession à des tiers des créances qu'il détient sur lui.

« L'annulation des clauses relatives au règlement entraîne l'application du délai indiqué au deuxième alinéa de l'article L. 441-6, sauf si la juridiction saisie peut constater un accord sur des conditions différentes qui soient équitables.

« III. – L'action est introduite devant la juridiction civile ou commerciale compétente par toute personne justifiant d'un intérêt, par le ministère public, par le ministre chargé de l'économie ou par le président du Conseil de la concurrence lorsque ce dernier constate, à l'occasion des affaires qui relèvent de sa compétence, une pratique mentionnée au présent article. – *V. Décr. nº 2002-689 du 30 avr. 2002, art. 48, infra, ss. art. L. 470-8.*

« Lors de cette action, le ministre chargé de l'économie et le ministère public peuvent demander à la juridiction saisie d'ordonner la cessation des pratiques mentionnées au présent article. Ils peuvent aussi, pour toutes ces pratiques, faire constater la nullité des clauses ou contrats illicites, demander la répétition de l'indu et le pro-

noncé d'une amende civile dont le montant ne peut excéder 2 millions d'euros. La réparation des préjudices subis peut également être demandée. *(L. nº 2005-882 du 2 août 2005, art. 49-IV)* **« Dans tous les cas, il appartient au prestataire de services, au producteur, au commerçant, à l'industriel ou à la personne immatriculée au répertoire des métiers qui se prétend libéré de justifier du fait qui a produit l'extinction de son obligation. »**

« IV. — Le juge des référés peut ordonner la cessation des pratiques discriminatoires ou abusives ou toute autre mesure provisoire. » — *[Ord. nº 86-1243 du 1er déc. 1986, art. 36].*

Les 2º, 3º, 4º et 5º du I de l'art. L. 442-6 sont devenus respectivement les 3º, 4º, 5º et 6º du I (L. nº 2001-420 du 15 mai 2001, art. 56 (1º)).

Est considéré comme produit vendu sous marque de distributeur le produit dont les caractéristiques ont été définies par l'entreprise ou le groupe d'entreprises qui en assure la vente au détail et qui est le propriétaire de la marque sous laquelle il est vendu (art. L. 121-6, al. 2, C. consom.).

V. Avis CEPC nº 04-02 du 25 févr. 2004 (conformité de certaines pratiques à l'art. L. 442-6) ; nºs 04-04 et 04-05 du 7 juill. 2004 (conditions d'achat et conditions générales de vente), cités ss. art. L. 440-1.

RÉP. COM. vº *Transparence tarifaire et pratiques restrictives,* par ARHEL.

BIBL. ▶ VIRASSAMY, *D. 1988. Chron. 113.* – BRILL, *Gaz. Pal. 1987. 2. Doctr. 775* (sanctions civiles). – PIGASSOU, *D. 1980. Chron. 103* (remises de fidélité). – J.-M. et M. MOUSSERON, *Cah. dr. entr. 1995, nº 1* (coopération commerciale et discrimination et refus de vente). – J.-M. MOUSSERON, *ibid. 1998, nº 2, p. 15* (des paiements entre fournisseurs et distributeurs). – LEBOUCHÉ, *JCP E 1999, nº 12, p. 513* (euro, politique tarifaire et concurrence). – RETTERER, *Cah. dr. entr. 1999, nº 2, p. 1* (contrat de référencement : du droit des obligations au droit de la concurrence). – DE GRAMONT, *D. Affaires 1999. 1473* (le titre IV de l'ord. du 1er déc. 1986 et l'Eurolande du prix unique). – LAUTSCH, *ibid. 1476* (évolution des pratiques tarifaires et liberté contractuelle). – POÉSY, *Petites affiches 20 oct. 2000, p. 4* (conseil de la concurrence, juge du contrat). – ARHEL, *Petites affiches 5 févr. 2001, p. 5* (lutte contre les discriminations abusives en Europe) ; *ibid. 23 nov. 2001, p. 3* (même thème pour 2001). – LEFEBVRE, LEVY et MOTTIER, *Dr. et patr. janv. 2003. 60* (coopération commerciale dans le secteur pharmaceutique). – POUILLE, *Contrats Conc. Consom. 2004. Chron. 11* (plaidoyer pour un changement dans les rapports entre fournisseurs et distributeurs). – BOIZARD, *Petites affiches 16 juin 2004, p. 5* (réception de la notion de violence économique en droit). – FERRIER, *D. 2004. 3054* (rapport Canivet). – BEHAR-TOUCHAIS, *RLC 2005, nº 2, p. 39* (à la recherche d'une plus grande effectivité dans la lutte contre les pratiques restrictives). – TORT, *RDC 2005. 497* (proposition d'inversion de la charge de la preuve sur la réalité des services rendus).

▶ Sur les modifications apportées par la loi du 1er juill. 1996 : VOGEL, *Contrats Conc. Consom. 1996, nºs 139, 141, 142 ; D. Affaires 1999. 1464* (abus de puissance d'achat : du contrôle direct au contrôle indirect). – FERRIER, *Cah. dr. entr. 1996, nº 5, p. 6* (déréférencement) ; *Petites affiches 5 janv. 1998, p. 6* (conditions générales de vente et discrimination). – DEWOLF, *Petites affiches 7 févr. 1997, p. 13* (même thème). – COT, *Cah. dr. entr. 1996, nº 5, p. 14* (suppression du refus de vente). – MALAURIE-VIGNAL, *D. 1996. Chron. 361* (art. 36 (4) de l'Ord. nº 86-1243 du 1er déc. 1986). – DECOCQ, *JCP 1997. I. 3997* (même thème). – VILMART, *Contrats Conc. Consom. 1996. Chron. 10 ; Gaz. Pal. 1997. 1. Doctr. 733* (protection des réseaux de distribution). – TRAN THIET, RAKOTOVAO, FRÉGET et VITAL-DURAND, *Contrats Conc. Consom. 1996. Chron. 11.* – VERGUCHT, *RJ com. 1997. 129* (rupture brutale d'une relation commerciale établie). – REYÉ, *Petites affiches 5 janv. 1998, p. 9* (coopération commerciale, référencement et services spécifiques). – BEAUCHARD, *ibid. p. 14* (stabilisation des relations commerciales : la rupture des relations commerciales continues). – ARHEL, *D. Affaires 1998. 97* (autodéfense et droit de la concurrence). – MAINGUY, *Cah. dr. entr. 1998, nº 6, p. 23* (abus de droit dans les contrats soumis au droit de la concurrence). – BENOIT, *Dr. et patr. juin 2000. 62* (le droit de la concurrence est un droit de l'abus).

▶ Sur les modifications apportées par la loi nº 2001-420 du 15 mai 2001 : RAPP, *AJDA 2001. 560.* – VILMART, *JCP E 2001, nº 50, p. 1994* (efficacité de la lutte contre les pratiques commerciales abusives dans la loi NRE). – PECNARD et VOISSET, *Petites affiches 5 déc. 2001, p. 13* (la coopération commerciale est-elle licite ?). – GRALL, *Lamy droit économique, bull. janv. 2002* (distinction entre « relation de dépendance » et « état de dépendance économique »). – VAGUE, *Dict. perm. dr. aff. 13 janv. 2002* (référencement et rupture des relations commerciales). –

LICARI, *RJ com. 2002. 66, spéc. 80 s.* (incessibilité conventionnelle de la créance – art. L. 442-6 II *c*). – ARHEL, *Petites affiches 19 avr. 2002, p. 8* (pratique de la corbeille de la mariée rattrapée par ... le juge pénal). – GUÉVEL, *Gaz. Pal. 29-30 mai 2002, p. 36* (quelques aspects en matière de concurrence). – DUMONCEAU-BEAUNE et BELMONT, *Contrats Conc. Consom. 2002. Chron. 12* (fournisseurs de produits sous marques de distributeurs et la loi NRE ou comment prévenir et gérer une situation de dépendance économique). – MAINGUY, *JCP E 2002, n° 48, p. 1914* (l'esprit et la lettre du nouvel art. L. 442-6 C. com.). – RETTERER, *D. 2003. 1210* (restauration de l'équilibre des relations commerciales dans la grande distribution). – PENNEAU, *ibid. 1278* (sanction civile de contrats commerciaux déloyaux par l'effet de l'action de substitution d'une autorité publique). – Dossier spécial, *Dr. et patr. juin 2003. 49* (contrats de distribution : l'équilibre enfin trouvé ?). – CONDOMINES, *Petites affiches 29 oct. 2003, p. 6* (pratique des enchères inversées). – AUGUET, *Petites affiches 2 sept. 2004, p. 3* (nouvelles régulations économiques et nouveaux contentieux du droit de la concurrence devant les tribunaux de commerce). – SÉLINSKY et PEYRE, *RLC 2005, n° 2, p. 114* (la nullité des engagements relatifs à des pratiques restrictives visées par l'art. L. 442-6). – DELORT, *JCP E 2005, n° 12, p. 512* (qualification aléatoire de l'abus de puissance d'achat, de vente ou de relations de dépendance).

► Sur les modifications apportées par la loi n° 2005-822 du 2 août 2005 : GRALL, MEFFRE et GUET, *D. 2005. 2149* (analyse critique). – CHAGNY, *JCP 2005. I. 173* (MODERNISATION DES RELATIONS COMMERCIALES). – FASQUELLE et ROBERVAL, *Petites affiches 6 déc. 2005, p. 4* (réforme du droit des pratiques commerciales). – VILMART, *Gaz. Pal. 2006. Doctr. 3813* (de la « facturologie » au « bidouillage »).

► Sur la circulaire relative aux relations commerciales, V. ss. art. L. 441-3.

1. Contrat de référencement. Le défaut d'écrit invoqué au regard de l'art. L. 442-6-I (3°) n'affecte pas la validité du contrat dont une cour d'appel a estimé l'existence prouvée. • Com. 17 mars 2004 : *Bull. civ. IV, n° 53 ; D. 2004. AJ. 1233, obs. Chevrier ; JCP E 2004, n° 22, p. 838 ; Contrats Conc. Consom. 2004, n° 91, obs. Leveneur ; Cah. dr. entr. 2004, n° 3, p. 38, obs. Mainguy ; RJDA 2004, n° 1054 ; RLC 2005, n° 2, p. 43, obs. Behar-Touchais.*

1 bis. Cession de créance. Si l'art. L. 442-6, II, *a*) tel que modifié par la loi du 15 mai 2001, prohibe désormais de telles clauses (en l'espèce, clause d'agrément préalable à toute cession de créance), la validité de la clause objet du présent litige ne saurait être remise en cause, dès lors qu'elle résulte d'une situation antérieure à cette loi. • Metz, 23 mars 2005 : *cité note 8 ss. art. L. 313-29 C. mon. fin., infra, App., v° Code monétaire et financier (extraits).*

I. PRATIQUES DISCRIMINATOIRES

BIBL. Arhel, *JCP E 1996. I. 607* (synthèse de jurisprudence) ; *D. Affaires 1998. 1348 ; ibid. 1722 ; Petites affiches 29 oct. 1999, p. 16 ; ibid. 5 févr. 2001, p. 5* (lutte contre les discriminations abusives en Europe) ; *ibid. 23 nov. 2001, p. 3* (même thème pour 2001). – Mainguy, *RLC 2005, n° 5, p. 126* (discrimination par les prix). – Rey, *ibid., p. 134* (même thème).

A. GÉNÉRALITÉS

1 ter. Exclusion des relations entre professionnels et consommateurs. L'art. 36 (1) [C. com., art. L. 442-6 (I), 1°] ne s'applique pas dans les relations entre professionnels et consommateurs. • Paris, 4 mai 2001 : *Gaz. Pal. 15-16 mai 2002, p. 31, obs. Biolay* • Versailles, 3 avr. 1997 : *D. Affaires 1997. 794.*

2. Activités de production, de distribution et de services. L'art. 36 (1) [C. com., art. L. 442-6 (I), 1°] est applicable aux prestations de service. • Com. 12 mars 1996 : *D. Affaires 1996. 608* (sol. implicite : refus d'insertion d'une annonce). ♦ Le régime juridique des mutuelles, comme le caractère non lucratif de leur activité, n'est pas de nature à les exclure du champ d'application de l'ord. du 1er déc. 1986 [C. com., art. L. 410-1 s.], dès lors que, par la commercialisation de médicaments, elles procèdent à une activité de production, de distribution et de services. • Com. 21 oct. 1997 : *Bull. civ. IV, n° 270 ; D. 1997. IR. 246 ; D. Affaires 1997. 1386.*

3. Exigence d'un partenariat économique. Un « partenaire économique » se définit comme le professionnel avec lequel une entreprise commerciale entretient des relations commerciales pour conduire une action quelconque, ce qui suppose une volonté commune et réciproque d'effectuer de concert des actes ensemble dans des activités de production, de distribution ou de service, par opposition à la notion plus large d'agent économique ou plus étroite de cocontractant. • Versailles, 7 oct. 2004 : *JCP E 2005, n° 26, p. 1115, obs. Decocq.* ♦ L'art. L. 442-6 ne saurait être utilement invoqué par les actionnaires d'une société, lesquels, étant demeurés étrangers à la relation commerciale entre la société et son fournisseur, n'ont donc pas été les victimes directes d'une entrave à la concurrence, dont seule la société, non attraite dans la procédure, aurait pu se prévaloir • Versailles, 22 nov. 2001 : *D. 2002. 1824, note Zeidenberg*.

4. *Notion de pratique discriminatoire.* Le fait, pour une « grande surface », d'obtenir, pour une opération promotionnelle, qu'un grossiste lui cède des produits à très bas prix constitue une pratique discriminatoire compte tenu du fait : que ces prix sont très inférieurs aux prix normaux ; que les remises consenties par le grossiste n'ont pas de contreparties réelles ; que le fournisseur reconnaît que, connaissant des difficultés financières, il n'a pas pu résister à la demande de son client ; que les autres détaillants ont été désavantagés car ils n'ont pu obtenir des prix aussi faibles et qu'ils ont été nombreux à porter plainte. • TGI Chalons-sur-Saône, 21 juin 1994 : *RJDA 1994, n° 1160 ; Contrats Conc. Consom. 1994, n° 194, note Vogel,* conf. par • Dijon, 4 janv. 1996 : *RJDA 1996, n° 520 ; JCP 1996. IV. 1521,* puis par • Com. 27 janv. 1998 : *D. Affaires 1998. 617, obs. E. P. ; Petites affiches 1er juill. 1998, p. 25, note Arhel ; ibid. 21 août 1998, p. 8, obs. Malaurie-Vignal.* ♦ Comp., en ce sens que l'avantage doit être « obtenu » pour que l'art. 36 [C. com., art. L. 442-6] soit applicable : • TGI Paris, réf., 24 mars 1992 : *JCP E 1996. I. 607, n° 5, obs. Arhel.* ♦ Sur la technique de la « cagnotte », V. • T. com. Versailles, 7 mars 1997 : *RJDA 1997, n° 1053 ; Petites affiches 5 nov. 1997, p. 24, note Arhel* • Amiens, 25 mai 1999 : *Petites affiches 9 févr. 2000, p. 16, obs. Arhel.* – V. aussi Arhel, *D. Affaires 1997. 300.*

5. *Sanction.* La marchandise ne pouvant être restituée en nature, la restitution doit intervenir pour le montant de sa valeur au jour de la vente, c'est-à-dire le prix payé auquel doit s'ajouter le montant des avoirs. La nécessité de faire respecter l'ordre public économique ne permet pas de faire obstacle à cette restitution en invoquant la règle « *nemo auditur...* ». • Dijon, 4 janv. 1996 : *préc. note 4.* ♦ V. aussi, prononçant la nullité d'un accord contrevenant à l'art. L. 442-6 (I), 1°, • T. com. Versailles, 7 mars 1997 : *préc. note 4.* ♦ *Contra*, refusant de prononcer la nullité du contrat, V. • Versailles, 30 sept. 2004 : *RLC 2005, n° 1, p. 112, obs. Chagny.*

B. CONDITIONS COMMERCIALES ET DISCRIMINATOIRES

1° FORMES DE DISCRIMINATION

6. *Discriminations tarifaires.* S'il est de principe qu'en matière commerciale les conditions de vente et de prix doivent être égales pour tous les distributeurs et qu'une discrimination n'est admise, à titre exceptionnel, que si elle est fondée sur des critères objectifs, effectifs et contrôlables, lorsqu'un fournisseur consent aux adhérents de son réseau des tarifs préférentiels au motif des services spécifiques rendus par ceux-ci, notamment en matière de savoir-faire, de fidélité et d'image donnée de ses produits, mais qu'il n'établit pas de manière objective et contrôlable les conditions de fonctionnement dudit réseau, qu'il ne rapporte pas les raisons précises de nature à justifier l'exclusion d'un distributeur, pas plus qu'il ne justifie de la réalité d'une contrepartie apportée par les autres distributeurs en termes de services rendus, de quantités vendues ou de coopération commerciale, la discrimination tarifaire appliquée au distributeur évincé est contraire à l'art. 36 [C. com., art. L. 442-6]. • Versailles, 22 janv. 1998 : *Gaz. Pal. 2-4 mai 1999, Somm. 16.* ♦ Une société se rend coupable de pratiques discriminatoires prohibées par l'art. 36 [C. com., art. L. 442-6] en refusant, sans motif valable, d'agréer un ancien revendeur dans son réseau en qualité de groupement et en lui proposant des remises bien inférieures à celles consenties à deux de ses groupements. • Paris, 26 juin 1996 : *D. Affaires 1996. 1155.* ♦ Le maintien de la rémunération initialement versée à un groupement de distributeurs par les fournisseurs au titre de la publication d'un catalogue de présentation des produits de ceux-ci, en dépit de la réduction ultérieure de la diffusion du catalogue, caractérise une pratique discriminatoire. • T. com. Paris, 25 nov. 1996 : *Contrats Conc. Consom. 1997, n° 51, obs. Vogel,* conf. par • Paris, 9 juin 1998 : *D. 1998. IR. 177 ; Contrats Conc. Consom. 1998, n° 116, obs. Malaurie-Vignal ; JCP 1998. I. 185, obs. Viney ; Gaz. Pal. 1998. 1. Somm. 299 ; BRDA 1998, n° 12, p. 13* puis par • Com. 5 déc. 2000 : *BRDA 2000, n° 24, p. 13.*

7. *Violation de la réglementation sur les délais de paiement.* V. note 8 ss. art. L. 443-1.

8. *Refus de vente discriminatoire.* En ce sens qu'un refus de vente ou de prestation de services peut engager la responsabilité civile de son auteur s'il a un caractère discriminatoire, V. • Dijon, 25 juin 1998 : *BRDA n° 21, p. 15.* ♦ Ainsi, le refus d'agréer un distributeur dans un réseau de distribution sélective sans motif légitime est, malgré l'abrogation du refus de vente, constitutif d'une pratique discriminatoire. • Paris, 22 sept. 1999 : *D. 2001. Somm. 301, obs. Ferrier ; Contrats Conc. Consom. 1999, n° 179, obs. Malaurie-Vignal ; Petites affiches 13 oct. 2000, p. 22, obs. Arhel.* ♦ Sur la possibilité de mettre un terme à cette pratique en enjoignant au fournisseur de procéder à l'agrément sous astreinte, V. • Même arrêt. ♦ En acceptant comme seuls revendeurs des « horlogers-bijoutiers-joailliers » disposant d'une surface de vente située dans une artère commerçante ou un centre commercial, une société institue l'exclusion de la grande distribution sans établir que cette exclusion soit objectivement justifiée, ce qui révèle l'existence d'une pratique discriminatoire. • Paris, 11 sept. 2000 : *Petites affiches 5 févr. 2001, p. 8, obs. Arhel.* ♦ Sur la jurisprudence antérieure à la loi du 1er juill. 1996 ayant abrogé le refus de vente, V. *infra* II, A.

9. Pratiques jugées non discriminatoires. Un traitement différencié ne constitue pas une pratique discriminatoire lorsque les entreprises en cause opèrent sur des marchés distincts (à propos d'une entreprise de presse qui, offrant à ses lecteurs une rubrique exhaustive des nouveautés parues, dans laquelle elle ne recense que les ouvrages publiés par les entreprises d'édition et commercialisés par le circuit traditionnel des librairies et non ceux produits par les sociétés publiant des ouvrages à compte d'auteur, avait proposé à un éditeur à compte d'auteur des insertions payantes), V. • Com. 12 mars 1996 : *D. Affaires 1996. 608.* ♦ V. aussi, pour une distinction entre un bar musical et une discothèque, dont les activités ne sont pas de même nature et qui n'agissent pas sur un même marché, justifiant ainsi les différences de traitement constatées, • Paris, 22 mai 2001 : *Gaz. Pal. 2001. 2. Somm. 1952* (conf. par • Com. 7 janv. 2004 : *cité note 1 ss. art. L. 420-4*). ♦ Dès lors qu'un concessionnaire automobile, qui s'estime créancier de primes auprès du concédant, ne démontre pas que les entreprises ayant perçu des sommes de ce concédant aient été ses concurrents, il ne peut invoquer les dispositions de l'art. L. 442-6-I, 1°. • Com. 3 déc. 2002 : *Bull. civ. IV, n° 184 ; Contrats Conc. Consom. 2003, n° 59, obs. Malaurie-Vignal ; JCP E 2003, n° 5, p. 201 ; RJDA 2003, n° 547.* ♦ Aucune règle n'imposant au distributeur de maintenir ses prix pour une durée déterminée, le détaillant, qui a bénéficié des tarifs en vigueur au moment où la commande a été passée, alors que ceux-ci ont été révisés par la suite dans le cadre d'une campagne promotionnelle qui a bénéficié à tous les revendeurs, ne peut se prévaloir d'une pratique discriminatoire au sens de l'art. 36 [C. com., art. L. 442-6]. • Toulouse, 15 mai 1995 : *BICC 1995, n° 1064 ; JCP E 1995. Pan. 1215.* ♦ De même que l'établissement des prix de vente en fonction des prix d'achat est une pratique commerciale courante n'ayant aucun caractère discriminatoire, V. • Nancy, 23 juin 1998 : *JCP 1999. IV. 1540.*

Pour d'autres refus d'application de l'art. 36 (1) [C. com., art. L. 442-6 (I), 1°], V. • Besançon, 12 sept. 1995 : *JCP 1996. IV. 630* • Nîmes, 25 janv. 1996 : *D. 1997. Somm. 53, obs. Ferrier ; D. Affaires 1996. 553* (refus de candidature à une concession automobile) • Paris, 15 déc. 1995 : *BRDA 1996, n° 9, p. 10* (système de paiement).

2° PREUVE DE LA DISCRIMINATION

10. Charge de la preuve. Si la preuve de l'existence de pratiques discriminatoires incombe à celui qui s'en prétend victime, il appartient au vendeur de justifier de la licéité des remises de prix qu'il accorde à certains clients, lorsque celles-ci ne sont pas contestées. • Com. 13 janv. 1998 : *Bull. civ. IV, n° 14 ; D. 1998. IR. 57 ; D. Affaires 1998. 283, obs. E. P.* ♦ Dans le même sens • Com. 24 oct. 2000 : *BOCC 5 déc. 2000.*

11. Objet de la preuve. Le fait pour un producteur de consentir à un partenaire économique des prix, des délais de paiement, des conditions de vente ou des modalités de vente ou d'achat discriminatoires et non justifiés par des contreparties réelles crée pour ce partenaire un avantage dans la concurrence, sans qu'il y ait lieu pour l'Administration, ou pour l'opérateur qui n'a pas bénéficié des mêmes avantages, de démontrer l'existence du préjudice que ces pratiques illicites ont causé. • Com. 6 avr. 1999 : *D. Affaires 1999. 1204, obs. E. P. ; Contrats Conc. Consom. 1999, n° 115, obs. Malaurie-Vignal ; Petites affiches 20 nov. 1999, p. 21, obs. Reboul ; JCP E 1999, n° 48, p. 1912, obs. Arhel ; Cah. dr. entr. 1999, n° 5, p. 23, obs. Mainguy* (V. l'arrêt cassé • Versailles, 24 oct. 1996 : *Contrats Conc. Consom. 1997, n° 9, note Vogel ; RJDA 1997, n° 667 ; Petites affiches juin 1997, p. 17, note Sélinsky et Peyre).* ♦ Mais la pratique discriminatoire n'est pas caractérisée si le demandeur à l'action ne prouve pas que les bénéficiaires d'avantages ont été ses concurrents. • Com. 3 déc. 2002 : *préc. note 9.*

12. Vérification concrète de la discrimination. Sur l'interdiction, pour les juges du fond, de se déterminer par des considérations d'ordre général et l'obligation de vérifier concrètement les conditions de la discrimination ou de l'absence de discrimination (à propos de sociétés de vente par correspondance), V. • Com. 13 janv. 1998 : *préc. note 10.* ♦ V. aussi • Com. 12 mars 2002 : *Bull. civ. IV, n° 53 ; D. 2002. AJ. 1902 ; Contrats Conc. Consom. 2002, n° 96, obs. Malaurie-Vignal ; JCP 2002. IV. 1729 ; Cah. dr. entr. 2002, n° 5, p. 37, obs. Mainguy ; Petites affiches 3 juill. 2003, p. 64, obs. Etner ; Gaz. Pal. 2003. 1. Somm. 1142, obs. Guével* (à propos de pharmacies mutualistes).

3° FAIT JUSTIFICATIF DE LA DISCRIMINATION : CONTREPARTIE RÉELLE

13. Existence d'une contrepartie réelle. Constitue une contrepartie réelle aux avantages tarifaires consentie par un fournisseur l'importance du marché couvert par des distributeurs regroupés au sein d'un même réseau et bénéficiant des services de leurs puissantes centrales d'achat, • Nîmes, 13 juill. 2000 : *Contrats Conc. Consom. 2000, n° 162, obs. Malaurie-Vignal.*

14. Défaut de contrepartie réelle. Ne peuvent constituer une contrepartie réelle, au sens de l'art. 36 (1) [C. com., art. L. 442-6 (I), 1°] : ni la quantité de marchandise achetée en vue d'une opération promotionnelle, dès lors que le fournisseur avait revendu cette marchandise à perte au distributeur. • TGI Rouen, 7 mars 1995 : *RJDA 1995, n° 1390.* ♦ ... Ni une « compensation tarifaire » (en l'occurrence, l'engagement du distributeur d'acheter les mêmes produits à un prix supérieur au prix moyen accordé à ses concurrents en dehors de la période promotionnelle litigieuse), dès lors que cette contrepartie n'est pas relative à la même opération d'achat. • Même jugement. ♦ V. aussi considérant que pour éviter les sanctions au titre des pratiques discriminatoires, il est nécessaire que les contreparties réelles invoquées au soutien de la différenciation soient directement liées aux avantages consentis. • Com. 12 mars 2002 : *préc. note 12.*

II. REFUS DE VENTE

[Jurisprudence antérieure à la loi du 1er juill. 1996 qui a abrogé le refus de vente entre professionnels en tant que faute civile tel qu'il était défini par l'ancien art. 36 (2) de l'ord. de 1986.]

A. DÉFINITION

15. Notion. Il ne pouvait y avoir refus de vente et violation de l'art. 36 [C. com., art. L. 442-6] lorsqu'il n'y avait pas eu commande ferme et réelle, en l'absence d'accord tant sur le prix que sur la chose, mais seulement commande « programme », qui suppose une éventualité sans aucune offre de prendre livraison. • Versailles, 29 juin 1994 : *D. 1994. IR. 222 ; Contrats Conc. Consom. 1994, n° 249, note Vogel.* ♦ V. aussi, sur le défaut d'intérêt à agir en annulation de conditions générales de vente à défaut, pour le demandeur, de justifier avoir passé des commandes ou s'être heurté à un refus de vente, • Com. 7 févr. 1995 : *Bull. civ. IV, n° 39 ; Contrats Conc. Consom. 1995, n° 72, note Vogel.*

16. Primauté du droit communautaire. Par l'effet du principe de primauté du droit communautaire qui vise à écarter toute mesure nationale de nature à compromettre l'effet utile du Traité de Rome, le juge français ne peut déclarer en tout ou en partie nul sur la base du droit français de la concurrence un accord type estimé, par une lettre administrative de classement de la Commission des communautés européennes, conforme aux § 1 et 3 de l'art. 85 dudit Traité [désormais art. 81]. • Paris, 9 déc. 1992 : *D. 1994. Somm. 168, obs. Gavalda et Lucas de Leyssac ; Contrats Conc. Consom. 1993, n° 7, obs. Vogel.* ♦ Dans le même sens : • Com. 15 mars 1994 : *Bull. civ. IV, n° 108 ; D. 1995. Somm. 81, obs. Ferrier et 208, obs. Serra.*

17. Délit civil. Le refus de vente ne constituait pas une faute contractuelle ; il était un délit civil, même lorsqu'il survenait entre personnes se trouvant en relation d'affaires, dès lors qu'il s'analysait en un refus de contracter. • Douai, 23 sept. 1993 : *D. 1994. Somm. 171, obs. Gavalda et Lucas de Leyssac ; Gaz. Pal. 1994. 1. 47, note Marchi.* ♦ Pour une approche du refus de vente sur le fondement de l'art. 36 (1) [C. com., art. L. 442-6, (I), 1°], V. note 8.

18. Refus de remises qualitatives. Le refus d'accorder des remises qualitatives ne pouvait être analysé en un refus de vente prohibé par l'art. 36 [C. com., art. L. 442-6], n'ayant pas pour conséquence d'empêcher le client de passer commande au fabricant. • Paris, 11 juin 1993 : *D. 1993. IR. 250,* conf. par • Com. 26 nov. 1996 : *D. Affaires 1997. 113 ; Petites affiches 25 juill. 1997, p. 25, note Arhel.* ♦ En revanche, pouvait être assimilée à un refus de vente l'exigence d'un paiement comptant par chèque certifié. • Paris, 28 juin 1995 : *RJDA 1996, n° 245.* ♦ De même, en l'absence de toute contestation sérieuse et faute, pour le vendeur, de démontrer la mauvaise foi ou l'insolvabilité de l'acheteur, ce dernier pouvait exiger que sa commande fût honorée aux conditions d'une grande centrale d'achat dans la mesure où ladite commande ne présentait aucun caractère anormal et où elle s'insérait dans le cadre des relations habituelles entretenues avec cette même centrale d'achat et le vendeur. • Versailles, 19 janv. 1995 : *Bull. act. Lamy droit économique, mars 1995, p. 7.*

19. Caractère anormal de la demande. Une demande d'achat ne présentait pas un caractère anormal du seul fait qu'elle émanait d'un acheteur ne satisfaisant pas à une clause limitant l'accès aux locaux de vente, nouvellement instaurée par le vendeur et contraire au progrès économique. • Paris, 16 janv. 1989 : *Gaz. Pal. 1990. 2. Somm. 435.* ♦ Sur l'absence de bonne foi au cas de litige sérieux entre les parties relatif au paiement de livraisons antérieures, V. • Com. 9 mai 1990 : *Bull. civ. IV, n° 144* • Versailles, 29 févr. 1996 : *RJDA 1997, n° 229.* ♦ ... D'un concurrent direct et contrefacteur cherchant à s'approvisionner par le biais d'une société absorbée, V. • Bourges, 14 janv. 1997 : *JCP E 1997. Pan. 791.* ♦ V. aussi sur la légitimité de l'exigence d'un paiement comptant par chèque certifié, dès lors que l'acheteur n'avait pas réglé les factures antérieures, • Paris, 28 juin 1995 : *préc. note 18.* ♦ En revanche, dès lors que le fournisseur était lui-même débiteur de la centrale d'achats, celle-ci pouvait légitimement lui opposer l'exception d'inexécution de ses propres obligations pour refuser de payer intégralement des factures. • Versailles, 26 oct. 1995 : *BRDA 1996, n° 6, p. 15.*

Sur le caractère anormal d'une commande présentée sans raison par voie judiciaire, V. • Paris, 2 juill. 1990 : *D. 1991. Somm. 250, obs. Gavalda et Lucas de Leyssac,* conf. par • Com. 24 mars 1992 : *Contrats Conc. Consom. 1992, n° 98.* ♦ ... D'une demande de cinq cents magnétoscopes faite, par un revendeur spécialisé, à l'occasion d'une vente promotionnelle organisée par un supermarché, V. • Paris, 2 mars 1992 : *D. 1994. Somm. 171, obs. Gavalda et Lucas de Leyssac ; Gaz. Pal. 1992. 1. 363, concl. Delafaye, note Marchi ; Contrats Conc. Consom. 1992, n° 147, obs. Raymond.* ♦ Le fait, pour un magasin de vêtements, d'annoncer et d'organiser des soldes importants sans avoir obtenu l'autorisation administrative nécessaire, fait pour lequel le représentant du magasin avait été condamné par la juridiction pénale, constituait une demande anormale justifiant le refus du fournisseur d'honorer les commandes du magasin. • Com. 18 oct. 1994 : *Bull. civ. IV, n° 299 ; D. 1995. IR. 12.*

20. Clause de réserve de propriété. Le vendeur conservait la faculté de subordonner une vente à l'acceptation par l'acheteur d'une clause de réserve de propriété de nature à garantir le paiement effectif du prix. • Com. 18 avr. 1989 : *Bull. civ. IV, n° 218 ; D. 1991. Somm. 41, obs. Pérochon.*

21. Preuve. BIBL. Léonnet, *JCP 1993. I. 3722.* ♦ C'est au vendeur qu'il appartenait de prouver la licéité du refus de vente pour motif de pénurie. • Com. 26 oct. 1993 : *Bull. civ. IV, n° 366 ; D. 1993. IR. 254.* ♦ Le juge pouvait ordonner une mesure d'expertise relative aux éléments de preuve fournis par le vendeur : • Même arrêt. ♦ V. aussi note 42 ss. art. L. 330-2.

B. CHAMP D'APPLICATION

22. Distribution sélective ou exclusive. BIBL. Boutard-Labarde, *Petites affiches 28 mars 1988.* ♦ N'était pas illicite le refus de vente découlant de l'existence des stipulations d'un contrat qui n'entre pas dans le champ d'application de l'art. 7 [C. com., art. L. 420-1] de l'ordonnance. • Paris, 16 janv. 1989 : *BOCC 25 janv. 1989.* ♦ V. notes 39 et 39 *bis* ss. art. L. 420-1. ♦ Sur la mauvaise foi d'un demandeur hors réseau, V. • Versailles, 21 janv. 1988 : *D. 1988. IR. 88* • 29 févr. 1996 : *D. 1997. Somm. 62, obs. Ferrier ; JCP E 1996. Pan. 687* (distributeur ayant, par le passé, commercialisé une marque sans être agréé). ♦ Sur le caractère anormal et la mauvaise foi d'une demande faite par un concessionnaire après que le contrat le liant au concédant eut été régulièrement résilié, V. • Paris, 23 avr. 1990 : *D. 1990. IR. 142* • Versailles, 4 févr. 1993 : *JCP 1993. IV. 1266* • Paris, 20 sept. 1993 : *Contrats Conc. Consom. 1993, n° 176.* ♦ Comp., en ce sens que n'était pas de mauvaise foi la commande de véhicules par un ancien concessionnaire à son concédant dès lors que celui-ci n'était pas encore lié par un contrat d'exclusivité à un autre concessionnaire sur le même territoire : • Paris, 22 avr. 1992 : *RJDA 1993, n° 924.* ♦ En revanche, pour un refus de vente injustifié imposé par le fournisseur au distributeur, V. • Com. 27 avr. 1993 : *Bull. civ. IV, n° 159 ; D. 1995. Somm. 73, obs. Ferrier.*

Un réseau de distribution sélective, n'impliquant pas l'existence de relations *intuitu personae* entre le fabricant et chacun des revendeurs, ne présente aucun caractère anormal justifiant un refus de vente, au sens de l'art. 36 (2) alors applicable, l'intervention d'un GIE auprès du fabricant pour centraliser trois commandes destinées à trois membres de ce groupement, dont il était précisé que chacun d'eux remplissait les conditions qualitatives lui permettant de distribuer les produits du réseau. • Com. 4 mai 1999 : *RJDA 1999, n° 777.* ♦ Sur la nécessité de critères de sélection des distributeurs non discriminatoires, V. *supra*, notes 19 et 35 s. ss. art. L. 330-2, et note 8 ss. l'art. 2 de l'arrêté du 21 févr. 1991, reproduit ss. art. L. 330-3. ♦ Si, pour l'agrément des membres d'un réseau de distribution sélective de produits de luxe, un critère relatif à la localisation d'un point de vente et à son environnement n'est pas en soi illicite, l'application de ce critère ne doit pas être discriminatoire ou comporter des exigences disproportionnées. • Com. 16 mai 2000 : *Bull. civ. IV, n° 102 ; Petites affiches 13 oct. 2000, p. 22, obs. Arhel ; Contrats Conc. Consom. 2000, n° 148, obs. Poillot-Peruzzetto.*

23. Parapharmacie. BIBL. Boutard-Labarde, *Cah. dr. entr. 1991, n° 6.* – Fauran, *Gaz. Pal. 1992. 2. Doctr. 654* (droit communautaire). ♦ Est illicite un réseau de distribution sélective en parapharmacie reposant sur le critère de la qualité de pharmacien d'officine appliqué uniformément à tous les distributeurs. • Paris, 28 janv. 1988 : *RTD com. 1989. 323, obs. Bouzat* • Com. 25 avr. 1989 : *D. 1990. 64, note Lavillaine-Juliet ; RTD com. 1989. 574, obs. Bouzat.* ♦ Sur la validité de réseaux de distribution parapharmaceutique incluant de nombreux revendeurs non officinaux, V. • Paris, 26 janv. 1989 : *RTD com.*

1989. 574, obs. Bouzat ; Gaz. Pal. 1989. 1. 288, note Marchi. ♦ V. aussi, pour la distribution de produits dermo-cosmétologiques, • Com. 21 oct. 1997 : *RJDA 1997, n° 1480* • TGI Annecy, 28 sept. 1993 : *Petites affiches 1er févr. 1995, p. 19, note Calvo.* ♦ Comp. : note 39 ss. art. L. 420-1.

Pour la définition des médicaments ne pouvant être vendus qu'en pharmacie, V. • CJCE 21 mars 1991 : *D. 1991. IR. 130* • Cass., Ass. plén., 6 mars 1992 : *D. 1992. 305, concl. Dontenwille ; D. 1993. Somm. 137, obs. J.-P. Storck ; JCP 1992. II. 21882, note Chaput* (et sur renvoi : • Versailles, 22 janv. 1996 : *Petites affiches 18 mars 1996, p. 4, note Lambert et Viala*) • Crim. 25 mai 1994 : *Bull. crim. nos 201 et 202 ; D. 1995. Somm. 253, obs. J.-P. Storck ; Contrats Conc. Consom. 1995, n° 18, note Raymond* • Toulouse, 2 avr. 1998 : *D. 1998. IR. 134.* ♦ V. aussi • Com. 22 févr. 2000 : *D. 2000. AJ. 156*. – V. également note 32 ss. art. 2 de la loi n° 63-628 du 2 juill. 1963, *infra*, App., v° *Concurrence*.

24. Stations-service. BIBL. Lalé, *Cah. dr. entr. 1997, n° 3-4, p. 55.* ♦ Sur les contrats d'approvisionnement exclusif liant les compagnies pétrolières à leurs distributeurs, V. • Cons. conc. n° 87-D-34 du 29 sept. 1987 : *D. 1988. Somm. 295, obs. Gavalda et Lucas de Leyssac.* – V. aussi conf. • Paris, 5 mai 1988 : *D. 1988. IR. 164.* ♦ V. notes 1 s. ss. art. L. 330-2.

25. Parfums. BIBL. Deville, *Cah. dr. entr. 1997, n° 3-4, p. 57.* ♦ V., sur une société de distribution de parfums, favorisant des monopoles locaux et des rentes de situation contraires à une saine concurrence, • Paris, 8 oct. 1987 : *D. 1987. IR. 225 ; RTD com. 1989. 723, obs. Bouzat.* ♦ Sur un refus d'agrément illicite, V. • Paris, 18 févr. 1988 : *D. 1988. IR. 88.* ♦ V. aussi, notes 38 s. ss. art. L. 330-2.

26. Distribution cinématographique. BIBL. Montels, *Petites affiches 8 août 1997, p. 14.* ♦ Il incombait à la société distributrice d'un film, qui refusait de fournir à l'exploitant d'une salle de cinéma une copie en version originale d'un film, d'apporter la preuve de son impossibilité de fournir la copie demandée. • Com. 20 mars 1990 : *Bull. civ. IV, n° 84 ; D. 1990. 278, concl. Jéol ; JCP E 1990. II. 15862, concl. Jéol ; Gaz. Pal. 1990. 2. 555, note Marchi.* – V. aussi • T. com. Paris, 26 sept. 1989 : *D. 1990. Somm. 283, obs. Hassler* • 16 oct. 1989 : *ibid.* • Cons. conc. n° 91-D-45 du 29 oct. 1991 : *BOCC 26 nov. 1991*, conf. par • Paris, 22 avr. 1992 : *ibid. 30 avr. 1992*, et • Com. 21 juin 1994 : *Bull. civ. IV, n° 233 ; D. 1994. IR. 213.* ♦ V. également, rejetant le caractère discriminatoire du refus, par un distributeur de films, de délivrer une copie à un exploitant de province, ce refus s'inscrivant dans un plan de sortie conforme à une stratégie définie sur le plan national : • Paris, 7 juin 2000 : *JCP E 2000, n° 30, p. 1211 ; Petites affiches 13 oct. 2000, p. 22, obs. Arhel.*

27. Presse. Un directeur de publication pouvant valablement opposer un refus d'insertion non motivé sans qu'il y ait lieu de distinguer selon que la demande porte ou non sur une annonce à caractère publicitaire, n'est pas fautif le refus d'insertion d'une annonce justifié par la politique et l'esprit de la publication. • Com. 19 oct. 1993 : *Bull. civ. IV, n° 349* • Colmar, 27 août 1991 : *Gaz. Pal. 1991. 2. Somm. 401* • Paris, 20 janv. 1993 : *ibid. 1993. 1. 155, note Marchi.* – V., déjà en ce sens, • Crim. 3 oct. 1983 : *D. 1985. IR. 216, obs. Gavalda et Lucas de Leyssac ; JCP 1984. II. 20191, note Serna ; Gaz. Pal. 1984. 1. 24, note Doucet.* ♦ V. également • Versailles, 7 oct. 1999 : *D. 2000. AJ. 125, obs. Petit ; Gaz. Pal. 19-20 mai 2000, p. 32, obs. Vray.* ♦ En revanche, dès lors qu'il n'était pas constaté que le refus d'éditeurs de journaux d'honorer aux conditions habituellement pratiquées des commandes publicitaires ait été motivé par le caractère anormal de celles-ci ou la mauvaise foi des responsables de l'agence de publicité, une cour d'appel avait pu décider que, les motivations de ces éditeurs étant purement commerciales, ils ne pouvaient pas invoquer les dispositions de la loi du 29 juill. 1881 sur la presse pour échapper aux dispositions de l'art. 36 [C. com., art. L. 442-6] ci-dessus. • Com. 12 juill. 1993 : *Bull. civ. IV, n° 306 ; JCP 1994. II. 22199, note Serna.* ♦ Par ailleurs, le refus de certains journaux d'insérer des annonces publicitaires pouvait entrer dans le champ des art. 7 et 8 de l'ord. de 1986 [C. com., art. L. 420-1 et L. 420-2]. V. • Paris, 16 janv. 1991 : *D. 1991. IR. 80 ; Gaz. Pal. 1991. 1. 197, note Marchi* • Cons. conc. n° 92-D-43 du 30 juin 1992 : *BOCC 15 août 1992.*

Sur le trouble manifestement illicite, résultant du refus par l'exploitant d'un kiosque, d'assurer la mise en vente de journaux et de publications périodiques distribués par une société de messagerie de presse, V. • Paris, 19 sept. 1997 : *D. 1997. IR. 218.*

28. Opérations de crédit. V. *infra*, App., v° *Code monétaire et financier (extraits)*, note 1 ss. art. L. 511-4 C. mon. fin.

29. Exclusion des immeubles. Jugé que l'art. 36 [C. com., art. L. 442-6] n'était pas applicable au refus de vendre un bien immobilier situé au rez-de-chaussée d'un immeuble de bureaux, ne s'agissant pas d'un produit, notion qui ne pourrait concerner que des biens indifférenciés ou standardisés. • TGI Grenoble, 24 mars 1994 : *RJ com. 1995. 80, obs. Gallet.*

C. SANCTIONS DU REFUS DE VENTE

30. Cessation du refus de vente. Les décisions de justice rendues sur le fondement de l'art. 36 [C. com., art. L. 442-6] ordonnant la reprise ou la poursuite des livraisons à l'égard de certaines des sociétés distributrices étaient sans incidence sur l'objet et la possibilité d'effets anticoncurrentiels d'une telle entente entre le concessionnaire et son fournisseur. • Paris, 15 sept. 1993 : *D. 1993. IR. 225.*

31. Commandes futures. Les mesures de cessation de refus de livraison d'une commande ne pouvaient être étendues aux commandes futures puisque la licéité de leur rejet devait s'apprécier à la date du refus. • Paris, 19 janv. 1995 : *D. 1995. IR. 92.*

32. Réparation du préjudice. Une société d'ameublement pouvait prétendre à la réparation de l'atteinte causée à sa réputation commerciale, suite à un refus de vente opposé par un fabricant de produits bénéficiant d'une incontestable notoriété de marque. • Paris, 29 oct. 1990 : *D. 1991. IR. 28.*

D. CONSÉQUENCES DE L'ABROGATION DU REFUS DE VENTE

33. Pouvoir d'injonction. En raison de l'abrogation par l'art. 14 de la loi de 1996 des dispositions de l'art. 36 (2°) de l'ordonnance, le refus de vente entre professionnels ne constituant plus en soi, à la date où l'arrêt d'appel est intervenu, une faute civile, viole cet article la cour d'appel qui enjoint à un fabricant, ayant refusé d'approvisionner un distributeur, de fournir à celui-ci tous les documents nécessaires pour passer commande et de satisfaire à cette commande. • Com. 26 janv. 1999 : *Bull. civ. IV, n° 23 ; D. 2001. Somm. 300, obs. Ferrier ; D. Affaires 1999. 586, obs. E. P. ; Petites affiches 22 nov. 1999, p. 19, obs. Reboul.*

En ce sens que depuis l'entrée en vigueur de la loi du 1er juill. 1996, le refus de vente ne constitue plus par lui-même une faute civile et qu'il appartient donc à celui qui se prétend victime d'un tel refus d'établir que celui-ci est fautif, V. • Com. 18 déc. 2001 : *Bull. civ. IV, n° 201 ; JCP E 2002, n° 6, 246.*

34. Responsabilité civile. En ce sens que la suspension d'approvisionnement d'une société de la part d'un grossiste avec lequel elle entretenait des relations anciennes entraîne un trouble commercial devant être sanctionné sur le fondement de la responsabilité civile, V. • Com. 5 déc. 2000 : *RJDA 2001, n° 512.* ♦ Pour un arrêt sanctionnant des refus de livraisons abusifs sur le fondement du « délit civil de droit commun », V. • Douai, 10 sept. 1998 : *JCP E 1999, n° 20, p. 864, note Voinot ; Cah. dr. entr. 1999, n° 5, p. 18, obs. Mainguy.* ♦ L'art. L. 442-6 sanctionne le refus de vente selon le droit commun de la responsabilité ; il appartient en conséquence à celui qui l'invoque d'établir une faute du fournisseur. • Versailles, 15 sept. 2005 : *BICC 2006, n° 122 ; JCP E 2005, n° 47, p. 2004.* ♦ V. aussi note 8.

III. RUPTURE BRUTALE DES RELATIONS COMMERCIALES

BIBL. Vergucht, *RJ com. 1997. 129* (rupture d'une relation commerciale établie). – Meffre, *D. Affaires 1999. 1143* (bilan de trois ans d'application de l'art. 36 (5°) de l'Ord. de 1986). – Petitier, *Petites affiches 8 mars 2000, p. 14* (même thème). – Bouretz, *JCP E 2001, n° 15-16, p. 649* (même thème). – Grizaut, *Dr. et patr. juin 2003. 71* (même thème). – de Brosses, *ibid. 50.* – Meffre et Kouchnir-Cargill, *Dr. et patr. déc. 2003. 40* (conseils à l'auteur de la rupture) ; *ibid. janv. 2004. 34* (conseils à la victime de la rupture). – Lachièze, *JCP E 2004, n° 50, p. 1966* (à la croisée du droit commun et du droit de la concurrence). – P. Mousseron, *JCP E 2006, n° 16, p. 720* (altération des liens d'alliance d'un groupement d'affaires).

34 bis. Relations internationales. L'art. L. 442-6-I, 5°, s'impose à une société française que son partenaire soit lui-même français ou étranger lorsque son application est recherchée devant une juridiction française à propos d'un litige ayant pour objet la rupture de relations commerciales établies résultant pour l'essentiel de l'exécution d'un contrat de distribution que les parties ont entendu soumettre au droit français et se trouvant par là aussi rattaché à l'ordre juridique français. • Versailles, 14 oct. 2004 : *Dr. et patr. juin 2005. 116, obs. P. Mousseron ; Lettre distrib. janv. 2005, p. 2.*

35. Notion de relations établies. En ce sens que le législateur ayant voulu condamner toutes ruptures préjudiciables de relations commerciales lorsque l'une des parties agit de mauvaise foi, c'est-à-dire sans raison légitime, unilatéralement et brusquement alors qu'elle a laissé se créer chez son partenaire une confiance dans la conclusion ou le renouvellement d'un contrat, les dispositions de l'art. 36 (5°), modifié par la loi de 1996 [C. com., art. L. 442-6, I, 4°], permettent par conséquent d'apprécier les conditions de la rupture de « toute relation commerciale établie » qu'elle soit précontractuelle, contractuelle et même postcontractuelle, V. • Montpellier, 11 août 1999 : *D. 2001. Somm. 298, obs. Ferrier ; ibid. 1999. AJ. 28, obs. E. P. ; Cah. dr. entr. 1999, n° 5, p. 19, obs. Mainguy.* ♦ Jugeant que l'art. 36 (5°) [C. com., art. L. 442-6, I, 4°] ne fait aucune distinction entre les relations commerciales contractuellement établies et les autres, V. • T. com. Avignon, 25 juin 1999 : *D. 1999. AJ. 19, obs. E. P.* ♦ V. aussi • T. com. Roubaix-Tourcoing, 26 nov. 1998 : *Cah. dr. entr. 1999, n° 2, p. 32, obs. Mainguy, Grignon et Respaud* • Lyon, 15 mars 2002 : *Cah. dr. entr. 2002, n° 5, p. 29, obs. Mainguy* • Chambéry, 11 juin 2002 : *Lettre distrib. déc. 2002, p. 4* • Paris, 1er déc. 2004 : *RDLC 2005, n° 3, p. 84, obs. de La Laurencie ; RJDA 2005, n° 762 ; Lettre distrib. juin 2005, p. 4.* ♦ Peu importe pour l'application de l'art. L. 442-6-I-5°, que le contrat de distribution ait été conclu pour une durée déterminée et qu'il soit renouvelable ; la notion de relation commerciale établie dépasse celle de contrat commercial à durée déterminée. • Lyon, 10 avr. 2003 : *BICC 2004, n° 626 ; JCP E 2004, n° 7, p. 254.* – V. aussi • Versailles, 14 oct. 2004 : *JCP E 2004, n° 51, p. 2002 ; Lettre distrib. janv. 2005, p. 2* • Paris, 14 déc. 2005 : *Lettre distrib. mars 2006, p. 3.* ♦ Comp., s'attachant à l'absence de tout renouvellement antérieur du contrat pour estimer qu'une telle relation ne saurait être considérée comme établie du fait de la conclusion d'un seul contrat à durée déterminée, fût-il prévu pour une longue durée (7 ans) : • Paris, 12 janv. 2005 : *RDLC 2005, n° 3, p. 84, obs. de La Laurencie ; Lettre distrib. mai 2005, p. 3.* ♦ Pour la prise en compte d'une lettre d'intention d'une durée de dix mois, renouvelable annuellement, V. • Besançon, 28 oct. 2003 : *JCP E 2004, n° 18, p. 693.* ♦ Sont exclues du domaine d'application de l'art. L. 442-6-I-5° les missions semestrielles confiées à un annonceur à une agence de publicité dont la commande était systématiquement précédée d'une mise en concurrence, dès lors que le recours à un tel procédé a pour effet de priver les relations commerciales de toute permanence garantie en les plaçant dans une perspective de précarité. • Versailles, 24 mars 2005 : *BICC 2005, n° 1506 ; Contrats. Conc. Consom. 2005, n° 133, obs. Malaurie-Vignal.* – Rappr. : • Paris, 13 févr. 2003 : *Gaz. Pal. 2003. Somm. 3988.* ♦ Pour le cas particulier des ventes de primeurs de vins de Bordeaux, V. • Paris, 19 févr. 2003 : *D. 2003. 1789, obs. Agostini.* ♦ Mais si l'art. L. 442-6, I, 5° a vocation à régir toutes les relations d'affaires, qu'elles relèvent d'une convention ou se soient nouées de manière informelle, c'est à la condition qu'elles s'inscrivent entre personnes physiques ou morales qui les ont réellement et effectivement entretenues. • Versailles, 20 févr. 2003 : *RJDA 2003, n° 685* (hypothèse de l'absorption de la société contractante) • Com. 3 nov. 2004 : *JCP E 2005, n° 31-34, p. 1325, obs. Mainguy ; RDLC 2005, n° 1, p. 71, obs. Mitchell ; Lettre distrib. déc. 2004, p. 2* (hypothèse d'une relation commerciale indirecte, l'auteur de la rupture n'étant lié qu'à l'importateur et non au distributeur qui se plaignait de la rupture). ♦ Pour une application à un contrat de franchise devenu à durée indéterminée, V. • Paris, 5 mars 2003 : *Contrats Conc. Consom. 2003, n° 136 ; Lettre distrib. janv. 2004, p. 3.*

35 bis. Notion de relation commerciale. Entre dans le champ d'application de l'art. L. 442-6, I, 5°, toute « relation commerciale établie », que celle-ci porte sur la fourniture d'un produit ou d'une prestation de service. • Com. 23 avr. 2003 : *Bull. civ. IV, n° 57 ; D. 2003. Somm. 2433, obs. Ferrier ; ibid. AJ. 1434, obs. Chevrier ; JCP E 2003, n° 47, p. 1866, obs. Decocq ; ibid. n° 51-52, p. 2065, note Mainguy ; Contrats Conc. Consom. 2003, n° 107, obs. Malaurie-Vignal ; ibid., n° 137, obs. Leveneur ; RJDA 2003, n° 917 ; RJ com. 2004. 107, obs. Lebreton-Derrien* (qui conf. • Douai, 15 mars 2001 : *cité note 40).* ♦ L'art. L. 442-6, I, 5° s'applique aussi bien aux relations industrielles qu'aux activités commerciales. • Lyon, 15 mars 2002 : *préc. note 35.* ♦ Sur l'application de l'art. 36 (5°) [C. com., art. L. 442-6, I, 4°] à des sociétés émettrices de chèques cadeaux ayant cessé brutalement leurs relations commerciales avec la société commercialisant lesdits chèques, V. • Versailles, 10 juin 1999 : *D. Affaires 1999. 1248, obs. E.P. ; JCP E 1999, n° 29, p. 1221* • 27 avr. 2000 : *BRDA 2000, n° 14, p. 9* • T. com. Nanterre, 20 nov. 1998 : *D. 1999. IR. 57 ; D. Affaires 1999. 212, obs. X. D. et A. M.* ♦ V. aussi Vergucht, *RJ com. 1997. 129.* ♦ Jugeant qu'une association ne peut se prévaloir des dispositions sanctionnant la rupture d'une relation commerciale établie, V. • Paris, 17 sept. 2003 : *RTD civ. 2004. 90, obs. crit. Mestre et Fages.* – Sur la paracommercialité des associations, V. art. L. 442-7. ♦ Pour un contrat de transport, V. • Besançon, 20 nov. 2005 : *JCP E 2006, n° 11, p. 523.*

36. Notion de rupture. Pour une rupture des relations commerciales résultant d'un changement d'organisation dans le mode de distribution entre un fournisseur et l'un de ses distributeurs, V. • T. com. Avignon, 25 juin 1999 : *préc. note 35* • Com. 12 mars 2002 *Petites affiches 3 juill. 2003, p. 43, obs. Petitier* • 17 mars 2004 : *Lettre distrib. juin 2004, p. 2.* ♦ ... Du maintien des seuls contrats d'entretien liant une centrale de référencement à un prestataire de services, V. • T. com. Roubaix-Tourcoing, 26 nov. 1998 : *préc. note 35.* ♦ ... Du défaut total ou quasi total de commandes traduisant un déréférencement, V. • Versailles, 22 mars 2002 : *Cah. dr. entr. 2002, n° 5, p. 29, obs. Mainguy* (conf. par • Com. 7 juill. 2004 : *D. 2005. Pan. 150, obs. Ferrier ; Cah. dr. entr. 2004, n° 6, p. 11, obs.*

Mainguy ; RLC 2005, n° 1, p. 51, obs. Behar-Touchais ; RDLC 2005, n° 1, p. 71, obs. Mitchell ; RDC 2005. 392, note Behar-Touchais). ♦ ... De la chute subite du chiffre d'affaires (- 75 %), V. • Paris, 28 oct. 2005 : *RJDA 2006, n° 377 ; RDLC 2006, n° 1, p. 147, obs. de La Laurencie ; Lettre distrib. mars 2006, p. 3.* ♦ ... De la modification substantielle par le fournisseur de ses conditions générales de vente, V. • Versailles, 6 mars 2003 : *RJDA 2003, n° 685* • Paris, 5 mars 2003 : *préc. note 35* • Com. 12 mars 2002 : *Petites affiches 3 juill. 2003, p. 43, obs. Petitier* • 17 mars 2004 : *Lettre distrib. juin 2004, p. 2.* ♦ ... De la réduction du montant de l'encours du compte courant commercial, de sorte que l'acheteur se trouve dans l'impossibilité soudaine de s'approvisionner chez le vendeur notamment la veille d'une importante période de commercialisation, V. • Nîmes, 15 sept. 2005 : *RJDA 2006, n° 592 ; Lettre distrib. janv. 2006, p. 6.* ♦ Pour une application à une rupture seulement partielle de la relation commerciale établie, V. • Lyon, 19 sept. 2002 : *BICC 2003, n° 179.* ♦ En revanche, les modifications des habitudes de démarchage du distributeur par le fournisseur ne constituent pas une rupture brutale telle qu'énoncée à l'art. L. 442-6. • T. com. Creusot, 25 janv. 2005 : *Lettre distrib. févr. 2005, p. 2.*

Sur la condamnation d'un fournisseur n'ayant pas informé un de ses distributeurs, qui, du fait de ventes successives ayant eu lieu entre les parties pendant sept ans, pouvait être considéré comme agréé par le fournisseur, de la convention d'exclusivité passée avec un autre cocontractant et ayant attendu que ce distributeur manifeste sa volonté de passer une nouvelle commande pour s'y opposer en invoquant la nouvelle convention, la tardiveté de cette notification ignorant délibérément les contraintes de la profession relatives aux conditions de présentation des collections, V. • Com. 15 févr. 2000 : *D. 2001. Somm. 297, obs. Ferrier*. – V. désormais sur cette notion, art. L. 442-6, I, 5°.

37. Brutalité de la rupture. La rupture, pour être préjudiciable et ouvrir droit à des dommages et intérêts, doit être brutale, c'est-à-dire selon le droit commun, « imprévisible, soudaine et violente » et selon l'art. 36 (5°) [C. com., art. L. 442-6 (I), 4°], effectuée sans préavis écrit tenant compte des relations commerciales antérieures ou des usages reconnus par des accords professionnels. • Montpellier, 11 août 1999 : *préc. note 35* ♦ V. sanctionnant un abus de puissance d'achat sur le fondement implicite de l'art. 36 (5°) [C. com., art. L. 442-6, I, 4°] : • Versailles, 8 oct. 1999 : *Petites affiches 26 janv. 2000, p. 13, note Vrion.* ♦ V. aussi • Douai, 5 sept. 2000 : *RJ com. 2002. 33, note Salvat* • Lyon, 15 mars 2002 : *BRDA 2002, n° 11, p. 11.* ♦ A défaut d'information du cocontractant, l'interruption brusque des relations commerciales par le distributeur, sans s'enquérir de l'importance du stock résiduel du fournisseur, et la dissimulation de l'intention de changer de source d'approvisionnement sont constitutifs d'un comportement fautif de nature à engager la responsabilité du distributeur. • Versailles, 19 sept. 2002 : *BICC 2003, n° 674.*

Jugeant que celui qui se plaint d'une rupture abusive n'a pas à établir qu'il se trouve dans un état de dépendance économique, V. • T. com. Amiens, 22 oct. 1999 : *RJDA 2000, n° 217* (conf. par • Com. 17 mars 2004 : *cité infra).* ♦ ... Ni qu'il bénéficie d'une exclusivité. • Paris, 20 oct. 2004 : *D. 2004. AJ. 2996*. – Comp. • Com. 12 mai 2004 : *cité note 38.* ♦ Sur le préavis écrit, V. • Com.17 mars 2004 : *D. 2005. Pan. 150, obs. Ferrier ; Cah. dr. entr. 2004, n° 3, p. 29, obs. Mainguy ; RJDA 2005, n° 628 ; Lettre distrib. juin 2004, p. 2.* ♦ L'inexécution par un distributeur agréé des engagements contractuels souscrits par lui, lesquels prévoyaient expressément la possibilité d'une résiliation immédiate en cas de violation des dispositions relatives aux droits de propriété industrielle, ne peut être qualifiée d'abusive au sens de l'art. L. 442-6, I, 5°, et ouvrir droit au respect d'un préavis à l'égard du distributeur qui, au mépris d'un premier avertissement, s'est livré à des opérations publicitaires utilisant la marque de son fournisseur sans son agrément. • Versailles, 15 sept. 2005 : *préc. note 34.* ♦ La rupture sans préavis des relations commerciales établies depuis neuf ans entre une société exploitant des bateaux de croisière sur la Seine et son traiteur est brusque, lorsque la première donne en location-gérance son fonds de commerce, sans se soucier de son fournisseur. • Paris, 20 oct. 2005 : *RDC 2006. 431, obs. Béhar-Touchais.*

38. Durée du préavis. BIBL. Van Eeckhout, *RDC 2005. 491.* ♦ Jugeant qu'à défaut d'usages reconnus ou d'accords professionnels, la durée du préavis s'apprécie au regard de critères généralement utilisés par la jurisprudence, critères qui dépendent de la nature de la relation commerciale qui va être rompue et qu'il convient notamment que l'ancienneté de la relation et la notoriété des produits soient prises en considération, afin que le délai et les modalités de la fin des relations commerciales soient fixés en plein accord avec l'autre partie, V. • T. com. Paris, 2 avr. 1999 : *D. Affaires 1999. 980, obs. E. P.* ♦ Pour une décision refusant de prendre en considération le cycle de production d'une collection (chaussures) pour apprécier la durée du préavis : • Com. 8 janv. 2002 : *Bull. civ. IV, n° 1 ; D. 2002. AJ. 567, obs. Chevrier ; Contrats Conc. Consom. 2002, n° 78, obs. Malaurie-Vignal.* –

Contra, fixant la durée du préavis en fonction du domaine professionnel, la mode, dont l'activité s'organise autour de collections saisonnières : • Paris, 25 juin 2003 : *D. 2004. Somm. 1159, obs. Dorandeu* (préavis devant être notifié à la fin de la précédente collection) • 28 juin 2004 : *Lettre distrib. oct. 2004, p. 3.* ♦ Comp., jugeant qu'en matière de produits alimentaires ayant le plus souvent un cycle de production annuel, il n'est pas inéquitable de fixer à 12 mois le préavis qui aurait dû être respecté. • TGI Nanterre, 5 nov. 2004 : *Lettre distrib. avr. 2005, p. 2.* ♦ Le respect du préavis contractuel n'est pas suffisant pour exonérer le concédant du manquement de brusque rupture ; même si le contrat prévoit un délai de préavis d'un an, les juges sont libres de rechercher si celui-ci est suffisant et raisonnable. • Lyon, 10 avr. 2003 : *préc. note 35.* ♦ V. aussi, considérant que la durée du préavis aurait dû être fixée à un an, et non trois mois, comme le contrat l'envisageait, eu égard, d'une part, à l'ancienneté des relations et, d'autre part, à la perte de chance de gains du partenaire évincé : • Rouen, 3 nov. 1998 : *Cah. dr. entr. 1999, n° 2, p. 32, obs. Mainguy, Grignon et Respaud.* ♦ Pour d'autres exemples jugeant que le préavis contractuellement prévu est insuffisant, V. • Douai, 5 déc. 2002 : *Lettre distrib. mars 2003, p. 3* • Versailles, 14 oct. 2004 : *ibid. janv. 2005, p. 2 ; JCP E 2005, n° 8, p. 305 ; Contrats Conc. Consom. 2005, n° 28, obs. Malaurie-Vignal* • 2 déc. 2004 : *ibid.* ♦ Sur cette question, V. aussi • Com. 12 mai 2004 : *Bull. civ. IV, n° 86 ; D. 2005. Pan. 150, obs. Ferrier ; JCP E 2004, n° 41, p. 1592, note Lachièze ; JCP 2004. II. 10184, note Sonet ; Contrats Conc. Consom. 2004, n° 104, obs. Leveneur ; RDLC déc. 2004. 67, obs. Fasquelle ; RJDA 2004, n° 1191 ; RDC 2004. 943, obs. Stoffel-Munck.* ♦ Comp., jugeant que le délai ne peut être déterminé d'une façon générale pour l'ensemble d'une profession sauf à le fixer au préalable par le contrat, V. • Douai, 29 sept. 2005 : *BICC 2005, n° 2332 ; BRDA 2006, n° 4, p. 11.* ♦ Considérant qu'un délai de préavis de trente mois ne peut être admis que dans des circonstances exceptionnelles et qu'il appartient, à la partie qui estime qu'une telle durée lui est nécessaire, d'organiser en conséquence ses relations avec ses partenaires ou tout le moins de les en avertir, V. • Versailles, 27 avr. 2000 : *préc. note 35 bis.* ♦ Pour un préavis de quatre mois jugé suffisant alors que les relations d'affaires ont duré plus de treize ans : • Chambéry,18 mai 2004 : *Lettre distrib. juin 2004, p. 3* • Com. 31 janv. 2006 : *RJ com. 2006. 125, obs. Decocq ; Lettre distrib. avr. 2006, p. 4* (préavis de six mois pour dix ans de relations d'affaires).

Jugeant que le caractère trop bref du préavis engage la responsabilité de l'auteur de la rupture, sans que l'acceptation du report de la rupture de la relation commerciale puisse l'en exonérer, V. • Com. 3 déc. 2002 : *D. 2003. Somm. 2432, obs. Ferrier ; JCP E 2003, n° 51-52, p. 2065, note Mainguy ; RJDA 2003, n° 548.*

La poursuite des relations contractuelles ayant été rendue impossible par la faute d'un contractant, celui-ci n'est pas fondé à reprocher à son cocontractant de ne lui avoir laissé qu'un délai de préavis de trois mois, alors que les dispositions de l'art. L. 442-6-5°, invoquées par l'intimé, autorisaient en pareil cas une résiliation sans préavis. • Paris, 13 mai 2004 : *Gaz. Pal. 2005. Somm. 2207, obs. Reichenbach.*

39. Point de départ du préavis. Considérant que le préavis court à compter du jour où le contractant informe son partenaire de sa volonté de ne pas poursuivre les relations contractuelles par la notification de son intention de recourir à un appel d'offres et non à compter de la date de notification de l'échec à cet appel d'offres, V. • Com. 6 juin 2001 : *Contrats Conc. Consom. 2001, n° 160, note Malaurie-Vignal.* ♦ Sur la question de savoir si le point de départ du préavis doit être fixé à la date d'envoi ou à la date de réception de la lettre recommandée de rupture, V. • Com. 9 juill. 2002 : *JCP E 2003, n° 15, p. 660, obs. André.*

40. Réparation du préjudice. BIBL. Juaristi et de Brosses, *Dr. et patr. juin 2003. 60.* ♦ En cas de rupture des relations commerciales sans préavis, hormis les cas de force majeure ou d'inexécution de ses obligations par l'autre partie, la responsabilité des distributeurs ayant pris l'initiative de la rupture doit être retenue et les dommages et intérêts à fixer doivent tenir compte de la durée du préavis qui aurait dû être accordé et des conséquences dommageables résultant de l'absence de préavis, en gain manqué et perte prouvée. • Versailles, 10 juin 1999 : *préc. note 35 bis.* ♦ Le fournisseur ne peut obtenir réparation que du préjudice entraîné par le caractère brutal de la rupture et non du préjudice découlant de la rupture elle-même ; dès lors, en acceptant une situation de dépendance et en ne développant pas d'activités nouvelles, le fournisseur a accepté un risque qu'il y a lieu de prendre en compte dans l'évaluation du préjudice. • Douai, 15 mars 2001 : *D. 2002. 307, note André ; RTD civ. 2002. 296, obs. Mestre et Fages ; JCP E 2001, n° 47, p. 1861, obs. Pédamon ; Gaz. Pal. 12-13 juill. 2002, p. 45, obs. Forgeron.* ♦ V. aussi : • Lyon, 15 mars 2002 : *préc. note 35* • Versailles, 22 mars 2002 : *préc. note 36* • T. com. Lille, 24 oct. 2002 : *Lettre distrib. févr. 2003, p. 4.* ♦ L'art. L. 442-6, I (5°) n'est pas uniquement applicable aux relations dont le chiffre d'affaires laisse envisager une progression. • Paris, 1er déc. 2004 : *préc. note 35.* ♦

Pour un exemple d'évaluation du préjudice prenant pour base le chiffre d'affaires réalisé par le fournisseur pendant les quelques mois précédant la rupture et tenant compte de la diminution progressive de la part de marché représentée par le fournisseur dans les achats du distributeur, V. • Douai, 5 sept. 2000 : *préc. note 37.* ♦ L'indemnisation due au titre du préavis est constituée par une estimation de la marge attendue des marchés, sachant que la marge réalisée ne saurait être maintenue sur une longue durée dans cette activité (produits agroalimentaires). • TGI Nanterre, 5 nov. 2004 : *préc. note 38.* ♦ Prenant en considération le chiffre d'affaires susceptible d'être réalisé avec l'ensemble des magasins européens du groupe de distribution, la marge annuelle sur un tel chiffre d'affaires multipliée par six ans, ce en raison de la durée des relations antérieurs (20 ans), auquel est appliquée un coefficient de 50 % s'agissant d'une perte de chance et non d'un préjudice établi, V. • T. com. Évry, 5 oct. 2005 : *Lettre distrib. févr. 2006, p. 2.* ♦ Jugeant que la réparation ne se limite pas à l'indemnisation du délai de préavis mais peut inclure l'existence d'amortissements non encore amortis spécifiquement engagés pour satisfaire un besoin explicite du distributeur, le coût éventuel de restructuration ou de désinvestissement consécutif à la rupture, la désorganisation de l'appareil productif du fournisseur et, en cas de dépendance totale, le préjudice par ricochet subi par les créanciers confrontés à la cessation des paiements du fournisseur, V. • Douai, 5 déc. 2002 : *Cah. dr. entr. 2003, n° 3, p. 21, obs. Mainguy ; Lettre distrib. mars 2003, p. 3.*

40 bis. Force majeure. Ne constitue pas une des causes prévues par la loi et justifiant la rupture d'une relation commerciale établie sans préavis suffisant la prise de contrôle d'une société par un actionnaire exerçant, sur un autre territoire, une activité de distribution d'une marque concurrente, dès lors qu'aucun élément de la procédure ne permet d'affirmer que le changement intervenu comportait les germes d'une inexécution future du contrat. • Douai, 29 sept. 2005 : *BICC 2006, n° 325.*

IV. VENTES OU PRESTATIONS SUBORDONNÉES

BIBL. Idot, *RDLC 2005, n° 2, p. 31* (ventes liées).

41. Prestation subordonnée à l'acceptation d'une autre prestation. Est illicite le contrat par lequel une société, en même temps qu'elle confie à un cabinet d'expertise une mission d'estimation de ses biens, s'engage à faire appel à lui comme expert pendant dix ans en cas de sinistre pour le règlement des dommages qui lui seraient occasionnés, sous peine de versement d'une indemnité convenue à l'avance. • Com. 1er mars 1994 : *Bull. civ. IV, n° 92 ; Gaz. Pal. 1994. 2. 796, note H.V. ; Defrénois 1994. 1457, obs. Delebecque* (art. 37-1°-c de l'ord. n° 45-1483 du 30 juin 1945).

42. Recommandation d'une société de maintenance. En ce sens que ne constitue pas un « contrat forcé » le fait pour un vendeur fabricant d'une machine hautement spécialisée de recommander une société de maintenance, même si celle-ci est sa filiale, ni que cette dernière oblige l'utilisateur de la machine à acquérir des produits de consommation auprès d'un fournisseur agréé par le fabricant dès lors que la technicité de la machine impose dans l'intérêt même de l'acquéreur qu'il y ait des liens professionnels entre les fabricants et le personnel chargé de la maintenance, V. • Grenoble, 28 oct. 1998 : *Contrats Conc. Consom. 1999, n° 84, obs. Malaurie-Vignal.*

V. VIOLATION DE L'INTERDICTION DE REVENTE HORS RÉSEAU

42 bis. Étanchéité du réseau. Sur l'application de l'article L. 442-6-I, 6°, malgré l'absence d'étanchéité juridique d'un réseau de distribution sélective, V. • Paris, 8 juin 2005 : *RDLC 2005, n° 3, p. 86, obs. Mitchell ; RLC 2005, n° 5, p. 24, obs. Viennois.*

VI. ACTION EN JUSTICE

A. ACTION DE LA VICTIME

43. Refus de l'action en nullité. BIBL. Sélinsky et Peyre, *RLC 2005, n° 2, p. 114* (la nullité des engagements relatifs à des pratiques restrictives visées par l'art. L. 442-6). ♦ Contrairement au ministère public ou au ministre de l'économie, celui qui est partie au contrat ne peut en faire constater la nullité ou celle de la clause à l'origine d'une pratique abusive prévue par l'art. L. 442-6, III, al. 1er. • T. com. Nanterre, 20 sept. 2001 : *RJDA 2002, n° 822.* ♦ L'art. L. 442-6, dans sa rédaction antérieure à la L. n° 2001-420 du 15 mai 2001, institue pour seule sanction des pratiques affectant l'équilibre des relations commerciales, la responsabilité civile de leur auteur. La finalité de ce texte intéressant l'ordre public économique lui confère un caractère spécial primant le droit commun. Il est donc impossible de le rapprocher de l'art. L. 420-3 C. com. pour obtenir l'annulation des conventions contrevenantes. • Versailles, 30 sept. 2004 : *BICC 2005, n° 185.*

44. Incompétence du Conseil de la concurrence. Une action en responsabilité pour pratiques discriminatoires, fondée sur l'art. 36 [C.

com., art. L. 442-6], relève de la juridiction civile ou commerciale territorialement compétente et non du Conseil de la concurrence. • Paris, 3 mai 1990 : *D. 1990. IR. 142.* ♦ Le refus de vente ne relevait de la compétence du Conseil de la concurrence que dans la mesure où il se rattachait à l'exploitation abusive d'une position dominante ou à celle d'un état de dépendance économique. • Paris, 22 janv. 1992 : *D. 1992. IR. 123.* ♦ V. aussi note 9 ss. art. L. 420-2.

45. Compétence territoriale. En vertu de l'art. 46, al. 3, NCPC (selon lequel, en matière délictuelle, le demandeur peut saisir, outre la juridiction du lieu où demeure le défendeur, celle du lieu du fait dommageable ou celle dans le ressort de laquelle le dommage a été subi), une centrale d'achats peut saisir le juge des référés du tribunal de commerce du lieu de son siège social, lieu où le dommage a été subi, sans que le fournisseur puisse valablement lui opposer la clause attributive de compétence figurant dans ses conditions générales de vente. • Versailles, 26 oct. 1995 : *BRDA 1996, n° 15, p. 15.* – V. déjà • Douai, 23 sept. 1993 : *préc. note 17* • Com. 21 avr. 1992 : *RJDA 1992, n° 933.* – V. aussi • Com. 9 avr. 1996 : *D. 1997. 77, note Tichadou ; D. Affaires 1996. 717.*

Ayant relevé que le dommage invoqué était constitué par la cessation d'activité de l'entreprise à la suite des difficultés financières résultant de la rupture brutale des relations commerciales établies, une cour d'appel a pu déduire de ces constatations que le dommage avait été subi au lieu où s'exerçait l'activité de l'entreprise, et décider que le tribunal de commerce dans le ressort duquel elle était située, était territorialement compétent. • Civ. 2e, 6 oct. 2005 : *Bull. civ. II, n° 236 ; D. 2005. AJ. 2677, obs. Chevrier ; JCP 2005. IV. 3349 ; Contrats Conc. Consom. 2006, n° 34, obs. Malaurie-Vignal ; RJDA 2005, n° 1390.* – Comp. • Com. 8 févr. 2000 : *Procédures 2000, n° 88, obs. Perrot.*

B. ACTION DU MINISTRE DE L'ÉCONOMIE

46. Compétence d'attribution. L'action du ministre de l'économie sur le fondement de l'art. 36 [C. com., art. L. 442-6] est de la compétence du tribunal de commerce. • Paris, 30 mars 1994 : *Contrats Conc. Consom. 1994, n° 98 ; RJDA 1994, n° 1044.* – Arrêt confirmé par • Com. 27 juin 1995 : *Bull. civ. IV, n° 198 ; D. 1995. IR. 202 ; Quot. jur. 27 juill. 1995, p. 3.* – Comp. : • TGI Paris, 19 mai 1993 : *BICC 1993, n° 1125.*

47. Nature de l'action du ministre. BIBL. Penneau, *D. 2003. 1278* (sanction civile de contrats commerciaux déloyaux par l'effet de l'action de substitution d'une autorité publique). ♦ Il n'est pas contraire aux termes de la loi, et il est conforme au but rechercher par la loi, d'ordonner à Galec de procéder au remboursement des sommes dues aux fournisseurs et ce par le canal du ministre de l'Économie en raison de sa mission de protection de l'ordre public économique et de son engagement de restitution des sommes qui ne pourraient être remises aux fournisseurs. • T. com. Nanterre, 15 nov. 2005 : *cité note 2 ss. art. L. 441-7.* ♦ Il n'y a pas lieu, pour demander la répétition de l'indu, que le ministre détienne un pouvoir de représentation des fournisseurs et le ministre dispose d'un pouvoir propre lui permettant de faire constater la nullité des clauses et contrats illicites et demander la répétition de l'indu en l'absence des fournisseurs à la procédure. • T. com. Angers, 15 févr. 2006 : *Lettre distrib. mai 2006, p. 3.* ♦ Pour la jurisprudence antérieure à la loi du 15 mai 2001, V. : • Com. 5 déc. 2000 : *BRDA 2000, n° 24, p. 13* • Paris, 9 juin 1998 : *préc. note 6* (infirmant • T. com. Paris, 25 nov. 1996 : *D. 1997. IR. 22 ; D. Affaires 1997. 213 ; Petites affiches 4 juin 1997, p. 17, note Sélinsky et Peyre*) • Dijon, 4 janv. 1996 : *JCP E 1996. I. 607, n° 16, obs. Arhel ; RJDA 1996, n° 520,* conf. par • Com. 27 janv. 1998 : *préc. note 4.*

47 bis. Intervention. Le ministre de l'Économie n'ayant pas exercé l'action prévue à l'art. 36, al. 2, de l'ord. du 1er déc. 1986 [C. com., art. L. 442-6-III], mais s'étant borné à déposer des conclusions sur le fondement des dispositions de l'art. 56 de l'ordonnance précitée [C. com., art. L. 470-5], au soutien des prétentions du demandeur principal, sans formuler aucune demande distincte, il s'en déduit que sa présence dans le débat ne revêtait pas le caractère d'une intervention. • Com. 7 juill. 2004 : *cité note 3 ss. art. L. 470-5.* ♦ L'intervention principale en cause d'appel du ministre de l'économie sur le fondement de l'art. L. 442-6, I, 2° est recevable, dès lors qu'il invoque les mêmes faits que ceux opposés par le défendeur en première instance, sa demande procède, en effet, directement de la demande originaire et tend aux mêmes fins de sanction d'un comportement relevant de pratiques restrictives de concurrence. • Douai, 13 oct. 2005 : *BICC 2006, n° 219 ; RJDA 2006, n° 593.*

48. Preuve. Le ministre de l'économie n'a pas à rapporter, dans le cadre de l'application de l'art. 36 [C. com., art. L. 442-6], la preuve de moyens de pression anormaux ou de procédés discriminatoires qui auraient mis le fournisseur dans la dépendance du distributeur puissant. Ce dernier, en revanche, est tenu de prouver le caractère réel des contreparties qui pourraient justifier l'octroi de conditions de vente discriminatoires à son avantage par le fournisseur. • TGI Chalons-sur-Saône, 21 juin 1994 : *préc. note 4.* ♦ Sur la charge de la preuve consécutivement aux modifications apportées par la L. n° 2005-882 du 2 août 2005, V. • T. com. Angers, 15 févr. 2006 : *préc. note 47.*

49. *Représentation du ministre par un avocat.* V. *infra*, note 1 ss. art. L. 470-5.

C. SAISINE DU JUGE DES RÉFÉRÉS

50. *Conditions.* BIBL. M. Malaurie, *JCP 1993. I. 3637.* – Lacabarats, *Dict. perm. dr. aff., bull. 13 janv. 2002* (intervention du juge des référés après la loi NRE). ♦ Le juge, statuant en référé, en vertu de l'art. 36 [C. com., art. L. 442-6], ne peut ordonner les mesures prévues par ce texte que si les conditions fixées soit aux art. 808 ou 809, soit aux art. 872 ou 873 NCPC, sont remplies. • Com. 27 juin 1989 : *Bull. civ. IV, n° 208 ; D. 1990. Somm. 107, obs. Gavalda et Lucas de Leyssac ; JCP 1990. II. 21530, note Virassamy.* ♦ L'art. 36, dernier al. [C. com., art. L. 442-6, dernier al.], n'interdit pas de saisir le juge des référés avant que l'action au fond soit introduite, si les conditions fixées tant par les autres alinéas de ce texte que par les art. 808, 809, 872 ou 873 NCPC sont remplies. • Com. 17 juill. 1990 : *Bull. civ. IV, n° 220 ; D. 1991. 471, note Reynès.* ♦ Comp., jugeant que les dispositions de l'art. 36 [C. com., art. L. 442-6] ne sont pas un simple rappel des pouvoirs que le droit commun confère au juge des référés mais instituent une procédure de « référé-concurrence » spécifique : • Paris, 17 janv. 1989 : *D. 1989. IR. 52 ; Gaz. Pal. 1989. 1. 201.*

La seule utilité du « référé-concurrence » est d'être accessible au ministre de l'économie, alors qu'il n'a pas qualité pour agir dans le cadre d'une procédure de droit commun • Cass., avis, *BICC 1er mai 1996, p. 37*

51. *Contestation sérieuse.* Il résulte de l'art. 873 NCPC que l'existence d'une contestation sérieuse ne fait pas obstacle à ce que le juge des référés prescrive les mesures conservatoires qui s'imposent. • Com. 30 janv. 1996 : *BRDA 1996, n° 6, p. 12.* ♦ V., considérant qu'il lui appartient alors de vérifier le caractère *a priori* discriminatoire de la pratique dénoncée et de rechercher si elle s'analyse en un trouble manifestement illicite qu'il convient de faire cesser, • Versailles, 5 mars 1998 : *D. Affaires 1998. 878, obs. E. P. ; Gaz. Pal. 9-10 avr. 1999, obs. F. M.-L. ; Petites affiches 24 août 1998, p. 14, obs. Mathey.*

Sur les pouvoirs du juge statuant en référé, V. aussi • Com. 10 juill. 1989 : *Bull. civ. IV, n° 216 ; D. 1990. Somm. 107, obs. Gavalda et Lucas de Leyssac.*

V. aussi note 33 (pouvoir d'injonction).

Art. L. 442-7 Aucune association ou coopérative d'entreprise ou d'administration ne peut, de façon habituelle, offrir des produits à la vente, les vendre ou fournir des services si ces activités ne sont pas prévues par ses statuts. – *[Ord. n° 86-1243 du 1er déc. 1986, art. 37]. – V. Décr. n° 2002-689 du 30 avr. 2002, art. 14, infra, ss. art. L. 470-8.*

BIBL ► BA BADJANG, *Petites affiches 14 juin 2001, p. 4* (de la paracommercialité).

1. *Associations.* L'interdiction faite au dirigeant d'une association par l'art. 37, al. 2 [C. com., art. L. 442-7, al. 2], notamment d'offrir à la vente ou de vendre de façon habituelle des produits alors que cette activité ne rentre pas dans les prévisions des statuts, ne tend nullement à assurer le respect du pacte social, mais à protéger la liberté de la concurrence contre une pratique de nature à en compromettre le jeu normal. • Crim. 10 juin 1991 : *D. 1991. IR. 228 ; Bull. Joly 1991. 914, note Jeantin.*

2. Constitue une pratique paracommerciale illicite le fait pour une association de proposer des activités sportives à des personnes extérieures à l'association contre le paiement d'un prix et d'un droit d'entrée, alors que cela n'est pas prévu par ses statuts. En effet, l'association, non assujettie aux charges fiscales et sociales, se livre ainsi de manière habituelle à des opérations commerciales lucratives de nature à porter préjudice aux commerçants offrant les mêmes prestations. • Crim. 19 oct. 1992 : *D. 1993. IR. 21 ; Rev. sociétés 1993. 625, note Castro ; Bull. Joly 1993. 221, note Mayaud et Sousi ; RJDA 1992, n° 1146.*

3. Jugeant que les dispositions sanctionnant la rupture d'une relation commerciale établie ne bénéficient pas aux associations, V. • Paris, 17 sept. 2003 : *cité note 35 bis ss. art. L. 442-6.*

Art. L. 442-8 Il est interdit à toute personne d'offrir à la vente des produits ou de proposer des services en utilisant, dans des conditions irrégulières, le domaine public de l'État, des collectivités locales et de leurs établissements publics.

Les infractions à l'interdiction mentionnée à l'alinéa précédent sont recherchées et constatées dans les conditions définies par les articles L. 450-1 à L. 450-3 et L. 450-8.

Les agents peuvent consigner, dans des locaux qu'ils déterminent et pendant une durée qui ne peut être supérieure à un mois, les produits offerts à la vente et les biens ayant permis la vente des produits ou l'offre de services.

La consignation donne lieu à l'établissement immédiat d'un procès-verbal. Celui-ci comporte un inventaire des biens et des marchandises consignés ainsi que la mention de leur valeur. Il est communiqué dans les cinq jours de sa clôture au procureur de la République et à l'intéressé.

La juridiction peut ordonner la confiscation des produits offerts à la vente et des biens ayant permis la vente des produits ou l'offre de services. La juridiction peut condamner l'auteur de l'infraction à verser au Trésor public une somme correspondant à la valeur des produits consignés, dans le cas où il n'a pas été procédé à une saisie. — *[Ord. n° 86-1243 du 1er déc. 1986, art. 37-1]. — V. Décr. n° 2002-689 du 30 avr. 2002, art. 14, infra, ss. art. L. 470-8.*

Sur le régime juridique de la consignation des emballages de liquides alimentaires, V. L. n° 89-421 du 23 juin 1989, art. 7, ***C. consom.***

V. Circ. 12 août 1987 (JO 23 août) relative à la lutte contre les pratiques paracommerciales.

Vente sauvage. Le fait d'offrir à la vente des produits ou de proposer des services en utilisant, dans des conditions irrégulières, le domaine public de l'État, des collectivités locales et de leurs établissements publics, n'est réprimé, par l'art. 14 du Décr. n° 2002-689 du 30 avr. 2002, que s'il est commis en violation des dispositions réglementaires sur la police des lieux. • Crim. 4 avr. 2006 : *D. 2006. AJ. 1285, obs. Chevrier* .

Art. L. 442-9 *(L. n° 2005-157 du 23 févr. 2005, art. 34-I)* **Engage la responsabilité de son auteur et l'oblige à réparer le préjudice causé le fait, pour tout producteur, commerçant, industriel ou personne immatriculée au répertoire des métiers, de pratiquer ou de faire pratiquer, en situation de crise conjoncturelle telle que définie par l'article L. 611-4 du code rural, des prix de première cession abusivement bas pour des produits figurant sur la liste prévue à l'article L. 441-2-1 du présent code.**

Le III et le IV de l'article L. 442-6 sont applicables à l'action prévue par le présent article.

Code rural **Art. L. 611-4** *(L. n° 2005-157 du 23 févr. 2005, art. 35)* La situation de crise conjoncturelle affectant ceux des produits figurant sur la liste prévue à l'article L. 441-2-1 du code de commerce est constituée lorsque le prix de cession de ces produits par les producteurs ou leurs groupements reconnus est anormalement bas par rapport à la moyenne des prix observés lors des périodes correspondantes des cinq dernières campagnes, à l'exclusion des deux périodes au cours desquelles les prix ont été respectivement le plus bas et le plus élevé.

Les entreprises de commercialisation ou de distribution peuvent conclure avec l'État, pour un ou plusieurs des produits mentionnés au premier alinéa, des accords comprenant un dispositif de répercussion de la baisse des prix de cession des produits par les producteurs sur les prix de vente à la consommation.

Afin qu'un bilan des engagements des acheteurs puisse être établi par les ministres chargés de l'agriculture, de la pêche et de l'économie, les acheteurs communiquent pendant la crise conjoncturelle aux services compétents les éléments leur démontrant leur engagement dans les démarches contractuelles mentionnées au précédent alinéa et l'effet de ces démarches, selon une procédure définie par arrêté conjoint de ces ministres.

Un arrêté conjoint du ministre chargé de l'économie et du ministre chargé de l'agriculture précise, en fonction des différents produits concernés, les modalités d'application du présent article, notamment les modalités de détermination des prix anormalement bas et la durée pendant laquelle ces prix doivent être constatés pour que la crise soit constituée. — *V. Arr. 24 mai 2005 (JO 25 mai), mod. par Arr. 2 mai 2006 (JO 10 mai).*

Art. L. 442-10 *(L. nº 2005-882 du 2 août 2005, art. 51)* I. – Est nul le contrat par lequel un fournisseur s'engage envers tout producteur, commerçant, industriel ou personne immatriculée au répertoire des métiers sur une offre de prix à l'issue d'enchères inversées à distance, organisées notamment par voie électronique, lorsque l'une au moins des règles suivantes n'a pas été respectée :

1º Préalablement aux enchères, l'acheteur ou la personne qui les organise pour son compte communique de façon transparente et non discriminatoire à l'ensemble des candidats admis à présenter une offre les éléments déterminants des produits ou des prestations de services qu'il entend acquérir, ses conditions et modalités d'achat, ses critères de sélection détaillés ainsi que les règles selon lesquelles les enchères vont se dérouler ;

2º A l'issue de la période d'enchères, l'identité du candidat retenu est révélée au candidat qui, ayant participé à l'enchère, en fait la demande. Si l'auteur de l'offre sélectionnée est défaillant, nul n'est tenu de reprendre le marché au dernier prix ni à la dernière enchère.

II. – L'acheteur ou la personne qui organise les enchères pour son compte effectue un enregistrement du déroulement des enchères qu'il conserve pendant un an. Il est présenté s'il est procédé à une enquête dans les conditions prévues au titre V du présent livre.

III. – Les enchères à distance inversées organisées par l'acheteur ou par son représentant sont interdites pour les produits agricoles visés au premier alinéa de l'article L. 441-2-1, ainsi que pour les produits alimentaires de consommation courante issus de la première transformation de ces produits.

IV. – Le fait de ne pas respecter les dispositions des I à III engage la responsabilité de son auteur et l'oblige à réparer le préjudice causé. Les dispositions des III et IV de l'article L. 442-6 sont applicables aux opérations visées aux I à III du présent article.

BIBL. ► CHAGNY, *JCP 2005. I. 173, spéc. nº 4 s.* (enchères inversées à distance). – GENTY et HUET, *Contrats Conc. Consom. 2005. Chron. 22* (les enchères électroniques « inversées »). – DECOCQ, *Comm. com. élec. 2005, nº 175* (réglementation des enchères à distance). – MAUGER-VIELPEAU, *D. 2006. 642* (les enchères inversées). – GENTY et DUMONT-TRICOT, *Comm. com. élec. 2006. Chron. 13* (enchères électroniques inversées).

CHAPITRE III AUTRES PRATIQUES PROHIBÉES

Art. L. 443-1 A peine d'une amende de 75 000 €, le délai de paiement, par tout producteur, revendeur ou prestataire de services, ne peut être supérieur :

1º A trente jours après la fin de la décade de livraison pour les achats de produits alimentaires périssables et de viandes congelées ou surgelées, de poissons surgelés, de plats cuisinés et de conserves fabriqués à partir de produits alimentaires périssables, à l'exception des achats de produits saisonniers effectués dans le cadre de contrats dits de culture visés aux articles L. 326-1 à L. 326-3 du code rural ;

2º A vingt jours après le jour de livraison pour les achats de bétail sur pied destiné à la consommation et de viandes fraîches dérivées ;

3º A trente jours après la fin du mois de livraison pour les achats de boissons alcooliques passibles des droits de consommation prévus à l'article 403 du code général des impôts ;

4º A défaut d'accords interprofessionnels conclus en application du livre VI du code rural et rendus obligatoires par voie réglementaire à tous les opérateurs sur l'ensemble du territoire métropolitain pour ce qui concerne les délais de paiement, à soixante-quinze jours après le jour de livraison pour les achats de boissons alcooliques passibles des droits de circulation prévus à l'article 438 du même code. – *[Ord. nº 86-1243 du 1er déc. 1986, art. 35].*

V. Directive n° 2000/35/CE du 29 juin 2000 concernant la lutte contre les retards de paiement dans les transactions commerciales (JOCE n° L 200 du 8 août 2000).

BIBL. ▶ *Cah. dr. entr. 1993, n° 3.* – ULLMO, *ibid. 1995, n° 5.* – LARDEUX, *JCP E 2000, n° 35, p. 1318* (lutte contre le retard de paiement dans les transactions commerciales).

I. DOMAINE D'APPLICATION

1. *Produits alimentaires périssables (jurisprudence antérieure à la loi du 1er juill. 1996).* La catégorie des produits alimentaires périssables englobait nécessairement, et selon l'acceptation commune du terme « périssable », toutes les denrées alimentaires qui, en raison de leur teneur et composition, présentent la caractéristique d'être soumises, sauf en ce qui concerne celles faisant l'objet d'un mode de conservation particulier (produits lyophilisés, congelés ou surgelés ou encore les conserves et semi-conserves), à une dégradation rapide. • Paris, 4 févr. 1992 : *Gaz. Pal. 1992. 1. 300, note Marchi.* ♦ Dès lors, la notion de produits alimentaires périssables est en soi suffisamment précise pour permettre de distinguer, tant au niveau de la fabrication que de la distribution, les produits alimentaires qui appartiennent à cette catégorie et relèvent, en conséquence, pour ce qui est du règlement de leur prix d'achat, des dispositions prévues par l'art. 35 [C. com., art. L. 443-1]. • Même arrêt. ♦ Comp., désormais, visant expressément les viandes congelées ou surgelées et les poissons surgelés : art. 35, tel que modifié par la loi n° 96-588 du 1er juill. 1996 et par la loi n° 99-574 du 9 juill. 1999 [C. com., art. L. 443-1].

2. *Conserves.* Sur l'application du délai de paiement fixé à 30 jours fin de décade de livraison, aux conserves fabriquées à partir de denrées alimentaires périssables ayant été soumises à des procédés de conservation, V. : Rép. min. n° 34-205 : *JOAN Q, 17 janv. 2000, p. 364.*

3. *Entreprises de restauration et traiteurs.* Le délai de 30 jours après la fin de la décade de livraison est applicable aux entreprises de restauration (Rép. min. n° 399 : *JO Sénat Q, 8 juill. 1993, p. 1097*).

L'activité des traiteurs de réception est soumise à l'art. 35 [C. com., art. L. 443-1], s'agissant de la confection de plats préparés et de la vente de produits à emporter, mais ne l'est pas, s'agissant du service de repas avec fourniture de personnel (Rép. min. n° 5772 : *JOAN Q, 10 janv. 1994, p. 137*).

4. *Groupe de sociétés.* Le non-respect de la réglementation des délais de paiement des produits alimentaires périssables prévue par l'art. 35 [C. com., art. L. 443-1] est punissable même si l'infraction a été commise au sein d'un groupe de sociétés. • Crim. 24 mars 1999 : ⚖ *RJDA 1999, n° 732 ; JCP E 1999, n° 48, p. 1912, obs. Arhel.* ♦ Pour la condamnation d'un gérant d'un hôtel alors que c'était la holding qui définissait les modalités de règlement, dès lors qu'il traitait directement avec les fournisseurs par un système de traites acceptées, V. • Rennes, 9 oct. 2003 : *Rev. Conc. consom. 2004, n° 138, p. 7.*

II. SANCTIONS

5. *Élément intentionnel.* L'intention délictueuse peut être constituée par une simple négligence, sans exiger la preuve d'une volonté délibérée de violer les dispositions légales. • TGI Coutances, 20 déc. 1994 : *BID 1996, n° 2, p. 33.*

Jugeant que le prévenu est tenu, en cas de retard dans l'établissement des factures par ses fournisseurs, de les réclamer suffisamment à l'avance pour en assurer le paiement dans le délai légal, et de s'assurer que la date d'émission du chèque était telle qu'il puisse être honoré avant la date limite de paiement, ce qu'il s'est abstenu de faire, bénéficiant ainsi de délais supplémentaires pour payer, V. • Montpellier, 14 juin 2001 : *BID 2002, n° 2, p. 6.*

6. *Complicité.* Pour la condamnation d'un vendeur (dirigeant d'une centrale d'achats), poursuivi comme complice de l'infraction, en application de l'art. 121-7 C. pén., dès lors qu'il est établi qu'il a, de manière intentionnelle et active, permis le dépassement du délai par les acheteurs (adhérents de la centrale), V. • Poitiers, 31 mai 2001 : *RJDA 2002, n° 440.*

7. *Délégation de pouvoir.* Jugé qu'il appartient à la juridiction correctionnelle, dès lors qu'est caractérisé l'élément matériel de l'infraction poursuivie, de rechercher, dans chaque cas et à la lumière des faits et circonstances soumis à son appréciation, si la responsabilité de cette infraction est imputable au prévenu. • Paris, 4 févr. 1992 : *Gaz. Pal. 1992. 1. 304, note Marchi.* – V. aussi et Comp. : note 3 ss. art. L. 441-4 et notes 17 s. ss. art. 1er de la loi du 2 juill. 1963, reproduit ss. art. L. 442-4, *supra*.

8. *Pratique discriminatoire.* Pour un arrêt considérant que le non-respect des dispositions de l'art. 35 [C. com., art. L. 443-1], relatives aux délais de paiement, constitue une pratique discriminatoire pouvant être appréhendée au regard de l'art. 36 (1) [C. com., art. L. 442-6 (I) 1°], V. • Lyon, 17 sept. 1997 : *BID 1998, n° 11, p. 16,* conf. par • Crim. 30 avr. 1998 : *ibid. n° 12, p. 39.*

Art. L. 443-2 *(L. nº 2005-882 du 2 août 2005, art. 52)* **« I. – Est puni de deux ans d'emprisonnement et de 30 000 € d'amende le fait d'opérer la hausse ou la baisse artificielle soit du prix de biens ou de services, soit d'effets publics ou privés, notamment à l'occasion d'enchères à distance :**

« 1º En diffusant, par quelque moyen que ce soit, des informations mensongères ou calomnieuses ;

« 2º En introduisant sur le marché ou en sollicitant soit des offres destinées à troubler les cours, soit des sur-offres ou sous-offres faites aux prix demandés par les vendeurs ou prestataires de services ;

« 3º Ou en utilisant tout autre moyen frauduleux.

« La tentative est punie des mêmes peines. »

II. – Lorsque la hausse ou la baisse artificielle des prix concerne des produits alimentaires, la peine est portée à trois ans d'emprisonnement et 45 000 € d'amende.

III. – Les personnes physiques coupables des infractions prévues au présent article encourent également les peines complémentaires suivantes :

1º L'interdiction des droits civiques, civils et de famille, suivant les modalités de l'article 131-26 du code pénal ;

2º L'affichage ou la diffusion de la décision prononcée dans les conditions prévues par l'article 131-35 du code pénal. – *[Ord. nº 86-1243 du 1er déc. 1986, art. 52-1].*

La loi nº 92-1336 du 16 déc. 1992, dont était issu l'art. 52-1 de l'ord. nº 86-1243, abrogé et codifié ss. art. L. 443-2, est entrée en vigueur le 1er mars 1994. Pour le régime applicable jusqu'à cette date, V. art. 419 à 421 anciens C. pén. – ***C. pén.***

BIBL. ▸ MASSÉ, *RSC 1986. 625.* – MAINGUY, *Cah. dr. entr. 1995, nº 1* (clauses de prix à marge garantie).

Pour des exemples de poursuite sur le fondement de l'art. 52-1 [C. com., art. L. 443-2], V. • TGI Draguignan, 10 oct. 1996 : *BID 1997, nº 10, p. 24* • TGI Limoges, 17 déc. 1997 : *BID 1998, nº 10, p. 19.*

Art. L. 443-3 **I. – Les personnes morales peuvent être déclarées responsables pénalement dans les conditions prévues par l'article 121-2 du code pénal des infractions définies aux I et II de l'article L. 443-2.**

II. – Les peines encourues par les personnes morales sont :

1º L'amende, suivant les modalités prévues par l'article 131-38 du code pénal ;

2º Les peines mentionnées aux 2º, 3º, 4º, 5º, 6º et 9º de l'article 131-39 du même code.

III. – L'interdiction mentionnée au 2º de l'article 131-39 du même code porte sur l'activité dans l'exercice ou à l'occasion de l'exercice de laquelle l'infraction a été commise. – *[Ord. nº 86-1243 du 1er déc. 1986, art. 52-2].*

BIBL. ▸ BOUTARD-LABARDE, *Petites affiches 6 oct. 1993, p. 29.*

TITRE CINQUIÈME DES POUVOIRS D'ENQUÊTE

RÉP. COM. vº *Concurrence (règles de procédure)*, par ARHEL

BIBL. ▸ FOURGOUX, *Gaz. Pal. 1989. 1. 127.* – DE LA LAURENCIE, *Petites affiches 30 mars 1988.* – BOUTARD-LABARDE, *JCP 1988. I. 3360.* – DAUDRET, *Gaz. Pal. 1992. 1. Doctr. 305* (droits de la défense). – PEPY, *ibid. 1994. 2. Doctr. 1086* (procédure devant le conseil). ▸ Ord. nº 2004-1173 du 4 nov. 2004 : LASSERRE, *RDLC déc. 2004. 29* (modernisation : les adaptations nécessaires du Conseil de la concurrence). – DECOCQ, *RJ com. 2004. 499* – CHEYNEL et NOURISSAT, *RLC 2005, nº 2, p. 63.* – CLAUDEL, *RTD com. 2005. 60.* – JALABERT-DOURY, Les inspections de concurrence, *Bruylant, 2005.*

Art. L. 450-1 **Des fonctionnaires habilités à cet effet par le ministre chargé de l'économie peuvent procéder aux enquêtes nécessaires à l'application des dispositions du présent livre.**

Les rapporteurs du Conseil de la concurrence disposent des mêmes pouvoirs pour les affaires dont le conseil est saisi.

(Ord. n° 2004-1173 du 4 nov. 2004, art. 2) **« Dans le cas où des investigations sont menées au nom ou pour le compte d'une autorité de concurrence d'un autre État membre, en application du 1 de l'article 22 du règlement n° 1/2003 du Conseil relatif à la mise en œuvre des règles de concurrence prévues aux articles 81 et 82 du traité instituant la Communauté européenne, le ministre chargé de l'économie peut autoriser des agents de cette autorité de concurrence à assister les fonctionnaires habilités mentionnés au premier alinéa ou les rapporteurs mentionnés au deuxième alinéa dans leurs investigations. Les modalités de cette assistance sont fixées par décret en Conseil d'État. »** – *V. Décr. n° 2002-689 du 30 avr. 2002, art. 15, infra, ss. art. L. 470-8.*

Des fonctionnaires de catégorie A du ministère chargé de l'économie, spécialement habilités à cet effet par le garde des sceaux, ministre de la justice, sur la proposition du ministre chargé de l'économie, peuvent recevoir des juges d'instruction des commissions rogatoires. – *[Ord. n° 86-1243 du 1er déc. 1986, art. 45].*

(L. n° 2001-420 du 15 mai 2001) **« Les fonctionnaires habilités mentionnés au présent article peuvent exercer les pouvoirs d'enquête qu'ils tiennent du présent article et des articles suivants sur l'ensemble du territoire national. »**

1. Domaine d'application des art. L. 450-1 s. V. note 4 ss. art. L. 441-4.

Sur la distinction des pouvoirs des agents de la Direction départementale de la concurrence, de la consommation et de la répression des fraudes selon qu'ils agissent dans le cadre des infractions au code de la consommation (pouvoirs d'enquête, en application des art. 45 s. [C. com., art. L. 450-1 s.]), ou dans celui des infractions au code de la propriété intellectuelle (constatation des infractions), V. • TGI Mulhouse, 20 sept. 1996 : *BICC 1996, n° 1264.*

Sur l'inapplicabilité des art. 45 s. [C. com., art. L. 450-1 s.] lorsque le Conseil de la concurrence est saisi de pratiques illicites, V. note 1 ss. art. L. 450-6.

1 bis. Agents habilités. Une ordonnance autorisant des agents de la direction générale des impôts, en vertu de l'art. 48 [C. com., art. L. 450-4], à effectuer une visite et une saisie de documents dans les locaux d'une société en vue de rechercher la preuve de la fraude mentionnée par l'art. 31 [C. com., art. L. 441-4], qui ne précise pas que ces agents sont habilités à procéder à des visites et des saisies domiciliaires pour la recherche d'infractions audit art. 31 [C. com., art. L. 441-4] et qui n'indique pas si l'un d'entre eux, fonctionnaire à la direction générale des impôts, appartient à la catégorie A (comme le prévoit l'arrêté du 12 mars 1993), ne fait pas preuve par elle-même de sa régularité. • Com. 16 janv. 1996 : *Bull. civ. IV, n° 20 ; D. 1996. IR. 47 ; D. Affaires 1996. 288.*

Si, afin de satisfaire aux prescriptions de l'art. 45 [C. com., art. L. 450-1], les fonctionnaires désignés pour procéder aux visites domiciliaires doivent être choisis parmi les enquêteurs habilités, une telle exigence ne concerne pas le chef de service sous l'autorité administrative duquel ils sont placés et dont le rôle n'est pas de procéder lui-même aux opérations de visite. • Com. 10 déc. 1996 : *Bull. civ. IV, n° 311 ; D. Affaires 1997. 208* • 13 mai 1997 : *JCP 1997. IV. 1392.*

1 ter. Sur la compétence territoriale des agents habilités en matière d'enquête, V. note 1 *bis* ss. art. L. 450-3.

2. Droits de la défense. Le seul fait que l'enquête ne soit pas soumise au principe du contradictoire, qui n'est applicable à la procédure qu'à compter de la notification des griefs, ne peut conduire à compromettre irrémédiablement les droits de la défense en amenant les personnes entendues à faire des déclarations sur la portée desquelles elles pourraient se méprendre dès lors que l'objet de l'enquête a été porté à la connaissance des personnes entendues. • Paris, 26 oct. 2004 : *D. 2004. AJ. 3138 ; RLC 2005, n° 2, p. 75, obs. Cheynel.* ♦ Aucune disposition législative ou réglementaire n'impose à l'Administration de justifier des motifs pour lesquels elle procède à une enquête administrative sur le fondement de l'art. 47 [C. com., art. L. 450-3]. • Com. 4 févr. 1997 : *Bull. civ. IV, n° 40 ; D. Affaires 1997. 304* (V. l'arrêt d'appel : • Paris, 16 déc. 1994 : *BOCC 28 déc. 1994 ; D. 1995. IR. 22 ; Contrats Conc. Consom. 1995, n° 8).*

3. Les auditions auxquelles procède le rapporteur du Conseil de la concurrence, en vertu de l'art. 45, al. 2 [C. com., art. L. 450-1, al. 2], et qui n'imposent pas que l'intéressé soit à cette occasion assisté d'un conseil, ne doivent pas être assimilées à celles donnant lieu à rédaction d'un procès-verbal lors du déroulement de la procédure d'instruction devant le Conseil de la concurrence, qui suppose, aux termes des art. 18 et 21 [C. com., art. L. 463-1 et L. 463-2], la communication préalable des griefs et la mise à la disposition des intéressés de l'ensemble du dossier. • Com. 14 janv. 1992 : *Bull. civ. IV, n° 15 ; D. 1994. Somm. 173, obs. Gavalda et Lucas de Leyssac* • Paris, 16 déc. 1994 : *préc. note 2.*

4. L'enquête préalable que les rapporteurs sont habilités à diligenter par application de l'art. 45, al. 2 [C. com., art. L. 450-1, al. 2], permet, sans communication de la procédure aux personnes entendues, de procéder à toutes recherches et vérifications sur les pratiques incriminées, à la condition que cela n'aboutisse pas à compromettre irrémédiablement les garanties de la défense. • Paris, 17 mai 1994 : *Contrats Conc. Consom. 1994, n° 138, obs. Vogel.* ♦ Comp., en ce sens qu'il résulte de l'art. 14 du Pacte international relatif aux droits civils et politiques (qui garantit le droit de toute personne à ne pas être forcée de témoigner contre elle-même ou de s'avouer coupable) que les enquêteurs sont tenus de faire connaître clairement aux personnes interrogées l'objet de leur enquête, sans qu'il y ait à distinguer selon qu'ils agissent en application des art. 47 ou 48 [C. com., art. L. 450-3 ou L. 450-4], et indépendamment du pouvoir du Conseil de la concurrence de donner aux faits constatés la qualification qu'ils comportent : • Paris, 8 avr. 1994 : *BOCC 18 mai 1994 ; D. 1995. 607, note Lucas de Leyssac ; Contrats Conc. Consom. 1994, n° 101, obs. Vogel ; Gaz. Pal. 1994. 2. Doctr. 1212, obs. Decocq ; Petites affiches 19 août 1994, p. 3, obs. Sélinsky.* – V. aussi • Paris, 16 déc. 1994 : *préc. note 2* • 27 sept. 1996 : *D. Affaires 1997. 17* • 26 janv. 1999 : *BOCC 16 févr. 1999 ; Petites affiches 16 nov. 1999, p. 18, obs. Petitier.* ♦ V. toutefois, jugeant que la mention préimprimée sur le procès-verbal selon laquelle l'objet de l'enquête a été porté à la connaissance de la personne entendue suffit à justifier, jusqu'à preuve du contraire, de l'indication de cet objet : • Com. 20 nov. 2001 : *Bull. civ. IV, n° 182.* ♦ Le principe de non-auto-incrimination, édicté par ledit art. 14, ne fait pas obstacle à ce que les enquêteurs obtiennent des renseignements précis ainsi que les documents s'y rapportant. • Paris, 9 sept. 1997 : *BOCC 7 oct. 1997.* ♦ Les règles de l'enquête définies par l'ordonnance ne font pas obligation aux enquêteurs qui réalisent les investigations d'interroger plusieurs fois les personnes qu'ils ont entendues. • Paris, 26 janv. 1999 : *préc.* ♦ V. aussi • Paris, 21 janv. 2000 : *D. 2000. AJ. 150, obs. Marmontel.*

5. Les règles de l'enquête définies par l'ord. du 1er déc. 1986 [C. com., art. L. 450-1 s.] ne font pas obligation aux agents qui réalisent les investigations de confronter les responsables des entreprises avec les auteurs de déclarations qui les mettent en cause ou de les interroger sur les pièces saisies chez des tiers dont le contenu peut être contradictoirement discuté. • Paris, 16 déc. 1994 : *préc. note 2* • 26 janv. 1999 : *préc. note 4.* ♦ Si les enquêteurs tirent de l'art. 47 de l'ordonnance [C. com., art. L. 450-3], la possibilité de demander des explications aux prévenus, les demandes d'explications ne peuvent être assimilées à un interrogatoire, celles-ci ne tendant pas directement à l'établissement de l'éventuelle infraction. • Paris, 21 janv. 2000 : *ibid.*

6. En procédant à des enquêtes, portant sur le fond même du débat, postérieurement au prononcé de la décision du Conseil de la concurrence, le ministre de l'économie ne peut faire usage de ses prérogatives de puissance publique sans méconnaître le principe du procès équitable posé par l'art. 6 de la Conv. EDH et celui du respect des droits de la défense ; en conséquence, les rapports d'enquête et pièces annexes établis postérieurement à la saisine du Conseil de la concurrence doivent être écartés du débat. • Paris, 25 mai 1994 : *D. 1996. Somm. 182, obs. Gavalda et Lucas de Leyssac,* conf. par • Com. 10 déc. 1996 : *D. Affaires 1997. 109.* ♦ Sur cet arrêt, V. aussi note 1 ss. art. L. 450-6.

7. Commission rogatoire. Il résulte de l'art. 45, al. 3 [C. com., art. L. 450-1, al. 4], que les fonctionnaires de catégorie A du ministre chargé de l'Économie, spécialement habilités à cet effet, peuvent recevoir des juges d'instruction des commissions rogatoires, mais seulement pour enquêter sur les infractions visées par l'ordonnance (exclusion du délit de favoritisme prévu et réprimé par l'art. 432-14 C. pén.). • Crim. 5 mai 1999 : *Bull. crim. n° 88 ; D. 1999. IR. 217 ; Dr. pénal 1999, n° 142, obs. J. H. Robert.* ♦ Dès lors, les enquêteurs qui procèdent à la recherche d'un éventuel délit de favoritisme ne peuvent effectuer aucun acte d'enquête au sens des art. 45 s. [C. com. art. L. 450-1 s.]. • Crim. 20 sept. 2000 : *D. 2000. AJ. 424 ; RSC 2001. 171, obs. Rebut.*

Art. L. 450-2 **Les enquêtes donnent lieu à l'établissement de procès-verbaux et, le cas échéant, de rapports.** – *V. Décr. n° 2002-689 du 30 avr. 2002, art. 15, infra, ss. art. L. 470-8.*

Les procès-verbaux sont transmis à l'autorité compétente. Un double en est laissé aux parties intéressées. Ils font foi jusqu'à preuve contraire. – *[Ord. n° 86-1243 du 1er déc. 1986, art. 46].*

1. Procès-verbal. En l'absence d'établissement par un agent habilité par le ministère chargé de l'économie, d'un procès-verbal constatant une infraction dans les conditions prévues par l'art. 46 [C. com., art. L. 450-2], les juges peuvent fonder leurs décisions sur les éléments du dossier soumis au débat contradictoire, tels que les courriers échangés entre l'administration et le prévenu et l'enquête diligentée par les officiers de police judiciaire sur instruction du procureur. • Crim. 19 janv. 2000 : *Bull. crim. n° 37 ; RJ com. 2000. 332, obs. Cerf.* ♦ Le fait qu'un même procès-verbal ait été utilisé dans deux procédures ouvertes devant le Conseil postérieurement à la réalisation de l'enquête à la suite de deux saisines distinctes du ministre de l'Économie n'a aucune incidence quant à la loyauté de l'enquête. le fait que le ministre décide ou non d'utiliser le résultat de ces enquêtes pour former une ou plusieurs saisines devant le Conseil ne saurait rendre irréguliers ou déloyaux les actes d'enquête antérieurs. • Cons. conc. n° 06-D-03 du 9 mars 2006 : *cité note 3 ss. art. L. 123-22.*

2. Questions. L'entrée en vigueur de la loi du 15 juin 2000 n'a pas eu pour effet de modifier les règles spécifiques applicables à l'élaboration des procès-verbaux dressés en application des art. L. 450-2 et L. 450-3 C. com., qui n'ont pas à être établis conformément aux règles de l'art. 429 C. pr. pén. Mais selon les dispositions spécifiques applicables à la procédure devant le Conseil. • Cons. conc. n° 05-D-66 du 5 déc. 2005 : *cité note 7 ss. art. L. 463-1.* ♦ Les procès-verbaux d'enquête, lorsqu'ils recueillent des déclarations, n'ont pas à être rédigés sous forme de questions et de réponses pour être valables. • Même décision. ♦ Sur la mention des questions posées aux personnes interrogées dans les procès-verbaux d'enquête de concurrence, V. aussi et comp. • Cons. conc. n° 02-D-57 du 19 sept. 2002 : *BOCC 28 nov. 2002* • n° 03-D-07 du 4 févr. 2003 : *D. 2003. AJ. 1293* • Paris, 25 nov. 2003 : *BOCC 12 mars 2004.* – V. aussi Roussel, *AJ Pénal 2005. 19* et art. 429 C. pr. pén. – **V. C. pr. pén.**

3. Deuxième exemplaire. L'art. 31 du Décr. du 29 déc. 1986 imposant la rédaction « dans le plus court délai » des procès-verbaux prévus par l'art. 46 [C. com., art. L. 450-2], la remise des doubles doit également intervenir dans un délai bref. • Paris, 8 avr. 1994 : *BOCC 18 mai 1994 ; D. 1995. 607, note Lucas de Leyssac ; Contrats Conc. Consom. 1994, n° 101, obs. Vogel.* ♦ Sur la sanction, V. note 4.

4. Sanction. La signature du procès-verbal par la personne concernée par les investigations et la remise du double sont des formalités substantielles mais dont l'absence ne saurait affecter la validité de la procédure subséquente, dès lors que le procès-verbal n'est pas la base nécessaire des poursuites et qu'il existe d'autres moyens de preuve de l'infraction. • Limoges, 22 févr. 1995 : *Contrats Conc. Consom. 1995, n° 79, note Raymond.* ♦ Il résulte de l'art. 46 [C. com, art. L. 450-2] que les procès-verbaux d'enquête établis sans qu'un double exemplaire ait été laissé aux parties intéressées sont irréguliers et doivent être de ce fait écartés des débats. • Com. 10 oct. 2000 : *Bull. civ. IV, n° 149 ; D. 2000. AJ. 420 ; Petites affiches 20 déc. 2000, p. 17, note Vrion.*

5. Préjudice. Les dispositions du nouveau code de procédure civile [art. 112 et 114 NCPC] ne s'appliquant pas à la procédure suivie devant le Conseil de la concurrence, il en résulte que les déclarations recueillies dans des conditions déloyales doivent être écartées sans que la partie intéressée ait à démontrer l'existence d'un préjudice particulier. • Com. 14 janv. 2003 : *Bull. civ. IV, n° 7 ; D. 2003. AJ. 493 ; JCP E 2003, n° 10, p. 393 ; Contrats Conc. Consom. 2003, n° 56, obs. Malaurie-Vignal ; Comm. com. élec. 2003, n° 122, obs. Stoffel-Munck ; RJDA 2003, n° 651.* – V. aussi • Paris, 29 mars 2005 : *BOCC 23 juin 2005 ; D. 2005. AJ. 1223, obs. Chevrier.*

6. Preuve contraire. Le procès-verbal ne faisant foi que jusqu'à preuve contraire, dans le cadre de leur pouvoir souverain d'appréciation des preuves, les juges du fond ont pu estimer qu'un devis figurait dans les pièces communiquées aux enquêteurs, même si cette pièce ne figure pas dans le procès-verbal d'inventaire. • Com. 20 nov. 2001 : *Bull. civ. IV, n° 182.*

7. Rapport d'enquête. Le rapport facultatif d'enquête est dépourvu de force probante. • Com. 10 oct. 2000 : *préc. note 4.*

8. Nature des procès-verbaux et rapports. Les procès-verbaux et les rapports qui sont établis dans le cadre d'enquêtes administratives, en application de l'art. L. 450-2, sont des documents administratifs dont la communication est régie par les dispositions de la loi du 17 juill.

1978 ; la circonstance que ces documents peuvent, le cas échéant, servir de fondement à des procédures engagées devant les juridictions pénales, en application des dispositions de l'art. L. 420-6 C. com., n'est pas de nature à leur faire perdre ce caractère de documents administratifs. • CE 1er mars 2004 : *AJDA 2004. 1494 ; JCP E 2004, n° 13, p. 492 ; RJDA 2005, n° 334.*

9. Communication des procès-verbaux et rapports. Il appartient à l'administration saisie d'une demande de communication de tels documents, de rechercher si celle-ci peut être refusée en application des dispositions de l'art. 6 de la loi du 17 juill. 1978, notamment dans le cas où elle serait de nature à porter atteinte au déroulement de procédures engagées devant une juridiction ou à l'un des secrets protégés par la loi, au nombre desquels figure le secret de l'instruction prévu par l'art. 11 C. pr. pén. • CE 1er mars 2004 : *préc. note 8.* ♦ La circonstance que les procès-verbaux, rapports et pièces annexées dont le requérant avait demandé la communication pourraient être transmis au parquet et donner lieu à des poursuites pénales ne permet pas de s'opposer à leur communication sur le fondement de la loi du 17 juill. 1978. • Même arrêt. ♦ ... Et dès lors qu'aucune instance pénale n'a été engagée, la communication des documents sollicités ne peut porter atteinte au secret de l'instruction protégé par l'art. 11 C. pr. pén. • Même arrêt.

10. Commission rogatoire. Le procès-verbal d'audition, dressé en vertu des art. L. 450-2 et L. 450-3, étant étranger à la procédure soumise au contrôle du juge par commission rogatoire, en application de l'art. L. 450-4, la contestation sur sa régularité ne relève pas de sa compétence. • Crim. 20 oct. 2004 : *Bull. crim. n° 251 ; D. 2004. AJ. 3136, obs. Chevrier ; AJ Pénal 2005. 29, obs. Rondey ; Gaz. Pal. 2005. Somm. 2199, obs. A.C. ; RLC 2005, n° 2, p. 61, obs. Bouloc.*

Art. L. 450-3 Les enquêteurs peuvent accéder à tous locaux, terrains ou moyens de transport à usage professionnel, demander la communication des livres, factures et tous autres documents professionnels *(L. n° 2001-420 du 15 mai 2001)* **« et en obtenir ou prendre copie par tous moyens et sur tous supports », recueillir sur convocation ou sur place les renseignements et justifications.**

Ils peuvent demander à l'autorité dont ils dépendent de désigner un expert pour procéder à toute expertise contradictoire nécessaire. – *[Ord. n° 86-1243 du 1er déc. 1986, art. 47].*

BIBL. ► BIGUENET, *Procédures 2003. Chron. n° 2* (les procédures administratives de contrôle et la Convention européenne des droits de l'homme).

1. Distinction entre les procédures d'enquête des art. L. 450-3 et L. 450-4. La demande d'enquête du ministre de l'économie répond aux prescriptions de l'art. 47 [C. com., art. L. 450-3] lorsqu'elle n'est pas limitée à la mise en œuvre de l'art. 48 [C. com., art. L. 450-4] mais prescrit la recherche de la preuve de pratiques anticoncurrentielles prohibées aux art. 7 et 8 [C. com., art. L. 420-1 et L. 420-2] sur un marché déterminé. • Com. 4 avr. 1995 : *RJDA 1995, n° 865* • 3 oct. 1995 : *D. Affaires 1995. 149* • 12 nov. 1996 : *Bull. civ. IV, n° 272.* – V. aussi • Paris, 7 févr. 1989 : *D. 1990. Somm. 112, obs. Gavalda et Lucas de Leyssac* . ♦ V. note 2 ss. art. L. 450-1.

1 bis. Compétence territoriale. Les fonctionnaires habilités par le ministre chargé de l'Économie ne peuvent exercer leurs pouvoirs que dans les limites territoriales du service auquel ils sont affectés. • Crim. 10 déc. 1998 : *Bull. crim. n° 339 ; D. 1999. IR. 67 ; D. Affaires 1999. 370, obs. E. P. ; Contrats Conc. Consom. 1999, n° 75, obs. Malaurie-Vignal ; Procédures 1999, n° 135, obs. Buisson ; Petites affiches 16 nov. 1999, p. 15, obs. Petitier.* ♦ L'exercice du droit de communication qui n'est qu'une des modalités du droit d'enquête prévu par l'art. 47 [C. com., art. L. 450-3], n'autorisant pas les agents de l'Administration à déroger aux règles de compétence fixées par l'art. 45 [C. com., art. L. 450-1], encourt la cassation la décision de la chambre d'accusation [désormais, la chambre d'instruction] qui, pour exclure de l'annulation prononcée les demandes de pièces formulées par les enquêteurs et les documents adressés en réponse, énonce que les fonctionnaires ont pu à bon droit, sur le fondement de l'art. 47 [C. com., art. L. 450-3], se faire communiquer par des sociétés les pièces et documents intéressant leur enquête, même si ces sociétés avaient leur siège dans d'autres départements que ceux où ces agents étaient en poste. • Même arrêt. ♦ V. désormais le dernier al. de l'art. L. 450-1.

2. Limites de l'enquête. Lorsque l'enquête porte sur une entente illicite, l'art. 47 [C. com., art. L. 450-3] ne fait pas obligation aux enquêteurs de délimiter au préalable le ou les marchés, au sens de l'art. 7 [C. com., art. L. 420-1], sur lesquels ils font porter leurs investigations. • Com. 21 mars 2000 : *Bull. civ. IV, n° 63 ;*

D. 2000. AJ. 246, obs. Marmontel ; *Contrats Conc. Consom. 2000, n° 98, obs. crit. Malaurie-Vignal* ; *RTD com. 2000. 628, obs. Claudel*. – Comp. sur renvoi • Paris, 12 déc. 2000 : *RTD com. 2001. 419, obs. Claudel*. ♦ V. aussi, considérant que ni l'art. 7 [C. com., art. L. 420-1], ni l'art. 47 [C. com., art. L. 450-3] n'imposent à l'autorité prescrivant une enquête de délimiter préalablement le marché sur lequel des investigations pourront porter, la qualification du marché relevant des pouvoirs du conseil et, en cas de recours, de la cour. • Paris, 16 déc. 1994 : *BOCC 28 déc. 1994* ; *D. 1995. IR. 22* • Com. 20 nov. 2001 : *BOCC 31 déc. 2001, p. 1041* ; *JCP E 2002, n° 1, 7* ; *Contrats Conc. Consom. 2002, n° 29, note Malaurie-Vignal* ; *RJDA 2002, n° 316.*

Lorsque l'indication expresse de ce que l'objet de l'enquête a été porté à la connaissance des personnes entendues ne figure pas au procès-verbal, il appartient à l'administration de démontrer qu'elle a néanmoins rempli cette obligation. • Com. 14 janv. 2003 : *JCP E 2003, n° 10, p. 393* ; *Contrats Conc. Consom. 2003, n° 56, obs. Malaurie-Vignal* ; *Comm. com. élec. 2003, n° 122, obs. Stoffel-Munck* ; *Lettre distrib. janv. 2003, p. 2* ; *RJDA 2003, n° 651.* ♦ A défaut d'indication expresse de l'objet de l'enquête ou de la mention selon laquelle il a été porté à la connaissance de la personne entendue, et même si l'indication de cet objet doit être préalable aux déclarations, elle peut seulement se déduire du contenu de l'acte ou d'un acte qui serait antérieur à l'audition. • Même arrêt.

2 bis. Communication de pièces. La possibilité qu'ont les enquêteurs de demander la communication des livres, factures et tous autres documents professionnels n'exclut pas que, hors toute contrainte, des documents qu'ils n'auraient pas demandés puissent leur être remis. • Com. 9 mai 2001 : *Bull. civ. IV, n° 85* ; *JCP E 2001, n° 27, p. 1115* ; *RJDA 2001, n° 1264.* ♦ Les enquêteurs ne peuvent procéder à une demande générale et imprécise des documents présents dans l'entreprise, sans connaître préalablement l'existence des documents demandés. • Cons. conc. n° 97-D-39 du 17 juin 1997 : *BOCC 30 août 1997* ; *D. Affaires 1997. 1177.* ♦ La remise de documents ou la prise de copies au domicile du professionnel ne peut être assimilée à une perquisition dès lors que les enquêteurs se sont présentés au magasin du prévenu, que celui-ci les a conduits à son domicile, qu'il n'a pas fait mention de pression de la part des enquêteurs et que les règles du code de procédure pénale ne peuvent s'appliquer en l'espèce compte tenu de l'existence d'un texte dérogatoire [C. com., art. L. 450-3] qui attribue des compétences spécifiques aux enquêteurs. • TGI Bergerac, 9 mai 2000 : *BID 2002, n° 12, p. 24.*

3. Droits de la défense. Sur la portée de la nullité sanctionnant la violation du secret de la correspondance entre un avocat et son client, V. • Com. 9 nov. 1993 : *Bull. civ. IV, n° 399* ; *D. 1994. 399, note M. Lombard* ; *Contrats Conc. Consom. 1994, n° 10, note Vogel.*

4. Expertise. Pour une étude générale sur l'expertise commerciale, V. Jeuland, *D. 2000. Chron. 209.*

5. Détournement de procédure. Sur l'utilisation des pouvoirs d'investigation spécifiques que les agents habilités tiennent, dans le cadre d'une enquête économique, de l'art. L. 450-3 aux seules fins de découvrir des infractions de droit commun sans avoir à respecter les exigences du code de procédure pénale en matière d'enquête préliminaire • Crim. 31 janv. 2006 : *Bull. crim. n° 30* ; *AJ pénal 2006. 177, obs. Girault*.

Art. L. 450-4 *(Ord. n° 2004-1173 du 4 nov. 2004, art. 3)* **« Les enquêteurs ne peuvent procéder aux visites en tous lieux ainsi qu'à la saisie de documents et de tout support d'information que dans le cadre d'enquêtes demandées par la Commission européenne, le ministre chargé de l'économie ou le rapporteur général du Conseil de la concurrence sur proposition du rapporteur, sur autorisation judiciaire donnée par ordonnance du juge des libertés et de la détention du tribunal de grande instance dans le ressort duquel sont situés les lieux à visiter. Ils peuvent également, dans les mêmes conditions, procéder à la pose de scellés sur tous locaux commerciaux, documents et supports d'information dans la limite de la durée de la visite de ces locaux. » Lorsque ces lieux sont situés dans le ressort de plusieurs juridictions et qu'une action simultanée doit être menée dans chacun d'eux, une ordonnance unique peut être délivrée par l'un des présidents** *[A compter du 16 juin 2002 : le juge des libertés et de la détention]* **compétents.**

(L. n° 2001-420 du 15 mai 2001) **« Le juge doit vérifier que la demande d'autorisation qui lui est soumise est fondée ; cette demande doit comporter tous les éléments d'information en possession du demandeur de nature à justifier la visite. Lorsque la visite vise à permettre la constatation d'infractions aux dispositions du**

livre IV du présent code en train de se commettre, la demande d'autorisation peut ne comporter que les indices permettant de présumer, en l'espèce, l'existence des pratiques dont la preuve est recherchée. »

La visite et la saisie s'effectuent sous l'autorité et le contrôle du juge qui les a autorisées. *(Ord. n° 2004-1173 du 4 nov. 2004, art. 3)* « Il désigne un ou plusieurs officiers de police judiciaire chargés d'assister à ces opérations et d'apporter leur concours en procédant le cas échéant aux réquisitions nécessaires, ainsi que de le tenir informé de leur déroulement. » Lorsqu'elles ont lieu en dehors du ressort de son tribunal de grande instance, il délivre une commission rogatoire pour exercer ce contrôle au président du tribunal de grande instance dans le ressort duquel s'effectue la visite.

Le juge peut se rendre dans les locaux pendant l'intervention. A tout moment, il peut décider la suspension ou l'arrêt de la visite.

(L. n° 2001-420 du 15 mai 2001) « L'ordonnance est notifiée verbalement et sur place au moment de la visite à l'occupant des lieux ou à son représentant qui en reçoit copie intégrale contre récépissé ou émargement au procès-verbal. En l'absence de l'occupant des lieux ou de son représentant, l'ordonnance est notifiée après la visite, par lettre recommandée avec avis de réception. La notification est réputée faite à la date de réception figurant sur l'avis. »

L'ordonnance mentionnée au premier alinéa du présent article n'est susceptible que d'un pourvoi en cassation selon les règles prévues par le code de procédure pénale. Ce pourvoi n'est pas suspensif.

La visite, qui ne peut commencer avant six heures ou après vingt et une heures, est effectuée en présence de l'occupant des lieux ou de son représentant. *(L. n° 2001-420 du 15 mai 2001)* « En cas d'impossibilité, l'officier de police judiciaire requiert deux témoins choisis en dehors des personnes relevant de son autorité, de celle de l'administration de la direction générale de la concurrence, de la consommation et de la répression des fraudes ou de celle du Conseil de la concurrence. »

(Ord. n° 2004-1173 du 4 nov. 2004, art. 3) « Les enquêteurs, l'occupant des lieux ou son représentant ainsi que l'officier de police judiciaire et, le cas échéant, les agents et autres personnes mandatés par la Commission européenne peuvent seuls prendre connaissance des pièces et documents avant leur saisie. »

Les inventaires et mises sous scellés sont réalisés conformément à l'article 56 du code de procédure pénale.

Les originaux du procès-verbal et de l'inventaire sont transmis au juge qui a ordonné la visite. — *V. Décr. n° 2002-689 du 30 avr. 2002, art. 16, infra, ss. art. L. 470-8.*

(L. n° 2001-420 du 15 mai 2001) « Les pièces et documents saisis sont restitués à l'occupant des lieux, dans un délai de six mois à compter de la date à laquelle la décision du Conseil de la concurrence est devenue définitive. L'occupant des lieux est mis en demeure, par lettre recommandée avec avis de réception, de venir les rechercher, dans un délai de deux mois. A l'expiration de ce délai et à défaut de diligences de sa part, les pièces et documents lui sont restitués, à ses frais.

« Le déroulement des opérations de visite ou saisie peut faire l'objet d'un recours auprès du juge les ayant autorisées dans un délai de deux mois qui court, pour les personnes occupant les lieux où ces opérations se sont déroulées, à compter de la notification de l'ordonnance les ayant autorisées et, pour les autres personnes mises en cause ultérieurement au moyen de pièces saisies au cours de ces opérations, à compter de la date à laquelle elles ont eu connaissance de l'existence de ces opérations et au plus tard à compter de la notification de griefs prévue à l'article L. 463-2. Le juge se prononce sur ce recours par voie d'une ordonnance, qui n'est susceptible que d'un pourvoi en cassation selon les règles prévues au code de la procédure pénale. Ce pourvoi n'est pas suspensif. » — *[Ord. n° 86-1243 du 1er déc. 1986, art. 48].*

Jusqu'à l'entrée en vigueur des modifications apportées par la loi n° 2000-516 du 15 juin 2000, à l'anc. art. 48 de l'ord. codifié à l'art. L. 450-4 [16 juin 2002], le président du TGI peut confier ces nouvelles fonctions au juge des libertés et de la détention, désigné en application de l'art. 137-1 C. pr. pén. (L. n° 2000-516 du 15 juin 2000, art. 140, al. 2).

BIBL. ▶ RAPP, *AJDA 2001. 560* (NRE). – ARHEL, *JCP E 2004, n° 51, p. 2010* (adaptation du droit national au droit communautaire de la concurrence). – MARIE, *RLC 2005, n° 4, p. 65* (la question de la compétence du juge des libertés et de la détention). – PÉROUSE, *RLC 2006, n° 7, p. 80* (perquisitions informatiques).

1. Déclenchement de la procédure. Sur l'obligation, pour le président du tribunal, de vérifier que la demande d'autorisation lui a été présentée dans le cadre d'une enquête demandée soit par le ministre chargé de l'économie, soit par le Conseil de la concurrence, V. • Com. 21 mars 1989 : *Bull. civ. IV, n° 96 ; D. 1990. Somm. 109, obs. Gavalda et Lucas de Leyssac* • 12 déc. 1989 : *Bull. civ. IV, n° 317* • 19 déc. 1989 : *ibid. n° 326.* ♦ Dès lors que la Cour de cassation est en mesure de s'assurer que l'enquête portant sur le marché litigieux a été demandée par le rapporteur général du Conseil de la concurrence sur proposition du rapporteur, l'ordonnance du juge des libertés et de la détention autorisant les visites et saisies domiciliaires satisfait aux prescriptions de l'art. L. 450-4. • Crim. 9 févr. 2005 : *Bull. crim. n° 51 ; D. 2005. AJ. 951, obs. Chevrier ; JCP E 2005, n° 15-16, p. 644 ; Contrats Conc. Consom. 2005, n° 87, obs. Malaurie-Vignal ; RDLC 2005, n° 2, p. 92, obs. Michel-Amsellem ; RLC 2005, n° 3, p. 81, obs. B. C.* ♦ Sur la nécessité, pour le directeur général de la concurrence, de la consommation et de la répression des fraudes, d'agir sur délégation du ministre, V. • Com. 6 mars 1990 : *Bull. civ. IV, n° 61.* ♦ Mais le président du tribunal n'a pas à constater que ledit directeur, délégataire du ministre, agit sur instructions expresses de ce dernier. • Com. 15 mars 1994 : *Bull. civ. IV, n° 116.* ♦ Sur les conditions de cette délégation, V. • Com. 10 mars 1992 : *Bull. civ. IV, n° 108* • 2 juin 1992 : *ibid., n° 225* • 23 févr. 1993 : *ibid., n° 77* • Paris, 16 déc. 1994 : *BOCC 28 déc. 1994.*

Le ministre délégué aux finances et au commerce extérieur, dès lors qu'il exerce les attributions qui lui sont confiées par le ministre de l'économie et des finances, peut demander une enquête dans le cadre de l'art. 48 [C. com., art. L. 450-4] et déléguer sa signature au profit du directeur général de la concurrence, de la consommation et de la répression des fraudes. • Com. 17 nov. 1998 : *Bull. civ. IV, n° 270 ; JCP E 1999, n° 1, p. 8.* ♦ V. aussi • Com. 12 janv. 1999 : *Petites affiches 16 nov. 1999, p. 20, obs. Petitier* • 6 avr. 1999 : *ibid. 18 nov. 1999, p. 20, obs. Petitier.*

La circonstance que l'ordonnance d'autorisation vise une délégation permanente de signature caduque, et non la délégation régulièrement donnée pour signer les demandes d'enquête au nom du ministre en exercice, n'est pas de nature à entacher d'irrégularité la demande d'enquête retenue par l'ordonnance. • Com. 12 déc. 1995 : *RJDA 1996, n° 365.*

Sur une demande d'enquête par le Conseil de la concurrence, V. • Com. 24 juin 1997 : *RJDA 1997. 1507.*

1 bis. Autorisation judiciaire. L'ordonnance prévue par l'art. 48 [C. com., art. L. 450-4] peut être rendue par un juge délégué par le président du TGI. • Com. 4 avr. 1995 : *Bull. civ. IV, n° 118.* ♦ V. désormais la rédaction de la première phrase du 1er al. de l'art. L. 450-4.

2. Bien-fondé de la demande. L'art. L. 450-4 ne prévoit aucun délai entre la présentation de la requête et le prononcé de la décision ; la circonstance que l'ordonnance a été rendue le lendemain du jour de la présentation de la requête est sans incidence sur sa régularité. • Crim. 9 févr. 2005 : *préc. note 1.* ♦ Sur l'obligation, pour le président du tribunal, de vérifier le bien-fondé de la demande, V. • Cass., Ch. mixte, 15 déc. 1988 : *Bull. civ., n° 4 ; D. 1989. 189, concl. Jéol ; JCP 1989. II. 21263, note Dugrip ; Gaz. Pal. 1989. 1. 227, note Doucet* • Com. 19 déc. 1989 : *préc. note 1* • 20 nov. 1990 : *Bull. civ. IV, n° 294.* ♦ Le juge doit vérifier de manière concrète par l'appréciation des éléments d'information que l'administration est tenue de lui fournir que la demande d'autorisation qui lui est soumise est bien fondée et à cette fin doit se référer en les analysant, fût-ce succinctement, à ces éléments d'information desquels il tire les faits fondant son appréciation. • Com. 5 févr. 1991 : *Bull. civ. IV, n° 50 ; D. 1991. IR. 65* • 26 janv. 1993 : *Bull. civ. IV, n° 31 ; D. 1993. IR. 60.* – V. aussi • Com. 6 avr. 1993 : *Bull. civ. IV, n° 146.* ♦ Mais si la demande doit comporter tous les éléments d'appréciation permettant au juge de se prononcer sur ladite demande, cette exigence n'implique nullement que ce magistrat constate, d'une façon expresse, dans son ordonnance, à peine d'irrégularité, que cette prescription légale a été observée. • Com. 14 janv. 1992 : *Bull. civ. IV, n° 17 ; JCP 1992. IV. 777.*

2 bis. Le juge doit caractériser les pratiques anticoncurrentielles présumées. • Com. 15 mars 1994 : *préc. note 1.*

Il n'est pas interdit au juge, pour caractériser les présomptions de pratiques anticoncurrentielles, prohibées par l'art. 7 [C. com., art. L. 420-1], de comparer des pratiques de l'espèce à des pratiques similaires qualifiées d'infractions par le Conseil de la concurrence et la cour d'appel de Paris. • Com. 7 oct. 1997 : *Bull. civ. IV, n° 247 ; D. 1997. IR. 222 ; D. Affaires 1998. 18, obs. J. F. ; JCP 1997. IV. 2260.*

Sur le pouvoir souverain du juge de considérer qu'il existe des présomptions de pratiques anticoncurrentielles justifiant des visites domiciliaires, V. • Com. 14 janv. 1992 : *Bull. civ. IV, n° 18.*

3. Le juge, statuant en vertu de l'art. 48 [C. com., art. L. 450-4], ne peut se référer qu'aux documents produits par l'Administration demanderesse détenus par celle-ci de manière apparemment licite. • Com. 27 nov. 1991 : *Bull. civ. IV, n° 366 ; D. 1992. 122, concl. Jéol, note Texidor ; JCP E 1992. II. 248, concl. Jéol.* ♦ Aussi, manque de base légale la décision qui, pour autoriser des visites et saisies de documents dans des locaux appartenant à diverses entreprises, après avoir retenu que les documents obtenus au cours de l'enquête corroborent les éléments résultant de documents émanant des entreprises recherchées reçus par le service au moyen d'un envoi anonyme, se fonde sur ces derniers documents dont l'origine licite ne résulte pas des mentions de l'ordonnance. • Même arrêt. ♦ V., dans le même sens, à propos des visites domiciliaires prévues par l'art. L. 16 B LPF, • Com. 27 nov. 1991 : *préc.* ♦ V. aussi • Com. 15 déc. 1998 : *Petites affiches 26 mai 1999, p. 9, note Brandeau.*

3 bis. Confidentialité des documents justifiant une visite domiciliaire. Le caractère manifestement confidentiel des documents recherchés et les pressions auxquelles peuvent être soumis certains tiers sont de nature à justifier l'utilisation des pouvoirs définis à l'art. 48 [C. com., art. 450-4]. • Crim. 22 oct. 2003 : *Bull. crim. n° 199 ; D. 2004. AJ. 134 (1re esp.) ; JCP E 2004, n° 1-2, p. 7 ; Contrats Conc. Consom. 2004, n° 24, obs. Malaurie-Vignal.* – ♦ En raison de la nature des agissements dont la preuve est recherchée et qui laisse supposer que la requérante est impliquée dans des pratiques prohibées, et du caractère confidentiel des documents s'y rapportant, nécessairement ignorés des enquêteurs, seuls les pouvoirs conférés par l'art. 48 [C. com., art. L. 450-4], non disproportionnés par rapport aux mesures envisagées, sont de nature à garantir l'accomplissement de la mission des agents mandatés par la Commission. • Crim. 22 oct. 2003 : *ibid. (2e esp.).* ♦ En l'état de ces constatations, le président du tribunal a procédé au contrôle qui lui incombait en vertu des art. 14, § 6, du règl. 17/62/CEE et 48 de l'ord. de 1986 [C. com., art. L. 450-4] et n'avait pas à mieux s'expliquer sur le caractère confidentiel des documents figurant au dossier de la Commission. • Même arrêt.

3 ter. Demandes faites par la Commission. Sur la question de savoir si le juge national est compétent pour refuser d'accorder les visites et saisies sollicitées s'il estime que la décision de la Commission n'est pas suffisamment motivée et ne lui permet de vérifier de façon concrète le bien fondé de la demande qui lui est soumise, le mettant ainsi dans l'impossibilité d'exercer le contrôle exigé par son droit national, V. • Com. 7 mars 2000 : *Bull. civ. IV, n° 47 ; D. 2000. 491, note Boré ; et AJ. 180, obs. Marmontel ; Contrats Conc. Consom. 2000, n° 100, obs. Poillot-Peruzzetto ; RTD com. 2000. 629, obs. Claudel.* ♦ Et sur les réponses apportées par le juge communautaire aux questions préjudicielles posées par la Cour de cassation dans l'arrêt précité, V. • CJCE 22 oct. 2002 : *D. 2002. AJ. 3205, obs. Chevrier ; JCP E 2003, n° 31, p. 1282, obs. Parléani ; Contrats Conc. Consom. 2003, n° 30, obs. Poillot-Peruzzetto ; Gaz. Pal. 2003. 3064, note Vialens ; Europe 2002, n° 422, obs. Idot ; RJDA 2003, n° 324 ; Procédures 2003, Comm. n° 12, obs. Nourissat ; AJDA 2003. 378, obs. Belorgey, Gervasoni et Lambert ; Petites affiches 23 déc. 2002, p. 12, obs. Arhel.* ♦ V. aussi note 3 *bis*. ♦ V. désormais les modifications apportées par l'Ord. n° 2004-1173 du 4 nov. 2004.

4. En se fondant sur des documents provenant de saisies autorisées par une décision antérieure obtenus au moyen de visites et saisies ayant pour objet la recherche de la preuve d'agissements distincts de ceux visés dans la demande sur laquelle il statuait, sans préciser qu'ils avaient été régulièrement saisis comme se rapportant aux agissements retenus dans l'ordonnance antérieure et, dans l'affirmative, sans indiquer au moyen de quelle procédure l'Administration avait distrait lesdits documents des précédentes saisies pour les présenter à l'appui de sa nouvelle requête, le président du tribunal a violé l'art. 48 [C. com., art. L. 450-4]. • Com. 12 juill. 1993 : *Bull. civ. IV, n° 307 ; D. 1993. IR. 218.*

4 bis. S'agissant de la recherche de pratiques anticoncurrentielles lors de marchés publics, on ne saurait faire grief à l'Administration d'avoir détenu illicitement des pièces, dès lors qu'un fonctionnaire de la DGCCRF est membre en cette qualité de la commission d'ouverture des plis d'appels d'offres et qu'aucun devoir de confidentialité ne s'impose à lui. • Com. 12 nov. 1996 : *Bull. civ. IV, n° 272 ; JCP 1997. IV. 23.* – V. aussi • Com. 10 déc. 1996 : *Bull. civ. IV, n° 311 ; D. Affaires 1997. 208.*

5. Il n'est pas interdit au juge de faire état d'une déclaration anonyme, non accompagnée de la remise de documents, dès lors que cette déclaration est soumise au juge au moyen d'un document établi par les enquêteurs et signé par eux, permettant ainsi d'en apprécier la teneur et corroborée par d'autres éléments d'information décrits et analysés par lui. • Com. 26 oct. 1993 : *Bull. civ. IV, n° 367 ; D. 1993. IR. 258.* ♦ V. aussi, sur le fondement de l'art. L. 16 B LPF, • Com. 16 juin 1998 : *Bull. civ. IV, n° 202 ; D. 1998. IR. 190 ; D. Affaires 1998. 1167, obs. A. L.*

5 bis. Date de la visite. L'art. 48 [C. com., art. L. 450-4] n'exige pas que le président, qui désigne un ou plusieurs officiers de police judiciaire pour assister aux opérations de visites et de saisie qui auront lieu dans son ressort, fixe la date de ces opérations. • Com. 30 mai 2000 : *Contrats Conc. Consom. 2000, n° 145, obs. Malaurie-Vignal ; Petites affiches 27 mars 2001, p. 12.*

6. Objet de la visite. Ne satisfait pas aux exigences de l'art. 48 [C. com., art. L. 450-4] le président du tribunal qui autorise des visites et saisies domiciliaires ayant un objet général, en ce qui concerne les appels d'offres sur lesquels pouvaient porter les recherches, et indéterminé au regard des divers agissements visés à l'art. 7 [C. com., art. L. 420-1], alors qu'il retient des présomptions circonscrites à certains appels d'offres et à certains agissements déterminés. • Com. 6 avr. 1993 : *Bull. civ. IV, n° 145* • 26 oct. 1993 : *D. 1994. IR. 3* • 15 mars 1994 : *préc. note 1.* ♦ Sur le caractère déterminé de l'ordonnance judiciaire autorisant une visite domiciliaire, V. • Com. 11 janv. 2000 : *Bull. civ. IV, n° 9 ; D. 2000. AJ. 124, obs. Marmontel ; Petites affiches 20 juill. 2000, p. 26, obs. Petitier.*

7. Lieux de la visite. Le juge peut autoriser une visite en tous lieux, même privés, où sont susceptibles d'être détenus les documents se rapportant aux agissements frauduleux dont la preuve est recherchée. • Com. 29 oct. 1991 : *Bull. civ. IV, n° 314* • 15 juill. 1992 : *ibid., n° 277.* ♦ L'ordonnance ne revêt pas un caractère général et indéterminé, dès lors que le président a autorisé les visites de sept lieux distincts relevant de cinq compagnies pétrolières, suspectées d'entente prohibée lors de la passation de deux marchés, à seule fin de rechercher la preuve de leur concertation faisant obstacle à la fixation des prix par le libre jeu de la concurrence. • Com. 12 nov. 1996 : *préc. note 4 bis.* ♦ Sur l'identification nécessaire des lieux où les visites sont autorisées, V. aussi • Com. 21 mars 1989 : *Bull. civ. IV, n° 93 ; D. 1990. Somm. 109, obs. Gavalda et Lucas de Leyssac ; RTD com. 1990. 85, obs. Bouloc* • 4 juin 1991 : *Bull. civ. IV, n° 200* • 6 avr. 1999 : *Petites affiches 18 nov. 1999, p. 20, obs. Petitier.* ♦ Sur la nécessité, pour le président du tribunal ordonnant une visite et une saisie au domicile d'un salarié, d'indiquer en quoi le lieu de ladite visite est susceptible de contenir les documents se rapportant à la fraude recherchée, V. rendu sur le fondement de l'art. L. 16 B LPF : • Com. 7 mars 2000 : *Bull. civ. IV, n° 53.* ♦ Si on ne peut reconnaître d'une façon générale à la Commission un droit d'accès, sur la base d'une décision de vérification adressée à une entité juridique déterminée, aux locaux d'une entité juridique tierce sous le simple prétexte qu'elle est étroitement liée au destinataire de la décision de vérification, les circonstances de la cause peuvent rendre de telles visites licites. • TPICE 11 déc. 2003 : *Petites affiches 15 mars 2004, p. 8, obs. Arhel ; Europe 2004, n° 52, obs. Idot* (5 arrêts).

7 bis. Le président d'un tribunal qui autorise une visite et saisie de documents dans un lieu n'est pas tenu de prendre une ordonnance spécifique autorisant la visite d'un véhicule appartenant à l'occupant de ces lieux et s'y trouvant. • Com. 21 janv. 1997 : *Bull. civ. IV, n° 19 ; D. Affaires 1997. 271.* ♦ Sur une demande de modification des lieux de la visite en cas de commission rogatoire, V. note 10 *bis.*

Jugeant qu'il est temps de reconnaître dans certaines circonstances que les droits garantis par l'art. 8 Conv. EDH peuvent être interprétés comme incluant pour une société le droit au respect de son siège social, son agence ou ses locaux professionnels, V. • CEDH 16 avr. 2002 : *D. 2003. Somm. 527, obs. Birsan ; ibid. 1541, obs. A. Lepage ; JCP E 2003, n° 2, p. 77, obs. Espesson-Vergeat ; ibid., n° 13, p. 560, obs. Raynaud.*

7 ter. Désignation des enquêteurs. Si le président du tribunal peut laisser au chef de service, qui a sollicité et obtenu l'autorisation exigée par la loi, le soin de désigner les agents chargés d'effectuer les visites et saisies autorisées, dès lors que ces agents sont dûment habilités en qualité d'enquêteurs, c'est à la condition que les agents ainsi désignés soient placés sous l'autorité de ce chef de service. • Com. 4 avr. 1995 : *préc. note 1 bis* • 16 mai 1995 : *Bull. civ. IV, n° 148.* – V. déjà, en ce sens, • Com. 6 mars 1990 : *préc. note 1* • 21 mars 1989 : *ibid.* • 5 févr. 1991 : *Bull. civ. IV, n° 57.* ♦ Sur la possibilité, pour le président du tribunal, de laisser au chef national des enquêtes de la concurrence, qui a compétence sur l'ensemble du territoire national, le soin de désigner les agents habilités pour effectuer les visites et saisies autorisées, V. • Com. 17 nov. 1998 : *préc. note 1.*

7 quater. Compétence territoriale des enquêteurs. En ce sens que, le président du tribunal, statuant en application de l'art. 48 [C. com., art. L. 450-4], peut autoriser d'autres agents DGCCRF à effectuer des enquêtes dans des locaux situés hors du ressort territorial des agents ayant présenté la demande d'autorisation d'enquête, dès lors qu'il a constaté la nécessité d'une action simultanée dans les différents locaux des entreprises suspectées de pratiques anticoncurrentielles, V. • Com. 12 janv. 1999 : *Contrats Conc. Consom. 1999, n° 75, obs. Malaurie-Vignal ; Petites affiches 16 nov. 1999, p. 20, obs. Petitier.*

8. Désignation des OPJ. Jugeant qu'en autorisant le commissaire central à désigner pour les sociétés situées dans le ressort de sa juridiction les officiers de police judiciaire (OPJ) placés sous son autorité et territorialement compétents, le président du tribunal a méconnu les exigences de l'art. 48 [C. com., art. L. 450-4]. • Com. 23 mars 1993 : *Bull. civ. IV, n° 120.* ♦ Jugeant que la présence conjointe d'un véritable OPJ suffit à rendre régulière la partie des opérations de visite et de saisie effectuée sous le contrôle d'un fonctionnaire n'ayant pas cette qualité : • Com. 23 juin 2004 : *Bull. civ. IV, n° 132 ; D. 2004. AJ. 2439.*

9. Rôle des OPJ. Viole l'art. 48 [C. com., art. L. 450-4], le président du TGI qui charge, en outre, l'officier de police judiciaire (OPJ) de recourir aux réquisitions nécessaires, tels les services éventuels d'un serrurier. • Com. 10 mars 1992 : *Bull. civ. IV, n° 112.* ♦ En autorisant le chef d'une brigade de gendarmerie et/ou tout officier de police judiciaire territorialement compétent placé sous son autorité pour recourir aux réquisitions, le président du tribunal méconnaît l'étendue des pouvoirs de l'officier de police judiciaire. • Com. 24 mai 1994 : *RJDA 1994, n° 1161.* ♦ V. désormais la deuxième phrase du 3e al. de l'art. L. 450-4.

10. Portée de l'ordonnance. L'ordonnance par laquelle le juge autorise une visite domiciliaire n'emporte pas déclaration de culpabilité et ne préjuge pas de l'appréciation, par la juridiction du fond, des éléments de preuve trouvés. • Com. 20 nov. 1990 : *Bull. civ. IV, n° 293 ; D. 1990. IR. 289* • 5 févr. 1991 : *préc. note 2* • 4 avr. 1995 : *Bull. civ. IV, n° 117.* ♦ Ainsi, l'ordonnance ne méconnaît ni les droits de la défense ni les dispositions de l'art. 6 de la Convention européenne de sauvegarde des droits de l'homme et des libertés fondamentales. • Mêmes arrêts.

En autorisant la saisie de « tous documents utiles », le juge n'autorise pas pour autant les agents de l'Administration à saisir des documents ne se rapportant pas aux agissements retenus pour accueillir la demande de visite. • Com. 14 janv. 1992 : *préc. note 2.*

En se référant pour la compléter à sa précédente ordonnance, le président du tribunal qui a autorisé une visite et saisie domiciliaire n'a pas à reproduire le contenu de son ordonnance principale ; cette référence ne rend pas incompétents les agents désignés par la première ordonnance. • Com. 4 avr. 1995 : *préc.* – V. déjà • Com. 15 juill. 1992 : *Bull. civ. IV, n° 276.*

L'ordonnance prévue à l'art. 48 [C. com., art. L. 450-4] n'a pas à être rendue en audience publique et, ni le défaut d'assistance du juge par un secrétaire, ni l'absence de signature d'un greffier n'entachent la décision d'irrégularité. • Com. 12 janv. 1999 : *préc. note 1.* ♦ L'apposition de la formule exécutoire sur les ordonnances n'est pas exigée par l'art. 48 [C. com., art. L. 450-4]. • Com. 16 mai 1995 : *préc. note 7 ter* • 3 oct. 1995 : *Bull. civ. IV, n° 221 ; D. 1995. IR. 233* • 12 mars 1996 : *Bull. civ. IV, n° 85 ; D. Affaires 1996. 641.*

Sur les délais pour contester la régularité des opérations de visite et de saisie, V. considérant que l'art. 21 [C. com., art. L. 463-2], relatif à la communication des griefs, est inapplicable aux recours en annulation desdites opérations : • Com. 25 juin 1999 : *Contrats Conc. Consom. 1999, n° 144, obs. Malaurie-Vignal.*

10 bis. Commission rogatoire. Le président du tribunal, à qui l'ordonnance d'autorisation de visite domiciliaire donne commission rogatoire pour contrôler les opérations se déroulant dans son ressort, n'a pas à procéder à un nouveau contrôle de légitimité. • Com. 30 mai 2000 : *Contrats Conc. Consom. 2000, n° 145, obs. Malaurie-Vignal.* ♦ L'art. 48 [C. com., art. L. 450-4] n'impose pas que dans la commission rogatoire commettant le président du tribunal territorialement compétent, il soit nécessaire de préciser toutes les diligences que devra accomplir ce magistrat, de tracer les limites de son intervention et de définir quelle juridiction sera compétente pour statuer sur les incidents soulevés au cours des opérations de visite domiciliaire et saisie. • Com. 21 mars 2000 : *Bull. civ. IV, n° 64 ; D. 2000. AJ. 224, obs. Marmontel ; Contrats Conc. Consom. 2000, n° 97, obs. Malaurie-Vignal.* ♦ Seul le juge ayant reçu commission rogatoire pour désigner un ou plusieurs OPJ chargés d'assister aux opérations de visite et de saisie et de le tenir informé de leur déroulement est compétent pour statuer sur la modification de la situation des locaux à visiter, dès lors qu'ils se trouvent dans son ressort. • Crim. 9 févr. 2005 : *Bull. crim. n° 52 ; JCP E 2005, n° 15-16, p. 644 ; Contrats Conc. Consom. 2005, n° 87, obs. Malaurie-Vignal ; RDLC 2005, n° 2, p. 92, obs. Michel-Amsellem ; RLC 2005, n°3, p. 81, obs. B. C.*

10 ter. Contrôle de la régularité. Les deux derniers alinéas de l'art. L. 450-4, dans leur rédaction issue de la loi du 15 mai 2001, sont immédiatement applicables, y compris pour la répression des infractions commises avant son entrée en vigueur, dès lors qu'elle porte sur des dispositions de procédure. • Cons. conc. n° 06-D-03 du 9 mars 2006 : *cité note 3 ss. art. L. 123-22.* ♦ Un tiers ne saurait se prévaloir devant le Conseil de l'irrégularité d'un procès-verbal établi dans le cadre de visites et saisies dès lors que l'entreprise ayant fait l'objet de ces visites et saisies ou dont le représentant a été interrogé n'en a pas contesté la régularité. • Même décision. ♦ Après la clôture des opérations de visite et de saisie de documents en vue de rechercher la preuve de pratiques anticoncurrentielles, seul est compétent, pour statuer sur la régularité du déroulement de ces opérations, le juge les ayant autorisées. • Crim. 9 févr. 2005 : *Bull. crim. n° 53 ; D. 2005. AJ. 951, obs. Chevrier ; JCP E 2005, n° 15-16, p. 645 ; Contrats Conc. Consom. 2005, n° 87, obs. Malaurie-Vignal ; RDLC 2005, n° 2, p. 92, obs. Michel-Amsellem ; RLC 2005, n° 3, p. 81, obs. B. C.* ♦ Sur la compétence du juge saisi sur commission rogatoire pour connaître de la contestation sur la régularité des procès-verbaux d'audition, V. • Crim. 20 oct. 2004 : *préc. note 10 ss. art. L. 450-2.*

11. Contrôle de la régularité (jurisprudence antérieure à la L. n° 2001-420 du 15 mai 2001). La mission du président du tribunal chargé de contrôler le déroulement d'une visite domiciliaire prenant fin avec les opérations, lors de la remise du procès-verbal et de l'inventaire à l'occupant des lieux ou à son représentant, il ne peut être saisi *a posteriori* d'une éventuelle irrégularité entachant ces opérations, une telle contestation relevant du contentieux dont peuvent être saisies les autorités de décision, Conseil de la concurrence et sur appel, cour d'appel de Paris, appelés à statuer sur les poursuites éventuellement engagées sur le fondement des documents ainsi appréhendés. • Com. 30 nov. 1999 : *Bull. civ. IV, n° 214 ; D. 2000. 261, note Matsopoulou et AJ. 27, obs. A. M. ; JCP 2000. II. 10298, note Bouloc ; Petites affiches 20 juill. 2000, p. 24, obs. Petitier ; RTD com. 2000. 625, obs. Claudel ; RJ com. 2000. 334, obs. Cerf.* – V. aussi Sélinsky, *Rev. Lamy dr. aff., févr. 2000, p. 3.* ♦ V. également • Com. 7 mars 2000 : *Bull. civ. I, n° 49 ; D. 2000. AJ. 194, obs. Marmontel ; RTD com. 2000. 625, obs. Claudel ; RJ com. 2000. 334, obs. Cerf.* ♦ Auparavant, toute personne intéressée était recevable à contester la régularité des opérations de visite et de saisie autorisées par le président du tribunal en vertu de l'art. 48 [C. com., art. L. 450-4] au moyen d'une requête présentée à cette fin à ce magistrat dont les pouvoirs de contrôle s'étendaient à la constatation de l'irrégularité des opérations lorsqu'elles étaient achevées et, en ce cas, à leur annulation. • Com. 4 juin 1991 : *Bull. civ. IV, n° 212 ; D. 1991. IR. 186.* ♦ Ainsi, le président du tribunal ne pouvait-il se déclarer incompétent pour connaître de la demande d'une entreprise en restitution de documents saisis dans ses locaux, celle-ci alléguant l'irrégularité de la saisie. • Même arrêt • TGI Digne-les-Bains, ord., 21 mars 1990 : *D. 1991. Somm. 250, obs. Gavalda et Lucas de Leyssac ; JCP E 1990. II. 15834, note Bouloc.* ♦ Considérant que le juge saisi sur commission rogatoire est compétent pour contrôler le déroulement des opérations qui ont lieu dans le ressort de son tribunal et donc connaître des éventuelles contestations pouvant être exercées à leur encontre, V. • Com. 23 févr. 1999 : *Petites affiches 18 nov. 1999, p. 16, obs. Petitier.* – V. aussi : • Com. 21 mars 2000 : *préc. note 10 bis.* ♦ ... Y compris pour apprécier l'adéquation des documents saisis au champ de l'ordonnance d'autorisation qu'il n'a pas rendue lui-même. • Com. 23 mars 1999 : *Bull. civ. IV, n° 70 ; D. 1999. IR. 108 ; D. Affaires 1999. 859 ; Petites affiches 18 nov. 1999, p. 19, obs. Petitier ; JCP E 1999, n° 48, p. 1913, obs. Arhel.* ♦ V. désormais art. L. 450-4, dern. al., résultant de la L. n° 2001-420 du 15 mai 2001.

Les dispositions de l'art. 813 NCPC, relatives à la présentation des requêtes par ministère d'avocat ou d'un officier public ou ministériel, ne sont pas applicables aux ordonnances de l'art. 48 [C. com., art. L. 450-4]. • Com. 4 avr. 1995 : *RJDA 1995, n° 865* • 16 mai 1995 : *préc. note 7 ter* • 3 oct. 1995 : *préc. note 10* • 10 déc. 1996 : *préc. note 4 bis.* ♦ Le recours sur requête n'est pas enfermé dans un délai légal ou dans un délai à la discrétion du juge. • Com. 4 avr. 1995 : *préc.* • 3 oct. 1995 : *préc. note 10* • 12 mars 1996 : *ibid.* • 7 oct. 1997 : *préc. note 2 bis.*

Il appartient à la partie qui conteste la régularité des opérations de visite et saisie domiciliaires, autorisées par le président du TGI à la demande de l'administration, de mettre en cause cette dernière. • Com. 6 mai 1996 : *Bull. civ. IV, n° 126 ; D. Affaires 1996. 704.*

En ce sens que le pouvoir du président du tribunal de vérifier la conformité des saisies opérées au but des recherches autorisées, qui s'exerce jusqu'à l'achèvement des opérations de saisie, ne peut pas s'étendre au contrôle de la conformité de la qualification des faits résultant de l'ordonnance d'autorisation à celle retenue dans les diverses phases de la procédure ultérieure qui échappe à sa compétence, V. • TGI Pontoise, ord., 20 janv. 1994 : *JCP 1994. II. 22282, note D. Cohen et Frison-Roche.*

Sur l'irrecevabilité d'une demande en rétractation ou en annulation de l'ordonnance, V. • TGI Digne-les-Bains, 21 mars 1990 : *préc.*

11 bis. Accès aux pièces du dossier. Le droit

légalement reconnu des parties à avoir accès *a posteriori* aux pièces du dossier présenté par l'Administration, demanderesse à une autorisation de visite et saisie domiciliaires qui leur fait grief, ne peut être soumis à contestation, l'organisation matérielle de la communication de ces pièces relevant non de la procédure organisée par l'art. 48 [C. com., art. L. 450-4] mais d'une mesure d'administration judiciaire. • Com. 3 oct. 1995 : *Bull. civ. IV, n° 216 ; D. 1995. IR. 233 ; RJDA 1996, n° 78.* ♦ Il appartient aux demandeurs au pourvoi, si les pièces litigieuses ne se trouvent pas au greffe de la juridiction, de mettre en demeure l'Administration, qui avait obtenu l'autorisation de visite en cause, de leur communiquer lesdites pièces de manière à permettre l'exercice de leurs droits et en particulier d'élaborer les moyens à l'appui de leur pourvoi. • Com. 10 déc. 1996 : *préc. note 4 bis.* ♦ Le dernier al. de l'art. L. 450-4, dans sa rédaction postérieure à la loi du 15 mai 2001, ne donne pas compétence au Conseil pour apprécier la régularité des opérations effectuées en exécution des ordonnances du président du TGI autorisant les visites et saisies, ni ne commande au Conseil de mettre ces ordonnances à la disposition des parties dans le dossier d'instruction. • Cons. conc. n° 05-D-69 du 15 déc. 2005 : *cité note 1 ss. art. L. 463-5.*

La production des pièces répond à sa finalité quand elle est faite en photocopie. • Com. 13 mai 1997 : *JCP 1997. IV. 1392.*

Si l'Administration peut être fondée à garantir l'anonymat de certaines personnes entendues au cours de l'enquête relative à la recherche de preuve de pratiques anticoncurrentielles et doit respecter le secret des affaires, dès lors qu'elle produit des pièces pour justifier de présomptions de pratiques anticoncurrentielles au soutien d'une demande d'autorisation de visite et saisie, l'ordonnance qui l'accorde en visant et analysant lesdites pièces ne peut les soustraire à l'examen contradictoire des parties nécessaire à l'exercice du recours qu'elles sont en droit d'introduire contre ladite ordonnance. • Com. 9 juill. 1996 : *Bull. civ. IV, n° 214 ; D. 1996. IR. 191 ; D. Affaires 1996. 1023.* ♦ Le juge viole la loi lorsqu'il refuse l'accès au dossier produit par l'Administration à l'appui d'une demande d'autorisation de visite domiciliaire, ce dont il résulte que les pièces annexées à la demande ne peuvent pas être consultées par les personnes auxquelles le recours en cassation est ouvert, alors que celles-ci, pour exercer cette voie de recours seule offerte par la loi, doivent être en mesure d'apprécier les griefs dont l'ordonnance est susceptible et, à cette fin, avoir connaissance des pièces sur lesquelles le juge s'est fondé. • Com. 1er avr. 1997 : *RJDA 1997, n° 792.* – Dans le même sens, V. • Com. 7 oct. 1997 : *Bull. civ. IV, n° 246 ; D. 1997. IR. 222 ; D. Affaires 1997. 1280.*

12. Assistance de l'occupant des lieux. La possibilité de faire appel à un conseil ou d'avoir des contacts avec l'extérieur durant les opérations de visite et saisie domiciliaire n'est pas prévue par la loi, s'agissant d'une mesure d'instruction devant se dérouler, en présence de l'occupant des lieux ou de son représentant, le plus rapidement possible, en présence d'un ou de plusieurs officiers de police judiciaire chargés de veiller au respect des droits de la défense et du secret professionnel, de prendre connaissance des documents avant leur saisie et d'informer le juge du déroulement des opérations. • Com. 21 janv. 1997 : *préc. note 7 bis.*

12 bis. Portée de l'annulation. L'annulation d'une ordonnance autorisant une visite domiciliaire entraîne l'annulation de toutes les poursuites subséquentes procédant de l'exploitation des documents saisis à cette occasion. • Crim. 30 sept. 1991 : *RJDA 1991, n° 1050.*

13. Pourvoi en cassation. Toutes les ordonnances que le président du TGI est amené à prendre dans le cadre des pouvoirs qu'il tient de l'art. 48 [C. com., art. L. 450-4] ne sont susceptibles que d'un pourvoi en cassation. • Versailles, 31 janv. 1991 : *D. 1992. Somm. 122, obs. Julien.*

Il n'est pas nécessaire qu'une visite du domicile et des locaux d'un commerçant ait été ordonnée pour que ce commerçant ait intérêt à se pourvoir en cassation contre l'ordonnance. • Com. 29 oct. 1991 : *préc. note 7.* ♦ Comp., exigeant que la société soit au moins visée par l'ordonnance : • Com. 28 janv. 1992 : *Bull. civ. IV, nos 38 et 39* • 10 mars 1992 : *préc. note 1.*

Le seul envoi d'une lettre missive, même si une copie de la décision autorisant les agents de la DGCCRF, en vertu de l'art. 48 [C. com., art. L. 450-4], à effectuer des visites et des saisies dans les locaux d'une entreprise y était jointe, ne constitue pas une notification de la décision attaquée répondant aux exigences de l'art. 568, al. 2, C. pr. pén. et ne fait pas courir le délai du pourvoi en cassation. • Com. 6 mars 1990 : *préc. note 1.*

La déclaration de pourvoi en cassation faite par un inspecteur de la concurrence, de la consommation et de la répression des fraudes au nom du ministre chargé de l'Économie à l'encontre d'une ordonnance d'un juge du TGI faisant droit à la requête d'une société tendant à la communication du dossier présenté par l'Administration à l'appui d'une demande d'autorisation de visite domiciliaire est régulière comme émanant du représentant de l'Administration qui a obtenu l'autorisation de visite et saisie domiciliaires. • Com. 3 oct. 1995 : *RJDA 1996, n° 78.*

Sur l'impossibilité d'invoquer la nullité de l'ordonnance par voie d'exception devant le juge saisi des poursuites, V. à propos de l'art. L. 38 LPF, • Crim. 31 janv. 1994 : *RJDA 1994, n° 306.*

13 bis. Il ne peut être soutenu que l'art. 48, al. 5 [C. com., art. L. 450-4, al. 5], qui concerne le caractère non suspensif du pourvoi en cassation, ne s'applique pas au pourvoi visant l'ordonnance du président du TGI statuant sur la régularité des opérations de visite et de saisie. • Paris, 21 nov. 1997 : *D. 1998. IR. 37.* ♦ Par l'effet des cassations des ordonnances de visite et de saisie domiciliaires, les instances ne pouvaient reprendre leur cours qu'en l'état où elles se trouvaient avant les décisions cassées, devant le président du tribunal de grande instance désigné, seul investi, par délégation spéciale de la Cour de cassation, du pouvoir de statuer sur les contestations en cause. • Paris, 16 nov. 2004 : *BOCC 21 janv. 2005 ; D. 2005. AJ. 73, obs. Chevrier.*

14. Admission de l'appel. Lorsque le président du tribunal statue en matière de référé sur une demande soit de rétractation de l'ordonnance autorisant la visite, soit d'annulation des opérations d'exécution, sa décision n'entre pas dans les prévisions de l'art. 48 [C. com., art. L. 450-4] et est susceptible d'appel, cette voie de recours permettant seule de juger, au besoin d'office s'agissant de règles d'ordre public, que la procédure de référé n'est pas applicable. • Com. 20 févr. 1996 : *Contrats Conc. Consom. 1996, n° 63.*

14 bis. Pièces irrégulièrement saisies. Les pièces irrégulièrement saisies ne sauraient être retenues comme moyens de preuve des concertations relevées. • Cons. conc. 8 janv. 1991 : *Gaz. Pal. 1991. 1. 324, note Marchi.* ♦ Le droit, pour les agents de la Commission, de prendre copie des livres ou documents professionnels suppose, en cas de refus des dirigeants de l'entreprise, que ces livres et documents soient préalablement saisis par les fonctionnaires nationaux présents pour assister les agents de la Commission. • Crim. 22 oct. 2003 : *préc. note 3 bis (1re esp.)*. ♦ V. aussi notes 3 à 5, 11 et 12 *bis.*

15. Originaux du procès-verbal et de l'inventaire. L'art. 48 [C. com., art. L. 450-4] dispose seulement que les originaux du procès-verbal de saisie et de l'inventaire sont transmis au juge qui a ordonné la visite et ne fait pas obligation au juge de rappeler ces dispositions légales ou de fixer un délai. • Com. 23 mars 1993 : *Bull. civ. IV, n° 111.*

Art. L. 450-5 *(L. n° 2001-420 du 15 mai 2001)* **« Le rapporteur général » du Conseil de la concurrence est informé sans délai du déclenchement et de l'issue des investigations mentionnées à l'article L. 450-4 lorsqu'elles ont été diligentées à l'initiative du ministre chargé de l'économie et qu'elles se rapportent à des faits susceptibles de relever des articles L. 420-1 et L. 420-2.**

Il peut proposer au conseil de se saisir d'office. – *[Ord. n° 86-1243 du 1er déc. 1986, art. 49].*

Le président du Conseil de la concurrence est informé sans délai des investigations mentionnées à l'art. 5 de la loi n° 91-3 du 3 janv. 1991 [relatif à la recherche et à la constatation des infractions aux règles des marchés publics] lorsque celles-ci font apparaître des faits susceptibles de relever des art. 7 et 8 de l'ord. du 1er déc. 1986 [C. com., art. L. 420-1 et L. 420-2] (L. n° 91-3 du 3 janv. 1991, art. 6).

Art. L. 450-6 *(L. n° 2001-420 du 15 mai 2001)* **Le rapporteur général désigne, pour l'examen de chaque affaire, un ou plusieurs rapporteurs. A sa demande, l'autorité dont dépendent les agents visés à l'article L. 450-1 désigne les enquêteurs et fait procéder sans délai à toute enquête que le rapporteur juge utile. Ce dernier définit les orientations de l'enquête et est tenu informé de son déroulement.**

Un décret précise les conditions dans lesquelles, à la demande motivée du président du Conseil de la concurrence, l'autorité dont dépendent les agents visés à l'article L. 450-1 met, pour une durée déterminée, à disposition du rapporteur général du Conseil de la concurrence, des enquêteurs pour effectuer certaines enquêtes, conformément aux orientations définies par les rapporteurs. – *V. Décr. n° 2002-689 du 30 avr. 2002, art. 17 s., infra, ss. art. L. 470-8.*

1. Ministre de l'Économie. Il résulte des dispositions des art. 11, 15 et 50 [C. com., art. L. 462-5, L. 464-8 et L. 450-6] que, dès lors que le Conseil de la concurrence est saisi pour sanctionner des parties auxquelles il est reproché des pratiques illicites faisant obstacle au jeu de la libre concurrence, le ministre de l'Économie ne peut utiliser dans la même procédure, à l'encontre de ces parties, les pouvoirs qu'il tient des art. 45 s. [C. com., art. L. 450-1 s.]. • Com. 10 déc. 1996 : *Bull. civ. IV, n° 310 ; D. Affaires 1997. 109.*

2. V. note 2 ss. art. L. 463-7 et note 4 *bis* ss. art. L. 462-7.

3. Nom du rapporteur. La demande du président du Conseil qui se borne à inviter l'Administration à communiquer au rapporteur des informations qu'elle détient mais ne comporte aucune demande d'enquête n'a pas à faire mention du nom du rapporteur. • Com. 16 mai 2000 : *BOCC 25 juill. 2000 ; Contrats Conc. Consom. 2000, n° 144, obs. Malaurie-Vignal.*

4. Désignation du rapporteur. L'art. L. 450-6 n'impose aucun délai pour la désignation du rapporteur et aucune disposition n'impose que la nomination du rapporteur ait été effectuée préalablement à la demande d'avis des autorités administratives compétentes. • Cons. conc. n° 05-D-13 du 18 mars 2005 : *BOCC 28 oct. 2005 ; D. 2005. AJ. 1023, obs. Chevrier.* — Sur la demande d'avis, V. art. 35 du Décr. n° 2002-689 du 30 avr. 2002, ss. art. L. 470-80.

5. Autosaisine. La désignation formelle d'un rapporteur pour instruire une affaire, conformément à l'art. 50 de l'ord. du 1er déc. 1986 [C. com., art. L. 450-6] n'est prévue que pour l'instruction des affaires au fond postérieure à la saisine du Conseil et non pour les procédures au cours desquelles le Conseil décide de se saisir d'office. Il est dès lors loisible au Conseil de désigner oralement et sans formalités des rapporteurs chargés spécialement de faire un rapport oral sur la saisine d'office devant la formation chargée de se prononcer sur cette saisine. • Cons. conc. n° 06-D-07 du 21 mars 2006 : *cité note 6 ss. art. L. 420-6.*

Art. L. 450-7 **Les enquêteurs peuvent, sans se voir opposer le secret professionnel, accéder à tout document ou élément d'information détenu par les services et établissements de l'État et des autres collectivités publiques.** – *[Ord. n° 86-1243 du 1er déc. 1986, art. 51].*

1. L'art. 51 [C. com., art. L. 450-7] qui autorise les enquêteurs à accéder à tout document détenu par les services de l'État ou les collectivités publiques, sans se voir opposer le secret professionnel, ne subordonne pas l'exercice de ce droit à une forme particulière, pas plus qu'il n'interdit aux services de communiquer spontanément ces documents. • Com. 26 janv. 1999 : *Contrats Conc. Consom. 1999, n° 58, obs. Malaurie-Vignal ; Petites affiches 18 nov. 1999, p. 15, obs. Petitier ; JCP E 1999, n° 48, p. 1913, obs. Arhel.*

2. Secret médical. Opèrent dans les limites des pouvoirs qui leur sont attribués par les art. L. 141-1 C. consom. et L. 450-3 C. com., les enquêteurs qui se sont bornés à demander communication de plusieurs dossiers d'une clinique au prévenu, lequel leur a transmis neuf devis où les mentions relatives à l'identité des patients étaient cancellées, de telle sorte qu'ils n'ont pas porter atteinte au secret médical. • Crim. 15 oct. 2002 : *Contrats Conc. Consom. 2003, n° 99, obs. Raymond ; Dr. pénal 2003, n° 22, obs. Robert ; ibid., Chron. n° 13, obs. Marsat et Maron.*

Art. L. 450-8 **Est puni d'un emprisonnement de six mois et d'une amende de 7 500 € le fait pour quiconque de s'opposer, de quelque façon que ce soit, à l'exercice des fonctions dont les agents désignés à l'article L. 450-1 et les rapporteurs du Conseil de la concurrence sont chargés en application du présent livre.** – *[Ord. n° 86-1243 du 1er déc. 1986, art. 52].*

1. Entrave. Dès lors que les enquêteurs habilités par le ministre chargé de l'économie exercent leurs fonctions en exécution d'une ordonnance du président du TGI, ils sont réputés agir dans les conditions prévues par la loi et les obstacles mis à leurs fonctions constituent le délit prévu par l'art. 52 [C. com., art. L. 450-8]. • Crim. 25 févr. 1992 : *Bull. crim. n° 86.* ♦ Pour une illustration de l'opposition à fonction, V. • TGI Toulouse, 9 mars 1998 : *BID 1998, n° 12, p. 32.*

2. Droit transitoire. V. note 1 ss. art. 61, reproduit *infra*, ss. art. L. 470-8.

Les infractions aux dispositions des art. 26, 27, 28, 29 et 30 de la loi n° 96-603 du 5 juill. 1996 [C. com., art. L. 310-1 à L. 310-4, L. 310-7 : liquidations, vente au déballage, soldes et vente en magasins d'usine], de la loi n° 73-1193 du 27 déc. 1973, art. 29 [C. com., art. L. 752-1 s. : équipement commercial] et des textes pris pour son application, et du code de la consommation, art. L. 121-15 [publicité portant sur des opérations illégales] peuvent être constatées et poursuivies dans les conditions fixées par l'ord. n° 86-1243 du 1er déc. 1986, art. 45, al. 1er et 3, 46, 47, 51 et 52 [C. com., art. L. 450-1, al. 1er et 4, L. 450-2, L. 450-3, L. 450-7 et L. 450-8] (L. n° 89-1008 du 31 déc. 1989, art. 9, al. 1er, mod. par L. n° 96-603 du 5 juill. 1996, art. 33). – V. C. consom., art. L. 121-15, infra, App., v° Publicité commerciale. – Il en va de même des infractions aux dispositions de la loi du 21 mai 1836 portant prohibition des loteries (L. du 21 mai 1836, art. 7-1, inséré par L. n° 2004-204 du 9 mars 2004, art. 23-V). – V. ce texte au ***C. consom.***

V. aussi, notamment, sur l'application des dispositions du livre IV, art. L. 443-2 et L. 443-3, titres 5 et 7 aux infractions en matière : de protection des consommateurs (ventes à la boule de neige ; clauses abusives ; présentation des contrats ; remise des contrats ; publicité des prix ; ventes avec primes ; refus et subordination de vente ; ventes à distance ; ventes à domicile ; vente par envoi forcé ; abus de faiblesse et ventes à crédit) et de publicité (loteries publicitaires), C. consom., art. L. 141-1 [App., v° Ventes commerciales, infra], L. n° 93-122 du 29 janv. 1993, art. 25, dernier al. (prestations de publicité) [App., v° Publicité commerciale, infra] ; ... de transport routier de marchandises, L. n° 92-1445 du 31 déc. 1992, art. 4, al. 1er, et L. n° 95-96 du 1er févr. 1996, art. 23-1, al. 5, ss. art. L. 133-7.

Le titre VI de l'Ord. de 1986 [C. com., livre IV, art. L. 443-2 et L. 443-3 et titre 5] est applicable aux infractions prévues par les arrêtés fixant les prix et les marges des produits et les prix des prestations de services pris en charge par les régimes obligatoires de sécurité sociale (V. CSS, art. L. 162-38, ajouté par L. n° 87-588 du 30 juill. 1987, art. 28, et mod. par L. n° 2004-810 du 13 août 2004, art. 43-I, 8°)– V. Décr. n° 88-854 du 28 juill. 1988 (D. et ALD 1988. 401) fixant les sanctions applicables aux arrêtés prévus par le CSS, art. L. 162-38. – V. aussi CSS, art. L. 138-9 et 162-16-1, issus de la L. n° 98-1194 du 23 déc. 1998, art. 29-VI et 30-I (JO 27 déc.). – ***CSS.***

TITRE SIXIÈME DU CONSEIL DE LA CONCURRENCE

BIBL. ▸ DRAGO, *JCP 1987. I. 3300.* – SAINT-GIRONS, *Petites affiches 30 mars 1988.* – IDOT, *D. 1991. Chron. 289* (activité du Conseil de la concurrence en 1990). – RINCAZAUX, *Petites affiches 8 oct. 2002, Entretiens, p. 4.* – LASSERRE, *RDLC déc. 2004. 29* (modernisation : les adaptations nécessaires du Conseil de la concurrence). – DECOCQ, *RJ com. 2004. 499* (ord. n° 2004-1173 du 4 nov. 2004). – LASSERRE, *RDLC 2005, n° 3, p. 42* (le Conseil de la concurrence dans le réseau communautaire).

Sur le règlement intérieur du Conseil de la concurrence, V. : BOCC 17 déc. 2003 ; Contrats Conc. Consom. févr. 2004, p. 1.

CHAPITRE PREMIER DE L'ORGANISATION

Art. L. 461-1 I. – Le Conseil de la concurrence comprend dix-sept membres nommés pour une durée de six ans par décret pris sur le rapport du ministre chargé de l'économie.

II. – Il se compose de :

1° Huit membres ou anciens membres du Conseil d'État, de la Cour de cassation, de la Cour des comptes ou des autres juridictions administratives ou judiciaires ;

2° Quatre personnalités choisies en raison de leur compétence en matière économique ou en matière de concurrence et de consommation ;

3° Cinq personnalités exerçant ou ayant exercé leurs activités dans les secteurs de la production, de la distribution, de l'artisanat, des services ou des professions libérales.

III. – Le président et les trois vice-présidents sont nommés, pour trois d'entre eux, parmi les membres ou anciens membres du Conseil d'État, de la Cour de cassation ou de la Cour des comptes, et pour l'un d'entre eux, parmi les catégories de personnalités mentionnées aux 2° et 3° du II.

IV. – Les quatre personnalités prévues au 2° du II sont choisies sur une liste de huit noms présentée par les huit membres prévus au 1° du II.

V. — Le mandat des membres du Conseil de la concurrence est renouvelable. — *[Ord. n° 86-1243 du 1er déc. 1986, art. 2]. — V. Décr. n° 2002-689 du 30 avr. 2002, art. 19 s., infra, ss. art. L. 470-8.*

Nature juridique. BIBL. R. Martin, *JCP 1990. I. 3469.* – Lucas de Leyssac, *RJ com. 1992. 273.* ♦ Le Conseil de la concurrence ne présente pas le caractère d'une institution juridictionnelle. • Cons. const. 23 janv. 1987 : *D. 1988. 117, note Luchaire ; JCP 1987. II. 20854, note Sestier.* ♦ Dans le même sens, considérant que, si les décisions du Conseil ont un caractère de punition, elles sont néanmoins des décisions administratives non juridictionnelles, rendues par un organisme qui remplit une mission ayant pour finalité la défense d'un ordre public économique, V. • Paris, 8 sept. 1998 : *D. Affaires 1998. 1633, obs. J. F. ; Contrats Conc. Consom. 1998, n° 164, obs. Malaurie-Vignal.* ♦ V. aussi refusant la possibilité de solliciter la saisine pour avis de la Cour de cassation, en application de l'art. L. 151-1 COJ, • Cons. conc. n° 94-D-60 du 13 déc. 1994 : *BOCC 18 févr. 1995.* ♦ Sur les juridictions compétentes pour connaître des recours élevés contre les décisions du Conseil, V. art. L. 464-8.

Art. L. 461-2 **Le président et les vice-présidents exercent leurs fonctions à plein temps. Ils sont soumis aux règles d'incompatibilité prévues pour les emplois publics.**

Est déclaré démissionnaire d'office par le ministre tout membre du conseil qui n'a pas participé, sans motif valable, à trois séances consécutives ou qui ne remplit pas les obligations prévues aux deux alinéas ci-dessous. Tout membre du conseil doit informer le président des intérêts qu'il détient ou vient à acquérir et des fonctions qu'il exerce dans une activité économique.

Aucun membre du conseil ne peut délibérer dans une affaire où il a un intérêt ou s'il représente ou a représenté une des parties intéressées.

Le commissaire du Gouvernement auprès du conseil est désigné par le ministre chargé de l'économie. — *[Ord. n° 86-1243 du 1er déc. 1986, art. 3].*

Art. L. 461-3 **Le conseil peut siéger soit en formation plénière, soit en sections, soit en commission permanente. La commission permanente est composée du président et des trois vice-présidents.**

En cas de partage égal des voix, la voix du président de la formation est prépondérante.

Le rapporteur général, le ou les rapporteurs généraux adjoints et les rapporteurs permanents sont nommés sur proposition du président par arrêté du ministre chargé de l'économie. Les autres rapporteurs sont désignés par le président. *(L. n° 2001-420 du 15 mai 2001)* **« Le rapporteur général peut déléguer à un ou des rapporteurs généraux adjoints tout ou partie des attributions qu'il détient au titre du livre IV du présent code. »**

Les crédits attribués au Conseil de la concurrence pour son fonctionnement sont inscrits au budget du ministère chargé de l'économie. *(L. n° 2001-1276 du 28 déc. 2001)* **« Les dispositions de la loi du 10 août 1922 relative à l'organisation du contrôle des dépenses engagées ne sont pas applicables à leur gestion. »**

Le président est ordonnateur des recettes et des dépenses du conseil. — *[Ord. n° 86-1243 du 1er déc. 1986, art. 4].*

1. Commission permanente. Si les dispositions des art. 6, 13 et 15 [dans sa rédaction antérieure au Décr. du 2 mai 1988] du Décr. n° 86-1309 du 29 déc. 1986 [abrogé], qui fixait les conditions d'application de l'ordonnance et n'énumérait pas les compétences reconnues à la commission permanente, confèrent à cette dernière certaines attributions, elles n'avaient ni pour objet, ni pour effet de restreindre à ces attributions la compétence de la commission. • CE 30 oct. 1987 : ☖ *D. 1987. IR. 229* • Paris, 27 nov. 2001 : *Gaz. Pal. 3-5 mars 2002, p. 35.* ♦ V. désormais Décr. n° 2002-689 du 30 avr. 2002, art. 24, *infra,* ss. art. L. 470-8.

V. aussi, reconnaissant la compétence de la commission permanente pour ordonner des mesures conservatoires en vertu de l'art. 12 [C. com., art. L. 464-1], • Paris, 19 oct. 1987 : *Gaz. Pal. 1987. 2. 733, note Fourgoux.* ♦ L'art. L. 461-3 qui fixe la composition de la commission permanente n'impose pas que tous les membres soient présents pour lui permettre de délibérer valablement ; la règle de quorum, prévue par l'art. 24 du décret de 2002 exige seulement la présence de trois membres de la commission. • Cons. conc. n° 06-D-07 du 21 mars 2006 : *cité note 6 ss. art. L. 420-6.*

2. Principe d'impartialité. Le Conseil de la concurrence, statuant en commission permanente, s'étant prononcé sur le caractère prohibé d'une partie des faits qui lui étaient dénoncés dans la procédure de mesures conservatoires, ne peut, dans une formation comportant des membres ayant statué dans cette procédure, statuer à nouveau au fond, sans manquer objectivement au principe d'impartialité. • Com. 9 oct. 2001 : *Bull. civ. IV, n° 160 ; D. 2001. AJ. 3530, obs. Chevrier ; RTD com. 2002. 292, obs. Claudel ; Contrats Conc. Consom. 2001, n° 174, note Malaurie-Vignal ; JCP E 2001, n° 47, p. 1840.* ♦ En revanche, la seule présence, dans une formation contentieuse du Conseil de la concurrence, de membres qui se sont exprimés antérieurement dans le cadre d'une procédure consultative ne constitue pas une violation du principe d'impartialité dès lors que les termes de l'avis rendu à l'issue de cette procédure ne s'apparente pas à un préjugement. • Paris, 18 févr. 2003 : *BOCC 21 nov. 2003 ; JCP E 2003, n° 14, p. 612, note Arhel ; Contrats Conc. Consom. 2004, n° 8, obs. Malaurie-Vignal* • Paris, 4 févr. 2003 : *BOCC 31 mars 2003 ; RTD com. 2004. 81, obs. Claudel.* ♦ Le fait que le rapporteur ait assisté au délibéré de la commission permanente n'affecte pas la validité de la décision dès lors que celle-ci s'est bornée à ouvrir la procédure. • Paris, 27 nov. 2001 : *D. 2002. Somm. 2043, obs. Reygrobellet.*

CHAPITRE II DES ATTRIBUTIONS

Art. L. 462-1 **Le Conseil de la concurrence peut être consulté par les commissions parlementaires sur les propositions de loi ainsi que sur toute question concernant la concurrence.**

Il donne son avis sur toute question de concurrence à la demande du Gouvernement. Il peut également donner son avis sur les mêmes questions à la demande des collectivités territoriales, des organisations professionnelles et syndicales, des organisations de consommateurs agréées, des chambres d'agriculture, des chambres de métiers ou des chambres de commerce et d'industrie, en ce qui concerne les intérêts dont elles ont la charge. — *[Ord. n° 86-1243 du 1er déc. 1986, art. 5].* — *V. Décr. n° 2002-689 du 30 avr. 2002, art. 28 s., infra, ss. art. L. 470-8.*

Sur la saisine du Conseil par la commission de régulation de l'électricité, V. L. n° 2000-108 du 10 févr. 2000, art. 39 s. (JO 11 févr.), mod. par L. n° 2005-781 du 13 juill. 2005, art. 78 et 104 (JO 14 juill.) et pour application Décr. n° 2000-894 du 11 sept. 2000, art. 23 (JO 16 sept.). - ... Par l'Autorité de régularisation des télécommunications, V. CPCE, art. L. 37-1 ; V. aussi 1re note ss. art. L. 420-2.

V. Cons. conc., avis n° 97-A-04 du 21 janv. 1997 relatif à diverses questions portant sur la concentration de la distribution (BOCC 17 févr. 1998) ; Avis n° 98-A-05 du 28 avr. 1998 relatif aux principes à respecter ou dispositions à prévoir pour assurer le fonctionnement concurrentiel du marché électrique (BOCC 16 juill. 1998).

BIBL. ▶ CHÉROT, *D. 1995. Chron. 233.*

Jugeant qu'en tant qu'il exerce les activités qui lui sont déléguées par les communes qui y sont associées, un syndicat intercommunal doit être considéré comme une collectivité locale au sens de l'art. L. 462-1 : • Cons. conc. n° 04-A-23 du 20 déc. 2004. ♦ La situation locale de la communication audiovisuelle entrant dans les intérêts dont les communes ont la charge, en conséquence la saisine et le recours de collectivités publiques sont recevables. • Paris, 3 juin 1993 : *D. 1993. IR. 182.*

Jugeant qu'aucun des termes d'un avis rendu par le Conseil de la concurrence dans l'exercice de ses attributions consultatives, en l'espèce à la demande de la commission des finances de l'Assemblée nationale, sur le prix de l'eau en France et plus généralement sur la structure du marché, ne s'apparente à un pré-jugement, V. • Paris, 18 févr. 2003 : *BOCC 21 nov. 2003 ; JCP E 2003, n° 14, p. 612, note Arhel ; Contrats Conc. Consom. 2004, n° 8, obs. Malaurie-Vignal ; RTD com. 2004. 81, obs. Claudel.* ♦ Les avis qu'il rend sur l'application éventuelle des dispositions de l'art. L. 420-4 C. com., lorsqu'il est saisi sur le fondement de l'art. L. 462-1, ne constituent pas des exemptions, ni des refus d'exemption, de pratiques interdites par le droit de la concurrence, au sens de l'art. 81, § 3 CE, dès lors qu'il n'existe pas, dans le droit national, de procédure équivalente à l'exemption communautaire. • Cons. conc. n° 04-A-06 du 16 avr. 2004 : *BOCC 6 sept. 2004 ; RLC 2005, n° 1, p. 72, obs. Bazex et Blazy ; Lettre distrib. juin 2004, p. 2.* ♦ Seuls une procédure contentieuse ou un avis contradictoire rendu à la demande d'une juridiction en application de l'art. L. 462-3 C. com., seraient susceptibles de déterminer la position du Conseil sur la possibilité d'accorder aux pratiques en cause le bénéfice des dispositions de l'article L. 420-4 du même code. • Même avis. ♦ V. aussi, jugeant que les missions du Conseil diffèrent suivant qu'il se trouve saisi dans le cadre d'une procédure consultative ou contentieuse : • Cons. conc. n° 04-D-49 du 28 oct. 2004 : *BOCC 21 janv. 2005 ; D. 2004. AJ. 3066*.

Si l'exigence d'impartialité, qui doit s'apprécier objectivement, fait obstacle à ce que certaines personnes exercent successivement à propos des mêmes décisions des fonctions consultatives et juridictionnelles, elle n'interdit pas, en revanche, qu'un même organisme soit doté de telles prérogatives, dès lors qu'elles sont dévolues à des personnes différentes. • Paris, 24 juin 2003 : *BOCC 29 sept. 2003 ; Contrats Conc. Consom. 2003, n° 185, obs. Malaurie-Vignal ; RTD com. 2004. 81, obs. Claudel*.

Art. L. 462-2 **Le conseil est obligatoirement consulté par le Gouvernement sur tout projet de texte réglementaire instituant un régime nouveau ayant directement pour effet :**

1° De soumettre l'exercice d'une profession ou l'accès à un marché à des restrictions quantitatives ;

2° D'établir des droits exclusifs dans certaines zones ;

3° D'imposer des pratiques uniformes en matière de prix ou de conditions de vente. – *[Ord. n° 86-1243 du 1er déc. 1986, art. 6].*

BIBL. ► V. bibl. ss. art. L. 462-1.

1. L'adoption de l'arrêté interministériel fixant les taux de marge des pharmaciens d'officine n'a pas à être précédée de la consultation du Conseil de la concurrence, malgré les dispositions de l'art. 6 [C. com., art. L. 462-2]. • CE 12 juin 1992 : *RJDA 1992, n° 850.* ♦ Il en va de même de l'arrêté du 11 juill. 1992 par lequel ont été fixés les prix et tarifs d'honoraires des médecins. • CE 3 oct. 1994 : *D. 1994. IR. 247.* ♦... De l'arrêté portant approbation de la convention nationale des masseurs-kinésithérapeutes. • CE 30 avr. 1997 : *D. 1997. IR. 155.*

2. Le décret n° 96-756 du 28 août 1996 relatif à l'évolution de certains loyers dans l'agglomération de Paris qui se borne à faire application des dispositions de l'art. 18 de la loi n° 89-462 du 6 juill. 1989 n'institue pas un régime nouveau au sens de l'art. 6 [C. com., art. L. 462-2]. • CE 6 juin 1997 : *D. 1997. IR. 155.* ♦ Il en est de même du décret n° 95-284 du 14 mars 1995, instituant le nouveau code de déontologie des pharmaciens, • CE 30 avr. 1997 : *Petites affiches 10 nov. 1997, p. 11, note Roquelle et Vialla.*

Art. L. 462-3 **Le conseil peut être consulté par les juridictions sur les pratiques anticoncurrentielles définies aux articles L. 420-1, L. 420-2 et L. 420-5** *(Ord. n° 2004-1173 du 4 nov. 2004, art. 4)* **« ainsi qu'aux articles 81 et 82 du traité instituant la Communauté européenne » et relevées dans les affaires dont elles sont saisies. Il ne peut donner un avis qu'après une procédure contradictoire. Toutefois, s'il dispose d'informations déjà recueillies au cours d'une procédure antérieure, il peut émettre son avis sans avoir à mettre en œuvre la procédure prévue au présent texte.**

Le cours de la prescription est suspendu, le cas échéant, par la consultation du conseil.

L'avis du conseil peut être publié après le non-lieu ou le jugement. – *[Ord. n° 86-1243 du 1er déc. 1986, art. 26, al. 2 à 4]. – V. Décr. n° 2002-689 du 30 avr. 2002, art. 40, infra, ss. art. L. 470-8.*

En vertu de l'art. 26 [C. com., art. L. 462-3], le juge administratif peut, lorsqu'il doit apprécier la légalité d'un acte administratif en prenant en compte le droit de la concurrence, consulter le Conseil de la concurrence et lui demander des éléments d'appréciation. • CE 26 mars 1999 :

D. 2000. 204, note Markus ; *JCP E 1999, n° 27-28, p. 1170, obs. Rouault* ; *AJDA 1999. 427, concl. Stahl et obs. Bazex* ; *RD publ. 1999. 1545, note Manson* • 15 mars 2000 : *Dr. adm. 2000, n° 79.* ♦ Pour un autre exemple, V. • CE 13 janv. 2003 : *Petites affiches 27 oct. 2003, p. 6, note Saillard.*

Sur la valeur d'un avis rendu en application de l'art. L. 462-3 sur le bénéfice des dispositions de l'art. L. 420-4 C. com., V. • Cons. conc. n° 04-A-06 du 16 avr. 2004 : *cité ss. art. L. 462-1.*

Art. L. 462-4 **Le conseil peut être consulté par le ministre chargé de l'économie sur tout projet de concentration ou toute concentration de nature à porter atteinte à la concurrence dans les conditions prévues au titre III ci-dessus.** – *V. art. L. 430-1.*

Art. L. 462-5 **Le Conseil de la concurrence peut être saisi par le ministre chargé de l'économie de toute pratique mentionnée aux articles L. 420-1, L. 420-2 et L. 420-5. Il peut se saisir d'office ou être saisi par les entreprises ou, pour toute affaire qui concerne les intérêts dont ils ont la charge, par les organismes visés au deuxième alinéa de l'article L. 462-1.** – *[Ord. n° 86-1243 du 1er déc. 1986, art. 11, al. 1er].*

Sur la saisine du conseil par le Conseil supérieur de l'audiovisuel, V. note ss. art. L. 420-1.

BIBL. ▶ GRALL, *Petites affiches 30 juin 1995, p. 10.* – SALOMON, *Dr. sociétés 2000. Chron. 17* (pouvoir de sanctions des autorités administratives indépendantes en matière économique et financière et les garanties fondamentales).

SAISINE DU CONSEIL DE LA CONCURRENCE

BIBL. Moreau, *Petites affiches 20 mai 1987.*

1. *Saisine par le ministre de l'économie.* Le ministre chargé de l'économie et son délégataire ont pu réunir dans un même dossier, pour en saisir le conseil, des pratiques constatées sur différents marchés de travaux publics, bien que tous ne se rapportent pas spécifiquement à l'aménagement des routes, dès lors que chacun d'eux suppose la mise en œuvre, pour partie au moins, de techniques, de matériels et de qualification de même nature et qu'ils ont été exécutés par les mêmes entreprises. • Paris, 4 juill. 1994 : *Contrats Conc. Consom. 1994, n° 199, obs. Vogel.*

Sur la délégation de pouvoir accordée par le ministre chargé de l'économie, V. • Paris, 13 nov. 2001 : *BOCC 31 déc. 2001* ; *Gaz. Pal. 3-5 mars 2002, p. 43* • 13 déc. 2001 : *BOCC 31 janv. 2002* ; *Gaz. Pal. 3-5 mars 2002, p. 43* • 29 janv. 2002 : *BOCC 26 févr. 2002.*

2. *Saisine d'office.* **BIBL.** Menuret, *Contrats Conc. Consom. 2002, Chron. 1* (saisine d'office au regard de l'art. 6, § 1 CEDH). ♦ Si, lorsqu'il a des raisons de craindre que des atteintes à la concurrence se soient perpétuées sur un marché, le Conseil de la concurrence peut s'en saisir d'office et faire procéder aux investigations nécessaires, il ne peut pour autant ordonner dans une décision par laquelle il se prononce sur des pratiques passées que, pour l'avenir, la Direction de la concurrence lui fasse un rapport sur le fonctionnement du secteur concerné. • Paris, 17 juin 1992 : *RJDA 1992, n° 844.*

Pour une application du droit du Conseil de se saisir d'office, à une entente dans le domaine des marchés de la publicité, V. Bouzat, *RTD com. 1990. 519.*

3. *Saisine par les entreprises.* Une personne physique qui n'exerce pas en nom propre une activité commerciale ne peut être regardée comme une entreprise au sens de l'art. 11 [C. com., art. L. 462-5]. • Paris, 1er déc. 1995 : *BOCC 28 févr. 1996* ; *Contrats Conc. Consom. 1996, n° 62, obs. Vogel.* ♦ V. aussi note 2 ss. art. L. 464-2.

Le juriste salarié d'une société civile professionnelle dont l'inscription au barreau a été refusée par le Conseil de l'ordre, n'est pas recevable à saisir le Conseil de la concurrence de pratiques constitutives d'entente prohibée et d'abus de position dominante car, n'étant que préposé de ladite société, il ne peut justifier d'une activité d'offreur de service sur le marché des prestations juridiques, et par ailleurs, n'ayant pas la qualité d'avocat, il n'est pas susceptible d'intervenir sur le marché des actes relevant du monopole de cette profession réglementée. • Paris, 18 juin 1996 : *BICC 1996, n° 1193*, conf. par • Com. 16 juin 1998 : *JCP E 1999, n° 48, p. 1914, obs. Arhel.*

4. *Portée de la saisine.* Le conseil de la concurrence est saisi *in rem* et n'est pas lié par les demandes de la partie saisissante, ni par les faits énoncés dans la saisine, ni par les qualifications proposées. • Cons. conc. n° 95-D-76 du 29 nov. 1995 : *BOCC 15 mai 1996.* ♦ En revanche, le Conseil n'est pas compétent pour examiner des faits postérieurs à la saisine et qui ne constituent pas la continuité de faits antérieurs à celle-ci. • Cons. conc. n° 04-D-73 du 21 déc.

2004 : *BOCC 31 mars 2005 ; Contrats Conc. Consom. 2005, n° 45, obs. Malaurie-Vignal ; RDLC 2005, n° 1, p. 67, obs. Spector.*

V. aussi note 1 ss. art. L. 450-6.

5. Auto-saisine. Dès lors que la saisine du Conseil par une personne habilitée a pour effet de porter à sa connaissance des pratiques susceptibles d'être contraires aux règles de la concurrence, une fois cette saisine déposée, son auteur n'a pas la maîtrise de la procédure ainsi engagée devant le Conseil, lequel a la faculté de s'auto-saisir notamment lorsqu'une saisine irrecevable ou rétractée révèle des faits dont l'examen s'avère nécessaire du point de vue de l'ordre public économique. • Paris, 8 sept. 1998 : *D. Affaires 1998. 1633, obs. J. F. ; Contrats Conc. Consom. 1998, n° 164, obs. Malaurie-Vignal ; Petites affiches 21 juin 1999, p. 15, obs. Reboul.* ♦ La décision d'auto-saisine du conseil qui a pour seul objet d'ouvrir la procédure n'est pas soumise à l'obligation de motivation et de notification. L'absence de motivation ne caractérise aucune atteinte à la règle d'impartialité inhérente au droit à un procès équitable. • Paris, 27 nov. 2001 : *D. 2002. Somm. 2043, obs. Reygrobellet.* ♦ Sur l'auto-saisine et le respect du principe d'impartialité, V. Claudel, *RTD com. 2004. 83.*

Art. L. 462-6 **Le Conseil de la concurrence examine si les pratiques dont il est saisi entrent dans le champ des articles L. 420-1, L. 420-2 ou L. 420-5 ou peuvent se trouver justifiées par application de l'article L. 420-4. Il prononce, le cas échéant, des sanctions et des injonctions.**

Lorsque les faits lui paraissent de nature à justifier l'application de l'article L. 420-6, il adresse le dossier au procureur de la République. Cette transmission interrompt la prescription de l'action publique. – *[Ord. n° 86-1243 du 1er déc. 1986, art. 11, al. 2 et 3].*

(Ord. n° 2004-1173 du 4 nov. 2004, art. 5) **« La prescription est interrompue également lorsque les faits visés dans la saisine font l'objet d'un acte tendant à leur recherche, leur constatation ou leur sanction par la Commission européenne ou par une autorité de concurrence d'un autre État membre de la Communauté européenne. »**

I. COMPÉTENCE DU CONSEIL DE LA CONCURRENCE

A. NATURE DES PRATIQUES

1. Sanction des engagements anticoncurrentiels. Il n'appartient pas au Conseil de la concurrence d'apprécier la régularité d'un comportement au regard d'autres textes que le livre IV du code de commerce et des art. 81 et 82 CE. • Cons. conc. n° 04-D-46 du 30 sept. 2004 : *BOCC 9 déc. 2004 ; RLC 2005, n° 1, p. 91, obs. Sélinsky.* ♦ Il relève de la compétence du Conseil de sanctionner les engagements anticoncurrentiels quelle que soit la nature de la convention dans laquelle ils se trouvent insérés (à propos d'une convention collective). • Paris, 6 mars 1991 : *D. 1991. IR. 100 ; Gaz. Pal. 1991. 2. 403, concl. Jobard.*

1 bis. Responsabilité civile. Sur l'incompétence du Conseil de la concurrence, chargé de la protection de l'ordre public économique, en ce qui concerne la réparation du préjudice éventuellement subi par les parties qui le saisissent et allèguent être victimes de pratiques anticoncurrentielles, celles-ci pouvant saisir les juridictions civiles et répressives d'une action en indemnisation, annulation ou cessation des pratiques contestées dans les délais de prescription afférents à ces actions, le Conseil pouvant le cas échéant être consulté par ces juridictions, le cours de la prescription étant alors suspendu, V. • Com. 17 juill. 2001 : *JCP E 2001, n° 43-45, p. 1697.* ♦ Dans le même sens, V. • Paris, 28 juin 2002 : *JCP 2003. II. 10183, note Vetu ; RTD com. 2003. 78, obs. Claudel ; BRDA 2002, n° 18, p. 11* (application de la responsabilité civile pour violation du droit des pratiques anticoncurrentielles). ♦ V. aussi les notes ss. art. L. 420-3.

2. Compétence des tribunaux judiciaires. Le Conseil n'est compétent ni pour appliquer l'art. 44 de la loi du 27 déc. 1973 [C. consom., art. L. 121-1 s.] (publicité fausse), ni pour prononcer la nullité de stipulations contractuelles prévues à l'art. 9 de l'ordonnance [C. com., art. L. 420-3], ni de prendre des mesures en application des art. 36 et 17 de ce texte [C. com., art. L. 442-6 et L. 420-6], ni d'en appliquer l'art. 31 [C. com., art. L. 441-3 s.], ni pour prendre des mesures en application de l'art. 1382 C. civ. • Cons. conc. n° 91-MC-01 du 5 mars 1991 : *BOCC 11 mai 1991.* ♦ Jugeant que si des revendeurs estiment avoir été trompés sur leurs conditions d'entrée dans le réseau ainsi que sur la nature de leurs relations avec leur fournisseur, les litiges qui peuvent en découler sont de l'ordre commercial et relèvent en conséquence des juridictions de l'ordre judiciaire, V. • Cons. conc. n° 01-D-58 du 24 sept. 2001 : *BOCC 30 oct. 2001 ; Contrats Conc. Consom. 2002, n° 27, note Malaurie-Vignal.* ♦ Il ne relève pas de la compétence du Conseil d'apprécier la licéité de la vente par pack au regard de l'article L. 442-2 C. com. • Cons. conc. n° 04-D-67 du 1er déc. 2004 : *BOCC 31 mars 2005 ; Contrats Conc. Consom. 2005, n° 67, obs. Malaurie-Vignal.*

Il ne résulte pas des art. 11 s. [C. com., art. L. 462-5 s.] que les litiges entre les parties fondés sur les art. 7 et 8 [C. com., art. L. 420-1 et L. 420-2] échappent aux juridictions de droit commun, seules compétentes pour statuer sur toutes autres demandes. • Paris, 27 juin 1990 : *D. 1991. Somm. 251, obs. Gavalda et Lucas de Leyssac.* ♦ Les tribunaux de l'ordre judiciaire sont compétents pour vérifier directement la légalité de pratiques relevant des art. 7 et 8 [C. com., art. L. 420-1 et L. 420-2], sans qu'il soit besoin de saisir au préalable le Conseil de la concurrence… • Versailles, 17 mai 1994 : *Gaz. Pal. 1995. 1. 49, note Junqua-Lamarque.*

La saisine du Conseil de la concurrence est facultative et la décision qu'il est appelé à rendre ne lie pas le juge judiciaire saisi d'une demande tendant à faire constater l'existence de pratiques constitutives de concurrence déloyale. • Com. 15 oct. 1996 : *RJDA 1997, n° 72.*

La seule existence de procédures judiciaires introduites parallèlement à une saisine du Conseil ne saurait empêcher celui-ci d'examiner, conformément à l'art. 11 [C. com., art. L. 462-5], les pratiques dont il est saisi, dès lors que celles-ci, ayant pour objet ou pour effet de restreindre ou fausser le jeu de la concurrence sur un marché, sont susceptibles d'être qualifiées sur le fondement des art. 7 et 8 [C. com., art. L. 420-1 et L. 420-2]. • Cons. conc. n° 97-D-01 du 15 janv. 1997 : *BOCC 25 mars 1997.* ♦ … Et le Conseil de la concurrence n'est pas lié par les qualifications proposées par l'auteur d'une saisine. • Com. 22 oct. 2002 : *Bull. civ. IV, n° 148 ; RJDA 2003, n° 195.*

V. aussi note 25 ss. art. L. 410-1 ; et note 65 ss. l'art. 2 de la loi n° 63-628 du 2 juill. 1963, *infra*, App., v° *Concurrence.*

3. Compétence des tribunaux administratifs. Pour un cas de compétence exclusive, V. • Paris, 10 févr. 1994 : *D. 1994. Somm. 174, obs. Gavalda et Lucas de Leyssac.* ♦ Jugeant que le Conseil de la concurrence n'est pas chargé de l'application des art. L. 720-1 et L. 720-3 C. com. [anciens] (équipement commercial), V. • Cons. conc. n° 04-D-12 du 7 avr. 2004 : *BOCC 6 sept. 2004 ; D. 2004. AJ. 1309 ; Lettre distrib. mai 2004, p. 2.* ♦ Sur l'incompétence du Conseil pour dire si une personne publique peut ou non exercer une activité commerciale ou pour rechercher si elle perçoit des aides d'État, V. • Cons. conc. n° 04-D-02, du 10 févr. 2004 : *BOCC 4 mai 2004 ; Contrats Conc. Consom. 2004, n° 78, obs. Malaurie-Vignal.* ♦ Sur la compétence administrative pour juger si dans le cadre de marchés publics le consentement de la SNCF a été vicié suite à une entente et si celle-ci peut obtenir des dommages-intérêts, V. • CAA Paris,22 avr. 2004 : *cité note 4 ss. art. L. 420-3.* ♦ Sur le développement du contentieux public de la concurrence (concernant une procédure en référé), V. • CE 19 janv. 2004 : *AJDA 2004. 1476, note Nicinski.* ♦ Les moyens relatifs à la qualification de pratiques au regard des dispositions du code général des collectivités territoriales ne relèvent pas de la compétence du conseil de la concurrence. • Cons. conc. n° 04-D-46 du 30 sept. 2004 : *préc. note 1.* ♦ Les juridictions de l'ordre judiciaire ne sont pas compétentes pour octroyer des dommages-intérêts en réparation d'un dommage concurrentiel, quand bien même la violation des dispositions du droit de la concurrence aurait été constatée et sanctionnée par le Conseil de la concurrence, dès lors que le dommage est lié à un contrat administratif. • Civ. 1re, 29 sept. 2004 : *AJDA 2004. 2309, obs. Charbit ; AJDA 2005. 1348, note Jeanneney et Ayache.*

4. Autorité de la chose jugée. Le rejet par le tribunal de commerce de la plupart des griefs invoqués ne saurait s'imposer au Conseil de la concurrence dans l'exercice de la compétence qu'il tient des dispositions du livre IV du code de commerce pour sanctionner les pratiques anticoncurrentielles visées à ces dispositions, aux fins de sauvegarde de l'ordre public économique. • Cons. conc. n° 04-D-21 du 17 juin 2004 : *BOCC 8 nov. 2004 ; Contrats Conc. Consom. 2004, n° 158, obs. Malaurie-Vignal* • Paris, 17 mars 1998 : *BOCC 27 mars 1998.*

B. LOCALISATION DES PRATIQUES

5. Est irrecevable la demande d'une entreprise dénonçant des pratiques d'ententes qui seraient intervenues sur un territoire d'outre-mer en l'absence de dispositions expresses prévoyant que l'ordonnance est applicable sur ce territoire. • Cons. conc. n° 93-D-16 du 25 mai 1993 : *RJDA 1993, n° 630.* ♦ Sur l'incompétence de principe du Conseil de la concurrence à l'égard de pratiques anticoncurrentielles visant les exportations, sauf si ces pratiques sont susceptibles d'affecter la rentabilité et la pérennité de l'activité des entreprises intervenant sur le marché français, V. • Cons. conc. n° 97-D-01 du 15 janv. 1997 : *BOCC 25 mars 1997 ; Contrats Conc. Consom. 1997, n° 81, obs. Vogel ; Dr. sociétés 1998. 17, obs. Vidal.*

Sur la compétence territoriale internationale, V. note 1 ss. art. L. 420-1.

II. TRANSMISSION AU PARQUET

6. V. bibl. et notes ss. art. L. 420-6. ♦ Sur le recours contre la décision du Conseil de la concurrence de transmettre le dossier au procureur de la République, V. note 4 ss. art. L. 464-8. ♦ Il n'appartient pas au Conseil de la concurrence de qualifier les faits sans réserve au regard des art. L. 420-6 et L. 462-6 et d'en imputer publiquement la responsabilité pénale à des personnes. • Paris, 22 févr. 2005 : *D. 2005. AJ. 886, obs. Chevrier ; Contrats Conc. Consom. 2005, n° 85, obs. Malaurie-Vignal ; RTD com. 2005. 280, obs. Claudel*. ♦ Dès lors, en se prononçant par des motifs qui portent atteinte à la présomption d'innocence et aux droits de la défense des personnes visées, le Conseil a excédé ses pouvoirs. • Même arrêt.

Art. L. 462-7 Le conseil ne peut être saisi de faits remontant à plus de (*Ord. n° 2004-1173 du 4 nov. 2004, art. 6*) **« cinq ans » s'il n'a été fait aucun acte tendant à leur recherche, leur constatation ou leur sanction.** – [*Ord. n° 86-1243 du 1er déc. 1986, art. 27*].

1. Champ d'application. L'art. L. 462-7 ne s'applique qu'à la procédure suivie devant le Conseil de la concurrence (peu important que sa décision soit ultérieurement annulée) • Com. 13 juill. 2004 : *Bull. civ. IV, n° 163 ; D. 2004. AJ. 2375 ; JCP E 2004, n° 41, p. 1564 ; Contrats Conc. Consom. 2004, n° 157, obs. Malaurie-Vignal ; RLC 2005, n° 1, p. 92, obs. Cheynel.*

1 bis. Prescription quinquennale. S'agissant d'un texte de procédure, l'art. 6 de l'ord. du 4 nov. 2004 allongeant le délai de prescription est applicable immédiatement, y compris à la poursuite des faits antérieurs à son entrée en vigueur, sous la seule réserve qu'il ne puisse permettre de poursuivre ou de sanctionner des faits pour lesquels la prescription a été définitivement acquise en vertu du texte applicable précédemment. • Cons. conc. n° 06-D-08 du 24 mars 2006 : *D. 2006. AJ. 1105, obs. Chevrier ; RLDA mai 2006, p. 44, obs. Méar.*

2. Portée de la prescription. Bien que prescrits, des faits peuvent être relatés à seule fin de permettre la compréhension des griefs retenus et relatifs à des faits susceptibles d'être sanctionnés. • Cons. conc. n° 92-D-37 du 2 juin 1992 : *BOCC 4 juill. 1992 ; Contrats Conc. Consom. 1992, n° 161, obs. Vogel* • Paris, 8 juill. 1992 : *BOCC 15 août 1992.* ♦ Les faits remontant à plus de trois ans [désormais cinq ans] sont prescrits mais peuvent néanmoins être évoqués pour la compréhension des pratiques postérieures à cette date à condition toutefois qu'ils ne soient ni qualifiés ni poursuivis et qu'il n'en soit pas tiré de conséquences quant à la gravité des faits. • Paris, 29 janv. 2002 : *BOCC 27 mars 2002 ; RJDA 2002, n° 818.*

3. Point de départ de la prescription. La date à retenir comme constituant le point de départ de la prescription triennale [désormais quinquennale] est celle à laquelle la lettre de saisine arrive au Conseil de la concurrence dès lors que c'est à cette date que les faits dénoncés sont portés à sa connaissance. • Paris, 13 déc. 2001 : *RTD com. 2002. 289, obs. Claudel*. ♦ Comp., jugeant que c'est la date de l'enregistrement de la saisine au Conseil qui constitue en l'espèce le point de départ de la prescription. • Cons. conc. n° 05-D-04 du 17 févr. 2005 : *BOCC 28 oct. 2005 ; D. 2005. AJ. 886, obs. Chevrier ; Lettre distrib. mars 2005, p. 4.* ♦ Retenant comme point de départ de la prescription la date de réception par les personnes concernées de la convocation adressée par le rapporteur, V. • Cons. conc. n° 01-D-77 du 27 nov. 2001 : *BOCC 28 févr. 2002 ; BRDA 2002, n° 15-16, p. 16.* ♦ En ce sens que dans le cas d'une infraction continue ou continuée, la prescription court à compter du jour où l'infraction a pris fin. • Paris, 11 sept. 2001 : *RTD com. 2002. 289, obs. Claudel*. ♦ Sur la preuve de la continuité de l'infraction, V. • Cons. conc. n° 05-D-57 du 21 oct. 2005 : *BOCC 14 mars 2006.*

4. Interruption de la prescription. L'art. L. 462-7 définit les actes interruptifs de prescription en fonction de leur objet ou de leur finalité, sans préciser quels en sont les auteurs. • Cons. conc. n° 05-D-69 du 15 déc. 2005 : *cité note 1 ss. art. L. 463-5.* ♦ En vertu du principe de l'autonomie procédurale des autorités nationales de concurrence, la règle énoncée dans un arrêt du TPICE selon laquelle « la prescription est interrompue par tout acte, porté à la connaissance de la personne en cause, émanant de l'autorité compétente et visant à l'instruction ou à la poursuite de l'irrégularité », ne peut donc être utilisée pour interpréter l'art. L. 462-7. • Cons. conc. n° 05-D-67 du 6 déc. 2005 : *BOCC 29 avr. 2006.* ♦ La saisine, par le ministre, du président du conseil constitue un acte interruptif de prescription. • Paris, 9 sept. 1997 : *BOCC 7 oct. 1997* • 11 sept. 2001 : *BOCC 23 oct. 2001.* ♦ L'audition effectuée par un rapporteur du conseil donnant lieu à l'établissement d'un procès-verbal tend nécessairement à la recherche, à la constatation ou à la sanction de faits dénoncés dans la saisine du conseil que le rapporteur est chargé d'instruire et a dès lors un effet interruptif de la prescription visée à l'art. 27 de l'ord. de 1986, [C. com., art. L. 462-7], • Com. 19 juin 2001 : *Bull. civ. IV, n° 120.* ♦ Un procès-verbal de saisie établi dans une entreprise interrompt la prescription à l'égard de l'ensemble des entreprises en cause. • Cons. conc. n° 88-D-25 du 14 juin 1988 : *BOCC 14 juill. 1988* • n° 88-D-43 du 8 nov. 1988 : *ibid. 24 nov. 1988.*

Dès lors qu'un procès-verbal d'audition de l'une des parties mises en cause a été dressé postérieurement à la saisine du conseil, la prescription à l'égard des autres parties mises en cause est interrompue. • Cons. conc. n° 98-D-25 du 17 mars 1998 : *BOCC 16 juill. 1998 ; Contrats Conc. Consom. 1998, n° 132, obs. Malaurie-Vignal ; Petites affiches 21 juin 1999, p. 16, obs. Reboul.* ♦ Le conseil étant saisi des pratiques d'entente dans leur ensemble et non marché par marché, l'interruption de la prescription produit effet à l'égard de toutes les parties qui y sont impliquées, y compris à l'égard de celles qui n'ont pas été entendues dans le délai de trois ans [désormais cinq ans]. • Cons. conc. n° 03-D-06 du 29 janv. 2003 : *Contrats Conc. Consom. 2003, n° 91, obs. Malaurie-Vignal.* ♦ Une audition peut interrompre la prescription à l'égard de l'ensemble des pratiques dont le Conseil est saisi par trois plaintes, sans qu'il y ait lieu de prendre en considération le fait, d'une part, que l'une des saisines ne soit pas visée par le procès-verbal d'audition et, d'autre part, que la jonction des saisines soit intervenue postérieurement. • Cons. conc. n° 03-D-37 du 29 juill. 2003 : *BOCC 8 oct. 2003 ; D. 2003. AJ. 2436 ; Contrats Conc. Consom. 2003, n° 186, obs. Malaurie-Vignal.*

Une seconde saisine portant sur les mêmes pratiques que la première, tout en présentant des éléments de preuve complémentaires, constitue un acte tendant à la recherche, la constatation ou la sanction des pratiques. • Cons. conc. n° 05-D-69 du 15 déc. 2005 : *préc.* ♦ Il est, à cet égard, sans incidence, s'agissant de la portée interruptive de prescription de la seconde saisine que la jonction des procédures ait eu lieu postérieurement ; le caractère interruptif d'un acte ne saurait en effet dépendre des mesures d'administration de la procédure. • Même décision. ♦ La décision du rapporteur général de disjoindre la saisine initiale en trois dossiers distincts à compter de l'étape procédurale du rapport, dès lors qu'elle ne consacre pas l'autonomie des faits relevant de chacun des dossiers ainsi disjoints, n'a aucun effet sur la prescription. • Cons. conc. n° 03-D-68 du 23 déc. 2003 : *BOCC 13 févr. 2004 ; D. 2004. AJ. 418 .* ♦ Un acte tendant à la recherche, la constatation ou la sanction de pratiques anticoncurrentielles interrompt la prescription pour l'ensemble des faits dénoncés dès lors que ceux-ci présentent entre eux un lien de connexité ; bien que de nature différente, des faits sont susceptibles de présenter entre eux des rapports étroits caractérisant leur connexité. • Com. 12 juill. 2005 : *Bull. civ. IV, n° 162 ; D. 2005. AJ. 2145, obs. Chevrier ; JCP E 2005, n° 40, p. 1637 ; RDLC 2005, n° 4, p. 118, obs. Momège ; RJDA 2005, n° 1288.* ♦ V. note 4 ss. art. L. 462-5.

4 bis. Autres exemples. Sont interruptifs de prescription, les convocations adressées par le rapporteur aux fins d'auditionner l'entreprise poursuivie. • Paris, 13 déc. 2001 : *RTD com. 2002. 289, obs. Claudel .* ♦ ... Les renseignements demandés par le rapporteur. • Paris, 15 juin 1999 : *Gaz. Pal. 11-12 août 1999, p. 15* • Com. 20 nov. 2001 : *Bull. civ. IV, n° 182* • Cons. conc. n° 05-D-67 du 6 déc. 2005 : *préc. note 4.* ♦ ... Les auditions auxquelles l'auditeur procède dans ses pouvoirs d'enquête. • Paris, 29 févr. 2000 : *JCP E 2000 p. 631.* ♦ ... L'enquête de la DGCCRF. • Paris, 8 sept. 1998 : *D. 1998. IR. 237.* ♦ ... Les procès-verbaux dressés par les enquêteurs. • Cons. conc. n° 99-D-14 du 23 févr. 1999 : *BOCC 27 juill. 1999.* ♦ ... Les décisions rendues sur les contestations élevées à l'encontre de la validité des actes tendant à la recherche, constatation ou sanction des faits dont le Conseil est saisi. • Cons. conc. n° 02-D-02 du 29 juin 2001 : *BOCC 29 mars 2002.* ♦ ... L'acte par lequel le président du conseil décide de retirer certaines pièces du dossier afin de préserver le secret des affaires. • Paris, 13 déc. 2001 : *RTD com. 2002. 289, obs. Claudel .* ♦ Sur les effets de la transmission de pièces en application de l'art. L. 463-5 C. com. sur la prescription, V. note 4 ss. cet art. ♦ Sur les actes d'instruction tendant à établir la matérialité du délit de l'art. L. 420-6 C. com. sur la prescription, V. note 6 ss. cet art. ♦ La démarche volontaire d'une entreprise sur le fondement du IV de l'art. L. 464-2 C. com. (procédure de clémence) est un acte tendant à la recherche, la constatation et la sanction de pratiques anticoncurrentielles au sens de l'art. L. 462-7 du même code. • Cons. conc. n° 06-D-09 du 11 avr. 2006 : *cité note 14 ss. art. L. 464-2.* ♦ En revanche, la désignation d'un ou plusieurs rapporteurs, prévue par l'art. 50 [C. com., art. L. 450-6], n'a pas pour effet d'interrompre la prescription. • Paris, 1er déc. 1995 : *BOCC 28 févr. 1996 ; Contrats Conc. Consom. 1996, n° 26, obs. Vogel,* conf. par • Com. 8 juill. 1997 : *Bull. civ. IV, n° 220 ; D. 1997. IR. 179 ; D. Affaires 1997. 1070.* — Dans le même sens : • Cons. conc. n° 02-D-78 du 27 déc. 2002 : *BOCC 28 févr. 2003.*

4 ter. Saisine des juridictions judiciaires. Les constats d'huissiers, parce qu'ils visaient à constater une faute civile, de même que la saisine du tribunal de commerce puis de la cour d'appel, qui sont intervenus dans le cadre d'une action en dommages et intérêts, pour la défense d'un intérêt particulier, ne sauraient être considérés comme des actes tendant à la recherche, la constatation et la sanction de pratiques anticoncurrentielles, effectués pour la défense d'un ordre public économique et la régulation du marché. • Cons. conc. n° 04-D-46 du 30 sept. 2004 : *BOCC 9 déc. 2004 ; D. 2004. AJ. 2787* ; *Contrats Conc. Consom. 2005, n° 8, obs. Malaurie-Vignal ; RLC 2005, n° 1, p. 91, obs. Sélinsky* • n° 05-D-42 du 19 juill. 2005 : *BOCC 14 mars 2006 ; D. 2005. AJ. 2444, obs. Chevrier* ; *RDLC 2005, n° 4, p. 118, obs. Momège.* ♦ Comp., s'agissant du droit transitoire, jugeant que doit être assimilée aux actes visés à l'art. 27 [C. com., art. L. 462-7] une plainte dénonçant aux juridictions répressives des pratiques de nature à constituer des infractions pénales avant la mise en application des dispositions de l'ord. du 1er déc. 1986 [C. com., art. L. 462-1 s.] et dont a ensuite été saisi le conseil. • Paris, 14 janv. 1993 : *BOCC 13 févr. 1993.* ♦ Comp. aussi, s'agissant de la saisine du procureur de la République en application de l'art. L. 462-6 C. com., V. note 6 ss. art. L. 420-6. ♦ Dès lors que les opérations de visite et de saisie constituent des actes de recherche et de constatation des faits susceptibles de constituer des pratiques anticoncurrentielles, les décisions rendues sur les contestations élevées à l'encontre des décisions qui autorisent ces actes constituent des actes interruptifs de prescription car elles peuvent conduire à l'annulation des actes et retirer ainsi à la poursuite les éléments de preuve sur lesquels elle s'appuie. • Cons. conc. n° 05-D-19 du 12 mai 2005 : *BOCC 28 oct. 2005 ; D. 2005. AJ. 1411, obs. Chevrier* ; *Contrats Conc. Consom. 2005, n° 173, obs. Malaurie-Vignal ; RDLC 2005, n° 3, p. 127, obs. Momège* • Paris, 7 mars 2006 : *Lettre distrib. mars 2006, p. 2. – Contra* • Paris, 4 juill. 2003 : *cité note 7.*

5. Impossibilité d'agir. En ce sens que l'impossibilité d'agir de la requérante dans une procédure en cours ne fait pas partie des cas de suspension de la prescription triennale [désormais quinquennale] prévue à l'art. L. 462-7, V. • Com. 17 juill. 2001 : *Bull. civ. IV, n° 144 ; D. 2001. AJ. 2827, obs. Chevrier* ; *RTD com. 2002. 290, obs. Claudel* ; *Contrats Conc. Consom. 2001, n° 159, note Malaurie-Vignal.* – V. l'arrêt cassé considérant qu'il ne saurait être imposé à la partie saisissante, en l'absence de toute nécessité et dans le seul but d'interrompre la prescription, ni de saisir à nouveau le conseil ou de présenter devant lui des demandes à caractère conservatoire alors que de telles saisines ou demandes n'ont pas été instituées en vue d'interrompre la prescription d'une procédure au fond, ni davantage d'engager une action devant les juridictions civiles ou répressives sur un fondement distinct et sans rapport avec celui autorisant les entreprises à saisir le conseil. • Paris, 9 mars 1999 : *BOCC 20 mars 1999 ; Contrats Conc. Consom. 1999, n° 74, obs. Malaurie-Vignal ; Petites affiches 11 nov. 1999, p. 19, obs. Mathieu.* ♦ V. la même solution appliquée au détriment du ministre de l'économie : le fait que le directeur général de la concurrence, de la consommation et de la répression des fraudes a été mis dans l'impossibilité d'agir pour faire exécuter un acte interruptif dans la procédure en cours devant le Conseil de la concurrence, dans la mesure où il n'a pas été chargé d'une enquête par le conseil dans les conditions prévues par l'art. L. 450-6 C. com., ne suspend pas la prescription, • Com. 26 févr. 2002 : *Bull. civ. IV, n° 42 ; RTD com. 2002. 290, obs. Claudel* ; *JCP E 2003, n° 17-18, p. 760, note Rajot.*

6. Computation du délai. Sur la computation du délai de prescription, V. • Cons. conc. n° 2000-D-52 du 15 janv. 2001 : *BOCC 23 févr. 2001 ; Contrats Conc. Consom. 2001, n° 74, obs. Malaurie-Vignal*, conf. par • Paris, 11 sept. 2001 : *préc. note 2.*

7. Convention EDH. A des sociétés qui considéraient que la prescription était contraire à la Conv. EDH, V. jugeant que celles-ci pouvaient utilement saisir les juridictions de droit commun aux fins d'être indemnisées des conséquences dommageables des pratiques anticoncurrentielles alléguées et voir enjoindre qu'il soit mis fin à ces pratiques notamment à titre conservatoire, le fait que la preuve de telles pratiques soit facilitée par les investigations auxquelles sont susceptibles de procéder les autorités de concurrence ne pouvant suffire à justifier que soit écartés le droit à l'oubli, la protection contre le dépérissement des preuves comme au surplus la nécessité de recouvrer la paix sociale lorsqu'un laps de temps important s'est écoulé sans qu'aucune procédure n'ait été exercée : • Paris, 4 juill. 2003 : *BOCC 29 sept. 2003 ; Contrats Conc. Consom. 2003, n° 184, obs. Malaurie-Vignal ; Lettre distrib. juill.-août 2003, p. 2.*

Art. L. 462-8 *(L. n° 2001-420 du 15 mai 2001)* **Le Conseil de la concurrence peut déclarer, par décision motivée, la saisine irrecevable pour défaut d'intérêt ou de qualité à agir de l'auteur de celle-ci, ou si les faits sont prescrits au sens de l'article**

L. 462-7, ou s'il estime que les faits invoqués n'entrent pas dans le champ de sa compétence.

Il peut aussi rejeter la saisine par décision motivée lorsqu'il estime que les faits invoqués ne sont pas appuyés d'éléments suffisamment probants.

(Ord. n° 2004-1173 du 4 nov. 2004, art. 7) **« Il peut aussi rejeter la saisine dans les mêmes conditions, lorsqu'il est informé qu'une autre autorité nationale de concurrence d'un État membre de la Communauté européenne ou la Commission européenne a traité des mêmes faits relevant des dispositions prévues aux articles 81 et 82 du traité instituant la Communauté européenne.**

« Il peut aussi rejeter la saisine dans les mêmes conditions ou suspendre la procédure, lorsqu'il est informé qu'une autre autorité nationale de concurrence d'un État membre de la Communauté européenne traite des mêmes faits relevant des dispositions prévues aux articles 81 et 82 du traité instituant la Communauté européenne. Lorsque cette information est reçue par le rapporteur au stade de l'instruction, le rapporteur général peut suspendre son déroulement.

« Le Conseil de la concurrence peut aussi décider de clore dans les mêmes conditions une affaire pour laquelle il s'était saisi d'office. »

Il est donné acte, par décision du président du Conseil de la concurrence ou d'un vice-président délégué par lui, des désistements *(Ord. n° 2004-1173 du 4 nov. 2004, art. 7)* **« des parties ou des dessaisissements effectués par la Commission européenne ».** — *V. Décr. n° 2002-689 du 30 avr. 2002, art. 34, infra, ss. art. L. 470-8.*

BIBL. ▸ ARHEL, *JCP E 2004, n° 51, p. 2010* (adaptation du droit national au droit communautaire de la concurrence).

1. Compétence. V. notes ss. art. L. 462-6 et notes ss. art. L. 410-1.

2. Irrecevabilité. Est inopérante, l'allégation selon laquelle la violation du principe de spécialité constitue, en soi, un abus de position dominante ; en effet, fût-elle contraire audit principe, ne suffit pas à caractériser un tel abus, la seule intervention d'EDF, par le biais d'une société dotée de sa propre personnalité morale, sur le marché de la télésurveillance, marché distinct de celui de la production et de la distribution d'électricité sur lequel il bénéficie d'une position dominante. • Paris, 10 févr. 1994 : *Gaz. Pal. 1994. 2. Somm. 740, obs. Blazy.* ♦ Pour un autre exemple, V. • Paris, 3 juin 1993 : *D. 1993. IR. 182.*

3. Éléments probants. Alors que le rejet *de plano* de la saisine, prévu au deuxième alinéa de l'art. L. 462-8, suppose une appréciation des éléments de preuve produits à l'appui de celle-ci, l'existence d'une cause d'irrecevabilité de la saisine exclut tout examen tant des preuves produites que du fond. • Cons. conc. n° 02-D-75 du 17 déc. 2002 : *BOCC 28 févr. 2003 ; Contrats Conc. Consom. 2003, n° 111, obs. Malaurie-Vignal.* ♦ Aucun texte ni principe ne font obligation à la partie saisissante d'apporter au Conseil de la concurrence la preuve des agissements qu'elle dénonce ; il lui appartient seulement d'assortir ses déclarations d'indices crédibles permettant de présumer l'existence de pratiques illicites. • Cons. conc. n° 04-D-48 du 14 oct. 2004 : *BOCC 21 janv. 2005 ; D. 2004. AJ. 2995* .

4. Droits de la défense. V. note ss. l'art. 7 du décret n° 87-849 du 19 oct. 1987, *infra*, ss. art. L. 464-8.

Art. L. 462-9 *(L. n° 2001-420 du 15 mai 2001 ; Ord. n° 2004-1173 du 4 nov. 2004, art. 8)* **I. — Le Conseil de la concurrence peut, pour ce qui relève de ses compétences et après information préalable du ministre chargé de l'économie, communiquer les informations ou les documents qu'il détient ou qu'il recueille, à leur demande, à la Commission des Communautés européennes ou aux autorités des autres États exerçant des compétences analogues, à leur demande, sous réserve de réciprocité, et à condition que l'autorité étrangère compétente soit soumise au secret professionnel avec les mêmes garanties qu'en France.**

Le Conseil de la concurrence peut, dans les mêmes conditions, selon les mêmes procédures et sous les mêmes sanctions que celles prévues pour l'exécution de sa mission, conduire ou demander au ministre chargé de l'économie de conduire des

enquêtes, à la demande d'autorités étrangères exerçant des compétences analogues, sous réserve de réciprocité.

L'obligation de secret professionnel ne fait pas obstacle à la communication par les autorités de concurrence des informations ou documents qu'elles détiennent ou qu'elles recueillent, à leur demande, à la Commission des Communautés européennes et aux autorités des autres États exerçant des compétences analogues et astreintes aux mêmes obligations de secret professionnel.

L'assistance demandée par une autorité étrangère exerçant des compétences analogues pour la conduite d'enquêtes ou la transmission d'informations détenues ou recueillies par le Conseil de la concurrence est refusée par celui-ci lorsque l'exécution de la demande est de nature à porter atteinte à la souveraineté, à la sécurité, aux intérêts économiques essentiels ou à l'ordre public français ou lorsqu'une procédure pénale a déjà été engagée en France sur la base des mêmes faits et contre les mêmes personnes, ou bien lorsque celles-ci ont déjà été sanctionnées par une décision définitive pour les mêmes faits.

Les autorités de concurrence, pour ce qui relève de leurs compétences respectives, peuvent utiliser des informations ou des documents qui leur auront été transmis dans les mêmes conditions par la Commission des Communautés européennes ou les autorités des autres États membres exerçant des compétences analogues.

Le conseil peut, pour la mise en œuvre du présent article, conclure des conventions organisant ses relations avec les autorités des autres États exerçant des compétences analogues. Ces conventions sont approuvées par le conseil dans les conditions prévues à l'article L. 463-7. Elles sont publiées au *Journal officiel*.

(Ord. n° 2004-1173 du 4 nov. 2004, art. 8) **« II. – Dans la mise en œuvre des règles de concurrence prévues aux articles 81 et 82 du traité instituant la Communauté européenne, les autorités de concurrence appliquent les dispositions du règlement n° 1/2003 du Conseil relatif à la mise en œuvre des règles de concurrence prévues aux articles 81 et 82 du traité instituant la Communauté européenne, à l'exclusion des dispositions des cinq premiers alinéas du I du présent article.**

« Pour l'application des dispositions du 4 de l'article 11 de ce règlement, le Conseil de la concurrence transmet à la Commission européenne un résumé de l'affaire ainsi qu'un document exposant l'orientation envisagée, qui peut être la notification de griefs ou le rapport mentionnés à l'article L. 463-2. Il peut mettre ces mêmes documents à la disposition des autres autorités de concurrence des États membres de la Communauté européenne. »

● CHAPITRE III **DE LA PROCÉDURE**

Art. L. 463-1 L'instruction et la procédure devant le Conseil de la concurrence sont pleinement contradictoires *(Ord. n° 2004-1173 du 4 nov. 2004, art. 9-I)* **« sous réserve des dispositions prévues à l'article L. 463-4 ».** – *[Ord. n° 86-1243 du 1er déc. 1986, art. 18]. – V. Décr. n° 2002-689 du 30 avr. 2002, art. 30 s., infra, ss. art. L. 470-8.*

RÉP. COM. v° *Concurrence (règles de procédure)*, par ARHEL.

BIBL. ▸ LUC, *Petites affiches 15 févr. 2002, p. 4* (application du principe d'impartialité aux autorités de concurrence françaises) ; *ibid. 18 févr. 2002, p. 4* (même thème).

1. Instruction des mesures conservatoires. Il appartient au Conseil de la concurrence, qui ne saurait être tenu d'appliquer des dispositions de procédure incompatibles avec l'urgence qui s'attache au prononcé de ces mesures, de prescrire, dans chaque cas, les mesures appropriées pour concilier avec l'urgence le respect du caractère contradictoire prévu à l'art. 18 [C. com., art. L. 463-1], lors de l'instruction des mesures conservatoires prévues à l'art. 12 [C. com., art. L. 464-1]. • CE 30 oct. 1987 : *D. 1987. IR. 229.*

Le principe de la contradiction devant s'apprécier au regard de la procédure d'urgence prévue par l'art. 12 [C. com., art. L. 464-1] de l'ordonnance et l'art. 15 du décret du 29 déc. 1986 et le rapporteur ayant, tant en ce qui concerne les intérêts en cause qu'en ce qui concerne la formulation de l'injonction proposée au Conseil, exposé oralement l'affaire en présence des parties, un arrêt peut décider que celles-ci avaient pu « sans que cela soit contesté » s'exprimer les dernières et débattre contradictoirement des mesures proposées. • Com. 4 févr. 1997 : *D. 1997. IR. 56 ; D. Affaires 1997. 338.* – V. aussi Ricatte, *Gaz. Pal. 1998. 2. Doctr. 845.*

2. Portée de l'obligation de respecter la contradiction. Les seules mentions selon lesquelles le rapport écrit a été signé puis notifié aux parties en vue de provoquer les observations de celles-ci ne mettent pas la cour en mesure d'exercer son contrôle de la régularité de la procédure suivie, eu égard aux exigences impératives de la totale contradiction des débats. • Paris, 25 févr. 1988 : *D. 1988. Somm. 301, obs. Gavalda et Lucas de Leyssac.* ♦ La procédure commençant avec le dépôt de la requête saisissant le Conseil de la concurrence, elle doit dès ce moment prendre un caractère contradictoire ; par conséquent, la lettre du directeur général de la concurrence, exprimant l'avis que la requête pouvait être déclarée irrecevable, aurait dû être communiquée au requérant pour lui permettre de répondre aux arguments développés. • Paris, 10 mars 1988 : *D. 1998. Somm. 301, obs. Gavalda et Lucas de Leyssac ; Gaz. Pal. 1988. 1. 356, note Marchi.*

3. La notification des griefs n'a pas pour objet d'anticiper ou d'épuiser dès l'origine le débat contradictoire ultérieur, ni de retirer à la formation du Conseil appelée à prendre la décision son pouvoir de motiver librement celle-ci, dès lors qu'elle s'en tient au grief notifié et fonde sa décision sur des éléments soumis au contradictoire. • Cons. conc. n° 05-D-64 du 25 nov. 2005 : *BOCC 29 avr. 2006.* ♦ L'absence de communication préalable du dossier ne peut préjudicier aux droits des requérants, dès lors que le dossier soumis au Conseil de la concurrence ne comporte pas d'autres pièces que celles communiquées par les requérants eux-mêmes. • Paris, 28 juin 1994 : *D. 1994. IR. 195.*

4. Les règles de l'enquête définies par l'ord. du 1er déc. 1986 [C. com., art. L. 450-1 s.] ne font pas obligation aux agents qui y procèdent ou au rapporteur du Conseil de la concurrence de confronter les responsables des entreprises avec les auteurs des déclarations qui les mettaient en cause ou de les interroger sur les pièces saisies chez des tiers. • Com. 6 oct. 1992 : *Bull. civ. IV, n° 294* • Paris, 4 juill. 1994 : *D. 1994. IR. 224.* ♦ Et, elles ne font pas obligation aux enquêteurs qui réalisent les investigations d'interroger plusieurs fois les personnes qu'ils ont entendues. • Paris, 26 janv. 1999 : *BOCC 16 févr. 1999 ; Petites affiches 16 nov. 1999, p. 18, obs. Petitier.* ♦ V. aussi note 1 ss. art. L. 463-7.

5. Sur le principe du contradictoire et la présence au délibéré du rapporteur, V. note 2 ss. art. L. 463-7.

6. Procédure. Aucune disposition du code de commerce et du Décr. n° 2002-689 du 30 avr. 2002 n'impose de délais pour la mise en état de procédures de mesures conservatoires qui se caractérisent par l'urgence, mais dont l'instruction doit permettre dans un temps nécessairement restreint de réunir le plus d'éléments possibles. • Cons. conc. n° 02-D-46 du 19 juill. 2002 : *D. 2002. AJ. 2941*. ♦ La procédure d'exécution d'une injonction donnée en mesure conservatoire se rattache à cette procédure d'urgence et répond aux même principes. • Même décision.

7. Loyauté de la preuve. Le Conseil de la concurrence étant chargé de la défense de l'ordre public économique, il n'y a pas lieu, lors de l'examen d'une demande de mesure conservatoire, par application des principes dégagés par le juge pénal, de retirer du dossier les enregistrements des conversations téléphoniques obtenus à l'insu de l'intéressé et leur transcription et versés au débat par l'une des parties. • Cons. conc. n° 98-MC-08 du 8 sept. 1998 : *BOCC 31 déc. 1998 ; Contrats Conc. Consom. 1999, n° 25, obs. Malaurie-Vignal.* ♦ Pour une décision très argumentée concluant à la liberté de la preuve devant le Conseil de la concurrence, V. • Cons. conc. n° 05-D-66 du 5 déc. 2005 : *BOCC 29 avr. 2006 ; D. 2006. Pan. 1385, obs. Claudel ; ibid. AJ. 225, obs. Chevrier ; AJ pénal 2006. 125, obs. Roussel ; RDLC 2006, n° 1, p. 133, obs. Claudel, et p. 187, obs. Momège ; RLC 2006, n° 6, p. 70, obs. Nourissat ; RLDA janv. 2006. 48, obs. Marchand.*

8. Secret des affaires. V. art. L. 463-4.

Art. L. 463-2 **Sans préjudice des mesures prévues à l'article L. 464-1** *(L. n° 2001-420 du 15 mai 2001)* **« le rapporteur général » notifie les griefs aux intéressés ainsi qu'au commissaire du Gouvernement, qui peuvent consulter le dossier** *(Ord. n° 2004-1173 du 4 nov. 2004, art. 9-II)* **« sous réserve des dispositions de l'article L. 463-4 » et présenter leurs observations dans un délai de deux mois.**

Le rapport est ensuite notifié aux parties, au commissaire du Gouvernement et aux ministres intéressés. Il est accompagné des documents sur lesquels se fonde le rapporteur et des observations faites, le cas échéant, par les intéressés. – *V. Décr. n° 2002-689 du 30 avr. 2002, art. 36, 37 et 46, infra, ss. art. L. 470-8.*

Les parties ont un délai de deux mois pour présenter un mémoire en réponse qui peut être consulté dans les quinze jours qui précèdent la séance par les personnes visées à l'alinéa précédent. – *[Ord. n° 86-1243 du 1er déc. 1986, art. 21].*

(L. n° 2001-420 du 15 mai 2001) **« Lorsque des circonstances exceptionnelles le justifient, le président du conseil peut, par une décision non susceptible de recours, accorder un délai supplémentaire d'un mois pour la consultation du dossier et la production des observations des parties. »**

1. Mesures conservatoires. BIBL. Voillemont, *Gaz. Pal. 1988. 1. Doctr. 199.* ♦ V. note 1ss. art. L. 463-3.

2. Notification des griefs. Si l'art. 21 [C. com., art. L. 463-2] fait obligation au conseil [désormais au rapporteur général] de notifier les griefs aux personnes à l'encontre desquelles il envisage de décider des sanctions prévues par l'art. 13 [C. com., art. L. 464-2], il n'est pas tenu d'engager une telle procédure à l'égard de toutes les parties à une entente, dès lors qu'il apprécie que le comportement de certaines d'entre elles ne justifie ni injonction, ni sanctions pécuniaires. • Paris, 25 sept. 1991 : *BOCC 17 oct. 1991.* ♦ Les griefs n'ont pas à être notifiés aux agences locales des sociétés en cause, dès lors que ces agences, dont les dirigeants ne sont pas à même de déterminer librement une stratégie industrielle, financière et commerciale pleinement autonome, ne constituent pas des entreprises au sens de l'ord. de 1986. • Cons. conc. n° 95-D-66 du 17 oct. 1995 : *BOCC 24 janv. 1996 ; Contrats Conc. Consom. 1996, n° 25, obs. Vogel.* – V. aussi note 2 ss. art. L. 464-2. ♦ Sur la violation des droits de la défense résultant d'une notification de griefs adressée à une filiale alors que la sanction a été prise à l'encontre de la société mère, V. • CJCE 2 oct. 2003 : *JCP E 2004, n° 44, p. 1729, obs. Parléani.* ♦ Sur la notification de griefs, V. aussi note ss. art. 36 du Décr. n° 2002-689 du 30 avr. 2002, *infra* ss. art. L. 470-8.

Même si les observations du commissaire du gouvernement donnent aux faits et documents soumis au conseil une interprétation différente de celle proposée par le rapport, il ne peut s'agir de griefs nouveaux au sens de l'art. 21 [C. com., art. L. 463-2]. • Com. 10 mars 1992 : *BOCC 21 mars 1992.* ♦ Dans le même sens, V. • Com. 6 oct. 1992 : *Bull. civ. IV, n° 294.* – V. également • Com. 8 déc. 1992 : *Bull. civ. IV, n° 404 ; D. 1993. IR. 21.* ♦ Mais le Conseil ne saurait, sauf notification de griefs complémentaires à laquelle il lui est loisible de procéder, sanctionner une pratique qui n'a pas été visée dans la notification des griefs, peu important à cet égard qu'elle ait été dénoncée dans le rapport et que les parties s'en soient expliquées devant lui. • Paris, 29 mars 2005 : *BOCC 23 juin 2005 ; D. 2005. AJ. 1223, obs. Chevrier ; RDLC 2005, n° 2, p. 93, obs. Michel-Amsellem.*

Aucune disposition légale n'impose que l'autorité administrative à laquelle la saisine a été communiquée doive à nouveau donner son avis lors de l'examen au fond de l'affaire. • Cons. conc. n° 04-D-44 du 15 sept. 2004 : *BOCC 9 déc. 2004 ; D. 2004. AJ. 2571 ; Lettre distrib. oct. 2004, p. 4.* ♦ Sur la communication de la saisine, V. art. 35 du Décr. n° 2002-689 du 30 avr. 2002, *infra* ss. art. L. 470-8. ♦ L'art. 35 précité n'a pas pour effet de conférer à l'autorité administrative la qualité de partie à la procédure. • Paris, 29 mars 2005 : *préc.*

3. Notification complémentaire. Aucune disposition n'interdit au président d'adresser une notification de griefs complémentaires, même après envoi du rapport, dès lors que les parties ont, conformément à l'art. 21 [C. com., art. L. 463-2], bénéficié d'un délai de deux mois pour consulter le dossier et développer leurs observations, puis d'un délai identique pour présenter un mémoire en réponse au rapport complémentaire. • Paris, 23 mai 1995 : *BOCC 16 juin 1995* • 17 juin 2003 : *BOCC 29 sept. 2003.*

4. Principe d'impartialité. Sur les conséquences de la communication d'un projet de notification des griefs par le rapporteur à un membre du Conseil de la concurrence, V. • Cons. conc. n° 2001-D-22 du 24 mai 2001 : *RTD com. 2002. 291, obs. Claudel.*

5. Date et signature de la notification. Dans la mesure où ni la notification de griefs ni le rapport ne constituent des décisions administratives, et dès lors que le Conseil de la concurrence constitue une autorité administrative indépendante, il faut considérer que la loi du 12 avr. 2000 relative aux droits des citoyens dans leur relation avec l'administration est inapplicable. • Cons. conc. n° 03-D-35 du 24 juill. 2003 : *BOCC 8 oct. 2003* (conf. par • Paris, 30 mars 2004 : *BOCC 15 juin 2004 ; Petites affiches 28 févr. 2005, p. 8, obs. Arhel*). – V. aussi • Paris, 17 juin 2003 : *BOCC 29 sept. 2003.*

6. Observations. La fixation du point de départ du délai de deux mois, donné aux parties par l'art. 21 [C. com., art. L. 463-2] pour produire leurs observations, n'est pas prévue à peine de nullité et, le président du conseil étant saisi de demandes de sociétés tendant au retrait de certaines pièces touchant au secret des affaires, le rapporteur peut différer, pour l'ensemble des parties et dans leur intérêt, le point de départ dudit délai aux fins de préserver leurs droits et le principe de la contradiction. • Paris, 20 déc. 1994 : *BOCC 28 déc. 1994.* ♦ Il appartient à la partie en cause de démontrer en quoi le délai de deux mois pour répondre à la notification des griefs et à la notification du rapport aurait été insuffisant pour lui permettre de réunir les éléments au soutien de sa défense. • Com. 28 janv. 2003 : *Bull. civ. IV, n° 12 ; D. 2003. AJ. 553 ; JCP E 2003, n° 12, p. 492 ; RTD com. 2004. 80, obs. Claudel ; RJDA 2003, n° 652.* ♦ Sur l'inapplicabilité de l'art. 21 [C. com., art. L. 463-2] aux recours en annulation des opérations de visite et de saisies effectuées sur le fondement de l'art. 48 [C. com., art. L. 450-4], V. • Com. 25 juin 1999 : *Contrats Conc. Consom. 1999, n° 144, obs. Malaurie-Vignal.* – V. désormais art. L. 463-2, dern. al.

Le fait, pour une partie, de ne répondre à la notification de griefs, sur un certain point, que dans le cadre de son mémoire en réponse au rapport et non de ses observations à la notification de griefs ne saurait, en tant que tel, violer le principe du contradictoire dès lors que les moyens invoqués dans ce cadre peuvent être discutés lors de la séance, sauf à prouver que ces moyens requièrent une réponse écrite. • Cons. conc. n° 04-D-48 du 14 oct. 2004 : *BOCC 21 janv. 2005 ; D. 2004. AJ. 2995* .

7. Rapport d'enquête. L'art. L. 463-2 ne détermine pas quel doit être le contenu du rapport rédigé après la notification de griefs. • Cons. conc. n° 05-D-19 du 12 mai 2005 : *cité infra, note 4 ter ss. art. L. 462-7.* ♦ Si les allégations touchant à la fiabilité de certaines des affirmations du rapport d'enquête peuvent être opérantes pour contester le bien-fondé des griefs notifiés, elles n'ont, en revanche, pas d'incidence sur la procédure. • Cons. conc. n° 04-D-49 du 28 oct. 2004 : *BOCC 21 janv. 2005.* ♦ La position prise par l'enquêteur ne peut en elle-même constituer un vice de procédure, la réalisation du rapport d'enquête conduisant nécessairement l'enquêteur à exposer ses propres convictions au terme des investigations auxquelles il a procédé. • Même décision. ♦ La circonstance que le rapporteur se soit appuyé, au stade du rapport, sur des pièces figurant au dossier qui, bien que venant conforter les griefs notifiés, n'avaient pas été expressément citées au stade de l'envoi de ces derniers, est sans incidence sur la régularité de la procédure, dès lors que les parties ont disposé du délai légal, à la suite de la notification du rapport, pour y répondre. • Cons. conc. n° 06-D-04 du 13 mars 2006 : *cité note 6 ss. art. L. 420-1.*

Aucune disposition ne prévoyant que la notification du rapport doit être faite au siège social de l'entreprise, dès lors que celle-ci a pu avoir connaissance de ce rapport et a disposé du délai de deux mois prévu par l'art. 21 [C. com., art. L. 463-2], la notification faite à l'adresse des locaux commerciaux de la société est valable. • Com. 27 janv. 1998 : *Bull. civ. IV, n° 42 ; D. Affaires 1998. 836, obs. A. M. ; Petites affiches 24 août 1998, p. 6, obs. Malaurie-Vignal.* ♦ La transmission du rapport d'enquête de la DGCCRF aux parties par le chef du bureau de la procédure n'équivaut pas à la transmission d'une notification de griefs qui devrait être faite par le rapporteur général. • Cons. conc. n° 05-D-37 du 5 juill. 2005 : *cité note 9.*

8. Ministres intéressés. Sur cette notion, V. • Paris, 17 janv. 1990 : *Gaz. Pal. 1990. 1. 205, note Marchi,* conf. par • Com. 5 nov. 1991 : *Bull. civ. IV, n° 333 ; D. 1991. IR. 271* • 6 déc. 1990 : *Gaz. Pal. 1991. 1. 325, concl. Jobard* • 30 mai 1995 : *Bull. civ. IV, n° 160* • 23 juin 2004 : *Bull. civ. IV, n° 132 ; D. 2004. AJ. 2439 ; RLC 2005, n° 2, p. 28, obs. Peyre* • Paris, 22 janv. 2002 : *BOCC 27 mars 2002.*

9. Consultation du dossier. Aucune disposition du code de commerce ou du décret n° 2002-689 du 30 avr. 2002 n'impose l'obligation de préciser aux parties qu'elles disposent de la possibilité de consulter le dossier. • Cons. conc. n° 05-D-37 du 5 juill. 2005 : *BOCC 14 mars 2006 ; D. 2005. AJ. 2379, obs. Chevrier* . ♦ La remise éventuelle par le Conseil de la concurrence d'un CD Rom n'a pas pour objet de remplacer la consultation du dossier et ne constitue qu'une facilité supplémentaire qu'offre le Conseil aux parties. Par suite, la circonstance que certains documents seraient difficilement lisibles sur ce CD Rom est sans incidence sur leur validité. • Cons. conc. n° 05-D-32 du 22 juin 2005 : *BOCC 14 mars 2006 ; RLC 2005, n° 4, p. 27, note Arhel.*

10. Délai supplémentaire. L'octroi d'un délai supplémentaire accordé, postérieurement à la notification de griefs, par le président du Conseil, s'il ressort d'une de ses « compétences administratives », ne peut avoir pour objet ni pour effet « d'orienter les poursuites selon les objectifs qui lui paraissent les plus appropriés » dès lors qu'il est sans influence sur la nature ou le contenu des griefs notifiés par les services d'instruction. Il en résulte que l'octroi d'un délai supplémentaire accordé aux parties pour présenter leurs observations en réponse à la notification des griefs ne saurait caractériser une immixtion du président du Conseil dans les fonctions de poursuite et d'instruction. • Cons. conc. nº 06-D-03 du 9 mars 2006 : *cité note 3 ss. art. L. 123-22.* ♦ Le président du Conseil doit adapter ce délai à la nature des circonstances exceptionnelles propres à chaque entreprise, sous réserve de ne pas excéder un mois. • Même décision. ♦ Les dispositions de l'art. L. 463-2, al. 4, qui prévoient que l'octroi d'un délai supplémentaire par le président dépend de la démonstration par chaque partie de l'existence de circonstances exceptionnelles le justifiant, impliquent nécessairement de traiter les parties de manière individuelle et donc, le cas échéant, de manière différente selon leur situation. • Même décision.

La mise en œuvre de la procédure prévue par le III de l'art. L. 464-2 C. com. (transaction) ne saurait remettre en cause la possibilité pour une entreprise de bénéficier de l'octroi d'un délai supplémentaire pour présenter ses observations en réponse à la notification de griefs, avant qu'elle se soit manifestée pour demander le bénéfice de cette procédure. • Même décision. – V. aussi note 10 ss. art. L. 464-2.

Art. L. 463-3 *(L. nº 2001-420 du 15 mai 2001)* **Le président du Conseil de la concurrence ou un vice-président délégué par lui peut, après la notification des griefs aux parties intéressées, décider que l'affaire sera jugée par le conseil sans établissement préalable d'un rapport. Cette décision est notifiée aux parties.** – *V. Décr. nº 2002-689 du 30 avr. 2002, art. 38 s., infra, ss. art. L. 470-8.*

1. Mesures conservatoires. Si les art. 21 et 22 [C. com., art. L. 463-2 et L. 463-3] prévoient que le président du Conseil de la concurrence peut décider de porter une affaire devant la Commission permanente, sauf pour les parties à demander le renvoi devant une autre formation du Conseil, ces dispositions ne sont pas applicables aux demandes de mesures conservatoires. • CE 30 oct. 1987 : *D. 1987. IR. 229.*

2. Transaction. Ni les dispositions des art. L. 463-3 et L. 464-2, III C. com., ni aucune disposition du titre VI du livre IV du code, n'interdisent au Conseil de la concurrence de mettre en œuvre cumulativement, dans une même affaire, la procédure simplifiée régie par le premier de ces textes et la procédure dite de transaction prévue par le second. • Cass., avis, 11 juill. 2005 : *cité note 2 ss. art. L. 464-5.*

Art. L. 463-4 *(Ord. nº 2004-1173 du 4 nov. 2004, art. 9-III)* **Sauf dans les cas où la communication ou la consultation de ces documents est nécessaire à la procédure ou à l'exercice de leurs droits par la ou les parties mises en cause, le président du Conseil de la concurrence, ou un vice-président délégué par lui, peut refuser la communication ou la consultation de pièces ou de certains éléments contenus dans ces pièces mettant en jeu le secret des affaires. Les pièces considérées sont retirées du dossier ou certaines de leurs mentions sont occultées.**

Dans les cas où la communication ou la consultation de ces documents, bien que mettant en jeu le secret des affaires, est nécessaire à la procédure ou à l'exercice des droits d'une ou plusieurs des parties, ils sont versés en annexe confidentielle au dossier et ne sont communiqués qu'au commissaire du Gouvernement et à la ou aux parties mises en cause pour lesquelles ces pièces ou éléments sont nécessaires à l'exercice de leurs droits.

Un décret en Conseil d'État précise en tant que de besoin les conditions d'application du présent article. – *V. Décr. nº 2002-689 du 30 avr. 2002, art. 36-1, infra, ss. art. L. 470-8.*

BIBL. ► BOUTARD-LABARDE, *Gaz. Pal. 1992. 1. Doctr. 1.* – GENESTE, *D. Affaires 1997. 1271 et 1309.* – DECOCQ, *RJ com. 2004. 499* (ord. nº 2004-1173 du 4 nov. 2004). – NOURISSAT et CHEYNEL, *RLC 2005, nº 1, p. 84* (repenser la protection du secret professionnel dans le cadre des procédures de concurrence). – LEMAIRE, *JCP E 2006, nº 4, p. 191* (protection du secret des affaires devant le Conseil de la concurrence : une évolution bienvenue). – CHEYNEL, *RLC 2006, nº 6, p. 73* (refonte du mécanisme de protection des secrets d'affaires). – MOMÈGE, *RDLC 2006, nº 1, p. 184* (modification de la protection du secret des affaires).

1. Absence de débat contradictoire. La finalité des dispositions de l'art. 23 [C. com., art. L. 463-4] exclut tout débat contradictoire devant le président du Conseil de la concurrence, qui doit statuer en fonction des seules observations de la partie qui l'a saisi. • Com. 14 janv. 1992 : *Bull. civ. IV, n° 16 ; D. 1992. IR. 50.*

2. Sanction. Sur le rejet du moyen de nullité tiré de la violation du secret des affaires, à défaut de preuve que la communication des pièces a affecté la décision prise par le Conseil de la concurrence sur le fond de la saisine, V. • Paris, 27 mai 1992 : *BOCC 16 juin 1992 ; Contrats Conc. Consom. 1992, n° 137, obs. Vogel.*

3. Indépendance de la procédure. Les procédures de jonction, prévue à l'art. 31 du Décr. n° 2002-689 du 30 avr. 2002, et de secret des affaires, organisée par l'art. L. 463-4, mises en œuvre par deux autorités distinctes (le rapporteur générale et le président du Conseil), sont indépendantes l'une de l'autre : la première organise l'instruction, la seconde statue sur le droit de protection de la confidentialité, mis en balance avec les nécessités de la procédure. • Cons. conc. n° 05-D-65 du 30 nov. 2005 : *BOCC 29 avr. 2006.*

4. Initiative de la procédure. Aucune disposition du code de commerce n'autorise un enquêteur à décider, lui-même, de ne pas transmettre des pièces au Conseil au motif qu'elles seraient couvertes par le secret des affaires. • Cons. conc. n° 05-D-66 du 5 déc. 2005 : *cité note 7 ss. art. L. 463-1.* ♦ Jugeant que la demande de secret des affaires doit contenir la référence à l'art. L. 463-4 et préciser les pièces concernées. • Même décision.

Art. L. 463-5 Les juridictions d'instruction et de jugement peuvent communiquer au Conseil de la concurrence, sur sa demande, les procès-verbaux ou rapports d'enquête ayant un lien direct avec des faits dont le conseil est saisi. — *[Ord. n° 86-1243 du 1er déc. 1986, art. 26, al. 1er].*

1. Auteur de la demande. Le pouvoir de demander à un juge d'instruction la communication de pièces appartient, selon les dispositions de l'art. L. 463-5, au conseil ; il ne résulte dès lors pas qu'en prenant une délibération sur le fondement de l'art. L. 463-5, la commission permanente ait excédé ses pouvoirs en empêchant le rapporteur d'exercer en pleine indépendance et sous sa seule responsabilité les pouvoirs propres qu'il tient par ailleurs des art. L. 450-1 et L. 450-6 C. com. • Cons. conc. n° 05-D-69 du 15 déc. 2005 : *D. 2006. AJ. 223, obs. Chevrier ; Contrats Conc. Consom. 2006, n° 50, obs. Malaurie-Vignal ; RLC 2006, n° 6, p. 82, obs. Cheynel.* ♦ La mise en œuvre de la L. n° 2001-420 du 15 mai 2001 et de l'ord. n° 2004-1173 du 4 nov. 2004, qui ont transféré au rapporteur général plusieurs des attributions précédemment dévolues au Conseil, a créé un contexte juridique nouveau qui justifie, à la lumière de ces évolutions, que le rapporteur général puisse valablement exercer, au nom du Conseil, le pouvoir de mettre en œuvre l'art. L. 463-5. • Même décision.

2. Nature de la demande. La demande de communication de pièces ne constitue pas une décision par laquelle les membres du Conseil, siégeant en commission permanente, auraient été conduits à formuler une accusation ou, encore, à préjuger de l'affaire au fond. Par une telle décision, le Conseil se borne à transmettre une demande émanant du rapporteur qui sollicitait, au regard du déroulement de son instruction, des pièces du dossier d'instruction. • Cons. conc. n° 05-D-69 du 15 déc. 2005 : *préc. note 1.* ♦ Il est loisible au Conseil d'entendre le rapporteur avant de décider la mise en œuvre de l'art. L. 463-5. • Même décision.

3. Pièces communiquées. La lettre et la finalité de l'art. L. 463-5 sont de permettre aux juridictions de décider souverainement, notamment, de l'opportunité, de la forme et de la périodicité de la communication des pièces sollicitées. • Cons. conc. n° 05-D-69 du 15 déc. 2005 : *préc. note 1.* ♦ Il n'est pas concevable que des procès-verbaux et rapports d'enquête soient communiqués au Conseil sans les pièces qui les accompagnent et qui sont nécessaires à l'exploitation des documents entrant dans ces deux premières catégories. • Même décision.

L'art. L. 463-5 n'impose aucune forme particulière à la communication et autorise donc tant leur consultation sur place que la transmission de copie. • Cons. conc. n° 05-D-69 du 15 déc. 2005 : *préc. note 1.* ♦ Ni le code de commerce, ni le code de procédure pénale ne prévoient un quelconque formalisme pour la communication des pièces du dossier de l'instruction pénale au Conseil, qui ne constitue pas un acte d'instruction au sens du code de procédure pénale ; une ordonnance de transmission de pièces n'est pas nécessaire pour autoriser cette communication, l'art. 182 C. pr. pén. visant une toute autre hypothèse. • Cons. conc. n° 06-D-07 du 21 mars 2006 : *cité note 6 ss. art. L. 420-6.*

4. Prescription. La délibération ainsi que la lettre de transmission prisent sur le fondement de l'art. L. 463-5 sont des actes tendant à la recherche, la constatation ou la sanction des faits dont est saisi le Conseil. • Cons. conc. n° 05-D-69 du 15 déc. 2005 : *préc. note 1.* ♦ La transmission des pièces est un acte pris par un juge d'instruction en application de l'art. L. 463-5 et à la demande du Conseil ; inutile à la procédure pénale, cet acte ne peut être rattaché qu'à la procédure de concurrence. Impliquant l'exercice, par le juge, d'un choix quant aux pièces transmises au Conseil, cet acte tend à la recherche, à la constatation et à la sanction des faits dont est saisi le Conseil. • Même décision. ♦ Par le procès-verbal de réception des pièces, le rapporteur s'approprie les pièces transmises par le juge d'instruction ainsi que leur contenu, dont il a pu faire état dans la procédure qu'il instruisait et retenir à l'appui des griefs. Il s'agit donc d'un acte interruptif de la prescription au sens de l'art. L. 462-7 C. com. • Même décision.

5. Utilisation des pièces communiquées. L'art. L. 463-5 ne prévoit aucune restriction dans l'utilisation des pièces pénales communiquées au Conseil. Ces pièces peuvent donc fonder les griefs de la même façon que les pièces issues d'une enquête administrative, sans que le rapporteur ait à procéder à des actes d'investigation complémentaires s'il estime les poursuites suffisamment fondées par ces documents et pièces. • Cons. conc. n° 06-D-07 du 21 mars 2006 : *préc. note 3.* ♦ Une fois versées au dossier du Conseil, les pièces d'origine pénale sont opposables aux parties dans les mêmes conditions que les autres pièces rassemblées lors de l'instruction de l'affaire par le rapporteur. • Même décision.

Art. L. 463-6 **Est punie des peines prévues à l'article 226-13 du code pénal, la divulgation par l'une des parties des informations concernant une autre partie ou un tiers et dont elle n'a pu avoir connaissance qu'à la suite des communications ou consultations auxquelles il a été procédé.** — *[Ord. n° 86-1243 du 1er déc. 1986, art. 24].*

Art. L. 463-7 **Les séances du Conseil de la concurrence ne sont pas publiques. Seules les parties et le commissaire du Gouvernement peuvent y assister. Les parties peuvent demander à être entendues par le conseil et se faire représenter ou assister.**

Le Conseil de la concurrence peut entendre toute personne dont l'audition lui paraît susceptible de contribuer à son information.

Le rapporteur général, le ou les rapporteurs généraux adjoints et le commissaire du Gouvernement peuvent présenter des observations.

Le rapporteur général, le ou les rapporteurs généraux adjoints et le rapporteur assistent au délibéré, sans voix délibérative, sauf lorsque le conseil statue sur des pratiques dont il a été saisi en application de l'article L. 462-5. — *[Ord. n° 86-1243 du 1er déc. 1986, art. 25].*

La restriction, prévue au dernier alinéa, relative à la possibilité, pour les rapporteurs, d'assister au délibéré sans voix délibérative « lorsque le Conseil statue sur des pratiques dont il a été saisi en application de l'art. L. 462-5 » n'existait pas avant la codification. Il s'agit, en réalité, de la conséquence de la position adoptée par la Cour de cassation, selon laquelle la participation du rapporteur au délibéré du Conseil de la concurrence, serait-ce sans voix délibérative, comme le prévoyait l'art. 25, al. 4, de l'ordonnance dès lors que celui-ci a procédé aux investigations utiles pour l'instruction des faits dont le conseil est saisi, est contraire au principe de l'égalité des armes prévu par l'art. 6 § 1 de la Conv. EDH ; il en est de même pour la présence à ce délibéré du rapporteur général, l'instruction du rapporteur étant accomplie sous son contrôle. (Com. 5 oct. 1999 : cité note 2, infra).

Si l'intervention du codificateur n'est pas douteuse (V. Rapport au président de la République du 18 sept. 2000, JO 21 sept.), il est toutefois dommage que la virgule, placée après le mot « délibéré » dans l'art. 25, al. 4, ait disparu dans la codification.

V. le règlement intérieur de Conseil de la concurrence : BOCC 17 déc. 2003 ; Contrats Conc. Consom. févr. 2004, p. 3.

BIBL. ▶ POTOCKY, *Gaz. Pal. 1997. 1. Doctr. 268* (secrets d'affaires). – BARTHE, *Contrats Conc. Consom. 2001. Chron. 2* (propos critiques sur la disparition des rapporteurs au délibéré du Conseil de la concurrence au regard des exigences de l'art. 6 § 1 Conv. EDH). – LUC, *Petites affiches 15 févr. et 18 févr. 2002, p. 4* (application du principe d'impartialité aux autorités de concurrence françaises).

1. Auditions de témoins. **BIBL.** D. de Giles, *JCP E 2002, n° 13, p. 557.* ♦ L'audition de témoins est une faculté laissée à l'appréciation du Conseil eu égard au contenu du dossier. • Paris, 25 nov. 2003 : *BOCC 12 mars 2004.* ♦ Le principe du contradictoire et du respect des droits de la défense implique que les parties ou leurs représentants puissent préalablement aux débats avoir connaissance du nom et de la qualité des témoins que le Conseil de la concurrence prévoit de faire entrendre, de même que la faculté pour les parties de demander au Conseil, qui en apprécie l'utilité, l'audition d'autres témoins. • Com. 5 mars 1996 : *Bull. civ. IV, n° 76.*

1 bis. Observations du rapporteur. Aucune disposition de l'ord. du 1er déc. 1986 ni du Décr. du 29 déc. 1986 n'impose que le rapport oral du rapporteur et celui du rapporteur général aient préalablement revêtu une forme écrite et aient été communiqués aux parties. • Com. 26 nov. 2003 : *BOCC 12 mars 2004 ; JCP E 2004, n° 4, p. 105.* ♦ Le fait que le rapporteur n'ait pas repris, dans son intervention orale devant le Conseil, l'opinion exprimée dans son rapport, ne saurait constituer une atteinte aux droits de la défense, dès lors que les parties ont été en mesure de lui répondre. • Paris, 29 juin 2004 : *BOCC 30 sept. 2004* • 21 sept. 2004 : *D. 2004. AJ. 2789*.

2. Présence au délibéré du rapporteur. BIBL. D. Brault, *Dr. et patr. sept. 1999. 79.* ♦ La participation du rapporteur au délibéré du Conseil de la concurrence, serait-ce sans voix délibérative, comme le prévoit l'art. 25, al. 4 [C. com., art. L. 463-7, al. 4], dès lors que celui-ci a procédé aux investigations utiles pour l'instruction des faits dont le Conseil est saisi, est contraire au principe de l'égalité des armes prévu par l'art. 6 § 1 de la Conv. EDH ; il en est de même pour la présence à ce délibéré du rapporteur général, l'instruction du rapporteur étant accomplie sous son contrôle. • Com. 5 oct. 1999 : *Bull. civ. IV, n° 158 ; D. 2000. Somm. 9, obs. Niboyet ; D. 1999. AJ. 44, obs. A. M. ; JCP 2000. II. 10255, note Cadou ; Petites affiches 15 oct. 1999, p. 4, obs. Ducouloux-Favard ; ibid. 23 nov. 1999, p. 10, obs. J. L. ; Contrats Conc. Consom. 1999, n° 177, obs. Malaurie-Vignal ; Gaz. Pal. 1er -2 déc. 1999, p. 9, concl. Lafortune ; RTD com. 2000. 632, obs. Claudel*. – V. aussi Flécheux, *Gaz. Pal. 1er-2 déc. 1999, p. 2.* ♦ Considérant que la présence du rapporteur et du rapporteur général au délibéré du Conseil, leur permettant d'exprimer sur l'affaire, en l'absence des parties, des positions sur lesquelles celles-ci n'ont pas été en mesure de répondre, est une situation tout à la fois contraire à l'art. 6 § 1 de la Conv. EDH, aux garanties de la défense et à l'art. 18 de l'ordonnance [C. com., art. L. 463-1] et qu'en conséquence la décision du Conseil, prise dans ces conditions irrégulières, doit être annulée, V. • Paris, 15 juin 1999 : *D. 2000. Somm. 202, obs. Hassler et Lapp ; D. Affaires 1999. 1319, obs. A. M. ; Gaz. Pal. 31 déc. 1999-1er janv. 2000, p. 5 concl. Woirhaye ; JCP E 1999, n° 49, p. 1966, note Fourgoux ; Contrats Conc. Consom. 1999, n° 145, obs. Malaurie-Vignal,* conf. par • Com. 30 mai 2000 : *Bull. civ. IV, n° 112 ; D. 2000. AJ. 366* (V. décision annulée : • Cons. conc. n° 98-D-70 du 24 nov. 1998 : *BOCC 21 janv. 1999).* ♦ V. aussi, • Paris, 29 juin 1999 : *BOCC 25 août 1999.* ♦ Le principe d'impartialité ne fait pas obstacle à ce qu'un même agent procède à l'instruction des faits dont le Conseil est saisi et présente un rapport oral devant la formation du Conseil amenée à statuer sur les griefs éventuellement notifiés à la suite de cette instruction, dès lors qu'il n'assiste ni ne participe au délibéré du Conseil. • Com. 9 juin 2004 : *Bull. civ. IV, n° 117 ; JCP E 2004, n° 32-35, p. 1273 ; Gaz. Pal. 2004. 2546, avis Lafortune ; RJDA 2004, n° 1393.*

Auparavant, il était considéré que la présence au délibéré du Conseil de la concurrence sans voix délibérative du rapporteur général et du rapporteur, prévue par l'art. 25, al. 4 [C. com., art. L. 463-7, al. 4], à la supposer contraire aux exigences de l'art. 6 Conv. EDH, ne saurait entacher de nullité la décision prononcée alors qu'est ouvert à son encontre un recours de pleine juridiction devant la cour de ce siège soumise aux protections édictées par la Convention, spécialement en ce qui concerne les principes de l'égalité des armes et de la participation à son délibéré des seuls magistrats du siège la composant. • Paris, 26 avr. 1994 : *Contrats Conc. Consom. 1994, n° 99, obs. Vogel ; Gaz. Pal. 1994. 2. 648, obs. Jobard.* ♦ Rappr., énonçant qu'un membre de la Commission des opérations de bourse, nommé rapporteur, qui a été chargé de procéder à une instruction sur les faits avec le concours des services administratifs et à toutes investigations utiles, ne peut participer au délibéré (nullité de la décision pour méconnaissance de l'art. 6 Conv. EDH). • Cass., Ass. plén., 5 févr. 1999 : *Bull. civ. n° 1 ; BICC 15 avr. 1999, p. 3, concl. Lafortune et rapp. Metivet ; D. 1999. 249. Somm. Bon Garcin ; D. Affaires 1999. 410, obs. M. B. ; Petites affiches 10 févr. 1999, p. 3, note P. M., et p. 14, note Ducouloux-Favard ; Gaz. Pal. 1999. 1. 60, concl. Lafortune, note Degueldre, Gramblat et Herbière ; JCP 1999. II. 10060, note Matsopoulou ; Banque et Droit mars-avr. 1999. 3, obs. de Vauplane ; JCP E 1999, n° 22, p. 957, note Garaud ; RTD com. 1999. 467, obs. Rontchevsky ; RD bancaire et bourse 1999. 33, obs. Germain et Frison-Roche.* – V. aussi, Frison-Roche, *Petites affiches préc. p. 17 ;* Couret, *RJDA 1999, p. 203 ;* Rontchevsky, *Bull. Joly Bourse 1999. 129 ;* Fricero, *Dr. et patr. sept. 1999. 73 ;* Salomon, *RD banc. fin. janv.-févr. 2001, p. 40.* ♦ V. aussi, jugeant que le Conseil de la concurrence s'étant prononcé sur le caractère prohibé d'une partie des faits qui lui étaient dénoncés dans la procédure de mesures conservatoires, il ne peut, dans une formation comportant des membres ayant statué dans cette procédure, statuer à nouveau au fond, sans manquer objectivement au principe d'impartialité. • Com. 9 oct. 2001 : *Bull. civ. IV, n° 160 ;*

D. 2001. AJ. 3530, obs. Chevrier ; *Contrats Conc. Consom. 2001, n° 174, note Malaurie-Vignal ; JCP E 2001, n° 47, p. 1840 ; RJDA 2002, n° 206.* ♦ V. toutefois note 2 ss. art. L. 461-3. ♦ Dès lors que le Conseil n'a fondé sa décision que sur les éléments du rapport discutés contradictoirement, il n'est pas justifié que les principes du contradictoire et de l'égalité des armes ont été méconnus au regard dudit art. 6. • Com. 27 janv. 1998 : *Bull. civ. IV, n° 42 ; D. Affaires 1998. 836, obs. A. M. ; Petites affiches 24 août 1998, p. 6, obs. Malaurie-Vignal.* ♦ V. aussi, refusant que puisse être sollicité l'avis de la Cour de cassation, en application de l'art. L. 151-1 COJ, sur cette question, • Cons. conc. n° 94-D-60 du 13 déc. 1994 : *BOCC 18 févr. 1995.*

Sur le refus de faire de la présence du rapporteur au délibéré du conseil un moyen devant être soulevé d'office, V. note 5 ss. art. 2 du Décr. n° 87-849 du 19 oct. 1987, ss. art. L. 464-8.

3. Publicité des débats. Si l'art. 25, al. 1er [C. com., art. L. 463-7, al. 1er], dispose que les séances du Conseil ne sont pas publiques, il précise toutefois, pour sauvegarder les droits de la défense, que les parties peuvent y assister, demander à y être entendues et se faire représenter, le Conseil ayant en outre la possibilité d'entendre toute personne susceptible de contribuer à son information. Le fait que le prononcé de la décision ne soit pas public ne saurait faire grief aux parties intéressées, dès lors qu'elles peuvent se pourvoir contre la décision devant une juridiction, ce qui rend inopérant le grief de l'absence de publicité des débats ou de double degré de juridiction. • Com. 5 oct. 1999 : *préc. note 2* • Paris, 12 déc. 2000 : *RTD com. 2001. 420, obs. Claudel* . ♦ Le fait que les débats devant le Conseil de la concurrence ainsi que le prononcé de la décision de celui-ci, ne soient pas public ne saurait faire grief aux parties intéressées dès lors que les décisions prises par le Conseil subissent *a posteriori* le contrôle effectif d'un organe judiciaire offrant toutes les garanties d'un tribunal au sens de la Conv. EDH. • Com. 28 janv. 2003 : *BOCC 31 mars 2003 ; D. 2003. AJ. 553, obs. Chevrier* ; *Petites affiches 14 févr. 2003, p. 8, concl. Lafortune ; RTD com. 2003. 493, obs. Claudel* ; *JCP E 2003, n° 12, p. 492 ; Contrats Conc. Consom. 2003, n° 57, obs. Malaurie-Vignal ; RJDA 2003, n° 652* • 28 juin 2005 : *Bull. civ. IV, n° 137 ; RJDA 2006, n° 201.*

Art. L. 463-8 *(L. n° 2001-420 du 15 mai 2001)* **Le rapporteur général peut décider de faire appel à des experts en cas de demande formulée à tout moment de l'instruction par le rapporteur ou une partie. Cette décision n'est susceptible d'aucun recours.**

La mission et le délai imparti à l'expert sont précisés dans la décision qui le désigne. Le déroulement des opérations d'expertise se fait de façon contradictoire.

Le financement de l'expertise est à la charge de la partie qui la demande ou à celle du conseil dans le cas où elle est ordonnée à la demande du rapporteur. Toutefois, le conseil peut, dans sa décision sur le fond, faire peser la charge définitive sur la ou les parties sanctionnées dans des proportions qu'il détermine. — *V. Décr. n° 2002-689 du 30 avr. 2002, art. 41, infra, ss. art. L. 470-8.*

BIBL. ▶ NUSSENBAUM, *Petites affiches 20 janv. 2005, p. 37* (difficultés de l'expertise en matière de pratiques anticoncurrentielles).

1. Mission de l'expert. La décision prise par le rapporteur général de faire appel à un expert n'a pas pour effet de priver le rapporteur, désigné pour l'examen de l'affaire, sur la base des dispositions de l'art. L. 450-6 C. com., des pouvoirs d'instruction et d'enquête qui lui sont conférés par l'art. L. 450-1 du même code ; la possibilité de se faire décrire par l'expert l'état d'avancement de sa mission et les difficultés rencontrées entre certainement dans ces pouvoirs. • Cons. conc. n° 04-D-79 du 23 déc. 2004 : *BOCC 31 mars 2005 ; Lettre distrib. janv. 2005, p. 4* (conf par • Paris, 28 juin 2005 : *BOCC 28 oct. 2005 ; RLC 2005, n° 5, p. 73, obs. Cheynel*).

2. Contradiction. Le caractère contradictoire du déroulement des opérations d'expertise prévu à l'art. L. 463-8 n'impose pas que les parties soient présentes lors de toutes les réunions tenues par l'expert avec l'une ou l'autre des parties, ou avec le rapporteur, mais qu'elles en soient informées et aient été mises en mesure de donner leur position. • Cons. conc. n° 04-D-79 du 23 déc. 2004 : *préc. note 1.*

CHAPITRE IV DES DÉCISIONS ET DES VOIES DE RECOURS

Art. L. 464-1 *(L. nº 2001-420 du 15 mai 2001)* « **Le Conseil de la concurrence peut, à la demande du ministre chargé de l'économie, des personnes mentionnées au dernier alinéa de l'article L. 462-1 ou des entreprises et après avoir entendu les parties en cause et le commissaire du Gouvernement, prendre les mesures conservatoires qui lui sont demandées ou celles qui lui apparaissent nécessaires.** » – *V. Décr. nº 2002-689 du 30 avr. 2002, art. 34, 39, 42 et 46, infra, ss. art. L. 470-8 ; L. nº 87-499 du 6 juill. 1987, art. 3 et 4, infra, ss. art. L. 464-8.*

Ces mesures ne peuvent intervenir que si la pratique dénoncée porte une atteinte grave et immédiate à l'économie générale, à celle du secteur intéressé, à l'intérêt des consommateurs ou à l'entreprise plaignante.

Elles peuvent comporter la suspension de la pratique concernée ainsi qu'une injonction aux parties de revenir à l'état antérieur. Elles doivent rester strictement limitées à ce qui est nécessaire pour faire face à l'urgence.

Les mesures conservatoires sont publiées au *Bulletin officiel de la concurrence, de la consommation et de la répression des fraudes*. – *[Ord. nº 86-1243 du 1er déc. 1986, art. 12, al. 1er à 3 et 6].*

BIBL. ▶ KRIMMER, *JCP E 1991. I. 82.* – GUILLOTIN, *RJ com. 1993. 272.* – IDOT, *RTD eur. 1993. 581.* – ARHEL, *D. Affaires 1998. 1722* (synthèse de jurisprudence). – RAPP, *AJDA 2001. 560* (NRE). – ARHEL, *Petites affiches 22 janv. 2002, p. 18* (activité de la Cour d'appel de Paris dans le domaine des pratiques anticoncurrentielles). – FRÉGET et HERRENSCHMIDT, *Bull act. Lamy droit économique juill. 2005, p. 1, et sept. 2005, p. 1* (la procédure conservatoire en question ?). – SÉLINSKY, *RLC 2006, nº 7, p. 16* (prévention des atteintes à la concurrence pouvant prendre appui sur des droits de propriété intellectuelle).

1. Champ d'application. L'art. 12 [C. com., art. L. 464-1] concerne toutes les pratiques anticoncurrentielles susceptibles d'être visées par les art. 7 et 8 [C. com., art. L. 420-1 et L. 420-2], que celles-ci résultent ou non de conventions antérieurement conclues, dès lors que les autres conditions posées par ledit art. 12 [C. com., art. L. 464-1] sont réunies. • Cons. conc. nº 95-D-82 du 12 déc. 1995 : *BOCC 16 mars 1996.*

2. Justification des mesures conservatoires. Des mesures conservatoires peuvent être décidées, sur le fondement de l'art. L. 464-1 du code de commerce, dès lors que les faits dénoncés, et visés par l'instruction dans la procédure au fond, apparaissent susceptibles, en l'état des éléments produits aux débats, de constituer une pratique anticoncurrentielle, pratique à l'origine directe et certaine de l'atteinte relevée. • Com. 8 nov. 2005 : *cité note 1 ss. art. L. 464-7.* – Sur cet arrêt, V. aussi Herrenschmidt, *Bull. act. Lamy droit économique déc. 2005, p. 1.* – Comp. : • Paris, 31 janv. 2006 : *RLC 2006, nº 7, p. 16, obs. Sélinsky ; ibid., p. 49, obs. Barbier de la Serre.* ♦ Le Conseil de la concurrence, pour décider de mesures conservatoires dans les limites de ce qui est justifié par l'urgence, n'est pas tenu de constater au préalable l'existence de pratiques manifestement illicites dès lors que les faits dénoncés et visés par l'instruction dans la procédure au fond, sont suffisamment caractérisés pour être tenus comme la cause directe et certaine de l'atteinte relevée. • Com. 18 avr. 2000 : *Bull. civ. IV, nº 75 ; D. 2000. AJ. 289, obs. Marmontel ; RTD com. 2000. 636, obs. Claudel.* – Comp. • Cons. conc. nº 04-MC-02 du 9 déc. 2004 : *RDLC 2005, nº 1, p. 106, obs. Amsellem.* ♦ En sens contraire, V. • Com. 7 avr. 1992 : *Bull. civ. IV, nº 153* • Paris, 29 juin 2004 : *BOCC 8 nov. 2004* (cassé par • Com. 8 nov. 2005 : *préc.*). ♦ De la même façon, mais *a contrario*, une pratique anticoncurrentielle particulièrement grave n'engendre pas, comme telle, une atteinte aussi grave aux intérêts de la victime, justifiant en elle-même l'octroi de mesures conservatoires. • Paris, 21 sept. 2004 : *BOCC 31 mars 2005 ; D. 2004. AJ. 2712.* ♦ Considérant qu'un manque à gagner, à le supposer démontré, est insuffisant à lui seul pour caractériser l'atteinte grave et immédiate justifiant le prononcé de mesure d'urgence, V. • Cons. conc. nº 01-MC-04 du 24 sept. 2001 : *BOCC 30 oct. 2001.* ♦ L'insertion dans les contrats passés par une entreprise en position dominante d'une clause d'exclusivité d'une durée d'un an, assortie d'une clause de tacite reconduction peut justifier l'octroi de mesures conservatoires dès lors que cette pratique risque de faire obstacle à l'ouverture du marché à de nouveaux entrants. • Com. 12 févr. 2002 : *Contrats Conc. Consom. 2002, nº 109, obs. Malaurie-Vignal ; Cah. dr. entr. 2002, nº 5, p. 36, obs. Mainguy.* ♦ Comp. : • Paris, 1er sept. 2000 : *Contrats Conc. Consom. 2000, n° 177, obs. Malaurie-Vignal.*

Sur le refus par le Conseil d'ordonner une mesure d'instruction découlant d'une décision d'irrecevabilité, V. considérant qu'un tel refus n'est pas contraire à l'art. 6 Conv. EDH : • Paris, 2 juill. 1999 : *Contrats Conc. Consom. 2000, n° 27, obs. Malaurie-Vignal.*

2 bis. Proportionnalité. C'est dans l'exercice de son pouvoir souverain que la cour d'appel a pu estimer que la mesure conservatoire sollicitée n'était pas proportionnée à la nature des atteintes dénoncées. • Com. 8 nov. 2005 : *préc. note 2.*

3. Autonomie procédurale. Jugeant que la pertinence des mesures conservatoires doit être appréciée, par l'autorité nationale de concurrence qui applique les art. 81 ou 82 CE, par rapport au droit interne, V. • Com. 14 déc. 2004 : *cité note 3 ss. art. L. 470-6* (qui casse : • Paris, 26 juin 2002 : *BOCC 11 juill. 2003 ; Europe 2003, n° 283, obs. Idot*).

4. Liste non exhaustive. L'énumération des mesures conservatoires figurant à l'art. L. 464-1 n'est pas limitative et n'interdit en rien au Conseil de la concurrence de prendre des décisions de nature à prévenir ou redresser les situations économiques dites « déviantes », V. • Paris, 21 mai 2002 : *BOCC 22 août 2002 ; D. 2002. AJ. 2803, obs. Chevrier ; RJDA 2002, n° 1326.* ♦ Le Conseil de la concurrence n'est pas lié par la demande de mesures conservatoires telle que formulée par les parties. • Même arrêt. ♦ ... Et il ne peut être fait grief aux parties saisissantes de n'en avoir défini ni la nature ni l'objet. • Cons. conc. n° 03-MC-03 du 1er déc. 2003 : *BOCC 13 févr. 2004.* ♦ Le moyen mis en œuvre selon lequel le Conseil de la concurrence ne peut prononcer de mesures conservatoires différentes de celles demandées par le saisissant, par le commissaire du Gouvernement et, le cas échéant, par une ou plusieurs autorités saisies par lui pour avis ou par son rapporteur en séance, doit être écarté. • Cons. conc. n° 04-MC-01 du 15 avr. 2004 : *BOCC 6 sept. 2004 ; D. 2004. AJ. 1310.*

5. Exemples de mesures conservatoires. Considérant que ces mesures doivent être strictement limitées, tant dans leur objet que dans leur durée, à ce qui est nécessaire pour corriger une atteinte manifeste et intolérable à l'exercice de la libre concurrence. • Com. 7 avr. 1992 : *préc. note 2.* – V. aussi : • Paris, 15 nov. 1989 : *D. 1991. 70, note Lucas de Leyssac* • 6 août 1990 : *ibid. Somm. 248, obs. Gavalda et Lucas de Leyssac ; Gaz. Pal. 1991. 1. 92, note Fourgoux* • 16 janv. 1991 : *D. 1991. IR. 80* • 23 oct. 1991 : *Gaz. Pal. 1992. 1. 62, concl. Jobard et note Marchi* (entreprises de presse) • 19 mai 1998 : *BICC 1998, n° 1331.* ♦ Sur l'effet utile des mesures conservatoires sollicitées, V. • Paris, 9 févr. 1999 : *BOCC 26 févr. 1999,* confirmant • Cons. conc. n° 98-MC-12 du 17 nov. 1998 : *BOCC 16 févr. 1999.* ♦ En enjoignant à une société d'en revenir, pour l'exécution de commandes en cours, à l'état antérieur au refus de vente, sans préjuger de la décision qu'il sera amené à prononcer au fond après instruction, le Conseil de la concurrence ordonne une mesure limitée à ce qui est nécessaire pour faire face à l'urgence, et la société requérante n'est pas fondée à demander l'annulation des mesures conservatoires prononcées à son encontre par la Commission permanente. • CE 30 oct. 1987 : *D. 1987. IR. 229.*

Sur l'injonction adressée à la Ligue nationale de football de suspendre l'application d'un article du règlement des championnats de France de football professionnel (fourniture exclusive par une société des équipements des joueurs), V. • Com. 2 déc. 1997 : *Bull. civ. IV, n° 316 ; D. 1998. IR. 19 ; Contrats Conc. Consom. 1998, n° 24, obs. Vogel.* (V. l'arrêt d'appel • Paris, 23 août 1995 : *JCP E 1995. Pan. 969,* confirmant • Cons. conc. n° 95-MC-10 du 12 juill. 1995 : *BOCC 8 sept. 1995*). – Rappr. : • Paris, 4 sept. 1996 : *BICC 1996, n° 1342.* ♦ Cette disposition a été annulée par • CE 19 nov. 1997 : *BRDA 1997, n° 23, p. 12.* ♦ V. aussi note 9 ss. art. L. 410-1.

Le Conseil de la concurrence n'excède pas ses pouvoirs en enjoignant à une entreprise de cesser de vendre à un prix unitaire inférieur à son coût moyen variable de production (prix prédateur) tel qu'il résulte de la comptabilité analytique établie mensuellement. • Paris, 3 nov. 1994 : *cité note 32 ss. art. L. 420-1,* conf. par • Com. 4 févr. 1997 : *ibid.* ♦ Enjoignant à France Télécom de faire une offre technique et commerciale permettant à ses concurrents d'accéder à de nouveaux réseaux locaux de télécommunications « virtuels » qui permettent de fournir à leurs abonnés leurs propres services d'accès à internet, V. • Cons. conc. n° 2000-MC-01 du 18 févr. 2000 : *BOCC 21 avr. 2000 ; Contrats Conc. Consom. 2000, n° 80, obs. Malaurie-Vignal.* ♦ Obligeant le titulaire d'une marque à maintenir, contre son gré, son contrat de licence de marque, V. • Cons. conc. n° 03-MC-02 du 5 mars 2003 : *BOCC 16 juin ; Comm. com. élec. 2003, n° 94, obs. Caron ; RTD com. 2004. 458, obs. Claudel.*

6. Procédure. Une société n'est pas fondée à invoquer la méconnaissance des dispositions de l'art. 22 du décret du 29 déc. 1986, qui prévoient un délai de convocation aux séances du conseil de trois semaines, ce délai étant incompatible avec l'urgence qui s'attache aux mesures prises dans le cadre de l'art. 12 de l'ordonnance [C. com., art. L. 464-1]. • CE 30 oct. 1987 : *préc. note 5.* ♦ Aucune disposition du code de commerce et du Décr. n° 2002-689 du 30 avr. 2002 n'impose de délais pour la mise en état de procédures de mesures conservatoires qui se caractérisent par l'urgence, mais dont l'instruction doit permettre, dans un temps nécessairement restreint, de réunir le plus d'éléments possibles. • Cons. conc. n° 02-D-46 du 19 juill. 2002 : *D. 2002. AJ. 2941* . ♦ La procédure d'exécution d'une injonction donnée en mesure conservatoire se rattache à cette procédure d'urgence et répond aux mêmes principes. • Même décision.

Sur la recevabilité d'une demande de mesures conservatoires émanant du ministre de l'économie, V. • Paris, 3 nov. 1994 : *cité note 32 ss. art. L. 420-1.* ♦ Sur la compétence de la Commission permanente, V. notes ss. art. L. 461-3 et note 1 ss. art. L. 463-3. ♦ Sur le caractère contradictoire, V. note 1 ss. art. L. 463-1.

7. Référé. La procédure particulière prévue par l'art. 12 [C. com., art. L. 464-1] ci-dessus ne fait pas obstacle aux pouvoirs généraux que le juge des référés tient des art. 808 et 809, 872 et 873 NCPC. • Paris, 27 juin 1990 : *D. 1991. Somm. 251, obs. Gavalda et Lucas de Leyssac* . ♦ Le juge des référés est compétent, conformément aux dispositions de l'art. 12 [C. com., art. L. 464-1], pour statuer sur une demande tendant à ce que soient prises des mesures conservatoires afin de faire cesser des agissements restrictifs de concurrence. • Com. 1er mars 1994 : *JCP 1994, n° 12, Actualités.*

8. Publication. L'art. 12, dernier al. [C. com., art. L. 464-1, dernier al.], prévoyant que les mesures conservatoires sont publiées au *BOCC*, il ne saurait être fait droit à une demande tendant à ce qu'une telle décision fasse l'objet d'une insertion dans une publication professionnelle. • Cons. conc. n° 92-MC-08 du 14 avr. 1992 : *RJDA 1992, n° 602.* ♦ Comp. : note 12 ss. art. L. 464-2.

Art. L. 464-2 *(L. n° 2001-420 du 15 mai 2001)* **I. — Le Conseil de la concurrence peut ordonner aux intéressés de mettre fin aux pratiques anticoncurrentielles dans un délai déterminé ou imposer des conditions particulières.** *(Ord. n° 2004-1173 du 4 nov. 2004, art. 10)* **« Il peut aussi accepter des engagements proposés par les entreprises ou organismes et de nature à mettre un terme aux pratiques anticoncurrentielles** *[.]* **»** — *V. Décr. n° 2002-689 du 30 avr. 2002, art. 42-1, infra, ss. art. L. 470-8.*

Il peut infliger une sanction pécuniaire applicable soit immédiatement, soit en cas d'inexécution des injonctions *(Ord. n° 2004-1173 du 4 nov. 2004, art. 10)* **« soit en cas de non-respect des engagements qu'il a acceptés ».**

Les sanctions pécuniaires sont proportionnées à la gravité des faits reprochés, à l'importance du dommage causé à l'économie, à la situation de l'organisme ou de l'entreprise sanctionné ou du groupe auquel l'entreprise appartient et à l'éventuelle réitération de pratiques prohibées par le présent titre. Elles sont déterminées individuellement pour chaque entreprise ou organisme sanctionné et de façon motivée pour chaque sanction.

Si le contrevenant n'est pas une entreprise, le montant maximum de la sanction est de 3 millions d'euros. Le montant maximum de la sanction est, pour une entreprise, de 10 % du montant du chiffre d'affaires mondial hors taxes le plus élevé réalisé au cours d'un des exercices clos depuis l'exercice précédant celui au cours duquel les pratiques ont été mises en œuvre. Si les comptes de l'entreprise concernée ont été consolidés ou combinés en vertu des textes applicables à sa forme sociale, le chiffre d'affaires pris en compte est celui figurant dans les comptes consolidés ou combinés de l'entreprise consolidante ou combinante. — *Sur la communication du chiffre d'affaires aux fins de sanction, V. Décr. n° 2002-689 du 30 avr. 2002, art. 37, infra, ss. art. L. 470-8.*

Le Conseil de la concurrence peut ordonner la publication, la diffusion ou l'affichage de sa décision ou d'un extrait de celle-ci selon les modalités qu'il précise. Il peut également ordonner l'insertion de la décision ou de l'extrait de celle-ci dans le rapport établi sur les opérations de l'exercice par les gérants, le conseil d'administration ou le directoire de l'entreprise. Les frais sont supportés par la personne intéressée. — *V. note, infra.*

(Ord. n° 2004-1173 du 4 nov. 2004, art. 10) **« II. — Le Conseil de la concurrence peut infliger aux intéressés des astreintes dans la limite de 5 % du chiffre d'affaires**

journalier moyen, par jour de retard à compter de la date qu'il fixe, pour les contraindre :

« *a)* A exécuter une décision les ayant obligés à mettre fin aux pratiques anticoncurrentielles, à exécuter une décision ayant imposé des conditions particulières ou à respecter une décision ayant rendu un engagement obligatoire en vertu du I ;

« *b)* A respecter les mesures prononcées en application de l'article L. 464-1.

« Le chiffre d'affaires pris en compte est calculé sur la base des comptes de l'entreprise relatifs au dernier exercice clos à la date de la décision. L'astreinte est liquidée par le Conseil de la concurrence qui en fixe le montant définitif. » – *V. Décr. n° 2002-689 du 30 avr. 2002, art. 42-2, infra, ss. art. L. 470-8.*

(*Ord. n° 2004-1173 du 4 nov. 2004, art. 10*) **« III. – » Lorsqu'un organisme ou une entreprise ne conteste pas la réalité des griefs qui lui sont notifiés et s'engage à modifier ses comportements pour l'avenir, le rapporteur général peut proposer au Conseil de la concurrence, qui entend les parties et le commissaire du Gouvernement sans établissement préalable d'un rapport, de prononcer la sanction pécuniaire prévue au I en tenant compte de l'absence de contestation. Dans ce cas, le montant maximum de la sanction encourue est réduit de moitié.** – *V. Décr. n° 2002-689 du 30 avr. 2002, art. 43, infra, ss. art. L. 470-8.*

(*Ord. n° 2004-1173 du 4 nov. 2004, art. 10*) **« IV. – » Une exonération totale ou partielle des sanctions pécuniaires peut être accordée à une entreprise ou à un organisme qui a, avec d'autres, mis en œuvre une pratique prohibée par les dispositions de l'article L. 420-1 s'il a contribué à établir la réalité de la pratique prohibée et à identifier ses auteurs, en apportant des éléments d'information dont le conseil ou l'administration ne disposaient pas antérieurement. A la suite de la démarche de l'entreprise ou de l'organisme, le Conseil de la concurrence, à la demande du rapporteur général ou du ministre chargé de l'économie, adopte à cette fin un avis de clémence, qui précise les conditions auxquelles est subordonnée l'exonération envisagée, après que le commissaire du Gouvernement et l'entreprise ou l'organisme concerné ont présenté leurs observations ; cet avis est transmis à l'entreprise ou à l'organisme et au ministre, et n'est pas publié. Lors de la décision prise en application du I du présent article, le conseil peut, si les conditions précisées dans l'avis de clémence ont été respectées, accorder une exonération de sanctions pécuniaires proportionnée à la contribution apportée à l'établissement de l'infraction.** – *V. Décr. n° 2002-689 du 30 avr. 2002, art. 44, infra, ss. art. L. 470-8.*

Les dispositions de l'art. L. 464-2 (I) ne s'appliquent pas aux affaires pour lesquelles une saisine du Conseil de la concurrence a été effectuée avant la date d'entrée en vigueur de la L. n° 2001-420 du 15 mai 2001 (L. préc., art. 94, publiée au JO du 16 mai).

Ancien art. L. 464-2, al. 3 à 5 ***Les sanctions pécuniaires sont proportionnées à la gravité des faits reprochés, à l'importance du dommage causé à l'économie et à la situation de l'entreprise ou de l'organisme sanctionné. Elles sont déterminées individuellement pour chaque entreprise ou organisme sanctionné et de façon motivée pour chaque sanction.***

Le montant maximum de la sanction est, pour une entreprise, de 5 % du montant du chiffre d'affaires hors taxes réalisé en France au cours du dernier exercice clos. Si le contrevenant n'est pas une entreprise, le maximum est de 10 000 000 F.

Le Conseil de la concurrence peut ordonner la publication de sa décision dans les journaux ou publications qu'il désigne, l'affichage dans les lieux qu'il indique et l'insertion de sa décision dans le rapport établi sur les opérations de l'exercice par les gérants, le conseil d'administration ou le directoire de l'entreprise. Les frais sont supportés par la personne intéressée. – [Ord. n° 86-1243 du 1er déc. 1986, art. 13].

RÉP. COM. v° *Pratiques anticoncurrentielles (Injonctions et sanctions)*, par ARHEL.

BIBL. ▸ JEANTET, *JCP 1988. I. 3348.* – LOSAPPIO, *Petites affiches 8 déc. 1995, p. 10* (déductibilité fiscale des sanctions pécuniaires). – GOUYET, *D. 2001. 1522* (même thème). – RIFFAULT-TRECA, *RSC 1996. 262* (répression administrative). – BOUTARD-LABARDE, *Petites affiches 30 sept. 1998, p. 44* (principe de proportionnalité et fixation des amendes). – FASQUELLE, *RTD com. 1998. 763* (réparation des dommages causés par les pratiques anti-concurrentielles). – POÉSY, *Petites affiches 20 oct. 2000, p. 4* (conseil de la concurrence, juge du contrat). – HUBERT, *Petites affiches 28 déc. 2000, p. 11* (efficacité préventive des décisions en matière d'entente). – CLAUDEL, *ibid. 20 janv. 2005, p. 23* (les injonctions). – LUC, CERUTTI, DAVIES et DE BROUSSE, *RDLC 2005, n° 1, p. 9* (à propos de la pratique des engagements).

▶ Sur la loi relative aux nouvelles régulations économiques : POÉSY, *Petites affiches 23 févr. 2001, p. 4* (réforme du calcul de l'assiette des sanctions pécuniaires). – ARHEL, *Petites affiches 1er juin 2001, p. 4* (instauration d'une procédure de clémence). – AMAR, *Petites affiches 2 nov. 2001, p. 3* (de la non-déductibilité des amendes prononcées par le Conseil de la concurrence). – GOUYET, *Contrats Conc. Consom. 2002. Chron. 4* (même thème). – FOURGOUX, *Dict. perm. dr. aff. 13 janv. 2002* (poursuites et sanctions : nouveaux acteurs). – ARHEL, *Petites affiches 22 févr. 2002, p. 6* (procédures de clémence dans les droits européens de la concurrence). – IDOT, *Europe 2002, n° 146* (nouveau programme de clémence communautaire). – JALABERT-DOURY, *RDLC 2005, n° 2, p. 41* (les déclarations en droit de la concurrence : la preuve d'infractions peut-elle se satisfaire de « certitudes probables » ?). – L. et J. VOGEL, *JCP E 2005, n° 23, p. 971* (du droit à la régulation de la concurrence : les programmes de clémence). – KOEHLER DE MONTBLANC et BIANCONE, *ibid., n° 35, p. 1374* (procédure de transaction devant le Conseil de la concurrence). – Colloque, *Gaz. Pal. 2005. Doctr. 3195* (clémence et transaction en matière de concurrence). – LEMAIRE, *RDLC 2005, n° 3, p. 19* (de la loi NRE au programme de clémence).

1. Loi applicable. En présence de saisines multiples portant sur les mêmes pratiques et qui ont été jointes, le fait que l'une d'elles soit postérieure à la date d'entrée en vigueur de la loi plus sévère est sans incidence sur l'antériorité, par rapport à cette même date, des autres saisines qui demeurent soumises à l'examen du Conseil dans le cadre du même contentieux. • Cons. conc. n° 05-D-49 du 28 juill. 2005 : *BOCC 14 mars 2006 ; D. 2005. AJ. 2379, obs. Chevrier ; Lettre distrib. sept. 2005, p. 3 ; RDLC 2005, n° 4, p. 68, obs. Claudel ; RLC 2005, n° 5, p. 31, obs. Arhel ; RDC 2006. 339, obs. Idot.* ♦ Afin d'assurer l'application d'un régime unique aux pratiques visées dans des saisines jointes et le respect du principe de non-rétroactivité des lois à caractère punitif plus sévère, il convient de retenir la date de saisine la plus ancienne pour déterminer la loi applicable. • Même décision. ♦ Les pratiques relevées étant constitutives d'une pratique continue, commencée antérieurement et terminée postérieurement à l'entrée en vigueur de la loi n° 2001-420 du 15 mai 2001, et le Conseil ayant été saisi postérieurement à cette entrée en vigueur, les dispositions applicables sont celles de la loi précitée. • Cons. conc. n° 05-D-55 du 12 oct. 2005 : *cité note 35 ss. art. L. 420-1.*

2. Notion d'entreprise. L'acquéreur d'un fonds de commerce ne peut soutenir que les sanctions de pratiques anticoncurrentielles prononcées contre son vendeur, étant antérieures à son acquisition, ne lui sont pas opposables, alors que cette cession n'a pas interrompu la continuité de l'entreprise. • Paris, 14 mars 1991 : *Gaz. Pal. 1991. 2. 635, note Marchi.* – Dans le même sens : • Cons. conc. n° 92-D-66 du 8 déc. 1992 : *BOCC 13 févr. 1993,* conf. par • Paris, 22 sept. 1993 : *ibid. 4 déc. 1993.* ♦ Comp., refusant de prononcer des sanctions, s'agissant de pratiques commises par des entreprises artisanales exploitées en nom personnel par des personnes physiques, ces dernières ayant, postérieurement aux ententes réalisées, cédé leurs fonds de commerce à des sociétés auxquelles lesdites pratiques ne sont pas imputables : • Paris, 19 nov. 1992 : *BOCC 4 déc. 1992.*

Si une entreprise cède tout ou partie de son activité mais subsiste en tant qu'entreprise, elle doit répondre des pratiques anticoncurrentielles auxquelles elle a participé antérieurement à la cession ; c'est seulement si elle disparaît en tant qu'entreprise que l'entreprise qui a acquis les moyens matériels et humains ayant servi à la commission des faits sera considérée comme responsable de la pratique incriminée. • Cons. conc. n° 96-D-64 du 20 nov. 1996 : *BOCC 25 mars 1997 ; Contrats Conc. Consom. 1997, nos 100 et 103, obs. Vogel.* ♦ ... Alors même que cette transmission a été opérée en application d'une loi. • Com. 23 juin 2004 : *Bull. civ. IV, n° 132 ; D. 2004. AJ. 2439 ; JCP E 2004, n° 37, p. 1371 ; Contrats Conc. Consom. 2004, n° 159, obs. Malaurie-Vignal ; RJDA 2005, n° 80.* ♦ V., par exemple, en cas de dissolution suite à une absorption, • Cons. conc. n° 97-D-27 du 29 août 1997 : *BOCC 30 juill. 1997.* ♦ V. aussi • Cons. conc. n° 97-D-52 du 25 juin 1997 : *BOCC 7 oct. 1997* • n° 98-D-33 du 3 juin 1998 : *BOCC 15 sept. 1998 ; Contrats Conc. Consom. 1998, n° 145, obs. Malaurie-Vignal* (fusion-absorption) • Com. 28 janv. 2003 : *BRDA 2003, n° 4, p. 9.* ♦ Comp., jugeant qu'une entreprise dont les moyens humains et matériels ont concouru à la mise en œuvre d'une entente peut se voir infliger des sanctions pécuniaires (en l'espèce la société absorbante) tant qu'elle conserve une personnalité juridique, indépendamment de la cession desdits actifs : • Com. 20 nov. 2001 : *Bull. civ. IV, n° 182 ; JCP E 2002, n° 27, p. 1146, note Arcelin ; Contrats Conc. Consom. 2002, n° 28, note Malaurie-Vignal.* ♦ Sur les effets d'une clause excluant du transfert d'entreprise « les engagements résultant d'une fraude ou d'une faute intentionnelle », V. • Paris, 25 janv. 2005 : *BOCC 23 juin 2005 ; D. 2005. AJ. 711, obs. Chevrier*. ♦ Les pratiques anticoncurrentielles sont imputées à une entreprise, indépendamment du statut juridique de celle-ci et sans considération de la personne. Le principe de la continuité économique et fonctionnelle de l'entreprise s'applique quel que soit le mode juridique de transfert des activités dans le cadre desquelles ont été commises les pratiques sanctionnées. • Com. 28 févr. 2006 : *D. 2006. AJ. 781, obs. Chevrier ; JCP E 2006, n° 12, p. 573 ; RJDA 2006, n° 707 ; RLDA avr. 2006. 41, obs. Méar ; Lettre distrib. avr. 2006, p. 2* (conf. de • Paris, 25 janv. 2005 : *préc.*).

Les sanctions administratives prononcées par le Conseil de la concurrence ne revêtent pas de caractère pénal, de sorte que la référence au principe de personnalité des peines est inappropriée. • Paris, 19 janv. 1999 : *Contrats Conc. Consom. 1999, n° 41, obs. Malaurie-Vignal.* ♦ En ce sens que si le Conseil est tenu de prendre en compte la situation de l'entreprise pour apprécier, d'une manière individuelle, la sanction à lui infliger, il ne peut lui être reproché d'avoir retenu, pour certaines, leur qualité de filiales ainsi que la connaissance qu'elles devaient avoir des sanctions encourues en raison de leur lien de dépendance avec des sociétés déjà condamnées, dès lors qu'il n'a pas tiré de cette appartenance à un groupe comprenant des entreprises sanctionnées l'existence d'une réitération de la pratique incriminée, V. • Même arrêt.

Sur la possibilité d'imputer le comportement à la société mère, lorsque la filiale ne détermine pas de façon autonome son comportement sur le marché, mais applique pour l'essentiel les instructions qui lui sont imparties par la société mère, V., • Cons. conc. n° 97-D-39 du 17 juin 1997 : *BOCC 30 août 1997.*

Sur l'impossibilité, en cas de cession d'une entreprise en redressement judiciaire, d'infliger au cessionnaire une sanction pécuniaire pour des faits antérieurs à la cession, en raison de l'art. 62, al. 3, de la loi du 25 janv. 1985 [C. com., art. L. 621-63, al. 3], V. • Cons. conc. n° 95-D-14 du 7 févr. 1995 : *BOCC 6 avr. 1995 ; Contrats Conc. Consom. 1995, n° 107, obs. Vogel* • n° 96-D-16 du 19 mars 1996 : *BOCC 24 mai 1996.*

La direction régionale d'une société de dimension nationale ne peut être considérée comme une entreprise au regard des règles de concurrence que si elle dispose d'une réelle autonomie économique. Tel n'est pas le cas de la liberté d'action accordée par délégation à des directeurs régionaux soit dans les seuls domaines technique et juridique, soit pour la passation de marchés mais sous le contrôle étroit de la direction générale de la société. • Paris, 24 juin 1993 : *RJDA 1993, n° 715,* conf. par • Com. 3 mai 1995 : *Bull. civ. IV, n° 129 ; D. 1995. IR. 136.* – V. aussi • Com. 4 juin 1996 : *Bull. civ. IV, n° 160 ; D. Affaires 1996. 869* • Paris, 26 avr. 1994 : *Contrats Conc. Consom. 1994, n° 120, obs. Vogel* • 27 sept. 1996 : *ibid. 1997, n° 10, obs. Vogel* (délégation limitée dans son montant).

Dès lors qu'une délégation donnée au directeur d'une agence n'était accordée que sous la réserve « expresse » que le mandataire exercerait ses pouvoirs suivant les directives des personnes dont il relevait « hiérarchiquement » et auxquelles il devrait rendre compte, une cour d'appel peut décider que cette agence ne disposait d'aucune indépendance économique. • Cass., Ass. plén., 14 mars 1997 : *Bull. civ., n° 3 ; D. 1997. IR. 89 ; D. Affaires 1997. 470 ; JCP 1997. II. 22915, note Idot* (à propos de l'ord. du 30 juin 1945).

Il incombe à l'entreprise qui prétend que les pratiques illicites mises en œuvre par plusieurs entreprises à l'occasion de deux phases d'un marché public ne lui sont pas imputables mais le sont à son agence locale, de fournir au Conseil de la concurrence et à la cour d'appel tous éléments de preuve établissant que son agence locale bénéficie, à la date des faits et pour le marché considéré, de l'autonomie commerciale, financière et technique dans la zone économique concernée. • Com. 12 mars 1996 : *Bull. civ. IV, n° 84 ; D. 1996. IR. 137 ; D. Affaires 1996. 480* • 13 nov. 2003 : *BOCC 12 mars 2004.* ♦ ... A cet égard, un jugement statuant sur la question de savoir si au regard de l'élection des délégués du personnel, les établissements d'une société sont distincts, est dénué de toute portée sur la question de savoir si lesdits établissements doivent être considérés, au regard du droit de la concurrence, comme des entreprises. • Cons. conc. n° 04-D-42 du 4 août 2004 : *BOCC 9 déc. 2004 ; D. 2004. AJ. 2570 ; RLC 2005, n° 1, p. 30, obs. Sélinsky.*

Sur la prise en compte de l'absence de personnalité juridique des établissements secondaires, V. • Cons. conc. n° 97-D-52 du 25 juin 1997 : *préc.* ♦ Aucune disposition du code de commerce ne fait obstacle à ce qu'une administration de l'État soit sanctionnée, au titre de l'art. L. 464-2 du code, pour des pratiques anticoncurrentielles relevant d'une activité économique (condamnation de la direction des monnaies et médailles alors même qu'elle ne disposait pas d'une personnalité juridique distincte de celle de l'État). • Cons. conc. n° 05-D-75 du 22 déc. 2005 : *AJDA 2006. 476, obs. Richer ; RLC 2006, n° 7, p. 36, obs. Destours.*

V. aussi note 3 ss. art. L. 462-6.

3. Limites du pouvoir d'injonction. Il n'entre dans la compétence ni du Conseil de la concurrence, ni de la cour, de prononcer la dissolution d'un GIE. • Paris, 17 sept. 1992 : *Contrats Conc. Consom. 1992, n° 207, obs. Vogel.*

Une injonction, constituant par nature une mesure contraignante pour celui qui la subit, est d'interprétation stricte et doit être formulée en des termes clairs, précis et exempts d'incertitude quant à son exécution. • Paris, 10 sept. 1996 : *BOCC 3 oct. 1996 ; RJDA 1997, n° 73.*

4. Exécution des injonctions. En ce sens que les injonctions du Conseil de la concurrence doivent être exécutées dans un délai raisonnable à compter de leur notification (sanctionnant la non-exécution après quatorze mois), V. • Paris, 29 mars 1996 : *BOCC 24 mai 1996.* ♦ Le non-respect d'une injonction prononcée par le Conseil constitue déjà en soi une pratique qui présente un caractère de gravité exceptionnelle. • Cons. conc. n° 04-D-18 du 13 mai 2004 : *BOCC 6 sept. 2004* (conf. par • Paris, 11 janv. 2005 : *RLC 2005, n° 3, p. 83, obs. B. C. ; Gaz. Pal. 2005. 2683, note Misse et Colas-Bernié*).

5. Astreinte. Le Conseil de la concurrence ne tient d'aucun texte le pouvoir de prononcer des injonctions sous astreinte. • Cons. conc. n° 92-MC-08 du 14 avr. 1992 : *BOCC 30 avr. 1992.* – V. désormais le II de l'art. L. 464-2. ♦ Le Conseil, auquel est reconnu le pouvoir d'infliger une sanction pécuniaire en cas d'inexécution d'une injonction, est le « juge » de l'exécution des injonctions qu'il prononce. • Paris, 30 mars 2000 : *BOCC 18 oct. 2000.* ♦ Le juge de l'exécution n'est pas compétent pour assortir d'une astreinte une décision d'injonction prononcée par le Conseil de la concurrence ou par la cour d'appel de Paris, statuant dans le cadre de la procédure de recours formé contre cette décision, pour laquelle il existe un régime juridique de sanction spécifique et exclusif mis en œuvre par cette autorité administrative indépendante. • Com. 3 nov. 2004 : *Bull. civ. IV, n° 189 ; D. 2004. AJ. 3064, obs. Chevrier ; JCP E 2004, n° 50, p. 1955 ; Contrats Conc. Consom. 2005, n° 9, obs. Malaurie-Vignal ; RDLC 2005, n° 1, p. 108, obs. Amsellem ; RJDA 2005, n° 332 ; RD banc. fin. 2005, n° 20, obs. S. Piedelièvre ; RTD civ. 2005. 175, obs. Théry.* ♦ Pour un exemple d'injonctions sous astreinte, V. • Cons. Conc. n° 06-D-06 du 17 mars 2006.

6. Engagement. BIBL. *BEEI 2005, n° 2, p. 6.* – Luc, Cerutti, Davies et de Brousse, *RDLC 2005, n° 1, p. 9.* – Picot, *RLC 2005, n° 2, p. 142.* – Claudel, *RTD com. 2005. 272.* – Momège, *RDLC 2006, n° 1, p. 213* (premier bilan de la pratique décisionnelle). ♦ Pour des exemples, V. • Cons. conc. n° 05-D-12 du 17 mars 2005 : *BOCC 28 oct. 2005 ; Contrats Conc. Consom. 2005, n° 172, obs. Malaurie-Vignal ; RDLC 2005, n° 2, p. 52, obs. Debroux ; RJDA 2005, n° 1050 ; RLC 2005, n° 3, p. 29, obs. C. R. et V. S.* • n° 05-D-25 du 31 mai 2005 : *BOCC 14 mars 2006 ; RDLC 2005, n° 3, p. 81, obs. Spector ; RLC 2005, n° 4, p. 33, obs. Sélinsky ; Europe 2005, n° 255, obs. Idot ; RDC 2005. 1036, obs. Idot* • n° 05-D-29 du 16 juin 2005 : *BOCC 14 mars 2006 ; RDLC 2005, n° 3, p. 78, obs. Wachsmann ; AJDA 2005. 1657, obs. Charbit ; RLC 2005, n° 5, p. 49, obs. Clamour.* ♦ Dans le cadre d'une procédure d'engagements destinée à répondre à des problèmes de concurrence préalablement portés à la connaissance de la partie mise en cause, il ne revient pas au Conseil de la concurrence de se prononcer sur une réforme statutaire allant au-delà des remèdes nécessaires pour mettre fin aux problèmes de concurrence préalablement identifiés. • Cons. conc. n° 05-D-16 du 26 avr. 2005 : *BOCC 28 oct. 2005 ; D. 2005. AJ. 1354, obs. Daleau ; RTD com. 2005. 731, obs. Pollaud-Dulian ; RDLC 2005, n° 3, p. 79, obs. Spector ; Europe 2005, n° 215, obs. Idot ; Comm. com. élec. 2005, n° 107, obs. Decocq ; RDC 2005. 1036, obs. Idot.* ♦ ... Ni de se prononcer, lors de l'examen d'une proposition d'engagements touchant à la fixation de prix, sur le caractère anticoncurrentiel du niveau absolu des tarifs proposés ; en revanche, et dans la limite de la procédure d'engagements, le Conseil peut se prononcer sur la structure des barèmes proposés. • Cons. conc. n° 06-D-01 du 7 févr. 2006 : *RLC 2006, n° 7, p. 21, obs. Sélinsky ; Comm. com. élec. 2006, n° 49, obs. Decocq.*

7. Cumul des sanctions. Lorsque des faits reprochés sur le fondement de l'art. 8 ont déjà été sanctionnés en tant qu'ils ont donné lieu à des pratiques prohibées par l'art. 7 [C. com., art. L. 420-1], il convient de tenir compte de cette précédente décision pour déterminer le montant de la sanction applicable. • Cons. conc. n° 96-D-40 du 14 mai 1996 : *BOCC 3 sept. 1996.*

Sur le cumul des sanctions pécuniaires prononcées par le Conseil de la concurrence et des réparations civiles prononcées par une juridiction de droit commun, V. • Cons. conc. 27 mars 1990 : *Gaz. Pal. 1990. 1. 345, note Marchi ; RTD com. 1990. 663, obs. Bouzat.*

La compétence du conseil de la concurrence, limitée à la connaissance des atteintes portées à la concurrence et lui permettant de prononcer des sanctions administratives à l'encontre de leurs auteurs, sans pour autant pouvoir allouer des dommages et intérêts à leurs éventuelles victimes, est distincte de la compétence reconnue aux juridictions répressives (non-application de la règle *non bis in idem*). • Paris, 28 janv. 1997 : *BOCC 31 déc. 1997.*

Le principe *non bis in idem* interdit de punir deux fois les mêmes faits. Sont différentes les pratiques anticoncurrentielles, dont la sanction est régie par les dispositions de l'art. L. 464-2, de celles qui consistent dans l'inexécution d'injonction, comportement réprimé par les dispositions de l'art. L. 4 64-3 qui renvoient à celles de l'art. L. 464-2 pour fixer les limites de la sanction applicable. • Cons. conc. n° 05-D-59 du 7 nov. 2005 : *BOCC 14 mars 2006 ; D. 2005. AJ. 3012, obs. Chevrier ; Contrats Conc. Consom. 2005, n° 207, obs. Malaurie-Vignal.* ♦ La circonstance que, pour respecter les critères fixés par l'art. L. 464-2 auxquels renvoi implicitement l'art. L. 464-3, la cour d'appel ait tenu compte de « l'importance du dommage causé à l'économie » par le refus de respecter les injonctions du Conseil, dommage qui se confond en partie avec celui né des pratiques en cause, n'interdit pas au Conseil de prononcer une sanction pour réprimer ces dernières ; en effet, aucun obstacle juridique ne s'oppose à ce que deux sanctions successives, infligées à raison de pratiques différentes, prennent en compte, pour calculer leur montant, un critère partiellement commun. • Même décision. ♦ La règle *non bis in idem* ne peut valablement être invoquée pour échapper à des situations dans lesquelles deux personnes morales distinctes sont poursuivies pour les mêmes faits, tels les entreprises adhérentes d'un groupement et le groupement lui-même. • Cons. conc. n° 06-D-03 du 9 mars 2006 : *cité note 3 ss. art. L. 123-22.*

8. Motivation de la sanction. BIBL. Canivet et Vogel, *RJDA 1993, p. 599.* ♦ Le dommage à l'économie est présumé par la loi dès lors que l'existence d'une entente est établie. • Com. 10 janv. 1995 : *RJDA 1995, n° 596. – Contra* : • Paris, 26 avr. 1994 : *Contrats Conc. Consom. 1994, n° 121, obs. Vogel.* ♦ Sur la notion de dommage causé à l'économie, V. aussi • Paris, 4 juill. 1994 : *Contrats Conc. Consom. 1994, n° 200,* conf. par • Com. 4 juin 1996 : *préc. note 2.* ♦ V. également, considérant qu'eu égard à l'ampleur de la concertation, il importe peu que le marché ait été d'un faible montant, le dommage causé à l'économie pouvant largement dépasser la valeur du marché : • Com. 1er déc. 1998 : *Contrats Conc. Consom. 1999, n° 41, obs. Malaurie-Vignal.*

En se déterminant, sans préciser les éléments propres à déterminer le montant maximum de la sanction prévue par l'art. 13, al. 3 [4] [C. com., art. L. 464-2, al. 4], et, sans apprécier s'il existait une proportionnalité entre la peine prononcée et la gravité des faits relevés et le dommage porté à l'économie du marché de référence, une cour d'appel ne donne pas de base légale à sa décision. • Com. 10 mars 1992 : *Bull. civ. IV, n° 111 ; D. 1992. 355, note Gavalda* • 23 avr. 2003 : *BOCC 11 août 2003 ; Lettre distrib. juin 2003, p. 3.* – Comp. : • Com. 21 juin 1994 : *Bull. civ. IV, n° 234.* – V. aussi • Com. 6 oct. 1992 : *Bull. civ. IV, n° 294 ; Contrats Conc. Consom. 1992, n° 205, obs. Vogel* • 8 déc. 1992 : *Bull. civ. IV, n° 404.* ♦ Sur l'appréciation concrète des juges du fond sur la proportionnalité de la sanction prononcée à la gravité des faits reprochés, au dommage à l'économie et à la situation de chacune des entreprises concernées, V. • Com. 14 déc. 1999 : *Contrats Conc. Consom. 2000, n° 44, obs. Malaurie-Vignal* • Paris, 20 nov. 2001 : *Gaz. Pal. 3-5 mars 2002, p. 34.* ♦ Il incombe au Conseil de la concurrence de faire connaître aux sociétés poursuivies le montant qu'il entend prendre en compte à titre de référence, pour l'application de l'art. 13, al. 3 [4] [C. com., art. L. 464-2, al. 4], pour leur permettre de présenter, le cas échéant, toutes observations et, faute par lui de l'avoir fait, les sanctions prononcées doivent être annulées. • Paris, 22 avr. 1992 : *BOCC 30 avr. 1992.* ♦ En revanche, pour tenir compte du dommage causé à l'économie, le Conseil de la concurrence n'est tenu ni d'en chiffrer le montant, ni de quantifier l'incidence des pratiques constatées sur les prix, mais seulement de fournir les éléments permettant d'en apprécier l'incidence économique. • Paris, 25 janv. 1994 : *D. 1994. IR. 46.*

Pour un arrêt retenant que le dommage porté à l'économie peut résulter de la mise en œuvre d'agissements anticoncurrentiels commis pour renforcer les barrières à l'entrée des marchés concernés alors que le législateur avait décidé de l'ouverture de ces marchés à la concurrence d'entreprises privées, V. • Com. 6 avr. 1999 : *Bull. civ. IV, n° 79.*

Sur l'application de la L. n° 79-587 du 11 juill. 1979, relative à la motivation des actes administratifs, V. • Paris, 6 déc. 1990 : *Gaz. Pal. 1991. 1. 325, concl. Jobard* • 27 mai 1992 : *BOCC 16 juin 1992.*

Lorsque le comportement d'une personne publique a eu pour effet d'inciter à une entente dans un marché public, il y a lieu d'en tenir compte pour la détermination des sanctions. • Paris, 27 sept. 1996 : *BOCC 6 nov. 1996 ; D. Affaires 1997. 17.*

Le fait d'avoir prononcé la sanction proposée sur la base de quatre griefs notifiés alors que deux griefs avaient été abandonnés ne peut constituer une atteinte au principe de proportionnalité dès lors qu'il n'est pas établi que les pratiques abandonnées auraient eu des effets anticoncurrentiels autonomes par rapport à ceux engendrés par celles sanctionnées. • Paris, 19 mai 1998 : *BOCC 18 juin 1998.*

En ce sens que l'appréciation du dommage à

l'économie tient compte de la notoriété des entreprises concernées, qui peut entraîner des entreprises de plus petite taille à adopter les mêmes comportements anticoncurrentiels, V. • Cons. conc. n° 96-D-64 du 20 nov. 1996 : *préc. note 2.*

9. *Calcul de la sanction.* En référence à son montant maximum, la sanction pécuniaire doit être fixée en fonction du nombre, de la durée, de la gravité des pratiques en cause, de la part prise par l'entreprise dans leur conception et leur mise en œuvre et de l'atteinte qu'elles ont portée à l'économie. • Paris, 1er juill. 1992 : *BOCC 31 juill. 1992.* ♦ Même si la gravité des faits au sens de l'art. 13 [C. com., art. L. 464-2] s'entend habituellement de leur répétition, de leur durée, de leur ancienneté et de leur ampleur, leur caractère ponctuel peut, par son immédiateté et sa brutalité, avoir un effet anticoncurrentiel, entraînant ainsi l'éviction d'un concurrent qui tente de pénétrer sur le marché par l'utilisation d'un produit voisin. • Paris, 21 oct. 1997 : *D. Affaires 1997. 1350.* ♦ Pour un arrêt approuvant dans le cadre d'une entente anticoncurrentielle, une « sanction pécuniaire globale », prenant en considération le chiffre d'affaires réalisé à l'échelle d'un ensemble de sociétés ayant souscrit un contrat de franchisage. • Com. 27 janv. 1998 : *JCP E 1998, n° 7, p. 263.* ♦ ... Ou en raison des ententes horizontale et verticale auxquelles l'entreprise sanctionnée avait participé. • Com. 22 nov. 2005 : *cité note 10.* ♦ Dès lors qu'il est établi que deux sociétés qui se sont livrées à une entente illicite ont dirigé chacune la stratégie commerciale de leur groupe, le chiffre d'affaires à retenir pour calculer le plafond de la sanction pécuniaire applicable à ces deux sociétés doit être déterminé sur la base du chiffre d'affaires consolidé de chacun de ces groupes. • Cons. conc. n° 92-D-20 du 10 mars 1992 : *BOCC 31 mars 1992.* ♦ Il n'y a pas lieu de se limiter au chiffre d'affaires concernant les produits constituant le marché de référence sur lequel ont été constatées les pratiques prohibées. • Com. 21 juin 1994 : *préc.* • 3 mai 1995 : *préc. note 2* • 13 mai 1997 : *BOCC 30 juill. 1997* • Paris, 15 sept. 1995 : *D. 1996. Somm. 177, obs. Gavalda et Lucas de Leyssac ; Contrats Conc. Consom. 1996, n° 26.* – V. aussi • Paris, 24 mai 1996 : *D. 1996. IR. 158 ; D. Affaires 1996. 832.* ♦ L'exercice de référence est le dernier exercice clos au moment où le Conseil de la concurrence sanctionne les agissements de l'entreprise poursuivie. • Com. 30 mai 1995 : *Bull. civ. IV, n° 164 ; D. 1995. IR. 186.* ♦ ... Peu important que la décision de celui-ci ait été ultérieurement annulée. • Com. 13 juill. 2004 : *Bull. civ. IV, n° 163 ; D. 2004. AJ. 2375 ; JCP E 2004, n° 41, p. 1564 ; RLC 2005, n° 1, p. 92, obs. Cheynel.* ♦ Jugeant qu'en l'absence de chiffre d'affaires déterminé, la sanction peut être assise sur des éléments représentant l'activité économique (en l'espèce, pour des établissements de crédit, le produit brut bancaire) dans la limite du plafond légal. • Com. 23 juin 2004 : *RLC 2005, n° 2, p. 38, obs. Peyre et Sélinsky.* ♦ Il convient de tenir compte pour chacune des entreprises, de ses capacités contributives, de la part prise dans les comportements sanctionnés ainsi que de l'atteinte portée aux règles de la concurrence dans le cas du marché concerné. • Cons. conc. n° 92-D-22 du 17 mars 1992 : *BOCC 24 avr. 1992 ; Contrats Conc. Consom. 1992, n° 101, obs. Vogel.*

Pour une importante sanction (plus d'un milliard de francs) prononcée à l'encontre d'établissements de crédit parties à une entente par le Conseil de la concurrence ayant retenu comme critères le chiffre d'affaires, le produit brut bancaire, ainsi que la gravité des faits, V. • Cons. conc. n° 2000-D-28 du 19 sept. 2000 : *Contrats Conc. Consom. 2001, n° 27, obs. Malaurie-Vignal ; RTD com. 2001. 422, obs. Claudel,* conf. par • Paris, 27 nov. 2001 : *BOCC 31 janv. 2002, p. 101 ; RTD com. 2002. 293, obs. Claudel*. ♦ Sur les critères de fixation de la sanction, V. aussi • Paris, 22 sept. 1993 : *Contrats Conc. Consom. 1994, n° 11, obs. Vogel* • Cons. conc. n° 93-D-39 du 5 oct. 1993 : *ibid.* • nos 93-D-40 et 93-D-41 du 12 oct. 1993 : *ibid.* • nos 93-D-42 et 93-D-43 du 19 oct. 1993 : *ibid.* • n° 93-D-44 du 26 oct. 1993 : *ibid.* ♦ Un chiffrage précis de la valeur du dommage causé à l'économie n'est pas exigé par l'art. L. 464-2, qui prévoit que les sanctions soit « proportionnées à l'importance du dommage » • Cons. conc. n° 05-D-59 du 7 nov. 2005 : *préc. note 29 ss. art. L. 420-2.*

V. désormais art. L. 464-2 résultant de la L. n° 2001-420 du 15 mai 2001.

10. *Transaction.* La procédure de transaction ne saurait s'appliquer lorsqu'aucun grief n'a été notifié. • Cons. conc. n° 04-D-76 du 22 déc. 2004 : *BOCC 31 mars 2005 ; RTD com. 2005. 67, obs. Claudel* . ♦ La procédure de non-contestation des griefs prévue au III de l'art. L. 464-2 peut, en principe, intervenir à tout moment, entre la réception de la notification de griefs et la notification du rapport aux parties, y compris une fois le délai de remise des observations expiré, dès lors que le rapport du rapporteur n'est pas encore notifié. • Cons. conc. n° 06-D-03 du 9 mars 2006 : *cité note 10 ss. art. L. 463-2.* ♦ Même si le III de l'art. L. 464-2 laisse un large pouvoir d'appréciation au rapporteur général, cette situation ne fait pas obstacle à ce que le Conseil exerce un contrôle, même restreint, sur l'usage qu'il fait de cette faculté, dans la mesure où cette appréciation rejaillit sur le montant de la sanction finalement décidée. • Cons. conc. n° 06-D-09 du 11 avr. 2006 : *cité* *note 14.* ♦ La réfaction prévue par l'art. L. 464-2, II [désormais L. 464-2-III] est applicable au plafond légal puisqu'il renvoie au montant maximal de la sanction encourue et non pas à la sanction que le conseil aurait, conformément aux critères posés au I du même article, déterminée. • Paris, 21 sept. 2004 : *BOCC 8 nov. 2004 ; D. 2004. AJ. 2712 ; JCP E 2004, n° 48, p. 1881, obs. Decocq ; RTD com. 2005. 68, obs. Claudel ; RDLC déc. 2004. 89, obs. Michel-Amsellem ; RLC 2005, n° 1, p. 94, obs. Cheynel.* ♦ L'art. L. 464-2-II, [désormais L. 464-2-III] a pour objet de garantir aux entreprises que, si le Conseil accepte les engagements qu'elles ont pris, le plafond légal applicable aux sanctions qu'il édicte est divisé par deux par rapport au régime de droit commun ; toutefois, ces dispositions ne font pas obstacle à ce que, dans la limite de ce nouveau plafond, le Conseil apprécie le montant de la sanction qui aurait été encourue par chaque entreprise et y applique le taux de réfaction qu'il retient compte tenu des propositions faites par le rapporteur général. • Cons. conc. n° 03-D-10 du 20 févr. 2003 : *Petites affiches 2 mai 2003, p. 5, note Arhel ; Contrats Conc. Consom. 2003, n° 127, obs. Malaurie-Vignal ; JCP E 2004, n° 48, p. 1881, obs. Decocq* • n° 03-D-45 du 25 sept. 2003 : *BOCC 17 déc. 2003 ; D. 2003. AJ. 2831 ; JCP E 2004, n° 3, p. 83, note Arhel ; Contrats Conc. Consom. 2004, n° 7, obs. Malaurie-Vignal ; RDLC déc. 2004. 89, obs. Michel-Amsellem ; RJDA 2004, n° 103.* ♦ La mise en œuvre de la procédure de transaction n'empêche pas les entreprises en cause de présenter au Conseil des éléments tendant à démontrer que les griefs retenus n'ont pas de caractère de gravité et n'ont pas causé de dommage à l'économie. • Cons. conc. n° 03-D-45 du 25 sept. 2003 : *préc.* ♦ Sur l'application du principe de la contradiction à la procédure de transaction, V. • Paris, 21 sept. 2004 : *préc.* (conf. par • Com. 22 nov. 2005 : *D. 2006. AJ. 139, obs. Chevrier ; JCP E 2006, n° 1, p. 34 ; Contrats Conc. Consom. 2006, n° 49, obs. Malaurie-Vignal ; RJDA 2006, n° 462 ; RLC 2006, n° 6, p. 70, obs. Nourissat ; RLDA janv. 2006. 48, obs. Marchand*, jugeant que si l'entreprise ne peut subordonner son absence de contestation des griefs et ses engagements à condition, elle dispose devant le Conseil de la faculté de présenter toutes observations et de produire toutes pièces utiles à l'appréciation par cette autorité de la sanction pécuniaire qu'elle prononcera). ♦ Sur le cumul de la procédure de transaction avec la procédure simplifiée, V. note 2 ss. art. L. 463-3.

11. Droits de la défense. Les prescriptions de l'art. 6 Conv. EDH (délai raisonnable, présomption d'innocence, etc.) s'appliquent aux sanctions pécuniaires prévues par l'art. 13 [C. com., art. L. 464-2], qui, bien que de nature administrative, visent comme en matière pénale, par leur montant élevé et la publicité qui leur est donnée, à punir les auteurs des faits contraires aux dispositions des art. 7 et 8 [C. com., art. L. 420-1 et L. 420-2], et à dissuader les agents économiques de se livrer à de telles pratiques. • Paris, 6 mai 1997 : *BOCC 8 juill. 1997 ; D. Affaires 1997. 1036 ; Petites affiches 11 mars 1998, p. 19, obs. Arhel.* ♦ Toutefois, ainsi que l'a jugé la CEDH, des impératifs de souplesse et d'efficacité peuvent justifier l'intervention préalable, dans la procédure suivie, d'une autorité administrative qui, comme le Conseil de la concurrence, ne satisfait pas, sur tous leurs aspects, aux prescriptions de forme de l'art. 6, § 1er, de la Convention, dès lors que les décisions prises par celle-ci subissent *a posteriori*, sur les points de fait, les questions de droit ainsi que sur la proportionnalité de la sanction prononcée avec la gravité de la faute commise, le contrôle effectif d'un organe judiciaire offrant toutes les garanties d'un tribunal au sens dudit art. 6. • Même arrêt. ♦ Comp. considérant que dans l'exercice de son pouvoir de sanction, le conseil de la concurrence est tenu au respect des garanties énoncées par l'art. 6 Conv. EDH : • Paris, 15 juin 1999 : *D. 1999. IR. 184 ; D. Affaires 1999. 1319, obs. A.M. ; JCP E 1999, n° 49, p. 1966, note Fourgoux* • 29 juin 1999 : *BOCC 25 août 1999.* ♦ V. note 2 ss. art. L. 463-7. ♦ Jugeant que la sanction qui s'attache à la violation de l'obligation pour le Conseil de la concurrence de se prononcer dans un délai raisonnable résultant de la Convention précitée n'est pas l'annulation ou la réformation de la décision mais la réparation du préjudice résultant de la durée excessive de la procédure, V. • Paris, 20 nov. 2001 : *préc. note 8.*

En matière d'infractions au droit de la concurrence, la cour d'appel pouvant être saisie d'un recours contre les décisions du Conseil de la concurrence, il est satisfait à l'impératif lié à l'existence d'un double degré de juridiction, les décisions motivées émanant du Conseil subissant un contrôle effectif, tant en ce qui concerne la motivation que le respect du principe de la contradiction et des droits de la défense, d'une juridiction de recours répondant à toutes les exigences posées par le Pacte international et la Convention européenne. • Paris, 28 janv. 1997 : *préc. note 7.*

12. Publication. Bien que l'art. 13, al. 4 [C. com., art. L. 464-2, al. 4], ne prévoie la publication dans les journaux que pour les décisions du Conseil de la concurrence et que l'art. 15 [C. com., art. L. 464-8] ne prescrive la publication des décisions de la cour d'appel que dans le *BOCC*, la cour d'appel, qui a retenu qu'il était légitime que les professionnels avisés du recours formé contre la décision du Conseil de la concurrence aient également connaissance de la décision de la cour d'appel, n'a pas excédé son pouvoir en ordonnant la publication d'un communiqué dans des journaux. • Com. 14 janv. 1992 : *Bull. civ. IV, n° 16.* ♦ Comp. : note 8 ss. art. L. 464-1. ♦ La mesure de publication forcée de la décision est de nature à entraîner un préjudice irréparable à l'entreprise en cause et à donner aux professionnels concernés, comme au public, destinataires de cette publicité, une information incomplète, si elle n'est accompagnée de l'indication du recours dont ladite décision fait l'objet. • Paris, ord., 11 juin 1992 : *Gaz. Pal. 1992. 2. Somm. 330* • 10 juill. 1996 : *BOCC 27 juill. 1996.*

Le Conseil de la concurrence qui ordonne la publication de sa décision sous un titre qui précise l'objet et l'identité de la personne sanctionnée et correspond à la teneur de la décision qu'il prononce ne fait qu'user du pouvoir d'ordonner la publication de ses décisions prévu à l'art. L. 464-2. • Com. 9 mai 2001 : *Bull. civ. IV, n° 85 ; JCP E 2001, n° 27, p. 1115 ; RJDA 2001, n° 1264.* ♦ Sur la possibilité de prévoir une publication accompagnée d'une mention différente de l'intitulé de la décision, V. • Paris, 26 févr. 1998 : *D. Affaires 1998. 511, obs. Sélinsky.* ♦ Pour une publication sur la page d'accueil du site internet de l'organisme condamné, V. • Cons. conc. n° 05-D-75 du 22 déc. 2005 : *préc. note 2.* ♦ Sur une publication susceptible de porter atteinte, de façon irréparable, à la présomption d'innocence qui bénéficie aux intéressés, V. • Paris, 22 sept. 2004 : *cité note 5 ss. art. L. 420-6.* ♦ Sur le secret des affaires, V. art. L. 464-8, al. 2.

La diffusion par le Conseil de la concurrence d'un communiqué de presse annonçant le prononcé de sa décision ne constitue pas une mesure de publication au sens de l'art. 13 [C. com., art. L. 464-2] et ne peut par conséquent faire l'objet d'un recours devant la cour d'appel de Paris. • Paris, 15 juin 1999 : *Contrats Conc. Consom. 1999, n° 142, obs. Malaurie-Vignal.* ♦ La couverture médiatique à laquelle une décision du Conseil de la concurrence a donné lieu quand elle a été rendue ne peut juridiquement se substituer à la publication qui a été ordonnée par le Conseil ni dispenser les entreprises concernées de leur obligation de respecter l'injonction. • Cons. conc. n° 05-D-08 du 9 mars 2005 : *BOCC 28 oct. 2005 ; D. 2005. AJ. 1349, obs. Chevrier ; RTD com. 2005. 278, obs. Claudel ; RDLC 2005, n° 2, p. 93, obs. Michel-Amsellem ; Lettre distrib. avr. 2005, p. 4 ; RLC 2005, n° 3, p. 83, obs. B. C.*

13. Dommages et intérêts. **BIBL.** Saint-Esteben, *Petites affiches 20 janv. 2005, p. 53* (dommages et intérêts punitifs). ♦ Il appartient à la juridiction nationale saisie en application de l'art. 81 du traité CE d'examiner, au cas par cas, si une partie à une entente, qui prétend avoir subi un dommage en raison de sa participation à cette entente, peut demander des dommages et intérêts, notamment lorsqu'elle se trouve dans une position d'infériorité caractérisée par rapport à l'autre partie qui aurait sérieusement compromis sa liberté de négocier. • CJCE 20 sept. 2001 : *préc. note 4 ss. art. L. 420-3.*

14. Procédure de clémence. L'entreprise demandant le bénéfice de la clémence doit apporter au Conseil tous éléments d'information, sans qu'il en soit précisé la forme et la nature, lui permettant d'établir la pratique dénoncée et d'identifier ses auteurs ; ces éléments d'information peuvent être constitués de preuves documentaires (documents internes à l'entreprise, comptes rendus de réunions,...) que l'entreprise peut compléter par des explications synthétisées dans un ou plusieurs mémoires versés à l'appui de sa demande, ou de déclarations orales. • Cons. conc. n° 06-D-09 du 11 avr. 2006 : *D. 2006. AJ. 1231, obs. Chevrier ; JCP E 2006, n° 19, p. 847, obs. Taillandier ; Lettre distrib. avr. 2006, p. 1, obs. Sélinsky ; RJDA 2006, n° 708 ; RLDA mai 2006, p. 45, obs. Méar ; Europe 2006, n° 164, obs. Idot.* ♦ Imposant, pour bénéficier de la clémence, à la société dénonciatrice : d'apporter des éléments concernant la période non prescrite permettant de contribuer à établir la réalité des pratiques dénoncées et à en identifier les auteurs ; de coopérer de manière totale, permanente et rapide tout au long de la procédure d'enquête et d'instruction ; de mettre fin à sa participation aux activités illégales dénoncées et de ne pas avoir pris de mesures pour contraindre d'autres entreprises à participer aux infractions ; de ne pas informer de sa démarche les entreprises susceptibles d'être mises en cause dans le cadre des pratiques dénoncées. • Même décision. ♦ Sur la prescription, V. note 4 *bis* ss. art. L. 463-7. ♦ Sur l'examen de l'avis de clémence, V. note ss. art. 44 du Décr. du 30 avr. 2002, *infra*, ss. art. L. 470-8.

Art. L. 464-3 *(Ord. n° 2004-1173 du 4 nov. 2004, art. 11)* **Si les mesures, injonctions ou engagements prévus aux articles L. 464-1 et L. 464-2 ne sont pas respectés, le conseil peut prononcer une sanction pécuniaire dans les limites fixées à l'article L. 464-2.** – *[Ord. n° 86-1243 du 1er déc. 1986, art. 14]. – V. Décr. n° 2002-689 du 30 avr. 2002, art. 47, infra, ss. art. L. 470-8.*

1. Procédure. L'ord. du 1er déc. 1986 [C. com., art. L. 410-1 s.] n'impose pas que, dans le cadre de la procédure de vérification du respect d'injonction, soit mise en œuvre, antérieurement à la rédaction du rapport, la procédure de notification de griefs prévue par l'art. 21 [C. com., art. L. 463-2]. • Cons. conc. n° 95-D-82 du 12 déc. 1995 : *BOCC 16 mars 1996.* ♦ Ni les dispositions de l'art. L. 464-3, ni celles du Décr. du 29 déc. 1986 ne prévoient de règle de procédure relative au respect des injonctions prononcées par le Conseil. • Cons. conc. n° 04-D-18 du 13 mai 2004 : *BOCC 6 sept. 2004 ; D. 2004. AJ. 1524* . – V. désormais Décr. n° 2002-689 du 30 avr. 2002, art. 47, *infra,* ss. art. L. 470-8. – Comp. : • Cons. conc. n° 02-D-46 du 19 juill. 2002 : *préc. note 6 ss. art. L. 464-1.*

2. Recours. Jugeant que le Conseil peut infliger une sanction pour non-respect des injonctions qu'il a prononcées alors même que toutes les voies de recours n'ont pas été épuisées et que sa décision ordonnant ces injonctions n'est pas devenue définitive, V. • Cons. conc. n° 04-D-47 du 12 oct. 2004 : *BOCC 21 janv. 2005 ; D. 2004. AJ. 2996* *; Lettre distrib. nov. 2004, p. 3.* ♦ Comp., jugeant que dans le cadre de l'art. L. 464-3, il appartient au Conseil d'apprécier si l'injonction, telle qu'elle a été prononcée, a été respectée, sans qu'il y ait lieu de contester le libellé de cette injonction, confirmée en appel et devenue définitive. • Cons. conc. n° 04-D-18 du 13 mai 2004 : *préc. note 1.* ♦ Comp. aussi, estimant qu'ayant constaté que l'entreprise en cause n'avait pas déféré aux injonctions d'une décision du conseil de la concurrence, qui n'avait jamais fait l'objet d'un recours et qui s'imposait donc à elle, la cour d'appel de Paris a pu décider qu'elle avait commis une faute en ne déférant pas à ces injonctions. • Com. 8 nov. 1994 : *Bull. civ. IV, n° 329 ; RJDA 1995, n° 301.*

3. Sursis à exécution. Seul le sursis ordonné par le premier président de la cour d'appel de Paris peut suspendre le caractère exécutoire de la décision du Conseil de la concurrence ; et à défaut de demander ce sursis ou de l'obtenir, il n'appartient pas aux parties de décider du moment où elles procéderont à l'exécution d'une injonction à laquelle elles ont été condamnées avec un délai d'exécution à respecter. • Cons. conc. n° 05-D-09 du 14 mars 2005 : *BOCC 28 oct. 2005 ; D. 2005. AJ. 1080, obs. Chevrier* *; RDLC 2005, n° 2, p. 93, obs. Michel-Amsellem ; RTD com. 2005. 278, obs. Claudel* . ♦ V. aussi note 2 ss. art. L. 464-8.

4. Domaine. L'injonction de publier aux frais de l'entreprise la décision est au nombre des injonctions dont le non-respect peut être sanctionné sur le fondement de l'art. L. 464-3. • Cons. conc. n° 04-D-47 du 12 oct. 2004 : *préc. note 2.* ♦ Les modalités de l'exécution de l'injonction fixées dans la décision du Conseil font partie intégrante de l'injonction, notamment son délai d'exécution ; l'exécution tardive d'une injonction peut donc être sanctionnée au titre de l'art. L. 464-3. • Même décision.

5. Nouveau délai. Pour l'octroi d'un délai supplémentaire pour l'exécution d'une injonction afin de tenir compte d'obligations supplémentaires pesant sur le débiteur, issues d'une loi nouvelle, V. • Paris, 28 janv. 2005 : *BOCC 23 juin 2005 ; Petites affiches 22 juill. 2005, p. 4, obs. Arhel ; RLC 2005, n° 3, p. 31, obs. J. P.*

6. Interprétation stricte. Les injonctions formulées en application de l'art. L. 464-1 C. com. doivent être formulées en termes clairs, précis et exempts d'incertitude quant à leur exécution ; il en résulte qu'elles sont d'interprétation stricte lorsqu'il s'agit de vérifier leur respect. • Cons. conc. n° 05-D-36 du 30 juin 2005 : *BOCC 14 mars 2006 ; RDLC 2005, n° 3, p. 126, obs. Momège ; RLC 2005, n° 4, p. 36, obs. C. R. ; AJDA 2005. 1658, obs. Richer* (partiellement annulée par • Paris, 21 févr. 2006 : *RLC 2006, n° 7, p. 23, obs. Robin*).

7. Cumul des sanctions. Sur le cumul des sanctions prises sur le fondement de l'art. L. 464-3 avec celles réprimant les pratiques anticoncurrentielles, V. • Cons. conc. n° 05-D-59 du 7 nov. 2005 : *cité note 7 ss. art. L. 464-2.*

Art. L. 464-4 **Les sanctions pécuniaires** *(Ord. n° 2004-1173 du 4 nov. 2004, art. 12)* **« et les astreintes » sont recouvrées comme les créances de l'État étrangères à l'impôt et au domaine.** – *[Ord. n° 86-1243 du 1er déc. 1986, art. 16].*

En vertu des règles de la comptabilité publique les sommes recouvrées ne peuvent faire l'objet d'aucune affectation. Ces sanctions ont un caractère répressif et n'ont pas pour vocation de réparer les dommages causés aux victimes de pratiques anticoncurrentielles. Par contre, les collectivités locales victimes peuvent obtenir réparation des dommages devant le juge civil en produisant la décision du conseil, dès lors qu'elles sont en mesure d'évaluer le dommage (Rép. min. n° 35780 : *JOAN Q, 3 juin 1996, p. 2983*).

Art. L. 464-5 *(L. n° 2001-420 du 15 mai 2001)* **Le conseil, lorsqu'il statue selon la procédure simplifiée prévue à l'article L. 463-3, peut prononcer les mesures prévues au I de l'article L. 464-2. Toutefois, la sanction pécuniaire ne peut excéder 750 000 € pour chacun des auteurs de pratiques prohibées.** — *Les dispositions de cet art. ne s'appliquent pas aux affaires pour lesquelles une saisine du Conseil de la concurrence a été effectuée avant la date d'entrée en vigueur de la L. n° 2001-420 du 15 mai 2001 (L. préc., art. 94, al. 1er, publiée au JO du 16 mai).*

1. Application dans le temps. Bien qu'il s'agisse, en l'espèce, d'une pratique continue qui s'est poursuivie après l'entrée en vigueur de la loi du 15 mai 2001, le Conseil ayant été saisi le 2 sept. 1998, la sanction pécuniaire qui peut être prononcée ne doit pas excéder 500 000 francs (76 244,51 €) conformément à l'art. 22, al. 2, de l'ord. du 1er déc. 1986, applicable à la date de la saisine du Conseil. • Cons. conc. n° 05-D-07 du 24 févr. 2005 : *BOCC 28 oct. 2005 ; RLC 2005, n° 3, p. 85, obs. B. C.*

2. Transaction. Dans le cas de mise en œuvre cumulative des procédures simplifiées et de transaction, et quel que soit l'ordre chronologique de cette mise en œuvre, le montant de la sanction qui sera infligée à l'entreprise doit être calculé conformément aux dispositions de l'art. L. 464-2-III, sans pouvoir dépasser le seuil fixé par l'art. L. 464-5. • Cass., avis, 11 juill. 2005 : *Bull. civ. n° 5 ; BICC 1er oct. 2005, p. 4, rapp. Favre, obs. Main ; D. 2005. AJ. 2216, obs. Chevrier ; JCP E 2006, n° 1, p. 30, obs. Decocq ; Contrats Conc. Consom. 2005, n° 192, obs. Malaurie-Vignal ; RDLC 2005, n° 4, p. 116, obs. Michel-Amsellem ; RLC 2005, n° 5, p. 67, obs. Nourissat* (répondant à • Paris, 22 févr. 2005 : *BOCC 23 juin 2005 ; D. 2005. 948, obs. Chevrier ; RLC 2005, n° 3, p. 85, obs. B. C.*). ♦ Au regard de l'ensemble des dispositions de l'art. L. 464-2, I et II [désormais I et III], les sanctions pécuniaires ne peuvent dépasser 5 % du chiffre d'affaires mondial hors taxe le plus élevé réalisé au cours d'un des exercices clos depuis l'exercice précédant celui au cours duquel les pratiques ont été mises en œuvre, sans préjudice du plafond spécifique qui s'impose lorsque est applicable la procédure simplifiée prévue à l'art. L. 463-3 C. com. • Cons. conc. n° 04-D-65 du 30 nov. 2004 : *BOCC 31 mars 2005 ; Contrats Conc. Consom. 2005, n° 29, obs. Malaurie-Vignal ; RLC 2005, n° 2, p. 76, obs. Cheynel* • n° 04-D-37 du 27 juill. 2004 : *RTD com. 2005. 67, obs. Claudel ; RDLC déc. 2004. 89, obs. Michel-Amsellem.*

Art. L. 464-6 *(L. n° 2001-420 du 15 mai 2001)* **Lorsque aucune pratique de nature à porter atteinte à la concurrence sur le marché n'est établie, le Conseil de la concurrence peut décider, après que l'auteur de la saisine et le commissaire du Gouvernement ont été mis à même de consulter le dossier et de faire valoir leurs observations, qu'il n'y a pas lieu de poursuivre la procédure.** *(Ord. n° 2004-274 du 25 mars 2004, art. 24-I)* **« Cette décision est motivée. »** — *V. Décr. n° 2002-689 du 30 avr. 2002, art. 45 et 46, infra, ss. art. L. 470-8.*

BIBL. ► BOUTARD-LABARDE, *JCP 1988. I. 3360.*

Alors qu'aux termes de l'art. L. 464-6, le prononcé d'un non-lieu intervient après une analyse des faits objet de la saisine afin d'en vérifier la matérialité et de dire s'ils constituent ou non des pratiques anti-concurrentielles prohibées, l'existence d'une cause d'irrecevabilité de la saisine exclut tout examen tant des preuves produites que du fond. • Cons. conc. n° 02-D-75 du 17 déc. 2002 : *préc. note 3 ss. art. L. 462-8.*

Art. L. 464-6-1 *(Ord. n° 2004-274 du 25 mars 2004, art. 24-II)* **Le Conseil de la concurrence peut également décider, dans les conditions prévues à l'article L. 464-6, qu'il n'y a pas lieu de poursuivre la procédure lorsque les pratiques mentionnées à l'article L. 420-1 ne visent pas des contrats passés en application du code des marchés publics et que la part de marché cumulée détenue par les entreprises ou organismes parties à l'accord ou à la pratique en cause ne dépasse pas soit :**

a) **10 % sur l'un des marchés affectés par l'accord ou la pratique lorsqu'il s'agit d'un accord ou d'une pratique entre des entreprises ou organismes qui sont des concurrents, existants ou potentiels, sur l'un des marchés en cause ;**

b) 15 % sur l'un des marchés affectés par l'accord ou la pratique lorsqu'il s'agit d'un accord ou d'une pratique entre des entreprises ou organismes qui ne sont pas concurrents existants ou potentiels sur l'un des marchés en cause.

Pour une comparaison avec les dispositions communautaires sur les accords d'importance mineure, V. BRDA 2004, n° 7, p. 10.

BIBL. ▶ DAMY, *Contrats Conc. Consom. 2003, chron. 12* (projet de création d'une procédure accélérée devant le Conseil de la concurrence). – CLAUDEL, *RTD com. 2003. 716* (même thème). – DESTOURS et RESPAUD, *Lettre distrib. avr. 2004, p. 1* (règle *de minimis*). – CLAUDEL, *RDLC déc. 2004. 56* (seuil de sensibilité en droit français).

Entrée en vigueur. Jugeant que les disposition de l'art. 24 de l'ord. n° 2004-274 du 25 mars 2004 sont immédiatement applicables comme étant plus favorables aux entreprises en ce qu'elles instituent un seuil de sensibilité : • Paris, 26 oct. 2004 : *D. 2004. AJ. 3138 ; RLC 2005, n° 2, p. 75, obs. Cheynel ; Lettre distrib. déc. 2004, p. 4* • Cons. conc. n° 04-D-63 du 30 nov. 2004 : *Contrats Conc. Consom. 2005, n° 47, obs. Malaurie-Vignal ; RDLC 2005, n° 1, p. 57, obs. Claudel ; Lettre distrib. janv. 2005, p. 2.*

Art. L. 464-6-2 *(Ord. n° 2004-274 du 25 mars 2004, art. 24-II)* **Toutefois, les dispositions de l'article L. 464-6-1 ne s'appliquent pas aux accords et pratiques qui contiennent l'une quelconque des restrictions caractérisées de concurrence suivantes :**

a) Les restrictions qui, directement ou indirectement, isolément ou cumulées avec d'autres facteurs sur lesquels les parties peuvent influer ont pour objet la fixation de prix de vente, la limitation de la production ou des ventes, la répartition de marchés ou des clients ;

b) Les restrictions aux ventes non sollicitées et réalisées par un distributeur en dehors de son territoire contractuel au profit d'utilisateurs finaux ;

c) Les restrictions aux ventes par les membres d'un réseau de distribution sélective qui opèrent en tant que détaillants sur le marché, indépendamment de la possibilité d'interdire à un membre du système de distribution d'opérer à partir d'un lieu d'établissement non autorisé ;

d) Les restrictions apportées aux livraisons croisées entre distributeurs à l'intérieur d'un système de distribution sélective, y compris entre les distributeurs opérant à des stades différents du commerce.

L'ord. n° 2004-274 du 25 mars 2004 a été ratifiée par l'art. 78-XV de la L. n° 2004-1343 du 9 déc. 2004 (JO 10 déc.).

Art. L. 464-7 La décision du conseil prise au titre de l'article L. 464-1 peut faire l'objet d'un recours en annulation ou en réformation par les parties en cause et le commissaire du Gouvernement devant la cour d'appel de Paris au maximum dix jours après sa notification. La cour statue dans le mois du recours. — *V. Décr. n° 2002-689 du 30 avr. 2002, art. 46, infra, ss. art. L. 470-8.*

Le recours n'est pas suspensif. Toutefois, le premier président de la cour d'appel de Paris peut ordonner qu'il soit sursis à l'exécution des mesures conservatoires, si celles-ci sont susceptibles d'entraîner des conséquences manifestement excessives ou s'il est intervenu, postérieurement à leur notification, des faits nouveaux d'une exceptionnelle gravité. — *[Ord. n° 86-1243 du 1er déc. 1986, art. 12, al. 4 et 5]. — V. L. n° 87-499 du 6 juill. 1987, art. 3 et 4, et Décr. n° 87-849 du 19 oct. 1987, art. 10 s., infra, ss. art. L. 464-8.*

1. Délai. Si le juge doit relever d'office la fin de non-recevoir résultant de l'inobservation du délai dans lequel doit être exercée une voie de recours, il ne résulte ni de l'arrêt, ni des écritures des parties que la cour d'appel ait été mise en mesure de constater l'irrecevabilité du recours par la production de pièces établissant le point de départ du délai. • Com. 8 nov. 2005 : *D. 2005. AJ. 2870, obs. Chevrier ; JCP E 2006, n° 1, p. 30, obs. Decocq ; Contrats Conc. Consom. 2005, n° 206, obs. Malaurie-Vignal ; RJDA 2006, n° 461 ; RLC 2006, n° 6, p. 71, obs.*

Nourissat; RDLC 2006, n° 1, p. 186, obs. Michel-Amsellem.

2. Recevabilité. L'examen de la caractérisation par le Conseil de la pratique dénoncée ressortit à l'examen au fond par la cour d'appel du recours en annulation ou en réformation de la décision du Conseil ordonnant des mesures conservatoires et non à la recevabilité de ce recours. • Com. 8 nov. 2005 : *préc. note 1.*

3. Tierce opposition. Les arrêts rendus par la Cour de Paris, en application des art. 12 et 15 [C. com., art. L. 464-7 et L. 464-8] sont passibles de tierce opposition. • Paris, 29 mars 1990 : *Gaz. Pal. 1990. 1. 332, concl. Jobard et note Marchi.*

4. Pouvoir. Saisie d'un recours contre une décision du conseil en application des art. 12, al. 5, ou 15, al. 3 [C. com., art. L. 464-7, al. 5, et L. 464-8, al. 3], la cour d'appel de Paris n'a ni le pouvoir d'annuler des conventions ou clauses contractuelles ni celui de prononcer des condamnations à des dommages et intérêts. • Paris, 6 nov. 1991 : *Gaz. Pal. 1992. 1. 359, concl. Jobard, note Marchi; JCP 1992. II. 21886, note Suzanne.*

Art. L. 464-8 **Les décisions du Conseil de la concurrence mentionnées aux articles L. 462-8,** *(Abrogé par L. n° 2001-1168 du 11 déc. 2001)* **« L. 464-1, » L. 464-2, L. 464-3, L. 464-5** *(Ord. n° 2004-274 du 25 mars 2004, art. 24-III)* **« , L. 464-6 et L. 464-6-1 » sont notifiées aux parties en cause et au ministre chargé de l'économie, qui peuvent, dans le délai d'un mois, introduire un recours en annulation ou en réformation devant la cour d'appel de Paris.**

Les décisions sont publiées au *Bulletin officiel de la concurrence, de la consommation et de la répression des fraudes.* *(Ord. n° 2004-1173 du 4 nov. 2004, art. 13)* **« Les décisions peuvent prévoir une publication limitée pour tenir compte de l'intérêt légitime des parties à ce que leurs secrets d'affaires ne soient pas divulgués. » Le ministre chargé de l'économie veille à leur exécution.**

Le recours n'est pas suspensif. Toutefois, le premier président de la cour d'appel de Paris peut ordonner qu'il soit sursis à l'exécution de la décision si celle-ci est susceptible d'entraîner des conséquences manifestement excessives ou s'il est intervenu, postérieurement à sa notification, des faits nouveaux d'une exceptionnelle gravité. — *V. Décr. n° 87-849 du 19 oct. 1987, art. 12 s., infra.*

Le pourvoi en cassation, formé le cas échéant, contre l'arrêt de la cour, est exercé dans un délai d'un mois suivant sa notification. — *[Ord. n° 86-1243 du 1er déc. 1986, art. 15].*

(L. n° 2004-1343 du 9 déc. 2004, art. 83-II) **« Le ministre chargé de l'économie peut, dans tous les cas, former un pourvoi en cassation contre l'arrêt de la cour d'appel de Paris. »**

BIBL. ▶ BOLZE, *D. 1988. Chron. 169.* – DOUVRELEUR, *Gaz. Pal. 1988. 1. Doctr. 179.* – GAUDEMET, *JCP 1999. I. 188* (pouvoir de réformation de la cour d'appel de Paris). – D. BRAULT, *ibid. 2003. Doctr. 2166* (de la présomption d'innocence en matière de pratiques anticoncurrentielles).

1. Qualité de partie. Sur le défaut de qualité de partie d'une société n'ayant pas saisi directement le Conseil de la concurrence, V. • Com. 17 déc. 1991 : *Bull. civ. IV, n° 397.* ♦ Le recours ne peut être formé que par l'une des parties en cause, soit celle dont la réclamation a été déclarée irrecevable ou rejetée, soit celle qui, à la suite d'une notification de griefs, a fait l'objet d'une injonction ou d'une sanction pécuniaire. • Paris, 11 mars 2003 : *BOCC 11 juill. 2003.* ♦ N'ont pas cette qualité les entreprises qui n'ont fait que répondre à des demandes d'informations des rapporteurs en charge de l'enquête. • Même arrêt.

2. Sursis à exécution. L'art. 15, al. 3 [C. com., art. L. 464-8, al. 3], ne s'applique pas lorsque la décision soumise à recours a sanctionné, par application de l'art. 14 [C. com., art. L. 464-3], l'inexécution partielle d'injonctions prononcées précédemment sans en édicter de nouvelles. • Paris, ord., 6 mars 1991 : *Gaz. Pal. 1991. 2. 520.*

3. Un sursis à exécution, limité dans le temps, de la décision du Conseil de la concurrence ordonnant à des sociétés de cesser de subordonner l'agrément de leurs distributeurs à la détention de la qualité de pharmacien d'officine, est justifié pour permettre à ces sociétés la possibilité d'organiser et d'aménager une politique commerciale nouvelle de leurs produits sans risques majeurs définitifs et irréversibles de désordre. • Paris, ord., 11 août 1987 : *D. 1987. IR. 196; RJ com. 1988. 58, note Gallet* • 11 sept. 1987 : *ibid.* ♦ V. aussi • Paris, ord., 8 mars 1990 : *Gaz. Pal. 1991. 1. Somm. 36, obs. Marchi.*

Pour une décision de sursis motivée par la restructuration de la société et le fait que le recouvrement immédiat de l'intégralité du montant de la sanction serait de nature à altérer de façon grave et durable le fonctionnement de l'entreprise, V. • Paris, ord., 26 juin 1996 : *BOCC 20 août 1996* • 20 mai 2003 : *BOCC 11 août 2003 ; Contrats Conc. Consom. 2003, n° 162, note Malaurie-Vignal* (mise en péril de l'exploitation).

Le sursis à exécution d'une décision ne peut être ordonné, faute que cette exécution soit susceptible d'entraîner des conséquences manifestement excessives, alors qu'elle impose une publication forcée dans trois organes de presse, puisque la décision a déjà reçu une complète publicité par son insertion d'office au *BOCC* et par son insertion dans d'autres journaux. • Paris, ord., 11 août 1987 : *préc.* ♦ Sur le sursis à exécution d'une mesure de diffusion personnalisée d'extraits de la décision du Conseil de la concurrence à des contractants de l'entreprise condamnée, V. • Paris, ord., 6 sept. 2005 : *Contrats Conc. Consom. 2005, n° 193, obs. Malaurie-Vignal.*

Sur la nécessité, pour obtenir un sursis à exécution d'une décision du conseil, de caractériser les conséquences manifestement excessives, par une démonstration concrète et chiffrée des excès évidents qu'entraînerait de manière effective l'exécution des injonctions, V. • Paris, 18 févr. 1999 : *D. 1999. IR. 114.*

4. Recours. Le recours n'est ouvert qu'à l'encontre des décisions énumérées à l'art. L. 464-8, au nombre desquelles ne figure pas le renvoi d'une affaire à l'instruction, simple mesure interne prise par le conseil de la concurrence pour poursuivre l'examen d'une affaire dont il entend rester saisi. • Paris, 11 mars 2003 : *préc. note 1.* ♦ Il résulte des dispositions de l'art. L. 464-8 que le recours en annulation ou en réformation devant la cour d'appel de Paris prévu par ce texte n'est pas ouvert contre les décisions par lesquelles le Conseil de la concurrence déclare une saisine au fond recevable. • Paris, 26 juin 2002 : *BOCC 11 juill. 2003.* ♦ ... Estime que les faits invoqués à l'appui de la saisine sont suffisamment probants. • Paris, 28 janv. 2005 : *D. 2005. AJ. 710, obs. Chevrier.* ♦ ... Ou prononce la disjonction de la saisine initiale. • Paris, 21 sept. 2004 : *cité ss. art. 31 du Décr. n° 2002-189 du 30 avr. 2002, infra.* ♦ ... Ni contre celles prises en application de l'art. L. 430-9 C. com. • Com. 12 juill. 2004 : *cité note 4 ss. art. L. 430-9.* ♦ Il n'appartient pas à la cour d'appel de Paris de se prononcer sur la décision du Conseil de transmettre le dossier au parquet ainsi que le prévoit l'art. L. 462-6 C. com. • Paris, 26 oct. 2004 : *BOCC 21 janv. 2005 ; D. 2004. AJ. 3138 ; RLC 2005, n° 2, p. 75, obs. Cheynel.* ♦ V. aussi notes 7 ss. art. L. 464-1, 3 ss. art. L. 464-7 et 6 ss. art. L. 450-1.

4 bis. Ministre de l'Économie. Si le ministre chargé de l'économie a le droit d'exercer un recours devant la cour d'appel contre une décision du Conseil de la concurrence, même s'il n'a pas été partie à la décision, il n'en résulte pas une dérogation à la règle selon laquelle le pourvoi en cassation n'est ouvert qu'aux parties à l'instance devant le juge du second degré ; par conséquent le pourvoi formé par ledit ministre, qui n'a pas exercé un recours contre la décision et n'était donc pas partie à l'instance devant la cour d'appel, est irrecevable. • Com. 15 juill. 1992 : *Bull. civ. IV, n° 274 ; JCP 1992. IV. 2687* • 19 juin 2001 : *Bull. civ. IV, n° 120 ; Gaz. Pal. 2002. 2. Somm. 1548* • 25 mars 2003 : *Bull. civ. IV, n° 51 ; D. 2003. AJ. 1163 ; JCP E 2003, n° 23, p. 930 ; Contrats Conc. Consom. 2003, n° 112, obs. Malaurie-Vignal ; Gaz. Pal. 2004. Somm. 598, obs. du Rusquec ; RJDA 2003, n° 653* • 26 nov. 2003 : *Gaz. Pal. 2004. 471, avis. Lafortune.* – V. aussi note 3 ss. art. L. 470-5. ♦ V. désormais dernier al. de l'art. L. 464-8.

5. Juridiction compétente. Il résulte des dispositions de l'art. 15 [C. com., art. L. 464-8] que, le législateur ayant entendu organiser un recours juridictionnel spécial contre certaines décisions du Conseil de la concurrence, seule la cour d'appel de Paris est compétente pour statuer sur les sanctions pécuniaires prononcées par le Conseil. • CE 21 oct. 1998 : *D. 1998. IR. 253 ; RJDA 1999, n° 98.*

5 bis. Publication. V. note 12 ss. art. L. 464-2.

6. Portée de la réformation. La réformation d'une décision du Conseil de la concurrence ne produit d'effet qu'à compter de la notification de l'arrêt de la cour d'appel de Paris et ne modifie pas rétroactivement l'état de droit concernant la société condamnée à publier une décision, ni ne retire son caractère exécutoire à la mesure de publication ordonnée. • Cons. conc. n° 95-D-29 du 2 mai 1995 : *BOCC 25 juill. 1995.*

7. Portée de l'annulation. La cour d'appel de Paris, qui a annulé une décision du Conseil de la concurrence en raison de la présence du rapporteur et du rapporteur général au délibéré de cette autorité, a le pouvoir de statuer sur les griefs notifiés sans avoir à examiner d'autres moyens de nullité de la décision critiquée. • Com. 30 mai 2000 : *Bull. civ. IV, n° 112* (rejet du pourvoi contre • Paris, 15 juin 1999 : *cité note 2 ss. art. L. 463-7* • 29 juin 1999 : *ibid.*). ♦ V. aussi • Com. 4 déc. 2001 : *Bull. civ IV, n° 193 ; JCP E 2002, n° 3, p. 93* • 26 févr. 2002 : *JCP E 2003, n° 17-18, p. 760, note Rajot ; RJDA 2002, n° 819.* ♦ Ayant annulé la seule décision du Conseil en laissant subsister l'intégralité de la procédure suivie devant lui, la cour d'appel tient de la combinaison des art. L. 464-8 C. com. et 561 NCPC le pouvoir de statuer en fait et en droit sur les griefs notifiés. • Com. 7 janv. 2004 : *préc. note 28 ss. art. L. 420-1.*

Saisie par les parties en cause d'un recours en annulation ou en réformation de la décision du Conseil, la cour d'appel, après avoir annulé cette décision, est tenue de statuer en fait et en droit sur les demandes des parties tendant à l'annulation de l'enquête et de l'instruction ayant conduit à la décision qu'elle annule et, le cas échéant, sur les griefs notifiés et maintenus par le rapport. • Com. 27 sept. 2005 : *Bull. civ. IV, n° 181 ; D. 2005. AJ. 2590, obs. Chevrier ; JCP E 2005, n° 44-45, p. 1872 ; Contrats Conc. Consom. 2005, n° 208, obs. Malaurie-Vignal ; RDLC 2005, n° 4, p. 115, obs. Michel-Amsellem ; RLC 2005, n° 5, p. 67, obs. Nourissat ; RJDA 2006, n° 335* • 31 janv. 2006 : *Contrats Conc. Consom. 2006, n° 71, obs. Malaurie-Vignal.* ♦ *Contra*, jugeant que si la cour d'appel de Paris, lorsqu'elle annule une décision du Conseil de la concurrence sans que soit remise en cause la procédure antérieure à cette décision, tient, de la combinaison des art. L. 464-8 C. com. et 561 NCPC, le pouvoir de statuer en fait et en droit sur la question soumise au conseil, la juridiction de recours n'est pas tenue d'user de ce pouvoir. • Paris, 14 janv. 2003 : *BOCC 27 févr. 2003* • 22 juin 2004 : *BOCC 8 nov. 2004.*

8. Recevabilité. Faute d'avoir exposé le moyen d'annulation tiré de la présence du rapporteur au délibéré du Conseil de la concurrence lors de la déclaration de recours, ou dans les deux mois suivant la notification de la décision frappée de recours, les requérants ne sont pas recevables à le faire pour la première fois devant la Cour de cassation, et la cour d'appel n'est pas tenue de le relever d'office. • Com. 27 mars 2001 : *Bull. civ. IV, n° 67 ; D. 2001. AJ. 1537, obs. Chevrier.* ♦ Dans le même sens, V. • Com. 9 oct. 2001 : *JCP 2001. IV. 2870.*

Loi n° 87-499 du 6 juillet 1987,

Transférant le contentieux des décisions du Conseil de la concurrence à la juridiction judiciaire.

Art. 1er et 2 *(Modification des art. 12 et 15 de l'Ord. n° 86-1243 du 1er déc. 1986, abrogés et codifiés ss. C. com., art. L. 464-1, L. 464-7 et L. 464-8).*

3 La présente loi est applicable aux procédures en cours devant le conseil de la concurrence.

Les décisions du conseil de la concurrence prises en application de l'article 12 de l'ordonnance n° 86-1243 du 1er décembre 1986 *[C. com., art. L. 464-1]* précitée antérieurement à la date d'entrée en vigueur de la présente loi peuvent faire l'objet du recours mentionné au quatrième alinéa du même article dans les dix jours suivant cette date.

Les décisions du conseil de la concurrence prises en application du titre III de l'ordonnance n° 86-1243 du 1er décembre 1986 précitée *[C. com., livre IV, titres 2 et 6]* antérieurement à la date d'entrée en vigueur de la présente loi peuvent faire l'objet du recours mentionné à l'article 15 *[C. com., art. L. 464-8]* dans le délai d'un mois suivant cette date.

La juridiction administrative reste compétente pour statuer sur les recours dont elle a été saisie en application des articles 12 et 15 de l'ordonnance n° 86-1243 du 1er décembre 1986 précitée *[C. com., art. L. 464-1, L. 464-7 et L. 464-8]* antérieurement à la date d'entrée en vigueur de la présente loi.

4 La présente loi ne vaut ratification que des articles 12 et 15 de l'ordonnance n° 86-1243 du 1er décembre 1986 précitée *[C. com., art. L. 464-1 s. et L. 464-8]*.

Ratification implicite. **BIBL.** Gaudemet, *JCP 1991. I. 3486.* ♦ Il résulte des lois n° 87-588 du 30 juill. 1987 (CSS, art. L. 162-38), n° 88-21 du 6 janv. 1988 [abrogée par L. n° 2000-719 du 1er août 2000, art. 25-II], n° 88-828 du 20 juill. 1988, n° 89-25 du 17 janv. 1989, n° 89-421 du 23 juin 1989 et n° 89-1008 du 31 déc. 1989, qu'en se référant expressément, soit à des dispositions essentielles de l'ord. du 1er déc. 1986, indissociables de l'ensemble de ce texte, soit à l'ensemble du texte lui-même, le législateur a manifesté la volonté implicite, mais réitérée, de ratifier l'ordonnance ; il s'ensuit que cette ordonnance est un acte législatif. • Com. 6 oct. 1992 : *Bull. civ. IV, n° 294 ; D. 1992. IR. 264.* – Dans le même sens, V. • CE 7 févr. 1994 : *BID 1994, n° 6, p. 32, note Wauquier.*

Décret n° 87-849 du 19 octobre 1987,

Relatif aux recours exercés devant la cour d'appel de Paris contre les décisions du Conseil de la concurrence.

BIBL. GÉN. ► CANIVET, *RJ com. 1992. 185* (le juge et l'autorité de marché). ► Décr. n° 2005-1667 du 27 déc. 2005 : CHEYNEL, *RLC 2006, n° 6, p. 73 s.*

Art. 1er Par dérogation aux dispositions du titre VI du livre II du Nouveau code de procédure civile, les recours exercés devant la cour d'appel de Paris contre les décisions du Conseil de la concurrence sont formés, instruits et jugés conformément aux dispositions ci-après.

Le Décr. n° 87-849 du 19 oct. 1987 ne comportant aucune disposition relative à la tenue de l'audience, et dès lors que les dispositions du NCPC ne cèdent que devant les dispositions expressément contraires de ce décret ou aménageant des modalités propres à l'exercice des recours contre les décisions du Conseil de la concurrence, la cour d'appel [de Paris] a pu statuer dans les conditions prévues à l'art. 786 NCPC. • Com. 9 juin 2004 : *Bull. civ. IV, n° 117 ; D. 2004. AJ. 2227* ; *JCP E 2004, n° 32-35, p. 1273 ; Contrats Conc. Consom. 2004, n° 141, obs. Malaurie-Vignal ; RJDA 2004, n° 1393.* – V. aussi • Paris, 22 sept. 2004 : *D. 2004. AJ. 2788* • 22 févr. 2005 : (art. 328 à 330 NCPC).

1er-1 *(Décr. n° 2005-1667 du 27 déc. 2005, art. 1er)* Le Conseil de la concurrence n'est pas partie à l'instance.

SECTION I. *Des recours prévus à l'article L. 464-8 du code de commerce (Décr. n° 2005-1667 du 27 déc. 2005, art. 2).*

2 *(Décr. n° 2005-1667 du 27 déc. 2005, art. 3)* Les recours prévus à l'article L. 464-8 du code de commerce sont formés par une déclaration écrite en triple exemplaire déposée contre récépissé au greffe de la cour d'appel de Paris contenant, à peine de nullité :

1° Si le demandeur est une personne physique, ses nom, prénoms, profession et domicile ; si le demandeur est une personne morale, sa dénomination, sa forme, son siège social et l'organe qui la représente ; dans le cas où la déclaration est faite au nom du ministre chargé de l'économie, elle indique la dénomination et l'adresse du service mentionné au deuxième alinéa de l'article 16 ;

2° L'objet du recours.

Lorsque la déclaration ne contient pas l'exposé des moyens invoqués, le demandeur doit, à peine d'irrecevabilité prononcée d'office, déposer cet exposé au greffe dans les deux mois qui suivent la notification de la décision du Conseil de la concurrence.

Les dispositions du Décr. n° 2005-1667 du 27 déc. 2005 s'appliquent aux recours dirigés à l'encontre des décisions du Conseil de la concurrence rendues à compter du 1er janv. 2006 (art. 17 du décret).

1. Dépôt d'une déclaration écrite. Les recours formés par lettres simples ou recommandées reçues ou transmises au greffe de la cour doivent être déclarées d'office irrecevables. • Paris, 18 oct. 1991 : *Gaz. Pal. 1992. 1. 60, note Marchi.* ♦ Même solution, pour une lettre recommandée avec avis de réception, • Paris, 26 juin 2001 : *BOCC 31 janv. 2002, p. 88.*

2. Objet du recours. Il est satisfait à l'exigence de préciser l'objet du recours, dès lors que la décision attaquée est exactement spécifiée dans l'acte de recours et que la finalité du recours – réformation ou annulation, selon les termes de l'art. 15 de l'ord. du 1er déc. 1986 [C. com., art. L. 464-8] – se déduit suffisamment de la nature du dispositif de la décision. • Paris, 28 juin 1994 : *Gaz. Pal. 1994. 2. 654, concl. Jobard.* ♦ Lorsque la saisine du ministre de l'économie ne formule aucune critique à l'encontre de la décision du conseil qu'elle vise et se borne à se référer à l'arrêt de la Cour d'appel de Paris dont elle sollicite la confirmation alors que par l'effet de la cassation prononcée celui-ci n'existe plus, la déclaration de saisine ne contient pas l'objet du recours. • Com. 26 mars 2002 : *Bull. civ. IV, n° 59 ; D. 2002. AJ. 1830, obs. Chevrier.*

3. Exposé des moyens invoqués. L'art. 2 (3°) [désormais 4e al.] s'applique aux moyens nouveaux qui pourraient être contenus dans un mémoire en réplique et qui sont donc irrecevables passé le délai de deux mois. • Com. 8 nov. 1994 : *Bull. civ. IV, n° 329.*

4. Le recours non motivé, tendant seulement à l'annulation et, en cas de besoin, à la réformation de la décision, doit être déclaré irrecevable pour défaut d'énoncé des moyens dans les deux mois suivant la décision. • Com. 10 janv. 1995 : *Bull. civ. IV, n° 14.* ♦ V. aussi, déclarant irrecevable un recours au motif que l'exposé des moyens n'avait été développé que dans des mémoires communiqués par l'appelant plus de deux mois après notification de la décision du Conseil, • Paris, 20 oct. 1998 : *JCP E 1998, n° 47, p. 1808* • 29 avr. 2003 : *BOCC 11 juill. 2003.* ♦ V. également note 8 ss. art. L. 464-8, *supra.*

5. En ce sens que le moyen d'annulation tiré de la présence du rapporteur au délibéré ne peut être soulevé pour la première fois devant la Cour de cassation et que la Cour de Paris n'est pas tenue de le soulever d'office, V. • Com. 27 mars 2001 : *D. 2001. AJ. 1537, obs. Chevrier ; RTD com. 2001. 875, obs. Claudel* • 9 mai 2001 : *Bull. civ. IV, n° 85 ; Contrats Conc. Consom. 2001, n° 138, obs. Malaurie-Vignal ; RJDA 2001, n° 1264* • 19 juin 2001 : *BOCC 31 janv. 2002* • 9 oct. 2001 : *JCP E 2001, n° 47, p. 1840* • 20 nov. 2001 : *Bull. civ. IV, n° 182.*

6. Sanction. Il résulte de la combinaison des art. 1032, 1033 NCPC [saisine de la juridiction de renvoi après cassation] et de l'art. 2 du Décr. du 19 oct. 1987 [dans sa rédaction antérieure] que la sanction du défaut des mentions requises est une fin de non-recevoir et non une nullité. • Com. 26 mars 2002 : *D. 2002. AJ. 1830, obs. Chevrier .* ♦ V. désormais la nouvelle rédaction de l'art. 2 issue du Décr. n° 2005-1667 du 27 déc. 2005.

3 La déclaration de recours mentionne la liste des pièces et documents justificatifs produits. Les pièces et documents mentionnés dans la déclaration sont remis au greffe de la cour d'appel en même temps que la déclaration. Le demandeur au recours joint à la déclaration une copie de la décision attaquée.

Lorsque le demandeur au recours n'est pas représenté, il doit informer sans délai le greffe de la cour de tout changement de domicile.

4 Dans les cinq jours qui suivent le dépôt de la déclaration, le demandeur au recours doit, à peine d'irrecevabilité de ce dernier *(Décr. n° 2005-1667 du 27 déc. 2005, art. 4)* « prononcée d'office », en adresser par lettre recommandée avec demande d'avis de réception une copie aux parties auxquelles la décision du Conseil de la concurrence a été notifiée, ainsi qu'il ressort de la lettre de notification prévue au deuxième alinéa de l'article 20 du présent décret.

V. note rédactionnelle ss. art. 2.

L'art. 5 précisant que le greffe de la cour d'appel notifie au ministre de l'Économie, dès l'enregistrement d'un recours formé contre la décision du Conseil de la concurrence, un exemplaire de la déclaration de la partie requérante si le ministre n'est pas demandeur au recours, l'omission de la formalité prévue par l'art. 4 ne saurait faire grief au ministre, qu'il fût ou non auteur de la saisine du Conseil de la concurrence, puisque cette notification lui permet, s'il n'a pas introduit de recours principal, de faire, le cas échéant, un recours incident. • Com. 8 juill. 1997 : *Bull. civ. IV, n° 220 ; D. Affaires 1997. 1070 ; Procédures 1997, n° 236, note Croze.*

5 *(Décr. n° 2005-1667 du 27 déc. 2005, art. 5)* « Dès l'enregistrement du recours, le greffe de la cour d'appel notifie une copie de la déclaration mentionnée à l'article 2 et des pièces qui y sont jointes au Conseil de la concurrence, ainsi qu'au ministre chargé de l'économie s'il n'est pas demandeur au recours. »

Le Conseil de la concurrence transmet au greffe de la cour le dossier de l'affaire qui comporte les procès-verbaux et rapports d'enquête, les griefs, les observations, le rapport, les documents et les mémoires mentionnés *(Décr. n° 2005-1667 du 27 déc. 2005, art. 5)* « à l'article L. 463-2 du code de commerce ».

Le greffe transmet au Conseil de la concurrence et au ministre de l'économie une copie des pièces de procédure ultérieures, y compris celles qui résultent de l'application des articles 6, 7 et *(Décr. n° 2005-1667 du 27 déc. 2005, art. 5)* « 8 » ci-après.

V. note rédactionnelle ss. art. 2.

Le procès-verbal de séance du Conseil de la concurrence, qui est une pièce de la procédure, doit être transmis au greffe de la cour afin que celle-ci soit en mesure, par la demande qui peut lui en être faite par les parties, d'apprécier la régularité formelle de la séance, eu égard à sa composition, aux interventions, et à l'existence d'éventuels incidents. • Paris, 9 mai 2000 : *Gaz. Pal. 21-22 juill. 2000, p. 13.*

V. note ss. art. 4.

6 Un recours incident peut être formé alors même que son auteur serait forclos pour exercer un recours à titre principal. Dans ce dernier cas, le recours ne sera toutefois pas recevable s'il est formé plus d'un mois après la réception de la lettre prévue à l'article 4 ou si le recours principal n'est pas lui-même recevable.

Le recours incident est formé selon les modalités prévues à l'article 2. Il est dénoncé, dans les conditions prévues à l'article 4, aux demandeurs au recours à titre principal.

Jugeant que la dénonciation, à peine d'irrecevabilité, du recours incident dans les cinq jours qui suivent le dépôt de la déclaration, ne vaut qu'à l'égard des demandeurs au recours à titre principal et non des demandeurs au recours incident : • Paris, 9 nov. 2004 : *BOCC 21 janv. 2005 ; D. 2005. AJ. 74, obs. Chevrier.*

7 Lorsque le recours risque d'affecter les droits ou les charges d'autres personnes qui étaient parties en cause devant le Conseil de la concurrence, ces personnes peuvent se joindre à l'instance devant la cour d'appel par déclaration écrite et motivée déposée au greffe dans les conditions prévues à l'article 2 dans le délai d'un mois après la réception de la lettre prévue à l'article 4. Elle est notifiée aux demandeurs au recours.

A tout moment, le premier président ou son délégué ou la cour peut mettre d'office en cause ces mêmes personnes. Le greffe notifie la décision de mise en cause par lettre recommandée avec demande d'avis de réception.

1. Droits de la défense. La cour d'appel, lorsqu'elle statue sur le recours contre une décision d'irrecevabilité du conseil, ne saurait se prononcer sur la recevabilité de la saisine sans entendre ou appeler en la cause les personnes ou entreprises visées par la plainte, le droit au double degré de juridiction ne pouvant en pareil cas être utilement opposé. • Paris, 25 janv. 1994 : *Contrats Conc. Consom. 1994, n° 53.*

2. Mise en cause d'office. En ce sens que la cour d'appel de Paris ne saurait mettre en cause d'office des sociétés qui n'ont jamais été destinataires de la notification de la décision du Conseil et du recours exercé contre cette décision, V. • Paris, 26 sept. 2000 : *Contrats Conc. Consom. 2001, n° 10, obs. Malaurie-Vignal.*

8 *(Décr. n° 2005-1667 du 27 déc. 2005, art. 6)* Le premier président de la cour d'appel ou son délégué fixe les délais dans lesquels les parties à l'instance doivent se communiquer leurs observations écrites et en déposer copie au greffe de la cour. Il fixe les délais dans lesquels le Conseil de la concurrence et le ministre chargé de l'économie, lorsqu'il n'est pas partie à l'instance, peuvent produire des observations écrites. Il fixe également la date des débats.

Le greffe notifie ces délais aux parties, au Conseil de la concurrence et au ministre chargé de l'économie lorsqu'il n'est pas partie à l'instance, et les convoque à l'audience prévue pour les débats par lettre recommandée avec demande d'avis de réception.

Les observations présentées par le Conseil de la concurrence et le ministre chargé de l'économie, lorsqu'il n'est pas partie à l'instance, sont portées par le greffe à la connaissance des parties à l'instance.

V. note rédactionnelle ss. art. 2.

Observations écrites. Viole l'art. 6 de la Conv. EDH, le Conseil de la concurrence qui adresse à la Cour d'appel de Paris des observations écrites qui modifient, en les aggravant, les données qu'il avait retenues contre les entreprises dans sa décision déférée, alors même que les entreprises en cause avaient eu connaissance d'observations et y avaient répliqué. • Paris, 9 avr. 2002 : *BOCC 24 juin 2002 ; JCP E 2003, n° 13, p. 559, obs. Raynaud ; Contrats Conc. Consom. 2002, n° 177, obs. Malaurie-Vignal ; RSC 2003. 578, obs. Fourgoux.* ♦ Comp., jugeant que les dispositions de l'art. 9, al. 1er, [désormais art. 8, al. 1er] prévoyant que le Conseil de la Concurrence, qui n'est pas partie à l'instance, a la faculté de présenter des observations écrites, ne sont pas de nature à fausser le débat dans la mesure où les parties ont la possibilité de répliquer aux observations. • Com. 27 janv. 1998 : *Bull. civ. IV, n° 42 ; D. Affaires 1998. 836, obs. A. M. ; JCP 1998.*

IV. 1580 • Paris, 9 nov. 2004 : *préc. ss. art. 6, supra.* ♦ Encore faut-il qu'ils puissent effectivement le faire. • Com. 6 oct. 1992 : *Bull. civ. IV, n° 294.*

9 *(Décr. n° 2005-1667 du 27 déc. 2005, art. 7)* Le Conseil de la concurrence et le ministre chargé de l'économie, lorsqu'il n'est pas partie à l'instance, peuvent présenter des observations orales à l'audience à leur demande ou à la demande du premier président ou de la cour.

V. note rédactionnelle ss. art. 2.

Observations orales. Est irrecevable le moyen de nullité tiré de l'inobservation des dispositions de l'art. 9, le président de la cour d'appel saisie d'un recours contre une décision du Conseil de la concurrence ayant permis au représentant du ministre de l'Économie, des Finances et du Budget de présenter des observations orales à l'audience, dès lors que ce moyen n'a pas été invoqué avant la clôture des débats. • Com. 12 janv. 1993 : *Bull. civ. IV, n° 8.*

SECTION II. *Des recours prévus aux articles L. 464-1 et L. 464-7 du code de commerce (Décr. n° 2005-1667 du 27 déc. 2005, art. 8).*

10 Les recours prévus *(Décr. n° 2005-1667 du 27 déc. 2005, art. 9)* « aux articles L. 464-1 et L. 464-7 du code de commerce » sont portés devant la cour d'appel par voie d'assignation à une audience préalablement indiquée par le premier président ou son délégué.

A peine de nullité, l'assignation contient, outre les mentions prescrites pour les actes d'huissier de justice, l'objet du recours avec un exposé des moyens.

Sous la même sanction :

1° Une copie de la décision attaquée est jointe à l'assignation ;

2° Une copie de l'assignation est déposée en triple exemplaire au greffe de la cour d'appel au plus tard dans les cinq jours qui suivent celui de sa signification.

(Décr. n° 2005-1667 du 27 déc. 2005, art. 9) « A peine d'irrecevabilité du recours prononcée d'office, l'assignation est délivrée à toutes les parties en cause devant le Conseil de la concurrence ainsi qu'au ministre chargé de l'économie.

« Une copie de l'assignation est immédiatement notifiée à la diligence de l'huissier de justice au Conseil de la concurrence par lettre recommandée avec demande d'avis de réception. »

V. note rédactionnelle ss. art. 2.

Ayant été formalisé, en méconnaissance des prescriptions de l'art. 10, par une déclaration au greffe, le recours formé par une société contre la décision rejetant sa demande de mesures conservatoires est irrecevable. • Paris, 6 nov. 1991 : *Gaz. Pal. 1992. 1. 359, concl. Jobard et note Marchi ; JCP 1992. II. 21886, note Suzanne.* ♦ S'il résulte de la combinaison des art. 1033 NCPC et 10 du décret du 19 oct. 1987 que la déclaration de saisine de la cour d'appel de Paris après cassation d'un arrêt ayant statué sur le recours formé à l'encontre d'une décision du Conseil de la concurrence rendue en matière de mesures conservatoires doit contenir la mention de l'objet du recours, avec un exposé des moyens, le défaut d'indication de celui-ci constitue un vice de forme, lequel ne peut entraîner la nullité de l'acte qu'à charge pour celui qui l'invoque de prouver le grief que lui cause l'irrégularité. • Paris, 14 janv. 2003 : *BOCC 27 févr. 2003.*

11 *(Décr. n° 2005-1667 du 27 déc. 2005, art. 10)* Le Conseil de la concurrence et le ministre chargé de l'économie, lorsqu'il n'est pas partie à l'instance, ont la faculté de présenter des observations écrites et orales. Ces dernières sont présentées à l'audience à leur demande ou à la demande du premier président ou de la cour.

V. note rédactionnelle ss. art. 2.

SECTION III. *Des demandes de sursis à exécution*

12 Les demandes de sursis à exécution prévues *(Décr. n° 2005-1667 du 27 déc. 2005, art. 11)* « à l'article L. 464-8 du code de commerce » sont portées par voie d'assignation devant le premier président de la cour d'appel de Paris, selon les modalités du deuxième alinéa de l'article 485 du nouveau code de procédure civile.

13 A peine de nullité, l'assignation contient, outre les mentions prescrites pour les actes d'huissier de justice, l'exposé des moyens invoqués à l'appui de la demande de sursis.

Sous la même sanction, elle précise la date à laquelle a été formé le recours contre la décision dont le sursis à exécution est demandé.

14 *(Décr. nº 2005-1667 du 27 déc. 2005, art. 12)* A peine d'irrecevabilité de la demande prononcée d'office, l'assignation est délivrée à toutes les parties en cause devant le Conseil de la concurrence et au ministre chargé de l'économie. Une copie de l'assignation est immédiatement notifiée à la diligence de l'huissier de justice au Conseil de la concurrence par lettre recommandée avec demande d'avis de réception.

V. note rédactionnelle ss. art. 2.

SECTION IV. *Dispositions communes aux différentes demandes*

15 Les notifications entre parties ont lieu par lettre recommandée avec demande d'avis de réception ou par notification directe entre les avocats ou les avoués des parties.

Les pièces de procédure doivent être déposées au greffe en triple exemplaire.

Dès lors que les parties à l'instance ont désigné un avoué pour les y représenter, c'est à lui et non aux avocats que doivent être notifiées les écritures et productions. • Com. 16 mai 2000 : *Bull. civ. IV, nº 101.*

16 *(Décr. nº 2005-1667 du 27 déc. 2005, art. 13)* « Devant la cour d'appel ou son premier président, la représentation et l'assistance des parties et du Conseil de la concurrence s'exercent dans les conditions prévues par l'article 931 du nouveau code de procédure civile. »

Le ministre chargé de l'économie est représenté par le directeur général de la concurrence, de la consommation et de la répression des fraudes ou son délégué.

V. note rédactionnelle ss. art. 2.

17 Le ministère public peut prendre communication des affaires dans lesquelles il estime devoir intervenir.

S'agissant de l'examen d'un pourvoi contre un arrêt de la cour d'appel de Paris statuant sur recours contre une décision du Conseil de la concurrence, le ministère public agit comme partie jointe ce qui exclut qu'il puisse se pourvoir en cassation. • Com. 25 janv. 2005 : *Bull. civ. IV, nº 14 ; D. 2005. Pan. 1434, obs. Claudel ; ibid. AJ. 430, obs. Chevrier ; Contrats Conc. Consom. 2005, nº 86, obs. Malaurie-Vignal ; RDLC 2005, nº 2, p. 91, obs. Michel-Amsellem ; RJDA 2005, nº 626 ; RLC 2005, nº 3, p. 74, note Nourissat.*

18 *(Décr. nº 2005-1667 du 27 déc. 2005, art. 14)* « Les décisions de la cour d'appel de Paris ou de son premier président sont notifiées par lettre recommandée avec demande d'avis de réception par le greffe de la cour aux parties à l'instance et au ministre de l'économie lorsqu'il n'est pas partie à l'instance.

« Elles sont portées à la connaissance du Conseil de la concurrence par lettre simple à l'initiative du greffe. »

Le ministre chargé de l'économie veille à l'exécution des décisions et les fait publier au *Bulletin officiel de la concurrence, de la consommation et de la répression des fraudes.*

V. note rédactionnelle ss. art. 2.

SECTION V. *Dispositions diverses*

19 Les décisions prises par le président du Conseil de la concurrence en application de *(Décr. nº 2005-1667 du 27 déc. 2005, art. 15)* « l'article L. 463-4 du code de commerce » ne peuvent faire l'objet d'un recours qu'avec la décision du conseil sur le fond.

20 Les décisions du Conseil de la concurrence sont notifiées par lettre recommandée avec demande d'avis de réception.

A peine de nullité, la lettre de notification doit indiquer le délai de recours ainsi que les modalités selon lesquelles celui-ci peut être exercé. Elle comporte en annexe les noms, qualités et adresses des parties auxquelles la décision du Conseil de la concurrence a été notifiée.

21 Les augmentations de délais prévues à l'article 643 du Nouveau code de procédure civile ne s'appliquent pas aux recours présentés en vertu des dispositions *(Décr. n° 2005-1667 du 27 déc. 2005, art. 16)* « du titre VI du livre IV du code de commerce » devant la juridiction judiciaire.

TITRE SEPTIÈME **DISPOSITIONS DIVERSES**

Art. L. 470-1 La juridiction peut condamner solidairement les personnes morales au paiement des amendes prononcées contre leurs dirigeants en vertu des dispositions du présent livre et des textes pris pour son application. — *[Ord. n° 86-1243 du 1er déc. 1986, art. 54].*

Art. L. 470-2 *(L. n° 2005-882 du 2 août 2005, art. 53)* **En cas de condamnation au titre d'un délit prévu au titre IV du présent livre, la juridiction peut ordonner que sa décision soit affichée ou diffusée dans les conditions prévues par l'article 131-10 du code pénal.**

1. Publication des décisions. Sur la possibilité de faire précéder la reproduction de la décision du Conseil de la concurrence d'un texte avertissant de l'existence d'un recours pendant devant la cour de Paris, V. • Paris, 12 oct. 1989 : *D. 1990. Somm. 109, obs. Gavalda et Lucas de Leyssac*. ♦ ... Ou de mentions précisées au dispositif de l'ordonnance rendue sur appel des personnes condamnées par le premier président de la cour de Paris, V. • Paris, 10 avr. 1991 : *D. 1991. IR. 138.*

2. Hôtellerie et restauration. La faculté que le juge répressif tient de l'art. 55 [C. com., art. L. 470-2] de prononcer une mesure de publication en cas de condamnation pour une des infractions prévue aux art. 31, 32, 34 et 35 [C. com., art. L. 441-4, L. 442-3, L. 442-5 et L. 443-1] a été expressément étendue, par l'art. 60 (V) de l'ordonnance [abrogé] et l'art. 2 de la loi n° 66-965 du 26 déc. 1966, aux infractions à la réglementation sur la publicité des prix des hôtels et restaurants [abrogée et insérée au code du tourisme]. • Crim. 3 avr. 1997 : *D. 1997. IR. 156.* – V. désormais la nouvelle rédaction de l'art. L. 470-2.

Art. L. 470-3 Lorsqu'une personne ayant fait l'objet, depuis moins de deux ans, d'une condamnation pour l'une des infractions définies par les articles L. 441-2, L. 441-3, L. 441-4, L. 441-5, L. 441-6, L. 442-2, L. 442-3, L. 442-4, L. 442-5 et L. 443-1, commet la même infraction, le maximum de la peine d'amende encourue est porté au double. — *[Ord. n° 86-1243 du 1er déc. 1986, art. 55, al. 2].*

Art. L. 470-4 Lorsqu'une personne morale ayant fait l'objet, depuis moins de deux ans, d'une condamnation pour l'une des infractions définies par les articles L. 441-3, L. 441-4, L. 441-5, L. 441-6*[,]* **L. 442-2, L. 442-3 et L. 442-4 commet la même infraction, le taux maximum de la peine d'amende encourue est égal à dix fois celui applicable aux personnes physiques pour cette infraction.** — *[Ord. n° 86-1243 du 1er déc. 1986, art. 55, al. 3].*

Art. L. 470-4-1 *(L. n° 2005-882 du 2 août 2005, art. 44)* **Pour les délits prévus au titre IV du présent livre pour lesquels une peine d'emprisonnement n'est pas encourue** *(Ord. n° 2005-1086 du 1er sept. 2005, art. 1er-I)* **« et pour les contraventions prévues au présent livre », l'autorité administrative chargée de la concurrence et de la consommation a droit, tant que l'action publique n'a pas été mise en mouvement, de transiger, après accord du procureur de la République, selon les modalités fixées par décret en Conseil d'État.** — *V. infra.*

L'acte par lequel le procureur de la République donne son accord à la proposition de transaction est interruptif de la prescription de l'action publique.

L'action publique est éteinte lorsque l'auteur de l'infraction a exécuté dans le délai imparti les obligations résultant pour lui de l'acceptation de la transaction.

BIBL. ▶ Loi du 2 août 2005 : GRALL, MEFFRE et GUET, *D. 2005. 2149* (analyse critique). – FERRIER et FERRÉ, *JCP E 2005, n° 43, p. 1812 ; Contrats Conc. Consom. 2005. Chron. 18* (réforme des pratiques commerciales). ▶ Ord. du 1er sept. 2005 : CHEYNEL, *RLC 2005, n° 5, p. 63* (procédure de transaction).

Décret n° 2006-513 du 4 mai 2006, *pris en application des articles L. 470-4-1 du code de commerce, L. 141-2 et L. 216-11 du code de la consommation relatifs au règlement transactionnel.* **Art. 1er** I. — L'autorité administrative, au sens de l'article L. 470-4-1 du code de commerce, est, au sein de la direction générale de la concurrence, de la consommation et de la répression des fraudes, le directeur régional ou le chef d'unité départementale territorialement compétents.

II. — L'autorité administrative mentionnée au I transmet la proposition de transaction au procureur de la République dans un délai de trois mois à compter de la clôture du procès-verbal de constatation de l'infraction. Cette proposition précise la somme que l'auteur de l'infraction sera invité à payer au Trésor public, le délai imparti pour son paiement et, s'il y a lieu, les autres obligations résultant pour lui de l'acceptation de la transaction.

III. — Lorsque le procureur de la République a donné son accord sur la proposition de transaction, le chef de service notifie cette dernière en double exemplaire à l'auteur de l'infraction. Cette notification comporte une mention précisant que si la personne ne paie pas, dans le délai imparti, la somme indiquée dans la proposition ou qu'elle ne satisfait pas aux autres obligations le cas échéant souscrites par elle, le procureur de la République décidera, sauf élément nouveau, d'engager les poursuites à son égard.

L'auteur de l'infraction dispose d'un mois, à compter de cette notification, pour y répondre. En cas d'acceptation, l'auteur de l'infraction retourne à l'autorité administrative un exemplaire signé de la proposition.

Dans l'hypothèse où, au terme du délai mentionné à l'alinéa ci-dessus, l'auteur de l'infraction a refusé la proposition ou n'y a pas répondu, l'autorité administrative en informe sans délai le procureur de la République. Ce dernier est également informé par l'autorité administrative du cas où l'auteur de l'infraction n'aurait pas acquitté la somme indiquée dans la proposition, au terme du délai imparti, ou n'aurait pas satisfait aux autres obligations le cas échéant souscrites par lui.

Art. L. 470-4-2 *(L. n° 2005-882 du 2 août 2005, art. 46)* **I. — La composition pénale prévue à l'article 41-2 du code de procédure pénale est applicable aux personnes morales qui reconnaissent avoir commis un ou plusieurs délits prévus au titre IV du présent livre pour lesquels une peine d'emprisonnement n'est pas encourue ainsi que, le cas échéant, une ou plusieurs contraventions connexes. Seule la mesure prévue par le 1° de l'article 41-2 du même code est applicable à ces personnes.**

II. — Pour les délits mentionnés au I, le procureur de la République peut proposer la composition pénale à l'auteur des faits par l'intermédiaire d'un fonctionnaire mentionné au quatrième alinéa de l'article L. 450-1 du présent code.

Art. L. 470-4-3 *(L. n° 2005-882 du 2 août 2005, art. 55)* **Pour les délits prévus au titre IV du présent livre pour lesquels une peine d'emprisonnement n'est pas encourue, vaut citation à personne la convocation en justice notifiée au prévenu, sur instruction du procureur de la République, par un fonctionnaire mentionné au quatrième alinéa de l'article L. 450-1.**

Les dispositions de l'article 390-1 du code de procédure pénale sont applicables à la convocation ainsi notifiée. – *V. cet art. au* ***C. pr. pén.***

Art. L. 470-5 **Pour l'application des dispositions du présent livre, le ministre chargé de l'économie ou son représentant peut, devant les juridictions civiles ou pénales, déposer des conclusions et les développer oralement à l'audience. Il peut également produire les procès-verbaux et les rapports d'enquête.** – *[Ord. n° 86-1243 du 1er déc. 1986, art. 56].* – *V. Décr. n° 2002-689 du 30 avr. 2002, art. 48, infra, ss. art. L. 470-8.*

1. Représentation du ministre. L'art. 36 de l'ord. de 1986 [C. com., art. L. 442-6] donne au ministre chargé de l'économie le droit d'agir en cas de pratique restrictive de concurrence, mais ne le dispense pas du ministère d'avocat, et l'art. 56 du même texte [C. com., art. L. 470-5] ne concerne que l'intervention de l'administration lors d'une instance pendante et non une action principale de celle-ci, laquelle en l'absence de dispositions contraires, reste soumise au principe formel de l'art. 899 NCPC selon lequel les parties sont tenues de prendre un avocat. • Com. 17 juill. 2001 : *Bull. civ. IV, n° 145 ; D. 2001. AJ. 2673, obs. Chevrier ; RTD com. 2001. 877, obs. Claudel ; Procédures 2001, n° 213, note Croze ; Contrats Conc. Consom. 2001, n° 161, note Malaurie-Vignal ; Gaz. Pal. 2003. 1. Somm. 1143, obs. Guével ; RJDA 2002, n° 105.* ♦ *Contra,* sur la dispense pour le ministre chargé de l'économie, du ministère d'avocat, V. • Paris, 16 janv. 1989 : *D. 1990. Somm. 106, obs. Gavalda et Lucas de Leyssac* • TGI Paris, 6 juin 1989 : *D. 1990. Somm. 107, obs. Gavalda et Lucas de Leyssac.*

2. Compétence d'attribution. V. note 46 ss. art. L. 442-6.

3. Intervention. Le ministre de l'Économie n'ayant pas exercé l'action prévue à l'art. 36, al. 2, de l'ord. du 1er déc. 1986 [C. com., art. L. 442-6-III], mais s'étant borné à déposer des conclusions sur le fondement des dispositions de l'art. 56 de l'ordonnance précitée [C. com., art. L. 470-5], au soutien des prétentions du demandeur principal, sans formuler aucune demande distincte, il s'en déduit que sa présence dans le débat ne revêtait pas le caractère d'une intervention. • Com. 7 juill. 2004 : *Bull. civ. IV, n° 148 ; D. 2004. AJ. 2299, obs. Chevrier ; JCP E 2004, n° 48, p. 1879, obs. Decocq ; RDLC déc. 2004. 68, obs. Fasquelle ; Contrats Conc. Consom. 2004, n° 179, obs. Malaurie-Vignal ; RLC 2005, n° 2, p. 44, obs. Béhar-Touchais.* ♦ Le ministre de l'Économie n'a pas qualité, en application de l'art. L. 470-5, pour solliciter des mesures d'injonction ou la nullité des dispositions contractuelles prétendument discriminatoires alors qu'il n'a pas lui-même engagé une telle action conformément et selon les modalités de l'art. L. 442-6 C. com. • Versailles, 27 janv. 2005 : *RDLC 2005, n° 2, p. 64, obs. de La Laurencie ; RJDA 2005, n° 1051 ; Lettre distrib. mars 2005, p. 2.*

Si l'art. 56 [C. com., art. L. 470-5] permet au ministre de l'Économie de déposer devant les juridictions civiles des conclusions et de les développer oralement à l'audience, ce texte ne lui confère pas pour autant la qualité de partie à l'action. • Com. 26 nov. 1996 : *Bull. civ. IV, n° 290 ; D. 1997. IR. 4 ; D. Affaires 1997. 243 ; Gaz. Pal. 1998. 2. 677.* ♦ Dès lors que les conclusions en intervention déposées par le ministre en application de l'art. 7 [C. com., art. L. 420-1], tendant à faire déclarer illicite un article du règlement intérieur d'un GIE, n'ont pas de lien suffisant avec le litige en refus de vente opposant une société à ce GIE, le ministre n'est pas recevable à agir en application de l'art. 325 NCPC • Même arrêt. – V. aussi • Com. 6 nov. 1990 : *Bull. civ. IV, n° 266.*

4. En prévoyant que le ministre de l'Économie ou son représentant peut, devant les juridictions civiles, déposer des conclusions et les développer oralement, produire les procès-verbaux et les rapports d'enquête, l'art. 56 [C. com., art. L. 470-5] lui permet également de faire délivrer assignation et constitue l'une des dispositions contraires réservées par l'art. 751 NCPC. • TGI Paris, 19 mai 1993 : *BICC 1993, n° 1125.* ♦ Jugeant qu'aucun texte du code de procédure pénale n'interdit au ministre de l'Économie de déposer des conclusions pour la première fois en cause d'appel, V. • Rouen, 25 févr. 2002 : *Petites affiches 13 déc. 2002, p. 4, note Arhel.*

5. Rapports d'enquête. La cour d'appel de Paris tient de l'art. 56 [C. com., art. L. 470-5] ci-dessus et de l'art. 11 NCPC les pouvoirs de demander au Conseil de la concurrence le rapport intégral d'enquête de la direction nationale des enquêtes accompagné de ses annexes, qui ne lui a été communiqué que partiellement par le ministre de l'Économie. • Com. 15 oct. 1996 : *Bull. civ. IV, n° 242 ; D. 1996. IR. 257 ; D. Affaires 1996. 1382.*

Art. L. 470-6 **Pour l'application des** *(L. n° 2001-420 du 15 mai 2001)* **« articles 81 à 83 du traité instituant la Communauté européenne », le ministre chargé de l'économie et les fonctionnaires qu'il a désignés ou habilités conformément aux dispositions du présent livre, d'une part, le Conseil de la concurrence, d'autre part,**

disposent des pouvoirs respectifs qui leur sont reconnus par les articles du présent livre *(L. n° 2004-1343 du 9 déc. 2004, art. 83-II)* **« et du règlement (CE) n° 139/2004 du Conseil, du 20 janvier 2004, relatif au contrôle des concentrations entre entreprises »** *(Ord. n° 2004-1173 du 4 nov. 2004, art. 14)* **« et par le règlement du Conseil n° 1/2003 (CE) du 16 décembre 2002 relatif à la mise en œuvre des règles de concurrence prévues aux articles 81 et 82 du traité instituant la Communauté européenne ». Les règles de procédure prévues par ces textes leur sont applicables.** – *[Ord. n° 86-1243 du 1er déc. 1986, art. 56 bis].*

(L. n° 2001-420 du 15 mai 2001) **« Pour l'application des articles 87 et 88 du traité instituant la Communauté européenne, le ministre chargé de l'économie et les fonctionnaires qu'il a désignés ou habilités conformément aux dispositions de l'article L. 450-1 disposent des pouvoirs qui leur sont reconnus par le titre V du livre IV. »** – *V. Décr. n° 2002-689 du 30 avr. 2002, art. 48-1 s., infra, ss. art. L. 470-8.*

BIBL. ► COURIVAUD, *Contrats Conc. Consom. 1999. Chron. 8* (est-il toujours opportun d'engager une procédure devant les autorités communautaires ?). – MEFFRE et GUET, *D. 2005. 361* (contrôle *a posteriori* de la licéité des accords par le juge national : questions de procédure).

1. Assistance des autorités nationales aux agents de la Commission. Si l'assistance des autorités nationales lors des investigations menées par les agents mandatés par la Commission n'est exigée que lorsque l'entreprise concernée manifeste son opposition, elle peut également être demandée, à titre préventif, en vue de surmonter l'opposition éventuelle de l'entreprise. Dès lors, le président du tribunal [dans le ressort duquel la visite est ordonnée] peut, par application des art. 14 du règl. CE n° 17-62 du 6 févr. 1962, portant sur ces investigations et 56 *bis* [C. com., art. L. 470-6] de l'ordonnance, seul applicable désormais, autoriser les agents de l'administration de la concurrence à recourir aux pouvoirs coercitifs de l'art. 48 [C. com., art. L. 450-4], en vue d'apporter leur concours aux agents de la Commission, sans être tenu, pour ce faire, ni de constater que l'entreprise « enquêtée » s'était déjà opposée à la vérification, ni de caractériser un risque particulier d'opposition de la part de cette dernière. • Com. 11 janv. 2000 : *Bull. civ. IV, n° 8 ; D. 2000. AJ. 132, obs. Marmontel ; Petites affiches 20 juill. 2000, p. 28, obs. Petitier ; RTD com. 2000. 629, obs. Claudel*. ♦ V. note 3 *ter* ss. art. L. 450-4.

2. Application du droit communautaire. V. *supra* note 6 ss. art. L. 420-1 C. com. ♦ V. aussi Règl. CE n° 1/2003 du 16 déc. 2002, *infra*, App., v° *Concurrence*.

3. Autonomie procédurale. Le principe de l'autonomie procédurale commande à l'autorité nationale de concurrence, qui applique les art. 81 ou 82 CE de mettre en œuvre les règles de procédure interne, sauf si ce principe conduit à rendre impossible ou excessivement difficile l'application du droit communautaire de la concurrence. • Com. 14 déc. 2004 : *Bull. civ. IV, n° 225 ; D. 2005. AJ. 72, obs. Chevrier ; JCP E 2005, n° 12, p. 527, note Vilmart ; Contrats Conc. Consom. 2005, n° 46, obs. Malaurie-Vignal ; ibid., n° 51, obs. Poillot-Peruzzetto ; Europe 2005, n° 21, obs. Idot ; RDLC 2005, n° 1, p. 105, obs. Amsellem ; RLC 2005, n° 2, p. 78, obs. Barbier de La Serre ; Procédures 2005, n° 208, obs. Nourissat* (arrêt rendu au visa de la rédaction de l'art. L. 470-6 à l'époque des faits). – Cassation de : • Paris, 26 juin 2002 : *BOCC 11 juill. 2003 ; Europe 2003, n° 283, obs. Idot.*

Art. L. 470-7 Les organisations professionnelles peuvent introduire l'action devant la juridiction civile ou commerciale pour les faits portant un préjudice direct ou indirect à l'intérêt collectif de la profession ou du secteur qu'elles représentent, ou à la loyauté de concurrence. – *[Ord. n° 86-1243 du 1er déc. 1986, art. 56 ter].*

Art. L. 470-8 Un décret en Conseil d'État détermine les modalités d'application du présent livre. – *[Ord. n° 86-1243 du 1er déc. 1986, art. 62]. – V. infra, Décr. n° 2002-689 du 30 avr. 2002.*

L'abrogation, à compter du 1er janv. 1987, de l'ord. n° 45-1483 du 30 juin 1945 n'a eu aucun effet rétroactif, en l'absence de toutes dispositions expresses, en ce qui concerne les prix fixés antérieurement au 1er janv. 1987 et déterminés, pour les conventions prévoyant des clauses de révision, par des accords professionnels limitant les hausses produites par ces clauses et homologués par des arrêtés ministériels alors applicables. • Com. 1er févr. 1994 : *Bull. civ. IV, n° 52.*

Ordonnance n° 86-1243 du 1er décembre 1986,

Relative à la liberté des prix et de la concurrence.

Les dispositions de l'Ord. ont été, sauf, les exceptions ci-après, abrogées et pour la plupart codifiées, par Ord. n° 2000-912 du 18 sept. 2000, au C. com., livre IV. — V. supra.

Art. 58 *Al. 1er et 2 abrogés par Ord. n° 2000-912 du 18 sept. 2000.*

Dès lors qu'elle constitue un élément d'évolution vers la libre concurrence, peut être établie par décret une procédure contribuant à l'information sur les coûts des transports routiers de marchandises et facilitant la gestion des entreprises.

59 et 60 *Dispositions abrogées par Ord. n° 2000-912 du 18 sept. 2000.*

61 A titre transitoire, demeurent en vigueur les arrêtés réglementant, en application de l'ordonnance n° 45-1483 du 30 juin 1945, les prix des secteurs et des zones visés au deuxième alinéa de l'article 1er de la présente ordonnance et énumérés au décret prévu à l'article suivant. — *V. annexe au décret n° 2002-689 du 30 avr. 2002, infra.* — ***C. pén.*** — *Sont punies de la peine d'amende prévue pour les contraventions de la 5e classe, la vente de biens ou produits, ou la prestation de services à des prix fixés en violation des arrêtés pris en application de l'ord. n° 45-1483 du 30 juin 1945 et maintenus en vigueur par l'art. 61 de l'ord. du 1er déc. 1986 ; en cas de récidive, les peines d'amende prévues pour la récidive des contraventions de la 5e classe sont applicables (C. consom., art. R. 113-1).*

Les dispositions de l'ordonnance n° 45-1483 du 30 juin 1945 demeurent en vigueur pour la réglementation du papier de presse.

1. Délit d'opposition à fonction. Si l'art. 52 [C. com., art. L. 450-8] incrimine le fait pour quiconque de s'opposer aux fonctions des agents habilités ou des rapporteurs du Conseil de la concurrence, les faits poursuivis sous la qualification de refus de communication de documents ne sauraient, sans excéder les limites de la prévention, être retenus sous la qualification visée au nouveau texte. • Crim. 2 mars 1987 : *D. 1988. Somm. 301, obs. Gavalda et Lucas de Leyssac.*

2. Pratiques illicites. Sur la rétroactivité *in mitius* en matière de prix illicites et la survie des seules actions civiles, V. • Crim. 16 févr. 1987 : *D. 1988. 39, note Dekeuwer* • 16 mars 1987 : *ibid.* • 12 nov. 1986 : *ibid.* ♦ ... Et en matière de refus de vente, V. • Crim. 12 oct. 1987 : *D. 1988. Somm. 302, obs. Gavalda et Lucas de Leyssac.*

3. Arrêtés antérieurs maintenus en vigueur. L'arrêté du 2 sept. 1977 relatif à la publicité des prix à l'égard des consommateurs, pris pour l'application de l'art. 33 de l'ord. du 30 juin 1945, a été comme tel maintenu en vigueur conformément à l'ord. du 1er déc. 1986 [C. com., art. L. 410-1 s.], • Crim. 12 janv. 1994 : *RJDA 1994, n° 601* • 2 mars 1994 : *ibid.* ♦ Les arrêtés ou règlements légalement pris par l'autorité compétente revêtant un caractère de permanence qui les fait survivre aux lois dont ils procèdent, tant qu'ils n'ont pas été rapportés ou qu'ils ne sont pas devenus inconciliables avec les règles fixées par une législation nouvelle, en matière de publicité des prix, les arrêtés ministériels fixant les modalités d'application de l'ord. du 30 juin 1945 abrogée par l'ord. du 1er déc. 1986 demeurent applicables et leur méconnaissance est pénalement sanctionnée par l'art. 33 du Décr. du 29 déc. 1986 [C. consom., art. R. 113-1], pris en application de cette dernière ordonnance. • Crim. 20 déc. 1995 : *D. Affaires 1996. 548.* ♦ V. aussi, affirmant la légalité du maintien en vigueur de l'arrêté du 2 sept. 1977, • Paris, 21 mars 1995 : *BID 1996, n° 1, p. 41.*

Contra, pour un arrêt qui déclarait l'art. 33, al. 2 [C. consom., art. R. 113-1], illégal en ce qu'il visait la répression des infractions aux arrêtés ayant le même objet que ceux prévus à l'art. 28 [originel] de l'ord. du 1er déc. 1986 [C. consom., art. L. 113-3] mais pris en application de l'ord. du 30 juin 1945 (à propos de l'arrêté n° 85/24A du 18 mars 1985, relatif aux pompes funèbres), • Lyon, 18 janv. 1995 : *D. 1995. IR. 42 ; Gaz. Pal. 1996. 1. 74.*

De même, il avait été jugé que l'art. R. 113-1, al. 2, version codifiée de l'art. 33 du décret du 29 déc. 1986, ne faisant plus référence aux arrêtés pris en application de l'ord. du 30 juin 1945, la violation de l'arrêté du 2 sept. 1977 relatif aux annonces de réduction de prix n'était plus réprimée : • Dijon, 23 sept. 1998 : *D. Affaires 1998. 1807, obs. E. P.* ♦ V. désormais art. R. 113-1, al. 2, tel qu'il résulte du Décr. n° 99-513 du 16 juin 1999, note ss. art. L. 113-3 C. consom., App., v° *Ventes commerciales (Dispositions générales), infra.*

Décret n° 2002-689 du 30 avril 2002,

Fixant les conditions d'application du livre IV du code de commerce relatif à la liberté des prix et de la concurrence.

BIBL. GÉN. ▶ Décr. n° 2002-689 du 30 avr. 2002 : ARHEL, *Contrats Conc. Consom. 2002. Chron. 13.* – CLAUDEL, *RTD com. 2002. 462.* – CHEVRIER, *D. 2002. 1646.* – DESTOURS, *Cah. dr. entr. 2002, n° 5, p. 35, n° 14.* ▶ Décr. n° 2005-1668 du 27 déc. 2005 : CHEYNEL, *RLC 2006, n° 6, p. 73 s.*

TITRE Ier. DES PRATIQUES ANTICONCURRENTIELLES

Art. 1er Les accords présentés au ministre chargé de l'économie, en application du II de l'article L. 420-4 du code de commerce, sont accompagnés des informations suivantes :

a) L'identification détaillée des entreprises parties à l'accord ;

b) Les objectifs fixés par l'accord ;

c) La délimitation du marché concerné par l'accord ;

d) Les produits, biens ou services concernés ;

e) Les produits, biens ou services substituables ;

f) Les parts de marché détenues par chaque partie à l'accord (en volume et en chiffre d'affaires) ;

g) L'impact sur la concurrence.

Si les entreprises estiment que certains des documents inclus dans ce dossier présentent un caractère confidentiel, elles peuvent porter sur ce document la mention : « secret des affaires ». Dans ce cas, le ministre chargé de l'économie leur demande de lui indiquer les informations dont elles souhaitent qu'il ne soit pas fait mention dans le décret et dans l'avis du Conseil de la concurrence.

Un mois avant leur transmission au Conseil de la concurrence, les projets de décret prévus au II de l'article L. 420-4 du code de commerce doivent faire l'objet d'une publication au *Bulletin officiel de la concurrence, de la consommation et de la répression des fraudes.* Les observations éventuelles des personnes intéressées, recueillies dans ce délai, sont communiquées au Conseil de la concurrence.

TITRE II. DE LA CONCENTRATION ÉCONOMIQUE

BIBL. ▶ CARAMALLI, *Petites affiches 16 mai 2002, p. 4.*

2 Pour l'application de l'article L. 430-2 du code de commerce, le chiffre d'affaires est calculé selon les modalités définies par l'article 5 *(Décr. n° 2005-1668 du 27 déc. 2005, art. 1er)* « du règlement (CE) n° 139/2004 du Conseil du 20 janvier 2004 relatif au contrôle des concentrations entre entreprises » — *V. infra, App., v° Concurrence (II - Droit communautaire).*

3 Le dossier de notification mentionné à l'article L. 430-3 du code de commerce comprend les éléments énumérés en annexe I. Il est adressé en quatre exemplaires.

Lorsque l'administration constate que le dossier est incomplet ou que certains de ses éléments ne sont pas conformes aux définitions retenues dans l'annexe susmentionnée, notamment en ce qui concerne la délimitation des marchés concernés, elle demande que le dossier soit complété ou rectifié.

La notification complète fait l'objet d'un accusé de réception.

4 Si la Commission européenne décide, en application de l'article 9 *(Décr. n° 2005-1668 du 27 déc. 2005, art. 2)* « du règlement (CE) n° 139/2004 du Conseil du 20 janvier 2004 relatif au contrôle des concentrations entre entreprises », de renvoyer aux autorités françaises tout ou partie d'une concentration de dimension communautaire, les entreprises concernées communiquent sans délai à la direction générale de la concurrence, de la consommation et de la répression des fraudes trois exemplaires du dossier de notification de l'opération qu'elles ont adressé à la Commission. — *V. infra, App., v° Concurrence (II - Droit communautaire).*

5 Le communiqué prévu au troisième alinéa de l'article L. 430-3 du code de commerce contient notamment les éléments suivants :

a) Les noms des entreprises concernées et des groupes auxquels elles appartiennent ;

b) La nature de l'opération ;

c) Les secteurs économiques concernés ;

d) Les éléments renvoyés, dans le cas d'un renvoi partiel d'une opération de dimension communautaire par la Commission européenne ;

e) Le délai dans lequel les tiers intéressés sont invités à faire connaître leurs observations.

Ce communiqué est rendu public dans les cinq jours ouvrables suivant la date de réception du dossier de notification ou la date à laquelle le ministre est informé de la décision de renvoi de la Commission européenne.

6 Lorsqu'une concentration est réalisée par achat ou échange de titres sur un marché réglementé, sa réalisation effective, au sens de l'article L. 430-4 du code de commerce, intervient lorsque sont exercés les droits attachés aux titres. L'absence de décision du ministre ne fait pas obstacle au transfert desdits titres.

7 Lorsque le ministre chargé de l'économie et, le cas échéant, le ministre chargé du secteur économique concerné ont pris l'une des décisions prévues aux articles L. 430-5, L. 430-7 ou L. 430-8 du code de commerce, le ministre chargé de l'économie en rend public le sens dans les cinq jours ouvrables suivant la décision.

8 Lorsqu'elles reçoivent notification des décisions prises en application des articles L. 430-5, L. 430-7 et L. 430-8, les entreprises concernées disposent d'un délai de quinze jours pour indiquer au ministre les mentions qu'elles considèrent comme relevant du secret des affaires.

9 En application de l'article L. 430-10 du code de commerce, les décisions mentionnées aux articles L. 430-5, L. 430-7 et L. 430-8 sont publiées au Bulletin officiel de la concurrence, de la consommation et de la répression des fraudes.

10 En cas d'annulation totale ou partielle d'une décision prise par le ministre chargé de l'économie et, le cas échéant, par le ministre chargé du secteur économique concerné sur le fondement des articles L. 430-5 ou L. 430-7 du code de commerce et s'il y a lieu à réexamen du dossier, les entreprises concernées qui ont procédé à la notification soumettent une notification actualisée dans un délai de deux mois à compter de la date de notification du Conseil d'État.

11 Les sanctions pécuniaires prononcées en application de l'article L. 430-8 du code de commerce sont recouvrées comme les créances de l'État étrangères à l'impôt et au domaine.

Les astreintes prononcées par le ministre chargé de l'économie en application du même article sont recouvrées dans les mêmes conditions. Elles ne peuvent excéder un montant de vingt mille euros par jour de retard.

12 Lorsque des entreprises concernées ont notifié, avant la date de publication du présent décret, un projet de concentration et qu'après la date de publication du présent décret elles ont signé des accords définitifs, elles adressent copie de ceux-ci à la direction générale de la concurrence, de la consommation et de la répression des fraudes par envoi recommandé avec accusé de réception. Si la direction générale de la concurrence, de la consommation et de la répression des fraudes constate que les accords définitifs modifient substantiellement le projet qui lui a été notifié, elle informe les entreprises concernées, dans un délai d'un mois à compter de la réception des accords définitifs, qu'elles doivent procéder à une notification de l'opération de concentration. A défaut d'une telle information dans le délai susmentionné, les entreprises concernées peuvent engager la réalisation effective de l'opération en cause. — *Publication au JO du 3 mai 2002.*

TITRE III. DE LA TRANSPARENCE, DES PRATIQUES RESTRICTIVES DE CONCURRENCE ET D'AUTRES PRATIQUES PROHIBÉES

13 Pour l'application du deuxième alinéa de l'article L. 441-3 du code de commerce, les originaux ou les copies des factures sont conservés pendant un délai de trois ans à compter de la vente ou de la prestation de service.

14 Les infractions aux dispositions des textes pris en application du deuxième alinéa de l'article L. 441-2 du code de commerce ainsi que les infractions aux dispositions des articles L. 442-7 et L. 442-8 du même code sont punies des peines prévues pour les contraventions de 5e classe.

En cas de récidive, les peines d'amendes prévues pour la récidive des contraventions de 5e classe sont applicables.

TITRE IV. DES POUVOIRS D'ENQUÊTE

15 Les procès-verbaux prévus à l'article L. 450-2 du code de commerce énoncent la nature, la date et le lieu des constatations ou des contrôles effectués. Ils sont signés de l'enquêteur et de la personne concernée par les investigations. En cas de refus de celle-ci, mention en est faite au procès-verbal.

(Décr. no 2005-1668 du 27 déc. 2005, art. 3) « Dans le cas prévu à l'article L. 450-1 du code de commerce où les enquêteurs sont assistés d'un agent d'une autorité de concurrence d'un autre État membre de la Communauté européenne, les procès-verbaux en font mention. Ils indiquent l'identité de cet agent et la date de la décision l'autorisant à assister les enquêteurs. »

1. Domaine d'application. Echappent aux prescriptions de l'art. 31 du Décr. de 1986 [*abrogé*] les procès-verbaux constatant des faits de publicité de nature à induire en erreur qui n'ont, conformément au droit commun, à être signés que de leur seul rédacteur. • Crim. 25 sept. 1995 : *D. Affaires 1996. 12.*

2. Rédaction dans le plus court délai. L'art. 15 du Décr. ne fait plus mention d'une rédaction dans les plus brefs délais tel que le prévoyait l'art. 31 du Décr. de 1986. ♦ En ce sens que le point de départ de ce délai devait être fixé à la date de l'accomplissement de la dernière diligence utile à l'enquête, V. • Paris, 13 déc. 1994 : *BID 1995, no 7-8, p. 31.*

2 bis. La procédure pénale relevant, selon l'art. 34 de la Constitution, du domaine de la loi, la méconnaissance éventuelle des dispositions des art. 31 et 32 du décret du 29 déc. 1986 [*abrogés*], pris pour l'application de l'ord. du 1er déc. 1986 [C. com., art. L. 450-2 s.], ne saurait conduire à l'annulation de la procédure. • Crim. 5 mai 1997 : *Bull. crim. no 166 ; D. Affaires 1997. 1244* (V., sur renvoi, • Angers, 26 févr. 1998 : *BID 1999, no 2, p. 20).*

Comp., sur la nullité en cas d'inobservation de la prescription de l'art. 31 du Décr. de 1986 [*abrogé*], sous réserve du respect de l'art. 385 C. pr. pén. (présentation des exceptions de nullité avant toute défense au fond) : • Crim. 13 nov. 1991 (2 esp.) : *RJDA 1992, no 175 ; Bull. crim. no 407.* ♦ ... Sur l'application, toutefois, de l'art. 802 C. pr. pén. (subordination de la nullité à une atteinte aux intérêts de la partie concernée) : • Chambéry, 24 févr. 1993 : *BID 1994, no 9, p. 33.* – V. aussi • Paris, 12 nov. 1991 : *BICC 1992, no 646* • TGI Lyon, 5 mars 1995 : *BID 1998, no 1, p. 18* • T. pol. Pau, 23 mai 1997 : *ibid., no 5, p. 27.*

Pour d'autres décisions, V. *BID 1995, no 2, p. 12.* V. aussi, *supra*, note ss. art. L. 450-2.

3. Mention des contrôles. Pour un cas de nullité du procès-verbal motivée par l'absence d'indications de la nature et de l'étendue des contrôles effectués, V. • Paris, 2 avr. 1996 : *BOCC 15 mai 1996 ; D. Affaires 1996. 643.*

4. Nature, date et lieu des constatations. La mention de la nature, de la date et du lieu des constatations effectuées n'étant pas requise à peine de nullité, sont réguliers les procès-verbaux qui indiquent que les intéressés ont été entendus en leurs bureaux, dont l'adresse est précisée. • Paris, 27 sept. 1996 : *D. Affaires 1997. 17.*

En ce sens que la preuve que les personnes ont eu connaissance de l'objet de l'enquête peut résulter d'une mention sur le procès-verbal ou d'éléments extrinsèques à celui-ci, V. • Cons. conc. no 97-D-11 du 25 févr. 1997 : *BOCC 17 mai 1997 ; Contrats Conc. Consom. 1997, no 119, obs. Vogel.*

5. Droits de la défense. V. note 2 s. ss. art. L. 450-1.

6. Signature de l'enquêteur. Lorsqu'un procès-verbal est dressé par plusieurs enquêteurs, le défaut de signature de l'un d'eux prive de force probante les constatations auxquelles il a seul procédé, mais n'entraîne pas la nullité du procès-verbal. • Crim. 26 sept. 1994 : *RJDA 1995, n° 43.* ♦ *Contra*, prononçant la nullité : • Paris, 10 juill. 1990 : *Gaz. Pal. 1990. 2. 661, note Marchi.* ♦ La simple mention d'empêchement pour raison de service d'une partie des agents enquêteurs ne saurait faire écarter les dispositions de l'art. 31. • TGI Strasbourg, 17 sept. 1992 : *BICC 1993, n° 90.*

7. Signature de la personne concernée par les investigations. Les signatures requises doivent émaner des témoins et auteurs des investigations et déclarations qui y sont relatées sans que soit requise la signature de toutes les personnes éventuellement présentes. • Com. 9 mai 2001 : *Bull. civ. IV, n° 85.* ♦ « La personne concernée par les investigations » est celle ayant effectivement participé auxdites investigations et non le représentant légal de la société pris en cette qualité, s'il n'a pas lui-même été témoin des opérations menées par les enquêteurs. • Paris, 2 avr. 1996 : *préc. note 3.* ♦ La signature requise est celle de la personne qui a assisté aux opérations « relatées dans le procès-verbal ». Dès lors que le procès-verbal critiqué, signé par le seul P-DG, dresse l'inventaire des documents spontanément remis par celui-ci, seules investigations relatées, sa seule signature suffit sans qu'il y ait lieu de requérir la signature de la personne seule présente sur les lieux au moment de l'arrivée des enquêteurs. • Com. 20 nov. 2001 : *Bull. civ. IV, n° 182.*

Retenant que la personne concernée qui doit signer le procès-verbal est la personne pénalement responsable, la disposition prévoyant cette signature [arrêt rendu sur le fondement de l'art. R. 141-1 C. consom.] ayant pour finalité de permettre à la personne mise en cause de présenter ses observations et non de valider les constatations des agents verbalisateurs, V. • Crim. 28 sept. 2001 : *Dr. pénal. 2002, n° 33, obs. Robert.*

La signature d'un procès-verbal établi en vertu de l'art. 47 de l'ord. de 1986, [C. com., art. L. 450-3] a pour objet de donner foi, jusqu'à preuve contraire, aux énonciations qui y sont consignées, soit qu'elles concernent le déroulement des opérations auxquelles procèdent les enquêteurs, soit qu'elles relatent les propos d'une personne faisant l'objet d'une audition ; le défaut de signature de l'un des témoins des investigations ou de l'une des personnes entendues n'est pas en lui-même de nature à entacher le procès-verbal d'irrégularité. • Com. 19 juin 2001 : *Bull. civ. IV, n° 120 ; BOCC 31 janv. 2002.* ♦ *Contra,* pour une nullité en raison du défaut de signature de la personne entendue, V. • Paris, 17 mai 1994 : *Contrats Conc. Consom. 1994, n° 138, obs. Vogel.* ♦ Il n'est pas nécessaire qu'il y ait un paraphe à chaque page. • Paris, 16 déc. 1994 : *BOCC 28 déc. 1994.*

8. La signature sans réserve sur le procès-verbal ne prive pas du droit d'en contester la teneur au moyen de toute voie de droit. • Paris, 9 sept. 1997 : *BOCC 7 oct. 1997.*

9. Pour d'autres décisions, V. *BID 1995, n° 2, p. 12.*

16 Les procès-verbaux prévus à l'article L. 450-4 du code de commerce relatent le déroulement de la visite et consignent les constatations effectuées. Ils sont dressés sur-le-champ. Ils comportent l'inventaire des pièces et documents saisis.

Ces procès-verbaux sont signés par les enquêteurs, par l'officier de police judiciaire chargé d'assister aux opérations ainsi que, selon le cas, par l'occupant des lieux ou son représentant ou les deux témoins requis conformément au septième alinéa de l'article L. 450-4.

Une copie du procès-verbal est remise à l'occupant des lieux ou à son représentant. En l'absence de l'occupant des lieux ou de son représentant, la copie du procès-verbal est adressée après la visite au responsable de l'entreprise ou de l'organisme concerné par lettre recommandée avec avis de réception. Les pièces et documents saisis ne peuvent être opposés aux intéressés qu'après qu'ils ont été mis en mesure d'en prendre connaissance.

17 En application de l'article L. 450-6 du code de commerce, le rapporteur général confie l'instruction d'une affaire à un ou plusieurs rapporteurs qu'il désigne et peut, en cours d'instruction, modifier cette désignation et confier l'affaire à un nouveau rapporteur.

18 Lorsque le rapporteur juge utile, pour l'instruction des saisines mentionnées à l'article L. 462-5 du code de commerce et des demandes de mesures conservatoires prévues à l'article L. 464-1 du même code dont il a la charge, et notamment en cas d'urgence, de demander à la DGCCRF communication des éléments dont elle dispose déjà, sa demande est transmise par le rapporteur général, selon les mêmes modalités que celles qui sont prévues au premier alinéa de l'article L. 450-6 de ce code.

TITRE V. DU CONSEIL DE LA CONCURRENCE

CHAPITRE Ier. *DE L'ORGANISATION*

19 Le président du Conseil de la concurrence peut, dans les cas prévus par le livre IV du code de commerce, déléguer certaines de ses attributions à un vice-président.

Le président du Conseil de la concurrence est suppléé, en cas d'absence ou d'empêchement, par un vice-président. En cas de vacance du poste de président, le vice-président dont la nomination dans cette fonction est la plus ancienne assure l'intérim.

(Décr. nº 2005-1668 du 27 déc. 2005, art. 4) « A l'occasion de la procédure de recours devant la cour d'appel de Paris contre ses décisions, le Conseil de la concurrence est représenté par son président ou la personne que ce dernier désigne à cet effet. » — *Sur la procédure de recours, V. supra, Décr. nº 87-849 du 19 oct. 1987, ss. art. L. 464-8.*

20 Le rapporteur général ainsi que le ou les rapporteurs généraux adjoints sont nommés pour quatre ans, parmi les membres du Conseil d'État, les magistrats, les fonctionnaires de catégories A et les personnes pouvant justifier d'une expérience d'au moins cinq ans dans le domaine du droit de la concurrence et titulaires d'un des diplômes permettant d'accéder à un corps de catégorie A. Ils peuvent être renouvelés une fois dans leur fonctions.

Le rapporteur général anime et contrôle l'activité des rapporteurs. Il veille, notamment :

— à ce que les rapporteurs effectuent des actes tendant à la recherche, à la constatation ou à la sanction des faits concernés par l'instruction des affaires dont il leur a confié l'examen ;

— à la qualité des notifications de griefs, des rapports et autres actes d'instruction effectués par les rapporteurs.

Il peut déléguer à un ou des rapporteurs généraux adjoints tout ou partie des attributions qu'il détient au titre du présent décret.

En cas de vacance du poste de rapporteur général, le président désigne l'un des rapporteurs généraux adjoints pour assurer l'intérim.

21 Les rapporteurs permanents sont nommés parmi les membres du Conseil d'État, les magistrats, les fonctionnaires de catégorie A, les agents contractuels de l'État de niveau équivalent ou les personnalités ayant une compétence économique ou juridique et titulaires d'un des diplômes permettant d'accéder à un corps de catégorie A.

22 Le président du Conseil de la concurrence peut faire appel à des rapporteurs extérieurs choisis parmi les membres du Conseil d'État, les magistrats, les fonctionnaires de catégorie A ou les agents contractuels de l'État de niveau équivalent en activité ou ayant fait valoir leurs droits à la retraite.

23 Le président du Conseil de la concurrence fixe le nombre et la composition des sections ; il affecte les membres du Conseil de la concurrence à chacune d'entre elles.

Chaque section est présidée par le président du Conseil de la concurrence ou par l'un des vice-présidents ou, lorsque cela est nécessaire pour permettre un nouvel examen d'une affaire dans une formation différente, par le membre le plus ancien de la section. Elle comprend au moins deux autres membres. Les vice-présidents peuvent se suppléer en cas d'absence ou d'empêchement de l'un d'entre eux.

24 Le conseil ne peut valablement délibérer que s'il comprend au moins huit membres en formation plénière et au moins trois membres en section, dont un membre de la catégorie mentionnée au 1º du II de l'article L. 461-1 du code de commerce. Une section peut à tout moment décider le renvoi d'une affaire en formation plénière. La commission permanente ne peut délibérer que si trois de ses membres sont présents. En cas d'empêchement d'un de ses membres, la commission est complétée par un membre du conseil désigné par le président.

25 Le Conseil de la concurrence adresse chaque année au ministre chargé de l'économie un rapport d'activité qui est publié au Journal officiel de la République française. Les décisions du conseil prévues à l'article L. 464-8 du code de commerce et les avis rendus en application du titre III du livre IV du même code sont annexés à ce rapport.

26 Le Conseil de la concurrence établit son règlement intérieur, qui fixe notamment les conditions de son fonctionnement administratif. — *V. BOCC 17 déc. 2003.*

L'organisation du Conseil de la concurrence est fixée par décision de son président.

27 Le président du Conseil de la concurrence peut déléguer sa signature au rapporteur général ou au secrétaire général pour engager les dépenses et signer les marchés.

Des régies de recettes et de dépenses peuvent être créées auprès du conseil par arrêté du ministre chargé de l'économie, des finances et de l'industrie dans les conditions prévues par le décret du 28 mai 1964 *[n° 64-486]* susvisé.

CHAPITRE II. *DES ATTRIBUTIONS*

28 Les avis rendus en application des articles L. 410-2 et L. 462-2 du code de commerce sont publiés avec les textes auxquels ils se rapportent.

Les avis rendus en application de l'article L. 462-1 du code de commerce et destinés à une commission parlementaire ou au Gouvernement peuvent être publiés par leur destinataire ou, avec l'accord de ce dernier, par le Conseil de la concurrence. Le Conseil de la concurrence peut publier les avis demandés par d'autres personnes.

29 Délégation permanente est donnée au ministre chargé de l'économie pour consulter, au nom du Gouvernement, le Conseil de la concurrence de sa propre initiative ou à la demande du ministre dont relève le secteur économique concerné, en application des articles L. 410-2, L. 462-1 et L. 462-2 du code de commerce.

CHAPITRE III. *DE LA PROCÉDURE*

30 La saisine du Conseil de la concurrence fait l'objet d'une lettre recommandée avec demande d'avis de réception ou d'un dépôt au bureau de la procédure, en quatre exemplaires. Elle peut être accompagnée de pièces annexes.

La saisine précise :

— son objet et les dispositions du droit national ou du droit communautaire de la concurrence sur lesquelles la partie saisissante fonde sa demande ;

— les nom, prénoms, dénomination ou forme sociale, profession ou activité, et adresse du domicile ou du siège social du demandeur, ainsi que, le cas échéant, ses statuts et le mandat donné à son représentant. Le Conseil de la concurrence est informé sans délai de tout changement d'adresse par lettre recommandée avec demande d'avis de réception.

Si la saisine n'est pas accompagnée de ces éléments, une demande de régularisation est adressée au demandeur ou à son représentant mandaté, qui doivent y répondre et apporter les compléments dans un délai de deux mois.

Le commissaire du Gouvernement est destinataire d'une copie de toutes les saisines autres que celles émanant du ministre chargé de l'économie.

30-1 *(Décr. n° 2005-1668 du 27 déc. 2005, art. 5)* La production de mémoires, pièces justificatives ou observations effectuée devant le Conseil de la concurrence sous la signature et sous le timbre d'un avocat emporte élection de domicile au cabinet de l'avocat ou au siège de la société d'avocats.

31 Le rapporteur général ou un rapporteur général adjoint peut, à son initiative ou à la demande des parties ou du commissaire du Gouvernement, procéder à la jonction de l'instruction de plusieurs affaires. A l'issue de leur instruction, le Conseil de la concurrence peut se prononcer par une décision commune. Le rapporteur général ou un rapporteur général adjoint peut également procéder à la disjonction de l'instruction d'une saisine en plusieurs affaires.

Recours. La disjonction de la saisine initiale du Conseil de la concurrence en trois dossiers distincts ne constitue pas une décision susceptible de recours par application des art. L. 464-2 et L. 464-8 C. com., les moyens visant à contester cette répartition de la saisine étant irrecevables. • Paris, 29 juin 2004 : *BOCC 30 sept. 2004 ; Petites affiches 28 févr. 2005, p. 4, obs. Arhel* • 21 sept. 2004 : *BOCC 8 nov. 2004 ; D. 2004. AJ. 2789* ✎.

32 Les auditions auxquelles procède, le cas échéant, le rapporteur donnent lieu à un procès-verbal, signé par les personnes entendues. En cas de refus de signer, il en est fait mention par le rapporteur. Les personnes entendues peuvent être assistées d'un conseil.

(Bien que rendue sous l'empire du droit antérieur, la jurisprudence ci-dessous semble pouvoir être transposée, l'art. 32 du Décr. de 2002 reprenant les dispositions de l'art. 20 du Décr. de 1986).

1. *Signature de la personne entendue.* Hors le cas prévu par l'art. 20 du Décr. du 29 déc. 1986, qui prévoyait la signature des procès-verbaux par les personnes entendues par le rapporteur en cours de procédure devant le Conseil de la concurrence, il ne pouvait être tiré aucun moyen de nullité d'une telle absence de signature ; ainsi en était-il du compte rendu d'une audition à laquelle avait procédé le rapporteur au cours de l'enquête préparatoire, non signé par la personne entendue. • Com. 14 janv. 1992 : *Bull. civ. IV, n° 15 ; D. 1994. Somm. 173, obs. Gavalda et Lucas de Leyssac.*

2. *Dossier.* L'art. 20 du Décr. de 1986 ne prévoyait pas la mise à la disposition des personnes entendues du dossier, formalité seulement requise, aux termes de l'art. 21 de l'ordonnance [C. com., art. L. 463-2], au stade ultérieur de la procédure. • Paris, 14 déc. 1989 : *D. 1990. IR. 37 ; Gaz. Pal. 1990. 1. 195, concl. Jobard.*

3. *Assistance d'un conseil.* L'exercice effectif de cette garantie essentielle de la défense impose que les intéressés en soient informés. • Paris, 6 déc. 1990 : *Gaz. Pal. 1991. 1. 325, concl. Jobard.* ♦ V. *supra*, note 3 ss. art. L. 450-1.

33 Lorsqu'il estime que l'instruction est incomplète, le Conseil de la concurrence peut décider de renvoyer l'affaire en tout ou partie à l'instruction. Cette décision n'est pas susceptible de recours.

34 Pour l'application de l'article L. 464-1 et des alinéas 1 et 2 de l'article L. 462-8 du code de commerce, le rapporteur général peut fixer des délais pour la production de mémoires, pièces justificatives ou observations et pour leur consultation par les intéressés ou par le commissaire du Gouvernement.

Lorsque le rapporteur général, usant de la faculté qu'il tient de l'art. 34, décide, pour une meilleure organisation des débats, de fixer des délais aux parties, le dépôt de pièces après l'expiration du temps imparti ne saurait justifier, sur ce seul fondement, leur rejet de la procédure dès lors que la partie adverse a bénéficié d'un temps suffisant pour assurer sa défense au regard des pièces ainsi produites. • Cons. conc. n° 03-MC-03 du 4 août 2003 : *D. 2003. AJ. 2569.*

35 Le rapporteur général communique aux autorités administratives énumérées à l'annexe IV au présent décret toute saisine relative à des secteurs entrant dans leur champ de compétence. Ces autorités administratives disposent pour faire part de leurs observations éventuelles d'un délai de deux mois, qui peut être réduit par le rapporteur général si l'urgence le nécessite. Ces observations sont jointes au dossier. – *V. annexe préc., infra.*

L'art. 16 du Décr. n° 86-1309 du 29 déc. 1986 [solution transposable à l'art. 35 ci-dessus] ne précise pas le moment auquel la saisine doit être communiquée à l'autorité administrative concernée et n'impose pas que l'avis de cette dernière soit sollicité dès le stade de la saisine du Conseil ; il suffit que cette disposition soit mise en œuvre dans des conditions compatibles avec le respect du caractère contradictoire de la procédure devant le Conseil. • Com. 23 juin 2004 : *Bull. civ. IV, n° 132 ; D. 2004. AJ. 2439 ; JCP E 2004, n° 37, p. 1371.* – V. aussi note 4 ss. art. L. 450-6. ♦ Sur la notification des griefs à l'autorité à laquelle a été communiquée la saisine, V. note 2 ss. art. L. 463-2.

36 Pour l'application de l'article L. 463-2 du code de commerce, la notification des griefs retenus par le rapporteur et la notification du rapport sont faites par le rapporteur général à l'auteur de la saisine, aux ministres intéressés, aux autres parties intéressées et au commissaire du Gouvernement. Ces notifications font l'objet d'envois recommandés avec demande d'avis de réception.

Le rapport soumet à la décision du Conseil de la concurrence une analyse des faits et de l'ensemble des griefs notifiés. Le commissaire du Gouvernement dispose d'un délai de deux mois pour faire valoir ses observations écrites sur le rapport. Les avis éventuels des ministres intéressés sont transmis par écrit au Conseil de la concurrence dans un délai de deux mois par l'intermédiaire du commissaire du Gouvernement.

Il appartient au Conseil de la concurrence d'examiner le bien-fondé des griefs notifiés, nonobstant la proposition d'abandon de ces griefs ultérieurement formulée. • Cons. conc. n° 03-D-44 du 17 sept. 2003 : *BOCC 17 déc. 2003 ; D. 2004. AJ. 135*. ♦ La modification du texte (par rapport à l'art. 18 du Décr. n° 86-1309 du 29 déc. 1986) montre bien qu'elle a eu pour objet de permettre au Conseil de se prononcer sur tous les griefs notifiés, y compris ceux que le rapporteur proposait éventuellement d'abandonner dans son rapport, et ce, sans avoir à surseoir à sa décision en renvoyant le dossier à l'instruction, faculté qui est ouverte au Conseil lorsque l'instruction lui paraît incomplète. • Cons. conc. n° 05-D-69 du 15 déc. 2005 : *cité note 1 ss. art. L. 463-5.* ♦ Ni le rapporteur ni le rapporteur général ne sont compétents pour annuler un grief notifié. • Cons. conc. n° 04-D-48 du 14 oct. 2004 : *BOCC 21 janv. 2005 ; D. 2004. AJ. 2995*.

36-1 *(Décr. n° 2005-1668 du 27 déc. 2005, art. 6)* I. — Pour l'application de l'article L. 463-4 du code de commerce, lorsqu'une personne se prévaut du secret des affaires, elle signale par lettre, à l'occasion de leur communication au Conseil de la concurrence, les informations, documents ou parties de documents regardés par elle comme mettant en jeu le secret des affaires et demande, pour des motifs qu'elle précise pour chacun d'entre eux, leur classement en annexe confidentielle. Elle fournit séparément une version non confidentielle de ces documents ainsi qu'un résumé des éléments dont elle demande le classement. Le cas échéant, elle désigne les entreprises à l'égard desquelles le secret des affaires serait susceptible de s'appliquer.

Lorsque les informations, documents ou parties de documents susceptibles de mettre en jeu le secret des affaires ne sont pas communiqués au Conseil de la concurrence par la personne susceptible de se prévaloir de ce secret et que celle-ci n'a pas formé de demande de classement, le rapporteur général l'invite à présenter, si elle le souhaite, dans un délai qu'il fixe, une demande de classement en annexe confidentielle conformément aux prescriptions du premier alinéa.

II. — Les informations, documents ou parties de documents pour lesquels une demande de classement n'a pas été présentée sont réputés ne pas mettre en jeu le secret des affaires.

Le président du Conseil de la concurrence ou le vice-président délégué donne acte à la personne concernée du classement en annexe confidentielle des informations, documents ou partie de documents regardés par elle comme mettant en jeu le secret des affaires. Il peut refuser le classement en tout ou en partie si la demande n'a pas été présentée conformément aux dispositions du premier alinéa du I, ou l'a été au-delà des délais impartis par le rapporteur général, ou si elle est manifestement infondée. La version non confidentielle des documents et leur résumé sont versés au dossier.

III. — Lorsque le rapporteur considère qu'une pièce classée en annexe confidentielle est nécessaire à la procédure, il en informe par lettre recommandée avec accusé de réception la personne qui en a demandé le classement. Si cette personne s'oppose, dans le délai qui lui a été imparti par le rapporteur, à ce que la pièce soit utilisée dans la procédure, elle saisit le président du Conseil de la concurrence. Si celui-ci ou le vice-président délégué donne suite à son opposition, la pièce est maintenue dans l'annexe confidentielle. Dans le cas contraire, il autorise l'utilisation de la pièce par le rapporteur et sa communication à la ou aux parties mises en cause, ainsi qu'au commissaire du Gouvernement.

Lorsqu'une partie mise en cause considère qu'une pièce classée en annexe confidentielle est nécessaire à l'exercice de ses droits, elle peut en demander la communication ou la consultation en présentant une requête motivée au rapporteur. Le rapporteur informe la personne qui a demandé le classement de cette pièce par lettre recommandée avec accusé de réception. Si cette dernière s'oppose, dans le délai qui lui a été imparti par le rapporteur, à ce que la pièce soit communiquée à la partie qui en fait la demande, elle saisit le président du Conseil de la concurrence. Si celui-ci ou le vice-président délégué donne suite à son opposition, la pièce est maintenue dans l'annexe confidentielle. Dans le cas contraire, il autorise la communication ou la consultation de la pièce à la partie qui en a fait la demande ainsi que, le cas échéant, aux autres parties mises en cause pour lesquelles la pièce est nécessaire à l'exercice de leurs droits, ainsi qu'au commissaire du Gouvernement.

Les dispositions de l'art. 36-1 sont applicables aux affaires pour lesquelles la consultation du dossier dans les conditions prévues par les dispositions de l'art. L. 464-6 C. com. et des art. 34, 36 et 40 du présent décret intervient postérieurement à la date d'entrée en vigueur (JO 29 déc.) du Décr. n° 2005-1668 du 27 déc. 2005 (art. 13 du décret).

37 *(Décr. n° 2005-1668 du 27 déc. 2005, art. 7)* « Le rapporteur général peut à tout moment de la procédure demander aux entreprises mises en cause » de communiquer au rapporteur dans le délai de deux mois leur numéro unique d'identification (n° SIREN) et les chiffres d'affaires nécessaires au calcul du plafond d'une éventuelle sanction, conformément aux dispositions du I de l'article L. 464-2 du code de commerce. La lettre de transmission mentionne que ces informations seront communiquées par le rapporteur général au commissaire du Gouvernement.

Jugeant que les dispositions de l'art. 37 ne peuvent être invoquées que lorsque l'art. L. 464-2 C. com. dans sa rédaction issue de la loi NRE du 15 mai 2001 est applicable à la cause : • Cons. conc. n° 04-D-49 du 28 oct. 2004 : *BOCC 21 janv. 2005 ; D. 2004. AJ. 3066*.

38 Lorsque le président du Conseil de la concurrence ou un vice-président délégué par lui décide, en application de l'article L. 463-3 du code de commerce, que l'affaire sera jugée par le Conseil de la concurrence sans établissement préalable d'un rapport, les parties et le commissaire du Gouvernement disposent d'un délai de deux mois à compter de la notification de cette décision pour présenter leurs observations.

39 Les convocations aux séances du Conseil de la concurrence sont adressées par envois recommandés avec demande d'avis de réception trois semaines au moins avant le jour de la séance. Ce délai peut être réduit par le rapporteur général lorsque le Conseil de la concurrence se réunit pour statuer en application de l'article L. 464-1 du code de commerce.

Le rapporteur qui a instruit une affaire peut présenter des observations orales lors de la séance au cours de laquelle elle est examinée.

Les parties qui souhaitent l'audition d'une personne lors de la séance doivent en faire la demande au président du Conseil de la concurrence quinze jours au moins avant cette séance.

Le non-respect du délai de « trois semaines au moins » prescrit par l'art. 39 ne peut être invoqué que si la requérante démontre à l'appui de son recours avoir, de ce fait, subi un grief, notamment en raison de l'impossibilité de présenter des observations en temps utile. • Paris, 17 mai 2005 : *BOCC 20 sept. 2005 ; RLC 2005, n° 4, p. 80, obs. Cheynel.*

40 La procédure contradictoire prévue à l'article L. 462-3 du code de commerce comporte la notification d'un rapport effectuée par le rapporteur général aux parties en cause devant la juridiction, au commissaire du Gouvernement auprès du Conseil de la concurrence et, le cas échéant, aux autres personnes dont les agissements ont été examinés dans le rapport au regard des *(Décr. n° 2005-1668 du 27 déc. 2005, art. 8)* « articles 81 et 82 du traité instituant la Communauté européenne et des » articles L. 420-1, L. 420-2 et L. 420-5 du même code. Le rapporteur général fixe aux destinataires un délai de réponse, qui ne peut être inférieur à un mois à compter de la notification du rapport, pour consulter le dossier et présenter des observations écrites.

L'avis du Conseil de la concurrence rendu à la juridiction qui l'a consulté est communiqué aux personnes mentionnées au premier alinéa.

41 Lorsqu'en application de l'article L. 463-8 du code de commerce, le rapporteur général décide de faire appel à un ou des experts, sa décision définit l'objet de l'expertise, fixe le délai de sa réalisation et évalue les honoraires prévisibles correspondants.

Lorsque l'expertise est demandée par une partie et acceptée par le rapporteur général, ce dernier lui demande de consigner le montant d'une provision égale aux honoraires prévus de l'expert. Si plusieurs parties doivent procéder à une telle consignation, le rapporteur général indique dans quelle proportion chacune doit consigner.

Le rapporteur général peut décider d'accorder aux experts qui le demandent une avance forfaitaire qui ne peut excéder 25 % des honoraires prévus.

Le ou les experts informent le rapporteur chargé de l'instruction de l'affaire de l'avancement des opérations d'expertise. Le ou les experts doivent prendre en considération les observations des parties, qui peuvent être adressées par écrit ou être recueillies oralement, et doivent les joindre à leur rapport si elles sont écrites et si la partie concernée le demande. Ils doivent faire mention, dans leur rapport, de la suite qu'ils leur ont donnée.

Le rapport d'expertise est remis au rapporteur chargé de l'instruction de l'affaire. Ce dernier le joint en annexe à sa notification de griefs, à son rapport ou à sa proposition de non-lieu ou, s'il est remis après l'envoi de son propre rapport, l'adresse aux parties et au commissaire du Gouvernement afin qu'ils puissent faire part de leurs observations éventuelles. Ces observations sont faites dans la réponse à la notification de griefs, au rapport du rapporteur ou à la proposition de non-lieu, ou bien en séance.

Même si plusieurs experts ont été désignés, un seul rapport est rédigé, qui fait apparaître les points d'accord et les points de divergence éventuels.

A la remise du rapport d'expertise, le rapporteur général arrête définitivement le montant des honoraires d'expertise et fait procéder à leur paiement.

CHAPITRE IV. *DES DÉCISIONS ET VOIES DE RECOURS*

42 La demande de mesures conservatoires mentionnée à l'article L. 464-1 du code de commerce ne peut être formée qu'accessoirement à une saisine au fond du Conseil de la concurrence. Elle peut être présentée à tout moment de la procédure et doit être motivée.

42-1 *(Décr. n° 2005-1668 du 27 déc. 2005, art. 9)* Lorsque le Conseil de la concurrence envisage de faire application du I de l'article L. 464-2 du code de commerce relatif à l'acceptation d'engagements proposés par les entreprises, le rapporteur fait connaître aux entreprises ou organismes concernés son évaluation préliminaire des pratiques en cause. Cette évaluation peut être faite par courrier, par procès-verbal ou, lorsque le conseil est saisi d'une demande de mesures conservatoires, par la présentation d'un rapport oral en séance. Une copie de l'évaluation est adressée à l'auteur de la saisine et au commissaire du Gouvernement, sauf lorsqu'elle est présentée oralement lors d'une séance en présence des parties.

Le délai imparti aux entreprises ou organismes pour formaliser leurs engagements à l'issue de l'évaluation préliminaire est fixé, soit par le rapporteur dans le cas où l'évaluation a été faite par courrier ou par procès-verbal, soit par le Conseil de la concurrence dans le cas où cette évaluation a été présentée oralement en séance. Ce délai ne peut, sauf accord des entreprises ou organismes concernés, être inférieur à un mois.

A réception des engagements proposés par les entreprises ou organismes concernés à l'issue du délai mentionné au deuxième alinéa, le rapporteur général communique leur contenu à l'auteur ou aux auteurs de la saisine ainsi qu'au commissaire du Gouvernement. Il publie également, par tout moyen, un résumé de l'affaire et des engagements pour permettre aux tiers intéressés de présenter leurs observations. Il fixe un délai, qui ne peut être inférieur à un mois à compter de la date de communication ou de publication du contenu des engagements, pour la production des observations des parties, du commissaire du Gouvernement et, le cas échéant, des tiers intéressés. Ces observations sont versées au dossier.

Les parties et le commissaire du Gouvernement sont convoqués à la séance par l'envoi d'une lettre du rapporteur général accompagnée de la proposition d'engagements trois semaines au moins avant le jour de la séance. Ils peuvent présenter des observations orales lors de la séance.

BIBL. ▶ Cheynel, *RLC 2006, n° 6, p. 74* (formalisation de la procédure d'acceptation des engagements). – Momège, *RDLC 2006, n° 1, p. 183* (modalités d'application de la procédure d'engagements).

42-2 *(Décr. n° 2005-1668 du 27 déc. 2005, art. 9)* Pour l'application des dispositions relatives à la liquidation de l'astreinte prévues au II de l'article L. 464-2 du code de commerce, le Conseil de la concurrence se prononce après sa saisine dans les conditions prévues à l'article L. 462-5 du même code. Sa décision est précédée de l'établissement d'un rapport évaluant le montant définitif de l'astreinte. Ce rapport est adressé aux parties et au commissaire du Gouvernement qui disposent d'un délai d'un mois pour présenter leurs observations écrites. Les parties et le commissaire du Gouvernement peuvent également présenter des observations orales lors de la séance.

43 Lorsque le rapporteur général propose au Conseil de la concurrence de faire application des dispositions *(Décr. n° 2005-1668 du 27 déc. 2005, art. 10-I)* « du III de l'article L. 464-2 du code de commerce », les parties et le commissaire du Gouvernement en sont informés par l'envoi d'une lettre du rapporteur général trois semaines au moins avant le jour de la séance.

44 L'entreprise ou l'organisme qui effectue la démarche mentionnée *(Décr. n° 2005-1668 du 27 déc. 2005, art. 10-II)* « au IV de l'article L. 464-2 du code de commerce » s'adresse soit au directeur général de la concurrence, de la consommation et de la répression des fraudes, soit au rapporteur général du Conseil de la concurrence. La démarche est effectuée par courrier adressé en recommandé avec demande d'avis de réception ou oralement. Dans ce dernier cas, le directeur général de la concurrence, de la consommation et de la répression des fraudes, ou le rapporteur général du Conseil de la concurrence constate par écrit la date de la démarche. La déclaration du représentant de l'entreprise ou de l'organisme est recueillie dans les délais les plus brefs par procès-verbal de déclaration par un enquêteur de la DGCCRF ou un rapporteur du Conseil de la concurrence.

Le directeur général de la concurrence, de la consommation et de la répression des fraudes et le rapporteur général s'informent réciproquement de toute démarche faite auprès d'eux en application du premier alinéa du présent article ainsi que l'existence d'une éventuelle enquête ou instruction se rapportant aux pratiques en cause et déjà en cours avant cette démarche.

Un rapporteur du Conseil de la concurrence élabore des propositions d'exonération de sanctions et précise les conditions auxquelles le Conseil de la concurrence pourrait soumettre cette exonération dans son avis de clémence. Son rapport est adressé, au moins trois semaines avant la séance, à l'entreprise ou organisme concerné et au commissaire du Gouvernement.

Lorsque le bénéfice des dispositions *(Décr. n° 2005-1668 du 27 déc. 2005, art. 10-II)* « *[du]* IV de l'article L. 464-2 du code de commerce » a été demandé, le rapport d'enquête ou la notification de griefs et le rapport du rapporteur peuvent comporter une appréciation sur le respect par l'entreprise ou l'organisme bénéficiaire de l'avis de clémence des conditions prévues par celui-ci.

Avis de clémence. Si l'avis de clémence, qui est le seul acte par lequel ont été définies les conditions auxquelles est subordonnée l'exonération de sanction, doit être versé au dossier au stade de la notification de griefs afin que toutes les parties puissent en avoir connaissance, le rapport préalable, qui se borne à élaborer des propositions d'exonération de sanctions en les soumettant au Conseil de la concurrence, ne doit être adressé qu'à l'entreprise demanderesse à l'octroi du bénéfice de la clémence sans être communiqué aux parties destinataires de la notification de griefs, selon les dispositions de l'art. 44 du Décr. n° 2002-689 du 30 avr. 2002. • Cons. conc. n° 06-D-09 du 11 avr. 2006 : *cité note 14 ss. art. L. 464-2.*

45 Pour l'application de l'article L. 464-6 du code de commerce, l'auteur de la saisine et le commissaire du Gouvernement disposent d'un délai de deux mois pour faire valoir leurs observations écrites. Ils peuvent présenter des observations orales lors de la séance.

46 Les décisions du Conseil de la concurrence sont notifiées :

1° Pour les décisions mentionnées à l'article L. 464-1 du code de commerce, à l'auteur de la demande de mesures conservatoires, aux personnes contre lesquelles la demande est dirigée et au commissaire du Gouvernement ;

2° Pour les décisions mentionnées à l'article L. 462-8 du code de commerce, à l'auteur de la saisine et au ministre chargé de l'économie ;

3° Pour les décisions mentionnées à l'article L. 464-6 du code de commerce, à l'auteur de la saisine, aux personnes dont les agissements ont été examinés par le rapporteur au regard des articles L. 420-1, L. 420-2 et L. 420-5 du même code *(Décr. n° 2005-1668 du 27 déc. 2005, art. 11)* « ainsi que, le cas échéant, des articles 81 et 82 du traité instituant la Communauté européenne » et au ministre chargé de l'économie ;

4° Pour les décisions prises suivant les modalités prévues par les articles L. 463-2, L. 463-3, L. 464-2, L. 464-3 et L. 464-5 du code de commerce, aux personnes destinataires de la notification de griefs ou du rapport *(Décr. n° 2005-1668 du 27 déc. 2005, art. 11)* « ainsi qu'aux entreprises ou organismes ayant souscrit des engagements » et au ministre chargé de l'économie.

47 Pour l'application de l'article L. 464-3 du code de commerce, le Conseil de la concurrence se prononce après avoir été saisi dans les conditions prévues par l'article L. 462-5 du même code. Sa décision est précédée de l'établissement d'un rapport qui est adressé aux parties et au commissaire du Gouvernement, qui disposent d'un délai de deux mois pour présenter leurs observations écrites. En cas d'urgence, ce délai peut être ramené à un mois par le rapporteur général. Les parties et le commissaire du Gouvernement peuvent également présenter des observations orales lors de la séance.

TITRE VI. DISPOSITIONS DIVERSES

48 Lorsque le ministre chargé de l'économie ou le président du Conseil de la concurrence exerce l'action prévue par l'article L. 442-6 du code de commerce et les voies de recours y afférentes ou lorsque le ministre chargé de l'économie intervient sur le fondement de l'article L. 470-5 du même code, ils sont dispensés de représentation par un avocat ou un avoué.

48-1 *(Décr. n° 2005-1668 du 27 déc. 2005, art. 12)* Pour l'application du 2 de l'article 15 du règlement (CE) n° 1/2003 du Conseil du 16 décembre 2002 relatif à la mise en œuvre des règles de concurrence prévues aux articles 81 et 82 du traité instituant la Communauté européenne, les décisions de justice qui statuent sur le fondement des articles 81 et 82 de ce traité sont notifiées par le greffe de la juridiction à la Commission européenne, au Conseil de la concurrence et au ministre chargé de l'économie, par lettre recommandée avec accusé de réception. Il est fait mention de cette notification dans le dispositif de la décision. – *V. infra, App., v° Concurrence (II - Droit communautaire).*

48-2 *(Décr. n° 2005-1668 du 27 déc. 2005, art. 12)* Lorsque le juge envisage de solliciter l'avis de la Commission européenne en application des dispositions du 1 de l'article 15 du règlement (CE) n° 1/2003 du Conseil du 16 décembre 2002 relatif à la mise en œuvre des règles de concurrence prévues aux articles 81 et 82 du traité instituant la Communauté européenne, il en avise les parties. A moins qu'elles n'aient déjà conclu sur ce point, il les invite à produire des observations dans un délai qu'il fixe. – *V. infra, App., v° Concurrence (II - Droit communautaire).*

Dès réception des observations ou à l'expiration du délai, le juge peut solliciter l'avis de la Commission européenne par une décision non susceptible de recours. Il surseoit à statuer jusqu'à la réception de l'avis ou jusqu'à l'expiration d'un délai qu'il fixe.

La décision sollicitant l'avis, ainsi que les observations éventuelles, est adressée à la Commission européenne par le greffe de la juridiction. Cette décision, ainsi que la date de transmission du dossier, est notifiée aux parties par lettre recommandée avec demande d'avis de réception.

Dès la réception de l'avis par la juridiction, celui-ci est notifié par le greffe aux parties qui peuvent présenter des observations.

48-3 *(Décr. n° 2005-1668 du 27 déc. 2005, art. 12)* Lorsque le juge envisage de demander à la Commission européenne des informations en application des dispositions du 1 de l'article 15 du règlement (CE) n° 1/2003 du Conseil du 16 décembre 2002 relatif à la mise en œuvre des règles de concurrence prévues aux articles 81 et 82 du traité instituant la

Communauté européenne, il en avise les parties. – *V. infra, App., v° Concurrence (II - Droit communautaire).*

Il notifie la réponse de la Commission européenne aux parties qui peuvent présenter des observations.

49 Les arrêtés mentionnés à l'article 61 de l'ordonnance n° 86-1243 du 1er décembre 1986 relative à la liberté des prix et de la concurrence sont énumérés à l'annexe V au présent décret. – *V. Ord. n° 86-1243 du 1er déc. 1986, art. 61, supra et annexe préc., infra.*

50 Le décret n° 86-1309 du 29 décembre 1986 fixant les conditions d'application de l'ordonnance n° 86-1243 du 1er décembre 1986 relative à la liberté des prix et de la concurrence est abrogé.

51 Les dispositions du présent décret sont applicables à compter du quinzième jour suivant sa publication *[JO 3 mai].*

ANNEXE I

Dossier de notification d'une opération de concentration

1. Description de l'opération, comprenant :

a) Une copie des actes soumis à notification et des comptes rendus des organes délibérants relatifs à la concentration accompagnée, si nécessaire, d'une traduction en langue française de ces documents ;

b) Une présentation des aspects juridiques et financiers de l'opération, mentionnant, le cas échéant, le montant de l'acquisition ;

c) Une présentation des objectifs économiques de l'opération, comportant notamment une évaluation des avantages attendus ;

d) La liste des États dans lesquels l'opération a été ou sera notifiée et les dates des différentes notifications ;

e) Le cas échéant, le mandat des conseils ou personnes chargées de la notification.

2. Présentation des entreprises concernées et des groupes auxquels elles appartiennent, comprenant, pour chacune des entreprises ou groupes :

a) Les comptes sociaux et, lorsqu'ils existent, les comptes consolidés et le dernier rapport annuel ;

b) La liste des principaux actionnaires les pactes d'actionnaire, ainsi que la liste et le montant des participations détenues par l'entreprise ou ses actionnaires dans d'autres entreprises, si cette participation confère directement ou indirectement au moins une minorité de blocage ou la faculté de nommer au moins un membre du conseil d'administration ;

c) Un tableau récapitulatif de données financières pour les trois derniers exercices clos, selon le modèle figurant en annexe II, et, pour la ou les activités sur lesquelles porte l'opération qui ne disposaient pas, avant ladite opération, de la personnalité juridique, un tableau récapitulatif selon le modèle figurant en annexe III ;

d) La liste des opérations de concentration réalisées au cours des trois dernières années ;

e) La liste et la description de l'activité des entreprises avec lesquelles les entreprises ou groupes concernés et les groupes auxquels elles appartiennent entretiennent des liens contractuels significatifs et durables sur les marchés concernés par l'opération, la nature et la description de ces liens.

3. Marchés concernés.

Un marché concerné se définit comme un marché pertinent, défini en termes de produits et en termes géographiques, sur lequel l'opération notifiée a une incidence directe ou indirecte.

Un marché pertinent de produits comprend tous les produits ou services que le consommateur considère comme interchangeables ou substituables en raison de leurs caractéristiques, de leur prix et de l'usage auquel ils sont destinés. Des produits, sans être substituables au sens de la phrase précédente, peuvent être regardés comme relevant d'un même marché, dès lors qu'ils requièrent la même technologie pour leur fabrication et qu'ils font partie d'une gamme de produits de nature à caractériser ce marché.

Un marché pertinent géographique est un territoire sur lequel sont offerts et demandés des biens et des services, sur lequel les conditions de concurrence sont suffisamment homogènes et qui peut être distingué de zones géographiques voisines, parce que, en particulier, les conditions de concurrence y diffèrent de manière appréciable.

La notification comprend une définition de chaque marché concerné ainsi qu'une description précise des arguments ayant conduit à la délimitation proposée et, pour chaque marché concerné, les informations suivantes :

a) Part de marché des entreprises concernées et des groupes auxquels elles appartiennent ;

b) Part de marché des principaux opérateurs concurrents.

4. Marchés affectés.

Un marché concerné est considéré comme affecté :

— si deux ou plusieurs entreprises ou groupes visés au point 2 du présent formulaire exercent des activités sur ce marché et que leurs parts cumulées atteignent 25 % ou plus ;

— ou si une entreprise au moins visée au point 2 exerce des activités sur ce marché et qu'une autre de ces entreprises ou groupe exerce des activités sur un marché situé en amont ou en aval ou connexe, qu'il y ait ou non des relations de fournisseur à client entre ces entreprises, dès lors que, sur l'un ou l'autre de ces marchés, l'ensemble des entreprises ou groupes visés au point 2 atteignent 25 % ou plus.

Un marché peut également être affecté du fait de la disparition d'un concurrent potentiel due à l'opération.

Pour chaque marché affecté, les entreprises notifiantes fournissent les informations suivantes :

a) Une estimation de l'importance du marché en valeur et en volume ;

b) La part de marché des entreprises concernées et des groupes auxquels elles appartiennent ;

c) La part de marché, l'identité, l'adresse, les numéros de télécopieur et de téléphone des principaux opérateurs concurrents ;

d) L'identité, l'adresse, les numéros de télécopieur et de téléphone des principaux clients, ainsi que la part que représente chacun de ces clients dans le chiffre d'affaires de chacune des entreprises ou groupes visés au point 2 ;

e) L'identité, l'adresse, les numéros de télécopieur et de téléphone des principaux fournisseurs ainsi que la part que représente chacun de ces fournisseurs dans le total des achats de chacune des entreprises ou groupes visés au point 2 ;

f) Les accords de coopération (horizontaux et verticaux) conclus par les entreprises ou groupes visés au point 2 sur les marchés affectés, tels que les accords de recherche et développement, les accords de licence, de fabrication en commun, de spécialisation, de distribution, d'approvisionnement à long terme et d'échanges d'information ;

g) Les facteurs susceptibles d'avoir une incidence sur l'accès aux marchés concernés (dispositions réglementaires, conditions d'accès aux matières premières, importance des dépenses de recherche et développement et de publicité, existence de normes, de licences, de brevets ou d'autres droits, importance des économies d'échelle, caractère spécifique de la technologie mise en œuvre...) ;

h) Une description des canaux de distribution et des réseaux de service après-vente existant sur le marché ;

i) Les principaux facteurs contribuant à la détermination des prix et l'évolution de ceux-ci sur les cinq dernières années ;

j) Une estimation des capacités de production existant sur le marché et de leur taux moyen d'utilisation, ainsi qu'une évaluation de leur taux d'utilisation par les entreprises ou groupes visés au point 2 ;

k) Une analyse de la structure de la demande (degré de concentration de la demande, typologie des demandeurs, poids des collectivités et entreprises publiques, importance de la marque pour le consommateur, importance de la capacité à fournir une gamme complète de produits ou services...) ;

l) La liste et les coordonnées des principales organisations professionnelles.

5. Déclaration concluant la notification.

La notification se conclut par la déclaration suivante, signée par ou au nom de toutes les entreprises notifiantes, au sens de l'article L. 430-3 du code de commerce :

« Les soussignés déclarent que les informations fournies dans la présente notification sont, à leur connaissance, sincères, exactes et complètes, que toutes les estimations sont présentées comme telles et constituent les estimations les plus précises des faits en cause, et que tous les avis exprimés sont sincères.

« Ils connaissent les dispositions de l'article L. 430-8 du code de commerce, notamment du III de cet article. »

ANNEXE II

TABLEAU RÉCAPITULATIF DES DONNÉES FINANCIÈRES POUR LES TROIS DERNIERS EXERCICES À JOINDRE AU DOSSIER DE NOTIFICATION D'UNE OPÉRATION DE CONCENTRATION

Nom de l'entité : .... N° SIREN (dans le cas d'une société française) : ....
Données consolidées : oui non (rayer la mention inutile).

	EXERCICE N clos le :		EXERCICE N – 1 clos le :		EXERCICE N – 2 clos le :	
Compte de résultat						
Chiffre d'affaires total hors taxes..........						
Chiffre d'affaires hors taxes réalisé auprès des clients situés dans l'Union européenne..........						
Chiffre d'affaires hors taxes réalisé auprès des clients situés en France..........						
Valeur ajoutée brute..........						
Excédent brut d'exploitation..........						
Résultat d'exploitation..........						
Intérêts et charges assimilées sur dette financière..........						
Produits financiers des placements..........						
Produits financiers des immobilisations financières..........						
Résultat financier..........						
Résultat net (1)..........						
Part des actionnaires ou des associés minoritaires..........						
Bilan	Brut	Net	Brut	Net	Brut	Net
Total du bilan..........						
Immobilisations incorporelles..........						
Immobilisations corporelles..........						
Immobilisations financières..........						
Créances de l'actif circulant..........						
Disponibilités et valeurs mobilières de placement.						
Fonds propres (2)..........						
Part des actionnaires ou des associés minoritaires..........						
Provisions pour risques et charges..........						
Dettes financières..........						
Autres dettes..........						
Ensemble des dettes à plus d'un an à la clôture.						
Acquisitions d'immobilisations corporelles et incorporelles..........						
Acquisitions ou augmentations d'immobilisations financières..........						

	EXERCICE N clos le :	EXERCICE N – 1 clos le :	EXERCICE N – 2 clos le :
Prix de cession des immobilisations corporelles et incorporelles cédées			
Prix de cession des immobilisations financières cédées et valeur des autres diminutions d'immobilisations financières			
Autres renseignements			
Dépenses de recherche et développement			
Dépenses de publicité			
Capitalisation boursière à la clôture (3)			
Actifs moyens			

(1) Dans le cas de données consolidées, il s'agit du résultat de l'ensemble consolidé.
(2) Non compris la part des actionnaires ou associés minoritaires dans le cas de données consolidées.
(3) Dans le cas d'un groupe, donner le nom de la société cotée.

ANNEXE III

TABLEAU RÉCAPITULATIF DES DONNÉES FINANCIÈRES CONCERNANT UNE ACTIVITÉ SANS PERSONNALITÉ JURIDIQUE À JOINDRE AU DOSSIER DE NOTIFICATION D'UNE OPÉRATION DE CONCENTRATION

	EXERCICE N clos le :		EXERCICE N – 1 clos le :		EXERCICE N – 2 clos le :	
Éléments de compte de résultat						
Chiffre d'affaires total hors taxes..................						
Chiffre d'affaires hors taxes réalisé auprès des clients situés dans l'Union européenne.........						
Chiffre d'affaires hors taxes réalisé auprès des clients situés en France						
Valeur ajoutée brute						
Excédent brut d'exploitation						
Éléments de bilan	Brut	Net	Brut	Net	Brut	Net
Immobilisations incorporelles utilisées pour l'activité						
Immobilisations corporelles utilisées pour l'activité						
Créances de l'actif circulant pour l'activité						
Disponibilités relatives à l'activité.................						
Dettes financières relatives à l'activité............						
Autres dettes relatives à l'activité..................						

	EXERCICE N clos le :	EXERCICE N – 1 clos le :	EXERCICE N – 2 clos le :
Investissements et cessions			
Acquisitions d'immobilisations corporelles et incorporelles			
Prix des cessions des immobilisations corporelles et incorporelles cédées			
Autres renseignements			
Dépenses de recherche et développement			
Dépenses de publicité			
Effectifs moyens			

ANNEXE IV

Liste des autorités administratives mentionnées à l'article 39

Commission nationale de l'informatique et des libertés.

Médiateur du cinéma.

Commission bancaire.

Conseil supérieur de l'audiovisuel.

Autorité des marchés financiers.

(L. n° 2005-516 du 20 mai 2005, art. 14) « Autorité de régulation des communications électroniques et des postes ».

Autorité de régulation des télécommunications.

Commission de régulation de l'électricité.

ANNEXE V

Liste des arrêtés mentionnés à l'article 61 de l'ordonnance n° 86-1243 du 1er décembre 1986

Arrêté n° 25-553 du 6 décembre 1968 relatif au tarif pharmaceutique national.

Arrêté n° 25-789 du 10 juillet 1970 relatif au tarif des outillages dans les ports maritimes et fluviaux.

Arrêtés nos 83-15-A du 22 février 1983 et 86-5-A du 7 février 1986 relatifs au prix des soins et de l'hospitalisation afférents à l'interruption volontaire de grossesse.

Arrêté n° 86-65-A du 18 décembre 1986 concernant les entreprises de manutention portuaire et les consignataires de navires.

Arrêté ministériel n° 76-64/P du 23 juin 1976 relatif au prix de vente au détail de certains produits pharmaceutiques.

Arrêté ministériel n° 77-63/P du 28 avril 1977 relatif aux engrais et aux produits phytosanitaires.

Arrêté ministériel n° 77-64/P du 28 avril 1977 et les arrêtés préfectoraux relatifs aux aliments du bétail.

Arrêtés préfectoraux relatifs aux biens et services de santé, aux livres, aux articles scolaires, aux produits énergétiques, aux transports.

Arrêtés préfectoraux relatifs aux prix et aux marges des secteurs faisant l'objet d'arrêtés maintenus en vigueur au plan national.

Arrêté ministériel n° 76-48/P du 12 mai 1976 relatif à la détermination du prix de revient des produits importés de l'étranger ou en provenance de la métropole dans les départements d'outre-mer, en tant qu'il concerne les secteurs dont les prix demeurent réglementés.

Arrêtés préfectoraux relatifs aux prix des produits et services de la collectivité territoriale de Saint-Pierre-et-Miquelon.

LIVRE CINQUIÈME DES EFFETS DE COMMERCE ET DES GARANTIES

TITRE PREMIER DES EFFETS DE COMMERCE

CHAPITRE PREMIER DE LA LETTRE DE CHANGE

RÉP. COM. v[is] *Lettre de change ; Effets de commerce,* par GIBIRILA.

BIBL. GÉN. ▶ M. CABRILLAC, La lettre de change dans la jurisprudence, 1978. - D. MARTIN, *Rev. dr. bancaire 1987, n° 2, p. 38.* - SUANT, PERDRIX et BARTHARES, *Banque 1983. 989.* - CHVIKA, *D. 2000. Chron. 615* (déclin de la négociabilité des instruments de paiement et de crédit). - MALECKI, *JCP E 2000, n° 51-52, p. 2036* (regard sur le formalisme cambiaire à l'heure de la signature électronique). - TRÉBULLE, *RD banc. fin. 2000. 114* (incidence de la réforme de la preuve sur le droit bancaire). - SZULMAN, *Banque et Droit nov.-déc. 2000. 10* (la LCR magnétique : enfin une véritable lettre de change ?). - DJOUDI, *D. 2001. 1858* (garanties cambiaires à l'épreuve de la lettre de change magnétique).

SECTION PREMIÈRE DE LA CRÉATION ET DE LA FORME DE LA LETTRE DE CHANGE

Art. L. 511-1 **I. — La lettre de change contient :**

1° La dénomination de lettre de change insérée dans le texte même du titre et exprimée dans la langue employée pour la rédaction de ce titre ;

2° Le mandat pur et simple de payer une somme déterminée ;

3° Le nom de celui qui doit payer, dénommé tiré ;

4° L'indication de l'échéance ;

5° Celle du lieu où le paiement doit s'effectuer ;

6° Le nom de celui auquel ou à l'ordre duquel le paiement doit être fait ;

7° L'indication de la date et du lieu où la lettre est créée ;

8° La signature de celui qui émet la lettre dénommé tireur. Cette signature est apposée, soit à la main, soit par tout procédé non manuscrit.

II. — Le titre dans lequel une des énonciations indiquées au I fait défaut ne vaut pas comme lettre de change, sauf dans les cas déterminés aux III à V du présent article.

III. — La lettre de change dont l'échéance n'est pas indiquée est considérée comme payable à vue.

IV. — A défaut d'indication spéciale, le lieu désigné à côté du nom du tiré est réputé être le lieu du paiement et, en même temps, le lieu du domicile du tiré.

V. — La lettre de change n'indiquant pas le lieu de sa création est considérée comme souscrite dans le lieu désigné à côté du nom du tireur. — *[C. com., art. 110].*

BIBL. ▶ Omissions : LESCOT, *Ann. dr. com. 1928. 275.* - CRIONNET, *D. 1989. Chron. 129.* ▶ Régularisation : BAZIN, *Rev. huiss. 1995. 1042.* - BOY, *Petites affiches 18 mai 1990, p. 22.*

I. FORMES OBLIGATOIRES

A. ÉNONCIATIONS

1. Dénomination. Un titre ne saurait valoir comme lettre de change s'il ne contient pas expressément la dénomination « lettre de change », impérativement exigée par l'art. 110 [C. com., art. L. 511-1]. • Lyon, 11 juin 1956 : *D. 1957. Somm. 36.* ♦ V. cep., pour le terme « traite », • Montpellier, 24 nov. 1953 : *Banque 1956. 520, obs. Marin.*

2. Langue. Une traite n'est pas nulle alors que, rédigée en langue italienne, l'avaliste a utilisé la langue française pour porter la mention « bon pour aval à titre personnel ». • T. com. Lyon, 9 févr. 1970 : *Banque 1970. 816, obs. Marin ; RTD com. 1970. 750, obs. M. Cabrillac et Rives-Lange.*

2 bis. Nom du tiré. L'art. 110 (3°) [C. com., art. L. 511-1 (I), 3°] n'impose nullement l'utilisation du seul nom patronymique à l'exclusion du nom commercial, et, s'agissant d'une entreprise individuelle désignée sous sa propre enseigne, le tiré est parfaitement désigné par ce nom commercial sans qu'il y ait une quelconque possibilité de confusion ou d'erreur. • Amiens, 15 oct. 1993 : *JCP 1994. II. 22258, note Massot-Durin.*

2 ter. Adresse du tiré. En indiquant sur une lettre de change une adresse, le tiré accepteur accepte nécessairement qu'y soient notifiés les exploits fondés sur cette lettre de change. • Paris, 17 déc. 1993 : *D. 1994. Somm. 183, obs. Cabrillac.*

3. Lieu de paiement. Sur la clause de domiciliation, V. notes 5 à 7 ss. art. L. 511-2.

4. Bénéficiaire. L'emploi d'initiales est insuffisant à désigner le bénéficiaire. • Com. 20 janv. 1981 : *D. 1981. IR. 304, obs. Vasseur.* ♦ Toutefois, l'indication du bénéficiaire par de simples initiales est suffisante dès lors qu'elle n'entraîne dans l'esprit du tiré aucune incertitude ni ambiguïté. • Com. 12 nov. 1992 : *Bull. civ. IV, n° 349 ; D. 1993. Somm. 317, obs. Cabrillac.* – V. aussi • T. com. Chaumont, 21 avr. 1967 : *Banque 1968. 141, obs. Marin.*

4 bis. La seule circonstance que le nom du bénéficiaire a été laissé en blanc ne peut suffire à révéler qu'en apposant sa signature, le tiré accepteur n'a pas voulu s'engager selon la loi du change. • Com. 4 oct. 1971 : *D. 1972. Somm. 74.* ♦ Dans le même sens, dès lors que le tiré accepteur n'avait pas inscrit sur le titre une mention de nature à faire apparaître qu'il n'était pas destiné à être complété *ou* mis en circulation, et que n'était pas établie la connaissance, par le bénéficiaire, lors de la réception de l'effet, que ce dernier aurait été complété contrairement à la volonté du tiré accepteur, V. • Com. 12 oct. 1993 : *JCP 1995. II. 22378, note Bazin.* ♦ Comp., auparavant, exigeant, pour la première condition, l'absence d'une mention indiquant que le titre n'était pas destiné à être complété *et* mis en circulation, • Com. 25 mai 1988 : *Bull. civ. IV, n° 169.* – V. aussi • Com. 21 juin 1988 : *ibid., n° 209 ; D. 1988. IR. 198.* ♦ V. notes 12, 14 et 16.

4 ter. La nullité des effets de commerce en raison du défaut de mention du nom du bénéficiaire doit être écartée lorsqu'ils portent le cachet de la société tireur tant au recto qu'au verso accompagné de la signature de son gérant. • Com. 3 avr. 2002 : *Bull. civ. IV, n° 65 ; Banque et Droit juill.-août 2002. 44, obs. Bonneau ; Petites affiches 11 sept. 2002, p. 7, obs. E.C.*

5. Date de création. En l'absence de date de création, la lettre de change est nulle. • Com. 7 nov. 1979 : *Gaz. Pal. 1980. 1. 44, note J.D. ; RTD com. 1980. 115, obs. Cabrillac et Rives-Lange* • 13 mars 1985 : *D. 1985. IR. 418, obs. Cabrillac.* ♦ L'inexactitude de la date n'emporte pas nullité du titre. • Reims, 26 févr. 1980 : *JCP 1980. IV. 398.* ♦ Pour la nullité d'un effet en raison de l'illisibilité de la date, V. • Com. 29 mars 1994 : *Bull. civ. IV, n° 127 ; D. 1994. Somm. 183, obs. Cabrillac.*

6. Signature du tireur. BIBL. Massin, *Rép. Commaille 1967. 113.* ♦ La signature du tireur sur une lettre de change en est une composante obligatoire et son apposition sur le timbre fiscal, élément ajouté à l'effet et amovible, ne permet pas d'y suppléer. • Com. 29 nov. 1994 : *Bull. civ. IV, n° 354 ; Rev. huiss. 1995. 724, note Hesbert.* – V. aussi • Paris, 4 févr. 1998 : *D. Affaires 1998. 623.* ♦ La signature du tireur devant être portée sur le titre lui-même, n'est pas valablement signée la lettre de change sur laquelle la signature se trouve à cheval sur l'effet et sur le timbre. • Com. 1er déc. 1998 : *Bull. civ. IV, n° 285 ; D. 1999. IR. 33 ; D. Affaires 1999. 173, obs. X. D. ; RJ com. 1999. 227, obs. Gibirila.* ♦ Il importe peu, pour la vérification de la régularité de la lettre de change, que le timbre fiscal revêtu de la signature y soit apposé ou remplacé postérieurement ou non, à la mention de l'acceptation. • Com. 29 nov. 1994 : *préc.* – V. aussi • Bordeaux, 10 mai 1950 : *RTD com. 1950. 616, obs. Houin ; Banque 1951. 364, obs. Marin.* ♦ Comp., jugeant que, dès lors que la correspondance des traits sur la lettre et sur le timbre démontre que ce timbre n'a pas été bougé ni recouvert et a toujours fait corps avec l'effet dès avant la signature par le tireur, il est établi que chaque lettre de change a été signée par le tireur, même si la signature de celui-ci déborde sur le timbre fiscal (à propos de trois lettres) : • Versailles, 23 nov. 1995 : *JCP E 1996. Pan. 240.* ♦ Pour un autre exemple de lettre de change valable dès lors qu'il résulte que la signature du tireur a été apposée sur un timbre préalablement collé : • Versailles, 30 oct. 1997 : *D. Affaires 1998. 111, obs. X.D.* – Dans le même sens, V. déjà • Paris, 2 juill. 1966 : *D. 1966. 589 ; RTD com. 1966. 970, obs. Becqué et Cabrillac.* – V. aussi • Paris, 17 mai 1967 : *Banque 1969. 722, obs. Marin.* ♦ Le droit de timbre sur les effets de commerce a été supprimé par l'art. 38 de la loi de finances pour 1997 n° 96-1181 du 30 déc. 1996 *(D. 1997. 70)*.

Sur le caractère nécessaire de la signature du tireur, V. • Com. 11 juill. 1988 : *Bull. civ. IV, n° 239 ; D. 1989. Somm. 90, obs. Cabrillac ; JCP 1989. II. 21345, note Putman* • 17 oct. 1995 : *RJDA 1996, n° 95 ; Petites affiches 7 juin 1996, p. 24, note Gibirila.*

7. En ce sens qu'un code-chiffres peut valoir signature du tireur, V. • Paris, 11 janv. 1995 : *D. 1996. Somm. 36, obs. crit. Cabrillac*. ♦ Sur la signature non manuscrite, admise depuis la loi du 16 juin 1966, V. Hamel, *Banque 1962. 47* ; Gavalda, *JCP 1966. I. 2034* ; Marin, *Banque 1966. 472* ; Massin, *préc. note 6.*

7 bis. Il n'incombe pas à la Cour de cassation de vérifier l'exactitude d'une signature portée sur un effet. • Com. 23 oct. 2001 : *RJDA 2002, n° 306.*

7 ter. Lettre de change-relevé. Il appartient à la banque du créancier (le tireur) de procéder, lorsque son client lui remet la LCR, à la saisie informatique des données inscrites sur le titre papier, qui comporte les mentions obligatoires du titre cambiaire définies à l'art. L. 511-1, après avoir vérifié les références du tireur ainsi que celles du tiré (le débiteur). • Lyon, 7 déc. 2001 : *RJDA 2002, n° 1311.* ♦ Il lui est en effet indispensable d'obtenir du tiré, par le RIB remis à cette occasion, toutes les informations utiles à l'identification du tiré, notamment sa domiciliation bancaire. • Même arrêt. ♦ Le contrôle de la banque domiciliaire se limite à vérifier la concordance entre les mentions portées sur la LCR et le destinataire de l'effet qui ne peut être identifié que par le code figurant sur le RIB après que la banque du tireur a procédé à la dématérialisation de l'effet. • Même arrêt. ♦ V. aussi note 8 ss. art. L. 511-2.

B. SUPPLÉANCES

8. Bénéficiaire. La nullité résultant du défaut d'indication du preneur n'est pas d'ordre public et les juges ne sauraient la prononcer d'office sans rechercher si le nom du bénéficiaire, dont l'absence n'avait pas été invoquée par le tiré, n'était pas suppléé par le nom du tireur endosseur. • Com. 9 nov. 1970 : *Bull. civ. IV, n° 297 ; RTD com. 1971. 746, obs. Cabrillac et Rives-Lange.* ♦ L'indication du preneur peut résulter de l'apposition de la griffe d'escompte d'une banque à l'endroit de la clause à ordre. • Paris, 26 oct. 1971 : *RTD com. 1972. 428, obs. Cabrillac et Rives-Lange ; Banque 1972. 194, obs. Martin* • Amiens, 15 oct. 1993 : *préc. note 2 bis.*

9. Tiré. Si la signature apposée au recto n'est pas celle de celui que la lettre désigne comme le tiré, elle ne peut exprimer qu'un engagement d'aval. • Com. 24 févr. 1965 : *Gaz. Pal. 1965. 1. 336 ; RTD com. 1965. 437, obs. Becqué et H. Cabrillac ; Banque 1965. 557, obs. Marin* (cassant • Paris, 7 févr. 1962 : *JCP 1962. II. 12956, note Lescot*).

10. Date de création. L'indication de la date de création est une mention obligatoire, à défaut de laquelle le titre ne vaut pas comme lettre de change, et l'apposition d'un cachet à date sur le timbre fiscal ne permet pas d'y suppléer. • Com. 7 oct. 1987 : *Bull. civ. IV, n° 216 ; D. 1988. Somm. 51, obs. Cabrillac* • Paris, 20 nov. 1990 : *D. 1991. IR. 26.* – Comp. : • Colmar, 7 juill. 1952 : *RTD com. 1953. 936, obs. Becqué et H. Cabrillac.* ♦ Sur la suppression du timbre fiscal, V. note 6.

II. OMISSIONS

A. NULLITÉ

11. Ordre public. Si les effets dont le paiement est demandé ne comportent pas toutes les mentions exigées par la loi et s'ils n'ont pas été régularisés, ils ne valent pas comme lettre de change. • Com. 13 mai 1986 : *Bull. civ. IV, n° 89.* ♦ La nullité résultant de l'omission d'une mention obligatoire étant d'ordre public, tout intéressé peut l'invoquer et elle peut être soulevée d'office. • Com. 16 juill. 1973 : *Bull. civ. IV, n° 243.* ♦ Le moyen tiré de la nullité pour vice de forme ne peut être invoqué pour la première fois devant la Cour de cassation. • Com. 25 oct. 1972 : *Bull. civ. IV, n° 264.*

12. Nom du bénéficiaire. Est nul le titre qui ne contient pas le nom de celui auquel, ou à l'ordre duquel, le paiement doit être fait. • Com. 6 juill. 1965 : *D. 1966. 24* • 29 mars 1994 : *préc. note 5* • Lyon, 28 janv. 1957 : *D. 1957. Somm. 118* • Paris, 21 mai 1957 : *D. 1957. Somm. 147.*

13. Date de création. V. notes 5 et 10.

14. Disqualification. Le titre nul comme lettre de change peut néanmoins faire preuve des engagements contractés suivant les règles du droit commun. • Civ. 7 févr. 1934 : *Gaz. Pal. 1934. 1. 721* • Com. 10 févr. 1971 : *Bull.*

civ. IV, n° 42 • 2 nov. 1994 : *RJDA 1994, n° 1339* • Paris, 19 déc. 1958 : *D. 1959. 24* • Pau, 5 févr. 1987 : *Banque 1987. 521, obs. Rives-Lange.* ♦ Le titre au porteur, ne comportant pas mention du bénéficiaire, et produit par une partie, établit la créance de celle-ci, dans les termes du droit commun, sur le souscripteur de la mention d'acceptation. • Com. 1er mars 1994 : *Bull. civ. IV, n° 95.*

L'acceptation par le débiteur désigné, d'une lettre de change n'en ayant pas la valeur en l'absence de certaines mentions obligatoires énoncées par l'art. 110 [C. com., art. L. 510-1], peut être retenue comme preuve écrite de sa promesse de payer le tireur, voire tout tiers ultérieurement indiqué par lui si le titre est établi à son ordre. • Com. 24 mars 1998 : *Bull. civ. IV, n° 114 ; D. 1999. 174, note Rossi ; D. Affaires 1998. 910, obs. X. D. ; RTD com. 1998. 647, obs. Cabrillac ; RJ com. 1999. 225, obs. Gibirila ; Defrénois 2000. 1047, obs. Delebecque.* ♦ Un tel titre, faute de désignation du tiers porteur lors de l'engagement du débiteur, n'emporte pas néanmoins délégation de créance à son profit, et le débiteur pourra encore lui opposer les exceptions résultant de ses rapports avec le tireur. • Même arrêt.

Le titre qui ne comporte pas les mentions obligatoires de la lettre de change dégénère, pour autant qu'il en comporte aussi les mentions nécessaires, en un commencement de preuve par écrit d'un acte sous seing privé de reconnaissance de dette, voire de cautionnement lorsqu'un aval est apposé. • Paris, 5 juill. 2001 : *D. 2001. AJ. 2672* . ♦ A défaut de l'une des mentions obligatoires prescrites par l'art. 110 [C. com., art. L. 510-1], les titres ne peuvent valoir comme lettres de change mais s'analysent en des billets à ordre de nature civile, en l'absence de caractère de commercialité régissant les rapports entre les parties, soumis au régime de la prescription de droit commun. • Dijon, 4 févr. 1994 : *Rev. huiss. 1994. 1289.* ♦ Comp., jugeant qu'une lettre de change nulle comme telle, mais contenant la clause à ordre et les mentions prescrites pour la validité du billet à ordre, peut valoir comme tel : • Orléans, 6 mars 1963 : *JCP 1964. II. 13618, note Gavalda.*

15. Sur l'inexactitude, V. note 5. ♦ Sur l'altération, V. notes ss. art. L. 511-77.

B. RÉGULARISATION

16. Date. La régularité d'une lettre de change ne s'apprécie pas au jour de l'émission, mais au jour de la présentation au paiement. • Com. 19 oct. 1965 : *D. 1966. 25 ; Banque 1966. 51, obs. Marin ; RTD com. 1966. 88, obs. Becqué et Cabrillac* • 9 mars 1976 : *Bull. civ. IV, n° 85* • Versailles, 15 juin 2000 : *D. 2000. AJ. 388* .

17. Portée. Dans les rapports entre un débiteur de la lettre de change et un porteur qui a reçu l'effet postérieurement à la régularisation, l'engagement cambiaire résulte des termes de l'effet régularisé même s'ils ne sont pas conformes aux accords de régularisation, si le porteur était de bonne foi lorsqu'il a reçu le titre. • Com. 28 mai 1968 : *D. 1968. 753* • Grenoble, 28 mai 1963 : *JCP 1964. II. 13503, note P.L.* ♦ Celui qui reçoit un effet de commerce pourvu, lors de l'endossement fait à son profit, de toutes les mentions exigées, est censé ne pas connaître les lacunes que ce titre pouvait présenter lors de sa création par le tireur ou de son acceptation par le tiré. • Com. 10 oct. 1989 : *Bull. civ. IV, n° 248 ; D. 1990. Somm. 122, obs. Cabrillac* . ♦ Toutefois, le souscripteur ne saurait être engagé que s'il a entendu s'obliger cambiairement. • Com. 28 févr. 1983 : *Bull. civ. IV, n° 87 ; RTD com. 1983. 580, obs. Cabrillac et Teyssié* • 13 mars 1985 : *Bull. civ. IV, n° 97 ; D. 1985. IR. 418, obs. Cabrillac.* – V. aussi • Com. 3 oct. 1995 : *Rev. huiss. 1996. 338.* ♦ Comp., sur l'altération, notes ss. art. L. 511-77.

18. Signature du tireur. V. note 6. ♦ L'apposition de la signature du tireur au verso du titre est sans effet dès lors qu'il n'est pas soutenu qu'elle soit antérieure à l'acceptation par le tiré. • Com. 29 nov. 1994 : *Bull. civ. IV, n° 354.*

18 bis. Bénéficiaire. Si l'indication du bénéficiaire est, en principe, une condition de validité de la lettre de change, l'omission de cette formalité peut être réparée, avant présentation de l'effet. Tel est le cas, en l'absence du nom du bénéficiaire, d'une lettre de change qui a été régulièrement endossée deux jours après sa création au profit d'une banque après avoir été entre-temps revêtue de l'acceptation du tiré. • Com. 9 avr. 1996 : *RJDA 1996, n° 1371 ; Petites affiches 14 mai 1997, p. 21, note Gibirila.* – V. aussi • Com. 23 oct. 2001 : *préc. note 7 bis.*

18 ter. Date et lieu de création. V. note 20.

19. Tirage pour compte. V. note 3 ss. art. L. 511-2.

20. Accord des parties. V. note 4 *bis.* ♦ Sur la nullité d'une régularisation entreprise, sans l'accord du tiré, par une banque ayant reçu à l'escompte une traite ne comportant pas l'indication d'un lieu et d'une date de création, V. • Com. 25 mai 1988 : *Bull. civ. IV, n° 170 ; JCP 1989. II. 21345, note Putman.*

Sur le caractère nécessaire de la signature du tireur, V. note 6.

Art. L. 511-2 **La lettre de change peut être à l'ordre du tireur lui-même.**

Elle peut être tirée sur le tireur lui-même.

Elle peut être tirée pour le compte d'un tiers.

Elle peut être payable au domicile d'un tiers, soit dans la localité où le tiré a son domicile, soit dans une autre localité. – [*C. com., art. 111*].

A. LETTRE DE CHANGE À L'ORDRE DU TIREUR

1. L'art. 111, al. 1er [C. com., art. L. 511-2, al. 1er], admettant que le tireur d'une lettre de change puisse se désigner lui-même comme bénéficiaire, les titres émis par le tireur à l'ordre de « nous-mêmes » répondent parfaitement aux exigences de désignation du bénéficiaire et permettent son identification de façon non équivoque. • Amiens, 15 oct. 1993 : *JCP 1994. II. 22258, note Massot-Durin.*

B. TIRAGE PAR MANDATAIRE

1 bis. Date. Les pouvoirs du signataire s'apprécient à la date de l'émission de la lettre de change. • Civ. 1re, 15 déc. 1976 : *D. 1977. IR. 160.*

2. Preuve. Le tirage pour compte n'a pas besoin d'être établi par le texte de la lettre de change ; il peut résulter d'une convention de tirage pour compte liant les parties. • Com. 19 févr. 1968 : *Bull. civ. IV, n° 75 ; JCP 1969. II. 15730, note Lescot.* ♦ La preuve de la qualité de mandataire n'est pas soumise au formalisme cambiaire et peut résulter de la connaissance qu'en avaient les tiers. • Com. 24 juin 1980 : *Bull. civ. IV, n° 269.* ♦ Comp., au cas de mandat apparent, • Com. 11 oct. 1971 : *Bull. civ. IV, n° 232* • 13 juin 1973 : *ibid. IV, n° 215.* – *Contra* : • Com. 12 déc. 1973 : *Bull. civ. IV, n° 361* • 11 févr. 1974 : *ibid. IV, n° 53.*

3. Régularisation. Lorsqu'en prenant la qualité de tireur pour régulariser une lettre de change non signée à l'origine, le porteur a agi pour le compte du tireur véritable, il y a non pas cession d'un titre mais tirage pour le compte prévu à l'art. 111 [C. com., art. L. 511-2]. • Com. 28 mai 1968 : *D. 1968. 753.*

4. Pouvoirs. V. note ss. art. L. 511-5 C. com.

4 bis. Tirage pour le compte d'un cessionnaire de créance. V. notes 12 et 13 ss. art. L. 511-7 C. com.

C. DOMICILIATION

BIBL. Revel, *JCP E 1976. II. 12282.*

5. Forme. La domiciliation peut résulter d'un compte de chèques postaux apposé sur des traites. • Com. 29 juin 1965 : *D. 1965. 823 ; Banque 1964. 131, obs. Marin.*

6. Domiciliataire. La lettre de change peut être domiciliée chez celui qui en est porteur à l'échéance. • Civ. 21 oct. 1942 : *Gaz. Pal. 1943. 1. 15.* ♦ Le domiciliataire doit être un tiers vis-à-vis du tiré. • Aix-en-Provence, 23 avr. 1980 : *RTD com. 1981. 799, obs. Cabrillac et Teyssié.*

7. Responsabilité du domiciliataire à l'égard du tiré. BIBL. Revel, *JCP E 1976. II. 12282.* ♦ Une banque à qui sont présentées, en vue de leur paiement des lettres de change tirées sur l'un de ses clients, ne peut, même s'il les a acceptées, se dessaisir des fonds dont elle est dépositaire pour le compte de ce client, que sur instruction reçue de lui indépendamment de la mention de domiciliation et, à défaut, lui en doit restitution. • Com. 30 nov. 1999 : *Bull. civ. IV, n° 213 ; D. 2000. AJ. 24, obs. A. L. ; RTD com. 2000. 149, obs. Cabrillac ; RCA 2000, n° 53 ; JCP E 2000, n° 27, p. 1089, obs. Gavalda et Stoufflet ; ibid. n° 49, p. 1956, note Djoudi ; RD banc. fin. 2000, n° 5, obs. Crédot et Gérard.* ♦ En cas de paiement par la banque domiciliataire, sans instruction, la restitution du montant de ce paiement peut être ordonné, sans qu'il soit nécessaire de rechercher si le préjudice de la société tirée est inférieur à ce montant, et indépendamment de toute référence à l'absence de provision du compte. • Même arrêt. ♦ Le domiciliataire engage sa responsabilité s'il paie un effet sans avoir reçu un avis de domiciliation l'invitant à le faire. • Com. 23 avr. 1976 : *D. 1977. 563, note Vermelle ; Banque 1976. 1276 ; RTD com. 1976. 755, obs. Cabrillac et Rives-Lange* • 22 nov. 1977 : *D. 1978. IR. 342, obs. Cabrillac ; JCP 1978. II. 18997, note Gégoud* • 8 juin 1982 : *Bull. civ. IV, n° 221 ; Banque 1983. 99, obs. Martin ; RTD com. 1983. 93, obs. Cabrillac et Teyssié ; Gaz. Pal. 1982. 2. Pan. 339, obs. A. P.* • Paris, 7 avr. 1973 : *JCP 1973. II. 17555, note Gavalda.* ♦ Un tel paiement par le banquier domiciliataire est inopposable au tiré qui ne lui a pas adressé un ordre exprès par un avis de domiciliation. • Mêmes arrêts. – *Contra,* • Versailles, 22 févr. 1996 : *BICC 1996, n° 675 ; Gaz. Pal. 1996. 2. Somm. 348* • Paris, 28 oct. 1967 : *Banque 1968. 60 ; RTD com. 1968. 101, obs. Cabrillac et Rives-Lange.* ♦ Sur la validité du paiement de lettres de change revêtues de fausses signatures d'acceptation, effectué par un banquier domiciliataire, lequel est tenu de payer ces effets en vertu d'une convention de « paiement sauf désaccord », V. • Com. 9 févr. 1999 : *Bull. civ. IV, n° 41 ; D. 2000. Somm. 458,* *obs. Martin* ; *D. Affaires 1999. 761, obs. X. D.* ; *RTD com. 1999. 472, obs. Cabrillac* ; *RD bancaire et bourse 1999. 94, obs. Crédot et Gérard* ; *Banque et Droit sept.-oct. 1999. 58, obs. Guillot.* ♦ Sur l'absence de recours en répétition de l'indu contre le porteur, V. • Com. 23 avr. 1976 : *préc.* ♦ Sur la validité d'un mandat exprès rendant inutile un mandat de domiciliation, V. • Lyon, 19 févr. 1974 : *RTD com. 1974. 130, obs. Cabrillac et Rives-Lange.*

8. Responsabilité du domiciliataire à l'égard du porteur. Dès lors que la banque domiciliataire a reçu du tiré mandat de payer et que la situation du compte permet le paiement, eu égard au montant du découvert usuellement autorisé, elle est tenue de l'exécuter sauf à engager sa responsabilité envers le porteur. • Com. 23 nov. 1999 : *Bull. civ. IV, n° 206* ; *D. 2000. AJ. 3, obs. A. L.* ; *RTD com. 2000. 150, obs. Cabrillac*. ♦ La banque domiciliataire qui n'est pas engagée par une obligation cambiaire au paiement d'une lettre de change, mais seulement par l'ordre de payer reçu du tiré, ne peut invoquer la nullité de l'effet pour omission d'une de ses mentions qu'autant que le tiré aurait pu lui-même soutenir n'être pas engagé par un titre incomplet et lui aurait, par son mandat, confié le soin de soulever pour son compte une telle exception. • Même arrêt. ♦ V., en cas de refus de paiement de lettres de change avec la mention « demande prorogation », • Com. 8 déc. 1992 : *Rev. huiss. 1993. 335, note Vidal.* ♦ En cas de rejet d'une lettre de change-relevé par la banque domiciliaire, il appartient au tireur de rechercher auprès de sa banque si les énonciations du RIB transmis par le tiré ont été correctement reproduites sur le support informatique et, pour le cas où elles l'auraient été, de rapporter la preuve que la banque domiciliaire a commis elle-même une faute en rejetant l'effet sans motif légitime. • Lyon, 7 déc. 2001 : *RJDA 2002, n° 1311.* – V. aussi note 7 *ter* ss. art. L. 511-1, *supra.*

Art. L. 511-3 Dans une lettre de change payable à vue ou à un certain délai de vue, il peut être stipulé par le tireur que la somme sera productive d'intérêts. Dans toute autre lettre de change, cette stipulation est réputée non écrite.

Le taux des intérêts doit être indiqué dans la lettre ; à défaut de cette indication, la clause est réputée non écrite.

Les intérêts courent à partir de la date de la lettre de change si une autre date n'est pas indiquée. – *[C. com., art. 112].*

1. Montant. Il résulte de l'art. 112 [C. com., art. L. 511-3] que le tireur doit incorporer dès l'émission de la lettre, le montant des intérêts dans le montant de la lettre de change. • Com. 12 juill. 1971 : *Bull. civ. IV, n° 204* ; *RTD com. 1972. 128, obs. Cabrillac et Rives-Lange.*

2. Intérêts usuraires. V., sur l'obligation de la juridiction civile, saisie par le tireur d'une demande en paiement, de surseoir à statuer en raison d'une information pénale ouverte contre ce dernier sur le fondement de la loi du 28 déc. 1966 [C. consom., art. L. 313-1 s.], au cas où le montant d'intérêts usuraires a été inclus dans la somme à payer, • Com. 12 juill. 1971 : *Bull. civ. IV, n° 204* ; *RTD com. 1972. 128, obs. Cabrillac et Rives-Lange.*

V. C. consom., art. L. 313-1 s., *infra*, App., v° *Prêts d'argent — Intérêts des capitaux.*

Art. L. 511-4 La lettre de change dont le montant est écrit à la fois en toutes lettres et en chiffres vaut, en cas de différence, pour la somme écrite en toutes lettres.

La lettre de change dont le montant est écrit plusieurs fois, soit en toutes lettres, soit en chiffres, ne vaut, en cas de différence, que pour la moindre somme. – *[C. com., art. 113].*

Discordance. Au cas de discordance entre la somme portée en chiffres et la somme portée en lettres, la lettre de change vaut pour la somme écrite en toutes lettres. • Com. 13 janv. 1982 : *JCP 1982. IV. 114.*

Art. L. 511-5 Les lettres de change souscrites par des mineurs sont nulles à leur égard, sauf les droits respectifs des parties, conformément à l'article 1312 du code civil.

Si la lettre de change porte des signatures de personnes incapables de s'obliger par lettre de change, des signatures fausses ou des signatures de personnes imaginaires ou des signatures qui, pour toute autre raison, ne sauraient obliger les personnes

qui ont signé la lettre de change, ou du nom desquelles elle a été signée, les obligations des autres signataires n'en sont pas moins valables.

Quiconque appose sa signature sur une lettre de change comme représentant d'une personne pour laquelle il n'avait pas le pouvoir d'agir, est obligé lui-même en vertu de la lettre et, s'il a payé, a les mêmes droits qu'aurait eus le prétendu représenté. Il en est de même du représentant qui a dépassé ses pouvoirs. – *[C. com., art. 114].*

Sur l'application des dispositions de l'art. L. 511-5 aux lettres de change et billets à ordre souscrits ou avalisés par les emprunteurs même majeurs à l'occasion d'opérations de crédit à la consommation, V. C. consom., art. L. 313-13, infra, App., v° Ventes commerciales, V. – Crédit (ventes à).

A. CAPACITÉ

BIBL. Menjucq, *JCP N 1999, n° 20, p. 836* (l'incapable majeur en droit des affaires).

1. Mineur. Le mineur non commerçant, même autorisé par son père, ne peut valablement tirer une lettre de change, la nullité étant indépendante du préjudice subi par le mineur. • Civ. 19 févr. 1856 : *DP 1856. 1. 86* • Paris, 17 juill. 1894 : *DP 1895. 2. 25, note Thaller* • 27 avr. 1896 : *DP 1898. 2. 257, note Boistel* • Civ. 7 mars 1922 : *DP 1922. 1. 169* • Com. 28 oct. 1969 : *Bull. civ. IV, n° 318 ; Banque 1970. 706, obs. Marin* • Paris, 5 juin 1968 : *ibid. 1970. 926, obs. Marin ; JCP 1930. II. 16322, note Durry.*

2. Délit ou quasi-délit. Le mineur n'est pas restituable contre les obligations résultant de son délit ou quasi-délit. • Req. 15 nov. 1898 : *DP 1899. 1. 439 ; S. 1899. 1. 225, note Wahl ; Grands arrêts jurispr. com., n° 81, note Pédamon.* ♦ Le seul fait pour un mineur d'avoir donné son aval ne suffit pas à établir sa participation à un quasi-délit en l'absence de manœuvres. • Com. 28 oct. 1969 : *RTD com. 1970. 454, obs. Cabrillac et Rives-Lange ; Banque 1970. 706, obs. Marin.* ♦ Le mineur peut invoquer la nullité de son engagement lorsqu'il a agi avec légèreté ou imprudence. • Paris, 16 juill. 1894 : *DP 1895. 2. 25, note Thaller.*

3. Prodigue. Le prodigue ne peut tirer de lettres de change sans l'assistance de son curateur. • Civ. 1er août 1860 : *DP 1860. 1. 316* • Req. 3 avr. 1855 : *DP 1855. 1. 129* • Civ. 24 juin 1913 : *DP 1917. 139.*

4. Consommateur. V. ci-dessus la note ss. l'art. L. 511-5 C. com.

5. Nullité. L'incapable peut opposer son incapacité à tous, même au tiers porteur de bonne foi. • Civ. 19 févr. 1856 : *DP 1856. 1. 86* • Paris, 17 juill. 1894 : *DP 1895. 2. 25, note Thaller* • Paris, 10 nov. 1925 : *DP 1926. 2. 139, note H.L.* ♦ Le tribunal compétent pour prononcer la nullité d'une lettre de change tirée par un incapable est le tribunal civil si la nullité est soulevée par voie d'action et le tribunal de commerce si elle l'est par voie d'exception. • Civ. 23 mars 1857 : *DP 1857. 1. 126* • 9 août 1860 : *DP 1861. 5. 96.*

B. INDÉPENDANCE DES SIGNATURES

6. Si la lettre de change ne porte pas la signature de la personne ayant la qualité indiquée sur le titre, les obligations des autres signataires n'en sont pas moins valables. • Com. 15 juin 1993 : *Bull. civ. IV, n° 247 ; D. 1993. IR. 171.*

6 bis. Les personnes qui apposent leur signature sur la lettre de change après sa création ne peuvent, à l'égard du porteur, se prévaloir de l'incapacité du tireur, pour refuser le paiement. • Com. 21 déc. 1959 : *D. 1960. 262.*

C. REPRÉSENTATION

7. Absence de pouvoir. Quiconque appose sa signature sur une lettre de change comme représentant d'une personne pour laquelle il n'avait pas pouvoir d'agir est obligé cambiairement. • Com. 19 mars 1958 : *D. 1958. 354 ; RTD com. 1958. 580, obs. Becqué et Cabrillac ; Banque 1959. 509, obs. Marin* • 29 mars 1977 : *Bull. civ. IV, n° 98.* – V. aussi • Com. 15 juin 1993 : *préc. note 6.* ♦ Il incombe à celui qui a apposé sa signature sur une lettre de change au nom d'une autre personne d'établir l'existence du mandat dont il se prévaut s'il entend échapper aux poursuites engagées contre lui en application de l'art. 114, al. 3 [C. com., art. L. 511-5, al. 3]. • Com. 30 juin 1992 : *Bull. civ. IV, n° 255.*

Rappr., considérant que le porteur de bonne foi d'un billet à ordre signé au nom d'une société n'est tenu de vérifier ni la signature apposée sur l'effet ni l'étendue des pouvoirs du signataire, la société étant engagée par la signature de son mandataire apparent, sauf à elle, d'établir être étrangère dans la formation de cette apparence de mandat. • Com. 9 mars 1999 : *Bull. civ. IV, n° 57 ; D. Affaires 1999. 831, obs. X.D. ; RD bancaire et bourse 1999. 94, obs. Crédot et Gérard.* – V. aussi Bonneau, *Dr. sociétés 1999. Chron. 10.* – Youego, *RD banc. fin. 2000. 254.*

8. Administrateur judiciaire. Comp., pour l'inapplicabilité de l'art. 114, al. 3 [C. com., art. L. 511-5, al. 3], à un curateur à la suspension provisoire des poursuites investi d'une simple mission de surveillance : • Com. 24 juin 1980 : *Bull. civ. IV, n° 269 ; RTD com. 1981. 105, obs. Cabrillac et Rives-Lange.*

Art. L. 511-6 **Le tireur est garant de l'acceptation et du paiement.**

Il peut s'exonérer de la garantie de l'acceptation ; toute clause par laquelle il s'exonère de la garantie du paiement est réputée non écrite. – *[C. com., art. 115].*

SECTION II DE LA PROVISION

Art. L. 511-7 **La provision doit être faite par le tireur ou par celui pour le compte de qui la lettre de change sera tirée, sans que le tireur pour compte d'autrui cesse d'être personnellement obligé envers les endosseurs et le porteur seulement.**

Il y a provision si, à l'échéance de la lettre de change, celui sur qui elle est fournie est redevable au tireur, ou à celui pour compte de qui elle est tirée, d'une somme au moins égale au montant de la lettre de change.

La propriété de la provision est transmise de droit aux porteurs successifs de la lettre de change.

L'acceptation suppose la provision.

Elle en établit la preuve à l'égard des endosseurs.

Qu'il y ait ou non acceptation, le tireur seul est tenu de prouver, en cas de dénégation, que ceux sur qui la lettre était tirée avaient provision à l'échéance ; sinon, il est tenu de la garantir, quoique le protêt ait été fait après les délais fixés. – *[C. com., art. 116].*

BIBL. ► GRUA, *D. 1986. Chron. 261.* – JESTAZ, *RTD com. 1966. 886.* – LACOUR, *Ann. dr. com. 1931. 5.* – MARTY, *RTD com. 1978. 307.* – VASSEUR, *D. 1985. Chron. 199.* – PARROT, *JCP E 1991. I. 58* (droits du porteur sur la provision d'une lettre de change non acceptée en cas de redressement judiciaire du tireur).

A. EXISTENCE DE LA PROVISION

1. *Montant.* La provision doit être au moins égale au montant de la traite et il n'y a pas provision si la dette du tiré est inférieure à la somme indiquée. • Com. 23 févr. 1983 : *Bull. civ. IV, n° 79.* – *Contra* : • Aix-en-Provence, 24 avr. 1981 : *D. 1982. 425, note J. Stoufflet.* ♦ Toutefois, le porteur de la lettre a un droit exclusif sur la provision, serait-elle inférieure au montant indiqué. • Civ. 19 janv. 1937 : *DH 1937. 145* • 23 sept. 1940 : *DH 1940. 157.* ♦ La créance du tireur sur un tiers autre que le tiré ne peut être assimilée à la provision. • Com. 23 févr. 1983 : *préc.*

2. *Caractéristiques.* Si la créance qui forme la provision n'est pas certaine, liquide et exigible, le tiré ne peut être contraint ni d'accepter, ni de payer. • Civ. 11 mai 1853 : *DP 1853. 1. 142.* ♦ C'est à la date de l'échéance que la provision doit exister. • Com. 24 mars 1969 : *Bull. civ. IV, n° 110 ; RTD com. 1969. 775, obs. Cabrillac et Rives-Lange* • 28 juin 1983 : *D. 1984. 444, note Endréo* • 27 oct. 1992 : *Bull. civ. IV, n° 324 ; D. 1993. Somm. 317, obs. Cabrillac.* ♦ Si la créance, exigible lors de l'émission, s'est éteinte avant l'échéance, la traite est sans provision. • Req. 24 janv. 1912 : *DP 1912. 1. 520* • Com. 24 mars 1969 : *préc.* ♦ Toutefois une créance dont le terme est postérieur à l'échéance du titre ou conditionnelle ou non liquidée se transmet au porteur. • Com. 3 mai 1976 : *Bull. civ. IV, n° 143* • 20 mars 1984 : *ibid. IV, n° 108 ; RTD com. 1984. 697, obs. Cabrillac et Teyssié ; Banque 1984. 858, obs. Martin.* ♦ Le porteur devient propriétaire de la provision à l'échéance, même si celle-ci n'est pas liquide et exigible, dès lors que la créance existe en son principe. • Com. 4 juin 1991 : *Bull. civ. IV, n° 208 ; D. 1991. IR. 179.*

2 bis. *Renonciation à la garantie du tireur.* La renonciation d'une banque à la garantie du tireur quant à l'existence de la provision d'une lettre de change qu'elle a prise à l'escompte doit être expresse. • Com. 8 juill. 1997 : *Bull. civ. IV, n° 222 ; D. 1998. 427, note Goyet ; ibid. 1999. Somm. 150, obs. Cabrillac ; D. Affaires 1997. 1007.* ♦ L'engagement pris par une banque (selon lequel « si les effets reviennent impayés, elle ferait le nécessaire... ne débiterait pas le compte du tiré mais un compte interne à l'établissement ») emporte seulement renonciation de sa part à réclamer le montant des effets en cas de défaillance de la société tirée dans le paiement de sa dette, excluant ainsi son application en cas de défaut de fourniture de la provision par le tireur. • Même arrêt.

B. PREUVE DE LA PROVISION

3. Droit commun. Conformément au droit commun de l'art. 1315 C. civ., c'est à celui qui invoque le bénéfice de la provision d'en rapporter la preuve. • Com. 22 nov. 1950 : *RTD com. 1951. 321, obs. Becqué et Cabrillac ; Banque 1950. 770, obs. Marin* • 4 janv. 1980 : *Bull. civ. IV, n° 4.* – V. aussi • Com. 8 juill. 1997 : *préc. note 2 bis.* ♦ Un relevé d'identité bancaire ne saurait contenir aucune garantie concernant l'existence ou non d'une provision sur le compte. • Paris, 12 janv. 1990 : *RTD com. 1990. 618, obs. Cabrillac et Teyssié.*

4. Acceptation. La charge de la preuve du défaut de provision incombe au tiré accepteur qui l'invoque. • Com. 4 janv. 1980 : *préc. note 3* • 4 juin 1991 : *Bull. civ. IV, n° 116* • 4 mai 1999 : *RJDA 1999, n° 834.* ♦ L'acceptation établit une présomption simple d'existence de la provision dans les relations du tireur et du tiré. • Com. 16 juill. 1951 : *JCP 1951. II. 6513, note Lescot ; RTD com. 1952. 124, obs. Becqué et Cabrillac* • 14 mai 1958 : *D. 1958. 671* • 4 juill. 1966 : *D. 1967. 144 ; JCP 1967. II. 15037, note Lescot* • Paris, 29 nov. 1978 : *D. 1979. IR. 277, obs. Cabrillac.* ♦ V. aussi, sur le droit du tiré accepteur d'établir le défaut de provision pour écarter l'action du tireur, • Com. 22 mai 1991 : *Bull. civ. IV, n° 170 ; D. 1992. Somm. 339, obs. Cabrillac.*

C'est au tiré, qui a accepté une lettre de change, assigné en référé en paiement d'une provision sur le montant de cet effet, qu'il incombe d'établir que l'obligation invoquée par le tireur est sérieusement contestable. • Com. 22 nov. 1994 : *Bull. civ. IV, n° 348.*

4 bis. L'acceptation établit de même une présomption simple d'existence de la provision au profit d'un tiers porteur à l'égard du tiré accepteur. • Com. 12 juill. 1971 : *Gaz. Pal. 1971. 2. 759* • 4 janv. 1980 : *Bull. civ. IV, n° 4.* – Comp. : • Civ. 21 mars 1939 : *DC 1941. 68, note E. de Lagrange. – Contra* : • Req. 13 févr. 1928 : *DP 1928. 1. 13, note Chéron* • Paris, 26 mars 1960 : *D. 1960. Somm. 74.* ♦ Au cas d'acceptation partielle, la présomption ne joue qu'à concurrence du montant de l'acceptation. • Chambéry, 13 mai 1977 : *D. 1978. IR. 84, obs. Cabrillac ; RTD com. 1977. 743.*

4 ter. Rapport fondamental. Dès lors que le porteur de lettres de change rapporte la preuve de l'existence de la provision à l'échéance, le tiré invoquant une falsification de la signature portée sur les effets en vue de leur acceptation peut être condamné à payer le montant de celles-ci sans qu'il soit nécessaire de vérifier l'authenticité de ladite signature dans la mesure où la condamnation serait fondée non sur l'engagement cambiaire mais sur le rapport d'obligation fondamental ayant préexisté à la création des effets. • Com. 16 janv. 2001 : *Bull. civ. IV, n° 14 ; D. 2002. Somm. 2113, obs. Boujeka.*

C. TRANSMISSION DE LA PROVISION

5. Application aux traites non acceptées. La transmission de la provision au porteur s'opère pour les traites non acceptées comme pour celles qui ont été acceptées. • Civ. 18 janv. 1937 : *DH 1937. 145 ; S. 1937. 1. 89, note Rousseau.* – V. aussi Hécart, *D. 2003. 539* (réflexions à propos de la traite non acceptée). ♦ Pour des applications aux traites dites *pro forma*, V. • Com. 14 déc. 1970 : *D. 1972. 1, note Bouloc ; Banque 1971. 411, obs. Marin ; RTD com. 1971. 409, obs. Cabrillac et Rives-Lange* • 28 juin 1983 : *D. 1984. 444, note Endréo, et IR. 264, obs. Vasseur* • 20 mars 1984 : *Banque 1984. 859, obs. Martin ; RTD com. 1984. 697, obs. Cabrillac et Teyssié* • Aix-en-Provence, 16 avr. 1969 : *JCP 1970. II. 16228, note Gavalda.* ♦ V. aussi note 8.

5 bis. La clause non acceptable n'exclut pas le transfert de la provision. • Com. 14 déc. 1970 : *préc. note 5. – Contra* : • Civ. 2 mars 1857 : *DP 1857. 1. 119.*

6. Date. La date du transfert de propriété est celle de la remise du titre au preneur. • Com. 20 mars 1962 : *JCP 1962. II. 12747, note Rives-Lange ; Banque 1962. 421, obs. Marin* • 5 juin 1965 : *ibid. 1965. 820* • 20 mars 1984 : *ibid. 1984. 859, obs. L. Martin ; RTD com. 1984. 697, obs. Cabrillac et Teyssié.* ♦ V. *contra*, pour un transfert à l'échéance de lettres non acceptées, • Com. 4 déc. 1984 : *D. 1985. 181, note Bénabent ; Banque 1985. 642, obs. Rives-Lange ; RTD com. 1985. 536, obs. Cabrillac et Teyssié ; JCP 1985. II. 20445, note Synvet.* – Et, sur renvoi, • Limoges, 11 janv. 1989 : *D. 1990. 79, note Dubois.* – V. aussi • Com. 4 juill. 1989 : *Bull. civ. IV, n° 211 ; D. 1991. 369, note Bloch ; RTD com. 1989. 693, obs. Cabrillac et Teyssié ; ibid. 1989. 741, obs. Martin-Serf ; JCP 1990. II. 21396 ; JCP E 1990. II. 15661, note Dubois.* – V. également Synvet, *JCP 1990. I. 3425.* – V. aussi • Com. 4 juin 1991 : *préc. note 2.*

Sur cette question, V. encore notes 10 et 11.

7. Droits du tireur. A défaut d'acceptation, le tireur a la faculté de réclamer au tiré le paiement de la créance de provision. • Com. 24 avr. 1972 : *D. 1972. 686, note Roblot* • 10 juill. 1973 : *Bull. civ. IV, n° 241 ; Banque 1973. 157* • 19 nov. 1973 : *Bull. civ. IV, n° 332 ; RTD com. 1975. 307,* *obs. Cabrillac et Rives-Lange* • 29 janv. 1974 : *Bull. civ. IV, n° 37 ; RTD com. 1975. 559, obs. Cabrillac et Rives-Lange.* ♦ La dette peut s'éteindre par compensation. • Com. 18 mars 1986 : *Bull. civ. IV, n° 50 ; D. 1987. Somm. 291, obs. Vasseur* • 7 oct. 1987 : *D. 1988. Somm. 51, obs. Cabrillac.* ♦ A l'échéance de la lettre de change, le tiré qui a connaissance de l'émission du titre ne peut plus s'acquitter valablement entre les mains du tireur. • Com. 4 oct. 1982 : *Bull. civ. IV, n° 290 ; D. 1983. IR. 409, obs. Vasseur* • Aix-en-Provence, 25 mars 1977 : *D. 1978. IR. 340, obs. Cabrillac.* – Comp. : • Com. 3 mai 1976 : *Bull. civ. IV, n° 143 ; JCP 1977. II. 18767, note Pierre-François.* ♦ En revanche, avant l'échéance, la seule connaissance par le tiré de l'émission, au cas de refus d'acceptation, n'a pas pour effet d'immobiliser la provision. • Com. 1er févr. 1977 : *Bull. civ. IV, n° 35* • 24 avr. 1972 : *D. 1973. 686, note Roblot.* ♦ Sur l'obligation du tiré non-accepteur de faire retour au porteur de l'effet que celui-ci lui avait envoyé pour acceptation, V. note 1 *bis* ss. art. L. 511-16 C. com.

Sur l'inopposabilité à la *masse* du tireur de la constitution d'une provision après l'émission de l'effet et en période suspecte, V. • Bordeaux, 28 juin 1960 : *D. 1961. 182, note A.C.* • Aix-en-Provence, 19 déc. 1974 : *D. 1975. 352, note Derrida ; RTD com. 1975. 329.* ♦ V. art. L. 632-2.

8. Immobilisation de la provision. L'acceptation immobilise la provision au profit du porteur du titre. • Paris, 18 juin 1968 : *RTD com. 1969. 137.* – V. aussi note 1. ♦ La défense de s'acquitter de la provision faite par le porteur au tiré ou une saisie-arrêt entre les mains du tiré a les mêmes effets sur l'immobilisation de la provision que l'acceptation. • Com. 24 avr. 1972 : *D. 1972. 964, note Roblot ; RTD com. 1972. 964, obs. Cabrillac et Rives-Lange* • Paris, 14 avr. 1964 : *D. 1964. 725, note Goré.* ♦ Mais l'interdiction faite au tiré non accepteur, par le porteur d'une lettre de change, de payer toute autre personne que lui-même n'a plus de portée juridique lorsque le porteur ne rapporte pas la preuve de l'existence de la provision à la date d'échéance de l'effet. • Com. 3 mai 1995 : *D. 1996. 292, note Gibirila ; RJDA 1995, n° 1132 ; Rev. huiss. 1996. 323, note Bazin.*

Si le jugement d'ouverture de la procédure de redressement judiciaire du tireur d'une lettre de change non acceptée n'a pas pour effet de consolider les droits du tiers porteur de celle-ci sur la provision, et n'empêche pas le tiré, pour la partie non acceptée de la créance, d'opposer la compensation jusqu'à l'échéance, il ne le peut que si les conditions de la compensation légale ont été réunies avant l'ouverture de la procédure collective ou, à défaut, s'il existe entre les dettes respectives du tireur et du tiré un lien de connexité et si le tiré a déclaré au passif du redressement judiciaire du tireur sa créance d'origine antérieure. • Com. 22 févr. 1994 : *Bull. civ. IV, n° 70 ; D. 1995. 27, note Honorat ; JCP 1994. II. 22267, rapp. Rémery.* – V. aussi • Nîmes, 22 sept. 1998 : *Banque et Droit janv.-févr. 1999. 59, obs. Guillot.* ♦ Sur l'influence de la déchéance du terme provoquée par l'ouverture d'une procédure de *faillite*, consolidant définitivement les droits du porteur, V. • Civ. 18 janv. 1937 : *DH 1937. 145 ; S. 1937. 1. 89, note Rousseau.* – Comp. : • Civ. 20 avr. 1873 : *DP 1873. 1. 459.* ♦ V. aussi, art. L. 643-1.

Sur l'affectation d'une provision à un effet, V. • Com. 28 févr. 1962 : *Bull. civ. III, n° 134.* ♦ Et sur les conflits entre porteurs de traites distinctes, V. • Rouen, 24 avr. 1845 : *S. 1847. 2. 65* • Civ. 2 mars 1857 : *S. 1857. 1. 510.*

9. Saisie des créanciers du tireur. Les créanciers du tireur ne peuvent saisir la créance de provision dès lors que la lettre de change a été émise. • Civ. 19 nov. 1850 : *DP 1854. 2. 286* • Com. 29 nov. 1982 : *Bull. civ. IV, n° 374 ; D. 1983. IR. 246, obs. Cabrillac* • Montpellier, 21 mars 1951 : *RTD com. 1951. 549, obs. Becqué et Cabrillac* • Dijon, 23 mai 1973 : *ibid. 1973. 833, obs. Cabrillac et Rives-Lange.* ♦ V. aussi, au cas de saisie par les créanciers d'un endosseur, • Com. 3 nov. 1988 : *Bull. civ. IV, n° 286.*

10. Conflit entre sous-traitant et porteur. **BIBL.** Talau, *JCP E 1999, n° 23, p. 996.* ♦ L'inopposabilité de la transmission de créance énoncée par l'art. 13-1 de la loi du 31 déc. 1975, ne s'applique pas aux endossements d'effets de commerce acceptés ou payés par le tiré. • Com. 18 nov. 1997 : *Bull. civ. IV, n° 295 ; RD bancaire et bourse 1998. 8, obs. Crédot et Gérard ; RTD com. 1998. 180, obs. Cabrillac ; Gaz. Pal. 18-19 août 1999, Somm. p. 20, obs. Peisse.* ♦ V., donnant la préférence au banquier escompteur, • Com. 18 févr. 1986 : *Bull. civ. IV, n° 20 ; D. 1986. IR. 324, obs. Vasseur ; JCP 1987. II. 20730, note Synvet ; RTD com. 1987. 82, obs. Cabrillac et Teyssié* • 4 juill. 1989 : *préc. note 6* • Com. 29 mars 1994 : *RJDA 1994, n° 1020.* ♦ Comp., en cas de traite non acceptée, • Com. 4 déc. 1984 : *préc. note 6.* ♦ V. aussi *infra*, App., v° *Sous-traitance*, note 12 ss. l'art. 12 et l'art. 13-1 préc. de la loi n° 75-1334 du 31 déc. 1975.

Sur le conflit entre le sous-traitant et le cessionnaire d'un bordereau Dailly, V. *infra*, App., v° *Code monétaire et financier (extraits)*, notes 24 s. ss. art. L. 313-27 C. mon. fin.

11. Conflit entre cessionnaire d'un bordereau Dailly et porteur. V. note 20 ss. l'art. L. 313-27 C. mon. fin., *infra*, App., v° *Code monétaire et financier (extraits).*

12. Cession de créance doublée de l'émission d'une traite sur le débiteur cédé. **BIBL.** Cabrillac, *Rev. dr. bancaire 1987. 75.* – Guillot et Vangasse, *Banque 1991. 267.* ♦ Lorsqu'une cession de créance, qui opère transfert du patrimoine du cédant à celui du cessionnaire, précède l'émission d'une traite, le tireur cédant ne peut avoir tiré l'effet puis constitué la provision que pour le compte du cessionnaire. • Aix-en-Provence, 29 janv. 1992 : *Banque 1992. 425, obs. Rives-Lange.* ♦ Dès lors, quand le cessionnaire est également bénéficiaire de la lettre, il a en réalité la qualité de tireur bénéficiaire, si bien que, même s'il est de bonne foi, les exceptions tirées du rapport fondamental lui sont opposables par le tiré accepteur. • Même arrêt.

Dès lors que le tireur n'a émis l'effet que pour le compte du banquier cessionnaire, ce dernier n'a pas, dans ses rapports avec le tiré, la qualité de tiers porteur, mais celle de donneur d'ordre. Le client peut donc opposer à son banquier les exceptions fondées sur ses rapports personnels avec son cocontractant, peu important que le tiré ait accepté la lettre de change et que la cession de créance n'ait été effectuée qu'à titre de garantie. • Com. 29 nov. 1994 : *Bull. civ. IV, n° 353 ; JCP 1995. IV. 256 ; RTD com. 1995. 173, obs. Cabrillac.* ♦ V. aussi, jugeant qu'un arrêt ne peut, pour rejeter la demande d'une banque en paiement d'une créance dont elle a notifié la cession à son profit au débiteur, retenir que ce dernier peut opposer au cessionnaire de la créance toutes les exceptions tirées de ses rapports avec le cédant, et en particulier le fait qu'il a déjà payé la facture par un règlement en valeur en acceptant des lettres de change, sans rechercher si les lettres de change ont été présentées au paiement par le tireur lui-même, resté porteur, auquel cas le tiré devait lui opposer la cession de créance dont il a antérieurement reçu notification, une telle exception étant inopposable à un tiers bénéficiaire d'endossements, • Com. 21 mars 1995 : *Bull. civ. IV, n° 96 ; D. 1996. Somm. 34, obs. Cabrillac ; RTD com. 1995. 626, obs. Cabrillac ; Rev. dr. bancaire 1995. 102, obs. Crédot et Gérard.* ♦ Sur l'opposabilité au cessionnaire Dailly de l'acceptation d'une traite, acceptation antérieure à la notification de la cession, présentée au paiement par un tiers porteur, V. aussi • Com. 3 mai 2000 : *D. 2000. AJ. 324, obs. Faddoul ; RTD com. 2000. 985, obs. Cabrillac.* ♦ Jugeant que peu important son acceptation de la lettre de change émise en paiement de sa dette, le débiteur doit, à l'échéance, opposer à son créancier, porteur de l'effet, la notification qui lui a été faite de la cession de sa créance et, en ne le faisant pas, il s'expose à payer deux fois cette créance, V. • Com. 5 nov. 2002 : *RJDA 2003, n° 308.*

Il incombe au débiteur cédé d'apporter la preuve de l'antériorité de son acceptation de la lettre de change par rapport à la notification de la cession de créance pour pouvoir opposer à la banque cessionnaire l'exception de son engagement cambiaire. • Com. 7 mars 1995 : *Bull. civ. IV, n° 67 ; D. 1995. IR. 126 ; RTD com. 1995. 626, obs. Cabrillac ; Banque juill.-août 1995, p. 94, obs. Guillot.* ♦ Le paiement effectué entre les mains du créancier initial par celui qui s'est engagé cambiairement, est opposable à l'affactureur, subrogé dans les droits du créancier initial, pourvu que l'engagement cambiaire ou le paiement soit intervenu avant la connaissance par le débiteur de cette subrogation. • Com. 26 mars 2000 : *Bull. civ. IV, n° 88.*

Comp., en ce sens que lorsque le débiteur accepte une lettre de change avant la notification de la cession, que cette cession intervienne dans le cadre d'un contrat d'affacturage ou dans celui de la loi Dailly du 2 janv. 1981, il appartient au cédant ou au cessionnaire d'assurer la restitution de la traite pour pouvoir imposer au débiteur, qui ne s'est pas engagé à le faire, de payer entre les mains du cessionnaire : • Aix-en-Provence, 13 sept. 1994 : *RJDA 1994, n° 1342.*

13. Dès lors qu'au jour de la création des lettres de change, la société émettrice est encore titulaire de sa créance sur le tiré, qu'elle n'avait pas encore cédée selon les modalités de la loi « Dailly », et qu'elles ont été acceptées par le tiré, l'endossement de ces effets à l'ordre de la banque permet à celle-ci de bénéficier de l'inopposabilité cambiaire des exceptions, bien que ce transfert ait été postérieur à une cession de la même créance au profit de la même banque. • Com. 6 avr. 1999 : *Bull. civ. IV, n° 80 ; D. 2000. Somm. 461, obs. Martin ; D. Affaires 1999. 1215, obs. X. D. ; Petites affiches 15 juin 1999, p. 10, obs. L. C. ; RJDA 1999, n° 717 ; RD bancaire et bourse 1999. 95, obs. Crédot et Gérard ; RTD com. 1999. 725, obs. Cabrillac.*

SECTION III DE L'ENDOSSEMENT

Art. L. 511-8 **Toute lettre de change, même non expressément tirée à ordre, est transmissible par la voie de l'endossement.**

Lorsque le tireur a inséré dans la lettre de change les mots « non à ordre » ou une expression équivalente, le titre n'est transmissible que dans la forme et avec les effets d'une cession ordinaire.

L'endossement peut être fait même au profit du tiré, accepteur ou non, du tireur ou de tout autre obligé. Ces personnes peuvent endosser la lettre à nouveau.

L'endossement doit être pur et simple. Toute condition à laquelle il est subordonné est réputée non écrite.

L'endossement partiel est nul.

L'endossement « au porteur » vaut comme endossement en blanc.

L'endossement doit être inscrit sur la lettre de change ou sur une feuille qui y est attachée et dénommée allonge. Il doit être signé par l'endosseur. La signature de celui-ci est apposée, soit à la main, soit par tout procédé non manuscrit.

L'endossement peut ne pas désigner le bénéficiaire ou consister en un endossement en blanc constitué par la simple signature de l'endosseur. Dans ce dernier cas, l'endossement, pour être valable, doit être inscrit au dos de la lettre de change ou sur l'allonge. – *[C. com., art. 117].*

RÉP. COM. v[is] *Endossement ; Escompte*, par GIBIRILA.

1. Formes. La seule remise de la lettre de change en l'absence d'un endossement régulier ne saurait la transférer à celui qui la reçoit. • Com. 13 oct. 1970 : *Bull. civ. IV, n° 256* • 29 mai 1979 : *ibid., n° 179* • Paris, 19 déc. 1984 : *D. 1985. IR. 419, obs. Cabrillac.* ♦ Lorsque la lettre a été endossée en blanc, l'endossataire peut la remettre à un tiers, de la main à la main, sans remplir le blanc et sans l'endosser. • T. com. Seine, 4 juin 1935 : *Gaz. Pal. 1935. 2. 346.* – Comp. : • T. com. Angers, 12 avr. 1961 : *Banque 1962. 46, obs. Marin.* ♦ Le cachet commercial apposé sur la lettre de change pour endossement et comportant le nom de la société, son adresse et ses coordonnées téléphoniques ne peut tenir lieu de signature non manuscrite apposée par le procédé de la griffe. • Com. 25 avr. 2006 : *D. 2006. AJ. 1443, obs. Avena-Robardet ; JCP 2006. IV. 2122.* ♦ V. art. L. 511-9.

2. Endossement partiel. Sur la nullité, V. • Crim. 5 mars 1956 : *JCP 1956. II. 9369, note Roblot.*

3. Porteur légitime. V. note 1 ss. art. L. 511-11.

4. Pouvoirs. Le fait qu'une lettre de change ait été endossée par le débiteur en état de cessation des paiements ne porte pas atteinte à la validité de l'endossement si, au moment de celui-ci, le signataire n'était pas encore soumis au dessaisissement. • Com. 18 juin 1979 : *Bull. civ. IV, n° 202 ; Banque 1979. 1504, obs. Marin.* – Comp. : • Req. 24 févr. 1936 : *S. 1936. 1. 223* • Douai, 17 févr. 1938 : *S. 1938. 2. 196.* ♦ V. aussi, art. L. 641-9.

5. Escompte. **BIBL.** Vasseur, *Banque 1982. 1458.* – Szulman, *Banque et Droit mai-juin 2000. 26* (bordereau de remise d'effet à l'escompte : nouvelle modalité d'endossement ?). ♦ Le seul fait qu'un créancier ait tenté de se faire payer, en tirant des effets sur son débiteur et en les remettant à l'escompte, n'implique pas qu'il ait voulu renoncer au bénéfice de la compensation légale. • Com. 21 mars 1995 : *Bull. civ. IV, n° 95.*

6. Le mode inhabituel de la fixation de la rémunération prélevée par un endossataire régulier (somme forfaitaire inférieure à la valeur nominale des effets) ne le prive pas de ses droits cambiaires. • Com. 1er oct. 1996 : *Bull. civ. IV, n° 218 ; D. 1997. 225, note D. Martin ; D. Affaires 1996. 1325 ; JCP E 1996. II. 892, note Bonneau ; ibid. 1998, n° 9, p. 319, obs. Gavalda et Stoufflet ; RTD com. 1997. 124, obs. Cabrillac*

7. En ce sens qu'une banque peut refuser de prendre à l'escompte des lettres de change dès lors qu'elle n'a pu obtenir du remettant des renseignements utiles sur le tiré, cette demande ne revêtant pas un caractère abusif, V. • Com. 30 nov. 1999 : *Bull. civ. IV, n° 212 ; D. 2000. AJ. 42, obs. V. A.-R. ; JCP E 2000, n° 27, p. 1087, obs. Gavalda et Stoufflet ; RD banc. fin. 2000, n° 7, obs. Crédot et Gérard.*

V. aussi notes ss. art. L. 511-9 et, sur la contrepassation, par le banquier escompteur, notes 3 s. ss. art. L. 511-45.

8. Lettre de change-relevé. Les dispositions de la loi du 13 mars 2000, qui ont consacré la valeur probante de l'écrit dématérialisé et validé la signature électronique, ne sauraient avoir pour effet de conférer à la lettre de change-relevé les effets juridiques de la lettre de change, notamment en ce qui concerne les recours cambiaires (Rép. min. n° 25110 : *JO Sénat Q, 30 nov. 2000, p. 4087*).

Art. L. 511-9 I. — L'endossement transmet tous les droits résultant de la lettre de change.

II. — Si l'endossement est en blanc, le porteur peut :

1° Remplir le blanc, soit de son nom, soit du nom d'une autre personne ;

2° Endosser la lettre de nouveau en blanc ou à une autre personne ;

3° Remettre la lettre à un tiers, sans remplir le blanc et sans l'endosser. — *[C. com., art. 118].*

1. Nature de l'endossement. En l'absence de toute indication sur la nature de l'endossement, celui-ci est présumé translatif de propriété et un signataire antérieur peut se prévaloir de la situation apparente. • Com. 24 sept. 2002 : *Bull. civ. IV, n° 129 ; Banque et Droit janv.-févr. 2003. 59, obs. Bonneau ; JCP 2002. IV. 2743 ; Petites affiches 9 janv. 2003, p. 4, obs. E.C. ; RJDA 2003, n° 63.* ♦ La mention d'endossement portée sans autre précision sur une lettre de change a un effet translatif au profit de l'endossataire dès lors que la preuve n'est pas rapportée d'une intention différente des parties. • Com. 3 mai 2000 : *Bull. civ. IV, n° 94 ; D. 2000. AJ. 324, obs. Faddoul ; RD banc. fin. 2000, n° 182, obs. Crédot et Gérard.* ♦ V. aussi, • Paris, 27 mai 1983 : *D. 1984. IR. 72, obs. Cabrillac* • Reims, 5 mai 1980 : *Banque 1981. 1047.*

2. Preuve contraire. Dans le cas de l'endossement translatif d'un effet de commerce, si le remettant et l'endossataire sont convenus que cet effet garantit l'exécution d'une obligation, et quoique les tiers soient fondés à se prévaloir du caractère translatif de l'endossement, l'endossataire est tenu envers le remettant selon ce qui a été convenu entre eux (à propos de billets à ordre). • Com. 14 mars 1989 : *D. 1989. IR. 104.* ♦ La preuve contraire peut en être rapportée, mais ne saurait résulter de la pratique qualifiée d'escompte en banque. • Aix-en-Provence, 8 juill. 1977 : *JCP 1979. II. 19111, note Stoufflet.* ♦ V. art. L. 511-13.

3. Droits transmis. BIBL. Cabrillac, *Études Weill, Dalloz, Litec, 1983, p. 107.* ♦ L'endossement effectué par une personne n'ayant pas la qualité de porteur légitime est privé d'effet translatif. • Com. 14 oct. 1980 : *Bull. civ. IV, n° 333.* ♦ L'endossataire bénéficie, en principe, des sûretés qui garantissaient la provision, alors même qu'aucune mention n'en figurait sur le titre (billet à ordre). • Civ. 20 juin 1854 : *DP 1854. 1. 305* • Douai, 14 nov. 1901 : *DP 1903. 2. 158* • Colmar, 30 déc. 1850 : *DP 1854. 2. 145.*

V., pour la réserve de propriété, • Com. 11 juill. 1988 : *Bull. civ. IV, n° 241 ; D. 1988. IR. 240 ; Gaz. Pal. 1988. 2. 672 ; RTD com. 1988. 656, obs. Cabrillac et Teyssié.* ♦ V. aussi, note 27 ss. art. L. 621-122 ancien.

L'opération d'escompte d'une lettre de change ne confère pas de plein droit à une banque le bénéfice d'un contrat d'assurance-crédit, destiné à garantir l'éventuelle insolvabilité du tiré, qui n'est pas l'accessoire de la lettre de change. • Com. 25 févr. 1992 : *Bull. civ. IV, n° 86 ; D. 1992. 349, note Gavalda ; Banque 1992. 530, obs. Rives-Lange.*

4. Date de l'endossement. V. note 2 ss. art. L. 511-14.

Art. L. 511-10 L'endosseur est, sauf clause contraire, garant de l'acceptation et du paiement.

Il peut interdire un nouvel endossement. Dans ce cas, il n'est pas tenu à la garantie envers les personnes auxquelles la lettre est ultérieurement endossée. — *[C. com., art. 119].*

1. Interdiction d'un nouvel endossement. La clause par laquelle un endosseur interdit un nouvel endossement a pour effet de supprimer sa garantie envers les seules personnes auxquelles la lettre serait ultérieurement endossée. • Paris, 11 déc. 1984 : *RTD com. 1985. 330, obs. Cabrillac et Teyssié.*

2. Clause de non-garantie. La clause de non-garantie, si elle exonère le signataire de la responsabilité qui lui incombe au cas de défaillance du tiré, laisse subsister sa responsabilité au cas de nullité du titre et pour son fait personnel. • Civ. 31 juill. 1817 : *S. 1819. 1. 68* • 31 mai 1864 : *DP 1864. 1. 285* • Req. 3 févr. 1885 : *DP 1885. 1. 364.* – Comp. : art. 1693 C. civ. – C. civ.

3. Entrée en compte. Le recours en garantie ouvert à l'endossataire contre l'endosseur existe même si le montant de l'effet a été porté au compte courant existant entre eux, nonobstant le principe de novation dominant le fonctionnement de ce compte. • Civ. 24 janv. 1906 : *DP 1906. 1. 353, note Lacour.* – Comp. : • Com. 7 oct. 1963 : *Bull. civ. III, n° 391* • 23 févr. 1976 : *ibid. IV, n° 63 ; RTD com. 1976. 768, obs. Cabrillac et Rives-Lange.*

Art. L. 511-11 **Le détenteur d'une lettre de change est considéré comme porteur légitime s'il justifie de son droit par une suite ininterrompue d'endossements, même si le dernier endossement est en blanc. Les endossements biffés sont à cet égard réputés non écrits. Quand un endossement en blanc est suivi d'un autre endossement, le signataire de celui-ci est réputé avoir acquis la lettre par l'endossement en blanc.**

Si une personne a été dépossédée d'une lettre de change par quelque événement que ce soit, le porteur justifiant de son droit de la manière indiquée à l'alinéa précédent n'est tenu de se dessaisir de la lettre que s'il l'a acquise de mauvaise foi ou si, en l'acquérant, il a commis une faute lourde. – *[C. com., art. 120].*

1. Porteur légitime. Le détenteur n'est pas porteur légitime s'il ne justifie pas de son droit par une suite ininterrompue d'endossements. • Com. 9 déc. 1968 : *D. 1968. Somm. 55* • 9 juin 1970 : *Bull. civ. IV, n° 192 ; RTD com. 1971. 402, obs. Cabrillac et Rives-Lange* • 24 nov. 1992 : *Bull. civ. IV, n° 370 ; D. 1993. Somm. 317, obs. Cabrillac* • 4 janv. 1994 : *RJDA 1994, n° 691.* ♦ Comp., pour un endossement de procuration : note 4. ♦ Pour attribuer la qualité de porteur légitime, l'endossement doit être signé avant la rédaction de l'acte de protêt. • Com. 10 janv. 1984 : *Bull. civ. IV, n° 10.* ♦ Comp. : notes ss. art. L. 511-9 C. com.

Lorsqu'une erreur manifeste s'est produite dans la rédaction des endossements, la chaîne n'en est pas interrompue. • Com. 9 mars 1976 : *Bull. civ. IV, n° 85 ; RTD com. 1976. 754, obs. Cabrillac et Rives-Lange.* ♦ V. aussi, pour une différence minime (une lettre) entre la désignation du bénéficiaire et celle du premier endosseur, • Com. 30 mai 1995 : *RTD com. 1995. 815, obs. Cabrillac.*

2. La restitution de la lettre qui n'était pas accompagnée d'un biffage de l'endos, n'enlève pas à son auteur la qualité de porteur légitime. • Com. 5 mars 1956 : *JCP 1956. II. 9369 ; RTD com. 1956. 477, obs. Becqué et H. Cabrillac.*

S'agissant d'endossements biffés, les annulations portées sur les originaux des lettres de change ne concernant pas les endos originels, le banquier escompteur doit être considéré comme porteur légitime de ces effets. • Com. 1er oct. 1996 : *RJDA 1997, n° 87.*

3. La personne qui n'est pas en possession de la lettre endossée au porteur ou en blanc au moment du protêt ne peut acquérir la qualité de porteur légitime par une remise postérieure. • Req. 28 mars 1944 : *D. 1945. 1, note Percerou ; JCP 1945. II. 2790, note Lescot.*

4. Dépossession. Au cas où une lettre de change tirée sur une personne et acceptée par cette dernière a été dérobée au tireur par un individu qui l'a endossée à l'ordre d'un tiers en contrefaisant la signature du tireur, il convient, pour accueillir ou rejeter l'action en paiement du porteur contre le tiré accepteur, de rechercher si le porteur était ou non de bonne foi. • Com. 21 déc. 1959 : *D. 1960. 262.* – V. Roblot, note ss. • T. com. Seine, 26 janv. 1956 : *JCP 1956. II. 9502* • Com. 13 mars 1957 : *Gaz. Pal. 1957. 2. 93 ; RTD com. 1957. 980, obs. Becqué et Cabrillac* (à propos d'un porteur qui ne peut être de bonne foi si dans la chaîne des endossements s'insère un endossement de procuration). ♦ V. art. L. 511-31 et L. 511-34 C. com.

Art. L. 511-12 **Les personnes actionnées en vertu de la lettre de change ne peuvent pas opposer au porteur les exceptions fondées sur leurs rapports personnels avec le tireur ou avec les porteurs antérieurs, à moins que le porteur, en acquérant la lettre, n'ait agi sciemment au détriment du débiteur.** – *[C. com., art. 121].*

BIBL. ▸ Bouteron, *Gaz. Pal. 1955. 1. Doctr. 1.* – Daigre, *RTD com. 1977. 651.* – Diener, *D. 1977. Chron. 17.* – Duguet et Lamarche, *Petites affiches 1979, nos 123 et 283.* – Fangain, *Gaz. Pal. 1974. 2. Doctr. 601.* – Marin, *Banque 1963. 542.* – Reuter, *RTD com. 1974. 439.*

A. INOPPOSABILITÉ DES EXCEPTIONS

1. Personnes protégées. La qualité de tiers porteur a été reconnue au bénéficiaire de la traite, qui est le plus souvent le banquier escompteur. • Com. 21 avr. 1970 : *D. 1970. 612.* ♦ Sur la contrepassation d'un effet par le banquier escompteur, V. • Com. 24 janv. 1967 : *Bull. civ. IV, n° 43* • 21 avr. 1970 : *D. 1970. 612.* ♦ Sur la contrepassation, V. aussi notes 3 s. ss. art. L. 511-45.

Le garant qui a payé la lettre de change peut invoquer le bénéfice de l'art. 121 [C. com., art. L. 511-12]. • Req. 8 févr. 1932 : *S. 1932. 1. 27* • Com. 11 avr. 1962 : *D. 1962. 366.* ♦ Au cas de transmission successorale d'une lettre de change, l'héritier n'a que les mêmes droits que le *de cujus* à l'égard du débiteur cambiaire. • Com.

5 févr. 1958 : *Bull. civ. III, n° 60 ; RTD com. 1958. 792, obs. Becqué et Cabrillac.*

La qualité de mandataire du vendeur pour l'émission de la lettre de change, ensuite acceptée, fait, sauf mauvaise foi de sa part, bénéficier une société d'affacturage, en sa qualité de porteur de l'effet, de l'inopposabilité des exceptions ; en revanche, si ladite société était déjà, lors de l'émission, subrogée dans les droits du vendeur, cette qualité serait incompatible avec celle de mandataire de ce dernier pour la mobilisation d'une créance déjà transmise. • Com. 6 avr. 1993 : *Bull. civ. IV, n° 139 ; D. 1993. IR. 129.*

Sur l'opposabilité des exceptions à un cessionnaire d'une créance professionnelle bénéficiaire d'une lettre de change émise, ultérieurement à la cession, par le cédant sur le débiteur cédé, V. notes 12 et 13 ss. art. L. 511-7.

2. *Exceptions inopposables.* L'inopposabilité des exceptions s'applique même au cas où le vice invoqué touche l'ordre public, telle une clause de garantie de change illicite. • Civ. 1er juill. 1931 : *DP 1932. 1. 12, note Laurent.* ♦ Dans le même sens, pour la nullité d'une convention contraire à l'art. 1840 CGI (dissimulation d'une partie du prix de vente d'un immeuble) : • Com. 31 janv. 1978 : *D. 1978. IR. 337, obs. Cabrillac* • 18 mai 1978 : *Bull. civ. IV, n° 137.*

Ont été déclarées inopposables au porteur : l'absence de provision. • Com. 12 déc. 1966 : *Bull. civ. III, n° 489* • 4 nov. 1975 : *ibid. IV, n° 258.* ♦ ... L'extinction de la dette. • Aix-en-Provence, 19 janv. 1976 : *D. 1977. IR. 191.* – V. aussi, pour des traites dont le montant a été, suite à une erreur informatique, réglé directement par le tireur au bénéficiaire, • Rouen, 18 sept. 1997 : *JCP E 1998, n° 41, p. 1570.* ♦ De même, est inopposable au banquier qui a acquis l'effet, l'exception tirée d'une erreur sur la cause de son acceptation par le tiré. • Com. 2 juill. 1969 : *Banque 1969. 926, obs. Marin ; JCP 1970. II. 16427, note Langlois.* – Comp. : • Civ. 25 mai 1894 : *DP 1894. 1. 447* • Amiens, 7 févr. 1894 : *DP 1895. 2. 437.* ♦ N'est pas recevable la demande du tiré qu'il soit sursis au paiement de la lettre de change jusqu'au résultat d'une plainte par lui déposée contre le tireur pour escroquerie et abus de confiance. • Com. 2 juill. 1991 : *Bull. civ. IV, n° 249.* ♦ En revanche, l'incapacité d'un souscripteur peut être invoquée par l'incapable contre tout porteur. • Paris, 17 juill. 1894 : *DP 1895. 2. 25, note Thaller* • 27 avr. 1896 : *DP 1898. 2. 257, note Boistel* • 10 nov. 1925 : *DP 1925. 2. 139, note N.L.*

2 bis. Jugé que, lorsque la mauvaise foi, au sens de l'art. 121 [C. com., art. L. 511-12], de la banque endossataire n'est pas établie, il ne saurait lui être fait utilement grief d'avoir modifié unilatéralement la mention de l'échéance par la mention « à vue » ou encore celle du montant par la simple addition de celui des frais de retour, dès lors que ces modifications ont été effectuées après présentation à l'échéance originaire et retour des effets impayés et qu'elles ne modifient pas les rapports juridiques entre les parties, la banque étant libre de présenter à nouveau au paiement les effets en cause, et en droit de réclamer les frais de retour, par application de l'art. 152 [C. com., art. L. 511-45]. • Nancy, 30 oct. 1991 : *JCP 1992. IV. 2480.*

B. EXCEPTIONS OPPOSABLES

3. *Mauvaise foi.* Par l'expression finale de l'art. 121 [C. com., art. L. 511-12], le législateur a réservé le cas où le porteur a eu conscience, en consentant à l'endossement du titre à son profit, de causer un dommage au débiteur cambiaire par l'impossibilité où il le met de se prévaloir, vis-à-vis du tireur et d'un précédent endosseur, d'un moyen de défense issu de ses relations avec ces derniers. • Com. 26 juin 1956 : *JCP 1956. II. 9600, note Roblot ; RTD com. 1957. 146, obs. Becqué et H. Cabrillac ; Gaz. Pal. 1956. 2. 331 ; Grands arrêts jurispr. com., n° 85, note P. Lagarde* • 2 févr. 1976 : *JCP 1977. II. 18714, note Gavalda* • 9 juill. 1979 : *D. 1980. 265, note Vasseur.* ♦ Lorsque le banquier escompteur avait connaissance d'un dépassement d'objet social réalisé sur la base du rapport fondamental, il doit être considéré comme ayant agi sciemment au détriment du tiré. • Com. 25 juin 1985 : *Rev. sociétés 1985. 829, note Daigre ; D. 1985. IR. 419, obs. Cabrillac.*

4. S'agissant d'une personne morale, la mauvaise foi est appréciée en la personne de ses représentants légaux et non d'un simple préposé. • Com. 15 juill. 1975 : *Bull. civ. IV, n° 206.*

5. La seule négligence ou même l'imprudence d'un créancier cambiaire n'est pas assimilable à la mauvaise foi. • Com. 27 avr. 1985 : *Bull. civ. IV, n° 139* • Caen, 11 juin 1971 : *Banque 1971. 1037* • Orléans, 28 févr. 1979 : *D. 1980. 265, note Vasseur.* – V. aussi • Com. 20 févr. 1990 : *Bull. civ. IV, n° 46* • 8 janv. 1991 : *ibid., n° 11 ; D. 1991. Somm. 218, obs. Cabrillac* • 20 mai 2003 : *RJDA 2003, n° 1237.* ♦ La simple connaissance par le créancier de la situation financière obérée du débiteur cambiaire ne suffit pas à caractériser la mauvaise foi. • Com. 18 juin 1979 : *Banque 1979. 1504, obs. Marin* • 1er juill. 1980 : *Bull. civ. IV, n° 283* • 24 mars 1992 : *ibid., n° 130 ; D. 1992. Somm. 340, obs. Cabrillac* (connaissance de l'utilisation par le remettant de traites en blanc préacceptées et des difficultés de celui-ci) • 18 mai 1993 : *Bull. civ. IV, n° 191* • 28 nov. 1995 : *Rev. huiss. 1996. 706,* *note Courtier ; Petites affiches 24 juill. 1996, p. 27, note Gibirila* • 16 janv. 1996 : *Rev. huiss. 1996. 710, note Courtier* • T. com. Nantes, 29 sept. 1997 : *JCP E 1999, n° 4, p. 168, obs. Belleil.* ♦ De même, la connaissance de la cessation des paiements du tireur n'implique pas nécessairement que le banquier escompteur était informé au jour de l'escompte que la provision n'était pas et ne serait pas constituée au jour de l'échéance. • Paris, 17 nov. 1992 : *JCP E 1993. Pan. 47.*

La mauvaise foi de la banque n'est pas établie par les remplacements successifs de lettres de change résultant d'une libre négociation entre les parties, ni par la date de l'escompte, opéré quelques jours avant le jugement déclaratif de redressement judiciaire. • Versailles, 16 mars 1994 : *D. 1994. IR. 115.*

La mauvaise foi est caractérisée dès lors que le créancier sait que la provision ne pourra être fournie au tiré. • Com. 9 juill. 1979 : *préc. note 3* • 4 nov. 1982 : *Bull. civ. IV, n° 330* • Paris, 28 janv. 1992 : *D. 1992. IR. 130.* – V. aussi • Versailles, 1er mars 1990 : *D. 1991. Somm. 219, obs. Cabrillac.* ♦ Le banquier est de mauvaise foi dès lors que, au moment où il escompte la lettre de change acceptée, il sait qu'existe un litige sérieux et persistant sur la validité de la vente. • Paris, 15 févr. 1989 : *D. 1989. IR. 89.* ♦ Ne démontre, en revanche, pas la mauvaise foi, le seul fait que l'escompte porte sur des effets de commerce à plus de 90 jours. • Même arrêt. ♦ V. aussi, sur la mauvaise foi résultant de la connaissance : du recours par le tireur à des effets de cavalerie et de la fréquente circulation d'effets sans provision dans le but de masquer des déficits croissants, • Com. 9 avr. 1996 : *D. Affaires 1996. 685.* ♦ ... De la situation désespérée du tireur : • Com. 10 juin 1997 : *ibid. 1997. 900 ; RTD com. 1997. 485, obs. Cabrillac* • Rennes, 8 juill. 1998 : *JCP E 2000, n° 27, p. 1079, obs. Belleil* • Douai, 6 oct. 2005 : *BICC 2006, n° 124.* ♦ Pour un arrêt se référant au fait que le banquier a déclaré sa créance au redressement judiciaire du remettant, V. • Com. 21 mai 1996 : *RTD com. 1996. 500, obs. Cabrillac.*

5 bis. L'exception de défaut de provision d'une lettre de change peut être invoquée contre un porteur de mauvaise foi, non seulement pour s'opposer à une action en paiement, mais aussi afin de restitution du montant d'un paiement antérieur. • Com. 18 oct. 1994 : *Bull. civ. IV, n° 294 ; D. 1994. IR. 252 ; RTD com. 1995. 163, obs. Cabrillac.* ♦ La perte des recours cambiaires, en conséquence de la mauvaise foi de la banque, n'est pas exclusive de l'octroi de dommages-intérêts pour réparer le préjudice en découlant dont pourrait justifier le débiteur tiré. • Même arrêt.

5 ter. Sur l'inefficacité d'une exception tirée de l'absence d'avis du défaut de paiement de l'effet, prévu à l'art. L. 511-42, V. note 1 ss. cet art.

6. Appréciation souveraine. L'appréciation de la mauvaise foi relève du pouvoir souverain des juges du fond. • Req. 29 avr. 1947 : *JCP 1947. II. 3602, note Lescot* • Com. 2 févr. 1976 : *ibid. 1977. II. 18714, note Gavalda* • 9 juill. 1979 : *D. 1980. 265, note Vasseur* • 18 janv. 1982 : *Bull. civ. IV, n° 22 ; D. 1982. IR. 409, obs. Vasseur.* ♦ ... Qui n'ont d'autre obligation que celle d'étayer leur position (rapport d'expertise). • Com. 17 mars 2004 : *RJDA 2004, n°1035.*

7. Date d'appréciation. C'est au moment de l'acquisition du titre par le porteur que la mauvaise foi doit être appréciée. • Req. 11 mars 1935 : *DH 1935. 210* • Com. 22 janv. 1974 : *D. 1974. 408* • 30 janv. 1979 : *Bull. civ. IV, n° 38 ; Banque 1979. 1502, obs. Martin* • 30 mai 1983 : *D. 1984. IR. 72, obs. Cabrillac* • 31 janv. 1984 : *Bull. civ. IV, n° 46* • 13 janv. 1987 : *D. 1987. Somm. 291, obs. Vasseur* • 8 juill. 1997 : *D. Affaires 1997. 1120* • Rennes, 8 juill. 1998 : *JCP E 2000, n° 27, p. 1079, obs. Belleil.* ♦ V. aussi • Com. 18 avr. 2000 : *RJDA 2000, n° 796.*

Sur l'obligation, en cas d'escomptes successifs du même titre, de se placer à la date du dernier escompte et non à la date d'acquisition initiale du titre, V. • Paris, 15 févr. 1989 : *préc. note 5.*

8. Preuve. La preuve de la mauvaise foi peut être rapportée par tout moyen. • Req. 19 oct. 1938 : *Gaz. Pal. 1938. 2. 897* • Com. 12 juill. 1971 : *ibid. 1971. 2. 759 ; RTD com. 1972. 127, obs. Cabrillac et Rives-Lange* • 13 janv. 1982 : *Bull. civ. IV, n° 15* • T. com. Paris, 16 déc. 1981 : *D. 1982. IR. 410, obs. Vasseur.* ♦ Sur l'obtention d'une expertise, malgré les termes de l'art. 182 [C. com., art. L. 511-81], V. • Com. 2 déc. 1974 : *Bull. civ. IV, n° 309. – Contra* : • Com. 14 juin 1971 : *JCP 1973. II. 17310, note Groslière.*

9. Exceptions personnelles. Le tiré peut opposer au tireur resté porteur de la lettre de change le défaut de provision. • Req. 13 mai 1942 : *JCP 1942. II. 1935* • 26 mai 1942 : *ibid.* • Com. 3 juin 1966 : *RTD com. 1967. 205, obs. Cabrillac et Rives-Lange* • 4 juill. 1966 : *ibid.*

9 bis. Dès lors qu'au tireur resté porteur d'une lettre de change le tiré accepteur peut opposer les exceptions nées du rapport fondamental, le tireur, qui exerce à l'encontre du débiteur l'action cambiaire, est lui-même fondé à se prévaloir d'une clause d'attribution de compétence résultant de ce même rapport. • Com. 5 mars 1991 : *Bull. civ. IV, n° 96 ; D. 1991. IR. 88 ; RTD com. 1991. 263, obs. Cabrillac et Teyssié.*

9 ter. S'il est établi par l'instruction pénale que la signature du tiré, portée sous les mentions d'acceptation de plusieurs lettres de change, a été imitée et contrefaite, ce dernier n'ayant par conséquent souscrit aucune obligation cambiaire et pouvant à ce titre opposer les exceptions résultant de ses rapports personnels avec le tireur au banquier escompteur, la juridiction civile doit surseoir à statuer sur l'action en recouvrement de la traite. • Com. 2 déc. 1997 : *Bull. civ. IV, n° 321 ; D. 1998. IR. 13.*

10. Recours non cambiaires. La règle prévue par l'art. 121 [C. com., art. L. 511-42] n'est pas applicable dans le cas où le tireur est actionné par le tiré ou par le bénéficiaire originaire de la lettre de change qu'il a reçue du tireur en échange d'une contrepartie fournie en espèces ou autrement ; dans ces deux cas la dette cambiaire reste conditionnée par le rapport préexistant qui lui sert de cause et si ce rapport se trouve éteint par paiement ou compensation, le rapport cambiaire fondé sur lui disparaît également. • Paris, 16 déc. 1986 : *D. 1987. IR. 12.*

11. Injonction de payer exécutoire. Lorsqu'une injonction de payer devenue exécutoire a été prononcée en vertu de lettres de change acceptées, l'autorité de la chose jugée s'oppose à ce que le tiers porteur soit, dans une instance ultérieure, privé du bénéfice de l'inopposabilité des exceptions attaché à l'action cambiaire. • Com. 19 mai 1992 : *Bull. civ. IV, n° 192 ; RTD com. 1992. 644, obs. Cabrillac et Teyssié.*

Art. L. 511-13 Lorsque l'endossement contient la mention « valeur en recouvrement », « pour encaissement », « par procuration », ou toute autre mention impliquant un simple mandat, le porteur peut exercer tous les droits dérivant de la lettre de change, mais il ne peut endosser celle-ci qu'à titre de procuration.

Les obligés ne peuvent, dans ce cas, invoquer contre le porteur que les exceptions qui seraient opposables à l'endosseur.

Le mandat renfermé dans un endossement de procuration ne prend pas fin par le décès du mandant ou la survenance de son incapacité.

Lorsqu'un endossement contient la mention « valeur en garantie », « valeur en gage » ou toute autre mention impliquant un nantissement, le porteur peut exercer tous les droits dérivant de la lettre de change, mais un endossement fait par lui ne vaut que comme un endossement à titre de procuration.

Les obligés ne peuvent invoquer contre le porteur les exceptions fondées sur leurs rapports personnels avec l'endosseur, à moins que le porteur, en recevant la lettre, n'ait agi sciemment au détriment du débiteur. – *[C. com., art. 122].*

A. ENDOSSEMENT DE PROCURATION

1. Preuve. Malgré l'absence sur le titre d'une clause contraire, l'endosseur d'une traite a la faculté de prouver qu'il n'avait donné qu'un endossement de procuration, une telle preuve pouvant être rapportée, s'agissant des rapports entre l'endosseur et l'endossataire, par tous moyens. • Com. 3 mai 1971 : *Bull. civ. IV, n° 119 ; RTD com. 1972. 127, obs. Cabrillac et Rives-Lange* • Aix-en-Provence, 8 juill. 1977 : *JCP 1979. II. 19111, note Stoufflet.* ♦ Mais, une lettre de change ayant été endossée à l'ordre d'une banque sans aucune mention la désignant comme simple mandataire à des fins d'encaissement et son montant ayant été porté au crédit du compte du tireur, d'où il n'avait pas été contrepassé, un arrêt retient justement que la banque est propriétaire de l'effet et accueille sa demande en paiement contre le tiré accepteur. • Com. 25 févr. 1992 : *Bull. civ. IV, n° 90 ; RJDA 1992, n° 621.* ♦ Comp., cassant, pour violation des art. 117 et 122 [C. com., art. L. 511-8 et L. 511-13], l'arrêt qui, pour condamner le client d'une banque à payer à celle-ci le montant d'une lettre de change qu'il lui avait remise et qui était restée impayée à son échéance, retient que l'effet litigieux a fait l'objet, le jour de sa remise, d'un bordereau d'escompte, que son montant a été porté au crédit du compte du client, que cette opération figurait sur le relevé de ce compte avec le libellé « escompté », qu'il apparaissait donc que la lettre de change avait été remise pour escompte et non pour encaissement et qu'à tout le moins, le client avait ratifié l'opération d'escompte réalisé, sans rechercher si les mentions portées sur la lettre de change révélaient l'existence d'un endossement ayant transmis à la banque la propriété de l'effet : • Com. 27 févr. 1990 : *Bull. civ. IV, n° 56 ; RTD com. 1991. 73, obs. Cabrillac et Teyssié.* ♦ Sur la portée de la mention « valeur en recouvrement », V. aussi • Com. 30 janv. 1996 : *Bull. civ. IV, n° 29 ; RTD com. 1996. 300, obs. Cabrillac* (tireur ayant endossé l'effet après avoir caché la mention à l'escompte). ♦ Sur une inscription en compte courant, V. note 3 ss. art. L. 511-10 C. com.

2. Durée. Le mandat ne prend pas fin au cas de *liquidation des biens* de l'endosseur. • Civ. 20 avr. 1948 : *D. 1948. 375 ; RTD com. 1948. 698, obs. Houin.*

3. Exceptions opposables. L'endossataire d'une lettre de change à titre de procuration n'acquiert pas la propriété du titre et peut donc se voir opposer par le débiteur cambiaire toutes les exceptions que ce débiteur pourrait faire valoir contre l'endosseur. • Com. 24 sept. 2002 : *RJDA 2003, n° 62.* ♦ Comp., jugeant que le débiteur cambiaire ne peut opposer à l'endossataire les exceptions nées de ses rapports personnels avec ce dernier. • Civ. 8 avr. 1856 : *DP 1856. 1. 201* • Req. 12 janv. 1869 : *DP 1872. 1. 125.*

4. Obligations de l'endossataire. L'endossataire est responsable à l'égard de l'endosseur du préjudice à lui causé par une mauvaise exécution de son mandat. • Com. 21 nov. 1966 : *Banque 1967. 270* • Paris, 19 févr. 1987 : *D. 1987. IR. 57.* ♦ Sur l'exonération par la force majeure, V. • Com. 12 juin 1979 : *Bull. civ. IV, n° 195* (grève du personnel). ♦ En l'absence de faute lourde de sa part, l'endossataire peut écarter sa responsabilité par l'effet de clauses exclusives ou limitatives. • Civ. 7 juill. 1864 : *S. 1865. 1. 23* • 4 janv. 1910 : *S. 1911. 1. 521, note Bourcart* • Paris, 9 juill. 1980 : *RJ com. 1981. 301, note Delebecque ; Banque 1981. 1452, obs. Martin* • T. com. Compiègne, 2 juill. 1982 : *ibid. 1982. 1468, obs. Martin.* ♦ Lorsque l'endossataire n'a encaissé qu'une partie des titres remis, il doit restituer les titres impayés, sous peine de dommages-intérêts et il n'a droit qu'aux frais et honoraires concernant les titres encaissés. • Req. 6 déc. 1921 : *DP 1922. 1. 56.* ♦ Sur la limitation des pouvoirs de l'endossataire au cas de perte de l'effet, V. • Com. 13 mars 1957 : *Gaz. Pal. 1957. 2. 93 ; RTD com. 1957. 980, obs. Becqué et H. Cabrillac.*

4 bis. V. aussi note 1 *bis* ss. art. L. 511-34 et note 4 ss. art. L. 511-49 C. com.

B. ENDOSSEMENT PIGNORATIF

5. Preuve. V. notes 1 et 2 ss. art. L. 511-9 C. com. ♦ Comp., jugeant que la mise en gage d'un effet de commerce peut être établie, conformément à l'art. 91, al. 1er, C. com. [C. com., art. L. 521-1, al. 1er], par tous moyens, • Com. 20 juin 1972 : *Bull. civ. IV, n° 200 ; RTD com. 1972. 966, obs. Cabrillac et Rives-Lange.* – V. aussi art. L. 521-1, al. 2, C. com. ♦ La banque qui a reçu des lettres de change du tireur sans qu'elles soient endossées à son profit, mais qui lui en a versé la contrepartie, comme s'il y avait eu escompte, n'est pas en droit d'exercer l'action cambiaire contre le tiré-accepteur et ne saurait non plus exercer une action en enrichissement sans cause contre ce dernier. • Paris, 19 déc. 1984 : *D. 1985. IR. 419, obs. Cabrillac.*

6. Droits de l'endossataire. L'endossataire peut, quelle que soit la nature du prêt (dette civile) constituant la cause de l'endossement, exercer tous les droits dérivant de la lettre de change et en poursuivre le recouvrement. • Com. 26 janv. 1971 : *Bull. civ. IV, n° 24 ; RTD com. 1971. 1051, obs. Cabrillac et Rives-Lange.* ♦ L'endossataire n'est pas astreint à recourir à la procédure de droit commun de réalisation du gage. • Paris, 4 janv. 1965 : *Banque 1965. 193, obs. Marin* • Chambéry, 6 juin 1966 : *JCP 1967. II. 15174, obs. Lescot.* ♦ Comp., au cas de règlement judiciaire de l'endosseur, • T. com. Nice, 23 nov. 1976 : *D. 1977. 219, note F.D.*

6 bis. La banque n'est pas tenue de présenter à l'encaissement des lettres de change qui lui ont été remises par un client comme garantie supplémentaire du remboursement de l'avance qu'elle lui a consentie en mobilisant ses créances sur un acheteur étranger par l'escompte de billets à ordre, alors qu'il est également constaté que le client devait assurer lui-même le recouvrement de ses factures. • Com. 15 févr. 1994 : *RJDA 1994, n° 827.*

7. La transmission d'une lettre de change s'effectue pour les effets acceptés comme pour ceux non acceptés, à la date de la remise du titre au preneur ou de son endossement. • Com. 29 nov. 1982 : *D. 1983. IR. 246, obs. Cabrillac.*

8. Le tireur qui, ayant été porteur de la lettre de change, l'avait endossée à titre pignoratif et qui en redevient ultérieurement porteur, puisqu'il est demeuré propriétaire de l'effet qui revient entre ses mains et que le précédent endossement en garantie a cessé de produire effet, peut ainsi procéder valablement à un nouvel endossement pignoratif. V. • Com. 21 avr. 1975 : *D. 1975. Somm. 86 ; Bull. civ. IV, n° 109 ; RTD com. 1975. 870, obs. Cabrillac et Rives-Lange.*

9. Exceptions inopposables. Au cas d'endossement pignoratif, les obligés de la lettre de change ne peuvent invoquer contre le porteur de bonne foi les exceptions fondées sur leurs rapports personnels avec le tireur. • Civ. 13 mars 1933 : *DH 1933. 252* • Com. 20 juin 1972 : *Banque 1972. 1155* • 31 mai 1976 : *D. 1976. IR. 260* • 29 nov. 1982 : *préc. note 7* • Chambéry, 6 juin 1966 : *JCP 1967. II. 15174, note Lescot* • T. com. Seine, réf., 14 juin 1966 : *RJ com. 1966. 341.* ♦ Il suffit pour qu'il soit de mauvaise foi, au sens de l'art. 122, al. 5 [C. com., art. L. 511-13, al. 5], que le porteur, en acquérant les effets, ait eu conscience de causer un dommage au débiteur. • Com. 13 mai 1981 : *Bull. civ. IV, n° 227.*

Art. L. 511-14 **L'endossement postérieur à l'échéance produit les mêmes effets qu'un endossement antérieur. Toutefois, l'endossement postérieur au protêt faute de paiement, ou fait après l'expiration du délai fixé pour dresser le protêt, ne produit que les effets d'une cession ordinaire.**

Sauf preuve contraire, l'endossement sans date est censé avoir été fait avant l'expiration du délai fixé pour dresser le protêt.

Il est défendu d'antidater les ordres à peine de faux. – *[C. com., art. 123].*

1. Opposabilité des exceptions. En cas d'endossement consenti après protêt faute de paiement ou après l'expiration du délai pour dresser protêt, la créance est valablement transmise au cessionnaire, mais sans que joue l'inopposabilité des exceptions à l'égard de l'endosseur. • Com. 13 oct. 1970 : ♲ *Bull. civ. IV, n° 265* • 27 juin 1977 : *ibid. IV, n° 184* • Poitiers, 11 déc. 1963 : *Banque 1965. 121, obs. Marin ; JCP 1964. II. 1310, note Lescot* • Paris, 23 avr. 1964 : *Banque 1965. 122, obs. Marin* • 22 juin 1966 : *D. 1967. 95* • Riom, 5 mai 1980 : *Banque 1981. 1047.* ♦ L'endossement transmet cependant à l'endossataire les droits de l'endosseur sans qu'il soit besoin de procéder à la formalité de l'art. 1690 C. civ. • Paris, 22 juin 1966 : *D. 1967. 95.* – Comp. : • Com. 25 juin 1974 : ♲ *Bull. civ. IV, n° 204.* ♦ L'art. 123 [C. com., art. L. 511-14] n'est pas applicable à un endossement postérieur au protêt pour lequel la remise de l'effet n'est que la conséquence d'un paiement imposé à un garant. • Montpellier, 4 févr. 1982 : *D. 1983. IR. 44, obs. Cabrillac.*

2. Preuve de la date. Le débiteur cambiaire peut rapporter la preuve par tout moyen que l'endossement est postérieur à l'expiration du délai de protêt. • T. com. Seine, 19 mars 1959 : *Gaz. Pal. 1959. 2. 36 ; RTD com. 1959. 908, obs. Becqué et Cabrillac ; Banque 1960. 48.* ♦ Au cas où il ne serait pas fait mention dans le protêt de la signature de l'endosseur, celui qui en conteste le contenu ne peut que le faire selon la procédure d'inscription de faux. • Com. 10 janv. 1984 : ♲ *Bull. civ. IV, n° 10 ; D. 1985. IR. 32, obs. Cabrillac ; RTD com. 1984. 491, obs. Cabrillac et Teyssié.* ♦ Comp., pour l'endossement en blanc ou au porteur : note 3 ss. art. L. 511-11 C. com.

SECTION IV DE L'ACCEPTATION

Art. L. 511-15 **La lettre de change peut être, jusqu'à l'échéance, présentée à l'acceptation du tiré, au lieu de son domicile, par le porteur ou même par un simple détenteur.**

Dans toute lettre de change, le tireur peut stipuler qu'elle devra être présentée à l'acceptation, avec ou sans fixation de délai.

Il peut interdire dans la lettre la présentation à l'acceptation, à moins qu'il ne s'agisse d'une lettre de change payable chez un tiers ou d'une lettre payable dans une localité autre que celle du domicile du tiré ou d'une lettre tirée à un certain délai de vue.

Il peut aussi stipuler que la présentation à l'acceptation ne pourra avoir lieu avant un terme indiqué.

Tout endosseur peut stipuler que la lettre devra être présentée à l'acceptation, avec ou sans fixation de délai, à moins qu'elle n'ait été déclarée non acceptable par le tireur.

Les lettres de change à un certain délai de vue doivent être présentées à l'acceptation dans le délai d'un an à partir de leur date.

Le tireur peut abréger ce dernier délai ou en stipuler un plus long.

Ces délais peuvent être abrégés par les endosseurs.

Lorsque la lettre de change est créée en exécution d'une convention relative à des fournitures de marchandises et passée entre commerçants, et que le tireur a satisfait aux obligations résultant pour lui du contrat, le tiré ne peut se refuser à donner son acceptation dès l'expiration d'un délai conforme aux usages normaux du commerce en matière de reconnaissance de marchandises.

Le refus d'acceptation entraîne de plein droit la déchéance du terme aux frais et dépens du tiré. – *[C. com., art. 124].*

BIBL. ► CHANTEUX-BUI, *RTD com. 1978. 707* (refus d'acceptation). – NGUYEN XUAN CHANH, *D. 1979. Chron. 77* (déchéance des droits du porteur).

1. Traite non acceptée. Sur la nature de lettre de change d'une traite dite « *pro forma* », stipulée non acceptable, V. • Com. 15 déc. 1986 : *JCP E 1987. I. 16123 ; RTD com. 1987. 223, obs. Cabrillac et Teyssié.* – Comp. : • Com. 28 juin 1983 : *D. 1984. 444, note Endréo ; RTD com. 1984. 113.*

2. Refus d'acceptation. Si le refus par le tiré d'accepter une lettre de change rend immédiatement exigible, en vertu de l'art. 124, dernier al. [C. com., art. L. 511-15], la créance que le tireur a contre le tiré, ce refus n'a pas pour effet de modifier l'échéance de la lettre de change. • Com. 1er févr. 1977 : *Bull. civ. IV, n° 35 ; D. 1977. IR. 398, obs. Vasseur.* – Comp. : • Aix-en-Provence, 7 janv. 1982 : *Banque 1982. 528 ; RTD com. 1982. 268, obs. Cabrillac et Teyssié.*

3. Lettre de change-relevé-papier. Pour un arrêt considérant que la lettre de change-relevé-papier est susceptible d'être acceptée, V. • Com. 30 juin 1998 : *Bull. civ. IV, n° 212 ; D. 1999. Somm. 150, obs. Cabrillac ; D. Affaires 1998. 1448, obs. X. D. ; Gaz. Pal. 20-24 août 1999, p. 14, obs. Guével.*

Art. L. 511-16 **Le tiré peut demander qu'une seconde présentation lui soit faite le lendemain de la première. Les intéressés ne sont admis à prétendre qu'il n'a pas été fait droit à cette demande que si celle-ci est mentionnée dans le protêt.**

Le porteur n'est pas obligé de se dessaisir, entre les mains du tiré, de la lettre présentée à l'acceptation. – *[C. com., art. 125].*

1. Négligence du tiré. Il y a lieu de faire droit à la demande de dommages et intérêts formée par une banque contre le tiré non accepteur, tant sur le fondement de l'art. 124, al. 8 [C. com., art. L. 511-15, al. 8], que sur celui de l'art. 1382 C. civ. lorsque les juges constatent souverainement que si le tiré avait renvoyé les effets aussitôt après leur réception, la banque aurait eu la possibilité d'en contrepasser le montant en temps utile. • Com. 8 janv. 1979 : *D. 1980. IR. 135, obs. Cabrillac.* ♦ La passivité ou le retard du tiré dans l'acceptation peut fonder une condamnation à dommages et intérêts, si du moins la causalité est suffisante entre le retard et le préjudice subi par le banquier. • Com. 12 févr. 1974 : *JCP 1975. II. 17961, note Cabrillac* • 26 mars 1974 : *D. 1974. Somm. 99* • 12 mai 1976 : *D. 1976. IR. 229* • 8 janv. 1979 : *préc.* • Amiens, 5 janv. 1976 : *D. 1976. Somm. 56 ; RTD com. 1976. 157* • Aix-en-Provence, 7 janv. 1982 : *Banque 1982. 528, obs. Martin ; RTD com. 1982. 268.*

1 bis. Le tiré, non accepteur d'une lettre de change, a l'obligation de restituer au banquier escompteur le titre que celui-ci lui a envoyé pour acceptation. En retournant l'effet au tireur et en payant le montant à celui-ci avant l'échéance prévue, sans en informer la banque, le tiré commet à l'égard de cette dernière, privée ainsi de la possibilité de se faire payer par le tireur, mis entre-temps en redressement judiciaire, une faute de nature à engager sa responsabilité. V. • Com. 13 oct. 1992 : *Bull. civ. IV, n° 302 ; RJDA 1992, n° 1162.*

2. Réexpédition postale. Le tiré qui réexpédie la lettre au porteur par pli non recommandé n'est pas responsable du dommage résultant de la perte de ce pli. • Com. 20 déc. 1954 : *JCP 1955. II. 8551* • 4 mars 1968 : *JCP 1969. II. 15777, note Gavalda.*

Art. L. 511-17 **L'acceptation est écrite sur la lettre de change. Elle est exprimée par le mot « accepté » ou tout autre mot équivalent et est signée du tiré. La simple signature du tiré apposée au recto de la lettre vaut acceptation.**

Quand la lettre est payable à un certain délai de vue ou lorsqu'elle doit être présentée à l'acceptation dans un délai déterminé en vertu d'une stipulation spéciale, l'acceptation doit être datée du jour où elle a été donnée, à moins que le porteur n'exige qu'elle soit datée du jour de la présentation. A défaut de date, le porteur, pour conserver ses droits de recours contre les endosseurs et contre le tireur, fait constater cette omission par un protêt dressé en temps utile.

L'acceptation est pure et simple, mais le tiré peut la restreindre à une partie de la somme.

Toute autre modification apportée par l'acceptation aux énonciations de la lettre de change équivaut à un refus d'acceptation. Toutefois, l'accepteur est tenu dans les termes de son acceptation. – *[C. com., art. 126].*

A. CONDITIONS DE FOND

1. Qualité pour accepter. Ont qualité pour accepter des traites : le dirigeant d'une société commerciale personnalisée et l'employé qui dispose d'un mandat apparent et alors surtout qu'il fait précéder sa signature du cachet de la société. • Paris, 19 janv. 1937 : *Gaz. Pal. 1937. 1. 638* • T. com. Marseille, 29 avr. 1969 : *Banque 1969. 616, obs. Marin ; RTD com. 1969. 772, obs. Cabrillac et Rives-Lange.* ♦ … Le liquidateur représentant une société dissoute. • Paris, 17 janv. 1931 : *JCP 1931. 834.* ♦ … Le *syndic de faillite* qui continue l'exploitation. • Lyon, 21 oct. 1932 : *Journ. faillites 1933. 232* • 12 avr. 1933 : *ibid.* ♦ En revanche, la société demeure étrangère à l'acceptation donnée par le frère du gérant qui n'avait pas de pouvoir de représentation, cette société étrangère à l'apparence alléguée ne pouvant être recherchée sur le fondement d'un mandat apparent. • Com. 27 mai 1974 : *D. 1977. 421, note Arrighi.* ♦ Comp., pour l'acceptation donnée par un associé sans pouvoir, • Com. 29 mars 1977 : *RTD com. 1977. 555, obs. Cabrillac et Rives-Lange.*

Le banquier escompteur qui recueille l'acceptation d'un effet tiré sur une personne morale n'a pas à vérifier les pouvoirs du signataire. • Com. 5 févr. 1985 : *Banque 1985. 522, obs. Rives-Lange* • 23 mai 1989 : *D. 1989. IR. 183 ; Banque 1989. 1086, obs. Rives-Lange* • 13 déc. 1994 : *Bull. civ. IV, n° 378 ; Rev. dr. bancaire 1995. 101, obs. Crédot et Gérard.* ♦ Comp., sur la mauvaise foi du banquier qui avait connaissance d'un dépassement d'objet social réalisé sur la base du rapport fondamental, • Com. 25 juin 1985 : *Rev. sociétés 1985. 829, note Daigre ; D. 1985. IR. 419, obs. Cabrillac.*

Dans le cas où une société dénie l'authenticité d'une signature portée sur une lettre de change, aux fins d'acceptation, et entend ainsi exclure qu'elle émane d'un mandataire, même apparent, ce titre doit être soumis à vérification, ce dont résulte une contestation sérieuse, excluant la compétence du juge des référés. • Com. 17 oct. 1995 : *Rev. huiss. 1996. 465, note Hesbert.*

Sur l'acceptation par intervention, V. art. L. 511-66.

Sur le paiement par le domiciliataire, V. notes 7 et 8 ss. art. L. 511-2.

1 bis. Société en formation. Après avoir constaté que le signataire de l'acceptation d'une lettre de change n'était pas désigné en qualité de tiré et que la banque ne pouvait pas ignorer qu'il avait souscrit la mention d'acceptation en qualité de mandataire, puis considéré que la société tirée avait repris les engagements contractés par celui-ci avant qu'elle n'acquière la personnalité morale, une cour a retenu à bon droit que ledit signataire n'était pas tenu personnellement au paiement de l'effet. • Com. 15 juin 1993 : *Bull. civ. IV, n° 246 ; Dr. sociétés 1993, n° 198, note Bonneau ; Gaz. Pal. 1993. 2. Pan. 267.*

2. Portée. L'acceptation doit être pure et simple, aussi constitue une réserve prohibée, l'acceptation donnée « sans préjudice de la procédure en cours ». • Com. 2 juin 1950 : *D. 1951. 293 ; RTD com. 1951. 550 ; Banque 1951. 703, obs. Marin* • 18 janv. 1955 : *D. 1955. 188, note Goré ; JCP 1955. II. 8602, note Lescot* • 14 oct. 1959 : *Banque 1960. 48, obs. Marin.* ♦ L'accepteur qui modifie les énonciations de la lettre de change lors de son acceptation est tenu dans les termes de son acceptation. V. • Com. 2 juin 1950 : *préc.* ♦ Au cas d'acceptation moyennant report d'échéance, le recours contre le tireur après le non-paiement à l'échéance reportée, reste possible malgré l'absence d'information du tireur de cette acceptation conditionnelle dans les formes et délais de l'art. 149 [C. com., art. L. 511-42]. • Com. 18 janv. 1955 : *D. 1955. 188, note Goré.* ♦ En associant son acceptation à une livraison impérative à une certaine date expressément portée sur l'effet, la société tirée n'a pas accepté cet effet, dans la mesure où une acceptation conditionnelle n'existe pas. • Paris, 28 oct. 1999 : *D. 2000. AJ. 54.*

2 bis. Aucune indication de la lettre de change ne permettant au tireur de considérer que l'acceptation avait été souscrite en représentation d'une personne morale, il ne peut être fait grief à une cour d'appel d'avoir condamné l'accepteur au paiement des effets. • Com. 18 janv. 1994 : *RJDA 1994, n° 689.*

3. Date. Sauf en ce qui concerne les traites visées à l'al. 2 de l'art. 126 [C. com., art. L. 511-17, al. 2], l'indication de la date n'est pas obligatoire. • Civ. 13 nov. 1895 : *DP 1896. 1. 267* • Req. 2 juin 1930 : *S. 1931. 1. 373.* ♦ Sur l'absence de date de l'acceptation, au cas de conflit avec un cessionnaire de créance professionnelle, V. • T. com. Paris, 13 déc. 1988 : *RTD com. 1990. 230, obs. Cabrillac et Teyssié ; RJ com. 1990. 33, note Gallet.* ♦ V. aussi notes 12 et 13 ss. art. L. 511-7.

B. FORMES

4. *Recto.* La simple signature du tiré apposée au recto de la lettre vaut acceptation, peu important qu'elle ait été apposée en dehors du cadre pré-imprimé destiné à la recevoir. • Com. 3 mai 2006 : *D. 2006. AJ. 1526, obs. Avena-Robardet*. ♦ Si la signature apposée au recto n'est pas celle de celui que la lettre désigne comme tiré, elle ne peut exprimer qu'un engagement d'aval. • Com. 24 févr. 1965 : *Gaz. Pal. 1965. 1. 336 ; RTD com. 1965. 437, obs. Becqué et H. Cabrillac.*

5. *Acte séparé.* Donnée par acte séparé, l'acceptation est dépourvue de tout effet cambiaire et ne saurait constituer qu'une promesse de paiement obligeant l'accepteur selon le droit commun. • Com. 22 févr. 1954 : *D. 1954. 311 ; Banque 1954. 244, obs. Marin ; RTD com. 1954. 367, obs. Becqué et H. Cabrillac* • Montpellier, 13 janv. 1950 : *JCP 1950. II. 5624 ; Banque 1950. 301, obs. Marin ; RTD com. 1950. 247, obs. Houin.* ♦ V. art. L. 511-20, al. 2.

C. EFFETS DE COMPLAISANCE

6. *Cause licite.* Des effets ont une cause licite et valable dès lors que des lettres missives démontrent le caractère réel du crédit qu'une société entendait donner à une autre et qu'elle se préoccupait, avant l'échéance, du règlement des traites à défaut du tiré et prenait des engagements fermes et précis auprès du banquier escompteur. • Com. 27 oct. 1954 : *Gaz. Pal. 1954. 2. 418 ; RTD com. 1955. 105, obs. Becqué et H. Cabrillac* • 23 juin 1971 : *D. 1972. 175 ; JCP 1972. II. 17040, note Gavalda* • 25 oct. 1976 : *D. 1977. IR. 23* • Aix-en-Provence, 18 févr. 1976 : *D. 1977. IR. 192.*

7. Le bénéficiaire d'une traite est débouté à bon droit de sa demande en paiement formée contre le tireur lorsque la traite n'a été souscrite par celui-ci que pour faciliter le règlement d'un découvert du tiré vis-à-vis du bénéficiaire et lorsqu'en souscrivant la traite, il n'a nullement entendu garantir la dette d'autrui. • Civ. 16 juill. 1928 : *S. 1929. 1. 57, note Lescot ; Grands arrêts jurispr. com., n° 84, obs. Rolland* • 17 mars 1942 : *JCP 1942. II. 1905, note Lescot.* ♦ Dans le même sens, s'agissant de l'émission d'un billet à ordre, V. • Orléans, 7 oct. 1999 : *JCP E 2000, n° 29, p. 1161.*

8. *Sanctions.* La nullité de l'effet de complaisance n'est pas opposable au tiers porteur de bonne foi. • Civ. 28 juin 1929 : *S. 1929. 1. 350* • Req. 11 mars 1935 : *DH 1935. 210.* ♦ La simple connaissance par le tiers de la finalité de l'effet suffit à caractériser la mauvaise foi. • Civ. 3 nov. 1932 : *Gaz. Pal. 1932. 1. 40* • Com. 11 mars 1959 : *Bull. civ. III, n° 132* • 21 juin 1977 : *ibid. IV, n° 177.* ♦ V., sur les droits de la *masse des créanciers*, qui n'a pas la qualité de tiers, au cas de *règlement judiciaire* du tireur, • Com. 8 janv. 1979 : *Bull. civ. IV, n° 7 ; D. 1979. IR. 276, obs. Cabrillac ; ibid. 307, obs. Derrida.* – Comp. : art. L. 511-12. ♦ La nullité est une nullité d'ordre public. • Riom, 3 mars 1932 : *DP 1934. 2. 84, note Pic.*

9. Le tiré accepteur qui a payé le porteur est en droit d'exercer une action *de in rem verso* contre le tireur *in bonis.* • Req. 21 mars 1910 : *DP 1912. 1. 281, note Lacour* • Nancy, 14 mars 1952 : *JCP 1952. II. 7233, note Toujas.* – V. *contra*, • Req. 28 juin 1891 : *DP 1892. 1. 336.* ♦ La nullité d'une convention d'escompte d'effets de complaisance ouvre au profit du banquier escompteur qui n'a pu agir contre le tiré une action en répétition à l'encontre du remetteur. • Com. 21 juin 1977 : *D. 1978. 113, note Lucas de Leyssac.*

10. Sur la qualification d'escroquerie, V. • Crim. 19 juill. 1934 : *Gaz. Pal. 1934. 2. 723* • 3 nov. 1983 : *Bull. crim. n° 277* • 20 juin 1983 : *ibid. n° 189 ; RTD com. 1984. 492, obs. Cabrillac et Teyssié.* ♦ Sur la qualification de banqueroute, V. art. L. 654-2.

11. Pour un arrêt considérant qu'en l'absence de toute autre circonstance, la remise à l'escompte de lettres de change dépourvues de cause et qui n'ont pas été acceptées par les tirés ne constitue pas le délit de faux, ces effets ne revêtant pas la qualité de documents faisant titre, V. • Crim. 5 nov. 1998 : *Bull. crim., n° 288 ; D. 1999. Somm. 150, obs. Cabrillac ; ibid. 2000. 431, note Djoudi ; D. Affaires 1999. 476, obs. X. D.*

12. Dès lors que les sommes demandées par la banque le sont au titre de fausses traites et de lettres de change de complaisance et non causées, faits pour lesquels le dirigeant de la société débitrice a été condamné pénalement, et que le cautionnement n'a pas été consenti en garantie de dettes de nature délictuelle, la demande en paiement dirigée contre la caution doit être rejetée. • Com. 26 juin 2001 : *D. 2001. AJ. 2512 ; RD banc. fin. 2001, n° 183, obs. Legeais.*

Art. L. 511-18 **Quand le tireur a indiqué dans la lettre de change un lieu de paiement autre que celui du domicile du tiré, sans désigner un tiers chez qui le paiement doit être effectué, le tiré peut l'indiquer lors de l'acceptation. A défaut de**

cette indication, l'accepteur est réputé s'être obligé à payer lui-même au lieu du paiement.

Si la lettre est payable au domicile du tiré, celui-ci peut, dans l'acceptation, indiquer une adresse du même lieu où le paiement doit être effectué. – *[C. com., art. 127].*

Sur la domiciliation, V. art. L. 511-1 C. com. Sur le paiement par le domiciliataire, V. notes 2 et 3 ss. art. L. 511-27 C. com.

Art. L. 511-19 **Par l'acceptation, le tiré s'oblige à payer la lettre de change à l'échéance.**

A défaut de paiement, le porteur, même s'il est le tireur, a contre l'accepteur une action directe résultant de la lettre de change pour tout ce qui peut être exigé en vertu des articles L. 511-45 et L. 511-46. – *[C. com., art. 128].*

1. Inopposabilité des exceptions. L'accepteur étant tenu d'un engagement direct, ne peut opposer au porteur les exceptions qu'il pouvait opposer au tireur ou à l'endosseur et la règle de l'inopposabilité peut être invoquée par le premier porteur avant tout endossement du titre. • Com. 7 oct. 1963 : *RTD com. 1964. 366, obs. Becqué et H. Cabrillac* • 24 janv. 1967 : *Bull. civ. IV, n° 43* • 21 avr. 1970 : *Banque 1971. 94, obs. Marin.* ♦ Par l'acceptation de lettres de change émises sur lui, le tiré s'oblige directement et personnellement à payer les effets à leur échéance à tout porteur légitime, même si la propriété de la provision n'a pas été transmise au porteur. • Com. 13 mai 1986 : *Bull. civ. IV, n° 88 ; JCP 1986. IV. 206* • 24 mai 1994 : *RJDA 1994, n° 1175.* – V. aussi • Com. 19 mai 1992 : *Bull. civ. IV, n° 192.* ♦ Sur la mauvaise foi, V. art. L. 511-12 C. com.

2. Tireur-porteur. L'action cambiaire dirigée par le tireur resté porteur d'une lettre de change contre le tiré accepteur s'efface devant le rapport fondamental extérieur au titre né d'une convention préalable entre les parties, les moyens de défense personnels pouvant alors être opposés par le débiteur cambiaire. • Req. 13 mai 1942 : *JCP 1942. II. 1935, note Lescot* • 26 mai 1942 : *DC 1943. J. 86, note Chéron* • Com. 26 juill. 1948 : *JCP 1948. II. 4536, note Toujas ; Banque 1949. 134, obs. Marin* • 15 juill. 1975 : *Bull. civ. IV, n° 201 ; RTD com. 1976. 161.* ♦ Il y a lieu d'accorder au tireur-porteur le paiement de la lettre de change sans surseoir à statuer en raison d'une demande reconventionnelle. • Com. 14 juin 1971 : *JCP 1973. II. 17310, note Groslière ; RTD com. 1972. 128, obs. Cabrillac et Rives-Lange.*

3. Sur la créance de provision, V. art. L. 511-7 C. com. ♦ Dans l'hypothèse où la propriété de la provision ne serait pas passée au porteur (constitution par le tireur en *faillite* pendant la période suspecte), le porteur n'en a pas moins le droit de réclamer au tiré accepteur l'exécution de son engagement cambiaire envers lui. • Civ. 21 mars 1939 : *DH 1941. 68, note de Lagrange.* – Comp. : • Com. 13 mai 1986 : *préc. note 1.*

4. Affacturage. Considérant que le paiement effectué entre les mains du créancier initial par celui qui s'est engagé cambiairement, est opposable à l'affactureur, subrogé dans les droits du créancier initial dès lors que l'engagement cambiaire ou le paiement est intervenu avant la connaissance par le solvens de la subrogation, V. • Com. 26 avr. 2000 : *Bull. civ. IV, n° 88 ; D. 2000. 290, obs. Faddoul ; Defrénois 2001. 47, obs. Dagorne-Labbe.*

Art. L. 511-20 **Si le tiré, qui a revêtu la lettre de change de son acceptation, a biffé celle-ci avant la restitution de la lettre, l'acceptation est censée refusée. Sauf preuve contraire, la radiation est réputée avoir été faite avant la restitution du titre.**

Toutefois, si le tiré a fait connaître son acceptation par écrit au porteur ou à un signataire quelconque, il est tenu envers ceux-ci dans les termes de son acceptation. – *[C. com., art. 129].*

Irrévocabilité. L'acceptation est considérée comme irrévocable dès lors que le tiré s'est dessaisi du titre régulièrement accepté. • Com. 2 juill. 1969 : *JCP 1970. II. 16427, note Langlois ; RTD com. 1969. 1051, obs. Cabrillac et Rives-Lange,* rejetant le pourvoi contre • Dijon, 16 mars 1967 : *JCP 1968. II. 15426, note Gavalda ; Banque 1967. 412, obs. Marin.*

SECTION V DE L'AVAL

Art. L. 511-21 **Le paiement d'une lettre de change peut être garanti pour tout ou partie de son montant par un aval.**

Cette garantie est fournie par un tiers ou même par un signataire de la lettre.

L'aval est donné soit sur la lettre de change ou sur une allonge, soit par un acte séparé indiquant le lieu où il est intervenu.

Il est exprimé par les mots « bon pour aval » ou par toute autre formule équivalente ; il est signé par le donneur d'aval.

Il est considéré comme résultant de la seule signature du donneur d'aval apposée au recto de la lettre de change, sauf quand il s'agit de la signature du tiré ou de celle du tireur.

L'aval doit indiquer pour le compte de qui il est donné. A défaut de cette indication, il est réputé donné pour le tireur.

Le donneur d'aval est tenu de la même manière que celui dont il s'est porté garant.

Son engagement est valable, alors même que l'obligation qu'il a garantie serait nulle pour toute cause autre qu'un vice de forme.

Quand il paie la lettre de change, le donneur d'aval acquiert les droits résultant de la lettre de change contre le garanti et contre ceux qui sont tenus envers ce dernier en vertu de la lettre de change. – *[C. com., art. 130].*

RÉP. COM. v° *Aval*, par GIBIRILA.

BIBL. ► ABRAHAMS, *RTD com. 1960. 493.* – ISSA-SAYEGH, *JCP 1975. I. 2726.* – MONTOUT-MOUSSY, *D. 1974. Chron. 197.* – SIGALAS, *RTD com. 1964. 489.* – SINAY, *ibid. 1953. 17.* – FILIOS, *Petites affiches 10 mai 1995, p. 12* (nature juridique de l'aval). – COURTIER, *Rev. huissiers 1998. 132* (même thème).

A. CONDITIONS DE FOND

1. Personnes garanties. Ni l'art. 130 [C. com., art. L. 511-21], ni aucun autre texte, n'interdit qu'un aval soit donné pour le compte d'un donneur d'aval antérieur. • Paris, 11 oct. 1967 : *D. 1968. Somm. 65 ; Banque 1968. 297, obs. Marin.* ♦ V. note 6.

Sur la limitation de la garantie à un seul bénéficiaire, V. note 3 ss. art. L. 512-4.

2. Donneur d'aval. L'aval peut être donné par l'un quelconque des débiteurs cambiaires, par exemple par un autre avaliseur. • Paris, 11 oct. 1967 : *préc. note 1.* ♦ Le tiers donneur d'aval doit avoir la capacité commerciale, l'obligation cambiaire étant de cette nature. • Civ. 21 avr. 1869 : *DP 1869. 1. 407* • Douai, 31 juill. 1913 : *DP 1914. 2. 1, note Percerou* • Poitiers, 10 oct. 1967 : *Banque 1969. 61, obs. Marin.* – Et, sur pourvoi, • Com. 28 oct. 1969 : *ibid. 1970. 706.* ♦ Il en résulte que le donneur d'aval, même non commerçant, s'oblige commercialement. • Civ. 21 avr. 1869 et • Douai, 31 juill. 1913 : *préc.* • Versailles, 19 nov. 1992 : *D. 1993. IR. 24.* ♦ Si l'engagement d'aval sur une lettre de change est de nature commerciale, il est valable même si son souscripteur n'est pas commerçant, dès lors qu'il a la capacité pour l'être, et cet avaliste peut être poursuivi cambiairement sans qu'il y ait à rechercher s'il avait un intérêt patrimonial à l'opération commerciale à l'occasion de laquelle l'effet a été émis. • Com. 1er oct. 1996 : *Bull. civ. IV, n° 219 ; D. 1996. IR. 241 ; D. Affaires 1996. 1291 ; Petites affiches 6 janv. 1997, p. 9, note Gibirila.* ♦ L'aval donné par un mineur est nul. • Poitiers, 10 oct. 1967 : *JCP 1968. IV. 105* • TGI Saintes, 1er févr. 1966 : *JCP 1967. II. 14984 ; D. 1966. Somm. 73.* ♦ Sur la protection des consommateurs dans les opérations de crédit à la consommation, V. C. consom., art. L. 313-13, *infra*, App., v° *Ventes commerciales, V. – Crédit (ventes à).*

2 bis. Le Trésor public ne peut pratiquer l'aval de lettres de change, ni en tant qu'opération de banque, ni à titre occasionnel, ce dont il résulte que nul ne peut être son mandataire pour un tel engagement. • Com. 24 févr. 1998 : *Bull. civ. IV, n° 89 ; D. 1999. 39, note Matsopoulou ; D. Affaires 1998. 622, obs. X. D. ; JCP E 1999, n° 17, p. 758, obs. Gavalda et Stoufflet.* (V. l'arrêt confirmé : • Paris, 10 févr. 1995 : *JCP E 1995. Pan. 386 ; Gaz. Pal. 1995. 2. Somm. 597*). – V. aussi : • Civ. 1re, 2 avr. 1996 : *Bull. civ. I, n° 171.*

3. Époque. L'aval peut être donné après l'échéance et avant le protêt. • Poitiers, 16 déc. 1847 : *DP 1848. 2. 108* • Paris, 3 nov. 1960 : *Gaz. Pal. 1961. 1. 16.*

4. Objet de l'aval. Le donneur d'aval peut restreindre son engagement à une partie de la dette principale (art. L. 511-21, al. 1er). ♦ ... Ou stipuler qu'il s'oblige seulement envers le porteur actuel et non envers les subséquents. • Req. 6 févr. 1905 : *DP 1909. 1. 383.* ♦ ... Ou encore peut affecter son engagement d'une condition. – Comp. : • Req. 26 févr. 1918 : *S. 1918. 1. 156.* ♦ L'aval d'effets à créer est admis dès lors que sont clairement établis la nature de ces effets, les sommes garanties et le temps assigné aux négociations. • Civ. 25 janv. 1847 : *DP 1847. 1. 103* • 7 mars 1944 : *D. 1945. 73, note Hamel* • Com. 16 mars 1970 : *Bull. civ. IV, n° 99* • 12 juill. 1971 : *ibid., n° 202.*

5. Titre nul. Ayant relevé la nullité d'une lettre de change au regard du droit cambiaire, une cour d'appel peut décider sans faire application du droit cambiaire, et après avoir souverainement apprécié la portée des éléments de preuve qui lui étaient soumis, que la signature portée par l'avaliste sur le titre litigieux, vaut engagement de caution en faveur du tiré. • Com. 24 avr. 1990 : *Bull. civ. IV, n° 119 ; Gaz. Pal. 1990. 2. Somm. 488, obs. Piedelièvre.* – V. aussi • Com. 17 oct. 1995 : *RJDA 1996, n° 95 ; Petites affiches 7 juin 1996, p. 24, note Gibirila* • Paris, 5 juill. 2001 : *D. 2001. AJ. 2672.* – Comp. : • Com. 7 janv. 1970 : *Bull. civ. IV, n° 8 ; RTD com. 1971. 147, obs. Cabrillac et Rives-Lange* (rejetant le pourvoi contre • Paris, 10 janv. 1967 : *D. 1967. 272).*

Si une mention d'aval portée sur une lettre de change annulée ne constitue pas, à elle seule, la preuve d'un cautionnement, elle peut être retenue comme commencement de preuve d'une telle garantie, sauf à ce qu'il soit corroboré par des éléments extrinsèques établissant la volonté du souscripteur de la mention de s'engager pour le compte du débiteur principal. • Com. 24 juin 1997 : *Bull. civ. IV, n° 198 ; JCP 1998. I. 103, n° 7, obs. Simler ; RJDA 1997, n° 1518 ; Dr. sociétés 1997, n° 176, note Bonneau* • Paris, 5 juill. 2001 : *préc.*

Jugé, par contre, que la mention d'aval ne saurait, par application de l'art. 2015 [2292] C. civ., valoir comme simple cautionnement de l'obligation d'origine. • Lyon, 22 mars 1954 : *D. 1954. Somm. 58.* – V. Roblot, *JCP 1955. II. 8469.*

B. FORMES

6. Omission du bénéficiaire. L'art. 130, al. 6 [C. com., art. L. 511-21, al. 6], ne formule pas une règle de preuve, mais oblige à préciser, dans la mention d'aval, le nom du garanti, et supplée à l'absence de cette précision, pour écarter toute incertitude sur la portée des engagements cambiaires ; sa disposition finale limite en conséquence, à l'égard de tous, celui du donneur d'aval à la garantie du tireur. • Cass., Ch. réun., 8 mars 1960 : *D. 1961. 209, note Hamel ; JCP 1960. II. 11616, note Roblot ; RTD com. 1960. 366, obs. Becqué et H. Cabrillac.* ♦ Il suit de là que le tireur avec lequel le donneur d'aval est convenu de garantir le tiré, sans que l'aval ait précisé le nom du garanti, ne peut exercer l'action cambiaire contre le donneur d'aval en invoquant cette convention ; celle-ci peut seulement lui conférer, le cas échéant, l'action prévue par les art. 2011 s. [2288 s.] C. civ. • Même arrêt. – Comp. : • Civ. 23 janv. 1956 : *D. 1956. 304 ; JCP 1956. II. 9166 ; RTD com. 1956. 289, obs. Becqué et H. Cabrillac* • Com. 25 janv. 1984 : *Bull. civ. IV, n° 39.* – V. • Com. 2 mars 1961 : *D. 1965. Somm. 55* • 12 oct. 1966 : *D. 1967. 231* • 6 mai 1968 : *D. 1968. 674* • 13 nov. 1979 : *Bull. civ. IV, n° 289* • 11 févr. 1986 : *ibid., n° 8.* ♦ Comp., en ce sens que l'aval irréfragablement réputé donné par le tireur, mais nul, peut constituer un commencement de preuve par écrit d'un cautionnement du tiré : • Com. 24 juin 1997 : *préc. note 5.*

Toutefois, un aval par acte séparé suffit à lui seul à retenir l'engagement du donneur d'aval en faveur du tiré s'il y est exprimé, malgré l'absence d'indication sur la traite du bénéficiaire de l'aval. • Versailles, 9 nov. 1989 : *D. 1990. 437, note D. Martin.*

Si la présomption édictée par l'art. 130, al. 6 [C. com., art. L. 511-21, al. 6], ne peut être combattue par la preuve contraire, la circonstance que l'aval est réputé avoir été donné pour le tireur laisse subsister les rapports juridiques préexistants. Et la preuve de l'intention du donneur d'aval de cautionner l'exécution de l'obligation contractée par le tiré en faveur du tireur peut être rapportée par tous moyens, conformément à l'art. 109 [C. com., art. L. 110-3], lorsque les parties sont commerçantes, et que l'émission, l'acceptation et l'aval de la lettre de change ont eu lieu dans le cadre de leurs relations commerciales. • Paris, 11 juin 1993 : *BICC 1993, n° 1118.* ♦ Cette preuve ne saurait résulter du seul fait que l'avaliste a versé un acompte de 4 000 F à l'huissier qui avait fait une saisie-exécution à la demande du tireur, ce règlement ayant été opéré sous la menace de la vente de ses meubles. • Versailles, 16 févr. 1995 : *Gaz. Pal. 1996. 1. Somm. 152.*

L'art. 130, al. 6 [C. com., art. L. 511-21, al. 6], ne formulant pas une règle de preuve, la présomption qu'il instaure ne peut être contredite par une prestation de serment. • Com. 30 juin 1998 : *Bull. civ. IV, n° 211 ; D. 1998. IR. 219 ; D. Affaires 1998. 1641, obs. J. F. ; JCP E 1998, n° 38, p. 1452, obs. Bonneau ; RJDA 1998, n° 1286 ; RTD com. 1998. 896, obs. Cabrillac ; RJ com. 1999. 228, obs. Gibirila.*

V. Goré, *D. 1957. Chron. 105* ; Abrahams, *RTD com. 1958. 493* ; Besson, *ibid. 1960. 493* ; Sigalas, *ibid. 1964. 489.*

7. Formules. En l'absence d'expressions obligatoires, ont été considérées comme formules valables les expressions : « Bon pour garantie » ou « Garantie solidaire ». • Req. 3 mars 1845 : *DP 1845. 1. 192* • Paris, 13 déc. 1813 : *S. 1816. 2. 98.* ♦ ... « Bon pour caution » ou « Pour cautionnement ». • Poitiers, 16 déc. 1847 : *DP 1848. 2. 108* • T. com. Seine, 14 août 1894 : *Gaz. Pal. 1894. 2. 417.* ♦ Il n'est pas exigé que la formule soit écrite par le donneur d'aval lui-même. • T. com. Alger, 5 mai 1958 : *RTD com. 1958. 581, obs. Becqué et H. Cabrillac.* ♦ La place des mots « Bon pour aval » par rapport à la signature du donneur d'aval importe peu. • Versailles, 19 nov. 1992 : *préc. note 2.*

La mention du « bon pour » n'est pas exigée. • T. com. Paris, 3 mai 1995 : *Gaz. Pal. 1996. 2. Somm. 515.*

8. Sur la langue employée, V. • T. com. Lyon, 9 févr. 1970 : *Banque 1970. 816, obs. Marin.*

9. Il n'y a lieu d'opérer entre les mentions d'une lettre de change aucune distinction tenant à la dimension des caractères employés pourvu qu'ils soient lisibles. • Com. 5 mai 1987 : *D. 1987. IR. 125.*

10. Date de l'aval. La date n'est pas une mention nécessaire. • Orléans, 7 avr. 1954 : *Gaz. Pal. 1954. 2. 102 ; RTD com. 1954. 843, obs. Becqué et H. Cabrillac* • Paris, 26 mai 1954 : *Gaz. Pal. 1954. 2. 165.* ♦ L'aval non daté est présumé avoir été donné à la date de souscription de l'effet. • Douai, 31 juill. 1913 : *DP 1914. 2. 1, note Percerou.*

11. Signature de l'aval. L'aval résulte de la seule signature du donneur d'aval apposée au recto de la lettre de change, sauf lorsqu'il s'agit de la signature du tiré ou de celle du tireur. • Com. 24 févr. 1965 : *Gaz. Pal. 1965. 1. 336 ; Banque 1965. 577.* ♦ L'art. 130 [C. com., art. L. 511-21] n'impose pas que l'indication de la personne pour le compte de laquelle l'aval est donné soit suivie d'une seconde signature de l'avaliste. • Com. 5 mai 1987 : *préc. note 9.* ♦ Sur les effets de la signature donnée par le dirigeant social sous le timbre de la société souscriptrice, V. • Com. 15 mai 1984 : *Bull. civ. IV, n° 156 ; RTD com. 1985. 125, obs. Cabrillac et Teyssié.* ♦ Comp., considérant qu'en l'absence de tout élément accompagnant la signature du dirigeant social, celui-ci est engagé comme seul avaliste sans qu'il y ait lieu de rechercher s'il avait agi en qualité de mandataire, • Com. 6 oct. 1998 : *Bull. civ. IV, n° 226 ; D. Affaires 1998. 1779, obs. X. D. ; RTD com. 1999. 164, obs. Cabrillac ; Defrénois 1999. 615, obs. Honorat ; RJ com. 1999. 231, obs. Gibirila.* ♦ La signature d'acceptation du représentant d'une société vaut comme aval personnel si elle est précédée d'une mention indiquant que le signataire agissait à la fois comme représentant de la société accepteur et par lui-même comme avaliseur. • Com. 2 févr. 1981 : *Gaz. Pal. 1981. 2. 423, note Dupichot ; RTD com. 1981. 566, obs. Cabrillac et Teyssié.*

V. note 18 *bis.*

12. Cautionnement. L'existence d'un cautionnement peut être établie par un moyen de preuve extérieur à la lettre de change, notamment grâce à la correspondance échangée par les parties, l'engagement résultant de l'apposition d'une signature sur une lettre de change n'emportant pas novation des rapports juridiques préexistants ; dès lors, malgré l'absence d'indication du bénéficiaire de l'aval, il convient de rechercher si le donneur de l'aval n'a pas entendu cautionner l'obligation contractée par le tiré en faveur du tireur. • Com. 14 mars 1961 : *Bull. civ. III, n° 135* • 1er déc. 1970 : *ibid. IV, n° 326 ; D. 1971. Somm. 119 ; RTD com. 1971. 746, obs. Cabrillac et Rives-Lange* • 11 déc. 1984 : *Bull. civ. IV, n° 338.*

13. Toutefois, la seule mention d'aval ou de caution portée sur la traite sans indication du débiteur garanti ne constitue pas un commencement de preuve permettant d'établir l'existence d'un cautionnement donné pour une personne autre que le tireur. • Com. 2 mars 1964 : *JCP 1964. II. 13686, note Lescot* • 12 oct. 1966 : *D. 1967. 231* • 6 mai 1968 : *D. 1968. 674.* – V. aussi • Com. 8 déc. 1992 : *Bull. civ. IV, n° 394 ; D. 1993. IR. 2.*

En revanche, lorsque l'aval est donné par acte séparé, la personne garantie peut être déterminée par toutes les circonstances de la cause. • Com. 14 févr. 1961 : *RTD com. 1961. 891, obs. Becqué et H. Cabrillac ; Banque 1961. 677, obs. Marin* • Versailles, 9 nov. 1989 : *préc. note 6.*

14. Aval par acte séparé. L'aval donné par acte séparé ne vaut comme aval que si cet acte indique le lieu où il est intervenu. • Com. 11 janv. 1972 : *RTD com. 1972. 662, obs. Cabrillac et Rives-Lange.* ♦ Une lettre de change tirée par le prêteur en représentation de la somme due laisse subsister le prêt et un engagement de caution garantissant son remboursement, et ne constitue pas un aval par acte séparé réputé donné par le tireur à défaut d'indication contraire. • Com. 3 nov. 1975 : *D. 1976. Somm. 25.* – Comp. : • Com. 16 mars 1970 : *cité note 15.*

15. La garantie souscrite par acte séparé, concernant des effets à créer, ne peut être considérée comme un aval qu'à condition que soient clairement précisés la nature des effets, les sommes garanties et le temps assigné aux négociations. • Civ. 27 janv. 1847 : *DP 1847. 1. 103* • 7 mars 1944 : *D. 1945. 73, note Hamel.* – V. Roblot, note au *D. 1974. 246.* – Comp. : • Com. 16 mars 1970 : *Bull. civ. IV, n° 99 ; RTD com. 1971. 148, obs. Cabrillac et Rives-Lange.* ♦ Sur l'exclusion des modes de preuve de droit civil, V. • Colmar, 7 juill. 1967 : *JCP 1968. II. 15444, note Lescot. – Contra* : • T. com. Lyon, 15 déc. 1967 : *RTD com. 1968. 382.*

16. Le donneur d'aval par acte séparé reste tenu lorsque la lettre de change qu'il s'est engagé à payer n'a été remplacée par une autre que pour opérer un report d'échéance. • Com. 12 juin 1978 : *D. 1978. IR. 340, obs. Cabrillac ; RTD com. 1979. 275, obs. Cabrillac et Rives-Lange.*

17. Le donneur d'aval par acte séparé contractant une obligation de nature commerciale est soumis à la procédure d'injonction de payer. • Com. 8 mai 1967 : *Banque 1968. 383, obs. Marin.* – Comp. : • Com. 25 nov. 1974 : *Bull. civ. IV, n° 299 ; RTD com. 1975. 564, obs. Cabrillac et Rives-Lange.*

18. Promesse d'aval. Une promesse d'aval n'étant pas un titre cambiaire, la présomption irréfragable de l'art. 130, al. 6 [C. com., art. L. 511-21, al. 6], ne lui est pas applicable. • Com. 9 avr. 1996 : *RJDA 1996, n° 1081.* ♦ Sur une promesse d'aval, V. • Com. 8 juill. 2003 : *RJDA 2004, n° 94* • Grenoble, 1er avr. 1968 : *JCP 1969. IV. 16.*

18 bis. Au regard de l'art. 130 [C. com., art. L. 511-21], la signature de l'avaliste ne peut résulter de la mention d'un numéro dans le texte d'un télex, s'agirait-il d'une « clé informatique ». • Com. 26 nov. 1996 : *Bull. civ. IV, n° 285 ; D. 1997. Somm. 262, obs. Cabrillac ; D. Affaires 1997. 157 ; RTD com. 1997. 119, obs. Cabrillac ; Banque janv. 1997. 90, obs. Guillot ; JCP E 1997. II. 906, note Bonneau.* – V. concl. Piniot, *RJDA 1997, p. 3.*

C. EFFETS

19. Solidarité. Le donneur d'aval est tenu comme caution solidaire (art. L. 511-44, al. 1er, C. com.). • Req. 19 déc. 1927 : *DH 1928. 86* • Paris, 4 avr. 1927 : *DP 1929. 2. 89, note Chéron.* ♦ Il ne peut, s'il a cautionné l'accepteur, se prétendre libéré par le défaut de protêt. • Civ. 7 févr. 1934 : *DP 1936. 1.65, note Chéron* • Com. 2 févr. 1965 : *D. 1965. 391 ; JCP 1965. II. 14207, note Lescot.* – Comp. : • Com. 29 mai 1980 : *Bull. civ. IV, n° 217* • Paris, 3 nov. 1952 : *D. 1953. Somm. 22.* ♦ Il doit supporter la pénalité prévue par une clause pénale dès lors que son montant, joint au principal, n'excède pas la somme pour laquelle il a donné son aval. • Toulouse, 28 janv. 1975 : *JCP 1975. II. 18160, note Guyon.*

20. Toutefois, il a été jugé (à propos d'un billet) que si le bénéfice de discussion ne peut être invoqué par le débiteur solidaire, rien ne s'oppose à ce que le donneur d'aval puisse s'en prévaloir. • Req. 19 déc. 1927 : *préc. note 19. – Contra* : • Paris, 9 mars 1926 : *DP 1927. 2. 80.*

21. Du principe posé par l'art. 130, al. 7 [C. com., art. L. 511-21, al. 7], suivant lequel le donneur d'aval est un débiteur accessoire « tenu de la même manière que celui dont il s'est porté garant », il résulte que l'obligation imposée au porteur de notifier le défaut de paiement à son endosseur et, le cas échéant, à l'avaliseur de celui-ci, sous peine de dommages et intérêts, ne s'applique ni au tiré, ni à l'avaliseur du tiré. • Com. 4 nov. 1970 : *D. 1971. 189 ; Banque 1970. 410, obs. Marin ; RTD com. 1971. 402, obs. Cabrillac et Rives-Lange.*

21 bis. Tenu comme caution solidaire, le donneur d'aval peut opposer au créancier l'extinction de la créance en application de l'art. 53, al. 4, de la loi n° 85-98 du 25 janv. 1985 [C. com., art. L. 621-46, al. 4, ancien] (défaut de déclaration au passif), qui est une exception inhérente à la dette. • Com. 25 oct. 1994 : *Bull. civ. IV, n° 312 ; D. 1995. 590, note Crionnet ; ibid. Somm. 306, obs. Honorat* • 3 déc. 1996 : *D. 1997. IR. 19.*

21 ter. Biens communs. Il résulte de l'art. 1415 C. civ., qu'en l'absence de consentement exprès de son conjoint à l'aval qu'il a donné, l'avaliste ne peut engager les biens communs par une telle garantie. • Com. 4 févr. 1997 : *D. 1997. 478, note S. Piedelièvre ; ibid. Somm. 261, obs. Cabrillac ; D. Affaires 1997. 314.* ♦ V. sur renvoi • Paris, 29 oct. 1998 : *Dr. fam. 2000, n° 25.*

22. Inopposabilité des exceptions. Lorsque le donneur d'aval ne peut, par l'effet d'une disposition spéciale au droit cambiaire, opposer au porteur les causes de nullité affectant l'obligation garantie, il peut invoquer tous les autres moyens de défense que pourrait invoquer le débiteur garanti. • Req. 20 mars 1882 : *DP 1882. 1. 244* • 10 janv. 1944 : *JCP 1944. II. 2586, note Lescot* • Com. 9 nov. 1970 : *D. 1971. Somm. 46. – Contra* : • T. com. Seine, 17 juin 1949 : *JCP 1950. II. 5174, note Roblot ; RTD com. 1949. 501, obs. Houin.*

22 bis. Si le donneur d'aval ne peut invoquer une faute du bénéficiaire de l'effet dans ses rapports avec le souscripteur à titre d'exception pour se soustraire à l'exécution de la garantie qu'il a accordée, il est recevable à rechercher, par voie reconventionnelle, la responsabilité de la banque bénéficiaire par une action en réparation du préjudice personnel dont il se prévaut en raison des conditions dans lesquelles elle a retiré des moyens de financement au souscripteur, débiteur principal de l'effet, provoquant ainsi l'ouverture de la procédure collective de celui-ci et le recours du bénéficiaire contre l'avaliste. • Com. 25 juin 1996 : *cité note 55 ss. art. L. 313-12 C. mon. fin., infra, App., v° Code monétaire et financier (extraits).*

23. Prescription. Le donneur d'aval a le droit d'invoquer à l'encontre du porteur la prescription dont peut profiter le débiteur garanti. • Req. 5 févr. 1892 : *S. 1892. 1. 365* • 2 août 1904 : *S. 1905. 1. 185, note Bernard.* ♦ L'acte interrompant la prescription à l'égard du débiteur garanti a effet à l'égard de l'avaliseur. • Com. 10 janv. 1951 : *D. 1951. 310.*

24. Recours subrogatoire. En ce qui concerne l'action subrogatoire, lorsqu'elle a cautionné l'un des débiteurs d'une dette solidaire, la caution qui paie le créancier est subrogée à tous les droits qu'avait ce dernier, non seulement contre le débiteur cautionné, mais encore contre les autres débiteurs solidaires. • Com. 26 mai 1961 : *Bull. civ. III, n° 235.* ♦ Par suite, doit être cassé l'arrêt qui, pour rejeter l'action introduite contre le tiré par la caution du tireur qui en a payé le montant au banquier escompteur, énonce que la caution est subrogée seulement dans les droits de la banque contre le tireur, mais non dans ses droits contre le tiré. • Même arrêt.

25. Décharge de l'avaliseur. Comme la caution, le donneur d'aval, pour être déchargé de toute garantie, doit établir que sa subrogation aux droits du créancier a été rendue impossible par un fait positif ou tout au moins par une négligence imputable à ce dernier. • Req. 19 déc. 1927 : *DH 1928. 86* • 30 juin 1942 : *DA 1943. 21.* ♦ V. *contra*, lorsque le porteur n'a pas commis de faute, • Com. 28 oct. 1952 : *JCP 1953. II. 7588, note Lescot* • 8 mai 1967 : *Bull. civ. III, n° 185.*

26. Il résulte des art. 130, al. 1er, 7 et 9, et 151, al. 1er [C. com., art. L. 511-21, al. 1er, 7 et 9 et L. 511-44, al. 1er], et de l'art. 2037 [2314] C. civ., que si le porteur n'est pas en mesure de subroger le donneur d'aval non seulement dans ses droits tirés du change, mais aussi dans les sûretés figurant sur la lettre de change ou sur l'acte d'aval, sauf à prouver l'absence de préjudice, il perd son recours contre le donneur d'aval, ce dernier ayant précisément donné son aval à une lettre de change pourvue de sûretés spéciales dont l'existence réduisait la portée de son engagement et les risques consentis. • Paris, 5 oct. 1966 : *D. 1967. 115.*

27. L'art. 2037 [2314] C. civ., suivant lequel la caution est libérée si le créancier a rendu impossible sa subrogation dans les droits de sûreté qui garantissaient le paiement de la dette, est applicable au donneur d'aval, caution solidaire du tiré. • Com. 5 janv. 1957 : *D. 1957. Somm. 69 ; RTD com. 1958. 125, obs. Becqué et H. Cabrillac.*

28. Report d'échéance. Le donneur d'aval n'est pas déchargé de son obligation envers le porteur par le fait seul que celui-ci aurait accordé une prorogation de délai au débiteur. • Civ. 25 mai 1938 : *DH 1938. 385.* – Comp. : • Paris, 20 nov. 1930 : *Gaz. Pal. 1930. 2. 1042* • 6 oct. 1941 : *ibid. 1941. 2. 453* • 21 oct. 1967 : *Banque 1968. 473, obs. Marin ; RTD com. 1968. 735* • T. com. Marseille, 19 déc. 1955 : *Banque 1956. 712, obs. Marin.* ♦ ... Ni envers le tireur qui a produit à la *faillite* du tiré et voté le *concordat*. • Paris, 3 nov. 1952 : *D. 1953. Somm. 22.* ♦ Sur l'incidence du report d'échéance sur la situation du donneur d'aval, V. • Com. 12 juin 1978 : *D. 1978. IR. 340, obs. Cabrillac.*

29. Recours direct. Si le donneur d'aval est tenu de la même manière que celui dont il s'est porté garant, il acquiert, lorsqu'il a régulièrement payé contre remise de l'effet, un droit propre et personnel que l'art. 130, al. 9 [C. com., art. L. 511-21, al. 9], définit dans les mêmes termes que celui du tiers porteur de bonne foi. • Com. 23 nov. 1959 : *Bull. civ. III, n° 393.* ♦ Dès lors, le donneur d'aval pour le compte du tireur qui exerce contre le tiré accepteur l'action directe que lui confère cet article, bénéficie, dans l'exercice de cette action, des dispositions de l'art. 121 [C. com., art. L. 511-12], et ne peut, en conséquence, se voir opposer l'exception de défaut de provision, dont le débiteur tiré aurait pu se prévaloir à l'encontre du tireur. • Même arrêt.

30. Coavaliseurs. Sur le recours de l'avaliste *solvens* contre les coavalistes du même débiteur garanti, dont l'un est insolvable, V. • Besançon, 13 févr. 1974 : *D. 1975. 230, note Crionnet ; RTD com. 1975. 331.*

31. Dès lors que le coavaliseur d'un billet à ordre n'a pas prétendu que l'instance engagée contre l'autre avaliste ait été menée en fraude de ses intérêts, l'autorité de chose jugée résultant de la condamnation à paiement prononcée contre ce codébiteur solidaire doit être retenue contre lui et rendent ainsi inopérantes les conclusions relatives à une prétendue omission de déclaration de créances de la banque bénéficiaire de l'effet dans la procédure collective du souscripteur de l'effet. • Com. 1er juin 1999 : *Bull. civ. IV, n° 115 ; D. 1999. IR. 182 ; D. Affaires 1999. 1114, obs. X. D. ; Petites affiches 17 juin 1999, p. 11, obs. L. C. ; ibid. 17 mars 2000, p. 13, note Salati ; Banque et Droit sept.-oct. 1999. 47, obs. Jacob.* ♦ V. note 25 ss. art. L. 621-46 ancien.

SECTION VI DE L'ÉCHÉANCE

RÉP. COM. v° *Lettre de change*, par GIBIRILA.

Art. L. 511-22 I. – Une lettre de change peut être tirée :
1° A vue ;
2° A un certain délai de vue ;
3° A un certain délai de date ;
4° A jour fixe.
II. – Les lettres de change, soit à d'autres échéances, soit à échéances successives, sont nulles. – *[C. com., art. 131].*

Art. L. 511-23 La lettre de change à vue est payable à sa présentation. Elle doit être présentée au paiement dans le délai d'un an à partir de sa date. Le tireur peut abréger ce délai ou en stipuler un plus long. Ces délais peuvent être abrégés par les endosseurs.

Le tireur peut prescrire qu'une lettre de change payable à vue ne doit pas être présentée au paiement avant un terme indiqué. Dans ce cas, le délai de présentation part de ce terme. – *[C. com., art. 132].*

1. Délai de présentation. Le tireur qui n'a pas stipulé sur la lettre de change un délai plus bref comme il en avait la faculté ne saurait reprocher au porteur de ne pas avoir présenté avant l'expiration du délai d'un an la lettre au paiement du tiré devenu insolvable. • Montpellier, 17 févr. 1949 : *JCP 1949. II. 4805, note H. Cabrillac ; RTD com. 1949. 345, obs. Houin.* ♦ Comp. : notes ss. art. L. 511-26 C. com.

2. Lettre de change de garantie. Le bénéficiaire de lettres de change remises à titre de garantie ne commet pas de faute en ne les présentant pas à l'encaissement à leur échéance. • Com. 15 févr. 1994 : *D. 1994. Somm. 183, obs. Cabrillac ; ibid. Somm. 333, obs. Vasseur.*

Art. L. 511-24 L'échéance d'une lettre de change à un certain délai de vue est déterminée, soit par la date de l'acceptation, soit par celle du protêt.

En l'absence du protêt, l'acceptation non datée est réputée, à l'égard de l'accepteur, avoir été donnée le dernier jour du délai prévu pour la présentation à l'acceptation.

L'échéance d'une lettre de change tirée à un ou plusieurs mois de date ou de vue a lieu à la date correspondante du mois où le paiement doit être effectué. A défaut de date correspondante, l'échéance a lieu le dernier jour de ce mois.

Quand une lettre de change est tirée à un ou plusieurs mois et demi de date ou de vue, on compte d'abord les mois entiers.

Si l'échéance est fixée au commencement, au milieu ou à la fin du mois, on entend par ces termes le 1er, le 15 ou le dernier jour du mois.

Les expressions « huit jours » ou « quinze jours » s'entendent, non d'une ou deux semaines, mais d'un délai de huit ou quinze jours effectifs.

L'expression « demi-mois » indique un délai de quinze jours. – *[C. com., art. 133].*

Art. L. 511-25 Quand une lettre de change est payable à jour fixe dans un lieu où le calendrier est différent de celui du lieu de l'émission, la date de l'échéance est considérée comme fixée d'après le calendrier du lieu de paiement.

Quand une lettre de change tirée entre deux places ayant des calendriers différents est payable à un certain délai de date, le jour de l'émission est ramené au jour correspondant du calendrier du lieu de paiement et l'échéance est fixée en conséquence.

Les délais de présentation des lettres de change sont calculés conformément aux règles de l'alinéa précédent.

Ces règles ne sont pas applicables si une clause de la lettre de change, ou même les simples énonciations du titre, indiquent que l'intention a été d'adopter des règles différentes. – *[C. com., art. 134].*

Sur les prorogations conventionnelles d'échéance, V. note 3 ss. art. L. 511-38 C. com.

SECTION VII DU PAIEMENT

RÉP. COM. v° *Lettre de change*, par GIBIRILA.

Art. L. 511-26 Le porteur d'une lettre de change payable à jour fixe ou à un certain délai de date ou de vue doit présenter la lettre de change au paiement soit le jour où elle est payable, soit l'un des deux jours ouvrables qui suivent.

La présentation d'une lettre de change à une chambre de compensation équivaut à une présentation au paiement. – *[C. com., art. 135].*

A compter du 3 mai 1994, le Comité Français d'Organisation et de Normalisation Bancaire a supprimé l'échange d'effets de commerce en chambre de compensation, ceux-ci faisant désormais l'objet d'un traitement automatisé entre banques (V. Décis. CFONB, 20 oct. 1992, JCP E 1994. Pan. 359).

BIBL. ▶ VASSEUR, *RTD com. 1975. 203* (lettres de change - relevé). – NGUYEN XUAN CHANH, *RJ com. 1980. 253.* – HESBERT, *Rev. huiss. 1994. 505* (fin de la coexistence de la lettre de change et de la lettre de change-relevé).

1. Porteur. Sur la notion de porteur légitime, V. notes 1 s. ss. art. L. 511-11.

2. Photocopie. La lettre de change doit être présentée matériellement au paiement, la seule production d'une photocopie est insuffisante. • Com. 20 nov. 1974 : *Bull. civ. IV, n° 295* • Paris, 31 mai 1983 : *D. 1984. IR. 72, obs. Cabrillac.*

2 bis. Accord de compensation. En l'absence d'intervention du porteur dans l'accord de compensation passé entre le tireur et le tiré, et de consentement exprès de sa part quant à la renonciation à son recours cambiaire contre le tiré accepteur, l'accord de compensation n'a pas de caractère novatoire à son égard. • Reims, 24 juin 2002 : *Banque et Droit janv.-févr. 2004. 62, obs. Guillot.*

3. Chambre de compensation. **BIBL.** Romani, *D. 1993. Chron. 223* (recours du banquier tiré ou domiciliataire en cas de non-respect du règlement des chambres de compensation). – Santacru, *Banque et Droit mars-avr. 1997. 8* (règles interbancaires de traitement des LCR). ♦ Le client, qui n'est pas partie à la réglementation interbancaire de nature contractuelle, est en droit de se prévaloir de son existence (à propos d'une lettre de change-relevé). • Com. 28 nov. 1995 : *Bull. civ. IV, n° 271 ; D. 1996. IR. 2 ; D. Affaires 1996. 210 ; JCP E 1996. II. 814, note Gavalda ; Petites affiches 25 sept. 1996, p. 17, note Courtier* (V. l'arrêt d'appel : • Paris, 15 janv. 1993 : *D. 1994. Somm. 326, obs. Vasseur ; JCP E 1993. Pan. 423 ; Gaz. Pal. 1994. 2. Somm. 729)* • Com. 17 juill. 2001 : *Banque et Droit sept.-oct. 2002, p. 53, obs. Guillot.* ♦ Auparavant, la Cour de cassation avait jugé que le règlement de la chambre de compensation de Paris n'a valeur contractuelle qu'entre les banquiers qui y adhèrent et ne saurait s'imposer à leurs clients, ni être invoqué par eux à leur profit (à propos de chèques). • Com. 16 mai 1984 : *Bull. civ. IV, n° 165 ; D. 1985. IR. 329, obs. Vasseur.* – V. aussi • Paris, 15e ch. A, 25 sept. 1991 : *D. 1993. Somm. 53, obs. Vasseur* • 3 nov. 1993 : *Rev. dr. bancaire 1994. 33, obs. Crédot et Gérard* (à propos de chèques). ♦ De même, il a été retenu qu'en acceptant de recevoir un billet à ordre-relevé, une société est, en l'absence de convention contraire, censée avoir adhéré au règlement de la chambre de compensation et s'être soumise pour le paiement, à la procédure résultant des accords interprofessionnels, dont il n'est pas contesté qu'ils imposent la présentation du titre au paiement six jours au moins avant la date de son échéance. • Com. 17 juill. 2001 : *Bull. civ. IV, n° 147 ; D. 2001. AJ. 2738, obs. Delpech ; RD banc. fin. 2001, n° 178, obs. Crédot et Gérard ; JCP 2003. II. 10004, note Pradel ; RJDA 2002, n° 86 ; RTD com. 2001. 957, obs. Cabrillac ; Banque et Droit janv.-févr. 2002. 45, obs. Bonneau.* ♦ V. également, appliquant à propos d'une lettre de change-relevé, le délai de restitution au présentateur (6 jours) fixé par la Convention interbancaire et, après avoir constaté que ce délai y est énoncé sans limitation dans son application à une partie seulement de l'opération, en déduisant qu'il doit être respecté avant l'achèvement de celle-ci, • Com. 12 mars 1996 : *Bull. civ. IV, n° 79 ; D. 1997. Somm. 261, obs. Cabrillac* ; *D. Affaires 1996. 584* • 12 mars 2002 : *Bull. civ. IV, n° 55 ; D. 2002. AJ. 1343* ; *RTD com. 2002. 520, obs. Cabrillac* ; *Petites affiches 23 avr. 2002, p. 10, obs. E. C.* • Rennes, 25 janv. 2002 : *JCP 2002. IV. 2785.* ♦ Sur la présentation à une chambre de compensation, V. aussi • Com. 2 oct. 1978 : *D. 1979. 349, note Vasseur* (à propos de chèques) • Limoges, 11 mars 1980 : *D. 1981. IR. 13, obs. Vasseur* • T. com. Paris, 21 janv. 1981 : *D. 1981. IR. 492, obs. Vasseur* • 5 févr. 1981 : *ibid.* • Montpellier, 11 févr. 1998 : *JCP E 1999, n° 7, p. 297.* ♦ Jugé que la présentation de la traite à la compensation plusieurs jours (14) avant la date de l'échéance ne constitue pas une faute de la part de l'organisme bancaire, cette possibilité n'étant exclue par aucun texte et ne modifiant pas la date d'exigibilité qui reste celle de l'échéance. • Paris, 17 mai 1988 : *RTD com. 1989. 272, obs. Cabrillac et Teyssié.* ♦ Sur l'obligation de célérité à laquelle est tenue une banque envers le client qui lui confie pour recouvrement, une lettre de change à vue, V., considérant que cette obligation ne l'autorise pas à différer la présentation au paiement au-delà d'une durée raisonnable, • Paris, 5 févr. 1999 : *BICC 1999, n° 780.*

3 bis. Pour un arrêt considérant que la présentation d'une lettre de change-relevé à l'ordinateur de compensation équivaut à une présentation au paiement, les diligences de la banque du tireur et celles du tiré devant alors être appréciées en référence aux délais prévus par la Convention interbancaire, V. • Rouen, 12 févr. 1998 : *BRDA 1998, n° 14, p. 9.*

3 ter. Système interbancaire de télécommunication informatique. S'agissant de lettres de change n'ayant pas été émises sous forme de lettres de change-relevé, il apparaît que la banque propriétaire de ces titres devant les présenter au paiement à la date d'échéance, par l'intermédiaire du système interbancaire de télécommunication informatique, comme elle l'a fait, sans être obligée de les présenter en chambre de compensation, utilise un procédé informatique constituant une modalité valable. • Versailles, 19 févr. 1998 : *JCP E 1998, n° 26, p. 1014.* ♦ Il en résulte que le recours à ce type de procédure informatique ne peut entraîner déchéance du recours cambiaire du tireur, dès lors que la présentation au paiement à été faite à la date d'échéance des traites. • Même arrêt.

4. Domiciliation. Le porteur d'une lettre de change doit, à peine d'encourir les déchéances du porteur négligent, la présenter au lieu indiqué sous la clause de domiciliation qu'il ne peut modifier. • Com. 29 juin 1965 : *D. 1965. 823.* ♦ Sur un avis de paiement obligatoire, V. note 2 ss. art. L. 511-27.

5. Contre-passation. V. notes 3 s. ss. art. L. 511-45.

6. Responsabilité du banquier domiciliataire. Commet une faute engageant sa responsabilité civile le banquier domiciliataire qui, ayant déclaré un défaut de règlement des lettres de change-relevé à la Banque de France, n'a pas, par la suite, demandé l'annulation de l'incident du Fichier, alors qu'il avait été informé par le tiré que le refus de paiement était justifié par une erreur dans la date d'échéance commise lors de la transposition des données sur la bande magnétique, et que les lettres de change litigieuses avaient été remplacées par d'autres effets portant la date initialement prévue et payées à cette échéance. • Com. 17 oct. 1995 : *RJDA 1996, n° 97 ; RTD com. 1996. 91, obs. Cabrillac* .

7. Responsabilité du banquier présentateur. Sur le partage de responsabilité le banquier présentateur d'une lettre de change grossièrement falsifiée et la société tirée qui n'ayant formé pendant plusieurs mois aucune opposition malgré la différence entre la somme qu'elle devait réellement et le montant falsifié, V. • Paris, 17 sept. 1999 : *JCP E 1999, n° 43, p. 1702.*

Loi du 29 octobre 1940,

Relative à la forclusion en matière civile, commerciale et administrative et au délai de présentation et de protêt des effets de commerce. — Validée par Ord. 22 août 1944.

Art. 3 Jusqu'à la date qui sera fixée ultérieurement par décret, la présentation et le protêt des effets de commerce seront valablement faits pendant les dix jours ouvrables qui suivent l'échéance.

Prorogation d'échéance. V. art. L. 511-89 s.

Art. L. 511-27 Le tiré peut exiger, en payant la lettre de change, qu'elle lui soit remise acquittée par le porteur.

Le porteur ne peut refuser un paiement partiel.

En cas de paiement partiel, le tiré peut exiger que mention de ce paiement soit faite sur la lettre et que quittance lui en soit donnée.

Les paiements faits à compte sur le montant d'une lettre de change sont à la décharge des tireur et endosseur.

Le porteur est tenu de faire protester la lettre de change pour le surplus. – *[C. com., art. 136].*

1. *Présomption de paiement.* La remise volontaire au débiteur de la lettre de change fait preuve irréfragablement de sa libération. • Com. 30 juin 1980 : *D. 1982. 53, note Parléani* • 6 mai 1991 : *Bull. civ. IV, n° 158 ; D. 1992. Somm. 339, obs. Cabrillac.* – *Contra* : • Com. 22 juin 1983 : *Gaz. Pal. 1983. 1. Pan. 27, obs. Dupichot ; RTD com. 1984. 305, obs. Cabrillac et Teyssié* • Req. 18 août 1852 : *DP 1853. 1. 111.* ♦ Toutefois, le porteur est admis à prouver que la remise de l'effet n'a pas été volontaire. • Com. 3 déc. 1985 : *Bull. civ. IV, n° 285 ; RTD civ. 1986. 603, obs. Mestre.* – Comp. : art. 1282 C. civ. – **C. civ.**

2. *Paiement par le domiciliataire.* V. notes 7 et 8 ss. art. L. 511-2 C. com.

3. Lorsque les fonds sont insuffisants pour payer plusieurs traites présentées simultanément, la banque domiciliataire, en l'absence d'instructions précises de son client, ne peut désintéresser l'un des tireurs des effets au détriment d'un autre. • Paris, 7 juin 1990 : *RTD com. 1990. 612, obs. Cabrillac et Teyssié.*

Art. L. 511-28 Le porteur d'une lettre de change ne peut être contraint d'en recevoir le paiement avant l'échéance.

Le tiré qui paie avant l'échéance le fait à ses risques et périls.

Celui qui paie à l'échéance est valablement libéré, à moins qu'il n'y ait de sa part une fraude ou une faute lourde. Il est obligé de vérifier la régularité de la suite des endossements, mais non la signature des endosseurs. – *[C. com., art. 137].*

1. *Droit de rétention.* Le titulaire d'une créance, ayant acquiescé sans réserve à ce que des lettres de change lui soient remises en vue de son paiement, ne peut prétendre exercer un droit de rétention jusqu'au règlement de ces effets. • Com. 8 juill. 1997 : *Bull. civ. IV, n° 221 ; D. 1998. Somm. 103, obs. S. Piedelièvre ; D. Affaires 1997. 1041 ; RTD com. 1997. 654, obs. Cabrillac ; RD bancaire et bourse 1998. 24, obs. Campana et Calendini.*

2. *Endossement.* Sur la notion de porteur légitime, V. art. L. 511-11 C. com. et les notes 1 s.

Art. L. 511-29 Lorsqu'une lettre de change est stipulée payable en une monnaie n'ayant pas cours au lieu du paiement, le montant peut en être payé dans la monnaie du pays, d'après sa valeur au jour de l'échéance. Si le débiteur est en retard, le porteur peut, à son choix, demander que le montant de la lettre de change soit payé dans la monnaie du pays d'après le cours, soit du jour de l'échéance, soit du jour du paiement.

Les usages du lieu de paiement servent à déterminer la valeur de la monnaie étrangère. Toutefois, le tireur peut stipuler que la somme à payer sera calculée d'après un cours déterminé dans la lettre.

Les règles ci-énoncées ne s'appliquent pas au cas où le tireur a stipulé que le paiement devra être fait dans une certaine monnaie indiquée par une clause de paiement effectif en une monnaie étrangère.

Si le montant de la lettre de change est indiqué dans une monnaie ayant la même dénomination, mais une valeur différente, dans le pays d'émission et dans celui du paiement, on est présumé s'être référé à la monnaie du lieu du paiement. – *[C. com., art. 138].*

1. *Monnaie du pays.* A défaut de stipulation de paiement effectif en monnaie étrangère, le tiré a la faculté de payer en monnaie locale selon le cours au jour de l'échéance. • Paris, 27 mai 1983 : *D. 1984. IR. 72, obs. Cabrillac.*

2. Clause de paiement effectif en une monnaie étrangère. Encourt la cassation, l'arrêt qui, hors de toute référence à l'art. 138 [C. com., art. L. 511-29], condamne la banque débitrice d'une lettre de change, émise dans le cadre d'un crédit documentaire par négociation, à en payer la contre-valeur en francs français sans rechercher si l'indication du montant de l'effet en monnaie étrangère valait ou non stipulation de paiement dans cette monnaie. • Com. 21 avr. 1992 : *RJDA 1992, n° 939.*

3. Transfert d'effets de commerce à l'étranger. Aucune disposition légale n'ayant prévu la déchéance des lettres de change transférées à l'étranger en violation de la réglementation des changes [à propos du régime antérieur aux textes de 1989 rétablissant la liberté des relations financières], sauf intention de fraude, le non-respect des formalités administratives à l'époque nécessaires avant le transfert des effets de commerce à l'étranger n'est pas de nature à affecter la validité et l'exigibilité des engagements y souscrits, ni la régularité des transferts de fonds suivant leur exécution. • Com. 17 oct. 1995 : *Bull. civ. IV, n° 237 ; D. 1995. IR. 232.*

Art. L. 511-30 A défaut de présentation de la lettre de change au paiement le jour de son échéance, ou l'un des deux jours ouvrables qui suivent, tout débiteur a la faculté d'en remettre le montant en dépôt à la Caisse des dépôts et consignations, aux frais, risques et périls du porteur. – *[C. com., art. 139].*

Décret du 6 thermidor an III,

Qui autorise le dépôt du montant des billets à ordre ou autres effets négociables dont le porteur ne se sera pas présenté dans les trois jours qui suivront l'échéance.

Art. 2 L'acte de dépôt contiendra la date du billet, celle de l'échéance, et le nom de celui au bénéfice duquel il aura été originairement fait.

3 Le dépôt consommé, le débiteur ne sera tenu qu'à remettre l'acte du dépôt en échange du billet.

4 La somme déposée sera remise à celui qui représentera l'acte du dépôt, sans autre formalité que la remise d'icelui, et de la signature du receveur.

Art. L. 511-31 Il n'est admis d'opposition au paiement qu'en cas de perte de la lettre de change ou *(L. n° 2005-845 du 26 juill. 2005, art. 165-II)* **« de sauvegarde, » de redressement ou liquidation judiciaire du porteur.** – *[C. com., art. 140].*

1. Avaliseur. Les dispositions de l'art. 140 [C. com., art. L. 511-31] s'appliquent à l'avaliseur. • Com. 19 avr. 1985 : *Bull. civ. IV, n° 119 ; RTD com. 1986. 122, obs. Cabrillac et Teyssié.*

2. Saisie. Les créanciers du tireur ou d'un endosseur sont irrecevables à pratiquer une saisie de la créance cambiaire entre les mains du tiré. • Com. 29 oct. 1982 : *Bull. civ. IV, n° 374 ; D. 1983. IR. 246, obs. Cabrillac* • Dijon, 23 mai 1973 : *RTD com. 1973. 833, obs. Cabrillac et Rives-Lange.* ♦ Le tiers saisi, souscripteur d'un billet à ordre, dispose d'un intérêt à agir pour s'opposer au paiement d'une créance cambiaire par nature insaisissable et dont il pourrait avoir à répondre. • Com. 27 sept. 2005 : *Bull. civ. IV, n° 182 ; D. 2005. AJ. 2672, obs. Delpech ; RTD com. 2006. 166, obs. Legeais ; JCP 2005. IV. 3309 ; RD banc. fin. 2005, n° 215, obs. S. Piedelièvre ; Banque et Droit janv.-févr. 2006. 57, obs. Bonneau ; RJDA 2005, n° 1386.* ♦ De même, le souscripteur d'un billet à ordre ne peut être condamné à en payer le montant au créancier du bénéficiaire, qui avait fait pratiquer une saisie-arrêt entre les mains dudit souscripteur pour toutes les sommes dues ou à devoir au bénéficiaire. • Com. 15 juin 1993 : *Bull. civ. IV, n° 245 ; D. 1994. Somm. 181, obs. Cabrillac.* – Comp. : • Req. 20 mai 1885 : *DP 1886. 1. 82* • T. com. Seine, 12 déc. 1952 : *Gaz. Pal. 1953. 1. 97.* ♦ V. cep., en matière d'avis à tiers détenteur, • Com. 6 juin 1984 : *D. 1985. IR. 35, obs. Cabrillac ; RTD com. 1985. 124, obs. Cabrillac et Teyssié.*

3. Séquestre. La séquestration de traites peut être ordonnée au cas où la régularité même de leur détention est contestée. • Com. 9 déc. 1974 : *Bull. civ. IV, n° 321.*

La séquestration n'est pas admise lorsque la contestation ne porte que sur l'existence de la provision puisqu'elle ne saurait être prétexte à éluder l'art. 140 [C. com., art. L. 511-31]. • Com. 23 janv. 1963 : *Bull. civ. III, n° 59* • 22 janv. 1969 :

Banque 1971. 305 ; RTD com. 1969. 776 • Paris, 2 févr. 1960 : *Banque 1961. 536, obs. Marin* • 18 mai 1989 : *D. 1990. Somm. 122, obs. Cabrillac* .

Art. L. 511-32 **En cas de perte d'une lettre de change non acceptée, celui à qui elle appartient peut en poursuivre le paiement sur toute suivante.** – *[C. com., art. 141]*.

Duplicata. Sur le paiement d'un duplicata par le tireur, V. • Com. 11 juill. 1984 : *D. 1985. IR. 32.*

Art. L. 511-33 **Si la lettre de change perdue est revêtue de l'acceptation, le paiement ne peut en être exigé sur toute suivante que par ordonnance du juge et en donnant caution.** – *[C. com., art. 142]*.

Art. L. 511-34 **Si celui qui a perdu la lettre de change, qu'elle soit acceptée ou non, ne peut représenter toute suivante, il peut demander le paiement de la lettre de change perdue et l'obtenir par l'ordonnance du juge en justifiant de sa propriété par ses livres et en donnant caution.** – *[C. com., art. 143]*.

1. Rapport fondamental. Les dispositions de l'art. 143 [C. com., art. L. 511-34] sont inapplicables lorsque le porteur dépossédé agit sur la base de la créance née du rapport fondamental. • Com. 13 mars 1957 : *Bull. civ. III, n° 100 ; RTD com. 1957. 980, obs. Becqué et Cabrillac.*

1 bis. Banquier mandataire. La banque, porteur d'une lettre de change à la suite d'un endossement contenant la mention « pour encaissement », peut, sur le fondement de l'art. 122 [C. com., art. L. 511-13], exercer les droits dérivant de la lettre de change et prévus par l'art. 143 [C. com., art. L. 511-34] pour le cas de perte ou de vol de l'effet. • Com. 8 juin 1993 : *Bull. civ. IV, n° 229 ; D. 1993. Somm. 318, obs. Cabrillac* . ♦ V. aussi cet arrêt pour l'appréciation de la responsabilité du banquier.

2. Preuve. La preuve de la créance cambiaire et de la perte de la lettre peut résulter de l'aveu. • Com. 17 avr. 1969 : *RTD civ. 1970. 212, obs. Hébraud ; RTD com. 1969. 776, obs. Cabrillac et Rives-Lange.* ♦ ... Ou encore d'un écrit émanant du débiteur cambiaire. • Civ. 24 juin 1863 : *DP 1863. 1. 404.*

3. Compétence. Sur la compétence du tribunal de commerce et non pas seulement de son président, V. • Com. 17 avr. 1969 : *préc. note 2.* – Comp. : • Paris, 13 juill. 1990 : *D. 1991. Somm. 219, obs. Cabrillac* .

Art. L. 511-35 **En cas de refus de paiement, sur la demande formée en vertu des deux articles précédents, le propriétaire de la lettre de change perdue conserve tous ses droits par un acte de protestation. Cet acte doit être fait le lendemain de l'échéance de la lettre de change perdue. Les avis prescrits par l'article L. 511-42 doivent être donnés au tireur et aux endosseurs dans les délais fixés par cet article.** – *[C. com., art. 144]*.

Art. L. 511-36 **Le propriétaire de la lettre de change égarée doit, pour se procurer la suivante, s'adresser à son endosseur immédiat qui est tenu de lui prêter son nom et ses soins pour agir envers son propre endosseur, et ainsi en remontant d'endosseur à endosseur jusqu'au tireur de la lettre. Le propriétaire de la lettre de change égarée supporte les frais.** – *[C. com., art. 145]*.

Si le propriétaire d'une lettre de change peut, en cas de perte, s'en procurer une seconde conformément aux dispositions de l'art. 145 [C. com., art. L. 511-36], ce deuxième exemplaire ne saurait toutefois en aucun cas constituer une nouvelle lettre de change, mais seulement une copie de la lettre de change originale. • Paris, 13 juill. 1990 : *D. 1991. Somm. 219, obs. Cabrillac* . ♦ Ainsi, une lettre de change reconstituée à la demande du propriétaire portant la date du 26 juillet et payable à vue ne peut constituer un duplicata conforme aux exigences de l'art. 145 [C. com., art. L. 511-36] et se trouve dès lors dépourvue de toute valeur, alors que la lettre de change originale portait une date de création bien antérieure et était à échéance au 30 juin. • Même arrêt.

Art. L. 511-37 **L'engagement de la caution mentionné dans les articles L. 511-33 et L. 511-34 est éteint après trois ans, si, pendant ce temps, il n'y a eu ni demandes ni poursuites en justice.** – *[C. com., art. 146].*

SECTION VIII DU RECOURS FAUTE D'ACCEPTATION ET FAUTE DE PAIEMENT

RÉP. COM. v° *Lettre de change,* par GIBIRILA.

Art. L. 511-38 **I. – Le porteur peut exercer ses recours contre les endosseurs, le tireur et les autres obligés :**

1° A l'échéance, si le paiement n'a pas eu lieu ;

2° Même avant l'échéance :

***a)* S'il y a eu refus total ou partiel d'acceptation ;**

***b)* Dans les cas de redressement ou de liquidation judiciaires du tiré, accepteur ou non, de cessation de ses paiements même non constatée par un jugement, ou de saisie de ses biens demeurée infructueuse ;**

c)* Dans les cas** *(L. n° 2005-845 du 26 juill. 2005, art. 165-II)* **« de sauvegarde, » de redressement ou de liquidation judiciaire[s]* **du tireur d'une lettre non acceptable.**

II. – Toutefois, les garants contre lesquels un recours est exercé dans les cas prévus par le *b* et le *c* du I peuvent, dans les trois jours de l'exercice de ce recours*[,]* **adresser au président du tribunal de commerce de leur domicile une requête pour solliciter des délais. Si la demande est reconnue fondée, l'ordonnance fixe l'époque à laquelle les garants sont tenus de payer les effets de commerce dont il s'agit, sans que les délais ainsi octroyés puissent dépasser la date fixée pour l'échéance. L'ordonnance n'est susceptible ni d'opposition ni d'appel.** – *[C. com., art. 147].*

1. Recours anticipé. Le porteur de la lettre de change peut intenter un recours sans attendre l'échéance au cas de *règlement judiciaire* du tiré. • Com. 16 mai 1984 : *D. 1985. IR. 29, obs. Cabrillac.*

2. Prorogation légale d'échéance. V. art. L. 511-79 s. C. com.

3. Prorogation conventionnelle. La prorogation d'échéance ne peut être opposée au tiré accepteur que si elle a été acceptée par lui. • Com. 29 mai 1978 : *Bull. civ. IV, n° 153* • 11 janv. 1972 : *D. 1972. Somm. 207 ; RTD com. 1972. 662, obs. Cabrillac et Rives-Lange* • 17 juill. 1972 : *Bull. civ. IV, n° 225* • 23 mars 1993 : *ibid., n° 115 ; D. 1993. Somm. 318, obs. Cabrillac.*

La prorogation d'échéance même acceptée par le tiré est inopposable aux signataires intermédiaires qui y sont étrangers. V. • Com. 18 janv. 1955 : *D. 1955. 188, note Goré ; JCP 1955. II. 8602, note Lescot ; RTD com. 1955. 353, obs. Becqué et H. Cabrillac* • Paris, 16 avr. 1969 : *ibid. 1970. 169, obs. Cabrillac et Rives-Lange.* ♦ Sur la privation de recours cambiaire contre le tireur résultant du report d'échéance accordé par le porteur au tiré sans en référer au tireur, V. • Com. 20 nov. 1990 : *Bull. civ. IV, n° 285 ; Rev. dr. bancaire 1991. 63, obs. Crédot et Gérard ; RTD com. 1991. 72, obs. Cabrillac et Teyssié.* ♦ Sur l'opposabilité d'une prorogation au donneur d'aval, V. note 28 ss. art. L. 511-21 C. com.

Code général des impôts

(Décr. n° 50-478 du 6 avr. 1950)

Art. 1840 T *bis* *(Abrogé par L. n° 96-1181 du 30 déc. 1996 ;* Décr. n°s 65-1060 et 65-1062 du 3 déc. 1965 ; Décr. n° 72-685 du 4 juill. 1972) *Le porteur d'une lettre de change non timbrée ou non visée pour timbre, conformément aux articles 910 et 911, ne peut, jusqu'à l'acquittement des droits de timbre et des amendes encourues, exercer aucun des recours qui lui sont accordés par la loi contre le tireur, les endosseurs et les autres obligés.*

Est également suspendu jusqu'au payement des droits de timbre et des pénalités encourues l'exercice des recours appartenant au porteur de tout autre effet sujet au timbre et non timbré ou non visé pour timbre, conformément aux mêmes articles.

Toutes stipulations contraires sont nulles. — [Décr.-L. 30 oct. 1935].

Art. L. 511-39 Le refus d'acceptation ou de paiement doit être constaté par un acte authentique dénommé protêt faute d'acceptation ou faute de paiement.

Le protêt faute d'acceptation doit être fait dans les délais fixés pour la présentation à l'acceptation. Si, dans le cas prévu au premier alinéa de l'article L. 511-16, la première présentation a eu lieu le dernier jour du délai, le protêt peut encore être dressé le lendemain.

Le protêt faute de paiement d'une lettre de change payable à jour fixe ou à un certain délai de date ou de vue doit être fait l'un des deux jours ouvrables qui suivent le jour où la lettre de change est payable. S'il s'agit d'une lettre payable à vue, le protêt doit être dressé dans les conditions indiquées à l'alinéa précédent pour dresser le protêt faute d'acceptation.

Le protêt faute d'acceptation dispense de la présentation au paiement et du protêt faute de paiement.

En cas de cessation de paiement du tiré, accepteur ou non, ou en cas de saisie de ses biens demeurée infructueuse, le porteur ne peut exercer ses recours qu'après présentation de la lettre au tiré pour le paiement et après confection d'un protêt.

En cas de redressement ou de liquidation judiciaire du tiré accepteur ou non ainsi qu'en cas de redressement ou de liquidation judiciaire du tireur d'une lettre non acceptable, la production du jugement déclaratif suffit pour permettre au porteur d'exercer ses recours. — *[C. com., art. 148 A].*

1. Clauses exclusives du protêt. La clause « sans frais » emporte interdiction pour le porteur de faire établir un protêt dont la violation est susceptible d'engager sa responsabilité à l'égard du tiré. • Poitiers, 6 févr. 1951 : *Banque 1952. 101, obs. Marin ; RTD com. 1952. 374, obs. Becqué et Cabrillac* • Lyon, 18 nov. 1959 : *Banque 1962. 270 ; RTD com. 1962. 449, obs. Cabrillac et Rives-Lange.* ♦ *Contra* : • Paris, 8 juin 1961 : *JCP 1962. II. 12657, note Lescot ; D. 1962. Somm. 46* (qui réserve cependant l'intention de nuire) • T. com. Seine, 10 mai 1962 : *Banque 1963. 45, obs. Marin.* ♦ V. notes ss. art. L. 511-43.

2. Domiciliation. V. notes ss. art. L. 511-52.

3. Protêt tardif. Le défaut de protêt dans le délai légal ne prive ni le tireur d'une lettre de change ni le bénéficiaire d'un chèque des recours cambiaires dont ils disposent respectivement contre le tiré accepteur ou le tireur qui n'a pas fait provision. • Com. 11 mars 2003 : *RJDA 2003, n° 874.*

Art. L. 511-40 Lorsque le porteur consent à recevoir en paiement, soit un chèque ordinaire, soit un mandat de virement sur la Banque de France, soit un chèque postal, le chèque ou le mandat doit indiquer le nombre et l'échéance des effets ainsi payés. Cette indication n'est toutefois pas imposée pour les chèques ou mandats de virement créés pour le règlement entre banquiers du solde des opérations effectuées entre eux par l'intermédiaire d'une chambre de compensation.

Si le règlement est effectué au moyen d'un chèque ordinaire et si celui-ci n'est pas payé, notification du protêt faute de paiement dudit chèque est faite au domicile de paiement de la lettre de change dans le délai prévu à l'article 41 du décret-loi du 30 octobre 1935 unifiant le droit en matière de chèques et relatif aux cartes de paiement *[C. mon. fin., art. L. 131-48]*. Le protêt faute de paiement du chèque et la notification sont faits par un seul et même exploit, sauf dans le cas où, pour des raisons de compétence territoriale, l'intervention de deux officiers ministériels est nécessaire.

Si le règlement est effectué au moyen d'un mandat de virement et si celui-ci est rejeté par la Banque de France, ou au moyen d'un chèque postal et si celui-ci est rejeté par le centre de chèques postaux détenteur du compte à débiter, la non-

exécution fait l'objet d'un acte de notification au domicile de l'émetteur dudit mandat ou dudit chèque postal dans les huit jours à compter de la date de l'émission. Cet acte est dressé par un huissier ou par un notaire. – *[C. com., art. 148 B, al. 1er à 3].*

Art. L. 511-41 **Lorsque le dernier jour du délai accordé pour l'accomplissement de l'acte de notification de la non-exécution du mandat de virement ou du chèque postal est un jour férié légal, ce délai est prorogé jusqu'au premier jour ouvrable qui en suit l'expiration. Les jours fériés intermédiaires sont compris dans la computation du délai. Aux jours fériés légaux sont assimilés les jours où, aux termes des lois en vigueur, aucun paiement ne peut être exigé ni aucun protêt dressé.**

Le tiré de la lettre de change qui reçoit la notification doit, s'il ne paie pas la lettre de change ainsi que les frais de notification et, s'il y a lieu, du protêt du chèque, restituer la lettre de change à l'officier ministériel instrumentaire. Celui-ci dresse immédiatement le protêt faute de paiement de la lettre de change.

Si le tiré ne restitue pas la lettre de change, un acte de protestation est aussitôt dressé. Le défaut de restitution y est constaté. Le tiers porteur est, en ce cas, dispensé de se conformer aux dispositions des articles L. 511-33 et L. 511-34.

Le défaut de restitution de la lettre de change constitue un délit passible des peines prévues par les articles 314-1 et 314-10 du code pénal. – *[C. com., art. 148 B, al. 4 à 7].*

Décret-loi du 29 juillet 1939, *relatif au payement des effets de commerce par chèque et mandats de virements.* **Art. 4** La remise d'un mandat de virement en acquit d'un effet de commerce n'entraîne pas novation.

Art. L. 511-42 **Le porteur doit donner avis du défaut d'acceptation ou de paiement à son endosseur dans les quatre jours ouvrables qui suivent le jour du protêt ou celui de la présentation en cas de clause de retour sans frais.**

Les notaires et les huissiers sont tenus, à peine de dommages-intérêts, lorsque l'effet indique les nom et domicile du tireur de la lettre de change, de prévenir celui-ci dans les quarante-huit heures qui suivent l'enregistrement, par la poste et par lettre recommandée, des motifs du refus de payer. Cette lettre donne lieu, au profit du notaire ou de l'huissier, à un honoraire dont le montant est fixé par voie réglementaire en sus des frais d'affranchissement et de recommandation.

Chaque endosseur doit, dans les deux jours ouvrables qui suivent le jour où il a reçu l'avis, faire connaître à son endosseur l'avis qu'il a reçu, en indiquant les noms et les adresses de ceux qui ont donné les avis précédents, et ainsi de suite, en remontant jusqu'au tireur.

Les délais ci-dessus indiqués courent de la réception de l'avis précédent.

Lorsque, en conformité de l'alinéa précédent, un avis est donné à un signataire de la lettre de change, le même avis doit être donné dans le même délai à son avaliseur.

Dans le cas où un endosseur n'a pas indiqué son adresse ou l'a indiquée d'une façon illisible, il suffit que l'avis soit donné à l'endosseur qui le précède.

Celui qui a un avis à donner peut le faire sous une forme quelconque, même par un simple renvoi de la lettre de change.

Il doit prouver qu'il a donné l'avis dans le délai imparti.

Ce délai est considéré comme observé si une lettre missive donnant l'avis a été mise à la poste dans ledit délai.

Celui qui ne donne pas l'avis dans le délai ci-dessus indiqué n'encourt pas de déchéance ; il est responsable, s'il y a lieu, du préjudice causé par sa négligence,

sans que les dommages-intérêts puissent dépasser le montant de la lettre de change. – *[C. com., art. 149].*

1. Domaine. Le tiré d'une lettre de change acceptée ne peut opposer à la banque porteuse de l'effet régulièrement escompté, revenu impayé lors de sa présentation au paiement, une exception en vertu des dispositions de l'art. 121 [C. com., art. L. 511-12], au motif que la banque aurait méconnu son obligation d'avoir à donner avis du défaut de paiement dans les quatre jours de la présentation au paiement en cas de clause de retour sans frais, conformément à l'art. 149 [C. com., art. L. 511-42], le tiré accepteur n'apparaissant pas visé par ce texte au nombre des personnes devant être avisées, puisqu'il doit payer en sa qualité de débiteur cambiaire tous les autres signataires. • TGI Carpentras, réf., 10 déc. 1997 : *Les Annonces de la Seine, 9 févr. 1998, p. 15.*

1 bis. Défaut fautif d'avis. Le défaut d'avis dans le délai, lorsqu'il est sans influence sur l'impossibilité où s'est trouvé le bénéficiaire de récupérer sa créance, ne permet pas de condamner le porteur à lui payer des dommages-intérêts, alors surtout que le retard de l'avis a été provoqué par une grève des banques présentant pour le banquier le caractère de la force majeure. • Com. 21 nov. 1966 : *RTD com. 1967. 538, obs. Becqué et Cabrillac ; Banque 1967. 270, obs. Marin* • Paris, 21 janv. 1964 : *D. 1964. Somm. 42* • Douai, 7 oct. 1967 : *Banque 1968. 139, obs. Marin.*

Jugé toutefois que commet une grave négligence le tiers porteur d'une lettre de change qui omet de donner à son endosseur, dans les quatre jours de la présentation des effets stipulés sans frais, l'avis prévu par l'art. 149 [C. com., art. L. 511-42]. L'endosseur est en droit, en réparation du préjudice qu'il a subi, de demander l'octroi de dommages-intérêts du montant des lettres restant dû. • Paris, 21 janv. 1964 : *D. 1964. Somm. 42.* – V. conf. • Douai, 7 oct. 1967 : *RTD com. 1968. 102* • T. com. Marseille, 21 juin 1957 : *Banque 1959. 321* • T. com. Grenoble, 26 janv. 1968 : *Gaz. Pal. 1968. 1. 116.* – V. aussi • Paris, 19 mai 1995 : *Rev. dr. bancaire 1996. 12, obs. Crédot et Gérard.*

2. Renonciation à l'avis. L'art. 149 [C. com., art. L. 511-42] est inapplicable lorsque les parties sont liées par la seule convention de compte courant, convention comportant expressément renonciation par le client à tout avis de non-paiement de la part du porteur des effets de commerce. • Com. 22 déc. 1981 : *D. 1982. IR. 133 ; Bull. civ. IV, n° 455.*

Une convention limitative de responsabilité est inopérante au cas de faute lourde. • Paris, 19 juin 1964 : *Banque 1967. 270.*

3. Lettres de change-relevé. Pour une application de l'art. 149 [C. com., art. L. 511-42] à une lettre de change-relevé, V. • Com. 24 janv. 1995 : *RJDA 1995, n° 613.*

Art. L. 511-43 **Le tireur, un endosseur ou un avaliseur peut, par la clause « retour sans frais », « sans protêt » ou toute autre clause équivalente inscrite sur le titre et signée, dispenser le porteur de faire dresser, pour exercer ses recours, un protêt faute d'acceptation ou faute de paiement.**

Cette clause ne dispense pas le porteur de la présentation de la lettre de change dans les délais prescrits ni des avis à donner.

La preuve de l'inobservation des délais incombe à celui qui s'en prévaut contre le porteur.

Si la clause est inscrite par le tireur, elle produit ses effets à l'égard de tous les signataires ; si elle est inscrite par un endosseur ou un avaliseur, elle produit ses effets seulement à l'égard de celui-ci. Si, malgré la clause inscrite par le tireur, le porteur fait dresser le protêt, les frais en restent à sa charge. Quand la clause émane d'un endosseur, ou d'un avaliseur, les frais du protêt, s'il en est dressé un, peuvent être recouvrés contre tous les signataires. – *[C. com., art. 150].*

1. Portée des clauses restrictives. La clause sans frais ou sans protêt emporte interdiction pour le porteur de faire dresser un protêt. – V. note 1 ss. art. L. 511-39. – Comp. : • Poitiers, 6 févr. 1951 : *préc. note 1 ss. art. L. 511-39* • Lyon, 18 nov. 1959 : *ibid.* ♦ Il a toutefois été jugé que de telles clauses ne feraient que dispenser le porteur de son obligation. – V. décisions citées ss. art. 148 A [C. com., art. L. 511-39], notamment • Paris, 8 juin 1961. ♦ Sur la clause de dispense de protêt par acte séparé, V. • Agen, 15 févr. 1967 : *Banque 1967. 800, obs. Marin.*

V. note 2 *bis* ss. art. L. 511-45 C. com.

2. Preuve de la présentation. Suivant l'art. 150, al. 3 [C. com., art. L. 511-43, al. 3], en cas d'insertion dans la lettre de change d'une clause « sans frais », la preuve de l'inobservation des délais de présentation incombe à celui qui s'en prévaut contre le porteur. Les juges ne sont pas tenus de faire droit à la demande d'expertise du garant qui refuse le paiement. • Com. 4 juin 1955 : *RTD com. 1955. 854, obs. Becqué et H. Cabrillac.*

Art. L. 511-44 Tous ceux qui ont tiré, accepté, endossé ou avalisé une lettre de change sont tenus solidairement envers le porteur.

Le porteur a le droit d'agir contre toutes ces personnes, individuellement ou collectivement, sans être astreint à observer l'ordre dans lequel elles se sont obligées.

Le même droit appartient à tout signataire d'une lettre de change qui a remboursé celle-ci.

L'action intentée contre un des obligés n'empêche pas d'agir contre les autres, même postérieurs à celui qui a été d'abord poursuivi. – *[C. com., art. 151].*

1. Codébiteurs. Le tireur, le tiré accepteur et les endosseurs sont tenus solidairement à titre de débiteurs principaux ; en conséquence, celui d'entre eux qui est poursuivi ne peut opposer le bénéfice de cession d'actions de l'art. 2037 [2314] C. civ. • Civ. 5 août 1889 : *DP 1890. 1. 228* • 28 déc. 1927 : *DP 1929. 1. 13, note Chéron.*

2. Avaliseur. Le donneur d'aval n'est que caution solidaire ; il peut donc invoquer le bénéfice de cession d'actions. • Req. 3 janv. 1888 : *DP 1888. 1. 36* • 19 déc. 1927 : *DH 1928. 86.* ♦ V. notes 25 s. ss. art. L. 511-21 C. com.

3. Compétence. Le tiré non accepteur peut être assigné, concurremment avec le tireur, devant la même juridiction. • Civ. 3 févr. 1914 : *DP 1914. 1. 312. – Contra :* • Req. 18 mai 1909 : *DP 1912. 1. 15.* ♦ Sur les clauses attributives de compétence insérées dans l'engagement fondamental, V. • Colmar, 24 févr. 1966 : *D. 1966. 543, note P.B. ; JCP 1967. II. 14965, note Lescot ; RTD com. 1966. 971* • Paris, 9 nov. 1965 : *Banque 1966. 357, obs. Marin ; JCP 1966. II. 14819, note Lescot.*

4. Endosseur. Il résulte de la combinaison des dispositions des art. L. 511-10 et L. 511-44 que le porteur d'une lettre de change bénéficie de la garantie solidaire, notamment du tireur et de l'endosseur, lequel est de surcroît, sauf clause contraire, personnellement garant du paiement du titre. • Versailles, 29 sept. 2005 : *JCP E 2005, n° 48, p. 2031.* ♦ Il suit de là que le tireur et endosseur d'une lettre de change régulièrement acceptée par le tiré et par lui-même en ces deux qualités de tireur et d'endosseur, est mal fondé à prétendre que le porteur (sa banque) aurait perdu les droits que la loi attache à cette qualité de porteur, motif pris qu'elle lui aurait notifié l'impossibilité, faute de provision suffisante, de contre passer l'écriture sur son compte afin de récupérer les sommes avancées dans le cadre de l'opération d'escompte, alors qu'au contraire l'exercice du recours cambiaire a sa cause dans l'échec de la contre passation d'écriture dont il ne démontre pas qu'elle aurait eu lieu, ni davantage que la banque aurait renoncé à l'exercer. • Même arrêt.

Art. L. 511-45 I. – Le porteur peut réclamer à celui contre lequel il exerce son recours :

1° Le montant de la lettre de change non acceptée ou non payée avec les intérêts, s'il en a été stipulé ;

2° Les intérêts au taux légal à partir de l'échéance ;

3° Les frais du protêt, ceux des avis donnés ainsi que les autres frais.

II. – Si le recours est exercé avant l'échéance, déduction est faite d'un escompte sur le montant de la lettre. Cet escompte est calculé d'après le taux de l'escompte officiel fixé par la Banque de France tel qu'il existe à la date du recours au lieu du domicile du porteur. – *[C. com., art. 152].*

1. Ordre public. Les dispositions de l'art. 152 [C. com., art. L. 511-45] ont, par leur origine et par leur finalité, un caractère d'ordre public. • Paris, 28 juin 1985 : *D. 1985. IR. 419, obs. Cabrillac.*

2. Tiré accepteur. L'art. 152 [C. com., art. L. 511-45] concerne l'étendue, quant aux intérêts, du recours cambiaire dont dispose le porteur contre les signataires de l'effet et ce recours, dérogatoire au droit commun, notamment en matière de paiement des intérêts, ne peut donc être dirigé que contre le tiré qui a accepté l'effet. • Paris, 28 juin 1985 : *préc. note 1.*

2 bis. Donneur d'aval. En vertu des dispositions de l'art. 152 (2°) [C. com., art. L. 511-45, I, 2°], auxquelles renvoie l'art. 187 [C. com., art. L. 512-4], le donneur d'aval est personnellement débiteur, de plein droit à partir de l'échéance du billet à ordre, des intérêts moratoires au taux légal de la somme garantie. • Com. 25 juin 1996 : *Bull. civ. IV, n° 193 ; D. 1996. IR. 184 ; D. Affaires 1996. 1101 ; JCP 1996. II. 22687, rapp. Rémery.* ♦ Nonobstant la clause « sans frais », qui se borne à dispenser le porteur du billet à ordre de faire dresser protêt, et la limitation de l'aval à un montant déterminé, l'avaliste reste tenu des intérêts qu'il doit personnellement en vertu de l'art. 152 (2°) [C. com., art. L. 511-45, I, 2°] (à propos de l'art. 55 de la L. n° 85-98 du 25 janv. 1985, dans sa rédaction antérieure à la réforme du 10 juin 1994). • Même arrêt. ♦ V. note 3 ss. art. L. 621-48 ancien.

3. Contre-passation. La contre-passation est l'écriture par laquelle le banquier escompteur débite le compte courant de son client remettant de l'effet de commerce escompté dont le montant avait été inscrit au crédit de ce compte, à la suite du non-paiement de cet effet. • Versailles, 1er juill. 1994 : *D. 1994. IR. 211.* ♦ La contre-passation d'un effet escompté en compte courant produit les effets d'un paiement dès lors que le compte fonctionne. • Com. 4 juin 1985 : *Bull. civ. IV, n° 177 ; D. 1985. IR. 420, obs. Cabrillac* • 1er oct. 1996 : *RJDA 1997, n° 87.* ♦ V. *contra*, en l'absence de compte courant, • Com. 10 janv. 1984 : *Bull. civ. IV, n° 11.* ♦ La banque est présumée avoir procédé volontairement à la contre-passation de l'effet. Pour prouver que cette écriture est le résultat d'une erreur, la banque ne peut se contenter d'invoquer la gestion informatique des comptes pour soutenir qu'elle n'avait pas perdu la propriété de l'effet. • Paris, 27 mars 1992 : *Banque 1992. 841, obs. Rives-Lange* • Versailles, 1er juill. 1994 : *préc.* ♦ Il n'y a pas contre-passation quand l'écriture automatiquement passée au compte du bénéficiaire de l'escompte pour y inscrire le montant au débit après refus de paiement par le tiré est annulée par l'agent de banque gestionnaire du compte dès qu'il en a pris connaissance et manifeste ainsi que cette écriture ne correspond pas à la volonté de l'établissement. • Com. 23 oct. 2001 : *RJDA 2002, n° 306.* ♦ V. aussi, jugeant que, lorsque les effets escomptés par une banque font automatiquement, par ordinateur, l'objet d'une écriture en débit au compte du client lorsqu'ils sont impayés, cet automatisme n'implique pas à lui seul la volonté de la banque de contre-passer l'effet ou de le conserver, et qu'il convient d'avoir recours à divers indices, tels que l'inscription de l'effet impayé dans un compte d'attente ou la conservation de l'effet impayé après non-paiement, au-delà d'un délai raisonnable, • Versailles, 10 juin 1994 : *D. 1994. IR. 209.* ♦ L'inscription automatique par ordinateur d'une écriture de débit au compte du client en cas de rejet d'un effet escompté n'implique pas que la banque, qui a ensuite recrédité ce compte du montant de l'effet et conservé matériellement celui-ci, ait eu la volonté de contre-passer ledit effet. • Paris, 10 nov. 1995 : *D. Affaires 1996. 44.* ♦ V. encore, pour une rectification d'écriture, par informatique, • Com. 10 janv. 1983 : *Bull. civ. IV, n° 5 ; RTD com. 1983. 439, obs. Cabrillac et Teyssié.*

4. Si l'escompte de lettres de change tirées par une société et remises par elle à une banque s'est réalisé par l'inscription de leur montant au crédit du compte courant de la société, la banque est restée propriétaire des effets impayés qu'elle n'avait pas contrepassés. • Com. 9 juill. 1985 : *Bull. civ. IV, n° 207.*

Le transfert des effets impayés à un compte spécial affecté aux créances douteuses ou à recouvrer, conformément à une technique bancaire habituelle, n'équivaut pas, par lui-même, à une contre-passation. • Versailles, 1er juill. 1987 : *D. 1988. 238, note Estoup* • Com. 11 juin 1996 : *Bull. civ. IV, n° 166 ; RJDA 1996, n° 1507.*

La contre-passation ne peut résulter que d'une écriture de la banque portant le montant de l'effet au débit du compte du client ayant remis cet effet à l'escompte. • Com. 3 nov. 1988 : *Bull. civ. IV, n° 285 ; D. 1989. Somm. 90, obs. Cabrillac ; RTD com. 1989. 95, obs. Cabrillac et Teyssié.* ♦ Il ne peut être retenu qu'une banque a eu la volonté de contrepasser une lettre de change impayée, qu'elle avait préalablement escomptée en inscrivant son montant au crédit du compte ordinaire de son client, dès lors que le montant de cet effet, n'a pas été débité de ce compte mais d'un compte spécial ouvert à cet effet, peu important que la banque ait ensuite débité le compte ordinaire du montant des intérêts. • Com. 12 janv. 1999 : *Bull. civ. IV, n° 11 ; D. 2000. Somm. 12, obs. Lemée ; D. Affaires 1999. 338, obs. X. D.*

Serait-elle définitivement décidée, la contre-passation du montant d'une lettre de change prise à l'escompte ne prend effet qu'à compter de son inscription en compte. • Com. 21 juin 1994 : *Bull. civ. IV, n° 226 ; RTD com. 1995. 168, obs. Cabrillac* • 4 mai 1999 : *RJDA 1999, n° 716.*

La seule inscription au débit du compte du tiré, par la banque domiciliataire, ne constitue pas un paiement au profit du tireur et, en conséquence, la contrepassation de cette écriture ne peut constituer une faute au préjudice de celui-ci. • Com. 21 mai 1996 : *D. 1997. 105, note D. Martin ; D. Affaires 1996. 841 ; Rev. dr. bancaire 1996. 191, obs. Crédot et Gérard ; Rev. huiss. 1997. 776, note Courtier* • 12 mars 2002 : *Bull. civ. IV, n° 55 ; D. 2002. AJ. 1343 ; Banque et Droit juill.-août 2002. 44, obs. Bonneau.*

4 bis. Dans le cas de deux endossements successifs d'une lettre de change, le premier à titre d'encaissement et le second à titre d'escompte, l'endossement doit être considéré comme ayant été effectué à titre d'escompte, dès lors que, si le simple paiement de la traite par la banque à son client avant la date de l'échéance peut s'analyser en une avance consentie dans le cadre d'un endossement par procuration, il en va autrement lorsque la banque, qui s'est abstenue de contrepasser l'effet au débit du compte courant de son client, a décompté des agios entre la date de la remise de l'effet et celle de son échéance. • Colmar, 20 oct. 1998 : *Gaz. Pal. 12-14 déc. 1999, Somm., p. 36, obs. Vray.*

5. Au cas de redressement judiciaire du remettant, V. Nguyen Xuan Chanh, *D. 1971. Chron. 243* ; Gavalda, *JCP 1963. I. 1763*. – V. aussi • Paris, 24 mars 1989 : *D. 1989. IR. 118.*

Une banque ne peut refuser, à l'administrateur d'une société en redressement judiciaire, la restitution du solde créditeur du compte ouvert au nom de ladite société, en prétendant que ce solde est « *indisponible* », comme étant « *affecté au remboursement de créances* » qu'elle pourrait « *détenir en raison de la réalisation des risques résultant de l'encours d'escompte* », dès lors que les contre-passations des effets escomptés par la banque n'étaient qu'éventuelles et que la banque ne pouvait, pour garantir le paiement des créances incertaines pouvant en résulter ultérieurement, retenir le solde créditeur du compte courant. • Com. 7 avr. 1998 : *Bull. civ. IV, n° 123 ; D. 1998. Somm. 376, obs. Piedelièvre ; D. Affaires 1998. 959, obs. X. D. ; JCP E 1998, n° 28-29, p. 1143, note Auque ; RTD com. 1998. 653, obs. Cabrillac ; JCP E 1998, p. 1143, obs. Stoufflet ; ibid. 1999, n° 17, p. 761, obs. Gavalda et Stoufflet ; JCP 1999. I. 116, obs. Delebecque.* – Sur cette affaire, V. aussi Stoufflet, *RD bancaire et bourse 1998. 190.*

La contre-passation du montant d'une lettre de change au compte courant du tireur qui l'a remise à l'escompte ne peut valoir paiement dès lors qu'elle est postérieure à l'ouverture du redressement judiciaire de celui-ci. • Com. 5 mai 1998 : *RJDA 1998, n° 1150.*

S'agissant d'une contre-passation portée en compte après le jugement d'ouverture d'une procédure collective à l'encontre du remettant, dès lors que le banquier avait fait savoir à celui-ci avant cette date qu'il lui adresserait une traite revenue impayée, jugé que la contre-passation était intervenue avant ledit jugement et que, par conséquent, le banquier n'avait pu conserver la propriété de l'effet. • Toulouse, 30 janv. 1992 : *RTD com. 1992. 836, obs. Cabrillac et Teyssié.*

5 bis. Sur la contre-passation dans le cadre de la nouvelle procédure de saisie-attribution, applicable à compter du 1er janv. 1993, V. L. n° 91-650 du 9 juill. 1991, art. 47. – **C. pr. civ.**

5 ter. Recours de droit commun. Le contrat d'escompte d'effets de commerce implique la possibilité pour l'établissement escompteur de demander au crédité, sur la base du recours de droit commun, le remboursement des fonds avancés au cas où le tiré ne paierait pas l'effet à son échéance ou même plus tard. • Fort-de-France, 2 juin 1995 : *Rev. huiss. 1996. 65, note Hesbert.* ♦ Le banquier serait privé de sa demande de remboursement des sommes avancées, s'il était établi que par suite d'un défaut d'avis ou même d'une information tardive au remettant il avait causé un préjudice à ce dernier. Un tel préjudice n'est cependant pas établi, pour que le remettant résiste au recours de la banque en remboursement sur la base du contrat d'escompte ou bien sollicite des dommages et intérêts reconventionnels envers celle-ci, s'il est prouvé que malgré toute la diligence voulue de la part de l'établissement de crédit, l'effet litigieux n'aurait pas été en tout état de cause payé. • Même arrêt.

5 quater. Si, indépendamment de tout recours fondé sur le droit cambiaire et formé dans le délai de prescription prévu par l'art. 179 C. com. [C. com., art. L. 511-78], une banque peut prétendre au remboursement de ses avances sur escompte par le bénéficiaire de celles-ci, elle ne peut fonder son action sur une convention de compte courant qu'à la condition d'avoir réinscrit le montant des effets impayés au débit de ce compte par une contre-passation. • Com. 5 mai 1998 : *RJDA 1998, n° 1151 ; RD bancaire et bourse 1998. 172, obs. Crédot et Gérard.*

6. Date de présentation. Lorsque l'effet est présenté tardivement, les intérêts moratoires ne sont dus qu'à compter du jour de la présentation. • Com. 4 mars 1980 : *Bull. civ. IV, n° 112 ; D. 1980. IR. 436, obs. Cabrillac ; RTD com. 1980. 576.* – Rappr. : • Com. 19 janv. 1982 : *Gaz. Pal. 1982. 2. Pan. 212, obs. Dupichot.*

7. Mise en demeure d'une SNC. En ce sens que l'art. 152 [C. com., art. L. 511-45] dispenserait le créancier de la lettre de change impayée de la mise en demeure de la société en nom collectif par acte extrajudiciaire, prévue par l'art. 10, al. 2, de la loi du 24 juill. 1966 [C. com., art. L. 221-1, al. 2], V. • Paris, 2 juill. 1993 : *Dr. sociétés 1994, n° 11, note crit. Le Nabasque.*

8. Frais de retour. V. note 2 *bis* ss. art. L. 511-12.

Art. L. 511-46 Celui qui a remboursé la lettre de change peut réclamer à ses garants :

1° La somme intégrale qu'il a payée ;

2° Les intérêts de ladite somme, calculés au taux légal, à partir du jour où il l'a déboursée ;

3° Les frais qu'il a faits. – *[C. com., art. 153].*

Art. L. 511-47 Tout obligé contre lequel un recours est exercé ou qui est exposé à un recours peut exiger, contre remboursement, la remise de la lettre de change avec le protêt et un compte acquitté.

Tout endosseur qui a remboursé la lettre de change peut biffer son endossement et ceux des endosseurs subséquents. – *[C. com., art. 154].*

1. Droits du garant. Le signataire intermédiaire qui a dû payer sur recours cambiaire redevient automatiquement porteur légitime de la traite et n'agit pas sur la base d'une subrogation dans les droits du créancier désintéressé. • Com. 11 avr. 1962 : *D. 1962. 366 ; Bull. civ. III, n° 229* • Montpellier, 4 févr. 1982 : *D. 1983. IR. 44, obs. Cabrillac.*

2. Par application de l'art. 154 [C. com., art. L. 511-47], l'avaliseur d'une lettre de change, poursuivi en paiement, n'est tenu de payer que contre la remise de la lettre de change avec le protêt et d'un compte acquitté. • Com. 10 juin 1959 : *Bull. civ. III, n° 258 ; D. 1959. 490.*

3. Obligation de restitution. Sur la nature de l'obligation de restitution de l'effet impayé et les formes requises pour cette restitution, V. • Com. 7 mars 2000 : *Bull. civ. IV, n° 50 ; D. 2000. AJ. 208, obs. Daleau ; RTD com. 2000. 416, obs. Cabrillac ; JCP E 2000, n° 27, p. 1088, obs. Gavalda et Stoufflet.*

Art. L. 511-48 En cas d'exercice d'un recours après une acceptation partielle, celui qui rembourse la somme pour laquelle la lettre n'a pas été acceptée, peut exiger que ce remboursement soit mentionné sur la lettre et qu'il lui en soit donné quittance. Le porteur doit en outre lui remettre une copie certifiée conforme de la lettre et le protêt pour permettre l'exercice des recours ultérieurs. – *[C. com., art. 155].*

Art. L. 511-49 I. – Après l'expiration des délais fixés :

1° Pour la présentation d'une lettre de change à vue ou à un certain délai de vue ;

2° Pour la confection du protêt faute d'acceptation ou faute de paiement ;

3° Pour la présentation au paiement en cas de clause de retour sans frais,

le porteur est déchu de ses droits contre les endosseurs, contre le tireur et contre les autres obligés, à l'exception de l'accepteur.

II. – Toutefois, la déchéance n'a lieu à l'égard du tireur que s'il justifie qu'il a fait provision à l'échéance. Le porteur, en ce cas, ne conserve d'action que contre celui sur qui la lettre de change était tirée.

III. – A défaut de présentation à l'acceptation dans le délai stipulé par le tireur, le porteur est déchu de ses droits de recours, tant pour défaut de paiement que pour défaut d'acceptation, à moins qu'il ne résulte des termes de la stipulation que le tireur n'a entendu s'exonérer que de la garantie de l'acceptation.

IV. – Si la stipulation d'un délai pour la présentation est contenue dans un endossement, l'endosseur seul peut s'en prévaloir. – *[C. com., art. 156].*

BIBL. ▸ Nguyen Xuan Chanh, *D. 1979. Chron. 77* (déchéance des droits du porteur).

1. Tiré-accepteur. La déchéance du porteur, en cas de présentation tardive d'une lettre de change à vue, ne peut être invoquée par l'accepteur. • Com. 30 nov. 1981 : *Bull. civ. IV, n° 417 ; D. 1982. IR. 211.* ♦ Le banquier escompteur ayant perdu, à la suite du retour pour présentation tardive de la première traite, son recours contre les éventuels endosseurs, tireurs ou avalistes, conserve néanmoins son recours contre le tiré-accepteur. • Versailles, 13 nov. 1997 : *D. Affaires 1998. 378, obs. X. D.* ♦ V. aussi note ss. art. L. 511-62.

2. Avaliseur. Il y a lieu de condamner solidairement le tiré-accepteur et celui qui l'a avalisé, à payer une lettre de change tirée à vue et non présentée dans le délai d'un an. • Com. 30 nov.

1981 : préc. note 1. ♦ Dès lors qu'une personne était avaliste pour le tireur, la déchéance n'a lieu à son égard, conformément à l'art. 156 [C. com., art. L. 511-49], que s'il est justifié que le tireur avait fait provision à l'échéance, et il appartient en conséquence à l'avaliste de prouver que le tireur était créancier du tiré. • Com. 20 oct. 1998 : *D. Affaires 1998. 1906, obs. X. D. ; RJDA 1998, n° 1410.* ♦ Il en résulte que le porteur n'est pas déchu de ses droits contre l'avaliste, tenu dans les mêmes conditions que le tireur qu'il garantissait, et que cet avaliste ne peut dès lors lui opposer la déchéance résultant de l'absence de protêt. • Même arrêt.

3. Tireur. La déchéance du porteur au cas de présentation tardive ne peut être invoquée par le tireur qui n'a pas fait provision, l'existence de la provision s'appréciant à l'échéance. • Com. 4 mars 1957 : *Bull. civ. III, n° 81.*

4. Responsabilité du banquier. Le banquier endossataire pour encaissement de trois lettres de change revenues impayées et qui manque à son obligation de faire dresser protêt n'est pas civilement responsable envers le porteur sans que soit expliqué en quoi la perte de chance du porteur d'être payé a pour cause l'absence de protêt. • Com. 17 oct. 1995 : *Rev. huiss. 1996. 218, note Vidal.* – V. aussi : • Paris, 19 févr. 1987 : *D. 1987. IR. 57.* ♦ En dehors des trois cas limitativement énumérés par l'art. L. 511-49 où il peut être déchu de ses recours, le tiers porteur n'est tenu de réparer, par des dommages-intérêts, ses négligences éventuelles que s'il est démontré qu'elles ont fait perdre au demandeur une chance sérieuse et réelle de recouvrer sa créance auprès du tiré ou d'un autre garant. • Com. 5 oct. 2004 : *BRDA 2004, n° 21, p. 10.*

Art. L. 511-50 **Quand la présentation de la lettre de change ou la confection du protêt dans les délais prescrits est empêchée par un obstacle insurmontable tel que la prescription légale d'un État quelconque ou tout autre cas de force majeure, ces délais sont prolongés.**

Le porteur est tenu de donner, sans retard, avis du cas de force majeure à son endosseur et de mentionner cet avis, daté et signé de lui, sur la lettre de change ou sur une allonge. Pour le surplus, les dispositions de l'article L. 511-42 sont applicables.

Après la cessation de la force majeure, le porteur doit, sans retard, présenter la lettre à l'acceptation ou au paiement et, s'il y a lieu, faire dresser le protêt.

Si la force majeure persiste au-delà de trente jours à partir de l'échéance, les recours peuvent être exercés, sans que ni la présentation ni la confection d'un protêt soit nécessaire, à moins que ces recours ne se trouvent suspendus pour une période plus longue, par application de l'article L. 511-61.

Pour les lettres de change à vue ou à un certain délai de vue, le délai de trente jours court de la date à laquelle le porteur a, même avant l'expiration des délais de présentation, donné avis de la force majeure à son endosseur. Pour les lettres de change à un certain délai de vue, le délai de trente jours s'augmente du délai de vue indiqué dans la lettre de change.

Ne sont point considérés comme constituant des cas de force majeure les faits purement personnels au porteur ou à celui qu'il a chargé de la présentation de la lettre ou de la confection du protêt. – *[C. com., art. 157].*

Art. L. 511-51 **Indépendamment des formalités prescrites pour l'exercice de l'action en garantie, le porteur d'une lettre de change protestée faute de paiement peut, en obtenant la permission du juge, saisir conservatoirement les effets mobiliers des tireurs, accepteurs et endosseurs.** – *[C. com., art. 158].*

V., pour l'application de cet article en Alsace-Moselle, COJ art. R. 911-4. – **C. pr. civ.**

L'autorisation judiciaire préalable à la pratique d'une mesure conservatoire (saisie-conservatoire ou sûreté judiciaire) sur les biens du débiteur, exigée par la loi n° 91-650 du 9 juill. 1991, n'est pas nécessaire en cas de défaut de paiement d'une lettre de change acceptée ou d'un billet à ordre (V. L. n° 91-650 du 9 juill. 1991, art. 67 s., applicables à compter du 1er janv. 1993. – **C. pr. civ.**).

Nécessité d'un protêt. La saisie conservatoire prévue par l'art. 158 [C. com., art. L. 511-51] ne peut être exercée que si un protêt a été dressé au cas de non-paiement, sans que soient exigés ni l'urgence, ni le péril dans le recouvrement de la créance. • TI Metz, 29 oct. 1975 : *RJ* com. 1978. 402, note Créhange ; RTD com. 1979. 276, obs. Cabrillac et Rives-Lange • 2 nov. 1976 : ibid.

Sur l'utilisation de la procédure d'injonction de payer pour obtenir le paiement d'une lettre de change ou d'un billet à ordre, V. NCPC, art. 1405 s., infra, App., v° Injonction de payer.

SECTION IX DES PROTÊTS

RÉP. COM. v° *Protêt,* par MASSOT-DURIN.

SOUS-SECTION 1 DES FORMES

Art. L. 511-52 Les protêts faute d'acceptation ou de paiement sont faits par un notaire ou par un huissier.

Le protêt doit être fait par un seul et même acte :

1° Au domicile de celui sur qui la lettre de change était payable, ou à son dernier domicile connu ;

2° Au domicile des personnes indiquées par la lettre de change pour la payer au besoin ;

3° Au domicile du tiers qui a accepté par intervention.

En cas de fausse indication de domicile, le protêt est précédé d'un acte de perquisition. – *[C. com., art. 159].*

1. Domiciliation. Lorsque la lettre de change est domiciliée, le protêt doit être dressé chez le domiciliataire. • Com. 16 déc. 1975 : *Bull. civ. IV, n° 305 ; RTD com. 1976. 379.*

2. Nullité. L'irrégularité du protêt qui n'a pas été dressé au domicile indiqué ne peut conférer à la déchéance encourue par le porteur des effets plus étendus que ceux résultant de l'absence de protêt. • Com. 16 déc. 1975 : *préc. note 1.* – Rappr. : • Com. 29 juin 1965 : *D. 1965. 823.*

Sur l'absence de responsabilité de l'huissier instrumentaire envers un garant, V. • Civ. 17 juill. 1837 : *S. 1837. 1. 563.*

Art. L. 511-53 L'acte de protêt contient la transcription littérale de la lettre de change, de l'acceptation, des endossements et des recommandations qui y sont indiquées, la sommation de payer le montant de la lettre de change. Il énonce la présence ou l'absence de celui qui doit payer, les motifs du refus de payer et l'impuissance ou le refus de signer. – *[C. com., art. 160].*

Art. L. 511-54 Nul acte de la part du porteur de la lettre de change ne peut suppléer l'acte de protêt, hors les cas prévus par les articles L. 511-32 à L. 511-37 et par les articles L. 511-40 et L. 511-41. – *[C. com., art. 161].*

Art. L. 511-55 Les notaires et les huissiers sont tenus, à peine de destitution, dépens, dommages-intérêts envers les parties, de laisser copie exacte des protêts. Sous les mêmes sanctions, ils sont également tenus de remettre contre récépissé au greffier du tribunal de commerce ou du tribunal de grande instance statuant commercialement du domicile du débiteur, ou de lui adresser par lettre recommandée avec accusé de réception, une copie exacte des protêts faute de paiement des traites acceptées et des billets à ordre. Cette formalité doit être accomplie dans la quinzaine de l'acte. – *[C. com., art. 162].*

SOUS-SECTION 2 DE LA PUBLICITÉ

Art. L. 511-56 **Le greffier du tribunal de commerce tient régulièrement à jour d'après les dénonciations qui lui sont faites par les notaires et huissiers, un état nominatif et par débiteur des protêts faute de paiement des lettres de change acceptées, des billets à ordre et des chèques ainsi que des certificats de non-paiement des chèques postaux qui lui sont dénoncés par les centres de chèques postaux. Cet état comporte des énonciations dont la liste est fixée par décret.** – *[L. n° 49-1093 du 2 août 1949, art. 3, al. 1er]. – V. L. n° 49-1093 du 2 août 1949, art. 3, al. 2, infra.*

Loi n° 49-1093 du 2 août 1949,

Relative à la publicité des protêts.

Art. 3 *Al. 1er, abrogé et codifié ss. C. com., art. L. 511-56, par Ord. n° 2000-912 du 18 sept. 2000.*

Il *[l'état des protêts]* énoncera : 1° La date du protêt *(L. n° 55-1551 du 28 nov. 1955)* « ou du certificat de non-payement du chèque postal » ;

2° Les nom, prénoms, profession et domicile de celui au profit de qui l'effet ou le chèque a été créé, ou le tireur de la lettre de change ;

3° Les nom, prénoms, ou raison sociale, profession et domicile du souscripteur du billet à ordre ou du tiré, pour le chèque, ou de l'accepteur de la lettre de change ;

4° La date de l'échéance s'il y a lieu ;

5° Le montant de l'effet ;

6° La réponse donnée au protêt *(L. n° 55-1551 du 28 nov. 1955)* « ou le motif de rejet du chèque postal figurant sur le certificat de non-payement ». – *Cet al. sera abrogé à compter de l'entrée en vigueur de la partie réglementaire du C. com. (Ord. n° 2000-912 du 18 sept. 2000, art. 4, III, 8°).*

Art. L. 511-57 **Après l'expiration d'un délai d'un mois à compter du jour du protêt ou de l'établissement du certificat de non-paiement du chèque postal et pendant un an à compter de la même date, tout requérant peut se faire délivrer, à ses frais, par les greffiers des tribunaux susvisés, un extrait de l'état nominatif prévu à l'article L. 511-56.** – *[L. n° 49-1093 du 2 août 1949, art. 4].*

Art. L. 511-58 **Sur dépôt contre récépissé par le débiteur de l'effet et du protêt du chèque postal et du certificat de non-paiement ou d'une quittance constatant le paiement du chèque, le greffier du tribunal de commerce effectue, aux frais du débiteur, sur l'état dressé en application de l'article L. 511-56, la radiation de l'avis de protêt ou du certificat de non-paiement.**

Les pièces déposées peuvent être retirées pendant l'année qui suit l'expiration du délai d'un an visé à l'article L. 511-57, après quoi le greffier en est déchargé. – *[L. n° 49-1093 du 2 août 1949, art. 5].*

Art. L. 511-59 **Toute publication, sous quelque forme que ce soit, des états établis en vertu des dispositions de la présente sous-section est interdite sous peine de dommages-intérêts.** – *[L. n° 49-1093 du 2 août 1949, art. 6].*

Art. L. 511-60 **Un décret en Conseil d'État détermine les modalités d'application des dispositions de la présente sous-section. Il fixe notamment le montant des rémunérations dues aux notaires ou huissiers ayant dressé les protêts et aux greffiers des tribunaux de commerce pour les différentes formalités dont ils sont chargés.** – *[L. n° 49-1093 du 2 août 1949, art. 7]. – V. Décr. n° 50-737 du 24 juin 1950, infra.*

Décret n° 50-737 du 24 juin 1950,

Portant règlement d'administration publique pour l'application de la loi n° 49-1093 du 2 août 1949 relative à la publicité des protêts.

Art. 1er *(Décr. n° 56-1244 du 12 nov. 1956)* « Les notaires et les huissiers remettent, conformément aux articles 1er et 2 de la loi susvisée du 2 août 1949 *[n° 49-1093 ; abrogés]*, deux copies des protêts faute de payement de traites acceptées ou de billets à ordre, et trois copies des protêts faute de payement de chèques, ou envoient par lettre recommandée, sous pli distinct pour chacun d'eux, une copie des protêts faute de payement de traites acceptées ou de billets à ordre, et deux copies des protêts faute de payement de chèques, au greffier du tribunal de commerce ou du tribunal de grande instance statuant commercialement, dans le ressort duquel est situé le domicile de l'accepteur de la lettre de change, du souscripteur du billet à ordre ou du tireur du chèque. » – *Les art. 1er et 2 préc., modifiant les art. 162 C. com. (ancien) et 57 du Décret-loi 30 oct. 1935 [ancien], ont été abrogés par Ord. n° 2000-912 du 18 sept. 2000, art. 4, 18°.*

Sur ces copies, le nom du souscripteur du billet à ordre, du tireur du chèque ou de l'accepteur de la lettre de change est porté en lettres capitales.

L'huissier ou le notaire doit porter également sur ces copies, d'après les renseignements qu'il a pu obtenir, s'ils n'y figurent pas déjà, le domicile de la personne visée à l'alinéa précédent et, au cas où l'effet concernerait une femme mariée, et aurait été établi sous le nom patronymique de celle-ci, le nom de son conjoint.

2 Il est ouvert pour chaque greffier un registre dans lequel seront inscrits, par ordre de date et sous un numéro d'ordre, les protêts reçus.

Ce registre est divisé en neuf colonnes destinées à recevoir :

Colonne 1 : le numéro d'ordre, lequel devra être également porté par le greffier sur les copies du protêt ;

Colonne 2 : la date du protêt ;

Colonne 3 : les nom, prénoms, raison sociale ou dénomination commerciale, le cas échéant enseigne, profession et domicile du souscripteur du billet à ordre, du tireur du chèque ou de l'accepteur de la lettre de change ;

Colonne 4 : les nom, prénoms, raison sociale ou dénomination commerciale, le cas échéant enseigne, profession et domicile de celui au profit de qui l'effet ou le chèque a été créé, ou du tireur de la lettre de change ;

Colonne 5 : la date de l'échéance, s'il y a lieu ;

Colonne 6 : le montant de l'effet ;

Colonne 7 : la réponse donnée au protêt ;

Colonne 8 : les nom, qualité et adresse de l'officier public ou ministériel ayant établi le protêt ;

Colonne 9 : la date à laquelle il est procédé à la radiation, la nature des pièces en vertu desquelles il y est procédé et la date du retrait de ces pièces.

Si l'une de ces insertions ne figure pas sur la copie du protêt, le greffier indique dans la colonne correspondante que le renseignement n'est pas en sa possession.

3 Pour chaque protêt dont il a été reçu copie, le greffier établit en outre une fiche comportant les mentions suivantes : les nom en lettres capitales, prénoms, raison sociale ou dénomination commerciale, le cas échéant enseigne, profession et domicile du souscripteur du billet à ordre, du tireur du chèque ou de l'accepteur de la lettre de change, la date du protêt, et le numéro d'ordre de l'inscription au registre chronologique visé à l'article 2 ci-dessus.

Lorsque le souscripteur du billet à ordre, le tireur du chèque ou l'accepteur de la lettre de change est une femme mariée, et que la copie du protêt transmise au greffier porte mention de son nom patronymique et du nom de son conjoint, une fiche est établie à chacun de ces noms.

Chaque fiche est classée par le greffier dans un fichier alphabétique qui constitue l'état nominatif des protêts, prévu à l'article 3 de la loi du 2 août 1949 *[C. com., art. L. 511-56]*.

4 Le registre visé à l'article 2 ci-dessus est, avant son ouverture, daté et signé par première et dernière feuille, coté et paraphé en tous ses feuillets par le président du tribunal de commerce ou le président du tribunal de grande instance statuant commercialement.

5 *(Décr. n° 56-1244 du 12 nov. 1956)* Le greffier remet à l'huissier ou au notaire qui a déposé les copies du protêt une de ces copies, après l'avoir datée et signée. Cette copie vaut récépissé.

En outre, en ce qui concerne les protêts de chèques, il transmet au procureur de la République une des copies qui lui ont été remises ou envoyées en application de l'article 1er ci-dessus. Il porte éventuellement sur cette copie la mention que l'inscription a été radiée et, dans ce cas, précise la date de la radiation. La transmission au procureur de la République des copies qui lui sont destinées s'effectue dans les huit premiers jours de chaque mois.

6 Les extraits du registre visé à l'article 2 ci-dessus sont délivrés sur demande écrite, datée et signée par le requérant, précisant en lettres capitales pour les noms patronymiques, les nom, prénoms, raison sociale ou dénomination commerciale, profession et domicile de celui-ci, ainsi que les nom, prénoms, raison sociale ou dénomination commerciale, le cas échéant, enseigne, profession et domicile de la personne pouvant faire l'objet de l'inscription. Le nom et l'adresse de celle-ci peuvent toutefois être seuls indiqués par le requérant, s'il atteste qu'il ignore les autres mentions la concernant. Dans ce dernier cas, le greffier ne délivre l'extrait sollicité que si les indications fournies sont suffisantes pour permettre l'identification du débiteur faisant l'objet de la recherche.

Les extraits délivrés comportent les indications mentionnées aux colonnes 1, 2, 3, 4, 5, 6 et 7 du registre visé à l'article 2 ci-dessus.

S'il n'existe aucune inscription correspondant à l'identité du débiteur signalé ou si l'inscription portée au nom de ce dernier concerne un protêt dont la date est antérieure de plus d'un an ou de moins d'un mois au jour où le greffier est saisi de la demande ou au jour pour lequel l'extrait a été spécialement demandé, le greffier délivre au requérant une attestation reproduisant les indications fournies par celui-ci et indiquant qu'il n'a pas été trouvé d'inscription au registre des protêts.

Si plusieurs inscriptions sont susceptibles de correspondre à l'identité de la personne pour laquelle la recherche est demandée, le greffier délivre tous les extraits pouvant se rapporter à cette personne.

7 Sur dépôt des pièces visées à l'article 5 de la loi du 2 août 1949 *[C. com., art. L. 511-58]*, le greffier procède à la radiation de l'inscription sur la fiche et porte à la colonne 9 du registre chronologique la mention de radiation prévue à l'article 2 du présent décret.

7 bis *(Décr. n° 56-1244 du 12 nov. 1956)* Les dispositions prévues pour les protêts aux articles 2 à 7 qui précèdent sont applicables, sous réserve des dispositions particulières ci-après, aux certificats de non-payement des chèques postaux remis ou adressés aux greffiers :

1° Le registre visé à l'article 2 fait mention :

Dans la colonne 7, du motif du rejet du chèque postal figurant sur le certificat de non-payement ;

Dans la colonne 8, du centre de chèques postaux ayant établi ledit certificat.

2° Lorsque le chef de centre de chèques postaux a envoyé au greffier, par la voie postale, les copies d'un certificat de non-payement, cet officier ministériel lui renvoie, par la même voie, à titre d'accusé de réception, l'une de ces copies après l'avoir datée et signée.

Sur l'enregistrement des incidents de paiement par la centrale d'incidents de la Banque de France, V. Règl. n° 86-08 du 27 févr. 1986 du Comité de la réglementation bancaire et financière, homologué par Arr. 27 févr. 1986 (D. et ALD 1986. 270), mod. par Règl. n° 95-03 du 21 juill. 1995, homologué par Arr. 13 sept. 1995 (JO 20 sept.) ; Instr. n° 3-86 du 28 août 1986 (D. et ALD 1986. 480).

SOUS-SECTION 3 DE LA PROROGATION DES DÉLAIS

Art. L. 511-61 Dans le cas de mobilisation de l'armée, de fléau ou de calamité publique, d'interruption des services publics gérés ou soumis au contrôle de l'État ou des collectivités territoriales, des décrets en conseil des ministres peuvent, pour tout ou partie du territoire, proroger les délais dans lesquels doivent être faits les protêts et les autres actes destinés à conserver les recours pour toutes les valeurs négociables.

Dans les mêmes circonstances et sous les mêmes conditions les échéances des valeurs négociables peuvent être prorogées. – *[L. 27 janv. 1910, art. 1er].*

SECTION X DU RECHANGE

Art. L. 511-62 Toute personne ayant le droit d'exercer un recours peut, sauf stipulation contraire, se rembourser au moyen d'une nouvelle lettre dénommée retraite tirée à vue sur l'un de ses garants et payable au domicile de celui-ci.

La retraite comprend, outre les sommes indiquées dans les articles L. 511-45 et L. 511-46, un droit de courtage et le droit de timbre de la retraite.

Si la retraite est tirée par le porteur, le montant en est fixé d'après le cours d'une lettre de change à vue, tirée du lieu où la lettre primitive était payable sur le lieu du domicile du garant. Si la retraite est tirée par un endosseur, le montant en est fixé d'après le cours d'une lettre à vue tirée du lieu où le tireur de la retraite a son domicile sur le lieu du domicile du garant. – *[C. com., art. 163].*

Le banquier escompteur dont la première traite est revenue impayée pour présentation tardive est en droit de créer un second effet de substitution, sur le tiré-accepteur. • Versailles, 13 nov. 1997 : *D. Affaires 1998. 378, obs. X. D.*

Art. L. 511-63 Le rechange se règle, pour la France continentale, uniformément comme suit : 0,25 % sur les chefs-lieux de départements, 0,50 % sur les chefs-lieux d'arrondissements, 0,75 % sur toute autre place.

En aucun cas, il n'y a lieu à rechange dans le même département. – *[C. com., art. 164].*

Art. L. 511-64 Les rechanges ne peuvent être cumulés.

Chaque endosseur n'en supporte qu'un seul ainsi que le tireur. – *[C. com., art. 165].*

SECTION XI DE L'INTERVENTION

RÉP. COM. v° *Lettre de change*, par GIBIRILA.

Art. L. 511-65 Le tireur, un endosseur ou un avaliseur peut indiquer une personne pour accepter ou payer au besoin.

La lettre de change peut être, sous les conditions déterminées ci-après, acceptée ou payée par une personne intervenant pour un débiteur quelconque exposé au recours.

L'intervenant peut être un tiers, même le tiré, ou une personne déjà obligée en vertu de la lettre de change, sauf l'accepteur.

L'intervenant est tenu de donner, dans un délai de deux jours ouvrables, avis de son intervention à celui pour qui il est intervenu. En cas d'inobservation de ce délai, il est responsable, s'il y a lieu, du préjudice causé par sa négligence sans que les dommages-intérêts puissent dépasser le montant de la lettre de change. – *[C. com., art. 166].*

SOUS-SECTION 1 DE L'ACCEPTATION PAR INTERVENTION

Art. L. 511-66 L'acceptation par intervention peut avoir lieu dans tous les cas où des recours sont ouverts avant l'échéance au porteur d'une lettre de change acceptable.

Lorsqu'il a été indiqué sur la lettre de change une personne pour l'accepter ou la payer au besoin au lieu du paiement, le porteur ne peut exercer avant l'échéance ses droits de recours contre celui qui a apposé l'indication et contre les signataires subséquents à moins qu'il n'ait présenté la lettre de change à la personne désignée et que, celle-ci ayant refusé l'acceptation, ce refus n'ait été constaté par un protêt.

Dans les autres cas d'intervention, le porteur peut refuser l'acceptation par intervention.

Toutefois, s'il l'admet, il perd les recours qui lui appartiennent avant l'échéance contre celui pour qui l'acceptation a été donnée et contre les signataires subséquents.

L'acceptation par intervention est mentionnée sur la lettre de change ; elle est signée par l'intervenant. Elle indique pour le compte de qui elle a lieu ; à défaut de cette indication, l'acceptation est réputée donnée pour le tireur.

L'accepteur par intervention est obligé envers le porteur et envers les endosseurs postérieurs à celui pour le compte duquel il est intervenu, de la même manière que celui-ci.

Malgré l'acceptation par intervention, celui pour lequel elle a été faite et ses garants peuvent exiger du porteur, contre remboursement de la somme indiquée à l'article L. 511-45, la remise de la lettre de change, du protêt et d'un compte acquitté, s'il y a lieu. – *[C. com., art. 167]*.

SOUS-SECTION 2 DU PAIEMENT PAR INTERVENTION

Art. L. 511-67 Le paiement par intervention peut avoir lieu dans tous les cas où, soit à l'échéance, soit avant l'échéance, des recours sont ouverts au porteur.

Le paiement doit comprendre toute la somme qu'aurait à acquitter celui pour lequel il a lieu.

Il doit être fait au plus tard le lendemain du dernier jour admis pour la confection du protêt faute de paiement. – *[C. com., art. 168]*.

Art. L. 511-68 Si la lettre de change a été acceptée par des intervenants ayant leur domicile au lieu du paiement ou si des personnes ayant leur domicile dans ce même lieu ont été indiquées pour payer au besoin, le porteur doit présenter la lettre à toutes ces personnes et faire dresser, s'il y a lieu, un protêt faute de paiement au plus tard le lendemain du dernier jour admis pour la confection du protêt.

A défaut de protêt dressé dans ce délai, celui qui a indiqué le besoin ou pour le compte de qui la lettre a été acceptée et les endosseurs postérieurs cessent d'être obligés. – *[C. com., art. 169]*.

Art. L. 511-69 Le porteur qui refuse le paiement par intervention perd ses recours contre ceux qui auraient été libérés. – *[C. com., art. 170]*.

Art. L. 511-70 Le paiement par intervention doit être constaté par un acquit donné sur la lettre de change, avec indication de celui pour qui il est fait. A défaut de cette indication, le paiement est considéré comme fait pour le tireur.

La lettre de change et le protêt, s'il en a été dressé un, doivent être remis au payeur par intervention. – *[C. com., art. 171]*.

Art. L. 511-71 Le payeur par intervention acquiert les droits résultant de la lettre de change contre celui pour lequel il a payé et contre ceux qui sont tenus vis-à-vis de ce dernier en vertu de la lettre de change. Toutefois, il ne peut endosser la lettre de change à nouveau.

Les endosseurs postérieurs au signataire pour qui le paiement a eu lieu sont libérés.

En cas de concurrence pour le paiement par intervention, celui qui opère le plus de libération est préféré. Celui qui intervient, en connaissance de cause, contrairement à cette règle, perd ses recours contre ceux qui auraient été libérés. – *[C. com., art. 172].*

SECTION XII DE LA PLURALITÉ D'EXEMPLAIRES ET DE COPIES

RÉP. COM. v° *Lettre de change*, par GIBIRILA.

SOUS-SECTION 1 DE LA PLURALITÉ D'EXEMPLAIRES

Art. L. 511-72 La lettre de change peut être tirée en plusieurs exemplaires identiques.

Ces exemplaires doivent être numérotés dans le texte même du titre ; faute de quoi, chacun d'eux est considéré comme une lettre de change distincte.

Tout porteur d'une lettre n'indiquant pas qu'elle a été tirée en un exemplaire unique peut exiger à ses frais la délivrance de plusieurs exemplaires. A cet effet, il doit s'adresser à son endosseur immédiat qui est tenu de lui prêter ses soins pour agir contre son propre endosseur et ainsi de suite en remontant jusqu'au tireur. Les endosseurs sont tenus de reproduire les endossements sur les nouveaux exemplaires. – *[C. com., art. 173].*

Art. L. 511-73 Le paiement fait sur un des exemplaires est libératoire, alors même qu'il n'est pas stipulé que ce paiement annule l'effet des autres exemplaires. Toutefois, le tiré reste tenu à raison de chaque exemplaire accepté dont il n'a pas obtenu la restitution.

L'endosseur qui a transféré les exemplaires à différentes personnes, ainsi que les endosseurs subséquents, sont tenus à raison de tous les exemplaires portant leur signature et qui n'ont pas été restitués. – *[C. com., art. 174].*

Art. L. 511-74 Celui qui a envoyé un des exemplaires à l'acceptation doit indiquer sur les autres exemplaires le nom de la personne entre les mains de laquelle cet exemplaire se trouve. Celle-ci est tenue de le remettre au porteur légitime d'un autre exemplaire. Si elle s'y refuse, le porteur ne peut exercer de recours qu'après avoir fait constater par un protêt :

1° Que l'exemplaire envoyé à l'acceptation ne lui a pas été remis sur sa demande ;

2° Que l'acceptation ou le paiement n'a pu être obtenu sur un autre exemplaire. – *[C. com., art. 175].*

SOUS-SECTION 2 DES COPIES

Art. L. 511-75 Tout porteur d'une lettre de change a le droit d'en faire des copies.

La copie doit reproduire exactement l'original avec les endossements et toutes les autres mentions qui y figurent. Elle doit indiquer où elle s'arrête.

Elle peut être endossée et avalisée de la même manière et avec les mêmes effets que l'original. – *[C. com., art. 176]*.

Art. L. 511-76 La copie doit désigner le détenteur du titre original. Celui-ci est tenu de remettre ledit titre au porteur légitime de la copie.

S'il s'y refuse, le porteur ne peut exercer le recours contre les personnes qui ont endossé ou avalisé la copie qu'après avoir fait constater par un protêt que l'original ne lui a pas été remis sur sa demande.

Si le titre original, après le dernier endossement survenu avant que la copie ne soit pas faite, porte la clause : « à partir d'ici, l'endossement ne vaut que sur la copie » ou toute autre formule équivalente, un endossement signé ultérieurement sur l'original est nul. – *[C. com., art. 177]*.

SECTION XIII DES ALTÉRATIONS

RÉP. COM. v° *Lettre de change,* par GIBIRILA.

Art. L. 511-77 En cas d'altération du texte d'une lettre de change, les signataires postérieurs à cette altération sont tenus dans les termes du texte altéré ; les signataires antérieurs le sont dans les termes du texte originaire. – *[C. com., art. 178]*.

1. Altération. La modification unilatérale de la clause sans frais constitue une altération au sens de l'art. 178 [C. com., art. L. 511-77]. • Nancy, 30 oct. 1991 : *JCP 1992. IV. 2480.*

2. Signataire antérieur. Le tiré accepteur qui a payé une lettre de change laquelle a été remise en circulation, après que la date d'échéance initiale ait été modifiée par un endosseur n'est tenu que dans la mesure du texte initial, le porteur serait-il de bonne foi. • Com. 11 janv. 1972 : *Bull. civ. IV, n° 17 ; D. 1972. Somm. 207* • 12 nov. 1973 : *Bull. civ. IV, n° 320 ; D. 1974. Somm. 6.* – V. aussi • Com. 12 oct. 1993 : *JCP 1995. II. 22378, note Bazin ; RJDA 1994, n° 191.*

3. Prorogation conventionnelle. V. note 3 ss. art. L. 511-38.

SECTION XIV DE LA PRESCRIPTION

RÉP. COM. v° *Lettre de change,* par GIBIRILA.

Art. L. 511-78 Toutes actions résultant de la lettre de change contre l'accepteur se prescrivent par trois ans à compter de la date de l'échéance.

Les actions du porteur contre les endosseurs et contre le tireur se prescrivent par un an à partir de la date du protêt dressé en temps utile ou de celle de l'échéance, en cas de clause de retour sans frais.

Les actions des endosseurs les uns contre les autres et contre le tireur se prescrivent par six mois à partir du jour où l'endosseur a remboursé la lettre ou du jour où il a été lui-même actionné.

Les prescriptions, en cas d'action exercée en justice, ne courent que du jour de la dernière poursuite juridique. Elles ne s'appliquent pas s'il y a eu condamnation, ou si la dette a été reconnue par acte séparé.

L'interruption de la prescription n'a d'effet que contre celui à l'égard duquel l'acte interruptif a été fait.

Néanmoins, les prétendus débiteurs sont tenus, s'ils en sont requis, d'affirmer, sous serment, qu'ils ne sont plus redevables, et leur conjoint survivant, leurs héritiers ou ayants cause, qu'ils estiment de bonne foi qu'il n'est plus rien dû. – *[C. com., art. 179]*.

1. Fondement de la prescription. La prescription de l'art. 179 [C. com., art. L. 511-78] repose sur une présomption de paiement qui peut être combattue par l'aveu comme par le serment. • Com. 14 nov. 1961 : *Bull. civ. III, n° 411 ; RTD com. 1962. 717, obs. Becqué et Cabrillac* • 3 avr. 1978 : *Banque 1979. 271, obs. Martin* • 5 nov. 1980 : *Bull. civ. IV, n° 367 ; RTD com. 1981. 325, obs. Cabrillac et Teyssié* • 13 janv. 1987 : *Bull. civ. IV, n° 12* • Civ. 10 mars 1937 : *DH 1937. 217.* ♦ Ainsi, ne peut invoquer la prescription le tireur qui reconnaît n'avoir pas acquitté la dette faisant l'objet de l'action cambiaire. • Com. 27 juin 1995 : *Bull. civ. IV, n° 194 ; D. 1995. IR. 180 ; Rev. huiss. 1996. 1128, note Despaquis.* ♦ L'aveu peut s'induire de la motivation de sa défense par le débiteur. • Com. 9 mai 1977 : *Bull. civ. IV, n° 126 ; Banque 1978. 254, obs. Martin* • Paris, 26 oct. 1967 : *Banque 1968. 718 ; D. 1968. Somm. 55* • Com. 23 juin 1970 : *RTD com. 1971. 747, obs. Cabrillac et Rives-Lange* • 24 nov. 1970 : *ibid.*

1 bis. Champ de la prescription. La prescription abrégée suppose que l'action oppose deux personnes dont l'une tire directement son droit de créance et l'autre sa dette de l'émission, de la circulation ou du paiement de la lettre de change ; tel n'est pas le cas lorsque les facturations contestées par le demandeur résultent, non des effets litigieux, mais du contrat d'escompte dont la réalité est discutée. • Com. 26 nov. 2003 : *RJDA 2004, n° 505.*

2. Point de départ. Le point de départ de la prescription est fixé à l'expiration du délai de présentation. • Civ. 1er juill. 1845 : *DP 1845. 1. 286* • Colmar, 18 mars 1937 : *Gaz. Pal. 1937. 2. 81.* – V. aussi • T. com. Paris, 18 sept. 2003 : *Banque et Droit mars-avr. 2005. 56, obs. Guillot.*

3. Action contre l'avaliseur. L'action du porteur contre l'avaliseur est soumise à la même prescription que l'action exercée contre le débiteur garanti. • T. com. Seine, 6 janv. 1949 : *JCP 1949. II. 4946, note Roblot.* ♦ Les événements interrompant la prescription qui court contre le souscripteur d'un billet à ordre interrompent également celle qui court à l'égard du donneur d'aval cautionnant l'engagement. • Paris, 26 juin 1998 : *D. Affaires 1998. 1486, obs. X. D.*

4. Suspension de la prescription. La prescription est suspendue au profit du créancier qu'un obstacle insurmontable a empêché d'agir contre le débiteur. • Civ. 10 févr. 1966 : *D. 1967. 315, note Prévault.* ♦ Comp., sur l'influence d'une procédure collective, • Com. 31 mai 1976 : *D. 1976. IR. 229.* ♦ Une simple difficulté d'exécution ne saurait être assimilée à la force majeure. • Com. 21 juin 1976 : *D. 1976. IR. 260.*

5. Interruption de la prescription. Sur l'aveu ou le serment, V. note 1. ♦ La prescription est interrompue par : le paiement d'un acompte. • Civ. 18 févr. 1851 : *DP 1851. 1. 17.* ♦ ... Le paiement d'intérêts échus. • Req. 19 mai 1884 : *DP 1884. 1. 286.* ♦ ... La reconnaissance de dettes d'intérêts. • Req. 12 mars 1883 : *DP 1884. 1. 111.* ♦ ... La production à une *faillite.* • Com. 10 janv. 1951 : *D. 1951. 310 ; RTD com. 1951. 594, obs. Houin, et 552, obs. Becqué et H. Cabrillac.* ♦ ... L'admission au passif de la *faillite.* • Civ. 5 janv. 1864 : *DP 1864. 1. 41* • 18 juin 1965 : *Bull. civ. II, n° 544.* ♦ ... Et même une simple demande d'admission. • Com. 10 janv. 1951 : *préc.*

En revanche, le protêt, qui n'est qu'une sommation et non un commandement n'interrompt pas la prescription. • Civ. 16 nov. 1853 : *DP 1854. 1. 326* • Rouen, 3 janv. 1900 : *DP 1900. 2. 502.* ♦ ... Ni l'exception de péremption d'instance sans mention du paiement de la dette. • Com. 5 janv. 1960 : *D. 1960. Somm. 54.*

5 bis. L'effet interruptif de la prescription résultant d'une action en justice se prolonge jusqu'à ce que le litige trouve sa solution, dès lors qu'il n'existe aucune circonstance permettant de regarder l'interruption comme non avenue. • Com. 20 oct. 1998 : *Bull. civ. IV, n° 247 ; D. 1998. IR. 250 ; D. Affaires 1998. 1857, obs. X. D. ; RJDA 1999, n° 122.* ♦ Doit être cassé l'arrêt qui, pour retenir que la prescription de trois ans prévue par l'art. 179 [C. com., art. L. 511-78] était intervenue, relève que plus de trois ans s'étaient écoulés depuis le dernier acte de poursuite juridique, sans relever que l'instance engagée avait pris fin. • Même arrêt (V. l'arrêt cassé : • Chambéry, 6 sept. 1995 : *BICC 1996, n° 123 ; Rev. huiss. 1996. 372*).

L'art. 179, al. 4 [C. com., art. L. 511-78, al. 4], n'exclut pas l'application des causes d'interruption du droit commun. • Dijon, 4 févr. 1994 : *RTD com. 1994. 754, obs. Cabrillac.*

Il résulte de l'art. 2247 C. civ. que l'assignation en référé ne peut avoir d'effet interruptif dès lors que la demande est rejetée en raison de l'existence d'une contestation sérieuse. • Pau, 15 févr. 1995 : *Cah. jurispr. Aquitaine 1995, n° 2, p. 109.*

6. Interversion de la prescription. Seules la condamnation du débiteur cambiaire ou la reconnaissance de sa dette par acte séparé ont pour effet à la fois d'interrompre la prescription cambiaire et de lui substituer la prescription de droit commun. • Com. 21 juin 1976 : *D. 1976. IR. 260.* ♦ V., pour un acte séparé, • Civ. 1re, 18 déc. 1978 : *D. 1979. IR. 199.* ♦ ... Et pour l'interversion produite par l'effet novatoire de l'inscription en compte courant, • Civ. 10 janv. 1872 : *DP 1872. 1. 102.*

La qualification de reconnaissance par acte séparé entraînant interversion a été écartée pour : une demande de délai ou le versement d'un acompte. • Civ. 5 avr. 1892 : *DP 1892. 1. 246* • Reims, 28 févr. 1977 : *D. 1978. IR. 342.* ♦ ... Le paiement d'intérêts. • Req. 15 juill. 1875 : *DP 1877. 1. 323.* ♦ ... Un acte confirmatif de la créance cambiaire. • Com. 21 juin 1976 : *Bull. civ. IV, n° 211* • 10 juin 1986 : *ibid., n° 120 ; Banque 1986. 1134, obs. Rives-Lange ; Gaz. Pal. 1987. 1. Somm. 19, obs. Piedelièvre.* ♦ Comp. : notes 5 et 5 *bis.*

7. Rapport fondamental. La prescription de l'art. 179 [C. com., art. L. 511-78] laisse au créancier le droit d'exercer l'action née des rapports préexistants avec le débiteur, lesquels sont soumis à leur propre régime juridique. • Com. 10 janv. 1972 : *D. 1972. Somm. 85.* ♦ V., pour l'escompteur, sur la base du crédit consenti et d'un cautionnement, • Paris, 24 févr. 1982 : *D. 1982. 467, note Stoufflet.* ♦ V., au cas de transmission de la provision, • Nîmes, 27 févr. 1979 : *D. 1979. IR. 279, obs. Cabrillac.*

SECTION XV DISPOSITIONS GÉNÉRALES

RÉP. COM. v° *Lettre de change,* par GIBIRILA.

Art. L. 511-79 Le paiement d'une lettre de change dont l'échéance est à un jour férié légal ne peut être exigé que le premier jour ouvrable qui suit. De même, tous autres actes relatifs à la lettre de change, notamment la présentation à l'acceptation et le protêt, ne peuvent être faits qu'un jour ouvrable.

Lorsqu'un de ces actes doit être accompli dans un certain délai dont le dernier jour est un jour férié légal, ce délai est prorogé jusqu'au premier jour ouvrable qui en suit l'expiration. Les jours fériés intermédiaires sont compris dans la computation du délai. – *[C. com., art. 180].*

Art. L. 511-80 Aux jours fériés légaux sont assimilés les jours où, aux termes des lois en vigueur, aucun paiement ne peut être exigé, ni aucun protêt dressé. – *[C. com., art. 181].*

Art. L. 511-81 Les délais légaux ou conventionnels ne comprennent pas le jour à compter duquel ils commencent à courir.

Aucun jour de grâce ni légal ni judiciaire n'est admis sauf dans les cas prévus par les articles L. 511-38 et L. 511-50. – *[C. com., art. 182].*

Sont jours fériés, en vertu des textes actuellement en vigueur, le dimanche, la Noël, l'Ascension, l'Assomption et la Toussaint (Arr. 29 germ. an X), le 1er janvier (Avis Cons. d'Ét. 23 mars 1810), le 14 juillet (L. 6 juill. 1880, DP 1880. 4. 57), le lundi de Pâques et le lundi de la Pentecôte (L. 8 mars 1886, DP 1886. 4. 17), le 11 novembre (L. 24 oct. 1922, DP 1924. 4. 22), le 1er mai (L. 29 avr. 1948, D. 1948. 183 ; BLD 1948. 439), le 8 mai (L. n° 81-893 du 2 oct. 1981, D. et BLD 1981. 345).

Sur les journées fériées pour la commémoration de l'abolition de l'esclavage dans les départements de Guadeloupe, de Guyane, de Martinique et de la Réunion ainsi qu'à Mayotte, V. L. n° 83-550 du 30 juin 1983 (D. et ALD 1983. 322) et Décr. n° 83-1003 du 23 nov. 1983 (D. et ALD 1983. 523).

1. Expertise. Doit être cassé l'arrêt qui ordonne une expertise pour évaluer le préjudice invoqué par le tiré dans une demande reconventionnelle alors qu'il ne prononce pas immédiatement la condamnation au paiement de la lettre de change, accordant par là même un délai de grâce. • Com. 14 juin 1971 : *D. 1971. Somm. 198 ; JCP 1973. II. 17310, note Groslière ; RTD com. 1972. 129, obs. Cabrillac et Rives-Lange.*

2. Exécution provisoire. Accorder la suspension de l'exécution provisoire d'un jugement condamnant le débiteur cambiaire au paiement reviendrait à lui octroyer un délai de grâce en contradiction avec les dispositions de l'art. 182 [C. com., art. L. 511-81]. • Paris, 30 juill. 1986 : *RTD com. 1987. 544, obs. Cabrillac et Teyssié.*

3. Sursis à statuer. Le sursis à statuer sur l'action en paiement ne serait fondé qu'au cas où les poursuites pénales et la plainte du débiteur sont dirigées contre le tiers porteur. • Com. 24 juin 1969 : *RTD com. 1969. 1053, obs. Ca-*

brillac et Rives-Lange • 13 mars 1972 : ☤ *ibid. 1972. 968, obs. Cabrillac et Rives-Lange.*

4. Redressement et liquidation judiciaires. Sur la suspension des actions en paiement contre le donneur d'aval en cas d'ouverture d'une procédure collective, V. *infra*, note 4 *bis* ss. art. L. 621-48 ancien.

Loi du 23 décembre 1904,

Qui décide que, lorsque les fêtes légales tomberont un dimanche, aucun payement ne sera exigé et aucun protêt ne sera dressé le lendemain de ces fêtes.

Art. 1er Aucun payement d'aucune sorte sur effet, mandat, chèque, compte courant, dépôt de fonds ou de titres, ou autrement ne peut être exigé ni aucun protêt dressé les 2 janvier, 15 juillet, 16 août, 2 novembre et 26 décembre, lorsque ces jours tombent un lundi.

Dans ce cas, le protêt des effets impayés le samedi précédent, ne pouvant être fait que le mardi suivant, conservera néanmoins toute sa valeur à l'égard du tiré et des tiers, nonobstant toutes dispositions antérieures contraires.

2 La présente loi est applicable aux *colonies.*

Loi du 13 juillet 1905,

Décidant que, lorsque les fêtes légales tomberont un vendredi, aucun payement ne sera exigé, ni aucun protêt ne sera dressé le lendemain de ces fêtes ; lorsqu'elles tomberont le mardi, aucun payement ne sera exigé, ni aucun protêt ne sera dressé la veille de ces fêtes.

Art. 1er *(L. 20 déc. 1906)* « Lorsque les fêtes légales tomberont un vendredi ou un mardi, aucun payement d'aucune sorte sur effet, mandat, chèque, compte courant, dépôt de fonds ou de titres ou autrement ne peut être exigé ni aucun protêt dressé le lendemain des fêtes tombant un vendredi ou la veille des fêtes tombant un mardi. »

Dans ce cas, le protêt des effets impayés le samedi ou le lundi précédent, ne pouvant être fait que le lundi ou le mercredi suivant, conservera néanmoins toute sa valeur à l'égard du tiré et des tiers, nonobstant toutes dispositions antérieures contraires.

2 La présente loi est applicable aux *colonies.*

Aux termes de l'art. 3 de la loi du 24 oct. 1922, la loi du 13 juill. 1905 concernant les fêtes légales n'est pas applicable à la fête du 11 novembre. — Il en est de même pour le 1er mai (L. no 48-746 du 29 avr. 1948, art. 1er).

Loi du 29 octobre 1909,

Prorogeant la date des échéances lorsque le 1er novembre sera un lundi.

Art. unique Lorsque la fête légale du 1er novembre tombera un lundi, aucun payement d'aucune sorte sur effet, mandat, chèque, compte courant, dépôt de fonds ou de titres ou autrement ne peut être exigé, ni aucun protêt dressé, le lendemain 2 novembre.

Toutefois, le protêt des effets impayés ne pouvant être dressé que le mercredi suivant conservera toute sa valeur à l'égard du tiré et des tiers, nonobstant toutes dispositions antérieures contraires.

Loi du 7 juillet 1925,

Complétant l'article 1er de la loi du 23 décembre 1904, l'article 1er de la loi du 13 juillet 1905 (modifié par l'article unique de la loi du 20 décembre 1906) et l'article unique de la loi du 29 octobre 1909 et reportant au premier jour ouvrable l'échéance des effets de commerce tombant un jour où le payement ne peut être exigé ni le protêt dressé.

Art. unique Si un effet de commerce vient à échéance un jour où en vertu de l'article 1er de la loi du 23 décembre 1904, ou de l'article 1er de la loi du 13 juillet 1905 modifié par l'article unique de la loi du 20 décembre 1906, ou de l'article unique de la loi du 29 octobre 1909, aucun payement ne peut être exigé, cette échéance est reportée au premier jour ouvrable qui suit.

Décret-loi du 31 août 1937,

Relatif aux échéances des effets de commerce.

Art. 1er Aucun payement d'aucune sorte sur effet, mandat, chèque, compte courant, dépôt de fonds ou de titres ou autrement ne peut être exigé ni aucun protêt dressé le samedi et le lundi de chaque semaine, qui, pour ces opérations seulement, sont assimilés aux jours fériés légaux, conformément à l'article 181 du code de commerce *[C. com., art. L. 511-80]* et à l'article 59, paragraphe 3, du décret du 30 octobre 1935 unifiant le droit en matière de chèques. — *V. art. préc., infra, App., vº Code monétaire et financier (extraits).*

Toutefois, les banquiers et autres personnes habilitées à payer des chèques ne pourront se prévaloir de ces dispositions pour refuser le payement des lettres de change, billets à ordre, chèques ou autres dispositions généralement quelconques sur compte courant, dépôt de fonds ou de titres qui leur seront présentés aux jour et heure d'ouverture de leurs établissements, au cas où ceux-ci seraient ouverts les jours visés au premier alinéa.

2 Les frais résultant de la présentation à l'acceptation d'une lettre de change le jour où l'établissement payeur est fermé du fait de l'application des dispositions de la loi du 21 juin 1936, quand ce jour est ouvrable, ou de la présentation au payement d'un effet de commerce quelconque dont l'échéance a lieu ce même jour, sont à la charge du tiré qui n'a pas indiqué en temps utile au tireur ce jour de fermeture, ou du tireur ou du porteur qui n'a pas tenu compte de cette indication.

Est réputé fourni en temps utile l'avis du jour de fermeture donné au tireur par le tiré, au plus tard à l'époque où a été conclue l'opération qui a rendu celui-ci débiteur.

Ordonnance nº 58-896 du 23 septembre 1958,

Relative à des dispositions générales d'ordre financier (D. 1958. 321 ; BLD 1958. 644).

Art. 28 L'interruption des services bancaires est assimilée aux cas où, en vertu de l'article 1er de la loi modifiée du 27 janvier 1910 *[C. com., art. L. 511-61]*, des décrets rendus en conseil des ministres peuvent, pour tout ou partie du territoire, proroger les délais dans lesquels doivent être faits les protêts et les autres actes destinés à conserver les recours pour toutes les valeurs négociables.

En ce qui concerne les mesures de protection juridique en faveur des Français rapatriés dépossédés de leurs biens situés dans un territoire antérieurement placé sous la souveraineté, le protectorat ou la tutelle de la France, V. L. nº 70-632 du 15 juill. 1970, art. 60, 60-1 et 61 (D. et BLD 1970. 193), mod. par L. nº 74-1129 du 30 déc. 1974, art. 68 (D. et BLD 1975. 20) et L. nº 82-4 du 6 janv. 1982, art. 9-II (D. et BLD 1982. 51).

CHAPITRE II DU BILLET À ORDRE

RÉP. COM. v° *Billet à ordre*, par GIBIRILA.

Art. L. 512-1 I. — Le billet à ordre contient :

1° La clause à ordre ou la dénomination du titre insérée dans le texte même et exprimée dans la langue employée pour la rédaction de ce titre ;

2° La promesse pure et simple de payer une somme déterminée ;

3° L'indication de l'échéance ;

4° Celle du lieu où le paiement doit s'effectuer ;

5° Le nom de celui auquel ou à l'ordre duquel le paiement doit être fait ;

6° L'indication de la date et du lieu où le billet est souscrit ;

7° La signature de celui qui émet le titre dénommé souscripteur.

II. — Le billet à ordre dont l'échéance n'est pas indiquée est considéré comme payable à vue.

III. — A défaut d'indication spéciale le lieu de création du titre est réputé être le lieu de paiement et, en même temps, le lieu du domicile du souscripteur.

IV. — Le billet à ordre n'indiquant pas le lieu de sa création est considéré comme souscrit dans le lieu désigné à côté du nom du souscripteur. — *[C. com., art. 183 et 184, al. 2 à 4].*

BIBL. ▸ CHVIKA, *D. 2000. Chron. 615* (déclin de la négociabilité des instruments de paiement et de crédit).

1. Nature. Le billet à ordre n'est pas, par sa nature, un acte de commerce. • Paris, 22 déc. 1958 : *D. 1959. Somm. 54.*

2. Signature. L'art. 183 [C. com., art. L. 512-1 (I)] dérogeant à la formalité de l'art. 1326 C. civ., il en résulte que la mention écrite de la main du souscripteur de la somme ou de la quantité en toutes lettres et en chiffres n'est pas imposée. • Paris, 1er mars 1977 : *D. 1978. IR. 337 ; RTD com. 1978. 136.*

V. *supra* note 7 ss. art. L. 511-5.

3. Billets de fonds. Le privilège du vendeur est reconnu au porteur, dès lors que la création du billet en a été prévue dans l'acte de vente du fonds. • Civ. 19 févr. 1946 : *D. 1946. 184 ; S. 1946. 1. 81 ; JCP 1946. II. 3113, note Toujas* • Com. 10 déc. 1968 : *Bull. civ. IV, n° 351 ; RTD com. 1964. 549.*

4. Billet à ordre relevé. Sur les délais de traitement et la responsabilité des banquiers présentateurs, V. • Douai, 11 déc. 1981 : *D. 1982. IR. 501.*

Art. L. 512-2 Le titre dans lequel une des énonciations indiquées au I de l'article L. 512-1 fait défaut ne vaut pas comme billet à ordre, sauf dans les cas déterminés aux II à IV de l'article L. 512-1. — *[C. com., art. 184, al. 1er].*

1. Disqualification. Le billet à ordre qui ne contient pas le nom de celui à l'ordre duquel le paiement doit être fait ne vaut pas comme billet à ordre, mais comme promesse ne relevant pas du droit cambiaire. • Com. 17 juill. 1984 : *D. 1985. IR. 29, obs. Cabrillac.* – V. aussi • Com. 3 avr. 1984 : *D. 1984. IR. 402.* ♦ Le signataire est néanmoins sans intérêt à se prévaloir de la nullité de ce billet au regard du droit cambiaire, puisqu'il vaut comme titre au porteur et que son paiement peut être exigé par la personne qui le détient. • Com. 24 nov. 1992 : *RJDA 1993, n° 150 ; RTD com. 1993. 137, obs. Cabrillac et Teyssié.* ♦ Dans le même sens, V. • Com. 15 janv. 2002 : *Bull. civ. IV, n° 10 ; D. 2003. Somm. 341, obs. Martin ; Banque et Droit mai-juin 2002. 49, obs. Bonneau ; RTD com. 2002. 521, obs. Cabrillac.* ♦ Jugeant qu'il convient de rechercher si la banque, en sa qualité de porteur d'un billet à ordre sans indication du nom du bénéficiaire, ne justifiait pas d'un droit propre indépendamment de sa qualité de cessionnaire de créances, V. • Com. 26 nov. 2003 : *Banque et Droit juill.-août 2005. 77, obs. Guillot.*

1 bis. Portée. Celui qui reçoit un billet à ordre pourvu, lors de l'endossement fait à son profit, de toutes les mentions exigées par la loi, est censé ne pas connaître les lacunes que ce titre pouvait présenter lors de sa création par le souscripteur et il appartient à celui-ci, si le billet litigieux comporte, lors de sa présentation au paiement, toutes les mentions obligatoires, d'établir que le tiers porteur, qui prétend avoir reçu un billet régulier, avait participé à sa régularisation. • Com. 5 oct. 2004 : *RJDA 2005, n° 321.* – V. en matière de lettre de change, note 17 ss. art. L. 511-1.

2. Endossement. Le titre qui comporte la dénomination de billet à ordre dans lequel l'indication de la date et du lieu de souscription fait défaut ne vaut pas comme billet à ordre mais comme promesse ordinaire de paiement transmissible par endossement. • Paris, 30 sept. 1986 : *D. 1987. Somm. 70, obs. Cabrillac.*

3. Inopposabilité des exceptions. Le billet sans indication de bénéficiaire revêtant la forme au porteur, ce porteur, investi d'un droit propre, ne peut se voir opposer, s'il est de bonne foi, que les exceptions qui lui sont personnelles ou qui résultent de la teneur de l'acte. • Com. 17 juill. 1984 : *préc. note 1* • Civ. 31 oct. 1906 : *DP 1908. 1. 497 ; S. 1908. 1. 305, note Lyon-Caen.* – Rappr. • Com. 15 janv. 2002 : *préc. note 1.*

4. Signature du souscripteur. A fait une exacte application des art. 183 et 184 [C. com., art. L. 512-1 et L. 512-2] la cour d'appel qui, ayant constaté qu'un effet comportait toutes les mentions d'un billet à ordre et portait la signature de la personne désignée comme souscripteur, retient que c'est à tort que cette signature a été portée dans la case « aval » et décide que le billet à ordre est valable en la forme. • Com. 18 oct. 1994 : *RJDA 1994, n° 1341.*

5. S'agissant d'un billet à ordre sur lequel le nom du bénéficiaire et celui du souscripteur ont été intervertis, de telle sorte que la signature manuscrite du souscripteur mentionné ne figure pas sur le titre, V., considérant que l'omission de cette formalité obligatoire est sanctionnée par l'art. 184 [C. com., art. L. 512-2] qui énonce que le titre ne vaut pas comme billet à ordre mais comme promesse ne relevant pas du droit cambiaire mais que cette disqualification ne permet cependant pas de le requalifier en titre au porteur puisque le titre comporte la désignation du bénéficiaire même si elle est erronée : • Versailles, 1er avr. 1999 : *D. Affaires 1999. 941, obs. X. D.* ♦ Le donneur d'aval d'un tel titre ne déniant pas sa signature, celle-ci vaut commencement de preuve d'un engagement de caution qu'il est possible de compléter par des mentions extrinsèques. • Même arrêt.

V. aussi note 2 s. ss. art. L. 512-1 C. com.

Art. L. 512-3 **Sont applicables au billet à ordre, en tant qu'elles ne sont pas incompatibles avec la nature de ce titre, les dispositions des articles L. 511-2 à L. 511-5, L. 511-8 à L. 511-14, L. 511-18, L. 511-22 à L. 511-47, L. 511-49 à L. 511-55, L. 511-62 à L. 511-65, L. 511-67 à L. 511-71, L. 511-75 à L. 511-81, relatives à la lettre de change.** – *[C. com., art. 185 et 186].*

1. Provision. Les textes relatifs à la provision n'étant pas compris dans l'énumération de l'art. 187 ancien (devenu 185 puis L. 512-3 C. com.), sont inapplicables au billet à ordre. • Civ. 15 déc. 1947 : *D. 1948. 127 ; S. 1948. 1. 41, note Lescot ; JCP 1948. II. 4130, note Roblot ; Banque 1948. 314, obs. Marin* • Com. 29 juin 1948 : *Bull. civ. III, n° 170.* ♦ V., cependant, à propos de l'affectation d'une créance, • Com. 3 mars 1987 : *D. 1988. Somm. 6, obs. Derrida.* ♦ V. aussi, énonçant que l'endossement lui ayant transmis tous les droits résultant du billet à ordre, une banque était devenue propriétaire de la créance de l'entrepreneur principal sur le maître de l'ouvrage qui, dès lors, ne devait plus rien à celui-ci, • Com. 5 mars 1991 : *Bull. civ. IV, n° 95 ; D. 1992. Somm. 28, obs. Vasseur ; JCP 1992. II. 21888, note Crionnet.*

Le souscripteur, en revanche, lorsque l'exception est personnelle au porteur peut opposer la non-exécution de l'obligation née du rapport fondamental ou le paiement accompli. • Com. 12 oct. 1966 : *Bull. civ. III, n° 392 ; RTD com. 1967. 539.* ♦ En effet, s'agissant du paiement de billets à ordre au bénéficiaire initial par le souscripteur, celui-ci peut faire valoir toutes les exceptions tirées du rapport fondamental liant les parties, en particulier l'absence de cause. • Paris, 20 janv. 1995 : *D. 1996. Somm. 34, obs. Cabrillac.* ♦ Spécialement, un souscripteur ne saurait soutenir que le billet qu'il a accepté est dépourvu de cause, dès lors qu'il a accepté le billet à titre d'acompte sur une commande annulée postérieurement au motif d'un prétendu non-respect des tarifs, alors qu'il a accepté le montant des prestations conformément à un devis et qu'il lui appartenait donc, ayant eu le temps de la réflexion, de se renseigner avant de contracter, à supposer qu'il n'ait pas été averti techniquement et financièrement des conditions du marché. • Paris, 26 sept. 1997 : *D. 1997. IR. 221 ; D. Affaires 1997. 1326.* – V. aussi • Versailles, 16 nov. 1995 : *Rev. huiss. 1996. 626.*

1 bis. Mauvaise foi du porteur. Sur le rejet de la demande de paiement d'un porteur de mauvaise foi de billets à ordre avalisés, V. • Civ. 1re, 24 mars 1998 : *D. Affaires 1998. 802, obs. X. D. ; JCP 1998. II. 10144, note Jacob ; ibid. 1999. I. 116, obs. Simler.*

2. Paiement. Les délais de grâce sont exclus en matière de billets à ordre. • Com. 27 janv. 1959 : *Bull. civ. III, n° 47.* – Comp. : • Com. 24 juin 1969 : *D. 1970. 124, note Cabrillac.*

L'avis de non-paiement prévu à l'art. 149 [C.

com., art. L. 511-42] n'a pas à être donné au souscripteur du billet ou à son avaliseur. • Com. 28 oct. 1952 : *JCP 1953. II. 7588, note Lescot ; Banque 1955. 591* • Paris, 21 janv. 1966 : *ibid. 1966. 502.*

V. aussi note ss. art. L. 512-6.

2 bis. Aucune obligation d'information n'incombe à la banque, porteur d'un billet à ordre envers l'avaliste du souscripteur, en conséquence du non-paiement de l'effet. • Com. 1er juin 1999 : *Bull. civ. IV, n° 115 ; D. 1999. IR. 182 ; D. Affaires 1999. 1114, obs. X. D. ; Petites affiches 17 juin 1999, p. 10, obs. L. C. ; ibid. 17 mars 2000, p. 13, note Salati ; RD bancaire et bourse sept.-oct. 1999. 47, obs. Jacob ; RTD civ. 1999. 884, obs. Bandrac et Crocq.*

3. Endossement pignoratif. Le billet à ordre peut être endossé à titre pignoratif. • Com. 13 mai 1981 : *Bull. civ. IV, n° 227.*

4. Transmission des sûretés. Au cas où le billet est assorti d'une sûreté, elle est transmise aux porteurs successifs par l'effet de l'endossement. • Req. 15 mars 1825 : *S. 1825. 1. 76* • Civ. 18 juin 1853 : *DP 1853. 1. 183.*

Art. L. 512-4 Sont également applicables au billet à ordre les dispositions de l'article L. 511-21 relatives à l'aval. Dans le cas prévu au sixième alinéa de cet article, si l'aval n'indique pas pour le compte de qui il a été donné, il est réputé l'avoir été pour le compte du souscripteur du billet à ordre. – *[C. com., art. 187].*

1. Personne garantie. L'aval sans indication de la personne pour laquelle il est donné est irréfragablement réputé avoir été donné pour le souscripteur. • Com. 10 oct. 1962 : *Banque 1963. 117, obs. Marin ; Gaz. Pal. 1963. 1. 29.*

2. Lorsqu'il a souscrit un billet au nom d'une société, le représentant légal qui appose une seconde signature d'aval est personnellement engagé. V. • Com. 24 juin 1986 : *D. 1987. Somm. 69, obs. Cabrillac.* – Comp. : • Com. 15 mars 1984 : *Bull. civ. IV, n° 156.* ♦ La même personne, en la même qualité, ne pouvant être à la fois souscripteur d'un billet à ordre et donneur d'aval, il en résulte que le mandataire du représentant légal d'une société qui a souscrit un billet à ordre et également signé sur cet effet une mention d'aval doit être condamné, à la suite de la mise en redressement judiciaire de la personne morale, au paiement du montant du billet dès lors qu'il n'a pas établi avoir souscrit l'aval en tant que mandataire de la société. • Com. 23 mars 1999 : *RJDA 1999, n° 718.*

3. Sauf indication contraire, l'aval porté sur un billet à ordre profite à tous les porteurs successifs de l'effet. En l'absence d'indication supplémentaire, la seule mention du bénéficiaire de l'aval ne saurait avoir pour effet de limiter la garantie au profit exclusif de celui-ci. Aucun usage n'oblige les banques à s'informer mutuellement de l'existence ou de la circulation d'un effet revêtu d'un aval bancaire. • T. com. Paris, 14 juin 1995 : *RJ com. 1995. 355, note Putman.*

Sur la valeur juridique de l'aval d'un billet à ordre irrégulier, V. note 5 ss. art. L. 512-2.

3 bis. Société de caution mutuelle. En ce sens que, s'agissant d'une société de caution mutuelle de négociants en grains chargée d'avaliser les billets à ordre souscrits par ses sociétaires pour leur permettre d'obtenir le financement de stocks de céréales, la date de souscription de ces effets est celle de la décision d'octroi de l'aval signifiée par le conseil d'administration aux sociétaires en début de campagne céréalière et non l'apposition effective de l'aval sur les effets de commerce au fur et à mesure de leur émission, V. • Dijon, 15 mai 1997 : *BICC 1998, n° 74.*

4. Somme garantie. Pour une limitation conventionnelle, V. • Com. 30 nov. 1981 : *Bull. civ. IV, n° 416.*

5. Intérêts moratoires. V. note 2 *bis* ss. art. L. 511-45 C. com.

Art. L. 512-5 Les dispositions des articles L. 511-56 à L. 511-61 relatives à la publicité et à la prorogation des délais de protêts sont applicables au protêt dressé faute de paiement d'un billet à ordre.

Art. L. 512-6 Le souscripteur d'un billet à ordre est obligé de la même manière que l'accepteur d'une lettre de change. – *[C. com., art. 188].*

Les dispositions combinées des art. 130, 156 et 188 [C. com., art. L. 511-21, L. 511-49 et L. 512-6] n'autorisent pas le donneur d'aval d'un billet à ordre à invoquer la déchéance du droit du porteur négligent de lui demander paiement. • Paris, 25 oct. 1996 : *D. Affaires 1997. 52.*

Art. L. 512-7 **Les billets à ordre payables à un certain délai de vue doivent être présentés au visa du souscripteur dans les délais fixés à l'article L. 511-15. Le délai de vue court de la date du visa signé du souscripteur sur le billet. Le refus du souscripteur de donner son visa daté est constaté par un protêt, dont la date sert de point de départ au délai de vue.** – *[C. com., art. 189].*

1. *Déchéance.* Le souscripteur comme son avaliseur restent engagés à l'égard du porteur. • Com. 29 mai 1980 : *Bull. civ. IV, n° 217 ; RTD com. 1981. 109, obs. Cabrillac et Rives-Lange.*

A défaut de protêt faute de paiement dressé dans les délais, le porteur négligent est déchu de ses recours contre les endosseurs. • Com. 14 oct. 1980 : *Bull. civ. IV, n° 333 ; D. 1981. IR. 301, obs. Cabrillac.*

2. *Redressement judiciaire.* Le *règlement judiciaire* du souscripteur ouvre un recours immédiat au porteur contre les garants, sur la seule production de la décision. • Com. 16 mai 1984 : *Bull. civ. IV, n° 168 ; D. 1985. IR. 21, obs. Cabrillac ; Banque 1985. 199.*

Art. L. 512-8 **Le règlement par billet à ordre n'est permis au débiteur que s'il a été expressément prévu par les parties et mentionné sur la facture. Même en ce cas, si le billet à ordre n'est pas parvenu au créancier dans les trente jours qui suivent l'envoi de la facture, le créancier peut émettre une lettre de change que le débiteur est tenu d'accepter selon les conditions prévues aux avant-dernier et dernier alinéas de l'article L. 511-15. Toute stipulation contraire est réputée non écrite.** – *[C. com., art. 189 bis A].*

BIBL. ▶ CABRILLAC et TEYSSIÉ, *RTD com. 1985. 788.*

1. L'art. 189 *bis* A [C. com., art. L. 512-8], qui concerne les rapports entre le créancier et le débiteur, ne constitue pas une condition de validité du titre et le souscripteur du billet ne peut l'opposer au tiers-porteur de bonne foi. • Com. 12 févr. 1991 : *D. 1991. Somm. 216, obs. Cabrillac ; Bull. civ. IV, n° 64.*

2. Sur l'opposabilité à un bénéficiaire de billet à ordre-relevé, de la réglementation interbancaire bien qu'il n'ait pas été informé de l'application desdites règles et notamment des délais de paiement inhérents au système de télécompensation par ordinateur, V. • Com. 17 juill. 2001 : *D. 2001. AJ. 2738, obs. Delpech ; JCP 2003. II. 10004, note Pradel.* ♦ V. aussi note 3 ss. art. L. 511-26.

Pour les dispositions relatives aux chèques, V. infra, App., v° Code monétaire et financier (extraits), art. L. 112-6 et L. 131-2 s.

TITRE DEUXIÈME DES GARANTIES

Dans toutes les dispositions législatives et réglementaires en vigueur, la référence au gage et au créancier gagiste s'entend de la référence au nantissement et au créancier nanti lorsque la sûreté a pour objet un bien meuble incorporel. Réciproquement, la référence au nantissement et au créancier nanti s'entend de la référence au gage et au créancier gagiste lorsque la sûreté a pour objet un bien meuble corporel (Ord. n° 2006-346 du 23 mars 2006, art. 55).

CHAPITRE PREMIER DISPOSITIONS GÉNÉRALES SUR LE GAGE COMMERCIAL

RÉP. COM. v^is *Gage*, par FOYER ; *Nantissement*, par PICOD.

BIBL. ▶ DAMMANN, *D. 2005. 2447* (réflexions sur la réforme du droit des sûretés au regard du droit des procédures collectives : pour une attractivité retrouvée du gage).

Art. L. 521-1 Le gage constitué soit par un commerçant, soit par un individu non commerçant, pour un acte de commerce, se constate à l'égard des tiers, comme à l'égard des parties contractantes, conformément aux dispositions de l'article L. 110-3.

Le gage, à l'égard des valeurs négociables, peut aussi être établi par un endossement régulier, indiquant que les valeurs ont été remises en garantie.

A l'égard des actions, des parts d'intérêts et des obligations nominatives des sociétés financières, industrielles, commerciales ou civiles, dont la transmission s'opère par un transfert sur les registres de la société, ainsi qu'à l'égard des inscriptions nominatives sur le grand-livre de la dette publique, le gage peut également être établi par un transfert, à titre de garantie, inscrit sur lesdits registres.

(Ord. n° 2006-346 du 23 mars 2006, art. 45) « Il n'est pas dérogé aux dispositions des articles 2355 à 2366 du code civil en ce qui concerne les créances mobilières. »

Les effets de commerce donnés en gage sont recouvrables par le créancier gagiste. – *[C. com., art. 91].*

V., sur le nantissement du fonds de commerce, art. L. 142-1 s. C. com. ; ... sur le nantissement de l'outillage et du matériel d'équipement, art. L. 525-2 C. com. – V. aussi infra, App., v° Code monétaire et financier (extraits), art. L. 313-23 s.

Sur le nantissement du droit d'exploitation des logiciels, V. CPI., art. L. 132-34, issu de l'art. 7 de la loi n° 94-361 du 10 mai 1994 (D. et ALD 1994. 275), et art. R. 132-8 s., issus de l'art. 2 du Décr. n° 96-103 du 2 févr. 1996 (D. 1996. 75). – **C. civ.** *ou* **CPI.** *– Sur le gage de marques, V. CPI, art. L. 714-1. -* **CPI**.

En ce qui concerne le nantissement des marchés de l'État, des collectivités locales et de leurs établissements publics, V. C. marchés, art. 106 s. (Décr. n° 2004-15 du 7 janv. 2004 ; JO 8 janv.).

Sur le nantissement des lettres de garantie de prix accordées aux exportateurs, V. Décr. n° 55-619 du 20 mai 1955 (D. 1955. 266 ; BLD 1955. 591).

BIBL. ▶ *RJ com., n° spéc., nov. 1994.* - MESTRE, *D. 1982. Chron. 141* (gage de choses futures). - BAILEY et RAYNOUARD, *Bull. act. Lamy droit économique, juin 2003, p. 1* (gage de marques : conseils pratiques). - PHAM et DAVY, *Gaz. Pal. 2005. Doctr. 1535* (les sûretés cinématographiques). - MONNERIE, *Comm. com. élec. 2006. Chron. 12* (nantissement cinématographique).

A. NATURE ET CONSTATATION DU GAGE

1. Nature du gage. La nature civile ou commerciale de la constitution du gage s'apprécie selon la nature civile ou commerciale de la dette garantie, quelle que soit la qualité du constituant. • Com. 11 juin 1974 : *Bull. civ. IV, n° 190 ; Banque 1975. 92* • 8 févr. 1962 : *Bull. civ. III, n° 72* • Civ. 9 janv. 1905 : *S. 1907. 1. 115* • Req. 10 mars 1915 : *S. 1916. 1. 5.* ♦ Sur l'opposabilité d'un gage de nature civile, V. • Com. 23 avr. 2003 : *JCP E 2003, n° 30, p. 1245, note Schmidt et Delespaul ; ibid. 2004, n° 3, p. 81, obs. Delebecque ; RD banc. fin. 2003, n° 190, obs. Cerles et n° 198, obs. Delleci.*

2. Constatation du gage. La constatation du gage commercial se fait conformément aux dispositions de l'art. 109 [C. com., art. L. 110-3], même à l'égard des tiers. • Civ. 9 janv. 1905 : *préc. note 1* • Com. 10 févr. 1964 : *Bull. civ. III, n° 62.* ♦ Au cas d'établissement d'un écrit, il n'est pas soumis aux exigences civiles des actes sous seing privé. • Paris, 4 avr. 1935 : *S. 1935. 2. 124.*

3. L'art. 2074 C. civ. n'est pas applicable au gage commercial. • Rouen, 20 déc. 1905 : *DP 1908. 2. 177, note Thaller* • Paris, 29 sept. 1994 : *RJ com. 1996. 100, note Rontchevsky.*

3 bis. Il résulte des art. 91 et 109 [C. com., art. L. 521-1 et L. 110-3] que le nantissement constitué en garantie des engagements d'un commerçant envers un autre commerçant peut être prouvé librement, même si les constituants ne sont pas eux-mêmes commerçants. • Com. 2 oct. 2001 : *RJDA 2002, n° 204 ; JCP 2002. I. 120, n° 8, obs. Delebecque.*

B. OBJET DU GAGE

BIBL. Doise, *RJ com., n° spéc., nov. 1994. 30* (nantissement de monnaie, de comptes et de valeurs mobilières). - Gavanon, *JCP E 1995. I. 472* (nantissement de logiciel).

4. Valeurs négociables. **BIBL.** Le Cannu, *Bull. Joly 1993. 1091* (nantissement conventionnel des actions). - Magnier, *RTD com. 2002. 433* (nantissement d'actions indisponibles). ♦ V. art. L. 228-44 C. com.

5. Pour les *titres au porteur*, la mise en gage se réalise par la transmission de la possession, dont la preuve peut être faite par tout moyen. V. • Com. 25 févr. 1975 : ♔ *JCP 1975. II. 18133 bis, note Bost et Stemmer ; RTD com. 1975. 237, obs. Cabrillac et Rives-Lange ; ibid. 1976. 128, obs. Houin.*

6. Pour les *titres nominatifs*, la mise en gage se réalise par un transfert mentionné sur le registre social et, s'agissant d'un gage civil, par le respect des formalités de l'art. 2074 C. civ. • Com. 8 déc. 1987 : *Defrénois 1988. 480, note Aynès.* – V. aussi • Com. 14 janv. 1975 : ♔ *Bull. civ. IV, n° 12* • Paris, 21 déc. 1989 : *D. 1990. IR. 25.* ♦ Comp., admettant la preuve par tous moyens, en application de l'art. 91, al. 1er [C. com., art. L. 521-1, al. 1er] : • Civ. 14 mars 1910 : *DP 1911. 1. 94.* – V. aussi • Com. 5 nov. 1977 : *RJ com. 1978. 384, note Le Guidec ; RTD com. 1979. 259, obs. Houin.*

7. Sur la constitution en gage d'instruments financiers, V. C. mon. fin., art. L. 431-4 s., *infra*, App., v° *Code monétaire et financier (extraits).*

8. Sur la possibilité pour le créancier gagiste de demander la nomination d'un mandataire de justice chargé de surveiller la gestion de la société, V. • Lyon, 30 mars 1978 : *D. 1978. IR. 417, obs. Vasseur ; Rev. sociétés 1979. 320, note Merle.*

8 bis. Sur la durée d'un nantissement de valeurs mobilières garantissant un découvert en compte courant, V. • Com. 26 nov. 2003 : *BRDA 2003, n° 24, p. 9.*

9. Parts sociales. **BIBL.** Carbonnier, *Rev. sociétés 1937. 187.* – Chassery, *RTD com. 1977. 435.* ♦ Le nantissement de parts sociales d'une société civile, créée avant l'entrée en vigueur de la loi du 4 janv. 1978, consenti par un commerçant, a été jugé opposable à la masse des créanciers de la société en liquidation des biens, par inscription sur le registre social. • Com. 20 juin 1984 : ♔ *Bull. civ. IV, n° 204 ; RTD com. 1985. 311, obs. Alfandari et Jeantin.* ♦ V., depuis ladite loi de 1978, art. 1866 s. C. civ. et art. 49 s. du Décr. n° 78-704 du 3 juill. 1978. – **C. sociétés.**

L'interdiction de donner en nantissement les parts d'une société civile professionnelle de notaire ou de les vendre aux enchères publiques n'emporte pas, par principe, leur insaisissabilité qui ne pourrait résulter que d'une disposition législative. • Civ. 1re, 4 nov. 2003 : ♔ *D. 2004. 521, note Taormina* ✎ *; JCP E 2004, n° 32-35, p. 1294, obs. Pasqualini et Pasqualini-Salerno ; RD banc. fin. 2004, n° 40, obs. Delleci ; Bull. Joly 2004. 282, note Daigre ; Defrénois 2004. 727, obs. Théry.*

10. Créances. L'art. 91, al. 4 [C. com., art. L. 521-1, al. 4], précisant qu'il n'est pas dérogé à l'art. 2075 C. civ., la constitution du gage sur créances à personne dénommée doit être constatée par un acte enregistré. • Civ. 27 nov. 1865 : *DP 1866. 1. 56 ; S. 1866. 1. 60* • Paris, 3 mars 1910 : *DP 1910. 2. 153.* ♦ Il résulte des dispositions combinées des art. 91 [C. com., art. L. 521-1] et 2075 C. civ. que l'acte qui constate le gage doit être enregistré et signifié au débiteur de la créance donnée en gage, ou accepté par lui dans un acte authentique. • Paris, 29 juin 1993 : *D. 1993. IR. 219.* ♦ Lorsque ces formalités, qui sont une condition substantielle de la naissance du droit du créancier gagiste, n'ont pas été accomplies, ce dernier ne peut se prévaloir d'un acte de nantissement valable. • Même arrêt. – *Contra* : • Riom, 20 nov. 1913 : *S. 1915. 2. 33, note Wahl.*

Sur le nantissement de créances professionnelles, V. C. mon. fin., art. L. 313-23 s., *infra*, App., v° *Code monétaire et financier (extraits).* ♦ Sur la constitution en gage de titres de créances négociables inscrits en compte, V. C. mon. fin., art. L. 213-2, *infra*, App. v° *Code monétaire et financier (extraits).*

10 bis. Assurance-vie. **BIBL.** Bouteiller, *JCP E 2001, n° 15-16, p. 646* (utilisation du contrat d'assurance-vie comme instrument de crédit). ♦ V. art. L. 132-10 **C. assur.** ♦ Sur le nantissement d'assurance-vie, V. • Com. 12 juill. 2005 : ♔ *Bull. civ. IV, n° 175 ; D. 2005. AJ. 2142, obs. Delpech* ✎ *; JCP E 2005, n° 51-52, p. 2208, obs. Delebecque ; Petites affiches 24 janv. 2006, p. 5, obs. Houtcieff ; RJDA 2006, n° 589 ; RD banc. fin. 2005, n° 174, obs. Legeais ; Banque et Droit sept.-oct. 2005. 64, obs. Rontchevsky ; Dr. et patr. déc. 2005. 105, obs. Mattout et Prüm ; ibid. févr. 2006. 126, obs. Dupichot ; RDC 2006. 464, obs. Grimaldi* • Civ. 1re, 28 févr. 2006 : ♔ *BRDA 2006, n° 7, p. 7.*

11. Titres à ordre. Le gage commercial ayant pour objet un titre à ordre peut être constaté par tout moyen tant à l'égard des parties que des tiers. • Com. 20 juin 1972 : ♔ *Bull. civ. IV, n° 200 ; RTD com. 1972. 966, obs. Cabrillac et Rives-Lange* • Chambéry, 6 juin 1966 : *JCP 1967. II. 15174, note Lescot ; Banque 1967. 503, obs. Marin* • Civ. 9 janv. 1905 : *DP 1905. 1. 76.* ♦ Les procédés de l'endossement et du transfert, prévus aux al. 2 et 3, ne sont pas obligatoires. • Req. 13 déc. 1899 : *DP 1900. 1. 163* • Civ. 14 mars 1910 : *préc. note 6.*

12. Sur l'endossement pignoratif des lettres de change, V. art. L. 511-13 C. com.

13. Sur la remise de chèques en gage, V. • Com. 10 juill. 1989 : ♔ *Bull. civ. IV, n° 217 ; D. 1990. Somm. 120, obs. Cabrillac* ✎.

13 bis. Espèces. **BIBL.** Cuniberti, *Petites affiches 5 nov. 1999, p. 9.* – Bureau, *Dr. et patr. déc. 1999. 22.* – Stoufflet, *RD banc. fin. mars-avr. 2006. 42* (sûretés sur sommes d'argent ?). ♦ Sur la nature et le mode de réalisation du gage-espèces, V. • Com. 17 mai 1994 : *D. 1995. 124, note Larroumet* • 3 juin 1997 : *D. 1998. 61, note François ; JCP 1997. II. 22891, rapp. Rémery* • 4 févr. 2003 : *D. 2003. AJ. 1361 ; Banque et Droit mai-juin 2003. 52, obs. Rontchevsky ; RD banc. fin. 2003, n° 142, obs. Legeais ; ibid., n° 176, obs. Crédot et Gérard.* ♦ Sur la distinction entre gage-espèces et cautionnement, V. • Orléans, 4 oct. 2001 : *JCP 2002. I. 162, n°17, obs. Delebecque.* ♦ ... Entre gage-espèces et crédit documentaire, V. • Com. 14 déc. 2004 : *Banque et Droit mai-juin 2005. 91, obs. Affaki et Stoufflet.* ♦ Sur le régime de la dépossession réalisée par l'inscription d'un gage-espèces sur un compte spécial, V. • Com. 23 avr. 2003 : *préc. note 1.* ♦ Sur le nantissement d'un plan d'épargne populaire, V. • Civ. 1re, 15 nov. 2005 : *JCP E 2006, n° 19, p. 859, obs. Delebecque ; RD banc. fin. 2006, n° 20, obs. Legeais ; Banque et Droit mars-avr. 2006. 70, obs. Bonneau ; RJDA 2006, n° 333 ; RLDA janv. 2006. 35, obs. Chemin-Bomben.* ♦ V. note 6 *bis* ss. art. L. 521-3.

14. Véhicules. BIBL. Hémard, *D. 1963. Chron. 49.* – V. C. civ., art. 2351 à 2353 et Décr. n° 53-968 du 30 sept. 1953. – **C. civ.** – V. note ss. art. L. 525-18. ♦ Par suite des nouvelles dispositions du Décr. n° 92-755 du 31 juill. 1992, notamment des art. 107, 108 et 177 instaurant avant toute vente forcée une faculté de vente amiable pour le débiteur, l'art. 3 du Décr. n° 53-968 du 30 sept. 1953 relatif à la vente à crédit des véhicules automobiles, qui renvoie, pour la réalisation du gage, à l'art. 93 [C. com., art. L. 521-3], a été tacitement abrogé. • Cass., avis, 5 mai 1995 : *Bull. civ. n° 4 ; D. 1995. 618, note Morgan de Rivery-Guillaud ; RTD civ. 1996. 203, obs. Crocq.* ♦ L'art. 93 [C. com., art. L. 521-3] ne peut plus trouver application à la suite de la L. n° 91-650 du 9 juill. 1991 qui prévoit une procédure particulière pour l'appréhension d'un véhicule gagé et sa vente pour réaliser le gage. • Paris, 2 avr. 1998 : *D. 1999. Somm. 215, obs. Julien.* – Comp. : • TGI Châteauroux, 9 nov. 1993 : *Rev. huiss. 1994. 1389, note Dahan.*

15. Dans le cadre du régime applicable avant l'entrée en vigueur du nouveau régime des procédures civiles d'exécution (1er janv. 1993), V., sur l'opposabilité aux tiers d'un gage sur véhicule automobile, • Civ. 1re, 20 mars 1990 : *Bull. civ. I, n° 70 ; RTD com. 1990. 634, obs. Bouloc.* ♦ Comp., après l'entrée en vigueur du Décr. du 31 juill. 1992, en ce sens que, bien que non-inscrit, le gage produit effet entre les parties, et permet donc au créancier d'exercer une mesure de saisie-appréhension : • Versailles, 20 sept. 1995 : *D. 1997. 16.* – V. Gaubil et Wicker, *D. 1997. Chron. 1.* ♦ ... Sur une vente fictive d'un véhicule automobile acheté à crédit et l'annulation du gage, • Civ. 1re, 31 janv. 1989 : *Bull. civ. I, n° 49 ; RTD com. 1989. 529, obs. Bouloc.*

Si l'art. 93 [C. com., art. L. 521-3], applicable en vertu de l'art. 3 du Décr. n° 53-968 du 30 sept. 1953 [avant l'intervention du décret du 31 juill. 1992 préc.], habilitait le créancier-gagiste d'un véhicule automobile à faire vendre son gage sans autorisation de justice, une telle autorisation demeurait nécessaire pour lui permettre d'appréhender matériellement ce véhicule. • Civ. 1re, 24 nov. 1993 : *Bull. civ. I, n° 348 ; D. 1994. IR. 5 ; RTD civ. 1994. 174, obs. Perrot.* ♦ Sur l'incompétence du président du tribunal de commerce pour autoriser la vente d'un véhicule à usage privé acquis par un non-commerçant, V. • Civ. 1re, 24 nov. 1993 : *préc.* • Poitiers, 21 mars 1995 : *JCP 1995. IV. 1643.*

Décret n° 59-296 du 13 février 1959,

Concernant diverses dispositions relatives aux transferts à titre de garantie intéressant les rentes sur l'État et modifiant certains articles du décret n° 55-1595 du 7 décembre 1955 concernant le régime des titres nominatifs.

Art. 1er *(Dispositions abrogatives).*

2 à 4 *V. Décr. n° 55-1595 du 7 déc. 1955, art. 36, 37 et 39, infra, App., v° Code monétaire et financier (extraits).*

5 Lorsque les rentes nominatives sur l'État affectées en gage conformément à l'alinéa 3 de l'article 91 du code de commerce *[C. com., art. L. 521-1, al. 3]* font l'objet d'une négociation en bourse, le Trésor n'a à se faire justifier ni de l'accomplissement des formalités prescrites par l'article 93 de ce même code *[C. com., art. L. 521-3]*, ni des pouvoirs du créancier nanti de disposer des titres en cause sans le concours de leur propriétaire et sans autorisation judiciaire.

Art. L. 521-2 (Abrogé par Ord. n° 2006-346 du 23 mars 2006, art. 56-II) ***Dans tous les cas, le privilège ne subsiste sur le gage qu'autant que ce gage a été mis et est resté en la possession du créancier ou d'un tiers convenu entre les parties.***

« Le créancier est réputé avoir les marchandises en sa possession, lorsqu'elles sont à sa disposition dans ses magasins ou navires, à la douane ou dans un dépôt public, ou si, avant qu'elles soient arrivées, il en est saisi par un connaissement ou par une lettre de voiture. – [C. com., art. 92].

Le fait, par un débiteur, un emprunteur ou un tiers donneur de gage, de détruire ou de détourner l'objet constitué en gage est puni de trois ans d'emprisonnement et de 375 000 € d'amende. – La tentative de l'infraction prévue au présent article est punie des mêmes peines (C. pén., art. 314-5, applicable à compter du 1er mars 1994).

BIBL. ▶ POURQUIER, *RTD com. 2000. 569* (la rétention du gagiste ou la supériorité du fait sur le droit). – FERREIRA, *Defrénois 2004. 205* (situation du tiers convenu dans le gage).

1. *Dépossession apparente.* La mise en possession du créancier ou d'un tiers convenu entre les parties n'est efficace qu'autant qu'elle se réalise de manière apparente. • Civ. 3 août 1896 : *DP 1897. 1. 209* • 24 janv. 1905 : *DP 1905. 1. 493* • Com. 5 févr. 1979 : *D. 1980. IR. 55, obs. Vasseur ; RTD com. 1980. 815, obs. Hémard* • 3 nov. 1980 : *Bull. civ. IV, n° 359.*

2. *Entiercement.* Sur la nécessité d'une acceptation du tiers, V. • Civ. 1re, 24 nov. 1976 : *Bull. civ. I, n° 368.* ♦ Sur la nécessité de la perte de la maîtrise de la chose par le débiteur, V. • Com. 13 févr. 1990 : *D. 1990. IR. 60 ; Defrénois 1990. 814, obs. Aynès.* ♦ V. aussi • Com. 7 juill. 1998 : *Bull. civ. IV, n° 220 ; D. 1999. Somm. 299, obs. Piedelièvre ; D. Affaires 1998. 1444, obs. V. A.-R. ; JCP 1998. II. 10206, note Salvat ; JCP 1999. I. 116, obs. Delebecque.*

2 *bis. Connaissement.* Le porteur d'un connaissement qui entend, en l'endossant, ne pas transférer la marchandise à l'endossataire, doit expressément le stipuler. • Rouen, 26 mars 1992 : *RJDA 1992, n° 1059.*

2 *ter. Antichrèse-bail.* **BIBL.** Dupichot, *JCP E 2006, suppl. au n° 20, p. 26* (l'antichrèse). ♦ La possession est la détention ou la jouissance d'une chose ou d'un droit tenu ou exercé par son titulaire ou par un autre qui la tient ou qui l'exerce en son nom. Dès lors une cour d'appel ne peut déclarer les antichrèses éteintes, alors que le constituant, qui avait cessé de régler les indemnités d'occupation, continuait cependant à posséder pour le compte de l'antichrésiste et que l'absence d'action de ce dernier contre lui n'avait pas mis fin à cette possession. • Civ. 3e, 18 déc. 2002 : *Bull. civ. III, n° 261 ; D. 2003. 963, note Delebecque ; ibid. AJ. 491, obs. Avena-Robardet ; JCP 2003. II. 10024, avis Guérin ; JCP E 2003, n° 19, p. 809, note Picod ; Banque et Droit mars-avr. 2003. 54, obs. Rontchevsky ; RD banc. fin. 2003, n° 104, obs. Legeais ; RTD civ. 2003. 319, obs. Revet et 327, obs. Crocq ; RJDA 2003, n° 323 ; Rev. loyers 2003. 137, obs. Quement.*

3. *Biens fongibles.* Lorsque le gage porte non sur des corps certains mais sur des marchandises fongibles et périssables, celles-ci peuvent être aliénées par le créancier et, en vertu de la subrogation réelle, remplacées par d'autres de même nature et quantité, qui restent en la possession du créancier. • Req. 10 mars 1915 : *DP 1916. 1. 242, note L.S. ; S. 1916. 1. 5, note Lyon-Caen* • Angers, 26 mars 1985 : *D. 1986. 537, note Contamine-Raynaud ; RJ com. 1985. 232, note Crafmeyer.* ♦ Sur la qualification d'abus de confiance, V. • Crim. 9 juill. 1953 : *D. 1953. 556.*

Sur l'application de l'art. 92, al. 1er [C. com., art. L. 521-2, al. 1er], au gage portant sur des cassettes vidéos, V. • Douai, 17 juin 1999 : *JCP 2000. IV. 1613.*

Pour les instruments financiers, V. C. mon. fin., art. L. 431-4, al. 1er, *infra*, App., v° *Code monétaire et financier (extraits).*

4. *Nantissement de créances.* V. note 10 ss. art. L. 521-1. ♦ Si le privilège ne subsiste sur la chose qu'autant que celle-ci a été mise et est restée en possession du créancier, cette mise en possession est suffisamment réalisée, au cas où le gage porte sur une créance et où la tradition est matériellement impossible, par la signification au débiteur de la créance donnée en gage. • Civ. 1re, 10 mai 1983 : *D. 1984. 433, note Légier ; ibid. IR. 82, obs. Vasseur ; Defrénois 1983. 1393, note Piedelièvre.* ♦ Sur la validité de la clause permettant au créancier gagiste de recevoir le paiement de la créance nantie, V. • Civ. 30 mai 1947 : *S. 1947. 1. 140.*

5. *Réserve de propriété.* Sur le conflit opposant le créancier gagiste au vendeur sous réserve de propriété, V. note 26 ss. art. L. 621-122 ancien.

6. *Nantissement d'assurance-vie.* La dépossession, qui fait perdre au constituant une partie de ses prérogatives sur la chose donnée en gage, ne les confère pas pour autant au créancier nanti, qui dispose, en sa qualité de dépositaire de cette chose jusqu'à sa restitution, du seul pouvoir de la garder et conserver sans acquérir celui d'en user ni de l'administrer.

• Com. 12 juill. 2005 : ♁ *cité note 10 bis ss. art. L. 521-1.* ♦ Ayant relevé que les polices souscrites réservaient au seul souscripteur le choix de la répartition de ses versements entre les différents supports financiers qui lui étaient proposés et que les actes de nantissement ne comportaient à cet égard aucune clause restrictive en faveur du créancier nanti, une cour d'appel a exactement décidé qu'en l'absence de stipulation expresse l'y autorisant, la banque prêteuse s'était fautivement opposée à l'exécution de l'ordre litigieux. • Même arrêt.

Art. L. 521-3 *(Ord. nº 2006-346 du 23 mars 2006, art. 46-I)* **« A défaut de paiement à l'échéance, le créancier peut faire procéder à la vente publique des objets donnés en gage huit jours après une simple signification faite au débiteur et au tiers bailleur de gage, s'il y en a un, et selon les modalités prévues par le présent article, sans que la convention puisse y déroger. »**

Les ventes autres que celles dont les prestataires de services d'investissement sont chargés sont faites par les courtiers. Toutefois, sur la requête des parties, le président du tribunal de commerce peut désigner pour y procéder une autre classe d'officiers publics.

Les dispositions des articles L. 322-9 à L. 322-13 sur les ventes publiques sont applicables aux ventes prévues par l'alinéa précédent.

(Ord. nº 2006-346 du 23 mars 2006, art. 46-II) **« Le créancier peut également demander l'attribution judiciaire du gage ou convenir de son appropriation conformément aux articles 2347 et 2348 du code civil. »** — *[C. com., art. 93]. — Pour l'application de l'art. L. 521-3 C. com. aux instruments financiers, V. C. mon. fin., art. L. 431-4 et L. 431-5, infra, App., vº Code monétaire et financier (extraits).*

A. VENTE PUBLIQUE

1. Signification. La notification ne peut être valablement faite par lettre recommandée et doit être signifiée par huissier. • Civ. 3 févr. 1937 : *DH 1937. 165.*

Sur l'application de l'art. 2037 [2314] C. civ. lorsque la signification n'a pas été adressée à la caution du débiteur, V. • Com. 1er mars 1971 : *JCP 1971. IV. 98.*

Sur la signification au tiré accepteur et aux donneurs d'aval d'une lettre de change, V. • Paris, 31 oct. 1950 : *D. 1951. Somm. 10.*

1 bis. Renonciation (jurisprudence antérieure). Jugeant, sur le fondement de l'art. 2078 C. civ., que postérieurement à la constitution du gage, le débiteur renonce au bénéfice des formalités prescrites et donne mandat au créancier-gagiste de procéder pour son compte à la vente de la chose donnée en gage : • Com. 5 oct. 2004 : ♁ *Bull. civ. IV, nº 176 ; JCP E 2005, nº 5, p. 181, obs. Delebecque ; RTD com. 2005. 408, obs. Bouloc ; RJDA 2005, nº 568 ; Bull. Joly 2005. 63, note Constantin ; RD banc. fin. 2005, nº 15, obs. Legeais ; Banque et Droit janv.-févr. 2005. 61, obs. Jacob.*

2. Absence de délai de grâce. Les prescriptions de l'art. 93, al. 1er [C. com., art. L. 521-3, al. 1er], excluent que le débiteur puisse se prévaloir de l'art. 1244 [1244-1] C. civ. pour contrarier la facilité offerte à son créancier. • Com. 10 déc. 1979 : ♁ *Bull. civ. IV, nº 328 ; D. 1980. IR. 386, obs. Vasseur* • Paris, 10 juin 1971 : *RTD com. 1972. 448, obs. Hémard* • Versailles, 17 nov. 1986 : *D. 1988. 95, note Prévault.*

2 bis. Absence d'obligation de réalisation. Le créancier-gagiste n'est pas tenu de demander la réalisation de son gage à échéance. • Com. 10 oct. 2000 : ♁ *Bull. civ. IV, nº 151 ; JCP 2000. II. 10575, note S. Piedelièvre.* ♦ En application de l'art. 2073 C. civ., un créancier-gagiste peut refuser de se dessaisir de son gage s'il n'obtient pas préalablement paiement de sa créance à concurrence de la valeur de celui-ci. • Com. 19 nov. 2002 : ♁ *Bull. civ. IV, nº 172 ; JCP E 2003, nº 12, p. 526, note Bouteiller ; JCP 2003. I. 124, nº 17, obs. Delebecque ; RTD com. 2003. 360, obs. Bouloc ; RD banc. fin. 2003, nº 21, obs. Legeais ; Defrénois 2003. 1616, obs. Théry ; RJDA 2003, nº 447.* ♦ Dès lors, une banque gagiste peut refuser au débiteur de procéder au destockage de produits pharmaceutiques périssables. • Même arrêt.

3. Frais de réalisation. Les frais faits pour parvenir à la vente d'un gage sont en principe à la charge du débiteur qui les a rendus nécessaires en n'exécutant pas son obligation de payer. • Civ. 31 juill. 1913 : *DP 1915. 1. 65, note de Loynes.*

3 bis. Gage sur véhicules. V. notes 14 et 15 ss. art. L. 521-1.

3 ter. Créancier bénéficiaire d'un gage et d'un cautionnement. La caution n'a pas l'obligation d'informer la banque sur les risques par elle encourus en cas d'inscription tardive de son nantissement. • Com. 23 nov. 2004 : ♁ *cité note* *ss. art. L. 142-4.* ♦ V. aussi note 9, *infra*, et note 6 ss. ancien art. L. 622-21 ancien.

B. PACTE COMMISSOIRE

4. Domaine de la prohibition. La prohibition du pacte commissoire s'applique à la dation en gage de reconnaissances d'une caisse de crédit municipal. • Paris, 18 avr. 1889 : *DP 1890. 2. 342.*

4 bis. L'autorisation anticipée de vente de gage donnée par la caution, s'analysant en un pacte commissoire prévoyant une dation en paiement, doit être déclarée nulle. • Versailles, 28 oct. 1993 : *BICC 1994, n° 227.*

5. Les juges du fond, procédant à l'interprétation de deux actes que leur rapprochement rend nécessaire, peuvent déclarer qu'une cession de parts sociales et une reconnaissance de dette décidées le même jour forment un tout indivisible et que c'est pour disposer à son gré du gage reçu en garantie du remboursement du prêt que le créancier s'est fait remettre l'acte de cession de parts. • Com. 3 avr. 1978 : *Bull. civ. IV, n° 112.* – V. aussi • Civ. 1re, 31 janv. 1989 : *Bull. civ. I, n° 49 ; RTD com. 1989. 529, obs. Bouloc.*

6. La prohibition ne s'étend pas à une convention conclue postérieurement à la constitution du gage. • Com. 12 janv. 1965 : *Gaz. Pal. 1965. 1. 372.*

6 bis. N'est pas prohibée par l'art. 2078 C. civ. la stipulation d'attribution d'un gage constitué en espèces par le créancier, à due concurrence du défaut de paiement à échéance : • Com. 9 avr. 1996 : *Bull. civ. IV, n° 116 ; D. 1996. 399, note Larroumet ; ibid. Somm. 385, obs. S. Piedelièvre ; D. Affaires 1996. 712 ; JCP E 1996. Pan. 583, obs. Bouteiller ; Rev. dr. bancaire 1996. 117, obs. Crédot et Gérard* (rejetant le pourvoi contre • Paris, 4 mai 1993 : *RTD com. 1993. 554, obs. Cabrillac et Teyssié ; Bull. Joly 1993. 861, note Delebecque).* – V. Poullain, *Dr. et patr. mai 1996. 47.* – V. déjà • T. com. Paris, 8 oct. 1990 : *Rev. dr. bancaire 1991. 97, obs. Crédot et Gérard.*

6 ter. Le rachat d'un contrat d'assurance vie ainsi que sa réalisation par le créancier gagiste ne peut tomber sous le coup de la prohibition du pacte commissoire. • Paris, 20 mars 2000 : *RJ com. 2001. 180, note Likillimba.*

7. Nullité. L'annulation du pacte commissoire n'entraîne pas celle du gage, dès lors que celui-ci a été souscrit pour une cause réelle et licite. • Versailles, 28 oct. 1993 : *préc. note 4 bis.* ♦ Mais, si la nullité du pacte commissoire n'atteint que le pacte lui-même, il en va différemment quand celui-ci constitue la cause déterminante du contrat, sa nullité s'étendant alors au contrat tout entier. • Civ. 1re, 16 mars 1983 : *Bull. civ. I, n° 100 ; Gaz. Pal. 1983. 2. Pan. 88, obs. Piedelièvre ; Defrénois 1984. 373, obs. Aubert.*

C. ATTRIBUTION JUDICIAIRE

BIBL. Neveu, *Banque 1985. 1030.*

8. Bénéfice de l'art. 2078 C. civ. L'art. 93, al. 1er [C. com., art. L. 521-3, al. 1er], ne vise que l'hypothèse où le créancier procède à la vente du gage et laisse à ce dernier la faculté de faire ordonner en justice que le gage lui demeurera acquis en payement jusqu'à due concurrence, en application de l'art. 2078 C. civ. • Com. 31 mai 1960 : *D. 1960. 601, note Guyon ; JCP 1960. II. 11676, note Nectoux ; RTD com. 1960. 623, obs. Hémard, et 649, obs. Houin* • 21 oct. 1980 : *D. 1981. IR. 191, obs. Vasseur* • Aix-en-Provence, 2 avr. 1992 : *Dr. sociétés 1992, n° 262.*

9. Caractère facultatif. En retenant qu'une banque avait renoncé au bénéfice du gage, en ne sollicitant pas son attribution judiciaire, une cour d'appel en a exactement déduit que la caution était déchargée de son obligation. • Cass., Ch. mixte, 10 juin 2005 : *Bull. civ. n° 5 ; BICC 15 juill. 2005, p. 44, rapp. Cachelot, avis de Gouttes ; D. 2005. 2020, note S. Piedelièvre ;ibid. Pan. 2086, obs. Crocq ; ibid. AJ. 1773, obs. Delpech ; RTD com. 2005. 582, obs. Legeais ; ibid. 844, obs. Martin-Serf ; JCP E 2005, n° 29, p. 1218, note Legeais ; JCP 2005. II. 10130, note Simler ; RD banc. fin. 2005, n° 123, obs. Legeais ; Banque et Droit juill.-août 2005. 63, obs. Jacob ; Dr. et patr. févr. 2006. 124, obs. Dupichot ; RJDA 2005, n° 1388 ; RDC 2005. 1136, obs. Houtcieff ; Dr. et procédures 2005. 365, obs. Picod.* ♦ *Contra*, jugeant que le créancier-gagiste n'est pas tenu de demander l'attribution judiciaire du gage. Une caution ne saurait donc reprocher au créancier de n'avoir pas usé de cette faculté afin d'éviter la prééminence d'autres privilèges. • Com. 3 nov. 1983 : *JCP 1984. II. 20234, note Mestre.* ♦ V. aussi note 6 ss. art. L. 622-21 ancien.

10. Compétence. Sur la compétence du juge des référés, V. • Com. 19 janv. 1988 : *Bull. civ. IV, n° 43 ; Rev. dr. bancaire 1988. 139, obs. Dekeuwer-Défossez* • Paris, 12 mars 1993 : *Dr. sociétés 1994, n° 48, note Bonneau.*

11. Redressement et liquidation judiciaires. V. notes 1 *ter* s. ss. art. L. 622-21 ancien. ♦ V. déjà, avant la loi de 1985, • Cass., Ass. plén., 26 oct. 1984 : *D. 1985. 33, concl. Cabannes, note Derrida ; JCP 1985. II. 20342, rapp. Viennois, note Corlay ; Gaz. Pal. 1985. 1. 236, note Chartier.*

CHAPITRE II DES DÉPÔTS EN MAGASINS GÉNÉRAUX

RÉP. COM. v° *Magasins généraux,* par CABRILLAC.

SECTION PREMIÈRE DE L'AGRÉMENT, DE LA CESSION ET DE LA CESSATION D'EXPLOITATION

Art. L. 522-1 L'exploitant d'un établissement à usage d'entrepôt où des industriels, commerçants, agriculteurs ou artisans déposent des matières premières, des marchandises, des denrées ou des produits fabriqués, ne peut émettre des bulletins de gage négociables et qualifier son établissement de magasin général que s'il a obtenu un agrément du préfet. — *[Ord. n° 45-1744 du 6 août 1945, art. 1er]. — V. Décr. n° 45-1754 du 6 août 1945, art. 1er s., infra, ss. art. L. 522-40.*

Art. L. 522-2 L'arrêté préfectoral statuant sur la demande d'agrément est pris après avis des organismes professionnels et interprofessionnels prévus par le décret en Conseil d'État pris pour l'application du présent chapitre. Il est motivé. — *[Ord. n° 45-1744 du 6 août 1945, art. 2].*

Art. L. 522-3 La cession d'un magasin général est subordonnée à l'agrément du préfet, donné dans les mêmes formes. — *[Ord. n° 45-1744 du 6 août 1945, art. 3].*

Art. L. 522-4 Toute cessation d'exploitation non suivie de cession est subordonnée à un préavis de six mois, adressé par l'exploitant au préfet. A l'expiration de ce délai, et si les intérêts généraux du commerce l'exigent, un administrateur provisoire peut être désigné par le président du tribunal de grande instance statuant comme en matière de référé à la demande du ministère public. — *[Ord. n° 45-1744 du 6 août 1945, art. 4].*

Art. L. 522-5 Il est interdit aux exploitants des magasins généraux de se livrer, soit directement, soit indirectement, que ce soit pour leur propre compte ou pour le compte d'autrui, à titre de commissionnaire ou à tout autre titre, à aucun commerce ou spéculation ayant pour objet les marchandises pour lesquelles ils sont habilités à délivrer des récépissés-warrants. — *[Ord. n° 45-1744 du 6 août 1945, art. 7].*

Art. L. 522-6 Sont réputées tomber sous le coup de l'article L. 522-5, les sociétés exploitantes de magasins généraux dont l'un des associés, possédant plus de 10 % du capital social, exerce une activité incompatible avec les dispositions dudit article. — *[Ord. n° 45-1744 du 6 août 1945, art. 8].*

Art. L. 522-7 Toute société exploitante qui, par suite d'une modification intervenue dans la répartition du capital entre les associés, ne se trouve plus dans les conditions exigées par l'article L. 522-6 doit, dans le mois qui suit cette modification, solliciter le maintien de l'agrément dont elle est bénéficiaire.

L'agrément reste valable jusqu'à ce que le préfet ait statué par arrêté.

Le préfet peut, soit prononcer le maintien de l'agrément dans les conditions prévues à l'article L. 522-11, soit en prononcer le retrait conformément aux dispositions de l'article L. 522-39. — *[Ord. n° 45-1744 du 6 août 1945, art. 37].*

Art. L. 522-8 Lorsque l'ouverture d'un établissement est subordonnée à l'intervention d'un décret ou d'un arrêté ministériel, l'agrément de cet établissement comme magasin général est accordé par ce décret ou cet arrêté, après consultation des organismes visés à l'article L. 522-2. — *[Ord. n° 45-1744 du 6 août 1945, art. 38].*

Art. L. 522-9 Les exploitants d'établissements agréés n'ont pas à solliciter l'autorisation prévue par les textes réglementant les créations, extensions ou transferts d'établissements. – *[Ord. n° 45-1744 du 6 août 1945, art. 40].*

Art. L. 522-10 Les décrets ou arrêtés agréant les établissements comme magasins généraux peuvent comporter, pour l'exploitant, l'autorisation d'ouvrir une salle de ventes publiques de marchandises en gros. – *[Ord. n° 45-1744 du 6 août 1945, art. 41].*

Art. L. 522-11 I. – Les entreprises ne répondant pas aux conditions fixées aux articles L. 522-5 et L. 522-6 peuvent cependant solliciter l'agrément comme magasins généraux des entrepôts qu'elles exploitent ou projettent d'exploiter et obtenir, à titre exceptionnel, cet agrément s'il est reconnu que les intérêts du commerce l'exigent.

II. – Dans ce cas :

1° La demande d'agrément fait l'objet à la préfecture et dans la commune du lieu de l'établissement des mesures de publicité qui sont prévues par voie réglementaire ;

2° L'arrêté d'agrément fixe, en sus du cautionnement prévu à l'article L. 522-12, un cautionnement spécial au moins égal à celui-ci. Le cautionnement spécial est fourni soit en numéraire, soit par une caution bancaire agréée par le tribunal de commerce dans le ressort duquel est situé l'établissement. – *[Ord. n° 45-1744 du 6 août 1945, art. 9]. – V. Décr. n° 45-1754 du 6 août 1945, art. 4, infra, ss. art. L. 522-40.*

Art. L. 522-12 L'arrêté préfectoral autorisant l'ouverture du magasin général soumet son exploitant à l'obligation d'un cautionnement.

Sont soumis à la même obligation les établissements visés à l'article L. 522-8.

Le montant de ce cautionnement, proportionnel à la surface affectée au magasinage, est compris entre deux limites fixées par décret en Conseil d'État. – *[Ord. n° 45-1744 du 6 août 1945, art. 10 et 39].*

Art. L. 522-13 Un ou plusieurs règlements types fixent, dans le cadre des dispositions du présent chapitre et du décret en Conseil d'État pris pour son application, les conditions de fonctionnement des établissements. – *[Ord. n° 45-1744 du 6 août 1945, art. 11]. – V. le règlement type général homologué par Arr. 20 mars 1947 (JO 28 mars ; Rect., JO 13 avr.), mod. par Arr. 15 juill. 1947 (JO 22 juill.), 30 mai 1951 (JO 7 juin), 30 janv. 1953 (JO 24 févr. ; Rect., JO 21 mars).*

SECTION II DES OBLIGATIONS, DES RESPONSABILITÉS ET DES GARANTIES

Art. L. 522-14 Toute personne qui remet une marchandise en dépôt à un magasin général est tenue d'en déclarer la nature et la valeur à l'exploitant. – *[Ord. n° 45-1744 du 6 août 1945, art. 5].*

Art. L. 522-15 Les exploitants de magasins généraux sont responsables, dans les limites de la valeur déclarée, de la garde et la conservation des dépôts qui leur sont confiés.

Ils ne sont pas responsables des avaries et déchets naturels provenant de la nature et du conditionnement des marchandises ou des cas de force majeure.

Les règlements types et les règlements particuliers prévus aux articles L. 522-13 et L. 522-17 précisent les obligations des exploitants en ce qui concerne la conservation des dépôts. – *[Ord. n° 45-1744 du 6 août 1945, art. 6].*

Art. L. 522-16 Les marchandises susceptibles d'être warrantées sont obligatoirement assurées contre l'incendie par les polices générales du magasin.

Toutefois, pour les exploitants de magasins généraux établis dans les ports maritimes, cette obligation est suspendue à l'égard des marchandises entreposées couvertes par une assurance maritime tant que cette assurance garantit ces risques.

Si, pendant cette période, un sinistre survient, la responsabilité de l'exploitant du magasin général n'est pas engagée vis-à-vis des déposants, des compagnies d'assurances et des porteurs de warrants.

A l'expiration de ladite période, les marchandises susmentionnées doivent être assurées par les polices générales du magasin. – *[Ord. n° 45-1744 du 6 août 1945, art. 12].*

Art. L. 522-17 Chaque établissement est doté d'un règlement particulier qui complète les dispositions générales des règlements types en fixant les conditions d'exploitation prenant en compte la nature et la situation du magasin. – *[Ord. n° 45-1744 du 6 août 1945, art. 13].*

Art. L. 522-18 Au règlement prévu à l'article L. 522-17 sont annexés un tarif général et, éventuellement, des tarifs spéciaux pour la rétribution du magasinage, dans les termes du présent chapitre, et des services rendus à cette occasion aux déposants. La perception des taxes correspondantes a lieu indistinctement et sans aucune faveur. – *[Ord. n° 45-1744 du 6 août 1945, art. 14].*

Art. L. 522-19 Les tarifs sont communiqués au préfet un mois au moins avant l'ouverture du magasin général.

Toute modification des tarifs existants doit lui être notifiée, ainsi qu'aux organismes visés à l'article L. 522-2, et ne devient exécutoire qu'un mois après cette notification. Toutefois, ce délai n'est pas applicable aux exploitants dont les tarifs sont soumis à une autorisation administrative. – *[Ord. n° 45-1744 du 6 août 1945, art. 15].*

SECTION III DU FONCTIONNEMENT ET DU CONTRÔLE

Art. L. 522-20 Les exploitants de magasins généraux peuvent prêter sur nantissement des marchandises qu'ils reçoivent en dépôt ou négocier les warrants qui les représentent. – *[Ord. n° 45-1744 du 6 août 1945, art. 16].*

Art. L. 522-21 Les présidents, gérants, directeurs et le personnel des exploitations de magasins généraux sont, sous les peines prévues à l'article 226-13 du code pénal, tenus au secret professionnel pour tout ce qui regarde les marchandises entreposées. – *[Ord. n° 45-1744 du 6 août 1945, art. 17].*

Art. L. 522-22 Les magasins généraux sont placés sous le contrôle de l'administration, dans les conditions fixées par décret en Conseil d'État. – *[Ord. n° 45-1744 du 6 août 1945, art. 18].*

Art. L. 522-23 Les dispositions du présent chapitre, le décret pris pour l'application desdites dispositions, le tarif et les règlements, sont affichés dans la partie des bureaux du magasin où le public a accès. – *[Ord. n° 45-1744 du 6 août 1945, art. 19].*

SECTION IV DES RÉCÉPISSÉS ET DES WARRANTS

RÉP. PÉN. v° *Warrant*, par REDON.

Art. L. 522-24 Il est délivré à chaque déposant un ou plusieurs récépissés. Ces récépissés énoncent les nom, profession et domicile du déposant ainsi que la nature de la marchandise déposée et les indications propres à en établir l'identité et à en déterminer la valeur.

Les marchandises fongibles déposées en magasin général et sur lesquelles il a été délivré un récépissé et un warrant peuvent être remplacées par des marchandises de même nature, de même espèce et de même qualité. La possibilité de cette substitution doit être mentionnée à la fois sur le récépissé et sur le warrant.

Les droits et privilèges du porteur du récépissé et du porteur du warrant sont reportés sur les marchandises substituées.

Il peut être délivré un récépissé et un warrant sur un lot de marchandises fongibles à prendre dans un lot plus important. – *[Ord. nº 45-1744 du 6 août 1945, art. 20].*

Art. L. 522-25 A chaque récépissé de marchandise est annexé, sous la dénomination de warrant, un bulletin de gage contenant les mêmes mentions que le récépissé.

Les récépissés de marchandises et les warrants y annexés sont extraits d'un registre à souches. – *[Ord. nº 45-1744 du 6 août 1945, art. 21].*

Art. L. 522-26 Les récépissés et les warrants peuvent être transférés par voie d'endossement, ensemble ou séparément. – *[Ord. nº 45-1744 du 6 août 1945, art. 22].*

Art. L. 522-27 Tout cessionnaire du récépissé ou du warrant peut exiger la transcription sur les registres à souches dont ils sont extraits de l'endossement fait à son profit, avec indication de son domicile. – *[Ord. nº 45-1744 du 6 août 1945, art. 23].*

Art. L. 522-28 L'endossement du warrant séparé du récépissé vaut nantissement de la marchandise au profit du cessionnaire du warrant.

L'endossement du récépissé transmet au cessionnaire le droit de disposer de la marchandise, à charge pour lui, lorsque le warrant n'est pas transféré avec le récépissé, de payer la créance garantie par le warrant ou d'en laisser payer le montant sur le prix de la vente de la marchandise. – *[Ord. nº 45-1744 du 6 août 1945, art. 24].*

Art. L. 522-29 L'endossement du récépissé et du warrant, transférés ensemble ou séparément, doit être daté.

L'endossement du warrant séparé du récépissé doit, en outre, énoncer le montant intégral, en capital et intérêts, de la créance garantie, la date de son échéance et les nom, profession et domicile du créancier.

Le premier cessionnaire du warrant doit immédiatement faire transcrire l'endossement sur les registres du magasin, avec les énonciations dont il est accompagné. Il est fait mention de cette transcription sur le warrant. – *[Ord. nº 45-1744 du 6 août 1945, art. 25].*

Art. L. 522-30 Le porteur du récépissé séparé du warrant peut, même avant l'échéance, payer la créance garantie par le warrant.

Si le porteur du warrant n'est pas connu ou si, étant connu, il n'est pas d'accord avec le débiteur sur les conditions auxquelles aurait lieu l'anticipation de paiement, la somme due, y compris les intérêts jusqu'à l'échéance, est consignée à l'administration du magasin général qui en demeure responsable. Cette consignation libère la marchandise. – *[Ord. nº 45-1744 du 6 août 1945, art. 26]. – V. Décr. nº 45-1754 du 6 août 1945, art. 16, infra, ss. art. L. 522-40.*

Art. L. 522-31 A défaut de paiement à l'échéance, le porteur du warrant séparé du récépissé, peut, huit jours après le protêt, et sans aucune formalité de justice, faire procéder par officiers publics à la vente publique aux enchères et en gros de la marchandise engagée, conformément aux dispositions du livre III relatives aux ventes publiques de marchandises en gros.

Dans le cas où le souscripteur primitif du warrant l'a remboursé, il peut faire procéder à la vente de la marchandise, comme il est dit à l'alinéa précédent, contre le porteur du récépissé, huit jours après l'échéance et sans qu'il soit besoin d'aucune mise en demeure. – *[Ord. n° 45-1744 du 6 août 1945, art. 27].*

Art. L. 522-32 I. – Le créancier est payé de sa créance sur le prix, directement et sans formalité de justice, par privilège et préférence à tous créanciers, sans autre déduction que celles :

1° Des contributions indirectes, et droits de douane dus par la marchandise ;

2° Des frais de vente, de magasinage et autres frais pour la conservation de la chose.

II. – Si le porteur du récépissé ne se présente pas lors de la vente de la marchandise, la somme excédant celle qui est due au porteur du warrant est consignée à l'administration du magasin général, comme il est dit à l'article L. 522-30. – *[Ord. n° 45-1744 du 6 août 1945, art. 28]. – V. Décr. n° 45-1754 du 6 août 1945, art. 14 s., infra, ss. art. L. 522-40.*

Art. L. 522-33 Le porteur du warrant n'a de recours contre l'emprunteur et les endosseurs qu'après avoir exercé ses droits sur la marchandise et en cas d'insuffisance.

Le délai fixé par l'article L. 511-42 pour l'exercice du recours contre les endosseurs, ne court que du jour où la vente de la marchandise est réalisée.

Le porteur du warrant perd, en tout cas, son recours contre les endosseurs s'il n'a pas fait procéder à la vente dans le mois qui suit la date du protêt. – *[Ord. n° 45-1744 du 6 août 1945, art. 29].*

Art. L. 522-34 Le porteur du récépissé et du warrant a, sur les indemnités d'assurance dues en cas de sinistre, les mêmes droits et privilèges que sur la marchandise assurée. – *[Ord. n° 45-1744 du 6 août 1945, art. 30].*

Art. L. 522-35 Les établissements publics de crédit peuvent recevoir les warrants comme effets de commerce, avec dispense d'une des signatures exigées par leurs statuts. – *[Ord. n° 45-1744 du 6 août 1945, art. 31].*

Art. L. 522-36 Celui qui a perdu un récépissé ou un warrant peut demander et obtenir par ordonnance du juge, en justifiant de sa propriété et en donnant caution, un duplicata s'il s'agit du récépissé, le paiement de la créance garantie s'il s'agit du warrant.

Si dans ce cas le souscripteur du warrant ne s'est pas libéré à l'échéance, le tiers porteur dont l'endos aura été transcrit sur les registres du magasin général pourra être autorisé par ordonnance du juge, à charge de fournir caution, à faire procéder à la vente de la marchandise engagée dans les conditions déterminées à l'article L. 522-31.

Le protêt prévu audit article donne copie des mentions telles qu'elles figurent sur le registre du magasin général. – *[Ord. n° 45-1744 du 6 août 1945, art. 32].*

Art. L. 522-37 En cas de perte du récépissé, la caution prévue à l'article précédent est libérée à l'expiration d'un délai de cinq ans, lorsque les marchandises en faisant l'objet n'ont pas été revendiquées par un tiers au magasin général.

En cas de perte du warrant, la caution est libérée à l'expiration d'un délai de trois ans, à compter de la transcription de l'endos. – *[Ord. n° 45-1744 du 6 août 1945, art. 33].*

SECTION V DES SANCTIONS

Art. L. 522-38 Il est interdit d'ouvrir et d'exploiter sans l'autorisation prescrite à l'article L. 522-1 un établissement recevant en dépôt des marchandises pour lesquelles sont délivrés aux déposants, sous le nom de warrants, ou tout autre nom, des bulletins de gages négociables.

Toute infraction à cette prohibition est punie d'une amende de 6 000 € et d'un emprisonnement d'un an.

Le tribunal peut ordonner que le jugement de condamnation sera publié intégralement ou par extraits dans les journaux qu'il désigne et affiché dans les lieux qu'il indique, notamment aux portes du domicile et des magasins du condamné, le tout aux frais du condamné, sans toutefois que les frais de cette publication puissent dépasser le maximum de l'amende encourue. – *[Ord. nº 45-1744 du 6 août 1945, art. 34].*

Art. L. 522-39 En cas d'infraction commise par l'exploitant d'un magasin général aux dispositions du présent chapitre ou des décrets en Conseil d'État pris pour l'application desdites dispositions, le préfet peut, l'exploitant entendu et après consultation des organismes professionnels et interprofessionnels visés à l'article L. 522-2, prononcer par arrêté, à titre temporaire ou définitif, le retrait de l'agrément.

Dans ce cas, le président du tribunal statuant comme en matière de référé, désigne, à la demande du ministère public, un administrateur provisoire et détermine les pouvoirs dont il dispose pour l'exploitation de l'établissement.

En cas de retrait d'agrément à titre définitif et lorsque l'intérêt du commerce local exige le maintien du magasin général, les pouvoirs de l'administrateur provisoire peuvent comporter la mise aux enchères publiques du fonds de commerce et du matériel nécessaire à son exploitation.

Le retrait d'agrément à titre définitif peut également être prononcé, après consultation des organismes professionnels et interprofessionnels, à l'encontre des établissements qui auraient cessé de fonctionner comme magasins généraux ou comme entrepôts pendant au moins deux ans. – *[Ord. nº 45-1744 du 6 août 1945, art. 35].*

Art. L. 522-40 Un décret en Conseil d'État fixe les conditions d'application du présent chapitre. – *[Ord. nº 45-1744 du 6 août 1945, art. 44]. – V. Décr. nº 45-1754 du 6 août 1945, infra.*

Décret nº 45-1754 du 6 août 1945,

Portant règlement d'administration publique pour l'application de l'ordonnance relative aux magasins généraux.

TITRE Ier. PRÉSENTATION ET INSTRUCTION DES DEMANDES D'AGRÉMENT

Art. 1er Les demandes d'agrément prévues à l'article 1er de l'ordonnance nº 45-1744 du 6 août 1945 *[C. com., art. L. 522-1]* sont déposées au commissariat général de la République par l'exploitant de l'entrepôt intéressé.

Elles sont accompagnées des pièces suivantes :

1º Si le demandeur exerce déjà une activité commerciale :

a) Un extrait du registre du commerce sur lequel il est inscrit ;

b) S'il s'agit d'une société, un exemplaire des statuts et la liste des associés possédant plus de 10 p. 100 du capital social ;

c) Un plan des locaux affectés à l'exploitation, avec l'indication de la nature des droits de l'exploitant sur ces locaux ;

d) Un mémoire indiquant l'emplacement de l'établissement, son équipement, ses moyens d'accès, ainsi que la nature et le volume du trafic escompté ;

e) Un projet de règlement particulier de l'établissement ;

2° Si le demandeur n'exerce pas d'activité commerciale :

Aux pièces prévues aux alinéas *a* et *b* du paragraphe précédent, il est substitué :

S'il s'agit d'une société en formation, un projet des statuts et la liste des associés devant souscrire plus de 10 p. 100 du capital social ;

S'il s'agit d'une société constituée, une déclaration de conformité avec les dispositions de l'article 8 de l'ordonnance susvisée *[C. com., art. L. 522-6]*.

Le commissaire régional, en outre, peut exiger toutes pièces propres à établir l'identité, la moralité et la situation financière de l'exploitant.

2 Dans les quinze jours de leur dépôt, les demandes d'agrément sont transmises pour avis :

1° A la chambre de commerce et d'industrie dans la circonscription de laquelle l'établissement doit être exploité ;

2° A l'office professionnel des magasins généraux et entrepôts institué en vertu de la loi momentanément applicable du 16 août 1940.

Lorsque l'agrément est sollicité par une chambre de commerce et d'industrie, à la consultation de celle-ci est substituée celle du tribunal de commerce dans le ressort duquel est situé l'établissement.

3 Les organismes visés à l'article précédent doivent donner leur avis dans le délai de deux mois qui suit la transmission qui leur est faite des dossiers des demandes.

A l'expiration de ce délai, et dans les huit jours qui suivent, le commissaire régional est tenu de statuer.

Si les organismes consultés ne présentent pas d'observations, leurs avis sont réputés favorables.

4 Les demandes d'agrément déposées par les entreprises visées à l'article 9 de l'ordonnance susvisée *[C. com., art. L. 522-11]* font l'objet, avant leur transmission aux organismes consultés, et pendant la période de trois mois qui suit le dépôt, d'un affichage au commissariat régional de la République ainsi qu'à la mairie et au greffe du tribunal de commerce du lieu de l'entrepôt. Elles font également l'objet, au cours du premier mois, d'une insertion dans un ou plusieurs journaux régionaux désignés par le commissaire régional.

A l'expiration de ce délai de trois mois, les demandes de dérogation sont transmises aux organismes prévus à l'article 2 ci-dessus.

Lorsque des demandes ordinaires, tendant à l'agrément d'entrepôts exploités ou à exploiter dans la même agglomération auront été déposées au cours du délai de trois mois, elles seront transmises à l'expiration de ce dernier, avec les demandes de dérogation, nonobstant les dispositions de l'article 2 relatives aux délais de transmission. En pareil cas, l'avis des organismes consultés portera sur l'ordre de préférence à établir entre les diverses demandes présentées.

5 En statuant sur la demande d'agrément, le commissaire régional vérifie la conformité du projet de règlement particulier qui lui est présenté avec les dispositions des règlements-types.

TITRE II. DROITS ET OBLIGATIONS DES EXPLOITANTS

6 *Abrogé implicitement par L. n° 53-148 du 25 févr. 1953.*

7 Le cautionnement imposé par l'arrêté du commissaire régional est fixé à 0,05 € par mètre carré de plancher du magasin et 0,02 € par mètre carré de chantier, avec un minimum de 304,90 € et un maximum de 3 048,98 €, applicable à l'ensemble des établissements exploités dans une même commune.

Il peut être fourni en totalité ou en partie en argent, en rentes, en valeurs cotées en Bourse, ou par une première hypothèque sur des immeubles d'une valeur double de la somme garantie. Il peut également être fourni en totalité par une caution bancaire agréée par le tribunal de commerce dans le ressort duquel est situé l'établissement.

Si le cautionnement est fourni en argent, il est versé à la caisse des dépôts et consignations ; s'il est fourni en valeurs, les titres seront également déposés à cette caisse. S'il est représenté par une hypothèque, la valeur des immeubles est estimée par le directeur de l'enregistrement et des domaines sur les bases établies pour la perception des droits de mutation en cas de décès.

Pour la conservation de cette garantie, une inscription est prise, dans l'intérêt des tiers, à la diligence et au nom du directeur de l'enregistrement et des domaines.

Les cautionnements des établissements existants devront être revisés et mis en conformité avec les dispositions ci-dessus dans un délai de deux ans à compter de la fin des hostilités.

8 Le ou les règlements-types prévus à l'article 11 de l'ordonnance susvisée *[C. com., art. L. 522-13]* seront élaborés par l'office professionnel des magasins généraux et entrepôts, et soumis, dans le délai de six mois qui suivra la publication de l'ordonnance susvisée, à l'homologation du ministre de la production industrielle.

Ces règlements comporteront pour l'exploitant l'obligation de mettre par priorité et sans préférence ni faveur, les emplacements de l'entrepôt disponibles à la présentation de la marchandise, à la disposition des personnes voulant opérer le magasinage dans les conditions fixées par l'ordonnance susvisée.

Toutefois, ils pourront prévoir l'affectation exclusivement des magasins à certaines catégories de marchandises, notamment au regard de leur classement dans les tarifs généraux des compagnies d'assurance contre l'incendie. Ils pourront également laisser la faculté au magasinier de refuser l'entrée ou le maintien en entrepôt de marchandises qui, par leur état ou leur nature, seraient susceptibles de nuire à la bonne conservation des autres marchandises.

9 Au cas où les frais de magasinage et débours afférents aux marchandises prises en magasin général n'auraient pas été payés pendant une durée que fixera le règlement-type professionnel selon la nature de la marchandise, la vente aux enchères publiques peut, après sommation au déposant, en être ordonnée par le président du tribunal de commerce par ordonnance sur requête, le tout sans préjudice des mesures qui seraient rendues nécessaires par l'état des marchandises. Le juge attribue le produit de la vente au magasin général à concurrence des frais qui lui sont dus. Le surplus, s'il y a lieu, est consigné à l'administration du magasin général à la disposition des tiers porteurs du warrant et du récépissé.

10 Les tarifs annexés au règlement particulier de l'établissement comportent une taxe dite « d'assurance-incendie » qui s'ajoute aux taxes de magasinage.

Les polices souscrites par l'exploitant doivent comporter de la part des compagnies d'assurances la renonciation à tout recours contre les déposants.

TITRE III. DISPOSITIONS SPÉCIALES AUX RÉCÉPISSÉS-WARRANTS

11 Les récépissés-warrants délivrés par l'exploitant comportent au recto une mention spécifiant si la marchandise est ou non assurée contre l'incendie par les polices générales du magasin.

12 Dans le cas où un courtier est requis pour l'estimation des marchandises il n'a droit qu'à une vacation dont la quotité est fixée, pour chaque place, par le ministre de la production industrielle après avis du tribunal de commerce.

13 A toute réquisition du porteur du récépissé et du warrant réunis, la marchandise déposée doit être fractionnée en autant de fois qu'il lui conviendra, et le titre primitif remplacé par autant de récépissés et de warrants qu'il y aura de lots.

14 A toute époque, l'administration du magasin général est tenue, sur la demande du porteur du récépissé ou du warrant, de liquider les dettes et les frais énumérés à l'article 28 de l'ordonnance susvisée *[C. com., art. L. 522-32]* et dont le privilège prime celui de la créance garantie sur le warrant. Le bordereau de liquidation délivré par l'administration du magasin général relate les numéros du récépissé et du warrant auxquels il se réfère.

15 Sur la présentation du warrant protesté, l'administration du magasin général est tenue de donner au courtier désigné pour la vente par le porteur du warrant toutes facilités pour y procéder.

Elle ne délivre la marchandise à l'acheteur que sur le vu du procès-verbal de la vente et moyennant :

1° La justification du payement des droits et frais privilégiés, ainsi que le montant de la somme revenant au porteur du warrant dans la limite de la somme prêtée ;

2° La consignation de l'excédent, s'il en existe, revenant au porteur du récépissé, dans le cas prévu dans le dernier paragraphe de l'article 28 de l'ordonnance susvisée *[C. com., art. L. 522-32]*.

16 Outre les livres ordinaires du commerce et le livre des récépissés et warrants, l'administration du magasin général doit tenir un livret à souches destiné à constater les consignations qui peuvent lui être faites, en vertu des articles 26 et 28 de l'ordonnance susvisée *[C. com., art. L. 522-30 et L. 522-32]*.

Tous ces livres sont cotés et paraphés par première et dernière, conformément à l'article 11 du code de commerce. — *[V. désormais Décr. nº 83-1020 du 29 nov. 1983, art. 2, reproduit supra, ss. art. L. 123-28]*.

TITRE IV. CONTRÔLE DES EXPLOITATIONS

17 Les magasins généraux sont soumis aux mesures générales de police concernant les lieux publics affectés au commerce, sans préjudice des droits du service des douanes lorsqu'ils sont établis dans des locaux placés sous le régime de l'entrepôt réel ou lorsqu'ils contiennent des marchandises en entrepôt fictif.

Le commissaire régional de la République surveille l'activité des magasins généraux situés dans sa circonscription et contrôle la régularité de leur fonctionnement dans le cadre des dispositions législatives et réglementaires en vigueur.

Il a libre accès aux établissements placés sous son contrôle et peut procéder ou faire procéder à toutes les vérifications et enquêtes nécessaires à l'accomplissement de sa mission.

Lorsque l'exploitant est une société, le commissaire régional reçoit communication de toutes modifications intervenues dans la présidence ou la gérance, dans le mois qui suit l'entrée en fonctions du nouveau président ou gérant.

L'inspecteur général de la production industrielle a délégation permanente pour exercer ce contrôle. Il peut proposer au commissaire régional le retrait de l'agrément dans les cas et formes prévus à l'article 35 de l'ordonnance susvisée *[C. com., art. L. 522-39]*.

18 La procédure d'aliénation du magasin général prévue à l'article 35, paragraphe 3, de l'ordonnance susvisée *[C. com., art. L. 522-39]*, doit être engagée dans les trois mois de la décision du retrait d'agrément à titre définitif prise par le commissaire régional. Cette aliénation peut être opérée soit par adjudication, soit par voie de cession amiable. Toutefois, il ne peut être procédé à l'amiable lorsque le chiffre d'affaires réalisé dans le magasin général au cours de l'exercice précédent dépasse une somme fixée par le ministre de la production industrielle.

Seules peuvent se présenter à l'adjudication ou acquérir l'établissement à l'amiable, les personnes qui y sont autorisées par le commissaire régional.

19 Les droits de l'exploitant pour le compte duquel l'établissement est vendu, ainsi que ceux de ses créanciers, se règlent conformément à la loi du 17 mars 1909 relative à la vente et au nantissement des fonds de commerce *[C. com., art. L. 141-5 s.]*, et à l'article 26 de la loi du 30 décembre 1895 modifié par l'article 34 de la loi du 29 avril 1926.

20 Les exploitants de magasins généraux sont tenus d'adresser dans le premier mois de chaque année, à l'inspecteur de la production industrielle dans la circonscription duquel sont situés leurs établissements, un compte rendu général de leur activité au cours de l'année écoulée.

A ce compte rendu est joint un état indiquant :

1° Le niveau maximum atteint par les stocks des principales marchandises entreposées, suivant une liste qui est fixée pour la région par l'inspecteur général de la production industrielle sur la proposition de l'office professionnel des magasins généraux et entrepôts ;

2° Le montant des avances transcrites sur les warrants.

TITRE V. DISPOSITIONS SPÉCIALES

21 Lorsque l'agrément d'un entrepôt comme magasin général fait l'objet d'un décret ou d'un arrêté ministériel, un exemplaire de ce décret ou de cet arrêté ministériel est notifié par les soins du commissaire régional à l'office professionnel des magasins généraux et entrepôts et à la chambre de commerce et d'industrie dans la circonscription de laquelle est situé l'entrepôt intéressé.

22 La surveillance et le contrôle des magasins généraux agréés par décret ou par arrêté ministériel sont exercés par le commissaire régional, dans les conditions prévues à l'article 17 ci-dessus.

L'inspecteur général informe des infractions constatées le commissaire régional, qui en rend compte à l'autorité qui a contresigné le décret ou pris l'arrêté, en lui proposant, le cas échéant, le retrait de l'agrément dans les mêmes formes.

CHAPITRE III DU WARRANT HÔTELIER

RÉP. COM. v° *Warrant hôtelier*, par M. Cabrillac.

Art. L. 523-1 **Tout exploitant d'hôtel peut emprunter sur le mobilier commercial, le matériel et l'outillage servant à son exploitation, même devenus immeubles par destination, tout en conservant la garde dans les locaux de l'hôtel.**

Les objets servant de garantie à la créance restent, jusqu'au remboursement des sommes empruntées, le gage du prêteur et de ses ayants droit.

L'emprunteur est responsable desdits objets qui demeurent confiés à ses soins, sans aucune indemnité opposable au prêteur et à ses ayants droit. – *[L. 8 août 1913, art. 1er].*

Art. L. 523-2 **L'exploitant d'hôtel, lorsqu'il n'est pas propriétaire ou usufruitier de l'immeuble dans lequel il exerce son industrie, doit, avant tout emprunt, aviser par acte extrajudiciaire le propriétaire ou l'usufruitier du fonds loué ou leur mandataire légal, de la nature, de la quantité et de la valeur des objets constitués en gage, ainsi que du montant des sommes à emprunter. Ce même avis doit être réitéré par lettre, par l'intermédiaire du greffier du tribunal d'instance compétent au lieu d'exploitation de l'hôtel meublé. La lettre d'avis est remise au greffier qui doit la viser, l'enregistrer et l'envoyer sous forme de pli d'affaire recommandé avec accusé de réception.**

Le propriétaire, l'usufruitier ou leur mandataire légal, dans un délai de quinze jours francs à partir de la notification de l'acte précité, peuvent s'opposer à l'emprunt par acte extrajudiciaire adressé au greffier, lorsque l'emprunteur n'a pas payé les loyers échus, six mois de loyers en cours et six mois à échoir.

L'emprunteur peut obtenir mainlevée de l'opposition moyennant l'acquittement des loyers précités.

Le défaut de réponse de la part du propriétaire, de l'usufruitier, ou de leur mandataire légal, dans le délai ci-dessus fixé, est considéré comme une non-opposition à l'emprunt.

Le privilège du bailleur est réduit, jusqu'à concurrence de la somme prêtée, sur les objets servant de gage à l'emprunt. Il subsiste dans les termes de droit si l'emprunt est réalisé malgré l'opposition du bailleur.

Le bailleur peut toujours renoncer, soit à son opposition, soit au paiement des loyers ci-dessus indiqués, en apposant sa signature sur le registre prévu à l'article L. 523-3.

En cas de conflit entre le privilège du porteur du warrant hôtelier et des créanciers hypothécaires, leur rang est déterminé par les dates respectives de la transcription du premier endossement du warrant et des inscriptions d'hypothèques. – *[L. 8 août 1913, art. 2].*

Art. L. 523-3 Il est tenu, dans chaque greffe de tribunal de commerce, un registre à souche, coté et paraphé, dont le volant et la souche portent chacun, d'après les déclarations de l'emprunteur, des mentions dont la liste est fixée par décret.

Le volant contenant ces mentions constitue le warrant hôtelier. – *[L. 8 août 1913, art. 3, al. 1er, 2 (partie) et al. 3].* – *V. aussi L. 8 août 1913, art. 3, infra.*

Loi du 8 août 1913,

Relative au warrant hôtelier (DP 1916. 4. 7).

Art. 3 *(Abrogé et codifié par Ord. n° 2000-912 du 18 sept. 2000) « Les constitutions de gages régies par la présente loi sont faites dans les formes ci-après :*

« Il est tenu, dans chaque greffe de tribunal de commerce, un registre à souche, coté et paraphé, dont le volant et la souche portent chacun, d'après les déclarations de l'emprunteur, les indications suivantes : » – V. note, infra.

1° Les noms, professions et domiciles des parties ;

2° La nature des objets mis en gage, les indications propres à établir leur identité et à déterminer leur valeur, ainsi que le lieu de leur situation ;

3° L'inexistence d'aucun privilège de vendeur, de nantissement ou de gage sur lesdits objets ;

4° Le nom de la compagnie à laquelle ils sont assurés, ainsi que l'immeuble, pendant toute la durée du prêt, contre l'incendie ;

5° Le montant de la créance garantie et la date de son échéance, ainsi que toutes les clauses et conditions particulières arrêtées entre les parties ;

6° La date de la notification de l'acte extrajudiciaire adressé au propriétaire, à l'usufruitier ou à leur mandataire légal, et celle de leur réponse ;

7° Le montant du loyer annuel de l'hôtel et la justification que les loyers énumérés à l'article 2 ont été acquittés.

(Abrogé et codifié par Ord. n° 2000-912 du 18 sept. 2000) « Le volant contenant les mentions ci-dessus constitue le warrant hôtelier. »

L'art. 3 a été abrogé et codifié ss. l'art. L. 523-3 C. com. par Ord. n° 2000-912, à l'exception des 1° à 7° de l'al. 2, lesquels seront abrogés à compter de l'entrée en vigueur de la partie réglementaire du code de commerce (Ord. n° 2000-912 du 18 sept. 2000, art. 4, I, 10° et III, 4°).

Art. L. 523-4 Le warrant hôtelier est délivré par le greffier du tribunal de commerce dans le ressort duquel est exploité l'hôtel. L'emprunteur qui le reçoit donne décharge de la remise du titre, en apposant sa signature avec la date sur le registre. Il ne peut être délivré qu'un seul warrant pour les mêmes objets. Le warrant est transféré par l'emprunteur au prêteur par voie d'endossement daté et signé.

Le prêteur doit, dans un délai de cinq jours, faire transcrire sur le registre le premier endossement. Mention de cette transcription est également énoncée sur le warrant. – *[L. 8 août 1913, art. 4].*

Art. L. 523-5 Le warrant est transmissible par voie d'endossement établi suivant les prescriptions de l'article L. 523-4, mais non soumis à la formalité de la transcription comme le premier endossement.

Tous ceux qui ont signé ou endossé un warrant sont tenus à la garantie solidaire envers le porteur.

L'escompteur et les réescompteurs d'un warrant sont tenus d'aviser, dans les huit jours, le greffier du tribunal de commerce, par pli recommandé, avec accusé de réception, ou verbalement contre récépissé de l'avis.

L'emprunteur peut, par une mention spéciale inscrite sur le warrant, dispenser l'escompteur et les réescompteurs de donner cet avis. En ce cas, il n'y a pas lieu à application des dispositions des deux derniers alinéas de l'article L. 523-8. – *[L. 8 août 1913, art. 5].*

Art. L. 523-6 Le greffier est tenu de délivrer à tout prêteur qui le requiert, soit un état des warrants, soit un certificat établissant qu'il n'existe pas d'inscription. Il est tenu de faire la même délivrance à tout hôtelier ressortissant de son greffe qui le requiert, mais seulement en ce qui concerne le fonds exploité par lui.

Cet état ne remonte pas à une période antérieure de cinq années. – *[L. 8 août 1913, art. 6].*

Art. L. 523-7 La radiation de l'inscription est opérée sur la justification, soit du remboursement de la créance garantie par le warrant, soit d'une mainlevée régulière.

L'emprunteur qui a remboursé son warrant fait constater le remboursement au greffe du tribunal de commerce et mention du remboursement ou de la mainlevée est faite sur le registre tenu par le greffier qui lui délivre un certificat de radiation de l'inscription.

L'inscription est radiée d'office après cinq ans, si elle n'a pas été renouvelée avant l'expiration de ce délai. Si elle est inscrite à nouveau après la radiation d'office, elle ne vaut, à l'égard des tiers, que du jour de la date. – *[L. 8 août 1913, art. 7].*

Art. L. 523-8 L'emprunteur conserve le droit de vendre les objets warrantés à l'amiable et avant le paiement de la créance, même sans le concours du prêteur, mais leur tradition à l'acquéreur ne peut être opérée qu'après désintéressement du créancier.

L'emprunteur, même avant l'échéance, peut rembourser la créance garantie par le warrant ; si le porteur du warrant refuse les offres du débiteur, celui-ci peut, pour se libérer, consigner la somme offerte, en observant les formalités prescrites par les articles 1426 à 1429 du Nouveau code de procédure civile. Les offres sont faites au dernier ayant droit connu par les avis donnés au greffier, en conformité de l'article L. 523-5. Sur le vu d'une quittance de consignation régulière et suffisante, le président du tribunal de commerce dans le ressort duquel le warrant est inscrit rend une ordonnance aux termes de laquelle le gage est transporté sur la somme consignée.

En cas de remboursement anticipé d'un warrant, l'emprunteur bénéficie des intérêts qui restaient à courir jusqu'à l'échéance du warrant, déduction faite d'un délai de dix jours. – *[L. 8 août 1913, art. 8].*

Art. L. 523-9 Les établissements publics de crédit peuvent recevoir les warrants hôteliers comme effets de commerce, avec dispense d'une des signatures exigées par leurs statuts. – *[L. 8 août 1913, art. 9].*

Art. L. 523-10 Les porteurs de warrants ont, sur les indemnités d'assurances, en cas de sinistre, les mêmes droits et privilèges que sur les objets assurés. – *[L. 8 août 1913, art. 10].*

Art. L. 523-11 Le porteur de warrant doit réclamer à l'emprunteur paiement de sa créance échue, et, à défaut de ce paiement, réitérer sa réclamation au débiteur par lettre recommandée avec demande d'avis de réception.

Faute du paiement du warrant à l'échéance le porteur a pour la réalisation du gage, les droits que confèrent aux créanciers privilégiés ou garantis par un nantissement les dispositions des articles L. 143-5 à L. 143-15.

Toutefois, le bailleur peut toujours exercer son privilège jusqu'à concurrence de six mois de loyers échus, six mois de loyers en cours et six mois de loyers à échoir.

Si le porteur fait procéder à la vente, il ne peut plus exercer son recours contre les endosseurs et même contre l'emprunteur qu'après avoir fait valoir ses droits sur le prix des objets warrantés. En cas d'insuffisance du prix pour le désintéresser, un délai de trois mois lui est imparti, à dater du jour où la vente est réalisée, pour exercer son recours contre les endosseurs. – *[L. 8 août 1913, art. 11]*.

Art. L. 523-12 Le porteur du warrant est payé directement de sa créance sur le prix de vente, par privilège et de préférence à tous créanciers, et sans autre déduction que celle des contributions directes et des frais de vente et sans autre formalité qu'une ordonnance du président du tribunal de commerce. – *[L. 8 août 1913, art. 12]*.

Art. L. 523-13 La fausse déclaration ou le fait pour tout emprunteur de constituer un warrant sur des objets dont il n'est pas propriétaire ou déjà donnés en gage ou en nantissement ainsi que le fait pour tout emprunteur de détourner, dissiper ou volontairement détériorer, au préjudice de son créancier le gage de celui-ci, sont punis, selon les cas, des peines prévues pour l'escroquerie ou l'abus de confiance, aux articles 313-1, 313-7, 313-8 ou 314-1 et 314-10 du code pénal. – *[L. 8 août 1913, art. 13]*.

Art. L. 523-14 Le montant des droits à percevoir par le greffier est fixé par décret en Conseil d'État.

Les avis prescrits par les dispositions du présent chapitre sont envoyés en la forme et avec la taxe des papiers d'affaires recommandés. – *[L. 8 août 1913, art. 14]*.

Art. L. 523-15 Sont considérées comme nulles et non avenues toutes conventions contraires aux dispositions du présent chapitre, et notamment toutes stipulations qui ont pour effet de porter atteinte au droit des locataires d'instituer le warrant hôtelier. – *[L. 8 août 1913, art. 16, al. 2]*.

CHAPITRE IV DU WARRANT PÉTROLIER

RÉP. COM. v° *Warrant pétrolier*, par CABRILLAC.

Art. L. 524-1 Les opérateurs, détenteurs de stocks de pétrole brut ou de produits pétroliers peuvent warranter des stocks en garantie de leurs emprunts, tout en en conservant la garde dans leurs usines ou dépôts.

Les produits warrantés restent, jusqu'au remboursement des sommes avancées, le gage du porteur du warrant.

Le warrant est établi sur une certaine quantité de marchandises d'une qualité spécifiée, sans qu'il soit nécessaire de séparer matériellement les produits warrantés des autres produits similaires détenus par l'emprunteur.

L'emprunteur est responsable de la marchandise qui reste confiée à ses soins et à sa garde, et cela sans aucune indemnité opposable au bénéfice du warrant. – *[L. 21 avr. 1932, art. 1er]*.

La banque ne peut prétendre qu'au prix de vente des produits stockés désignés en quantité dans les warrants et non à une somme égale à celle de l'évaluation figurant dans les warrants en application de l'art. L. 524-2. • Com. 11 janv. 2005 : *Banque et Droit mai-juin 2005. 91, obs. Affaki et Stoufflet.*

Art. L. 524-2 Pour établir la pièce qui est dénommée « warrant pétrolier », le greffier du tribunal de commerce de la situation des produits à warranter inscrit, d'après les déclarations de l'emprunteur, la nature, la qualité, la quantité, la valeur, le lieu de situation des produits qui doivent servir de gage pour l'emprunt, le montant des sommes empruntées, ainsi que les clauses et conditions particulières relatives au warrant pétrolier, arrêtées entre les parties.

Le warrant est signé par l'emprunteur.

Il n'est valable que pour trois ans au plus, mais peut être renouvelé. – *[L. 21 avr. 1932, art. 2, al. 1er, 3 et 4].*

Art. L. 524-3 Le warrant indique si le produit warranté est assuré ou non et, en cas d'assurance, le nom et l'adresse de l'assureur.

Faculté est donnée aux prêteurs de continuer ladite assurance jusqu'à la réalisation du warrant.

Les porteurs de warrants ont, sur les indemnités d'assurances dues en cas de sinistre, les mêmes droits et privilèges que sur les produits assurés. – *[L. 21 avr. 1932, art. 3].*

Art. L. 524-4 Le greffier du tribunal de commerce délivre, à tout requérant, un état des warrants inscrits depuis moins de cinq ans au nom de l'emprunteur ou un certificat établissant qu'il n'existe pas d'inscription. – *[L. 21 avr. 1932, art. 4].*

Art. L. 524-5 La radiation de l'inscription est opérée sur la justification, soit du remboursement de la créance garantie par le warrant, soit d'une mainlevée régulière.

L'emprunteur qui a remboursé son warrant fait constater le remboursement par le greffe du tribunal de commerce. Mention du remboursement ou de la mainlevée est faite sur le registre prévu à l'article L. 524-2. Un certificat de radiation de l'inscription lui est délivré.

L'inscription est radiée d'office après cinq ans, si elle n'a pas été renouvelée avant l'expiration du délai. Si elle est inscrite à nouveau après la radiation d'office, elle ne vaut, à l'égard des tiers, que du jour de la nouvelle date. – *[L. 21 avr. 1932, art. 5].*

Art. L. 524-6 L'emprunteur conserve le droit de vendre les produits warrantés à l'amiable et avant le paiement de la créance, même sans le concours du prêteur. Toutefois, la tradition, à l'acquéreur, ne peut être opérée que lorsque le créancier a été désintéressé.

L'emprunteur peut, même avant l'échéance, rembourser la créance garantie par le warrant pétrolier. Si le porteur du warrant refuse les offres du débiteur, celui-ci peut, pour se libérer, consigner la somme offerte dans les conditions prévues aux articles 1426 à 1429 du Nouveau code de procédure civile. Les offres sont faites au dernier ayant droit connu par les avis donnés au greffe du tribunal de commerce, en conformité de l'article L. 524-8. Au vu d'une quittance de consignation régulière et suffisante, le président du tribunal de commerce compétent à raison du lieu d'inscription du warrant rend une ordonnance aux termes de laquelle le gage est transporté sur la somme consignée.

En cas de remboursement anticipé d'un warrant pétrolier, l'emprunteur bénéficie des intérêts qui restaient à courir jusqu'à l'échéance du warrant, déduction faite d'un délai de dix jours. – *[L. 21 avr. 1932, art. 6].*

Art. L. 524-7 Les établissements publics de crédit peuvent recevoir les warrants comme effets de commerce, avec dispense d'une des signatures exigées par leurs statuts. – *[L. 21 avr. 1932, art. 7].*

Art. L. 524-8 Le warrant pétrolier est transmissible par voie d'endossement. L'endossement est daté et signé, il énonce les noms, professions, domiciles des parties.

Tous ceux qui ont signé ou endossé un warrant sont tenus à la garantie solidaire envers le porteur.

L'escompteur ou le réescompteur d'un warrant sont tenus d'aviser, dans les huit jours, le greffe du tribunal de commerce, par pli recommandé, avec accusé de réception, ou verbalement contre récépissé de l'avis.

L'emprunteur peut, par une mention spéciale inscrite au warrant, dispenser l'escompteur ou les réescompteurs de donner cet avis, mais, dans ce cas, il n'y a pas lieu à application des dispositions du dernier alinéa de l'article L. 524-6. – *[L. 21 avr. 1932, art. 8].*

Art. L. 524-9 Le porteur du warrant pétrolier doit réclamer à l'emprunteur paiement de sa créance échue, et, à défaut de ce paiement, constater et réitérer sa réclamation au débiteur par lettre recommandée avec demande d'avis de réception.

S'il n'est pas payé dans les cinq jours de l'envoi de cette lettre, le porteur du warrant pétrolier est tenu, à peine de perdre ses droits contre les endosseurs, de dénoncer le défaut de paiement, quinze jours francs au plus tard après l'échéance, par avertissement, pour chacun des endosseurs, remis au greffe du tribunal de commerce, qui lui en donne récépissé. Le greffe du tribunal de commerce fait connaître cet avertissement, dans la huitaine qui suit, aux endosseurs, par lettre recommandée avec demande d'avis de réception. – *[L. 21 avr. 1932, art. 9, al. 1er et 2].*

Art. L. 524-10 En cas de refus de paiement, le porteur du warrant pétrolier peut, quinze jours après la lettre recommandée adressée à l'emprunteur, comme il est dit ci-dessus, faire procéder par un officier public ou ministériel à la vente publique de la marchandise engagée. Il y est procédé en vertu d'une ordonnance rendue sur requête par le président du tribunal de commerce de la situation des marchandises warrantées, fixant les jour, lieu et heure de la vente. Elle est annoncée huit jours au moins à l'avance par affiches apposées dans les lieux indiqués par le président du tribunal de commerce. Le président du tribunal de commerce peut, dans tous les cas, en autoriser l'annonce par la voie des journaux. La publicité donnée est constatée par une mention insérée au procès-verbal de vente. – *[L. 21 avr. 1932, art. 9, al. 3].*

Art. L. 524-11 L'officier public chargé de procéder prévient, par lettre recommandée, le débiteur et les endosseurs, huit jours à l'avance, des lieu, jour et heure de la vente.

L'emprunteur peut toutefois, par une mention spéciale inscrite au warrant pétrolier, accepter qu'il n'y ait pas obligatoirement vente publique, et que la vente puisse être faite à l'amiable. En pareil cas, la vente est toujours faite en vertu d'une ordonnance du président du tribunal de commerce de la situation des marchandises warrantées rendue sur requête. – *[L. 21 avr. 1932, art. 9, al. 4 et 6].*

Art. L. 524-12 Les dispositions de l'article 53 de la loi n° 91-650 du 9 juillet 1991 portant réforme des procédures civiles d'exécution sont applicables aux ventes prévues par les dispositions du présent chapitre. – *[L. 21 avr. 1932, art. 9, al. 5].*

Art. L. 524-13 Le porteur du warrant est payé directement de ses créances sur le prix de vente, par privilège et de préférence à tous créanciers, sous déduction des frais de vente, et sans autres formalités qu'une ordonnance du président du tribunal de commerce. – *[L. 21 avr. 1932, art. 10].*

Art. L. 524-14 Si le porteur du warrant pétrolier fait procéder à la vente, conformément aux articles L. 524-9 à L. 524-11, il ne peut plus exercer son recours contre les endosseurs et même contre l'emprunteur, qu'après avoir fait valoir ses droits sur le prix des produits warrantés. En cas d'insuffisance du prix pour le désintéresser, un délai d'un mois lui est imparti, à dater du jour où la vente de la marchandise est réalisée, pour exercer son recours contre les endosseurs. – *[L. 21 avr. 1932, art. 11].*

Art. L. 524-15 En cas de non-conformité, constatée entre les existants et les quantités ou qualités warrantés, les prêteurs peuvent mettre immédiatement, par lettre recommandée avec accusé de réception, le titulaire du warrant pétrolier en demeure soit de rétablir la garantie dans les quarante-huit heures suivant la réception de la lettre recommandée, soit de leur rembourser, dans le même délai, tout ou partie des sommes portées sur le warrant pétrolier. S'il ne leur est pas donné satisfaction, les prêteurs ont le droit d'exiger le remboursement total de la créance en la considérant comme échue.

En pareil cas, l'emprunteur perd le bénéfice des dispositions du dernier alinéa de l'article L. 524-6, concernant le remboursement des intérêts. – *[L. 21 avr. 1932, art. 12].*

Art. L. 524-16 En cas de baisse de la valeur des stocks warrantés, dépassant ou égalant 10 %, les prêteurs peuvent mettre, par lettre recommandée avec accusé de réception, les emprunteurs en demeure d'avoir, soit à augmenter le gage, soit à rembourser une partie proportionnelle des sommes prêtées. Dans ce dernier cas, les dispositions du dernier alinéa de l'article L. 524-6 sont applicables.

S'il n'est pas satisfait à cette demande dans un délai de huit jours francs, les prêteurs ont la faculté d'exiger le remboursement total de leur créance en la considérant comme échue. – *[L. 21 avr. 1932, art. 13].*

Art. L. 524-17 Le fait pour tout emprunteur d'avoir fait une fausse déclaration, ou d'avoir constitué un warrant pétrolier sur produits déjà warrantés, sans avis préalable donné au nouveau prêteur ou le fait pour tout emprunteur ou dépositaire d'avoir détourné, dissipé ou volontairement détérioré au préjudice de son créancier le gage de celui-ci, est puni selon les cas des peines prévues aux articles 313-1, 313-7 et 313-8 ou 314-1 et 314-10 du code pénal. – *[L. 21 avr. 1932, art. 14].*

Art. L. 524-18 Lorsque, pour l'exécution des dispositions du présent chapitre, il y a lieu à référé, ce référé est porté devant le président du tribunal de commerce de la situation des marchandises warrantées. – *[L. 21 avr. 1932, art. 15].*

Art. L. 524-19 Le montant des droits à percevoir par le greffier du tribunal de commerce à l'occasion des warrants pétroliers est celui fixé par le décret qui régit les warrants agricoles. Ce montant peut toutefois être révisé par un décret spécial aux warrants pétroliers.

Les avis prescrits par les dipositions du présent chapitre sont envoyés en la forme et avec la taxe des papiers d'affaires recommandés. – *[L. 21 avr. 1932, art. 16].*

Art. L. 524-20 Les dispositions du présent chapitre sont applicables sous réserve du respect des obligations imposées par la loi n° 92-1443 du 31 décembre 1992 portant réforme du régime pétrolier, en particulier en ce qui concerne la constitution et la répartition des stocks et sans préjudice de la mise en jeu éventuelle de la responsabilité des opérateurs en cas d'infraction à ces obligations. – *[L. 21 avr. 1932, art. 19].*

Art. L. 524-21 Le présent chapitre est applicable dans les départements du Haut-Rhin, du Bas-Rhin et de la Moselle, sous réserve des dispositions spéciales de la loi

du 1er juin 1924 portant introduction des lois commerciales françaises dans ces trois départements.

Les greffes compétents pour l'établissement des warrants pétroliers seront ceux prévus à l'article 35 de ladite loi pour l'établissement des warrants hôteliers. – *[L. 21 avr. 1932, art. 20].*

Sur les warrants agricoles, V. C. rur., art. L. 342-1 à L. 342-17. – ***C. rur. et for.***

CHAPITRE V DU NANTISSEMENT DE L'OUTILLAGE ET DU MATÉRIEL D'ÉQUIPEMENT

RÉP. COM. v° *Nantissement de l'outillage et du matériel d'équipement*, par PICOD.

BIBL. GÉN. ▶ RIPERT, *D. 1951. Chron. 41 ; Banque 1951. 397.* – JAUFFRET, *RTD com. 1951. 201.* – ROBLOT, *Dr. soc. 1951. 289.* – CORNU, *Journ. sociétés 1962. 65.* – COHEN, *JCP 1951. I. 912.*

Art. L. 525-1 Le paiement du prix d'acquisition de l'outillage et du matériel d'équipement professionnel peut être garanti, soit vis-à-vis du vendeur, soit vis-à-vis du prêteur qui avance les fonds nécessaires au paiement du vendeur, par un nantissement restreint à l'outillage ou au matériel ainsi acquis.

Si l'acquéreur a la qualité de commerçant, ce nantissement est soumis, sous réserve des dispositions ci-après, aux règles édictées par les chapitres II et III du titre IV du livre Ier, sans qu'il soit nécessaire d'y comprendre les éléments essentiels du fonds.

Si l'acquéreur n'a pas la qualité de commerçant, le nantissement est soumis aux dispositions de l'article L. 525-16. – *[L. n° 51-59 du 18 janv. 1951, art. 1er].*

1. Créance garantie. La constitution du nantissement est possible lorsque l'acquéreur fait achat de l'outillage ou du matériel d'équipement professionnel en vue de la revente. • Com. 15 mars 1971 : *D. 1971. Somm. 207* • 4 nov. 1970 : *ibid. 44.* ♦ Sur la résolution de la vente, V. • Montpellier, 22 mars 1984 : *JCP 1984. II. 20320, note M. Cabrillac ; RTD com. 1985. 815, obs. Hémard et Bouloc.* ♦ Il peut être consenti à celui qui a prêté les fonds nécessaires au paiement du vendeur même s'il remet directement les fonds à l'acheteur. • Paris, 29 avr. 1977 : *RJ com. 1978. 206, note Chartier* • Caen, 9 avr. 1987 : *Gaz. Pal. 1987. 2. Somm. 385.* ♦ Sur l'exclusion du vendeur du fonds de commerce, V. : Rép. min. : *JOAN Q, 4 févr. 1980, p. 428 ; RTD com. 1980. 76, obs. Derruppé.* ♦ Pour la reprise d'un nantissement de matériel consenti au nom d'une société en formation par un fondateur agissant pour son compte, V. • Com. 29 mai 1980 : *Bull. civ. IV, n° 221.* – Comp. : Derruppé, *RTD com. 1990. 26.*

2. Outillage et matériel. Dans l'outillage et le matériel sont compris les tracteurs achetés par l'entrepreneur de travaux publics, lesquels ne peuvent être qualifiés de matériel agricole et constituent des matériels de chantier susceptibles de nantissement. Un simple gage sur ces engins doit être déclaré nul. • T. com. Montpellier, 8 déc. 1960 : *D. 1961. 52.* ♦ Comp. note 1 ss. art. L. 525-18.

3. Fonds de commerce. Les dispositions de la loi de 1951 [C. com., art. L. 525-1 s.] ne sont pas applicables au nantissement sur le fonds de commerce. • Com. 23 nov. 1999 : *Bull. civ. IV, n° 208 ; D. 2000. AJ. 23, obs. A. L.-M. D. ; JCP 2000. II. 10293, note Kéita ; ibid. I. 259, n° 20, obs. Simler et Delebecque ; Banque et Droit mars-avr. 2000. 45, obs. Jacob.*

Art. L. 525-2 Le nantissement est consenti par un acte authentique ou sous seing privé enregistré au droit fixe.

Lorsqu'il est consenti au vendeur, il est donné dans l'acte de vente.

Lorsqu'il est consenti au prêteur qui avance les fonds nécessaires au paiement du vendeur, le nantissement est donné dans l'acte de prêt.

Cet acte doit mentionner, à peine de nullité, que les fonds versés par le prêteur ont pour objet d'assurer le paiement du prix des biens acquis.

Les biens acquis doivent être énumérés dans le corps de l'acte et chacun d'eux doit être décrit d'une façon précise, afin de l'individualiser par rapport aux autres

biens de même nature appartenant à l'entreprise. L'acte indique également le lieu où les biens ont leur attache fixe ou mentionne, au cas contraire, qu'ils sont susceptibles d'être déplacés.

Sont assimilés aux prêteurs de fonds les garants qui interviennent en qualité de caution, de donneur d'aval ou d'endosseur dans l'octroi des crédits d'équipements. Ces personnes sont subrogées de plein droit aux créanciers. Il en est de même des personnes qui endossent, escomptent, avalisent ou acceptent les effets créés en représentation desdits crédits. – *[L. n° 51-59 du 18 janv. 1951, art. 2].*

Énumération des biens. Les biens acquis doivent être énumérés dans le corps de l'acte et chacun d'eux doit être décrit de façon précise, afin de l'individualiser par rapport aux autres biens de même nature appartenant à l'entreprise. Le juge du fond estime souverainement si la description tendant à l'individualisation du matériel énuméré est suffisante. • Com. 12 nov. 1969 : *D. 1970. 254 ; JCP 1970. II. 16230.* ♦ Bien qu'il n'ait pas été possible d'identifier le matériel nanti, l'avaliste des traites destinées à en régler le prix ne saurait s'exonérer de son obligation au prétexte qu'il ne pourra être subrogé dans les droits du créancier, dès lors que les juges du fond ont souverainement apprécié que la description tendant à individualiser le matériel dans l'acte constitutif de nantissement était suffisante et que l'inefficacité de celui-ci n'était pas due à la négligence du créancier. • Même arrêt. – Comp. : • Riom, 28 avr. 1988 : *BICC 1988, n° 846.* ♦ Sur le pouvoir souverain d'appréciation des juges du fond, V. • Com. 12 nov. 1969 : *JCP 1970. II. 16230, note J.A.*

Le transfert de la charge d'un nantissement sur un matériel inclus dans un plan de cession se transmet de plein droit au cessionnaire uniquement s'il a été régulièrement inscrit, ce qui n'est pas le cas d'un nantissement de matériel d'équipement lorsque les biens engagés ne sont pas individualisés (description ne mentionnant pas le nombre d'appareils, ni les éléments distincts et individualisables composant l'installation, ni la marque des matériels, ni leurs numéros de série). • Lyon, 16 janv. 2003 : *RD banc. fin. 2004, n° 31, obs. Lucas.*

Art. L. 525-3 **A peine de nullité, le nantissement doit être conclu au plus tard dans le délai de deux mois à compter du jour de la livraison du matériel d'équipement sur les lieux où il doit être installé.**

A peine de nullité également, le nantissement doit être inscrit dans les conditions requises par les articles L. 142-3 et L. 142-4, et dans un délai de quinze jours à compter de la date de l'acte constitutif du nantissement.

Lorsque la livraison du matériel intervient après la date prévue dans le contrat ou si elle n'est pas faite au lieu primitivement fixé, les créances inscrites deviennent de plein droit exigibles si le débiteur n'a pas fait connaître, dans les quinze jours de cette livraison, au créancier nanti, la date ou le lieu auquel elle est intervenue.

Le nantissement ne peut être opposé aux tiers si, dans la quinzaine de l'avis à lui notifié ou dans la quinzaine du jour où il aura eu connaissance de la date ou du lieu de la livraison, le créancier nanti n'a pas requis du greffier du tribunal où a été prise l'inscription du nantissement, que mention soit faite de cette date ou de ce lieu en marge de ladite inscription. – *[L. n° 51-59 du 18 janv. 1951, art. 3].*

BIBL. ▸ Delattre, *JCP E 2005, n° 50, p. 2152* (opposabilité du nantissement sur outillage et matériel dans le cadre des opérations de vérification du passif).

1. Délais. Le délai d'inscription de quinze jours ne se cumule pas avec le délai de deux mois à compter de la livraison imparti pour établir l'acte constitutif. • Montpellier, 2 nov. 1960 : *D. 1964. 256, note M. Cabrillac.* ♦ A peine de nullité, le nantissement doit être constitué par acte authentique ou par acte sous seing privé enregistré au plus tard dans le délai de deux mois à compter de la livraison. • Com. 10 janv. 1983 : *Gaz. Pal. 1983. 1. Pan. 128, obs. Piedelièvre ; JCP 1984. II. 20231, note Hémard.* ♦ Pour un nantissement consenti dans l'acte de prêt conclu entre la banque et l'emprunteur, acheteur initial du matériel, V. • Dijon, 26 avr. 2005 : *JCP E 2005, n° 30, p. 1279.*

Chaque matériel pris individuellement doit suivre les règles spécifiques au nantissement sur matériel et outillage, notamment le respect du délai de deux mois, et il importe peu à cet égard que les divers matériels aient ensuite été installé en un ensemble industriel homogène, chaque sous-ensemble pouvant être distingué puisque livré séparément par des fournisseurs distincts. • Douai, 30 janv. 2003 : *JCP E 2003, n° 13, p. 569, note Delattre.*

Jugeant que la nullité du nantissement pour non-respect des délais ne constitue pas une exception inhérente aux dettes cautionnées, de telle sorte qu'une cour d'appel peut en déduire que les cautions ne pouvaient opposer celle-ci au créancier : • Com. 17 déc. 2003 : *RJDA 2004, n° 621.*

2. Compétence territoriale. Le nantissement est nul s'il est inscrit auprès d'un greffe territorialement incompétent. • Montpellier, 2 nov. 1960 : *préc. note 1.* ♦ Comp. : note ss. art. L. 525-10 C. com.

Sur les conséquences du déplacement du fonds de commerce, V. • Com. 29 janv. 2002 : *cité supra note 3 ss. art. L. 143-1.*

3. Date de livraison. Pour le caractère facultatif de la mention de la date de livraison pour une vente au départ de l'usine, V. • Com. 10 janv. 1983 : *préc. note 1.* ♦ Jugeant qu'il faut entendre par livraison la remise effective du matériel vendu, ce qu'il ne faut pas confondre avec l'installation, peu important que les divers matériels aient ensuite été installés en un ensemble industriel homogène, chaque sous-ensemble pouvant être distingué puisque livré séparément par des fournisseurs distincts. • Douai, 30 janv. 2003 : *préc. note 1.* ♦ Jugeant également que l'installation et la mise au point du matériel n'ont pas à être prises en considération, V. • Com. 7 avr. 2004 : *RJDA 2004, n° 1049.*

Art. L. 525-4 Les biens donnés en nantissement par application du présent chapitre peuvent, en outre, à la requête du bénéficiaire du nantissement, être revêtus sur une pièce essentielle et d'une manière apparente d'une plaque fixée à demeure indiquant le lieu, la date et le numéro d'inscription du privilège dont ils sont grevés.

Sous peine des sanctions prévues à l'article L. 525-19, le débiteur ne peut faire obstacle à cette apposition, et les marques ainsi apposées ne peuvent être détruites, retirées ou recouvertes avant l'extinction ou la radiation du privilège du créancier nanti. — *[L. n° 51-59 du 18 janv. 1951, art. 4].*

1. Apposition facultative. Sur le caractère facultatif de l'apposition d'une plaque, V. • TGI Seine, 17 juin 1965 : *Gaz. Pal. 1965. 2. 410.* ♦ V. notes ss. art. L. 525-7.

2. Fixation à demeure. Une plaque autoadhésive n'est pas conforme aux prescriptions de l'art. 4 [C. com., art. L. 525-4]. • Aix-en-Provence, 22 juin 1993 : *JCP 1992. I. 3765, n° 22, obs. Simler et Delebecque.*

3. Subrogation. Sur les conséquences de la non-apposition de la plaque permettant de signaler l'existence de la sûreté sur le bénéfice de subrogation, V. • Civ. 1re, 7 déc. 2004 : *Bull. civ. I, n° 300 ; D. 2005. AJ. 705, obs. Avena-Robardet ; JCP E 2005, n° 4, p. 108 ; Petites affiches 28-29 mars 2005, p. 9, obs. D.H. ; Gaz. Pal. 2005. Somm. 2056, obs. S. Piedelièvre ; RD banc. fin. 2005, n° 42, obs. Legeais ; BRDA 2005, n° 2, p. 10 (1re esp.).* – V. aussi art. 2314 C. civ.

Art. L. 525-5 Toute subrogation conventionnelle dans le bénéfice du nantissement doit être mentionnée en marge de l'inscription dans la quinzaine de l'acte authentique ou sous seing privé qui la constate, sur remise au greffier d'une expédition ou d'un original dudit acte.

Les conflits qui peuvent se produire entre les titulaires d'inscriptions successives sont réglés conformément à l'article 1252 du code civil. — *[L. n° 51-59 du 18 janv. 1951, art. 5].*

Art. L. 525-6 Le bénéfice du nantissement est transmis de plein droit conformément à l'article 1692 du code civil aux porteurs successifs des effets qu'il garantit, soit que ces effets aient été souscrits ou acceptés à l'ordre du vendeur ou du prêteur ayant fourni tout ou partie du prix, soit plus généralement qu'ils représentent la mobilisation d'une créance valablement gagée suivant les dispositions du présent chapitre.

Si plusieurs effets sont créés pour représenter la créance, le privilège attaché à celle-ci est exercé par le premier poursuivant pour le compte commun et pour le tout. — *[L. n° 51-59 du 18 janv. 1951, art. 6].*

Art. L. 525-7 **Sous peine des sanctions prévues à l'article L. 525-19, le débiteur qui, avant paiement ou remboursement des sommes garanties conformément au présent chapitre, veut vendre à l'amiable tout ou partie des biens grevés, doit solliciter le consentement préalable du créancier nanti, et à défaut, l'autorisation du juge des référés du tribunal de commerce statuant en dernier ressort.**

Lorsqu'il a été satisfait aux exigences de publicité requises par le présent chapitre et que les biens grevés ont été revêtus d'une plaque conformément à l'article L. 525-4, le créancier nanti ou ses subrogés disposent pour l'exercice du privilège résultant du nantissement, du droit de suite prévu à l'article L. 143-12. – *[L. nº 51-59 du 18 janv. 1951, art. 7].*

1. Publicité. Les deux conditions posées à l'art. 7, al. 2 [C. com., art. L. 525-7, al. 2], publicité et apposition d'une plaque fixée à demeure sur une pièce essentielle d'une manière apparente indiquant le lieu, la date et le numéro d'inscription du privilège, sont requises simultanément pour que puisse s'exercer le droit de suite, qui n'est pas laissé à l'appréciation des tribunaux. • T. com. Nancy, 13 mars 1962 : *Gaz. Pal. 1962. 2. 20.*

2. Possession. Si à défaut d'apposition de la plaque, prévue à l'art. 4 [C. com., art. L. 525-4], le créancier nanti ne dispose pas, en vertu de l'art. 7 [C. com., art. L. 525-7], pour l'exercice du privilège résultant du nantissement, du droit de suite prévu à l'art. 22 de la loi du 17 mars 1909 [C. com., art. L. 143-12], le créancier et le possesseur du bien peuvent invoquer les droits qu'ils tiennent des dispositions de l'art. 2279 C. civ. • Com. 9 mai 1990 : *Bull. civ. IV, nº 141 ; D. 1990. IR. 143.*

3. Preuve. Une banque n'est pas fondée à invoquer l'inopposabilité de la cession du matériel objet du prêt dès lors qu'elle ne dispose pas du droit de suite pour l'exercice de son privilège résultant du nantissement puisqu'elle ne rapporte pas la preuve de la présence d'une plaque sur le matériel. • Dijon, 26 avr. 2005 : *cité note 1 ss. art. L. 525-3.*

Art. L. 525-8 **Le privilège du créancier nanti en application des dispositions du présent chapitre subsiste si le bien qui est grevé devient immeuble par destination.**

L'article 2133 du code civil n'est pas applicable aux biens nantis. – *[L. nº 51-59 du 18 janv. 1951, art. 8].*

Art. L. 525-9 **I. – Le privilège du créancier nanti en application des dispositions du présent chapitre s'exerce sur les biens grevés par préférence à tous autres privilèges, à l'exception :**

1° Du privilège des frais de justice ;

2° Du privilège des frais faits pour la conservation de la chose ;

3° Du privilège accordé aux salariés par l'article L. 143-10 du code du travail.

II. – Il s'exerce, notamment, à l'encontre de tout créancier hypothécaire et par préférence au privilège du Trésor, au privilège visé à l'article L. 243-4 du code de la sécurité sociale, au privilège du vendeur du fonds de commerce à l'exploitation duquel est affecté le bien grevé, ainsi qu'au privilège du créancier nanti sur l'ensemble dudit fonds.

III. – Toutefois, pour que son privilège soit opposable au créancier hypothécaire, au vendeur du fonds de commerce et au créancier nanti sur l'ensemble dudit fonds, préalablement inscrits, le bénéficiaire du nantissement conclu en application du présent chapitre doit signifier auxdits créanciers, par acte extrajudiciaire, une copie de l'acte constatant le nantissement. Cette signification doit, à peine de nullité, être faite dans les deux mois de la conclusion du nantissement. – *[L. nº 51-59 du 18 janv. 1951, art. 9].*

1. Absence de signification. Les juges du fond peuvent décider que la responsabilité d'un notaire n'est pas engagée en raison du défaut de signification aux créanciers hypothécaires de l'acte constatant le nantissement, dès lors qu'ils relèvent que ce notaire n'est pas intervenu en qualité d'officier public, que sa mission était limitée à l'enregistrement de l'acte et à l'inscription du nantissement, sans qu'aucune instruction ne lui ait été donnée pour effectuer la procédure spéciale de l'art. 9 [C. com., art. L. 525-9]. • Civ. 1re, 13 juin 1972 : *D. 1973. Somm. 15.*

*2. **Droit de préférence.*** Le nantissement confère au créancier un privilège spécial, primant tout privilège général qui s'exerce sur les biens grevés de préférence à tous autres privilèges, à l'exception du privilège des frais de justice, du privilège des frais exposés pour la conservation de la chose et du privilège accordé aux salariés. • Nancy, 4 mai 1962 : *Gaz. Pal. Tables 1960-1965*, v° *Nantissement*, n°s 94 et 95. – Comp. : • Com. 18 juill. 1977 : *D. 1978. 404, note Mouly ; RTD com. 1978. 598, obs. Hémard ; JCP 1980. II. 19316, note Chartier* • Montpellier, 21 mai 1975 : *Banque 1975. 869 ; JCP 1976. II. 18356, note Revel* • Com. 8 juin 1982 : *Bull. civ. IV, n° 225.* ♦ Sur la préférence donnée au nantissement sur le privilège de l'administration fiscale, V. • Com. 15 janv. 1957 : *D. 1957. 267, note Hémard.* ♦ Sur la préférence donnée au réparateur d'un véhicule dont il a conservé la possession, • Com. 11 juin 1969 : *D. 1970. 244, note Bihr.*

Sur l'influence d'une clause de réserve de propriété, V. • T. com. Roanne, 16 mai 1984 : *Banque 1984. 1091.*

*3. **Redressement judiciaire.*** BIBL. Soinne, *Rev. proc. coll. 1986. 35.* – V. *infra*, ss. art. L. 621-96 ancien, L. n° 85-98 du 25 janv. 1985, art. 93, ancien al. 2. – V. aussi • Riom, 28 avr. 1988 : *Quot. jur. 6 avr. 1989, p. 4.* ♦ Sur l'indemnité d'assurance acquise au créancier nanti et opposable au redressement judiciaire, V. • Com. 4 févr. 1986 : *D. 1988. Somm. 6, obs. Derrida.* ♦ V. aussi note 21 *bis* ss. art. L. 621-43 ancien.

*4. **Droit de rétention.*** Jugeant que le nantissement sur l'outillage et le matériel ne confère pas de droit de rétention, V. • Com. 4 janv. 2005 : *Bull. civ. IV, n° 1 ; D. 2005. 970, note A. Aynès ; ibid. Pan. 2018, obs. Lucas ; JCP E 2005, n° 17, p. 709, obs. Cabrillac ; ibid. n° 24, p. 1008, obs. Delebecque ; RD banc. fin. 2005, n° 91, obs. Legeais ; RTD com. 2005. 408, obs. Bouloc ; RJDA 2005, n° 603.*

Art. L. 525-10 **Sous réserve des dérogations prévues par le présent chapitre, le privilège du créancier nanti est régi par les dispositions du livre I, titre IV, chapitre III en ce qui concerne les formalités d'inscription, les droits des créanciers en cas de déplacement du fonds, les droits du bailleur de l'immeuble, la purge desdits privilèges et les formalités de mainlevée.** – *[L. n° 51-59 du 18 janv. 1951, art. 10].*

Inscriptions multiples. L'inscription prise au greffe du tribunal de commerce du lieu où la marchandise est livrée et installée dans les locaux d'un tiers, ne dispense pas le vendeur d'inscrire son gage au greffe du tribunal dans le ressort duquel se trouve le siège de l'exploitation de la société débitrice. • Montpellier, 2 nov. 1960 : *préc. note 1 ss. art. L. 525-3.* ♦ Comp. : note 2 ss. art. L. 525-3 C. com.

Art. L. 525-11 **L'inscription conserve le privilège pendant cinq années à compter de sa régularisation définitive.**

Elle garantit, en même temps que le principal, deux années d'intérêts. Elle cesse d'avoir effet si elle n'a pas été renouvelée avant l'expiration du délai ci-dessus ; elle peut être renouvelée deux fois. – *[L. n° 51-59 du 18 janv. 1951, art. 11].*

Art. L. 525-12 **L'état des inscriptions existantes, délivré en application de l'article 32 de la loi du 17 mars 1909 relative à la vente et au nantissement des fonds de commerce, doit comprendre les inscriptions prises en vertu des dispositions du présent chapitre. Il peut être également délivré au requérant, sur sa demande, un état attestant l'existence ou l'absence, sur les biens désignés, d'inscriptions prises soit en vertu des dispositions des chapitres Ier et II du titre IV du livre Ier, soit en vertu des dispositions du présent chapitre.** – *[L. n° 51-59 du 18 janv. 1951, art. 12].* – *V. art. préc., supra, ss. art. L. 143-20.*

Art. L. 525-13 **La notification, conformément à l'article L. 143-10, de poursuites engagées en vue de parvenir à la réalisation forcée de certains éléments du fonds auquel appartiennent les biens grevés du privilège du vendeur ou du privilège de nantissement en vertu des dispositions du présent chapitre, rend exigibles les créances garanties par ces privilèges.** – *[L. n° 51-59 du 18 janv. 1951, art. 13].*

Art. L. 525-14 **En cas de non-paiement à l'échéance, le créancier bénéficiaire du privilège établi par le présent chapitre peut poursuivre la réalisation du bien qui en**

est grevé dans les conditions prévues à l'article L. 521-3. L'officier public chargé de la vente est désigné, à sa requête, par le président du tribunal de commerce. Le créancier doit, préalablement à la vente, se conformer aux dispositions de l'article L. 143-10.

Le créancier nanti a la faculté d'exercer la surenchère du dixième, prévue à l'article L. 143-13. – *[L. n° 51-59 du 18 janv. 1951, art. 14].*

1. Vente du fonds. Le créancier doit, préalablement à la vente, se conformer à l'art. 20 de la loi du 17 mars 1909 [C. com., art. L. 143-10] permettant aux créanciers inscrits sur le fonds de commerce d'en demander la réalisation globale, lorsqu'ils estiment qu'un prix supérieur à la somme peut provenir de la réalisation séparée des divers éléments du fonds et sera ainsi obtenu. • Com. 3 nov. 1970 : *D. 1971. Somm. 105 ; RTD com. 1972. 159, obs. Hémard.*

Sur la vente publique du bien nanti, V. • Com. 20 nov. 1968 : *Banque 1969. 615* • Paris, 10 juin 1971 : *RJ com. 1972. 17.*

Pour la responsabilité du créancier en cas de vente malgré l'opposition des fournisseurs, qui n'avaient pas été payés, V. • Com. 13 déc. 1994 : *RJDA 1995, n° 339.*

2. Attribution judiciaire. Le créancier gagiste peut, à défaut de paiement, faire ordonner en justice que le bien grevé lui soit attribué jusqu'à due concurrence et à défaut de disposition contraire cette attribution judiciaire du gage est offerte au créancier titulaire d'un nantissement sur outillage et matériel d'équipement qui ne poursuit pas la réalisation du bien grevé. • Cass., Ass. plén., 26 oct. 1984 : *D. 1985. 33, concl. Cabannes, note Derrida ; JCP 1985. II. 20342, rapp. Viennois, note Corlay ; Gaz. Pal. 1985. 1. 236, note Chartier ; ibid. 131, note Piedelièvre ; RJ com. 1985. 213, note Gallet ; JCP N 1986. II. 121, note Synvet* • Com. 12 févr. 1979 : *D. 1979. 354, note Derrida ; RJ com. 1979. 298, note Mestre ; JCP 1980. II. 19316, note Chartier* • 4 mai 1981 : *D. 1981. 489, note Derrida ; RTD com. 1982. 114, obs. Hémard.* – Comp., s'agissant d'un nantissement sur le fonds de commerce comprenant en annexe un état détaillé et chiffré du matériel : • Paris, 23 avr. 1992 : *D. 1992. IR. 195 ; RTD com. 1992. 786, obs. Derruppé.* ♦ Sur l'exclusion des dispositions contraires de la loi du 17 mars 1909 [C. com., art. L. 141-5 s.], V. • Com. 12 nov. 1985 : *Bull. civ. IV, n° 270.*

L'attribution judiciaire est, cependant, impossible lorsque le matériel grevé a été échangé contre du matériel identique, sans que n'ait été sollicitée une inscription modificative, alors pourtant que cet état de fait n'est pas imputable au créancier gagiste. • Aix-en-Provence, 2 juill. 1992 : *JCP 1993. I. 3680, n° 25, obs. Simler et Delebecque.*

Sur l'influence des art. L. 620-1 s. anciens, en cas de redressement judiciaire, V. *infra*, note 1 *ter* ss. art. L. 622-21 ancien.

3. En ce sens que l'art. 14 de la loi du 18 janv. 1951 [C. com., art. L. 525-14] serait, à l'instar de ce qu'a estimé la Cour de cassation, à propos du gage sur véhicule automobile, par un avis du 5 mai 1995, tacitement abrogé par la réforme des procédures civiles d'exécution, V. note Morgan de Rivery-Guillaud ss. • Cass., avis, 5 mai 1995 : *D. 1995. 618.*

Art. L. 525-15 **Les biens grevés en vertu du présent chapitre, dont la vente est poursuivie avec d'autres éléments du fonds, sont l'objet d'une mise à prix distincte ou d'un prix distinct si le cahier des charges oblige l'adjudicataire à les prendre à dire d'expert.**

Dans tous les cas, les sommes provenant de la vente de ces biens sont, avant toute distribution, attribuées aux bénéficiaires des inscriptions, à concurrence du montant de leur créance en principal, frais et intérêts conservés par lesdites inscriptions.

La quittance délivrée par le créancier bénéficiaire du privilège n'est soumise qu'au droit fixe. – *[L. n° 51-59 du 18 janv. 1951, art. 15].*

Prix distinct. Si la prescription impérative de l'art. 15, al. 1er [C. com., art. L. 525-15, al. 1er], n'était pas respectée, le créancier nanti averti de l'adjudication se mettrait par son propre fait dans l'impossibilité d'exercer le privilège dont il bénéficie sur le prix du matériel. Une ventilation *a posteriori* de ce prix, qui aurait pour effet de modifier le cahier des charges devenu définitif, ne saurait être ordonnée. • Toulouse, 8 févr. 1971 : *RTD com. 1972. 447, obs. Hémard.*

Art. L. 525-16 Si l'acquéreur n'a pas la qualité de commerçant, le nantissement est soumis aux dispositions des articles L. 525-1 à L. 525-9, L. 525-11 et L. 525-12 et du présent article. L'inscription prévue à l'article L. 525-3 est alors prise au greffe du tribunal de commerce dans le ressort duquel est domicilié l'acquéreur du bien grevé, ou, s'il s'agit *(L. nº 2003-7 du 3 janv. 2003)* « d'une personne immatriculée au répertoire des métiers », dans le ressort duquel est situé son fonds artisanal.

A défaut de paiement à l'échéance, le créancier bénéficiaire du privilège établi par le présent chapitre peut faire procéder à la vente publique du bien grevé conformément aux dispositions de l'article L. 521-3.

Les inscriptions sont rayées soit du consentement des parties intéressées, soit en vertu d'un jugement passé en force de chose jugée.

A défaut de jugement, la radiation totale ou partielle ne peut être opérée par le greffier que sur le dépôt d'un acte authentique de consentement donné par le créancier.

Lorsque la radiation non consentie par le créancier est demandée par voie d'action principale, cette action est portée devant le tribunal de commerce du lieu où l'inscription a été prise.

La radiation est opérée au moyen d'une mention faite par le greffier en marge de l'inscription.

Il en est délivré certificat aux parties qui le demandent. — *[L. nº 51-59 du 18 janv. 1951, art. 16].*

Redressement et liquidation judiciaires. V. *infra*, App., vº *Difficultés des entreprises*, Décr. nº 85-1388 du 27 déc. 1985, anc. art. 103-3, al. 2, anc. art. 104, al. 3, et anc. art. 151-1.

Art. L. 525-17 Pour l'application des dispositions du présent chapitre, les greffiers sont assujettis aux diligences et responsabilités fixées par voie réglementaire pour la tenue du registre des inscriptions et la délivrance des états ou certificats requis. — *V. L. 17 mars 1909, art. 33, supra, ss. art. L. 143-20 C. com.*

Leurs émoluments sont établis comme il est prévu par les textes réglementaires en vigueur. — *[L. nº 51-59 du 18 janv. 1951, art. 18].*

Art. L. 525-18 Ne sont pas soumis à l'application des dispositions du présent chapitre :

1º Les véhicules automobiles visés par le décret nº 53-968 du 30 septembre 1953 ;

2º Les navires de mer, ainsi que les bateaux de navigation fluviale visés par les articles 78 et suivants du code du domaine public fluvial et de la navigation intérieure ;

3º Les aéronefs visés par les articles L. 110-1 et suivants du code de l'aviation civile. — *[L. nº 51-59 du 18 janv. 1951, art. 19].*

A la date qui sera fixée par décret, et qui ne pourra être postérieure au 1er juill. 2008, sera abrogé le Décr. nº 53-968 du 30 sept. 1953. A cette même date, entreront en vigueur les art. 2351 à 2353 C. civ. dans leur rédaction issue de l'art. 11 de l'Ord. nº 2006-346 du 23 mars 2006 (Ord. préc., art. 58).

1. Véhicules automobiles. Sur les véhicules automobiles non soumis à l'application de la loi, V. • T. com. Montpellier, 8 déc. 1960 : *D. 1961. 52 ; Gaz. Pal. 1961. 1. 228.*

2. Navires. Il n'y a pas concours entre l'hypothèque maritime prise par le créancier du propriétaire d'un navire et le privilège d'un nantissement inscrit sur le moteur neuf acquis par le locataire du bateau ; dès lors le créancier de ce dernier est bien fondé dans sa demande de distraction du moteur en cas de saisie-exécution pratiquée sur le navire par le créancier du propriétaire de celui-ci. • Montpellier, 10 févr. 1961 : *D. 1962. 647, note Calais-Auloy.* ♦ Sur l'exclusion du nantissement de l'outillage ou du matériel d'équipement acquis à crédit incorporé à un bâtiment de mer, V. • Com. 1er juin 1970 : *D. 1970. 681, note Rodière ; Dr. mar. fr. 1971. 131, note Calais-Auloy ;* et sur renvoi, • Rouen, 9 mai 1972 : *D. 1972. 469, note Chauveau.*

Art. L. 525-19 **Est puni des peines prévues pour l'abus de confiance par les articles 314-1 et 314-10 du code pénal, le fait, pour tout acquéreur ou détenteur de biens nantis en application du présent chapitre, de les détruire ou tenter de les détruire, les détourner ou tenter de les détourner, ou enfin les altérer ou tenter de les altérer d'une manière quelconque en vue de faire échec aux droits du créancier.**

Sont punies des mêmes peines toutes manœuvres frauduleuses destinées à priver le créancier de son privilège sur les biens nantis ou à le diminuer. – *[L. n° 51-59 du 18 janv. 1951, art. 21].*

BIBL. ▶ BÉQUIGNON, *Rev. crit. 1927. 325.*

1. Notion de détournement. Le gérant de société resté débiteur réel et responsable du matériel acquis qui a fait l'objet d'un nantissement, commet le délit de l'art. 21 [C. com., art. L. 525-19] en portant, malgré l'ordre contraire du créancier nanti, ce matériel en un lieu d'où il n'a pu être ramené à son point de départ que plus tard. • Crim. 26 mars 1963 : *Bull. crim. n° 130.* ♦ De même commet le délit de l'art. 21 [C. com., art. L. 525-19] l'acquéreur d'un instrument qui, ayant consenti sur cet objet un nantissement dans les conditions légales, remet définitivement à un tiers l'outillage nanti à l'insu du créancier et malgré son opposition. • Crim. 14 déc. 1967 : *Bull. crim. n° 327.*

2. Preuve du détournement. La preuve de l'identité de l'objet donné en nantissement avec celui qui a été détourné peut résulter, devant la juridiction répressive, de tous les moyens de preuve propres à établir le détournement frauduleux et est indépendante des dispositions prescrites pour la validité du contrat de nantissement par l'art. 2 de la loi du 18 janv. 1951 [C. com., art. L. 525-2]. • Crim. 29 mars 1973 : *Bull. crim. n° 160.*

Art. L. 525-20 **Des décrets en Conseil d'État déterminent les conditions d'application des dispositions du présent chapitre.** – *[L. n° 51-59 du 18 janv. 1951, art. 20]. – V. Décr. n° 51-194 du 17 févr. 1951, infra.*

Décret n° 51-194 du 17 février 1951,

Portant, en ce qui concerne les formalités d'inscription des privilèges, règlement d'administration publique pour l'application de la loi du 18 janvier 1951 relative au nantissement de l'outillage et du matériel d'équipement [C. com., art. L. 525-1 s.].

CHAPITRE Ier. *FORMALITÉS DE L'INSCRIPTION DU PRIVILÈGE LORSQUE L'ACQUÉREUR DU BIEN GREVÉ N'EST PAS COMMERÇANT*

Art. 1er L'inscription du privilège prévue à l'article 1er de la loi du 18 janvier 1951 *[C. com., art. L. 525-1]* est, lorsque l'acquéreur n'a pas la qualité de commerçant, soumise aux formalités fixées aux articles suivants.

2 Pour inscrire son privilège, le créancier nanti présente lui-même ou fait présenter par un tiers au greffier du tribunal de commerce dans le ressort duquel est domicilié l'acquéreur du bien grevé l'un des originaux de l'acte de vente ou de prêt, constitutif du nantissement, s'il est sous seing privé, ou d'une expédition s'il existe en minute. L'acte sous seing privé reste déposé au greffe.

(Décr. n° 55-1670 du 26 déc. 1955) « Il est joint par le créancier nanti deux bordereaux sur papier non timbré, dont la forme est déterminée par arrêté du garde des sceaux, ministre de la justice. – *V. Arr. 26 déc. 1955 (D. 1956. 27 ; BLD 1956. 49).*

« Le papier sur lequel sont établis les bordereaux est fourni par les greffiers aux frais des requérants. Toutefois, les officiers publics ou ministériels peuvent se le procurer eux-mêmes. Ces bordereaux contiennent » :

1° Les noms, prénoms et domicile du créancier et du débiteur, leur profession s'ils en ont une ;

2° La date et la nature du titre ;

3° Le montant de la créance exprimée dans le titre, les conditions relatives aux intérêts et à l'exigibilité ;

4° Le lieu où le matériel doit rester placé et éventuellement la mention que ledit matériel est susceptible d'être déplacé ;

5° Élection du domicile par le créancier nanti dans le ressort du tribunal au greffe duquel l'inscription est requise.

Descriptif du matériel. L'absence de descriptif du matériel nanti dans le bordereau d'inscription de nantissement ne permet pas de connaître la nature exacte de ce matériel et rend, par conséquent, le nantissement inopposable aux tiers. • Grenoble, 19 janv. 1997 : *JCP 1998. I. 103, n° 28, obs. Delebecque.*

3 *(Décr. n° 55-1670 du 26 déc. 1955)* Le greffier remet au requérant, tant l'expédition du titre que l'un des bordereaux prévus à l'article précédent, après l'avoir revêtu, dès sa réception, de la mention d'inscription qui comprend la date de celle-ci et le numéro sous lequel elle a été effectuée.

L'autre bordereau, portant les mêmes mentions, est conservé au greffe.

4 *(Décr. n° 55-1670 du 26 déc. 1955)* Les greffiers sont tenus d'enliasser et de relier à leurs frais les bordereaux qu'ils conservent en application de l'article précédent.

Ils tiennent un fichier alphabétique des noms des débiteurs avec l'indication des numéros des inscriptions les concernant.

5 Les pièces mentionnées à l'article 2 ci-dessus reçoivent un numéro d'entrée au moment de leur production.

Ces pièces sont enregistrées sur le registre à souche prévu à l'article 1er du décret du 28 août 1909 portant règlement d'administration publique pour l'exécution des lois des 17 mars et 1er avril 1909 sur la vente et le nantissement des fonds de commerce *[C. com., art. L. 141-5 s.]* ; il en est délivré un récépissé extrait dudit registre et mentionnant : *— V. Décr. préc., supra, ss. art. L. 143-23 C. com.*

1° Le numéro d'entrée apposé sur les pièces comme il est dit à l'alinéa précédent ;

2° La date du dépôt des pièces ;

3° Le nombre et la nature de ces pièces avec l'indication du but de ce dépôt ;

4° Le nom des parties ;

5° La nature et la situation du bien grevé, et, éventuellement, la mention qu'il est susceptible d'être déplacé.

Le récépissé est daté et signé par le greffier auquel il est rendu contre remise de la pièce portant, conformément à l'article 3 ci-dessus, la certification que l'inscription du privilège a été effectuée.

6 Le dépôt des actes sous seings privés prévu à l'article 2 ci-dessus est constaté sur le registre mentionné à l'article 3 du décret du 28 août 1909.

Dans la seconde colonne de ce registre sera inscrit le procès-verbal du dépôt contenant la date à laquelle ce dernier a été fait, la mention, la date et le coût de l'enregistrement de l'acte, son numéro d'entrée, sa nature, l'indication du nom du créancier et du débiteur, la nature et la situation du bien grevé et, s'il y a lieu, la mention qu'il est susceptible d'être déplacé.

Ce procès-verbal est signé par le greffier.

CHAPITRE II. *FORMALITÉS D'INSCRIPTION DU PRIVILÈGE LORSQUE L'ACQUÉREUR DU BIEN GREVÉ EST COMMERÇANT*

7 Lorsque l'acquéreur du bien grevé est commerçant, les bordereaux prévus à l'article 24 de la loi du 17 mars 1909 relative à la vente et au nantissement des fonds de commerce doivent indiquer, avec la situation du fonds, le lieu où le matériel grevé doit rester placé, et, éventuellement, la mention que le matériel est susceptible d'être déplacé. *— V. art. 24, al. 1er et 2, de la loi du 17 mars 1909, supra, ss. art. L. 143-20 C. com.*

Les pièces désignées audit article sont enregistrées sur le registre mentionné à l'article 1er du décret du 28 août 1909.

(Décr. n° 55-1670 du 26 déc. 1955) « Le greffier procède comme il est dit à l'article 3 du présent décret. »

Le dépôt des actes sous seings privés est constaté sur le registre prévu à l'article 3 du décret du 28 août 1909.

CHAPITRE III. *FORMALITÉS DE L'INSCRIPTION DE LA MESURE D'INALIÉNABILITÉ TEMPORAIRE DES BIENS MOBILIERS D'ÉQUIPEMENT APPARTENANT À UNE ENTREPRISE EN REDRESSEMENT JUDICIAIRE, SOUMISE À UN PLAN DE REDRESSEMENT (Décr. n° 94-910 du 21 oct. 1994).*

(Décr. n° 85-1388 du 27 déc. 1985)

8 *(Décr. n° 94-910 du 21 oct. 1994)* Lorsqu'en application des articles 70 et 89-1 de la loi du 25 janvier 1985 précitée relative au redressement et à la liquidation judiciaires des entreprises *[C. com., art. L. 621-72 et L. 621-92 anciens]*, la décision arrêtant ou modifiant *(L. n° 2005-845 du 26 juill. 2005, art. 165-II)* « les plans de sauvegarde ou de redressement » de l'entreprise prononce l'inaliénabilité temporaire de biens mobiliers d'équipement du débiteur ou du cessionnaire, et est passée en force de chose jugée, le commissaire à l'exécution du plan demande l'inscription de la mesure d'inaliénabilité sur le registre prévu à l'article 1er du décret du 28 août 1909 pris pour l'application des lois des 17 mars et 1er avril 1909 sur la vente et le nantissement des fonds de commerce *[C. com., art. L. 141-5 s.]*.

Le décret du 21 oct. 1994 [JO 22 oct. 1994], vu l'urgence, entre immédiatement en vigueur (art. 134).

9 *(Décr. n° 85-1388 du 27 déc. 1985) (Abrogé par Décr. n° 94-910 du 21 oct. 1994) « Le débiteur ou à défaut »* le commissaire à l'exécution du plan présente ou fait présenter par un tiers au greffier du tribunal de commerce dans le ressort duquel l'entreprise a son siège une copie de la décision rendue à laquelle sont joints les bordereaux d'inscription qui contiennent :

1° Les nom et prénoms du débiteur *(Décr. n° 94-910 du 21 oct. 1994)* « ou du cessionnaire » s'il s'agit d'une personne physique, la dénomination ou raison sociale s'il s'agit d'une personne morale, l'adresse du siège de l'entreprise, le numéro d'immatriculation au registre du commerce et des sociétés ou au répertoire des métiers. — *Dans tous les textes réglementaires, la référence aux mentions visées aux 1 et 2 de l'art. 72 du Décr. n° 84-406 du 30 mai 1984 relatif au registre du commerce et des sociétés est substituée à la référence au numéro d'immatriculation au registre du commerce et des sociétés (Décr. n° 98-550 du 2 juill. 1998, art. 35).*

2° La date de la décision rendue ;

3° La désignation sommaire des biens d'équipement frappés d'inaliénabilité temporaire, le lieu où ils se trouvent entreposés, l'indication, le cas échéant, qu'ils peuvent être déplacés ;

4° La durée de la mesure d'inaliénabilité.

Le greffier porte sur les bordereaux la mention de la date à laquelle l'inscription est effectuée et le numéro sous lequel elle est portée au registre mentionné à l'article précédent.

Les bordereaux sont établis, conservés et l'un d'eux remis au débiteur *(Décr. n° 94-910 du 21 oct. 1994)* « ou au cessionnaire » dans les conditions prévues aux articles 2 et 4 du présent décret.

Le greffier tient un fichier alphabétique des débiteurs *(Décr. n° 94-910 du 21 oct. 1994)* « et cessionnaires » avec l'indication des numéros des inscriptions les concernant. — *V. note ss. art. 8.*

10 *(Décr. n° 85-1388 du 27 déc. 1985)* Les bordereaux reçoivent un numéro d'entrée au moment où ils sont produits.

Ces pièces sont enregistrées sur le registre mentionné à l'article 8 du présent décret ; il est délivré un récépissé extrait dudit registre mentionnant :

1° Le numéro d'entrée apposé sur les pièces comme il est dit à l'alinéa précédent ;

2° La date du dépôt des pièces ;

3° Le nombre et la nature des pièces avec l'indication du but de ce dépôt ;

4° Le nom ou la dénomination du débiteur *(Décr. nº 94-910 du 21 oct. 1994)* « ou du cessionnaire » ;

5° La nature et la situation des biens inaliénables et, éventuellement, la mention qu'ils peuvent être déplacés. — *V. note ss. art. 8.*

11 *(Décr. nº 85-1388 du 27 déc. 1985)* Le greffier mentionne, en marge du bordereau d'inscription, la radiation totale ou partielle de la mesure d'inaliénabilité portant sur des biens dont le tribunal a autorisé l'aliénation en application du premier alinéa de l'article 70 *(Décr. nº 94-910 du 21 oct. 1994)* « ou de l'article 89-1 » de la loi du 25 janvier 1985 précitée *[C. com., art. L. 621-72 ou L. 621-92 anciens]*.

Lorsque le délai fixé pour la mesure d'inaliénabilité temporaire décidée par le jugement est expiré, le greffier mentionne d'office en marge de l'inscription, la radiation de celle-ci. Il délivre un certificat de radiation au débiteur *(Décr. nº 94-910 du 21 oct. 1994)* « ou au cessionnaire » qui le demande.

Il est tenu de délivrer à tous ceux qui le requièrent l'état des inscriptions existantes avec la mention, le cas échéant, des radiations partielles.

Les frais de radiation sont inclus dans le coût de l'inscription. — *V. note ss. art. 8.*

Loi nº 70-9 du 2 janvier 1970, *réglementant les conditions d'exercice des activités relatives à certaines opérations portant sur les immeubles et les fonds de commerce (D. et BLD 1970. 37). — Mod. par L. nº 71-580 du 16 juill. 1971, art. 29 (D. et BLD 1971. 323), L. nº 94-624 du 21 juill. 1994, art. 46 (D. et ALD 1994. 378), L. nº 98-566 du 8 juill. 1998, art. 3 (JO 9 juill.), Ord. nº 2005-1278 du 13 oct. 2005, art. 6 (JO 14 oct.). — V. Décr. nº 72-678 du 20 juill. 1972 (D. et BLD 1972. 429 ; Rect. 499) fixant les conditions d'application, mod. par Décr. nº 74-1179 du 31 déc. 1974 (D. et BLD 1975. 43), Décr. nº 80-571 du 21 juill. 1980 (D. et BLD 1980. 319), Décr. nº 93-199 du 9 févr. 1993 (D. et ALD 1993. 239), Décr. nº 95-818 du 29 juin 1995 (D. et ALD 1995. 385), Décr. nº 2001-373 du 27 avr. 2001 (JO 29 avr.), Décr. nº 2002-642 du 29 avr. 2002 (JO 30 avr.), Décr. nº 2005-1315 du 21 oct. 2005 (JO 23 oct.). — L'art. 18 du Décr. nº 72-678 du 20 juill. 1972 a été annulé par une décision du Conseil d'État du 27 nov. 1974 (JO 5 janv. 1975). — Arr. du 16 mars 2006 (JO 22 mars) établissant le modèle des cartes professionnelles, de la déclaration d'activité et de l'attestation prévues par le Décr. de 1972. — **C. pén.** ou **C. baux**.*

Les dispositions de la loi nº 70-9 du 2 janv. 1970 ne sont pas applicables aux avocats (Décr. nº 91-1197 du 27 nov. 1991, art. 164, applicable à compter du 1er janv. 1992).

CHAPITRE VI DE LA PROTECTION DE L'ENTREPRENEUR INDIVIDUEL ET DU CONJOINT

(L. nº 2003-721 du 1er août 2003, art. 8)

BIBL. GÉN. ▶ LIENHARD, *D. 2003. 1898* (insaisissabilité de la résidence principale). – MALECKI, *ibid. 2220* – BOUTEILLER, *JCP E 2003, nº 39, p. 1517.* – LAUGIER, *ibid., nº 43, p. 1706.* – PIEDELIÈVRE, *JCP 2003. I. 165.* – VAUVILLÉ, *Act. proc. coll. 31 oct. 2003* (déclaration d'insaisissabilité et procédure collective du déclarant) ; *Bull. Joly 2003. 1117* (déclaration notariée d'insaisissabilité). – PECQUEUR, *Dr. et patr. déc. 2003. 34.* – Œuvre collective, *RJ com. 2003. 339, spéc. 346.* – SAINTOURENS, *RTD com. 2003. 690.* – MARTIN-SERF, *RJ com. 2004. 75, spéc. 80* (l'entreprise individuelle à risques limités – « EIRL »). – DAGOT, *JCP E 2004, nº 4, p. 113* (formules) ; *JCP N 2004, nº 4, p. 98* (conditions de forme). – AUTEM, *Defrénois 2004. 327.* – LE CORRE, *AJDI 2004. 179*. – MONSÈRIÉ-BON, *Dr. et patr. juill.-août 2004. 75* (comparaison avec la SCI). – WILLIATTE-PELLITTERI, *Petites affiches 9 août 2004, p. 3* (boîte de Pandore du monde des affaires ?). – FAGES, *Dr. et patr. janv. 2005. 73* (théorie du patrimoine et droit des affaires). –

Guilhaudis et Raffray, *JCP E 2005, n° 27-28, p. 1182* (pratique de la déclaration notariée d'insaisissabilité).

Art. L. 526-1 *(L. n° 2003-721 du 1er août 2003, art. 8)* **Par dérogation aux articles** *(Ord. n° 2006-346 du 23 mars 2006, art. 54)* **« 2284 et 2285 » du code civil, une personne physique immatriculée à un registre de publicité légale à caractère professionnel ou exerçant une activité professionnelle agricole ou indépendante peut déclarer insaisissables ses droits sur l'immeuble où est fixée sa résidence principale. Cette déclaration, publiée au bureau des hypothèques ou, dans les départements du Bas-Rhin, du Haut-Rhin et de la Moselle, au livre foncier, n'a d'effet qu'à l'égard des créanciers dont les droits naissent, postérieurement à la publication, à l'occasion de l'activité professionnelle du déclarant.**

Lorsque l'immeuble est à usage mixte professionnel et d'habitation, la partie affectée à la résidence principale ne peut faire l'objet de la déclaration que si elle est désignée dans un état descriptif de division.

Lorsqu'une personne physique a établi sa résidence principale dans un immeuble appartenant à une société civile et qu'elle n'est titulaire que de parts sociales de cette société, elle ne peut pas bénéficier des dispositions des art. L. 526-1 et L. 526-2 : Rép. min. n° 52819 : *JOAN Q 5 avr. 2005, p. 3540 ; D. 2005. 1018 ; Rev. sociétés 2005. 724 ; AJDI 2006. 315, obs. Maublanc ; JCP E 2005, n° 20, p. 813 ; Banque et Droit mai-juin 2005. 55, obs. Storck ; BRDA 2005, n° 8, p. 14 ; Bull. Joly 2005. 541 ; Dr. et procédures 2005. 253 ; Defrénois 2005. 1275.* ♦ L'insaisissabilité de la résidence principale de l'entrepreneur ne bénéficie pas à l'associé d'un GAEC : Rép. min. n° 66042 : *JOAN Q 2 août 2005, p. 7580 ; JCP N 2005, n° 35, p. 1385.*

Art. L. 526-2 *(L. n° 2003-721 du 1er août 2003, art. 8)* **La déclaration, reçue par notaire sous peine de nullité, contient la description détaillée de l'immeuble et l'indication de son caractère propre, commun ou indivis. L'acte est publié au bureau des hypothèques ou, dans les départements du Bas-Rhin, du Haut-Rhin et de la Moselle, au livre foncier, de sa situation.**

Lorsque la personne est immatriculée dans un registre de publicité légale à caractère professionnel, la déclaration doit y être mentionnée.

Lorsque la personne n'est pas tenue de s'immatriculer dans un registre de publicité légale, un extrait de la déclaration doit être publié dans un journal d'annonces légales du département dans lequel est exercée l'activité professionnelle pour que cette personne puisse se prévaloir du bénéfice du premier alinéa de l'article L. 526-1.

L'établissement de l'acte prévu au premier alinéa et l'accomplissement des formalités donnent lieu au versement aux notaires d'émoluments fixes dans le cadre d'un plafond déterminé par décret. – *V. Décr. n° 2004-303 du 26 mars 2004 (JO 30 mars).*

BIBL. ▸ Vauvillé, *Bull. Joly 2003. 1117 ; Defrénois 2003. 1197* (déclaration notariée). – Laugier, *JCP N 2003, n° 45, p. 1594* (déclaration notariée d'insaisissabilité). – Sander, *ibid. 2004, n° 1-2, p. 9* (publicité au livre foncier). – Dagot, *JCP E 2004, n° 4, p. 113* (formules). – Doublon et Gelot, *Defrénois 2004. 865* (commentaires et formules). – Guilhaudis et Raffray, *JCP N 2005, n° 11, p. 605* (pratique de la déclaration notariée d'insaisissabilité).

Art. L. 526-3 *(L. n° 2003-721 du 1er août 2003, art. 8)* **En cas de cession des droits immobiliers désignés dans la déclaration initiale, le prix obtenu demeure insaisissable à l'égard des créanciers dont les droits sont nés postérieurement à la publication de cette déclaration à l'occasion de l'activité professionnelle du déclarant, sous la condition du remploi dans le délai d'un an des sommes à l'acquisition par le déclarant d'un immeuble où est fixée sa résidence principale.**

Les droits sur la résidence principale nouvellement acquise restent insaisissables à la hauteur des sommes réemployées à l'égard des créanciers visés au premier alinéa lorsque l'acte d'acquisition contient une déclaration de remploi des fonds.

La déclaration de remploi des fonds est soumise aux conditions de validité et d'opposabilité prévues aux articles L. 526-1 et L. 526-2.

La déclaration peut, à tout moment, faire l'objet d'une renonciation soumise aux mêmes conditions de validité et d'opposabilité.

Les effets de la déclaration subsistent après la dissolution du régime matrimonial lorsque le déclarant est attributaire du bien. Le décès du déclarant emporte révocation de la déclaration.

BIBL. ▸ DAGOT, *JCP N 2004, nº 7, p. 323* (report de l'insaisissabilité initiale).

Art. L. 526-4 *(L. nº 2003-721 du 1er août 2003, art. 8)* **Lors de sa demande d'immatriculation à un registre de publicité légale à caractère professionnel, la personne physique mariée sous un régime de communauté légale ou conventionnelle doit justifier que son conjoint a été informé des conséquences sur les biens communs des dettes contractées dans l'exercice de sa profession.**

Un décret en Conseil d'État précise en tant que de besoin les modalités d'application du présent article.

BIBL. ▸ SAUVAGE, *JCP N 2004, nº 10, p. 434* (insaisissabilité et régime matrimonial). – DAGOT, *ibid., nº 13, p. 561* (information du conjoint du commerçant).

Le justificatif doit être fourni même si les conjoints vivent séparément, sauf en cas de séparation de biens ou de corps ; il doit également être fourni, à titre déclaratif, lorsque le conjoint vit à l'étranger : Avis CCRCS nº 04-55, Bull. RCS 2005, nº 28 ; BRDA 2005, nº 2, p. 15. — Lorsqu'un commerçant déjà immatriculé au RCS se marie sous le régime de la communauté des biens, il n'est pas tenu de fournir, à l'appui de sa demande d'inscription modificative, une déclaration de son conjoint attestant qu'il a été informé des conséquences sur les biens communs des dettes contractées dans l'exercice de l'activité commerciale : Avis CCRCS nº 05-88 bis, BRDA 2006, nº 6, p. 14.

V. relatif au registre du commerce et des sociétés, Décr. nº 84-406 du 30 mai 1984, art. 8 et 12, infra, App., vº Registre du commerce et des sociétés. — V. relatif au répertoire des métiers, Décr. nº 98-247 du 2 avr. 1998, art. 10 bis, infra, App., vº Artisans.

Art. L. 526-5 *(Ord. nº 2006-346 du 23 mars 2006, art. 43)* **Les dispositions des articles L. 313-14 à L. 313-14-2 du code de la consommation sont applicables aux opérations de prêt consenties à toute personne physique immatriculée à un registre de publicité légale à caractère professionnel, à toute personne physique exerçant une activité professionnelle agricole ou indépendante ainsi qu'au gérant associé unique d'une société à responsabilité limitée, et garanties par une hypothèque rechargeable inscrite sur l'immeuble où l'intéressé a fixé sa résidence principale.** — *V. les art. préc., infra, App., vº Ventes commerciales. — V. Crédit (ventes à).*

CHAPITRE VII DU GAGE DES STOCKS

BIBL. ▸ Bouteiller, *JCP E 2006, nº 18, p. 808* (gage de stock de biens ou de marchandises). – Legeais, *JCP E 2006, suppl. au nº 20, p. 12, spéc. p. 17* (gage de meubles corporels).

Art. L. 527-1 *(Ord. nº 2006-346 du 23 mars 2006, art. 44)* **Tout crédit consenti par un établissement de crédit à une personne morale de droit privé ou à une personne physique dans l'exercice de son activité professionnelle peut être garanti par un gage sans dépossession des stocks détenus par cette personne.**

Le gage des stocks est constitué par acte sous seing privé.

A peine de nullité, l'acte constitutif du gage doit comporter les mentions suivantes :

1º La dénomination : « acte de gage des stocks » ;

2º La désignation des parties ;

3º La mention que l'acte est soumis aux dispositions des articles L. 527-1 à L. 527-11 ;

4° Le nom de l'assureur qui garantit contre l'incendie et la destruction ;
5° La désignation de la créance garantie ;
6° Une description permettant d'identifier les biens présents ou futurs engagés, en nature, qualité, quantité et valeur ainsi que l'indication du lieu de leur conservation ;
7° La durée de l'engagement.

Les dispositions de l'article 2335 du code civil sont applicables.

Un gardien peut être désigné dans l'acte de gage.

Art. L. 527-2 *(Ord. nº 2006-346 du 23 mars 2006, art. 44)* Est réputée non écrite toute clause prévoyant que le créancier deviendra propriétaire des stocks en cas de non-paiement de la dette exigible par le débiteur.

Art. L. 527-3 *(Ord. nº 2006-346 du 23 mars 2006, art. 44)* Peuvent être donnés en gage, à l'exclusion des biens soumis à une clause de réserve de propriété, les stocks de matières premières et approvisionnements, les produits intermédiaires, résiduels et finis ainsi que les marchandises appartenant au débiteur et estimés en nature et en valeur à la date du dernier inventaire.

Art. L. 527-4 *(Ord. nº 2006-346 du 23 mars 2006, art. 44)* Le gage des stocks ne produit effet que s'il est inscrit sur un registre public tenu au greffe du tribunal dans le ressort duquel le débiteur a son siège ou son domicile. L'inscription doit être prise, à peine de nullité du gage, dans le délai de quinze jours à compter de la formation de l'acte constitutif.

Le rang des créanciers gagistes entre eux est déterminé par la date de leur inscription. Les créanciers inscrits le même jour viennent en concurrence.

Art. L. 527-5 *(Ord. nº 2006-346 du 23 mars 2006, art. 44)* Les stocks constituent, jusqu'au remboursement total des sommes avancées, la garantie de l'établissement de crédit.

Le privilège du créancier passe de plein droit des stocks aliénés à ceux qui leur sont substitués.

Le créancier peut, à tout moment et à ses frais, faire constater l'état des stocks engagés.

Art. L. 527-6 *(Ord. nº 2006-346 du 23 mars 2006, art. 44)* Le débiteur est responsable de la conservation des stocks en quantité et en qualité dans les conditions prévues à l'article 1137 du code civil.

Il justifie que les stocks sont assurés contre les risques d'incendie et de destruction.

Art. L. 527-7 *(Ord. nº 2006-346 du 23 mars 2006, art. 44)* Le débiteur tient à la disposition du créancier un état des stocks engagés ainsi que la comptabilité de toutes les opérations les concernant.

Il s'engage à ne pas diminuer de son fait la valeur des stocks.

Lorsque l'état des stocks fait apparaître une diminution de 20 % de leur valeur telle que mentionnée dans l'acte constitutif, le créancier peut mettre en demeure le débiteur, soit de rétablir la garantie, soit de rembourser une partie des sommes prêtées en proportion de la diminution constatée. S'il ne lui est pas donné satisfaction, le créancier peut exiger le remboursement total de la créance, considérée comme échue.

Art. L. 527-8 *(Ord. nº 2006-346 du 23 mars 2006, art. 44)* Les parties peuvent convenir que la part des stocks engagés diminue à proportion du désintéressement du créancier.

Art. L. 527-9 *(Ord. nº 2006-346 du 23 mars 2006, art. 44)* En cas de remboursement anticipé de la créance, le débiteur n'est pas tenu des intérêts restant à courir jusqu'à son échéance.

Si le créancier refuse les offres du débiteur, celui-ci peut, pour se libérer, consigner la somme offerte.

Art. L. 527-10 *(Ord. nº 2006-346 du 23 mars 2006, art. 44)* En cas de non-paiement de la créance exigible, le créancier peut poursuivre la réalisation de son gage dans les conditions prévues aux articles 2346 et 2347 du code civil.

Art. L. 527-11 *(Ord. nº 2006-346 du 23 mars 2006, art. 44)* Les conditions d'application des dispositions du présent chapitre sont fixées par décret en Conseil d'État.

LIVRE SIXIÈME DES DIFFICULTÉS DES ENTREPRISES

(*L. nº 2005-845 du 26 juill. 2005*)

BIBL. GÉN. ▶ Sur la loi du 26 juill. 2005 en général : LE CORRE, *D. 2005, Cah. dr. aff., suppl. au nº 33*. – VALLENS, *Bull. d'actualité Lamy droit commercial sept. 2005* (présentation générale) ; *ibid. oct. 2005* (dispositions d'application immédiate) ; *RTD com. 2005. 849* (procédure). – LAGARDE, *Gaz. Pal. 9-10 sept. 2005, p. 28* (situation du Trésor public). – SOINNE, *Rev. proc. coll. 2005. 175*. – M.-F. BONNEAU, *ibid. 181* (tableaux comparatifs des différentes procédures). – GORRIAS, *ibid. 194* (aspects procéduraux). – DUMONT, *ibid. 226* (droit des sociétés). – *Bull. d'actualité Dict. perm. Difficultés des entreprises sept. 2005*. – *BRDA 2005, nº 18, p. 10*. – S. PIEDELIÈVRE, *JCP N 2005, nº 39, p. 1586*. – CROZE, *Procédures 2005. Étude 11* (panorama général et procédural). – PÉTEL, *JCP E 2005, nº 42, p. 1730*. – MORVAN, *ibid., p. 1751* (droit social). – HOULETTE, *ibid., p. 1772* (rôle du ministère public). – OUTIN-ADAM et BIENVENU, *ibid., p. 1781* (point de vue de la CCIP). – DAMMANN, *Banque et Droit sept.-oct. 2005. 16* (situation des banques titulaires de sûretés). – F.-X. LUCAS, *Bull. Joly 2005. 1181*. – LEGEAIS, *RD banc. fin. 2005, nº 162* (incidences en matière de garanties). – CHAPUT, *JCP 2005. I. 184*. – DEHARVENG, *Bull. d'actualité Lamy droit commercial nov. 2005 ; Rev. Lamy droit des affaires déc. 2005, p. 4* (philosophie de la réforme et présentation du nouveau cadre juridique). – BOUTEILLER, *Bull. d'actualité Lamy droit du financement nov. 2005*. – DELFOSSE et PÉNIGUEL, *JCP N 2005, nº 42, p. 1757* (administration de l'entreprise : cession de l'entreprise et des actifs du débiteur). – LÉGUEVAQUES, *Rev. proc. coll. 2005. 296* (situation des cautions) ; *RD banc. fin. janv.-févr. 2006. 72* (même thème) ; *Petites affiches, nº spéc., 17 févr. 2006, p. 63* (sort des créanciers). – SAINT-ALARY-HOUIN, *Rev. proc. coll. 2005. 342* (généralités). – J.-F. BARBIÈRI, *ibid. 346* (choix des techniques de traitement). – DUVAL, *Rev. Lamy droit des affaires, suppl. au nº 88, déc. 2005, p. 18* (extension des procédures collectives aux professions libérales). – PRIGENT, *Petites affiches 9 janv. 2006, p. 5* (cautions, coobligés, garants autonomes et constituants d'une sûreté). – RONTCHEVSKY, *Banque et Droit janv.-févr. 2006. 17* (les sûretés personnelles à l'épreuve de la loi de sauvegarde). – SOUWEINE, *D. 2006. Chron. 501* (exercice de l'action civile). – Dossier « La loi de sauvegarde article par article », sous la direction de F.-X. LUCAS et LÉCUYER, *Petites affiches, nº spéc., 8 et 9 févr. 2006*. – Dossier « Regards croisés de praticiens sur la loi de sauvegarde », *Petites affiches, nº spéc., 17 févr. 2006*. – REYGROBELLET, *ibid., p. 58* (décision du Conseil constitutionnel rejetant les recours contre la loi de sauvegarde). – STOUFFLET et MATHEY, *RD banc. fin. janv.-févr. 2006. 54* (dispositions applicables aux concours financiers). – MACORIG-VENIER et SAINT-ALARY-HOUIN, *ibid. 60* (situation des créanciers). – SAINTOURENS, *Rev. proc. coll. 2006. 40* (ouverture des procédures : conditions de fond). – STAES, *Dr. et patr. mars 2006. 60* (aspects procéduraux de la réforme). – CROCQ, *ibid. 90* (sort des créanciers munis de sûretés) ; *D. 2006. 1306* (réforme des procédures collectives et droit des sûretés). – RÉTIF, *Dr. et patr. mars 2006. 95* (extension des procédures collectives aux professions libérales). – MARTIN et NEVEU, *JCP E 2006, nº 19, p. 867* (application de la loi de sauvegarde à la profession d'avocat). – RÉMERY, *JCP 2006. I. 132* (les seuils dans la réforme du droit des entreprises en difficulté).

ENTRÉE EN VIGUEUR DE LA LOI :

La loi nº 2005-845 du 26 juill. 2005 entre en vigueur le 1er janv. 2006, à l'exception des dispositions suivantes qui sont applicables aux procédures et situations en cours dès sa publication :

— Dans toutes les dispositions prévoyant une incapacité, une interdiction ou une déchéance résultant d'une faillite personnelle ou d'une interdiction de gérer, ces mesures doivent être comprises comme ayant une durée maximale de quinze ans à compter du jour où la décision les ayant prononcées est devenue définitive (Pour des applications, V. infra, notes de jurisprudence ss. art. L. 653-11).

— Les mesures de faillite personnelle et d'interdiction de gérer ainsi que les déchéances et interdictions qui en ont résulté prennent fin à la date de publication de la présente loi lorsque, à cette date, elles ont été prononcées plus de quinze années auparavant par une décision devenue définitive.

Toutefois, les poursuites déjà engagées au jour de la publication de la loi nº 2005-845 du 26 juill. 2005, sur le fondement de l'art. L. 622-32 C. com., ne sont pas, même si le délai de quinze années est expiré, affectées par les dispositions qui précèdent et les sommes perçues par les créanciers leur restent acquises (L. nº 2005-845 du 26 juill. 2005, art. 190, JO 27 juill.).

Les procédures ouvertes en vertu des art. L. 621-98, L. 624-1, L. 624-4 et L. 624-5 C. com., dans leur rédaction antérieure à la loi n° 2005-845 du 26 juill. 2005, ne sont pas affectées par son entrée en vigueur (L. n° 2005-845 du 26 juill. 2005, art. 192).

Pour des applications, V. notes 15 s. ss. ancien art. L. 624-5 et note 5 ss. ancien art. L. 625-4 C. com.

***NDLR :** L'art. 191 donne une liste de dispositions qui, lors de l'entrée en vigueur différée de la loi, soit le 1er janv. 2006, s'appliqueront aux procédures en cours, c'est-à-dire aux procédures ouvertes par un jugement antérieur à cette date. Ces exceptions et dérogations sont mentionnées sous chacun des articles du code qu'elles concernent. — Sur l'entrée en vigueur de la loi du 26 juill. 2005, V. aussi Circ. 22 juill. 2005 (BOMJ 2005, n° 99). - V. encore Circ. 9 janv. 2006 relative aux mesures législatives et réglementaires applicables à la loi de sauvegarde des entreprises applicables aux procédures en cours (BOMJ 2006, n° 101).*

DISPOSITIONS DIVERSES :

Dans tous les textes législatifs et réglementaires, les références faites au : « règlement amiable » au sens du titre Ier du livre VI du code de commerce, dans sa rédaction antérieure à l'entrée en vigueur de la loi n° 2005-845 du 26 juill. 2005, sont remplacées par les références à la : « procédure de conciliation ».

Dans tous les textes législatifs et réglementaires, à l'exception du livre VI du code de commerce, du troisième al. de l'art. L. 143-11-1 et du chapitre Ier du titre II du livre III du code du travail, les références faites au redressement judiciaire et au plan de redressement sont remplacées, respectivement, par des références aux procédures de sauvegarde ou de redressement judiciaire, et aux plans de sauvegarde ou de redressement. Les références au plan de continuation sont remplacées par des références aux plans de sauvegarde ou de redressement judiciaire.

Dans tous les textes législatifs et réglementaires, les références faites au : « représentant des créanciers » sont remplacées par des références au : « mandataire judiciaire ».

Dans tous les textes législatifs et réglementaires, la référence à la cession de l'entreprise ordonnée en application de l'art. L. 621-83 ou à la cession d'unités de production ordonnée en application de l'art. L. 622-17 C. com., dans sa rédaction antérieure à l'entrée en vigueur de la loi n° 2005-845 du 26 juill. 2005, est remplacée par une référence à la cession de l'entreprise ordonnée en application de l'art. L. 642-5 du même code.

Dans tous les textes législatifs ou réglementaires, les références faites au : « mandataire judiciaire au redressement et à la liquidation des entreprises » sont remplacées par des références au : « mandataire judiciaire » (L. n° 2005-845 du 26 juill. 2005, art. 165, JO 27 juill.).

Sur la concordance entre les anciens et les nouveaux articles du livre VI C. com., V., en pages roses, le tableau I de l'annexe à la loi de sauvegarde des entreprises.

Art. L. 610-1 *(L. n° 2005-845 du 26 juill. 2005, art. 2)* **Un décret en Conseil d'État détermine, dans chaque département, le tribunal ou les tribunaux appelés à connaître des procédures prévues par le présent livre, ainsi que le ressort dans lequel ces tribunaux exercent les attributions qui leur sont dévolues.** *- V. tableaux VIII, IX, X et XI annexés au COJ et issus du Décr. n° 2005-1756 du 30 déc. 2005 (JO 31 déc.), entrant en vigueur le 1er janv. 2006. — Les tableaux VIII, IX et X ont été modifiés par le Décr. n° 2006-185 du 20 févr. 2006 (JO 21 févr.).*

V. Décr. n° 2005-1677 du 28 déc. 2005, art. 1er, infra, App., v° Difficultés des entreprises.

TITRE PREMIER DE LA PRÉVENTION DES DIFFICULTÉS DES ENTREPRISES

BIBL. GÉN. ► ROUSSEL GALLE, *Dr. et procédures 2005. 260* (conciliation). - MONTÉRAN, *Gaz. Pal. 7-8 sept. 2005, p. 8* (prévention et conciliation). - VALLIOT, *JCP E 2005, n° 42, p. 1775* (mandat ad hoc et conciliation). - CROZE, *Procédures 2005. Étude 12* (même thème). - TEBOUL, *Petites affiches 19 oct. 2005, p. 3* (prévention). - LEGROS, *Dr. sociétés 2005. Étude 9.* - MACORIG-VENIER, *RTD com. 2005. 829* ; *Rev. proc. coll. 2005. 352* (conciliation). - REINS, *Rev. Lamy droit des affaires, suppl. au n° 88, déc. 2005, p. 9* (même thème). - HABAUZIT-DETILLEUX et MICHAUD, *Gaz. Pal. 27-*

28 janv. 2006 (procédure de conciliation applicable à l'avocat en difficulté). – KUNTZ, *Petites affiches, n° spéc., 8 févr. 2006, p. 5* (commentaire article par article). – THÉVENOT, *ibid., 17 févr. 2006, p. 14* (mandat *ad hoc* et conciliation).

CHAPITRE PREMIER DE LA PRÉVENTION DES DIFFICULTÉS DES ENTREPRISES, DU MANDAT *AD HOC* ET DE LA PROCÉDURE DE CONCILIATION

Art. L. 611-1 *(L. n° 2003-721 du 1er août 2003, art. 10)* **« Toute personne immatriculée au registre du commerce et des sociétés ou au répertoire des métiers » ainsi que toute personne morale de droit privé peut adhérer à un groupement de prévention agréé par arrêté du représentant de l'État dans la région.**

Ce groupement a pour mission de fournir à ses adhérents, de façon confidentielle, une analyse des informations *(L. n° 2003-721 du 1er août 2003, art. 10)* **« économiques, comptables et financières » que ceux-ci s'engagent à lui transmettre régulièrement.**

Lorsque le groupement relève des indices de difficultés, il en informe le chef d'entreprise et peut lui proposer l'intervention d'un expert.

A la diligence du représentant de l'État, les administrations compétentes prêtent leur concours aux groupements de prévention agréés. Les services de la Banque de France peuvent également, suivant des modalités prévues par convention, être appelés à formuler des avis sur la situation financière des entreprises adhérentes. *(L. n° 2005-845 du 26 juill. 2005, art. 3)* **« Les groupements de prévention agréés peuvent aussi bénéficier d'aides des collectivités territoriales. »**

Les groupements de prévention agréés sont habilités à conclure, notamment avec les établissements de crédit et les entreprises d'assurance, des conventions au profit de leurs adhérents. – *[L. n° 84-148 du 1er mars 1984, art. 33].*

V. Décr. n° 85-910 du 27 août 1985 (D. et ALD 1985. 499) relatif à la création et aux conditions de fonctionnement dans les régions de groupements destinés à la prévention des difficultés des entreprises. – V. aussi Circ. 27 août 1985 (JO 30 août).

Sur les avantages fiscaux liés à l'adhésion à un groupement de prévention agréé, V. L. n° 89-549 du 2 août 1989, art. 9 (D. et ALD 1989. 275).

Art. L. 611-2 *(L. n° 2005-845 du 26 juill. 2005, art. 4)* **« I. » – Lorsqu'il résulte de tout acte, document ou procédure qu'une société commerciale, un groupement d'intérêt économique, ou une entreprise individuelle, commerciale ou artisanale connaît des difficultés de nature à compromettre la continuité de l'exploitation, ses dirigeants peuvent être convoqués par le président du tribunal de commerce pour que soient envisagées les mesures propres à redresser la situation.**

A l'issue de cet entretien *(L. n° 2005-845 du 26 juill. 2005, art. 4)* **« ou si les dirigeants ne se sont pas rendus à sa convocation », le président du tribunal peut, nonobstant toute disposition législative ou réglementaire contraire, obtenir communication, par les commissaires aux comptes, les membres et représentants du personnel, les administrations publiques, les organismes de sécurité et de prévoyance sociales ainsi que les services chargés de la centralisation des risques bancaires et des incidents de paiement, des renseignements de nature à lui donner une exacte information sur la situation économique et financière du débiteur.** – *[L. n° 84-148 du 1er mars 1984, art. 34].*

(L. n° 2005-845 du 26 juill. 2005, art. 4) **« II. – Lorsque les dirigeants d'une société commerciale ne procèdent pas au dépôt des comptes annuels dans les délais prévus par les textes applicables, le président du tribunal peut leur adresser une injonction de le faire à bref délai sous astreinte.**

« Si cette injonction n'est pas suivie d'effet dans un délai fixé par décret en Conseil d'État, le président du tribunal peut également faire application à leur égard des dispositions du deuxième alinéa du I. »

V. Décr. n° 2005-1677 du 28 déc. 2005, art. 2 s., infra, App., v° Difficultés des entreprises.

Art. L. 611-3 *(L. n° 2005-845 du 26 juill. 2005, art. 5)* **Le président du tribunal de commerce ou du tribunal de grande instance peut, à la demande du représentant de l'entreprise, désigner un mandataire *ad hoc* dont il détermine la mission.** – *V. Décr. n° 2005-1677 du 28 déc. 2005, art. 11 s., infra, App., v° Difficultés des entreprises.*

Sur la faculté de renvoi de l'affaire devant une autre juridiction, V. Décr. n° 2005-1677 du 28 déc. 2005, art. 344, infra, App., v° Difficultés des entreprises.

Art. L. 611-4 *(L. n° 2005-845 du 26 juill. 2005, art. 5)* **Il est institué, devant le tribunal de commerce, une procédure de conciliation dont peuvent bénéficier les personnes exerçant une activité commerciale ou artisanale qui éprouvent une difficulté juridique, économique ou financière, avérée ou prévisible, et ne se trouvent pas en cessation des paiements depuis plus de quarante-cinq jours.**

La L. n° 88-1202 du 30 déc. 1988, codifiée partiellement au livre III du code rural, a institué une procédure de règlement amiable destinée aux exploitations agricoles. — Toutefois, les sociétés commerciales exerçant une activité agricole demeurent soumises aux art. L. 611-4 s. — Sur cette procédure, V. C. rur., art. L. 351-1 s., infra, ss. art. L. 612-5.

Les dispositions, relatives au règlement des situations de surendettement des particuliers, du C. consom., art. L. 331-1 s., ne s'appliquent pas lorsque le débiteur relève des procédures prévues par les art. L. 611-4 s. C. com. ou par les art. L. 351-1 s. C. rur. (C. consom., art. L. 333-3, al. 1er). — V. ces dispositions au ***C. consom.***

Art. L. 611-5 *(L. n° 2005-845 du 26 juill. 2005, art. 5)* **La procédure de conciliation est applicable, dans les mêmes conditions, aux personnes morales de droit privé et aux personnes physiques exerçant une activité professionnelle indépendante, y compris une profession libérale soumise à un statut législatif ou réglementaire ou dont le titre est protégé. Pour l'application du présent article, le tribunal de grande instance est compétent et son président exerce les mêmes pouvoirs que ceux attribués au président du tribunal de commerce.**

La procédure de conciliation n'est pas applicable aux agriculteurs qui bénéficient de la procédure prévue aux articles L. 351-1 à L. 351-7 du code rural. – *V. ces art., infra, ss. art L. 612-5.*

Art. L. 611-6 *(L. n° 2005-845 du 26 juill. 2005, art. 5)* **Le président du tribunal est saisi par une requête du débiteur exposant sa situation économique, sociale et financière, ses besoins de financement ainsi que, le cas échéant, les moyens d'y faire face.**

Outre les pouvoirs qui lui sont attribués par le second alinéa du I de l'article L. 611-2, le président du tribunal peut charger un expert de son choix d'établir un rapport sur la situation économique, sociale et financière du débiteur et, nonobstant toute disposition législative et réglementaire contraire, obtenir des établissements bancaires ou financiers tout renseignement de nature à donner une exacte information sur la situation économique et financière de celui-ci.

La procédure de conciliation est ouverte par le président du tribunal, qui désigne un conciliateur pour une période n'excédant pas quatre mois mais qu'il peut, par une décision motivée, proroger d'un mois au plus à la demande de ce dernier. Le débiteur peut proposer un conciliateur à la désignation par le président du tribunal. A l'expiration de cette période, la mission du conciliateur et la procédure prennent fin de plein droit.

La décision ouvrant la procédure de conciliation n'est pas susceptible de recours. Elle est communiquée au ministère public. Lorsque le débiteur exerce une profession

libérale soumise à un statut législatif ou réglementaire ou dont le titre est protégé, la décision est également communiquée à l'ordre professionnel ou à l'autorité compétente dont, le cas échéant, il relève.

Le débiteur peut récuser le conciliateur dans des conditions et délais fixés par décret en Conseil d'État.

V. Décr. n° 2005-1677 du 28 déc. 2005, art. 15 s., infra, App., v° Difficultés des entreprises.

Art. L. 611-7 *(L. n° 2005-845 du 26 juill. 2005, art. 6)* Le conciliateur a pour mission de favoriser la conclusion entre le débiteur et ses principaux créanciers ainsi que, le cas échéant, ses cocontractants habituels, d'un accord amiable destiné à mettre fin aux difficultés de l'entreprise. Il peut également présenter toute proposition se rapportant à la sauvegarde de l'entreprise, à la poursuite de l'activité économique et au maintien de l'emploi.

Le conciliateur peut, dans ce but, obtenir du débiteur tout renseignement utile. Le président du tribunal communique au conciliateur les renseignements dont il dispose et, le cas échéant, les résultats de l'expertise mentionnée au deuxième alinéa de l'article L. 611-6.

Les administrations financières, les organismes de sécurité sociale, les institutions gérant le régime d'assurance chômage prévu par les articles L. 351-3 et suivants du code du travail et les institutions régies par le livre IX du code de la sécurité sociale peuvent consentir des remises de dettes dans les conditions fixées à l'article L. 626-6 du présent code.

Le conciliateur rend compte au président du tribunal de l'état d'avancement de sa mission et formule toutes observations utiles sur les diligences du débiteur.

Si, au cours de la procédure, le débiteur est poursuivi par un créancier, le juge qui a ouvert cette procédure peut, à la demande du débiteur et après avoir été éclairé par le conciliateur, faire application des articles 1244-1 à 1244-3 du code civil.

En cas d'impossibilité de parvenir à un accord, le conciliateur présente sans délai un rapport au président du tribunal. Celui-ci met fin à sa mission et à la procédure de conciliation. Sa décision est notifiée au débiteur.

V.Décr. n° 2005-1677 du 28 déc. 2005, art. 28 s., infra, App., v° Difficultés des entreprises.

Art. L. 611-8 *(L. n° 2005-845 du 26 juill. 2005, art. 7)* I. — Le président du tribunal, sur la requête conjointe des parties, constate leur accord et donne à celui-ci force exécutoire. Il statue au vu d'une déclaration certifiée du débiteur attestant qu'il ne se trouvait pas en cessation des paiements lors de la conclusion de l'accord, ou que ce dernier y met fin. La décision constatant l'accord n'est pas soumise à publication et n'est pas susceptible de recours. Elle met fin à la procédure de conciliation.

II. — Toutefois, à la demande du débiteur, le tribunal homologue l'accord obtenu si les conditions suivantes sont réunies :

1° Le débiteur n'est pas en cessation des paiements ou l'accord conclu y met fin ;

2° Les termes de l'accord sont de nature à assurer la pérennité de l'activité de l'entreprise ;

3° L'accord ne porte pas atteinte aux intérêts des créanciers non signataires, sans préjudice de l'application qui peut être faite des articles 1244-1 à 1244-3 du code civil.

V. Décr. n° 2005-1677 du 28 déc. 2005, art. 32 et 33, infra, App., v° Difficultés des entreprises.

Art. L. 611-9 *(L. n° 2005-845 du 26 juill. 2005, art. 7)* Le tribunal statue sur l'homologation après avoir entendu ou dûment appelé en chambre du conseil le débiteur, les créanciers parties à l'accord, les représentants du comité d'entreprise ou, à défaut, des délégués du personnel, le conciliateur et le ministère public. L'ordre professionnel ou l'autorité compétente dont relève, le cas échéant, le débiteur qui

exerce une profession libérale soumise à un statut législatif ou réglementaire ou dont le titre est protégé, est entendu ou appelé dans les mêmes conditions.

Le tribunal peut entendre toute autre personne dont l'audition lui paraît utile.

V. Décr. n° 2005-1677 du 28 déc. 2005, art. 33, infra, App., v° Difficultés des entreprises.

Art. L. 611-10 *(L. n° 2005-845 du 26 juill. 2005, art. 7)* **L'homologation de l'accord met fin à la procédure de conciliation.**

Lorsque le débiteur est soumis au contrôle légal de ses comptes, l'accord homologué est transmis à son commissaire aux comptes. Le jugement d'homologation est déposé au greffe où tout intéressé peut en prendre connaissance et fait l'objet d'une mesure de publicité. Il est susceptible de tierce-opposition dans un délai de dix jours à compter de cette publicité. Le jugement rejetant l'homologation ne fait pas l'objet d'une publication. Il est susceptible d'appel.

L'accord homologué suspend, pendant la durée de son exécution, toute action en justice et toute poursuite individuelle tant sur les meubles que les immeubles du débiteur dans le but d'obtenir le paiement des créances qui en font l'objet. Il suspend, pour la même durée, les délais impartis aux créanciers parties à l'accord à peine de déchéance ou de résolution des droits afférents aux créances mentionnées par l'accord. Les coobligés et les personnes ayant consenti un cautionnement ou une garantie autonome peuvent se prévaloir des dispositions de l'accord homologué.

L'accord homologué entraîne la levée de plein droit de toute interdiction d'émettre des chèques conformément à l'article L. 131-73 du code monétaire et financier, mise en œuvre à l'occasion du rejet d'un chèque émis avant l'ouverture de la procédure de conciliation.

Saisi par l'une des parties à l'accord homologué, le tribunal, s'il constate l'inexécution des engagements résultant de cet accord, prononce la résolution de celui-ci ainsi que la déchéance de tout délai de paiement accordé.

V. Décr. n° 2005-1677 du 28 déc. 2005, art. 34 s., infra, App., v° Difficultés des entreprises.

Art. L. 611-11 *(L. n° 2005-845 du 26 juill. 2005, art. 8)* **En cas d'ouverture d'une procédure de sauvegarde, de redressement ou de liquidation judiciaire subséquente, les personnes qui avaient consenti, dans l'accord homologué mentionné au II de l'article L. 611-8, un nouvel apport en trésorerie au débiteur en vue d'assurer la poursuite d'activité de l'entreprise et sa pérennité sont payées, pour le montant de cet apport, par privilège avant toutes créances nées antérieurement à l'ouverture de la conciliation, selon le rang prévu au II de l'article L. 622-17 et au II de l'article L. 641-13. Dans les mêmes conditions, les personnes qui fournissent, dans l'accord homologué, un nouveau bien ou service en vue d'assurer la poursuite d'activité de l'entreprise et sa pérennité sont payées, pour le prix de ce bien ou de ce service, par privilège avant toutes créances nées avant l'ouverture de la conciliation.**

Cette disposition ne s'applique pas aux apports consentis par les actionnaires et associés du débiteur dans le cadre d'une augmentation de capital.

Les créanciers signataires de l'accord ne peuvent bénéficier directement ou indirectement de cette disposition au titre de leurs concours antérieurs à l'ouverture de la conciliation.

BIBL. ▶ LE CORRE, *Gaz. Pal. 7-8 sept. 2005, p. 50.*

Art. L. 611-12 *(L. n° 2005-845 du 26 juill. 2005, art. 9)* **L'ouverture d'une procédure de sauvegarde, de redressement judiciaire ou de liquidation judiciaire met fin de plein droit à l'accord constaté ou homologué en application de l'article L. 611-8. En ce cas, les créanciers recouvrent l'intégralité de leurs créances et sûretés, déduction faite des sommes perçues, sans préjudice des dispositions prévues à l'article L. 611-11.**

Art. L. 611-13 *(L. n° 2005-845 du 26 juill. 2005, art. 10)* **Les missions de mandataire *ad hoc* ou de conciliateur ne peuvent être exercées par une personne ayant, au**

cours des vingt-quatre mois précédents, perçu, à quelque titre que ce soit, directement ou indirectement, une rémunération ou un paiement de la part du débiteur intéressé, de tout créancier du débiteur ou d'une personne qui en détient le contrôle ou est contrôlée par lui au sens de l'article L. 233-16, sauf s'il s'agit d'une rémunération perçue au titre d'un mandat *ad hoc* ou d'une mission de règlement amiable ou de conciliation réalisée pour le même débiteur ou le même créancier. La personne ainsi désignée doit attester sur l'honneur, lors de l'acceptation de son mandat, qu'elle se conforme à ces interdictions.

Les missions de mandataire *ad hoc* ou de conciliateur ne peuvent être confiées à un juge consulaire en fonction ou ayant quitté ses fonctions depuis moins de cinq ans.

Art. L. 611-14 *(L. n° 2005-845 du 26 juill. 2005, art. 10)* Après avoir recueilli l'accord du débiteur, le président du tribunal fixe les conditions de rémunération du mandataire *ad hoc*, du conciliateur et, le cas échéant, de l'expert, lors de la désignation de l'intéressé, en fonction des diligences nécessaires à l'accomplissement de sa mission. Sa rémunération est arrêtée par ordonnance du président du tribunal à l'issue de la mission.

Les recours contre ces décisions sont portés devant le premier président de la cour d'appel dans un délai fixé par décret en Conseil d'État.

V. Décr. n° 2005-1677 du 28 déc. 2005, art. 40 s., infra, App., v° Difficultés des entreprises.

Art. L. 611-15 *(L. n° 2005-845 du 26 juill. 2005, art. 10)* Toute personne qui est appelée à la procédure de conciliation ou à un mandat *ad hoc* ou qui, par ses fonctions, en a connaissance est tenue à la confidentialité.

CHAPITRE II DES DISPOSITIONS APPLICABLES AUX PERSONNES MORALES DE DROIT PRIVÉ NON COMMERÇANTES AYANT UNE ACTIVITÉ ÉCONOMIQUE

BIBL. GÉN. ▸ F.-X. Lucas, *Petites affiches, n° spéc., 8 févr. 2006, p. 20* (commentaire article par article).

Art. L. 612-1 Les personnes morales de droit privé non commerçantes ayant une activité économique dont le nombre de salariés, le montant hors taxes du chiffre d'affaires ou les ressources et le total du bilan dépassent, pour deux de ces critères, des seuils fixés par décret en Conseil d'État, doivent établir chaque année un bilan, un compte de résultat et une annexe. Les modalités d'établissement de ces documents sont précisées par décret. – *V. Décr. n° 2005-1677 du 28 déc. 2005, art. 44 et 45, infra, App., v° Difficultés des entreprises.*

Ces personnes morales sont tenues de nommer au moins un commissaire aux comptes et un suppléant *(Abrogé par L. n° 2005-845 du 26 juill. 2005, art. 11-I)* ***« choisis sur la liste mentionnée à l'article*** (L. n° 2003-706 du 1er août 2003) ***« L. 822-1 » qui exercent leurs fonctions dans les conditions prévues par le livre II, titres Ier et II, sous réserve des règles qui leur sont propres. Les dispositions de l'article L. 242-27 sont applicables ».***

Pour les coopératives agricoles et les sociétés d'intérêt collectif agricole qui n'ont pas la forme commerciale, lorsqu'elles ne font pas appel à des commissaires aux comptes inscrits, cette obligation peut être satisfaite par le recours aux services d'un organisme agréé selon les dispositions de l'article L. 527-1 du code rural. Les conditions d'application de cette disposition seront précisées par décret en Conseil d'État.

Les peines prévues par l'article L. 242-8 sont applicables aux dirigeants des personnes morales mentionnées au premier alinéa du présent article qui n'auront pas, chaque année, établi un bilan, un compte de résultat et une annexe.

(Abrogé par L. nº 2005-845 du 26 juill. 2005, art. 11-I) ***« Les dispositions des articles L. 242-25 et L. 242-28 sont également applicables à ces dirigeants. »***

Même si les seuils visés au premier alinéa ne sont pas atteints, les personnes morales de droit privé non commerçantes ayant une activité économique peuvent nommer un commissaire aux comptes et un suppléant dans les mêmes conditions que celles prévues au deuxième alinéa. Dans ce cas, le commissaire aux comptes et son suppléant sont soumis aux mêmes obligations, encourent les mêmes responsabilités civile et pénale et exercent les mêmes pouvoirs que s'ils avaient été désignés en application du premier alinéa. – *[L. nº 84-148 du 1er mars 1984, art. 27].*

Art. L. 612-2 Les personnes morales de droit privé non commerçantes ayant une activité économique dont, soit le nombre de salariés, soit le montant hors taxes du chiffre d'affaires ou les ressources dépassent un seuil défini par décret en Conseil d'État, sont tenues d'établir une situation de l'actif réalisable et disponible, valeurs d'exploitation exclues, et du passif exigible, un compte de résultat prévisionnel, un tableau de financement et un plan de financement. – *V. Décr. nº 2005-1677 du 28 déc. 2005, art. 46, infra, App., vº Difficultés des entreprises.*

La périodicité, les délais et les modalités d'établissement de ces documents sont précisés par décret.

Ces documents sont analysés dans des rapports écrits sur l'évolution de la personne morale, établis par l'organe chargé de l'administration. Ces documents et rapports sont communiqués simultanément au commissaire aux comptes, au comité d'entreprise *(L. nº 2005-845 du 26 juill. 2005, art. 11-II)* « ou, à défaut, aux délégués du personnel » et à l'organe chargé de la surveillance, lorsqu'il en existe.

En cas de non-observation des dispositions prévues aux alinéas précédents ou si les informations données dans les rapports visés à l'alinéa précédent appellent des observations de sa part, le commissaire aux comptes le signale dans un rapport écrit qu'il communique à l'organe chargé de l'administration ou de la direction. Ce rapport est communiqué au comité d'entreprise *(L. nº 2005-845 du 26 juill. 2005, art. 11-II)* « ou, à défaut, aux délégués du personnel ». Il est donné connaissance de ce rapport à la prochaine réunion de l'organe délibérant. – *[L. nº 84-148 du 1er mars 1984, art. 28].*

Art. L. 612-3 Lorsque le commissaire aux comptes d'une personne morale visée *(L. nº 2005-845 du 26 juill. 2005, art. 11-III)* « aux articles L. 612-1 et L. 612-4 » relève, à l'occasion de l'exercice de sa mission, des faits de nature à compromettre la continuité de l'exploitation de cette personne morale, il en informe les dirigeants de la personne morale dans des conditions fixées par décret en Conseil d'État.

(L. nº 2005-845 du 26 juill. 2005, art. 11-III) « A défaut de réponse dans un délai fixé par décret en Conseil d'État, ou si celle-ci ne permet pas d'être assuré de la continuité de l'exploitation, le commissaire aux comptes invite, par un écrit dont la copie est transmise au président du tribunal de grande instance, les dirigeants à faire délibérer l'organe collégial de la personne morale sur les faits relevés. Le commissaire aux comptes est convoqué à cette séance. La délibération de l'organe collégial est communiquée au comité d'entreprise ou, à défaut, aux délégués du personnel et au président du tribunal de grande instance.

« En cas d'inobservation de ces dispositions, ou si le commissaire aux comptes constate qu'en dépit des décisions prises la continuité de l'exploitation demeure compromise, une assemblée générale est convoquée dans des conditions et délais fixés par décret en Conseil d'État. Le commissaire aux comptes établit un rapport spécial qui est présenté à cette assemblée. Ce rapport est communiqué au comité d'entreprise ou, à défaut, aux délégués du personnel. »

Si, à l'issue de la réunion de l'assemblée générale, le commissaire aux comptes constate que les décisions prises ne permettent pas d'assurer la continuité de l'exploitation, il informe de ses démarches le président du tribunal et lui en communique les résultats. — *[L. n° 84-148 du 1er mars 1984, art. 29].*

(L. n° 2005-845 du 26 juill. 2005, art. 11-III) « Les dispositions du présent article ne sont pas applicables lorsqu'une procédure de conciliation ou de sauvegarde a été engagée par les dirigeants en application des articles L. 611-6 et L. 620-1. »

V. Décr. n° 2005-1677 du 28 déc. 2005, art. 47, infra, App., v° Difficultés des entreprises.

Art. L. 612-4 *(Ord. n° 2005-856 du 28 juill. 2005, art. 5)* « Toute association ayant reçu annuellement des autorités administratives, au sens de l'article 1er de la loi du 12 avril 2000, ou des établissements publics à caractère industriel et commercial une ou plusieurs subventions dont le montant global dépasse un seuil fixé par décret, doit établir des comptes annuels comprenant un bilan, un compte de résultat et une annexe dont les modalités d'établissement sont fixées par décret. Ces associations doivent assurer, dans des conditions déterminées par décret en Conseil d'État, la publicité de leurs comptes annuels et du rapport du commissaire aux comptes. » — *Ce montant est fixé à 153 000 € par Décr. n° 2006-335 du 21 mars 2006. — Les dispositions de l'Ord. n° 2005-856 du 28 juill. 2005 et du Décr. n° 2006-335 du 21 mars 2006 sont applicables aux exercices comptables des associations ouverts à compter du 1er janv. 2006 (Ord. n° 2005-856 du 28 juill. 2005, art. 9 ; Décr. n° 2006-335 du 21 mars 2006, art. 4).*

Ces mêmes associations sont tenues de nommer au moins un commissaire aux comptes et un suppléant *(Abrogé par L. n° 2005-845 du 26 juill. 2005, art. 11-IV)* *« choisis sur la liste mentionnée à l'article* (L. n° 2003-706 du 1er août 2003) *« L. 822-1 » qui exercent leurs fonctions dans les conditions prévues par le livre II sous réserve des règles qui leur sont propres. Les dispositions de l'article L. 242-27 sont applicables. »* — *[L. n° 84-148 du 1er mars 1984, art. 29 bis].*

Al. 3 à 5 abrogés par L. n° 2005-845 du 26 juill. 2005, art. 11-IV.

Art. L. 612-5 *(L. n° 2001-420 du 15 mai 2001)* Le représentant légal ou, s'il en existe un, le commissaire aux comptes d'une personne morale de droit privé non commerçante ayant une activité économique ou d'une association visée à l'article L. 612-4 présente à l'organe délibérant ou, en l'absence d'organe délibérant, joint aux documents communiqués aux adhérents un rapport sur les conventions passées directement ou par personne interposée entre la personne morale et l'un de ses administrateurs ou l'une des personnes assurant un rôle de mandataire social.

Il est de même des conventions passées entre cette personne morale et une société dont un associé indéfiniment responsable, un gérant, un administrateur, le directeur général, un directeur général délégué, un membre du directoire ou du conseil de surveillance, un actionnaire disposant d'une fraction des droits de vote supérieure à 10 % est simultanément administrateur ou assure un rôle de mandataire social de ladite personne morale.

L'organe délibérant statue sur ce rapport.

Un décret en Conseil d'État précise les conditions dans lesquelles le rapport est établi. — *V. Décr. n° 2005-1677 du 28 déc. 2005, art. 48 et 49, infra, App., v° Difficultés des entreprises.*

Une convention non approuvée produit néanmoins ses effets. Les conséquences préjudiciables à la personne morale résultant d'une telle convention peuvent être mises à la charge, individuellement ou solidairement selon le cas, de l'administrateur ou de la personne assurant le rôle de mandataire social.

(L. n° 2003-706 du 1er août 2003) « Les dispositions du présent article ne sont pas applicables aux conventions courantes conclues à des conditions normales qui, en raison de leur objet ou de leurs implications financières, ne sont significatives pour aucune des parties. »

Loi nº 84-148 du 1er mars 1984,

Relative à la prévention et au règlement amiable des difficultés des entreprises.

Les dispositions des art. 1er à 29 bis, 32 bis, 33 à 47, 49 à 56, 58, 60 à 62 ont été abrogées et en partie codifiées par Ord. nº 2000-912 du 18 sept. 2000, ratifiée par L. nº 2003-7 du 3 janv. 2003, art. 50-I. — V. dispositions codifiées aux anciens art. L. 611-1 s. et L. 712-6, C. com.

....

CHAPITRE VI. *INFORMATION FINANCIÈRE ET CONTRÔLE DES COMPTES DANS CERTAINES ENTREPRISES PUBLIQUES*

Art. 30 *(L. nº 2003-706 du 1er août 2003)* 1. Les établissements publics de l'État non soumis aux règles de la comptabilité publique sont tenus de désigner au moins un commissaire aux comptes et un suppléant. Toutefois, cette obligation ne s'impose pas lorsque le nombre de salariés, le montant hors taxes du chiffre d'affaires ou des ressources ainsi que le total du bilan ne dépassent pas, pour deux de ces critères, des seuils fixés par décret en Conseil d'État.

Les établissements publics de l'État, qu'ils soient ou non soumis aux règles de la comptabilité publique, sont tenus de nommer au moins deux commissaires aux comptes et deux suppléants lorsqu'ils établissent des comptes consolidés en application de l'article 13 de la loi nº 85-11 du 3 janvier 1985 relative aux comptes consolidés de certaines sociétés commerciales et entreprises publiques.

Néanmoins, quand les conditions posées aux premier et deuxième alinéas ne sont pas remplies, les établissements publics de l'État peuvent nommer au moins un commissaire aux comptes et un suppléant. Il en va de même dans les groupements d'intérêt public dont l'État ou un établissement public de l'État est membre.

2. Les commissaires aux comptes des établissements publics de l'État sont nommés, sur proposition des organes dirigeants, par le ministre chargé de l'économie. Lorsque l'établissement fait appel public à l'épargne, cette nomination est effectuée après avis de l'Autorité des marchés financiers dans des conditions fixées par décret.

(L. nº 2004-1484 du 30 déc. 2004, art. 110) « 3. Chaque année, la Caisse des dépôts et consignations présente aux commissions des finances des deux assemblées ses comptes sociaux et consolidés, certifiés par deux commissaires aux comptes. La commission de surveillance de la Caisse des dépôts et consignations désigne les commissaires aux comptes ainsi que leurs suppléants sur proposition du directeur général. »

Les établissements publics de l'État, dès lors qu'ils contrôlent une ou plusieurs personnes morales ou qu'ils exercent une influence notable dans les conditions prévues aux art. L. 233-16 s. C. com., sont tenus d'établir, conformément à ces art., et de publier des comptes consolidés ainsi qu'un rapport sur la gestion du groupe. Toutefois, cette obligation ne s'impose pas lorsque l'ensemble constitué par l'établissement public et les personnes morales qu'il contrôle ne dépasse pas pendant deux exercices successifs sur la base des derniers comptes annuels arrêtés une taille déterminée par référence à deux des trois critères mentionnés à l'art. L. 123-16 dudit code, selon des modalités fixées par décret en Conseil d'État. [L. nº 85-11 du 3 janv. 1985, art. 13, dans sa réd. issue de la L. nº 2003-706 du 1er août 2003]. Le premier exercice d'application de ces dispositions aux établissements publics de l'État soumis aux règles de la comptabilité publique commence au plus tard le 1er janv. 2006 (L. nº 2003-706 du 1er août 2003, art. 136-II). - Pour l'application de l'art. 13 précité, les seuils en deçà desquels l'ensemble constitué par une entreprise publique et les personnes morales qu'elle contrôle est exempté, dans les conditions fixées audit article, de l'obligation d'établir et de publier des comptes consolidés ainsi qu'un rapport sur la gestion du groupe, sont fixés ainsi qu'il suit : — 1º Total du bilan : 15 millions d'euros ; — 2º Montant net du chiffre d'affaires : 30 millions d'euros [ancienne rédaction : 200 millions de F] ; — 3º Nombre moyen de salariés permanents : 500. — Ces chiffres sont calculés globalement pour l'ensemble des entreprises concernées selon la méthode définie aux alinéas 2, 3 et 4 de l'art. 17 du décret nº 83-1020 du 29 nov. 1983 (Décr. nº 86-221 du 17 févr. 1986, art. 13). — V. ce texte supra, ss. art. L. 123-28, C. com.

Les dispositions particulières prévues par la loi nº 84-148 du 1er mars 1984 et par la loi nº 85-11 du 3 janv. 1985 pour les entreprises publiques s'appliquent à La Poste et à France Télécom (V. L. nº 90-568 du 2 juill. 1990, art. 15).

31 Le commissaire aux comptes exerce ses fonctions dans les conditions prévues par la loi du 24 juillet 1966 précitée *[C. com., art. L. 822-1 s.]*. *(L. n° 85-98 du 25 janv. 1985)* « Les dispositions de l'article 457 de la loi n° 66-537 du 24 juillet 1966 précitée *[C. com., art. L. 242-27]* sont applicables ».

Les missions temporaires définies à l'article 220-4° de la loi du 24 juillet 1966 précitée *[C. com., art. L. 225-224, 4°]* ne peuvent être confiées au commissaire aux comptes par l'établissement ou l'entreprise mentionné à l'article précédent qu'à la demande soit de la Cour des comptes, soit de l'autorité qui a désigné le commissaire aux comptes, soit de la commission des opérations de bourse pour ceux qui font publiquement appel à l'épargne.

32 Dans les établissements et entreprises mentionnés à l'article 30 qui répondent à l'un des critères définis à l'article 340-1 de la loi du 24 juillet 1966 précitée *[C. com., art. L. 232-2]*, le conseil d'administration ou le directoire est tenu d'établir les documents mentionnés à cet article. Les dispositions de l'article 340-2 de la loi du 24 juillet 1966 *[C. com., art. L. 232-3]* sont applicables.

BIBL. ▶ V. ss. ancien art. L. 612-2 C. com.

Pour l'application des art. 30 à 32, V. infra, Décr. n° 85-295 du 1er mars 1985, art. 33 s.

....

Décret n° 85-295 du 1er mars 1985,

Pris pour l'application de la loi n° 84-148 du 1er mars 1984 relative à la prévention et au règlement amiable des difficultés des entreprises.

CHAPITRE IV. *DISPOSITIONS APPLICABLES À CERTAINES ENTREPRISES PUBLIQUES*

Art. 33 *(Décr. n° 2005-747 du 1er juill. 2005)* 1. La désignation d'au moins un commissaire aux comptes et d'un suppléant prévue à l'article 30 de la loi n° 84-148 du 1er mars 1984 relative à la prévention et au règlement amiable des difficultés des entreprises est obligatoire dès lors que deux des trois seuils sont franchis :

a) Nombre moyen de salariés permanents : 50 ;

b) Montant hors taxes du chiffre d'affaires et des ressources liées à l'activité courante : 3 100 000 euros ;

c) Total du bilan : 1 550 000 euros.

Le nombre de salariés, le chiffre d'affaires et le total du bilan sont calculés selon la méthode définie aux alinéas 4, 5 et 6 de l'article 17 du décret n° 83-1020 du 29 novembre 1983 pris en application de la loi n° 83-353 du 30 avril 1983 et relatif aux obligations comptables des commerçants. – *V. Décr. préc., supra, ss. art. L. 123-28 C. com.*

Le montant des ressources comprend les subventions et produits de toute nature liés à l'activité courante.

Les établissements publics de l'État mentionnés au premier alinéa de l'article 30 de la loi du 1er mars 1984 précitée ne sont plus tenus de recourir à un commissaire aux comptes dès lors qu'ils n'ont pas dépassé les seuils de deux des trois critères fixés aux deuxième, troisième et quatrième alinéas du présent article pendant les deux exercices précédant l'expiration du mandat du commissaire aux comptes.

2. Lorsque l'établissement fait appel public à l'épargne, le ministre chargé de l'économie saisit pour avis l'Autorité des marchés financiers avant de procéder à la nomination des commissaires aux comptes. A défaut de réponse de l'autorité dans un délai d'un mois, l'accord de cette dernière est réputé acquis.

34 Les établissements publics de l'État et les entreprises nationales mentionnés à l'article 30 de la loi du 1er mars 1984 précitée qui, à la clôture de l'exercice social, comptent *(Décr. n° 87-169 du 13 mars 1987)* « trois cents salariés » ou plus ou dont le montant hors taxes du chiffre d'affaires est supérieur ou égal à *(Décr. n° 2001-373 du 27 avr. 2001)* « dix-huit millions d'euros » *[ancienne rédaction : cent vingt millions de francs]*, sont tenus d'établir les documents mentionnés à l'article 340-1 de la loi sur les sociétés commerciales *[C. com., art. L. 232-2]* et les rapports correspondants. Ces critères sont définis selon les dispositions prévues aux alinéas 3 et 4 de l'article 244 du décret n° 67-236 du 23 mars 1967 modifié sur les sociétés commerciales. — *V. Décr. préc., infra, App., v° Sociétés commerciales.* — Ils cessent d'être assujettis à cette obligation lorsqu'ils ne dépassent aucun des chiffres fixés pour ces critères pendant deux exercices successifs.

Le conseil d'administration ou l'organe qui en tient lieu établit et analyse ces documents dans les conditions prévues aux articles 244-1 à 244-4 du décret précité. Il communique ces documents et les rapports correspondants, dans les délais prévus à ces articles, au commissaire aux comptes ainsi qu'au comité d'entreprise et à l'organe chargé de la surveillance, lorsqu'il en existe.

Le commissaire aux comptes formule, le cas échéant, dans les conditions prévues à l'article 244-5 du décret précité, ses observations dans un rapport écrit qu'il communique au conseil d'administration ou à l'organe qui en tient lieu et au comité d'entreprise.

35 Lorsque le commissaire aux comptes met en œuvre la procédure prévue à l'article 230-1 de la loi sur les sociétés commerciales *[C. com., art. L. 234-1]*, il est fait application des dispositions de l'article 251-1 du décret du 23 mars 1967 précité.

Code rural

PARTIE LÉGISLATIVE DU LIVRE III (nouveau)

(L. n° 93-934 du 22 juill. 1993)

TITRE V. EXPLOITATIONS AGRICOLES EN DIFFICULTÉ

RÈGLEMENT AMIABLE DES EXPLOITATIONS AGRICOLES

BIBL. GÉN. ► J. DANET, *Rev. dr. rur. janv. 1995. 1.*

Art. L. 351-1 Il est institué une procédure de règlement amiable destinée à prévenir et à régler les difficultés financières des exploitations agricoles dès qu'elles sont prévisibles ou dès leur apparition, notamment par la conclusion d'un accord amiable entre le débiteur et ses principaux créanciers.

Cette procédure, exclusive de celle prévue par la loi n° 84-148 du 1er mars 1984 relative à la prévention et au règlement amiable des difficultés des entreprises *[C. com., ancien art. L. 611-1 s.]*, est applicable à toute personne physique ou morale de droit privé exerçant une activité agricole au sens de l'article L. 311-1. — *V. ce texte supra, C. com., ss. art. L. 110-1.*

Toutefois, les sociétés commerciales exerçant une activité agricole demeurent soumises à la loi n° 84-148 du 1er mars 1984 précitée *[C. com., ancien art. L. 611-1 s.]*. — *[L. n° 88-1202 du 30 déc. 1988, art. 22].*

L. 351-2 Les dirigeants des exploitations agricoles en difficulté ou leurs créanciers peuvent saisir le président du tribunal de grande instance dans le ressort duquel se trouve le siège de l'exploitation d'une demande tendant à la désignation d'un conciliateur. — *[L. n° 88-1202 du 30 déc. 1988, art. 23].*

L. 351-3 Le président du tribunal peut, nonobstant toute disposition législative ou réglementaire contraire, obtenir communication de tout renseignement lui permettant d'apprécier la situation économique et financière de l'exploitation agricole et ses perspectives de règlement. A cette fin, il peut également ordonner une expertise. — *[L. n° 88-1202 du 30 déc. 1988, art. 24].*

L. 351-4 Le président du tribunal nomme un conciliateur en lui fixant un délai pour l'accomplissement de sa mission ou rend une ordonnance de rejet.

Le conciliateur auquel sont communiquées les informations obtenues en application de l'article L. 351-3 a pour mission de favoriser le règlement de la situation financière de l'exploitation agricole par la conclusion d'un accord amiable entre le débiteur et ses principaux créanciers sur des délais de paiement ou des remises de dettes. — *[L. nº 88-1202 du 30 déc. 1988, art. 25].*

Le ministère public est partie jointe à la procédure de règlement amiable agricole ; mais néanmoins, hormis les effets d'une aide juridictionnelle dont bénéficierait l'une des parties, la rémunération du conciliateur ne peut être mise à la charge du Trésor public. • Cass., avis, 8 mars 1996 : *Bull. civ., nº 3.*

L. 351-5 Le président du tribunal, qui nomme un conciliateur en application de l'article L. 351-4, peut également prononcer la suspension provisoire des poursuites pour un délai n'excédant pas deux mois.

Cette décision suspend ou interdit toute action en justice de la part de tous les créanciers dont la créance a son origine antérieurement à ladite décision et tendant :

1º A la condamnation du débiteur au paiement d'une somme d'argent ;

2º A la résolution d'un contrat pour défaut de paiement d'une somme d'argent.

Elle arrête ou interdit également toute voie d'exécution de la part de ces créanciers, tant sur les meubles que sur les immeubles.

Les délais impartis à peine de déchéance ou de résolution des droits sont, en conséquence, suspendus.

Sauf autorisation du président du tribunal, la décision qui prononce la suspension provisoire des poursuites interdit au débiteur, à peine de nullité, de payer, en tout ou partie, une créance quelconque née antérieurement à cette décision, ou de désintéresser les cautions qui acquitteraient des créances nées antérieurement, ainsi que de faire un acte de disposition étranger à la gestion normale de l'exploitation ou de consentir une hypothèque ou un nantissement. — *[L. nº 88-1202 du 30 déc. 1988, art. 26].*

(L. nº 94-475 du 10 juin 1994) « Les dispositions de l'article 55 de la loi nº 85-98 du 25 janvier 1985 relative au redressement et à la liquidation judiciaires des entreprises *[C. com., ancien art. L. 621-48]* sont applicables. » — *Dispositions applicables aux cautions souscrites à compter de la date de publication de la loi nº 94-475 du 10 juin 1994 [JO 11 juin] (art. 10, II).*

L. 351-6 L'accord amiable conclu en présence du conciliateur entraîne la suspension, pendant la durée de son exécution, de toute action en justice et de toute poursuite individuelle, tant sur les meubles que sur les immeubles du débiteur, formée dans le but d'obtenir le paiement de créances qui font l'objet de l'accord.

L'accord fait également obstacle, pendant la durée de son exécution, à ce que des sûretés soient prises pour garantir le paiement de ces créances.

Les délais qui, à peine de déchéance ou de résolution des droits afférents aux créances mentionnées à l'alinéa précédent, étaient impartis aux créanciers sont suspendus pendant la durée de l'accord.

Le conciliateur transmet au président du tribunal le compte rendu de sa mission. —*[L. nº 88-1202 du 30 déc. 1988, art. 27].* — *V. infra, C. com., ancien art. L. 621-3.*

L'accord amiable conclu en présence du conciliateur n'a pas le caractère d'un jugement et n'est pas susceptible de tierce opposition. • Civ. 3e, 18 mai 1994 : *Bull. civ. III, nº 97.*

L. 351-7 Toute personne qui est appelée au règlement amiable ou qui, par ses fonctions, en a connaissance est tenue *(L. nº 2005-845 du 26 juill. 2005, art. 183)* « à la confidentialité ». — *[L. nº 88-1202 du 30 déc. 1988, art. 28].*

Pour l'application du C. rur., art. L. 351-1 à L. 351-7, V. C. rur., art. R. 351-1 à R. 351-7 et R. 355-2, issus de la codification opérée par le décret nº 96-205 du 15 mars 1996 (JO 17 mars). — ***C. rur. et for.***

TITRE II DE LA SAUVEGARDE

BIBL. GÉN. ▸ VOINOT, *Gaz. Pal. 2005. Doctr. 2943.* – ROUSSEL GALLE, *Dr. et procédures 2005. 260.* – LEBEL, *Rev. proc. coll. 2005. 197* (période d'observation). – REY, *JCP E 2005, n° 42, p. 1770.* – TEBOUL, *Petites affiches 24 oct. 2005, p. 9.* – LEGROS, *Dr. sociétés 2005. Étude 11.* – CROZE, *Procédures 2005. Étude 13.* – DELFOSSE et PÉNIGUEL, *JCP N 2005, n° 40, p. 1626.* – JAZOTTES, *Rev. proc. coll. 2005. 358* (innovations de la procédure de sauvegarde). – CHAPUT, *Rev. Lamy droit des affaires, suppl. au n° 88, déc. 2005, p. 13.* – LÉCUYER, F.-X. LUCAS, ROUSSEL GALLE, BECQUÉ-ICKOWICZ et BLANC-JOUVAN, *Petites affiches, n° spéc., 8 févr. 2006, p. 23* (commentaire article par article). – CAVIGLIOLI et LÉGUEVACQUES, *ibid., 17 févr. 2006, p. 22* (aperçu de la procédure de sauvegarde à l'usage du chef d'entreprise).

Art. L. 620-1 *(L. n° 2005-845 du 26 juill. 2005, art. 12)* **Il est institué une procédure de sauvegarde ouverte sur demande d'un débiteur mentionné à l'article L. 620-2 qui justifie de difficultés, qu'il n'est pas en mesure de surmonter, de nature à le conduire à la cessation des paiements. Cette procédure est destinée à faciliter la réorganisation de l'entreprise afin de permettre la poursuite de l'activité économique, le maintien de l'emploi et l'apurement du passif.**

La procédure de sauvegarde donne lieu à un plan arrêté par jugement à l'issue d'une période d'observation et, le cas échéant, à la constitution de deux comités de créanciers, conformément aux dispositions des articles L. 626-29 et L. 626-30.

V., écartant l'application des dispositions relatives aux procédures de sauvegarde, de redressement et de liquidation judiciaires aux syndicats de copropriétaires, L. n° 65-557 du 10 juill. 1965, art. 29-6.

V. aussi, écartant l'application des dispositions du code de la consommation relatives au règlement des situations de surendettement des particuliers lorsque le débiteur relève des procédures prévues aux art. L. 620-1 s. C. com., C. consom., art. L. 333-3. — V. infra, notes 10 s. ss. ancien art. L. 620-2.

Pour l'ouverture d'une procédure collective à l'égard d'un établissement de crédit ou d'une entreprise d'investissement, subordonnée à un avis de la Commission bancaire, V. C. mon. fin., art. L. 613-27, infra, App., v° Code monétaire et financier (extraits).

Art. L. 620-2 *(L. n° 2005-845 du 26 juill. 2005, art. 13)* **La procédure de sauvegarde est applicable à tout commerçant, à toute personne immatriculée au répertoire des métiers, à tout agriculteur, à toute autre personne physique exerçant une activité professionnelle indépendante, y compris une profession libérale soumise à un statut législatif ou réglementaire ou dont le titre est protégé, ainsi qu'à toute personne morale de droit privé.** — *Est considérée comme agriculteur toute personne physique exerçant des activités agricoles au sens de l'art. L. 311-1 du code rural (C. rur., art. L. 351-8). - V. ledit art. L. 311-1, supra, ss. art. L. 110-1.*

Il ne peut être ouvert de nouvelle procédure de sauvegarde à l'égard d'une personne déjà soumise à une telle procédure, ou à une procédure de redressement judiciaire ou de liquidation judiciaire, tant qu'il n'a pas été mis fin aux opérations du plan qui en résulte ou que la procédure de liquidation n'a pas été clôturée.

BIBL. ▸ VALLANSAN, *Rev. Lamy droit des affaires, suppl. au n° 80, mars 2005, p. 12* (évolution des personnes assujetties à la procédure collective : 1985-2005).

CHAPITRE PREMIER DE L'OUVERTURE DE LA PROCÉDURE

Art. L. 621-1 *(L. n° 2005-845 du 26 juill. 2005, art. 14)* **Le tribunal statue sur l'ouverture de la procédure, après avoir entendu ou dûment appelé en chambre du conseil le débiteur et les représentants du comité d'entreprise ou, à défaut, des délégués du personnel. Il peut également entendre toute personne dont l'audition lui paraît utile.**

En outre, lorsque le débiteur exerce une profession libérale soumise à un statut législatif ou réglementaire ou dont le titre est protégé, le tribunal statue après avoir entendu ou dûment appelé, dans les mêmes conditions, l'ordre professionnel ou l'autorité compétente dont, le cas échéant, il relève.

Le tribunal peut, avant de statuer, commettre un juge pour recueillir tous renseignements sur la situation financière, économique et sociale de l'entreprise. Ce juge peut faire application des dispositions prévues à l'article L. 623-2. Il peut se faire assister de tout expert de son choix.

L'ouverture d'une procédure de sauvegarde à l'égard d'un débiteur qui bénéficie ou a bénéficié d'un mandat *ad hoc* ou d'une procédure de conciliation dans les dix-huit mois qui précèdent doit être examinée en présence du ministère public.

Dans ce cas, le tribunal peut, d'office ou à la demande du ministère public, obtenir communication des pièces et actes relatifs au mandat *ad hoc* ou à la conciliation, nonobstant les dispositions de l'article L. 611-15.

V. Décr. n° 2005-1677 du 28 déc. 2005, art. 50 à 52, 55 et 56, infra, App., v° Difficultés des entreprises.

Art. L. 621-2 Le tribunal compétent est le tribunal de commerce si le débiteur est commerçant ou est immatriculé au répertoire des métiers. Le tribunal de grande instance est compétent dans les autres cas. *(Abrogé par L. n° 2005-845 du 26 juill. 2005, art. 15)* ***« S'il se révèle que la procédure ouverte doit être étendue à une ou plusieurs autres personnes, le tribunal initialement saisi reste compétent. »***

(L. n° 2005-845 du 26 juill. 2005, art. 15) « La procédure ouverte peut être étendue à une ou plusieurs autres personnes en cas de confusion de leur patrimoine avec celui du débiteur ou de fictivité de la personne morale. A cette fin, le tribunal ayant ouvert la procédure initiale reste compétent. »

(Abrogé par L. n° 2005-845 du 26 juill. 2005, art. 15) ***« Un décret en Conseil d'État détermine dans chaque département le tribunal ou les tribunaux appelés à connaître des procédures de redressement judiciaire applicables aux personnes autres que celles mentionnées au deuxième alinéa de l'article L. 620-2, ainsi que le ressort dans lequel ces tribunaux exercent les attributions qui leur sont dévolues. »*** – *[C. com., ancien art. L. 621-5].*

Sur la faculté de renvoi de l'affaire, V. infra, art. L. 662-2.

Sur la composition du tribunal, V. infra, art. L. 722-2.

Art. L. 621-3 *Al. 1er abrogé par L. n° 2005-845 du 26 juill. 2005, art. 16.*

(L. n° 2005-845 du 26 juill. 2005, art. 16) « Le jugement ouvre une période d'observation d'une durée maximale de six mois qui peut être renouvelée une fois par décision motivée à la demande de l'administrateur, du débiteur ou du ministère public. » Elle peut en outre être exceptionnellement prolongée à la demande du procureur de la République par décision motivée du tribunal pour une durée fixée par décret en Conseil d'État. – *[C. com., ancien art. L. 621-6]. – V. Décr. n° 2005-1677 du 28 déc. 2005, art. 64, infra, App., v° Difficultés des entreprises.*

(L. n° 2005-845 du 26 juill. 2005, art. 16) « Lorsqu'il s'agit d'une exploitation agricole, le tribunal peut proroger la durée de la période d'observation en fonction de l'année culturale en cours et des usages spécifiques aux productions de l'exploitation. »

Dernier al. abrogé par L. n° 2005-845 du 26 juill. 2005, art. 16.

Art. L. 621-4 *(L. n° 2005-845 du 26 juill. 2005, art. 17)* Dans le jugement d'ouverture, le tribunal désigne le juge-commissaire, dont les fonctions sont définies à l'article L. 621-9. Il peut, en cas de nécessité, en désigner plusieurs.

Il invite le comité d'entreprise ou, à défaut, les délégués du personnel à désigner un représentant parmi les salariés de l'entreprise. En l'absence de comité d'entreprise et de délégués du personnel, les salariés élisent leur représentant, qui exerce les fonctions dévolues à ces institutions par les dispositions du présent titre. Les modalités de désignation ou d'élection du représentant des salariés sont précisées par décret en Conseil d'État. Lorsque aucun représentant des salariés ne peut être désigné ou élu, un procès-verbal de carence est établi par le chef d'entreprise. – *V. Décr. nº 2005-1677 du 28 déc. 2005, art. 57 s., infra, App., vº Difficultés des entreprises.*

Dans le même jugement, sans préjudice de la possibilité de nommer un ou plusieurs experts en vue d'une mission qu'il détermine, le tribunal désigne deux mandataires de justice qui sont le mandataire judiciaire et l'administrateur judiciaire, dont les fonctions sont respectivement définies à l'article L. 622-20 et à l'article L. 622-1. Il peut, à la demande du ministère public, désigner plusieurs mandataires judiciaires ou plusieurs administrateurs judiciaires. Dans le cas prévu au quatrième alinéa de l'article L. 621-1, le ministère public peut s'opposer à la désignation de la personne antérieurement désignée en tant que mandataire *ad hoc* ou conciliateur dans le cadre d'un mandat ou d'une procédure concernant le même débiteur.

Toutefois, le tribunal n'est pas tenu de désigner un administrateur judiciaire lorsque la procédure est ouverte au bénéfice d'une personne dont le nombre de salariés et le chiffre d'affaires hors taxes sont inférieurs à des seuils fixés par décret en Conseil d'État. Dans ce cas, les dispositions du chapitre VII du présent titre sont applicables. Jusqu'au jugement arrêtant le plan, le tribunal peut, à la demande du débiteur, du mandataire judiciaire ou du ministère public, décider de nommer un administrateur judiciaire. – *V. Décr. nº 2005-1677 du 28 déc. 2005, art. 53, infra, App., vº Difficultés des entreprises.*

Aux fins de réaliser l'inventaire et la prisée prévus à l'article L. 622-6, le tribunal désigne un commissaire-priseur judiciaire, un huissier, un notaire ou un courtier en marchandises assermenté.

V. Décr. nº 2005-1677 du 28 déc. 2005, art. 65 s., infra, App., vº Difficultés des entreprises.

Sur les mandataires de justice, V. C. com., art. L. 811-1 s., infra.

Art. L. 621-5 *(L. nº 2005-845 du 26 juill. 2005, art. 17)* Aucun parent ou allié, jusqu'au quatrième degré inclusivement, du chef d'entreprise ou des dirigeants, s'il s'agit d'une personne morale, ne peut être désigné à l'une des fonctions prévues à l'article L. 621-4 sauf dans les cas où cette disposition empêche la désignation d'un représentant des salariés.

Art. L. 621-6 Le représentant des salariés ainsi que les salariés participant à sa désignation ne doivent avoir encouru aucune des condamnations prévues par *(L. nº 2005-845 du 26 juill. 2005, art. 18)* « l'article L. 6 » du code électoral. Le représentant des salariés doit être âgé de dix-huit ans accomplis.

Les contestations relatives à la désignation du représentant des salariés sont de la compétence du tribunal d'instance qui statue en dernier ressort. – *[C. com., ancien art. L. 621-9]. – V. Décr. nº 2005-1677 du 28 déc. 2005, art. 58, infra, App., vº Difficultés des entreprises.*

Art. L. 621-7 *(L. nº 2005-845 du 26 juill. 2005, art. 19)* Le tribunal peut, soit d'office, soit sur proposition du juge-commissaire ou à la demande du ministère public, procéder au remplacement de l'administrateur, de l'expert ou du mandataire judiciaire.

Le tribunal peut adjoindre, dans les mêmes conditions, un ou plusieurs administrateurs ou mandataires judiciaires à ceux déjà nommés. L'administrateur, le mandataire judiciaire ou un créancier nommé contrôleur peut demander au juge-commissaire de saisir à cette fin le tribunal.

Lorsque le débiteur exerce une profession libérale soumise à un statut législatif ou réglementaire ou dont le titre est protégé, l'ordre professionnel ou l'autorité compétente dont, le cas échéant, il relève peut saisir le ministère public à cette même fin.

Le débiteur peut demander au juge-commissaire de saisir le tribunal aux fins de remplacer l'administrateur ou l'expert. Dans les mêmes conditions, les créanciers peuvent demander le remplacement du mandataire judiciaire.

Le comité d'entreprise ou, à défaut, les délégués du personnel ou, à défaut, les salariés de l'entreprise peuvent seuls procéder au remplacement du représentant des salariés. – *[C. com., ancien art. L. 621-10].*

V. Décr. n° 2005-1677 du 28 déc. 2005, art. 72 et 73, infra, App., v° Difficultés des entreprises.

Art. L. 621-8 **L'administrateur et le mandataire judiciaire tiennent informés le juge-commissaire et le** *(L. n° 2005-845 du 26 juill. 2005, art. 20)* **« ministère public » du déroulement de la procédure. Ceux-ci peuvent à toute époque requérir communication de tous actes ou documents relatifs à la procédure.**

Le *(L. n° 2005-845 du 26 juill. 2005, art. 20)* **« ministère public » communique au juge-commissaire sur la demande de celui-ci ou d'office, nonobstant toute disposition législative contraire, tous les renseignements qu'il détient et qui peuvent être utiles à la procédure.** – *[C. com., ancien art. L. 621-11].*

V. Décr. n° 2005-1677 du 28 déc. 2005, art. 70 et 71, infra, App., v° Difficultés des entreprises.

Art. L. 621-9 **Le juge-commissaire est chargé de veiller au déroulement rapide de la procédure et à la protection des intérêts en présence.** – *[C. com., ancien art. L. 621-12].*

(L. n° 2005-845 du 26 juill. 2005, art. 21) **« Lorsque la désignation d'un technicien est nécessaire, seul le juge-commissaire peut y procéder en vue d'une mission qu'il détermine, sans préjudice de la faculté pour le tribunal prévue à l'article L. 621-4 de désigner un ou plusieurs experts. Les conditions de la rémunération de ce technicien sont fixées par un décret en Conseil d'État. »** – *V. Décr. n° 2005-1677 du 28 déc. 2005, art. 69, infra, App., v° Difficultés des entreprises.*

Art. L. 621-10 *(L. n° 2005-845 du 26 juill. 2005, art. 22)* **Le juge-commissaire désigne un à cinq contrôleurs parmi les créanciers qui lui en font la demande. Lorsqu'il désigne plusieurs contrôleurs, il veille à ce qu'au moins l'un d'entre eux soit choisi parmi les créanciers titulaires de sûretés et qu'un autre soit choisi parmi les créanciers chirographaires.**

Aucun parent ou allié jusqu'au quatrième degré inclusivement du chef d'entreprise ou des dirigeants de la personne morale, ni aucune personne détenant directement ou indirectement tout ou partie du capital de la personne morale débitrice ou dont le capital est détenu en tout ou partie par cette même personne, ne peut être nommé contrôleur ou représentant d'une personne morale désignée comme contrôleur.

Lorsque le débiteur exerce une profession libérale soumise à un statut législatif ou réglementaire ou dont le titre est protégé, l'ordre professionnel ou l'autorité compétente dont, le cas échéant, il relève est d'office contrôleur. Dans ce cas, le juge-commissaire ne peut désigner plus de quatre contrôleurs.

La responsabilité du contrôleur n'est engagée qu'en cas de faute lourde. Il peut se faire représenter par l'un de ses préposés ou par ministère d'avocat. Tout créancier nommé contrôleur peut être révoqué par le tribunal à la demande du ministère public.

V. Décr. n° 2005-1677 du 28 déc. 2005, art. 72, 74 et 75, infra, App., v° Difficultés des entreprises.

BIBL. ▶ ROUSSEL GALLE, *Gaz. Pal. 9-10 sept. 2005, p. 3.* – GANAYE, *Bull. d'actualité Lamy droit commercial déc. 2005.*

Art. L. 621-11 *(L. n° 2005-845 du 26 juill. 2005, art. 22)* **Les contrôleurs assistent le mandataire judiciaire dans ses fonctions et le juge-commissaire dans sa mission de surveillance de l'administration de l'entreprise. Ils peuvent prendre connaissance**

de tous les documents transmis à l'administrateur et au mandataire judiciaire. Ils sont tenus à la confidentialité. Les fonctions de contrôleur sont gratuites.

Art. L. 621-12 *(L. n° 2005-845 du 26 juill. 2005, art. 22)* **S'il apparaît, après l'ouverture de la procédure, que le débiteur était déjà en cessation des paiements au moment du prononcé du jugement, le tribunal la constate et en fixe la date dans les conditions prévues au deuxième alinéa de l'article L. 631-8. Il convertit la procédure de sauvegarde en une procédure de redressement judiciaire. Si nécessaire, il peut modifier la durée de la période d'observation restant à courir.**

Le tribunal est saisi par l'administrateur, le mandataire judiciaire ou le ministère public. Il peut également se saisir d'office. Il se prononce après avoir entendu ou dûment appelé le débiteur.

V. Décr. n° 2005-1677 du 28 déc. 2005, art. 76, infra, App., v° Difficultés des entreprises.

CHAPITRE II **DE L'ENTREPRISE AU COURS DE LA PÉRIODE D'OBSERVATION**

Art. L. 622-1 *(L. n° 2005-845 du 26 juill. 2005, art. 23)* **« I. — L'administration de l'entreprise est assurée par son dirigeant.**

« II. — Lorsque le tribunal, en application des dispositions de l'article L. 621-4, désigne un ou plusieurs administrateurs, il les charge ensemble ou séparément de surveiller le débiteur dans sa gestion ou de l'assister pour tous les actes de gestion ou pour certains d'entre eux. »

III. — Dans sa mission, l'administrateur est tenu au respect des obligations légales et conventionnelles incombant au chef d'entreprise.

IV. — *(L. n° 2005-845 du 26 juill. 2005, art. 23)* **« A tout moment, le tribunal peut modifier la mission de l'administrateur sur la demande de celui-ci, du mandataire judiciaire ou du ministère public. »** — *V. Décr. n° 2005-1677 du 28 déc. 2005, art. 77, infra, App., v° Difficultés des entreprises.*

V. — L'administrateur peut faire fonctionner sous sa signature les comptes bancaires ou postaux dont le débiteur est titulaire si ce dernier a fait l'objet des interdictions prévues aux articles 65-2 et 68, troisième alinéa, du décret *[décret-loi]* **du 30 octobre 1935 unifiant le droit en matière de chèques** *[V. C. mon. fin., art. L. 131-72 et L. 163-6, al. 3].— [C. com., ancien art. L. 621-22].*

Pour une dérogation à l'art. L. 622-1 (II) ci-dessus lorsqu'un administrateur provisoire a été désigné par la Commission bancaire en application de l'art. L. 613-18 C. mon. fin., V. C. mon. fin., art. L. 613-28, infra, App., v° Code monétaire et financier (extraits).

Art. L. 622-2 *(L. n° 2003-7 du 3 janv. 2005, art. 42)* **Le commissaire aux comptes du débiteur ne peut opposer le secret professionnel aux demandes du commissaire aux comptes de l'administrateur judiciaire tendant à la communication de tous renseignements ou documents relatifs au fonctionnement, à compter de la désignation de cet administrateur, des comptes bancaires ou postaux ouverts au nom du débiteur.** — *[C. com., ancien art. L. 621-22-1].*

Art. L. 622-3 **Le débiteur continue à exercer sur son patrimoine les actes de disposition et d'administration, ainsi que les droits et actions qui ne sont pas compris dans la mission de l'administrateur.**

En outre, sous réserve des dispositions des articles L. 622-7 et L. 622-13, les actes de gestion courante qu'accomplit seul le débiteur sont réputés valables à l'égard des tiers de bonne foi. — *[C. com., ancien art. L. 621-23].*

Art. L. 622-4 **Dès son entrée en fonction, l'administrateur est tenu de requérir du chef d'entreprise ou, selon le cas, de faire lui-même tous actes nécessaires à la**

conservation des droits de l'entreprise contre les débiteurs de celle-ci et à la préservation des capacités de production.

L'administrateur a qualité pour inscrire au nom de l'entreprise tous hypothèques, nantissements, gages ou privilèges que le chef d'entreprise aurait négligé de prendre ou de renouveler. – *[C. com., ancien art. L. 621-16].*

Art. L. 622-5 Dès le jugement d'ouverture, tout tiers détenteur est tenu de remettre à l'administrateur ou, à défaut, au mandataire judiciaire, à la demande de celui-ci, les documents et livres comptables en vue de leur examen. – *[C. com., ancien art. L. 621-17].*

V. Décr. nº 2005-1677 du 28 déc. 2005, art. 79, infra, App., vº Difficultés des entreprises.

Art. L. 622-6 *(L. nº 2005-845 du 26 juill. 2005, art. 24)* **Dès l'ouverture de la procédure, il est dressé un inventaire et réalisé une prisée du patrimoine du débiteur ainsi que des garanties qui le grèvent. Cet inventaire, remis à l'administrateur et au mandataire judiciaire, est complété par le débiteur par la mention des biens qu'il détient susceptibles d'être revendiqués par un tiers.**

Le débiteur remet à l'administrateur et au mandataire judiciaire la liste de ses créanciers, du montant de ses dettes et des principaux contrats en cours. Il les informe des instances en cours auxquelles il est partie.

L'administrateur ou, s'il n'en a pas été nommé, le mandataire judiciaire peut, nonobstant toute disposition législative ou réglementaire contraire, obtenir communication par les administrations et organismes publics, les organismes de prévoyance et de sécurité sociale, les établissements de crédit ainsi que les services chargés de centraliser les risques bancaires et les incidents de paiement, des renseignements de nature à lui donner une exacte information sur la situation patrimoniale du débiteur.

Lorsque le débiteur exerce une profession libérale soumise à un statut législatif ou réglementaire ou dont le titre est protégé, l'inventaire est dressé en présence d'un représentant de l'ordre professionnel ou de l'autorité compétente dont, le cas échéant, il relève. En aucun cas l'inventaire ne peut porter atteinte au secret professionnel si le débiteur y est soumis.

L'absence d'inventaire ne fait pas obstacle à l'exercice des actions en revendication ou en restitution.

Un décret en Conseil d'État fixe les conditions d'application du présent article. – *V. Décr. nº 2005-1677 du 28 déc. 2005, art. 80 et 81, infra, App., vº Difficultés des entreprises.*

Sur la sanction, V. art. L. 653-8, al. 2.

Sur le relevé de forclusion des créanciers, en cas d'omission volontaire du débiteur lors de l'établissement de la liste prévue à l'art. L. 622-6, al. 2, V. art. L. 622-26.

Seuls les officiers ministériels sont habilités à procéder aux inventaires et aux prisées prévus à l'art. L. 622-6 (Rép. min. nº 69245 : *JOAN Q, 11 oct. 2005, p. 9551*).

Art. L. 622-7 *(L. nº 2005-845 du 26 juill. 2005, art. 25)* **« Le jugement ouvrant la procédure emporte, de plein droit, interdiction de payer toute créance née antérieurement au jugement d'ouverture, à l'exception du paiement par compensation de créances connexes. Il emporte également, de plein droit, interdiction de payer toute créance née après le jugement d'ouverture, non mentionnée au I de l'article L. 622-17, à l'exception des créances liées aux besoins de la vie courante du débiteur personne physique et des créances alimentaires. »** *(Ord. nº 2006-346 du 23 mars 2006, art. 47)* **« Il fait enfin obstacle à la conclusion et à la réalisation d'un pacte commissoire. »**

Le juge-commissaire peut autoriser le chef d'entreprise ou l'administrateur à faire un acte de disposition étranger à la gestion courante de l'entreprise, à consentir une

hypothèque ou un nantissement ou à compromettre ou transiger. – *V. Décr. n° 2005-1677 du 28 déc. 2005, art. 82, infra, App., v° Difficultés des entreprises.*

Le juge-commissaire peut aussi les autoriser à payer des créances antérieures au jugement, pour retirer le gage ou une chose légitimement retenue, lorsque ce retrait est justifié par la poursuite de l'activité.

Tout acte ou tout paiement passé en violation des dispositions du présent article est annulé à la demande de tout intéressé *(L. n° 2005-845 du 26 juill. 2005, art. 25)* « ou du ministère public », présentée dans un délai de trois ans à compter de la conclusion de l'acte ou du paiement de la créance. Lorsque l'acte est soumis à publicité, le délai court à compter de celle-ci. – *[C. com., ancien art. L. 621-24].*

V., dérogeant à la règle ci-dessus énoncée, en cas de paiements effectués dans le cadre de systèmes de règlements interbancaires, C. mon. fin., art. L. 330-1, infra, App., v° Code monétaire et financier (extraits).

Art. L. 622-8 En cas de vente d'un bien grevé d'un privilège spécial, d'un nantissement ou d'une hypothèque, la quote-part du prix correspondant aux créances garanties par ces sûretés est versée en compte de dépôt à la Caisse des dépôts et consignations. Après l'adoption du plan *(Abrogé par L. n° 2005-845 du 26 juill. 2005, art. 26) « de redressement ou en cas de liquidation »*, les créanciers bénéficiaires de ces sûretés ou titulaires d'un privilège général sont payés sur le prix suivant l'ordre de préférence existant entre eux et conformément à l'article L. 626-22 lorsqu'ils sont soumis aux délais du plan *(Abrogé par L. n° 2005-845 du 26 juill. 2005, art. 26) « de continuation »*.

Le juge-commissaire peut ordonner le paiement provisionnel de tout ou partie de leur créance aux créanciers titulaires de sûretés sur le bien. Sauf décision spécialement motivée du juge-commissaire ou lorsqu'il intervient au bénéfice du Trésor ou des organismes sociaux ou organismes assimilés, ce paiement provisionnel est subordonné à la présentation par son bénéficiaire d'une garantie émanant d'un établissement de crédit.

Le débiteur ou l'administrateur peut proposer aux créanciers, la substitution aux garanties qu'ils détiennent de garanties équivalentes. En l'absence d'accord, le juge-commissaire peut ordonner cette substitution. Le recours contre cette ordonnance est porté devant la cour d'appel. – *[C. com., ancien art. L. 621-25].*

V. Décr. n° 2005-1677 du 28 déc. 2005, art. 83, 84 et 328, infra, App., v° Difficultés des entreprises.

Art. L. 622-9 L'activité de l'entreprise est poursuivie pendant la période d'observation, sous réserve des dispositions des articles *(L. n° 2005-845 du 26 juill. 2005, art. 27)* « L. 622-10 à L. 622-16 ». – *[C. com., ancien art. L. 621-26].*

V. Décr. n° 2005-1677 du 28 déc. 2005, art. 85, infra, App., v° Difficultés des entreprises.

Art. L. 622-10 *(L. n° 2005-845 du 26 juill. 2005, art. 28)* A tout moment de la période d'observation, le tribunal, à la demande du débiteur, de l'administrateur, du mandataire judiciaire, d'un contrôleur, du ministère public ou d'office, peut ordonner la cessation partielle de l'activité.

Dans les mêmes conditions, il convertit la procédure en un redressement judiciaire, si les conditions de l'article L. 631-1, sont réunies ou prononce la liquidation judiciaire, si les conditions de l'article L. 640-1 sont réunies.

Il statue après avoir entendu ou dûment appelé le débiteur, l'administrateur, le mandataire judiciaire, les contrôleurs et les représentants du comité d'entreprise ou, à défaut, des délégués du personnel, et avoir recueilli l'avis du ministère public.

Lorsqu'il convertit la procédure de sauvegarde en procédure de redressement judiciaire, le tribunal peut, si nécessaire, modifier la durée de la période d'observation restant à courir.

V. Décr. n° 2005-1677 du 28 déc. 2005, art. 86, infra, App., v° Difficultés des entreprises.

Art. L. 622-11 *(L. nº 2005-845 du 26 juill. 2005, art. 28)* **Lorsque le tribunal prononce la liquidation, il met fin à la période d'observation et, sous réserve des dispositions de l'article L. 641-10, à la mission de l'administrateur.**

Art. L. 622-12 *(L. nº 2005-845 du 26 juill. 2005, art. 28)* **Lorsque les difficultés qui ont justifié l'ouverture de la procédure ont disparu, le tribunal y met fin à la demande du débiteur. Il statue dans les conditions prévues au troisième alinéa de l'article L. 622-10.** – *V. Décr. nº 2005-1677 du 28 déc. 2005, art. 87, infra, App., vº Difficultés des entreprises.*

Art. L. 622-13 **L'administrateur a seul la faculté d'exiger l'exécution des contrats en cours en fournissant la prestation promise au cocontractant du débiteur. Le contrat est résilié de plein droit après une mise en demeure adressée à l'administrateur restée plus d'un mois sans réponse. Avant l'expiration de ce délai, le juge-commissaire peut impartir à l'administrateur un délai plus court ou lui accorder une prolongation, qui ne peut excéder deux mois, pour prendre parti.** – *V. Décr. nº 2005-1677 du 28 déc. 2005, art. 88, infra, App., vº Difficultés des entreprises.*

Lorsque la prestation porte sur le paiement d'une somme d'argent, celui-ci doit se faire au comptant, sauf pour l'administrateur à obtenir l'acceptation, par le cocontractant du débiteur, de délais de paiement. Au vu des documents prévisionnels dont il dispose, l'administrateur s'assure, au moment où il demande l'exécution, qu'il disposera des fonds nécessaires à cet effet. S'il s'agit d'un contrat à exécution ou paiement échelonnés dans le temps, l'administrateur y met fin s'il lui apparaît qu'il ne disposera pas des fonds nécessaires pour remplir les obligations du terme suivant.

A défaut de paiement dans les conditions définies à l'alinéa précédent et d'accord du cocontractant pour poursuivre les relations contractuelles, le contrat est résilié de plein droit et le parquet, l'administrateur, le mandataire judiciaire ou un contrôleur peut saisir le tribunal aux fins de mettre fin à la période d'observation. – *V. Décr. nº 2005-1677 du 28 déc. 2005, art. 88, infra, App., vº Difficultés des entreprises.*

Le cocontractant doit remplir ses obligations malgré le défaut d'exécution par le débiteur d'engagements antérieurs au jugement d'ouverture. Le défaut d'exécution de ces engagements n'ouvre droit au profit des créanciers qu'à déclaration au passif. *(L. nº 2005-845 du 26 juill. 2005, art. 29)* **« Si l'administrateur n'use pas de la faculté de poursuivre le contrat ou y met fin dans les conditions du deuxième alinéa, l'inexécution peut donner lieu à des dommages et intérêts dont le montant doit être déclaré au passif au profit de l'autre partie contractante. » Celle-ci peut néanmoins différer la restitution des sommes versées en excédent par le débiteur en exécution du contrat jusqu'à ce qu'il ait été statué sur les** *(L. nº 2005-845 du 26 juill. 2005, art. 29)* **« dommages et intérêts ».**

Nonobstant toute disposition légale ou toute clause contractuelle, aucune indivisibilité, résiliation ou résolution du contrat ne peut résulter du seul fait de l'ouverture d'une *(L. nº 2005-845 du 26 juill. 2005, art. 29)* **« procédure de sauvegarde ».** – *Sur la validité des clauses de résiliation de plein droit dans les opérations sur instruments financiers, V. C. mon. fin., art. L. 431-7-2, infra, App., vº Code monétaire et financier (extraits).*

Les dispositions du présent article ne concernent pas les contrats de travail. – *[C. com., ancien art. L. 621-28].*

Sur la continuation des contrats d'édition et de production audiovisuelle, V. CPI, art. L. 132-15 et L. 132-30, **CPI** *ou* **C. proc. coll.** *– ... Des garanties collectives de prévoyance à adhésion obligatoire, V. CSS, art. L. 932-10. –* **CSS.**

Pour une dérogation à l'art. L. 622-13 ci-dessus, s'agissant des contrats qui prévoient la gestion ou le recouvrement, pour le compte d'une société de crédit foncier, des prêts, créances assimilées, titres et valeur, obligations ou autres ressources prévues à l'art. L. 515-13 C. mon. fin., V. C. mon. fin., art. L. 515-28, infra, App., vº Code monétaire et financier (extraits).

Lorsque les créances cédées à une société de crédit foncier résultent d'un contrat de crédit-bail, la survenance d'une procédure collective du crédit-bailleur cédant en cours de contrat ne peut remettre en cause la poursuite du contrat de crédit-bail (C. mon. fin., art. L. 515-21, al. 2).

BIBL. ▶ ROUSSEL GALLE, *Rev. proc. coll. 2005. 204.*

Art. L. 622-14 *(L. nº 2005-845 du 26 juill. 2005, art. 30)* **La résiliation du bail des immeubles donnés à bail au débiteur et affectés à l'activité de l'entreprise est constatée ou prononcée :**

1º Lorsque l'administrateur décide de ne pas continuer le bail et demande la résiliation de celui-ci. Dans ce cas, la résiliation prend effet au jour de cette demande ;

2º Lorsque le bailleur demande la résiliation ou fait constater la résiliation du bail pour défaut de paiement des loyers et charges afférents à une occupation postérieure au jugement d'ouverture, le bailleur ne pouvant agir qu'au terme d'un délai de trois mois à compter dudit jugement.

Si le paiement des sommes dues intervient avant l'expiration de ce délai, il n'y a pas lieu à résiliation.

Nonobstant toute clause contraire, le défaut d'exploitation pendant la période d'observation dans un ou plusieurs immeubles loués par l'entreprise n'entraîne pas résiliation du bail.

V. Décr. nº 2005-1677 du 28 déc. 2005, art. 88, infra, App., vº Difficultés des entreprises.

BIBL. ▶ SAINTOURENS, *Loyers et copr. 2005. Étude 11.* – AUQUE, *RJ com. 2005. 478.* – LE CORRE, *AJDI 2006. 175* . – V. aussi ss. art. L. 622-13.

Art. L. 622-15 **En cas de cession du bail, toute clause imposant au cédant des dispositions solidaires avec le cessionnaire est** *(L. nº 2005-845 du 26 juill. 2005, art. 31)* **« réputée non écrite ».** – *[C. com., ancien art. L. 621-30].*

Art. L. 622-16 **En cas de** *(L. nº 2005-845 du 26 juill. 2005, art. 32)* **« procédure de sauvegarde », le bailleur n'a privilège que pour les deux dernières années de loyers avant le jugement d'ouverture de la procédure.**

Si le bail est résilié, le bailleur a, en outre, privilège pour l'année courante, pour tout ce qui concerne l'exécution du bail et pour les *(L. nº 2005-845 du 26 juill. 2005, art. 32)* **« dommages et intérêts » qui pourront lui être alloués par les tribunaux.**

Si le bail n'est pas résilié, le bailleur ne peut exiger le paiement des loyers à échoir lorsque les sûretés qui lui ont été données lors du contrat sont maintenues ou lorsque celles qui ont été fournies depuis le jugement d'ouverture sont jugées suffisantes.

Le juge-commissaire peut autoriser le débiteur ou l'administrateur, selon le cas, à vendre des meubles garnissant les lieux loués soumis à dépérissement prochain, à dépréciation imminente ou dispendieux à conserver, ou dont la réalisation ne met pas en cause, soit l'existence du fonds, soit le maintien de garanties suffisantes pour le bailleur. – *[C. com., ancien art. L. 621-31].*

Art. L. 622-17 *(L. nº 2005-845 du 26 juill. 2005, art. 33)* **« I. – Les créances nées régulièrement après le jugement d'ouverture pour les besoins du déroulement de la procédure ou de la période d'observation, ou en contrepartie d'une prestation fournie au débiteur, pour son activité professionnelle, pendant cette période, sont payées à leur échéance.**

« II. – Lorsqu'elles ne sont pas payées à l'échéance, ces créances sont payées par privilège avant toutes les autres créances, assorties ou non de privilèges ou sûretés, à l'exception de celles garanties par le privilège établi aux articles L. 143-10, L. 143-11, L. 742-6 et L. 751-15 du code du travail, de celles garanties par le privilège des frais de justice et de celles garanties par le privilège établi par l'article L. 611-11 du présent code. »

III. – Leur paiement se fait dans l'ordre suivant :

1° Les créances de salaires dont le montant n'a pas été avancé en application des articles L. 143-11-1 à L. 143-11-3 du code du travail ;

2° Les frais de justice ;

3° Les prêts consentis *(Abrogé par L. n° 2005-845 du 26 juill. 2005, art. 33)* **« *par les établissements de crédit* » ainsi que les créances résultant de l'exécution des contrats poursuivis conformément aux dispositions de l'article L. 622-13 et dont le cocontractant accepte de recevoir un paiement différé ; ces prêts et délais de paiement sont autorisés par le juge-commissaire dans la limite nécessaire à la poursuite de l'activité pendant la période d'observation et font l'objet d'une publicité. En cas de résiliation d'un contrat régulièrement poursuivi, les indemnités et pénalités sont exclues du bénéfice** *(L. n° 2005-845 du 26 juill. 2005, art. 33)* **« du présent article » ;** *– V. Décr. n° 2005-1677 du 28 déc. 2005, art. 89, infra, App., v° Difficultés des entreprises.*

4° Les sommes dont le montant a été avancé en application du 3° de l'article L. 143-11-1 du code du travail ; *– V. aussi art. L. 143-11-9, al. 2, C. trav., infra, ss. art. L. 625-9.*

5° Les autres créances, selon leur rang. *– [C. com., ancien art. L. 621-32].*

(L. n° 2005-845 du 26 juill. 2005, art. 33) **« IV. – Les créances impayées perdent le privilège que leur confère le présent article si elles n'ont pas été portées à la connaissance du mandataire judiciaire et de l'administrateur lorsqu'il en a été désigné ou, lorsque ces organes ont cessé leurs fonctions, du commissaire à l'exécution du plan ou du liquidateur, dans le délai d'un an à compter de la fin de la période d'observation. »** *– V. Décr. n° 2005-1677 du 28 déc. 2005, art. 90, infra, App., v° Difficultés des entreprises.*

BIBL. ▶ PÉROCHON, *Gaz. Pal. 7-8 sept. 2005, p. 57.* - SAINT-ALARY-HOUIN, *Rev. proc. coll. 2005. 221.*

Art. L. 622-18 **Toute somme perçue par l'administrateur ou le mandataire judiciaire qui n'est pas portée sur les comptes bancaires ou postaux du débiteur, pour les besoins de la poursuite d'activité, doit être versée immédiatement en compte de dépôt à la Caisse des dépôts et consignations.**

En cas de retard, l'administrateur ou le mandataire judiciaire doit, pour les sommes qu'il n'a pas versées, un intérêt dont le taux est égal au taux de l'intérêt légal majoré de cinq points. *– [C. com., ancien art. L. 621-33].*

V. Décr. n° 2005-1677 du 28 déc. 2005, art. 91, infra, App., v° Difficultés des entreprises.

Pour l'insaisissabilité des sommes déposées à la Caisse des dépôts et consignations, V. art. L. 662-1.

Art. L. 622-19 **Toute somme versée par l'association mentionnée à l'article L. 143-11-4 du code du travail en application des articles L. 143-11-1 à L. 143-11-3 du même code donne lieu à déclaration à l'administration fiscale.** *– V. ces textes, infra, ss. art. L. 625-9. – [C. com., ancien art. L. 621-38]. – V. Décr. n° 2005-1677 du 28 déc. 2005, art. 92, infra, App., v° Difficultés des entreprises.*

Art. L. 622-20 *(L. n° 2005-845 du 26 juill. 2005, art. 34)* **« Le mandataire judiciaire désigné par le tribunal a seul qualité pour agir au nom et dans l'intérêt collectif des créanciers. Toutefois, en cas de carence du mandataire judiciaire, tout créancier nommé contrôleur peut agir dans cet intérêt dans des conditions fixées par décret en Conseil d'État. »** *– V. Décr. n° 2005-1677 du 28 déc. 2005, art. 93, infra, App., v° Difficultés des entreprises.*

Le mandataire judiciaire communique au juge-commissaire et au *(L. n° 2005-845 du 26 juill. 2005, art. 34)* **« ministère public » les observations qui lui sont transmises à tout moment de la procédure par les contrôleurs.**

Les sommes recouvrées *(L. n° 2005-845 du 26 juill. 2005, art. 34)* **« à l'issue des actions introduites par le mandataire judiciaire ou, à défaut, par le ou les créanciers**

nommés contrôleurs, » entrent dans le patrimoine du débiteur et sont affectées en cas de continuation de l'entreprise selon les modalités prévues pour l'apurement du passif. – *[C. com., ancien art. L. 621-39].*

Art. L. 622-21 **I. – Le jugement d'ouverture** *(L. n° 2005-845 du 26 juill. 2005, art. 35)* **« interrompt » ou interdit toute action en justice de la part de tous les créanciers dont la créance** *(L. n° 2005-845 du 26 juill. 2005, art. 35)* **« n'est pas mentionnée au I de l'article L. 622-17 » et tendant :**

1° A la condamnation du débiteur au paiement d'une somme d'argent ;

2° A la résolution d'un contrat pour défaut de paiement d'une somme d'argent.

II. – Il arrête ou interdit également toute voie d'exécution de la part de ces créanciers tant sur les meubles que sur les immeubles. – *V. Décr. n° 2005-1677 du 28 déc. 2005, art. 94, infra, App., v° Difficultés des entreprises.*

III. – Les délais impartis à peine de déchéance ou de résolution des droits sont en conséquence suspendus. – *[C. com., ancien art. L. 621-40].*

Art. L. 622-22 **Sous réserve des dispositions de l'article L. 625-3, les instances en cours sont** *(L. n° 2005-845 du 26 juill. 2005, art. 36)* **« interrompues » jusqu'à ce que le créancier poursuivant ait procédé à la déclaration de sa créance. Elles sont alors reprises de plein droit, le mandataire judiciaire et, le cas échéant, l'administrateur** *(L. n° 2005-845 du 26 juill. 2005, art. 36)* **« ou le commissaire à l'exécution du plan nommé en application de l'article L. 626-25 » dûment appelés, mais tendent uniquement à la constatation des créances et à la fixation de leur montant.** – *[C. com., ancien art. L. 621-41]. – V. Décr. n° 2005-1677 du 28 déc. 2005, art. 95, infra, App., v° Difficultés des entreprises.*

BIBL. ▶ STAES, *Rev. proc. coll. 2005. 215.*

Art. L. 622-23 **Les actions en justice et les voies d'exécution autres que celles visées à l'article L. 622-21 sont poursuivies au cours de la période d'observation à l'encontre du débiteur, après mise en cause de l'administrateur et du mandataire judiciaire ou après une reprise d'instance à leur initiative.** – *[C. com., ancien art. L. 621-42].*

Art. L. 622-24 **A partir de la publication du jugement, tous les créanciers dont la créance** *(L. n° 2005-845 du 26 juill. 2005, art. 37)* **« est née » antérieurement au jugement d'ouverture, à l'exception des salariés, adressent la déclaration de leurs créances au mandataire judiciaire.** *(L. n° 2005-845 du 26 juill. 2005, art. 37)* **« Les créanciers titulaires d'une sûreté publiée ou liés au débiteur par un contrat publié sont avertis personnellement ou, s'il y a lieu, à domicile élu. Le délai de déclaration court à l'égard de ceux-ci à compter de la notification de cet avertissement. »** – *V. Décr. n° 2005-1677 du 28 déc. 2005, art. 96, infra, App., v° Difficultés des entreprises.*

La déclaration des créances peut être faite par le créancier ou par tout préposé ou mandataire de son choix.

La déclaration des créances doit être faite alors même qu'elles ne sont pas établies par un titre. *(L. n° 2005-845 du 26 juill. 2005, art. 37)* **« Celles dont le montant n'est pas encore définitivement fixé sont déclarées sur la base d'une évaluation. » Les créances du Trésor public et des organismes de prévoyance et de sécurité** *(L. n° 2003-7 du 3 janv. 2003, art. 50-II)* **« sociale » ainsi que les créances recouvrées par les organismes visés à l'article L. 351-21 du code du travail qui n'ont pas fait l'objet d'un titre exécutoire au moment de leur déclaration sont admises à titre provisionnel pour leur montant déclaré. En tout état de cause, les déclarations du Trésor et de la sécurité sociale sont toujours faites sous réserve des impôts et autres créances non établis à la date de la déclaration. Sous réserve des procédures judiciaires ou administratives en cours, leur établissement définitif doit, à peine de forclusion, être effectué dans le délai prévu à l'article L. 624-1.**

Les institutions mentionnées à l'article L. 143-11-4 du code du travail sont soumises aux dispositions du présent article pour les sommes qu'elles ont avancées et qui leur sont remboursées dans les conditions prévues pour les créances nées antérieurement au jugement ouvrant la procédure. – *[C. com., ancien art. L. 621-43]. – V. Décr. n° 2005-1677 du 28 déc. 2005, art. 96, infra, App., v° Difficultés des entreprises.*

(L. n° 2005-845 du 26 juill. 2005, art. 37) « Les créances nées régulièrement après le jugement d'ouverture, autres que celles mentionnées au I de l'article L. 622-17 et les créances alimentaires, sont soumises aux dispositions du présent article. Les délais courent à compter de la date d'exigibilité de la créance. Toutefois, les créanciers dont les créances résultent d'un contrat à exécution successive déclarent l'intégralité des sommes qui leur sont dues dans des conditions prévues par décret en Conseil d'État. – *V. Décr. n° 2005-1677 du 28 déc. 2005, art. 97, infra, App., v° Difficultés des entreprises.*

« Le délai de déclaration par une partie civile des créances nées d'une infraction pénale court à compter de la date de la décision définitive qui en fixe le montant. »

Sur la dispense de déclaration des créances accordée au Fonds de garantie des dépôts et aux déposants, instituée par la L. n° 99-532 du 25 juin 1999, en cas d'ouverture d'une procédure collective à l'égard d'un établissement de crédit ou d'une entreprise d'investissement, V. C. mon. fin., art. L. 613-30, infra, App., v° Code monétaire et financier (extraits).

Sur la dispense de déclaration des créances accordée aux titulaires de droits sur les instruments financiers inscrits en compte, en cas d'ouverture d'une procédure collective à l'égard de l'établissement teneur des comptes, V. C. mon. fin., art. L. 211-6, infra, App., v° Code monétaire et financier (extraits).

Sur la dispense de déclaration des créances accordée : aux assurés, souscripteurs, adhérents et bénéficiaires de contrats d'assurance, ainsi qu'au fonds de garantie mentionné à l'art. L. 423-1 C. assur., en cas d'ouverture d'une procédure de liquidation judiciaire à l'égard d'une entreprise d'assurance, V. C. assur., art. L. 326-4. – **C. assur.** *... aux membres participants, bénéficiaires et ayants droit de règlements ou de contrats, ainsi qu'au fonds paritaire de garantie institué par les art. L. 931-5 s. CSS, en cas d'ouverture d'une procédure collective à l'égard d'une institution de prévoyance ou d'une union d'institutions de prévoyance, V. CSS, art. L. 931-21-1. –* **CSS.** *... aux membres participants et aux bénéficiaires de garanties, ainsi qu'au fonds de garantie mentionné à l'art. L. 431-1 C. mut., en cas d'ouverture d'une procédure collective à l'égard d'une mutuelle ou d'une union, V. C. mut., art. L. 212-18. –* **CSS.**

Sur la production des créances dans les procédures d'insolvabilité ayant des effets transfrontaliers, V. Règl. CE n° 1346/2000 du 29 mai 2000 relatif aux procédures d'insolvabilité, art. 39 s.

BIBL. ▶ LE CORRE, *Gaz. Pal. 2005. Doctr. 2997* (nouvelles règles de fixation du passif du débiteur). – BRANDEAU, *Petites affiches 5 mai 2006, p. 7* (déclaration et admission des créances du Trésor public).

Art. L. 622-25 La déclaration porte le montant de la créance due au jour du jugement d'ouverture avec indication des sommes à échoir et de la date de leurs échéances. Elle précise la nature du privilège ou de la sûreté dont la créance est éventuellement assortie.

Lorsqu'il s'agit de créances en monnaie étrangère, la conversion *(L. n° 2003-7 du 3 janv. 2003, art. 20-II)* « en euros » a lieu selon le cours du change à la date du jugement d'ouverture.

Sauf si elle résulte d'un titre exécutoire, la créance déclarée est certifiée sincère par le créancier. Le visa du commissaire aux comptes ou, à défaut, de l'expert-comptable sur la déclaration de créance peut être demandé par le juge-commissaire. Le refus de visa est motivé. – *[C. com., ancien art. L. 621-44].*

V. Décr. n° 2005-1677 du 28 déc. 2005, art. 98, infra, App., v° Difficultés des entreprises.

Art. L. 622-26 *(L. n° 2005-845 du 26 juill. 2005, art. 38)* A défaut de déclaration dans des délais fixés par décret en Conseil d'État, les créanciers ne sont pas admis dans les répartitions et les dividendes à moins que le juge-commissaire ne les relève de leur forclusion s'ils établissent que leur défaillance n'est pas due à leur fait ou qu'elle est due à une omission volontaire du débiteur lors de l'établissement de la liste prévue au deuxième alinéa de l'article L. 622-6. Ils ne peuvent alors concourir que pour les distributions postérieures à leur demande. – *V. Décr. n° 2005-1677 du 28 déc. 2005, art. 99, infra, App., v° Difficultés des entreprises.*

L'action en relevé de forclusion ne peut être exercée que dans le délai de six mois. Ce délai court à compter de la publication du jugement d'ouverture ou, pour les institutions mentionnées à l'article L. 143-11-4 du code du travail, de l'expiration du délai pendant lequel les créances résultant du contrat de travail sont garanties par ces institutions. Pour les créanciers titulaires d'une sûreté publiée ou liés au débiteur par un contrat publié, il court à compter de la réception de l'avis qui leur est donné. Par exception, le délai est porté à un an pour les créanciers placés dans l'impossibilité de connaître l'existence de leur créance avant l'expiration du délai de six mois précité. – *V. Décr. n° 2005-1677 du 28 déc. 2005, art. 100, infra, App., v° Difficultés des entreprises.*

Pour une dérogation à l'art. L. 622-26 ci-dessus, s'agissant du droit à répartition conféré au Fonds de garantie des dépôts pour les sommes versées par le mécanisme de garantie des cautions institué par la L. n° 99-532 du 25 juin 1999 (désormais codifiée au C. mon. fin.), V. C. mon. fin., art. L. 313-51, infra, App., v° Code monétaire et financier (extraits).

BIBL. ▶ Derrida et Sortais, *Petites affiches 22 mars 2006, p. 7* (situation des créanciers forclos). – Monsèrié-Bon, *D. 2006. 1282* (effets inattendus de l'absence d'extinction des créances non déclarées).

Art. L. 622-27 S'il y a discussion sur tout ou partie d'une créance autre que celles mentionnées à l'article L. 625-1, le mandataire judiciaire en avise le créancier intéressé en l'invitant à faire connaître ses explications. Le défaut de réponse dans le délai de trente jours interdit toute contestation ultérieure de la proposition du mandataire judiciaire. – *[C. com., ancien art. L. 621-47]. – V. Décr. n° 2005-1677 du 28 déc. 2005, art. 103, infra, App., v° Difficultés des entreprises.*

Art. L. 622-28 *(L. n° 2005-845 du 26 juill. 2005, art. 39)* « Le jugement d'ouverture arrête le cours des intérêts légaux et conventionnels, ainsi que de tous intérêts de retard et majorations, à moins qu'il ne s'agisse des intérêts résultant de contrats de prêt conclus pour une durée égale ou supérieure à un an ou de contrats assortis d'un paiement différé d'un an ou plus. Les personnes physiques cautions, coobligées ou ayant donné une garantie autonome peuvent se prévaloir des dispositions du présent alinéa. – *Comp., en cas de redressement judiciaire : art. L. 631-14 (II).*

« Le jugement d'ouverture suspend jusqu'au jugement arrêtant le plan ou prononçant la liquidation toute action contre les personnes physiques coobligées ou ayant consenti un cautionnement ou une garantie autonome ». Le tribunal peut ensuite leur accorder des délais ou un différé de paiement dans la limite de deux ans.

Les créanciers bénéficiaires de ces *(L. n° 2005-845 du 26 juill. 2005, art. 39)* « garanties » peuvent prendre des mesures conservatoires. – *[C. com., ancien art. L. 621-48].*

V. Décr. n° 2005-1677 du 28 déc. 2005, art. 101, infra, App., v° Difficultés des entreprises.

BIBL. ▶ Macorig-Venier, *Rev. proc. coll. 2005. 210.*

Art. L. 622-29 Le jugement d'ouverture *(Abrogé par L. n° 2005-845 du 26 juill. 2005, art. 40)* « *du redressement judiciaire* » ne rend pas exigibles les créances non échues à la date de son prononcé. Toute clause contraire est réputée non écrite. – *[C. com., ancien art. L. 621-49].*

Art. L. 622-30 *(L. n° 2005-845 du 26 juill. 2005, art. 41)* « Les hypothèques, nantissements et privilèges ne peuvent plus être inscrits postérieurement au jugement d'ouverture. Il en va de même des actes et des décisions judiciaires translatifs ou constitutifs de droits réels, à moins que ces actes n'aient acquis date certaine ou que ces décisions ne soient devenues exécutoires avant le jugement d'ouverture. »

Toutefois, le Trésor public conserve son privilège pour les créances qu'il n'était pas tenu d'inscrire à la date du jugement d'ouverture et pour les créances mises en recouvrement après cette date si ces créances sont déclarées dans les conditions prévues à l'article L. 622-24.

Le vendeur du fonds de commerce, par dérogation aux dispositions du premier alinéa, peut inscrire son privilège. – *[C. com., ancien art. L. 621-50].*

BIBL. ▶ Biguenet-Maurel, *JCP E 2005, n° 41, p. 1692* (publication des actes translatifs postérieurement au jugement d'ouverture).

Art. L. 622-31 **Le créancier, porteur d'engagements souscrits, endossés ou garantis solidairement par deux ou plusieurs coobligés soumis à une procédure** *(L. n° 2005-845 du 26 juill. 2005, art. 42-I)* **« de sauvegarde », peut déclarer sa créance pour la valeur nominale de son titre, dans chaque procédure.** – *[C. com., ancien art. L. 621-51].*

Art. L. 622-32 **Aucun recours pour les paiements effectués n'est ouvert aux coobligés soumis à une procédure** *(L. n° 2005-845 du 26 juill. 2005, art. 42-I)* **« de sauvegarde » les uns contre les autres à moins que la réunion des sommes versées en vertu de chaque procédure n'excède le montant total de la créance, en principal et accessoire ; en ce cas, cet excédent est dévolu, suivant l'ordre des engagements, à ceux des coobligés qui auraient les autres pour garants.** – *[C. com., ancien art. L. 621-52].*

Art. L. 622-33 **Si le créancier porteur d'engagements solidairement souscrits par le débiteur** *(L. n° 2005-845 du 26 juill. 2005, art. 42-II)* **« soumis à une procédure de sauvegarde » et d'autres coobligés a reçu un acompte sur sa créance avant le jugement d'ouverture, il ne peut déclarer sa créance que sous déduction de cet acompte et conserve, sur ce qui lui reste dû, ses droits contre le coobligé ou la caution.**

Le coobligé ou la caution qui a fait le paiement partiel peut déclarer sa créance pour tout ce qu'il a payé à la décharge du débiteur. – *[C. com., ancien art. L. 621-53].*

CHAPITRE III DE L'ÉLABORATION DU BILAN ÉCONOMIQUE, SOCIAL ET ENVIRONNEMENTAL

Art. L. 623-1 **L'administrateur, avec le concours du débiteur et l'assistance éventuelle d'un ou plusieurs experts, est chargé de dresser dans un rapport le bilan économique et social de l'entreprise.** *(Abrogé par L. n° 2005-845 du 26 juill. 2005, art. 43)* ***« Au vu de ce bilan, l'administrateur propose soit un plan de redressement, soit la liquidation judiciaire. »***

Le bilan économique et social précise l'origine, l'importance et la nature des difficultés de l'entreprise.

(L. n° 2003-699 du 30 juill. 2003, art. 24-I) **« Dans le cas où l'entreprise exploite une ou des installations classées au sens du titre Ier du livre V du code de l'environnement, le bilan économique et social est complété par un bilan environnemental que l'administrateur fait réaliser dans des conditions prévues par décret en conseil d'État. »** – *[C. com., ancien art. L. 621-54, al. 1 à 3].*

(L. n° 2005-845 du 26 juill. 2005, art. 43) **« Au vu de ce bilan, l'administrateur propose un plan de sauvegarde, sans préjudice de l'application des dispositions de l'article L. 622-10. »**

***Al. 4 à 7** abrogés par L. n° 2005-845 du 26 juill. 2005, art. 43.*

V. Décr. n° 2005-1677 du 28 déc. 2005, art. 102, infra, App., v° Difficultés des entreprises.

Art. L. 623-2 **Le juge-commissaire peut, nonobstant toute disposition législative ou réglementaire contraire, obtenir communication par les commissaires aux comptes,**

(L. n° 2005-845 du 26 juill. 2005, art. 44) « les experts-comptables, » les membres et représentants du personnel, par les administrations et organismes publics, les organismes de prévoyance et de sécurité sociales, les établissements de crédit ainsi que les services chargés de centraliser les risques bancaires et les incidents de paiement des renseignements de nature à lui donner une exacte information sur la *(L. n° 2005-845 du 26 juill. 2005, art. 44)* « situation économique, financière, sociale et patrimoniale du débiteur ». – *[C. com., ancien art. L. 621-55].*

Art. L. 623-3 L'administrateur reçoit du juge-commissaire tous renseignements et documents utiles à l'accomplissement de sa mission et de celle des experts.

Lorsque la procédure est ouverte *(L. n° 2005-845 du 26 juill. 2005, art. 45)* « à l'égard d'une entreprise qui bénéficie de l'accord amiable homologué prévu à l'article L. 611-8 du présent code ou à l'article L. 351-6 du code rural », l'administrateur reçoit communication du rapport d'expertise mentionné à l'article *(L. n° 2005-845 du 26 juill. 2005, art. 45)* « L. 611-6 » ou, le cas échéant, du rapport d'expertise et du compte rendu mentionnés aux articles L. 351-3 et L. 351-6 du code rural.

L'administrateur consulte *(Abrogé par L. n° 2005-845 du 26 juill. 2005, art. 45) « le débiteur et »* le mandataire judiciaire et entend toute personne susceptible de l'informer sur la situation et les perspectives de redressement de l'entreprise, les modalités de règlement du passif et conditions sociales de la poursuite de l'activité. *(L. n° 2005-845 du 26 juill. 2005, art. 45)* « Il en informe le débiteur et recueille ses observations et propositions. »

Il informe de l'avancement de ses travaux *(Abrogé par L. n° 2005-845 du 26 juill. 2005, art. 45) « le débiteur, »* le mandataire judiciaire ainsi que le comité d'entreprise ou, à défaut, les délégués du personnel. Il les consulte *(L. n° 2005-845 du 26 juill. 2005, art. 45)* « , ainsi que le débiteur, » sur les mesures qu'il envisage de proposer au vu des informations et offres reçues. – *[C. com., ancien art. L. 621-56].*

(L. n° 2005-845 du 26 juill. 2005, art. 45) « Lorsque le débiteur exerce une profession libérale soumise à un statut législatif ou réglementaire ou dont le titre est protégé, l'administrateur consulte l'ordre professionnel ou l'autorité compétente dont, le cas échéant, relève le débiteur. »

CHAPITRE IV DE LA DÉTERMINATION DU PATRIMOINE DU DÉBITEUR

SECTION I DE LA VÉRIFICATION ET DE L'ADMISSION DES CRÉANCES

Art. L. 624-1 Dans le délai fixé par le tribunal, le mandataire judiciaire établit, après avoir sollicité les observations du débiteur, la liste des créances déclarées avec ses propositions d'admission, de rejet ou de renvoi devant la juridiction compétente. Il transmet cette liste au juge-commissaire.

Le mandataire judiciaire ne peut être rémunéré au titre des créances déclarées ne figurant pas sur la liste établie dans le délai mentionné ci-dessus *(L. n° 2005-845 du 26 juill. 2005, art. 46)* « , sauf pour des créances déclarées après ce délai, en application des deux derniers alinéas de l'article L. 622-24. » – *[C. com., ancien art. L. 621-103].*

V. Décr. n° 2005-1677 du 28 déc. 2005, art. 103 et 104, infra, App., v° Difficultés des entreprises.

Art. L. 624-2 Au vu des propositions du mandataire judiciaire, le juge-commissaire décide de l'admission ou du rejet des créances ou constate soit qu'une instance est

en cours, soit que la contestation ne relève pas de sa compétence. – *[C. com., ancien art. L. 621-104].*

V. Décr. n° 2005-1677 du 28 déc. 2005, art. 105 s., infra, App., v° Difficultés des entreprises.

V. aussi L. n° 85-98 du 25 janv. 1985, art. 101, al. 2 (texte non codifié par l'Ord. n° 2000-912 du 18 sept. 2000), infra, ss. ancien art. L. 621-104 C. com.

Art. L. 624-3 Le recours contre les décisions du juge commissaire prises en application *(L. n° 2005-845 du 26 juill. 2005, art. 47-I)* **« de la présente section » est ouvert au créancier, au débiteur** *(Abrogé par L. n° 2005-845 du 26 juill. 2005, art. 47-I)* **« *, à l'administrateur lorsqu'il a pour mission d'assurer l'administration* » ou au mandataire judiciaire.**

Toutefois, le créancier dont la créance est discutée en tout ou en partie et qui n'a pas répondu au mandataire judiciaire dans le délai mentionné à l'article L. 622-27 ne peut pas exercer de recours contre la décision du juge-commissaire lorsque celle-ci confirme la proposition du mandataire judiciaire.

Les conditions et les formes du recours prévu au premier alinéa sont fixées par décret en Conseil d'État. – *[C. com., ancien art. L. 621-105]. – V. Décr. n° 2005-1677 du 28 déc. 2005, art. 108, infra, App., v° Difficultés des entreprises.*

V. aussi L. n° 85-98 du 25 janv. 1985, art. 102, al. 1er, 1re phrase, 103 et 104 (textes non codifiés par l'Ord. n° 2000-912 du 18 sept. 2000), infra, ss. ancien art. L. 621-105 C. com.

Art. L. 624-4 Le juge-commissaire statue en dernier ressort dans les cas prévus *(L. n° 2005-845 du 26 juill. 2005, art. 47-II)* **« à la présente section » lorsque la valeur de la créance en principal n'excède pas le taux de compétence en dernier ressort du tribunal qui a ouvert la procédure.** – *[C. com., ancien art. L. 621-106].*

SECTION II DES DROITS DU CONJOINT

Art. L. 624-5 Le conjoint du débiteur soumis à une procédure *(L. n° 2005-845 du 26 juill. 2005, art. 48)* **« de sauvegarde » établit la consistance de ses biens personnels conformément aux règles des régimes matrimoniaux** *(L. n° 2005-845 du 26 juill. 2005, art. 48)* **« et dans les conditions prévues par l'article L. 624-9 ».** – *[C. com., ancien art. L. 621-111].*

Art. L. 624-6 Le mandataire judiciaire ou l'administrateur peut, en prouvant par tous les moyens que les biens acquis par le conjoint du débiteur l'ont été avec des valeurs fournies par celui-ci, demander que les acquisitions ainsi faites soient réunies à l'actif. – *[C. com., ancien art. L. 621-112].*

Sur l'inapplicabilité des art. L. 624-6 et L. 624-8 au cas de l'assurance-vie, V. C. assur. (Décr. n° 76-666 du 16 juill. 1976), art. L. 132-17. - **C. assur.** *ou* **C. proc. coll.**

Art. L. 624-7 Les reprises faites en application de l'article L. 624-5 ne sont exercées qu'à charge des dettes et hypothèques dont ces biens sont légalement grevés. – *[C. com., ancien art. L. 621-113].*

Art. L. 624-8 *(L. n° 2005-845 du 26 juill. 2005, art. 49)* **Le conjoint du débiteur qui, lors de son mariage, dans l'année de celui-ci ou dans l'année suivante, était commerçant, immatriculé au répertoire des métiers, agriculteur ou qui exerçait toute autre activité professionnelle indépendante, ne peut exercer dans la procédure de sauvegarde aucune action à raison des avantages faits par l'un des époux à l'autre, dans le contrat de mariage ou pendant le mariage. Les créanciers ne peuvent, de leur côté, se prévaloir des avantages faits par l'un des époux à l'autre.**

V. note ss. art. L. 624-6.

SECTION III DES DROITS DU VENDEUR DE MEUBLES, DES REVENDICATIONS ET DES RESTITUTIONS

BIBL. GÉN. ▶ FAVAREL-VEIDIG, *Petites affiches, n° spéc., 17 févr. 2006, p. 53.*

Art. L. 624-9 La revendication des meubles ne peut être exercée que dans le délai de trois mois suivant la publication du jugement ouvrant la procédure *(Abrogé par L. n° 2005-845 du 26 juill. 2005, art. 50)* ***« de redressement judiciaire ou de liquidation judiciaire immédiate ».***

Pour les biens faisant l'objet d'un contrat en cours au jour de l'ouverture de la procédure, le délai court à partir de la résiliation ou du terme du contrat. – *[C. com., ancien art. L. 621-115].*

V. Décr. n° 2005-1677 du 28 déc. 2005, art. 114, infra, App., v° Difficultés des entreprises.

Art. L. 624-10 Le propriétaire d'un bien est dispensé de faire reconnaître son droit de propriété lorsque le contrat portant sur ce bien a fait l'objet d'une publicité. *(L. n° 2005-845 du 26 juill. 2005, art. 51)* « Il peut réclamer la restitution de son bien dans des conditions fixées par décret en Conseil d'État. » – *[C. com., ancien art. L. 621-116]. – V. Décr. n° 2005-1677 du 28 déc. 2005, art. 116 et 117, infra, App., v° Difficultés des entreprises.*

L'art. L. 624-10 est applicable aux procédures et situations en cours dès la publication de la loi n° 2005-845 du 26 juill. 2005 (texte préc., art. 190, JO 27 juill.).

Art. L. 624-11 *(L. n° 2005-845 du 26 juill. 2005, art. 52)* Le privilège et le droit de revendication établis par le 4° de l'article 2102 du code civil au profit du vendeur de meubles ainsi que l'action résolutoire ne peuvent être exercés que dans la limite des dispositions des articles L. 624-12 à L. 624-18 du présent code. – *[C. com., ancien art. L. 621-117].*

Sur l'inapplicabilité des art. L. 624-11 à L. 624-18 au vendeur de fonds de commerce, V., supra, art. L. 141-11.

Art. L. 624-12 Peuvent être revendiquées, si elles existent en nature, en tout ou partie, les marchandises dont la vente a été résolue antérieurement au jugement ouvrant *(L. n° 2005-845 du 26 juill. 2005, art. 53)* « la procédure » soit par décision de justice, soit par le jeu d'une condition résolutoire acquise.

La revendication doit pareillement être admise bien que la résolution de la vente ait été prononcée ou constatée par décision de justice postérieurement au jugement ouvrant *(L. n° 2005-845 du 26 juill. 2005, art. 53)* « la procédure » lorsque l'action en revendication ou en résolution a été intentée antérieurement au jugement d'ouverture par le vendeur pour une cause autre que le défaut de paiement du prix. – *[C. com., ancien art. L. 621-118].*

V. note ss. art. L. 624-11.

Art. L. 624-13 Peuvent être revendiquées les marchandises expédiées au débiteur tant que la tradition n'en a point été effectuée dans ses magasins ou dans ceux du commissionnaire chargé de les vendre pour son compte.

Néanmoins, la revendication n'est pas recevable si, avant leur arrivée, les marchandises ont été revendues sans fraude, sur factures ou titres de transport réguliers. – *[C. com., ancien art. L. 621-119].*

V. note ss. art. L. 624-11.

Art. L. 624-14 Peuvent être retenues par le vendeur les marchandises qui ne sont pas délivrées ou expédiées au débiteur ou à un tiers agissant pour son compte. – *[C. com., ancien art. L. 621-120].*

V. note ss. art. L. 624-11.

Art. L. 624-15 Peuvent être revendiqués, s'ils se trouvent encore dans le portefeuille du débiteur, les effets de commerce ou autres titres non payés, remis par leur propriétaire pour être recouvrés ou pour être spécialement affectés à des paiements déterminés. – *[C. com., ancien art. L. 621-121].*

V. note ss. art. L. 624-11.

Art. L. 624-16 Peuvent être revendiquées, à condition qu'elles se retrouvent en nature, les marchandises consignées au débiteur, soit à titre de dépôt, soit pour être vendues pour le compte du propriétaire.

(Ord. n° 2006-346 du 23 mars 2006, art. 48-I) « Peuvent également être revendiqués, s'ils se retrouvent en nature au moment de l'ouverture de la procédure, les biens vendus avec une clause de réserve de propriété. Cette clause doit avoir été convenue entre les parties dans un écrit au plus tard au moment de la livraison. Elle peut l'être dans un écrit régissant un ensemble d'opérations commerciales convenues entre les parties.

« La revendication en nature peut s'exercer dans les mêmes conditions sur les biens mobiliers incorporés dans un autre bien lorsque la séparation de ces biens peut être effectuée sans qu'ils en subissent un dommage. La revendication en nature peut également s'exercer sur des biens fongibles lorsque des biens de même nature et de même qualité se trouvent entre les mains du débiteur ou de toute personne les détenant pour son compte. »

(L. n° 2005-845 du 26 juill. 2005, art. 54) « Dans tous les cas, il n'y a pas lieu à revendication si, sur décision du juge-commissaire, le prix est payé immédiatement. Le juge-commissaire peut également, avec le consentement du créancier requérant, accorder un délai de règlement. Le paiement du prix est alors assimilé à celui des créances mentionnées au I de l'article L. 622-17. » – *[C. com., ancien art. L. 621-122].*

V. note ss. art. L. 624-11.

Sur la clause de réserve de propriété, V. C. civ., art. 2367 s. – **C. civ.**

BIBL. ▶ CROCQ, *JCP E 2006, suppl. au n° 20-21, p. 23* (ord. du 23 mars 2006).

Ancien art. L. 624-16 (al. 2 et 3) *Peuvent également être revendiqués, s'ils se retrouvent en nature au moment de l'ouverture de la procédure, les biens vendus avec une clause de réserve de propriété subordonnant le transfert de propriété au paiement intégral du prix. Cette clause, qui peut figurer dans un écrit régissant un ensemble d'opérations commerciales convenues entre les parties, doit avoir été convenue entre les parties dans un écrit établi, au plus tard, au moment de la livraison. Nonobstant toute clause contraire, la clause de réserve de propriété est opposable à l'acheteur et aux autres créanciers, à moins que les parties n'aient convenu par écrit de l'écarter ou de la modifier.*

La revendication en nature peut s'exercer dans les mêmes conditions sur les biens mobiliers incorporés dans un autre bien mobilier lorsque leur récupération peut être effectuée sans dommage pour les biens eux-mêmes et le bien dans lequel ils sont incorporés. La revendication en nature peut également s'exercer sur des biens fongibles lorsque se trouvent entre les mains de l'acheteur des biens de même espèce et de même qualité.

Art. L. 624-17 *(L. n° 2005-845 du 26 juill. 2005, art. 55-I ; Ord. n° 2006-346 du 23 mars 2006, art. 48-II)* L'administrateur avec l'accord du débiteur ou à défaut le débiteur après accord du mandataire judiciaire peut acquiescer à la demande en revendication ou en restitution d'un bien visé à la présente section. A défaut d'accord ou en cas de contestation, la demande est portée devant le juge-commissaire qui statue sur le sort du contrat, au vu des observations du créancier, du débiteur et du mandataire de justice saisi. – *[C. com., ancien art. L. 621-123].*

V. note ss. art. L. 624-11.

Art. L. 624-18 Peut être revendiqué le prix ou la partie du prix des biens visés à l'article L. 624-16 qui n'a été ni payé, ni réglé en valeur, ni compensé en compte

courant entre le débiteur et l'acheteur à la date du jugement ouvrant la procédure *(Abrogé par L. n° 2005-845 du 26 juill. 2005, art. 55-II)* ***« de redressement judiciaire »***. *(Ord. n° 2006-346 du 23 mars 2006, art. 48-III)* **« Peut être revendiquée dans les mêmes conditions l'indemnité d'assurance subrogée au bien. »** – *[C. com., ancien art. L. 621-124].*

V. Décr. n° 2005-1677 du 28 déc. 2005, art. 115, infra, App., v° Difficultés des entreprises.
V. note ss. art. L. 624-11.

CHAPITRE V DU RÈGLEMENT DES CRÉANCES RÉSULTANT DU CONTRAT DE TRAVAIL

SECTION I DE LA VÉRIFICATION DES CRÉANCES

Art. L. 625-1 Après vérification, le mandataire judiciaire établit, dans les délais prévus à l'article L. 143-11-7 du code du travail, les relevés des créances résultant d'un contrat de travail, le débiteur entendu ou dûment appelé. Les relevés des créances sont soumis au représentant des salariés dans les conditions prévues à l'article L. 625-2. Ils sont visés par le juge-commissaire, déposés au greffe du tribunal et font l'objet d'une mesure de publicité dans des conditions fixées par décret en Conseil d'État.

Le salarié dont la créance ne figure pas en tout ou en partie sur un relevé peut saisir à peine de forclusion le conseil de prud'hommes dans un délai de deux mois à compter de l'accomplissement de la mesure de publicité mentionnée à l'alinéa précédent. Il peut demander au représentant des salariés de l'assister ou de le représenter devant la juridiction prud'homale.

(Abrogé par L. n° 2005-845 du 26 juill. 2005, art. 56) ***« Le représentant des créanciers cité devant le conseil de prud'hommes ou, à défaut, le demandeur appelle devant cette juridiction les institutions visées à l'article L. 143-11-4 du code du travail. »*** **Le débiteur ou l'administrateur lorsqu'il a pour mission d'assurer l'administration est mis en cause.** – *[C. com., ancien art. L. 621-125].*

V. Décr. n° 2005-1677 du 28 déc. 2005, art. 118 s., infra, App., v° Difficultés des entreprises.

Art. L. 625-2 *(L. n° 2005-845 du 26 juill. 2005, art. 57)* **« Les relevés des créances résultant des contrats de travail sont » soumis pour vérification par le mandataire judiciaire au représentant des salariés mentionné à l'article** *(L. n° 2005-845 du 26 juill. 2005, art. 57)* **« L. 621-4 ». Le mandataire judiciaire doit lui communiquer tous documents et informations utiles. En cas de difficultés, le représentant des salariés peut s'adresser à l'administrateur et, le cas échéant, saisir le juge-commissaire. Il est tenu à l'obligation de discrétion mentionnée à l'article L. 432-7 du code du travail. Le temps passé à l'exercice de sa mission tel qu'il est fixé par le juge-commissaire est considéré de plein droit comme temps de travail et payé par l'employeur, l'administrateur ou le liquidateur, selon le cas, à l'échéance normale.** – *[C. com., ancien art. L. 621-36].*

Art. L. 625-3 *(L. n° 2005-845 du 26 juill. 2005, art. 58-I)* **« Les instances en cours devant la juridiction prud'homale à la date du jugement d'ouverture de la sauvegarde sont poursuivies en présence du mandataire judiciaire ou celui-ci dûment appelé. »**

Le mandataire judiciaire informe dans les dix jours la juridiction saisie et les salariés parties à l'instance de l'ouverture de la procédure *(Abrogé par L. nº 2005-845 du 26 juill. 2005, art. 58-I)* *« de redressement judiciaire »*. – *[C. com., ancien art. L. 621-126].*

Dernier al. abrogé par L. nº 2005-845 du 26 juill. 2005, art. 58-I.

V. Décr. nº 2005-1677 du 28 déc. 2005, art. 123, infra, App., vº Difficultés des entreprises.

Art. L. 625-4 Lorsque les institutions mentionnées à l'article L. 143-11-4 du code du travail refusent pour quelque cause que ce soit de régler une créance figurant sur un relevé des créances résultant d'un contrat de travail, elles font connaître leur refus au mandataire judiciaire qui en informe immédiatement le représentant des salariés et le salarié concerné.

Ce dernier peut saisir du litige le conseil de prud'hommes. Le mandataire judiciaire, le chef d'entreprise ou l'administrateur lorsqu'il a pour mission d'assurer l'administration sont mis en cause.

Le salarié peut demander au représentant des salariés de l'assister ou de le représenter devant la juridiction prud'homale. – *[C. com., ancien art. L. 621-127].*

V. Décr. nº 2005-1677 du 28 déc. 2005, art. 121, infra, App., vº Difficultés des entreprises.

Art. L. 625-5 Les litiges soumis au conseil de prud'hommes en application des articles L. 625-1 et L. 625-4 sont portés directement devant le bureau de jugement. – *[C. com., ancien art. L. 621-128].*

Art. L. 625-6 Les relevés des créances résultant d'un contrat de travail, visés par le juge-commissaire, ainsi que les décisions rendues par la juridiction prud'homale sont portés sur l'état des créances déposé au greffe. Toute personne intéressée, à l'exclusion de celles visées aux articles L. 625-1 à L. 625-4, peut former une réclamation ou une tierce opposition dans des conditions prévues par décret en Conseil d'État. – *[C. com., art. L. 621-129]. – V. Décr. nº 2005-1677 du 28 déc. 2005, art. 124, infra, App., vº Difficultés des entreprises.*

SECTION II DU PRIVILÈGE DES SALARIÉS

Art. L. 625-7 Les créances résultant d'un contrat de travail sont garanties en cas d'ouverture d'une procédure *(L. nº 2005-845 du 26 juill. 2005, art. 58-II)* « de sauvegarde » :

1º Par le privilège établi par les articles L. 143-10, L. 143-11, L. 742-6 et L. 751-15 du code du travail, pour les causes et montants définis auxdits articles ;

2º Par le privilège du 4º de l'article 2101 et du 2º de l'article 2104 du code civil. – *[C. com., ancien art. L. 621-130].*

Art. L. 625-8 Nonobstant l'existence de toute autre créance, les créances que garantit le privilège établi aux articles L. 143-10, L. 143-11, L. 742-6 et L. 751-15 du code du travail doivent être payées par l'administrateur sur ordonnance du juge-commissaire, dans les dix jours du prononcé du jugement ouvrant la procédure *(L. nº 2005-845 du 26 juill. 2005, art. 58-II)* « de sauvegarde », si l'administrateur dispose des fonds nécessaires.

Toutefois, avant tout établissement du montant de ces créances, l'administrateur doit, avec l'autorisation du juge-commissaire et dans la mesure des fonds disponibles, verser immédiatement aux salariés, à titre provisionnel, une somme égale à un mois de salaire impayé, sur la base du dernier bulletin de salaire, et sans pouvoir dépasser le plafond visé à l'article L. 143-10 du code du travail.

A défaut de disponibilités, les sommes dues en vertu des deux alinéas précédents doivent être acquittées sur les premières rentrées de fonds. – *[C. com., ancien art. L. 621-131].*

SECTION III DE LA GARANTIE DU PAIEMENT DES CRÉANCES RÉSULTANT DU CONTRAT DE TRAVAIL

Art. L. 625-9 **Sans préjudice des règles fixées aux articles L. 625-7 et L. 625-8, les créances résultant du contrat de travail ou du contrat d'apprentissage sont garanties dans les conditions fixées aux articles L. 143-10 à L. 143-11-9 et L. 143-13-1 du code du travail, reproduits ci-après :**

Art. L. 143-10 Lorsqu'est ouverte une procédure de redressement ou de liquidation judiciaire, les rémunérations de toute nature dues aux salariés et apprentis et l'indemnité mentionnée à l'article L. 980-11-1 due par l'employeur aux bénéficiaires d'un stage d'initiation à la vie professionnelle pour les soixante derniers jours de travail ou d'apprentissage doivent, déduction faite des acomptes déjà perçus, être payées, nonobstant l'existence de toute autre créance privilégiée, jusqu'à concurrence d'un plafond mensuel identique pour toutes les catégories de bénéficiaires.

Ce plafond est fixé par voie réglementaire sans pouvoir être inférieur à deux fois le plafond retenu pour le calcul des cotisations de sécurité sociale. *— V. C. trav., art. D. 143-1 fixant ce plafond à deux fois le plafond retenu, par mois, pour le calcul des cotisations de sécurité sociale. —* ***C. trav.***

Les rémunérations prévues au premier alinéa ci-dessus comprennent non seulement les salaires, appointements ou commissions proprement dites mais encore tous les accessoires et notamment l'indemnité mentionnée à l'article L. 122-3-4, l'indemnité pour inobservation du délai congé mentionnée à l'article L. 122-8, l'indemnité compensatrice mentionnée à l'article L. 122-32-6 et l'indemnité mentionnée à l'article L. 124-4-4 *(L. n° 2005-841 du 26 juill. 2005, art. 24-I)* « , ainsi que les contributions dues par l'employeur dans le cadre des conventions de reclassement personnalisé mentionnées à l'article L. 321-4-2 ». *— Les dispositions de l'art. 24 de la loi n° 2005-841 du 26 juill. 2005 sont applicables aux accords mentionnés au cinquième al. du I de l'art. L. 321-4-2 C. trav. conclus à compter du 1er avr. 2005 (L. n° 2005-841 du 26 juill. 2005, art. 36-VI).*

Art. L. 143-11 En outre, lorsqu'est ouverte une procédure de redressement ou de liquidation judiciaire, les indemnités de congés payés prévues aux articles L. 223-11 à L. 223-15 et R. 223-2 doivent être payées nonobstant l'existence de toute autre créance privilégiée, jusqu'à concurrence d'un plafond identique à celui établi pour une période de trente jours de rémunération par l'article L. 143-9.

Art. L. 143-11-1 *(L. n° 2005-845 du 26 juill. 2005, art. 177)* « Tout commerçant, toute personne inscrite au répertoire des métiers, tout agriculteur, toute autre personne physique exerçant une activité professionnelle indépendante et toute personne morale de droit privé, employant un ou plusieurs salariés, doit assurer ses salariés, y compris les travailleurs salariés détachés à l'étranger ainsi que les travailleurs salariés expatriés mentionnés à l'article L. 351-4, contre le risque de non-paiement des sommes qui leur sont dues en exécution du contrat de travail, en cas de procédure de sauvegarde, de redressement ou de liquidation judiciaires. »

L'assurance couvre :

1° Les sommes dues aux salariés à la date du jugement d'ouverture de toute procédure de redressement ou de liquidation judiciaire ; *(L. n° 2005-841 du 26 juill. 2005, art. 24-II)* « , ainsi que les contributions dues par l'employeur dans le cadre de la convention de reclassement personnalisé mentionnée à l'article L. 321-4-2 » ; *— V. note ss. 2° bis.*

2° Les créances résultant de la rupture des contrats de travail intervenant pendant la période d'observation, dans le mois suivant le jugement qui arrête *(L. n° 2005-845 du 26 juill. 2005, art. 177)* « le plan de sauvegarde, de redressement ou de cession », dans les quinze jours suivant le jugement de liquidation et pendant le maintien provisoire de l'activité autorisé par le jugement de liquidation judiciaire ;

(Abrogé par Ord. n° 2004-602 du 24 juin 2004, art. 13-I) « Les créances résultant de la rupture du contrat de travail des salariés auxquels a été proposée une convention

de conversion prévue à l'article L. 322-3 sont couvertes par l'assurance, sous réserve que l'administrateur, l'employeur ou le liquidateur, selon le cas, ait proposé cette convention aux intéressés au cours de l'une des période[s] indiquées ci-dessus ; »

(L. n° 2005-841 du 26 juill. 2005, art. 24-II) « 2° *bis* Les créances résultant de la rupture du contrat de travail des salariés auxquels a été proposée la convention de reclassement personnalisé mentionnée à l'article L. 321-4-2, sous réserve que l'administrateur, l'employeur ou le liquidateur, selon le cas, ait proposé cette convention aux intéressés au cours de l'une des périodes indiquées au 2°, y compris les contributions dues par l'employeur dans le cadre de cette convention et les salaires dus pendant le délai de réponse du salarié ; » — *Les dispositions de l'art. 24 de la loi n° 2005-841 du 26 juill. 2005 sont applicables aux accords mentionnés au cinquième al. du I de l'art. L. 321-4-2 C. trav. conclus à compter du 1er avr. 2005 (L. n° 2005-841 du 26 juill. 2005, art. 36-VI).*

3° Lorsque le tribunal prononce la liquidation judiciaire, dans la limite d'un montant maximal correspondant à un mois et demi de travail, les sommes dues au cours de la période d'observation, des quinze jours suivant le jugement de liquidation ou du mois suivant le jugement de liquidation en ce qui concerne les représentants des salariés prévus par les articles L. 621-8 *[L. 621-4]* et L. 621-135 *[abrogé]* du code de commerce et pendant le maintien provisoire de l'activité autorisé par le jugement de liquidation. — *V. C. trav., art. D. 143-3. - **C. trav.***

La garantie des sommes et créances visées aux 1°, 2° et 3° ci-dessus inclut les cotisations et contributions sociales salariales d'origine légale, ou d'origine conventionnelle imposée par la loi. — *Cette disposition, issue de la loi n° 96-1160 du 27 déc. 1996, est applicable aux relevés de créances prévus à l'art. L. 143-11-7 établis à compter du 1er janv. 1997 (L. n° 96-1160 du 27 déc. 1996, art. 36-III).*

(Abrogé par Ord. n° 2004-602 du 24 juin 2004, art. 13-I) « L'assurance couvre également la contribution, échue ou à échoir, due par l'employeur pour le financement des allocations mentionnées au deuxième alinéa de l'article L. 322-3, lorsque la convention de conversion a été conclue antérieurement au jugement d'ouverture de la procédure de redressement ou de liquidation judiciaires.

« Lorsque la convention de conversion a été conclue postérieurement à ce jugement, la contribution de l'employeur et les salaires dus aux salariés y ayant adhéré pendant le délai de réponse prévu par le premier alinéa de l'article L. 321-6-1 sont couvertes par l'assurance si le bénéfice de ladite convention a été proposé au salarié concerné pendant l'une des périodes indiquées au 2° du présent article. »

Dernier al. abrogé par L. n° 2005-845 du 26 juill. 2005, art. 177.

Art. L. 143-11-2 Les créances résultant du licenciement des salariés bénéficiaires d'une protection particulière relative au licenciement sont couvertes par l'assurance dès lors que l'administrateur, l'employeur ou le liquidateur, selon le cas, a manifesté, au cours des périodes mentionnées au 2° de l'article L. 143-11-1, son intention de rompre le contrat de travail.

Art. L. 143-11-3 Lorsqu'elles revêtent la forme d'un droit de créance sur l'entreprise, les sommes dues au titre de l'intéressement conformément aux dispositions des articles L. 441-1 et suivants, au titre de la participation des salariés aux fruits de l'expansion conformément aux dispositions des articles L. 442-1 et suivants ou en application d'un accord créant un fonds salarial dans les conditions prévues par les articles L. 471-1 et suivants, sont couvertes par l'assurance prévue à l'article L. 143-11-1.

Les arrérages de préretraite dus à un salarié ou à un ancien salarié en application d'un accord professionnel ou interprofessionnel, d'une convention collective ou d'un accord d'entreprise sont également couverts par l'assurance. Ces dispositions s'appliquent lorsque l'accord ou la convention prévoit le départ en préretraite à cinquante-cinq ans au plus tôt. La garantie prévue par le présent alinéa est limitée dans des conditions fixées par décret. — *V. C. trav., art. D. 143-4.* — ***C. trav.***

Les créances visées au premier et au deuxième alinéa sont garanties :

— lorsqu'elles sont exigibles à la date du jugement d'ouverture de la procédure ;

— lorsque, si un plan organisant la continuation de l'entreprise intervient à l'issue de la procédure, elles deviennent exigibles du fait de la rupture du contrat de travail, dans les délais prévus au 2° de l'article L. 143-11-1 ;

— lorsque intervient un jugement de liquidation judiciaire ou un jugement arrêtant le plan de cession totale de l'entreprise.

(L. nº 2004-391 du 4 mai 2004, art. 57) « L'assurance prévue à l'article L. 143-11-1 ne couvre pas les sommes qui concourent à l'indemnisation du préjudice causé par la rupture du contrat de travail dans le cadre d'un licenciement pour motif économique, en application d'un accord d'entreprise ou d'établissement ou de groupe ou d'une décision unilatérale de l'employeur, lorsque l'accord a été conclu et déposé ou la décision notifiée moins de dix-huit mois avant la date du jugement d'ouverture de la procédure de redressement ou de liquidation judiciaires. »

Art. L. 143-11-4 Le régime d'assurance prévu à l'article L. 143-11-1 est mis en œuvre par une association créée par les organisations nationales professionnelles d'employeurs les plus représentatives et agréée par le ministre chargé du travail. – *Cette association a pris le nom d'Association pour la gestion du régime d'assurance des salariés (AGS).*

Cette association passe une convention de gestion avec les institutions gestionnaires du régime d'assurance mentionné à la section I du chapitre Ier du titre V du livre III de la première partie du code du travail.

En cas de dissolution de cette association, le ministre chargé du travail confie aux institutions prévues à l'alinéa précédent la gestion du régime d'assurance institué à l'article L. 143-11-1. – *V. C. com., art. L. 622-19.*

Art. L. 143-11-5 Le droit du salarié est indépendant de l'observation par l'employeur tant des prescriptions des articles L. 143-11-1 à L. 143-11-9 que des obligations dont il est tenu à l'égard des institutions prévues à l'article L. 143-11-4.

Art. L. 143-11-6 L'assurance est financée par des cotisations des employeurs qui sont assises sur les rémunérations servant de base au calcul des contributions au régime d'assurance-chômage défini par la section I du chapitre Ier du titre V du livre III du présent code.

Les dispositions de l'article L. 351-6 sont applicables au recouvrement de ces cotisations et des majorations de retard y afférentes.

Art. L. 143-11-7 Le mandataire judiciaire établit les relevés des créances dans les conditions suivantes :

1. Pour les créances mentionnées aux articles L. 143-10, L. 143-11, L. 742-6 et L. 751-15, dans les dix jours suivant le prononcé du jugement d'ouverture de la procédure ;

2. Pour les autres créances également exigibles à la date du jugement d'ouverture de la procédure, dans les trois mois suivant le prononcé du jugement ;

3. Pour les salaires et les indemnités de congés payés couvertes en application du 3° de l'article L. 143-11-1 et les salaires couverts en application du dernier alinéa de ce même article, dans les dix jours suivant l'expiration des périodes de garantie prévues à ce 3° et ce, jusqu'à concurrence du plafond mentionné aux articles L. 143-10, L. 143-11, L. 742-6 et L. 751-15.

4. Pour les autres créances dans les trois mois suivant l'expiration de la période de garantie.

(L. nº 2005-845 du 26 juill. 2005, art. 181) « Les relevés des créances précisent » le montant des cotisations et contributions visées au septième alinéa de l'article L. 143-11-1 dues au titre de chacun des salariés intéressés ; – *Cette disposition, issue de la loi nº 96-1160 du 27 déc. 1996, est applicable aux relevés de créances établis à compter du 1er janv. 1997 (L. nº 96-1160 du 27 déc. 1996, art. 36-III).*

Si les créances ne peuvent être payées en tout ou partie sur les fonds disponibles avant l'expiration des délais prévus ci-dessus, le mandataire judiciaire demande, sur présentation des relevés, l'avance des fonds nécessaires aux institutions mentionnées à l'article L. 143-11-4. *(L. nº 2005-845 du 26 juill. 2005, art. 178)* « Dans le cas d'une procédure de sauvegarde, le mandataire judiciaire justifie à ces institutions, lors de sa demande, que l'insuffisance des fonds disponibles est caractérisée. Elles peuvent contester, dans un délai fixé par décret en Conseil d'État, la réalité de cette insuffisance devant le juge-commissaire. Dans ce cas, l'avance des fonds est soumise à l'autorisation du juge-commissaire. » — *Le délai prévu à l'art. L. 143-11-7, al. 7, est de dix jours à compter de la réception par les institutions mentionnées à l'art. L. 143-11-4 de la demande de fonds par le mandataire judiciaire (C. trav., art. R. 143-4, issu du Décr. n° 2005-1677 du 28 déc. 2005).*

Les institutions susmentionnées versent au mandataire judiciaire les sommes figurant sur les relevés et restées impayées :

1° Dans les cinq jours suivant la réception des relevés visés aux 1 et 3 ci-dessus ;

2° Dans les huit jours suivant la réception des relevés visés aux 2 et 4 ci-dessus.

(L. n° 2005-841 du 26 juill. 2005, art. 24-III) « Par dérogation aux dispositions des trois alinéas précédents, l'avance des contributions de l'employeur au financement de la convention de reclassement personnalisé mentionnée à l'article L. 321-4-2 est versée directement aux organismes gestionnaires mentionnés à l'article L. 351-21. » — *Les dispositions de l'art. 24 de la loi n° 2005-841 du 26 juill. 2005 sont applicables aux accords mentionnés au cinquième al. du I de l'art. L. 321-4-2 C. trav. conclus à compter du 1er avr. 2005 (L. n° 2005-841 du 26 juill. 2005, art. 36-VI).*

(Abrogé par Ord. n° 2004-602 du 24 juin 2004, art. 13-I) « Par dérogation aux dispositions des trois alinéas précédents, l'avance de la contribution de l'employeur au financement des allocations mentionnées au deuxième alinéa de l'article L. 322-3 et versée directement aux organismes gestionnaires mentionnés à l'article L. 351-21. »

Le mandataire judiciaire reverse immédiatement les sommes qu'il a reçues aux salariés et organismes créanciers, à l'exclusion des créanciers subrogés, et en informe le représentant des salariés.

Les institutions mentionnées ci-dessus doivent avancer les sommes comprises dans le relevé, même en cas de contestation par un tiers.

(L. n° 2001-624 du 17 juill. 2001) « Elles doivent également avancer les sommes correspondant à des créances établies par décision de justice exécutoire, même si les délais de garantie sont expirés. Les décisions de justice seront de plein droit opposables à l'association visée à l'article L. 143-11-4 ». Dans le cas où le mandataire judiciaire a cessé ses fonctions, le greffier du tribunal ou le commissaire à l'exécution du plan, selon le cas, adresse un relevé complémentaire aux institutions mentionnées ci-dessus, à charge pour lui de reverser les sommes aux salariés et organismes créanciers.

Art. L. 143-11-7-1 *Abrogé par L. n° 2005-845 du 26 juill. 2005, art. 181.*

Art. L. 143-11-8 La garantie des institutions mentionnées à l'article L. 143-11-4 est limitée, toutes créances du salarié confondues, à un ou des montants fixés par décret, en référence au plafond mensuel retenu pour le calcul des contributions du régime d'assurance chômage prévu à la section II du chapitre Ier du titre V du livre III du présent code. — *V. C. trav., art. D. 143-2. — **C. trav.***

Al. 2 abrogé par L. n° 2005-845 du 26 juill. 2005, art. 181.

Art. L. 143-11-9 *(L. n° 2005-845 du 26 juill. 2005, art. 179)* Les institutions mentionnées à l'article L. 143-11-4 sont subrogées dans les droits des salariés pour lesquels elles ont effectué des avances :

a) Pour l'ensemble des créances, lors d'une procédure de sauvegarde ;

b) Pour les créances garanties par le privilège prévu aux articles L. 143-10, L. 143-11, L. 742-6 et L. 751-15 et les créances avancées au titre du 3° de l'article L. 143-11-1, lors d'une procédure de redressement ou de liquidation judiciaire. Les autres sommes avancées dans le cadre de ces procédures leur sont remboursées dans les conditions prévues par les dispositions du livre VI du code de commerce pour le règlement des créances nées antérieurement au jugement d'ouverture de la procédure. Elles bénéficient alors des privilèges attachés à celle-ci.

Art. L. 143-13-1 Les étrangers mentionnés à l'article L. 341-6-1 bénéficient des dispositions de la présente section pour les sommes qui leur sont dues en application de cet article. – *[C. com., ancien art. L. 621-132].*

V. art. L. 122-32-11 C. trav. qui déclare applicables, en cas de règlement judiciaire ou de liquidation des biens [sauvegarde, redressement ou liquidation judiciaires], les art. L. 143-11-5 à L. 143-11-7 [L. 143-11-7 à L. 143-11-9] au paiement des indemnités prévues aux art. L. 122-32-6, L. 122-32-7 et L. 122-32-9 du même code (rupture du contrat de travail des salariés victimes d'un accident du travail ou d'une maladie professionnelle). – ***C. trav.***

CHAPITRE VI DU PLAN DE SAUVEGARDE

BIBL. ▶ F.-X. Lucas, *Rev. Lamy droit des affaires, suppl. au n° 80, mars 2005, p. 35* (du plan de continuation au plan de sauvegarde). – Behar-Touchais, *Rev. proc. coll. 2005. 363* (plans de sauvegarde et de continuation). – F.-X. Lucas, *Petites affiches, n° spéc., 8 févr. 2006, p. 74* (commentaire article par article). – Pérot-Reboul, *ibid., 17 févr. 2006, p. 30* (les plans dans la loi de sauvegarde). – Monsèrié-Bon, *Dr. et patr. mars 2006. 73.*

Art. L. 626-1 *(L. n° 2005-845 du 26 juill. 2005, art. 59)* **Lorsqu'il existe une possibilité sérieuse pour l'entreprise d'être sauvegardée, le tribunal arrête dans ce but un plan qui met fin à la période d'observation.**

Ce plan de sauvegarde comporte, s'il y a lieu, l'arrêt, l'adjonction ou la cession d'une ou de plusieurs activités. Les cessions faites en application du présent article sont soumises aux dispositions de la section I du chapitre II du titre IV. Le mandataire judiciaire exerce les missions confiées au liquidateur par ces dispositions.

SECTION I DE L'ÉLABORATION DU PROJET DE PLAN

Art. L. 626-2 *(L. n° 2005-845 du 26 juill. 2005, art. 60)* **Le projet de plan détermine les perspectives de redressement en fonction des possibilités et des modalités d'activités, de l'état du marché et des moyens de financement disponibles.**

Il définit les modalités de règlement du passif et les garanties éventuelles que le chef d'entreprise doit souscrire pour en assurer l'exécution.

Ce projet expose et justifie le niveau et les perspectives d'emploi ainsi que les conditions sociales envisagées pour la poursuite d'activité. Lorsque le projet prévoit des licenciements pour motif économique, il rappelle les mesures déjà intervenues et définit les actions à entreprendre en vue de faciliter le reclassement et l'indemnisation des salariés dont l'emploi est menacé. Le projet tient compte des travaux recensés par le bilan environnemental.

Il recense, annexe et analyse les offres d'acquisition portant sur une ou plusieurs activités, présentées par des tiers. Il indique la ou les activités dont sont proposés l'arrêt ou l'adjonction.

Art. L. 626-3 *(L. n° 2005-845 du 26 juill. 2005, art. 61)* **« Lorsque le projet de plan prévoit une modification du capital, l'assemblée générale extraordinaire ou l'assemblée des associés ainsi que, lorsque leur approbation est nécessaire, les assemblées spéciales mentionnées aux articles L. 225-99 et L. 228-35-6 ou les assemblées générales des masses visées à l'article L. 228-103 sont convoquées dans des conditions définies par décret en Conseil d'État. »** *– V. Décr. n° 2005-1677 du 28 déc. 2005, art. 125 à 127, infra, App., v° Difficultés des entreprises.*

Si, du fait des pertes constatées dans les documents comptables, les capitaux propres sont inférieurs à la moitié du capital social, l'assemblée est d'abord appelée à reconstituer ces capitaux à concurrence du montant proposé par l'administrateur et

qui ne peut être inférieur à la moitié du capital social. Elle peut également être appelée à décider la réduction et l'augmentation du capital en faveur d'une ou plusieurs personnes qui s'engagent à exécuter le plan.

Les engagements pris par les actionnaires ou associés ou par de nouveaux souscripteurs sont subordonnés dans leur exécution à l'acceptation du plan par le tribunal.

Les clauses d'agrément sont réputées non écrites. – *[C. com., ancien art. L. 621-58].*

Sur la modification des statuts des coopératives faisant l'objet d'une procédure collective, V. L. n° 47-1775 du 10 sept. 1947, art. 25. – ***C. sociétés.***

Art. L. 626-4 *(L. n° 2005-845 du 26 juill. 2005, art. 62)* « Lorsque la sauvegarde de l'entreprise le requiert, le tribunal, sur la demande du ministère public, peut subordonner l'adoption du plan au remplacement d'un ou plusieurs dirigeants de l'entreprise, sauf lorsque le débiteur exerce une activité professionnelle libérale soumise à un statut législatif ou réglementaire.

« A cette fin et dans les mêmes conditions, le tribunal peut prononcer l'incessibilité des parts sociales, titres de capital ou valeurs mobilières donnant accès au capital, détenus par un ou plusieurs dirigeants de droit ou de fait et décider que le droit de vote y attaché sera exercé, pour une durée qu'il fixe, par un mandataire de justice désigné à cet effet. De même, il peut ordonner la cession de ces parts sociales, titres de capital ou valeurs mobilières donnant accès au capital détenus par ces mêmes personnes, le prix de cession étant fixé à dire d'expert. »

Pour l'application du présent article, les dirigeants et les représentants du comité d'entreprise ou, à défaut, des délégués du personnel sont entendus ou dûment appelés. – *[C. com., ancien art. L. 621-59].*

V. Décr. n° 2005-1677 du 28 déc. 2005, art. 128 à 130, infra, App., v° Difficultés des entreprises.

Art. L. 626-5 *(L. n° 2005-845 du 26 juill. 2005, art. 63)* Les propositions pour le règlement des dettes sont, au fur et à mesure de leur élaboration et sous surveillance du juge-commissaire, communiquées par l'administrateur au mandataire judiciaire, aux contrôleurs ainsi qu'au comité d'entreprise ou, à défaut, aux délégués du personnel.

Le mandataire judiciaire recueille individuellement ou collectivement l'accord de chaque créancier qui a déclaré sa créance conformément à l'article L. 622-24, sur les délais et remises qui lui sont proposés. En cas de consultation par écrit, le défaut de réponse, dans le délai de trente jours à compter de la réception de la lettre du mandataire judiciaire, vaut acceptation. Ces dispositions sont applicables aux institutions visées à l'article L. 143-11-4 du code du travail pour les sommes mentionnées au quatrième alinéa de l'article L. 622-24, même si leurs créances ne sont pas encore déclarées. – *V. Décr. n° 2005-1677 du 28 déc. 2005, art. 131 et 132, infra, App., v° Difficultés des entreprises.*

Art. L. 626-6 *(L. n° 2005-845 du 26 juill. 2005, art. 63)* Les administrations financières, les organismes de sécurité sociale, les institutions gérant le régime d'assurance chômage prévu par les articles L. 351-3 et suivants du code du travail et les institutions régies par le livre IX du code de la sécurité sociale peuvent accepter, concomitamment à l'effort consenti par d'autres créanciers, de remettre tout ou partie de ses dettes au débiteur dans des conditions similaires à celles que lui octroierait, dans des conditions normales de marché, un opérateur économique privé placé dans la même situation.

Dans ce cadre, les administrations financières peuvent remettre l'ensemble des impôts directs perçus au profit de l'État et des collectivités territoriales ainsi que des produits divers du budget de l'État dus par le débiteur. S'agissant des impôts indirects perçus au profit de l'État et des collectivités territoriales, seuls les intérêts de retard, majorations, pénalités ou amendes peuvent faire l'objet d'une remise.

Les conditions de la remise de la dette sont fixées par décret en Conseil d'État.

Les créanciers visés au premier alinéa peuvent également décider des cessions de rang de privilège ou d'hypothèque ou de l'abandon de ces sûretés.

Art. L. 626-7 *(L. nº 2005-845 du 26 juill. 2005, art. 63)* Le mandataire judiciaire dresse un état des réponses faites par les créanciers. Cet état est adressé au débiteur et à l'administrateur en vue de l'établissement de son rapport, ainsi qu'aux contrôleurs.

Art. L. 626-8 Le débiteur, le comité d'entreprise ou, à défaut, les délégués du personnel, *(L. nº 2005-845 du 26 juill. 2005, art. 64)* « le ou les contrôleurs » et le mandataire judicaire sont informés et consultés sur le rapport *(L. nº 2005-845 du 26 juill. 2005, art. 64)* « , présentant le bilan économique et social et le projet de plan, » qui leur est communiqué par l'administrateur.

Ce rapport est simultanément adressé à l'autorité administrative compétente en matière de droit du travail. Le procès-verbal de la réunion à l'ordre du jour de laquelle a été inscrite la consultation des représentants du personnel est transmis au tribunal ainsi qu'à l'autorité administrative mentionnée ci-dessus.

(L. nº 2005-845 du 26 juill. 2005, art. 64) « Le ministère public reçoit communication du rapport. » – *[C. com., ancien art. L. 621-61].*

SECTION II DU JUGEMENT ARRÊTANT LE PLAN ET DE L'EXÉCUTION DU PLAN

Art. L. 626-9 *(L. nº 2005-845 du 26 juill. 2005, art. 65)* Après avoir entendu ou dûment appelé le débiteur, l'administrateur, le mandataire judiciaire, les contrôleurs ainsi que les représentants du comité d'entreprise ou, à défaut, des délégués du personnel, le tribunal statue au vu du rapport de l'administrateur, après avoir recueilli l'avis du ministère public. Lorsque la procédure est ouverte au bénéfice d'un débiteur qui emploie un nombre de salariés ou qui justifie d'un chiffre d'affaires hors taxes supérieurs à des seuils fixés par décret en Conseil d'État, les débats doivent avoir lieu en présence du ministère public.

V. Décr. nº 2005-1677 du 28 déc. 2005, art. 133 s., infra, App., vº Difficultés des entreprises.

Art. L. 626-10 Le plan désigne les personnes tenues de l'exécuter et mentionne l'ensemble des engagements qui ont été souscrits par elles et qui sont nécessaires *(L. nº 2005-845 du 26 juill. 2005, art. 66)* « à la sauvegarde » de l'entreprise. Ces engagements portent sur l'avenir de l'activité, les modalités du maintien et du financement de l'entreprise, du règlement du passif né antérieurement au jugement d'ouverture ainsi que, s'il y a lieu, les garanties fournies pour en assurer l'exécution.

Le plan expose et justifie le niveau et les perspectives d'emploi ainsi que les conditions sociales envisagés pour la poursuite d'activité.

Les personnes qui exécuteront le plan, même à titre d'associés, ne peuvent pas se voir imposer des charges autres que les engagements qu'elles ont souscrits au cours de sa préparation, sous réserve des dispositions prévues aux articles *(L. nº 2005-845 du 26 juill. 2005, art. 66)* « L. 626-3 et L. 626-16 ». – *[C. com., ancien art. L. 621-63].*

Art. L. 626-11 *(L. nº 2005-845 du 26 juill. 2005, art. 67)* Le jugement qui arrête le plan en rend les dispositions opposables à tous.

A l'exception des personnes morales, les coobligés et les personnes ayant consenti un cautionnement ou une garantie autonome peuvent s'en prévaloir. – *[C. com., ancien art. L. 621-65]. – Comp., dans le cas d'un plan de redressement : art. L. 631-20.*

Art. L. 626-12 *(L. nº 2005-845 du 26 juill. 2005, art. 68)* Sans préjudice de l'application des dispositions de l'article L. 626-18, la durée du plan est fixée par le tri-

bunal. Elle ne peut excéder dix ans. Lorsque le débiteur est un agriculteur, elle ne peut excéder quinze ans.

Art. L. 626-13 *(L. nº 2005-845 du 26 juill. 2005, art. 69)* **L'arrêt du plan par le tribunal entraîne la levée de plein droit de toute interdiction d'émettre des chèques conformément à l'article L. 131-73 du code monétaire et financier, mise en œuvre à l'occasion du rejet d'un chèque émis avant le jugement d'ouverture de la procédure.** – *[C. com., ancien art. L. 621-71].* – *V. l'art. L. 131-73 C. mon. fin., infra, App., vº Code monétaire et financier (extraits).*

V. Décr. nº 2005-1677 du 28 déc. 2005, art. 140, infra, App., vº Difficultés des entreprises.

Art. L. 626-14 Dans le jugement arrêtant le plan ou le modifiant, le tribunal peut décider que les biens qu'il estime indispensables à la continuation de l'entreprise ne pourront être aliénés, pour une durée qu'il fixe, sans son autorisation. *(L. nº 2005-845 du 26 juill. 2005, art. 70)* **« La durée de l'inaliénabilité ne peut excéder celle du plan. »**

La publicité de l'inaliénabilité temporaire est assurée *(L. nº 2005-845 du 26 juill. 2005, art. 70)* **« dans des conditions fixées par décret en Conseil d'État ».**

Tout acte passé en violation des dispositions du premier alinéa est annulé à la demande de tout intéressé *(L. nº 2005-845 du 26 juill. 2005, art. 70)* **« ou du ministère public », présentée dans le délai de trois ans à compter de la conclusion de l'acte. Lorsque l'acte est soumis à publicité, le délai court à compter de celle-ci.** – *[C. com., ancien art. L. 621-72].*

V. Décr. nº 2005-1677 du 28 déc. 2005, art. 141 et 142, infra, App., vº Difficultés des entreprises.

Art. L. 626-15 Le plan mentionne les modifications des statuts nécessaires à la *(L. nº 2005-845 du 26 juill. 2005, art. 71)* **« réorganisation » de l'entreprise.** – *[C. com., ancien art. L. 621-73].*

Art. L. 626-16 *(L. nº 2005-845 du 26 juill. 2005, art. 72)* **En cas de nécessité, le jugement qui arrête le plan donne mandat à l'administrateur de convoquer, dans des conditions fixées par décret en Conseil d'État, l'assemblée compétente pour mettre en œuvre les modifications prévues par le plan.** – *V. Décr. nº 2005-1677 du 28 déc. 2005, art. 143, infra, App., vº Difficultés des entreprises.*

Art. L. 626-17 Les associés ou actionnaires sont tenus de libérer le capital qu'ils souscrivent dans le délai fixé par le tribunal. En cas de libération immédiate, ils peuvent bénéficier de la compensation à concurrence du montant de leurs créances admises et dans la limite de la réduction dont elles sont l'objet dans le plan sous forme de remises ou de délais. – *[C. com., ancien art. L. 621-75].*

Art. L. 626-18 Le tribunal donne acte des délais et remises acceptés par les créanciers dans les conditions prévues *(L. nº 2005-845 du 26 juill. 2005, art. 73)* **« au deuxième alinéa de l'article L. 626-5 et à l'article L. 626-6 ». Ces délais et remises peuvent, le cas échéant, être réduits par le tribunal. Pour les autres créanciers, le tribunal impose des délais uniformes de paiement, sous réserve, en ce qui concerne les créances à terme, des délais supérieurs stipulés par les parties avant l'ouverture de la procédure** *(L. nº 2005-845 du 26 juill. 2005, art. 73)* **« qui peuvent excéder la durée du plan.**

« Le premier paiement ne peut intervenir au-delà d'un délai d'un an. – *V. Décr. nº 2005-1677 du 28 déc. 2005, art. 144, infra, App., vº Difficultés des entreprises.*

« Au-delà de la deuxième année, le montant de chacune des annuités prévues par le plan ne peut, sauf dans le cas d'une exploitation agricole, être inférieur à 5 % du passif admis. »

Pour les contrats de crédit-bail, ces délais prennent fin si, avant leur expiration, le crédit preneur lève l'option d'achat. Celle-ci ne peut être levée si, sous déduction des remises acceptées, l'intégralité des sommes dues en vertu du contrat n'a pas été réglée. – *[C. com., ancien art. L. 621-76].*

Art. L. 626-19 Le plan peut prévoir un choix pour les créanciers comportant un paiement dans des délais uniformes plus brefs mais assorti d'une réduction proportionnelle du montant de la créance.

(Abrogé par L. nº 2005-845 du 26 juill. 2005, art. 74) ***« Dans ce cas, les délais ne peuvent excéder la durée du plan. »***

La réduction de créance n'est définitivement acquise qu'après versement, au terme fixé, de la dernière échéance prévue par le plan. – *[C. com., ancien art. L. 621-77].*

Art. L. 626-20 I. – Par dérogation aux dispositions des articles L. 626-18 et L. 626-19, ne peuvent faire l'objet de remises ou de délais :

1° Les créances garanties par le privilège établi aux articles L. 143-10, L. 143-11, L. 742-6 et L. 751-15 du code du travail ;

2° Les créances résultant d'un contrat de travail garanties par les privilèges prévus au 4° de l'article 2101 et au 2° de l'article 2104 du code civil lorsque le montant de celles-ci n'a pas été avancé par les institutions mentionnées à l'article L. 143-11-4 du code du travail ou n'a pas fait l'objet d'une subrogation.

II. – Dans la limite de 5 % du passif estimé, les créances les plus faibles prises dans l'ordre croissant de leur montant et sans que chacune puisse excéder un montant fixé par décret, sont remboursées sans remise ni délai. Cette disposition ne s'applique pas lorsque le montant des créances détenues par une même personne excède un dixième du pourcentage ci-dessus fixé ou lorsqu'une subrogation a été consentie ou un paiement effectué pour autrui. – *[C. com., ancien art. L. 621-78]. – V. Décr. nº 2005-1677 du 28 déc. 2005, art. 145, infra, App., vº Difficultés des entreprises.*

Art. L. 626-21 L'inscription d'une créance au plan et l'octroi de délais ou remises par le créancier ne préjugent pas l'admission définitive de la créance au passif.

Les sommes à répartir correspondant aux créances litigieuses ne sont versées qu'à compter de l'admission définitive de ces créances au passif. Toutefois, la juridiction saisie du litige peut décider que le créancier participera à titre provisionnel, en tout ou partie, aux répartitions faites avant l'admission définitive.

Sauf disposition législative contraire *(Abrogé par L. nº 2005-845 du 26 juill. 2005, art. 75)* ***« ou si le plan n'en dispose autrement »***, les paiements prévus par le plan sont portables. – *[C. com., ancien art. L. 621-79].*

(L. nº 2005-845 du 26 juill. 2005, art. 75) « Le tribunal fixe les modalités du paiement des dividendes arrêtés par le plan. Les dividendes sont payés entre les mains du commissaire à l'exécution du plan, qui procède à leur répartition. »

Art. L. 626-22 En cas de vente d'un bien grevé d'un privilège spécial, d'un nantissement ou d'une hypothèque, *(L. nº 2005-845 du 26 juill. 2005, art. 76)* « la quote-part du prix correspondant aux créances garanties par ces sûretés est versée en compte de dépôt à la Caisse des dépôts et consignations et » les créanciers bénéficiaires de ces sûretés ou titulaires d'un privilège général sont payés sur le prix après le paiement des créances garanties par le privilège établi aux articles L. 143-10, L. 143-11, L. 742-6 et L. 751-15 du code du travail.

Ils reçoivent les dividendes à échoir d'après le plan, réduits en fonction du paiement anticipé, suivant l'ordre de préférence existant entre eux.

Si un bien est grevé d'un privilège, d'un nantissement ou d'une hypothèque, une autre garantie peut lui être substituée en cas de besoin, si elle présente des avantages équivalents. En l'absence d'accord, le tribunal peut ordonner cette substitution. – *[C. com., ancien art. L. 621-80].*

V. Décr. n° 2005-1677 du 28 déc. 2005, art. 146, 147 et 328, infra, App., v° Difficultés des entreprises.

Art. L. 626-23 **En cas de cession partielle d'actifs, le prix est versé** *(L. n° 2005-845 du 26 juill. 2005, art. 77)* **« au débiteur » sous réserve de l'application de l'article L. 626-22.** – *[C. com., ancien art. L. 621-81].*

Art. L. 626-24 *(L. n° 2005-845 du 26 juill. 2005, art. 78)* **« Le tribunal peut charger l'administrateur d'effectuer les actes, nécessaires à la mise en œuvre du plan, qu'il détermine. »**

Le mandataire judiciaire demeure en fonction pendant le temps nécessaire *(L. n° 2005-845 du 26 juill. 2005, art. 78)* **« à la vérification et à l'établissement définitif de l'état des créances ».** – *[C. com., ancien art. L. 621-67].*

V. Décr. n° 2005-1677 du 28 déc. 2005, art. 150 s., infra, App., v° Difficultés des entreprises.

Art. L. 626-25 *(L. n° 2005-845 du 26 juill. 2005, art. 79)* **« Le tribunal nomme, pour la durée fixée à l'article L. 626-12, l'administrateur ou le mandataire judiciaire en qualité de commissaire chargé de veiller à l'exécution du plan. Le tribunal peut, en cas de nécessité, nommer plusieurs commissaires.**

« Les actions introduites avant le jugement qui arrête le plan et auxquelles l'administrateur ou le mandataire judiciaire est partie sont poursuivies par le commissaire à l'exécution du plan ou, si celui-ci n'est plus en fonction, par un mandataire de justice désigné spécialement à cet effet par le tribunal.

« Le commissaire à l'exécution du plan est également habilité à engager des actions dans l'intérêt collectif des créanciers. »

Le commissaire à l'exécution du plan peut se faire communiquer tous les documents et informations utiles à sa mission.

Il rend compte au président du tribunal et au *(L. n° 2005-845 du 26 juill. 2005, art. 79)* **« ministère public » du défaut d'exécution du plan. Il en informe le comité d'entreprise ou, à défaut, les délégués du personnel.** – *V. Décr. n° 2005-1677 du 28 déc. 2005, art. 149 et 158, infra, App., v° Difficultés des entreprises.*

(L. n° 2003-7 du 3 janv. 2003, art. 43) **« Toute somme perçue par le commissaire à l'exécution du plan est immédiatement versée en compte de dépôt à la Caisse des dépôts et consignations. En cas de retard, le commissaire à l'exécution du plan doit, pour les sommes qu'il n'a pas versées, un intérêt dont le taux est égal au taux de l'intérêt légal majoré de cinq points. »** – *[C. com., ancien art. L. 621-68]. – Pour l'insaisissabilité des sommes versées à la Caisse des dépôts et consignations, V. art. L. 662-1.*

(L. n° 2005-845 du 26 juill. 2005, art. 79) **« Le commissaire à l'exécution du plan peut être remplacé par le tribunal, soit d'office, soit à la demande du ministère public. »** – *V. Décr. n° 2005-1677 du 28 déc. 2005, art. 155, infra, App., v° Difficultés des entreprises.*

Art. L. 626-26 *(L. n° 2005-845 du 26 juill. 2005, art. 80)* **Une modification substantielle dans les objectifs ou les moyens du plan ne peut être décidée que par le tribunal, à la demande du débiteur et sur le rapport du commissaire à l'exécution du plan.**

Le tribunal statue après avoir recueilli l'avis du ministère public et avoir entendu ou dûment appelé le débiteur, le commissaire à l'exécution du plan, les contrôleurs, les représentants du comité d'entreprise ou, à défaut, des délégués du personnel et toute personne intéressée. – *[C. com., ancien art. L. 621-69].*

V. Décr. n° 2005-1677 du 28 déc. 2005, art. 156 et 157, infra, App., v° Difficultés des entreprises.

Art. L. 626-27 *(L. n° 2005-845 du 26 juill. 2005, art. 81)* **I. – Le tribunal qui a arrêté le plan peut, après avis du ministère public, en décider la résolution si le**

débiteur n'exécute pas ses engagements dans les délais fixés par le plan. Lorsque l'inexécution résulte d'un défaut de paiement des dividendes par le débiteur et que le tribunal n'a pas prononcé la résolution du plan, le commissaire à l'exécution du plan procède, conformément aux dispositions arrêtées, à leur recouvrement.

Lorsque la cessation des paiements du débiteur est constatée au cours de l'exécution du plan, le tribunal qui a arrêté ce dernier décide, après avis du ministère public, sa résolution et prononce la liquidation judiciaire.

Le jugement qui prononce la résolution du plan met fin aux opérations et emporte déchéance de tout délai de paiement accordé.

II. — Dans les cas mentionnés au I, le tribunal est saisi par un créancier, le commissaire à l'exécution du plan ou le ministère public. Il peut également se saisir d'office.

III. — Après résolution du plan et ouverture ou prononcé de la nouvelle procédure, les créanciers soumis à ce plan sont dispensés de déclarer leurs créances et sûretés. Les créances inscrites à ce plan sont admises de plein droit, déduction faite des sommes déjà perçues.

L'art. L. 626-27 est applicable aux procédures de redressement judiciaire en cours au jour de l'entrée en vigueur [1er janv. 2006] de la loi n° 2005-845 du 26 juill. 2005 (texte préc., art. 191).

V. Décr. n° 2005-1677 du 28 déc. 2005, art. 158 et 159, infra, App., v° Difficultés des entreprises.

Art. L. 626-28 *(L. n° 2005-845 du 26 juill. 2005, art. 82)* **Quand il est établi que les engagements énoncés dans le plan ou décidés par le tribunal ont été tenus, celui-ci, à la requête du commissaire à l'exécution du plan, du débiteur ou de tout intéressé, constate que l'exécution du plan est achevée.**

V. Décr. n° 2005-1677 du 28 déc. 2005, art. 160 et 161, infra, App., v° Difficultés des entreprises.

SECTION III DES COMITÉS DE CRÉANCIERS

BIBL. GÉN. ▸ Bourgninaud, *Petites affiches, n° spéc., 8 févr. 2006, p. 85* (commentaire article par article). – Brémond et Scholastique, *JCP E 2006, n° 10, p. 466* (réflexions sur la composition des comités de créanciers). – Dammann, *RLDA 2006, n° 3, p. 65.*

Art. L. 626-29 *(L. n° 2005-845 du 26 juill. 2005, art. 83)* **Les débiteurs dont les comptes ont été certifiés par un commissaire aux comptes ou établis par un expert-comptable et dont le nombre de salariés ou le chiffre d'affaires sont supérieurs à des seuils fixés par décret en Conseil d'État sont soumis aux dispositions de la présente section.** — *V. Décr. n° 2005-1677 du 28 déc. 2005, art. 162, infra, App., v° Difficultés des entreprises.*

A la demande du débiteur ou de l'administrateur, le juge-commissaire peut autoriser qu'il en soit également fait application en deçà de ce seuil. — *V. Décr. n° 2005-1677 du 28 déc. 2005, art. 163, infra, App., v° Difficultés des entreprises.*

Art. L. 626-30 *(L. n° 2005-845 du 26 juill. 2005, art. 83)* **Les établissements de crédit et les principaux fournisseurs de biens ou de services sont réunis en deux comités de créanciers par l'administrateur judiciaire, dans un délai de trente jours à compter du jugement d'ouverture de la procédure. Chaque fournisseur de biens ou de services est membre de droit du comité des principaux fournisseurs lorsque ses créances représentent plus de 5 % du total des créances des fournisseurs. Les autres fournisseurs, sollicités par l'administrateur, peuvent en être membres.**

Le débiteur présente à ces comités, dans un délai de deux mois à partir de leur constitution, renouvelable une fois par le juge-commissaire à la demande du débiteur ou de l'administrateur, des propositions en vue d'élaborer le projet de plan mentionné à l'article L. 626-2.

Après discussion avec le débiteur et l'administrateur judiciaire, les comités se prononcent sur ce projet, le cas échéant modifié, au plus tard dans un délai de trente jours après la transmission des propositions du débiteur. La décision est prise par chaque comité à la majorité de ses membres, représentant au moins les deux tiers du montant des créances de l'ensemble des membres du comité, tel qu'il a été indiqué par le débiteur et certifié par son ou ses commissaires aux comptes ou, lorsqu'il n'en a pas été désigné, établi par son expert-comptable.

Le projet de plan adopté par les comités n'est soumis ni aux dispositions de l'article L. 626-12 ni à celles des deuxième et troisième alinéas de l'article L. 626-18. Les collectivités territoriales et leurs établissements publics ne peuvent pas être membres du comité des principaux fournisseurs.

V. Décr. n° 2005-1677 du 28 déc. 2005, art. 164 s., infra, App., v° Difficultés des entreprises.

Art. L. 626-31 *(L. n° 2005-845 du 26 juill. 2005, art. 83)* Lorsque le projet de plan a été adopté par les comités conformément aux dispositions de l'article L. 626-30, le tribunal s'assure que les intérêts de tous les créanciers sont suffisamment protégés. Dans ce cas, le tribunal arrête le plan conformément au projet adopté et selon les modalités prévues à la section II du présent chapitre. Sa décision rend applicables à tous leurs membres les propositions acceptées par chacun des comités.

Par dérogation aux dispositions de l'article L. 626-26, une modification substantielle dans les objectifs ou les moyens du plan arrêté par le tribunal en application du premier alinéa ne peut intervenir que selon les modalités prévues par la présente section.

Art. L. 626-32 *(L. n° 2005-845 du 26 juill. 2005, art. 83)* Lorsqu'il existe des obligataires, l'administrateur judiciaire convoque les représentants de la masse, s'il y en a une, dans un délai de quinze jours à compter de la transmission aux comités du projet de plan, afin de le leur exposer.

Les représentants de la masse convoquent ensuite une assemblée générale des obligataires dans un délai de quinze jours, afin de délibérer sur ce projet. Toutefois, en cas de carence ou d'absence des représentants de la masse dûment constatée par le juge-commissaire, l'administrateur convoque l'assemblée générale des obligataires.

La délibération peut porter sur un abandon total ou partiel des créances obligataires.

Art. L. 626-33 *(L. n° 2005-845 du 26 juill. 2005, art. 83)* Les créanciers qui ne sont pas membres des comités institués en application de l'article L. 626-30 sont consultés selon les dispositions des articles L. 626-5 à L. 626-7. L'administrateur judiciaire exerce à cette fin la mission confiée au mandataire judiciaire par ces dispositions.

Les dispositions du plan relatives aux créanciers qui ne sont pas membres des comités institués en application de l'article L. 626-30 sont arrêtées selon les dispositions des articles L. 626-12 et L. 626-18 à L. 626-20.

Art. L. 626-34 *(L. n° 2005-845 du 26 juill. 2005, art. 83)* Lorsque l'un ou l'autre des comités ne s'est pas prononcé sur un projet de plan dans les délais fixés, qu'il a refusé les propositions qui lui sont faites par le débiteur ou que le tribunal n'a pas arrêté le plan en application de l'article L. 626-31, la procédure est reprise pour préparer un plan dans les conditions prévues aux articles L. 626-5 à L. 626-7 afin qu'il soit arrêté selon les dispositions des articles L. 626-12 et L. 626-18 à L. 626-20. La procédure est reprise suivant les mêmes modalités lorsque le débiteur n'a pas présenté ses propositions de plan aux comités dans les délais fixés.

Art. L. 626-35 *(L. n° 2005-845 du 26 juill. 2005, art. 83)* Un décret en Conseil d'État détermine les conditions d'application de la présente section.

CHAPITRE VII DISPOSITIONS PARTICULIÈRES EN L'ABSENCE D'ADMINISTRATEUR JUDICIAIRE

BIBL. GÉN. ▶ BOURGNINAUD, *Petites affiches, n° spéc., 8 févr. 2006, p. 85* (commentaire article par article).

Art. L. 627-1 *(L. n° 2005-845 du 26 juill. 2005, art. 84)* **Les dispositions du présent chapitre sont applicables lorsqu'il n'a pas été désigné d'administrateur judiciaire en application de l'avant-dernier alinéa de l'article L. 621-4. Les autres dispositions du présent titre sont applicables dans la mesure où elles ne sont pas contraires à celles du présent chapitre.**

Art. L. 627-2 *(L. n° 2005-845 du 26 juill. 2005, art. 85)* **Le débiteur exerce, après avis conforme du mandataire judiciaire, la faculté ouverte à l'administrateur de poursuivre des contrats en cours en application de l'article L. 622-13. En cas de désaccord, le juge-commissaire est saisi par tout intéressé.**

V. Décr. n° 2005-1677 du 28 déc. 2005, art. 169, infra, App., v° Difficultés des entreprises.

Art. L. 627-3 *(L. n° 2005-845 du 26 juill. 2005, art. 86)* **Pendant la période d'observation, le débiteur établit un projet de plan avec l'assistance éventuelle d'un expert nommé par le tribunal.**

Le débiteur communique au mandataire judiciaire et au juge-commissaire les propositions de règlement du passif prévues à l'article L. 626-5 et procède aux informations et consultations prévues aux articles L. 623-3 et L. 626-8.

Pour l'application de l'article L. 626-3, l'assemblée générale extraordinaire ou l'assemblée des associés ainsi que, lorsque leur approbation est nécessaire, les assemblées spéciales mentionnées aux articles L. 225-99 et L. 228-35-6 ou les assemblées générales des masses visées à l'article L. 228-103 sont convoquées dans des conditions fixées par décret en Conseil d'État. Le juge-commissaire fixe le montant de l'augmentation du capital proposée à l'assemblée pour reconstituer les capitaux propres. – *[C. com., ancien art. L. 621-139].*

Art. L. 627-4 *(L. n° 2005-845 du 26 juill. 2005, art. 87)* **Après le dépôt au greffe du projet de plan par le débiteur, le tribunal statue au vu du rapport du juge-commissaire.**

TITRE III DU REDRESSEMENT JUDICIAIRE

BIBL. GÉN. ▶ TEBOUL, *Petites affiches 27 oct. 2005, p. 7.* – LEGROS, *Dr. sociétés 2005. Étude 16.* – DELFOSSE et PÉNIGUEL, *JCP N 2005, n° 41, p. 1667.* – JAZOTTES, *Rev. proc. coll. 2005. 358* (innovations de la procédure de redressement judiciaire). – CROZE, *Procédures 2006. Étude 1 ; ibid.* mars 2006, p. 4. – MARLY, *Petites affiches, n° spéc., 8 févr. 2006, p. 94* (commentaire article par article).

CHAPITRE PREMIER DE L'OUVERTURE ET DU DÉROULEMENT DU REDRESSEMENT JUDICIAIRE

Art. L. 631-1 *(L. n° 2005-845 du 26 juill. 2005, art. 88)* **Il est institué une procédure de redressement judiciaire ouverte à tout débiteur mentionné aux articles**

L. 631-2 ou L. 631-3 qui, dans l'impossibilité de faire face au passif exigible avec son actif disponible, est en cessation des paiements.

La procédure de redressement judiciaire est destinée à permettre la poursuite de l'activité de l'entreprise, le maintien de l'emploi et l'apurement du passif. Elle donne lieu à un plan arrêté par jugement à l'issue d'une période d'observation et, le cas échéant, à la constitution de deux comités de créanciers, conformément aux dispositions des articles L. 626-29 et L. 626-30.

Pour une dérogation à l'art. L. 631-1 ci-dessus, s'agissant de la définition de l'état de cessation des paiements applicable aux établissements de crédit, V. C. mon. fin., art. L. 613-26, infra, App. v° Code monétaire et financier (extraits). — Pour un commentaire de cette disposition, V. Bonneau, JCP E 1999, n° 36, p. 1378.

BIBL. ▶ Lebel, *Gaz. Pal. 2005. Doctr. 2934.*

Art. L. 631-2 *(L. n° 2005-845 du 26 juill. 2005, art. 88)* **La procédure de redressement judiciaire est applicable à tout commerçant, à toute personne immatriculée au répertoire des métiers, à tout agriculteur, à toute autre personne physique exerçant une activité professionnelle indépendante y compris une profession libérale soumise à un statut législatif ou réglementaire ou dont le titre est protégé, ainsi qu'à toute personne morale de droit privé.**

Il ne peut être ouvert de nouvelle procédure de redressement judiciaire à l'égard d'une personne soumise à une telle procédure ou à une procédure de liquidation judiciaire, tant qu'il n'a pas été mis fin aux opérations du plan qui en résulte ou que la procédure de liquidation n'a pas été clôturée.

Art. L. 631-3 *(L. n° 2005-845 du 26 juill. 2005, art. 88)* **La procédure de redressement judiciaire est également applicable aux personnes mentionnées au premier alinéa de l'article L. 631-2 après la cessation de leur activité professionnelle si tout ou partie de leur passif provient de cette dernière.**

Lorsqu'un commerçant, une personne immatriculée au répertoire des métiers, un agriculteur ou toute autre personne physique exerçant une activité professionnelle indépendante, y compris une profession libérale soumise à un statut législatif ou réglementaire ou dont le titre est protégé, est décédé en cessation des paiements, le tribunal peut être saisi, dans le délai d'un an à compter de la date du décès, sur l'assignation d'un créancier, quelle que soit la nature de sa créance, ou sur requête du ministère public. Le tribunal peut également se saisir d'office dans le même délai et peut être saisi sans condition de délai par tout héritier du débiteur. — *V. Décr. n° 2005-1677 du 28 déc. 2005, art. 174, infra, App., v° Difficultés des entreprises.*

Art. L. 631-4 *(L. n° 2005-845 du 26 juill. 2005, art. 89)* **L'ouverture de cette procédure doit être demandée par le débiteur au plus tard dans les quarante-cinq jours qui suivent la cessation des paiements s'il n'a pas, dans ce délai, demandé l'ouverture d'une procédure de conciliation.**

En cas d'échec de la procédure de conciliation, lorsqu'il ressort du rapport du conciliateur que le débiteur est en cessation des paiements, le tribunal, d'office, se saisit afin de statuer sur l'ouverture d'une procédure de redressement judiciaire.

V. Décr. n° 2005-1677 du 28 déc. 2005, art. 170 et 172, infra, App., v° Difficultés des entreprises.

Art. L. 631-5 *(L. n° 2005-845 du 26 juill. 2005, art. 89)* **Lorsqu'il n'y a pas de procédure de conciliation en cours, le tribunal peut également se saisir d'office ou être saisi sur requête du ministère public aux fins d'ouverture de la procédure de redressement judiciaire.**

Sous cette même réserve, la procédure peut aussi être ouverte sur l'assignation d'un créancier, quelle que soit la nature de sa créance. Toutefois, lorsque le débiteur a cessé son activité professionnelle, cette assignation doit intervenir dans le délai d'un an à compter de :

1° La radiation du registre du commerce et des sociétés. S'il s'agit d'une personne morale, le délai court à compter de la radiation consécutive à la publication de la clôture des opérations de liquidation ;

2° La cessation de l'activité, s'il s'agit d'une personne immatriculée au répertoire des métiers, d'un agriculteur ou d'une personne physique exerçant une activité professionnelle indépendante, y compris une profession libérale soumise à un statut législatif ou réglementaire ou dont le titre est protégé ;

3° La publication de l'achèvement de la liquidation, s'il s'agit d'une personne morale non soumise à l'immatriculation.

En outre, la procédure ne peut être ouverte à l'égard d'un débiteur exerçant une activité agricole qui n'est pas constitué sous la forme d'une société commerciale que si le président du tribunal de grande instance a été saisi, préalablement à l'assignation, d'une demande tendant à la désignation d'un conciliateur présentée en application de l'article L. 351-2 du code rural.

V. Décr. n° 2005-1677 du 28 déc. 2005, art. 171 s., infra, App., v° Difficultés des entreprises.

Art. L. 631-6 *(L. n° 2005-845 du 26 juill. 2005, art. 89)* **Le comité d'entreprise ou, à défaut, les délégués du personnel peuvent communiquer au président du tribunal ou au ministère public tout fait révélant la cessation des paiements du débiteur.**

Art. L. 631-7 *(L. n° 2005-845 du 26 juill. 2005, art. 89)* **Les articles L. 621-1, L. 621-2 et L. 621-3 sont applicables à la procédure de redressement judiciaire.**

Art. L. 631-8 *(L. n° 2005-845 du 26 juill. 2005, art. 89)* **Le tribunal fixe la date de cessation des paiements. A défaut de détermination de cette date, la cessation des paiements est réputée être intervenue à la date du jugement qui la constate.**

Elle peut être reportée une ou plusieurs fois, sans pouvoir être antérieure de plus de dix-huit mois à la date du jugement constatant la cessation des paiements. Sauf cas de fraude, elle ne peut être reportée à une date antérieure à la décision définitive ayant homologué un accord amiable en application du II de l'article L. 611-8.

Le tribunal est saisi par l'administrateur, le mandataire judiciaire ou le ministère public. Il se prononce après avoir entendu ou dûment appelé le débiteur.

La demande de modification de date doit être présentée au tribunal dans le délai d'un an après le jugement d'ouverture de la procédure. – *V. Décr. n° 2005-1677 du 28 déc. 2005, art. 182, infra, App., v° Difficultés des entreprises.*

BIBL. ▶ VINCKEL, *JCP E 2006, n° 3, p. 129* (régime de la période suspecte dans la loi du 26 juill. 2005 et le décret du 28 déc. 2005). – WICKER, *Rev. proc. coll. 2006. 12* (même thème).

Art. L. 631-9 *(L. n° 2005-845 du 26 juill. 2005, art. 89)* **Les articles L. 621-4 à L. 621-11 sont applicables à la procédure de redressement judiciaire. Le tribunal peut se saisir d'office aux fins mentionnées aux troisième et quatrième alinéas de l'article L. 621-4.**

V. Décr. n° 2005-1677 du 28 déc. 2005, art. 185, infra, App., v° Difficultés des entreprises.

Art. L. 631-10 **A compter du jugement d'ouverture, les dirigeants de droit ou de fait, rémunérés ou non, ne peuvent, à peine de nullité, céder les parts sociales,** *(L. n° 2005-845 du 26 juill. 2005, art. 90)* **« titres de capital ou valeurs mobilières donnant accès au capital » représentant leurs droits sociaux dans la société qui a fait l'objet du jugement d'ouverture que dans les conditions fixées par le tribunal.**

Les *(L. n° 2005-845 du 26 juill. 2005, art. 90)* **« titres de capital ou valeurs mobilières donnant accès au capital » sont virés à un compte spécial bloqué, ouvert par l'administrateur au nom du titulaire et tenu par la société ou l'intermédiaire financier selon le cas. Aucun mouvement ne peut être effectué sur ce compte sans l'autorisation du juge-commissaire.**

L'administrateur fait, le cas échéant, mentionner sur les registres de la personne morale l'incessibilité des parts des dirigeants. – *[C. com., ancien art. L. 621-19].*

V. Décr. n° 2005-1677 du 28 déc. 2005, art. 183, infra, App., v° Difficultés des entreprises.

Art. L. 631-11 Le juge-commissaire fixe la rémunération afférente aux fonctions exercées par *(L. nº 2005-845 du 26 juill. 2005, art. 91)* « le débiteur s'il est une personne physique » ou les dirigeants de la personne morale.

En l'absence de rémunération, les personnes mentionnées à l'alinéa précédent peuvent obtenir sur l'actif, pour eux et leur famille, des subsides fixés par le juge-commissaire. — *[C. com., ancien art. L. 621-21].*

V. Décr. nº 2005-1677 du 28 déc. 2005, art. 184, infra, App., vº Difficultés des entreprises.

Art. L. 631-12 *(L. nº 2005-845 du 26 juill. 2005, art. 92)* Outre les pouvoirs qui leur sont conférés par le présent titre, la mission du ou des administrateurs est fixée par le tribunal.

Ce dernier les charge ensemble ou séparément d'assister le débiteur pour tous les actes relatifs à la gestion ou certains d'entre eux, ou d'assurer seuls, entièrement ou en partie, l'administration de l'entreprise. Lorsque le ou les administrateurs sont chargés d'assurer seuls et entièrement l'administration de l'entreprise et que chacun des seuils mentionnés au quatrième alinéa de l'article L. 621-4 est atteint, le tribunal désigne un ou plusieurs experts aux fins de les assister dans leur mission de gestion. Dans les autres cas, il a la faculté de les désigner. Le président du tribunal arrête la rémunération de ces experts, mise à la charge de la procédure.

Dans sa mission, l'administrateur est tenu au respect des obligations légales et conventionnelles incombant au débiteur.

A tout moment, le tribunal peut modifier la mission de l'administrateur sur la demande de celui-ci, du mandataire judiciaire, du ministère public ou d'office. — *V. Décr. nº 2005-1677 du 28 déc. 2005, art. 186, infra, App., vº Difficultés des entreprises.*

L'administrateur fait fonctionner, sous sa signature, les comptes bancaires ou postaux dont le débiteur est titulaire quand ce dernier a fait l'objet des interdictions prévues aux articles L. 131-72 ou L. 163-6 du code monétaire et financier.

Art. L. 631-13 *(L. nº 2005-845 du 26 juill. 2005, art. 92)* Dès l'ouverture de la procédure, les tiers sont admis à soumettre à l'administrateur des offres tendant au maintien de l'activité de l'entreprise, par une cession totale ou partielle de celle-ci selon les dispositions de la section I du chapitre II du titre IV. — *V. infra, art. L. 642-1 s.*

Art. L. 631-14 *(L. nº 2005-845 du 26 juill. 2005, art. 92)* I. — Les articles L. 622-2 à L. 622-9 et L. 622-13 à L. 622-33 sont applicables à la procédure de redressement judiciaire.

II. — Toutefois, les personnes physiques coobligées ou ayant consenti un cautionnement ou une garantie autonome ne peuvent se prévaloir des dispositions prévues au premier alinéa de l'article L. 622-28.

V. Décr. nº 2005-1677 du 28 déc. 2005, art. 187 s. et 195, infra, App., vº Difficultés des entreprises.

Art. L. 631-15 *(L. nº 2005-845 du 26 juill. 2005, art. 92)* I. — Au plus tard au terme d'un délai de deux mois à compter du jugement d'ouverture, le tribunal ordonne la poursuite de la période d'observation s'il lui apparaît que l'entreprise dispose à cette fin de capacités de financement suffisantes. Toutefois, lorsque le débiteur exerce une activité agricole, ce délai peut être modifié en fonction de l'année culturale en cours et des usages spécifiques aux productions de cette exploitation.

Le tribunal se prononce au vu d'un rapport, établi par l'administrateur ou, lorsqu'il n'en a pas été désigné, par le débiteur.

II. — A tout moment de la période d'observation, le tribunal, à la demande du débiteur, de l'administrateur, du mandataire judiciaire, d'un contrôleur, du ministère public ou d'office, peut ordonner la cessation partielle de l'activité ou prononce la liquidation judiciaire si les conditions prévues à l'article L. 640-1 sont réunies.

Il statue après avoir entendu ou dûment appelé le débiteur, l'administrateur, le mandataire judiciaire, les contrôleurs et les représentants du comité d'entreprise ou, à défaut, des délégués du personnel, et avoir recueilli l'avis du ministère public.

Lorsque le tribunal prononce la liquidation, il met fin à la période d'observation et, sous réserve des dispositions de l'article L. 641-10, à la mission de l'administrateur.

V. Décr. n° 2005-1677 du 28 déc. 2005, art. 192, infra, App., v° Difficultés des entreprises.

Art. L. 631-16 *(L. n° 2005-845 du 26 juill. 2005, art. 92)* **S'il apparaît, au cours de la période d'observation, que le débiteur dispose des sommes suffisantes pour désintéresser les créanciers et acquitter les frais et les dettes afférents à la procédure, le tribunal peut mettre fin à celle-ci.**

Il statue à la demande du débiteur, dans les conditions prévues au deuxième alinéa du II de l'article L. 631-15.

V. Décr. n° 2005-1677 du 28 déc. 2005, art. 193, infra, App., v° Difficultés des entreprises.

Art. L. 631-17 *(L. n° 2005-845 du 26 juill. 2005, art. 92)* **Lorsque des licenciements pour motif économique présentent un caractère urgent, inévitable et indispensable pendant la période d'observation, l'administrateur peut être autorisé par le juge-commissaire à procéder à ces licenciements.**

Préalablement à la saisine du juge-commissaire, l'administrateur consulte le comité d'entreprise ou, à défaut, les délégués du personnel dans les conditions prévues à l'article L. 321-9 du code du travail et informe l'autorité administrative compétente mentionnée à l'article L. 321-8 du même code. Il joint, à l'appui de la demande qu'il adresse au juge-commissaire, l'avis recueilli et les justifications de ses diligences en vue de faciliter l'indemnisation et le reclassement des salariés.

V. Décr. n° 2005-1677 du 28 déc. 2005, art. 194, infra, App., v° Difficultés des entreprises.

Art. L. 631-18 *(L. n° 2005-845 du 26 juill. 2005, art. 92)* **I. — Les dispositions des chapitres III, IV et V du titre II du présent livre sont applicables à la procédure de redressement judiciaire.** — *V. supra, art. L. 623-1 s., L. 624-1 s. et L. 625-1 s.*

II. — Toutefois, le recours prévu au premier alinéa de l'article L. 624-3 est également ouvert à l'administrateur lorsque celui-ci a pour mission d'assurer l'administration de l'entreprise.

Pour l'application de l'article L. 625-1, le mandataire judiciaire cité devant le conseil de prud'hommes ou, à défaut, le demandeur appelle devant la juridiction prud'homale les institutions visées à l'article L. 143-11-4 du code du travail.

En outre, pour l'application de l'article L. 625-3 du présent code, les institutions mentionnées à l'article L. 143-11-4 du code du travail sont mises en cause par le mandataire judiciaire ou, à défaut, par les salariés requérants, dans les dix jours du jugement d'ouverture de la procédure de redressement judiciaire ou du jugement convertissant une procédure de sauvegarde en procédure de redressement. De même, les instances en cours devant la juridiction prud'homale à la date du jugement d'ouverture sont poursuivies en présence de l'administrateur, lorsqu'il a pour mission d'assurer l'administration, ou celui-ci dûment appelé.

V. Décr. n° 2005-1677 du 28 déc. 2005, art. 196 s., infra, App., v° Difficultés des entreprises.

Art. L. 631-19 *(L. n° 2005-845 du 26 juill. 2005, art. 92)* **I. — Les dispositions du chapitre VI du titre II sont applicables au plan de redressement.** — *V. supra, art. L. 626-1 s.*

II. — Lorsque le plan prévoit des licenciements pour motif économique, il ne peut être arrêté par le tribunal qu'après que le comité d'entreprise ou, à défaut, les délégués du personnel ont été consultés dans les conditions prévues à l'article L. 321-9

du code du travail et que l'autorité administrative compétente mentionnée à l'article L. 321-8 du même code a été informée.

Le plan précise notamment les licenciements qui doivent intervenir dans le délai d'un mois après le jugement. Dans ce délai, ces licenciements interviennent sur simple notification de l'administrateur, sous réserve des droits de préavis prévus par la loi, les conventions ou accords collectifs du travail.

V. Décr. n° 2005-1677 du 28 déc. 2005, art. 202 s., infra, App., v° Difficultés des entreprises.

Art. L. 631-20 *(L. n° 2005-845 du 26 juill. 2005, art. 92)* **Par dérogation aux dispositions de l'article L. 626-11, les coobligés et les personnes ayant consenti un cautionnement ou une garantie autonome ne peuvent se prévaloir des dispositions du plan.**

Art. L. 631-21 *(L. n° 2005-845 du 26 juill. 2005, art. 92)* **Les dispositions du chapitre VII du titre II sont applicables au plan de redressement.** *– V. supra, art. L. 627-1 s.*

Pendant la période d'observation, l'activité est poursuivie par le débiteur qui exerce les prérogatives dévolues à l'administrateur par l'article L. 631-17 et procède aux notifications prévues au second alinéa du II de l'article L. 631-19.

Le mandataire judiciaire exerce les fonctions dévolues à l'administrateur par les deuxième et troisième alinéas de l'article L. 631-10.

V. Décr. n° 2005-1677 du 28 déc. 2005, art. 206, infra, App., v° Difficultés des entreprises.

Art. L. 631-22 *(L. n° 2005-845 du 26 juill. 2005, art. 92)* **Au vu du rapport de l'administrateur, le tribunal peut ordonner la cession totale ou partielle de l'entreprise si le débiteur est dans l'impossibilité d'en assurer lui-même le redressement. A l'exception du I de l'article L. 642-2, les dispositions de la section I du chapitre II du titre IV sont applicables à cette cession. Le mandataire judiciaire exerce les missions dévolues au liquidateur.** *– V. infra, art. L. 642-1 s.*

L'administrateur reste en fonction pour passer tous les actes nécessaires à la réalisation de la cession.

V. Décr. n° 2005-1677 du 28 déc. 2005, art. 207 s., infra, App., v° Difficultés des entreprises.

● CHAPITRE II DE LA NULLITÉ DE CERTAINS ACTES

Art. L. 632-1 **I. – Sont nuls, lorsqu'ils** *(L. n° 2005-845 du 26 juill. 2005, art. 93)* **« sont intervenus » depuis la date de cessation des paiements, les actes suivants :**

1° Tous les actes à titre gratuit translatifs de propriété mobilière ou immobilière ;

2° Tout contrat commutatif dans lequel les obligations du débiteur excèdent notablement celles de l'autre partie ;

3° Tout paiement, quel qu'en ait été le mode, pour dettes non échues au jour du paiement ;

4° Tout paiement pour dettes échues, fait autrement qu'en espèces, effets de commerce, virements, bordereaux de cession visés par la loi n° 81-1 du 2 janvier 1981 facilitant le crédit aux entreprises ou tout autre mode de paiement communément admis dans les relations d'affaires ;

5° Tout dépôt et toute consignation de sommes effectués en application de l'article 2075-1 du code civil, à défaut d'une décision de justice ayant acquis force de chose jugée ;

6° Toute hypothèque conventionnelle, toute hypothèque judiciaire ainsi que l'hypothèque légale des époux et tout droit de nantissement *(Ord. n° 2006-346 du 23 mars 2006, art. 49)* **« ou de gage » constitués sur les biens du débiteur pour dettes antérieurement contractées ;**

7° Toute mesure conservatoire, à moins que l'inscription ou l'acte de saisie ne soit antérieur à la date de cessation de paiement ;

(L. n° 2005-845 du 26 juill. 2005, art. 94) **« 8° Toute autorisation, levée et revente d'options définies à l'article L. 225-177 et suivants du présent code. »**

II. — Le tribunal peut, en outre, annuler les actes à titre gratuit visés *(L. n° 2003-7 du 3 janv. 2003, art. 50-II)* **« au 1°du I » faits dans les six mois précédant la date de cessation des paiements.** — *[C. com., ancien art. L. 621-107].*

Sur le cas de l'assurance-vie, V. C. assur., art. L. 132-14, - ***C. assur.*** *ou* ***C. proc. coll.***

BIBL. ▶ Arrighi, *Gaz. Pal. 2005. Doctr. 2990* (nouveaux cas de nullité). - Vinckel, *JCP E 2006, n° 3, p. 129* (régime de la période suspecte dans la loi du 26 juill. 2005 et le décret du 28 déc. 2005). - Wicker, *Rev. proc. coll. 2006. 12* (même thème). - Blanc, *ibid. 66* (nullités de la période suspecte).

Art. L. 632-2 Les paiements pour dettes échues effectués après la date de cessation des paiements et les actes à titre onéreux accomplis après cette même date peuvent être annulés si ceux qui ont traité avec le débiteur ont eu connaissance de la cessation des paiements. — *[C. com., ancien art. L. 621-108].*

(L. n° 2005-845 du 26 juill. 2005, art. 95) **« Tout avis à tiers détenteur, toute saisie attribution ou toute opposition peut également être annulé lorsqu'il a été délivré ou pratiqué par un créancier après la date de cessation des paiements et en connaissance de celle-ci. »**

Les dispositions de l'art. L. 632-2 ci-dessus ne sont pas applicables aux contrats conclus par ou avec une société de crédit foncier, ni aux actes juridiques accomplis par une société de crédit foncier ou à son profit, dès lors que ces contrats ou ces actes sont directement relatifs aux opérations prévues à l'art. L. 515-13 (C. mon. fin., art. L. 515-25).

BIBL. ▶ V. ss. art. L. 632-1.

Art. L. 632-3 Les dispositions des articles L. 632-1 et L. 632-2 ne portent pas atteinte à la validité du paiement d'une lettre de change, d'un billet à ordre ou d'un chèque.

Toutefois, l'administrateur ou le mandataire judiciaire peut exercer une action en rapport contre le tireur de la lettre de change ou, dans le cas de tirage pour compte, contre le donneur d'ordre, ainsi que contre le bénéficiaire d'un chèque et le premier endosseur d'un billet à ordre, s'il est établi qu'ils avaient connaissance de la cessation des paiements. — *[C. com., ancien art. L. 621-109].*

Art. L. 632-4 *(L. n° 2005-845 du 26 juill. 2005, art. 96)* **« L'action en nullité est exercée par l'administrateur, le mandataire judiciaire, le commissaire à l'exécution du plan, le liquidateur ou le ministère public. » Elle a pour effet de reconstituer l'actif du débiteur.** — *[C. com., ancien art. L. 621-110].*

TITRE IV DE LA LIQUIDATION JUDICIAIRE

BIBL. GÉN. ▶ Teboul, *Petites affiches 27 oct. 2005, p. 7.* - Legros, *Dr. sociétés 2005. Étude 16.* - Delfosse et Péniguel, *JCP N 2005, n° 41, p. 1712.* - Monsèrié-Bon, *Rev. proc. coll. 2005. 367.* - Froehlich, *Rev. Lamy droit des affaires, suppl. au n° 88, déc. 2005, p. 28.* - Froehlich et M. Sénéchal, *Petites affiches, n° spéc., 9 févr. 2006, p. 4* (commentaire article par article). - Gorrias, *ibid., 17 févr. 2006, p. 96.*

● CHAPITRE PRÉLIMINAIRE DE L'OUVERTURE ET DU DÉROULEMENT DE LA LIQUIDATION JUDICIAIRE

Art. L. 640-1 *(L. nº 2005-845 du 26 juill. 2005, art. 97)* **Il est institué une procédure de liquidation judiciaire ouverte à tout débiteur mentionné à l'article L. 640-2 en cessation des paiements et dont le redressement est manifestement impossible.**

La procédure de liquidation judiciaire est destinée à mettre fin à l'activité de l'entreprise ou à réaliser le patrimoine du débiteur par une cession globale ou séparée de ses droits et de ses biens.

Pour l'ouverture d'une procédure de liquidation judiciaire à l'égard des établissements de crédit qui ont fait l'objet d'une mesure de radiation prononcée par la Commission bancaire, V. C. mon. fin., art. L. 613-26, infra, App., vº Code monétaire et financier (extraits). — Pour un commentaire de cette disposition, V. Bonneau, JCP E 1999, nº 36, p. 1378.

Art. L. 640-2 *(L. nº 2005-845 du 26 juill. 2005, art. 97)* **La procédure de liquidation judiciaire est applicable à tout commerçant, à toute personne immatriculée au répertoire des métiers, à tout agriculteur, à toute autre personne physique exerçant une activité professionnelle indépendante y compris une profession libérale soumise à un statut législatif ou réglementaire ou dont le titre est protégé, ainsi qu'à toute personne morale de droit privé.**

Il ne peut être ouvert de nouvelle procédure de liquidation judiciaire à l'égard d'une personne soumise à une telle procédure tant que celle-ci n'a pas été clôturée.

Art. L. 640-3 *(L. nº 2005-845 du 26 juill. 2005, art. 97)* **La procédure de liquidation judiciaire est également ouverte aux personnes mentionnées au premier alinéa de l'article L. 640-2 après la cessation de leur activité professionnelle, si tout ou partie de leur passif provient de cette dernière.**

Lorsqu'un commerçant, une personne immatriculée au répertoire des métiers, un agriculteur ou toute autre personne physique exerçant une activité professionnelle indépendante, y compris une profession libérale soumise à un statut législatif ou réglementaire ou dont le titre est protégé, est décédé en cessation des paiements, le tribunal peut être saisi, dans le délai d'un an à compter de la date du décès, sur l'assignation d'un créancier, quelle que soit la nature de sa créance, ou sur requête du ministère public. Le tribunal peut également se saisir d'office dans le même délai. Il peut être saisi sans condition de délai par tout héritier du débiteur.

Art. L. 640-4 *(L. nº 2005-845 du 26 juill. 2005, art. 97)* **L'ouverture de cette procédure doit être demandée par le débiteur au plus tard dans les quarante-cinq jours qui suivent la cessation des paiements, s'il n'a pas dans ce délai demandé l'ouverture d'une procédure de conciliation.**

En cas d'échec de la procédure de conciliation, si le tribunal, statuant en application du second alinéa de l'article L. 631-4, constate que les conditions mentionnées à l'article L. 640-1 sont réunies, il ouvre une procédure de liquidation judiciaire.

V. Décr. nº 2005-1677 du 28 déc. 2005, art. 212, infra, App., vº Difficultés des entreprises.

Art. L. 640-5 *(L. nº 2005-845 du 26 juill. 2005, art. 97)* **Lorsqu'il n'y a pas de procédure de conciliation en cours, le tribunal peut également se saisir d'office ou être saisi sur requête du ministère public aux fins d'ouverture de la procédure de liquidation judiciaire.**

Sous cette même réserve, la procédure peut aussi être ouverte sur l'assignation d'un créancier, quelle que soit la nature de sa créance. Toutefois, lorsque le débiteur a cessé son activité professionnelle, cette assignation doit intervenir dans le délai d'un an à compter de :

1° La radiation du registre du commerce et des sociétés. S'il s'agit d'une personne morale, le délai court à compter de la radiation consécutive à la publication de la clôture des opérations de liquidation ;

2° La cessation de l'activité, s'il s'agit d'une personne immatriculée au répertoire des métiers, d'un agriculteur ou d'une personne physique exerçant une activité professionnelle indépendante, y compris une profession libérale soumise à un statut législatif ou réglementaire ou dont le titre est protégé ;

3° La publication de l'achèvement de la liquidation, s'il s'agit d'une personne morale non soumise à l'immatriculation.

En outre, la procédure ne peut être ouverte à l'égard d'un débiteur exerçant une activité agricole qui n'est pas constitué sous la forme d'une société commerciale que si le président du tribunal de grande instance a été saisi, préalablement à l'assignation, d'une demande tendant à la désignation d'un conciliateur présentée en application de l'article L. 351-2 du code rural.

V. Décr. n° 2005-1677 du 28 déc. 2005, art. 212, infra, App., v° Difficultés des entreprises.

Art. L. 640-6 *(L. n° 2005-845 du 26 juill. 2005, art. 97)* Le comité d'entreprise ou, à défaut, les délégués du personnel peuvent communiquer au président du tribunal ou au ministère public tout fait révélant la cessation des paiements du débiteur.

CHAPITRE PREMIER DU JUGEMENT DE LIQUIDATION JUDICIAIRE

Art. L. 641-1 *(L. n° 2005-845 du 26 juill. 2005, art. 98)* I. — Les articles L. 621-1 et L. 621-2 sont applicables à la procédure de liquidation judiciaire.

II. — Dans le jugement qui ouvre la liquidation judiciaire, le tribunal désigne le juge-commissaire et, en qualité de liquidateur, un mandataire judiciaire inscrit ou une personne choisie sur le fondement du premier alinéa du II de l'article L. 812-2. Le tribunal peut, soit sur proposition du juge-commissaire ou à la demande du ministère public, soit d'office, procéder au remplacement du liquidateur ou lui adjoindre un ou plusieurs liquidateurs. Le débiteur ou un créancier peut demander au juge-commissaire de saisir à cette fin le tribunal.

Lorsque le débiteur exerce une profession libérale soumise à un statut législatif ou réglementaire ou dont le titre est protégé, l'ordre professionnel ou l'autorité compétente dont, le cas échéant, il relève peut saisir le ministère public aux fins mentionnées au premier alinéa.

Un représentant des salariés est désigné dans les conditions prévues au deuxième alinéa de l'article L. 621-4. Il est remplacé dans les conditions prévues au cinquième alinéa de l'article L. 621-7. Il exerce la mission prévue à l'article L. 625-2.

Les contrôleurs sont désignés et exercent leurs attributions dans les mêmes conditions que celles prévues au titre II.

III. — Lorsque la liquidation judiciaire est prononcée au cours de la période d'observation d'une procédure de sauvegarde ou de redressement judiciaire, le tribunal nomme le mandataire judiciaire en qualité de liquidateur. Toutefois, le tribunal peut, par décision motivée, à la demande de l'administrateur, d'un créancier, du débiteur ou du ministère public, désigner en qualité de liquidateur une autre personne dans les conditions prévues à l'article L. 812-2.

Le tribunal peut procéder au remplacement du liquidateur ou lui adjoindre un ou plusieurs liquidateurs suivant les règles prévues au II du présent article.

Lorsque le débiteur exerce une profession libérale soumise à un statut législatif ou réglementaire ou dont le titre est protégé, l'ordre professionnel ou l'autorité compétente dont, le cas échéant, il relève peut saisir le ministère public aux fins mentionnées aux deux premiers alinéas du présent III.

IV. – La date de cessation des paiements est fixée dans les conditions prévues à l'article L. 631-8.

V. Décr. nº 2005-1677 du 28 déc. 2005, art. 214 s. et 247, infra, App., vº Difficultés des entreprises.

Art. L. 641-2 *(L. nº 2005-845 du 26 juill. 2005, art. 99)* Le liquidateur établit dans le mois de sa désignation un rapport sur la situation du débiteur, sauf si le tribunal prononce la liquidation judiciaire au cours d'une période d'observation. Les dispositions du second alinéa de l'article L. 621-9 sont applicables.

La procédure de liquidation judiciaire simplifiée prévue au chapitre IV du présent titre est applicable s'il apparaît que l'actif du débiteur ne comprend pas de bien immobilier, que le nombre de ses salariés au cours des six mois précédant l'ouverture de la procédure et que son chiffre d'affaires hors taxes sont égaux ou inférieurs à des seuils fixés par décret en Conseil d'État. – *V. Décr. nº 2005-1677 du 28 déc. 2005, art. 223, infra, App., vº Difficultés des entreprises.*

Art. L. 641-3 *(L. nº 2005-845 du 26 juill. 2005, art. 100)* Le jugement qui ouvre la liquidation judiciaire a les mêmes effets que ceux qui sont prévus en cas de sauvegarde par les premier et quatrième alinéas de l'article L. 622-7 et par les articles L. 622-21, L. 622-22, L. 622-28 et L. 622-30.

Les créanciers déclarent leurs créances au liquidateur selon les modalités prévues aux articles L. 622-24 à L. 622-27 et L. 622-31 à L. 622-33.

V. Décr. nº 2005-1677 du 28 déc. 2005, art. 234 s., infra, App., vº Difficultés des entreprises.

Art. L. 641-4 *(L. nº 2005-845 du 26 juill. 2005, art. 101)* Le liquidateur procède aux opérations de liquidation en même temps qu'à la vérification des créances. Il peut introduire ou poursuivre les actions qui relèvent de la compétence du mandataire judiciaire.

Il n'est pas procédé à la vérification des créances chirographaires s'il apparaît que le produit de la réalisation de l'actif sera entièrement absorbé par les frais de justice et les créances privilégiées, à moins que, s'agissant d'une personne morale, il n'y ait lieu de mettre à la charge des dirigeants sociaux de droit ou de fait tout ou partie du passif conformément aux articles L. 651-2 et L. 652-1.

Le liquidateur exerce les missions dévolues à l'administrateur et au mandataire judiciaire par les articles L. 622-6, L. 622-20, L. 622-22, L. 622-23, L. 624-17, L. 625-3, L. 625-4 et L. 625-8.

Aux fins de réaliser l'inventaire prévu à l'article L. 622-6, le tribunal désigne un commissaire-priseur judiciaire, un huissier, un notaire ou un courtier en marchandises assermenté.

Une prisée des actifs du débiteur est effectuée par les personnes visées au quatrième alinéa.

Les licenciements auxquels procède le liquidateur en application de la décision prononçant la liquidation sont soumis aux dispositions des articles L. 321-8 et L. 321-9 du code du travail.

V. Décr. nº 2005-1677 du 28 déc. 2005, art. 227 s., infra, App., vº Difficultés des entreprises.

Sur la mission du liquidateur en cas d'ouverture d'une procédure de liquidation judiciaire à l'égard d'un établissement de crédit ou d'une entreprise d'investissement, V. C. mon. fin., art. L. 613-29, infra, App., vº Code monétaire et financier (extraits).

Art. L. 641-5 *(L. nº 2005-845 du 26 juill. 2005, art. 102)* Lorsque la liquidation judiciaire est prononcée au cours de la période d'observation d'une procédure de sauvegarde ou de redressement judiciaire, le liquidateur procède aux opérations de liquidation en même temps qu'il achève éventuellement la vérification des créances et qu'il établit l'ordre des créanciers. Il poursuit les actions introduites avant le jugement de liquidation, soit par l'administrateur, soit par le mandataire judiciaire,

et peut introduire les actions qui relèvent de la compétence du mandataire judiciaire. – *[C. com., ancien art. L. 622-5].*

Art. L. 641-6 **Aucun parent ou allié jusqu'au quatrième degré inclusivement du chef d'entreprise ou des dirigeants s'il s'agit d'une personne morale ne peut être nommé liquidateur.** – *[C. com., ancien art. L. 622-6].*

Art. L. 641-7 *(L. n° 2005-845 du 26 juill. 2005, art. 103)* **Le liquidateur tient informés, au moins tous les trois mois, le juge-commissaire, le débiteur et le ministère public du déroulement des opérations.** – *V. Décr. n° 2005-1677 du 28 déc. 2005, art. 249, infra, App., v° Difficultés des entreprises.*

Art. L. 641-8 **Toute somme reçue par le liquidateur dans l'exercice de ses fonctions est immédiatement versée en compte de dépôt à la Caisse des dépôts et consignations. En cas de retard, le liquidateur doit, pour les sommes qu'il n'a pas versées, un intérêt dont le taux est égal au taux de l'intérêt légal majoré de cinq points.** – *[C. com., ancien art. L. 622-8].*

Pour l'insaisissabilité des sommes déposées à la Caisse des dépôts et consignations, V. art. L. 662-1.

Art. L. 641-9 *(L. n° 2005-845 du 26 juill. 2005, art. 104)* **« I. » — Le jugement qui ouvre ou prononce la liquidation judiciaire emporte de plein droit, à partir de sa date, dessaisissement pour le débiteur de l'administration et de la disposition de ses biens même de ceux qu'il a acquis à quelque titre que ce soit tant que la liquidation judiciaire n'est pas clôturée. Les droits et actions du débiteur concernant son patrimoine sont exercés pendant toute la durée de la liquidation judiciaire par le liquidateur.**

Toutefois, le débiteur peut se constituer partie civile dans le but d'établir la culpabilité de l'auteur d'un crime ou d'un délit dont il serait victime *(Abrogé par L. n° 2005-845 du 26 juill. 2005, art. 104)* ***«, s'il limite son action à la poursuite de l'action publique sans solliciter de réparation civile »***. – *[C. com., ancien art. L. 622-9].*

(L. n° 2005-845 du 26 juill. 2005, art. 104) **« Le débiteur accomplit également les actes et exerce les droits et actions qui ne sont pas compris dans la mission du liquidateur ou de l'administrateur lorsqu'il en a été désigné.**

« II. — Lorsque le débiteur est une personne morale, les dirigeants sociaux en fonction lors du prononcé du jugement de liquidation judiciaire le demeurent, sauf disposition contraire des statuts ou décision de l'assemblée générale. En cas de nécessité, un mandataire peut être désigné en leur lieu et place par ordonnance du président du tribunal sur requête de tout intéressé, du liquidateur ou du ministère public.

« Le siège social est réputé fixé au domicile du représentant légal de l'entreprise ou du mandataire désigné.

« III. — Lorsque le débiteur est une personne physique, il ne peut exercer, au cours de la liquidation judiciaire, aucune des activités mentionnées au premier alinéa de l'article L. 640-2. »

BIBL. ▶ DELENEUVILLE, *D. 2006. Chron. 1233* (constitution de partie civile de la victime en liquidation judiciaire).

Art. L. 641-10 *(L. n° 2005-845 du 26 juill. 2005, art. 105)* **« Si la cession totale ou partielle de l'entreprise est envisageable ou si l'intérêt public » ou celui des créanciers l'exige, le maintien de l'activité peut être autorisé par le tribunal pour une durée maximale fixée par décret en Conseil d'État. Elle peut être prolongée à la demande du** *(L. n° 2005-845 du 26 juill. 2005, art. 105)* **« ministère public » pour une durée fixée par la même voie. Lorsqu'il s'agit d'une exploitation agricole, ce délai est fixé par le tribunal en fonction de l'année culturale en cours et des usages**

spécifiques aux productions concernées. Les dispositions de l'article *(L. n° 2005-845 du 26 juill. 2005, art. 105)* **« L. 641-13 » sont applicables aux créances nées pendant cette période.** – *V. Décr. n° 2005-1677 du 28 déc. 2005, art. 231, infra, App., v° Difficultés des entreprises.*

(L. n° 2005-845 du 26 juill. 2005, art. 105) **« Le liquidateur administre l'entreprise. Il a la faculté d'exiger l'exécution des contrats en cours et exerce les prérogatives conférées à l'administrateur judiciaire par l'article L. 622-13.**

« Dans les conditions prévues à l'article L. 631-17, il peut procéder aux licenciements.

« Le cas échéant, il prépare un plan de cession, passe les actes nécessaires à sa réalisation, en reçoit et en distribue le prix.

« Toutefois, lorsque le nombre des salariés ou le chiffre d'affaires est supérieur à des seuils fixés par décret en Conseil d'État ou, en cas de nécessité, le tribunal désigne un administrateur judiciaire pour administrer l'entreprise. Dans ce cas, par dérogation aux alinéas qui précèdent, l'administrateur est soumis aux dispositions de l'article L. 622-13. Il prépare le plan de cession, passe les actes nécessaires à sa réalisation et, dans les conditions prévues à l'article L. 631-17, peut procéder aux licenciements. – *V. Décr. n° 2005-1677 du 28 déc. 2005, art. 232, infra, App., v° Difficultés des entreprises.*

« Lorsque l'administrateur ne dispose pas des sommes nécessaires à la poursuite de l'activité, il peut, sur autorisation du juge-commissaire, se les faire remettre par le liquidateur.

« Le liquidateur ou l'administrateur, lorsqu'il en a été désigné, exerce les fonctions conférées, selon le cas, à l'administrateur ou au mandataire judiciaire par les articles L. 622-4 et L. 624- 6. » – *[C. com., ancien art. L. 622-10].*

V. Décr. n° 2005-1677 du 28 déc. 2005, art. 233, infra, App., v° Difficultés des entreprises.

Art. L. 641-11 *(L. n° 2005-845 du 26 juill. 2005, art. 106)* **Le juge-commissaire exerce les compétences qui lui sont dévolues par les articles L. 621-9, L. 623-2 et L. 631-11, par le premier alinéa de l'article L. 622-13 et le quatrième alinéa de l'article L. 622-16.**

Les renseignements détenus par le ministère public lui sont communiqués selon les règles prévues au deuxième alinéa de l'article L. 621-8.

Le liquidateur et l'administrateur, lorsqu'il en a été désigné, reçoivent du juge-commissaire tous les renseignements utiles à l'accomplissement de leur mission.

Art. L. 641-12 **La liquidation judiciaire n'entraîne pas de plein droit la résiliation du bail des immeubles affectés à l'activité de l'entreprise.**

Le liquidateur ou l'administrateur peut continuer le bail ou le céder dans les conditions prévues au contrat conclu avec le bailleur avec tous les droits et obligations qui s'y rattachent. *(L. n° 2005-845 du 26 juill. 2005, art. 107)* **« En cas de cession du bail, les dispositions de l'article L. 622-15 sont applicables. »**

Si le liquidateur ou l'administrateur décide de ne pas continuer le bail, celui-ci est résilié sur sa simple demande. La résiliation prend effet au jour de cette demande.

(L. n° 2005-845 du 26 juill. 2005, art. 107) **« Le bailleur peut demander la résiliation judiciaire ou faire constater la résiliation de plein droit du bail pour des causes antérieures au jugement de liquidation judiciaire ou, lorsque ce dernier a été prononcé après une procédure de sauvegarde ou de redressement judiciaire, au jugement d'ouverture de la procédure qui l'a précédé. Il doit, s'il ne l'a déjà fait, introduire sa demande dans les trois mois de la publication du jugement de liquidation judiciaire.**

« Le bailleur peut également demander la résiliation judiciaire ou faire constater la résiliation de plein droit du bail pour défaut de paiement des loyers et charges afférents à une occupation postérieure au jugement de liquidation judiciaire, dans les conditions prévues aux troisième à cinquième alinéas de l'article L. 622-14. »

Le privilège du bailleur est déterminé conformément aux trois premiers alinéas de l'article L. 622-16. – *[C. com., ancien art. L. 622-13].*

BIBL. ▶ LE CORRE, *AJDI 2006. 175* .

Art. L. 641-13 *(L. n° 2005-845 du 26 juill. 2005, art. 108)* **I. — Les créances nées régulièrement après le jugement qui ouvre ou prononce la liquidation judiciaire ou, dans ce dernier cas, après le jugement d'ouverture de la procédure de sauvegarde ou de redressement judiciaire qui l'a précédée, pour les besoins du déroulement de la procédure, pour les besoins, le cas échéant, de la période d'observation antérieure, ou en raison d'une prestation fournie au débiteur, pour son activité professionnelle postérieure à l'un de ces jugements, sont payées à leur échéance.** – *V. Décr. n° 2005-1677 du 28 déc. 2005, art. 250, infra, App., v° Difficultés des entreprises.*

II. — Si elles ne sont pas payées à l'échéance, elles sont payées par privilège avant toutes les autres créances à l'exception de celles qui sont garanties par le privilège établi aux articles L. 143-10, L. 143-11, L. 742-6 et L. 751-15 du code du travail, de celles qui sont garanties par le privilège des frais de justice, de celles qui sont garanties par le privilège établi par l'article L. 611-11 du présent code et de celles qui sont garanties par des sûretés immobilières ou par des sûretés mobilières spéciales assorties d'un droit de rétention ou constituées en application du chapitre V du titre II du livre V.

III. — Leur paiement se fait dans l'ordre suivant :

1° Les créances de salaires dont le montant n'a pas été avancé en application des articles L. 143-11-1 à L. 143-11-3 du code du travail ;

2° Les frais de justice ;

3° Les prêts consentis ainsi que les créances résultant de la poursuite d'exécution des contrats en cours conformément aux dispositions de l'article L. 622-13 du présent code et dont le cocontractant accepte de recevoir un paiement différé ; ces prêts et délais de paiement sont autorisés par le juge-commissaire dans la limite nécessaire à la poursuite de l'activité et font l'objet d'une publicité. En cas de résiliation d'un contrat régulièrement poursuivi, les indemnités et pénalités sont exclues du bénéfice du présent article ;

4° Les sommes dont le montant a été avancé en application du 3° de l'article L. 143-11-1 du code du travail ;

5° Les autres créances, selon leur rang.

IV. — Les créances impayées perdent le privilège que leur confère le présent article si elles n'ont pas été portées à la connaissance du mandataire judiciaire, de l'administrateur lorsqu'il en est désigné ou du liquidateur, dans le délai de six mois à compter de la publication du jugement ouvrant ou prononçant la liquidation ou, à défaut, dans le délai d'un an à compter de celle du jugement arrêtant le plan de cession.

Art. L. 641-14 *(L. n° 2005-845 du 26 juill. 2005, art. 109)* **Les dispositions des chapitres IV et V du titre II du présent livre relatives à la détermination du patrimoine du débiteur et au règlement des créances résultant du contrat de travail ainsi que les dispositions du chapitre II du titre III du présent livre relatives aux nullités de certains actes s'appliquent à la procédure de liquidation judiciaire.** – *V. supra, art. L. 624-1 s., L. 625-1 s. et L. 632-1 s.*

Toutefois, pour l'application de l'article L. 625-1, le liquidateur cité devant le conseil de prud'hommes ou, à défaut, le demandeur appelle devant la juridiction prud'homale les institutions visées à l'article L. 143-11-4 du code du travail.

Pour l'application de l'article L. 625-3 du présent code, les institutions mentionnées à l'article L. 143-11-4 du code du travail sont mises en cause par le liquidateur ou, à défaut, par les salariés requérants, dans les dix jours du jugement d'ouverture de la procédure de liquidation judiciaire ou du jugement la prononçant.

De même, les instances en cours devant la juridiction prud'homale à la date du jugement d'ouverture sont poursuivies en présence de l'administrateur, lorsqu'il en a été désigné, ou celui-ci dûment appelé.

V. Décr. n° 2005-1677 du 28 déc. 2005, art. 238 s., infra, App., v° Difficultés des entreprises.

Art. L. 641-15 *(L. n° 2005-845 du 26 juill. 2005, art. 110)* **Pendant la procédure de liquidation judiciaire, le juge-commissaire peut ordonner que le liquidateur ou l'administrateur, lorsqu'il en a été désigné, soit le destinataire du courrier adressé au débiteur.**

Le débiteur, préalablement informé, peut assister à l'ouverture du courrier. Toutefois, une convocation devant une juridiction, une notification de décisions ou tout autre courrier ayant un caractère personnel doit être immédiatement remis ou restitué au débiteur.

Le juge-commissaire peut autoriser l'accès du liquidateur au courrier électronique reçu par le débiteur dans des conditions déterminées par décret en Conseil d'État. – *V. Décr. n° 2005-1677 du 28 déc. 2005, art. 251, infra, App., v° Difficultés des entreprises.*

Lorsque le débiteur exerce une activité pour laquelle il est soumis au secret professionnel, les dispositions du présent article ne sont pas applicables.

CHAPITRE II DE LA RÉALISATION DE L'ACTIF

SECTION I DE LA CESSION DE L'ENTREPRISE

BIBL. GÉN. ▶ FROEHLICH, *D. 2005. Chron. 2878* (ambivalence du plan de cession totale). – COURET, *Rev. Lamy droit des affaires, suppl. au n° 80, mars 2005, p. 42* (le plan de cession, mesure de redressement ou de liquidation ?). – HENRY, *Gaz. Pal. 7-8 sept. 2005, p. 39.* – GÉNITEAU, *Rev. Lamy droit des affaires, suppl. au n° 88, déc. 2005, p. 23.* – A. MAZEAUD, *Dr. soc. 2006. 12* (sort des contrats de travail). – PÉROT-REBOUL, *Petites affiches, n° spéc., 17 févr. 2006, p. 30* (les plans dans la loi de sauvegarde). – DEHARVENG, *D. 2006. Chron. 1047*. – CROZE, *Procédures 2006. Étude 5.*

Art. L. 642-1 *(L. n° 2005-845 du 26 juill. 2005, art. 111)* **La cession de l'entreprise a pour but d'assurer le maintien d'activités susceptibles d'exploitation autonome, de tout ou partie des emplois qui y sont attachés et d'apurer le passif.**

Elle peut être totale ou partielle. Dans ce dernier cas, elle porte sur un ensemble d'éléments d'exploitation qui forment une ou plusieurs branches complètes et autonomes d'activités.

Lorsqu'un ensemble est essentiellement constitué du droit à un bail rural, le tribunal peut, sous réserve des droits à indemnité du preneur sortant et nonobstant les autres dispositions du statut du fermage, soit autoriser le bailleur, son conjoint ou l'un de ses descendants à reprendre le fonds pour l'exploiter, soit attribuer le bail rural à un autre preneur proposé par le bailleur ou, à défaut, à tout repreneur dont l'offre a été recueillie dans les conditions fixées aux articles L. 642-2, L. 642-4 et L. 642-5. Les dispositions relatives au contrôle des structures des exploitations agricoles ne sont pas applicables. Toutefois, lorsque plusieurs offres ont été recueillies, le tribunal tient compte des dispositions des 1° à 4° et 6° à *(L. n° 2006-11 du 5 janv. 2006, art. 14-V)* **« 9° » de l'article L. 331-3 du code rural.** – *V. Décr. n° 2005-1677 du 28 déc. 2005, art. 330, infra, App., v° Difficultés des entreprises.*

Lorsque le débiteur, personne physique, exerce une profession libérale soumise à un statut législatif ou réglementaire ou dont le titre est protégé, la cession ne peut porter que sur des éléments corporels. Toutefois, lorsqu'il s'agit d'un officier public ou ministériel, le liquidateur peut exercer le droit du débiteur de présenter son successeur au garde des sceaux, ministre de la justice.

Art. L. 642-2 *(L. n° 2005-845 du 26 juill. 2005, art. 111)* **I. – Lorsque le tribunal estime que la cession totale ou partielle de l'entreprise est envisageable, il autorise la poursuite de l'activité et il fixe le délai dans lequel les offres de reprise doivent parvenir au liquidateur et à l'administrateur lorsqu'il en a été désigné.**

Toutefois, si les offres reçues en application de l'article L. 631-13 remplissent les conditions prévues au II du présent article et sont satisfaisantes, le tribunal peut décider de ne pas faire application de l'alinéa précédent.

II. – Toute offre doit être écrite et comporter l'indication :

1° De la désignation précise des biens, des droits et des contrats inclus dans l'offre ;

2° Des prévisions d'activité et de financement ;

3° Du prix offert, des modalités de règlement, de la qualité des apporteurs de capitaux et, le cas échéant, de leurs garants. Si l'offre propose un recours à l'emprunt, elle doit en préciser les conditions, en particulier de durée ;

4° De la date de réalisation de la cession ;

5° Du niveau et des perspectives d'emploi justifiés par l'activité considérée ;

6° Des garanties souscrites en vue d'assurer l'exécution de l'offre ;

7° Des prévisions de cession d'actifs au cours des deux années suivant la cession ;

8° De la durée de chacun des engagements pris par l'auteur de l'offre.

III. – Lorsque le débiteur exerce une profession libérale soumise à un statut législatif ou réglementaire ou dont le titre est protégé, l'offre doit en outre comporter l'indication de la qualification professionnelle du cessionnaire.

IV. – Le liquidateur ou l'administrateur lorsqu'il en a été désigné informe le débiteur, le représentant des salariés et les contrôleurs du contenu des offres reçues. Il les dépose au greffe où tout intéressé peut en prendre connaissance.

Elles sont notifiées, le cas échéant, à l'ordre professionnel ou à l'autorité compétente dont le débiteur relève.

V. – L'offre ne peut être ni modifiée, sauf dans un sens plus favorable aux objectifs mentionnés au premier alinéa de l'article L. 642-1, ni retirée. Elle lie son auteur jusqu'à la décision du tribunal arrêtant le plan.

En cas d'appel de la décision arrêtant le plan, seul le cessionnaire reste lié par son offre.

V. Décr. n° 2005-1677 du 28 déc. 2005, art. 252, infra, App., v° Difficultés des entreprises.

Art. L. 642-3 *(L. n° 2005-845 du 26 juill. 2005, art. 111)* **Ni le débiteur, ni les dirigeants de droit ou de fait de la personne morale en liquidation judiciaire, ni les parents ou alliés jusqu'au deuxième degré inclusivement de ces dirigeants ou du débiteur personne physique, ni les personnes ayant ou ayant eu la qualité de contrôleur au cours de la procédure ne sont admis, directement ou par personne interposée, à présenter une offre. De même, il est fait interdiction à ces personnes d'acquérir, dans les cinq années suivant la cession, tout ou partie des biens dépendant de la liquidation, directement ou indirectement, ainsi que d'acquérir des parts ou titres de capital de toute société ayant dans son patrimoine, directement ou indirectement, tout ou partie de ces biens, ainsi que des valeurs mobilières donnant accès, dans le même délai, au capital de cette société.**

Toutefois, lorsqu'il s'agit d'une exploitation agricole, le tribunal peut déroger à ces interdictions et autoriser la cession à l'une des personnes visées au premier alinéa, à l'exception des contrôleurs. Dans les autres cas, le tribunal, sur requête du ministère public, peut autoriser la cession à l'une des personnes visées au premier alinéa, à l'exception des contrôleurs, par un jugement spécialement motivé, après avoir demandé l'avis des contrôleurs.

Tout acte passé en violation du présent article est annulé à la demande de tout intéressé ou du ministère public, présentée dans un délai de trois ans à compter de la conclusion de l'acte. Lorsque l'acte est soumis à publicité, le délai court à compter de celle-ci.

Art. L. 642-4 *(L. nº 2005-845 du 26 juill. 2005, art. 111)* **Le liquidateur ou l'administrateur lorsqu'il en a été désigné donne au tribunal tous éléments permettant de vérifier le caractère sérieux de l'offre ainsi que la qualité de tiers de son auteur au sens des dispositions de l'article L. 642-3.**

Il donne également au tribunal tous éléments permettant d'apprécier les conditions d'apurement du passif, notamment au regard du prix offert, des actifs résiduels à recouvrer ou à réaliser, des dettes de la période de poursuite d'activité et, le cas échéant, des autres dettes restant à la charge du débiteur.

Art. L. 642-5 *(L. nº 2005-845 du 26 juill. 2005, art. 111)* **Après avoir recueilli l'avis du ministère public et entendu ou dûment appelé le débiteur, le liquidateur, l'administrateur lorsqu'il en a été désigné, les représentants du comité d'entreprise ou, à défaut, des délégués du personnel et les contrôleurs, le tribunal retient l'offre qui permet dans les meilleures conditions d'assurer le plus durablement l'emploi attaché à l'ensemble cédé, le paiement des créanciers et qui présente les meilleures garanties d'exécution. Il arrête un ou plusieurs plans de cession.**

Les débats doivent avoir lieu en présence du ministère public lorsque la procédure est ouverte au bénéfice de personnes physiques ou morales dont le nombre de salariés ou le chiffre d'affaires hors taxes est supérieur à un seuil fixé par décret en Conseil d'État. — *V. Décr. nº 2005-1677 du 28 déc. 2005, art. 253, infra, App., vº Difficultés des entreprises.*

Le jugement qui arrête le plan en rend les dispositions applicables à tous.

Lorsque le plan prévoit des licenciements pour motif économique, il ne peut être arrêté par le tribunal qu'après que le comité d'entreprise ou, à défaut, les délégués du personnel ont été consultés dans les conditions prévues à l'article L. 321-9 du code du travail et l'autorité administrative compétente informée dans les conditions prévues à l'article L. 321-8 du même code. Le plan précise notamment les licenciements qui doivent intervenir dans le délai d'un mois après le jugement. Dans ce délai, ces licenciements interviennent sur simple notification du liquidateur, ou de l'administrateur lorsqu'il en a été désigné, sous réserve des droits de préavis prévus par la loi, les conventions ou les accords collectifs du travail.

V. Décr. nº 2005-1677 du 28 déc. 2005, art. 254 s., infra, App., vº Difficultés des entreprises.

Art. L. 642-6 *(L. nº 2005-845 du 26 juill. 2005, art. 111)* **Une modification substantielle dans les objectifs et les moyens du plan ne peut être décidée que par le tribunal, à la demande du cessionnaire.**

Le tribunal statue après avoir entendu ou dûment appelé le liquidateur, l'administrateur judiciaire lorsqu'il en a été désigné, les contrôleurs, les représentants du comité d'entreprise ou, à défaut, des délégués du personnel et toute personne intéressée et après avoir recueilli l'avis du ministère public.

Toutefois, le montant du prix de cession tel qu'il a été fixé dans le jugement arrêtant le plan ne peut être modifié.

V. Décr. nº 2005-1677 du 28 déc. 2005, art. 258 et 259, infra, App., vº Difficultés des entreprises.

Art. L. 642-7 *(L. nº 2005-845 du 26 juill. 2005, art. 111)* **Le tribunal détermine les contrats de crédit-bail, de location ou de fourniture de biens ou services nécessaires au maintien de l'activité au vu des observations des cocontractants du débiteur transmises au liquidateur ou à l'administrateur lorsqu'il en a été désigné.**

Le jugement qui arrête le plan emporte cession de ces contrats, même lorsque la cession est précédée de la location-gérance prévue à l'article L. 642-13.

Ces contrats doivent être exécutés aux conditions en vigueur au jour de l'ouverture de la procédure, nonobstant toute clause contraire.

En cas de cession d'un contrat de crédit-bail, le crédit-preneur ne peut lever l'option d'achat qu'en cas de paiement des sommes restant dues dans la limite de la

valeur du bien fixée d'un commun accord entre les parties ou, à défaut, par le tribunal à la date de la cession.

V. Décr. n° 2005-1677 du 28 déc. 2005, art. 260, 261 et 330, infra, App., v° Difficultés des entreprises.

*Sur la cession des contrats d'édition et de production audiovisuelle, V. CPI, art. L. 132-15 et L. 132-30. — **CPI** ou **C. proc. coll.***

BIBL. ▸ THULLIER, *D. 2006. 130*.

Art. L. 642-8 *(L. n° 2005-845 du 26 juill. 2005, art. 111)* **En exécution du plan arrêté par le tribunal, le liquidateur ou l'administrateur lorsqu'il en a été désigné passe tous les actes nécessaires à la réalisation de la cession. Dans l'attente de l'accomplissement de ces actes et sur justification de la consignation du prix de cession ou d'une garantie équivalente, le tribunal peut confier au cessionnaire, à sa demande et sous sa responsabilité, la gestion de l'entreprise cédée.**

Lorsque la cession comprend un fonds de commerce, aucune surenchère n'est admise.

V. Décr. n° 2005-1677 du 28 déc. 2005, art. 256, 257 et 262, infra, App., v° Difficultés des entreprises.

Art. L. 642-9 *(L. n° 2005-845 du 26 juill. 2005, art. 111)* **Tant que le prix de cession n'est pas intégralement payé, le cessionnaire ne peut, à l'exception des stocks, aliéner ou donner en location-gérance les biens corporels ou incorporels qu'il a acquis.**

Toutefois, leur aliénation totale ou partielle, leur affectation à titre de sûreté, leur location ou leur location-gérance peut être autorisée par le tribunal après rapport du liquidateur qui doit préalablement consulter le comité d'entreprise ou, à défaut, les délégués du personnel. Le tribunal doit tenir compte des garanties offertes par le cessionnaire.

Toute substitution de cessionnaire doit être autorisée par le tribunal dans le jugement arrêtant le plan de cession, sans préjudice de la mise en œuvre des dispositions de l'article L. 642-6. L'auteur de l'offre retenue par le tribunal reste garant solidairement de l'exécution des engagements qu'il a souscrits.

Tout acte passé en violation des alinéas qui précèdent est annulé à la demande de tout intéressé ou du ministère public, présentée dans le délai de trois ans à compter de la conclusion de l'acte. Lorsque l'acte est soumis à publicité, le délai court à compter de celle-ci.

Art. L. 642-10 *(L. n° 2005-845 du 26 juill. 2005, art. 111)* **Le tribunal peut assortir le plan de cession d'une clause rendant inaliénable, pour une durée qu'il fixe, tout ou partie des biens cédés.**

La publicité de cette clause est assurée dans des conditions fixées par un décret en Conseil d'État. — *V. Décr. n° 2005-1677 du 28 déc. 2005, art. 263, infra, App., v° Difficultés des entreprises.*

Tout acte passé en violation des dispositions du premier alinéa est annulé à la demande de tout intéressé ou du ministère public, présentée dans le délai de trois ans à compter de la conclusion de l'acte. Lorsque l'acte est soumis à publicité, le délai court à compter de celle-ci.

Art. L. 642-11 *(L. n° 2005-845 du 26 juill. 2005, art. 111)* **Le cessionnaire rend compte au liquidateur de l'application des dispositions prévues par le plan de cession.**

Si le cessionnaire n'exécute pas ses engagements, le tribunal peut, à la demande du ministère public d'une part, du liquidateur, d'un créancier, de tout intéressé ou d'office, après avoir recueilli l'avis du ministère public, d'autre part, prononcer la résolution du plan sans préjudice de dommages et intérêts.

Le tribunal peut prononcer la résolution ou la résiliation des actes passés en exécution du plan résolu. Le prix payé par le cessionnaire reste acquis.

V. Décr. nº 2005-1677 du 28 déc. 2005, art. 264, infra, App., vº Difficultés des entreprises.

Art. L. 642-12 *(L. nº 2005-845 du 26 juill. 2005, art. 111)* **Lorsque la cession porte sur des biens grevés d'un privilège spécial, d'un nantissement ou d'une hypothèque, une quote-part du prix est affectée par le tribunal à chacun de ces biens pour la répartition du prix et l'exercice du droit de préférence.**

Le paiement du prix de cession fait obstacle à l'exercice à l'encontre du cessionnaire des droits des créanciers inscrits sur ces biens.

Jusqu'au paiement complet du prix qui emporte purge des inscriptions grevant les biens compris dans la cession, les créanciers bénéficiant d'un droit de suite ne peuvent l'exercer qu'en cas d'aliénation du bien cédé par le cessionnaire.

Toutefois, la charge des sûretés immobilières et mobilières spéciales garantissant le remboursement d'un crédit consenti à l'entreprise pour lui permettre le financement d'un bien sur lequel portent ces sûretés est transmise au cessionnaire. Celui-ci est alors tenu d'acquitter entre les mains du créancier les échéances convenues avec lui et qui restent dues à compter du transfert de la propriété ou, en cas de location-gérance, de la jouissance du bien sur lequel porte la garantie. Il peut être dérogé aux dispositions du présent alinéa par accord entre le cessionnaire et les créanciers titulaires des sûretés.

V. Décr. nº 2005-1677 du 28 déc. 2005, art. 265 et 266, infra, App., vº Difficultés des entreprises.

Art. L. 642-13 *(L. nº 2005-845 du 26 juill. 2005, art. 111)* **Par le jugement qui arrête le plan de cession, le tribunal peut autoriser la conclusion d'un contrat de location-gérance, même en présence de toute clause contraire, notamment dans le bail de l'immeuble, au profit de la personne qui a présenté l'offre d'acquisition permettant dans les meilleures conditions d'assurer le plus durablement l'emploi et le paiement des créanciers.**

Le tribunal statue après avoir entendu ou dûment appelé le liquidateur, l'administrateur judiciaire lorsqu'il en a été désigné, les contrôleurs, les représentants du comité d'entreprise ou, à défaut, des délégués du personnel et toute personne intéressée et après avoir recueilli l'avis du ministère public.

Sur la location-gérance des entreprises titulaires d'une autorisation relative à un service de communication audiovisuelle, V. L. nº 86-1067 du 30 sept. 1986, art. 42-12. — ***C. communic.*** *ou* ***C. proc. coll.***

Art. L. 642-14 *(L. nº 2005-845 du 26 juill. 2005, art. 111)* **Les dispositions des articles L. 144-3, L. 144-4 et L. 144-7 sur la location-gérance ne sont pas applicables.**

Art. L. 642-15 *(L. nº 2005-845 du 26 juill. 2005, art. 111)* **En cas de location-gérance, l'entreprise doit être effectivement cédée dans les deux ans du jugement qui arrête le plan.**

Art. L. 642-16 *(L. nº 2005-845 du 26 juill. 2005, art. 111)* **Le liquidateur peut se faire communiquer par le locataire-gérant tous les documents et informations utiles à sa mission. Il rend compte au tribunal de toute atteinte aux éléments pris en location-gérance ainsi que de l'inexécution des obligations incombant au locataire-gérant.**

Le tribunal, d'office ou à la demande du liquidateur ou du ministère public, peut ordonner la résiliation du contrat de location-gérance et la résolution du plan.

V. Décr. nº 2005-1677 du 28 déc. 2005, art. 267, infra, App., vº Difficultés des entreprises.

Art. L. 642-17 *(L. nº 2005-845 du 26 juill. 2005, art. 111)* **Si le locataire-gérant n'exécute pas son obligation d'acquérir dans les conditions et délais fixés par le**

plan, le tribunal, d'office ou à la demande du liquidateur ou du ministère public, ordonne la résiliation du contrat de location-gérance et la résolution du plan sans préjudice de tous dommages et intérêts.

Toutefois, lorsque le locataire-gérant justifie qu'il ne peut acquérir aux conditions initialement prévues pour une cause qui ne lui est pas imputable, il peut demander au tribunal de modifier ces conditions, sauf en ce qui concerne le montant du prix et le délai prévu à l'article L. 642-15. Le tribunal statue avant l'expiration du contrat de location et après avoir recueilli l'avis du ministère public et entendu ou dûment appelé le liquidateur, l'administrateur lorsqu'il en est désigné, les contrôleurs, les représentants du comité d'entreprise ou, à défaut, des délégués du personnel et toute personne intéressée.

SECTION II DE LA CESSION DES ACTIFS DU DÉBITEUR

BIBL. GÉN. ▶ Théron, *D. 2006. 570* (moment de perfection des transferts « autorisés » en période de liquidation). – Vauvillé, *Dr. et patr. mars 2006. 80.*

Art. L. 642-18 Les ventes d'immeubles ont lieu suivant les formes prescrites en matière de saisie immobilière. Toutefois, le juge-commissaire fixe, après avoir recueilli les observations des contrôleurs, le débiteur et le liquidateur entendus ou dûment appelés, la mise à prix et les conditions essentielles de la vente et détermine les modalités de la publicité.

Lorsqu'une procédure de saisie immobilière engagée avant l'ouverture *(L. nº 2005-845 du 26 juill. 2005, art. 112)* **« de la procédure de sauvegarde, de redressement ou de » liquidation judiciaires a été suspendue par l'effet de cette dernière, le liquidateur peut être subrogé dans les droits du créancier saisissant pour les actes que celui-ci a effectués, lesquels sont réputés accomplis pour le compte du liquidateur qui procède à la vente des immeubles. La saisie immobilière peut alors reprendre son cours au stade où le jugement d'ouverture l'avait suspendue..**

Dans les mêmes conditions, le juge-commissaire peut, si la consistance des biens, leur emplacement ou les offres reçues sont de nature à permettre une cession amiable dans de meilleures conditions, *(L. nº 2005-845 du 26 juill. 2005, art. 112)* **« ordonner la vente par adjudication amiable sur la mise à prix qu'il fixe ou autoriser la vente de gré à gré » aux prix et conditions qu'il détermine. En cas d'adjudication amiable, il peut toujours être fait surenchère.**

Les adjudications réalisées en application des alinéas qui précèdent emportent purge des hypothèques.

Le liquidateur répartit le produit des ventes et règle l'ordre entre les créanciers, sous réserve des contestations qui sont portées devant le *(Ord. nº 2006-461 du 21 avr. 2006, art. 14)* **« juge de l'exécution ».** – *L'Ord. nº 2006-461 du 21 avr. 2006 entrera en vigueur à la date de l'entrée en vigueur du décret en Conseil d'État prévu à son art. 23 et, au plus tard, le 1er janv. 2007 (art. 25).*

En cas de liquidation judiciaire d'un agriculteur, le tribunal peut, en considération de la situation personnelle et familiale du débiteur, lui accorder des délais de grâce dont il détermine la durée pour quitter sa maison d'habitation principale.

Les modalités d'application du présent article sont fixées par décret en Conseil d'État. – *[C. com., ancien art. L. 622-16]. – V. Décr. nº 2005-1677 du 28 déc. 2005, art. 268 s. et 285, infra, App., vº Difficultés des entreprises.*

Sur les ventes d'immeubles dans les départements du Bas-Rhin, du Haut-Rhin et de la Moselle, V. art. L. 670-8.

Art. L. 642-19 *(L. nº 2005-845 du 26 juill. 2005, art. 113)* **« Après avoir recueilli les observations des contrôleurs, le juge-commissaire ordonne la vente aux enchères publiques ou autorise la vente de gré à gré des autres biens du débiteur, ce dernier**

étant entendu ou dûment appelé. Lorsque la vente a lieu aux enchères publiques, il y est procédé dans les conditions prévues, selon le cas, au second alinéa de l'article L. 322-2 ou aux articles L. 322-4 ou L. 322-7. »

Le juge-commissaire peut demander que le projet de vente amiable lui soit soumis afin de vérifier si les conditions qu'il a fixées ont été respectées. – *[C. com., ancien art. L. 622-18].*

V. Décr. n° 2005-1677 du 28 déc. 2005, art. 284 et 285, infra, App., v° Difficultés des entreprises.

Pour les contrats d'édition, V. CPI, art. L. 132-15. – ***CPI** ou **C. proc. coll.***

Art. L. 642-20 *(L. n° 2005-845 du 26 juill. 2005, art. 114)* **Les dispositions de l'article L. 642-3 sont applicables aux cessions d'actifs réalisées en application des articles L. 642-18 et L. 642-19. Dans ce cas, les pouvoirs du tribunal sont exercés par le juge-commissaire.**

Art. L. 642-21 *(L. n° 2005-845 du 26 juill. 2005, art. 114)* **Lorsqu'il a été fait application des dispositions de l'article L. 631-22 et que le débiteur ne peut obtenir du tribunal l'arrêté d'un plan de redressement, les dispositions du présent titre sont applicables. Les biens non compris dans le plan de cession sont cédés dans les conditions de la présente section.**

SECTION III **DISPOSITIONS COMMUNES**

Art. L. 642-22 *(L. n° 2005-845 du 26 juill. 2005, art. 115)* **Toute cession d'entreprise et toute réalisation d'actif doivent être précédées d'une publicité dont les modalités sont déterminées par un décret en Conseil d'État en fonction de la taille de l'entreprise et de la nature des actifs à vendre.** – *V. Décr. n° 2005-1677 du 28 déc. 2005, art. 286, infra, App., v° Difficultés des entreprises.*

Art. L. 642-23 Avant toute vente ou toute destruction des archives du débiteur, le liquidateur en informe l'autorité administrative compétente pour la conservation des archives. Cette autorité dispose d'un droit de préemption. – *[C. com., ancien art. L. 622-19].*

(L. n° 2005-845 du 26 juill. 2005, art. 116) **« La destination des archives du débiteur soumis au secret professionnel est déterminée par le liquidateur en accord avec l'ordre professionnel ou l'autorité compétente dont il relève. »**

Art. L. 642-24 Le liquidateur peut, avec l'autorisation du juge-commissaire et le débiteur entendu ou dûment appelé, compromettre et transiger sur toutes les contestations qui intéressent collectivement les créanciers même sur celles qui sont relatives à des droits et actions immobiliers.

Si l'objet du compromis ou de la transaction est d'une valeur indéterminée ou excède la compétence en dernier ressort du tribunal, le compromis ou la transaction est soumis à l'homologation du tribunal. – *[C. com., ancien art. L. 622-20].*

V. Décr. n° 2005-1677 du 28 déc. 2005, art. 287, infra, App., v° Difficultés des entreprises.

Art. L. 642-25 Le liquidateur autorisé par le juge-commissaire peut, en payant la dette, retirer les biens constitués en gage par le débiteur ou la chose retenue.

A défaut de retrait, le liquidateur doit, dans les six mois du jugement de liquidation judiciaire, demander au juge-commissaire l'autorisation de procéder à la réalisation. Le liquidateur notifie l'autorisation au créancier quinze jours avant la réalisation. – *V. Décr. n° 2005-1677 du 28 déc. 2005, art. 328, infra, App., v° Difficultés des entreprises.*

Le créancier gagiste, même s'il n'est pas encore admis, peut demander *(L. n° 2005-845 du 26 juill. 2005, art. 117)* « au juge-commissaire », avant la réalisation, l'attribution judiciaire. Si la créance est rejetée en tout ou en partie, il restitue au liquidateur le bien ou sa valeur, sous réserve du montant admis de sa créance.

En cas de vente par le liquidateur, le droit de rétention est de plein droit reporté sur le prix. L'inscription éventuellement prise pour la conservation du gage est radiée à la diligence du liquidateur. – *[C. com., ancien art. L. 622-21]*.

CHAPITRE III DE L'APUREMENT DU PASSIF

SECTION I DU RÈGLEMENT DES CRÉANCIERS

Art. L. 643-1 Le jugement qui ouvre ou prononce la liquidation judiciaire rend exigibles les créances non échues. *(L. n° 2005-845 du 26 juill. 2005, art. 118)* « Toutefois, lorsque le tribunal autorise la poursuite de l'activité au motif que la cession totale ou partielle de l'entreprise est envisageable, les créances non échues sont exigibles à la date du jugement prononçant la cession. »

Lorsque ces créances sont exprimées dans une monnaie autre que celle du lieu où a été prononcée la liquidation judiciaire, elles sont converties en la monnaie de ce lieu, selon le cours du change à la date du jugement. – *[C. com., ancien art. L. 622-22]*.

Art. L. 643-2 Les créanciers titulaires d'un privilège spécial, d'un nantissement ou d'une hypothèque et le Trésor public pour ses créances privilégiées peuvent, dès lors qu'ils ont déclaré leurs créances même s'ils ne sont pas encore admis, exercer leur droit de poursuite individuelle si le liquidateur n'a pas entrepris la liquidation des biens grevés dans le délai de trois mois à compter du jugement qui ouvre ou prononce la liquidation judiciaire.

(L. n° 2005-845 du 26 juill. 2005, art. 119) « Lorsque le tribunal a fixé un délai en application de l'article L. 642-2, ces créanciers peuvent exercer leur droit de poursuite individuelle à l'expiration de ce délai, si aucune offre incluant ce bien n'a été présentée. »

En cas de vente d'immeubles, les dispositions des premier, troisième et cinquième alinéas de l'article L. 642-18 sont applicables. Lorsqu'une procédure de saisie immobilière a été engagée avant le jugement d'ouverture, le créancier titulaire d'une hypothèque est dispensé, lors de la reprise des poursuites individuelles, des actes et formalités effectués avant ce jugement. – *[C. com., ancien art. L. 622-23]*.

V. Décr. n° 2005-1677 du 28 déc. 2005, art. 288 et, sur la procédure d'ordre, art. 290 s., infra, App., v° Difficultés des entreprises.

Art. L. 643-3 *(L. n° 2005-845 du 26 juill. 2005, art. 120)* « Le juge-commissaire peut, d'office ou à la demande du liquidateur ou d'un créancier, ordonner le paiement à titre provisionnel » d'une quote-part d'une créance définitivement admise.

Ce paiement provisionnel peut être subordonné à la présentation par son bénéficiaire d'une garantie émanant d'un établissement de crédit. – *[C. com., ancien art. L. 622-24]*.

(L. n° 2005-845 du 26 juill. 2005, art. 120) « Dans le cas où la demande de provision porte sur une créance privilégiée des administrations financières, des organismes de sécurité sociale, des institutions gérant le régime d'assurance chômage prévu par les articles L. 351-3 et suivants du code du travail et des institutions régies par le livre IX du code de la sécurité sociale, la garantie prévue au deuxième alinéa n'est pas due. »

V. Décr. n° 2005-1677 du 28 déc. 2005, art. 289, infra, App., v° Difficultés des entreprises.

Art. L. 643-4 Si une ou plusieurs distributions de sommes précèdent la répartition du prix des immeubles, les créanciers privilégiés et hypothécaires admis concourent aux répartitions dans la proportion de leurs créances totales.

Après la vente des immeubles et le règlement définitif de l'ordre entre les créanciers hypothécaires et privilégiés, ceux d'entre eux qui viennent en rang utile sur le prix des immeubles pour la totalité de leur créance ne perçoivent le montant de leur collocation hypothécaire que sous la déduction des sommes par eux reçues.

Les sommes ainsi déduites profitent aux créanciers chirographaires. – *[C. com., ancien art. L. 622-25].*

Art. L. 643-5 Les droits des créanciers hypothécaires qui sont colloqués partiellement sur la distribution du prix des immeubles sont réglés d'après le montant qui leur reste dû après la collocation immobilière. L'excédent des dividendes qu'ils ont touchés dans des distributions antérieures par rapport au dividende calculé après collocation est retenu sur le montant de leur collocation hypothécaire et est inclus dans les sommes à répartir aux créanciers chirographaires. – *[C. com., ancien art. L. 622-26].*

Art. L. 643-6 Les créanciers privilégiés ou hypothécaires, non remplis sur le prix des immeubles, concourent avec les créanciers chirographaires pour ce qui leur reste dû. – *[C. com., ancien art. L. 622-27].*

Art. L. 643-7 Sous réserve du troisième alinéa de l'article L. 642-25, les dispositions des articles L. 643-4 à L. 643-6 s'appliquent aux créanciers bénéficiaires d'une sûreté mobilière spéciale. – *[C. com., ancien art. L. 622-28].*

Art. L. 643-8 Le montant de l'actif, distraction faite des frais et dépens de la liquidation judiciaire, des subsides accordés au chef d'entreprise ou aux dirigeants ou à leur famille et des sommes payées aux créanciers privilégiés, est réparti entre tous les créanciers au marc le franc de leurs créances admises.

La part correspondant aux créances sur l'admission desquelles il n'aurait pas été statué définitivement et, notamment, les rémunérations des dirigeants sociaux tant qu'il n'aura pas été statué sur leur cas, est mise en réserve. – *[C. com., ancien art. L. 622-29].*

SECTION II DE LA CLÔTURE DES OPÉRATIONS DE LIQUIDATION JUDICIAIRE

Art. L. 643-9 *(L. nº 2005-845 du 26 juill. 2005, art. 121)* Dans le jugement qui ouvre ou prononce la liquidation judiciaire, le tribunal fixe le délai au terme duquel la clôture de la procédure devra être examinée. Si la clôture ne peut être prononcée au terme de ce délai, le tribunal peut proroger le terme par une décision motivée.

Lorsqu'il n'existe plus de passif exigible ou que le liquidateur dispose de sommes suffisantes pour désintéresser les créanciers, ou lorsque la poursuite des opérations de liquidation judiciaire est rendue impossible en raison de l'insuffisance de l'actif, la clôture de la liquidation judiciaire est prononcée par le tribunal, le débiteur entendu ou dûment appelé.

Le tribunal est saisi à tout moment par le liquidateur, le débiteur ou le ministère public. Il peut se saisir d'office. A l'expiration d'un délai de deux ans à compter du jugement de liquidation judiciaire, tout créancier peut également saisir le tribunal aux fins de clôture de la procédure.

En cas de plan de cession, le tribunal ne prononce la clôture de la procédure qu'après avoir constaté le respect de ses obligations par le cessionnaire.

L'art. L. 643-9 est applicable aux procédures et situations en cours dès la publication de la loi nº 2005-845 du 26 juill. 2005 (texte préc., art. 190, JO 27 juill.).

V. Décr. nº 2005-1677 du 28 déc. 2005, art. 303 s., infra, App., vº Difficultés des entreprises.

Art. L. 643-10 Le liquidateur procède à la reddition des comptes. Il est responsable des documents qui lui ont été remis au cours de la procédure pendant cinq ans à compter de cette reddition. – *[C. com., ancien art. L. 622-31].*

V. Décr. n° 2005-1677 du 28 déc. 2005, art. 306, infra, App., v° Difficultés des entreprises.

Art. L. 643-11 *(L. n° 2005-845 du 26 juill. 2005, art. 122)* I. – Le jugement de clôture de liquidation judiciaire pour insuffisance d'actif ne fait pas recouvrer aux créanciers l'exercice individuel de leurs actions contre le débiteur, sauf si la créance résulte :

1° D'une condamnation pénale du débiteur.

2° De droits attachés à la personne du créancier.

II. – Toutefois, la caution ou le coobligé qui a payé au lieu et place du débiteur peut poursuivre celui-ci.

III. – Les créanciers recouvrent leur droit de poursuite individuelle dans les cas suivants :

1° La faillite personnelle du débiteur a été prononcée ;

2° Le débiteur a été reconnu coupable de banqueroute ;

3° Le débiteur ou une personne morale dont il a été le dirigeant a été soumis à une procédure de liquidation judiciaire antérieure clôturée pour insuffisance d'actif moins de cinq ans avant l'ouverture de celle à laquelle il est soumis ;

4° La procédure a été ouverte en tant que procédure territoriale au sens du paragraphe 2 de l'article 3 du règlement (CE) n° 1346/2000 du Conseil du 29 mai 2000 relatif aux procédures d'insolvabilité.

IV. – En outre, en cas de fraude à l'égard d'un ou de plusieurs créanciers, le tribunal autorise la reprise des actions individuelles de tout créancier à l'encontre du débiteur. Le tribunal statue lors de la clôture de la procédure après avoir entendu ou dûment appelé le débiteur, le liquidateur et les contrôleurs. Il peut statuer postérieurement à celle-ci, à la demande de tout intéressé, dans les mêmes conditions. *– Sur la publicité du jugement autorisant la reprise des poursuites, V. infra, Décr. n° 2005-1677 du 28 déc. 2005, art. 305, al. 3 et 4, infra, App., v° Difficultés des entreprises.*

V. – Les créanciers qui recouvrent l'exercice individuel de leurs actions en application du présent article peuvent, si leurs créances ont été admises, obtenir un titre exécutoire par ordonnance du président du tribunal ou, si leurs créances n'ont pas été vérifiées, le mettre en œuvre dans les conditions de droit commun.

V. Décr. n° 2005-1677 du 28 déc. 2005, art. 309, infra, App., v° Difficultés des entreprises.

L'art. L. 643-11 est applicable aux procédures de redressement ou de liquidation judiciaire en cours au jour de l'entrée en vigueur de la loi n° 2005-845 du 26 juill. 2005 [1er janv. 2006]. Toutefois, les poursuites déjà engagées au jour de l'entrée en vigueur de cet article à l'égard de débiteurs ayant fait l'objet d'une interdiction de diriger ou de contrôler une entreprise commerciale ou une personne morale ne sont pas affectées et les sommes perçues par leurs créanciers restent acquises à ces derniers. L'art. L. 643-11 est également applicable aux procédures de règlement judiciaire ou de liquidation des biens en cours. Toutefois, les sommes perçues par les créanciers leur restent acquises (L. n° 2005-845 du 26 juill. 2005, art. 191).

Art. L. 643-12 La clôture de la liquidation judiciaire suspend les effets de la mesure d'interdiction d'émettre des chèques, dont le débiteur fait l'objet au titre de l'article 65-3 du décret du 30 octobre 1935 unifiant le droit en matière de chèques et relatif aux cartes de paiement *[C. mon. fin., art. L. 131-73]*, mise en œuvre à l'occasion du rejet d'un chèque émis avant le jugement d'ouverture de la procédure.

Si les créanciers recouvrent leur droit de poursuite individuelle, la mesure d'interdiction reprend effet, à compter de la délivrance du titre exécutoire visé au dernier alinéa de l'article *(L. n° 2005-845 du 26 juill. 2005, art. 123)* « L. 643-11 ». – *[C. com., ancien art. L. 622-33].*

V. Décr. n° 2005-1677 du 28 déc. 2005, art. 307, 308 et 310, infra, App., v° Difficultés des entreprises.

Art. L. 643-13 *(L. n° 2005-845 du 26 juill. 2005, art. 124)* **Si la clôture de la liquidation judiciaire est prononcée pour insuffisance d'actif et qu'il apparaît que des actifs n'ont pas été réalisés ou que des actions dans l'intérêt des créanciers n'ont pas été engagées pendant le cours de la procédure, celle-ci peut être reprise.**

Le tribunal est saisi par le liquidateur précédemment désigné, par le ministère public ou par tout créancier intéressé. Il peut également se saisir d'office. S'il est saisi par un créancier, ce dernier doit justifier avoir consigné au greffe du tribunal les fonds nécessaires aux frais des opérations. Le montant des frais consignés lui est remboursé par priorité sur les sommes recouvrées à la suite de la reprise de la procédure.

Si les actifs du débiteur consistent en une somme d'argent, la procédure prévue au chapitre IV du présent titre est de droit applicable.

L'art. L. 643-13 est applicable aux procédures en cours au jour de l'entrée en vigueur de la loi n° 2005-845 du 26 juill. 2005 [1er janv. 2006] (texte préc., art. 191).

V. Décr. n° 2005-1677 du 28 déc. 2005, art. 310, infra, App., v° Difficultés des entreprises.

CHAPITRE IV DE LA LIQUIDATION JUDICIAIRE SIMPLIFIÉE

Le chapitre IV du titre IV du livre VI du code de commerce est applicable aux procédures en cours au jour de l'entrée en vigueur de la loi n° 2005-845 du 26 juill. 2005 [1er janv. 2006] (texte préc., art. 191).

BIBL. GÉN. ▸ M. SÉNÉCHAL, *Gaz. Pal. 7-8 sept. 2005, p. 46.*

Art. L. 644-1 *(L. n° 2005-845 du 26 juill. 2005, art. 125)* **La procédure de liquidation judiciaire simplifiée est soumise aux règles de la liquidation judiciaire, sous réserve des dispositions du présent chapitre.**

V. Décr. n° 2005-1677 du 28 déc. 2005, art. 312 s., infra, App., v° Difficultés des entreprises.

Art. L. 644-2 *(L. n° 2005-845 du 26 juill. 2005, art. 125)* **Par dérogation aux dispositions de l'article L. 642-19, lorsque le tribunal décide de l'application du présent chapitre, il détermine les biens du débiteur pouvant faire l'objet d'une vente de gré à gré. Le liquidateur y procède dans les trois mois suivant la publication de ce jugement.**

A l'issue de cette période, il est procédé à la vente aux enchères publiques des biens subsistants.

Pour l'entrée en vigueur, V. note précédant l'art. L. 644-1.

Art. L. 644-3 *(L. n° 2005-845 du 26 juill. 2005, art. 125)* **Par dérogation aux dispositions de l'article L. 641-4, il est procédé à la vérification des seules créances susceptibles de venir en rang utile dans les répartitions et des créances résultant d'un contrat de travail.**

Pour l'entrée en vigueur, V. note précédant l'art. L. 644-1.

Art. L. 644-4 *(L. n° 2005-845 du 26 juill. 2005, art. 125)* **A l'issue de la procédure de vérification et d'admission de ces créances et de la réalisation des biens, le liquidateur établit un projet de répartition qu'il dépose au greffe où tout intéressé peut en prendre connaissance et qui fait l'objet d'une mesure de publicité.**

Tout intéressé peut contester le projet de répartition devant le juge-commissaire dans un délai fixé par décret en Conseil d'État.

Le juge-commissaire statue sur les contestations par une décision qui fait l'objet d'une mesure de publicité et d'une notification aux créanciers intéressés. Un recours peut être formé dans un délai fixé par décret en Conseil d'État.

Le liquidateur procède à la répartition conformément au projet ou à la décision rendue.

V. Décr. n° 2005-1677 du 28 déc. 2005, art. 313 et 314, infra, App., v° Difficultés des entreprises.

Pour l'entrée en vigueur, V. note précédant l'art. L. 644-1.

Art. L. 644-5 *(L. n° 2005-845 du 26 juill. 2005, art. 125)* **Au plus tard un an après l'ouverture de la procédure, le tribunal prononce la clôture de la liquidation judiciaire, le débiteur entendu ou dûment appelé.**

Il peut, par un jugement spécialement motivé, proroger la procédure pour une durée qui ne peut excéder trois mois.

Pour l'entrée en vigueur, V. note précédant l'art. L. 644-1.

Art. L. 644-6 *(L. n° 2005-845 du 26 juill. 2005, art. 125)* **A tout moment, le tribunal peut décider, par un jugement spécialement motivé, de ne plus faire application des dérogations prévues au présent chapitre.** – *V. Décr. n° 2005-1677 du 28 déc. 2005, art. 315, infra, App., v° Difficultés des entreprises.*

Pour l'entrée en vigueur, V. note précédant l'art. L. 644-1.

TITRE V DES RESPONSABILITÉS ET DES SANCTIONS

BIBL. GÉN. ► MONTÉRAN, *Gaz. Pal. 2005. Doctr. 3016* (sanctions pécuniaires et personnelles). – MASCALA, *Rev. Lamy droit des affaires, suppl. au n° 80, mars 2005, p. 71* (le comportement fautif du chef d'entreprise : de la sanction à la réparation ?) ; *Rev. proc. coll. 2005. 370* (amélioration de la situation du chef d'entreprise) ; *RTD com. 2006. 209* (nouveau régime des sanctions). – ROUSSEL GALLE, *JCP E 2005, n° 42, p. 1761* (responsabilités et sanctions). – TEBOUL, *Petites affiches 1er- 2 nov. 2005, p. 7* (même thème). – MARTIN-SERF, *Rev. proc. coll. 2005. 382* (sanctions pécuniaires). – VALLENS, *Rev. Lamy droit des affaires, suppl. au n° 88, déc. 2005, p. 32.* – LE CANNU, *Rev. sociétés 2005. 743* (responsabilité civile des dirigeants de personne morale). – LEGROS, *Dr. sociétés 2006. Étude 2* (sort des membres et dirigeants de personnes morales). – ZATTARA-GROS, *Petites affiches, n° spéc., 9 févr. 2006, p. 52* (commentaire article par article).

Art. L. 650-1 *(L. n° 2005-845 du 26 juill. 2005, art. 126)* **Les créanciers ne peuvent être tenus pour responsables des préjudices subis du fait des concours consentis, sauf les cas de fraude, d'immixtion caractérisée dans la gestion du débiteur ou si les garanties prises en contrepartie de ces concours sont disproportionnées à ceux-ci.**

Pour le cas où la responsabilité d'un créancier est reconnue, les garanties prises en contrepartie de ses concours sont nulles.

Il est de principe qu'une loi nouvelle ne s'applique pas aux instances en cours, sauf si elle répond à d'impérieux motifs d'intérêt général ; tel n'est pas le cas de la loi du 26 juill. 2005 introduisant un nouvel art. L. 650-1, dès lors que cette disposition se borne à remplacer le critère tiré de l'abus de droit par celui de la fraude afin, comme l'a précisé le Conseil constitutionnel, de clarifier le cadre juridique de la responsabilité des établissements de crédit. • Versailles, 15 déc. 2005 : *BICC 2006, n° 1238.*

BIBL. ► ROUTIER, *Gaz. Pal. 2005. Doctr. 3012.* – LEGEAIS, *JCP E 2005, n° 42, p. 1747 ; RTD com. 2005. 818.* – CRÉDOT et GÉRARD, *RD banc. fin. 2005, n° 154.* – MARTIN-SERF, *Rev. proc. coll. 2005. 386.* – ROBINE, *D. 2006. Chron. 69.* – HOANG, *ibid. 1458.* – BONNEAU, *Banque et Droit janv.-févr. 2006. 61.*

CHAPITRE PREMIER **DE LA RESPONSABILITÉ POUR INSUFFISANCE D'ACTIF**

Le chapitre Ier du titre V du livre VI du code de commerce est applicable aux procédures en cours au jour de l'entrée en vigueur de la loi no 2005-845 du 26 juill. 2005 [1er janv. 2006], à l'exception de l'art. L. 651-2 (texte préc., art. 191).

Art. L. 651-1 *(L. no 2005-845 du 26 juill. 2005, art. 127)* **Les dispositions du présent chapitre et du chapitre II du présent titre sont applicables aux dirigeants d'une personne morale de droit privé soumise à une procédure collective, ainsi qu'aux personnes physiques représentants permanents de ces dirigeants personnes morales.** *– [C. com., ancien art. L. 624-2].*

Art. L. 651-2 *(L. no 2005-845 du 26 juill. 2005, art. 128)* **« Lorsque la résolution d'un plan de sauvegarde ou de redressement judiciaire ou la liquidation judiciaire d'une personne morale fait apparaître une insuffisance d'actif, le tribunal peut, en cas de faute de gestion ayant contribué à cette insuffisance d'actif, décider que les dettes de la personne morale seront supportées, en tout ou partie, par tous les dirigeants de droit ou de fait ou par certains d'entre eux, ayant contribué à la faute de gestion. En cas de pluralité de dirigeants, le tribunal peut, par décision motivée, les déclarer solidairement responsables.**

« L'action se prescrit par trois ans à compter du jugement qui prononce la liquidation judiciaire ou la résolution du plan. »

Les sommes versées par les dirigeants en application de l'alinéa 1er entrent dans le patrimoine du débiteur *(Abrogé par L. no 2005-845 du 26 juill. 2005, art. 128)* ***« et sont affectées en cas de continuation de l'entreprise selon les modalités prévues par le plan d'apurement du passif. En cas de cession ou de liquidation, »*****. Ces sommes sont réparties entre tous les créanciers au marc le franc.** *– [C. com., ancien art. L. 624-3].*

Pour l'entrée en vigueur, V. note précédant l'art. L. 651-1.

V. Décr. no 2005-1677 du 28 déc. 2005, art. 316, 319, 320 et 328, infra, App., vo Difficultés des entreprises.

Art. L. 651-3 *(L. no 2005-845 du 26 juill. 2005, art. 129)* **Dans le cas prévu à l'article L. 651-2, le tribunal est saisi par le mandataire judiciaire, le liquidateur ou le ministère public.**

Dans l'intérêt collectif des créanciers, le tribunal peut également être saisi par la majorité des créanciers nommés contrôleurs lorsque le mandataire de justice ayant qualité pour agir n'a pas engagé les actions prévues au même article, après une mise en demeure restée sans suite dans un délai et des conditions fixés par décret en Conseil d'État. *– V. Décr. no 2005-1677 du 28 déc. 2005, art. 317, infra, App., vo Difficultés des entreprises.*

Dans le cas visé au premier alinéa, le juge-commissaire ne peut ni siéger dans la formation de jugement, ni participer au délibéré.

Les frais de justice auxquels a été condamné le dirigeant sont payés par priorité sur les sommes qui sont versées pour combler le passif.

Pour l'entrée en vigueur, V. note précédant l'art. L. 651-1.

Art. L. 651-4 *(L. no 2005-845 du 26 juill. 2005, art. 130)* **Pour l'application des dispositions de l'article L. 651-2, d'office ou à la demande de l'une des personnes mentionnées à l'article L. 651-3, le président du tribunal peut charger le juge-commissaire ou, à défaut, un membre de la juridiction qu'il désigne d'obtenir, nonobstant toute disposition législative contraire, communication de tout document ou information sur la situation patrimoniale des dirigeants et des représentants permanents des dirigeants personnes morales mentionnées à l'article L. 651-1 de la**

part des administrations et organismes publics, des organismes de prévoyance et de sécurité sociale et des établissements de crédit.

Le président du tribunal peut, dans les mêmes conditions, ordonner toute mesure conservatoire utile à l'égard des biens des dirigeants ou de leurs représentants visés à l'alinéa qui précède.

Les dispositions du présent article sont également applicables aux personnes membres ou associées de la personne morale en procédure de sauvegarde, de redressement ou de liquidation judiciaire, lorsqu'elles sont responsables indéfiniment et solidairement de ses dettes. – *[C. com., ancien art. L. 624-7].*

V. Décr. n° 2005-1677 du 28 déc. 2005, art. 318, infra, App., v° Difficultés des entreprises.

Pour l'entrée en vigueur, V. note précédant l'art. L. 651-1.

CHAPITRE II DE L'OBLIGATION AUX DETTES SOCIALES

Le chapitre II du titre V du livre VI du code de commerce est applicable aux procédures en cours au jour de l'entrée en vigueur de la loi n° 2005-845 du 26 juill. 2005 [1er janv. 2006] (texte préc., art. 191).

Art. L. 652-1 *(L. n° 2005-845 du 26 juill. 2005, art. 131)* **Au cours d'une procédure de liquidation judiciaire, le tribunal peut décider de mettre à la charge de l'un des dirigeants de droit ou de fait d'une personne morale la totalité ou une partie des dettes de cette dernière lorsqu'il est établi, à l'encontre de ce dirigeant, que l'une des fautes ci-après a contribué à la cessation des paiements :**

1° Avoir disposé des biens de la personne morale comme des siens propres ;

2° Sous le couvert de la personne morale masquant ses agissements, avoir fait des actes de commerce dans un intérêt personnel ;

3° Avoir fait des biens ou du crédit de la personne morale un usage contraire à l'intérêt de celle-ci à des fins personnelles ou pour favoriser une autre personne morale ou entreprise dans laquelle il était intéressé directement ou indirectement ;

4° Avoir poursuivi abusivement, dans un intérêt personnel, une exploitation déficitaire qui ne pouvait conduire qu'à la cessation des paiements de la personne morale ;

5° Avoir détourné ou dissimulé tout ou partie de l'actif ou frauduleusement augmenté le passif de la personne morale.

Dans les cas visés au présent article, il ne peut être fait application des dispositions de l'article L. 651-2.

V. Décr. n° 2005-1677 du 28 déc. 2005, art. 321, 322 et 328, infra, App., v° Difficultés des entreprises.

1. Dès lors que postérieurement au 1er janv. 2006, date d'entrée en vigueur de la loi du 26 juill. 2005, une cour d'appel se trouve saisie à la fois d'une demande tendant à ce qu'un dirigeant de personne morale soit obligé aux dettes sociales sur le fondement de l'art. L. 652-1 et d'une demande tendant à ce qu'il soit condamné à supporter l'insuffisance d'actif sur celui de l'art. L. 624-3 ancien encore applicable, elle doit d'abord se prononcer sur le premier fondement, exclusif du second par application de l'art. L. 652-1 *in fine* qui prohibe le cumul et, si elle retient l'existence d'un fait qualifié au sens de ce dernier texte, n'a pas à examiner la demande sur le second fondement. • Orléans, 16 févr. 2006 : *BICC 2006, n° 706 ; D. 2006. AJ. 1041, obs. Lienhard.*

2. Bien que nouvelle, est recevable en appel la demande de prise en charge des dettes sociales, formée sur le fondement de l'art. L. 652-1, dès lors qu'elle tend à faire juger une question née de la survenance d'un fait, résultant de la promulgation d'une loi se déclarant immédiatement applicable aux procédures en cours, comme la loi du 26 juill. 2005 en ce qui concerne l'obligation aux dettes sociales. • Orléans, 23 mars 2006 : *BICC 2006, n° 1237.*

Art. L. 652-2 *(L. n° 2005-845 du 26 juill. 2005, art. 131)* **En cas de pluralité de dirigeants responsables, le tribunal tient compte de la faute de chacun pour déterminer la part des dettes sociales mises à sa charge. Par décision motivée, il peut les déclarer solidairement responsables.**

Pour l'entrée en vigueur, V. note précédant l'art. L. 652-1.

Art. L. 652-3 *(L. n° 2005-845 du 26 juill. 2005, art. 131)* **Les sommes recouvrées sont affectées au désintéressement des créanciers selon l'ordre de leurs sûretés.**

Pour l'entrée en vigueur, V. note précédant l'art. L. 652-1.

Art. L. 652-4 *(L. n° 2005-845 du 26 juill. 2005, art. 131)* **L'action se prescrit par trois ans à compter du jugement qui prononce la liquidation judiciaire.**

Pour l'entrée en vigueur, V. note précédant l'art. L. 652-1.

Art. L. 652-5 *(L. n° 2005-845 du 26 juill. 2005, art. 131)* **Les dispositions des articles L. 651-3 et L. 651-4 sont applicables à l'action prévue au présent chapitre.**

Pour l'entrée en vigueur, V. note précédant l'art. L. 652-1.

CHAPITRE III DE LA FAILLITE PERSONNELLE ET DES AUTRES MESURES D'INTERDICTION

BIBL. ▶ SCHULTZ, *Rev. proc. coll. 2005. 299.* – O. BARRET, *ibid. 2006. 84.*

Art. L. 653-1 *(L. n° 2005-845 du 26 juill. 2005, art. 132)* **I. — Lorsqu'une procédure de redressement judiciaire ou de liquidation judiciaire est ouverte, les dispositions du présent chapitre sont applicables :**

1° Aux personnes physiques exerçant la profession de commerçant, d'agriculteur ou immatriculées au répertoire des métiers et à toute autre personne physique exerçant une activité professionnelle indépendante y compris une profession libérale soumise à un statut législatif ou réglementaire ou dont le titre est protégé ;

2° Aux personnes physiques, dirigeants de droit ou de fait de personnes morales ;

3° Aux personnes physiques, représentants permanents de personnes morales, dirigeants des personnes morales définies au 2°.

Ces mêmes dispositions ne sont pas applicables aux personnes physiques ou dirigeants de personne morale, exerçant une activité professionnelle indépendante et, à ce titre, soumises à des règles disciplinaires.

II. — Les actions prévues par le présent chapitre se prescrivent par trois ans à compter du jugement qui prononce l'ouverture de la procédure mentionnée au I. – *[C. com., ancien art. L. 625-1].*

Art. L. 653-2 **La faillite personnelle emporte interdiction de diriger, gérer, administrer ou contrôler, directement ou indirectement, toute entreprise commerciale ou artisanale, toute exploitation agricole** *(L. n° 2005-845 du 26 juill. 2005, art. 133)* **« ou toute entreprise ayant toute autre activité indépendante et toute personne morale ».**

(Abrogé par L. n° 2005-845 du 26 juill. 2005, art. 133) ***« Elle entraîne également les interdictions et déchéances applicables aux personnes qui étaient déclarées en état de faillite au sens donné à ce terme antérieurement au 1er janvier 1968. »*** – [C. com., ancien art. L. 625-2].

Art. L. 653-3 *(L. n° 2005-845 du 26 juill. 2005, art. 134)* **« Le tribunal peut prononcer la faillite personnelle de toute personne mentionnée au 1° du I de l'article**

L. 653-1, sous réserve des exceptions prévues au dernier alinéa du I du même article, contre laquelle a été relevé l'un des faits ci-après : »

1° Avoir poursuivi abusivement une exploitation déficitaire qui ne pouvait conduire qu'à la cessation des paiements ;

(Abrogé par L. nº 2005-845 du 26 juill. 2005, art. 134) ***« 2º Avoir omis de tenir une comptabilité conformément aux dispositions légales ou fait disparaître tout ou partie des documents comptables ; »***

3° Avoir détourné ou dissimulé tout ou partie *(L. nº 2005-845 du 26 juill. 2005, art. 134)* **« de son actif » ou frauduleusement augmenté son passif.** – *[C. com., ancien art. L. 625-3].*

V. Décr. nº 2005-1677 du 28 déc. 2005, art. 323, 325 et 328, infra, App., vº Difficultés des entreprises.

Art. L. 653-4 *(L. nº 2005-845 du 26 juill. 2005, art. 135)* **Le tribunal peut prononcer la faillite personnelle de tout dirigeant, de droit ou de fait, d'une personne morale, qui a commis l'une des fautes mentionnées à l'article L. 652-1.** – *[C. com., ancien art. L. 625-4].*

V. Décr. nº 2005-1677 du 28 déc. 2005, art. 323, 325 et 328, infra, App., vº Difficultés des entreprises.

Art. L. 653-5 *(L. nº 2005-845 du 26 juill. 2005, art. 136)* **Le tribunal peut prononcer la faillite personnelle de toute personne mentionnée à l'article L. 653-1 contre laquelle a été relevé l'un des faits ci-après :**

1° Avoir exercé une activité commerciale, artisanale ou agricole ou une fonction de direction ou d'administration d'une personne morale contrairement à une interdiction prévue par la loi ;

2° Avoir, dans l'intention d'éviter ou de retarder l'ouverture de la procédure de redressement judiciaire ou de liquidation judiciaire, fait des achats en vue d'une revente au-dessous du cours ou employé des moyens ruineux pour se procurer des fonds ;

3° Avoir souscrit, pour le compte d'autrui, sans contrepartie, des engagements jugés trop importants au moment de leur conclusion, eu égard à la situation de l'entreprise ou de la personne morale ;

4° Avoir payé ou fait payer, après cessation des paiements et en connaissance de cause de celle-ci, un créancier au préjudice des autres créanciers ;

5° Avoir, en s'abstenant volontairement de coopérer avec les organes de la procédure, fait obstacle à son bon déroulement ;

6° Avoir fait disparaître des documents comptables, ne pas avoir tenu de comptabilité lorsque les textes applicables en font obligation, ou avoir tenu une comptabilité fictive, manifestement incomplète ou irrégulière au regard des dispositions applicables.

V. Décr. nº 2005-1677 du 28 déc. 2005, art. 323, 325 et 328, infra, App., vº Difficultés des entreprises.

Art. L. 653-6 Le tribunal peut prononcer la faillite personnelle du dirigeant de la personne morale qui n'a pas acquitté les dettes de celle-ci mises à sa charge. – *[C. com., ancien art. L. 625-6].*

V. Décr. nº 2005-1677 du 28 déc. 2005, art. 323, 325 et 328, infra, App., vº Difficultés des entreprises.

Art. L. 653-7 *(L. nº 2005-845 du 26 juill. 2005, art. 137)* **Dans les cas prévus aux articles L. 653-3 à L. 653-6 et L. 653-8, le tribunal est saisi par le mandataire judiciaire, le liquidateur ou le ministère public.**

Dans l'intérêt collectif des créanciers, le tribunal peut également être saisi à toute époque de la procédure par la majorité des créanciers nommés contrôleurs lorsque

le mandataire de justice ayant qualité pour agir n'a pas engagé les actions prévues aux mêmes articles, après une mise en demeure restée sans suite dans un délai et des conditions fixés par décret en Conseil d'État. – *V. Décr. nº 2005-1677 du 28 déc. 2005, art. 324, infra, App., vº Difficultés des entreprises.*

Dans les mêmes cas que ceux prévus au premier alinéa, le juge-commissaire ne peut ni siéger dans la formation de jugement, ni participer au délibéré.

L'art. L. 653-7 est applicable aux procédures en cours au jour de l'entrée en vigueur de la loi nº 2005-845 du 26 juill. 2005 [1er janv. 2006] (texte préc., art. 191).

Art. L. 653-8 **Dans les cas prévus aux articles L. 653-3 à L. 653-6, le tribunal peut prononcer, à la place de la faillite personnelle, l'interdiction de diriger, gérer, administrer ou contrôler, directement ou indirectement, soit toute entreprise commerciale ou artisanale, toute exploitation agricole et toute personne morale, soit une ou plusieurs de celles-ci.**

L'interdiction mentionnée au premier alinéa peut également être prononcée à l'encontre de toute personne mentionnée à l'article L. 653-1 qui, de mauvaise foi, n'aura pas remis au mandataire judiciaire *(L. nº 2005-845 du 26 juill. 2005, art. 138)* **« , à l'administrateur ou au liquidateur les renseignements qu'il est tenu de lui communiquer en application de l'article L. 622-6 dans le mois » suivant le jugement d'ouverture.** – *[C. com., ancien art. L. 625-8].*

(L. nº 2005-845 du 26 juill. 2005, art. 138) **« Elle peut également être prononcée à l'encontre de toute personne mentionnée à l'article L. 653-1 qui aura omis de faire, dans le délai de quarante-cinq jours, la déclaration de cessation des paiements, sans avoir, par ailleurs, demandé l'ouverture d'une procédure de conciliation. »**

V. Décr. nº 2005-1677 du 28 déc. 2005, art. 323, al. 2, 325 et 328, infra, App., vº Difficultés des entreprises.

Art. L. 653-9 **Le droit de vote des dirigeants frappés de la faillite personnelle ou de l'interdiction prévue à l'article L. 653-8 est exercé dans les assemblées des personnes morales soumises à une procédure de redressement judiciaire ou de liquidation judiciaire par un mandataire désigné par le tribunal à cet effet, à la requête de l'administrateur, du liquidateur ou du commissaire à l'exécution du plan.**

Le tribunal peut enjoindre à ces dirigeants ou à certains d'entre eux, de céder leurs actions ou parts sociales dans la personne morale ou ordonner leur cession forcée par les soins d'un mandataire de justice, au besoin après expertise. Le produit de la vente est affecté au paiement de la part des dettes sociales dans le cas où ces dettes ont été mises à la charge des dirigeants. – *[C. com., ancien art. L. 625-9].*

Art. L. 653-10 *(L. nº 2005-845 du 26 juill. 2005, art. 139)* **Le tribunal qui prononce la faillite personnelle peut prononcer l'incapacité d'exercer une fonction publique élective. L'incapacité est prononcée pour une durée égale à celle de la faillite personnelle, dans la limite de cinq ans. Lorsque la décision est devenue définitive, le ministère public notifie à l'intéressé l'incapacité, qui produit effet à compter de la date de cette notification.**

Art. L. 653-11 *(L. nº 2005-845 du 26 juill. 2005, art. 140)* **Lorsque le tribunal prononce la faillite personnelle ou l'interdiction prévue à l'article L. 653-8, il fixe la durée de la mesure, qui ne peut être supérieure à quinze ans. Il peut ordonner l'exécution provisoire de sa décision. Les déchéances, les interdictions et l'incapacité d'exercer une fonction publique élective cessent de plein droit au terme fixé, sans qu'il y ait lieu au prononcé d'un jugement.**

Le jugement de clôture pour extinction du passif, y compris après exécution de l'obligation aux dettes sociales prononcée à son encontre, rétablit le chef d'entreprise ou les dirigeants de la personne morale dans tous leurs droits. Il les dispense

ou relève de toutes les déchéances, interdictions et incapacité d'exercer une fonction publique élective.

L'intéressé peut demander au tribunal de le relever, en tout ou partie, des déchéances et interdictions et de l'incapacité d'exercer une fonction publique élective s'il a apporté une contribution suffisante au paiement du passif.

Lorsqu'il a fait l'objet de l'interdiction prévue à l'article L. 653-8, il peut en être relevé s'il présente toutes garanties démontrant sa capacité à diriger ou contrôler l'une ou plusieurs des entreprises ou personnes visées par le même article.

Lorsqu'il y a relèvement total des déchéances et interdictions et de l'incapacité, la décision du tribunal emporte réhabilitation.

L'art. L. 653-11 est applicable aux procédures en cours au jour de l'entrée en vigueur de la loi n° 2005-845 du 26 juill. 2005 [1er janv. 2006] (texte préc., art. 191).

V. Décr. n° 2005-1677 du 28 déc. 2005, art. 326, infra, App., v° Difficultés des entreprises.

1. L'art. 190, 2°, de la loi du 26 juill. 2005 dispose que les mesures de faillite personnelle et d'interdiction de gérer ainsi que les déchéances et interdictions qui en ont résulté prennent fin à la date de publication de la loi, soit le 27 juill. 2005, lorsque, à cette date, elles ont été prononcées plus de quinze années auparavant par une décision devenue définitive ; une mesure de faillite personnelle prononcée le 12 juill. 1972 ayant ainsi pris fin, est sans objet le pourvoi en cassation formé contre l'arrêt de la cour d'appel qui a rejeté la demande de réhabilitation de l'intéressé ainsi que sa demande d'amnistie de la mesure par application de la loi du 3 août 1995. • Com. 29 nov. 2005 : *Bull. civ. IV, n° 236 ; D. 2005. AJ. 3085, obs. Lienhard ; Act. proc. coll. 2005, n° 260, obs. Regnaut-Moutier ; JCP E 2006, n° 8, p. 359, note J.-H. Robert ; Dr. sociétés 2006, n° 19, note Legros ; Bull. Joly 2006. 325, note Mascala ; Rev. sociétés 2006. 186, note Roussel Galle*. – Dans le même sens, V. • Orléans, 15 déc. 2005 : *BICC 2006, n° 1239.*

2. Selon l'art. 190, a), de la loi du 26 juill. 2005, dans toutes les dispositions prévoyant une incapacité, une interdiction ou une déchéance résultant d'une faillite personnelle ou d'une interdiction de gérer, ces mesures doivent être comprises comme ayant une durée maximale de quinze ans à compter du jour où la décision les ayant prononcées est devenue définitive ; au sens de ce texte, la faillite personnelle doit être comprise comme ayant une durée maximale de quinze ans à compter du jour de la décision exécutoire qui la prononce. • Com. 23 mai 2006 : *D. 2006. AJ. 1528, obs. Lienhard*.

CHAPITRE IV DE LA BANQUEROUTE ET DES AUTRES INFRACTIONS

BIBL. GÉN. ▶ Robaczewski, *Gaz. Pal. 2005. Doctr. 3027.* – J.-H. Robert, *Dr. pénal. 2005. Étude 15 ; Cah. dr. entr. 2006, n° 1, p. 34.*

SECTION I DE LA BANQUEROUTE

Art. L. 654-1 Les dispositions de la présente section sont applicables :

1° A tout commerçant, *(L. n° 2005-845 du 26 juill. 2005, art. 141)* « agriculteur, à toute personne immatriculée au répertoire des métiers et à toute personne physique exerçant une activité professionnelle indépendante, y compris une profession libérale soumise à un statut législatif ou réglementaire ou dont le titre est protégé » ;

2° A toute personne qui a, directement ou indirectement, en droit ou en fait, dirigé ou liquidé une personne morale de droit privé *(Abrogé par L. n° 2005-845 du 26 juill. 2005, art. 141)* ***« ayant une activité économique »*** ;

3° Aux personnes physiques représentants permanents de personnes morales dirigeants des personnes morales définies au 2° ci-dessus. – *[C. com., ancien art. L. 626-1].*

Pour l'application des dispositions relatives à la banqueroute aux personnes ayant directement ou indirectement le pouvoir d'engager une institution de prévoyance, même lorsque cette dernière ne relève pas de plein droit de ces dispositions, V. CSS, art. 931-18 (issu de L. n° 94-678 du 8 août 1994). — **CSS.**

Art. L. 654-2 **En cas d'ouverture d'une procédure de redressement judiciaire ou de liquidation judiciaire, sont coupables de banqueroute les personnes mentionnées à l'article L. 654-1 contre lesquelles a été relevé l'un des faits ci-après :**

1° Avoir, dans l'intention d'éviter ou de retarder l'ouverture de la procédure de redressement judiciaire, soit fait des achats en vue d'une revente au-dessous du cours, soit employé des moyens ruineux pour se procurer des fonds ;

2° Avoir détourné ou dissimulé tout ou partie de l'actif du débiteur ;

3° Avoir frauduleusement augmenté le passif du débiteur ;

4° Avoir tenu une comptabilité fictive ou fait disparaître des documents comptables de l'entreprise ou de la personne morale ou s'être abstenu de tenir toute comptabilité *(L. n° 2005-845 du 26 juill. 2005, art. 142-I)* **« lorsque les textes applicables en font obligation » ;**

5° Avoir tenu une comptabilité manifestement incomplète ou irrégulière au regard des dispositions légales. — *[C. com., ancien art. L. 626-2].*

Art. L. 654-3 **La banqueroute est punie de cinq ans d'emprisonnement et de 75 000 € d'amende.**

Encourent les mêmes peines les complices de banqueroute, même s'ils n'ont pas la qualité de commerçant, d'agriculteur ou d'artisan ou ne dirigent pas, directement ou indirectement, en droit ou en fait, une personne morale de droit privé *(Abrogé par L. n° 2005-845 du 26 juill. 2005, art. 142-II)* ***« ayant une activité économique ».*** — *[C. com., ancien art. L. 626-3].*

Art. L. 654-4 **Lorsque l'auteur ou le complice de banqueroute est un dirigeant d'une entreprise prestataire de services d'investissement, les peines sont portées à sept ans d'emprisonnement et 100 000 € d'amende.** — *[C. com., ancien art. L. 626-4].*

Art. L. 654-5 **Les personnes physiques coupables des infractions prévues par les articles L. 654-3 et L. 654-4 encourent également les peines complémentaires suivantes :**

1° L'interdiction des droits civiques, civils et de famille, suivant les modalités de l'article 131-26 du code pénal ;

2° L'interdiction, pour une durée de cinq ans au plus, d'exercer une fonction publique ou d'exercer l'activité professionnelle ou sociale dans l'exercice ou à l'occasion de l'exercice de laquelle l'infraction a été commise *(L. n° 2005-845 du 26 juill. 2005, art. 142-III)* **« à moins qu'une juridiction civile ou commerciale ait déjà prononcé une telle mesure par une décision définitive » ;**

3° L'exclusion des marchés publics pour une durée de cinq ans au plus ;

4° L'interdiction, pour une durée de cinq ans au plus, d'émettre des chèques autres que ceux qui permettent le retrait de fonds par le tireur auprès du tiré ou ceux qui sont certifiés ;

5° L'affichage ou la diffusion de la décision prononcée dans les conditions prévues par l'article 131-35 du code pénal. — *[C. com., ancien art. L. 626-5].*

Art. L. 654-6 *(L. n° 2005-845 du 26 juill. 2005, art. 143)* **La juridiction répressive qui reconnaît l'une des personnes mentionnées à l'article L. 654-1 coupable de banqueroute peut, en outre, prononcer soit la faillite personnelle de celle-ci, soit l'interdiction prévue à l'article L. 653-8, à moins qu'une juridiction civile ou commerciale ait déjà prononcé une telle mesure par une décision définitive.**

Art. L. 654-7 I. — Les personnes morales peuvent être déclarées responsables pénalement, dans les conditions prévues par l'article 121-2 du code pénal, des infractions prévues par les articles L. 654-3 et L. 654-4.

II. — Les peines encourues par les personnes morales sont :

1° L'amende, suivant les modalités prévues par l'article 131-38 du code pénal ;

2° Les peines mentionnées à l'article 131-39 du code pénal.

III. — L'interdiction mentionnée au 2° de l'article 131-39 du code pénal porte sur l'activité dans l'exercice ou à l'occasion de l'exercice de laquelle l'infraction a été commise. — *[C. com., ancien art. L. 626-7]*.

SECTION II DES AUTRES INFRACTIONS

Art. L. 654-8 *(L. nº 2005-845 du 26 juill. 2005, art. 144)* Est passible d'un emprisonnement de deux ans et d'une amende de 30 000 € le fait :

1° Pour toute personne mentionnée à l'article L. 654-1, de consentir pendant la période d'observation une hypothèque ou un nantissement ou de faire un acte de disposition sans l'autorisation prévue par le deuxième alinéa de l'article L. 622-7 ou de payer, en tout ou partie, une dette en violation de l'interdiction mentionnée au premier alinéa de cet article ;

2° Pour toute personne mentionnée à l'article L. 654-1, d'effectuer un paiement en violation des modalités de règlement du passif prévues au plan de sauvegarde ou au plan de redressement, de faire un acte de disposition sans l'autorisation prévue par l'article L. 626-14 ou de procéder à la cession d'un bien rendu inaliénable, dans le cadre d'un plan de cession, en application de l'article L. 642-10 ;

3° Pour toute personne, pendant la période d'observation ou celle d'exécution du plan de sauvegarde ou du plan de redressement, en connaissance de la situation du débiteur, de passer avec celui-ci l'un des actes mentionnés aux 1° et 2° ou d'en recevoir un paiement irrégulier. — *[C. com., ancien art. L. 626-8]*.

Art. L. 654-9 Est puni des peines prévues par les articles L. 654-3 à L. L. 654-5 le fait :

1° Dans l'intérêt des personnes mentionnées à l'article L. 654-1, de soustraire, receler ou dissimuler tout ou partie des biens, meubles ou immeubles de celles-ci, le tout sans préjudice de l'application de l'article 121-7 du code pénal ;

2° Pour toute personne, de déclarer frauduleusement dans la procédure *(L. nº 2005-845 du 26 juill. 2005, art. 145)* « de sauvegarde, de redressement judiciaire » ou de liquidation judiciaire, soit en son nom, soit par interposition de personne, des créances supposées ;

(L. nº 2005-845 du 26 juill. 2005, art. 145) « 3° Pour toute personne exerçant une activité commerciale, artisanale, agricole ou toute autre activité indépendante, sous le nom d'autrui ou sous un nom supposé, de se rendre coupable d'un des faits prévus à l'article L. 654-14. » — *[C. com., ancien art. L. 626-9]*.

Art. L. 654-10 Le fait, pour le conjoint, les descendants ou les ascendants ou les collatéraux ou les alliés des personnes mentionnées à l'article L. 654-1, de détourner, divertir ou receler des effets dépendant de l'actif du débiteur soumis à une procédure *(L. nº 2005-845 du 26 juill. 2005, art. 146-I)* « de sauvegarde ou de redressement judiciaire », est puni des peines prévues par l'article 314-1 du code pénal. — *[C. com., ancien art. L. 626-10]*.

Art. L. 654-11 Dans les cas prévus par les articles précédents, la juridiction saisie statue, lors même qu'il y aurait relaxe :

1° D'office, sur la réintégration dans le patrimoine du débiteur de tous les biens, droits ou actions qui ont été frauduleusement soustraits ;

2° Sur les *(L. n° 2005-845 du 26 juill. 2005, art. 146-II)* « dommages et intérêts » qui seraient demandés. – *[C. com., ancien art. L. 626-11].*

Art. L. 654-12 I. – Est puni des peines prévues par l'article 314-2 du code pénal le fait, pour tout administrateur, mandataire judiciaire, liquidateur ou commissaire à l'exécution du plan :

1° De porter volontairement atteinte aux intérêts des créanciers ou du débiteur soit en utilisant à son profit des sommes perçues dans l'accomplissement de sa mission, soit en se faisant attribuer des avantages qu'il savait n'être pas dus ;

2° De faire, dans son intérêt, des pouvoirs dont il disposait, un usage qu'il savait contraire aux intérêts des créanciers ou du débiteur.

II. – Est puni des mêmes peines le fait, pour tout administrateur, mandataire judiciaire, liquidateur, commissaire à l'exécution du plan ou toute autre personne, à l'exception *(Abrogé par L. n° 2005-845 du 26 juill. 2005, art. 146-III) « des contrôleurs et »* des représentants des salariés, de se rendre acquéreur pour son compte, directement ou indirectement, de biens du débiteur ou de les utiliser à son profit, ayant participé à un titre quelconque à la procédure. La juridiction saisie prononce la nullité de l'acquisition et statue sur les *(L. n° 2005-845 du 26 juill. 2005, art. 146-III)* « dommages et intérêts » qui seraient demandés. – *[C. com., ancien art. L. 626-12].*

Art. L. 654-13 Le fait, pour le créancier, après le jugement ouvrant la procédure *(L. n° 2005-845 du 26 juill. 2005, art. 163)* « de sauvegarde, de redressement judiciaire » ou de liquidation judiciaire, de passer une convention comportant un avantage particulier à la charge du débiteur est puni des peines prévues par l'article 314-1 du code pénal.

La juridiction saisie prononce la nullité de cette convention. – *[C. com., ancien art. L. 626-13].*

Art. L. 654-14 Est puni des peines prévues aux articles L. 654-3 à L. 654-5 le fait, pour les personnes mentionnées aux 2° et 3° de l'article L. 654-1, de mauvaise foi, en vue de soustraire tout ou partie de leur patrimoine aux poursuites de la personne morale qui a fait l'objet d'un jugement d'ouverture *(L. n° 2005-845 du 26 juill. 2005, art. 163)* « de sauvegarde, de redressement judiciaire » ou de liquidation judiciaire ou à celles des associés ou des créanciers de la personne morale, de détourner ou de dissimuler, ou de tenter de détourner ou de dissimuler, tout ou partie de leurs biens, ou de se faire frauduleusement reconnaître débitrice de sommes qu'elles ne devaient pas. – *[C. com., ancien art. L. 626-14].*

Art. L. 654-15 Le fait, pour toute personne, d'exercer une activité professionnelle ou des fonctions en violation des interdictions, déchéances ou incapacité prévues par les articles L. 653-2 et L. 653-8, est puni d'un emprisonnement de deux ans et d'une amende de 375 000 €. – *[C. com., art. L. 627-4].*

SECTION III DES RÈGLES DE PROCÉDURE

Art. L. 654-16 Pour l'application des dispositions des sections I et II du présent chapitre, la prescription de l'action publique ne court que du jour du jugement *(L. n° 2005-845 du 26 juill. 2005, art. 146-IV)* « ouvrant la procédure de sauvegarde, de redressement judiciaire ou de liquidation judiciaire » lorsque les faits incriminés sont apparus avant cette date. – *[C. com., art. L. 626-15].*

Art. L. 654-17 La juridiction répressive est saisie soit sur la poursuite du ministère public, soit sur constitution de partie civile de l'administrateur, du mandataire judi-

ciaire, du représentant des salariés, du commissaire à l'exécution du plan *(L. n° 2005-845 du 26 juill. 2005, art. 146-V)* **« , du liquidateur ou de la majorité des créanciers nommés contrôleurs agissant dans l'intérêt collectif des créanciers lorsque le mandataire de justice ayant qualité pour agir n'a pas agi, après une mise en demeure restée sans suite dans un délai et des conditions fixés par décret en Conseil d'État. »** – *[C. com., ancien art. L. 626-16]. – V. Décr. n° 2005-1677 du 28 déc. 2005, art. 327, infra, App., v° Difficultés des entreprises.*

L'agent judiciaire du Trésor ne figure pas au nombre des personnes que l'art. L. 654-17 autorise seules, par dérogation à l'art. 2 C. pr. pén., à se constituer partie civile du chef de banqueroute. • Crim. 28 févr. 2006 : *Bull. crim. n° 55 ; D. 2006. AJ. 1456, obs. Lienhard.*

Art. L. 654-18 **Le ministère public peut requérir de l'administrateur ou du liquidateur la remise de tous les actes et documents détenus par ces derniers.** – *[C. com., ancien art. L. 626-17].*

Art. L. 654-19 **Les frais de la poursuite intentée par l'administrateur, le mandataire judiciaire, le représentant des salariés, le commissaire à l'exécution du plan ou le liquidateur sont supportés par le Trésor public, en cas de relaxe.**

En cas de condamnation, le Trésor public ne peut exercer son recours contre le débiteur qu'après la clôture des opérations de liquidation judiciaire. – *[C. com., ancien art. L. 626-18].*

Art. L. 654-20 **Les jugements et arrêts de condamnation rendus en application du présent chapitre sont publiés aux frais du condamné.** – *[C. com., ancien art. L. 626-19].*

TITRE VI DES DISPOSITIONS GÉNÉRALES DE PROCÉDURE

CHAPITRE PREMIER DES VOIES DE RECOURS

BIBL. GÉN. ▸ VALLENS, *RTD com. 2006. 219*

Art. L. 661-1 **I. – Sont susceptibles d'appel ou de pourvoi en cassation :**

1° Les décisions statuant sur l'ouverture *(L. n° 2005-845 du 26 juill. 2005, art. 147)* **« des procédures de sauvegarde, de redressement judiciaire et de liquidation judiciaire » de la part du débiteur, du créancier poursuivant ainsi que du ministère public même s'il n'a pas agi comme partie principale ;**

2° Les décisions statuant sur la liquidation judiciaire, arrêtant ou rejetant le plan *(L. n° 2005-845 du 26 juill. 2005, art. 147)* **« de sauvegarde ou le plan de redressement » de la part du débiteur, de l'administrateur, du mandataire judiciaire, du comité d'entreprise ou, à défaut, des délégués du personnel ainsi que du ministère public même s'il n'a pas agi comme partie principale ;**

3° Les décisions modifiant le plan *(L. n° 2005-845 du 26 juill. 2005, art. 147)* **« de sauvegarde ou le plan de redressement » de la part du débiteur, du commissaire à l'exécution du plan, du comité d'entreprise ou, à défaut des délégués du personnel ainsi que du ministère public même s'il n'a pas agi comme partie principale.**

(L. n° 2005-845 du 26 juill. 2005, art. 147) **« II. – L'appel du ministère public est suspensif, à l'exception de celui portant sur les décisions statuant sur l'ouverture de la procédure de sauvegarde ou de redressement judiciaire.** – *[C. com., ancien art. L. 623-1].*

« III. – En l'absence de comité d'entreprise ou de délégué du personnel, le représentant des salariés exerce les voies de recours ouvertes à ces institutions par le présent article. »

V. Décr. n° 2005-1677 du 28 déc. 2005, art. 328 s., infra, App., v° Difficultés des entreprises.

Art. L. 661-2 Les décisions statuant sur l'ouverture de la procédure sont susceptibles de tierce opposition. *(L. n° 2005-845 du 26 juill. 2005, art. 148-I)* « Le jugement statuant sur la tierce opposition est susceptible d'appel et de pourvoi en cassation de la part du tiers opposant. » – *[C. com., ancien art. L. 623-2].*

V. Décr. n° 2005-1677 du 28 déc. 2005, art. 328 s., infra, App., v° Difficultés des entreprises.

Art. L. 661-3 *(L. n° 2005-845 du 26 juill. 2005, art. 148-II)* Les décisions arrêtant ou modifiant le plan de sauvegarde ou le plan de redressement sont susceptibles de tierce opposition.

Le jugement statuant sur la tierce opposition est susceptible d'appel et de pourvoi en cassation de la part du tiers opposant.

V. Décr. n° 2005-1677 du 28 déc. 2005, art. 328 s., infra, App., v° Difficultés des entreprises.

Art. L. 661-4 *(L. n° 2005-845 du 26 juill. 2005, art. 149)* Les jugements relatifs à la nomination ou au remplacement du juge-commissaire ne sont pas susceptibles de recours. – *[C. com., ancien art. L. 623-4].*

Art. L. 661-5 Ne sont susceptibles que d'un appel et d'un pourvoi en cassation de la part du ministère public, les jugements statuant sur les recours formés contre les ordonnances du juge-commissaire rendues en application des articles *(L. n° 2005-845 du 26 juill. 2005, art. 150)* « L. 642-18 et L. 642-19 ». – *[C. com., ancien art. L. 623-5].*

V. Décr. n° 2005-1677 du 28 déc. 2005, art. 328, 330 s., infra, App., v° Difficultés des entreprises.

Art. L. 661-6 I. – Ne sont susceptibles que d'un appel de la part du ministère public même s'il n'a pas agi comme partie principale :

1° Les jugements relatifs à la nomination ou au remplacement de l'administrateur, du mandataire judiciaire, du liquidateur, des contrôleurs, du ou des experts ;

2° Les jugements statuant sur la durée de la période d'observation, sur la poursuite ou la cessation de l'activité *(Abrogé par L. n° 2005-845 du 26 juill. 2005, art. 151) « ou sur l'autorisation de la location-gérance prévue à l'article L. 621-34 ».*

II. – Ne sont susceptibles que d'un appel de la part, *(L. n° 2005-845 du 26 juill. 2005, art. 151)* « soit du débiteur, » soit du ministère public même s'il n'a pas agi comme partie principale, soit du cessionnaire ou du cocontractant mentionné à l'article *(L. n° 2005-845 du 26 juill. 2005, art. 151)* « L. 642-7 », les jugements qui arrêtent ou rejettent le plan de cession de l'entreprise. Le cessionnaire ne peut interjeter appel du jugement arrêtant le plan de cession que si ce dernier lui impose *(Abrogé par L. n° 2005-845 du 26 juill. 2005, art. 151) « , en violation de l'article L. 621-63, »* des charges autres que les engagements qu'il a souscrits au cours de la préparation du plan. Le cocontractant mentionné à l'article *(L. n° 2005-845 du 26 juill. 2005, art. 151)* « L. 642-7 » ne peut interjeter appel que de la partie du jugement qui emporte cession du contrat.

III. – Ne sont susceptibles que d'un appel de la part soit du ministère public même s'il n'a pas agi comme partie principale, soit du cessionnaire, dans les limites mentionnées à l'alinéa précédent, les jugements modifiant le plan de cession.

IV. – L'appel du ministère public est suspensif. – *[C. com., ancien art. L. 623-6].*

V. Décr. n° 2005-1677 du 28 déc. 2005, art. 328 s., infra, App., v° Difficultés des entreprises.

Art. L. 661-7 Il ne peut être exercé de tierce opposition ou de recours en cassation contre les arrêts rendus en application du I de l'article L. 661-6.

Le pourvoi en cassation n'est ouvert qu'au ministère public à l'encontre des arrêts rendus en application du II et du III de l'article L. 661-6. – *[C. com., ancien art. L. 623-7].*

V. Décr. n° 2005-1677 du 28 déc. 2005, art. 335, infra, App., v° Difficultés des entreprises.

Art. L. 661-8 Lorsque le ministère public doit avoir communication des procédures *(L. n° 2005-845 du 26 juill. 2005, art. 163)* « de sauvegarde, de redressement judiciaire » ou de liquidation judiciaire et des causes relatives à la responsabilité des dirigeants sociaux, le pourvoi en cassation pour défaut de communication n'est ouvert qu'à lui seul. – *[C. com., ancien art. L. 623-8].*

Le ministère public doit avoir communication des procédures de sauvegarde, de redressement judiciaire et de liquidation judiciaire, des causes relatives à la responsabilité pécuniaire des dirigeants sociaux et des procédures de faillite personnelle ou relatives aux interdictions prévues par l'art. L. 653-8 C. com. (NCPC, art. 425 (2°), dans sa réd. issue du Décr. n° 2005-1677 du 28 déc. 2005).

Art. L. 661-9 En cas d'infirmation du jugement imposant de renvoyer l'affaire devant le tribunal, la cour d'appel peut ouvrir une nouvelle période d'observation. Cette période est d'une durée maximale de trois mois *(Abrogé par L. n° 2005-845 du 26 juill. 2005, art. 152)* ***« réduite à un mois lorsqu'il a été fait application de la procédure simplifiée prévue à la section V du chapitre Ier ».***

En cas d'appel du jugement statuant sur la liquidation judiciaire *(L. n° 2005-845 du 26 juill. 2005, art. 152)* « au cours de la période d'observation » ou arrêtant ou rejetant le plan *(L. n° 2005-845 du 26 juill. 2005, art. 152)* « de sauvegarde ou le plan de redressement judiciaire » et lorsque l'exécution provisoire est arrêtée, la période d'observation est prolongée jusqu'à l'arrêt de la cour d'appel. – *[C. com., ancien art. L. 623-9].*

Art. L. 661-10 Pour l'application du présent titre, les membres du comité d'entreprise ou les délégués du personnel désignent parmi eux la personne habilitée à exercer en leur nom les voies de recours. – *[C. com., ancien art. L. 623-10].*

V. Décr. n° 2005-1677 du 28 déc. 2005, art. 332, infra, App., v° Difficultés des entreprises.

Art. L. 661-11 *(L. n° 2005-845 du 26 juill. 2005, art. 153)* Les décisions rendues en application des chapitres Ier, II et III du titre V sont susceptibles d'appel de la part du ministère public, même s'il n'a pas agi comme partie principale.

L'appel du ministère public est suspensif.

CHAPITRE II AUTRES DISPOSITIONS

Art. L. 662-1 Aucune opposition ou procédure d'exécution de quelque nature qu'elle soit sur les sommes versées à la Caisse des dépôts et consignations n'est recevable. -– *[C. com., ancien art. L. 627-1].*

Art. L. 662-2 *(L. n° 2005-845 du 26 juill. 2005, art. 154)* Lorsque les intérêts en présence le justifient, la cour d'appel peut décider de renvoyer l'affaire devant une autre juridiction de même nature, compétente dans le ressort de la cour, pour connaître des procédures de sauvegarde, de redressement judiciaire ou de liquidation judiciaire, dans des conditions fixées par décret. La Cour de cassation, saisie dans les mêmes conditions, peut renvoyer l'affaire devant une juridiction du ressort d'une autre cour d'appel. – *V. Décr. n° 2005-1677 du 28 déc. 2005, art. 343, infra, App., v° Difficultés des entreprises.*

Art. L. 662-3 *(L. n° 2005-845 du 26 juill. 2005, art. 156)* Les débats devant le tribunal de commerce et le tribunal de grande instance ont lieu en chambre du conseil.

Néanmoins, la publicité des débats est de droit après l'ouverture de la procédure si le débiteur, le mandataire judiciaire, l'administrateur, le liquidateur, le représentant des salariés ou le ministère public en font la demande. Le président du tribunal peut décider qu'ils auront lieu ou se poursuivront en chambre du conseil s'il survient des désordres de nature à troubler la sérénité de la justice.

Par dérogation aux dispositions du premier alinéa, les débats relatifs aux mesures prises en application des chapitres Ier, II et III du titre V ont lieu en audience publique. Le président du tribunal peut décider qu'ils ont lieu en chambre du conseil si le débiteur le demande avant leur ouverture. – *V. Décr. n° 2005-1677 du 28 déc. 2005, art. 345, infra, App., v° Difficultés des entreprises.*

L'art. L. 662-3 [la loi vise, par erreur, l'art. L. 662-4] est applicable aux procédures en cours au jour de l'entrée en vigueur de la loi n° 2005-845 du 26 juill. 2005 [1er janv. 2006] (texte préc., art. 191).

BIBL. ▶ BIGOT, *Gaz. Pal. 5-6 avr. 2006, p. 2.*

Art. L. 662-4 **Tout licenciement envisagé par l'administrateur, l'employeur ou le liquidateur, selon le cas, du représentant des salariés mentionné aux articles** *(L. n° 2005-845 du 26 juill. 2005, art. 157)* **« L. 621-4 et L. 641-1 » est obligatoirement soumis au comité d'entreprise, qui donne un avis sur le projet de licenciement.**

Le licenciement ne peut intervenir que sur autorisation de l'inspecteur du travail dont dépend l'établissement. Lorsqu'il n'existe pas de comité d'entreprise dans l'établissement, l'inspecteur du travail est saisi directement.

Toutefois, en cas de faute grave, l'administrateur, l'employeur ou le liquidateur, selon le cas, a la faculté de prononcer la mise à pied immédiate de l'intéressé en attendant la décision définitive. En cas de refus de licenciement, la mise à pied est annulée et ses effets supprimés de plein droit.

La protection instituée en faveur du représentant des salariés pour l'exercice de sa mission fixée à l'article L. 625-2 cesse lorsque toutes les sommes versées au mandataire judiciaire par les institutions mentionnées à l'article L. 143-11-4 du code du travail, en application du dixième alinéa de l'article L. 143-11-7 dudit code, ont été reversées par ce dernier aux salariés.

Lorsque le représentant des salariés exerce les fonctions du comité d'entreprise ou, à défaut, des délégués du personnel, *(Abrogé par L. n° 2005-845 du 26 juill. 2005, art. 157)* ***« en application de l'article L. 621-135, »*** **la protection cesse au terme de la dernière audition ou consultation prévue par la procédure de redressement judiciaire.** – *[C. com., ancien art. L. 627-5].*

Art. L. 662-5 *(L. n° 2003-7 du 3 janv. 2003, art. 47)* **Les fonds détenus par les syndics au titre des procédures de règlement judiciaire ou de liquidation des biens régies par la loi n° 67-563 du 13 juillet 1967 sur le règlement judiciaire, la liquidation des biens, la faillite personnelle et les banqueroutes sont immédiatement versés en compte de dépôt à la Caisse des dépôts et consignations. En cas de retard, le syndic doit, pour les sommes qu'il n'a pas versées, un intérêt dont le taux est égal au taux de l'intérêt légal majoré de cinq points.** – *[C. com., ancien art. L. 627-6].*

Art. L. 662-6 *(L. n° 2005-845 du 26 juill. 2005, art. 159)* **Le greffe du tribunal de commerce et celui du tribunal de grande instance établissent au terme de chaque semestre la liste des administrateurs judiciaires et des mandataires judiciaires désignés par la juridiction et des autres personnes auxquelles un mandat afférent aux procédures régies par le présent livre a été confié par ladite juridiction, pendant cette période. Ils y font figurer, pour chacun des intéressés, l'ensemble des dossiers qui lui ont été attribués et les informations relatives aux débiteurs concernés prévues par décret en Conseil d'État. Ils y annexent le montant du chiffre d'affaires qu'il a réalisé, au titre des mandats qui lui ont été confiés par la juridiction, au cours du semestre précédent.**

Ces informations sont portées à la connaissance du garde des sceaux, ministre de la justice, du ministère public du ressort concerné et des autorités chargées du contrôle et de l'inspection des administrateurs et des mandataires judiciaires, selon des modalités déterminées par un décret en Conseil d'État.

V. Décr. n° 2005-1677 du 28 déc. 2005, art. 350 et 351, infra, App., v° Difficultés des entreprises.

CHAPITRE III DES FRAIS DE PROCÉDURE

Art. L. 663-1 **I. — Lorsque les fonds disponibles du débiteur n'y peuvent suffire immédiatement, le Trésor public, sur ordonnance motivée du juge-commissaire ou du président du tribunal, fait l'avance des droits, taxes, redevances ou émoluments perçus par les greffes des juridictions, des débours tarifés et des émoluments dus aux avoués et des rémunérations des avocats dans la mesure où elles sont réglementées, des frais de signification et de publicité et de la rémunération des techniciens désignés par la juridiction après accord du ministère public, afférents :**

1° Aux décisions qui interviennent au cours de la procédure *(L. n° 2005-845 du 26 juill. 2005, art. 163)* **« de sauvegarde, de redressement judiciaire » ou de liquidation judiciaire rendues dans l'intérêt collectif des créanciers ou du débiteur ;**

2° A l'exercice des actions tendant à conserver ou à reconstituer le patrimoine du débiteur ou exercées dans l'intérêt collectif des créanciers ;

3° Et à l'exercice des actions mentionnées aux articles L. 653-3 à L. 653-6.

(L. n° 2005-845 du 26 juill. 2005, art. 158-I) **« L'accord du ministère public n'est pas nécessaire pour l'avance de la rémunération des officiers publics désignés par le tribunal en application de l'article L. 621-4, pour réaliser l'inventaire prévu à l'article L. 622-6 et la prisée prévue à l'article L. 641-4. »**

II. — Le Trésor public, sur ordonnance motivée du président du tribunal, fait également l'avance des mêmes frais afférents à l'exercice de l'action en résolution et en modification du plan.

III. — Ces dispositions sont applicables aux procédures d'appel ou de cassation de toutes les décisions mentionnées ci-dessus.

IV. — Pour le remboursement de ses avances, le Trésor public est garanti par le privilège des frais de justice. — *[C. com., ancien art. L. 627-3].*

V. Décr. n° 2005-1677 du 28 déc. 2005, art. 328, infra, App., v° Difficultés des entreprises.

Art. L. 663-2 *(L. n° 2005-845 du 26 juill. 2005, art. 158-II)* **Un décret en Conseil d'État fixe les modalités de rémunération des administrateurs judiciaires, des mandataires judiciaires, des commissaires à l'exécution du plan et des liquidateurs. Cette rémunération est exclusive de toute autre rémunération ou remboursement de frais au titre de la même procédure ou au titre d'une mission subséquente qui n'en serait que le prolongement.** — *V. Décr. n° 85-1390 du 27 déc. 1985, infra, App., v° Difficultés des entreprises.*

V. Décr. n° 2005-1677 du 28 déc. 2005, art. 328, infra, App., v° Difficultés des entreprises.

Art. L. 663-3 *(L. n° 2005-845 du 26 juill. 2005, art. 158-III)* **Lorsque le produit de la réalisation des actifs de l'entreprise ne permet pas au liquidateur ou au mandataire judiciaire d'obtenir, au titre de la rémunération qui lui est due en application des dispositions de l'article L. 663-2, une somme au moins égale à un seuil fixé par décret en Conseil d'État, le dossier est déclaré impécunieux par décision du tribunal, sur proposition du juge-commissaire et au vu des justificatifs présentés par le liquidateur ou le mandataire judiciaire.**

La même décision fixe la somme correspondant à la différence entre la rémunération effectivement perçue par le liquidateur ou le mandataire judiciaire et le seuil visé au premier alinéa.

La somme versée au mandataire judiciaire ou au liquidateur est prélevée sur une quote-part des intérêts servis par la Caisse des dépôts et consignations sur les fonds déposés en application des articles L. 622-18, L. 626-25 et L. 641-8. Cette quote-part est spécialement affectée à un fonds géré par la Caisse des dépôts et consignations sous le contrôle d'un comité d'administration. Les conditions d'application du présent alinéa sont fixées par un décret en Conseil d'État. — *Ce prélèvement est effectué à compter du 1er juill. 2004 sur l'ensemble des intérêts versés quelle que soit la date d'ouverture de la procédure au titre de laquelle les fonds ont été déposés (Décr. nº 2004-518 du 10 juin 2004, art. 109). — Le taux du prélèvement est fixé à 25 % (Arr. 10 sept. 2004, JO 22 sept.).*

V. Décr. nº 2005-1677 du 28 déc. 2005, art. 328, infra, App., vº Difficultés des entreprises.

Art. L. 663-4 **Le juge-commissaire a droit, sur l'actif du débiteur, au remboursement de ses frais de déplacement.** — *[C. com., ancien art. L. 627-2].*

V. Décr. nº 2005-1677 du 28 déc. 2005, art. 328, infra, App., vº Difficultés des entreprises.

TITRE VII DISPOSITIONS DÉROGATOIRES PARTICULIÈRES AUX DÉPARTEMENTS DE LA MOSELLE, DU BAS-RHIN ET DU HAUT-RHIN

Art. L. 670-1 *(L. nº 2005-845 du 26 juill. 2005, art. 160-I)* **« Les dispositions du présent titre sont applicables aux personnes physiques, domiciliées dans les départements de la Moselle, du Bas-Rhin et du Haut-Rhin, et à leur succession, qui ne sont ni des commerçants, ni des personnes immatriculées au répertoire des métiers, ni des agriculteurs, ni des personnes exerçant toute autre activité professionnelle indépendante, y compris une profession libérale soumise à un statut législatif ou réglementaire, lorsqu'elles sont de bonne foi et en état d'insolvabilité notoire. Les dispositions des titres II à VI du présent livre s'appliquent dans la mesure où elles ne sont pas contraires à celles du présent titre. »**

(L. nº 2003-710 du 1er août 2003, art. 37) **« Avant qu'il ne soit statué sur l'ouverture de la procédure, le tribunal commet, s'il l'estime utile, une personne compétente choisie dans la liste des organismes agréés, pour recueillir tous renseignements sur la situation économique et sociale du débiteur.**

« Les déchéances et interdictions qui résultent de la faillite personnelle ne sont pas applicables à ces personnes.

« Les modalités d'application du présent article sont fixées par décret. » — *[C. com., ancien art. L. 628-1].*

En matière de règlement judiciaire, de liquidation des biens [de redressement judiciaire, de liquidation judiciaire], de faillite personnelle, le tribunal de grande instance ou, le cas échéant, la chambre commerciale de ce tribunal, remplit les fonctions attribuées par la loi au tribunal de commerce. Toutefois, les fonctions de juge-commissaire peuvent aussi être exercées par un juge du siège du tribunal de grande instance ou par un juge chargé du service du tribunal d'instance du domicile du débiteur (COJ, art. L. 912-1).

Les dispositions du code de la consommation relatives au règlement des situations de surendettement des particuliers ne font pas obstacle à l'application des art. 22 [L. 670-1], 23 [abrogé] et 24 [L. 670-2] de la loi du 1er juin 1924 portant introduction des lois commerciales françaises dans les départements du Haut-Rhin, du Bas-Rhin et de la Moselle (C. consom., art. L. 333-3).

Art. L. 670-2 *(L. nº 2005-845 du 26 juill. 2005, art. 160-II)* **Le juge-commissaire peut ordonner la dispense de l'inventaire des biens des personnes visées à l'article L. 670-1.** — *[C. com., ancien art. L. 628-2].*

Art. L. 670-3 *(L. n° 2003-710 du 1er août 2003, art. 39) (Abrogé par L. n° 2005-845 du 26 juill. 2005, art. 160-III)* **« *Par dérogation à l'article L.* 621-102, » il n'est pas procédé, en cas de liquidation judiciaire, à la vérification des créances s'il apparaît que le produit de la réalisation de l'actif sera entièrement absorbé par les frais de justice, sauf décision contraire du juge-commissaire.** – *[C. com., ancien art. L. 628-3].*

Art. L. 670-4 *(L. n° 2003-710 du 1er août 2003, art. 40)* **Lors de la clôture des opérations de liquidation judiciaire, le tribunal peut, à titre exceptionnel, imposer au débiteur une contribution destinée à l'apurement du passif dans les proportions qu'il détermine. Le tribunal désigne dans ce jugement un commissaire chargé de veiller à l'exécution de la contribution.**

Pour fixer les proportions de la contribution, le tribunal prend en compte les facultés contributives du débiteur déterminées au regard de ses ressources et charges incompressibles. Le tribunal réduit le montant de la contribution en cas de diminution des ressources ou d'augmentation des charges du contributeur.

Son paiement doit être effectué dans un délai de deux ans.

Les modalités d'application du présent article sont fixées par décret. – *[C. com., ancien art. L. 628-4].*

Art. L. 670-5 *(L. n° 2003-710 du 1er août 2003, art. 41)* **Outre les cas prévus à l'article** *(L. n° 2005-845 du 26 juill. 2005, art. 160-IV)* **« L. 643-11 », les créanciers recouvrent également leur droit de poursuite individuelle à l'encontre du débiteur lorsque le tribunal constate, d'office ou à la demande du commissaire, l'inexécution de la contribution visée à l'article L. 670-4.** – *[C. com., ancien art. L. 628-5].*

Art. L. 670-6 *(L. n° 2003-710 du 1er août 2003, art. 42)* **Le jugement prononçant la liquidation judiciaire est mentionné pour une durée de huit ans au fichier prévu à l'article L. 333-4 du code de la consommation et ne fait plus l'objet d'une mention au casier judiciaire de l'intéressé.** – *[C. com., ancien art. L. 628-6].*

Art. L. 670-7 *(L. n° 2003-710 du 1er août 2003, art. 38-I)* **L'assiette et la liquidation de la taxe sur les frais de justice en matière de redressement ou de liquidation judiciaire sont provisoirement réglées conformément aux dispositions des lois locales.** – *[C. com., ancien art. L. 628-7].*

Art. L. 670-8 *(L. n° 2003-710 du 1er août 2003, art. 38-I)* **Les dispositions de l'article 1er de la loi n° 75-1256 du 27 décembre 1975 relative à certaines ventes de biens immeubles dans les départements du Haut-Rhin, du Bas-Rhin et de la Moselle cessent d'être applicables aux ventes forcées d'immeubles compris dans le patrimoine d'un débiteur ayant fait l'objet d'une procédure de redressement judiciaire ouverte postérieurement au 1er janvier 1986.** – *[C. com., ancien art. L. 628-8].*

LIVRE SIXIÈME *[ANCIEN]* DES DIFFICULTÉS DES ENTREPRISES

TITRE PREMIER DE LA PRÉVENTION ET DU RÈGLEMENT AMIABLE DES DIFFICULTÉS DES ENTREPRISES

RÉP. COM. v[is] *Entreprises en difficulté (Avant-propos)*, par GUYON ; *Entreprises en difficulté (Prévention et règlement amiable)*, par CHAPUT.

BIBL. GÉN. ▶ Commentaires d'ensemble de la loi du 10 juin 1994 : DERRIDA et SORTAIS, *D. 1994. Chron. 267* ; *Petites affiches 14 sept. 1994, p. 6* (philosophie de la réforme). – CANIN, *RJ com. 1994. 352.* – LE CANNU, *Bull. Joly 1994. 748.* – CHAPUT, *JCP 1994. I. 3786 ; ibid. 1994, n° 41, Actualités* (entrée en vigueur). – CRÉDOT, *Petites affiches 14 sept. 1994, p. 12* (grandes lignes de la réforme) ; *Dr. et patr. sept. 1994. 32.* – FRISON-ROCHE, in *Colloque Dalloz, 12-13 oct. 1994* (cohérence technique de la loi). – VALLENS, *Petites affiches 14 sept. 1994, p. 120* (aspects procéduraux). – GAVALDA, *ibid., 14 sept. 1994, p. 18* (situation des établissements de crédit). – MASSONI, *Gaz. Pal. 1994. 2. Doctr. 1076* (situation des créanciers). – ARSÉGUEL, *Petites affiches 14 sept. 1994, p. 31* (aspects sociaux). – COUDERT, *ibid., 14 sept. 1994, p. 26* (entreprises publiques). – COURET, *Gaz. Pal. 1994. 2. Doctr. 1282.* – LIÉNARD, *Rev. proc. coll. 1994. 289 ; ibid. 1996. 1* (responsabilité du commissaire aux comptes dans le cadre de la procédure d'alerte). – VIDAL, *Rev. huiss. 1995. 2* (responsabilité civile des partenaires de l'entreprise en difficulté). – BARBIÈRI, *Petites affiches 14 sept. 1994, p. 40* (rôle des commissaires aux comptes). – KERCKHOVE, *Rev. proc. coll. 1994. 441* (prévention et règlement amiable). – LEGEAIS, *ibid. 1994. 435* (application dans le temps). – CELLARD et CARPENTIER, *RJ com. 1995. 87.*

Autres articles de doctrine : DE BERMOND DE VAULX, *JCP E 1995. I. 493* (secret des affaires). – Forum de l'AFFIC du 30 mars 1995 (droits et obligations des créanciers), *Gaz. Pal. 1996. 1. Doctr. 184.* – Congrès des greffiers des tribunaux de commerce du 7 juin 1996, *Gaz. Pal. 1996. 2. Doctr. 1444 s.* – ROBINET-DUFFO, *RJ com. 1997. 85* (rôle des unions patronales et des partenaires de l'entreprise). – SOINNE, *Rev. proc. coll. 1997. 377* (profession libérale et procédure collective). – THÉVENET, *Gaz. Pal. 1998. 1. Doctr. 297* (même thème). – DUMOULIN-MAUDUIT, *D. Affaires 1999. 442 et 502* (relations de l'ingénierie et du droit dans les procédures amiables de redressement de l'entreprise en difficulté). – DUFOUR, *Petites affiches 31 mai 1999, p. 3* (prévention : les professionnels comptables s'associent aux tribunaux de commerce). – VITERBO, *Banque et Droit mai-juin 1999. 3* (sort de la réserve de propriété en période de règlement amiable). – DAIGRE, *RJ com., n° spéc., nov. 1999. 69* (pratique des modes alternatifs). – ROUGER, *ibid. 137* (le moratoire sous l'égide du juge). – ROMANI, *Mélanges Honorat, Éd. Frison-Roche 2000, p. 173* (techniques de prévention des risques de défaillance des entreprises). – D'AMBRA, *Études à la mémoire du Pr. Alfred Rieg, p. 223* (règlement amiable, juridiction volontaire et volonté des parties). – KLING, *RJ com. 2001. 10* (le commissaire aux comptes et la prévention). – TEBOUL, *ibid. 17* (secret et transparence dans la prévention des difficultés) ; *RJ com. 2005. 114* (financement des entreprises en difficulté pendant la période de prévention : constat et perspectives). – NUSSENBAUM, *ibid. 30* (exigence de transparence pour l'information financière dans le domaine boursier et caractère secret du règlement amiable). – BOURRIÉ-QUENILLET et STEPHANY, *Petites affiches 23 oct. 2001, p. 6* (nouvelles approches de la prévention). – CHAPUT, *Mélanges Cabrillac, Dalloz-Litec, 1999, p. 677* (liquidation amiable sous contrôle judiciaire d'une entreprise en difficulté). – NOUGEIN, *RJ com. nov. 2002. 30* (juge de la prévention). – Colloque de l'AFFIC, *RJ com. sept. 2003* (prévention des difficultés des entreprises – le juge ou le marché). – CAMPANA et TEBOUL, *Petites affiches 21 nov. 2003, p. 5* (aides d'État aux entreprises en difficulté). – BEDER, *Rev. proc. coll. 2004. 179* (prévention et détection auprès du tribunal de commerce). – COLAERT, *RJ com. 2005. 130* (financement des sociétés en mandat *ad hoc*).

▶ Statistiques : ALEXANDRE-CASELLI, *JCP E 2005, n° 42, p. 1787.*

CHAPITRE PREMIER DES GROUPEMENTS DE PRÉVENTION AGRÉÉS ET DU RÈGLEMENT AMIABLE

Ancien art. L. 611-1 (L. n° 2003-721 du 1er août 2003, art. 10) *« Toute personne immatriculée au registre du commerce et des sociétés ou au répertoire des métiers » ainsi que toute personne morale de droit privé peut adhérer à un groupement de prévention agréé par arrêté du représentant de l'État dans la région.*

Ce groupement a pour mission de fournir à ses adhérents, de façon confidentielle, une analyse des informations (L. n° 2003-721 du 1er août 2003, art. 10) *« économiques, comptables et financières » que ceux-ci s'engagent à lui transmettre régulièrement.*

Lorsque le groupement relève des indices de difficultés, il en informe le chef d'entreprise et peut lui proposer l'intervention d'un expert.

A la diligence du représentant de l'État, les administrations compétentes prêtent leur concours aux groupements de prévention agréés. Les services de la Banque de France peuvent également, suivant des modalités prévues par convention, être appelés à formuler des avis sur la situation financière des entreprises adhérentes. Les groupements de prévention agréés peuvent bénéficier par ailleurs des aides directes ou indirectes des collectivités locales, notamment en application des articles 5, 48 et 66 de la loi n° 82-213 du 2 mars 1982 modifiée relative aux droits et libertés des communes, des départements et des régions.

Les groupements de prévention agréés sont habilités à conclure, notamment avec les établissements de crédit et les entreprises d'assurance, des conventions au profit de leurs adhérents. — [L. n° 84-148 du 1er mars 1984, art. 33].

Pour l'application en Polynésie française à Wallis-et-Futuna et en Nouvelle-Calédonie des dispositions de la loi n° 2003-721 du 1er août 2003, V. ce texte, art. 58-I.

V. Décr. n° 85-910 du 27 août 1985 (D. et ALD 1985. 499) relatif à la création et aux conditions de fonctionnement dans les régions de groupements destinés à la prévention des difficultés des entreprises. — V. aussi Circ. 26 nov. 2004 (JO 1er déc.).

Sur les avantages fiscaux liés à l'adhésion à un groupement de prévention agréé, V. L. n° 89-549 du 2 août 1989, art. 9 (D. et ALD 1989. 275).

BIBL. ▶ Boukris, *Gaz. Pal. 1984. 2. Doctr. 138.* – Chaput, *Petites affiches 1985, n° 143.*

Sur l'exclusion des entreprises à forme individuelle avant la loi n° 2003-721 du 1er août 2003, V. Rép. min. n° 4086 : *JO Sénat Q 19 févr. 1987, p. 257 ; Rev. proc. coll. 1987, n° 3, p. 9, obs. Chaput.*

Ancien art. L. 611-2 *Lorsqu'il résulte de tout acte, document ou procédure qu'une société commerciale, un groupement d'intérêt économique, ou une entreprise individuelle, commerciale ou artisanale connaît des difficultés de nature à compromettre la continuité de l'exploitation, ses dirigeants peuvent être convoqués par le président du tribunal de commerce pour que soient envisagées les mesures propres à redresser la situation.*

A l'issue de cet entretien, le président du tribunal peut, nonobstant toute disposition législative ou réglementaire contraire, obtenir communication, par les commissaires aux comptes, les membres et représentants du personnel, les administrations publiques, les organismes de sécurité et de prévoyance sociales ainsi que les services chargés de la centralisation des risques bancaires et des incidents de paiement, des renseignements de nature à lui donner une exacte information sur la situation économique et financière du débiteur. — [L. n° 84-148 du 1er mars 1984, art. 34].

BIBL. ▶ Haehl, *Petites affiches 14 sept. 1994, p. 45 ; ibid., 30 sept. 1994, p. 13.* – De Bermond de Vaulx, *JCP E 1995. I. 493* (secret des affaires).

Il n'appartient pas au juge saisi en matière de référé de s'attribuer les pouvoirs propres du président de la juridiction en matière de règlement amiable *[conciliation]* et de procéder, quelle qu'en soit l'éventuelle opportunité, à l'entretien prévu par l'art. 34 [C. com., art. L. 611-2]. Il ne peut pas faire convoquer – dans ce but – le représentant légal de la personne morale à une audience publique, l'entretien devant conserver une certaine confidentialité. • Versailles, 26 janv. 1995 : *Gaz. Pal. 1995. 1. Somm. 71 ; JCP E 1995. Pan. 328 ; RJDA 1995, n° 884.*

Ancien art. L. 611-3 *Sans préjudice du pouvoir du président du tribunal de commerce de désigner un mandataire ad hoc dont il détermine la mission, il est institué une procédure de règlement amiable ouverte à toute entreprise commerciale ou artisanale qui, sans être en cessation de paiements, éprouve une difficulté juridique, économique ou financière ou des besoins ne pouvant être couverts par un financement adapté aux possibilités de l'entreprise.*

Le président du tribunal de commerce est saisi par une requête du représentant de l'entreprise, qui expose sa situation financière, économique et sociale, les besoins de financement ainsi que les moyens d'y faire face.

Outre les pouvoirs qui lui sont attribués par le second alinéa de l'article L. 611-2, le président du tribunal peut charger un expert de son choix d'établir un rapport sur la situation économique, sociale et financière de l'entreprise et, nonobstant toute disposition législative ou réglementaire contraire, obtenir des établissements bancaires ou financiers tout renseignement de nature à donner une exacte information sur la situation économique et financière de l'entreprise.

Le président du tribunal ouvre le règlement amiable et désigne un conciliateur pour une période n'excédant pas trois mois mais qui peut être prorogée d'un mois au plus à la demande de ce dernier. — [L. n° 84-148 du 1er mars 1984, art. 35].

BIBL. ▶ BAYLE, *RTD com. 1988. 1.* – CHAPUT, *RJ com. n° spéc., févr. 1986, p. 106 ; JCP E 1988, supplément au n° 18, p. 3.* – MARTIN, *Gaz. Pal. 1984. 2. Doctr. 328.* – MATHIEU, *JCP E 1986. II. 14805.* – DE BERMOND DE VAULX, *JCP E 1995. I. 493* (secret des affaires). – FERRAND, *Petites affiches 8 janv. 1996, p. 12.*

1. Demandeur. L'architecte qui exerce son activité individuellement, ne peut bénéficier de la procédure de règlement amiable. • Douai, 18 févr. 1997 : *Dr. sociétés 1998, n° 10, obs. Chaput.* ♦ Sur l'ouverture de la procédure aux entrepreneurs individuels libéraux avant la loi du 10 juin 1994, V. • Chambéry, 3 nov. 1986 : *Gaz. Pal. 1987. 1. 133, note Marchi ; Rev. proc. coll. 1987, n° 3, p. 8, obs. Chaput* (conf. • TGI Chambéry, 26 mai 1986 : *ibid. 1986, n° 3, p. 63, obs. Chaput*) ; *D. 1988. 163, note Pagès.* ♦ Comp., désormais : art. L. 611-3, al. 1er, réservant la procédure aux entreprises commerciales et artisanales. ♦ V. cependant, admettant la compétence du président du tribunal de grande instance, pour désigner un mandataire *ad hoc*, s'agissant de dettes professionnelles, • TGI Versailles, 30 déc. 1996 : *Banque et Droit sept.-oct. 1997. 37, obs. Guillot.*

1 bis. Effets de l'ouverture du règlement amiable ou du mandat ad hoc. L'ouverture d'une procédure de règlement amiable prévue à l'art. L. 611-3 C. com. ne dispense le dirigeant ni de procéder à la déclaration de cessation des paiements lorsque ses conditions sont réunies, ni d'être sanctionné ou d'être condamné au paiement des dettes sociales pour y avoir procédé tardivement. • Com. 8 juill. 2003 : *Bull. civ. IV, n° 129 ; D. 2003. AJ. 2171, obs. Lienhard ; D. 2004. Somm. 59, obs. F.-X. Lucas ; Bull. Joly 2003. 1129, note J.-F. Barbièri ; Dr. sociétés 2003, n° 191, note Legros ; RTD com. 2003. 808, obs. Macorig-Venier ; JCP E 2004, n° 6, p. 229, obs. Pétel ; Petites affiches 16 févr. 2004, p. 5, obs. Lécuyer ; Defrénois 2004. 575, obs. Gibirila ; Rev. proc. coll. 2005. 152, obs. Martin-Serf.* ♦ Il en va de même en cas de nomination d'un mandataire *ad hoc* par le président du tribunal de commerce. • Com. 10 mai 2005 : *RJDA 2005, n° 1025 ; Dr. sociétés 2005, n° 174, note Legros.* ♦ L'ouverture d'une procédure de conciliation n'a pas pour effet de suspendre l'exécution des contrats en cours. • T. com. Paris, 12 mars 1996 : *Dr. sociétés 1996, n° 192, obs. Chaput.* ♦ V. art. L. 611-4. ♦ Sur la question du report de la date de cessation des paiements, V. note 4 *bis* ss. ancien art. L. 621-7.

1 ter. Confidentialité. Le secret professionnel prévu, par l'art. 38 [C. com., art. L. 611-6], pour les personnes appelées au règlement amiable ne s'étend pas au mandataire *ad hoc* qui peut être nommé par le président du tribunal de commerce. • Paris, 2 avr. 1999 : *BICC 2000, n° 121 ; Bull. Joly 1999. 1084, note Couret ; RTD com. 2000. 714, obs. Macorig-Venier.* ♦ Néanmoins, il ressort des travaux parlementaires de la loi sur la prévention et le traitement des difficultés des entreprises (L. n° 94-475, 10 juin 1994) et de la doctrine dominante que la mission confiée au mandataire *ad hoc* est soumise à la confidentialité. Cette confidentialité, n'étant pas absolue, peut être levée à la demande de l'entreprise bénéficiaire lorsqu'il s'agit d'obtenir la communication d'un document adressé par un garant de la société au président du tribunal de commerce. • Même arrêt.

2. Rémunération du conciliateur. V. notes ss. art. 37 du décret du 1er mars 1985, *infra*, ss. ancien art. L. 612-5.

Ancien art. L. 611-4 *I. — Le président du tribunal détermine la mission du conciliateur, dont l'objet est de favoriser le fonctionnement de l'entreprise et de rechercher la conclusion d'un accord avec les créanciers.*

II. — Le président du tribunal communique au conciliateur les renseignements dont il dispose et, le cas échéant, les résultats de l'expertise visée au troisième alinéa de l'article L. 611-3.

III. — S'il estime qu'une suspension provisoire des poursuites serait de nature à faciliter la conclusion de l'accord, le conciliateur peut saisir le président du tribunal. Après avoir recueilli l'avis des principaux créanciers, ce dernier peut rendre une ordonnance la prononçant pour une durée n'excédant pas le terme de la mission du conciliateur.

IV. — Cette ordonnance suspend ou interdit toute action en justice de la part de tous les créanciers dont la créance a son origine antérieurement à ladite décision et tendant :

1° A la condamnation du débiteur au paiement d'une somme d'argent ;

2° A la résolution d'un contrat pour défaut de paiement d'une somme d'argent.

V. — Elle arrête ou interdit également toute voie d'exécution de la part de ces créanciers tant sur les meubles que sur les immeubles.

VI. — Les délais impartis à peine de déchéance ou de résolution des droits sont, en conséquence, suspendus.

VII. — Sauf autorisation du président du tribunal, l'ordonnance qui prononce la suspension provisoire des poursuites interdit au débiteur, à peine de nullité, de payer, en tout ou partie, une créance quelconque née antérieurement à cette décision, ou de désintéresser les cautions qui acquitteraient des créances nées antérieurement, ainsi que de faire un acte de disposition étranger à la gestion normale de l'entreprise ou de consentir une hypothèque ou un nantissement. Cette interdiction de payer ne s'applique pas aux créances résultant du contrat de travail.

VIII. — Lorsqu'un accord est conclu avec tous les créanciers, il est homologué par le président du tribunal de commerce et déposé au greffe. Si un accord est conclu avec les principaux créanciers, le président du tribunal peut également l'homologuer et accorder au débiteur les délais de paiement prévus à l'article 1244-1 du code civil pour les créances non incluses dans l'accord.

IX. — L'accord suspend, pendant la durée de son exécution, toute action en justice, toute poursuite individuelle tant sur les meubles que sur les immeubles du débiteur dans le but d'obtenir le paiement des créances qui en font l'objet. Il suspend les délais impartis aux créanciers à peine de déchéance ou de résolution des droits afférents à ces créanciers.

X. — En cas d'inexécution des engagements résultant de l'accord, le tribunal prononce la résolution de celui-ci ainsi que la déchéance de tout délai de paiement accordé. — [L. n° 84-148 du 1er mars 1984, art. 36]. — V. infra, art. ancien L. 621-3.

BIBL. ▶ Bouteiller, *JCP E 1984. II. 13512* (cautionnement). — Chaput, *Petites affiches 14 sept. 1994, p. 35* (pouvoirs décisionnels du juge). — M.-A. Prévost, *RJ com. 1994. 341* (conciliation judiciaire). ▶ Sur les clauses de retour à meilleure fortune : Playoust, *Rev. proc. coll. 1994. 354.* — Jacomet et Béjinariu, *Bull. Joly 1996. 365.*

1. Échec de la conciliation. Le seul échec de la conciliation, en l'absence de conclusion d'un accord amiable, n'est pas une cause d'ouverture d'un redressement judiciaire qui ne sera prononcé qu'au cas où le débiteur est en état de cessation des paiements. • T. com. Paris, 4 nov. 1985 : *Gaz. Pal. 1986. 1. 45, note Marchi ; Rev. proc. coll. 1986, n° 2, p. 47, obs. Chaput.* ♦ V. *infra*, art. L. 621-3.

1 bis. Propositions des créanciers dans le cadre d'un mandat ad hoc. Pour un arrêt jugeant que les contre-propositions faites par des créanciers dans le cadre d'un mandat *ad hoc* n'engagent pas leurs auteurs dans le cadre du règlement amiable dont a ensuite bénéficié le débiteur, V. • Orléans, 23 janv. 2003 : *RJDA 2003, n° 1198.*

1 ter. Étendue de l'accord. La loi du 1er mars 1984 [C. com., art. L. 611-1 s.] n'impose pas que l'ensemble des dettes du débiteur fasse l'objet d'un tel règlement, le créancier restant libre de s'engager dans les liens d'un règlement amiable pour partie seulement de ses créances. • Com. 13 oct. 1998 : *Bull. civ. IV, n° 235 ; D. Affaires 1998. 1817, obs. A. L. ; RTD com. 1999. 185, obs. Macorig-Venier ; Dr. sociétés 1999, n° 10, obs. Chaput.*

2. Action en paiement. L'accord amiable suspendant toute action en justice dans le but d'obtenir le paiement objet de l'accord, l'appel du créancier contre la décision de condamnation est irrecevable et la demande du débiteur tendant à la confirmation du jugement est sans objet, sauf au créancier à demander l'ouverture d'une procédure de redressement judiciaire sur la base de l'art. 5 de la loi du 25 janvier 1985 [C. com., art. L. 621-3]. • Aix-en-Provence, 17 févr. 1988 : *JCP E 1988. II. 17774.*

2 bis. Délais de paiement. Selon l'art. 36 [C. com., art. L. 611-4], quand un débiteur fait l'objet d'une procédure de règlement amiable et qu'un accord est conclu avec les principaux créanciers, le président du tribunal peut accorder au débiteur les délais de paiement prévus à l'art. 1244-1 C. civ. pour les créances non incluses dans l'accord. Ce texte spécial, dont le domaine couvre sans distinction toutes les créances non incluses dans l'accord, déroge à la loi générale qui exclut l'octroi de délai de grâce pour certaines créances, notamment fiscales. • Com. 16 juin 1998 : *Bull. civ. IV, n° 193 ; D. 1998. 429, note F. D. ; D. Affaires 1998. 1175, obs. A. L. ; JCP 1998. II. 10218, note Meledo-Briand ; JCP E 1998, n° 45-46, p. 1795, note Serlooten ; RTD com. 1998. 918, obs. Macorig-Venier ; RJDA 1998. 682, concl. Piniot* (V. l'arrêt confirmé : • Rennes, 27 mars 1996 : *D. 1997. 28, note F. D. ; Rev. proc. coll. 1996. 313, obs. crit. Soinne ; JCP 1996. II. 22731, note Meledo-Briand ; Dr. sociétés 1996, n° 209, obs. Chaput*). ♦ Dans le même sens, V. aussi • Paris, 10 mars 2000 : *Dr. sociétés 2000, n° 123, obs. Bonneau.* ♦ L'art. 36 [C. com., art. L. 611-4] déroge à la loi générale excluant l'octroi de délais de grâce pour certaines créances de nature salariale comme celles des congés payés. • Douai, 25 juill. 2000 : *Dr. sociétés 2001, n° 29, obs. Chaput ; RTD com. 2001. 212, obs. Macorig-Venier ; JCP E 2002, n° 4, p. 177, note Tirloir.* ♦ Pour un arrêt considérant que la faculté laissée au président du tribunal de commerce d'accorder des délais de paiement pour une dette d'un créancier non signataire de l'accord ne peut avoir pour effet de rendre inexistantes les dispositions spéciales d'ordre public concernant le recouvrement des dettes de l'URSSAF, V. • Chambéry, 16 juin 1998 : *Gaz. Pal. 1998. 2. Somm. 638.*

Pour un exemple de réduction du taux d'intérêt d'un crédit, conformément à l'art. 1244-1, al. 2, C. civ., V. • T. com. Paris, 12 mars 1996 : *Dr. sociétés 1996, n° 192, obs. Chaput.*

3. Suspension provisoire des poursuites. V., déboutant un créancier de sa demande en rétractation d'une ordonnance prononçant la suspension provisoire des poursuites jusqu'à l'expiration de la mission du conciliateur, • T. com. Nanterre, réf., 10 janv. 1995 : *Gaz. Pal. 1995. 1. Somm. 214 ; Dr. sociétés 1995, n° 187, obs. Chaput ; Rev. huiss. 1995. 1113, note Vidal.*

Sur la validité des saisies-conservatoires de créances, V. • Rennes, 16 oct. 1996 : *Rev. proc. coll. 1998. 80, obs. crit. Canet.*

4. Portée de l'homologation. Sur l'absence d'effet d'un protocole de règlement amiable signé par le chef de file d'un pool bancaire et homologué à l'égard du membre de ce pool qui avait refusé les termes de ce protocole et exigé le remboursement intégral de sa créance, V. • T. com. Nanterre, 8 sept. 1995 : *Banque et Droit mars-avr. 1996. 37.*

4 bis. La banque qui, dans le cadre de négociations conduites en vue d'aboutir à un règlement amiable des difficultés d'un promoteur, consent un abandon de créance et accorde une ligne de crédit pour l'extinction de créances non bancaires, sous double condition résolutoire du dépôt de bilan et suspensive de l'adoption d'un plan de redressement amiable signé par les banques créancières, dans les conditions de la conciliation et selon un terme préfix, prend un engagement contractuel dont la validité n'est pas affectée par les dispositions du décret du 1er mars 1985 ; dès lors que ces conditions sont remplies dans le délai requis par le promoteur bénéficiaire de l'engagement – absence de dépôt de bilan et signature effective d'un plan de redressement amiable, selon certificat du conciliateur –, la banque est tenue d'honorer son engagement. • Versailles, 9 oct. 1997 : *Gaz. Pal. 1998. 1. Somm. 219.*

4 ter. Le débiteur ayant accepté par procès-verbal d'accord les modalités d'apurement de sa dette née du prêt consenti et donné à son créancier une sûreté en exécution de ce procès-verbal, l'autorité de la chose jugée attachée à la décision d'homologation de l'accord l'empêche de se prévaloir des dispositions de l'art. 60-1 de la loi du 24 janv. 1984 [C. mon. fin., art. L. 313-21] pour faire juger qu'il y a eu non-respect à la souscription du prêt des formalités légales et que, par conséquent, l'établissement de crédit ne peut se prévaloir des garanties prises en violation desdites formalités. • Lyon, 26 avr. 2002 : *Gaz. Pal. 2002. Somm. 1152.*

5. Situation des cautions. Ayant relevé que le créancier était parfaitement libre, dans le cadre du règlement amiable, de souscrire ou non à l'accord emportant restructuration de la dette, en accordant des remises ou des délais au débiteur et qu'il ne pouvait, sans déséquilibrer gravement l'économie des relations contractuelles et sans s'affranchir de son obligation de se comporter en partenaire loyal, exiger de sa cocontractante, garante, qu'il a exclu de l'élaboration du plan, l'exécution de sa propre obligation, une cour d'appel a fait ressortir à bon droit que les remises ou délais accordés par un créancier dans le cadre d'un règlement amiable bénéficiaient à la caution. • Com. 5 mai 2004 : *Bull. civ. IV, n° 84 ; D. 2004. AJ. 1594, obs. Lienhard ; Act. proc. coll. 2004, n° 132, obs. Vallansan ; Banque et Droit juill.-août 2004. 51, obs. Rontchevsky ;*

RD banc. fin. 2004, n° 161, obs. Legeais ; RTD com. 2004. 590, obs. Macorig-Venier ; Defrénois 2004. 1663, obs. Gibirila.

6. Rupture abusive de crédit. V. note 24 ss. art. L. 313-12 C. mon. fin., *infra*, App., v° *Code monétaire et financier (extraits).*

Ancien art. L. 611-5 *Le président du tribunal de grande instance peut, dans les mêmes conditions que celles prévues par les articles L. 611-2, L. 611-3 et L. 611-4, être saisi par le représentant de toute personne morale de droit privé. Il exerce les mêmes pouvoirs que ceux attribués par ces dispositions au président du tribunal de commerce.* — [L. n° 84-148 du 1er mars 1984, art. 37].

Ancien art. L. 611-6 *Toute personne qui est appelée au règlement amiable ou qui, par ses fonctions, en a connaissance est tenue au secret professionnel, dans les conditions et sous les peines prévues aux articles 226-13 et 226-14 du code pénal.* — [L. n° 84-148 du 1er mars 1984, art. 38].

Mandataire ad hoc. V. note 1 *ter* ss. ancien art. L. 611-3 C. com.

V. notes ss. art. 39 du décret du 1er mars 1985, *infra*, ss. ancien art. L. 612-5.

V. Décr. n° 85-295 du 1er mars 1985, art. 35-1 s., infra, ss. ancien art. L. 612-5.

Les dispositions de la loi n° 84-148 du 1er mars 1984 ne sont pas applicables aux syndicats de copropriétaires (L. n° 65-557 du 10 juill. 1965, art. 29-6, résultant de la L. n° 2000-1208 du 13 déc. 2000).

La loi n° 88-1202 du 30 déc. 1988, codifiée partiellement au livre III du code rural, a institué une procédure de règlement amiable destinée aux exploitations agricoles. — Toutefois, les sociétés commerciales exerçant une activité agricole demeurent soumises à la loi n° 84-148 du 1er mars 1984. — Sur cette procédure, V. infra, C. rur., art. L. 351-1 s. (L. n° 93-934 du 22 juill. 1993).

Les dispositions, relatives au règlement des situations de surendettement des particuliers, du C. consom., art. L. 331-1 s., ne s'appliquent pas lorsque le débiteur relève des procédures prévues par la loi du 1er mars 1984 ou par le C. rur., auxdits art. L. 351-1 s. (C. consom., art. L. 333-3, al. 1er). — V. ces dispositions au ***C. consom.***

CHAPITRE II DES DISPOSITIONS APPLICABLES AUX PERSONNES MORALES DE DROIT PRIVÉ NON COMMERÇANTES AYANT UNE ACTIVITÉ ÉCONOMIQUE

Ancien art. L. 612-1 *Les personnes morales de droit privé non commerçantes ayant une activité économique dont le nombre de salariés, le montant hors taxes du chiffre d'affaires ou les ressources et le total du bilan dépassent, pour deux de ces critères, des seuils fixés par décret en Conseil d'État, doivent établir chaque année un bilan, un compte de résultat et une annexe. Les modalités d'établissement de ces documents sont précisées par décret.*

Ces personnes morales sont tenues de nommer au moins un commissaire aux comptes et un suppléant choisis sur la liste mentionnée à l'article (L. n° 2003-706 du 1er août 2003) *« L. 822-1 » qui exercent leurs fonctions dans les conditions prévues par le livre II, titres Ier et II, sous réserve des règles qui leur sont propres. Les dispositions de l'article L. 242-27 sont applicables.*

Pour les coopératives agricoles et les sociétés d'intérêt collectif agricole qui n'ont pas la forme commerciale, lorsqu'elles ne font pas appel à des commissaires aux comptes inscrits, cette obligation peut être satisfaite par le recours aux services d'un organisme agréé selon les dispositions de l'article L. 527-1 du code rural. Les conditions d'application de cette disposition seront précisées par décret en Conseil d'État.

Les peines prévues par l'article L. 242-8 sont applicables aux dirigeants des personnes morales mentionnées au premier alinéa du présent article qui n'auront pas, chaque année, établi un bilan, un compte de résultat et une annexe.

Les dispositions des articles L. 242-25 et L. 242-28 sont également applicables à ces dirigeants.

Même si les seuils visés au premier alinéa ne sont pas atteints, les personnes morales de droit privé non commerçantes ayant une activité économique peuvent nommer un commissaire aux comptes et un suppléant dans les mêmes conditions que celles prévues au deuxième alinéa. Dans ce cas, le commissaire aux comptes et son suppléant sont soumis aux mêmes obligations, encourent les mêmes responsabilités civile et pénale et exercent les mêmes pouvoirs que s'ils avaient été désignés en application du premier alinéa. — [L. n° 84-148 du 1er mars 1984, art. 27]. — V. Décr. n° 85-295 du 1er mars 1985, art. 22 s., infra ss. ancien art. L. 612-5.

BIBL. ▶ BLANC, *JCP E 1984. II. 14304.* - VIDAL, *RF compt. 1984. 474.*

1. L'incompatibilité entre les fonctions de réviseur et celles de contrôleur s'applique dans les associations et le commissaire qui la méconnaît doit être relevé de ses fonctions par décision de justice. • TGI Paris, réf., 16 févr. 1993 : *Rev. sociétés 1993. 881, obs. Guyon ; Bull. Joly 1993. 1003, note J.-F. Barbièri,* conf. par • Paris, 22 nov. 1994 : *ibid. 1994. 111, obs. Guyon.*

2. Même dans le cas où les personnes morales visées à l'art. 27 [C. com., art. L. 612-1], bien que n'atteignant pas les seuils requis, désignent volontairement un commissaire aux comptes, celui-ci doit exercer ses diligences dans le respect des prescriptions de la loi du 24 juill. 1966 (Rép. min. n° 58064 : *JOAN Q, 31 août 1992, p. 4017*). – Position confirmée par l'art. 27, dernier al., aj. par L. n° 94-475 du 10 juin 1994 [C. com., art. L. 612-1, dernier al.].

3. En ce sens que les dispositions de la loi « NRE » du 15 mai 2001 sur le commissariat aux comptes [V. *infra*, art. L. 820-1 s.] ne remettent pas en cause les dispositions de l'art. L. 612-1, al. 3, et que les réviseurs agricoles sont donc toujours habilités à contrôler les comptes des sociétés visées par ce texte, V. Rép. min. n° 3666, *JOAN Q, 18 nov. 2002, p. 4327.*

Ancien art. L. 612-2 *Les personnes morales de droit privé non commerçantes ayant une activité économique dont, soit le nombre de salariés, soit le montant hors taxes du chiffre d'affaires ou les ressources dépassent un seuil défini par décret en Conseil d'État, sont tenues d'établir une situation de l'actif réalisable et disponible, valeurs d'exploitation exclues, et du passif exigible, un compte de résultat prévisionnel, un tableau de financement et un plan de financement.*

La périodicité, les délais et les modalités d'établissement de ces documents sont précisés par décret.

Ces documents sont analysés dans des rapports écrits sur l'évolution de la personne morale, établis par l'organe chargé de l'administration. Ces documents et rapports sont communiqués simultanément au commissaire aux comptes, au comité d'entreprise et à l'organe chargé de la surveillance, lorsqu'il en existe.

En cas de non-observation des dispositions prévues aux alinéas précédents ou si les informations données dans les rapports visés à l'alinéa précédent appellent des observations de sa part, le commissaire aux comptes le signale dans un rapport écrit qu'il communique à l'organe chargé de l'administration ou de la direction. Ce rapport est communiqué au comité d'entreprise. Il est donné connaissance de ce rapport à la prochaine réunion de l'organe délibérant. — [L. n° 84-148 du 1er mars 1984, art. 28].

BIBL. ▶ GUYON, *JCP E 1985. II. 14608.*

Ancien art. L. 612-3 *Lorsque le commissaire aux comptes d'une personne morale visée à l'article L. 612-1 relève, à l'occasion de l'exercice de sa mission, des faits de nature à compromettre la continuité de l'exploitation de cette personne morale, il en informe les dirigeants de la personne morale dans des conditions fixées par décret en Conseil d'État.*

A défaut de réponse sous quinze jours, ou si celle-ci ne permet pas d'être assuré de la continuité de l'exploitation, le commissaire aux comptes invite, par écrit, les dirigeants à faire délibérer l'organe collégial de la personne morale sur les faits relevés. Le commissaire aux comptes est convoqué à cette séance. La délibération de l'organe collégial est communiquée au comité d'entreprise. Le commissaire aux comptes en informe le président du tribunal.

En cas d'inobservation de ces dispositions, ou s'il constate qu'en dépit des décisions prises la continuité de l'exploitation demeure compromise, le commissaire aux comptes établit un rapport spécial qui est présenté à la prochaine assemblée générale. Ce rapport est communiqué au comité d'entreprise.

Si, à l'issue de la réunion de l'assemblée générale, le commissaire aux comptes constate que les décisions prises ne permettent pas d'assurer la continuité de l'exploitation, il informe de ses démarches le président du tribunal et lui en communique les résultats. — [L. n° 84-148 du 1er mars 1984, art. 29].

BIBL. ▶ BLANC, *préc. ss. art. L. 612-1.* — BARBIÈRI, *Petites affiches 14 sept. 1994, p. 40* (régime issu de la loi du 10 juin 1994).

Pour l'application des anciens art. L. 612-1 à L. 612-3, V. Décr. n° 85-295 du 1er mars 1985, art. 22 s., infra ss. ancien art. L. 612-5.

Ancien art. L. 612-4 (Ord. n° 2005-856 du 28 juill. 2005, art. 5) « ***Toute association ayant reçu annuellement des autorités administratives, au sens de l'article 1er de la loi du 12 avril 2000, ou des établissements publics à caractère industriel et commercial une ou plusieurs subventions dont le montant global dépasse un seuil fixé par décret, doit établir des comptes annuels comprenant un bilan, un compte de résultat et une annexe dont les modalités d'établissement sont fixées par décret. Ces associations doivent assurer, dans des conditions déterminées par décret en Conseil d'État, la publicité de leurs comptes annuels et du rapport du commissaire aux comptes.*** » – Ce montant est fixé à 153 000 € par Décr. n° 2006-335 du 21 mars 2006. – Les dispositions de l'Ord. n° 2005-856 du 28 juill. 2005 et du Décr. n° 2006-335 du 21 mars 2006 sont applicables aux exercices comptables des associations ouverts à compter du 1er janv. 2006 (Ord. n° 2005-856 du 28 juill. 2005, art. 9 ; Décr. n° 2006-335 du 21 mars 2006, art. 4).

Ces mêmes associations sont tenues de nommer au moins un commissaire aux comptes et un suppléant choisis sur la liste mentionnée à l'article (L. n° 2003-706 du 1er août 2003) « ***L. 822-1*** » ***qui exercent leurs fonctions dans les conditions prévues par le livre II sous réserve des règles qui leur sont propres. Les dispositions de l'article L. 242-27 sont applicables.***

Le commissaire aux comptes de ces mêmes associations peut attirer l'attention des dirigeants sur tout fait de nature à compromettre la continuité de l'activité qu'il a relevé au cours de sa mission.

Il peut inviter le président à faire délibérer l'organe collégial de l'association. Le commissaire aux comptes est convoqué à cette séance.

En cas d'inobservation de ces dispositions ou si, en dépit des décisions prises, il constate que la continuité des activités reste compromise, le commissaire aux comptes établit un rapport spécial. Il peut demander que ce rapport soit adressé aux membres de l'association ou qu'il soit présenté à la prochaine assemblée. – [L. n° 84-148 du 1er mars 1984, art. 29 bis].

La loi ne prend en compte ni l'importance du budget de l'association ou de ses membres, ni le mode de gestion des subventions reçues (Rép. min. n° 26160 : *JOAN Q, 8 avr. 1996, p. 1896*). ♦ Sur l'absence de prise en compte, pour l'appréciation du seuil d'un million de francs de subventions, de sommes versées à une association, à titre de rémunération pour prestations rendues, par une société anonyme, filiale d'un établissement public local, V. *Bull. CNCC, n° 109, mars 1998, p. 72.*

Ancien art. L. 612-5 (L. n° 2001-420 du 15 mai 2001) ***Le représentant légal ou, s'il en existe un, le commissaire aux comptes d'une personne morale de droit privé non commerçante ayant une activité économique ou d'une association visée à l'article L. 612-4 présente à l'organe délibérant ou, en l'absence d'organe délibérant, joint aux documents communiqués aux adhérents un rapport sur les conventions passées directement ou par personne interposée entre la personne morale et l'un de ses administrateurs ou l'une des personnes assurant un rôle de mandataire social.***

Il est de même des conventions passées entre cette personne morale et une société dont un associé indéfiniment responsable, un gérant, un administrateur, le directeur général, un directeur général délégué, un membre du directoire ou du conseil de surveillance, un actionnaire disposant d'une fraction des droits de vote supérieure à 10 % est simultanément administrateur ou assure un rôle de mandataire social de ladite personne morale.

L'organe délibérant statue sur ce rapport.

Un décret en Conseil d'État précise les conditions dans lesquelles le rapport est établi. – V. infra, Décr. n° 85-295 du 1er mars 1985, art. 25-1 et 25-2.

Une convention non approuvée produit néanmoins ses effets. Les conséquences préjudiciables à la personne morale résultant d'une telle convention peuvent être mises à la charge, individuellement ou solidairement selon le cas, de l'administrateur ou de la personne assurant le rôle de mandataire social.

(L. n° 2003-706 du 1er août 2003) « ***Les dispositions du présent article ne sont pas applicables aux conventions courantes conclues à des conditions normales qui, en raison de leur objet ou de leurs implications financières, ne sont significatives pour aucune des parties.*** »

BIBL. ▸ Champaud et Danet, *RTD com. 2002. 100.*

1. Pour l'application de l'art. L. 612-5 aux conventions passées entre une société civile immobilière de gestion et son gérant, V. Avis CNCC : *Bull. CNCC juin 2002, p. 282 ; BRDA 2002, n° 22, p. 5.*

2. Selon la Compagnie nationale des commissaires aux comptes, les GIE, quel que soit leur objet, n'entrent pas dans le champ d'application de l'art. L. 612-5 (Avis CNCC : *Bull. CNCC juin 2003, p. 350 ; BRDA 2004, n° 6, p. 5*).

Décret n° 85-295 du 1er mars 1985,

Pris pour l'application de la loi n° 84-148 du 1er mars 1984 relative à la prévention et au règlement amiable des difficultés des entreprises.

Les art. 22 à 26 et 35-1 à 39-2 du décret n° 85-295 du 1er mars 1985 sont abrogés. Toutefois, sous réserve de l'art. 361 du décret n° 2005-1677 du 28 déc. 2005, les procédures ouvertes avant le 1er janv. 2006 demeurent régies par ces dispositions (Décr. n° 2005-1677 du 28 déc. 2005, art. 354).

CHAPITRE Ier. *DISPOSITIONS APPLICABLES AUX SOCIÉTÉS COMMERCIALES*

Art. 1 à 18 *V. infra, App., v° Sociétés commerciales, Décr. n° 67-236 du 23 mars 1967, art. 12, 12-1, 12-2, 16, 36, 43, 44-3, 44-4, 135, 188, 195, 195-1, 243, 244 à 244-5, 251-1, 251-2, 293, 297, 297-1, 299-1, 299-2.*

CHAPITRE II. *DISPOSITIONS APPLICABLES AUX GROUPEMENTS D'INTÉRÊT ÉCONOMIQUE*

19 à 21 *V. supra, ss. art. L. 251-16 C. com.*

CHAPITRE III. *DISPOSITIONS APPLICABLES AUX PERSONNES MORALES DE DROIT PRIVÉ NON COMMERÇANTES AYANT UNE ACTIVITÉ ÉCONOMIQUE*

22 (Abrogé par Décr. n° 2005-1677 du 28 déc. 2005, art. 354) *Les personnes morales de droit privé non commerçantes ayant une activité économique, mentionnées à l'article 27 de la loi n° 84-148 du 1er mars 1984 relative à la prévention et au règlement amiable des difficultés des entreprises* [C. com., ancien art. L. 612-1], *sont tenues d'établir des comptes annuels et de désigner au moins un commissaire aux comptes et un suppléant lorsqu'elles dépassent, à la fin de l'année civile ou à la clôture de l'exercice, les chiffres ci-dessous fixés pour deux des trois critères suivants :*

1° Cinquante pour le nombre de salariés ; les salariés pris en compte sont ceux qui sont liés à la personne morale par un contrat de travail à durée indéterminée ; le nombre de salariés est égal à la moyenne arithmétique des effectifs à la fin de chaque trimestre de l'année civile ou de l'exercice comptable lorsque celui-ci ne coïncide pas avec l'année civile ;

2° (Décr. n° 2001-373 du 27 avr. 2001) « *Trois millions cent mille euros* » [ancienne rédaction : vingt millions de francs] *pour le montant hors taxes du chiffre d'affaires ou des ressources ; le montant hors taxes du chiffre d'affaires est égal au montant des ventes de produits et services liés à l'activité courante ; le montant des ressources est égal au montant des cotisations, subventions et produits de toute nature liés à l'activité courante ; toutefois, pour les associations professionnelles ou interprofessionnelles collectant la participation des employeurs à l'effort de construction, le montant des ressources, qui s'entendent des sommes recueillies au sens de l'article R. 313-25 du code de la construction et de l'habitation, est fixé à* (Décr. n° 2001-373 du 27 avr. 2001) « *sept cent cinquante mille euros* » [ancienne rédaction : cinq millions de francs] *;*

3° (Décr. n° 2001-373 du 27 avr. 2001) « *Un million cinq cent cinquante mille euros* » [ancienne rédaction : dix millions de francs] *pour le total du bilan ; celui-ci est égal à la somme des montants nets des éléments d'actif.*

Les personnes morales mentionnées au premier alinéa ne sont plus tenues à l'obligation d'établir des comptes annuels, lorsqu'elles ne dépassent pas les chiffres fixés pour deux des trois critères définis ci-dessus pendant deux exercices successifs. Il est mis fin dans les mêmes conditions au mandat du commissaire aux comptes par l'organe délibérant appelé à statuer sur les comptes annuels.

Les dispositions du présent article relatives à l'établissement de comptes annuels ou à la désignation d'un commissaire aux comptes s'appliquent sans préjudice des dispositions réglementaires propres à certaines formes de personnes morales entrant dans l'une des catégories mentionnées à l'article 27 de la loi du 1er mars 1984 précitée [C. com., ancien art. L. 612-1].

23 (Abrogé par Décr. n° 2005-1677 du 28 déc. 2005, art. 354) *Le commissaire aux comptes est désigné par l'organe délibérant de la personne morale.*

24 (Abrogé par Décr. n° 2005-1677 du 28 déc. 2005, art. 354) *Les comptes annuels comprennent un bilan, un compte de résultat et une annexe. Ils sont établis selon les principes et méthodes comptables définis au code de commerce et dans les textes pris pour son application, sous réserve des adaptations que rend nécessaires la forme juridique ou la nature de l'activité de ces personnes morales.* (Décr. n° 88-1192 du 28 déc. 1988) *« Les plans comptables applicables à ces personnes morales sont approuvés par arrêtés du garde des sceaux, ministre de la justice, et des ministres chargés de l'économie et du budget, après avis du Conseil national de la comptabilité. Si des particularités d'activité, de structure ou d'opérations le justifient, des adaptations pourront être apportées, dans les mêmes formes, aux dispositions de ces plans comptables ».*

Les comptes annuels sont soumis, en même temps qu'un rapport de gestion, à l'approbation de l'organe délibérant au plus tard dans les six mois de la clôture de l'exercice et transmis aux commissaires aux comptes quarante-cinq jours au moins avant la réunion à laquelle ils doivent être approuvés. Le délai de six mois peut être prolongé à la demande du représentant légal de la personne morale, par ordonnance du président du tribunal de grande instance, statuant sur requête.

25 (Abrogé par Décr. n° 2005-1677 du 28 déc. 2005, art. 354) *Les personnes morales de droit privé non commerçantes ayant une activité économique qui, à la fin de l'année civile ou à la clôture de l'exercice, comptent* (Décr. n° 87-169 du 13 mars 1987) *« trois cents salariés » ou plus ou dont le montant du chiffre d'affaires hors taxes ou des ressources est supérieur ou égal à* (Décr. n° 2001-373 du 27 avr. 2001) *« dix-huit millions d'euros »* [ancienne rédaction : cent vingt millions de francs], *sont tenues d'établir les documents mentionnés à l'article 28 de la loi du 1er mars 1984 précitée* [C. com., ancien art. L. 612-2]. *Ces critères sont définis selon les dispositions prévues à l'article 22 ci-dessus.*

Elles ne sont plus tenues à cette obligation lorsqu'elles ne dépassent aucun des chiffres fixés pour ces critères pendant deux exercices successifs.

Les dispositions des articles 244-1 à 244-5 du décret n° 67-236 du 23 mars 1967 modifié sur les sociétés commerciales sont applicables, sous réserve des adaptations que rend nécessaires la forme juridique de ces personnes morales. — V. Décr. préc., infra, App., v° Sociétés commerciales.

25-1 (Abrogé par Décr. n° 2005-1677 du 28 déc. 2005, art. 354 ; Décr. n° 2002-803 du 3 mai 2002) *Le rapport mentionné au premier alinéa de l'article L. 612-5 du code de commerce contient :*

a) L'énumération des conventions soumises à l'approbation de l'organe délibérant ou jointes aux documents communiqués aux adhérents en l'absence d'organe délibérant ;

b) Le nom des administrateurs intéressés ou des personnes intéressées assurant un rôle de mandataire social ;

c) La désignation de la société ayant passé une convention dans les conditions de l'alinéa 2 de l'article L. 612-5 susmentionné ;

d) La nature et l'objet desdites conventions ;

e) Les modalités essentielles de ces conventions notamment l'indication des prix ou tarifs pratiqués, des ristournes et commissions consenties, des délais de paiement accordés, des intérêts stipulés, des sûretés conférées et, le cas échéant, toutes autres indications permettant à l'organe délibérant ou aux adhérents d'apprécier l'intérêt qui s'attachait à la conclusion des conventions analysées.

25-2 ancien (Abrogé par Décr. n° 2005-1677 du 28 déc. 2005, art. 354 ; Décr. n° 2002-803 du 3 mai 2002) *Lorsque le rapport est établi par le commissaire aux comptes, le représentant* *légal de la personne morale avise ce dernier des conventions mentionnées à l'article L. 612-5 du code de commerce dans le délai d'un mois à compter du jour où il en a connaissance.*

26 (Abrogé par Décr. n° 2005-1677 du 28 déc. 2005, art. 354) *Lorsque le commissaire aux comptes met en œuvre la procédure d'alerte prévue à l'article 29 de la loi du 1er mars 1984 précitée* [C. com., ancien art. L. 612-3], *il est fait application des dispositions de l'article 251-1 du décret n° 67-236 du 23 mars 1967 modifié sur les sociétés commerciales si la personne morale a un organe collégial chargé de l'administration distinct de l'organe chargé de la direction, soit de l'article 251-2 du même décret dans les autres cas.*

(Décr. n° 94-910 du 21 oct. 1994) *« Pour l'application de ces deux dispositions, le président du tribunal compétent est celui du tribunal de grande instance. »* — Le décret n° 94-910 du 21 oct. 1994 [JO 22 oct.], vu l'urgence, entre immédiatement en vigueur (art. 134).

Sur l'application du décret modificatif n° 94-910 du 21 oct. 1994 à la collectivité territoriale de Mayotte, V. Décr. n° 98-327 du 27 avr. 1998, art. 4 et 5 (JO 5 mai).

27 à 32 *Modifient C. rur., art. R. 524-10, R. 524-18, R. 524-19, R. 524-22, R. 524-32, R. 527-12, R. 531-6 et R. 531-7 — V.* ***C. rur. et for.***

CHAPITRE IV. *DISPOSITIONS APPLICABLES À CERTAINES ENTREPRISES PUBLIQUES*

33 à 35 *V. ss. nouvel art. L. 612-5 C. com.*

CHAPITRE V. *PRÉVENTION DES DIFFICULTÉS ET RÈGLEMENT AMIABLE (Décr. n° 94-910 du 21 oct. 1994).*

Le décret n° 94-910 du 21 oct. 1994 [JO 22 oct.], vu l'urgence entre immédiatement en vigueur (art. 134).

BIBL. GÉN. ▶ Sur le décret n° 94-910 du 21 oct. 1994 : CHAPUT, *JCP 1995. I. 3828.* — ROUGER, *Petites affiches 14 juin 1995, p. 4.* — ACTES DU COLLOQUE DU CRAJEFE, Sophia Antipolis du 11 mars 1995, *Dalloz-Sirey.*

35-1 (Abrogé par Décr. n° 2005-1677 du 28 déc. 2005, art. 354 ; Décr. n° 94-910 du 21 oct. 1994) *La juridiction territorialement compétente pour connaître des procédures prévues au présent chapitre est celle dans le ressort de laquelle le débiteur a le siège de son entreprise ou, à défaut de siège en territoire français, le centre principal de ses intérêts en France.*

En cas de changement de siège de la personne morale dans les six mois ayant précédé, selon le cas, la convocation ou la demande de règlement amiable, la juridiction dans laquelle se trouvait le siège initial demeure seule compétente. Ce délai court à compter de l'inscription modificative au registre du commerce et des sociétés.

Les dispositions spéciales prévues aux art. 35-1 et 38, al. 3, dérogeant au principe général posé par les art. 42 et 43 NCPC et primant celui-ci, s'appliquent à un créancier dont la créance n'est pas incluse dans l'accord homologué par le président du tribunal de commerce territorialement compétent dans le cadre de la procédure ouverte en application de la loi du 1er mars 1984 [C. com., art. L. 611-1 s. et L. 612-1]. Il s'ensuit que ce dernier statuant en la forme des référés est fondé à rejeter l'exception d'incompétence territoriale soulevée par le créancier concerné par les délais de paiement susceptibles d'être accordés au débiteur pour le règlement de sa dette. • Versailles, 7 févr. 1997 : *BICC 1997, n° 1054 ; JCP E 1997. Pan. 431 ; Gaz. Pal. 1997. 2. Somm. 353.*

35-2 (Abrogé par Décr. n° 2005-1677 du 28 déc. 2005, art. 354 ; Décr. n° 94-910 du 21 oct. 1994) *Dans le cas prévu au premier alinéa de l'article 34 de la loi du 1er mars 1984* [C. com., ancien art. L. 611-2], *la convocation adressée au représentant légal de la personne morale ou au chef d'entreprise par le président du tribunal est faite selon les formes déterminées par ce dernier.*

L'établissement d'un procès-verbal de carence tel que prévu au deuxième alinéa de l'article 35-3 ci-dessous doit avoir été précédé de l'envoi d'une convocation par lettre recommandée avec demande d'avis de réception reproduisant les termes des articles 34 et, le cas échéant, 37 de la loi précitée [C. com., ancien art. L. 223-1 et L. 223-6], *ainsi que des articles 35-3 et 35-4 ci-dessous.*

35-3 (Abrogé par Décr. n° 2005-1677 du 28 déc. 2005, art. 354 ; Décr. n° 94-910 du 21 oct. 1994) *L'entretien prévu au premier alinéa de l'article 34 de la loi du 1er mars 1984* [C. com., ancien art. L. 611-2, al. 1er] *donne lieu à l'établissement d'un procès-verbal qui ne mentionne que la date et le lieu de l'entretien ainsi que l'identité des personnes présentes. Ce procès-verbal est signé par ces dernières et par le président du tribunal.*

Si le représentant légal de la personne morale ou le chef d'entreprise ne répond pas à la convocation, un procès-verbal de carence peut être dressé aux fins d'application des dispositions de l'alinéa 2 de l'article 34 de la loi précitée [C. com., ancien art. L. 611-2, al. 2]. *A ce procès-verbal doit être joint l'avis de réception de la convocation. Copie de ce procès-verbal est immédiatement notifiée par les soins du greffe au représentant légal de la personne morale ou au chef d'entreprise par lettre recommandée avec demande d'avis de réception.*

Le procès-verbal établi en application des deux alinéas ci-dessus est déposé au greffe et ne peut être communiqué qu'aux autorités judiciaires ou aux personnes ou organismes interrogés par le président du tribunal en application de l'alinéa 2 de l'article 34 de la loi du 1er mars 1984 [C. com., ancien art. L. 611-2, al. 2].

35-4 (Abrogé par Décr. n° 2005-1677 du 28 déc. 2005, art. 354 ; Décr. n° 94-910 du 21 oct. 1994) *La demande de communication prévue au deuxième alinéa de l'article 34 de la loi précitée* [C. com., ancien art. L. 611-2, al. 2] *doit être adressée aux personnes et organismes mentionnés dans le délai d'un mois à compter de la date fixée pour l'entretien prévu à l'article 35-3 ci-dessus. Elle doit être écrite et accompagnée de la copie certifiée conforme par le greffier du procès-verbal d'entretien ou de carence établi en application de l'article 35-3 ci–dessus.*

36 (Abrogé par Décr. n° 2005-1677 du 28 déc. 2005, art. 354) *La demande de règlement amiable prévue à l'article 35 de la loi n° 84-148 du 1er mars 1984 relative à la prévention et au règlement amiable des difficultés des entreprises* [C. com., ancien art. L. 611-3] *est formée par écrit. Elle est adressée ou remise au président du tribunal de commerce ou du tribunal de grande instance selon le cas par le représentant légal de la personne morale ou par le chef d'entreprise.*

Cette demande expose les difficultés (Décr. n° 94-910 du 21 oct. 1994) *« juridiques, économiques ou » financières qui la motivent, les mesures de redressement envisagées ainsi que les délais de paiement ou les remises de dettes qui permettraient la mise en œuvre de ces mesures.*

A cette demande sont annexés :

1° Un plan de financement prévisionnel et un compte de résultat prévisionnel ;

2° L'état des créances et des dettes accompagné d'un échéancier ainsi que la liste des principaux créanciers ;

3° L'état actif et passif des sûretés ainsi que celui des engagements hors bilan ;

4° Les comptes annuels, le tableau de financement ainsi que la situation de l'actif réalisable et disponible, valeurs d'exploitation exclues, et du passif exigible des trois derniers exercices, si ces documents ont été établis.

37 (Abrogé par Décr. n° 2005-1677 du 28 déc. 2005, art. 354) *Dès réception de la demande, le président du tribunal fait convoquer, par le greffier, le représentant légal de la personne morale ou le chef d'entreprise pour recueillir ses explications. Il informe de cette demande, par les soins du greffier, le procureur de la République* (Abrogé par Décr. n° 94-910 du 21 oct. 1994) *« ainsi que le commissaire de la République ».*

Le président du tribunal nomme un conciliateur s'il lui apparaît que les propositions du débiteur sont de nature à favoriser le redressement de l'entreprise. Si la nomination du conciliateur n'intervient pas dans le délai d'un mois à compter de la demande, celle-ci est réputée non admise.

Le président du tribunal fixe en accord avec le demandeur les conditions de rémunération du conciliateur et, le cas échéant, de l'expert mentionné à l'article 36 de la loi n° 84-148 du 1er mars 1984 relative à la prévention et au règlement amiable des difficultés des entreprises [C. com., ancien art. L. 611-4].

1. Rémunération du conciliateur. Le calcul de la rémunération du conciliateur doit être effectué, d'une part sur la base d'un taux de vacation horaire et, d'autre part, sur la base d'un pourcentage du montant total des remises obtenues et calculé en fonction des diligences accomplies par analogie à la rémunération proportionnelle de l'administrateur judiciaire en application de l'art. 6 du décret n° 85-1390 du 27 déc. 1985. • TGI Laon, 18 mai 1987 : *Gaz. Pal. 1987. 2. Somm. 381*. – V. ce décret, *infra*, App., v° *Difficultés des entreprises.*

2. Le conciliateur, investi de sa mission par décision judiciaire, est, à titre occasionnel, un auxiliaire de justice au sens de l'art. 719 NCPC ; dès lors, l'art. 714 NCPC s'appliquant, l'ordonnance par laquelle le président du tribunal fixe la rémunération peut être frappée d'un recours (par le demandeur) devant le premier président de la cour d'appel. • Com. 17 févr. 1998 : *Bull. civ. IV, n° 73 ; D. 1998. IR. 82 ; D. Affaires 1998. 478 ; Procédures 1998, n° 86, obs. Croze ; RTD com. 1998. 921, obs. Macorig-Vernier*. – V. aussi Soinne, *JCP E 1998, n° 31, p. 1247.*

3. Rémunération de l'expert. Le président du tribunal ne peut arrêter que la rémunération de l'expert qu'il commet (et non celle d'une société d'audit que s'est adjoint l'expert). • Civ. 2e, 12 mars 1997 : *Dr. sociétés 1997, n° 108, obs. Chaput.*

37-1 (Abrogé par Décr. n° 2005-1677 du 28 déc. 2005, art. 354 ; Décr. n° 94-910 du 21 oct. 1994) *Si le conciliateur demande la suspension provisoire des poursuites dans les conditions prévues à l'article 36 de la loi du 1er mars 1984 précitée* [C. com., ancien art. L. 611-4], *il joint à sa requête la liste des créanciers du débiteur dont il a connaissance, le montant de leur créance exigible, leur réponse à la demande d'avis sur la mesure envisagée qu'il leur a présentée. Le président du tribunal sollicite l'avis du procureur de la République.*

L'ordonnance du président du tribunal prononçant la suspension provisoire des poursuites vise les avis recueillis par le conciliateur ou le président du tribunal, notamment ceux des principaux créanciers et fixe la durée de la mesure. Elle est notifiée par le greffier par lettre recommandée avec demande d'avis de réception au débiteur, communiquée au procureur de la République et portée à la connaissance des créanciers par les soins du greffier dans les formes qu'elle détermine.

Si l'ordonnance concerne un débiteur immatriculé au registre du commerce et des sociétés, l'ordonnance est mentionnée à ce registre. Pour les débiteurs qui n'y sont pas immatriculés, la mention est portée sur le registre ouvert au greffe du tribunal de grande instance en application du troisième alinéa de l'article 21 du décret n° 85-1388 du 27 décembre 1985 relatif au redressement et à la liquidation judiciaires des entreprises. A l'expiration de la suspension provisoire des poursuites, cette mention est immédiatement radiée par le greffier. — V. ce Décr., infra, App., v° Difficultés des entreprises.

Les publicités prévues ci-dessus sont faites d'office par le greffier aux frais du débiteur. — V. Décr. n° 84-406 du 30 mai 1984, art. 36-1 (19°), infra, App., v° Registre du commerce et des sociétés.

37-2 (Abrogé par Décr. n° 2005-1677 du 28 déc. 2005, art. 354 ; Décr. n° 94-910 du 21 oct. 1994) *L'ordonnance du président rendue sur requête de tout intéressé et après avis du conciliateur autorisant le débiteur à accomplir l'un des actes mentionnés au septième alinéa de l'article 36 de la loi du 1er mars 1984 précitée* [C. com., ancien art. L. 611-4 (VII)] *est, par les soins du greffier, notifiée au conciliateur et portée à la connaissance des créanciers dans les formes qu'elle détermine.*

38 (Abrogé par Décr. n° 2005-1677 du 28 déc. 2005, art. 354 ; Décr. n° 94-910 du 21 oct. 1994) *L'accord entre le débiteur et ceux de ses créanciers qui y ont consenti est constaté dans un écrit signé par les parties et est soumis à l'homologation du président du tribunal dans les conditions prévues au huitième alinéa de l'article 36 de la loi du 1er mars 1984 précitée* [C. com., ancien art. L. 611-4 (VIII)].

L'ordonnance du président statuant sur l'homologation de l'accord est notifiée par les soins du greffier au débiteur et aux créanciers signataires de l'accord. Elle est communiquée au procureur de la République.

S'il apparaît que des délais de paiements doivent être accordés au débiteur pour le règlement des créances non incluses dans l'accord, le président du tribunal statue, à l'égard de chacun des créanciers concernés, en la forme des référés. Les dispositions de l'article 39-1 ci-dessous ne sont pas applicables aux ordonnances rendues par le président en application du présent alinéa.

Le président du tribunal arrête par ordonnance la rémunération du conciliateur et, le cas échéant, de l'expert après l'accomplissement de leur mission.

1. Accord amiable. En ce sens que l'art. 38, ne dérogeant pas aux règles de droit commun de validité des conventions, ne prévoit pas la nécessité d'un écrit destiné à rendre effectif l'accord amiable intervenu entre le débiteur et ses créanciers dans le cadre d'un règlement amiable, V. • Versailles, 9 oct. 1997 : *D. Affaires 1997. 1393 ; JCP E 1998, n° 13, p. 513, note Triclin et Ferreira.*

1 bis. Délais de paiement. V. note 2 *bis* ss. ancien art. L. 611-4, *supra.* ♦ Sur la compétence territoriale, V. note ss. art. 35-1 du présent décret, *supra.*

2. Rémunération du conciliateur. Aucune disposition de la loi du 1er mars 1984 [C. com., art. L. 611-1 s. et L. 612-1 s.] et du décret du 1er mars 1985 n'organise un recours contre la décision du président qui arrête la rémunération du conciliateur. • Grenoble, ord., 25 mai 1994 : *D. 1994. 425, note Derrida.* ♦ Le pouvoir du président d'arrêter définitivement ladite rémunération découle obligatoirement de l'accord conclu initialement entre les parties. • Même ordonnance.

39 (Abrogé par Décr. n° 2005-1677 du 28 déc. 2005, art. 354) *En dehors de l'autorité judiciaire, à qui l'accord et le rapport d'expertise peuvent être communiqués, l'accord ne peut être communiqué qu'aux parties et le rapport d'expertise qu'au débiteur.*

1. L'obligation au secret qui pèse sur le greffier s'étend à toutes les informations et à tous les documents relatifs au règlement amiable dont il a connaissance par ses fonctions et lui interdit de délivrer des copies de ces documents si ce n'est dans les conditions visées aux art. 38 et 39. • Com. 2 nov. 1993 : *Bull. civ. IV, n° 372 ; D. 1993. IR. 252 ; Dr. sociétés 1994, n° 5, obs. Chaput ; Rev. huiss. 1995. 59, note Vidal.* ♦ Dès lors, c'est par l'exacte application de ces textes, et en se fondant sur l'obligation au secret professionnel non de la banque mais du greffier qu'une cour d'appel décide qu'une banque, qui n'est pas partie au règlement amiable, ne peut se prévaloir d'aucun droit à prendre connaissance du rapport que le conciliateur aurait établi et déposé au greffe et que le refus de communication opposé par le greffier est justifié. • Même arrêt. – V. aussi • Com. 5 mai 2004 : *cité note 5 ss. ancien art. L. 611-4.*

2. Il ne résulte d'aucune disposition de la loi du 1er mars 1984 [C. com., art. L. 611-1 s. et L. 612-1 s.] et de son décret d'application que le prononcé de la liquidation judiciaire du débiteur met fin à l'obligation édictée par l'art. 38 de cette loi [C. com., art. L. 611-6] et dont la violation est pénalement sanctionnée. • Com. 2 nov. 1993 : *préc. note 1.*

39-1 (Abrogé par Décr. n° 2005-1677 du 28 déc. 2005, art. 354 ; Décr. n° 94-910 du 21 oct. 1994) *Les ordonnances prises en application du présent chapitre sont exécutoires de plein droit à titre provisoire.*

Elles sont susceptibles d'un recours en rétractation formé en référé par tout intéressé.

Les décisions prises par le président du tribunal sur ces recours peuvent être frappées d'appel dans les dix jours de leur prononcé.

L'appel non suspensif est soumis à la procédure à jour fixe.

39-2 (Abrogé par Décr. n° 2005-1677 du 28 déc. 2005, art. 354 ; Décr. n° 94-910 du 21 oct. 1994) *En cas d'inexécution des engagements résultant de l'accord, la résolution de l'accord amiable est prononcée par le tribunal à la requête d'un ou plusieurs créanciers du débiteur parties à l'accord, ou ceux auxquels des délais auront été imposés en application des dispositions de l'article 36 de la loi du 1er mars 1984 précitée* [C. com., ancien art. L. 611-4].

Le jugement rendu est communiqué au procureur de la République et notifié aux créanciers visés à l'alinéa précédent.

CHAPITRE VI. *MODIFICATIONS DU CODE DU TRAVAIL*

40 et 41 *Insèrent dans le code du travail les art. R. 422-1, R. 422-2, R. 432-17 et R. 432-18. – V.* ***C. trav.***

CHAPITRE VII. *MESURES DE PUBLICITÉ*

42 *Modifie Décr. n° 51-1269 du 29 oct. 1951, art. 5 et 7 bis, et Décr. n° 60-1271 du 24 nov. 1960, art. 6 et 9. – V.* ***CSS.***

43 *V. CGI, Annexe II, art. 396 bis, infra, App., v° Difficultés des entreprises.*

CHAPITRE VIII. *DISPOSITIONS DIVERSES ET TRANSITOIRES*

44 et 45 *V. supra, C. com., ss. art. L. 123-28, Décr. n° 83-1020 du 29 nov. 1983, art. 17 et 24.*

46 à 48 *V. infra, App., v° Sociétés commerciales, Décr. n° 67-236 du 23 mars 1967, art. 133, 148, 191, 193, 247, 295 et 296.*

49 Sont dispensées de l'insertion des avis prévus aux art. 287 du décret n° 67-236 du 23 mars 1967 modifié sur les sociétés commerciales et 74 du décret n° 84-406 du 30 mai 1984, relatif au registre du commerce et des sociétés, les sociétés à responsabilité limitées qui, à l'exclusion de toute autre modification des statuts augmentent leur capital social au montant minimal prévu au premier al. de l'art. 35 modifié de la loi sur les sociétés commerciales.

50 *Abrogé par Décr. n° 87-169 du 13 mars 1987, art. 6.*

51 *V. infra, App., v° Sociétés commerciales.*

....

53 L'inscription du privilège prévu par l'article 138 *[art. L. 243-4, al. 1er, nouveau]* du code de la sécurité sociale peut être requise au plus tard dans le délai de trois mois qui suit la publication du décret pour les sommes dues et venues à échéance moins de six mois avant la publication du décret. — *V. CSS, art. L. 243-4, infra, App., v° Difficultés des entreprises.*

....

56 *V. infra, App., v° Sociétés commerciales.*

57 Le présent décret est applicable dans la collectivité territoriale de Mayotte.

TITRE DEUXIÈME DU REDRESSEMENT ET DE LA LIQUIDATION JUDICIAIRES DES ENTREPRISES

RÉP. COM. v^is *Entreprises en difficulté-Redressement judiciaire.*

BIBL. GÉN. ► Sur le règlement CE du 29 mai 2000 relatif aux procédures d'insolvabilité : VALLENS, *Rev. Lamy droit des affaires sept. 2000. 3 ; Petites affiches 13 juin 2002, p. 15* (*exequatur* des jugements étrangers de faillite après le règlement CE) ; *D. 2003. Chron. 1421* (mise en œuvre du règlement CE : questions de procédure) ; *Rev. proc. coll. 2003. 60* (procédures secondaires) ; *Bull. d'actualité Lamy droit commercial sept. 2003* (circulaire du 17 mars 2003) ; *Petites affiches 12 déc. 2003, p. 47* (vers un droit matériel européen en matière de faillite ?). – CHAPUT, *Dr. sociétés 2000. Chron. 22.* – MENJUCQ, *Bull. Joly 2000. 1109 ; RJDA 2001, p. 579* (créanciers dans le règlement CE) ; *Petites affiches 12 déc. 2003, p. 10* (apports concernant le rôle des mandataires judiciaires dans les procédures communautaires d'insolvabilité). – IDOT, *JCP E 2000, n° 42, p. 1648.* – MATHIEU-BOUYSSOU, *D. 2002. Chron. 2245* (règles de droit judiciaire privé relatives aux procédures d'insolvabilité européennes après le règlement CE). – HONORAT et HENRY, *Mélanges Sortais, Bruylant, 2002, p. 313* (compétence juridictionnelle). – TEBOUL, *Petites affiches 20 juin 2003, p. 10* (circulaire du 17 mars 2003). – DEHARVENG, *ibid. 12 déc. 2003, p. 29* (même thème). – JAULT-SESEKE et ROBINE, *D. 2004. Chron. 1009.* – DAMMANN, *Bull. d'actualité Lamy droit commercial, mars 2005* (l'évolution du droit européen des procédures d'insolvabilité et ses conséquences sur le projet de loi de sauvegarde) ; *Banque et Droit mai-juin 2005. 36* (le droit européen des faillites : source d'incertitudes et d'opportunités pour les banques) ; *D. 2005. Chron. 1779* (problématique des conflits de juridictions et de *forum shopping*). – URBAIN-PARLÉANI, *Rev. sociétés 2005. 101*. – MÉLIN, *Bull. Joly 2005. 927* (conflits de juridictions et procédures européennes d'insolvabilité).

► Procédures collectives et procédures civiles d'exécution : DERRIDA, *Petites affiches 6 janv. 1993.* – CANET, *Rev. proc. coll. 1995. 265.* – SÉNÉCHAL, *Petites affiches 22 déc. 1999, p. 34.* – F.

Aubert, *Rapport de la Cour de cassation pour 1999. 83.* – Lyonnais, *RJ com. 2001. 97.* – Boré, *Rev. proc. coll. 2001. 220* (astreinte). – Théry, *Dr. et procédures 2002. 140.* – Spinelli, *ibid. 273* (dénonciation de la saisie-attribution).

▶ Procédures collectives et fiscalité : Serlooten, *JCP E 1987. II. 14851* (incidence du redressement judiciaire sur la situation fiscale) ; *Rev. Lamy Droit des affaires juill. 1999. 3* (même thème) ; *JCP E 2000, n° 1-2, p. 24* (situation du Trésor public en tant que créancier) ; *Petites affiches 6 sept. 2000, p. 58* (recouvrement de la créance fiscale). – Deleneuville, *Rev. proc. coll. 1996. 299* (procédures collectives et TVA). – Duquesnoy, *Gaz. Pal. 2001. Doctr. 327* (même thème). – Mulhaupt, *ibid. 336* (conséquences fiscales de la procédure collective pour les tiers). – Pellier, *ibid. 347* (privilège de la publicité des créances fiscales). – Lagarde, *Petites affiches 19 mars 2001, p. 4* (le juge commercial et le Trésor public) ; *Annonces de la Seine 22 mai 2003* (titrisation des créances fiscales de l'entreprise en difficulté).

▶ Autres articles de doctrine : Parléani, *RGAT 1986. 501* (redressement judiciaire de l'assuré). – Cabrillac, *Mélanges Breton-Derrida, p. 31* (égalité entre les créanciers) ; *Mélanges Gavalda, Dalloz, 2001, p. 69* (réapparition de la « masse » des créanciers). – Argellies, Cabrillac et Massart, *Gaz. Pal. 1987. 1. Doctr. 175* (aspects procéduraux). – M. Storck, *Mélanges Honorat, Frison-Roche, 2000, p. 235* (redressement ou liquidation judiciaire d'un époux séparé de biens). – Sénéchal, *Defrénois 1992. 609* (indivision et redressement judiciaire) ; *ibid. 1997. 1233* (le notaire et les procédures collectives). – Gatsi, *JCP E 1999, n° 44-45, p. 1762* (sauvegarde des intérêts des coïndivisaires du débiteur) ; *ibid., n° 50, p. 2011* (créanciers du coïndivisaire) ; *ibid. 2000, n° 8, p. 308* (action directe du sous-traitant dans le cadre de la procédure collective de l'entrepreneur principal). – Vauvillé, *JCP N 2000, n° 38, p. 1357* (indivision) ; *Dr. et patr. juin 2001. 61* (créancier hypothécaire hors procédure). – Vauvillé et Coquema, *ibid. 56* (créancier hypothécaire dans la procédure). – Terneyre, *Cah. dr. entr. 1992, n° 4* (procédures collectives et marchés publics). – Diener, *JCP E 1992. I. 196* (mandat d'exploitation et redressement judiciaire). – Derrida, *Mélanges Mercadal, Francis Lefebvre, 2002, p. 147* (intérêt collectif et intérêts individuels des créanciers). – Vallens, *RTD com. 1997. 567* ✐ (droit de la faillite et droits de l'homme) ; *Petites affiches 22 juill. 1998, p. 15* (redressement judiciaire des professions libérales) ; *Mélanges Honorat, Frison-Roche, 2000, p. 245* (procédure civile et procédures collectives). – Ducouloux-Favard, *Petites affiches 24 janv. 1996, p. 33* (entreprise de groupe en difficulté). – Playoust, *Rev. proc. coll. 1994. 349* (clause de retour à meilleure fortune). – Jacomet et Bejinariu, *Bull. Joly 1996. 365* (même thème). – Danet, *RD rur. 1995. 57* (procédures collectives en agriculture). – P. Rieg, *JCP N 1995. Prat. 3391* (vente des immeubles). – Hovasse, *Defrénois 1996. 961* (procédure collective du locataire d'une SCI). – Frison-Roche, *RJ com. 1996. 293* (caractère collectif des procédures collectives). – Puygauthier, *JCP N 1996. I. 1547* (vente à crédit d'un immeuble au profit d'une personne susceptible de faire l'objet d'une procédure collective). – Chaput, *Dr. sociétés 1997. Chron. 3* (crédit-bail) ; *Mélanges Jeantin, Dalloz, 1999, p. 381* (prééminence des règles cambiaires). – Sexer, *Bull. Joly 1997. 285* (gage sur titres de compte d'instruments financiers et procédures collectives du débiteur). – Soinne, *Rev. proc. coll. 1997. 377* (profession libérale et procédure collective) ; *ibid. 1998. 1* (surendettement et faillite : unité ou dualité des régimes). – Pollaud-Dulian, *JCP 1998. I. 138* (principe d'égalité dans les procédures collectives). – Léguevaques, *Dr. et patr. avr. 2000. 25* (l'égalité des créanciers et le traitement des « faillites » bancaires et financières). – Simler, *Petites affiches 17 juin 1998, p. 28* (interférence des régimes matrimoniaux et des procédures collectives). – Azan, *Gaz. Pal. 1998. 1. Doctr. 739* (droit des marchés publics et redressement judiciaire). – Colloque du 30 mai 1997, *Petites affiches 26 août 1998* (procédures collectives et communauté conjugale). – Bouhenic et Priou-Gadala, *Gaz. Pal. 1997. 2. Doctr. 1485* (technique des ventes judiciaires d'immeubles). – Calendini, *Petites affiches 30 sept. 1998, p. 51* (principe de proportionnalité en droit des procédures collectives). – Colloque organisé par le CRAJEFE le 25 avr. 1998, *Petites affiches 28 oct. 1998* (questions procédurales). – Monsèrié, *Mélanges Jeantin, Dalloz, 1999, p. 429* (confrontation du droit des procédures collectives et du droit des obligations). – Rizzo, *Dr. et patr. mars 1999. 63* (interférences entre droit de la concurrence et droit des procédures collectives). – Le Corre-Broly, *Cah. dr. entr. 2000, n° 3, p. 40* (même thème). – Courtier, *Rev. proc. coll. 1999. 8* (frais de la procédure collective) ; *Dr. sociétés 2001. Chron. 13* (cession de créances professionnelles). – Guyon, *Petites affiches 21 avr. 1999, p. 8* (transparence dans les procédures collectives) ; *Études Ghestin, LGDJ, 2001, p. 405* (le droit des contrats à l'épreuve du droit des procédures collectives). – Le Corre, *Petites affiches 19 mai 1999, p. 4* (droit réel, droit personnel et procédures collectives) ; *JCP E 2002, n° 23, p. 941* (le cautionnement réel à l'épreuve des procédures collectives). – Feugère, *JCP E 1999, n° 22, p. 946* (administrateur de société anonyme) ; *ibid. 2003, n° 32-35, p. 1321* (affacturage et procédure collective). – Daigre, *RJ com. 1999. 69* (modes alternatifs de règlement des litiges). – Le Nabasque, *RD bancaire et bourse 1999. 148* (adaptation du droit des procédures collectives à la situation des établissements de crédit par la loi n° 99-532 du 25 juin 1999). – Dampied, *Gaz. PaL. 1999. 2. Doctr. 1999* (sort des créanciers). – Lissandro, *Rev. proc. coll. 1999. 195* (le droit public dans les procédures collectives). – Colloque organisé par le CRAJEFE le 29 mai 1999, *Petites affiches 12 janv. 2000* (les réalisations d'actif dans les procédures de redressement et de liquidation judiciaires) ; *Mélanges Honorat, Frison-Roche, 2000, p. 143* (l'intérêt collectif des créanciers). – Journée d'études organisée par l'IFPPC le 4 mai 1999, *Petites affiches 18 juill. 2000, p. 7, et 19 juill. 2000, p. 4* (cessions d'actifs immobiliers). – Schodermeier, *Rev. sociétés 1999. 725* (redressement ou liquidation judiciaires de la société émettrice ou de l'actionnaire). – Derrida et Julien, *Mélanges Drai, Dalloz, 2000, p. 285* (le droit procédural du redressement et de la liquidation judiciaires et le droit judiciaire privé). – Rolland, *JCP E 2000, n° 11, p. 451* (liquidation judiciaire des sociétés unipersonnelles). – Hoonakker, *JCP E 2000, n° 24, p. 933* (procédure collective d'une société unipersonnelle et obligation de l'associé unique au passif social). – Lejwi, *Rev. loyers 2000. 278* (le copropriétaire commerçant, les procédures collectives et les sûretés détenues par le syndicat). – Malherbe, *Gaz. Pal. 2000. Doctr. 1606* (même thème). – F. Aubert, *Mélanges Jeantin, Dalloz, 1999, p. 368* (finalités des procédures collectives) ; *Mélanges Honorat, Frison-Roche, 2000, p. 7* (la procédure des procédures collectives). – F. Aubert et Piniot, *Mélanges Bézard, Montchrestien, 2002, p. 287* (personnalité morale des sociétés face au droit des procédures collectives dans la jurisprudence de la chambre commerciale de la Courdecassation).– Villani-Rondeau, *Dr.etpatr. juill.-août 2000. 48* (influence de la procédure collective sur les intérêts pécuniaires de l'ex-conjoint). – Colloque organisé par le CRAJEFE le 20 mai 2000, *Petites affiches 20 sept. 2000* (sûretés et procédures collectives). – Renaut, *RTD com. 2000. 533* (déconfiture du commerçant). – Arseguel et Fadeuilhe, *Petites affiches 5 oct. 2000, p. 9* (protection de l'emploi et droit des entreprises en difficulté). – Rouger, *Gaz. Pal. 2000. Doctr. 2155* (les rapports de force dans le traitement des difficultés). – Cadou, *RTD com. 2000. 817* (justice privée et procédures collectives – exception d'inexécution, droit de rétention, compensation). – Bonan, *Petites affiches 17 janv. 2001, p. 4* (spécificité des procédures collectives concernant les sociétés cotées en bourse). – Frison-Roche, Germain, Marin et Pénichon, *RD banc. fin. 2001, n° 83* (même thème). – Fricero, *Mélanges Honorat, Frison-Roche, 2000, p. 17* (les procédures collectives à l'épreuve du procès équitable). – L.-C. Henry, *Mélanges Honorat, Frison-Roche, 2000, p. 121* (la cession ou l'attribution d'une quote-part indivise dans le cadre d'une procédure collective). – Meyer, *Dr. sociétés 2001. Chron. 26* (l'information des cautions et la mise en jeu des garanties en cas de redressement ou de liquidation judiciaire du débiteur principal et/ou du garant). – Boureghda, *JCP E 2001, n° 13, p. 533* (consécration du particularisme des faillites financières – décret n° 2000-1307 du 26 déc. 2000). – Hael, *Defrénois 2001. 299* (l'entreprise familiale dans les procédures collectives). – P. Martin, *Petites affiches 18 sept. 2001, p. 4* (réparation du préjudice individuel des créanciers). – Table ronde organisée par l'association droit et commerce le 19 mars 2001, *RJ com., sept. 2001* (secret et transparence dans le traitement des difficultés des entreprises). – Colloque organisé par le CRAJEFDP le 19 mai 2001, *Petites affiches 9 janv. 2002* (le droit des sociétés à l'épreuve des procédures collectives). – Gastaud, *Mélanges Sortais, Bruylant, 2002, p. 235* (sort de la société à l'occasion des procédures collectives). – Frelot-Dejas, *Gaz. Pal. 2002. Doctr. 149* (droit patrimonial de la famille et procédures collectives). – Léguevaques, *ibid. 1220* (égalité des créanciers : flux et reflux). – Delebecque, *Dr. et patr. juill.-août 2002. 49* (sûretés réelles et procédures collectives). – F.-X. Lucas, *Petites affiches 12 juill. 2002, p. 42* (protection du conjoint du débiteur). – Audureau-Rousselot, *Rev. proc. coll. 2002. 131* (loi Gayssot et procédures collectives). – Montéran, *Rev. proc. coll. 2002. 243* (impartialité du juge et procédures collectives) ; *Gaz. Pal. 22-23 sept. 2004* (l'accueil du débiteur en état de cessation des paiements dans les tribunaux de commerce). – Rubellin, *Études offertes à J. Rubellin-Devichi, Litec, 2002, p. 317* (le pacs à l'épreuve des procédures collectives). – Goaziou-Huret, *RTD com. 2002. 627* (divorce et procédures collectives). – Béhard-Touchais, *Rev. proc. coll. 2003. 199* (même thème). – Vinceneux, *ibid. 208* (sort du domicile familial). – Teboul, *Petites affiches 3 avr. 2003, p. 3* (comment déjouer les pièges de la procédure collective du locataire) ; *ibid. 27 mai 2005, p. 5, et 9 août 2005, p. 3* (conventions intragroupes et procédures collectives) ; *ibid. 16 mai 2006, p. 7* (défense de l'environnement et entreprises en difficulté). – Boulanger, *Gaz. Pal. 2003. doctr. 884* (les start-up et la faillite). – Colloque organisé par le Crajefe le 23 mars 2002, *Petites affiches 24 avr. 2003* (droit patrimonial de la famille et entreprises en difficulté). – Pujol, *Dr. et patr. juin 2003. 36* (libération du capital social dans les procédures collectives). – Malecki, *Mélanges Guyon, Dalloz, 2003, p. 767* (le bordereau Dailly à l'épreuve des procédures collectives). – Colloque du 4 oct. 2002, *Rev. proc. coll. 2003. 167* (situation personnelle du chef d'entreprise dans les procédures collectives). – Berthoud-Ribaute, *RTD com. 2003. 259* (sort de la société civile immobilière dans la procédure collective). – Boillot, *D. 2003. Chron. 2741* (droit bancaire et financier et droit des procédures collectives : exception ou contradiction ?). –

MORVAN, *JCP E 2003, n° 47, p. 1852* (le comité d'entreprise et ses doubles dans le droit des procédures collectives). – L'HÔTE, *AJDA 2003. 2233* (application des procédures collectives aux sociétés d'économie mixte locales). – LECOURT, *RTD com. 2004. 1* (articulation du droit des procédures collectives et du droit de la famille) ; *D. 2005. Chron. 1943* (le principe de séparation des ordonnateurs et des comptables à l'épreuve des procédures collectives). – DELMOTTE, *Rapp. C. cass. pour 2003, p. 125* (égalité des créanciers). – MARQUET et BRIQUET, *Gaz. Pal. 2004. Doctr. 1657* (l'actionnaire d'une société non cotée en redressement ou en liquidation judiciaire). – COLLOQUE DU 24 OCT. 2003, *Rev. proc. coll. 2004. 140* (droit des entreprises en difficulté et protection de l'environnement). – FALZOI, *Petites affiches 17 sept. 2004, p. 3* (rôle du ministère public). – DUMONT, *Rev. proc. coll. 2004. 297* (impact pour les salariés de la suggestion de reprise). – SOUWEINE, *RTD com. 2004. 647* (séquestre du prix de vente d'un fonds de commerce et procédures de redressement ou liquidation judiciaires). – WICKER, L'indivision, *actes du colloque organisé le 21 juin 2002 par l'Association Henri Capitant, Dalloz, 2005, p. 31* (entreprise indivise et procédures collectives). – ARCELIN, *RLC 2005, n° 1, p. 159* (l'entreprise en difficulté face au droit de la concurrence). – CROZE et REINHARD, *JCP E 2005, n° 14, p. 612* (procédures collectives et arbitrage : conseils pratiques aux parties et aux arbitres). – *Rev. Lamy droit des affaires, suppl. au n° 80, mars 2005* (la loi du 25 janv. 1985 a vingt ans – Entre bilan et réforme). – DAMMANN, *D. 2005. Chron. 2447* (réflexions sur la réforme du droit des sûretés au regard du droit des procédures collectives : pour une attractivité retrouvée du gage). – RAKOTOVAHINY, *RTD com. 2006. 25* (mutuelle et procédures collectives).

▶ Statistiques : Alexandre-Caselli, *JCP E 2005, n° 42, p. 1787.*

Ancien art. L. 620-1 ***Il est institué une procédure de redressement judiciaire destinée à permettre la sauvegarde de l'entreprise, le maintien de l'activité et de l'emploi et l'apurement du passif.***

Le redressement judiciaire est assuré selon un plan arrêté par décision de justice à l'issue d'une période d'observation. Ce plan prévoit, soit la continuation de l'entreprise, soit sa cession.

La liquidation judiciaire peut être prononcée sans ouverture d'une période d'observation lorsque l'entreprise a cessé toute activité ou lorsque le redressement est manifestement impossible. — [L. n° 85-98 du 25 janv. 1985, art. 1er]. — V aussi ancien art. L. 622-1.

L'art. 99 de la loi n° 94-475 du 10 juin 1994 (qui a modifié la loi n° 85-98 du 25 janv. 1985, aujourd'hui codifiée aux anciens art. L. 620-1 s. C. com.), mod. par l'art. 35 de la loi n° 94-679 du 8 août 1994, dispose : « ... Les dispositions de la présente loi entreront en vigueur à une date fixée par décret et au plus tard le 1er oct. 1994. Elles seront applicables aux procédures ouvertes à compter de cette date. » — L'art. 134 du décret n° 94-910 du 21 oct. 1994, publié au Journal officiel du 22 oct. 1994, prévoit que, vu l'urgence, ce décret entre immédiatement en vigueur. — V. ci-dessous note 4 s.

Sur l'application des dispositions de la loi n° 94-475 du 10 juin 1994 aux territoires d'outre-mer [Polynésie française, îles Wallis-et-Futuna et Terres australes et antarctiques françaises] et aux collectivités territoriales de Mayotte et de Saint-Pierre-et-Miquelon, V. L. n° 96-609 du 5 juill. 1996, art. 22, ajoutant des art. 100 à 103 à ladite loi du 10 juin 1994 (JO 9 juill.).

RÉP. COM. v° *Entreprises en difficulté-Redressement judiciaire (Avant-propos)*, par GUYON.

BIBL. ▶ BAZIN, *Rev. huiss. 1996. 1181* (sauvegarde de l'activité).

A. JURISPRUDENCE ANTÉRIEURE À LA LOI DU 10 JUIN 1994

1. Liquidation judiciaire immédiate. Avant la loi du 10 juin 1994, la juridiction saisie ne pouvait prononcer une liquidation judiciaire sans avoir par une première décision ouvert une procédure de redressement judiciaire destinée à apprécier les chances de sauvegarde de l'entreprise. • Com. 4 nov. 1986 : *Bull. civ. IV, n° 198 ; D. 1986. 579, note Derrida ; JCP 1987. II. 20737, note Bousquet.* ♦ Les deux décisions pouvaient être prononcées le même jour, dès lors que le tribunal avait constaté que les conditions d'ouverture d'une liquidation judiciaire étaient réunies. • Com. 17 mai 1989 : *D. 1989. IR. 177 ; JCP 1990. II. 21464, note Beaubrun ; ibid. éd. E 1990. II. 15658, n° 4, obs. Pétel.* ♦ V. aussi notes ss. ancien art. L. 621-6. ♦ Sur une liquidation judiciaire immédiate au cas de confusion de patrimoine, V. • Com. 15 janv. 1991 : *Bull. civ. IV, n° 25 ; D. 1991. Somm. 240, obs. Honorat ; Rev. sociétés 1991. 386, note Honorat.* ♦ Comp., désormais : art. L. 620-1, al. 3, et L. 622-1, al. 1er, issus de la loi n° 94-475 du 10 juin 1994.

1 bis. Pour des décisions postérieures à l'entrée en vigueur de la loi de 1994, refusant de prononcer la liquidation judiciaire immédiate, V. • T. com. Paris, 30 nov. 1994 : *Dr. sociétés 1995, n° 118, obs. Chaput* (au motif de l'intérêt du groupe) • Paris, 7 juill. 1995 : *Dr. sociétés 1995, n° 239, obs. Chaput* (au motif que la cessation d'activité pourrait n'être que temporaire, au vu du bilan prévisionnel).

1 ter. Pour le prononcé de la liquidation judiciaire immédiate d'une entreprise : dont l'exploitation avait cessé depuis plusieurs mois et pour laquelle il n'existait aucune perspective de reprise de l'activité, V. • Com. 29 mai 2001 : *RJDA 2001, n° 1126.* ♦ ... En raison de la faillite personnelle frappant la personne physique l'exploitant en son nom personnel, V. • Com. 2 mai 2001 : *RJDA 2001, n° 882 ; Rev. proc. coll. 2001. 275, obs. Barret.*

2. Incompatibilité entre plan de cession et liquidation. Il résultait de l'art. 1er de la loi du 25 janv. 1985 que l'arrêté d'un plan de cession même partiel et le prononcé de la liquidation judiciaire étaient inconciliables dans la même procédure. • Limoges, 13 août 1986 : *D. 1987. 44, note Derrida ; Gaz. Pal. 1986. 2. 724, note Martin.*

3. Clubs de football. La loi du 25 janv. 1985 [C. com., art. L. 620-1 s.] ne fait pas obstacle à ce qu'il soit tenu compte, dans l'organisation des compétitions, par le règlement administratif de la Ligue nationale de football, du fait qu'un club a été admis au bénéfice du redressement judiciaire. • CE 15 mai 1991 : *D. 1992. 4, note Lachaume.*

B. ENTRÉE EN VIGUEUR DE LA LOI DU 10 JUIN 1994

BIBL. Alix, *Petites affiches 14 août 1996, p. 19* (procédures ouvertes entre le 1er et le 22 oct. 1994).

4. En ce sens que les dispositions issues de la loi du 10 juin 1994 ne sont pas applicables aux procédures ouvertes entre le 1er et le 22 oct. 1994 (V. note rédactionnelle ci-dessus) en raison du caractère indivisible de la réforme (Rép. min. n° 20757 : *JOAN Q, 24 avr. 1995, p. 2210*). • Aix-en-Provence, 15 juin 1995 : *D. 1996. 202, note F. D.* ♦ Comp., en faveur de l'application de la loi nouvelle aux procédures ouvertes à compter du 1er oct. 1994 : Cass., rép., *BICC 1er mai 1996, p. 36* • Com. 25 nov. 1997 : *Bull. civ. IV, n° 303.* ♦ Comp., aussi, en ce sens que les dispositions réglementaires antérieures à l'entrée en vigueur du décret du 21 oct. 1994 devaient recevoir application dès lors qu'elles étaient compatibles avec les nouvelles dispositions législatives : • Paris, 27 juin 1997 : *Bull. d'actualité Lamy droit commercial août-sept. 1997, p. 9.* ♦ V. également notes 2 à 2 *quater* ss. ancien art. L. 621-46.

5. Il faut entendre le terme « procédure » dans son acception commune, et non dans une acception plus large, spécifique au droit de la faillite, qui aurait pour effet de placer sous le même régime, au regard de l'application dans le temps de la loi du 10 juin 1994 et du décret du 21 oct. 1994, toutes les actions se rattachant à la même procédure collective. Ainsi la procédure en paiement de l'insuffisance d'actif, introduite contre les dirigeants sociaux, qui fait l'objet d'une instance distincte, doit être considérée, quant à ce, de manière autonome. • Montpellier, 10 août 1996 : *BICC 1997, n° 91.* ♦ V. aussi note 1 ss. ancien art. L. 621-18, note 53 ss. ancien art. L. 621-46, note 2 ss. ancien art. L. 621-122 et note 2 ss. ancien art. L. 622-13.

6. Sur l'application dans le temps du décret du 21 oct. 1994, V. note précédant l'ancien art. 1er du 1er décret du 27 déc. 1985, *infra*, App., v° *Difficultés des entreprises.*

Ancien art. L. 620-2 ***Le redressement et la liquidation judiciaires sont applicables à tout commerçant, à toute personne immatriculée au répertoire des métiers, à tout agriculteur et à toute personne morale de droit privé.*** — Lors de la codification opérée par l'ord. n° 2000-912 du 18 sept. 2000, les mots « tout artisan » figurant dans l'art. 2 de la loi n° 85-98 du 25 janv. 1985, codifié à l'ancien art. L. 620-2, ont été remplacés par les mots « toute personne immatriculée au répertoire des métiers » (sur cette substitution, V. Lienhard, D. 2000, n° 38, Cah. dr. aff., p. III). — Est considérée comme agriculteur toute personne physique exerçant des activités agricoles au sens de l'art. L. 311-1 du code rural (C. rur., art. L. 351-8. — V. ledit art. L. 311-1, supra, ss. art. L. 110-1 C. com.).

Les personnes physiques ou morales qui emploient cinquante salariés au plus et dont le chiffre d'affaires hors taxe est inférieur à un seuil fixé par décret en Conseil d'État bénéficient de la procédure simplifiée prévue à la section 5 du chapitre Ier. — [L. n° 85-98 du 25 janv. 1985, art. 2]. — Le montant du chiffre d'affaires est défini conformément aux dispositions de l'art. 17, al. 3, du décret n° 83-1020 du 29 nov. 1983 [V. supra ss. art. L. 123-28 C. com.]. Il est apprécié à la date de clôture du dernier exercice comptable. — Le seuil du chiffre d'affaires est fixé à la somme de 3 100 000 € [ancienne rédaction : 20 000 000 F]. — Le nombre de salariés à prendre en compte est le nombre des salariés employés par l'entreprise soit à la date de la déclaration de cessation des paiements, soit à la date de l'assignation du créancier, soit à la date de la requête du procureur de la République, soit, en cas de saisine d'office, à la date de la convocation du débiteur par le président du tribunal (Décr. n° 85-1387 du 27 déc. 1985, art. 1er, D. et ALD 1986. 84 ; JO 29 déc.).

V., écartant l'application des dispositions relatives au redressement et à la liquidation judiciaires des entreprises aux syndicats de copropriétaires, L. n° 65-557 du 10 juill. 1965, art. 29-6,

V. aussi, écartant l'application des dispositions du code de la consommation relatives au règlement des situations de surendettement des particuliers lorsque le débiteur relève des procédures de redressement et de liquidation judiciaires des entreprises, C. consom., art. L. 333-3. — V. notes 10 s., infra.

Pour l'ouverture d'une procédure collective à l'égard d'un établissement de crédit ou d'une entreprise d'investissement, subordonnée à un avis de la Commission bancaire, V. C. mon. fin., art. L. 613-27, infra, App., v° Code monétaire et financier (extraits).

I. DOMAINE D'APPLICATION DE LA LOI

BIBL. Vallansan, *Rev. Lamy droit des affaires, suppl. au n° 80, mars 2005* (évolution des personnes assujetties : 1985-2005).

A. PERSONNES PHYSIQUES

BIBL. Dekeuwer-Defossez, *Petites affiches 16 mai 1986* (concubins coexploitants). – Soinne, *Rev. proc. coll. 1997. 377* (profession libérale). – Cabrillac, *Mélanges Honorat, Frison-Roche, 2000, p. 81* (extension de la procédure collective du commerçant à son conjoint collaborateur).

1° COMMERÇANTS

1. *Qualité de commerçant.* Sur la notion de commerçant, V. *supra,* art. L. 121-1 et L. 121-2.

2. Sur la qualité du conjoint du commerçant, V. *supra*, art. L. 121-3.

2 bis. Sur l'obligation faite au juge de constater que le débiteur avait la qualité de commerçant à la date d'ouverture de la procédure collective, V. • Com. 10 juill. 2001 : ♜ *RJDA 2001, n° 988.*

3. La procédure de redressement judiciaire peut être ouverte en raison d'une dette civile contractée par le débiteur avant qu'il ne devienne commerçant, dès lors qu'à la date de l'ouverture de la procédure collective le débiteur avait effectivement cette dernière qualité. • Com. 22 juin 1993 : ♜ *Bull. civ. IV, n° 264 ; D. 1993. Somm. 366, obs. Honorat* ✎ • Paris, 4 févr. 2000 : *Rev. proc. coll. 2002. 51, obs. Deleneuville.* ♦ De même, en application du principe de l'unité du patrimoine, une dette, de nature civile, contractée par un ancien commerçant, antérieurement à l'exercice de son activité commerciale continue à grever son patrimoine lorsqu'il devient commerçant, et la nature de cette dette importe peu dès lors qu'à la date de l'ouverture de la procédure collective le débiteur est encore susceptible d'être poursuivi en sa qualité de commerçant. • Com. 3 févr. 1998 : ♜ *Bull. civ. IV, n° 58 ; D. Affaires 1998. 383, obs. V. A.-R. ; Petites affiches 28 juill. 1999, p. 26, note Teilliais.*

3 bis. Le débiteur concerné ne peut contester sa qualité de commerçant au moment du prononcé de la liquidation judiciaire après clôture de la période d'observation, mais seulement lors de l'ouverture de la procédure. • Pau, 19 déc. 1995 : *Cah. jurispr. Aquitaine 1996, n° 2, p. 92.*

4. Il résulte de l'art. 2 [C. com., art. L. 620-2] que les personnes physiques qui n'exercent qu'une profession libérale ne peuvent être mises en redressement judiciaire sauf si, en fait, leur activité réelle est commerciale, artisanale ou agricole. • Com. 20 juin 1995 : ♜ *Rev. huiss. 1995. 1369, note Vidal.*

4 bis. Majeur sous tutelle. V. • Versailles, 19 mai 1988 : *RD bancaire et bourse 1988. 35, obs. Dekeuwer-Defossez.* ♦ V. aussi : • Com. 8 déc. 1998 : ♜ *cité note 2 ss. ancien art. L. 624-1.*

4 ter. Opposabilité de la qualité de commerçant. Une personne physique (ayant géré, en société créée de fait, un fonds de commerce) qui n'a jamais été inscrite au registre du commerce ne peut, sur sa demande, être admise au bénéfice du redressement judiciaire. • Com. 25 mars 1997 : ♜ *Bull. civ. IV, n° 83 ; D. 1997. Somm. 311, obs. Honorat* ✎ *; D. Affaires 1997. 541 ; Dr. sociétés 1997, n° 81, obs. Chaput ; Bull. Joly 1997. 589, note Vallansan ; Defrénois 1998. 248, obs. Le Cannu ; Petites affiches 14 déc. 1998, p. 13, note Gioanni.* ♦ Il en va de même du conjoint du commerçant objet de la procédure qui n'est pas immatriculé en qualité de commerçant. • Com. 11 févr. 2004 : ♜ *Bull. civ. IV, n° 28 ; D. 2004. AJ. 565, obs. Lienhard* ✎ *; JCP E 2004, n° 22, p. 856, obs. Cabrillac ; ibid. n° 48, p. 1886, note Parachkevova ; Act. proc. coll. 2004, n° 92, obs. F.-X. Lucas ; RTD com. 2004. 243, obs. Saintourens* ✎ *; Dr. et patr. juin 2004. 101, obs. Monsèrié-Bon ; RJPF 2004, n° 6, p. 14, obs. Vauvillé ; Bull. Joly 2004. 784, note Léobon ; Rev. proc. coll. 2004. 210, obs. Lebel ; ibid. 2005. 55, obs. Dumont ; Defrénois 2004. 1654, obs. Gibirila* • Rouen, 3 avr. 1997 : *Rev. proc. coll. 2000. 123, obs. Deleneuville.* ♦ La mention de l'épouse du commerçant mis en liquidation judiciaire au RCS en qualité de coexploitante du fonds de commerce ne constitue qu'une présomption simple de commercialité qui peut être combattue par la preuve contraire. • Com. 15 mars 2005 : *cité note 3 bis ss. ancien art. L. 621-5.*

Pour des hypothèses d'inscription frauduleuse au RCS, V. • Lyon, 20 déc. 1996 : *Gaz. Pal. 1996. 2. Somm. 354, obs. Vray* • Paris, 12 avr. 1996 : *RJ com. 1998. 117, obs. Dom.*

2° ARTISANS

5. Peut être mise en liquidation judiciaire la débitrice qui poursuit une activité artisanale sous son nom. • Nancy, 13 mai 1987 : *Rev. proc. coll. 1988. 35, obs. Didier.* ♦ Pour la détermination du domaine d'application de la loi du 25 janv. 1985 [C. com., art. L. 620-1 s.], il convient de se référer à la notion d'artisan conformément aux critères traditionnels, sans tenir compte de la définition administrative de cette activité, liée à l'immatriculation au répertoire des métiers. • Rouen, 10 oct. 1991 : *RJDA 1991, n° 960.* ♦ V. notes 27 s. ss. art. L. 110-1.

5 bis. L'emploi d'un salarié, par un contrat de travail à durée indéterminée, pour effectuer la rénovation de locaux sur divers chantiers, constitue l'exercice d'une activité rendant l'employeur justiciable de la loi du 25 janv. 1985 [C. com., art. L. 620-1 s.], nonobstant son absence d'inscription au registre des métiers. • Com. 25 nov. 1997 : *RJDA 1998, n° 448.*

5 ter. L'autorité absolue de chose jugée d'un jugement ouvrant une liquidation judiciaire couvre le vice qui pouvait l'affecter quant à la reconnaissance de la qualité de commerçant ou d'artisan du débiteur. • Nancy, 9 févr. 1998 : *Act. proc. coll. 1998, n° 130.*

5 quater. L'artisan qui n'est pas ou n'est plus inscrit au répertoire des métiers ne peut pas solliciter lui-même l'ouverture d'une procédure collective sur sa propre déclaration de cessation des paiements. • Pau, 5 avr. 2004 : *RJDA 2005, n° 1004.*

3° AGRICULTEURS

BIBL. Merle, *RTD com. 1989. 122 et 535.* – Haehl, *ibid. 1989. 128.* – Kerckhove, *Rev. proc. coll. 1989. 113.* – Le Cannu, *Bull. Joly 1989. 113.* – Mathieu, *JCP E 1989. II. 15649.* – Ourliac et de Juglart, *JCP 1989. I. 3394.* – Hudault, *Rev. proc. coll. 1989. 269.*

6. Sur la notion d'agriculteur, V. art. L. 311-1 C. rur., *supra*, ss. art. L. 110-1 C. com.

7. Le fait pour l'épouse d'un agriculteur d'aider son mari dans ses tâches agricoles, ne lui confère pas la qualité d'agriculteur, d'autant qu'elle ne cotise pas à la Caisse de la mutualité agricole et qu'elle relève de la fonction publique. • Caen, 16 mai 1991 : *JCP 1992. IV. 1303,* conf. par • Com. 5 avr. 1994 : *Bull. civ. IV, n° 145 ; D. 1994. IR. 109.*

8. Le mari d'une exploitante en difficulté qui, bien qu'officiellement retraité, continuait d'accomplir en permanence des actes de gestion, est fondé à demander l'ouverture à son profit d'une procédure de redressement judiciaire. • Poitiers, 6 juill. 1995 : *Rev. dr. rur. oct. 1995, p. 100.*

9. En ce sens qu'une procédure collective ne peut être ouverte à l'encontre de l'associé d'une société civile d'exploitation agricole sans qu'il soit établi que celui-ci exerçait personnellement et à titre de profession habituelle des activités agricoles au sens de l'art. L. 311-1 C. rur., V. • Com. 3 oct. 2000 : *Act. proc. coll. 2000, n° 226, obs. Regnaut-Moutier.*

4° REDRESSEMENT JUDICIAIRE CIVIL

BIBL. Sortais, *Mélanges Honorat, Frison-Roche, 2000, p. 227* (« Faillite » et surendettement : quelques éléments pour une comparaison). – Pétel, *Liber amicorum J. Calais-Auloy, Dalloz, 2004, p. 835* (même thème).

10. L'existence de dettes de nature professionnelle résultant d'une activité commerciale d'un des deux conjoints, à laquelle il a été mis fin, ne fait pas obstacle à l'application de la loi du 31 déc. 1989 sur le surendettement [C. consom., art. L. 331-1 s.] pour le conjoint non commerçant. • Riom, 22 janv. 1992 : *Gaz. Pal. 1992. 1. Somm. 133 ; Rev. proc. coll. 1993. 509, obs. Soinne.* ♦ Le conjoint commerçant est exclu du bénéfice des dispositions de la loi sur le surendettement, y compris pour ses dettes n'ayant pas le caractère professionnel. • Même arrêt. – V. aussi Rép. min. n° 12609 : *JOAN Q, 24 août 1998, p. 4721.*

10 bis. L'époux codébiteur solidaire de dettes incorporées dans le plan de continuation de l'autre époux ne peut bénéficier de la procédure de traitement des situations de surendettement. • Civ. 1re, 11 oct. 2000 : *Bull. civ. I, n° 242 ; Act. proc. coll. 2000, n° 258, obs. crit. Regnault-Moutier ; RTD com. 2001. 251, obs. Paisant.* ♦ En ce sens que l'épouse d'un commerçant en liquidation judiciaire ne saurait être exclue du bénéfice des dispositions relatives au traitement du surendettement sans qu'il soit constaté qu'elle était elle-même commerçante ou que l'ensemble de ses dettes avaient été incorporées dans la procédure collective du mari, V. • Civ. 1re, 22 janv. 2002 : *Bull. civ. I, n° 25 ; RTD com. 2002. 552, obs. Paisant.* – V. aussi • Civ. 1re, 10 juill. 2002 : *Act. proc. coll. 2002, n° 207, obs. Regnaut-Moutier.*

11. Le gérant d'une société à responsabilité limitée ne relève des dispositions de la loi du

25 janv. 1985 que dans les cas prévus par les art. 181 s. [C. com., art. L. 624-4 s.] ; doit donc être déclarée recevable la demande d'ouverture d'une procédure de règlement amiable formée par ce gérant, même si la société est en cours de liquidation judiciaire, dès lors qu'il n'est pas constaté que le tribunal de commerce a ouvert une procédure de redressement judiciaire à l'égard du gérant ou prononcé sa faillite personnelle. • Civ. 1re, 23 mars 1994 : *Bull. civ. I, n° 112 ; D. 1994. IR. 105 ; JCP E 1994. II. 634, note Lecène-Marénaud* • 7 nov. 2000 : *Bull. civ. I, n° 285 ; Dr. sociétés 2001, n° 12, obs. Chaput ; Dr. et patr. juin 2001. 113, obs. Monsèrié-Bon* (pour un dirigeant de société anonyme) • Civ. 2e, 8 juill. 2004 : *Bull. civ. II, n° 386 ; D. 2004. 2991, note Hénaff ; Bull. Joly 2005. 237, note Saintourens ; Rev. proc. coll. 2005. 237, obs. Dumont ; RJ com. 2005. 448, obs. Sortais.*

12. C'est au jour où il statue que le tribunal doit se placer pour apprécier si le débiteur relève des procédures collectives (à propos d'un commerçant radié du registre du commerce depuis moins d'un an lors de la saisine de la commission de surendettement). • Civ. 1re, 30 mai 1995 : *Bull. civ. I, n° 230.* – V. aussi • Civ. 1re, 7 mars 1995 : *Bull. civ. I, n° 119.*

5° UNICITÉ DE PROCÉDURE

12 bis. Le principe de l'unité du patrimoine des personnes juridiques interdit l'ouverture de deux procédures collectives contre un seul débiteur, même si celui-ci exerce des activités distinctes ou exploite plusieurs fonds. • Com. 19 févr. 2002 : *Bull. civ. IV, n° 39 ; D. 2002. 2523, note Perdriau et Derrida ; Dr. et patr. mai 2002. 85, obs. Houtcieff ; Procédures 2002, n° 96, obs. Croze ; RTD com. 2002. 376, obs. Vallens* • 4 févr. 2003 : *Act. proc. coll. 2003, n° 79, obs. F.-X. Lucas ; Dr. sociétés 2003, n° 168, note Legros ; Petites affiches 16 févr. 2004, p. 7, obs. Lécuyer.* – V. aussi • Com. 11 déc. 2001 : *D. 2002. 2523, note Perdriau et Derrida ; Rev. proc. coll. 2003. 106, obs. Gorrias.* ... Peu important que la première de ces procédures ait été suspendue. • Com. 7 avr. 2004 : *D. 2004. AJ. 1384 ; Dr. et procédures 2004. 264, obs. Crocq ; Dr. sociétés 2004, n° 189, note Legros.* ♦ Toutefois, l'existence d'une procédure collective à l'égard d'une personne ne fait pas obstacle au prononcé, à titre de sanction, d'une nouvelle procédure collective à l'égard de la même personne prise en sa qualité de dirigeant d'une personne morale elle-même soumise à une procédure collective. • Com. 4 janv. 2005 : *Bull. civ. IV, n° 4 ; D. 2005. AJ. 215, obs. Lienhard ; ibid. Pan. 2011, obs. F.-X. Lucas ; Act. proc. coll. 2005, n° 25, obs. Regnaut-Moutier ; JCP E 2005, n° 17, p. 712, obs. Pétel ; Dr. sociétés 2005, n° 69, note Legros ; Dr. et patr. avr. 2005. 115, obs. Monsèrié-Bon ; Dr. et procédures 2005. 158, note Le Corre ; Gaz. Pal. 29-30 avr. 2005, p. 26, obs. F.-X. Lucas ; ibid., p. 52, obs. Montéran ; Defrénois 2005. 1000, obs. Gibirila ; Bull. Joly 2005. 571, note M. Sénéchal ; Rev. sociétés 2005. 451, note Bonneau ; Rev. proc. coll. 2005. 232, obs. Dumont ; ibid. 385, obs. Martin-Serf.*

12 ter. Le principe de l'unité du patrimoine des personnes juridiques interdit l'ouverture de deux procédures collectives contre un seul débiteur, de sorte que les droits des créanciers de la liquidation des biens ouverte à l'égard du débiteur ne peuvent être affectés par la liquidation judiciaire dont il a fait ultérieurement l'objet, peu important que cette seconde procédure ait été clôturée par un jugement irrévocable. • Com. 1er mars 2005 : *JCP E 2005, n° 41, p. 1697, note Baldino.*

B. PERSONNES MORALES

1° GROUPEMENTS SOUMIS À LA LOI

a. Sociétés

13. Sociétés en formation. Une société en formation ne pouvait être assignée en règlement judiciaire ou en liquidation des biens, et l'acquisition ultérieure de la personnalité morale ne pouvait justifier le prononcé de l'une de ces mesures (loi de 1967). • Com. 10 mars 1987 : *D. 1987. Somm. 355, obs. Honorat ; JCP 1987. II. 20830, note Guyon ; Rev. sociétés 1987. 587, note Sortais.*

14. La demande d'ouverture d'une procédure collective doit être rejetée faute de preuve de la qualité de commerçant ou d'artisan exigée par l'art. 2 [C. com., art. L. 620-2], à l'égard de personnes ayant agi au nom d'une société commerciale en formation. • Paris, 14 janv. 1987 : *D. 1987. IR. 38* • Douai, 14 janv. 1993 : *Dr. sociétés 1994, n° 9, obs. Chaput.* ♦ Mais la personne qui a effectué des actes de commerce à titre habituel au nom d'une société en formation qui n'a pas acquis la personnalité morale peut être mise en règlement judiciaire ou en liquidation des biens (loi de 1967). • Com. 15 janv. 1991 : *Bull. Joly 1991. 395, note Calendini.* – V. aussi • Com. 14 déc. 1993 : *Dr. sociétés 1994, n° 49, obs. Chaput.* ♦ V. note 15.

15. Sociétés non immatriculées. BIBL. Hallouin, *JCP 1989. I. 3414.* ♦ Une société qui n'a jamais été inscrite au registre du commerce et n'a de ce fait jamais acquis la personnalité morale, ne peut être mise en redressement judiciaire. • Paris, 22 sept. 1987 : *D. 1987. IR. 212 ; Gaz. Pal. 1988. 1. 86 ; RTD com. 1988. 687, obs.*

Merle • 3 déc. 1991 : *Dr. sociétés 1992, n° 49, obs. Chaput.* ♦ Une société créée de fait n'ayant pas la personnalité juridique ne peut être mise en procédure collective. • Com. 23 nov. 2004 : *Dr. sociétés 2005, n° 29, note Legros ; Rev. proc. coll. 2005. 203, obs. Lebel.*

L'associé d'une société créée de fait ne peut faire l'objet d'une procédure collective que s'il est démontré qu'il a exercé des actes de commerce et en a fait sa profession habituelle ou qu'il a exploité lui-même l'entreprise commerciale, objet de la société. • Com. 27 avr. 1993 : *Bull. civ. IV, n° 158 ; Bull. Joly 1993. 776, note Le Nabasque ; Dr. sociétés 1993, n° 135, note Bonneau* • Aix-en-Provence, 22 mai 2001 : *Dr. sociétés 2002, n° 26, obs. Legros ; RD banc. fin. 2002, n° 16, obs. F.-X. Lucas ; RJDA 2002, n° 762* • Poitiers, 14 mai 2002 : *Dr. sociétés 2003, n° 45, note F.-X. Lucas.* ♦ La seule signature des statuts portant nomination du gérant ne peut conférer la qualité de commerçant à l'associé d'une SARL même non immatriculée au registre du commerce et des sociétés, en l'absence d'une participation personnelle à l'activité commerciale objet de la société (loi de 1967). • Com. 2 mai 1989 : *D. 1989. Somm. 283, obs. Honorat.*

15 bis. Sociétés de fait. L'associé d'une société de fait ne peut faire l'objet d'une procédure collective que s'il est démontré qu'il a fait des actes de commerce dans le cadre de l'exploitation commune. • Metz, 8 avr. 1997 : *Rev. proc. coll. 2000. 123, obs. Deleneuville.*

16. Sociétés absorbées. Une procédure collective ne peut être ouverte à l'encontre d'une société dont la personnalité morale a disparu à la suite de son absorption par une autre société, qui seule a la personnalité morale. • Com. 28 sept. 2004 : *Act. proc. coll. 2004, n° 227, obs. Rétif.* – V. déjà, en ce sens, • Chambéry, 22 janv. 1990 : *Dr. sociétés 1992, n° 160, obs. Chaput* • Paris, 17 déc. 1993 : *Rev. sociétés 1994. 106, note Chaput*

b. Autres groupements

17. Mutuelles. Le redressement judiciaire est applicable à une mutuelle comme à toute personne morale de droit privé. • Paris, 13 janv. 1988 : *Gaz. Pal. 1988. 1. Somm. 92 ; Rev. proc. coll. 1988. 345, obs. Didier.*

18. Associations. Les associations sont soumises à la loi du 25 janv. 1985 en tant que personnes morales de droit privé et, spécialement, un tribunal de commerce est compétent pour ouvrir une procédure collective dès lors qu'une association a fait des actes de commerce. • Paris, 13 juin 1990 : *D. 1990. IR. 192.* – Dans le même sens : • Paris, 3 févr. 1995 : *Dr. sociétés 1995, n° 74, obs. Chaput ; Rev. sociétés 1995. 367, obs. Guyon.* ♦ V. aussi note 3 ss. ancien art. L. 620-1 et note 1 *bis* ss. ancien art. L. 621-5.

19. Personnes de droit public. Les personnes morales de droit public sont exclues du champ d'application de l'art. 2 [C. com., art. L. 620-2], quelle que soit la forme que peut revêtir leur activité. • Paris, 15 févr. 1991 : *D. 1991. IR. 104 ; Gaz. Pal. 1991. 1. 365, note Marchi ; Bull. Joly 1991. 427, note Auby.*

2° ÉVÉNEMENTS AFFECTANT LA PERSONNALITÉ MORALE

20. Nullité de la personne morale. Le prononcé de la nullité d'un groupement d'intérêt économique ne fait pas obstacle à l'ouverture à son égard d'une procédure de redressement judiciaire. • Com. 5 avr. 1994 : *Bull. Joly 1994. 662, note Le Cannu.*

21. Radiation d'office. BIBL. Bonneau, *Dr. sociétés déc. 1994, p. 1.* ♦ La radiation d'office d'une société du registre du commerce et des sociétés étant sans effet sur sa personnalité morale, une procédure de redressement ou de liquidation judiciaire peut être prononcée à son encontre. • Paris, 13 sept. 1994 : *Dr. sociétés déc. 1994, p. 1 ; JCP E 1995. II. 655, note Bonneau* • Besançon, 26 juin 2001 : *Act. proc. coll. 2001, n° 215.*

II. EXTENSION DE LA PROCÉDURE

BIBL. Daigre, *Petites affiches 19 févr. 1989.* – Derrida, *Mélanges Derruppé, p. 29 ; Mélanges Cabrillac, Dalloz-Litec, 1999, p. 687.* – Soinne, *Petites affiches 6 déc. 1995, p. 12* (identité ou diversité des notions de fictivité et de confusion des patrimoines) ; *Rev. proc. coll. 2000. 177* (même thème) ; *Petites affiches 2-3 juill. 1997, p. 7* (« faillite » de la Banque Pallas-Stern) ; *Rev. proc. coll. 2004. 27* (affaires Air Lib et Cocoon). – J.-F. Barbièri, *Petites affiches 25 oct. 1996, p. 9.* – Delebecque, *Rev. proc. coll. 1998. 129* (confusion de patrimoines et responsabilité des membres du groupe). – Gisserot, *RTD com. 1979. 49.* – Deleneuville, *Rev. proc. coll. 1999. 63 ; ibid. 2001. 61* (extension de procédure au sein des groupes de sociétés) ; *ibid. 2002. 157* (critères de la confusion des patrimoines entre sociétés commerciales et personnes physiques). – Robine, *Mélanges AEDBF-France IV, Revue Banque Édition, 2004, p. 325.* – Le Corre, *Petites affiches 4 févr. 2005, p. 11* (voies de recours ouvertes aux tiers à l'encontre du jugement d'extension). – Delmotte, *RJDA juin 2006, p. 539* (critères de la confusion des patrimoines dans la jurisprudence de la chambre commerciale de la Cour de cassation).

22. La liquidation judiciaire d'une personne morale ne peut être étendue à une autre qu'en cas de confusion de leurs patrimoines ou de fictivité de l'une d'entre elles. • Com. 20 oct. 1992 : *Bull. civ. IV, n° 314 ; D. 1992. IR. 265 ; Rev. sociétés 1993. 449*.

A. CONFUSION DES PATRIMOINES

1° CONDITIONS

BIBL. Vaillant, *D. Affaires 1999. 154.*

23. Imbrication des patrimoines ou flux financiers anormaux. Ne caractérise pas une situation de confusion des patrimoines la cour d'appel qui relève l'existence entre deux sociétés d'une unicité et d'une imbrication d'intérêts résultant de l'interdépendance de leurs engagements financiers. • Com. 20 oct. 1992 : *préc. note 22.* ♦ De même, ne suffisent pas à démontrer la confusion des patrimoines de deux sociétés, la présence de dirigeants ou d'associés communs, l'identité d'objets sociaux, la centralisation de la gestion en un même lieu, l'existence de relations commerciales constantes et la communauté de clientèle, dès lors que les sociétés conservaient une activité indépendante, un actif et un passif propres et qu'aucun flux financier anormal n'existait entre elles. • Com. 11 mai 1993 : *Bull. civ. IV, n° 187 ; D. 1993. IR. 195.* – V. aussi • Com. 16 nov. 1993 : *Rev. huiss. 1994. 226* • 5 avr. 1994 : *Rev. sociétés 1994. 318, note Guyon* • 9 mai 1995 : *Dr. sociétés 1995, n° 137, obs. Chaput* • 16 janv. 2001 : *Dr. et patr. juin 2001. 107, obs. Poracchia* • 16 oct. 2001 : *Act. proc. coll. 2001, n° 256* • 8 janv. 2002 : *Dr. sociétés 2002, n° 110, note Legros* • Rouen, 28 janv. 1999 : *RJDA 1999, n° 437* • Paris, 20 oct. 2000 : *Dr. sociétés 2001, n° 46, note F.-X. Lucas* (groupe de sociétés) • Amiens, 16 nov. 2000 : *JCP E 2001, n° 37, p. 1410* • Paris, 8 juin 2001 : *JCP 2001. IV. 3050* • Versailles, 6 févr. 2003 : *RJDA 2004, n° 335* (groupe de sociétés). ♦ Comp., à propos de sociétés membres d'un GIE : • Versailles, 16 déc. 1987 : *D. 1988. Somm. 383, obs. Honorat.*

Pour des exemples de désordre généralisé des comptes et d'état d'imbrication inextricable entre deux sociétés caractérisant la confusion des patrimoines, V. • Com. 24 oct. 1995 : *D. 1995. IR. 245 ; D. Affaires 1995. 202 ; Dr. sociétés 1995, n° 238, obs. Chaput ; Bull. Joly 1996. 158, note Scholer* • 3 avr. 2001 : *RJDA 2001, n° 874.*

Pour une confusion des patrimoines résultant de la mise à disposition de locaux sans contrepartie, V. • Com. 15 févr. 2005 : *RJDA 2005, n° 726.*

Pour une confusion de patrimoines entre deux banques, V. • T. com. Paris, 9 sept. 1997 : *Gaz. Pal. 1998. 2. Somm. 455.*

23 bis. Pour l'extension de la procédure de liquidation judiciaire d'une société à d'autres sociétés appartenant au même groupe, la confusion de patrimoines étant caractérisée par l'existence de flux financiers anormaux, V. • Com. 15 févr. 2000 : *RJDA 2000, n° 1003.* – V. aussi • Com. 19 nov. 2003 : *RJDA 2004, n° 184* ♦ Comp., écartant la confusion des patrimoines d'une société-mère et de sa filiale, en présence de conventions de gestion de trésorerie et de change, d'échanges de personnel et d'avances de fonds par la société-mère : • Com. 19 avr. 2005 : *Bull. civ. IV, n° 92 ; D. 2005. AJ. 1225, obs. Lienhard ; ibid. Pan. 2013, obs. F.-X. Lucas ; Act. proc. coll. 2005, n° 106, obs. Vallansan et Thiberge ; JCP 2005. II. 10088, note Bouru et Menjucq ; Banque et Droit mai-juin 2005. 56, obs. Urban ; Bull. Joly 2005. 690, note Saint-Alary-Houin ; Dr. sociétés 2005, n° 133, note Legros ; Rev. proc. coll. 2005. 239, obs. Dumont ; RTD com. 2005. 541, obs. Champaud et Danet ; Gaz. Pal. 4-5 nov. 2005, p. 3, note Lebel ; Defrénois 2005. 1932, obs. Gibirila ; Rev. sociétés 2005. 897, note Marotte et Robine* (affaire *Metaleurop* ; V. l'arrêt cassé : • Douai : 16 déc. 2004 : *D. 2005. AJ. 216 ; Bull. Joly 2005. 681, note Saint-Alary-Houin* ; dans cette même affaire, V. • Douai, 2 oct. 2003 : *D. 2003. AJ. 2571, obs. Lienhard ; Petites affiches 28 janv. 2005, p. 13, note Rolland* ; sur ce dernier arrêt, V. Allain, *Rev. proc. coll. 2004. 123*). – Sur les arrêts du 19 avr. 2005 et du 16 déc. 2004 préc., V. Rolland, *JCP E 2005, n° 20, p. 796 ; Rev. proc. coll. 2005. 117.* ♦ V., sur renvoi, confirmant cette solution, • Paris, 11 oct. 2005 : *D. 2005. AJ. 2943, obs. Lienhard ; Bull. Joly 2006. 478, note Scholer.*

Pour l'absence de confusion des patrimoines de deux sociétés appartenant à un groupe, la première ayant fait profiter la seconde d'avances en compte courant par l'intermédiaire de la holding, dans le cadre d'une convention de trésorerie, ces avances n'ayant pas rompu l'équilibre entre les sociétés en cause, ni excédé leurs possibilités financières, V. • Versailles, 2 avr. 2002 : *D. 2002. Somm. 3266, obs. Hallouin ; JCP E 2002, n° 41, p. 1627, note Couret ; Bull. Joly 2002. 923, note Le Nabasque ; Dr. sociétés 2002, n° 221, note F.-X. Lucas ; Banque et Droit nov.-déc. 2002. 53, obs. Urban.* ♦ V. aussi, écartant la confusion des patrimoines d'une filiale et de la société holding qui lui avait consenti un abandon de créance correspondant au solde de son compte, • Paris, 7 sept. 2004 : *D. 2004. AJ. 2500, obs. Lienhard ; Bull. Joly 2004. 1358, note Souleau-Travers et De Sentenac ; Banque et Droit nov.-déc. 2004. 44, obs. Urban* (affaire AOM-Air

Liberté ; pourvoi rejeté par : • Com. 10 janv. 2006 : *RJDA 2006, n° 427 ; Gaz. Pal. 30 avr.-4 mai 2006, p. 21, obs. Lebel ; cité par Teboul, Petites affiches 24 févr. 2006, p. 4*). – V. Soinne, *Rev. proc. coll. 2004. 287*.

24. Société commerciale et SCI. Pour l'extension, pour cause de confusion des patrimoines, d'une procédure ouverte à l'égard d'une société commerciale, à l'encontre d'une société civile immobilière, V. • Com. 17 déc. 1991 : *JCP E 1992. I. 166, n° 1, obs. Pétel* • 12 oct. 1993 : *Bull. civ. IV, n° 334 ; Rev. sociétés 1994. 326, note Saintourens* • 28 mars 1995 : *Bull. civ. IV, n° 102 ; D. 1995. IR. 140* • 23 janv. 1996 : *D. 1996. IR. 134* • 1er oct. 1997 : *Bull. Joly 1997. 1089, note Daigre* • 17 mars 1998 : *D. Affaires 1998. 677* • 26 mai 1998 : *Bull. civ. IV, n° 168 ; D. Affaires 1998. 1093, obs. A. L. ; Defrénois 1998. 1292, obs. Hovasse* • 24 nov. 1998 : *RJDA 1999, n° 62 ; RTD com. 1999. 189, obs. Laude* • 16 févr. 1999 : *Bull. Joly 1999. 535* • 6 juill. 1999 : *RJDA 1999, n° 1097* • 7 déc. 1999 : *RJDA 2000, n° 442* • 14 mars 2000 : *RJDA 2000, n° 681 ; Petites affiches 8 août 2000, p. 27, note Gallet* • 14 mars 2000 : *RJDA 2000, n° 1003* • 10 mai 2000 : *Bull. Joly 2000. 1049, note Scholer* • 19 déc. 2000 : *RJDA 2001, n° 338* • 3 avr. 2002 : *RJDA 2002, n° 654* • 7 janv. 2003 : *Bull. civ. IV, n° 3 ; D. 2003. AJ. 347 (3e esp.) ; Bull. Joly 2003. 405, note F.-X. Lucas ; Dr. et procédures 2003. 235, note Le Corre ; Rev. proc. coll. 2004. 273, obs. Dumont ; Dr. sociétés 2005, n° 7, note Legros (1re esp.)* • Paris, 11 janv. 1994 : *Bull. Joly 1994. 317, note Pariente* • Versailles, 12 oct. 1995 : *RJDA 1995, n° 1372* • Reims, 27 janv. 1999 : *Dr. sociétés 2000, n° 37, obs. Chaput*. – Comp., en l'absence d'imbrication des éléments d'actif et de passif : • Com. 31 janv. 1995 : *Rev. sociétés 1995. 757, note Randoux* • 14 mars 1995 : *Bull. civ. IV, n° 82 ; D. 1995. IR. 115* • 25 juin 1996 : *Bull. civ. IV, n° 190 ; D. 1996. IR. 234 ; D. Affaires 1996. 1134 ; JCP E 1997. I. 623, n° 1, obs. Pétel* • 11 juin 1996 : *Bull. Joly 1996. 954* • 6 juill. 1999 : *RJDA 1999, n° 1097 ; JCP E 2000, n° 12, p. 515, note Dias-Bidault* • 15 févr. 2000 : *RJDA 2000, n° 681* • 28 nov. 2000 : *Act. proc. coll. 2001, n° 44* • 10 déc. 2002 : *Bull. Joly 2003. 273, note Couret ; Rev. sociétés 2003. 151, note Guyon*. – Sur cette question, V. Hovasse, *Defrénois 1996. 961* ; J.-P. Garçon, *Bull. Joly 1996. 901* ; Cutajar, *Bull. Joly 1999. 1057* ; Teboul, *Gaz. Pal. 2000. Doctr. 712*.

Pour l'hypothèse inverse (extension à une SARL de la procédure ouverte à l'encontre d'une SCI), V. • Com. 14 janv. 2004 : *Rev. sociétés 2004. 948, note Saintourens ; RJDA 2004, n° 587 ; AJDI 2004. 581, note Le Corre*.

V. aussi note 32.

24 bis. Location-gérance. Pour une confusion des patrimoines : entre une société locataire-gérant d'un fonds artisanal et son fondateur, ancien exploitant de ce fonds, la société ayant réglé les dettes de son fondateur et ne lui ayant versé ni les redevances de location-gérance ni le prix des stocks cédés, V. • Com. 14 mars 2000 : *RJDA 2000, n° 1132*. – V. aussi • Com. 5 févr. 2002 : *Dr. sociétés 2002, n° 132, note Legros.* ♦ ... À l'occasion de l'achat des titres d'une société par une autre suivie de la prise en location-gérance des fonds de la première par la seconde, V. • Com. 2 févr. 1999 : *Act. proc. coll. 1999, n° 75.* ♦ Le fait qu'une société prenne en location-gérance un fonds de commerce appartenant à l'un de ses associés et assume la charge des travaux en vue de son développement ne constitue pas, en soi, la source de flux financiers anormaux qui sont de l'essence de la confusion des patrimoines. • Paris, 18 mai 2001 : *Bull. Joly 2001. 980, note Saintourens ; RJDA 2002, n° 44.* ♦ Pour un arrêt écartant la confusion des patrimoines d'une SARL et d'une société anonyme, la première ayant donné en location-gérance puis vendu son fonds de commerce à la seconde, dans l'hypothèse où les loyers et le prix de vente du fonds n'avaient pas été payés mais portés au compte courant de la SARL dans la société anonyme, V. • Com. 5 févr. 2002 : *RJDA 2002, n° 906*.

25. Personnes physiques. Pour une confusion des patrimoines par l'existence, entre deux personnes physiques, d'une société créée de fait, V. • Paris, 22 janv. 1993 : *D. 1993. IR. 117* • Aix-en-Provence, 27 mars 2002 : *Dr. sociétés 2002, n° 150, note crit. F.-X. Lucas*. – Comp. : • Toulouse, 16 nov. 1994 : *Dr. sociétés 1995, n° 117, obs. Chaput* • Paris, 6 avr. 1999 : *Dr. sociétés 2000, n° 107.* ♦ Pour d'autres exemples de confusion des patrimoines de deux personnes physiques (propriétaire et acquéreur d'un fonds de commerce), V. • Com. 28 mai 1996 : *Bull. civ. IV, n° 147* • Dijon, 2 juill. 1996 : *JCP 1997. IV. 290* • Douai, 13 mars 1997 : *D. 1997. 433, note Voinot*. – V. aussi • Poitiers, 10 oct. 2000 : *JCP E 2002, n° 7, p. 303* • Angers, 11 mars 2003 : *Act. proc. coll. 2003, n° 240, obs. Vallansan ; RD banc. fin. 2004, n° 21, obs. F.-X. Lucas* (entre des époux exploitant un fonds de commerce). – Comp. : • Douai, 29 juin 2000 : *Act. proc. coll. 2000, n° 255, obs. Regnaut-Moutier.* ♦ Pour un arrêt ayant écarté la possibilité d'une confusion des patrimoines entre deux personnes physiques, V. • Douai, 14 oct. 1999 : *D. 2000. AJ. 115 ; Act. proc. coll. 2000, n° 59, obs. Regnaut-Moutier.* ♦ Pour une confusion des patrimoines entre des époux, V. • Com. 15 févr. 2000 : *Bull. Joly 2000. 611, note Dom ; RJDA 2000, n° 682* (époux mariés sous le régime de la séparation de biens) • 10 juill. 2001 : *RJDA 2001,* *n° 989 ; RD banc. fin. 2001, n° 228, obs. F.-X. Lucas.* – Comp. : • Bourges, 13 déc. 2004 : *JCP E 2005, n° 14, p. 603* (époux mariés sous le régime de la communauté légale). ♦ Pour l'extension de procédure d'une société à un artisan, V. • Paris, 30 mai 1997 : *Dr. sociétés 1998, n° 42, obs. Chaput.* ♦ ... D'une société à son consultant, V. • Com. 7 déc. 2004 : *Bull. Joly 2005. 579, note Pétel.*

25 bis. Associés. Le fait que les associés ont participé au financement de l'activité de la société en se portant caution de ses engagements et en effectuant un apport personnel important pour l'acquisition du stock et du petit outillage, le fait que l'un d'eux a personnellement apuré une partie du passif de la société, le fait, enfin, que la société a édifié des constructions sur un terrain, objet d'un bail à construction, appartenant à ces associés sont impropres à établir la confusion des patrimoines de la société et des associés. • Com. 1er oct. 1997 : *RJDA 1998, n° 449 ; Bull. Joly 1998. 550, note Daigre.* ♦ La circonstance que l'un des associés fondateurs se soit porté caution de la société envers une banque ne caractérise pas la confusion des patrimoines, quand bien même la portée de son engagement aurait été réduite par l'effet d'un remboursement partiel anticipé. • Paris, 18 mai 2001 : *préc. note 24.* ♦ V. aussi, en ce sens que le fait que les dirigeants aient payé les dettes de la société de leurs deniers personnels ne suffit pas à caractériser la confusion des patrimoines, • Com. 4 juill. 2000 : *Act. proc. coll. 2000, n° 174 ; JCP E 2001, n° 4, p. 173, obs. Cabrillac et Pétel.*

25 ter. Associations. Pour la confusion des patrimoines de deux associations, l'une ayant apporté, sans aucune contrepartie financière, une importante créance en compte courant à l'autre, pour lui permettre de réaliser son objet, V. • Com. 5 juill. 2005 : *D. 2005. AJ. 2219, obs. Lienhard ; Gaz. Pal. 4-5 nov. 2005, p. 60, obs. Montéran ; Rev. sociétés 2006. 182, note Sortais.* ♦ V. aussi cet arrêt en ce qu'il juge que la perception de manière illicite des fonds constituant les actifs de l'association par deux de ses membres ne suffit pas à caractériser la confusion de leurs patrimoines.

26. Cessation des paiements. L'extension de la liquidation judiciaire à une société sur le fondement de la confusion des patrimoines n'exige pas que soit démontrée la cessation des paiements de la société à qui cette procédure est étendue. • Paris, 12 févr. 1991 : *D. 1991. IR. 84* • Com. 24 oct. 1995 : *Rev. proc. coll. 1996. 206, obs. Calendini* • 3 avr. 2001 : *préc. note 23.*

26 bis. Date de la confusion des patrimoines. Seuls des faits antérieurs au jugement d'ouverture de la procédure collective d'une personne morale ou physique peuvent justifier l'extension de cette procédure à l'encontre d'une autre personne morale ou physique. • Com. 28 nov. 2000 : *Bull. civ. IV, n° 187 ; D. 2001. AJ. 309, obs. Lienhard ; Act. proc. coll. 2001, n° 2, obs. Hannoun ; Bull. Joly 2001. 249, note Saintourens ; JCP E 2001, n° 18, p. 750, obs. Pétel* (V. l'arrêt confirmé : • Orléans, 15 janv. 1998 : *Dr. sociétés 1998, n° 89, obs. Chaput*).

2° EFFETS

BIBL. Saint-Alary-Houin, *Mélanges Jeantin, Dalloz, 1999, p. 453.* – Le Corre, *D. 2002. Chron. 1122* (sort des créances).

27. Option entre redressement et liquidation judiciaires. En cas de confusion des patrimoines, l'extension de la procédure de liquidation judiciaire à une autre société pouvait, déjà avant l'intervention de la loi du 10 juin 1994, être décidée, sans recourir préalablement à la procédure de redressement judiciaire. • Com. 15 janv. 1991 : *D. 1991. Somm. 240, obs. Honorat ; Rev. sociétés 1991. 386, note Honorat ; Bull. civ. IV, n° 25.* ♦ De même, en cas de confusion de patrimoine entre une société commerciale et un de ses dirigeants, la liquidation judiciaire de la société pouvait être étendue à celui-ci sans recourir préalablement à la procédure de redressement judiciaire. • Com. 15 oct. 1991 : *Bull. civ. IV, n° 289* • 16 mars 1993 : *ibid. IV, n° 105 ; D. 1993. IR. 101.* ♦ V. désormais art. L. 620-1, al. 3. ♦ Pour l'extension de la liquidation judiciaire d'une EURL au maître de l'affaire, V. • Paris, 13 juill. 1993 : *D. 1993. Somm. 368, obs. Honorat ; Rev. sociétés 1993. 874, note Honorat ; Bull. Joly 1993. 1250, note Le Nabasque.*

28. Unicité de procédure. Un tribunal de commerce ayant décidé que la procédure de redressement judiciaire ouverte à l'encontre d'une entreprise était étendue à une autre entreprise et que ces deux entreprises formaient une entreprise unique avec un seul patrimoine, une cour d'appel a, à bon droit, prononcé la liquidation judiciaire commune des deux entreprises en retenant que l'unicité de la procédure collective imposait qu'elles fussent mises dans une situation juridique identique. • Com. 17 nov. 1992 : *Bull. civ. IV, n° 357* • 22 oct. 1996 : *Bull. Joly 1997. 164, note Pétel.*

Après la constatation de la confusion des patrimoines des sociétés d'un groupe et le prononcé de leur redressement judiciaire commun, une procédure unique doit être suivie, interdisant la liquidation judiciaire partielle de l'entreprise. Doit donc être cassé l'arrêt ayant jugé que l'unicité de la procédure collective se justifie essentiellement par l'intérêt commun des créanciers ; qu'elle n'a pas pour effet de faire disparaître la personnalité morale des sociétés concernées ; qu'outre une liquidation judiciaire qui n'est évidemment pas exclue, elle ne fait pas obstacle à des solutions ultérieures différenciées, par cession ou continuation de sociétés ou groupes de sociétés constituant une ou plusieurs entreprises, dès lors que chaque solution respecte la lettre et est conforme à l'esprit de la loi du 25 janv. 1985 [C. com., art. L. 620-1 s.] et que, en cas de redressement par continuation, l'entreprise continuée prend en charge l'apurement de tout le passif commun : • Com. 17 févr. 1998 : *Bull. civ. IV, n° 75 ; D. Affaires 1998. 426, obs. A. L. ; Petites affiches 12 juin 1998, p. 22, note Soinne ; Bull. Joly 1998. 658, note Pétel* (V. l'arrêt cassé : • Paris, 21 mars 1997 : *Gaz. Pal. 1997. 1. Somm. 155*). – Dans le même sens, V. • Com. 7 janv. 2003 : *Bull. civ. IV, n° 4 ; D. 2003. AJ. 347 (2e esp.) ; Act. proc. coll. 2003, n° 31, obs. Vallansan ; JCP E 2003, n° 20, p. 849, obs. Pétel ; Bull. Joly 2003. 407, note F.-X. Lucas ; Dr. et procédures 2003. 235, note Le Corre ; RTD com. 2003. 813, obs. Saint-Alary-Houin ; Rev. proc. coll. 2004. 273, obs. Dumont ; Dr. sociétés 2005, n° 7, note Legros (2e esp.).*

La constatation de la confusion des patrimoines emportant unicité de la procédure, le plan de redressement commun (aux trois sociétés, en l'espèce) ne peut être divisément résolu. • Com. 23 juin 1998 : *D. Affaires 1998. 1364, obs. A. L. ; RTD com. 1998. 924, obs. Saint-Alary-Houin*. – Dans le même sens, V. • Montpellier, 5 oct. 2004 : *Act. proc. coll. 2005, n° 124, obs. Regnaut-Moutier.*

28 bis. La déclaration de créances faite par un créancier entre les mains du représentant des créanciers d'une société en redressement judiciaire vaut pour n'importe laquelle des sociétés du groupe dont les passifs ont été confondus. • Com. 1er oct. 1997 : *D. Affaires 1997. 1222 ; Bull. Joly 1997. 1087, note Daigre.* – Comp. : • Com. 19 févr. 2002 : *Bull. civ. IV, n° 34 ; D. 2002. AJ. 956, obs. Lienhard ; Act. proc. coll. 2002, n° 71, obs. Regnaut-Moutier ; Procédures 2002, n° 99, obs. Laporte ; Dr. et procédures 2002. 227, obs. Crocq ; Dr. sociétés 2002, n° 133, note Legros ; Bull. Joly 2002. 782, note Pétel. – Contra,* • Paris, 28 mai 1999 : *RJDA 1999, n° 1226.* ♦ De même, dès lors que le redressement judiciaire d'une société a été étendu à deux autres sociétés, avec unité d'actif et de passif, le caractère privilégié d'une créance doit être retenu à l'égard des trois sociétés. • Com. 5 déc. 1995 : *Bull. civ. IV, n° 281 ; D. 1996. IR. 55.* ♦ V. aussi, en ce sens que le créancier forclos dans la procédure initiale qui, après extension de cette procédure à un codébiteur, a déclaré sa créance au passif de celui-ci, conserve ses droits dans cette procédure, • Com. 11 déc. 2001 : *cité note 20 ss. ancien art. L. 621-46.* ♦ Comp., • Lyon, 21 mai 1999 : *BICC 1999, n° 1442.*

En revanche, lorsque le créancier a, antérieurement au jugement ayant constaté la confusion des patrimoines des sociétés d'un groupe auquel appartenait une SCI, déclaré sa créance au passif de cette dernière, dont il n'était pas créancier, sans indiquer quel était son véritable débiteur, cette déclaration ne peut conserver la créance sur l'une quelconque des sociétés du groupe. • Com. 19 févr. 2002 : *RJDA 2002, n° 786 (2e esp.).*

Le jugement d'ouverture d'une procédure collective à l'encontre de plusieurs sociétés d'un groupe mentionnant que la procédure sera unique n'ayant pas pour effet d'entraîner la confusion des patrimoines, laquelle ne se présume pas, le juge-commissaire ne peut valablement admettre au passif de l'une des sociétés débitrices une déclaration de créance unique recouvrant l'ensemble des dettes des sociétés concernées : • Amiens, 25 mars 2004 : *BICC 2005, n° 439 ; JCP E 2005, n° 13, p. 553 ; Rev. proc. coll. 2006. 49, obs. Lebel.*

Sur l'unicité du droit fixe dû aux administrateurs judiciaires, V. note 3 ss. art. 2 du 3e décret du 27 déc. 1985, *infra*, App., v° *Difficultés des entreprises.*

Sur l'application de l'art. L. 621-32 aux créances détenues contre la personne à laquelle la procédure est étendue, V. note 41 *ter* ss. cet art.

28 ter. L'unicité de la procédure collective des sociétés dont la confusion est constatée implique que le juge, qui statue sur une demande de report de la date de cessation des paiements des sociétés concernées, détermine cette date à partir de la comparaison entre le passif exigible et l'actif disponible de ces sociétés, lesquelles constituent une même entreprise. • Com. 7 janv. 2003 : *Bull. civ. IV, n° 2 ; D. 2003. AJ. 347 (1re esp.) ; Bull. Joly 2003. 402, note F.-X. Lucas ; Dr. et procédures 2003. 235, note Le Corre ; RTD com. 2003. 813, obs. Saint-Alary-Houin ; Rev. proc. coll. 2004. 273, obs. Dumont.* – V. aussi • Bourges, 31 août 2004 : *JCP E 2005, n° 14, p. 604 ; RJDA 2005, n° 1005.* – Comp. : • Com. 8 juin 1999 : *Act. proc. coll. 1999, n° 172, obs. Regnaut-Moutier.* ♦ Sur la prise en compte d'une date de cessation des paiements unique pour l'application des nullités de la période suspecte, V. • Com. 16 juin 2004 : *Bull. civ. IV, n° 128 ; D. 2004. AJ. 1973 ; Act. proc. coll. 2004, n° 193, obs. Regnaut-Moutier ; Dr. et patr. nov. 2004. 95, obs. Monsèrié-Bon.*

28 quater. L'extension d'une procédure collective d'une société à une autre pour confusion de leurs patrimoines n'emporte pas création d'une indivision. • Civ. 1re, 20 mars 2001 : *Dr. sociétés 2001, n° 112, obs. Legros ; RTD com. 2001. 919, obs. Champaud et Danet*. ♦ Sur les conséquences en matière de règlement des créances postérieures à l'ouverture de la procédure, V. • Paris, 25 févr. 2004 : *Act. proc. coll. 2004, n° 133.*

29. La garantie accordée par une caution, qui ne portait que sur les dettes propres d'une société mise en redressement judiciaire, ne saurait être étendue à ses filiales, peu important que celles-ci aient ensuite fait l'objet d'une procédure collective commune. • Com. 25 nov. 1997 : *Bull. civ. IV, n° 300 ; D. Affaires 1998. 73, obs. J. F. ; Bull. Joly 1998. 109, note J.-F. Barbièri ; JCP E 1998, n° 17, p. 652, obs. Pételet.*

La confusion des patrimoines de plusieurs sociétés et le prononcé de leur redressement puis liquidation judiciaire commun est sans incidence sur l'action en paiement de la fraction non libérée du capital social dirigée par le liquidateur contre les anciens actionnaires d'une des sociétés tenus solidairement au paiement de la fraction non libérée du capital social. • Com. 26 mai 1999 : *Bull. civ. IV, n° 109 ; D. 2000. Somm. 97, obs. Honorat ; D. Affaires 1999. 994, obs. A. L. ; Act. proc. coll. 1999, n° 148, obs. Regnaut-Moutier ; Dr. sociétés 1999, n° 112, obs. Chaput ; Bull. Joly 1999. 971, note Saintourens ; Rev. sociétés 1999. 865, note Honorat*. – V. l'arrêt confirmé : • Paris, 18 mars 1997 : *Dr. sociétés 1997, n° 179, obs. Chaput.*

29 bis. La confusion des patrimoines ayant été constatée, il convient de tenir compte de la « masse active et passive » totale, et dès lors qu'il n'existe pas de plan d'apurement concernant la globalité des personnes physiques et morales mises en cause, une cour d'appel confirme à bon droit le jugement prononçant la liquidation judiciaire des demandeurs. • Com. 11 févr. 1997 : *D. 1997. IR. 87.*

Sur le prononcé de la confusion des patrimoines en même temps que l'arrêté d'un plan de continuation, V. note 5 *bis* ss. ancien art. L. 621-62.

29 ter. Sur la condamnation au comblement de passif du dirigeant de la personne morale dont la procédure collective a été étendue à d'autres personnes morales sur le fondement d'une confusion des patrimoines, V. note 33 *bis* ss. ancien art. L. 624-3. ♦ Sur le pouvoir d'agir en comblement du passif du liquidateur du groupe de sociétés dont le patrimoine est confondu, V. note 3 *bis* ss. ancien art. L. 624-6.

29 quater. Pour l'efficacité d'un avis à tiers détenteur portant sur une créance née entre le jugement d'ouverture de la procédure initiale et le jugement prononçant l'extension de la procédure à l'égard de la société débitrice, V. • Com. 16 juin 2004 : *préc. note 28 ter ; Dr. sociétés 2005, n° 28, note Legros (1re esp.).*

29 quinquies. Absence d'effet rétroactif du jugement d'extension. Si, lorsque la procédure collective d'une personne physique ou morale a été prononcée par extension de la procédure collective d'une autre en raison de la confusion des patrimoines, il en résulte une procédure unique, le jugement la prononçant ne rétroagit pas au jour du jugement initial d'ouverture. • Com. 28 sept. 2004 : *Bull. civ. IV, n° 170 ; D. 2004. AJ. 2651, obs. Lienhard ; D. 2005. Pan. 292, obs. Le Corre ; JCP E 2005, n° 1-2, p. 25, obs. Pételet ; Bull. Joly 2005. 34, note F.-X. Lucas ; Dr. sociétés 2005, n° 28, note Legros (2e esp.) ; RJ com. 2005. 70, note Sortais ; Defrénois 2005. 983, obs. Gibirila ; Rev. sociétés 2005. 459, note Robine ; Rev. proc. coll. 2005. 238, obs. Dumont.*

29 sexies. Loi applicable. La procédure collective ouverte par extension est soumise à la loi en vigueur à la date d'ouverture de la procédure collective initiale : • Com. 4 janv. 2005 : *Gaz. Pal. 29-30 avr. 2005, p. 24, obs. F.-X. Lucas.*

B. FICTIVITÉ

1° SPÉCIFICITÉ DE LA NOTION

BIBL. Soinne, *Petites affiches 6 déc. 1995, p. 12.* – Le Corre, *D. 2002. Chron. 1122* (sort des créances).

30. Pour des arrêts distinguant clairement les notions de fictivité et de confusion des patrimoines, V. • Com. 8 nov. 1988 : *Rev. sociétés 1990. 71, note Honorat* • 8 févr. 1994 : *ibid. 1995. 100, note Honorat et Romain* • 9 avr. 1991 : *Bull. civ. IV, n° 128 ; D. 1992. Somm. 3, obs. Derrida* • 21 nov. 1995 : *JCP E 1996. II. 852, note Daigre ; RJDA 1996, n° 118* • Aix-en-Provence, 17 oct. 2001 : *Dr. sociétés 2002, n° 114, note Legros* • TGI Béthune, 11 avr. 2003 : *préc. note 23 bis.*

30 bis. En ce sens que l'action en extension de la procédure collective fondée sur la fictivité d'une société n'est pas assimilable à une action en nullité de la société, V. • Com. 19 févr. 2002 : *Bull. civ. IV, n° 33 ; D. 2002. AJ. 1071 ; JCP E 2002, n° 39, p. 1520, obs. Pételet ; ibid., n° 42, p. 1677, note Legros ; Dr. et patr. juill.-août 2002. 104, obs. Poracchia.*

2° EXEMPLES

31. Dès lors qu'une société en sommeil, qui n'a aucun actif, dont l'associé majoritaire est en même temps le président-directeur général d'une société mise en liquidation judiciaire, a été réactivée uniquement pour poursuivre l'activité de la société liquidée en détournant les règles de la procédure collective, cette société est en réalité une société fictive, à laquelle doit être étendue la procédure de liquidation. • Paris, 29 sept. 1995 : *Bull. Joly 1995. 1080, note Prieto.*

Dès lors qu'il est établi qu'une société a été créée dans le but d'assurer dans un délai très court le règlement du passif d'une autre société, dont elle a continué l'activité dans les mêmes locaux, avec le même dirigeant, la même clientèle, les mêmes contrats de franchise et de partenariat, permettant ainsi à l'autre société de présenter un aspect de prospérité, de bénéficier de redevances sans assumer les dettes, de conserver son patrimoine immobilier à l'abri d'une éventuelle déconfiture, il y a lieu de prononcer l'extension de la procédure de redressement judiciaire pour fictivité et confusion des patrimoines. • Versailles, 6 mars 1997 : *Bull. Joly 1997. 683.* ♦ En revanche, sont impropres à caractériser la fictivité d'une société A, la similitude des sigles et l'identité des dirigeants et de siège avec une autre société (société B), le fait que la société A a pour activité le holding d'entreprises, notamment de la société B, jouant un rôle exclusivement financier et qu'elle a été incapable d'assumer ce rôle, ne présentant aucune utilité pour celle-ci dont elle dépendait totalement. • Com. 27 oct. 1998 : *D. 1998. IR. 260 ; D. Affaires 1998. 1910* (V. l'arrêt d'appel • Paris, 16 janv. 1996 : *D. 1996. IR. 76 ; D. Affaires 1996. 330*). – V. aussi • Poitiers, 9 sept. 1997 : *Dr. sociétés 1999, n° 7* • Paris, 31 mars 1998 : *ibid.*

31 bis. Pour l'extension de la procédure de liquidation judiciaire d'une EURL à son unique associé, les apports fictifs ou négatifs effectués par celui-ci démontrant le caractère fictif de la société, V. • Rouen, 16 déc. 1999 : *RJDA 2000, n° 552.*

32. Pour un exemple de fictivité entraînant extension de la procédure, s'agissant d'un montage juridique associant une société commerciale et une société civile immobilière, V. • Versailles, 30 oct. 1990 : *Dr. sociétés 1992, n° 108, obs. Chaput ; Bull. Joly 1991. 95, note Pétel.* ♦ Comp., cassant un arrêt ayant déduit la fictivité d'une SCI du seul fait que son actif ne comportait qu'un immeuble qu'elle louait à une SARL : • Com. 25 nov. 1997 : *D. Affaires 1998. 76, obs. Boizard ; Rev. sociétés 1998. 586, note Porteron.* – Rappr. : • Com. 8 juill. 2003 : *RJDA 2003, n° 1089 ; Dr. sociétés 2004, n° 79, note Legros* • Paris, 6 oct. 2000 : *Bull. Joly 2001. 33.* ♦ Comp. également, jugeant qu'est impropre à caractériser la fictivité d'une SCI le fait que le plan de redressement de la SARL contenait une condition suspensive portant sur la cession de la totalité des parts sociales de la SCI : • Com. 6 juill. 1999 : *préc. note 24.* ♦ V. aussi note 24.

32 bis. La communauté de gérant et d'associés et la similitude des activités existant entre deux sociétés liées par un contrat de location-gérance ne suffisent pas à démontrer la fictivité de l'une par rapport à l'autre. • Com. 14 oct. 1997 : *Bull. Joly 1998. 56, note Daigre.* ♦ Par ailleurs, le transfert des salariés du fait de la location-gérance ne démontre pas la confusion de patrimoine ni la fictivité de la société, mais constitue un simple effet du contrat de location-gérance. • Même arrêt. ♦ V. aussi, refusant de considérer comme fictive la société constituée par un commerçant pour recevoir le fonds en location-gérance, au motif que le commerçant est resté propriétaire du fonds loué, excluant ainsi l'anormalité des flux financiers, et que les associés ont effectué les apports prévus dans les statuts, ont partagé les bénéfices et les pertes et n'étaient pas dépourvus d'*affectio societatis,* • Com. 3 févr. 1998 : *Bull. civ. IV, n° 54 ; D. 1998. IR. 61 ; D. Affaires 1998. 476, obs. J.F. ; Bull. Joly 1998. 654, note Daigre.* ♦ Comp., lorsque le principal associé continue à encaisser directement le produit de l'activité : • Com. 13 oct. 1998 : *RJDA 1998, n° 1360 ; Bull. Joly 1999. 58, note Serlooten ; Banque et Droit janv.-févr. 1999. 44, obs. Cutajar.*

32 ter. Pour l'impossibilité d'étendre la procédure de liquidation judiciaire d'une société à l'un de ses associés dont il n'est pas établi qu'il a été le maître de l'affaire sous couvert de la personne morale, V. • Com. 19 févr. 2002 : *Bull. civ. IV, n° 33 ; D. 2002. AJ. 1071 ; Act. proc. coll. 2002, n° 82, obs. Gibirila ; JCP 2003. II. 10148, note Ayissi Manga ; Rev. proc. coll. 2004. 274, obs. Dumont* • Aix-en-Provence, 6 mars 2002 : *Dr. sociétés 2002, n° 216, note Legros ; RTD com. 2003. 109, obs. Champaud et Danet.*

32 quater. En ce sens que, pour caractériser la fictivité d'une société en raison du caractère artificiel de sa création, les juges peuvent retenir des faits postérieurs à cette création : • Com. 13 oct. 1998 : *préc. note 32 bis.*

C. DEMANDE D'EXTENSION

1° MOMENT DE LA DEMANDE

32 quinquies. Prescription. La prescription de trois ans prévue par les art. 180 et 182 [C. com., art. L. 624-3 et L. 624-5] concerne les sanctions édictées par ces textes et non l'extension d'une procédure collective à une autre personne en application de l'art. 7 [C. com., art. L. 621-5] qui n'est pas soumise à une prescription spéciale. • Paris, 6 avr. 1999 : *D. Affaires 1999. 907.*

33. Société déjà en redressement. Une procédure de redressement judiciaire peut être étendue, sur le fondement de la confusion des patrimoines ou de la fictivité de la personne morale, à une autre personne morale en redressement judiciaire sauf si un plan de redressement a été arrêté. Une procédure de liquidation judiciaire peut être étendue, sur le même fondement, à une autre personne morale en liquidation judiciaire ou en redressement judiciaire, sauf si un plan de redressement a été arrêté. • Com. 4 janv. 2000 : *Bull. civ. IV, n° 3 ; D. 2000. AJ. 72, obs. Lienhard ; JCP E 2000, n° 17, p. 698, obs. Pétel ; Act. proc. coll. 2000, n° 24, obs. Regnaut-Moutier ; RTD com. 2000. 464, obs. Vallens .* – V. aussi • Com. 28 nov. 2000 : *RJDA 2001, n° 339* • 5 févr. 2002 : *Bull. civ. IV, n° 29 ; JCP E 2002, n° 12, p. 501 ; Act. proc. coll. 2002, n° 91, obs. Vallansan ; Dr. et patr. juill.-août 2002. 107, obs. Monsèrié-Bon.* – V. Delattre, *Act. proc. coll. juin 2002.* ♦ Le tribunal initialement saisi reste alors compétent. • Même arrêt. ♦ Rien ne s'oppose à une demande d'extension de procédure collective à l'égard d'une société qui se trouve déjà dans les liens d'une telle procédure. Si le principe de l'unicité de la procédure interdit l'ouverture d'une liquidation judiciaire distincte à l'égard d'une société déjà en liquidation judiciaire, en revanche, lorsque la juridiction saisie de la demande d'extension de liquidation y fait droit, celle-ci demeure compétente à l'égard de la société de laquelle l'extension est ordonnée, peu important que cette société ait précédemment fait l'objet d'un redressement judiciaire dès lors que cette décision n'est pas antérieure au jugement d'ouverture à l'égard de la société dont la liquidation judiciaire est étendue. Le tribunal qui a ouvert la procédure de redressement judiciaire doit alors s'abstenir de statuer sur les suites de sa décision. • Paris, 20 oct. 1995 : *D. 1995. IR. 261 ; Dr. sociétés 1996, n° 30, obs. Chaput ; RJDA 1996, n° 274.* ♦ V. aussi note 2 ss. ancien art. L. 621-5.

34. Plan de cession déjà arrêté. Lorsqu'un tribunal de grande instance arrête un plan de cession à un tiers des actifs d'une entreprise mise en redressement judiciaire par un jugement exécutoire de plein droit à titre provisoire, la procédure de liquidation judiciaire ouverte à l'encontre d'une autre société ne peut plus être étendue à la première société. • Com. 12 nov. 1991 : *Bull. civ. IV, n° 343 ; D. 1992. IR. 39 ; JCP E 1992. I. 136, n° 2, obs. Pétel.*

Une procédure de redressement judiciaire ne peut être étendue à une autre personne, sur le fondement de la confusion des patrimoines, après que le tribunal a arrêté, dans cette procédure, un plan de redressement, soit par voie de cession, soit par voie de continuation. • Com. 22 oct. 1996 : *Bull. civ. IV, n° 256 ; D. 1997. IR. 8 ; Dr. sociétés 1997, n° 6, obs. Chaput ; Bull. Joly 1997. 166, note Le Cannu ; JCP E 1997. I. 681, n° 2, obs. Pétel* • 27 nov. 2001 : *Dr. sociétés 2002, n° 38, note Legros* • 19 nov. 2003 : *RD banc. fin. 2004, n° 72, obs. F.-X. Lucas ; Dr. sociétés 2004, n° 78, note Legros.* – Dans le même sens : • Nîmes, 13 janv. 2000 : *Dr. sociétés 2000, n° 103, obs. Chaput* • Montpellier, 7 mars 2000 : *Act. proc. coll. 2000, n° 215, obs. Regnaut-Moutier ; Dr. sociétés 2000, n° 156, obs. Chaput.*

35. Procédure déjà clôturée. Une procédure de liquidation judiciaire clôturée pour insuffisance d'actif ne peut, sauf si elle est reprise dans les conditions prévues par l'art. 170 [C. com., art. L. 622-34], être étendue à une autre personne sur le fondement d'une confusion des patrimoines. • Com. 11 juill. 1995 : *Bull. civ. IV, n° 208 ; D. 1996. Somm. 84, obs. Honorat ; Dr. sociétés 1995, n° 188, obs. Chaput ; JCP E 1995. I. 513, n° 1, obs. Pétel ; Rev. proc. coll. 1996. 48, obs. Calendini.* ♦ En revanche, tant qu'elle n'est pas clôturée, la procédure de liquidation judiciaire d'une société peut être étendue à une autre société, peu important à cet égard que tout ou partie des actifs de la première aient été réalisés. • Com. 13 nov. 2002 : *Dr. sociétés 2003, n° 142, note Legros.*

2° MODE DE SAISINE DU TRIBUNAL

35 bis. En ce sens que l'administrateur devrait agir par voie d'assignation, V. • Com. 30 mars 1999 : *Bull. civ. IV, n° 76 ; D. Affaires 1999. 1044 ; RJDA 1999, n° 570.*

3° DEMANDEUR

36. L'administrateur a qualité pour demander l'extension de la procédure de redressement judiciaire ouverte contre des sociétés à d'autres personnes morales ou physiques constituant un groupe. • Montpellier, 31 juill. 1991 : *D. 1991. 474, note Derrida .* ♦ Il en va de même du représentant des créanciers, mais non du commissaire à l'exécution du plan. • Paris, 5 nov. 1993 : *RJ com. 1995. 69, note X. Vincent ; D. 1994. Somm. 41, obs. Derrida .* ♦ *Contra*, admettant l'action du commissaire à l'exécution du plan : • Rouen, 25 janv. 1996 : *RJDA 1996, n° 699.* ♦ V. aussi note 8 ss. ancien art. L. 621-68. ♦ Sur la portée, à l'égard de la société à laquelle la procédure a été étendue, de l'action en nullité de la période suspecte exercée par le liquidateur désigné dans la société initialement mise en liquidation, V. note 1 *quinquies* ss. ancien art. L. 621-110.

36 bis. Une société est irrecevable à solliciter elle-même l'extension à son encontre d'une procédure de redressement judiciaire concernant une autre personne morale. • Nîmes, 13 janv. 2000 : *préc. note 34.*

36 ter. Le dirigeant d'une société, mise en redressement ou liquidation judiciaire, auquel la procédure collective a été étendue, n'a pas qualité, même à titre de garantie, pour demander l'extension de cette procédure à un tiers. • Com. 28 mai 2002 : *RJDA 2003, n° 42.* ♦ V. aussi, pour l'irrecevabilité de la demande de dirigeants tendant à se voir étendre la procédure collective ouverte à l'encontre de la société, • Orléans, 22 janv. 2004 : *RJDA 2004, n° 588 ; Dr. sociétés 2004, n° 77, note Legros.*

36 quater. Pour un arrêt accueillant la demande en extension de la procédure formée par le conjoint du débiteur, V. • Angers, 11 mars 2003 : *préc. note 25.*

37. L'action tendant à l'extension de la procédure collective d'une personne à une autre sur le fondement de la confusion des patrimoines ou de la fictivité d'une personne morale n'est pas ouverte aux créanciers. • Com. 15 mai 2001 : *Bull. civ. IV, n° 91 ; D. 2001. Somm. 3425, obs. Honorat ; ibid. AJ. 1949, obs. Lienhard ; Dr. sociétés 2001, n° 129, note Legros ; Bull. Joly 2001. 979, note Pétel* • 19 févr. 2002 : *Dr. sociétés 2002, n° 134, note Legros.* – V. déjà • Com. 16 mars 1999 : *Bull. civ. IV, n° 67 ; D. 1999. Somm. 349, obs. Honorat ; D. Affaires 1999. 635, obs. A. L. ; JCP E 1999, n° 39, p. 1529, obs. Cabrillac et Pétel.* ♦ Comp. : • Paris, 4 févr. 1994 : *D. 1994. IR. 80* • Grenoble, 23 oct. 1996 : *Dr. sociétés 1998, n° 8* • Montpellier, 7 mars 2000 : *préc. note 34.* ♦ *Contra* : • Limoges, 21 janv. 1999 : *BICC 1999, n° 1076.* ♦ V. Courtier, *Dr. sociétés 1999. Chron. 13.*

37 bis. L'art. 1167 C. civ., relatif à l'action paulienne, ne peut servir de fondement à une action en extension. • Paris, 4 févr. 1994 : *préc. note 37.*

37 ter. Sur l'irrecevabilité des demandes subsidiaires, tendant au paiement de sommes d'argent, V. note 5 ss. ancien art. 7 du 1er décret du 27 déc. 1985, *infra*, App., v° *Difficultés des entreprises.*

37 quater. Sur le droit des créanciers de former tierce opposition contre le jugement d'extension, V. • Com. 4 juill. 2000 : *cité note 1 quinquies ss. ancien art. L. 623-1.* ♦ Sur le point de départ du délai de la tierce opposition, V. note 3 *ter* ss. ancien art. 156 du 1er décret du 27 déc. 1985, *infra*, App., v° *Difficultés des entreprises.*

4° DÉFENDEUR

38. Une demande en justice tendant à la constatation de la confusion des patrimoines doit être dirigée contre les sociétés dont il est prétendu que le patrimoine ne fait qu'un avec la société en redressement judiciaire. La demande est nulle et ne saisit pas le juge lorsqu'elle est dirigée contre le dirigeant des sociétés attraites dans la cause afin de voir prononcer à leur encontre des sanctions patrimoniales et personnelles. • Paris, 8 mars 1994 : *Bull. Joly 1994. 681, note Saintourens.* ♦ La réunion de deux procédures collectives exige l'introduction d'une instance dirigée contre les sociétés concernées ; elle ne saurait résulter d'une simple procédure sur requête en jonction de procédures prise à l'initiative du mandataire-liquidateur desdites sociétés. • Paris, 13 sept. 1994 : *D. 1994. IR. 238.* – V. aussi • Toulouse, 5 juill. 1995 : *BICC 1996, n° 265 ; Dr. sociétés 1996, n° 165, obs. Chaput.*

Sur le droit d'appel du débiteur, V. note 6 *ter* ss. ancien art. L. 623-1 et note 6 ss. ancien art. L. 623-6.

5° DEMANDE FAUTIVE

38 bis. Pour un exemple de responsabilité civile du mandataire judiciaire en raison d'une demande abusive de la liquidation judiciaire d'un commerçant à son ex-conjoint, lui-même exploitant d'un fonds de commerce, V. • Com. 27 oct. 1998 : *RJDA 1999, n° 64.*

D. JURIDICTION COMPÉTENTE

V. art. L. 621-5.

III. FAILLITE INTERNATIONALE

RÉP. COM., v° *Entreprises en difficulté-Redressement judiciaire (Droit international privé)*, par Duranton.

RÉP. COMMUNAUTAIRE, v° *Faillite*, par Vallens.

BIBL. V. bibl. gén. précédant l'art. L. 620-1.

38 ter. Sous réserve des traités internationaux ou d'actes communautaires, et dans la mesure de l'acceptation par les ordres juridiques étrangers, le redressement judiciaire prononcé en France produit ses effets partout où le débiteur a des biens. • Civ. 1re, 19 nov. 2002 : *Bull. civ. I, n° 275 ; D. 2002. AJ. 3341, obs. Lienhard ; D. 2003. 797, note Khairallah ; ibid. Somm. 1625, obs. Henry ; JCP 2002. II. 10201, concl. Sainte-Rose et note Chaillé de Néré ; JCP E 2003, n° 20, p. 848, obs. Pétel ; ibid., n° 42, p. 1675, note Menjucq ; RTD com. 2003. 169, obs. Vallens ; Bull. Joly 2003. 276, note Garaud ; Gaz.*

Pal. 2003. Somm. 1977, obs. Niboyet ; Petites affiches 20 oct. 2003, p. 7, note C. Legros. ♦ Réaffirmant ce principe à propos d'une procédure de liquidation judiciaire, la Chambre commerciale a précisé que l' acceptation par l'ordre juridique étranger des effets de la liquidation judiciaire prononcée par les juridictions françaises ne constitue pas une condition de l'ouverture de la procédure en France. • Com. 21 mars 2006 : *D. 2006. 1466, note Henry ; ibid. 914, obs. Lienhard*. ♦ L'art. 6, § 1, Conv. EDH ne saurait faire obstacle au principe d'universalité de la faillite ainsi qu'à celui d'égalité des créanciers chirographaires qui caractérise toute procédure collective et qui postule l'interdiction des poursuites individuelles et la soumission des créanciers aux obligations du plan de redressement. • Civ. 1re, 19 nov. 2002 : *préc.*

39. L'ouverture à l'étranger d'une procédure collective à l'égard d'un débiteur ne met obstacle au prononcé en France du redressement judiciaire de ce même débiteur que si la décision étrangère doit y être reconnue de plein droit en vertu d'un Traité ou a déjà reçu l'exequatur. • Com. 11 avr. 1995 : *Bull. civ. IV, n° 126 ; D. 1995. 640, note Vasseur ; Bull. Joly 1995. 696, note Martin-Serf.* – V. déjà • Com. 19 janv. 1988 : *D. 1988. 565, note Rémery ; Rev. proc. coll. 1988. 176, obs. Didier.* ♦ De même, en l'absence d'exequatur d'une décision de faillite prononcée en Angleterre, cette décision ne peut produire en France aucun effet de dessaisissement du débiteur, ni de suspension des poursuites individuelles. • Civ. 1re, 24 mars 1998 : *Bull. civ. I, n° 122 ; D. 1998. IR. 108 ; JCP 1998. II. 10155, note Kerckhove.*

L'exequatur d'une décision étrangère ouvrant une procédure collective à l'égard d'un non-commerçant n'est pas contraire à la conception française de l'ordre public international. • Com. 18 janv. 2000 : *Bull. civ. IV, n° 17 ; D. 2000. AJ. 105, obs. Faddoul ; JCP E 2000, n° 14, p. 611, note Chaput ; ibid., n° 17, p. 699, obs. Pétel ; Petites affiches 12 avr. 2000, p. 12, note Vallens ; Dr. sociétés 2000, n° 73, obs. Chaput.*

Constitue une décision pouvant recevoir exequatur toute intervention du juge qui produit des effets à l'égard des personnes ou sur les biens, droits ou obligations. • Civ. 1re, 17 oct. 2000 : *D. 2001. 688, note Vallens ; Act. proc. coll. 2001, n° 96, obs. Dom.* ♦ Tel est le cas de l'ordonnance rendue par un tribunal américain, dès lors que l'intervention du juge sur la déclaration de cessation des paiements de la société débitrice a eu pour effet de suspendre toute poursuite des créanciers. • Même arrêt.

L'application concrète d'un jugement espagnol en ce qui concerne la fixation de la période suspecte à une durée de vingt-trois mois avant le jugement d'ouverture entraîne un résultat admissible au regard de la sécurité du commerce et du crédit du débiteur, telle qu'elle est conçue dans l'ordre public international français. • Com. 5 févr. 2002 : *Bull. civ. IV, n° 24 ; D. 2002. AJ. 957, obs. Lienhard ; Procédures 2002, n° 75, obs. Croze ; RJ com. 2002. 162, note Menjucq ; JCP E 2003, n° 23, p. 955, note Raimon.*

L'art. 878 du code de commerce espagnol, selon lequel tous les actes de disposition et d'administration postérieurs à la date à laquelle rétroagissent les effets de la faillite sont atteints de nullité, à l'égard de toute personne même de bonne foi, n'est pas contraire à la conception française de l'ordre public international. • Com. 5 févr. 2002 : *Bull. civ. IV, n° 25 ; RJ com. 2002. 162, note Menjucq ; Procédures 2002, n° 75, obs. Croze ; Act. proc. coll. 2002, n° 92, obs. Dom ; JCP E 2003, n° 23, p. 955, note Raimon.*

Les liquidateurs d'une banque étrangère ayant des succursales en France ne peuvent être dispensés par une décision étrangère les habilitant à faire une déclaration collective, de respecter les exigences de formes et délais imposées par la loi française. • Com. 14 mai 1996 : *Bull. civ. IV, n° 131 ; D. 1996. 586, note Vasseur ; D. Affaires 1996. 810 ; Bull. Joly 1996. 838, note Martin-Serf.*

39 bis. Si l'art. 1er, al. 2, 2°, de la Convention de Bruxelles du 27 sept. 1968 exclut du champ d'application de celle-ci les faillites, concordats et autres procédures analogues, cette exclusion ne concerne que les actions qui dérivent directement de la faillite et s'insèrent étroitement dans le cadre de la procédure collective ; tel n'est pas le cas de l'action en recouvrement d'une créance de la société en liquidation judiciaire. • Com. 24 mai 2005 : *Bull. civ. IV, n° 108 ; D. 2005. 2394, note Kessler ; ibid. AJ. 1553, obs. Lienhard ; JCP E 2005, n° 29, p. 1225, note Mélin ; ibid., n° 36, p. 1422, obs. Pétel ; Act. proc. coll. 2005, n° 147, obs. Coquelet ; Rev. proc. coll. 2005. 243, obs. Menjucq ; Dr. et procédures 2005. 341, obs. Cuniberti.*

40. Sur l'application de la convention franco-belge du 8 juill. 1899, V. • Civ. 1re, 27 janv. 1998 : *Bull. civ. I, n° 30 ; D. Affaires 1998. 379, obs. V. A.-R.* – V. Cass., rép., *BICC 1er mai 1996, p. 38.* ♦ V. aussi notes 5 *bis* s. ss. ancien art. 1er du 1er décret du 27 déc. 1985, *infra*, App., v° *Difficultés des entreprises.* ♦ Sur l'application de la convention franco-italienne du 3 juin 1930, V. • Civ. 1re, 25 févr. 1997 : *Bull. civ. I, n° 69 ; D. 1997. IR. 90 ; Rev. sociétés 1997. 602, note Beaubrun* • Paris, 13 févr. 1996 : *JCP E 1996. Pan. 720* • 28 janv. 1998 : *D. Affaires 1998. 379, obs. V. A.-R.* ♦ Sur l'application de la convention franco-monégasque du 13 nov. 1950, V.

• Civ. 1re, 24 nov. 1998 : *D. 1999. IR. 10* • Soc. 2 oct. 2001, *Bull. civ. V, n° 294 ; D. 2001. IR. 3171 ; Act. proc. coll. 2001, n° 242, obs. Regnaut-Moutier.* ♦ V. aussi note 26 ss. ancien art. L. 621-104.

41. V. Règl. CE n° 1346/2000 du 29 mai 2000 relatif aux procédures d'insolvabilité et Circ. du 17 mars 2003 relative à l'entrée en vigueur de ce règlement.

V. aussi notes 1 *ter*, 5 *sexies* et 27 *ter* ss. ancien art. L. 621-43, note 4 *ter* ss. ancien art. L. 621-50, note 33 ss. ancien art. L. 621-122 et note 3 *bis* ss. ancien art. L. 621-132.

CHAPITRE PREMIER DU REDRESSEMENT JUDICIAIRE

SECTION PREMIÈRE DE LA PÉRIODE D'OBSERVATION

SOUS-SECTION 1 DE L'OUVERTURE DE LA PROCÉDURE

RÉP. COM. *Entreprises en difficulté – Redressement judiciaire (conditions d'ouverture)*, par CAMPANA, DIZEL, BARRATIN et FERNANDEZ.

§ 1er DE LA SAISINE ET DE LA DÉCISION DU TRIBUNAL

Ancien art. L. 621-1 ***La procédure de redressement judiciaire est ouverte à toute entreprise, mentionnée à l'article L. 620-2, qui est dans l'impossibilité de faire face au passif exigible avec son actif disponible.***

L'ouverture de cette procédure doit être demandée par le débiteur au plus tard dans les quinze jours qui suivent la cessation des paiements définie à l'alinéa précédent. — [L. n° 85-98 du 25 janv. 1985, art. 3]. — V. Décr. n° 85-1388 du 27 déc. 1985, ancien art. 6, infra, App., v° Difficultés des entreprises.

Pour une dérogation à l'ancien art. L. 621-1 ci-dessus, s'agissant de la définition de l'état de cessation des paiements applicable aux établissements de crédit, V. C. mon. fin., art. L. 613-26, infra, App., v° Code monétaire et financier (extraits). — Pour un commentaire de cette disposition, V. Bonneau, JCP E 1999, n° 36, p. 1378.

BIBL. ► CHAPUT, *RTD com. 1986, n° spéc., p. 17.* – DELESALLE, *Rev. proc. coll. 1987, n° 4, p. 1.* – NANTERME et PONCEBLANC, *Gaz. Pal. 1986. 2. Doctr. 661.* – NUSSENBAUM, *Rev. dr. bancaire mai-juin 1996. 79* (cessation des paiements des banques). – TEBOUL, *RJ com. 1998. 169.* – BACHASSON et CHRIQUI, *Gaz. Pal. 1999. 1. Doctr. 92* (pour une révision de la notion de cessation des paiements). – CALVO, *Petites affiches 7 sept. 1999, p. 4.* – MONTÉRAN, *Rev. proc. coll. 2001. 1.* – DELATTRE, *Gaz. Pal. 2002. Doctr. 152* (notion de cessation des paiements : passif exigible ou passif exigé ?). – TEBOUL, *Petites affiches 25 juill. 2002, p. 4* (approche de l'avocat). – LAFORTUNE, *ibid., p. 14* (périmètre de l'état de cessation des paiements dans l'actualité jurisprudentielle). – MARTINEAU-BOURGNINAUD, *RTD com. 2002. 245* (la cessation des paiements, notion fonctionnelle). – DERRIDA, *Mélanges Sortais, Bruylant, 2002, p. 73* (notion de cessation des paiements). – CAMPANA et TEBOUL, *JCP E 2003, n° 47, p. 1833* (la cessation des paiements : pour quoi faire ? – à propos de l'avant-projet de loi de sauvegarde des entreprises). – TRICOT, *Gaz. Pal. 29-30 avr. 2005, p. 13* (la cessation des paiements : une notion stable). – MARTY, *Rev. Lamy droit des affaires, suppl. au n° 80, mars 2005, p. 21* (de la cessation des paiements aux difficultés prévisibles des entreprises).

1. Notion de cessation des paiements. L'état de cessation des paiements ne se déduit pas de la seule constatation de l'existence d'un résultat déficitaire. • Com. 3 nov. 1992 : *Bull. civ. IV, n° 343* • Nancy, 28 avr. 1998 : *Rev. proc. coll. 2000. 53, obs. Deleneuville* • Chambéry, 18 janv. 1999 : *ibid.* ♦ ... Ou d'une perte d'exploitation et du non-paiement des salaires. • Com. 9 janv. 1996 : *D. 1996. IR. 43 ; D. Affaires 1996. 273.* ♦ V. aussi • Com. 9 juill. 2002 :

RD banc. fin. 2002, n° 233, obs. F.-X. Lucas. ♦ La cessation des paiements est distincte du refus de paiement et doit être prouvée par celui qui demande l'ouverture d'un redressement judiciaire. • Com. 27 avr. 1993 : *Bull. civ. IV, n° 154* • 25 févr. 1997 : *D. 1997. IR. 127 ; D. Affaires 1997. 484 ; Petites affiches 11 mai 1998, p. 11, obs. Gibirila* • 23 nov. 1999 : *Procédures 2000, n° 215, obs. Laporte* • 23 janv. 2001 : *Rev. proc. coll. 2002. 55, obs. Deleneuville* • Aix-en-Provence, 6 juin 2000 : *RD banc. fin. 2000, n° 228, obs. F.-X. Lucas* • Besançon, 11 sept. 2001 : *RJ com. 2002. 124, note Haennig.* ♦ V. aussi note 8. ♦ Il n'y a cessation des paiements que si le débiteur est dans l'impossibilité de faire face à son passif exigible, c'est-à-dire échu, avec son actif disponible. • T. com. Lille, 5 mai 1987 : *RJ com. 1987. 255, note Derrida ; RTD com. 1988. 688, obs. Merle* • 30 avr. 1987 : *Rev. proc. coll. 1987, n° 3, p. 11, obs. Didier ; Rev. dr. bancaire 1988. 29, obs. Dekeuwer-Defossez.* ♦ Cette condition étant suffisante, il n'y a pas lieu de rejeter une demande d'ouverture de procédure, dès lors qu'il est constaté que le débiteur n'est pas en mesure de se libérer du passif échu. • Douai, 24 mars 1986 : *Rev. proc. coll. 1987, n° 1, p. 27, obs. Didier.* ♦ Pour la détermination de l'actif disponible ne peuvent être pris en compte ni le prix d'acquisition du fonds de commerce, ni le montant des travaux réalisés dans les lieux, ni la valeur du stock de marchandises. • Com. 17 mai 1989 : *Bull. civ. IV, n° 152 ; D. 1989. IR. 177 ; JCP 1990. II. 21464, note Beaubrun.* ♦ ... Non plus que des participations dans des filiales et des créances sur celles-ci. • Com. 20 juin 1995 : *Dr. sociétés 1995, n° 162, obs. Chaput.* ♦ ... Ni un terrain à exproprier. • Com. 25 nov. 1997 : *Bull. civ. IV, n° 303 ; D. Affaires 1998. 300, obs. A. L.* ♦ V. aussi, sur l'exclusion des stocks, à moins qu'ils ne soient en cours de réalisation, • Versailles, 6 mars 1997 : *Rev. proc. coll. 1998. 33, obs. Calendini* • Amiens, 11 mars 1999 : *Rev. proc. coll. 2000. 49, obs. Deleneuville* • Besançon, 20 nov. 2001 : *RJ com. 2002. 127, note Haennig.* ♦ ... Et des créances, sauf celles qui arrivent immédiatement à terme, • Versailles, 22 mai 1997 : *Rev. proc. coll. 1998. 33, obs. Calendini.* – V. aussi • Paris, 25 sept. 1998 : *Rev. proc. coll. 2000. 49, obs. Deleneuville.*

En revanche, il y a lieu de prendre en compte le produit de la vente d'un fonds de commerce consigné entre les mains d'un notaire, de nature à permettre de désintéresser les créanciers qui ont fait opposition. • Aix-en-Provence, 19 nov. 1998 : *Rev. proc. coll. 2000. 49, obs. Deleneuville.*

Les objets mobiliers ne constituent pas un actif disponible. • Com. 22 janv. 2002 : *RJDA 2002, n° 516.*

En ce sens que l'intervention d'un tiers pour payer une dette du débiteur est sans incidence sur le montant du passif exigible, V. • Com. 27 oct. 1998 : *Act. proc. coll. 1998, n° 157.*

La comparaison des éléments du bilan n'est pas de nature à établir l'existence de la cessation des paiements. • Com. 2 févr. 1999 : *RJDA 1999, n° 438 ; Act. proc. coll. 1999, n° 76 ; Rev. proc. coll. 1999. 235, obs. Bach* • Paris, 18 févr. 2000 : *D. 2000. AJ. 170, obs. Pisoni.*

Sur le rejet d'une analyse purement comptable et l'intégration des éléments dynamiques de la vie de l'entreprise, V. • Aix-en-Provence, 5 juin 1987 : *D. 1988. Somm. 41, obs. Honorat* • Rouen, 17 sept. 1992 : *RJDA 1993, n° 251.* ♦ Sur la prise en compte des concours financiers accordés par une banque, V. • Com. 23 mai 1995 : *RJDA 1995, n° 1272* • 5 mars 1996 : *Rev. proc. coll. 1996. 202, obs. Calendini* • 8 janv. 2002 : *Act. proc. coll. 2002, n° 69.* ♦ ... Des liquidités apportées par le dirigeant, V. • Com. 24 mars 2004 : *Bull. civ. IV, n° 60 ; D. 2004. AJ. 1022, obs. Lienhard ; ibid. Somm. 2143, obs. F.-X. Lucas ; Act. proc. coll. 2004, n°110, obs. Vallansan ; JCP E 2004, n° 37, p. 1383, obs. Pétel ; Petites affiches 4 juin 2004, p. 5, note Reifegerste ; Defrénois 2004. 1659, obs. Gibirila.* ♦ Sur l'effet d'un moratoire accordé par les créanciers, V. • Com. 22 janv. 2002 : *RJDA 2002, n° 516* • 14 mai 2002 : *cité note 4 bis ss. ancien art. L. 621-7* (dans le cadre d'une procédure de règlement amiable) • Paris, 13 oct. 1995 : *Dr. sociétés 1996, n° 126, obs. Chaput* • 20 nov. 1998 : *Act. proc. coll. 1999, n° 63, obs. Regnaut-Moutier* • 9 avr. 1999 : *D. 1999. IR. 145 ; D. Affaires 1999. 907 ; RTD com. 2000. 170, obs. Macorig-Venier.* ♦ V. encore, sur l'exclusion des créances litigieuses pour la détermination du passif exigible (à propos de créances constatées par décisions de référé provisoires), • Chambéry, 9 déc. 1991 : *BICC 1992, n° 644*, conf. par • Com. 22 févr. 1994 : *Bull. civ. IV, n° 75 ; JCP 1995. II. 22447, note Lévy ; JCP E 1994. I. 394, n° 1, obs. Pétel* • TGI Metz, 5 juin 1997 : *BICC 1998, n° 205.* ♦ Comp. : note 5.

Le fait qu'une société soit simplement en sommeil depuis quatre ans ne suffit pas à établir la cessation des paiements. • Toulouse, 14 janv. 1999 : *Act. proc. coll. 1999, n° 225.* ♦ En revanche, le fait que la société ait cessé toute activité et se soit mise en sommeil peut constituer un élément de preuve de la cessation des paiements : V. • Bordeaux, 11 oct. 2004 : *Dr. sociétés 2005, n° 113, note Legros.*

Pour une ouverture de procédure alors que la cessation des paiements n'existait pas encore mais apparaissait inévitable, V. • T. com. Lille, 5 mai 1987 : *préc.* ♦ V. aussi, pour une cessation virtuelle, sur demande d'ouverture du débiteur, • T. com. Lille, 30 avr. 1987 : *préc.* ♦ V. note 4.

La cessation des paiements étant caractérisée par l'impossibilité pour le débiteur de faire face au passif exigible avec son actif disponible, peu importe le montant du passif effectivement exigé. • Com. 17 juin 1997 : *Bull. civ. IV, n° 193 ; D. Affaires 1997. 903 ; JCP E 1998, n° 1-2, p. 28, obs. Pétel ; Rev. proc. coll. 1998. 38, obs. Calendini ; ibid. 2000. 48, obs. Deleneuville.* ♦ Comp., considérant que le passif à prendre en compte est « le passif exigible et exigé » : • Com. 28 avr. 1998 : *D. Affaires 1998. 1487, obs. A. L. ; Defrénois 1998. 948, obs. Le Cannu ; JCP E 1998, n° 49, p. 1926, note Likillimba ; RTD com. 1999. 187, obs. Laude ; Rev. proc. coll. 2000. 49, obs. Deleneuville.* – Dans le même sens, V. • Besançon, 14 juin 2000 : *Act. proc. coll. 2000, n° 227.* – V. aussi J. Besse, *Rev. proc. coll. 2000. 39* ; J.-L. Courtier, *RJ com. 2001. 212.*

Sur la notion de passif exigible, s'agissant de créances fiscales, V. • Com. 12 nov. 1997 : *Bull. civ. IV, n° 290 ; D. Affaires 1997. 1468 ; Rev. proc. coll. 1998. 38, obs. Calendini.* ♦ V. aussi les arrêts cités par J.-M. Deleneuville, *Rev. proc. coll. 2000. 50.*

Sur la distinction des notions de « cessation des paiements » et de « situation irrémédiablement compromise » (art. L. 313-12 C. mon. fin.), V. • Com. 31 mars 2004 : *D. 2004. AJ. 1231, obs. Avena-Robardet.*

2. Séquestre. En revanche, la cessation des paiements n'est pas constituée lorsque le débiteur a déposé la somme réclamée entre les mains d'un séquestre, car même si la somme n'est pas disponible pour le créancier, elle a été disponible pour le débiteur, fût-ce pour l'immobiliser temporairement par une mesure de sûreté. • TGI Évry, 20 mai 1988 : *D. 1989. Somm. 285, obs. Honorat.*

2 bis. Groupe de sociétés. En ce sens qu'une cour d'appel ne peut prononcer le redressement judiciaire de toutes les sociétés d'un groupe sans constater que le montant des actifs disponibles à la date retenue par sa décision comme étant celle de la cessation des paiements ne permettait pas à chacune des sociétés de faire face à son passif exigible, V. • Com. 8 juin 1999 : *Bull. civ. IV, n° 120 ; Act. proc. coll. 1999, n° 155, obs. Vallansan ; Petites affiches 8 juill. 1999, p. 5 ; Dr. sociétés 1999, n° 166, obs. Chaput* • 20 févr. 2001 : *Dr. sociétés 2001, n° 113, obs. Legros ; RTD com. 2001. 921, obs. Champaud et Danet.*

2 ter. Confusion des patrimoines. V. note 26 ss. ancien art. L. 620-2.

2 quater. Liquidation judiciaire immédiate. V. note 4 ss. ancien art. L. 622-1.

3. Délais de paiement. Le tribunal saisi d'une demande d'ouverture d'un redressement judiciaire statue *ultra petita* s'il accorde des délais de paiement au débiteur qu'il condamne au paiement. • Paris, 22 mars 1988 : *Gaz. Pal. 1988. 2. Somm. 376.*

4. Date de cessation des paiements. Sur la nécessité, pour les tribunaux, de retenir une date précise comme date de la cessation des paiements, V. • Com. 20 mai 1997 : *Bull. civ. IV, n° 145 ; D. 1997. IR. 144 ; D. Affaires 1997. 767 ; Bull. Joly 1997. 801, note Saintourens.* ♦ Comp., jugeant qu'en l'absence d'indications sur l'état du passif et de l'actif, le jugement d'ouverture étant dubitatif lui-même sur ce point, une date précise de cessation des paiements ne peut être fixée et cette date doit être reculée à la date à laquelle les gérants reconnaissent qu'en raison de la perte des principaux contrats, la situation de la société est devenue irrémédiablement compromise : • Paris, 14 juin 1994 : *D. 1994. IR. 217.*

4 bis. Date d'appréciation. La cessation des paiements est appréciée au jour où statue la juridiction, même en cause d'appel. • Com. 9 mai 1987 : *Rev. proc. coll. 1987, n° 4, p. 29, obs. Didier* • 7 nov. 1989 : *Bull. civ. IV, n° 273 ; Gaz. Pal. 1990. 1. Pan. 44* • 6 oct. 1992 : *Bull. civ. IV, n° 290 ; Dr. sociétés 1992, n° 249, obs. Chaput.* – Dans le même sens : • Com. 14 nov. 2000 : *Procédures 2001, n° 63, obs. Laporte ; Rev. proc. coll. 2002. 56, obs. Deleneuville* • 3 avr. 2001 : *ibid.* • Paris, 19 oct. 2004 : *RJ com. 2005. 74, note Sortais.* ♦ Pour apprécier l'état de cessation de paiement au jour où elle statue, la cour d'appel peut tenir compte des créances devenues exigibles par l'effet du jugement arrêtant le plan de cession, dès lors qu'il n'est pas allégué que les créanciers de ces sommes auraient perdu l'exercice individuel de leurs actions contre le débiteur dans les conditions prévues par les art. 92 et 169 [C. com., art. L. 621-95 et L. 622-32]. • Com. 14 déc. 1993 : *Bull. civ. IV, n° 475 ; D. 1994. IR. 43.*

V. aussi, en cas de transaction intervenue depuis le jugement d'ouverture, • Aix-en-Provence, 2 avr. 1992 : *RJDA 1992, n° 751.*

4 ter. Expertise. Pour fixer la date de cessation des paiements d'une société à l'égard de deux sociétés actionnaires, il est loisible aux juges du fond de puiser dans le rapport de l'expert, bien qu'il ne vale pas comme rapport d'expertise judiciaire, au sens des art. 263 s. NCPC, à l'égard de ces deux sociétés, tous renseignements, dès lors que ce document a été régulièrement versé aux débats et soumis à leur discussion contradictoire. • Com. 15 févr. 2000 : *JCP E 2000, n° 14, p. 587 ; RJDA 2000, n° 440 ; RTD com. 2000. 443, obs. Laude ; RJ com. 2000. 285, obs. Teboul.*

Sur la possibilité de désigner un expert pour se prononcer sur la permanence de l'état de cessation des paiements, V. • TGI Béthune, 17 sept. 1993 : *Rev. proc. coll. 1993. 445, obs. Calendini.*

5. Sursis à statuer. Lorsqu'une société est en cessation de paiement, une cour d'appel ne peut surseoir à statuer sur une demande de mise en redressement judiciaire, au motif de l'existence d'une garantie à première demande et d'un accord du garant pour différer l'exigibilité à son égard de la dette résultant d'une éventuelle mise en œuvre de la garantie. • Com. 26 juin 1990 : *Bull. civ. IV, n° 194 ; D. 1991. 574, note Morvan ; D. 1992. Somm. 2, obs. Derrida ; JCP E 1991. I. 44, n° 1, obs. Pétel.*

6. Force de chose jugée. La force de chose jugée attachée à un précédent arrêt ayant refusé d'ouvrir une procédure collective à l'égard d'un débiteur, après avoir retenu qu'il n'était pas en état de cessation des paiements, s'oppose à ce que lors de l'ouverture ultérieure d'une procédure de redressement judiciaire à l'égard de ce même débiteur la date légale de cessation des paiements puisse être fixée à une date antérieure à celle du premier arrêt. • Com. 20 juin 1995 : *Bull. civ. IV, n° 182 ; Rev. proc. coll. 1996. 43, obs. Calendini.* – Comp. : • Com. 19 nov. 1996 : *cité note 3 bis ss. ancien art. L. 625-5.* ♦ Sur la force de chose jugée attachée au jugement ayant ouvert une procédure de redressement judiciaire alors que le débiteur n'était pas en cessation des paiements, V. • Com. 19 nov. 2003 : *RD banc. fin. 2004, n° 73, obs. F.-X. Lucas.*

6 bis. Sur la portée de la date de cessation des paiements retenue par le jugement d'ouverture dans une instance ultérieure en résolution d'une cession de parts sociales de la société en redressement judiciaire, V. • Com. 19 juin 2001 : *D. 2001. AJ. 2599, obs. Lienhard ; ibid. 2002. Somm. 1480, obs. Honorat ; Bull. Joly 2001. 1241, note Couret.*

7. Report de la date. V. art. L. 621-7.

8. Preuve. Il appartient au créancier qui engage une action tendant à voir prononcer le redressement judiciaire de son débiteur de prouver, outre le caractère déterminé et exigible de sa créance, que l'état financier de son débiteur ne permet pas de faire face à un passif exigible. • Com. 22 juin 1999 : *Rev. proc. coll. 2000. 45, obs. Deleneuville.* ♦ Il n'appartient donc pas au débiteur de rapporter la preuve qu'il est en mesure de faire face au passif exigible avec son actif disponible et qu'il possède les fonds nécessaires pour désintéresser immédiatement son créancier. • Com. 2 avr. 1996 : *Bull. civ. IV, n° 111 ; D. 1996. IR. 123.* – Dans le même sens, V. • Com. 24 mai 2005 : *Gaz. Pal. 4-5 nov. 2005, p. 12, obs. Lebel.* ♦ Comp. : • Com. 25 nov. 1997 : *préc. note 1.*

La cour d'appel qui prononce l'ouverture du redressement judiciaire d'une partie au vu d'un acte d'huissier non sérieusement contesté, selon lequel aucun actif immobilier ou matériel apparent n'est saisissable, n'est pas tenue d'effectuer d'autres recherches, notamment quant à la situation bancaire du débiteur. • Com. 2 nov. 1993 : *Bull. civ. IV, n° 378 ; JCP 1994. IV. 36.*

8 bis. Le refus de payer les cotisations sociales, à la suite d'un mot d'ordre syndical, n'empêche pas le débiteur d'être considéré en cessation des paiements, dès lors qu'il n'a pas consigné les sommes représentant le montant des cotisations dues, qu'il n'a pas précisé avec quel actif il serait en mesure de rembourser ses dettes, et qu'il apparaît que l'actif disponible est insuffisant pour faire face au passif exigible. • Com. 25 nov. 1997 : *Bull. Joly 1998. 151, note Calendini.*

8 ter. Pour des indices insuffisants à rapporter la preuve de la cessation des paiements, V. • Bordeaux, 23 avr. 1998 : *Act. proc. coll. 1998, n° 168* • Pau, 25 févr. 1998 : *ibid.*

9. Responsabilité pour crédit abusif. V. notes 28 s. ss. art. L. 313-12 C. mon. fin., *infra*, App., v° *Code monétaire et financier (extraits).*

10. Déclaration d'état de cessation des paiements. V. notes ss. ancien art. 6 du 1er décret du 27 déc. 1985, *infra*, App., v° *Difficultés des entreprises.* ♦ Sur la sanction de l'omission, V. art. L. 625-5 (5°).

11. Voies de recours. V. notes 1, 1 *bis* et 2 ss. ancien art. L. 623-1.

Ancien art. L. 621-2 ***La procédure peut également être ouverte sur l'assignation d'un créancier, quelle que soit la nature de sa créance. Toutefois, sous réserve des articles L. 621-14 et L. 621-15, la procédure ne peut être ouverte à l'encontre d'une exploitation agricole qui n'est pas constituée sous la forme d'une société commerciale que si le président du tribunal de grande instance a été préalablement saisi d'une demande tendant à la désignation d'un conciliateur présentée en application de l'article L. 351-2 du code rural.*** — V. ce texte, supra, ss. ancien art. L. 612-5.

En outre, le tribunal peut se saisir d'office ou être saisi par le procureur de la République.

Le comité d'entreprise ou, à défaut, les délégués du personnel peuvent communiquer au président du tribunal ou au procureur de la République tout fait révélant la cessation des paiements

de l'entreprise. – [L. n° 85-98 du 25 janv. 1985, art. 4]. – V. Décr. n° 85-1388 du 27 déc. 1985, ancien art. 7, infra, App., v° Difficultés des entreprises.

1. Nature de la créance. La qualité de créancier requise par l'art. L. 621-2 C. com. n'implique pas la présentation d'un titre exécutoire ; dès lors, des salariés sont recevables à agir. • Lyon, 22 avr. 2004 : *BICC 2005, n° 1764.* ♦ V. notes 3 et 10 ss. ancien art. L. 620-2.

1 bis. Exploitation agricole. En ce sens que le président du tribunal de grande instance doit être préalablement saisi en vue de la désignation d'un conciliateur même lorsque l'assignation tend à l'ouverture d'une nouvelle procédure collective après information par la cour d'appel de la précédente procédure collective, V. • Com. 26 avr. 2000 : *Bull. civ. IV, n° 86 ; D. 2000. AJ. 312 ; Procédures 2000, n° 216, obs. Laporte ; RTD com. 2000. 1006, obs. Laude.*

2. Sur la portée de l'obligation faite au créancier de demander la désignation d'un conciliateur préalablement à toute assignation, V. • Com. 15 mars 2005 : *Bull. civ. IV, n° 56 ; D. 2005. AJ. 954, obs. Lienhard ; Procédures 2005, n° 156, obs. Laporte* • Aix-en-Provence, 14 mai 2002 : *Rev. proc. coll. 2003. 349, obs. Lebel* • Grenoble, 22 janv. 2003 : *ibid. 2004. 262, obs. Lebel.*

3. Assignation d'un créancier. V. ancien art. 7 du 1er décret du 27 déc. 1985, *infra*, App., v° *Difficultés des entreprises.* ♦ En ce sens que l'assignation aux fins d'ouverture d'une procédure collective ne constitue qu'une faculté pour le créancier, V. • Civ. 1re, 18 janv. 2005 : *RJDA 2005, n° 588.*

4. Saisine par requête. V. note 2 ss. ancien art. L. 621-27.

5. Saisine d'office. V. note 1 *bis* ss. ancien art. 8 du 1er décret du 27 déc. 1985, *infra*, App., v° *Difficultés des entreprises.*

Ancien art. L. 621-3 ***En cas d'inexécution des engagements financiers conclus dans le cadre de l'accord amiable prévu soit par l'article L. 611-4, soit par l'article L. 351-6 du code rural, la procédure peut être ouverte sur demande du procureur de la République, du débiteur ou d'un créancier partie à l'accord. Le tribunal prononce la résolution de l'accord. Les créanciers recouvrent l'intégralité de leurs créances et sûretés, déduction faite des sommes perçues.*** – [L. n° 85-98 du 25 janv. 1985, art. 5].

BIBL. ► PONS, *Rev. proc. coll. 1994. 129* (ouverture d'une procédure de redressement judiciaire à l'égard d'un professionnel libéral en cas d'inexécution d'un accord de règlement amiable).

Caducité de l'accord amiable. Un accord amiable conclu sous l'égide d'un conciliateur désigné dans le cadre d'une procédure de règlement amiable entre une société débitrice et une banque, qui aurait transformé le contrat de prêt souscrit antérieurement par celles-ci, notamment en supprimant le cautionnement solidaire donné par le PDG de la société, devient caduc lors de l'ouverture du redressement judiciaire de cette société par application de l'art. 5 de la loi du 25 janv. 1985 [C. com., art. L. 621-3]. Il s'ensuit que la caution reste tenue au règlement de la créance de la banque. • Dijon, 11 juin 1998 : *BICC 1999, n° 139.*

Ancien art. L. 621-4 ***Le tribunal statue sur l'ouverture de la procédure, après avoir entendu ou dûment appelé en chambre du conseil le débiteur et les représentants du comité d'entreprise ou, à défaut, des délégués du personnel.***

Il peut également entendre toute personne dont l'audition lui paraîtrait utile.

Dans le cas mentionné à l'article L. 621-3, il statue après avoir entendu ou dûment appelé le conciliateur en présence duquel l'accord a été conclu. – [L. n° 85-98 du 25 janv. 1985, art. 6]. – V. Décr. n° 85-1388 du 27 déc. 1985, ancien art. 14, infra, App., v° Difficultés des entreprises.

1. Audition du débiteur. Le défaut de convocation du débiteur à l'audience à l'issue de laquelle la liquidation judiciaire est prononcée ne peut constituer une faute professionnelle lourde, au sens de l'art. 505 C. pr. civ. [ancien], relatif à la prise à partie, et ne peut donner lieu qu'à l'exercice d'une voie de recours. • Civ. 1re, 17 juill. 1996 : *JCP E 1996. Pan. 1145.*

Le directeur général d'une société anonyme a qualité pour représenter la société devant le tribunal lors de son audition préalable au prononcé de la liquidation judiciaire. • Com. 12 juill. 1993 : *Bull. civ. IV, n° 308 ; D. 1993. 549, note Merle ; Rev. sociétés 1993. 803, note Guyon ; Petites affiches 28 juill. 1993, note P.M. ; Bull. Joly 1993. 1135, note Le Cannu ; JCP E Pan. 416, obs. de Vendeuil ; Dr. sociétés 1993, n° 227, note Le Nabasque.* ♦ Sur le pouvoir d'agir d'office du président du conseil d'administration, V. • TGI Montbéliard, 3 juin 1997 : *JCP E 1997. Pan. 1024.*

Sur le respect du principe du contradictoire à

l'égard du dirigeant d'une société sous administration provisoire, V. • Com. 10 déc. 1996 : *Dr. sociétés 1997, n° 43, obs. Chaput.*

1 bis. Les dispositions de l'art. 6 de la loi du 25 janv. 1985 [C. com., art. L. 621-4], prévoyant l'audition préalable en chambre du conseil de la personne à l'égard de laquelle une procédure collective est susceptible d'être ouverte, fût-ce sur le fondement d'une confusion des patrimoines ou en raison de la fictivité d'une personne morale, ne sont pas incompatibles avec l'art. 10 de la Déclaration universelle des droits de l'homme et l'art. 6-1 de la Convention européenne de sauvegarde des droits de l'homme et des libertés fondamentales (principe de publicité des débats). • Com. 26 mai 1998 : *Bull. civ. IV, n° 168 ; D. 1998. IR. 162 ; D. Affaires 1998, p. 1093, obs. A. L.*

1 ter. Audition des représentants des salariés. Il résulte de l'esprit et de la lettre des dispositions de la loi du 25 janv. 1985 [C. com., art. L. 620-1 s.] et du décret subséquent qu'il n'est pas possible de procéder au redressement ou à la liquidation judiciaire d'une entreprise sans avoir invité les salariés, quel qu'en soit le nombre, à exprimer leur avis. • Versailles, 26 nov. 1986 : *Gaz. Pal. 1987. 1. 332, note de Guillenchmidt.* ♦ Cette disposition s'impose même s'il n'existe, en raison de la faible taille de l'entreprise, ni comité d'entreprise, ni délégués du personnel. • Même arrêt • 14 janv. 1987 : *D. 1987. 249, note Derrida.* ♦ Comp., refusant de sanctionner de nullité le jugement d'ouverture rendu sans que le chef d'entreprise ait convoqué au préalable les salariés, dès lors que ce dernier déclarait qu'il n'employait plus de salariés à l'époque du jugement : • Saint-Denis de la Réunion, 20 mars 1992 : *Rev. proc. coll. 1994. 149, obs. Liénard.*

2. Il suffit que les représentants des délégués du personnel aient été dûment appelés. • Paris, 20 mai 1986 : *RJ com. 1986. 3.*

2 bis. Le représentant des salariés n'est désigné, dans le régime général ou la procédure simplifiée, qu'après l'ouverture du redressement judiciaire ; il n'a donc pas à être entendu sur ce point. • Com. 23 mai 1995 : *Bull. civ. IV, n° 154.*

2 ter. Convocation du créancier poursuivant. Le jugement d'ouverture doit être annulé dès lors que le créancier n'a pas été convoqué après dépôt du rapport d'enquête pour l'examen de sa demande devant le tribunal, alors que la procédure avait été introduite sur son assignation. • Aix-en-Provence, 27 oct. 2004 : *D. 2005. Pan. 293, obs. Le Corre.*

3. Sanction. La disposition d'ordre public de l'art. 6, al. 1er [C. com., art. L. 621-4, al. 1er], n'ayant pas été respectée, la procédure est viciée et le jugement doit être annulé. • Paris, 13 juin 1989 : *D. 1989. IR. 219.* ♦ Doit être annulé le jugement prononçant la liquidation judiciaire d'une société dès lors que la convocation à l'audience a été adressée à l'ancien siège social de cette société, alors que le nouveau était publié au registre du commerce et des sociétés. • Paris, 9 févr. 1996 : *D. 1996. IR. 83.*

3 bis. Le débiteur n'a pas qualité pour invoquer le défaut de convocation des représentants du comité d'entreprise ou des délégués du personnel préalablement à la décision du tribunal sur l'ouverture de la procédure de redressement judiciaire. • Com. 24 oct. 1995 : *D. 1995. IR. 245 ; D. Affaires 1995. 202.* – V. aussi • Com. 23 mai 1995 : *préc. note 2 bis.*
V. notes 17 s. ss. ancien art. L. 623-6.

4. Présence du juge-commissaire. V. note 3 ss. ancien art. 164 du 1er décret du 27 déc. 1985, *infra*, App., v° *Difficultés des entreprises.*

Ancien art. L. 621-5 ***Le tribunal compétent est le tribunal de commerce si le débiteur est commerçant ou est immatriculé au répertoire des métiers. Le tribunal de grande instance est compétent dans les autres cas. S'il se révèle que la procédure ouverte doit être étendue à une ou plusieurs autres personnes, le tribunal initialement saisi reste compétent.*** — Lors de la codification opérée par l'Ord. n° 2000-912 du 18 sept. 2000, le mot « artisan » figurant dans l'art. 7 de la loi n° 85-98 du 25 janv. 1985, codifié à l'ancien art. L. 621-5, a été remplacé par les mots « est immatriculé au répertoire des métiers ».

Un décret en Conseil d'État détermine dans chaque département le tribunal ou les tribunaux appelés à connaître des procédures de redressement judiciaire applicables aux personnes autres que celles mentionnées au deuxième alinéa de l'article L. 620-2, ainsi que le ressort dans lequel ces tribunaux exercent les attributions qui leur sont dévolues. — V. Décr. n° 85-1387 du 27 déc. 1985, art. 2 (JO 29 déc.), mod. par Décr. n° 86-859 du 17 juill. 1986 (JO 24 juill.), Décr. n° 87-201 du 24 mars 1987 (JO 28 mars), Décr. n° 87-614 du 3 août 1987 (JO 5 août) ; Décr. n° 86-256 du 12 févr. 1986 (JO 27 févr.) ; Décr. n° 85-1388 du 27 déc. 1985, ancien art. 3, infra. — V. note ci-dessous. — [L. n° 85-98 du 25 janv. 1985, art. 7]. — V. Décr. n° 85-1388 du 27 déc. 1985, ancien art. 3, infra, App., v° Difficultés des entreprises.

L'art. 2 du décret n° 85-1387 du 27 déc. 1985 et l'art. 2 du décret n° 86-256 du 12 févr. 1986 ont été abrogés par l'art. 13 du décret n° 88-38 du 13 janv. 1988. — Les tableaux A et B annexés audit décret n° 85-1387 sont annexés, respectivement sous les numéros IX et VIII, au COJ, et les tableaux A et B annexés audit décret n° 86-256 sont annexés, respectivement sous les numéros XI et X, au même code (Décr. n° 88-38 du 13 janv. 1988, art. 9). — Les tableaux VIII et IX ont été modifiés par le décret n° 89-309 du 11 mai 1989 (JO 17 mai ; Rect., JO 3 juin). — Le tableau IX a été modifié par le décret n° 90-652 du 18 juill. 1990 (JO 25 juill.) ; ... le décret n° 94-370 du 6 mai 1994 (JO 14 mai) ; ... le décret n° 99-659 du 30 juill. 1999 (JO 31 juill.) ; ... le décret n° 2005-624 du 27 mai 2005 (JO 31 mai). — Le tableau XI a été modifié par le décret n° 92-611 du 3 juill. 1992 (JO 5 juill.). — Les tableaux VIII, IX, X et XI ont été remplacés par le Décr. n° 2005-1756 du 30 déc. 2005 (JO 31 déc.), entrant en vigueur le 1er janv. 2006.

V., écartant l'extension de la procédure de redressement ou de liquidation judiciaires d'une société détenant des actions d'une société de crédit foncier à la société de crédit foncier, C. mon. fin., art. L. 515-27, infra, App., v° Code monétaire et financier (extraits).

Seuls les deux premiers al. de l'art. 7 de la loi n° 85-98 du 25 janv. 1985 ont été abrogés et codifiés à l'ancien art. L. 621-5. Le troisième al. de l'art. 7 sera abrogé à compter de la date d'entrée en vigueur de la partie réglementaire du code de commerce (Ord. n° 2000-912 du 18 sept. 2000, art. 5, ratifiée par L. n° 2003-7 du 3 janv. 2003, art. 50-1).

Loi n° 85-98 du 25 janvier 1985,

Relative au redressement et à la liquidation judiciaires des entreprises.

Art. 7 *(al. 3)* Lorsque les intérêts en présence le justifient, la cour d'appel, saisie sur requête du président du tribunal compétent ou du ministère public, peut décider de renvoyer l'affaire devant une autre juridiction de même nature compétente dans le ressort de la cour pour connaître des procédures de redressement judiciaire en application de l'alinéa précédent. (L. n° 94-475 du 10 juin 1994) « La Cour de cassation, saisie dans les mêmes conditions, peut renvoyer l'affaire devant une juridiction du ressort d'une autre cour d'appel. »

BIBL. ► Soinne, *Petites affiches 2 déc. 1999, p. 11 ; ibid., 3 déc. 1999, p. 4* (rénovation de la carte judiciaire consulaire par les décrets n°s 99-659 et 99-660 du 30 juill. 1999). – Voinot, *RG proc. 1998. 197* (le renvoi dans la procédure collective).

1. Abrogation de l'art. 631 C. com. L'abrogation de l'art. 631 C. com., qui définissait la compétence des tribunaux de commerce, est sans incidence, dès lors que les tribunaux de commerce institués par l'art. L. 411-1 COJ sont rendus compétents par l'art. 7 de la loi du 25 janv. 1985 [C. com., art. L. 621-5] pour connaître, notamment, de la procédure collective d'un commerçant personne physique. • Paris, 23 mars 2001 : *D. 2001. AJ. 1539, obs. Lienhard* ✐. ♦ L'art. L. 411-4 COJ [devenu C. com., art. L. 721-3], issu de L. n° 2001-420 du 15 mai 2001, a repris les dispositions de l'ancien art. 631 C. com., avec effet rétroactif à la date d'abrogation de ce texte.

1 bis. Associations. Le tribunal de commerce est compétent pour ouvrir un redressement judiciaire à l'égard d'une association exploitant à titre spéculatif une radio locale. • Dijon, 4 nov. 1987 : *D. 1988. Somm. 223, obs. Hassler.* ♦ ... Ou exerçant une activité dominante d'agence de voyages. • Toulouse, 19 déc. 1995 : *Rev. proc. coll. 1999. 22, obs. Cadiou.* ♦ V. aussi • Paris, 13 juin 1990 : *D. 1990. IR. 192.*

1 ter. Société civile ayant une activité commerciale. Nonobstant sa nature civile et son objet social, une société civile immobilière immatriculée au registre du commerce et des sociétés en précisant une activité de marchand de biens et ayant une activité portant sur l'acquisition de biens immobiliers destinés à la revente est justiciable du tribunal de commerce pour l'ouverture d'une procédure collective. • Paris, 5 sept. 2000 : *Dr. sociétés 2000, n° 177, obs. Chaput ; Banque et Droit janv.-févr. 2001. 37, obs. Storck.*

1 quater. Sociétés d'exercice libéral. V. note 1 ss. art. L. 721-5 C. com., *infra.*

2. Extension du redressement judiciaire ou de la liquidation judiciaire. **BIBL.** Vidal, *Dr. sociétés oct. 2001. 3* (groupes de sociétés). ♦ Le tribunal initialement saisi reste compétent non seulement dans le cas où la procédure est étendue à des dirigeants sociaux d'une personne morale en redressement judiciaire, en application de l'art. 182 [C. com., art. L. 624-5], mais aussi lorsque l'extension est fondée sur la fictivité des personnes morales ou sur une confusion de patrimoines provenant de l'existence d'une société de façade. • Paris, 17 déc. 1986 : *D. 1987. IR. 16 ; Gaz. Pal. 1987. 1. 256.* – V. conf. • Com. 8 nov. 1988 : *D. 1989. Somm. 372, obs. Honorat* (extension à une SCI) • 1er déc. 1992 : *Bull. civ. IV, n° 377 ; D. 1993. Somm. 192, obs. Honorat ; Bull. Joly 1993. 261, note Daigre* • Aix-en-Provence, 27 mars 2002 : *Dr. sociétés 2002, n° 196, note Legros.* ♦ La procédure d'extension déroge aux règles de compétence territoriale et est applicable à une personne soumise à une procédure collective (dans l'hypothèse où la procédure de liquidation judiciaire ouverte par un tribunal est étendue, sur le fondement de la confusion des patrimoines, à une personne mise en redressement judiciaire par un autre tribunal). • Com. 4 janv. 2000 : *Bull. civ. IV, n° 3 ; D. 2000. AJ. 72, obs. Lienhard ; JCP E 2000, n° 17, p. 698, obs. Pétel ; Act. proc. coll. 2000, n° 24, obs. Regnaut-Moutier ; RTD com. 2000. 464, obs. Vallens.*

Mais la jonction de procédures de liquidation judiciaire des sociétés d'un groupe, fût-ce de procédures déjà ouvertes, ne peut être ordonnée sur le fondement de l'art. 7 [C. com., art. L. 621-5] sans qu'ait été constatée la confusion des patrimoines des sociétés du groupe ou la fictivité de certaines d'entre elles. • Com. 9 avr. 1991 : *Bull. civ. IV, n° 128 ; D. 1992. Somm. 3, obs. Derrida.*

2 bis. Un groupe de sociétés n'ayant ni personnalité morale, ni siège propre, le tribunal de commerce du siège social d'une société en redressement judiciaire est compétent pour étendre par un seul et même jugement cette procédure à d'autres sociétés appartenant au même groupe mais ayant leur siège ailleurs. • Com. 19 oct. 1993 : *Bull. civ. IV, n° 346 ; JCP 1993. IV. 2661.*

3. Pour un cas de confusion des patrimoines des sociétés d'un groupe, V. • Paris, 12 mai 1987 : *D. 1989. Somm. 5, obs. Derrida.*

Sur l'application de la convention franco-monégasque du 13 sept. 1950 relative à la faillite et à la liquidation judiciaire, V. • Aix-en-Provence, 19 avr. 1990 : *D. 1991. 116, note Vasseur.*

3 bis. En l'absence de confusion des patrimoines, le tribunal doit, après avoir constaté l'état de cessation des paiements de chacune des personnes exploitant en commun un fonds de commerce, ouvrir autant de procédures distinctes que de personnes. • Com. 15 mars 2005 : *Bull. civ. IV, n° 55 ; D. 2005. AJ. 952, obs. Lienhard ; ibid. Pan. 2013, obs. F.-X. Lucas ; JCP E 2005, n° 49, p. 2098, note Léobon ; Act. proc. coll. 2005, n° 81, obs. Vallansan ; Rev. sociétés 2005. 684, note Le Corre ; Bull. Joly 2005. 949, note Lécuyer ; Defrénois 2005. 1924, obs. Gibirila.* ♦ Viole les art. L. 620-2 et L. 621-5 C. com. la cour d'appel qui, après avoir reconnu la qualité de commerçante de l'épouse du commerçant exploitant le fonds de commerce objet de la liquidation judiciaire et avoir écarté l'existence d'une confusion des patrimoines entre les époux, étend à celle-ci la procédure de liquidation judiciaire ouverte à l'encontre de ce dernier. • Même arrêt.

3 ter. Extension pour cause de confusion de patrimoines ou de fictivité. V. notes 23 s. ss. ancien art. L. 620-2.

4. Taille de l'entreprise. Lorsqu'une entreprise atteint, ne serait-ce que l'un des seuils de 51 salariés ou de 20 millions de chiffre d'affaires, le redressement judiciaire ne peut être ouvert que par un tribunal à compétence élargie. • Amiens, 15 sept. 1986 : *D. 1987. IR. 6, obs. Derrida* • Douai, 11 déc. 1986 : *Rev. proc. coll. 1987, n° 2, p. 15, obs. Cadiet* • T. com. Charleville-Mézières, 13 juin 1991 : *RJ com. 1993. 217, obs. Gallet.* ♦ Il a cependant été jugé, au contraire, qu'en application de la lettre de la loi les tribunaux à compétence élargie ne seraient exclusivement compétents qu'au cas de dépassement de l'un et l'autre seuil. • Agen, 12 mars 1986 : *D. 1986. 262, note Derrida* • Nîmes, 4 déc. 1986 : *Gaz. Pal. 1987. 1. 192, note Soinne.*

5. Renvoi devant une autre juridiction. Sur le regroupement, au sein d'une juridiction commerciale unique, des procédures de redressement judiciaire actuellement dispersées sur le plan territorial, V. • Douai, 3 juill. 1986 : *D. 1987. Somm. 5, obs. Derrida.* ♦ Pour un renvoi opéré suite à l'annulation du jugement d'ouverture du redressement judiciaire d'une société membre d'un groupe, V. • Douai, 5 avr. 2002 : *Act. proc. coll. 2002, n° 131, obs. Cagnoli.*

6. La loi ne spécifie pas que seul un intérêt économique doit être à l'origine du renvoi. • Douai, 31 mars 1988 : *D. 1989. Somm. 6, obs. Derrida ; Gaz. Pal. 1988. 2. 584, note Soinne.* – V. aussi • Montpellier, 19 juill. 1991 : *D. 1992. Somm. 7, obs. Derrida* • Poitiers, 9 oct. 2001 : *Dr. sociétés 2002, n° 213, note Legros* (renvoi motivé par le fait que le vice-président du tribunal de commerce avait dirigé l'entreprise assignée en redressement judiciaire). ♦ Les dispositions de l'art. 7, al. 3, ne peuvent être mises en œuvre qu'à l'initiative du ministère public ou du président du tribunal (à propos d'une demande de renvoi formée par la société débitrice). • Douai, 5 avr. 2002 : *préc. note 5.* ♦ La requête visée par l'art. 7, al. 3, de la loi du 25 janv. 1985 peut être orale. • Douai, 31 mars 1988 : *préc.*

Sur l'ouverture d'une procédure collective à l'encontre du cessionnaire défaillant, V. note 3 ss. ancien art. L. 621-93.

6 bis. Appel. La cour d'appel, saisie par une décision de renvoi, en vertu de l'art. 79, al. 2, NCPC, a l'obligation de statuer au fond, en se prononçant sur l'ouverture de la procédure de redressement judiciaire. • Com. 3 juin 1997 : *Bull. civ. IV, n° 162 ; D. 1997. 538, note Bolard.*

6 ter. Pouvoirs de la Cour de cassation. Dès lors que le tribunal de commerce n'a ouvert une procédure collective personnelle à l'encontre d'un commerçant que postérieurement à l'entrée en vigueur de la nouvelle rédaction des art. 7, al. 3, de la loi du 25 janv. 1985 et 3 du décret du 27 déc. 1985, c'est à bon droit que le premier président de la Cour de cassation use des pouvoirs qu'il tient des textes ainsi modifiés pour faire cesser le conflit de compétences provoqué par l'existence de ce nouveau jugement d'ouverture en désignant la juridiction qui sera saisie de l'affaire. • Com. 17 févr. 1998 : *Bull. civ. IV, n° 80 ; D. 1998. 274, note Perdriau et Derrida ; D. Affaires 1998. 675, obs. V. A.-R. ; Quot. jur. 14 avr. 1998, p. 5, note P. M. ; JCP 1998. II. 10171, note Voinot.* ♦ V. aussi note 1 ss. ancien art. 3 du 1er décret du 27 déc. 1985, *infra*, App., v° *Difficultés des entreprises.*

7. Création d'une juridiction. Sur la compétence territoriale, en cas de création d'une nouvelle juridiction commerciale, V. • Paris, 26 janv. 1989 : *D. 1989. Somm. 215, obs. Honorat.*

8. Compétence administrative. Sur l'articulation des compétences judiciaire et administrative pour le règlement des créances détenues par une personne morale de droit public contre une entreprise en redressement judiciaire, V. • CE 14 juin 2000 : *JCP E 2000, n° 27, p. 1066 ; RTD com. 2000. 1018, obs. Vallens ; ibid. 2001. 761, obs. Martin-Serf ; RJDA 2001, n° 475* • CE, avis, 20 janv. 1992 : *JO 23 févr. ; D. 1992. Somm. 251, obs. Derrida ; RTD com. 1992. 687, obs. Martin-Serf* • T. confl. 23 mai 2005 : *D. 2005. AJ. 1696 ; Gaz. Pal. 4-5 nov. 2005, p. 42, obs. Le Corre.*

V. aussi note 4 ss. ancien art. L. 621-42.

9. Exception d'incompétence internationale. V. • Paris, 28 mai 1991 : *D. 1992. 98, note Sortais ; Gaz. Pal. 1991. 2. 507, note Marchi.* ♦ V. aussi notes 5 *bis* s. ss. ancien art. 1er du 1er décret du 27 déc. 1985, *infra*, App., v° *Difficultés des entreprises.*

Ancien art. L. 621-6 ***Le jugement de redressement judiciaire ouvre une période d'observation en vue de l'établissement d'un bilan économique et social et de propositions tendant à la continuation ou à la cession de l'entreprise. Dès lors qu'aucune de ces solutions n'apparaît possible, le tribunal prononce la liquidation judiciaire.***

La durée maximale de la période d'observation, qui peut être renouvelée une fois par décision motivée à la demande de l'administrateur, du débiteur, du procureur de la République ou d'office par le tribunal, est fixée par décret en Conseil d'État. Elle peut en outre être exceptionnellement prolongée à la demande du procureur de la République par décision motivée du tribunal pour une durée fixée par décret en Conseil d'État. — V. Décr. n° 85-1388 du 27 déc. 1985, ancien art. 20, infra, App., v° Difficultés des entreprises.

Le tribunal arrête le plan ou prononce la liquidation judiciaire avant l'expiration de la période d'observation qu'il a fixée. — [L. n° 85-98 du 25 janv. 1985, art. 8].

RÉP. COM. *Entreprises en difficulté – Redressement judiciaire (Période d'observation)*, par MONSÈRIÉ.

1. Nécessité d'un redressement judiciaire (jurisprudence antérieure à la loi du 10 juin 1994). Avant la modification de l'art. 1er de la loi du 25 janv. 1985 par la loi du 10 juin 1994, si le tribunal devait prononcer la liquidation judiciaire dès que n'apparaissait possible ni la continuation de l'entreprise, ni sa cession, et s'il appréciait souverainement qu'il en était ainsi, toute décision de cette nature devait être précédée d'un jugement de redressement judiciaire ouvrant une période d'observation. • Com. 4 nov. 1986 : *Bull. civ. IV, n° 198 ; D. 1986. 579, note Derrida ; JCP 1987. II. 20736, note Bousquet ; RJ com. 1987. 13, note Gallet ; Rev. proc. coll. 1987, n° 1, p. 32, obs. Didier.* ♦ V. note 27 ss. ancien art. L. 620-2. ♦ Comp., désormais : art. L. 620-1, al. 3, et L. 622-1, al. 1er.

2. Période d'observation minimale (jurisprudence antérieure à la loi du 10 juin 1994). BIBL. Haehl, *RTD com. 1988. 700 ; ibid. 1989. 731.* – Le Besnerais, *Banque 1986. 636.* – May, *Petites affiches 26 sept. 1986.* ♦ Le respect des périodes d'enquête et d'observation impliquait un délai incompatible avec le prononcé par un seul et même jugement de l'ouverture de la procédure de redressement judiciaire et de la liquidation judiciaire. • Colmar, 25 févr. 1987 : *D. 1989. Somm. 7, obs. Derrida.*

Sur la durée minimale de la période d'enquête, V. notes 4 et 5 ss. ancien art. L. 621-136.

3. Toutefois, les juges du fonds pouvaient ouvrir une procédure de liquidation judiciaire après avoir énoncé qu'un premier jugement du même jour avait mis le débiteur en redressement judiciaire, ouvrant par là même la période d'observation, que le juge-commissaire désigné avait ensuite fait savoir au tribunal qu'il n'y avait aucune possibilité de redressement et que, au vu de ce rapport, ni la continuation de l'entreprise, ni la cession de celle-ci n'apparaissaient possibles. • Com. 17 mai 1989 : *D. 1989. IR. 177 ; JCP 1990. II. 21464, note Beaubrun ; Bull. civ. IV, n° 152.* – V. aussi • Versailles, 7 déc. 1989 : *Gaz. Pal. 1990. 2. Somm. 457.*

V. aussi notes ss. l'ancien art. 11 du 1er décret du 27 déc. 1985, *infra*, App., v° *Difficultés des entreprises.*

4. AGS (jurisprudence antérieure à la loi du 10 juin 1994). L'AGS, tenue de garantir le paiement des sommes dues aux salariés à la date du jugement d'ouverture de la procédure collective, ne pouvait, pour se dispenser de cette obligation, se prévaloir du fait que le jugement ouvrant la procédure collective avait prononcé d'emblée la liquidation judiciaire. • Soc. 11 juill. 1989 : *Bull. civ. V, n° 510 ; D. 1990. Somm. 73, obs. Honorat.* – *Contra* : • Limoges, 15 mars 1988 : *D. 1989. Somm. 79, obs. Honorat.* ♦ Comp., désormais : C. trav., art. L. 143-11-1 dans sa rédaction issue de la loi n° 94-475 du 10 juin 1994, *infra*, ss. ancien art. L. 621-132 C. com.

5. Dépassement de la période d'observation. Ni la loi ni le décret ne prévoient une quelconque sanction de l'inobservation éventuelle des délais. • Rouen, 5 mars 1987 : *D. 1987. 410, note Derrida* • Douai, 6 juill. 1993 : *Rev. proc. coll. 1993. 473, obs. Soinne.* ♦ Aucune disposition de la loi ne sanctionne de nullité le jugement qui a arrêté un plan de cession après l'expiration de la période d'observation. • Paris, 14 oct. 1988 : *D. 1988. IR. 266.* – V. aussi • Dijon, 19 déc. 2000 : *Act. proc. coll. 2001, n° 149, obs. Lebel.* ♦ La loi du 25 janv. 1985 [C. com., art. L. 620-1 s.] ne comportant aucune sanction en cas d'inobservation des dispositions de son art. 8, al. 2 [C. com., art. L. 621-6], le liquidateur est sans intérêt à la cassation d'une décision qui méconnaît les modalités d'imputation de la durée de la période d'observation déjà écoulée (dans l'hypothèse de l'ouverture d'une seconde période d'observation après infirmation du jugement ayant rejeté un plan de continuation et prononcé la liquidation judiciaire). • Com. 26 oct. 1999 : *Act. proc. coll. 1999, n° 265.* ♦ V. art. L. 621-57, al. 2. ♦ V. aussi note 8 ss. ancien art. 155 du 1er décret du 27 déc. 1985, *infra*, App., v° *Difficultés des entreprises.*

5 bis. Présentation du plan de continuation. Il résulte de l'art. 8 et de l'art. 24 [C. com., art. L. 621-6 et L. 621-60] que le projet de plan de continuation doit impérativement être présenté avant l'expiration de la période d'observation « de droit commun » (avant prolongation éventuelle, à la requête du procureur) et dans un délai suffisant par rapport à l'expiration de cette période, de façon à permettre la consultation des créanciers sur le règlement des dettes. • Rouen, 19 déc. 1996 : *RJDA 1997, n° 572.* ♦ V. aussi note 1 ss. ancien art. L. 621-60.

6. Continuation ou cession de l'entreprise impossibles. Ne viole pas l'art. 8 [C. com., art. L. 621-6], la cour d'appel qui, n'étant pas tenue de prononcer la liquidation judiciaire pour le seul motif de l'expiration de la période d'observation, a justement décidé cette mesure après avoir relevé que, pendant la période d'activité de l'entreprise, le passif s'était aggravé, que la trésorerie n'avait pas permis de régler les charges sociales, et qu'aucun plan de cession, fondé sur des éléments sérieux, n'avait été présenté. • Com. 6 oct. 1992 : *Bull. civ. IV, n° 285 ; JCP 1992. IV. 2982.*

6 bis. Prolongation de la période d'observation. La période d'observation qui a été renouvelée une fois ne peut l'être de nouveau qu'à la demande du procureur de la République. • Paris, 5 févr. 2002 : *BICC 2002, n° 910.* ♦ Pour une prolongation en vue de permettre l'élaboration d'un plan de continuation par le débiteur, V. les décisions citées par M.-H. Monsèrié-Bon, *Rev. proc. coll. 2000. 8.* ♦ Sur la responsabilité du candidat repreneur ayant pris l'engagement de régler les dettes qui naîtraient du fait de la prolongation, V. • Com. 12 juin 2001 : *RJDA 2001, n° 1231.*

7. Rapatriés. Le bénéfice des dispositions de l'art. 22 de la loi n° 93-1444 du 31 déc. 1993 *(D. et ALD 1994. 99)*, qui prorogent jusqu'au 31 déc. 1995 le bénéfice de celles sur la suspension des poursuites à l'égard des rapatriés, reconnu à un rapatrié à l'égard duquel une procédure collective est déjà ouverte, implique l'arrêt total des effets et du déroulement de cette procédure.

• Cass., avis, 4 nov. 1994 : *Quot. jur. 17 nov. 1994, p. 4, note P. M.* ♦ Comp., en ce sens que ces dispositions ne peuvent que suspendre le déroulement d'une procédure collective : • TGI Carcassonne, 12 avr. 1994 : *BICC 1994, n° 740.* ♦ En ce sens que le conjoint du rapatrié peut se prévaloir de la suspension, V. • Civ. 1re, 19 janv. 1999 : *D. 1999. IR. 49.* ♦ Les dispositions dudit art. 22 ont été elles-mêmes prorogées jusqu'au 31 déc. 1996 par la loi n° 96-110 du 14 févr. 1996 *(D. 1996. 78).* – V. aussi • Civ. 1re, 25 févr. 1997 : *Bull. civ. I, n° 74 ; D. 1997. IR. 87.*

La suspension des poursuites dont peut bénéficier un rapatrié n'a aucun effet à l'égard des sociétés dont il est le gérant, dès lors que celles-ci n'ont pas déposé pour elles-mêmes une demande de prêt de consolidation. • Civ. 1re, 22 juin 1999 : *Dr. sociétés 1999, n° 150, obs. Chaput.*

Ancien art. L. 621-7 ***Le tribunal fixe, s'il y a lieu, la date de cessation des paiements. A défaut de détermination de cette date, la cessation des paiements est réputée être intervenue à la date du jugement qui la constate. Elle peut être reportée une ou plusieurs fois, sans pouvoir être antérieure de plus de dix-huit mois à la date du jugement d'ouverture.***

Il se prononce d'office ou à la demande de l'administrateur, du représentant des créanciers, du liquidateur ou du procureur de la République. La demande de modification de date doit être présentée au tribunal avant l'expiration du délai de quinze jours qui suit le dépôt du rapport prévu à l'article L. 621-54 ou du projet de plan prévu à l'article L. 621-141 ou du dépôt de l'état des créances si la liquidation est prononcée. – [L. n° 85-98 du 25 janv. 1985, art. 9].

BIBL. ► DIENER, *D. 1993. Chron. 255.* – TEBOUL, *RJ com. 2000. 204.*

1. Fixation de la date. V. notes 4 s. ss. ancien art. L. 621-1.

2. Demande de report de la date. La place de l'art. 9 [C. com., art. L. 621-7] au sein du chapitre « La procédure d'observation » n'en limite cependant pas l'application à la période d'observation puisque le liquidateur peut présenter une demande de report de la date de cessation des paiements jusqu'à la date du dépôt de l'état des créances. • Paris, 3 mai 1994 : *D. 1994. IR. 157 ; RJ com. 1995. 272, note X. Vincent ; Rev. proc. coll. 1996. 198, obs. Calendini.* ♦ Est recevable, dès lors que la liquidation judiciaire est prononcée par le tribunal, la demande en report de la date de cessation des paiements présentée avant l'expiration du délai de quinze jours qui a suivi le dépôt de l'état des créances (bien qu'à ce moment là, la liquidation n'eût pas encore été prononcée). • Com. 27 juin 1989 : *Bull. civ. IV, n° 202 ; JCP E 1990. II. 15668, n° 12, obs. Cabrillac.* – V. aussi • Rouen, 29 août 1990 : *Gaz. Pal. 1991. 1. 317, note Marchi.*

2 bis. En disposant que la date de cessation des paiements peut être reportée une ou plusieurs fois et en prescrivant la présentation au tribunal de la demande de modification de date avant l'expiration du délai de quinze jours qui suit chacun des rapports, l'art. 9 [C. com., art. L. 621-7] impose des délais uniformes d'action courant à compter de chacun des dépôts qui en marque le point de départ, ces délais étant cumulatifs. • Com. 26 oct. 1999 : *Bull. civ. IV, n° 188 ; JCP E 2000, n° 4, p. 129, obs. Cabrillac et Pétel ; RTD com. 2000. 186, obs. Vallens.* ♦ Une cour d'appel fait une exacte application des art. 9, al. 2 [C. com., art. L. 621-7], et 103 de la loi du 25 janv. 1985, 82 et 83 du décret du 27 déc. 1985, en retenant que le point de départ de l'action en report de la date de cessation des paiements est la date du dépôt au greffe du tribunal de l'état des créances (et non la date de publication au BODACC de l'insertion par laquelle le greffier indique que l'état des créances est constitué et déposé au greffe). • Com. 26 mai 1998 : *Bull. civ. IV, n° 164 ; D. 1998. IR. 164 ; D. Affaires 1998. 1131, obs. A. L.* ♦ ... Peu important que celui-ci soit complété par l'adjonction de décisions ultérieures du juge-commissaire. • Com. 16 mars 1999 : *Act. proc. coll. 1999, n° 115.* – Dans le même sens, en cas d'extension de la procédure à un autre débiteur, V. • Com. 17 déc. 2003 : *RJDA 2004, n° 589 ; Rev. proc. coll. 2004. 212, obs. Lebel.* ♦ ... Ou qu'il ait été déposé antérieurement au prononcé de la liquidation judiciaire. • Com. 7 déc. 1999 : *Bull. civ. IV, n° 220 ; D. 2000. AJ. 58, obs. Lienhard ; JCP E 2000, n° 17, p. 699, obs. Cabrillac ; RTD com. 2000. 186, obs. Vallens ; Petites affiches 27 juill. 2000, p. 29, note Courtier ; Defrénois 2000. 999, obs. Gibirila.* ♦ Pour un arrêt décidant qu'en l'absence de dépôt de l'état des créances prévu à l'art. 103 de la loi du 25 janv. 1985 (en cas de demande de dispense de vérification des créances, en vertu de l'art. 99 [C. com., art. L. 621-102]), le délai de quinze jours ne peut commencer à courir : • Com. 13 avr. 1999 : *Bull. civ. IV, n° 84 ; D. 1999. 490, note Derrida ; D. Affaires 1999. 834 ; JCP E 1999, n° 39, p. 1530, obs. Cabrillac et Pétel ; RTD com. 1999. 758, obs. Vallens ; ibid. 951, obs. Laude ; Act. proc. coll. 1999, n° 114, obs. Macorig-Venier ; Procédures 2000, n° 11, obs. Laporte.* ♦ *Contra*, jugeant, dans cette hypothèse, que le délai court à compter du jour où la décision du juge-commissaire est devenue définitive, soit, en l'absence d'opposition et conformément à l'art. 25 du décret du 27 déc. 1985, à compter du neuvième jour suivant son dépôt au greffe pour ce qui concerne le mandataire-liquidateur : • Lyon, 16 nov. 2001 : *D. 2002. AJ. 92* ; *JCP E. 2002, nº 20, p. 804, obs. Cabrillac et Pétel* ; *Procédures 2002, nº 31, note Laporte*.

V. note 1 ss. art. 103 de la loi du 25 janv. 1985, *infra*, ss. ancien art. L. 621-105 C. com.

3. Le tribunal étant saisi, conformément à l'art. 857 NCPC, par la remise au greffe d'une copie de l'assignation, il convient de se référer à la date de cette remise, et non à la date de délivrance de l'assignation. • Com. 22 nov. 1994 : *Bull. civ. IV, nº 344* ; *D. 1995. IR. 19* (V. l'arrêt cassé : • Rouen, 21 mai 1992 : *RJDA 1992, nº 752*).

3 bis. En ce sens que le tribunal est valablement saisi par voie de requête du représentant des créanciers lorsque le débiteur est présent à l'audience fixée pour l'examen de cette requête, V. • Com. 16 févr. 1999 : *Bull. civ. IV, nº 46* ; *D. 1999. 276, note Derrida* ; *D. Affaires 1999. 477, obs. A. L.* ; *JCP E 1999, nº 39, p. 1530, obs. Cabrillac* ; *RTD com. 1999. 511, obs. Vallens*. – V. Courtier, *Rev. proc. coll. 1999. 139* ; *ibid. 755, obs. Martin-Serf*.

3 ter. Les délais impartis par l'art. 9, al. 2 [C. com., art. L. 621-7], sont des délais butoirs et n'interdisent nullement d'agir avant si le requérant est déjà en possession des éléments permettant le prononcé du report. • Reims, 13 avr. 1992 : *JCP 1993. IV. 970*. – Dans le même sens : • Com. 28 févr. 1995 : *Rev. proc. coll. 1996. 41, obs. Calendini*.

4. L'existence d'une décision d'irrecevabilité ou de rejet d'une demande de report de la date de cessation des paiements, fût-elle revêtue de la force de chose jugée, ne fait pas obstacle à l'introduction d'une nouvelle demande fondée sur l'art. L. 621-7, al. 1er, C. com. • Com. 8 juill. 2003 : *RD banc. fin. 2004, nº 28, obs. F.-X. Lucas*.

4 bis. Fixation de la date reportée. En ce sens que l'impossibilité de faire face au passif exigible avec l'actif disponible doit être caractérisée à la date à laquelle il est décidé de reporter la cessation des paiements, V. • Com. 2 mars 1999 : *Act. proc. coll. 1999, nº 113* • 26 oct. 1999 : *préc. note 2 bis* • 29 mai 2001 : *RJDA 2001, nº 1126*.

Une amélioration de la situation déficitaire d'une entreprise n'interdit pas le report de la date de cessation de ses paiements à l'époque où l'état de cessation des paiements était avéré. • Paris, 22 mars 1996 : *D. 1996. IR. 111*.

Dès lors que ni l'ordonnance ouvrant le règlement amiable, ni l'ordonnance suspendant les poursuites, ni l'ordonnance homologuant l'accord n'ont l'autorité de la chose jugée quant à la date de cessation des paiements, l'ouverture de la procédure de règlement amiable n'empêche pas le report de la date de cessation des paiements. • Com. 14 mai 2002 : *Bull. civ. IV, nº 87* ; *D. 2002. AJ. 1837, obs. Lienhard* ; *D. 2003. 615, note Martineau-Bourgninaud* ; *Act. proc. coll. 2002, nº 149, obs. Regnaut-Moutier* ; *JCP E 2002, nº 39, p. 1520, obs. Pétel* ; *ibid. 2003, nº 3, p. 131, note Vinckel* ; *RTD com. 2002. 532, obs. Macorig-Venier* ; *Procédures 2002, nº 189, note Laporte* ; *RJ com. 2002. 412, note Armand-Prevost* ; *RD banc. fin. 2002, nº 186, obs. F.-X. Lucas* (V. l'arrêt confirmé sur ce point : • Rennes, 23 sept. 1998 : *JCP E 2000, nº 27, p. 1078, obs. F.-X. Lucas*).

En ce sens que la date de cessation des paiements ne peut être antérieure à l'immatriculation de la société au registre du commerce et des sociétés, V. • Com. 1er févr. 2000 : *RJDA 2000, nº 553* ; *JCP E 2000, nº 48, p. 1909, note Besnard-Goudet* ; *Dr. sociétés 2000, nº 125, obs. Chaput* ; *ibid. 2001, nº 82, obs. Legros*. ♦ ... A la création de la société, sauf à démontrer que cette société était créée de fait avant son immatriculation au registre du commerce et des sociétés et qu'elle était déjà en cessation des paiements, • Versailles, 16 janv. 1997 : *Rev. proc. coll. 1998. 35, obs. Calendini*. ♦ Comp., en cas d'extension de la procédure sur le fondement de la confusion des patrimoines : • Bourges, 31 août 2004 : *BRDA 2005, nº 11, p. 6*.

En tout état de cause, la date de cessation des paiements ne peut être antérieure de plus de dix-huit mois à la date du jugement d'ouverture, V. • Com. 17 janv. 1995 : *Rev. proc. coll. 1996. 199, obs. Calendini*.

En ce sens que le report ne peut s'opérer que vers le passé, V. • Paris, 2 juill. 1997 : *Rev. proc. coll. 1998. 81, obs. Canet*.

5. Saisine d'office du tribunal. Il résulte de l'art. 9 [C. com., art. L. 621-7] que le tribunal ne peut prononcer d'office le report de la date de cessation des paiements que s'il se saisit avant l'expiration du délai de 15 jours qui suit le dépôt du rapport prévu à l'art. 18 [C. com., art. L. 621-54] ou du projet de plan prévu à l'art. 145 [C. com., art. L. 621-141] ou du dépôt de l'état des créances prévu à l'art. 103 de la loi du 25 janv. 1985 si la liquidation est prononcée. • Com. 11 juin 1991 : *Bull. civ. IV, nº 218* ; *D. 1992. Somm. 3, obs. Derrida* • Cass., Ass. plén., 31 mars 1995 : *Bull. civ., nº 2* ; *D. 1995. 321, concl. Jéol et note Derrida* ; *Quot. jur. 2 mai 1995, p. 3, note P. M.* ; *BICC 15 mai 1995, p. 7, concl. Jéol et note Borra* ; *Gaz. Pal. 1995. 2. 410, concl. Jéol* ; *Bull. Joly 1995. 780, note Jean-*

tin (dans la même affaire, sur deuxième pourvoi). • Com. 4 oct. 2005 : *cité note 6*

6. Qualité pour agir. Il résulte de l'art. 9 [C. com., art. L. 621-7] que le représentant des créanciers peut demander le report de la date de cessation des paiements dans les quinze jours suivant le dépôt du rapport de l'administrateur (bien qu'il ne soit pas l'auteur du rapport établi en application de l'art. 18 [C. com., art. L. 621-54]). • Com. 16 févr. 1999 : *préc. note 3 bis.*

Jugé qu'en cas de redressement judiciaire, seuls l'administrateur et le représentant des créanciers ont qualité pour introduire la demande de report, ce droit n'étant pas reconnu au commissaire à l'exécution du plan qui ne peut que poursuivre une action précédemment introduite par l'administrateur ou le représentant des créanciers. • Paris, 3 mai 1994 : *préc. note 2* • 9 avr. 1999 : *D. Affaires 1999. 907.* ♦ Comp. : note 8 ss. ancien art. L. 621-68.

Si le commissaire à l'exécution du plan peut demander l'annulation d'un acte accompli pendant la période suspecte, il n'a pas qualité pour agir en report de la date de cessation des paiements lorsque l'action n'a pas été préalablement introduite par l'administrateur ou le représentant des créanciers. • Com. 4 oct. 2005 : *Bull. civ. IV, n° 196 ; D. 2005. AJ. 2679, obs. Lienhard ; JCP E 2006, n° 2, p. 75, obs. Cabrillac ; Gaz. Pal. 10-11 févr. 2006, p. 12, obs. Lebel.* ♦ V. aussi, pour l'irrecevabilité de la demande introduite par l'administrateur ou le représentant des créanciers après le jugement arrêtant le plan de cession, • Com. 9 juill. 2002 : *Act. proc. coll. 2002, n° 232.*

Sur l'irrecevabilité de la demande émanant d'un créancier, V. • Lyon, 18 oct. 1996 : *préc. note 4 bis* • Paris, 27 juin 2003 : *RTD com. 2003. 826, obs. Vallens.*

Le débiteur ne peut agir à titre principal pour faire fixer la date de cessation des paiements à une date autre que celle qui résulte du jugement d'ouverture de la procédure collective ou d'un jugement postérieur. • Com. 7 déc. 1999 : *Bull. civ. IV, n° 224.* – V. déjà : • Versailles, 6 mars 1997 : *Gaz. Pal. 1997. 2. Somm. 353.*

6 bis. Principe du contradictoire. Le débiteur soumis à une procédure collective dispose d'un droit propre à se défendre à l'action tendant au report de la date de cessation des paiements dont la nature est contentieuse, et à cette fin, à défaut de la remise au greffe d'une requête conjointe et de la présentation volontaire des parties constatées par la signature d'un procès-verbal, une assignation doit lui être délivrée (irrecevabilité de l'assignation délivrée à l'ancien dirigeant de la société en liquidation judiciaire, sans qualité pour la représenter). • Com. 1er mars 2005 : *Bull. civ. IV, n° 40 ; D. 2005. AJ. 953, obs. Lienhard ; Act. proc. coll. 2005, n° 75, obs. Regnaut-Moutier ; Dr. et procédures 2005. 277, obs. Le Corre ; RD banc. fin. 2005, n° 139, obs. F.-X. Lucas ; Bull. Joly 2005. 942, note M. Sénéchal ; Rev. proc. coll. 2006. 49, obs. Lebel.* ♦ V. aussi note 1 *quinquies* ss. ancien art. L. 621-22.

7. Notification du jugement. En l'absence de dispositions dérogatoires dans la loi du 25 janv. 1985 [C. com., art. L. 620-1 s.] et le décret du 27 déc. 1985, le jugement ayant statué sur la demande de report de la date de cessation des paiements doit être notifié par voie de signification conformément à l'art. 675 NCPC. • Com. 15 déc. 1992 : *Bull. civ. IV, n° 411.*

8. Exécution provisoire. V. notes ss. l'ancien art. 155 du 1er décret du 27 déc. 1985, *infra*, App., v° *Difficultés des entreprises.*

9. Voies de recours. V. notes 1, 1 *bis*, 1 *sexies* et 7 ss. ancien art. L. 623-1 et note 3 ss. ancien art. L. 623-2.

10. Action en comblement de passif, faillite personnelle et banqueroute. Sur le pouvoir du juge de retenir une autre date de cessation des paiements, V. note 22 ss. ancien art. L. 624-3, note 7 *bis* ss. ancien art. L. 624-5, note 3 *bis* ss. ancien art. L. 625-5 et note 9 ss. ancien art. L. 626-2.

11. Ordre public international. V. note 39 ss. ancien art. L. 620-2.

§ 2 DES ORGANES DE LA PROCÉDURE ET DES CONTRÔLEURS

RÉP. COM. *Entreprises en difficulté – Redressement judiciaire (Procédure et organes)*, par PIGASSOU.

Ancien art. L. 621-8 ***Dans le jugement d'ouverture, le tribunal désigne le juge-commissaire et deux mandataires de justice qui sont l'administrateur et le représentant des créanciers. Il invite le comité d'entreprise ou, à défaut, les délégués du personnel ou, à défaut de ceux-ci, les salariés à désigner, au sein de l'entreprise, un représentant des salariés. Les salariés élisent leur représentant par vote secret au scrutin uninominal à un tour.***

(L. n° 2003-7 du 3 janv. 2003, art. 40) ***« Le tribunal peut, soit d'office, soit à la demande du procureur de la République, désigner plusieurs administrateurs et plusieurs représentants des créanciers. »***

L'administrateur peut demander la désignation d'un ou plusieurs experts.

(L. n° 2002-73 du 17 janv. 2002) *« L'administrateur informe par courrier recommandé avec accusé de réception le maire de la commune et le président de l'établissement public de coopération intercommunale, s'il existe, du fait qu'une procédure de redressement judiciaire vient d'être ouverte vis-à-vis d'une société ayant son siège sur le territoire de la commune. »*

Aucun parent ou allié jusqu'au quatrième degré inclusivement du chef d'entreprise ou des dirigeants, s'il s'agit d'une personne morale, ne peut être désigné à l'une des fonctions prévues au présent article sauf dans les cas où cette disposition empêche la désignation d'un représentant des salariés.

Lorsque aucun représentant des salariés ne peut être désigné, un procès-verbal de carence est établi par le chef d'entreprise.

En l'absence de comité d'entreprise ou de délégué du personnel, le représentant des salariés exerce les fonctions dévolues à ces institutions par les dispositions du chapitre premier. — [L. n° 85-98 du 25 janv. 1985, art. 10]. — V. Décr. n° 85-1388 du 27 déc. 1985, anciens art. 15 et 17, infra, App., v° Difficultés des entreprises.

Sur les mandataires de justice, V., infra, art. L. 811-1 s.

BIBL. ► BACHASON, *Gaz. Pal. 1998. 2. Doctr. 1699* (représentation du débiteur et des créanciers). – SOINNE, *Rev. proc. coll. 2002. 1* (information du maire). ► Sur la responsabilité civile des mandataires de justice : PERDRIAU, *JCP E 1989. II. 15547.* – SAINT-ALARY-HOUIN, *Mélanges Honorat, Frison-Roche, 2000, p. 193.* – F. AUBERT, *Rapport de la Cour de Cassation pour 2002, p. 145.* ► Sur les représentants des salariés : JEANTIN, *Dr. soc. 1986. 664.* – LAFARGE, *RJ com., n° spéc., févr. 1987. 178.* – SERFATI-APTER et LAFARGE, *Gaz. Pal. 1986. 2. Doctr. 657.*

I. DÉSIGNATION DES ORGANES DE LA PROCÉDURE

1. Liberté de choix des mandataires de justice. V. note 1 ss. l'art. L. 812-1.

1 bis. Récusation du juge-commissaire. Lorsque la loi confère à une même juridiction plusieurs phases d'une même procédure, les magistrats de cette juridiction ont compétence pour statuer sur ces différentes phases sans qu'on puisse leur demander leur récusation ou leur opposer la suspicion légitime. La présence du juge-commissaire tout au long de la procédure est normale. • Pau, 17 déc. 1997 : *JCP 1998. IV. 3231 ; Rev. proc. coll. 2000. 188, obs. Soinne.* ♦ Une demande de récusation ne pouvant être formulée que par une partie au procès, est irrecevable la requête aux fins de récusation du juge-commissaire présentée par un contrôleur. • Versailles, 21 avr. 1997 : *JCP E 1997, n° 18-19, Bloc-notes.* ♦ V. art. 341 s. NCPC. – **C. pr. civ.**

V. note 5 *quater* ss. ancien art. L. 621-62.

1 ter. Remplacement du juge-commissaire. En cas de remplacement du juge-commissaire avant que la décision soit rendue, il convient de reprendre les débats devant le nouveau juge-commissaire (art. 444 et 447 NCPC combinés). • Civ. 2e, 24 sept. 1997 : *Bull. civ. II, n° 234 ; D. Affaires 1997. 1221 ; Rev. proc. coll. 2000. 199, obs. Soinne.*

1 quater. Convocation des salariés. Sont nulles et de nul effet les élections du représentant du personnel désigné en vertu de l'art. 10 [C. com., art. L. 621-8], les électeurs n'ayant pas été convoqués à cet effet, seuls ceux qui étaient présents le jour où il a été décidé de les organiser ayant voté, alors qu'il y a été procédé dans le but de faire élire un candidat en particulier. • TI Paris, 28 mars 1986 : *Gaz. Pal. 1986. 1. 329.*

2. Désignation du représentant des salariés. V. note 2 *bis* ss. ancien art. L. 621-4. ♦ Lorsqu'au sein de la société soumise à une procédure de redressement judiciaire sont présents un délégué titulaire et un délégué suppléant du personnel, seuls ceux-ci ont qualité pour procéder à la désignation du représentant des salariés, à l'exclusion de toute élection par l'ensemble du personnel. • TI Mantes-la-Jolie, 13 sept. 1991 : *D. 1992. Somm. 86, obs. Derrida.* ♦ A défaut de possibilité de désignation par les délégués du personnel d'un seul représentant des salariés, cette désignation devra être effectuée par l'ensemble du personnel au sein duquel sera organisée dans les meilleurs délais une élection par vote secret au scrutin uninominal à un tour. • TI Chambéry, 14 mars 1986 : *Gaz. Pal. 1986. 1. Somm. 142.*

3. Un salarié licencié effectuant son préavis dans l'entreprise au jour du redressement judiciaire peut être élu en qualité de représentant des salariés. • Soc. 16 janv. 1991 : *D. 1991. IR. 37 ; JCP E 1991. II. 208, note Serret ; Bull. civ. V, n° 22.*

4. Jugé qu'il résulte *a fortiori* de l'art. 10, al. 3 [C. com., art. L. 621-8, al. 3], que le dirigeant ne peut être désigné comme représentant des salariés, et qu'il en va de même du directeur salarié qui exerce les fonctions de directeur, représentant le gérant d'une SARL domiciliée aux États-Unis, et qui joue à l'égard du personnel le rôle de l'employeur. • TI Mantes-la-Jolie, 13 sept. 1991 : *préc. note 2.*

4 bis. Lorsqu'une entreprise ne comprend

qu'un salarié, la cessation des fonctions de ce salarié unique au sein de l'entreprise n'emporte pas cessation de sa mission de représentant des salariés, laquelle dure aussi longtemps que la procédure collective. • TGI Paris, (j. instr.), 19 oct. 1994 : *Dr. sociétés 1994, n° 200, obs. Chaput.*

4 ter. Le représentant des salariés dispose d'attributions limitées aux seuls actes relatifs à la procédure collective ouverte à l'égard de l'entreprise qui l'emploie et ne peut dès lors être considéré comme une institution représentative du personnel au sens du code du travail. • Soc. 4 févr. 2003 : *Bull. civ. V, n° 39 ; Act. proc. coll. 2003, n° 109, obs. Lebel.*

II. EXPERTISE

4 quater. L'expertise diligentée en application de l'art. 10 [C. com., art. L. 621-8] n'est pas une mesure d'instruction au sens des art. 232 s. NCPC. Par suite, les règles de l'expertise judiciaire (et notamment le principe du contradictoire) ne sont pas applicables. • Com. 16 févr. 1999 : *Act. proc. coll. 1999, n° 109, obs. Regnaut-Moutier ; RTD com. 1999. 512, obs. Vallens.* ♦ Le cabinet d'expertise comptable chargé par le tribunal d'analyser les causes des difficultés des entreprises mises en redressement judiciaire du point de vue économique, financier et industriel ne réalise pas une mesure d'expertise au sens de l'art. 265 NCPC. • Com. 8 juin 1999 : *Act. proc. coll. 1999, n° 157.* ♦ V. note 6 ss. ancien art. L. 621-12, notes 5 s. ss. ancien art. 164 du 1er Décr. du 27 déc. 1985, *infra*, App., v° *Difficultés des entreprises.*

III. RESPONSABILITÉ DES MANDATAIRES JUDICIAIRES

5. *Responsabilité civile de l'administrateur.* Avant la modification de l'art. 37 [devenu C. com., art. L. 621-28] par la loi du 10 juin 1994, l'administrateur d'une société en redressement judiciaire ne pouvait être déclaré responsable du non-paiement d'une commande faite postérieurement à l'ouverture de la procédure collective en vue de permettre la poursuite des activités de l'entreprise, dès lors que, d'une part, lors de la conclusion du contrat, il avait conscience que la situation financière de la société n'était pas irrémédiablement compromise, et d'autre part, qu'il n'avait pas cherché à induire en erreur le fournisseur par des assurances imprudemment données. • Com. 20 oct. 1992 : *Bull. civ. IV, n° 317 ; D. 1993. Somm. 73, obs. Honorat ; JCP E 1993. II. 472, note Rossi.* – Dans le même sens : • Com. 8 déc. 1998 : *Bull. civ. IV, n° 293 ; D. 1999. Somm. 188, obs. Honorat ; D. Affaires 1999. 133 ; Quot. jur. 31 déc. 1998, p. 5, note P. M. ; Rev. proc. coll. 2000. 78* • 26 mai 1999 : *Rev. proc. coll. 2000. 79, obs. Soinne.* ♦ Sa responsabilité ne pouvait être engagée, sur le fondement de l'art. 1382 C. civ., qu'à charge pour le créancier d'établir une faute à l'origine du préjudice. • Douai, 11 juill. 1991 : *BICC 1991, n° 1880.* ♦ ... Par exemple, le fait qu'en apposant son visa sur les bons de commande, l'administrateur ne s'était pas assuré que les marchandises pourraient être payées. • Com. 2 févr. 1993 : *Bull. civ. IV, n° 39 ; D. 1993. Somm. 193, obs. Honorat* • 5 oct. 1993 : *Bull. civ. IV, n° 318 ; D. 1994. Somm. 81, obs. Honorat* • 30 nov. 1993 : *Bull. civ. IV, n° 441 ; D. 1994. Somm. 179, obs. Honorat* • 11 juin 1996 : *Rev. proc. coll. 1998. 190, obs. Soinne* • Nancy, 30 nov. 1993 : *Dr. sociétés 1994, n° 172, obs. Chaput* • Caen, 3 sept. 1996 : *JCP 1996. IV. 2528.* ♦ Comp., s'agissant de commandes de fournitures et de marchandises constituant des actes de gestion courante échappant normalement au visa du mandataire (loi de 1967) : • Com. 14 mars 1995 : *Bull. civ. IV, n° 85 ; D. 1995. Somm. 305, obs. Honorat.* ♦ V. aussi, lorsque le fournisseur n'avait jamais requis le visa, • Paris, 10 mai 1996 : *JCP E 1996. Pan. 691.* ♦ ... Ou lorsque la situation financière et comptable de la société ne permettait pas de supposer que les commandes contresignées ne pourraient pas être payées, • Com. 19 mars 1996 : *Rev. proc. coll. 1996. 247, obs. Soinne.* – V. aussi • Com. 22 oct. 1996 : *Petites affiches 18 avr. 1997, p. 19, note F. D.* • Versailles, 12 juin 1997 : *D. Affaires 1997. 966.* ♦ ... Ou que les livraisons non réglées ont été faites postérieurement à la période pour laquelle l'administrateur s'est engagé : • Com. 28 janv. 1997 : *Rev. proc. coll. 1998. 190, obs. Soinne.*

L'apposition de la mention « Vu pour assistance » sur des bons de commande adressés à une entreprise en redressement judiciaire ne saurait avoir pour effet de constituer l'administrateur judiciaire caution personnelle de la société qu'il assiste. • Paris, 14 sept. 1995 : *D. 1995. 627, note Jeantin.* ♦ Dans le cadre de sa mission, l'administrateur doit simplement vérifier que les commandes entrent dans les prévisions de la poursuite de l'activité et sont compatibles avec la situation financière de l'entreprise. • Angers, 2 avr. 1997 : *Dr. sociétés 1998, n° 23, obs. Chaput.* ♦ Seule une obligation de moyen pèse sur lui et il ne peut lui être imposé de s'assurer de la disponibilité immédiate des fonds, puis de bloquer ceux-ci jusqu'à la date du paiement. Mais il doit veiller à ce que la situation de la trésorerie permette raisonnablement de considérer que le règlement pourra intervenir normalement et vérifier que les éléments comptables qui lui sont fournis correspondent à la réalité de la situation de l'entreprise. • Dijon, 14 mai 1996 : *Gaz. Pal. 1998. Somm. 277.*

Les créanciers de l'art. 40 [C. com., art. L. 621-32] ne peuvent engager la responsabilité de l'administrateur pour faute, en raison d'une commande impayée, dès lors qu'ils n'ont notamment pas sollicité son visa lors de la conclusion du contrat ou le paiement immédiat de la commande, d'autant que l'administrateur n'a pas été avisé par le débiteur de la conclusion du contrat et n'a donc pu vérifier si la situation de trésorerie permettait le paiement. • Grenoble, 10 oct. 2000 : *JCP E 2001, n° 17, p. 686.* – V. aussi • Paris, 9 oct. 2001 : *JCP E 2002, n° 24, p. 995, obs. Pasqualini et Pasqualini-Salerno.*

L'administrateur qui s'est borné à contresigner un chèque d'acompte (lequel a été honoré), sans être intervenu lors de la passation de la commande, n'engage pas sa responsabilité du fait du défaut de paiement du reliquat du prix. • Com. 6 févr. 2001 : *Act. proc. coll. 2001, n° 93.*

La faute de l'administrateur en raison du défaut de paiement de commandes passées par la société en redressement judiciaire doit être appréciée à la date à laquelle a pris naissance la créance du fournisseur, c'est-à-dire à la date de la commande. • Com. 6 févr. 2001 : *Bull. civ. IV, n° 34 ; D. 2001. AJ. 860 ; RJDA 2001, n° 708* • 15 oct. 2002 : *JCP E 2003, n° 27, p. 1142, obs. Pasqualini et Pasqualini-Salerno.* ♦ L'administrateur, chargé d'une mission d'assistance du débiteur, n'a commis aucune faute en apposant sa signature sur un chèque, qui n'a pas été payé faute de provision, dès lors qu'au jour de l'émission et dans les huit semaines qui ont suivi, le compte bancaire du débiteur offrait une provision suffisante et que la situation du débiteur n'était pas irrémédiablement compromise. • Com. 9 janv. 2001 : *RJDA 2001, n° 604.*

Le comportement de l'administrateur judiciaire s'apprécie au regard de l'ensemble des impératifs de la procédure collective qui associe sauvegarde de l'entreprise, maintien de l'activité et de l'emploi et apurement du passif et non seulement au vu de la considération de l'intérêt des créanciers. Ainsi, la faute du mandataire susceptible d'engager sa responsabilité personnelle ne résulte pas de la seule poursuite d'une exploitation déficitaire, autorisée par le tribunal, et du défaut de paiement des créances après l'ouverture de la procédure collective. • TGI Paris, 3 févr. 1999 : *Dr. sociétés 2000, n° 55, obs. Chaput.* ♦ Le fait que l'administrateur ait demandé par deux fois la prolongation de la période d'observation et ait conclu, à cette occasion, de nouveaux contrats de location, avant de solliciter la conversion du redressement en liquidation judiciaire, ne suffit pas à caractériser sa faute : • Com. 15 oct. 2002 : *JCP E 2003, n° 27, p. 1142, obs. Pasqualini et Pasqualini-Salerno.* ♦ V. aussi, écartant la responsabilité de l'administrateur, dans l'hypothèse où le créancier avait accordé un moratoire au débiteur, alors même qu'il n'avait reçu aucune assurance de paiement, • Com. 13 mai 2003 : *Bull. civ. IV, n° 77 ; D. 2003. AJ. 2011* .

Un administrateur judiciaire fait preuve d'une particulière indigence dès lors qu'il laisse un passif « article 40 » s'accroître et atteindre un montant supérieur à 2 MF, et s'abstient de procéder à tout contrôle effectif de la marche de l'affaire placée sous son administration exclusive. • Paris, 16 avr. 1999 : *D. 1999. IR. 153.*

Pour la responsabilité d'un administrateur judiciaire qui, sachant qu'à la date de passation des commandes par le débiteur, la situation de la société était irrémédiablement compromise, n'avait pas alerté le fournisseur du risque de ne plus être honoré, V. • Com. 10 mai 2005 : *D. 2005. AJ. 1475, obs. Lienhard ; Gaz. Pal. 4-5 nov. 2005, p. 18, obs. Bidan.*

L'administrateur judiciaire ne peut soutenir qu'il a demandé à une banque de maintenir une ligne de crédit à la suite d'un examen approfondi de la situation, dès lors qu'il a fait cette demande à la banque quelques jours après sa désignation, sans avoir disposé d'autres éléments que ceux fournis par le chef d'entreprise ou par la décision qui le désignait. • Versailles, 28 mai 1998 : *D. 1998. IR. 997 ; D. Affaires 1998. 1589, obs. A. L.*

En ce sens qu'il incombe à l'administrateur qui demande un concours bancaire par mobilisation de créances (bordereaux Dailly) de vérifier que les factures correspondent à des créances certaines, V. • Versailles, 28 mai 1998 : *préc.* • Paris, 29 sept. 2000 : *D. 2000. AJ. 405* .

La volonté du juge-commissaire et du tribunal de ne pas tenir compte des difficultés de l'entreprise signalées par l'administrateur n'exonère pas celui-ci de la responsabilité qu'il a engagée en ne payant pas un nombre croissant de créances nées de la poursuite d'activité qu'il assumait seul. • Com. 18 janv. 2000 : *Dr. sociétés 2000, n° 55, obs. Chaput ; Rev. proc. coll. 2000. 75, obs. Soinne.*

6. Sur la responsabilité civile d'un administrateur judiciaire en raison : de l'acquisition d'un fonds de commerce dépendant de l'actif d'un groupe d'entreprises en liquidation judiciaire et de la poursuite d'une exploitation déficitaire ayant gravement compromis les chances de remboursement des créanciers de l'art. 40 [C. com., art. L. 621-32], V. • Versailles, 6 juin 1991 : *D. 1991. Somm. 332, obs. Honorat ; Gaz. Pal. 1991. 2. 510, concl. Challe.* ♦ ... De la demande de poursuite de la période d'observation, et donc du maintien de l'exploitation de la société, sans s'être personnellement assuré de ce que les redevances dues à un franchiseur sur le fondement de l'art. 40 [C. com., art. L. 621-32] pourront être payées (perte d'une chance), V. • Paris, 12 oct. 1995 : *D. 1995. IR. 245.* ♦ ... De l'option pour la poursuite d'un contrat de bail, alors qu'il ne dispose pas des fonds nécessaires pour payer les loyers, V. • Com. 26 mai 1998 : *Act. proc. coll. 1998, n° 102 ; Rev. proc. coll. 2000. 79, obs. Soinne.* ♦ ... De la poursuite de contrats de mise à disposition de camions avec chauffeur stipulant un paiement hebdomadaire, sans s'être assuré que la société en redressement judiciaire disposait des fonds nécessaires pour respecter les obligations du terme suivant, V. • Com. 6 juill. 1999 : *Act. proc. coll. 1999, n° 182 ; Dr. sociétés 2000, n° 11, obs. Chaput ; Rev. proc. coll. 2000. 78, obs. Soinne.* ♦ ... De l'engagement imprudent envers le cocontractant du débiteur à signer les chèques de règlement de marchandises demeurées en définitive impayées, V. • Limoges, 10 mars 1999 : *BICC 1999, n° 1222.* ♦ ... Du non-respect des conditions d'un contrat pour la continuation duquel il a opté, V. • Douai, 23 sept. 1991 : *BICC 1992, n° 430.* ♦ V. aussi notes 23 *quater* et 25 *ter* ss. ancien art. L. 621-28. ♦ ... Du non-paiement de factures relatives à des commandes passées, pendant la période d'observation, par le gérant de la société administrée avec son autorisation, V. • Com. 11 déc. 2001 : *RJDA 2002, n° 406.* ♦ ... De la résistance aux tentatives d'expulsion et de recouvrement, après résiliation du contrat de crédit-bail immobilier, V. • Aix-en-Provence, 3 oct. 1996 : *BICC 1997, n° 230.* ♦ ... De l'insolvabilité du cessionnaire choisi, V. note ss. ancien art. L. 621-86. ♦ ... D'une déclaration inexacte faite au tribunal ayant arrêté le plan de redressement quant au montant du passif relevant de l'art. 40 [C. com., art. L. 621-32], V. • Paris, 11 sept. 2001 : *JCP E 2001, n° 40, p. 1554.* ♦ ... De la substitution de cessionnaire de l'entreprise, sans autorisation judiciaire, V. • Paris, 20 juin 1995 : *Rev. proc. coll. 1996. 406, obs. Soinne.* ♦ ... De la continuation imprudente d'un bail au profit d'une société cessionnaire en formation, V. • Paris, 26 sept. 1996 : *Dr. sociétés 1997, n° 127.* ♦ ... De l'omission de répondre à la mise en demeure relative à la poursuite du bail, ayant entraîné sa résiliation de plein droit, préjudiciable au créancier nanti, V. • Nîmes, 2 avr. 1997 : *BICC 1997, n° 1117.* ♦ ... De l'absence de diligence pour restituer les locaux, le contrat de bail étant exclu du plan de cession, V. • Paris, 27 mars 1998 : *Loyers et copr. 1998, n° 218, obs. Brault et Mutelet.* ♦ V. aussi, dans le cas où l'administrateur n'avait pas dissuadé son administrée de retarder la restitution des locaux en recourant à des procédures de caractère vain, V. • Paris, 29 oct. 1999 : *Dr. sociétés 2000, n° 55, obs. Chaput ; AJDI 2000. 614, note Gallet.* ♦ Comp., écartant la responsabilité de l'administrateur dans le cas d'une restitution invervenue quatre mois après le prononcé de la liquidation judiciaire : • Paris, 19 juin 2001 : *JCP E 2002, n° 24, p. 996, obs. Pasqualini et Pasqualini-Salerno.* ♦ ... D'un manquement à son obligation de surveillance des actes de gestion courante d'une entreprise de négoce de véhicules, dont certains ont été vendus grâce à des duplicata de cartes grises obtenues frauduleusement alors qu'il était en fonction, V. • Toulouse, 6 mai 1999 : *JCP E 2000, n° 4, p. 108.* ♦ ... Du défaut de paiement des primes dues en vertu d'un contrat d'assurance de groupe imposé par la convention collective, V. • Com. 11 déc. 2001 : *RJDA 2002, n° 408 ; Rev. proc. coll. 2003. 134, obs. Soinne.* ♦ ... De la revente d'une marchandise grevée d'une clause de réserve de propriété, V. note 22 *bis* ss. ancien art. L. 621-122. ♦ ... De la réformation d'une décision exécutoire de plein droit à titre provisoire, déjà exécutée, V. note 12 ss. ancien art. 155 du 1er décret du 27 déc. 1985, *infra*, App., v° *Difficultés des entreprises.* ♦ ... De la cessation des versements après autorisation de régler la créance d'un vendeur sous réserve de propriété, V. note 30 *bis* ss. ancien art. L. 621-122. ♦ ... D'un paiement préférentiel prohibé, V. note 10 *ter* ss. ancien art. L. 621-24.

L'administrateur qui, ayant d'abord opté pour la poursuite d'un bail commercial, a pris quatre mois plus tard la décision de mettre un terme à celui-ci n'engage pas sa responsabilité dès lors que, totalement informé de la situation de son administré, il a pris conscience que la poursuite de l'activité, notamment par cession, s'avérait impossible, et que le délai de quatre mois était tout à fait raisonnable puisque le bailleur bénéficiait d'un dépôt de garantie égal à trois mois de loyers et qu'il avait bénéficié sans contrepartie d'investissements faits par le locataire. • Versailles, 18 mars 1999 : *RJDA 1999, n° 802.*

Comp., désormais : art. 37 [C. com., art. L. 621-28], tel que modifié par la loi n° 94-475 du 10 juin 1994.

Sur la responsabilité résultant du défaut de licenciement des salariés non repris dans le cadre du plan de cession, V. • Soc. 14 mars 2000 : *Bull. civ. V, n° 105 ; Rev. proc. coll. 2000. 113, obs. Taquet.*

Sur la responsabilité de l'administrateur judiciaire qui, n'ayant pas engagé en temps utile une action en extension de la procédure collective ouverte à l'égard de la société débitrice, ainsi qu'une action en nullité des cessions de parts sociales détenues par celle-ci, sur le fondement des art. 107 et 108 [C. com., art. L. 621-107 et L. 621-

108], a empêché le paiement de la totalité de la créance d'un salarié licencié, V. • Paris, 30 juin 2000 : *Dr. sociétés 2000, n° 153, obs. Chaput.*

Sur la responsabilité découlant de l'établissement de la police d'assurance ou de la vérification de celle précédemment souscrite (loi de 1967), V. • Com. 3 déc. 1996 : *Quot. jur. 16 janv. 1997, p. 3.* ♦ V. aussi obs. Soinne, *Rev. proc. coll. 1993. 598.*

7. Préjudice. Le préjudice du créancier est constitué du seul fait de l'absence de règlement des créances, relevant de l'art. 40 [C. com., art. L. 621-32], aux échéances indiquées par l'administrateur judiciaire. • Com. 25 nov. 1997 : *Dr. sociétés 1998, n° 23, obs. Chaput ; Rev. proc. coll. 2000. 76, obs. Soinne.* ♦ L'administrateur judiciaire qui opte pour la continuation du bail alors qu'il ne dispose pas des fonds nécessaires au respect des obligations du preneur envers le propriétaire doit réparer le préjudice subi, qui correspond à la perte d'une chance de relouer les locaux. • Paris, 26 sept. 2001 : *JCP E 2002, n° 24, p. 996, obs. Pasqualini et Pasqualini-Salerno.* ♦ En ce sens que le mandataire n'est responsable qu'à la condition que la dette à l'encontre du débiteur soit certaine, V., à propos de la loi de 1967, • Com. 22 juin 1993 : *Rev. proc. coll. 1993. 593, obs. Soinne.*

7 bis. Absence de caractère subsidiaire. En ce sens que la responsabilité personnelle du mandataire ne présente pas de caractère subsidiaire par rapport à l'action en paiement formée contre le débiteur et que sa recevabilité n'est pas subordonnée à l'obtention d'un titre exécutoire à son encontre, ni à sa défaillance dans l'exécution de cette condamnation, V. • Com. 6 juin 1995 : *Bull. civ. IV, n° 171 ; D. 1996. Somm. 82, obs. Honorat ; Rev. proc. coll. 1996. 245, obs. Soinne* (loi de 1967) • Paris, 26 mai 1998 : *Gaz. Pal. 1998. 2. Somm. 705.*

8. Responsabilité civile du représentant des créanciers. V. notes 13 et 14 ss. ancien art. L. 621-39, note 3 *bis* ss. ancien art. L. 621-62, notes 4 et 5 ss. ancien art. L. 621-103 et note 2 *bis* ss. ancien art. 66 du 1er décret du 27 déc. 1985, *infra*, App., v° *Difficultés des entreprises.*

8 bis. Exercice de l'action. V. notes 13 et 14 ss. ancien art. L. 621-39.

9. Prescription de l'action. Les dispositions de l'art. 2277-1 C. civ. s'appliquent à toute mission exécutée par un administrateur judiciaire ou un mandataire judiciaire à la liquidation des entreprises, dès lors que celle-ci présente un caractère de représentation ou d'assistance des parties en justice (Rép. min. n° 261 : *JOAN Q, 9 août 1993, p. 2474).*

V. aussi note 1 ss. ancien art. L. 621-67.

10. Responsabilité pénale de l'administrateur judiciaire. BIBL. Ruellan, *Dr. pénal 2000. Chron. 25 et 28.* – Bouloc, *Mélanges Sortais, Bruylant, 2002, p. 21.* – V. aussi note 1 *septies* ss. ancien art. L. 621-22.

11. Délit de malversation. V. art. L. 626-12, et note 2 ss. art. 32 du décret n° 85-1390 du 27 déc. 1985, *infra, App.* v° *Difficultés des entreprises.*

12. Prise illégale d'intérêts. Les mandataires judiciaires sont des personnes chargées d'une mission de service public entrant dans les prévisions de l'art. 432-12 C. pén., qui n'exige pas que les personnes chargées d'une mission de service public qu'il vise disposent d'un pouvoir de décision au nom de la puissance publique. • Crim. 26 sept. 2001 : *Bull. crim. n° 193 ; D. 2002. Somm. 1800, obs. Segonds ; Rev. sociétés 2002. 342, note Bouloc ; Act. proc. coll. 2001, n° 267, obs. Regnaut-Moutier ; Dr. pénal 2002, n° 34, note J.-H. Robert.* – V. Saintourens, *www.droit21.com, 2001, AJ 409.*

Ancien art. L. 621-9 ***Le représentant des salariés ainsi que les salariés participant à sa désignation ne doivent avoir encouru aucune des condamnations prévues par les articles L. 5 et L. 6 du code électoral. Le représentant des salariés doit être âgé de dix-huit ans accomplis.*** — La loi n° 92-1336 du 16 déc. 1992 a substitué une nouvelle référence à la référence aux délits prévus par l'art. L. 5 du code électoral ; V. l'art. 336 de cette loi. — **C. pén.**

Les contestations relatives à la désignation du représentant des salariés sont de la compétence du tribunal d'instance qui statue en dernier ressort. — [L. n° 85-98 du 25 janv. 1985, art. 11].

Application à la procédure simplifiée. Les dispositions de l'art. 11 [C. com., art. L. 621-9] doivent être considérées comme applicables à la procédure simplifiée. • TI Chambéry, 14 mars 1986 : *préc. note 2 ss. ancien art. L. 621-8.*

Ancien art. L. 621-10 ***Le tribunal peut, soit d'office, soit sur proposition du juge-commissaire ou à la demande du procureur de la République, procéder au remplacement de l'administrateur, de l'expert ou du représentant des créanciers. Il peut adjoindre dans les mêmes conditions un ou plusieurs administrateurs*** (L. n° 2003-7 du 3 janv. 2003, art. 41) ***« ou représentants des créanciers à ceux déjà nommés ».***

L'administrateur, le représentant des créanciers ou un contrôleur peut demander au juge-commissaire de saisir à cette fin le tribunal. Dans les mêmes conditions, le débiteur peut demander le remplacement de l'administrateur ou de l'expert. Les créanciers peuvent demander le remplacement de leur représentant.

Le comité d'entreprise ou, à défaut, les délégués du personnel ou, à défaut, les salariés de l'entreprise peuvent seuls procéder au remplacement du représentant des salariés. — [L. n° 85-98 du 25 janv. 1985, art. 12]. — V. Décr. n° 85-1388 du 27 déc. 1985, anciens art. 27 et 30, infra, App., v° Difficultés des entreprises.

Pour l'application des dispositions de la loi n° 2003-7 du 3 janv. 2003 à Mayotte, en Polynésie française et en Nouvelle-Calédonie, V. ce texte, art. 48 (JO 4 janv.).

BIBL. ▶ BOLARD, *D. 1988. Chron. 261* (déontologie des mandataires).

1. Demande du ministère public. Le ministère public peut user de la prérogative de solliciter le remplacement d'un administrateur judiciaire après avoir interjeté appel d'un jugement arrêtant un plan de continuation. • Agen, 2 avr. 1987 : *Rev. proc. coll. 1988. 358, obs. Dureuil.*

2. Respect des droits de la défense. V. notes ss. ancien art. 30 du 1er décret du 27 déc. 1985, *infra*, App., v° *Difficultés des entreprises.*

3. Dépassement d'attributions du juge-commissaire. La nullité de l'ordonnance rendue sur la demande de remplacement de l'administrateur, par le juge-commissaire ayant statué hors des limites de ses attributions, ne peut être demandée que par les voies de recours prévues aux art. 25 du 1er décret du 27 déc. 1985 et 173-2° de la loi [C. com., art. L. 623-4]. • Com. 24 nov. 1998 : *RTD com. 1999. 206, obs. Vallens.*

Ancien art. L. 621-11 ***L'administrateur et le représentant des créanciers tiennent informés le juge-commissaire et le procureur de la République du déroulement de la procédure. Ceux-ci peuvent à toute époque requérir communication de tous actes ou documents relatifs à la procédure.***

Le procureur de la République communique au juge-commissaire sur la demande de celui-ci ou d'office, nonobstant toute disposition législative contraire, tous les renseignements qu'il détient et qui peuvent être utiles à la procédure. — [L. n° 85-98 du 25 janv. 1985, art. 13].

Les experts commis par le tribunal pour rechercher des faits pouvant entraîner la mise en cause des dirigeants de la société débitrice dans le cadre des sanctions de la procédure collective peuvent, sans violer le secret de l'instruction, avoir accès à des renseignements tirés de la procédure pénale en cours contre deux dirigeants de cette société, puisqu'il s'agit de renseignements utiles à la procédure collective au sens de l'art. 13 [C. com., art. L. 621-11]. • Paris, 30 juin 2000 : *JCP E 2000, n° 45, p. 1738.*

Ancien art. L. 621-12 ***Le juge-commissaire est chargé de veiller au déroulement rapide de la procédure et à la protection des intérêts en présence.*** — [L. n° 85-98 du 25 janv. 1985, art. 14]. — En cas de liquidation judiciaire, V. ancien art. L. 622-11.

BIBL. ▶ VALLENS, *JCP E 1985. II. 14550.*

1. Exécution du plan de continuation. Il a été jugé que la demande d'un créancier au paiement du premier dividende impayé prévu par un plan de continuation pouvait être portée devant le juge des référés (référé-provision). • T. com. Paris, 21 mars 1989 : *Gaz. Pal. 1989. 2. 828, note Marchi.* ♦ V. aussi note 1 ss. ancien art. L. 621-65.

2. Continuation des contrats. Sur la compétence du juge-commissaire, V. notes 33 s. ss. ancien art. L. 621-28.

Il entre dans les attributions du juge-commissaire d'autoriser des débiteurs, exploitants agricoles, à recourir à l'assurance-maladie privée en raison du refus de couverture opposé par la caisse d'assurance mutuelle agricole. • Versailles, 7 mars 1996 : *JCP 1996. IV. 1096.*

3. Action en revendication. Sur la compétence du juge-commissaire, V. art. L. 621-123, note 22 ss. ancien art. L. 621-115 et notes 13 et 14 ss. ancien art. 25 du 1er décret du 27 déc. 1985, *infra*, App., v° *Difficultés des entreprises.*

3 bis. Compétence concurrente du juge de l'exécution. **BIBL.** Liénard, *Rev. proc. coll. 1995. 15.* ♦ Est de la compétence du juge de l'exécution, en application de l'art. L. 311-12-1 [L. 213-6] COJ, la demande qui ne porte pas sur le rang des créanciers entre eux, selon la valeur de leur opposition ou de leur privilège, mais sur la validité des mesures conservatoires ou des mesures d'exécution faites sur le prix de vente, d'un fonds de commerce. • TGI Paris, JEX, 12 janv. 1995 : *Rev. proc. coll. 1996. 217, obs. Canet.* ♦ En revanche, le juge-commissaire est compétent pour la vente aux enchères publiques de meubles du locataire mis en liquidation judiciaire après son expulsion. • Bordeaux, 14 sept. 1995 : *Rev. proc. coll. 1997. 34, obs. Canet.* ♦ ... De même, la collocation des créanciers et la répartition entre eux du prix provenant de la vente des biens exclus du plan de cession relève de la seule compétence du juge-commissaire. • Douai, 28 mars 1996 : *Rev. proc. coll. 2000. 208, obs. Soinne.* ♦ Ne ressortit pas à la compétence du jex, mais à celle du tribunal de commerce, l'action en nullité, sur le fondement de l'art. 108 [C. com., art. L. 621-108], à l'égard du débiteur ayant fait l'objet d'une saisie-attribution avant le jugement d'ouverture. • Limoges, 20 févr. 1996 : *Rev. proc. coll. 1997. 35, obs. Canet.*

Seul le juge de l'exécution est compétent pour assortir d'une astreinte une décision rendue par le juge-commissaire. • Com. 28 avr. 1998 : *Bull. civ. IV, n° 134 ; D. 1998. IR. 158 ; D. Affaires 1998. 956, obs. S. P. ; Defrénois 1998. 953, obs. Sénéchal ; JCP E 1998, n° 36, p. 1356, obs. Pétel ; RTD com. 1998. 690, obs. Vallens.*

En ce sens que le juge de l'exécution n'est pas compétent pour fixer le montant de la valeur représentative des marchandises dont la reprise a été autorisée par une ordonnance du juge-commissaire, V. • Civ. 2e, 11 juin 1997 : *Bull. civ. II, n° 183 ; D. Affaires 1997. 1122 ; Rev. proc. coll. 2000. 208, obs. Soinne.*

4. Règlement des salaires. Sur la compétence du juge-commissaire, V. note 45 ss. ancien art. L. 621-132.

4 bis. Radiation des inscriptions. V. ancien art. 103-3, al. 2, ancien art. 104, al. 3 et ancien art. 151-1 du 1er décret du 27 déc. 1985, *infra*, App., v° *Difficultés des entreprises.*

4 ter. Rémunération des mandataires judiciaires. Sur l'absence de compétence du juge-commissaire pour fixer la rémunération des mandataires judiciaires, V. • TGI Montbéliard, 26 juill. 2005 : *BICC 2005, n° 2072.*

5. Dépassement d'attributions. V. note 3 ss. ancien art. L. 621-10, note 27 ss. ancien art. L. 621-24 et note 5 ss. ancien art. L. 623-4. ♦ Le juge-commissaire ne peut faire usage des pouvoirs généraux que lui donne la loi à l'effet de régler les intérêts privés de certains créanciers et cela en dehors des procédures mises par la loi à leur disposition. • Reims, 3 juin 1991 : *Rev. proc. coll. 1992. 55, obs. Dureuil.*

6. Expertises. Le juge-commissaire trouve dans l'art. 14 [C. com., art. L. 621-12] tous pouvoirs pour désigner une personne qualifiée afin de mener des investigations en vue de rechercher des faits susceptibles d'établir la qualité de dirigeant et de révéler des fautes de gestion. • Com. 15 mai 2001 : *Bull. civ. IV, n° 90 ; D.,2002. Somm. 83, obs. Derrida ; D. 2001. AJ. 2031, obs. Lienhard ; Dr. sociétés 2001, n° 127, note Legros ; Rev. proc. coll. 2001. 262, obs. Martin-Serf* (V. l'arrêt cassé : • Paris, 6 mars 1998 : *D. Affaires 1998. 913, obs. A. L.*). ♦ Sur le pouvoir de désigner un « expert » pour l'application des art. L. 624-3 à L. 624-5, V. aussi notes 5 à 7 ss. ancien art. 164 du 1er décret du 27 déc. 1985, *infra, App.*, v° *Difficultés des entreprises.*

En revanche, une mesure d'instruction, et plus particulièrement une mesure d'expertise judiciaire avant tout procès, devant être ordonnée en suivant une procédure contradictoire, sauf circonstance exigeant de saisir la juridiction de manière non contradictoire, le juge-commissaire ne peut désigner un expert judiciaire par ordonnance sur requête. • Versailles, 6 mars 1997 : *D. Affaires 1997. 640.*

6 bis. La mission du technicien désigné par le juge-commissaire de la procédure collective, dans l'exercice des pouvoirs qui lui sont attribués par application de l'art. 14 [C. com., art. L. 621-12], qui a pour objet l'évaluation de la valeur d'une marque cédée par l'entreprise débitrice pendant la période suspecte, n'est pas une mesure d'instruction au sens des art. 155 s. NCPC. • Com. 24 nov. 1998 : *RJDA 1999, n° 78.* ♦ Le technicien n'est donc pas tenu d'appliquer les règles de forme prévues par ces textes, et, dans la procédure en annulation de la cession intentée par le liquidateur judiciaire, il n'y a pas lieu d'écarter son rapport, établi à titre de simple renseignement, dès lors qu'il a été régulièrement communiqué et discuté par les parties. • Même arrêt. ♦ V. aussi • Douai, 3 mai 2005 : *D. 2005. AJ. 1350, obs. Lienhard* • TGI Montbéliard, 26 juill. 2005 : *BICC 2005, n° 2073.*

7. Arbitrage. En ce sens que le juge-commissaire ne peut être arbitre, V. • Com. 13 avr. 1999 : *Dr. sociétés 1999, n° 100, obs. Chaput ; RJDA 1999, n° 692.*

Ancien art. L. 621-13 ***Le juge-commissaire désigne un à cinq contrôleurs parmi les créanciers qui lui en font la demande. Lorsqu'il désigne plusieurs contrôleurs, il veille à ce qu'au moins l'un d'entre eux soit choisi parmi les créanciers titulaires de sûretés et qu'un autre soit choisi parmi les créanciers chirographaires.***

Aucun parent ou allié jusqu'au quatrième degré inclusivement du chef d'entreprise ou des dirigeants de la personne morale ne peut être nommé contrôleur ou représentant d'une personne

morale désignée comme contrôleur. — V. Décr. n° 85-1388 du 27 déc. 1985, anciens art. 31-1 à 31-3, infra, App., v° Difficultés des entreprises.

Les contrôleurs assistent le représentant des créanciers dans ses fonctions et le juge-commissaire dans sa mission de surveillance de l'administration de l'entreprise. Ils peuvent prendre connaissance de tous les documents transmis à l'administrateur et au représentant des créanciers. Ils sont tenus au secret professionnel sous les peines prévues à l'article 226-13 du code pénal.

Les fonctions de contrôleur sont gratuites. Le contrôleur peut se faire représenter par l'un de ses préposés ou par ministère d'avocat. Les contrôleurs peuvent être révoqués par le tribunal sur proposition du juge-commissaire ou du représentant des créanciers. Ils ne répondent que de leur faute lourde. — [L. n° 85-98 du 25 janv. 1985, art. 15].

BIBL. ► Calendini, *Petites affiches 14 sept. 1994, p. 67.* – Carpentier et Charveriat, *Gaz. Pal. 1995. 1. Doctr. 255.* – Frison-Roche, *Petites affiches 14 juin 1995, p. 8.* – Sorensen, *ibid. 25 août 1995, p. 5.* – Teboul, *Gaz. Pal. 1999. 1. Doctr. 695.* – Derrida, *Mélanges Honorat, Frison-Roche, 2000, p. 89.*

1. Désignation obligatoire. Si, à l'origine, la loi du 25 janv. 1985, dans son art. 15 [devenu C. com., art. L. 621-13], se contentait de rendre possible la désignation d'un ou deux contrôleurs par ordonnance du juge-commissaire, la nouvelle formulation de cet article, résultant de la loi du 10 juin 1994, est plus catégorique, la désignation d'un ou plusieurs contrôleurs devenant en principe obligatoire. • T. com. Nanterre, 11 mai 1999 : *Gaz. Pal. 1999. 2. Somm. 776.*

1 bis. Domaine. Bien qu'inséré dans un chapitre intitulé « Procédure d'observation », l'art. 15 [C. com., art. L. 621-13] a une portée générale puisqu'il n'exclut pas expressément la présence de contrôleurs à l'issue de la période d'observation. • Paris, 19 sept. 1997 : *D. 1997. IR. 237 ; D. Affaires 1997. 1222 ; Rev. proc. coll. 1998. 73, obs. Soinne.* ♦ En revanche, la nomination d'un contrôleur de la gestion d'une entreprise soumise à un plan de continuation ne relève pas de l'application de l'art. 15 [C. com., art. L. 621-13]. Le contrôleur de gestion n'est pas l'un des organes de la procédure de redressement judiciaire que le tribunal peut désigner pour suivre l'exécution du plan de continuation, cette mission étant dévolue au commissaire à l'exécution du plan. • Paris, 18 juin 1991 : *D. 1991. IR. 207 ; JCP E 1992. I. 166, n° 5, obs. Cabrillac.*

2. Créanciers pouvant être désignés. Le juge-commissaire dispose d'un pouvoir d'appréciation discrétionnaire sur le choix à exercer. • T. com. Nanterre, 11 mai 1999 : *préc. note 1.* ♦ Rien dans l'art. 15 [C. com., art. L. 621-13] ne s'oppose à ce que soit nommé contrôleur d'un groupe de sociétés en redressement judiciaire, le président d'une société ayant des liens avec ce groupe, leurs relations étant au contraire de nature à faciliter l'obtention de documents et renseignements susceptibles d'éclairer le tribunal. • T. com. Paris, 12 mai 1995 : *Dr. sociétés 1995, n° 191, obs. Chaput.* ♦ Les fonctions de contrôleur sont compatibles avec celle de créancier principal et privilégié et de banquier actuel du débiteur ainsi que celle de partie aux instances introduites devant diverses juridictions et tendant à appréhender les fonds provenant de la vente du fonds de commerce. • Reims, 12 févr. 1997 : *JCP E 1998, n° 17, p. 636.* ♦ V. aussi pour la nomination d'un créancier en procès contre le débiteur, • T. com. Paris, 7 nov. 1995 : *Banque et Droit mai-juin 1996. 37 ; RJ com. 1996. 291, obs. Gallet* • 26 mars 1996 : *Rev. proc. coll. 1996. 330, obs. Soinne.* ♦ Pour un jugement ayant, au contraire, écarté la nomination d'un créancier en raison d'un contentieux important entre celui-ci et la société en redressement judiciaire, V. • T. com. Nanterre, 11 mai 1999 : *préc. note 1.*

Pour la nomination comme contrôleur d'une société dont deux des associés se trouvaient avoir divorcé de la sœur et de la belle-sœur du dirigeant de la société débitrice, aucune rancune née de ces ruptures n'étant établie, V. • T. com. Paris, 25 févr. 2000 : *Dr. sociétés 2001, n° 28, obs. Chaput.*

Un salarié, titulaire d'une créance salariale, peut être nommé comme contrôleur, mais sa mission de contrôleur prend fin avec la perte de la qualité de créancier, c'est-à-dire à la date du paiement des salaires ou à celle du transfert de leur charge à l'AGS. • T. com. Paris, 7 juin 1996 : *JCP E 1996. Pan. 1081.* ♦ La désignation comme contrôleur d'un salarié à titre individuel, en raison de sa qualité de créancier ne peut donc être conçue comme un substitut à la représentation du personnel ou un palliatif de l'absence de tout représentant des salariés en tant que tel. • TGI Metz, 26 mars 1997 : *Gaz. Pal. 1998. 2. Somm. 571.*

La loi n'interdit pas aux agents des impôts d'être contrôleurs lorsque le Trésor est créancier. • Douai, 23 janv. 1997 : *Gaz. Pal. 1997. 2. 579, concl. Foncart.*

Sur l'obligation de choisir au moins un contrôleur parmi les créanciers chirographaires, V. • T. com. Paris, 26 mars 1996 : *préc.*

Le juge-commissaire peut rejeter la candidature d'un concurrent direct du débiteur ou d'un repreneur. • T. com. Paris, 27 mars 1997 : *Petites affiches 4 juill. 1997, p. 27, note Gaudin.*

Celui qui sollicite sa désignation en tant que contrôleur doit faire valoir une créance paraissant fondée en son principe telle celle qui lui permettrait de recourir à des mesures conservatoires. • TGI Metz, 26 mars 1997 : *préc.*

Sur l'opposition à la nomination, V. note ss. ancien art. 31-3 du 1er décret du 27 déc. 1985, *infra*, App., v° *Difficultés des entreprises.*

3. Révocation. Pour un exemple de révocation motivée par la mauvaise foi du contrôleur qui avait caché, lors de sa requête de candidature, qu'il avait intenté avant l'ouverture de la liquidation une action en résolution d'un fonds de commerce qu'il avait acquis du débiteur et que cette affaire faisait l'objet d'un appel, V. • T. com. Paris, 7 oct. 1994 : *Rev. proc. coll. 1995. 292, obs. Dureuil.*

4. Mission. En ce sens que l'intervention volontaire d'un contrôleur dans l'instance, au soutien des prétentions de créanciers, n'entre pas dans la mission définie par l'art. 15 [C. com., art. L. 621-13], V. • Com. 16 janv. 1996 : *Bull. civ. IV, n° 15 ; D. 1996. IR. 162.* – V. aussi • Toulouse, 29 mars 1999 (2e esp.) : *RJ com. 2000. 179, note Monsèrié-Bon* • Paris, 10 mai 2005 : *RTD com. 2005. 609, obs. Vallens.*

Sur la portée de la mission d'assistance du représentant des créanciers, V. note 13 ss. ancien art. L. 621-39.

5. Accès à l'information. L'art. 15, al. 3 [C. com., art. L. 621-13], qui permet aux contrôleurs de « prendre connaissance de tous les documents transmis à l'administrateur et au représentant des créanciers », ne signifie pas que tous ces documents leur sont soumis. • T. com. Paris, 20 sept. 1996 : *Petites affiches 6 juin 1997, p. 27, note Leguevaques.*

6. Qualité et exercice des recours. V. note 1 *bis* ss. ancien art. L. 621-8 et notes 9, 16, 23 et 23 *ter* ss. ancien art. L. 623-6.

§ 3 DES CAS PARTICULIERS

Ancien art. L. 621-14 ***Lorsqu'un commerçant, une personne immatriculée au répertoire des métiers ou un agriculteur est décédé en état de cessation des paiements, le tribunal est saisi dans le délai d'un an à partir de la date du décès, soit sur la déclaration d'un héritier, soit sur assignation d'un créancier.***

Le tribunal peut également se saisir d'office ou être saisi sur requête du procureur de la République dans le même délai, les héritiers connus étant entendus ou dûment appelés. — [L. n° 85-98 du 25 janv. 1985, art. 16]. — V. Décr. n° 85-1388 du 27 déc. 1985,ancien art. 10, infra, App., v° Difficultés des entreprises.

BIBL. ► ROBINNE, *Petites affiches 5 juill. 1999, p. 10* (commerçant décédé). – J.-P. SÉNÉCHAL, *Petites affiches 24 avr. 2003, p. 55* (décès du débiteur).

La demande d'ouverture d'une procédure collective formée à l'égard d'un débiteur décédé en cours de procédure demeure recevable dès lors que ce débiteur est décédé en état de cessation des paiements. • Com. 13 nov. 2001 : *RJDA 2002, n° 273.*

Ancien art. L. 621-15 ***I. — Le tribunal ne peut être saisi que dans le délai d'un an à partir de l'un des événements mentionnés ci-après et lorsque celui-ci est postérieur à la cessation des paiements du débiteur :***

1° Radiation du registre du commerce et des sociétés ; s'il s'agit d'une personne morale, le délai court de la radiation consécutive à la publication de la clôture des opérations de liquidation ;

2° Cessation de l'activité, s'il s'agit d'une personne immatriculée au répertoire des métiers ou d'un agriculteur ;

3° Publication de l'achèvement de la liquidation, s'il s'agit d'une personne morale non soumise à l'immatriculation.

II. — Le tribunal ne peut être saisi en vue de l'ouverture d'une procédure de redressement ou de liquidation judiciaires à l'égard d'une personne, membre ou associée d'une personne morale et indéfiniment et solidairement responsable du passif social, que dans le délai d'un an à partir de la mention de son retrait du registre du commerce et des sociétés lorsque la cessation des paiements de la personne morale est antérieure à cette mention.

III. — Dans tous les cas, le tribunal est saisi ou se saisit d'office dans les conditions prévues par l'article L. 621-2. — [L. n° 85-98 du 25 janv. 1985, art. 17].

1. Délai d'un an (jurisprudence antérieure à la loi du 10 juin 1994). Déjà avant la loi du 10 juin 1994, dans les cas prévus par l'art. 17 [C. com., art. L. 621-15], le tribunal ne pouvait ouvrir la procédure, peu important la date du jugement, que s'il était *saisi*, notamment par un créancier, ou s'il se saisissait d'office dans le délai d'un an à partir de l'un des événements spécifiés. • Com. 27 juin 1989 : *Bull. civ. IV, n° 203 ; D. 1990. Somm. 1, obs. Derrida ; JCP 1989. II. 21372, note Pétel* • 15 déc. 1992 : *Bull. civ. IV, n° 414* • 14 févr. 1995 : *Bull. civ. IV, n° 46 ; D. 1995. Somm. 217, obs. Honorat ; Quot. jur. 16 mars 1995, p. 6, note P. M.* ♦ Il n'était donc pas nécessaire que la décision du tribunal se situe dans le délai d'un an à partir de la radiation du débiteur du registre du commerce. • Com. 27 juin 1989 : *préc.* – V., sur renvoi de Com. 27 juin 1989, • Paris, 6 févr. 1991 : *D. 1992. Somm. 1, obs. Derrida*. – Dans le même sens, V. aussi • Com. 7 nov. 1989 : *Gaz. Pal. 1990. 1. Pan. 45* • 12 nov. 1991 : *RJDA 1992, n° 83.* ♦ Jurisprudence confirmée par l'art. L. 621-15, al. 1er, dans sa rédaction issue de la loi n° 94-475 du 10 juin 1994.

2. Pour un artisan, V., également en ce sens que c'est l'assignation du créancier en redressement judiciaire qui doit intervenir dans l'année de la cessation d'activité, • Chambéry, 16 mai 1988 : *JCP E 1989. II. 15591, n° 1, obs. Cabrillac et Pétel*.

2 bis. Le délai d'un an est un délai préfix. • Com. 10 oct. 1995 : *Bull. civ. IV, n° 228 ; D. 1996. Somm. 86, obs. Honorat ; D. Affaires 1995. 180 ; Bull. Joly 1996. 60, note Jeantin ; Rev. proc. coll. 1996. 46, obs. Calendini.*

3. Radiation du registre de commerce. Il résulte de l'art. 17 [C. com., art. L. 621-15] une présomption irréfragable de commercialité à l'égard de ceux qui, se trouvant en état de cessation des paiements, ont négligé de se faire radier du registre du commerce ou n'ont fait procéder à cette radiation que dans l'année ayant précédé le jugement d'ouverture. • Paris, 2 févr. 1988 : *D. 1988. Somm. 340, obs. Honorat* • 22 janv. 1993 : *RJDA 1993, n° 438* • 8 mars 2000 : *Rev. proc. coll. 2002. 51, obs. Deleneuville.* – Comp. : • Com. 6 janv. 1987 : *Bull. civ. IV, n° 2 ; Rev. sociétés 1987. 411, note Chaput* • Orléans, 10 sept. 1998 : *Rev. proc. coll. 2002. 52, obs. Deleneuville.* ♦ V. aussi art. L. 123-7 s.

S'agissant du défaut de radiation du répertoire des métiers, V. note 4 *bis*.

3 bis. La procédure de redressement judiciaire peut être ouverte contre le commerçant, personne physique, radié du registre du commerce et des sociétés, qui était en fait en état de cessation des paiements antérieurement à la radiation. • Com. 14 févr. 1995 : *préc. note 1.* ♦ Néanmoins, la date légale de cessation des paiements ne peut être fixée plus de dix-huit mois avant celle du jugement d'ouverture. • Même arrêt.

3 ter. Le commerçant radié du registre du commerce ne pouvant demander lui-même sa mise en redressement judiciaire, celle-ci ne peut être prononcée sur la déclaration de son état de cessation des paiements. • Com. 10 oct. 1995 : *préc. note 2 bis.*

4. Défaut d'inscription au registre du commerce. Dès lors qu'elles visent la situation d'un débiteur ayant fait l'objet d'une radiation au registre du commerce et des sociétés, les dispositions de l'art. 17 [C. com., art. L. 621-15] ne peuvent s'appliquer à une personne physique qui n'a jamais été inscrite sur ce registre. Il en résulte que la preuve de la qualité de commerçant, qui doit être appréciée selon les règles du droit commun, au jour de la vérification de l'état de cessation des paiements, incombe aux créanciers qui l'invoquent. • Limoges, 11 févr. 1991 : *D. 1992. Somm. 284, obs. Honorat.*

4 bis. Cessation d'activité d'un artisan. La disposition de l'art. 17 [C. com., art. L. 621-15] n'est applicable que si l'arrêt de l'activité est postérieur à la cessation des paiements de l'artisan. • Com. 26 oct. 1999 : *Bull. civ. IV, n° 194 ; D. 2000. Somm. 330, obs. Honorat ; JCP E 2000, n° 4, p. 124, obs. Pétel ; Rev. proc. coll. 2000. 46, obs. Deleneuville ; Defrénois 2000. 995, obs. Gibirila.* ♦ Sur le caractère de présomption simple du défaut de radiation du répertoire des métiers, V. • Nancy, 21 mai 1987 : *D. 1989. Somm. 3, obs. Derrida.*

5. Cessation d'activité d'un agriculteur. La qualité d'exploitant agricole au regard de la législation sociale applicable est indifférente pour apprécier en fait la notion de cessation d'activité. • Com. 1er juill. 1997 : *Bull. civ. IV, n° 215 ; D. 1997. IR. 200 ; D. Affaires 1997. 964.* ♦ La preuve de la cessation d'activité peut être rapportée par tous moyens, la radiation de la caisse de mutualité sociale agricole n'en constituant qu'un indice. • TGI Angoulême, 13 févr. 1992 : *JCP N 1994. Prat. 2991.*

6. Liquidation de la personne morale. L'art. 17 [C. com., art. L. 621-15] ne vise que la radiation consécutive à la publication de la clôture des opérations de liquidation de la société. • Com. 4 janv. 2000 : *Act. proc. coll. 2000, n° 35, obs. Regnaut-Moutier ; Dr. sociétés 2000, n° 39, obs. Chaput.* ♦ Ce texte n'est pas applicable en cas de dissolution d'une société après réunion de toutes les parts sociales dans la même main, une telle dissolution entraînant la transmission universelle du patrimoine de la société à l'associé unique, sans qu'il y ait lieu à liquidation, la personne morale disparaissant à l'issue du délai d'opposition. • Même arrêt. ♦ Il en va de même en cas de fusion, celle-ci entraînant la dissolution sans liquidation de la société qui disparaît et la transmission universelle de son patrimoine à la société bénéficiaire à la date de réalisation définitive de l'opération. • Paris, 17 déc. 1993 : *Rev. sociétés 1994. 106, note Chaput* . ♦ Comp. : • T. com. Nanterre, 28 mars 1996 : *Dr. sociétés 1997, Chron., n° 10, par Laubie.*

7. Associé indéfiniment et solidairement responsable. En ce sens que le délai fixé par l'art. 17, al. 2 [C. com., art. L. 621-15], ne peut courir faute d'accomplissement de la formalité prévue par l'art. 20 de la loi du 24 juill. 1966 [C. com., art. L. 221-14], V. • Paris, 20 déc. 1995 : *Bull. Joly 1996. 214, note Le Cannu.* – V. aussi • Paris, 22 sept. 1995 : *Dr. sociétés 1996, n° 7, obs. Chaput.*

Pour une application de l'art. 17 [C. com., art. L. 621-15] à un associé commandité d'une société en commandite simple, V. • Com. 3 avr. 2002 : *Act. proc. coll. 2002, n° 123, obs. Regnaut-Moutier ; Dr. sociétés 2003, n° 31, note Legros.*

Jugé que ne respecte pas le délai d'un an prévu à l'art. 17, al. 2 [C. com., art. L. 621-15], le tribunal qui en 1993 a ouvert une procédure de redressement judiciaire à l'égard d'un associé qui avait cédé ses parts sociales en 1991, huit mois avant la date de cessation des paiements, dès lors que cette cession avait date certaine et que le retard constaté dans la mention du retrait consécutif à la cession n'était pas imputable à cet associé cédant mais au cessionnaire qui s'était obligé à assurer les formalités légales de vente. • Paris, 24 févr. 1995 : *Dr. sociétés 1995, n° 136, obs. Chaput ; RJDA 1995, n° 991.*

8. Dès lors que le créancier d'une société en nom collectif justifie d'une créance certaine, liquide et exigible antérieure à la transformation en société à responsabilité limitée de cette dernière, est recevable sa demande d'ouverture d'une procédure de redressement judiciaire formée à l'encontre de l'associé en nom, dans le délai d'un an décompté à partir de la publicité de la transformation au registre du commerce et des sociétés. • Paris, 17 janv. 1995 : *Dr. sociétés 1996, n° 166, obs. Chaput.*

9. Conversion du redressement judiciaire en liquidation. L'art. 17 [C. com., art. L. 621-15] n'est pas applicable au jugement convertissant le redressement judiciaire en liquidation judiciaire. • Com. 9 janv. 2001 : *Bull. civ. IV, n° 7 ; D. 2001. AJ. 548, obs. Lienhard ; Procédures 2001, n° 61, obs. Laporte ; RJ com. 2001. 318, note Courtier.*

10. Résolution du plan de continuation. L'art. 17 [C. com., art. L. 621-15] n'est pas applicable à la procédure collective qui sanctionne la résolution du plan de continuation. • Com. 2 mai 2001 : *Bull. civ. IV, n° 84 ; D. 2001. AJ. 1727, obs. Lienhard ; Act. proc. coll. 2001, n° 127, obs. Regnaut-Moutier ; JCP E 2001, n° 37, p. 1424, obs. Pétel.*

SOUS-SECTION 2 DE L'ENTREPRISE AU COURS DE LA PÉRIODE D'OBSERVATION

RÉP. COM. *Entreprises en difficulté – Redressement judiciaire (période d'observation)* par MONSÈRIÉ.

§ 1er DES MESURES CONSERVATOIRES

Ancien art. L. 621-16 ***Dès son entrée en fonction, l'administrateur est tenu de requérir du chef d'entreprise ou, selon le cas, de faire lui-même tous actes nécessaires à la conservation des droits de l'entreprise contre les débiteurs de celle-ci et à la préservation des capacités de production.***

L'administrateur a qualité pour inscrire au nom de l'entreprise tous hypothèques, nantissements, gages ou privilèges que le chef d'entreprise aurait négligé de prendre ou de renouveler. — [L. n° 85-98 du 25 janv. 1985, art. 26].

1. L'appel interjeté par l'administrateur du jugement qui l'a déclaré irrecevable en sa constitution de partie civile du chef d'abus de biens sociaux au nom de la société en redressement judiciaire, faute d'avoir été investi du pouvoir de représenter cette société, l'est valablement, celui-ci tenant de l'art. L. 621-16 la possibilité de faire tous actes nécessaires à la conservation des droits de l'entreprise contre les débiteurs de celle-ci. • Crim. 27 févr. 2002 : *Bull. crim. n° 52 ; D. 2002. AJ. 2258 ; RJDA 2002, n° 776 ; Bull. Joly 2002. 777, note F.-X. Lucas.*

2. Sur la validité d'une procédure de licenciement achevée par le chef d'entreprise après le jugement d'ouverture, V. • Reims, 23 nov. 1988 : *RJ com. 1991. 222, note Lévy.*

Ancien art. L. 621-17 ***Dès le jugement d'ouverture, tout tiers détenteur est tenu de remettre à l'administrateur ou, à défaut, au représentant des créanciers, à la demande de celui-ci, les documents et livres comptables en vue de leur examen.*** — [Décr. n° 85-1388 du 27 déc. 1985, art. 46, al. 2].

[Jurisprudence relative à l'art. 46, al. 2, du décret n° 85-1388 du 27 déc. 1985].

Droit de rétention du dépositaire. L'art. 46, al. 2, imposant la remise de la comptabilité à l'administrateur par le tiers détenteur, qui n'a qu'une valeur réglementaire et n'est assorti d'aucune sanction, ne saurait faire échec au droit réel opposable à tous conféré à une société d'expertise comptable par l'art. 1948 C. civ. et son application jurisprudentielle constante laquelle a consacré le droit à rétention de l'expert-comptable des documents qui lui ont été volontairement remis pour l'accomplissement de sa mission tant qu'il n'a pas été payé. • Versailles, 27 févr. 1997 : *D. 1998. Somm. 101, obs. S. Piedelièvre ; Rev. proc. coll. 1998. 165, obs. Soinne ; JCP 1998. II. 10134, note Gorchs.* ♦ Par ailleurs l'art. 46, al. 2 [C. com., art. L. 621-17] ne déroge pas aux dispositions de l'art. 33, al. 2, de la loi du 25 janv. 1985 [C. com., art. L. 621-24, al. 2] qui, dans l'hypothèse où le créancier exerce son droit de rétention, ce qui pourrait gêner la poursuite de l'activité, permet à l'administrateur de dégager la chose légitimement retenue en sollicitant du juge-commissaire l'autorisation de payer ce créancier, la loi n'ayant pas distingué entre les différents créanciers, la seule condition étant celle d'une rétention légitime pour une créance non contestée. • Même arrêt. – V. aussi • Com. 22 janv. 2002 : *JCP E 2004, n° 8-9, p. 317, obs. Navarro* • Amiens, 20 oct. 2003 : *JCP E 2004, n° 23, p. 889.* ♦ Comp., en ce sens que l'expert-comptable doit remettre les documents comptables au mandataire, même s'il n'a pas été payé : • T. com. Lille, 23 oct. 1995 : *Rev. proc. coll. 1998. 165, obs. Soinne.*

Ancien art. L. 621-18 ***Il est procédé à l'inventaire des biens de l'entreprise dès l'ouverture de la procédure.***

L'absence d'inventaire ne fait pas obstacle à l'exercice des actions en revendication ou en restitution. — [L. n° 85-98 du 25 janv. 1985, art. 27]. — V. Décr. n° 85-1388 du 27 déc. 1985, anciens art. 50 et 51, infra, App., v° Difficultés des entreprises.

Ancien art. 27 de la loi du 25 janv. 1985 [rédaction antérieure à L. n° 94-475 du 10 juin 1994] ***Le juge-commissaire peut prescrire l'inventaire des biens de l'entreprise et l'apposition des scellés.*** — Pour l'entrée en vigueur de la loi du 10 juin 1994, V. note ss. art. L. 620-1.

BIBL. ▸ SOINNE, *Rev. proc. coll. 1988. 1.*

1. Application de la loi dans le temps. L'art. 27 [devenu C. com., art. L. 621-18], dans sa rédaction issue de la loi du 10 juin 1994, est applicable aux procédures ouvertes à compter du 1er oct. 1994. • Com. 15 févr. 2000 : *Bull. civ. IV, n° 30 ; D. 2000. AJ. 127, obs. Lienhard.*

1 bis. Caractère facultatif de l'inventaire (Jurisprudence relative à l'ancien art. 27). Avant la loi du 10 juin 1994, la prescription de l'inventaire constituait une simple faculté laissée à l'appréciation du juge-commissaire et non de l'administrateur ou, s'il n'en avait pas été nommé, du représentant des créanciers, qui n'avaient pas à y procéder d'office. • Com. 9 avr. 1991 : *Bull. civ. IV, n° 130 ; D. 1992. Somm. 94, obs. Derrida* • 1er oct. 1991 : *Bull. civ. IV, n° 272 ; D. 1991. IR. 257 ; RTD com. 1992. 248, obs. Martin-Serf* • 15 déc. 1992 : *Bull. civ. IV, n° 412 ; D. 1993. Somm. 289, obs. Pérochon* • 8 juin 1993 : *Bull. civ. IV, n° 234 ; D. 1993, préc.*

1 ter. Inventaire dressé au moment de la cession. V. note 2 ss. l'ancien art. 51 du 1er décret du 27 déc. 1985, *infra*, App., v° *Difficultés des entreprises.*

2. Revendication de marchandises. **BIBL.** Soinne, *Rev. proc. coll. 1995. 199.* ♦ Lorsque le rapprochement des factures impayées et de l'inventaire dressé à la demande d'un créancier ne permettait pas l'identification du matériel revendiqué, il y avait lieu de rejeter la revendication d'appareils ménagers, peu important que le vendeur eût été, pour le matériel en cause, le fournisseur exclusif du débiteur. • Com. 23 oct. 1990 : *Bull. civ. IV, n° 246 ; D. 1990. IR. 277.* ♦ Sur l'influence de l'inventaire quant à la preuve de l'existence des biens revendiqués par un créancier, V. aussi • Paris, 28 juin 1989 : *Gaz. Pal. 1990. 1. Somm. 315* • Dijon, 8 févr. 1990 : *D. 1991. Somm. 46, obs. Pérochon* • Com. 9 avr. 1991 : *préc. note 1 bis* • 1er oct. 1991 : *préc. note 1 bis* • 8 juin 1993 : *préc. note 1 bis* • 14 mars 1995 : *Bull. civ. IV, n° 80 ; D. 1995. IR. 122 ; Quot. jur. 4 mai 1995, p. 2* (inventaire avant cession) • 26 juin 2001 : *Act. proc. coll. 2001, n° 182.* ♦ V. aussi note 4 ss. ancien art. L. 621-122.

V. aussi note 1 *bis* ss. ancien art. L. 621-22.

Ancien art. L. 621-19 *A compter du jugement d'ouverture, les dirigeants de droit ou de fait, rémunérés ou non, ne peuvent, à peine de nullité, céder les parts sociales, actions ou certificats d'investissement ou de droit de vote représentant leurs droits sociaux dans la société qui a fait l'objet du jugement d'ouverture que dans les conditions fixées par le tribunal.*

Les actions et certificats d'investissement ou de droit de vote sont virés à un compte spécial bloqué, ouvert par l'administrateur au nom du titulaire et tenu par la société ou l'intermédiaire financier selon le cas. Aucun mouvement ne peut être effectué sur ce compte sans l'autorisation du juge-commissaire.

L'administrateur fait, le cas échéant, mentionner sur les registres de la personne morale l'incessibilité des parts des dirigeants. — [L. n° 85-98 du 25 janv. 1985, art. 28]. — V. Décr. n° 85-1388 du 27 déc. 1985, ancien art. 52, infra, App., v° Difficultés des entreprises.

RÉP. COM. v° *Entreprises en difficulté-Redressement judiciaire (Personnes morales et dirigeants)*, par DAIGRE.

BIBL. ▸ DE BERMOND DE VAULX, *Rev. sociétés 1990. 221.*

1. Cessions antérieures au jugement d'ouverture. L'art. 28 [C. com., art. L. 621-19] est inapplicable dès lors que les pourparlers ayant abouti à la vente des parts sociales se sont déroulés plusieurs mois avant le jugement prononçant la liquidation judiciaire. • Com. 10 mars 1992 : *Bull. civ. IV, n° 109 ; JCP E 1992. I. 168, n° 22, obs. Cabrillac et Pétel.* ♦ Dès lors que l'accord entre les parties sur les termes de la cession d'actions est intervenu antérieurement au jugement d'ouverture de la procédure collective affectant la société dont les actions ont été cédées, les dispositions de l'art. 28, al. 1er [C. com., art. L. 621-19, al. 1er], ne trouvent pas à s'appliquer, quand bien même la levée d'option a eu lieu postérieurement audit jugement d'ouverture. • Versailles, 11 mai 2000 : *JCP E 2000, n° 30, p. 1212 ; Rev. proc. coll. 2003. 10, obs. Lebel.* ♦ Comp., exigeant que la cession antérieure ait date certaine : • Montpellier, 4 juin 1991 : *Rev. proc. coll. 1993. 63, obs. Dureuil.*

2. Cessation de l'activité de l'entreprise. L'art. 28 [C. com., art. L. 621-19] n'a pour but que de faciliter la poursuite de l'entreprise et cesse de recevoir application lorsque l'entreprise a cessé son activité. • T. com. Paris, 6 févr. 1995 : *Gaz. Pal. 1995. 1. Somm. 215.*

3. Conditions fixées par le tribunal. Pour une cession d'actions sans que la condition suspensive de l'accord du juge-commissaire ait été réalisée, V. • Paris, 19 mai 1995 : *Bull. Joly 1995. 881, note Le Cannu.*

Ancien art. L. 621-20 *Au cours de la période d'observation, le juge-commissaire peut ordonner la remise à l'administrateur des lettres adressées au débiteur.*

Le débiteur, informé, peut assister à leur ouverture.

Toutefois, l'administrateur doit restituer immédiatement au débiteur toutes les lettres qui ont un caractère personnel. — [L. n° 85-98 du 25 janv. 1985, art. 29]. — V., en cas de liquidation judiciaire, ancien art. L. 622-15.

BIBL. ▸ SOINNE, *Rev. proc. coll. 2002. 227* (prise en charge des frais engendrés par le détournement de courrier du débiteur).

Ancien art. L. 621-21 *Le juge-commissaire fixe la rémunération afférente aux fonctions exercées par le chef d'entreprise ou les dirigeants de la personne morale.*

En l'absence de rémunération, les personnes mentionnées à l'alinéa précédent peuvent obtenir sur l'actif, pour eux et leur famille, des subsides fixés par le juge-commissaire. — [L. n° 85-98 du 25 janv. 1985, art. 30]. — V. Décr. n° 85-1388 du 27 déc. 1985,ancien art. 53, infra, App., v° Difficultés des entreprises.

1. Consultations nécessaires. V. ancien art. 53 du 1er décret du 27 déc. 1985, *infra*, App., v° *Difficultés des entreprises.*

2. Dirigeant de fait. Le juge-commissaire n'a compétence pour fixer la rémunération d'un dirigeant de personne morale que s'il s'agit d'un dirigeant de droit et non pas de fait. • TGI Douai, 28 avr. 1989 : *Rev. proc. coll. 1990. 381, obs. Dureuil* • Versailles, 3 nov. 1994 : *D. 1995. IR. 29 ; Petites affiches 23 août 1995, p. 13, note Moulai ; Rev. proc. coll. 1996. 67, obs. Dureuil* • Paris, 23 nov. 2004 : *Rev. proc. coll. 2006. 47, obs. Lebel.*

2 bis. Dirigeant salarié. L'art. 30 [C. com., art. L. 621-21] ne concerne que la rémunération en qualité de dirigeant et non le salaire octroyé au titre d'un contrat de travail. • T. com. Cambrai, 5 déc. 1995 : *Rev. proc. coll. 1996. 268, obs. Taquet.*

Pour un arrêt ayant jugé que la fixation de la rémunération du mandataire social par le juge-commissaire, pendant la période d'observation, n'autorise pas la société repreneuse à modifier unilatéralement le contrat de travail de l'intéressé qui lui avait été transféré en application de l'art. L. 122-12 C. trav. dans le cadre du plan de cession arrêté par le tribunal, V. • Soc. 9 déc. 1998 : *Dr. sociétés 1999, n° 77, obs. Chaput.*

3. Conditions liées à la période. Il a été jugé que l'allocation de subsides ne serait possible que durant la période d'observation, à la condition que le chef d'entreprise ne perçoive aucune rémunération en considération des fonctions exercées pendant la période d'activité. • TGI Metz, 27 janv. 1988 : *Rev. proc. coll. 1988. 289, obs. crit. Dureuil.*

4. En ce sens que le dirigeant ne peut plus percevoir de subsides au titre de l'art. 30 [C. com., art. L. 621-21] après le jugement arrêtant le plan de cession, V. • Aix-en-Provence, 13 nov. 1997 : *Gaz. Pal. 1998. 2. Somm. 705.* ♦ ... Ni après transformation du redressement judiciaire en liquidation judiciaire, V. • Reims, 29 juin 1994 : *Rev. proc. coll. 1996. 68, obs. Dureuil. – Contra :* • Paris, 4 juill. 2000 : *cité note 2 sexies ss. ancien art. L. 622-9* • TGI Béthune, 27 févr. 2004 : *D. 2004. AJ. 700.* – V. aussi • T. com. Paris, 30 nov. 1999 : *Act. proc. coll. 2000, n° 201.*

4 bis. Notion de rémunération et subsides. Le mode de fixation de la rémunération versée au dirigeant de personne morale soumise à un redressement judiciaire n'a pas pour effet de changer la nature de cette rémunération, qui demeure à la charge de la société (saisissabilité de la rémunération allouée au gérant salarié d'une SARL en redressement judiciaire). • Paris, 27 mars 2001 : *Rev. proc. coll. 2004. 49, obs. Lebel.* ♦ V. aussi note 28 *bis* ss. ancien art. L. 621-32.

5. Opposition. L'ordonnance du juge-commissaire est susceptible d'opposition devant le tribunal qui, à la demande du dirigeant, peut donner à sa décision un effet rétroactif (Rép. min. n° 57511 : *JOAN Q, 13 juill. 1992, p. 3205*). ♦ Sur les pouvoirs du tribunal, V. aussi • Com. 17 déc. 2003 : *Rev. proc. coll. 2004. 217, obs. Lebel.*

§ 2 DE LA GESTION DE L'ENTREPRISE

Sous-§ 1 DE L'ADMINISTRATION DE L'ENTREPRISE

Ancien art. L. 621-22 ***I. — Outre les pouvoirs qui leur sont conférés par le présent titre, la mission du ou des administrateurs est fixée par le tribunal.***

II. — Ce dernier les charge ensemble ou séparément :

1° Soit de surveiller les opérations de gestion ;

2° Soit d'assister le débiteur pour tous les actes concernant la gestion ou certains d'entre eux ;

3° Soit d'assurer seuls, entièrement ou en partie, l'administration de l'entreprise.

III. — Dans sa mission, l'administrateur est tenu au respect des obligations légales et conventionnelles incombant au chef d'entreprise.

IV. — A tout moment, le tribunal peut modifier la mission de l'administrateur sur la demande de celui-ci, du représentant des créanciers, du procureur de la République ou d'office.

V. — L'administrateur peut faire fonctionner sous sa signature les comptes bancaires ou postaux dont le débiteur est titulaire si ce dernier a fait l'objet des interdictions prévues aux articles 65-2 et 68, troisième alinéa, du décret [décret-loi] ***du 30 octobre 1935 unifiant le droit en matière de chèques*** [C. mon. fin., art. L. 131-72 et L. 163-6, al. 3]. — V. les art. L. 131-72 et L. 163-6 C. mon. fin., infra, App., v° Code monétaire et financier (extraits). — [L. n° 85-98 du 25 janv. 1985, art. 31].

Pour une dérogation à l'ancien art. L. 621-22 ci-dessus lorsqu'un administrateur provisoire a été désigné par la Commission bancaire en application de l'art. L. 613-18 C. mon. fin., V. C. mon. fin., art. L. 613-28, infra, App., v° Code monétaire et financier (extraits).

1. Mission d'assistance. La contrainte signifiée par l'URSSAF à une société en redressement judiciaire doit également être signifiée à l'administrateur ayant reçu mission d'assister le débiteur pour tous les actes de gestion et de disposition : • Com. 3 mars 1992 : *RJDA 1992, n° 503* • 30 mars 1993 : *Bull. civ. IV, n° 133 ; D. 1993. IR. 131.*

En application de l'art. 369 NCPC, la nomination d'un administrateur avec une mission d'assistance implique l'interruption des actions introduites par la société objet du jugement d'ouverture de la procédure collective. • Versailles, 20 janv. 2005 : *Gaz. Pal. 2005. Somm. 2216 ; Rev. sociétés 2006. 173, note Sortais.*

La mission d'assistance pour tous les actes de gestion implique que l'administrateur soit présent aux côtés du débiteur pour relever appel d'une décision rendue contre son administré. • Riom, 23 oct. 2002 : *Dr. sociétés 2004, n° 10, note Legros.*

En ce sens qu'une saisie-attribution doit être dénoncée à l'administrateur ayant reçu mission d'assister le débiteur lorsqu'il n'est pas précisé si l'exercice du droit de recevoir notification d'un acte de procédure n'est pas compris dans sa mission, V. • Com. 16 févr. 1999 : *Act. proc. coll. 1999, n° 89 ; Procédures 1999, n° 274, obs. Laporte.* ♦ V. aussi, pour la caducité d'une saisie-attribution dénoncée au seul débiteur soumis à la procédure collective, • Com. 19 févr. 2002 : *Bull. civ. IV, n° 37 ; D. 2002. AJ. 1070, obs. Avena-Robardet ; RD banc. fin. 2002, n° 105, obs. F.-X. Lucas ; Dr. et procédures 2002. 237, note Hoonakker ; RJ com. 2002. 375, note Courtier ; Dr. sociétés 2002, n° 176, note Legros* • Paris, 24 oct. 2002 : *JCP 2003. IV. 1479.* ♦ V. note 1 *quater* ss. ancien art. L. 621-23.

La notification d'un redressement fiscal d'un débiteur en redressement judiciaire pour lequel un administrateur a été désigné avec une mission générale d'assistance doit être faite au mandataire de justice pour être juridiquement valable et ainsi permettre la fixation définitive de la créance concernée. • Douai, 17 janv. 2002 : *Rev. proc. coll. 2004. 45, obs. Lebel.*

Il résulte des art. 31 et 37 [C. com., art. L. 621-22 et L. 621-28] que, lorsque la décision de mise en régie d'un marché est prononcée pendant la période d'observation ouverte par le jugement de redressement judiciaire de l'entrepreneur, sa notification n'est régulière que si elle a été faite auprès de l'administrateur. • Paris, 6 févr. 2001 : *RD imm. 2001. 375, obs. Dreyfus.*

1 bis. Si la mission de surveillance de l'administrateur, chargé d'assister le débiteur dans la gestion de l'entreprise, consiste à s'assurer que les agissements du débiteur ne sont pas contraires à l'intérêt de l'entreprise ou de ses créanciers, il n'entre pas dans sa mission d'effectuer des investigations ou d'utiliser des méthodes coercitives à l'encontre du débiteur pour rechercher la destination de marchandises qu'un fournisseur revendique et qui n'ont pas pu être inventoriées. • Versailles, 20 mars 1997 : *RJDA 1997, n° 1394.*

L'initiative de la demande de prorogation du permis de construire n'entre pas dans la mission d'assistance de l'administrateur du redressement judiciaire de la société venderesse d'un immeuble en l'état futur d'achèvement, par ailleurs dépourvu du pouvoir de se substituer aux acquéreurs pour mettre en œuvre, à leur profit, la garantie d'achèvement. • Com. 13 nov. 2002 : *Bull. civ. IV, n° 162 ; D. 2003. AJ. 204 ; Rev. proc. coll. 2004. 44, obs. Lebel.*

1 ter. Mission d'administration. La mission d'assurer seul la gestion de l'entreprise exige de la part de l'administrateur judiciaire une attention particulièrement soutenue dans le contrôle effectif des actes accomplis, avec ou sans son autorisation, par le débiteur dans le cadre de la poursuite d'activité, spécialement lorsque la période d'observation est d'une durée exceptionnellement longue (deux ans) et alors qu'il appartient à ce mandataire de saisir le tribunal, conformément à l'art. 36 de la loi [C. com., art. L. 621-27], d'une demande de conversion du redressement en liquidation judiciaire dès le moment où il apparaît que tout projet de plan de continuation ou de cession est exclu. • Paris, 16 avr. 1999 : *D. 1999. IR. 153.*

1 quater. Le directeur général unique d'une société à directoire et conseil de surveillance ayant la capacité d'assurer la publicité de sa nomination, doit être cassé l'arrêt qui retient qu'un administrateur judiciaire ayant été nommé avec mission d'assurer seul et entièrement l'administration de l'entreprise, le directeur général unique ne peut demander seul l'inscription modificative au registre du commerce et des sociétés relative à sa nomination. • Com. 7 févr. 1995 : *Bull. civ. IV, n° 40 ; D. 1995. IR. 75 ; Bull. Joly 1995. 419, note Le Cannu ; Defrénois 1995. 698, obs. Hovasse ; Dr. sociétés 1995, n° 95, obs. Chaput.*

1 quinquies. Même si l'administrateur a été chargé, conformément aux dispositions de l'art. L. 621-22, II-3°, C. com. d'assurer seul et entièrement l'administration de l'entreprise, le droit d'être appelé et entendu sur une demande de report de la date de cessation des paiements est, malgré le dessaisissement, propre au débiteur et n'est pas compris dans la mission de l'administrateur, spécialement lorsque celui-ci figure au nombre des auteurs de la demande de report. • Orléans, 2 mai 2002 : *RJDA 2002, n° 766.*

1 sexies. Modification de la mission. V. note 3.

1 septies. Respect des obligations légales. Aux termes de l'art. 31 [C. com., art. L. 621-22], l'administrateur est tenu, dans sa mission, au respect des obligations légales et conventionnelles incombant au chef d'entreprise ; ce texte n'apporte aucune restriction à l'étendue de ces obligations. • Crim. 21 juin 2000 : *D. 2000. AJ. 352, obs. Lienhard ; D. 2002. Somm. 207, obs. Derrida ; Act. proc. coll. 2000, n° 199, obs. Legros ; JCP E 2000, n° 46, p. 1815, note Couret ; Bull. Joly 2000. 1121, note Vallansan ; RSC 2000. 843, obs. Renucci ; Rev. proc. coll. 2000. 209, obs. Soinne ; Rev. sociétés 2000. 753, note Bouloc*

; RTD com. 2001. 159, obs. Chazal et Reinhard ; Dr. et patr. janv. 2001. 95, obs. Monsèrié-Bon ; JCP 2001. I. 289, n° 4, obs. Robert ; ibid., E 2001, n° 4, p. 174, obs. Cabrillac. ♦ Poursuivi, sur le fondement de l'art. 441 de la loi du 24 juill. 1966 [C. com., art. L. 242-10], pour avoir omis de réunir l'assemblée générale ordinaire des actionnaires dans les six mois de la clôture de l'exercice, aux fins d'approbation des comptes, l'administrateur judiciaire ne peut être relaxé, alors qu'avant l'expiration du délai de six mois précité, étant seul investi des obligations incombant au chef d'entreprise, il devait convoquer cette assemblée. • Même arrêt (V. l'arrêt cassé : • Metz, 21 juill. 1999 : *D. 1999. AJ. 8, obs. A. L. ; JCP E 2000, n° 4, p. 125, obs. Cabrillac et Pétel ; Bull. Joly 2000. 145, note Vallansan).*

L'administrateur judiciaire ayant reçu mission d'exercer seul l'administration de l'entreprise, le président du directoire de la société ne peut être déclaré coupable du délit d'infraction à la réglementation relative à la sécurité du travail et de blessures involontaires, alors que, à la date de l'accident, l'administrateur était seul investi des obligations incombant au chef d'entreprise. • Crim. 3 mars 1998 : *Bull. crim. n° 82 ; D. 1998. IR. 120 ; D. Affaires 1998. 804 ; Rev. proc. coll. 2000. 69, obs. Soinne.* ♦ Mais lorsque le débiteur dessaisi effectue, sans l'accord de l'administrateur investi d'une mission de représentation, des actes étrangers aux pouvoirs propres qui lui sont attribués par la loi, il reste tenu au respect des obligations légales et conventionnelles incombant au chef d'entreprise et sa responsabilité pénale peut être engagée. • Crim. 12 juin 1996 : *Bull. crim. n° 251 ; D. 1997. IR. 25.* ♦ La mission d'assistance de l'administrateur judiciaire ne retire pas au dirigeant sa qualité de représentant de celle-ci et de responsable pénal. • Crim. 3 déc. 2003 : *Dr. pénal 2004, n° 54, note J.-H. Robert.*

Poursuivi pour avoir fait obstacle à l'exercice régulier des fonctions des délégués du personnel, l'administrateur judiciaire ne peut invoquer, pour s'exonérer de sa responsabilité pénale, une délégation de ses pouvoirs au président de la société en redressement judiciaire, les relations existant entre l'administrateur et le chef d'entreprise, qui ne sont pas des relations d'employeur à préposé, excluant toute possibilité de délégation de pouvoirs du premier au profit du second. • Crim. 30 janv. 1996 : *Bull. crim. n° 53 ; Dr. sociétés 1996, n° 130, obs. Chaput ; Rev. proc. coll. 1996. 260, obs. Soinne.*

2. Interdiction d'émettre des chèques. V. ancien art. L. 621-71, *infra.*

3. Voies de recours. L'appel formalisé par un débiteur en redressement judiciaire, sans l'assistance de l'administrateur désigné avec une mission d'assistance pour les actes de gestion, ne peut être régularisé par l'intervention de cet administrateur qu'avant l'expiration du délai prescrit pour exercer le recours que la signification du jugement à ce mandataire a fait courir. • Com. 12 juin 2001 : *Bull. civ. IV, n° 117 ; D. 2001. AJ. 2301, obs. Lienhard ; RTD com. 2001. 775, obs. Vallens ; Procédures 2001, n° 196, obs. Laporte ; JCP E 2002, n° 20, p. 127, obs. Pétel ; RTD civ. 2001. 956, obs. Perrot* • Montpellier, 24 juin 2003 : *BICC 2003, n° 1110.* ♦ Il résulte de l'art. 32 [C. com., art. L. 621-23] que l'exercice d'une voie de recours, tel l'appel d'une ordonnance de relevé de forclusion, acte conservatoire, peut valablement être intenté par le débiteur. • Versailles, 3 déc. 1998 : *D. Affaires 1999. 380.* ♦ V. aussi, pour la recevabilité de l'appel du débiteur contre un jugement ayant fixé une créance, • Com. 14 mars 2000 : *Rev. proc. coll. 2002. 92, obs. Lebel.* ♦ V. encore note 9 ss. ancien art. L. 623-1.

Le débiteur dispose d'un droit propre de former un recours contre le jugement modifiant la mission de l'administrateur. • Com. 17 juill. 2001 : *Bull. civ. IV, n° 149 ; D. 2001. AJ. 2677, obs. Lienhard ; ibid. 2002. Somm. 1479, obs. Honorat ; Procédures 2001, n° 198, obs. Laporte ; JCP E 2002, n° 3, p. 126, obs. Cabrillac ; Dr. sociétés 2002, n° 8, note Legros ; RJ com. 2002. 185, note Courtier.*

4. Effets du jugement arrêtant le plan sur les pouvoirs du débiteur. V. notes 1 et 2 ss. ancien art. L. 621-68.

Ancien art. L. 621-22-1 (L. n° 2003-7 du 3 janv. 2003, art. 42) ***Le commissaire aux comptes du débiteur ne peut opposer le secret professionnel aux demandes du commissaire aux comptes de l'administrateur judiciaire tendant à la communication de tous renseignements ou documents relatifs au fonctionnement, à compter de la désignation de cet administrateur, des comptes bancaires ou postaux ouverts au nom du débiteur.***

Pour l'application à Mayotte et dans les îles Wallis-et-Futuna, V. L. n° 2003-7 du 3 janv. 2003, art. 48 (JO 4 janv.).

Ancien art. L. 621-23 ***Le débiteur continue à exercer sur son patrimoine les actes de disposition et d'administration, ainsi que les droits et actions qui ne sont pas compris dans la mission de l'administrateur.***

En outre, sous réserve des dispositions des articles L. 621-24 et L. 621-28, les actes de gestion courante qu'accomplit seul le débiteur sont réputés valables à l'égard des tiers de bonne foi. – [L. n° 85-98 du 25 janv. 1985, art. 32].

BILBL. ▸ MATSOPOULOU, *JCP 1998. I. 164* (incidence d'une procédure collective sur l'exercice de l'action civile). – MONSÈRIÉ-BON, *Rev. proc. coll. 2003. 168* (pouvoirs de gestion dans le redressement judiciaire).

1. Droits et actions non compris dans la mission de l'administrateur. Sur la portée de la mission de l'administrateur investi du pouvoir d'assurer « entièrement ou en partie l'administration », V. • Com. 3 févr. 1998 : *Bull. civ. IV, n° 56 ; D. Affaires 1998. 479 ; RJ com. 2000. 37, obs. Theilliais* • 12 mai 1998 : *RJDA 1998, n° 1130.* ♦ V. aussi note 3 ss. ancien art. L. 621-22.

1 bis. Activité professionnelle. En vertu du principe de l'unicité du patrimoine, les effets du jugement d'ouverture de la procédure collective s'étendent à l'intégralité du patrimoine du débiteur, patrimoine professionnel et patrimoine personnel • Versailles, 15 janv. 1998 : *D. Affaires 1998. 915.* ♦ V. aussi note 33 ss. ancien art. L. 621-40. ♦ Comp., jugeant que l'art. 32, al. 2 [C. com., art. L. 621-23], ayant réservé l'application des art. 33 et 37 [C. com., art. L. 621-24 et L. 621-28] qui concernent, eux, nécessairement l'activité professionnelle du débiteur, cette référence implique que cet art. 32 [C. com., art. L. 621-23] vise lui aussi cette activité professionnelle, même s'il s'applique également à l'activité non professionnelle : • T. com. Antibes, 19 déc. 1986 : *D. 1987. 372, note Derrida.*

1 ter. Acte de gestion courante. Constitue un acte de gestion courante, au sens de l'art. 32, al. 2 [C. com., art. L. 621-23], la commande de marchandises destinées à être vendues dans une boutique, cette commande ayant été effectuée par le commerçant pour les besoins de son activité commerciale. • Com. 11 juin 1996 : *BRDA 1996, n° 15/16, p. 7.* ♦ ... Les contrats de vente passés à des acheteurs par l'intermédiaire d'un agent commercial. • Versailles, 28 nov. 1996 : *D. Affaires 1997. 222 ; RJDA 1997, n° 555.* ♦ ... La conclusion d'un contrat de transport, dès lors que l'acheminement de marchandises fabriquées auprès de sa clientèle constitue une activité quotidienne de la société débitrice. • Com. 9 janv. 2001 : *Rev. proc. coll. 2002. 90, obs. Lebel.* ♦ ... La vente d'appartements, compte tenu de l'activité de construction-vente de la société débitrice. • Com. 27 nov. 2001 : *Bull. civ. IV, n° 190 ; D. 2002. AJ. 401, obs. Lienhard ; Act. proc. coll. 2002, n° 2, obs. Vallansan ; Dr sociétés 2002, n° 40, note Legros ; Dr. et patr. avr. 2002. 99, obs. Monsèrié-Bon ; JCP E 2002, n° 20, p. 805, obs. Cabrillac ; Rev. proc. coll. 2003. 11, obs. Lebel.* ♦ ... La vente d'un véhicule utilitaire par une société exploitant un garage et un atelier de réparation automobile. • Com. 28 mai 2002 : *Dr. sociétés 2002, n° 218, note Legros ; Rev. proc. coll. 2003. 15, obs. Lebel.* ♦ ... La souscription d'un contrat d'assurance. • Civ. 1re, 23 sept. 2003 : *Act. proc. coll. 2003, n° 241.* ♦ De même, la cession de créances professionnelles dans les formes prévues par la loi n° 81-1 du 2 janv. 1981 [désormais codifiée au C. mon. fin.] est un acte de gestion courante qui est valablement accompli par le débiteur en redressement judiciaire agissant seul. • Versailles, 13 juin 1996 : *D. Affaires 1996. 1103.*

1 quater. Il ne peut être sérieusement soutenu que l'action en justice, fût-ce pour recouvrer une créance, constitue un acte de gestion courante, c'est-à-dire une opération de type courant, habituellement pratiquée et d'un montant peu élevé, tel que visé à l'art. 32 [C. com., art. L. 621-23]. • Paris, 4 oct. 1996 : *D. Affaires 1996. 1395.* ♦ L'irrégularité de fond résultant de la délivrance d'une assignation par le président-directeur général d'une société en redressement judiciaire sans être assisté des administrateurs judiciaires auxquels le jugement d'ouverture avait confié une mission d'assistance, dans la mesure où la régularisation n'est pas intervenue avant que le juge des référés ait statué, ne peut être couverte par la reprise d'instance, en cause d'appel, des commissaires à l'exécution du plan dont le pouvoir est limité, par application des dispositions impératives de l'al. 2 de l'art. 67 [C. com., art. L. 621-68], à la poursuite, avant le jugement qui arrête le plan, de l'action introduite par l'administrateur ou le représentant des créanciers. • Même arrêt.

La réception de la notification d'un acte de procédure (en l'espèce, de la dénonciation d'une saisie-attribution) ne peut être considérée comme un acte de gestion courante au sens de l'art. 32 [C. com., art. L. 621-23]. • Grenoble, 13 nov. 2001 : *Rev. huiss. 2002. 121, obs. Putman.* ♦ V. aussi note 1 ss. ancien art. L. 621-22.

1 quinquies. Ne constitue pas un acte de gestion courante le mandat donné par le dirigeant d'une société en redressement judiciaire à un avocat de représenter la société dans des procédures opposant celle-ci à des créanciers, et la convention d'honoraires subséquentes, dès lors que les frais et honoraires dont le paiement est réclamé par l'avocat sont d'une « particulière importance » et sont de nature à grever d'autant la situation de la société au détriment des autres parties prenantes au nombre desquelles se trouvent les créanciers de celle-ci. • Civ. 1re, 13 nov. 1997 : *RJDA 1998, n° 456.*

1 sexies. La conclusion d'un contrat de travail n'est pas un acte de gestion courante. • Soc. 30 mai 2001 : *Act. proc. coll. 2001, n° 203, obs. Regnaut-Moutier.*

1 septies. Action en responsabilité contractuelle. Le débiteur en redressement judiciaire a qualité pour exercer seul ou, lorsqu'il en a été désigné un, représenté ou assisté de son administrateur, une action en responsabilité civile contractuelle. • Com. 4 mars 2003 : *Rev. proc. coll. 2004. 46, obs. Lebel.*

2. Patrimoine personnel. Il avait été jugé qu'en application des art. 31 et 32 [C. com., art. L. 621-22 et L. 621-23], il doit être considéré que le débiteur a le pouvoir d'exercer les actions en justice relatives à son patrimoine personnel, distingué de son patrimoine professionnel. • Poitiers, 10 nov. 1987 : *Rev. proc. coll. 1988. 367, obs. Mestre et Delebecque.* ♦ Pour interjeter appel d'une décision autorisant la saisie immobilière d'un de ses immeubles personnels le débiteur n'a pas à requérir l'assistance de l'administrateur judiciaire. • Paris, 12 nov. 1987 : *Dict. perm. diff. entr., Bull. 1988, n° 47, p. 8877.* ♦ Comp. : note 33 ss. ancien art. L. 621-40. ♦ De même, la demande du débiteur qui tend à ce qu'il soit sursis durant un an à son expulsion d'un immeuble dont il avait été propriétaire et qui avait été adjugé ne concerne pas l'administration et la disposition de ses biens. • Com. 22 févr. 1994 : *Bull. civ. IV, n° 76 ; D. 1994. IR. 79.*

V. aussi note 2 ss. ancien art. L. 621-137.

3. Sanction. Le licenciement pour faute lourde décidé par le débiteur seul, sans le concours de l'administrateur chargé de l'assister, n'est pas nul mais simplement inopposable à la procédure et conserve tous ses effets entre les parties. • Soc. 28 juin 2001 : *Rev. proc. coll. 2002. 59, obs. Tacquet.* ♦ V. aussi, pour l'inopposabilité d'un bail conclu par le débiteur seul, • Versailles, 9 avr. 1998 : *D. Affaires 1998. 1051, obs. A. L.*

3 bis. Information du cocontractant. Aucun texte n'oblige une entreprise à informer son cocontractant du fait qu'elle fait l'objet d'un redressement judiciaire. • Com. 24 sept. 2003 : *RJDA 2004, n° 189 ; Rev. proc. coll. 2004. 220, obs. Lebel.*

4. Responsabilité civile de l'administrateur. V. notes 5 ss. ancien art. L. 621-8.

Ancien art. L. 621-24 ***Le jugement ouvrant la procédure emporte, de plein droit, interdiction de payer toute créance née antérieurement au jugement d'ouverture. Cette interdiction ne fait pas obstacle au paiement par compensation de créances connexes.***

Le juge-commissaire peut autoriser le chef d'entreprise ou l'administrateur à faire un acte de disposition étranger à la gestion courante de l'entreprise, à consentir une hypothèque ou un nantissement ou à compromettre ou transiger. — V. Décr. n° 85-1388 du 27 déc. 1985,ancien art. 55, infra, App., v° Difficultés des entreprises.

Le juge-commissaire peut aussi les autoriser à payer des créances antérieures au jugement, pour retirer le gage ou une chose légitimement retenue, lorsque ce retrait est justifié par la poursuite de l'activité.

Tout acte ou tout paiement passé en violation des dispositions du présent article est annulé à la demande de tout intéressé, présentée dans un délai de trois ans à compter de la conclusion de l'acte ou du paiement de la créance. Lorsque l'acte est soumis à publicité, le délai court à compter de celle-ci. — [L. n° 85-98 du 25 janv. 1985, art. 33].

V., dérogeant à la règle ci-dessus énoncée, en cas de paiements effectués dans le cadre de systèmes de règlements interbancaires, C. mon. fin., art. L. 330-1, infra, App., v° Code monétaire et financier (extraits).

BIBL. ▶ DEVÈZE, *Rev. proc. coll. 1992. 119* (créanciers titulaires d'un gage, d'un nantissement ou d'un droit de rétention). – DERRIDA, *Defrénois 1995. 1073* (réalisation des immeubles). – PAILLUSSEAU, *Rev. intern. dr. éco. 1995. 237* (effets anticoncurrentiels de la dette). – POURQUIER, *D. Affaires 1998. 936 ; RTD com. 2000. 569* (droit de rétention). – CAMPANA et CALENDINI, *JCP E 1998, n° 27, p. 1082* (droit de rétention). – POLLAUD-DULIAN, *JCP 1998. I. 138* (principe d'égalité). – LE CORRE-BROLY, *D. Affaires 1998. 1802 et 1838* (droit de rétention sur documents d'immatriculation). – COURTIER, *Rev. proc. coll. 1999. 210* (pouvoirs donnés au juge-commissaire par l'art. 33, al. 3). – PÉROCHON, *Mélanges Cabrillac, Dalloz-Litec, 1999, p. 379* (droit de rétention). – LE CORRE, *D. 2001. Chron. 2815* (invincibilité du droit de rétention).

I. INTERDICTION DE PAYER LES CRÉANCES ANTÉRIEURES

A. DOMAINE D'APPLICATION DE L'INTERDICTION

1° LIQUIDATION JUDICIAIRE

V. note 2 et art. L. 622-3.

2° PAYEMENTS INTERDITS

1. Cotisations sociales. V. note 9 ss. ancien art. L. 621-32 et note 5 *bis* ss. ancien art. L. 623-4. ♦ En ce sens que l'interdiction des paiements justifie la rétention par le débiteur des cotisations ouvrières précomptées, V. • Crim. 24 janv. 2006 : *D. 2006. AJ. 861, obs. Lienhard ; Act. proc. coll. 2006, n° 77, obs. Fraimout ; Gaz. Pal. 30 avr.-4 mai 2006, p. 54, obs. Robaczewski.*

2. Primes d'assurance. En vertu de l'art. 33 [C. com., art. L. 621-24], applicable en cas de liquidation judiciaire, c'est à juste titre qu'un arrêt, qui n'a pas assimilé la déchéance du droit à garantie de l'insolvabilité des clients de l'assuré à la résolution du contrat d'assurance, a décidé que la mise en demeure adressée par l'assureur postérieurement au jugement ouvrant la procédure collective, pour le paiement de primes échues antérieurement à ce jugement, n'avait pu produire effet en vue de cette déchéance. • Com. 8 juin 1993 : *Bull. civ. IV, n° 233 ; Rev. huiss. 1993. 1431, note Vidal.*

3. Fourniture de la provision de la lettre de change. L'exécution par le tireur de lettres de change, de l'obligation de fournir la provision en délivrant au tiré les choses vendues, n'est pas soumise aux dispositions de l'art. 33 [C. com., art. L. 621-24]. • Com. 5 oct. 1993 : *RJDA 1994, n° 206.*

4. Mandat de payer irrévocable antérieur à l'ouverture de la procédure. Est nul le paiement, après le jugement d'ouverture, d'une créance antérieure, fût-elle garantie par un nantissement, effectué en exécution d'un mandat irrévocable donné par le débiteur. • Com. 11 avr. 1995 : *Bull. civ. IV, n° 124 ; JCP E 1995. I. 513, n° 4, obs. Pétel.* – Rappr. : • Com. 26 juin 2001 : *Act. proc. coll. 2001, n° 205, obs. Regnaut-Moutier.* – *Contra* : • Com. 7 janv. 2003 : *JCP N 2003, n° 47, p. 1696, obs. Vauvillé ; JCP 2004. II. 10079, note Kéita ; Rev. proc. coll. 2004. 214, obs. Lebel ; Petites affiches 12 avr. 2005, p. 10, note M. Sénéchal.*

4 bis. Payement par un tiers en vertu d'une délégation. Pour l'inapplicabilité des dispositions de l'art. L. 621-24 C. com. aux paiements faits par le délégué au délégataire, en cas de redressement judiciaire du délégant, V. • Com. 30 mars 2005 : *D. 2005. Pan. 2015, obs. F.-X. Lucas ; Act. proc. coll. 2005, n° 98, obs. Regnaut-Moutier ; Banque et Droit juill.-août 2005. 64, obs. Rontchevsky.* ♦ V. aussi • Com. 4 juill. 2000 : *Rev. proc. coll. 2002. 91, obs. Lebel* • 26 nov. 2002 : *RD banc. fin. 2003, n° 77, obs. F.-X. Lucas.*

5. Paiement par le débiteur en qualité de mandataire. S'agissant d'un débiteur disposant d'une procuration sur le compte bancaire d'un tiers qui avait, après ouverture de son redressement judiciaire, émis, en paiement de fournitures, un chèque s'étant révélé sans provision, le tiers titulaire du compte, personnellement engagé par l'émission du chèque en application des règles du mandat, aucun dépassement de ses pouvoirs par le mandataire n'étant allégué et un concert frauduleux entre celui-ci et son bénéficiaire n'étant pas démontré, ne peut, bien que la cause du chèque réside dans l'activité commerciale du mandataire, invoquer à son profit les dispositions de l'art. 33 [C. com., art. L. 621-24] applicables à ce dernier qui faisait seul l'objet de la procédure collective. • Com. 5 oct. 1993 : *RJDA 1994, n° 331.*

5 bis. Non-réalisation d'une condition suspensive. Ne peut échapper à la règle de l'art. 33 [C. com., art. L. 621-24] le créancier qui invoque la non-réalisation d'une condition suspensive, alors que des acomptes ont été versés par le débiteur. • Com. 26 mai 1998 : *RJDA 1998, n° 1131 ; Act. proc. coll. 1998, n° 66.*

6. Avis à tiers détenteur. Il résulte de l'art. L. 263 LPF que l'avis à tiers détenteur, portant sur une créance à exécution successive, pratiqué à l'encontre de son titulaire avant la survenance d'un jugement portant ouverture d'un redressement judiciaire ou d'une liquidation judiciaire de celui-ci, poursuit ses effets sur les sommes échues en vertu de cette créance, après ledit jugement. • Com. 8 juill. 2003 : *Bull. civ. IV, n° 132 ; D. 2003. AJ. 2094, obs. Lienhard ; Act. proc. coll. 2003, n° 185, obs. Regnaut-Moutier ; RD banc. fin. 2003, n° 234, obs. F.-X. Lucas ; JCP E 2004, n° 6, p. 229, obs. Cabrillac ; Dr. et procédures 2004. 31, obs. Putman ; RTD com. 2004. 371, obs. Martin-Serf ; AJDI 2004. 401, obs. Le Corre.* – V. déjà • Paris, 24 mai 1996 : *JCP E 1996. Pan. 723.* ♦ *Contra*, auparavant, pour un avis à tiers détenteur notifié avant le 1er janv. 1993, date d'entrée en vigueur de la loi n° 91-650 du 9 juill. 1991 : • Com. 24 oct. 1995 : *Bull. civ. IV, n° 255 ; D. 1996. 155, note Derrida ; JCP 1996. II. 22578, note Putman ; Defrénois 1996. 256, obs. Sénéchal ; RTD com. 1996. 526, obs. Martin-Serf.* ♦ V. aussi et Comp. : notes 34, 39 et 40 *sexies* ss. ancien art. L. 621-40.

7. Action directe du sous-traitant. Le paiement direct du maître de l'ouvrage au sous-traitant, en vertu de l'art. 12 de la loi du 31 déc. 1975, ne saurait constituer un paiement préférentiel prohibé. • Paris, 29 sept. 1992 : *D. 1993. IR. 39.*

7 bis. Restitution d'un paiement indu. Le droit à restitution d'une somme versée par un créancier, au titre de la liquidation d'une astreinte, naît avec l'arrêt infirmant l'ordonnance de référé qui avait condamné le créancier à payer. • Com. 8 déc. 1998 : *Bull. civ. IV, n° 295 ; D. Affaires 1999. 133 ; JCP E 1999, n° 18-19, p. 814, obs. Cabrillac et Pétel ; Act. proc. coll. 1999, n° 4, obs. Regnaut-Moutier ; RTD com. 1999. 975, obs. Martin-Serf.* ♦ Comp., considérant que l'origine de la créance d'indu étant le fait juridique du paiement, dès lors qu'une somme a été versée en exécution d'une ordonnance antérieure au jugement d'ouverture, mais postérieurement, le débiteur et le représentant des créanciers doivent restituer cette somme à l'assureur de la société à l'origine du sinistre : • Com. 24 nov. 1998 : *Bull. civ. IV, n° 281 ; D. 1999. IR. 15 ; D. Affaires 1999. 82, obs. P. P. ; JCP E 1999, n° 18-19, p. 814, obs. Cabrillac et Pétel ; RTD com. 1999. 975, obs. Martin-Serf.* ♦ Comp. aussi : note 23 ss. ancien art. L. 621-32.

7 ter. Droit de rétention. V. note 26.

7 quater. Redevances de crédit-bail. V. *infra*, note 30 *quinquies* ss. ancien art. L. 621-28.

8. Attribution judiciaire du gage. Sur l'exclusion de l'attribution judiciaire du gage avant tout jugement de liquidation judiciaire, V. • Com. 6 mars 1990 : *D. 1990. 311, note Derrida.* ♦ V. note 1 *ter* ss. ancien art. L. 622-21.

9. Arrêté de compte. BIBL. Gavalda, *JCP E 1988, n° spéc., 5 mai.* – Soinne, *Petites affiches 10 janv. 1997, p. 12.* ♦ Il n'y a pas infraction à l'art. 33 [C. com., art. L. 621-24] dès lors que la banque procède à un arrêté de compte dès le prononcé du redressement judiciaire permettant l'expression de la physionomie du compte à une date donnée et la séparation à cette date entre les opérations antérieures et postérieures, puis fait une déclaration de créance au représentant des créanciers, en maintenant en activité ce compte courant postérieurement. • T. com. Soissons, 7 sept. 1986 : *D. 1987. Somm. 95, obs. Derrida* • Limoges, 17 avr. 1986 : *Banque 1986. 713, obs. Rives-Lange* • 8 oct. 1986 : *ibid. 1986. 1134, obs. Rives-Lange.*

9 bis. Retrait litigieux. Le jugement de redressement judiciaire proscrit l'exercice du retrait litigieux par le débiteur soumis à la procédure collective. • Com. 12 oct. 2004 : *Bull. civ. IV, n° 183 ; D. 2004. AJ. 2790 ; Act. proc. coll. 2004, n° 218, obs. Regnaut-Moutier ; JCP E 2005, n° 1-2, p. 32, obs. Cabrillac et Pétel ; Petites affiches 11 avr. 2005, p. 15, note Lécuyer.* ♦ Même solution en cas de liquidation judiciaire : • Com. 14 févr. 2006 : *D. 2006. AJ. 916, obs. Lienhard.*

9 ter. Nantissement d'un bon de caisse. La mise à disposition d'une banque d'un bon de caisse souscrit avant l'ouverture de la procédure de redressement judiciaire du souscripteur pour garantir le solde débiteur d'un compte courant ne constitue pas un paiement préférentiel prohibé par l'art. 33 [C. com., art. L. 621-24]. • Com. 6 avr. 1999 : *RJDA 1999, n° 693.*

9 quater. Rente viagère. Pour l'application de l'art. L. 621-24 C. com. aux arrérages de la rente viagère réglés par l'épouse – mariée sous le régime de la communauté – après l'ouverture de la procédure collective de son mari, V. • Civ. 1re, 10 mai 2006 : *D. 2006. AJ. 1452, obs. Lienhard.*

10. Clause pénale. V. note 25 ss. ancien art. L. 621-28.

3° RÉTRACTATION DU JUGEMENT D'OUVERTURE

10 bis. L'art. 33 [C. com. art. L. 621-24] n'est pas applicable aux remises portées au crédit du compte de la société antérieurement à la date à laquelle le tribunal a rétracté, à la suite d'une tierce opposition, le jugement ouvrant la procédure de liquidation judiciaire de la société et ouvert à son égard une procédure de redressement judiciaire. • Com. 14 mai 2002 : *Bull. civ. IV, n° 84 ; D. 2002. AJ. 1904.*

B. RESPONSABILITÉ DU MANDATAIRE DE JUSTICE

10 ter. Sur l'absence d'exonération de responsabilité personnelle encourue en cas de paiement préférentiel, du fait que les mandataires avaient sollicité l'autorisation du tribunal et du juge-commissaire, V. (loi de 1967) • Com. 20 févr. 1996 : *Bull. civ. IV, n° 58 ; D. 1996. Somm. 337, obs. Honorat ; Dr. sociétés 1996, n° 77, obs. Chaput ; Rev. proc. coll. 1996. 243, obs. Soinne.*

C. VALIDITÉ DES PAIEMENTS PAR COMPENSATION

BIBL. Montredon, *JCP 1991. I. 3480.* – Bac et Mathieu, *Banque et Droit 1988. 5.* – Saint-Alary-Houin, *Rev. proc. coll. 1989. 157.* – Sortais, note ss. Com. 19 déc. 1989 : *D. 1991. 60.* – Calendini, *Banque et Droit 1992. 12.* – Pédamon, *RJ com. nov. 1992. 72.* – Martin-Serf, *RTD com. 1995. 196.* – Medjaoui, *Petites affiches 22 janv.*

1996, p. 7. – Hennion, *ibid. 2 déc. 1996, p. 9.* – Bac, *JCP E 1999, n° 7, p. 308* (compte courant). – Gallet, *Rev. loyers 1999. 138* (compensation entre loyers arriérés et dépôt de garantie). – Reifegerste, *Petites affiches 4 avr. 2000, p. 6* (connexité). – Toledo, *RTD civ. 2000. 265* (compensation conventionnelle). – Lutun, *JCP E 2003, n° 6, p. 260.* – Le Corre, *AJDI 2003. 657* (compensation entre dépôt de garantie et loyers impayés).

Par une modification de l'art. 33, al. 1er, de la loi du 25 janv. 1985 [devenu C. com., art. L. 621-24, al. 1er], la loi n° 94-475 du 10 juin 1994 est venue confirmer la jurisprudence de la Cour de cassation en précisant que l'interdiction de paiement prévue par ce texte ne fait pas obstacle au paiement par compensation de créances connexes.

11. Nécessité de créances connexes. La Cour de cassation avait déjà, avant l'intervention de la loi du 10 juin 1994, jugé qu'il résultait des dispositions combinées des art. 33 et 37, al. 4 [C. com., art. L. 621-24 et L. 621-28], que l'interdiction de payer toute créance née antérieurement au jugement d'ouverture du redressement judiciaire ne faisait pas obstacle, même pendant la période d'observation, à ce que la compensation opérât entre dettes connexes. • Com. 2 mars 1993 : *Bull. civ. IV, n° 86 ; D. 1993. 426, note Pédamon ; JCP 1993. II. 22169, note Montredon.* ♦ Pour un arrêt d'appel en sens contraire, V. • Amiens, 21 févr. 1991 : *D. 1991. 542, note Duboc*. ♦ Un lien de connexité, issu d'un contrat de production de porcs charcutiers liant un agriculteur et une coopérative, existant entre la créance du débiteur au titre de livraisons d'animaux effectuées après le jugement d'ouverture du redressement judiciaire et la créance de la coopérative au titre de ses livraisons d'aliments pour animaux antérieures à cette décision, la compensation doit s'opérer entre ces deux sommes qui étaient l'une et l'autre exigibles. • Com. 19 mars 1991 : *Bull. civ. IV, n° 105 ; D. 1991. 542, note Duboc ; D. 1992. Somm. 257,* et *1993. Somm. 11, obs. Derrida ; JCP 1991. II. 21726, note Montredon ; JCP E 1991. II. 174, note Legeais ; RTD com. 1991. 454, obs. Martin-Serf ; RJ com. 1992. 24, note Pédamon.* ♦ Par ailleurs, les dispositions légales prévoyant un ordre de paiement entre les créances nées régulièrement après le jugement d'ouverture de la procédure collective ne pouvaient mettre obstacle au jeu de la compensation entre les sommes, non sujettes à discussion quant à leur exigibilité et à leur montant, dont le producteur et la coopérative étaient débiteurs l'un envers l'autre au titre des livraisons réciproques d'animaux et d'aliments qui avaient eu lieu durant la poursuite d'activité. • Même arrêt.

11 bis. A défaut d'obligations réciproques dérivant d'un même contrat, le lien de connexité entre les créances et dettes du débiteur et du créancier ne peut exister qu'entre des créances et dettes nées de ventes et achats conclus en exécution d'une convention ayant défini entre eux le cadre du développement de leurs affaires, ou constituant les éléments d'un ensemble contractuel unique servant de cadre général à ces relations. • Com. 5 avr. 1994 : *Bull. civ. IV, n° 142 ; D. 1995. Somm. 215, obs. Honorat ; RJ com. 1995. 113, note Honorat ; JCP E 1994. I. 397, n° 20, obs. Cabrillac et Pétel.* – V. aussi • Com. 9 mai 1995 : *Bull. civ. IV, n° 130 ; D. 1996. 322, note Loiseau ; JCP 1995. II. 22448, rapp. Rémery ; Dr. sociétés 1995, n° 137, obs. Chaput ; Rev. dr. bancaire 1995. 221, obs. Campana et Calendini* • 12 déc. 1995 : *Bull. civ. IV, n° 293 ; Rev. dr. bancaire 1996. 64, obs. Campana et Calendini* • 1er avr. 1997 : *D. Affaires 1997. 663.* (contrat liant une centrale de référencement à ses adhérents) • 31 mars 1998 : *BRDA 1998, n° 8, p. 10* (diverses missions données à un expert-comptable) • 18 févr. 2003 : *RJDA 2003, n° 849* (contrat-cadre entre une centrale d'achat et l'un de ses fournisseurs) • 15 mars 2005 : *Bull. civ. IV, n° 62 ; D. 2005. AJ. 1025, obs. Lienhard ; Act. proc. coll. 2005, n° 107, obs. Pétel ; Gaz. Pal. 6-7 juill. 2005, p. 21, obs. Le Corre ; ibid., p. 38, obs. Bonhomme ; RTD com. 2005. 843, obs. Martin-Serf* (contrat de collecte de lait). ♦ Sont connexes des créances réciproques nées d'un même contrat ou de contrats distincts correspondant à une volonté commune de réaliser une même opération économique dans le cadre d'un accord global. • Paris, 29 avr. 1994 : *Dr. sociétés 1994, n° 173, obs. Chaput.*

11 ter. Sur les conditions de validité des clauses conventionnelles de compensation entre les créances issues d'un prêt et celles issues d'une convention, V., en ce sens que serait inefficace la seule clause de compensation, • Com. 9 déc. 1997 : *Bull. civ. IV, n° 329 ; D. 1998. Somm. 325, obs. Honorat ; D. Affaires 1998. 111, obs. A. L. ; JCP E 1998, n° 17, p. 657, obs. Cabrillac ; Rev. dr. bancaire 1998. 74, obs. Campana et Calendini.* ♦ Comp., sur l'efficacité de l'affectation spéciale en garantie d'un solde d'un compte particulier (la clause ayant été convenu et ayant commencé à fonctionner avant la période suspecte) : • Com. 9 déc. 1997 : *ibid. ; Bull. civ. IV, n° 327.*

11 quater. La créance d'une société correspondant, en partie à un dépôt de garantie, en partie à un excédent de cotisations et de ristournes sur les frais de fonctionnement d'une coopérative, qui s'inscrit dans le cadre de la convention liant la coopérative à ses adhérents en vue de centraliser les achats et règlements effectués auprès des fournisseurs attitrés, est connexe avec la créance de cette coopérative représentée par le montant de fournitures, de frais de fonctionnement et de publicité réglée par celle-ci pour le compte de la société adhérente. • Com. 23 nov. 1999 : *Dr. sociétés 2000, n° 24, obs. Chaput.*

12. En revanche, l'appartenance à un même groupe de sociétés est insuffisante à établir la connexité entre deux contrats distincts. • Paris, 17 mars 1994 : *Dr. sociétés 1994, n° 136, obs. Chaput.* ♦ De même, le fait que deux sociétés aient été en relations d'affaires, même importantes, et se soient mutuellement vendu des marchandises est insuffisant à caractériser une connexité entre leurs créances réciproques, en l'absence de circonstances établissant que les ventes et achats conclus entre les parties résultaient de la mise en œuvre d'une convention ayant défini entre elles le cadre du développement de leurs affaires. • Lyon, 13 oct. 1995 : *D. 1995. IR. 257.*

13. Si le jugement d'ouverture de la procédure de redressement judiciaire du tireur d'une lettre de change non acceptée n'a pas pour effet de consolider les droits du tiers porteur de celle-ci sur la provision, et n'empêche pas le tiré, pour la partie non acceptée de la créance, d'opposer la compensation jusqu'à l'échéance, il ne le peut que si les conditions de la compensation légale ont été réunies avant l'ouverture de la procédure collective ou, à défaut, s'il existe entre les dettes respectives du tireur et du tiré un lien de connexité et si le tiré a déclaré au passif du redressement judiciaire du tireur sa créance d'origine antérieure. • Com. 22 févr. 1994 : *Bull. civ. IV, n° 70 ; D. 1995. 27, note Honorat et Romani ; JCP 1994. II. 22267, rapp. Rémery.*

14. Pour la compensation entre des primes de contrats d'assurances, conservées à la suite d'opérations de courtage, et des commissions dues pour des contrats d'assurance conclus postérieurement au jugement d'ouverture, V. • Com. 8 févr. 1994 : *Rev. huiss. 1994. 476.*

14 bis. Un solde débiteur correspondant à des pertes sur des opérations boursières et l'indemnisation due au client par le banquier intermédiaire pour lesdites pertes sont des créances connexes susceptibles de compensation. • Com. 6 janv. 1998 : *D. Affaires 1998. 382, obs. J. F. ; Rev. dr. bancaire 1998. 74, obs. Campana et Calendini.*

15. Les créances réciproques de loyers et de restitution du dépôt de garantie sont connexes comme ayant pris naissance à l'occasion du même contrat de bail. A défaut de compensation légale, les conditions de la compensation judiciaire sont réunies et le bailleur peut à bon droit imputer sa dette en restitution du dépôt de garantie due en raison de la résiliation du bail après le jugement d'ouverture sur sa créance de loyers, fût-elle antérieure au jugement d'ouverture, dès lors que cette créance a été régulièrement déclarée au passif de la procédure. • Versailles, 24 févr. 1995 : *RJDA 1995, n° 889* • Paris, 12 déc. 1996 : *Gaz. Pal. 1997. 2. 555, note Brault* • 14 janv. 1997 : *Loyers et copr. 1997, n° 201, obs. Brault et Mutelet* • 24 nov. 2000 : *Gaz. Pal. 2001. Somm. 1251, obs. Brault* • 17 oct. 2001 : *Loyers et copr. 2002, n° 66, obs. Brault et Pereira.* ♦ ... Peu important que le bailleur n'ait pas mentionné dans sa déclaration de créance l'existence du dépôt de garantie. • Com. 18 janv. 2005 : *Bull. civ. IV, n° 11 ; D. 2005. 782, note Le Corre ; ibid. AJ. 431, obs. Lienhard ; ibid. Pan. 2016, obs. F.-X. Lucas ; JCP E 2005, n° 17, p. 712, obs. Cabrillac ; RTD com. 2005. 413, obs. Martin-Serf ; RJ com. 2006. 49, note Sortais.*

V., cassant un arrêt qui avait prononcé la compensation judiciaire entre une créance de restitution du dépôt de garantie et une créance de loyers impayés, à concurrence en priorité des loyers impayés avant le redressement judiciaire, alors que la compensation légale de la créance de restitution du dépôt de garantie et de la créance de loyers dus postérieurement au jugement d'ouverture s'était opérée de plein droit, • Com. 20 mars 2001 : *Bull. civ. IV, n° 63 ; D. 2001. AJ. 1391, obs. Lienhard ; JCP E 2001, n° 37, p. 1423, obs. Cabrillac et Pétel ; ibid. 2002, n° 5, p. 226, note Kéita ; RTD com. 2001. 765, obs. Martin-Serf .*

Sur la question de l'imputation du dépôt de garantie, V. aussi : • Com. 24 juin 2003 : *JCP E 2003, n° 48, p. 1915, obs. Kendérian ; ibid. 2004, n° 12, p. 469, note Kéita* • Paris, 16 mai 2001 : *RTD com. 2001. 765, obs. Martin-Serf .*

15 bis. Pour la compensation entre la dette du bailleur correspondant à l'avance de travaux et sa créance de loyers sur la société bénéficiaire du plan de continuation, V. • Civ. 3e, 13 févr. 2002 : *Bull. civ. III, n° 37 ; D. 2002. AJ. 887 .*

15 ter. L'indemnité d'éviction due par le bailleur et l'indemnité d'occupation due par le preneur, nées de la situation constituée par la résiliation du bail commercial, sont connexes. • Civ. 1re, 9 mai 2001 : *Bull. civ. I, n° 126 ; Act. proc. coll. 2001, n° 138, obs. Vallansan.*

16. La déductibilité de la TVA prévue aux art. 271 s. CGI, qui n'établit aucun lien de connexité entre une dette de TVA antérieure au jugement d'ouverture et un crédit de TVA afférent à des opérations postérieures à ce jugement, ne permet pas la compensation entre eux. • Com. 19 janv. 1999 : *Bull. civ. IV, n° 18 ;*

D. 1999. IR. 49 ; D. Affaires 1999. 296, obs. A. L. ; JCP E 1999, n° 18-19, p. 815, obs. Cabrillac ; Act. proc. coll. 1999, n° 36, obs. Vallansan ; RTD com. 1999. 746, obs. Martin-Serf ; Petites affiches 18 mai 1999, p. 4, note Soinne ; ibid., 15 juin 1999, p. 22, note Brandeau (V. l'arrêt cassé : • Paris, 28 sept. 1995 : *D. 1995. IR. 243 ; RJDA 1996, n° 261*).

16 bis. Le solde débiteur du compte courant au jour du jugement d'ouverture et les sommes résultant de l'encaissement d'effets de commerce postérieurement à ce jugement ne sont pas connexes dès lors que celles-ci, qui ne pouvaient être inscrites par la banque au crédit du compte avant leur encaissement, n'étaient pas entrées en compte avant le jugement d'ouverture. • Com. 28 sept. 2004 : *RD banc. fin. 2005, n° 80, obs. Crédot.* ♦ Sur la possibilité de compenser des encours avec le solde d'un compte courant, V. • Com. 17 oct. 1995 : *RJDA 1996, n° 119 ; Rev. huiss. 1996. 306, note Hesbert.* ♦ V. aussi note 18.

16 ter. Le caractère autonome de la contre-garantie à première demande exclut la connexité. • Com. 6 mars 2001 : *Bull. civ. IV, n° 49 ; D. 2001. AJ. 1173, obs. Lienhard ; Banque et Droit mai-juin 2001. 51, obs. Prüm ; RD banc. fin. 2001, n° 116, obs. Cerles ; RTD com. 2001. 764, obs. Martin-Serf*.

17. La créance de l'actionnaire contre la société constituée par le solde créditeur du compte ouvert à son nom dans les livres de la société (compte courant) est née du prêt consenti à celle-ci, tandis que la dette de l'actionnaire envers ladite société, au titre de l'obligation de libérer l'intégralité du capital social, dérive du contrat de société. A défaut de connexité, la compensation n'est pas possible. • Com. 20 mai 1997 : *Bull. civ. IV, n° 144 ; D. Affaires 1997. 762 ; Bull. Joly 1997. 804, note Calendini* • 18 janv. 2000 : *Rev. proc. coll. 2002. 179, obs. Lebel* • Paris, (3e ch. C), 30 avr. 1998 : *Dr. sociétés 1999, n° 12* • 25 janv. 2000 : *Dr. sociétés 2000, n° 74, obs. Chaput* • Versailles, 8 juin 2000 : *RTD com. 2000. 934, obs. Champaud et Danet ; ibid. 956, obs. Chazal et Reinhard* • Lyon, 11 févr. 2000 : *RTD com. 2001. 145, obs. Champaud et Danet*. – V., déjà en ce sens, • Paris, 30 sept. 1991 : *D. 1992. 140, note Derrida ; Bull. Joly 1991. 1021, note Pétel* • Versailles, 6 juin 1996 : *BICC 1996, n° 1273 ; RJDA 1997, n° 221.* – *Contra* : • Paris, 5e ch. B, 5 nov. 1998 : *D. Affaires 1999. 36.* ♦ V. aussi, pour l'absence de connexité entre la créance d'un actionnaire née d'un mandat et sa dette de libération du solde du capital social, • Com. 17 juill. 2001 : *Bull. civ. IV, n° 148 ; D. 2001. AJ. 2515, obs. Lienhard ; Bull Joly 2001. 1089, note Dom ; JCP E 2002, n° 4, p. 175, obs. Cabrillac ; Dr. sociétés 2002, n° 25, note Legros ; RD banc. fin. 2002, n° 14, obs. Cerles ; Petites affiches 8 mars 2002, p. 15, note Cerati-Gauthier ; Rev. sociétés 2002. 336, note P. Didier ; Rev. proc. coll. 2002. 179, obs. Lebel.* ♦ Sur la compensation de plein droit, avant le jugement d'ouverture, entre la créance de libération du capital social et la créance d'avance en compte courant, V. • Com. 8 janv. 2002 : *Bull. civ. IV, n° 4, D. 2002. AJ. 485, obs. Lienhard ; Act. proc. coll. 2002, n° 59, obs. Boulay ; Bull. Joly 2002. 477, note F.-X. Lucas ; Dr. sociétés 2002, n° 112, note Legros ; Banque et Droit mai-juin 2002. 40, obs. Riassetto ; RTD com. 2002. 371, obs. Martin-Serf*. – V. Saintourens, *www.droit21.com, 2002, AJ 138.*

En revanche, il existe un lien de connexité entre la convention de prêt destinée à financer l'acquisition d'actions par une société cessionnaire et la convention de garantie de passif consentie par le cédant des actions à cette société le même jour. • Dijon, 25 avr. 1996 : *Gaz. Pal. 1998. 1. Somm. 288.*

17 bis. La condition de connexité supposant que les créances aient un fondement contractuel, la compensation ne peut être retenue dès lors que l'une d'elles procède d'une escroquerie. V. • Com. 14 mai 1996 : *Bull. civ. IV, n° 133 ; D. 1996. 502, rapp. Le Dauphin ; D. 1996. Somm. 332, obs. Delebecque ; D. 1996. Somm. 340, obs. Honorat ; RTD com. 1997. 680, obs. Martin-Serf*. ♦ Dans le même sens, pour une créance de loyer et une créance résultant d'un abus de contestation du droit au bail, V. • Com. 22 avr. 1997 : *Bull. civ. IV, n° 101 ; D. Affaires 1997. 864 ; Rev. dr. bancaire 1997. 129, obs. Campana et Calendini ; JCP E 1997. I. 681, n° 18, obs. Pétel.*

17 ter. Sur la possibilité, pour un séquestre, de refuser la restitution d'une somme d'argent en invoquant la compensation, V. • Paris, 25 sept. 1996 : *D. Affaires 1996. 1292.* ♦ V. aussi notes 16 et 43 ss. ancien art. L. 621-40 et note 12 ss. ancien art. L. 621-43.

17 quater. Sur l'impossibilité, pour un vendeur, de refuser de livrer à son acheteur en liquidation judiciaire des marchandises acquises et payées avant le jugement d'ouverture pour compenser d'autres commandes non payées, V. • Com. 7 juill. 1998 : *D. Affaires 1998. 1444, obs. V. A.-R. ; Act. proc. coll. 1998, n° 92, obs. Regnaut-Moutier.*

17 quinquies. Pour l'absence de connexité entre la dette d'un dirigeant résultant d'une condamnation à combler le passif et la créance dont il bénéficie, par subrogation, pour avoir réglé une dette fiscale de la société, V. • Pau, 7 janv. 2002 : *Dr. sociétés 2002, n° 192, note Legros.*

17 sexies. Pour l'opposabilité à la procédure collective de l'adhérent à un contrat d'affacturage de la clause permettant à l'affactureur de porter au débit du compte courant ouvert par son client des créances acquises sur un autre adhérent, fournisseur du débiteur, cette entrée en compte courant réalisant la condition de connexité prévue à l'art. L. 621-24 C. com., V. • Com. 1er mars 2005 : *JCP E 2005, n° 23, p. 952, note Scholastique ; Gaz. Pal. 6-7 juill. 2005, p. 37, obs. Bonhomme ; RTD com. 2005. 841, obs. Martin-Serf*. – *Contra* : • Versailles, 13 févr. 2003 : *Gaz. Pal. 2003. Somm. 2589 ; Petites affiches 17 mai 2004, p. 12, note Sortais* • 18 déc. 2003 : *BICC 2004, n° 1466 ; JCP E 2005, n° 21, p. 870, obs. Dumoulin.*

17 septies. Connexité « provoquée » par les parties. Si l'interdiction de payer toute créance née antérieurement au jugement d'ouverture du redressement judiciaire ne fait pas obstacle à ce que la compensation opère entre des dettes connexes, encore faut-il que les parties n'aient pas délibérément provoqué cette connexité. • Com. 26 oct. 1999 : *RJDA 2000, n° 46* • Versailles, 14 févr. 2002 : *D. 2002. AJ. 1486 ; RJDA 2003, n° 153.*

17 octies. Compétence pour apprécier la connexité. Il n'appartient qu'à la juridiction judiciaire de se prononcer sur l'existence d'une connexité existant éventuellement entre une créance née antérieurement au jugement ouvrant une procédure de redressement judiciaire et une créance née postérieurement à ce jugement ; il en va ainsi même si les créances dont il s'agit sont de nature fiscale et concernent un impôt dont le contentieux relève de la compétence de la juridiction administrative. • T. confl., 22 janv. 2001 : *Bull. civ. n° 1 ; RTD com. 2001. 511, obs. Martin-Serf ; Rev. proc. coll. 2003. 104, obs. Gorrias.* – V. Lagarde, *Petites affiches 24 juill. 2001, p. 22.*

18. Nécessité de créances certaines. V. • Com. 21 janv. 1992 : *Bull. civ. IV, n° 23* • 6 févr. 1996. *Bull. civ. IV, n° 34 ; D. 1997. 353, note Boccara ; D. Affaires 1996. 324* (créances incertaines faute d'être entrées en compte courant). ♦ Comp., à propos de la créance, certaine bien que non encore exigible, d'une banque sur le débiteur, créance connexe de celles devant être inscrites en compte courant, du fait que les parties avaient fait de celui-ci le cadre de règlement de leurs créances réciproques : • Com. 6 févr. 1996 : *Bull. civ. IV, n° 34 ; D. 1996. IR. 70 ; D. Affaires 1996. 424 ; Banque mai 1996. 94, obs. Guillot ; Rev. dr. bancaire 1996. 62, obs. Campana et Calendini ; RTD com. 1996. 529, obs. Martin-Serf*. ♦ Sur l'incidence de la date d'entrée en compte de la somme (jour du règlement à la banque, et non date postérieure de régularisation comptable), V. • Com. 22 oct. 1996 : *Bull. civ. IV, n° 249 ; D. Affaires 1997. 22 ; Rev. dr. bancaire 1996. 244, obs. Campana et Calendini.* – V. Soinne, *Petites affiches 10 janv. 1997, p. 12.*

18 bis. Renonciation. Le paiement par un créancier d'une créance née après le jugement d'ouverture prouve la renonciation de ce créancier à la garantie attachée au caractère connexe de cette créance avec une créance née avant l'ouverture de la procédure. • Com. 17 juin 1997 : *D. Affaires 1997. 1155.*

19. Créances soumises aux délais fixés par un plan de continuation. Même dans le cas où, un plan de continuation de l'entreprise ayant été arrêté, la créance est soumise aux délais fixés par le plan, le débiteur d'une entreprise en redressement judiciaire est en droit d'opposer à cette dernière, pour résister à une demande en paiement, le principe de la compensation entre sa dette et une créance connexe déclarée au passif du redressement judiciaire. • Com. 24 oct. 1995 : *Bull. civ. IV, n° 252 ; D. 1995. IR. 244 ; D. Affaires 1995. 201 ; Bull. Joly 1996. 154, note Monsèrié.* (V. l'arrêt cassé : • Amiens, 22 janv. 1993 : *D. 1993. 254, note Derrida*). ♦ Dans le même sens, alors même que la dette du bénéficiaire du plan n'était pas définitivement fixée, V. • Com. 25 mars 1997 : *Rev. dr. bancaire 1997. 130, obs. Campana et Calendini.*

20. Obligation de déclaration au passif. Les règles fixées par la loi de 1985 et son décret d'application pour faire vérifier l'existence et le montant d'une créance, si elle n'est pas liquide à la date du jugement d'ouverture du redressement judiciaire, n'interdisent pas d'invoquer le principe de la compensation devant la juridiction saisie, en attendant qu'il soit statué sur la déclaration de créance faite au passif du redressement judiciaire. • Com. 27 avr. 1993 : *Bull. civ. IV, n° 148 ; D. 1993. 426, note Pédamon* • 6 juin 1995 : *RJDA 1995, n° 1263.* ♦ Dans le même sens, pour une créance contestée : • Com. 25 mai 1993 : *Bull. civ. IV, n° 207 ; D. 1993. IR. 165.* ♦ L'admission définitive d'une créance au passif d'une société en redressement judiciaire ne fait pas obstacle à la possibilité d'une compensation pour connexité. Celle-ci peut être ordonnée dès lors que le droit au paiement des dettes réciproques est né pour chacune des parties avant la décision d'ouverture de la procédure collective, peu important que la liquidation des créances n'ait pu être effectuée qu'à une date postérieure à cette décision. • Paris, 31 oct. 1997 : *BICC 1998, n° 532.* ♦ Mais la demande de compensation entre la dette d'un acheteur, au titre de marchandises livrées avant la mise en liquidation judiciaire du vendeur, et sa créance, n'est pas recevable, faute de déclaration au passif de celle-ci, bien que les créances et dettes soient connexes comme étant nées d'un même contrat. • Com. 15 oct. 1991 : *Bull. civ. IV, n° 290* • 14 mars 1995 : *ibid. IV, n° 77 ; D. 1996. Somm. 82, obs. Honorat* • 4 févr. 1997 : *D. 1997. IR. 66.* – V. aussi • Com. 23 mai 2000 : *Act. proc. coll. 2000, n° 164* • 3 avr. 2001 : *Act. proc. coll. 2001, n° 120.* ♦ Dans la mesure de cette déclaration, l'exception de compensation est opposable au détenteur de la créance du cocontractant, que celui-ci ait été subrogé dans les droits de ce dernier ou qu'il en ait été cessionnaire, en l'absence d'acceptation de la cession. • Com. 1er déc. 1992 : *Bull. civ. IV, n° 381 ; D. 1993. 513, note Sortais.* – V. aussi • Paris, 12 nov. 1997 : *JCP E 1997. Pan. 1309.* ♦ Il appartient au créancier de déclarer l'intégralité de sa créance au jour du jugement d'ouverture. • Com. 20 mars 2001 : *Bull. civ. IV, n° 62 ; D. 2001. AJ. 1468, obs. Lienhard ; ibid. 2002. Somm. 1482, obs. Honorat ; Procédures 2001, n° 127, obs. Laporte.*

Saisie d'une action en recouvrement de créance à l'encontre d'un débiteur de l'entreprise en redressement judiciaire, une cour d'appel est fondée à statuer sur la compensation invoquée par celui-ci avec sa créance admise et à ne retenir cette compensation que dans les limites de la connexité qu'elle devait apprécier elle-même (rejet du pourvoi invoquant la méconnaissance de la chose jugée attachée à la décision d'admission). • Com. 6 juill. 1999 : *RJDA 2000, n° 59.*

Le débiteur cédé ne peut opposer au cessionnaire de créances professionnelles l'exception de compensation entre les créances cédées et une créance de dommages-intérêts détenue contre le cédant, dès lors que cette créance de dommages-intérêts n'a fait l'objet d'aucune déclaration au passif de la procédure collective du cédant. • Com. 21 nov. 2000 : *Act. proc. coll. 2001, n° 7, obs. Vallansan.* – V. aussi • Com. 9 oct. 2001 : *RJDA 2002, n° 174.*

En ce sens que le créancier qui n'a pas déclaré une créance de dommages-intérêts, dont il aurait pu demander la compensation pour connexité, ne peut invoquer qu'il ne s'agissait que d'une exception d'inexécution d'une obligation de faire, V. • Com. 25 nov. 1997 : *Bull. civ. IV, n° 304 ; D. Affaires 1998. 79, obs. A. L.*

20 bis. Caution. En application des art. 1294, al. 1er, et 2036 [2313] C. civ., la caution, même solidaire, peut opposer au créancier la compensation de ce qu'il doit au débiteur principal, même si celui-ci renonce à l'invoquer. • Com. 26 oct. 1999 : *JCP E 1999, n° 49, p. 1941 ; Act. proc. coll. 1999, n° 241.*

20 ter. Compensation sollicitée par voie d'action. L'art. L. 621-24 C. com. ne fait pas obstacle à ce que le créancier de l'entreprise en redressement judiciaire sollicite, par voie d'action, la compensation de sa créance née antérieurement au jugement d'ouverture avec sa propre dette née postérieurement à ce jugement à l'occasion de la poursuite de l'activité autorisée par le tribunal, sous réserve de la connexité de ces créances réciproques. • Com. 7 mars 2006 : *BRDA 2006, n° 8, p. 5.*

20 quater. Recours. Le commissaire à l'exécution du plan est sans intérêt à critiquer l'arrêt ayant réduit le montant de la créance d'un débiteur de l'entreprise en redressement judiciaire par suite d'une compensation. • Com. 6 juill. 1999 : *préc. note 20.*

V. aussi note 24 ss. ancien art. L. 621-28, note 5 *ter* ss. ancien art. L. 621-41, note 23 ss. ancien art. L. 621-43 et notes 32 et 33 ss. ancien art. L. 621-46.

II. ACTE DE DISPOSITION ÉTRANGER À LA GESTION COURANTE

BIBL. Félix, *Defrénois 1990. 424* (actes de cession).

21. Notion. L'autorisation du juge-commissaire, prévue à l'art. 33, al. 2 [C. com., art. L. 621-24, al. 2], est requise, que les biens dont le débiteur entend disposer soient ou non attachés à l'exploitation. • Com. 9 juin 1992 : *RJDA 1992, n° 950.*

21 bis. Constituent des actes étrangers à la gestion courante au sens de l'art. L. 621-24, al. 2, C. com. : l'affectation de fonds pour l'acquisition d'un immeuble. • Civ. 1re, 27 janv. 2004 : *Act. proc. coll. 2004, n° 90.* ♦ ... La réalisation d'une maison d'habitation appartenant à la société débitrice. • T. com. Melun, 27 mars 2001 : *Rev. proc. coll. 2002. 90, obs. Lebel.* ♦ ... La cession d'actions. • Lyon, 30 juin 1995 : *Dr. sociétés 1996, n° 100, obs. Chaput.* ♦ ... Un engagement de caution. • Douai, 15 oct. 1998 : *Rev. proc. coll. 1999. 219, obs. Saint-Alary-Houin.* ♦ ... La conclusion d'un contrat d'agent commercial exclusif prévoyant, en outre, un taux progressif de commissions, alors que l'entreprise n'a jamais recouru auparavant à ce mode de distribution de ses produits. • Orléans, 24 mars 2005 : *RJDA 2005, n° 844.* ♦ En revanche, dès lors que le bail conclu par la société débitrice ne fait que constater la demande du bénéficiaire de la promesse de bail de bénéficier de celle-ci, il constitue un acte d'administration, et non un acte de disposition supposant l'autorisation du juge-commissaire. • Versailles, 9 avr. 1998 : *D. Affaires 1998. 1051, obs. A. L.* ♦ L'action en résolution d'une vente ne constitue pas un acte de disposition ou de cession. • Com. 3 févr. 1998 : *D. Affaires 1998. 538.*

22. La vente du fonds de commerce ne saurait être autorisée pendant la période d'observation, en ce qu'elle constitue une cession d'entreprise. • Toulouse, 13 mai 1987 : *Rev. dr. bancaire 1988. 136, obs. Dekeuwer-Defossez.*

22 bis. Pour un arrêt qualifiant d'acte de gestion courante la conclusion d'un contrat de travail (contrat de chauffeur-livreur conclu par une entreprise de transport routier, pour une courte durée afin de faire face à un surcroît d'activité), V. • Soc. 21 sept. 2005 : *Bull. civ. V, n° 261 ; D. 2005. AJ. 2446, obs. Lienhard ; D. 2006. Pan. 79, obs. Le Corre ; JCP E 2006, n° 2, p. 71, obs. Pétel ; Procédures 2005, n° 255, note Laporte ; RJ com. 2006. 41, note Sortais.*

23. Compromis et transaction. Il résulte de l'art. 33, al. 2 [C. com., art. L. 621-24, al. 2], combiné avec les dispositions du jugement ayant déclaré une société en redressement judiciaire, que le gérant de cette société ne pouvait compromettre qu'assisté de l'administrateur après autorisation du juge-commissaire. • Paris, 10 févr. 1994 : *D. 1994. IR. 79.* – V. aussi • T. com. Bobigny, 7 juill. 1997 : *RJ com. 1998. 78, obs. Gallet.* ♦ V. aussi, pour l'annulation d'une transaction autorisée *a posteriori*, • Com. 26 nov. 2002 : *Rev. proc. coll. 2004. 49, obs. Lebel.*

L'art. 33 [C. com., art. L. 621-24], qui soumet le compromis et la transaction à l'autorisation du juge-commissaire et qui dispose que tout acte passé en violation de ses dispositions est annulé à la demande de tout intéressé, ne distingue pas selon l'objet de la transaction. • Com. 5 janv. 1999 : *Bull. civ. IV, n° 4 ; D. 1999. Somm. 350, obs. Honorat ; D. Affaires 1999. 174, obs. A. L. ; JCP E 1999, n° 18-19, p. 809, obs. Cabrillac ; Act. proc. coll. 1999, n° 31, obs. Dom ; Rev. proc. coll. 1999. 176, obs. Canet ; RJ com. 1999. 408, note Gallet.* – V. Courtier, *Dr. sociétés 1999. Chron. 22.*

23 bis. Forme de l'autorisation du juge-commissaire. Le juge-commissaire ne peut, sauf à méconnaître ses pouvoirs, délivrer par lettre simple l'autorisation de faire un acte de disposition étranger à la gestion courante de l'entreprise. • Civ. 1re, 27 janv. 2004 : *préc. note 21 bis.*

III. RETRAIT ET SUBSTITUTION DE MARCHANDISES

23 ter. Le juge-commissaire ne peut, en application de l'art. 33 [C. com., art. L. 621-24], et sous peine de nullité, autoriser le paiement d'une créance née antérieurement à l'ouverture de la procédure collective qu'à la demande du chef d'entreprise ou de l'administrateur, et non d'un créancier. • Dijon, 23 mai 1995 : *Gaz. Pal. 1998. 1. Somm. 380.* ♦ Le représentant des créanciers n'a pas non plus qualité pour agir. • Com. 2 mars 1999 : *Act. proc. coll. 1999, n° 90.* ♦ Par suite, le commissaire à l'exécution du plan ne peut poursuivre l'action en retrait du gage. • Même arrêt.

24. Sur la possibilité, pour le juge-commissaire, d'autoriser le paiement partiel d'une créance antérieure pour retirer les marchandises gagées, à condition d'y substituer d'autres marchandises, V. • T. com. Nancy, 22 mai 1986 : *Rev. proc. coll. 1986, n° 4, p. 59, obs. Mestre et Delebecque.*

24 bis. Méconnaît l'étendue de ses pouvoirs le juge-commissaire qui autorise l'administrateur judiciaire à vendre un bon de caisse détenu à titre de gage par un établissement de crédit, le prix devant être bloqué à la Caisse des dépôts et consignations, sans avoir au préalable autorisé le retrait du gage dans les conditions prévues à l'art. 33, al. 3 [C. com., art. L. 621-24, al. 3]. • Com. 11 mai 1999 : *Bull. civ. IV, n° 98 ; D. 1999. IR. 160 ; D. Affaires 1999. 943, obs. A. L. ; JCP E 1999, n° 39, p. 1532, obs. Cabrillac ; JCP 2000. II. 10278, note Le Maigat ; RTD com. 2000. 174, obs. Martin-Serf ; RD banc. fin. 2000, n° 22, obs. F.-X. Lucas.* – V. aussi Courtier, *Rev. proc. coll. 1999. 210.*

24 ter. Commet un excès de pouvoir le juge-commissaire qui autorise la levée de l'option d'achat de contrats de crédit-bail et donc le paiement des loyers antérieurs, ce paiement n'entrant pas dans le cadre des exceptions prévues par l'art. L. 621-24 C. com. • Amiens, 24 juin 2004 : *JCP E 2005, n° 13, p. 553.*

25. Une société qui détient une machine appartenant à l'un de ses clients en vue de la réparer peut se prévaloir de son droit de rétention pour obtenir paiement du montant des réparations effectuées antérieurement au profit de ce même client et non payées dès lors qu'il existe un lien de connexité entre cette créance et le dépôt ; il en est ainsi lorsque la société a effectué les travaux pour le compte de son client en vertu d'un contrat global. • Rouen, 12 mars 1992 : *RJDA 1992, n° 391.* ♦ Le client ayant été mis en redressement puis en liquidation judiciaire, le liquidateur ne peut pas, en conséquence, revendiquer le matériel ainsi retenu sans payer la créance en vertu de laquelle le droit de rétention est exercé. • Même arrêt.

26. Le droit de rétention est opposable à la procédure (à propos d'un prêteur qui, au lieu de prendre l'inscription du gage spécifique aux véhicules automobiles, s'est fait remettre la carte grise). • Com. 31 mai 1994 : *Bull. civ. IV,* *n° 196 ; JCP E 1995. I. 417, n° 18, obs. Cabrillac.* ♦ Le droit de rétention confère à son titulaire le droit de refuser la restitution de la chose légitimement retenue jusqu'à complet paiement de sa créance, même en cas de redressement ou de liquidation judiciaire du débiteur, et la perte de ce droit nuit aux cautions (qui peuvent donc invoquer le bénéfice de l'art. 2037 [2314] C. civ.). • Com. 25 nov. 1997 : *Bull. civ. IV, n° 301 ; D. 1998. 232, note François ; D. Affaires 1998. 78, obs. A. L. ; JCP E 1998, n° 17, p. 657, obs. Cabrillac ; RTD com. 1999. 192, obs. Martin-Serf* . ♦ La rétention, qui confère au créancier une situation privilégiée, ne peut s'analyser ni comme une action ni comme une voie d'exécution (suspendues ou interdites par l'art. L. 621-40) et n'entre pas dans le domaine de l'art. 57 [C. com., art. L. 621-50]. • Toulouse, 3 nov. 1999 : *RJDA 2000, n° 1170 ; Rev. proc. coll. 2001. 248.* ♦ Le droit de rétention ne peut être limité par le pouvoir conféré au juge-commissaire par l'art. 34, al. 3 [C. com., art. L. 621-25, al. 3], d'imposer une substitution de garantie. • Com. 4 juill. 2000 : *Bull. civ. IV, n° 136 ; D. 2001. 465, note Piedelièvre ; ibid. 2000. AJ. 361, obs. Lienhard ; Act. proc. coll. 2000, n° 176, obs. Legeais ; JCP E 2001, n° 4, p. 174, obs. Cabrillac ; RTD com. 2000. 1009, obs. Martin-Serf ; Banque et Droit janv.-févr. 2001. 44, obs. Jacob ; JCP 2001. I. 315, n° 15, obs. Delebecque ; Petites affiches 8 juin 2001, p. 20, note Narayan-Fourment.* – V. l'arrêt confirmé : • Toulouse, 1er déc. 1997 : *D. Affaires 1998. 1246, note Le Corre ; JCP 1998. IV. 2042.* ♦ V. aussi note ss. ancien art. L. 621-17. ♦ Sur l'absence de nécessité de déclarer le droit de rétention, V. note 3 *bis* ss. ancien art. L. 621-44. ♦ Sur l'efficacité du droit de rétention en cas de plan de cession, V. note 3 *quater* ss. ancien art. L. 621-96.

26 bis. Dès lors qu'en application de l'art. 33, al. 1er, devenu l'art. L. 621-24, al. 1er, C. com., le paiement d'une créance antérieure au jugement d'ouverture est interdit et frappé de nullité, le commissionnaire ne peut valablement exercer son droit de rétention sur des marchandises confiées après le jugement d'ouverture pour obtenir le paiement de créances antérieures. • Com. 13 nov. 2001 : *Bull. civ. IV, n° 179 ; D. 2001. AJ. 3533, obs. Lienhard ; Act. proc. coll. 2002, n° 3, obs. Vallansan ; Banque et Droit janv.-févr. 2002. 42, obs. Rontchevsky ; RD banc. fin. 2002, n° 17, obs. F.-X. Lucas, JCP E 2002, nos 8-9, p. 373, note Piedelièvre ; ibid., n° 21, p. 855, obs. Cabrillac ; Rev. huiss. 2002. 97, obs. Courtier ; RTD com. 2002. 373, obs. Martin-Serf ; Rev. proc. coll. 2002. 177, obs. Lebel ; ibid. 183, obs. Macorig-Venier.* – V. Saintourens, *www.droit21.com, 2002, AJ 010.* ♦ Comp., pour la possibilité d'exercer le droit de rétention sur des marchandises confiées avant et après l'ouverture : • Toulouse, 3 nov. 1999 : *préc. note 26* • Besançon, 8 mars 2000 : *Rev. proc. coll. 2001. 248, obs. Macorig-Venier.*

27. L'appréciation de la régularité du droit de rétention invoqué par un créancier n'entre pas dans les attributions du juge-commissaire, qui ne peut donc ordonner la restitution de documents (à propos de certificats d'immatriculation retenus par une banque en garantie d'un prêt pour l'achat de véhicules). • Com. 6 juin 1995 : *Bull. civ. IV, n° 169 ; D. 1996. Somm. 86, obs. Honorat ; JCP E 1995. I. 513, n° 2, obs. Cabrillac ; Rev. proc. coll. 1995. 291, obs. Dureuil.*

IV. SANCTIONS

28. Nature de la nullité. La sanction de l'excès de pouvoir du dirigeant, qui intervient quel que soit l'auteur de l'acte incriminé dans un délai préfix de trois ans, est la nullité absolue de l'acte. • Paris, 10 févr. 1994 : *préc. note 23* • Versailles, 15 janv. 1998 : *D. Affaires 1998. 915 ; RJDA 1998, n° 457.* ♦ Tout intéressé peut s'en prévaloir. • Bordeaux, 20 mai 1997 : *Banque et Droit sept.-oct. 1997. 40, obs. Guillot ; RJDA 1998, n° 308.*

28 bis. Qualité pour agir. Le commissaire à l'exécution du plan est en droit de faire constater la nullité du paiement fait par l'administrateur d'une créance née antérieurement au jugement d'ouverture. • Com. 28 mai 2002 : *cité note 19 bis ss. ancien art. L. 621-32.*

29. Effets de la nullité. La nullité des paiements effectués par le débiteur après l'ouverture de son redressement judiciaire, au moyen des fonds que son fournisseur lui avait versés par chèque à titre d'avance sur ristournes, ne peut entraîner la restitution au profit de ce dernier de la somme correspondant au montant de la provision, la propriété de celle-ci ayant été transférée au bénéficiaire du chèque dès l'émission de l'effet. • Com. 4 févr. 1992 : *RJDA 1992, n° 284.*

La banque qui a payé postérieurement à l'ouverture du redressement judiciaire de son client deux chèques émis par celui-ci doit être condamnée à restituer leur montant à la procédure collective, dès lors que le débiteur n'avait pas constitué la provision des chèques litigieux. • Com. 19 janv. 1999 : *Act. proc. coll. 1999, n° 65.*

L'exigence d'une société d'assurance de ne maintenir la couverture de prestations sociales légales ou conventionnelles, pour le débiteur, que contre paiement de sa créance de cotisations échues se heurtant à la règle de l'interdiction du paiement préférentiel, le représentant des créanciers est, *ès qualités,* fondé à solliciter le remboursement de la somme indûment versée avec intérêts au taux légal à compter de la date de son recours et avec capitalisation dans les conditions de l'art. 1154 C. civ. • Paris, 18 juin 1999 : *D. 1999. AJ. 21*.

Dès lors qu'elle ne tend pas à obtenir la réintégration des sommes payées dans le patrimoine du débiteur, mais dans son patrimoine propre, l'action exercée par la banque, qui a procédé, postérieurement à l'ouverture de la procédure collective, au paiement d'une lettre de change, ne peut être accueillie. • Com. 3 oct. 2000 : *RJDA 2001, n° 185 ; RTD com. 2001. 513, obs. Martin-Serf ; Rev. proc. coll. 2002. 91, obs. Lebel.*

29 bis. Effets de l'absence d'annulation. Un acte de disposition étranger à la gestion courante n'en produit pas moins ses effets dès lors qu'il n'a pas fait l'objet de l'action en annulation ouverte par l'art. L. 621-24, al. 4, C. com. • Orléans, 24 mars 2005 : *préc. note 21 bis.*

30. Responsabilité civile. Dès lors que le jugement ouvrant la procédure de redressement judiciaire n'a pas été publié et que la banque du débiteur n'a pas eu connaissance de la mise en redressement judiciaire de ce dernier, aucune faute ne peut être retenue à son encontre pour avoir, en qualité de mandataire du débiteur, effectué un paiement le jour même du prononcé du redressement judiciaire. • Com. 3 mars 1998 : *Bull. civ. IV, n° 90 ; D. 1998. IR. 90 ; D. Affaires 1998. 536, obs. A. L. ; Gaz. Pal. 2000. 1872, note Danïélou.*

31. Sanctions pénales. V. art. L. 626-8.

Ancien art. L. 621-25 ***En cas de vente d'un bien grevé d'un privilège spécial, d'un nantissement ou d'une hypothèque, la quote-part du prix correspondant aux créances garanties par ces sûretés est versée en compte de dépôt à la Caisse des dépôts et consignations. Après l'adoption du plan de redressement ou en cas de liquidation, les créanciers bénéficiaires de ces sûretés ou titulaires d'un privilège général sont payés sur le prix suivant l'ordre de préférence existant entre eux et conformément à l'article L. 621-80 lorsqu'ils sont soumis aux délais du plan de continuation.*** — V. Décr. n° 85-1388 du 27 déc. 1985, ancien art. 102, infra, App., v° Difficultés des entreprises.

Le juge-commissaire peut ordonner le paiement provisionnel de tout ou partie de leur créance aux créanciers titulaires de sûretés sur le bien. Sauf décision spécialement motivée du juge-commissaire ou lorsqu'il intervient au bénéfice du Trésor ou des organismes sociaux ou organismes assimilés, ce paiement provisionnel est subordonné à la présentation par son bénéficiaire d'une garantie émanant d'un établissement de crédit.

Le débiteur ou l'administrateur peut proposer aux créanciers, la substitution aux garanties qu'ils détiennent de garanties équivalentes. En l'absence d'accord, le juge-commissaire peut ordonner cette substitution. Le recours contre cette ordonnance est porté devant la cour d'appel. — [L. n° 85-98 du 25 janv. 1985, art. 34]. — V. Décr. n° 85-1388 du 27 déc. 1985, anciens art. 55-1, 56 et 155, infra, App., v° Difficultés des entreprises.

BIBL. ▶ KORNMANN, *JCP N 1988. Prat. 726.* – D. MARTIN, *D. 1986. Chron. 325.* – DEVÈZE, *Rev. proc. coll. 1992. 10 7.* – POHÉ, *ibid. 1992. 245* (substitution judiciaire de garanties). – HUILLE, *Gaz. Pal. 2001. Doctr. 298* (répartitions provisionnelles).

1. Gage. V. notes 8 et 23 *ter* s. ss. ancien art. L. 621-24.

2. Warrant agricole. Les dispositions de l'art. 8 de la loi du 30 avr. 1906, permettant à l'emprunteur, sous certaines conditions, de vendre les objets warrantés, ne peuvent prévaloir sur celles des art. 33, al. 1er, et 34, al. 1er, de la loi du 25 janv. 1985 [C. com., art. L. 621-24 et L. 621-25]. • Com. 9 avr. 1991 : *Bull. civ. IV, n° 131 ; D. 1992. Somm. 256, obs. Derrida ; JCP E 1991. II. 232, note Le Corre.* ♦ Aussi, la quote-part du prix de vente d'une récolte correspondant à la créance garantie par le warrant agricole doit être versée en compte de dépôt à la Caisse des dépôts et consignations jusqu'à l'adoption du plan de redressement ou à la liquidation. • Même arrêt.

3. Dividendes à échoir. Pour un arrêt faisant application de l'art. 78, al. 2 [C. com., art. L. 621-80], en fixant les dividendes à échoir au profit du créancier en fonction des paiements anticipés qu'il avait reçus, V. • Com. 20 janv. 1998 : *Bull. civ. IV, n° 27.*

Sous-§ 2 DE LA POURSUITE DE L'ACTIVITÉ

Ancien art. L. 621-26 ***L'activité de l'entreprise est poursuivie pendant la période d'observation, sous réserve des dispositions des articles L. 621-27 à L. 621-35.*** — [L. n° 85-98 du 25 janv. 1985, art. 35].

Sur la responsabilité civile de l'administrateur, V. notes 5 s. ss. ancien art. L. 621-8.

Ancien art. L. 621-27 ***A tout moment, le tribunal, à la demande de l'administrateur, du représentant des créanciers, d'un contrôleur, du débiteur, du procureur de la République ou d'office et sur rapport du juge-commissaire, peut ordonner la cessation totale ou partielle de l'activité ou la liquidation judiciaire.***

Le tribunal statue après avoir entendu ou dûment appelé en chambre du conseil, le débiteur, l'administrateur, le représentant des créanciers, un contrôleur et les représentants du comité d'entreprise ou, à défaut, des délégués du personnel.

Lorsque le tribunal prononce la liquidation, il met fin à la période d'observation et à la mission de l'administrateur. — [L. n° 85-98 du 25 janv. 1985, art. 36].

1. Conditions. La liquidation judiciaire peut être prononcée à tout moment, sans attendre l'issue de la procédure de vérification des créances. • Com. 30 oct. 2000 : *Act. proc. coll. 2000, n° 246.*

Aucun plan de cession n'ayant été présenté par le débiteur en redressement judiciaire, c'est à bon droit qu'après avoir retenu que le plan de continuation proposé n'était pas sérieux et l'avoir écarté, la cour d'appel, qui n'avait pas à rechercher d'office si un plan de cession était possible, a prononcé la liquidation judiciaire. • Com. 25 juin 1991 : *Bull. civ. IV, n° 235.*

1 bis. Le redressement judiciaire d'une entreprise agricole doit être transformé en liquidation si la continuation ou la cession de l'entreprise est impossible, même si les débiteurs ont apuré leur passif professionnel et qu'il ne subsiste que des dettes personnelles. • Com. 27 oct. 1998 : *Act. proc. coll. 1999, n° 25.*

1 ter. Sur le refus de différer le prononcé de la liquidation judiciaire en considération de la demande d'extension de la procédure collective de la société débitrice à une autre société, V. • Paris, 27 nov. 2001 : *RJDA 2002, n° 404.*

2. Est irrégulière la saisine du tribunal par voie de requête de l'administrateur en vue du prononcé d'un jugement de redressement judiciaire par voie d'extension d'une procédure de redressement judiciaire antérieurement ouverte, aucun texte de la loi de 1985 n'autorisant à déroger à la règle de droit commun de la saisine par voie d'assignation. • Montpellier, 31 juill. 1991 : *D. 1991. 474, note Derrida*. ♦ Comp., sur la régularité de la saisine lorsque, bien que l'administrateur eût saisi le tribunal par requête, le débiteur avait été convoqué par lettre recommandée émanant du greffier, en application de l'art. 86 du décret de 1985 : • Aix-en-Provence, 26 sept. 1990 : *ibid.*

3. Liquidation judiciaire immédiate (jurisprudence antérieure à la loi du 10 juin 1994). Il était vainement soutenu, avant la loi du 10 juin 1994, que la formule « à tout moment » de l'art. 36 [C. com., art. L. 621-27] autorisait le tribunal à prononcer directement la liquidation judiciaire. • Paris, 2 mai 1986 : *Gaz. Pal. 1986. 1. 337, notes Marchi et de Granvilliers.* ♦ En effet, cet article inclus dans le paragraphe intitulé « la poursuite de l'activité » ne peut être entendu que dans le sens qu'à tout moment de cette période, la cessation totale ou partielle de l'activité ou la liquidation judiciaire peuvent être ordonnées, c'est-à-dire pendant la période d'observation ainsi que le précise l'art. 35 [C. com., art. L. 621-26]. • Même arrêt. ♦ Comp., désormais : art. L. 620-1, al. 3, issu de la loi n° 94-475 du 10 juin 1994.

Sur cette question, V. aussi notes ss. anciens art. L. 621-6 et L. 621-136.

3 bis. Location-gérance. V. note 4 ss. ancien art. L. 621-34.

4. Rapport du juge-commissaire. A défaut du rapport prévu par l'art. 36 [C. com., art. L. 621-27], le jugement doit être annulé, l'omission de la formalité, s'agissant d'une disposition d'ordre public, ne pouvant être réparée en cause d'appel. • Besançon, 22 mars 1995 : *Rev. proc. coll. 1996. 52, obs. Dureuil.*

4 bis. Convocation du débiteur. Lorsque la lettre recommandée portant convocation à l'audience destinée à statuer sur la conversion du redressement judiciaire en liquidation n'a pas atteint le débiteur, il appartient au greffier, à peine de nullité du jugement pour non-respect du contradictoire, de faire convoquer le débiteur par voie de signification d'huissier en application de l'art. 670-1 NCPC. • Besançon, 6 déc. 1996 : *RJ com. 1999. 80, note Haennig* • 20 déc. 1996 : *ibid.*

5. Audition du débiteur. Le directeur général d'une société anonyme a qualité pour représenter la société devant le tribunal lors de son audition préalable au prononcé de la liquidation judiciaire. • Com. 12 juill. 1993 : *Bull. civ. IV, n° 308 ; D. 1993. 549, note Merle ; Rev. sociétés 1993. 803, note Guyon ; Bull. Joly 1993. 1135, note Le Cannu.*

6. Fin des fonctions de l'administrateur. Sauf à méconnaître la distinction entre les fonctions d'administrateur et de liquidateur et les règles d'ordre public qui s'y attachent, l'administrateur ne peut, postérieurement au jugement de liquidation judiciaire, gérer le compte bancaire du débiteur et effectuer des règlements sans avoir reçu, préalablement, l'autorisation expresse du liquidateur. • Amiens, 25 oct. 2001 : *Rev. proc. coll. 2003. 131, obs. Soinne.*

Ancien art. L. 621-28 ***L'administrateur a seul la faculté d'exiger l'exécution des contrats en cours en fournissant la prestation promise au cocontractant du débiteur. Le contrat est résilié de plein droit après une mise en demeure adressée à l'administrateur restée plus d'un mois sans réponse. Avant l'expiration de ce délai, le juge-commissaire peut impartir à l'administrateur un délai plus court ou lui accorder une prolongation, qui ne peut excéder deux mois, pour prendre parti.*** — V. Décr. n° 85-1388 du 27 déc. 1985,anciens art. 61, 61-1 et 66, infra, App., v° Difficultés des entreprises.

Lorsque la prestation porte sur le paiement d'une somme d'argent, celui-ci doit se faire au comptant, sauf pour l'administrateur à obtenir l'acceptation, par le cocontractant du débiteur, de délais de paiement. Au vu des documents prévisionnels dont il dispose, l'administrateur s'assure, au moment où il demande l'exécution, qu'il disposera des fonds nécessaires à cet effet. S'il s'agit d'un contrat à exécution ou paiement échelonnés dans le temps, l'administrateur y met fin s'il lui apparaît qu'il ne disposera pas des fonds nécessaires pour remplir les obligations du terme suivant.

A défaut de paiement dans les conditions définies à l'alinéa précédent et d'accord du cocontractant pour poursuivre les relations contractuelles, le contrat est résilié de plein droit et le parquet, l'administrateur, le représentant des créanciers ou un contrôleur peut saisir le tribunal aux fins de mettre fin à la période d'observation. — V. Décr. n° 85-1388 du 27 déc. 1985, ancien art. 61-1 et 66, infra, App., v° Difficultés des entreprises.

Le cocontractant doit remplir ses obligations malgré le défaut d'exécution par le débiteur d'engagements antérieurs au jugement d'ouverture. Le défaut d'exécution de ces engagements n'ouvre droit au profit des créanciers qu'à déclaration au passif.

Si l'administrateur n'use pas de la faculté de poursuivre le contrat, l'inexécution peut donner lieu à des dommages-intérêts dont le montant sera déclaré au passif au profit de l'autre partie. Celle-ci peut néanmoins différer la restitution des sommes versées en excédent par le débiteur en exécution du contrat jusqu'à ce qu'il ait été statué sur les dommages-intérêts.

Nonobstant toute disposition légale ou toute clause contractuelle, aucune indivisibilité, résiliation ou résolution du contrat ne peut résulter du seul fait de l'ouverture d'une procédure de redressement judiciaire. — Sur la résolution de plein droit des cessions de titres sur un marché réglementé en cas de transfert tardif de la propriété, V. C. mon. fin., art. L. 431-2, infra, App., v° Code monétaire et financier (extraits). — Sur la validité des clauses de résiliation de plein droit dans les opérations sur instruments financiers, V. C. mon. fin., art. L. 431-7, infra, App., v° Code monétaire et financier (extraits).

Les dispositions du présent article ne concernent pas les contrats de travail. — [L. n° 85-98 du 25 janv. 1985, art. 37].

Sur la continuation des contrats d'assurance, V. infra, C. assur. (Décr. n° 76-666 du 16 juill. 1976), art. L. 113-6.

... Des contrats d'édition et de production audiovisuelle, V. infra, CPI. (L. n° 92-597 du 1er juill. 1992), art. L. 132-15 et L. 132-30. - ***CPI ou C. proc. coll.***

... Des garanties collectives de prévoyance à adhésion obligatoire, V. CSS, art. L. 932-10. — **CSS.**

Pour une dérogation à l'ancien art. L. 621-28 ci-dessus, s'agissant des contrats qui prévoient la gestion ou le recouvrement, pour le compte d'une société de crédit foncier, des prêts, créances assimilées, titres et valeur, obligations ou autres ressources prévues à l'art. L. 515-13 C. mon. fin., V. C. mon. fin., art. L. 515-28, infra, App., v° Code monétaire et financier (extraits). - V. aussi C. mon. fin., art. L. 515-21, al. 2.

Ancien art. 37 de la loi du 25 janv. 1985 [rédaction antérieure à L. n° 94-475 du 10 juin 1994] ***L'administrateur a seul la faculté d'exiger l'exécution des contrats en cours en fournissant la prestation promise au cocontractant du débiteur.***

Le cocontractant doit remplir ses obligations malgré le défaut d'exécution par le débiteur d'engagements antérieurs au jugement d'ouverture. Le défaut d'exécution de ces engagements n'ouvre droit au profit des créanciers qu'à déclaration au passif.

La renonciation à la continuation du contrat est présumée après une mise en demeure adressée à l'administrateur, restée plus d'un mois sans réponse. Avant l'expiration de ce délai, le juge-commissaire peut toutefois impartir à l'administrateur un délai plus court ou lui accorder une prolongation pour prendre parti.

Si l'administrateur n'use pas de la faculté de poursuivre le contrat, l'inexécution peut donner lieu à des dommages-intérêts dont le montant sera déclaré au passif au profit de l'autre partie. Celle-ci peut néanmoins différer la restitution des sommes versées en excédent par le débiteur en exécution du contrat jusqu'à ce qu'il ait été statué sur les dommages-intérêts.

Nonobstant toute disposition légale ou toute clause contractuelle, aucune indivisibilité, résiliation ou résolution du contrat ne peut résulter du seul fait de l'ouverture d'une procédure de redressement judiciaire.

Les dispositions du présent article ne concernent pas les contrats de travail.

BIBL. ▶ Régime issu de la loi du 10 juin 1994 : BOCCARA, *JCP E 1994. I. 385.* – LEMISTRE et MERCIER, *Petites affiches 14 sept. 1994, p. 55.* – MACORIG-VENIER, *Petites affiches 6 sept. 2000, p. 21* (rupture des contrats). – BRUNETTI-PONS, *RTD com. 2000. 783* (spécificité du régime des contrats en cours). – LE CORRE-BROLY, *JCP E 2002, n° 40, p. 1565* (résiliation de plein droit des contrats du fait de la liquidation judiciaire non assortie d'une période de poursuite provisoire d'activité). – MONTÉRAN, *Gaz. Pal. 2003. Doctr. 2716* (influence des procédures collectives sur la poursuite et la fin des contrats). – TEBOUL, *Gaz. Pal. 2004. Doctr. 938* (le sort des contrats pendant les procédures collectives : quels choix opérer ?).

Sur les baux commerciaux, V. bibl. ss. ancien art. L. 621-29.

I. DOMAINE D'APPLICATION

A. CONTRATS CONCERNÉS

1. Notion de « contrats en cours ». **BIBL.** Derrida, *RJDA 1993, n° 6, p. 399.* – Bac, *JCP E 2000, n° 1-2, p. 22.* ♦ Un contrat de prêt n'est pas un contrat en cours, au sens de l'art. 37 [C. com., art. L. 621-28], si les fonds ont été remis à l'emprunteur avant l'ouverture de son redressement judiciaire. • Com. 14 déc. 1993 : *Bull. civ. IV, n° 477* • 13 avr. 1999 : *Bull. civ. IV, n° 87 ; D. 2000. 257, note Lipinski ; D. Affaires 1999. 801, obs. A. L.* • Dijon, 23 mai 2000 : *Rev. proc. coll. 2002. 191, obs. Roussel Galle.* – V. déjà • Com. 2 mars 1993 : *Bull. civ. IV, n° 89 ; D. 1993. 572, note Devésa ; Rev. huiss. 1993. 1434, note Vidal* • 3 mars 1992 : *Bull. civ. IV, n° 102 ; D. 1992. Somm. 260, obs. Derrida ; Defrénois 1992. 1371, obs. Le Cannu ; JCP E 1992. I. 192, n° 2, obs. crit. Pétel* • Versailles, 12 nov. 1991 : *ibid. 1992. I. 195, n° 11, obs. crit. Cabrillac et Pétel.*

1 bis. Le contrat de vente d'un immeuble dont l'une des clauses subordonne le transfert de propriété au paiement intégral du prix est un contrat de vente à terme n'incluant pas un prêt. Ce contrat est en cours lors de l'ouverture de la procédure collective dès lors qu'une partie du prix reste à payer. • Com. 1er févr. 2000 : *Bull. civ. IV, n° 23 ; D. 2000. AJ. 144, obs. Lienhard ; RTD com. 2000. 444, obs. Laude ; Rev. proc. coll. 2002. 182, obs. Macorig-Venier.* ♦ Comp., pour la vente de biens mobiliers sous réserve de propriété : note 18 *bis* ss. ancien art. L. 621-115.

Un contrat de vente en viager ne cesse pas d'être un contrat à exécution instantanée par le simple fait que les parties sont convenues d'un échelonnement partiel du prix, le transfert de propriété ayant eu lieu le jour de la vente, et il ne peut donc s'analyser comme un contrat en cours au sens de l'art. 37 [C. com., art. L. 621-28]. • Paris, 14 oct. 1997 : *D. Affaires 1997. 1427.* – V. aussi : • Com. 2 mars 1999 : *Act. proc. coll. 1999, n° 91, obs. Vallansan ; Petites affiches 1er févr. 2000, p. 21, note Gallet* • Dijon, 3 déc. 1998 : *JCP E 1999, n° 49, p. 1944* • Paris, 9 mars 2000 : *D. 2000. AJ. 202, obs. Pisoni* • Aix-en-Provence, 23 mai 2001 : *Rev. proc. coll. 2002. 189, obs. Roussel Galle.* – V. Delattre, *Ann. loyers 2002. 137.* – *Contra :* • Agen, 5 sept. 1995 : *Cah. jurispr. Aquitaine 1995, n° 2, p. 89.* ♦ Dans le même sens, à propos d'une donation partage stipulant le versement par le donataire d'une rente viagère, V. • Agen, 8 mars 2004 : *Rev. proc. coll. 2004. 223, obs. Roussel Galle.* ♦ Sur l'application des art. 37 et 40 [C. com., art. L. 621-28 et L. 621-32] à une vente en l'état futur d'achèvement, V. • Lyon, 14 déc. 1990 : *RD imm. 1993. 388, obs. Groslière et Saint-Alary-Houin* • Versailles, 27 janv. 1995 : *Rev. loyers 1995. 522, note Gallet.*

Pour un arrêt ayant jugé que la vente d'un terrain dont le paiement est assuré par une dation en paiement dont la réalisation est fixée dans le temps, étant un acte ponctuel détaché de toute connexité, ne peut constituer un contrat en cours, V. • Civ. 3e, 18 juill. 1995 : *D. 1996. 70, note crit. Derrida ; RTD com. 1996. 343, obs. Martin-Serf.*

En ce sens qu'une promesse unilatérale de vente d'immeuble est un contrat en cours lorsque le bénéficiaire de la promesse est mis en redressement judiciaire avant l'expiration du délai d'option, V. • Com. 1er févr. 2000 : *Rev. proc. coll. 2003. 18, obs. Roussel Galle.* ♦ V. aussi, pour une promesse de cession de marque, en cas de redressement judiciaire du promettant, • Besançon, 4 mars 2004 : *ibid. 2004. 65, obs. Roussel Galle.*

1 ter. Le bail commercial renouvelé après délivrance d'un congé est un nouveau bail, le précédent cessant par l'effet du congé, ce dont il résulte qu'il ne constitue pas un contrat en cours dont l'administrateur du redressement judiciaire du preneur peut exiger l'exécution (s'agissant d'un bail en cours à la date de l'ouverture de la procédure collective, mais arrivé à son terme par l'effet du congé au jour de la mise en demeure adressée par le bailleur à l'administrateur judiciaire pour qu'il exerce son option). • Cass. Ass. plén. 7 mai 2004 : *Bull. civ. n° 9 ; BICC 15 juill. 2004, rapp. Gillet et avis de Gouttes ; D. 2004. AJ. 1451, avis de Gouttes et obs. Lienhard ; ibid. Somm. 2142, obs. Le Corre ; JCP E 2004, n° 28-29, p. 1156, note Dumoustier ; ibid., n° 37, p. 1389, obs. Pétel ; Act. proc. coll. 2004, n° 121, obs. Regnaut-Moutier ; Rev. proc. coll. 2004. 222, obs. Roussel Galle ; Loyers et copr. 2004, n° 131, note Brault ; Petites affiches 8 déc. 2004, p. 7, note Serra ; ibid. 18 janv. 2005, p. 7, note Mercier ; Defrénois 2004. 1666, obs. Gibirila* (V. déjà, dans la même affaire, • Com. 17 févr. 1998 : *Bull. civ. IV, n° 72 ; D. 1998. IR. 82 ; D. Affaires 1998. 582, obs. A. L. ; JCP E 1998, n° 36, p. 1361, note Brault ; AJPI 1998. 1064, note Gallet).* — V. Pizon, *JCP E 2004, n° 51, p. 2008.*

Pour une promesse de bail constitutive d'un contrat en cours d'exécution, dès lors que le contrat de bail devait seulement recevoir sa formulation définitive par l'adjonction des clauses usuelles, V. • Com. 6 févr. 1996 : *Bull. civ. IV, n° 36 ; D. 1996. IR. 73 ; D. Affaires 1996. 422 ; Gaz. Pal. 1996. 1. Somm. 225, obs. Brault ; Rev. proc. coll. 1996. 209, obs. Mestre et Laude.*

1 quater. Dès lors que le transfert de propriété des parts d'une société civile immobilière que les porteurs se sont engagés à céder à une société mise en liquidation judiciaire ne s'est pas réalisé avant l'ouverture de la procédure collective le contrat de vente est en cours. • Com. 22 oct. 1996 : *Bull. civ. IV, n° 253 ; D. 1996. IR. 263 ; Defrénois 1997. 467, obs. Le Cannu ; Rev. proc. coll. 1998. 290, obs. Macorig-Venier.* – V. aussi • Rouen, 6 mars 1997 : *RJDA 1997, n° 837.*

Le contrat par lequel une personne commet un commissionnaire en marchandises pour effectuer pour son compte une opération à terme ne s'achevant que par l'exécution, au terme prévu, de cette opération, ce contrat est soumis aux dispositions de l'art. 37 [C. com., art. L. 621-28] s'il est en cours lors de l'ouverture de la procédure collective du commissionnaire. • Com. 26 mai 1998 : *RJDA 1998, n° 1132 ; Rev. proc. coll. 1999. 116, obs. Laude.*

Un contrat d'entreprise est un contrat en cours d'exécution dès lors qu'au jour du jugement d'ouverture subsiste notamment à la charge du cocontractant une obligation de fabrication et de livraison. • Reims, 14 févr. 2001 : *Rev. proc. coll. 2002. 190, obs. Roussel Galle.*

En ce sens que le contrat de sous-traitance n'est pas un contrat en cours lorsque les travaux sous-traités ont été achevés avant l'ouverture de la procédure collective, peu important que la garantie ait été mise en jeu postérieurement à cette date, V. • Com. 19 janv. 1999 : *RJDA 1999, n° 307.*

Sur la notion de « contrats en cours », V. également note 25 ss. ancien art. L. 621-40 et note 14 ss. ancien art. L. 621-43.

1 quinquies. Sur la question de savoir à quelle date prend effet la résiliation d'un contrat, V., en ce sens qu'il résulte de l'art. 668 NCPC que la date de la notification par voie postale est, à l'égard de celui à qui elle est faite, la date de la réception de la lettre, • Com. 11 avr. 1995 : *Rev. proc. coll. 1995. 293, obs. Mestre et Laude.*

1 sexies. Dès lors qu'un concessionnaire avait, contrairement à la convention conclue avec le concédant, revendu les véhicules que ce dernier lui livrait à un revendeur étranger à son réseau, qui les commercialisait, doit être rejetée la demande de ce concessionnaire tendant à la poursuite des livraisons. • Com. 11 oct. 1994 : *Bull. civ. IV, n° 283 ; D. 1994. IR. 242 ; JCP E 1995. II. 749, note J.-C. Fourgoux.* ♦ V. aussi note 28.

2. Concours bancaires. L'administrateur d'un redressement judiciaire a la faculté d'exiger l'exécution des contrats en cours lors du prononcé de ce redressement judiciaire sans qu'il puisse être fait de distinction selon que les contrats ont été ou non conclus en considération de la personne. • Com. 8 déc. 1987 : *Bull. civ. IV, n° 266 ; D. 1988. 52, note Derrida ; JCP 1988. II. 20927, note Jeantin.* ♦ Il en résulte que l'administrateur doit, lorsqu'il le demande, obtenir la continuation, pendant la période d'observation, des conventions de compte courant, d'ouverture de crédits, de découvert ou d'autorisation d'escomptes en cours au jour du jugement de redressement judiciaire, sauf pour l'établissement financier à bénéficier des dispositions de l'art. 40 de la loi du 25 janv. 1985 [C. com., art. L. 621-32] et, s'il y a lieu, de celles de l'art. 60, al. 2, de la loi du 24 janv. 1984 [C. mon. fin., art. L. 313-12]. • Même arrêt. – V., sur renvoi, • Lyon, 5 déc. 1988 : *Banque 1989. 213, obs. Rives-Lange.* ♦ En effet, la continuation des concours bancaires, par application de l'art. 37 ci-dessus [C. com., art. L. 621-28], n'interdit pas que ces concours soient interrompus pendant la période d'observation si les conditions fixées par l'art. 60, al. 1er ou 2, de la loi du 24 janv. 1984 [C. mon. fin., art. L. 313-12] sont réalisées. • Com. 1er oct. 1991 : *Bull. civ. IV, n° 273 ; D. 1992. Somm. 261, et 1993. Somm. 10, obs. Derrida ; JCP 1992. II. 21854, note Jeantin* • 2 mars 1993 : *Bull. civ. IV, n° 88 ; D. 1993. IR. 91 ; Rev. dr. bancaire 1993. 228, note*

Gavalda ; Rev. proc. coll. 1993. 532, obs. Mestre et Laude. ♦ Comp., ajoutant la condition que le désengagement n'ait pas une cause antérieure au jugement d'ouverture : • Douai, 30 mars 1995 : *RJ com. 1995. 337, note Goyet.* ♦ Mais, en présence d'une résiliation avec préavis, décidée par la banque le jour du jugement d'ouverture, et en l'absence de notification de la décision de résiliation à l'administrateur judiciaire, l'ordonnance du juge-commissaire enjoignant à la banque de poursuivre ses concours pendant la période d'observation doit recevoir son entier effet. • Com. 28 juin 1994 : *Bull. civ. IV, n° 242 ; D. 1994. IR. 205 ; Dr. sociétés 1994, n° 189, obs. Chaput ; Rev. dr. bancaire 1995. 83, obs. Campana et Calendini.* ♦ Sur l'application de l'art. 60 de la loi du 24 janv. 1984 [C. mon. fin., art. L. 313-12], V. aussi • TGI Laon, 9 mars 1988 : *JCP 1989. II. 21243, note Gavalda ; D. 1990. Somm. 11, obs. Derrida.*

Sur le contrôle exercé par la Cour de cassation, V. • Com. 1er juill. 1997 : *Bull. civ. IV, n° 214 ; RTD com. 1997. 660, obs. Cabrillac ; RJDA 1997, n° 1540 ; RD bancaire et bourse 1998. 24, obs. Campana et Calendini.*

3. En ce sens que la continuité du compte courant après l'ouverture du redressement judiciaire n'empêche pas la banque d'établir un solde provisoire et d'en demander paiement aux cautions, V. • Com. 9 juin 1992 : *D. 1994. Somm. 323, obs. Vasseur ; Banque 1992. 950, obs. Rives-Lange.* – V. aussi • Versailles, 29 sept. 1988 : *D. 1989. 132, note Martin.* ♦ *Contra*, jugeant que l'ouverture du redressement judiciaire ne rend pas exigible le solde débiteur existant à cette date en l'absence de clôture du compte courant et que la caution peut opposer au créancier toutes les exceptions qui appartiennent au débiteur principal : • Com. 3 janv. 1995 : *D. 1995. IR. 51 ; JCP E 1995. I. 405, n° 16, obs. Cabrillac ; Rev. dr. bancaire 1995. 115, obs. Contamine-Raynaud.* ♦ Dans le même sens, jugeant que la caution ne peut être condamnée au paiement du solde débiteur existant à la date du jugement d'ouverture si celui-ci a été ultérieurement apuré par la remise de chèques ou par des virements, V. • Com. 2 mars 1999 : *Act. proc. coll. 1999, n° 103, obs. Regnaut-Moutier ; Rev. proc. coll. 2000. 55, obs. Kerckhove.* ♦ Comp., pour les cautionnements souscrits à compter du 11 juin 1994 : art. L. 621-48, al. 2, issu de la loi n° 94-475 du 10 juin 1994.

4. Le changement de régime juridique de la procédure de redressement judiciaire passant de la période d'observation à la phase d'exécution du plan de continuation de l'entreprise ne suffit pas à légitimer la rupture brutale des concours bancaires précédemment accordés. • Agen, 2 avr. 1987 : *D. 1987. 592, note Derrida.* ♦ En ne donnant pas à l'entreprise le préavis raisonnable lui ménageant une transition indispensable entre les deux régimes, les banques ne peuvent ignorer les conséquences de la brusque rupture de leur soutien financier sur la survie de l'entreprise ; elles ne peuvent soutenir qu'est survenu l'un des événements mentionnés à l'al. 2 de l'art. 60 de la loi du 24 janv. 1984 [C. mon. fin., art. L. 313-12]. • Même arrêt. – Arrêt conf. par • Com. 14 févr. 1989 : *D. 1991. Somm. 11, obs. Derrida.* ♦ Les conventions en cours lors de l'homologation du plan de continuation de l'entreprise doivent être appliquées par les banques jusqu'à leur échéance, en vertu des dispositions de l'art. 64, al. 1er, de la loi du 25 janv. 1985 [C. com., art. L. 621-65]. • T. com. Antibes, 2 juin 1987 : *D. 1987, préc.* ♦ V. note 26.

5. Assurance-maladie. Le régime d'assurance maladie et maternité des travailleurs non salariés des professions non agricoles est un statut légal obligatoire, peu important que les assurés puissent choisir, pour y adhérer, entre différents organismes conventionnés ; l'affiliation du commerçant et la perception de prestations qui en découle ne procèdent pas d'un contrat mais de l'application de ce statut (non-application de l'art. 37 [C. com., art. L. 621-28]). • Soc. 13 mars 1997 : *D. 1997. IR. 83 ; D. Affaires 1997. 540.* – V. déjà • Toulouse, 3 juin 1991 : *Rev. proc. coll. 1992. 145, obs. Liénard.* – *Contra* : • T. com. Antibes, 16 sept. 1988 : *D. 1990. Somm. 12, obs. Derrida* • Paris, 7 janv. 1992 : *D. 1992. IR. 111.*

6. Garantie financière d'un agent immobilier. La finalité première de la loi du 25 janv. 1985 étant la survie de l'entreprise, la garantie financière fournie par une société d'assurance mutuelle à un de ses sociétaires, agent immobilier mis en redressement judiciaire, doit être maintenue à la demande de l'administrateur, nonobstant la clause des statuts de la société selon laquelle le jugement d'ouverture entraîne la perte de la qualité de sociétaire, clause qui tombe sous le coup de l'art. 37, al. 5 [7] [C. com., art. L. 621-28]. • T. com. Nice, 23 août 1991 : *D. 1992. Somm. 260, obs. Derrida.* – Comp. : • T. com. Antibes, 2 oct. 1992 : *Gaz. Pal. 1994. 1. Somm. 220, obs. Nakam.*

7. Crédit-bail. **BIBL.** *Sur le crédit-bail immobilier* : Marion-Fondaneche, *Gaz. Pal. 1986. 2. Doctr. 571.* – Sentex, *RJ com. 1986. 121.* – V. aussi • Versailles, 19 mars 1992 : *D. 1992. Somm. 259, obs. Derrida.* ♦ Sur l'incidence de l'application au crédit-bail mobilier du délai de revendication des meubles, avant l'intervention de la loi du 10 juin 1994, V. note 30 *bis*, *infra*, et notes 4 s. ss. ancien art. L. 621-115.

7 bis. Contrats administratifs. Pour l'application de l'art. L. 621-28 C. com. à ces contrats, V. • Com. 16 juin 2004 : *Rev. proc. coll. 2004. 224, obs. Roussel Galle.*

8. Marchés publics. BIBL. Terneyre, *Cah. dr. entr. 1992, n° 4.* – Comp. : • CAA Nantes, 10 juin 1993 : *JCP E 1993. Pan. 1004.*

9. Société civile. Sur la portée de l'art. 1860 C. civ. quant à la perte de la qualité d'associé de l'associé à l'égard duquel une procédure collective est ouverte, V. • Paris, 26 mars 1992 : *D. 1993. Somm. 3, obs. Derrida ; Bull. Joly 1992. 663, note Jeantin.*

9 bis. Contrats d'assurance. Sur l'articulation de l'art. L. 621-28 ci-dessus et de l'art. L. 113-6 C. assur. (Décr. n° 76-666 du 16 juill. 1976), V. note 1 ss. l'art. L. 113-6, *infra*, App., v° *Difficultés des entreprises.*

9 ter. Adhésion à une association. L'adhésion à une association antérieurement au jugement d'ouverture, en vue d'assurer un revenu de substitution à un dirigeant de l'entreprise, constitue un contrat en cours au sens de l'art. L. 621-28 C. com., qui n'opère aucune distinction entre les contrats nécessaires à la poursuite de l'activité et les autres. • Com. 19 mai 2004 : *Rev. proc. coll. 2004. 224, obs. Roussel Galle.*

B. PROCÉDURES CONCERNÉES

10. Déjà avant la loi du 10 juin 1994, la Cour de cassation avait jugé que les art. 37 et 38 [devenus C. com., art. L. 621-28 et L. 621-29] étaient applicables en cas de liquidation judiciaire. • Com. 17 oct. 1989 : *Bull. civ. IV, n° 251 ; D. 1990. Somm. 2, obs. Derrida ; RTD com. 1990. 101, obs. Martin-Serf.* ♦ V. désormais art. L. 622-12 et L. 622-13.

II. OPTION DE L'ADMINISTRATEUR

BIBL. Haehl, *Petites affiches 8 juill. 1996, p. 4.* – Monsèrié, *ibid., p. 15* (continuation du contrat de bail).

A. CONTINUATION DU CONTRAT

10 bis. Légitimité de la demande. Il incombe au mandataire de justice de s'assurer, lorsqu'il décide la poursuite d'un contrat, des possibilités financières immédiates et prévisibles de l'entreprise, pour en garantir l'exécution. • Versailles, 18 mars 1999 : *RJDA 1999, n° 802.* ♦ Dès lors que le liquidateur n'est plus en mesure de fournir la prestation promise, il y a lieu de rejeter la demande en continuation d'un contrat de concession exclusive en cours. • Com. 16 nov. 1993 : *Rev. proc. coll. 1994. 45, obs. Mestre et Laude.* ♦ Dans le même sens, pour un contrat entre un hôtel et une société, V. • Com. 13 oct. 1998 : *RJDA 1999, n° 69.* ♦ V. aussi note 1 *ter.* ♦ D'autre part, dans le cas d'une action en résiliation engagée avant le jugement d'ouverture par le cocontractant, dès lors que la résiliation était demandée pour inexécution d'obligations de faire et non d'une obligation de payer une somme d'argent, le cours de l'instance ne peut en être arrêté ni par l'ouverture du redressement judiciaire du débiteur, ni par l'exercice de la faculté ouverte à l'administrateur par l'art. 37 [C. com., art. L. 621-28]. • Com. 28 mai 1996 : *Bull. civ. IV, n° 149 ; JCP E 1996. I. 584, n° 13, obs. Pétel* • 26 oct. 1999 : *Bull. civ. IV, n° 190 ; D. 1999. AJ. 79 ; Act. proc. coll. 1999, n° 249, obs. Vallansan ; Loyers et copr. 1999, n° 295, obs. Brault ; Petites affiches 12 juin 2000, p. 15, note Courtier ; AJDI 2000. 706, note Gallet.* – V. A. Pimbert, *Rev. proc. coll. 2000. 41.* ♦ L'art. 37 [C. com., art. L. 621-28] ne fait pas obstacle à la poursuite de l'action en résiliation du bail pour une cause antérieure au jugement de redressement judiciaire, autre que le défaut de paiement d'une somme d'argent. • Civ. 3e, 21 juill. 1999 : *D. 1999. IR. 229 ; D. Affaires 1999. 1443, obs. V. A.-R. ; JCP E 2000, n° 4, p. 126, obs. Pétel ; JCP 2000. II. 10391, note Roussel.* ♦ V. notes 23 s. ss. ancien art. L. 621-40.

11. Modalités de la demande. Un contrat en cours au jour du jugement d'ouverture peut être continué sans que le contractant ait adressé la mise en demeure prévue par l'art. 37 [C. com., art. L. 621-28]. • Com. 20 juin 2000 : *Bull. civ. IV, n° 130 ; D. 2000. AJ. 343, obs. Pisoni ; Dr. et patr. janv. 2001. 97, obs. Monsèrié-Bon ; RTD com. 2000. 1007, obs. Laude.* ♦ En réglant postérieurement au jugement d'ouverture une partie des échéances échues après cette date afin de pouvoir utiliser le matériel donné en location, l'administrateur exprime de façon non équivoque sa volonté de continuer le contrat. • Caen, 11 mars 1993 : *JCP 1993. IV. 1127.* ♦ V. aussi, pour l'acceptation de la continuation d'un contrat de location-gérance résultant du paiement, par l'administrateur, des redevances postérieures à l'ouverture de la procédure de redressement judiciaire. • Com. 22 juin 1999 : *Act. proc. coll. 1999, n° 213.* ♦ En ce sens que le paiement d'un seul loyer par l'administrateur établit suffisamment sa volonté, V. • Com. 3 déc. 1996 : *Bull. civ. IV, n° 302 ; RJDA 1997, n° 411.* ♦ V. aussi notes 14 et 30 *bis*.

En ce sens que le paiement des loyers postérieurs à l'ouverture de la procédure simplifiée ne peut valoir manifestation de la volonté du débiteur de poursuivre le bail que si ce paiement a été fait dans le mois de la mise en demeure adressée par le bailleur, V. • Com. 4 janv. 2000 :

RJDA 2000, n° 306 ; AJDI 2000. 821, note Gallet.

V. encore, jugeant que le liquidateur du bailleur manifeste sa volonté de poursuivre le bail en demandant au notaire qui a encaissé les loyers de lui adresser le compte et en s'opposant à la consignation des loyers. • Com. 29 avr. 2002 : *cité note 16 bis ss. ancien art. L. 621-40.*

Comp., en ce sens que la poursuite du contrat a lieu de plein droit : • Versailles, 28 nov. 1996 : *D. 1997. 508, note Pérochon ; D. Affaires 1997. 222.* ♦ V. aussi note 29 *bis.*

V. aussi, sur la règle selon laquelle il y a continuation de tous les contrats qui n'ont pas été expressément dénoncés, • Com. 28 janv. 1997 : *Rev. proc. coll. 1998. 276, obs. Mestre et Laude.*

B. RENONCIATION À LA CONTINUATION

[Jurisprudence antérieure à la loi du 10 juin 1994]

BIBL. Martin-Serf, *RJ com. nov. 1992. 8* (contrats en cours avant l'option). – Darrousez, *ibid. nov. 1992. 20* (option de l'administrateur).

12. Nécessité d'une mise en demeure. La renonciation présumée [ou, depuis la loi du 10 juin 1994, la résiliation de plein droit] ne peut résulter que d'une mise en demeure qui, si elle n'est soumise à aucune forme, doit être dépourvue de toute équivoque. • Paris, 26 févr. 1993 : *Loyers et copr. 1993, n° 268, obs. Brault ; Rev. proc. coll. 1993. 531, obs. Mestre et Laude.* ♦ Ne saurait être assimilée à la mise en demeure exigée par la loi la déclaration unilatérale par laquelle le cocontractant annonce qu'il ne tient pas à poursuivre ses relations commerciales avec le débiteur. • Paris, 9 nov. 1994 : *D. 1995. IR. 18.* ♦ Sur l'exigence d'une mise en demeure, V. aussi • Com. 23 mai 2000 : *Act. proc. coll. 2000, n° 161.*

12 bis. La lettre de mise en demeure adressée, non à l'administrateur, mais au juge-commissaire, qui n'a aucune compétence pour y répondre, ne peut faire courir le délai d'un mois de l'art. 37 [C. com., art. L. 621-28], al. 1er. • Versailles, 28 sept. 2000 : *RJDA 2001, n° 46 ; Rev. proc. coll. 2002. 191, obs. Roussel Galle.* ♦ Pour l'inefficacité d'une mise en demeure adressée au représentant des créanciers, s'agissant d'une procédure simplifiée sans nomination d'un administrateur, V. • Paris, 12 sept. 2003 : *JCP E 2003, n° 48, p. 1916, obs. Monéger.*

13. En revanche, répond aux exigences de l'art. 37 [C. com., art. L. 621-28], la mise en demeure adressée au débiteur par lettre recommandée avec demande d'avis de réception. • Rouen, 3 déc. 1992 : *RJDA 1993, n° 60.* ♦ Il importe peu que, par le même courrier, ait été effectuée une déclaration de créance. • Aix-en-Provence, 29 févr. 1996 : *Gaz. Pal. 1996. 1. 262.*

14. Le liquidateur qui n'avait pas reçu du bailleur la mise en demeure prévue à l'art. 37 [C. com., art. L. 621-28] ne pouvait être présumé avoir renoncé à la poursuite du bail. S'il n'a jamais été sommé de prendre parti sur la continuation de la location, la demande de prorogation de délais qu'il a pu former devant le juge-commissaire, manifestant ainsi clairement sa volonté de poursuivre la convention, n'était pas indispensable, et c'est le premier alinéa dudit art. 37 [C. com., art. L. 621-28] qui lui donne la faculté de poursuivre seul l'exécution du contrat en cours, peu important, par conséquent, que l'ordonnance du magistrat lui accordant l'autorisation sollicitée ait été annulée. • Com. 19 oct. 1993 : *Bull. civ. IV, n° 343 ; Rev. loyers 1995. 111, note Gallet.*

15. Modalités de la renonciation. V., sur l'insuffisance d'une simple déclaration d'intention de ne pas poursuivre les contrats de crédit-bail, de la part de l'administrateur, dès lors qu'il n'avait pas restitué les véhicules et qu'il avait obtenu une nouvelle prolongation de son délai d'option, • Com. 9 avr. 1991 : *Bull. civ. IV, n° 137 ; D. 1993. Somm. 10, obs. Derrida ; JCP E 1992. I. 100, note Le Corre.* ♦ En revanche, la renonciation au contrat de bail peut être déduite de la remise volontaire des clés et des locaux par le mandataire-liquidateur. • Civ. 3e, 4 mars 1998 : *RJDA 1998, n° 759.*

15 bis. Rôle du juge-commissaire dans la procédure simplifiée. Dans la procédure simplifiée, en l'absence d'administrateur, l'autorisation du juge-commissaire n'est requise par l'art. 141 [C. com., art. L. 621-137] que pour l'exercice par le débiteur de la faculté d'exiger l'exécution des contrats en cours et non pour renoncer à leur poursuite. • Com. 9 janv. 1996 : *Bull. civ. IV, n° 13 ; D. 1996. IR. 50 ; Quot. jur. 13 févr. 1996, p. 5, note P. M. ; JCP E 1996. I. 554, n° 21, obs. Cabrillac ; Rev. proc. coll. 1996. 214, obs. Mestre et Laude* • 22 oct. 1996 : *RJDA 1997, n° 265 ; Loyers et copr. 1997, n° 114, note Brault.*

15 ter. A défaut de l'autorisation prévue par l'art. 141 [C. com., art. L. 621-137], la décision prise par le débiteur de continuer un contrat est nulle. • Com. 6 mai 1997 : *Bull. civ. IV, n° 125 ; Quot. jur. 19 juin 1997, p. 8, note P.M. ; JCP E 1997. I. 681, n° 13, obs. Pétel ; Rev proc. coll. 1997. 444, obs. Mestre et Laude* • 6 juill. 1999 : *RJDA 1999, n° 1099.* – Comp. : • Com. 28 janv. 2004 : *Act. proc. coll. 2004, n° 85, obs. Vallansan.* ♦ V. aussi note 30 *bis, in fine* (Com. 11 juill. 1995 et 22 avr. 1997). ♦ Pour un arrêt jugeant qu'en ce cas le contrat de prêt et le cautionnement sont nuls, V. • Grenoble, 6 mai 1998 : *Act. proc. coll. 1998, n° 114, obs. crit. F.-X. Lucas.*

16. Conflits d'intérêts. Sur le conflit d'intérêt entre le droit du liquidateur d'une société bailleresse de renoncer à la continuation du bail et le droit du preneur de bénéficier de son bail commercial, V., donnant la préférence à ce dernier, • Paris, 24 avr. 1992 : *D. 1993. Somm. 4, obs. crit. Derrida,* conf. par • Com. 6 févr. 1996 : *préc. note 1 ter* • Caen, 11 mai 2001 : *Act. proc. coll. 2001, n° 176, obs. Regnaut-Moutier ; RJDA 2002, n° 171 ; Gaz. Pal. 2002. 68, note Brault ; Rev. proc. coll. 2002. 192, obs. Roussel Galle* • Dijon, 13 févr. 2003 : *Rev. proc. coll. 2004. 66, obs. Roussel Galle.*

17. Présomption de renonciation. La présomption de renonciation édictée par l'ancien art. 37, al. 3, avait un caractère irréfragable. • Com. 11 déc. 1990 : *Bull. civ. IV, n° 319 ; D. 1991. IR. 11 ; RTD com. 1991. 103, obs. Chaput* (confirmant • Aix-en-Provence, 3 févr. 1989 : *D. 1990. Somm. 10, obs. Derrida)* • 15 oct. 1991 : *Bull. civ. IV, n° 292 ; Defrénois 1992. 581, obs. Le Cannu et Sénéchal ; D. 1992. Somm. 260, obs. Derrida* • 4 févr. 1992 : *Bull. civ. IV, n° 57 ; D. 1993. Somm. 2, obs. Derrida* • 3 mars 1992 : *préc. note 1.* ♦ Pour la reconduction de cette jurisprudence après la loi du 10 juin 1994, V. • Paris, 26 sept. 2001 : *Loyers et copr. 2002, n° 118, note Brault.* ♦ Les juges du fond ne pouvaient mettre en échec ce caractère irréfragable en retenant que, pour être recevable, la demande tendant à faire prononcer la résiliation judiciaire du contrat ne devait pas être entachée d'abus de droit. • Com. 18 janv. 2000 : *Rev. proc. coll. 2003. 18, obs. Roussel Galle.* ♦ *Contra,* concluant à la présomption simple réservant droit à la preuve contraire, V. • TI Angers, 25 juin 1986 : *D. 1987. Somm. 98, obs. Derrida* • TGI Tours, 20 janv. 1987 : *D. 1990. Somm. 10, obs. Derrida* • Paris, 14 janv. 1988 : *ibid.* • Caen, 27 mai 1993 : *JCP 1993. IV. 2476 ; RJ com. 1993. 100, note crit. Lévy.*

17 bis. Résiliation amiable. Dès lors que le bailleur a fait assigner le liquidateur en résiliation du bail, que celui-ci ne s'est pas opposé à cette résiliation, et que ledit bailleur s'est désisté de son action, il en résulte que le bail a été résilié par accord du propriétaire et du mandataire à la date du désistement. • Civ. 3e, 13 mai 1998 : *AJPI 1999. 132, note Gallet.*

18. Notification aux créanciers inscrits. En cas de mise en demeure par le bailleur à l'administrateur, d'exercer son option, l'art. 14 de la loi du 17 mars 1909 [C. com., art. L. 143-2] n'est pas applicable. • Com. 11 déc. 1990 : *JCP E 1991. I. 46, n° 20, obs. Cabrillac ; Bull. civ. IV, n° 319* • Paris, 28 juin 1991 : *D. 1992. Somm. 261, obs. Derrida.* ♦ En revanche, en cas de demande de résiliation judiciaire du bail, au vu de la renonciation du liquidateur à sa poursuite, le bailleur devait notifier sa demande aux créanciers inscrits. • Douai, 3 oct. 1991 : *BICC 1992, n° 328* • Com. 13 oct. 1998 : *D. 1999. Somm. 297, obs. Piedelièvre ; D. Affaires 1998. 1846, obs. A.-L. M.-D. ; Act. proc. coll. 1998, n° 145 ; Gaz. Pal. 1999. 1. 167, note Brault ; Petites affiches 20 mai 1999, p. 18, note Jouffin ; JCP E 1999, n° 48, p. 1918, obs. Monéger.* ♦ De même, la notification aux créanciers nantis est obligatoire en cas de saisine du juge-commissaire pour lui faire constater la résiliation de plein droit du bail (dans le régime issu de la loi du 10 juin 1994). • TGI Béthune, 11 août 2004 : *D. 2004. AJ. 2376 ; RJDA 2005, n° 418.* ♦ V. aussi note 4 *bis* ss. ancien art. L. 621-29.

19. Prolongation du délai. Il appartient à l'administrateur de prouver que la prolongation de délai pour prendre parti a été demandée et obtenue du juge-commissaire dans le mois de la mise en demeure. • Com. 4 févr. 1992 : *préc. note 17.*

20. Le délai d'un mois n'est ni suspendu ni interrompu par le jugement qui, rendu avant son expiration, prononce la liquidation judiciaire et met fin aux fonctions de l'administrateur. Il continue à courir sans que le cocontractant ait à adresser au liquidateur une nouvelle mise en demeure. • Com. 23 mai 1995 : *Bull. civ. IV, n° 152 ; D. 1995. Somm. 308, obs. Honorat ; JCP E 1995. I. 513, n° 15, obs. Cabrillac ; Gaz. Pal. 1996. 1. 132,* (confirmation de • Paris, 8 oct. 1992 : *D. 1993. Somm. 2, obs. Derrida*). ♦ Il appartient à l'administrateur, dont les fonctions prennent fin, d'informer le liquidateur de l'état des actions que l'entreprise débitrice a engagées ou dont elle a fait l'objet. • TGI Paris, réf., 13 juin 1994 : *Rev. loyers 1995. 420, note Gallet,* conf. par • Paris, 5 mai 1995 : *ibid. 1996. 182, note Gallet.* ♦ V. art. L. 622-5.

21. Sort du contrat pendant le délai d'option. Le défaut de règlement des loyers postérieurement au jugement d'ouverture, malgré la mise en demeure, autorise le crédit-bailleur à faire prononcer la résiliation et à faire valoir son droit de propriété sur les biens objet du contrat par une action en revendication. • Com. 30 mars 1999 : *Act. proc. coll. 1999, n° 134.* – V. aussi • TGI Paris, 10 sept. 1992 : *D. 1993. Somm. 3, obs. crit. Derrida.*

III. EFFETS DE L'OPTION

A. NON-CONTINUATION

BIBL. Campana, *Petites affiches 8 juill. 1996, p. 11* (résiliation de plein droit des contrats en cours).

22. Résiliation des contrats non poursuivis (jurisprudence antérieure à la loi du 10 juin 1994). Avant l'intervention de la loi du 10 juin 1994, lorsque l'administrateur renonçait à la continuation du bail, le bailleur acquérait du fait de cette renonciation, le droit de faire prononcer en justice la résiliation du contrat et ce droit ne pouvait être remis en cause par les dispositions du jugement arrêtant le plan de redressement de l'entreprise. • Com. 11 déc. 1990 : *préc. note 17* • 25 janv. 1994 : *Bull. civ. IV, n° 36 ; D. 1994. IR. 88 ; JCP 1994. II. 22290, note Lévy ; Loyers et copr. 1994, n° 196, note Brault* • 9 janv. 1996 : *préc. note 15 bis* • 17 déc. 1996 : *Bull. civ. IV, n° 315 ; Defrénois 1997. 936, obs. Sénéchal* • 28 avr. 1998 : *Bull. civ. IV, n° 137 ; D. 1998. IR. 163* • 13 oct. 1998 : *Bull. civ. IV, n° 241.* – En ce sens déjà : • Com. 7 févr. 1989 : *Bull. civ. IV, n° 49 ; D. 1989. IR. 67.* ♦ Le mandataire ne pouvait pas s'y opposer. • Com. 13 oct. 1998 : *préc.* ♦ V. aussi : sur la possibilité pour le cocontractant de se prévaloir de la clause prévoyant la résiliation de plein droit du contrat, sans que ce droit pût être remis en cause par une décision du juge-commissaire postérieure à l'expiration du délai prévu à l'ancien art. 37, al. 3, accordant à l'administrateur une prolongation dudit délai pour prendre parti, • Com. 3 mars 1992 : *préc. note 1.* ♦ ... Et, pour une résiliation amiable, • Com. 3 mai 1994 : *RJDA 1994, n° 1072.* ♦ V. note 15 ss. ancien art. L. 621-88.

23. La Cour de cassation avait d'abord décidé que la demande en résiliation, qui ne relevait pas de la compétence du juge-commissaire, dès lors qu'étaient en cause, non l'exercice de l'option réservée à l'administrateur par l'art. 37, al. 1er [C. com., art. L. 621-28], mais ses conséquences, pouvait être soumise au juge des référés. • Com. 25 janv. 1994 : *préc. note 22* • 20 févr. 1996 : *Bull. civ. IV, n° 57 ; D. 1996. IR. 90 ; D. Affaires 1996. 488 ; AJPI 1996. 305, note Blatter* • 26 mai 1998 : *Loyers et copr. 1998, n° 303, obs. Brault.* ♦ Puis, la Chambre commerciale a considéré que le juge des référés, s'il pouvait ordonner toutes les mesures qui ne se heurtaient à aucune contestation sérieuse ou que justifiait l'existence d'un différend, comme la restitution des clefs, ne pouvait ni prononcer la résiliation d'un contrat en raison de l'art. 484 NCPC, ni constater la résiliation d'un bail non encore prononcée par le juge du fond. • Com. 13 oct. 1998 : *D. Affaires 1998. 1818 ; Procédures 1999, n° 35, obs. Laporte.*

Sur la notification aux créanciers inscrits, V. note 18.

23 bis. La présomption de renonciation à la continuation rendait le débiteur sans droit ni titre à se maintenir dans les lieux par lui-même ou par des occupants de son chef. • Com. 31 mai 1994 : *Loyers et copr. 1995, n° 217.*

L'art. 37, al. 1er [C. com., art. L. 621-28, al. 1er], tel que modifié par la loi n° 94-475 du 10 juin 1994, prévoit désormais la résiliation de plein droit du contrat, à défaut d'option pour la continuation ; V. aussi Décr. n° 85-1388 du 27 déc. 1985, ancien art. 61-1, issu du décret n° 94-910 du 21 oct. 1994, qui donne compétence au juge-commissaire pour constater la résiliation, *infra*, App., v° *Difficultés des entreprises.*

23 ter. Résiliation de plein droit (loi du 10 juin 1994). L'administrateur ayant été mis en demeure de se prononcer sur la poursuite d'un contrat en cours, son refus exprès de poursuivre le contrat entraîne la résiliation de plein droit de celui-ci, à la date de réception par le cocontractant de ce refus, si celle-ci intervient dans le délai d'un mois prévu à l'art. 37 devenu l'art. L. 621-28 C. com. • Com. 18 mars 2003 : *Bull. civ. IV, n° 47 ; D. 2003. AJ. 972, obs. Lienhard ; Act. proc. coll. 2003, n° 96, obs. Regnaut-Moutier ; JCP E 2003, n°40, p. 1573, obs. Cabrillac ; Rev. proc. coll. 2003. 234, obs. Roussel Galle ; Dr. et patr. oct. 2003. 89, obs. Monsèrié-Bon ; RD banc. fin. 2003, n° 191, obs. F.-X. Lucas ; RTD com. 2004. 152, obs. Martin-Serf.* ♦ Il n'y a pas lieu de faire nécessairement constater cette résiliation par le juge-commissaire. • Même arrêt. ♦ En revanche, en l'absence de mise en demeure par le cocontractant, la renonciation de l'administrateur à la poursuite du contrat n'entraîne pas la résiliation de plein droit de la convention à son initiative mais confère au seul cocontractant le droit de la faire prononcer en justice ; une telle demande n'entre pas dans les attributions du juge-commissaire. • Com. 19 mai 2004 : *Bull. civ. IV, n° 100 ; D. 2004. AJ. 1668, obs. Lienhard ; Act. proc. coll. 2004, n° 146, obs. Regnaut-Moutier ; JCP E 2004, n° 37, p. 1388, obs. Pétel ; Petites affiches 6 août 2004, p. 17, note Le Corre ; Rev. proc. coll. 2004. 227, obs. Roussel Galle ; Dr. et patr. oct. 2004. 117, obs. Monsèrié-Bon ; Loyers et copr. 2004, n° 208, obs. Brault* • 7 déc. 2004 : *Rev. proc. coll. 2005. 41, obs. Roussel Galle* • 5 juill. 2005 : *D. 2005. AJ. 2147, obs. Lienhard ; D. 2006. Pan. 80, obs. Le Corre ; Gaz. Pal. 4-5 nov. 2005, p. 24, obs. Dumont ; RD banc. fin. 2005, n° 176, obs. F.-X. Lucas ; RJ com. 2005. 444, note Sortais* (dans l'hypothèse d'une liquidation judiciaire). ♦ V. aussi note 3 *quater* ss. ancien art. 66 du 1er décret du 27 déc. 1985, *infra*, App., v° *Difficultés des entreprises.*

La seule mention de l'indemnité de résiliation dans la déclaration de créance, qui peut avoir été faite à titre conservatoire, ne vaut pas résiliation du contrat. • Versailles, 28 sept. 2000 : *préc. note 12 bis.*

23 quater. Loyers échus entre la renonciation et la résiliation. Le liquidateur ne peut être tenu de payer que les loyers afférents à la période comprise entre l'ouverture de la procédure et la date d'expiration du délai d'option, qui entrent seuls dans les prévisions de l'art. 40 [C. com., art. L. 621-32], dès lors que n'est pas relevée l'existence d'une faute commise par le liquidateur, d'un préjudice subi par le bailleur et d'un lien de causalité entre ces éléments. • Com. 2 févr. 1993 : *Bull. civ. IV, n° 35 ; Gaz. Pal. 1993. 2. 570, note Brault ; JCP 1994. II. 22212, note Lévy ; Rev. loyers 1994. 157, note Gallet* • 20 janv. 1998 : *RJDA 1998, n° 617.* ♦ La renonciation du liquidateur à la poursuite du contrat de bail n'entraînant pas, par elle-même, la résiliation de la convention à son initiative, le mandataire ne peut être condamné, ès *qualités*, au paiement d'une certaine somme, au titre des loyers et indemnité d'occupation dus à compter de la date de sa réponse à la mise en demeure du bailleur. • Civ. 3e, 16 juill. 1998 : *Rev. loyers 1999. 228, note Gallet.* ♦ Pour un arrêt ayant condamné le liquidateur, à titre de dommages-intérêts pour faute, au paiement des loyers courus jusqu'à la date de la résiliation du bail, V. • Com. 11 juill. 1995 : *RJDA 1996, n° 121 ; Rev. loyers 1996. 233, note Gallet.* – Comp. : • Com. 5 déc. 1995 : *Rev. loyers 1996. 295, note Gallet.* – V. aussi • Colmar, 11 juill. 1995 : *BICC 1996, n° 633.* ♦ Sur la responsabilité du mandataire liée à la continuation, ou non, du bail, V. Soinne, *Rev. proc. coll. 1996. 353 ; ibid. 1998. 188.* ♦ V. aussi note 20 ss. ancien art. L. 621-32.

24. Dommages-intérêts. A défaut de poursuite du contrat, il appartient au créancier de déclarer dans le délai légal la créance dont il s'estime titulaire au titre de l'indemnité de résiliation d'une location-gérance et, en l'absence d'une telle déclaration, il ne peut invoquer le bénéfice de la compensation entre sa créance de dommages et intérêts et la dette de restitution du dépôt de garantie. • Com. 23 janv. 1990 : *D. 1990. IR. 86 ; Bull. civ. IV, n° 17.* ♦ Dans le même sens, pour une créance d'indemnité résultant de la résiliation de plein droit d'un contrat de bail non poursuivi, V. • Paris, 24 nov. 2000 : *Gaz. Pal. 2001. Somm. 1251, obs. Brault.*

Sur la possibilité, pour le cocontractant, soit de déclarer sa créance immédiatement, sans attendre la décision de l'administrateur, soit d'attendre cette décision, qui a pour effet de prolonger le délai de déclaration, V. note 3 *quater* ss. ancien art. 66 du 1er décret du 27 déc. 1985, *infra*, App., v° *Difficultés des entreprises.*

25. Clauses pénales. Le principe d'égalité des créanciers ne s'oppose à la validité au regard de la procédure collective d'une clause pénale convenue entre un créancier et le débiteur antérieurement à l'ouverture de la procédure collective que lorsqu'il résulte de cette clause une majoration des obligations du débiteur envers le créancier en cas de prononcé de son redressement judiciaire. • Com. 11 mai 1993 : *Bull. civ. IV, n° 181 ; D. 1993. Somm. 368, obs. Honorat* • 5 janv. 1999 : *Act. proc. coll. 1999, n° 47, obs. Fraimout.* ♦ De même, l'art. 37, al. 4 [6] [C. com., art. L. 621-28], ne prévoit pas que la clause déterminant le montant de l'indemnité destinée à réparer le préjudice causé au bailleur en cas de résiliation de la convention serait réputée non écrite après le prononcé du redressement judiciaire du locataire. Une telle clause, dont les parties peuvent librement convenir lors de la signature du contrat, sous réserve du pouvoir reconnu au juge par l'art. 1152, al. 2, C. civ., n'est pas contraire à l'égalité des créanciers. • Com. 10 déc. 1991 : *Bull. civ. IV, n° 378 ; JCP E 1992. I. 138, n° 24, obs. Pétel ; RTD com. 1992. 686, obs. Martin-Serf* (V. l'arrêt cassé : • Angers, 27 nov. 1989 : *RTD com. 1991. 104, obs. Martin-Serf ; RJ com. 1990. 344, note Calendini*) • Com. 3 mai 1994 : *D. 1994. IR. 153. – Contra :* • Rennes, 22 juill. 1987 : *RTD com. 1989. 317, obs. Martin-Serf* • Grenoble, 23 mai 1990 : *Rev. proc. coll. 1991. 351, obs. Dureuil.* ♦ V. aussi, sur la validité des clauses d'indemnisation pour rupture anticipée. • Com. 9 juill. 1991 (loi de 1967) : *Bull. civ. IV, n° 254 ; JCP E préc.* • 11 juill. 2000 : *Act. proc. coll. 2000, n° 205, obs. Vallansan.* ♦ Comp. : note 19 ss. ancien art. L. 621-32.

Sur le pouvoir modérateur du juge, V. • T. com. Créteil, 30 sept. 1997 : *AJDI 1999. 228, note Gallet.*

25 bis. Paiement du solde d'une commande. Le contrat ayant été résilié, le liquidateur de l'entrepreneur ne peut plus demander au cocontractant le paiement du solde de la commande correspondant aux travaux inexécutés. • Com. 24 sept. 2003 : *Bull. civ. IV, n° 142 ; D. 2003. AJ. 2503 ; JCP E 2003, n° 50, p. 2018, note Kéita ; ibid. 2004, n° 6, p. 226, obs. Pétel; Act. proc. coll. 2003, n° 244, obs. Boulay ; Rev. proc. coll. 2004. 67, obs. Roussel Galle.*

25 ter. Responsabilité de l'administrateur. Manque à son obligation de moyens l'administrateur qui, après avoir reçu la mise en demeure prévue par l'art. 37 [C. com., art. L. 621-28], ne s'est entouré d'aucun avis, n'a pas demandé une prolongation des délais impartis, n'a pas mené une véritable étude sur la réponse à fournir et a laissé s'éteindre les effets du contrat qui revêtait pour l'entreprise une importance primordiale puisqu'il lui permettait de vendre en exclusivité un produit recherché. • Com. 9 juin 1998 : *Bull. civ. IV, n° 185 ; D. 1998. Somm. 329, obs. Honorat ; D. Affai-*

res 1998. 1177, obs. A. L. ; RTD com. 1999. 190, obs. Laude ; Rev. proc. coll. 2000. 78, obs. Soinne.

B. CONTINUATION DU CONTRAT

26. Maintien des stipulations initiales. BIBL. Campana, *RJ com. nov. 1992. 55* (effets de la poursuite des contrats). ♦ Sur l'obligation faite au liquidateur du bailleur d'exécuter les réparations nécessaires autres que locatives, V. • Com. 29 avr. 2002 : *cité note 16 bis ss. ancien art. L. 621-40.*

27. Les clauses résolutoires expresses fondées sur l'inexécution du contrat et qui auraient produit leurs effets avant l'ouverture de la procédure privent l'administrateur de sa faculté. • T. com. Paris, 11 déc. 1986 : *Gaz. Pal. 1987. 1. 376 ; Rev. dr. bancaire 1987. 100, obs. Dekeuwer-Defossez.* ♦ En revanche, le crédit-bailleur renonce implicitement au bénéfice d'une clause de résiliation de plein droit en mettant l'administrateur en demeure de se prononcer sur la poursuite du contrat. • Com. 21 janv. 1992 : *Bull. civ. IV, n° 25 ; D. 1992. Somm. 259, obs. Derrida ; Defrénois 1992. 1375, obs. Le Cannu.* ♦ V. aussi note 2 ss. ancien art. L. 621-29.

28. Dès lors que la radiation des dépôts de marques effectués par la société concessionnaire en violation de ses obligations contractuelles n'est intervenue que postérieurement à la date où l'administrateur a exigé l'exécution du contrat de concession, à défaut de fournir la prestation promise au cocontractant du débiteur, l'administrateur ne peut user de la faculté prévue par l'art. 37, al. 1er [C. com., art. L. 621-28, al. 1er]. • Com. 3 avr. 1990 : *Bull. civ. IV, n° 111 ; D. 1991. Somm. 1, obs. Derrida*. ♦ V. aussi note 1 *ter*.

La modification d'un élément du contrat tenant aux modalités de règlement du cocontractant est antinomique avec la continuation, prévue par la loi du 25 janv. 1985, d'un contrat en cours à l'ouverture du redressement judiciaire de l'autre partie. Le cocontractant est dès lors fondé à opposer l'exception d'inexécution. • Com. 17 févr. 1998 : *RJDA 1998, n° 758.*

28 bis. Sur le maintien du dépôt de garantie, V. • Versailles, 25 oct. 2001 : *BICC 2002, n° 166.*

29. Sur le respect d'une clause attributive de compétence, V. • T. com. Roubaix-Tourcoing, (réf.), 31 juill. 1986 : *Gaz. Pal. 1986. 2. Somm. 377 ; Rev. proc. coll. 1987, n° 2, p. 44, obs. Mestre et Delebecque.*

29 bis. Manquement contractuel. Le simple fait de ne pas verser les loyers correspondant à la période postérieure au jugement ouvrant la liquidation judiciaire du preneur n'entraîne pas par lui-même la résiliation du bail. • Com. 27 oct. 1998 : *Petites affiches 8 nov. 1999, p. 15, note Gallet.*

Il serait surprenant que le contrat puisse être résilié en cours de période d'observation par application de l'art. 37, al. 3 [C. com., art. L. 621-28], lorsque le débiteur ne respecte pas les conditions acceptées par l'administrateur dans l'hypothèse où celui-ci a exigé la poursuite du contrat, et que cette résiliation ne puisse intervenir pour non-respect des obligations contractuelles lorsque l'administrateur n'a pas exercé son option. • Versailles, 19 févr. 1998 : *D. Affaires 1998. 625, obs. A. L.*

V., dans l'hypothèse d'un contrat conclu pour une durée d'un an renouvelable par tacite reconduction, sauf notification avec un préavis de la décision de ne pas le renouveler, jugeant que n'est pas abusive la décision du cocontractant, postérieure à l'ouverture de la procédure collective, de ne pas renouveler le contrat, dès lors que le débiteur n'était plus en mesure de fournir les prestations promises, • Com. 30 oct. 2000 : *RJDA 2001, n° 186.*

29 ter. Résiliation du bail. Rien n'oblige le mandataire liquidateur qui a opté pour la continuation du bail à le poursuivre jusqu'à son échéance contractuelle ou jusqu'à la prochaine échéance triennale, et ce, peu important qu'il ait opté pour la poursuite du bail avec ou sans réserve quant à la durée de celle-ci. • Paris, 16 mai 2001 : *Loyers et copr. 2002, n° 39, obs. Brault et Pereira.*

29 quater. Application de la clause résolutoire. La contrepartie de la poursuite du contrat de bail par le liquidateur est le paiement des loyers, et la recherche d'un acquéreur éventuel n'autorise ni l'octroi de délais de paiement ni la suspension de la clause résolutoire. • Paris, 27 mai 1998 : *Act. proc. coll. 1998, n° 105.* – Rappr. : • Paris, 10 sept. 2003 : *Loyers et copr. 2004, n° 72, obs. Brault.*

30. Avis à tiers détenteur. Sur l'absence de transfert au Trésor d'une créance née de la continuation d'un contrat de location-gérance, malgré un avis à tiers détenteur, V. • Com. 26 juin 1990 : *Bull. civ. IV, n° 192 ; D. 1991. Somm. 3, obs. Derrida*.

30 bis. Reconnaissance du droit de propriété du crédit-bailleur. En ce sens qu'en exécutant les prestations du contrat de crédit-bail, l'administrateur optait pour la poursuite du contrat, et que cette continuation impliquait reconnaissance du droit de propriété du crédit-bailleur sur le matériel loué sans que celui-ci eût [avant l'intervention de la loi du 10 juin 1994] à exercer l'action en revendication prévue à l'art. 115 [devenu C. com., art. L. 621-115] :

• Com. 6 déc. 1994 : *Bull. civ. IV, n°s 365 et 367 ; D. 1995. IR. 18 ; Petites affiches 23 janv. 1995, p. 10, note Soinne ; Rev. huiss. 1995. 449, note Courtier ; JCP E 1995. II. 698, note Leveneur ; ibid. 1995. I. 457, n° 14, obs. Pétel.* – Dans le même sens : • Com. 9 janv. 1996 : *Bull. civ. IV, n° 11 ; D. 1996. Somm. 213, obs. Pérochon* • 4 juill. 2000 : *Act. proc. coll. 2000, n° 206. – Contra* : • Toulouse, 25 janv. 1995 : *Rev. proc. coll. 1995. 480, obs. Soinne.* ♦ V. aussi, en cas de reconnaissance non équivoque du droit de propriété du crédit-bailleur résultant d'une lettre de renonciation à la poursuite du contrat, • Com. 25 juin 1996 : *D. 1996. IR. 186 ; D. Affaires 1996. 1102.* – Rappr. : • Com. 25 mars 1997 : *Rev. proc. coll. 1997. 337, obs. Soinne.* ♦ Il en allait de même lorsque le liquidateur, après avoir renoncé à la faculté de poursuivre l'exécution du contrat, avait conclu un nouveau contrat de location du matériel objet de la convention initiale. • Com. 25 juin 1996 : *Bull. civ. IV, n° 188 ; D. 1997. Somm. 255, obs. S. Piedelièvre ; D. Affaires 1996. 1102.* – V. aussi • Com. 11 févr. 1997 : *D. Affaires 1997. 347.* ♦ Sur le pouvoir souverain des juges du fond pour apprécier la reconnaissance non équivoque du droit de propriété par le preneur, V. • Com. 28 janv. 1997 : *Bull. civ. IV, n° 48 ; D. Affaires 1997. 347.* ♦ Toutefois, en cas de procédure suivant le régime simplifié, la continuation pour laquelle avait opté le débiteur n'était opposable à la procédure qu'à condition qu'il eût obtenu l'autorisation du juge-commissaire. • Com. 11 juill. 1995 : *Rev. proc. coll. 1995. 480, obs. Soinne* • 22 avr. 1997 : *Bull. civ. IV, n° 105 ; D. 1997. IR. 126.* ♦ V. désormais art. L. 621-116. ♦ V. aussi note 12 ss. ancien art. L. 621-115.

30 ter. Responsabilité de l'administrateur. V. notes 5 et 6 ss. ancien art. L. 621-8.

30 quater. Défaut d'exécution par le débiteur d'engagements antérieurs au jugement d'ouverture. Sur l'impossibilité de subordonner la poursuite d'un contrat au paiement d'une créance antérieure au jugement d'ouverture, V. • Com. 28 mai 2002 : *cité note 19 bis ss. ancien art. L. 621-32.* ♦ V. note 10 *bis*.

30 quinquies. Pour un arrêt ayant jugé que le crédit-bailleur peut subordonner l'exercice de l'option d'achat par le preneur en liquidation judiciaire au règlement intégral des sommes dues (comme le prévoient les dispositions du contrat), y compris les loyers antérieurs au jugement d'ouverture, dès lors que cette option n'est pas inhérente à la continuation du contrat, V. • Com. 26 nov. 2002 : *D. 2003. 122, note Le Corre ; Act. proc. coll. 2003, n° 14, obs. Boulay ; JCP E 2003, n° 20, p. 853, obs. Cabrillac ; Rev. proc. coll. 2003. 236, obs. Roussel Galle.*

31. Créances nées de l'exécution des contrats. V. ancien art. L. 621-32 et notes 18 s. ss. cet art.

IV. PARALYSIE DES CLAUSES RÉSOLUTOIRES

BIBL. Sexer, *Dr. et patr. sept. 1994. 20.*

32. Selon l'art. 37, devenu l'art. L. 621-28 C. com., aucune résiliation du contrat ne peut résulter du seul fait de l'ouverture d'une procédure de redressement judiciaire, à laquelle il y a lieu d'assimiler celle d'une procédure de liquidation judiciaire. • Com. 22 janv. 2002 : *Act. proc. coll. 2002, n° 102.* ♦ Les dispositions de l'art. 37, al. 5 [6] [C. com., art. L. 621-28], excluent la validité d'une clause résolutoire fondée sur l'état de cessation des paiements du cocontractant dès lors que la constatation d'un tel état par le tribunal, saisi par la déclaration du débiteur ou par l'assignation du créancier ou encore par le procureur de la République ou sur saisine d'office, le conduit nécessairement à ouvrir la procédure de redressement judiciaire. • Com. 2 mars 1993 : *Bull. civ. IV, n° 87 ; D. 1993. IR. 77 ; Rev. huiss. 1993. 866, note Vidal.* ♦ Pour un autre exemple de clause nulle, V. • Paris, 21 mars 1997 : *D. 1997. IR. 134 ; D. Affaires 1997. 702 ; Rev. proc. coll. 1997. 447, obs. Mestre et Laude.* ♦ V. note 35 *bis*.

32 bis. L'impossibilité de mettre en œuvre, du seul fait de l'ouverture d'une procédure de redressement judiciaire, la clause de résolution d'un contrat, n'a été édictée que dans l'intérêt de l'entreprise en redressement ou en liquidation judiciaires pour permettre au débiteur autorisé par le juge-commissaire, à l'administrateur ou au liquidateur, d'exercer la faculté d'exiger l'exécution des contrats en cours. Le coassuré d'un débiteur en liquidation judiciaire ne peut se prévaloir, au lieu et place du liquidateur, de cette disposition. • Com. 19 déc. 1995 : *Bull. civ. IV, n° 306 ; D. 1996. Somm. 283, obs. Honorat ; D. Affaires 1996. 181.* ♦ Dans le même sens, s'agissant d'un codébiteur solidaire du débiteur en liquidation judiciaire, V. • Com. 13 mars 2001 : *RJDA 2001, n° 877 ; Rev. proc. coll. 2002. 189, obs. Roussel Galle.*

32 ter. La résiliation du contrat de concession notifiée par le concédant quelques jours avant la mise en redressement judiciaire du concessionnaire, mais après que celui-ci a déclaré son état de cessation des paiements, n'est pas nulle dès lors que, fondée sur une autre cause que le dépôt de bilan, elle n'est pas entachée de mauvaise foi ou de fraude de la part du concédant, dont il n'est pas établi qu'il connaissait l'état de cessation des paiements ou sa déclaration au moment où il a mis en œuvre la clause résolutoire. • Com. 19 mars 2002 : *RJDA 2002, n° 908.* V. aussi note 6.

V. COMPÉTENCE JURIDICTIONNELLE

33. Compétence du juge-commissaire. La connaissance de la demande de l'administrateur tendant à obtenir la continuation d'une ouverture de crédit et d'un compte courant en cours au prononcé du jugement relève de la compétence exclusive du juge-commissaire. • Com. 8 déc. 1987 : *Bull. civ. IV, n° 267 ; D. 1988. 52, note Derrida ; JCP 1988. II. 20927, note Jeantin* • 21 déc. 1987 : *D. 1988. IR. 13* • Versailles, 9 oct. 1992 : *Rev. proc. coll. 1993. 457, obs. Dureuil.* ♦ V. cependant, admettant la compétence du juge des référés, • Agen, 2 avr. 1987 : *préc. note 4* • T. com. Antibes, 2 juin 1987 : *préc. note 4.*

34. De même, le juge-commissaire est compétent pour connaître de la demande de l'administrateur d'enjoindre à la banque de fournir ses prestations et de continuer ses concours bancaires dans les termes de l'ordonnance du juge-commissaire qui avait autorisé l'ouverture de nouveaux comptes. • Com. 1er oct. 1991 : *préc. note 2.*

34 bis. Sur la compétence du juge-commissaire pour autoriser, dans le cadre d'une procédure simplifiée sans désignation d'un administrateur, la poursuite d'un contrat administratif, V. • Com. 16 juin 2004 : *Rev. proc. coll. 2005. 128, obs. Gorrias.*

35. Compétence du juge des référés. En revanche, le juge des référés est compétent pour connaître de la demande d'un crédit-bailleur tendant au paiement des loyers échus postérieurement au prononcé du redressement judiciaire alors qu'il n'est pas saisi d'un litige relatif à l'option réservée à l'administrateur par l'art. 37, al. 1er [C. com., art. L. 621-28]. • Com. 9 avr. 1991 : *préc. note 15.* ♦ De même, le litige, relatif à la demande d'un crédit-bailleur tendant à la constatation de l'acquisition de la clause résolutoire pour défaut de règlement des loyers échus postérieurement au prononcé du redressement judiciaire et au paiement de ces loyers, n'est pas soumis à l'influence juridique de la procédure collective et, dès lors, la règle de compétence édictée par l'art. 174 du décret du 27 déc. 1985 au profit du tribunal de cette procédure n'est pas applicable. • Com. 6 juin 1995 : *Bull. civ. IV, n° 170 ; D. 1995. Somm. 307, obs. Honorat.*

35 bis. Le juge des référés est également compétent pour annuler une résiliation unilatérale de contrat, dès lors que l'application de l'art. 37, al. 5 [7] [C. com., art. L. 621-28], n'est pas susceptible d'une contestation sérieuse lorsque le juge se borne à retenir que, nonobstant toute disposition légale ou clause contractuelle, aucune résiliation du contrat ne peut résulter du seul fait de l'ouverture d'une procédure de redressement judiciaire. • Com. 26 mai 1992 : *Bull. civ. IV, n° 205 ; D. 1993. Somm. 2, obs. Derrida.*

35 ter. Tribunal de la procédure. V. note 2 *quater* ss. ancien art. 174 du 1er décret du 27 déc. 1985, *infra*, App., v° *Difficultés des entreprises.*

36. Régime procédural. S'agissant d'une exception de procédure, l'incompétence du juge des référés doit, en vertu de l'art. 74 NCPC être soulevée, à peine d'irrecevabilité, avant toute défense au fond ; cette incompétence ne peut être relevée d'office en application de l'art. 92 NCPC. V. • Com. 26 mai 1992 : *préc. note 35 bis.*

37. Recours. Sur la compétence du tribunal de commerce pour statuer sur les recours contre les ordonnances du juge-commissaire, V. note 1 ss. ancien art. 25 du 1er décret du 27 déc. 1985, *infra*, App., v° *Difficultés des entreprises.*

Ancien art. L. 621-29 ***A compter du jugement d'ouverture, le bailleur peut demander la résiliation judiciaire ou la résiliation de plein droit du bail des immeubles affectés à l'activité de l'entreprise pour défaut de paiement des loyers et des charges afférents à une occupation postérieure audit jugement. Cette action ne peut être introduite moins de deux mois après le jugement d'ouverture.*** — V. Décr. n° 85-1388 du 27 déc. 1985,anciens art. 61-1 et 66, infra, App., v° Difficultés des entreprises.

Nonobstant toute clause contraire, le défaut d'exploitation pendant la période d'observation dans un ou plusieurs immeubles loués par l'entreprise n'entraîne pas résiliation du bail. — [L. n° 85-98 du 25 janv. 1985, art. 38].

Ancien art. 38 de la loi du 25 janv. 1985 [rédaction antérieure à L. n° 94-475 du 10 juin 1994] ***Le bailleur ne peut introduire ou poursuivre une action en résiliation du bail des immeubles affectés à l'activité de l'entreprise pour défaut de paiement des loyers que s'il s'agit des loyers échus depuis plus de trois mois après le jugement d'ouverture du redressement judiciaire.*** — Pour l'entrée en vigueur de la loi du 10 juin 1994, V. note ss. ancien art. L. 620-1.

BIBL. ▶ Régime issu de la loi du 10 juin 1994 : BOCCARA, *JCP E 1994. I. 385*. – MONÉGER, *ibid. 1995. I. 438*. – PÉDAMON, *Gaz. Pal. 1995. 1. Doctr. 10 ; RTD com. 1995. 108* . – GRUNDELER, *Administrer nov. 1994. 6 ; ibid. janv. 1998. 13*. – R. MARTIN, *Ann. loyers 1994. 1001*. – GALLET, *Rev. loyers 1994. 430*. – BRAULT, *Gaz. Pal. 1995. 1. Doctr. 243 ; Loyers et copr. 1995. Chron. 6* (résiliation anticipée du bail à l'instigation de l'administrateur ou du liquidateur) ; *ibid. 1996. Chron. 14* (droits locatifs et créance d'indemnité d'éviction) ; *ibid. 1999. Chron. 12* (conséquences de l'ouverture d'une procédure collective pour le bailleur et le preneur). – RAFFIN et ROZIAU, *JCP E 1996. I. 518* (observations relatives à l'adjectif « afférent »). – VALLENS, *ibid. 1996. I. 536* (même thème). – Colloque CRAJEFE du 27 avr. 1996, *Petites affiches 8 juill. 1996*. – GAUDIN, *D. Affaires 1996. 1083*. – AUQUE, *Rev. proc. coll. 1997. 131*. – LE CORRE, *AJDI 2002. 186*. – DELATTRE, *Ann. loyers 2003. 20* (résiliation du bail commercial en procédure collective) ; *ibid. 2214* (bail commercial dans le cadre d'une procédure collective). – KENDÉRIAN, *D. 2003. Chron. 610* (sort du bail commercial en cas de procédure collective du bailleur). – KÉITA, *Petites affiches 30 juill. 2003, p. 6* (même thème). – TIRVAUDEY-BOURDIN, *Rev. proc. coll. 2004. 30* (même thème).

▶ Articles de doctrine relatifs à l'ancien art. 38 : BIHR, *Defrénois 1989. 3 ; JCP 1991. I. 3528*. – BLATTER, *AJPI 1986. 335*. – BOCCARA, *JCP 1987. I. 3273 ; ibid. 1991. I. 3518*. – BRAULT et BARBIER, *Gaz. Pal. 1986. 2. Doctr. 606*. – BRAULT, *JCP E 1991. I. 72*. – DELEBECQUE, *Rev. proc. coll. 1989. 281*. – GALLET, *AJPI 1991. 502 ; Rev. loyers 1993. 384 ; ibid. 1999. 218*.

1. Application cumulative des art. L. 621-29 et L. 621-28. L'action en résiliation du bail prévue à l'art. L. 621-29 C. com. n'est pas exclusive de la possibilité appartenant à tout cocontractant du débiteur de faire constater la résiliation du bail dans les conditions prévues par l'art. L. 621-28 C. com. • Dijon, 29 juin 2004 : *Rev. proc. coll. 2005. 40, obs. Roussel Galle*. – *Contra* : • T. com. Paris, 30 janv. 1998 : *Gaz. Pal. 1999. 2. Somm. 612*.

1 bis. Bail des immeubles affectés à l'activité de l'entreprise. Dès lors que le contrat en cause n'est pas le bail des immeubles affectés à l'activité de l'entreprise, l'art. 38 [C. com., art. L. 621-29] ne s'applique pas. • Com. 9 mai 1995 : *Bull. civ. IV, n° 136 ; D. 1995. IR. 148*. ♦ Un contrat de crédit-bail ne pouvant être assimilé à un contrat de bail, il s'ensuit que l'art. 25 du décret du 30 sept. 1953 relatif aux baux commerciaux [C. com., art. L. 145-41] et l'art. 38 [C. com., art. L. 621-29] ci-dessus ne le concernent pas. • Com. 11 mars 1997 : *Dr. sociétés 1997, n° 82, obs. Chaput ; RJDA 1997, n° 953* • Dijon, 15 nov. 1994 : *BICC 1995, n° 976*. – V. aussi • Versailles, 19 mars 1992 : *D. 1992. Somm. 259, obs. Derrida* .

Pour l'application des dispositions des art. 38 [C. com., art. L. 621-29] et 47 [C. com., art. L. 621-40] aux baux ordinaires ou aux baux professionnels, V. note 4.

2. Résiliation conventionnelle acquise. Le locataire et son administrateur judiciaire ne sauraient invoquer les art. 38 et 47 [C. com., art. L. 621-29 et L. 621-40] pour s'opposer à une expulsion en cours, dès lors que la clause résolutoire prévue au bail avait produit son effet avant l'intervention de la procédure collective et que l'expulsion ne constituait pas une voie d'exécution sur les meubles et les immeubles. • Civ. 3e, 21 févr. 1990 : *Bull. civ. III, n° 52 ; D. 1990. IR. 73 ; RTD com. 1990. 478, obs. Chaput* . ♦ V., dans le même sens, • Aix-en-Provence, 22 déc. 1987 : *D. 1989. 45, note Putman* • Paris, 23 mars 1992 : *JCP E 1992. Pan. 568* • Com. 12 mai 1992 : *Bull. civ. IV, n° 183 ; D. 1992. IR. 195 ; Rev. loyers 1993. 423, note Gallet* • Versailles, 9 déc. 1999 : *Act. proc. coll. 2000, n° 64* • Aix-en-Provence, 28 avr. 2000 : *Act. proc. coll. 2001, n° 8*. – *Contra* : • Paris, 30 nov. 1988 : *D. 1989. IR. 23*. ♦ Comp., classant les mesures d'expulsion parmi les procédures civiles d'exécution : L. n° 91-650 du 9 juill. 1991 (art. 61 s.), applicable depuis le 1er janv. 1993, **C. pr. civ.** (V. note Gallet, ss. • Paris, 19 mai 1992 : *Rev. loyers 1994. 27*). ♦ En ce sens qu'il n'y a pas lieu à suspendre les effets du commandement d'avoir à libérer les lieux, dès lors que l'expulsion a été ordonnée par une décision devenue exécutoire antérieurement au jugement de redressement judiciaire, V. • Civ. 2e, 10 déc. 1998 : *AJDI 1999. 794, obs. Gallet*. ♦ Dès lors qu'à la date du jugement d'ouverture, la décision ordonnant la résiliation du bail n'est pas encore passée en force de chose jugée, et qu'en application de la règle de l'arrêt des poursuites individuelles, édictée à l'art. 47 [C. com., art. L. 621-40], l'action tendant à la constatation de la résiliation ne peut plus être poursuivie, la demande introduite par le bailleur ne peut plus être accueillie au motif que cette action a pour cause des loyers échus antérieurement au jugement d'ouverture. • Com. 12 juin 1990 : *Bull. civ. IV, n° 172 ; D. 1990. 450, note Derrida* • 14 mai 1991 : *Bull. civ. IV, n° 166 ; Rev. loyers 1993. 397, note Gallet ; D. 1991. IR. 165* • Civ. 3e, 26 juin 1991 : *Bull. civ. III, n° 193 ; D. 1991. IR. 220* • 13 mai 1992 : *Bull. civ. III, n° 146* • 13 oct. 1993 : *Rev. huiss. 1994. 185, note Vidal* • 30 nov. 1993 : *Rev. loyers 1994. 461, note Gallet* • 6 mai 1997 : *Rev. loyers 1999. 243, note Gallet*

• 9 déc. 1997 : *Loyers et copr. 1998, n° 129, obs. Brault et Mutelet ; Rev. loyers 1999. 243, note Gallet* • 13 mai 1998 : *Rev. loyers 1999. 231, note Gallet* • Com. 13 avr. 1999 : *Petites affiches 8 mars 2000, p. 19, note Gallet.* ♦ En revanche, la demande en constatation de l'acquisition de la clause résolutoire est recevable lorsque la clause était acquise avant l'ouverture de la procédure, faute pour le locataire d'avoir, à cette date, exécuté les obligations mises à sa charge par la décision ayant suspendu les effets de la clause. • Civ. 3e, 4 nov. 1998 : *RJDA 1998, n° 1385 ; Gaz. Pal. 30 juin-1er juill. 1999, p. 23, note Brault ; Petites affiches 9 déc. 1999, p. 19, note Gallet.* ♦ V. aussi, jugeant que le locataire qui n'a pas respecté les premières échéances fixées par l'ordonnance de référé ayant suspendu les effets de la clause résolutoire sous la condition du paiement aux dates prévues, ne peut invoquer utilement l'effet suspensif résultant du jugement d'ouverture de la procédure collective, rendu postérieurement à la date à laquelle la clause résolutoire a produit ses effets (soit un mois après la signification au locataire de l'ordonnance de référé), • Civ. 3e, 8 déc. 1999 : *D. 2000. AJ. 99, obs. Lienhard ; Act. proc. coll. 2000, n° 6, obs. Vallansan ; AJDI 2000. 819, note Gallet.* – Comp. : • Civ. 3e, 10 déc. 1997 : *Rev. loyers 1999. 248, note Gallet.*

La règle selon laquelle a force de chose jugée le jugement qui n'est susceptible d'aucun recours suspensif d'exécution tandis que le jugement susceptible d'un tel recours acquiert la même force à l'expiration du délai de recours si celui-ci n'a pas été exercé dans le délai s'applique à l'ordonnance de référé, peu important l'absence au principal d'autorité de la chose jugée de cette ordonnance. • Com. 24 oct. 1995 : *Bull. civ. IV, n° 254* • 11 janv. 1994 : *ibid., n° 18.* ♦ Le bailleur qui a poursuivi l'exécution d'une ordonnance de référé frappée d'appel ne peut se prévaloir de cette exécution pour soutenir que les effets de la clause résolutoire étaient acquis avant l'ouverture du redressement judiciaire. • Toulouse, 3 juill. 2002 : *Gaz. Pal. 2003. Somm. 1863, obs. P.-H. Brault.* ♦ Sur la notion de « droits acquis à la clause résolutoire du bail », V. aussi • Paris, 20 janv. 1989 : *D. 1989. IR. 71* • Com. 16 mars 1993 : *Bull. civ. IV, n° 107 ; Rev. loyers 1993. 393, note Gallet ; Defrénois 1993. 1217, obs. Sénéchal* • 11 janv. 1994 : *Bull. civ. IV, n° 18.* ♦ V. aussi note Bihr, ss. • Versailles, 17 mars 1989 : *Defrénois 1989. 1061.*

Sur l'obligation faite au liquidateur de libérer les lieux lorsque le bail a été résilié avant l'ouverture de la procédure collective, V. • Com. 30 mars 1999 : *Act. proc. coll. 1999, n° 117 ; Loyers et copr. 1999, n° 240, obs. Brault et Mutelet ; Petites affiches 13 mars 2000, p. 16, note Gallet.*

3. Le mandataire à la liquidation judiciaire d'une société ne saurait reprocher à une cour d'appel d'avoir, par un arrêt rendu antérieurement à l'ouverture de la procédure collective, déclaré acquises, au profit du propriétaire des locaux à usage commercial donnés à bail à cette société, les clauses résolutoires prévues aux contrats et expulsé le preneur, après délivrance de commandements de payer des loyers arriérés demeurés infructueux, dès lors qu'à la date d'ouverture de cette procédure collective la décision se prononçant sur les demandes de résiliation des baux formulées par les bailleurs, qui ne pouvait plus faire l'objet d'un recours suspensif d'exécution, était passée en force de chose jugée. • Com. 17 janv. 1995 : *AJPI 1995. 889, note Gallet.*

4. Le principe selon lequel la clause résolutoire ne peut entrer en application si, à la date d'ouverture du redressement judiciaire, aucune décision passée en force de chose jugée n'a constaté la résiliation, ne peut s'appliquer aux baux ordinaires ou portant sur des locaux professionnels : dans ce cas en effet, s'il a été délivré un commandement avec rappel de la clause résolutoire, le bailleur ne peut se voir opposer ni l'art. 37 [C. com., art. L. 621-28], ni l'art. 47 [C. com., art. L. 621-40], la résiliation étant acquise de plein droit par le jeu de la clause résolutoire même si elle n'a pas été judiciairement constatée. • Versailles, 6 avr. 1995 : *JCP 1995. IV. 2328.*

4 bis. La demande de constatation de l'acquisition de la clause résolutoire avant l'ouverture de la procédure doit être notifiée aux créanciers inscrits sur le fonds, en application de l'art. 14 de la loi du 17 mars 1909 [C. com., art. L. 143-2]. • Civ. 3e, 22 janv. 1997 : *Rev. loyers 1997. 254, note Gallet.*

4 ter. Défaut de paiement des loyers. L'application des dispositions de l'art. 38 [C. com., art. L. 621-29] n'est pas subordonnée à l'absence de paiement partiel effectué par les preneurs sur les loyers dus. • Com. 11 juin 1996 : *D. 1996. IR. 186.*

4 quater. La demande du bailleur en paiement d'une certaine somme au titre des loyers et charges et taxes pour la période comprise entre le jugement de liquidation judiciaire et la remise des clés ne peut être accueillie, dès lors que les sommes réclamées ne peuvent être que des loyers et charges. • Civ. 3e, 27 févr. 2002 : *Act. proc. coll. 2002, n° 121.*

5. Ancien délai de trois mois (jurisprudence antérieure à la loi du 10 juin 1994). Avant la loi du 10 juin 1994, le bailleur pouvait, à l'expiration du délai de trois mois suivant le jugement qui a ouvert le redressement judiciaire, agir en résiliation du bail pour défaut de paiement des loyers qui étaient échus postérieurement à l'ouverture de la procédure collective. • Com. 17 oct. 1989 : *Bull. civ. IV, n° 251 ; Defrénois 1990. 731, obs. Bihr* • 2 févr. 1993 : *Bull. civ. IV, n° 35* • 2 févr. 1999 : *Act. proc. coll. 1999, n° 77 ; Dr. sociétés 1999, n° 57, obs. Chaput (pourvoi n° 96-19.996)* • 2 févr. 1999 : *AJDI 2000. 232, note Gallet (pourvoi n° 95-21.625)*. ♦ Dès lors, ne constituait pas une contestation sérieuse de l'action en résiliation engagée par le bailleur le fait que la date d'exigibilité des loyers se situât dans le délai précité. • Com. 17 oct. 1989 : *préc.*

6. Le défaut de paiement des loyers échus depuis plus de trois mois après le jugement d'ouverture du redressement judiciaire devait être établi au jour de l'introduction ou de la poursuite de l'action en résiliation du bail des immeubles affectés à l'activité de l'entreprise ; il constituait une condition de fond de la résiliation et non de recevabilité de l'action. • Com. 2 nov. 1993 : *Bull. civ. IV, n° 373 ; D. 1993. IR. 261.*

7. C'est à bon droit qu'une cour d'appel avait constaté la résiliation d'un bail par acquisition de la clause résolutoire, à la suite de la délivrance par le bailleur d'un commandement de payer, dès lors, d'une part, que le bailleur pouvait, à l'expiration du délai de trois mois suivant le jugement d'ouverture du redressement judiciaire, agir en résiliation du bail pour défaut de paiement des loyers échus postérieurement à l'ouverture de la procédure collective, et, d'autre part, que l'arrêt attaqué, qui avait retenu que le commandement de payer invoquant la clause résolutoire avait été signifié au liquidateur plus de sept mois après la date de l'ouverture de la procédure collective pour défaut de paiement de loyers échus postérieurement à cette date, avait fait l'exacte application des dispositions de l'art. 38 de la loi du 25 janv. 1985 [C. com., art. L. 621-29], en constatant que la résiliation du bail s'était réalisée un mois après le commandement de payer demeuré infructueux. • Com. 11 oct. 1994 : *Rev. loyers 1995. 520, note Gallet.*

Comp., désormais : art. L. 621-29, al. 1er, dans sa rédaction résultant de la loi n° 94-475 du 10 juin 1994, qui prévoit notamment un délai de deux mois.

8. Loyers antérieurs (jurisprudence antérieure à la loi du 10 juin 1994). Le non-paiement des loyers antérieurs au jugement d'ouverture n'ouvre droit au profit des créanciers qu'à déclaration au passif. • Com. 3 nov. 1992 : *Bull. civ. IV, n° 340 ; D. 1992. IR. 277 ; JCP 1993. II. 22117, note crit. Boccara ; Rev. loyers 1993. 407, note Gallet.* ♦ Comp., en ce sens que le bailleur pouvait agir en résiliation pour défaut de paiement de loyers à l'expiration du délai de trois mois suivant le jugement d'ouverture, dès lors que les loyers impayés correspondaient, pour partie, à une période de jouissance postérieure à ce jugement, même si, à la date de celui-ci, le loyer d'un trimestre était déjà échu : • Com. 14 juin 1994 : *Bull. civ. IV, n° 211 ; D. 1995. 105, rapp. Rémery, note crit. Derrida ; Rev. loyers 1995. 355, note Gallet.* – V. aussi • Civ. 3e, 9 oct. 1996 : *Gaz. Pal. 1997. 1. 214, note Brault ; Rev. huiss. 1997. 497, note R. Martin ; AJPI 1997. 935, note Gallet.*

Pour la validité d'un commandement dont les causes portaient à la fois sur des loyers et charges dus postérieurement à l'ouverture de la procédure collective et sur des sommes dues antérieurement, V. • Civ. 3e, 16 juin 2004 : *AJDI 2005. 132, obs. Le Corre*.

8 bis. Résiliation de plein droit. En ce sens que l'art. 25 du décret du 30 sept. 1953 [C. com., art. L. 145-41], selon lequel la résiliation de plein droit d'un bail commercial ne produit effet qu'un mois après délivrance d'un commandement de payer demeuré infructueux, est applicable lorsque le bailleur demande la résiliation de plein droit du bail en application de l'art. 38 [C. com., art. L. 621-29], V. • T. com. Paris, 9 avr. 1999 : *Loyers et copr. 1999, n° 242, obs. Brault.*

8 ter. Compétence juridictionnelle. Sur le régime antérieur à la réforme de 1994, V. Gallet, *Rev. loyers 1996. 71.* ♦ V. désormais, ancien art. 61-1 du 1er décret du 27 déc. 1985, issu du décret n° 94-910 du 21 oct. 1994, *infra*, App., v° *Difficultés des entreprises.* ♦ V. aussi note 4 *ter* ss. ancien art. 174 du 1er décret du 27 déc. 1985.

9. Application à la liquidation judiciaire (jurisprudence antérieure à la loi du 10 juin 1994). Avant la loi du 10 juin 1994, l'art. 38 de la loi du 25 janv. 1985 [devenu C. com., art. L. 621-29] était déjà applicable en cas de liquidation judiciaire, que l'activité fût, ou non, poursuivie. • Com. 12 févr. 1991 : *Bull. civ. IV, n° 65 ; D. 1991. Somm. 241, obs. Honorat* • 5 déc. 1995 : *Rev. loyers 1996. 295, note Gallet ; Loyers et copr. 1996, n° 352, obs. Brault et Mutelet.* ♦ V. aussi note 10 ss. ancien art. L. 621-28. ♦ Comp., désormais : art. L. 622-13.

10. Congé avec refus de renouvellement. V. note 29 ss. ancien art. L. 621-40.

11. Résiliation pour défaut d'entretien. L'art. 38, al. 2 [C. com., art. L. 621-29, al. 2], ne fait pas obstacle à l'action en résiliation du bail pour un défaut d'entretien constaté antérieurement au jugement de redressement judiciaire. • Civ. 3e, 21 juill. 1999 : *D. 1999. IR. 229 ; D.*

Affaires 1999. 1443, obs. V. A.-R ; JCP E 2000, n° 4, p. 126, obs. Pétel ; JCP 2000. II. 10391, note Roussel ; Rev. proc. coll. 2000. 128, obs. Macorig-Venier.

Ancien art. L. 621-30 ***En cas de cession du bail, toute clause imposant au cédant des dispositions solidaires avec le cessionnaire est inopposable à l'administrateur.*** — [L. n° 85-98 du 25 janv. 1985, art. 38-1]. — L'art. 38-1 de la loi n° 85-98 du 25 janv. 1985, codifié à l'ancien art. L. 621-30, était issu de la loi n° 94-475 du 10 juin 1994. — Pour l'entrée en vigueur de cette loi, V. note ss. ancien art. L. 620-1.

BIBL. ▶ V. bibl. ss. art. L. 621-29.

Le mandataire-liquidateur ne peut invoquer une inopposabilité de la clause de garantie solidaire prévue au bail, l'inopposabilité instituée par l'art. 38-1 [C. com., art. L. 621-30] ne concernant que l'administrateur, et non le mandataire-liquidateur, qui doit, aux termes de l'art. 153-3 [C. com., art. L. 622-13], respecter les conditions prévues au contrat conclu avec le bailleur. • Paris, 26 févr. 1999 : *RJDA 1999, n° 1365.*

Ancien art. L. 621-31 ***En cas de redressement judiciaire, le bailleur n'a privilège que pour les deux dernières années de loyers avant le jugement d'ouverture de la procédure.***

Si le bail est résilié, le bailleur a, en outre, privilège pour l'année courante, pour tout ce qui concerne l'exécution du bail et pour les dommages-intérêts qui pourront lui être alloués par les tribunaux.

Si le bail n'est pas résilié, le bailleur ne peut exiger le paiement des loyers à échoir lorsque les sûretés qui lui ont été données lors du contrat sont maintenues ou lorsque celles qui ont été fournies depuis le jugement d'ouverture sont jugées suffisantes.

Le juge-commissaire peut autoriser le débiteur ou l'administrateur, selon le cas, à vendre des meubles garnissant les lieux loués soumis à dépérissement prochain, à dépréciation imminente ou dispendieux à conserver, ou dont la réalisation ne met pas en cause, soit l'existence du fonds, soit le maintien de garanties suffisantes pour le bailleur. — [L. n° 85-98 du 25 janv. 1985, art. 39].

1. Application à la liquidation judiciaire. Le privilège du bailleur, prévu en cas de redressement judiciaire, est maintenu lors de la conversion en liquidation judiciaire. • Versailles, 1er oct. 1992 : *RJDA 1993, n° 257.* ♦ V. désormais art. L. 622-13, al. 5, issu de la loi n° 94-475 du 10 juin 1994.

2. Application limitée aux loyers. L'art. 39 [C. com., art. L. 621-31], d'interprétation stricte, ne saurait être étendu au droit d'entrée (pas-de-porte), quand bien même celui-ci pourrait s'analyser en un supplément de loyer. • Paris, 14 nov. 1995 : *D. Affaires 1996. 77.*

3. Délai de deux ans. L'art. 39 [C. com., art. L. 621-31] donne au bailleur privilège pour les deux années de loyers antérieurs au jugement d'ouverture de la procédure collective et, en outre, en cas de résiliation, privilège pour l'année de loyers en cours et pour les dommages-intérêts qui peuvent lui être alloués. • Civ. 3e, 10 févr. 1999 : *Rev. loyers 1999. 294, note Gallet.*

4. Il résulte de l'art. 39 [C. com., art. L. 621-31] ci-dessus et de l'art. 1256 C. civ. que, lorsque la quittance ne porte aucune imputation et que les dettes sont d'égale nature, il y a lieu de considérer que le dernier versement effectué par le preneur durant le délai de deux ans doit s'imputer sur les sommes dues à la date d'expiration de ce délai. Et le solde de la créance du bailleur afférente à cette période doit être admis au passif du preneur à titre privilégié. • Rouen, 29 mars 1990 : *Rev. loyers 1994. 291, note Gallet.*

5. Saisie-attribution. Dès lors qu'il résulte de l'art. 43 de la loi du 9 juill. 1991 que l'acte de saisie emporte attribution immédiate au saisissant de la créance saisie « ainsi que de tous ses accessoires », y compris les garanties qui lui sont attachées, la créance de loyers attribuée par l'effet de la saisie a vocation, en cas d'ouverture d'une procédure collective à l'égard du locataire, tiers saisi, à bénéficier du privilège du bailleur dans la limite de deux ans fixée à l'art. 39 [C. com., art. L. 621-31]. • Orléans, 25 mai 2000 : *RJDA 2000, n° 1138.*

6. Déclaration de créance. Sur la nécessité pour le bailleur de mentionner son privilège dans sa déclaration de créance, V. • Com. 10 juill. 2001 : *Rev. proc. coll. 2002. 94, obs. Legrand* • 7 déc. 2004 : *RJDA 2005, n° 426.*

Ancien art. L. 621-32 *I. — Les créances nées régulièrement après le jugement d'ouverture sont payées à leur échéance lorsque l'activité est poursuivie. En cas de cession totale ou lorsqu'elles ne sont pas payées à l'échéance en cas de continuation, elles sont payées par priorité à toutes les autres créances, assorties ou non de privilèges ou sûretés, à l'exception des créances garanties par*

le privilège établi aux articles L. 143-10, L. 143-11, L. 742-6 et L. 751-15 du code du travail. — V. Décr. n° 85-1388 du 27 déc. 1985, anciens art. 62-1 et 121-1, infra, App., v° Difficultés des entreprises.

II. — En cas de liquidation judiciaire, elles sont payées par priorité à toutes les autres créances, à l'exception de celles qui sont garanties par le privilège établi aux articles L. 143-10, L. 143-11, L. 742-6 et L. 751-15 du code du travail, des frais de justice, de celles qui sont garanties par des sûretés immobilières ou mobilières spéciales assorties d'un droit de rétention ou constituées en application du chapitre V du titre II du livre V. — V. Décr. n° 85-1388 du 27 déc. 1985, ancien art. 60, infra, App., v° Difficultés des entreprises.

III. — Leur paiement se fait dans l'ordre suivant :

1° Les créances de salaires dont le montant n'a pas été avancé en application des articles L. 143-11-1 à L. 143-11-3 du code du travail ;

2° Les frais de justice ;

3° Les prêts consentis par les établissements de crédit ainsi que les créances résultant de l'exécution des contrats poursuivis conformément aux dispositions de l'article L. 621-28 et dont le cocontractant accepte de recevoir un paiement différé ; ces prêts et délais de paiement sont autorisés par le juge-commissaire dans la limite nécessaire à la poursuite de l'activité pendant la période d'observation et font l'objet d'une publicité. En cas de résiliation d'un contrat régulièrement poursuivi, les indemnités et pénalités sont exclues du bénéfice de la présente disposition ; — V. Décr. n° 85-1388 du 27 déc. 1985, ancien art. 66, infra, App., v° Difficultés des entreprises.

4° Les sommes dont le montant a été avancé en application du 3° de l'article L. 143-11-1 du code du travail ; — V. aussi art. L. 143-11-9, al. 2, C. trav., infra, ss. ancien art. L. 621-132.

5° Les autres créances, selon leur rang. — [L. n° 85-98 du 25 janv. 1985, art. 40].

Sur la rédaction de l'art. 40 de la loi n° 85-98 du 25 janv. 1985 (désormais codifié à l'ancien art. L. 621-32) antérieure à la loi n° 94-475 du 10 juin 1994, V. éditions 1993-1994 et antérieures du **C. com.** *— Sur l'entrée en vigueur de cette loi, V. note ss. ancien art. L. 620-1.*

BIBL. ▶ Régime issu de la loi du 10 juin 1994 : CABRILLAC et PÉTEL, *D. 1994. 243* ; *Petites affiches 14 sept. 1994, p. 59.* – CAMPANA et LEGEAIS, *ibid. 14 sept. 1994, p. 49.* – CAMPANA, *Rev. proc. coll. 1994. 489 et 491.* – CALENDINI, *Banque oct. 1994. 54 ; Rev. proc. coll. 1994. 497.* – D. MARTIN, *Petites affiches 14 sept. 1994, p. 53.* – BAC, *Rev. proc. coll. 1994. 515.* – SOINNE, *ibid. 1997. 249* (répartitions). – DYMANT et LE CORRE, *JCP E 2000, n° 23, p. 884* (droit de poursuite individuelle). – JAZOTTES, *Petites affiches 6 sept. 2000, p. 36 ; Rev. Lamy droit des affaires, suppl. au n° 80, mars 2005, p. 132 (périmètre du privilège de l'art. L. 621-32).* – DESPRAT, *Gaz. Pal. 2001. Doctr. 322.* – BARON, *RTD com. 2001. 1* (date de naissance des créances contractuelles). – DERRIDA, *D. 2002. 800* (même thème). – PÉTEL, *Mélanges Guyon, Dalloz, 2003, p. 917* (pour une relecture de l'art. L. 621-32). – SAINT-ALARY-HOUIN, *Petites affiches 9 nov. 2004, p. 11* (date de naissance des créances).

I. NATURE DE LA PRIORITÉ DE PAIEMENT

1. La priorité de paiement instituée par l'art. 40, dans sa rédaction antérieure à la loi n° 94-475 du 10 juin 1994, qui ne dépend pas de la qualité de la créance, ne constitue pas un privilège au sens de l'art. 2095 [2324] C. civ. • Com. 5 févr. 2002 : *Bull. civ. IV, n° 27 ; D. 2002. AJ. 805, obs. Lienhard ; Act. proc. coll. 2002, n° 100, obs. Piedelièvre ; JCP E 2002, n° 21, p. 854, obs. Cabrillac et Pétel ; JCP 2002. II. 10186, note Cuif ; RTD civ. 2002. 337, obs. Crocq ; RTD com. 2002. 542, obs. Martin-Serf ; Rev. proc. coll. 2003. 144, obs. Saint-Alary-Houin.*

II. DOMAINE D'APPLICATION

A. PROCÉDURE EN COURS

1 bis. Plan de continuation. Ne sont pas soumises aux dispositions de l'art. 40 [C. com., art. L. 621-32] les créances nées après le jugement arrêtant le plan de continuation de l'entreprise. • Com. 3 avr. 1990 : *Bull. civ. IV, n° 113 ; D. 1990. 385, note Jeantin ; RTD com. 1990. 497, obs. Martin-Serf* (V. l'arrêt cassé, rendu à propos d'un plan de continuation ultérieurement résolu : • Versailles, 6 oct. 1988 : *D. 1989. 155, note Jeantin).* ♦ V. note 30.

2. Plan de cession. Le jugement qui arrête le plan de cession d'une entreprise en redressement judiciaire, s'il met fin à la période d'observation, et, sauf disposition contraire, fait recouvrer au débiteur tous ses pouvoirs, n'entraîne pas la clôture de la procédure collective, laquelle est prononcée après l'accomplissement de tous les actes nécessaires à la réalisation de la cession. Aussi, ces actes n'ayant pas été passés, la créance d'une banque, résultant de la poursuite de l'activité, bénéficie de l'art. 40 [C. com., art. L. 621-32]. • Com. 6 déc. 1994 : *Bull. civ. IV, n° 366 ; Quot. jur. 19 janv. 1995, p. 2 ; RTD* *com. 1996. 128, obs. Martin-Serf* . – V. aussi • Montpellier, 9 févr. 1993 : *Rev. proc. coll. 1993. 524, obs. Soinne.* ♦ Les créances afférentes à des contrats qui n'ont pas été transmis par le plan de cession relèvent des dispositions de l'art. 40, devenu l'art. L. 621-32 C. com., jusqu'à l'achèvement ou la résiliation de ces contrats, peu important la date de clôture de la procédure. • Com. 15 oct. 2002 : *RJDA 2003, n° 278.*

Comp., en cas d'annulation du plan de cession : note 5 *bis* ss. ancien art. L. 621-89.

Sur la recevabilité de l'action en paiement, V. note 39 *quinquies.*

3. Liquidation judiciaire (jurisprudence antérieure à la loi du 10 juin 1994). L'art. 40 [C. com., art. L. 621-32] étant applicable aux créances nées régulièrement après l'ouverture du redressement judiciaire, doit en bénéficier la créance de cotisations de l'URSSAF relative aux indemnités de congés payés et de préavis consécutives aux licenciements opérés après le prononcé de la liquidation judiciaire. • Com. 20 févr. 1990 : *Bull. civ. IV, n° 47 ; D. 1991. Somm. 3, obs. Derrida* (V. l'arrêt cassé : • Agen, 16 juin 1988 : *Gaz. Pal. 1988. 2. 689, note Soinne)* • 10 juill. 1990 : *Bull. civ. IV, n° 207 ; D. 1990. IR. 192 ; RTD com. 1991. 294, obs. Martin-Serf* . ♦ De même, la créance d'indemnité de préavis résultant de la rupture du contrat de travail intervenue dans les quinze jours du jugement de liquidation judiciaire entre dans les prévisions de l'art. 40 [C. com., art. L. 621-32], peu important qu'elle soit, pour partie, garantie par l'AGS. • Soc. 7 oct. 1992 : *RJDA 1992, n° 1170.*

3 bis. Liquidation judiciaire immédiate (loi du 10 juin 1994). Si l'art. 40 [C. com., art. L. 621-32] se trouve inséré au chapitre Ier du titre Ier de la loi de 1985 traitant du régime général du redressement judiciaire, dans les dispositions relatives à la poursuite de l'activité pendant la période d'observation, l'ordre de priorité qu'il édicte pour le règlement des dettes antérieures au jugement d'ouverture par rapport à celles nées postérieurement, doit être appliqué, même en cas de liquidation judiciaire immédiate, le texte n'opérant, en effet, aucune distinction suivant que la liquidation est prononcée en cours de période d'observation ou directement. • Montpellier, 26 janv. 1999 : *Rev. proc. coll. 1999. 221, obs. Saint-Alary-Houin.*

4. Condition de poursuite de l'activité. V. art. L. 622-10. ♦ Le bénéfice de l'art. 40 [C. com., art. L. 621-32] n'est pas limité aux créances relatives à la poursuite de l'activité ou à la liquidation elle-même : V. • Com. 22 juin 1999 : *Act. proc. coll. 1999, n° 213* • 27 oct. 1998 : *cité note 18* • 8 déc. 1998 : *cité note 26* • 17 janv. 1995 : *Bull. civ. IV, n° 16 ; D. 1995. Somm. 216, obs. Honorat* • 2 avr. 1996 : *Bull. civ. IV, n° 108 ; D. 1996. IR. 123 ; Rev. proc. coll. 1997. 68, obs. Saint-Alary-Houin.* – Comp. : • Com. 23 oct. 1990 : *D. 1993. Somm. 6* . – *Contra* : • Paris, 11 mai 1989 : *D. 1989. IR. 184* • Versailles, 18 févr. 1988 : *D. 1988. IR. 103* • Dijon, 21 mars 1991 : *Rev. proc. coll. 1993. 66, obs. Saint-Alary-Houin* • Lyon, 21 mars 1991 : *ibid. 1994. 40, obs. Saint-Alary-Houin* • Aix-en-Provence, 13 nov. 1997 : *BICC 1998, n° 661 ; Gaz. Pal. 1998. 2. Somm. 705 ; Rev. proc. coll. 1999. 158, obs. Monsérié.*

B. CRÉANCES NÉES RÉGULIÈREMENT

5. Pour l'exclusion d'une créance n'étant pas née régulièrement, le débiteur ne pouvant pas s'engager sans l'assistance de l'administrateur, V. • Com. 4 févr. 1992 : *D. 1993. Somm. 5, obs. Derrida* • 31 mars 1998 : *Act. proc. coll. 1998, n° 22 ; Rev. proc. coll. 1999. 157, obs. Monsérié ; RJ com. 2000. 37, obs. Teilliais* • 29 févr. 2000 : *RJDA 2000, n° 556.* ♦ En ce sens que l'art. 40 [C. com., art. L. 621-32] n'est pas applicable à la créance d'un avocat auquel les dirigeants de la société en redressement judiciaire avaient donné mandat alors que l'administrateur avait choisi un autre conseil, cet acte ne pouvant être qualifié d'acte de gestion courante en raison du montant des honoraires réclamés, V. • Civ. 1re, 13 nov. 1997 : *Rev. proc. coll. 1999. 157, obs. Monsérié.* ♦ Pour l'exclusion du bénéfice de l'art. 40 des honoraires d'avocats relatifs à une mission d'assistance d'une société en liquidation judiciaire, V. • Com. 19 mai 2004 : *Bull. civ. IV, n° 98 ; D. 2004. AJ. 2045* ; *JCP E 2004, n° 37, p. 1391, obs. Pétel ; Petites affiches 12 avr. 2005, p. 6, note Zattara.* ♦ L'engagement de caution solidaire signé sans autorisation du juge-commissaire ne peut donner naissance à une dette régulière bénéficiant de la priorité de paiement prévue par l'art. 40 [C. com., art. L. 621-32]. • Douai, 15 oct. 1998 : *Rev. proc. coll. 1999. 219, obs. Saint-Alary-Houin.* ♦ Il en va de même du soutien financier accordé à la société débitrice sans autorisation du juge-commissaire. • T. com. Paris, 20 mai 1997 : *Rev. proc. coll. 1999. 219, obs. Saint-Alary-Houin.*

6. L'art. 40 [C. com., art. L. 621-32] étant applicable aux créances nées après le jugement d'ouverture conformément aux règles gouvernant les pouvoirs du débiteur ou de l'administrateur s'il en est désigné un, la créance née du chef du débiteur après l'ouverture à son égard d'une procédure simplifiée de redressement judiciaire sans désignation d'un administrateur, entre dans les prévisions de ce texte, même si le tribunal, à l'issue de la période d'enquête, n'a pris aucune décision pour exercer l'option prévue à l'art. 142 [C. com., art. L. 621-138]. • Com. 9 juin 1992 : *Bull. civ. IV, n° 231 ; D. 1993. Somm. 5, obs. Derrida ; RTD com. 1993. 382, obs. Martin-Serf*. ♦ Il appartient aux juges du fond de rechercher si une créance délictuelle postérieure est née régulièrement, c'est-à-dire conformément aux règles gouvernant les pouvoirs du débiteur ou, le cas échéant, de l'administrateur. • Com. 13 oct. 1998 : *Bull. civ. IV, n° 240 ; D. Affaires 1998. 1816, obs. A. L. ; Act. proc. coll. 1998, n° 139, obs. Pétel ; JCP E 1998, n° 52, p. 2069, obs. Cabrillac et Pétel ; ibid. 1999, n° 24, p. 1060, note Rossi ; Rev. proc. coll. 1999. 157, obs. Monsèrié ; RTD com. 1999. 979, obs. Martin-Serf*.

7. En ce sens que les juges du fond ne peuvent admettre, au titre de l'art. 40 [C. com., art. L. 621-32], la créance née de la résiliation d'un contrat qui s'est poursuivi depuis le jugement d'ouverture, sans constater, au besoin d'office, la régularité de la décision de continuer le contrat (dans l'hypothèse d'une procédure simplifiée de redressement judiciaire sans administrateur), V. • Com. 6 juill. 1999 : *RJDA 1999, n° 1099.*

8. Les créances quasi délictuelles nées postérieurement au jugement d'ouverture entrent dans les prévisions de l'art. 40 [C. com., art. L. 621-32]. • Com. 31 mars 1992 : *Rev. proc. coll. 1993. 66, obs. Saint-Alary-Houin.*

8 bis. La créance de l'ASSEDIC se rapportant à des allocations chômage versées au débiteur pour une période postérieure au jugement d'ouverture ne rentre pas dans les prévisions de l'art. 40 [C. com., art. L. 621-32] ; en effet, si elle est née postérieurement au jugement d'ouverture de la procédure collective, cette créance n'est pas née régulièrement dans la mesure où le débiteur, en déposant une demande d'allocations auprès de l'ASSEDIC, n'a pas agi dans l'exercice de son activité commerciale et a de plus fait preuve d'un comportement fautif, qui lui est seul imputable, en se faisant consentir deux fois les mêmes droits par deux ASSEDIC différentes. • Paris, 31 mars 2000 : *D. 2000. AJ. 251 ; Rev. proc. coll. 2002. 99, obs. Saint-Alary-Houin.*

8 ter. Les créances nées irrégulièrement après le jugement d'ouverture sont hors procédure, ce dont il résulte que leurs titulaires ne peuvent être payés qu'après désintéressement des créanciers de la procédure. • Com. 5 juill. 2005 : *D. 2005. AJ. 2146, obs. Lienhard ; RD banc. fin. 2005, n° 178, obs. F.-X. Lucas ; Gaz. Pal. 4-5 nov. 2005, p. 26, obs. Henry ; ibid., p. 30, obs. Voinot.*

C. CRÉANCES NÉES APRÈS LE JUGEMENT D'OUVERTURE

9. Cotisations sociales. BIBL. Diesbecq, *Gaz. Pal. 1991. 1. 223.* ♦ Les dispositions relatives à l'exigibilité des cotisations de sécurité sociale ne peuvent prévaloir sur celles de la loi du 25 janv. 1985 [du code de commerce] qui interdisent de payer toute créance née antérieurement au jugement d'ouverture du redressement judiciaire. • Com. 8 nov. 1988 : *D. 1989. 36, note Honorat ; Bull. civ. IV, n° 296.* ♦ Dès lors que les cotisations se rapportent à des salaires perçus pour une période de travail antérieure à l'ouverture de la procédure collective, la créance de cotisations est née antérieurement au jugement d'ouverture et, par suite, peu important l'époque à laquelle les salaires correspondants ont été payés, l'acte tendant à obtenir paiement de cette créance doit être annulé. • Même arrêt. • Com. 18 juill. 1989 : *Bull. civ. IV, n° 224 ; D. 1989. Somm. 288, obs. Honorat* • 20 févr. 1990 : *préc. note 3* • 19 mars 1991 : *Bull. civ. IV, n° 108* • 19 mai 1992 : *Bull. civ. IV, n° 194 ; D. 1992. IR. 220 ; JCP E 1992. I. 168, n° 19, obs. Pétel* (indemnités de congés payés effectivement pris) • 5 avr. 1994 : *Bull. civ. IV, n° 141 ; Rev. proc. coll. 1995. 303, obs. Saint-Alary-Houin* • 14 nov. 1995 : *Rev. proc. coll. 1997. 70, obs. Monsèrié.* ♦ Le juge-commissaire ne sort pas des limites de sa compétence lorsqu'il juge que la perte du droit aux prestations ne peut être opposée à l'assuré bénéficiaire d'une procédure de redressement judiciaire à raison du non-paiement des cotisations dues antérieurement à cette procédure. • Aix-en-Provence, 10 sept. 1992 : *Rev. proc. coll. 1993. 398, obs. Dureuil.*

10. En revanche, entre dans le champ d'application de l'art. 40 [C. com., art. L. 621-32], la créance de cotisation sociale annuelle du régime d'assurance-maladie des travailleurs non salariés des professions non agricoles, dès lors qu'elle est due en raison de l'activité exercée après le jugement d'ouverture, même si elle est calculée d'après les revenus professionnels nets de l'année précédente. • Com. 15 déc. 1992 : *Bull. civ. IV, n° 413 ; JCP 1993. IV. 544.*

11. Sont admises au bénéfice de l'art. 40 [C. com., art. L. 621-32] des créances de cotisations sociales relatives aux indemnités consécutives aux licenciements opérés après la liquidation judiciaire. V. note 3. ♦... Aux licenciements opérés durant la période d'observation. • Com. 2 mai 1990 : *Bull. civ. IV, nos 127 et 130 ; D. 1991. 241, note Pagès* • 19 mai 1992 : *Bull. civ. IV, n° 193 ; D. 1992. IR. 220 ; JCP E 1992. I. 168, n° 19, obs. crit. Pétel* • 20 oct. 1992 : *Bull. civ. IV, n° 318 ; D. 1993. Somm. 7, obs.*

Derrida ♦ ... Même si le Fonds national de garantie des salaires a réglé les indemnités en question au lieu et place de l'employeur. • Soc. 9 oct. 1997 : *Bull. civ. V, n° 308* • Paris, 16 sept. 1992 : *D. 1992. IR. 255.*

Sur la compétence juridictionnelle, V. note 7 ss. ancien art. 174 du 1er décret du 27 déc. 1985, *infra*, App., v° *Difficultés des entreprises.*

12. Créances salariales. BIBL. *Cah. dr. social, JCP E 1992. I. 198.* – Cardi-Broda, *Gaz. Pal. 1986. 2. Doctr. 425.* – Ramackers, *D. 1989. Chron. 301.* ♦ V. aussi obs. Honorat, ss. • Paris, 14 mars 1989 : *D. 1989. Somm. 286.* ♦ Pour des créances salariales relatives au paiement d'un treizième mois, V. • Soc. 23 oct. 1991 : *Bull. civ. V, n° 424 ; D. 1993. Somm. 8, obs. Derrida ; JCP E 1992. I. 168, n° 20, obs. Pétel.*

La créance d'indemnité de congés payés née après le jugement d'ouverture du redressement judiciaire entre dans les prévisions de l'art. 40 [C. com., art. L. 621-32], peu important qu'elle soit ou non garantie par l'AGS. • Soc. 30 mars 1999 : *Act. proc. coll. 1999, n° 136.* ♦ Dès lors qu'un licenciement a été prononcé conformément au plan de cession de l'entreprise, en sorte que les créances indemnitaires résultant de la rupture du contrat de travail sont nées régulièrement après le jugement d'ouverture, ces créances relèvent de l'art. 40, devenu l'art. L. 621-32 C. com., peu important la date de conclusion du contrat de travail. • Soc. 2 oct. 2001 : *Bull. civ. V, n° 290 ; D. 2001. AJ. 3122*. ♦ Dans le même sens, pour des créances nées de licenciements décidés après le jugement arrêtant le plan de cession et avant la clôture de la procédure collective, V. • Paris, 20 oct. 1999 : *D. 2001. Somm. 116, obs. Derrida ; Rev. proc. coll. 2002. 102, obs. Saint-Alary-Houin.* ♦ En revanche, l'indemnité de préavis, l'indemnité de congés payés sur préavis, l'indemnité de licenciement et l'indemnité pour licenciement sans cause réelle et sérieuse dont le fait générateur, à savoir la rupture abusive du contrat de travail, est antérieur au prononcé du redressement judiciaire, ne peuvent être qualifiées de créances de l'art. 40 [C. com., art. L. 621-32], peu important que ces créances n'aient été liquidées dans leur quantum que postérieurement au jugement d'ouverture de la procédure collective. • TGI Castres, JEX, 12 mars 1998 : *Petites affiches 2 juill. 1999, p. 20, note Devésa.*

V. aussi note 3.

13. Créances fiscales. BIBL. Soinne, *Rev. proc. coll. 1987, n° 2, p. 1* (fait générateur). – Deleneuville, *ibid. 1998. 20* (fait générateur des taxes assises sur les salaires). – Guillou, *ibid. 1999. 57* (fait générateur, origine, exigibilité de l'impôt). ♦ Si une créance d'impôt née régulièrement après le jugement d'ouverture du redressement judiciaire n'est pas payée à l'échéance lorsque l'activité est poursuivie, les dispositions des art. 40, 47 et 49 de la loi [C. com., art. L. 621-32, L. 621-40 et L. 621-42] et 61 [dans sa rédaction antérieure au décret du 21 oct. 1994], et 62 du décret n'interdisent pas au comptable du Trésor chargé du recouvrement d'exercer son droit de poursuite individuelle, le cas échéant, par voie d'avis à tiers détenteur notifié conformément aux règles fiscales applicables. • Com. 20 juin 1989 : *Bull. civ. IV, n° 196 ; RTD com. 1990. 106, obs. Martin-Serf* • Poitiers, 14 sept. 1994 : *Rev. proc. coll. 1995. 304, obs. Dureuil.* ♦ V. notes 30 et 39 s.

14. Le fait générateur de l'impôt sur les revenus résulte, non pas de leur perception, mais de l'expiration de l'année au cours de laquelle ils ont été perçus. • Com. 12 juill. 1994 : *Bull. civ. IV, n° 264 ; D. 1995. Somm. 9, obs. Derrida ; JCP E 1995. I. 417, n° 19, obs. crit. Pétel ; Petites affiches 2 déc. 1994, p. 13, note Brandeau ; Dr. sociétés 1994, n° 156, obs. Chaput* • 14 janv. 2004 : *RJDA 2004, n° 856 (3e esp.) ; Rev. proc. coll. 2004. 244, obs. Saint-Alary-Houin* • Rennes, 25 avr. 2001 : *Rev. proc. coll. 2002. 102, obs. Saint-Alary-Houin ; ibid. 210, obs. Neau-Leduc.*

Le fait générateur de l'impôt sur les sociétés dû par une société en liquidation ne peut être antérieur à la date du 31 décembre de l'année, car c'est à cette date que doit être constatée l'existence d'un bénéfice imposable. • Douai, 16 janv. 1997 : *Rev. proc. coll. 1997. 455, obs. Saint-Alary-Houin.*

15. Entre dans les prévisions de l'art. 40 [C. com., art. L. 621-32] la créance du percepteur relative à la taxe foncière, née régulièrement au cours des opérations de liquidation. • Com. 17 janv. 1995 : *préc. note 4.* ♦ ... Peu important l'absence de poursuite d'activité. • Com. 14 nov. 2000 : *Rev. proc. coll. 2002. 210, obs. Neau-Leduc.* ♦ V. aussi • TGI Paris, 18 juin 1998 : *RJ com. 1999. 426, obs. Legrand.*

15 bis. Il résulte de la combinaison des art. L. 313-1 CCH et 235 *bis* CGI que le fait générateur de la créance fiscale afférente à la cotisation due au titre de la participation des employeurs à l'effort de construction, et donc sa naissance régulière, se situe à la date à laquelle expire le délai imparti à l'employeur pour investir. • Com. 7 juill. 1998 : *Bull. civ. IV, n° 221 ; D. 1998. IR. 207 ; D. Affaires 1998. 1400, obs. A. L. ; RTD com. 1999. 509, obs. Martin-Serf* (V. l'arrêt confirmé : • Angers, 10 sept. 1996 : *BICC 1996, n° 1187 ; Rev. proc. coll. 1997. 455, obs. Saint-Alary-Houin*). – Dans le même sens : • Douai, 16 déc. 1999 : *D. 2000. AJ. 116* • 11 janv. 2001 : *Rev. proc. coll. 2002. 102, obs. Saint-Alary-Houin.* ♦ V. aussi, pour la taxe d'apprentissage, • Douai, 16 déc. 1999 : *préc.*

15 ter. Est une créance antérieure, la créance de TVA, dès lors qu'il résulte des comptes de la société en redressement judiciaire que des travaux avaient été réalisés et facturés avant l'ouverture de la procédure. • TGI Béthune, (ord.), 20 juin 1996 : *Rev. proc. coll. 1997. 455, obs. Saint-Alary-Houin.*

15 quater. La créance du Trésor public au titre des droits d'enregistrement d'un jugement d'adjudication, qui naît de la formalité de l'enregistrement, n'a pas à être déclarée lorsque celle-ci est postérieure au jugement d'ouverture de la procédure collective. • Com. 10 mars 2004 : *Bull. civ. IV, n° 51 ; Act. proc. coll. 2004, n° 113, obs. Behar-Touchais ; JCP E 2004, n° 37, p. 1390, obs. Cabrillac ; ibid., n° 47, p. 1839, note Kéita.*

16. Contribution sociale de solidarité. Cette contribution, mise à la charge de certaines sociétés par les art. L. 651-1 s. CSS, dont l'assiette est le chiffre d'affaires de l'année précédente, a pour fait générateur l'existence de l'entreprise débitrice au 1er janv. de l'année au titre de laquelle elle est due. • Com. 28 juin 1994 : *Bull. civ. IV, n° 241 ; D. 1994. IR. 198 ; JCP E 1995. I. 417, n° 19, obs. Pétel.*

16 bis. Charges de copropriété. V. • Com. 3 déc. 1996 : *Bull. civ. IV, n° 304 ; D. 1997. IR. 18 ; Rev. proc. coll. 1997. 457, obs. Saint-Alary-Houin* (dettes de la masse, à propos de la loi de 1967).

17. Crédits. BIBL. Calendini, *Cah. dr. entr. 1988, n° 1, p. 22.*

17 bis. Intérêts à échoir. Les intérêts résultant de contrats de prêt conclus pour une durée égale ou supérieure à un an, à échoir au moment du prononcé du redressement judiciaire, ne peuvent bénéficier de la priorité de paiement édictée par l'art. 40 [C. com., art. L. 621-32]. • Dijon, 15 juin 1993 : *Rev. proc. coll. 1999. 220, obs. Saint-Alary-Houin.* ♦ V. aussi note 2 ss. ancien art. L. 621-48.

18. Contrats poursuivis. Bénéficient de l'art. 40 [C. com., art. L. 621-32] des créances nées pendant la période d'observation et relatives à des contrats en cours au jour du jugement d'ouverture, pour lesquels l'administrateur n'a pas encore exercé son option (à propos de contrats de location de voitures) : V. • Com. 16 oct. 1990 : *Bull. civ. IV, n° 240 ; JCP E 1992. II. 300, note Le Corre ; D. 1990. IR. 261 ; RTD com. 1991. 461, obs. Martin-Serf.* – V. aussi • Com. 10 juill. 1990 : *cité note 35* • 15 oct. 1991 : *D. 1992. Somm. 260, obs. Derrida* • 12 juill. 1994 : *Rev. proc. coll. 1995. 299, obs. Saint-Alary-Houin* • 20 janv. 1998 : *AJDI 1998. 927, note Gallet.* ♦ La créance pour loyers dus postérieurement au jugement d'ouverture de la procédure collective du preneur est née régulièrement après cette décision et entre dans les prévisions de l'art. 40 [C. com., art. L. 621-32], peu important l'absence de poursuite de l'activité et de délivrance à l'administrateur d'une mise en demeure d'opter sur la continuation du bail. • Com. 27 oct. 1998 : *Bull. civ. IV, n° 263 ; D. Affaires 1999. 33, obs. A. L. ; Rev. proc. coll. 1999. 157, obs. Monsèrié ; Loyers et copr. 1999, n° 127, obs. Brault et Mutelet ; AJDI 1999. 696, note Gallet.* – V. déjà • Com. 2 avr. 1996 : *préc. note 4.* – V. aussi • Orléans, 25 mai 2000 : *Procédures 2000, n° 163, obs. Croze.*

19. De même, avant l'intervention de la loi du 10 juin 1994, l'indemnité contractuelle de résiliation relevait de l'art. 40 [devenu C. com., art. L. 621-32], et non de l'art. 37, al. 4 [5] [devenu C. com., art. L. 621-28], qui ne concerne que les dommages-intérêts dus par l'entreprise lorsque l'administrateur n'use pas de la faculté de poursuivre le contrat. • Com. 3 mai 1994 : *Bull. civ. IV, n° 163 ; D. 1994. IR. 157 ; JCP E 1994. I. 397, n° 15, obs. Pétel ; RTD com. 1995. 487, obs. Martin-Serf.* – V. aussi • Paris, 12 janv. 1990 : *D. 1993. Somm. 6, obs. Derrida* • Com. 9 juill. 1996 : *Bull. civ. IV, n° 209 ; D. Affaires 1996. 1039 ; Rev. proc. coll. 1997. 456, obs. Saint-Alary-Houin* (créance contractuelle d'indemnité de préavis). ♦ La clause pénale figurant dans un contrat de location de matériel et consistant en une majoration du loyer non payé à son échéance doit suivre le sort de celui-ci. Par suite, s'agissant de créances échues postérieurement au jugement d'ouverture du redressement judiciaire, elles bénéficiaient de l'art. 40 [devenu C. com., art. L. 621-32] et l'art. 55 [devenu C. com., art. L. 621-48] n'était pas applicable. • Com. 25 nov. 1997 : *RJDA 1998, n° 462 ; Rev. proc. coll. 1998. 295, obs. Saint-Alary-Houin.* ♦ Comp., désormais : art. L. 621-32, III (3°), excluant du bénéfice de l'art. L. 621-32 les indemnités de résiliation des contrats régulièrement poursuivis. ♦ La modification apportée par la loi du 10 juin 1994 n'ayant pas de caractère interprétatif n'est pas applicable aux procédures ouvertes avant le 1er oct. 1994. • Paris, 7 oct. 1998 : *D. 1998. IR. 246 ; D. Affaires 1998. 1956, obs. A. L.* ♦ Les créances d'indemnités et pénalités subséquentes à la résiliation d'un contrat régulièrement poursuivi sont exclues de la priorité de paiement instituée par l'art. 40, devenu l'art. L. 621-32 C. com., et soumises à déclaration au passif de la procédure collective comme les créances antérieures au jugement d'ouverture. • Com. 15 oct. 2002 : *Bull. civ. IV, n° 145 ; D. 2002. AJ. 2942, obs. Lienhard ; Act. proc. coll. 2002, n° 248, obs. Roussel Galle ; JCP E 2003, n° 5, p. 218, obs. Cabrillac ; RTD com. 2003. 166, obs. Martin-Serf ; Loyers et copr. 2003, n° 13, note Brault ; RD banc. fin. 2003, n° 35, obs. F.-X. Lu-*

cas • 29 oct. 2002 : *Rev. proc. coll. 2003. 236, obs. Roussel Galle* • Paris, 21 sept. 2000 : *D. 2000. AJ. 421, obs. Lienhard* ✐. ♦ V. aussi note 5 ss. ancien art. L. 621-43.

Il résulte des dispositions combinées de l'art. 40, 3°, de la loi du 25 janv. 1985 [C. com., art. L. 621-32], modifié par la loi du 10 juin 1994, et de l'art. 66 du décret du 27 déc. 1985, modifié par le décret du 21 oct. 1994 que l'indemnité que l'art. 12 de la loi du 25 juin 1991 [C. com., art. L. 134-12] accorde à l'agent commercial en cas de cessation de ses relations avec le mandant placé en redressement judiciaire ne relève plus de l'art. 40 [C. com., art. L. 621-32] et doit être déclarée au passif, quand bien même le contrat aurait été poursuivi pendant la période d'observation. • Lyon, 9 avr. 1999 : *BICC 2000, n° 60.*

19 bis. La redevance prévue par un contrat à exécution successive poursuivi par l'administrateur est une créance de la procédure pour la prestation afférente à la période postérieure au jugement d'ouverture et constitue une créance née antérieurement au jugement d'ouverture pour la prestation afférente à la période antérieure à ce jugement et soumise à déclaration au passif, peu important la date à laquelle la redevance est devenue exigible. • Com. 28 mai 2002 : ⚖ *Bull. civ. IV, n° 94 ; 2002. AJ. 2124, obs. Lienhard ; Act. proc. coll. 2002, n° 172, obs. Vallansan et Golhen ; JCP E 2003, n° 6, p. 269, obs. Pétel ; RTD com. 2002. 726, obs. Martin-Serf* ✐ *; Dr. et patr. oct. 2002. 113, obs. Monsèrié-Bon ; Petites affiches 19 déc. 2002, p. 18, note Courtier ; Rev. proc. coll. 2003. 146, obs. Saint-Alary-Houin.* ♦ En ce sens que doit bénéficier de l'art. 40 [C. com., art. L. 621-32] le loyer trimestriel d'un bail commercial poursuivi arrivant à échéance le jour de l'ouverture de la procédure, le fait générateur de la créance de loyer étant la jouissance du local, peu important que le loyer soit payable à terme échu ou à échoir, V. • Paris, 1er déc. 1994 : *Rev. proc. coll. 1996. 76, obs. Saint-Alary-Houin.* – Dans le même sens, V. • Com. 28 mai 2002 : ⚖ *RJDA 2002, n° 1294 ; Rev. proc. coll. 2003. 148, obs. Saint-Alary-Houin.* ♦ *Contra*, n'appliquant l'art. 40 [C. com., art. L. 621-32] qu'à partir de l'échéance trimestrielle suivante : • Colmar, 9 juill. 1994 ; *ibid.*

20. Dès lors qu'il avait fait savoir qu'il n'entendait pas poursuivre le bail commercial consenti au débiteur avant sa mise en liquidation judiciaire, un liquidateur ne peut sérieusement contester avoir l'obligation personnelle de libérer les lieux et à défaut, il est redevable au propriétaire d'une indemnité d'occupation pour la période postérieure à la résiliation du contrat et jusqu'à remise à disposition effective des lieux concernés. • Com. 31 mars 1992 : ⚖ *Bull. civ. IV, n° 138 ; D. 1993. Somm. 8, obs. Derrida* ✐ *; JCP E 1992. I. 166, n° 9, obs. Cabrillac.* ♦ Le fait générateur de l'indemnité est l'occupation sans droit ni titre des locaux par la société postérieurement au jugement d'ouverture de la procédure collective et la créance du bailleur, née postérieurement à ce jugement, n'est pas soumise à déclaration et bénéficie de la priorité de paiement instaurée par l'art. 40 [C. com., art. L. 621-32]. • Com. 25 janv. 1994 : ⚖ *Bull. civ. IV, n° 33 ; D. 1994. IR. 88 ; JCP E 1994. II. 629, note Rossi ; RTD com. 1995. 489, obs. Martin-Serf* ✐ • 9 mai 1995 : ⚖ *Rev. proc. coll. 1996. 76, obs. Saint-Alary-Houin.* – V. aussi • Com. 12 oct. 1999 : ⚖ *AJDI 2000. 927, note Gallet* ✐ • Poitiers, 1er déc. 1997 : *Rev. proc. coll. 1999. 219, obs. Saint-Alary-Houin* • Paris, 24 nov. 2000 : *Gaz. Pal. 2001. Somm. 1251, obs. Brault ; Rev. proc. coll. 2002. 101, obs. Saint-Alary-Houin.* ♦ L'indemnité d'occupation en cas de défaut de restitution des locaux, du fait de la nature quasi délictuelle de la faute du liquidateur, ne constitue pas une indemnité ou pénalité contractuelle visée par l'art. 40 (3°) [C. com., art. L. 621-32]. • Paris, 17 oct. 1997 : *Loyers et copr. 1998, n° 14, obs. Brault.* ♦ V. aussi notes 23 *quater* et 23 *quinquies* ss. ancien art. L. 621-28.

V. aussi, en ce sens que la créance de restitution des lieux loués a pour fait générateur la résiliation du bail, • Com. 6 mars 2001 : ⚖ *Bull. civ. IV, n° 51 ; D. 2001. AJ. 1469* ✐ *; Act. proc. coll. 2001, n° 89, obs. Vallansan.*

La créance de remise en état des lieux ne peut bénéficier de l'art. 40 [C. com., art. L. 621-32], dès lors que le bailleur avait, antérieurement à l'ouverture de la procédure collective du preneur, délivré congé à celui-ci sans offre d'indemnité d'éviction en invoquant les fautes commises par lui et notamment le défaut d'entretien. • Com. 26 mai 1998 : ⚖ *Bull. civ. IV, n° 170 ; D. Affaires 1998. 1132, obs. A. L. ; Gaz. PaL. 1998. 2. 807, note Brault ; AJPI 1998. 1059, note Gallet ; RTD com. 1999. 510, obs. Martin-Serf* ✐. ♦ En revanche, lorsque le bail d'immeuble a été résilié avant la mise en redressement judiciaire du locataire et que les locaux ont été restitués après le jugement d'ouverture, la créance du loueur afférente à des travaux de nettoyage et d'enlèvement consécutifs à la libération des locaux entre dans le champ d'application de l'art. 40 [C. com., art. L. 621-32]. • Paris, 20 nov. 1998 : *Act. proc. coll. 1999, n° 102.* – V. aussi • Com. 6 mars 2001 : ⚖ *Rev. proc. coll. 2002. 102, obs. Saint-Alary-Houin* • 15 oct. 2002 : ⚖ *Loyers et copr. 2002, n° 285, obs. Brault ; RJDA 2003, n° 155* (dans le cas d'un bail poursuivi après l'ouverture de la procédure collective).

21. Le fait générateur d'une créance de matériel étant la remise de celui-ci, si le matériel est livré au commissaire à l'exécution du plan postérieurement au jugement d'ouverture, la créance entre dans les prévisions de l'art. 40 [C. com., art. L. 621-32] sans qu'il y ait lieu de prendre en considération la date mentionnée sur les factures. • Com. 22 nov. 1994 : *Bull. civ. IV, n° 345 ; D. 1995. IR. 7.* ♦ Relèvent de l'art. 40 [C. com., art. L. 621-32] les créances qui trouvent leur origine postérieurement au jugement d'ouverture de la procédure collective, dans la mesure où la livraison des marchandises est intervenue après le jugement, dans le cadre de la poursuite de l'activité de la société, même si la date des commandes de ces marchandises n'est pas connue. • Rennes, 1er déc. 1994 : *Dr. sociétés 1995, n° 212, obs. Chaput.* ♦ V. aussi, en ce sens que la créance d'une société correspondant à une commande passée avant le redressement judiciaire de la société débitrice et livrée à celle-ci postérieurement au jugement d'ouverture bénéficie de l'art. 40 [C. com., art. L. 621-32], • Com. 15 févr. 2000 : *Bull. civ. IV, n° 32 ; D. 2000. AJ. 160, obs. Lienhard ; RJ com. 2001. 83, note Courtier.* ♦ Comp., pour des modalités postérieures de l'exécution de l'obligation de livrer : • Paris, 30 janv. 1998 : *Gaz. Pal. 1998. 1. Somm. 216.*

V. aussi • Com. 3 avr. 2001 : *RJDA 2001, n° 876 ; Rev. proc. coll. 2002. 101, obs. Saint-Alary-Houin.*

22. Bénéficient de l'art. 40 [C. com., art. L. 621-32] : l'indemnité de retard de livraison d'un immeuble vendu en l'état futur d'achèvement. • Versailles, 27 janv. 1995 : *Rev. loyers 1995. 522, note Gallet ; Rev. proc. coll. 1995. 70, obs. Saint-Alary-Houin.* ♦ ... L'indemnité de retard due par une entreprise de déménagement, née à compter de la livraison, postérieure au jugement déclaratif. • Paris, 12 nov. 1993 : *Rev. proc. coll. 1995. 301, obs. Saint-Alary-Houin.*

22 bis. Les créances de réparation nées régulièrement après le jugement d'ouverture bénéficient de l'art. 40 [C. com., art. L. 621-32] (à propos de désordres se rapportant à des travaux exécutés dans le cadre de la poursuite d'un contrat de construction en cours). • Com. 23 juin 1998 : *D. Affaires 1998. 1273.* ♦ Dès lors que l'exécution d'un contrat conclu avant la mise en redressement judiciaire a été poursuivie par l'administrateur judiciaire, les pénalités dues en raison du retard apporté par le débiteur à l'achèvement des prestations à sa charge et le coût de réparations de malfaçons afférentes à la poursuite du contrat constituent des créances de l'art. 40 [C. com., art. L. 621-32]. • Com. 26 oct. 1999 : *Act. proc. coll. 1999, n° 267, obs. Blanc.* ♦ En revanche, est exclue du bénéfice de l'art. 40 [C. com., art. L. 621-32] la créance résultant de l'application d'une clause pénale, qui est née de l'inexécution, constatée avant le jugement d'ouverture, de l'obligation de construire mise à la charge du débiteur. • Civ. 3e, 13 oct. 1999 : *Bull. civ. III, n° 203 ; RJDA 1999, n° 1353 ; Act. proc. coll. 1999, n° 268, obs. Blanc ; Gaz. Pal. 2000. 602, note Courtier ; AJDI 2000. 611, note Gallet.*

22 ter. En l'état d'un contrat stipulant une pénalité par jour calendaire de retard, due de plein droit sans l'accomplissement d'aucune formalité dès que le retard serait dûment contrôlé, seule la partie de la créance constituée par les indemnités de retard acquises à compter du jugement d'ouverture n'est pas soumise à déclaration. • Com. 26 avr. 2000 : *Bull. civ. IV, n° 82 ; D. 2000. AJ. 293, obs. Lienhard ; RTD com. 2001. 233, obs. Martin-Serf.*

23. Entrent dans le champ d'application de l'art. 40 [C. com., art. L. 621-32] : la créance de restitution d'un commerçant née de l'annulation d'un contrat passé antérieurement à la mise en redressement judiciaire du cocontractant. • Com. 5 déc. 1995 : *Bull. civ. IV, n° 283 ; D. 1996. IR. 43 ; D. Affaires 1996. 183 ; JCP E 1996. I. 554, n° 3, obs. Cabrillac* • 20 juin 2000 : *Bull. civ. IV, n° 129 ; D. 2000. AJ. 368, obs. Pisoni ; JCP E 2001, n° 5, p. 221, obs. Cabrillac ; RTD com. 2000. 1010, obs. Martin-Serf* • 23 nov. 2004 : *D. 2005. Pan. 293, obs. Le Corre.* ♦ ... La créance de restitution du prix née de l'annulation de la vente d'un immeuble prononcée après le jugement d'ouverture de la procédure collective. • Com. 12 oct. 2004 : *RJDA 2005, n° 291.* ♦ ... La créance de restitution d'acomptes versés sur le prix d'actions devant être cédées, née à la date – postérieure au jugement d'ouverture – de la caducité de la vente. • Com. 15 nov. 2005 : *Bull. civ. IV, n° 227 ; D. 2005. AJ. 3012, obs. Lienhard ; Act. proc. coll. 2005, n° 253, obs. Regnaut-Moutier ; Gaz. Pal. 10-11 févr. 2006, p. 23, obs. Henry ; Petites affiches 24 févr. 2006, p. 6, note Vinckel ; RTD com. 2006. 204, obs. Martin-Serf.* ♦ ... La créance de restitution d'un acompte sur une subvention accordée par l'ANAH, née de la décision de retrait de la subvention prise postérieurement à l'ouverture de la procédure collective pour sanctionner l'absence de respect des conditions d'attribution de l'aide. • Com. 13 mai 2003 : *Bull. civ. IV, n° 78 ; D. 2003. AJ. 1764 ; Act. proc. coll. 2003, n° 143, obs. Vallansan ; JCP E 2003, n° 40, p. 1575, obs. Cabrillac et Pétel ; RTD com. 2003. 821, obs. Martin-Serf ; Rev. proc. coll. 2004. 244, obs. Saint-Alary-Houin.* ♦ ... La créance de restitution générée par la résiliation, prononcée en cours de procédure collective, d'un contrat de crédit. • Com. 20 mai 1997 : *Bull. civ. IV, n° 149 ; D. Affaires 1997. 863 ; RTD com. 1998. 420, obs. Martin-Serf.* ♦ ... La garantie de remboursement du prêt prévue par l'art. L. 311-22 C. consom., dès lors qu'elle trouve son origine, non pas dans la conclusion des contrats, mais dans la résolution du contrat de vente par le fait du vendeur et la résiliation consécutive du contrat de crédit prononcées postérieurement au jugement d'ouverture de la procédure collective de celui-ci, de telle sorte qu'une telle créance n'a pas à être déclarée. • Com. 3 févr. 1998 : *Bull. civ. IV, n° 52 ; D. 1998. IR. 61 ; D. Affaires 1998. 477, obs. V. A.-R. ; JCP 1998. II. 10042, rapp. Rémery ; JCP E 1998, n° 17, p. 658, obs. Cabrillac et Pétel* • Toulouse, 7 sept. 1999 : *BICC 2000, n° 439.* ♦ ... La créance de restitution d'un assureur condamné à tort à verser une provision sur une indemnité d'assurance avant le jugement d'ouverture. • Com. 29 avr. 1997 : *Rev. proc. coll. 1997. 454, obs. Saint-Alary-Houin.* ♦ ... La créance de restitution née de l'infirmation, postérieurement à l'ouverture de la procédure collective, d'un jugement de condamnation, • Com. 21 janv. 2003 : *RJDA 2003, n° 617 (1re esp.).* ♦ Comp., pour un arrêt retenant que l'origine de la créance d'indu est le fait juridique du paiement : • Com. 5 mai 2004 : *RJDA 2004, n° 1010.* ♦ Comp. également note 7 *bis* ss. ancien art. L. 621-24.

23 bis. Recours de la caution. La caution qui a payé après le jugement d'ouverture peut exercer son recours personnel fondé sur l'art. 2028 [2305] C. civ., et bénéficie de l'art. 40 [C. com., art. L. 621-32], dès lors qu'elle n'est devenue créancière qu'à ce moment. • Toulouse, 25 nov. 1992 : *JCP E 1994. I. 365, n° 7, obs. Simler et Delebecque ; Rev. proc. coll. 1997. 71, obs. Saint-Alary-Houin.* – Dans le même sens, V. • Metz, 21 mai 2002 : *D. 2002. AJ. 2468, obs. Lienhard.* ♦ *Contra,* à propos du recours de la caution contre un cofidéjusseur en redressement judiciaire : • Com. 16 juin 2004 : *cité note 16 ss. ancien art. L. 621-43.*

24. Contrats conclus postérieurement. Les ristournes nées de trois ventes effectuées à une société après le jugement d'ouverture sont des créances de l'art. 40 [C. com., art. L. 621-32]. • Lyon, 3 déc. 1993 : *Rev. proc. coll. 1995. 301, obs. Saint-Alary-Houin.*

25. Cessions de marchandises couvertes par une clause de réserve de propriété. BIBL. Soinne, *Rev. proc. coll. 1995. 202.* ♦ Les commissaires à l'exécution du plan ne pouvant, fût-ce en vertu de ce plan, procéder à la cession de matériels vendus avec clause de réserve de propriété, un arrêt décide à bon droit, après avoir ordonné leur restitution, qu'à défaut, lesdits commissaires seraient débiteurs de leur valeur au titre des sommes visées par l'art. 40, al. 2 [3], 5° [C. com., art. L. 621-32]. • Com. 8 juin 1993 : *Bull. civ. IV, n° 234 ; D. 1993. Somm. 296, obs. Pérochon* • 6 juin 1995 : *Rev. proc. coll. 1995. 486, obs. Soinne* • 10 oct. 1995 : *RJDA 1996, n° 122* • 5 mars 1996 : *BRDA 1996, n° 7, p. 12.* – V. déjà • Com. 9 juin 1992 : *Bull. civ. IV, n° 230 ; D. 1993. Somm. 6, obs. Derrida.*

La revendication ne rend pas les marchandises vendues avec clause de réserve de propriété indisponibles tandis que l'activité de l'entreprise est poursuivie ; mais la créance du vendeur sous réserve de propriété, dont la marchandise a été revendue par le liquidateur, née régulièrement après le jugement d'ouverture, entre dans les prévisions de l'art. 40 [C. com., art. L. 621-32]. • Com. 11 mars 1997 : *Bull. civ. IV, n° 70 ; D. 2000. Somm. 77, obs. Pérochon et Mainguy ; D. Affaires 1997. 510 ; JCP E 1997. I. 681, n° 11, obs. Cabrillac* • 17 févr. 1998 : *D. Affaires 1998. 626* • 26 juin 2001 : *Act. proc. coll. 2001, n° 183 ; RJDA 2001, n° 1234 ; RTD civ. 2001. 932, obs. Crocq.* ♦ Viole, par conséquent, l'art. 40 [C. com., art. L. 621-32] l'arrêt qui décide que la créance du vendeur sous réserve de propriété n'entre pas dans le champ d'application de l'art. 40 [C. com., art. L. 621-32] mais bénéficie des art. 121 et 122 [C. com., art. L. 621-122 et L. 621-124] et doit donc être déclarée payable par priorité aux autres créances. • Com. 20 févr. 1996 : *D. 1996. IR. 101 ; D. Affaires 1996. 422* (cassant • Amiens, 24 févr. 1994 : *JCP 1994. II. 22355, note Massot-Durin*). – V. déjà • Com. 17 mai 1994 : *Bull. civ. IV, n° 180 ; D. 1996. Somm. 221, obs. Pérochon ; RTD com. 1996. 130, obs. Martin-Serf.* – Dans le même sens que l'arrêt cassé : • Besançon, 10 juin 1992 : *Rev. proc. coll. 1993. 123, obs. Soinne* • Dijon, 26 nov. 1992 : *D. 1993. Somm. 296, obs. Pérochon* • Paris, 8 juill. 1994 : *D. 1994. IR. 238.*

V. aussi, désormais, art. L. 621-122, al. 4, issu de la loi n° 94-475 du 10 juin 1994.

Sur la responsabilité civile du mandataire judiciaire, V. note 22 *bis* ss. ancien art. L. 621-122.

26. Astreinte. La liquidation d'une astreinte provisoire, assortissant une condamnation du liquidateur à restituer un bien et prononcée après le jugement d'ouverture, fait naître à la charge de la procédure une dette relevant de l'art. 40 [C. com., art. L. 621-32]. • Com. 8 déc. 1998 : *Bull. civ. IV, n° 294 ; D. 1999. Somm. 190, obs. Honorat ; D. Affaires 1999. 133 ; Act. proc. coll. 1999, n° 10, obs. Regnaut-Moutier ; RTD com. 1999. 978, obs. Martin-Serf.*

V. aussi note 15 ss. ancien art. L. 621-40.

27. Frais de justice. Les frais de la procédure collective constituent une créance née régulièrement après le jugement d'ouverture de celle-ci ; il en résulte qu'en cas de liquidation, ces frais doivent être payés par priorité à une créance hypothécaire antérieure, quand bien même ils ne pourraient bénéficier, sur le prix de vente de l'immeuble grevé, du privilège général des frais de justice institué à l'art. 2104 [2375] (1°) C. civ. • Com. 31 mars 1998 : *Bull. civ. IV, n° 120 ; D. 1998. Somm. 327, obs. Honorat ; D. 1998. Somm. 382, obs. S. Piedelièvre ; D. Affaires 1998. 763, obs. A. L. ; Quot. jur. 14 mai 1998, p. 8, note P. M. ; JCP 1998. II. 10105, rapp. Rémery ; RTD com. 1998. 941, obs. Martin-Serf ; Rev. proc. coll. 2000. 217, obs. Soinne.* ♦ Comp., depuis la loi du 10 juin 1994 : note 29 *decies.* ♦ L'art. 40 [C. com., art. L. 621-32], texte d'ordre public spécial, échappant aux dispositions générales antérieures de l'art. 2104 [2375] C. civ., ne fait aucune distinction selon que les frais ont été ou non utiles à la conservation et à la réalisation du bien vendu (à propos du privilège du mandataire, dans le cadre d'une collocation immobilière). • Montpellier, 21 juin 1993 : *Rev. proc. coll. 1995. 302, obs. Saint-Alary-Houin.* ♦ Comp., • TGI Valenciennes, 29 nov. 1996 : *JCP E 1997. Pan. 521.*

28. La créance correspondant aux honoraires de l'avocat fixés en accord avec le client, et non à la partie légalement tarifée de la rémunération de l'avocat correspondant à l'exercice de la postulation, n'entre pas dans les prévisions de l'art. 40 [C. com., art. L. 621-32]. • Com. 4 janv. 2005 : *Act. proc. coll. 2005, n° 65.*

Sur la créance d'émoluments du liquidateur, V. Courtier, *Rev. proc. coll. 1999. 8.*

28 bis. Créance de dépens. BIBL. Cunha, *Gaz. Pal. 25-26 juin 2004, p. 8.* ♦ La créance des dépens et des frais résultant de l'application de l'art. 700 NCPC, mise à la charge du débiteur, trouve son origine dans la décision qui statue sur ces dépens et frais et entre dans les prévisions de l'art. L. 621-32 C. com. lorsque cette décision est postérieure au jugement d'ouverture de la procédure collective. • Com. 11 juin 2002 : *Bull. civ. IV, n° 104 ; D. 2002. AJ. 2121, obs. Lienhard ; ibid. Somm. 2642, obs. Fricero ; JCP E 2003, n° 6, p. 271, obs. Cabrillac et Pétel ; RTD com. 2002. 724, obs. Martin-Serf ; Dr. et procédures 2002. 300, obs. Douchy ; RD banc. fin. 2002, n° 145, obs. F.-X. Lucas ; Dr. et patr. oct. 2002. 111, obs. Monsèrié-Bon ; Procédures 2002, n° 187, note Laporte* • Civ. 3e, 12 juin 2002 : *ibid. ; Bull. civ. III, n° 138 ; Loyers et copr. 2003, n° 12, note Brault* • Com. 10 déc. 2002 : *Rev. proc. coll. 2003. 146, obs. Saint-Alary-Houin* • Soc. 12 févr. 2003 : *D. 2003. AJ. 768 ; RTD com. 2003. 371, obs. Martin-Serf ; Procédures 2003, n° 145, obs. Laporte.* ♦ Avant ces décisions, la jurisprudence distinguait selon que le débiteur était demandeur ou défendeur à l'action se soldant par la mise des dépens à sa charge. Dans le premier cas, il était admis que la créance de dépens et celle résultant de l'art. 700 NCPC étaient nées régulièrement après le jugement d'ouverture, dès lors que l'instance avait été engagée ou reprise par l'administrateur après ledit jugement. • Com. 17 mars 1992 : *Bull. civ. IV, n° 119 ; D. 1993. Somm. 8, obs. Derrida* • Soc. 18 juill. 2000 : *Act. proc. coll. 2000, n° 204.* ♦ Dans le second cas (débiteur défendeur), la créance de dépens et celle résultant de l'art. 700 NCPC n'entraient dans les prévisions de l'art. L. 621-32 C. com. que si le fait générateur de la créance sur laquelle se fondait la demande principale se situait après le jugement d'ouverture de la procédure collective. • Com. 9 déc. 1997 : *Bull. civ. IV, n° 328 ; D. 1998. 381, note Pasturel ; D. Affaires 1998. 114, obs. A. L.* • 17 févr. 1998 : *Bull. civ. IV, n° 76 ; D. 1998. 381, note Pasturel ; Procédures 1998, n° 91, obs. Croze ; RTD com. 1998. 939, obs. Martin-Serf* • 24 nov. 1998 : *Bull. civ. IV, n° 280 ; D. 1999. Somm. 188, obs. Honorat ; D. Affaires 1999. 561, obs. A. L. ; RTD com. 1999. 977, obs. Martin-Serf.*

28 ter. Créance pour procédure abusive. La créance de dommages-intérêts pour procédure abusive trouve son origine dans la décision qui prononce la condamnation et entre dans les prévisions de l'art. L. 621-32 C. com. lorsque cette décision est postérieure au jugement d'ouverture de la procédure collective. • Com. 11 juin 2003 : *Bull. civ. IV, n° 96 ; D. 2003. AJ. 2174 ; Act. proc. coll. 2003, n° 196, obs. Vallansan ; RTD com. 2004. 158, obs. Martin-Serf.*

28 quater. Créance de l'adjudicataire. La créance due à l'adjudicataire d'un immeuble, née de l'occupation sans droit ni titre de cet immeuble par le débiteur en liquidation judiciaire postérieurement à la signification du jugement d'adjudication, entre dans les prévisions de l'art. L. 621-32 C. com., sans que la clause du cahier des charges mentionnant la présence du débiteur saisi dans les lieux puisse exonérer le vendeur de l'immeuble de son obligation de délivrance et dispenser en conséquence le liquidateur de prendre, de sa propre initiative, les mesures nécessaires à la libération des lieux. • Com. 30 mars 2005 : *Bull. civ. IV, n° 73 ; D. 2005. AJ. 1083, obs. Lienhard.*

28 quinquies. Créance née du manquement d'un dépositaire. Dès lors qu'elle résulte, non de la résiliation d'un contrat de dépôt-vente, mais du non-respect par le dépositaire de ses obligations après le jugement d'ouverture du redressement judiciaire, consistant à apporter tous les soins nécessaires, la créance est née postérieurement à la procédure collective, et relève donc de l'art. L. 621-32 C. com. • Aix-en-Provence, 10 sept. 2003 : *D. 2003. AJ. 2767.*

29. Créance d'un expert judiciaire. En ce sens que cette créance naît le jour du dépôt du rapport d'expertise, V., à propos de la loi de 1967, • Com. 14 mars 1995 : *Bull. civ. IV, n° 84 ; D. 1996. Somm. 81, obs. crit. Honorat ; Quot. jur. 30 mai 1995, p. 3, note P. M.*

29 bis. Créance du commissaire aux comptes. En ce sens que, lorsque la mission de certification des comptes du commissaire aux comptes se poursuit après le jugement d'ouverture de la procédure collective, seuls les honoraires correspondant à des prestations accomplies postérieurement à ce jugement bénéficient de l'art. 40 [C. com., art. L. 621-32], V. • Com. 2 oct. 2001 : *Bull. civ. IV, n° 157 ; D. 2001. AJ. 3118, obs. Lienhard ; Act. proc. coll. 2001, n° 231, obs. Regnaut-Moutier ; Petites affiches 20 déc. 2001, p. 88, note F-X. Lucas ; JCP E 2002, n° 4, p. 181, note Pasqualini ; ibid. 175, n° 16, obs. Cabrillac ; Bull. Joly 2002. 39, note Vidal ; Rev. proc. coll. 2002. 264, obs. Dumont.* (V. l'arrêt cassé : • Paris, 23 oct. 1998 : *D. 1998. IR. 259 ; D. Affaires 1998. 1908, obs. A. L. ; Bull. Joly 1999. 345, note Pasqualini ; Rev. sociétés 1999. 195, obs. Guyon*).

29 ter. Créance environnementale. BIBL. Voinot, *RTD com. 2001. 581.* – Lavoillotte, *Rev. proc. coll. 2003. 100.* – Colloque « droit des entreprises en difficulté et protection de l'environnement » du 24 oct. 2003, *ibid. 2004. 140.* – Pelletreau, *Petites affiches 1er avr. 2005, p. 4.* ♦ La créance résultant de l'application de l'art. 23 de la loi n° 76-663 du 19 juill. 1976 [C. envir., art. L. 514-1], qui prévoit les sanctions administratives à l'inobservation des conditions imposées à l'exploitant d'une installation classée qui n'a pas déféré à une injonction de faire des travaux, a pour fait générateur l'arrêté préfectoral ordonnant au débiteur la consignation des sommes répondant du montant des travaux à réaliser. • Com. 17 sept. 2002 : *Bull. civ. IV, n° 125 ; D. 2002. AJ. 2735, obs. Lienhard ; Act. proc. coll. 2002, n° 221, obs. Vallansan ; JCP E 2003, n° 5, p. 230, note Voinot ; ibid., n° 6, p. 272, obs. Cabrillac ; RTD com. 2003. 167, obs. Martin-Serf ; Gaz. Pal. 2003. 501, note Lavoillotte ; Petites affiches 26 mai 2003, p. 17, note Lévy ; ibid. 6 août 2003, p. 15, note Rolland ; Rev. proc. coll. 2003. 147, obs. Saint-Alary-Houin* • Versailles, 21 déc. 2000 : *Gaz. Pal. 2001. Somm. 605 ; Rev. proc. coll. 2002. 100, obs. Saint-Alary-Houin.* – Comp. : • TGI Béthune, 13 mai 1998 : *Act. proc. coll. 1999, n° 95, obs. Voinot ; Rev. proc. coll. 1999. 220, obs. Saint-Alary-Houin.*

29 quater. Créance pénale. Si les amendes et confiscations douanières ont un caractère pénal, les agissements qu'elles sanctionnent et qui constituent le fait générateur de la créance sont antérieurs à l'ouverture de la procédure collective ; elles ne peuvent donc être recouvrées à leur échéance, en vertu de l'art. 40 [C. com., art. L. 621-32]. • Crim. 5 févr. 1998 : *Bull. crim. n° 48 ; D. 1998. IR. 127 ; D. Affaires 1998. 912, obs. A. L. ; Rev. sociétés 1998. 421, note Bouloc ; JCP E 1998, n° 37, p. 1400, obs. Cabrillac et Pétel ; RTD com. 1998. 945, obs. Martin-Serf ; Rev. proc. coll. 1999. 221, obs. Saint-Alary-Houin.* ♦ En revanche, la Chambre commerciale considère que les sanctions pécuniaires répressives naissent avec la décision constitutive qui les prononce, de sorte que les créances du Trésor public relatives à des amendes prononcées en cours de procédure collective pour des faits délictuels antérieurs au jugement d'ouverture relèvent de l'art. 40, devenu l'art. L. 621-32 C. com. • Com. 14 janv. 2004 : *RJDA 2004, n° 856 (1re esp.) ; Rev. proc. coll. 2004. 243, obs. Saint-Alary-Houin.* ♦ V. aussi : note 8 *sexies* ss. ancien art. L. 621-43.

29 quinquies. Cotisations dues à une association. En ce sens qu'est exclue du bénéfice de l'art. 40 [C. com., art. L. 621-32] la créance de cotisations annuelles d'amortissement de l'investissement réalisé par une association pour le compte de ses membres, qui trouve son origine dans l'adhésion à l'association, antérieure à l'ouverture de la procédure collective, V. • Com. 22 juin 1999 : *Act. proc. coll. 1999, n° 214* • 8 juill. 2003 : *Rev. proc. coll. 2004. 243, obs. Saint-Alary-Houin.* ♦ En revanche, dès lors que le contrat d'adhésion à l'association s'est poursuivi après le jugement d'ouverture du redressement judiciaire de l'adhérent, les cotisations réclamées à celui-ci, qui ont eu comme contrepartie les prestations fournies par l'association, constituent une créance née régulièrement après le jugement d'ouverture et relèvent, à ce titre, de l'art. 40 [C. com., art. L. 621-32]. • Com. 30 oct. 2000 : *RJDA 2001, n° 187* • 9 nov. 2004 : *Dr. sociétés 2005, n° 64, note F.-X. Lucas.*

29 sexies. Créance de garantie d'un maître de l'ouvrage. La créance de garantie d'un maître de l'ouvrage contre un entrepreneur principal, ayant dû payer à la place de ce dernier les sous-traitants, qui est la conséquence d'une faute commise par ce maître de l'ouvrage avant le jugement d'ouverture de la procédure collective de l'entrepreneur principal (non-respect des obligations découlant de l'art. 14-1 de la loi n° 75-1334 du 31 déc. 1975), ne saurait bénéficier du régime prévu par l'art. 40 [C. com., art. L. 621-32], mais doit être déclarée à la procédure. • Paris, 12 sept. 2000 : *D. 2000. AJ. 405* .

D. PRIMAUTÉ DES SÛRETÉS SPÉCIALES ANTÉRIEURES (L. n° 94-475 du 10 juin 1994)

29 septies. L'expression « sûretés immobilières ou mobilières spéciales assorties d'un droit de rétention », prévue à l'art. 40, al. 2 [C. com., art. L. 621-32], doit être interprétée comme n'appliquant l'exigence d'un droit de rétention qu'aux seules sûretés mobilières : Rép. min. n° 35796 : *JOAN Q, 22 juill. 1996, p. 4005 ; JCP 1997. I. 4033, n° 15, obs. Delebecque ; RTD com. 1997. 330, obs. Martin-Serf.*

III. CLASSEMENT DES CRÉANCIERS

29 octies. La circonstance qu'un découvert accordé par un établissement de crédit à une société en redressement judiciaire n'ait pas été autorisé par le juge-commissaire n'a pas pour effet de faire perdre à la banque sa qualité de créancier de la procédure, mais seulement de la priver du droit de revendiquer le rang plus favorable reconnu par l'art. 40, al. 3, 3° [C. com., art. L. 621-32, III-3°], aux créances nées d'un crédit autorisé par le juge-commissaire et publié, pour ne pouvoir bénéficier du paiement prioritaire du cinquième et dernier rang, en application de l'art. 40, al. 3, 5° [C. com., art. L. 621-32]. • Paris, 26 oct. 1999 : *D. 1999. AJ. 79 ; Petites affiches 25 avr. 2000, p. 11, note Courtier.*

29 nonies. La collocation d'un syndicat de copropriétaires, en raison des créances garanties en vertu de l'art. 2103-1° *bis* [2374] C. civ. dont il est titulaire à l'encontre d'un copropriétaire mis en liquidation judiciaire, est soumise, s'agissant de créances nées postérieurement au jugement d'ouverture, aux dispositions de l'art. 40, 5°, devenu l'art. L. 621-32, III, 5°, C. com. • Cass., avis, 21 janv. 2002 : *Bull. civ., n° 1 ; D. 2003. Somm. 1334, obs. Giverdon ; JCP E 2002, n° 20, p. 812, note Fraimout ; ibid., n° 39, p. 1526, obs. Cabrillac ; RTD com. 2002. 727, obs. Martin-Serf ; RD banc. fin. 2002, n° 90, obs. Legeais ; JCP N 2004, n° 46-47, p. 1739, obs. Vauvillé.* – V. Fosset-Lefebvre, *Rev. proc. coll. 2002. 4* ; Giverdon, *Loyers et copr. 2003. Chron. 1.*

29 decies. Les frais de justice visés par l'art. L. 621-32, II, C. com. sont ceux exposés avant la liquidation judiciaire, ceux exposés après étant visés par l'art. L. 621-32, III-2°. En conséquence, le liquidateur ne peut pas opposer de droit de priorité pour le paiement des frais de justice exposés pour les besoins de la liquidation judiciaire face à une créance hypothécaire antérieure. • Paris, 1er oct. 2002 : *RJDA 2003, n° 279.* ♦ Comp., avant la loi du 10 juin 1994 : note 28.

29 undecies. Dès lors que le liquidateur, qui a mentionné la TVA sur la facture de vente du stock, en était redevable et que cette taxe ainsi mise à la charge de l'acquéreur était acquise de plein droit au trésor public, l'UNEDIC-AGS ne peut faire valoir son privilège que sur le prix de vente hors taxe (application de l'art. 283 (3) CGI). • Com. 2 juin 2004 : *Bull. civ. IV, n° 108 ; D. 2004. AJ. 2046 ; Petites affiches 26 oct. 2004, p. 11, note Brandeau.*

IV. EXERCICE DU DROIT

30. Superprivilège des salariés. BIBL. V. note 12. ♦ Si l'art. 40, al. 1er [C. com., art. L. 621-32], énonce que les créances nées régulièrement après le jugement d'ouverture du redressement judiciaire doivent être payées avant les créances nées antérieurement, il réserve cependant le cas des créances superprivilégiées de salaires qui l'emportent sur toutes les autres, mêmes postérieures au jugement d'ouverture. • Com. 6 juill. 1993 : *Bull. civ. IV, n° 285 ; D. 1993. 530, note Ramackers ; Dr. sociétés 1993, n° 181, obs. Chaput.* ♦ Applique donc exactement ce texte l'arrêt conférant la priorité de paiement à l'Assedic, subrogée dans les droits des créanciers superprivilégiés. • Même arrêt. (V. aussi l'arrêt confirmé : • Besançon, 30 janv. 1991 : *D. 1991. 490, note Saint-Alary-Houin)*. – Dans le même sens : • Aix-en-Provence, 21 mars 1989 : *ibid.* • T. com. Rouen, 24 juin 1988 : *ibid.* • Colmar, 11 juill. 1995 : *BICC 1995, n° 194.* – V. aussi : • TGI Béthune, 13 mai 1998 : *préc. note 29 ter.* ♦ Comp., en ce qui concerne le produit de l'action en complément de passif : note 41 ss. ancien art. L. 624-3. ♦ Toutefois, l'avis à tiers détenteur délivré par le Trésor public pour assurer le recouvrement d'une créance fiscale née après le jugement d'ouverture ayant produit, en application de l'art. 43 de la loi n° 91-650 du 9 juill. 1991, l'effet d'attribution immédiate que lui confère l'art. 86 de la même loi, cette attribution immédiate ne peut être remise en cause par l'existence de créances garanties par le privilège établi aux art. L. 143-10, L. 143-11, L. 742-6 et L. 751-15 C. trav. • Com. 13 nov. 2002 : *Bull. civ. IV, n° 164 ; D. 2002. AJ. 3206, obs. Lienhard ; JCP E 2003, n° 20, p. 848, obs. Cabrillac ; RD banc. fin. 2003, n° 86, obs. Delleci.* – V. aussi • Com. 13 mai 2003 : *D. 2003. AJ. 1763*. – V. déjà • Poitiers, 8 mars 1995 : *D. 1996. 256, note Derrida*. ♦ V. note 39.

31. Compensation. V. notes 11 s. ss. ancien art. L. 621-24 et note 24 ss. ancien art. L. 621-28.

32. Attribution judiciaire d'un gage. BIBL. Courtier, *Rev. huiss. 1998. 193.* ♦ Le créancier nanti peut demander l'attribution judiciaire de son gage, au cas de liquidation judiciaire, sans que des créanciers puissent se prévaloir pour s'y opposer des droits qu'ils tiennent de l'art. 40 [C. com., art. L. 621-32]. • Com. 6 mars 1990 : *Bull. civ. IV, n° 67 ; D. 1990. 311, note Derrida ; JCP E 1990. II. 15815, note Amlon.* ♦ V. note 1 *ter* ss. ancien art. L. 622-21. ♦ Mais l'art. 159 [C. com., art. L. 622-21] ne constitue une dérogation à l'art. 40 [C. com., art. L. 621-32] que dans le cas où ce dernier texte s'applique dans le cadre d'une liquidation judiciaire, et non en cas de cession totale. • Paris, 18 févr. 1994 : *D. 1994. IR. 95.*

33. Aliénation d'un bien grevé. Le versement du prix d'adjudication entre les mains du Crédit foncier ne vaut paiement qu'à l'égard de l'adjudicataire libéré par la consignation des fonds, et l'affectation particulière aux créanciers hypothécaires ne prive pas les créanciers privilégiés de leur droit d'être payés par préférence sur le prix qui demeure jusqu'à sa distribution dans le patrimoine du débiteur. • Com. 22 févr. 1994 : *Bull. civ. IV, n° 77 ; D. 1995. Somm. 24, obs. Honorat .*

34. Délais de grâce. Les dispositions d'ordre public relatives au règlement prioritaire des créances visées à l'art. 40 [C. com., art. L. 621-32] dérogent au texte général de l'art. 1244-1 C. civ. et s'opposent à l'octroi de délais judiciaires de paiement aux loyers échus d'un bail commercial depuis le jugement d'ouverture. • Dijon, 13 sept. 1994 : *D. 1995. IR. 29. – Contra* • TGI Paris, (réf.), 23 mai 1997 : *RJ com. 1998. 79, obs. Gallet.*

35. Poursuites individuelles. V. note 13. ♦ Justifie sa décision de condamner le liquidateur ès qualités à payer à un créancier une certaine somme, la cour d'appel qui relève que cette créance, née régulièrement après le jugement d'ouverture du redressement judiciaire, devait, conformément à l'art. 40 [C. com., art. L. 621-32], être payée à son échéance, le moyen tiré de l'existence nécessaire de fonds suffisants pour régler cette dette n'étant pas fondé. • Com. 10 juill. 1990 : *Bull. civ. IV, n° 202 ; D. 1990. 468, note Derrida ; RTD com. 1991. 110, obs. Martin-Serf* • Paris, 16 juin 1992 : *D. 1993. Somm. 11, obs. Derrida* • Versailles, 1er oct. 1992 : *ibid.* – Comp. : • Toulouse, 12 févr. 1991 : *Rev. proc. coll. 1991. 217, obs. Saint-Alary-Houin.*

36. Sur la question de l'applicabilité des art. 2104 et 2105 [2375 et 2376] C. civ. au paiement des créanciers postérieurs, V. • Toulouse, 9 juin 1993 : *Rev. proc. coll. 1994. 42, obs. Saint-Alary-Houin.*

37. Les dispositions de l'art. 61 du décret du 27 déc. 1985, dans sa rédaction résultant du décret du 29 mai 1989 [mais antérieure au décret du 21 oct. 1994], et l'art. 122 du même texte, n'avaient pas pour effet de subordonner à l'établissement de la « liste des créances mentionnées à l'art. 40 [C. com., art. L. 621-32] qui n'ont pas été payées » [que prévoyait ledit art. 61 ; V. désormais art. 62-1], ni à l'inscription sur cette liste, l'exercice du droit de poursuite individuelle dont dispose tout créancier dont la créance née régulièrement après le jugement d'ouverture du redressement judiciaire n'a pas été payée à son échéance. • Com. 8 févr. 1994 : *Bull. civ. IV, n° 58 ; D. 1994. 609, note Derrida ; Gaz. Pal. 1994. 2. 427, note Massoni ; Defrénois 1995. 263, note Sénéchal ; JCP 1995. II. 22451, note Vignal ; Dr. sociétés 1994, n° 71, obs. Chaput* • 26 mars 1996 : *Petites affiches 7 août 1996, p. 40, note Brandeau ; Rev. proc. coll. 1996. 346, obs. Canet ; RTD com. 1997. 151, obs. Martin-Serf* • 22 avr. 1997 : *Bull. civ. IV, n° 104.* – V. Soinne, *Rev. proc. coll. 1994. 15.* – V. déjà • Com. 20 oct. 1992 : *Bull. civ. IV, n° 318 ; D. 1993. Somm. 10, obs. Derrida .* ♦ V. aussi, pour la validité, en ce cas, d'une saisie-arrêt, • Com. 6 juill. 1993 : *Bull. civ. IV, n° 284 ; D. 1993. IR. 215.* ♦ V. encore, dans l'hypothèse où la société débitrice avait fait l'objet d'un plan de cession, • Com. 4 juill. 2000 : *Act. proc. coll. 2000, n° 203.* ♦ L'art. 61 ayant, depuis l'intervention du décret du 21 oct. 1994, un tout autre objet, l'établissement de cette liste n'était plus prévu par aucun texte jusqu'à la parution du décret n° 98-1232 du 29 déc. 1998, ayant ajouté les art. 62-1 et 121-1 au décret de 1985.

38. Référé. Sur la compétence du juge des référés pour connaître des demandes de paiement de créances échues postérieurement au jugement d'ouverture, V. note 35 ss. ancien art. L. 621-28.

Le juge des référés est compétent pour connaître de la demande d'un salarié tendant au paiement de sommes dues au titre de la poursuite et de la rupture de son contrat de travail postérieurement au redressement judiciaire de l'employeur et relevant des dispositions de l'art. 40 [C. com., art. L. 621-32]. • Soc. 7 oct. 1998 : *Bull. civ. V, n° 411 ; Procédures 1999, n° 37, obs. Laporte.*

39. Voies d'exécution. **BIBL.** Ghelfi-Tastevin, *Petites affiches 18 oct. 1999, p. 6 ; ibid., 20 oct. 1999, p. 13.* – Martin-Serf, *Rev. proc. coll. 2000. 172* (avis à tiers détenteur). – Kéita, *Petites affiches 7 oct. 2004, p. 5* (évolutions récentes). ♦ Le titulaire d'une créance de l'art. 40 [C. com., art. L. 621-32], demeurée impayée, peut exercer librement son droit de poursuite individuelle. Dès lors que le droit d'être payé à l'échéance de la créance est indissociable du droit d'exercer des poursuites, une cour d'appel n'a violé ni les art. 148 s. de la loi de 1985 [C. com., art. L. 622-1 s.], ni les art. 86 et 43 de la loi n° 91-650 du 9 juill. 1991, en refusant d'annuler l'avis à tiers détenteur délivré au liquidateur par le receveur en vue d'obtenir le recouvrement d'une créance née régulièrement après le jugement d'ouverture du redressement judiciaire et venue à échéance. • Com. 25 juin 1996 : *D. 1996. 615, note Derrida ; Rev. proc. coll. 1997. 45, obs. Canet*. – V. aussi • CE 9 févr. 2000 : *cité note 1 ss. ancien art. L. 627-1, infra*. ♦ Les sommes saisies par un percepteur suite à la notification d'un avis à tiers détenteur, doivent être remises à celui-ci, peu important l'existence, éventuellement, d'autres créances bénéficiant d'un rang préférable dans l'ordre de classement établi par l'art. 40 [C. com., art. L. 621-32]. • Com. 11 févr. 1997 : *Bull. civ. IV, n° 49 ; D. 1997. IR. 93 ; D. Affaires 1997. 350 ; JCP E 1997. I. 651, n° 1, obs. Cabrillac ; Rev. dr. bancaire 1997. 78, obs. Campana et Calendini ; Rev. proc. coll. 1997. 312, obs. Canet* • 22 avr. 1997 : *préc. note 37* • 3 juin 1997 : *D. Affaires 1997. 1082 ; Rev. proc. coll. 1997. 458, obs. Saint-Alary-Houin ; ibid. 1999. 112, obs. Canet* • 13 nov. 2001 : *RJDA 2002, n° 309*. ♦ Dans l'exercice de son droit de poursuite individuelle, et sans porter atteinte à l'ordre des paiements fixé par l'art. 40 [C. com., art. L. 621-32], le créancier dont la créance est née régulièrement après le jugement d'ouverture peut obtenir un titre exécutoire (peu important les conséquences du concours entre ce créancier et l'Assedic agissant au titre du superprivilège des salariés). • Com. 13 oct. 1998 : *Bull. civ. IV, n° 239 ; D. 2001. Somm. 116, obs. Derrida ; D. Affaires 1998. 1780, obs. A. L. ; JCP E 1998, n° 52, p. 2063, obs. Cabrillac ; Petites affiches 19 nov. 1999, p. 18, note Teilliais ; Rev. proc. coll. 1999. 112, obs. Canet*. – Comp. : • Com. 12 nov. 1997 : *Bull. civ. IV, n° 288 ; D. Affaires 1998. 30, obs. A. L. ; Quot. jur. 30 déc. 1997, p. 7, note P. M. ; Rev. dr. bancaire 1998. 70, obs. Campana et Calendini ; RTD com. 1998. 419, obs. Martin-Serf ; Rev. proc. coll. 1998. 300, obs. Saint-Alary-Houin ; ibid. 1999. 113, obs. Canet*. – V. aussi • Paris, 10 mars 1989 : *JCP E 1989. II. 15591, n° 4, obs. Cabrillac* • 25 nov. 1999 : *D. 2000. AJ. 33* • TGI Grenoble, 27 juin 1994 : *JCP E 1995. II. 687, note R. Martin* (saisie-attribution) • TGI Montluçon, 29 juin 1994 : *Rev. proc. coll. 1995. 304, obs. Saint-Alary-Houin* (saisie-attribution).

Pour des arrêts ayant jugé, tout en admettant la validité de la délivrance d'un avis à tiers détenteur, que l'ordre prévu par l'art. 40, al. 3 [C. com., art. L. 621-32], doit tout de même être respecté (hypothèses de liquidation judiciaire), V. • Montpellier, 2 mai 1995 : *Rev. proc. coll. 1996. 79, obs. Saint-Alary-Houin* • Douai, 9 nov. 1995 : *ibid. 1996. 64, obs. Canet*. – En sens contraire, V. • Poitiers, 8 mars 1995 : *préc. note 30* • Dijon, 6 juin 1995 : *Rev. proc. coll. 1996. 346, obs. Canet* • Toulouse, 27 févr. 1996 : *ibid.*

39 bis. La nécessité de régler l'ordre entre les créanciers et de procéder à la distribution du prix de vente d'un immeuble ne faisant pas obstacle à la mesure d'exécution d'un créancier de la procédure sur le prix de vente, le titulaire d'une créance de l'art. 40 [C. com., art. L. 621-32] peut exercer librement son droit de poursuite individuelle. • Com. 26 avr. 2000 : *Bull. civ. IV, n° 85 ; D. 2000. AJ. 247, obs. Lienhard ; JCP E 2000, n° 40, p. 1565, obs. Pétel ; Act. proc. coll. 2000, n° 120, obs. Regnaut-Moutier*. ♦ De même, les dispositions de l'art. 92 [C. com., art. L. 621-95] ne font pas obstacle à l'exercice par un créancier de son droit de poursuite individuelle afin d'obtenir un titre exécutoire pour le recouvrement d'une créance de loyer née après le jugement d'ouverture de la procédure collective et non réglée à son échéance. • Com. 20 mars 2001 : *Bull. civ. IV, n° 65 ; D. 2001. AJ. 1319, obs. Lienhard ; RTD com. 2001. 768, obs. Martin-Serf*. ♦ La cour d'appel de Paris a toutefois considéré que le prix de cession étant indisponible pour le temps de sa répartition, un créancier, fût-il titulaire d'une créance relevant de l'art. 40 [C. com., art. L. 621-32], ne peut, par une saisie-attribution à l'effet attributif immédiat, prétendre se faire payer au détriment de l'ordre des créanciers et de leurs droits respectifs. • Paris, 4 févr. 1999 : *D. Affaires 1999. 520, obs. A. L. ; RJDA 1999, n° 960*. ♦ La saisie-attribution ne peut avoir effet que sur le solde de la somme restant après que la répartition du prix aura été faite selon les droits des créanciers d'après les règles de la procédure collective. • Même arrêt.

39 ter. L'administrateur judiciaire du débiteur est un tiers saisi qui peut être condamné personnellement, à la demande du créancier, à payer les sommes dues à celui-ci, dès lors qu'il n'a pas rempli les obligations prévues aux art. 44 de la loi du 9 juill. 1991 et 59 du décret du 31 juill. 1992. • Com. 1er avr. 2003 : *Bull. civ. IV, n°53 ; D. 2003. AJ. 1093, obs. Lienhard ; ibid. Somm. 1624, obs. F.-X. Lucas ; Act. proc. coll. 2003, n° 108, obs. Vallansan ; JCP E 2003, n° 40, p. 1576, obs. Pétel ; RD banc. fin. 2003, n° 156, obs. Delleci ; Dr. et procédures 2003. 318, note Putman ; Gaz. Pal. 2003. Somm. 3245, obs. Brenner*. ♦ V. aussi, jugeant : que le liquidateur judiciaire doit être considéré comme dépositaire ou détenteur de fonds appartenant ou devant appartenir au débiteur au sens de l'art. L. 262 LPF : • Com. 20 févr. 2001 : *Bull. civ. IV, n° 43 ; D. 2001. AJ. 921, obs. Lienhard* • 13 mai 2003 : *préc. note 30 ; Procédures 2003, n° 168, obs. Perrot ; RD banc. fin. 2003, n° 156, obs. Delleci*. ♦ ... Qu'un commissaire à l'exécution du plan de cession d'une entreprise est un « tiers détenteur » des sommes appartenant au redevable, au sens de l'art. L. 262 LPF, dès lors qu'il détient les fonds provenant notamment du prix de vente des biens de celui-ci jusqu'à leur répartition aux créanciers. • Rouen, 10 juin 1998 : *Gaz. Pal. 1998. 2. Somm. 707.* ♦ V. encore, pour un arrêt de la 2e Chambre civile de la Cour de cassation ayant admis, de façon incidente, la qualité de tiers saisi du liquidateur, • Civ. 2e, 5 avr. 2001 : *cité note 17 ss. ancien art. L. 622-9.* ♦ Auparavant, la jurisprudence considérait que le liquidateur ne détenant pas en son nom personnel mais en qualité d'organe de la procédure les sommes d'argent appartenant au débiteur qui lui étaient remises dans l'exercice de ses fonctions, il ne pouvait être pratiqué de saisie-attribution entre ses mains. • Com. 3 févr. 1998 : *Bull. civ. IV, n° 51 ; D. 1998. IR. 62 ; D. Affaires 1998. 338, obs. A. L. ; JCP E 1998, n° 17, p. 654, obs. Cabrillac et Pétel ; Rev. proc. coll. 1999. 111, obs. Canet.*

Sur l'insaisissabilité des sommes déposées à la Caisse des depôts et consignations, V. art. L. 627-1. ♦ V. aussi note ss. ancien art. 55-1 du 1er décret du 27 déc. 1985, *infra*, App. v° *Difficultés des entreprises.*

39 quater. Résiliation du contrat. Le non-paiement des sommes dues, en vertu de l'art. 40 [C. com., art. L. 621-32], à l'échéance contractuelle, autorise le cocontractant à résilier le contrat. • T. com. Paris, 10 févr. 1997 : *Gaz. Pal. 1998. 1. Somm. 216.*

39 quinquies. Recevabilité de l'action en paiement. La demande en paiement d'une créance postérieure, après l'arrêt d'un plan de cession, ne peut être dirigée contre le seul commissaire à l'exécution du plan, hors la présence du débiteur. • Besançon, 25 avr. 1997 : *Rev. proc. coll. 1998. 299, obs. Saint-Alary-Houin.*

40. Créances à déclarer. Les créances liées à une précédente procédure collective clôturée par un plan de continuation de l'entreprise, qui ont leur origine antérieurement au jugement d'ouverture de la seconde procédure collective, doivent, à l'exception des créances des salariés, être déclarées au représentant des créanciers de cette seconde procédure ; il n'y a donc pas lieu de rechercher si les créances, nées lors de la première procédure, relèvent ou non de l'art. 40 [C. com., art. L. 621-32]. • Com. 28 juin 1994 : *Bull. civ. IV, n° 244 ; D. 1994. IR. 198 ; RTD com. 1995. 486, obs. Martin-Serf* • 10 oct. 1995 : *Dr. sociétés 1995, n° 241, obs. Chaput* • 28 mars 2000 : *RJDA 2000, n° 779.* ♦ Lorsque le plan de redressement adopté au profit d'un débiteur reste inexécuté et que le tribunal en prononce la résolution, il s'ouvre une nouvelle procédure de redressement [liquidation] judiciaire, en application de l'art. 80 [C. com., art. L. 621-82] et, dans ce cas, la loi ne distingue pas entre les créanciers dont la créance est antérieure à l'ouverture de la première procédure, et ceux dont la créance est née entre le jugement arrêtant le plan et sa résolution ; aussi la priorité de paiement doit-elle être écartée pour les créances nées pendant la première période d'observation écoulée. • Com. 12 juill. 1994 : *préc. note 14.* – V. aussi • Com. 11 juin 1996 : *Rev. proc. coll. 1997. 455, obs. Saint-Alary-Houin* (créance fiscale) • 20 juin 2000 : *Act. proc. coll. 2000, n° 194* • Toulouse, 18 juin 1990 : *Rev. proc. coll. 1991. 215, obs. Saint-Alary-Houin ; RTD com. 1992. 245, note Martin-Serf* • Paris, 2 avr. 1993 : *JCP 1993. IV. 1827 ; BICC 1993, n° 970* • 28 mars 1997 : *D. 1997. IR. 119* • Aix-en-Provence, 28 sept. 1995 : *Bull. Aix 1995, n° 2, p. 322, obs. Vincensini* • Versailles, 3 déc. 1998 : *Gaz. Pal. 1999. 2. Somm. 615* • Orléans, 28 août 2001 : *RJDA 2002, n° 277. – Contra* : • Limoges, 17 nov. 1992 : *Gaz. Pal. 1994. 2. Somm. 446.*

41. A défaut de déclaration, les créances dont l'origine est antérieure au jugement d'ouverture de la procédure collective consécutif à la résolution du plan de continuation sont éteintes. • Com. 6 déc. 1994 : *Bull. civ. IV, n° 362 ; D. 1995. IR. 18.* ♦ Le créancier ne peut se prévaloir utilement de la déclaration de créance opérée dans le cadre de la liquidation judiciaire résultant de la conversion de la seconde procédure de redressement ouverte après résolution du plan de continuation, dès lors que cette dernière déclaration n'a pu emporter régularisation de l'omission de la déclaration qui aurait dû être accomplie dans le cadre de la seconde procédure collective. • Versailles, 3 déc. 1998 : *préc. note 40.* ♦ Sur l'opposabilité de l'extinction de la créance par la caution, V. notes 12 s. ss. ancien art. L. 621-46.

41 bis. En revanche, les créances nées régulièrement après le jugement d'ouverture de la nouvelle procédure ne sont pas soumises à déclaration. • Com. 20 juin 1995 : *Rev. proc. coll. 1996. 78, obs. Saint-Alary-Houin.*

41 ter. La créance détenue contre un tiers, qui est née avant le jugement d'ouverture de la procédure collective de ce tiers par extension, en raison de la confusion des patrimoines, de celle précédemment ouverte à l'égard de la société débitrice, n'entre pas dans le champ d'application de l'art. 40 [C. com., art. L. 621-32]. • Com. 20 févr. 2001 : *RJDA 2001, n° 709* • 15 mars 2005 : *Gaz. Pal. 6-7 juill. 2005, p. 15, obs. Le Corre.*

V. aussi notes 8 s. ss. ancien art. L. 621-43.

42. Responsabilité de l'administrateur. V. art. L. 621-28 et note 6 ss. ancien art. L. 621-8.

Ancien art. L. 621-33 *Toute somme perçue par l'administrateur ou le représentant des créanciers qui n'est pas portée sur les comptes bancaires ou postaux du débiteur, pour les besoins de la poursuite d'activité, doit être versée immédiatement en compte de dépôt à la Caisse des dépôts et consignations.*

En cas de retard, l'administrateur ou le représentant des créanciers doit, pour les sommes qu'il n'a pas versées, un intérêt dont le taux est égal au taux de l'intérêt légal majoré de cinq points. — [L. n° 85-98 du 25 janv. 1985, art. 41].

Pour l'insaisissabilité des sommes déposées à la Caisse des dépôts et consignations, *V.* ancien art. *L. 627-1.*

Ancien art. L. 621-34 *Le tribunal, à la demande du procureur de la République et après consultation du comité d'entreprise ou, à défaut, des délégués du personnel, peut, au cours de la période d'observation, autoriser la conclusion d'un contrat de location-gérance, même en présence de toute clause contraire, notamment dans le bail de l'immeuble, lorsque la disparition de l'entreprise serait de nature à causer un trouble grave à l'économie nationale ou régionale.*

Le contrat est conclu pour une durée maximale de deux ans. La durée de la période d'observation est prorogée jusqu'au terme du contrat.

Les dispositions des articles L. 144-3, L. 144-4 et L. 144-7 ne sont pas applicables. — V. lesdits art., supra. — [L. n° 85-98 du 25 janv. 1985, art. 42].

1. Caractère temporaire. Sur l'intérêt d'une gestion temporaire en location-gérance tendant à faciliter la préparation d'un plan de redressement, V. • T. com. Paris, 19 juin 1986 : *Gaz. Pal. 1986. 2. 569, note Marchi* • 20 mai 1986 : *JCP 1986. II. 20658.*

2. Patrimoine personnel. L'art. 42 [C. com., art. L. 621-34] ne peut s'appliquer à un fonds de commerce qui relève du patrimoine personnel du débiteur et non de l'activité professionnelle pour laquelle celui-ci a été soumis à la procédure de redressement judiciaire. • T. com. Antibes, 19 déc. 1986 : *D. 1987. 372, note Derrida.*

3. Demande du procureur de la République. Lorsque le Ministère public ne présente pas de demande tendant à l'autorisation de la location-gérance, le tribunal ne saurait en autoriser la conclusion. • T. com. Paris, 17 févr. 1986 : *Gaz. Pal. 1986. 1. 142, note Marchi ; Rev. proc. coll. 1986, n° 4, p. 60, obs. Mestre et Delebecque.*

4. Prorogation et liquidation judiciaire. La prorogation de la durée de la période d'observation jusqu'au terme du contrat de location-gérance, prévue par l'art. 42, al. 2 [C. com., art. L. 621-34], ne fait pas obstacle au pouvoir du tribunal de prononcer, à tout moment, la liquidation judiciaire de l'entreprise en application de l'art. 36 [C. com., art. L. 621-27]. • Com. 7 juill. 1998 : *Bull. civ. IV, n° 218 ; D. 1998. IR. 209 ; D. Affaires 1998, p. 1361, obs. A. L. ; Dr. sociétés 1998, n° 123, obs. Chaput ; JCP E 1998, n° 52, p. 2063, obs. Cabrillac et Pétel.*

Ancien art. L. 621-35 *L'administrateur veille au respect des engagements du locataire-gérant.*

Lorsque le locataire-gérant accomplit un acte de nature à porter atteinte aux éléments pris en location-gérance ou lorsqu'il diminue les garanties qu'il avait données, le tribunal peut ordonner la résiliation du contrat de location-gérance, soit d'office, soit à la demande de l'administrateur, du représentant des créanciers ou du procureur de la République, après consultation du comité d'entreprise ou, à défaut, des délégués du personnel. — [L. n° 85-98 du 25 janv. 1985, art. 43].

• § 3 DE LA SITUATION DES SALARIÉS

Ancien art. L. 621-36 *Le relevé des créances résultant des contrats de travail est soumis pour vérification par le représentant des créanciers au représentant des salariés mentionné à l'article L. 621-8. Le représentant des créanciers doit lui communiquer tous documents et informations utiles. En cas de difficultés, le représentant des salariés peut s'adresser à l'administrateur et, le cas échéant, saisir le juge-commissaire. Il est tenu à l'obligation de discrétion mentionnée à l'article L. 432-7 du code du travail. Le temps passé à l'exercice de sa mission tel qu'il est fixé par le juge-commissaire est considéré de plein droit comme temps de travail et payé par l'employeur, l'administrateur ou le liquidateur, selon le cas, à l'échéance normale.* — [L. n° 85-98 du 25 janv. 1985, art. 44]. — V. Décr. n° 85-1388 du 27 déc. 1985, ancien art. 76 s., infra, App., v° Difficultés des entreprises.

BIBL. ▶ HENRY, *Dr. soc. 1986. 678 ; ibid. 1987. 799.* – LANGLOIS, *RTD com. 1987, n° spéc., p. 11.*

S'il n'est pas contesté que le représentant des salariés a consacré tout son temps à l'accomplissement de sa mission, le montant intégral de son salaire doit lui être versé. • Soc. 2 juin 1992 : *JCP 1992. IV. 2231.*

Ancien art. L. 621-37 *Lorsque des licenciements pour motif économique présentent un caractère urgent, inévitable et indispensable pendant la période d'observation, l'administrateur peut être autorisé par le juge-commissaire à procéder à ces licenciements. Préalablement à la saisine du juge-commissaire, l'administrateur consulte le comité d'entreprise ou, à défaut, les délégués du personnel dans les conditions prévues à l'article L. 321-9 du code du travail et informe l'autorité administrative compétente dans les conditions prévues à l'article L. 321-8 du même code. Il joint, à l'appui de la demande qu'il adresse au juge-commissaire, l'avis recueilli et les justifications de ses diligences en vue de faciliter l'indemnisation et le reclassement des salariés.* — [L. n° 85-98 du 25 janv. 1985, art. 45]. — V. Décr. n° 85-1388 du 27 déc. 1985, ancien art. 63, infra, App., v° Difficultés des entreprises.

BIBL. ▶ Tillié, *Dr. ouvrier 1985. 167.* - Grelon, *Gaz. Pal. 1984. 1. Doctr. 101.* - Langlois, *Mélanges Jeantin, Dalloz, 1999, p. 419* (divorce du droit social et du droit du redressement judiciaire). - Savenier, *Rev. proc. coll. 2001. 224* (obligation de reclassement) ; *ibid. 227* (plan social). - Pezzino, *ibid. 230* (licenciements). - Becquet, *ibid. 237* (décision du juge-commissaire). - Morand, *Cah. dr. entr. 2002, n° 2, p. 21* (particularités des licenciements économiques).

1. Autorisation de licencier. L'autorisation du juge-commissaire n'interdit pas à la juridiction prud'homale de statuer sur les demandes des salariés licenciés au regard de leur situation individuelle. • Soc. 5 mai 1993 : *Bull. civ. V, n° 127 ; D. 1993. IR. 138.* ♦ Ainsi, l'autorité de l'ordonnance du juge-commissaire autorisant les licenciements ne s'étend pas à la situation individuelle des salariés au regard de l'obligation de reclassement de l'employeur, qui relève de la compétence du juge prud'homal. • Soc. 22 nov. 2000 : *Act. proc. coll. 2001, n° 64.* ♦ V. aussi note 5.

1 bis. Dès lors que la lettre de licenciement n'a été adressée au salarié qu'après l'obtention par l'administrateur judiciaire de l'autorisation du juge-commissaire, peu importe que la procédure ait été engagée auparavant. • Soc. 18 juin 1997 : *Bull. civ. V, n° 226 ; D. 1997. IR. 162 ; Rev. proc. coll. 1997. 352, obs. Taquet.*

1 ter. Le prononcé du jugement de redressement judiciaire entraîne l'ouverture de la période d'observation dès la première heure du jour de son prononcé, et, dès l'instant que la période d'observation est ouverte, il appartient au juge-commissaire d'autoriser le licenciement, en vérifiant la cause économique du licenciement et son caractère urgent, inévitable et indispensable (cassation, pour violation des art. 45 de la loi [C. com., art. L. 621-37] et 14, al. 2, du décret de l'arrêt qui, pour débouter un salarié licencié le jour même de l'ouverture de la procédure de redressement judiciaire de son employeur, de sa demande en dommages-intérêts pour licenciement sans cause réelle et sérieuse, énonce que la procédure de licenciement a été engagée par l'employeur avant le jugement de redressement judiciaire, que la preuve n'est pas rapportée que la lettre de licenciement a été envoyée après le prononcé de la décision ouvrant la procédure collective et que, l'art. 45 [C. com., art. L. 621-37] n'interdisant pas les licenciements pendant la période d'observation, mais les soumettant à des conditions de forme et à la condition de fond qu'ils aient un caractère urgent, inévitable et indispensable, ce caractère est implicitement reconnu par le rapport du représentant des créanciers). • Soc. 12 mai 1998 : *Bull. civ. V, n° 243 ; D. 1998. IR. 148 ; Rev. proc. coll. 1999. 39, obs. Taquet.* – V. aussi • Soc. 11 juill. 2000 : *Act. proc. coll. 2000, n° 213* • 3 mai 2001 : *Bull. civ. V, n° 151 ; JCP E 2001, n° 26, p. 1075.*

1 quater. Il ne peut être reproché à l'administrateur d'avoir engagé prématurément la procédure de licenciement, dès lors que le bénéfice de la convention de conversion a été proposé aux salariés à l'issue de la consultation des représentants du personnel préalable à la saisine du juge-commissaire, et que le délai de réponse dont disposent les intéressés expire après l'obtention de l'autorisation de licenciement donnée par le juge-commissaire. • Soc. 18 juill. 2000 : *Rev. proc. coll. 2001. 38, obs. Taquet.*

2. Motifs de licenciement. L'économie fondée sur les congédiements répond aux exigences de l'art. 45 [C. com., art. L. 621-37] lorsque l'opération de compression des effectifs peut être une composante de la mise en place et de la réussite d'un plan de redressement. • T. com. Versailles, 17 nov. 1986 : *Rev. proc. coll. 1987, n° 3, p. 33, obs. Langlois.* – Comp. : • T. com. Melun, 7 mai 1987 : *Gaz. Pal. 1987. 2. Somm. 313.*

2 bis. La lettre de licenciement que l'administrateur est tenu d'adresser au salarié doit comporter le visa de l'ordonnance du juge-commissaire autorisant les licenciements économiques. À défaut, le licenciement est réputé sans cause réelle et sérieuse. • Cass., Ass. plén., 24 janv. 2003 : ♔ *Bull. civ. n° 1 ; BICC 15 mars 2003, p. 95, concl. de Gouttes et rapp. Mazars ; D. 2003. IR. 465 ; Gaz. Pal. 2002. 502, note Pansier ; Act. proc. coll. 2003, n° 47, obs. Taquet ; RJ com. 2003. 374, note Courtier* • Soc. 19 mars 2003 : ♔ *Bull. civ. V, n° 104.* ♦ La seule référence à la procédure de redressement judiciaire ne constitue donc pas une motivation suffisante. • Soc. 5 oct. 1999 : ♔ *Bull. civ. V, n° 367 ; D. 2000. Somm. 6, obs. Derrida* ✎.

3. Comité d'entreprise. Le renvoi à l'art. L. 321-9 C. trav. ne comporte aucune réserve dont pourrait se déduire une dispense d'observer les règles applicables d'ordinaire aux réunions du comité, lesquelles comprennent la convocation obligée de tous ses membres et le respect du délai préalable. • Versailles, 19 sept. 1989 : *D. 1991. Somm. 107, obs. Derrida* ✎.

4. Recours. Est recevable le recours formé par le représentant des salariés contre une décision du juge-commissaire autorisant des licenciements pendant la période d'observation. • T. com. Paris, 14 janv. 1988 : *Gaz. Pal. 1989. 1. 354, note Marchi.* ♦ Sur l'absence de qualité de parties des organisations syndicales, V. • T. com. Lille, 30 janv. 1989 : *Petites affiches 29 mars 1989.*

Lorsque l'ordonnance du juge-commissaire est devenue définitive, le caractère économique du motif du licenciement ne peut plus être contesté. • Soc. 9 juill. 1996 : ♔ *Bull. civ. V, n° 268 ; D. 1997. 60, note Bailly* ✎ *; JCP E 1997. II. 915, note Serret.* ♦ V. aussi • Soc. 5 mars 1997 : ♔ *cité note 11 ter ss. ancien art. 25 du 1er décret du 27 déc. 1985, infra,* App., v° *Difficultés des entreprises* • 26 juin 2001 : *Act. proc. coll. 2001, n° 209.*

5. Compétence du conseil de prud'hommes. BIBL. Maggi-Germain, *Petites affiches 12 août 1998, p. 30.* – Dechristé, *D. Affaires 1999. 358.* ♦ Si, conformément à l'art. 45 [C. com., art. L. 621-37], le juge-commissaire a autorisé l'administrateur à procéder au licenciement présentant un caractère urgent, inévitable et indispensable, la juridiction prud'homale est demeurée compétente pour en apprécier le caractère réel et sérieux qui fait défaut dès lors que la lettre de licenciement ne contient aucune motivation sur les causes économiques ayant justifié le licenciement. • Soc. 21 févr. 1996 : ♔ *D. 1997. 60, note Bailly* ✎ *; JCP E 1996. II. 862, note Serret.* ♦ Le salarié qui a adhéré à une convention de conversion gardant la possibilité, malgré son acceptation, de contester le caractère réel et sérieux de son licenciement, une cour d'appel, qui constate que l'employeur ne justifie d'aucune recherche au sein de la société et du groupe auquel elle appartient, ni d'aucune proposition en vue du reclassement des salariés peut décider que les licenciements prononcés sont sans cause réelle et sérieuse. • Soc. 3 mars 1998 : ♔ *Bull. civ. V, n° 112 ; D. 1998. 418, note Bailly* ✎. ♦ V. aussi note 1, *supra,* et note 2 s. ss. ancien art. 63 du 1er décret du 27 déc. 1985, *infra,* App., v° *Difficultés des entreprises.*

6. Compétence du TGI. V. note 4 *quater* ss. ancien art. 174 du 1er décret du 27 déc. 1985, *infra,* App., v° *Difficultés des entreprises.*

Ancien art. L. 621-38 ***Toute somme versée par l'association mentionnée à l'article L. 143-11-4 du code du travail en application des articles L. 143-11-1 à L. 143-11-3 du même code donne lieu à déclaration à l'administration fiscale.*** — V. ces textes, infra, ss. ancien art. L. 621-132. — [L. n° 85-98 du 25 janv. 1985, art. 45-1].

L'art. 45-1 de la loi n° 85-98 du 25 janv. 1985, codifié à l'ancien art. L. 621-38, était issu de la loi n° 94-475 du 10 juin 1994. — Pour l'entrée en vigueur de cette loi, V. note ss. ancien art. L. 620-1.

• § 4 DE LA SITUATION DES CRÉANCIERS

BIBL. GÉN. ▸ Coudert, *Petites affiches 26 sept. 2003, p. 4* (le créancier face à la prescription du capital et des intérêts). – Macorig-Venier, *Rev. Lamy droit des affaires, suppl. au n° 80, mars 2005, p. 114* (évolution de la situation des créanciers titulaires de sûretés).

Sous-§ 1 DE LA REPRÉSENTATION DES CRÉANCIERS

RÉP. COM. v° *Entreprises en difficulté - Redressement judiciaire (Procédure et organes)*, par Pigassou.

Ancien art. L. 621-39 ***Sans préjudice des droits reconnus aux contrôleurs, le représentant des créanciers désigné par le tribunal a seul qualité pour agir au nom et dans l'intérêt des créanciers.***

Le représentant des créanciers communique au juge-commissaire et au procureur de la République les observations qui lui sont transmises à tout moment de la procédure par les contrôleurs.

Les sommes recouvrées à la suite des actions du représentant des créanciers entrent dans le patrimoine du débiteur et sont affectées en cas de continuation de l'entreprise selon les modalités prévues pour l'apurement du passif. — [L. n° 85-98 du 25 janv. 1985, art. 46].

BIBL. ▶ L.-M. MARTIN, *Rev. dr. bancaire 1990. 64.* – SAINT-ALARY-HOUIN, *Rev. proc. coll. 1991. 129.* – DAIGRE, *Petites affiches 1er juin 1990.* – RAKOTOVAHINY, *Petites affiches 27 déc. 1999, p. 6.*

1. Monopole. Seul le représentant des créanciers, dont les attributions sont ensuite dévolues au liquidateur, ayant qualité pour agir au nom et dans l'intérêt collectif des créanciers, un associé ou un créancier ne sont pas recevables à agir au nom des créanciers (s'agissant de la réparation du préjudice résultant de l'aggravation du passif). • Com. 3 juin 1997 : *Bull. civ. IV, n° 163 ; D. 1997. 517, note Derrida ; D. Affaires 1997. 833 ; JCP E 1997. II. 988, note Béhar-Touchais ; Rev. dr. bancaire 1997. 175, obs. Campana et Calendini ; JCP E 1998. n° 1-2, p. 33, obs. Cabrillac ; Rev. proc. coll. 1998. 113, obs. Martin-Serf.* ♦ Il ne saurait être soutenu que tout créancier peut exercer « *ut singuli* » cette action dès lors que le représentant des créanciers n'a pas exercé les pouvoirs qu'il tient de l'art. 46 [C. com., art. L. 621-39]. • Même arrêt. ♦ V. aussi • Com. 28 mars 2000 : *Rev. proc. coll. 2002. 118, obs. Martin-Serf.* ♦ Sur l'exercice de l'action en responsabilité pour crédits abusifs, une fois la mission du représentant des créanciers achevée, par le commissaire à l'exécution du plan, V. note 8 ss. ancien art. L. 621-68. ♦ ... Par le liquidateur, V. note 2 ss. ancien art. L. 622-5. ♦ Sur la recevabilité de la demande du mandataire de nomination d'un expert, en vertu de l'art. 145 NCPC (mesures d'instructions conservatoires), et le rôle de l'expert (fournir au juge des éléments de fait), V. • Paris, 25 juin 1997 : *Banque et Droit nov.-déc. 1997. 40, obs. Guillot.* ♦ Sur cette action, V. notes 28 s. ss. C. mon. fin., art. L. 313-12, *infra*, App., v° *Code monétaire et financier (extraits).*

Sur la fin de non-recevoir d'ordre public tirée du défaut de qualité pour agir des créanciers, V. note 2 *ter* ss. ancien art. L. 622-5.

Sur le rôle des contrôleurs, V. *infra*, note 13 ; V. aussi note 23 *ter* ss. ancien art. L. 623-6.

2. Intérêt des créanciers. Le représentant des créanciers dispose du droit général d'agir au nom et dans l'intérêt des créanciers en vue notamment de la réparation du préjudice subi par eux collectivement et l'exercice de ce droit n'est pas enfermé dans la période d'observation. • Paris, 3 mai 1994 : *D. 1994. IR. 157.*

2 bis. Seul le représentant des créanciers, dont les attributions sont ensuite dévolues au liquidateur, a qualité pour agir au nom et dans l'intérêt des créanciers et, tenant de la loi le pouvoir de représenter l'ensemble de ceux-ci pour la défense de leur intérêt collectif, il n'a pas à indiquer au nom de quels créanciers il se présente dès lors qu'il ne peut légalement agir que dans l'intérêt de tous et non dans l'intérêt personnel d'un créancier ou d'un groupe de créanciers. • Com. 16 mars 1993 : *Bull. civ. IV, n° 106 ; D. 1993. 583, note Derrida ; Rect. 612* (V. l'arrêt confirmé : • Rennes, 4 juill. 1990 : *Gaz. Pal. 1991. 2. Somm. 423, obs. Bey*). – V. aussi note 3 *ter* et • Com. 7 janv. 2003 : *cité note 4 ss. ancien art. L. 621-103.* ♦ Il s'ensuit que le crédit-bailleur ne peut invoquer le bénéfice de l'exception prévue à l'art. 8 du décret n° 72-665 du 4 juill. 1972 qu'à la condition d'établir que chacun des créanciers du preneur a eu connaissance de l'existence de ses droits. • Com. 29 avr. 1997 : *Bull. civ. IV, n° 112 ; D. 1997. IR. 13 ; D. Affaires 1997. 835.*

Dès lors que le soutien abusif accordé par la banque à la société débitrice a porté préjudice aux seuls créanciers, l'action en réparation engagée par la société en redressement judiciaire assistée de son administrateur est irrecevable. • Com. 5 janv. 1999 : *Bull. civ. IV, n° 3 ; D. Affaires 1999. 219, obs. A. L. ; Petites affiches 20 janv. 1999, p. 8, note P. M. ; RJ com. 1999. 414, note Courtier.*

3. Sur la recevabilité de l'action en responsabilité pour contribution à la diminution de l'actif ou à l'aggravation du passif, exercée par le représentant des créanciers ou le liquidateur contre un des créanciers, V. note 2 ss. ancien art. L. 622-5. ♦ La demande d'un créancier, fondée sur l'art. 145 NCPC (mesures d'instructions conservatoires), tendant à la désignation d'un expert chargé de rechercher les conditions d'intervention d'organismes financiers ayant apporté leurs concours au débiteur, est irrecevable. • Com. 22 oct. 1996 : *RJDA 1997, n° 115.*

3 bis. Sur l'exercice de l'action en extension de la procédure de redressement ou de liquidation judiciaire, V. note 36 ss. ancien art. L. 620-2. ♦ Sur la constitution de partie civile pour banqueroute, V. art. L. 626-16. ♦ Sur l'appel-nullité, V. note 24 ss. ancien art. L. 623-6.

3 ter. Le représentant des créanciers ne pouvant légalement agir que dans l'intérêt de tous les créanciers et non dans l'intérêt personnel d'un créancier ou d'un groupe de créanciers, il n'est pas recevable à exercer à l'encontre du loueur une action sur le fondement de l'art. 8 de la loi du 20 mars 1956 devenu l'art. L. 144-7 C. com., instituée dans le seul intérêt des créanciers disposant d'une créance nécessaire à l'exploitation du fonds de commerce. • Com. 9 nov.

2004 : *Bull. civ. IV, n° 193 ; D. 2004. AJ. 3069, obs. Lienhard ; D. 2005. Pan. 296, obs. Le Corre ; Act. proc. coll. 2004, n° 245, obs. Regnaut-Moutier ; Petites affiches 13 avr. 2005, p. 4, note F.-X. Lucas ; Dr. et patr. avr. 2005. 115, obs. Monsèrié-Bon ; Defrénois 2005. 993, obs. Gibirila. – Contra*, auparavant : • Com. 8 juill. 2003 : *Petites affiches 18 févr. 2004, p. 9, note F.-X. Lucas.*

4. Est irrecevable la tierce opposition à un jugement arrêtant un plan de cession totale d'une entreprise en liquidation judiciaire, formée par un créancier, dès lors que les critiques formulées à l'encontre du jugement se bornent à invoquer l'atteinte portée, en violation des dispositions légales, à l'intérêt collectif des créanciers dont le représentant des créanciers, partie au jugement frappé de tierce opposition, a seul la charge. • Com. 9 juill. 1996 : *D. 1996. IR. 188 ; D. Affaires 1996. 1008.* ♦ Dans le même sens, pour une tierce opposition à un jugement prononcant la liquidation judiciaire, V. • Com. 18 janv. 2000 : *Rev. proc. coll. 2000. 222, obs. Soinne.*

En revanche, le représentant des créanciers ne pouvant agir que dans l'intérêt collectif des créanciers, le créancier qui invoque un droit qui lui est propre ne peut être représenté par lui et est ainsi recevable à former tierce opposition. • Com. 14 nov. 2000 : *RJDA 2001, n° 183.* ♦ Ainsi, le créancier nanti sur fonds de commerce, qui dispose d'un droit propre pour s'opposer à la résiliation du bail en invoquant l'inobservation des formalités prévues par l'art. 14 de la loi du 17 mars 1909, devenu l'art. L. 143-2 C. com., est recevable en sa tierce opposition à l'ordonnance constatant la résiliation du bail commercial : • Com. 19 mai 2004 : *Loyers et copr. 2004, n° 188, note Brault.* ♦ De même, il a été jugé que lorsque l'intérêt collectif des créanciers va à l'encontre de l'intérêt d'un seul, il ne peut être soutenu que le créancier contre lequel, en fait, une action en report de la date de cessation des paiements a été poursuivie, a été représenté par celui qui a agi à son encontre, et que la tierce opposition de ce créancier est donc recevable. • Rouen, 29 août 1990 : *Gaz. Pal. 1991. 1. 317, note Marchi.*

5. En application de l'art. 46, devenu l'art. L. 621-39 C. com., le droit conféré aux créanciers par l'art. 1167 C. civ. (action paulienne) peut également être exercé, en leur nom et dans leur intérêt collectif, par le représentant des créanciers. • Com. 13 nov. 2001 : *cité note 8 ss. ancien art. L. 621-68.* – V. aussi • Grenoble, 12 oct. 2000 : *JCP E 2001, n° 17, p. 686.* ♦ Le droit exclusif que l'art. 46 [C. com., art. L. 621-39] confère au représentant des créanciers pour agir au nom et dans l'intérêt de ceux-ci ne fait pas obstacle à ce qu'un créancier exerce l'action de l'art. 1167 C. civ. contre tous les actes faits en fraude de ses droits par le débiteur. • Com. 8 oct. 1996 : *Bull. civ. IV, n° 227 ; D. 1997. 87, note Derrida ; D. Affaires 1996. 1294. Rev. dr. bancaire 1996. 245, obs. Campana et Calendini ; JCP E 1997. II. 914, note Guyon.* (V. l'arrêt d'appel : • Versailles, 28 janv. 1993 : *D. 1993. IR. 95).* ♦ Le représentant des créanciers ne peut avoir plus de droits que les créanciers eux-mêmes. • Com. 30 nov. 1993 : *Bull. civ. IV, n° 438 ; D. 1994. 175, note Derrida et Sortais ; JCP 1994. IV. 359 ; Rev. huiss. 1995. 457, note Vidal.* ♦ Ainsi, lorsque les seuls créanciers invoqués, qui avaient introduit une instance en annulation d'une donation faite frauduleusement à leur égard, ont renoncé à leur droit d'agir par un désistement accepté, leur représentant, intervenant volontaire, ne peut prétendre exercer l'action paulienne en leur lieu et place. • Même arrêt. ♦ Sur l'action paulienne, V. Courtier, *Petites affiches 3 mars 1995, p. 9 ;* Pizzio-Delaporte, *RTD com. 1995. 715.* ♦ Sur les effets de l'action, V. note 3 *bis* ss. ancien art. L. 621-110.

Nonobstant l'art. 46, al. 1er [C. com., art. L. 621-39], un des créanciers peut agir par la voie oblique (art. 1166 C. civ.) s'il justifie d'un intérêt personnel à ce que les créances pour lesquelles il agit réintègrent le patrimoine de son débiteur. • Paris, 13 mars 1998 : *D. Affaires 1998. 673, obs. A. L. ; JCP E 1999, n° 14, p. 621, note Dubœuf-Hild.* ♦ Si ce créancier est titulaire de créances visées à l'art. 40 [C. com., art. L. 621-32], et qu'il entend obtenir paiement des sommes, réintégrées par la voie oblique dans le patrimoine de son débiteur, il doit appeler à la cause ce débiteur, sur la créance duquel il prétend se payer par l'action oblique exercée contre le sous-débiteur. • Même arrêt. ♦ Sur l'irrecevabilité de l'action oblique en cas de liquidation judiciaire, V. note 14 *bis* ss. ancien art. L. 622-9.

5 bis. Viole l'art. 46 [C. com., art. L. 621-39], l'arrêt qui condamne le débiteur, l'administrateur judiciaire ès qualités et aussi le représentant des créanciers ès qualités à payer au bailleur les loyers échus au créancier, alors que le représentant des créanciers, qui a pour mission de défendre l'intérêt collectif des créanciers, ne peut, en cette qualité, être condamné au paiement d'une telle somme. • Com. 31 mai 1994 : *Bull. civ. IV, n° 198 ; D. 1994. IR. 180.*

5 ter. Compétence territoriale. Le tribunal de commerce saisi est territorialement compétent pour connaître de l'action en responsabilité délictuelle dirigée contre une banque, dès lors que ce tribunal est celui qui a ouvert le redressement judiciaire de sociétés et que c'est dans son ressort que le dommage invoqué, consistant en l'ouverture même de la procédure collective de ces sociétés à la suite de la rupture des concours de la banque, a été subi par la collectivité des créanciers au nom et dans l'intérêt de laquelle l'action a été engagée par le représentant des créanciers. • Com. 3 juin 1997 : *Bull. civ. IV, n° 161 ; D. 1997. 517, note Derrida ; D. Affaires 1997. 834 ; Rev. proc. coll. 1998. 115, obs. Martin-Serf.*

5 quater. Étendue de la réparation pour crédits abusifs. La banque, responsable du préjudice collectif subi par les créanciers de la société en liquidation, est tenue de le réparer en totalité sauf son recours contre le créancier à qui elle impute une part de responsabilité dans la survenance de ce préjudice. • Com. 5 mars 1996 : *Bull. civ. IV, n° 70 ; D. 1996. IR. 105 ; D. Affaires 1996. 525.*

5 quinquies. Sort des sommes recouvrées. Les sommes recouvrées par le représentant des créanciers à la suite des actions qu'il engage entrent dans le patrimoine du débiteur pour être affectées, en cas de continuation de l'entreprise, selon les modalités prévues pour l'apurement du passif et pour être réparties en cas de cession de l'entreprise ou de liquidation, entre tous les créanciers, au marc le franc. • Com. 28 mars 1995 : *Bull. civ. IV, n° 105 ; D. 1995. 410, note Derrida ; Rev. dr. bancaire 1995. 118, obs. Campana et Calendini ; RTD com. 1996. 127, obs. Martin-Serf.* ♦ Ces règles faisant obstacle à ce que la compensation ait lieu entre la dette mise à la charge du créancier à la suite de l'action engagée par le représentant des créanciers du débiteur et la dette de ce dernier envers le créancier, un arrêt retient à bon droit la responsabilité du créancier et le condamne à ce titre au paiement d'une indemnité au représentant des créanciers, et condamne solidairement les cautions du débiteur, en cette qualité, à payer au créancier le reliquat de sa créance sur le débiteur, après distribution de la créance d'indemnité aux créanciers. • Même arrêt. – Dans le même sens, V. • Com. 6 mai 1997 : *Bull. civ. IV, n° 119 ; D. Affaires 1997. 865 ; Rev. proc. coll. 1997. 491, obs. Martin-Serf.*

6. Plan d'apurement du passif. Sur l'absence d'intérêt du représentant des créanciers à agir en nullité de la vente d'un bien du débiteur conclue après l'ouverture du redressement judiciaire, alors qu'il a été mis fin à cette procédure par un plan d'apurement du passif, V. • Com. 29 oct. 1991 : *Bull. civ. IV, n° 320.*

7. Fin des fonctions. V. art. L. 621-67, al. 2.

8. Liquidation judiciaire. Le monopole de représentation de l'intérêt collectif des créanciers, que le législateur a entendu conférer au représentant des créanciers, est transmis au liquidateur lors du jugement de liquidation judiciaire ; il appartient, par conséquent, à ce dernier, et conformément au chapitre 1er du titre 3 de la loi [section 1re du chapitre 2 du titre 2 du livre 6 du code de commerce], d'exercer les actions qui relèvent de la compétence du représentant des créanciers ; un créancier ne peut se substituer à lui. • T. com. Chambéry, 5 oct. 1987 : *Gaz. Pal. 1988. 1. Somm. 96* • Chambéry, 16 avr. 1992 : *BICC 1992, n° 1892.*

Un représentant des créanciers devenu liquidateur ne peut plus être assigné comme représentant des créanciers, sous peine d'irrecevabilité de la demande (à propos d'une action en revendication, intentée sous l'empire des textes antérieurs à la réforme de 1994). • Com. 7 juill. 1998 : *Act. proc. coll. 1998, n° 127.*

En ce sens qu'un actionnaire de la société en liquidation judiciaire ne peut opposer au liquidateur qui agit au nom et dans l'intérêt des créanciers l'exception de compensation entre une créance dont il est titulaire et sa dette résultant de la fraction de capital non libérée, V. • Paris, 30 sept. 1991 : *Bull. Joly 1991. 1021, note Pétel.*

V. aussi notes 2 et 3 ss. ancien art. L. 622-5.

9. Intérêt distinct et préjudice individuel. A subi un préjudice individuel fondé sur un intérêt distinct de celui des autres créanciers, l'entreprise qui a procédé à des travaux dans les locaux sinistrés par un incendie d'une société depuis en redressement judiciaire, dès lors que l'assureur de celle-ci, en ne remettant pas l'indemnité destinée en priorité au paiement de ces ouvrages, à la bénéficiaire de l'assurance ou à un mandataire dûment habilité, et le gestionnaire de la police, en détournant le montant de ce dédommagement par son affectation à un autre usage, ont privé la société en cause des fonds nécessaires pour régler l'entreprise avant l'ouverture du redressement judiciaire et ont fait perdre à cette créancière toute chance d'être intégralement désintéressée. • Com. 11 oct. 1994 : *Bull. civ. IV, n° 281 ; Rev. huiss. 1995. 335, note Courtier ; JCP 1994. IV. 2491.* ♦ En revanche, doivent être déclarées irrecevables les actions individuelles en indemnisation engagées par des créanciers au titre de préjudices tenant à des pertes de rémunération, de valeur de leurs parts sociales ou actions, ainsi que des fonds de commerce et autres biens mis à la disposition des sociétés débitrices, dès lors que les préjudices énoncés sont subis indistinctement et collectivement par tous les créanciers ayant déclaré leurs créances. • Com. 14 déc. 1999 : *Bull. civ. IV, n° 230 ; D. 2000. AJ. 90, obs. Faddoul ; Rev. proc. coll. 2000. 222, obs. Soinne ; ibid. 2002. 119, obs. Martin-Serf.* ♦ V. déjà, sous l'empire de la loi de 1967, en ce sens qu'aucun créancier n'est recevable à agir lui-même contre un tiers pour demander réparation du préjudice constitué par l'immobilisation de sa créance et notamment par la perte des intérêts : • Cass., Ass. plén., 9 juill. 1993 : *Bull. civ. n° 13 ; BICC 15 sept. 1993, concl. Jéol ; D. 1993. 469, concl. Jéol, note Derrida* ; *JCP 1993. II. 22122, concl. Jéol, note Pollaud-Dulian ; Dr. sociétés 1994, n° 26, obs. Chaput* • Com. 25 nov. 1986 : *D. 1987. Somm. 279, obs. Vasseur ; RTD com. 1987. 230, obs. Cabrillac et Teyssié.* (même affaire). – *Contra*, sur renvoi : • Toulouse, 26 juin 1989 : *D. 1989. 530, note Derrida ; RTD com. 1990. 71, obs. Cabrillac et Teyssié*. ♦ V. aussi : • Com. 19 déc. 1995 : *Bull. civ. IV, n° 309 ; D. 1996. IR. 48* • 27 févr. 1996 : *RJDA 1996, n° 688* • 23 mai 2000 : *Act. proc. coll. 2000, n° 172* • 4 juill. 2000 : *BRDA 2000, n° 18, p. 8* • Paris, 20 juin 2000 : *D. 2000. AJ. 382, obs. Pisoni*.

V. également note 2 ss. ancien art. L. 622-5.

10. Le principe de l'égalité des créanciers ne s'oppose pas à leur action individuelle contre les complices du banqueroutier qui ne font pas eux-mêmes l'objet d'une procédure collective et dont le patrimoine n'est pas en conséquence le gage de l'ensemble des créanciers. • Crim. 11 oct. 1993 : *Bull. crim. n° 283 ; D. 1994. IR. 18 ; Rev. sociétés 1994. 303, note Bouloc*.

11. Constitue un préjudice subi personnellement par une banque celui résultant du non-respect par un tiers d'une promesse d'apporter les fonds nécessaires au redressement financier d'une entreprise, dès lors que cette promesse, faite personnellement à la banque, l'a conduite à accorder des crédits supplémentaires à l'entreprise mise par la suite en redressement judiciaire. • Versailles, 9 mai 1996 : *RJDA 1996, n° 1392.* ♦ De même, un créancier peut être admis à poursuivre contre le commissaire aux comptes de la société en redressement judiciaire la réparation d'un préjudice personnel, distinct de celui des autres créanciers, qui découlerait d'une faute commise dans l'exercice de sa mission. • T. com. Paris, 20 févr. 1995 : *Gaz. Pal. 1996. 1. Somm. 53.* ♦ V. aussi, pour une action en responsabilité de l'administrateur dont la faute a causé à un vendeur sous réserve de propriété un préjudice particulier et distinct de celui des autres créanciers, • Paris, 20 sept. 1996 : *JCP E 1996. Pan. 1147.*

11 bis. Le créancier nanti justifie d'un intérêt personnel et distinct quant à la détermination de l'assiette de son droit de préférence. Ce créancier peut donc valablement contester l'ordonnance du juge-commissaire autorisant la vente du fonds de commerce de gré à gré, à un prix selon lui insuffisant, dès lors que cette décision affecte la valeur de son gage. • TGI Thionville, 27 avr. 1995 : *Rev. proc. coll. 1998. 158, obs. Soinne.*

12. Lorsque le créancier agit pour la défense de ses intérêts particuliers, aucun texte n'exige qu'il sollicite l'intervention du représentant des créanciers. • Paris, 8 déc. 1995 : *Rev. proc. coll. 1998. 158, obs. Soinne.*

12 bis. Action des créanciers d'une société civile. Les associés d'une société civile demeurent tenus personnellement à l'égard des créanciers sociaux même en cas de procédure collective de cette société ; dès lors, ni le représentant des créanciers [mandataire judiciaire] de la société, ni, en cas de liquidation judiciaire, le liquidateur n'ont qualité pour exercer l'action ouverte par l'art. 1857 à chacun des créanciers contre les associés. • Com. 24 janv. 2006 : *D. 2006. AJ. 445, obs. Lienhard* ; *JCP E 2006, n°s 14-15, p. 672, obs. Cabrillac et Pétel ; Act. proc. coll. 2006, n° 40, obs. Regnaut-Moutier ; Petites affiches 28 avr. 2006, p. 14, note Gibirila ; Bull. Joly 2006. 588, note Daigre ; Dr. sociétés 2006, n° 73, note F.-X. Lucas.* – V. aussi F.-X. Lucas, *Dr. sociétés 2006. Étude 10.* ♦ V. déjà, sous l'empire de la loi de 1967, • Com. 12 janv. 1988 : *D. 1989. Somm. 338, obs. Honorat ; Rev. sociétés 1988. 269, note Bouloc.*

12 ter. Responsabilité personnelle du dirigeant à l'égard des créanciers. La recevabilité d'une action en responsabilité personnelle engagée par un créancier à l'encontre du dirigeant d'une société mise en procédure collective, pour des faits antérieurs au jugement d'ouverture, est subordonnée à l'allégation d'un préjudice personnel distinct de celui des autres créanciers résultant d'une faute du dirigeant séparable de ses fonctions. • Com. 7 mars 2006 : *D. 2006. AJ. 857, obs. Lienhard* ; *Act. proc. coll. 2006, n° 102, obs. Vallansan.* ♦ Tel n'est pas le cas lorsque le créancier sollicite le paiement du montant non recouvré de sa créance en réparation de la privation de la possibilité d'exercer son action en revendication des marchandises vendues sous réserve de propriété. • Même arrêt.

13. Responsabilité civile du représentant des créanciers. Le représentant des créanciers agit au nom et dans l'intérêt des créanciers, avec l'assistance d'un contrôleur lorsqu'il en est désigné un ; dès lors, il commet une faute dont il doit réparation en n'engageant pas contre le dirigeant social, comme le lui demandait le contrôleur, une action à l'égard du dirigeant contre lequel, par la suite, ont été prononcé des condamnations judiciaires notamment pour présentation de bilan inexact. • Paris, 3 févr. 1998 : *D. 1998. IR. 78 ; D. Affaires 1998. 478 ; Rev. proc. coll. 2000. 83, obs. Soinne.*

14. Le représentant des créanciers ne peut se voir déclaré responsable pour des actes de la compétence de l'administrateur, même en régime simplifié. • Toulouse, 7 mai 1998 : *Act.*

proc. coll. 1998, n° 103. ♦ V. aussi note 35 *bis* ss. ancien art. L. 621-46, note 3 *bis* ss. ancien art. L. 621-62 C. com., note 4 ss. ancien art. L. 621-103 C. com. et note 2 *bis* ss. ancien art. 66 du 1er décret du 27 déc. 1985, *infra,* App., v° *Difficultés des entreprises.*

Sous-§ 2 DE L'ARRÊT DES POURSUITES INDIVIDUELLES

Ancien art. L. 621-40 *I. — Le jugement d'ouverture suspend ou interdit toute action en justice de la part de tous les créanciers dont la créance a son origine antérieurement audit jugement et tendant :*

1° A la condamnation du débiteur au paiement d'une somme d'argent ;

2° A la résolution d'un contrat pour défaut de paiement d'une somme d'argent.

II. — Il arrête ou interdit également toute voie d'exécution de la part de ces créanciers tant sur les meubles que sur les immeubles. — V. ancien art. L. 622-16, al. 2.

III. — Les délais impartis à peine de déchéance ou de résolution des droits sont en conséquence suspendus. — [L. n° 85-98 du 25 janv. 1985, art. 47].

BIBL. ▸ VALLENS, *RTD com. 1991. 529.* – ALIX, *Gaz. Pal. 1996. 1. Doctr. 412.* – F. AUBERT, *Dr. et patr. févr. 1998. 46.* – POLLAUD-DULIAN, *JCP 1998. I. 138* (principe d'égalité). – GARÇON, *JCP N 1998, n° 26, p. 998* (la détention d'un prix de vente en présence de voies d'exécution mobilières diligentées à l'encontre du vendeur objet d'une procédure collective). – MACORIG-VENIER, *Petites affiches 6 sept. 2000, p. 21* (rupture des contrats).

I. GÉNÉRALITÉS

1. Ordre public. Les dispositions de l'art. 47 [C. com., art. L. 621-40] sont d'ordre public. • Bordeaux, 9 juill. 1987 : *Gaz. Pal. 1987. 2. 535, note Brault* • TGI Fontainebleau, 8 avr. 1987 : *D. 1988. Somm. 145, obs. Honorat* • Com. 6 déc. 1994 : *Quot. jur. 12 janv. 1995, p. 4.*

1 bis. Ordre public international. En ce sens qu'une organisation internationale, bénéficiant de privilèges et immunités, est soumise au principe de la suspension des poursuites individuelles, règle d'ordre public international, V. • Civ. 1re, 19 déc. 1995 : *D. Affaires 1996. 241.*

2. Application à la liquidation judiciaire. L'art. 47 [C. com., art. L. 621-40], bien qu'inséré dans le titre I de la loi, s'applique, non seulement aux entreprises en redressement judiciaire, mais également à celles qui sont en liquidation judiciaire. • Paris, 14 janv. 1988 : *D. 1989. Somm. 9, obs. Derrida* • 30 nov. 1988 : *D. 1989. IR. 23.* ♦ La suspension ou l'interdiction des actions en justice visées à l'art. 47 [C. com., art. L. 621-40], qui prend effet dès le jugement d'ouverture, étant maintenue durant toute la durée de la procédure collective, l'exercice individuel des actions énumérées par ce texte demeure impossible durant la liquidation judiciaire du débiteur. • Com. 19 déc. 1995 : *Bull. civ. IV, n° 305 ; D. 1996. 145, note Campana ; D. 1996. Somm. 390, obs. S. Piedelièvre ; JCP E 1996. I. 554, n° 21, obs. Cabrillac ; Defrénois 1996. 937, obs. Sénéchal ; RTD com. 1996. 533, obs. Martin-Serf ; Rev. proc. coll. 1997. 51, obs. Macorig-Venier.* ♦ Jurisprudence confirmée par art. L. 622-3, issu de la loi n° 94-475 du 10 juin 1994. ♦ V. aussi note *1 bis* ss. ancien art. L. 622-13.

2 bis. Plan de redressement. V. ancien art. L. 621-95, al. 3, et note 6 ss. cet art. ; note 3 ss. art. L. 621-129.

3. Nécessité d'un jugement d'ouverture. La suspension de l'action en justice des créanciers visée à l'art. 47 [C. com., art. L. 621-40] procède de la seule autorité du jugement d'ouverture de la procédure de redressement judiciaire. • Com. 27 avr. 1993 : *Bull. civ. IV, n° 147.*

4. Existence d'une procédure antérieure. L'art. 47 [C. com., art. L. 621-40], qui ne fait aucune distinction selon qu'il existe ou non une procédure antérieure, interdit toute voie d'exécution en vue du recouvrement des créances antérieures à cette nouvelle procédure collective (s'agissant de l'inexécution d'un plan de continuation ayant entraîné sa résolution et l'ouverture d'une nouvelle procédure). • Com. 10 oct. 1995 : *Dr. sociétés 1995, n° 241, obs. Chaput ; Rev. proc. coll. 1996. 88, obs. Soinne.* ♦ V. aussi note 5 ss. ancien art. L. 621-82.

4 bis. Invocation devant la Cour de cassation. Faute d'avoir informé la cour d'appel, par des conclusions antérieures à l'ordonnance de clôture, de sa mise en redressement judiciaire postérieurement à la naissance de la créance invoquée contre lui, le débiteur est irrecevable à présenter pour la première fois devant la Cour de cassation le moyen tiré du principe de la suspension des poursuites. • Com. 22 oct. 1996 : *Bull. civ. IV, n° 244.*

4 ter. Faillite internationale. Une cour d'appel ne peut, pour déclarer inopposable au liquidateur la saisie conservatoire pratiquée le lendemain d'un jugement ouvrant une faillite en Allemagne, se borner à énoncer que ce jugement, déclaré exécutoire en France, interdisait dès son prononcé, à tous les créanciers, même en France, de pratiquer des saisies ou de prendre des mesures conservatoires, sans préciser la disposition de la loi étrangère à laquelle elle s'est référée implicitement. • Civ. 1re, 22 févr. 2000 : *JCP 2000. Actualité. 456 ; Rev. crit. DIP 2000. 778, obs. Ancel et Muir Watt.* ♦ V. aussi • Metz, 25 juin 2003 : *RTD com. 2003. 824, obs. Vallens*.

4 quater. Délais de prescription. Le délai de prescription qui court contre un débiteur n'est pas suspendu par sa mise en redressement ou liquidation judiciaires. • Com. 20 sept. 2005 : *Bull. civ. IV, n° 178 ; D. 2005. AJ. 2445, obs. Lienhard ; JCP E 2006, n° 2, p. 71, obs. Cabrillac ; Bull. Joly 2006. 202, note F.-X. Lucas ; Gaz. Pal. 10-11 févr. 2006, p. 28, obs. Roussel Galle.*

II. NATURE DES ACTIONS VISÉES

A. EXCLUSION DES ACTIONS CONTRE LES TIERS

5. Actions contre les dirigeants sociaux. L'action fondée sur l'art. 52 de la loi du 24 juill. 1966 [C. com., art. L. 223-22], exercée non contre la société mais contre le gérant à raison de ses fautes personnelles, ne se trouve pas soumise à la suspension des poursuites individuelles. • Paris, 8 mars 1991 : *D. 1991. IR. 134.* ♦ Comp. : note 4 ss. ancien art. L. 624-3. ♦ De même, les dispositions des art. 47 et 49 [C. com., art. L. 621-40 et L. 621-42], invoquées par un dirigeant social d'une société mise en liquidation judiciaire, ne sauraient faire obstacle à l'application de l'action engagée par le receveur principal sur le fondement de l'art. L. 267 LPF. • Versailles, 26 mars 1992 : *D. 1992. IR. 165* • Com. 21 juin 1994 : *RJDA 1994, n° 1208.*

6. Constitution de partie civile. Est recevable l'action engagée par le créancier d'une société en redressement judiciaire contre l'un des dirigeants de celle-ci, complice d'escroquerie, dès lors que cette action est dirigée contre une personne étrangère à la procédure collective et dont le patrimoine n'est pas le gage des créanciers. • Crim. 24 janv. 1994 : *RJDA 1994, n° 590* • 3 avr. 1995 : *Dr. sociétés 1996, n° 57, obs. Chaput* • 23 mai 1995 : *RJDA 1996, n° 67.* – Rappr. : • Crim. 26 févr. 1998 : *Rev. sociétés 1998. 604, note Bouloc* • 27 avr. 2000 : *RJDA 2000, n° 1013.* ♦ V., *infra*, note 14 *quater* et notes ss. ancien art. L. 626-16.

7. Actions contre les cautions (jurisprudence antérieure à la loi du 10 juin 1994). BIBL. Campana, *Gaz. Pal. 1986. 2. Doctr. 717.* – Liénard, *Rev. proc. coll. 1988. 121.* – Soinne, *ALD 1985. 99.* ♦ Avant la modification de l'art. 55 de la loi du 25 janv. 1985 [devenu C. com., art. L. 621-48] par la loi du 10 juin 1994, le redressement judiciaire du débiteur n'avait pas pour effet de suspendre les poursuites dirigées contre la caution solidaire. • Com. 16 févr. 1993 : *Bull. civ. IV, n° 58 ; D. 1993. Somm. 310, obs. Aynès* • Civ. 1re, 31 mars 1998 : *Bull. civ. I, n° 135 ; D. 1998. IR. 119 ; D. Affaires 1998. 805* • Com. 22 juin 1999 : *Bull. civ. IV, n° 134 ; D. 1999. IR. 194 ; Act. proc. coll. 1999, n° 173, obs. Regnaut-Moutier ; RTD com. 1999. 984, obs. Vallens ; Procédures 2000, n° 10, obs. Laporte ; Rev. proc. coll. 2000. 12, obs. Macorig-Venier* • Civ. 1re, 14 juin 2000 : *Bull. civ. I, n° 182 ; D. 2001. Somm. 696, obs. Aynès ; D. 2000. AJ. 318, obs. Lienhard ; Act. proc. coll. 2000, n° 165, obs. Regnaut-Moutier ; Dr. et patr. janv. 2001. 96, obs. Monsèrié-Bon ; Defrénois 2001. 368, obs. Sénéchal* • Versailles, 4 oct. 1990 : *Gaz. Pal. 1991. 1. Somm. 226.* ♦ La caution, condamnée « *in solidum* » avec le débiteur principal, n'avait pas qualité pour critiquer la condamnation prononcée à l'égard de ce dernier en tant que cette condamnation serait contraire à la règle de l'arrêt des poursuites individuelles, applicable au seul débiteur principal. • Com. 11 mai 1993 : *Bull. civ. IV, n° 180.* ♦ Comp., désormais : art. L. 621-48, al. 2, suspendant toute action contre les cautions personnelles personnes physiques jusqu'au jugement arrêtant le plan de redressement ou prononçant la liquidation.

8. Actions contre le conjoint. Le prêteur de deniers ne peut exercer des poursuites sur les biens communs, en sa qualité de créancier privilégié de l'épouse, en dehors des cas où les créanciers du mari peuvent eux-mêmes agir. • Com. 17 juin 1997 : *D. 1998. Somm. 107, obs. S. Piedelièvre ; D. Affaires 1997. 901 ; RTD civ. 1997. 709, obs. Bandrac et Crocq.* – V. Soinne, *Petites affiches 8 août 1997, p. 4.* ♦ V. déjà • Cass., Ass. plén., 23 déc. 1994 : *cité note 5 ss. ancien art. L. 622-9.* ♦ *Contra*, auparavant : • Com. 19 janv. 1993 : *Bull. civ. IV, n° 25 ; D. 1993. 331, note crit. Honorat et Patarin ; JCP 1993. II. 22056, note Pétel* • Civ. 2e, 24 mars 1993 : *Bull. civ. II, n° 128.* ♦ Dans le même sens, à propos de l'action en résolution de la vente d'un bien commun, V. • Com. 28 janv. 2004 : *Rev. proc. coll. 2005. 60, obs. Rubellin.*

9. Comp., estimant qu'une saisie-attribution des créances à exécution successive pratiquée à l'encontre de deux époux, communs en biens et codébiteurs solidaires, antérieurement à la mise en liquidation judiciaire de l'un d'eux sur les loyers d'un immeuble dépendant de la communauté poursuit ses effets sur les loyers échus après le jugement de liquidation : • Cass., avis, 16 déc. 1994 : *D. 1995. 166, note Derrida* ;

JCP 1995. II. 22409, note Grafmeyer ; JCP E 1995. II. 686, note R. Martin. – V. Soinne, *Petites affiches 1er nov. 1996, p. 4.* ♦ Comp. : note 6 ss. ancien art. L. 621-24.

9 bis. Bien qu'il ait déclaré sa créance à la procédure de l'époux en liquidation judiciaire, le créancier de l'époux *in bonis* ne peut exercer un droit de poursuite individuelle sur les biens communs qu'en démontrant qu'il est titulaire d'un privilège spécial, d'un nantissement ou d'une hypothèque. • Com. 2 févr. 1999 : *Act. proc. coll. 1999, n° 80, obs. Vallansan ; Rev. proc. coll. 2000. 11, obs. Macorig-Venier.* – V. Robinne, *Dr. et patr. avr. 2000. 38.*

9 ter. Actions contre l'ex-conjoint. L'interdiction des voies d'exécution à l'encontre de la personne en procédure collective est sans application à l'égard de l'ex-conjoint, maître de ses biens. • Com. 6 juill. 1999 : *Bull. civ. IV, n° 152 ; D. 2000. Somm. 395, obs. Piedelièvre ; D. Affaires 1999. 1217, obs. A. L. ; Act. proc. coll. 1999, n° 183, obs. Vallansan ; Procédures 1999, n° 251, obs. Laporte ; Defrénois 2000. 42, obs. Sénéchal ; Rev. proc. coll. 2001. 8, obs. Macorig-Venier ; RTD com. 2001. 230, obs. Martin-Serf.*

9 quater. Actions contre les héritiers. En ce sens que les héritiers bénéficient de l'arrêt des poursuites individuelles de la part des créanciers antérieurs à l'ouverture de la procédure collective de leur auteur, V. • Com. 4 janv. 2000 : *Bull. civ. IV, n° 4 ; Act. proc. coll. 2000, n° 21, obs. Regnaut-Moutier.*

10. Actions contre des associés. La suspension des instances ne fait pas obstacle à ce qu'un créancier poursuive à l'encontre d'associés d'un GAEC en redressement judiciaire le recouvrement de sa créance. • Com. 9 nov. 1993 : *Rev. huiss. 1993. 1442.*

11. Seuls peuvent se prévaloir du principe de l'arrêt des poursuites énoncé à l'art. 47, al. 1er [C. com., art. L. 621-40] les associés de société en nom collectif ayant fait l'objet d'une procédure personnelle de redressement judiciaire, les effets de la procédure de redressement judiciaire de la personne morale ne pouvant leur être étendus de plein droit. • Paris, 24 févr. 1995 : *Dr. sociétés 1995, n° 120, obs. Chaput.* ♦ V. art. L. 624-1.

11 bis. Pour l'application de la règle de l'arrêt des poursuites individuelles au créancier d'une EURL en liquidation judiciaire et l'absence d'action directe du créancier contre l'associé unique, V. • T. com. Paris, 6 janv. 1998 : *Gaz. Pal. 1999. 2. Somm. 617.*

11 ter. Un arrêt ne peut déclarer tenus solidairement les associés d'une société en participation du fait de malfaçons ou non-façons, alors que l'action dirigée contre l'associé en liquidation judiciaire est irrecevable. • Com. 14 mai 1996 : *Bull. civ. IV, n° 132 ; Dr. sociétés 1996, n° 168, obs. Chaput.*

11 quater. Indivision. Les créanciers de l'indivision préexistante à l'ouverture de la procédure collective de l'un des indivisaires, qui auraient pu agir sur les biens indivis avant qu'il y eût indivision, conservent leur droit de poursuivre la saisie de ces biens, malgré l'ouverture de cette procédure. • Civ. 1re, 13 déc. 2005 : *Bull. civ. I, n° 494 ; D. 2006. AJ. 302, obs. Lienhard.* ♦ Dès lors que l'hypothèque a été constituée par tous les coïndivisaires sur un bien dont le caractère indivis préexistait à l'ouverture de la procédure collective de l'un d'eux, le créancier hypothécaire, fût-il créancier de l'un seulement des coïndivisaires, peut poursuivre la saisie et la vente de ce bien avant le partage de l'indivision en application des dispositions de l'art. 2125 [2414] C. civ., l'interdiction des voies d'exécution à l'encontre de la personne en procédure collective étant sans effet à l'égard du coïndivisaire, maître de ses biens. • Com. 19 déc. 2000 : *Bull. civ. IV, n° 202 ; D. 2001. AJ. 379 ; Rev. proc. coll. 2001. 8, obs. Macorig-Venier ; Defrénois 2001. 943, obs. Théry.* – Dans le même sens : • Civ. 1re, 14 juin 2000 : *préc. note 7* • 28 juin 2005 : *RJDA 2005, n° 1294* • Toulouse, 1er déc. 1997 : *D. 1999. Somm. 243, obs. Revel.*

B. SUSPENSION ET INTERDICTION DES ACTIONS EN JUSTICE

1° ACTIONS EN PAIEMENT

12. Créances antérieures. Pour un exemple de créance postérieure au jugement d'ouverture, non soumise à l'arrêt des poursuites individuelles, V. • Com. 4 janv. 2005 : *Act. proc. coll. 2005, n° 39, obs. Regnaut-Moutier ; Gaz. Pal. 29-30 avr. 2005, p. 41, obs. Bonhomme* (demande de remboursement du paiement opéré, après le jugement d'ouverture, par le débiteur cédé d'une créance transmise par bordereau Dailly avant ledit jugement).

13. Référé-provision. L'art. 47 [C. com., art. L. 621-40] rend irrecevable une demande de provision devant la juridiction de référé. • Paris, 14 oct. 1987 : *D. 1988. Somm. 146, obs. Honorat ; Gaz. Pal. 1988. 1. 91.* ♦ V. aussi note 8 ss. ancien art. L. 621-41.

13 bis. Demande d'expertise. Ne tombe pas sous le coup de l'art. 47 [C. com., art. L. 621-40] la demande d'expertise visant à permettre à une société apporteuse de rapporter la preuve de manœuvres dolosives affectant le consentement qu'elle avait donné au traité d'apport (demande constituant le préalable à une action en annulation du traité d'apport conclu et exécuté antérieurement à l'ouverture de la procédure collective de la société bénéficiaire), dès lors qu'elle ne tend ni à la condamnation de la société bénéficiaire au paiement d'une somme d'argent ni à la résolution d'un contrat pour défaut de paiement d'une telle somme. • Com. 1er févr. 2000 : *RJDA 2000, n° 557 ; Rev. proc. coll. 2001. 246, obs. Macorig-Venier.* ♦ Comp., ayant jugé que la demande d'expertise, si elle n'a pas pour objet immédiat l'obtention d'une somme d'argent, en ce qu'elle vise à établir la responsabilité du débiteur dans les malfaçons alléguées, tend inévitablement à la condamnation du débiteur au paiement pour une cause antérieure à l'ouverture de la procédure collective, et se trouve donc soumise à la règle de l'arrêt des poursuites individuelles instituée par l'art. 47 [C. com., art. L. 621-40]. • Paris, 27 mai 1998 : *Act. proc. coll. 1998, n° 120.*

13 ter. Dommages-intérêts. Pour des exemples de demande en paiement de dommages-intérêts suspendue en vertu de l'art. 47 [C. com., art. L. 621-40], V. • Com. 12 févr. 1991 : *Bull. civ. IV, n° 67* • 26 oct. 1999 : *RJDA 1999, n° 1351* • Crim. 29 avr. 1996 : *Bull. crim. n° 173* (condamnation du paiement de droits fraudés au détriment du Trésor public).

S'agissant de l'action en comblement du passif engagée à l'encontre d'un dirigeant soumis à une procédure collective, V. note ss. ancien art. 165 du 1er décret du 27 déc. 1985, *infra*, App., v° *Difficultés des entreprises.*

14. Action pour troubles du voisinage. En ce sens que le débiteur en redressement judiciaire peut être condamné à verser des dommages-intérêts aux demandeurs invoquant des troubles du voisinage, même lorsque ces troubles ont pris naissance avant le jugement d'ouverture, dès lors qu'il n'est pas allégué que des mesures ont été prises depuis l'ouverture de la procédure collective pour diminuer les nuisances, V. • Civ. 2e, 20 janv. 2000 : *Act. proc. coll. 2000, n° 63.* – Comp. : • Versailles, 9 janv. 1998 : *Gaz. Pal. 1999. 1. Somm. 38.*

14 bis. Cautionnement pénal. Si l'ouverture d'une procédure collective à l'encontre d'une personne mise en examen ne fait pas obstacle à l'application des art. 137 et 138-11° C. pr. pén., le cautionnement au versement duquel a été obligé un débiteur placé sous contrôle judiciaire par le juge d'instruction doit, après condamnation définitive, être versé, par application des art. 33, 47 et 48 de la loi du 25 janv. 1985 [C. com., art. L. 621-24, L. 621-40 et L. 621-41], entre les mains de l'administrateur ou du liquidateur judiciaire. • Crim. 29 avr. 1996 : *Bull. crim. n° 171 ; D. Affaires 1996. 1006.* ♦ V. aussi note 22 ss. ancien art. L. 622-9.

14 ter. Frais non recouvrables. Les sommes allouées à la partie civile au titre de l'art. 475-1 C. pr. pén. ne sont pas des dommages-intérêts et ne sont donc pas soumises aux dispositions des art. 47 et 50 de la loi de 1985 [C. com., art. L. 621-40 et L. 621-43]. • Crim. 15 janv. 1998 : *Bull. crim. n° 20* • 24 févr. 1999 : *Bull. crim. n° 62 ; D. Affaires 1999. 764, obs. P. P. ; Rev. proc. coll. 2000. 15, obs. Macorig-Venier.*

14 quater. Constitution de partie civile. En cas de redressement ou de liquidation judiciaire de la personne poursuivie, la constitution de partie civile demeure recevable en ce qu'elle tend seulement à ce que soit fixé le montant du préjudice découlant des infractions poursuivies pour lequel le créancier doit déclarer. • Crim. 31 janv. 1996 : *D. Affaires 1996. 558.* – V. aussi • Crim. 20 mars 2001 : *Act. proc. coll. 2001, n° 121.*

14 quinquies. Pénalités fiscales. En matière de contributions indirectes, la mise en redressement judiciaire de la personne poursuivie ne fait pas obstacle à ce qu'elle puisse être condamnée, à la suite de poursuites de l'Administration, aux amende, pénalité proportionnelle et confiscation prévues par l'art. 1791 CGI. • Crim. 28 avr. 1997 : *D. Affaires 1997. 1008 ; Rev. proc. coll. 2000. 16, obs. Macorig-Venier.* ♦ Les amendes et les pénalités fiscales prévues par l'art. 1791, qui ont le double caractère d'une peine et d'une réparation civile, ne sont pas soumises aux dispositions des art. 47 et 48 de la loi du 25 janv. 1985 [C. com., art. L. 621-40 et L. 621-41]. • Même arrêt.

V. aussi, pour des sanctions douanières, note 8 *septies* ss. ancien art. L. 621-43.

14 sexies. Solidarité fiscale et contrainte par corps. La mise en liquidation judiciaire d'un prévenu ne s'oppose ni au prononcé de la solidarité prévue par l'art. 1745 CGI, mesure à caractère pénal, qui est sans incidence sur la détermination des droits dus et sur l'obligation pour l'Administration de déclarer sa créance, ni au prononcé de la contrainte par corps, cette mesure étant suspendue jusqu'à la clôture de la procédure collective. • Crim. 10 nov. 1999 : *Dr. sociétés 2000, n° 91, obs. Chaput.*

14 septies. Action en recouvrement de l'impôt. En ce sens que l'ouverture d'une procédure collective à l'encontre du redevable principal de l'impôt suspend le cours de la prescription de l'action en recouvrement et que cette action, non prescrite à l'égard du débiteur, ne l'est pas davantage à l'égard de la caution solidaire de la dette fiscale, V. • Com. 12 oct. 1999 : *JCP E 2000, n° 41, p. 1626, note D. F.*

15. Astreinte. L'action en liquidation d'une astreinte prononcée par une décision antérieure au jugement d'ouverture de la procédure de redressement judiciaire qui a suivi la résolution du plan de continuation et en condamnation au paiement de l'astreinte liquidée est soumise à la suspension des poursuites individuelles sans distinguer selon la période, antérieure ou postérieure à ce jugement, pendant laquelle l'astreinte a couru. • Com. 21 janv. 2003 : *Bull. civ. IV, n° 10 ; D. 2003. AJ. 421, obs. Lienhard ; Act. proc. coll. 2003, n° 55, obs. Voinot ; JCP E 2003, n° 20, p. 855, obs. Cabrillac ; RTD com. 2003. 371, obs. Martin-Serf ; Rev. proc. coll. 2003. 145, obs. Saint-Alary-Houin ; ibid. 2004. 229, obs. Macorig-Venier.* – Dans le même sens, V. • Civ. 2e, 11 mai 2006 : *D. 2006. AJ. 1530, obs. Lienhard.* ♦ La fixation d'une astreinte définitive pour contraindre à l'exécution d'une obligation de faire née antérieurement au jugement d'ouverture de la procédure collective du débiteur entraîne pour celui-ci le paiement d'une somme d'argent. • Même arrêt. ♦ Jugé, en revanche, que l'ouverture du redressement judiciaire n'interdit pas à un conseil de prud'hommes d'ordonner au liquidateur judiciaire de l'employeur de remettre à un salarié une attestation destinée aux Assedic, sous astreinte provisoire, la demande du travailleur et l'astreinte ne tendant pas au paiement. • Soc. 17 oct. 1989 : *Bull. civ. V, n° 594* • 12 juin 1991 : *Rev. proc. coll. 1992. 107, obs. Dureuil.* ♦ Dans le même sens : pour des documents à remettre à un organisme de sécurité sociale : • Com. 12 juill. 1994 : *Bull. civ. IV, n° 261 ; D. 1994. IR. 253.* ♦ ... Pour la délivrance de lots gagnés par tirage au sort : • Com. 28 mars 1995 : *Bull. civ. IV, n° 103 ; D. 1995. IR. 107 ; RTD com. 1996. 338, obs. Martin-Serf.* ♦ La résistance du débiteur à une telle condamnation fait naître à sa charge une dette de procédure relevant de l'art. 40. • Dijon, 18 avr. 1991 : *JCP E 1992. I. 138, n° 23, obs. Pétel.*

16. Action en restitution d'une somme séquestrée. Dès lors que le séquestre conventionnel ou judiciaire fait obstacle à ce que la somme d'argent déposée soit transférée dans le patrimoine du créancier de cette somme, un juge peut ordonner, après l'annulation d'une vente dont une partie du prix a été séquestrée, la restitution de cette somme à l'acquéreur. • Com. 20 juin 1995 : *Bull. civ. IV, n° 186 ; D. 1995. IR. 214 ; JCP E 1995. I. 513, n° 3, obs. Pétel ; Rev. dr. bancaire 1996. 61, obs. Campana et Calendini ; Defrénois 1996. 655, obs. J. Honorat.* – Rappr. : • Com. 25 févr. 2004 : *Petites affiches 12 avr. 2005, p. 10, note M. Sénéchal.* ♦ V. aussi note 43, *infra*, note 17 *ter* ss. ancien art. L. 621-24 et note 12 ss. ancien art. L. 621-43. ♦ Comp. : note 4 ss. ancien art. L. 621-24.

16 bis. Autres actions en exécution d'une obligation de faire. L'action exercée en vue de contraindre une personne mise en redressement judiciaire à exécuter l'obligation, qu'elle avait antérieurement contractée, de se substituer à une caution tend, sous couvert de l'exécution d'une obligation de faire, à obtenir la souscription par le débiteur en redressement judiciaire d'un engagement de payer une somme d'argent, et se trouve donc soumise à la règle de l'arrêt des poursuites individuelles. • Com. 6 juin 1995 : *Bull. civ. IV, n° 166 ; D. 1995. IR. 170 ; JCP E 1995. I. 513, n° 16, obs. Pétel ; RTD com. 1996. 336, obs. crit. Martin-Serf.*

De même, l'obligation de remise en état inhérente à la résolution du contrat ne saurait s'analyser en une prestation en nature de démolition et retrait des ouvrages édifiés ne tombant pas sous le coup de l'art. 47 [C. com., art. L. 621-40], alors que, sous couvert de la condamnation de la société à procéder à la démolition et à l'enlèvement d'une construction, la demande ne tend qu'au paiement d'une somme d'argent pour une cause antérieure à l'ouverture de la procédure collective. • Com. 9 juill. 1996 : *Bull. civ. IV, n° 210 ; D. 1996. IR. 203 ; D. 1997. IR. 168 ; D. Affaires 1996. 1037 ; JCP E 1997. I. 623, n° 2, obs. Cabrillac.* ♦ Même solution pour la condamnation à réaliser un mur : • Com. 17 juin 1997 : *Bull. civ. IV, n° 192 ; D. 1997. IR. 168 ; D. 1997. Somm. 311, obs. Honorat ; D. Affaires 1997. 902 ; Quot. jur. 24 juill. 1997, p. 3, note P. M. ; RTD com. 1997. 684, obs. Martin-Serf ; Rev. proc. coll. 1998. 282, obs. Macorig-Venier.* ♦ ... Pour la condamnation à reconstruire un ouvrage démoli, V. • Com. 17 oct. 2000 : *Rev. proc. coll. 2001. 246, obs. Macorig-Venier.* ♦ ... Pour la mise en œuvre de la garantie d'achèvement d'une maison, V. • Com. 8 janv. 2002 : *Rev. proc. coll. 2002. 268, obs. Staes.* ♦ ... Pour la condamnation à exécuter une obligation de nettoiement des lieux : • Paris, 4 déc. 1998 : *Rev. proc. coll. 2000. 13, obs. Macorig-Venier.* ♦ ... Pour la condamnation à remplacer un moteur pour défaut de conformité : • Com. 23 janv. 2001 : *Dr. sociétés 2001, n° 62, obs. Chaput ; Rev. proc. coll. 2001. 247, obs. Macorig-Venier ; RTD com. 2002. 540, obs. Martin-Serf.* – V. Viala, *Rev. proc. coll. 2002. 43.* ♦ ... Pour l'action en fixation d'une astreinte, V. note 15. ♦ V. aussi, sur l'obligation de déclarer la créance résultant de l'inexécution d'une obligation de faire du débiteur, • Com. 12 nov. 1996 : *RJDA 1997, n° 267.* ♦ *Contra*, accueillant des actions tendant à l'exécution d'une obligation de faire : • Angers, 10 févr. 1997 : *Rev. proc. coll. 1999. 121, obs. Macorig-Venier* • Rennes, 9 oct. 1997 : *ibid.*

En revanche, l'action tendant à l'exécution de travaux par le bailleur ou le liquidateur qui le représente ne tombe par sous le coup de l'art. 47 [C. com., art. L. 621-40], dès lors que celui-ci doit pendant toute la durée du bail en cours toutes les réparations nécessaires autres que locatives, peu important que les preneurs aient déclaré leur créance au titre des travaux, cette déclaration ne valant pas abandon pour l'avenir de leur droit d'obtenir que le bailleur remplisse une de ses obligations résultant de la poursuite du contrat. • Com. 29 avr. 2002 : *Bull. civ. IV, n° 75 ; D. 2002. AJ. 1674, obs. Lienhard ; Act. proc. coll. 2002, n° 141, obs. Vallansan ; Rev. proc. coll. 2002. 193, obs. Roussel Galle.*

16 ter. Remise en état d'une installation classée. Sur la possibilité pour l'Administration, nonobstant les dispositions des art. L. 621-40 s. C. com., d'imposer au liquidateur de l'exploitant d'une installation classée la consignation d'une somme en vue de la dépollution du site d'exploitation, V. • CE 29 sept. 2003 : *D. 2003. AJ. 2574 ; Act. proc. coll. 2003, n° 257, obs. Trébulle ; JCP E 2004, n° 5, p. 174, obs. Pételי.* – V. Saint-Alary-Houin, *Rev. proc. coll. 2004. 146.*

16 quater. Actions en répétition de l'indu. L'action en répétition de l'indu est soumise à l'art. 47 [C. com., art. L. 621-40]. • Soc. 7 mars 1996 : *Rev. proc. coll. 1997. 49, obs. Macorig-Venier.*

17. Procédure d'arbitrage. Le principe d'ordre public de l'arrêt des poursuites individuelles interdit, après l'ouverture de la procédure collective, la saisine du tribunal arbitral par un créancier dont la créance a son origine antérieurement au jugement d'ouverture, sans qu'il se soit soumis au préalable à la procédure de vérification des créances. • Com. 2 juin 2004 : *Bull. civ. IV, n° 112 ; D. 2004. AJ. 1732, obs. Lienhard ; ibid. Somm. 3184, obs. Clay ; JCP E 2004, n° 26, p. 1053, note N. S. ; Petites affiches 21 juill. 2004, p. 15, note Touchent ; Act. proc. coll. 2004, n° 158, obs. Vallansan ; Rev. proc. coll. 2004. 235, obs. Staes ; RTD com. 2004. 439, obs. Loquin ; Rev. arb. 2004. 591, note Ancel ; RTD com. 2004. 808, obs. Martin-Serf ; Defrénois 2004. 1671, obs. Gibirila* (V. l'arrêt cassé : • Paris, 13 févr. 2002 : *BICC 2003, n° 63 ; RJDA 2002, n° 658 ; JCP E 2003, n° 12, p. 518, note P. M. ; Rev. proc. coll. 2003. 310, obs. Staes*). – V. déjà, en ce sens • Paris, 3 mars 1998 : *D. 1998. IR. 103 ; D. Affaires 1998. 846, obs. A. L.* • 8 sept. 1998 : *D. 1998. IR. 235 ; D. Affaires 1998. 1646* • 30 mars 1999 : *D. 1999. IR. 125.* ♦ Les art. 47, 48, 50 et 53 [C. com., art. L. 621-40, L. 621-41, L. 621-43 et L. 621-46] sont applicables au recours en annulation formé contre une sentence arbitrale ayant prononcé une condamnation au paiement d'une somme d'argent contre un débiteur déclaré en état de redressement judiciaire pendant le cours de l'instance suivie devant la cour d'appel. • Paris, 16 mars 1995 : *D. 1995. IR. 103.* ♦ V. note 11 ss. ancien ancien art. L. 621-41.

17 bis. Action en paiement de créances cédées. Il résulte des art. L. 313-23, L. 313-24 et L. 313-27 C. mon. fin. [relatifs à la cession de créances professionnelles] que, même si son exigibilité n'est pas encore déterminée, une créance peut être cédée et que, sortie du patrimoine du cédant, son paiement n'est pas affecté par l'ouverture de la procédure collective de ce dernier postérieurement à cette date. • Com. 7 déc. 2004 : *Bull. civ. IV, n° 213 ; D. 2005. 230, note Larroumet* (*Rect. ibid. 376*) ; *ibid. AJ. 77, obs. Lienhard ; ibid. Pan. 1426, obs. Boujeka, et 2014, obs. F.-X. Lucas ; JCP E 2005, n° 6, p. 231, note Raby ; ibid., n° 17, p. 707, obs. Pételי ; ibid. n° 21, p. 870, obs. Mathey ; Act. proc. coll. 2005, n° 17, obs. Regnault-Moutier ; Defrénois 2005. 997, obs. Gibirila ; RTD com. 2005. 415, obs. Martin-Serf.* – Dans le même sens, V. • Com. 22 nov. 2005 : *Bull. civ. IV, n° 230 ; D. 2005. AJ. 3081, obs. Delpech ; Act. proc. coll. 2006, n° 13, obs. Bonhomme ; JCP E 2006, n° 14-15, p. 673, obs. Cabrillac ; RD banc. fin. 2006, n° 16, obs. Cerles ; Banque et Droit mars-avr. 2006. 67, obs. Bonneau.* – V. Tchotourian, *RJDA avr. 2006, p. 33.* ♦ Solution confirmée par l'art. L. 214-43 C. mon. fin. ♦ Auparavant, la Chambre commerciale avait au contraire considéré que le jugement d'ouverture de la procédure collective à l'égard du cédant faisait obstacle aux droits de la banque cessionnaire sur les créances nées de la poursuite d'un contrat à exécution successive postérieurement à ce jugement. • Com. 26 avr. 2000 : *Bull. civ. IV, n° 84 ; D. 2000. 717, note Larroumet ; ibid., AJ. 265, obs. Pisoni ; JCP E 2000, n° 28, p. 1134, note Legeais ; ibid., n° 40, p. 1560, obs. Pételי ; Dr. sociétés 2000, n° 174, obs. Chaput ; Act. proc. coll. 2000, n° 146, obs. Regnaut-Moutier ; Procédures 2000, n° 165, obs. Croze.* – V. Likillimba, *RJDA 2001. 663* ; Soinne, *Rev. proc. coll. 2000. 179.* ♦ Dans le même sens que l'arrêt du 26 avr. 2000, à propos d'une cession de créances de droit commun, V. • Com. 22 mai 2002 : *RJDA 2002, n° 1168.* ♦ V. aussi note 12.

17 ter. Sommation de payer préalable à la vente forcée d'un fonds de commerce. L'exigence de la délivrance d'une sommation de payer à l'encontre du débiteur en liquidation judiciaire, dans le cadre d'une interprétation purement littérale des dispositions de l'art. 16 de la loi du 17 mars 1909 [C. com., art. L. 143-5] (qui permet aux créanciers inscrits de demander la vente aux enchères publiques du fonds à défaut de paiement), serait contraire aux dispositions d'ordre public des art. 47 et 48 de la loi du 25 janv. 1985 [C. com., art. L. 621-40 et L. 621-41]. • Paris, 21 avr. 2000 : *D. 2000. AJ. 313, obs. Monéger-Dupuis et Pisoni.*

18. Action en réduction du prix de vente

d'un fonds de commerce. L'action en réduction du prix de vente d'un fonds de commerce pour inexactitude des mentions obligatoires n'entre pas dans le champ d'application de l'art. 47 [C. com., art. L. 621-40]. • Paris, 17 janv. 1994 : *RJDA 1994, n° 333.*

19. Garantie des vices cachés. Échappe à la suspension des poursuites individuelles l'obligation de remplacer le matériel litigieux, invoquée par l'acheteur ayant introduit une instance sur le fondement de l'art. 1648 C. civ. à l'encontre du débiteur en redressement judiciaire dont l'entreprise a fait l'objet d'une cession. • Com. 28 mars 1995 : *Bull. civ. IV, n° 104 ; D. 1995. IR. 107.* ♦ En revanche, dès lors que le contrat de vente a été conclu avant le jugement d'ouverture de la liquidation judiciaire du vendeur, la demande de dommages-intérêts formée par l'acquéreur contre ce dernier, sur le fondement de l'action estimatoire, tout comme sa demande de dommages-intérêts pour perte de jouissance, sont irrecevables. • Com. 18 févr. 2003 : *Rev. proc. coll. 2003. 312, obs. Staes.*

19 bis. Constatation d'une vente. L'action tendant à faire constater le caractère parfait d'une vente d'immeuble peut être poursuivie à l'encontre du vendeur, mis en redressement judiciaire après conclusion de la vente par acte sous seing privé. • Agen, 23 oct. 1996 : *Rev. proc. coll. 1998. 286, obs. Macorig-Venier.*

20. Action en nullité d'un contrat. N'est pas soumise à la suspension des poursuites prévue par l'art. 47 [C. com., art. L. 621-40], une action en nullité d'une vente fondée sur le dol constitué par une publicité mensongère. • Dijon, 25 nov. 1994 : *BICC 1995, n° 841 ; Rev. huiss. 1995. 1263.* ♦ Pour une autre application, V. • Grenoble, 12 janv. 2005 : *Rev. proc. coll. 2005. 211, obs. Macorig-Venier.*

21. Action paulienne. BIBL. Courtier, *Petites affiches 3 mars 1995, p. 9.* – Pizzio-Delaporte, *RTD com. 1995. 715.* ♦ L'action fondée sur l'art. 1167 C. civ. qu'un créancier peut exercer contre tous les actes faits en fraude de ses droits par le débiteur n'est pas soumise aux dispositions de l'art. L. 621-40 C. com. • Com. 2 nov. 2005 : *Bull. civ. IV, n° 214 ; D. 2005. AJ. 2872, obs. Lienhard ; D. 2006. Pan. 83, obs. Le Corre ; Act. proc. coll. 2005, n° 237, obs. Vallansan ; Gaz. Pal. 10-11 févr. 2006, p. 27, obs. Roussel Galle ; JCP E 2006, n° 14-15, p. 673, obs. Pétel.* ♦ L'inopposabilité de l'acte, résultant de l'admission de l'action paulienne exercée contre lui par un créancier, n'a d'effet qu'à l'égard de celui-ci. • Même arrêt. – V. déjà, en ce sens, • Paris, 4 févr. 1994 : *D. 1994. IR. 80* • Lyon, 3 avr. 2003 : *BICC 2004, n° 1362.* ♦ V. encore note 37 *bis* ss. ancien art. L. 620-2, note 5 ss. art. L. 621-39, note 3 ss. art. L. 621-110 et note 7 ss. art. L. 622-16.

21 bis. Action oblique. Une telle action n'a pas pour objet principal d'obtenir le paiement du sous-débiteur par le créancier qui l'exerce mais seulement la réintégration dans le patrimoine du débiteur de celui-ci des créances que ce dernier néglige de recouvrer. • Paris, 13 mars 1998 : *D. Affaires. 1998. 673, obs. A. L. ; Rev. proc. coll. 1999. 120, obs. Macorig-Venier.* ♦ Sur l'exercice de cette action, V. note 5 ss. ancien art. L. 621-39 et note 14 *bis* ss. ancien art. L. 622-9.

21 ter. Action en dissolution d'une société. L'action en dissolution d'une société suite à la réunion de toutes les parts sociales en une seule main (art. 1844-5 C. civ.), ne tendant pas au paiement d'une somme d'argent, n'est pas paralysée par l'art. 47 [C. com., art. L. 621-40]. • Paris, 27 sept. 1996 : *Dr. sociétés 1996, n° 234, obs. Chaput.*

22. Créances d'aliments. BIBL. M. Storck, *Rev. proc. coll. 1989. 1.* ♦ Échappe à la règle d'arrêt des poursuites individuelles prévue par l'art. 47 [C. com., art. L. 621-40], en vertu des art. 1er et 2 de la loi du 2 janv. 1973, l'action directe dont dispose le créancier d'aliments contre les tiers débiteurs de sommes liquides et exigibles envers la personne tenue au paiement de la pension. • Nancy, 30 avr. 1999 : *BICC 1999, n° 1302.* ♦ V. L. n° 73-5 du 2 janv. 1973. – **C. civ.** ♦ En revanche, l'action dirigée contre le débiteur et tendant à la condamnation de ce dernier au paiement des arriérés d'une pension alimentaire est irrecevable. • Paris, 4 sept. 2000 : *RTD com. 2001. 234, obs. Martin-Serf.* ♦ Comp. : note 18 *quinquies* ss. ancien art. L. 621-43.

22 bis. Cotisations dues aux caisses de congés payés. Sur la portée de l'art. L. 143-8, 4°, C. trav. (privilège des caisses de congés payés pour le paiement des cotisations qui leur sont dues) au regard de la suspension des poursuites instituée par l'art. L. 621-40 C. com., V. • Com. 13 déc. 2005 : *Bull. civ. IV, n° 251 ; D. 2006. AJ. 227, obs. Lienhard ; JCP E 2006, n° 14-15, p. 674, obs. Cabrillac ; ibid., n° 19, p. 860, obs. Delebecque ; Gaz. Pal. 30 avr.-4 mai 2006, p. 40, obs. Roussel Galle.*

22 ter. Fixation des honoraires d'avocat. En ce sens que le principe de l'arrêt des poursuites individuelles n'interdit pas au bâtonnier de statuer sur les contestations émises par le débiteur en ce qui concerne le montant des honoraires de son avocat, V. • Com. 24 janv. 2006 : *D. 2006. AJ. 499, obs. Lienhard ; Act. proc. coll. 2006, n° 57, obs. Le Corre ; Gaz. Pal. 30 avr.-4 mai 2006, p. 38, obs. Roussel Galle.*

2° ACTION EN RÉSOLUTION

23. Résolution pour défaut de paiement d'une somme d'argent. La demande de bailleurs tendant à la résiliation d'un contrat de bail pour défaut de paiement des loyers est irrecevable. • Bordeaux, 9 juill. 1987 : *préc. note 1.* ♦ Il en va de même de l'action en résolution d'un contrat de vente pour défaut de paiement du prix. • Com. 31 mars 1992 : *Bull. civ. IV, n° 140 ; D. 1992. IR. 142.* ♦ ... Et de la demande tendant à faire constater l'acquisition de la clause résolutoire d'un bail pour non payement d'un loyer antérieur au jugement d'ouverture, V. note 2 ss. ancien art. L. 621-29. ♦ Mais il en va différemment si la clause résolutoire a produit ses effets antérieurement au jugement d'ouverture (à propos d'un crédit-bail immobilier). • Com. 9 mai 1995 : *Bull. civ. IV, n° 136 ; D. 1995. IR. 148* • Civ. 3e, 11 juin 1997 : *Bull. civ. III, n° 139 ; AJPI 1998. 47, note Gallet.* ♦ Dans le même sens, pour la résolution de plein droit d'un bail à construction, V. • Civ. 3e, 28 janv. 2004 : *Bull. civ. III, n° 13 ; D. 2004. AJ. 502 ; Act. proc. coll. 2004, n° 56, obs. Vallansan ; Loyers et copr. 2004, n° 52, obs. Brault ; Dr. et procédures 2004. 209, note Putman ; Rev. contrats 2004. 711, obs. Seube ; Rev. proc. coll. 2004. 233, obs. Macorig-Venier.* ♦ ... D'une vente de fonds de commerce, V. • Com. 25 nov. 1997 : *Bull. civ. IV, n° 305 ; D. 1998. IR. 8 ; Rev. loyers 1998. 190, note Gallet.*

23 bis. La règle de suspension des poursuites individuelles fait obstacle à la demande de résolution d'un contrat de vente en viager pour défaut de paiement des arrérages échus antérieurement au jugement d'ouverture de la procédure collective. • Com. 5 janv. 1999 : *Act. proc. coll. 1999, n° 46.* ♦ En revanche, elle n'empêche pas la constatation de l'acquisition de la clause résolutoire du contrat au jour du jugement d'ouverture. • Com. 8 déc. 1998 : *Act. proc. coll. 1999, n° 19.* ♦ Ainsi, il y a lieu de constater l'acquisition de la clause résolutoire de plein droit insérée dans le contrat de vente avec rente viagère dès lors que le liquidateur ne justifie pas que les débirentiers ont exécuté les causes du commandement de payer antérieurement au prononcé de la liquidation judiciaire, et notamment réglé l'indexation des mensualités impayées de rente viagère dans le mois qui leur était imparti pour le faire. • Dijon, 3 déc. 1998 : *JCP E 1999, n° 49, p. 1944.* ♦ Comp., en ce sens que la clause de l'acte de vente en viager d'un immeuble qui prévoit la possibilité de faire prononcer la résolution de la vente en cas de non-paiement d'un seul terme de la rente ne peut s'analyser en une clause résolutoire dont le juge peut constater l'acquisition : • Versailles, 16 janv. 1998 : *Gaz. Pal. 1999. 1. Somm. 39.* ♦ Comp. également, jugeant que la résolution du contrat pour non-paiement des arrérages échus antérieurement et postérieurement au jugement d'ouverture ne peut qu'être écartée à défaut de constatation de la mise en œuvre de la clause résolutoire par une décision passée en force de chose jugée avant le jugement d'ouverture : • Com. 2 mars 1999 : *Act. proc. coll. 1999, n° 91, obs. Vallansan ; Petites affiches 1er févr. 2000, p. 21, note Gallet ; Rev. proc. coll. 2000. 13, obs. Macorig-Venier.* – V. aussi • Paris, 9 mars 2000 : *D. 2000. AJ. 201, obs. Pisoni .* ♦ V. également Vauvillé, *Dr. et patr. avr. 2001. 45* ; Delattre, *Ann. loyers 2002. 137.*

23 ter. Pour la renonciation implicite d'un crédit-bailleur à se prévaloir d'une clause de résiliation de plein droit avant l'ouverture de la procédure, V. • Com. 21 janv. 1992 : *Bull. civ. IV, n° 25 ; D. 1992. Somm. 259, obs. Derrida ; Defrénois 1992. 1375, obs. Sénéchal.*

24. Aucun texte, et spécialement l'art. 47 [C. com., art. L. 621-40], ne s'oppose à ce qu'un tribunal constate, après le jugement d'ouverture d'une procédure collective à l'encontre de l'acheteur, l'acquisition, pour défaut de paiement d'une fraction du prix, de la clause résolutoire insérée dans l'acte de vente de biens immobiliers, dès lors que n'est pas en cause la résiliation du bail d'un immeuble affecté à l'activité de l'entreprise en liquidation judiciaire. • Com. 5 avr. 1994 : *D. 1994. IR. 174.* – Dans le même sens, V. • Paris, 24 mars 1998 : *D. Affaires 1998. 847 ; Rev. proc. coll. 1999. 119, obs. Macorig-Venier.*

25. L'art. 47 [C. com., art. L. 621-40] interdit l'action résolutoire engagée par un vendeur dont les créances pour les sommes échues après le jugement d'ouverture avaient leur origine dans le contrat de vente et le contrat de prêt conclus antérieurement, et que ces contrats n'étaient plus en cours au sens de l'art. 37 [C. com., art. L. 621-28], le transfert de propriété des immeubles vendus s'étant réalisé dès la signature de l'acte de vente et le montant du prêt ayant été versé par le prêteur. • Com. 9 avr. 1991 : *Bull. civ. IV, n° 127 ; D. 1992. Somm. 257, obs. Derrida ; Rev. proc. coll. 1992. 165, obs. Saint-Alary-Houin.* – Dans le même sens, pour une vente contre paiement d'une rente viagère, V. • Com. 28 févr. 1995 : *Bull. civ. IV, n° 59 ; D. 1995. IR. 89 ; Quot. jur. 21 mars 1995, p. 2* • Paris, 17 oct. 2002 : *Petites affiches 6 nov. 2003, p. 16, note Sortais ; Gaz. Pal. 2004. Somm. 680, obs. Vray. – Contra* : • Agen, 5 sept. 1995 : *Cah. jurispr. Aquitaine 1995, n° 2, p. 89.* ♦ V. également, pour un prêt consortial, contrat à exécution instantanée, • Rennes, 5 juill. 1996 : *Rev. proc. coll. 1997. 72, obs. Mestre et Laude.*

25 bis. Sur l'inapplicabilité de l'art. 47 [C. com., art. L. 621-40] à la résiliation d'un contrat d'assurance pour non-paiement d'une prime échue antérieurement à la mise en redressement judiciaire du souscripteur, le défaut de paiement de la prime constituant, en vertu de l'art. L. 132-20 C. assur., une cause de résiliation n'ayant pas à être constatée judiciairement, V. • Com. 26 mai 1999 : *D. 1999. IR. 161 ; JCP E 1999, n° 39, p. 1532, obs. Pétel ; Act. proc. coll. 1999, n° 144, obs. Regnaut-Moutier ; Procédures 1999, n° 204, obs. Laporte ; RCA 1999, n° 309, obs. Groutel ; Rev. proc. coll. 2000. 14, obs. Macorig-Venier.*

26. La caution est déchargée, par application de l'art. 2037 [2314] C. civ., lorsque le bailleur n'a pas exercé en temps utile l'action résolutoire contre le preneur, de sorte que, par l'effet du redressement judiciaire du débiteur principal, la caution ne peut plus être subrogée dans ladite action résolutoire. • Civ. 1re, 17 févr. 1993 : *Bull. civ. I, n° 75 ; D. 1993. IR. 65.*

27. Résolution pour inexécution d'une obligation de faire. N'est pas visée par l'art. 47 [C. com., art. L. 621-40] l'action en résolution consécutive à l'inexécution d'une obligation de faire. • Com. 12 mai 1992 : *Bull. civ. IV, n° 181 ; JCP 1993. II. 21999, note Lévy ; D. 1992. IR. 195* • Chambéry, 9 sept. 1992 : *Rev. loyers 1995. 105, note Gallet ; JCP E 1992. Pan. 1117.* ♦ Il en va ainsi, par exemple, en cas de mise en œuvre de la clause résolutoire d'un bail commercial en raison du non-respect : de l'obligation du preneur d'utiliser les lieux pour l'exercice de son commerce et de les tenir constamment garnis. • Com. 11 avr. 1995 : *Rev. proc. coll. 1995. 295, obs. Mestre et Laude.* ♦ ... De la destination contractuelle. • Paris, 24 mai 1995 : *Loyers et copr. 1995, n° 425, note Brault et Mutelet.* ♦ ... Ou des formalités d'autorisation et de concours du bailleur à l'acte de sous-location. • Paris, 14 janv. 1993 : *Juris-Data n° 010306.* ♦ V. aussi, admettant l'action en constatation du jeu de la clause résolutoire d'un bail commercial pour non-respect de l'obligation d'assurance, • Paris, 21 janv. 1997 : *Rev. proc. coll. 1999. 118, obs. Macorig-Venier.* ♦ V. encore note 10 *bis* ss. ancien art. L. 621-28.

Sur le délai imparti au bailleur pour introduire sa demande en cas de liquidation judiciaire, V. art. L. 622-13, al. 4.

La demande tendant à la résolution d'une vente, en application de l'art. 1610 C. civ. (obligation de délivrance), à l'exclusion du remboursement du prix versé, est recevable ; les acquéreurs n'ont pas l'obligation de déclarer leur créance résultant du défaut d'achèvement de l'immeuble. • Civ. 1re, 26 nov. 1996 : *Bull. civ. I, n° 418 ; D. Affaires 1997. 160.* ♦ Est également recevable la demande en résolution de contrats de vente pour défaut de conformité et existence de vices cachés. • Com. 2 mars 1999 : *RJDA 1999, n° 573 ; Rev. proc. coll. 2000. 14, obs. Macorig-Venier.*

V. aussi, pour la résolution d'un contrat de cession de clientèle consécutivement à l'inexécution d'une obligation de faire, • Paris, 26 janv. 1996 : *D. 1996. IR. 62.*

28. Comp. : note 16 *bis*.

29. Congé avec refus de renouvellement du bail. La suspension des poursuites prévue par l'art. 47 [C. com., art. L. 621-40] n'est pas applicable à l'action en déclaration de validité de congé avec refus de renouvellement pour retards dans les paiements. • Com. 3 juin 1992 : *Bull. civ. IV, n° 182 ; Defrénois 1993. 796, obs. Vermelle ; ibid. 1993. 1215, obs. Sénéchal.* – Dans le même sens, V. • Civ. 3e, 14 mai 1997 : *D. 1997. Somm. 305, obs. Rozès ; D. Affaires 1997. 866 ; RJDA 1997, n° 954 ; Rev. loyers 1999. 240, note Gallet* • Lyon, 29 mars 1995 : *Rev. proc. coll. 1998. 286, obs. Macorig-Venier* • Paris, 12 sept. 2005 : *RJDA 2006, n° 394.*

30. Résolution du plan de cession. Dans la procédure de redressement judiciaire du cessionnaire, l'art. 47 [C. com., art. L. 621-40] ne fait pas obstacle au prononcé de la résolution du plan de cession, compte tenu de sa nature et de l'action en résolution ouverte au procureur de la République et au tribunal, distincte de l'action interdite par l'art. 47 [C. com., art. L. 621-40] aux seuls créanciers. • TGI Metz, 3 août 1988 : *D. 1991. Somm. 17, obs. Derrida.* ♦ En revanche, la résolution des actes de cession ne saurait être sollicitée par le commissaire à l'exécution du plan dans la mesure où les cessionnaires étant eux-mêmes soumis à une procédure de redressement judiciaire, s'appliquent les dispositions de l'art. 47 [C. com., art. L. 621-40] interdisant toute action en résolution pour défaut de paiement d'une somme d'argent. • Orléans, 23 oct. 1997 : *Rev. proc. coll. 1999. 120, obs. Macorig-Venier.*

30 bis. Résolution d'une adjudication. Un mandataire à la liquidation judiciaire d'une société ayant fait procéder à la vente d'un immeuble dépendant de l'actif social au bénéfice d'une autre société, qui n'en a pas payé le prix, peut être déclaré irrecevable à poursuivre la revente de ce bien sur folle enchère en raison de la procédure de liquidation judiciaire dont a fait l'objet à son tour l'adjudicataire. Les dispositions de l'art. 47 [C. com., art. L. 621-40] sont, en effet, applicables, dès lors qu'aux termes du cahier des charges, l'adjudicataire devenait propriétaire du seul fait de l'adjudication, en sorte que la procédure de folle enchère tendait à la résolution de la première adjudication. • Civ. 2e, 19 mai

1998 : *D. 2000. Somm. 67, obs. Pérochon et Mainguy* ; *D. Affaires 1998. 1325, obs. V. A.-R.* (V. l'arrêt d'appel : • Paris, 7 nov. 1995 : *Rev. proc. coll. 1998. 290, obs. Macorig-Venier*). ♦ Également en ce sens que la procédure de folle enchère est soumise à l'art. 47 [C. com., art. L. 621-40], V. • Com. 13 oct. 1998 : *Dr. sociétés 1998, n° 158, obs. Chaput ; RTD com. 1999. 504, obs. Martin-Serf* • 18 févr. 2003 : *RJDA 2003, n° 851 ; Rev. proc. coll. 2003. 310, obs. Staes.*

31. Résolution d'un concordat. Jugé que la demande de résolution d'un concordat dont le débiteur avait bénéficié, fondée sur l'inexécution des engagements concordataires, ne tombe pas sous le coup de l'art. 47 [C. com., art. L. 621-40]. • Aix-en-Provence, 13 déc. 1989 : *D. 1991. Somm. 2, obs. crit. Derrida*.

C. ARRÊT DES VOIES D'EXÉCUTION

1° VOIES D'EXÉCUTION VISÉES

BIBL. Théry, *Rev. huiss. 2002. 140.*

32. Jurisprudence antérieure à la loi n° 91-650 du 9 juill. 1991. Entraient dans le champ d'application des procédures visées par l'art. 47 [C. com., art. L. 621-40], notamment la saisie-arrêt et la saisie conservatoire. • TGI Paris, 28 nov. 1988 : *Gaz. Pal. 1989. 2. Somm. 305.* ♦ V. aussi note 2 ss. ancien art. L. 621-42. ♦ Une procédure collective ayant été ouverte par un jugement rendu à l'encontre d'un débiteur entre la date de la saisie-exécution et celle fixée pour la vente des meubles saisis, le créancier saisissant ne possédait aucun droit acquis avant l'ouverture du redressement judiciaire ; c'était, par conséquent, à bon droit qu'avait été ordonnée la suspension de la saisie-exécution. • Com. 1er oct. 1991 : *Bull. civ. IV, n° 271.* ♦ Dans le même sens, pour une saisie-arrêt : • Com. 2 mars 1993 : *Bull. civ. IV, n° 85* • 5 janv. 1999 : *Act. proc. coll. 1999, n° 45* • 6 juin 2000 : *RJDA 2000, n° 1137* • 27 nov. 2001 : *Act. proc. coll. 2002, n° 34.* ♦ Il en allait différemment si le jugement de validité était passé en force de chose jugée et avait été signifié au tiers saisi avant l'ouverture de la procédure. • Civ. 2e, 11 mars 1998 : *D. Affaires 1998. 950, obs. J. F.* • Rennes, 19 nov. 1987 : *Rev. proc. coll. 1988. 350, obs. Cadiet.* – V. aussi, • Lyon, 16 déc. 1992 : *D. 1994. 103, note Prévault* • TGI Lyon, JEX, 19 mars 1996 : *D. 1996. IR. 188.*

V. note 43.

33. En raison du principe de l'unité du patrimoine, il importe peu que la créance invoquée trouve son origine dans une activité distincte de celle ayant donné lieu à l'ouverture d'une procédure collective à l'égard du débiteur. • Com. 27 nov. 1991 : *Bull. civ. IV, n° 360 ; D. 1992. 81, note F. D.* ; *RTD com. 1992. 684, obs. Martin-Serf*.

34. En ce sens que l'exécution d'un avis à tiers détenteur demeure possible après le jugement d'ouverture, dès lors que l'avis était devenu définitif, ce dont il résultait qu'à concurrence du montant de la créance fiscale, les sommes dues par le tiers détenteur au débiteur étaient, avant l'ouverture de la procédure collective, sorties du patrimoine de celui-ci au profit du Trésor public, V. • Com. 2 oct. 1990 : *Bull. civ. IV, n° 224.* – V. aussi • Com. 1er mars 1994 : *Bull. civ. IV, n° 88 ; D. 1994. IR. 94* • 14 nov. 2000 : *RJDA 2001, n° 183.* ♦ Comp., appliquant la même solution, s'agissant d'une créance conditionnelle du salarié envers son employeur : • Com. 19 mars 1991 : *Bull. civ. IV, n° 107 ; D. 1991. 386, note crit. Honorat*. ♦ Comp. également, jugeant qu'un avis à tiers détenteur, même devenu définitif avant le jugement d'ouverture d'une procédure collective concernant le contribuable, ne peut entraîner aucun transfert dans le patrimoine du Trésor public lorsque la créance de ce contribuable est née postérieurement au prononcé du redressement judiciaire : • Nancy, 8 juill. 1996 : *Rev. proc. coll. 1999. 108, obs. Canet.* ♦ Comp., encore : note 40 *sexies.* ♦ V. note 38.

35. La procédure d'ordre, qui constitue une mesure de répartition, et non une procédure d'exécution, n'est pas concernée par l'art. 47 [C. com., art. L. 621-40]. • Nancy, 17 janv. 1990 : *Rev. proc. coll. 1991. 210, obs. Saint-Alary-Houin.* ♦ Sur la nécessité, toutefois, que les sommes dues à chaque créancier colloqué soient sorties du patrimoine du débiteur avant le jugement déclaratif, V. • Com. 1er oct. 1997 : *Bull. civ. IV, n° 235 ; RJDA 1998, n° 70 ; Rev. dr. bancaire 1998. 75, obs. Campana et Calendini ; Rev. huiss. 1998. 814, note Courtier.* ♦ Sur la compétence du juge des ordres, malgré l'arrêt des poursuites individuelles, V. note 4 ss. ancien art. L. 622-5.

36. Le principe de la suspension des poursuites individuelles s'applique également, s'agissant d'un redressement judiciaire prononcé entre la déclaration de surenchère et l'adjudication définitive d'un immeuble appartenant au débiteur. • Civ. 2e, 24 mars 1993 : *Bull. civ. II, n° 128.*

37. Le jugement d'ouverture du redressement judiciaire d'une société prononcé avant la réalisation même de la vente [s'agissant d'une vente sur saisie convertie en vente volontaire], ayant interrompu la saisie immobilière en cours qui devait être reprise aux formes et conditions des art. 154 de la loi du 25 janv. 1985 [C. com., art.

L. 622-16] et 125 à 131 du décret n° 85-1388 du 27 déc. 1985, c'est à bon droit, nonobstant les dispositions de l'art. 747 ancien C. pr. civ. [selon lequel malgré la faillite intervenue après la décision ordonnant la vente, cette décision continue de recevoir sa pleine et entière exécution] et sans violer les dispositions de l'art. 728 du même code, étrangères au moyen pris de la méconnaissance de l'art. 47 de la loi du 25 janv. 1985 [C. com., art. L. 621-40], qu'une cour d'appel dit nulle l'adjudication prononcée. • Com. 24 oct. 1995 : *Bull. civ. IV, n° 247 ; D. 1995. IR. 251 ; Defrénois 1996. 261, obs. Sénéchal ; RJDA 1996, n° 125* • 4 janv. 2000 : *Act. proc. coll. 2000, n° 38 ; RJDA 2000, n° 308 ; Procédures 2000, n° 100, obs. Laporte.* – V. aussi • Com. 3 avr. 2002 : *RD banc. fin. 2002, n° 200, obs. Delleci.* ♦ V. désormais art. L. 622-16, al. 2.

38. Saisie-attribution (loi n° 91-650 du 9 juill. 1991). BIBL. Derrida, *Petites affiches 6 janv. 1993, p. 26.* – Canet, *Rev. proc. coll. 1995. 265.* – Ghelfi-Tastevin, *Petites affiches 18 oct. 1999, p. 6 ; ibid., 20 oct. 1999, p. 13.* – F. Aubert, *Rapp. C. cass. pour 1999, p. 83.* – Rezek, *JCP N 2001, n° 37, p. 1349.* – Spinelli, *Dr. et procédures 2002. 273* (dénonciation de la saisie-attribution). – Lefort, *ibid. 2003. 204 et 272* (saisie conservatoire pratiquée antérieurement au jugement d'ouverture). – Garreau, *RTD com. 2004. 413* (saisie-attribution sur des créances à exécution successive). ♦ L'acte de saisie emporte, à concurrence des sommes pour lesquelles elle est pratiquée, attribution immédiate au profit du saisissant de la créance saisie disponible entre les mains du tiers ainsi que de tous ses accessoires [...]. – La [...] survenance d'un jugement portant ouverture d'un redressement ou d'une liquidation judiciaires ne remet pas en cause cette attribution [...] (art. 43).

L'avis à tiers détenteur prévu par les art. L. 262 et L. 263 LPF comporte l'effet d'attribution immédiate prévu à l'art. 43 (art. 86).

La loi du 9 juill. 1991 est entrée en vigueur le 1er janv. 1993. Elle n'est pas applicable aux mesures d'exécution forcée engagées avant cette date (art. 97).

La survenance d'un redressement judiciaire ne peut, par application de l'art. 43 de la loi du 9 juill. 1991, remettre en cause l'attribution que réalise l'acte de saisie-attribution, la créance entrant par l'effet de la saisie dans le patrimoine du saisissant et n'ayant pas à être déclarée. • Com. 13 oct. 1998 : *Bull. civ. IV, n° 237 ; D. Affaires 1998. 2018, obs. A. L.* ♦ En effet, la règle de la suspension des poursuites individuelles édictée par l'art. 47 [C. com., art. L. 621-40] ne fait pas obstacle à l'effet attributif immédiat de la saisie-attribution dès lors qu'elle a été pratiquée à une date antérieure au redressement judiciaire, quand bien même le tribunal ferait-il remonter la date de cessation des paiements à une date antérieure à celle de la saisie. • TGI Carpentras, JEX, 22 juill. 1999 : *Annonces de la Seine, supp. au n° 16 du 28 févr. 2000, p. 4.*

39. Il résulte des art. 13 et 43 de la loi du 9 juill. 1991 préc. et des art. 69 s. de son décret d'application n° 92-755 du 31 juill. 1992 que la saisie-attribution d'une créance à exécution successive pratiquée à l'encontre de son titulaire avant la survenance d'un jugement portant ouverture d'un redressement ou d'une liquidation judiciaires de celui-ci poursuit ses effets sur les sommes échues en vertu de cette créance après ledit jugement. • Cass., Ch. mixte, 22 nov. 2002 : *Bull. civ. n° 7 ; BICC janv. 2003, p. 11, avis Viricelle et rapp. Foulon ; D. 2002. AJ. 3270, obs. Lienhard ; D. 2003. 445, note Larroumet ; ibid. Somm. 1472, obs. Taormina ; Act. proc. coll. 2002, n° 262, obs. Regnaut-Moutier ; JCP 2003. II. 10033, note Houtcieff ; JCP E 2003, n° 11, p. 469, note Legeais ; ibid., n° 20, p. 854, obs. Cabrillac ; RTD com. 2003. 367, obs. Martin-Serf ; Procédures 2003, n° 8, obs. Perrot ; Dr. et procédures 2003. 120, note Putman ; RD banc. fin. 2003, n° 19, obs. Cerles ; ibid., n° 37, obs. Delleci ; Petites affiches 13 juin 2003, p. 15, note Courtier ; ibid. 27 févr. 2004, p. 11, note M. Sénéchal* • Com. 5 nov. 2003 : *Bull. civ. IV, n° 165 ; D. 2003. AJ. 2964 ; Dr. et procédures 2004. 108, note Putman* • 3 déc. 2003 : *D. 2004. Somm. 1489, obs. Taormina.* ♦ V. déjà • Civ. 2e, 10 juill. 1996 : *D. 1996. 625, note Ancel ; JCP 1996. II. 22723, note Putman ; Rev. proc. coll. 1997. 42, obs. Canet* • 8 mars 2001 : *Act. proc. coll. 2001, n° 98, obs. Regnaut-Moutier.* – V. Soinne, *Petites affiches 1er nov. 1996, p. 4 ; Rev. proc. coll. 2000. 179.* ♦ Sur la notion de « créance à exécution successive », V. • Civ. 2e, 17 mai 2001 : *Act. proc. coll. 2001, n° 191, obs. Soinne.* ♦ V. aussi note 9. ♦ Pour l'application de cette solution à un avis à tiers détenteur pratiqué sur une créance à exécution successive, V. note 6 ss. ancien art. L. 621-24.

La dénonciation au débiteur saisi de la saisie-attribution pratiquée à son encontre ne constitue pas une voie d'exécution et n'est donc pas concernée par l'interdiction de toute voie d'exécution prévue par l'art. 47 [C. com., art. L. 621-40]. • Paris, 2 sept. 1999 : *Banque et Droit mars-avr. 2000. 53, obs. Guillot* • TGI Lyon, JEX, 23 avr. 1996 : *D. 1997. 43, note Prévault.*

40. Le jugement d'ouverture de la procédure collective interdit toute conversion en saisie-attribution de la saisie conservatoire pratiquée antérieurement. • Com. 22 avr. 1997 : *Bull. civ. IV, n° 100 ; D. 1997. IR. 127 ; D. Affaires 1997. 673 ; RD bancaire et bourse 1997. 134, obs. Cam-*

pana et Calendini ; JCP E 1997. II. 1013, note Grellière ; ibid. 1997. I. 681, n° 16, obs. Cabrillac ; Rev. proc. coll. 1997. 316, obs. Canet ; RTD com. 1998. 208, obs. Martin-Serf . ♦ Il résulte de la combinaison de l'art. 47 de la loi du 25 janv. 1985 [C. com., art. L. 621-40] et des art. 240 à 242 du décret n° 92-755 du 31 juill. 1992 (portant application de la loi du 9 juill. 1991), qu'une saisie conservatoire signifiée au tiers saisi avant la date de cessation des paiements qui n'a pas été convertie en saisie-attribution avant la date du jugement d'ouverture n'emporte plus, dès lors, affectation spéciale et privilège au profit du créancier saisissant. • Com. 22 avr. 1997 : *préc.* • 6 mars 2001 : *Bull. civ. IV, n° 48 ; D. 2001. AJ. 1102, obs. Lienhard ; Act. proc. coll. 2001, n° 88, obs. Vallansan ; Procédures 2001, n° 126, obs. Laporte ; RD banc. fin. 2001, n° 129, obs. Delleci* • Paris, 19 mars 1998 : *D. Affaires 1998. 720, obs. A. L.* – V. aussi • Douai, 19 juill. 1994 : *D. 1995. 479, note Prévault ; JCP E 1995. I. 513, n° 17, obs. Cabrillac ; Rev. huiss. 1995. 838, note Dahan* • Montpellier, 20 avr. 2004 : *RD banc. fin. 2005, n° 59, obs. F.-X. Lucas* (à propos d'une conversion en saisie-attribution intervenue le jour même du jugement d'ouverture). ♦ En effet, aux termes mêmes de cet art. 240 et de l'art. 76, al. 2, de la loi du 9 juill. 1991, c'est la demande de paiement contenue dans l'acte de conversion qui emporte attribution immédiate, au profit du créancier, de la créance saisie conservatoirement et non la saisie conservatoire elle-même. • TGI Lyon, JEX, 26 sept. 1995 : *BICC 1996, n° 193 ; Rev. proc. coll. 1996. 343, obs. Canet. – Contra* : • TGI Lyon, JEX, 20 févr. 1996 : *D. 1996. IR. 188* • TGI Le Mans, JEX, 12 avr. 1994 : *Gaz. Pal. 1996. 2. Somm. 436, obs. Vray.* ♦ Dès lors, même en présence d'un jugement définitif consacrant sa créance, le créancier qui n'a pas signifié d'acte de conversion de la saisie conservatoire en saisie-attribution, avant l'ouverture de la procédure collective, ne peut se prévaloir d'un droit acquis avant le jugement d'ouverture. • Civ. 2e, 19 mai 1999 : *Bull. civ. II, n° 97 ; D. 1999. 549, note Prévault ; RJDA 2000, n° 184.* ♦ V. art. L. 621-107 (7°). ♦ Sur cette question, V. Vaccaro, *D. Affaires 1997. 1409.*

Une saisie conservatoire non convertie en saisie-attribution à la date du jugement d'ouverture doit faire l'objet d'une mainlevée. • Com. 31 mars 1998 : *Procédures 1998, n° 139, obs. Perrot ; ibid. n° 144, obs. Croze* • Paris, 16 juin 1998 : *D. Affaires 1998. 1450, obs. A. L.* ♦ De même, doit être ordonnée la mainlevée de la consignation des sommes entre les mains d'un séquestre, comme modalité de substitution à la saisie conservatoire, et leur reversement dans l'actif de la société en redressement judiciaire. • Lyon, 17 juin 1998 : *JCP 2000. IV. 1389.* ♦ En effet, la substitution d'un séquestre judiciaire à une saisie conservatoire n'a pas pour conséquence de faire échapper la créance séquestrée au régime juridique de la saisie conservatoire dont les effets sont maintenus. • Com. 6 mars 2001 : *préc.* – V. L. n° 91-650 du 9 juill. 1991, art. 72 et Décr. n° 92-755 du 31 juill. 1992, art. 235, **C. pr. civ.**

Une saisie conservatoire, qui n'a pas été convertie en saisie-attribution lors du jugement d'ouverture du redressement judiciaire du saisi, ne peut plus produire ses effets et s'oppose à ce que le créancier poursuivant puisse faire condamner le tiers saisi qui ne fournit pas les renseignements prévus [par l'art. 44 de la loi n° 91-650 du 9 juill. 1991]. • Civ. 2e, 20 oct. 2005 : *Bull. civ. II, n° 267 ; D. 2005. AJ. 2804, obs. Lienhard ; D. 2006. Pan. 83, obs. Le Corre ; Act. proc. coll. 2005, n° 255, obs. Salvat ; Gaz. Pal. 10-11 févr. 2006, p. 29, obs. Roussel Galle ; RD banc. fin. 2006, n° 28, obs. S. Piedelièvre.*

40 bis. Si l'attribution immédiate de la créance saisie reconnue au profit du saisissant par l'art. 43 de la loi du 9 juill. 1991 fait obstacle à l'interruption de la procédure de saisie-attribution pratiquée antérieurement au jugement d'ouverture de la procédure collective, ce même effet d'exception au regard de la règle posée par l'art. 47 de la loi du 25 janv. 1985 [C. com., art. L. 621-40] ne peut être reconnu à la saisie des rémunérations. • TI Brumath, 2 juin 1999 : *BICC 1999, n° 1441.* ♦ Doit être ordonnée la mainlevée de la saisie des rémunérations de l'épouse du débiteur, codébiteur à l'égard du même créancier, postérieurement à l'extension à son encontre de la procédure collective. • Toulouse, 14 oct. 1997 : *Rev. proc. coll. 1999. 107, obs. Canet.*

40 ter. Le créancier saisissant, devenu par l'effet attributif immédiat de la saisie-attribution créancier du tiers saisi, est soumis au principe de la suspension des poursuites individuelles, en cas de survenance d'un jugement portant ouverture du redressement ou de la liquidation judiciaire du tiers saisi. • Com. 11 juin 2002 : *Bull. civ. IV, n° 106 ; D. 2002. AJ. 2256, obs. Lienhard ; Act. proc. coll. 2002, n° 161, obs. Vallansan ; JCP E 2003, n° 6, p. 272, obs. Cabrillac ; Dr. et patr. oct. 2002. 114, obs. Monsèrié-Bon ; Dr. et procédures 2002. 372, note Putman* • 8 juill. 2003 : *Act. proc. coll. 2003, n° 229, obs. Regnaut-Moutier ; RD banc. fin. 2004, n° 22, obs. F.-X. Lucas.*

40 quater. Saisie-vente (loi n° 91-650 du 9 juill. 1991). La procédure de saisie-vente ne s'achève que par la vente des biens saisis qui fait sortir les biens du patrimoine du débiteur, les dispositions de l'art. 54 de la loi du 9 juill. 1991 n'ayant pour objet que de déterminer les créanciers admis à concourir sur le prix de la vente. Dès lors, la règle d'ordre public de l'arrêt des poursuites individuelles s'applique tant que cette procédure d'exécution n'a pas, par la vente, produit ses effets. • Civ. 2e, 19 mai 1998 : *D. 1998. 405, concl. Tatu ; D. Affaires 1998. 1089, obs. V. A.-R. ; JCP E 1998, n° 36, p. 1356, obs. Cabrillac.* ♦ L'arrêt des voies d'exécution du fait de l'ouverture de la procédure collective implique la mainlevée de toute saisie conservatoire de biens meubles corporels lorsque, à la date du jugement prononçant le redressement judiciaire du débiteur, les biens saisis n'ont pas encore été vendus en exécution de la procédure de saisie-vente en laquelle une telle saisie conservatoire doit être convertie, dès lors que c'est seulement par la vente que ces biens sortent du patrimoine du débiteur. • Com. 2 févr. 1999 : *Bull. civ. IV, n° 36 ; D. 1999. IR. 63 ; JCP E 1999, n° 13, p. 553, obs. Cadiou.*

40 quinquies. Saisie-revendication (Décr. n° 92-755 du 31 juill. 1992). En application de l'art. 47 [C. com., art. L. 621-40], le jugement d'ouverture de la procédure collective interdit toute saisie-revendication. • Civ. 2e, 18 févr. 1999 : *Act. proc. coll. 1999, n° 96, obs. Vallansan.*

40 sexies. Avis à tiers détenteur. Si le tiers détenteur n'est tenu au versement des sommes saisies qu'au terme du délai d'opposition, l'avis qu'il reçoit emporte attribution immédiate de la créance saisie disponible entre ses mains au comptable public qui l'a émis ; dès lors, des avis à tiers détenteur ne peuvent être déclarés sans effet aux motifs que n'ayant pas fait l'objet d'un acquiescement et étant toujours susceptibles d'opposition, ils n'étaient définitifs et n'avaient donc pas pu attribuer les créances saisies au comptable public quand le jugement d'ouverture du redressement judiciaire a été prononcé. • Com. 16 juin 1998 : *cité note 20 ss. ancien art. L. 621-107.* ♦ S'agissant d'un avis à tiers détenteur pratiqué sur une créance à exécution successive, V. note 6 ss. ancien art. L. 621-24. ♦ Sur l'inefficacité de l'avis à tiers détenteur portant sur des créances éventuelles, V. • Com. 17 déc. 2002 : *Act. proc. coll. 2003, n° 42, obs. Regnaut-Moutier.* ♦ V. note 34.

41. Attribution judiciaire du gage. L'action afin d'attribution judiciaire du gage doit être considérée comme une voie d'exécution au sens de l'art. 47 [C. com., art. L. 621-40]. • Chambéry, 26 sept. 1994 : *Gaz. Pal. 1995. 1. Somm. 195.*

41 bis. Restitution du montant d'un chèque impayé. L'action en restitution du montant d'un chèque encaissé constitue une voie d'exécution interdite par l'art. 47 [C. com., art. L. 621-40] dès lors que la créance avait son origine antérieurement au jugement d'ouverture de la procédure collective. • Com. 23 juin 1998 : *Act. proc. coll. 1998, n° 147, note Bonhomme ; Rev. proc. coll. 1999. 107, obs. Canet.*

42. Expulsion. La clause résolutoire prévue au bail ayant produit ses effets avant l'ouverture de la procédure collective, l'expulsion ne constitue pas une voie d'exécution au sens de l'art. 47 [C. com., art. L. 621-40]. • Civ. 3e, 21 févr. 1990 : *Bull. civ. III, n° 52 ; D. 1990. IR. 73 ; RTD com. 1990. 478, obs. Chaput.* – V. aussi • Com. 3 déc. 2003 : *Act. proc. coll. 2004, n° 16.* ♦ Dans le même sens, à propos d'un crédit-bail : • Com. 17 mai 1994 : *Bull. civ. IV, n° 179 ; Gaz. Pal. 1995. 1. 6, note Massoni ; JCP N 1995. I. 651, note Garçon ; D. 1994. IR. 180.* ♦ Comp., classant les mesures d'expulsion parmi les procédures civiles d'exécution : L. n° 91-650 du 9 juill. 1991 (art. 61 s.), applicable depuis le 1er janv. 1993, **C. pr. civ.** (V. note Gallet, ss. • Paris, 19 mai 1992 : *Rev. loyers 1994. 27*). ♦ V. aussi notes 2 s. ss. ancien art. L. 621-29.

42 bis. Créances salariales. Même en retenant le caractère salarial et privilégié de la créance invoquée, les règles édictées par les art. 128, 129 et 76 de la loi du 25 janv. 1985 [C. com., art. L. 621-130, L. 621-131 et L. 621-78], qui ne concernent que le règlement des créances effectué dans le cadre de la procédure de redressement judiciaire, n'autorisent en rien le créancier à exécuter directement contre le débiteur en redressement judiciaire. • Limoges, 20 mai 1997 : *Rev. proc. coll. 1999. 107, obs. Canet.*

2° VALIDITÉ DES MESURES CONSERVATOIRES

43. Les mesures conservatoires, qui ne peuvent être assimilées aux voies d'exécution, échappent à l'interdiction prévue par l'art. 47 [C. com., art. L. 621-40]. Tel est le cas : de l'opposition au paiement du prix de vente d'un fonds de commerce formée par un créancier. • Montpellier, 5 mars 1997 : *Rev. proc. coll. 1999. 120, obs. Macorig-Venier.* ♦ ... De la surenchère du sixième formée par un créancier du vendeur de fonds de commerce. • Com. 21 juill. 1987 : *Rev. proc. coll. 1997, n° 4, p. 37, obs. Campana.* ♦ ... De la délivrance du commandement préalable à la saisie exécution qu'exigeait l'art. 583 C. pr. civ. [ancien ; abrogé depuis le 1er janv. 1993]. • Com. 14 mars 1995 : *Bull. civ. IV, n° 76 ; D. 1995. IR. 112.* ♦ ... De la prorogation d'un commandement de saisie immobilière, publié antérieurement au jugement d'ouverture de la procédure collective dont fait l'objet le saisi, cette prorogation ayant été sollicitée dans le but de faire obstacle à la péremption de l'art. 694, al. 3, C. pr. civ. [ancien]. • Civ. 2e, 23 oct. 1991 : *Bull. civ. II, n° 283 ; D. 1992. Somm. 184, obs. crit. Honorat ; Defrénois 1992. 592, obs. Sénéchal.* ♦ ... De la saisie conservatoire visant des marchandises vendues avec une clause de réserve de propriété ou leur prix. • Paris, 27 mai 1999 : *D. 1999. IR. 217.* ♦ ... De la procédure gracieuse en vertu de laquelle un créancier qui justifie d'une créance paraissant fondée en son principe sollicite du président du tribunal de grande instance l'autorisation de prendre sur les immeubles du débiteur une inscription provisoire d'hypothèque judiciaire. • Paris, 20 oct. 1987 : *D. 1987. IR. 240.* ♦ ... De l'envoi de réclamations préalables telles que celles prévues par l'art. 32 de la convention du 19 mai 1956, relative au contrat de transport international de marchandises par route (CMR). • Paris, 23 sept. 1994 : *RJDA 1995, n° 348.* ♦ ... De l'exequatur d'un jugement étranger portant condamnation à un paiement. • Paris, 4 juill. 1991 : *Rev. proc. coll. 1994. 34, obs. Saint-Alary-Houin ; JDI 1991. 405, note Kahn.* ♦ ... De la mesure conservatoire de séquestre. • Paris, 26 janv. 1996 : *D. 1996. IR. 62.* – V. aussi note 16, *supra,* et note 12 ss. ancien art. L. 621-43. ♦ Comp., pour un séquestre comme substitut à une saisie conservatoire : • Lyon, 17 juin 1998 : *préc. note 40.* ♦ ... De la mise en demeure de l'entrepreneur principal, dans le cadre de la mise en œuvre de l'action directe du sous-traitant contre le maître de l'ouvrage (Rép. min. n° 51711 : *JOAN Q, 25 mai 1992, p. 2356).*

III. RECOURS

44. Le débiteur a le droit propre, lorsqu'était en cours à la date du jugement d'ouverture de son redressement judiciaire une instance tendant à sa condamnation au paiement d'une somme d'argent pour une cause antérieure à ce jugement, d'exercer les voies de recours prévues par la loi contre la décision statuant sur l'existence et le montant de la créance. • Com. 11 mai 1993 : *préc. note 7.*

Ancien art. L. 621-41 ***Sous réserve des dispositions de l'article L. 621-126, les instances en cours sont suspendues jusqu'à ce que le créancier poursuivant ait procédé à la déclaration de sa créance. Elles sont alors reprises de plein droit, le représentant des créanciers et, le cas échéant, l'administrateur dûment appelés, mais tendent uniquement à la constatation des créances et à la fixation de leur montant.*** — [L. n° 85-98 du 25 janv. 1985, art. 48]. — V. Décr. n° 85-1388 du 27 déc. 1985, anciens art. 65 et 65-1, infra, App., v° Difficultés des entreprises.

BIBL. ► VALLENS, *RTD com. 1991. 529.*

1. Suspension des instances en cours. Le créancier ne justifiant pas de la déclaration de sa créance entre les mains du représentant des créanciers, la cour doit, dès lors, constater la suspension de l'instance en impartissant aux créanciers un délai en vue de la régularisation de la procédure. • Paris, 2 déc. 1986 : *D. 1987. Somm. 238, obs. Honorat.*

2. La déclaration de la créance ne peut, toutefois, mettre fin, dans les conditions prévues par l'art. 48 [C. com., art. L. 621-41], à la suspension de l'instance, que si elle a été faite dans le délai légal ou si le créancier retardataire a obtenu d'être relevé de la forclusion encourue. • Paris, 24 mars 1987 : *D. 1987. IR. 113* • 23 sept. 1987 : *D. 1989. Somm. 14, obs. Derrida* • 28 janv. 1988 : *D. 1988. Somm. 385, obs. Honorat.*

3. Sur le rattachement de la suspension des instances en cours décidée par l'art. 48 [C. com., art. L. 621-41] à l'interruption de l'instance édictée par les art. 369 s. NCPC, V. • Paris, 28 juill. 1986 : *D. 1987. Somm. 94, obs. Derrida* • Civ. 2e, 6 mars 1991 : *Bull. civ. II, n° 78 ; D. 1992. Somm. 88, obs. Derrida* • Com. 29 oct. 1991 : *Bull. civ. IV, n° 319 ; D. 1992. 293, note Rossi, et Somm. 254, obs. Derrida* • 22 juin 1993 : *Bull. civ. IV, n° 260 ; D. 1993. Somm. 365, obs. Honorat* • Civ. 3e, 19 mars 1997 : *RJDA 1997, n° 955 ; Rev. proc. coll. 1999. 33, obs. Monsèrié.*

Une société ayant été mise en redressement judiciaire par un jugement survenu postérieurement à l'ouverture des débats devant la cour d'appel, l'instance n'a pas été interrompue par l'effet de cette décision. • Com. 14 févr. 1995 : *Bull. civ. IV, n° 44 ; D. 1995. Somm. 217, obs. Honorat* • 6 févr. 2001 : *Rev. proc. coll. 2002. 269, obs. Staes.* ♦ V. art. 371 NCPC. – **C. pr. civ.**

Sur la radiation de l'affaire, en application de l'art. 376 NCPC, V. • Paris, 16 mars 1995 : *D. 1995. IR. 103.*

4. Actions visées. Les art. 48 et 50 [C. com., art. L. 621-41 et L. 621-43] n'ayant pas entendu réglementer les actions en revendication, en demandant au juge des référés, sur la base de l'art. 32 du décret-loi du 30 oct. 1935, d'ordonner la mainlevée des oppositions irrégulièrement formées par le tireur, le porteur du chèque, propriétaire de la provision, intente une action en revendication, qui doit être accueillie. • Paris, 20 déc. 1988 : *D. 1989. Somm. 87, obs. Cabrillac.*

4 bis. L'art. 48 [C. com., art. L. 621-41] ne s'applique pas à l'action en résiliation des baux pour défaut d'entretien. • Civ. 3e, 21 juill. 1999 : *D. 1999. IR. 229 ; D. Affaires 1999. 1443, obs. V. A.-R.*

4 ter. La demande reconventionnelle en fixation d'une créance formée après le jugement d'ouverture de la procédure collective du demandeur initial n'est pas une instance en cours au sens de l'art. 48, devenu l'art. L. 621-41 C. com. • Com. 17 juill. 2001 : *Bull. civ. IV, n° 153 ; RJDA 2002, n° 34 ; Procédures 2002, n° 7, note Laporte ; JCP E 2002, n° 13, p. 569, note Kandem ; Rev. proc. coll. 2002. 268, obs. Staes* • Angers, 3 juin 2002 : *Rev. proc. coll. 2003. 313, obs. Staes.* ♦ En revanche, les dispositions de l'art. 48 [C. com., art. L. 621-41] s'appliquent à la demande reconventionnelle en paiement de dommages-intérêts introduite avant l'ouverture de la procédure collective. • Paris, 14 mars 2000 : *Rev. proc. coll. 2001. 251, obs. Staes.*

4 quater. Le jugement d'ouverture de la liquidation judiciaire interrompt la saisie immobilière en cours, qui doit être reprise aux formes et conditions des art. L. 622-16 C. com. et 125 à 131 du décret du 27 déc. 1985. • Com. 3 avr. 2002 : *RJDA 2002, n° 1054.*

5. L'instance en cours, suspendue jusqu'à ce que le créancier poursuivant ait procédé à la déclaration de sa créance est celle qui tend à obtenir, de la juridiction saisie du principal, une décision définitive sur l'existence et le montant de cette créance ; tel n'est pas le cas de l'instance en référé qui tend à obtenir une condamnation provisionnelle. • Com. 12 juill. 1994 : *Bull. civ. IV, n° 263 ; D. 1994. 520 ; D. 1995. Somm. 28, obs. Honorat ; RTD com. 1995. 482, obs. Martin-Serf ; Justices 1995. 241, obs. Héron ; JCP E 1995. II. 640, note Gallet* • 3 déc. 1996 : *Rev. proc. coll. 1999. 33, obs. Monsèrie* • 17 juill. 1997 : *Dr. sociétés 1997, n° 161, obs. Chaput* • 23 mai 2000 : *RJDA 2000, n° 1018 ; Rev. proc. coll. 2001. 251, obs. Staes* • Paris, 24 avr. 1998 : *D. 1998. IR. 141* • Aix-en-Provence, 8 janv. 1999 : *Rev. proc. coll. 2000. 130, obs. Monsèrie-Bon* • Dijon, 18 nov. 2003 : *ibid. 2004. 237, obs. Staes.* ♦ Par conséquent, la créance faisant l'objet d'une telle instance doit être soumise à la procédure normale de vérification et à la décision du juge-commissaire. • Mêmes arrêts. – V. déjà • Versailles, 7 juin 1991 • Lyon, 22 nov. 1991 : *D. 1992. Somm. 252 et 253, obs. Derrida.* ♦ V. aussi note 12 ss. ancien art. L. 621-104.

Il a, en revanche, été jugé que l'instance devant le juge de l'exécution saisi de la liquidation d'une astreinte prononcée par le juge des référés est une instance en cours au sens de l'art. L. 621-41 C. com. • Nancy, 4 déc. 2003 : *Rev. proc. coll. 2005. 216, obs. Staes.*

5 bis. Méconnaît l'art. 48 [C. com., art. L. 621-41] la cour d'appel qui fixe le montant des dommages-intérêts dus par un prévenu personnellement en liquidation judiciaire à chacune des parties civiles, alors que le liquidateur n'a pas été mis en cause. • Crim. 24 févr. 1999 : *D. 1999. IR. 98 ; Rev. sociétés 1999. 408, note Bouloc.*

5 ter. La mise en cause du représentant des créanciers, prévue par l'art. 48 [C. com., art. L. 621-41], n'est pas exigée lorsque, dans l'instance en paiement dirigée contre le débiteur du débiteur soumis à la procédure collective, le juge, saisi d'une demande de compensation, doit statuer sur le point de savoir si la créance invoquée à ce titre a été déclarée au passif dans le délai légal. • Com. 6 févr. 1996 : *Bull. civ. IV, n° 39 ; D. 1997. Somm. 77, obs. Honorat ; D. Affaires 1996. 459.*

6. Sur l'exclusion des instances en cours devant la juridiction prud'homale, V. art. L. 621-126.

7. Effets de la suspension. L'ouverture d'une procédure de redressement judiciaire n'interrompt l'instance qu'au profit de la personne qui y est soumise ; l'interruption de l'instance ne dessaisit pas le juge. • Civ. 3e, 12 mai 1999 : *Bull. civ. III, n° 114 ; D. 1999. IR. 152.* – Dans le même sens : • Paris, 2 mai 1990 : *D. 1990. Somm. 219, obs. Honorat.*

7 bis. A compter de l'ouverture de la procédure de redressement judiciaire d'une SCI, l'instance en cours tendant à la résolution de la vente en l'état futur d'achèvement et à la restitution du prix étant suspendue et ne pouvant reprendre, après déclaration des créances, qu'en vue de leur constatation et de la fixation de leur montant, aucune condamnation ne peut être prononcée. • Civ. 3e, 17 mars 1999 : *JCP E 1999, n° 21, p. 885.* ♦ La décision de condamnation du débiteur au paiement d'une dette antérieure au prononcé du redressement judiciaire, alors que l'instance ne pouvait tendre qu'à la fixation de la créance, doit être regardée comme non avenue, puisqu'elle n'a été ni expressément ni tacitement confirmée par le liquidateur judiciaire ou par le débiteur lui-même. • Dijon, 9 avr. 2004 : *Act. proc. coll. 2004, n° 135.*

8. Sur l'impossibilité, pour le juge des référés, lorsqu'une demande de provision est soumise à la suspension des poursuites individuelles, d'évaluer le montant de la créance, V. • Paris, 14 oct. 1987 : *D. 1988. Somm. 146, obs. Honorat ; Gaz. Pal. 1988. 1. 91.* – V. aussi • Paris, 27 sept. 1989 : *Gaz. Pal. 1990. 1. Somm. 187* • 19 mai 1992 : *Rev. loyers 1994. 27, note Gallet* • 24 avr. 1998 : *préc. note 5.*

9. Reprise de l'instance. L'instance suspendue ne peut être reprise qu'en vue de la constatation de la créance et de la fixation de son montant, à l'exclusion de la condamnation du débiteur. • Com. 11 mai 1993 : *Bull. civ. IV, n° 182.* – Dans le même sens : • Com. 8 mars 1994 : *Bull. civ. IV, n° 98* • 20 juin 2000 : *Dr. sociétés 2000, n° 140, obs. Chaput ; Rev. proc. coll. 2001. 253, obs. Staes* • 15 oct. 2002 : *Rev. proc. coll. 2003. 314, obs. Staes* (en cas de plan de continuation du débiteur). ♦ V. aussi, dans le cas de poursuites dirigées contre les héritiers, après décès du débiteur, • Com. 4 janv. 2000 : *Bull. civ. IV, n° 4 ; JCP E 2000, n° 17, p. 700, obs. Pétel ; Act. proc. coll. 2000, n° 21, obs. Regnaut-Moutier.* ♦ Dès lors que le liquidateur judiciaire du débiteur est dans la cause et que le créancier a déclaré sa créance, il appartient à la juridiction saisie de se prononcer d'office sur l'existence et le montant de celle-ci, peu important que les conclusions du créancier tendent à une condamnation au paiement. • Com. 4 avr. 2006 : *D. 2006. AJ. 1107, obs. Lienhard ; Act. proc. coll. 2006, n° 99, obs. Vallansan.*

La juridiction saisie doit rechercher, au besoin d'office, si le créancier a procédé à la déclaration de sa créance auprès du représentant des créanciers et si l'instance a été valablement reprise. • Com. 12 févr. 1991 : *Bull. civ. IV, n° 67 ; JCP E 1991. I. 100, n° 7, obs. Cabrillac* • 6 oct. 1992 : *Bull. civ. IV, n° 289* • 3 déc. 2003 : *Act. proc. coll. 2003, n° 17, obs. Regnaut-Moutier ; Rev. proc. coll. 2004. 240, obs. Staes.* – Dans le même sens, V. • Com. 22 juin 1993 : *préc. note 3* • 1er juill. 1997 : *Rev. proc. coll. 1999. 33, obs. Monsèrié* • 28 mars 2000 : *ibid. 2001. 253, obs. Staes* • 23 nov. 2004 : *ibid. 2005. 130, obs. Gorrias.* ♦ Elle ne peut se prononcer que dans les limites de cette déclaration. • Com. 20 mars 2001 : *Bull. civ. IV, n° 62 ; D. 2001. AJ. 1468 ; Rev. proc. coll. 2001. 253, obs. Staes.*

Sur la portée de la mise en cause du représentant des créanciers et de l'administrateur, V. • Com. 18 avr. 1989 : *RTD com. 1989. 752, obs. Grelon* • 29 oct. 1991 : *préc. note 3* • 7 janv. 1992 : *Bull. civ. IV, n° 4 ; D. 1992. Somm. 255, obs. Derrida .* ♦ V. aussi note 5 *ter.*

Le liquidateur n'ayant pas été attrait dans la procédure tendant à la condamnation du débiteur au paiement d'une pension alimentaire qui s'est achevée par un arrêt postérieur au jugement d'ouverture, cet arrêt ne peut être opposé aux créanciers de la procédure collective. • Com. 22 janv. 2002 : *Act. proc. coll. 2002, n° 99 ; Rev. proc. coll. 2003. 315, obs. Staes.*

Dans le cadre d'une action dirigée contre une société placée en liquidation judiciaire par un tribunal de commerce ayant désigné deux coliquidateurs, l'instance d'appel, interrompue jusqu'à la déclaration de créance de l'appelante, a été valablement reprise par l'assignation de l'un seulement des deux coliquidateurs, chacun d'entre eux disposant de l'entier pouvoir d'exercer des droits et actions de la société en liquidation. • Bordeaux, 6 déc. 1994 : *BICC 1995, n° 253 ; Rev. huiss. 1995. 485,* conf. par • Civ. 2e, 8 janv. 1997 : *Bull. civ. II, n° 1 ; D. Affaires 1997. 256 ; JCP E 1997. I. 651, n° 5, obs. Pétel.*

Si la juridiction devant laquelle est reprise l'instance n'est pas liée par la déclaration de créance effectuée par le créancier, le représentant des créanciers ne peut, au cours de cette instance, contester cette créance et discuter son inscription au passif. • Paris, 4 juill. 1997 : *Rev. proc. coll. 1999. 157, obs. Monsèrié.*

Bien que l'art. 48 [C. com., art. L. 621-41] ne le précise pas formellement, le tribunal, en considération du fait que le caractère privilégié ou chirographaire de la créance constitue un élément indissociable de la créance elle-même, peut statuer sur ce point. • T. com. Paris, 7 nov. 1986 : *Gaz. Pal. 1987. 1. 68, note de Granvilliers* • Lyon, 7 mai 1992 : *BICC 1993, n° 79 ; Rev. proc. coll. 1994. 29, obs. Dureuil.*

Les intérêts sont dus au taux légal à compter de la citation en justice, mais leur cours est interrompu, en vertu de l'art. 55 [C. com., art. L. 621-48], par le redressement judiciaire. • Douai, 30 nov. 1989 : *Rev. proc. coll. 1992. 173, obs. Saint-Alary-Houin.*

V. aussi note 8 *septies* ss. ancien art. L. 621-43.

9 bis. Plan de cession. Si le jugement arrêtant le plan de cession de l'entreprise met fin, en tout état de cause, à l'interruption de l'instance provoquée par l'ouverture de la procédure de redressement judiciaire, il n'en suit pas que les dispositions de l'art. 48 [C. com., art. L. 621-41], qui ne fait aucune distinction selon qu'un plan de cession a été ou non arrêté, ne soient pas applicables. • Paris, 18 janv. 2002 : *Rev. proc. coll. 2003. 314, obs. Staes.*

10. Application à la liquidation judiciaire. L'art. 48 [C. com., art. L. 621-41] s'applique aussi bien à la liquidation judiciaire qu'au redressement judiciaire. • Dijon, 15 mai 1987 : *D. 1989. Somm. 9, obs. Derrida.* – V. aussi • Paris, 3 nov. 1987 : *D. 1988. Somm. 146, obs. Honorat.* ♦ Jurisprudence confirmée par art. L. 622-3, issu de la loi n° 94-475 du 10 juin 1994.

11. Arbitrage. Lorsque l'instance arbitrale formée contre le débiteur a été commencée avant l'ouverture de la procédure, l'instance arbitrale est, en application de l'art. 48 [C. com., art. L. 621-41] suspendue jusqu'à ce que le créancier ait déclaré sa créance. • Paris, 3 mars 1998 : *D. 1998. IR. 102 ; D. Affaires 1998. 846, obs. A. L.* • 8 sept. 1998 : *D. 1998. IR. 235 ; D. Affaires*

1998. 1646 ; JCP E 1998, n° 40, p. 1525 ; Rev. proc. coll. 1999. 156, obs. Monsèrié • 30 mars 1999 : *D. 1999. IR. 125.* ♦ L'instance arbitrale est en cours à partir du jour où le tribunal arbitral est définitivement constitué et peut donc être saisi du litige, c'est-à-dire à partir de l'acceptation par tous les arbitres de leur mission. • Civ. 1re, 30 mars 2004 : *Bull. civ. I, n° 98 ; D. 2004. Somm. 3183, obs. Clay ; Act. proc. coll. 2004, n° 112, obs. Vallansan ; Rev. proc. coll. 2004. 236, obs. Staes.* ♦ V. note 17 ss. ancien art. L. 621-40.

12. Péremption de l'instance. Sur la péremption d'une instance non reprise dans les deux ans de son interruption par le jugement d'ouverture, V. • Paris, 25 févr. 2000 : *Rev. proc. coll. 2001. 252, obs. Staes.*

Ancien art. L. 621-42 *Les actions en justice et les voies d'exécution autres que celles visées à l'article L. 621-40 sont poursuivies au cours de la période d'observation à l'encontre du débiteur, après mise en cause de l'administrateur et du représentant des créanciers ou après une reprise d'instance à leur initiative.* — [L. n° 85-98 du 25 janv. 1985, art. 49].

1. Ordre public. L'art. 49 [C. com., art. L. 621-42] est d'ordre public. • Bordeaux, 9 juill. 1987 : *Gaz. Pal. 1987. 2. 535, note Brault.* ♦ Toutefois, la mise en cause n'a été édictée que dans l'intérêt des créanciers, si bien que seul le représentant des créanciers, à l'exclusion de l'administrateur judiciaire, peut s'en prévaloir pour exciper d'une irrégularité de la procédure suivie par un tribunal administratif au cas où il n'aurait pas été appelé à l'instance à l'occasion d'une action introduite par l'administrateur judiciaire ou par un éventuel créancier. • CAA Nantes, 12 juin 1997 : *RJDA 1998, n° 761.*

2. Saisie-arrêt ou saisie-attribution. La saisie-arrêt, s'analysant comme une voie d'exécution portant sur un meuble, ne constitue pas une des exceptions prévues par l'art. 49 [C. com., art. L. 621-42]. • Paris, 12 oct. 1988 : *D. 1988. IR. 279.* ♦ L'acte de saisie emportant, à concurrence des sommes pour lesquelles elle est pratiquée, attribution immédiate au profit du saisissant de la créance disponible entre les mains du tiers et la survenance d'un jugement de redressement ou de liquidation judiciaire ne remettant pas en cause cette attribution, la dérogation ainsi apportée au principe de la suspension des poursuites individuelles de la part des créanciers visés à l'art. 47 [C. com., art. L. 621-40] n'a pas pour conséquence de soumettre aux dispositions de l'art. 49 [C. com., art. L. 621-42] la saisie-attribution pratiquée. • Com. 16 févr. 1999 : *Procédures 1999, n° 274, obs. Laporte.*

2 bis. L'administrateur à qui a été confiée la mission d'assister le débiteur, conformément à l'art. 31 [C. com., art. L. 621-22], doit être considéré comme étant le débiteur auquel la saisie-attribution doit être dénoncée, à peine de caducité, dans les huit jours, en vertu de l'art. 58 du décret n° 92-755 du 31 juill. 1992 (V. le texte au **C. pr. civ.**). Il doit donc être mis en cause. • Paris, 14 sept. 1995 : *Rev. proc. coll. 1996. 219, obs. Canet.* ♦ De même, la saisie-attribution doit être dénoncée au représentant des créanciers. • TGI Grenoble, JEX, 27 juin 1994 : *JCP 1995. II. 22417, note R. Martin ; Rev. proc. coll. 1996. 219, obs. Canet.* ♦ V. aussi, sur la nullité d'une contrainte délivrée par l'URSSAF à la seule entreprise en redressement judiciaire, • TASS Paris, 15 mai 1995 : *Rev. proc. coll. 1998. 90, obs. Canet.*

3. Résolution d'un bail commercial. Après l'ouverture de la procédure de redressement judiciaire du preneur et l'exercice de l'option par l'administrateur, la résiliation du bail pour une cause autre que le défaut de paiement d'une somme d'argent est valablement poursuivie contre le preneur, après mise en cause de l'administrateur et du représentant des créanciers. • Com. 6 janv. 1998 : *AJPI 1998. 844, note Gallet.* ♦ Cependant, l'art. 49 [C. com., art. L. 621-42] ne s'applique pas lorsque la clause résolutoire d'un bail commercial avait produit ses effets avant l'ouverture de la procédure collective et que le juge des référés n'était pas saisi d'une action à l'encontre du débiteur, mais d'une demande de ce dernier. • Com. 19 déc. 1989 : *Bull. civ. IV, n° 320 ; D. 1990. 450, note Derrida.* ♦ V. aussi note 2 ss. ancien art. L. 621-29.

3 bis. Homologation d'un partage de communauté. Sur la nécessité d'une mise en cause préalable du représentant des créanciers dans l'instance en homologation d'un acte de partage de communauté poursuivie après la mise en redressement judiciaire du débiteur divorcé, V. • Civ. 1re, 26 juin 2001 : *Act. proc. coll. 2001, n° 210.*

3 ter. Action en revendication. V. note 3 ss. ancien art. L. 621-115.

4. Action devant le juge administratif. L'art. 49 [C. com., art. L. 621-42] ne comporte aucune dérogation aux dispositions régissant les compétences respectives des juridictions administratives et judiciaires ; par suite, la circonstance que la SNCF, dont l'action devant le juge administratif tend à obtenir l'expulsion d'un occupant – en redressement judiciaire – sans titre du domaine public, n'a pas mis en cause, devant le tribunal, l'administrateur et représentant des créanciers, est sans influence sur la compétence du juge administratif pour se prononcer sur ces conclusions. • CAA Lyon, 20 oct. 1993 : *JCP E 1994. Pan. 394.* ♦ De même, il appartient au juge administratif, s'agissant des créances qui par leur nature relèvent de sa compétence, d'examiner si la personne publique demanderesse a droit à réparation, de fixer le montant des sommes qui lui sont dues à ce titre, et de prononcer ainsi une condamnation, sans préjudice des suites que la procédure judiciaire est susceptible d'avoir sur le recouvrement de ses créances. • CAA Nantes, 12 juin 1997 : *préc. note 1.*

4 bis. Procédure simplifiée. En cas de régime simplifié sans administrateur, la mise en cause du représentant des créanciers est nécessaire. • Com. 26 mai 1999 : *Rev. proc. coll. 2000. 130, obs. Monsèrié-Bon.*

5. Régularisation. Si la mise en cause de l'assuré responsable, à laquelle est subordonnée la recevabilité de l'action directe exercée à l'encontre de son assureur, doit avoir lieu dans le délai de prescription de l'action ouverte contre l'assuré et si la régularité de la mise en cause de celui-ci, lorsqu'il a été mis en redressement judiciaire, suppose, par application de l'art. 49 [C. com., art. L. 621-42], que soient appelés à l'instance l'administrateur de la procédure collective, s'il a reçu une mission de représentation ou d'assistance du débiteur, et le représentant des créanciers, la situation résultant de la seule mise en cause du débiteur avant l'expiration du délai peut être régularisée, après cette date, par l'intervention de ces mandataires de justice jusqu'au moment où le juge statue. • Com. 25 juin 1996 : *Bull. civ. IV, n° 195 ; D. 1996. 481, rapp. Rémery ; D. Affaires 1996. 1131.*

Sous-§ 3 *DE LA DÉCLARATION DES CRÉANCES*

BIBL. GÉN. ▶ COFFY DE BOISDEFFRE, *ALD 1986. 111.* – DUREUIL, *Rev. proc. coll. 1992. 17 ; Petites affiches 18 mai 1992 ; Dr. et patr. sept. 1998. 46.* – TANGER, *Petites affiches 19 août 2003, p. 3* (établissement du passif antérieur selon la législation fédérale des États-Unis sur la faillite).

Ancien art. L. 621-43 ***A partir de la publication du jugement, tous les créanciers dont la créance a son origine antérieurement au jugement d'ouverture, à l'exception des salariés, adressent la déclaration de leurs créances au représentant des créanciers. Les créanciers titulaires d'une sûreté ayant fait l'objet d'une publication ou d'un contrat de crédit-bail publié sont avertis personnellement et, s'il y a lieu, à domicile élu.*** — V. ancien art. L. 621-46, al. 2, et Décr. n° 85-1388 du 27 déc. 1985, ancien art. 66, infra, App., v° Difficultés des entreprises.

La déclaration des créances peut être faite par le créancier ou par tout préposé ou mandataire de son choix.

La déclaration des créances doit être faite alors même qu'elles ne sont pas établies par un titre. Les créances du Trésor public et des organismes de prévoyance et de sécurité (L. n° 2003-7 du 3 janv. 2003, art. 50-II) ***« sociale » ainsi que les créances recouvrées par les organismes visés à l'article L. 351-21 du code du travail qui n'ont pas fait l'objet d'un titre exécutoire au moment de leur déclaration sont admises à titre provisionnel pour leur montant déclaré. En tout état de cause, les déclarations du Trésor et de la sécurité sociale sont toujours faites sous réserve des impôts et autres créances non établis à la date de la déclaration. Sous réserve des procédures judiciaires ou administratives en cours, leur établissement définitif doit, à peine de forclusion, être effectué dans le délai prévu à l'article L. 621-103.*** — V. Décr. n° 85-1388 du 27 déc. 1985, anciens art. 68 et 74, infra, App., v° Difficultés des entreprises.

Les institutions mentionnées à l'article L. 143-11-4 du code du travail sont soumises aux dispositions du présent article pour les sommes qu'elles ont avancées et qui leur sont remboursées dans les conditions prévues pour les créances nées antérieurement au jugement ouvrant la procédure. — [L. n° 85-98 du 25 janv. 1985, art. 50]. — Sur la rédaction de l'art. 50 de la loi n° 85-98 du 25 janv. 1985 (désormais codifié à l'art. L. 621-43) antérieure à la loi n° 94-475 du 10 juin 1994, V. éditions 1993-1994 et antérieures du **C. com.** — Sur l'entrée en vigueur de cette loi, V. note ss. ancien art. L. 620-1.

Sur la dispense de déclaration des créances accordée au Fonds de garantie des dépôts et aux déposants, instituée par la loi n° 99-532 du 25 juin 1999, en cas d'ouverture d'une procédure de redressement ou de liquidation judiciaires à l'égard d'un établissement de crédit ou d'une entreprise d'investissement, V. C. mon. fin., ancien art. L. 613-30, infra, App., v° Code monétaire et financier (extraits).

Sur la dispense de déclaration des créances accordée aux titulaires de droits sur les instruments financiers inscrits en compte, en cas d'ouverture d'une procédure de redressement ou de liquidation judiciaires à l'égard de l'établissement teneur des comptes, V. C. mon. fin., ancien art. L. 211-6, infra, App., v° Code monétaire et financier (extraits).

Sur la dispense de déclaration des créances accordée : aux assurés, souscripteurs, adhérents et bénéficiaires de contrats d'assurance, ainsi qu'au fonds de garantie mentionné à l'art. L. 423-1 C. assur., en cas d'ouverture d'une procédure de liquidation judiciaire à l'égard d'une entreprise d'assurance, V. C. assur., art. L. 326-4. — **C. assur.** *... aux membres participants, bénéficiaires et ayants droit de règlements ou de contrats, ainsi qu'au fonds paritaire de garantie institué par les art. L. 931-5 s. CSS, en cas d'ouverture d'une procédure de redressement ou de liquidation judiciaires à l'égard d'une institution de prévoyance ou d'une union d'institutions de prévoyance, V. CSS, art. L. 931-21-1. —* **CSS.** *... aux membres participants et aux bénéficiaires de garanties, ainsi qu'au fonds de garantie mentionné à l'art. L. 431-1 C. mut., en cas d'ouverture d'une procédure de redressement ou de liquidation judiciaires à l'égard d'une mutuelle ou d'une union, V. C. mut., art. L. 212-18. —* **CSS.**

Sur la production des créances dans les procédures d'insolvabilité ayant des effets transfrontaliers, V. Règl. CE n° 1346/2000 du 29 mai 2000 relatif aux procédures d'insolvabilité (JOCE n° L 160 du 30 juin), applicable à partir du 31 mai 2002.

BIBL. ▸ Chaput, *Rev. proc. coll. 1988. 149 ; Dr. sociétés 1995. Chron. 7* (créanciers avertis et créanciers ignorants). – Soinne, *ibid. 1986, n° 4, p. 1*. – R. Martin, *Ann. loyers 1994. 620* (créance d'indemnité d'éviction du preneur commercial). – Chotin, *Petites affiches 14 sept. 1994, p. 86* (sort des créances fiscales). – Guillou, *Rev. proc. coll. 1999. 57* (fait générateur, origine, exigibilité de l'impôt). – Larrieu, *Petites affiches 6 sept. 2000, p. 15*. – Baron, *RTD com. 2001. 1* (date de naissance des créances contractuelles). – Rodriguez, *JCP 2002. I. 161* (le Trésor face à l'obligation de déclaration des créances). – Rémery, *Rev. proc. coll. 2003. 66* (aspects européens de la déclaration des créances dans une procédure collective ouverte en France). – Saint-Alary-Houin, *Petites affiches 9 nov. 2004, p. 11* (date de naissance des créances). – Le Corre-Broly, *Gaz. Pal. 29-30 avr. 2005, p. 14* (déclaration de créance du bailleur financier et du crédit-bailleur).

I. GÉNÉRALITÉS

1. Ordre public. Les juges doivent appliquer d'office les dispositions d'ordre public des art. 47 et 50 [C. com., art. L. 621-40 et L. 621-43] qui obligent le créancier d'un débiteur en redressement judiciaire à se soumettre, concernant les demandes tendant au paiement d'une somme d'argent pour une cause antérieure à l'ouverture de la procédure collective, à la procédure de vérification des créances. • Com. 6 déc. 1994 : *Bull. civ. IV, n° 361 ; Quot. jur. 12 janv. 1995, p. 4.*

1 bis. Une cour d'appel saisie d'une action en paiement contre les cautions n'est pas tenue de rechercher d'office si le créancier a déclaré sa créance au passif de la société débitrice principale en liquidation judiciaire, mais doit rechercher d'office si le créancier a déclaré sa créance au passif du redressement judiciaire de la caution. • Com. 23 juin 1998 : *Bull. civ. IV, n° 204 ; D. Affaires 1998. 1590, obs. V. A.-R.*

1 ter. Une décision de reconnaissance en France d'un jugement étranger ne conférant pas à celui-ci plus de droits que n'en aurait une décision nationale, elle ne saurait tenir en échec le principe d'ordre public interne et international selon lequel, en cas de procédure collective, tout créancier doit déclarer sa créance. • Civ. 1re, 29 sept. 2004 : *Bull. civ. I, n° 215 ; D. 2005. 2159, note Henry ; ibid. Pan. 1266, obs. Courbe et Chanteloup ; Act. proc. coll. 2004, n° 221, obs. Péroz ; Petites affiches 11 avr. 2005, p. 19, note Roussel Galle ; RTD com. 2005. 172, obs. Vallens ; Rev. proc. coll. 2005. 242, obs. Menjucq.* ♦ Il en résulte qu'une ordonnance définitive d'un président de TGI déclarant exécutoire la condamnation, par un tribunal belge, d'une caution ne fait pas obstacle à l'exception d'extinction de la créance soulevée par cette caution, dès lors que la créance de la banque n'a pas été déclarée à la liquidation judiciaire ouverte par un tribunal français. • Même arrêt.

2. Le droit de déclarer une créance antérieure au jugement déclaratif n'est limité que par les dispositions des art. 50 s. [C. com., art. L. 621-43 s.] et, faute d'avoir pris l'engagement exprès de renoncer à leur créance, les membres d'une famille ne peuvent se voir refuser la possibilité de produire, le juge-commissaire ne pouvant rejeter leur créance familiale. • Versailles, 3 nov. 1994 : *D. 1995. IR. 29.*

2 bis. En ce sens que l'obligation de déclarer les créances antérieures au jugement d'ouverture de la procédure collective n'est pas limitée aux créances liées à l'activité professionnelle du débiteur, V. • Com. 23 mai 2000 : *Act. proc. coll. 2000, n° 163* • 13 mai 2003 : *ibid. 2003, n° 170.*

3. Application à la liquidation judiciaire. V. art. L. 622-3.

4. Compétence administrative. V. note 8 ss. ancien art. L. 621-5.

4 bis. Jonction de procédures. La jonction de procédures collectives, simple mesure d'administration judiciaire, n'entraînant pas la poursuite des procédures sous patrimoine commun, la déclaration de créance faite dans une procédure ne vaut pas déclaration au passif de l'autre. • Com. 14 janv. 2004 : *RJDA 2004, n° 855.*

5. Information des créanciers. Sur la sanction du défaut d'avertissement personnel des créanciers titulaires de sûretés publiées ou du crédit-bailleur, V. art. ancien L. 621-46, al. 2, et notes ss. cet art.

V. aussi, ancien art. 66 du 1er décret du 27 déc. 1985, *infra*, App., v° *Difficultés des entreprises.*

Il résulte de la combinaison des art. 50 de la loi [C. com., art. L. 621-43] et 66 du décret que le représentant des créanciers a l'obligation d'adresser l'avertissement d'avoir à déclarer leur créance à tous « les créanciers titulaires d'une sûreté ayant fait l'objet d'une publication ». La loi ne distingue pas entre titulaire d'un privilège spécial et titulaire d'un privilège général. • Com. 9 janv. 2001 : *Bull. civ. IV, n° 6 ; D. 2001. AJ. 479 ; JCP E 2001, n° 18, p. 152, obs. Cabrillac* • Versailles, 25 mars 1999 : *D. Affaires 1999. 834 ; RJDA 1999, n° 805.*

Le privilège mobilier accordé à l'administration fiscale par l'art. 1926 CGI, pour le recouvrement des taxes sur le chiffre d'affaires et des taxes assimilées, est une sûreté au sens de l'art. 50, al. 1er, de la loi du 25 janv. 1985 [C. com., art. L. 621-43]. • Com. 4 juill. 2000 : *Bull. civ. IV, n° 137 ; D. 2001. Somm. 617, obs. Honorat ; ibid., 2000. AJ. 353, obs. Pisoni ; RD banc. fin. 2000, n° 200, obs. F.-X. Lucas ; Dr. et patr. janv. 2001. 99, obs. Monsèrié-Bon ; JCP E 2001, n° 5, p. 219, obs. Pétel ; ibid., n° 26, p. 1090, obs. Delebecque ; RTD com. 2001. 228, obs. Martin-Serf.* – V. aussi • Amiens, 17 déc. 1998 : *Gaz. Pal. 2000. Somm. 2202, obs. Canet* • Paris, 28 sept. 2001 : *Rev. proc. coll. 2002. 188, obs. Legrand.*

La dépossession, nécessaire à la formation du gage ordinaire, si elle peut constituer une forme de publicité à l'égard des tiers, ne peut, en aucun cas, être assimilée à une publication pour l'application des textes imposant au représentant des créanciers l'envoi d'un avertissement personnel. • Orléans, 1er févr. 2001 : *RJDA 2001, n° 786.*

Si le nantissement des parts sociales s'est valablement opéré dès la signification à la société exigée par l'art. 253 du décret n° 92-755 du 31 juill. 1992, cette signification ne constitue pas une publication au sens de l'art. L. 621-43 C. com., de sorte que le créancier ne peut se prévaloir de l'inopposabilité de la forclusion. • Com. 16 mai 2006 : *D. 2006. AJ. 1528, obs. Lienhard.*

V. aussi notes 3 *bis* à 4 *bis* ss. ancien art. L. 621-46.

L'obligation d'avertissement des créanciers inscrits ne s'étend pas aux cessionnaires de la créance (à propos d'une subrogation intervenue après l'avertissement). • Paris, 20 mars 1998 : *Act. proc. coll. 1998, n° 9.*

Une banque qui a inscrit un privilège de prêteur de deniers sur un bien immobilier acquis par une société civile immobilière n'a pas à être avertie personnellement de l'ouverture d'une procédure collective à l'encontre de la caution solidaire du remboursement du prêt souscrit pour l'acquisition de cet immeuble. • Com. 16 oct. 2001 : *Rev. proc. coll. 2002. 93, obs. Legrand.*

En ce sens que le créancier d'indemnité ou de pénalité mentionné au 3° de l'art. 40 [C. com., art. L. 621-32] n'a pas à être informé personnellement d'avoir à déclarer sa créance, V. • Com. 6 juin 2000 : *RJDA 2000, n° 1016 ; Act. proc. coll. 2000, n° 187.*

En ce sens que c'est à la date du jugement d'ouverture que doit s'apprécier la qualité de créancier titulaire d'une sûreté publiée, V., à propos d'un créancier hypothécaire radié par erreur avant ce jugement puis réinscrit après, • Com. 12 juill. 2004 : *Bull. civ. IV, n° 155 ; D. 2004. AJ. 2156 ; RD banc. fin. 2004, n° 246, obs. F.-X. Lucas ; Defrénois 2005. 525, obs. S. Piedelièvre.* ♦ S'agissant d'une sûreté grevant un fonds de commerce, qui se perd non seulement par la radiation de l'inscription mais aussi par la fermeture définitive du fonds, qui équivaut à la perte de la chose, il appartient au créancier qui se prétend titulaire d'une sûreté visée à l'art. L. 621-43 C. com. de prouver que le fonds n'a pas disparu avec sa clientèle. • Orléans, 20 déc. 2001 : *RJDA 2002, n° 279.* – Rappr. : • Nîmes, 10 janv. 2002 : *RD banc. fin. 2003, n° 30, obs. F.-X. Lucas.* ♦ V. aussi, excluant du bénéfice des dispositions de l'art. L. 621-43 C. com. le créancier titulaire d'une sûreté publiée sur les biens d'une société ayant fait l'objet d'une fusion-absorption, en cas de liquidation judiciaire de la société aborbante, • Paris, 28 mars 2003 : *RD banc. fin. 2003, n° 147, obs. F.-X. Lucas.*

L'art. 50 [C. com., art. L. 621-43] n'impose nullement à l'organe compétent de la procédure collective d'adresser au créancier, dans les formes et délais prévus à l'art. 66 du décret du 27 déc. 1985, autant d'avertissements d'avoir à déclarer ses créances que ce créancier possède de sûretés, surtout lorsque ces sûretés garantissent en réalité le remboursement de la même créance. • Rennes, 9 juin 1999 : *BICC 2000, n° 356.*

Lorsque le créancier hypothécaire a été averti personnellement, il ne peut prétendre, en outre, être averti à domicile élu. • Com. 25 févr. 2004 : *D. 2004. AJ. 952.* ♦ Pour la validité de l'avertissement notifié au seul domicile élu, V. • Com. 5 mars 2002 : *Bull. civ. IV, n° 46 ; D. 2002. AJ. 1202, obs. Lienhard ; Act. proc. coll. 2002, n° 95, obs. Boulay ; JCP E 2002, n° 39, p. 1523, obs. Cabrillac et Pétel ; Procédures 2002, n° 120, note Laporte ; RD banc. fin. 2002, n° 97, obs. F.-X. Lucas.* ♦ Comp., s'agissant d'un avertissement adressé au notaire chez lequel le créancier avait élu domicile lors de l'inscription de l'hypothèque : • Lyon, 8 janv. 2004 : *BICC 2005, n° 1765.*

L'avis prévu par l'art. 50, devenu l'art. L. 621-43 C. com., ne constitue pas un acte de procédure au sens de l'art. 114 NCPC. Le moyen qui invoque l'art. 690, al. 1er, NCPC relatif à la notification des actes de procédure à une personne morale est donc inopérant. • Com. 19 févr. 2002 : *Act. proc. coll. 2002, n° 96, obs. Regnaut-Moutier ; Procédures 2002, n° 121, note Laporte ; RD banc. fin. 2002, n° 96, obs. F.-X. Lucas.* ♦ Pour la validité de l'avertissement adressé à l'adresse mentionnée sur la déclaration de créance, et non au siège social de la société créancière, V. • Com. 1er févr. 2005 : *Bull. civ. IV, n° 17 ; D. 2005. AJ. 640, obs. Lienhard ; ibid. Pan. 2015, obs. F.-X. Lucas ; Act. proc. coll. 2005, n° 40, obs. Regnaut-Moutier ; Gaz. Pal. 29-30 avr. 2005, p. 37, obs. Le Corre.*

Lorsque le créancier titulaire d'une sûreté publiée est en liquidation judiciaire et donc frappé de dessaisissement par l'effet de l'art. L. 622-9, l'avertissement, pour être opérant, doit être adressé au liquidateur judiciaire de ce créancier. • Aix-en-Provence, 16 mai 2001 : *RD banc. fin. 2001, n° 235, obs. F.-X. Lucas.*

5 bis. Portée de la déclaration. En ce sens que dès lors que le crédit-bailleur a déclaré sa créance, le contrat de crédit-bail immobilier, même non publié, est opposable à la procédure collective, V. • Com. 15 mai 2001 : *Bull. civ. IV, n° 89 ; D. 2001. Somm. 3429, obs. Honorat ; ibid. AJ. 1873, obs. Lienhard ; Act. proc. coll. 2001, n° 154, obs. Regnaut-Moutier ; JCP E 2001, n° 38, p. 1473, obs. Cabrillac et Pétel ; Defrénois 2002. 836, obs. Piedelièvre.*

II. CRÉANCES À DÉCLARER

A. CRÉANCES SUR LA PERSONNE OBJET DE LA PROCÉDURE

5 ter. Cautionnement réel. Un créancier ne peut être déclaré déchu du bénéfice de l'hypothèque consentie par le gérant d'une société sur un immeuble lui appartenant, au motif que, ayant seulement été admis à titre chirographaire au passif de la société placée en liquidation judiciaire, il ne peut plus se prévaloir de l'inscription hypothécaire, accessoire de la créance, alors que la créance était garantie par une hypothèque qui ne portait pas sur un bien compris dans les actifs de la société en liquidation judiciaire. • Civ. 3e, 24 juin 1998 : *Bull. civ. III, n° 137 ; D. 1999. Somm. 301, obs. Piedelièvre ; D. Affaires 1998. 1403, obs. A. L. ; JCP E 1998, n° 52, p. 2065, obs. Cabrillac ; RTD com. 1999. 972, obs. Martin-Serf.*

5 quater. Cotisations sociales dues par le gérant. Les cotisations d'allocations familiales et vieillesse dues au titre de l'activité de gérant non salarié d'une société agricole mise en redressement judiciaire, qui présentent un caractère personnel, ne peuvent faire l'objet d'une production au redressement judiciaire de la société. • Soc. 19 juill. 2001 : *Bull. civ. V, n° 280 ; Act. proc. coll. 2001, n° 204, obs. Vachet.*

5 quinquies. Exercice du droit de suite. Le créancier bénéficiaire d'un nantissement sur un fonds de commerce, revendu par son débiteur à un tiers ultérieurement mis en redressement judiciaire, n'est pas créancier de ce tiers et n'est donc pas tenu de déclarer sa créance pour exercer son droit de suite conféré par l'art. 22 de la loi du 17 mars 1909 devenu l'art. L. 143-12 C. com. • Com. 17 déc. 2002 : *Bull. civ. IV, n° 195 ; JCP E 2003, n° 37, p. 1440, note Kéita ; RTD com. 2003. 365, obs. Martin-Serf ; Dr. et patr. juin 2003. 99, obs. Monsèrié-Bon.*

V. aussi note ss. ancien art. 142 du 1er décret du 27 déc. 1985, *infra, App., v° Difficultés des entreprises.*

B. CRÉANCES ANTÉRIEURES

5 sexies. Tous les créanciers dont la créance, fût-elle constatée par un jugement passé en force de chose jugée, a son origine antérieurement au jugement d'ouverture, à l'exception des salariés, sont tenus d'adresser la déclaration de leur créance au représentant des créanciers. • Com. 6 févr. 1996 : *Bull. civ. IV, n° 39 ; D. 1997. Somm. 77, obs. Honorat.*

5 septies. Les créances nées après le jugement arrêtant le plan de continuation de l'entreprise ne sont pas soumises au régime des créances antérieures au jugement d'ouverture de la procédure collective. • Com. 17 sept. 2002 : *RJDA 2003, n° 46.* ♦ Comp., en cas de résolution du plan : *note 5 ss. ancien art. L. 621-82.*

1° EXCLUSION DES CRÉANCES ÉTEINTES

6. Le paiement effectué avant l'ouverture de la procédure collective, en vertu d'une décision, statuant sur le fond exécutoire, par provision, éteint la créance et le créancier n'est pas soumis à l'obligation de la déclarer. • Com. 14 juin 1994 : *Bull. civ. IV, n° 215 ; D. 1994. 520 ; D. 1995. Somm. 28, obs. Honorat ; RTD com. 1995. 482, obs. Martin-Serf* • 28 mai 1996 : *D. 1996. IR. 161 ; Rev. proc. coll. 1996. 491, obs. Soinne.* ♦ De même, un créancier est fondé à ne déclarer que la seule créance d'intérêts restant exigible au jour du jugement d'ouverture de la procédure, sans être tenu de déclarer sa créance en principal, éteinte par des paiements obtenus en exécution d'une ordonnance de référé, dont il n'est pas prétendu qu'ils aient été irréguliers. • Lyon, 19 févr. 1999 : *BICC 1999, n° 1143.*

7. En revanche, jugé qu'un créancier, payé au titre de l'exécution provisoire d'un jugement de condamnation dont le débiteur a fait appel, doit se soumettre à la procédure de déclaration des créances auprès du représentant des créanciers de la procédure de redressement judiciaire ouverte à l'encontre du débiteur au cours de l'instance d'appel, sous peine de voir sa créance éteinte par application de l'art. 53 [C. com., art. L. 621-46]. • Aix-en-Provence, 12 juin 1991 : *D. 1992. Somm. 248, obs. crit. Derrida* ; *Dr. sociétés 1992, n° 181, obs. Chaput.*

7 bis. Sur la nécessité, pour le créancier ayant reçu un paiement provisionnel avant l'ouverture de la procédure collective, de déclarer l'intégralité de sa créance, dès lors qu'un tel paiement n'éteint pas la créance à concurrence du montant versé, V. • Civ. 2e, 7 mars 2002 : *Bull. civ. II, n° 35 ; D. 2002. AJ. 1203* ; *Act. proc. coll. 2002, n° 110, obs. Salvat.*

V. aussi note 23.

7 ter. L'attribution du gage ordonnée avant l'ouverture de la procédure collective, par une décision statuant sur le fond, exécutoire par provision, transfère la propriété au créancier et éteint la créance de celui-ci à concurrence de sa valeur ; il en résulte que la banque, qui est devenue propriétaire des marchandises nanties avant le jugement d'ouverture, n'est pas soumise à l'obligation de déclarer sa créance pour la partie correspondant à leur valeur. • Com. 24 janv. 2006 : *D. 2006. AJ. 499, obs. Lienhard* .

2° EXEMPLES DE CRÉANCES ANTÉRIEURES

8. Vices et malfaçons. La créance née de la garantie des vices cachés ayant son origine au jour de la conclusion du contrat de vente et non pas au jour de la révélation du vice, dès lors que la vente de la chose viciée est antérieure à l'ouverture du redressement judiciaire à l'encontre du vendeur, l'obligation de déclaration de sa créance s'impose à l'acheteur, même si son préjudice ne s'est réalisé que postérieurement au jugement d'ouverture. • Com. 7 juill. 1992 : *RJDA 1992, n° 1172.* – Dans le même sens, V. • Com. 8 juin 1999 : *Bull. civ. IV, n° 121 ; D. 2000. Somm. 95, obs. Honorat* ; *D. Affaires 1999. 1116, obs. A. L. ; Petites affiches 30 juin 1999, p. 11, note P. M. ; ibid., 1er nov. 1999, p. 14, note Courtier; Contrats Conc. Consom. 1999, n° 157, obs. Leveneur ; JCP E 2000, n° 4, p. 131, obs. Cabrillac ; ibid., n° 8, p. 312, obs. Mainguy.* ♦ De même, les créances en réparation de malfaçons commises au cours des travaux de construction sont nécessairement antérieures à l'arrêt du chantier et à la procédure de redressement judiciaire ouverte contre le constructeur en cause. Elles ne sont pas nées du jugement qui ordonne la réparation de ces malfaçons et doivent donc faire l'objet d'une déclaration de créance. • Versailles, 7 janv. 1994 : *BICC 1994, n° 515.* – V. aussi • Com. 11 juill. 1995 : *Dr. sociétés 1995, n° 190, obs. Chaput* • Paris, 27 févr. 2002 : *Act. proc. coll. 2002, n° 74.*

8 bis. Créances de restitution. V. note 23 ss. ancien art. L. 621-32 et note 5 *bis* ss. ancien art. L. 621-110.

8 ter. Victime d'un dommage. V. • Versailles, 4 oct. 1995 : *BICC 1996, n° 343.*

8 quater. Créance de réparation d'une partie civile. Si l'ouverture d'une procédure collective à l'encontre d'un prévenu ne fait pas obstacle à son placement sous le régime du sursis avec mise à l'épreuve comportant l'obligation spéciale, prévue à l'art. 132-45, 5°, C. pén., de réparer les dommages causés par l'infraction, même en l'absence de décision sur l'action civile, c'est à la condition, lorsqu'il s'agit de réparation pécuniaire, que la créance de la partie civile ne soit pas déclarée éteinte. • Crim. 11 juin 1998 : *D. 1998. IR. 219* • 10 sept. 2003 : *D. 2003. AJ. 2694* ; *Rev. sociétés 2003. 901, note Bouloc* .

En ce sens qu'est soumise à déclaration la créance née d'un délit, dès lors que son fait générateur, le délit, a été commis antérieurement à l'ouverture de la procédure, peu important que le montant du dommage ne soit fixé que postérieurement, V. • Paris, 21 sept. 1999 : *D. 1999. AJ. 33, obs. A. L.* – V. aussi • Crim. 27 avr. 2000 : *RJDA 2000, n° 1013.*

8 quinquies. Sentence arbitrale. Sur l'antériorité d'une indemnité mise à la charge du débiteur par une sentence arbitrale postérieure au jugement d'ouverture, V. note ss. • Paris, 26 janv. 1990 : *D. 1991. 201* .

8 sexies. Créances du Trésor nées d'une décision de justice. Aux termes de l'art. 13 de l'ord. n° 86-1243 du 1er déc. 1986 [C. com., art. L. 464-2], les condamnations prononcées par le Conseil de la concurrence étant des « sanctions pécuniaires », la créance du Trésor public n'existe que depuis la décision du Conseil, de sorte que cette créance, qui n'a pas son origine antérieurement au jugement d'ouverture, n'est pas soumise aux dispositions des art. 47 et 50 [C. com., art. L. 621-40 et L. 621-43]. • Com. 4 mars 1997 : *Bull. civ. IV, n° 62 ; D. 1998. 264, note Souweine* ; *D. Affaires 1997. 443 ; RD bancaire et bourse 1997. 132, obs. Campana et Calendini ; JCP E 1997. I. 681, n° 17, obs. Cabrillac ; RTD com. 1998. 944, obs. Martin-Serf* . – Dans le même sens, V. • Cons. conc. 18 févr. 2004 : *D. 2004. AJ. 877* ; *RTD com. 2004. 598, obs. Martin-Serf* . – V. aussi et Comp. : note 29 *quater* ss. ancien art. L. 621-32.

8 septies. Créances douanières. L'administration des Douanes, qui exerce à titre principal l'action pour l'application des sanctions fiscales, en vertu de l'art. 343-2 du code des douanes, est recevable à réclamer, devant la juridiction répressive, la condamnation solidaire aux amendes et confiscations douanières du débiteur en redressement judiciaire, sans avoir à produire sa créance entre les mains du représentant des créanciers ; elle n'a cette obligation que pour obtenir la condamnation au paiement des droits fraudés qui n'ont pas le caractère de pénalités. • Crim. 13 déc. 2000 : *Bull. crim. n° 376 ; D. 2001. AJ. 925*.

9. Porteurs de lettres de change. Fait une exacte application des art. 116 [L. 511-7], 131 s. [L. 511-22 s.] C. com., et 33, 47 et 109 de la loi du 25 janv. 1985 [C. com., art. L. 621-24, L. 621-40 et L. 621-109], l'arrêt qui, relevant que la créance du banquier escompteur de lettres de change acceptées sur la société tirée était née antérieurement au jugement d'ouverture de la procédure de redressement judiciaire, décide qu'elle doit être déclarée dans les conditions prévues aux art. 50 s. de ladite loi [C. com., art. L. 621-43 s.], la consignation par le tiré avec affectation spéciale n'étant pas susceptible de valoir paiement. • Com. 8 janv. 1991 : *Bull. civ. IV, n° 12 ; D. 1992. Somm. 248, obs. Derrida, et 282, obs. Honorat ; Rev. dr. bancaire 1991. 155, obs. Campana et Calendini.*

V. aussi note 13 ss. ancien art. L. 621-24.

10. Créance d'apport des associés. Les associés, ne pouvant reprendre leur apport qu'après paiement de l'intégralité du passif social, ne peuvent déclarer cette créance. • Aix-en-Provence, 23 juin 1994 : *Dr. sociétés 1995, n° 53, obs. Chaput ; Rev. proc. coll. 1995. 307, obs. Dureuil.*

11. Créances de copropriétaires. Le droit à restitution des fonds déposés par les copropriétaires sur le compte ouvert par le syndic de copropriété, peu important que ce compte soit ouvert à son nom, ne constitue pas une créance de somme d'argent détenue contre le syndic au sens de l'art. 50 [C. com., art. L. 621-43]. • Paris, 6 oct. 1995 : *D. 1996. Somm. 95, note Atias*. ♦ V. aussi note 14 ss. ancien art. L. 621-115.

11 bis. Créance de garantie de loyers. V. • Civ. 3e, 4 juill. 2001 : *Rev. proc. coll. 2002. 265, obs. Dumont.*

11 ter. Commission d'agent immobilier ou d'agent commercial. La créance de commission d'un agent immobilier (au sens de l'art. 6 de la loi du 2 janv. 1970), chargé de conduire les négociations dans le cadre de la vente d'un immeuble trouve son origine dans le mandat qui lui est délivré. • Com. 17 févr. 1998 : *Bull. civ. IV, n° 81 ; D. Affaires 1998. 478 ; JCP 1998. II. 10053, rapp. Sargos ; Rev. proc. coll. 1998. 293, obs. Saint-Alary-Houin ; JCP E 1998, n° 37, p. 1400, obs. Cabrillac et Pétel ; Petites affiches 4 janv. 1999, p. 13, note Jazotte ; RTD com. 1998. 938, obs. Martin-Serf*. ♦ De même, le fait générateur de la créance de commission de l'agent commercial se situe au moment où le cocontractant se trouve lié au mandant, conformément à l'art. L. 134-6 C. com., lequel fixe le droit à commission « pour toute opération commerciale conclue pendant la durée du contrat d'agence ». • Com. 15 nov. 2005 : *D. 2005. AJ. 3086, obs. Lienhard ; Gaz. Pal. 10-11 févr. 2006, p. 22, obs. Henry.*

11 quater. Créance de remboursement d'un crédit immobilier. La créance de remboursement d'un crédit immobilier dont l'offre a été acceptée avant l'ouverture de la procédure collective a son origine antérieurement au jugement d'ouverture et doit dès lors être déclarée. • Com. 11 févr. 2004 : *Bull. civ. IV, n° 30 ; D. 2004. AJ. 567 ; JCP E 2004, n° 22, p. 862, obs. Pétel ; RTD com. 2005. 171, obs. Martin-Serf*.

11 quinquies. Créance éventuelle de remboursement d'un codébiteur solidaire. V. • Com. 30 juin 2004 : *Bull. civ. IV, n° 142 ; D. 2004. AJ. 2156 ; RTD com. 2005. 171, obs. Martin-Serf ; Rev. proc. coll. 2005. 53, obs. Dumont.*

11 sexies. Créance de remboursement d'un crédit contre un associé de société civile. Le créancier de la personne morale détenant à l'encontre des associés tenus indéfiniment du passif social à raison de leur part une créance éventuelle dont la mise en jeu est subordonnée à une préalable et vaine poursuite de la personne morale, cette créance née du contrat de prêt consenti à la société doit être déclarée au passif du redressement judiciaire des associés, peu important l'antériorité de l'ouverture de cette procédure collective par rapport à celle de la société civile professionnelle. • Com. 30 juin 2004 : *Bull. civ. IV, n° 141 ; D. 2004. AJ. 2155 ; Rev. sociétés 2004. 952, note J.-F. Barbièri ; Act. proc. coll. 2004, n° 189, obs. Boulay ; Rev. proc. coll. 2004. 259, obs. Lebel ; Bull. Joly 2005. 231, note F.-X. Lucas ; RTD com. 2005. 171, obs. Martin-Serf*.

11 septies. Créance de franchise contractuelle de l'assureur. La créance de l'assureur au titre du paiement de la franchise contractuelle trouve son origine dans le contrat d'assurance. • Com. 5 juill. 2005 : *Bull. civ. IV, n° 156 ; D. 2005. AJ. 2280, obs. Lienhard ; Act. proc. coll. 2005, n° 203, obs. Regnaut-Moutier ; Gaz. Pal. 4-5 nov. 2005, p. 25, obs. Henry.*

12. Fonds séquestrés. En cas de mise en redressement judiciaire d'un banquier, les droits des parties l'ayant constitué séquestre conventionnel à recouvrer la somme remise ou à la transférer chez un tiers, ne peuvent être exercés qu'aux mêmes conditions que celles s'imposant à d'autres déposants. • Com. 4 mars 1997 : *Bull. civ. IV, n° 64 ; D. 1997. IR. 120 ; D. Affaires 1997. 672 ; Bull. Joly 1997. 590, note Bonneau ; Rev. dr. bancaire 1997. 129, obs. Campana et Calendini ; RTD com. 1998. 415, obs. Martin-Serf ; Rev. proc. coll. 1998. 288, obs. Macorig-Venier* (cassant • Paris, 14 janv. 1994 : *D. 1994. IR. 61*). ♦ Un arrêt ne peut donc, sans violer les art. 1956 C. civ. et 47 et 50 de la loi de 1985 [C. com., art. L. 621-40 et L. 621-43], décharger la banque de sa mission de séquestre et ordonner le placement des sommes dans un autre établissement, au motif que l'obligation d'un séquestre, serait-il en redressement judiciaire, est de rendre les sommes indépendamment de toute déclaration de créance à la procédure collective. • Même arrêt. ♦ V. désormais C. mon. fin., art. L. 312-4, *infra*, App., v° *Code monétaire et financier (extraits).* ♦ V. aussi note 17 *ter* ss. ancien art. L. 621-24, notes 16 et 43 ss. ancien art. L. 621-40 et note 15 ss. ancien art. L. 621-115.

13. Créanciers concordataires. Le jugement de redressement judiciaire ayant rendu caduc le concordat antérieur non entièrement exécuté, le créancier concordataire est soumis, comme tout créancier dont la créance a son origine antérieurement au jugement d'ouverture de la procédure collective, à l'obligation de déclarer au passif du redressement judiciaire sa créance de dividendes impayés. • Com. 23 mai 1995 : *Bull. civ. IV, n° 151 ; D. 1996. Somm. 82, obs. Honorat* .

14. Créanciers nantis. Les échéances de remboursement des prêts, postérieures à la cession des matériels nantis, sont des créances nées avant l'ouverture de la procédure collective, soumises comme telles à l'obligation de déclaration, bien que le cessionnaire soit tenu de les payer. • Com. 20 juin 1995 : *Bull. civ. IV, n° 188 ; D. 1999. Somm. 4, obs. Derrida ; JCP E 1995. I. 513, n° 6, obs. Pétel ; Dr. sociétés 1995, n° 163, obs. Chaput ; RTD com. 1996. 339, obs. Martin-Serf* . – Dans le même sens, V. • Com. 3 avr. 2002 : *Rev. proc. coll. 2002. 266, obs. Dumont.*

14 bis. Créanciers du conjoint. V. note 9 ss. ancien art. L. 621-46.

15. Créances à l'encontre d'une caution. Sur l'obligation de déclarer au passif du redressement judiciaire d'une caution, la créance née d'un engagement de celle-ci antérieur au jugement d'ouverture, V. • Com. 19 janv. 1993 : *Bull. civ. IV, n° 17 ; Dr. sociétés 1994, n° 92, obs. Chaput.*

15 bis. Le créancier, bénéficiaire d'un cautionnement réel ou personnel, dispose à l'égard de la caution d'un droit de créance, en cas de défaillance du débiteur principal, ce droit étant limité aux biens affectés à la garantie de l'engagement, s'agissant d'un cautionnement réel. Dès lors, l'obligation de déclarer la créance au passif de la caution soumise à une procédure collective s'impose à la banque créancière. • Com. 27 oct. 1998 : *Bull. civ. IV, n° 260 ; D. 1999. Somm. 187, obs. Honorat ; D. Affaires 1998. 1958, obs. V. A.-R. ; Act. proc. coll. 1998, n° 160, obs. Legeais ; Defrénois 1999. 280, obs. Piedelièvre ; RTD com. 1999. 499, obs. Martin-Serf* . – Dans le même sens, V. • Paris, 6 juill. 2001 : *D. 2001. AJ. 2832* .

Les juges doivent, au besoin d'office, vérifier si la créance a été déclarée au passif du redressement judiciaire de la caution. • Civ. 1re, 22 janv. 2002 : *Bull. civ. I, n° 22 ; JCP E 2002, n° 10, p. 401 ; RJDA 2002, n° 521.*

16. Créances de la caution du débiteur. La caution, même avant d'avoir payé, peut, en vertu de l'art. 2032-2° [2309] C. civ., agir contre le débiteur pour être indemnisée par lui lorsque celui-ci a été mis en redressement judiciaire. La caution dispose alors d'une créance personnelle d'indemnité qu'elle peut déclarer, même si la créance du créancier principal a été admise. • Com. 29 oct. 1991 : *Bull. civ. IV, n° 316 ; D. 1991. IR. 280 ; RTD com. 1993. 178, obs. Martin-Serf* • 17 déc. 1996 : *Bull. civ. IV, n° 313 ; D. 1997. IR. 31 ; D. Affaires 1997. 252 ; JCP 1997. II. 22837, rapp. Rémery ; JCP E 1997. II. 941, note Béhar-Touchais.* ♦ La banque agissant en sa qualité de caution contre le débiteur soumis à une procédure collective avant d'avoir payé a le droit de déclarer sa créance au passif de cette procédure mais ne peut obtenir le paiement de celle-ci par une inscription au compte courant dont le débiteur est titulaire sans que soit démontrée la compensation. • Com. 3 mars 1998 : *Bull. civ. IV, n° 90 ; D. Affaires 1998. 536, obs. A. L.* ♦ V. aussi note 14 ss. ancien art. L. 621-46.

La déclaration par la caution de sa créance au redressement judiciaire du débiteur principal est une simple faculté et est sans influence sur la subrogation dont bénéficie la caution qui a payé la dette en application de l'art. 2029 [2306] C. civ. • Com. 26 mai 1999 : *Bull. Joly 1999. 962, note Menjucq.* – V. aussi • Orléans, 1er févr. 2001 : *préc. note 5.*

Pour conserver ses droits contre ses cofidéjusseurs, la caution qui a régulièrement payé n'est pas tenue de déclarer sa créance au passif de la procédure collective ouverte contre le débiteur principal, les autres cautions ayant elles-mêmes la faculté d'effectuer une telle déclaration, même avant d'avoir payé, en vertu de l'art. 2032 [2309] C. civ. • Com. 5 nov. 2003 : *Bull. civ. IV, n° 158 ; D. 2003. AJ. 3050 ; RD banc. fin. 2004, n° 12, obs. Legeais.* ♦ La créance de la caution qui a payé la dette et qui agit contre son cofidéjusseur sur le fondement de l'art. 2033 [2310] C. civ. prend naissance à la date de naissance de l'engagement de caution. • Com. 16 juin 2004 : *Bull. civ. IV, n° 123 ; D. 2004. AJ. 2046 ; Gaz. Pal. 2004. 2531, note Le Corre ; Act. proc. coll. 2004, n° 185, obs. Legeais ; Banque et Droit sept.-oct. 2004. 76, obs. Jacob ; RTD com. 2004. 811, obs. Martin-Serf ; Dr. et patr. nov. 2004. 95, obs. Monsèrié-Bon ; RD banc. fin. 2004, n° 244, obs. F.-X. Lucas ; JCP E 2005, n° 1-2, p. 32, obs. Cabrillac ; Rev. proc. coll. 2005. 53, obs. Dumont.*

16 bis. Créances d'honoraires de l'avocat du débiteur. La créance d'honoraires d'un avocat, se rapportant à la période postérieure à l'ouverture du redressement judiciaire, n'est pas soumise à déclaration. • Com. 8 déc. 1998 : *D. Affaires 1999. 220.* ♦ Pour l'obligation de déclarer la créance d'honoraires antérieure au jugement d'ouverture, V. • Civ. 1re, 30 janv. 1996 : *Bull. civ. I, n° 50 ; D. Affaires 1996. 325.* ♦ V. aussi note 28 ss. ancien art. L. 621-32.

16 ter. Créances d'indemnité d'éviction. Doit être déclarée la créance de l'indemnité d'éviction due au locataire, ayant son origine dans le congé qui lui a été délivré par le bailleur avant sa mise en redressement judiciaire. • Com. 19 mars 1996 : *Bull. civ. IV, n° 90 ; D. 1996. IR. 101 ; D. Affaires 1996. 557* • Civ. 3e, 28 juin 2000 : *Bull. civ. III, n° 132 ; D. 2000. AJ. 387, obs. Rouquet ; RD banc. fin. 2000, n° 159, obs. F.-X. Lucas ; Rev. loyers 2000. 434, obs. Teilliais ; Petites affiches 25-26 oct. 2000, p. 43, note Barbier ; Loyers et copr. 2000, n° 226, obs. Brault et Pereira ; JCP E 2001, n° 5, p. 219, obs. Cabrillac ; RTD com. 2001. 516, obs. Martin-Serf* (V. l'arrêt d'appel : • Paris, 17 juin 1998 : *Act. proc. coll. 1998, n° 106 ; Gaz. Pal. 1999. 1. 174, note Brault*). – V. Brault, *JCP E 1997. I. 618* ; Martin, *Ann. loyers 1996. 733.* ♦ V. note 9 *ter* ss. ancien art. L. 621-46.

17. Créance du bailleur au titre du « pas-de-porte ». V. note 22 ss. ancien art. L. 621-88.

17 bis. Créances du cocontractant. V. art. L. 621-28, al. 4, et note 24 ss. cet art.

18. Modalités d'exécution des contrats continués. L'administrateur ayant opté pour la poursuite d'un contrat de sous-traitance, l'imputation des acomptes payés, avant le jugement d'ouverture du sous-traitant, sur des factures émises postérieurement, constitue une modalité d'exécution du contrat continué, de sorte que les créances correspondant au versement de ces acomptes ne sont pas soumises à déclaration. • Com. 28 janv. 1997 : *Bull. civ. IV, n° 33 ; D. 1997. IR. 65 ; D. Affaires 1997. 419 ; Rev. dr. bancaire 1997. 131, obs. Campana et Calendini.*

Sur la notion de « contrats en cours », V. aussi notes 1 s. ss. ancien art. L. 621-28.

18 bis. Indemnité contractuelle de résiliation. Pour l'obligation de déclarer cette créance, lorsque le contrat a été résilié avant l'ouverture de la procédure collective, V. • Com. 9 juill. 2002 : *Rev. proc. coll. 2003. 140, obs. Legrand.* ♦ V. aussi, s'agissant de l'indemnité de résiliation d'un contrat poursuivi, note 19 ss. ancien art. L. 621-32. ♦ En ce sens que l'indemnité de résiliation d'un contrat de crédit-bail qui n'a pas été déclarée est éteinte, peu important que son montant ait été contractuellement fixé à un pourcentage du montant des loyers dus au jour de la résiliation, qui eux, ont fait l'objet d'une déclaration au passif, V. • Com. 26 nov. 2002 : *AJDI 2003. 430, note Le Corre.* – V. aussi • Paris, 3 févr. 2004 : *Gaz. Pal. 2004. 2525, note Le Corre-Broly ; RJDA 2005, n° 164.*

18 ter. Créance d'astreinte. V. note 15 ss. ancien art. L. 621-40.

18 quater. Accident du travail. La créance en remboursement de sommes versées par la caisse primaire d'assurance maladie à la victime d'un accident du travail trouve son origine dans la faute de l'employeur et non dans le jugement déterminant les droits à indemnité complémentaire de la victime. • Soc. 19 déc. 2002 : *Act. proc. coll. 2003, n° 38.* – *Contra :* • Riom, 4 déc. 2001 : *Act. proc. coll. 2002, n° 233, obs. Regnaut-Moutier.* ♦ V. aussi note 21 *ter.*

18 quinquies. Créances nées de prestations compensatoires ou de pensions alimentaires. BIBL. Théry, *Mélanges Buffet, Petites affiches, 2004, p. 433* (sort de la créance d'aliments dans les procédures collectives). ♦ La créance née de la prestation compensatoire, qui présente pour partie un caractère alimentaire, n'a pas à être déclarée au passif du débiteur soumis à la procédure collective et échappe ainsi à l'extinction faute de déclaration. • Com. 8 oct. 2003 : *Bull. civ. IV, n° 151 ; D. 2003. AJ. 2637, obs. Lienhard ; D. 2004. Somm. 54, obs. F.-X. Lucas ; ibid. 1965, obs. Danis-Fatôme ; Act. proc. coll. 2003, n° 230, obs. M. Storck ; RJPF 2003, n° 12, p. 24, obs. Valory ; Dr. fam. 2003, n° 132, note Lécuyer ; JCP E 2004, n° 6, p. 227, obs. Cabrillac et Pétel ; ibid., n° 10, p. 376, note Becqué-Ickowicz ; JCP 2004. I. 109, n° 1, obs. Bosse-Platière ; Petites affiches 17 févr. 2004, p. 7, note Zattara ; ibid. 3 mai 2004, p. 16, note Massip ; ibid. 7 juill. 2004, p. 15, note Flasaquier (2e esp.) ;*

RTD com. 2004. 368, obs. Martin-Serf ; *Dr. et procédures 2004. 87, note Crocq (1re esp.)*. – V. Fosset-Lefebvre, *Rev. proc. coll. 2004. 22*. – Dans le même sens, V. • Com. 1er févr. 2005 : *cité note 30 octies* • 4 avr. 2006 : *D. 2006. AJ. 1166, obs. Lienhard* . ♦ La créance née de la pension alimentaire peut être payée sans avoir été déclarée au passif du débiteur soumis à la procédure collective. • Com. 8 oct. 2003 : *ibid. (2e esp.) ; Bull. civ. IV, no 152 ; Gaz. Pal. 2003. 3756, note Le Corre ; Petites affiches 7 juill. 2004, p. 15, note Flasaquier (1re esp.)* • 4 avr. 2006 : *préc.* ♦ La créance d'aliments, qui est une dette personnelle du débiteur soumis à la procédure collective, doit être payée sur les revenus dont il conserve la disposition, ou bien être recouvrée par la voie de la procédure de paiement direct ou de recouvrement public des pensions alimentaires. • Même arrêt. – Dans le même sens, V. • Crim. 7 janv. 2004 : *Bull. crim. no 5 ; D. 2004. AJ. 419, obs. Lienhard* ; *AJ pénal 2004. 114, obs. Bicheron* ; *Act. proc. coll. 2004, no 62, obs. Mascala ; JCP E 2004, no 22, p. 861, obs. Pétel ; JCP 2004. II. 10060, note Pomart ; RJPF 2004, no 4, p. 28, obs. Valory ; Petites affiches 12 avr. 2005, p. 3, note Zattara ; Rev. proc. coll. 2005. 50, obs. Dumont* • 9 juin 2004 : *Bull. crim. no 158 ; D. 2004. AJ. 2157* ; *Dr. pénal 2004, no 154, obs. Véron ; RJ com. 2005. 437, note Sortais.*

18 sexies. Créance issue de la liquidation du régime matrimonial. Pour l'obligation faite au conjoint divorcé d'un débiteur en redressement judiciaire de déclarer sa créance issue de la liquidation du régime matrimonial dès lors que celle-ci est née antérieurement au jugement d'ouverture, V. • Civ. 1re, 25 oct. 2005 : *D. 2005. AJ. 2873, obs. Lienhard* ; *D. 2006. Pan. 87, obs. Le Corre* ; *Act. proc. coll. 2005, no 256, obs. Deboissy et Wicker.*

18 septies. Créance au titre du paiement de l'insuffisance d'actif. V. note ss. ancien art. 165 du 1er décret du 27 déc. 1985, *infra*, **App.**, vo *Difficultés des entreprises*.

18 octies. Créance d'une caisse de crédit municipal. V. • Com. 3 déc. 2003 : *RD banc. fin. 2004, no 77, obs. F.-X. Lucas.*

18 nonies. Clause de retour à meilleure fortune. V. • Com. 12 oct. 2004 : *Bull. civ. IV, no 182 ; D. 2004. AJ. 2791* ; *Act. proc. coll. 2004, no 228, obs. Blanc ; RJ com. 2005. 65, note Sortais.*

18 decies. Exception d'inexécution. L'exception d'inexécution ne pouvant se résoudre que par l'allocation de dommages-intérêts, celui qui l'invoque face à son débiteur en liquidation judiciaire doit, à peine d'irrecevabilité, déclarer sa créance. • Lyon, 18 mai 2004 : *BICC 2004, no 1654.*

18 undecies. Créance née d'un trouble de voisinage. En ce sens qu'est soumise à déclaration la créance de bailleurs assignés, antérieurement à la mise en redressement judiciaire de la société locataire, par les victimes d'un trouble de voisinage causé par cette société, la persistance du trouble étant sans effet sur la date à laquelle se situe l'origine de la créance, V. • Com. 7 déc. 2004 : *Bull. civ. IV, no 217 ; D. 2005. AJ. 358, obs. Lienhard* ; *Act. proc. coll. 2005, no 18, obs. Trébulle ; JCP E 2005, no 17, p. 711, obs. Cabrillac.*

19. Pour des exemples de créances antérieures ou postérieures au jugement d'ouverture, V. aussi notes 9 s. ss. ancien art. L. 621-32.

C. CESSION DE CRÉANCE

19 bis. Dès lors qu'après la mise en redressement judiciaire d'une société, l'un de ses créanciers ayant régulièrement déclaré sa créance a cédé celle-ci et a signifié cette cession à la société, à son administrateur judiciaire ainsi qu'au représentant des créanciers, le cessionnaire s'est trouvé subrogé dans les droits du créancier initial et n'a donc pas à déclarer à nouveau la créance au passif de la société. • Rouen, 27 mars 1997 : *RJDA 1997, no 1113.*

Sur la déclaration de créance du cessionnaire, V. note 30 *nonies*.

D. CRÉANCES SALARIALES

20. Les créances salariales ne sont pas soumises à l'art. 50 [C. com., art. L. 621-43]. Spécialement, tel est le cas de demandes de salariés licenciés pour faute lourde antérieurement au jugement d'ouverture. • Soc. 19 juin 1991 : *Bull. civ. V, no 309 ; D. 1991. IR. 199.* ♦ La dispense de l'obligation de déclarer les créances salariales s'attache à la nature de la créance et non à la qualité du créancier. • Versailles, 11 mars 1993 : *D. 1993. IR. 102.*

E. ACTIONS DIRECTES

21. Assurance. Il résulte de l'art. L. 124-3 C. assur. que la victime d'un dommage a un droit exclusif sur l'indemnité due par l'assureur de l'auteur responsable de ce dommage. Par suite, si la victime doit établir la responsabilité de l'assuré, qui doit être mis en cause, elle n'est pas tenue, lorsque celui-ci est en état de redressement ou de liquidation judiciaire, de se soumettre à la procédure de vérification des créances prévue aux art. 50 ci-dessus [C. com., art. L. 621-43] et 65 à 75 du décret du 27 déc. 1985, sauf dans la mesure où elle prétendrait faire valoir une créance de somme d'argent à l'encontre de l'assuré. • Civ. 1re, 25 mars 1991 : *Bull. civ. I, n° 105* • Com. 25 mars 1997 : *D. 1998. Somm. 142, obs. Bonnard ; D. Affaires 1997. 612 ; Dr. sociétés 1997, n° 83, obs. Chaput* • Civ. 3e, 12 mai 2004 : *D. 2004. AJ. 1904 ; Act. proc. coll. 2004, n° 134, obs. Vallansan.* ♦ V. aussi note 5 ss. ancien art. L. 621-42.

21 bis. Selon l'art. L. 121-13 C. assur., les indemnités dues par suite d'assurance contre l'incendie sont attribuées, sans qu'il y ait besoin de délégation expresse, aux créanciers priviligiés ou hypothécaires, suivant leur rang ; l'indemnité d'assurance n'étant pas tombée dans le patrimoine du débiteur soumis à une procédure de redressement judiciaire, cette procédure collective est sans effet sur l'attribution de l'indemnité à une banque ayant consenti un prêt pour l'acquisition de l'hôtel-restaurant du débiteur, créancière privilégiée et hypothécaire inscrite sur l'immeuble sinistré (inapplicabilité des art. 47, 50 et 161 [C. com., art. L. 621-40, L. 621-43 et L. 622-23]). • Civ. 1re, 28 oct. 1997 : *D. 1998. Somm. 142, obs. Bonnard ; D. Affaires 1997. 1426 ; Petites affiches 20 août 1999, p. 20, note Teilliais.*

21 ter. Accident du travail. L'indemnisation complémentaire allouée à la victime d'une faute inexcusable de l'employeur (CSS, art. L. 452-1 s.) est versée directement aux bénéficiaires par la caisse primaire d'assurance maladie, qui en récupère le montant auprès de l'employeur, de sorte que le salarié, qui ne demande pas la condamnation de son employeur au paiement d'une somme d'argent, n'a pas à déclarer sa créance. • Soc. 11 juin 1998 : *D. 1998. IR. 175* • 6 juill. 2000 : *Act. proc. coll. 2000, n° 191* • 15 févr. 2001 : *Act. proc. coll. 2001, n° 85.* ♦ Sur le fait générateur de la créance en remboursement de la caisse primaire d'assurance maladie, V. note 18 *quater.*

21 quater. Action directe du transporteur. L'action directe du transporteur n'est pas subordonnée à la déclaration de sa créance au passif du donneur d'ordre. • Com. 17 déc. 2003 : *Bull. civ. IV, n° 209 ; D. 2004. AJ. 212 ; Act. proc. coll. 2004, n° 29, obs. Vallansan et Petit ; Procédures 2004, n° 80, obs. Laporte.*

22. Sous-traitance. Il doit être déduit de l'art. 12, al. 3, de la loi du 31 déc. 1975 qu'un sous-traitant, pour intenter son action directe contre le maître de l'ouvrage, n'est pas tenu de produire au passif de la procédure collective dont l'entrepreneur principal est l'objet. • Paris, 27 nov. 1990 : *JCP 1992. II. 21782, note Dubois* • 29 sept. 1992 : *D. 1993. IR. 39.* ♦ V. ce texte, *infra*, App., v° *Sous-traitance.* ♦ Sur la possibilité, cependant, de produire concomitamment à titre conservatoire, V. • Versailles, 29 sept. 1988 : *D. 1988. IR. 262.* ♦ V. aussi note 29 *bis* ss. ancien art. L. 621-46.

F. SAISIE-ATTRIBUTION

22 bis. En ce sens que le créancier saisissant, devenu, par l'effet attributif immédiat de la saisie, créancier du tiers saisi, doit, lorsque celui-ci fait l'objet d'une procédure collective, déclarer sa créance entre les mains du représentant des créanciers, V. • Com. 11 juin 2002 : *cité note 40 ter ss. ancien art. L. 621-40* • 8 juill. 2003 : *ibid.* • Orléans, 25 mai 2000 : *Procédures 2000, n° 163, obs. Croze ; RJDA 2000, n° 1138 ; Rev. proc. coll. 2002. 267, obs. Dumont.* ♦ V. note 38 ss. ancien art. L. 621-40.

G. COMPENSATION

23. Une partie n'a pas à déclarer au passif d'une société une créance éteinte par une compensation qui s'est opérée de plein droit entre leurs dettes réciproques avant l'ouverture de la procédure collective. • Com. 29 nov. 1994 : *RJDA 1995, n° 349* • 5 déc. 1995 : *D. Affaires 1996. 211* (remises réciproques en compte courant). ♦ V. aussi, pour la réalisation antérieure d'un gage-espèces : • Com. 3 juin 1997 : *Bull. civ. IV, n° 165 ; D. 1998. 61, note François ; D. 1998. Somm. 104, obs. S. Piedelièvre ; D. Affaires 1997. 864 ; JCP 1997. II. 22891, rapp. Rémery ; RTD com. 1997. 663, obs. Cabrillac ; ibid. 1997. 686, obs. Martin-Serf ; RD bancaire et bourse 1998. 22, obs. Campana et Calendini.* ♦ La compensation de créances réciproques non sujettes à discussion quant à leur exigibilité et à leur montant s'opère de plein droit, à concurrence de la plus faible, à l'instant où la seconde vient à échéance. • Com. 17 mai 1994 : *Bull. civ. IV, n° 178 ; D. 1995. 124, note Larroumet ; RTD com. 1996. 531, obs. Martin-Serf.* ♦ Sur l'obligation de déclarer la créance lorsque la compensation a opéré après le jugement d'ouverture, V. note 20 ss. ancien art. L. 621-24 et note 32 ss. ancien art. L. 621-46.

H. REVENDICATION

23 bis. Une demande de restitution de fonds ne peut être formée par voie de revendication, la seule voie ouverte au créancier d'une somme d'argent étant de déclarer sa créance à la procédure collective de son débiteur. • Com. 4 févr. 2003 : *D. 2003. AJ. 1230, obs. Lienhard ; JCP E 2003, n° 39, p. 1536, note Robine ; Act. proc. coll. 2003, n° 128, obs. Regnaut-Moutier ; RTD com. 2003. 572, obs. Martin-Serf ; RD banc. fin. 2003, n° 154, obs. F.-X. Lucas ; ibid., n° 173, obs. Crédot et Gérard ; Dr. et procédures 2003. 292, note Le Corre ; Defrénois 2003. 1163, obs. Libchaber* (V. l'arrêt d'appel : • Paris, 10 déc. 1999 : *RTD com. 2000. 1014, obs. Martin-Serf*

). ♦ Comp., auparavant, sur la possibilité de revendiquer une somme d'argent à condition que celle-ci ait été soustraite à toute confusion avec les autres valeurs composant le patrimoine du débiteur : • Com. 25 mars 1997 : *Bull. civ. IV, n° 84 ; D. 1997. 481, note D. Martin ; ibid. 2000. Somm. 70, obs. Pérochon et Mainguy ; D. Affaires 1997. 639 ; Quot. jur. 22 avr. 1997, p. 7, note P. M. ; Rev. dr. bancaire 1997. 127, obs. Campana et Calendini ; JCP E 1997. II. 991, note Pétel* • Paris, 14 oct. 1997 : *D. 1998. 91, note Larroumet ; ibid. 2000. Somm. 70, obs. Pérochon et Mainguy ; D. Affaires 1997. 1394 ; RTD com. 1998. 423, obs. Martin-Serf* • 12 mai 1998 : *Gaz. Pal. 1998. 2. Somm. 707 ; RTD com. 2000. 180, obs. Martin-Serf*. – Comp. également, écartant l'action en revendication de sommes d'argent exercée par une société, aux motifs que celle-ci n'était pas propriétaire de ces sommes (recettes perçues par un magasin, pour être reversées, après déduction d'une redevance, à la société exploitant le rayon boucherie-charcuterie), mais créancière à l'égard du débiteur en redressement judiciaire, ces créances étant soumises à déclaration : • Com. 10 mai 2000 : *Bull. civ. IV, n° 98 ; D. 2000. AJ. 277, obs. Lienhard ; JCP E 2000, n° 40, p. 1566, obs. Pétel ; Dr. sociétés 2000, n° 105, obs. Chaput ; RD banc. fin. 2000, n° 161, obs. F.-X. Lucas ; Petites affiches 27 déc. 2000, p. 14, note Rawach ; RTD com. 2000. 1012, obs. Martin-Serf ; JCP E 2001, n° 12, p. 521, note Courtot et Marmoz ; Rev. proc. coll. 2001. 21, obs. Soinne*. – Dans le même sens, V. • Com. 9 janv. 2001 : *RJDA 2001, n° 614*. ♦ Sur la revendication de sommes d'argent, V. R. Martin, *D. 2002. Chron. 3279*.

Sur la revendication de bons de caisse, V. note 14 *bis* ss. ancien art. L. 621-115.

I. ANNULATION DU JUGEMENT D'OUVERTURE

23 ter. L'annulation, par un arrêt rendu sur contredit statuant sur la compétence territoriale, du jugement d'ouverture d'une procédure collective ne s'étend pas à la déclaration de créance effectuée sur le fondement de ce jugement, dès lors que le tribunal jugé compétent, après que le dossier lui a été retourné par la cour d'appel, a ouvert une procédure collective. • Com. 10 mai 2005 : *Bull. civ. IV, n° 98 ; D. 2005. AJ. 1414, obs. Lienhard ; JCP E 2005, n° 36, p. 1422, obs. Pétel ; Gaz. Pal. 6-7 juill. 2005, p. 24, obs. Le Corre ; RTD com. 2006. 199, obs. Martin-Serf*. ♦ V. note 3 ss. ancien art. 11 du 1er décret du 27 déc. 1985, *infra*, App., v° *Difficultés des entreprises*.

III. MODALITÉS DE LA DÉCLARATION

BIBL. Lienhard, *D. 2001. Chron. 1011*. – Desprat, *Rev. proc. coll. 2001. 199*.

A. DESTINATAIRE DE LA DÉCLARATION

24. Monopole du représentant des créanciers. L'administrateur, dont les fonctions sont distinctes de celles du représentant des créanciers, n'est pas habilité à recevoir une déclaration de créance. • Com. 22 juin 1993 : *Bull. civ. IV, n° 260 ; D. 1993. Somm. 365, obs. Honorat* (V. aussi l'arrêt d'appel : • Paris, 23 sept. 1987 : *D. 1989. Somm. 13, obs. Derrida*) • 14 févr. 1995 : *Bull. civ. IV, n° 42*. ♦ Mais, dès lors que la déclaration est parvenue au représentant des créanciers avant l'expiration du délai, il importe peu que la transmission de cette déclaration ait été matériellement effectuée par un tiers ou par l'administrateur judiciaire. • Com. 8 oct. 1996 : *Dr. sociétés 1996, n° 210, obs. Chaput ; Rev. dr. bancaire 1996. 241, obs. Campana et Calendini* • 6 janv. 1998 : *Bull. civ. IV, n° 3 ; D. 1998. IR. 39 ; JCP E 1998, n° 17, p. 656, obs. Pétel ; Rev. dr. bancaire 1998. 70, obs. Campana et Calendini*. ♦ L'administrateur n'a nullement l'obligation de transmettre les déclarations de créances reçues par lui par erreur au représentant des créanciers. Le fait que l'administrateur ait reçu, par erreur, une première déclaration de créance du créancier et ait transmis celle-ci dans le délai de déclaration des créances au représentant des créanciers, ce qui a permis de régulariser la situation pour cette première déclaration, ne permet pas de soutenir que l'administrateur ait accepté un « mandat de centralisation contractuelle et de transmission des déclarations », ce qui de toute façon serait contraire aux règles d'ordre public relatives à la procédure de vérification et d'admission des créances et porterait atteinte à la compétence exclusive du représentant des créanciers en ce qui concerne la réception des déclarations de créances. • Versailles, 27 janv. 2000 : *D. 2000. AJ. 172 ; RTD com. 2000. 718, obs. Martin-Serf*. – V. aussi • Rennes, 20 juin 2001 : *Rev. proc. coll. 2002. 93, obs. Legrand*.

En ce sens que la validité de la déclaration de créance adressée au représentant des créanciers n'est pas affectée par l'erreur d'indication sur la qualité de ce mandataire, V. • Com. 7 déc. 1999 : *Bull. civ. IV, n° 223 ; D. 2000. AJ. 48, obs. A. L. ; JCP E 2000, nos 18-19, p. 751, obs. Pétel ; RTD com. 2000. 718, obs. Martin-Serf*.

Sur la responsabilité de La Poste pour n'avoir pas remis à son destinataire une lettre recommandée portant déclaration de créance libellée au nom du représentant des créanciers, mais adressée par erreur à la société débitrice, qui l'avait réceptionnée, V. • Civ. 1re, 12 avr. 2005 : *Bull. civ. I, n° 184 ; D. 2005. AJ. 1352, obs. Lienhard ; Gaz. Pal. 6-7 juill. 2005, p. 23, obs. Le Corre*.

24 bis. Conflit d'intérêts. Si un même mandataire de justice ne peut occuper, dans la procédure de vérification des créances, à la fois la position de créancier déclarant et de représentant des créanciers du débiteur, l'éventuelle irrégularité n'affecte pas la validité de la déclaration de créance mais seulement la régularité de la procédure de vérification de cette créance. • Com. 7 févr. 2006 : *D. 2006. AJ. 577, obs. Lienhard ; RD banc. fin. 2006, n° 71, obs. F.-X. Lucas ; Gaz. Pal. 30 avr.-4 mai 2006, p. 44, obs. Le Corre.*

B. DÉCLARATION PAR MANDATAIRE

Jurisprudence antérieure à la loi du 10 juin 1994.

BIBL. Campana et Calendini, *JCP E 1993. I. 230.* – Soinne, *Banque 1993. 94 ; Rev. proc. coll. 1993. 21 ; Petites affiches 29 juin 2000, p. 24.* – Coffy de Boisdeffre, *Gaz. Pal. 1993. 2. Doctr. 918.* – Canac, Grisoni et Teitgen, *ibid. 1993. 2. Doctr. 1325.* – Le Cannu, *Bull. Joly 1997. 628.* – Rémery, *JCP 1999. I. 113.*

25. Mandataire ou préposé d'une personne morale. La déclaration des créances au passif du redressement judiciaire du débiteur équivaut à une demande en justice que le créancier peut, selon les art. 853, al. 1er, NCPC et 175 du décret n° 85-1388 du 27 déc. 1985, former lui-même. • Com. 14 déc. 1993 (2 arrêts) : *Bull. civ. IV, n° 471 ; D. 1994. IR. 31 ; JCP 1994. II. 22200, rapp. Rémery ; RJDA 1994, n° 95, concl. Piniot (p. 12) ; Banque févr. 1994. 93, obs. Guillot ; Gaz. Pal. 1994. 1. 137, note Vatier ; ibid. 1994. 2. 645, note Coffy de Boisdeffre ; RJ com. 1994. 49, rapp. Rémery ; Bull. Joly 1994. 196, note Jeantin ; JCP E 1994. II. 573, note Campana et Calendini ; Rev. sociétés 1994. 100, note Chartier ; RTD com. 1994. 364, obs. Martin-Serf* • 14 févr. 1995 (4 arrêts) : *Bull. civ. IV, n° 43 ; D. 1995. IR. 89 ; Rev. sociétés 1995. 331, note Alix ; Bull. Joly 1995. 442, note Daigre.* ♦ Dans le cas où le créancier est une personne morale, cette déclaration faite à titre personnel, si elle n'émane pas des organes habilités par la loi à la représenter, peut encore être effectuée par tout préposé titulaire d'une délégation de pouvoirs lui permettant d'accomplir un tel acte, sans que ce pouvoir soit soumis aux règles applicables au mandat de représentation en justice dont un tiers peut être investi. • Mêmes arrêts. – V. aussi • Com. 17 déc. 1996 : *préc. note 16* • 30 mars 1999 : *Bull. civ. IV, n° 75 ; D. 1999. IR. 117 ; D. Affaires 1999. 763, obs. A. L. ; Act. proc. coll. 1999, n° 101, obs. Legros ; Bull. Joly 1999. 764, note Daigre ; RTD com. 1999. 732, obs. Cabrillac* • Paris, (3e ch. A), 25 janv. 1994 : *D. 1994. IR. 75* • Caen, 4 mai 1993 : *JCP E 1993. II. 492, note Campana et Calendini ; Banque 1993. 98, obs. Guillot* • Aix-en-Provence, 13 sept. 1994 : *RJDA 1994, n° 1364.* – *Contra* : • Caen, 19 sept. 1991 : *Banque 1992. 646, obs. Rives-Lange* • 7 janv. 1993 : *D. 1993. 114, note crit. Derrida* • Paris, (25e ch. B), 4 mars 1994 : *JCP E 1994. Pan. 675.* ♦ ... Que la personne à laquelle il est opposé soit, ou non, commerçante. • Com. 23 nov. 1999 : *D. 2000. AJ. 15* .

Le droit local alsacien-mosellan ne déroge pas, sur ce point, à l'application de la loi de 1985. • Com. 28 nov. 2000 : *Bull. civ. IV, n° 185 ; D. 2001. AJ. 307, obs. Pisoni* • 11 juin 2002 : *cité note 28 ter ss. ancien art. L. 621-32* • Metz, 20 janv. 1998 : *Banque et Droit mars-avr. 1998. 36, obs. Guillot* • Colmar, 21 avr. 1999 : *Banque et Droit janv.-févr. 2000. 65, obs. Guillot.* – V. Seigneur, *D. Affaires 1999. 1229.*

Le défaut de pouvoirs constitue une irrégularité de fond affectant la validité de la déclaration qui doit être annulée conformément aux dispositions de l'art. 53 [C. com., art. L. 621-46]. • Amiens, 18 janv. 1999 : *JCP 1999. IV. 2566.*

Sur l'obligation faite au juge de rechercher si l'auteur de la déclaration a reçu, par une délégation générale ou spéciale, le pouvoir de déclarer des créances, V. • Com. 2 mars 1999 : *Act. proc. coll. 1999, n° 118.* ♦ ... Et si ce pouvoir émane de la personne habilitée à représenter la personne morale, V. • Com. 15 févr. 2000 : *Act. proc. coll. 2000, n° 71.*

En ce sens que la délégation de pouvoirs doit autoriser expressément le délégataire à agir en justice ou à effectuer des déclarations de créances, V. • Com. 9 juin 1998 : *Bull. civ. IV, n° 183 ; D. Affaires 1998. 1216, obs. A. L. ; Petites affiches 14 avr. 1999, p. 10, note Paulet* • 24 nov. 1998 : *D. Affaires 1999. 133* • 6 mars 2001 : *Act. proc. coll. 2001, n° 107.*

Sur la précision requise, pour la délégation, V. aussi • Com. 3 juin 1997 : *cité note 24 bis ss. ancien art. L. 621-115.*

25 bis. Une déclaration de créance n'est pas conforme à l'art. 50, al. 2 [C. com., art. L. 621-43, al. 2], lorsqu'elle a été réalisée par un préposé dont l'identification est impossible, le document émanant du créancier ne mentionnant que le nom de la personne morale et étant paraphé d'une signature illisible, ce qui empêche toute identification du déclarant. • Pau, 30 août 2000 : *RD banc. fin. 2001, n° 19, obs. F.-X. Lucas.* – V. aussi • Com. 29 avr. 2002 : *Bull. civ. IV, n° 73 ; D. 2002. AJ. 1755, obs. Lienhard (2e esp.) ; RTD com. 2002. 538, obs. Martin-Serf ; Bull. Joly 2002. 894, note Le Cannu ; RD banc. fin. 2002, n° 188, obs. F.-X. Lucas ; Procédures 2002, n° 231, note Laporte* • Rouen, 28 févr. 2002 : *RJDA 2002, n° 1057* • Dijon, 3 sept. 2002 : *JCP E 2003, n° 2, p. 83, note Jacquemont.* – Comp. :

• Bourges, 5 déc. 2000 : *RD banc. fin. 2001, n° 65, obs. F.-X. Lucas.* ♦ La régularité de la déclaration devant être appréciée globalement, il importe peu que la signature portée sur la lettre d'accompagnement soit illisible, dès lors que les initiales portées sur la lettre correspondant à celles du nom du titulaire de la délégation de pouvoirs permettent d'identifier le déclarant et de vérifier son habilitation à déclarer les créances. • Com. 3 avr. 2002 : *RD banc. fin. 2002, n° 187, obs. F.-X. Lucas.* – Comp. : • Com. 29 avr. 2003 : *RJDA 2003, n° 857 (3e esp.).* ♦ La charge de la preuve de l'identité du signataire de la déclaration pèse sur le créancier, dès lors que celle-ci est contestée : V. • Com. 17 juin 1997 : *Bull. civ. IV, n° 191 ; D. Affaires 1997. 904 ; Bull. Joly 1997. 896, note J.-F. Barbièri ; JCP E 1998, n° 1-2, obs. Pétel* • 17 mars 1998 : *D. Affaires 1998. 677* • 29 avr. 2002 : *préc.* • 4 févr. 2002 : *D. 2003. AJ. 556*. ♦ Les juges du fond doivent rechercher si le signataire de la déclaration dont l'identité est contestée est le préposé bénéficiant de la délégation de pouvoirs. • Com. 6 mars 2001 : *Act. proc. coll. 2001, n° 108.* ♦ V. aussi, dans le cas d'une signature précédée de la mention P/O (pour ordre), • Civ. 1re, 1er avr. 2003 : *Bull. civ. I, n° 92 ; D. 2003. AJ. 1292 ; RD banc. fin. 2003, n° 116, obs. F.-X. Lucas ; Bull. Joly 2003. 773, note Scholer.* ♦ ... D'une signature apposée au moyen d'un procédé informatique, • Aix-en-Provence, 1er oct. 2003 : *D. 2003. AJ. 2768 ; RD banc. fin. 2004, n° 130, obs. F.-X. Lucas.* ♦ Doit être regardée comme régulière la déclaration de créance sur laquelle figure une signature illisible et dépourvue de la mention du nom du signataire, dès lors que le créancier déclarant a justifié, avant que le juge-commissaire ne statue sur l'admission de la créance, de l'identité du signataire et a produit la délégation et la subdélégation de pouvoirs. • Nîmes, 24 janv. 2002 : *RD banc. fin. 2002, n° 136, obs. F.-X. Lucas.*

26. Sur la possibilité de subdéléguer, V. • Com. 14 févr. 1995 (2 arrêts) : *Bull. civ. IV, n° 43 ; Rev. sociétés 1995. 331, note Alix ; Bull. Joly 1995. 442, note Daigre.*

Comp. : note 41 ss. ancien art. L. 621-46.

26 bis. Est régulière la déclaration de créance effectuée par le préposé d'une banque dès lors que le président du conseil d'administration a donné aux mandataires généraux de l'établissement le pouvoir d'agir en justice dans toutes les procédures civiles ainsi que d'intervenir dans toutes procédures de règlement judiciaire, liquidation des biens ou autres, et que le préposé, qui a déclaré la créance le 7 oct. 1993, a été désigné mandataire général le 27 janv. 1986 par le directeur des ressources humaines délégué à cet effet par le président. • Com. 29 avr. 2002 : *Bull. civ. IV, n° 74 ; D. 2002. AJ. 1755, obs. Lienhard (1re esp.) ; RTD com. 2002. 537, obs. Martin-Serf ; Bull. Joly 2002. 895, note Scholer.*

27. Le conseil d'administration a le pouvoir de nommer un préposé de la société pour déclarer les créances avec ou sans faculté de délégation. • Com. 28 sept. 2004 : *Bull. civ. IV, n° 173 ; D. 2004. AJ. 2653 ; Act. proc. coll. 2004, n° 207, obs. Vallansan ; Bull. Joly 2005. 37, note Le Cannu.* ♦ Pour la régularité de la déclaration de créance du représentant légal d'une société dont la nomination n'a pas été publiée au registre du commerce et des sociétés, V. • Com. 12 juill. 2004 : *Bull. civ. IV, n° 157 ; D. 2004. AJ. 2153 ; JCP E 2005, n° 1-2, p. 29, obs. Pétel ; JCP E 2005, n° 1-2, p. 29, obs. Pétel ; Act. proc. coll. 2004, n° 170, obs. Regnaut-Moutier ; Dr. sociétés 2004, n°183, note Trébulle (1re esp.) ; RD banc. fin. 2004, n° 243, obs. F.-X. Lucas ; Bull. Joly 2004. 1525, note Bahans et Le Cannu ; Rev. sociétés 2005. 216, note Chartier ; RTD com. 2005. 168, obs. Martin-Serf* (pour un président du conseil d'administration) • 12 juill. 2004 : *ibid. (2e esp.) ; Bull. civ. IV, n° 156 ; RD banc. fin. 2004, n° 242, obs. F.-X. Lucas ; Bull. Joly 2004. 1477, note Bahans et Le Cannu* (pour un liquidateur amiable). ♦ Sur le pouvoir du directeur général d'une société anonyme de déclarer une créance de la société ou de donner mandat spécial à un tiers à cette fin, V. • Com. 12 juill. 1993 : *Bull. civ. IV, n° 308 ; D. 1993. 549, note Merle ; Rev. sociétés 1993. 803, note Guyon ; Bull. Joly 1993. 1135, note Le Cannu* • 9 mai 1995 : *Bull. civ. IV, n° 138 ; D. 1995. IR. 155 ; Bull. Joly 1995. 765, note Le Cannu.* ♦ V. aussi, s'agissant d'un pouvoir donné par le directeur général à un préposé de la société, • Versailles, 29 nov. 2001 : *préc. note 25.*

27 bis. La délégation donnée par un dirigeant (en l'occurrence, un P-DG de SA) ayant été faite par le dirigeant au nom et pour le compte de la société, et non en son nom personnel, reste valable, malgré le changement de dirigeant, tant qu'elle n'a pas été révoquée. • Com. 4 févr. 1997 : *Bull. civ. IV, n° 44 ; D. Affaires 1997. 354 ; Dr. sociétés 1997, n° 56, note Bonneau ; Defrénois 1997. 663, obs. Hovasse* • 15 mars 2005 : *D. 2005. AJ. 957, obs. Lienhard ; JCP E 2005, n° 27-28, p. 1165, obs. Caussain, Deboissy et Wicker ; Dr. sociétés 2005, n° 119, note Hovasse.*

27 ter. En application du principe selon lequel l'étendue des pouvoirs du représentant d'une personne morale étrangère pour agir en France doit être appréciée en fonction de la loi du siège social de cette personne, deux préposés d'une banque luxembourgeoise ont, au regard de la loi française, qualité pour déclarer les créances de celle-ci dès lors que leur pouvoir est justifié par un document officiel publié au registre du commerce et des sociétés de Luxembourg indiquant que ces préposés sont titulaires d'une délégation de signature pour engager la banque. • Rouen, 20 janv. 1999 : *RJDA 1999, n° 696.*

27 quater. La déclaration de créance adressée par lettre recommandée à laquelle est joint un bordereau de production est régulière, dès lors que le bordereau porte la signature d'un préposé ayant reçu par délégation le pouvoir de déclarer les créances, peu important que le signataire du courrier de transmission n'ait pas été investi d'un tel pouvoir. • Com. 14 mai 2002 : *RJDA 2002, n° 911 ; Procédures 2002, n° 230, note Laporte.*

28. Preuve de la délégation de pouvoirs. Il appartient à la société créancière de justifier que son responsable du service contentieux, qui a signé la déclaration de créances, dispose d'un pouvoir émanant d'un organe habilité par la loi à représenter la personne morale créancière et comportant, par les termes employés, le pouvoir de déclarer les créances ou encore d'un pouvoir émanant d'un préposé de la société ayant lui-même reçu d'un organe habilité par la loi à la représenter, le pouvoir de déclarer les créances ainsi que la faculté de subdéléguer, dans l'exercice de ce pouvoir, un autre préposé de la société. • Com. 5 mars 1996 : *D. Affaires 1996. 523.* – V. aussi • Com. 10 juill. 2001 : *Act. proc. coll. 2001, n° 220* • Versailles, 2 mai 1996 : *D. Affaires 1996. 1038.*

Le seul fait, pour l'auteur de la déclaration, d'occuper un emploi défini par la convention collective de travail applicable comme comportant délégation de pouvoirs de déclarer les créances ne suffit pas à établir que ce préposé tenait son pouvoir des organes habilités par la loi à représenter la personne morale. • Com. 22 oct. 1996 : *Bull. civ. IV, n° 248 ; D. Affaires 1997. 78 ; Rev. dr. bancaire 1996. 241, obs. Campana et Calendini ; Bull. Joly 1997. 160, note Le Cannu.* ♦ V. aussi, pour l'absence de présomption de délégation de pouvoirs à l'égard d'un directeur de groupe d'une banque, • Com. 27 oct. 1998 : *Act. proc. coll. 1998, n° 170 ; RJDA 1998, n° 1387.*

En revanche, le préposé ayant reçu délégation pour « le traitement des productions suite à redressement ou liquidation judiciaire », cette mention implique qu'il a été habilité à agir pour toutes les opérations relatives aux déclarations de créances y compris les formalités de signature. • Com. 3 avr. 2001 : *RJDA 2001, n° 878.*

28 bis. Il peut être justifié de l'existence de la délégation de pouvoirs, jusqu'à ce que le juge statue sur l'admission de la créance, par la production des documents établissant la délégation, ayant ou non acquis date certaine. • Com. 14 déc. 1993 (2 arrêts) : *préc. note 25* • 14 févr. 1995 : *ibid.* • 28 janv. 1997 : *Bull. civ. IV, n° 31 ; D. 1997. IR. 66 ; JCP E 1997. I. 651, n° 10, obs. Pétel* • 27 oct. 1998 : *Act. proc. coll. 1998, n° 169 ; RJDA 1998, n° 1387* • 19 déc. 2000 : *RJDA 2001, n° 472* • Reims, 26 janv. 2000 : *Rev. proc. coll. 2002. 185, obs. Legrand.* ♦ L'expression « jusqu'à ce que le juge statue » s'entend du juge de première instance comme du juge d'appel. • Versailles, 7 nov. 2002 : *RJDA 2003, n° 282.* ♦ Dès lors, les juges n'ont pas à rechercher si l'auteur d'une déclaration de créance pour le compte d'une personne morale a indiqué en quelle qualité il a agi dans sa déclaration. • Com. 19 janv. 1999 : *Act. proc. coll. 1999, n° 78.* ♦ Sur l'inapplicabilité de la procédure prévue à l'art. L. 621-47, V. note 1 ss. cet art.

Si une attestation, fût-elle établie postérieurement à l'expiration du délai de déclaration des créances, peut justifier de la préexistence, au moment de la déclaration, de la délégation de pouvoir du déclarant, une déclaration irrégulière, faute d'habilitation de celui-ci, est insusceptible de ratification. • Com. 28 mai 1996 : *Bull. civ. IV, n° 148 ; D. Affaires 1996. 812 ; Bull. Joly 1996. 951, note J.-F. Barbièri.* – V. aussi • Com. 17 déc. 1996 : *préc. note 16* • 26 mai 1998 : *Bull. civ. IV, n° 166* • 7 déc. 1999 : *RJDA 2000, n° 311* • 28 mai 2002 : *ibid. 2002, n° 1058.* – Comp. : • Com. 9 déc. 1997 : *Rev. dr. bancaire 1998. 69, obs. Campana et Calendini.* ♦ En ce sens que la preuve de la délégation peut résulter d'une attestation postérieure à la contestation de la déclaration de créance, V. • Rouen, 9 mai 1996 : *RJDA 1996, n° 1257.*

L'attestation de l'existence d'une délégation de pouvoir au profit d'un préposé de la personne morale pour déclarer les créances de celle-ci doit émaner d'un représentant légal de la personne morale ou d'une personne qui a reçu délégation régulière de pouvoir avec faculté de subdélégation. • Com. 26 mai 1999 : *Bull. civ. IV, n° 107 ; RJDA 1999, n° 803* • 10 mai 2005 : *Bull. civ. IV, n° 97 ; D. 2005. AJ. 1476, obs. Lienhard ; Act. proc. coll. 2005, n° 130, obs. Vallansan ; Gaz. Pal. 6-7 juill. 2005, p. 22, obs. Le Corre ; Bull. Joly 2005. 1405, note M. Sénéchal.*

Si une attestation du directeur d'un établissement bancaire, affirmant, *a posteriori*, que le salarié de l'entreprise qui a procédé à la déclaration de créance pour le compte de la banque « disposait des pouvoirs nécessaires... », constitue une affirmation de droit susceptible de contribuer à la preuve de la délégation, elle est dénuée de toute valeur probante à défaut d'être étayée ou corroborée par aucun élément de justification permettant au juge d'en apprécier la pertinence. • Versailles, 8 oct. 1998 : *RJ com. 1999. 427, obs. Legrand.*

La preuve de l'existence de la délégation ne peut résulter des conclusions de la personne morale, quel que soit leur contenu : • Com. 3 déc. 1996 : *Bull. civ. IV, n° 296.* – Dans le même sens, V. • Com. 29 avr. 2002 : *préc. note 25 bis.*

28 ter. Sur la délégation de signature du receveur principal des impôts à un contrôleur des impôts pour déclarer des créances fiscales, V. • Com. 9 déc. 1997 : *Bull. civ. IV, n° 326.*

28 quater. La preuve de la déclaration de créance par un créancier à une procédure collective et de la délégation de pouvoir qu'il a consentie à un préposé pour y procéder n'est pas soumise aux dispositions de l'art. 1334 C. civ. • Com. 4 oct. 2005 : *Bull. civ. IV, n° 201 ; D. 2005. AJ. 2874, obs. Lienhard.*

29. Nécessité d'un pouvoir spécial en cas de déclaration par un tiers. La déclaration des créances équivaut à une demande en justice. Par suite, la personne qui déclare la créance d'un tiers doit, si elle n'est pas avocat, être munie d'un pouvoir spécial donné par écrit (à propos de la déclaration des créances effectuée par le chef de file d'un pool bancaire au nom de chacun des membres du pool). • Cass., Ass. plén., 26 janv. 2001 : *Bull. civ. n° 1 ; D. 2001. AJ. 631 ; BICC 1er mars 2001, p. 17, concl. Feuillard et note Bouret ; JCP E 2001, n° 14, p. 617, note Béhar-Touchais ; ibid., n° 18, p. 753, obs. Cabrillac ; JCP 2001. II. 10552, note Lochouarn ; RTD com. 2001. 507, obs. Martin-Serf ; RD banc. fin. 2001, n° 66, obs. F.-X. Lucas ; Procédures 2001, n° 109, obs. Laporte ; Act. proc. coll. 2001, n° 61, obs. Boulay ; Banque et Droit sept.-oct. 2001. 48, obs. Guillot.* – V. déjà • Com. 17 déc. 1996 : *préc. note 16* (même affaire) • 30 mars 1999 : *préc. note 25* (même cas de figure). – Dans le même sens, V. • Com. 16 oct. 2001 : *D. 2001. AJ. 3275, obs. Lienhard* • Paris, 9 janv. 2002 : *RTD com. 2002. 370, obs. Martin-Serf.* ♦ La recherche d'éléments de preuve d'un mandat tirés des circonstances de la cause ne peut suppléer l'absence de production d'un pouvoir spécial et écrit lors de la déclaration des créances ou dans le délai légal de cette déclaration. • Cass., Ass. plén., 26 janv. 2001 : *préc.* (V. l'arrêt cassé : • Amiens, 8 mars 1999 : *Banque et Droit sept.-oct. 1999. 56, obs. Guillot ; RJDA 2000, n° 188*). ♦ Ne constitue un tel pouvoir ni la lettre par laquelle une société gérant des locaux commerciaux charge un huissier de justice de délivrer à certains locataires un commandement de payer les arriérés de loyer ainsi qu'une assignation en résiliation du bail, cette lettre ne confiant à l'huissier qu'une mission générale, ni la lettre par laquelle la société, après avoir transmis à l'huissier l'ordonnance d'expulsion d'un locataire mis en redressement judiciaire et l'avis du représentant des créanciers l'invitant à déclarer sa créance, prie l'huissier de lui faire savoir si les éléments qu'il détient lui permettent d'effectuer la déclaration de créances. • Civ. 1re, 13 juin 1995 : *RJDA 1996, n° 126.* – V. aussi • Com. 11 juin 1996 : *Dr. sociétés 1996, n° 210, obs. Chaput.* ♦ Dans le même sens, pour une « mission de recouvrement de créances », V. • Com. 13 avr. 1999 : *RJDA 1999, n° 1227* • 3 oct. 2000 : *RJDA 2001, n° 190* • Paris, 29 sept. 1995 : *Dr. sociétés 1996, n° 8, obs. Chaput.*

En ce sens que le préposé d'une société appartenant au même groupe que la société créancière doit justifier d'un pouvoir spécial, c'est-à-dire du pouvoir de déclarer les créances de cette société dans la procédure collective de la société en cause, V. • Com. 1er févr. 2000 : *Bull. civ. IV, n° 22 ; D. 2000. AJ. 128 ; Act. proc. coll. 2000, n° 46, obs. Vallansan ; Dr. sociétés 2000, n° 57, obs. Chaput ; Banque et Droit mai-juin 2000. 43, obs. Storck* • 26 nov. 2002 : *RJDA 2003, n° 408 ; Rev. proc. coll. 2003. 316, obs. Legrand* • Toulouse, 6 mai 1999 : *Dr. sociétés 1999, n° 162, obs. Chaput.*

Une caisse fédérale de crédit, personne morale distincte des caisses locales adhérentes, doit justifier d'un pouvoir spécial pour déclarer par l'intermédiaire d'un préposé les créances d'une caisse locale. • Com. 30 oct. 2000 : *Act. proc. coll. 2000, n° 257.* ♦ Pour une autre application, V. • Com. 5 nov. 2003 : *Bull. civ. IV, n° 163 ; D. 2003. AJ. 3048 ; Bull. Joly 2004. 228, note F.-X. Lucas ; RD banc. fin. 2004, n° 11, obs. Legeais ; RTD com. 2004. 597, obs. Martin-Serf ; Rev. proc. coll. 2004. 275, obs. Dumont.*

Une cour d'appel doit rechercher, comme il lui est demandé, s'il résulte de la délégation de pouvoir consentie à un fondé de pouvoir principal, que celui-ci a reçu d'un organe habilité à représenter l'établissement de crédit créancier, le pouvoir de donner mandat spécial à un tiers de déclarer les créances. • Com. 28 janv. 2004 : *Bull. civ. IV, n° 18 ; D. 2004. AJ. 503 ; Procédures 2004, n° 78, obs. Laporte.* ♦ V. aussi cet arrêt à propos des délégations en séries consenties au sein de la société mandataire.

Sur le pouvoir spécial d'un huissier, V. • Com. 11 oct. 1994 : *Bull. civ. IV, n° 280* • 13 nov. 2002 : *Bull. civ. IV, n° 163 ; D. 2003. AJ. 204 ; Dr. et procédures 2003. 90, note Le Corre ; RD banc. fin. 2003, n° 28, obs. F.-X. Lucas ; RTD com. 2003. 563, obs. Martin-Serf ; Dr. et patr. mars 2003. 95, obs. Monsèrié-Bon ; Petites affiches 3 avr. 2003, p. 14, note Tafanelli ; Procédures 2003, n° 147, note Laporte.* ♦ … D'un notaire, V. • Amiens, 20 sept. 2001 : *Rev. proc. coll. 2002. 185, obs. Legrand* • TGI Dunkerque, 16 nov. 2001 : *JCP N 2002, n° 10, 1173, note Delattre.* ♦ … D'un avoué, V. • Com. 28 juin 2005 : *Bull.*

civ. IV, n° 143 ; D. 2005. AJ. 1940, obs. Lienhard ; JCP E 2005, n° 46, p. 1933, note Rémery ; RTD com. 2005. 840, obs. Martin-Serf ; Procédures 2005, n° 232, obs. Junillon ; Bull. Joly 2006. 188, note J.-J. Barbièri • 29 nov. 2005 : *Bull. civ. IV, n° 235 ; D. 2006. AJ. 65, obs. Lienhard ; Bull. Joly 2006. 189, note J.-J. Barbièri ; Gaz. Pal. 10-11 févr. 2006, p. 32, obs. Le Corre* • Aix-en-Provence, 16 oct. 2002 : *BICC 2003, n° 181 ; RD banc. fin. 2004, n° 24, obs. F.-X. Lucas.*

Si un tiers n'ayant pas la qualité d'avocat ne peut déclarer une créance au passif du redressement judiciaire d'un débiteur ouvert par un tribunal de commerce qu'en vertu du pouvoir spécial de représentation en justice dont le créancier l'a investi, il est loisible à ce tiers mandataire, lorsqu'il s'agit d'une personne morale, de déléguer ensuite le pouvoir d'effectuer la déclaration à l'un de ses préposés, sans qu'il soit exigé que ce dernier reçoive un mandat *ad litem* du créancier lui-même ou que sa délégation de pouvoir revête un caractère spécial. • Com. 14 janv. 1997 : *Bull. civ. IV, n° 12 ; D. 1997. IR. 39 ; JCP 1997. II. 22837, rapp. Rémery* • 20 juin 2000 : *Act. proc. coll. 2000, n° 188.* ♦ Une attestation, fût-elle postérieure à la déclaration de créance, peut justifier de la préexistence, au moment de la déclaration, de cette délégation de pouvoir. • Com. 12 oct. 1999 : *Act. proc. coll. 1999, n° 251, obs. Vallansan.*

Il résulte de la combinaison des art. 416 et 853 NCPC et 175 du décret du 27 déc. 1985 que le pouvoir donné au mandataire *ad litem* doit accompagner la déclaration de créance ou être produit dans le délai de celle-ci : • Com. 19 nov. 1996 : *Bull. civ. IV, n° 277 ; D. 1997. IR. 19 ; JCP E 1997. II. 932, note Pétel* • 12 oct. 1999 : *Act. proc. coll. 1999, n° 251, obs. Vallansan* • 13 nov. 2002 : *préc.* ♦ Comp., jugeant qu'il peut être justifié de l'existence de ce pouvoir, à la date de la déclaration, jusqu'à ce que le juge statue sur l'admission de la créance, puisque seul le juge peut en apprécier la régularité : • Com. 19 mars 1996 : *D. Affaires 1996. 653 ; RTD com. 1996. 713, obs. Martin-Serf.* ♦ Aucun texte n'exige que le pouvoir spécial donné par écrit ait date certaine. • Com. 17 juin 1997 : *Bull. civ. IV, n° 190 ; D. Affaires 1997. 904 ; Bull. Joly 1997. 995, note P. S.*

Le défaut de pouvoir spécial constitue une irrégularité de fond affectant la validité de l'acte qui doit, en conséquence, être annulé. • Com. 19 mars 1996 : *préc.* ♦ La caution assignée en paiement, par la banque créancier à la procédure, ne peut opposer à cette demande de paiement, le défaut d'habilitation du préposé ayant produit au passif de la société, du fait qu'elle n'allègue pas avoir contesté la créance de la banque dans le cadre de la procédure de vérification et qu'elle ne prétend pas celle-ci éteinte. • Com. 14 janv. 1997 : *D. 1997. IR. 52.* ♦ Comp., jugeant que la caution du débiteur peut opposer au créancier l'exception tirée du défaut de pouvoir du signataire de la déclaration : • Paris, 19 janv. 1996 : *RJDA 1996, n° 677.*

29 bis. Sans avoir à justifier d'un pouvoir, l'avocat du créancier a qualité pour déclarer, au nom de son client, une créance au passif du redressement ou de la liquidation judiciaires du débiteur. • Com. 3 juin 1997 : *Dr. sociétés 1997, n° 157, obs. Chaput ; RJDA 1997, n° 1404* ♦ Le fait que l'avocat de la banque ait transmis, sous son nom, au liquidateur de la procédure collective la déclaration de créance de sa cliente établit, à lui seul, que la déclaration litigieuse émanait de cet avocat. • Même arrêt. ♦ Sur la responsabilité professionnelle de l'avocat qui s'est abstenu de déclarer la créance de son client, V. • TGI Paris, 29 mars 2000 : *Dr. sociétés 2000, n° 124, obs. Chaput.*

29 ter. La mission judiciaire dévolue au séquestre-répartiteur, chargé de procéder à la répartition du prix de vente d'un fonds de commerce, ne lui donne pas qualité pour déclarer la créance du vendeur du fonds, en l'absence de pouvoir spécial et donné par écrit émanant de ce dernier. • Com. 11 juin 2003 : *BRDA 2003, n° 15-16, p. 5.*

29 quater. Les caisses de mutualité sociale agricole, qui tiennent de la loi la possibilité de conclure des conventions avec des organismes administrés paritairement par les organisations professionnelles et syndicales de l'agriculture en vue du recouvrement, pour le compte de ces organismes, des cotisations qui leur sont dues, sont, sous réserve de la conclusion des conventions précitées, légalement habilitées à déclarer les créances correspondantes sans être tenues de justifier d'un pouvoir spécial. • Com. 21 févr. 2006 : *D. 2006. AJ. 718, obs. Lienhard ; JCP E 2006, n° 14-15, p. 671, obs. Pétel.*

30. Confirmation légale de la jurisprudence. BIBL. Alix, *Petites affiches 31 juill. 1995, p. 13.* ♦ L'art. L. 621-43, al. 2, issu de la loi n° 94-475 du 10 juin 1994 confirme la jurisprudence de la Cour de cassation.

30 bis. Déclaration du Trésor. V. note 1 ss. ancien art. 74 du 1er décret du 27 déc. 1985, *infra*, App., v° *Difficultés des entreprises.*

30 ter. Déclaration d'une commune. Le comptable d'une commune tient de la loi [art. L. 2343-1 CGCT] le pouvoir de poursuivre la rentrée de tous les revenus de la commune et de toutes les sommes qui lui sont dues, et dès lors celui de déclarer les créances correspondantes (cassation de l'arrêt qui avait déclaré irrecevable la déclaration de créance en raison de l'absence de délégation de pouvoirs au comptable). • Com. 12 juin 2001 : *Bull. civ. IV, n° 116 ; D. 2001. AJ. 2199, obs. Lienhard ; Act. proc. coll. 2001, n° 163, obs. F.-X. Lucas ; JCP E 2001, n° 45, p. 1774, note Rémery ; Procédures 2001, n° 197, obs. Laporte ; RTD com. 2001. 972, obs. Martin-Serf* . ♦ S'il appartient à l'ordonnateur de liquider les créances, seul le comptable de la commune, qui tient de la loi le pouvoir de poursuivre la rentrée de tous les revenus de la commune et de toutes les sommes qui lui sont dues, peut les déclarer au passif du débiteur. • Com. 29 avr. 2003 : *Bull. civ. IV, n° 66 ; D. 2003. AJ. 1365 ; JCP E 2003, n° 30, p. 1247, note Rémery ; Act. proc. coll. 2003, n° 140, obs. Léfondré ; RTD com. 2003. 819, obs. Martin-Serf*

30 quater. Déclaration d'un syndic de copropriété. Le syndic, représentant légal du syndicat, exerce une mesure conservatoire au sens de l'art. 55, al. 2, du décret du 17 mars 1967 en déclarant la créance du syndicat au passif de la procédure collective de l'ancien syndic et n'a donc pas à justifier d'une autorisation préalable de l'assemblée générale des copropriétaires. • Civ. 3e, 29 janv. 2003 : *Bull. civ. III, n° 21 ; JCP E 2003, n° 27, p. 1150, note Djigo ; Act. proc. coll. 2003, n° 112, obs. Vallansan ; RTD com. 2003. 566, obs. Martin-Serf ; Procédures 2003, n° 146, note Laporte ; Rev. proc. coll. 2003. 347, obs. Lebel.* – Dans le même sens, V. • Com. 19 mai 2004 : *Bull. civ. IV, n° 99 ; D. 2004. IR. 1709 ; JCP E 2004, n° 32-35, p. 1303, note Djigo ; Rev. proc. coll. 2004. 258, obs. Lebel ; AJDI 2005. 37, obs. Capoulade* .

C. SOLIDARITÉ ACTIVE OU SUBROGATION CONVENTIONNELLE

30 quinquies. Déclaration par le créancier solidaire. L'obligation solidaire entre plusieurs créanciers donne à chacun d'eux, en application de l'art. 1197 C. civ., le droit de demander le paiement total de la créance et, en conséquence, de la déclarer en totalité au passif de la procédure collective du débiteur. • Com. 20 mars 2001 : *Bull. civ. IV, n° 61 ; D. 2001. AJ. 1245, obs. Lienhard ; Act. proc. coll. 2001, n° 97, obs. Regnaut-Moutier ; RD banc. fin. 2001, n° 117, obs. F.-X. Lucas ; JCP E 2001, n° 42, p. 1674, note Béhar-Touchais ; Dr. et patr. nov. 2001. 112, obs. Monsèrié-Bon ; Banque et Droit janv.-févr. 2002. 39, obs. Jacob.*

30 sexies. Déclaration par le créancier subrogeant. En ce sens que le créancier ayant délivré quittance subrogative contre paiement a qualité pour déclarer la créance dont il demeure titulaire dans ses rapports avec le débiteur en redressement judiciaire, V. • Com. 23 janv. 2001 : *Bull. civ. IV, n° 21 ; D. 2001. AJ. 858, obs. Lienhard ; Act. proc. coll. 2001, n° 48, obs. Regnaut-Moutier ; JCP E 2001, n° 18, p. 753, obs. Cabrillac ; ibid., n° 42, p. 1674, note Béhar-Touchais ; RTD com. 2001. 970, obs. Martin-Serf* . – Dans le même sens, V. • Com. 16 oct. 2001 : *Rev. proc. coll. 2002. 94, obs. Legrand.*

D. INDIVISION

30 septies. Il résulte des art. 815 s. C. civ. que tout indivisaire peut déclarer une créance de l'indivision à la procédure collective du débiteur de l'indivision. • Com. 11 juin 2003 : *Bull. civ. IV, n° 95 ; Act. proc. coll. 2003, n° 171, obs. Vallansan ; Bull. Joly 2003. 1024, note J.-J. Barbièri ; JCP E 2004, n° 6, p. 225, obs. Pétel ; RTD com. 2004. 595, obs. Martin-Serf ; Rev. proc. coll. 2005. 51, obs. Dumont* • Douai, 27 juin 2002 : *D. 2002. AJ. 2533* . ♦ Comp., exigeant du gérant d'une indivision conventionnelle qu'il justifie d'un mandat spécial pour effectuer une déclaration de créance au nom de l'indivision : • Com. 28 mai 2002 : *RJDA 2002, n° 1297.*

Préalablement aux opérations de partage de l'indivision post-communautaire, l'ex-épouse, en sa qualité d'indivisaire, doit déclarer la créance de l'indivision, au titre des loyers échus antérieurement au jugement d'ouverture de la liquidation judiciaire de l'ex-mari et perçus par ce dernier, à la procédure collective du débiteur de l'indivision. • Com. 1er févr. 2005 : *Bull. civ. IV, n° 18 ; D. 2005. AJ. 489, obs. Lienhard ; Act. proc. coll. 2005, n° 44, obs. Henry.*

E. CESSION DE CRÉANCE

30 octies. Pour la validité de la déclaration de créance du cessionnaire, dès lors que la cession a été signifiée au débiteur avant que le juge-commissaire ne statue sur l'admission de la créance, V. • Com. 7 avr. 2004 : *D. 2004. AJ. 1734* .

A propos d'une créance cédée après l'ouverture de la procédure, V. note 19 *bis*.

F. FORME DE LA DÉCLARATION

31. Il n'est pas légalement exigé que la production revête une forme spéciale, celle-ci devant seulement résulter d'une déclaration claire faite par le créancier (loi de 1967). • Com. 5 oct. 1993 : *Dr. sociétés 1993, n° 222, obs. Chaput.* – V. aussi • Com. 8 oct. 1996 : *RJDA 1997, n° 120* • 12 juill. 2004 : *ibid. 2004, n° 1244.* ♦ Il ne résulte ni des art. 51 de la loi [C. com., art. L. 621-44] et 67 du décret du 27 déc. 1985, ni des règles de preuve du droit positif, que la déclaration de créance doive emprunter des formes sacramentelles. Notamment, il n'est pas obligatoire qu'elle prenne la forme d'un document unique, comprenant dans son « corps » toutes les informations nécessaires. • Versailles, 14 janv. 1999 : *RJDA 1999, n° 697*. – V. aussi • Poitiers, 26 mars 2002 : *RD banc. fin. 2003, n° 27, obs. F.-X. Lucas*. – Comp. : • Lyon, 7 nov. 1997 : *Petites affiches 30 oct. 1998, p. 19, note Soinne*. ♦ La déclaration de créance doit être accompagnée des éléments justificatifs de nature à en prouver l'existence et le montant. • Versailles, 21 mars 1996 : *RJDA 1996, n° 1258 ; JCP E 1996. Pan. 656*. ♦ V. aussi notes 3 s. ss. ancien art. 67 du 1er décret du 27 déc. 1985, *infra*, App., v° *Difficultés des entreprises*.

31 bis. Un arrêt a admis que le représentant légal d'une personne morale n'est pas tenu de préciser, sur la déclaration de créance effectuée au nom de la société, son identité et sa qualité. • Com. 13 nov. 2002 : *RD banc. fin. 2003, n° 26, obs. crit. F.-X. Lucas ; RJDA 2003, n° 282 (2e esp.)*.

32. L'omission de la signature du déclarant constitue une irrégularité de forme qui est réparée par l'envoi d'une copie dûment signée après l'expiration du délai de déclaration des créances mais avant que le juge-commissaire statue. • Com. 17 juill. 2001 : *Act. proc. coll. 2001, n° 232, obs. Legros ; RD banc. fin. 2001, n° 231, obs. F.-X. Lucas ; Rev. proc. coll. 2002. 95, obs. Legrand*. ♦ Le défaut de signature de la déclaration de créance et des documents justificatifs rend vaine toute discussion sur le pouvoir du déclarant. • Com. 17 juill. 2001 : *RD banc. fin. 2001, n° 229, obs. F.-X. Lucas*. ♦ Il suffit, pour que la déclaration de créance soit régulière, et de ce fait valable, que le signataire soit identifié. • Paris, 23 nov. 1995 : *D. 1996. IR. 74 ; D. Affaires 1996. 182*. ♦ L'auteur d'une déclaration de créance non signée, établie sur du papier à en-tête, peut être identifié par la lettre de transmission de la déclaration, rédigée sur papier à même en-tête et signée : • Com. 1er mars 2005 : *RJDA 2005, n° 849*. ♦ La déclaration de créance est irrégulière lorsqu'elle comporte une signature illisible dont l'auteur est inconnu et que le créancier ne produit aucun document susceptible de vérifier la qualité du signataire. • Reims, 9 nov. 1999 : *JCP 2000. IV. 2163*. – Comp. : • Paris, 18 mai 2001 : *D. 2001. AJ. 2303 ; RTD com. 2001. 973, obs. Martin-Serf*. ♦ V. aussi note 25 *bis*. ♦ Pour l'irrégularité d'une déclaration de créance comportant, sous le nom du délégataire, une signature apposée par un procédé mécanographique, V. • Aix-en-Provence, 6 juin 2001 : *RD banc. fin. 2001, n° 232, obs. F.-X. Lucas*.

32 bis. Une déclaration de créance, qui équivaut à une demande en justice, doit être rédigée en langue française. • Lyon, 15 mars 2001 : *Procédures 2001, n° 153, note Laporte*. ♦ Cependant, une déclaration rédigée en langue étrangère mais accompagnée d'une traduction en français est régulière. Cette traduction peut être produite jusqu'à ce que le juge-commissaire statue sur l'admission de la créance. • Lyon, 7 sept. 2001 : *BICC 2001, n° 1214 ; RTD com. 2002. 167, obs. Vallens*. ♦ V. également Règl. CE n° 1346/2000 du 29 mai 2000 relatif aux procédures d'insolvabilité, art. 42.

32 ter. Le recours à un coursier est valable, dès lors que le cachet apposé par le représentant des créanciers sur la déclaration atteste que celle-ci a été faite dans le délai légal. • Versailles, 2 mai 1996 : *préc. note 28*.

32 quater. La déclaration faite par télécopie n'est pas, en soi, irrégulière. • Com. 17 déc. 2003 : *Bull. civ. IV, n° 210 ; D. 2004. AJ. 137, obs. Lienhard ; JCP E 2004, n° 22, p. 858, obs. Pétel ; Procédures 2004, n° 77, obs. Laporte*. ♦ Toutefois, le rapport d'émission de la télécopie ne constitue qu'un commencement de preuve par écrit de la réception qui doit être corroboré par d'autres éléments. • Paris, 2 avr. 2002 : *D. 2002. AJ. 1840 ; RD banc. fin. 2002, n° 95, obs. F.-X. Lucas ; RTD com. 2002. 547, obs. Vallens*. ♦ V. aussi • Rouen, 15 mai 2003 : *RD banc. fin. 2004, n° 23, obs. F.-X. Lucas* • 23 oct. 2003 : *RJDA 2004, n° 342*.

33. En revanche, l'assignation en intervention forcée délivrée au liquidateur ne vaut pas déclaration de la créance. • Com. 22 mars 1994 : *Bull. civ. IV, n° 119*. – V. aussi • Versailles, 5 mai 2003 : *RJDA 2003, n° 980*. ♦ Il en va de même de conclusions reconventionnelles notifiées au liquidateur ou au représentant des créanciers dans le cadre d'une instance en cours. • Com. 8 déc. 1998 : *Act. proc. coll. 1999, n° 16*. ♦ ... De la lettre par laquelle le créancier invoque la compensation et invite le liquidateur à mettre en œuvre une expertise, la créance de dommages-intérêts n'ayant été ni chiffrée, ni évaluée à titre provisionnel dans la lettre. • Paris, 27 mars 1996 : *RJDA 1996, n° 1259*. ♦ ... De la lettre d'un avocat fournissant des précisions sur une créance. • Com. 17 juin 1997 : *Dr. sociétés 1997, n° 157, obs. Chaput* • 20 févr. 2001 : *Rev. proc. coll. 2001. 75, obs. Soinne*. ♦ ... De la lettre adressée au représentant des créanciers faisant référence à l'existence d'un prêt consenti par la banque créancière au débiteur et divers autres éléments extrinsèques à ce document. • Com. 17 févr. 1998 : *D. Affaires 1998. 765*. ♦ ... De la lettre par laquelle le créancier, croyant que la liquidation judiciaire de son débiteur provenait de la conversion du redressement judiciaire, alors que cette procédure avait été ouverte à la suite de la résolution du plan de continuation, se borne à confirmer sa déclaration initiale. • Versailles, 30 sept. 1999 : *RJDA 2000, n° 312.* ♦ ... De la remise de pièces comptables et de documents valant abandon de créance. • Versailles, 30 oct. 1997 : *D. Affaires 1998, p. 206, obs. V. A.-R.* ♦ ... Du courrier accompagné d'une mise en demeure de régler des loyers sous peine de résiliation de plein droit et comportant le décompte de la créance après résiliation, qui a pour objet exclusif la revendication du matériel confié au débiteur, V. • Aix-en-Provence, 11 sept. 2001 : *Act. proc. coll. 2002, n° 39.* ♦ V. aussi • Limoges, 3 juin 1999 : *BICC 2000, n° 122 ; RJDA 2000, n° 560* • Lyon, 10 juin 2004 : *BICC 2004, n° 1907.*

33 bis. Pour la validité d'une déclaration unique en cas de pluralité de procédures, lorsque chacun des débiteurs est clairement identifié et individualisé et est tenu au même titre au paiement de la dette, V. • Com. 17 déc. 2003 : *RJDA 2004, n° 593 ; RD banc. fin. 2004, n° 132, obs. F.-X. Lucas.*

G. DÉLAI DE DÉCLARATION

V. art. L. 621-46 et ancien art. 66 du 1er décret du 27 déc. 1985, *infra*, App., v° *Difficultés des entreprises.*

H. PREUVE DE LA DÉCLARATION

33 ter. Il appartient au créancier d'établir que la lettre contenant la déclaration a été reçue par son destinataire. • Civ. 1re, 7 oct. 1998 : *D. Affaires 1998. 1862, obs. A. L. ; Procédures 1999, n° 10, obs. Laporte ; Rev. proc. coll. 2001. 75, obs. Soinne.* ♦ Le créancier qui produit le récépissé postal du dépôt de la lettre qu'il prétend avoir adressée au représentant des créanciers ne rapporte pas la preuve de la réception de cette déclaration. • Com. 26 oct. 1999 : *RJDA 1999, n° 1357.* ♦ De même, la lettre adressée par le représentant des créanciers au créancier pour recueillir son accord sur la proposition de règlement des dettes, conformément à l'art. 24, ne vaut pas preuve de la déclaration de créance. • Com. 18 janv. 2000 : *RD banc. fin. 2000, n° 121, obs. F.-X. Lucas ; Rev. proc. coll. 2001. 75, obs. Soinne.* – V. aussi • Lyon, 7 nov. 1997 : *Petites affiches 30 oct. 1998, p. 19, note Soinne.* ♦ En revanche, une cour d'appel ne peut retenir, pour rejeter l'action en paiement exercée par une banque contre la caution d'un débiteur en liquidation judiciaire, que la banque ne rapporte pas la preuve qu'elle a produit sa créance auprès du liquidateur, sans préciser en quoi le certificat d'admission de la créance dressé par le greffe du tribunal de la liquidation judiciaire n'établit pas que la déclaration de créance a été effectuée. • Com. 26 oct. 1999 : *RJDA 1999, n° 1357.*

IV. EFFETS DE LA DÉCLARATION

A. ADMISSIONS PROVISIONNELLES

BIBL. Deleneuville, *Rev. proc. coll. 1997. 137* (créances fiscales) ; *D. 2001. Chron. 1156* (admission définitive des créances fiscales). – Brandeau, *Petites affiches 12 janv. 1999, p. 13 ; ibid. 12 nov. 2002, p. 8.* – Amlon, *Petites affiches 25 janv. 2001, p. 6 ; Rev. proc. coll. 2000. 163.* – Baujet, *Gaz. Pal. 2001. Doctr. 339.*

34. Domaine d'application. Le juge-commissaire ne peut prononcer l'admission provisionnelle d'une autre créance que celles prévues à l'art. 50, al. 2 [3] [C. com., art. L. 621-43] ; il ne peut que l'admettre à titre définitif ou la rejeter en tout ou en partie, en se conformant aux règles de procédure fixées par l'art. 101 [C. com., art. L. 621-104]. • Grenoble, 26 avr. 1988 : *D. 1989. Somm. 13, obs. Derrida* • Paris, 27 sept. 1989 : *Gaz. Pal. 1990. 1. Somm. 187* • 13 sept. 1994 : *RJDA 1995, n° 68* • Com. 2 févr. 1993 : *Bull. civ. IV, n° 36* • 16 mars 1999 : *Act. proc. coll. 1999, n° 119.* – V. aussi • Com. 14 nov. 2000 : *Act. proc. coll. 2001, n° 47.* ♦ Ainsi, le juge-commissaire ne peut prononcer l'admission à titre provisionnel d'une créance ayant fait l'objet d'un titre exécutoire au sens du droit fiscal et qui est contestée. • Com. 29 mai 2001 : *RJDA 2001, n° 998.* ♦ Dans ce cas, dès lors que la demande d'admission définitive a été formée dans le délai de l'art. 100, devenu l'art. L. 621-103 C. com., le juge-commissaire doit seulement constater qu'une réclamation ou une instance est en cours. • Com. 11 déc. 2001 : *Bull. civ. IV, n° 197 ; D. 2002. AJ. 326, obs. Lienhard ; Act. proc. coll. 2002, n° 18, obs. Regnaut-Moutier ; Petites affiches 1er mars 2002, p. 16, note Brandeau ; JCP E 2002, n° 20, p. 807, obs. Cabrillac ; Rev. proc. coll. 2002. 187, obs. Legrand.* ♦ Comp., sous le régime antérieur à la loi du 10 juin 1994 : art. 106 [abrogé] de la loi n° 85-98 du 25 janv. 1985, *infra*, ss. ancien art. L. 621-106.

Les créances du Trésor public qui ont fait l'objet d'un titre exécutoire postérieurement à leur déclaration à titre provisionnel et d'une demande d'admission définitive dans le délai de l'art. L. 621-103 C. com., sont admises définitivement par le juge-commissaire, sans attendre l'expiration du délai de réclamation contentieuse. • Com. 8 janv. 2002 : *Bull. civ. IV, n° 2 ; D. 2002. AJ. 486, obs. Lienhard ; Act. proc. coll. 2002, n° 60, obs. Neau-Leduc ; JCP E 2002, n° 20, p. 807, obs. Cabrillac ; Rev. proc. coll. 2002. 187, obs. Legrand.*

34 bis. Le Trésor public est défini comme l'ensemble des services dépendant du ministère des finances et dépourvu de personnalité juridique distincte de celle de l'État (tel n'est pas le cas d'une agence de l'eau). • Bordeaux, 23 juin 1997 : *JCP E 1997. Pan. 1129.*

34 ter. La déclaration des créances des organismes de prévoyance et de sécurité sociale qui ne sont pas habilités à se délivrer des titres exécutoires ne relève pas des dispositions de l'al. 3 de l'art. L. 621-43 C. com. • Com. 5 juill. 2005 : *Bull. civ. IV, n° 155 ; D. 2005. AJ. 1998, obs. Lienhard ; Act. proc. coll. 2005, n° 204, obs. Regnaut-Moutier ; Gaz. Pal. 4-5 nov. 2005, p. 41, obs. Le Corre ; JCP E 2006, n° 2, p. 76, obs. Pétel ; RJ com. 2006. 46, note Sortais.* ♦ Le GARP est un organisme de prévoyance sociale au sens de l'art. 50 [C. com., art. L. 621-43]. • Versailles, 6 mai 1999 : *D. 1999. IR. 172.* ♦ En revanche, les Caisses de congés payés du bâtiment ne sont ni des organismes de sécurité sociale ni des organismes visés à l'art. L. 351-21 C. trav. • Com. 12 avr. 2005 : *Bull. civ. IV, n° 85 ; D. 2005. AJ. 1228, obs. Lienhard ; Act. proc. coll. 2005, n° 112, obs. Vallansan.*

34 quater. Les déclarations de créances du Trésor public ou des organismes de prévoyance et de sécurité sociale sont toujours faites sous réserve des impôts et autres créances non encore établis à leur date, de sorte que l'autorité de la chose jugée résultant d'une admission provisionnelle pour le montant déclaré ne peut leur être opposée et que la décision du juge-commissaire n'est pas de nature à faire obstacle à une déclaration complémentaire de la part de l'organisme de prévoyance de ses créances non éteintes. • Com. 14 janv. 1997 : *D. 1997. IR. 59 ; RJDA 1997, n° 1264* • 17 oct. 2000 : *Act. proc. coll. 2001, n° 25.*

35. Déclarations complémentaires. Les déclarations complémentaires doivent être effectuées, sous peine de forclusion, dans les délais prévus par les art. 53 de la loi [C. com., art. L. 621-46] et 66 du décret ; à défaut, la créance n'est admise que pour la somme déclarée à titre provisionnel. • Com. 3 mai 1994 : *Bull. civ. IV, n° 162 ; RTD com. 1994. 787, obs. Martin-Serf ; JCP E 1994. I. 397, n° 9, obs. Cabrillac et Pételⅰ; D. 1994. IR. 156* • 29 avr. 2003 : *Bull. civ. IV, n° 64 ; D. 2003. AJ. 1565 ; Act. proc. coll. 2003, n° 127, obs. Regnaut-Moutier ; JCP E 2003, n° 40, p. 1571, obs. Cabrillac ; JCP 2004. II. 10020, note Galliard (1er arrêt).* ♦ En effet, l'art. 50 [C. com., art. L. 621-43] ne déroge pas aux dispositions de l'art. 53 [C. com., art. L. 621-46]. • Com. 8 oct. 1996 : *JCP E 1997. II. 954, note Brandeau* • Paris, 27 juin 1997 : *D. Affaires 1997. 1083.* – Dans le même sens, V. • Com. 3 oct. 2000 : *Petites affiches 24 nov. 2000, p. 11, note Brandeau ; RJDA 2000, n° 1139.*

35 bis. Établissement définitif. Il résulte de l'art. 50 de la loi [C. com., art. L. 621-43] et de l'art. 74 du décret de 1985, d'abord, que la notion d'« établissement définitif », qui s'oppose à celle de déclaration à « titre provisionnel » renvoie à la notion de « titre exécutoire non contesté » ; ensuite, que toute « procédure judiciaire ou administrative en cours » qui a pour effet nécessaire de retarder ou d'interdire l'émission d'un titre exécutoire ou de suspendre son exécution exclut la constatation de la forclusion ; enfin, que le cours du délai de forclusion est interrompu dès l'introduction d'une procédure de cette nature et demeure suspendu pendant la durée de cette procédure. • Paris, 12 sept. 1997 : *D. Affaires 1997. 1257.*

L'établissement définitif de la créance doit s'entendre de la production d'un titre exécutoire, la réserve tenant à l'existence d'une procédure judiciaire ou administrative n'ayant d'incidence qu'au regard du délai prévu à l'art. L. 621-103. • Toulouse, 14 oct. 2004 : *JCP E 2005, n° 24, p. 1026.*

35 ter. Sauf à priver de toute portée les dispositions nouvellement instituées par la loi du 10 juin 1994 tendant à limiter dans le temps l'établissement définitif par l'administration fiscale de ses créances, le processus de mise en recouvrement de la taxe professionnelle ne saurait être assimilé à une « procédure administrative en cours », qui suppose que la créance, préalablement arrêtée par le créancier, fait l'objet d'une réclamation de la part du débiteur. • Com. 18 janv. 2000 : *Bull. civ. IV, n° 14 ; D. 2000. AJ. 82, obs. Lienhard ; JCP E 2000, nos 18-19, p. 752, obs. Pétel ; ibid., n° 35, p. 1330, note Casey ; Act. proc. coll. 2000, n° 37, obs. Regnaut-Moutier ; RTD com. 2000. 463, obs. Vallens ; ibid., 721, obs. Martin-Serf.* – V. Deleneuville, *Rev. proc. coll. 2000. 91.* – V. déjà • Lyon, 13 juin 1997 : *JCP E 1997. Pan. 873 ; Petites affiches 11 mars 1998, p. 16, note Brandeau.* ♦ De même, une taxation d'office, une notification de redressement et un avis de recouvrement ne constituent pas une procédure administrative en cours, mais des formalités internes à l'administration des impôts. • Versailles, 13 nov. 1997 : *BICC 1998, n° 776 ; JCP E 1998, n° 13, p. 490.* ♦ *A fortiori,* un contrôle fiscal n'est pas une procédure administrative en cours au sens de l'art. 50, al. 3 [C. com., art. L. 621-43]. • Com. 9 janv. 2001 : *Bull. civ. IV, n° 4 ; D. 2001. AJ. 478, obs. Lienhard ; Act. proc. coll. 2001, n° 51, obs. Amlon ; JCP E 2001, n° 18, p. 754, obs. Pétel ; RTD com. 2001. 510, obs. Martin-Serf* • 15 oct. 2002 : *RJDA 2003, n° 158* • Paris, 9 févr. 2001 : *D. 2001. AJ. 1174.*

En revanche, la demande de dégrèvement présentée en application de l'art. 1647 *bis* CGI constitue une réclamation contentieuse, telle que prévue par l'art. L. 190 LPF, et ouvre dès lors une procédure administrative. • Com. 10 déc. 2003 : *Bull. civ. IV, n° 205 ; D. 2004. AJ. 142*. ♦ De même, une procédure administrative est en cours lorsque le débiteur a saisi, pour arbitrage, la Commission départementale des impôts directs et des taxes sur le chiffre d'affaires. • Rennes, 25 avr. 2001 : *Rev. proc. coll. 2002. 187, obs. Legrand.*

Sur les effets d'une réclamation contentieuse formée par le débiteur postérieurement à l'ordonnance d'admission définitive de la créance du Trésor public, V. • Com. 18 janv. 2005 : *Bull. civ. IV, n° 9 ; D. 2005. AJ. 356, obs. Lienhard (2e esp.) ; JCP E 2005, n° 17, p. 710, obs. Cabrillac ; Act. proc. coll. 2005, n° 57, obs. Boulay.*

La forclusion prévue à l'art. 50, al. 3, devenu l'art. L. 621-43 C. com., n'est attachée qu'au défaut d'établissement définitif par un titre exécutoire au sens du droit fiscal, de la créance du Trésor public déclarée à titre provisionnel. • Com. 3 avr. 2002 : *Bull. civ. IV, n° 66 ; D. 2002. AJ. 1421, obs. Lienhard ; JCP E 2002, n° 39, p. 1524, obs. Cabrillac ; Act. proc. coll. 2002, n° 111, obs. Vallansan ; Petites affiches 5 juill. 2002, p. 26, note Brandeau ; RTD com. 2002. 539, obs. Martin-Serf*. ♦ Le receveur qui a adressé au liquidateur, dans le délai fixé en application de l'art. 100 de la loi du 25 janv. 1985, devenu l'art. L. 621-103 C. com., le titre établissant définitivement la créance en vue de son admission définitive ne s'expose pas à la forclusion, alors même que le juge-commissaire n'a pas été saisi, à l'intérieur du même délai, d'une requête visant à l'admission définitive de la créance. • Même arrêt. – V. aussi • Com. 3 mai 2006 : *D. 2006. AJ. 1452, obs. Lienhard.* ♦ Dès lors qu'il ne s'agit pas d'une créance autre que celle déclarée à titre provisionnel ou de la même créance pour un montant supérieur, le receveur n'a pas à effectuer une nouvelle déclaration, mais seulement à établir définitivement la créance déjà déclarée par la production du titre exécutoire. • Orléans, 28 oct. 2004 : *RJDA 2005, n° 169.*

Dès lors que le jugement d'ouverture de la procédure collective n'a pas imparti de délai au représentant des créanciers pour établir la liste des créances, le receveur principal ne peut être tenu de demander l'admission définitive dans ce délai. • Com. 4 mars 2003 : *Rev. proc. coll. 2003. 322, obs. Legrand.*

Aucune disposition du livre VI ou du décret du 27 déc. 1985 n'impose la publication du délai de l'art. L. 621-103 C. com., sa fixation par le jugement d'ouverture du redressement judiciaire, lui-même objet d'un avis publié au BODACC, suffisant à le rendre opposable au Trésor public. • Com. 8 juill. 2003 : *Act. proc. coll. 2003, n° 208.*

Le représentant des créanciers n'a pas l'obligation de rappeler au créancier la nécessité de demander l'admission définitive de sa créance. • Com. 7 janv. 2003 : *Rev. proc. coll. 2003. 321, obs. Legrand.*

35 quater. Les organismes de prévoyance sont soumis à l'obligation d'établir définitivement leurs créances déclarées, à titre provisionnel, dans le délai de l'art. 100 [C. com., art. L. 621-103]. • Versailles, 8 oct. 1998 : *D. Affaires 1998. 1863* • 6 mai 1999 : *préc. note 34 ter.* ♦ Il en va de même des organismes visés à l'art. L. 351-21 C. trav., et donc de l'ASSEDIC. • Com. 27 mai 2003 : *Bull. civ. IV, n° 86 ; D. 2003. AJ. 1694*.

La contrainte décernée par le directeur d'un organisme de sécurité sociale pour le recouvrement des cotisations et majorations de retard constitue, dès sa délivrance, le titre exécutoire cité par l'art. 50, devenu l'art. L. 621-43 C. com., et, tout en permettant à cet organisme de demander l'admission définitive de sa créance dans le délai cité par l'art. 100, devenu l'art. L. 621-103 C. com., elle met le débiteur en mesure de saisir le tribunal des affaires de sécurité sociale à seule fin de constater la créance et d'en fixer le montant. • Com. 17 sept. 2002 : *Bull. civ. IV, n° 126 ; D. 2002. AJ. 2805, obs. Lienhard ; Act. proc. coll. 2002, n° 218, obs. Le Corre ; JCP E 2003, n° 6, p. 268, obs. Pétel ; Dr. et patr. mars 2003. 96, obs. Monsèrié-Bon.* ♦ Le juge-commissaire n'est valablement saisi, dans le délai fixé par le tribunal de la procédure collective, aux fins d'admission définitive de la créance déclarée à titre provisionnel, qu'après la délivrance d'une contrainte. • Même arrêt.

35 quinquies. Motif de relevé de forclusion. Une caisse de retraite, excipant d'un défaut de réponse du représentant des créanciers l'ayant empêché de fixer définitivement sa créance, ne peut être relevée de forclusion, dès lors que son règlement intérieur lui permettait de fixer définitivement le montant de sa créance par référence aux cotisations dues au cours du précédent exercice. • Versailles, 13 nov. 1997 : *BICC 1998, n° 774.* ♦ V. aussi, pour un arrêt écartant le relevé de forclusion au motif d'une carence manifeste du service des impôts à arrêter sa créance, • Bourges, 21 févr. 2001 : *Act. proc. coll. 2002, n° 38.* ♦ Pour un exemple de relevé de forclusion dans le cas d'une sous-évaluation de la déclaration provisionnelle, V. • Versailles, 3 mars 2005 : *BICC 2005, n° 983 ; D. 2005. AJ. 1228, obs. Lienhard*.

35 sexies. Poursuite de l'instance. L'admission provisionnelle, par le juge-commissaire, des créances des organismes de prévoyance et de sécurité sociale ainsi que des organismes visés à l'art. L. 351-21 C. trav., prévue par l'art. 50 de la loi du 25 janv. 1985 [C. com., art. L. 621-43], ne dessaisit pas le juge. • Cass., avis, 18 mai 1998 : *Bull. civ., n° 6 ; D. 1998. IR. 157 ; D. Affaires 1998. 1133.* ♦ La poursuite de l'instance, à fin d'admission définitive, est régie, s'agissant de créances du Trésor public, par les dispositions de l'art. 74 du décret n° 85-1388 du 27 déc. 1985. S'agissant des autres créances, la situation est soumise, en l'absence de dispositions spécifiques dans la loi du 25 janv. 1985 ou son décret d'application, aux dispositions générales de l'art. 379, al. 1er, NCPC (relatif au sursis à statuer). • Même avis.

36. Régime antérieur à la loi du 10 juin 1994. Sur l'admission provisionnelle des créances fiscales, V., avant l'abrogation de l'art. 106 par la loi du 10 juin 1994, • Com. 11 déc. 1990 : *Bull. civ. IV, n° 317 ; D. 1991. IR. 19* • 2 mars 1993 : *Bull. civ. IV, n° 84 ; D. 1993. IR. 83.*

V. aussi notes ss. ancien art. 74 du 1er décret du 27 déc. 1985, *infra, App.,* v° *Difficultés des entreprises.*

B. INTERRUPTION DE LA PRESCRIPTION

37. La déclaration des créances faite par l'acquéreur d'un navire au passif du redressement judiciaire du constructeur de ce dernier, qui équivaut à une demande en justice, interrompt la prescription annale de l'action en garantie des vices cachés du navire prévue à l'art. 8 de la loi du 3 janv. 1967. • Com. 28 juin 1994 : *Bull. civ. IV, n° 240.*

38. La déclaration de créances interrompt la prescription et l'effet interruptif se prolonge jusqu'à la clôture de la procédure collective. • Com. 12 déc. 1995 : *Bull. civ. IV, n° 299 ; JCP E 1996. II. 829, note Brandeau* • 15 mars 2005 : *Bull. civ. IV, n° 63 ; D. 2005. AJ. 1286, obs. Lienhard* (effet interruptif à l'égard de la caution). ♦ Le nouveau délai de prescription court à compter du jugement de clôture. L'absence de mise en œuvre de la faculté ouverte au Trésor public par l'art. 161 [C. com., art. L. 622-23] est sans influence sur la prescription. • Com. 12 déc. 1995 : *préc.*

Ancien art. L. 621-44 ***La déclaration porte le montant de la créance due au jour du jugement d'ouverture avec indication des sommes à échoir et de la date de leurs échéances. Elle précise la nature du privilège ou de la sûreté dont la créance est éventuellement assortie.*** — V. Décr. n° 85-1388 du 27 déc. 1985, ancien art. 67, infra, App., v° Difficultés des entreprises.

Lorsqu'il s'agit de créances en monnaie étrangère, la conversion (L. n° 2003-7 du 3 janv. 2003, art. 50-II) ***« en euros » a lieu selon le cours du change à la date du jugement d'ouverture.***

Sauf si elle résulte d'un titre exécutoire, la créance déclarée est certifiée sincère par le créancier. Le visa du commissaire aux comptes ou, à défaut, de l'expert-comptable sur la déclaration de créance peut être demandé par le juge-commissaire. Le refus de visa est motivé. — [L. n° 85-98 du 25 janv. 1985, art. 51].

Ancien art. 51 (al. 3) de la loi du 25 janv. 1985 [rédaction antérieure à L. n° 94-475 du 10 juin 1994]

Sauf si elle résulte d'un titre exécutoire, la créance déclarée dont le montant est supérieur à un chiffre fixé par décret est certifiée sincère par le créancier. Le commissaire aux comptes de celui-ci ou, à défaut, l'expert-comptable, s'il en existe un, appose son visa sur la déclaration après avoir constaté l'existence de la créance à partir des documents auxquels il a accès. Le refus de visa est motivé. — V. Décr. n° 85-1388 du 27 déc. 1985, ancien art. 68, infra, App., v° Difficultés des entreprises. — Pour l'entrée en vigueur de la loi du 10 juin 1994, V. note ss. ancien art. L. 620-1.

BIBL. ► LE CORRE-BROLY, *Banque et Droit janv.-févr. 1998. 3* (contenu de la déclaration de créance du crédit-bailleur).

1. Créances à échoir. Un créancier en vertu d'un contrat de prêt conclu pour une période supérieure à un an et dont la créance n'est pas échue, doit la déclarer en précisant le montant de chacune des échéances, leur date, les modalités de calcul des intérêts et le taux de ces derniers en cas de déchéance du terme, le juge-commissaire ne pouvant pas se contenter, à peine de nullité, d'indiquer le seul montant de la créance déclarée. • Douai, 26 nov. 1987 : *Rev. proc. coll. 1988. 92, obs. Dureuil* • Versailles, 23 janv. 1992 : *ibid. 1992. 427, obs. Dureuil* • Metz, 10 déc. 1997 : *JCP 1998. IV. 3303.* ♦ La déclaration de créance du crédirentier qui se borne à demander le paiement d'une mensualité sans indiquer les sommes à échoir et la date de leurs échéances n'exprime pas, de façon non équivoque, la volonté de réclamer les arrérages à échoir de la rente. • Com. 28 févr. 1995 : *Bull. civ. IV, n° 59 ; D. 1995. IR. 89 ; Quot. jur. 21 mars 1995, p. 2.* – V. aussi • Com. 4 mars 2003 : *Rev. proc. coll. 2003. 237, obs. Roussel*

Galle • Paris, 9 mars 2000 : *D. 2000. AJ. 201, obs. Pisoni*.

Il résulte des art. 51, al. 1er, ci-dessus [C. com., art. L. 621-44], et 67, al. 1er (2°) du décret du 27 déc. 1985 que le juge-commissaire doit, en ce qui concerne les intérêts d'une créance continuant à courir après le jugement d'ouverture, se borner à indiquer les modalités de calcul retenues sans en fixer le montant, sa décision valant admission, dans les limites de ces modalités, de la créance d'intérêts telle qu'arrêtée ultérieurement. • Com. 22 nov. 1994 : *Bull. civ. IV, n° 347 ; D. 1995. IR. 7 ; JCP E 1995. I. 457, n° 12, obs. Cabrillac.* ♦ Comp. : note 2 ss. ancien art. 67 du 1er décret du 27 déc. 1985, *infra*, App., v° *Difficultés des entreprises.*

1 bis. Créances conditionnelles. Ne commet pas de faute le créancier qui déclare au passif du redressement judiciaire de son débiteur le montant total d'une créance conditionnelle. • Com. 2 nov. 1993 : *Bull. civ. IV, n° 376.*

1 ter. Montant à parfaire. Hors les cas prévus par la loi, aucune créance ne peut être déclarée à titre provisionnel, ou sous réserve, ou pour un montant à parfaire. • Paris, 30 nov. 2001 : *Loyers et copr. 2002, n° 119, note Brault ; Rev. proc. coll. 2002. 184, obs. Legrand.* – Comp. : • Reims, 3 juill. 2001 : *JCP E 2002, n° 27, p. 1120.* ♦ V. aussi note 1 *bis* ss. ancien art. 67 du 1er décret du 27 déc. 1985, *infra, App.,* v° *Difficultés des entreprises.* ♦ Sur l'obligation faite aux juges du fond de rechercher si le créancier, en déclarant « à titre provisionnel », n'a pas entendu réclamer à titre définitif la somme indiquée, V. • Com. 28 juin 2005 : *Bull. civ. IV, n° 142 ; D. 2005. AJ. 1939, obs. Lienhard ; D. 2006. Pan. 85, obs. Le Corre ; RD banc. fin. 2005, n° 177, obs. F.-X. Lucas.*

2. Créances équivoques. Est inopérante la déclaration d'une créance d'un montant mentionné « à titre indicatif », lorsque le relevé de compte joint ne concorde pas avec cette déclaration quant à l'existence d'un solde débiteur au jour du jugement d'ouverture. • Com. 12 févr. 1991 : *Bull. civ. IV, n° 66 ; D. 1992. Somm. 249, obs. Derrida ; JCP E 1991. I. 73, n° 14, obs. Pétel et Cabrillac.* ♦ La déclaration doit être accompagnée des éléments justificatifs de nature à prouver l'existence et le montant de la créance. • Versailles, 21 mars 1996 : *D. Affaires 1996. 654.*

2 bis. Paiements provisionnels. V. note 7 *bis* ss. ancien art. L. 621-43.

2 ter. Déclaration irrégulière. Dans le cas où la créance n'a pas fait l'objet d'une déclaration régulière, le représentant des créanciers n'a pas l'obligation d'aviser le créancier de cette irrégularité. • Com. 6 févr. 2001 : *Bull. civ. IV, n° 31 ; D. 2001. AJ. 1027, obs. Lienhard ; Act. proc. coll. 2001, n° 59, obs. Vallansan ; RD banc. fin. 2001, n° 67, obs. F.-X. Lucas ; RTD com. 2002. 536, obs. Martin-Serf*.

2 quater. Rectification d'erreur matérielle. Lorsqu'une erreur matérielle est évidente, les juges peuvent considérer que la demande du créancier tendant à sa rectification ne constitue pas une déclaration nouvelle atteinte de forclusion et admettre la créance pour le montant rectifié. • Com. 26 mai 1998 : *Bull. civ. IV, n° 165 ; D. Affaires 1998. 1176 ; JCP E 1998, n° 37, p. 1398, obs. Pétel.* ♦ En revanche, une déclaration rectificative doit, à peine de forclusion, être effectuée dans les délais réglementaires. • Com. 26 mai 1996 : *Bull. civ. IV, n° 166.* ♦ Par ailleurs, la déclaration de créance modificative incluant des intérêts échus depuis le jugement d'ouverture ne peut être admise dès lors que la déclaration de créance initiale ne portait pas sur les intérêts à échoir. • Com. 24 nov. 1998 : *Bull. civ. IV, n° 278 ; D. 1999. Somm. 189, obs. Honorat*. – V. Courtier, *Dr. sociétés 1999, Chron. n° 9.*

Il ne peut y avoir lieu à relevé de forclusion du créancier qui a déclaré sa créance dans les délais prescrits, le caractère d'immutabilité de la déclaration s'opposant au droit de solliciter le relevé de forclusion pour procéder à sa modification au motif d'une erreur affectant la déclaration. • Versailles, 20 mai 1999 : *RJDA 1999, n° 1228 ; RTD com. 2003. 567, obs. Martin-Serf*.

V. aussi • Com. 10 juill. 2001 : *RTD com. 2001. 982, obs. Vallens ; Rev. proc. coll. 2002. 96, obs. Legrand* • 19 nov. 2003 : *RTD com. 2004. 161, obs. Vallens*.

2 quinquies. Montant critiquable. Le seul fait de réclamer dans une déclaration de créance des sommes dont le montant est calculé dans des conditions critiquables n'est pas de nature à faire perdre à l'acte sa valeur juridique. Par suite, en cas de discussion par le débiteur du montant de la créance déclarée, le créancier qui a fourni au liquidateur judiciaire ses explications dans le délai de l'art. 54 [C. com., art. L. 621-47] n'est pas tenu d'adresser une déclaration de créance rectificative conforme aux souhaits du débiteur et la circonstance que la créance ne figure pas sur l'état des créances est sans incidence sur l'obligation qui incombe au juge-commissaire de statuer ultérieurement sur le mérite de la déclaration régulièrement enregistrée. • Com. 17 mars 1998 : *RJDA 1998, n° 890.*

Pour la condamnation d'un créancier à verser des dommages-intérêts au débiteur au motif qu'il avait déclaré un montant sans commune mesure possible avec l'étendue de son préjudice et que cette faute avait augmenté inutilement les émoluments du représentant des créanciers,

V. • Com. 8 janv. 2002 : *RJDA 2002, n° 524 ; RD banc. fin. 2002, n° 59, obs. F.-X. Lucas ; Rev. proc. coll. 2002. 186, obs. Legrand.*

Sur l'appréciation du caractère abusif de la déclaration de créance dans le cadre de la procédure de vérification des créances, V. note 6 ss. ancien art. L. 621-104.

3. Créances privilégiées. Le délai de déclaration étant expiré à la date de nouvelles déclarations, un crédit-bailleur ne peut plus invoquer, dans celles-ci, un privilège dont il n'a pas fait état dans sa déclaration de créance initiale effectuée dans le délai légal. • Com. 4 févr. 1992 : *Bull. civ. IV, n° 56 ; D. 1992. Somm. 250, obs. Derrida.* – V. aussi • Com. 25 janv. 1994 : *Rev. huiss. 1994. 477* • 11 juin 2002 : *Procédures 2002, n° 229, note Laporte* • Orléans, 10 janv. 2002 : *Rev. proc. coll. 2002. 184, obs. Legrand.* ♦ En effet, un créancier ne peut invoquer le privilège garantissant sa créance que dans le délai de déclaration des créances prévu à l'art. 66 du décret du 27 déc. 1985 (à propos d'un gage). • Com. 23 janv. 2001 : *Bull. civ. IV, n° 20 ; D. 2001. AJ. 779, obs. Lienhard.*

Dès lors que la créance d'un contribuable contre le débiteur en redressement judiciaire n'avait qu'un caractère chirographaire, cette créance conserve ce caractère à l'égard du Trésor public, l'avis à tiers détenteur, notifié au débiteur, ayant pour effet de transporter la créance du contribuable contre son débiteur dans le patrimoine du Trésor et non de conférer à celui-ci une créance d'impôts sur ce tiers. • Com. 16 juin 1998 : *D. 1998. IR. 209.*

En ce sens que le créancier ayant pratiqué une saisie-conservatoire de valeurs mobilières avant le redressement judiciaire est un créancier privilégié, V. • T. com. Paris, 14 mai 1997 : *Banque et Droit sept.-oct. 1997. 39, obs. Guillot.*

V. aussi, *infra*, note 3 *bis*, note 6 ss. ancien art. L. 621-31 et note 9 ss. ancien art. L. 621-46.

3 bis. Droit de rétention. **BIBL.** Pourquier, *D. Affaires 1998. 936.* – Campana et Calendini, *JCP E 1998, n° 27, p. 1082.* – Le Corre-Broly, *D. Affaires 1998. 1802 et 1838* (droit de rétention sur documents d'immatriculation). – Pérochon, *Mélanges Cabrillac, Dalloz-Litec, 1999, p. 379.* ♦ Le droit de rétention n'est pas une sûreté et n'est pas assimilable au gage. • Com. 20 mai 1997 : *Bull. civ. IV, n° 141 ; D. 1998. 479, note Kenderian ; D. 1998. Somm. 102, obs. S. Piedelièvre ; D. 1998. Somm. 115, obs. Libchaber ; D. Affaires 1997. 763 ; JCP E 1997. I. 681, n° 10, obs. Cabrillac ; RTD civ. 1997. 707, obs. Bandrac et Crocq ; RTD com. 1998. 202, obs. Martin-Serf.* – V. aussi • Com. 3 mars 1998 : *Dr. sociétés 1998, n° 76, obs. Chaput ; RJDA 1998, n° 887* • T. com. Paris, 13 sept. 1999 : *Act. proc. coll. 2000, n° 217, obs. Regnaut-Moutier* (droit de rétention issu d'un gage sur titres). ♦ V. note 1 *quater* ss. ancien art. L. 622-21. ♦ *Contra*, jugeant qu'un droit de rétention sur des documents administratifs (cartes grises) constitue une sûreté mobilière qui doit être précisée dans la déclaration de la créance : • Aix-en-Provence, 2 mars 1995 : *JCP 1995. IV. 1977.* ♦ Dans le même sens, s'agissant d'une rétention conventionnelle : • Angers, 3 févr. 1997 : *BICC 1997, n° 1055* • Besançon, 6 juin 1997 : *RJ com. 2000. 69, note Haennig.*

Le droit de rétention dont bénéficie le commissionnaire de transport sur les marchandises qui lui ont été confiées pour expédition étant la conséquence du privilège institué au profit de tout commissionnaire par l'art. 95 [L. 132-2] C. com., le commissionnaire qui n'a demandé son admission au passif de la procédure collective du commettant débiteur qu'à titre chirographaire, perdant ainsi son privilège, ne peut, non plus, retenir les marchandises. • Com. 8 juin 1999 : *Bull. civ. IV, n° 125 ; D. 2000. Somm. 297, obs. Mercadal ; ibid. 388, obs. Piedelièvre ; JCP 1999. II. 10121, rapp. Rémery ; JCP E 2000, n° 4, p. 130, obs. Cabrillac ; Act. proc. coll. 1999, n° 160, obs. Vallansan ; Banque et Droit sept.-oct. 1999. 50, obs. Rontchevsky ; RTD com. 1999. 968, obs. Martin-Serf.*

3 ter. Créancier consignataire. La créance chirographaire de la société au bénéfice de laquelle le débiteur objet de la procédure collective a consigné une somme d'argent, régulièrement déclarée, et judiciairement reconnue, doit être payée sur les sommes consignées antérieurement au jugement d'ouverture, spécialement affectées au paiement de cette créance, peu important que le créancier n'ait pas mentionné cette affectation spéciale dans sa déclaration. • Com. 21 mars 2006 : *D. 2006. AJ. 982, obs. Lienhard ; Act. proc. coll. 2006, n° 89, obs. Regnaut-Moutier.*

4. Réserve de propriété. En ce sens que le bénéficiaire d'une clause de réserve de propriété n'est pas tenu de signaler l'existence de celle-ci au moment où il déclare sa créance, V. • Montpellier, 15 mai 1990 : *Rev. proc. coll. 1992. 425, obs. crit. Soinne.* ♦ V. note 16 ss. ancien art. L. 621-115.

4 bis. Cautionnement. Le cautionnement, mesure de garantie personnelle, n'a pas à être précisé dans la déclaration de créance, son existence ou son absence étant sans incidence sur la régularité de celle-ci. • Civ. 1re, 1er févr. 2000 : *RJDA 2000, n° 585.* ♦ V. aussi, jugeant que la déclaration de créance mentionnant deux prêts consentis au débiteur et indiquant que ces créances sont assorties de cautions répond aux exigences de l'art. 51 [C. com., art. L. 621-44]. • Com. 4 janv. 2000 : *RJDA 2000, n° 313.*

4 ter. Créance de parts de récoltes. La déclaration de créance d'un bailleur, afférente à sa quote-part de récoltes due en exécution d'un bail à métayage pour une période antérieure à l'ouverture du redressement judiciaire de son métayer, doit nécessairement se faire en espèces. Une admission éventuelle de la créance en nature équivaudrait en effet à un paiement préférentiel de ce créancier par rapport aux autres. • Dijon, 6 oct. 1998 : *BICC 1999, n° 631 ; RJDA 1999, n° 963.*

4 quater. Assurance-vie. Une banque, bénéficiaire alternatif d'un contrat d'assurance sur la vie, ne s'étant pas vu céder le bénéfice du contrat par le souscripteur et n'ayant pas reçu celui-ci en gage, est réputée avoir droit, à partir du jour du contrat, au capital qui n'est jamais entré dans le patrimoine du souscripteur, en sorte qu'elle n'a pas à faire état de cet acte dans sa déclaration de créance à la procédure collective de ce dernier. • Com. 12 juin 2001 : *Bull. civ. IV, n° 115 ; D. 2001. AJ. 2034, obs. Lienhard ; Act. proc. coll. 2001, n° 162, obs. Vallansan ; JCP E 2002, n° 4, p. 172, obs. Cabrillac.*

4 quinquies. Créances en monnaie étrangère. Le fait que la créance ait été déclarée en lires italiennes ne constitue pas une irrégularité nécessitant une régularisation ou des explications, l'art. 51, al. 2, devenu art. L. 621-44 C. com., prévoyant la conversion de plein droit en francs français. • Lyon, 15 mars 2001 : *cité note 32 bis ss. ancien art. L. 621-43.* – V. aussi • Lyon, 7 sept. 2001 : *ibid.*

4 sexies. N'est pas entachée d'irrégularité la déclaration de créances exprimées en droits de tirage spéciaux, unité de compte du Fonds monétaire international dont le cours est fixé quotidiennement. • Com. 8 juill. 2003 : *D. 2003. AJ. 2238.*

4 septies. Forme de la déclaration. V. notes 31 s. ss. ancien art. L. 621-43.

4 octies. Déclaration complémentaire. Pour l'irrégularité d'une déclaration complémentaire portant sur les intérêts à échoir, déclarés initialement « pour mémoire », le créancier n'apportant pas la preuve que cette déclaration avait été adressée au représentant des créanciers dans les deux mois de la publication du jugement d'ouverture au BODACC, V. • Com. 15 mars 2005 : *Bull. civ. IV, n° 61 ; D. 2005. AJ. 953, obs. Lienhard ; RD banc. fin. 2005, n° 93, obs. F.-X. Lucas ; Gaz. Pal. 6-7 juill. 2005, p. 23 et 26, obs. Le Corre.*

5. Sanction. Il ne résulte pas de l'art. 51 ci-dessus [C. com., art. L. 621-44] que la méconnaissance de ses dispositions et de celles des art. 67 et 68 [ancien] du décret du 27 déc. 1985, pris pour son application, soit sanctionnée par la nullité de la déclaration de créance. • Com. 1er déc. 1992 : *Bull. civ. IV, n° 382* • 8 mars 1994 : *ibid. IV, n° 97 ; D. 1994. IR. 104* (V. l'arrêt confirmé : • Paris, 12 nov. 1991 : *D. 1992. Somm. 250, obs. Derrida)*. – Dans le même sens : • Com. 17 déc. 1996 : *D. 1997. IR. 31 ; D. Affaires 1997. 252 ; JCP E 1997. II. 941, note Béhar-Touchais* • 17 déc. 2003 : *cité note 32 quater ss. ancien art. L. 621-43.* ♦ L'irrégularité de la déclaration de créance tenant à la présentation des sommes déclarées comme échues alors qu'elles étaient à échoir n'est pas sanctionnée par l'extinction de la créance. • Com. 28 sept. 2004 : *cité note 27 ss. ancien art. L. 621-43.* – V. déjà, en ce sens : • Com. 9 janv. 2001 : *RJDA 2001, n° 608.*

5 bis. Visa du commissaire aux comptes. Si les documents émanant du commissaire aux comptes ou de l'expert comptable du créancier, qui se bornent à attester du montant des créances comptabilisées par ce dernier, peuvent faire foi des constatations faites par leur auteur à partir des pièces auxquelles il avait eu accès, de tels documents ne peuvent à eux seuls constituer la preuve de la réalité et de l'étendue des engagements contractés. • Com. 11 oct. 1994 : *Bull. civ. IV, n° 280.*

Ancien art. L. 621-45 *Le débiteur remet au représentant des créanciers la liste certifiée de ses créanciers et du montant de ses dettes.* — [L. n° 85-98 du 25 janv. 1985, art. 52]. — V. Décr. n° 85-1388 du 27 déc. 1985, ancien art. 69, infra, App., v° Difficultés des entreprises. — Sur la sanction, V. ancien art. L. 625-8, al. 2.

1. Effets de l'omission sur la forclusion. L'omission de la créance sur la liste dressée par le débiteur en vertu de l'art. 52 [C. com., art. L. 621-45] n'a pas pour effet, en l'absence de disposition particulière, de déroger à l'application de la règle d'ordre public de l'art. 53, al. 1er [C. com., art. L. 621-46, al. 1er]. • Com. 19 janv. 1993 : *Bull. civ. IV, n° 16 ; D. 1993. IR. 55* • 2 mars 1999 : *Dr. sociétés 1999, n° 130, obs. Chaput ; Rev. proc. coll. 1999. 213, obs. Larrieu* • 30 juin 2004 : *Bull. civ. IV, n° 139 ; D. 2004. AJ. 2044 ; RD banc. fin. 2004, n° 208, obs. F.-X. Lucas* • Paris, 27 juin 1997 : *D. Affaires 1997. 1083.* ♦ Cette solution s'applique nonobstant les dispositions de l'art. 192, al. 2 [C. com., art. L. 625-8], qui prévoient, dans ce cas de figure, la faculté de prononcer une interdiction de gérer à l'encontre du débiteur de mauvaise foi. • Com. 7 déc. 1999 : *Bull. civ. IV, n° 222 ; D. 2000. AJ. 33 ; Act. proc. coll. 2000, n° 4, obs.*

Vallansan ; JCP E 2000, nos 18-19, p. 753, obs. Cabrillac et Pétel ; RD banc. fin. 2000, n° 23, obs. F.-X. Lucas.

1 bis. Pour des décisions accordant le relevé de forclusion en raison du caractère intentionnel de l'omission, V. • Douai, 30 janv. 1997 : *Rev. proc. coll. 1999. 213, obs. Larrieu* • Pau, 22 mars 1999 : *Act. proc. coll. 1999, n° 202, obs. Vallansan.*

2. Pour une décision relevant de forclusion un créancier ayant déclaré sa créance hors délai, au motif, notamment, que le débiteur n'avait pas remis la liste prévue à l'art. 52 [C. com., art. L. 621-45], V. • T. com. Nantes, (ord.), 16 févr. 1994 : *RJ com. 1995. 79, obs. Gallet.*

3. Effets de l'omission sur la responsabilité du représentant des créanciers. **BIBL.** Le Corre, *Banque et Droit mars-avr. 1998. 20.* ♦ Le représentant des créanciers n'ayant pas l'obligation de pallier la carence du débiteur dans l'établissement et le dépôt de la liste des créanciers prescrits par les art. 52 de la loi [C. com., art. L. 621-45] et 69 du décret, en recherchant lui-même ceux d'entre eux bénéficiant d'une sûreté ayant fait l'objet d'une publication, sa responsabilité ne peut être retenue dans l'extinction de la créance d'un créancier ayant privilège et hypothèque inscrits sur les immeubles du débiteur pour ne pas l'avoir averti d'avoir à la déclarer, sans que soient relevées des circonstances propres à établir que le représentant des créanciers avait failli à son obligation d'avertir un créancier connu. • Com. 9 mai 1995 : *RJDA 1995, n° 1274.* ♦ Comp., dans la même affaire, sur deuxième pourvoi, admettant un partage de responsabilité entre le créancier qui a omis de prendre connaissance de la publication du jugement d'ouverture au BODACC et le représentant des créanciers qui s'est abstenu de rechercher auprès de l'administrateur des informations tirées des charges de remboursement des crédits, d'utiliser les déclarations de créances hypothécaires pour connaître les éléments du patrimoine immobilier et d'interroger la conservation des hypothèques sur d'éventuelles sûretés grevant l'immeuble d'habitation du débiteur : • Com. 23 mai 2000 : *Bull. civ. IV, n° 109 ; D. 2000. AJ. 309, obs. Lienhard ; JCP E 2000, n° 28, p. 1140, note Le Corre ; Act. proc. coll. 2000, n° 131, obs. Vallansan ; ibid., n° 171, obs. Regnaut-Moutier ; RD banc. fin. 2000, n° 157, obs. F.-X. Lucas.* ♦ Comp. également : • Com. 18 janv. 2000 : *Rev. proc. coll. 2000. 85, obs. Soinne ; RD banc. fin. 2000, n° 120, obs. F.-X. Lucas ; Act. proc. coll. 2000, n° 171, obs. Regnaut-Moutier* • 29 oct. 2002 : *RJDA 2003, n° 276 (2 arrêts)* • Toulouse, 21 févr. 2001 : *Gaz. Pal. 2001. Somm. 1728.* ♦ Sur l'obligation faite aux juges du fond de retenir des faits circonstanciés, V. • Com. 20 juin 2000 : *Bull. civ. IV, n° 128 ; D. 2000. AJ. 337, obs. Lienhard ; Act. proc. coll. 2000, n° 171, obs. Regnaut-Moutier ; RD banc. fin. 2000, n° 157, obs. F.-X. Lucas.* ♦ V. désormais art. L. 621-43, al. 1er, mod. par loi n° 94-475 du 10 juin 1994, et ancien art. 66, al. 3, du 1er décret du 27 déc. 1985, mod. par décret n° 94-910 du 21 oct. 1994.

3 bis. Effets de l'omission sur la responsabilité du débiteur. Dès lors que n'est pas constatée une fraude commise par le débiteur, le créancier qui n'a pas été mentionné sur la liste des créanciers et qui n'a pas déclaré sa créance n'est pas recevable à agir en réparation, sur le fondement de l'art. 1382 C. civ., du préjudice lié à l'extinction de sa créance. • Com. 2 mai 2001 : *Bull. civ. IV, n° 81 ; D. 2001. AJ. 1725, obs. Lienhard ; Act. proc. coll. 2001, n° 119, obs. Regnaut-Moutier ; JCP E 2001, n° 38, p. 1470, obs. Pétel.* ♦ Pour un arrêt optant en faveur d'un partage de responsabilité entre le débiteur et le créancier défaillant, V. • Angers, 10 mai 2005 : *RD banc. fin. 2006, n° 23, obs. F.-X. Lucas.* ♦ Pour un cas de fraude, V. • TGI Auxerre, 14 oct. 2002 : *Banque et Droit mai-juin 2004. 53, obs. Guillot.* ♦ V. aussi note 3 ss. ancien art. L. 622-32.

4. Effets de l'omission sur la reprise des poursuites individuelles après clôture de la liquidation. Sur les conséquences de la dissimulation de ses dettes par le débiteur sur le droit des créanciers de recouvrer leur droit de poursuite individuelle en cas de clôture de la liquidation judiciaire pour insuffisance d'actif, V. note 3 ss. ancien art. L. 622-32.

Ancien art. L. 621-46 *A défaut de déclaration dans des délais fixés par décret en Conseil d'État, les créanciers ne sont pas admis dans les répartitions et dividendes à moins que le juge-commissaire ne les relève de leur forclusion s'ils établissent que leur défaillance n'est pas due à leur fait. En ce cas, ils ne peuvent concourir que pour la distribution des répartitions postérieures à leur demande.* — V. Décr. n° 85-1388 du 27 déc. 1985, ancien art. 66, infra, App., v° Difficultés des entreprises.

La forclusion n'est pas opposable aux créanciers mentionnés dans la seconde phrase du premier alinéa de l'article L. 621-43, dès lors qu'ils n'ont pas été avisés personnellement.

L'action en relevé de forclusion ne peut être exercée que dans le délai d'un an à compter de la décision d'ouverture ou, pour les institutions mentionnées à l'article L. 143-11-4 du code du tra-

vail, de l'expiration du délai pendant lequel les créances résultant du contrat de travail sont garanties par ces institutions. L'appel de la décision du juge-commissaire statuant sur le relevé de forclusion est porté devant la cour d'appel.

Les créances qui n'ont pas été déclarées et n'ont pas donné lieu à relevé de forclusion sont éteintes.

Cette extinction vaut régularisation de l'incident de paiement au sens de l'article 65-3 du décret du 30 octobre 1935 unifiant le droit en matière de chèques et relatif aux cartes de paiement [C. mon. fin., art. L. 131-73]. — [L. n° 85-98 du 25 janv. 1985, art. 53]. — V. art. L. 131-73 C. mon. fin., infra, App., v° Code monétaire et financier (extraits). — Cette disposition est applicable aux seules procédures ouvertes après l'entrée en vigueur de la loi n° 98-657 du 29 juill. 1998 (L. n° 98-657 du 29 juill. 1998, art. 112, III). — V. Décr. n° 85-1388 du 27 déc. 1985, ancien art. 68-1, infra.

Pour une dérogation à l'ancien art. L. 621-46 ci-dessus, s'agissant du droit à répartition conféré au Fonds de garantie des dépôts pour les sommes versées par le mécanisme de garantie des cautions institué par la loi n° 99-532 du 25 juin 1999 (désormais codifiée au C. mon. fin.), V. C. mon. fin., art. L. 313-51, infra, App., v° Code monétaire et financier (extraits).

BIBL. ▶ NEVEU, *Banque et Droit 1988. 10.* - VALLANSAN, *RJ com. 2000. 50* (le créancier oublié). - HOUTCIEFF, *Bull. actualité Lamy droit commercial juill. 2002* (indemnisation du créancier forclos en cas de fraude du débiteur). - DELATTRE, *RJDA août-sept. 2002, p. 720* (incidence de la fraude du débiteur sur la demande en relevé de forclusion). - SEXER et MARTIAL, *Rev. proc. coll. 2004. 117* (moyens de surmonter la forclusion). ▶ Modification apportée par la loi du 10 juin 1994 : CALENDINI, *Petites affiches 31 janv. 1996, p. 15.* - LE CORRE, *Petites affiches 29 juill. 1998, p. 8.*

I. AVERTISSEMENT AUX CRÉANCIERS CONNUS

1. Avis du représentant des créanciers. V. ancien art. 66 du 1er décret du 27 déc. 1985 *infra*, App., v° *Difficultés des entreprises.*

II. AVERTISSEMENT PERSONNEL DES CRÉANCIERS PRIVILÉGIÉS (ART. L. 621-46, AL. 2)

2. Application de la loi dans le temps. L'application de l'art. 53, al. 2 [devenu C. com., art. L. 621-46, al. 2], issu de la loi du 10 juin 1994, n'était pas subordonnée à la parution du décret d'application du 21 oct. 1994 (le 22 oct.), puisque ce texte ne nécessite pas de mesures réglementaires. • Paris, 22 nov. 1996 : *D. Affaires 1997. 159 ; RJDA 1997, n° 430.* ♦ Ce texte s'applique donc aux procédures ouvertes après le 1er oct. 1994. • Paris, 28 févr. 1997 : *D. 1997. IR. 109* • 25 sept. 1998 : *D. Affaires 1998. 1746, obs. A. L.* ♦ Il s'ensuit qu'à l'occasion de ces procédures les dispositions réglementaires antérieures à l'entrée en vigueur du décret du 21 oct. 1994 doivent recevoir application dès lors qu'elles sont compatibles avec les nouvelles dispositions législatives. • Paris, 26 sept. 1997 : *D. 1997. IR. 236 ; D. Affaires 1997. 128.* ♦ Comp., pour une application rétroactive de cette disposition : • T. com. Nanterre, 29 sept. 1995 : *Banque et Droit sept.-oct. 1996. 34, obs. Guillot.*

2 bis. Dès lors que la procédure collective a été ouverte antérieurement à l'entrée en vigueur de la loi du 10 juin 1994, la disposition introduite par cette loi concernant l'inopposabilité de la forclusion au créancier titulaire d'une sûreté qui n'a pas été avisé personnellement ne peut recevoir application. • Com. 11 juin 2002 : *Act. proc. coll. 2002, n° 202.*

2 ter. La procédure collective ouverte postérieurement à l'entrée en vigueur de la loi du 10 juin 1994, à la suite de la résolution, pour inexécution des engagements, du plan de continuation antérieurement arrêté, reste soumise aux dispositions de l'art. 53 de la loi du 25 janv. 1985, dans sa rédaction initiale, de sorte que le défaut de l'avertissement prévu à l'art. 66 du décret du 27 déc. 1985 n'a pas pour effet de dispenser le créancier retardataire d'établir que sa défaillance n'est pas due à son fait. • Com. 20 juin 2000 : *Act. proc. coll. 2000, n° 177.*

2 quater. En ce sens que les créanciers d'une personne à laquelle une procédure collective a été étendue postérieurement à l'entrée en vigueur de la loi du 10 juin 1994 ne peuvent bénéficier du mécanisme de l'inopposabilité de la forclusion, dès lors que la procédure initiale a été ouverte antérieurement, V. • Com. 4 janv. 2005 : *Gaz. Pal. 29-30 avr. 2005, p. 36, obs. Le Corre.*

3. Bénéfice des dispositions de l'art. L. 621-46, al. 2. Dès lors qu'il est satisfait aux conditions de l'art. 50, al. 1er [C. com., art. L. 621-43], auquel se réfère l'art. 53, al. 2 [C. com., art. L. 621-46], le contrat de crédit-bail qui fonde les droits du créancier contre le débiteur dans les liens de la procédure collective ayant été régulièrement publié, peu importe que la cession de ce contrat n'ait pas été elle-même publiée puisque le changement de crédit-preneur a laissé subsister le contrat dans ses éléments essentiels et que, conformément aux dispositions de l'art. 11 du décret n° 72-665 du 4 juill. 1972, seuls les tiers au contrat peuvent se prévaloir d'une inopposabilité par suite du défaut de publicité. • Paris, 30 oct. 1998 : *D. 1998. IR. 263 ; D. Affaires 1998. 1954, obs. A. L.*

3 bis. Le créancier qui a fait procéder à l'inscription d'un gage automobile au registre public de la préfecture, dans le respect de la réglementation du décret n° 53-968 du 30 sept. 1953, est fondé à invoquer à son profit les dispositions de l'art. 53 [C. com., art. L. 621-46]. • Douai, 19 sept. 2000 : *RTD com. 2001. 228, obs. Martin-Serf*. – Dans le même sens, V. • Amiens, 21 sept. 2000 : *Gaz. Pal. 2002. Somm. 540, obs. Vray* • Orléans, 14 juin 2002 : *RJDA 2002, n° 1170.*

4. Dès lors qu'en application des art. 2103 et 2107 [2374 et 2378] C. civ., les syndicats de copropriétaires sont dispensés de la formalité d'inscription du privilège dont ils bénéficient pour garantir le paiement de leurs créances de charges et travaux mentionnés aux art. 10 et 30 de la loi n° 65-557 du 10 juill. 1965, le syndicat créancier ne peut être assimilé à un créancier titulaire d'une sûreté ayant fait l'objet d'une publication. • Com. 4 mars 2003 : *Bull. civ. IV, n° 35 ; D. 2003. AJ. 909 ; JCP E 2003, n°40, p. 1571, obs. Cabrillac ; RTD com. 2003. 566, obs. Martin-Serf ; AJDI 2003. 514, note Giverdon*. – Dans le même sens, V. • Paris, 8 févr. 2001 : *D. 2001. AJ. 1244, obs. Lienhard ; D. 2003. Somm. 1333, obs. Giverdon* • 12 mars 2002 : *RJDA 2002, n° 789.* — V. Delattre, *Ann. loyers 2002. 1147.*

4 bis. L'inopposabilité de la forclusion ne peut être invoquée par les créanciers titulaires d'une sûreté ayant fait l'objet d'une publication sur un bien n'appartenant pas à leur débiteur en procédure collective (à propos d'une hypothèque consentie par un dirigeant de la société en procédure collective). • Com. 21 juin 2005 : *Bull. civ. IV, n° 133 ; D. 2005. AJ. 1851, obs. Lienhard ; JCP E 2005, n° 51-52, p. 2203, obs. Delebecque ; Gaz. Pal. 4-5 nov. 2005, p. 39, obs. Le Corre ; RTD com. 2006. 203, obs. Martin-Serf*. – V. déjà, en ce sens, • Colmar, 29 mai 2001 : *D. 2001. AJ. 2743, obs. Lienhard ; JCP E 2002, n° 4, p. 173, obs. Cabrillac et Pételn.*

4 ter. Le créancier dont la sûreté a été publiée et qui déclare sa créance avant d'avoir été averti personnellement est soumis aux dispositions des art. 50 et 53, al. 2, devenus les art. L. 621-43 et L. 621-46, al. 2, C. com., de sorte que la déclaration à titre privilégié d'une créance initialement déclarée à titre chirographaire doit être faite dans le délai légal à peine de forclusion. • Com. 13 mai 2003 : *Bull. civ. IV, n° 76 ; D. 2003. AJ. 1563, obs. Lienhard ; JCP E 2003, n° 40, p. 1571, obs. Pétel ; Act. proc. coll. 2003, n° 158, obs. Modi Koko Bebey ; RD banc. fin. 2003, n° 233, obs. F.-X. Lucas ; RTD com. 2003. 818, obs. Martin-Serf ; Defrénois 2004. 726, obs. Théry.* ♦ En revanche, la forclusion n'est pas opposable à la banque qui, après avoir déclaré dans le délai légal une créance relative à un compte débiteur, a procédé hors délai à une déclaration complémentaire d'une créance hypothécaire pour laquelle l'avertissement personnel avait été omis. • Com. 11 juin 2002 : *Act. proc. coll. 2002, n° 178.*

4 quater. Forme et contenu de l'avertissement. Ne saurait être considéré comme satisfaisant aux prescriptions de l'art. 53, al. 2 [C. com., art. L. 621-46], dans sa rédaction issue de la loi du 10 juin 1994, et de l'art. 66 du décret du 27 déc. 1985, dans sa rédaction issue du décret du 21 oct. 1994, l'envoi par le représentant des créanciers de la lettre simple adressée aux créanciers connus en application de l'art. 66, al. 1er, préc. • Com. 14 mars 2000 : *Bull. civ. IV, n° 57 ; D. 2000. AJ. 169, obs. Lienhard ; JCP E 2000, n° 40, p. 1571, note Le Corre ; ibid., p. 1563, obs. Pétel ; JCP 2001. II. 10460, note Rivière ; RTD com. 2000. 717, obs. Martin-Serf ; Act. proc. coll. 2000, n° 88, obs. Regnaut-Moutier ; RD banc. fin. 2000, n° 69, obs. F.-X. Lucas* • 17 juill. 2001 : *Act. proc. coll. 2001, n° 234* • Orléans, 14 juin 2002 : *préc. note 3 bis.* ♦ En effet, l'envoi d'une lettre recommandée constitue une formalité substantielle. • Rennes, 1er oct. 1997 : *JCP E 1998, n° 25, p. 993, note F.-X. Lucas ; RJDA 1998, n° 1134 ; RTD com. 1998. 934, obs. Martin-Serf*.

Il résulte de la combinaison des art. L. 621-46, al. 2, C. com. et 66, al. 3, du décret du 27 déc. 1985 que seul l'avertissement conforme aux dispositions prévues par l'art. 66 du décret fait courir le délai de deux mois à l'expiration duquel les créanciers encourent la forclusion (dans l'hypothèse où l'avertissement adressé par le représentant des créanciers à un créancier hypothécaire concernait la société débitrice, et non le débiteur personne physique ayant consenti l'hypothèque, auquel la procédure collective avait été étendue). • Com. 15 mai 2001 : *Bull. civ. IV, n° 88 ; D. 2001. AJ. 1872, obs. Lienhard ; Act. proc. coll. 2001, n° 137, obs. Vallansan ; Procédures 2001, n° 152, note Laporte ; JCP E 2001, n° 38, p. 1470, obs. Cabrillac.*

V. aussi note 5 ss. L. 621-43.

4 quinquies. Avertissement tardif. En ce sens que le créancier n'encourt pas de forclusion lorsque, averti par le représentant des créanciers après l'expiration du délai légal de déclaration, il déclare sa créance dans le délai de deux mois à compter de la réception de cet avertissement, V. • Com. 14 mars 2000 : *Bull. civ. IV, n° 56 ; D. 2000. AJ. 167, obs. Lienhard ; JCP E 2000, n° 40, p. 1571, note Le Corre ; ibid., p. 1563, obs. Pétel ; JCP 2001. II. 10460, note Rivière ; Act. proc. coll. 2000, n° 88, obs. Regnaut-Moutier ; RD banc. fin. 2000, n° 69, obs. F.-X. Lucas ; Defrénois 2000. 852, obs. Sénéchal ; RTD com. 2000. 716, obs. Martin-Serf ; Petites affiches 6 mars 2001, p. 15, note Courtier.* – V. aussi • Com. 1er avr. 2003 : *RD banc. fin. 2003, n° 148, obs. F.-X. Lucas.* ♦ A l'expiration de ce délai de deux mois, le créancier peut se faire relever de la forclusion s'il présente sa demande dans le délai d'un an à compter du jugement d'ouverture de la procédure. • Com. 26 nov. 2002 : *Bull. civ. IV, n° 177 ; D. 2003. AJ. 66, obs. Lienhard ; JCP E 2003, n° 20, p. 852, obs. Pétel ; Act. proc. coll. 2003, n° 2, obs. Vallansan ; RD banc. fin. 2003, n° 29, obs. F.-X. Lucas ; RTD com. 2003. 366, obs. Martin-Serf.*

5. *Défaut d'avertissement.* Le créancier privilégié n'ayant pas été averti personnellement, sa requête en relevé de forclusion ne peut être rejetée. • Amiens, 20 mars 1997 : *Gaz. Pal. 1998. 2. Somm. 409.* ♦ Si le juge-commissaire, saisi d'une requête en relèvement de la forclusion, peut constater qu'il n'y a pas lieu à relèvement en raison de l'inopposabilité de la forclusion au créancier, non avisé personnellement et bénéficiant d'une sûreté ayant fait l'objet d'une publication ou d'un crédit-bail publié, la requête qui a pour seul objet de faire juger que la forclusion est inopposable au créancier requérant n'autorise pas le juge-commissaire à accorder un relèvement qui n'est pas sollicité. • Paris, 30 oct. 1998 : *préc. note 3.* ♦ V. aussi, pour des applications distributives du relevé de forclusion et de l'inopposabilité de forclusion à l'égard de créanciers dont la créance est, pour partie privilégiée, pour partie chirographaire, • Paris, 18 nov. 1997 : *RTD com. 1998. 934, obs. Martin-Serf* • 16 juin 1998 : *ibid.*

Comp., en ce sens que le créancier doit exercer une action en déclaration d'inopposabilité de la forclusion et non pas une action en relevé de forclusion. • Rennes, 18 févr. 1998 : *JCP E 1998, n° 25, p. 993, note F.-X. Lucas ; RJDA 1998, n° 1134* • Douai, 9 sept. 1999 : *BICC 2000, n° 871.* ♦ V. aussi, jugeant que le créancier, dont la requête doit être qualifiée de requête en inopposabilité de forclusion, doit être renvoyé devant le juge, resté saisi, pour que l'instance soit reprise dans les conditions de l'art. 48 [C. com., art. L. 621-41], après déclaration de la créance, la cour d'appel ne pouvant, sauf à violer le principe du double degré de juridiction, se prononcer elle-même sur l'admission de la créance, • Versailles, 4 mars 1999 : *Annonces de la Seine, supp. au n° 16 du 28 févr. 2000, p. 2.*

♦ Sur la charge des dépens, V. • Versailles, 4 mars 1999 : *préc.* ♦ S'agissant d'une action en inopposabilité de forclusion et non d'une action en relevé de forclusion, le délai d'un an prévu par l'art. 53, al. 3 [C. com., art. L. 621-46], n'est pas applicable. • Paris, 21 nov. 1997 : *RTD com. 1998. 934, obs. Martin-Serf* • 22 janv. 1999 : *D. Affaires 1999. 342.* ♦ En ce sens que le créancier débouté de son action en relevé de forclusion en première instance peut invoquer l'inopposabilité de la forclusion en appel, V. • Douai, 9 sept. 1999 : *Act. proc. coll. 2000, n° 237.* ♦ L'action en inopposabilité étant distincte de l'action en fixation et admission de créance, les parties sont invitées à se conformer à la procédure particulière de vérification des créances. • Paris, 21 nov. 1997 : *préc.*

5 bis. Portée de l'inopposabilité prévue par l'art. L. 621-46, al. 2. Si le délai de forclusion est inopposable aux créanciers titulaires d'une sûreté ayant fait l'objet d'une publication, tant qu'ils n'ont pas été avisés d'avoir à déclarer leur créance, ces derniers restent tenus de faire une déclaration en bonne et due forme. • Versailles, 30 sept. 1999 : *RJDA 2000, n° 312.* ♦ La banque qui a déclaré hors délai tant sa créance garantie par une sûreté publiée, pour laquelle elle aurait dû être avertie, qu'une créance chirographaire correspondant au solde débiteur du compte courant de l'entreprise en redressement judiciaire ne peut invoquer l'inopposabilité de la forclusion que pour la première et non pour la seconde. • Orléans, 14 juin 2002 : *préc. note 3 bis.* – Dans le même sens, V. • Versailles, 27 nov. 2003 : *RJDA 2004, n° 441.*

5 ter. Recours. V. note 53.

III. FORCLUSION

6. *Caractère de la sanction.* La créance qui n'a pas été déclarée dans le délai réglementaire est éteinte de plein droit, sauf relevé de forclusion. • Com. 16 févr. 1999 : *Bull. civ. IV, n° 47 ; D. Affaires 1999. 523, obs. P. P.* ♦ Sur le caractère de sanction impérative de la forclusion, V. aussi obs. Martin-Serf ss. • Versailles, 21 mai 1991 : *RTD com. 1991. 664.* ♦ La forclusion ne suppose pas qu'une faute du créancier ait été constatée. • Com. 23 oct. 1990 : *Bull. civ. IV, n° 244 ; D. 1992. Somm. 250, obs. Derrida.* ♦ V. aussi note 1 s. ss. ancien art. L. 621-45, *supra*, et notes 2 et 2 *bis* ss. ancien art. 66 du 1er décret du 27 déc. 1985, *infra*, App., v° *Difficultés des entreprises.*

7. Le créancier dont la créance est éteinte pour n'avoir pas été déclarée au redressement judiciaire de son débiteur dans les délais prévus, ne saurait arguer, pour poursuivre la vente sur saisie immobilière des biens de celui-ci, d'une convention prise par conversion d'une obligation naturelle en obligation civile. • Com. 31 mai 1994 : *Bull. civ. IV, n° 197 ; D. 1995. Somm. 25, obs. Honorat ; D. 1995. Somm. 90, obs. Delebecque ; RTD com. 1994. 785, obs. Martin-Serf*. – Dans le même sens, V. • Com. 1er oct. 2002 : *RJDA 2003, n° 159 ; RD banc. fin. 2003, n° 74, obs. F.-X. Lucas.* ♦ Comp. : • Paris, 29 juin 2000 : *D. 2000. AJ. 360, obs. Lienhard ; Banque et Droit mai-juin 2001. 57, obs. Guillot ; Rev. proc. coll. 2001. 80, obs. Soinne.*

En ce sens que la créance résultant de l'obligation de rembourser un prêt à la suite de l'annulation d'un paiement effectué en période suspecte qui n'a pas été déclarée et n'a pas donné lieu à relevé de forclusion dans le délai d'un an à compter du jugement d'ouverture est éteinte, peu important que la banque créancière ait été assignée en annulation du remboursement d'un prêt plus d'un an après l'expiration du délai de l'action en relevé de forclusion, V. • Com. 30 oct. 2000 : *cité note 5 bis ss. ancien art. L. 621-110.*

8. Portée de la sanction. L'art. 53, al. 3 [4] [C. com., art. L. 621-46], ne vise que les créances soumises à déclaration. • Com. 3 déc. 1996 : *Rev. dr. bancaire 1997. 36, obs. Campana et Calendini ; RJDA 1997, n° 417.*

9. L'absence de déclaration de leur créance par des banques bénéficiaires d'une hypothèque conventionnelle inscrite sur un immeuble commun au débiteur en liquidation judiciaire et à son épouse n'affecte que l'exercice dans le cadre de la procédure collective des droits hypothécaires des banques, mais non leur existence et la radiation de l'hypothèque ne peut, en l'état, être ordonnée du chef de l'épouse, alors que la créance litigieuse, éteinte à l'égard du mari, ne l'était pas à l'égard de la femme en raison de la solidarité des dettes. • Com. 14 mai 1996 : *Bull. civ. IV, n° 129 ; D. 1996. 460, note Derrida ; D. 1996. Somm. 387, obs. S. Piedelièvre ; D. Affaires 1996. 811 ; JCP E 1996. I. 584, n° 9, obs. Pétel ; Quot. jur. 18 juin 1996, p. 9, note P.M. ; Petites affiches 19 juill. 1996, p. 23, note Soinne.* – V. aussi Martin-Serf, *RJ com. 1996. 337* ; Derrida, *D. 1997. Chron. 117* ; Comanzo, *JCP N 1998, n° 8, p. 279.* ♦ Il résulte des art. 1413 C. civ. et 53 de la loi du 25 janv. 1985 [C. com., art. L. 621-46] que le créancier au profit duquel des époux communs en biens se sont solidairement engagés en constituant des sûretés réelles sur un immeuble commun ne peut, s'il n'a pas déclaré sa créance au passif de la liquidation judiciaire ouverte ultérieurement à l'égard de l'un des conjoints, prétendre participer aux répartitions faites dans le cadre de cette procédure collective mais, demeurant créancier de l'autre conjoint, peut faire valoir ses sûretés sur le produit de la vente de l'immeuble grevé, une fois désintéressés tous les créanciers admis. • Com. 26 oct. 1999 : *RJDA 2000, n° 70* • 1er févr. 2000 : *RJDA 2000, n° 692* • 2 mai 2001 : *Bull. civ. IV, n° 80 ; D. 2001. AJ. 2030, obs. Lienhard ; Act. proc. coll. 2001, n° 141, obs. Vallansan ; JCP E 2001, n° 47, p. 1857, obs. Delebecque.* – V. aussi • Com. 23 mai 2000 : *Act. proc. coll. 2000, n° 151* • 23 mai 2000 : *Petites affiches 18 sept. 2000, p. 13, note Gallet ; Rev. proc. coll. 2001. 10, obs. Macorig-Venier.*

9 bis. L'extinction de la créance, faute de déclaration au passif de l'indivisaire soumis à la procédure collective, est sans incidence sur le droit de poursuivre les biens indivis que le créancier tient de l'art. 815-17, al. 1er, C. civ., dès lors que les créanciers de l'indivision préexistante à l'ouverture de la procédure collective de l'un des indivisaires, qui auraient pu agir sur les biens indivis avant qu'il y eût indivision, conservent leur droit de poursuivre la saisie de ces biens, malgré l'ouverture de cette procédure. • Civ. 1re, 13 déc. 2005 : *cité note 11 quater ss. ancien art. L. 621-40.*

9 ter. L'absence de déclaration de créance du porteur de la lettre de change au passif du redressement judiciaire du tiré est sans incidence sur l'action en responsabilité quasi délictuelle formée par le porteur à l'encontre de la banque ayant refusé de régler l'effet. • Com. 23 nov. 1999 : *Bull. civ. IV, n° 206.*

9 quater. Suite à l'extinction de la créance d'indemnité d'éviction non déclarée au passif du bailleur, le preneur, déchu de son droit de recevoir cette indemnité, ne peut plus se prévaloir du droit au maintien dans les lieux. • Com. 4 janv. 2005 : *Bull. civ. IV, n° 3. Act. proc. coll. 2005, n° 27, obs. Vallansan ; Loyers et copr. 2005, n° 96, obs. Brault ; RJDA 2005, n° 593.*

9 quinquies. En l'absence de déclaration de créance à la procédure collective d'un des époux qui se sont portés cautions solidaires et ont hypothéqué deux immeubles dépendant de leur communauté en garantie de crédits consentis à une société, la créance étant éteinte à l'égard de cet époux, il en résulte que le commandement aux fins de saisie immobilière ne doit être signifié qu'à son épouse, qui demeure la seule débitrice. • Com. 3 mai 2006 : *D. 2006. AJ. 1451, obs. Lienhard*.

10. La décision de relevé de forclusion du juge-commissaire de la seconde procédure collective [ouverte après résolution du plan de continuation] est dénuée de tout effet lorsque la créance est déjà éteinte par suite de la forclusion intervenue dans la première procédure collective. • Com. 21 juin 2005 : *Bull. civ. IV, n° 132 ; D. 2005. AJ. 1939, obs. Lienhard ; D. 2006. Pan. 84, obs. Le Corre ; Act. proc. coll. 2005,* *n° 221, obs. Cagnoli ; RJ com. 2005. 450, note Sortais ; RTD com. 2006. 201, obs. Martin-Serf.*

11. Un créancier n'est pas recevable à se prévaloir de l'extinction de la créance d'un autre créancier pour défaut de déclaration dans le délai légal après que ce créancier a été irrévocablement relevé de la forclusion encourue. • Com. 19 févr. 2002 : *RD banc. fin. 2002, n° 99, obs. F.-X. Lucas.*

12. Caution. BIBL. Courtier, *Petites affiches 23 sept. 1992.* ♦ L'extinction de la créance en application de l'art. 53, al. 3 [4] [C. com., art. L. 621-46], est une exception inhérente à la dette et, conformément à l'art. 2036 [2313] C. civ., la caution peut l'opposer au créancier. • Com. 17 juill. 1990 : *Bull. civ. IV, nos 214 et 215 ; D. 1990. 494, note Honorat ; D. 1991. Somm. 12, obs. Derrida ; Gaz. Pal. 1990. 2. 678, note Piedelièvre ; JCP E 1991. II. 101, note Amlon* • 23 oct. 1990 : *Bull. civ. IV, n° 244 ; D. 1990. IR. 267* • 30 mars 1993 : *Bull. civ. IV, n° 124 ; D. 1993. IR. 131* • 6 juill. 1993 : *Rev. huiss. 1994. 93, note Vidal.* ♦ V., dans le même sens, pour un avaliste, • Com. 25 oct. 1994 : *Bull. civ. IV, n° 312 ; D. 1995. 590, note Crionnet ; D. 1995. Somm. 306, obs. Honorat ; RTD com. 1996. 124, obs. Martin-Serf ; Rev. huiss. 1995. 57, note Vidal* • 3 déc. 1996 : *Bull. civ. IV, n° 296 ; D. 1997. IR. 19* (avaliste d'un billet à ordre). – *Contra* : • Lyon, 18 nov. 1988 : *D. 1989. 71, note Derrida* • Bordeaux, 16 mars 1989 : *D. 1989. 473, note Derrida* • CE 14 juin 2000 : *RJDA 2001, n° 475* (engagement de caution en remplacement d'une retenue de garantie, dans un marché de travaux publics). – Rappr. : • Versailles, 21 mai 1991 : *D. 1992. Somm. 251, obs. Derrida.* ♦ V. aussi, en cas de condamnation de la caution par un tribunal étranger, note 1 *ter* ss. ancien art. L. 621-43. ♦ La solution est évidemment différente lorsque le prétendu cautionnement s'analyse, en réalité, en garantie à première demande. • TGI Paris, 8 mars 1995 : *Rev. dr. bancaire 1995. 191, obs. Contamine-Raynaud.*

13. La créance étant éteinte par application de l'art. 53 [C. com., art. L. 621-46], peu important la clôture de la liquidation judiciaire du débiteur principal pour insuffisance d'actif, aucune action ne peut plus être engagée contre la caution. • Com. 11 juin 1996 : *Bull. civ. IV, n° 167 ; Rev. dr. bancaire 1996. 213, obs. Campana et Calendini.* ♦ De même, la décision, prise en application de l'art. 71 du décret du 27 déc. 1985 (et de l'art. 99 de la loi [C. com., art. L. 621-102]), de ne pas engager ou poursuivre la vérification des créances, est sans influence sur l'extinction de la créance. • Com. 23 nov. 1999 : *Bull. civ. IV, n° 208 ; D. 2000. AJ. 13, obs. A. L. ; RTD com. 2000. 188, obs. Vallens.* ♦ V. aussi • Versailles, 8 oct. 1998 : *RJ com. 1999. 427, obs. Legrand.* – *Contra* : • Versailles, 21 mai 1991 : *D. 1992. Somm. 251, obs. Derrida ; RTD com. 1991. 664, obs. Martin-Serf.*

14. Dès lors que la caution a seule fait une déclaration de créance, le créancier ne peut invoquer, pour remédier à sa propre carence, les dispositions de l'art. 2032 [2309] C. civ., lesquelles, en vue d'accroître les garanties de la caution, l'autorisent à agir contre le débiteur principal avant même d'avoir payé et retourner ainsi contre la caution, en le détournant de sa finalité, un texte destiné à faciliter l'exercice de son action récursoire. • Com. 23 oct. 1990 : *préc. note 6* • 17 juill. 1990 : *Bull. civ. IV, n° 215* • 12 juill. 1994 : *ibid. IV, n° 260 ; D. 1994. IR. 207* • 3 janv. 1996 : *Rev. dr. bancaire 1996. 210, obs. Campana et Calendini.* ♦ Pas plus, à l'inverse, le fait par un créancier d'avoir déclaré sa créance, ne peut dispenser la caution entendant se prévaloir des dispositions de l'art. 2032 [2309] C. civ., de déclarer également sa propre créance contre le débiteur principal, à défaut de quoi cette créance est éteinte. • Com. 2 mars 1993 : *Bull. civ. IV, n° 80 ; D. 1993. Somm. 310, obs. Aynès* • Civ. 1re, 25 oct. 1994 : *Bull. civ. I, n° 305 ; D. 1994. IR. 255.* ♦ V. aussi note 16 ss. ancien art. L. 621-43.

15. De même, il importe peu, dès lors que la créance est éteinte, que la caution ait été mise en demeure de payer antérieurement à la mise en redressement judiciaire du débiteur principal. • Rennes, 1er déc. 1994 : *Dr. sociétés 1995, n° 213.*

16. Le prononcé à l'encontre de la caution d'un jugement la condamnant à exécuter son engagement ne fait pas non plus obstacle à ce qu'elle oppose au créancier l'extinction de sa créance pour une cause postérieure audit jugement, celui-ci serait-il passé en force de chose jugée. • Com. 5 déc. 1995 : *Bull. civ. IV, n° 277 ; Quot. jur. 1er févr. 1996, p. 6, note P. M. ; JCP E 1996. I. 554, n° 18, obs. Cabrillac ; RTD com. 1997. 326, obs. Martin-Serf* • 6 juin 2000 : *Act. proc. coll. 2000, n° 181, obs. Vallansan ; RD banc. fin. 2000, n° 201, obs. F.-X. Lucas.* ♦ Ainsi, la caution, condamnée à exécuter son engagement pour une créance ayant été déclarée, peut demander la mainlevée de la saisie-exécution lorsque le plan de continuation dont avait bénéficié le débiteur avait été résolu, et la liquidation judiciaire prononcée alors que le créancier n'avait pas à nouveau déclaré sa créance à la nouvelle procédure collective. • Com. 23 juin 1998 : *Act. proc. coll. 1998, n° 121 ; RTD com. 1999. 502, obs. Martin-Serf.*

Sur la décharge de la caution lorsque le créancier omet de déclarer sa créance dans le cadre de la seconde procédure collective ouverte après résolution du plan de continuation, V. aussi • Com. 10 déc. 2002 : *RJDA 2003, n° 518* • Versailles, 3 déc. 1998 : *Gaz. Pal. 1999. 2. Somm. 615.*

En revanche, l'extinction de la créance ne peut plus être opposée par la caution à la société créancière dès lors qu'elle était acquise au jour du jugement de condamnation de la caution, prononcé après l'expiration du délai de déclaration et en l'absence de demande de relevé de forclusion de la part du créancier. • Com. 4 oct. 2005 : *Bull. civ. IV, n° 199 ; D. 2005. AJ. 2805, obs. Lienhard ; Gaz. Pal. 10-11 févr. 2006, p. 41, obs. Le Corre ; RD banc. fin. 2006, n° 21, obs. F.-X. Lucas.*

16 bis. Pour la nullité, faute d'objet, d'une transaction conclue entre une banque et les cautions de la société débitrice, la créance de la banque étant éteinte au jour de la transaction, pour n'avoir pas été déclarée à la procédure collective de la société, V. • Civ. 1re, 29 mai 2001 : *Bull. civ. I, n° 156 ; D. 2001. AJ. 1944, obs. Avena-Robardet ; Banque et Droit juill.-août 2001. 55, obs. Jacob ; JCP E 2001, n° 46, p. 1815, obs. Simler.* ♦ *Contra,* s'agissant d'une transaction conclue après condamnation définitive de la caution au paiement : • Civ 1re, 19 déc. 2000 : *Bull. civ. I, n° 334 ; D. 2001. AJ. 629, obs. Avena-Robardet ; Act. proc. coll. 2001, n° 19, obs. Regnaut-Moutier ; JCP E 2001, n° 18, p. 753, obs. Pétel ; ibid., n° 46, p. 1815, obs. Simler ; Banque et Droit mai-juin 2001. 46, obs. Jacob ; ibid. janv.-févr. 2002. 50, obs. Guillot ; RTD com. 2001. 976, obs. Martin-Serf .*

17. La caution ne peut plus invoquer l'extinction de la créance après que le créancier a été irrévocablement relevé de la forclusion : V. note 5 *ter* ss. art. 103 de la loi du 25 janv. 1985, *infra,* ss. ancien art. L. 621-105.

18. En l'absence de décision d'admission de la créance garantie opposable à la caution, une cour d'appel, saisie par celle-ci d'une exception tenant au caractère tardif de la déclaration de créance à la procédure collective du débiteur principal, peut, elle-même, après avoir constaté que la créance garantie a été déclarée hors délai, en déduire qu'elle est éteinte, à moins que le créancier ne justifie avoir demandé au juge-commissaire à être relevé de la forclusion encourue. • Com. 17 mars 1998 : *Bull. civ. IV, n° 106 ; JCP E 1998, n° 10, obs. Cabrillac.* ♦ Dès lors que la banque ne prétend pas, en l'espèce, avoir saisi le juge-commissaire d'une demande en relevé de forclusion, la cour d'appel, sans être tenue de surseoir à statuer, peut se prononcer sur le caractère tardif de la déclaration litigieuse. • Même arrêt.

19. Sur la possibilité, par ailleurs, pour une caution solidaire, d'invoquer la décharge édictée par l'art. 2037 [2314] C. civ., en raison de l'omission du créancier de déclarer sa créance au redressement judiciaire d'un cofidéjusseur, V. • Aix-en-Provence, 19 janv. 1995 : *Bull. Aix 1995. 116.* ♦ V. aussi, déchargeant la caution du fait de l'omission par une banque de déclarer au passif du tiré accepteur un effet impayé, • Com. 6 févr. 1996 : *Bull. civ. IV, n° 33 ; D. 1996. IR. 82 ; D. Affaires 1996. 391.*

19 bis. Subrogée dans les droits du créancier, la caution qui a payé celui-ci et qui ne prétend pas l'avoir fait après l'extinction des droits du créancier principal pour défaut de déclaration ne peut lui reprocher de n'avoir pas déclaré une créance éteinte. • Com. 6 juin 2000 : *Act. proc. coll. 2000, n° 181, obs. Vallansan ; RJDA 2000, n° 1047 ; JCP 2002. II. 10008, note Boronad-Lesoin ; RTD com. 2002. 369, obs. Martin-Serf .*

19 ter. A défaut de déclaration de la créance de la banque caution, celle-ci est éteinte à l'égard des sous-cautions qui garantissent non la créance de la société bénéficiaire du cautionnement à l'égard du débiteur principal en liquidation judiciaire, mais celle de la banque caution à l'égard du débiteur principal, lequel n'étant titulaire d'aucun droit à l'égard des sous-cautions n'a pu en transmettre le bénéfice par l'effet de la subrogation. • Civ. 1re, 7 mai 2002 : *Bull. civ. I, n° 123 ; D. 2002. AJ. 1902, obs. Lienhard ; JCP E 2002, n° 39, p. 1523, obs. Cabrillac ; Dr. et procédures 2002. 286, obs. Courtier ; RD banc. fin. 2002, n° 132, obs. Legeais ; RTD com. 2003. 165, obs. Martin-Serf* • Com. 30 mars 2005 : *Bull. civ. IV, n° 71 ; D. 2005. AJ. 1151, obs. Lienhard ; Act. proc. coll. 2005, n° 118, obs. Legeais ; JCP E 2005, n° 36, p. 1426, obs. Cabrillac ; Gaz. Pal. 6-7 juill. 2005, p. 41, obs. Le Corre. – Contra :* • Lyon, 24 mars 2005 : *BICC 2006, n° 324.* ♦ Le défaut de déclaration de sa créance par le créancier initial ne fait pas obstacle au recours de la caution qui a déclaré sa créance au passif de la société cautionnée contre la sous-caution. • Com. 11 févr. 2004 : *RJDA 2004, n° 1017 ; JCP 2004. I. 188, n° 9, obs. Simler.* ♦ La caution qui a déclaré sa créance avant paiement au redressement judiciaire du débiteur principal peut se retourner contre la sous-caution après le paiement effectué par elle au créancier, sans avoir à procéder à une nouvelle déclaration de créance. • Com. 17 déc. 2003 : *Bull. civ. IV, n° 208.* ♦ Sauf en cas d'admission de la créance de la caution au passif du débiteur principal, la sous-caution est fondée à contester, à l'égard de la caution, la réalité et le montant de la créance de celle-ci contre le débiteur principal. • Com. 17 sept. 2002 : *Bull. civ. IV, n° 123 ; D. 2002. Somm. 3336, obs. Aynès ;*

Act. proc. coll. 2002, n° 208, obs. Regnaut-Moutier ; JCP E 2003, n° 6, p. 272, obs. Cabrillac ; RD banc. fin. 2002, n° 235, obs. F.-X. Lucas ; RTD com. 2003. 370, obs. Martin-Serf ; *Petites affiches 30 juin 2003, p. 10, note Houtcieff.*

19 quater. Garantie autonome. Une garantie autonome n'est pas éteinte lorsqu'en cas de redressement ou de liquidation judiciaire du donneur d'ordre, le créancier bénéficiaire de la garantie ne déclare pas au passif sa créance ; en conséquence, celui-ci peut assigner directement le garant. • Com. 30 janv. 2001 : *D. 2001. Somm. 3426, obs. Honorat* ; *JCP E 2001, n° 13, p. 568, note Legeais ; ibid., n° 20-21, p. 850, note Rémery ; Banque et Droit mai-juin 2001. 50, obs. Prüm ; RTD com. 2001. 763, obs. Martin-Serf* . ♦ En raison du caractère autonome de son engagement, le garant ne peut ni imputer à faute au bénéficiaire de la garantie la non-déclaration de sa créance au titre du contrat de base au passif du redressement judiciaire des sociétés garanties, ni prétendre avoir de ce fait subi un préjudice. • Com. 9 juin 2004 : *Bull. civ. IV, n° 118 ; Rev. sociétés 2004. 894, note Pariente ; Banque et Droit sept.-oct. 2004. 77, obs. Rontchevsky* .

20. Codébiteurs solidaires. L'extinction, en vertu de l'art. 53, al. 3 [4] [C. com., art. L. 621-46], de la créance à l'égard du débiteur faisant l'objet d'une procédure collective, laisse subsister l'obligation distincte contractée par son codébiteur solidaire. • Com. 19 janv. 1993 : *Bull. civ. IV, n° 25 ; D. 1993. 331, note Honorat et Patarin* ; *JCP 1993. II. 22056, note Pétel; Defrénois 1993. 1045, note Derrida ; ibid. 1993. 1220, obs. Sénéchal* • Civ. 1re, 17 nov. 1993 : *Bull. civ. I, n° 335 ; D. 1994. Somm. 214, obs. Delebecque* ; *Defrénois 1994. 1121, obs. D. Mazeaud* • 2 avr. 1996 : *RJDA 1996, n° 971* • Civ. 3e, 8 oct. 1997 : *RJDA 1997, n° 1543* • Com. 14 mars 2000 : *RD banc. fin. 2000, n° 68, obs. F.-X. Lucas ; RJDA 2000, n° 691* • Paris, 22 juin 2001 : *D. 2002. Somm. 638, obs. R. Martin* . ♦ Ainsi, l'extinction de la créance à l'égard du mari faisant l'objet d'une procédure collective laisse subsister l'obligation distincte contractée par son épouse, codébiteur solidaire, et n'affecte pas l'existence des droits hypothécaires du créancier sur les biens communs. • Com. 11 déc. 2001 : *Bull. civ. IV, n° 198 ; D. 2002. AJ. 402, obs. Lienhard* ; *Act. proc. coll. 2002, n° 23, obs. Regnaut-Moutier ; Procédures 2002, n° 52, note Croze ; RD banc. fin. 2002, n° 60, obs. F.-X. Lucas ; JCP E 2002, n° 20, p. 807, obs. Pétel ; RJ com. 2002. 229, note Courtier ; Dr. et patr. juill.-août 2002. 106, obs. Monsèrié-Bon ; RTD com. 2002. 363, obs. Martin-Serf* . ♦ Il en résulte que le créancier qui, après l'extension de la procédure collective à l'épouse, a régulièrement déclaré sa créance au passif de celle-ci, conserve ses droits dans cette procédure. • Même arrêt. ♦ L'extinction de la créance du bailleur à l'égard du locataire, objet d'une procédure collective, faute de déclaration à celle-ci, laisse subsister l'obligation personnelle de son épouse, cotitulaire du bail, en vertu de l'art. 1751 C. civ. • Civ. 3e, 23 mars 2005 : *D. 2005. AJ. 1084, obs. Lienhard* ; *Gaz. Pal. 6-7 juill. 2005, p. 43, obs. Le Corre.* ♦ La négligence imputable au créancier pour avoir omis de déclarer sa créance en temps utile au passif de la liquidation judiciaire du codébiteur ne révèle de sa part, ni un manquement à son obligation de bonne foi, ni une manifestation de déloyauté à l'égard de ses cocontractants, susceptible d'engager sa responsabilité civile. • Com. 23 oct. 2001 : *Bull. civ. IV, n° 175 ; D. 2001. AJ. 3433, obs. Lienhard* ; *D. 2003. Somm. 1284, obs. Brémond* ; *Petites affiches 4 déc. 2001, p. 14, note E. C. ; JCP 2002. II 10103, note de Gentili-Picard.*

21. L'extinction de la créance à l'égard du locataire-gérant, résultant du défaut de déclaration, ne profite pas au loueur solidairement responsable en application de l'art. 8 de la loi du 20 mars 1956 [C. com., art. L. 144-7]. • Com. 27 mai 1997 : *D. Affaires 1997. 1042* • Montpellier, 18 janv. 1990 : *Rev. proc. coll. 1990. 413, obs. Dureuil ; RTD com. 1991. 292, obs. crit. Martin-Serf* . ♦ De même, le signataire d'un acte de cession de créance professionnelle étant aux termes de l'art. 1er -1 de la loi « Dailly » du 2 janv. 1981, garant solidaire du paiement des créances cédées, il en résulte que le débiteur cédé ne peut bénéficier de l'extinction de la créance, en raison de la forclusion, frappant le créancier à l'égard du cédant mis en liquidation judiciaire. • Paris, 27 févr. 1998 : *D. Affaires 1998. 765.*

22. En vertu des conditions générales du contrat de carte *American Express*, le titulaire de la carte délivrée à la demande d'une personne morale n'étant pas la caution de cette dernière, mais son codébiteur solidaire, le défaut de déclaration de la créance au redressement judiciaire de la personne morale ne l'éteint pas envers le titulaire de la carte. • Paris, 5 juin 1992 : *JCP E 1993. Pan. 176.*

23. Pluralité de débiteurs. L'extinction de la créance, à défaut de déclaration, laissant subsister l'éventuelle obligation distincte susceptible de peser sur un autre débiteur, c'est à tort que le crédit-bailleur, propriétaire d'un véhicule loué à une entreprise en redressement judiciaire et détenu par un garagiste qui avait effectué des travaux de réparation, prétend que la demande en paiement des réparations formée à son encontre est irrecevable en raison de l'absence de déclaration par le garagiste de sa créance au passif de l'entreprise utilisatrice. • Versailles, 21 sept. 1994 : *RJDA 1994, n° 1366.*

24. *Cofidéjusseurs.* BIBL. J. Mestre, *Dr. et patr. janv. 1998. 66 ; avr. 1998. 64.* ♦ Il résulte de l'art. 2025 [2302] C. civ. que l'extinction de la dette de la caution en liquidation judiciaire est sans effet sur l'obligation de l'autre caution à toute la dette. • Com. 28 janv. 1997 : *Bull. civ. IV, n° 27 ; D. 1997. Somm. 167, obs. Aynès ; D. 1997. Somm. 213, obs. Honorat ; D. Affaires 1997. 276 ; JCP 1997. II. 22946, note Dagorne-Labbe ; Petites affiches 3 oct. 1997, p. 28, note D. Boccara.* ♦ V. aussi note 18.

25. *Co-avalistes.* En ce sens que la condamnation à paiement prononcée contre un avaliste, nonobstant le défaut de déclaration de créance du bénéficiaire d'un billet à ordre à la procédure collective du souscripteur, a autorité de la chose jugée contre l'autre avaliste, dès lors que celui-ci ne prétend pas que l'instance engagée contre le co-avaliste a été menée en fraude des intérêts, V. • Com. 1er juin 1999 : *Bull. civ. IV, n° 115 ; D. Affaires 1999. 1114, obs. X. D. ; Act. proc. coll. 1999, n° 174, obs. Cabrillac ; Banque et Droit sept.-oct. 1999. 47, obs. Jacob.*

26. *Associés tenus du passif social.* L'extinction de la créance d'un créancier contre une SCI fait disparaître l'obligation des associés, qui ne sont tenus que du passif social. • Civ. 3e, 22 mars 1995 : *Bull. civ. III, n° 84 ; Rev. sociétés 1995. 559, note Barbièri ; Dr. sociétés 1995, n° 96, obs. Chaput ; Bull. Joly 1995. 551, note Jeantin* • 10 juill. 1996 : *D. 1997. Somm. 80, obs. Honorat ; Dr. sociétés 1996, n° 169, obs. Chaput ; Bull. Joly 1996. 958, note Calendini* • Douai, 6 févr. 1995 : *BICC 1995, n° 854.* ♦ De même, l'extinction de la créance d'un créancier contre une société en nom collectif emporte, si elle est établie, la disparition de l'obligation des associés qui ne sont tenus que du passif social. • Com. 25 nov. 1997 : *Bull. civ. IV, n° 309 ; D. Affaires 1998. 27, obs. A. L. ; Bull. Joly 1998. 156, note Le Cannu.*

Faute d'ouverture d'une procédure collective concernant personnellement les associés d'une société en nom collectif en liquidation judiciaire et en l'absence de toute mesure de publicité d'une telle décision, les délais prévus par l'art. 53, devenu l'art. L. 621-46 C. com., n'ont pas commencé à courir et, la créance n'étant pas éteinte, est justifiée la condamnation des associés à payer un créancier social. • Com. 11 déc. 2001 : *Act. proc. coll. 2002, n° 47 ; Dr. sociétés 2002, n° 65, note Legros.*

26 bis. *Délégation.* L'obligation du délégué est une obligation personnelle, indépendante de l'obligation du délégant, de sorte que l'extinction de la créance du délégataire contre le délégant pour défaut de déclaration au passif de sa liquidation judiciaire laisse subsister l'obligation distincte du délégué. • Com. 7 déc. 2004 : *D. 2005. AJ. 79, obs. Lienhard ; ibid. Pan. 1427, obs. Boujeka ; Act. proc. coll. 2005, n° 31, obs. Saint-Alary-Houin ; JCP E 2005, n° 17, p. 711, obs. Pételn ; Banque et Droit mars-avr. 2005. 39, obs. Rontchevsky ; Dr. et patr. avr. 2005. 116, obs. Monsèrié-Bon ; Gaz. Pal. 29-30 avr. 2005, p. 33, obs. Le Corre.*

27. *Garantie financière professionnelle.* En raison de son autonomie, la garantie financière exigée des personnes exerçant des activités relatives à certaines opérations portant sur les immeubles et les fonds de commerce et affectée au remboursement des fonds, effets ou valeurs qu'elles ont reçus n'est pas éteinte lorsqu'en cas de redressement ou de liquidation judiciaire de l'agent immobilier, le client ne déclare pas au passif sa créance de restitution de la somme versée. • Cass., Ass. plén., 4 juin 1999 : *Bull. civ. n° 4 ; D. 2000. Somm. 140, obs. Capoulade ; D. Affaires 1999. 1082, obs. A. L. ; JCP E 1999, n° 30-34, p. 1294, note Béhar-Touchais ; RTD civ. 1999. 665, obs. Crocq ; Banque et Droit sept-oct. 1999. 46, obs. Rontchevsky ; Petites affiches 27 déc. 1999, p. 9, note Lemaitre-Basset et Schroeder ; ibid., 10 févr. 2000, p. 16, note Féviliyé-Dawey ; RTD com. 2000. 175, obs. Martin-Serf* • Com. 15 févr. 2000 : *Rev. proc. coll. 2002. 174, obs. Lebel* (pour la garantie financière d'un syndic de copropriété) • 23 mai 2000 : *Act. proc. coll. 2000, n° 147* • Civ. 1re, 12 déc. 2000 : *Act. proc. coll. 2001, n° 50 ; RD banc. fin. 2001, n° 113, obs. Cerles* • 25 juin 2002 : *AJDI 2003. 529, note Thioye ; Rev. proc. coll. 2003. 347, obs. Lebel.* ♦ Comp., pour la position de la première Chambre civile antérieure à l'arrêt d'Assemblée plénière du 4 juin 1999 : • Civ. 1re, 10 janv. 1995 : *Bull. civ. I, n° 17 ; D. 1995. 178, note Aynès ; JCP 1995. II. 22489, note Béhar-Touchais* • 27 juin 1995 : *Bull. civ. I, n° 278 ; D. 1995. IR. 165.* ♦ De même, la garantie imposée par la loi n° 71-1130 du 31 déc. 1971 [dans sa rédaction initiale], et spécialement affectée au remboursement des fonds, effets ou valeurs reçus par les conseils juridiques, ne s'éteint que pour l'une des causes énumérées de manière limitative par l'art. 20 du décret n° 72-671 du 13 juill. 1972 et seulement dans les conditions fixées par les art. 21, 22 et 23 de ce décret ; cette garantie ne cesse pas, en cas d'ouverture du redressement judiciaire du conseil juridique, si le client omet de déclarer au passif sa créance de restitution des sommes versées. • Com. 5 oct. 1993 : *Bull. civ. IV, n° 311 ; D. 1994. 267, note Sortais et Derrida ; RTD com. 1994. 122, obs.*

Martin-Serf ; *JCP 1994. II. 22225, note Béhar-Touchais* (V. l'arrêt cassé : • Paris, 28 févr. 1991 : *JCP 1992. II. 21911, note Ginestet* ; et l'arrêt de renvoi : • Versailles, 14 nov. 1996 : *D. Affaires 1997. 223*). – *Contra* : • Com. 1er oct. 1991 : *JCP 1993. II. 21990, note Béhar-Touchais.*

28. Garantie d'achèvement. La garantie d'achèvement des travaux prévue à l'art. R. 315-34 C. urb. possédant un caractère spécifique et ne s'assimilant pas à un cautionnement prévu par les art. 2011 [2288] s. C. civ., sa mise en œuvre n'est pas soumise à une déclaration préalable de créance en cas de redressement ou de liquidation judiciaires du lotisseur : • Civ. 3e, 14 janv. 1998 : *D. 1998. IR. 54* ; *D. Affaires 1998. 257, obs. J. F.* ; *JCP E 1998, no 9, p. 298, obs. Morvan* • 28 nov. 2001 : *Bull. civ. III, no 139* ; *D. 2002. AJ. 213* ; *JCP 2003. I. 124, no 10, obs. Delebecque* • Com. 25 févr. 2004 : *RD banc. fin. 2004, no 206, obs. Cerles.*

29. Caution de retenue de garantie. Le cautionnement solidaire substitué à la retenue de garantie [souscrit en application de la loi no 71-584 du 16 juill. 1971] possédant un caractère spécifique et ne s'assimilant pas au cautionnement prévu par les art. 2011 [2288] s. C. civ., sa mise en œuvre n'est pas soumise à une déclaration préalable de créance en cas de redressement ou de liquidation judiciaire de l'entrepreneur. • Civ. 3e, 3 oct. 2001 : *Bull. civ. III, no 111* ; *D. 2001. AJ. 3121, obs. Lienhard* ; *Act. proc. coll. 2001, no 260, obs. Le Corre* ; *JCP E 2002, no 3, p. 132, note F.-X. Lucas* ; *ibid., no 4, p. 172, no 10, obs. Pétel* ; *ibid., no 20, p. 807, no 11, obs. Cabrillac* ; *RD banc. fin. 2002, no 15, obs. Cerles* ; *Banque et Droit mars-avr. 2002. 49, obs. Jacob* ; *RTD com. 2002. 368, obs. Martin-Serf*. – *Contra* : • Paris, 28 mai 1999 : *Banque et Droit janv.-févr. 2000. 68, obs. Guillot.* ♦ Dans le même sens que l'arrêt de la Cour de cassation, pour une caution de retenue de garantie consentie dans les conditions de l'art. 322 (ancien) C. marchés publ., V. • CE 14 juin 2000 : *D. 2001. 2117, note Ancel* ; *RJDA 2001, no 475* ; *JCP 2001. I. 356, no 10, obs. Simler* ; *RD banc. fin. 2001, no 225, obs. Cerles.*

29 bis. Action directe du sous-traitant. En ce sens que l'extinction de la créance du sous-traitant faute de déclaration au passif de la procédure collective dont est l'objet l'entrepreneur principal, ne préjudicie pas à l'exercice de l'action directe du sous-traitant contre le maître de l'ouvrage, en vertu de l'art. 12, al. 3, de la loi du 31 déc. 1975, V. • Paris, 27 nov. 1990 : *JCP 1992. II. 21782, note Dubois* • Versailles, 4 juill. 1991 : *D. 1992. Somm. 116, obs. Bénabent* ; *RTD com. 1991. 664, obs. Martin-Serf*. ♦ V. ce texte, *infra*, App., vo *Sous-traitance.*

30. Vente à terme. Même si elle libère l'acquéreur de l'obligation de payer la partie du prix restant due, l'extinction de la créance par application de l'art. 53 [C. com., art. L. 621-46] ne constitue pas le terme contractuellement fixé pour le transfert de propriété. • Com. 9 janv. 1996 : *Bull. civ. IV, no 8* ; *D. 1996. 184, note Derrida* ; *Dr. sociétés 1996, no 58, obs. Chaput* ; *JCP E 1996. I. 554, no 19, obs. Cabrillac.* – V. Larroumet, *D. Affaires 1996. 603* ; Charlery, *JCP 1997. I. 4013.*

31. Salariés. V. art. L. 621-125.

32. Compensation. La créance qui n'a pas été déclarée et n'a pas donné lieu à un relevé de forclusion est éteinte, ce qui exclut la compensation judiciaire entre créance et dette respectives. • Com. 8 juin 1999 : *Dr. sociétés 1999, no 148, obs. Chaput* • Grenoble, 28 janv. 1988 : *Petites affiches 31 août 1988, note Gallet.*

33. En l'absence de déclaration d'une créance d'indemnités contractuelles, le créancier, assigné en paiement après que la banque cessionnaire lui a notifié une cession de créance par le débiteur en liquidation judiciaire, ne peut ensuite invoquer cette créance comme un élément d'une compensation, y compris dans les relations avec la banque cessionnaire, en l'absence de toute dette personnelle de celle-ci. • Com. 18 juin 1996 : *D. 1996. IR. 186.*

V. aussi note 20 ss. ancien art. L. 621-24.

34. Partie civile. Dès lors que les juges ont constaté l'extinction de la créance de la partie civile, pour défaut de déclaration dans la liquidation judiciaire du prévenu, celui-ci ne peut être placé sous le régime du sursis avec mise à l'épreuve comportant l'obligation spéciale de réparer les dommages causés par l'infraction. • Crim. 11 juin 1998 : *Rev. sociétés 1998. 814, note Bouloc*.

35. Action paulienne. Le créancier qui n'a pas déclaré sa créance dans les délais et qui n'a pas été relevé de sa forclusion est irrecevable, même après la clôture de la liquidation de son débiteur, à exercer l'action paulienne. • Com. 2 févr. 1999 : *Bull. civ. IV, no 35* ; *D. 1999. Somm. 351, obs. Honorat* ; *Act. proc. coll. 1999, no 49, obs. Vallansan* ; *RTD com. 1999. 745, obs. Martin-Serf*.

35 bis. Action en responsabilité engagée par le créancier forclos. La société qui n'a pas déclaré sa créance devant, comme tout créancier, veiller à la sauvegarde de ses droits, le dirigeant de la société débitrice qui n'avait pas l'obligation d'informer le créancier du prononcé du redressement judiciaire n'a pas commis de faute engageant sa responsabilité en raison de l'extinction de la créance. • Com. 16 févr. 1993 : *Dr. sociétés 1993, no 75, obs. Chaput.* ♦ En effet, l'extinction de la créance résulte du défaut de déclaration par le créancier et non pas du silence conservé par le débiteur. • Com. 20 janv. 1998 : *D. Affaires 1998. 336, obs. X. D. ; JCP 1998. II. 10121, note Dagorne-Labbe ; Defrénois 1998. 952, obs. Le Cannu ; RTD com. 2000. 172, obs. Martin-Serf* • 14 mai 1996 : *D. 1996. IR. 174.* ♦ V. aussi • Com. 13 avr. 1999 : *RJDA 1999, n° 698 ; Act. proc. coll. 1999, n° 130, obs. Vallansan* • 14 mai 2002 : *RJDA 2002, n° 1061.* ♦ Comp., pour une condamnation du débiteur, fondée sur l'art. 123 NCPC (abstention de soulever une fin de non-recevoir à des fins dilatoires) : • Aix-en-Provence, 31 mai 1996 : *Gaz. Pal. 1997. 1. 55, note Latil.* ♦ De même, l'administrateur et le commissaire à l'exécution du plan n'ont aucune obligation d'informer les créanciers de l'ouverture d'une procédure collective. • Com. 14 mai 2002 : *préc.* ♦ Sur la responsabilité du représentant des créanciers pour défaut d'avertissement d'un créancier, V. note 2 *bis*ss. ancien art. 66 du 1er décret du 27 déc. 1985, *infra*, App., v° *Difficultés des entreprises.* ♦ Dans le cas où la créance a fait l'objet d'une déclaration tardive, le représentant des créanciers n'a pas l'obligation d'aviser le créancier de la tardiveté de sa déclaration. • Com. 18 févr. 2003 : *Rev. proc. coll. 2003. 320, obs. Legrand.*

IV. RELEVÉ DE FORCLUSION

36. Délai de l'action en relevé de forclusion. Le délai d'un an, fixé par l'art. 53 [C. com., art. L. 621-46], est un délai préfix. • Com. 1er juill. 1997 : *Bull. civ. IV, n° 210 ; D. 1998. Somm. 96, obs. Honorat ; D. Affaires 1997. 934 ; JCP E 1998, n° 1-2, p. 32, obs. Cabrillac ; RD bancaire et bourse 1998. 21, obs. Campana et Calendini ; RTD com. 1998. 417, obs. Martin-Serf* • 27 oct. 1998 : *D. Affaires 1999. 37* • 11 juin 2002 : *RD banc. fin. 2002, n° 138, obs. F.-X. Lucas* • Paris, 6 déc. 1991 : *RJDA 1992, n° 195* • Orléans, 21 juin 1994 : *Rev. proc. coll. 1995. 312, obs. Dureuil* • Toulouse, 27 nov. 1997 : *JCP 1998. IV. 2041* • Rouen, 18 juin 1998 : *Gaz. Pal. 1998. 2. Somm. 706.* – Comp. (Rép. min. n° 2412 : *JO Sénat Q, 21 oct. 1993, p. 1960*). ♦ *Contra*, pour un délai de prescription : • T. com. Versailles, 26 oct. 1989 : *Rev. dr. bancaire 1990. 141, obs. Campana et Calendini* • T. com. Paris, 2 mars 1990 : *ibid. 1990. 173, obs. Campana et Calendini ; RTD com. 1990. 640, obs. Martin-Serf* • 31 mai 1991 : *Gaz. Pal. 1992. 2. Somm. 333* • Rouen, 30 janv. 1992 : *Dr. sociétés 1992, n° 134, obs. Chaput* • 3 mars 1994 : *Rev. proc. coll. 1995. 312, obs. Dureuil.*

37. L'erreur à l'origine du dépassement de délai ne saurait réunir les caractères d'un événement de force majeure, dès lors qu'elle est imputable à une personne ou un groupe de personnes et qu'elle est susceptible de fonder une recherche de responsabilité. • Toulouse, 27 nov. 1997 : *préc. note 36.*

37 bis. En ce sens que le créancier forclos pour n'avoir pas sollicité un relevé de forclusion dans le délai d'un an ne peut invoquer une violation de l'art. 6 (1) de la Convention européenne des droits de l'homme (droit au procès équitable), V. • Com. 3 oct. 2000 : *D. 2001. Somm. 1070, obs. F.-X. Lucas ; RTD com. 2001. 760, obs. Martin-Serf.*

38. Le fait que la procédure ait abouti successivement à l'adoption, puis à la résolution, d'un plan de cession et au prononcé de la liquidation judiciaire, est sans effet sur la détermination du point de départ du délai qui reste constant. • Paris, 10 mai 1994 : *RJDA 1994, n° 710 ; Gaz. Pal. 1994. 1. 798, note Fisselier.*

39. En application de l'art. 641, al. 2, NCPC, le délai d'un an expire le jour de l'année suivante qui porte le même quantième, à vingt-quatre heures (l'art. 14 du décret du 27 déc. 1985 étant sans effet à cet égard) : • Com. 6 févr. 1996 : *Dr. sociétés 1996, n° 79, obs. Chaput ; RJDA 1996, n° 832* • Paris, 3 avr. 1998 : *D. 1998. IR. 129 ; D. Affaires 1998. 847.* ♦ La date d'une notification faite par voie postale, étant, à l'égard de celui qui y procède, celle de l'expédition, n'est pas tardive l'action en relevé de forclusion engagée par le créancier par une lettre expédiée par voie postale le dernier jour du délai. • Paris, 3 avr. 1998 : *préc.* ♦ Dans le même sens, à propos d'une requête en relevé de forclusion effectuée par télécopie, V. • TGI La Roche-sur-Yon, 27 févr. 2003 : *Gaz. Pal. 2003. 3050.*

39 bis. La prorogation de délai par l'art. 66 du décret du 27 déc. 1985, pour les créanciers résidant « hors de la France métropolitaine », expressément prévue au titre de la déclaration de créance, ne s'applique pas au délai dans lequel la requête en relevé de forclusion doit être formalisée. En revanche, un tel créancier est, en application de l'art. 645 NCPC (relatif à la prorogation des délais de comparution, d'appel, d'opposition, de recours en révision et de pourvoi en cassation), parfaitement fondé à prétendre qu'il convient d'augmenter de deux mois le délai d'un an prévu à l'art. 53, al. 3, de la loi [C. com., art. L. 621-46]. • Paris, 17 déc. 1999 : *D. 2000. AJ. 116.* ♦ V. aussi, appliquant l'art. 645 NCPC, • Rennes, 15 déc. 1999 : *RD banc. fin. 2000, n° 67, obs. F.-X. Lucas.*

40. Les juges doivent relever d'office la fin de non-recevoir d'ordre public tirée de l'expiration du délai d'un an, à défaut de quoi est ouverte la voie de l'appel-nullité. V. • Com. 16 nov. 1993 : *Bull. civ. IV, n° 409 ; Gaz. Pal. 1995. 1.*

7, note Latil • 28 mai 1996 : *D. 1996. IR. 161* • 26 oct. 1999 : *Bull. civ. IV, n° 187 ; D. 1999. AJ. 95 ; RTD com. 2000. 188, obs. Vallens ; RD banc. fin. 2000, n° 20, obs. F.-X. Lucas* • Paris, 10 mai 1994 : *préc. note 38* • Nîmes, 10 janv. 2002 : *RD banc. fin. 2003, n° 30, obs. F.-X. Lucas.* – *Contra* : • Versailles, 1er déc. 1994 : *D. 1995. IR. 51.* ♦ L'interdiction faite au créancier d'agir en relevé de forclusion plus d'une année après le jugement d'ouverture enlève à tout juge le pouvoir de se prononcer sur le fond de la demande. • Com. 8 juin 1999 : *Procédures 2000, n° 217, obs. Laporte.*

V. aussi note 4 *sexies.*

41. Validité de la requête en relevé de forclusion. Pour un arrêt ayant jugé, s'agissant d'une requête présentée par un préposé d'une caisse d'épargne, que la mention selon laquelle celui-ci déclarait agir « pour le responsable contentieux » et invoquait un pouvoir de « représenter la caisse devant les instances judiciaires » était insuffisante à établir la validité de la subdélégation, V. • Com. 5 déc. 1995 : *Bull. civ. IV, n° 304 ; Quot. jur. 1er févr. 1996, p. 4.* ♦ Comp. : notes 25 et 26 ss. ancien art. L. 621-43.

41 bis. Pour l'obligation de la représentation par avocat en Alsace-Moselle, V. • Metz, 20 janv. 2004 : *JCP E 2004, n° 32-35, p. 1274. – Contra :* • Metz, 29 juin 2004 : *JCP 2005. II. 10090, note crit. Sander.*

41 ter. Déclaration de créance. Ni l'art. L. 621-43 ni l'art. L. 621-46 C. com. n'obligent le créancier défaillant à déclarer sa créance avant de saisir le juge-commissaire de sa demande en relevé de forclusion. • Com. 4 oct. 2005 : *Bull. civ. IV, n° 200 ; D. 2005. AJ. 2742, obs. Lienhard ; JCP E 2006, n° 2, p. 76, obs. Cabrillac ; RTD com. 2006. 199, obs. Martin-Serf ; RD banc. fin. 2006, n° 26, obs. F.-X. Lucas.*

42. Sursis à statuer sur l'admission de la créance. V. note 13 ss. ancien art. L. 621-104.

43. Principe du contradictoire. Le juge-commissaire ne peut statuer sur la demande d'un créancier tendant à être relevé de forclusion, qui est de nature contentieuse, qu'après avoir entendu ou dûment appelé le représentant des créanciers et les parties intéressées. • Com. 13 déc. 2005 : *Bull. civ. IV, n° 250 ; D. 2006. AJ. 228, obs. Lienhard ; Gaz. Pal. 30 avr.-4 mai 2006, p. 43, obs. Le Corre.*

43 bis. Défaillance du créancier. Il résulte de l'art. 53, al. 1er, devenu l'art. L. 621-46, al. 1er, C. com. que pour être relevé de la forclusion, le créancier doit établir qu'avant l'expiration du délai de déclaration de la créance sa défaillance à procéder à cette déclaration n'était pas due à son fait (cassation de l'arrêt qui avait exigé du créancier qu'il justifie de l'impossibilité de déclarer sa créance entre le moment, postérieur à l'expiration du délai de déclaration, auquel il avait eu connaissance de la procédure collective et celui auquel il avait agi en relevé de forclusion). • Com. 5 févr. 2002 : *RJDA 2002, n° 523.*

44. Motifs de relevé de forclusion. Sur le pouvoir souverain des juges du fond pour apprécier les circonstances motivant le relevé de forclusion, V. • Com. 27 mars 1990 : *Bull. civ. IV, n° 92.* ♦ Les juges ne peuvent, toutefois, se borner à retenir, à l'appui de leur décision de relevé de forclusion, que la créance résulte d'un titre authentique. • Com. 22 oct. 1996 : *RJDA 1997, n° 122.*

45. Sur un relevé de forclusion motivé par le retard apporté par le commissaire aux comptes à apposer son visa en vertu de l'art. 68 du décret, V. • Com. 29 mai 1990 : *Gaz. Pal. 1990. 2. Pan. 204 ; RTD com. 1990. 490, obs. Martin-Serf .* ♦ ... Par le fait qu'une créance fiscale est apparue par suite d'une vérification postérieure au jugement d'ouverture, V. • Pau, 2 juill. 1996 : *Cah. jurispr. Aquitaine 1996, n° 3, p. 109.* ♦ ... Par le fait que le créancier a donné mandat à un tiers de procéder à la déclaration de créances, V. • Com. 16 oct. 2001 : *Rev. proc. coll. 2002. 97, obs. Legrand.* ♦ ... Par l'altération des fonctions cérébrales du créancier pendant la période au cours de laquelle il aurait dû déclarer, V. • Toulouse, 21 nov. 2001 : *RD banc. fin. 2002, n° 100, obs. F.-X. Lucas.* ♦ V. aussi • Colmar, 20 janv. 2004 : *RD banc. fin. 2004, n° 170, obs. F.-X. Lucas ; Rev. proc. coll. 2005. 52, obs. Dumont ; ibid. 57, obs Rubellin* (détresse psychologique de l'épouse du débiteur, qui subissait la violence de celui-ci). – Comp. : • Metz, 28 janv. 2003 : *RD banc. fin. 2003, n° 149, obs. F.-X. Lucas.* ♦ ... Par l'éloignement du créancier, domicilié à l'étranger, V. • Aix-en-Provence, 7 mai 1998 : *Act. proc. coll. 1998, n° 93, obs. Vallansan.* ♦ *Contra*, pour un créancier qui était associé dans la société débitrice et qui avait été assigné en paiement avec elle avant même l'ouverture de la procédure collective, • Paris, 30 juin 1998 : *Act. proc. coll. 1998, n° 115.* ♦ V. aussi, jugeant que la qualité d'étranger du créancier ne le dispense pas d'établir que sa défaillance n'est pas due à son fait, • Rouen, 13 juill. 1999 : *JCP E 2000, n° 46, p. 1789.* ♦ ... Par le fait que le créancier, non initié aux procédures collectives, n'a pas été informé de l'ouverture de la procédure collective de son débiteur, V. • Montpellier, 3 mars 1998 : *Act. proc. coll. 1999, n° 202, obs. Vallansan* (conjoint créancier d'une pension alimentaire) • Orléans, 4 févr. 1999 : *ibid.* (client consommateur). – V. aussi • Besançon, 6 avr. 2004 : *Act. proc. coll. 2004,* *n° 136* (cessionnaire de créances professionnelles n'ayant jamais été en relations d'affaires avec le débiteur et ayant son siège social dans un ressort différent de celui de la juridiction ayant ouvert la procédure). ♦ ... Par l'indication au BODACC d'un faux délai de déclaration, V. • T. com. Paris, 12 janv. 1994 : *RJDA 1994, n° 583.* ♦ ... Par le fait que le BODACC ne mentionnait que le lieu d'activité du débiteur personne physique, et non son domicile, V. • Douai, 2 juill. 1998 : *Rev. proc. coll. 1999. 215, obs. Larrieu.* ♦ ... Par l'absence de mention, dans le jugement d'ouverture et l'avis publié au BODACC, de l'existence des établissements secondaires du débiteur, V. • Paris, 9 oct. 1998 : *D. 1998. IR. 246.* ♦ ... Par le fait que le créancier, bien qu'abonné au BODACC, ne l'avait pas reçu pendant la période où le jugement d'ouverture avait été publié, V. • Nîmes, 13 nov. 2003 : *RD banc. fin. 2004, n° 133, obs. F.-X. Lucas.* ♦ V. aussi, jugeant que la lecture du BODACC ne saurait être exigée d'un créancier que pour les dettes professionnelles, • T. com. Paris, 31 mai 1991 : *préc. note 36.*

46. Sur un relevé de forclusion motivé par la fraude du débiteur, qui a dissimulé à son créancier (une banque), dans le cadre d'une instance qui l'opposait à celui-ci, la procédure collective dont il faisait l'objet, V. • Com. 2 mai 2001 : *RJDA 2001, n° 788,* conf. de • Paris, 30 janv. 1998 : *D. Affaires 1998. 428, obs. V. A.-R.* – V. aussi • T. com. Nanterre, 30 janv. 1998 : *ibid.* (fraude résultant du défaut d'information du créancier sur le transfert du siège social de la société débitrice dans le ressort d'un autre tribunal) • T. com. Nanterre, 19 déc. 1997 : *ibid.* (fraude résultant du défaut d'information du créancier sur le changement de raison sociale de la société débitrice) • Aix-en-Provence, 29 nov. 2000 : *RD banc. fin. 2001, n° 64, obs. F.-X. Lucas* • Nancy, 16 oct. 2002 : *ibid. 2004, n° 26, obs. F.-X. Lucas.* ♦ Comp., refusant de relever de sa forclusion une banque, au motif qu'il n'était pas établi que la société débitrice ait voulu dissimuler sa nouvelle dénomination sociale dans le litige qui l'opposait à la banque, le changement de dénomination sociale ayant fait l'objet des mesures de publicité légale, • Com. 2 mars 1999 : *Banque et Droit nov.-déc. 1999. 61, obs. Guillot.* ♦ Comp. également : • Com. 27 nov. 2001 : *Act. proc. coll. 2002, n° 58, obs. Vallansan* • Paris, 20 juin 2003 : *RD banc. fin. 2003, n° 195, obs. F.-X. Lucas.* ♦ Pour un arrêt jugeant que la simple omission, dans une déclaration d'appel, de l'indication par une société en redressement judiciaire de sa situation ne suffit pas, en dehors de toute autre circonstance, à caractériser la volonté délibérée de la débitrice de tromper la vigilance de son créancier, • Paris, 29 mai 1998 : *Act. proc. coll. 1998, n° 116.*

47. En ce sens que ne peuvent justifier un relevé de forclusion : l'existence de perturbations dans l'acheminement du courrier, V. • Paris, 29 mai 1998 : *Act. proc. coll. 1998, n° 117* • Nancy, 21 sept. 1998 : *Rev. proc. coll. 1999. 213, obs. Larrieu.* ♦ ... Des difficultés liées à une restructuration, V. • Paris, 6 juin 2001 : *Rev. proc. coll. 2002. 96, obs. Legrand.* – Rappr. : • Paris, 11 oct. 2002 : *RTD com. 2003. 567, obs. Martin-Serf.* ♦ ... Les difficultés matérielles résultant d'un nombre important de débiteurs, V. • Paris, 23 oct. 1998 : *Act. proc. coll. 1999, n° 79.* ♦ Dans le même sens, refusant de relever de sa forclusion un créancier (France Télécom) qui alléguait l'impossibilité, en raison du grand nombre de ses abonnés, de suivre au jour le jour la situation de ceux-ci, à défaut d'outils propres à assurer une surveillance, V. • Paris, 30 sept. 1999 : *D. 1999. AJ. 53.* – *Contra :* • Douai, 19 oct. 1989 : *Banque 1990. 196, obs. Rives-Lange ; RTD com. 1990. 262, obs. Martin-Serf* • Amiens, 24 sept. 1998 : *Rev. proc. coll. 1999. 215, obs. Larrieu.* ♦ V. aussi, refusant de relever de sa forclusion une banque, plaideur institutionnel disposant d'un service juridique et contentieux, • Nîmes, 8 mars 2001 : *RD banc. fin. 2001, n° 234, obs. F.-X. Lucas.* ♦ ... Un créancier dont le conseil avait été informé en temps utile de l'ouverture de la procédure collective, V. • Douai, 7 avr. 2005 : *JCP E 2005, n° 36, p. 1428, note Delattre.* ♦ ... Pour l'omission d'une créance sur la liste des créanciers, V. notes ss. ancien art. L. 621-45, *supra.* ♦ ... Le défaut d'avertissement aux créanciers d'avoir à déclarer leurs créances entre les mains du représentant des créanciers, V. note 2 ss. ancien art. 66 du 1er décret du 27 déc. 1985, *infra*, App., v° *Difficultés des entreprises.* ♦ ... Le défaut d'information du créancier quant à l'irrégularité de sa déclaration, V. note 2 *ter* ss. ancien art. L. 621-44.

V. aussi note 2 *quater* ss. ancien art. L. 621-44.

47 bis. Pour le rejet de la requête en relevé de forclusion du preneur d'un bail commercial, qui s'était abstenu de déclarer sa créance d'indemnité d'éviction au passif de la procédure collective du bailleur, au motif que la circonstance qu'il réglait ses loyers à l'administration fiscale, à la suite d'un avis à tiers détenteur délivré par celle-ci, aurait dû attirer son attention sur la situation de son bailleur, V. • Paris, 28 avr. 2000 : *Gaz. Pal. 2002. Somm. 162, obs. Brault.*

48. Pour un arrêt refusant de relever de sa forclusion un mandataire-liquidateur, par définition professionnel des procédures collectives, V. • Amiens, 17 déc. 1998 : *Rev. proc. coll. 1999. 215, obs. Larrieu.*

49. Pour des décisions relevant de forclusion le Trésor public, V. • T. com. Nanterre, 31 mars putation du délai ouvert au créancier pour répondre à la contestation de sa créance, sont applicables les dispositions des art. 641, al. 1er, et 642 NCPC. • Com. 14 janv. 2004 : *Act. proc. coll. 2004, n° 44.*

3. Créancier domicilié à l'étranger. Le créancier domicilié à l'étranger ne bénéficie pas d'une augmentation du délai de trente jours. • Paris, 16 mars 1993 : *RJDA 1993, n° 563.* ♦ Il ne peut non plus invoquer le défaut de traduction de la lettre dans sa langue, aucun texte ne prévoyant une telle obligation. • Paris, 29 juin 1993 : *RJDA 1993, n° 837* • Douai, 25 avr. 2002 : *D. 2002. AJ. 2604* .

Sous-§ 4 *DE L'ARRÊT DU COURS DES INTÉRÊTS ET DE L'ABSENCE DE DÉCHÉANCE DU TERME*

Ancien art. L. 621-48 ***Le jugement d'ouverture du redressement judiciaire arrête le cours des intérêts légaux et conventionnels, ainsi que de tous intérêts de retard et majorations, à moins qu'il ne s'agisse des intérêts résultant de contrats de prêt conclus pour une durée égale ou supérieure à un an ou de contrats assortis d'un paiement différé d'un an ou plus. Les cautions et coobligés ne peuvent se prévaloir des dispositions du présent alinéa.***

Le jugement d'ouverture du redressement judiciaire suspend jusqu'au jugement arrêtant le plan de redressement ou prononçant la liquidation toute action contre les cautions personnelles personnes physiques. Le tribunal peut ensuite leur accorder des délais ou un différé de paiement dans la limite de deux ans.

Les créanciers bénéficiaires de ces cautionnements peuvent prendre des mesures conservatoires. — [L. n° 85-98 du 25 janv. 1985, art. 55]. — V. Décr. n° 85-1388 du 27 déc. 1985, ancien art. 70-1, infra, App., v° Difficultés des entreprises. — Les dispositions ajoutées par la loi n° 94-475 du 10 juin 1994 [dernière phrase de l'al. 1er, et al. 2 et 3] sont applicables aux cautionnements souscrits à compter de la date de publication de ladite loi [JO 11 juin] (art. 38, II).

BIBL. ▶ KORNMANN, *Gaz. Pal. 1990. 1. Doctr. 332.* – PASCAL, *Banque et Droit 1989. 200 ; ibid. 1992. 11.* – SOINNE, *Rev. proc. coll. 1988. 213.* – GAUTHIER, *Gaz. Pal. 28 févr.-1er mars 2001, p. 51* (continuation du cours des intérêts dans le cadre de la liquidation judiciaire).

▶ Sur la situation de la caution depuis la loi du 10 juin 1994 : CHAPUT, *Rev. proc. coll. 1994. 523.* — DEVÈGE, *Petites affiches 12 oct. 1994, p. 10.* — BROCARD, *ALD 1994. 169 ; RJ com. 1994. 368.* — RUBELLIN, *Petites affiches 21 juin 1995, p. 16* (recours personnel contre le débiteur). — C. SAINT-ALARY-HOUIN et B. SAINT-ALARY, *Dr. et patr. mars 1996. 42.* — D. BOCCARA, *Petites affiches 18 juill. 1997, p. 8* (continuation du compte courant cautionné). — SEIGNEUR, *D. Affaires 1999. 1009.*

1. Caractère définitif de l'arrêt. Le jugement d'ouverture du redressement judiciaire arrêtant définitivement le cours des intérêts des créances nées antérieurement, une cour d'appel ne peut faire reprendre le cours des intérêts à compter de la date du jugement adoptant le plan de continuation. • Soc. 10 déc. 1996 : *Bull. civ. V, n° 434 ; Dr. sociétés 1997, n° 7, obs. Chaput* • Com. 10 déc. 2002 : *RJDA 2003, n° 615.*

1 bis. Application à la liquidation judiciaire. Le jugement de redressement judiciaire ayant arrêté le cours des intérêts ainsi que des majorations de retard d'une créance de l'URSSAF, le jugement prononçant la liquidation judiciaire n'a pas modifié cette situation. • Com. 7 févr. 1989 : *D. 1989. Somm. 214, obs. Honorat ; Bull. civ. IV, n° 50.* ♦ Même solution lorsque le jugement de redressement judiciaire n'avait pas arrêté le cours des intérêts : • Com. 9 mai 1995 : *Bull. civ. IV, n° 132 ; D. 1995. IR. 152.* ♦ Jurisprudence confirmée par art. L. 622-3, issu de la loi n° 94-475 du 10 juin 1994.

1 ter. Créances garanties par l'AGS. Le jugement d'ouverture arrêtant définitivement le cours des intérêts des créances, y compris salariales, nées antérieurement, les juges du fond doivent se borner, sans mettre hors de cause l'AGS, à déterminer le montant des sommes à inscrire sur l'état des créances, toute condamnation de l'employeur à payer directement ces sommes à l'intéressé étant exclue. • Soc. 13 janv. 1999 : *Act. proc. coll. 1999, n° 57.* ♦ Sur l'application de l'art. 55 [C. com., art. L. 621-48] aux créances salariales, V. aussi • Soc. 23 nov. 1999 : *D. 2001. Somm. 116, obs. Derrida* .

1 quater. Exclusion des créances postérieures au jugement d'ouverture. L'art. 55 [C. com., art. L. 621-48] ne s'applique qu'aux intérêts des créances dont l'origine est antérieure au jugement d'ouverture de la procédure collective. • Com. 11 juill. 1995 : *Bull. civ. IV, n° 210 ; D. 1996. Somm. 222, obs. Pérochon* ; *D. Affaires 1995. 69.* – Dans le même sens : • Com. 20 juin 2000 : *Bull. civ. IV, n° 129 ; D. 2000. AJ. 368, obs. Pisoni* ; *JCP E 2001, n° 5, p. 221, obs. Cabrillac.* ♦ Tel n'est pas le cas de la créance du vendeur, titulaire d'une clause de réserve de propriété, lorsque les marchandises, qui existaient en nature à la date du jugement d'ouverture, ont été revendues par la suite. • Com. 11 juill. 1995 : *préc.*

1 quinquies. Intérêts ayant couru avant le jugement d'ouverture. En ce sens que l'art. 55 [C. com., art. L. 621-48] ne remet pas en cause les intérêts moratoires qui ont couru de plein droit à compter de la demande valant mise en demeure jusqu'à la date du jugement d'ouverture, V. • Soc. 3 févr. 1999 : *Act. proc. coll. 1999, n° 81.*

1 sexies. Notion de prêt. L'art. 55 [C. com., art. L. 621-48] n'est pas applicable à un contrat de crédit-bail. • Com. 29 mai 2001 : *Bull. civ. IV, n° 106 ; D. 2001. AJ. 2122, obs. Avena-Robardet ; JCP E 2001, n° 37, p. 1423, obs. Cabrillac* • Paris, 9 oct. 1997 : *RJDA 1998, n° 72.*

2. Durée supérieure à un an. La dérogation à la règle de l'arrêt du cours des intérêts n'est pas limitée aux seuls contrats en cours à l'ouverture de la procédure, mais s'applique aussi aux contrats déjà dénoncés ou résiliés avant. • Colmar, 10 janv. 1990 : *D. 1991. Somm. 111, obs. Derrida* • Com. 16 avr. 1991 : *Bull. civ. IV, n° 143 ; D. 1991. 362, note Gavalda* • 27 nov. 1991 : *Bull. civ. IV, n° 362 ; D. 1993. 229, note Sortais* • 11 mai 1993 : *Bull. civ. IV, n° 181 ; Rev. sociétés 1993. 652, note Chaput* • 6 juill. 1993 : *Rev. huiss. 1993. 190, note Vidal.* ♦ Même si cette dérogation entraîne la continuation du cours des intérêts au-delà du jugement d'ouverture, et même au-delà du jugement arrêtant le plan de redressement, il ne peut être imposé au créancier un arrêt de ce cours, à défaut d'une remise volontairement consentie dans le cadre de l'élaboration du plan, seuls des délais uniformes pouvant être décidés, conformément à l'art. 74 [C. com., art. L. 621-76]. • Colmar, 10 janv. 1990 : *préc.*

La circonstance que trois prolongations successives aient été accordées ne saurait conférer au prêt [conclu à l'origine pour six mois], au regard des dispositions de l'art. 55 [C. com., art. L. 621-48], le caractère d'un prêt conclu pour une durée égale ou supérieure à un an. • Com. 29 avr. 2003 : *Bull. civ. IV, n° 65 ; D. 2003. AJ. 1436 ; JCP E 2003, n° 40, p. 1569, obs. Cabrillac ; RD banc. fin. 2003, n° 235, obs. F.-X. Lucas ; RTD com. 2003. 820, obs. Martin-Serf .*

Le jugement d'ouverture du redressement judiciaire de la caution arrête le cours des intérêts de la somme due par celle-ci, conformément à la règle de l'art. 55 [C. com., art. L. 621-48], peu important, au regard de cet arrêt, intervenu du chef de la caution, la durée supérieure à un an du contrat de prêt initialement conclu entre le créancier et le débiteur principal, objet d'une autre procédure collective. • Com. 3 mai 1994 : *Bull. civ. IV, n° 165 ; D. 1994. IR. 156.*

Un créancier en vertu d'un contrat de prêt conclu pour une période supérieure à un an et dont la créance n'est pas échue, doit la déclarer en précisant le montant de chacune des échéances, leur date, les modalités de calcul des intérêts et le taux de ces derniers en cas de déchéance de terme. • Douai, 26 nov. 1987 : *Rev. proc. coll. 1988. 92, obs. Dureuil* • Rennes, 22 juill. 1987 : *RTD com. 1989. 317, obs. Martin-Serf ; Gaz. Pal. 1987. 2. 615, note Massart ; Rev. dr. bancaire 1988. 30, obs. Dekeuwer-Defossez* • Aix-en-Provence, 21 mai 1992 : *RJDA 1992, n° 759.* ♦ V. aussi, appliquant l'art. 55 [C. com., art. L. 621-48] à une ouverture de crédit, • Com. 19 mars 1996 : *D. 1996. IR. 111 ; Rev. dr. bancaire 1996. 127, obs. Campana et Calendini ; Rev. proc. coll. 1996. 490, obs. Kerckhove ; RTD com. 1996. 720, obs. Martin-Serf* • 9 janv. 2001 : *Bull. civ. IV, n° 1 ; D. 2001. AJ. 923, obs. Avena-Robardet ; RD banc. fin. 2001, n° 119, obs. F.-X. Lucas ; Dr. et patr. nov. 2001. 113, obs. Monsèrié-Bon ; RTD com. 2001. 975, obs. Martin-Serf* • 26 juin 2001 : *Act. proc. coll. 2001, n° 206.* ♦ Comp., écartant ce texte, s'agissant d'une ouverture de crédit à durée indéterminée dont l'exécution s'est poursuivie pendant plus d'un an : • Com. 6 mai 1997 : *Bull. civ. IV, n° 116 ; Quot. jur. 10 juin 1997, p. 4, note J.-P. D. ; Rev. dr. bancaire 1997. 174, obs. Campana et Calendini ; JCP E 1997. II. 996, note Legeais.* ♦ V. aussi, pour un découvert autorisé conclu sans précision de durée et révocable à tout moment sous réserve d'un préavis raisonnable, • Paris, 25 janv. 2000 : *RJDA 2000, n° 446.*

L'exception prévue à l'égard des intérêts résultant des contrats de prêt conclus pour une durée supérieure à un an s'applique aux intérêts de retard prévus par ces conventions. • Com. 27 nov. 1991 : *préc.* ♦ V. aussi • Com. 8 juin 1999 : *Act. proc. coll. 1999, n° 217.*

En ce sens que, s'agissant de contrats de prêt conclus pour une durée égale ou supérieure à un an, la caution, quelle que soit la date à laquelle le cautionnement a été souscrit, est tenue des intérêts au-delà du jugement d'ouverture, V. • Com. 4 avr. 2006 : *D. 2006. AJ. 1231, obs. Lienhard .*

2 bis. Plan de continuation. Lorsque les retards de remboursement des prêts sont la conséquence des délais imposés par le tribunal dans le jugement arrêtant le plan de continuation, la créance d'intérêts moratoires conventionnels doit être admise au passif, en l'absence de faute du créancier. • Com. 2 févr. 1993 : *Bull. civ. IV,* *n° 36 ; D. 1995. Somm. 7, obs. Derrida* ; *RJDA 1993, n° 560.* ♦ Le créancier qui a consenti au débiteur, avant son redressement judiciaire, un prêt pour une durée d'au moins un an et auquel sont imposés par le plan de continuation des délais de remboursement plus longs que ceux contractuellement prévus, a droit au paiement des intérêts prévus par le contrat à raison de l'allongement de ces délais. • Com. 14 oct. 1997 : *Bull. civ. IV, n° 264 ; D. 1997. IR. 237 ; D. Affaires 1997. 1358 ; Defrénois 1998. 257, obs. Le Cannu ; RD bancaire et bourse 1998. 26, obs. Campana et Calendini ; Rev. proc. coll. 1998. 362, obs. Soinne* • 3 déc. 2003 : *RJDA 2004, n° 598.* ♦ En ce sens que le cours des intérêts résultant de contrats de prêts conclus pour une durée égale ou supérieure à un an n'est pas arrêté par le jugement d'ouverture du redressement judiciaire, alors même que les modalités d'apurement du passif contenues dans le plan de continuation ne stipulent pas d'intérêts, V. • Com. 25 avr. 2001 : *Bull. civ. IV, n° 73 ; BRDA 2001, n° 10, p. 6 ; Act. proc. coll. 2001, n° 123, obs. Regnaut-Moutier.* ♦ V. aussi Vallansan, obs. ss. • Bordeaux, 4 nov. 2002 : *Act. proc. coll. 2003, n° 6.*

2 ter. Capitalisation. Il ne résulte ni de l'art. 55 de la loi du 25 janv. 1985 [C. com., art. L. 621-48] ni d'aucune autre disposition législative que l'application de l'art. 1154 C. civ. serait exclue à propos des intérêts dont le cours n'a pas été arrêté par le jugement d'ouverture de la procédure collective. • Paris, 27 févr. 1998 : *D. Affaires 1998. 583.* – Comp. : • Versailles, 20 sept. 1990 : *BICC 1991, n° 333.*

3. Cautions (jurisprudence antérieure à la loi du 10 juin 1994). Avant la loi du 10 juin 1994, une caution n'était pas tenue des intérêts au-delà de la date du jugement prononçant le redressement judiciaire du débiteur dès lors que l'art. 55 n'opérait aucune distinction pour l'arrêt du cours des intérêts légaux et conventionnels et que l'obligation de la caution ne peut excéder ce qui est dû par le débiteur principal. • Com. 13 nov. 1990 : *Bull. civ. IV, n° 277 ; D. 1991. Somm. 112, obs. Derrida* ; *JCP E 1991. II. 114, note Pétel* • Paris, 15 oct. 1991 : *D. 1991. IR. 267* • Chambéry, 27 oct. 1993 : *BICC 1993, n° 1363.* ♦ Même solution pour le donneur d'aval : • Com. 25 juin 1996 : *D. 1996. IR. 184 ; Bull. civ. IV, n° 193 ; D. Affaires 1996. 1101 ; JCP 1996. II. 22687, rapp. Rémery* • 21 oct. 1997 : *RJDA 1998, n° 209.* – *Contra* : • Versailles, 8 déc. 1988 : *D. 1991. Somm. 12, obs. Derrida* • T. com. Paris, 26 juin 1991 : *BICC 1992, n° 329* • Toulouse, 20 févr. 1992 : *Banque 1992. 1169, obs. Rives-Lange* (au motif que l'arrêt du cours des intérêts n'est pas une exception inhérente à la dette, au sens de l'art. 2036 [2313] C. civ.). ♦ En revanche, les cautions étaient tenues à titre personnel, à compter de leur mise en demeure, sur le fondement de l'art. 1153, al. 3, C. civ., des intérêts au taux légal de la dette garantie. • Com. 7 janv. 1992 : *Bull. civ. IV, n° 2 ; Defrénois 1992. 1573, obs. J. Honorat* • 11 mai 1993 : *Bull. civ. IV, n° 182 ; Banque oct. 1993. 100, obs. Guillot ; RTD com. 1995. 202, obs. Martin-Serf* • 12 oct. 1993 : *Banque janv. 1994. 91* • 14 déc. 1993 : *JCP 1994. IV. 467* • 22 févr. 1994 : *Rev. huiss. 1994. 473* • 22 mars 1994 : *Bull. civ. IV, n° 122 ; D. 1995. 139, note Vernet* .

L'art. 55, al. 1er de la loi du 25 janv. 1985, mod. par la loi n° 94-475 du 10 juin 1994, et désormais l'art. L. 621-48, al. 1er, infirment cette jurisprudence.

3 bis. Coobligés. Lorsque plusieurs codébiteurs s'engagent solidairement, l'arrêt du cours des intérêts à l'égard de l'un d'eux mis en redressement judiciaire est sans effet à l'égard des autres codébiteurs qui peuvent se voir condamner à payer les intérêts capitalisés. • Com. 19 oct. 1999 : *Act. proc. coll. 2000, n° 19.*

3 ter. Recours de la caution contre un créancier. V. notes 50 s. ss. art. L. 313-12 C. mon. fin., *infra*, App., v° *Code monétaire et financier (extraits).*

3 quater. Associé en nom. Dans le cadre de la procédure collective d'une société en nom collectif et de ses associés, l'arrêt du cours des intérêts profite à tous les associés débiteurs de la même dette sauf à l'associé débiteur demeuré *in bonis*. • Paris, 13 mai 1997 : *Dr. sociétés 1998, n° 11, obs. Chaput.*

4. Application dans le temps de la loi du 10 juin 1994. Les dispositions de l'art. 55, al. 2, devenu l'art. L. 621-48, al. 2, C. com., dans sa rédaction issue de la loi du 10 juin 1994, ne peuvent concerner les cautionnements souscrits avant la publication de cette loi. • Com. 10 mars 2004 : *Bull. civ. IV, n° 50 ; D. 2004. AJ. 1020, obs. Lienhard* ; *Rect. ibid. 1087 ; Banque et Droit mai-juin 2004. 42, obs. Rontchevsky ; Rev. proc. coll. 2004. 231, obs. Macorig-Venier.* ♦ V. aussi, en ce sens que l'art. 55, al. 1er [devenu C. com., art. L. 621-48, al. 1er], dans sa rédaction issue de la loi du 10 juin 1994, ne s'applique que dans les procédures ouvertes après le 1er oct. 1994 et seulement aux cautionnements souscrits après le 11 juin 1994, V. • Paris, 17 mars 1995 : *Rev. proc. coll. 1995. 454, obs. Kerckhove* • Grenoble, 26 mars 1997 : *ibid. 1998. 291, obs. Macorig-Venier.* ♦ Comp., appliquant le nouvel art. 55, al. 2 [devenu C. com., art. L. 621-48, al. 2], s'agissant d'une procédure soumise à la loi du 10 juin 1994, et nonobstant le fait que l'engagement de la caution ait été souscrit avant la publication de la loi : • T. com. Menton, 4 avr. 1996 : *D. 1996. 387, note Derrida* ; *Banque sept. 1996. 91, obs. Guillot.* – V. aussi • Aix-en-Provence, 27 juin 2000 : *Rev. proc. coll. 2001. 11, obs. Macorig-Venier.* ♦ Comp., aussi : appliquant la disposition nouvelle à toutes les procédures, quelle que soit la date de leur ouverture, à condition que les cautionnements aient été souscrits après la promulgation de la loi : • Paris, 7 mai 1996 : *RTD com. 1997. 514, obs. Martin-Serf* • T. com. Nice, 5 juin 1996 : *ibid.*

4 bis. Interdiction d'agir contre la caution. Il résulte de l'art. 55, al. 2 [C. com., art. L. 621-48], qu'une action en paiement engagée pendant la période visée par cet alinéa à l'encontre de la caution personne physique est irrecevable. • TGI Saintes, 18 sept. 1998 : *D. Affaires 1999. 176, obs. A. L.* ; *Banque et Droit mai-juin 1999. 42, obs. Rontchevsky.*

L'art. 55, al. 2 [C. com., art. L. 621-48], ne concerne pas les cautions réelles et vise exclusivement les cautions personnelles. • Colmar, 26 juin 1998 : *Banque et Droit mai-juin 1999. 42, obs. Rontchevsky.*

Le donneur d'aval étant tenu comme une caution solidaire, l'art. 55, al. 2 [C. com., art. L. 621-48], lui est applicable si les conditions de sa mise en œuvre sont réunies. • Paris, 11 juin 1999 : *D. Affaires 1999. 1218* ; *Dr. sociétés 1999, n° 147, obs. Chaput* ; *JCP 2000. I. 209, n° 5, obs. Simler et Delebecque* ; *Rev. proc. coll. 2000. 12, obs. Macorig-Venier* ; *RTD com. 2000. 723, obs. Martin-Serf*. ♦ *Contra*, jugeant que l'art. 182 [L. 511-81] C. com., qui est d'application générale en matière d'effets de commerce, déroge aux dispositions de l'art. 55 [C. com., art. L. 621-48] : • T. com. Paris, 19 oct. 1998 : *Gaz. Pal. 1999. 2. Somm. 537.*

La suspension des poursuites invoquées par la caution constitue une contestation de fond portant sur l'exigibilité de la créance et n'entre pas dans le champ d'application de l'art. 703 C. pr. civ. ; la décision du tribunal est donc susceptible d'appel et, par conséquent, le pourvoi est irrecevable. • Com. 24 mai 2005 : *Bull. civ. IV, n° 111* ; *cité par Lienhard, D. 2005. AJ. 1632* ; *RD banc. fin. 2005, n° 145, obs. S. Piedelièvre* ; *Gaz. Pal. 4-5 nov. 2005, p. 51, obs. Le Corre* ; *Procédures 2005, n° 233, obs. Junillon.*

4 ter. Mesures conservatoires. En application de l'art. 215 du décret n° 92-755 du 31 juill. 1992, si ce n'est dans le cas où elle a été pratiquée avec un titre exécutoire, le créancier qui a été autorisé à pratiquer une mesure conservatoire contre une caution personnelle personne physique doit, dans le mois qui suit l'exécution de la mesure, à peine de caducité, introduire une procédure ou accomplir les formalités nécessaires à l'obtention d'un titre exécutoire, même si le débiteur principal a fait l'objet d'un redressement judiciaire ; dans ce cas, l'instance ainsi engagée est suspendue jusqu'au jugement arrêtant le plan de redressement ou prononçant la liquidation judiciaire du débiteur principal. • Com. 24 mai 2005 (2 arrêts) : *Bull. civ. IV, n°s 116 et 117* ; *D. 2005. AJ. 1632, obs. Lienhard* ; *Act. proc. coll. 2005, n° 132, obs. Vallansan* ; *JCP E 2005, n° 36, p. 1423, obs. Pétel* ; *JCP E 2005, n° 51-52, p. 2203, obs. Delebecque* ; *Banque et Droit juill.-août 2005. 60, obs. Rontchevsky* ; *RD banc. fin. 2005, n° 130, obs. Legeais* ; *ibid., n° 141, obs. S. Piedelièvre* ; *Dr. et procédures 2005. 280, obs. Crocq* ; *Rev. proc. coll. 2005. 212, obs. Macorig-Venier* ; *Gaz. Pal. 4-5 nov. 2005, p. 49, obs. Le Corre* ; *Defrénois 2005. 1937, obs. Gibirila.* – V. déjà, en ce sens, • Paris, 10 juin 1999 : *D. Affaires 1999. 1218* ; *Act. proc. coll. 1999, n° 221, obs. Regnaut-Moutier* ; *RJDA 1999, n° 1101* ; *JCP 2000. I. 209, n° 5, obs. Simler et Delebecque* ; *Rev. proc. coll. 2000. 13, obs. Macorig-Venier* ; *RTD com. 2000. 723, obs. Martin-Serf*. ♦ V. aussi • Civ. 2e, 30 avr. 2002 : *Bull. civ. II, n° 85* ; *D. 2002. AJ. 2260* ; *JCP E 2002, n° 39, p. 1521, obs. Pétel* ; *RD banc. fin. 2002, n° 131, obs. Legeais* ; *Dr. et patr. oct. 2002. 113, obs. Monsèrié-Bon* ; *RTD com. 2003. 163, obs. Martin-Serf* ; *Rev. proc. coll. 2004. 230, obs. Macorig-Venier.*

5. Reprise des poursuites contre la caution. L'action régulièrement engagée par le créancier contre la caution et suspendue par l'effet du jugement d'ouverture du redressement judiciaire du débiteur principal peut être reprise sans nouvelle assignation après le jugement arrêtant le plan de redressement ou prononçant la liquidation judiciaire. • Com. 24 mai 2005 : préc. note 4 ter • 7 juin 2005 : *D. 2006. Pan. 85, obs. Le Corre*.

6. Résolution du plan de continuation. V. note 5 ss. ancien art. L. 621-82.

7. Clauses pénales. V. note 25 ss. ancien art. L. 621-28.

Ancien art. L. 621-49 *Le jugement d'ouverture du redressement judiciaire ne rend pas exigibles les créances non échues à la date de son prononcé. Toute clause contraire est réputée non écrite.* — [L. n° 85-98 du 25 janv. 1985, art. 56].

Cautions. La déchéance du terme n'étant pas encourue par le débiteur principal ne peut être invoquée contre la caution. • Com. 14 nov. 1989 : *Bull. civ. IV, n° 285* ; *RTD com. 1990. 494, obs. Martin-Serf* • 2 mars 1993 : *Bull. civ. IV, n° 79* ; *D. 1993. Somm. 309, obs. Aynès*

• 3 janv. 1995 : *Bull. civ. IV, n° 1 ; D. 1995. IR. 51 ; Rev. dr. bancaire 1995. 117, obs. Campana et Calendini* • 16 avr. 1996 : *Bull. civ. IV, n° 119.* ♦ ... Même si l'acte de cautionnement prévoyait que le créancier pouvait se prévaloir de la procédure collective ouverte à l'encontre du débiteur principal pour exiger de la caution le paiement du solde du compte courant. • Com. 8 juin 1993 : *Rev. huiss. 1993. 990* • 20 juin 1995 : *Bull. civ. IV, n° 184 ; D. 1996. 426, note Bazin ; Rev. dr. bancaire 1995. 219, obs. Campana et Calendini ; JCP E 1996. II. 807, note S. Piedelièvre.* – V. aussi • Civ. 1re, 24 janv. 1995 : *Bull. civ. IV, n° 51 ; D. 1995. IR. 46 ; Defrénois 1995. 417, obs. Aynès ; Rev. dr. bancaire 1995. 117, obs. Campana et Calendini ; JCP E 1996. II. 807, note S. Piedelièvre* • Com. 3 mars 1998 : *Rev. proc. coll. 1998. 494, obs. Kerckhove* • T. com. Bordeaux, 7 mai 1987 : *D. 1987. Somm. 450, obs. Aynès ; Banque 1987. 723, obs. Rives-Lange ; Gaz. Pal. 1987. 2. 739, note Campana* • Versailles, 29 nov. 1991 : *Dr. sociétés 1992, n° 110, obs. Chaput* • Rennes, 17 déc. 1999 : *Rev. proc. coll. 2000. 132, obs. Kerckhove* • Orléans, 19 janv. 2006 : *BICC 2006, n° 704 ; RJDA 2006, n° 435.* ♦ Comp., pour les créances exigibles après le jugement d'ouverture : • Com. 12 juin 2001 : *RJDA 2002, n° 69.* ♦ Comp. également : note 3 ss. ancien art. L. 621-65 et note 1 ss. ancien art. L. 622-22.

V. aussi, pour les cautionnements souscrits à compter du 11 juin 1994, art. L. 621-48, al. 2.

Sous-§ 5 DE L'INTERDICTION DES INSCRIPTIONS

Ancien art. L. 621-50 ***Les hypothèques, nantissements et privilèges ne peuvent plus être inscrits postérieurement au jugement d'ouverture du redressement judiciaire.***

Toutefois, le Trésor public conserve son privilège pour les créances qu'il n'était pas tenu d'inscrire à la date du jugement d'ouverture et pour les créances mises en recouvrement après cette date si ces créances sont déclarées dans les conditions prévues à l'article L. 621-43.

Le vendeur du fonds de commerce, par dérogation aux dispositions du premier alinéa, peut inscrire son privilège. — [L. n° 85-98 du 25 janv. 1985, art. 57].

Ancien art. 57 (al. 1er) de la loi du 25 janv. 1985 [rédaction antérieure à L. n° 94-475 du 10 juin 1994] ***Les hypothèques, nantissements, privilèges ainsi que les actes et décisions judiciaires translatifs ou constitutifs de droits réels ne peuvent plus être inscrits postérieurement au jugement d'ouverture du redressement judiciaire.*** — Pour l'entrée en vigueur de la loi du 10 juin 1994, V. note ss. ancien art. L. 620-1.

BIBL. ▶ DAGOT, *JCP 1986. I. 3262* (publicité foncière). – DAUBLON, *Defrénois 1986. 817.* – HONORAT, *Defrénois 1991. 1153* (clause de retour dans une donation immobilière). – GROSJEAN, *Defrénois 1998. 1345* (sort des inscriptions hypothécaires sur les immeubles appartenant concurremment au débiteur et à d'autres personnes). – CORDIER, *RJDA 1999, p. 939* (publication du crédit-bail après l'ouverture de la procédure collective du preneur). – BIGUENET-MAUREL, *JCP E 2005, n° 41, p. 1692* (publication des actes translatifs postérieurement au redressement judiciaire).

A. INTERDICTION DES INSCRIPTIONS DE SÛRETÉS

1. Limitation aux sûretés antérieures. Sur l'articulation entre l'art. 57 [C. com., art. L. 621-50], interdisant seulement l'inscription des sûretés antérieures au jugement d'ouverture lorsqu'elles n'ont pas été inscrites à cette date, et l'art. 107 [C. com., art. L. 621-107], permettant l'annulation des sûretés constituées sur les biens du débiteur, pour dettes antérieurement contractées, postérieurement à la date de cessation des paiements, V. • Com. 6 déc. 1994 : *AJPI 1995. 692, note Gallet.*

1 bis. Privilège du vendeur d'immeuble. Pour l'inopposabilité à la procédure collective de l'inscription effectuée après le jugement d'ouverture et l'impossibilité, pour le vendeur d'immeuble, d'exercer l'action résolutoire, V. • T. com. Paris, 2 avr. 1998 : *Rev. proc. coll. 2000. 15, obs. Macorig-Venier.*

2. Exclusion des inscriptions complémentaires. En vertu de l'art. 54 ancien C. pr. civ. [désormais abrogé par L. n° 91-650 du 9 juill. 1991], l'inscription définitive prise dans le délai légal se substitue rétroactivement à l'inscription provisoire d'hypothèque judiciaire et, dès lors, est réputée prise à la date de celle-ci. Il s'ensuit que ne tombe pas sous le coup de l'art. 57 [C. com., art. L. 621-50] l'inscription définitive, même postérieure à l'ouverture d'une procédure de redressement judiciaire, dès lors que l'inscription provisoire est antérieure au jugement d'ouverture et n'encourt pas la nullité prévue à l'art. 107, 7° [C. com., art. L. 621-107] pour avoir été prise après la date de cessation des paiements. • Com. 17 nov. 1992 : *Bull. civ. IV, n° 358 ; D. 1993. 96, note Derrida* (cassation de • Grenoble, 17 oct. 1990 : *Gaz. Pal. 1991. 1. 210, note Gallet*) • Com. 11 avr. 1995 : *RJDA 1995, n° 1162* • Lyon, 24 avr. 1998 : *Rev. proc. coll. 2001. 249, obs. Macorig-Venier.*

2 bis. De même, un créancier ayant pris une inscription provisoire d'un nantissement de fonds de commerce avant le jugement d'ouverture, peut en effectuer l'inscription définitive après, dès lors que, prise dans le délai légal, elle rétroagit au jour de l'inscription provisoire. • Toulouse, 10 févr. 1994 : *Rev. proc. coll. 1996. 76, obs. Macorig-Venier* • Aix-en-Provence, 23 juin 1994 : *ibid.*

3. Rétablissement d'une inscription provisoire précédemment radiée. Il résulte des art. 48 et 57, al. 1er [C. com., art. L. 621-41 et L. 621-50], que ni l'infirmation de l'ordonnance de référé ayant rétracté l'autorisation de prendre l'inscription provisoire, ni le rétablissement consécutif de celle-ci ne sont possibles après l'ouverture de la procédure collective du débiteur prétendu, dès lors que le nantissement d'un fonds de commerce ne peut plus être inscrit postérieurement au jugement d'ouverture, sauf s'il s'agit de l'inscription complémentaire se substituant à une inscription provisoire prise antérieurement et hors période suspecte. • Com. 9 mai 1995 : *RJDA 1995, n° 1283.*

4. Hypothèque sur bien commun ou indivis. La communauté répond des dettes de chacun des époux et pendant sa durée, les droits de l'un ou l'autre des époux ne peuvent être individualisés sur tout ou partie des biens communs ou sur l'un d'entre eux, de sorte que l'hypothèque constitué sur un immeuble commun ne peut plus faire l'objet d'une inscription postérieurement au jugement d'ouverture du redressement judiciaire de l'un des époux. • Com. 20 mai 1997 : *D. 1998. Somm. 107, obs. S. Piedelièvre ; D. 1998. Somm. 134, obs. Revel ; D. Affaires 1997. 1042 ; Petites affiches 8 août 1997, p. 4, obs. Soinne* • 3 févr. 1998 : *RJDA 1998, n° 768 ; Rev. proc. coll. 2000. 10, obs. Macorig-Venier* • Colmar, 16 mars 1998 : *Rev. proc. coll. 2001. 249, obs. Macorig-Venier.* ♦ L'hypothèque consentie sur un bien indivis par un seul des indivisaires est reportée, en cas de vente de l'immeuble grevé, sur la fraction du prix qui est attribuée au constituant. En conséquence, l'hypothèque constituée par des époux sur un immeuble indivis propre pour moitié à chacun d'eux est valable jusqu'à concurrence de la part de l'époux maître de ses biens, peu important l'interdiction d'inscrire l'hypothèque du chef de l'autre époux en redressement puis en liquidation judiciaires, en vertu de l'art. 57, al. 1er [C. com., art. L. 621-50]. • Com. 20 juin 1995 : *Bull. civ. IV, n° 183 ; D. 1997. 1, rapp. Rémery ; D. 1996. Somm. 207, obs. S. Piedelièvre ; Petites affiches 17 avr. 1996, p. 11, note Honorat et Henry.* – V. déjà • Agen, 9 févr. 1988 : *Rev. proc. coll. 1991. 211, obs. Saint-Alary-Houin* • Amiens, 15 oct. 1992 : *ibid. 1994. 36, obs. Saint-Alary-Houin.* – Comp. : • Limoges, 30 mai 1994 : *BICC 1994, n° 854.*

V. aussi note 5 ss. ancien art. L. 622-9.

4 bis. Contestation de la validité d'une inscription postérieure au jugement d'ouverture. Jugé que l'art. 30 (5) du décret n° 55-22 du 4 janv. 1955 relatif à la publicité foncière, qui soumet à publicité les demandes tendant à faire prononcer la résolution, la révocation, l'annulation ou la rescision de droits résultant d'actes soumis à publicité, s'applique aux demandes en justice en contestation de validité d'inscriptions d'hypothèques conventionnelles au motif qu'elles auraient été prises en violation de l'art. 57, al. 1er [C. com., art. L. 621-50] : • Paris, 28 mai 1999 : *D. Affaires 1999. 1118.*

4 ter. Faillite internationale. Pour la validité d'une inscription d'hypothèque judiciaire provisoire sur un immeuble situé en France, appartenant à une société suisse déclarée en faillite à Genève, les effets du jugement étranger (ayant reçu exequatur en France) étant sans incidence sur l'inscription prise antérieurement, V. • Civ. 1re, 17 nov. 1999 : *D. 2000. 547, concl. Sainte-Rose et note Khairallah ; ibid. AJ. 84, obs. Faddoul ; Rev. crit. DIP 2000. 433, obs Rémery.*

4 quater. Privilège du Trésor public. Pour une application de l'art. L. 621-50, al. 2, C. com., s'agissant de créances mises en recouvrement après le jugement d'ouverture, V. • Com. 18 févr. 2003 : *Bull. civ. IV, n° 24 ; D. 2003. AJ. 1294.* ♦ ... S'agissant de créances que le Trésor public n'était pas tenu d'inscrire à la date jugement d'ouverture, V. • Com. 24 juin 2003 : *Bull. civ. IV, n° 107 ; D. 2003. AJ. 2012 ; Act. proc. coll. 2003, n° 220, obs. Regnaut-Moutier.*

B. INTERDICTION DES INSCRIPTIONS D'ACTES ET DE DÉCISIONS JUDICIAIRES TRANSLATIFS OU CONSTITUTIFS DE DROITS RÉELS

5. Régime de l'interdiction, prévue avant la loi du 10 juin 1994. En déclarant inopposables au débiteur et à son administrateur, puis à son liquidateur, des adjudications, prononcées, mais non publiées, une cour d'appel énonçait à bon droit, compte tenu de la rédaction de l'ancien art. 57, al. 1er, que les actes et décisions judiciaires translatifs ou constitutifs de droits réels ne pouvaient plus, en application dudit art. être inscrits postérieurement au jugement d'ouverture du redressement judiciaire. • Com. 7 juill.

1992 : *Bull. civ. IV, n° 264 ; D. 1992. 433, note Derrida ; Defrénois 1993. 514, obs. Sénéchal.* ♦ Sur la sanction, V. note 7 *quater*.

6. La décision judiciaire qui constatait la validité d'une vente immobilière non réitérée par acte authentique survenue antérieurement à l'ouverture de la procédure collective de la société venderesse était soumise à l'ancien art. 57, al. 1er. • Rennes, 14 sept. 1993 : *Dr. sociétés 1994, n° 134, obs. Chaput.*

6 bis. L'art. 57 faisait obstacle à la publication de l'assignation en constatation de l'acquisition d'une clause résolutoire prescrite par l'art. 28-4° c) du décret du 4 janv. 1955 relatif à la publicité foncière. • Besançon, 19 sept. 1997 : *Rev. proc. coll. 1999. 117, obs. Macorig-Venier,* conf. par : • Com. 10 mai 2000 : *Rev. proc. coll. 2001. 249, obs. Macorig-Venier.*

7. Le jugement prononçant l'annulation d'une vente immobilière n'ayant ni effet translatif, ni effet constitutif de droits réels, sa publication ne tombait pas sous le coup de l'interdiction édictée par l'ancien art. 57. • TGI Saintes, 5 oct. 1993 : *BICC 1994, n° 308.*

7 bis. La publication d'une vente postérieurement au jugement d'ouverture était nulle et non avenue. • TGI Arras, 1er août 1995 : *Rev. proc. coll. 1997. 64, obs. Macorig-Venier.* ♦ Comp. note 7 *quater*.

V. note 4 ss. ancien art. L. 622-5.

7 ter. Une cour d'appel ne pouvait, sans méconnaître l'art. 57, ordonner la reprise de véhicules par une société de crédit-bail à un débiteur mis en redressement judiciaire, après avoir relevé que la publicité des contrats de crédit-bail avait été effectuée postérieurement à l'ouverture de la procédure collective, alors qu'à la date du jugement d'ouverture le droit de propriété du crédit-bailleur n'était pas opposable aux créanciers du preneur faute qu'ait été accomplie la publicité prévue par le décret du 4 juill. 1972. • Com. 11 mai 1999 : *Bull. civ. IV, n° 96 ; D. 2000. Somm. 95, obs. Honorat ; D. Affaires 1999. 1042, obs. A. L. ; JCP E 1999, n° 39, p. 1535, obs. Cabrillac ; Act. proc. coll. 1999, n° 149, obs. Crocq ; Dr. sociétés 1999, n° 113, obs. Chaput ; Petites affiches 14 sept. 1999, p. 13, note Courtier ; Rev. proc. coll. 2001. 13, obs. Soinne.* ♦ Comp. note 9.

7 quater. Lorsqu'il n'avait été publié que postérieurement au jugement d'ouverture, le jugement d'adjudication antérieur était inopposable à la procédure collective. • Com. 22 janv. 2002 : *Bull. civ. IV, n° 18, D. 2002. AJ. 722, obs. Lienhard ; JCP E 2002, n° 20, p. 804, obs. Pétel.* ♦ Cette inopposabilité n'affectait pas la validité de l'adjudication qui avait fait sortir l'immeuble du patrimoine du débiteur et n'avait d'effet que sur la répartition du prix de vente, qui relevait alors de la compétence du liquidateur. • Même arrêt. – Dans le même sens, V. • Com. 10 mai 2005 : *Gaz. Pal. 4-5 nov. 2005, p. 37, obs. Roussel Galle.*

L'art. L. 621-50, al. 1er, dans sa rédaction issue de la loi n° 94-475 du 10 juin 1994, ne mentionne plus les actes et décisions judiciaires translatifs ou constitutifs de droits réels. – Pour l'entrée en vigueur, V. note ss. ancien art. L. 620-1.

8. Levée de l'interdiction par la loi du 10 juin 1994. BIBL. Derrida, *D. 1995. Chron. 257 ; Defrénois 1995. 1425.* – Sénéchal, *Petites affiches 28 oct. 1998, p. 36.* ♦ Si la réponse de l'art. 57 [C. com., art. L. 621-50] amenait un débiteur ou un cessionnaire de mauvaise foi à antidater un acte de vente et à en exiger l'exécution, l'acte pourrait, le cas échéant, être annulé sur le fondement des art. 107 et 108 [L. 621-107 et L. 621-108] lorsque les conditions d'application de ces art. sont réunies. (Rép. min. n° 25771 : *JOAN Q, 21 août 1995, p. 3610.*)

9. Pour un arrêt écartant, sous l'empire de l'art. 57 dans sa rédaction issue de la loi du 10 juin 1994 [C. com., art. L. 621-50], la possibilité de publier un contrat de crédit-bail mobilier postérieurement à l'ouverture de la procédure collective du crédit-preneur, et rejetant la demande en revendication du crédit-bailleur, V. • Douai, 22 avr. 1999 : *JCP E 2000, n° 11, p. 465, note Laugier ; Rev. proc. coll. 2001. 13, obs. Soinne,* conf. par • Com. 4 déc. 2001 : *Act. proc. coll. 2002, n° 62, obs. Vallansan. – Contra :* • Montpellier, 2 oct. 2001 : *ibid.* ♦ V. note 5 *bis* ss. ancien art. L. 621-43.

C. APPLICATION À LA LIQUIDATION JUDICIAIRE

V. art. L. 622-3.

Sous-§ 6 DES CAUTIONS ET DES COOBLIGÉS

BIBL. GÉN. ▶ SOINNE, *ALD 1985. 99.* – CAMPANA, *Gaz. Pal. 1986. 2. Doctr. 717.* – LIÉNART, *Rev. proc. coll. 1988. 121.* – BÉHAR-TOUCHAIS, *RTD civ. 1993. 737* (banquier et caution face à la défaillance du débiteur). – PUYGAUTHIER, *JCP N 1995. I. 1259.* – COURTIER, *Rev. huiss. 1995. 1287.* – FRAIMOUT, *Gaz. Pal. 2000. Doctr. 1598* (la caution exerçant ses recours). – LE CORRE, *Rev. proc. coll. 2004. 181* (cautions, coobligés et garants). ▶ Sur la responsabilité du banquier vis-à-vis de la caution pour l'octroi abusif de crédits à un débiteur en difficulté : obs. HAEHL, *RTD com.*

1990. 275. ▶ Sur les modifications apportées par la loi du 10 juin 1994, V. aussi bibl. ss. art. L. 621-48.

Ancien art. L. 621-51 ***Le créancier, porteur d'engagements souscrits, endossés ou garantis solidairement par deux ou plusieurs coobligés soumis à une procédure de redressement judiciaire, peut déclarer sa créance pour la valeur nominale de son titre, dans chaque procédure.*** — [L. n° 85-98 du 25 janv. 1985, art. 58]. — Pour l'application à la liquidation judiciaire, V. ancien art. L. 622-14.

En application de la règle du non-cumul, un établissement bancaire créancier qui a régulièrement déclaré sa créance à la liquidation judiciaire personnelle du prévenu débiteur qui s'était porté caution solidaire de prêts, ne peut rechercher la responsabilité délictuelle de ce débiteur dès lors qu'il a choisi de demander en justice l'exécution du contrat de cautionnement. • Aix-en-Provence,9 déc. 1998 : *JCP E 1999, n° 30-34, p. 1270.*

Ancien art. L. 621-52 ***Aucun recours pour les paiements effectués n'est ouvert aux coobligés soumis à une procédure de redressement judiciaire les uns contre les autres à moins que la réunion des sommes versées en vertu de chaque procédure n'excède le montant total de la créance, en principal et accessoire ; en ce cas, cet excédent est dévolu, suivant l'ordre des engagements, à ceux des coobligés qui auraient les autres pour garants.*** — [L. n° 85-98 du 25 janv. 1985, art. 59]. — Pour l'application à la liquidation judiciaire, V. ancien art. L. 622-14.

Ancien art. L. 621-53 ***Si le créancier porteur d'engagements solidairement souscrits par le débiteur en état de redressement judiciaire et d'autres coobligés a reçu un acompte sur sa créance avant le jugement d'ouverture, il ne peut déclarer sa créance que sous déduction de cet acompte et conserve, sur ce qui lui reste dû, ses droits contre le coobligé ou la caution.***

Le coobligé ou la caution qui a fait le paiement partiel peut déclarer sa créance pour tout ce qu'il a payé à la décharge du débiteur. — [L. n° 85-98 du 25 janv. 1985, art. 60]. — Pour l'application à la liquidation judiciaire, V. ancien art. L. 622-14.

1. En ce sens que le créancier visé par l'art. 60 [C. com., art. L. 621-53], al. 1er, doit être admis pour la totalité de sa créance au jour du jugement d'ouverture, nonobstant la perception d'acomptes postérieurs qui ne doivent être pris en considération que dans le cadre des répartitions ultérieures ou si le créancier l'accepte, V. • Douai, 4 févr. 1999 : *Banque et Droit sept.-oct. 1999. 55, obs. Guillot.*

2. Il résulte de l'art. 60, al. 2 [C. com., art. L. 621-53], que la caution qui a fait le paiement peut déclarer sa créance pour tout ce qu'elle a payé à la décharge du débiteur et que le paiement intégral du créancier principal par la caution après le jugement d'ouverture prive ce dernier de l'exercice de ses droits, lesquels sont exercés, au titre de la subrogation légale, par la caution. • Com. 13 avr. 1999 : *Bull. civ. IV, n° 85 ; D. 2000. Somm. 99, obs. Honorat ; D. Affaires 1999. 906, obs. V. A.-R. ; JCP E 1999, n° 39, p. 1534, obs. Cabrillac ; RTD com. 1999. 973, obs. Martin-Serf ; Rev. proc. coll. 2000. 56, obs. Kerckhove* • 12 oct. 1999 : *Act. proc. coll. 1999, n° 250 ; Procédures 2000, n° 214, obs. Laporte* • 20 juin 2000 : *JCP E 2000, n° 35, p. 1308.*

SOUS-SECTION 3 DE L'ÉLABORATION DU BILAN ÉCONOMIQUE ET SOCIAL ET DU PROJET DE PLAN DE REDRESSEMENT DE L'ENTREPRISE

BIBL. GÉN. ▶ BOLARD, *Rev. proc. coll. 2003. 252* (élaboration du plan et exercice des voies de recours).

Ancien art. L. 621-54 ***L'administrateur, avec le concours du débiteur et l'assistance éventuelle d'un ou plusieurs experts, est chargé de dresser dans un rapport le bilan économique et social de l'entreprise. Au vu de ce bilan, l'administrateur propose soit un plan de redressement, soit la liquidation judiciaire.***

Le bilan économique et social précise l'origine, l'importance et la nature des difficultés de l'entreprise.

(L. n° 2003-699 du 30 juill. 2003, art. 24-I) ***« Dans le cas où l'entreprise exploite une ou des installations classées au sens du titre Ier du livre V du code de l'environnement, le bilan écono-***

mique et social est complété par un bilan environnemental que l'administrateur fait réaliser dans des conditions prévues par décret en conseil d'État ». — V. Décr. n° 85-1388 du 27 déc. 1985, ancien art. 41-1, infra, App., v° Difficultés des entreprises.

Le projet de plan de redressement de l'entreprise détermine les perspectives de redressement en fonction des possibilités et des modalités d'activités, de l'état du marché et des moyens de financement disponibles.

Il définit les modalités de règlement du passif et les garanties éventuelles que le chef d'entreprise doit souscrire pour en assurer l'exécution.

Ce projet expose et justifie le niveau et les perspectives d'emploi ainsi que les conditions sociales envisagées pour la poursuite d'activité. Lorsque le projet prévoit des licenciements pour motif économique, il rappelle les mesures déjà intervenues et définit les actions à entreprendre en vue de faciliter le reclassement et l'indemnisation des salariés dont l'emploi est menacé.

(L. n° 2003-699 du 30 juill. 2003, art. 24-II) ***« Ce projet tient compte des travaux recensés par le bilan environnemental ».*** — [L. n° 85-98 du 25 janv. 1985, art. 18]. — V. Décr. n° 85-1388 du 27 déc. 1985, ancien art. 44, infra, App., v° Difficultés des entreprises.

BIBL. ▶ LAUBIE, *Rev. proc. coll. 1986, n° 4, p. 19.* - PATIN, *RTD com., n° spéc., 1986. 75.* - PEYRAMAURE, *JCP E 1986. II. 15167.* - ROLLAND, *ibid. 2004, n° 10, p. 369* (à propos de la loi du 30 juill. 2003).

1. Concours du débiteur. Lorsque le débiteur a comparu devant les premiers juges avec l'assistance d'un avocat, lequel n'avait pas demandé le renvoi de l'affaire, ainsi qu'il lui appartenait de le faire s'il avait estimé ne pas avoir eu le temps de consulter le rapport et le bilan économique et social, la cour d'appel n'a pas méconnu le principe du contradictoire. • Com. 9 janv. 1990 : *Bull. civ. IV, n° 6 ; D. 1991. Somm. 8, obs. Derrida*.

2. L'absence de consultation du débiteur n'est assortie d'aucune sanction. • Chambéry, 23 oct. 1989 : *D. 1991. Somm. 8, obs. Derrida*. ♦ La loi n'exige nullement que ce bilan ait été approuvé et signé par le débiteur. • Même arrêt.

V. aussi, en cas d'examen contradictoire approfondi pendant l'instance d'appel, • Colmar, 9 févr. 1993 : *D. 1994. Somm. 1, obs. Derrida*.

2 bis. Bilan économique et social. Aucune sanction n'est attachée au non-respect de la formalité du rapport portant bilan économique et social, distinct du projet de plan prévu par l'art. 18 [C. com., art. L. 621-54], alors qu'est incluse dans le projet une présentation de la société tenant lieu de bilan économique et social. • Paris, 7 juill. 1992 : *D. 1994. Somm. 1, obs. Derrida*.

2 ter. Principe du contradictoire. L'expert, désigné pour assister l'administrateur chargé de dresser le bilan économique et social de l'entreprise, n'est pas tenu de communiquer à chacune des parties les observations formulées par les autres avant de donner son avis ; il suffit que le rapport de l'expert, comme les observations écrites de l'administrateur, aient fait l'objet, devant la juridiction, d'un débat contradictoire. • Com. 28 mars 1995 : *Rev. proc. coll. 1995. 133, obs. Soinne.*

3. Proposition de continuation. Sur la validité d'une proposition présentée par l'associé majoritaire de la société soumise à la procédure, V. • Com. 22 mai 1990 : *D. 1990. 415, note Derrida*.

Ancien art. L. 621-55 ***Le juge-commissaire peut, nonobstant toute disposition législative ou réglementaire contraire, obtenir communication par les commissaires aux comptes, les membres et représentants du personnel, par les administrations et organismes publics, les organismes de prévoyance et de sécurité sociales, les établissements de crédit ainsi que les services chargés de centraliser les risques bancaires et les incidents de paiement des renseignements de nature à lui donner une exacte information sur la situation économique et financière de l'entreprise.*** — [L. n° 85-98 du 25 janv. 1985, art. 19].

1. Exception au secret bancaire. Le refus d'une banque de communiquer l'historique et la position actuelle d'un compte bancaire n'est pas justifié par l'absence d'actif. L'ordonnance organisant la mesure d'information est exécutoire, quant à l'obligation d'en communiquer l'historique, quel que soit le solde du compte. • Poitiers, 12 mai 1993 : *JCP 1993. IV. 2697.* ♦ La banque ne saurait davantage invoquer le secret professionnel, l'art. 19 [C. com., art. L. 621-55] disposant que tous renseignements doivent être donnés, « nonobstant toutes dispositions législatives ou réglementaires contraires ». • Même arrêt. ♦ De même, les exceptions soulevées par des agences bancaires, tenant notamment à leur devoir de non-immixtion ou aux contraintes techniques de gestion des comptes, ne sont pas recevables. • Reims, 27 janv. 1999 : *JCP E 1999, n° 50, p. 1992.*

2. Limites. Jugé que, lorsque la connaissance des engagements de caution pouvant bénéficier à une banque n'est pas susceptible d'apporter des informations utiles sur la situation économique et financière de cette entreprise, il est inopérant d'examiner si les autres conditions nécessaires à la dérogation au secret professionnel reconnu aux établissements de crédit par l'art. 57 de la loi du 24 janv. 1984 [C. mon. fin., art. L. 511-33] sont remplies, et que la banque n'est pas tenue de communiquer les engagements de caution dont elle pourrait bénéficier pour garantir les engagements de l'entreprise en liquidation judiciaire. • T. com. Paris, 9 juin 1994 : *RJ com. 1995. 37, obs. crit. Gallet.*

Ancien art. L. 621-56 ***L'administrateur reçoit du juge-commissaire tous renseignements et documents utiles à l'accomplissement de sa mission et de celle des experts.***

Lorsque la procédure est ouverte en application de l'article L. 621-3, l'administrateur reçoit communication du rapport d'expertise mentionné à l'article L. 611-3 ou, le cas échéant, du rapport d'expertise et du compte rendu mentionnés aux articles L. 351-3 et L. 351-6 du code rural. — V. ancien art. L. 611-3 et C. rur., art. L. 351-3 et L. 351-6, supra.

L'administrateur consulte le débiteur et le représentant des créanciers et entend toute personne susceptible de l'informer sur la situation et les perspectives de redressement de l'entreprise, les modalités de règlement du passif et conditions sociales de la poursuite de l'activité.

Il informe de l'avancement de ses travaux le débiteur, le représentant des créanciers ainsi que le comité d'entreprise ou, à défaut, les délégués du personnel. Il les consulte sur les mesures qu'il envisage de proposer au vu des informations et offres reçues. — [L. n° 85-98 du 25 janv. 1985, art. 20].

Sur le droit, pour les administrateurs judiciaires, d'obtenir communication des informations nominatives relatives au pacte civil de solidarité, dans les procédures de redressement judiciaire mettant en cause l'un des partenaires, V. Décr. n° 99-1090 du 21 déc. 1999, art. 3 et 5 (JO 24 déc.).

L'administrateur judiciaire, en raison de son statut, ne peut en aucun cas déléguer au dirigeant de l'entreprise en redressement judiciaire les obligations qui lui sont spécialement conférées par la loi (à propos de la mission d'information et de consultation résultant des art. 20, 24 et 25 [C. com., art. L. 621-56, L. 621-60 et L. 621-61]). • Caen, 13 mai 1994 : *Rev. huiss. 1994. 1157.*

Ancien art. L. 621-57 ***Dès l'ouverture de la procédure, les tiers sont admis à soumettre à l'administrateur des offres tendant au maintien de l'activité de l'entreprise, selon une ou plusieurs des modalités définies à la section II du présent chapitre.***

L'offre ainsi faite ne peut être modifiée ou retirée après la date du dépôt du rapport de l'administrateur. Son auteur reste lié par elle jusqu'à la décision du tribunal arrêtant le plan, à condition que cette dernière intervienne dans le mois du dépôt du rapport. Il ne demeure lié au-delà, et notamment en cas d'appel, que s'il y consent.

Les offres sont annexées au rapport de l'administrateur qui en fait l'analyse.

Ni les dirigeants de la personne morale en redressement judiciaire ni les parents ou alliés jusqu'au deuxième degré inclusivement de ces dirigeants ou du débiteur personne physique ne sont admis, directement ou par personne interposée, à présenter une offre. Lorsqu'il s'agit d'une exploitation agricole, le tribunal peut accorder une dérogation à l'interdiction concernant les parents ou alliés. — [L. n° 85-98 du 25 janv. 1985, art. 21]. — V. Décr. n° 85-1388 du 27 déc. 1985, anciens art. 32 et 44, infra, App., v° Difficultés des entreprises.

BIBL. ▶ Couret, *Dr. et patr. nov. 1995. 41* (modifications apportées par la loi du 10 juin 1994). – Teboul, *RJ com. 1999. 103* (notion de tiers acquéreur). – Caramalli, *D. 2005. 2210* (qualité de tiers repreneur : la candidature des actionnaires).

I. PRÉSENTATION DE L'OFFRE

A. AUTEUR DE L'OFFRE

1. Jurisprudence antérieure à la loi du 10 juin 1994. **BIBL.** J.-F. Martin, *Gaz. Pal. 1989. 2. Doctr. 711.* ♦ Le dirigeant d'une personne morale en redressement judiciaire, qui n'était pas un tiers au sens de l'art. 21 de la loi du 25 janv. 1985, dans sa rédaction antérieure à la loi du 10 juin 1994, n'était pas admis à soumettre à l'administrateur des offres tendant au maintien de l'entreprise selon les modalités prévues à cet article. • Com. 26 mai 1998 : *Bull. civ. IV, n° 171 ; D. 1998. IR. 179 ; D. Affaires 1998. 1047, obs. A. L. ; Quot. jur. 2 juill. 1998, p. 5, note P. M.* ♦ Sur la possibilité, avant l'intervention de la loi du 10 juin 1994, de céder l'entreprise aux dirigeants ou actionnaires de la personne morale en redressement judiciaire ou à une société constituée par eux, Comp. : • T. com. Paris, 21 sept. 1989 : *D. 1991. Somm. 4, obs. Derrida* ; *Gaz. Pal. 1989. 2. Somm. 532* • Douai, 18 oct. 1990 : *Rev. proc. coll. 1991. 285, obs. Soinne.*

Sur l'absence d'exclusion pour liens de parenté ou d'intérêt, V. • T. com. Créteil, 26 mai 1987 : *Rev. proc. coll. 1988. 317, obs. Soinne* • Metz, 23 sept. 1992 : *D. 1996. Somm. 3, obs. Derrida* ; *Dr. sociétés 1993, n° 93, obs. Chaput.* ♦ Sur la fraude que constituait une reprise par le débiteur agissant par personne interposée, V. • Douai, 31 mars 1988 : *Gaz. Pal. 1988. 2. 584, note Soinne* ; *D. 1990. Somm. 3, obs. Derrida*. ♦ V. aussi, excluant la reprise d'une société par une autre filiale du même groupe, • Papeete, 14 févr. 1991 : *BICC 1991, n° 1191.* – Comp. : • T. com. Lyon, 23 sept. 1993 : *Rev. proc. coll. 1995. 402, obs. Soinne* (offre présentée par la société même). ♦ Comp. aussi, accordant la qualité de tiers, au sens de l'art. 21, à une EARL créée par le fils des débiteurs : • Douai, 16 avr. 1992 : *Rev. proc. coll. 1992. 401, obs. crit. Soinne.* ♦ V. et Comp., désormais : art. L. 621-57, al. 4, issu de la loi n° 94-475 du 10 juin 1994.

2. Le candidat repreneur peut être, s'agissant d'une banque en redressement judiciaire, une association de défense des déposants. V. • T. com. Paris, 22 janv. 1991 : *D. 1992. Somm. 355, obs. Vasseur* ; *JCP E 1991. II. 207, note Peltier.* – V. Derrida, *D. 1996. Chron. 7.*

3. Pour un exemple de reprise proposée au nom et pour le compte d'une société en formation, V. • Paris, 29 nov. 1995 : *Dr. sociétés 1996, n° 98, obs. Chaput.* – V. aussi • Com. 25 nov. 1997 : *D. Affaires 1998. 161, obs. A. L.* ; *Rev. proc. coll. 2001. 72, obs. Soinne.* ♦ Sur la stipulation, dans ce cas, d'une faculté de substitution, V. note 2 ss. ancien art. L. 621-63.

4. *Jurisprudence postérieure à la loi du 10 juin 1994.* Un repreneur qui a des participations dans le capital de la société en redressement ne peut, pour cette seule raison, être considéré comme une personne interposée au sens de l'art. 21, al. 4 [C. com., art. L. 621-57]. • Paris, 4 juin 1996 : *RJ com. 1996. 314, note Heit* ; *Rev. sociétés 1996. 851, obs. Guyon* ; *Dr. sociétés 1997, n° 89, obs. Chaput.* ♦ En revanche, doit être écartée l'offre présentée par un associé de la société débitrice, lorsqu'il existe de fortes présomptions que celui-ci est également cogérant de fait de la société. • TGI Annecy, 11 sept. 1998 : *Rec. proc. coll. 2001. 70, obs. Soinne.* – Dans le même sens, V. • Poitiers, 5 juill. 2001 : *Dr. sociétés 2003, n° 49, note Legros* ; *RJDA 2004, n° 445.* ♦ V. aussi, pour le rejet d'une offre présentée par un associé majoritaire, • Aix-en-Provence, 14 févr. 2001 : *JCP 2001. IV. 3007* ; *RJ com. 2002. 168, note Auger et Morelli.* ♦ Comp. : • Montpellier, 10 avr. 2002 : *JCP E 2002, n° 39, p. 1522, obs. Pétel.*

La qualité de tiers ne peut être reconnue à la société auteur de l'offre dès lors que cette dernière a un dirigeant commun avec la société cessionnaire des contrats du débiteur, exerce son activité dans les locaux du débiteur et correspond directement avec ses franchisés. • Paris, 17 déc. 1996 : *Dr. sociétés 1998, n° 7.*

4 bis. Il n'est pas interdit à une société mère de faire connaître ses préférences à l'égard de tel repreneur et de lui consentir en conséquence des faveurs qu'elle n'accorde pas à d'autres, dès lors que ce choix repose sur des éléments objectifs et qu'il n'est pas occulte (irrecevabilité de l'appel-nullité pour excès de pouvoir). • Lyon, 26 juin 1998 : *JCP E 1998, n° 3435, p. 1286* ; *Act. proc. coll. 1998, n° 99* ; *RJDA 1999, n° 75* ; *Dr. sociétés 1999, n° 114, obs. Chaput* ; *Rev. proc. coll. 2001. 70, obs. Soinne.*

4 ter. Pour un arrêt reconnaissant la qualité de tiers à d'anciens dirigeants de l'entreprise débitrice qui avaient démissionné dans les jours précédant l'ouverture de la procédure, V. • Grenoble, 15 mai 1986 : *Rev. proc. coll. 2001. 70, obs. crit. Soinne.*

4 quater. Le fait d'avoir été nommé par l'autorité judiciaire et d'avoir agi sous le contrôle des instances professionnelles ne fait pas échapper l'administrateur provisoire d'une société civile professionnelle d'huissiers à l'exclusion résultant de l'art. 21 [C. com., art. L. 621-57] puisque, ayant recueilli les pouvoirs légaux dont les organes de cette société étaient investis et effectué tous les actes de gestion et d'administration nécessaires au fonctionnement de l'étude, il a eu les prérogatives de dirigeant de celle-ci. • Com. 13 nov. 2002 : *Bull. civ. IV, n° 165* ; *D. 2003. 269, note Derrida* ; *Rev. sociétés 2003. 366, note Bouloc* ; *Dr. et patr. mars 2003. 96, obs. Monsèrié-Bon* ; *JCP E 2003, n° 20, p. 850, obs. Pétel* ; *Dr. sociétés 2003, n° 71, note Legros* ; *Bull. Joly 2003. 396, note F.-X. Lucas* ; *Rev. proc. coll. 2004. 272, obs. Dumont.* – Dans le même sens, V. • Com. 4 oct. 2005 : *Bull. civ. IV, n° 203* ; *D. 2005. AJ. 2679, obs. Lienhard* ; *D. 2006. Pan. 81, obs. Le Corre* ; *Dr. sociétés 2005, n° 215, note Legros* ; *RD banc. fin. 2006, n° 25, obs. F.-X. Lucas.*

4 quinquies. Sur la nullité, pour cause et objet illicites, d'une convention organisant une interposition prohibée, V. • T. com. Paris, 2 oct. 2001 : *Act. proc. coll. 2002, n° 239, obs. Regnaut-Moutier.*

4 sexies. Sur la question de l'indépendance du tiers présentant une offre de cession, V. aussi Boulay, obs. ss. • TA Amiens, 13 mai 2004 : *Act. proc. coll. 2005, n° 108.*

B. DÉLAI DE PRÉSENTATION

5. L'art. 21 [C. com., art. 621-57] n'impose aucun délai minimum pour la présentation des offres, et s'il peut être reproché à l'administrateur d'avoir prévu un délai de présentation trop bref, encore faut-il que cette décision soit préjudiciable. • Rennes, 18 nov. 1998 : *Rev. proc. coll. 2001. 73, obs. Soinne.* ♦ Lorsque l'offre tend à l'acquisition de l'entreprise, elle doit être reçue par l'administrateur dans le délai que ce dernier a fixé sans pouvoir être postérieure à la date du dépôt du rapport complémentaire de l'administrateur. • T. com. Créteil, 10 mars 1987 : *Dict. perm. diff. entr. : Bull. 1987, n° 28, p. 9122.* ♦ Dès lors que les offres ont été reçues par l'administrateur et déposées par lui au greffe avant la date d'audience fixée pour qu'il soit statué sur son rapport, les dispositions des art. 21, 61 et 81 [C. com., art. L. 621-57, L. 621-62 et L. 621-83] ont été respectées. • Aix-en-Provence, 2 juin 1988 : *D. 1991. Somm. 5, obs. Derrida*. ♦ V. aussi cet arrêt en ce qui concerne la validité d'une note en délibéré précisant un fait contenu dans l'offre. ♦ Également en ce sens qu'un débat contradictoire n'est pas indispensable, V. • Amiens, 9 févr. 1989 : *D. 1991. Somm. 6, obs. Derrida*. ♦ V. note 1 ss. ancien art. L. 621-85.

C. FORME DE L'OFFRE

6. Il a été jugé que l'offre doit être écrite et signée à peine d'irrecevabilité par le ou les candidats à la reprise. • T. com. Paris, 19 nov. 1986 : *Petites affiches 10 déc. 1986.*

II. PORTÉE DE L'OFFRE

6 bis. Offre conditionnelle. V. note 2 ss. ancien art. L. 621-85.

7. Irrévocabilité des offres. Sur l'irrecevabilité des demandes de diminution des charges résultant d'une offre de reprise, V. • T. com. Antibes, 5 août 1988 : *D. 1991. Somm. 5 et 6, obs. Derrida* • Aix-en-Provence, 25 oct. 1989 : *ibid.* ♦ Comp. : note 14.

8. Cependant, l'irrévocabilité des offres ne vise que la procédure préalable au prononcé du jugement statuant sur le plan ; par la suite, les cessionnaires éventuels ne demeurent liés que s'ils y consentent. • Paris, 4 janv. 1989 : *D. 1991. Somm. 6, obs. Derrida* • Com. 26 juin 1990 : *Bull. civ. IV, n° 191.* ♦ En cas d'appel, un candidat peut retirer son offre, tandis qu'un autre peut maintenir la sienne, en la modifiant dans le sens d'une amélioration. • Mêmes arrêts. ♦ Mais, le repreneur dont l'offre a été retenue par le jugement arrêtant le plan de cession étant tenu d'exécuter ce plan, en vertu de l'art. 62, al. 1er [C. com., art. L. 621-63], ne peut, en cas d'appel interjeté par l'une des personnes mentionnées à l'art. 174, al. 2 [C. com., art. L. 623-6], se prétendre délié de son offre, en vertu des dispositions de l'art. 21, al. 2 [C. com., art. L. 621-57], qui lui sont, sur ce point, inapplicables. • Com. 9 juin 1992 : *Bull. civ. IV, n° 232 ; D. 1994. Somm. 4, obs. Derrida ; Defrénois 1993. 521, obs. Sénéchal ; JCP E 1993. II. 479, note Blanc.* ♦ *Contra*, jugeant que l'art. 21, al. 2 [C. com., art. L. 621-57], ne faisant pas de distinction selon que l'appel du jugement arrêtant le plan de cession émane du procureur de la République ou du cocontractant, l'auteur d'une offre de reprise des actifs d'une société prévoyant la cession à son profit d'un crédit-bail immobilier est en droit de la retirer à la suite de l'appel du crédit-bailleur, dès lors que ce contrat est un élément essentiel de l'offre de reprise : • Paris, 15 déc. 1992 : *D. 1994. Somm. 4, obs. Derrida*.

8 bis. Lorsque l'auteur de l'offre a modifié son offre en violation de l'art. 21 [C. com., art. L. 621-57], le tribunal ne saurait prendre en considération la nouvelle offre, ni procéder lui-même à la modification de l'offre initiale (annulation du jugement, sur appel-nullité du débiteur). • Paris, 4 févr. 1997 : *D. 1998. Somm. 3, obs. Derrida ; Rev. proc. coll. 1997. 433, obs. Cadiou.*

9. Le candidat à la reprise d'une entreprise en redressement judiciaire, par voie de continuation ou de cession, n'est tenu à aucune obligation tant que ses propositions de redressement ne sont pas arrêtées par le tribunal. Cependant, le candidat repreneur, qui a, dans le cadre de l'élaboration du plan, souscrit des obligations en faveur du dirigeant de l'entreprise, engage sa responsabilité à l'égard de ce dirigeant, à moins qu'il justifie d'un motif légitime, lorsque les parties, qui ont négocié directement, sont allées au-delà de simples pourparlers, l'accord de principe étant acquis de présenter un plan de redressement et le candidat repreneur s'étant engagé, de manière précise, ferme et définitive, à l'égard du dirigeant personnellement, sous la seule condition de l'homologation du plan par le tribunal, et que le candidat à la reprise s'abstient de soumettre son offre au tribunal aux fins d'homologation ou la retire, même dans le cas où il ne serait pas tenu de la maintenir en application de l'art. 21, al. 2 [C. com., art. L. 621-57]. • Paris, 20 nov. 1992 : *JCP E 1993. I. 236, n° 5, obs. Pétel.*

V. aussi, pour la responsabilité, en raison de l'aggravation du passif causée par son attitude, du cessionnaire qui, après avoir tardé à présenter son offre, a refusé de poursuivre l'exécution du plan, portant ainsi préjudice aux créanciers de l'art. 40 [C. com., art. L. 621-32], • Paris, 4 févr. 1992 : *D. 1995. Somm. 10, obs. Derrida,* conf. par • Com. 28 juin 1994 : *Bull. civ. IV, n° 243 ; D. 1994. IR. 216 ; Dr. sociétés 1994, n° 188, obs. Chaput ; JCP E 1995. I. 417, n° 4, obs. Cabrillac.* – V. également • Nancy, 3 juin 1994 : *Rev. proc. coll. 1995. 404, obs. Soinne.*

10. Amélioration de l'offre. Les dispositions de l'art. 21, al. 2 [C. com., art. L. 621-57], ne lient pas le tribunal, qui peut exiger, sous peine de caducité, une amélioration des garanties offertes pour l'exécution du plan. • Paris, 14 oct. 1988 : *D. 1991. Somm. 6, obs. Derrida.* ♦ Le candidat repreneur qui ne satisfait pas aux obligations supplémentaires qu'il se voit ainsi imposer, est en droit de retirer son offre. • Com. 2 oct. 1990 : *Bull. civ. IV, n° 223.* ♦ ... La loi n'imposant pas au candidat repreneur de se conformer à la demande, même si les modifications désirées sont mineures ou ne paraissent changer l'équilibre de l'offre. • Paris, 12 mai 1995 : *D. 1995. IR. 148 ; Rev. proc. coll. 1995. 404, obs. Soinne.*

11. L'appel du parquet fondé sur une prétendue violation de l'art. 21 [C. com., art. L. 621-57] concernant l'intangibilité des offres doit être rejeté, dès lors que les modifications aboutissent à une amélioration des conditions sociales prévues dans l'offre initiale et qu'elles ont été présentées à la demande du tribunal, les autres candidats ayant eux aussi modifié leurs offres initiales. • Limoges, 13 août 1986 : *D. 1987. 44, note Derrida ; JCP 1986. II. 20693, note Cabrillac ; Gaz. Pal. 1986. 2. 722, note J.-F. Martin.* – V. aussi • Paris, 29 juill. 1987 : *Gaz. Pal. 1987. 2. 677, note de Guillenchmidt et Marchi* • Amiens, 9 févr. 1989 : *préc. note 5.*

12. Si l'art. 21 [C. com., art. L. 621-57] peut s'interpréter en ce sens que le repreneur ne peut qu'améliorer son offre, encore faut-il que l'amélioration proposée présente un caractère incontestable, susceptible de recueillir, sinon l'assentiment, du moins la compréhension des autres personnes associées à la procédure. • Rennes, 7 juill. 1993 : *D. 1996. Somm. 7, obs. Derrida.*

13. Un plan de cession, radicalement différent du plan de continuation initialement proposé, ne peut être considéré comme simple amélioration du plan de continuation. • Douai, 6 oct. 1994 : *Rev. proc. coll. 1995. 405, obs. Soinne.*

14. Vices du consentement. BIBL. Amalvy et Derrida, *D. 1988. Chron. 208.* ♦ Pour un arrêt prononçant l'annulation d'un plan de cession pour erreur du repreneur, V. • Bordeaux, 27 févr. 1990 : *D. 1994. Somm. 5, obs. Derrida ; JCP 1991. I. 44, n° 8, obs. Pétel.* ♦ ... Un arrêt admettant l'application de la théorie des vices du consentement à une cession de parts sociales entre les anciens associés de la société en redressement judiciaire, mais rejetant la demande d'annulation pour erreur sur le montant du passif antérieur, au motif que la détermination de ce montant comporte nécessairement un aléa, dès lors que le plan de redressement peut être arrêté sans attendre la vérification des créances, • Paris, 4 févr. 1992 : *préc. note 9,* conf. par • Com. 28 juin 1994 : *préc. note 9.* ♦ Comp., refusant d'annuler un bail cédé pour vice de consentement, au motif que la cession du contrat ne résultait pas d'un accord de volonté : • Paris, 22 nov. 1990 : *Rev. loyers 1991. 153, note Gallet.*

14 bis. Pour l'annulation d'un plan de cession arrêté au profit d'un repreneur dont les facultés mentales étaient altérées, V. • Rennes, 2 mai 2002 : *Bull. Joly 2002. 1291, note F.-X. Lucas.*

15. Perte de la chose. La perte de valeur du fonds cédé, due à la faute du cessionnaire, ne pouvant constituer « la perte de la chose », prévue à l'art. 1234 C. civ., ne le dispense pas d'exécuter ses obligations. • Com. 31 mars 1998 : *RTD com. 1998. 679, obs. Saint-Alary-Houin.*

Ancien art. L. 621-58 *Lorsque l'administrateur envisage de proposer au tribunal un plan de continuation prévoyant une modification du capital, il demande au conseil d'administration, au directoire ou aux gérants, selon le cas, de convoquer l'assemblée générale extraordinaire ou l'assemblée des associés. En cas de besoin, l'administrateur peut convoquer lui-même l'assemblée. La convocation de celle-ci est faite dans les formes et délais prévus par décret en Conseil d'État.* — V. Décr. n° 85-1388 du 27 déc. 1985,ancien art. 33, infra, App., v° Difficultés des entreprises.

Si, du fait des pertes constatées dans les documents comptables, les capitaux propres sont inférieurs à la moitié du capital social, l'assemblée est d'abord appelée à reconstituer ces capitaux à concurrence du montant proposé par l'administrateur et qui ne peut être inférieur à la moitié du capital social. Elle peut également être appelée à décider la réduction et l'augmentation du capital en faveur d'une ou plusieurs personnes qui s'engagent à exécuter le plan.

Les engagements pris par les actionnaires ou associés ou par de nouveaux souscripteurs sont subordonnés dans leur exécution à l'acceptation du plan par le tribunal.

Les clauses d'agrément sont réputées non écrites. — [L. n° 85-98 du 25 janv. 1985, art. 22].

Sur la modification des statuts des coopératives faisant l'objet d'une procédure de redressement judiciaire, V. L. n° 47-1775 du 10 sept. 1947, art. 25. — **C. sociétés.**

RÉP. COM. v° *Entreprises en difficulté-Redressement judiciaire (Personnes morales et dirigeants)*, par DAIGRE.

BIBL. ► FEUGÈRE, *Gaz. Pal. 1988. 1. Doctr. 251.* – LE CANNU, *Petites affiches 16 juin 1993.*

1. Cession de parts sociales. La cession de leurs parts par les associés au candidat à la reprise n'implique pas les modifications du capital au sens de l'art. 22 [C. com., art. L. 621-58] et n'impose donc pas l'application de ce texte. • Paris, 17 janv. 1989 : *Gaz. Pal. 1989. 1. 471, note Marchi.* ♦ Dans le même sens, à propos d'une cession d'actions intervenue au bénéfice de certains actionnaires, en application d'une clause de préemption contenue dans un pacte d'actionnaires extra-statutaire, V. • Aix-en-Provence, 5 déc. 2003 : *Bull. Joly 2004. 1077, note Cerati-Gauthier ; RJDA 2005, n° 276.*

2. Reconstitution des capitaux propres. En ce sens qu'il ne peut y avoir de plan de continuation au cas où les capitaux propres sont devenus inférieurs à la moitié du capital social s'il n'y a pas eu de reconstitution de ces fonds propres sous condition suspensive de l'acceptation du plan par le tribunal, V. • T. com. Béthune, 26 sept. 1986 : *Rev. proc. coll. 1987, n° 2, p. 51, obs. Soinne.* – V. aussi • T. com. Nanterre, 8 déc. 1987 : *JCP 1988. II. 21019, note Viandier ; Rev. proc. coll. 1988. 313, obs. Soinne.* ♦ Jugeant que ces mesures doivent au plus tard être décidées lors de l'adoption du plan. • Paris, 2 déc. 1987 : *Dict. perm. diff. entr. : Bull. 1988, n° 42, p. 8929.* ♦ *Contra*, au motif que les fonds propres devraient redevenir positifs en application du plan, V. • Douai, 21 avr. 1988 : *Rev. proc. coll. 1988. 313, obs. Soinne.*

Comp., décidant que, dès lors que l'administrateur ne propose pas un plan de continuation prévoyant une modification du capital social, la reconstitution des fonds propres, qui n'a aucun caractère obligatoire en vertu de l'art. 241, dernier al., de la loi du 24 juill. 1966 [C. com., art. L. 225-248], ne constitue pas une condition juridique à l'admissibilité d'un plan de cession : • Bordeaux, 25 nov. 1993 : *Bull. Joly 1994. 1345, note Baraderie.* – V. aussi • Com. 6 mars 1990 : *Bull. civ. IV, n° 65 ; D. 1990. 218, note Derrida.*

Pour un arrêt ayant considéré que, même si la reconstitution des fonds propres n'est pas une condition nécessaire pour l'admission d'un plan de continuation, le montant des capitaux permanents constitue cependant un indicateur financier intéressant pour apprécier les possibilités de redressement durable de l'entreprise, V. • Paris, 13 sept. 1996 : *Rev. proc. coll. 1998. 263, obs. Soinne.*

2 bis. Modifications statutaires. Le tribunal ne peut imposer l'adoption de modifications statutaires, dès lors que celles-ci sont subordonnées au vote favorable des associés (augmentation de capital) : V. • Com. 15 janv. 1991 : *Bull. civ. IV, n° 27 ; D. 1991. IR. 47 ; Rev. sociétés 1991. 383, note Guyon ; Bull. Joly 1991. 425, note Le Cannu ; RJ com. 1991. 385, note Merle.*

2 ter. Une société à responsabilité limitée qui, dans le cadre d'un plan de continuation d'une société anonyme en état de redressement judiciaire, acquiert la majorité du capital de celle-ci et en devient administrateur, commet une faute de gestion en ne souscrivant pas à l'augmentation de capital prévue par le plan que le redressement de la société exigeait et qui devait restaurer la confiance des banques, des fournisseurs et des clients. • Paris, 19 mars 1996 : *RJDA 1996, n° 709 ; Bull. Joly 1996. 608, note Le Cannu.*

3. Droit des sociétés. L'obligation de reconstitution des capitaux propres prévue à l'art. 241 de la loi du 24 juill. 1966 [C. com., art. L. 225-248] est écartée lorsque l'entreprise est en redressement judiciaire. • Crim. 27 avr. 1987 : *Rev. proc. coll. 1988, n° 3, p. 314, obs. Soinne.*

Ancien art. L. 621-59 ***Lorsque la survie de l'entreprise le requiert, le tribunal, sur la demande de l'administrateur, du procureur de la République ou d'office, peut subordonner l'adoption du plan de redressement de l'entreprise au remplacement d'un ou plusieurs dirigeants.***

A cette fin et dans les mêmes conditions, le tribunal peut prononcer l'incessibilité des actions, parts sociales ou certificats de droit de vote détenus par un ou plusieurs dirigeants de droit ou de fait, rémunérés ou non, et décider que le droit de vote y attaché sera exercé, pour une durée qu'il fixe, par un mandataire de justice désigné à cet effet. Il peut encore ordonner la cession de ces actions ou parts sociales, le prix de cession étant fixé à dire d'expert. — V. Décr. n° 85-1388 du 27 déc. 1985, anciens art. 41 et 52, infra, App., v° Difficultés des entreprises.

Pour l'application du présent article, les dirigeants et les représentants du comité d'entreprise ou, à défaut, des délégués du personnel sont entendus ou dûment appelés. — [L. n° 85-98 du 25 janv. 1985, art. 23].

RÉP. COM. v° *Entreprises en difficulté-Redressement judiciaire (Personnes morales et dirigeants)*, par DAIGRE.

BIBL. ► De Bermond de Vaulx, *Rev. sociétés 1990. 221.* – Barbièri, *Rev. proc. coll. 1991. 153.* – Cerati-Gauthier, *Petites affiches 1er-2 janv. 2004, p. 4.*

A. REMPLACEMENT DU DIRIGEANT

1. Sur la prise en considération de l'intérêt de l'entreprise, V. • Colmar, 12 sept. 1990 : *Rev. proc. coll. 1991. 293, obs. Soinne.*

B. INCESSIBILITÉ ET CESSION FORCÉE DES PARTS SOCIALES

1 bis. Intérêt général. Pour la conformité des dispositions de l'art. L. 621-59 C. com. à la Conv. EDH, à la Déclaration des droits de l'homme et du citoyen et à l'art. 544 C. civ. (droit de propriété), en ce qu'elles sont justifiées par l'intérêt général, V. • Com. 12 juill. 2005 : *Bull. civ. IV, n° 174 ; D. 2005. AJ. 2071, obs. Lienhard ; Act. proc. coll. 2005, n° 193, obs. Regnaut-Moutier ; Gaz. Pal. 4-5 nov. 2005, p. 28, obs. Voinot ; Bull. Joly 2006. 22, avis Lafortune et note Saintourens ; Rev. proc. coll. 2006. 52, obs. Lebel ; Rev. sociétés 2006. 162, note F.-X. Lucas.*

2. Dirigeants visés. En ce sens que ne sont visés que les dirigeants ayant cette qualité et possédant des actions à la date du jugement d'ouverture, V. • Paris, 16 juin 1995 : *Rev. proc. coll. 1995. 408, obs. Soinne.* – Comp. : • Versailles, 21 févr. 2002 : *BICC 2002, n° 1237 ; JCP E 2002, n° 20, p. 787 ; Dr. sociétés 2004, n° 8, note Legros ; Dr. sociétés 2005, n° 215, note Legros.*

Pour le refus d'appliquer l'art. L. 651-59 C. com. à des actionnaires disposant de la majorité du capital et des voix au conseil de surveillance, en l'absence d'éléments propres à établir, en dehors de l'exercice de leur mission de membres du conseil de surveillance, l'exercice, en toute indépendance, d'une activité positive de direction dans la société, V. • Com. 12 juill. 2005 : *préc. note 1 bis ; Dr. sociétés 2005, n° 175, note Legros ; JCP E 2005, n° 50, p. 2163, obs. Caussain, Deboissy et Wicker ; ibid. 2006, n° 2, p. 77, obs. Pétel* (V. l'arrêt cassé : • Nancy, 18 déc. 2002 : *Dr. sociétés 2003, n° 211, note Legros (1re esp.) ; RTD com. 2004. 94, obs. Champaud et Danet)* ♦ Sur la notion de dirigeant de fait, V. • Montpellier, 5 nov. 2002 : *Dr. sociétés 2003, n° 211, note Legros (2e esp.).*

2 bis. Droit d'agir. Ni la société soumise à la procédure collective, ni le gérant n'ont le droit d'agir en vue de la cession forcée des parts d'un associé. • Com. 4 févr. 2003 : *RJDA 2003, n° 745 ; RD banc. fin. 2003, n° 153, obs. F.-X. Lucas ; Dr. sociétés 2003, n° 144, note Legros ; Rev. proc. coll. 2004. 218, obs. Lebel.*

2 ter. Choix du cessionnaire. Les cédants n'ont pas qualité pour critiquer le choix de la personne au profit de laquelle a lieu la cession forcée des titres. • Versailles, 21 févr. 2002 : *Dr. sociétés 2004, n° 8, note Legros ; Rev. proc. coll. 2004. 49, obs. Lebel.*

3. Droit de préemption. Le tribunal n'est pas tenu de prendre en compte les statuts réservant aux actionnaires un droit de préemption des actions des dirigeants. • Nancy, 9 juin 1992 : *RJDA 1993, n° 164.*

4. Expertise. Les dispositions de l'art. 23, al. 2 [C. com., art. L. 621-59], sont d'ordre public, et, quelle que soit la valeur présumée des actions d'un administrateur, le tribunal ne peut se dispenser de recourir à une expertise. • Grenoble, 16 juin 1988 : *RJ com. 1990. 228, note Gallet.* ♦ Sur le rôle de l'expert, V. • Com. 1er oct. 2002 : *RJDA 2003, n° 163.*

5. Créance résultant de la cession forcée. En l'absence, dans l'art. 23 [C. com., art. L. 621-59], de dispositions régissant la date d'exigibilité du paiement du prix de cession des actions et les intérêts, la somme due doit être réglée sans délai et avec intérêts à compter du jour du transfert. • Com. 1er juill. 1997 : *Bull. civ. IV, n° 213 ; D. 1997. IR. 177 ; D. Affaires 1997. 934 ; JCP E 1998, n° 1-2, p. 29, obs. Pétel ; Rev. proc. coll. 1998. 265, obs. Soinne* (V. l'arrêt d'appel : • Versailles, 4 mai 1995 : *Rev. proc. coll. 1995. 409, obs. Soinne*).

5 bis. Motivation du jugement. Sur l'obligation faite au juge de motiver sa décision, V. • Paris, 9 févr. 2001 : *Act. proc. coll. 2001, n° 144.*

6. Voies de recours. La disposition du jugement qui ordonne la cession des actions détenues par un ou plusieurs dirigeants sociaux en application de l'art. 23, devenu l'art. L. 621-59 C. com., est susceptible d'appel de la part de ces dirigeants. • Com. 26 juin 2001 : *Bull. civ. IV, n° 127 ; D. 2001. AJ. 2299, obs. Lienhard ; ibid. 2002. 1482, obs. Honorat ; Act. proc. coll. 2001, n° 186, obs. Regnaut-Moutier ; RTD com. 2001. 778, obs. Vallens ; Procédures 2001, n° 216, note Laporte ; Dr. sociétés 2001, n° 175, note Legros ; JCP E 2002, n° 3, p. 127, obs. Pétel ; RJ com. 2002. 85, note F.-X. Lucas ; Dr. et patr. avr. 2002. 99, obs. Monsèrié-Bon ; Rev. proc. coll. 2002. 166, obs. Gorrias* (V. l'arrêt cassé, qui avait déclaré irrecevable l'appel du dirigeant évincé, aux motifs, notamment, que l'appel portait sur le principe de la cession des actions et que le tribunal avait motivé sa décision par le souci d'assurer la survie de la société : • Rennes, 24 juin 1998 : *Dr. sociétés 2000, n° 5, obs. Chaput*). – Dans le même sens, V. • Versailles, 21 févr. 2002 :

préc. note 2. ♦ V. déjà, pour la recevabilité de l'appel du dirigeant limité aux dispositions du jugement fixant les modalités de paiement du prix, • Com. 1er juill. 1997 : *préc. note 5.* ♦ V. aussi • Grenoble, 12 janv. 1988 : *RJ com. 1988. 189, note Gallet* • Paris, 16 juin 1995 : *préc. note 2.* ♦ *Contra* : • Bourges, 8 févr. 1989 : *Rev. proc. coll. 1989. 510, obs. Soinne.* ♦ Sur l'irrecevabilité de l'appel du cessionnaire, V. • Fort-de-France, 29 avr. 1989 : *ibid. 1989. 515, obs. Soinne.*

7. Est entaché d'excès de pouvoir l'arrêt décidant qu'un associé, qui n'était plus gérant, évincé en application de l'art. 23 [C. com., art. L. 621-59], sans qu'il fût établi que la survie de l'entreprise requérait cette mesure, était privé du droit de faire appel du jugement arrêtant le plan de continuation, et que ce jugement ne présentait pas de vice suffisamment grave pour justifier la formation d'un appel-nullité. • Com. 27 avr. 1993 : *Bull. civ. IV, n° 152 ; D. 1994. Somm. 45, obs. Derrida ; D. 1995. Somm. 3, obs. Derrida ; Rev. sociétés 1993. 648, note Chaput ; Rev. proc. coll. 1994. 154, obs. Liénard.*

8. Aucun accord de cession amiable des actions d'un dirigeant d'une société en redressement judiciaire n'ayant été conclu avant le jugement d'ouverture au profit d'autres dirigeants sociaux, ces derniers sont irrecevables, faute d'intérêt, à reprocher à une cour d'appel d'ordonner la cession forcée des actions appartenant au premier dirigeant au profit d'un tiers qui a présenté un plan de continuation par voie de reprise interne. • Com. 12 juill. 1994 : *D. 1995. Somm. 2, obs. Derrida ; Rev. proc. coll. 1995. 149, obs. Soinne.*

9. Opposabilité du jugement. V. note 1 *bis* ss. ancien art. L. 621-65.

10. Transaction. Viole l'art. 2051 C. civ. l'arrêt qui déclare irrecevable la demande, formée par le dirigeant d'une société en redressement judiciaire, tendant à l'annulation de l'expertise ordonnée en vue de fixer le prix d'un certain nombre d'actions de la société cédées à un organisme bancaire, au motif que la transaction intervenue antérieurement, sur la fixation du prix des actions, entre ledit dirigeant et un autre cessionnaire avait autorité de la chose jugée à l'égard de la banque. • Com. 14 avr. 1992 : *Bull. civ. IV, n° 165 ; JCP 1992. IV. 1797.*

11. Exercice du droit de vote. Le tribunal peut désigner le commissaire à l'exécution du plan pour exercer le droit de vote des parts sociales dont l'incessibilité est prononcée. • Nancy, 15 nov. 1995 : *Rev. proc. coll. 1998. 344, obs. Soinne.*

Ancien art. L. 621-60 ***Les propositions pour le règlement des dettes sont, au fur et à mesure de leur élaboration et sous la surveillance du juge-commissaire, communiquées par l'administrateur au représentant des créanciers, aux contrôleurs, ainsi qu'au comité d'entreprise ou, à défaut, aux délégués du personnel.***

Le représentant des créanciers recueille individuellement ou collectivement l'accord de chaque créancier qui a déclaré sa créance conformément à l'article L. 621-43, sur les délais et remises qui lui sont proposés. En cas de consultation par écrit, le défaut de réponse dans le délai de trente jours à compter de la réception de la lettre du représentant des créanciers vaut acceptation. Ces dispositions sont applicables aux institutions visées à l'article L. 143-11-4 du code du travail pour les sommes dont elles font l'avance en application du troisième alinéa de l'article L. 621-43, même si leurs créances ne sont pas encore déclarées.

En ce qui concerne les créances du Trésor public, des organismes de sécurité sociale et des institutions régies par le livre IX du code de la sécurité sociale, des remises peuvent être consenties dans les conditions précisées par décret en Conseil d'État. Il en est de même pour les cessions de rang de privilège ou d'hypothèque ou l'abandon de ces sûretés. — V. Décr. n° 85-1388 du 27 déc. 1985, art. 180, infra, App., v° Difficultés des entreprises. — V. aussi CGI, art. 1756, infra ; CSS, art. L. 243-5, infra, App., v° Difficultés des entreprises, et art. R. 243-20. — **CSS.**

Le représentant des créanciers dresse un état des réponses faites par les créanciers. Cet état est adressé à l'administrateur en vue de l'établissement de son rapport. — [L. n° 85-98 du 25 janv. 1985, art. 24]. — V. Décr. n° 85-1388 du 27 déc. 1985, ancien art. 42 s., infra, App., v° Difficultés des entreprises.

1. Consultation des créanciers. Le représentant des créanciers doit, conformément à l'art. 24, al. 2 [C. com., art. L. 621-60], recueillir l'accord des créanciers ; il ne peut, en aucun cas, apprécier en opportunité s'il y a lieu de procéder, ou non, à une telle formalité. • Besançon, 9 déc. 1993 : *Rev. proc. coll. 1995. 119, obs. Soinne.*

Le tribunal ne peut statuer sur un plan de continuation que si tous les créanciers ont répondu dans le délai de trente jours ou si ce délai est expiré. Si le tribunal a arrêté ledit plan avant l'expiration de ce délai, il y a lieu de prononcer la nullité du jugement. • Paris, 10 juin 1987 : *D. 1987. 546, note Derrida* • Lyon, 17 juin

1987 : *ibid.* • Paris, 24 oct. 1995 : *Rev. proc. coll. 1996. 372, obs. Soinne.* ♦ Comp., sur le défaut de respect du délai de trente jours : • T. com. Paris, 21 mai 1987 : *Rev. proc. coll. 1988. 311, obs. Soinne.* ♦ V. note 5 *bis* ss. ancien art. L. 621-6.

V. aussi, prévoyant une possibilité de régularisation, • Paris, 22 mars 1988 : *Gaz. Pal. 1988. 2. Somm. 377.* ♦ Et sur les conséquences du principe de l'effet dévolutif de l'appel, V. • Paris, 10 juin 1987 : *préc.* ♦ Comp., renvoyant l'affaire devant le tribunal : • Lyon, 17 juin 1987 : *préc.* • Paris, 8 oct. 1991 : *D. 1992. Somm. 87, obs. Derrida.*

Sur les recours en cas de non-respect de l'art. 24, al. 2 [C. com., art. L. 621-60], V. note 24 ss. ancien art. L. 623-6.

1 bis. La consultation des créanciers n'est indispensable que lorsque l'adoption du plan de continuation est envisagée par le tribunal et elle s'avère inutile lorsque le plan de continuation est écarté d'emblée par celui-ci. • Versailles, 20 janv. 1994 : *D. 1995. Somm. 3, obs. Derrida ; Rev. proc. coll. 1996. 372, obs. Soinne,* conf. par • Com. 25 mars 1997 : *Bull. civ. IV, n° 82 ; D. Affaires 1997. 705 ; JCP E 1997. I. 681, n° 4, obs. Pétel.* ♦ Le tribunal ayant disposé du choix de la solution sans être lié par le projet de l'administrateur et du débiteur, c'est aux juges qu'il appartient d'apprécier la fiabilité et les possibilités de bonne fin de la proposition et de prolonger, s'ils l'estiment nécessaire, la période d'observation pour que la consultation des créanciers puisse avoir lieu. • Même arrêt. – Dans le même sens : • Com. 17 mars 1998 : *D. 1999. 236, note Picod ; JCP 1998. II. 10080, rapp. Rémery ; D. Affaires 1998. 624, obs. A. L. ; RTD com. 1998. 676, obs. Saint-Alary-Houin* • 4 janv. 2000 : *Rev. proc. coll. 2001. 74, obs. Soinne.*

1 ter. La consultation des créanciers ne porte que sur les propositions pour le règlement des dettes du débiteur en redressement judiciaire et le défaut de réponse dans le délai de trente jours à compter de la réception de la lettre du représentant des créanciers vaut acceptation des délais et remises proposés. • Com. 22 juin 1999 : *RJDA 1999, n° 1358.* ♦ Par suite, les cautions du débiteur en redressement judiciaire ne peuvent invoquer, pour se soustraire à leur engagement, que le projet de plan de reprise, qui prévoyait un gel des cautionnements, a été notifié à la banque créancière, et que celle-ci, ne s'y étant pas opposée, a implicitement mais nécessairement accepté ces propositions. • Même arrêt.

1 quater. Après avoir relevé qu'en vue du plan de continuation, il avait été proposé à chaque créancier chirographaire un règlement à concurrence de 30 % du montant de sa créance sur 10 ans, porté ensuite à 40 % sur initiative du débiteur, une cour d'appel a pu décider que l'offre relative aux délais de paiement et remises de dettes avait été soumise à chacun, conformément à l'art. 24 [C. com., art. L. 621-60], et qu'il était inutile de procéder à une nouvelle consultation après la proposition du débiteur ou d'entendre les créanciers réfractaires à qui seul le tribunal pouvait, en vertu de l'art. 74 [C. com., art. L. 621-76], imposer des délais et remises. • Com. 6 févr. 1996 : *Bull. civ. IV, n° 38 ; D. 1996. IR. 111.*

V. aussi note ss. ancien art. L. 621-56.

2. Application à la procédure simplifiée. Les dispositions de l'art. 24 [C. com., art. L. 621-60] sont applicables à la procédure simplifiée. • Paris, 10 juin 1987 : *préc. note 1.*

3. Application à un plan de cession. V. note 1 ss. ancien art. 42 du 1er décret du 27 déc. 1985, *infra*, App., v° *Difficultés des entreprises.* ♦ V., aussi dans le sens d'une réponse négative : Rép. min. : *JOAN Q, 12 sept. 1988, p. 529.* • Com. 20 févr. 1996 : *D. 1996. IR. 112 ; D. Affaires 1996. 491.*

3 bis. Application en appel. Les créanciers n'ont pas à être consultés à nouveau à la suite des propositions formulées par le débiteur dans ses conclusions d'appel. • Com. 10 juill. 1990 : *Bull. civ. IV, n° 208* • 2 avr. 1996 : *Quot. jur. 2 juill. 1996, p. 6, note P. M.*

4. Cautions solidaires. Sur l'absence de libération des cautions solidaires, V. art. L. 621-65.

5. Acceptation conditionnelle. Sur cette question, V. *Rev. proc. coll. 1991. 289, obs. Soinne.*

6. Trésor public et organismes sociaux. Une cour d'appel ne peut fixer le montant du passif à apurer dans le cadre d'un plan de continuation en déduisant les pénalités et majorations de retard dues au Trésor public et aux organismes de prévoyance et de sécurité sociale sans constater que ces derniers avaient consenti des remises dans les conditions prévues à l'art. 24, al. 3 [C. com., art. L. 621-60]. • Com. 28 févr. 1995 : *Bull. civ. IV, n° 61.*

7. Clause de retour à meilleure fortune. BIBL. Playoust, *Rev. proc. coll. 1994. 349.* – Jacomet et Béjinariu, *Bull. Joly 1996. 365.*

Ancien art. L. 621-61 *Le débiteur, le comité d'entreprise ou, à défaut, les délégués du personnel, un contrôleur et le représentant des créanciers sont informés et consultés sur le rapport qui leur est communiqué par l'administrateur.*

Ce rapport est simultanément adressé à l'autorité administrative compétente en matière de droit du travail. Le procès-verbal de la réunion à l'ordre du jour de laquelle a été inscrite la consultation des représentants du personnel est transmis au tribunal ainsi qu'à l'autorité administrative mentionnée ci-dessus.

Le procureur de la République reçoit, sur sa demande, communication du rapport. — [L. n° 85-98 du 25 janv. 1985, art. 25]. — V. Décr. n° 85-1388 du 27 déc. 1985, anciens art. 44 et 45,infra, App., v° Difficultés des entreprises.

1. Lorsque des repreneurs modifient leur offre sans que les autres repreneurs en aient eu connaissance, la nouvelle offre, sur laquelle se sont prononcés les juges, n'a pu être analysée par l'administrateur comme le prescrit l'art. 21 [C. com., art. L. 621-57] et, même s'il s'agit d'une amélioration, il est nécessaire que cette modification soit portée à la connaissance des parties conformément à l'art. 25 [C. com., art. L. 621-61], ce qui n'a manifestement pas été fait lorsque les tractations effectuées en chambre du conseil et après clôture des débats sont restées occultes. • Versailles, 23 avr. 1992 : *D. 1992. IR. 203 ; RJ com. 1992. 307, note Vallens.* – V. aussi • Rennes, 7 juill. 1993 : *D. 1996. Somm. 7, obs. Derrida* ; ... et, pour la transformation d'un plan de continuation en plan de cession, note 13 ss. ancien art. L. 621-57.

1 bis. Le conjoint du débiteur ne figure pas parmi les personnes mentionnées à l'art. 25 [C. com., art. L. 621-61], auxquelles l'administrateur communique le rapport établi conformément aux dispositions de l'art. 18 [C. com., art. L. 621-54] (dans l'hypothèse où un bien commun est cédé dans le cadre d'un plan de cession). • Com. 14 mars 2000 : *Act. proc. coll. 2000, n° 106.*

2. Le débiteur n'a pas qualité pour se prévaloir du fait que le représentant des salariés n'a pas été convoqué à l'audience et que le rapport des administrateurs n'a pas été communiqué à l'autorité administrative prévue à l'art. 25 [C. com., art. L. 621-61]. • Com. 15 déc. 1992 : *Bull. civ. IV, n° 418.*

3. V. note ss. ancien art. L. 621-56.

SECTION II DU PLAN DE CONTINUATION OU DE CESSION DE L'ENTREPRISE

RÉP. COM. v° *Entreprises en difficulté - Redressement judiciaire (Phase de traitement - Redressement ou liquidation)*, par Poracchia, Rizzo et N. Vignal.

BIBL. GÉN. ▸ Pérochon, *Petites affiches 22 déc. 1993* (contrôle des plans de redressement). – Jadaud, *ibid., 16 juin 1993* (fiscalité des plans de redressement). – Boy et Pirovano, *Rev. inter. dr. éco. 1995. 283* (cession et partition de l'entreprise). – Colloque du CREDA du 13 déc. 1995 (réalités et perspectives des plans de redressement), *JCP E 1996. I. 566.* ▸ Sur la réforme du 10 juin 1994 : Saint-Alary-Houin, *Petites affiches 14 sept. 1994, p. 107.*

SOUS-SECTION 1 DU JUGEMENT ARRÊTANT LE PLAN

Ancien art. L. 621-62 ***Après avoir entendu ou dûment appelé le débiteur, l'administrateur, le représentant des créanciers, un contrôleur ainsi que les représentants du comité d'entreprise ou, à défaut, des délégués du personnel, le tribunal statue au vu du rapport de l'administrateur et arrête un plan de redressement ou prononce la liquidation.***

Ce plan organise soit la continuation de l'entreprise, soit sa cession, soit sa continuation assortie d'une cession partielle.

Le plan organisant la cession totale ou partielle de l'entreprise peut inclure une période de location-gérance de tout ou partie du fonds de commerce. Dans ce cas, le contrat de location-gérance comporte l'engagement d'acquérir à son terme. — [L. n° 85-98 du 25 janv. 1985, art. 61].

1. Délai de présentation. V. ancien art. 45 du 1er décret du 27 déc. 1985, *infra*, App., v° *Difficultés des entreprises.*

2. Convocations. En l'absence de convocation du débiteur par le tribunal avant qu'il ne statue, le jugement arrêtant le plan doit être annulé. • Nancy, 13 janv. 1988 : *Rev. proc. coll. 1988. 386, obs. Soinne.* ♦ En revanche, le tribunal n'est pas tenu de procéder à l'audition d'un repreneur éventuel. • Com. 22 mars 1988 :

D. 1988. 375, note Derrida et Julien ; Bull. civ. IV, n° 113 • 8 nov. 1988 : *ibid. IV, n° 295.*

3. Jugé qu'aucun texte n'exige une convocation écrite du débiteur par le tribunal avant qu'il statue, si une indication verbale a été donnée. • Limoges, 27 oct. 1987 : *Rev. proc. coll. 1988. 311, obs. Soinne.*

3 bis. Engage sa responsabilité le représentant des créanciers qui méconnaît les obligations qui lui incombent en application de l'art. 46 [C. com., art. L. 621-39] en ne comparaissant pas à l'audience et en ne présentant pas à la juridiction les observations qu'appelait ce projet de plan et le sort réservé à un créancier hypothécaire. • Paris, 12 oct. 1995 : *Rev. proc. coll. 1996. 407, obs. Soinne ; Gaz. Pal. 1997. 1. Somm. 153.*

La consultation des créanciers n'est indispensable que lorsque l'adoption du plan de continuation est envisagée par le tribunal, et elle s'avère inutile lorsque le plan de continuation est écarté d'emblée par celui-ci. • Versailles, 20 janv. 1994 : *D. 1994. IR. 79.*

3 ter. Sur la conciliation entre l'art. 61 de la loi, mod. par la loi du 10 juin 1994 [C. com., art. L. 621-62], selon lequel un contrôleur doit être convoqué, et l'art. 31-1 du décret du 27 déc. 1985, ajouté par le décret du 21 oct. 1994, selon lequel aucun contrôleur ne peut être désigné avant l'expiration d'un délai de vingt jours à compter du prononcé du jugement d'ouverture, V. • Douai, 12 oct. 1995 : *Rev. proc. coll. 1995. 415, obs. Soinne.*

3 quater. Les prérogatives que l'Association française des banques tient de la loi bancaire n° 84-46 du 24 févr. 1984 [désormais codifiée au C. mon. fin.] et de ses statuts n'ont pas pour objet et ne peuvent avoir pour effet de lui conférer un droit d'action, direct et privilégié, devant le tribunal de commerce statuant sur les propositions de cession ou de continuation de l'activité d'une entreprise, même si celle-ci est un établissement financier ou de crédit. • Paris, 5 avr. 1996 : *D. 1996. IR. 139.*

3 quinquies. Rapport de l'administrateur. Sur le caractère impératif d'un rapport de l'administrateur, V. • Toulouse, 19 janv. 1988 : *Rev. proc. coll. 1989. 163, obs. Soinne. – Contra* : • Aix-en-Provence, 26 févr. 1988 : *ibid. 1989. 168, obs. Soinne.*

La cour d'appel, qui statue sur le recours formé contre le jugement relatif au plan de redressement et à la liquidation judiciaire, n'est pas tenue de viser les propositions du rapport de l'administrateur. • Com. 8 mars 1994 : *Bull. civ. IV, n° 100.*

4. Choix de la solution. L'option entre plan de continuation et plan de cession est du domaine du pouvoir souverain des juges du fond. • Com. 10 juill. 1990 : *Bull. civ. IV, n° 208* • 21 janv. 1992 : *ibid. IV, n° 28 ; D. 1994. Somm. 6, obs. Derrida* • 9 juin 1998 : *RTD com. 1998. 927, obs. Saint-Alary-Houin.* ♦ ... De même que l'option entre la cession et la liquidation judiciaire. V. • Com. 2 févr. 1993 : *Bull. civ. IV, n° 41 ; D. 1994. Somm. 6, obs. Derrida.* ♦ Sur les critères de choix de la juridiction entre un projet de cession et un projet de continuation, V. • Com. 19 déc. 2000 : *RJDA 2001, n° 477 ; RJ com. 2002. 133, note Merven* • T. com. Lyon, 21 mai 1987 : *Gaz. Pal. 1987. 2. 680, note de Guillenchmidt et Marchi* • 30 juill. 1986 : *JCP E 1986. II. 14786, note Haehl* • Limoges, 21 sept. 1993 : *BICC 1993, n° 1276.* ♦ Comp., préférant la cession en se fondant sur la situation des créanciers : • Aix-en-Provence, 19 nov. 1991 : *D. 1994. Somm. 6, obs. Derrida.* ♦ Sur le refus, fréquent, de prendre en compte les sommes susceptibles de provenir d'une action en responsabilité contre des tiers, V. • Paris, 31 mars 1995 : *Rev. proc. coll. 1995. 145, obs. Soinne* • Versailles, 30 mars 1995 : *ibid. 1995. 441, obs. Soinne.* ♦ ... Les produits exceptionnels réalisés au cours d'un exercice, V. • Com. 2 mai 2001 : *Act. proc. coll. 2001, n° 171.* ♦ Sur la motivation, V. • T. com. Paris, 18 avr. 1988 : *RJ com. 1988. 278, note Derrida* • Com. 16 avr. 1991 : *Gaz. Pal. 1991. 2. Pan. 330* • 22 mars 1994 : *Rev. proc. coll. 1995. 136, obs. Soinne.* ♦ V. aussi Haehl, *RTD com. 1989. 736.*

Le débiteur qui n'a proposé personnellement aucun plan de redressement ne peut contester la liquidation judiciaire au motif qu'il appartenait à l'administrateur de proposer un plan, dès lors que tant dans le régime général que dans la procédure simplifiée, lorsqu'il est nommé un administrateur, aucune disposition légale n'interdit au débiteur d'élaborer un projet de plan de redressement. • Com. 29 avr. 2002 : *Rev. proc. coll. 2004. 48, obs. Lebel.* ♦ Aucun plan de cession de l'entreprise n'ayant été présenté par le débiteur, c'est à bon droit qu'une cour d'appel, après avoir retenu que le plan de continuation proposé n'était pas sérieux et l'avoir écarté, prononce la liquidation judiciaire, sans avoir à rechercher d'office si un plan de cession était possible. • Com. 25 juin 1991 : *Bull. civ. IV, n° 235 ; D. 1992. Somm. 87, obs. Derrida.* ♦ Pour le rejet d'un plan de redressement ne constituant qu'un « projet futur », V. • Com. 27 oct. 1998 : *RTD com. 1999. 955, obs. Saint-Alary-Houin.* ♦ V. aussi, pour la conversion d'un redressement judiciaire en liquidation judiciaire, dans l'hypothèse où, après prolongation de la période d'observation, le débiteur se trouvait toujours dans l'incapacité de proposer un plan d'apurement du passif social, • Com.

27 oct. 1998 : *RTD com. 1999. 955, obs. Saint-Alary-Houin*. – Rappr. : • Com. 3 avr. 2001 : *RJDA 2001, n° 881.* ♦ V. encore, jugeant que, le débiteur ayant vendu son fonds de commerce et n'exerçant plus aucune activité économique, c'est à bon droit qu'une cour d'appel a prononcé sa liquidation judiciaire, dès lors qu'un plan de redressement, par voie de continuation ou de cession, ne peut avoir pour seul objet l'apurement du passif du débiteur mais doit tendre également à la sauvegarde de l'entreprise et au maintien de l'activité et de l'emploi, • Com. 24 oct. 1995 : *Rev. proc. coll. 1995. 410, obs. Soinne.* ♦ Dans le même sens, V. • Com. 17 févr. 1998 : *Bull. civ. IV, n° 82 ; D. 1998. IR. 82 ; D. Affaires 1998. 583 ; JCP E 1998, n° 36, p. 1357, obs. Cabrillac et Pétel ; RTD com. 1998. 675, obs. Saint-Alary-Houin* • 16 févr. 1999 : *RJDA 1999, n° 577 ; Act. proc. coll. 1999, n° 105* • 28 mars 2000 : *Act. proc. coll. 2000, n° 105.* – V. aussi • Paris, 1er mars 2002 : *RJDA 2002, n° 914.* ♦ Pour un arrêt ayant retenu une offre de plan de continuation par voie de reprise interne « insatisfaisante et incomplète », dans le but d'éviter la liquidation judiciaire d'une société exploitant une clinique, V. • Versailles, 4 mars 1999 : *Act. proc. coll. 1999, n° 255.* ♦ Sur le contrôle du sérieux du plan de continuation rejeté, en cas d'appel, V. note 8 *quinquies* ss. ancien art. L. 623-1.

4 bis. Rien n'interdit au tribunal, qui ne désire pas suivre les conclusions de l'administrateur prônant la liquidation judiciaire de l'entreprise, d'adopter un plan de continuation élaboré par le débiteur lui-même avant que la procédure de redressement judiciaire soit passée du régime simplifié sans administrateur au régime général. • Com. 8 juin 1999 : *RJDA 1999, n° 1105 ; RTD com. 2000. 446, obs. Saint-Alary-Houin*.

4 ter. Lorsque, pour donner une solution à la procédure collective, au vu des propositions de l'administrateur ou du débiteur, le tribunal arrête un plan de redressement ou prononce la liquidation judiciaire, il ne statue pas sur une demande au sens des art. 463 et 464 NCPC qui sont, dès lors, inapplicables à une telle décision. • Com. 12 oct. 1993 : *Bull. civ. IV, n° 334 ; D. 1994. Somm. 7, obs. Derrida ; Rev. sociétés 1994. 326, note Saintourens* • 1er oct. 1997 : *Rev. proc. coll. 1998. 340, obs. Soinne.*

5. Si, en vertu des art. 61, al. 3, et 94 [C. com., art. L. 621-62 et L. 621-97], un contrat de location-gérance du fonds de commerce du débiteur en redressement judiciaire ne peut être conclu, après la période d'observation, que sur l'autorisation du tribunal donnée par le jugement arrêtant le plan de cession de l'entreprise, le propriétaire d'un fonds de commerce qui a été mis en redressement judiciaire, tandis qu'était en cours un contrat de location-gérance de ce fonds, peut proposer un plan de continuation de son entreprise prévoyant la poursuite de ce contrat. • Com. 11 avr. 1995 : *Bull. civ. IV, n° 125 ; JCP E 1995. I. 487, n° 3, obs. Cabrillac ; Defrénois 1995. 969, obs. Le Cannu ; Rev. huiss. 1996. 345, note Vidal ; Quot. jur. 9 mai 1995, p. 5, note P. M.*

5 bis. Sur la possibilité, pour le jugement arrêtant un plan de continuation pour deux sociétés, de prononcer la confusion de patrimoines de celles-ci, V. • Com. 6 mai 1997 : *Rev. proc. coll. 1998. 336, obs. Soinne.*

5 ter. Cession partielle. V. note 5 ss. ancien art. L. 621-83.

5 quater. Présence du juge-commissaire. N'est pas contraire à l'art. 6 (1) de la Convention européenne de sauvegarde des droits de l'homme le fait que le juge-commissaire ait pris diverses mesures concernant les sociétés durant la phase d'observation et qu'il ait présidé par la suite le tribunal qui a statué sur le sort de ces sociétés, en l'absence de tout motif objectif de croire que la nature et l'étendue des tâches du juge-commissaire durant la phase d'observation ont impliqué un préjugé sur la question distincte à trancher au sein du tribunal concernant l'appréciation de la viabilité du plan de continuation proposé. • CEDH 6 juin 2000, *Morel c/ France : BICC 2000, n° 879 ; D. 2001. Somm. 1062, obs. Fricero ; ibid. 1610, obs. Niboyet ; RTD com. 2000. 1021, obs. Vallens ; RJ com. 2001. 20, note Sortais ; JCP E 2001, n° 19, p. 797, obs. E. Garaud.* – V. Goyet, *D. 2001. Chron. 328.* – Dans le même sens, V. • Com. 18 mars 2003 : *Dr. sociétés 2004, n° 60, note Legros.* ♦ V. aussi note 1 *bis* ss. ancien art. L. 621-8.

6. Voies de recours. V. art. L. 623-1 et L. 623-6.

7. Nature du plan. BIBL. Amalvy et Derrida, *D. 1988. Chron. 208.* – Gastaud, *Petites affiches 16 juin 1993.* – Soinne, *Rev. proc. coll. 1991. 295.* ♦ Le jugement arrêtant le plan de cession étant revêtu de l'autorité de la chose jugée, il appartient au cessionnaire, qui prétend n'avoir pas été valablement représenté à l'audience et s'être ainsi vu imposer des charges autres que les engagements qu'il avait souscrits au cours de la préparation du plan par la mainlevée irrégulièrement donnée des réserves dont l'offre était assortie, d'user de la faculté de relever appel de cette décision prévue par l'art. 174. • Com. 6 févr. 1996 : *Dr. sociétés 1996, n° 78, obs. Chaput.* ♦ V. note 14 ss. ancien art. L. 621-83.

8. Effets du jugement arrêtant le plan. V. notes 1 à 3 ss. ancien art. L. 621-68.

8 bis. Application de l'art. L. 122-12, al. 2,

C. trav. L'art. L. 122-12, al. 2, C. trav. s'applique à une cession totale ou partielle d'entreprise intervenue dans le cadre de l'art. 61 de la loi du 25 janv. 1985 [C. com., art. L. 621-62] et il n'y est dérogé que dans les limites fixées par l'art. 63 [C. com., art. L. 621-64]. • Soc. 16 mars 1999 : *Bull. civ. V, n° 116.*

9. Responsabilité de l'administrateur. La compétence exercée par le tribunal qui arrête le plan de redressement ne dégage pas l'administrateur de la responsabilité qu'il encourt sur le fondement de l'art. 1382 C. civ. (dans l'hypothèse où les fautes de l'administrateur ont été à l'origine de l'adoption du plan de redressement et du préjudice subi par les fournisseurs amenés à traiter en confiance avec le repreneur). • Com. 11 mai 1999 : *Dr. sociétés 1999, n° 116, obs. Chaput.* ♦ Sur la responsabilité de l'administrateur judiciaire qui a recommandé au tribunal l'adoption d'un plan de continuation dont le succès était aléatoire, sans le mettre en garde sur les risques encourus en cas de continuation de l'activité du fait de la contestation par le bailleur de la qualité de propriétaire des locaux du preneur, V. • TGI Paris, 4 nov. 1998 : *AJDI 1999. 795, obs. Gallet.*

Ancien art. L. 621-63 *Le plan désigne les personnes tenues de l'exécuter et mentionne l'ensemble des engagements qui ont été souscrits par elles et qui sont nécessaires au redressement de l'entreprise. Ces engagements portent sur l'avenir de l'activité, les modalités du maintien et du financement de l'entreprise, du règlement du passif né antérieurement au jugement d'ouverture ainsi que, s'il y a lieu, les garanties fournies pour en assurer l'exécution.*

Le plan expose et justifie le niveau et les perspectives d'emploi ainsi que les conditions sociales envisagés pour la poursuite d'activité.

Les personnes qui exécuteront le plan, même à titre d'associés, ne peuvent pas se voir imposer des charges autres que les engagements qu'elles ont souscrits au cours de sa préparation, sous réserve des dispositions prévues aux articles L. 621-58, L. 621-74, L. 621-88, L. 621-91 et L. 621-96. — [L. n° 85-98 du 25 janv. 1985, art. 62].

1. Personnes tenues d'exécuter le plan. S'agissant d'un plan de continuation prévoyant la restructuration du capital de la société reprise, jugé que la personne tenue d'exécuter le plan est la société restructurée, non la société repreneuse. • Paris, 19 févr. 1991 : *Bull. Joly 1991. 432, note Le Cannu ; Dr. sociétés 1992, n° 136, obs. Chaput.* ♦ Une obligation de résultat concernant l'apurement du passif de la société reprise ne peut être mise à la charge de la société repreneuse que par un engagement de garantie ou de caution. • Même arrêt.

1 bis. Portée de l'obligation d'exécuter le plan. Le repreneur dont l'offre a été retenue par le jugement arrêtant le plan de cession étant tenu d'exécuter ce plan, en vertu de l'art. 62 [C. com., art. L. 621-63], al. 1er, ne peut, en cas d'appel interjeté par l'une des personnes mentionnées à l'art. 174, al. 2 [C. com., art. L. 623-6], se prétendre délié de son offre, en vertu des dispositions de l'art. 21, al. 2 [C. com., art. L. 621-57], qui lui sont, sur ce point, inapplicables. • Com. 9 juin 1992 : *Bull. civ. IV, n° 232 ; D. 1994. Somm. 4, obs. Derrida ; JCP E 1993. II. 479, note Blanc ; Defrénois 1993. 521, obs. Sénéchal.*

Pour le rejet de demandes de repreneurs tendant à se voir déliés de leurs engagements, V. aussi • Com. 31 mars 1998 : *RTD com. 1998. 679, obs. Saint-Alary-Houin ; Rev. proc. coll. 2001. 97, obs. Soinne* • Aix-en-Provence, 23 oct. 1997 : *Gaz. Pal. 1998. 2. Somm. 573.* ♦ V. encore, dans l'hypothèse où le cessionnaire invoquait une erreur sur le chiffre d'affaires de l'entreprise cédée, • Riom, 15 janv. 1997 : *Rev. proc. coll. 2001. 97, obs. Soinne.*

2. Substitution de repreneur. **BIBL.** Robinot et Lafortune, *Gaz. Pal. 1990. 1. Doctr. 221.* – C. Vincent, *Petites affiches 25 nov. 1998, p. 13 ; D. 2004. Chron. 686* (portée de la garantie de l'auteur de l'offre de reprise). ♦ Dès lors que, en application de l'art. 62 [C. com., art. L. 621-63], le tribunal a arrêté le plan de cession proposé par une société et qu'il a désigné cette société comme étant tenue d'exécuter ce plan, cette société se trouve seule tenue de son exécution. • Com. 12 févr. 1991 : *Bull. civ. IV, n° 73 ; Bull. Joly 1991. 633, note Pétel.* ♦ Il résulte de l'art. 62 [C. com., art. L. 621-63] que, si l'offre de cession est assortie d'une faculté de substitution, celle-ci, qui ne peut être exercée qu'en cas d'accord du tribunal, ne décharge pas son auteur de ses obligations. Ce dernier demeure donc personnellement engagé par le plan de cession adopté. • Com. 8 déc. 1998 : *Bull. civ. IV, n° 296 ; D. Affaires 1999. 80, obs. A. L. ; JCP E 1999, n° 18-19, p. 809, obs. Cabrillac et Pétel ; Petites affiches 11 mars 1999, p. 10, note P. M. ; JCP 2000. II. 10234, note Brocard et Jeuland ; RJ com. 2000. 214, note Courtier.* – Dans le même sens, V. • Aix-en-Provence, 21 sept. 2000 : *JCP E 2001, n° 37, p. 1409.* – Comp. : • Paris, 22 janv. 1999 : *Rev. proc. coll. 2001. 71, obs. Soinne.* ♦ Toutefois, cette garantie ne s'étend pas à l'exécution des engagements résultant des contrats cédés par le plan. • Com. 7 janv. 2003 : *Bull. civ. IV, n° 5 ; D. 2003. AJ. 276 ; JCP E 2003, n° 20,* *p. 851, obs. Pételq ; Dr. et patr. juin 2003. 100, obs. Monsèrié-Bon.* ♦ Est inopérante et de nul effet la substitution du cessionnaire désigné dans le plan de redressement, même si le débiteur a agi avec l'assistance de l'administrateur, une telle substitution ne pouvant pas être réalisée par le seul consentement des parties. • Paris, 31 oct. 1989 : *D. 1991. Somm. 14, obs. Derrida* . ♦ Comp., jugeant qu'un repreneur, dont l'offre comporte une faculté de substitution emportant novation de l'ensemble du plan de cession, ne peut se dégager ainsi de la totalité de ses engagements et les transférer à un tiers sans rester garant de l'exécution du plan. • Versailles, 19 déc. 1991 : *RJDA 1992, n° 639.*

3. Si le jugement arrêtant un plan de cession autorise le cessionnaire à se substituer toute personne physique ou morale sous la condition expresse de solidarité du paiement du prix et de maintien des contrats de travail, le tribunal, en organisant la cession de la totalité des actifs, sans régler la composition des ensembles des éléments d'exploitation, qui pouvait seule permettre le fractionnement de l'entreprise, interdit de la sorte au cessionnaire de recourir, le cas échéant, à une substitution autre que totale. • Com. 16 juill. 1991 : *Bull. civ. IV, n° 261 ; D. 1996. Somm. 4, obs. Derrida ; Dr. sociétés 1991, n° 377 ; JCP E 1991. I. 100, n° 5, obs. Pételq et Cabrillac.* ♦ V. aussi, jugeant que seule peut être appliquée la faculté naturelle du repreneur de se substituer une société de son groupe, l'offre ayant été faite tant pour son compte que pour celui de toutes les sociétés appartenant à son groupe, • Montpellier, 7 mai 1991 : *cité note 18 ss. ancien art. L. 621-88.* ♦ Sur la possibilité, pour le bénéficiaire de la cession, de demander au tribunal d'autoriser une modification du plan afin d'opérer cette substitution, V. • Paris, 18 mai 1989 : *Rev. proc. coll. 1990. 150, obs. Le Corre.*

3 bis. Pour un arrêt écartant la possibilité d'une substitution de repreneur résultant de la dissolution de la société bénéficiaire du plan de continuation avec transmission de son patrimoine à l'associé unique, par application de l'art. 1844-5 C. civ., V. • Toulouse, 1er mars 2001 : *Act. proc. coll. 2001, n° 226, obs. Vallansan.*

3 ter. Il y a lieu de faire droit à la demande de modification d'un plan de cession, dès lors que, d'une part, elle est motivée par la restructuration de l'entreprise et la procédure pénale qui s'en est suivie, événements survenus après l'adoption du plan et créant une situation nouvelle que rien ne laissait prévoir et que, d'autre part, elle tend au remplacement du cessionnaire par une société financière nouvellement créée afin de soustraire le plan de cession à une possible remise en cause sur le fondement de l'art. 207, al. 3 [C. com., art. L. 626-12], ce qui permettra d'assurer une meilleure sauvegarde de l'entreprise et de l'emploi. • Paris, 11 mai 1993 : *D. 1994. Somm. 43, obs. Derrida* .

3 quater. Sur la responsabilité de l'administrateur et du commissaire à l'exécution du plan en cas de substitution de cessionnaire sans autorisation judiciaire, V. • Paris, 20 juin 1995 : *Rev. proc. coll. 1996. 406, obs. Soinne.*

4. Concours bancaires. V. notes 2 s. ss. ancien art. L. 621-28.

5. Engagements souscrits. Pour des applications de l'art. 62 [C. com., art. L. 621-63], al. 3, V. • Com. 29 mai 1990 : *Bull. civ. IV, n° 157* • 9 nov. 1993 : *Bull. civ. IV, n° 391* • Versailles, 16 déc. 1993 : *Petites affiches 13 avr. 1994, note Soinne* (à propos des intérêts continués de l'art. 55) • 28 févr. 1995 : *D. 1995. IR. 90* • Cons. conc. n° 95-D-14 du 7 févr. 1995 : *BOCC 6 avr. 1995* (à propos de sanctions pécuniaires pour pratiques anticoncurrentielles antérieures à la cession) • n° 95-D-84 du 19 déc. 1995 : *BOCC 23 avr. 1996* (même cas de figure) • Soc. 16 oct. 2001 : *Act. proc. coll. 2001, n° 253.* ♦ Le cessionnaire désigné par le plan de cession de l'entreprise, n'étant pas l'ayant cause à titre universel du débiteur, ne peut, en vertu de l'art. 62 [C. com., art. L. 621-63], al. 3, se voir imposer d'autres charges que les engagements souscrits par lui lors de la préparation du plan ; en l'absence de disposition contraire du plan, il n'est pas tenu du passif de l'entreprise antérieur à la cession. • Com. 11 oct. 1994 : *Bull. Joly 1994. 1340, note Le Cannu.* ♦ V., toutefois, sur l'application des art. 372-1 et 387 de la loi du 24 juill. 1966 [C. com., art. L. 236-3 et L. 236-22], relatifs à la transmission universelle du patrimoine du débiteur, lorsque le repreneur bénéficie d'une fusion ou d'un apport partiel d'actif soumis au régime des scissions, • Com. 30 mars 1993 : *Bull. civ. IV, n° 134 ; D. 1993. 384, note Le Cannu ; Defrénois 1993. 1229, obs. Sénéchal.*

En revanche, le cessionnaire qui se borne à prétendre que sa proposition d'apurement du passif antérieur avait été présentée en considération d'un certain montant de celui-ci, n'a pas souscrit l'engagement, au sens de l'art. 62 [C. com., art. L. 621-63], de ne payer, dans une certaine proportion, que le seul passif indiqué par l'administrateur de la procédure collective. • Com. 28 juin 1994 : *Bull. civ. IV, n° 243 ; D. 1994. IR. 216 ; JCP E 1995. I. 417, n° 4, obs. Cabrillac.*

Le jugement décidant la reprise par une société d'un ensemble immobilier pour la création d'un fonds commercial, qui indique seulement que le cessionnaire devient responsable de l'exploitation du fonds à compter d'une certaine date, ne permet pas d'imposer au repreneur une quelconque obligation au maintien de l'exploitation d'un supermarché, dès lors que celle-ci s'est avérée déficitaire, et ce même si la présence de cet hypermarché a été initialement conçue, lors de la création du centre, comme devant constituer une « locomotive » pour les commerçants attenants. • Paris, 14 juin 1996 : *D. Affaires 1996. 1183 ; Rev. proc. coll. 1998. 393, obs. crit. Soinne.*

5 bis. Si l'auteur d'une offre de cession totale des actifs d'une entreprise en redressement judiciaire peut l'assortir de la condition suspensive que le ou les dirigeants de la personne morale débitrice souscrivent personnellement tel engagement de non-concurrence à son égard, il n'entre pas dans les pouvoirs du tribunal, lorsqu'il arrête le plan de cession, d'imposer à ce ou ces dirigeants une obligation de non-concurrence qu'ils n'ont pas acceptée. • Com. 17 mars 1998 : *Bull. civ. IV, n° 109 ; D. 1999. 236, note Picod ; D. 1999. Somm. 105, obs. Serra ; D. Affaires 1998. 624, obs. A. L. ; Quot. jur. 28 avr. 1998, p. 3, note P. M. ; JCP 1998. II. 10080, rapp. Rémery ; Bull. Joly 1998. 660 ; JCP E 1998, n° 36, p. 1358, obs. Cabrillac et Pétel ; RTD com. 1998. 676, obs. Saint-Alary-Houin ; Dr. sociétés 1998, n° 124, obs. Chaput.*

5 ter. Dans le cas d'une convention portant cession des actions d'une société en redressement judiciaire, convention subordonnée à l'homologation du plan de continuation devant être soumis au tribunal par les cessionnaires, et prévoyant que ceux-ci s'engageaient à obtenir la mainlevée des cautionnements contractés par le cédant, est légalement justifiée la décision ordonnant aux cessionnaires, après homologation du plan, de garantir le cédant, assigné en exécution de ses cautionnements, les engagements litigieux n'ayant pas modifié les objectifs et moyens du plan souscrits au cours de sa préparation, en ce que, non repris par celui-ci, ils étaient demeurés occultes et le cédant ayant pu, les actions n'ayant pas été frappées d'incessibilité, céder librement celles-ci. • Com. 23 mai 1995 : *RJDA 1995, n° 1289 ; Rev. proc. coll. 1995. 436, obs. Soinne.*

5 quater. Sur la responsabilité du cessionnaire à l'égard du bénéficiaire d'une vente en l'état futur d'achèvement, V. • Com. 29 janv. 1997 : *Rev. proc. coll. 1998. 394, obs. Soinne.*

6. L'art. 62 [C. com., art. L. 621-63], al. 3, ne s'appliquant qu'au juge qui arrête un plan de redressement, une cour d'appel, dès lors que la modification de la date de paiement du prix ne constitue pas une modification substantielle de ce plan, peut décider, hors toute dénaturation des actes de cession, que l'administrateur ayant, sous sa responsabilité, confié au cessionnaire la gestion de l'entreprise avant la signature des actes de cession, était en droit d'exiger en contrepartie le paiement immédiat du prix. • Com. 28 févr. 1995 : *D. 1998. Somm. 7, obs. Derrida*.

6 bis. Le principe de l'interdiction d'aggravation des charges, édicté par l'art. 62, al. 3 [C. com., art. L. 621-63, al. 3], de la loi, doit *a fortiori* recevoir application à l'occasion d'une cession régie par l'art. 156 [C. com., art. L. 622-18]. • Paris, 19 mai 1995 : *D. 1996. Somm. 87, obs. Honorat*.

6 ter. La notion de charge nouvelle est une notion de fait qui relève de l'appréciation souveraine des juges du fond : V. • Com. 14 janv. 1997 : *Rev. proc. coll. 1997. 436, obs. Cadiou.*

6 quater. Clause pénale imposée par le tribunal. En ce sens que ne constitue pas une charge supplémentaire, interdite par l'art. 62 [C. com., art. L. 621-63], la clause garantissant les engagements sociaux du repreneur (contrepartie aux licenciements, pour une durée limitée, visant les contrats de travail repris), V. • Douai, 28 nov. 1996 : *Rev. proc. coll. 1998. 391, obs. Soinne.*

7. Cautionnement par le dirigeant social. Le dirigeant de la société en redressement judiciaire s'étant, dans le cadre du plan de continuation de celle-ci, porté « caution solidaire du passif réellement dû par la société pendant le redressement judiciaire », c'est souverainement qu'une cour d'appel retient que ce passif est celui révélé par les opérations de vérification des créances et non couvert par les actifs de la personne morale. • Com. 2 nov. 1993 : *Bull. civ. IV, n° 377.*

7 bis. En ce sens que le repreneur doit supporter la charge des salaires et charges versés à un salarié dont le licenciement, prévu par le plan, a été refusé par l'inspecteur du travail, ce refus ayant entraîné l'application de l'art. L. 122-12 C. trav., V. • Com. 2 mars 1999 : *Act. proc. coll. 1999, n° 123, obs. Regnaut-Moutier.* ♦ Comp., jugeant que le repreneur qui a dû conserver quatre salariés à statut protégé dont le licenciement, par suite du retard mis par l'administrateur à en demander l'autorisation, n'a pas été autorisé avant l'arrêté du plan de cession, alors qu'il n'avait pas souscrit à cette obligation, a le droit d'obtenir la réparation du préjudice qu'il a subi : • Paris, 28 mai 1999 : *D. 2000. Somm. 3, obs. Derrida ; Rev. proc. coll. 2001. 98, obs. Soinne.*

8. Recours. Sur la recevabilité de l'appel-nullité d'un associé tenu d'exécuter le plan, en cas de méconnaissance de l'art. 62 [C. com., art. L. 621-63], al. 3, V. • Com. 27 avr. 1993 : *Bull.*

civ. IV, n° 152 ; D. 1994. Somm. 45, obs. Derrida ; Rev. sociétés 1993. 648, note Chaput • 28 févr. 1995 : *Bull. civ. IV, n° 57 ; D. 1995. 562, note Bolard ; Rev. proc. coll. 1995. 135, obs. Soinne.*

Ancien art. L. 621-64 ***Lorsque le plan prévoit des licenciements pour motif économique, il ne peut être arrêté par le tribunal qu'après que le comité d'entreprise ou, à défaut, les délégués du personnel ainsi que l'autorité administrative compétente ont été informés et consultés conformément aux dispositions des articles L. 321-8 et L. 321-9 du code du travail.***

Le plan précise notamment les licenciements qui doivent intervenir dans le délai d'un mois après le jugement. Dans ce délai, ces licenciements interviennent sur simple notification de l'administrateur, sans préjudice des droits de préavis prévus par la loi, les conventions ou accords collectifs du travail. — [L. n° 85-98 du 25 janv. 1985, art. 63]. — V. Décr. n° 85-1388 du 27 déc. 1985, ancien art. 64, infra, App., v° Difficultés des entreprises.

1. Licenciements prévus dans le plan. En application de l'art. 63 [C. com., art. L. 621-64], le plan de cession ne devant prévoir que le nombre des licenciements à intervenir avant la cession et les licenciements ne pouvant concerner que des salariés non repris par le cessionnaire, c'est à tort qu'un plan prévoit le licenciement de tous les salariés et la reprise ultérieure de trente-deux salariés d'une entreprise en redressement judiciaire ; les contrats de travail des salariés repris subsistant par le seul effet de l'art. L. 122-12, al. 2, C. trav., les licenciements antérieurement prononcés sont de nul effet. • Soc. 30 juin 1992 : *Bull. civ. V, n° 427.* ♦ En application des dispositions combinées des art. L. 122-12 C. trav. et 63 de la loi du 25 janv. 1985 [C. com., art. L. 621-64], le licenciement prononcé par l'administrateur judiciaire dans le cadre du plan de cession, qui ne doit prévoir que le nombre des licenciements à intervenir, est privé d'effet, lorsque le salarié, même après une suspension d'activité, est repris par l'entreprise cessionnaire à l'égard de laquelle le contrat de travail se poursuit. • Soc. 14 déc. 1999 : *Bull. civ. V, n° 483 ; Rev. proc. coll. 2001. 47, obs. Taquet.* ♦ V. aussi note 8 *bis* ss. ancien art. L. 621-62, notes 14 s. ss. ancien art. L. 621-88 et note 11 ss. ancien art. L. 622-17.

1 bis. Lorsque le plan de cession approuvé par le tribunal de commerce autorise un certain nombre de licenciements pour motif économique, seuls ces licenciements peuvent être prononcés. • Soc. 3 févr. 1998 : *Bull. civ. V, n° 58.*

1 ter. Ne satisfait pas aux exigences de l'art. 63, devenu l'art. L. 621-64 C. com., le jugement arrêtant le plan de cession partielle qui se borne à prévoir le nombre des contrats de travail dont le maintien a été proposé au repreneur sans indiquer le nombre de licenciements autorisés, ni les activités et catégories professionnelles concernées. • Soc. 10 juill. 2001 : *Bull. civ. V, n° 254 ; D. 2001. IR. 2458 ; Act. proc. coll. 2001, n° 193, obs. Vallansan.*

2. Liste nominative. Une liste nominative des salariés licenciés n'a pas à être dressée et serait en toute hypothèse dépourvue d'effet. • Soc. 26 juin 1991 : *Bull. civ. V, n° 328 ; JCP E 1992. II. 274, note Serret* • 27 oct. 1998 : *D. 1998. IR. 247* • 16 mars 1999 : *Bull. civ. V, n° 116.* ♦ Dès lors, le licenciement, sans autorisation de l'inspecteur du travail, d'un salarié protégé, en raison du seul fait qu'il ne figurait pas sur la liste arrêtée par le tribunal de commerce, est constitutif du délit d'entrave aux fonctions de délégué du personnel. • Crim. 17 mars 1992 : *Bull. crim. n° 117 ; D. 1992. IR. 241.* ♦ De même, une cour d'appel peut décider que le licenciement du directeur général d'une société en redressement judiciaire est dépourvu de cause réelle et sérieuse, dès lors qu'elle constate que le salarié a été remplacé immédiatement après son licenciement, faisant ainsi ressortir que l'ordonnance du juge-commissaire a été obtenue par fraude. • Soc. 27 oct. 1998 : *préc.* – V. aussi • Soc. 30 mars 1993 : *Rev. proc. coll. 1993. 311, obs. Soinne.*

3. Ordre des licenciements. Cependant, si le plan de cession de l'entreprise peut prévoir des licenciements économiques, sans liste nominative de salariés, la juridiction prud'homale est seule compétente pour vérifier le respect, par l'employeur, des critères qui doivent être définis pour fixer l'ordre des licenciements. • Soc. 8 avr. 1992 : *Bull. civ. V, n° 260.* ♦ A défaut de convention ou d'accord collectif applicable sur ce point, l'employeur doit définir, après consultation du comité d'entreprise ou, à défaut, des délégués du personnel, pour chaque licenciement collectif, les critères retenus pour fixer l'ordre des licenciements. • Même arrêt.

3 bis. Notification des licenciements. La méconnaissance par l'administrateur du délai d'un mois pour notifier aux salariés concernés la rupture de leur contrat de travail constitue une irrégularité de forme du licenciement de nature à causer un préjudice aux intéressés, qui peuvent en demander réparation. • Soc. 10 juill. 2002 : *Bull. civ. V, n° 242 ; D. 2002. AJ. 2678, obs. Lienhard ; Act. proc. coll. 2002, n° 182, obs. Regnaut-Moutier ; JCP E 2003, n° 5, p. 219,* *obs. Pételé.* ♦ ... Mais n'a pas pour conséquence de priver d'effet l'autorisation de licenciement contenue dans le jugement. • Soc. 21 sept. 2005 : *Bull. civ. V, n° 267 ; D. 2005. AJ. 2446, obs. Lienhard ; D. 2006. Pan. 81, obs. Le Corre ; Act. proc. coll. 2005, n° 217, obs. Vallansan.*

3 ter. Seule une ordonnance du premier président arrêtant l'exécution provisoire du jugement qui adopte le plan de redressement peut avoir pour effet de prolonger la durée de la période d'observation et, par là, de différer la notification des licenciements prévus dans le jugement (application de l'art. 155 du décret du 27 déc. 1985). • Soc. 21 sept. 2005 : *préc. note 3 bis.*

3 quater. Motivation de la lettre de licenciement. La lettre de licenciement est suffisamment motivée lorsqu'elle fait référence au jugement qui arrête le plan et autorise des licenciements. • Soc. 21 sept. 2005 : *préc. note 3 bis.*

4. Condamnation du cessionnaire à verser une indemnité de licenciement. En ce sens que le cessionnaire ne peut être condamné à payer une indemnité de licenciement sans cause réelle et sérieuse ainsi qu'un complément d'indemnité de clientèle au salarié licencié, dès lors que le licenciement a été prononcé par l'administrateur en exécution du jugement arrêtant le plan de cession, V. • Soc. 10 nov. 1999 : *Act. proc. coll. 2000, n° 15.*

V. aussi notes 7 *bis* ss. ancien art. L. 621-63 et 1 ss. ancien art. L. 621-67.

5. Modification des contrats de travail. La proposition de modification des contrats de travail faite par l'administrateur judiciaire est soumise aux dispositions de l'art. L. 321-1-2 C. trav. (relatif à la procédure de modification du contrat de travail consécutive à des difficultés économiques). • Soc. 28 nov. 2000 : *Bull. civ. V, n° 393 ; Act. proc. coll. 2001, n° 22, obs. Taquet.*

Ancien art. L. 621-65 *Le jugement qui arrête le plan en rend les dispositions opposables à tous.*

Toutefois, les cautions solidaires et coobligés ne peuvent s'en prévaloir. — [L. n° 85-98 du 25 janv. 1985, art. 64].

BIBL. ▶ CAMPANA, *Gaz. Pal. 1986. 2. Doctr. 317.* – LIÉNART, *Rev. proc. coll. 1988. 121.* – FRÉMEAUX, *Petites affiches 29 déc. 1997, p. 4* (remises de dettes et plans de règlement). – NSIE, *Rev. proc. coll. 1998. 138* (remises de dettes consenties aux débiteurs en difficulté).

1. Dividende fixé par le plan. Le jugement qui arrête le plan autorise tout créancier à exercer, après l'échéance, une action en paiement du dividende fixé par le plan dès lors que sa créance a été définitivement admise au passif (recevabilité de la demande, en référé, d'une provision). • Com. 14 mars 1995 : *Bull. civ. IV, n° 81 ; D. 1995. Somm. 306, obs. Honorat ; Rev. huiss. 1995. 1214, note Courtier.* – V. déjà • T. com. Paris, 21 mars 1989 : *D. 1991. Somm. 11, obs. Derrida ; Gaz. Pal. 1989. 2. 828, note Marchi.*

1 bis. Actions déclarées incessibles. Lorsque le tribunal adopte un plan de continuation en prononçant l'incessibilité des actions des dirigeants, cette décision, qui a l'autorité de la chose jugée, est, en application de l'art. 64 [C. com., art. L. 621-65], al. 1er, « opposable à tous », y compris à la banque bénéficiaire d'un engagement de caution, qui ne peut donc pratiquer une saisie-arrêt sur ces actions, dès lors qu'elle aboutirait à la vente forcée de celles-ci. • TGI Grenoble, 26 mai 1989 : *D. 1991. Somm. 11, obs. Derrida.*

1 ter. Mesure d'exécution forcée. Le plan de cession, étant opposable à tous en vertu de l'art. 64 [C. com., art. L. 621-65] et plus spécialement aux créanciers dont la créance est antérieure au redressement judiciaire et ayant la valeur d'un « contrat judiciaire », ne pouvant être remis en cause par le juge de l'exécution, un créancier ne saurait y contrevenir de manière unilatérale par le biais d'une mesure d'exécution forcée qui a pour effet de remettre en cause une condition essentielle dudit plan, en ce qui concerne les engagements du cessionnaire. • TGI Castres, JEX, 12 mars 1998 : *Petites affiches 2 juill. 1999, p. 20, note Devésa.*

1 quater. Résiliation du bail. Le plan de continuation, qui prévoit la poursuite de l'activité de l'entreprise et le règlement du passif de celle-ci, est opposable aux créanciers dont la créance a une origine antérieurement au jugement de redressement judiciaire et aux personnes qui ont pris un engagement dans le plan mais ne fait pas obstacle à la poursuite après le jugement d'ouverture du redressement judiciaire d'une action en résiliation du bail pour une cause autre que le défaut de paiement d'une somme d'argent (défaut d'entretien et d'exploitation de domaines viticoles). • Civ. 3e, 21 juill. 1999 : *D. 1999. IR. 229 ; D. Affaires 1999. 1443, obs. V. A.-R ; JCP E 2000, n° 4, p. 126, obs. Pételé.*

1 quinquies. Cession judiciaire de contrat. Le jugement qui arrête le plan de cession en rend les dispositions, y compris celles ordonnant le transfert d'un contrat au cessionnaire en application de l'art. 86 de la loi du 25 janv. 1985 [C. com., art. L. 621-88], applicables à tous. Le concédant ayant résilié unilatéralement le contrat postérieurement au jugement ayant ordonné le transfert de celui-ci au cessionnaire, il en résulte que le commissaire à l'exécution du plan n'est pas recevable à contester la résiliation. • Com. 7 déc. 1999 : *RJDA 2000, n° 317.*

1 sexies. Biens communs. Sur l'exercice des poursuites du chef de l'époux *in bonis,* V. • Com. 8 juill. 2003 : *RJPF 2003, n° 12, p. 18, obs. Vauvillé.* – V. aussi • TGI Lyon, JEX, 15 juin 1993 : *D. 1995. Somm. 8, obs. Derrida* • Paris, 24 janv. 1997 : *D. Affaires 1997. 444* • Aix-en-Provence, 9 avr. 1997 : *JCP E 1997. Pan. 905* • Agen, 11 sept. 1995 : *JCP 1996. IV. 569 ; Cah. jurispr. Aquitaine 1996, n° 1, p. 112, note Saintourens ; Rev. proc. coll. 1998. 266, obs. Soinne* • Toulouse, 3 juin 2004 : *Rev. proc. coll. 2005. 60, obs. Rubellin.* ♦ V. et Comp. : note 8 ss. ancien art. L. 621-40 et note 9 ss. ancien art. L. 621-46.

1 septies. Biens en indivision. En ce sens qu'en vertu de l'art. 815-17, al. 1er, C. civ., le plan ne peut pas concerner les biens en indivision, à moins qu'il n'y ait un accord de tous les coïndivisaires *in bonis*, V. • TGI Tarbes, 5 avr. 1995 : *Rev. proc. coll. 1998. 267, obs. Soinne.*

2. Cautions solidaires. BIBL. Boulez, *Gaz. Pal. 1994. 1. Doctr. 46.* ♦ Malgré leur caractère volontaire, les remises, pouvant, le cas échéant, être réduites par le tribunal, ces réductions de créances participent de la nature judiciaire des dispositions du plan arrêté pour permettre la continuation de l'entreprise ; en conséquence, elles ne peuvent être assimilées aux remises conventionnelles de dette prévues par l'art. 1287 C. civ., et en vertu de l'art. 64 [C. com., art. L. 621-65], al. 2, les cautions solidaires ne peuvent s'en prévaloir. • Com. 17 nov. 1992 : *Bull. civ. IV, n° 355 ; D. 1993. 41, note Vidal ; Defrénois 1993. 527, obs. Sénéchal* • 17 mai 1994 : *Bull. civ. IV, n° 177 ; D. 1994. IR. 156* • 17 janv. 1995 : *Rev. huiss. 1995. 466, note R. Martin* • 26 mai 1999 : *Rev. proc. coll. 2000. 57, obs. Kerckhove.* – V. déjà • Com. 28 mai 1991 : *Bull. civ. IV, n° 179 ; D. 1991. IR. 176 ; RTD com. 1992. 690, obs. Martin-Serf* • Paris, 22 févr. 1989 : *D. 1991. Somm. 12, obs. Derrida*. ♦ Comp. : note 12 ss. ancien art. L. 621-46 et note 3 ss. ancien art. L. 621-48. ♦ Mais, lorsqu'en application d'un plan d'apurement le débiteur procède à des paiements du créancier garant, ils s'imputent sur la dette de la caution. • Aix-en-Provence, 7 oct. 1988 : *Rev. proc. coll. 1989. 535, obs. Delebecque* • 2 déc. 1988 : *ibid.* ♦ V. aussi, sur l'application de l'art. 2037 [2314] C. civ. à un créancier qui n'avait pas demandé au représentant des créanciers d'interjeter appel du jugement lui imposant une remise de dette, • Com. 16 avr. 1991 : *Bull. civ. IV, n° 142 ; JCP 1991. II. 21716, note Bouteiller ; D. 1991. IR. 181.*

L'acceptation expresse ou tacite, par le créancier, de la proposition de remise de dette qui lui est faite en vue de l'élaboration du plan de continuation du débiteur n'est pas constitutive d'une faute, pour avoir privé la caution de son recours subrogatoire à due concurrence, sauf fraude aux droits de celle-ci. • Com. 22 oct. 1996 : *Bull. civ. IV, n° 255 ; D. 1996. IR. 261 ; D. Affaires 1996. 1411 ; Quot. jur. 21 nov. 1996, p. 6, note P.M. ; Rev. dr. bancaire 1996. 242, obs. Campana et Calendini.* – V. aussi • Grenoble, 28 oct. 1996 : *JCP 1997. IV. 2058* • Amiens, 27 févr. 2001 : *Rev. proc. coll. 2001. 76, obs. Soinne.*

2 bis. Si la déchéance du terme non encourue par la société débitrice ne peut plus être invoquée contre les cautions, ces dernières ne peuvent se prévaloir des délais prévus au plan de continuation, lesquels participent de la nature judiciaire de ce plan, arrêté pour permettre la continuation de l'entreprise. Les cautions demeurent, par conséquent, tenues de la partie exigible des dettes de la société débitrice et ne peuvent, à l'égard des dettes non encore exigibles, réclamer que le bénéfice du seul terme convenu dans les différents engagements. • Com. 12 juill. 1994 : *JCP 1994, n° 40, Actualités.*

3. Cautions simples. Il résulte de l'art. L. 621-65 C. com. que les cautions non solidaires peuvent se prévaloir des dispositions du plan de redressement judiciaire. • Com. 23 nov. 2004 : *Bull. civ. IV, n° 203 ; D. 2004. AJ. 3220, obs. Lienhard ; D. 2005. 653, note Lisanti ; Banque et Droit janv.-févr. 2005. 60, obs. Rontchevsky ; JCP E 2005, n° 17, p. 708, obs. Cabrillac ; Petites affiches 19 avr. 2005, p. 12, note Souhami ; RD banc. fin. 2005, n° 48, obs. F.-X. Lucas ; RTD com. 2005. 594, obs. Saint-Alary-Houin ; ibid. 602, obs. Martin-Serf* .

3 bis. Héritiers du débiteur. En ce sens que les héritiers du débiteur au profit duquel a été arrêté un plan de continuation peuvent se prévaloir des dispositions de ce plan, V. • Com. 4 janv. 2000 : *Bull. civ. IV, n° 4 ; Act. proc. coll. 2000, n° 21, obs. Regnaut-Moutier ; RTD com. 2001. 218, obs. Saint-Alary-Houin* .

3 ter. Salariés. L'autorité du jugement qui arrête le plan ne saurait s'étendre à la question du paiement des créances privilégiées dues aux salariés à la date du jugement d'ouverture. • Soc. 19 févr. 2002 : *Bull. civ. V, n° 67 ; D. 2002. AJ. 1141 ; Act. proc. coll. 2002, n° 81, obs. Cagnoli ; JCP E 2002, n° 28, p. 1192, obs. Morvan ; ibid., n° 39, p. 1521, obs. Cabrillac.*

3 quater. Garantie de l'AGS. V. note 19 ss. ancien art. L. 621-132.

3 quinquies. Associés d'une société civile. Un créancier ne peut poursuivre un associé de sociétés civiles d'exploitation agricole en paiement des dettes de ces sociétés, dès lors que celles-ci ont bénéficié d'un plan de redressement dont elles respectent les dispositions d'apurement du passif et que les associés des sociétés civiles, qui sont débiteurs subsidiaires du passif social envers les tiers, peuvent, par application de l'art. 64, al. 1er [C. com., art. L. 621-65, al. 1er], se prévaloir des plans de continuation. • Com. 23 janv. 2001 : *Bull. civ. IV, n° 24 ; D. 2001. Somm. 3427, obs. Honorat ; ibid. AJ. 781, obs. Lienhard ; JCP E 2001, n° 18, p. 751, obs. Pétel ; ibid., n° 20-21, p. 850, note Rémery ; RD banc. fin. 2001, n° 69, obs. F.-X. Lucas ; Bull. Joly 2001. 481, note Couret ; Act. proc. coll. 2001, n° 65, obs. Vallansan ; RJ com. 2001. 189, note Courtier ; RTD com. 2001. 472, obs. Monsèrié-Bon ; Petites affiches 27 sept. 2001, p. 14, note Gibirila ; Rev. sociétés 2001. 847, obs. Dom .*

4. GAEC. La procédure de redressement judiciaire et le plan de continuation concernant uniquement le groupement agricole d'exploitation en commun et non les époux preneurs, seuls titulaires du bail, la procédure collective poursuivie contre le GAEC, même si les biens loués avaient été mis à sa disposition par les preneurs, ne peut faire obstacle à l'action en résiliation du bailleur dont les droits ne sont pas modifiés. • Civ. 3e, 8 oct. 1997 : *Bull. civ. III, n° 183 ; D. Affaires 1997. 1256.*

5. Aide personnalisée au logement. En ce sens qu'il ne peut être déduit du plan d'apurement du passif aucune obligation, pour le prêteur, de restituer au débiteur le montant de l'APL reçu, V. • Com. 26 nov. 1998 : *Bull. civ. IV, n° 282 ; D. 1999. IR. 11 ; D. Affaires 1999. 175, obs. V. A.-R. ; Petites affiches 9 avr. 1999, p. 11, note Courtier.*

Ancien art. L. 621-66 ***Sans préjudice de l'application des dispositions de l'article L. 621-76, la durée du plan est fixée par le tribunal. Cette durée est éventuellement prorogée de celle résultant de l'article L. 621-100 ci-après. Elle ne peut excéder dix ans. Lorsque le débiteur est un agriculteur, elle ne peut excéder quinze ans.*** — [L. n° 85-98 du 25 janv. 1985, art. 65]. — V. Décr. n° 85-1388 du 27 déc. 1985, ancien art. 96-1, infra, App., v° Difficultés des entreprises.

Avant la loi n° 94-475 du 10 juin 1994, qui a modifié l'art. 65 de la loi n° 85-98 du 25 janv. 1985 (désormais codifié à l'ancien art. L. 621-66), aucune disposition ne limitait la durée du plan. — Pour l'entrée en vigueur de cette loi, V. note ss. ancien art. L. 620-1.

1. Durée maximale. En ce sens que la procédure de redressement judiciaire doit être convertie en liquidation judiciaire dès lors qu'il apparaît qu'un plan de continuation ne pourrait être élaboré que sur une période excédant la durée maximale prévue par l'art. 65 [C. com., art. L. 621-66], V. • Amiens, 18 déc. 1997 : *Gaz. Pal. 2000. Somm. 2206, obs. Canet.* ♦ V. note 2 *ter* ss. ancien art. L. 621-76.

1 bis. Prorogation. Le tribunal peut proroger la durée du plan, dès lors qu'elle n'excède pas dix ans, si cette prorogation permet d'atteindre les objectifs du plan, peu important qu'aucune modification substantielle dans les objectifs et les moyens du plan ne soit parallèlement décidée. • Paris, 19 juin 2001 : *D. 2001. AJ. 2892 ; RJDA 2002, n° 70.*

2. Agriculteurs. Ne sauraient être applicables à une personne morale, et spécialement à une société commerciale, quand bien même son activité serait de nature agricole, les dispositions de l'art. 65 [C. com., art. L. 621-66] qui précisent que la durée du plan peut aller jusqu'à quinze ans lorsque le débiteur est agriculteur, conformément à la définition donnée par l'art. L. 311-1 C. rur. • Agen, 8 déc. 1999 : *Dr. sociétés 2000, n° 106, obs. Chaput ; Act. proc. coll. 2000, n° 200, obs. Vallansan.*

Ancien art. L. 621-67 ***Le tribunal fixe la mission de l'administrateur et lui attribue les pouvoirs nécessaires à la mise en œuvre du plan.***

Le représentant des créanciers demeure en fonction pendant le temps nécessaire à la vérification des créances. — [L. n° 85-98 du 25 janv. 1985, art. 66].

RÉP. COM. v° *Entreprises en difficulté – Redressement judiciaire (Procédure et organes)*, par PIGASSOU.

1. Délimitation des pouvoirs. **BIBL.** Soinne, *Rev. proc. coll. 2001. 163.* ♦ En vertu des art. 46, 63, al. 2, 66, 67 et 147 [C. com., art. L. 621-39, L. 621-64, L. 621-67, L. 621-68 et L. 621-143], le représentant des créanciers, qui demeure en fonction pendant le temps nécessaire à la vérification des créances, agit au nom et dans l'intérêt des créanciers ; le commissaire à l'exécution du plan de redressement de l'entreprise est chargé de veiller à l'exécution de celui-ci, tandis que les pouvoirs nécessaires à la mise en œuvre du plan, spécialement en ce qui concerne les licenciements prévus, sont attribués à l'administrateur ; en cas d'ouverture d'une procédure simplifiée de redressement judiciaire sans administrateur, le commissaire à l'exécution du plan assiste le débiteur dans l'accomplissement des actes nécessaires à la mise en œuvre du plan. • Soc. 8 avr. 1992 : *Bull. civ. V, n° 260 ; D. 1992. IR. 187.* ♦ Cassation, pour violation de ces textes, de l'arrêt qui condamne *in solidum* le commissaire à l'exécution du plan, le représentant des créanciers et le débiteur à payer des dommages et intérêts à un salarié irrégulièrement licencié pour motif économique en application d'un plan de cession, alors que la cour d'appel ne peut condamner que l'administrateur ès qualités et le débiteur, ou, en cas de procédure simplifiée et en l'absence de désignation d'un administrateur, que le débiteur assisté du commissaire à l'exécution du plan. • Même arrêt. ♦ V. aussi notes 4 s. ss. ancien art. L. 621-68 et note 3 *bis* ss. ancien art. L. 621-89.

2. Fin des fonctions du représentant des créanciers. Le représentant des créanciers, demeurant en fonction pendant le temps nécessaire à la vérification des créances, est recevable à faire appel d'un jugement ayant reconnu l'existence de cette créance. • Com. 11 avr. 1995 : *JCP 1995. IV. 1478.* ♦ Mais, le représentant des créanciers ne demeure en fonction que pour achever la vérification du passif et n'a plus qualité pour exercer, après le jugement arrêtant le plan, une action en paiement de dommages-intérêts contre une personne à qui il est reproché d'avoir contribué, par des agissements fautifs, à la diminution de l'actif ou à l'aggravation du passif. • Com. 12 juill. 1994 : *Bull. civ. IV, n° 265 ; D. 1995. Somm. 1, obs. Derrida* • 3 janv. 1995 : *Bull. Joly 1995. 266, note Couret.* ♦ Dans le même sens, pour des actions en comblement de passif et en prononcé de faillite personnelle, V. • Com. 24 sept. 2003 : *Bull. civ. IV, n° 143 ; D. 2003. AJ. 2438, obs. Lienhard ; Bull. Joly 2003. 1265, note Cagnoli ; JCP E 2004, n° 5, p. 174, obs. Pétel ; ibid., n° 11, p. 423, note Legros ; Rev. sociétés 2004. 412, note F.-X. Lucas ; Rev. proc. coll. 2005. 150, obs. Martin-Serf.* ♦ V. note 8 ss. ancien art. L. 621-68. ♦ De même, après l'adoption d'un plan de redressement, le représentant des créanciers n'a plus qualité pour demander en référé la désignation d'un expert en vue de rechercher les éléments relatifs à la responsabilité d'une banque pour soutien abusif. • Com. 8 janv. 2002 : *Act. proc. coll. 2002, n° 72.* ♦ V. aussi, sur le défaut de qualité pour agir en rapport du montant d'un chèque, sur le fondement de l'art. L. 621-109 C. com., • Com. 23 nov. 2004 : *Bull. civ. IV, n° 200 ; D. 2004. AJ. 3218, obs. Lienhard ; RD banc. fin. 2005, n° 18, obs. F.-X. Lucas ; Dr. et patr. avr. 2005. 114, obs. Monsèrié-Bon ; RTD com. 2005. 590, obs. Saint-Alary-Houin.* ♦ ... Pour poursuivre une action en nullité de la période suspecte, note 1 *septies* ss. ancien art. L. 621-110. ♦ La fin de non-recevoir tirée du défaut de qualité du représentant des créanciers pour agir en paiement des dettes sociales n'est pas susceptible d'être régularisée par la nomination d'un mandataire *ad hoc.* • Com. 28 mars 2000 : *Bull. civ. IV, n° 72 ; D. 2000. AJ. 212 ; JCP E 2000, n° 40, p. 1561, obs. Pétel.* ♦ Comp., en ce sens que le représentant des créanciers reste recevable à saisir le tribunal d'une demande tendant, non pas à exercer un droit, mais à veiller à la protection des créanciers : • Montpellier, 19 mars 1996 : *D. 1996. IR. 134 ; Rev. proc. coll. 1996. 375, obs. Soinne,* conf. par • Com. 9 juin 1998 : *Bull. civ. IV, n° 184 ; D. 1998. IR. 197 ; D. Affaires 1998. 1218 ; Quot. jur. 24 sept. 1998, p. 3, note P. M.* ♦ V. aussi sur le droit de former un recours en nullité contre la décision arrêtant le plan de cession, • Lyon, 26 juin 1998 : *JCP E 1998, n° 3235, p. 1286.*

3. Sur l'absence d'intérêt du représentant des créanciers pour agir en nullité d'une vente conclue durant la période suspecte, dès lors que la liquidation judiciaire de la société a été clôturée pour extinction du passif et qu'il a été mis fin au redressement judiciaire du dirigeant après adoption du plan d'apurement de son passif, l'intégralité des sommes destinées à couvrir ce passif ayant été consignée entre les mains du représentant des créanciers avant la date de l'assignation en nullité, V. • Com. 29 oct. 1991 : *D. 1992. 424, note Sortais.*

Ancien art. L. 621-68 *Le tribunal nomme pour la durée fixée à l'article L. 621-66 à laquelle s'ajoute éventuellement celle résultant des dispositions de l'article L. 621-100 ci-après un commissaire chargé de veiller à l'exécution du plan. L'administrateur ou le représentant des créanciers peut être nommé à cette fonction. Le commissaire à l'exécution du plan peut être remplacé par le tribunal soit d'office, soit à la demande du procureur de la République.* — V. ancien art. L. 621-90.

Les actions introduites avant le jugement qui arrête le plan soit par l'administrateur, soit par le représentant des créanciers, sont poursuivies par le commissaire à l'exécution du plan.

Le commissaire à l'exécution du plan peut se faire communiquer tous les documents et informations utiles à sa mission.

Il rend compte au président du tribunal et au procureur de la République du défaut d'exécution du plan. Il en informe le comité d'entreprise ou, à défaut, les délégués du personnel. – [L. n° 85-98 du 25 janv. 1985, art. 67].

(L. n° 2003-7 du 3 janv. 2003, art. 43) « ***Toute somme perçue par le commissaire à l'exécution du plan est immédiatement versée en compte de dépôt à la Caisse des dépôts et consignations. En cas de retard, le commissaire à l'exécution du plan doit, pour les sommes qu'il n'a pas versées, un intérêt dont le taux est égal au taux de l'intérêt légal majoré de cinq points.*** »

Pour l'insaisissabilité des sommes versées à la Caisse des dépôts et consignations, V. ancien art. L. 627-1.

Pour l'application des dispositions de la loi n° 2003-7 du 3 janv. 2003 à Mayotte, V. ce texte, art. 48 (JO 4 janv.).

RÉP. COM. v° *Entreprises en difficulté – Redressement judiciaire (Procédure et organes)*, par PIGASSOU.

BIBL. ► BOLARD, *Mélanges Honorat, Frison-Roche, 2000, p. 27.* – BRILL-VENKATASAMY, *RJ com. 1994. 1* (sort des actions en responsabilité à l'encontre des tiers non dirigeants après l'adoption d'un plan de redressement). – SOINNE, *Rev. proc. coll. 2001. 163 ; ibid. 2003. 3 ; Petites affiches 15 janv. 2002, p. 4 ; ibid. 16 janv. 2002, p. 8 ; ibid. 17 janv. 2002, p. 13* (répartition des pouvoirs entre les organes de la procédure). – MONTÉRAN et LE BOURGEOIS, *Rev. proc. coll. 2003. 294* (pouvoirs du commissaire à l'exécution du plan). – LE CORRE, *Gaz. Pal. 29-30 déc. 2004* (durée des fonctions du commissaire à l'exécution du plan).

A. EFFETS DU JUGEMENT ARRÊTANT LE PLAN

1. Le jugement arrêtant le plan de cession de l'entreprise mettant fin, dès son prononcé, à la période d'observation, le débiteur retrouve la totalité de ses pouvoirs, sous réserve de ceux qui sont attribués à l'administrateur pour la mise en œuvre du plan et au commissaire à l'exécution du plan pour veiller à l'exécution de celui-ci. • Soc. 20 janv. 1993 : *Bull. civ. V, n° 16 ; D. 1994. Somm. 40, obs. Derrida* • 3 mars 1994 : *Rev. proc. coll. 1994. 232, obs. Soinne* • 13 juin 2001 : *Act. proc. coll. 2001, n° 199.* – V. aussi • Civ. 3e, 7 juin 2001 : *Act. proc. coll. 2001, n° 212, obs. Regnaut-Moutier.*

1 bis. Après l'arrêté du plan de continuation et sauf disposition contraire de celui-ci, le débiteur, redevenu maître de ses biens, peut disposer de ceux-ci ainsi que de leur prix, sans avoir à solliciter l'autorisation du tribunal ou du juge-commissaire, ses créanciers étant réglés selon les modalités du plan. • Com. 21 févr. 2006 : *D. 2006. AJ. 719, obs. Lienhard ; JCP E 2006, n° 14-15, p. 670, obs. Cabrillac ; Petites affiches 27 avr. 2006, p. 18, note Lebel ; Gaz. Pal. 30 avr.-4 mai 2006, p. 32, obs. Voinot ; Act. proc. coll. 2006, n° 91, obs. Boulay.*

V. aussi note 11 ss. ancien art. L. 621-83.

2. La mission d'assistance confiée à l'administrateur prend fin à la date du jugement arrêtant le plan de continuation et, dès lors, le débiteur est apte à former seul un recours en cassation ; il ne peut donc être soutenu que le pourvoi est irrecevable faute pour le commissaire à l'exécution du plan d'y figurer au lieu et place de l'administrateur chargé d'assister le débiteur. • Com. 30 mars 1993 : *D. 1995. Somm. 6, obs. Derrida.* – Dans le même sens, V. • Com. 15 oct. 2002 : *RD banc. fin. 2003, n° 81, obs. F.-X. Lucas.*

3. Lorsqu'une procédure portant sur des créances nées après le jugement d'ouverture est en cours, au jour du jugement arrêtant le plan, le débiteur doit y être appelé, afin d'y défendre ses intérêts, nul ne pouvant être condamné sans avoir été entendu ou appelé. • Soc. 27 nov. 2001 : *Bull. civ. V, n° 366 ; JCP E 2002, n° 3, p. 112 ; RTD com. 2002. 154, obs. Saint-Alary-Houin.*

B. COMMISSAIRE À L'EXÉCUTION DU PLAN

3 bis. Nomination. S'agissant du choix entre l'administrateur et le représentant des créanciers pour exercer la fonction de commissaire à l'exécution, V., pour un arrêt ayant justifié la préférence donnée à l'administrateur par le fait que l'art. 67 [C. com., art. L. 621-68], al. 1er, laisse à la juridiction saisie toute liberté à cet égard, • Douai, 12 oct. 1995 : *Rev. proc. coll. 1995. 410, obs. Soinne.*

Aucune disposition n'interdit au tribunal de désigner plusieurs commissaires à l'exécution du plan lorsque la situation du débiteur rend ces désignations nécessaires. • Com. 11 déc. 2001 : *RJDA 2002, n° 412.* ♦ Faute de verser aux débats la décision qui aurait réparti les tâches des commissaires ainsi nommés, chacun d'eux doit être considéré comme étant investi de la totalité des pouvoirs dévolus par la loi à cet organe et capable de les exercer seul. • Même arrêt.

3 ter. Qualité. En ce sens que le commissaire à l'exécution du plan a la qualité de « représentant de l'entreprise », V. • Toulouse, 27 févr. 1996 : *Rev. proc. coll. 1998. 348, obs. Soinne.*

Cependant, la révision d'une décision ne pouvant être demandée que par les personnes qui y ont été parties ou représentées, le commissaire à l'exécution du plan ne peut pas demander la révision de l'arrêt auquel a été partie le débiteur mis ensuite en redressement judiciaire. • Com. 16 mars 1999 : *Bull. civ. IV, n° 68 ; D. 1999. Somm. 349, obs. Honorat ; D. Affaires 1999. 718, obs. A. L.*

Sur la validité et l'efficacité d'un avis à tiers détenteur notifié au commissaire à l'exécution du plan, V. note 3 ss. ancien art. L. 627-1.

4. Pouvoirs. Lorsque la mission de l'administrateur a pris fin, l'action en paiement d'une créance née régulièrement après le jugement d'ouverture doit, conformément aux art. 67 [C. com., art. L. 621-68], al. 1er, ci-dessus et 90 du décret du 27 déc. 1985, être dirigée contre le commissaire à l'exécution du plan, désigné pour la durée de ce plan, avec mission de veiller à son exécution. • Soc. 20 janv. 1993 : *préc. note 1.*

5. Les dispositions de l'art. 67 [C. com., art. L. 621-68], al. 2, ne concernent pas les instances qui étaient en cours à la date d'ouverture du redressement judiciaire. • Com. 22 juin 1993 : *Bull. civ. IV, n° 262 ; D. 1994. Somm. 39, obs. Derrida* • Civ. 3e, 16 juin 1999 : *Bull. civ. III, n° 145 ; RJDA 1999, n° 1106 ; Petites affiches 3 mars 2000, p. 17, note Gallet.* ♦ En effet, si le commissaire peut poursuivre les actions introduites par le représentant des créanciers ou l'administrateur, il est néanmoins irrecevable à agir lorsque l'action a été introduite du temps où le débiteur était *in bonis* et que cette action n'a pas été reprise par l'administrateur ou le représentant des créanciers et pas davantage par une nouvelle saisine de la juridiction ou une demande en réouverture des débats. • Aix-en-Provence, 30 sept. 1994 : *Rev. proc. coll. 1995. 414, obs. Soinne.* – Dans le même sens, V. • Paris, 15 oct. 2004 : *RD banc. fin. 2005, n° 57, obs. F.-X. Lucas* • Versailles, 20 janv. 2005 : *BICC 2005, n° 984 ; RD banc. fin. 2005, n° 98, obs. F.-X. Lucas ; RJDA 2005, n° 1017 ; Rev. sociétés 2006. 173, note Sortais.* ♦ V. aussi, jugeant irrecevable la demande du commissaire à l'exécution du plan tendant à sa désignation en qualité de mandataire *ad hoc* avec pour mission de poursuivre l'action introduite par le débiteur, • Paris, 14 janv. 2005 : *Gaz. Pal. 29-30 avr. 2005, p. 28, obs. Voinot.*

5 bis. Après l'adoption d'un plan de cession, les opérations de la procédure collective ne se poursuivent que pour leur achèvement, qu'il s'agisse de la vérification des créances, ou des instances en cours, ou encore de l'exécution du plan. • Montpellier, 19 mars 1996 : *D. 1996. IR. 134 ; JCP E 1996. I. 584, n° 15, obs. Pétel ; Rev. proc. coll. 1996. 375, obs. Soinne,* conf. par • Com. 9 juin 1998 : *D. 1998. IR. 197 ; D. Affaires 1998. 1218 ; Quot. jur. 24 sept. 1998, p. 3, note P. M. ; RTD com. 1998. 931, obs. Saint-Alary-Houin.*

6. Lorsque la mission du représentant des créanciers a pris fin dans les conditions prévues à l'art. 88, al. 2, du décret du 27 déc. 1985, la procédure de vérification et d'admission ouverte par la déclaration de créance est poursuivie par le commissaire à l'exécution du plan ou, si ce dernier n'est plus en fonction, par le mandataire *ad hoc* désigné par le tribunal de la procédure collective. • Com. 25 oct. 1994 : *Bull. civ. IV, n° 313.*

6 bis. Dès lors que les organes de la procédure n'ont pas usé des pouvoirs qui leur ont été conférés par la loi, aucun mandataire, même spécialement nommé (désignation d'un mandataire *ad hoc* pour engager une nouvelle procédure), ne peut recevoir pour mission d'exercer ces pouvoirs, définitivement révolus. • Montpellier, 19 mars 1996 : *préc. note 5 bis.*

7. Il résulte de l'art. 67 [C. com., art. L. 621-68], al. 2, qu'après le jugement arrêtant le plan de redressement, seul le commissaire à l'exécution du plan a qualité pour poursuivre les actions introduites auparavant. • Com. 30 mai 1989 : *D. 1991. Somm. 9, obs. Derrida ; Bull. civ. IV, n° 168.* ♦ En conséquence, est sans qualité à se pourvoir en cassation l'administrateur du redressement judiciaire, agissant comme tel, dans un litige opposant le débiteur à un tiers, faute pour le commissaire de s'être substitué à l'administrateur dans le délai prévu à l'art. 978 NCPC • Même arrêt. ♦ Cette fin de non-recevoir est d'ordre public et peut être relevée d'office. • Même arrêt. – Dans le même sens : • Com. 14 avr. 1992 : *Bull. civ. IV, n° 159 ; D. 1992. Somm. 374, obs. Honorat.* ♦ De même, la personne agissant en qualité d'administrateur judiciaire est sans qualité pour former appel d'un jugement relatif au licenciement d'un salarié auquel elle avait procédé. • Soc. 2 avr. 1996 : *Bull. civ. V, n° 133 ; D. 1996. IR. 123.* ♦ ... Ou pour déposer un mémoire ampliatif. • Soc. 6 nov. 2001 : *Act. proc. coll. 2002, n° 10.* ♦ En revanche, l'administrateur a qualité pour défendre aux actions nées après le jugement arrêtant le plan et destinées à faire obstacle à son exécution. • Paris, 15 janv. 1991 : *D. 1991. IR. 54.*

7 bis. Le commissaire à l'exécution du plan, qui n'a pas engagé en cette qualité une action en responsabilité à l'encontre d'une banque et qui n'a fait que poursuivre en cette qualité l'action introduite par l'administrateur, qui n'avait pas qualité pour l'engager, n'est pas habilité à demander une condamnation sur le fondement de cette action. • Com. 5 janv. 1999 : *D. Affaires 1999. 219, obs. A. L.; Petites affiches 26 janv. 1999, p. 8, note P. M ; RJ com. 1999. 414, note Courtier ; Rev. proc. coll. 2002. 118, obs. Martin-Serf.* ♦ V. aussi note 12 *sexies* ss. ancien art. L. 621-83.

En ce sens que le commissaire à l'exécution du plan ne peut poursuivre l'action en retrait du gage (art. L. 621-24, al. 3) introduite par le représentant des créanciers, ce dernier n'ayant pas lui-même qualité pour agir à cette fin, V. • Com. 2 mars 1999 : *Act. proc. coll. 1999, n° 90.*

7 ter. Le commissaire à l'exécution du plan peut poursuivre les actions intentées par l'administrateur judiciaire, lorsque celles-ci ont pour objet l'achèvement des opérations de la procédure collective ou ont trait à l'exécution du plan. • Paris, 17 nov. 1998 : *Act. proc. coll. 1999, n° 38.* ♦ Tel n'est pas le cas de l'action intentée par l'administrateur en vue de contraindre un prêteur à exécuter son engagement de prêter des deniers à la société sous administration judiciaire avec en contrepartie l'obligation pour la société de rembourser la somme prêtée. • Même arrêt.

8. Le commissaire à l'exécution du plan trouve dans les pouvoirs qui lui sont conférés par l'art. 67 [C. com., art. L. 621-68], al. 2, en vue de poursuivre les actions exercées avant le jugement arrêtant le plan, par le représentant des créanciers, pour la défense de leur intérêt collectif, qualité pour engager également en leur nom une action tendant aux mêmes fins. • Com. 12 juill. 1994 : *Bull. civ. IV, n° 265 ; D. 1995. Somm. 1, obs. Derrida ; Petites affiches 16 juin 1995, p. 22* (cassant • Lyon, 21 févr. 1992 : *D. 1994. Somm. 41, obs. Derrida*). ♦ ... Alors même que le représentant des créanciers aurait été maintenu en fonction pour les seuls besoins de la vérification du passif. • Lyon, 26 févr. 1999 : *BICC 1999, n° 1443 ; RTD com. 2001. 215, obs. Saint-Alary-Houin*. ♦ Par conséquent, le commissaire à l'exécution du plan est compétent, après le jugement ayant arrêté le plan de cession de l'entreprise, pour exercer une action en paiement de dommages-intérêts contre toute personne, fût-elle titulaire d'une créance ayant son origine antérieurement au jugement d'ouverture de la procédure collective, à qui il est reproché d'avoir contribué, par des agissements fautifs, à la diminution de l'actif ou à l'aggravation du passif. • Com. 12 juill. 1994 : *préc.* (comp., sur renvoi : • Chambéry, 21 mai 1996 : *Rev. dr. bancaire 1997. 38, obs. Campana et Calendini)* • 15 févr. 2000 : *RJDA 2000, n° 567.* ♦ Le commissaire à l'exécution du plan est compétent pour exercer une action en responsabilité tendant à la défense de l'intérêt collectif des créanciers (s'agissant d'une action en réparation du préjudice causé aux créanciers par la rupture abusive d'un contrat de concession). • Com. 23 nov. 1999 : *Procédures 2000, n° 65, obs. Laporte ; RTD com. 2001. 217, obs. Saint-Alary-Houin*. – V. aussi • Com. 28 mai 2002 : *Act. proc. coll. 2002, n° 186* (irrecevabilité de l'action du débiteur en responsabilité contre une banque pour rupture brutale de crédit). ♦ Dès lors que la procédure collective n'est pas clôturée, le commissaire à l'exécution du plan demeure investi de sa mission et est recevable à saisir le tribunal pour demander le paiement des dettes sociales par les dirigeants en application de l'art. 180 [C. com., art. L. 624-3]. • Com. 3 janv. 1995 : *Bull. Joly 1995. 266, note Couret ; Dr. sociétés 1995, n° 55, obs. Chaput* (V. l'arrêt d'appel : • Paris, 18 juin 1991 : *Gaz. Pal. 1992. 1. 148, note Marchi ; Dr. sociétés 1992, n° 27, obs. Chaput ; Rev. proc. coll. 1991. 304, obs. Soinne).* ♦ De même, le commissaire a qualité pour engager au nom des créanciers une action en recouvrement d'une créance antérieure au jugement d'ouverture de la procédure collective. • Com. 20 mai 1997 : *Bull. civ. IV, n° 148 ; D. 1998. Somm. 11, obs. Derrida ; D. 1998. Somm. 100 ; D. Affaires 1997. 765* • 29 févr. 2000 : *RJDA 2000, n° 695 ; RTD com. 2001. 217, obs. Saint-Alary-Houin*. – V. aussi • Com. 3 mars 1998 : *RTD com. 1998. 673, obs. Saint-Alary-Houin* • 8 déc. 1998 : *Act. proc. coll. 1999, n° 24 ; RTD com. 2000. 447, obs. Saint-Alary-Houin* • Aix-en-Provence, 9 déc. 1998 : *JCP E 1999, n° 30-34, p. 1270* • Versailles, 8 janv. 1999 : *JCP E 1999, n° 21, p. 891.* ♦ ... Pour déclarer une créance au passif de la caution du débiteur. • Paris, 13 avr. 1999 : *RTD com. 1999. 957, obs. Saint-Alary-Houin*. ♦ ... Pour engager l'action en rapport prévue par l'art. L. 621-109 C. com. • Com. 23 nov. 2004 : *cité note 2 ss. ancien art. L. 621-67.* ♦ ... Ou pour se constituer partie civile des chefs de présentation et de publication de comptes annuels infidèles contre les dirigeants de la société faisant l'objet de la procédure et de confirmation de comptes inexacts contre le commissaire aux comptes. • Crim. 27 nov. 1997 : *Bull. crim. n° 405 ; Rev. sociétés 1998. 596, note Bouloc* • 17 nov. 2004 : *Bull. crim. n° 291 ; D. 2005. AJ. 566, obs. Lienhard ; Dr. sociétés 2005, n° 58, note R. Salomon ; RJDA 2005, n° 403 ; Rev. sociétés 2005. 433, note Bouloc*. ♦ V. aussi, pour l'action en extension du redressement judiciaire, dès lors qu'il s'agit de défendre l'intérêt collectif des créanciers, • Rouen, 25 janv. 1996 : *RJDA 1996, n° 699.* ♦ Le commissaire à l'exécution du plan est également recevable à exercer contre un tiers une action fondée sur l'art. 1167 C. civ. (action paulienne). • Com. 13 nov. 2001 : *Bull. civ. IV, n° 178 ; D. 2001. AJ. 3617, obs. Lienhard ; JCP E 2002, nos 18-19, p. 765, note Blanc ; JCP 2002. II. 10151, note Bost ;*

Dr. et patr. avr. 2002. 100, obs. Monsèrié-Bon ; RD banc. fin. 2002, n° 62, obs. F.-X. Lucas ; RTD com. 2002. 151, obs. Saint-Alary-Houin ; Petites affiches 7 août 2002, p. 8, note M. Sénéchal ; RJ com. 2003. 234, note Sortais • 9 juill. 2002 : *RJDA 2002, n° 1299 ; Rev. proc. coll. 2004. 69, obs. Blanc.* ♦ V. déjà, jugeant que le recouvrement des créances de l'entreprise non incluses dans le plan de cession entre dans les attributions du commissaire à l'exécution du plan, • T. com. Paris, 19 janv. 1993 : *D. 1994. Somm. 41, obs. Derrida* .

Pour la compétence du commissaire à l'exécution du plan s'agissant de confirmer une décision non avenue faute de reprise de l'instance interrompue par le jugement d'ouverture en présence du représentant des créanciers, V. • Com. 2 juin 2004 : *Bull. civ. IV, n° 109 ; D. 2004. AJ. 1974 ; Rev. proc. coll. 2005. 219, obs. Staes.*

Comp., pour des décisions divergentes, jugeant : qu'est irrecevable la demande du commissaire tendant à obtenir la remise des documents comptables permettant de vérifier le passif, qu'il appartenait au représentant des créanciers de réclamer : • T. com. Antibes, 6 mars 1987 : *D. 1991. Somm. 9, obs. Derrida* . ♦ ... Qu'aucune disposition de la loi ne donne compétence au commissaire à l'exécution du plan pour demander l'extension de la procédure de redressement judiciaire d'une société à une autre : • Paris, 5 nov. 1993 : *D. 1994. Somm. 41, obs. Derrida ; RJ com. 1995. 69, note X. Vincent.*

V. aussi note 6 ss. ancien art. L. 621-7.

8 bis. Le commissaire à l'exécution du plan de cession n'a pas qualité pour engager, au lieu et place du débiteur, une action tendant à l'indemnisation du préjudice résultant pour le débiteur d'un abus dans la fixation des prix par son cocontractant. • Com. 18 janv. 2000 : *Bull. civ. IV, n° 16 ; D. 2000. AJ. 86 ; JCP E 2000, n° 17, p. 701, obs. Cabrillac ; Act. proc. coll. 2000, n° 32, obs. Vallansan.* – Rappr. : • Com. 1er oct. 2002 : *Bull. Joly 2002. 1298, note F.-X. Lucas ; RJDA 2003, n° 213.* ♦ V. déjà, jugeant : que le commissaire à l'exécution du plan n'a pas qualité pour exercer une action totalement étrangère à l'exécution du plan de cession, notamment une action relative à la réparation du préjudice subi par un club de football à la suite de sa rétrogradation : • Paris, 7 juill. 1992 : *D. 1994. Somm. 41, obs. Derrida ; JCP 1992. IV. 2913.* ♦ ... Que les attributions du commissaire à l'exécution du plan, s'exerçant dans un cadre légal strictement défini, ne lui permettent pas de représenter le débiteur et d'exécuter à sa place l'arrêt condamnant le débiteur à verser à un salarié une certaine somme : • Aix-en-Provence, 10 nov. 1992 : *D. 1994. Somm. 41, obs. Derrida* .

8 ter. Le commissaire à l'exécution du plan, qui ne représente pas le débiteur, ne peut pas se substituer aux organes légaux de la société pour exiger d'un associé qu'il libère ses apports. • Com. 12 oct. 2004 : *Bull. civ. IV, n° 184 ; D. 2004. AJ. 2790 ; D. 2005. Pan. 295, obs. Le Corre ; Dr. sociétés 2004, n° 210, note F.-X. Lucas ; JCP E 2005, n° 1-2, p. 27, obs. Cabrillac et Pétel ; Bull. Joly 2005. 27, note Cérati-Gauthier ; Rev. sociétés 2005. 219, note Poracchia ; RJ com. 2005. 31, obs. Monsèrié-Bon ; Rev. proc. coll. 2005. 230, obs. Dumont ; ibid. 2006. 46, obs. Lebel ; RTD com. 2005. 592, obs. Saint-Alary-Houin* . ♦ En cas de cession totale des actifs de la société, cette demande incombe à son liquidateur amiable ou à un mandataire *ad hoc*. • Même arrêt.

8 quater. Le commissaire à l'exécution du plan n'a pas qualité pour se désister d'un appel relevé par le débiteur avant sa mise en redressement judiciaire : • Soc. 7 déc. 2005 : *Procédures 2006, n° 110, obs. Martinon.*

9. Bien qu'opportune, la mise en cause du commissaire à l'exécution du plan, dans une procédure intentée par le commerçant ou contre lui, est facultative, de sorte que l'omission de cette formalité n'est assortie d'aucune sanction. • Versailles, 20 avr. 1988 : *D. 1991. Somm. 9, obs. Derrida* .

10. Le commissaire à l'exécution du plan, chargé de veiller à l'exécution de celui-ci, dispose du pouvoir de saisir le tribunal de tout fait de nature à empêcher cette exécution. • Com. 23 janv. 1996 : *Bull. civ. IV, n° 26 ; D. 1996. Somm. 282, obs. Honorat ; JCP E 1996. I. 554, n° 5, obs. Cabrillac* (V. l'arrêt cassé : • Paris, 14 sept. 1993 : *D. 1994. Somm. 41, obs. crit. Derrida ; Gaz. Pal. 1994. 1. 23, note Marchi ; Petites affiches 20 avr. 1994, note Calendini*). ♦ Il résulte de la combinaison des art. 67 et 80, al. 2 [C. com., art. L. 621-68 et L. 621-82], qu'il peut saisir le tribunal aux fins de résolution d'un plan de continuation sans mise en demeure préalable. • Com. 9 déc. 1997 : *Rev. proc. coll. 1998. 348, obs. Soinne.* ♦ V. aussi note 3 *bis* ss. ancien art. L. 621-89.

10 bis. Les pouvoirs du commissaire à l'exécution du plan, sauf cas de prorogation légale de sa mission prévus aux art. 88 et 92 [C. com., art. L. 621-90 et L. 621-95], cessent à la date d'expiration de son mandat. • Crim. 29 nov. 2000 : *Bull. crim. n° 358.* ♦ Il s'ensuit que le commissaire à l'exécution du plan, qu'il ait poursuivi l'action introduite avant sa nomination ou l'ait introduite lui-même, n'a plus qualité, après expiration de ses fonctions et sauf nouvelle habilitation judiciaire, pour suivre l'instance en cours, qui ne peut être poursuivie que par un mandataire de justice spécialement désigné. • Même arrêt. ♦ Dès lors que la durée du plan est expirée, que le prix de cession a été payé comptant et intégralement, et que les fonctions du commissaire à l'exécution du plan n'ont pas été confirmées ou prorogées par une autre décision du tribunal, les missions spécifiques et ponctuelles, relatives à la vente des éléments d'actif échappant au plan de cession, ne peuvent donner compétence au commissaire à l'exécution du plan pour exercer une action en responsabilité. • Com. 15 oct. 2002 : *RD banc. fin. 2003, n° 79, obs. F.-X. Lucas.* ♦ La décision du tribunal qui n'a d'autre objet que de rétablir rétroactivement le commissaire à l'exécution du plan, qui après l'expiration du plan a initié des procédures aux fins de rechercher la responsabilité de diverses sociétés de crédit, est dénuée de tout fondement juridique. • Paris, 18 juin 2002 : *D. 2002. AJ. 2331, obs. Lienhard ; RTD com. 2003. 811, obs. Saint-Alary-Houin.* ♦ V. aussi cet arrêt sur la recevabilité et les modalités procédurales de la tierce opposition formée contre le jugement de prorogation.

V. aussi notes 12 *quinquies* et 12 *sexies* ss. ancien art. L. 621-83.

11. Sur la qualité du commissaire à l'exécution du plan pour agir en justice aux fins de recouvrement du prix de cession, V. note 4 ss. ancien art. L. 621-93. ♦ ... Sur sa désignation pour exercer le droit de vote attaché aux parts sociales dont l'incessibilité a été prononcée, V. note 11 ss. ancien art. L. 621-59.

11 bis. Interruption et reprise de l'instance. Viole les art. 67 [C. com., art. L. 621-68] de la loi et 90 du décret ainsi que l'art. 370 NCPC, l'arrêt qui retient que l'instance, introduite par le représentant des créanciers, s'est valablement poursuivie, alors qu'elle avait été interrompue et n'avait pas été valablement reprise par le commissaire à l'exécution du plan qui « s'en rapportant à la justice » avait contesté la recevabilité et le mérite de l'appel. • Com. 20 janv. 1998 : *Bull. civ. IV, n° 31 ; Quot. jur. 19 mars 1998, p. 6, note P. M.*

11 ter. Intervention à l'instance. Le sort de l'intervention n'est pas lié à celui de l'action principale lorsque l'intervenant principal, commissaire à l'exécution du plan, se prévaut d'un droit propre qu'il est seul habilité à exercer après le jugement ayant arrêté le plan de cession (dans l'hypothèse où la demande principale, qui tendait à rechercher la responsabilité des dirigeants et de leur banque, était irrecevable pour avoir été formée, postérieurement à l'arrêt du plan de cession, en qualité d'administrateur judiciaire). • Com. 29 oct. 2002 : *Bull. civ. IV, n° 154 ; D. 2002. AJ. 3143 ; Act. proc. coll. 2003, n° 1, obs. Cagnoli.*

11 quater. Prorogation de la mission. Aucune disposition du code de commerce relative au plan de continuation ne prive le commissaire à l'exécution du plan de la faculté de solliciter la prorogation de sa mission. • Paris, 26 févr. 2002 : *BICC 2002, n° 977.*

11 quinquies. Responsabilité. Sur la responsabilité, à l'égard du propriétaire du local, du commissaire qui a admis l'installation sur place du cessionnaire, alors que le locataire en redressement judiciaire avait reçu congé avec refus de renouvellement et offre d'indemnité d'éviction avant le jugement d'ouverture, que le repreneur s'est établi dans les lieux et ne les a libérés que trois ans plus tard, et que la cession excluait les baux, V. • Civ. 3e, 28 mai 1997 : *D. 1997. IR. 141 ; D. Affaires 1997. 786.* ♦ Pour l'absence de responsabilité du commissaire à l'exécution du plan à l'égard du bailleur du local commercial, qui lui reprochait notamment de ne pas avoir mis en œuvre la clause résolutoire du contrat de location-gérance conclu avec le cessionnaire, alors que le bailleur pouvait faire jouer lui-même la clause résolutoire du bail, V. • Com. 24 juin 2003 : *pourvoi n° 00-17.822.* ♦ V. aussi note 3 *quater* ss. ancien art. L. 621-63.

Sur la responsabilité disciplinaire, V. note 11 *sexies, infra*, et note 2 ss. art. L. 812-9.

11 sexies. Information relative à l'inexécution du plan. Caractérise la faute disciplinaire l'arrêt qui retient que le dépôt des états trimestriels prévus par les art. 150 de la loi du 25 janv. 1985, devenu l'art. L. 622-7 C. com., et 123 du décret du 27 déc. 1985 ne dispense pas le commissaire à l'exécution du plan de respecter, outre les obligations mises à sa charge par le jugement arrêtant le plan de cession, celles prévues par l'art. 67, al. 4, de la loi du 25 janv. 1985, devenu l'art. L. 621-68, al. 4, C. com. • Com. 8 juill. 2003 : *Bull. civ. IV, n° 125 ; JCP E 2004, n° 5, p. 175, obs. Cabrillac ; RTD com. 2003. 812, obs. Saint-Alary-Houin.*

11 septies. Secret bancaire. Pour l'opposabilité du secret bancaire au commissaire à l'exécution du plan, V. • Com. 10 déc. 2002 : *Bull. civ. IV, n° 194 ; D. 2003. AJ. 134 ; RD banc. fin. 2003, n° 36, obs. F.-X. Lucas ; JCP E 2003, n° 20, p. 849, obs. Cabrillac ; RTD com. 2003. 147, obs. Legeais ; ibid. 810, obs. Saint-Alary-Houin ; Banque et Droit mars-avr. 2003. 58, obs. Bonneau.*

C. RÉSOLUTION DU PLAN

Jurisprudence antérieure à la loi du 10 juin 1994

12. Plan de continuation. Pour la résolution d'un plan de continuation, sur initiative du commissaire à l'exécution, V. • Com. 15 janv. 1991 :

Bull. civ. IV, n° 27 ; Rev. sociétés 1991. 383, note Guyon ; *Bull. Joly 1991. 425, note Le Cannu ; RJ com. 1991. 385, note Merle ; D. 1991. IR. 47.*

Sur la nécessité, pour les juges du fond, de rechercher si la durée du plan de continuation a été prolongée jusqu'au jour où il est statué sur la demande de résolution présentée par le commissaire à l'exécution du plan, V. • Com. 4 janv. 2000 : *RJDA 2000, n° 315.*

13. Plan de cession. Aucune disposition de la loi du 25 janv. 1985, dans sa rédaction antérieure à la loi 94-475 du 10 juin 1994, n'interdisait de prononcer la résolution d'un plan de cession pour défaut de paiement du prix par le cessionnaire, conformément aux principes généraux du droit. • Com. 9 juin 1998 : *Bull. civ. IV, n° 187 ; D. 1998. Somm. 328, obs. Honorat* ; *D. Affaires 1998. 1133 ; RTD com. 1998. 933, obs. Saint-Alary-Houin* (confirmant • Paris, 20 févr. 1996 : *D. 1996. IR. 83*). – V. déjà • Com. 6 mai 1997 : *Bull. civ. IV, n° 124 ; D. 1998. Somm. 6, obs. Derrida* ; *D. Affaires 1997. 766* • TGI Metz, 3 août 1988 : *D. 1991. Somm. 17, obs. Derrida* • T. com. Paris, 30 juill. 1987 : *Gaz. Pal. 1987. 2. 684, note de Guillenchmidt et Marchi.* ♦ V. désormais art. L. 621-91, al. 4, prévoyant le prononcé de la résolution du plan de cession.

Pour une décision prononçant la résolution du plan de cession sans rétroactivité, c'est-à-dire n'entraînant pas restitution des biens cédés et impliquant simplement résiliation des délais accordés, V. • T. com. Saint-Omer, 18 oct. 1994 : *Rev. proc. coll. 1996. 111, obs. Soinne.*

En ce sens que la résolution du plan de cession entraîne l'ouverture d'un nouveau redressement judiciaire à l'encontre du cédant, V. • Paris, 14 mars 1989 : *Rev. proc. coll. 1990. 159, obs. Le Corre.* – *Contra* : • Besançon, 6 janv. 1989 : *ibid. 1990. 157, obs. Le Corre.*

Ancien art. L. 621-69 ***Une modification substantielle dans les objectifs et les moyens du plan ne peut être décidée que par le tribunal, à la demande du chef d'entreprise et sur le rapport du commissaire à l'exécution du plan.*** — V. Décr. n° 85-1388 du 27 déc. 1985, anciens art. 95 et 108, infra, App., v° Difficultés des entreprises.

Le tribunal statue après avoir entendu ou dûment appelé les parties, les représentants du comité d'entreprise ou, à défaut, des délégués du personnel et toute personne intéressée.

Toutefois, en cas de cession de l'entreprise, le montant du prix tel qu'il a été fixé dans le jugement arrêtant le plan ne peut être modifié. — [L. n° 85-98 du 25 janv. 1985, art. 68].

Ancien art. 68 (al. 3) de la loi du 25 janv. 1985 [rédaction antérieure à L. n° 94-475 du 10 juin 1994]

Toutefois, sous réserve des dispositions du second alinéa de l'article 98, en cas de cession de l'entreprise, le montant du prix tel qu'il est fixé dans le jugement arrêtant le plan ne peut pas être modifié. — Pour l'entrée en vigueur de la loi du 10 juin 1994, V. note ss. ancien art. L. 620-1.

1. Champ d'application. L'art. 68 [C. com., art. L. 621-69] ne s'applique pas aux relations contractuelles entre le bailleur et le preneur en redressement judiciaire, qui sont étrangères au plan de continuation. • Civ. 3e, 21 juill. 1999 : *D. 1999. IR. 229 ; D. Affaires 1999. 1443, obs. V. A.-R.*

1 bis. La prorogation du plan ne constitue pas une modification substantielle de ses objectifs ou de ses moyens, au sens de l'art. L. 621-69 C. com., de sorte que cet art. n'a pas à s'appliquer lorsque le commissaire à l'exécution du plan demande la prorogation de ce plan et de sa propre mission. • Com. 23 nov. 2004 : *RJDA 2005, n° 430.*

2. Résolution du plan. V. note 12 ss. ancien art. L. 621-68 ; art. L. 621-82 et L. 621-91.

Sur la résolution d'une location-gérance, V. art. L. 621-98.

3. Notion de modification substantielle. **BIBL.** Haehl, *JCP E 1989. II. 15642.* ♦ Un jugement organisant une cession portant sur des éléments non compris dans le plan initial arrêté par un premier jugement et permettant au cessionnaire d'acquérir l'ensemble de l'actif industriel de l'entreprise en redressement judiciaire tout en augmentant le nombre d'emplois maintenus, une cour d'appel en a exactement déduit que le second jugement arrêtait, conformément à l'art. 68 [C. com., art. L. 621-69], une modification substantielle dans les objectifs et les moyens du plan de cession. • Com. 8 juin 1993 : *Bull. civ. IV, n° 235 ; D. 1994. Somm. 42, obs. Derrida* ; *Rev. huiss. 1994. 196, note Vidal.*

Le licenciement, moins de trois mois après l'arrêté du plan, de quatre salariés sur treize, constitue, compte tenu de l'objectif général de la loi en matière de maintien de l'emploi, une modification substantielle relevant de l'art. 68. • Nancy, 3 avr. 1996 : *JCP E 1998, n° 78, p. 250.*

En revanche, le changement dans la personne du dirigeant, lequel n'avait pas souscrit de garantie personnelle et s'était seulement engagé à l'exécution du plan de continuation, ne constitue pas une modification substantielle du plan homologué par le tribunal. • Paris, 5 oct. 1999 : *Dr. sociétés 2000, n° 41, obs. Chaput.*

La modification substantielle d'un plan, au sens de l'art. 68 modifié par la loi n° 94-475 du 10 juin 1994 [C. com., art. L. 621-69], ne peut avoir pour effet de modifier ou de compromettre l'équilibre du plan de cession précédemment arrêté et doit se fonder sur des causes postérieures au jugement d'arrêté de plan. • Toulouse, 18 janv. 1999 : *Act. proc. coll. 1999, n° 229.* ♦ Il en résulte que doit être rejetée la demande du cessionnaire visant à remettre en cause son engagement de reprendre les abonnements clients antérieurs en cours de validité. • Même arrêt.

Pour un arrêt rejetant une demande de modification fondée sur l'existence de vices affectant le consentement du cessionnaire, V. • Paris, 14 sept. 2001 : *RTD com. 2002. 156, obs. Saint-Alary-Houin* ⌀.

V. aussi notes 2 à 3 *quater* et 6 ss. ancien art. L. 621-63.

4. Demande de modification. La demande de modification, prévue par l'art. 68 [C. com., art. L. 621-69], suppose, sauf à ôter toute portée au droit d'appel, qu'un élément nouveau soit intervenu depuis l'arrêté du plan susceptible de remettre en cause ses dispositions. • Paris, 10 mai 1995 : *D. 1995. IR. 162.* ♦ V. aussi • Toulouse, 18 janv. 1999 : *préc. note 3.*

5. Intangibilité du prix. L'art. 68, al. 3, pose le principe de l'intangibilité du prix de cession sauf [avant la loi du 10 juin 1994, qui a supprimé cette exception] dans l'hypothèse de la location-gérance. • Paris, 6 juill. 1993 : *Gaz. Pal. 1992. 2. Somm. 322.*

5 bis. L'action du cessionnaire qui, invoquant que sur 907 contrats dont la cession avait été ordonnée, 285 ne lui ont pas été transmis, tend à obtenir une modification du prix de cession et se heurte à l'interdiction d'une telle modification prévue par l'art. L. 621-69, al. 3, C. com. • Com. 15 mars 2005 : *RJDA 2005, n° 856.*

6. Opposabilité de la modification. Sur l'opposabilité aux contreparties d'une société de bourse de la modification du plan de cession des actifs de cette société, limitant les possibilités de compensation entre les créances et les dettes de la société aux suspens, c'est-à-dire aux opérations sur titres non dénouées avant la cessation des paiements, V. • Paris, 28 janv. 2000 : *Dr. sociétés 2000, n° 176, obs. Chaput.*

7. Voies de recours. Pour la recevabilité de l'appel du cessionnaire contre le jugement ayant rejeté sa demande de modification du plan de cession, V. note 2 *bis* ss. ancien art. L. 623-6. ♦ Sur l'irrecevabilité de la tierce opposition contre le jugement modifiant le plan de continuation, V. note 1 ss. ancien art. L. 623-3. ♦ ... le jugement modifiant le plan de cession, V. note 8 *bis* ss. ancien art. L. 623-7. ♦ Pour l'irrecevabilité du recours-nullité des créanciers, V. note 13 *ter* ss. ancien art. L. 623-1.

SOUS-SECTION 2 DE LA CONTINUATION DE L'ENTREPRISE

BIBL. GÉN. ▶ CHAPUT, *JCP E 1986. II. 14693.* – REIGNÉ et AMOROS, *Bull. Joly Bourse 2001. 7* (emprunt obligataire et plan de continuation de l'émetteur).

Ancien art. L. 621-70 ***Le tribunal décide, sur le rapport de l'administrateur, la continuation de l'entreprise lorsqu'il existe des possibilités sérieuses de redressement et de règlement du passif.***

Cette continuation est accompagnée, s'il y a lieu, de l'arrêt, de l'adjonction ou de la cession de certaines branches d'activité. Les cessions faites en application du présent article sont soumises aux dispositions des articles L. 621-84 à L. 621-93 et L. 621-96. — [L. n° 85-98 du 25 janv. 1985, art. 69]. — V. Décr. n° 85-1388 du 27 déc. 1985, ancien art. 27, infra, App., v° Difficultés des entreprises.

1. Critères de continuation. **BIBL.** Chaput, *RTD com. 1989. 728.* – Haehl, *ibid. 1989. 736.* – Ponceblanc, *Gaz. Pal. 1991. 2. Doctr. 441.* ♦ Sur le pouvoir souverain de décision des juges du fond, V. • Com. 10 juill. 1990 : *Bull. civ. IV, n° 208* • 21 janv. 1992 : *ibid. IV, n° 28.* ♦ Sur la nécessité qu'existent des possibilités sérieuses de redressement, V. • Com. 12 nov. 1997 : *Bull. civ. IV, n° 289 ; D. 1998. IR. 7 ; D. Affaires 1998. 116, obs. V. A.-R.* • Amiens, 19 févr. 1998 : *Gaz. Pal. 15-16 sept. 2000, p. 40, obs. Canet.* – V. aussi Saint-Alary-Houin, *Mélanges Alfandari, Dalloz, p. 181.* ♦ En ce sens que, pour apprécier s'il existe des possibilités sérieuses de règlement du passif, les juges du fond peuvent prendre en considération toutes les créances déclarées, même non vérifiées, V. • Com. 30 oct. 2000 : *Act. proc. coll. 2000, n° 246.* ♦ V., donnant la préférence à un plan de continuation, • T. com. Lyon, 30 juill. 1986 : *JCP 1986. II. 20700, note Haehl* • Bordeaux, 25 nov. 1993 : *Bull. Joly 1994. 1345, note Baraderie.* ♦ V. note 4 ss. ancien art. L. 621-62.

2. Poursuite de l'activité. La présentation et l'adoption d'un plan de continuation supposent que l'activité soit poursuivie totalement ou partiellement. • Paris, 19 avr. 1988 : *Rev. proc. coll. 1988. 387, obs. Soinne* • 10 juill. 1987 : *ibid. 1988. 65, obs. Soinne.* ♦ V. aussi, écartant une offre de continuation en raison de l'absence envisagée de toute production, s'agissant d'une exploitation agricole, • Com. 12 nov. 1997 : *préc. note 1. – Contra* : • Versailles, 7 janv. 1987 : *ibid. 1987, n° 4, p. 77, obs. Soinne.*

2 bis. Une société civile immobilière n'étant pas une entreprise, la liquidation judiciaire doit être prononcée. • Chambéry, 30 mars 1998 : *Procédures 1998, n° 145, obs. Croze.* ♦ Dès lors qu'au surplus, elle n'a pas d'activité économique susceptible d'être poursuivie ou redressée, la cession qui avait été envisagée dans le plan, s'analyse, en réalité, purement et simplement, comme une vente d'immeuble. • Même arrêt.

2 ter. Sur l'impossibilité de qualifier de plan de continuation un projet de fusion-absorption de la société en redressement judiciaire par une autre société, celle-ci étant ensuite ou concomitamment fusionnée par absorption d'une tierce société, dès lors qu'aucun mandataire social ni associé ne se retrouve dans la nouvelle entité, V. • Paris, 9 oct. 1998 : *Dr. sociétés 1999, n° 101, obs. Chaput.*

3. Apurement du passif. V. note 4 ss. ancien art. L. 621-62.

4. Cession partielle d'actif. BIBL. Sénéchal, *Petites affiches 2 avr. 1990.* ♦ La cession d'un bail rural du père à ses fils membres d'un même GAEC qui ne porte du reste que sur une partie de l'exploitation agricole, ne peut être assimilée à une cession partielle d'actif et n'interdit nullement au tribunal d'adopter un plan de redressement judiciaire agricole par continuation. • Limoges, 21 oct. 1998 : *BICC 1999, n° 632.* ♦ V. art. L. 621-83, al. 2 et 3, et art. L. 621-84.

5. Plan unique pour deux personnes morales distinctes. Aucun texte de principe n'interdit à un tribunal d'arrêter, par un même jugement, un plan unique de redressement de deux personnes morales soumises à deux procédures collectives distinctes, au motif implicite que leurs patrimoines ne sont pas confondus et/ou que ni l'une ni l'autre n'est fictive, dès lors qu'il existe entre ces mêmes personnes morales des « connexions juridiques et financières » telles que le redressement de l'une ne va pas sans le redressement de l'autre. • Rennes, 24 juin 1998 : *RTD com. 1999. 956, obs. Saint-Alary-Houin*.

5 bis. Reprise interne. Sur la nécessité de respecter la clause statutaire de préemption d'actions, lors d'une reprise interne, par changement d'associés, dans le cadre d'un plan de continuation, V. • Caen, 28 sept. 2000 : *Act. proc. coll. 2001, n° 101, obs. Regnaut-Moutier.*

6. Actifs compris dans le plan. Pour l'inclusion, dans le plan de continuation d'un associé de plusieurs sociétés en nom collectif, des actifs de ces sociétés demeurées *in bonis*, V. • Rennes, 30 avr. 1996 : *Rev. proc. coll. 1998. 339, obs. Soinne* • 3 mars 1999 : *JCP E 2000, n° 27, p. 1077, obs. F.-X. Lucas.*

7. Absorption de la société bénéficiaire du plan. Sur les effets d'une telle opération, V. Rép. min. n° 52523 : *JOAN Q, 17 mai 2005, p. 5151 ; D. 2005. 1410.*

Ancien art. L. 621-71 ***Lorsque le débiteur fait l'objet d'une interdiction d'émettre des chèques conformément à l'article 65-3 du décret-loi du 30 octobre 1935 unifiant le droit en matière de chèques et relatif aux cartes de paiement*** [C. mon. fin., art. L. 131-73], ***mise en œuvre à l'occasion du rejet d'un chèque émis avant le jugement d'ouverture de la procédure, le tribunal peut prononcer la suspension des effets de cette mesure pour une durée ne pouvant excéder les délais arrêtés en application de l'article L. 621-76 ou de l'article L. 621-77, selon le cas.***

La décision du tribunal prononçant, en application de l'article L. 621-82, la résolution du plan met fin de plein droit à la suspension des effets de l'interdiction.

Le respect des échéances et des modalités prévues par le plan vaut régularisation de l'incident au sens de l'article 65-3 du décret-loi du 30 octobre 1935 précité [C. mon. fin., art. L. 131-73]. — [L. n° 85-98 du 25 janv. 1985, art. 69-1]. — V. Décr. n° 85-1388 du 27 déc. 1985, ancien art. 103-1, infra, App., v° Difficultés des entreprises. — V. l'art. L. 131-73 C. mon. fin., infra, App., v° Code monétaire et financier (extraits).

L'art. 69-1 de la loi n° 85-98 du 25 janv. 1985, codifié à l'ancien art. L. 621-71, était issu de la loi n° 94-475 du 10 juin 1994. — Pour l'entrée en vigueur de cette loi, V. note ss. ancien art. L. 620-1.

Pour une application de ce texte, V. • T. com. Paris, 3 mars 1998 : *Gaz. Pal. 1999. 2. Somm. 616.*

Ancien art. L. 621-72 ***Dans le jugement arrêtant le plan ou le modifiant, le tribunal peut décider que les biens qu'il estime indispensables à la continuation de l'entreprise ne pourront être aliénés, pour une durée qu'il fixe, sans son autorisation.***

La publicité de l'inaliénabilité temporaire est assurée pour les immeubles conformément aux dispositions de l'article 28 du décret n° 55-22 du 4 janvier 1955 portant réforme de la publicité foncière et pour les biens mobiliers d'équipement au greffe du tribunal dans les conditions prévues par décret en Conseil d'État. — V. ledit art. 28 au **C. civ.**, et Décr. n° 51-194 du 17 févr. 1951, art. 8 à 11, supra, ss. art. L. 525-20. — V. aussi Décr. n° 85-1388 du 27 déc. 1985, ancien art. 87-1, infra, App., v° Difficultés des entreprises.

Tout acte passé en violation des dispositions du premier alinéa est annulé à la demande de tout intéressé, présentée dans le délai de trois ans à compter de la conclusion de l'acte. Lorsque l'acte est soumis à publicité, le délai court à compter de celle-ci. — [L. n° 85-98 du 25 janv. 1985, art. 70].

Biens inaliénables. L'inaliénabilité n'atteint que les biens dont la propriété est celle du débiteur et non ceux dont il n'est que locataire. • Colmar, 25 mars 1987 : *JCP E 1988. II. 15114, n° 9, obs. Cabrillac et Vivant.* ♦ Sur l'inaliénabilité d'un fonds de commerce, V. • T. com. Paris, 2 mars 1987 : *Gaz. Pal. 1987. 2. 482, note Marchi* • T. com. Dunkerque, 1er avr. 2003 : *Gaz. Pal. 2003. Somm. 3256, obs. Delattre* (fonds exploité dans un bâtiment dépendant du domaine public maritime).

§ 1er DE LA MODIFICATION DES STATUTS DES PERSONNES MORALES

RÉP. COM. v° *Entreprises en difficulté - Redressement judiciaire (Personnes morales et dirigeants)*, par DAIGRE.

BIBL. ▶ LE CANNU, *Petites affiches 16 juin 1993.*

Ancien art. L. 621-73 *Le plan mentionne les modifications des statuts nécessaires à la continuation de l'entreprise.* — [L. n° 85-98 du 25 janv. 1985, art. 71].

Refus de l'assemblée. Sur les conséquences du refus de l'assemblée de modifier les statuts (résolution du plan), V. • Com. 15 janv. 1991 : *préc. note 12 ss. ancien art. L. 621-68.*

Ancien art. L. 621-74 *Le jugement qui arrête le plan donne mandat à l'administrateur de convoquer, dans les formes et délais fixés par décret en Conseil d'État, l'assemblée compétente pour mettre en œuvre les modifications prévues par le plan.* — [L. n° 85-98 du 25 janv. 1985, art. 72]. — V. Décr. n° 85-1388 du 27 déc. 1985, ancien art. 99, infra, App., v° Difficultés des entreprises.

Ancien art. L. 621-75 *Les associés ou actionnaires sont tenus de libérer le capital qu'ils souscrivent dans le délai fixé par le tribunal. En cas de libération immédiate, ils peuvent bénéficier de la compensation à concurrence du montant de leurs créances admises et dans la limite de la réduction dont elles sont l'objet dans le plan sous forme de remises ou de délais.* — [L. n° 85-98 du 25 janv. 1985, art. 73].

§ 2 DES MODALITÉS D'APUREMENT DU PASSIF

Ancien art. L. 621-76 *Le tribunal donne acte des délais et remises acceptés par les créanciers dans les conditions prévues aux deuxième et troisième alinéas de l'article L. 621-60. Ces délais et remises peuvent, le cas échéant, être réduits par le tribunal. Pour les autres créanciers, le tribunal impose des délais uniformes de paiement, sous réserve, en ce qui concerne les créances à terme, des délais supérieurs stipulés par les parties avant l'ouverture de la procédure.*

Les délais peuvent excéder la durée du plan. Le premier paiement ne peut intervenir au-delà d'un délai d'un an.

Pour les contrats de crédit-bail, ces délais prennent fin si, avant leur expiration, le crédit preneur lève l'option d'achat. Celle-ci ne peut être levée si, sous déduction des remises acceptées, l'intégralité des sommes dues en vertu du contrat n'a pas été réglée. — [L. n° 85-98 du 25 janv. 1985, art. 74]. — V. Décr. n° 85-1388 du 27 déc. 1985, anciens art. 96-1 et 102-1, infra, App., v° Difficultés des entreprises.

1. Remises imposées. A violé l'art. 74 [C. com., art. L. 621-76], le tribunal qui a imposé aux créanciers chirographaires ayant rejeté les propositions visées à l'art. 24 [C. com., art. L. 621-

60], une réduction de leurs créances. • Versailles, 5 janv. 1988 : *JCP 1988. II. 21002, note Martin-Serf* • Nancy, 10 juin 1987 : *Rev. proc. coll. 1988. 316, obs. Soinne.* ♦ V. aussi notes 1 *quater* et 6 ss. ancien art. L. 621-60.

2. Délais de paiement uniformes. Viole l'art. 74 [C. com., art. L. 621-76] le tribunal imposant aux créanciers privilégiés et chirographaires réfractaires aux propositions des délais différents de paiement. • Versailles, 3 mars 1988 : *D. 1988. IR. 103.* ♦ Cependant, le sort des créanciers privilégiés réfractaires est nécessairement moins favorable que celui des créanciers privilégiés acceptants, puisque la loi contraint les juges à aligner leur sort sur celui des créanciers chirographaires réfractaires. • Versailles, 19 mai 1988 : *D. 1988. 562, concl. Challe ; JCP E 1988. II. 15300 et 15301 ; Gaz. Pal. 1988. 2. 590, note de Guillenchmidt.*

V. aussi • Com. 16 nov. 1993 : *Bull. civ. IV, n° 410 ; D. 1995. Somm. 7, obs. Derrida*

Pour une analyse comparée de la situation des créanciers « refusants » et des créanciers « acceptant », V. Soinne, *Rev. proc. coll. 1998. 359.*

2 bis. Modification du plan. En ce sens que les dispositions de l'art. 24 [C. com., art. L. 621-60], al. 2, visant l'acceptation tacite dans le cadre du plan de redressement ne doivent pas être étendues à une proposition de modification du plan car la stipulation d'une acceptation tacite constituerait une violation de l'art. 74 [C. com., art. L. 621-76] qui interdit d'imposer une réduction de créance, V. • Reims, 9 sept. 1998 : *JCP E 1999, n° 23, p. 987.*

2 ter. Durée des délais. Les délais de paiement du passif peuvent excéder la durée maximale du plan, fixée à dix ans par l'art. L. 621-66 C. com. • Bordeaux, 8 avr. 2002 : *Banque et Droit juill.-août 2002. 52, obs. Guillot* • T. com. Paris, 28 déc. 1995 : *Rev. proc. coll. 1996. 443, obs. Soinne.*

Sur la durée des remboursements, V. Soinne, *Rev. proc. coll. 1998. 355.*

2 quater. Paiement annuel. Aucune disposition n'interdit au tribunal, qui décide des modalités d'apurement du passif en cas de continuation, de prévoir un paiement annuel de dividende aux créanciers tout en obligeant le débiteur à provisionner mensuellement le montant de celui-ci entre les mains du commissaire à l'exécution du plan. • Orléans, 23 nov. 2000 : *RJDA 2001, n° 478.*

3. Prêts participatifs. V. note 1 ss. C. mon. fin., art. L. 313-16, *infra*, App., v° *Code monétaire et financier (extraits).*

4. Cautions. V. note 2 ss. ancien art. L. 621-66.

5. Intérêts moratoires. V. note 2 *bis* ss. ancien art. L. 621-48.

6. Crédit-bail. Sur l'impossibilité d'appliquer les dispositions de l'art. 74, al. 3, ajoutées par la loi du 10 juin 1994 [C. com., art. L. 621-76], dans le cadre de procédures ouvertes avant le 1er oct. 1994, V. • Rouen, 11 mai 1995 : *Gaz. Pal. 1995. 2. Somm. 521.*

7. Lorsque le contrat est venu à expiration pendant la période d'observation et que la levée de l'option est intervenue pendant cette période, l'art. 74 [C. com., art. L. 621-76] est inapplicable. Dans ce cas, l'art. 33 [C. com., art. L. 621-24] interdit tout règlement des créances nées antérieurement au redressement judiciaire et rend impossible le paiement des échéances impayées avant l'ouverture de la procédure. • T. com. Nice, 4 nov. 1997 : *D. 1998. IR. 15.* ♦ Le seul paiement de la valeur résiduelle du bien ne peut donc être refusé par le crédit-bailleur qui ne peut s'opposer au transfert de propriété. • Même jugement. ♦ Le paiement des échéances de la période antérieure au jugement doit s'effectuer conformément au plan de redressement. • Même jugement.

Ancien art. L. 621-77 ***Le plan peut prévoir un choix pour les créanciers comportant un paiement dans des délais uniformes plus brefs mais assorti d'une réduction proportionnelle du montant de la créance.***

Dans ce cas, les délais ne peuvent excéder la durée du plan.

La réduction de créance n'est définitivement acquise qu'après versement, au terme fixé, de la dernière échéance prévue par le plan. — [L. n° 85-98 du 25 janv. 1985, art. 75].

1. Si un choix est proposé aux créanciers consultés individuellement par lettre recommandée, cette lettre doit préciser le terme du choix qu'ils seront censés accepter à défaut de réponse dans les délais légaux. • T. com. Marseille, 16 mai 1991 : *D. 1995. Somm. 4, obs. Derrida ; Rev. proc. coll. 1996. 447, obs. Soinne.*

1 bis. Il résulte de l'art. 75, devenu l'art. L. 621-77 C. com., que la créance ayant fait l'objet d'une réduction dans le cadre du plan est éteinte lorsque le débiteur a exécuté ses engagements ; dès lors, le dépôt de garantie qui a pu être versé pour l'exécution des obligations doit être restitué. • Com. 26 juin 2001 : *Act. proc. coll. 2001, n° 200 ; RJDA 2001, n° 1223.*

2. Sur la comptabilisation des réductions de créances, V. • Amiens, 19 févr. 1998 : *Gaz. Pal. 2000. Somm. 2200, obs. Canet.*

3. Le « terme fixé » au sens de l'art. L. 621-77,

al. 3, C. com., n'est pas celui prévu en faveur du créancier qui a consenti la remise, mais celui de la dernière échéance prévue au plan en faveur du dernier créancier inscrit au passif. • TGI Béthune, 19 févr. 2003 : *BICC 2003, n° 1014 ; D. 2003. AJ. 908* ♦ De sorte, il appartient au créancier, bénéficiaire d'un cautionnement, qui a consenti une remise, de déclarer, même après avoir perçu son dû, le solde de sa créance [à la liquidation judiciaire ouverte après résolution du plan de continuation] auquel il avait renoncé dans un premier temps ; faute de le faire, il perd son recours contre la caution. • Même jugement.

4. En ce sens qu'en cas d'ouverture d'une seconde procédure collective consécutive à l'échec du plan de continuation, le créancier n'est pas lié par la réduction de créance qu'il a consentie, alors même que le tribunal n'a pas prononcé la caducité du plan, V. • Paris, 31 mai 2005 : *RTD com. 2005. 595, obs. Saint-Alary-Houin* .

V. note 2 *bis* ss. ancien art. L. 621-79.

Ancien art. L. 621-78 ***I. — Par dérogation aux dispositions des articles L. 621-76 et L. 621-77, ne peuvent faire l'objet de remises ou de délais :***

1° Les créances garanties par le privilège établi aux articles L. 143-10, L. 143-11, L. 742-6 et L. 751-15 du code du travail ;

2° Les créances résultant d'un contrat de travail garanties par les privilèges prévus au 4° de l'article 2101 et au 2° de l'article 2104 du code civil lorsque le montant de celles-ci n'a pas été avancé par les institutions mentionnées à l'article L. 143-11-4 du code du travail ou n'a pas fait l'objet d'une subrogation.

II. — Dans la limite de 5 % du passif estimé, les créances les plus faibles prises dans l'ordre croissant de leur montant et sans que chacune puisse excéder un montant fixé par décret, sont remboursées sans remise ni délai. Cette disposition ne s'applique pas lorsque le montant des créances détenues par une même personne excède un dixième du pourcentage ci-dessus fixé ou lorsqu'une subrogation a été consentie ou un paiement effectué pour autrui. — [L. n° 85-98 du 25 janv. 1985, art. 76]. — V. Décr. n° 85-1388 du 27 déc. 1985,ancien art. 101, infra, App., v° Difficultés des entreprises.

1. Créances salariales. La créance de l'AGS correspondant au montant des créances salariales garanties par le superprivilège des salariés entre dans les prévisions de l'art. 76, 1°, devenu l'art. L. 621-78, 1°, C. com., et ne peut, en vertu de ce texte, faire l'objet d'un délai de paiement ; cette disposition, au contraire de celle du 2° du même art., ne profite, en effet, pas seulement aux salariés mais aussi à ceux qui ont acquis leur créance, dont l'AGS subrogée dans leurs droits. • Orléans, 22 févr. 2001 : *Act. proc. coll. 2001, n° 102, obs. Soinne.* ♦ V. aussi note 3 *ter* ss. ancien art. L. 621-65 et note 3 ss. ancien art. L. 621-129.

2. Entrepreneurs de travaux publics. Le bénéficiaire du privilège spécial mobilier, prévu par l'art. L. 143-6 C. trav. (issu de la loi du 26 pluviôse An II) auquel ne s'appliquent pas les dérogations énumérées par l'art. 76 de la loi du 25 janv. 1985 [C. com., art. L. 621-78], est soumis, comme les autres créanciers privilégiés, aux modalités d'apurement du passif décidées par le jugement arrêtant le plan de continuation. • Com. 17 févr. 1998 : *Bull. civ. IV, n° 83 ; D. Affaires 1998. 538 ; JCP E 1998, n° 36, p. 1357, obs. Cabrillac.*

Ancien art. L. 621-79 ***L'inscription d'une créance au plan et l'octroi de délais ou remises par le créancier ne préjugent pas l'admission définitive de la créance au passif.***

Les sommes à répartir correspondant aux créances litigieuses ne sont versées qu'à compter de l'admission définitive de ces créances au passif. Toutefois, la juridiction saisie du litige peut décider que le créancier participera à titre provisionnel, en tout ou partie, aux répartitions faites avant l'admission définitive.

Sauf disposition législative contraire ou si le plan n'en dispose autrement, les paiements prévus par le plan sont portables. — [L. n° 85-98 du 25 janv. 1985, art. 77].

BIBL. ▶ HUILLE, *Gaz. Pal. 2001. Doctr. 298* (répartitions provisionnelles).

A. PORTÉE DE L'INSCRIPTION D'UNE CRÉANCE AU PLAN

1. Le plan de continuation doit prévoir le règlement de toutes les créances déclarées, même si elles sont contestées. • Com. 6 janv. 1998 : *Bull. civ. IV, n° 8 ; D. 1998. IR. 39 ; D. Affaires 1998, p. 205, obs. V. A.-R. ; Quot. jur. 10 févr. 1998, p. 6, note P. M. ; JCP E 1998, n° 17, p. 654, obs. Cabrillac ; Rev. dr. bancaire 1998. 72, obs. Campana et Calendini.* ♦ Le créancier qui n'a pas reçu les dividendes fixés par le plan qui n'incluait pas sa créance peut en demander la résolution, en vertu de l'art. 80 [C. com., art. L. 621-82]. • Même arrêt. – V. aussi : • Com. 9 déc. 1997 : *JCP E 1998, n° 6, p. 205.*

Sur la responsabilité civile du représentant des créanciers, V. note 5 ss. ancien art. L. 621-103.

2. Viole l'art. 77 [C. com., art. L. 621-79], al. 1er, l'arrêt qui, pour admettre une créance à un montant inférieur à celui déclaré, énonce que les personnes exécutant le plan de redressement d'une entreprise ne peuvent se voir imposer des charges autres que les engagements souscrits par elles au cours de sa préparation et relève que le débiteur s'est engagé dans le projet de plan à régler cette somme en dix ans, alors que l'inscription au plan de la créance ne fait pas obstacle à son admission, pour la somme déclarée, et alors que la cour d'appel constate que cette créance est pleinement justifiée par les factures produites. • Com. 14 juin 1994 : *Bull. civ. IV, n° 216 ; D. 1995. Somm. 6, obs. Derrida ; RTD com. 1995. 481, obs. Martin-Serf.*

2 bis. Hors le cas où le créancier a entendu faire une remise de dette pleine et entière, même pour partie de son montant, conformément aux art. 1282 s. C. civ., les réductions de créances consenties au débiteur pour favoriser le redressement de l'entreprise, dans le cadre d'un plan de continuation ou d'option en application de l'art. 75 de la loi du 25 janv. 1985 [C. com., art. L. 621-77], ne sont acquises définitivement qu'après règlement de la dernière échéance et, conformément à l'art. 77 [C. com., art. L. 621-79], al. 1er, ne peuvent faire obstacle à l'admission au passif des créances pour leurs montants justifiés. • Paris, 2 juill. 1999 : *Act. proc. coll. 1999, n° 206.*

3. Le juge-commissaire ayant admis la créance d'une banque pour son seul montant en principal, hors intérêts, et le plan de continuation ayant prévu le règlement des créances déclarées pour leur seul montant en capital, il en résulte que le débiteur n'est pas tenu de régler les intérêts de la créance de la banque. • Com. 23 nov. 2004 : *RTD com. 2005. 595, obs. Saint-Alary-Houin.*

B. PAIEMENTS PRÉVUS PAR LE PLAN

Jurisprudence partiellement relative à l'ancien art. 77, al. 3.

4. Le jugement qui arrête le plan de continuation autorise tout créancier à exercer après l'échéance, y compris en référé, une action de droit commun en paiement du dividende fixé par le plan, dès lors que sa créance a été définitivement admise au passif. • Paris, 6 févr. 2002 : *BICC 2002, n° 1283.* ♦ En conséquence, n'est pas fondée l'exception d'incompétence au profit du tribunal de la procédure collective soulevée par le débiteur. • Même arrêt. ♦ V. aussi, pour l'engagement d'une mesure d'exécution forcée, • Com. 15 oct. 2002 : *RTD com. 2003. 168, obs. Vallens.* ♦ V. note 1 ss. ancien art. L. 621-65.

5. La loi ne prévoit aucune déchéance ou forclusion relative aux demandes tardives de paiement de dividendes échus et seules les règles de la prescription font obstacle à de telles demandes. • Com. 22 oct. 1996 : *Bull. civ. IV, n° 254 ; D. Affaires 1997. 27 ; Rev. dr. bancaire 1996. 243, obs. Campana et Calendini.*

6. Il résulte de l'art. 1680 CGI que les impôts et taxes visés par ce code ne sont pas quérables, mais payables à la caisse du comptable du Trésor chargé du recouvrement des impôts directs détenteur du rôle, ou suivant les modes de paiement autorisés par le Ministre de l'économie et des finances. • Com. 2 févr. 1993 : *Bull. civ. IV, n° 42 ; D. 1995. Somm. 5, obs. Derrida.*

Sur l'ancien principe de quérabilité des créances, V. aussi : Rép. min. n° 23374 : *JO Sénat Q, 18 mars 1993, p. 485.* ♦ L'art. L. 621-79, al. 3, dans sa rédaction issue de la loi n° 94-475 du 10 juin 1994, prévoit désormais que les paiements prévus par le plan sont portables. ♦ Pour l'entrée en vigueur de cette modification, V. note ss. ancien art. L. 620-1, C. com.

Ancien art. L. 621-80 ***En cas de vente d'un bien grevé d'un privilège spécial, d'un nantissement ou d'une hypothèque, les créanciers bénéficiaires de ces sûretés ou titulaires d'un privilège général sont payés sur le prix après le paiement des créances garanties par le privilège établi aux articles L. 143-10, L. 143-11, L. 742-6 et L. 751-15 du code du travail.***

Ils reçoivent les dividendes à échoir d'après le plan, réduits en fonction du paiement anticipé, suivant l'ordre de préférence existant entre eux.

Si un bien est grevé d'un privilège, d'un nantissement ou d'une hypothèque, une autre garantie peut lui être substituée en cas de besoin, si elle présente des avantages équivalents. En l'absence d'accord, le tribunal peut ordonner cette substitution. — [L. n° 85-98 du 25 janv. 1985, art. 78]. — V. Décr. n° 85-1388 du 27 déc. 1985, anciens art. 100, 102 et 155, infra, App., v° Difficultés des entreprises.

1. Paiement des créanciers privilégiés. Pour un arrêt jugeant que l'art. L. 621-80 C. com. et l'art. 102 du décret du 27 déc. 1985 ne trouvent à s'appliquer que lorsque la vente du bien grevé a été prévue par le plan de continuation et qu'elle intervient dans le cadre de l'exécution du plan, V. • Besançon, 13 nov. 2003 : *Act. proc. coll. 2004, n° 32, obs. Vallansan ; Rev. proc. coll. 2005. 61, obs. Rubellin.* ♦ Sur les modalités d'application de l'art. L. 621-80, al. 1er et 2, V. • Douai, 11 mars 1993 : *Rev. proc. coll. 1993. 490, obs. Soinne.*

2. Substitution de garanties. **BIBL.** Pohé, *Rev. proc. coll. 1992. 45.* ♦ L'art. 78 [C. com., art. L. 621-80], al. 3, n'autorise pas le juge à substituer une caution bancaire à l'immeuble dont la réalisation est envisagée et qui doit sortir du patrimoine gage des créanciers soumis au plan de continuation. • Paris, 29 juin 1993 : *D. 1995. Somm. 5, obs. Derrida* ✎. ♦ Par suite, le juge, statuant sur une demande de modification du plan de continuation qui prévoyait qu'un immeuble ne pourrait être cédé sans son autorisation, subordonne à bon droit cette autorisation au règlement du passif, tant des créanciers titulaires de sûretés sur l'immeuble que des créanciers chirographaires. • Même arrêt.

Ancien art. L. 621-81 ***En cas de cession partielle d'actifs, le prix est versé à l'entreprise sous réserve de l'application de l'article L. 621-80.*** — [L. n° 85-98 du 25 janv. 1985, art. 79].

Ancien art. L. 621-82 ***Si le débiteur n'exécute pas ses engagements dans les délais fixés par le plan, le tribunal peut, d'office ou à la demande d'un créancier, le commissaire à l'exécution du plan entendu, prononcer la résolution du plan et l'ouverture d'une procédure de liquidation judiciaire.***

Le tribunal peut également être saisi à la demande du commissaire à l'exécution du plan ou du procureur de la République.

Les créanciers soumis au plan déclarent l'intégralité de leurs créances et sûretés, déduction faite des sommes perçues. — [L. n° 85-98 du 25 janv. 1985, art. 80]. — V. Décr. n° 85-1388 du 27 déc. 1985, ancien art. 103-1, al. 3, infra, App., v° Difficultés des entreprises.

Ancien art. 80 (al. 1er) de la loi du 25 janv. 1985 [rédaction antérieure à L. n° 94-475 du 10 juin 1994] ***Si le débiteur n'exécute pas ses engagements financiers, dans les délais fixés par le plan, un créancier ou groupe de créanciers représentant au moins 15 p. cent des créances peut, après avoir informé le commissaire à l'exécution du plan, saisir le tribunal aux fins de résolution du plan et d'ouverture d'une procédure de redressement judiciaire qui ne peut tendre qu'à la cession ou à la liquidation judiciaire.*** — Pour l'entrée en vigueur de la loi du 10 juin 1994, V. note ss. ancien art. L. 620-1 et note 7 ci-dessous.

BIBL. ▶ Vallens, *JCP E 1987. II. 14979.* – Ponceblanc, *Gaz. Pal. 1991. 1. Doctr. 135.* – Haehl, *Petites affiches 16 juin 1993.* – Frison-Roche, *Rev. proc. coll. 1994. 339* (sort des engagements non financiers). – Seube, *JCP E 1999, n° 13, p. 564* (effets de la résolution). – Feugère, *JCP E 2001, n° 26, p. 1078* (le plan de continuation : de la résolution à la caducité).

1. Décision judiciaire. L'inexécution du plan de redressement par le débiteur n'entraîne pas de plein droit à l'échéance la résolution de ce plan, laquelle doit être judiciairement prononcée, peu important que la durée du plan soit expirée. • Com. 15 févr. 2005 : *RJDA 2005, n° 733.*

1 bis. Domaine d'application. La résolution du plan de continuation doit être prononcée en l'absence de règlement du passif à l'échéance fixée, sans qu'il soit nécessaire qu'il y ait eu mise en demeure du débiteur. • Com. 9 déc. 1997 : ⚖ *Bull. civ. IV, n° 330.* ♦ Constitue une inexécution du plan de continuation de l'entreprise, justifiant sa résolution, le défaut de paiement à l'échéance d'une créance fiscale visée au CGI qui, n'étant pas quérable selon l'art. 1680 de ce code, dont l'ancien art. 77, al. 3, de la loi du 25 janv. 1985 réservait l'application, n'avait pas à faire l'objet, avant la demande de résolution du plan, d'une réclamation de la part du comptable du Trésor. • Com. 2 févr. 1993 : ⚖ *Bull. civ. IV, n° 42.* ♦ En revanche, en présence d'un plan de continuation précisant expressément que chaque annuité serait calculée en fonction du montant du passif vérifié et admis, il ne peut être reproché au débiteur une infraction au plan de redressement suffisamment sérieuse pour entraîner sa résolution, dès lors que, le passif vérifié et admis n'ayant été établi que courant octobre 1996, le montant de chaque annuité, et en conséquence de chaque provision mensuelle, n'était pas connu avant octobre 1996. • Besançon, 29 avr. 1998 : *RJ com. 1999. 358, note Haennig.* – Dans le même sens, V. • Com. 8 juin 1999 : ⚖ *RJDA 1999, n° 1108 ; RTD com. 2000. 449, obs. Saint-Alary-Houin* ✎. ♦ En ce sens que lorsque l'entreprise est viable, la résolution du plan de continuation doit être écartée au profit de sa modification, V. • Rouen, 10 juin 1999 : *Act. proc. coll. 2000, n° 156 ; Rev. proc. coll. 2001. 79,* *obs. Soinne* • Toulouse, 31 mars 2005 : *RJDA 2006, n° 677.*

1 ter. Pour la résolution du plan de continuation dont bénéficiait une société détenant des participations financières dans des sociétés d'ingénierie immobilière, aux motifs qu'elle n'avait aucune activité et qu'elle entendait seulement survivre dans le but de poursuivre les procédures qu'elle avait engagées contre ses créanciers, V. • Paris, 16 nov. 2001 : *RJDA 2002, n° 414.*

2. Sur la recevabilité d'une demande du commissaire à l'exécution du plan de résolution de ce dernier, motivée par le refus de l'assemblée des associés de voter les modifications de statuts prévues par le plan, V. • Com. 15 janv. 1991 : *préc. note 12 ss. ancien art. L. 621-68.*

V. aussi notes 1 et 4 ss. ancien art. L. 621-79 et note 3 ss. ancien art. L. 621-98.

2 bis. Avant la loi du 10 juin 1994, l'art. 80, dans sa rédaction alors applicable, ne pouvait jouer qu'en cas d'inexécution des engagements financiers pris dans les délais fixés par le plan de redressement et il en résultait qu'il n'y avait pas lieu à résolution dès lors que le débiteur justifiait avoir effectué trois versements au commissaire à l'exécution du plan et que le retard apporté au règlement par rapport au délai prévu était le résultat de la défaillance de ses propres clients dont les factures représentaient un volume important. • Dijon, 14 sept. 1993 : *Rev. proc. coll. 1995. 144, obs. Soinne.* ♦ Sur l'irrecevabilité de la demande d'un créancier représentant moins de 15 % des créances, V. • Com. 6 févr. 1996 : *Bull. civ. IV, n° 40 ; D. 1996. IR. 91 ; D. Affaires 1996. 461.* ♦ Comp., désormais, la nouvelle rédaction de l'al. 1er, issue de la loi n° 94-475 du 10 juin 1994.

2 ter. Pour l'application de l'art. 80 [C. com., art. L. 621-82] à la résolution du plan de continuation consécutive à la cessation des paiements du bénéficiaire du plan, V. • Com. 4 janv. 2000 : *cité note 7* • 10 mai 2005 : *Bull. civ. IV, n° 99 ; Dr. sociétés 2005, n° 215, note Legros ; D. 2005. AJ. 1413, obs. Lienhard ; Act. proc. coll. 2005, n° 123, obs. Regnaut-Moutier ; JCP E 2005, n° 36, p. 1423, obs. Cabrillac ; Gaz. Pal. 6-7 juill. 2005, p. 17, obs. Voinot ; ibid. 4-5 nov. 2005, p. 15, obs. Lebel.* – V. déjà • Paris, 19 févr. 1991 : *D. 1995. Somm. 8, obs. crit. Derrida.* – V. aussi • Com. 27 oct. 1998 : *cité note 7* • Cass., avis, 10 juill. 2000 : *Bull. civ., n° 4 ; D. 2000. AJ. 404, note Lienhard ; Act. proc. coll. 2000, n° 225, obs. Regnaut-Moutier ; JCP E 2001, n° 4, p. 175, obs. Cabrillac et Pétel ; RTD com. 2001. 219, obs. Saint-Alary-Houin* • T. com. Lille, 27 sept. 2005 : *cité par Soinne, Rev. proc. coll. 2006. 16.* ♦ Sur la distinction entre l'inexécution du jugement d'arrêté de plan, qui entraîne la résolution, et l'apparition de nouvelles dettes impayées, pouvant entraîner l'ouverture d'une nouvelle procédure, V. Soinne, *Rev. proc. coll. 1996. 449.*

3. Juridiction compétente. Sur la compétence du tribunal qui a ouvert la procédure pour prononcer la résolution du plan, V. • Paris, 26 janv. 1989 : *D. 1989. Somm. 215, obs. Honorat* • Poitiers, 2 avr. 1996 : *BICC 1996, n° 900 ; JCP E 1996. II. 857, note Daigre ; Rev. proc. coll. 1996. 450, obs. Soinne.* ♦ Sur un cas de *litispendance* provenant d'une confusion de patrimoine entre deux sociétés, V. • Versailles, 26 sept. 1988 : *Rev. proc. coll. 1989. 195.*

3 bis. Audition du commissaire à l'exécution du plan. En ce sens que le débiteur ne peut reprocher aux juges du fond d'avoir prononcé la résolution du plan sans que le commissaire à l'exécution du plan ait été préalablement entendu, dès lors qu'il n'invoque aucun grief tiré du défaut d'accomplissement de cette formalité, V. • Com. 27 oct. 1998 : *cité note 7.*

4. Ouverture d'une nouvelle procédure. La constatation de l'état de cessation des paiements n'est pas une condition nécessaire de l'ouverture d'une nouvelle procédure de redressement judiciaire [de liquidation judiciaire, depuis la loi du 10 juin 1994] consécutive à la résolution du plan de continuation. • Com. 23 mai 1995 : *Bull. civ. IV, n° 154* • 27 oct. 1998 : *Dr. sociétés 1999, n° 9, obs. Chaput.* ♦ Sur la fixation de la date de cessation des paiements dans le cadre de la nouvelle procédure, V. • Colmar, 22 nov. 1989 : *Rev. proc. coll. 1991. 314, obs. Soinne.*

L'ouverture d'une nouvelle procédure, en application de l'art. 80 [C. com., art. L. 621-82], est une sanction dont la mise en œuvre n'est pas soumise aux conditions prévues par l'art. 17 [C. com., art. L. 621-15]. • Aix-en-Provence, 16 oct. 1997 : *BICC 1998, n° 392.* – Dans le même sens, V. • Toulouse, 24 avr. 2002 : *RD banc. fin. 2003, n° 146, obs. F.-X. Lucas.*

5. Lorsqu'à la suite de la résolution du plan de continuation, le tribunal ouvre, en application de l'art. 80 [C. com., art. L. 621-82], une nouvelle procédure de redressement judiciaire [de liquidation judiciaire, désormais], il n'y a pas lieu de distinguer entre les créanciers dont la créance est antérieure à l'ouverture de la première procédure et ceux dont la créance est née entre le jugement arrêtant le plan et le jugement prononçant sa résolution, • Com. 2 avr. 1996 : *Bull. civ. IV, n° 110 ; D. 1997. Somm. 77, obs. Honorat* • Dijon, 17 nov. 1998 : *Gaz. Pal. 2000. Somm. 352.* ♦ Aussi, dès lors qu'un commandement de payer avait été délivré avant la résolution du plan de redressement, et qu'à la date du jugement d'ouverture de la seconde procédure collective, l'acquisition de la clause résolutoire pour défaut de paiement des loyers antérieurs n'avait encore été constatée par aucune décision passée en force de chose jugée, il en résulte qu'en vertu de l'art. 47 [C. com., art. L. 621-40], le jugement d'ouverture de la seconde procédure avait suspendu l'action tendant à la résiliation du contrat de bail pour défaut de paiement des loyers échus avant son prononcé. • Com. 2 avr. 1996 : *préc.* ♦ V. aussi note 4 ss. ancien art. L. 621-40.

De même, dès lors que le débiteur, par l'effet du plan de continuation, a été remis dans la situation d'un débiteur *in bonis*, la banque est en droit de lui réclamer les intérêts de sa créance qui ont couru du jour du jugement arrêtant le plan à celui du jugement qui a prononcé sa résolution et a ouvert la seconde procédure. • Paris, 5 mars 1996 : *D. 1996. IR. 101.*

La dissolution de la société débitrice par réunion des parts en une seule main ayant entraîné la transmission universelle à la personne morale associé unique, une procédure unique doit être poursuivie à l'égard des deux sociétés. • Paris, 3 juill. 1998 : *Dr. sociétés 1999, n° 58, obs. Chaput.*

5 bis. Sous réserve de la décision concernant la régularité de la déclaration dans la première procédure collective, l'admission ou le rejet de la créance dans cette procédure collective n'a pas autorité de la chose jugée dans la seconde procédure collective ouverte à l'encontre du même débiteur suite à la résolution du plan de continuation. • Com. 3 déc. 2003 : *Bull. civ. IV, n° 190 ; D. 2004. AJ. 62 ; Act. proc. coll. 2004, n° 15, obs. Regnaut-Moutier ; Gaz. Pal. 2003. 480, note Le Corre ; JCP E 2004, n° 22, p. 858, obs. Pétel ; RD banc. fin. 2004, n° 78, obs. F.-X. Lucas ; RTD com. 2004. 373, obs. Martin-Serf.*

5 ter. Sur le sort : des créances nées entre l'ouverture de la première procédure et la date à laquelle le plan de continuation a été arrêté, V. aussi notes 40 et 41 ss. ancien art. L. 621-32 et note 16 ss. ancien art. L. 621-46. ♦ ... Des privilège et superprivilège dont bénéficient les créances salariales dans la première procédure, V. note 20 *ter* ss. ancien art. L. 621-132. ♦ ... Des réductions de créances consenties dans le cadre du plan, V. note 3 ss. ancien art. L. 621-77. ♦ Sur les effets du défaut de déclaration dans la première procédure collective, V. note 10 ss. ancien art. L. 621-46.

6. Sur l'incidence sur l'exercice du droit de revendication, V. note 10 ss. ancien art. L. 621-115. ♦ ... Sur la possibilité de prononcer l'extension de la procédure au dirigeant, V. note 6 *bis* ss. ancien art. L. 623-5. ♦ ... De prononcer la faillite personnelle du dirigeant ou une mesure d'interdiction, V. note 2 ss. ancien art. L. 625-1, note 1 ss. ancien art. L. 625-3, note 3 *ter* ss. ancien art. L. 625-5 et note 3 *ter* ss. ancien art. L. 625-8.

Sur la date de la faute de gestion et sur le point de départ de la prescription de l'action en comblement de passif, V. notes 19 *bis* et 30 *bis* ss. ancien art. L. 624-3. ♦ ... De l'action en extension de la procédure collective, V. note 13 ss. ancien art. L. 624-5.

6 bis. Sur la fin de la suspension des effets d'une éventuelle interdiction d'émettre des chèques, V. art. L. 621-71, al. 2.

6 ter. Sur l'effet dévolutif de l'appel, V. • Com. 27 oct. 1998 : *RTD com. 1999. 959, obs. Saint-Alary-Houin.*

7. Application dans le temps des dispositions modifiées par la loi du 10 juin 1994. La procédure collective, ouverte postérieurement à l'entrée en vigueur de la loi du 10 juin 1994, à la suite de la résolution du plan de continuation pour inexécution des engagements contenus dans le plan, reste soumise aux dispositions de l'art. 80, dans sa rédaction initiale. • Com. 4 janv. 2000 : *Bull. civ. IV, n° 2 ; D. 2000. AJ. 71, obs. Avena-Robardet ; Act. proc. coll. 2000, n° 22, obs. Regnaut-Moutier ; JCP E 2000, n°s 21-22, p. 849, note Le Corre ; RTD com. 2000. 450, obs. Saint-Alary-Houin ; Petites affiches 9 août 2000, p. 15, note Gallet ; ibid., 30 oct. 2000, p. 12, note Courtier* • 2 mai 2001 : *D. 2001. AJ. 1727, obs. Lienhard.* ♦ Par suite, seul un créancier ou un groupe de créanciers représentant au moins quinze pour cent des créances peut saisir le tribunal aux fins de résolution du plan et le tribunal ne peut prononcer la liquidation judiciaire qu'après avoir ouvert une procédure de redressement judiciaire. • Mêmes arrêts. – V. déjà • Aix-en-Provence, 15 juin 1995 : *D. 1996. 202, note F. D.* • Poitiers, 2 avr. 1996 : *préc. note 3* • Chambéry, 3 mars 1997 : *Rev. proc. coll. 1998. 225, obs. Cadiou* • Versailles, 25 mars 1999 : *préc. note 2 ter.* – V. aussi note 1 *ter* ss. ancien art. L. 623-7.

En revanche, lorsque c'est sur la déclaration de l'état de cessation des paiements du débiteur, en cours d'exécution du plan de continuation, que le tribunal prononce la résolution du plan et ouvre une nouvelle procédure collective, cette procédure doit être soumise aux dispositions de la loi du 10 juin 1994. • Com. 4 janv. 2000 : *Bull. civ. IV, n° 1 ; D. 2000. AJ. 71, obs. Avena-Robardet ; Act. proc. coll. 2000, n° 22, obs. Regnaut-Moutier ; JCP E 2000, n° 17, p. 699, obs. Cabrillac et Pétel ; ibid., n°s 21-22, p. 849, note Le Corre ; RTD com. 2000. 450, obs. Saint-Alary-Houin ; Petites affiches 9 août*

2000, p. 15, note Gallet ; ibid., 30 oct. 2000, p. 12, note Courtier. – V. déjà • Com. 27 oct. 1998 : *Bull. civ. IV, n° 258 ; D. 2000. Somm. 67, obs. Pérochon et Mainguy ; D. Affaires 1998. 2019, obs. A. L. ; Quot. jur. 17 nov. 1998, p. 4 ; Act. proc. coll. 1998, n° 162 ; Dr. sociétés 1999, n° 40, obs. Chaput ; RTD com. 1999. 958, obs. Saint-Alary-Houin*. – V. aussi Courtier, *Dr. Sociétés 1999, Chron., n° 4* • Versailles, 30 nov. 1995 : *BICC 1996, n° 572 ; Dr. sociétés 1996, n° 76, obs. Chaput* • 8 oct. 1998 : *D. 2000. Somm. 67, obs. Pérochon et Mainguy ; D. Affaires 1998. 2019, obs. A. L.*

7 bis. Effets à l'égard de la caution. La caution, ayant apporté sa garantie personnelle à l'exécution d'un plan de continuation, ne peut, suite à la résolution de ce dernier, se prévaloir des échéances prévues par le plan, son engagement étant devenu immédiatement exigible pour sa totalité. • Paris, 9 avr. 2002 : *BICC 2003, n° 182.* ♦ Sur les conditions auxquelles peut s'éteindre l'obligation de la caution de la bonne exécution du plan de continuation, V. • Paris, 5 juill. 1996 : *RJDA 1997, n° 125.*

8. Responsabilité civile. L'inexécution d'un engagement pris dans le cadre du plan de continuation d'une entreprise constitue en principe une faute qui autorise le mandataire de justice à mettre en cause la responsabilité de la partie défaillante pour obtenir réparation du préjudice constitué par la liquidation judiciaire qui s'en est suivie, indépendamment des actions et mesures prévues par la loi du 25 janv. 1985 [désormais codifiée au C. com.] dans un tel cas. Toutefois, le bien-fondé de cette action suppose la démonstration que, sans cette faute, la liquidation judiciaire aurait été évitée et que l'exécution du plan se serait poursuivie dans les conditions arrêtées par le tribunal. • Paris, 30 oct. 1992 : *RJDA 1993, n° 446.*

SOUS-SECTION 3 DE LA CESSION DE L'ENTREPRISE

BIBL. GÉN. ▶ Chaput, *RJ com. 1987. 52.* – Couret, *Bull. Joly 1986. 289.* – Lagraula, Guérin et Audinet, *Gaz. Pal. 1986. 2. Doctr. 759.* – Le Nabasque, *JCP E 1990. II. 15770.* – Pérochon, *D. 1990. Chron. 252*. – Boivin, *JCP N 1991. I. 382.* – Pirovano, *D. 1988. Chron. 273* (contestation du plan de cession). – Soinne, *Rev. proc. coll. 1989. 463.* – Saint-Alary-Houin, *Mélanges Champaud, Dalloz, p. 539.* – Serlooten, *Rev. proc. coll. 1998. 415* (fiscalité). – Cordier, *RJDA 1999, p. 103* (le plan de cession devant la Cour de cassation). – Garçon, *JCP E 1999, n° 13, p. 561* (pacte de préférence). – H. Bureau, *JCP E 1999, n° 27-28, p. 1182* (période intermédiaire entre l'adoption et la réalisation du plan de cession). – Monsèrié-Bon, *Petites affiches 6 sept. 2000, p. 43.* – Feugère, *Gaz. Pal. 2000. Doctr. 2162* (devoir de loyauté). – Dureuil, *Mélanges Honorat, Frison-Roche, 2000, p. 99* (représentation des sociétés frappées d'un plan de cession totale). – Teboul, *Gaz. Pal. 4-5 juill. 2003, p. 2* (actualité).

§ 1er DISPOSITIONS GÉNÉRALES

Ancien art. L. 621-83 ***Au vu du rapport établi par l'administrateur, le tribunal peut ordonner la cession de l'entreprise.*** — V. Décr. n° 85-1388 du 27 déc. 1985, anciens art. 27 et 104, infra, App., v° Difficultés des entreprises.

La cession a pour but d'assurer le maintien d'activités susceptibles d'exploitation autonome, de tout ou partie des emplois qui y sont attachés et d'apurer le passif.

Elle peut être totale ou partielle. Dans ce dernier cas, elle porte sur un ensemble d'éléments d'exploitation qui forment une ou plusieurs branches complètes et autonomes d'activités.

En l'absence de plan de continuation de l'entreprise, les biens non compris dans le plan de cession sont vendus et les droits et actions du débiteur sont exercés par le commissaire à l'exécution du plan selon les modalités prévues au chapitre II. — [L. n° 85-98 du 25 janv. 1985, art. 81].

Ancien art. 81 (al. 4) de la loi du 25 janv. 1985 [rédaction antérieure à L. n° 94-475 du 10 juin 1994] ***En l'absence de plan de continuation de l'entreprise, les biens non compris dans le plan de cession sont vendus selon les modalités prévues au titre III.*** — Pour l'entrée en vigueur de la loi du 10 juin 1994, V. note ss. ancien art. L. 620-1.

1. Offres de reprise. V. notes ss. ancien art. L. 621-57.

Sur le délai pour déposer l'offre, V. ancien art. L. 621-85.

2. *Inutilité d'un débat contradictoire.* Il n'est nulle part prévu dans la loi que la décision d'arrêt du plan doit être précédée d'un débat contradictoire entre les candidats repreneurs alors que leur audition n'est pas prévue et qu'ils ne sont pas parties à un débat judiciaire. • Limoges, 13 août 1986 : *D. 1987. 44, note Derrida.* ♦ V. aussi note 2 ss. ancien art. L. 621-62.

3. *Apurement du passif.* Le tribunal peut arrêter un plan de cession qui ne permet d'apurer que partiellement le passif. • Com. 26 juin 1990 : *Bull. civ. IV, n° 191 ; D. 1991. IR. 192* • T. com. Paris, 16 avr. 1986 : *Gaz. Pal. 1986. 1. Somm. 221, obs. Annichiarico* • Versailles, 9 juill. 1986 : *ibid. 1986. 2. 570, note J.-F. Martin.* ♦ Sur un prix de caractère symbolique, V. • Paris, 6 févr. 1987 : *D. 1987. IR. 42.* – Comp. : • T. com. Paris, 20 mai 1986 : *JCP 1986. II. 20658, note Chaput.* ♦ Les créanciers ne doivent cependant pas être sacrifiés par la fixation d'un prix sans rapport avec la valeur des biens cédés. • Versailles, 23 juill. 1986 : *Gaz. Pal. 1986. 2. 781* • T. com. Bordeaux, 27 juin 1986 : *ibid. 1986. 2. 770.* ♦ Ainsi, un tribunal ne saurait admettre, au seul motif de la sauvegarde de moins de la moitié des emplois, que les actifs de la société soient cédés à un prix qui représente 10 à 15 % de la valeur liquidative de ces biens, tant immobiliers que mobiliers. • T. com. Abbeville, 17 janv. 2001 : *Rev. proc. coll. 2001. 79, obs. Soinne.*

Sur la nécessité de respecter le principe d'égalité des créanciers dans le choix du repreneur, V. • Aix-en-Provence, 30 oct. 1997 : *D. 1999. Somm. 2, obs. Derrida.*

V. aussi note 4 ss. ancien art. L. 621-62.

4. *Maintien d'activités et des emplois.* Le redressement judiciaire par la voie de la cession instauré par la loi du 25 janv. 1985 a essentiellement pour but d'assurer la survie de l'entreprise cédée par la poursuite de l'activité du débiteur à laquelle le cessionnaire doit se livrer à l'aide des biens affectés à cette activité. • Paris, 23 juill. 1992 : *D. 1992. 491.* – V. Derrida, *D. 1992. Chron. 301.* ♦ Une société cessionnaire ne peut donc reprendre et poursuivre elle-même l'activité de la société cédée lorsqu'elle n'exerce pas cette activité à laquelle elle est étrangère. Lorsqu'il apparaît que la finalité de la cession est la réalisation d'une opération immobilière à laquelle est liée, accessoirement, la reprise d'une société en difficulté, il s'agit d'un dévoiement de procédure. • Même arrêt. ♦ Dans le même sens : • Paris, 21 févr. 1995 : *Rev. proc. coll. 1995. 156, obs. Soinne* • Pau, 29 juin 1994 : *ibid.* ♦ V. aussi, rejetant une offre de reprise partielle portant sur des actifs immobiliers d'une société marchand de biens, dès lors que celle-ci n'a plus de salariés, • Paris, 7 juill. 1995 : *Dr. sociétés 1995, n° 240, obs. Chaput ; Rev. proc. coll. 1996. 467, obs. Soinne.* ♦ ... Une offre spéculative de reprise de biens immobiliers nullement nécessaires à l'exploitation d'un pôle hôtelier, seule branche d'activité cessible, au sens de l'art. 81 [C. com., art. L. 621-83], • Paris, 3 avr. 1998 : *D. Affaires 1998. 847.* ♦ Comp. : • Chambéry, 15 mai 1995 : *Dr. sociétés 1995, n° 211, obs. Chaput ; Rev. proc. coll. 1995. 156, obs. Soinne.* ♦ Comp. également, retenant une offre de reprise d'un ensemble immobilier appartenant à une SCI, indissociable de l'offre de reprise d'une clinique dont elle permettait la poursuite de l'activité économique : • Com. 14 mars 2000 : *Act. proc. coll. 2000, n° 109, obs. Vallansan.* ♦ V. désormais art. L. 621-92. ♦ V. aussi note 2 ss. ancien art. L. 621-96.

Sur le pouvoir souverain des juges du fond, V. • Com. 2 févr. 1993 : *Bull. civ. IV, n° 41 ; D. 1994. Somm. 6, obs. Derrida.*

V. aussi notes ss. ancien art. L. 621-84.

5. *Cession partielle.* Une offre de cession peut être accueillie même si elle ne permet que le maintien d'une branche d'activité et que celui d'une partie des emplois. • Aix-en-Provence, 2 oct. 1986 : *D. 1987. Somm. 9, obs. Derrida.* ♦ La qualification de cession partielle d'entreprise n'est remise en cause que si les biens non compris dans la cession sont indifférents à la poursuite de l'activité. • Com. 11 juin 1996 : *Bull. civ. IV, n° 170 ; D. 1997. Somm. 2, obs. Derrida ; D. Affaires 1996. 877 ; Quot. jur. 9 juill. 1996, p. 13, note P. M. ; Rev. proc. coll. 1996. 457, obs. Soinne.* ♦ Les cessions arrêtées par le tribunal de la totalité des éléments d'exploitation de sociétés formant plusieurs branches complètes et autonomes d'activité constituent des cessions partielles n'interdisant pas l'inclusion des éléments cédés dans un plan ultérieur de continuation. • Com. 17 févr. 1998 : *Bull. civ. IV, n° 75 ; D. Affaires 1998. 426, obs. A. L. ; Petites affiches 12 juin 1998, p. 22, note Soinne ; Bull. Joly 1998. 658, note Pétel.* – V., dans la même affaire, • Com. 7 janv. 2003 : *JCP E 2003, n° 20, p. 850, obs. Pétel.* ♦ La cession ne peut être qualifiée de totale dès lors que le jugement d'arrêté de plan précise lui-même qu'il statue sur une offre présentée globalement par plusieurs repreneurs permettant de réaliser la cession de la plus grande partie des actifs de la société. • Com. 24 nov. 1998 : *Rev. proc. coll. 2001. 87, obs. Soinne.* ♦ La cession du seul droit au bail ne répond pas à la définition de la cession partielle donnée par l'art. L. 621-83, al. 3, C. com. • Paris, 14 janv. 2005 : *RD banc. fin. 2005, n° 53, obs. F.-X. Lucas.*

6. Le tribunal qui arrête un plan de cession partielle ne peut pas prononcer la liquidation judiciaire. • Limoges, 13 août 1986 : *préc. note 2.*

6 bis. Plan « conditionnel ». Pour un jugement d'arrêté de plan comportant une condition, V. • Aix-en-Provence, 19 nov. 1998 : *Rev. proc. coll. 2001. 76, obs. Soinne.* ♦ V. aussi note 2 ss. ancien art. L. 621-85.

7. Adoption tardive du plan de cession. Aucune disposition de la loi ne sanctionne de nullité le jugement qui a arrêté un plan de cession après l'expiration de la période d'observation. • Paris, 14 oct. 1988 : *D. 1988. IR. 266.*

8. Biens compris dans le plan. Le plan de cession d'une entreprise ne peut être arrêté lorsque les éléments qui la composent ne sont plus dans le patrimoine du débiteur en redressement judiciaire pour avoir été cédés à un tiers avant le jugement d'ouverture de la procédure collective. • Com. 2 févr. 1993 : *Bull. civ. IV, n° 40 ; D. 1996. Somm. 5, obs. Derrida ; RJDA 1993, n° 959.* ♦ D'autre part, en vertu de l'art. 81 [C. com., art. L. 621-83], ne peuvent être compris dans le plan de cession de l'entreprise les biens qui ne sont pas affectés à l'activité de celle-ci : V. • Com. 3 mars 1992 : *Bull. civ. IV, n° 103 ; D. 1992. IR. 104.*

9. La cession partielle d'une entreprise présentant le caractère d'une vente, le transfert de propriété se limite aux biens compris dans le plan, le cessionnaire étant l'ayant cause à titre particulier du débiteur cédant. • Aix-en-Provence, 23 févr. 1993 : *BICC 1993, n° 778.* ♦ Dès lors que le transfert de tous les droits de propriété industrielle existant à la date de la cession dans le patrimoine du cédant n'implique pas celui des brevets d'invention déposés au nom d'un tiers dans les formes légales et à défaut de toute réserve relative à leur revendication, le cessionnaire a implicitement admis que le débiteur cédant n'était pas propriétaire des brevets litigieux ; l'action en revendication de brevets, qui ne peut être considérée comme l'accessoire normal de leur licence d'exploitation seule cédée antérieurement par l'inventeur, doit donc être déclarée irrecevable. • Même arrêt.

9 bis. La cession des biens hypothéqués compris dans le plan de redressement n'est pas une vente consentie par le propriétaire. Dès lors, il ne peut être reproché à celui-ci (le débiteur en redressement judiciaire) de n'avoir pas respecté son engagement de ne pas aliéner ces biens. • Com. 12 oct. 1999 : *RJDA 1999, n° 1360 ; RTD com. 2000. 451, obs. Saint-Alary-Houin.*

10. La cession d'une branche d'activité représentée par un réseau de franchise entre dans les prévisions de l'art. 81 [C. com., art. L. 621-83] mais ne peut être imposée aux franchisés qui sont libres de ne pas poursuivre leur collaboration avec le nouveau franchiseur. • Paris, 15 déc. 1992 : *D. 1993. IR. 45 ; RJ com. 1993. 151, note Martin-Serf ; JCP 1994. II. 22205, note Jamin.*

10 bis. Sur le pouvoir d'interprétation des termes de l'offre des juges du fond, V. • Com. 3 juin 1997 : *Bull. civ. IV, n° 169 ; D. 1997. IR. 158.* – V. aussi • Com. 4 janv. 2000 : *Rev. proc. coll. 2001. 21, obs. Soinne.*

11. Biens non compris dans le plan. Avant la loi du 10 juin 1994, le renvoi, par l'ancien art. 81, al. 4, de la loi du 25 janv. 1985, aux modalités du titre III de la loi pour la vente, en l'absence de plan de continuation, des biens non compris dans le plan de cession de l'entreprise ne valait que pour les règles relatives aux modalités de vente de l'actif et pour les dispositions qui en dépendaient directement ; l'art. 152 [devenu C. com., art. L. 622-9], selon lequel le jugement de liquidation judiciaire emporte de plein droit dessaisissement du débiteur, n'était pas applicable dans le cas d'un jugement arrêtant le plan de cession partielle de l'entreprise. • Com. 30 nov. 1993 : *Bull. civ. IV, n° 442 ; D. 1996. Somm. 6, obs. Derrida ; Rev. proc. coll. 1994. 216, obs. Soinne ; JCP E 1994. I. 348, n° 5, obs. Pétel* (V. l'arrêt d'appel : • Papeete, 6 juin 1991 : *BICC 1991, n° 1791*). ♦ Cependant les pouvoirs que le débiteur recouvrait, par l'effet d'une telle décision qui met fin à la période d'observation, ne s'exerçaient pas sur les actifs résiduels non compris dans le plan, qui étaient définitivement voués à être vendus suivant les modalités de la liquidation judiciaire et échappaient, du fait de cette affectation spéciale, entièrement au débiteur pour relever des seuls pouvoirs du commissaire à l'exécution du plan chargé de leur réalisation. • Même arrêt. ♦ Comp., désormais : art. L. 621-83, al. 4.

12. La notion de « vente », au sens de l'art. 81 [C. com., art. L. 621-83], doit s'entendre au regard des règles relatives à la liquidation judiciaire, et plus spécialement de la notion, plus adéquate, de « réalisation de l'actif » employée dans le libellé du chapitre II du titre III (Rép. min. n° 262 : *JOAN Q, 30 août 1993, p. 2740*). ♦ V., pour une application à des immeubles, • Com. 22 avr. 1997 : *Dr. sociétés 1997, n° 121 ; Rev. proc. coll. 1998. 330, obs. Soinne.*

12 bis. Il résulte de l'art. 81 [C. com., art. L. 621-83] qu'en l'absence de plan de continuation, le désintéressement des créanciers constitue une priorité, et l'ensemble du patrimoine du débiteur qui n'a pas été cédé doit concourir à ce désintéressement. Les opérations de réalisation doivent donc porter non seulement sur les biens propres du débiteur mais également sur les biens communs. • Aix-en-Provence, 15 oct. 1998 : *Act. proc. coll. 1999, n° 230.* – Dans le même sens, V. • Aix-en-Provence, 22 oct. 1998 : *ibid.* ♦ V. aussi, pour l'obligation de réaliser les actifs du débiteur situés à l'étranger, • Civ. 1re, 19 nov. 2002 : *cité note 38 ter ss. ancien art. L. 620-2.*

12 ter. Si, selon l'art. 81 [C. com., art. L. 621-83], al. 4, en l'absence de plan de continuation de l'entreprise, les biens non compris dans le plan de cession doivent être vendus selon les modalités prévues au titre III, il n'y a pas lieu de procéder à cette réalisation lorsqu'il n'existe plus de passif exigible ou que les sommes dont dispose le commissaire à l'exécution du plan sont suffisantes pour désintéresser les créanciers. • Com. 22 avr. 1997 : *D. 1998. Somm. 11, obs. Derrida ; D. 1998. Somm. 100 ; Rev. proc. coll. 1998. 373 et 396, obs. Soinne.*

12 quater. Lorsqu'un jugement homologue le plan de cession d'une entreprise, sa disposition qui prononce l'inaliénabilité des biens non cédés, appartenant au débiteur en redressement judiciaire, ne trouve aucun fondement juridique et se heurte, au contraire, aux dispositions de l'art. 81 [C. com., art. L. 621-83], al. 4. • Versailles, 12 déc. 1996 : *Gaz. Pal. 1997. 2. Somm. 351.*

12 quinquies. Il résulte de la combinaison des art. 81 de la loi du 25 janv. 1985 [C. com., art. L. 621-83] et 104 du décret du 27 déc. 1985 que la mission du commissaire à l'exécution du plan se poursuit, en cas de plan de cession partielle, jusqu'à la réalisation des biens non compris dans ce plan. • Lyon, 26 févr. 1999 : *BICC 1999, n° 1443* • Paris, 20 juin 2000 : *D. 2000. AJ. 382, obs. Pisoni ; RTD com. 2001. 215, obs. Saint-Alary-Houin.* ♦ Le commissaire à l'exécution du plan reste en fonctions aussi longtemps que ces ventes n'ont pas eu lieu et que le prix n'en a pas été réparti, nonobstant la survenance du terme de la durée du plan. • Versailles, 25 mai 2000 : *RTD com. 2001. 215, obs. Saint-Alary-Houin.* ♦ V. note 10 *bis* ss. ancien art. L. 621-68.

12 sexies. Il ne résulte ni de l'art. 81 [C. com., art. L. 621-83], al. 4, de la loi du 25 janv. 1985 ni de l'art. 104, al. 1er, du décret du 27 déc. 1985, qui donnent pouvoir au commissaire à l'exécution du plan pour procéder à la vente des biens non compris dans le plan de cession, que celui-ci a qualité pour poursuivre une action en paiement de dommages-intérêts engagée par le débiteur antérieurement à l'ouverture du redressement judiciaire et à laquelle l'administrateur ou le représentant des créanciers n'ont pas été parties. • Paris, 29 mai 1998 : *Act. proc. coll. 1998, n° 112.* – Rappr. : • Com. 8 juill. 2003 : *RJDA 2004, n° 66.*

13. Responsabilité du cessionnaire. Sur la possibilité de rechercher la responsabilité du cessionnaire en raison d'une entente illicite constituée antérieurement à la cession, V. • Paris, 22 févr. 1991 : *D. 1991. IR. 96.* ♦ V. aussi note 5 ss. ancien art. L. 621-63.

14. Cessions d'immeubles et de fonds de commerce. BIBL. Jaffrain, *JCP E 1992. I. 205* (vente d'un fonds de commerce dans le cadre d'une liquidation judiciaire). – Derrida, *Defrénois 1995. 1073* (réalisation des immeubles). – Garçon, *JCP E 2001, n° 13, p. 548* (droit de préemption urbain après la loi SRU du 13 déc. 2000). – Saint-Alary-Houin, *RTD com. 2001. 221* (même thème). ♦ Dès lors qu'est en cause non une vente de droit commun mais un plan de redressement par voie de cession de l'entreprise du débiteur en redressement judiciaire, opération dont le caractère forfaitaire implique l'existence d'un aléa exclusif de l'application des garanties prévues dans le droit commun de la vente et obéissant à des règles propres édictées, en vue du maintien au moins partiel de l'activité, par une loi d'ordre public, les juges n'ont pas à effectuer de recherches inopérantes telles celles relatives à la consistance de la clientèle (à propos d'un plan de cession portant sur un fonds de commerce). • Com. 22 oct. 1996 : *D. 1997. Somm. 3, obs. Derrida.* ♦ Le cessionnaire ne saurait invoquer ni l'exécution de l'obligation de délivrance, ni la garantie d'éviction, ni la rescision du prix pour cause de lésion. Il ne peut pas non plus invoquer un vice du consentement, que ce soit une erreur substantielle excusable ou une réticence dolosive du mandataire-liquidateur dès lors qu'il avait nécessairement connaissance du caractère aléatoire de la convention. • Paris, 13 sept. 1994 : *Rev. proc. coll. 1996. 89, obs. Soinne.* – Dans le même sens, V. • Com. 23 nov. 1999 : *RJDA 2000, n° 196* • Bordeaux, 16 mai 1995 : *ibid.* ♦ En revanche, le fondateur, dirigeant et principal animateur d'une société, est sans conteste possible tenu d'une obligation de loyauté à l'égard du repreneur de la société que sa gestion a conduite au redressement judiciaire ; il doit s'abstenir, nonobstant l'absence de toute clause de non-concurrence ou de non-rétablissement, de développer une activité concurrente dans des conditions susceptibles de détourner la clientèle régulièrement cédée. • Paris, 25 sept. 1996 : *D. Affaires 1996. 1282.*

14 bis. Dès lors qu'une cession est intervenue dans le cadre de la reprise globale des actifs d'une société en redressement et d'un engagement de maintenir un certain nombre d'emplois salariés, conformément à un plan de cession homologué par jugement du tribunal de commerce, opération dont le caractère forfaitaire implique l'existence d'un aléa, il en résulte une réduction de la valeur des biens cédés. • Com. 16 juin 1998 : *D. 1999. Somm. 1, obs. Derrida ; D. Affaires 1998. 1215, obs. A. L. ; Defrénois 1998. 1458, obs. Bénabent ; JCP E 1998, n° 52, p. 2064, obs. Pétel.* ♦ Viole les art. L. 17 LPF et 81 de la loi du 25 janv. 1985 [C. com., art. L. 621-83], le jugement qui, pour rejeter la demande de la société repreneuse, faisant valoir que le prix énoncé dans l'acte de cession correspondait à la valeur réelle des immeubles qui aurait pu être obtenue par le jeu de l'offre et de la demande dans un marché réel, a estimé que les deux termes de comparaison produits par l'Administration des impôts présentaient des analogies suffisantes pour refléter le marché local de biens équivalents et justifier un redressement de valeur. • Même arrêt. – V. Piniot, *RJDA 1998, p. 684*. ♦ Sur l'impossibilité, pour le tribunal, d'imposer aux dirigeants de la personne morale débitrice une obligation de non-concurrence, V. note 5 *bis* ss. ancien art. L. 621-63.

15. Le plan de cession n'ayant pas le caractère d'une aliénation volontaire, le preneur ne bénéficie pas du droit de préemption prévu par l'art. L. 461-18 C. rur. • Civ. 3e, 1er avr. 1998 : *Bull. civ. III, n° 79 ; D. 1998. IR. 119 ; D. Affaires 1998. 805, obs. A. L. ; RTD com. 1998. 929, obs. Saint-Alary-Houin*.

15 bis. Pour l'inapplicabilité du droit de préemption urbain aux biens compris dans un plan de cession arrêté en application des art. L. 621-83 à L. 621-101, V. l'art. L. 213-1 C. urb., dans sa rédaction issue de L. n° 2000-1208 du 13 déc. 2000, au **C. urb.**

16. En ce sens que les formalités de publicité de la loi du 17 mars 1909 doivent être respectées, que cette publicité permet l'exercice du droit d'opposition des créanciers et leur ouvre la faculté de surenchère, V. Rép. min. n° 11026, *JOAN Q, 3 déc. 1998, p. 3879 ; D. Affaires 1999. 64, obs. P. P. ; Defrénois 1999. 252, obs. Sénéchal.* ♦ V. aussi notes 8 et 9 ss. ancien art. L. 622-18.

17. V. également notes 2 et 3 ss. ancien art. L. 622-17.

• § 2 DES MODALITÉS DE RÉALISATION DE LA CESSION

Ancien art. L. 621-84 ***La cession ne peut être ordonnée que si elle porte sur un ou plusieurs ensembles au sens de l'article L. 621-83.***

Le tribunal statue sur la composition de ces ensembles.

Lorsqu'un ensemble est essentiellement constitué du droit à un bail rural, le tribunal peut, sous réserve des droits à indemnité du preneur sortant mais nonobstant les autres dispositions du statut du fermage, soit autoriser le bailleur, son conjoint ou l'un de ses descendants à reprendre le fonds pour l'exploiter, soit attribuer le bail rural à un autre preneur proposé par le bailleur ou, à défaut, à tout repreneur dont l'offre a été recueillie dans les conditions fixées aux articles L. 621-85, L. 621-86 et L. 621-87. Toutefois, lorsque plusieurs offres ont été recueillies, le tribunal tient compte des dispositions contenues aux 1°, 2°, 3° et 4° de l'article L. 331-7 du code rural. Dans tous les cas, les dispositions relatives au contrôle des structures agricoles ne sont pas applicables. — [L. n° 85-98 du 25 janv. 1985, art. 82]. — V. Décr. n° 85-1388 du 27 déc. 1985, ancien art. 157, al. 2, infra, App., v° Difficultés des entreprises.

1. Branche d'activité. BIBL. Sénéchal, *Petites affiches 2 avr. 1990.* ♦ V. notes 4 et 5 ss. ancien art. L. 621-83.

2. Un droit au bail, s'il est un élément essentiel du fonds de commerce, ne saurait être assimilé à l'entreprise elle-même, ni constituer à lui seul un ensemble d'éléments d'exploitation formant une branche complète et autonome d'activité. • Metz, 13 févr. 1990 : *D. 1991. Somm. 13, obs. Derrida*. ♦ V. aussi, rejetant la seule offre d'acquisition du fonds de commerce présentée par son locataire-gérant, • Paris, 19 avr. 1988 : *D. 1991. Somm. 5, obs. Derrida*. ♦ ... Refusant de considérer comme une cession d'entreprise la vente portant exclusivement sur des immeubles, des meubles meublants et des véhicules automobiles, • Paris, 14 déc. 1993 : *D. 1996. Somm. 5, obs. Derrida*. ♦ Comp. : note 14 ss. ancien art. L. 621-83.

2 bis. Jugé qu'une banque étant devenue, du fait de son retrait d'agrément, une « entreprise de recouvrement de créances », l'actif a pu être cédé en tant que branche complète et autonome d'activité au sens de l'art. 81 [C. com., art. L. 621-83]. • T. com. Paris, 22 janv. 1991 : *D. 1992. Somm. 355, obs. Vasseur ; JCP E 1991. II. 207, note Peltier.* – V. Derrida, *D. 1996. Chron. 7.*

3. Unité de production. En l'absence de toute possibilité de cession, le tribunal prononce une liquidation judiciaire pouvant permettre la cession d'unité de production. V. • Toulouse, 9 juin 1987 : *Rev. proc. coll. 1988. 390, obs. Soinne* • T. com. Orléans, 3 févr. 1988 : *ibid.*

4. Bail rural. BIBL. Masson, *Rev. dr. rur. 1994. 125.* – Delattre, *Ann. loyers 2002. 565.* ♦ Le bail rural qui ne constitue pas l'essentiel d'un ensemble agricole demeure incessible. • Com. 28 avr. 1998 : *Bull. civ. IV, n° 138 ; D. 1998. IR. 163 ; D. Affaires 1998. 960, obs. V. A.-R. ; Quot. jur. 18 juin 1998, p. 8, note P. M. ; JCP 1998. II. 10128, note Ourliac ; Rev. proc. coll. 1998. 375, obs. Soinne ; RTD com. 1998. 678, obs.*

Saint-Alary-Houin • Paris, 2 nov. 1993 : *Rev. dr. rur. janv. 1994, p. 3.* – V. aussi • Dijon, 18 mai 1995 : *Rev. proc. coll. 1996. 466, obs. Soinne.* ♦ Sur le contrôle de la qualification du caractère essentiel quant à l'équilibre économique de l'exploitation, du droit au bail rural, par la Cour de cassation, V. • Com. 28 avr. 1998 : *préc.*

5. L'art. 82 [C. com., art. L. 621-84], al. 3, qui permet au tribunal d'attribuer le bail rural à un autre preneur proposé par le bailleur, étant applicable même lorsque les biens de l'exploitation agricole font l'objet de plusieurs baux fussent-ils consentis par plusieurs propriétaires, l'attribution, aux divers preneurs respectivement proposés par chaque bailleur, de ces baux, dès lors qu'ils constituent l'essentiel de l'exploitation agricole objet de la cession, répond aux exigences de l'al. 1er. • Com. 9 juin 1998 : *Bull. civ. IV, n° 186 ; D. 1998. IR. 197 ; D. Affaires 1998. 1217, obs. V. A.-R.* – V. déjà • Paris, 2 nov. 1993 : *préc. note 4.*

6. Le tribunal ne peut attribuer un bail rural à un repreneur dont l'offre a été recueillie dans les conditions fixées aux art. 83, 84 et 85 [C. com., art. L. 621-85, L. 621-86 et L. 621-87] qu'à défaut pour le bailleur de demander l'attribution du bail au preneur qu'il propose, et ce, quel que puisse être l'intérêt pour le débiteur, les créanciers et le repreneur, de la cession arrêtée. • Com. 30 nov. 1993 : *Bull. civ. IV, n° 443 ; D. 1996. Somm. 2, obs. Derrida ; JCP 1994. II. 22248, note Ourliac ; Defrénois 1994. 1239, obs. Sénéchal ; Rev. proc. coll. 1994. 229, obs. Soinne.* – Dans le même sens, V. • Douai, 21 juill. 1998 : *Rev. proc. coll. 2001. 82, obs. Soinne.*

En ce sens que les offres émanant du bailleur n'ont pas à être recueillies sous les mêmes conditions que celles faites par des tiers, V. • Paris, 16 janv. 1998 : *Rev. proc. coll. 2001. 82, obs. Soinne.*

Sur l'attribution du bail en cas de désaccord entre les différents propriétaires de l'exploitation, V. • Douai, 12 sept. 1995 : *Rev. proc. coll. 1996. 100, obs. Soinne.*

Sur l'interprétation de l'art. 82 [C. com., art. L. 621-84], al. 3, V. aussi • Rennes, 31 oct. 1990 : *Rev. proc. coll. 1991. 329, obs. Soinne.*

6 bis. Aucune disposition de la loi du 25 janv. 1985 ne donne le pouvoir au juge d'imposer au propriétaire de concéder un bail rural sur ses terres. • Com. 14 mars 2000 : *Bull. civ. IV, n° 62 ; D. 2000. AJ. 189 ; RTD com. 2001. 220, obs. Saint-Alary-Houin ; Rev. proc. coll. 2001. 84, obs. Soinne ; Dr. et patr., janv. 2002. 93, obs. Roussel.*

7. Jugé que lorsqu'il ordonne la cession du droit au bail, le tribunal est affranchi des dispositions du statut du fermage prohibant le paiement d'un pas-de-porte. • TGI Chartres, 22 mai 1991 : *JCP N 1992. II. 21, note J.-M.G.*

8. La cession du droit au bail rural au profit d'un tiers, autorisée par l'art. 82 [C. com., art. L. 621-84], dans le cadre d'un plan de redressement ne peut être effectuée par le juge-commissaire dans le cadre d'une liquidation judiciaire. • Caen, 14 avr. 1994 : *JCP 1994. IV. 1350.*

9. Sur l'inapplicabilité de l'art. 82 [C. com., art. L. 621-84], al. 3, en cas de liquidation judiciaire, V. note 13 ss. ancien art. L. 622-17.

10. Sur la possibilité d'adopter un plan de continuation en cas de cession d'un bail rural, V. note 4 ss. ancien art. L. 621-70.

Ancien art. L. 621-85 ***I. — Toute offre doit être communiquée à l'administrateur dans le délai qu'il a fixé et qu'il a porté à la connaissance du représentant des créanciers et des contrôleurs. Sauf accord entre le débiteur, le représentant des salariés, le représentant des créanciers et les contrôleurs, un délai de quinze jours au minimum doit s'étendre entre la réception d'une offre par l'administrateur et l'audience au cours de laquelle le tribunal examine cette offre. Toute offre comporte l'indication :***

1° Des prévisions d'activité et de financement ;

2° Du prix de cession et de ses modalités de règlement ;

3° De la date de réalisation de la cession ;

4° Du niveau et des perspectives d'emploi justifiés par l'activité considérée ;

5° Des garanties souscrites en vue d'assurer l'exécution de l'offre ;

6° Des prévisions de cession d'actifs au cours des deux années suivant la cession. — V. Décr. n° 85-1388 du 27 déc. 1985, ancien art. 108, infra, App., v° Difficultés des entreprises.

II. — Le juge-commissaire peut demander des indications complémentaires.

III. — L'administrateur informe les personnes mentionnées au premier alinéa du contenu des offres reçues. — [L. n° 85-98 du 25 janv. 1985, art. 83].

BIBL. ▶ WERNERT, *JCP E 1999, n° 3, p. 111.*

1. Délai (jurisprudence antérieure à la loi du 10 juin 1994). Le seul dépôt au greffe du rapport de l'administrateur ne saurait constituer implicitement la date limite des offres dont le délai doit être fixé par l'administrateur. • T. com. Créteil, 10 mars 1987 : *Rev. proc. coll. 1988. 322, obs. Soinne.* ♦ L'expiration du délai initialement prévu par l'administrateur, lorsque des offres sérieuses sont en cours d'élaboration, n'est pas une cause impérative de prononcé d'une liquidation judiciaire. • Rouen, 5 mars 1987 : *D. 1987. 410, note Derrida* • Douai, 18 oct. 1990 : *Rev. proc. coll. 1991. 287, obs. Soinne.* ♦ Aucun texte ne sanctionne par la nullité ou l'irrecevabilité le dépôt d'une offre au-delà du délai fixé par l'administrateur. • Paris, 2 juill. 1999 : *Rev. proc. coll. 2001. 73, obs. Soinne.*

V. aussi note 5 ss. ancien art. L. 621-57 et note 6 ss. ancien art. L. 621-83.

2. Contenu. Pour des offres jugées insuffisamment sérieuses, V. • Paris, 29 avr. 1988 : *D. 1988. IR. 160 ; Gaz. Pal. 1988. 2. 783* • Dijon, 18 janv. 1994 : *JCP 1994. IV. 1707.* ♦ V. aussi notes 3 à 5 ss. ancien art. L. 621-83.

Sur la validité d'une offre conditionnelle, V. • Com. 24 oct. 1995 : *D. Affaires 1995. 226 ; RJDA 1996, n° 129* • 14 mai 1996 : *Rev. proc. coll. 1996. 369, obs. Soinne.* ♦ V. aussi note 6 *bis* ss. ancien art. L. 621-83.

2 bis. Prix de cession. Pour un arrêt retenant, en l'absence de la mention « hors taxes » ou « toutes taxes » dans l'offre de cession, que, selon un usage constant entre commerçants, les prix s'entendent hors taxes, sauf convention contraire, V. • Com. 9 janv. 2001 : *D. 2001. AJ. 550, obs. Lienhard ; Petites affiches 13 juin 2001, p. 11, note Lagarde ; Contrats Conc. Consom. 2001, n° 70, note Leveneur ; RTD civ. 2001. 870, obs. Mestre et Fages.*

3. Sanction. Il a été jugé que la violation des prescriptions des art. 83 de la loi [C. com., art. L. 621-85] et 32 du décret, pour impératives qu'elles soient, ne peut suffire à justifier l'annulation du jugement. • Paris, 14 oct. 1988 : *D. 1988. IR. 266.* ♦ Il résulte du rapprochement des art. 83, 85 et 155 [C. com., art. L. 621-85, L. 621-87 et L. 622-17] que l'absence des indications énumérées audit art. 83 [C. com., art. L. 621-85] ne saurait être invoquée par l'auteur de l'offre pour se soustraire à ses engagements. • Com. 26 janv. 1993 : *Rev. proc. coll. 1993. 87, obs. Soinne.*

3 bis. Responsabilité civile du candidat à la reprise. V. note 9 ss. ancien art. L. 621-57.

4. Engagement conventionnel du cessionnaire. V. note 2 ss. ancien art. L. 621-91.

Ancien art. L. 621-86 ***L'administrateur donne au tribunal tout élément permettant de vérifier le caractère sérieux de l'offre ainsi que la qualité de tiers de son auteur.*** — [L. n° 85-98 du 25 janv. 1985, art. 84].

Responsabilité de l'administrateur. Pour un exemple de responsabilité fondée sur la vérification de la solvabilité du cessionnaire, V. • TGI Nevers, 15 sept. 1994 : *Rev. proc. coll. 1996. 405, obs. Soinne.* – Conf. par • Bourges, 20 déc. 1995 : *Rev. proc. coll. 1998. 192, obs. Soinne.*

Ancien art. L. 621-87 ***Le tribunal retient l'offre qui permet dans les meilleures conditions d'assurer le plus durablement l'emploi attaché à l'ensemble cédé et le paiement des créanciers.*** — [L. n° 85-98 du 25 janv. 1985, art. 85].

1. Maintien de l'emploi. V. notes 4 et 5 ss. ancien art. L. 621-83.

2. Paiement des créanciers. V. note 3 ss. ancien art. L. 621-83.

3. Offre unique. Si l'art. 85 [C. com., art. L. 621-87] vise le cas de pluralité d'offres, il peut trouver application en cas d'offre unique. • Aix-en-Provence, 2 oct. 1986 : *D. 1987. Somm. 9, obs. Derrida.*

4. Sanction. L'art. 85 [C. com., art. L. 621-87] n'est pas susceptible d'entraîner la nullité du jugement, en l'absence d'erreur manifeste particulièrement grave. • Paris, 14 oct. 1988 : *D. 1988. IR. 266.*

Ancien art. L. 621-88 ***Le tribunal détermine les contrats de crédit-bail, de location ou de fournitures de biens ou services nécessaires au maintien de l'activité au vu des observations des cocontractants du débiteur transmises par l'administrateur.***

Le jugement qui arrête le plan emporte cession de ces contrats même lorsque la cession est précédée de la location-gérance prévue à l'article L. 621-97.

Ces contrats doivent être exécutés aux conditions en vigueur au jour de l'ouverture de la procédure, nonobstant toute clause contraire, sous réserve des délais de paiement que le tribunal, le cocontractant entendu ou dûment appelé, peut imposer pour assurer la poursuite de l'activité.

En cas de cession d'un contrat de crédit-bail, ces délais prennent fin si, avant leur expiration, le crédit preneur lève l'option d'achat. Cette option ne peut être levée qu'en cas de paiement des sommes restant dues dans la limite de la valeur du bien fixée d'un commun accord entre les par-

ties ou, à défaut, par le tribunal à la date de la cession. — [L. n° 85-98 du 25 janv. 1985, art. 86]. — V. Décr. n° 85-1388 du 27 déc. 1985, anciens art. 105, 105-2 et 157, infra, App., v° Difficultés des entreprises. — Pour l'entrée en vigueur des dispositions de l'al. 3, issues de la loi n° 94-475 du 10 juin 1994, V. note ss. ancien art. L. 620-1.

*Sur la cession des contrats d'édition et de production audiovisuelle, V. CPI, art. L. 132-15 et L. 132-30. - **CPI** ou **C. proc. coll.***

BIBL. ▸ Mestre, *RTD civ. 1987. 532.* - Fabiani, *RJ com. 1987. 41.* - Montredon, *JCP E 1988. II. 15156.* - Stephan, *Banque et Droit 1989. 16.* - Zuin, *Gaz. Pal. 1989. 1. Doctr. 110.* - D. Martin, *Petites affiches 2 janv. 1991.* - Calendini, *RJ com. nov. 1992. 110* (détermination des contrats cédés). - Delebecque, *ibid. nov. 1992. 134* (régime des contrats cédés). - Le Corre-Broly, *Petites affiches 10 juin 1996, p. 4* (régime de la levée de l'option d'achat du contrat de crédit-bail cédé). - Bac, *JCP E 2000, n° 1-2, p. 22* (situation de la caution). - Brunetti-Pons, *RTD com. 2000. 783* (spécificité du régime des contrats en cours). - Le Corre, *AJDI 2002. 437* (cession du bail commercial). - Berger, *D. 2003. Chron. 1682* (sort de la caution).

I. CONTRATS CÉDÉS

A. DÉTERMINATION DES CONTRATS

1. Il résulte des art. 64 et 86 [C. com., art. L. 621-65 et L. 621-88] que la cession de contrats n'exige pas le consentement des cocontractants concernés, leur critique ne pouvant porter que sur le fait que les conditions du contrat auraient été modifiées d'autorité. • Paris, 17 mars 2000 : *D. 2000. AJ. 249, obs. Pisoni* . ♦ La prétention, exprimée dans son offre par le cessionnaire de l'entreprise, de choisir les contrats qu'il souhaiterait reprendre, est contraire à l'art. 86 [C. com., art. L. 621-88], al. 1er, qui donne au tribunal seul le pouvoir de déterminer les contrats nécessaires au maintien de l'activité. • Aix-en-Provence, 9 déc. 1988 : *D. 1990. Somm. 3, obs. Derrida* . - *Contra* : • Colmar, 13 juin 1990 : *D. 1991. 97, note Fabiani* .

1 bis. Sont exclus du domaine de l'art. L. 621-88 C. com. les contrats qui n'apparaissent pas nécessaires à la poursuite de l'activité et ceux qui sont transmis en même temps que les actifs cédés dont ils constituent l'accessoire, tels les baux. • Com. 4 janv. 2005 : *RJDA 2005, n° 597.* ♦ Même solution pour le contrat d'assurance, l'art. L. 121-10 C. assur. prévoyant la transmission de plein droit du contrat en cas d'aliénation de la chose assurée : • Civ. 2e, 13 juill. 2005 : *Act. proc. coll. 2005, n° 218, obs. Monsèrié-Bon ; RJDA 2005, n° 1369 ; JCP E 2006, n° 2, p. 72, obs. Pétel.* - V. Asselain, *RCA 2006. Étude 1.*

1 ter. Sur la nécessité d'une mention expresse des contrats cédés dans le jugement arrêtant le plan, V. • Com. 16 oct. 1990 : *Bull. civ. IV, n° 241* • 17 déc. 1996 : *cité note 4* • Orléans, 27 avr. 2000 : *Loyers et copr. 2000, n° 275, obs. Brault et Pereira.* ♦ Comp., pour un plan de cession concernant une clinique, arrêté par un jugement prévoyant « le maintien, dans toute la mesure du possible, des contrats avec les praticiens » : • Com. 27 oct. 1998 : *Bull. civ. IV, n° 264 ; Act. proc. coll. 1998, n° 180, obs. Saintourens.*

1 quater. En ce sens qu'en acceptant le transfert du contrat dans l'acte notarié de cession, le repreneur en reconnaît le caractère nécessaire et ne peut plus le contester pour se soustraire à son exécution, V. • Paris, 26 janv. 1996 : *D. 1997. Somm. 4, obs. Derrida* .

2. Lorsqu'une omission dans le jugement d'un contrat cédé n'est due qu'à une erreur matérielle, elle peut être rectifiée en application de l'art. 462 NCPC. • Paris, 16 janv. 1987 : *Rev. proc. coll. 1989. 175 ; RJ com. 1988. 21, note Fabiani.*

2 bis. Un jugement prononçant la cession d'une entreprise mise en redressement judiciaire peut être interprété comme emportant cession d'un contrat de fourniture exclusive d'électricité, de manière indivisible, avec un bail à construction, dès lors que les deux contrats passés entre une société et l'entreprise cédée aménagent une indivisibilité conventionnelle au sens de l'art. 1217 C. civ., l'indivisibilité découlant de l'objet économique de ces conventions qui faisait dépendre l'amortissement des investissements réalisés par la société de la fourniture d'électricité fournie à l'entreprise cédée. • Com. 12 mai 1998 : *D. Affaires 1998. 1123, obs. J. F.*

2 ter. Sur la compétence du juge-commissaire pour déterminer si un contrat a été, ou non, transmis en application de l'art. 86 [C. com., art. L. 621-88], V. • Aix-en-Provence, 8 sept. 1994 : *Rev. proc. coll. 1996. 97, obs. Soinne.*

B. DOMAINE D'APPLICATION DE L'ART. L. 621-88

1° CONTRATS VISÉS PAR L'ART. L. 621-88

3. Crédit-bail. **BIBL.** Bey, *RJDA 1992. 651.* ♦ Lorsque la fragilité du fonds de commerce cédé (commissionnaire agréé en douane) impose l'absence de toute solution de continuité dans la fourniture des services à la clientèle et exclut l'abandon des locaux habituels d'exploitation, le contrat de crédit-bail en vertu duquel l'immeuble est occupé doit être transmis au cessionnaire conformément aux dispositions de l'art. 86 [C. com., art. L. 621-88]. • Paris, 11 juill. 1986 : *D. 1987. 55, note Fabiani ; Gaz. Pal. 1988. 1. 87, note Bey ; RTD com. 1987. 539, obs. Mestre.* ♦ V. aussi notes 16 à 18 *bis*.

4. Location. La cession d'un fonds de commerce n'inclut pas nécessairement celle du bail et des locaux dans lesquels ce fonds est exploité et il en est de même lorsque cette cession intervient dans le cadre d'un plan arrêté par le tribunal, à moins que celui-ci, par une disposition expresse, ne décide, en vertu de l'art. 86 [C. com., art. L. 621-88], que le contrat de bail est nécessaire au maintien de l'activité de l'entreprise, ce qui emporte alors sa cession. • Com. 17 déc. 1996 : *D. 1997. 387, note Monsèrié ; D. Affaires 1997. 188 ; Rev. proc. coll. 1998. 381, obs. Soinne.* – V. déjà • Metz, 13 févr. 1990 : *D. 1991. Somm. 13, obs. Derrida*. ♦ V. aussi note 21. ♦ Comp., jugeant que le bail commercial qui est un des éléments constitutifs du fonds et qui est cessible en vertu des dispositions de l'art. 35-1 du décret du 30 sept. 1953 [C. com., art. L. 145-16], n'entre pas dans l'énumération limitative de l'art. 86 ci-dessus [C. com., art. L. 621-88] : • Paris, 19 janv. 1993 : *D. 1993. IR. 102 ; Rev. proc. coll. 1993. 519, obs. Soinne.* – Comp. aussi : • Versailles, 6 juin 1991 : *Rev. proc. coll. 1991. 331, obs. Soinne.*

5. Sur le respect des dispositions conventionnelles relatives à la cession des baux commerciaux, V. notes 21 s.

6. S'agissant du bail rural, un mode particulier de dévolution ayant été prévu par l'art. 82 [C. com., art. L. 621-84], al. 3, les contrats de ce type ne sauraient valablement être transmis par une autre voie. • Paris, 2 nov. 1993 : *Rev. dr. rur. 1994, p. 3.* ♦ V. aussi notes 4 et 6 *bis* ss. ancien art. L. 621-84.

7. Sur le rejet d'une demande de cession obligatoire d'un bail à construction, en raison du caractère anormal de l'augmentation des loyers, s'analysant comme une modalité déguisée d'évaluation et de paiement d'une partie du prix de cession des titres, V. • Rennes, 20 juill. 1993 : *JCP 1994. IV. 48.*

8. Sous-location. Un contrat de sous-location commerciale n'est pas nécessaire au maintien de l'activité du locataire principal qui fait l'objet d'un plan de cession dès lors que ce dernier n'occupait pas le local et que le prix de la sous-location était reversé au bailleur. • Paris, 24 mars 1992 : *Rev. proc. coll. 1993. 98, obs. Soinne.*

9. Contrats intuitu personae. La nécessité du contrat pour le maintien de l'activité est la seule condition posée à la cession forcée, indépendamment de l'*intuitus personae*, qui ne peut exclure l'application de l'art. 86 [C. com., art. L. 621-88], ce texte ne distinguant pas selon que le contrat revêt ou non un caractère personnel. • Douai, 8 mars 1990 : *D. 1990. IR. 87.*

10. Ainsi a-t-il été jugé que l'*intuitus personae* n'était pas un obstacle à la cession : d'un contrat de franchise. • Versailles, 23 juin 1988 : *Gaz. Pal. 1989. 1. Somm. 112* (♦ *Contra*, jugeant que lorsque le franchiseur est en redressement judiciaire, l'art. 86 [C. com., art. L. 621-88] ne peut recevoir application pour ordonner le transfert du contrat de franchise : • Paris, 15 déc. 1992 : *D. 1993. IR. 45 ; RJ com. 1993. 151, note Martin-Serf ; JCP 1994. II. 22205, note Jamin ; JCP E 1993. I. 275, n° 6, obs. Pétel* • Versailles, 28 mars 1996 : *RJDA 1996, n° 973 ; Rev. proc. coll. 1998. 379, obs. Soinne*). ♦ ... De licence d'exploitation de brevets. • Colmar, 13 juin 1990 : *préc. note 1.* ♦ ... De concession. • Douai, 8 mars 1990 : *préc. note 9.* ♦ ... De sponsoring sportif. • Poitiers, 20 avr. 1988 : *Gaz. Pal. 1989. 1. Somm. 111.* ♦ ... De praticien avec un établissement de soins. • Com. 17 mars 1992 : *Bull. civ. IV, n° 120.*

De même, pour cette raison, le cocontractant ne peut pas utilement s'opposer à la cession d'un contrat de crédit-bail conclu avec le débiteur en invoquant un conflit avec le cessionnaire dans une autre affaire. • Paris, 22 nov. 1996 : *RJDA 1997, n° 418.*

11. Concessions sur marchés nationaux. V. note 3 *bis* ss. ancien art. L. 621-89.

2° CONTRATS EXCLUS

12. Contrats de prêt. Le contrat de prêt des fonds intégralement remis à l'emprunteur avant l'ouverture de sa procédure collective ne peut être cédé au titre des contrats visés à l'art. 86 [C. com., art. L. 621-88]. • Com. 13 avr. 1999 : *Bull. civ. IV, n° 87 ; D. 2000. 257, note Lipinski ; D. Affaires 1999. 801, obs. A. L. ; Petites affiches 25 mai 1999, p. 10, note P. M. ; Defrénois 1999. 870, obs. Sénéchal.* – V. Mahinga, *Rev. proc. coll. 2000. 96.* ♦ V. aussi, jugeant que les contrats de prêt n'entrent dans aucune des catégories de contrats limitativement énumérées par l'art. 86 [C. com., art. L. 621-88] : • Paris, 16 mars 1993 : *RJDA 1993, n° 659* • Nîmes, 15 oct. 1992 : *JCP 1993. IV. 2339.*

13. Contrat de GIE. Les rapports établis entre les membres d'un groupement d'intérêt économique n'entrent pas dans le champ d'application de l'art. 86 [C. com., art. L. 621-88]. • Lyon, 13 mars 1992 : *Bull. Joly 1992. 1306, note Le Cannu ; Rev. proc. coll. 1993. 517, obs. Soinne ; Dr. sociétés 1993, n° 7, obs. Chaput.*

13 bis. Sociétés en participation. En ce sens que l'absence de personnalité morale des sociétés en participation ne peut avoir pour conséquence de les réduire à des contrats ordinaires auxquels s'appliquerait l'art. 86 [C. com., art. L. 621-88], V. • Douai, 12 oct. 1995 : *Rev. proc. coll. 1996. 98, obs. crit. Soinne.* – Comp. : • Paris, 30 janv. 1997 : *Dr. sociétés 1997, n° 109, obs. Chaput.*

14. Contrats de travail. BIBL. Bailly, *Gaz. Pal. 2002. Chron. 1359* (contrat de travail et transfert de l'entreprise en difficulté). ♦ Les contrats de travail ne sont pas compris au nombre des contrats faisant l'objet d'une cession judiciaire conformément à l'art. 86 [C. com., art. L. 621-88], dès lors que les contrats de travail en cours lors de la cession d'entreprise subsistent en application de l'art. L. 122-12 C. trav. entre le nouvel employeur et le personnel non licencié selon l'art. 63 [C. com., art. L. 621-64]. • Paris, 6 févr. 1987 : *D. 1987. IR. 42* • Soc. 26 juin 1991 : *Bull. civ. V, n° 328 ; D. 1991. IR. 213 ; JCP E 1992. II. 274, note Serret* • 30 juin 1992 : *Bull. civ. V, n° 427.* – V. aussi • Com. 8 nov. 1988 : *D. 1991. Somm. 107, obs. Derrida* • Soc. 14 mai 1997 : *Bull. civ. V, n° 169 ; D. 1997. IR. 193.* ♦ La décision du juge-commissaire d'ordonner la cession d'éléments d'actif n'est pas de nature à faire échec à l'application de l'art. L. 122-12, al. 2, C. trav. • Soc. 31 mars 1998 : *D. 1998. IR. 122.* ♦ Il en est ainsi, notamment, en cas de reprise postérieure à la liquidation judiciaire, même si l'exploitation a été interrompue durant un certain temps. • Paris, 3 déc. 1996 : *D. 1997. IR. 29.* ♦ V. aussi note 8 *bis* ss. ancien art. L. 621-62.

La procédure protectrice des représentants du personnel, instituée notamment par l'art. L. 436-1, al. 5, C. trav., doit être mise en œuvre lorsque ceux-ci sont ensuite compris dans un transfert partiel de l'entreprise, conformément à l'art. L. 133-12, al. 2, C. trav., applicable à une cession intervenue sur le fondement de l'art. 81 [C. com., art. L. 621-83]. • Crim. 30 janv. 1996 : *Bull. crim. n° 54 ; D. 1996. IR. 119.*

14 bis. L'arrêté du plan de cession ne saurait empêcher les salariés licenciés par le repreneur qui subiraient un préjudice par suite de sa défaillance fautive d'exercer devant le tribunal chargé de la procédure collective, non pas une action directe tendant à obtenir de celui-ci l'exécution de ses engagements et entrant dans la mission du commissaire à l'exécution du plan, mais une action en responsabilité civile sans incidence sur l'existence du plan, tendant à l'allocation de dommages-intérêts. • Nancy, 3 avr. 1996 : *JCP E 1997, n° 7-8, p. 250.*

14 ter. L'obligation de non-concurrence, à laquelle est assortie une indemnité compensatrice, souscrite par des salariés compris dans un licenciement collectif pour motif économique mis en œuvre dans le cadre d'un plan de cession, se transmet à la société cessionnaire. • Soc. 6 déc. 1994 : *Bull. civ. V, n° 326* • Com. 21 oct. 1998 : *Dr. sociétés 1999, n° 8.*

14 quater. Cautionnement. Le cautionnement est conclu entre le créancier et la caution de sorte qu'il ne peut être cédé parmi les contrats de la société débitrice, par application de l'art. 86 [C. com., art. L. 621-88]. • Com. 10 juill. 2001 : *Bull. civ. IV, n° 135 ; D. 2001. AJ. 2595, obs. Lienhard ; Act. proc. coll. 2001, n° 201, obs. Vallansan ; JCP E 2002, n° 3, p. 128, obs. Cabrillac.*

3° CONTRATS NON CONTINUÉS

15. Avant la modification de l'art. 37 par la loi du 10 juin 1994, un contrat non continué à la suite de l'option de l'administrateur pouvait malgré tout faire l'objet d'une cession reposant sur l'art. 86, si, à la date de la décision, aucune action en résiliation n'avait été introduite par le bailleur. • Paris, 21 nov. 1989 : *JCP E 1990. II. 15886, note Vallansan ; Rev. dr. bancaire 1990. 87, obs. Campana et Calendini.* – V. conf., sur pourvoi, • Com. 21 janv. 1992 : *D. 1992. IR. 78 ; Bull. civ. IV, n° 27.* ♦ La loi n° 94-475 du 10 juin 1994 a modifié l'art. 37, al. 1er [devenu C. com., art. L. 621-28], qui prévoit désormais la résiliation de plein droit des contrats non continués.

4° EXCLUSION DES CESSIONS DANS LE CADRE D'UNE LIQUIDATION JUDICIAIRE

V. note 12 ss. ancien art. L. 622-17 et note 6 *bis* ss. ancien art. L. 622-18.

C. CONTRATS NON REPRIS PAR LE PLAN DE CESSION

15 bis. Il résulte de l'art. 1844-7 (7°) C. civ. (V. ce texte, *infra*, App., v° *Sociétés commerciales*) que les contrats non repris par le plan de cession prennent nécessairement fin au jour de la décision de cession. • Paris, 17 mai 1994 : *RJ com. 1995. 73, note X. Vincent.* ♦ Lorsqu'en cas de redressement judiciaire le plan de cession ne prévoit pas le transfert du bail des locaux d'exploitation au repreneur, ledit bail est privé de tout effet et se trouve résilié par le seul effet du plan arrêté par un jugement opposable à tous, comme il l'aurait été en cas de liquidation judiciaire. • Colmar, 15 oct. 1997 : *Rec. jur. de l'Est 1998, n° 2, p. 54 ; Rev. loyers 1998. 422, note Gallet.* – V. aussi • Versailles, 8 oct. 1998 : *D. Affaires 1998. 2019, obs. A. L.*

15 ter. Dès lors que le contrat non repris a été résilié par le jugement arrêtant le plan de cession et que des relations contractuelles nouvelles se sont créées entre les parties sans écrit, la clause d'arbitrage qui était stipulée à ce contrat est inapplicable au litige relatif à la rupture des relations de fait entre les parties. • Com. 10 mai 2000 : *BRDA 2000, n° 11, p. 6.*

II. POUVOIRS DU TRIBUNAL

16. Créances antérieures. Il ne résulte pas de l'art. 86 [C. com., art. L. 621-88] que le transfert des contrats (crédit-bail) puisse être subordonné à l'obligation imposée au cessionnaire de payer au cocontractant les prestations fournies avant le jugement d'ouverture. • Paris, 11 juill. 1986 : *préc. note 3.* ♦ Elles doivent faire l'objet d'une déclaration au passif. • Même arrêt.

17. Délais de paiement (jurisprudence antérieure à la loi du 10 juin 1994). Si le tribunal a le pouvoir d'imposer des délais de paiement au cocontractant, il ne saurait fixer une échéance supérieure au terme du contrat (crédit-bail). • Aix-en-Provence, 13 janv. 1988 : *D. 1988. 283, note Fabiani ; Gaz. Pal. 1988. 1. 248, note Bey ; Rev. dr. bancaire 1988. 208, obs. Dekeuwer-Defossez ; Rev. proc. coll. 1988. 392, obs. Soinne* • Versailles, 27 mai 1987 : *JCP E 1987. I. 16790.* ♦ V. désormais art. L. 621-88, al. 4. ♦ Lorsque le tribunal n'entend pas modifier les contrats cédés en imposant des délais de paiement, il n'y a pas lieu de convoquer les cocontractants (crédits-bailleurs) en chambre du conseil pour recueillir leurs observations. • T. com. Paris, 14 janv. 1987 : *Petites affiches 22 juill. 1987, note Gallet.*

18. L'art. 86 [C. com., art. L. 621-88], al. 3, lui permettant d'« imposer » des délais de paiement, le tribunal peut y soumettre le cocontractant, sans qu'il soit nécessaire que le repreneur en fasse la demande. • Montpellier, 7 mai 1991 : *D. 1991. 557, note Derrida ; JCP 1991. II. 21717, note J.-H. Robert ; JCP E 1991. II. 224, note Bey ; Dr. sociétés 1992, n° 79, obs. Chaput.* ♦ Les délais de paiement s'analysant en un report d'exigibilité, le tribunal peut décider en conséquence que les intérêts moratoires ne courront pas pendant ces délais. • Même arrêt. ♦ L'avantage financier procuré au repreneur par ce report peut se traduire par une majoration du prix de chacune des cessions concernées. • Même arrêt.

18 bis. Levée de l'option d'achat du crédit-bail cédé. Le plafonnement prévu par l'art. L. 621-88, al. 4, C. com. (« dans la limite de la valeur du bien »), ne s'applique qu'aux sommes demeurées impayées du chef du précédent crédit-preneur en procédure collective, le cessionnaire n'étant pas dispensé du paiement de l'intégralité des sommes qui lui incombe personnellement au titre du contrat cédé. • Com. 23 nov. 2004 : *Bull. civ. IV, n° 205 ; D. 2005. 510, note Le Corre-Broly ; ibid. AJ. 78, obs. Lienhard et Pan. 294, obs. Le Corre ; Act. proc. coll. 2005, n° 12, obs. Vallansan ; JCP E 2005, n° 17, p. 708, obs. Pétel ; RTD com. 2005. 598, obs. Saint-Alary-Houin .*

18 ter. Le crédit-bailleur, avant l'intervention de la loi du 10 juin 1994, était tenu d'accepter la continuation du contrat et la cession, même si celle-ci ne portait que sur la levée de l'option, l'ensemble des loyers étant arrivé à échéance au jour de l'ouverture de la procédure collective, sans pouvoir se prévaloir, pour demander que cette cession fût subordonnée au paiement des loyers antérieurs non réglés, de la clause du contrat prévoyant l'exercice de la levée d'option sous la condition suspensive du paiement préalable des loyers échus, l'art. 86 [C. com., art. L. 621-88] écartant précisément toute clause contraire. • Paris, 7 mars 1995 : *Rev. proc. coll. 1996. 102, obs. Soinne.* ♦ Comp., désormais : art. L. 621-88, al. 4.

III. RÉGIME DES CONTRATS CÉDÉS

A. DATE DE TRANSFERT

18 quater. Si le jugement arrêtant le plan de cession de l'entreprise emporte cession des contrats que le tribunal détermine, le transfert des droits et obligations résultant de ceux-ci ne prend effet qu'à la date de la conclusion des actes de cession ou de la prise de possession par le cessionnaire en vertu des dispositions du jugement ou de l'autorisation de l'administrateur lorsqu'elle intervient antérieurement à ces actes. • Com. 6 janv. 1998 : *Bull. civ. IV, n° 7 ; D. 1998. IR. 39 ; D. Affaires 1998. 254, obs. A. L. ; Quot. jur. 17 févr. 1998, p. 6, note P. M. ; Rev. huiss. 1998. 1191, note Courtier.* – V. aussi • Com. 26 mai 1999 : *Rev. proc. coll. 2001. 93, obs. Soinne.* ♦ V. encore note 4 *ter* ss. ancien art. L. 621-89.

En cas de cession de contrats à exécution successive, le cessionnaire est tenu des créances correspondant à la période de jouissance postérieure à la date ainsi fixée, peu important l'exigibilité de ces créances, antérieure à cette date. • Même arrêt. ♦ *Contra*, en ce sens que la cession des contrats est effective dès le prononcé du jugement : • Paris, 18 oct. 1991 : *D. 1992. IR. 19.*

B. PRINCIPE DU MAINTIEN DES STIPULATIONS

19. Lorsque le contrat a été conclu à durée indéterminée, chacun des cocontractants dispose à tout moment, sauf abus, de la faculté de subordonner la poursuite de la convention à une modification des obligations qu'elle comporte. • Com. 21 janv. 1992 : *Bull. civ. IV, n° 26 ; JCP E 1992. I. 166, n° 6, obs. Cabrillac.*

19 bis. Pour l'opposabilité de la clause attributive de compétence territoriale stipulée au contrat cédé, V. • Paris, 17 mars 2000 : *préc. note 1.*

20. Il résulte de l'art. 86 [C. com., art. L. 621-88], al. 3, que la cession des contrats intervenant en vertu d'une décision du tribunal et non de la volonté des parties n'emporte pas extinction de l'obligation préexistante et remplacement de celle-ci par une obligation nouvelle substituée à l'ancienne, aucun effet novatoire n'étant ainsi attaché à l'opération. • Com. 12 oct. 1993 : *Bull. civ. IV, n° 333 ; D. 1994. 353, note Playoust ; Banque janv. 1994. 91, obs. Guillot ; Rev. proc. coll. 1993. 512, obs. Soinne ; Dr. sociétés 1994, n° 6, obs. Chaput ; JCP E 1994. I. 348, n° 2, obs. Cabrillac et Pétel ; Defrénois 1994. 1237, obs. Sénéchal.* ♦ Dès lors, le contrat dans l'exécution duquel le repreneur succède au débiteur en redressement judiciaire étant celui-là même qui liait le cocontractant cédé au débiteur, il en résulte que ce dernier n'est pas déchargé du passif contractuel afférent à sa propre gestion et que, si la caution n'a pas à garantir les créances nouvelles nées du chef du repreneur depuis la cession, elle demeure tenue au titre des créances nées du chef du débiteur antérieurement à la cession. • Même arrêt. – Dans le même sens : • Com. 14 juin 1994 : *RJDA 1995, n° 71* • 14 oct. 1997 : *RJDA 1998, n° 193* • Agen, 23 oct. 1995 : *Cah. jurispr. Aquitaine 1996, n° 2, p. 920, note Saintourens* • Caen, 10 oct. 1995 : *Petites affiches 7 févr. 1997, p. 23, note Gallet.* ♦ V. aussi notes 4 *ter* et 9 ss. ancien art. L. 621-96. ♦ La novation par changement de débiteur ne peut résulter de la cession du contrat, ni de l'acceptation par le créancier des délais et remises tels qu'ils ont été repris par le plan. • Com. 14 févr. 1995 : *Banque 1995. 92, obs. Guillot ; Rev. proc. coll. 1995. 171, obs. Soinne.*

Lorsqu'un contrat de crédit-bail, dont l'exécution est garantie par une caution, est cédé par application de l'art. 86 [C. com., art. L. 621-88], si la caution reste garante des loyers échus antérieurement à la cession, nés du chef du débiteur cédé, elle ne garantit pas les loyers postérieurs dus par le cessionnaire, dont elle n'a pas garanti les obligations, à moins que, par un nouvel engagement, elle ait donné sa garantie au cessionnaire pour le paiement de ces loyers. • Com. 21 nov. 1995 : *Bull. civ. IV, n° 267 ; D. 1996. Somm. 336, obs. Aynès ; D. 1997. Somm. 5, obs. Derrida ; JCP 1996. II. 22635, note Jamin et Billiau ; Rev. dr. bancaire 1996. 36, obs. Campana et Calendini ; Rev. huiss. 1996. 460, note Courtier* • 6 juill. 1999 : *RJDA 1999, n° 1234 ; Act. proc. coll. 1999, n° 203, obs. Legeais* • 26 oct. 1999 : *RJDA 2000, n° 92.*

20 bis. La clause de résiliation de plein droit d'un contrat de franchise en cas de procédure collective est inopposable au cessionnaire. • Versailles, 13 mai 1993 : *Rev. proc. coll. 1995. 172, obs. Soinne.*

20 ter. Sur l'exécution d'un bail emphytéotique aux conditions en vigueur au jour de l'ouverture de la procédure, V., jugeant que l'actuel emphytéote n'avait pas à répondre à d'éventuels manquements à l'obligation d'entretien imputables au preneur originaire, • Com. 1er oct. 1997 : *Bull. civ. IV, n° 237 ; D. 1997. IR. 218 ; D. Affaires 1997. 1328 ; JCP E 1998, n° 1-2, p. 29, obs. Cabrillac.*

20 quater. Sur l'opposabilité des dispositions du plan de cession ordonnant le transfert d'un contrat au cessionnaire, V. note 1 *quinquies* ss. ancien art. L. 621-65.

C. CESSION DU BAIL COMMERCIAL

21. La clause contractuelle stipulant que la cession du bail est subordonnée à l'accord écrit du bailleur se trouve privée d'effet. • Com. 6 déc. 1994 : *Bull. civ. IV, n° 368 ; D. 1997. Somm. 4, obs. Derrida ; Defrénois 1995. 964, obs. Sénéchal.* ♦ Comp., jugeant que la violation de la clause prévoyant expressément le concours du bailleur à l'acte, dans le cadre de la cession d'un bail commercial intervenue en application de l'art. 86 [C. com., art. L. 621-88], n'est pas un manquement de nature à justifier la résiliation judiciaire du bail, dès lors qu'un exemplaire de l'acte de cession a été remis au bailleur dans un délai raisonnable, peu important que le jugement arrêtant le plan de cession n'ait pas jugé utile de procéder à une substitution des garanties du cédant : • Paris, 4 févr. 1993 : *Rev. proc. coll. 1993. 520, obs. Soinne.* ♦ Comp. aussi : note 4 *sexies* ss. ancien art. L. 621-89.

En ce sens qu'est applicable la clause limitant la cession au « successeur dans le fonds de commerce », V. • Versailles, 2 févr. 1995 : *AJPI 1995. 588, note Blatter.*

21 bis. Jugé, avant la loi du 10 juin 1994, que la clause figurant au bail initial et prévoyant la garantie solidaire du cédant est opposable au liquidateur de la société cédante même si l'acte de cession ne la reproduit pas. • Paris, 4 févr. 1993 : *préc. note 21.* ♦ Comp., désormais : art. L. 621-30.

22. Ayant retenu que, selon les termes d'un contrat de bail de locaux commerciaux, les sommes dues au bailleur à titre de « droit d'entrée » avaient le caractère d'une indemnité destinée à compenser la dépréciation de l'immeuble résultant de l'octroi au preneur de la propriété commerciale, et que l'étalement des échéances de cette indemnité n'en modifiait pas la nature, une cour d'appel en a exactement déduit que la créance du bailleur était née dès la conclusion du contrat, antérieurement au jugement d'ouverture du redressement judiciaire du preneur, que, par suite, l'art. 86 [C. com., art. L. 621-88] n'imposait pas au cessionnaire du contrat de bail de le payer, et qu'elle devait faire l'objet d'une déclaration entre les mains du représentant des créanciers de la société débitrice. • Com. 14 avr. 1992 : *Bull. civ. IV, n° 158 ; D. 1994. Somm. 47, obs. Rozès ; JCP 1992. II. 21957, note Lévy.*

22 bis. Pour un arrêt jugeant implicitement qu'est inopposable la clause de préemption figurant dans un contrat de bail, V. • Chambéry, 13 nov. 1995 : *Rev. proc. coll. 1998. 380, obs. Soinne.* ♦ *Contra*, en ce sens que la cession du fonds de commerce emporte cession du bail, ce dernier étant transmis au cessionnaire avec ses clauses et conditions, dont le droit de préemption auquel le plan de cession n'a pas porté atteinte : • Paris, 14 sept. 1993 : *Petites affiches 20 avr. 1994, note Calendini ; Gaz. Pal. 1994. 1. 23, note Marchi ; Rev. proc. coll. 1994. 227, obs. Soinne.*

23. Sur l'application d'une clause résolutoire et d'une clause pénale contenues dans un bail, V. • Paris, 22 nov. 1990 : *Rev. loyers 1991. 153, note Gallet.*

24. Sur les conséquences d'un congé avec refus de renouvellement du bail délivré avant l'homologation du plan de cession du locataire, V. • Civ. 3e, 12 juill. 2000 : *Petites affiches 16 mai 2001, p. 17, note Gallet ; Loyers et copr. 2001, n° 94, obs. Brault et Pereira.*

IV. VOIES DE RECOURS DU COCONTRACTANT

V. art. L. 623-6 (II).

Ancien art. L. 621-89 ***En exécution du plan arrêté par le tribunal, l'administrateur passe tous les actes nécessaires à la réalisation de la cession.***

Dans l'attente de l'accomplissement de ces actes, l'administrateur peut, sous sa responsabilité, confier au cessionnaire la gestion de l'entreprise cédée. — [L. n° 85-98 du 25 janv. 1985, art. 87].

BIBL. ▶ H. Bureau, *JCP E 1999, n° 27-28, p. 1182.*

1. Transfert de propriété. S'il n'en est autrement décidé par le jugement arrêtant le plan, le transfert des biens et droits compris dans le plan s'opère à la date de passation des actes nécessaires à la réalisation de la cession, la modification qui en résulte dans la situation juridique de l'employeur se produisant également à cette date. • Com. 26 janv. 1993 : *Bull. civ. IV, n° 30 ; D. 1993. 205, note F.D. ; Defrénois 1994. 564, obs. Sénéchal* • 25 mai 1993, *Rev. proc. coll. 1994. 234, obs. Soinne* • Soc. 19 oct. 1993 : *RJDA 1994, n° 336* • 10 janv. 1995 : *Rev. proc. coll. 1996. 104, obs. Soinne.* – Dans le même sens, V. • Com. 3 mai 1994 : *RJDA 1994, n° 1214* • 6 déc. 1994 : *Bull. civ. IV, n° 369 ; Bull. Joly 1995. 187 ; Petites affiches 12 janv. 1995, p. 2.* ♦ V., aussi, sur l'évolution ultérieure de la jurisprudence de la chambre sociale, note 4 *bis*. ♦ Sur la date de transfert des contrats cédés, V. note 18 *ter* ss. ancien art. L. 621-88.

1 bis. Transfert des risques. Dès lors qu'un plan de redressement organisant la cession totale d'une entreprise a été arrêté et que, par ailleurs, les dispositions relatives à la cession n'ont été assorties d'aucune restriction, elles impliquent, avec le transfert de l'unité de production, le transfert des risques et des charges de l'exploitation au cessionnaire. • Basse-Terre, 18 janv. 1999 : *BICC 1999, n° 1377.*

2. Pouvoirs de l'administrateur et du tribunal. L'administrateur n'ayant aucun pouvoir de négociation puisqu'il ne peut agir qu'en exécution du plan arrêté par le tribunal, la mise en œuvre d'une cession ne peut être soumise à aucune condition, et une réserve portée à l'acte par les bailleurs est dépourvue de tout effet juridique. • Paris, 18 oct. 1991 : *cité note 18 quater ss. ancien art. L. 621-88.*

3. A défaut de paiement du prix arrêté par le tribunal, l'administrateur peut légitimement refuser de signer l'acte de cession. • Douai, 11 oct. 1990 : *D. 1991. 526, note Derrida.* ♦ Il peut donc revendiquer les biens compris dans le plan et en reprendre possession ; à défaut de restitution, le prix de ces biens doit lui être versé. • Même arrêt.

En cas de refus du cessionnaire de signer les actes nécessaires à la réalisation de la cession, les juges peuvent prononcer la résolution du plan. • Com. 5 déc. 1995 : *Rev. proc. coll. 1996. 471, obs. Soinne.* ♦ Ils peuvent également condamner le cessionnaire désigné à régulariser les actes sous astreinte. • Toulouse, 11 mai 1998 : *Rev. proc. coll. 2001. 97, obs. Soinne.* ♦ Il a encore été jugé que si, hors le cas où son consentement a été vicié, le repreneur refuse de signer l'acte de cession, celle-ci peut être judiciairement constatée. • Aix-en-Provence, 23 oct. 1997 : *BICC 1998, n° 391 ; Gaz. Pal. 1998. 2. Somm. 573.* ♦ V. aussi, pour la substitution au débiteur récalcitrant d'un administrateur *ad hoc*, en cas de procédure simplifiée, • Besançon, 6 déc. 1995 : *Rev. proc. coll. 1996. 471, obs. Soinne.* ♦ Sur la responsabilité, V. notes 4 *quater* et 7.

Sur l'obligation faite au débiteur de signer les actes de cession, V. • Angers, 3 nov. 1998 : *Rev. proc. coll. 2001. 97, obs. Soinne.*

3 bis. Il appartient à l'administrateur, investi du pouvoir de passer tous les actes nécessaires à la réalisation de la cession en exécution du plan arrêté, de veiller à la stricte conformité desdits actes à ce plan et au commissaire chargé de veiller à l'exécution du plan d'attaquer les actes passés, opposables aux seules parties, notamment les contrats de vente, qui ne respecteraient pas le contenu, opposable à tous, de la décision judiciaire irrévocable arrêtant ou modifiant le plan. • Com. 8 juin 1999 : *RJDA 1999, n° 968.* ♦ S'agissant de la cession de contrats de concession sur les marchés nationaux, il appartient à l'administrateur de veiller à ce que le cessionnaire obtienne l'autorisation préfectorale nécessaire, la cession ordonnée par le tribunal n'étant pas inconciliable avec cette exigence. • Paris, 17 oct. 1991 : *D. 1991. IR. 275.*

4. Gestion de l'entreprise cédée. Sauf disposition du jugement arrêtant le plan de cession qui aurait prévu la prise de possession immédiate de l'entreprise cédée par le cessionnaire sous sa responsabilité, la gestion par celui-ci de l'entreprise, dans l'attente de l'accomplissement des actes nécessaires à la réalisation de la cession, s'effectue, selon l'art. 87 [C. com., art. L. 621-89], al. 2, sous la responsabilité de l'administrateur. • Com. 9 juin 1992 : *Bull. civ. IV, n° 232 ; D. 1992. IR. 221 ; Defrénois 1993. 521, obs. Sénéchal ; JCP E 1993. II. 479, note Blanc.* ♦ Comp., jugeant que, dans le cas de l'art. 87 [C. com., art. L. 621-89], al. 2, les fournisseurs qui ont livré des marchandises commandées par le repreneur ne sont pas admis à rechercher la responsabilité de l'administrateur au sens de ce texte : • Paris, 21 janv. 1994, *RJ com. 1994. 379, note X. Vincent.*

Dès lors qu'un plan de cession prévoit la poursuite de l'ensemble des contrats de travail en cours et comporte la mention que le projet de reprise est d'effet immédiat, l'URSSAF ne bénéficie pas des dispositions de l'art. 40 [C. com., art. L. 621-32] pour le paiement des cotisations sociales postérieures au jugement ayant arrêté le plan (le cessionnaire se trouvait, en effet, autorisé, dès le prononcé de la décision, à poursuivre l'activité de l'entreprise sous sa propre responsabilité avec l'obligation corrélative d'assumer, notamment, le paiement des cotisations sociales liées aux contrats de travail maintenus en exécution de ce plan). • Com. 31 mars 1998 : *Bull. civ. IV, n° 121 ; D. 1998. IR. 119 ; D. Affaires 1998. 764, obs. P. P. ; JCP E 1998, n° 36, p. 1357, obs. Cabrillac ; Rev. proc. coll. 1998. 384, obs. Soinne ; RTD com. 1998. 942, obs. Martin-Serf.*

V. aussi note 5 *bis*.

En sa qualité d'exploitant effectif, le cessionnaire de l'entreprise a qualité pour agir en contrefaçon. • Com. 11 févr. 1997 : *D. 1998. Somm. 8, obs. Derrida.*

4 bis. L'administrateur, en confiant, sous sa responsabilité, la gestion de l'entreprise au cessionnaire, lui a transféré une entité économique ayant conservé son identité et dont l'activité est poursuivie, d'où il suit que le cessionnaire est devenu l'employeur ; ne sont donc pas nulles les transactions intervenues entre des salariés et le cessionnaire. • Soc. 26 nov. 1996 : *Bull. civ. V, n° 402 ; D. 1998. Somm. 8, obs. Derrida ; Rev. sociétés 1997. 883, note Caronna.* ♦ Comp., pour la position antérieure de la chambre sociale : note 1.

4 ter. Il s'infère de l'art. 87 [C. com., art. L. 621-89], al. 2, que le transfert des droits et obligations résultant des contrats cédés peut, par exception au principe général, prendre effet dès la prise de possession du cessionnaire et non pas seulement à la date de régularisation des actes de cession par l'administrateur. • Versailles, 23 mars 2000 : *RJ com. 2000. 273, note Martin-Serf.* ♦ V. aussi note 18 *quater* ss. ancien art. L. 621-88.

4 quater. Sur la responsabilité du cessionnaire pour refus de réalisation de la cession aux conditions de son offre, V., en ce sens que la prise de possession, prévue à l'art. 87 [C. com., art. L. 621-89], al. 2, n'équivaut pas à l'exécution de l'obligation de délivrance, • Com. 14 oct. 1997 : *Bull. civ. IV, n° 263 ; D. 1998. Somm. 9, obs. Derrida ; Rev. huiss. 1998. 679, note Courtier ; Rev. proc. coll. 1998. 384, obs. Soinne.*

V. note 6 ss. ancien art. L. 621-63.

4 quinquies. Arrêt de l'exécution provisoire. V. note 7 *bis* ss. ancien art. 155 du 1er décret du 27 déc. 1985, *infra*, App., v° *Difficultés des entreprises.*

4 sexies. Modalités des actes nécessaires à la réalisation. Les modalités des actes nécessaires à la réalisation d'un plan de cession ne peuvent avoir pour effet de modifier le contenu et les objectifs du plan homologué. Aussi, le tribunal ayant ordonné une cession totale et immédiate des actifs de l'entreprise, une cour d'appel, qui n'a pas imposé de charges autres que les engagements souscrits, en déduit exactement que la clause résolutoire insérée à l'acte de cession et destinée à s'appliquer en cas de refus d'agrément par l'administration des douanes, est dépourvue de tout effet juridique, en ce qu'elle contredit les termes du plan de cession homologué par le tribunal. • Com. 9 janv. 1996 : *Bull. civ. IV, n° 12 ; D. 1998. Somm. 11, obs. Derrida ; JCP E 1996. I. 554, n° 8, obs. Cabrillac ; Petites affiches 22 janv. 1997, p. 31, note Courtier ; Rev. proc. coll. 1998. 374, obs. Soinne.*

4 septies. Clause d'agrément. L'administrateur, chargé de passer tous les actes nécessaires à la réalisation de la cession est tenu, pour la vente des actions en cause, de respecter la clause des statuts de la société imposant l'agrément préalable du conseil d'administration. • Com. 31 janv. 1995 : *Bull. civ. IV, n° 31 ; D. 1995. 426, note Parléani ; Rev. sociétés 1995. 320, note Le Nabasque ; JCP 1995. II. 22460, note Guyon ; Bull. Joly 1995. 342, note Couret ; Defrénois 1995. 696, obs. Hovasse ; Rev. proc. coll. 1995. 163, obs. Soinne ; Petites affiches 2 août 1995, p. 24, note Courtier.* ♦ De même, doit être respectée la procédure d'agrément des cessions de parts de SARL, prévue par l'art. 45 de la loi du 24 juill. 1966 [C. com., art. L. 223-14]. • Versailles, 28 mars 1996 : *RJDA 1996, n° 796.* ♦ V. aussi note 3 *ter* ss. ancien art. L. 622-17.

5. Acte notarié. L'officier ministériel qui rédige les actes de cession ne saurait mentionner le nom d'un repreneur autre que celui désigné par le tribunal, ni ajouter au jugement. • TGI Béthune, 26 oct. 1988 : *Rev. proc. coll. 1989. 168, obs. Soinne.*

5 bis. Effets de l'annulation du plan de cession. En cas d'annulation du plan de cession, les créances découlant de commandes passées entre la date du jugement arrêtant le plan et la date d'annulation de ce plan, par le cessionnaire, qui avait pris possession de l'entreprise en vertu d'une disposition expresse dudit jugement, ne peuvent bénéficier de l'art. 40 [C. com., art. L. 621-32]. • Com. 28 janv. 1997 : *Bull. civ. IV, n° 36 ; D. 1998. Somm. 10, obs. Derrida ; D. Affaires 1997. 277 ; JCP E 1997. I. 651, n° 3, obs. Cabrillac ; Rev. dr. bancaire 1997. 79, obs. Campana et Calendini ; RTD com. 1997. 688, obs. Martin-Serf.*

6. Effets de la résolution du plan de cession. La résolution du plan de cession n'a pas pour effet d'entraîner de plein droit la résolution d'une convention de vente conclue, pour son exécution, par l'administrateur judiciaire. • Com. 22 juin 1993 : *Bull. civ. IV, n° 263 ; D. 1993. IR. 186 ; Rev. proc. coll. 1993. 506, obs. Soinne ; Dr. sociétés 1993, n° 183, obs. Chaput.* ♦ Le jugement ayant prononcé la résolution du plan de cession n'ayant pas décidé la résolution de la vente du fonds de commerce, acte distinct du jugement arrêtant le plan, et cette résolution n'ayant pas été demandée dans l'instance introduite par la banque, la convention subsiste en l'état. • Même arrêt.

La résolution des actes de cession ne saurait être sollicitée par le commissaire à l'exécution du plan dans la mesure où les cessionnaires étant eux-mêmes soumis à une procédure de redressement judiciaire, s'appliquent les dispositions de l'art. 47 [C. com., art. L. 621-40] interdisant toute action en résolution pour défaut de paiement d'une somme d'argent. • Orléans, 23 oct. 1997 : *Rev. proc. coll. 1999. 120, obs. Macorig-Venier.*

Même si la promesse de garantie donnée par la banque a disparu à la suite de la résolution du plan, l'obligation de cautionnement que la banque a contractée dans l'acte de vente du fonds de commerce, distinct de cette promesse, subsiste en garantie des engagements résultant pour l'acquéreur du contrat de vente, demeuré valide. • Même arrêt. – V. aussi l'arrêt confirmé : • Toulouse, 14 janv. 1991 : *JCP E 1991. I. 73, n° 10, obs. Pétel et Cabrillac.*

7. En présence de l'inexécution de l'engagement pris par la société cessionnaire (n'ayant pas signé les actes de cession avant d'être mise en liquidation judiciaire), la responsabilité de celle-ci ne peut être écartée, sans que soit retenue une cause d'exonération de sa responsabilité. • Com. 26 oct. 1999 : *Bull. civ. IV, n° 193 ; D. 1999. AJ. 67, obs. A. L. ; D. 2000. 383, note Pélissier ; ibid. Somm. 328, obs. Honorat ; Act. proc. coll. 1999, n° 254, obs. Saintourens ; Dr. et patr. janv. 2000. 100, obs. Monsèrié-Bon ; JCP E 2000, n° 4, p. 127, obs. Cabrillac et Pétel ; ibid., n° 13, p. 563, note Delfour ; RTD com. 2000. 452, obs. Saint-Alary-Houin ; RTD civ. 2000. 835, obs. Mestre et Fages.* – V. aussi Courtier, *Dr. sociétés 2000. Chron. 26* ; Asfar, *Dr. et patr. mai 2002. 28.* ♦ Cassation, pour défaut de base légale, au regard des art. 1371 C. civ. et 62, al. 1er, de la loi de 1985 [C. com., art. L. 621-63] de l'arrêt ayant jugé que, le plan de cession arrêté par une juridiction étant indépendant de la vente elle-même des éléments corporels et incorporels de l'entreprise cédée, en l'absence de réalisation du contrat synallagmatique, le débiteur n'avait pas à la date de l'ouverture de la procédure collective du cessionnaire, suite à la résolution du plan de cession, de créance relative au prix de cession consignée dans le jugement arrêtant le plan et l'argument fondé sur l'art. 1184, al. 2, C. civ. pour obtenir des dommages et intérêts à la charge du repreneur est inopérant. • Même arrêt. (V. l'arrêt cassé : • Paris, 8 mars 1996 : *Rev. proc. coll. 1998. 370, obs. Soinne*).

V. aussi note 4 ss. ancien art. L. 621-91.

8. Si l'administrateur, en confiant sous sa responsabilité la gestion de l'entreprise au cessionnaire, lui a transféré une entité économique dont l'activité est poursuivie, alors même que les actes nécessaires à la réalisation de la cession n'ont pas été signés, la résolution du plan de cession emporte retour de l'entité transférée et des contrats de travail y afférents au cédant (application de l'art. L. 122-12, al. 2, C. trav.). • Soc. 8 juin 1999 : *Bull. civ. V, n° 263 ; D. 2000. Somm. 4, obs. Derrida ; RTD com. 1999. 966, obs. Saint-Alary-Houin ; JCP E 2000, n° 4, p. 127, obs. Pétel.* ♦ Par suite, les licenciements postérieurs à la date de résolution du plan de cession sont à la charge du cédant. • Même arrêt. ♦ En revanche, le cessionnaire est tenu, à l'égard des salariés, des obligations nées entre l'adoption du plan de cession et sa résolution. • Soc. 8 juin 1999 : *Bull. civ. V, n° 264 ; D. 2000. Somm. 4, obs. Derrida ; JCP E 2000, n° 4, p. 127, obs. Pétel.*

Ancien art. L. 621-90 ***La mission du commissaire à l'exécution du plan dure jusqu'au paiement intégral du prix de cession, par exception à l'article L. 621-68.*** – [L. n° 85-98 du 25 janv. 1985, art. 88].

1. Durée des fonctions. **BIBL.** Le Corre, *Gaz. Pal. 29-30 déc. 2004.* ♦ Lorsque le jugement arrêtant le plan de cession ne fixe pas de durée au plan, la mission du commissaire à l'exécution du plan dure jusqu'à la clôture de la procédure, sans qu'elle puisse excéder dix ans, ou, si le débiteur est un agriculteur, quinze ans. • Com. 10 mars 2004 : *Bull. civ. IV, n° 49 ; D. 2004. AJ. 949, obs. Lienhard ; Act. proc. coll. 2004, n° 98, obs. Regnaut-Moutier ; JCP E 2004, n° 37, p. 1385, obs. Cabrillac ; RD banc. fin. 2004, n° 174, obs. F.-X. Lucas* • 1er févr. 2005 : *Gaz. Pal. 29-30 avr. 2005, p. 28, obs. Voinot.* – Dans le même sens, V. • Crim. 23 mars 2005 : *Bull. crim. n° 102 ; D. 2005. AJ. 1228, obs. Lienhard ; RD banc. fin. 2005, n° 97, obs. F.-X. Lucas ; Rev. sociétés 2005. 888, note Bouloc.* ♦ Lorsque le jugement arrêtant le plan de cession ne fixe pas de durée au plan, la mission du commissaire à l'exécution du plan dure jusqu'à la clôture de la procédure, si celle-ci a été ouverte avant l'entrée en vigueur de la loi du 10 juin 1994. • Com. 10 mars 2004 : *ibid. ; Bull. civ. IV, n° 48 ; RD banc. fin. 2004, n° 175, obs. F.-X. Lucas.*

1 bis. L'art. 88 [C. com., art. L. 621-90] ne peut être interprété dans le sens qu'il réduit la durée de la mission dans le cas où le prix aurait été payé entièrement à l'expiration de la durée du plan, mais doit s'entendre comme une exception dans le sens où il prévoit l'allongement de cette durée au-delà de celle du plan, pour permettre au commissaire à l'exécution du plan de veiller au paiement du prix et de remplir son rôle relatif à la distribution de celui-ci. • Montpellier, 19 mars 1996 : *D. 1996. IR. 134,* conf. par • Com. 9 juin 1998 : *D. 1998. IR. 197 ; D. Affaires 1998. 1218 ; Quot. jur. 24 sept. 1998, p. 3, note P. M.* – V. aussi : • Com. 7 janv. 2003 : *RJDA 2003, n° 622* • Crim. 9 févr. 2005 : *D. 2005. AJ. 1025, obs. Lienhard ; ibid. Pan. 2017, obs. F.-X. Lucas ; Rev. sociétés 2005. 673, note Bouloc* • Douai, 10 mai 1999 : *RTD com. 2002. 154, obs. Saint-Alary-Houin.* ♦ *Contra* : • Chambéry, 21 mai 1996 : *Banque et Droit sept.-oct. 1996. 35, obs. Guillot.*

1 ter. L'action en recouvrement d'une créance engagée avant la clôture de la procédure par le commissaire à l'exécution du plan est recevable, bien que la durée du plan soit expirée. • Versailles, 8 janv. 1999 : *JCP E 1999, n° 21, p. 891.*

2. Si les art. 92 de la loi [C. com., art. L. 621-95] et 94 du décret du 27 déc. 1985 prévoient que le commissaire procède à la répartition du prix entre les créanciers et à la reddition de comptes auprès du président du tribunal et le dépôt de ces comptes au greffe, ces deux textes, qui ne concernent que les conséquences du paiement, ne sauraient permettre au commissaire, qui a reçu l'intégralité du prix conformément au jugement arrêtant le plan de cession, de poursuivre des actions antérieurement engagées ; il est nécessaire pour ce faire qu'un mandataire « *ad hoc* » soit désigné, conformément aux dispositions de l'art. 90 du décret. • Toulouse, 13 janv. 1997 : *Gaz. Pal. 1998. 1. Somm. 219.*

3. Sur l'interdiction d'exercer une action en responsabilité civile contre des tiers, V. note 10 *bis* ss. ancien art. L. 621-68. ♦ ... Une action en comblement de passif contre un dirigeant, V. note 1 *ter* ss. ancien art. L. 624-6.

4. Voies de recours. V. note 16 *quinquies* ss. ancien art. L. 623-6.

5. Prix de cession. V. note 4 ss. ancien art. L. 621-93.

§ 3 DES OBLIGATIONS DU CESSIONNAIRE

Ancien art. L. 621-91 ***Tant que le prix de cession n'est pas intégralement payé, le cessionnaire ne peut, à l'exception des stocks, aliéner ou donner en location-gérance les biens corporels ou incorporels qu'il a acquis.***

Leur aliénation totale ou partielle, leur affectation à titre de sûreté, leur location ou leur location-gérance peuvent être autorisées par le tribunal après rapport du commissaire à l'exécution du plan qui devra préalablement consulter le comité d'entreprise ou, à défaut, les délégués du personnel. Le tribunal doit tenir compte des garanties offertes par le cessionnaire.

Tout acte passé en violation des dispositions du présent article est annulé à la demande de tout intéressé, présentée dans le délai de trois ans à compter de la conclusion de l'acte. Lorsque l'acte est soumis à publicité, le délai court à compter de celle-ci.

Le cessionnaire rend compte au commissaire à l'exécution du plan de l'application des dispositions prévues par le plan de cession à l'issue de chaque exercice suivant celle-ci. Si le cessionnaire n'exécute pas ses engagements, le tribunal peut, d'office, à la demande du procureur de la République, du commissaire à l'exécution du plan, du représentant des créanciers ou d'un créancier, prononcer la résolution du plan. – [L. n° 85-98 du 25 janv. 1985, art. 89].

Pour l'entrée en vigueur des dispositions de l'al. 4, issues de la loi n° 94-475 du 10 juin 1994, V. note ss. ancien art. L. 620-1.

BIBL. ▸ Seube, *JCP E 1999, n° 13, p. 564* (effets de la résolution du plan). – Chatelon et Grillier, *Rev. proc. coll. 2002. 47* (même thème).

1. Résiliation d'un bail. La résiliation d'un contrat de bail n'entre pas dans les prévisions de l'art. 89 [C. com., art. L. 621-91], al. 1er. • Com. 8 juin 1999 : *Bull. civ. IV, n° 124 ; D. 1999. IR. 186 ; D. Affaires 1999. 1041, obs. A. L. ; RTD com. 1999. 962, obs. Saint-Alary-Houin ; JCP E 2000, n° 4, p. 125, obs. Cabrillac ; Rev. proc. coll. 2001. 88, obs. Soinne.*

1 bis. Non-paiement intégral du prix. La stipulation du jugement arrêtant le plan, selon laquelle une somme représentant les actifs immobiliers sera payée par la reprise par le cessionnaire des prêts souscrits par le débiteur, et ce, dans le cadre de l'art. 86 [C. com., art. L. 621-88], représente un mode de paiement des actifs repris par le cessionnaire, dans le cadre de la cession globale de l'entreprise, et ne peut s'analyser comme obligation de faire (application de l'art. 89, al. 1er [C. com., art. L. 621-91]). • T. com. Flers, 2 févr. 1996 : *Petites affiches 14 févr. 1997, p. 8, note Gallet.* ♦ La cour d'appel a donc approuvé le tribunal de commerce d'avoir débouté le commissaire à l'exécution du plan, qui n'avait pas sollicité la résolution du plan et n'avait aucun droit sur les actifs cédés, de sa demande en restitution de ceux-ci. • Caen, 27 févr. 1997 : *Petites affiches 9 mars 1998, p. 13, note Gallet,* conf. par : • Com. 1er févr. 2000 : *RJDA 2000, n° 569 ; Petites affiches 10 août 2000, p. 21, note Gallet ; RTD com. 2001. 223, obs. Saint-Alary-Houin.*

1 ter. Vente d'un bien non compris dans le plan. En ce sens que la résolution du plan de cession partielle ne peut être prononcée au motif que l'engagement du débiteur de désintéresser un créancier en vendant un terrain à bâtir n'a pas été respecté, dès lors que ce terrain n'était pas compris dans le plan et que le cessionnaire était donc totalement étranger à l'engagement de le vendre, V. • Com. 6 juin 2000 : *RJDA 2000, n° 1020.*

1 quater. Responsabilité fiscale du cessionnaire. **BIBL.** Jadaud, *Petites affiches 16 juin 1993.* ♦ Sur l'application de l'art. 1684-1 CGI, V. Soinne, *Rev. proc. coll. 1992. 412.*

1 quinquies. Absence de garantie de passif légale. Dans le cadre de la cession d'entreprise prévue par les art. 81 s. [C. com., art. L. 621-83 s.], le cessionnaire n'a aucune obligation envers les créanciers réunis dans la procédure collective de leur débiteur. A l'exception de certains biens grevés d'une sûreté, il n'est tenu en aucune façon des dettes du cédant, seules pesant sur lui l'obligation de paiement du prix et les contraintes instituées par la loi pour assurer le maintien de l'activité. • Versailles, 17 mars 1994 : *Dr. sociétés 1994, n° 174, obs. Chaput.* ♦ La caution d'un prêt non compris dans le plan de cession n'est pas déchargée, le cessionnaire ne se substituant pas au débiteur dans ses obligations à l'égard de ses créanciers. • Com. 3 mai 1994 : *Rev. dr. bancaire 1995. 42, obs. Campana et Calendini.*

1 sexies. Cautionnement des engagements souscrits. V. obs. Soinne, *Rev. proc. coll. 1998. 254 ; ibid. 2001. 72.*

2. Engagement conventionnel. **BIBL.** Calendini, *Bull. Joly 1995. 733* (à propos de Com. 3 janv. 1995). ♦ Le cessionnaire peut, par une clause spéciale de l'acte de cession, prendre l'engagement de régler, outre le prix de cession, une dette antérieure du cédant. • Com. 30 nov. 1993 : *Rev. huiss. 1994. 225 ; Dr. sociétés 1994, n° 28, obs. Chaput* • 17 mai 1994 : *Bull. civ. IV, n° 180 ; D. 1996. Somm. 221, obs. Pérochon ; RTD com. 1996. 130, obs. Martin-Serf.* ♦ Il contracte alors, en tant que tiers, une obligation personnelle envers le créancier concerné qui résulte directement du jugement arrêtant le plan de cession, opposable à tous. • Com. 3 janv. 1995 : *Bull. civ. IV, n° 4 ; D. 1995. IR. 39 ; RJ com. 1995. 198, rapp. Rémery ; JCP E 1995. I. 455, n° 4, obs. Pételet Cabrillac ; Rev. proc. coll. 1995.*

137, obs. Soinne. ♦ Dans le silence de l'acte de cession, l'action en exécution de cette obligation n'est pas soumise à la procédure de déclaration des créances. • Com. 3 janv. 1995 : *préc.*

2 bis. Clause pénale garantissant les engagements sociaux. V. note 6 *quater* ss. ancien art. L. 621-63.

2 ter. Responsabilité à l'égard des tiers du cessionnaire n'ayant pas respecté ses engagements. Toute personne qui a intérêt au respect de l'engagement unilatéralement pris peut faire valoir la faute du cessionnaire qui se délie abusivement d'une obligation destinée par la nature de son contenu à se prolonger dans le temps (recevabilité de l'action en responsabilité civile engagée par une commune sur le site de laquelle le cessionnaire s'était engagé à maintenir l'activité). • Com. 28 mars 2000 : *Bull. civ. IV, n° 73 ; D. 2000. AJ. 210, obs. Lienhard ; JCP E 2000, n° 40, p. 1561, obs. Pétel ; Act. proc. coll. 2000, n° 108, obs. Vallansan ; RD banc. fin. 2000, n° 72, obs. F.-X. Lucas ; RTD com. 2000. 727, obs. Vallens ; ibid. 2001. 222, obs. Saint-Alary-Houin.* – V. concl. Piniot, *RJDA 2000, p. 594.*

3. Résolution du plan de cession (loi n° 94-475 du 10 juin 1994). A la différence des plans de continuation dont l'art. 80 [C. com., art. L. 621-82] dispose, dans sa rédaction de la loi du 10 juin 1994, que la résolution entraîne l'ouverture d'une procédure de liquidation judiciaire dans le cadre de laquelle « les créanciers soumis au plan déclarent l'intégralité de leurs créances et sûretés, déduction faite des sommes perçues » (ce qui constitue donc une seconde procédure collective), l'art. 89 [C. com., art. L. 621-91], al. 4, qui prévoit la résolution des plans de cession n'impose aucune nouvelle déclaration. • Paris, 9 févr. 2000 : *D. 2000. AJ. 200, obs. Lienhard.* ♦ Pour l'irrecevabilité d'une déclaration de créance faite dans la seconde procédure, ouverte après résolution du plan de cession, lorsque le créancier n'a pas déclaré dans la première procédure et n'a pas été relevé de sa forclusion, V. • Civ. 3e, 7 nov. 2001 : *Bull. civ. III, n° 125 ; D. 2001. AJ. 3619, obs. Lienhard ; Act. proc. coll. 2001, n° 257, obs. Regnaut-Moutier ; Rev. huiss. 2002. 94, obs. Crocq.* – V. Saintourens, *www.droit21.com, 2002, AJ 018.*

En cas de résolution du plan de cession pour défaut de paiement du prix, le cessionnaire doit supporter les conséquences financières du licenciement des employés. Il convient donc de mettre à sa charge le coût des indemnités salariales et autres dues aux salariés dans le cadre du plan de cession. • Basse-Terre, 18 janv. 1999 : *BICC 1999, n° 1377.*

Sur la jurisprudence antérieure à la loi du 10 juin 1994, V. note 13 ss. ancien art. L. 621-68 et note 6 ss. ancien art. L. 621-89. ♦ Sur l'exercice de l'appel, V. note 16 *quater* ss. ancien art. L. 623-6.

4. Responsabilité du cessionnaire pour dévaluation de l'actif. Le cessionnaire doit être tenu de réparer le préjudice né de la dévaluation de l'actif si celle-ci trouve son origine, soit directement dans les effets de la gestion du repreneur, soit encore dans le temps perdu pour parvenir à la réalisation effective par suite de l'abandon fautif du plan de poursuite des activités de l'entreprise. • Basse-Terre, 18 janv. 1999 : *préc. note 3.*

Ancien art. L. 621-92 ***Le tribunal peut assortir le plan de cession d'une clause rendant inaliénables, pour une durée qu'il fixe, tout ou partie des biens cédés.***

La publicité de cette clause est assurée dans des conditions fixées par un décret en Conseil d'État. — [L. n° 85-98 du 25 janv. 1985, art. 89-1]. — V. Décr. n° 51-194 du 17 févr. 1951, art. 8 à 11, supra, ss. art. L. 525-20 ; Décr. n° 55-22 du 4 janv. 1955, art. 28, **C. civ.** — V. aussi Décr. n° 85-1388 du 27 déc. 1985, ancien art. 87-1, infra, App., v° Difficultés des entreprises.

L'art. 89-1 de la loi n° 85-98 du 25 janv. 1985, codifié à l'ancien art. L. 621-92, était issu de la loi n° 94-475 du 10 juin 1994. — Pour l'entrée en vigueur de cette loi, V. note ss. ancien art. L. 620-1.

Dès lors que le plan de redressement organisant la continuation de l'exploitation agricole décide l'inaliénabilité temporaire d'un bien, celui-ci ne peut faire l'objet d'une adjudication, le défaut de publication du jugement ne rendant pas ledit jugement inopposable aux créanciers qui sont partie à cette décision en cette qualité. • Aix-en-Provence, 9 avr. 1997 : *JCP E 1997. Pan. 905.*

Ancien art. L. 621-93 ***En cas de défaut de paiement du prix de cession, le tribunal peut, d'office, à la demande du commissaire à l'exécution du plan, du procureur de la République ou de tout intéressé, nommer un administrateur ad hoc dont il détermine la mission.*** — [L. n° 85-98 du 25 janv. 1985, art. 90]. — V. Décr. n° 85-1388 du 27 déc. 1985, ancien art. 107, infra, App., v° Difficultés des entreprises.

BIBL. ▶ HAEHL, *Petites affiches 16 juin 1993.*

1. Défaut de paiement du prix. Le débiteur étant légalement dans l'impossibilité de payer une créance antérieure au jugement d'ouverture due au repreneur, celle-ci ne saurait se compenser avec le prix de cession. • Orléans, 19 févr. 1988 : *Rev. proc. coll. 1988. 397, obs. Soinne.*

Sur la possibilité, pour le cessionnaire, de soulever l'exception d'inexécution, V. • Com. 24 oct. 1995 : *Bull. civ. IV, n° 253 ; D. Affaires 1995. 226 ; RJDA 1996, n° 129.*

2. Sur la résolution du plan de cession, V. ancien art. L. 621-91, al. 4, et note 13 ss. ancien art. L. 621-68.

Sur l'incidence de la résolution du plan de cession sur le cautionnement garantissant le paiement du prix, V. note 6 ss. ancien art. L. 621-89.

3. Le cessionnaire défaillant peut être mis personnellement en redressement judiciaire. • T. com. Orléans, 1er avr. 1988 : *Rev. proc. coll. 1988. 401, obs. Soinne.* ♦ Le tribunal compétent pour décider l'ouverture de cette procédure peut être, en application de l'art. 7, al. 3, celui qui avait prononcé le jugement arrêtant le plan. • Douai, 13 déc. 1994 : *Rev. proc. coll. 1996. 109, obs. Soinne.*

4. Action en recouvrement. Le commissaire à l'exécution du plan ayant le pouvoir, en vertu de l'art. 88 [C. com., art. L. 621-90], de percevoir le prix de cession et, en vertu de l'art. 92 [C. com., art. L. 621-95], al. 2, celui de le distribuer, il a aussi qualité pour agir en justice afin de le recouvrer. • Com. 24 oct. 1995 : *Bull. civ. IV, n° 253 ; D. 1995. IR. 244 ; D. Affaires 1995. 226 ; Bull. Joly 1996. 151, note Sénéchal ; Defrénois 1996. 253, obs. Le Cannu. – Contra* : • TGI Bordeaux, (réf.), 29 mai 1989 : *Cah. jurispr. Aquitaine 1990, p. 139, obs. Le Cannu.*

5. Nomination de l'administrateur. Aucune disposition n'interdit de désigner l'administrateur du redressement judiciaire comme administrateur *ad hoc* dans le cadre d'un plan de cession. • Com. 28 févr. 1995 : *Bull. civ. IV, n° 62 ; Bull. Joly 1995. 541, note Le Cannu ; D. 1995. IR. 89.*

6. Mission de l'administrateur. La mission devant être limitée à l'entreprise cédée, l'administrateur *ad hoc* ne peut être chargé de procéder à la déclaration de la cessation des paiements du cessionnaire et de prendre des mesures provisoires concernant son entreprise. • Com. 28 févr. 1995 : *préc. note 5.* ♦ *Contra*, en ce sens que l'administrateur *ad hoc* peut avoir pour mission de vérifier les causes de l'inexécution des obligations du cessionnaire et d'en tirer les conséquences, soit en payant le prix de cession, soit en déposant le bilan : • Toulouse, 11 mars 1991 : *BICC 1991, n° 1190.*

7. Autres manquements. BIBL. Martin-Serf, note ss. Besançon, 24 mars 1989 : *Gaz. Pal. 1989. 2. 799.* – Vachet, *Petites affiches 16 juin 1993* (non-respect des engagements sociaux). – Frison-Roche, *Rev. proc. coll. 1994. 339* (engagements non financiers). ♦ Le licenciement de personnels, repris dans le cadre d'un plan de cession, ne saurait en aucune manière être constitutif du défaut de paiement du prix de cession visé par l'art. 90 [C. com., art. L. 621-93]. • T. com. Paris, 19 déc. 1988 : *Gaz. Pal. 1989. 1. 358, note Marchi.*

8. Certaines décisions avaient estimé qu'au cas de manquement autre que le non-paiement du prix, la résolution du plan ne pouvait, avant la loi du 10 juin 1994, être prononcée en l'absence de disposition légale expresse. • T. com. Paris, 30 juill. 1987 : *Gaz. Pal. 1987. 2. 684, note de Guillenchmidt et Marchi* • T. com. Nanterre, 3 mars 1988 : *Rev. proc. coll. 1988. 400, obs. Soinne.* ♦ Comp., approuvant la résolution du plan prononcée aux torts du cessionnaire qui n'avait pas fourni la caution bancaire imposée : • Com. 5 déc. 1995 : *RJDA 1996, n° 552.* ♦ V. aussi note 13 ss. art. L. 621-68. ♦ La loi n° 94-475 du 10 juin 1994 a ajouté à l'art. 89 [devenu C. com., art. L. 621-91] un al. 4 prévoyant le prononcé de la résolution du plan de cession.

9. Un repreneur s'étant engagé, lors de la cession, à conserver cent salariés pour une durée de deux ans minimum, et à réaliser certains investissements nécessaires, il y a lieu de déclarer justifiée en son principe la demande de dommages-intérêts des salariés licenciés, alors que si la situation économique invoquée pour justifier les licenciements est conforme à la réalité, elle ne peut pour autant être considérée comme une cause sérieuse de licenciement, en ce qu'elle procède d'une attitude intentionnelle, et quasi frauduleuse, du repreneur, celui-ci désirant s'abstenir d'effectuer les investissements indispensables dans le but de transférer sa production à l'étranger. • Aix-en-Provence, 29 oct. 1991 : *D. 1992. 130, note Derrida,* conf. par • Soc. 13 janv. 1993 : *RJDA 1993, n° 568.* – V. aussi • Soc. 30 janv. 1991 : *Bull. civ. V, n° 46 ; D. 1991. IR. 55 ; JCP E 1991. I. 73, n° 21, obs. Pétel et Cabrillac.*

V. aussi notes 2 *ter* et 4 ss. ancien art. L. 621-91.

§ 4 DES EFFETS À L'ÉGARD DES CRÉANCIERS

Ancien art. L. 621-94 *Le jugement qui arrête le plan de cession totale de l'entreprise rend exigibles les dettes non échues.* – [L. n° 85-98 du 25 janv. 1985, art. 91].

1. Sur l'obligation des associés de libérer totalement leurs parts, V. • Bordeaux, 20 févr. 2001 : *RD banc. fin. 2001, n° 238, obs. F.-X. Lucas.*

2. La déchéance du terme convenu résultant du jugement ayant arrêté le plan de cession du débiteur principal n'a d'effet qu'à l'égard de celui-ci et ne peut pas être étendue à la caution. • Com. 18 janv. 2000 : *RJDA 2000, n° 477. – Contra :* • Paris, 9 avr. 1999 : *Banque et Droit janv.-févr. 2000. 65, obs. Guillot.*

Ancien art. L. 621-95 ***En cas de cession totale de l'entreprise, le tribunal prononce la clôture des opérations après régularisation des actes nécessaires à la cession, paiement du prix et réalisation des actifs non compris dans le plan.***

Le prix de cession est réparti par le commissaire à l'exécution du plan entre les créanciers suivant leur rang.

Les créanciers recouvrent, après le jugement de clôture, leur droit de poursuite individuelle dans les limites fixées par l'article L. 622-32. — [L. n° 85-98 du 25 janv. 1985, art. 92]. — V. Décr. n° 85-1388 du 27 déc. 1985, ancien art. 27, infra, App., v° Difficultés des entreprises.

BIBL. ▸ SOINNE, *Rev. proc. coll. 1997. 249* (répartitions). – CANET, *Gaz. Pal. 2001. Doctr. 292* (même thème). – ROUGER, *ibid. 303* (distribution du prix de vente des immeubles). – M. SÉNÉCHAL, *Petites affiches 12 mai 2004, p. 4* (distribution du prix de vente d'un immeuble grevé de sûretés).

1. Clôture des opérations. L'accomplissement de tous les actes nécessaires à la réalisation de la cession n'entraîne pas par lui-même la clôture des opérations, en l'absence d'un jugement le prononçant. • Com. 27 avr. 1993 : *Bull. civ. IV, n° 153 ; Rev. proc. coll. 1993. 478, obs. Soinne.*

Sur le sort des créances nées après le jugement qui arrête le plan de cession, V. note 2 ss. ancien art. L. 621-32.

2. Dissolution de société. V. C. civ., art. 1844-7 (7°) et notes ss. cet art., *infra, App.,* v° *Sociétés commerciales.*

2 bis. Caution. En ce sens que la caution est libérée par l'effet du jugement ordonnant la cession totale des actifs de la société créancière, V. • Toulouse, 6 mai 1999 : *Dr. sociétés 1999, n° 163, obs. Chaput.*

3. Répartition du prix de cession. Sur le caractère d'ordre public de l'art. 92 [C. com., art. L. 621-95], al. 2, V. • Colmar, 8 mars 1994 : *Petites affiches 22 juin 1994, p. 19, note Calendini.* ♦ V. aussi note 2 ss. ancien art. L. 621-91.

4. L'art. 92 [C. com., art. L. 621-95] ne dispose pas que la totalité du prix doit être parvenue entre les mains du commissaire pour que ce dernier effectue la répartition. • Versailles, 18 nov. 1993 : *RJDA 1994, n° 1073.*

Sur la portée de l'art. L. 621-95, al. 2, V. note 2 ss. ancien art. L. 621-90.

Sur l'incidence de la répartition du prix de cession quant au droit de poursuite individuelle des créanciers de l'art. 40 [C. com., art. L. 621-32], V. note 39 *bis* ss. ancien art. L. 621-32.

5. Recouvrement du prix de cession. V. note 4 ss. ancien art. L. 621-93.

6. Reprise des poursuites individuelles. L'arrêt du plan de cession ne met pas fin à la suspension des poursuites individuelles visées à l'art. 47 [C. com., art. L. 621-40]. • Com. 14 mars 2000 : *RJDA 2000, n° 687.* ♦ En effet, le droit de poursuite individuelle des créanciers n'est pas susceptible d'être recouvré tant que le tribunal de commerce n'a pas prononcé la clôture des opérations. • Civ. 2e, 5 févr. 1997 : *D. 1997. IR. 114.*

7. L'art. 33 [C. com., art. L. 621-24] emportant interdiction de payer toute créance née antérieurement au jugement d'ouverture, dès lors qu'il n'est fait état d'aucun jugement de clôture des opérations de cession, il résulte de l'art. 92 [C. com., art. L. 621-95], al. 3, que les créanciers n'ont pas recouvré leur droit de poursuites individuelles. • Com. 11 avr. 1995 : *Bull. civ. IV, n° 124 ; D. 1999. Somm. 7, obs. Derrida.*

8. Les dispositions du dernier alinéa de l'art. 92, devenu l'art. L. 621-95 C. com., ne sont pas applicables aux créanciers dont la créance est née régulièrement après l'ouverture de la procédure collective, et qui peuvent poursuivre le recouvrement de leurs créances après clôture de la procédure en cas de cession totale de l'entreprise. • Com. 1er avr. 2003 : *Act. proc. coll. 2003, n° 161.*

Ancien art. L. 621-96 ***Lorsque la cession porte sur des biens grevés d'un privilège spécial, d'un nantissement ou d'une hypothèque, une quote-part du prix est affectée par le tribunal à chacun de ces biens pour la répartition du prix et l'exercice du droit de préférence.***

Le paiement du prix de cession fait obstacle à l'exercice à l'encontre du cessionnaire des droits des créanciers inscrits sur ces biens.

Toutefois, la charge des sûretés immobilières et mobilières spéciales garantissant le remboursement d'un crédit consenti à l'entreprise pour lui permettre le financement d'un bien sur lequel portent ces sûretés est transmise au cessionnaire. Celui-ci est alors tenu d'acquitter entre les mains du créancier les échéances convenues avec lui et qui restent dues à compter du transfert de la propriété ou, en cas de location-gérance, de la jouissance du bien sur lequel porte la garantie, sous réserve des délais de paiement qui pourront être accordés dans les conditions prévues au troisième alinéa de l'article L. 621-88. Il peut être dérogé aux dispositions du présent alinéa par accord entre le cessionnaire et les créanciers titulaires des sûretés.

Jusqu'au paiement complet du prix qui emporte purge des inscriptions grevant les biens compris dans la cession, les créanciers bénéficiant d'un droit de suite ne peuvent l'exercer qu'en cas d'aliénation du bien cédé par le cessionnaire. — [L. n° 85-98 du 25 janv. 1985, art. 93]. — V. Décr. n° 85-1388 du 27 déc. 1985, anciens art. 105, 105-1 et 108, infra, App., v° Difficultés des entreprises.

Ancien art. 93 (al. 2) de la loi du 25 janvier 1985 [rédaction antérieure à L. n° 94-475 du 10 juin 1994]
Toutefois, la charge du nantissement garantissant vis-à-vis du vendeur ou du prêteur le prix d'acquisition de l'outillage ou du matériel d'équipement professionnel est transmise au cessionnaire. Il sera alors tenu d'acquitter entre les mains du vendeur ou du prêteur les échéances stipulées avec le vendeur ou le prêteur et qui leur restent dues à compter du transfert de la propriété ou, en cas de location-gérance, de la jouissance du bien, sous réserve des délais de paiement qui peuvent être accordés dans les conditions prévues au troisième alinéa de l'article 86. — Pour l'entrée en vigueur de la loi du 10 juin 1994, V. note ss. ancien art. L. 620-1.

BIBL. ▶ Stéphan et Perrot, *Banque et Droit 1991, n° 15, p. 28* (plan de cession et matériel nanti). – Sénéchal, *Mélanges Derruppé, 1991, p. 367.* – Cherchève, *Gaz. Pal. 1992. 1. Doctr. 109* (purge et radiation des hypothèques). – Saint-Alary-Houin, *RJ com. nov. 1992. 152* (transfert de la charge du nantissement). ▶ Droit de rétention : D. Martin, *RJ com. 1987. 81 ; Gaz. Pal. 1988. 1. Doctr. 67.* – Devèze, *Rev. proc. coll. 1992. 119.* – Pourquier, *D. Affaires 1998. 936.* – Campana et Calendini, *JCP E 1998, n° 27, p. 1083.* – Pérochon, *Mélanges Cabrillac, Dalloz-Litec, 1999, p. 379.* – Le Corre, *D. 2001. Chron. 2815.*

▶ Sur les modifications apportées par la loi du 10 juin 1994 : Cabrillac et Pétel, *D. 1994. Chron. 243* ; *Petites affiches 14 sept. 1994, p. 59.* – Le Corre, *Petites affiches 14 sept. 1994, p. 93 ; ibid. 7 oct. 1994, p. 4.* – Sénéchal, *ibid. 28 oct. 1998, p. 36* (vente d'immeuble). – Coudert, *ibid. 4 janv. 1999, p. 5.* – Dubois et Terrier, *Mélanges Jeantin, Dalloz, 1999, p. 389.* – Vigreux, *Rev. proc. coll. 1999. 141.* – Soltner, *RJ com. 1999. 381.* – Henry et Fabiani, *Petites affiches 20 sept. 2000, p. 22.* – Togniaccioli, *Actes du colloque organisé par le CRAJEFE le 20 mai 2000, p. 77.*

1. Ordre public. La charge du nantissement est imposée au cessionnaire sans que celui-ci puisse instaurer une discussion sur le point de savoir si les biens grevés sont ou non utiles ou nécessaires à l'exploitation au moment de la cession. • Riom, 28 avr. 1988 : *D. 1991. Somm. 15, obs. Derrida* ; *Rev. proc. coll. 1988. 395, obs. Soinne.*

Sur le caractère facultatif de l'inclusion des biens grevés de sûretés dans le plan de cession, V. note 10 ss. ancien art. L. 623-6.

2. Affectation du prix. Jugé, avant l'intervention de la loi du 10 juin 1994, que l'art. 93, al. 1er, ne s'appliquait pas lorsque le tribunal arrêtait deux plans de cession partielle portant chacun sur un immeuble cédé à un prix déterminé. • Paris, 8 juin 1993 : *D. 1996. Somm. 5, obs. Derrida* ; *Gaz. Pal. 1994. 1. 20, note Marchi ; JCP E 1993. I. 295, n° 8, obs. Pétel ; Rev. dr. bancaire 1994. 136, obs. Campana et Calendini* • Besançon, 1er avr. 1994 : *Rev. proc. coll. 1995. 180, obs. Soinne* (même solution pour les al. 1er et 4). ♦ Comp., désormais : art. L. 621-70, al. 2. ♦ Cet article ne déroge pas à l'ordre des privilèges et sûretés et n'autorise pas qu'une partie du prix de cession soit réservée aux créanciers chirographaires. • Paris, 8 juin 1993 : *préc.* ♦ La transmission de la charge du gage ou de l'hypothèque s'opère nonobstant l'existence d'autres créanciers même privilégiés, mais c'est au tribunal qu'il appartient de procéder à l'affectation d'une partie du prix de cession aux gagistes en respectant le principe d'égalité. • TGI Béthune, 27 nov. 1987 : *Rev. proc. coll. 1988. 70, obs. Soinne.* ♦ Le créancier gagiste peut recouvrer sa créance échue antérieurement au jugement sur la fraction du prix affecté. • Même jugement. ♦ Mais le créancier gagiste ne saurait requérir la mise aux enchères du bien. • Orléans, 19 févr. 1988 : *Gaz. Pal. 1988. 2. Somm. 380.*

L'art. 93 [C. com., art. L. 621-96] ne déterminant pas les critères d'affectation d'une quote-part du prix à chacun des biens grevés, un tribunal a valablement pu répartir le prix de cession des immeubles hypothéqués en tenant compte de la valeur de ces immeubles fixée à dire d'expert et non de la ventilation proposée par les repreneurs. • Versailles, 25 nov. 1993 : *RJDA 1994, nº 337 ; Rev. proc. coll. 1995. 178, obs. Soinne.*

S'il appartient au tribunal d'affecter à chacun des biens grevés d'hypothèques une quote-part du prix, aucune disposition de la loi du 25 janv. 1985 n'interdit aux repreneurs de soumettre au tribunal la répartition qu'ils souhaiteraient voir adopter et il n'est pas interdit au juge d'adopter cette répartition si elle lui apparaît opportune au regard de l'économie générale du plan qui lui est soumis ; le tribunal peut, si la répartition proposée ne recueille pas son agrément, écarter le plan soumis à une telle condition. • Com. 14 janv. 1997 : *D. 1999. Somm. 3, obs. Derrida ; Rev. proc. coll. 1997. 440, obs. Cadiou ; ibid. 1998. 331, obs. Soinne* (V. l'arrêt d'appel : • Colmar, 8 mars 1994 : *Petites affiches 22 juin 1994, p. 17, note Calendini*).

2 bis. L'art. 93 [C. com., art. L. 621-96], al. 1er, ne dérogeant pas aux dispositions de l'art. 524 C. civ., ni à l'ordre des privilèges et des sûretés, dès lors qu'il n'est pas contesté que le matériel et l'outillage figurant dans le plan de cession constituent des immeubles par destination, un créancier hypothécaire peut exercer son droit de préférence sur la part du prix affectée à ces matériel et outillage. • Com. 24 oct. 1995 : *RJDA 1996, nº 128 ; Rev. proc. coll. 1996. 481, obs. Soinne* (V. l'arrêt cassé : • Paris, 14 mai 1993 : *Rev. proc. coll. 1995. 180, obs. Soinne).*

2 ter. Pour un arrêt ayant jugé qu'une saisie-attribution exercée par un créancier de l'art. 40 ne peut avoir effet que sur le solde restant après répartition du prix faite selon les droits des créanciers d'après les règles de la procédure collective, V. • Paris, 4 févr. 1999 : *D. Affaires 1999. 520, obs. A. L.*

2 quater. L'affectation spéciale aux droits des créanciers inscrits d'une quote-part du prix résultant de la loi elle-même, le dépôt des fonds à la Caisse des dépôts et consignations équivaut à une consignation, ce qui dispense les créanciers, à partir de cette date, de procéder au renouvellement des inscriptions. • Com. 1er févr. 2000 : *Bull. civ. IV, nº 25 ; D. 2000. Somm. 331, obs. Honorat ; ibid. 396, obs. Piedelièvre ; ibid. AJ. 139 ; Act. proc. coll. 2000, nº 50, obs. Vallansan ; JCP E 2000, nº 17, p. 702, note Rémery ; Rev. proc. coll. 2001. 89, obs. Soinne.*

3. Biens gagés (jurisprudence antérieure à la loi du 10 juin 1994). Avant la loi du 10 juin 1994, la transmission concernait exclusivement l'outillage et le matériel d'équipement, à l'exclusion d'une sûreté garantissant le paiement du prix d'un fonds de commerce. • Riom, 28 avr. 1988 : *préc. note 1* • Com. 11 juin 1996 : *JCP 1996. IV. 1786.*

3 bis. A fait l'exacte application de l'ancien art. 93, al. 2 [C. com., art. L. 621-96], l'arrêt qui après avoir constaté que le prêteur du prix d'acquisition d'un matériel d'équipement professionnel justifiait que sa créance était garantie par un nantissement sur ce matériel, inclus dans le plan de cession d'une entreprise en redressement judiciaire, a condamné le cessionnaire à payer entre les mains du prêteur les échéances restant dues à compter de l'entrée en jouissance des biens nantis, sans qu'il y ait ventilation de ces sommes qui, mises à la charge du cessionnaire, s'ajoutent au prix de cession. • Com. 23 nov. 1993 : *Bull. civ. IV, nº 420 ; D. 1994. IR. 18 ; JCP E 1994. I. 348, nº 3, obs. Cabrillac ; Defrénois 1994. 1240, obs. Sénéchal.*

3 ter. Le transfert de la charge des sûretés dans les conditions de l'art. 93 [C. com., art. L. 621-96], al. 3, lorsqu'il n'est pas écarté par le plan et l'offre d'acquisition, résulte de plein droit du jugement qui arrête le plan (condamnation sous astreinte du repreneur, qui invoquait son ignorance du nantissement grevant le matériel acquis, à régulariser l'acte de cession). • Aix-en-Provence, 20 juin 2000 : *Act. proc. coll. 2000, nº 220, obs. Regnaut-Moutier.* ♦ Comp., ordonnant l'exclusion du bien gagé du plan de cession, dans l'hypothèse où le repreneur avait précisé dans son offre qu'aucun contrat de prêt, leasing ou crédit-bail ne serait repris ou poursuivi et qu'une somme forfaitaire serait versée aux créanciers pour solde des prêts en capital moyennant mainlevée de leur gage commun sur le bien à reprendre : • Aix-en-Provence, 4 avr. 2000 : *ibid.* ♦ *Contra,* jugeant que le cessionnaire n'a pas à assumer la charge des sûretés dont il n'a pas eu connaissance et dont l'existence ne lui a pas été notifiée : • Douai, 2 sept. 1999 : *Rev. proc. coll. 2001. 90, obs. Soinne.*

3 quater. La cession de l'entreprise, par suite de l'adoption d'un plan de redressement, ne peut porter atteinte au droit de rétention issu du gage avec dépossession qu'un créancier a régulièrement acquis sur des éléments compris dans l'actif cédé. • Com. 20 mai 1997 : *Bull. civ. IV, nº 151 ; D. 1997. Somm. 312, obs. Honorat ; D. 1998. Somm. 102, obs. S. Piedelièvre ; D. 1999. Somm. 5, obs. Derrida ; D. Affaires 1997. 763 ; Quot. jur. 15 juill. 1997, p. 8 note P. M. ; Petites affiches 28 juill. 1997, p. 24, note Crédot ; JCP E 1997. I. 681, nº 5, obs. Cabrillac ; RJ com. 1997. 308, rapp. Rémery, note Saint-Alary-Houin.* ♦ En l'absence de disposition légale en ce sens, le créancier rétenteur ne peut être contraint de se dessaisir du bien qu'il retient légitimement que par le paiement du montant de la créance qu'il a déclarée, et non par celui d'une quote-part du prix de cession qui serait affectée à ce bien pour l'exercice du droit de préférence. • Même arrêt. – V. l'arrêt cassé : • Nancy, 12 janv. 1995 : *Rev. proc. coll. 1996. 107, obs. crit. Soinne.* – V. aussi Le Corre, *Petites affiches 22 oct. 1997, p. 5.* ♦ Sur deuxième pourvoi, la Cour de cassation a confirmé cette solution, en écartant l'argument tiré de la force de chose jugée attachée au jugement arrêtant le plan : • Com. 12 avr. 2005 : *RJDA 2005, n° 1260.*

La loi n° 94-475 du 10 juin 1994, qui a modifié l'art. 93 [devenu C. com., art. L. 621-96], a étendu le domaine de la transmission de la charge des sûretés ; V. désormais, art. L. 621-96, al. 3.

3 quinquies. Sûretés visées par la loi de 1994. L'art. 93 [C. com., art. L. 621-96] n'est applicable qu'au profit des créanciers titulaires d'un privilège spécial ou d'une hypothèque sur les biens cédés, ce qui n'est pas le cas du privilège général des salaires. • TGI Castres, JEX, 12 mars 1998 : *Petites affiches 2 juill. 1999, p. 20, note Devésa.*

En ce sens que l'art. L. 621-96, al. 3, C. com., qui vise les « biens » financés à l'aide d'un crédit, s'applique aux sûretés garantissant le remboursement du prix d'un fonds de commerce, V. *Rapp. C. Cass. pour 2004, p. 292.*

Pour l'application de l'art. 93, al. 3 [C. com., art. L. 621-96, al. 3] au nantissement garantissant un prêt finançant l'acquisition de certains matériels, mais portant sur l'ensemble du fonds de commerce, y compris le matériel antérieurement ou même postérieurement acquis, V. • Metz, 4 juill. 1996 : *Rev. proc. coll. 1998. 402, obs. Soinne.* – V. aussi • T. com. Paris, 9 févr. 2001 : *RJ com. 2002. 318, note Merven ; Banque et Droit mai-juin 2002. 53, obs. Guillot.*

3 sexies. Le transfert de la charge d'une sûreté mobilière spéciale, en application de l'art. L. 621-96, al. 3, C. com. suppose que celle-ci ait été régulièrement inscrite, ce qui n'est pas le cas d'un nantissement de matériel d'équipement lorsque les biens engagés ne sont pas précisément individualisés : • Lyon, 16 janv. 2003 : *RD banc. fin. 2004, n° 31, obs. F.-X. Lucas.*

3 septies. Gage automobile. Le créancier bénéficiant d'un gage sur véhicule automobile est titulaire d'un droit de rétention. • T. com. Lille, 27 mai 1988 : *Rev. proc. coll. 1989. 175.* – V. aussi • Grenoble, 30 mai 1995 : *Rev. proc. coll. 1996. 483, obs. crit. Soinne.* ♦ Sur l'attribution du gage, V. note 1 *ter* ss. ancien art. L. 622-21.

4. Affectation du crédit. Il résulte de l'art. L. 621-96, al. 3, C. com. que le crédit devant être affecté, l'acte par lequel il est accordé doit préciser sa destination et prévoir la sûreté qui en garantira le remboursement. • Com. 23 nov. 2004 : *Bull. civ. IV, n° 204 ; D. 2005. AJ. 142, obs. Lienhard ; ibid. Pan. 2017, obs. F.- X. Lucas ; JCP E 2005, n° 10, p. 433, note Le Corre ; ibid., n° 17, p. 709, obs. Cabrillac ; RTD com. 2005. 596, obs. Saint-Alary-Houin.*

4 bis. Déclaration des échéances. Sur l'obligation de déclarer les échéances de remboursement postérieures à la cession, en vertu de l'art. L. 621-43, V. note 14 ss. cet art.

4 ter. Caution. BIBL. Berger, *D. 2003. Chron. 1682.* ♦ Bien que le cessionnaire soit tenu, en application de l'art. 93 [C. com., art. L. 621-96], de payer les échéances de remboursement du prêt postérieures à la cession du matériel nanti, la caution solidaire des engagements de l'emprunteur demeure tenue, dans les mêmes conditions que celui-ci, de rembourser, sous déduction des sommes versées par le cessionnaire, l'intégralité de l'emprunt dont les échéances constituent des créances nées avant l'ouverture de la procédure collective. • Com. 13 avr. 1999 : *Bull. civ. IV, n° 87 ; D. 2000. 257, note Lipinski ; D. Affaires 1999. 801, obs. A. L. ; JCP E 1999, n° 39, p. 1533, obs. Cabrillac ; Petites affiches 25 mai 1999, p. 10, note P. M. ; Act. proc. coll. 1999, n° 141 ; Defrénois 1999. 870, obs. Sénéchal ; RTD com. 1999. 964, obs. Saint-Alary-Houin ; ibid. 2000. 177, obs. Martin-Serf.* – V. Mahinga, *Rev. proc. coll. 2000. 96 ;* Bac, *JCP E 2000, n°s 1-2, p. 22.* – Dans le même sens, V. • Com. 3 avr. 2002 : *Rev. proc. coll. 2003. 332, obs. Léguevaques. – Contra :* • Caen, 16 mai 2002 : *Act. proc. coll. 2002, n° 209, obs. Parot.*

La caution garantissant un contrat de prêt cédé, en vertu de l'art. 86 de la loi du 25 janv. 1985 [C. com., art. L. 621-88], est déchargée, par application de l'art. 2037 [2314] C. civ., lorsque la banque créancière, nantie sur le matériel, n'a pas fait procéder à l'inscription modificative de son privilège sur le compte de l'entreprise cessionnaire. • Com. 3 févr. 1998 : *Bull. civ. IV, n° 57 ; D. 1998. 583, note Chazal ; D. 1999. Somm. 7, obs. Derrida ; D. Affaires 1998. 478, obs. A. L. ; Quot. jur. 7 avr. 1998, p. 6, note P. M. ; JCP E 1998, n° 36, p. 1358, obs. Cabrillac ; Rev. huiss. 1998. 1186, note Courtier ; Defrénois 1999. 246, obs. Sénéchal ; Rev. proc. coll. 2001. 89, obs. Soinne.*

Selon l'art. 93, al. 3, devenu l'art. L. 621-96, al. 3, C. com., la transmission au cessionnaire de la charge des sûretés s'opère de plein droit, sauf accord entre le cessionnaire et le créancier titulaire d'une sûreté mentionnée par ce texte ; le tribunal n'ayant pas constaté un tel accord, la perte du nantissement résultant du jugement arrêtant le plan de cession n'est pas imputable exclusivement au créancier et la caution ne saurait donc être déchargée sur le fondement de l'art. 2037 [2314] C. civ. (dans l'hypothèse où l'offre de reprise du cessionnaire excluait l'application de l'art. L. 621-96, al. 3). • Com. 13 mai 2003 : *Bull. civ. IV, n° 71 ; D. 2003. AJ. 1629, obs. Avena-Robardet ; JCP E 2003, n° 40, p. 1569, obs. Cabrillac ; RTD com. 2004. 155, obs. Martin-Serf ; Defrénois 2004. 884, obs. J. Honorat.* – Dans le même sens, V. • Com. 4 janv. 2005 : *Gaz. Pal. 29-30 avr. 2005, p. 44, obs. Le Corre.*

V. aussi note 6 *bis*.

5. Purge des inscriptions. Il résulte des dispositions de l'art. 93 [C. com., art. L. 621-96], al. 1er et 3 [4], que lorsqu'un immeuble grevé d'hypothèques est inclus dans le plan de cession d'une entreprise, les créanciers hypothécaires inscrits perdent leur droit de suite à partir du paiement complet du prix qui emporte purge des inscriptions grevant les biens compris dans la cession, mais conservent l'exercice de leur droit de préférence sur la quote-part du prix de cession affectée à l'immeuble par le tribunal. • Com. 17 janv. 1995 : *Bull. civ. IV, n° 17 ; D. 1995. Somm. 216, obs. Honorat ; D. 1996. Somm. 206, obs. S. Piedelièvre ; JCP N 1995. II. 935, note Frémont ; Defrénois 1995. 967, obs. Sénéchal ; Rev. huiss. 1996. 57, note Courtier.*

6. Avant la loi du 10 juin 1994, le paiement complet du prix de cession, indépendamment du règlement des échéances restant dues à compter de l'entrée en jouissance des biens nantis, était sans influence sur le droit, pour le créancier bénéficiaire d'un nantissement sur le matériel d'équipement professionnel, de poursuivre le recouvrement de sa créance contre le cessionnaire. • Com. 23 nov. 1993 : *préc. note 3 bis.* ♦ Comp., désormais : art. L. 621-96, al. 2.

6 bis. Le paiement complet du prix emportant purge des inscriptions grevant les biens compris dans la cession, ce dont il résulte que le créancier nanti perd son droit de suite, l'omission de faire apposer des plaques mentionnant l'inscription sur le matériel nanti est sans incidence sur l'étendue des droits du créancier susceptibles de bénéficier à la caution qui ne subit, de ce fait, aucun préjudice consécutif à cette négligence. • Com. 26 mai 1999 : *Bull. civ. IV, n° 112 ; D. 1999. IR. 162 ; RTD com. 1999. 962, obs. Saint-Alary-Houin ; Rev. proc. coll. 2000. 58, obs. Kerckhove.*

6 ter. Dérogation à l'art. L. 621-96, al. 3, par accord entre cessionnaire et créanciers titulaires de sûretés. Cet accord ne peut déroger aux dispositions d'ordre public de l'art. 92 [C. com., art. L. 621-95] ; il ne peut porter que sur la transmission au cessionnaire de la charge des sûretés spéciales, sur le règlement des échéances restant dues et sur des délais de paiement. • Versailles, 30 mai 1996 : *Rev. proc. coll. 1996. 484, obs. Soinne ; RJDA 1997, n° 126.*

7. Radiation des inscriptions. Conformément à l'art. 2157 [2440] C. civ., en l'absence de consentement des parties intéressées, la radiation des inscriptions ne peut se faire que sur décision judiciaire. • Com. 17 janv. 1995 : *préc. note 5.* ♦ Sur la compétence, V. ancien art. 104, al. 3, du 1er décret du 27 déc. 1985, et note ss. cet art., *infra*, App., v° *Difficultés des entreprises.*

8. Réserve de propriété. V. note 25 ss. ancien art. L. 621-32.

9. Maintien de l'obligation du débiteur. De la combinaison de l'art. 93 et de l'art. 86 [C. com., art. L. 621-96 et L. 621-88], il résulte que la cession du contrat intervenue en vertu de la décision du tribunal, et non pas de la volonté des parties, n'emporte pas extinction de l'obligation originelle et remplacement de celle-ci par une obligation nouvelle qui lui serait substituée mais que, s'agissant d'un seul et même contrat dans l'exécution duquel le cessionnaire succède au débiteur originel en redressement judiciaire et se trouve tenu des obligations de paiement de celui-ci à la date du transfert, soit de la jouissance du bien nanti, en cas de location-gérance, soit de la propriété de celui-ci, le débiteur en redressement demeure seulement tenu du passif créé pendant sa propre exécution du contrat (transmise en application de l'art. 93 [C. com., art. L. 621-96]) qui a pris fin au moment où le cessionnaire lui a succédé dans l'exécution de celui-ci. • Bordeaux, 22 mars 1995 : *Rev. proc. coll. 1996. 105, obs. crit. Soinne.* ♦ V. aussi • Douai, 12 nov. 1998 : *Rev. proc. coll. 2001. 91, obs. Soinne.*

V. aussi note 20 ss. ancien art. L. 621-88.

10. Attribution de l'indemnité d'assurance. Le créancier gagiste titulaire d'un droit direct sur l'indemnité d'assurance, en vertu de l'art. L. 121-13 C. assur., dispose seul du pouvoir de décider de l'affectation de ladite indemnité, et il ne peut lui être imposé de recevoir le prix de cession du véhicule réparé (cédé dans le cadre du plan de cession) au lieu et place de l'indemnité. • Com. 12 mai 1998 : *Bull. civ. IV, n° 153 ; D. 1999. Somm. 6, obs. Derrida ; D. Affaires 1998. 1005, obs. A. L. ; JCP E 1998, n° 36, p. 1359, obs. Cabrillac ; RTD com. 1999. 748, obs. Martin-Serf.* ♦ V. aussi note 21 *bis* ss. ancien art. L. 621-43.

11. Droit transitoire. En ce sens que les modifications issues de la loi du 10 juin 1994 ne peuvent être appliquées aux affaires en cours, V. • Chambéry, 3 mars 1997 : *Rev. proc. coll. 2001. 89, obs. Soinne.*

12. Voies de recours. V. note 10 ss. ancien art. L. 623-6 et note 7 ss. ancien art. L. 623-7.

§ 5 DE LA LOCATION-GÉRANCE

BIBL. GÉN. ▶ GUÉRIN, *JCP E 1985. II. 14547.*

Ancien art. L. 621-97 ***Par le jugement qui arrête le plan de cession, le tribunal peut autoriser la conclusion d'un contrat de location-gérance dans les conditions prévues à l'article L. 621-62, même en présence de toute clause contraire notamment dans le bail de l'immeuble, au profit de la personne qui a présenté l'offre d'acquisition permettant dans les meilleures conditions d'assurer le plus durablement l'emploi et le paiement des créanciers.*** — [L. n° 85-98 du 25 janv. 1985, art. 94].

Fiscalité. Dans le cadre d'un plan de cession prévoyant une période de location-gérance, seule la cession opère transfert de propriété et constitue le fait générateur de l'impôt. • Com. 7 avr. 1998 : *Act. proc. coll. 1998, n° 44.* V. note 5 ss. ancien art. L. 621-62.

Ancien art. L. 621-98 ***Le commissaire à l'exécution du plan peut se faire communiquer par le locataire-gérant tous les documents et informations utiles à sa mission. Il rend compte au tribunal de toute atteinte aux éléments pris en location-gérance ainsi que de l'inexécution des obligations incombant au locataire-gérant.***

Le tribunal, d'office ou à la demande du commissaire à l'exécution du plan ou du procureur de la République, peut ordonner la résiliation du contrat de location-gérance et la résolution du plan.

La résolution du plan entraîne l'ouverture d'une nouvelle procédure de redressement judiciaire à l'égard du loueur. Les créanciers appelés à la répartition du prix de cession recouvrent l'intégralité de leurs créances et sûretés, déduction faite des sommes perçues. — [L. n° 85-98 du 25 janv. 1985, art. 95].

Les procédures ouvertes en vertu de l'art. L. 621-98, dans sa réd. antérieure à la loi n° 2005-845 du 26 juill. 2005, ne sont pas affectées par son entrée en vigueur (L. n° 2005-845 du 26 juill. 2005, art. 192).

1. Défaillance du locataire-gérant. Au cas où le locataire-gérant n'a pas exécuté ses engagements, le tribunal prononce la résiliation du contrat de location, puis la résolution du plan de cession et l'ouverture d'un nouveau redressement judiciaire à l'égard du loueur, qui doit être convoqué ainsi que le locataire-gérant devant le tribunal. • Nancy, 1er avr. 1988 : *Rev. proc. coll. 1989. 172, obs. Soinne.*

1 bis. Sur la responsabilité du commissaire à l'exécution du plan en cas d'inexécution par le locataire-gérant de ses obligations, V. • Paris, 28 avr. 2000 : *Loyers et copr. 2000, n° 276, obs. Brault et Pereira.*

2. Résiliation. Le débiteur ne figure pas parmi les personnes pouvant saisir le tribunal d'une demande de résiliation du contrat de location-gérance que comporte le plan de cession, susceptible d'avoir pour conséquence la résolution du plan. • Paris, 2 mars 1990 : *D. 1991. Somm. 16, obs. Derrida.*

3. La résolution du plan ne pouvant être prononcée indépendamment de la résiliation de la location-gérance, lorsque la location-gérance a déjà pris fin au moment de la saisine du tribunal, seul peut recevoir application l'art. 80 [C. com., art. L. 621-82]. • Paris, 19 oct. 1990 : *Gaz. Pal. 1991. 1. 199, note Marchi.*

Ancien art. L. 621-99 ***Les dispositions des articles L. 144-3, L. 144-4 et L. 144-7 ne sont pas applicables.*** — V. lesdits art., supra. — [L. n° 85-98 du 25 janv. 1985, art. 96].

Ancien art. L. 621-100 ***En cas de location-gérance, l'entreprise doit être effectivement cédée dans les deux ans du jugement qui arrête le plan.*** — [L. n° 85-98 du 25 janv. 1985, art. 97].

Durée maximale. L'art. 97 [C. com., art. L. 621-100] étant d'ordre public, le plan de redressement ne saurait prévoir une location-gérance excédant une durée de deux ans. • Versailles, 16 déc. 1987 : *Rev. proc. coll. 1988. 317, obs. Soinne ; RJ com. 1988. 232, note Martin-Serf.*

Ancien art. L. 621-101 ***Si le locataire-gérant n'exécute pas son obligation d'acquérir dans les conditions et délais fixés par le plan, une procédure de redressement judiciaire est ouverte à son égard, à la demande du commissaire à l'exécution du plan, du procureur de la République ou de tout intéressé, sans qu'il y ait lieu de constater la cessation des paiements.***

Toutefois, lorsque le locataire-gérant justifie qu'il ne peut acquérir aux conditions initialement prévues pour une cause qui ne lui est pas imputable, il peut demander au tribunal, avant l'expiration du contrat de location et après avis du commissaire à l'exécution du plan, de modifier ces conditions, sauf en ce qui concerne le montant du prix. — [L. n° 85-98 du 25 janv. 1985, art. 98]. — Dans sa rédaction antérieure à la loi n° 94-475 du 10 juin 1994, l'art. 98 de la loi n° 85-98 du 25 janv. 1985 (désormais codifié à l'art. L. 621-101) ne s'opposait pas à une modification du montant du prix d'acquisition. — Pour l'entrée en vigueur, V. notes ss. ancien art. L. 620-1.

1. Interprétation stricte. La sanction de l'art. 98 [C. com., art. L. 621-101] ne peut intervenir lorsque le locataire-gérant n'a pas payé le dépôt de garantie et certaines redevances mensuelles. • Dijon, 2 avr. 1996 : *Rev. proc. coll. 1998. 374, obs. Soinne.* ♦ Le défaut de paiement peut seulement entraîner la résolution du contrat de gérance et du plan. • Même arrêt.

1 bis. Délais de paiement. Pour l'octroi de délais de paiement dans le règlement du prix de cession, afin d'assurer la poursuite de l'activité, V. • T. com. Paris, 7 nov. 1988 : *Rev. proc. coll. 1989. 173, obs. Soinne* • 31 oct. 1988 : *Gaz. Pal. 1989. 1. 355, note Marchi.*

2. Causes non imputables au gérant. Ne peuvent être considérées comme « causes non imputables au locataire-gérant », les difficultés de gestion, financières ou commerciales, qu'il pourrait rencontrer, lesquelles existent dans la conduite de toute entreprise. • T. com. Paris, 31 oct. 1988 : *préc. note 1 bis.* ♦ Parmi ces difficultés sont à classer la non-poursuite de contrats en cours, le départ des salariés, en particulier lorsque la preuve d'une concurrence déloyale ne peut être apportée, ou des difficultés de règlement de la part des fournisseurs. • Même jugement. – Comp. : • T. com. Marseille, 4 déc. 1989 : *D. 1991. Somm. 17, obs. Derrida.*

SECTION III DU PATRIMOINE DE L'ENTREPRISE

RÉP. COM. v° *Entreprises en difficulté-Redressement judiciaire (Phase de traitement. — Les créanciers),* par Guyon et Derruppé.

SOUS-SECTION 1 DE LA VÉRIFICATION ET DE L'ADMISSION DES CRÉANCES

BIBL. GÉN. ▶ Chaput, *Rev. proc. coll. 1988. 149.* – Soinne, *ibid. 1986, n° 4, p. 1.* – Rouget, *Rev. proc. coll. 2001. 182* (rôles respectifs du représentant des créanciers et du juge-commissaire et rectification d'erreurs ou d'omissions). – Deleneuville, *ibid. 2002. 34.* – Le Corre, *Gaz. Pal. 2004. Doct. 873.* – Delattre, *JCP E 2005, n° 50, p. 2152* (opposabilité du nantissement sur outillage et matériel dans le cadre des opérations de vérification du passif).

Ancien art. L. 621-102 ***En cas de cession ou de liquidation judiciaire, il n'est pas procédé à la vérification des créances chirographaires, s'il apparaît que le produit de la réalisation de l'actif sera entièrement absorbé par les frais de justice et les créances privilégiées, à moins que, s'agissant d'une personne morale, il n'y ait lieu de mettre à la charge des dirigeants sociaux de droit ou de fait, rémunérés ou non, tout ou partie du passif conformément à l'article L. 624-3.*** — [L. n° 85-98 du 25 janv. 1985, art. 99].

BIBL. ▶ Le Corre, *D. 2000. Chron. 275.*

1. Le défaut de vérification des créances, fussent-elles privilégiées, par le mandataire-liquidateur, en cas de clôture de la liquidation pour insuffisance d'actif n'emporte pas leur extinction, dès lors qu'elles ont été régulièrement déclarées (recevabilité de l'action du créancier contre la caution). • Paris, 15 nov. 2002 : *RD banc. fin. 2003, n° 76, obs. F.-X. Lucas.*

1 bis. En raison du caractère accessoire du cautionnement, le juge du cautionnement, saisi d'une action en paiement par le créancier contre la caution, est tenu, en l'absence de vérification et d'admission des créances chirographaires, de statuer sur toutes les exceptions inhérentes à la dette invoquée par la caution, sa décision ne s'imposant que dans les rapports entre le créancier et la caution. • Com. 18 févr. 2003 : *JCP E 2003, n° 25, p. 1053, note Le Corre ; RTD com. 2003. 815, obs. Martin-Serf*. ♦ En l'absence de vérification et d'admission des créances chirographaires, la cour d'appel, saisie par la caution d'une exception tenant au caractère tardif de la déclaration de créance à la procédure collective du débiteur principal, est tenue de se prononcer sur la régularité de la déclaration litigieuse. • Même arrêt. ♦ V. aussi, sur la compétence des juridictions civiles pour statuer sur la validité au fond de la créance, • Douai, 15 juill. 1994 : *Rev. proc. coll. 1996. 130, obs. Dureuil.*

2. Sur l'absence d'influence de l'art. L. 621-102 sur l'effet interruptif de la prescription résultant de la déclaration de créance, V. • Com. 15 mars 2005 : *RJDA 2005, n° 1013 ; Gaz. Pal. 6-7 juill. 2005, p. 29, obs. Le Corre.* ♦ ... Sur l'extinction de la créance faute de déclaration, V. note 13 ss. ancien art. L. 621-46.

3. Sur le lien entre la vérification des créances et la condamnation d'un dirigeant sur le fondement de l'art. L. 624-3, V. note 31 ss. ancien art. L. 624-3.

4. Sur l'absence de recours à l'encontre de la décision du juge-commissaire de ne pas vérifier le passif, V. • Amiens, 18 janv. 1999 : *JCP 1999. IV. 2566.*

5. Sur l'incidence sur le point de départ du délai pour demander le report de la date de cessation des paiements, V. • Com. 13 avr. 1999 ; *cité note 2 bis ss. ancien art. L. 621-7.*

Ancien art. L. 621-103 ***Dans le délai fixé par le tribunal, le représentant des créanciers établit, après avoir sollicité les observations du débiteur, la liste des créances déclarées avec ses propositions d'admission, de rejet ou de renvoi devant la juridiction compétente. Il transmet cette liste au juge-commissaire.*** — V. Décr. n° 85-1388 du 27 déc. 1985, anciens art. 68 et 72, infra, App., v° Difficultés des entreprises.

Le représentant des créanciers ne peut être rémunéré au titre des créances déclarées ne figurant pas sur la liste établie dans le délai mentionné ci-dessus. — [L. n° 85-98 du 25 janv. 1985, art. 100]. — Pour l'application à la liquidation judiciaire, V. ancien art. L. 622-14.

1. Établissement de la liste des créanciers. Aucune disposition de la loi du 25 janv. 1985 et de son décret d'application n'interdit au débiteur de mettre en œuvre, à l'appui de sa contestation, un moyen qu'il n'aurait pas invoqué dans les observations formulées par lui lors de la vérification des créances effectuées par le représentant des créanciers (à propos d'une demande de rejet pour forclusion d'une créance). • Com. 19 janv. 1993 : *Bull. civ. IV, n° 16 ; D. 1993. IR. 55.*

1 bis. Quoique l'art. 100, al. 1er [C. com., art. L. 621-103], fasse obligation au représentant des créanciers qui établit la liste des créances déclarées de solliciter les observations du débiteur, il ne résulte d'aucune disposition de cette loi ou du décret du 27 déc. 1985 que l'éventuelle absence d'invitation du débiteur, par le représentant des créanciers, à être présent à la vérification du passif, trouverait sa sanction dans la nullité de la décision d'admission prise par le juge-commissaire. • Paris, 30 janv. 1998 : *Act. proc. coll. 1998, n° 36.*

1 ter. Les dispositions de l'art. L. 621-103 C. com. font référence aux simples observations du débiteur, de sorte que la contestation soulevée par ce dernier lors de la vérification des créances ne peut être assimilée à une demande en justice nécessitant de la part du préposé qui le représente, lorsque celui-ci est une personne morale, de justifier d'une délégation de pouvoir lui permettant d'accomplir un tel acte. • Reims, 6 juin 2001 : *JCP 2002. IV. 2124.*

2. Le débiteur ayant omis de soumettre au représentant des créanciers sa demande de rejet de la créance afin que le juge-commissaire en soit saisi et statue sur cette demande conformément aux règles prévues par l'art. 101 [C. com., art. L. 621-104], cette demande présentée pour la première fois en appel, sans respecter le double degré de juridiction, n'est pas recevable. • Paris, 12 juin 1990 : *Gaz. Pal. 1991. 2. 505,* conf. par • Com. 4 févr. 1992 : *Bull. civ. IV, n° 55 ; D. 1992. IR. 118.*

3. L'omission d'une créance dans l'insertion au BODACC qui a été régulièrement déclarée au représentant des créanciers est sans incidence puisqu'une telle obligation ne constitue qu'une mesure de publicité pouvant être réparée par une déclaration, même tardive, du représentant des créanciers au juge-commissaire et par le dépôt d'un état complémentaire. • Rouen, 18 août 1993 : *JCP 1994. IV. 380.*

4. Responsabilité du représentant des créanciers. Engage sa responsabilité personnelle envers la caution du débiteur le représentant des créanciers qui manque aux obligations de sa mission en proposant au juge-commissaire l'admission d'une créance bien que la déclaration de celle-ci ait été manifestement tardive et que le délai pour agir en relevé de forclusion ait été expiré. • Com. 7 janv. 2003 : *Bull. civ. IV, n° 1 ; D. 2003. AJ. 274, obs. Lienhard ; Act. proc. coll. 2003, n° 35, obs. Vallansan ; JCP E 2003, n° 20, p. 853, obs. Cabrillac et Pételt ; RTD com. 2003. 564, obs. Martin-Serf ; Dr. et patr. juin 2003. 101, obs. Monsèrié-Bon.* – V. aussi • Com. 30 juin 2004 : *RD banc. fin. 2004, n° 252, obs. F.-X. Lucas ; RJDA 2005, n° 63.* ♦ Sur la responsabilité d'un mandataire de justice qui a proposé au juge-commissaire d'admettre à titre privilégié un créancier pour une créance chirographaire, privant un créancier nanti de son droit de préférence, V., à propos de la loi de 1967, • Com. 5 déc. 1995 : *Bull. civ. IV, n° 287 ; D. 1996. IR. 35 ; Quot. jur. 30 janv. 1996, p. 4 ; JCP 1996. IV. 253.* ♦ Comp., à défaut de préjudice : • TGI Paris, 15 sept. 1993 : *Rev. proc. coll. 1996. 413, obs. Soinne.*

5. Dans le cadre de sa mission de vérification des créances, le représentant des créanciers est tenu d'une obligation générale de diligence s'imposant d'autant plus en l'espèce que le versement de dividendes aux créanciers était subordonné, selon le plan arrêté par le tribunal, à l'établissement définitif des créances. • Paris, 3 févr. 1998 : *D. 1998. IR. 78.*

Ancien art. L. 621-104 ***Au vu des propositions du représentant des créanciers, le juge-commissaire décide de l'admission ou du rejet des créances ou constate soit qu'une instance est en cours, soit que la contestation ne relève pas de sa compétence.*** — [L. n° 85-98 du 25 janv. 1985, art. 101, al. 1er]. — Pour l'application à la liquidation judiciaire, V. ancien art. L. 622-14.

Seul le premier al. de l'art. 101 de la loi n° 85-98 du 25 janv. 1985 a été abrogé et codifié à l'art. L. 621-104. Le second al. sera abrogé à compter de la date d'entrée en vigueur de la partie réglementaire du code de commerce (Ord. n° 2000-912 du 18 sept. 2000, art. 5, ratifiée par L. n° 2003-7 du 3 janv. 2003, art. 50-I).

Loi n° 85-98 du 25 janvier 1985,

Relative au redressement et à la liquidation judiciaires des entreprises.

Art. 101 (al. 2) Il *[Le juge-commissaire]* ne peut rejeter en tout ou en partie une créance ou se déclarer incompétent qu'après avoir entendu ou dûment appelé le créancier, le débiteur, l'administrateur lorsqu'il a pour mission d'assurer l'administration et le représentant des créanciers.

BIBL. ▶ DELENEUVILLE, *Rev. proc. coll. 1995. 391* (compétence du juge-commissaire).

1. Pouvoir et compétence du juge-commissaire. A l'exception des créances des salariés, le juge-commissaire est seul compétent pour statuer sur la déclaration de créance, y compris sur l'existence même de celle-ci. • Com. 27 oct. 1998 : *D. Affaires 1998. 1910 ; RTD com. 2000. 191, obs. Vallens.* – V. aussi, à propos d'une créance fiscale, • Com. 28 avr. 2004 : *Bull. civ. IV, n° 77 ; D. 2004. AJ. 1735 ; Act. proc. coll. 2004, n° 131, obs. Regnaut-Moutier ; JCP E 2004, n° 37, p. 1387, obs. Pételt.* ♦ Le juge-commissaire, lorsqu'il statue sur une créance, n'est pas tenu de suivre la proposition du représentant des créanciers. • Com. 8 mars 1994 : *Bull. civ. IV, n° 99 ; D. 1994. IR. 79.* ♦ ... Ainsi, peut-il décider d'admettre la créance à titre chirographaire, quand bien même le représentant des créanciers n'aurait, avant la saisine du magistrat, élevé aucune discussion sur le privilège invoqué dans la déclaration de créance. • Com. 19 mai 1998 : *Bull. civ. IV, n° 159 ; D. 1998. IR. 157 ; D. Affaires 1998. 1036, obs. A.-L. M.-D. et P. P.* ♦ En revanche, encourt l'annulation la décision du juge-commissaire statuant sur l'admission d'une créance, alors qu'il n'a été préalablement saisi d'aucune proposition d'admission par le représentant des créanciers. • Grenoble, 29 mars 1990 : *Rev. proc. coll. 1990. 401, obs. Dureuil.*

Le juge-commissaire ne peut, sans excéder ses pouvoirs, prononcer l'admission ou le rejet de la créance dans des termes différents de ceux qui ont été notifiés au créancier par la lettre de contestation. • Paris, 28 mai 1999 : *D. 1999. IR. 217.* ♦ A supposer qu'il estime ne pas devoir, en l'absence de réponse du créancier à la lettre de contestation, suivre la proposition du représentant des créanciers, le juge-commissaire ne peut, à peine de nullité de sa décision qui serait rendue en violation du principe de la contradiction, consacré en la matière par l'art. 101, al. 2, admettre ou rejeter la créance dans des termes autres que ceux de la contestation sans avoir entendu ou dûment appelé le créancier et le débiteur qui doivent être mis à même de faire valoir leurs observations. • Même arrêt.

2. L'art. 101 exclut toute décision conditionnelle de la part du juge-commissaire, à moins que ne soient en cause les créances visées à l'art. 50 [C. com., art. L. 621-43], al. 2 [3]. • Com. 9 mai 1995 : *Bull. civ. IV, n° 132 ; D. 1995. IR. 153* • 19 déc. 2000 : *Bull. civ. IV, n° 201 ; D. 2001. AJ. 631* • 20 févr. 2001 : *Bull. civ. IV, n° 41 ; D. 2001. AJ. 926*.

3. Le juge-commissaire outrepasse ses pouvoirs en admettant une créance pour un montant supérieur au seul montant déclaré par le créancier dans le délai imparti. • Paris, 30 nov. 2001 : *Loyers et copr. 2002, n° 119, note Brault.*

4. Le juge-commissaire doit indiquer la raison pour laquelle il a décidé de rejeter partiellement une déclaration de créance, l'art. 101 ne le dispensant aucunement de motiver ses décisions. • Douai, 17 juin 1993 : *Rev. proc. coll. 1996. 54, obs. Dureuil.* ♦ Méconnaît les exigences de l'art. 455 NCPC le juge-commissaire qui, par une ordonnance rendue en dernier ressort, rejette une créance déclarée sans motiver sa décision. • Com. 25 févr. 1997 : *D. Affaires 1997. 418.* ♦ V. art. 455 NCPC. – **C. pr. civ.** ♦ Sur la motivation des décisions d'admission, V. • Com. 11 févr. 2004 : *RTD com. 2004. 376, obs. Vallens*.

5. Le juge-commissaire doit, en ce qui concerne les intérêts restant à courir après le jugement d'ouverture, indiquer les modalités de calcul retenues sans en fixer le montant, sa décision valant admission, dans la limite de ces modalités, de la créance d'intérêts telle qu'arrêtée ultérieurement. • Com. 26 oct. 1999 : *RJDA 2000, n° 58.* ♦ V. ancien art. 67 du 1er décret du 27 déc. 1985 et notes ss. cet art., *infra*, App., v° *Difficultés des entreprises.*

6. La procédure de vérification des créances n'a pour objet que de déterminer l'existence, le montant, ou la nature de la créance déclarée (la faute d'une banque bénéficiaire d'un cautionnement ne peut être prise en compte). • Com. 22 avr. 1997 : *Rev. proc. coll. 1997. 463, obs. Blanchard.* ♦ Il en résulte que le débiteur en redressement ou en liquidation judiciaire ne peut pas former une demande reconventionnelle en paiement devant le juge-commissaire. • Versailles, 8 oct. 1998 : *Gaz. Pal. 2000. Somm. 353.* ♦ Toutefois, la déclaration de créance faisant partie intégrante de la procédure de vérification des créances, l'appréciation du caractère abusif de cette déclaration relève de cette procédure, et la demande en paiement de dommages-intérêts réparant le préjudice en résultant, est recevable devant le juge-commissaire. • Même arrêt.

7. Il n'entre pas dans les attributions du juge-commissaire, et partant de la cour statuant en matière d'admission des créances, de se prononcer sur les demandes présentées par un syndicat de copropriétaires (admission à titre privilégié, pour la totalité, sans aucune concurrence, y compris avec le prêteur de deniers, s'agissant de charges dues pour l'année en cours et les deux années antérieures aux dates du jugement d'ouverture et de la déclaration de créance) qui relèvent de la procédure d'ordre. • Paris, 22 juin 2001 : *D. 2001. AJ. 2890, obs. Lienhard* ; *RTD civ. 2001. 926, obs. Croq*.

7 bis. Le juge-commissaire statue au-delà de sa compétence en appliquant d'office l'art. 1244-1 C. civ. (imputation des paiements faits par le débiteur en priorité sur le capital). • Toulouse, 15 nov. 2001 : *Cah. jurispr. Aquitaine 2002, n° 1, p. 184.*

8. La cour d'appel, qui, sans remettre en cause l'admission des créances d'une société, se borne à retenir que, cette société ayant admis une réduction de 40 % des sommes lui restant dues après le versement des fonds provenant de cessions partielles d'actifs, cette réduction devait s'appliquer non pas sur l'ensemble des créances de cette société mais uniquement sur le solde constaté après déduction de ces versements, ne viole pas les art. 101 de la loi du 25 janv. 1985 [C. com., art. L. 621-104] et 1351 C. civ. • Com. 20 janv. 1998 : *Bull. civ. IV, n° 27.*

8 bis. La cour d'appel, juge de la vérification des créances, excède les pouvoirs qu'elle tient de l'art. 101, devenu l'art. L. 621-104 C. com., en statuant sur la rupture d'un contrat. • Com. 18 févr. 2003 : *Bull. civ. IV, n° 23 ; D. 2003. AJ. 1095* ; *Act. proc. coll. 2003, n° 84, obs. Vallansan ; RD banc. fin. 2003, n° 75, obs. F.-X. Lucas.* ♦ De même, il n'entre pas dans les attributions du juge de la vérification des créances de se prononcer sur la responsabilité encourue par le créancier à l'occasion de l'exécution du contrat. • Com. 21 sept. 2004 : *D. 2005. Pan. 297, obs. Le Corre*. ♦ ... De prononcer la nullité d'un acte intervenu en période suspecte. • Com. 28 sept. 2004 : *ibid. ; RJDA 2005, n° 172.* ♦ ... Ou de statuer à propos d'un contrat administratif (contrat de concession conclu entre une société d'économie mixte et une commune). • Com. 1er mars 2005 : *Bull. civ. IV, n° 39 ; D. 2005. AJ. 1026, obs. Lienhard* ; *ibid. Pan. 2016, obs. F.-X. Lucas.* ♦ V. aussi • Aix-en-Provence, 29 juin 2004 : *RD banc. fin. 2005, n° 61, obs. F.-X. Lucas.*

9. S'il est vrai que le juge du cautionnement est tenu de respecter la décision du juge-commissaire, ce dernier, statuant directement dans les seuls rapports entre le créancier et le débiteur principal, n'est pas tenu de ventiler la part des intérêts et du principal de la créance si cette ventilation ne présente pas d'intérêt pour les parties directement en cause. • Com. 26 oct. 1999 : *Bull. civ. IV, n° 189 ; JCP E 2000, n° 4, p. 130, obs. Cabrillac ; RD banc. fin. 2000, n° 11, obs. Legeais ; Petites affiches 7 juin 2000, p. 24, note Courtier.*

10. Il résulte des dispositions combinées des art. 101 et 102, al. 3, que le juge-commissaire est compétent pour statuer sur l'admission ou le rejet des créances lorsque la matière est de la compétence du tribunal qui a ouvert la procédure collective. Le juge-commissaire est donc compétent pour se prononcer sur la validité du nantissement invoqué par une société créancière et rétablir ainsi la véritable nature de la créance litigieuse. • Com. 19 mai 1998 : *préc. note 1.* ♦ En revanche, le juge-commissaire n'est pas compétent pour se prononcer sur la nullité du contrat ayant donné naissance à la créance. • Com. 19 mai 2004 : *Act. proc. coll. 2004, n° 148, obs. Regnaut-Moutier.*

11. Lorsque l'instance arbitrale n'est pas en cours au jour du jugement d'ouverture, le juge-commissaire, saisi d'une contestation et devant lequel est invoquée une clause compromissoire, doit, après avoir, le cas échéant, vérifié la régularité de la déclaration de créance, se déclarer incompétent à moins que la convention d'arbitrage ne soit manifestement nulle ou inapplicable. • Com. 2 juin 2004 : *Bull. civ. IV, n° 110 ; D. 2004. AJ. 1732, obs. Lienhard ; ibid. Somm. 3184, obs. Clay ; JCP E 2004, n° 26, p. 1053, note N. S. ; Petites affiches 21 juill. 2004, p. 15, note Touchent ; Act. proc. coll. 2004, n° 158, obs. Vallansan ; Rev. proc. coll. 2004. 235, obs. Staes ; RTD com. 2004. 439, obs. Loquin ; Rev. arb. 2004. 591, note Ancel ; RTD com. 2004. 808, obs. Martin-Serf ; Defrénois 2004. 1671, obs. Gibirila.*

11 bis. Pour l'incompétence du juge-commissaire pour statuer sur la détermination d'une créance de l'indivision à inscrire au passif d'un indivisaire, V. • Paris, 28 juin 2005 : *RD banc. fin. 2005, n° 175, obs. F.-X. Lucas.*

12. Instance en cours. Les intances en cours visées par l'art. 101 [C. com., art. L. 621-104] sont les instances intentées, avant le jugement d'ouverture, contre le débiteur placé en redressement judiciaire ; ces dispositions n'ont pas vocation à s'appliquer à une instance intentée par le débiteur contre un créancier. • Versailles, 20 nov. 1997 : *RJDA 1998, n° 192.* ♦ ... Ou à une instance intentée contre le gérant de la société soumise à la procédure collective. • Com. 10 mai 2005 : *RJDA 2005, n° 1014.*

Doit être déclarée nulle l'ordonnance rendue par le juge-commissaire statuant sur le sort d'une créance salariale en l'état d'une procédure prud'homale en cours pour déterminer son montant. • Douai, 19 nov. 1987 : *Rev. proc. coll. 1988. 85, obs. Dureuil.*

Lorsqu'un créancier a formé un pourvoi en cassation contre l'arrêt qui a rejeté sa demande en paiement contre le débiteur, l'instance n'est pas en cours au sens de l'art. 101 [C. com., art. L. 621-104], et, passée en force de chose jugée, la décision rendue doit recevoir exécution. • Com. 14 juin 1994 : *Bull. civ. IV, n° 212 ; D. 1995. Somm. 26, obs. Honorat ; RTD com. 1995. 482, obs. Martin-Serf.* – Dans le même sens, V. • Orléans, 17 mai 2001 : *RJDA 2001, n° 999.*

Il résulte des art. 47 et 48 [C. com., art. L. 621-40 et L. 621-41] que seule une instance en cours devant un juge du fond au jour du jugement d'ouverture enlève au juge-commissaire le pouvoir de décider de l'admission ou du rejet. • Com. 14 mars 1995 : *Bull. civ. IV, n° 75 ; D. 1995. IR. 98* • 14 mars 2000 : *RJDA 2000, n° 686 ; Procédures 2000, n° 147, obs. Laporte.*

Une instance en cours devant un juge du fond au jour du jugement d'ouverture de la procédure collective, seulement suspendue par une mesure de radiation, ôte au juge-commissaire la compétence pour se prononcer sur l'admission de la créance. • Com. 19 nov. 2003 : *RJDA 2004, n° 597 ; Rev. proc. coll. 2004. 238, obs. Staes.*

En l'absence d'instance en cours à la date du jugement d'ouverture de la procédure collective du débiteur, le créancier, après avoir déclaré sa créance, ne peut en faire constater le principe et fixer le montant qu'en suivant la procédure de vérification du passif. • Com. 4 janv. 2000 : *RJDA 2000, n° 314 ; Rev. loyers 2000. 304, note Gallet.* – Dans le même sens, V. • Com. 8 janv. 2002 : *Bull. civ. IV, n° 3 ; D. 2002. AJ. 487 ; Rev. proc. coll. 2003. 141, obs. Legrand.*

En ce sens que la constatation d'une instance en cours met fin à la procédure devant le juge-commissaire et que l'instance ne peut donc plus se périmer, V. • Com. 27 nov. 2001 : *RTD com. 2002. 170, obs. Vallens ; Rev. proc. coll. 2003. 112, obs. Gorrias.*

12 bis. Les cautions n'ont pas qualité pour critiquer la décision d'admission des créances prise par le juge-commissaire en ce que celui-ci aurait dû constater qu'une instance était en cours au sens de l'art. 101 devenu l'art. L. 621-104 C. com. • Com. 4 mars 2003 : *RJDA 2003, n° 852 ; Rev. proc. coll. 2004. 238, obs. Staes.*

13. Sursis à statuer. Statuant dans la procédure de vérification des créances, la cour d'appel est tenue de constater que la contestation [relative au défaut de pouvoir du représentant légal de la société caution en liquidation judiciaire lors de la souscription de l'engagement de caution] ne relève pas du pouvoir juridictionnel du juge-commissaire et doit surseoir à statuer sur l'admission de la créance après avoir invité les parties à saisir le juge compétent. • Com. 7 févr. 2006 : *D. 2006. AJ. 578, obs. Lienhard ; Act. proc. coll. 2006, n° 45, obs. Vallansan ; RD banc. fin. 2006, n° 74, obs. F.-X. Lucas ; Gaz. Pal. 30 avr.-4 mai 2006, p. 45, obs. Le Corre.*

Il résulte de l'art. 53 [C. com., art. L. 621-46], al. 4, selon lequel les créances qui n'ont pas été déclarées et n'ont pas donné lieu à relevé de forclusion sont éteintes, qu'il ne peut être statué sur l'admission d'une créance tant qu'il n'a pas été irrévocablement statué sur le relevé de forclusion. • Com. 14 janv. 1997 : *Bull. civ. IV, n° 11 ; D. 1997. Somm. 215, obs. Honorat ; D. Affaires 1997. 256 ; JCP E 1997. I. 651, n° 14, obs. Cabrillac et Pétel ; RTD com. 1998. 937, obs. Martin-Serf* • 1er oct. 1997 : *D. Affaires 1997. 1394.*

Le juge-commissaire, seul compétent pour statuer sur l'admission de la créance au passif du débiteur principal, n'est pas tenu de surseoir à statuer dans l'attente de la décision du juge du cautionnement, saisi d'une action en paiement par le créancier contre la caution, cette décision ne s'imposant que dans les rapports entre le créancier et la caution, fût-elle solidaire. • Com. 11 févr. 2004 : *Bull. civ. IV, n° 29 ; D. 2004. AJ. 638 ; JCP E 2004, n° 22, p. 859, obs. Pétel ; Act. proc. coll. 2004, n° 82, obs. Vallansan ; RTD com. 2004. 810, obs. Martin-Serf.*

Sur le recours contre les ordonnances de sursis à statuer, V. • Paris, 29 mai 1991 : *Rev. proc. coll. 1991. 414, obs. Dureuil.*

14. Auditions individuelles. Est nulle l'ordonnance rendue par le juge-commissaire qui rejette une créance en tout ou en partie sans avoir au préalable entendu ou dûment appelé le créancier, le débiteur, l'administrateur et le représentant des créanciers. • Rouen, 22 oct. 1987 : *Rev. proc. coll. 1988. 87, obs. Dureuil* • Nancy, 20 févr. 1989 : *Banque et Droit 1989. 184.*

15. Il résulte de l'art. 101 [C. com., art. L. 621-104] que la convocation préalable du créancier déclarant est nécessaire lorsque le liquidateur s'oppose à une déclaration de créance qui ne revêt pas le caractère privilégié dont fait état ce créancier. • Chambéry, 25 févr. 1992 : *BICC 1992, n° 1497.*

16. Le juge-commissaire n'a pas à entendre ou appeler le débiteur lorsqu'il prononce l'admission d'une créance non contestée. • Com. 3 oct. 2000 : *Bull. civ. IV, n° 147 ; Act. proc. coll. 2000, n° 224.*

17. Sur l'obligation faite au juge-commissaire d'entendre le débiteur et le créancier lorsqu'il décide d'admettre ou de rejeter la créance dans des termes autres que ceux de la contestation du représentant des créanciers, V. • Paris, 28 mai 1999 : *préc. note 1.*

18. Dans le cas où le juge-commissaire n'a pas convoqué l'administrateur avant de statuer sur le sort de la créance, le débiteur, qui a le droit propre d'exercer des voies de recours prévues par la loi contre la décision statuant sur l'admission de la créance, est sans qualité à invoquer un grief dont seul l'administrateur de la procédure collective, s'il avait reçu la mission d'assurer l'administration, serait fondé à se prévaloir. • Com. 9 mai 1995 : *Rev. proc. coll. 1995. 291, obs. Dureuil.*

19. Contestations successives. Aucune disposition de la loi du 25 janv. 1985 ou du décret du 27 déc. 1985 n'interdit au liquidateur de formuler plusieurs contestations successives de la déclaration de créance. • Com. 22 oct. 1996 : *Bull. civ. IV, n° 247.*

20. Procédure orale. Devant le juge-commissaire, la procédure étant orale, les prétentions des parties peuvent être formulées au cours de l'audience et elles sont présumées avoir été contradictoirement débattues. • Com. 31 janv. 1995 : *Bull. civ. IV, n° 30 ; D. 1995. IR. 51.*

21. Relevé de forclusion. Il a été jugé que l'art. 101, al. 2, n'a pas à s'appliquer au cas de l'admission d'une créance après relevé de forclusion et que la nullité ne peut être demandée pour non-convocation des intéressés. • Paris, 25 mai 1989 : *Gaz. Pal. 1989. 2. 843, concl. Lafortune.*

21 bis. Notion de décision d'admission. Ayant relevé que le juge-commissaire a signé la liste des créances déclarées établie par le représentant des créanciers et contenant ses propositions d'admission des créances non contestées, une cour d'appel en déduit exactement que le juge-commissaire a décidé d'admettre ces créances. • Com. 23 nov. 2004 : *Bull. civ. IV, n° 201 ; D. 2004. AJ. 3222 ; D. 2005. Pan. 298, obs. Le Corre ; Act. proc. coll. 2005, n° 5, obs. Vallansan ; RD banc. fin. 2005, n° 16, obs. F.-X. Lucas ; JCP E 2005, n° 17, p. 710, obs. Pétel ; RTD com. 2005. 173, obs Vallens.* – Rappr. : • Lyon, 14 oct. 2004 : *BICC 2005, n°440.*

22. Autorité de la chose jugée. BIBL. Lebois, *Rev. proc. coll. 2002. 234.* ♦ L'autorité de la chose jugée s'étend à la nature de la garantie et, faute d'avoir été admise, la créance hypothécaire ne peut être opposée aux autres créanciers hypothécaires inscrits sur l'état des créances. • Com. 6 juill. 1999 : *Bull. civ. IV, n° 151 ; D. 2000. Somm. 327, obs. Honorat.*

23. Le créancier qui n'a pas invoqué devant les juges du fond l'autorité de chose jugée attachée à la décision d'admission de sa créance n'est pas recevable à l'invoquer pour la première fois devant la Cour de cassation. • Com. 20 juin 1995 : *RJDA 1995, n° 1447.*

24. L'admission par le juge-commissaire d'une créance au passif du débiteur acquiert, quant à son existence et à son montant, l'autorité de la chose jugée à l'égard de la caution, sauf contestation par celle-ci de l'état des créances déposé au greffe dans les conditions prévues par les art. 103 de la loi et 83 du décret. • Com. 22 oct. 1996 : *D. 1997. IR. 2 ; Quot. jur. 19 nov. 1996, p. 12.* ♦ V. aussi note 4 *bis* ss. art. 103, *infra*, ss. ancien art. L. 621-105 et note 1 ss. ancien art. L. 621-110 ; et note 40 ss. art. L. 313-22 C. mon. fin., *infra*, App., v° *Code monétaire et financier (extraits).*

24 bis. Admission de la créance de la caution subrogée. La créance dont la caution dispose par subrogation contre le débiteur principal est celle du subrogeant et peut donner lieu à une autre admission au passif du débiteur principal au profit de cette caution en sa qualité de subrogée dans les droits du créancier garanti. • Com. 4 oct. 2005 : *Bull. civ. IV, n° 197 ; D. 2005. AJ. 2874, obs. Lienhard ; Banque et Droit nov.-déc. 2005. 74, obs. Jacob ; JCP E 2006, n° 2, p. 76, obs. Cabrillac ; Petites affiches 23 janv. 2006, p. 13, note Houtcieff.*

25. Preuve de l'admission. Il appartient au créancier, dont l'existence de la créance est contestée, de rapporter la preuve de son admission au passif de son débiteur. • Com. 13 avr. 1999 : *Procédures 1999, n° 202, obs. Laporte.* ♦ V. aussi • Com. 6 juill. 1999 : *RJDA 1999, n° 1232.*

25 bis. Péremption d'instance. La péremption d'instance ayant pour objet de sanctionner le défaut de diligence des parties, le débiteur ne peut invoquer une extinction du passif en raison de la péremption d'instance dès lors que les créanciers n'ont aucune diligence à accomplir une fois effectuées les déclarations de créances. • Com. 9 nov. 2004 : *Bull. civ. IV, n° 192 ; D. 2004. AJ. 3070 ; D. 2005. Pan. 297, obs. Le Corre ; Rev. proc. coll. 2005. 130, obs. Gorrias.* ♦ V. aussi note 5 ss. ancien art. L. 622-30.

26. Droit international privé. Sur l'application de la convention franco-italienne du 3 juin 1930, V. • Civ. 1re, 6 juin 1990 : *Bull. civ. I, n° 36 ; D. 1991. 137, note Rémery.*

Ancien art. L. 621-105 *Le recours contre les décisions du juge commissaire prises en application de la présente sous-section est ouvert au créancier, au débiteur, à l'administrateur lorsqu'il a pour mission d'assurer l'administration ou au représentant des créanciers.*

Toutefois, le créancier dont la créance est discutée en tout ou en partie et qui n'a pas répondu au représentant des créanciers dans le délai mentionné à l'article L. 621-47 ne peut pas exercer de recours contre la décision du juge-commissaire lorsque celle-ci confirme la proposition du représentant des créanciers.

Les conditions et les formes du recours prévu au premier alinéa sont fixées par décret en Conseil d'État.— [L. n° 85-98 du 25 janv. 1985, art. 102, al. 1er, 2e phrase et al. 2]. — Pour l'application à la liquidation judiciaire, V. ancien art. L. 622-14.

Seuls la deuxième phrase du premier al. et le deuxième al. de l'art. 102 de la loi n° 85-98 du 25 janv. 1985 ont été abrogés et codifiés à l'art. L. 621-105. La première phrase du premier al. et le troisième al. de l'art. 102 seront abrogés à compter de la date d'entrée en vigueur de la partie réglementaire du code de commerce (Ord. n° 2000-912 du 18 sept. 2000, art. 5, ratifiée par L. n° 2003-7 du 3 janv. 2003, art. 50-I).

Loi n° 85-98 du 25 janvier 1985,

Art. 102 *(al. 1er, 1re phrase et al. 3)* Lorsque la matière est de la compétence du tribunal qui a ouvert le redressement judiciaire, le recours contre les décisions du juge-commissaire est porté devant la cour d'appel.

Lorsque la matière est de la compétence d'une autre juridiction, la notification de la décision d'incompétence prononcée par le juge-commissaire fait courir un délai de deux mois, au cours duquel le demandeur doit saisir la juridiction compétente à peine de forclusion.

BIBL. ▶ Deleneuville, *Rev. proc. coll. 1995. 391* (compétence du juge-commissaire).

1. Défaut de réponse. Si, selon l'art. L. 621-105, al. 2, C. com., le créancier dont la créance est discutée en tout ou en partie et qui n'a pas répondu au représentant des créanciers dans le délai mentionné à l'art. L. 621-47 ne peut pas exercer de recours contre l'ordonnance du juge-commissaire lorsque celle-ci confirme la proposition du représentant des créanciers, il en résulte, *a contrario*, que le créancier recouvre le droit d'exercer un recours lorsque le juge-commissaire n'a pas entériné la proposition du représentant des créanciers. • Com. 1er avr. 2003 : *RJDA 2003, n° 984.* ♦ Sur le domaine d'application de l'art. L. 621-105, al. 2, C. com., V. aussi notes 1 à 2 *bis* ss. ancien art. L. 621-47.

Le juge-commissaire ne peut prononcer le rejet total d'une créance pour défaut de réponse du créancier à une contestation d'une partie de sa créance. • Paris, 22 mai 1998 : *Act. proc. coll. 1998, n° 95.* ♦ Pour une application du défaut de réponse motivée à la lettre du représentant des créanciers, V. • Grenoble, 9 juin 1988 : *RJ com. 1989. 229, note Gallet.*

2. Recours. En vertu de l'art. 102, le recours contre la décision du juge-commissaire qui rejette une créance est porté par le créancier devant la cour. L'indication erronée d'une voie de recours dans la notification n'a pas pour effet d'ouvrir cette voie de recours lorsque celle-ci est interdite par la loi. • Paris, 5 mars 1991 : *Gaz. Pal. 1991. 2. Somm. 428.* ♦ Sur la nullité de la notification n'indiquant pas le délai et les modalités des voies de recours, V. note 4 s. ss. ancien art. 157 du 1er décret du 27 déc. 1985, *infra*, App., v° *Difficultés des entreprises.*

2 bis. Le créancier dont la créance a été rejetée en tout ou partie par une ordonnance du juge-commissaire doit en interjeter appel, non seulement à l'encontre du représentant des créanciers, mais encore à l'encontre du débiteur lui-même. • Orléans, 9 mars 2000 : *RJDA 2000, n° 702.* ♦ Le représentant des créanciers, partie en première instance, ne peut être intimé par la voie de l'intervention forcée, réservée à la mise en cause des tiers. • Civ. 2e, 13 juill. 2005 : *Gaz. Pal. 4-5 nov. 2005, p. 40, obs. Le Corre.*

2 ter. En vertu de l'art. 102, lorsque la matière est de la compétence du tribunal qui a ouvert le redressement judiciaire, la décision du juge-commissaire admettant ou rejetant la créance peut faire l'objet d'un recours devant la cour d'appel de la part du débiteur, fût-il dessaisi de l'administration et de la disposition de ses biens. Il en résulte que, lorsqu'était en cours, à la date du jugement d'ouverture du redressement judiciaire, une instance tendant à sa condamnation au paiement d'une somme d'argent pour une cause antérieure à ce jugement, le débiteur a, dans ce cas également, le droit propre d'exercer les voies de recours prévues par la loi contre la décision statuant sur l'existence et le montant de la créance. • Com. 11 mai 1993 : *Bull. civ. IV, n° 180 ; RJDA 1993, n° 99* • 26 nov. 2002 : *Bull. Joly 2003. 140, note Scholer.* – Dans le même sens, V. • Com. 20 janv. 1998 : *RJDA 1998, n° 616.*

L'instance n'étant, aux termes de l'art. 369 NCPC, interrompue par l'effet du jugement de liquidation que s'il emporte dessaisissement et, le débiteur exerçant le droit propre de contester les créances déclarées que lui ouvre l'art. 102 [C. com., art. L. 621-105] n'étant pas dessaisi, l'instance n'est pas interrompue. • Com. 26 mai 1998 : *Bull. civ. IV, n° 166 ; RTD com. 1999. 210, obs. Vallens* • 9 janv. 2001 : *Act. proc. coll. 2001, n° 81* • Versailles, 6 févr. 1997 : *Gaz. Pal. 1997. 2. Somm. 353.*

2 quater. Sur le droit, pour une société dont tous les actifs ont été vendus dans le cadre d'un plan de cession, de faire appel de l'ordonnance du juge-commissaire admettant une créance, par l'intermédiaire d'un mandataire *ad hoc* désigné pour la représenter à l'instance, V. • Versailles, 15 juin 2000 : *RJDA 2000, n° 1022.*

2 quinquies. Le dernier gérant (également caution) de la société mise en liquidation judiciaire, qui ne figure pas au nombre de ceux qui sont autorisés à exercer un recours contre les ordonnances du juge-commissaire statuant sur l'admission des créances, ne peut former un appel provoqué ou une intervention principale aux côtés du liquidateur judiciaire. • Lyon, 29 mai 2002 : *JCP E 2003, n° 10, p. 423, note Rolland.* ♦ ... Et n'a pas d'intérêt à agir contre une ordonnance qui a rejeté une créance que le débiteur dessaisi avait contesté devant le juge-commissaire. • Même arrêt.

3. En ce sens que le représentant des créanciers, étant une partie à la procédure de vérification du passif, peut faire appel des décisions du juge-commissaire, V. • Com. 16 oct. 1990 : *Bull. civ. IV, n° 238 ; D. 1991. Somm. 333, obs. Honorat* .

3 bis. Les droits et actions que peut exercer le commissaire à l'exécution du plan n'incluent pas les droits et actions propres du débiteur, et en particulier le droit propre de recours contre la décision du juge-commissaire ayant statué sur une admission de créance. • Lyon, 26 avr. 2002 : *RD banc. fin. 2002, n° 141, obs. F.-X. Lucas.* ♦ V. aussi, pour l'irrecevabilité de la réclamation, note 4 *sexies* ss. art. 103, *infra.* ♦ En ce sens que le commissaire à l'exécution du plan peut relever appel de l'ordonnance du juge-commissaire refusant d'admettre une créance qu'il a déclarée au passif de la caution du débiteur, V. • Paris, 13 avr. 1999 : *RTD com. 1999. 957, obs. Saint-Alary-Houin* .

4. Le recours prévu par l'art. 102 [C. com., art. L. 621-105] n'est pas ouvert au cessionnaire de tout ou partie de l'actif, lequel peut, comme toute personne intéressée, à l'exclusion de celles mentionnées audit art. 102 [C. com., art. L. 621-105], contester l'état des créances déposé au greffe dans les conditions prévues par les art. 103 de la loi et 83 du décret. • Com. 30 mars 1993 : *Bull. civ. IV, nº 127 ; D. 1993. Somm. 321, obs. Honorat ; JCP E 1993. I. 277, nº 14, obs. Pétel.*

5. Il résulte de l'art. 102 [C. com., art. L. 621-105] que le débiteur en redressement judiciaire peut exercer un recours contre la décision du juge-commissaire statuant sur une créance qu'il a contestée. • Com. 22 juin 1999 : *Bull. civ. IV, nº 137 ; D. 1999. Somm. 351, obs. Honorat ; RTD com. 1999. 986, obs. Vallens ; JCP E 2000, nº 4, p. 131, obs. Pétel.* ♦ ... Peu important l'objet de cette contestation. • Com. 4 févr. 2003 : *Bull. civ. IV, nº 14 ; D. 2003. AJ. 556*. ♦ En revanche, est irrecevable l'appel contre une décision d'admission d'une créance formé par un débiteur, celui-ci n'ayant pas soumis au représentant des créanciers sa contestation relative à ladite créance et le juge-commissaire n'en ayant donc pas été saisi et n'ayant pu statuer sur elle. • Com. 4 févr. 1992 : *Bull. civ. IV, nº 55 ; D. 1992. 264, note Derrida* (V. aussi l'arrêt d'appel : • Paris, 12 juin 1990 : *Gaz. Pal. 1991. 2. 505*).

5 bis. Seules les décisions du juge-commissaire rendues sur contestation pouvant faire l'objet d'un appel en vertu de l'art. 102 [C. com., art. L. 621-105], le débiteur qui a participé à la vérification des créances effectuée conformément aux dispositions de l'art. 72 du décret du 27 déc. 1985 sans élever aucune contestation, n'est pas recevable à former un appel-nullité contre la décision du juge-commissaire rendue au vu de la proposition du représentant des créanciers, quand bien même ce dernier aurait omis de faire état de la forclusion d'une déclaration de créance. • Com. 14 janv. 1997 : *Bull. civ. IV, nº 13 ; D. 1997. IR. 39 ; D. Affaires 1997. 278 ; Quot. jur. 6 févr. 1997, p. 7, note P. M.*

6. Il résulte des dispositions de l'art. 102, al. 1er, que le recours ouvert à l'encontre des décisions du juge-commissaire statuant sur l'admission des créances, y compris lorsque ce magistrat se déclare incompétent, est l'appel. • Com. 10 oct. 1995 : *Bull. civ. IV, nº 225 ; D. 1996. Somm. 87, obs. Honorat ; D. Affaires 1995. 161 ; JCP E 1996. I. 554, nº 17, obs. Pétel.* ♦ L'opposition formée devant le tribunal de la procédure collective et l'appel formé contre le jugement ainsi rendu sont, par conséquent, irrecevables. • Com. 15 févr. 2000 : *JCP E 2000, nº 17, p. 680, note Cagnoli ; Act. proc. coll. 2000, nº 85, obs. Vallansan.* ♦ Comp., se prononçant en faveur du contredit : • Lyon, 6 déc. 1991 : *D. 1992. Somm. 253, obs. Derrida*.

V. notes 1 à 4 ss. ancien art. 25 du 1er décret du 27 déc. 1985, *infra*, App., vº *Difficultés des entreprises*.

6 bis. L'obligation imposée au demandeur par l'art. 102, al. 3, de saisir la juridiction compétente dans le délai de deux mois à compter de la décision d'incompétence du juge-commissaire, si elle est sanctionnée par la forclusion, n'est pas une condition de recevabilité du recours que le demandeur peut exercer, à ses risques et périls, contre cette décision. • Com. 10 oct. 1995 : *préc. note 6.*

6 ter. Aucune disposition ne peut interdire de faire constater selon les voies de recours du droit commun la nullité d'une décision qui aurait été rendue en violation d'un principe essentiel de procédure, telle l'obligation de motivation des jugements (à propos de l'art. 102, al. 2, devenu art. L. 621-105). • Com. 30 mars 1993 : *Bull. civ. IV, nº 132.* – V. aussi • Paris, 2 juill. 1999 : *D. 1999. AJ. 10*. ♦ Comp. : note 5 *bis*.

6 quater. Est irrecevable le pourvoi en cassation tendant à l'annulation d'une ordonnance du juge-commissaire rejetant une déclaration de créance, dès lors qu'un tel recours pouvait être formé par la voie de l'appel et que selon l'art. 605 NCPC, la voie de la cassation n'est ouverte que quand toutes les autres sont fermées. • Com. 2 avr. 1996 : *JCP 1996. IV. 1279.*

7. Contrôle de la cour d'appel. Pour fixer à une certaine somme la créance d'une société contre un débiteur en liquidation judiciaire, une cour d'appel ne peut se borner à retenir que cette créance n'était pas contestée par le liquidateur, sans examiner les conclusions du débiteur qui contestait certains éléments de la créance déclarée par la société. • Com. 27 oct. 1992 : *Bull. civ. IV, nº 325.*

8. La cour saisie de l'appel de l'ordonnance du juge-commissaire ne peut statuer que dans les limites des attributions de celui-ci (irrecevabilité d'une demande reconventionnelle du débiteur). • Com. 6 févr. 2001 : *Bull. civ. IV, nº 32 ; D. 2001. AJ. 1175 ; Act. proc. coll. 2001, nº 74, obs. Regnaut-Moutier.*

Les art. 103 et 104 de la loi nº 85-98 du 25 janv. 1985 seront abrogés à compter de la date d'entrée en vigueur de la partie réglementaire du code de commerce (Ord. nº 2000-912 du 18 sept. 2000, art. 5, ratifiée par L. nº 2003-7 du 3 janv. 2003, art. 50-I).

Loi n° 85-98 du 25 janvier 1985,

Relative au redressement et à la liquidation judiciaires des entreprises.

Art. 103 Les décisions d'admission ou de rejet des créances ou d'incompétence prononcées par le juge-commissaire sont portées sur un état qui est déposé au greffe du tribunal. Toute personne intéressée, à l'exclusion de celles mentionnées à l'article 102, peut en prendre connaissance et former réclamation dans un délai qui sera fixé par décret en Conseil d'État. — *V. Décr. n° 85-1388 du 27 déc. 1985, ancien art. 82 s., infra, App., v° Difficultés des entreprises.*

Le juge-commissaire statue sur la réclamation, après avoir entendu ou dûment appelé le représentant des créanciers et les parties intéressées.

Le recours contre la décision du juge-commissaire statuant sur la réclamation est porté devant la cour d'appel. — *Pour l'application à la liquidation judiciaire, V. ancien art. L. 622-14.*

1. Dépôt de l'état des créances. Le dépôt d'un document ne comportant aucune décision du juge-commissaire statuant sur les créances ne peut constituer le dépôt de l'état des créances. • Com. 7 déc. 1999 : *Bull. civ. IV, n° 220 ; D. 2000. AJ. 58, obs. Lienhard ; JCP E 2000, n° 17, p. 699, obs. Cabrillac ; RTD com. 2000. 186, obs. Vallens.*

1 bis. Règles de procédure. En l'absence de dispositions spéciales dans la loi de 1985, il convient d'appliquer les dispositions des art. 899 s. NCPC, selon lesquelles les parties sont tenues de constituer avoué et doivent faire une déclaration d'appel par acte contenant à peine de nullité les indications prévues par l'art. 901 NCPC. • Chambéry, 11 janv. 1988 : *Gaz. Pal. 1988. 1. 201.*

2. Erreur matérielle. BIBL. Rouger, *Rev. proc. coll. 2001. 182.* ♦ L'appel est irrecevable lorsqu'il tend uniquement et exclusivement à la réparation d'une erreur ou omission matérielle commise par la juridiction de premier degré. • Paris, 1er déc. 1988 : *Gaz. Pal. 1989. 2. 847, note Marchi.*

Viole les art. 1351 C. civ. (autorité de la chose jugée) et 462 NCPC (rectification) le juge-commissaire qui, sur requête du représentant des créanciers, rectifie une ordonnance passée en force de chose jugée et admettant un créancier à titre privilégié en ajoutant au dispositif de celle-ci les mots « sous réserve de la validité du nantissement ». • Com. 17 déc. 1996 : *D. 1997. 177, rapp. Rémery.* – V. aussi • Com. 13 nov. 2001 : *Rev. proc. coll. 2002. 96, obs. Legrand.*

2 bis. Décision d'admission complémentaire. L'absence de mention, dans l'état publié au BODACC, d'une créance déclarée, qui fait obstacle à ce que la décision du juge-commissaire ait l'autorité de la chose jugée à l'égard du créancier, autorise l'admission de la créance par une décision ultérieure résultant d'un état complémentaire (irrecevabilité du recours de la caution contre la décision d'admission). • Com. 1er févr. 2000 : *RJDA 2000, n° 565 ; JCP E 2000, n° 45, p. 1764, note Le Corre.* – Dans le même sens, V. • Com. 5 févr. 2002 : *Bull. civ. IV, n° 26 ; JCP E 2002, n° 12, p. 499 ; RD banc. fin. 2002, n° 189, obs. F.-X. Lucas ; Rev. proc. coll. 2003. 24, obs. Legrand.* ♦ La décision d'admission complémentaire d'une créance déclarée mais omise sur la liste établie par le représentant des créanciers ne peut être regardée comme la réparation d'une précédente omission de statuer mais constitue une décision autonome. • Com. 25 oct. 1994 : *Bull. civ. IV, n° 313* • 5 janv. 1999 : *RJDA 1999, n° 445.*

2 ter. Preuve de la créance. C'est au créancier qu'il incombe de prouver l'existence et le montant d'une créance contestée par la caution et dont il n'est pas justifié, si elle a été déclarée à la liquidation judiciaire du débiteur, qu'elle ait été admise. • Com. 11 oct. 1994 : *Bull. civ. IV, n° 284 ; Dr. sociétés 1995, n° 8, obs. Chaput.* – V. aussi • Com. 3 déc. 1996 : *D. 1997. IR. 19* • TGI Saintes, 20 oct. 1995 : *BICC 1996, n° 190.*

Pour une hypothèse de rejet au motif que la banque n'avait pas déclaré sa propre créance, V. • Com. 14 mai 1996 : *D. 1996. IR. 174.*

2 quater. Montant à admettre. Le montant de la créance à admettre doit être celui existant au jour de l'ouverture de la procédure collective. • Com. 20 févr. 2001 : *cité note 2 ss. ancien art. L. 621-104.* ♦ Les paiements effectués par les cautions de la société débitrice entre les mains d'une banque créancière, postérieurement au jugement d'ouverture de la procédure collective, n'affectent pas le montant de la créance à admettre, peu important que les cautions aient conventionnellement accepté de ne faire valoir leurs droits contre le débiteur principal qu'après que le créancier eut été intégralement désintéressé. • Com. 2 févr. 1999 : *Bull. civ. IV, n° 34 ; D. 1999. IR. 63 ; D. Affaires 1999. 636, obs. J. F. ; JCP E 1999, n° 18-19, p. 810, obs. Cabrillac ; Ban-*

que et Droit juill.-août 1999. 47, obs. Guillot. ♦ V. aussi note 1 ss. ancien art. L. 621-53 C. com.

3. Prescription de la créance. Dès lors qu'un créancier est admis au passif de la liquidation des biens, la prescription trentenaire découlant de l'ordonnance du juge-commissaire portant admission de la créance se substitue à la prescription décennale édictée par l'art. 189 *bis* [L. 110-4] C. com. ou à toute autre prescription relative à la nature de la créance (loi de 1967). • Com. 12 mai 1998 : *Bull. civ. IV, n° 154 ; D. 1999. Somm. 71, obs. Honorat ; D. Affaires 1998. 1006 ; Quot. jur. 25 juin 1998, p. 4, note P. M.* ♦ La décision d'admission de la créance au passif de la procédure collective du débiteur principal est opposable à la caution en ce qui concerne la substitution de la prescription trentenaire à la prescription décennale. • Com. 13 avr. 1999 : *RJDA 1999, n° 700 ; Rev. proc. coll. 2000. 57, obs. Kerckhove* • 15 oct. 2002 : *RD banc. fin. 2003, n° 33, obs. F.-X. Lucas.* ♦ De même, lorsqu'à l'obligation contractuelle, soumise à la prescription quinquennale édictée par l'art. 2277 C. civ., s'est substituée celle découlant de l'ordonnance rendue par le juge-commissaire portant admission de la créance d'un crédit-bailleur, dans les droits duquel une banque caution est subrogée, le bénéfice de cette ordonnance, comme celui de toute autre décision de justice opposable à l'une et l'autre des cautions engagées au profit du crédit-bailleur, se prescrit suivant le droit commun (loi de 1967). • Com. 16 avr. 1996 : *D. Affaires 1996. 686.* – V., sur renvoi, • Dijon, 18 nov. 1997 : *Gaz. Pal. 1998. 1. Somm. 289, obs. Vray.* ♦ Mais si, à défaut de réclamation, la décision d'admission de la créance est opposable à la caution tant en ce qui concerne l'existence et le montant de la créance que la substitution de la prescription trentenaire à la prescription originaire, cette opposabilité est tenue en échec lorsque l'action du créancier contre la caution, fût-elle solidaire, se trouve atteinte par la forclusion à la date de la déclaration de créance (à propos de la forclusion prévue par l'art. L. 311-37 C. consom.). • Com. 19 nov. 1996 : *Bull. civ. IV, n° 276 ; D. 1997. Somm. 165, obs. Aynès ; D. Affaires 1997. 158 ; Quot. jur. 5 déc. 1996, p. 6, note P. M.* ♦ Sur l'influence de l'admission, emportant substitution d'une décision judiciaire prescrite par trente ans, V. aussi Bouloc, note ss. • Com. 18 oct. 1988 : *D. 1989. 82.* ♦ Comp., jugeant, pour les créances fiscales, que la production par le receveur des impôts de ses créances a eu pour effet d'interrompre la prescription sans pour autant que l'admission de celles-ci par la décision du juge-commissaire ait eu pour effet, eu égard à la nature de l'avis de mise en recouvrement, qui vaut par lui-même titre exécutoire au profit du Trésor public, et aux dispositions particulières de l'art. 1975 CGI, de substituer à la prescription décennale une prescription trentenaire : • CE 3 juin 1992 : *Dr. sociétés 1992, n° 223, obs. Chaput ; RTD com. 1993. 181, obs. Martin-Serf.*

4. Sur la recevabilité d'un appel formé contre une décision rejetant sa créance, par un créancier auquel n'avait pas été notifiée l'ordonnance par laquelle le juge-commissaire avait mis fin aux fonctions du représentant des créanciers, V. • Com. 16 oct. 1990 : *Bull. civ. IV, n° 238 ; D. 1991. Somm. 333, obs. Honorat.*

4 bis. Autorité de la chose jugée. BIBL. Lebois, *Rev. proc. coll. 2002. 234.* ♦ Le commissaire à l'exécution du plan d'une société, dont les actions ont été achetées grâce à un prêt garanti par le nantissement des titres du cédant, ne peut demander la nullité des sûretés dès lors que la créance des prêteurs, déclarée au passif, a été portée à l'état des créances contre lequel il n'a élevé aucune réclamation dans le délai de quinze jours suivant la publication au BODACC et qui a donc acquis autorité de chose jugée. • Com. 5 déc. 1995 : *Bull. civ. IV, n° 281 ; Rev. huiss. 1997. 446, note Courtier.* ♦ De même, l'action en nullité, qui vise à mettre à néant rétroactivement un contrat de crédit-bail ayant donné naissance à des créances, dont la décision d'admission à un caractère irrévocable, est incompatible avec le caractère définitif de la chose jugée concernant l'existence, la nature et le montant de la créance du crédit-bailleur. • Com. 14 oct. 1997 : *Bull. civ. IV, n° 256 ; D. 1998. Somm. 96, obs. Honorat ; D. Affaires 1998. 31, obs. O. B. ; Rev. dr. bancaire 1998. 71, obs. Campana et Calendini.* ♦ En revanche, la décision d'admission d'une créance, déclarée par une banque, ne fait pas obstacle à l'action du liquidateur en restitution d'une somme perçue par le créancier, fondée sur la validité de la cession de créances intervenue. • Com. 28 avr. 1998 : *RJDA 1998, n° 1010.* ♦ V. aussi, sur la recevabilité de l'action en nullité de la période suspecte, note 1 ss. ancien art. L. 621-110 C. com.

La décision d'admission, passée en force de chose jugée et consacrant ainsi l'existence définitive de la créance, s'oppose à ce que la société débitrice, fût-ce à l'occasion d'un changement de majorité et de direction en son sein, puisse se dispenser de payer cette créance dans le cadre de l'exécution du plan de continuation par la voie détournée d'une action en responsabilité contre le créancier définitivement admis. • Orléans, 29 janv. 2004 : *RJDA 2004, n° 738.*

Une créance ayant été irrévocablement admise au passif d'une société, faute de réclamation dans le délai légal, la chose ainsi jugée s'impose à la caution qui ne peut pas contester l'existence de la créance dans son principe, ni en faire modifier le montant, et ne peut davantage faire prononcer la nullité de la convention principale. • Com.

11 juin 1996 : *Bull. civ. IV, n° 167 ; D. 1996. IR. 174* • 9 janv. 2001 : *RJDA 2001, n° 611.* – V. aussi • Com. 12 nov. 1997 : *RJDA 1998, n° 313.* ♦ Le jugement, devenu irrévocable, qui arrête le montant de la créance d'un créancier sur le débiteur est opposable de ce chef à tout codébiteur solidaire, et donc, à la caution solidaire. • Com. 22 avr. 1997 : *Bull. civ. IV, n° 96 ; RJDA 1997, n° 1110.* ♦ Mais la décision d'admission n'est pas opposable à la caution, qui demeure fondée à faire valoir les exceptions qu'aurait pu faire valoir le débiteur, lorsque le dépôt au greffe de l'état des créances n'a pas fait l'objet de la publicité prévue par l'art. 83 du décret du 27 déc. 1985. • Com. 20 juin 2000 : *RD banc. fin. 2000, n° 160, obs. F.-X. Lucas.* ♦ Par ailleurs, il résulte de la combinaison des art. 1208, 1351, 2021 [2298] C. civ. et 48 de la loi n° 84-148 du 1er mars 1984 [C. mon. fin., art. L. 313-22] que, nonobstant la chose jugée par l'admission définitive d'une créance à la procédure collective d'un débiteur, la caution solidaire du paiement de cette créance peut opposer au créancier toutes les exceptions qui lui sont personnelles (en l'occurrence, la déchéance du droit aux intérêts en raison de l'inexécution de l'obligation d'information annuelle de la caution, par la banque, prévue audit art. 48). • Com. 22 avr. 1997 : *D. 1997. IR. 121 ; D. Affaires 1997. 671* • 8 juin 1999 : *Banque et Droit juill.-août 2000. 57, obs. Guillot* • 25 juin 2002 : *RJDA 2002, n° 1319.* ♦ V. art. L. 313-22 C. mon. fin., *infra*, App., v° *Code monétaire et financier (extraits).*

Pour l'autorité de la chose jugée de la décision d'admission de la créance du bailleur à l'égard du colocataire sodidaire du débiteur en liquidation judiciaire, V. • Com. 24 juin 2003 : *Bull. civ. IV, n° 106 ; D. 2003. AJ. 2011*.

L'époux codébiteur solidaire envers une banque des sommes empruntées par les deux époux peut, en cette qualité, se prévaloir de la chose jugée résultant de l'admission irrévocable de la créance de la banque dans la procédure collective ouverte à l'égard de son conjoint. • Agen, 25 sept. 2001 : *Gaz. Pal. 2001. 1806, note Auduc.*

Dès lors que l'une des cautions solidaires a relevé appel de l'ordonnance du juge-commissaire admettant la créance, ce dont il résulte que le délai ouvert aux tiers par l'art. 103 pour former réclamation n'a pas commencé à courir, les autres cautions sont recevables à opposer au créancier l'extinction de la créance en raison de l'irrégularité de la déclaration. • Com. 9 janv. 2001 : *RJDA 2001, n° 612.*

S'il est vrai que la décision du juge de la procédure collective rendue dans les rapports entre le créancier et le débiteur principal s'impose à la caution, il n'en demeure pas moins que le créancier peut poursuivre et obtenir la condamnation de la caution devant le juge du cautionnement avant toute déclaration de créance ou, si la déclaration a été faite, avant toute admission, en établissant l'existence et le montant de sa créance selon les règles du droit commun. • Com. 18 janv. 2000 : *Bull. civ. IV, n° 12 ; D. 2000. AJ. 97, obs. Lienhard ; Act. proc. coll. 2000, n° 28, obs. Vallansan ; JCP E 2000, nos 18-19, p. 754, obs. Cabrillac ; RD banc. fin. 2000, n° 11, obs. Legeais ; Banque et Droit mai-juin 2000. 39, obs. Rontchevsky ; Rev. proc. coll. 2000. 133, obs. Kerckhove ; RTD com. 2001. 514, obs. Martin-Serf* • 11 févr. 2004 : *Rev. contrats 2004. 745, obs. Houtcieff.* ♦ En raison du caractère accessoire du cautionnement, le juge du cautionnement, saisi d'une action en paiement par le créancier contre la caution, est tenu de respecter la décision passée en force de chose jugée par le juge compétent de la procédure collective dans les rapports entre le créancier et le débiteur principal, et concernant l'existence ainsi que le montant de la créance. • Com. 18 janv. 2000 : *Bull. civ. IV, n° 11 ; D. 2001. Somm. 695, obs. Aynès ; D. 2000. AJ. 97, obs. Lienhard ; Act. proc. coll. 2000, n° 28, obs. Vallansan ; JCP E 2000, nos 18-19, p. 754, obs. Cabrillac ; RD banc. fin. 2000, n° 11, obs. Legeais ; Banque et Droit mai-juin 2000. 39, obs. Rontchevsky ; Rev. proc. coll. 2000. 133, obs. Kerckhove ; RTD com. 2001. 514, obs. Martin-Serf* • 17 sept. 2002 : *cité note 19 ter ss. ancien art. L. 621-46.* ♦ En revanche, tant qu'une telle décision n'est pas intervenue, et sauf la faculté discrétionnaire qu'il conserve de surseoir à statuer dans l'intérêt d'une bonne administration de la justice, le juge du cautionnement est juge de l'exception par application de l'art. 49 NCPC et, par suite, tenu de statuer sur toutes les exceptions inhérentes à la dette invoquées par la caution, sa décision ne s'imposant que dans les rapports entre le créancier et la caution. • Mêmes arrêts.

L'autorité de la chose jugée attachée à la décision admettant la créance d'une caution porte uniquement sur l'existence et le montant de la créance (et non sur le concours entre un créancier du débiteur et la caution de celui-ci exerçant son recours personnel). • Com. 23 juin 1998 : *D. Affaires 1998. 1365, obs. V. A.-R. ; Quot. jur. 28 juill. 1998, p. 5 ; JCP E 1998, n° 52, p. 2066, obs. Cabrillac et Pétel ; RTD com. 1999. 501, obs. Martin-Serf*. – V. aussi note 3, *supra*, et note 1 ss. ancien art. L. 621-110 C. com., *infra*.

L'admission de la créance de la caution au passif du débiteur principal s'impose aux sous-cautions. • Com. 29 mai 2001 : *Bull. civ. IV, n° 104 ; D. 2001. AJ. 1948, obs. Lienhard ; Act. proc. coll. 2001, n° 153, obs. Regnaut-Moutier ; Banque et Droit juill.-août 2001. 56, obs. Jacob ; JCP E 2001, n° 38, p. 1471, obs. Cabrillac ; Dr. et patr. nov. 2001. 111, obs. Monsèrié-Bon ; RJ com. 2002. 370, note Nemedeu.*

Il résulte de la solidarité instituée par l'art. L. 313-24 C. mon. fin. [relatif à la cession de créances professionnelles] que l'admission des créances cédées au passif de la procédure collective du créancier cédant est opposable au débiteur cédé. • Com. 28 avr. 2004 : *RJDA 2004, n° 1143.*

Sur la possibilité de compensation pour connexité d'une créance définitivement admise, V. note 20 ss. ancien art. L. 621-24 C. com.

Sur l'effet de l'autorité de la chose jugée à l'égard des poursuites du créancier dans le cadre du droit du crédit, V. note 17 *bis* ss. art. L. 311-37 C. consom., *infra*, App., v° *Ventes commerciales, V – Crédit (ventes à).*

V. aussi notes 2 et 2 *bis*.

4 ter. Réclamations des créanciers. Si un créancier autre que celui dont la créance est en cause a la faculté, comme toute personne intéressée au sens de l'art. 103, de former une réclamation contre les décisions du juge-commissaire portées sur l'état des créances, c'est à la condition d'invoquer un intérêt personnel et distinct de celui des autres créanciers pour discuter de l'existence, du montant ou de la nature de la créance. • Com. 13 mai 2003 : *Bull. civ. IV, n° 75 ; D. 2003. AJ. 1761, obs. Lienhard ; Act. proc. coll. 2003, n° 160, obs. Regnaut-Moutier ; JCP E 2003, n° 40, p. 1572, obs. Pétel ; RTD com. 2003. 820, obs. Martin-Serf.*

Le créancier qui a omis de déclarer dans le délai légal son privilège constitué par l'affectation hypothécaire et qui n'a pas exercé le recours de l'art. 102 [C. com., art. L. 621-105] ne peut utiliser la procédure de l'art. 103 pour faire admettre une déclaration complémentaire de créance. • Paris, 12 oct. 1999 : *Act. proc. coll. 2000, n° 45.*

Jugé, en revanche, que l'associé d'une SARL en redressement judiciaire, créancier de celle-ci au titre de son compte courant d'associé, est un tiers au sens de l'art. 103, justifiant d'un intérêt propre à contester l'état des créances. • Paris, 27 nov. 2001 : *BICC 2002, n° 590.*

4 quater. Réclamations du débiteur ou du dirigeant social. Le débiteur ne peut relever appel des décisions d'admission portées sur l'état des créances, l'indication par le greffe de l'existence d'une voie de recours inexistante ne pouvant avoir pour effet d'ouvrir un recours au débiteur. • Com. 9 nov. 2004 : *RJDA 2005, n° 297 ; RTD com. 2005. 173, obs. Vallens.* ♦ Le président du conseil d'administration de la société débitrice, agissant en sa qualité de représentant légal de cette société, qui aurait dû former un recours contre la décision d'admission du créancier conformément aux dispositions de l'art. 102 [C. com., art. L. 621-105], est irrecevable à former une réclamation en application de l'art. 103, laquelle n'est pas ouverte au débiteur, mais seulement aux tiers. • Com. 28 nov. 2000 : *Act. proc. coll. 2001, n° 3.* ♦ Si le dirigeant de la société débitrice, à titre personnel, peut, en sa qualité de tiers, former une réclamation contre la décision d'admission d'un créancier, son recours, lorsqu'il n'a pas été fait par déclaration au greffe, mais porté sur l'état des créances, est irrecevable. • Même arrêt. ♦ Le dirigeant de société poursuivi en paiement des dettes sociales, qui est une personne intéressée au sens de l'art. 103, est recevable à former une réclamation contre l'état des créances. • Com. 28 sept. 2004 : *D. 2005. Pan. 299, obs. Le Corre ; RJDA 2005, n° 428. — Contra :* • Com. 18 févr. 2003 : *RTD com. 2003. 383, obs. Vallens.*

4 quinquies. Réclamations de l'administrateur. En ce sens que, lorsqu'il n'est pas chargé de l'administration de l'entreprise du débiteur, l'administrateur ne peut se voir reconnaître la qualité de « personne intéressée » visée par l'art. 103, al. 1er, V. • Com. 28 févr. 1995 : *Rev. proc. coll. 1995. 291, obs. Dureuil.* ♦ V. aussi note 18 ss. ancien art. L. 621-104 C. com.

4 sexies. Réclamations du commissaire à l'exécution. Le commissaire à l'exécution qui, dans la procédure de vérification des créances, succède à l'administrateur, n'est pas une personne intéressée au sens de l'art. 103 et n'a pas qualité pour former une réclamation contre l'état des créances. • Com. 13 oct. 1998 : *Bull. civ. IV, n° 236 ; D. Affaires 1998. 1863 ; JCP E 1998, n° 52, p. 2067, obs. Cabrillac ; RTD com. 1999. 970, obs. Martin-Serf.*

5. Réclamations des cautions. En application de l'art. 103 de la loi, la caution solidaire du débiteur peut, comme toute personne intéressée, à l'exclusion de celles mentionnées à l'art. 102 de la loi [C. com., art. L. 621-105], contester l'état des créances déposé au greffe dans les conditions prévues par les art. 103 *préc.* et 83 du décret du 27 déc. 1985. • Com. 3 mai 1994 : *Bull. civ. IV, n° 161 ; D. 1994. IR. 156 ; JCP E 1994. II. 627, note Wagner* • 16 mars 1999 : *Bull. civ. IV, n° 62 ; D. 1999. IR. 103 ; D. Affaires 1999. 674, obs. P. P. ; RTD com. 1999. 971, obs. Martin-Serf ; Act. proc. coll. 1999, n° 94, obs. Vallansan ; Rev. proc. coll. 2000. 57, obs. Kerckhove* • Paris, 11 févr. 1994 : *BICC 1994, n° 444.* – V. aussi • Com. 24 oct. 1995 : *Bull. civ. IV, n° 251* • 9 janv. 2001 : *Act. proc. coll. 2001, n° 60.* ♦ Comp., en ce sens que la caution solidaire, qui a renoncé à son bénéfice de discussion, ne peut se prévaloir de l'absence de vérification de créances régulièrement déclarées dans le cadre d'une procédure collective : • Paris, 27 juin 1991 : *JCP E 1991. Pan. 987.* ♦ V. note 24 ss. ancien art. L. 621-104 C. com.

5 bis. La caution a la possibilité, dans sa réclamation fondée sur l'art. 103, de contester la validité des déclarations de créance. • Com. 16 oct. 2001 : *Bull. civ. IV, n° 168 ; D. 2001. AJ. 3275, obs. Lienhard ; Act. proc. coll. 2001, n° 247, obs. Vallansan ; RD banc. fin. 2001, n° 236, obs. F.-X. Lucas.*

5 ter. En revanche, si, en application de l'art. 103, la caution, qu'elle soit simple ou solidaire, a la faculté, comme toute personne intéressée, à l'exclusion de celles mentionnées à l'art. 102 [C. com., art. L. 621-105], de contester les décisions du juge-commissaire, et si elle peut, à l'appui de ce recours, discuter de l'existence, du montant ou de la nature de la créance en cause, peu important que le moyen invoqué ne soit pas propre à la caution, celle-ci n'est pas recevable à se prévaloir de l'extinction de la créance, pour défaut de déclaration dans le délai légal après que le créancier a été irrévocablement relevé de la forclusion encourue. • Com. 20 mai 1997 : *Bull. civ. IV, n° 146 ; D. 1997. Somm. 313, obs. Honorat ; D. Affaires 1997. 764.*

5 quater. Réclamations des tiers constituants d'une sûreté réelle. Le tiers constituant d'une sûreté réelle est une personne intéressée au sens de l'art. 103 ; faute d'avoir exercé le recours qui lui est ouvert en application de ce texte, la décision passée en force de chose jugée rendue par le juge compétent de la procédure collective dans les rapports entre le créancier et le débiteur s'impose au tiers constituant, quant à l'existence et au montant de la créance assortie de la sûreté. • Com. 7 mars 2006 : *D. 2006. AJ. 782, obs. Lienhard.*

6. Réclamations de coïndivisaires. L'art. 815-17, al. 3, C. civ. reconnaissant aux créanciers personnels d'un indivisaire la faculté de provoquer le partage au nom de leur débiteur et, aux coïndivisaires, celle d'arrêter le cours de l'action en partage en acquittant l'obligation au nom et en l'acquit du débiteur, une cour d'appel estime justement qu'en l'absence d'une décision définitive d'admission de créances au passif de la liquidation judiciaire de l'indivisaire, l'épouse, coïndivisaire, n'était pas en mesure de connaître le montant de la dette qu'elle devrait payer pour arrêter le cours de l'action et, en conséquence, que le partage ne pouvait être ordonné. • Civ. 1re, 20 déc. 1993 : *Bull. civ. I, n° 378 ; D. 1994. 358, note Derrida et Honorat ; RTD civ. 1994. 393, obs. Patarin ; ibid. 1994. 895, obs. Zénati.* – V. aussi • Versailles, 30 janv. 1997 : *D. Affaires 1997. 575.*

7. Réclamations du cessionnaire de l'actif. V. note 4 ss. ancien art. L. 621-105 C. com.

8. Recours devant la cour d'appel. Pour l'irrecevabilité de l'appel de l'ancien dirigeant de la société en liquidation judiciaire contre la décision du juge-commissaire statuant sur une réclamation au sens de l'art. 103, faute d'avoir été partie en première instance, V. • Com. 19 nov. 2003 : *Bull. civ. IV, n° 173 ; D. 2003. AJ. 3050.* ♦ V. aussi note 6 ss. ancien art. L. 623-4 C. com.

9. Annulation de l'ordonnance d'admission. La cassation d'un arrêt qui prononce une condamnation entraîne, par application de l'art. 625, al. 2, NCPC, l'annulation de l'ordonnance du juge-commissaire qui a admis au passif d'une procédure collective la créance née de cette condamnation. • Com. 13 mai 2003 : *Bull. civ. IV, n° 74 ; JCP E 2003, n° 40, p. 1572, obs. Pétel.*

104 La décision rendue par la juridiction saisie dans les conditions prévues au troisième alinéa de l'article 102 est portée sur l'état mentionné à l'article précédent. Les tiers intéressés ne peuvent former tierce opposition contre cette décision que dans le délai d'un mois à compter de sa transcription sur l'état au greffe du tribunal.

Ancien art. L. 621-106 ***Le juge-commissaire statue en dernier ressort dans les cas prévus à la présente sous-section lorsque la valeur de la créance en principal n'excède pas le taux de compétence en dernier ressort du tribunal qui a ouvert la procédure.*** — [L. n° 85-98 du 25 janv. 1985, art. 105]. — Pour l'application à la liquidation judiciaire, V. ancien art. L. 622-14.

La valeur d'une créance en principal n'excédant pas le taux de compétence en dernier ressort du tribunal ayant ouvert la procédure tel qu'il résulte de l'art. 639 C. com., il s'ensuit, en application de l'art. 105 [C. com., art. L. 621-106], que le juge-commissaire avait statué en dernier ressort sur la contestation élevée par le débiteur à l'encontre de cette créance ; le pourvoi en cassation est donc recevable, en vertu de l'art. 605 NCPC. • Com. 19 janv. 1993 : *Bull. civ. IV, n° 16 ; D. 1993. IR. 55.* ♦ V. toutefois, depuis l'abrogation du code de commerce, et donc de son art. 639, par l'ord. n° 2000-912 du 18 sept. 2000, pour la recevabilité de l'appel d'une ordonnance du juge-commissaire admettant une créance pour une somme inférieure au taux de compétence en dernier ressort du tribunal de commerce, • Paris, 9 oct. 2001 : *D. 2001. AJ. 3196, obs. Lienhard ; Dr. et procédures 2002. 100, obs. Douchy* • 1er oct. 2004 : *D. 2004. AJ. 2717.* ♦ Le taux de compétence en dernier ressort du tribunal de commerce est désormais fixé par l'art. R. 411-4 COJ, issu du décret n° 2002-1436 du 3 déc. 2002 et applicable aux instances introduites à compter du 1er janv. 2003. – V. ce texte, *infra, App.*, v° *Tribunaux de commerce.*

Loi n° 85-98 du 25 janvier 1985,

Relative au redressement et à la liquidation judiciaires des entreprises.

Art. 106 (Abrogé par L. n° 94-475 du 10 juin 1994) *Les créances visées au code général des impôts ou au code des douanes ne peuvent être contestées que dans les conditions prévues auxdits codes. Elles sont, dans ce cas, admises par provision de plein droit.* — V. Décr. n° 85-1388 du 27 déc. 1985, art. 74, infra. — Pour la date d'effet de l'abrogation, V. supra, note ss. ancien art. L. 620-1 C. com.

1. Admission par provision. Viole les art. 50, al. 2 [C. com., art. L. 621-43], et 106 l'arrêt qui, pour confirmer l'ordonnance du juge-commissaire rejetant des créances au titre de la taxe professionnelle, énonce que celles-ci ne pouvaient être retenues, le trésorier principal ayant lui-même, par ses déclarations ultérieures, définitivement arrêté les impositions litigieuses, alors que le débat portait sur l'existence des créances fiscales en cause. • Com. 11 déc. 1990 : *Bull. civ. IV, n° 317 ; D. 1991. IR. 19.*

2. Une créance visée au CGI admise provisionnellement par ordonnance du juge-commissaire ayant fait l'objet d'une réclamation adressée à l'administration fiscale qui l'a rejetée, une cour d'appel ne donne pas de base légale à sa décision de prononcer l'admission définitive de cette créance en ne recherchant pas si la décision de rejet n'avait pas fait l'objet d'un recours toujours pendant devant la juridiction administrative, comme le soutenait le liquidateur, et si, en conséquence, la créance pouvait être considérée comme n'étant plus contestée au sens de l'art. 74, al. 1er, du décret du 27 déc. 1985, peu important que la réclamation du débiteur eût été présentée postérieurement à l'ordonnance du juge-commissaire. • Com. 2 mars 1993 : *Bull. civ. IV, n° 84 ; D. 1993. IR. 83 ; RTD com. 1994. 788, obs. Martin-Serf.*

2 bis. Les dispositions de l'art. 106 ayant une portée générale, sans qu'il y ait lieu de distinguer selon qu'il s'agit de créances antérieures au jugement d'ouverture ou nées régulièrement après celui-ci, les créances contestées dans les conditions prévues au code général des impôts sont admises par provision de plein droit ou inscrites de même sur la liste des créances mentionnées à l'art. 40 [C. com., art. L. 621-32] qui n'ont pas été payées. • Com. 6 juin 1995 : *Bull. civ. IV, n° 165 ; D. 1995. IR. 221.*

V., depuis l'abrogation de l'art. 106, note 34 ss. ancien art. L. 621-43.

3. Admission définitive. A défaut de contestation au sens fiscal du terme, ou lorsque la créance de l'Administration a donné lieu à l'établissement d'un titre exécutoire, son admission à titre définitif dans les termes de la déclaration s'impose au juge-commissaire. • Paris, 10 sept. 1993 : *D. 1993. IR. 245.* ♦ Spécialement, le liquidateur ne peut s'opposer à l'admission définitive de la créance du Trésor représentative d'un redressement opéré suivant la procédure de taxation d'office, dès lors qu'il n'a pas contesté ce redressement dans le délai de trente jours prévu par l'art. L. 76 LPF à compter de la notification qui lui en a été faite. • Même arrêt. ♦ Dès lors qu'aucune procédure de contestation suivant les modalités prévues au CGI n'a été engagée par le débiteur et qu'aucune violation des art. 106 et 50 [C. com., art. L. 621-43] n'est alléguée, l'appel contre le jugement ayant admis à titre définitif le receveur principal des impôts au passif est irrecevable. • Com. 17 oct. 2000 : *Bull. civ. IV, n° 106 ; D. 2000. AJ. 414 ; Act. proc. coll. 2000, n° 241, obs. Serlooten.*

V. aussi • Com. 8 mars 1994 : *Bull. civ. IV, n° 104 ; D. 1994. IR. 95* • Paris, 11 déc. 2001 : *BICC 2002, n° 714.*

4. Recours. Si le débat porte sur leur existence, les créances visées au CGI ne peuvent être contestées que dans les conditions prévues audit code et la décision prononçant leur admission définitive n'est pas susceptible d'appel lorsque aucune procédure de contestation suivant les modalités prévues au CGI n'a été engagée et qu'aucune violation des art. 50 et 106 de la loi du 25 janv. 1985 n'a été alléguée. • Com. 24 sept. 2003 : *Bull. civ. IV, n° 141 ; D. 2003. AJ. 2502.* ♦ Si, au contraire, le débat porte sur la régularité de la déclaration de créance, l'ordonnance du juge-commissaire est susceptible de recours, dans les conditions de l'art. 102 de la loi du 25 janv. 1985, et le débiteur doit être entendu ou dûment appelé devant le juge-commissaire. • Même arrêt.

SOUS-SECTION 2 DE LA NULLITÉ DE CERTAINS ACTES

Ancien art. L. 621-107 *I. — Sont nuls, lorsqu'ils auront été faits par le débiteur depuis la date de cessation des paiements, les actes suivants :*

1° Tous les actes à titre gratuit translatifs de propriété mobilière ou immobilière ;

2° Tout contrat commutatif dans lequel les obligations du débiteur excèdent notablement celles de l'autre partie ;

3° Tout paiement, quel qu'en ait été le mode, pour dettes non échues au jour du paiement ;

4° Tout paiement pour dettes échues, fait autrement qu'en espèces, effets de commerce, virements, bordereaux de cession visés par la loi n° 81-1 du 2 janvier 1981 facilitant le crédit aux entreprises ou tout autre mode de paiement communément admis dans les relations d'affaires ;

5° Tout dépôt et toute consignation de sommes effectués en application de l'article 2075-1 du code civil, à défaut d'une décision de justice ayant acquis force de chose jugée ;

6° Toute hypothèque conventionnelle, toute hypothèque judiciaire ainsi que l'hypothèque légale des époux et tout droit de nantissement constitués sur les biens du débiteur pour dettes antérieurement contractées ;

7° Toute mesure conservatoire, à moins que l'inscription ou l'acte de saisie ne soit antérieur à la date de cessation de paiement.

II. — Le tribunal peut, en outre, annuler les actes à titre gratuit visés (L. n° 2003-7 du 3 janv. 2003, art. 50-II) *« au 1° du I » faits dans les six mois précédant la date de cessation des paiements.* — [L. n° 85-98 du 25 janv. 1985, art. 107]. — Pour l'application à la liquidation judiciaire, V. ancien art. L. 622-14.

Sur le cas de l'assurance-vie, V. C. assur., art. L. 132-14. — **C. assur.** *ou* **C. proc. coll.**

BIBL. ► MARTIN-SERF, *Rev. proc. coll. 2000. 167* (les nullités de la période suspecte, l'avis à tiers détenteur et la loi Dailly). – TEBOUL, *RJ com. 2001. 172* (actualité des nullités de la période suspecte) ; *Gaz. Pal. 2001. Doctr. 1525* (actes à titre gratuit). – FEUGÈRE, *JCP E 2002, n° 27, p. 1128* (sort d'une remise de dette consentie au cours de la période suspecte du créancier). – BONNEAU, *Act. proc. coll. 18 oct. 2002* (contrats de garantie financière). – BRIAND-MÉLÉDO, *Mélanges Paillusseau, Dalloz, 2003, p. 385* (quelques repères sur les nullités de la période suspecte).

A. ACTES FAITS PAR LE DÉBITEUR

1. La nullité des actes faits pendant la période suspecte, édictée par l'art. 107 [C. com., art. L. 621-107], ne vise que ceux accomplis par le débiteur en redressement judiciaire, et non par son épouse. • Com. 30 nov. 1993 : *Bull. civ. IV, n° 433 ; JCP 1994. IV. 329.* – Dans le même sens : • Com. 21 nov. 1995 : *RJDA 1996, n° 554.* ♦ V. aussi note 16. ♦ S'agissant d'un acte accompli à la fois par le débiteur et son conjoint commun en biens, en ce sens que la nullité de l'acte peut être prononcée, sur le fondement de l'art. 107 [C. com., art. L. 621-107], du chef du débiteur et que l'acte peut être déclaré inopposable aux créanciers de la procédure, par application de l'art. 1167 C. civ. (action paulienne), du chef du conjoint *in bonis*, V. • Rennes, 1er déc. 1998 : *Act. proc. coll. 1999, n° 228, obs. Vallansan.*

Échappent à la nullité : le paiement fait par le bénéficiaire d'une promesse de cession des parts de la société débitrice. • Com. 11 oct. 1994 : *Rev. proc. coll. 1995. 447, obs. Lemistre ; RJDA 1995, n° 209.* ♦ ... Le paiement fait par un tiers en exécution d'une garantie à première demande garantissant les engagements du débiteur. • Orléans, 10 mars 2005 : *RJDA 2005, n° 1020.* ♦ ... Les paiements forcés accomplis par un créancier tiers, en raison d'une procédure de saisie-attribution. • Rouen, 26 juin 1996 : *RJDA 1997, n° 704 ; Rev. proc. coll. 1998. 87, obs. Canet.*

Pour une application de l'art. 107 [C. com., art. L. 621-107] aux actes faits par un créancier, s'agissant de l'inscription d'une hypothèque judiciaire sur les biens du débiteur, V. note 11 *quater.*

La cession d'un fonds de commerce indivis accomplie par trois coïndivisaires dont un seulement est en redressement judiciaire ne peut être annulée sur le fondement des art. 107 et 108 [C. com., art. L. 621-107 et L. 621-108]. La circonstance que le débiteur exploitait seul le fonds de commerce indivis ne saurait être d'aucune incidence dès lors que les autres coïndivisaires se trouvent *in bonis*. • Aix-en-Provence, 22 janv. 1999 : *JCP E 1999, n° 51-52, p. 2043 ; Rev. proc. coll. 2004. 384, obs. Blanc.*

Les art. 107 et 108 [C. com., art. L. 621-107 et L. 621-108] font une énumération limitative des actes frappés de nullité, laquelle ne prévoit pas l'adjudication faite par autorité judiciaire. • TGI Marseille, 3 mars 1998 : *Banque et Droit mai-juin 1998. 33, obs. Guillot.*

B. PÉRIODE SUSPECTE

1 bis. La nullité prévue par l'art. 107 [C. com., art. L. 621-107] ne peut atteindre que des actes accomplis au cours de la période suspecte et non ceux que le débiteur a passés après le jugement d'ouverture. Par suite, doit être rejetée l'action tendant à l'annulation, sur le fondement de ce texte, de la convention de divorce attribuant, après l'ouverture de la procédure collective, un fonds de commerce et un immeuble communs à l'épouse *in bonis*, à charge pour celle-ci de supporter la totalité du passif correspondant et de verser une soulte à son conjoint. • Com. 19 janv. 1999 : *RJDA 1999, n° 316.*

La période suspecte débute la première heure du jour fixé pour la date de cessation des paiements. • Com. 28 sept. 2004 : *Bull. civ. IV, n° 172 ; D. 2004. AJ. 2716 ; D. 2005. Pan. 296, obs. Le Corre .* ♦ Sur la date de la cessation des paiements, V. art. L. 621-7.

C. ACTES À TITRE GRATUIT

1 ter. Changement de régime matrimonial. L'inopposabilité [la nullité] de la période suspecte ne peut atteindre que l'état liquidatif dressé en exécution du jugement homologuant la convention portant changement de régime matrimonial, non cette convention ou le jugement (loi de 1967). • Com. 28 mars 1995 : *Bull. civ. IV, n° 111 ; D. 1996. Somm. 81, obs. Honorat ; Defrénois 1995. 970, obs. Sénéchal.*

1 quater. État liquidatif compris dans une convention de divorce homologuée. Il ne peut être soutenu que l'état liquidatif, indissociable de la convention définitive de divorce homologuée par le juge, ne peut être attaqué que par la voie de la tierce opposition, dès lors que les art. 262 C. civ. et 1104 NCPC ne concernent que les créanciers individuels de l'un ou l'autre des époux et que les dispositions d'ordre public de l'art. 107 [C. com., art. L. 621-107] confèrent au représentant des créanciers de l'époux déclaré en liquidation judiciaire la possibilité de poursuivre l'annulation des actes passés depuis la date de cessation des paiements. • Civ. 1re, 25 janv. 2000 : *Bull. civ. I, n° 19 ; D. 2000. Somm. 333, obs. Revel ; ibid. AJ. 103, obs. Lienhard ; Act. proc. coll. 2000, n° 68, obs. F.-X. Lucas ; RTD com. 2000. 460, obs. Martin-Serf ; RTD civ. 2000. 553, obs. Hauser ; Dr. fam. 2000, n° 48, obs. Lécuyer ; Petites affiches 5 juin 2001, p. 14, note Mercier ; Rev. proc. coll. 2002. 276, obs. Blanc ; ibid. 2003. 354, obs. Dumont.* – V. Courtier, *Dr. sociétés 2000. Chron. 16.* — V. aussi note 2. ♦ Comp. • Riom, 9 oct. 1996 : *Rev. proc. coll. 1998. 204, obs. Lemistre.*

1 quinquies. Renonciation à une succession. La renonciation par les codébiteurs, mis en liquidation judiciaire à titre personnel, à la succession de leur mère, postérieurement à la cessation des paiements, est nulle sur le fondement de l'art. 107 [C. com., art. L. 621-107], cette renonciation constituant un acte gratuit translatif de propriété. • Lyon, 17 févr. 2000 : *JCP E 2001, n° 2, p. 61 ; Gaz. Pal. 2002. 1023, note Goaziou-Huret.* ♦ Dès lors, il y a lieu d'accueillir la demande en partage de communauté et de succession formée par le liquidateur. • Même arrêt.

1 sexies. Donation. Pour la nullité d'une donation de divers biens immobiliers faite à leur fils par des époux, V. • Com. 1er févr. 2000 : *RJDA 2000, n° 570.* — V. aussi • Com. 24 sept. 2003 : *Rev. proc. coll. 2004. 386, obs. Blanc* • Paris, 4 déc. 2001 : *ibid. 2003. 357, obs. Rubellin* • TGI Dunkerque, 18 déc. 2002 : *Dr. et procédures 2003. 233, note Delattre ; Rev. proc. coll. 2003. 151, obs. Blanc.*

1 septies. Assurance-vie. V. C. assur., art. L. 132-14. – **C. assur.** ou **C. proc. coll.**

1 octies. Transaction. Pour la nullité d'une transaction fondée sur l'art. L. 621-107 (II), V. • Aix-en-Provence, 19 févr. 2002 : *Act. proc. coll. 2002, n° 224.* ♦ V. aussi note 2.

D. CONTRATS COMMUTATIFS

2. BIBL. Neuville, *D. 2000. Chron. 571* (transaction). ♦ Est nul tout contrat commutatif dans lequel les obligations du débiteur, résultant de ce seul contrat et appréciées à la date de sa conclusion, excèdent notablement celles de l'autre partie. • Com. 10 déc. 2002 : *RJDA 2003, n° 521 ; Rev. proc. coll. 2004. 71, obs. Blanc ; RTD com. 2004. 813, obs. Martin-Serf .* ♦ V., pour la nullité : de la cession d'actions intervenue pour un prix excessif en raison de la surévaluation des titres, • Versailles, 30 sept. 1993 : *Dr. sociétés 1994, n° 29, obs. Chaput.* ♦ ... De l'apport en société d'un immeuble moyennant l'attribution d'un faible pourcentage de parts sociales, • Grenoble, 8 avr. 2003 : *Dr. sociétés 2004, n° 75, note F.-X. Lucas.* ♦ ... De la concession d'une exploitation de lignes d'autocars à un prix ne couvrant pas les frais d'amortissement, • T. com. Marseille, 16 avr. 1987 : *Rev. proc. coll. 1987, n° 3, p. 43, obs. Guyon.* ♦ ... D'une vente de fonds de commerce à vil prix, • Paris, 19 mai 1992 : *RJDA 1993, n° 764.* ♦ ... De la cession, la veille du prononcé de la liquidation judiciaire, d'une licence IV à un prix très inférieur à sa valeur de marché, • Orléans, 28 avr. 2005 : *RJDA 2005, n° 1132 (1re esp.).* ♦ ... D'une transaction dans laquelle le fonds de commerce est abandonné, dans le même temps où le bailleur conserve le bénéfice de saisies-attributions relatives aux loyers arriérés, • Paris, 14 nov. 1996 : *Rev. proc. coll. 1998. 205, obs. Lemistre.* ♦ ... D'une transaction conclue avec un salarié à la suite de son licenciement, • Com. 27 nov. 2001 : *RJDA 2002, n° 666 ; Rev. proc. coll. 2002. 275, obs. Blanc ; ibid. 287, obs. Canet.* ♦ ... D'un contrat de travail aux prestations déséquilibrées, • Soc. 20 mai 1992 : *Bull. civ. V, n° 323* • 21 nov. 2000 : *RJDA 2001, n° 790* • 29 oct. 2002 : *Bull. civ. V, n° 325 ; JCP E 2003, n° 40, p. 1583, note Fin-Langer* • 15 juin 2004 : *D. 2004. AJ. 2158 ; JCP E 2004, n° 44, p. 1743, note Louit-Martinod ; RTD com. 2005. 416, obs. Martin-Serf* (à propos d'un contrat de qualification) • Paris, 12 févr. 1999 : *D. 1999. IR. 90 ; D. Affaires 1999. 675* • Angers, 28 févr. 2002 : *BICC 2004, n° 618* (à propos d'un contrat initiative-emploi). – Comp. : • Paris, 6 nov. 1996 : *Gaz. Pal. 1997. 2. Somm. 400.* – Sur les effets de la nullité, V. note 7 *bis* ss. ancien art. L. 621-110. ♦ ... De l'acte de partage de la communauté auquel des ex-époux ont procédé à la suite de leur divorce pour faute, • Civ. 1re, 3 juin 2003 : *Bull. civ. I, n° 136 ; D. 2003. 2655, note Marly ; D. 2004. Somm. 2266, obs. Revel ; Act. proc. coll. 2003, n° 179, obs. Vallansan ; RTD com. 2004. 814, obs. Martin-Serf ; JCP N 2005, n° 12, p. 644, note Vauvillé.* — V. aussi note 1 *quater.* ♦ ... D'une convention de cession et de licence de marque, • Com. 24 nov. 1998 : *RJDA 1999, n° 78.* ♦ ... D'un bail comportant des clauses régissant le loyer dont le caractère inhabituel ne peut être justifié par la précarité de la convention, • Pau, 10 nov. 1992 : *Rev. proc. coll. 1995. 448, obs. Lemistre.* ♦ V. aussi, pour une autre hypothèse de conclusion de nouveau bail, • T. com. Paris, 3 févr. 1997 : *Gaz. Pal. 1998. 1. Somm. 217.*

Comp., pour la validité : d'une opération de cession-bail, • Com. 11 mars 1997 : *RJDA 1997, n° 961.* ♦ ... D'une transaction moyennant remise de dette en contrepartie de laquelle la société objet de la procédure collective a fait l'économie d'une procédure judiciaire, dont l'issue était aléatoire, • Com. 2 oct. 2001 : *Bull. civ. IV, n° 154 ; D. 2001. AJ. 3119, obs. Lienhard ; Act. proc. coll. 2001, n° 237, obs. Regnaut-Moutier ; RTD com. 2002. 164, obs. Martin-Serf.*

Comp. également, s'agissant d'une vente de fonds de commerce, en ce sens que la rareté des conditions de paiement ne suffit pas à caractériser un « déséquilibre notable » au profit de l'acheteur : • Douai, 25 nov. 1999 : *BICC 2000, n° 931 ; Act. proc. coll. 2000, n° 67.*

E. PAIEMENT DE DETTES NON ÉCHUES

2 bis. Remboursement d'un compte courant d'associé. En l'absence de conditions particulières, notamment au regard de l'exigibilité, précisées dans les statuts ou dans une convention passée entre l'associé prêteur et la société, quant au remboursement des avances consenties en compte courant, le solde créditeur d'un compte courant d'associé constitue une dette échue, dont le titulaire du compte est, à tout moment, en droit de demander le remboursement. • Paris, 17 sept. 1999 : *D. 1999. AJ. 31, obs. A. L.*

2 ter. Prêt. En ce sens que constitue un paiement l'affectation d'un prêt consenti au cours de la période suspecte au remboursement de dettes contractées antérieurement par l'emprunteur à l'égard du prêteur, V. • Com. 25 juin 2002 : *RJ com. 2002. 423, note Haennig ; RJDA 2002, n° 1300 ; Rev. proc. coll. 2004. 70, obs. Blanc.*

2 quater. Cession de créances professionnelles. Pour des applications de l'art. 107 (3°) [L. 621-107], V. • Com. 22 janv. 2002 : *Rev. proc. coll. 2002. 276, obs. Blanc (pourvoi n° 99-10.895)* • 2 nov. 2005 : *Gaz. Pal. 10-11 févr. 2006, p. 30, obs. Roussel Galle ; RD banc. fin. 2006, n° 16, obs. Cerles.* ♦ Comp., dans le cas d'une cession de créances opérée à titre de garantie. • Com. 22 janv. 2002 : *Rev. proc. coll. 2002. 276, obs. Blanc (pourvoi n° 98-21.023).*

F. MODES DE PAIEMENT

BIBL. Martin-Serf, *Rev. proc. coll. 2000. 167.*

3. Compensation. Qu'elle soit qualifiée de légale ou de conventionnelle, la compensation, renforcée par la connexité expressément créée par l'accord des parties avant la date de la cessation des paiements, résultant de la clôture des comptes courants, l'un débiteur, l'autre créditeur, ouverts au nom du même client mis en liquidation judiciaire, ne tombe pas sous le coup des dispositions de l'art. 107, 4° [C. com., art. L. 621-107], pour avoir joué le jour même de la date fixée pour la cessation des paiements. • Paris, 28 mars 1989 : *D. 1991. Somm. 31, obs. Vasseur.* ♦ Cette compensation n'est pas davantage annulable par application de l'art. 108 [C. com., art. L. 621-108] puisqu'elle n'est pas intervenue après la date de cessation des paiements et que la banque n'avait pas connaissance de cet état, l'acte n'ayant pas porté préjudice à l'ensemble des créanciers. • Même arrêt. – V. aussi • Com. 17 mai 1994 : *Bull. civ. IV, n° 178 ; D. 1994. IR. 148 ; Rev. dr. bancaire 1995. 85, obs. Campana et Calendini* • 20 févr. 1996 : *Quot. jur. 4 juin 1996, p. 2* • Colmar, 6 nov. 2002 : *BICC 2004, n° 620.* ♦ Sur l'exigence d'une créance à caractère certain, V. • Com. 21 janv. 1992 : *Bull. civ. IV, n° 23.*

En revanche, le remboursement d'un prêt par une compensation provoquée avec une partie du prix de la vente d'une maison appartenant au débiteur ne constitue pas un mode de paiement admis par l'art. 107 (4°) [C. com., art. L. 621-107]. • Com. 19 déc. 2000 : *Bull. civ. IV, n° 203 ; D. 2001. Somm. 3426, obs. Honorat ; ibid. AJ. 306, obs. Lienhard ; Act. proc. coll. 2001, n° 26, obs. Regnaut-Moutier ; RTD com. 2002. 165, obs. Martin-Serf*. ♦ Est nul le paiement du prix de vente du fonds de commerce du débiteur par compensation avec le solde créditeur d'un compte courant d'associés dès lors que ce mode de paiement n'est pas courant pour l'acquisition d'un fonds de commerce, le prix étant habituellement séquestré jusqu'à l'expiration du délai d'opposition reconnu aux créanciers du vendeur. • Com. 19 janv. 1999 : *RJDA 1999, n° 446*. – V. aussi • Limoges, 11 mars 1991 : *D. 1992. Somm. 183, obs. Honorat*. ♦ Dans le même sens, pour l'annulation du paiement de matériel, V. • T. com. Béthune, 16 mai 1986 : *Rev. proc. coll. 1986, n° 4, p. 64, obs. Guyon*.

4. En ce sens que la compensation de la part non libérée du capital social d'un actionnaire avec une créance en compte courant, certaine, liquide et exigible, n'est pas nulle comme intervenue en période suspecte, V. • Paris, 10 juin 1994 : *D. 1994. IR. 188 ; Bull. Joly 1994. 1224*. ♦ V. aussi note 10 ss. ancien art. L. 621-108.

4 bis. Bordereaux de cession de créances. BIBL. Cerles, *Rev. dr. bancaire 1993. 200* (cession de flux de créances). ♦ Il résulte des dispositions de l'art. 107, 4° [C. com., art. L. 621-107], que le paiement pour dettes échues fait par bordereaux de cession tels que visés par la loi n° 81-1 du 2 janv. 1981 est expressément réputé normal. • Rennes, 16 sept. 1992 : *D. 1994. Somm. 82, obs. Honorat* • Paris, 26 mai 1994 : *D. 1994. IR. 207*.

5. Cession de créance. BIBL. Jeantin, *D. 1980. Chron. 309*. – Cassandra-Sulpasso, *RTD com. 1986. 49*. ♦ Un arrêt ne peut, pour déclarer nulles des cessions de créances consenties, depuis la date de cessation des paiements, par un entrepreneur d'étanchéité, mis en redressement judiciaire, retenir que ce mode de paiement, utilisé par l'entrepreneur à l'égard de ses fournisseurs depuis quelques années en raison de ses difficultés financières, n'est pas communément admis dans les relations d'affaires, sans rechercher si le fournisseur établit que, dans les relations d'affaires du secteur professionnel de la construction considéré, le paiement des fournisseurs par la cession de créances que l'entrepreneur détient sur les maîtres d'ouvrages est communément admis. • Com. 30 mars 1993 : *Bull. civ. IV, n° 130 ; D. 1993. Somm. 320, obs. Honorat ; JCP E 1993. II. 453, note Guyon*. – V., sur renvoi, • Rouen, 11 oct. 1994 : *RJDA 1995, n° 357*. ♦ Comp., jugeant que la cession de créance, hormis le cas où il s'agit de la cession de créances professionnelles à un établissement de crédit qui finance l'entreprise cédante, ne constitue pas un mode de paiement communément admis dans les relations d'affaires et est nulle lorsqu'elle est consentie dans la période suspecte : • Paris, 28 mars 1989 : *Gaz. Pal. 1990. 1. Somm. 186*. – Comp. aussi : • Besançon, 12 juin 1991 : *Rev. dr. bancaire 1991. 229, obs. crit. Crédot et Gérard ; RTD com. 1991. 623, obs. crit. Cabrillac et Teyssié ; ibid. 1992. 870, obs. crit. Martin-Serf*.

6. Les relations entre l'URSSAF et les assujettis n'étant pas des relations d'affaires, au sens de l'art. 107, al. 1er (4°) [C. com., art. L. 621-107], la cession de créances de cotisations sociales qu'une société en liquidation judiciaire a consentie à cet organisme n'est pas valable. • Com. 14 déc. 1993 : *Bull. civ. IV, n° 472 ; D. 1994. Somm. 178, obs. Honorat ; JCP E 1994. II. 546, note Guyon*.

6 bis. La Fédération française de négoce des matériaux de construction attestant de l'usage dans son secteur de tous les moyens de paiement direct et notamment de la cession de créance que consent l'entrepreneur au profit de son fournisseur en produits et matériaux de construction, usage formalisé par des modèles types tenus à la disposition des adhérents, ce mode de paiement doit être considéré comme communément admis dans les relations d'affaires du secteur professionnel de la construction auquel appartiennent le cédant et le cessionnaire. • Com. 3 avr. 2001 : *RJDA 2001, n° 790*.

6 ter. La cession de créances détenues contre EDF-GDF n'est pas un mode de paiement communément admis ni dans la relation existant entre un vendeur et un acquéreur de fonds de commerce, ni entre le bailleur et le preneur d'un local à destination commerciale. • Toulouse, 28 févr. 2001 : *Rev. proc. coll. 2003. 152, obs. Blanc*.

6 quater. En ce sens que la cession de créances peut constituer un mode de paiement communément admis dans les relations d'affaires du secteur considéré même si la pratique est limitée à un secteur géographique restreint, V. • Com. 24 sept. 2003 : *RJDA 2004, n° 195 ; Rev. proc. coll. 2004. 385, obs. Blanc*.

6 quinquies. V. encore, sur la nécessité d'établir l'existence d'un usage professionnel ou d'une pratique générale et habituelle dans la branche d'activité considérée, • Paris, 21 déc. 2001 : *D. 2002. AJ. 724*.

7. Délégation. Doit être annulée la délégation faite, par une société de commerce de viande en cessation des paiements, d'une créance qu'elle détient sur une compagnie d'assurance, au profit du propriétaire des marchandises sinistrées, dès lors que le bénéficiaire de la délégation ne peut sérieusement soutenir qu'un tel mode de paiement ponctuel, issu d'un événement inhabituel, est normal, compte tenu des usages de la profession, et qu'il ressort ainsi que la délégation de créance n'est pas communément admise dans les relations d'affaires considérées relatives au commerce des viandes. • Com. 30 nov. 1993 : *Bull. civ. IV, n° 439 ; D. 1994. Somm. 178, obs. Honorat*. – Dans le même sens : • Com. 14 juin 1994 : *D. 1994. IR. 221* • 26 oct. 1999 : *RJDA 2000, n° 63.* ♦ Un mode de paiement communément admis dans les relations d'affaires ne résulte pas forcément d'un usage. • Com. 23 janv. 2001 : *Bull. civ. IV, n° 22 ; D. 2001. 2509, note Bimes-Arbus ; ibid. AJ. 701, obs. Lienhard ; Act. proc. coll. 2001, n° 66, obs. Vallansan ; JCP E 2001, n° 18, p. 752, obs. Cabrillac ; RD banc. fin. 2001, n° 63, obs. Cerles ; RTD com. 2001. 977, obs. Martin-Serf ; RJ com. 2001. 311, note Courtier.* ♦ Justifie sa décision la cour d'appel qui se réfère aux relations entre l'établissement de crédit ayant financé le prêt et l'emprunteur pour déterminer si la délégation de créance faite par ce dernier constitue une pratique générale et habituelle dans les relations d'affaires du secteur bancaire pour la mise en place d'un prêt immobilier. • Même arrêt. ♦ La délégation de paiement constitue un mode de paiement communément admis dans le secteur du bâtiment. • Paris, 17 sept. 2003 : *RD banc. fin. 2004, n° 136, obs. F.-X. Lucas.* ♦ ... Mais non dans celui du commerce de véhicules automobiles. • Paris, 27 janv. 2004 : *ibid.* ♦ V. aussi, validant un tel mode de paiement, • Aix-en-Provence, 16 avr. 1992 : *Rev. proc. coll. 1993. 111, obs. Auque-Warembourg* et *Lemistre* • 25 janv. 1995 : *Bull. Aix 1995, n° 2, p. 319.* ♦ *Contra* : • Com. 28 mai 2002 : *Rev. proc. coll. 2003. 152, obs. Blanc.*

L'acte prévoyant une délégation de loyers ne peut être jugé nul pour être intervenu en période suspecte dès lors qu'il a été conclu avant la date de l'insolvabilité notoire [dans le régime d'Alsace-Moselle], peu important que son exécution ait été postérieure à cette date : • Com. 4 oct. 2005 : *Bull. civ. IV, n° 198 ; D. 2005. AJ. 2591, obs. Lienhard ; JCP E 2006, n° 2, p. 75, obs. Cabrillac ; Act. proc. coll. 2005, n° 243, obs. Lécuyer ; Banque et Droit nov.-déc. 2005. 78, obs. Rontchevsky ; RD banc. fin. 2005, n° 209, obs. Cerles ; Dr. et patr. janv. 2006. 89, obs. Aynès ; Gaz. Pal. 10-11 févr. 2005, p. 31, obs. Roussel Galle.* – V. Albrieux, *JCP E 2006, n° 9, p. 414.*

7 bis. Remise en compte courant. Doit être annulée la remise en compte courant par la société débitrice au cours de la période suspecte ayant eu pour effet de réduire le montant du solde débiteur du compte et de rompre ainsi l'égalité des créanciers soumis à la procédure collective. • Com. 19 janv. 1999 : *Act. proc. coll. 1999, n° 70, obs. Regnaut-Moutier.* – Comp. : • Besançon, 18 juin 2002 : *ibid. 2002, n° 267.*

7 ter. Prélèvement bancaire. Pour un arrêt validant ce mode de paiement, prévu par les actes de prêt liant les parties, V. • Angers, 24 mai 2005 : *RD banc. fin. 2006, n° 24, obs. F.-X. Lucas.*

8. Subrogation de l'indemnité d'assurance. En cas de perte de biens livrés sous le bénéfice d'une clause de réserve de propriété (mais avec transfert des risques à l'acheteur), l'indemnité d'assurance, subrogée aux biens dont le vendeur était demeuré propriétaire n'entre pas dans le patrimoine de l'acheteur ; le versement de cette indemnité au vendeur n'est pas soumis aux nullités de la période suspecte. • Com. 6 juill. 1993 : *Bull. civ. IV, n° 282 ; D. 1994. Somm. 81, obs. Honorat ; JCP 1993. II. 22153, note Larroumet.* ♦ V. aussi note 7 ss. ancien art. L. 621-122.

9. Dation en paiement. La livraison par la société débitrice d'un matériel autre que celui prévu contractuellement, soit des équipements nautiques divers au lieu d'un bateau, constitue une dation en paiement prohibée par l'art. 107 [C. com., art. L. 621-107]. • Com. 1er févr. 2000 : *RJDA 2000, n° 571.* – Dans le même sens, V. • Orléans, 13 févr. 2003 : *RD banc. fin. 2004, n° 29, obs. F.-X. Lucas.* ♦ Est nulle la dation en paiement résultant de la reprise, par le vendeur, de marchandises qui a entraîné la résolution amiable de la vente et a donné lieu à l'émission d'un avoir correspondant à la valeur des marchandises reprises, ce qui a eu pour effet de réduire dans une proportion très importante la créance du vendeur à l'égard de la société en redressement judiciaire. • Paris, 7 janv. 1992 : *D. 1992. IR. 111 ; Rev. proc. coll. 1993. 111, obs. crit. Auque-Warembourg et Lemistre.* – Dans le même sens : • Aix-en-Provence, 18 mars 1999 : *Rev. proc. coll. 2003. 151, obs. Blanc.* ♦ Pour la nullité d'une dation en paiement conduisant à une compensation, dans l'hypothèse d'un créancier achetant au débiteur des biens à seule fin de compenser sa créance préexistante avec sa dette nouvelle, V. • Com. 5 avr. 1994 : *Bull. civ. IV, n° 143 ; Rev. proc. coll. 1995. 448, obs. Lemistre* • 2 févr. 1999 : *Bull. civ. IV, n° 37 ; D. 1999. IR. 77 ; D. Affaires 1999. 379, obs. A. L. ; RTD com. 1999. 757, obs. Martin-Serf ; Act. proc. coll. 1999, n° 60, obs. Vallansan ; Petites affiches 1er avr. 1999, p. 11, note P. M. ; RTD civ. 2000. 115, obs. Mestre et Fages.* – Comp. : • Rennes, 23 mars 1994 : *JCP 1995. IV. 1148 ; Rev.*

proc. coll. 1997. 79, obs. Lemistre, conf. par • Com. 20 mai 1997 : *Rev. proc. coll. 1998. 205, obs. Lemistre.*

De même, est nulle la reprise, par la société de crédit d'un constructeur automobile, ayant financé le stock d'un concessionnaire, de véhicules impayés, pendant la période suspecte. • Douai, 6 févr. 1997 : *Rev. proc. coll. 1998. 205, obs. Lemistre,* conf. par • Com. 11 juill. 2000 : *Bull. civ. IV, n° 142 ; D. 2000. IR. 251 ; JCP 2000. I. 259, n° 16, obs. Pétel ; RJDA 2000, p. 751, concl. Piniot ; Rev. proc. coll. 2002. 277, obs. Blanc.* — Rappr. : • Com. 18 févr. 2003 : *Act. proc. coll. 2003, n° 118, obs. Boulay ; JCP 2003. I. 176, n° 21, obs. Delebecque ; RJDA 2003, n° 746 ; Rev. proc. coll. 2004. 71, obs. Blanc.*

Pour la nullité de la vente du fonds de commerce d'un franchisé à son franchiseur, le prix de cession étant payable par compensation avec les redevances de la franchise, cette opération s'analysant en une dation en paiement dès lors que lesdites redevances devaient être réglées en numéraire, V. • Pau, 28 avr. 2003 : *Cah. jurispr. Aquitaine 2003, n° 2, p. 364, obs. Lecourt.*

Est nulle la dation en paiement d'une licence IV de débit de boissons pour solder le prix d'achat d'un fonds de commerce quelques jours avant l'ouverture de la procédure collective de l'acquéreur. • Lyon, 22 mars 2002 : *BICC 2004, n° 621.*

Pour un autre exemple de dation en paiement tombant sous le coup de la nullité, V. • Com. 20 févr. 1996 : *Bull. civ. IV, n° 55.*

Comp., jugeant que ne constitue pas un moyen de paiement anormal et ne peut tomber sous le coup d'une nullité automatique la dation en paiement, qui est un mode de paiement communément admis dans le commerce de l'art : • Paris, 7 mai 1998 : *Act. proc. coll. 1998, n° 111.*

La stipulation relative aux modalités de paiement du prix de cession d'une créance ne constitue pas une dation en paiement prohibée par l'art. L. 621-107, I-4°, C. com. • Com. 5 mai 2004 : *Act. proc. coll. 2004, n° 141.*

9 bis. Protocole d'accord concernant une reconnaissance de dette. En ce sens qu'un protocole d'accord qui se borne à fixer un échéancier de règlement de la dette du débiteur ne tombe pas sous le coup de l'art. L. 621-107, I-4°, C. com., V. • Com. 10 déc. 2002 : *RJDA 2003, n° 522 ; Rev. proc. coll. 2004. 71, obs. Blanc.*

9 ter. Résiliation d'un contrat. Des ventes de marchandises ayant été faites purement et simplement, ne peut être écartée la demande d'annulation, sur le fondement de l'art. 107, 4° [C. com., art. L. 621-107], d'une convention analysée comme une résolution amiable, en période suspecte, desdites ventes, sans que soit constaté que cette opération constituait, telle quelle, un mode de paiement communément admis dans les relations d'affaires considérées. • Com. 12 juill. 1994 : *Bull. civ. IV, n° 268 ; D. 1996. Somm. 212, obs. Pérochon.* ♦ V. aussi, pour la résiliation amiable d'un bail, • T. com. Paris, 30 juin 1995 : *Gaz. Pal. 1996. 2. somm. 541.*

En revanche, la résiliation d'un contrat de financement qui, conformément aux conditions contractuelles, intervient, en considération d'impayés, antérieurement à l'ouverture de la procédure de redressement judiciaire, pendant la période suspecte, demeure étrangère et n'entre pas dans les prévisions des art. 107 à 110 [C. com., art. L. 621-107 à L. 621-110]. • Versailles, 10 sept. 1998 : *Gaz. Pal. 1999. 2. Somm. 616.*

9 quater. Clause de réserve de propriété. La restitution de véhicules non payés en application d'une clause de réserve de propriété amiablement mise en œuvre avant le jugement d'ouverture doit s'analyser, non pas comme un mode de paiement du prix, mais comme l'exercice par le propriétaire de son droit de propriété. • Colmar, 28 mai 1996 : *Rev. proc. coll. 2001. 16, obs. Soinne.* – Comp. : • Rennes, 1er avr. 1987 : *Rev. proc. coll. 1989. 497, obs. Soinne.* ♦ V. aussi note 8.

9 quinquies. Caractère limitatif de l'art. L. 621-107. Aucun texte ne prévoit la répétition des sommes versées antérieurement au jugement au prétexte qu'elles l'ont été en vertu d'une décision certes exécutoire mais n'ayant pas acquis la force de chose jugée ; la remise en cause d'un paiement sauf action judiciaire concernant son bien-fondé n'est possible que dans les cas limitativement prévus par l'art. 107 [C. com., art. L. 621-107]. • Paris, 12 mars 1996 : *JCP 1996. IV. 963.*

9 sexies. Portée de la nullité. La nullité prévue par l'art. 107 (4°) [C. com., art. L. 621-107] porte uniquement sur le paiement anormal et ne s'étend pas à la convention valablement conclue en vertu de laquelle le paiement est intervenu. • Versailles, 19 oct. 1995 : *RJDA 1996, n° 422.*

9 septies. Preuve. Tout recours à la notion d'usage professionnel est exclu lorsqu'il est prouvé que le mode anormal de paiement (en l'espèce, une dation en paiement) a été proposé par le débiteur. • Colmar, 26 mars 1997 : *Rev. proc. coll. 1998. 206, obs. Lemistre.*

V., jugeant que c'est par référence aux usages en vigueur dans le secteur professionnel du créancier qui a accepté le paiement qu'il convient de déterminer si le mode de paiement est ou non communément admis, • Grenoble, 30 oct. 2003 : *RD banc. fin. 2004, n° 135, obs. F.-X. Lucas.*

Sur la possibilité de s'appuyer sur des attestations de professionnels, V. • Paris, 3 juill. 1997 : *Rev. proc. coll. 1998. 206, obs. Lemistre.*

G. DÉPÔTS ET CONSIGNATIONS

10. Consignation. Doit être déclarée valable la consignation sur saisie-arrêt, effectuée avant la date de cessation des paiements, alors même que cet acte aurait été validé après cette date. • Dijon, 15 oct. 1987 : *Rev. proc. coll. 1988. 411, obs. Guyon.*

11. La consignation, en cours d'instruction pénale, d'une somme d'argent afin de garantir la réparation du dommage de la partie civile n'est pas visée par l'art. 107 (5°) [C. com., art. L. 621-107]. • Crim. 22 mai 1995 : *Rev. proc. coll. 1996. 114, obs. Dureuil.*

11 bis. En ce sens qu'une saisie-exécution ne peut être déclarée nulle sur le fondement de l'art. 107 (5°) [C. com., art. L. 621-107], V. • Com. 26 oct. 1999 : *RJDA 2000, n° 65.*

H. SÛRETÉS POUR DETTES ANTÉRIEURES

BIBL. Devèze, *Rev. proc. coll. 1992. 119* (gage, nantissement). – Canet, *Rev. proc. coll. 1995. 265* (voies d'exécution issues de la loi du 9 juill. 1991). – Martin-Serf, *Rev. proc. coll. 2000. 167.*

11 ter. Sûretés prises par un créancier. Une hypothèque judiciaire ne peut, par hypothèse, avoir été inscrite par le débiteur. Ainsi, en dépit de sa formulation, l'art. 107 [C. com., art. L. 621-107] qui, en son 6°, vise aussi « tout nantissement constitué sur les biens du débiteur pour dettes antérieurement contractées » concerne tant les actes faits par le créancier que ceux faits par le débiteur. • Paris, 11 juin 1999 : *RJDA 1999, n° 1361 ; Act. proc. coll. 1999, n° 204.* – V. aussi • Metz, 17 déc. 1998 : *JCP 2000. IV. 1135.*

11 quater. Sûretés autorisées par le juge. Il résulte de l'art. 107, 6° et 7° [C. com., art. L. 621-107], qui doit être interprété selon l'esprit de ce texte et avec le souci de lui donner un sens, que sont nuls les nantissements et mesures conservatoires, même lorsqu'ils ont été autorisés par le juge à la demande d'un créancier, s'ils ont été faits depuis la date de cessation des paiements. • Paris, 11 juin 1999 : *Act. proc. coll. 1999, n° 204.*

12. Garantie de dettes antérieures. Une sûreté constituée en période suspecte, en garantie du solde débiteur d'un compte courant, n'est valable que si une dette concomitante ou postérieure à la constitution de la sûreté a pris naissance avant la clôture du compte. • Com. 2 mai 1990 : *Rev. proc. coll. 1991. 475, obs. Guyon.*

13. Bien que l'hypothèque ait été consentie durant la période suspecte, dès lors que le droit de créance de la banque à l'égard de la société qui a pris l'engagement de caution hypothécaire trouve son origine dans le cautionnement souscrit à la même date, la naissance de la créance est concomitante de la constitution de l'hypothèque, et celle-ci n'encourt donc pas la nullité en vertu de l'art. L. 621-107, 6°. • Paris, 6 juill. 2001 : *D. 2001. AJ. 2832.*

13 bis. Substitution de garantie. Dès lors qu'aux termes de l'acte de « translation d'hypothèque », il n'y a pas eu constitution d'une sûreté nouvelle mais substitution au privilège du prêteur de deniers et à l'hypothèque inscrits sur l'immeuble vendu, d'une hypothèque sur l'immeuble acquis pour garantir le remboursement du solde du prêt, cette sûreté, qui n'est supérieure, ni dans sa nature, ni dans son étendue, aux sûretés auxquelles elle avait été substituée, a été valablement inscrite pendant la période suspecte. • Com. 20 janv. 1998 : *Bull. civ. IV, n° 28 ; D. 1998. IR. 60 ; D. Affaires 1998. 254, obs. A. L. ; JCP E 1998, n° 17, p. 655, obs. Cabrillac ; Rev. dr. bancaire 1998. 73, obs. Campana et Calendini ; RTD com. 1998. 396, obs. Cabrillac ; ibid. 1999. 194, obs. Martin-Serf.* (V. l'arrêt confirmé • Dijon, 28 mars 1995 : *Rev. dr. bancaire 1995. 218, obs. Campana et Calendini ; Rev. proc. coll. 1997. 80, obs. Mestre et Laude*) • Paris, 23 oct. 1998 : *D. Affaires 1998. 1959.*

14. Droit de nantissement. L'art. 107, 6° [C. com., art. L. 621-107], vise toutes sûretés y compris « tout droit de nantissement », sans établir aucune distinction ; il s'applique donc à un nantissement judiciaire sur fonds de commerce. • Paris, 18 févr. 1992 : *D. 1992. IR. 142.*

15. Cessions de créances à titre de garantie. BIBL. Raynaud-Contamine, *Mélanges Jeantin, Dalloz, 1999, p. 443.* ♦ La cession de créance consentie dans les formes de la loi du 2 janv. 1981 transfère au cessionnaire la propriété de la créance cédée, même lorsqu'elle est effectuée en vue de garantir le paiement du solde d'un compte courant et sans stipulation d'un prix, de sorte qu'une telle cession n'est pas une constitution d'un droit de nantissement sur un bien du débiteur. • Com. 28 mai 1996 : *Bull. civ. IV, n° 151 ; D. 1996. Somm. 390, obs. S. Piedelièvre ; D. Affaires 1996. 842 ; RTD com. 1996. 508, obs. Cabrillac ; RTD civ. 1996. 671, obs. Bandrac et Crocq ; Rev. dr. bancaire 1996. 207, obs. Campana et Calendini* (cassant • Paris, 15 juin 1993 : *D. 1993. IR. 252*) • Bordeaux, 2 juill. 1992 :

Rev. proc. coll. 1994. 392, obs. Soinne. – Comp. : • Paris, 29 mars 1996 : *Rev. dr. bancaire 1996. 207, obs. Campana et Calendini.*

15 bis. Date de constitution de la sûreté. Pour prononcer la nullité d'une hypothèque judiciaire, au regard de l'art. 107, 6° [C. com., art. L. 621-107], il y a lieu de rechercher si sa constitution sur les biens du débiteur, qui résulte non de son inscription mais du jugement de condamnation, est postérieure à la date de cessation des paiements. • Com. 25 oct. 1994 : *Bull. civ. IV, n° 314.* – V. aussi • Rennes, 18 mai 1994 : *JCP 1996. IV. 210* • Versailles, 6 juin 1996 : *Gaz. Pal. 1996. 2. Somm. 540* • Com. 1er juill. 1997 : *Bull. civ. IV, n° 212 ; JCP E 1998, n° 1-2, p. 31, obs. Cabrillac ; RTD com. 1999. 197, obs. Martin-Serf* • Paris, 8 avr. 1999 : *D. 1999. Somm. 302, obs. Piedelièvre*. ♦ Comp., pour une hypothèque de contrainte provisoire inscrite au Livre foncier selon le régime applicable en Alsace-Moselle : • Com. 21 janv. 2003 : *RD banc. fin. 2003, n° 124, obs. Delleci.* ♦ De même, pour un nantissement sur fonds de commerce, c'est à la date de constitution qu'il convient de se référer, et non à celle de son inscription. • Com. 22 nov. 1994 : *Rev. loyers 1995. 529, note Gallet.* ♦ Dans le même sens, pour une hypothèque conventionnelle, V. • Com. 18 févr. 2003 : *préc. note 9.* ♦ L'hypothèque constituée sur les biens du débiteur depuis la date de cessation des paiements pour une dette antérieurement contractée est nulle, peu important qu'une promesse d'hypothèque ait été consentie avant cette date. • Com. 12 nov. 1997 : *Bull. civ. IV, n° 287 ; D. 1998. Somm. 325, obs. Honorat ; D. 1998. Somm. 106, obs. Piedelièvre ; D. Affaires 1997. 1470 ; RTD com. 1999. 196, obs. Martin-Serf*. ♦ Doit être considérée comme une hypothèque régulièrement constituée avant la date de cessation des paiements, et non comme une simple promesse d'hypothèque, la convention conclue avant la date de cessation des paiements qui oblige le débiteur à ne pas consentir d'autre sûreté sur un immeuble et qui permet au créancier de faire inscrire l'hypothèque sans nouvelle manifestation de volonté du débiteur. • Chambéry, 28 mai 2002 : *BICC 2004, n° 975.* ♦ V. aussi note 6 *bis* ss. ancien art. L. 621-108.

Il résulte des dispositions de l'art. 2075 C. civ. que le gage qui porte sur des meubles incorporels ne confère de droit réel au créancier gagiste et n'est ainsi constitué au sens de l'art. 107 (6°) [C. com., art. L. 621-107] qu'autant que l'acte conclu entre les parties a été enregistré puis signifié au débiteur de la créance gagée, ou accepté par lui dans un acte authentique. • Com. 28 janv. 1997 : *Bull. civ. IV, n° 35 ; D. 1997. Somm. 214, obs. Honorat ; D. 1998. Somm. 140, obs. Jobard-Bachellier ; D. Affaires 1997. 372 ; JCP 1997. II. 22791, rapp. Rémery ; Quot. jur. 6 mars 1997, p. 5, note P. M.*

16. Hypothèque sur immeuble commun. La communauté répondant des dettes du mari, en vertu de l'art. 1413 C. civ., et, durant celle-ci, les droits de l'un ou l'autre des époux ne pouvant être individualisés sur tout ou partie des biens communs ou sur l'un d'entre eux, l'hypothèque grevant un immeuble commun, constituée depuis la date de cessation des paiements du mari pour sûreté d'une dette antérieurement contractée, est nulle pour le tout. • Com. 2 avr. 1996 : *Bull. civ. IV, n° 106 ; D. 1996. Somm. 340, obs. Honorat ; JCP E 1996. I. 584, n° 7, obs. Pétel.* ♦ Comp., limitant les effets de la nullité à la part de la sûreté garantissant la dette du seul époux en redressement judiciaire : • Paris, 16 mai 1990 : *Rev. proc. coll. 1991. 473, obs. Guyon.*

16 bis. Hypothèque judiciaire inscrite par une association syndicale. Pour l'application de l'art. L. 621-107 C. com., V. • Com. 9 juill. 2002 : *Bull. civ. IV, n° 116 ; D. 2002. AJ. 2471*

16 ter. Purge des sûretés. La circonstance que l'acquéreur du fonds de commerce nanti ait, en application de l'art. 22 de la loi du 17 mars 1909 [C. com., art. L. 143-12], engagé la procédure de purge des privilèges et nantissement avant l'ouverture de la procédure collective ne s'oppose pas à l'exercice par le liquidateur de l'action en nullité de l'art. 107 (6°) [C. com., art. L. 621-107]. • Com. 20 nov. 2001 : *Rev. proc. coll. 2002. 279, obs. Blanc.*

17. Clause de réserve de propriété. BIBL. Bretzner, *Rev. proc. coll. 1991. 377.*

18. Prêt. Les dispositions de l'art. 107 (6°) [C. com., art. L. 621-107] ne s'appliquent pas à la demande en annulation d'un acte de prêt. • Com. 23 mai 2000 : *Rev. proc. coll. 2002. 279, obs. Blanc.*

18 bis. Fiducie. BIBL. J. Ferry, *Rev. dr. bancaire 1992. 182.*

18 ter. Publicité foncière. La demande en justice tendant à l'annulation d'une hypothèque inscrite durant la période suspecte doit, en vertu de l'art. 30 (5°) du décret n° 55-22 du 4 janv. 1955, à peine d'irrecevabilité, être publiée au bureau des hypothèques : • Com. 12 avr. 2005 : *D. 2005. AJ. 1151, obs. Lienhard ; Act. proc. coll. 2005, n° 122, obs. Le Bars ; JCP E 2005, n° 36, p. 1425, obs. Cabrillac ; JCP 2005. II. 10147, note Le Bars ; Gaz. Pal. 6-7 juill. 2005, p. 21, obs. Le Corre ; RTD com. 2005. 848, obs. Martin-Serf* • Paris, 25 sept. 1998 : *D. 1999. Somm. 305, obs. Piedelièvre ; D. Affaires 1998.*

1698, obs. A. L. ; RTD com. 2000. 182, obs. Martin-Serf .

I. MESURES CONSERVATOIRES

BIBL. V. bibl. précédant note 11 *quater*.

18 quater. Signification de l'art. L. 621-107 (7°). Malgré une rédaction maladroite (puisqu'il est fait référence aux actes faits par le débiteur alors qu'une mesure conservatoire préjudicie au débiteur mais n'est pas prise par lui), cet article signifie que sont nulles les mesures conservatoires dont l'acte de saisie est postérieur à la date de cessation des paiements. • Rouen, 7 févr. 1996 : *RJDA 1996, n° 834 ; Rev. proc. coll. 1996. 343, obs. Canet* • Versailles, 28 sept. 2000 : *RJDA 2001, n° 199.*

18 quinquies. Autorisation judiciaire. En ce sens que la nullité de l'art. 107 (7°) [C. com., art. L. 621-107] s'applique même lorsque la mesure conservatoire a été autorisée par le juge à la demande du créancier, V. • Paris, 11 juin 1999 : *préc. note 11 quinquies.*

19. Hypothèque provisoire (régime antérieur à la loi du 9 juill. 1991). BIBL. Amiot, *Rev. dr. bancaire 1989. 78.* ♦ V. notes 2 et 4 *ter* ss. ancien art. L. 621-50. ♦ La nullité, prononcée sur le fondement de l'art. 107 (7°) [C. com., art. L. 621-107], d'une hypothèque judiciaire provisoire étant sans incidence sur la créance, régulièrement déclarée, le créancier peut valablement agir contre la caution. • Chambéry, 20 sept. 1994 : *Rev. proc. coll. 1995. 452, obs. Lemistre.*

19 bis. Saisie-conservatoire. BIBL. Lefort, *Dr. et procédures 2003. 204 et 272* (saisie conservatoire pratiquée antérieurement au jugement d'ouverture). ♦ Pour la validité de la saisie conservatoire pratiquée en période suspecte et convertie en saisie-attribution avant le jugement d'ouverture, V. • Com. 10 déc. 2002 : *Bull. civ. IV, n° 191 ; D. 2003. AJ. 68, obs. Lienhard ; ibid. Somm. 1473, obs. Taormina ; JCP E 2003, n° 20, p. 852, obs. Cabrillac ; Act. proc. coll. 2003, n° 20, obs. Regnaut-Moutier ; Procédures 2003, n° 41, note Laporte ; RD banc. fin. 2003, n° 40, obs. Delleci ; Gaz. Pal. 2003. Somm. 3247, obs. Brenner* • 29 avr. 2003 : *Bull. civ. IV, n° 63 ; D. 2003. AJ. 1364, obs. Lienhard ; RD banc. fin. 2003, n° 158, obs. Delleci ; Petites affiches 6 oct. 2003, p. 15, note Kéita.* ♦ *Contra*, auparavant : • Com. 12 oct. 1999 : *Bull. civ. IV, n° 166 ; D. 1999. AJ. 45, obs. A. L. ; Act. proc. coll. 1999, n° 243, obs. Regnaut-Moutier ; JCP E 2000, n° 4, p. 129, obs. Cabrillac ; Procédures 2000, n° 3, obs. Perrot ; ibid., n° 14, obs. Laporte ; Petites affiches 8 févr. 2000, p. 20, note Courtier ; RD banc. fin. 2000, n° 76, obs. Delleci ; RTD com. 2000. 459, obs. Martin-Serf* ♦ V. note 40 ss. ancien art. L. 621-40.

20. Saisie-attribution et avis à tiers détenteur. L'avis à tiers détenteur, qui emporte attribution immédiate de la créance saisie disponible entre les mains du tiers au comptable public qui l'a émis, est une mesure d'exécution forcée, qui ne peut être assimilée à une mesure conservatoire visée par l'art. 107 (7°) [C. com., art. L. 621-107], • Com. 16 juin 1998 : *Bull. civ. IV, n° 200 ; D. 1998. IR. 214 ; D. Affaires 1998. 1272, obs. A. L. ; JCP E 1998, n° 52, p. 2065, obs. Cabrillac ; RTD com. 1999. 199, obs. Martin-Serf* (cassant • Rouen, 23 mars 1996 : *Petites affiches 31 oct. 1997, p. 19, note Soinne)* • TGI Clermont-Ferrand, 27 janv. 1994 : *Rev. huiss. 1994. 653 ; Rev. proc. coll. 1995. 449, obs. Lemistre* • TGI Dijon, 1er févr. 1994 : *ibid.* • TGI Lyon, 2 avr. 1996 : *D. 1997. 43, note Prévault* . ♦ V. aussi note 6 ss. ancien art. L. 621-108.

J. ORDRE PUBLIC INTERNATIONAL

21. V. note 39 ss. ancien art. L. 620-2.

Ancien art. L. 621-108 ***Les paiements pour dettes échues effectués après la date de cessation des paiements et les actes à titre onéreux accomplis après cette même date peuvent être annulés si ceux qui ont traité avec le débiteur ont eu connaissance de la cessation des paiements.*** — [L. n° 85-98 du 25 janv. 1985, art. 108]. — Pour l'application à la liquidation judiciaire, V. ancien art. L. 622-14.

Les dispositions de l'art. L. 621-108 ci-dessus ne sont pas applicables aux contrats conclus par ou avec une société de crédit foncier, ni aux actes juridiques accomplis par une société de crédit foncier ou à son profit, dès lors que ces contrats ou ces actes sont directement relatifs aux opérations prévues à l'art. L. 515-13 (C. mon. fin., art. L. 515-25).

BIBL. ► TEBOUL, *Gaz. Pal. 2001. Doctr. 2050.* (décisions récentes).

1. Nécessité d'un préjudice ? Pour prononcer la nullité prévue à l'art. 108 [C. com., art. L. 621-108], les juges du fond ne sont pas tenus de constater l'existence d'un préjudice subi par le débiteur ou par ses créanciers. • Com. 16 févr. 1993 : *Bull. civ. IV, n° 62 ; D. 1993. IR. 77 ; JCP E 1993. I. 273, n° 9, obs. Cabrillac et Pétel❨* • 5 avr. 1994 : *Bull. civ. IV, n° 143 ; D. 1994. IR. 117* • 17 janv. 1995 : *Rev. huiss. 1995. 486* • 24 oct. 1995 : *Bull. civ. IV, n° 250 ; D. 1996.*

86, note Derrida ; *D. Affaires 1995. 200* ; *RJ com. 1996. 204, note D. Martin* • 9 janv. 1996 : *Bull. civ. IV, n° 10* ; *D. 1996. IR. 42* ; *D. Affaires 1996. 272* • 29 mai 2001 : *RJDA 2001, n° 1002* ; *Dr. sociétés 2001, n° 161, note Legros* ; *RD banc. fin. 2001, n° 237, obs. F.-X. Lucas* • Versailles, 30 sept. 1993 : *Dr. sociétés 1994, n° 29, obs. Chaput.*

1 bis. Actes visés. La nullité prévue par l'art. 108 [C. com., art. L. 621-108] ne peut atteindre que des actes accomplis au cours de la période suspecte et non ceux que le débiteur a passés après le jugement d'ouverture. • Com. 19 janv. 1999 : *RJDA 1999, n° 316.*

En revanche, l'art. 108 [C. com., art. L. 621-108] envisage de façon générale l'annulation de tout acte à titre onéreux, dès lors qu'il intervient au cours de la période suspecte, quels que soient la nature juridique de l'acte, le procédé technique utilisé et, le cas échéant, l'automatisme des opérations concernées. • T. com. Paris, 26 mai 1998 : *Gaz. Pal. 1999. 2. Somm. 612.*

Les paiements effectués par le débiteur après la date de cessation des paiements au titre des cotisations sociales incluant celles précomptées sur les salaires peuvent être annulés ou rapportés, dès lors qu'il est établi que le créancier avait connaissance de l'état de cessation des paiements. • Com. 21 juin 2005 : *Bull. civ. IV, n° 131* ; *D. 2005. AJ. 1850, obs. Lienhard* ; *Act. proc. coll. 2005, n° 154, obs. Vallansan* ; *Gaz. Pal. 4-5 nov. 2005, p. 37, obs. Roussel Galle* ; *RTD com. 2005. 847, obs. Martin-Serf*.

2. Paiements et actes à titre onéreux prohibés. BIBL. Martin-Serf, *Rev. proc. coll. 2000. 167* (cession Dailly). ♦ Il résulte de la combinaison des art. 108 et 109 [C. com., art. L. 621-108 et L. 621-109] que le paiement par chèque échappe à l'action en nullité de l'art. 108 [C. com., art. L. 621-108] et se trouve soumis à l'action en rapport. • Com. 14 mars 2000 : *Bull. civ. IV, n° 58* ; *D. 2000. AJ. 186, obs. Lienhard* ; *Act. proc. coll. 2000, n° 93, obs. Regnaut-Moutier* ; *Rev. proc. coll. 2002. 282, obs. Blanc.* ♦ V. note 1 *ter* ss. ancien art. L. 621-109.

2 bis. Le paiement d'un compte courant d'associé, lorsqu'il constitue un paiement de dette échue, n'est soumis à nullité de la période suspecte que si l'associé avait conscience de la situation réelle de la société, de sa cessation des paiements. • Metz, 4 avr. 1991 : *Dr. sociétés 1992, n° 80, obs. Chaput.* ♦ Ainsi, doit être annulé le remboursement par la société anonyme du compte courant d'associés présentant un solde créditeur au profit des actionnaires, dès lors qu'il est intervenu au cours de la période suspecte et que la connaissance de l'état de cessation des paiements par les intéressés résulte suffisamment de leur qualité soit de dirigeants sociaux, soit d'actionnaires ayant des liens de parenté avec les premiers. • Versailles, 30 sept. 1993 : *préc. note 1.* – V. aussi • Com. 29 mai 2001 : *préc. note 1* • Rennes, 17 nov. 1993 : *RJ com. 1994. 242, note Grua* ; *Rev. proc. 1995. 450, obs. Lemistre*, conf. par • Com. 24 oct. 1995 : *préc. note 1* • Versailles, 24 mars 1994 : *Rev. proc. coll. 1995. 450, obs. Lemistre* (banquier acceptant les remises, mais rejetant les chèques tirés sur le compte) • Paris, 17 mai 1994 : *D. 1994. IR. 179* ; *Bull. Joly 1994. 849* ; *Dr. sociétés 1995, n° 54, obs. Chaput* (compensation par le président du conseil d'administration entre sa quote-part de capital non libérée et son avance en compte courant). ♦ V. aussi note 10.

2 ter. Les conventions de cession de créances professionnelles ou de remise à l'escompte d'effets de commerce ne peuvent tomber sous le coup d'une nullité facultative que si elles ont été conclues après la date de cessation des paiements. • Com. 19 janv. 1999 : *Act. proc. coll. 1999, n° 71* ; *Dr. sociétés 1999, n° 52, obs. Chaput.*

3. L'avantage consenti au créancier par la loi n° 81-1 du 2 janv. 1981 [désormais codifiée au C. mon. fin.] ne saurait lui être retiré même en cas d'ouverture d'une procédure collective à l'encontre de son débiteur, sans que soit rapportée la preuve de la connaissance qu'il avait de la situation irrémédiablement obérée de ce dernier ou à tout le moins de la fraude résultant de l'opération envers ledit débiteur ou les autres créanciers ; la cession litigieuse ne constituant pas une opération isolée, mais s'inscrivant dans le cadre d'une « convention de cession de créances en garantie de concours » conclue antérieurement à la date de cessation des paiements, il n'y a pas lieu d'annuler les cessions de créances au profit de la banque. • Rennes, 16 sept. 1992 : *D. 1994. Somm. 82, obs. Honorat*. – Dans le même sens : • Com. 20 févr. 1996 : *Bull. civ. IV, n° 56* ; *D. 1996. Somm. 283, obs. Honorat* ; *Banque mai 1996. 97, obs. Guillot* ; *RTD com. 1996. 309, obs. Cabrillac* • Paris, 18 juin 2002 : *BICC 2004, n° 976.* – V. Raynaud-Contamine, *Mélanges Jeantin, Dalloz, 1999, p. 443.* – Comp. : • T. com. Paris, 13 nov. 2001 : *RD banc. fin. 2002, n° 184, obs. Cerles.*

4. L'art. 108 [C. com., art. L. 621-108] est inapplicable à des opérations de crédit, notamment résultant de cessions de créances, faites au cours du fonctionnement d'un compte courant lesquelles ne peuvent s'analyser comme des paiements, de telles cessions de créances n'étant effectivement consenties qu'en vue de garantir le paiement du solde débiteur qui, lors de la clôture, constitue, s'il est négatif, la créance exigée de la banque, les différents articles d'un compte courant étant indivisibles. • Paris, 15 juin 1993 : *D. 1993. IR. 252*, conf. par • Com. 28 mai 1996 : *cité note 15 ss. ancien art. L. 621-107*. – V. aussi : • Com. 20 janv. 1998 : *Banque mars 1998. 89, obs. Guillot ; Rev. dr. bancaire 1998. 73, obs. Campana et Calendini ; RJDA 1998, n° 626* • 26 juin 2001 : *Act. proc. coll. 2001, n° 216, obs. Bonhomme* • Paris, 24 févr. 1998 : *D. 1998. IR. 89* • 25 févr. 2000 : *D. 2000. AJ. 226*. ♦ Comp. : note 7.

5. Les remises d'effets ou de chèques émis par des tiers, effectuées par le débiteur sur son compte courant après la date de cessation des paiements, peuvent être annulées en application de l'art. L. 621-108 C. com. • Com. 25 févr. 2004 : *Rev. proc. coll. 2004. 387, obs. Blanc*. ♦ Une banque qui a accepté les remises effectuées par une société en liquidation judiciaire, tout en refusant d'honorer les chèques en circulation et les prélèvements en cours, de manière à réduire le découvert du compte courant, sans avoir égard à l'augmentation des dettes impayées, s'est ainsi remboursée d'une partie de sa créance au préjudice des autres créanciers ; ces prélèvements opérés par la banque au préjudice des autres créanciers entrent dans les actes à titre onéreux visés par l'art. 108. • Versailles, 24 mars 1994 : *Gaz. Pal. 1994. 2. Somm. 606 ; RJDA 1994, n° 1074*. – Comp. : • Versailles, 13 mars 1997 : *Gaz. Pal. 1997. 2. Somm. 352*.

Le nantissement qui aurait permis à la banque, lors de sa réalisation, de demander l'attribution judiciaire du matériel gagé n'autorise pas celle-ci à tirer profit de la remise en compte courant du prix de vente de ce matériel ayant pour effet de réduire le montant du solde débiteur du compte et de rompre ainsi l'égalité des créanciers soumis à la procédure collective. • Com. 19 janv. 1999 : *RJDA 1999, n° 810*.

5 bis. Pour la nullité d'un accord transactionnel prévoyant la compensation des dettes réciproques de deux sociétés, dont l'une était débitrice de l'indemnité de résiliation d'un contrat de location et l'autre débitrice de loyers en exécution de ce contrat, l'indemnité de résiliation ayant été fixée, d'un commun accord, à un moment où la société qui en était débitrice connaissait l'état de cessation des paiements de sa cocontractante, V. • Com. 26 oct. 1999 : *RJDA 2000, n° 46*.

5 ter. Constitue un paiement anormal la reprise d'un stock de marchandises au cours de la période suspecte, avec émission d'avoirs correspondant à la valeur des marchandises reprises et inscription de cette opération au crédit du compte courant du débiteur. • Nîmes, 26 févr. 2004 : *RD banc. fin. 2004, n° 210, obs. F.-X. Lucas*.

V. aussi note 1 ss. ancien art. L. 621-107 et note 1 *ter* ss. ancien art. L. 621-109.

5 quater. Sur l'exclusion, du champ d'application de l'art. 108 [C. com., art. L. 621-108], des paiements effectués par une personne autre que le débiteur, V. • Com. 20 mai 1997 : *RJDA 1997, n° 1274 ; Rev. proc. coll. 1998. 88, obs. Canet*. – V. Soinne, *Petites affiches 31 oct. 1997, p. 21*. – V. aussi • Com. 17 juin 1997 : *RJDA 1997, n° 1412* • Basse-Terre, 14 déc. 1998 : *Annonces de la Seine, 19 avr. 1999, p. 10*. ♦ De même, le paiement effectué par le séquestre étant un paiement de sommes qui n'appartenaient plus au vendeur dès la constitution du séquestre, les conditions d'application de l'art. 108 [C. com., art. L. 621-108] ne peuvent être réunies, ce texte n'intéressant que les paiements effectués à partir du patrimoine du débiteur. • Paris, 25 nov. 1997 : *RJ com. 1999. 23, note Convert*.

5 quinquies. L'acte de partage de la communauté auquel ont procédé des ex-époux à la suite de leur divorce pour faute constitue un acte à titre onéreux. • Civ. 1re, 3 juin 2003 : *cité note 2 ss. ancien art. L. 621-107*.

6. Saisie-attribution et avis à tiers détenteur. BIBL. Martin-Serf, *Rev. proc. coll. 2000. 167* (avis à tiers détenteur). ♦ V. notes 38 s. ss. ancien art. L. 621-40. ♦ Les mesures d'exécution forcée n'entrent pas dans le champ d'application de l'art. 108. • Com. 16 juin 1998 : *Bull. civ. IV, n° 200 ; D. 1998. IR. 216 ; D. Affaires 1998. 1272, obs. A. L. ; JCP E 1998, n° 52, p. 2065, obs. Cabrillac* (pour un avis à tiers détenteur) • 26 oct. 1999 : *RJDA 2000, n° 65* (pour une saisie-exécution). ♦ L'art. 108, devenu l'art. L. 621-108 C. com., n'est pas applicable à la saisie-attribution, qui constitue une mesure d'exécution forcée et non un paiement volontaire. • Com. 29 avr. 2003 : *cité note 19 bis ss. ancien art. L. 621-107*. ♦ V. aussi • Amiens, 4 avr. 1997 : *RJDA 1997, n° 1275 ; Rev. proc. coll. 1998. 88, obs. Canet* • Versailles, 27 mai 1999 : *D. 1999. IR. 186* • Paris, 2 sept. 1999 : *Banque et Droit mars-avr. 2000. 53, obs. Guillot* • Lyon, 25 juill. 2001 : *Procédures 2002, n° 10, note Laporte*.

En revanche, sont privées de fondement les saisies-attributions pratiquées en exécution d'une reconnaissance de dette tombant sous le coup de l'art. L. 621-108 C. com. • Com. 1er oct. 2002 : *Bull. civ. IV, n° 134 ; D. 2002. AJ. 2869, obs. Lienhard ; Act. proc. coll. 2002, n° 238, obs. Boulay ; JCP E 2003, n° 6, p. 268, obs. Cabrillac ; Dr. et procédures 2003. 108, note Delattre ; RD banc. fin. 2003, n° 82, obs. F.-X. Lucas*.

Sur la validité de l'avis à tiers détenteur notifié en période suspecte, V. Dumont, *Rev. proc. coll. 1999. 146*.

6 bis. Hypothèque. Pour la nullité d'une hypothèque constituée sur un immeuble d'une filiale, après la date de cessation des paiements, afin de garantir les dettes de la société mère à l'égard d'une banque, le fait qu'une promesse de cautionnement ait été consentie avant la date de cessation des paiements étant indifférent, V. • Com. 2 mai 2001 : *RJDA 2001, n° 1003.*

7. Connaissance de la cessation des paiements. Les juges du fond disposent d'un pouvoir souverain d'appréciation des preuves qui leur sont soumises pour admettre, ou non, que le créancier connaissait l'état de cessation des paiements. • Com. 2 févr. 1999 : *D. 1999. IR. 77 ; D. Affaires 1999. 379, obs. A. L. ; Act. proc. coll. 1999, n° 60, obs. Vallansan.* ♦ Avait connaissance de la cessation des paiements la banque dont le créancier cédé par bordereau était le client, qui avait conclu avec cette banque une convention de compte courant ; la banque, qui avait des relations d'affaires permanentes et suivies avec son client, ne pouvait ignorer sa situation financière. • Paris, 26 mai 1994 : *D. 1994. IR. 207 ; Rev. proc. coll. 1995. 450, obs. Lemistre.* ♦ En revanche, le rejet de chèques et la notification d'une interdiction d'émettre des chèques ne caractérisent pas la connaissance de l'état de cessation des paiements. • Besançon, 10 avr. 1998 : *Act. proc. coll. 1998, n° 98.* ♦ V. aussi, sur l'insuffisance d'éléments tels que la connaissance de l'existence d'une saisie-arrêt, et les mises en demeure déjà adressées par le créancier au débiteur, • Com. 31 mars 1998 : *RJDA 1998, n° 1015.*

7 bis. Le remboursement anticipé du solde du crédit-vendeur consenti à un courtier en assurances, lors de la cession d'un fonds de commerce de courtage d'assurances, par compensation avec le prix de rachat d'un autre portefeuille de courtage dû par le vendeur du fonds de commerce ressort de la nullité facultative de l'art. L. 621-108 C. com. dans la mesure où l'acheteur du portefeuille a eu connaissance au moment du paiement des difficultés importantes de son contractant, qui n'était pas en mesure de s'acquitter des primes encaissées pour lui, et de la défection de la banque du courtier. • Besançon, 19 nov. 2002 : *JCP 2003. IV. 2131.*

8. Le créancier qui assigne son débiteur en redressement judiciaire a connaissance de l'état de cessation des paiements de ce dernier dans la mesure où la demande d'ouverture du redressement judiciaire est, aux termes de l'art. 7 du décret du 27 déc. 1985, exclusive de toute autre demande et où elle implique nécessairement que le créancier connaît la cessation des paiements de son débiteur, laquelle est la condition d'ouverture de la procédure. • Paris, 13 sept. 1994 : *RJDA 1994, n° 1370 ; D. 1994. IR. 237.* ♦ Pour l'application de cette règle à l'URSSAF, ayant accepté un chèque en paiement de cotisations échues, V. • Versailles, 6 mars 1997 : *JCP E 1997. Pan. 435 ; Gaz. Pal. 1997. 2. Somm. 352.*

9. Mais la preuve de la connaissance de la cessation des paiements ne résulte pas de la seule proximité de la date de l'opération critiquée et de celle du jugement d'ouverture. • Com. 25 oct. 1994 : *Rev. proc. coll. 1995. 449, obs. Lemistre.*

9 bis. Le créancier qui consent le moratoire crée les conditions de l'absence de cessation de paiements, de sorte que les règlements qu'il reçoit en exécution de la convention ne peuvent être annulés. • Aix-en-Provence, 25 janv. 1996 : *Rev. proc. coll. 1998. 208, obs. Lemistre.* ♦ Cependant, si, malgré le moratoire, les retards de paiements continuent à s'accumuler envers le même créancier, celui-ci s'expose à ce que tous les paiements qu'il reçoit soient immanquablement annulés. • Paris, 24 janv. 1997 : *Rev. proc. coll. 1998. 208, obs. Lemistre.*

10. Pour une opération de compensation entre la fraction non libérée du capital social due par le dirigeant d'une SA en liquidation judiciaire et sa créance de rémunération, V. • Com. 28 mai 1996 : *Bull. civ. IV, n° 152 ; Defrénois 1997. 470, obs. Le Cannu ; Bull. Joly 1996. 948, note Calendini* (V. l'arrêt cassé : • Paris, 29 oct. 1993 : *Bull. Joly 1994. 91, note Couret ; Rev. sociétés 1994. 110, obs. Guyon ; JCP E 1994. II. 588, note Le Nabasque*) • Rennes, 11 janv. 1995 : *Rev. proc. coll. 1997. 79, obs. Mestre et Laude.*

11. La connaissance par le créancier de la cessation des paiements de son débiteur doit s'apprécier, non au jour des reconnaissances de dettes signées par le débiteur, mais au jour des paiements effectués par celui-ci. • Com. 17 juill. 2001 : *Rev. proc. coll. 2002. 280, obs. Blanc.*

12. Mauvaise foi. L'art. 108, devenu l'art. L. 621-108 C. com., n'exige pas la preuve de la mauvaise foi de ceux qui ont traité avec le débiteur, mais seulement la connaissance de la cessation des paiements. • Com. 29 mai 2001 : *préc. note 1.*

Ancien art. L. 621-109 *Les dispositions des articles L. 621-107 et L. 621-108 ne portent pas atteinte à la validité du paiement d'une lettre de change, d'un billet à ordre ou d'un chèque.*

Toutefois, l'administrateur ou le représentant des créanciers peut exercer une action en rapport contre le tireur de la lettre de change ou, dans le cas de tirage pour compte, contre le donneur d'ordre, ainsi que contre le bénéficiaire d'un chèque et le premier endosseur d'un billet à ordre,

s'il est établi qu'ils avaient connaissance de la cessation des paiements. – [L. n° 85-98 du 25 janv. 1985, art. 109]. – Pour l'application à la liquidation judiciaire, V. ancien art. L. 622-14.

1. Il résulte de l'art. 109, al. 1er [C. com., art. L. 621-109], que le paiement des billets à ordre émis par le débiteur soumis à une procédure collective ne peut être attaqué par la voie de l'action ou de l'exception en nullité de la période suspecte. • Com. 25 nov. 1997 : *Bull. civ. IV, n° 306 ; D. 1998. IR. 22 ; D. Affaires 1998. 115, obs. V. A.-R.*

1 bis. Il résulte de l'art. L. 621-109, al. 1er, C. com. que les dispositions des art. L. 621-107 et L. 621-108 ne portent pas atteinte à la validité du paiement d'une lettre de change, peu important que celle-ci n'ait pas circulé. • Com. 28 janv. 2004 : *Bull. civ. IV, n° 17 ; D. 2004. AJ. 501, obs. Lienhard ; JCP E 2004, n° 24, p. 962, note S. Piedelièvre ; Act. proc. coll. 2004, n° 89, obs. Boulay ; Defrénois 2004. 1651, obs. Gibirila ; RTD com. 2005. 147, obs. Martin-Serf .*

1 ter. La souscription d'effets (billets à ordre) demeurés impayés n'est pas susceptible d'être attaquée sur le fondement de l'art. 109, al. 2 [C. com., art. L. 621-109]. • Com. 17 déc. 1996 : *D. 1997. IR. 31 ; D. Affaires 1997. 252.*

1 quater. L'action en rapport, tout comme l'action en nullité, suppose un paiement fait par le débiteur lui-même. • Com. 23 juin 1992 : *Rev. proc. coll. 1993. 112, obs. Auque-Warembourg et Lemistre.* ♦ Il en résulte que l'action en rapport ne peut être exercée à l'encontre du créancier qui a reçu un paiement au moyen d'un chèque de banque, dans la mesure où le chèque n'a pas été émis par le débiteur. • Com. 14 mars 2000 : *cité note 2 ss. ancien art. L. 621-108* • Chambéry, 19 mars 2002 : *BICC 2004, n° 616.* ♦ Même solution en cas de paiement du créancier au moyen d'un chèque émis par un tiers séquestre : • Com. 12 oct. 2004 : *Act. proc. coll. 2004, n° 222, obs. Regnaut-Moutier.*

1 quinquies. Pour un arrêt considérant que c'est à la date de l'émission du billet à ordre que doit s'apprécier la connaissance par la banque bénéficiaire de l'état de cessation des paiements, V. • Com. 5 mai 2004 : *Rev. proc. coll. 2004. 388, obs. Blanc.* ♦ Sur la preuve de la connaissance de l'état de cessation des paiements, V. • Paris, 3 sept. 2004 : *RTD com. 2005. 417, obs. Martin-Serf .*

1 sexies. Le commissaire à l'exécution du plan a qualité pour engager l'action en rapport prévue par l'art. L. 621-109. • Com. 23 nov. 2004 : *cité note 2 ss. ancien art. L. 621-67 ; D. 2005. Pan. 296, obs. Le Corre .*

2. Sur le paiement par chèque constituant une modification des conditions habituelles de paiement, V. • Rennes, 27 nov. 1991 : *Rev. proc. coll. 1993. 113, obs. Auque-Warembourg et Lemistre.*

3. Sur la compensation opposée par le tiré en cas de redressement judiciaire du tireur, V. note 13 ss. ancien art. L. 621-24.

4. En cas de redressement judiciaire du tiré, V. note 9 ss. ancien art. L. 621-43.

Ancien art. L. 621-110 ***L'action en nullité est exercée par l'administrateur, par le représentant des créanciers, par le liquidateur ou par le commissaire à l'exécution du plan. Elle a pour effet de reconstituer l'actif du débiteur.*** – [L. n° 85-98 du 25 janv. 1985, art. 110]. – Pour l'application à la liquidation judiciaire, V. ancien art. L. 622-14.

BIBL. ▶ MARTIN-SERF, *Rev. proc. coll. 2000. 167.*

1. Délai pour agir. Il ne peut être soutenu que l'action en nullité d'un droit de nantissement constitué sur les biens du débiteur pour dettes antérieurement contractées, qui a pour effet de reconstituer l'actif du débiteur, n'est enfermée dans aucun délai, a un caractère autonome et est susceptible d'être exercée tant antérieurement que postérieurement au dépôt de l'état des créances et de remettre en cause des décisions préalablement arrêtées par le juge-commissaire quant à l'admission des créances, alors que l'autorité de la chose jugée attachée à la décision d'admission de la créance par le juge-commissaire, dont le caractère irrévocable n'est pas contesté, est générale et peut être invoquée même en cas de report de la date de cessation des paiements. • Com. 12 nov. 1991 : *Bull. civ. IV, n° 342 ; D. 1992. Somm. 183, obs. Honorat* (V. l'arrêt cassé : • Douai, 8 juin 1989 : *D. 1989. Somm. 371, obs. crit. Honorat*). – Dans le même sens : • Com. 13 oct. 1998 : *Act. proc. coll. 1998, n° 112.* ♦ Comp., jugeant que l'action en nullité prévue par l'art. 107 [C. com., art. L. 621-107] n'est soumise à aucun délai de rigueur : • Paris, 18 févr. 1992 : *D. 1992. IR. 142.* ♦ Comp., aussi, distinguant entre les actions en nullité portant sur les sûretés, qui se heurtent à l'admission définitive de la créance à titre privilégié, et celles qui font naître une créance nouvelle, conséquence du prononcé de la nullité : • Bourges, 28 juill. 1994 : *Rev. proc. coll. 1995. 451, obs. Lemistre.*

Si l'admission d'une créance d'une banque rend irrecevable, comme contraire à l'autorité de la chose jugée, toute contestation du solde débiteur d'un compte courant, rien ne s'oppose, en revanche, à ce que des remises opérées de façon anormale par le débiteur pendant la période suspecte soient annulées par application de l'art. 108 [C. com., art. L. 621-108], la décision d'admission n'ayant pas pour effet de réputer réguliers les paiements qui, effectués en période suspecte, auraient diminué le solde débiteur à une date où la banque avait connaissance de la cessation des paiements. • Com. 24 oct. 1995 : *Bull. civ. IV, n° 250 ; D. 1996. 86, note crit. Derrida ; D. Affaires 1995. 200 ; RTD com. 1996. 344, obs. Martin-Serf* • 9 juill. 1996 : *D. 1996. IR. 185 ; D. Affaires 1996. 1170 ; Rev. proc. coll. 1998. 208, obs. Lemistre.* – Dans le même sens, V. • Com. 18 févr. 2003 : *Act. proc. coll. 2003, n° 142, obs. Boulay ; RD banc. fin. 2003, n° 117, obs. F.-X. Lucas ; Rev. proc. coll. 2004. 69, obs. Blanc.*

La décision de rejet de la créance ne rend pas irrecevable, comme contraire à l'autorité de la chose jugée, l'action en nullité de la cession des créances professionnelles faite par le débiteur au cours de la période suspecte. • Com. 8 juin 1999 : *Bull. civ. IV, n° 123 ; D. 1999. Somm. 352, obs. Honorat ; D. Affaires 1999. 1117, obs. V. A.-R. ; Petites affiches 8 juill. 1999, p. 9, note P. M. ; RTD com. 2000. 183, obs. Martin-Serf ; Rev. proc. coll. 2002. 274, obs. Blanc.* ♦ De même, l'admission d'un créancier pour la partie impayée de sa créance ne met pas obstacle à l'action en nullité des paiements partiels reçus en période suspecte. • Com. 7 déc. 1999 : *Bull. civ. IV, n° 221 ; D. 2000. AJ. 32, obs. A. L. ; JCP E 2000, n°s 18-19, p. 751, obs. Cabrillac ; Petites affiches 3 juill. 2000, p. 24, note Courtier ; RTD com. 2000. 1016, obs. Martin-Serf* • 25 févr. 2004 : *Rev. proc. coll. 2004. 384, obs. Blanc.* ♦ Comp. : note 4 *bis* ss. art. 103 de la loi du 25 janv. 1985, *supra*, ss. ancien art. L. 621-105.

1 bis. Qualité pour agir. La nullité prévue à l'art. 107 [C. com., art. L. 621-107] ne peut être prononcée qu'à l'initiative d'une des personnes visées à l'art. 110 [C. com., art. L. 621-110]. • Com. 5 oct. 1993 : *RJDA 1994, n° 206* • 12 juin 2001 : *Bull. civ. IV, n° 115 ; D. 2001. AJ. 2034, obs. Lienhard* (excluant l'action du débiteur). ♦ Un créancier n'a pas qualité pour invoquer personnellement la nullité d'un paiement, fût-ce par voie d'exception. • Com. 6 mai 1997 : *Bull. civ. IV, n° 120 ; D. 1997. Somm. 313, obs. Honorat ; D. Affaires 1997. 735 ; RTD com. 1999. 201, obs. Martin-Serf.* – V. aussi • Com. 12 juin 2001 : *RJDA 2001, n° 1236* • Douai, 31 oct. 2002 : *Rev. proc. coll. 2004. 70, obs. Blanc* (s'agissant de l'AGS). ♦ V. aussi note 4 *ter.* ♦ De même, la caution n'est pas fondée à se prévaloir de cette nullité. • Com. 25 févr. 2004 : *RJDA 2004, n° 1021 ; Rev. proc. coll. 2004. 382, obs. Blanc.* ♦ Pour le rejet de l'exception de nullité d'une cession de créances professionnelles, opposée par le débiteur cédé, alors que le liquidateur de la société débitrice n'avait pas exercé l'action en nullité de la période suspecte, V. • Com. 4 juill. 2000 : *Act. proc. coll. 2000, n° 192.* ♦ Toutefois, les tiers peuvent se prévaloir de la nullité dès lors que celle-ci a été prononcée (débiteur cédé se prévalant de la nullité d'une cession de créance). • Com. 3 juin 1997 : *D. Affaires 1997. 860 ; RTD com. 1999. 202, obs. Martin-Serf.* ♦ V. aussi note 2 *quater.*

1 ter. Les fonctions des organes de la procédure, s'agissant de l'exercice de l'action en nullité des paiements faits par le débiteur après la date de cessation des paiements, ne sont pas exclusives les unes des autres mais concourantes ; chacun peut donc prétendre au paiement des frais irrépétibles qu'il a personnellement exposés. • Com. 3 juin 1997 : *Procédures 1997, n° 267, note Croze ; Rev. proc. coll. 1998. 77, obs. Soinne.*

1 quater. En revanche, seuls ont qualité pour demander, par voie d'action ou d'exception, la nullité d'actes accomplis en période suspecte par le débiteur soumis à une procédure collective, les mandataires de justice désignés dans cette procédure collective (et non ceux désignés dans celle ouverte à l'encontre du donneur d'aval de billets à ordre émis par le débiteur). • Com. 25 nov. 1997 : *Bull. civ. IV, n° 306 ; D. 1998. IR. 22 ; D. Affaires 1998. 115, obs. V. A.-R. ; RTD com. 1999. 201, obs. Martin-Serf.*

1 quinquies. L'action en nullité de la période suspecte engagée par le mandataire liquidateur, en vertu de l'art. 110 [C. com., art. L. 621-110], en sa qualité de liquidateur de la société commerciale initialement mise en liquidation, concerne nécessairement également la société civile fictive à laquelle la procédure a été étendue. • Paris, 25 sept. 1998 : *D. Affaires 1998. 1698, obs. A. L.*

1 sexies. Le jugement qui a arrêté le plan de cession ayant mis fin aux fonctions de l'administrateur même en ce qui concerne les pouvoirs nécessaires à la mise en œuvre du plan, celui-ci, ayant perdu la qualité d'administrateur du redressement judiciaire, est irrecevable à agir en nullité des actes faits durant la période suspecte. • Com. 1er févr. 2000 : *RJDA 2000, n° 566 ; RTD com. 2001. 215, obs. Saint-Alary-Houin.*

1 septies. Si le représentant des créanciers demeure en fonction pendant le temps nécessaire à la vérification des créances, cette fonction n'implique pas qu'il puisse poursuivre une action en nullité de la période suspecte. • Com. 17 déc. 2003 : *Rev. proc. coll. 2004. 382, obs. Blanc.*

1 octies. Lorsque l'action en nullité de la période suspecte a été engagée par le commissaire à l'exécution du plan et que la mission de celui-ci a pris fin, seul un mandataire *ad hoc* désigné par le tribunal devant lequel s'est déroulée la procédure de redressement judiciaire peut poursuivre l'instance. • Com. 12 juin 2001 : *Rev. proc. coll. 2002. 272, obs. Blanc ; RD banc. fin. 2002, n° 19, obs. F.-X. Lucas.*

1 nonies. L'action en nullité des contrats commutatifs dans lesquels les obligations du débiteur excèdent notablement celles de l'autre partie, conclus pendant la période suspecte, est exercée, en cas d'ouverture d'une procédure de liquidation judiciaire, par le mandataire-liquidateur. • Soc. 21 févr. 2006 : *Gaz. Pal. 30 avr.-4 mai 2006, p. 42, obs. Roussel Galle.*

1 decies. Sur la possibilité, pour le juge, de soulever d'office la nullité, V. • Civ. 2e, 21 déc. 2000 : *Act. proc. coll. 2001, n° 36, obs. Vallansan.*

2. Intérêt à agir. Sur le défaut d'intérêt à agir du représentant des créanciers, dès lors que la liquidation judiciaire de la société avait été clôturée pour extinction du passif et qu'il avait été mis fin au redressement judiciaire de son dirigeant après adoption du plan d'apurement de son passif, l'intégralité des sommes destinées à couvrir ce passif ayant été consignée entre les mains du représentant des créanciers avant la date de l'assignation en nullité, V. • Com. 29 oct. 1991 : *Bull. civ. IV, n° 320.*

2 bis. Nécessité d'un préjudice. V. note 1 ss. ancien art. L. 621-108.

2 ter. Autonomie de l'action. V. note 1, *supra,* et note 40 ss. ancien art. L. 624-3.

2 quater. Nature de la nullité. La nullité des actes faits par le débiteur depuis la cessation des paiements, telle que prévue par l'art. 107 [C. com., art. L. 621-107], est une nullité relative, qui ne peut notamment être invoquée par le propre débiteur de la personne débitrice. • Com. 1er avr. 1997 : *D. Affaires 1997. 611.*

Cependant, les dispositions de l'art. 107 [C. com., art. L. 621-107] étant d'ordre public, le mandataire liquidateur ne peut librement renoncer à la nullité des actes mentionnés au 6° de ce texte. • Paris, 25 sept. 1998 : *préc. note 1 quinquies.*

3. Action paulienne. BIBL. Courtier, *Petites affiches 3 mars 1995, p. 9.* – Pizzio-Delaporte, *RTD com. 1995. 715.* ♦ Si le créancier ne peut pas exercer l'action en nullité, dévolue par l'art. 110 [C. com., art. L. 621-110] aux seuls mandataires de justice, il n'en est pas de même de l'action paulienne engagée sur le fondement de l'art. 1167 C. civ. qui peut bien évidemment être exercée également par les créanciers et par les mandataires de justice pour des actes antérieurs à la période suspecte et reste ouverte aux créanciers pour les actes passés en période suspecte lorsque l'inaction des mandataires de justice les contraint à l'engager. • Versailles, 28 janv. 1993 : *D. 1993. IR. 95,* conf. sur ce point par • Com. 8 oct. 1996 : *Bull. civ. IV, n° 227 ; D. 1997. 87, note Derrida ; D. Affaires 1996. 1294 ; JCP E 1997. II. 914, note Guyon.*

3 bis. L'inopposabilité d'une donation, résultant de l'exercice de l'action paulienne, n'a d'effet que dans les rapports des seules parties en cause. • Com. 8 oct. 1996 : *préc. note 3.*

V. aussi note 37 *bis* ss. ancien art. L. 620-2, note 5 ss. ancien art. L. 621-39 et note 21 ss. ancien art. L. 621-40.

4. Compétence. L'action en annulation d'un acte sur le fondement des art. L. 621-107 s. C. com. relève de la compétence du tribunal de la procédure collective, et ne peut être soumise au juge-commissaire, qui ne dispose pas du pouvoir pour statuer sur une telle action. • Versailles, 5 sept. 2002 : *BICC 2004, n° 974 ; D. 2003. 897, note Sortais ; Rev. proc. coll. 2004. 383, obs. Blanc,* conf. par • Com. 28 sept. 2004 : *D. 2005. Pan. 297, obs. Le Corre.* ♦ Le tribunal de grande instance statuant en référé est incompétent pour se prononcer sur une demande en nullité d'inscription de nantissement pris en période suspecte. • TGI Paris, (réf.), 4 juill. 1988 : *Rev. proc. coll. 1989. 222, obs. Guyon.*

4 bis. Mesure d'instruction in futurum. En sa qualité de créancier de l'entreprise en redressement judiciaire, non habilité à exercer les actions spécifiques des art. 107 et 108 [C. com., art. L. 621-107 et L. 621-108], une société ne justifie pas d'un motif légitime pour demander l'institution d'une mesure d'instruction destinée à établir l'irrégularité alléguée d'actes préjudiciables aux créanciers accomplis par le débiteur au cours de la période suspecte et la connaissance de son état de cessation des paiements par ses cocontractants. • Com. 26 avr. 2000 : *Bull. civ. IV, n° 83 ; D. 2001. Somm. 621, obs. Honorat ; ibid. 2000. AJ. 267, obs. Lienhard ; RTD com. 2000. 728, obs. Vallens ; ibid. 2001. 235, obs. Martin-Serf ; Bull. Joly 2000. 793, note Menjucq.* ♦ V. note 1 *bis.*

5. Restitution. En ce sens que le point de départ des intérêts légaux est la date où le paiement annulé a été reçu (application de l'art. 1378 C. civ., en raison de la mauvaise foi, à propos d'une nullité facultative), V. • Com. 22 nov. 1994 : *Rev. proc. coll. 1995. 450, obs.*

Lemistre. – V. aussi • Com. 21 nov. 1995 : *Rev. proc. coll. 1997. 83, obs. Mestre et Laude.*

5 bis. La créance résultant d'une obligation de rembourser un prêt à la suite de l'annulation, en application de l'art. 107 (3°) [C. com., art. L. 621-107], d'un paiement effectué avant le jugement d'ouverture a son origine antérieurement à ce jugement et doit être déclarée à la procédure collective. • Com. 30 oct. 2000 : *Bull. civ. IV, n° 171 ; D. 2001. Somm. 618, obs. Honorat ; ibid. 2000. AJ. 427, obs. Lienhard ; Act. proc. coll. 2000, n° 239, obs. Vallansan ; JCP E 2001, n° 5, p. 219, obs. Pétel ; RD banc. fin. 2001, n° 20, obs. F.-X. Lucas ; RTD com. 2001. 236, obs. Martin-Serf ; Dr. et patr. juin 2001. 112, obs. Monsèrié-Bon.* ♦ Dans le même sens, pour la créance de restitution du prix d'une vente annulée, V. • Com. 28 janv. 2004 : *D. 2005. Pan. 293, obs. Le Corre ; RJDA 2004, n° 856 (2e esp.) ; Rev. proc. coll. 2004. 389, obs. Blanc* • Orléans, 28 avr. 2005 : *RJDA 2005, n° 1132 (1re esp.).*

6. La nullité du paiement prononcée en application de l'art. 108 [C. com., art. L. 621-108] ayant pour effet, en vertu de l'art. 110 [C. com., art. L. 621-110] de reconstituer l'actif du débiteur, toute compensation est exclue entre la dette de restitution consécutive au prononcé de la nullité de remises en compte courant effectuées après la date de cessation des paiements et une créance admise au passif de la procédure collective. • Com. 24 oct. 1995 : *préc. note 1* • 31 mars 1998 : *RJDA 1998, n° 1016* • Versailles, 6 mars 1997 : *JCP E 1997. Pan. 435.*

7. La restitution amiable par le créancier du débiteur des sommes reçues en vertu d'un paiement que la loi déclare nul de droit est opposable à la caution. • Com. 22 oct. 1996 : *D. 1997. IR. 2 ; Quot. jur. 19 nov. 1996, p. 12 ; Rev. sociétés 1997. 596, note Didier .*

7 bis. Nullité d'un contrat de travail. En cas de nullité d'un contrat de travail fondée sur l'art. L. 621-107 C. com., le salarié doit être indemnisé pour les prestations qu'il a fournies en exécution du contrat annulé. • Soc. 7 mai 2003 : *Act. proc. coll. 2003, n° 200.*

8. Sous-acquéreurs. Ni l'erreur commune, ni l'apparence ne peuvent faire obstacle aux conséquences, vis-à-vis des tiers sous-acquéreurs, même de bonne foi, de la nullité édictée par les art. 107 et 108 [C. com., art. L. 621-107 et L. 621-108]. • Com. 3 févr. 1998 : *Bull. civ. IV, n° 53 ; D. 1999. 185, note Bénabent ; D. 1999. Somm. 70, obs. Honorat ; D. Affaires 1998. 339, obs. A. L. ; JCP E 1998, n° 17, p. 655, obs. Cabrillac ; RTD com. 1999. 201, obs. Martin-Serf* • 30 juin 2004 : *Bull. civ. IV, n° 137 ; D. 2004. AJ. 2301 ; Act. proc. coll. 2004, n° 191, obs. Vallansan.*

9. Publicité foncière. **BIBL.** Dagot, *JCP 1986. I. 3262.* ♦ V. note 18 *ter* ss. ancien art. L. 621-107.

SOUS-SECTION 3 DES DROITS DU CONJOINT

BIBL. GÉN. ▶ DERRIDA, *Mélanges Colomer, Litec, 1993, p. 153* (sort du passif du chef du conjoint en cas de redressement judiciaire d'un époux sous le régime de la communauté légale).

Ancien art. L. 621-111 ***Le conjoint du débiteur soumis à une procédure de redressement judiciaire établit la consistance de ses biens personnels conformément aux règles des régimes matrimoniaux.*** — [L. n° 85-98 du 25 janv. 1985, art. 111]. — Pour l'application à la liquidation judiciaire, V. ancien art. L. 622-14.

Délai de revendication. Jugé que le délai de trois mois prévu à l'art. 115 [C. com., art. L. 621-115] ne peut être appliqué à l'action en revendication exercée par un époux séparé de biens à l'encontre de son conjoint déclaré en redressement judiciaire ; que le conjoint du débiteur soumis à procédure collective, auquel l'art. 111 [C. com., art. L. 621-111] ci-dessus permet d'établir la consistance de ses biens personnels conformément aux règles des régimes matrimoniaux, est en droit de faire appel aux dispositions de l'art. 1538 C. civ. au soutien de ses prétentions en revendication, sans que puisse lui être opposée l'irrecevabilité tirée des dispositions de l'art. 115 [C. com., art. L. 621-115]. • TGI Limoges, 7 févr. 1991 : *D. 1991. Somm. 331, obs. crit. Honorat .* ♦ Comp. : note 4 ss. ancien art. L. 621-115.

Ancien art. L. 621-112 ***Le représentant des créanciers ou l'administrateur peut, en prouvant par tous les moyens que les biens acquis par le conjoint du débiteur l'ont été avec des valeurs fournies par celui-ci, demander que les acquisitions ainsi faites soient réunies à l'actif.*** — [L. n° 85-98 du 25 janv. 1985, art. 112]. — Pour l'application à la liquidation judiciaire, V. ancien art. L. 622-14.

*Sur l'inapplicabilité des art. L. 621-112 et L. 621-114 au cas de l'assurance-vie, V. C. assur., art. L. 132-17. - **C. assur.** ou **C. proc. coll.***

BIBL. ▶ Brémond, *JCP N 2006, n° 17, p. 825* (moyens de défense de l'époux faisant l'objet d'une action en « réunion d'actif »).

1. Inapplicabilité aux biens propres. L'immeuble bâti sur le terrain propre de l'épouse, pendant la durée du mariage et à l'aide de fonds provenant de la communauté, constituant lui-même un propre, sauf récompense, les dispositions de l'art. L. 621-112 C. com. ne sont pas applicables. • Com. 24 juin 2003 : *Bull. civ. IV, n° 105 ; D. 2003. 2167, note Delmotte ; D. 2004. Somm. 51, obs. Le Corre ; Rev. proc. coll. 2003. 359, obs. Rubellin ; RJPF 2003, n° 12, p. 18, obs. Vauvillé ; JCP E 2004, n° 6, p. 225, obs. Pétel.* – V. Brémond, *Dr. et patr. juin 2004. 36.*

1 bis. Biens acquis par le conjoint. Les dispositions de l'art. L. 621-112 C. com. ne concernent que les biens acquis par le conjoint du débiteur soumis à la procédure collective (rejet de la demande du liquidateur tendant à la réunion à l'actif d'un immeuble acquis par le fils du débiteur). • Com. 24 mai 2005 : *Gaz. Pal. 4-5 nov. 2005, p. 52, obs. Vauvillé.*

1 ter. Conditions d'application. L'application de l'art. 112 [C. com., art. L. 621-112] n'est pas subordonnée à la condition de paiement intégral du prix des biens acquis. • Com. 23 janv. 1996 : *Bull. civ. IV, n° 24 ; D. 1999. Somm. 19, obs. Brémond ; D. Affaires 1996. 298 ; Defrénois 1996. 944, obs. Sénéchal ; JCP E 1996. I. 554, n° 15, obs. Pétel.*

2. Preuve. La simple preuve de ce que le conjoint, au moment de l'acquisition, ne disposait pas de ressources ou de capitaux personnels pour en payer le prix, est suffisante, puisqu'il en résulte que ce n'est en fait que grâce aux revenus du débiteur que les acquisitions ont été réalisées. • Besançon, 21 nov. 1997 : *Act. proc. coll. 1998, n° 40.* ♦ Pour d'autres exemples de présomption suffisante pour l'application de l'art. 112 [C. com., art. L. 621-112], V. • Com. 10 janv. 2006 : *D. 2006. AJ. 302, obs. Lienhard* • Rouen, 4 juin 1992 : *RJDA 1993, n° 261,* conf. par • Com. 23 janv. 1996 : *préc. note 1 ter* • Metz, 14 déc. 1995 : *Rev. proc. coll. 2001. 18, obs. Soinne* • Poitiers, 2 juin 1998 : *ibid.*

Ancien art. L. 621-113 ***Les reprises faites en application de l'article L. 621-111 ne sont exercées qu'à charge des dettes et hypothèques dont ces biens sont légalement grevés.*** — [L. n° 85-98 du 25 janv. 1985, art. 113]. — Pour l'application à la liquidation judiciaire, V. ancien art. L. 622-14.

Ancien art. L. 621-114 ***Le conjoint du débiteur qui était commerçant, immatriculé au répertoire des métiers ou agriculteur lors de son mariage ou l'est devenu dans l'année de celui-ci ne peut exercer dans le redressement judiciaire aucune action à raison des avantages faits par l'un des époux à l'autre, dans le contrat de mariage ou pendant le mariage. Les créanciers ne peuvent, de leur côté, se prévaloir des avantages faits par l'un des époux à l'autre.*** — [L. n° 85-98 du 25 janv. 1985, art. 114]. — Pour l'application à la liquidation judiciaire, V. ancien art. L. 622-14.
V. note ss. ancien art. L. 621-112.

SOUS-SECTION 4 DES DROITS DU VENDEUR DE MEUBLES ET DES REVENDICATIONS

Ancien art. L. 621-115 ***La revendication des meubles ne peut être exercée que dans le délai de trois mois suivant la publication du jugement ouvrant la procédure de redressement judiciaire ou de liquidation judiciaire immédiate.*** — V. art. ancien L. 621-123.

Pour les biens faisant l'objet d'un contrat en cours au jour de l'ouverture de la procédure, le délai court à partir de la résiliation ou du terme du contrat. — [L. n° 85-98 du 25 janv. 1985, art. 115]. — Pour l'application à la liquidation judiciaire, V. ancien art. L. 622-14. — V. Décr. n° 85-1388 du 27 déc. 1985, ancien art. 85-1, infra, App., v° Difficultés des entreprises.

Ancien art. 115 de la loi du 25 janv. 1985 [rédaction antérieure à L. n° 94-475 du 10 juin 1994] ***La revendication des meubles ne peut être exercée que dans le délai de trois mois à partir du prononcé du jugement ouvrant la procédure de redressement judiciaire.*** — Pour l'entrée en vigueur de la loi du 10 juin 1994, V. note ss. ancien art. L. 620-1.

BIBL. ▶ PÉROCHON, *RJ com. nov. 1992. 91.*

▶ Régime issu de la loi du 10 juin 1994 : PÉROCHON, *D. 1994. Chron. 251 ; Cah. dr. entr. 1995, n° 5, p. 25.* - SOINNE, *Petites affiches 14 sept. 1994, p. 75.* - BENEZERA, *Gaz. Pal. 1994. 2.*

Doctr. 1289. – Soinne, *Rev. proc. coll. 1994. 471 ; ibid. 1997. 199* (nouvel art. 121, al. 2). – Martin-Serf, *Petites affiches 28 oct. 1998, p. 23* (questions procédurales). – Courtier, *Dr. sociétés 2000. Chron. 8* (requête en revendication). – Devésa, *Gaz. Pal. 2002. Doctr. 156* (de l'alternative : action en revendication de l'objet ou action en résolution du contrat de vente). – Pérochon, *Petites affiches 13 févr. 2002, p. 4 ; Rev. proc. coll. 2002. 123* (dernières évolutions jurisprudentielles) ; *Rev. Lamy droit des affaires, suppl. au nº 80, mars 2005, p. 105* (difficultés génératrices de contentieux). – Le Corre-Broly et Le Corre, *D. 2002. Chron. 948* (analyse jurisprudentielle de la demande en acquiescement de revendication). – Deleneuville, *Rev. proc. coll. 2004. 199* (modalités procédurales et voies de recours : actualité jurisprudentielle).

I. DOMAINE D'APPLICATION

Jurisprudence antérieure à la loi du 10 juin 1994

BIBL. Rives-Lange et Rachez, *D. 1991. Chron. 270.* – B.S., *Gaz. Pal. 1989. 2. Doctr. 333.* – Amiot, *Rev. dr. bancaire 1988. 182.* – Le Corre, *Rev. proc coll. 1992. 1.*

A. PROCÉDURE DE REDRESSEMENT OU DE LIQUIDATION JUDICIAIRES

1. Déjà avant la loi du 10 juin 1994, la Cour de cassation avait jugé que l'ancien art. 115 était applicable en cas de liquidation judiciaire. • Com. 13 févr. 1990 : *Bull. civ. IV, nº 41 ; D. 1991. Somm. 42, obs. Pérochon.* – *Contra* : • Douai, 23 janv. 1992 : *cité note 6.* ♦ Jurisprudence confirmée par l'art. L. 621-115, al. 1er, et par les art. L. 622-3 et L. 622-14, issus de la loi nº 94-475 du 10 juin 1994.

2. Sur la revendication de marchandises acquises sous réserve de propriété postérieurement au redressement judiciaire de l'acheteur, V. • Versailles, 22 févr. 1990 : *D. 1991. Somm. 43, obs. Pérochon.* ♦ V. aussi note 12 *ter.*

3. L'action en revendication qui a été engagée avant l'ouverture de la procédure collective du débiteur n'est pas soumise aux dispositions de l'art. 115 [C. com., art. L. 621-115]. Elle doit être seulement, en application de l'art. 49 [C. com., art. L. 621-42], poursuivie contre le liquidateur judiciaire sans que la mise en cause de celui-ci soit enfermée dans le délai de trois mois. • Com. 9 juill. 1996 : *Bull. civ. IV, nº 208 ; D. 1996. IR. 193 ; D. Affaires 1996. 1069 ; Rev. proc. coll. 2001. 26, obs. Soinne.* ♦ Même solution pour l'action en restitution : • Com. 3 déc. 2003 : *RJDA 2004, nº 591* • 30 juin 2004 : *Bull. civ. IV, nº 138 ; D. 2004. AJ. 2302 ; JCP E 2005, nº 1-2, p. 30, obs. Cabrillac.*

3 bis. L'action en paiement du solde du prix des matériels remis à une société de crédit-bail en violation d'une clause de réserve de propriété n'est pas soumise aux dispositions de la loi du 25 janv. 1985 [C. com., art. L. 621-115 s.], même si la société de crédit-bail a, elle-même, remis ces biens à une société en procédure collective. • Com. 29 mai 2001 : *JCP E 2001, nº 50, p. 2006, note Leveneur ; RJDA 2001, nº 1130 ; RTD civ. 2001. 930, obs. Croq.*

B. MEUBLES SOUMIS À REVENDICATION

3 ter. Exclusion des meubles détenus en vertu du droit de rétention. Le dépositaire d'un meuble, qui dispose du droit de rétention, n'est pas soumis, pour revenir en possession du meuble dont il s'est trouvé dessaisi par la fraude ou la violence, aux dispositions de l'art. 115 [C. com., art. L. 621-115]. • Com. 3 janv. 1995 : *D. 1995. IR. 75 ; Rev. proc. coll. 1995. 482, obs. Soinne ; JCP E 1995. I. 487, nº 13, obs. Cabrillac.* ♦ Le droit de rétention du garagiste impayé est opposable à tous les créanciers tant chirographaires que privilégiés. • Pau, 13 oct. 1994 : *JCP 1995. IV. 1566.* (V. l'arrêt rejetant le pourvoi : • Com. 20 mai 1997 : *cité note 3 bis ss. ancien art. L. 621-44*).

3 quater. Marchandises détenues par le débiteur suite à l'inexécution de son obligation de délivrance. V. • Paris, 18 nov. 1994 : *Rev. proc. coll. 1995. 481, obs. Soinne.*

4. Crédit-bail. **BIBL.** Le Corre, *Rev. proc. coll. 1992. 1.* – Cordier, *RJDA 1999, p. 939* (incidence de la publicité des contrats de crédit-bail mobilier).♦ Avant la loi du 10 juin 1994, qui a modifié l'art. 115 et ajouté l'art. 115-1 [devenus, depuis la codification, C. com., art. L. 621-115 et L. 621-116], les dispositions de l'ancien art. 115 étaient applicables quels que soient la cause juridique ou le titre invoqué à l'appui de la revendication, le crédit-bailleur ne pouvant, dès lors, faire valoir son droit de propriété sur les biens objet du contrat qu'en les revendiquant dans le délai de trois mois à partir du prononcé du jugement ouvrant la procédure de redressement judiciaire. • Com. 15 oct. 1991 : *Bull. civ. IV, nº 291 (1er arrêt) ; D. 1991. 632 (1re esp.), note F. D. ; D. 1993. Somm. 285, obs. Pérochon ; JCP 1992. II. 21805, note Larroumet ; JCP E 1992. II. 250, note Bey ; RJ com. 1991. 394, note Martin-Serf ; Rev. sociétés 1992. 105 (1re esp.), note Leveneur et Paclot* • 10 déc. 1991 : *Bull. civ. IV, nº 379* • 11 mai 1993 : *Rev. huiss. 1993. 982, note Vidal ; Dr. sociétés 1993, nº 202, obs. Chaput* • 6 juill. 1993 : *RJDA 1993, nº 743* • 9 nov. 1993 : *Rev. huiss. 1994. 192, note Vidal.* ♦ V. aussi note 25.

♦ Ces dispositions devaient recevoir application s'agissant d'une requête tendant à la restitution de matériels faisant l'objet de contrats de crédit-bail non poursuivis par l'administrateur de la procédure collective. • Com. 15 oct. 1991 : *Bull. civ. IV, n° 291 (2e arrêt) ; D. 1991 préc. (2e esp.) ; Rev. sociétés préc. (2e esp.)* • Dijon, 25 janv. 1990 : *Gaz. Pal. 1990. 2. 461, note Soinne* • Chambéry, 28 oct. 1991 : *JCP E 1991. Pan. 1308.* ♦ ... Même lorsque des loyers avaient été payés postérieurement au jugement d'ouverture. • Com. 8 déc. 1998 : *Act. proc. coll. 1999, n° 37.* ♦ En revanche, dès lors que le contrat de crédit-bail avait été poursuivi, la restitution du bien mobilier objet de celui-ci devait être obtenue par la voie d'une action en résiliation du contrat continué et non pas au moyen de l'action en revendication prévue à l'art. 115. • Com. 25 juin 1996 : *Bull. civ. IV, n° 189 ; D. 1996. IR. 186 ; D. Affaires 1996. 1036 ; JCP 1997. II. 22867, note Mondoloni.* – V. aussi • Com. 3 déc. 1996 : *Bull. civ. IV, n° 300.*

5. Le fait que la revendication fût fondée sur la présomption de renonciation par l'administrateur à la continuation du contrat n'entraînait aucune dérogation aux dispositions générales et impératives de l'ancien art. 115. • Com. 17 mars 1992 : *Bull. civ. IV, n° 118 ; D. 1992. Somm. 248, obs. Derrida ; D. 1993. Somm. 285, obs. Pérochon ; JCP 1992. II. 21963, note Bey ; RJ com. 1994. 66, note Leclerc* • 11 mai 1993 : *Rev. huiss. 1993. 982 (2e esp.), note Vidal.*

6. Ne violait pas la règle *Contra non valentem...*, l'arrêt qui relevait que la prolongation de délai accordée par le juge-commissaire à l'administrateur pour exercer l'option prévue par l'art. 37 ne faisait pas obstacle à ce que, dans le délai préfix imparti par l'art. 115, le crédit-bailleur fît reconnaître à l'égard de la procédure collective son droit de propriété sur les biens mobiliers donnés en crédit-bail au moyen de l'action en revendication, en vue de leur restitution sauf poursuite du contrat par l'administrateur. • Com. 20 oct. 1992 : *Bull. civ. IV, n° 316 ; D. 1993. 19, note Derrida ; D. 1993. Somm. 285, obs. Pérochon* • 27 avr. 1993 : *Rev. proc. coll. 1993. 569, obs. Soinne* • 8 mars 1994 : *Bull. civ. IV, n° 101 ; D. 1994. IR. 79 ; Dr. sociétés 1994, n° 93, obs. Chaput* • 9 mai 1995 : *Bull. civ. IV, n° 135 ; D. 1996. Somm. 217, obs. Pérochon ; Rev. proc. coll. 1995. 478, obs. Soinne* • 17 déc. 1996 : *D. 1997. IR. 52.* – *Contra* : • Douai, 7 déc. 1989 : *Gaz. Pal. 1990. 2. Somm. 604, obs. Bey* • 23 janv. 1992 : *D. 1992. Somm. 247, obs. Derrida ; JCP E 1992. II. 294, note Auque-Warembourg et Lemistre.* ♦ Comp., désormais : art. L. 621-115.

7. Il résultait de l'absence de revendication dans le délai requis que le juge-commissaire pouvait valablement autoriser au profit de l'ensemble des créanciers la vente de véhicules objet de contrats de crédit-bail. • Com. 11 mai 1993 : *Rev. huiss. 1993. 982 (3e esp.), note Vidal.* ♦ V. aussi • Com. 23 mai 1995 : *Bull. civ. IV, n° 153 ; D. 1996. Somm. 216, obs. Pérochon ; Rev. proc. coll. 1995. 488, obs. Soinne* • Paris, 7 févr. 1996 : *D. 1996. IR. 83* • Pau, 17 oct. 1995 : *Rev. proc. coll. 1997. 348, obs. Soinne* (condamnation du crédit-bailleur à opérer le transfert de la carte grise). ♦ Dès lors que le crédit-bail était résilié, la perte par le crédit-bailleur du droit de revendiquer le bien devenu le gage commun des créanciers n'emportait pas le droit pour le liquidateur judiciaire d'agir contre le vendeur en résolution de la vente de ce bien et restitution du prix, le liquidateur conservant seulement le droit, en vertu de la clause de transfert de garantie, d'obtenir réparation du préjudice souffert par le crédit-preneur, en raison des défauts du bien, révélés antérieurement à la résiliation du crédit-bail, jusqu'à la date de celle-ci. • Com. 6 janv. 1998 : *Bull. civ. IV, n° 5 ; D. 2000. Somm. 71, obs. Pérochon et Mainguy ; D. Affaires 1998. 537, obs. A. L. ; RTD com. 1998. 689, obs. Martin-Serf ; Rev. proc. coll. 2001. 33, obs. Soinne.* ♦ Sur l'absence de responsabilité de l'administrateur ou du liquidateur, V. • Com. 14 mars 1995 : *Rev. proc. coll. 1996. 255, obs. Soinne.* ♦ V. aussi note 22 *bis* ss. ancien art. L. 621-122.

8. L'ouverture d'une procédure collective à l'égard du crédit-preneur n'ayant pas entraîné la résiliation des contrats de crédit-bail conclus antérieurement et le crédit-bailleur s'étant trouvé dans l'obligation de remplir ses propres engagements jusqu'à l'expiration du délai imparti par le juge-commissaire à l'administrateur judiciaire pour se prononcer ou jusqu'à la renonciation expresse de l'administrateur judiciaire intervenant avant ou pendant ce délai, sa créance, qui relève des dispositions de l'art. 40 [C. com., art. L. 621-32], avait été régulièrement payée (bien que le crédit-bailleur n'eût pas exercé l'action en revendication dans le délai légal). • Com. 9 mai 1995 : *préc. note 6.* ♦ La perte par le crédit-bailleur du droit de revendiquer le bien était sans influence sur les droits qu'il prétendait exercer en application du contrat, notamment en cas de résiliation, et ne faisait donc pas obstacle à son admission au passif pour le montant de l'indemnité de résiliation et de la valeur résiduelle du matériel. • Com. 3 févr. 1998 : *Bull. civ. IV, n° 55 ; D. 2000. Somm. 71, obs. Pérochon et Mainguy ; D. Affaires 1998. 382, obs. A. L. ; Rev. proc. coll. 2001. 33, obs. Soinne.* ♦ ... Ainsi que pour le montant des échéances de loyers restant à échoir. • Com. 19 janv. 1999 : *Act. proc. coll. 1999, n° 69.*

9. La résolution du plan de redressement entraînant l'ouverture d'une nouvelle procédure distincte et autonome à laquelle s'appliquent les dispositions de l'art. 115 [C. com., art. L. 621-115], le crédit-bailleur pouvait, dans le délai de trois mois du prononcé du jugement ouvrant cette nouvelle procédure, exercer une action en revendication sans qu'il y ait lieu de rechercher s'il avait exercé cette action en revendication lors de la première procédure. • Com. 20 juin 1995 : *Rev. proc. coll. 1995. 482, obs. crit. Soinne* • 20 mai 1997 : *D. Affaires 1997. 860 ; RTD com. 1998. 685, obs. Martin-Serf*. ♦ La revendication dans la première procédure ne dispense pas de revendiquer une nouvelle fois. • Com. 14 mars 1995 : *Dr. sociétés 1995, n° 121, obs. Chaput.* ♦ Comp., jugeant que le droit de propriété reconnu par l'ordonnance du juge-commissaire de la première procédure est opposable aux procédures collectives suivantes : • Douai, 23 oct. 1997 : *Rev. proc. coll. 2001. 29, obs. Soinne.*

10. Le crédit-bailleur qui n'avait pas exercé ses droits de propriétaire dans le délai de trois mois suivant la publication du jugement d'ouverture, ne pouvait plus revendiquer ni les biens en nature ni les prix de vente qui leur sont subrogés et ne pouvait que faire valoir un droit de créance sur le débiteur pour autant qu'il produisît régulièrement à la procédure. • Paris, 25 nov. 1994 : *D. 1995. IR. 6* • 30 sept. 1997 : *D. 1997. IR. 231.*

11. En cas de reprise par le créancier, sans que son droit de propriété eût été reconnu, par l'exercice dans le délai de trois mois de l'action en revendication, et de revente du bien, le créancier devait être condamné à payer au liquidateur le prix obtenu par la revente. • Com. 31 janv. 1995 : *Rev. proc. coll. 1995. 488, obs. Soinne* • Douai, 6 juill. 1995 : *ibid.* ♦ De même, le crédit-bailleur qui reprenait les biens objet du crédit-bail sans les avoir revendiqués devait réparer le préjudice subi par la société débitrice du fait de cette dépossession irrégulière. • Com. 24 nov. 1998 : *Act. proc. coll. 1999, n° 23.*

12. En revanche, en ce sens qu'en exécutant les prestations du contrat de crédit-bail, l'administrateur optait, en application de l'art. 37, pour la poursuite du contrat, et que cette continuation impliquait reconnaissance du droit de propriété du crédit-bailleur sur le matériel loué sans que celui-ci eût à exercer l'action en revendication prévue à l'art. 115 [C. com., art. L. 621-115], V. note 30 *bis* ss. ancien art. L. 621-28. ♦ De même, dès lors que, dans une convention passée antérieurement à une vente aux enchères publiques avec une société de crédit, le liquidateur avait consenti à ce que celle-ci procédât elle-même à la vente du matériel, sous réserve que le produit fût consigné à la Caisse des dépôts et consignations « dans l'attente du jugement qui statuera sur l'art. 115 et sous réserve des voies de recours prévues par la loi », et que cette même convention indiquait, sous la signature des deux parties, que la société de crédit-bailleur était propriétaire de ce matériel, il apparaissait que le liquidateur avait reconnu sans équivoque le droit de propriété du crédit-bailleur et que l'action de ce dernier ne pouvait être mise en échec par les dispositions de l'art. 115. • Com. 25 juin 1996 : *Bull. civ. IV, n° 191 ; D. 1996. IR. 185 ; JCP E 1997. I. 623, n° 7, obs. Cabrillac.* ♦ V. aussi note 11 *ter* ss. ancien art. 25 du 1er décret du 27 déc. 1985, *infra*, App., v° *Difficultés des entreprises.*

12 bis. Dès lors qu'un contrat de crédit-bail n'avait pris effet qu'à la date de réception du matériel par le crédit-preneur et que cette réception était postérieure à la mise en redressement judiciaire de ce dernier, le crédit-bailleur n'était pas soumis aux dispositions de l'art. 115 pour ce bien. • Com. 16 mai 1995 : *Bull. civ. IV, n° 143 ; D. 1996. Somm. 214, obs. Pérochon ; JCP 1995. II. 22497, note Clément.* – Dans le même sens, V. • Rouen, 5 nov. 1998 : *RJDA 1999, n° 204.*

12 ter. V. aussi, sur les incidences du défaut de revendication du crédit-bailleur sur le droit de propriété du crédit-preneur en cas de procédure collective frappant le vendeur, • Paris, 9 sept. 1998 : *D. 2000. Somm. 77, obs. Pérochon et Mainguy ; D. Affaires 1998. 1700, obs. A. L.*

12 quater. Sur l'inopposabilité du droit de propriété du crédit-bailleur en l'absence de publicité du contrat de crédit-bail à la date du jugement d'ouverture, V. note 7 *ter* et 9 ss. ancien art. L. 621-50.

Comp., désormais : art. L. 621-116, issu de la loi n° 94-475 du 10 juin 1994, dispensant de la revendication en cas de contrat ayant fait l'objet d'une publicité.

12 quinquies. Prêt gratuit. L'art. 115 [C. com., art. L. 621-115] est applicable au propriétaire d'un bien prêté, fût-ce à titre gratuit. • Com. 28 janv. 1997 : *D. 2000. Somm. 66, obs. Pérochon et Mainguy ; D. Affaires 1997. 347 ; Dr. sociétés 1997, n° 46, obs. Chaput.*

13. Meubles incorporels. **BIBL.** Vérignon, *JCP N 1995. I. 1037.* ♦ L'obligation de revendiquer dans le délai de trois mois, imposée par l'art. 115 [C. com., art. L. 621-115] à celui qui doit faire reconnaître son droit de propriété contre une personne soumise à une procédure de redressement judiciaire, n'est pas limitée aux meubles corporels. • Com. 21 nov. 1995 : *Bull. civ. IV, n° 266 ; D. 1996. 211, note Regnaut-Moutier ; D. 1996. Somm. 214, obs. Pérochon ; D. Affaires 1996. 26 ; Rev. huiss. 1996. 326, note Courtier* (fonds de commerce) (V., dans le même sens :

en appel : • Caen, 16 sept. 1993 : *D. 1994. 192, note Regnaut-Moutier* ; en première instance : • T. com. Falaise, 21 juill. 1992 : *JCP 1993. IV. 1126 ; Rev. proc. coll. 1993. 552, obs. Soinne)* • 22 oct. 1996 : *Bull. civ. IV, n° 252 ; D. Affaires 1996. 1324* (droits de propriété industrielle) • 29 févr. 2000 : *RJDA 2000, n° 572 ; Procédures 2000, n° 148, obs. Laporte* (fonds de commerce). ♦ V. aussi note 1 *quinquies* ss. ancien art. L. 621-122.

14. Sommes figurant sur un compte bancaire. Sur la preuve que ces sommes font partie du patrimoine du débiteur, V. • Com. 22 nov. 1994 : *D. 1995. IR. 6.* ♦ V. aussi • Paris, 21 mai 1999 : *Rev. proc. coll. 2001. 21, obs. Soinne.*

La demande en restitution des fonds déposés par un syndic de copropriété sur un compte bancaire destiné exclusivement à recevoir les fonds appartenant aux copropriétaires n'est pas une action en revendication soumise aux art. 115 s. [C. com., art. L. 621-115 s.], dès lors que les fonds restent la propriété des copropriétaires et ne peuvent être utilisés que pour leur compte et que le versement de ces fonds est effectué en exécution de dispositions législatives et réglementaires impératives. • Paris, 6 oct. 1995 : *D. 1996. Somm. 95, obs. Atias* .

14 bis. Bons de caisse. Les porteurs de reçus anonymes ou certificats de retrait qui ont remis en nantissement des bons de caisse à l'établissement de crédit qui les a émis doivent revendiquer les bons de caisse dans la procédure collective ouverte à l'égard de l'établissement de crédit. • Paris, 26 juin 1998 : *Act. proc. coll. 1998, n° 109, note Bonneau ; Rev. proc. coll. 2001. 21, obs. Soinne.* – V. F.-X. Lucas, *RD bancaire et bourse 1999. 81.*

14 ter. Valeurs mobilières conservées par un intermédiaire financier. En matière de valeurs mobilières, celles qui se trouvent en conservation chez un intermédiaire financier échappent, lorsque celui-ci fait l'objet d'une procédure collective, à la nécessité de devoir être revendiquées suivant le processus et dans les délais prévus par l'art. 115 [C. com., art. L. 621-115]. • T. com. Paris, 7 sept. 1998 : *Ingénierie patrimoniale nov.-déc. 1999. 15, obs. F.-X. Lucas.*

14 quater. Choses fongibles. V. note 23 *bis* ss. ancien art. L. 621-43.

14 quinquies. Biens meubles placés pour l'exploitation d'un fonds. Les biens meubles qui ont été expressément placés pour le service et l'exploitation d'un fonds doivent être tenus pour immeubles par destination, leur propriétaire n'étant pas, dès lors, soumis à l'obligation de revendiquer dans le délai de trois mois prévu par l'art. 115 [C. com., art. L. 621-115]. • Douai, 11 janv. 2001 : *BICC 2001, n° 900.*

15. Restitution de fonds séquestrés. En ce sens que des fonds séquestrés (prix de vente d'un fonds de commerce) n'ont pas à être revendiqués lorsqu'ils ont été remis à tort au liquidateur, en l'absence de consentement des parties intéressées, et n'ont donc pas été transférés dans le patrimoine du débiteur en liquidation judiciaire, V. • Com. 6 juin 2000 : *Act. proc. coll. 2000, n° 208, obs. Regnaut-Moutier ; RJDA 2000, n° 1051.* ♦ V. aussi note 12 ss. ancien art. L. 621-43.

15 bis. Attribution judiciaire du gage. V. note 2 *sexies* ss. ancien art. L. 622-21.

15 ter. Biens objets d'un contrat en cours (art. L. 621-115, al. 2). Jugé qu'en l'absence de résiliation de plein droit du contrat de vente résultant d'une renonciation volontaire à poursuivre le contrat de la part du débiteur ou de l'absence de réponse dans le délai légal suite à la mise en demeure adressée par le cocontractant, la restitution des biens vendus ne peut être obtenue que par la voie d'une action en résiliation du contrat en application des règles du droit commun et non sur le fondement des règles de la procédure collective. • TGI Castres, 20 nov. 1997 : cité par Devésa : *Gaz. Pal. 2002. Doctr. 156.*

C. DISTINCTION DE LA SAISIE-REVENDICATION

15 quater. Le créancier qui demande au juge d'autoriser une saisie-revendication n'exerce pas une action en revendication, mais met en œuvre une mesure d'exécution forcée. Dès lors, l'art. 115 [C. com., art. L. 621-115] n'est pas applicable. • Civ. 2e, 18 févr. 1999 : *Act. proc. coll. 1999, n° 96, obs. Vallansan ; Rev. proc. coll. 2001. 29, obs. Soinne.*

II. RÉGIME DE LA REVENDICATION

A. DÉFAUT DE DÉCLARATION DE LA CRÉANCE

BIBL. Larroumet, *D. Affaires 1996. 603.* – Le Corre-Broly, *Banque et Droit janv.-févr. 1998. 3* (contenu de la déclaration de créance du crédit-bailleur). – D. Boccara, *Petites affiches 2 mars 1998, p. 6.*

16. La déclaration de la créance n'est pas une condition de la revendication des marchandises vendues avec clause de réserve de propriété. • Com. 20 oct. 1992 : *Rev. proc. coll. 1992. 425, obs. Soinne ; D. 1993. Somm. 288, obs. Pérochon* • 11 mars 1997 : *Bull. Civ. IV, n° 70 ; D. Affaires 1997. 510.* ♦ V. note 30 ss. ancien art. L. 621-46 et notes 19 et 20 ss. ancien art. L. 621-122.

Si la créance est éteinte à concurrence du prix de revente du matériel, le crédit-bailleur doit être admis pour le montant résiduel de celle-ci afin d'être rempli de l'intégralité de ses droits (à propos de la revente d'un bien crédit-baillé, avec l'accord du crédit-bailleur qui en a touché le prix). • Com. 1er oct. 1997 : *D. Affaires 1997. 1223.*

B. DÉLAI DE REVENDICATION

16 bis. Portée du délai (jurisprudence antérieure à la loi du 10 juin 1994). Une cour d'appel ne pouvait, sans violer l'art. 115 de la loi de 1985 et l'art. 8 du décret n° 72-665 du 4 juill. 1972 (V. *infra*, App., v° *Code monétaire et financier (extraits)*, énoncer que le crédit-bailleur devait non seulement revendiquer mais également établir son droit de propriété, en apportant la preuve de la publication du contrat de crédit-bail dans le délai préfix de trois mois à partir du jugement ouvrant la procédure collective. • Com. 25 mars 1997 : *Bull. civ. IV, n° 81 ; D. 1997. IR. 104 ; D. Affaires 1997. 577.* ♦ V. désormais art. L. 621-116, issu de la loi n° 94-475 du 10 juin 1994, dispensant de la revendication en cas de publication du contrat.

16 ter. Si l'absence de revendication rend le droit de propriété inopposable à la procédure collective, elle n'entraîne cependant pas extinction de ce droit de propriété ni le transfert de la propriété au débiteur, la forclusion ne constituant pas un mode d'acquisition de ce droit, ce dont il résulte que, dans les rapports entre le débiteur et le bailleur, l'absence de revendication est sans incidence (dans l'hypothèse où le débiteur avait fait l'objet d'un plan de continuation). • Com. 4 janv. 2000 : *D. 2000. 533, note Le Corre-Broly ; Act. proc. coll. 2000, n° 40, obs. Regnaut-Moutier ; RJ com. 2000. 266, note Dumesnil-Rossi et Santana ; RTD com. 2002. 160, obs. Martin-Serf.* – V. aussi • Com. 24 mars 2004 : *Bull. civ. IV, n° 61 ; D. 2004. AJ. 1084, obs. Lienhard ; Act. proc. coll. 2004, n° 105, obs. Regnaut-Moutier ; JCP E 2004, n° 37, p. 1384, obs. Cabrillac ; Rev. proc. coll. 2004. 378, obs. Monsèrié-Bon.*

16 quater. Le non-exercice de la revendication dans le délai prescrit par l'art. 115 [C. com., art. L. 621-115] n'est pas opposable au bénéficiaire d'une clause de réserve de propriété sur le matériel duquel le crédit-bailleur exerce la possession, l'utilisateur en liquidation judiciaire n'étant que simple détenteur dudit matériel. • Versailles, 25 juin 1998 : *Gaz. Pal. 1999. 2. Somm. 456.*

16 quinquies. Revendication en nature suivie d'une revendication du prix. V. note 4 *bis* ss. ancien art. L. 621-124.

17. Computation. BIBL. Diesbecq et Laverrière, *JCP E 2005, n° 25, p. 1053* (prorogation des délais à raison de la distance et computation). ♦ Avant la loi du 10 juin 1994, le point de départ du délai de revendication était la date du jugement d'ouverture de la procédure et non la date de publicité dudit jugement. • Douai, 7 déc. 1989 : *préc. note 6.* ♦ Solution infirmée par l'art. L. 621-115, al. 1er [réd. issue de la loi n° 94-475 du 10 juin 1994], qui fait courir le délai à partir de la publication du jugement.

18. Le prononcé ultérieur de la liquidation judiciaire demeure sans effet sur les conditions d'exercice de l'action. • Com. 27 nov. 1991 : *RJDA 1992, n° 200.*

18 bis. Un contrat de vente de biens mobiliers dont la propriété est réservée et dont le prix n'est pas payé lors de l'ouverture de la procédure collective n'est pas un contrat en cours au sens de l'art. L. 621-28 C. com. et le délai de revendication a pour point de départ la publication du jugement d'ouverture de la procédure collective. • Com. 5 mai 2004 : *Bull. civ. IV, n° 81 ; D. 2004. AJ. 1525, obs. Lienhard ; ibid. Somm. 2144, obs. F.-X. Lucas ; Act. proc. coll. 2004, n° 139, obs. Pérochon ; JCP E 2004, n° 37, p. 1387, obs. Cabrillac ; ibid., p. 1394, note Reifegerste ; Rev. proc. coll. 2004. 225, obs. Roussel Galle ; RTD civ. 2004. 760, obs. Crocq.* ♦ V. déjà • Com. 3 avr. 2001 : *Bull. civ. IV, n° 72 ; D. 2001. AJ. 1621, obs. Avena-Robardet ; Act. proc. coll. 2001, n° 110, obs. Vallansan ; JCP E 2001, n° 38, p. 1472, obs. Cabrillac et Pétel ; RTD civ. 2001. 631, obs. Crocq ; RTD com. 2002. 160, obs. Martin-Serf.* ♦ Dans le même sens, dans le cas d'une action en revendication exercée par un tiers subrogé dans les droits du vendeur, V. • Com. 28 sept. 2004 : *Petites affiches 24 juin 2005, p. 21, note Houin-Bressand.* ♦ En ce sens que le délai de revendication ne saurait courir du seul fait du prononcé de la liquidation judiciaire, dès lors que celle-ci n'a pas pour effet d'entraîner la résiliation des contrats en cours, V. • Com. 15 févr. 2005 : *cité note 1 ss. ancien art. L. 622-12 ; Gaz. Pal. 29-30 avr. 2005, p. 47, obs. Le Corre-Broly ; Rev. proc. coll. 2005. 376, obs. Monsèrié-Bon ; RTD com. 2006. 206, obs. Martin-Serf.* ♦ Pour une décision ayant fixé le terme d'un contrat en cours à la date du jugement arrêtant le plan de cession, V. • Versailles, 8 oct. 1998 : *D. Affaires 1998. 2019, obs. A. L.*

18 ter. Dès lors que, si des marchandises restent entreposées dans les locaux de la société objet de la procédure collective, il n'est justifié d'aucune commande en cours d'exécution au moment de l'ouverture de la procédure, ni d'aucune commande postérieure, qui seules seraient de nature à démontrer la poursuite du contrat, le délai de trois mois de l'action en revendication commence à courir, conformément à l'art. L. 621-115, al. 1er, du jour de la publication du jugement d'ouverture du redressement judiciaire. • Paris, 10 sept. 2001 : *D. 2001. AJ. 2973* ; *Act. proc. coll. 2002, n° 80, obs. Pérochon.*

19. En cas de requête adressée au juge-commissaire par voie postale, il a été jugé qu'il suffit que le pli soit expédié avant la date d'expiration du délai de trois mois sans qu'il soit nécessaire qu'il ait atteint le destinataire avant cette date. • Com. 1er oct. 1991 : *JCP E 1992. II. 136, n° 15, obs. Cabrillac* • Paris, 19 mai 1995 : *Rev. proc. coll. 1995. 483, obs. crit. Soinne.* ♦ V. art. 668 NCPC. – **C. pr. civ.** ♦ Comp., décidant qu'il ne suffit pas que la revendication ait été émise en temps utile, qu'il faut que la juridiction compétente ait été saisie dans le délai : • Com. 11 févr. 1997 : *D. 1997. IR. 82.*

V. désormais art. L. 621-123.

19 bis. La prorogation de délai prévue par l'art. 643 NCPC ne s'applique pas au délai de trois mois imparti par l'art. L. 621-115 C. com. pour saisir le mandataire de justice d'une demande en revendication d'un bien. • Com. 7 févr. 2006 : *D. 2006. 1547, note Marotte ; ibid. AJ. 576, obs. Lienhard* *(2e esp.) ; Gaz. Pal. 30 avr.-4 mai 2006, p. 51, obs. Le Corre-Broly.* ♦ En faveur de l'application des art. 641 et 642 NCPC, V. • T. com. Lille, 25 juin 1996 : *Rev. proc. coll. 1997. 326, obs. Soinne.*

20. Caractère préfix. Le délai est un délai préfix. • Com. 13 févr. 1990 : *préc. note 1* • 20 oct. 1992 : *préc. note 6.* ♦ Il ne saurait donc être interrompu par la saisine d'une juridiction incompétente. • TGI Béthune, 26 oct. 1988 : *Gaz. Pal. 1989. 2. 534.* ♦ ... Ni par une action en saisie-revendication. • Versailles, 16 juin 1992 : *RJDA 1993, n° 744.* ♦ V. note 23. ♦ ... Et il ne peut donner lieu à un relevé de forclusion. • Dijon, 4 mai 1993 : *RJ com. 1994. 67.* ♦ V. aussi note 19.

Il importe peu, d'autre part, que le créancier ait ignoré l'ouverture de la procédure. • Paris, 3 févr. 1995 : *Rev. proc. coll. 1995. 478, obs. Soinne.*

20 bis. En ce sens que la règle *Contra non valentem*... pourrait être invoquée si l'action en revendication n'avait pu être exercée dans le délai légal en raison d'une impossibilité absolue d'agir, V., à propos de la loi de 1967, art. 59, rédaction antérieure à la loi du 12 mai 1980 : • Com. 28 juin 1994 : *Bull. civ. IV, n° 246 ; D. 1996. Somm. 216, obs. Pérochon* *; RTD com. 1995. 178, obs. Bouloc* . ♦ L'ignorance du crédit-bailleur, quant au prononcé de la liquidation judiciaire du réparateur auquel le matériel loué a été confié et à la mise en vente autorisée de ses actifs, ne constitue pas une impossibilité absolue d'exercer l'action en revendication dans le délai préfix imparti par l'art. 115 [C. com., art. L. 621-115]. • Com. 2 mars 1999 : *RJDA 1999, n° 578 ; RD banc. fin. 2000, n° 20, obs. F.-X. Lucas ; Rev. proc. coll. 2001. 32, obs. Soinne.*

20 ter. L'ignorance du crédit-bailleur, quant au prononcé de la liquidation judiciaire du réparateur auquel le matériel loué a été confié et à la mise en vente autorisée de ses actifs, ne constitue pas une impossibilité absolue d'exercer l'action en revendication dans le délai préfix imparti par l'art. 115 [C. com., art. L. 621-115]. • Com. 2 mars 1999 : *RJDA 1999, n° 578 ; RD banc. fin. 2000, n° 20, obs. F.-X. Lucas ; Rev. proc. coll. 2001. 32, obs. Soinne.*

V. aussi notes 5 s. et 20 *quater*.

C. PARTIES À L'ACTION EN REVENDICATION

20 quater. Qui peut revendiquer ? L'action en revendication, régie par les art. 115 à 122 [C. com., art. L. 621-115 à L. 621-124], étant réservée au propriétaire d'une chose détenue par le débiteur en redressement ou en liquidation judiciaire, le crédit-preneur d'un bien sous-loué à un utilisateur ultérieurement mis en liquidation judiciaire n'a pas qualité pour l'exercer. • Com. 13 juin 1995 : *Bull. civ. IV, n° 177 ; D. 1996. Somm. 211, obs. Pérochon* *; JCP E 1995. I. 513, n° 11, obs. Cabrillac.*

En l'absence de poursuite d'un contrat de sous-location (portant sur des biens crédits baillés), l'action en revendication en vue de la restitution de la chose sous-louée, qui est nécessaire, est réservée à son propriétaire et ne peut être exercée par le locataire principal. • Com. 20 mai 1997 : *Bull. civ. IV, n° 150 ; D. 2000. Somm. 66, obs. Pérochon et Mainguy* *; D. Affaires 1997. 862.*

Le dépositaire ayant la charge, par application de l'art. 1915 C. civ., de restituer en nature la chose remise, le droit de revendiquer le bien entre les mains du sous-dépositaire lui est ouvert. • Com. 14 nov. 2000 : *Bull. civ. IV, n° 175 ; D. 2001. AJ. 233, obs. Pisoni* *; Act. proc. coll. 2000, n° 262, obs. F.-X. Lucas ; JCP E 2001, n° 18, p. 755, obs. Pétel ; RTD civ. 2001. 387, obs. Revet* . ♦ Cette action en revendication doit être exercée dans le délai préfix imparti par l'art. 115 [C. com., art. L. 621-115]. • Même arrêt.

Pour l'irrecevabilité de l'action en revendication exercée au nom d'une société par actions simplifiée par son directeur général, le président de la société ayant seul le pouvoir de la représenter à l'égard des tiers, V. • Com. 2 juill. 2002 : *Bull. civ. IV, n° 112 ; D. 2002. AJ. 2263, obs. Lienhard ; JCP E 2002, n° 51-52, p. 2069, note Dondero ; Act. proc. coll. 2002, n° 187, obs. Regnaut-Moutier ; RD banc. fin. 2002, n° 190, obs. F.-X. Lucas ; RTD com. 2002. 688, obs. Chazal et Reinhard ; ibid. 2003. 374, obs. Martin-Serf*. ♦ Comp., désormais : art. L. 227-6, al. 3, C. com., dans sa réd. issue de L. n° 2003-706 du 1er août 2003.

En l'état d'une action en revendication intentée par le président du conseil d'administration d'une société alors gérée par un administrateur judiciaire provisoire, puis mise elle-même en liquidation judiciaire, il y a lieu de rejeter l'opposition formée par le liquidateur de la société contre l'ordonnance du juge-commissaire qui a rejeté cette action en revendication, dès lors que, le recours formé par le liquidateur judiciaire étant intervenu après l'expiration du délai de trois mois ouvert en application de l'art. 115 [C. com., art. L. 621-115], la nullité pour irrégularité de fond de la demande formée par le président du conseil d'administration n'a pas été couverte dans le délai de la revendication. • Com. 8 juin 1999 : *Bull. civ. IV, n° 122 ; D. 1999. IR. 178 ; D. Affaires 1999. 1332, obs. V. A.-R. ; Rev. proc. coll. 2001. 32, obs. Soinne*. – V. aussi J.-L. Courtier, *Dr. sociétés 2000. Chron. 8*.

En ce sens que le sous-acquéreur n'a pas à revendiquer des matériels qu'il a intégralement payés et qui n'étaient plus en nature, avant même l'ouverture de la procédure collective, en la possession de son vendeur mais en la sienne, quand bien même ces matériels se trouvaient placés sous séquestre, pour le compte de qui il appartiendrait, à son siège, V. • Paris, 4 févr. 1999 : *RJDA 1999, n° 1236*.

Pour le rejet de l'action en revendication exercée par une centrale d'achat qui avait restitué au fournisseur, mis par la suite en redressement judiciaire, les marchandises intégralement payées et restées invendues, la propriété de celles-ci ayant été transférée au fournisseur dès l'annulation de la facturation d'origine par un avoir correspondant au prix de ces marchandises, V. • Versailles, 21 juin 2001 : *RJDA 2002, n° 72*.

20 quinquies. Contre qui revendiquer ? L'action en revendication peut parfaitement être présentée auprès du détenteur des matériels même si celui-ci n'est pas le débiteur du crédit-bailleur. • Com. 24 oct. 1995 : *Rev. proc. coll. 1997. 324, obs. Soinne*. ♦ V. aussi, pour une revendication entre les mains d'un cessionnaire, • Paris, 26 mars 1996 : *ibid.*

D. PREUVE

20 sexies. Lorsqu'une société créancière prouve être propriétaire des biens remis à bail à la société en liquidation, il convient de considérer que le revendiquant n'a pas à faire la preuve de l'existence en nature des appareils entre les mains du débiteur au moment de sa revendication, dans la mesure où les biens n'ont pas été consignés au débiteur ni à titre de dépôt, ni pour être vendus pour le compte du propriétaire, ni cédés avec clause de réserve de propriété. • Caen, 16 mars 1995 : *JCP 1995. IV. 2674*.

E. CAUTIONS

21. La caution est fondée à se prévaloir de la décharge édictée par l'art. 2037 [2314] C. civ., dès lors que le créancier n'a pas exercé la revendication dans le délai légal, privant ainsi la caution d'un droit qui pouvait lui profiter. • Com. 14 févr. 1995 : *Bull. civ. IV, n° 41 ; D. 1996. Somm. 218, obs. Pérochon* (loi de 1967) • 11 juill. 1988 : *Bull. civ. IV, n° 237 ; Gaz. Pal. 1988. 2. 672* • Versailles, 1er déc. 1995 : *D. Affaires 1996. 263* • Paris, 3 juin 2003 : *RD banc. fin. 2003, n° 193, obs. F.-X. Lucas*. ♦ Comp., énonçant que, dans le cas où un vendeur bénéficie à la fois d'un cautionnement solidaire garantissant le paiement du prix de vente et d'une clause de réserve de propriété, aucun texte ne subordonne l'exercice de son recours contre la caution à la revendication préalable du bien vendu : • Com. 14 juin 1994 : *Bull. civ. IV, n° 209 ; Defrénois 1995. 96, note S. Piedelièvre*. – Comp., également : • Paris, 19 sept. 2003 : *RTD com. 2004. 157, obs. Martin-Serf*. ♦ L'absence de revendication dans le délai de l'art. 115 [C. com., art. L. 621-115] a pour effet, non pas de rendre la demande irrecevable, mais de décharger la caution de tout ou partie de son obligation dans la limite des droits dont elle est privée, faute de subrogation. • Com. 20 mai 1997 : *RJDA 1997, n° 1244 ; Rev. proc. coll. 2001. 33, obs. Soinne*.

III. COMPÉTENCE

Jurisprudence antérieure à la loi du 10 juin 1994.

22. Avant la loi du 10 juin 1994, qui a ajouté l'art. 121-1 [devenu C. com., art. L. 621-123], aucune disposition de la loi du 25 janv. 1985 et de son décret d'application n'interdisait au demandeur, bénéficiaire d'une clause de réserve de propriété, de soumettre sa revendication au tribunal ayant ouvert la procédure de redressement judiciaire dont la compétence était ainsi concurrente de celle, non exclusive, du juge-commissaire. • Paris, 27 janv. 1988 : *Gaz. Pal. 1988. 1. Somm. 91*. – V., aussi en ce sens, • Com. 10 juill. 1990 : *Bull. civ. IV, n° 205 ; D. 1990. IR. 188* • 1er oct. 1991 : *D. 1992. Somm. 6, obs. Derrida ; D. 1993. Somm. 294,* *obs. Pérochon* . ♦ Sur l'incompétence du juge des référés, V. • Com. 9 juill. 1991 : *Bull. civ. IV, n° 252 ; D. 1993. Somm. 294, obs. Pérochon* ; *JCP E 1991. I. 102, n° 9, obs. Pétel ; RTD com. 1992. 469, obs. Martin-Serf* • 20 oct. 1991 : *Rev. proc. coll. 1993. 131, obs. Soinne* • 11 mai 1993 : *Rev. huiss. 1993. 801* • 22 nov. 1994 : *Dr. sociétés 1995, n° 6, obs. Chaput.* ♦ *Contra*, jugé que durant la période d'observation la connaissance de l'action en revendication relevait de la compétence exclusive du juge-commissaire : • Aix-en-Provence, 23 nov. 1988 : *Gaz. Pal. 1989. 1. 279, note Latil* • T. com. Nanterre, 17 mai 1991 : *Gaz. Pal. 1992. 1. Somm. 68.* ♦ Comp., désormais : art. L. 621-123.

23. V. aussi note 4 *ter* ss. ancien art. L. 621-124. Jugé qu'aucune disposition n'interdit au bénéficiaire d'une clause de réserve de propriété de solliciter du président du tribunal de grande instance, à titre conservatoire, une saisie-revendication conformément aux art. 826 s. C. pr. civ. [abrogés par L. n° 91-650 du 9 juill. 1991]. • Paris, 12 déc. 1991 : *D. 1992. IR. 47.* ♦ V. aussi note 20 et Comp. : note 32 ss. ancien art. L. 621-122.

V. notes 13 et 14 ss. ancien art. 25 du 1er décret du 27 déc. 1985, *infra*, App., v° *Difficultés des entreprises.*

IV. MODALITÉS

24. Forme de la requête. Est recevable la revendication opérée par voie de requête notifiée au juge-commissaire par voie postale le dernier jour du délai de trois mois. • Paris, 5 janv. 1990 : *RJ com. 1991. 225, note Gallet.* ♦ En revanche, n'a pas été saisi d'une instance en revendication, le juge-commissaire à qui a été adressée, par lettre recommandée, copie d'une demande amiable en revendication formée auprès du représentant des créanciers, dès lors que cette lettre ne contient aucune demande, même implicite, et ne sollicite aucune décision de ce magistrat, qui n'est tenu de statuer que sur ce qui lui est demandé. • Com. 21 janv. 1992 : *Bull. civ. IV, n° 24 ; D. 1992. Somm. 246, obs. Derrida* ; *D. 1993. Somm. 295, obs. Pérochon* ; *RJDA 1992, n° 403.* ♦ V. aussi, pour une demande sans valeur, faute notamment de signature, • Douai, 18 déc. 1996 : *Rev. proc. coll. 1997. 332, obs. Soinne.* ♦ Comp., désormais, ancien art. 85-1 du 1er décret du 27 déc. 1985, issu du décret n° 94-910 du 21 oct. 1994, *infra*, App., v° *Difficultés des entreprises,* qui prévoit la forme de lettre recommandée avec demande d'avis de réception.

N'entre pas dans les irrégularités de fond, limitativement énumérées par l'art. 117 NCPC, le défaut de signature de la requête unilatérale présentée au juge-commissaire. • Civ. 2e, 3 juin 1999 : *Bull. civ. II, n° 107 ; D. Affaires 1999. 1332, obs. V. A.-R. ; Rev. proc. coll. 2001. 32, obs. Soinne.* – V. aussi J.-L. Courtier, *Dr. sociétés 2000. Chron. 8.* ♦ Dès lors, viole l'art. 114 NCPC une cour d'appel qui annule l'acte entaché d'un vice de forme sans rechercher en quoi l'irrégularité a causé grief. • Même arrêt.

Sur une requête rédigée en langue étrangère, V. • Dijon, 10 déc. 1996 : *Rev. proc. coll. 1997. 332, obs. Soinne.*

24 bis. Délégation de pouvoirs. La requête en revendication est une demande en justice que le propriétaire du bien peut former lui-même (V. ancien art. 153 du 1er décret du 27 déc. 1985, *infra*, App., v° *Difficultés des entreprises,* et art. 853 NCPC, **C. pr. civ.**). • Com. 9 mai 1995 : *RJDA 1995, n° 1163.* ♦ Dans le cas où le propriétaire est une personne morale, cette requête, si elle n'émane pas des organes habilités par la loi à la représenter, peut encore être adressée au juge-commissaire [Comp., désormais : art. L. 621-123 C. com. et 85-1 du décret] par tout préposé titulaire d'une délégation de pouvoirs lui permettant d'accomplir un tel acte, sans que ce pouvoir soit soumis aux règles applicables au mandat de représentation en justice dont un tiers peut être investi. • Même arrêt. ♦ V. aussi cet arrêt sur la faculté de subdéléguer du directeur adjoint d'une société anonyme. ♦ La délégation doit cependant être suffisamment précise (tel n'est pas le cas de la délégation pour « rédiger et signer tous les actes afférents à [la] fonction »). • Com. 3 juin 1997 : *Bull. civ. IV, n° 167 ; D. 2000. Somm. 73, obs. Pérochon et Mainguy* ; *D. Affaires 1997. 861 ; RJDA 1997, n° 1413 ; RTD com. 1998. 686, obs. Martin-Serf* ; *Rev. proc. coll. 2001. 32, obs. Soinne.* ♦ Comp., désormais, pour la demande en revendication adressée au mandataire de justice : note 2 *bis* ss. ancien art. 85-1 du 1er décret du 27 déc. 1985, *infra, App.,* v° *Difficultés des entreprises.*

24 ter. La société qui a constitué avocat hors le délai légal de l'action en revendication ne peut se prévaloir de l'intervention de cet avocat pour couvrir la requête en revendication et le recours affectés d'une irrégularité de fond touchant le pouvoir de la personne, non avocat, ayant introduit l'action (nullité de la requête et du recours). • Com. 14 janv. 1997 : *Bull. civ. IV, n° 14 ; D. 1997. IR. 53* (arrêt rendu dans le cadre du régime local d'Alsace-Moselle).

V. CONFORMITÉ À LA CONV. EDH

25. Les dispositions de l'art. 115 [C. com., art. L. 621-115] aux termes desquelles la revendication des meubles ne peut être exercée que dans le délai de trois mois à compter du jugement ouvrant la procédure de redressement judiciaire, ne sont pas contraires à celles de l'art. 1er du premier protocole additionnel à la Conv. EDH en ce qu'il protège le droit de propriété, et sont applicables à la revendication exercée par le bailleur sur le bien mobilier faisant l'objet du contrat de location. • Com. 8 mars 1994 : *préc. note 6* • 9 mai 1995 : *préc. note 6* • 5 déc. 1995 : *Bull. civ. IV, n° 278 ; D. 1996. Somm. 215, obs. Pérochon* • 17 déc. 1996 : *préc. note 6* • 26 mai 1998 : *Rev. proc. coll. 2001. 27, obs. Soinne. – Contra* : • Chambéry, 19 janv. 1995 : *Rev. proc. coll. 1995. 478, obs. Soinne.*

VI. ACTION EN DISTRACTION

26. L'absence de revendication n'interdit pas au tiers qui se prétend propriétaire d'un bien saisi entre les mains du débiteur d'en demander la distraction, pour s'opposer au droit du créancier saisissant sans préjudicier au droit de gage général des créanciers antérieurs au jugement d'ouverture. • Com. 26 nov. 2002 : *Bull. civ. IV, n° 176 ; D. 2003. AJ. 67 ; RTD com. 2003. 570, obs. Martin-Serf ; Gaz. Pal. 2003. Somm. 3246, obs. Brenner ; Rev. proc. coll. 2003. 309, obs. Monsèrié-Bon.*

Ancien art. L. 621-116 ***Le propriétaire d'un bien est dispensé de faire reconnaître son droit de propriété lorsque le contrat portant sur ce bien a fait l'objet d'une publicité.*** – [L. n° 85-98 du 25 janv. 1985, art. 115-1]. – V. Décr. n° 85-1388 du 27 déc. 1985, ancien art. 85-5, infra, App., v° Difficultés des entreprises. – Pour l'application à la liquidation judiciaire, V. ancien art. L. 622-14.

L'art. 115-1 de la loi n° 85-98 du 25 janv. 1985, codifié à l'art. L. 621-116, était issu de la loi n° 94-475 du 10 juin 1994. – Pour l'entrée en vigueur de cette loi, V. note ss. ancien art. L. 620-1. – V. aussi, infra, note 3.

BIBL. ▶ V. bibl. ss. art. L. 621-115.

1. Application à la liquidation judiciaire. V. ancien art. L. 622-3.

2. Position de la jurisprudence avant la loi du 10 juin 1994. V. notes 4 s. ss. ancien art. L. 621-115.

3. Application de la loi dans le temps. Un crédit-bailleur ne saurait arguer en sa faveur des dispositions introduites par la loi n° 94-475 du 10 juin 1994, excluant l'application de l'art. 115 [devenu, depuis la codification, C. com., art. L. 621-115] aux propriétaires d'un bien lorsque le contrat portant sur ce bien a été publié, dès lors que les dispositions nouvelles ne sont pas applicables à une procédure entamée avant leur entrée en vigueur. • Paris, 10 nov. 1995 : *D. Affaires 1996. 24* • 3 févr. 1995 : *Rev. proc. coll. 1995. 464, obs. Soinne* • Com. 28 janv. 1997 : *D. Affaires 1997. 347 ; RTD com. 1998. 684, obs. Martin-Serf.*

3 bis. Contrats publiés. La dispense de revendication bénéficie à tous les propriétaires de biens mobiliers qui se trouvent confiés au débiteur en procédure collective, par suite d'un contrat publié ayant fait l'objet d'une publicité. • Com. 15 mars 2005 : *Bull. civ. IV, n° 60 ; D. 2005. AJ. 890, obs. Lienhard ; Act. proc. coll. 2005, n° 102, obs. Pérochon ; Loyers et copr. 2005, n° 116, obs. Brault ; JCP E 2005, n° 36, p. 1426, obs. Cabrillac ; RD banc. fin. 2005, n° 101, obs. F.-X. Lucas ; Gaz. Pal. 6-7 juill. 2005, p. 48, obs. Le Corre-Broly ; RTD com. 2005. 603, obs. Martin-Serf ; Rev. proc. coll. 2005. 375, obs. Monsèrié-Bon.* – V. Puygauthier, *JCP N 2005, n° 36, p. 1459.* ♦ Il en résulte que le locataire-gérant d'un fonds de commerce qui a régulièrement publié le contrat de location-gérance [conformément au décret n° 86-465 du 14 mars 1986] est dispensé de revendiquer le fonds de commerce sans avoir à recourir à une seconde publicité dans les formes requises par l'art. 85-5, al. 1er, du décret du 27 déc. 1985. • Même arrêt. — V. déjà, en ce sens, • Besançon, 2 avr. 2002 : *Rev. proc. coll. 2003. 308, obs. Monsèrié-Bon* • Montpellier, 10 sept. 2002 : *ibid.*

3 ter. Dès lors que les contrats passés entre le débiteur et un établissement financier n'ont fait l'objet d'aucune publicité, cet établissement financier ne peut pas bénéficier des dispositions de l'art. L. 621-116 C. com. et est tenu d'agir par la voie d'une action en revendication, peu importe la connaissance par le liquidateur de son droit de propriété. • Com. 15 févr. 2005 : *cité note 1 ss. ancien art. L. 622-12 ; D. 2005. Pan. 2018, obs. F.-X. Lucas ; Gaz. Pal. 29-30 avr. 2005, p. 46, obs. Le Corre-Broly.*

4. Publicité irrégulière. En ce sens qu'une publicité erronée rend les droits du crédit-bailleur inopposables aux autres créanciers et au liquidateur, V. • Com. 4 déc. 2001 : *Act. proc. coll. 2002, n° 62, obs. Vallansan* (V. l'arrêt confirmé : • Douai, 22 avr. 1999 : *JCP E 2000, n° 11, p. 465, note Laugier*).

5. Cession de créance. En ce sens que la cession de créance, qui ne constitue pas une cession du droit de propriété, ne fait pas perdre au crédit-bailleur le droit de former une demande en restitution du bien objet du contrat de crédit-bail, V. • Douai, 6 nov. 2003 : *cité note 6.*

6. Fusion-absorption. Pour la recevabilité de la demande en restitution d'un bien objet d'un contrat de crédit-bail publié, formée par une banque ayant absorbé la société de crédit-bail, l'absorbante étant, du fait de la publicité de la fusion-absorption, substituée de plein droit dans le bénéfice des publicités effectuées au nom de la société absorbée à la date d'ouverture de la procédure collective, V. • Douai, 6 nov. 2003 : *Gaz. Pal. 2004. 488, note Le Corre-Broly,* conf. par • Com. 5 juill. 2005 : *cité note 2 bis ss. ancien art. L. 621-123*

7. Action en restitution antérieure au jugement d'ouverture. V. note 3 ss. ancien art. L. 621-115.

Ancien art. L. 621-117 *Le privilège, l'action résolutoire et le droit de revendication établis par le 4° de l'article 2102 du code civil au profit du vendeur de meubles ne peuvent être exercés que dans la limite des dispositions des articles L. 621-118 à L. 621-124.* — [L. n° 85-98 du 25 janv. 1985, art. 116]. — Pour l'application à la liquidation judiciaire, V. ancien art. L. 622-14.

Sur l'inapplicabilité des art. L. 621-117 à L. 621-124 au vendeur de fonds de commerce, V. art. L. 141-11.

Ancien art. L. 621-118 *Peuvent être revendiquées, si elles existent en nature, en tout ou partie, les marchandises dont la vente a été résolue antérieurement au jugement ouvrant le redressement judiciaire soit par décision de justice, soit par le jeu d'une condition résolutoire acquise.*

La revendication doit pareillement être admise bien que la résolution de la vente ait été prononcée ou constatée par décision de justice postérieurement au jugement ouvrant le redressement judiciaire lorsque l'action en revendication ou en résolution a été intentée antérieurement au jugement d'ouverture par le vendeur pour une cause autre que le défaut de paiement du prix. — [L. n° 85-98 du 25 janv. 1985, art. 117]. — Pour l'application à la liquidation judiciaire, V. ancien art. L. 622-14.

V. note ss. ancien art. L. 621-117.

1. Clause résolutoire. Le pacte commissoire n'étant stipulé qu'au profit du vendeur qui peut y renoncer, la clause résolutoire n'est acquise que lorsque son bénéficiaire a manifesté son intention de s'en prévaloir. • Com. 3 juin 1997 : *Bull. civ. IV, n° 168.*

2. Preuve de l'existence des biens en nature. Il n'y a pas lieu de suppléer à la carence du revendiquant qui se borne à solliciter à titre conservatoire la désignation d'un mandataire dont la mission serait d'établir qu'à la date du jugement d'ouverture les marchandises litigieuses remplissaient les conditions exigées par l'art. 117 [C. com., art. L. 621-118]. • Paris, 17 mars 1998 : *Rev. proc. coll. 2001. 22, obs. Soinne.*

Ancien art. L. 621-119 *Peuvent être revendiquées les marchandises expédiées au débiteur tant que la tradition n'en a point été effectuée dans ses magasins ou dans ceux du commissionnaire chargé de les vendre pour son compte.*

Néanmoins, la revendication n'est pas recevable si, avant leur arrivée, les marchandises ont été revendues sans fraude, sur factures ou titres de transport réguliers. — [L. n° 85-98 du 25 janv. 1985, art. 118]. — Pour l'application à la liquidation judiciaire, V. ancien art. L. 622-14.

V. note ss. ancien art. L. 621-117.

Ancien art. L. 621-120 *Peuvent être retenues par le vendeur les marchandises qui ne sont pas délivrées ou expédiées au débiteur ou à un tiers agissant pour son compte.* — [L. n° 85-98 du 25 janv. 1985, art. 119]. — Pour l'application à la liquidation judiciaire, V. art. L. 622-14.

V. note ss. ancien art. L. 621-117.

1. Le vendeur de meuble, bénéficiant d'une clause de réserve de propriété et n'ayant pas livré le bien à l'acquéreur en raison du défaut de paiement intégral de la créance, est en droit d'opposer au sous-acquéreur du bien son droit de rétention en application de l'art. L. 621-120 C. com. • Toulouse, 25 oct. 2001 : *Cah. jurispr. Aquitaine 2002, n° 1, p. 181.*

2. Jugé que les biens entreposés dans les locaux d'une société qui fait l'objet d'une procédure collective, n'étant jamais entrés dans son patrimoine, n'ont pas à faire l'objet d'une revendication au titre du droit de vendeur de meubles et que l'action n'est donc pas enfermée dans le délai de trois mois de l'art. 115 [C. com., art. L. 621-115]. • Metz, 20 oct. 1994 : *Rev. proc. coll. 1995. 469, obs. crit. Soinne.*

Ancien art. L. 621-121 ***Peuvent être revendiqués, s'ils se trouvent encore dans le portefeuille du débiteur, les effets de commerce ou autres titres non payés, remis par leur propriétaire pour être recouvrés ou pour être spécialement affectés à des paiements déterminés.*** — [L. n° 85-98 du 25 janv. 1985, art. 120]. — Pour l'application à la liquidation judiciaire, V. ancien art. L. 622-14.

V. note ss. ancien art. L. 621-117.

Affectation spéciale. L'affectation spéciale visée par l'art. 120 [C. com., art. L. 621-121] doit émaner du propriétaire de l'effet qui le revendique. • Versailles, 8 juin 1989 : *D. 1989. IR. 226 ; JCP E 1990. II. 15668, n° 16, obs. Cabrillac.* ♦ Il en résulte que le vendeur originaire ne peut revendiquer l'effet accepté par le sous-acquéreur et qui se trouve encore entre les mains de l'acheteur. • Même arrêt.

Ancien art. L. 621-122 ***Peuvent être revendiquées, à condition qu'elles se retrouvent en nature, les marchandises consignées au débiteur, soit à titre de dépôt, soit pour être vendues pour le compte du propriétaire.***

Peuvent également être revendiqués, s'ils se retrouvent en nature au moment de l'ouverture de la procédure, les biens vendus avec une clause de réserve de propriété subordonnant le transfert de propriété au paiement intégral du prix. Cette clause, qui peut figurer dans un écrit régissant un ensemble d'opérations commerciales convenues entre les parties, doit avoir été convenue entre les parties dans un écrit établi, au plus tard, au moment de la livraison. Nonobstant toute clause contraire, la clause de réserve de propriété est opposable à l'acheteur et aux autres créanciers, à moins que les parties n'aient convenu par écrit de l'écarter ou de la modifier.

La revendication en nature peut s'exercer dans les mêmes conditions sur les biens mobiliers incorporés dans un autre bien mobilier lorsque leur récupération peut être effectuée sans dommage pour les biens eux-mêmes et le bien dans lequel ils sont incorporés. La revendication en nature peut également s'exercer sur des biens fongibles lorsque se trouvent entre les mains de l'acheteur des biens de même espèce et de même qualité. — V. Décr. n° 85-1388 du 27 déc. 1985, ancien art. 85-2, infra, App., v° Difficultés des entreprises.

Dans tous les cas, il n'y a pas lieu à revendication si le prix est payé immédiatement. Le juge-commissaire peut, avec le consentement du créancier requérant, accorder un délai de règlement. Le paiement du prix est alors assimilé à celui d'une créance née régulièrement après le jugement d'ouverture. — [L. n° 85-98 du 25 janv. 1985, art. 121]. — Pour l'application à la liquidation judiciaire, V. ancien art. L. 622-14.

V. note ss. ancien art. L. 621-117.

Ancien art. 121 (al. 2) de la loi du 25 janv. 1985 [rédaction antérieure à L. n° 94-475 du 10 juin 1994] ***Peuvent également être revendiquées les marchandises si elles se retrouvent en nature, vendues avec une clause subordonnant le transfert de propriété au paiement intégral du prix lorsque cette clause a été convenue entre les parties dans un écrit, au plus tard, au moment de la livraison. Toutefois, il n'y a pas lieu à revendication si le prix est payé immédiatement ou, au plus tard, à l'issue de la période d'observation initiale, suivant le délai fixé par le juge-commissaire, l'administrateur étant tenu de garantir le paiement du prix.*** — Pour l'entrée en vigueur de la loi du 10 juin 1994, V. note ss. ancien art. L. 620-1. — V. aussi, *infra*, note 2.

BIBL. ▶ BENEZERA, *Gaz. Pal. 1989. 1. Doctr. 1 ; ibid. 1989. 2. 650* (procédure de référé). – CHAPUT, *JCP 1981. I. 3017 ; Rev. huiss. 1986. 790.* – COFFY DE BOISDEFFRE, *Banque et Droit 1991, n° 15, p. 23.* – DERRIDA, *D. 1980. Chron. 293.* – GHESTIN, *D. 1981. Chron. 1.* – GHESTIN et JAMIN, *Rev. proc. coll. 1989. 291.* – GHOZI, *D. 1986. Chron. 317.* – HOUIN, *JCP 1980. I. 2978.* – MERLE, *Banque 1986. 644.* – PONCEBLANC et MONOD, *Gaz. Pal. 1992. 2. Doctr. 594.* – DE CANDÉ, *RJ com. 1993. 133.* – M. STORCK, *D. 1988. Chron. 131* (sort du contrat de vente). – BRETZNER, *Rev. proc. coll. 1991. 377* (nullités de la période suspecte). – JACOMET, *Bull. Joly 1991. 977* (vente d'actions avec réserve de propriété). – DEMOURES, *Gaz. Pal. 1993. 2. Doctr. 1337* (triple méprise de la clause de réserve de propriété). – COURTIER, *Petites affiches 18 avr. 1994.* – OPHELE-ROSSETO, *RTD com. 1995. 87* (protection pénale des biens). – DELEBECQUE, *RJ com. 1994. 385.* – DUCOULOUX-FAVARD, KOPP et PERNAZZA, *Petites affiches 14 sept. 1994, p. 99* (droit comparé, allemand, français et italien). – Colloque de Montpellier du 28 avr. 1995 (faut-il retarder le transfert de propriété ?), *Cah. dr. entr. 1995, n° 5.* – LAVABRE, *RJDA 1998, p. 83* (actualité de la clause de réserve de propriété). – BAC, *JCP E 1998, n° 32135, p. 1294* (obstacles de la dernière heure, parades possibles). – VITERBO, *Banque et Droit 1999, n° 65, p. 3* (réserve de propriété en période de règlement amiable). – HOUTMANN, *Petites affiches 18 juin 1999, p. 6.*

▶ Régime issu de la loi du 10 juin 1994. – *V. bibl. ss. art. L. 621-115.*

I. DOMAINE DE L'ART. L. 621-122, AL. 1er

BIBL. Brill-Venkatasamy, *Rev. proc. coll. 1997. 397* (contrat de confié).

1. Jugé que les dispositions prévues par l'art. 121 [C. com., art. L. 621-122], dérogatoires à celles de l'art. 115 [C. com., art. L. 621-115], propres aux marchandises consignées au débiteur soit à titre de dépôt, soit pour être vendues pour le compte du propriétaire, ou à celles vendues avec clause de réserve de propriété, ne peuvent être étendues à d'autres contrats (à propos d'un contrat de location). • Paris, 6 janv. 1995 : *D. 1996. Somm. 217, obs. crit. Pérochon*. ♦ Dans le même sens, pour un contrat d'entreprise, V. • Rouen, 8 juin 1995 : *RJDA 1996, n° 131*. ♦ V. aussi • Caen, 16 mars 1995 : *D. 1996. Somm. 220, obs. crit. Pérochon* (crédit-bail). ♦ Comp. : • Com. 2 mars 1999 : *cité note 2* (contrat d'entreprise). ♦ Comp. aussi, s'agissant de la revendication du prix de revente : note 1 ss. ancien art. L. 621-124.

Sur l'action en revendication exercée par le dépositaire contre le sous-dépositaire, V. note 20 *quater* ss. ancien art. L. 621-115.

Sur la revendication de pierres précieuses ouvrées, remises au débiteur en redressement judiciaire aux termes de « contrats de confiés », V. • Com. 6 juill. 1999 : *Bull. civ. IV, n° 148 ; D. Affaires 1999. 1255, obs. A. L. ; Petites affiches 6 janv. 2000, p. 12, note P. M. ; RTD com. 2000. 453, obs. Martin-Serf*. – Dans la même affaire, V. • Com. 28 sept. 2004 : *Act. proc. coll. 2004, n° 232, obs. Vallansan*.

1 bis. La revendication ne pouvant s'exercer que sur des marchandises existant en nature, le prêt d'un stock d'or, qui porte sur des choses fongibles, ne peut donner lieu à revendication. • T. com. Paris, 7 déc. 1993 : *RJ com. 1995. 122, note X. Vincent*. ♦ En ce sens que si le prêteur qui s'est réservé la propriété des marchandises prêtées béneficie d'un droit préférentiel au sens de l'art. 2037 [2314] C. civ., il ne commet aucune faute portant préjudice à la caution en s'abstenant d'exercer un recours contre la décision du juge-commissaire ayant rejeté sa requête en revendication en raison de l'impossibilité d'établir l'origine de propriété des marchandises retrouvées, V. • Com. 26 mai 1999 : *Bull. civ. IV, n° 108 ; D. 1999. IR. 161 ; D. Affaires 1999. 1077, obs. J. F.* ♦ V. aussi note 23 *bis* ss. ancien art. L. 621-43.

II. CLAUSES DE RÉSERVE DE PROPRIÉTÉ

A. BIENS POUVANT ÊTRE REVENDIQUÉS

BIBL. Pérochon, *Petites affiches 14 sept. 1994, p. 82* (biens fongibles). – Jenselme, *ibid., 14 sept. 1994, p. 98* (logiciels). – Vérignon, *JCP N 1995. I. 1037* (fonds de commerce).

1 ter. Notion de marchandises. En ce sens que le texte ne distingue pas entre les biens d'équipement et les marchandises, V. déjà, sous l'empire de la loi de 1967, • Com. 13 mars 1985 : *JCP 1985. II. 20843, note Joly* • Aix-en-Provence, 13 oct. 1983 : *JCP E 1984. II. 14271, note Chaput*. – *Contra* : • Douai, 24 sept. 1987 : *Gaz. Pal. 1988. 1. 415, note Prouvost* • T. com. Grenoble, 15 janv. 1990 : *Rev. proc. coll. 1991. 221, obs. Soinne*. ♦ Sur la revendication d'une plateforme posée au sol, V. • Versailles, 10 nov. 1988 : *Rev. proc. coll. 1989. 217, obs. Soinne*. ♦ ... D'une installation frigorifique, V. • T. com. Chartres, 16 oct. 1990 : *JCP E 1990. I. 20473*. ♦ ... D'une licence de débits de boisson, V. • Chambéry, 27 mai 1997 : *JCP 1998. IV. 2822*.

1 quater. En ce sens que l'existence de droits incorporels sur les biens dont la propriété est réservée ne fait pas obstacle à leur revendication, V. • Com. 19 nov. 2003 : *cité note 7 bis*. ♦ Il n'y a pas lieu d'exclure d'une demande en revendication des logiciels et progiciels, biens incorporels dont le support est un bien corporel. • Versailles, 30 juin 1994 : *D. 1994. IR. 216 ; Gaz. Pal. 1995. 1. 44, note Breban*. ♦ V. aussi • Paris, 26 févr. 1999 : *Gaz. Pal. 2000. Somm. 905, obs. Sauvage*.

Dans sa rédaction issue de la loi n° 94-475 du 10 juin 1994, l'art. L. 621-122, al. 2, C. com. vise désormais la revendication des biens, et non plus des marchandises.

2. Individualisation (jurisprudence antérieure à la loi du 10 juin 1994). Sur le rejet de la revendication au motif que les matériels avaient été incorporés au fonds immobilier et qu'ils n'existaient plus en nature, V. • Com. 6 janv. 1987 : *Bull. civ. IV, n° 4 ; D. 1987. 242, note Prévault ; D. 1988. Somm. 10, obs. Derrida* (loi de 1967) • 2 mars 1999 : *Bull. civ. IV, n° 50 ; D. 2000. Somm. 69, obs. Pérochon et Mainguy ; D. Affaires 1999. 597, obs. A. L. ; JCP 1999. II. 10180, note Cutajar ; JCP E 1999, n° 39, p. 1535, obs. Pétel ; RTD com. 1999. 751, obs. Martin-Serf ; RTD civ. 1999. 442, obs. Crocq ; Act. proc. coll. 1999, n° 82, obs. Vallansan ; RTD civ. 2000. 866, obs. Revet ; Rev. proc. coll. 2001. 24, obs. Soinne*. ♦ V. aussi, pour des matériels incorporés à une chaîne de montage de voitures, • Com. 6 juill. 1993 : *Bull. civ. IV, n° 286 ; D. 1993. Somm. 293, obs. Pérochon*. ♦ ... Pour des commandes numériques intégrées à une machine, • Com. 24 mars 2004 : *JCP 2005. II. 10039, note De Badts*. – *Contra* : • Com. 4 janv. 2005 : *Petites affiches 16 févr. 2006, p. 7, note Voisin*.

Dès lors que les éléments livrés étaient aisément démontables dans l'immeuble auquel ils n'avaient été fixés que pour remplir leur fonction industrielle ou commerciale et sans que leur adjonction ou suppression entraînât la dépréciation de cet immeuble, il pouvait être jugé que le matériel se retrouvait en nature. • Com. 17 mars 1998 : *Bull. civ. IV, n° 108 ; D. Affaires 1998. 803, obs. V. A.-R.*

Sur le caractère fongible, mais toujours individualisé, de fuel, V. • Com. 3 juin 1986 : *Bull. civ. IV, n° 114 ; D. 1988. Somm. 10, obs. Derrida* (loi de 1967). ♦ Pour des pneumatiques montés sur des véhicules, V. • Com. 18 juill. 1989 : *Bull. civ. IV, n° 228 ; D. 1991. Somm. 45, obs. Pérochon* (loi de 1967). ♦ ... Pour un moteur de navire, V. • Com. 15 mars 1994 : *Bull. civ. IV, n° 110 ; D. 1996. Somm. 219, obs. Pérochon ; JCP 1994. II. 22277, note Larroumet* • 11 mars 1997 : *Bull. civ. IV, n° 70 ; D. 2000. Somm. 72, obs. Pérochon et Mainguy ; D. Affaires 1997. 510.* ♦ ... Pour du vin, V. • Bordeaux, 16 déc. 1993 : *JCP 1994. IV. 1424.* ♦ ... Pour une machine-outil incorporée à une chaîne d'assemblage automatique, V. • Com. 3 janv. 1995 : *Bull. civ. IV, n° 3 ; D. 1996. Somm. 219, obs. Pérochon ; Rev. huiss. 1995. 452, note Courtier.* ♦ ... Pour un bras hydraulique vissé au châssis d'un camion, V. • Montpellier, 14 janv. 1997 : *RTD com. 2001. 24, obs. Soinne.*

Pouvait être revendiquée une marchandise qui, bien qu'incorporée à d'autres, restait néanmoins identifiable et dissociable de l'ensemble auquel elle avait été intégrée. • Com. 15 juill. 1987 : *Bull. civ. IV, n° 187 ; JCP 1987. IV. 342* (loi de 1967) • Rennes, 12 févr. 1992 : *Rev. proc. coll. 1993. 127, obs. Soinne* (immobilisation par nature). – V. aussi • Com. 6 mars 1990 : *D. 1991. Somm. 46, obs. Pérochon* • 10 juill. 1990 : *Bull. civ. IV, n° 206* • 5 oct. 1993 : *Bull. civ. IV, n° 315* • Paris, 30 avr. 1993 : *D. 1993. Somm. 291, obs. Pérochon* • Limoges, 13 déc. 1993 : *BICC 1994, n° 609* (installations téléphoniques). ♦ Ne se retrouvaient pas en nature des animaux de boucherie après abattage. • Com. 22 mars 1994 : *Bull. civ. IV, n° 121 ; D. 1996. Somm. 219, obs. Pérochon* • 11 oct. 1994 : *Rev. proc. coll. 1995. 206, obs. Soinne.* – Comp. : • Versailles, 7 juin 1990 : *D. 1991. Somm. 46, obs. Pérochon*.

V. et comp., désormais : art. L. 621-122, al. 2 et 3 (réd. de la loi n° 94-475 du 10 juin 1994). ♦ L'art. 121, al. 3, dans sa rédaction issue de la loi du 10 juin 1994 [C. com., art. L. 621-122, al. 3], est applicable aux procédures ouvertes à compter du 1er oct. 1994. • Com. 15 févr. 2000 : *Bull. civ. IV, n° 30 ; D. 2000. AJ. 127, obs. Lienhard*.

3. Lorsque des ventes successives de marchandises identiques ont été conclues entre les mêmes parties, fût-ce en exécution d'une convention exclusive d'approvisionnement, dont la violation n'est pas alléguée, et que l'acheteur est mis en redressement judiciaire sans avoir réglé la totalité des sommes dues au vendeur, la revendication exercée par celui-ci ne peut être accueillie que s'il est établi que les fournitures retrouvées en possession du débiteur sont celles dont il n'a pas réglé le prix. • Com. 5 oct. 1993 : *Bull. civ. IV, n° 316 ; D. 1993. IR. 234 ; Contrats Conc. Consom. 1993, n° 208, note Leveneur.*

4. Sur la charge de la preuve, V., en ce sens qu'elle pèse sur le revendiquant, • Com. 14 avr. 1992 : *RJDA 1992, n° 765* • 15 déc. 1992 : *Bull. civ. IV, n° 412 ; D. 1993. Somm. 289, obs. Pérochon* • 25 juin 2002 : *Act. proc. coll. 2002, n° 195, obs. Vallansan* • Dijon, 8 févr. 1990 : *D. 1991. Somm. 46, obs. Pérochon* • Douai, 23 janv. 2003 : *RJDA 2005, n° 431* • T. com. Senlis, 29 oct. 1996 : *Rev. proc. coll. 2001. 22, obs. Soinne.* ♦ Comp., ayant jugé avant la loi de 1985 que la preuve incombait au syndic : • Com. 5 juill. 1988 : *D. 1988. IR. 235* (loi de 1967) • 7 nov. 1989 : *Bull. civ. IV, n° 277 ; D. 1991, préc.*

La preuve peut être rapportée par tous moyens, notamment par la production d'un état des stocks établi postérieurement au jugement d'ouverture. • Paris, 18 mars 1994 : *RJDA 1994, n° 863.* ♦ De même, l'absence d'un inventaire des marchandises établi par le commissaire-priseur désigné par l'administrateur ne fait pas obstacle à l'exercice de l'action en restitution dès lors que preuve est rapportée que les marchandises revendiquées avaient été livrées au débiteur très peu de temps avant le jugement d'ouverture et qu'il est constant que le débiteur a fait obstruction à l'accomplissement de la mission du commissaire-priseur. • Versailles, 17 sept. 1998 : *D. Affaires 1998. 1781 ; RTD civ. 1999. 885, obs. Crocq*. ♦ V. aussi • Com. 13 avr. 1999 : *Bull. civ. IV, n° 86 ; D. 2000. Somm. 72, obs. Pérochon et Mainguy ; D. Affaires 1999. 833, obs. P. P. ; JCP E 1999, n° 39, p. 1534, obs. Cabrillac ; Act. proc. coll. 1999, n° 135, obs. Monsèrié-Bon ; Rev. proc. coll. 2001. 23, obs. Soinne* • 26 juin 2001 : *RJDA 2001, n° 1234.*

Le fait que le représentant de la société revendiquante ait pu, lors des opérations d'inventaire, identifier les marchandises provenant de sa fabrication ne suffit pas à établir qu'il s'agit de celles qui n'ont pas été payées. • Dijon, 12 oct. 1993 : *Rev. proc. coll. 2001. 22, obs. Soinne.*

5. Jugé que des produits chimiques à usage agricole livrés plus d'un an avant l'ouverture de la procédure sont présumés ne plus exister en nature au jour du jugement d'ouverture. • Metz, 9 mars 1994 : *JCP 1995. IV. 380.*

Sur l'incidence de l'inventaire, V. aussi ancien art. L. 621-18 et notes ss. cet art.

6. N'est pas valable la convention instituant

une présomption d'identité entre marchandises impayées et marchandises en stock (loi de 1967). • Com. 9 janv. 1990 : *D. 1991. 130, note Virassamy ; Bull. civ. IV, n° 8.*

6 *bis. Biens fongibles.* BIBL. Baudran, *Rev. proc. coll. 2004. 5.* ♦ L'art. 121, al. 3 *in fine*, devenu l'art. L. 621-122, al. 3 *in fine*, C. com. énonce une règle de fond, attribuant au revendiquant la propriété des biens fongibles qui se trouvent entre les mains de l'acheteur dès lors que ceux-ci sont de même espèce et de même qualité que ceux qu'il a livrés. • Com. 5 mars 2002 : *Bull. civ. IV, n° 48 ; D. 2002. AJ. 1139, obs. Lienhard ; JCP E 2002, n° 39, p. 1525, obs. Cabrillac et Pétel ; Act. proc. coll. 2002, n° 115, obs. Mainguy ; Banque et Droit mai-juin 2002. 44, obs. Jacob ; RTD civ. 2002. 327, obs. Revet ; ibid. 339, obs. Crocq ; RTD com. 2002. 544, obs. Martin-Serf.* – Dans le même sens, V. • Com. 13 nov. 2002 : *JCP E 2003, n° 17-18, p. 764, note Forgues ; RTD com. 2003. 571, obs. Martin-Serf.* ♦ En ce sens que l'appréciation du caractère fongible des biens revendiqués relève du pouvoir souverain des juges du fond, V. • Com. 15 févr. 2000 : *Bull. civ. IV, n° 30 ; D. 2000. AJ. 127, obs. Lienhard ; Rev. proc. coll. 2001. 21, obs. Soinne* • 5 mars 2002 : *préc.* • 15 mars 2005 : *D. 2005. AJ. 1083, obs. Lienhard ; ibid. Pan. 2019, obs. F.-X. Lucas ; JCP E 2005, n° 36, p. 1426, obs. Cabrillac ; RTD com. 2005. 605, obs. Martin-Serf.* ♦ Des produits pharmaceutiques trouvés en nature dans les stocks d'une entreprise en redressement judiciaire constituent des biens fongibles dès lors qu'ils apparaissent interchangeables en raison notamment de leur identité, nature, origine, conditionnement et marque (recevabilité de l'action en revendication du vendeur de ces produits, bien qu'il ne fût pas le seul fournisseur de l'entreprise, l'autre fournisseur ayant été réglé et ne revendiquant pas la marchandise livrée). • Rouen, 4 avr. 1996 : *RJDA 1996, n° 1543.* – Dans le même sens, V. • Paris, (3e ch. B), 26 juin 1998 : *D. 2000. Somm. 69, obs. Pérochon et Mainguy ; D. Affaires 1998. 1401, obs. A. L. ; RTD com. 2000. 180, obs. Martin-Serf ; Rev. proc. coll. 2001. 21, obs. Soinne* • Lyon, 5 nov. 1999 : *JCP E 2001, n° 5, p. 221, obs. Pétel ; RTD com. 2000. 1014, obs. Martin-Serf* (à propos de médicaments) • Paris, (3e ch. A), 22 mars 2005 : *Gaz. Pal. 6-7 juill. 2005, p. 45, obs. Le Corre-Broly ; RTD com. 2005. 605, obs. Martin-Serf.* ♦ Dès lors que le caractère fongible des biens revendiqués (médicaments et produits pharmaceutiques) n'est pas contesté, il n'y a pas lieu de prendre en considération l'argument selon lequel la rotation rapide des stocks exclurait que les marchandises retrouvées en nature chez le débiteur soient celles mêmes vendues avec une clause de réserve de propriété. • Paris, (3e ch. C), 3 avr. 1998 : *D. 2000. Somm. 69, obs. Pérochon et Mainguy ; D. Affaires 1998, p. 845, obs. A. L. ; RJDA 1998, n° 1017 ; RTD civ. 1998. 709, obs. Bandrac et Crocq ; RTD com. 2000. 180, obs. Martin-Serf,* conf. par • Com. 5 mars 2002 : *préc.* – V. aussi • Paris, (3e ch. B), 22 janv. 1999 : *D. Affaires 1999. 340, obs. A. L.* ♦ *Contra*, jugeant que les biens fongibles, au sens de l'art. 121, al. 3 [C. com., art. L. 621-122], étant ceux qui sont juridiquement considérés comme interchangeables, identiques les uns aux autres, et non individualisés, des médicaments ou des produits pharmaceutiques conditionnés sous emballages portant une ou plusieurs indications permettant de les individualiser et n'étant pas interchangeables ne sont donc pas des biens fongibles : • Paris, (3e ch. C), 12 mai 2000 : *D. 2000. AJ. 329, obs. Lienhard ; JCP E 2001, n° 5, p. 221, obs. Pétel ; RTD com. 2000. 1014, obs. Martin-Serf ; Rev. proc. coll. 2001. 21, obs. Soinne.* ♦ Sur la question de la fongibilité des produits pharmaceutiques, V. aussi Marly, note ss. • Com. 15 mars 2005 : *D. 2005. 1718* ♦ En ce sens que des bijoux de fantaisie fabriqués en série n'ont pas le caractère de biens fongibles, V. • Com. 15 févr. 2000 : *préc.* ♦ V. aussi, à propos de tissus, • Douai, 23 janv. 2003 : *préc. note 4.* ♦ Constituent des biens fongibles des petits moteurs destinés, non à un seul usage, mais à équiper différents systèmes de fermeture de bâtiment, l'indication d'un numéro de série ne leur ayant pas fait perdre leur caractère fongible par famille. • Orléans, 11 mars 2004 : *RJDA 2004, n° 867.*

Sur le caractère fongible de l'électroménager et de la hi-fi vidéo (dans l'hypothèse où le revendiquant établissait qu'il était le distributeur exclusif des marques des marchandises revendiquées), V. • Douai, 16 déc. 1999 : *Rev. proc. coll. 2001. 21, obs. Soinne.*

6 *ter. Biens remis par convention à un tiers.* Pour ouvrir l'application de l'art. 121, al. 2 [C. com., art. L. 621-122, al. 3], la marchandise revendiquée doit exister en nature dans le patrimoine du débiteur, qu'il la détienne lui-même ou qu'elle soit détenue par un tiers pour lui. • Com. 3 déc. 1996 : *Bull. civ. IV, n° 301 ; Rev. dr. bancaire 1997. 37, obs. Campana et Calendini ; JCP E 1997. I. 651, n° 16, obs. Cabrillac.*

7. *Marchandises sinistrées.* En cas de perte des biens livrés sous le bénéfice d'une clause de réserve de propriété, l'indemnité d'assurance, subrogée aux biens dont le vendeur était demeuré propriétaire, n'entre pas dans le patrimoine de l'acheteur, de sorte que l'action engagée contre l'assureur rend sans objet une revendication dans les conditions de l'art. 115 [C. com., art. L. 621-115]. • Com. 22 avr. 1997 :

Bull. civ. IV, n° 103 ; D. 1997. IR. 126 ; D. Affaires 1997. 736 ; JCP E 1997. I. 681, n° 12, obs. Cabrillac ; RTD com. 1998. 421, obs. Martin-Serf ; Rev. proc. coll. 2001. 29, obs. Soinne. ♦ V. aussi note 8 ss. ancien art. L. 621-107.

B. CLAUSE STIPULÉE DANS UN CONTRAT D'ENTREPRISE

7 bis. L'action en revendication des biens dont la propriété est réservée en application d'une clause contractuelle peut être exercée quelle que soit la nature juridique du contrat dans lequel elle figure. • Com. 19 nov. 2003 : *Bull. civ. IV, n° 174 ; D. 2003. AJ. 3049, obs. Lienhard ; D. 2004. 801, note A. Lucas et F.-X. Lucas ; JCP E 2004, n° 22, p. 860, obs. Cabrillac ; Act. proc. coll. 2004, n° 20, obs. Alleaume ; Petites affiches 19 févr. 2004, p. 9, note Lécuyer ; RTD com. 2004. 599, obs. Martin-Serf ; Rev. proc. coll. 2004. 379, obs. Monsèrié-Bon.* ♦ V. déjà, pour un arrêt admettant implicitement l'application des dispositions de l'art. 121 [C. com., art. L. 621-122] à la clause de réserve de propriété stipulée dans un contrat d'entreprise, • Com. 2 mars 1999 : *préc. note 2.*

C. ACCEPTATION DE LA CLAUSE

Jurisprudence antérieure à la loi du 10 juin 1994

1° NÉCESSITÉ D'UNE ADHÉSION NON ÉQUIVOQUE

8. Critères de l'adhésion. S'il n'est pas nécessaire qu'un écrit soit spécialement établi pour constater une clause de réserve de propriété, et s'il n'est pas davantage exigé que l'acceptation de celle-ci soit également donnée par écrit, il faut néanmoins que l'adhésion de l'acheteur à cette clause soit certaine et non équivoque. • Paris, 18 déc. 1990 : *D. 1991. IR. 18.*

9. Le débiteur en liquidation judiciaire ayant accepté le devis établi par le fournisseur faisant expressément référence à une clause de réserve de propriété, la clause remplit les conditions pour être opposable à la procédure collective, dès lors que, stipulée par écrit par le vendeur et adressée à l'acheteur, elle avait été acceptée par ce dernier par l'exécution du contrat en connaissance de cause. • Com. 6 juin 1989 : *Bull. civ. IV, n° 175* • 13 juin 1989 : *ibid. IV, n° 186* (clause figurant au recto et au verso des accusés de réception de la commande) • Paris, 30 avr. 1998 : *Rev. proc. coll. 2001. 15, obs. Soinne* (clause figurant dans tous les documents contractuels, en bas de page) • 11 janv. 2000 : *RJDA 2000, n° 575* (clause figurant au recto des confirmations de commandes et des factures). ♦ Comp. : • Com. 17 janv. 1995 : *Rev. huiss. 1995. 484 ; Rev. proc. coll. 1995. 194, obs. Soinne* (clause figurant exclusivement au verso des bons de commande, considérée comme valable) • 17 mars 1998 : *préc. note 2* (même cas de figure). ♦ Comp. aussi, décidant que la mention au verso n'implique pas que la clause ait été ignorée de l'acquéreur : • Com. 13 oct. 1998 : *D. 2000. Somm. 65, obs. Pérochon et Mainguy ; Act. proc. coll. 1998, n° 151 ; RJDA 1998, n° 1391 ; Rev. proc. coll. 2001. 16, obs. Soinne.*

9 bis. Si la clause de réserve de propriété ne figure que sur des factures, il y a lieu de rechercher, pour chaque opération, si la livraison a été postérieure à la réception de la facture correspondante. • Grenoble, 26 mai 1999 : *Rev. proc. coll. 2001. 16, obs. Soinne.* ♦ V. aussi • Com. 19 janv. 1999 : *ibid.*

9 ter. Eu égard à la pratique de la vente au laisser sur place, la circonstance que certaines factures comprenant une clause de réserve de propriété soient manuscrites et comportent le cachet de l'acheteur suffit à démontrer qu'elles ont été établies au moment de la livraison. En revanche, s'agissant de certaines factures dactylographiées, la preuve que la réserve de propriété a été stipulée au plus tard au moment de la livraison n'est pas établie. • Aix-en-Provence, 22 oct. 1992 : *Rev. proc. coll. 1994. 400, obs. Soinne.* – V. aussi • Com. 3 juin 1997 : *Bull. civ. IV, n° 168 ; RJDA 1997, n° 1414.*

10. N'a pas été acceptée tacitement, malgré l'absence de réaction de l'acheteur, une clause rédigée en petits caractères sans intervalles significatifs. • Rennes, 2 nov. 1988 : *Rev. proc. coll. 1989. 215, obs. Soinne.* ♦ V. aussi • Com. 14 juin 1994 : *Rev. huiss. 1994. 1287* (clause noyée au milieu des autres conditions générales, au verso des bons de livraison et factures, sans mention en caractères gras au recto) • 11 juill. 1995 : *Rev. proc. coll. 1995. 470, obs. Soinne* (même solution) • Paris, 12 sept. 1997 : *D. 2000. Somm. 65, obs. Pérochon et Mainguy ; D. Affaires 1997. 1260 ; Rev. proc. coll. 2001. 15, obs. Soinne* (clause peu lisible mais figurant au recto) • Versailles, 20 nov. 1997 : *RJDA 1998, n° 196* • Pau, 29 juill. 1999 : *Cah. jurispr. Aquitaine 2000. 95* (mention « réserve de propriété » figurant sur un bon de livraison non signé par l'acheteur ou l'un de ses préposés) • Versailles, 20 janv. 2000 : *RJDA 2000, n° 575* (clause figurant sur une facture non visée par l'acheteur, immédiatement à la suite de la liste des marchandises vendues, en bas de page et en caractères identiques à ceux utilisés pour désigner ces marchandises).

10 bis. Pour l'acceptation tacite d'une clause

de réserve de propriété dans l'hypothèse de ventes successives de marchandises, V. • Rennes, 30 avr. 1998 : *JCP 1999. IV. 2747* • Versailles, 30 nov. 2000 : *Gaz. Pal. 2001. Somm. 608* • T. com. Paris, 31 janv. 2001 : *RJ com. 2001. 237, obs. Armand-Prevost* • 14 févr. 2001 : *ibid.*

10 ter. Sur l'inopposabilité d'une clause rédigée en langue étrangère, V. • Douai, 4 mars 1999 : *Rev. proc. coll. 2001. 15, obs. Soinne.* ♦ Comp., en cas de relations suivies avec un fournisseur étranger : • Metz, 30 mai 1996 : *ibid.* ♦ Sur l'opposabilité d'une clause rédigée en langue étrangère, en vertu de la circ. du 19 mars 1996 portant application de la loi du 4 août 1994, V. Soinne, *Rev. proc. coll. 1997. 206.*

10 quater. Acceptation par la signature d'un préposé. L'opposabilité à l'acheteur d'une clause de réserve de propriété n'étant pas subordonnée à l'existence d'une acceptation écrite de sa part, dès lors que cette clause, stipulée par écrit par le vendeur et adressée à l'acheteur, avait été acceptée par celui-ci par l'exécution du contrat en connaissance de cause, il n'est pas nécessaire de rechercher si tel salarié de l'acheteur avait qualité pour apposer sa signature sous la clause de réserve de propriété. • Com. 11 juill. 1995 : *Bull. civ. IV, n° 210 ; D. 1996. Somm. 211, obs. Pérochon ; JCP E 1995. I. 513, n° 13, obs. Pétel.* – Dans le même sens, V. • Orléans, 30 oct. 1997 : *Rev. proc. coll. 2001. 16, obs. Soinne.* ♦ V. aussi, sur la validité de la signature des bons de livraison par des mandataires apparents, • Com. 19 mars 1996 : *Rev. proc. coll. 1997. 204, obs. Soinne.*

11. Clause contenue dans un contrat-cadre. Avant la loi du 10 juin 1994, en cas de ventes de marchandises effectuées en application d'un contrat d'approvisionnement, il fallait que, pour chacune des ventes prises isolément, la clause de réserve de propriété fût convenue entre les parties dans un écrit adressé à l'acheteur au plus tard au moment de la livraison. • Com. 17 mars 1992 : *D. 1993. Somm. 290, obs. Pérochon ; RJDA 1992, n° 517.* – V. aussi • Com. 13 avr. 1999 : *Bull. civ. IV, n° 86 ; D. 2000. Somm. 65, obs. Pérochon et Mainguy ; D. Affaires 1999. 833, obs. P. P. ; Act. proc. coll. 1999, n° 135, obs. Monsèrié-Bon.* ♦ De même, lors de ventes successives et autonomes de marchandises, la clause de réserve de propriété n'était opposable à la procédure que si, pour chacune de ces ventes prises isolément, la clause, stipulée par écrit et adressée à l'acheteur, avait été acceptée par ce dernier par l'exécution du contrat en connaissance de cause. • Com. 3 nov. 1992 (2 arrêts) : *Bull. civ. IV, n° 346 ; D. 1993. Somm. 287* et *290, obs. Pérochon* • 29 mai 2001 : *D. 2001. AJ. 2032*. ♦ Cette acceptation ne pouvait être déduite, par conséquent, ni de l'insertion de la clause dans les conditions générales de vente jointes aux catalogues envoyés à l'acheteur, ou de la production d'une lettre-circulaire, ni de l'existence entre l'acheteur et le vendeur de ventes antérieures avec réserve de propriété. • Mêmes arrêts. ♦ De même, la présomption de connaissance de cette clause résultant de son insertion dans une ouverture de compte ne pouvant constituer à elle seule une acceptation certaine. • Com. 14 juin 1994 : *préc. note 10.* – Comp. : • Com. 23 juin 1992 : *RJDA 1992, n° 957.* – *Contra* : pour une acceptation globale dans des conditions générales, non réitérée à chaque contrat : • Nancy, 15 janv. 1988 : *Rev. proc. coll. 1989. 213, obs. Soinne* • Rouen, 9 févr. 1990 : *ibid. 1991. 221, obs. Soinne* • 21 nov. 1991 : *RJDA 1992, n° 69* • Limoges, 8 nov. 1993 : *BICC 1994, n° 164.*

12. Dans sa rédaction issue de la loi n° 94-475 du 10 juin 1994, l'art. L. 621-122, al. 2, dispose désormais que la clause de réserve de propriété peut figurer dans un écrit régissant un ensemble d'opérations commerciales convenues entre les parties. ♦ V. aussi • Rennes, 30 avr. 1998 : *préc. note 10 bis.*

13. Preuve de l'acceptation. L'appréciation de la preuve de l'acceptation ressortit au pouvoir souverain des juges du fond. V. • Com. 6 mars 1990 : *Bull. civ. IV, n° 66.*

14. L'ordonnance du juge-commissaire qui autorise le liquidateur à vendre des marchandises de gré à gré à condition que soit stipulée une clause de réserve de propriété ne dispense pas le liquidateur d'établir l'écrit exigé par l'art. 121 [C. com., art. L. 621-122]. • Com. 16 oct. 1990 : *JCP E 1991. I. 44, n° 5, obs. Pétel ; Bull. civ. IV, n° 239.*

2° PORTÉE DU REFUS DE LA CLAUSE PAR L'ACHETEUR

BIBL. D. Boccara, *D. Affaires 1997. 1101.* – Voinot, *D. 1997. Chron. 312*.

Jurisprudence antérieure à la loi du 1er juill. 1996

14 bis. Avant la loi du 1er juill. 1996, si une clause de réserve de propriété pouvait être acceptée tacitement, un refus formel de l'application de la clause par l'acheteur dès avant la livraison excluait une telle acceptation, et le juge n'avait pas, dès lors, à rechercher les circonstances postérieures à l'exécution du contrat qui n'emportaient pas rétractation de ce refus. • Com. 11 mai 1993 : *Bull. civ. IV, n° 183 ; D. 1993. Somm. 287, obs. Pérochon*. – V. aussi • Com. 10 déc. 1991 : *Bull. civ. IV, n° 384 ; D. 1993, préc.*

L'exécution de la vente par l'acheteur n'impliquait pas l'abandon de ses conditions générales d'achat, de sorte qu'en cas de cessions successives, ne pouvait lui être opposée une clause de réserve de propriété figurant sur les seuls documents d'accusé de réception du vendeur, alors que la vente faite purement et simplement opérait transfert immédiat et inconditionnel de la propriété. • Com. 12 juill. 1994 : *Bull. civ. IV, n° 268 ; D. 1996. Somm. 212, obs. Pérochon ; JCP E 1994. Pan. 1220.* ♦ De même, les conditions générales de vente et les conditions générales d'achat de sociétés étant contradictoires, et le vendeur ayant signé un document matérialisant son adhésion aux conditions financières de l'acheteur, la signature par ce dernier des bons de livraison ou l'apposition sur ces bons de son cachet ne pouvait valoir acceptation tacite et univoque de la clause de réserve de propriété invoquée par le vendeur, le refus antérieurement exprimé ne pouvant être rétracté que par une acceptation expresse. • Com. 25 oct. 1994 : *Bull. civ. IV, n° 316 ; D. 1996. Somm. 212, obs. Pérochon ; JCP E 1996. II. 779, note Vallansan.* – V. aussi • Paris, 20 juin 1990 : *D. 1991. Somm. 41, obs. Pérochon,* conf. par • Com. 11 mai 1993 : *cité note 24* • 3 déc. 1996 : *Bull. civ. IV, n° 299 ; Dr. sociétés 1997, n° 10, obs. Chaput ; Rev. dr. bancaire 1997. 37, obs. Campana et Calendini.*

L'acceptation par le fournisseur du refus par l'acheteur de toute réserve de propriété n'était pas nécessaire pour donner effet à ce refus. • Com. 11 juill. 1995 : *Bull. civ. IV, n° 212 ; D. 1996. Somm. 212, obs. Pérochon ; JCP 1996. II. 22583, note Mainguy ; JCP E 1996. II. 779, note Vallansan ; Rev. huiss. 1995. 1217, note Vidal.* ♦ La clause par laquelle l'acheteur refusait toute réserve de propriété s'imposant au fournisseur du seul fait qu'elle était portée à sa connaissance, ce fournisseur ne pouvait invoquer le bénéfice d'une clause de réserve de propriété, dans les conditions énoncées par l'art. 121 [C. com., art. L. 621-122], qu'en démontrant que l'acheteur avait renoncé à ce refus avant la livraison. • Com. 11 juill. 1995 : *Bull. civ. IV, nos 211 et 213 ; D. 1996. Somm. 212, obs. Pérochon ; D. Affaires 1995. 68 ; JCP, préc. ; JCP E, préc. ; Rev. huiss. 1995. 1219, note Vidal.*

V. désormais art. L. 621-122, al. 2, dans sa rédaction issue de la loi n° 96-588 du 1er juill. 1996 (art. 19) qui, nonobstant toute clause contraire, rend la clause de réserve de propriété opposable à l'acheteur et aux autres créanciers, à moins que les parties n'aient convenu par écrit de l'écarter ou de la modifier. ♦ L'art. 19 de la loi n° 96-588 du 1er juill. 1996, qui n'a pas de caractère interprétatif, n'est pas applicable à la revendication introduite dans une procédure ouverte avant l'entrée en vigueur de ce texte. • Com. 2 oct. 2001 : *Bull. civ. IV, n° 156 ; D. 2001. AJ. 3044, obs. Lienhard ; Act. proc. coll. 2001, n° 249, obs. Vallansan ; RTD com. 2002. 162, obs. Martin-Serf* • 11 déc. 2001 : *Act. proc. coll. 2002, n° 48, obs. Regnaut-Moutier.*

Désormais, en vertu de l'art. L. 621-122 C. com., la clause d'exclusion de réserve de propriété étant privée d'effet dès lors qu'elle n'est pas formellement acceptée par le vendeur, la seule mention de cette clause d'exclusion dans les conditions générales d'achat ne fait pas obstacle à ce que la preuve de l'acceptation de la clause de réserve de propriété par l'acheteur résulte de l'exécution du contrat en connaissance de cause. • Versailles, 28 oct. 2004 : *D. 2005. AJ. 79.*

3° NOTION DE LIVRAISON

15. La livraison, au sens de l'art. 121 [C. com., art. L. 621-122], est celle qui est effectuée par le vendeur à l'acquéreur dans le cadre d'un contrat de vente, et non celle qui serait faite en vertu d'un autre contrat (en l'espèce une location ayant précédé la vente). • Versailles, 8 nov. 1990 : *Cah. dr. entr. 1991, n° 3, p. 6, note Pérochon.*

D. EFFICACITÉ DE LA CLAUSE

16. Conflit avec un créancier hypothécaire. Un moteur de navire, dont la vente a été assortie d'une clause de réserve de propriété, peut, dès lors qu'il se retrouve en nature sur le navire et qu'il demeure identifiable et dissociable, être revendiqué par le vendeur impayé, malgré la constitution régulière d'une hypothèque maritime sur le navire, et quoique cette hypothèque, en application de l'art. 46 de la loi n° 67-5 du 3 janv. 1967, s'étende à tous les accessoires, machine, agrès et apparaux, dès lors que, n'ayant pas cessé d'être propriété d'un tiers, ce bien n'est pas juridiquement de nature à entrer dans le champ de l'hypothèque. • Com. 15 mars 1994 : *préc. note 2.*

16 bis. Cumul d'une sûreté et d'une clause de réserve de propriété. Les dispositions des art. 121 et 122 [C. com., art. L. 621-122 et L. 621-124] ne distinguent pas selon que le vendeur ou celui qui lui est subrogé, peut, ou non, bénéficier de sûretés spéciales et n'excluent pas le droit pour celui-ci d'invoquer une clause de réserve de propriété plutôt qu'un droit de gage. • Com. 5 oct. 1993 : *Bull. civ. IV, n° 314 ; D. 1993. IR. 234.* ♦ La subrogation conventionnelle du prêteur dans les droits et actions du vendeur titulaire d'une clause de réserve entraîne le transfert de cette clause au profit du subrogé qui peut la mettre en œuvre nonobstant l'existence d'un gage souscrit à son profit. • Limoges, 27 févr. 1995 : *Rev. proc. coll. 1997. 202, obs. Soinne.*

De même, l'existence du privilège de vendeur d'immeuble n'exclut pas le droit pour le vendeur d'invoquer la clause de réserve de propriété stipulée dans l'acte de vente, même si ce privilège a été publié. • Com. 28 sept. 2004 : *Bull. civ. IV, n° 172 ; D. 2005. Pan. 299, obs. Le Corre ; ibid. 2081, obs. Crocq ; JCP E 2005, n° 1-2, p. 31, obs. Cabrillac ; Defrénois 2005. 517, obs. S. Piedelièvre.*

17. Restitutions. La créance du vendeur, qui a revendiqué dans la procédure collective des marchandises vendues avec clause de réserve de propriété et retrouvé le droit d'en disposer, est éteinte à concurrence de la valeur des marchandises reprises. Si cette valeur excède le solde du prix resté dû lors de l'exercice de l'action, le vendeur doit restituer à l'acheteur la somme reçue en excédent. • Com. 5 mars 1996 : *Bull. civ. IV, n° 72 ; D. 1996. Somm. 222, obs. Pérochon ; D. Affaires 1996. 487 ; JCP E 1996. I. 584, n° 11, obs. Cabrillac.* – V. aussi • Bordeaux, 27 févr. 1990 : *D. 1991. 191, note Pérochon* • Rennes, 17 mars 1999 : *JCP 2000. IV. 2344.* ♦ Lorsque le vendeur réservataire de la propriété a pu, après sa revendication, revendre les marchandises, le montant de sa créance résulte de la différence entre le prix de la vente initiale et le prix de revente qu'il a obtenu d'un nouvel acquéreur. • Paris, 11 janv. 1994 : *D. 1996. Somm. 222, obs. Pérochon ; RJ com. 1995. 205, obs. X. Vincent.*

L'action en revendication d'un bien vendu avec clause de réserve de propriété n'est pas une action en résolution de la vente et le prêteur, subrogé dans la sûreté que constitue la propriété réservée, n'est tenu de restituer les sommes qu'il a reçues en exécution du contrat de prêt que dans la mesure où la valeur du bien restitué excède le montant des sommes qui lui restent dues. • Com. 23 janv. 2001 : *Bull. civ. IV, n° 23 ; D. 2001. AJ. 702, obs. Lienhard ; Act. proc. coll. 2001, n° 52, obs. Regnaut-Moutier ; JCP E 2001, n° 18, p. 755, obs. Cabrillac ; Dr. sociétés 2001, n° 63, obs. Chaput ; RD banc. fin. 2001, n° 62, obs. Cerles ; RTD com. 2001. 518, obs. Martin-Serf ; RJ com. 2001. 280, note Haennig* • 8 janv. 2002 : *RJDA 2002, n° 549.*

Sur la question de la personne (acheteur ou prêteur) à qui le vendeur doit restitution, V. • Bordeaux, 27 févr. 1990 : *préc.*

17 bis. En cas de transmission de la créance par subrogation dans les droits du vendeur, le créancier subrogeant n'a pas l'obligation de restituer les acomptes perçus par le vendeur. • Com. 9 mai 1995 : *Rev. proc. coll. 1995. 487, obs. Soinne.* – V. aussi : • Douai, 12 oct. 1995 : *Rev. proc. coll. 1997. 343, obs. Soinne. – Contra* : • Rennes, 26 avr. 1995 : *ibid.*

18. En ce sens que le vendeur sous réserve de propriété peut reprendre en nature les marchandises impayées se trouvant en nature chez l'acheteur, alors même que le vendeur a bénéficié de restitutions de pièces qui n'étaient pas revendiquées, la compensation n'étant pas recevable entre les deux séries de marchandises. • Com. 5 oct. 1993 : *Rev. huiss. 1994. 200, note Vidal* (loi de 1967).

18 bis. Réalisation de la vente. Les biens vendus avec réserve de propriété ayant été repris, sans opposition de l'acquéreur, par le vendeur, celui-ci, dont la créance est éteinte à concurrence de la valeur des biens repris, n'est pas recevable à agir en réalisation de la vente après l'ouverture de la procédure collective de l'acquéreur. • Com. 16 mars 1999 : *RJDA 1999, n° 811.*

19. Effets de la déclaration de créance. V. note 16 ss. ancien art. L. 621-115. ♦ Le vendeur conserve la faculté de produire au passif de la procédure collective pour être rempli de l'intégralité de ses droits. • Com. 1er oct. 1985 : *Bull. civ. IV, n° 222 ; D. 1986. IR. 48* (loi de 1967). ♦ Le fait, pour le vendeur, de demander à l'acheteur le paiement de la marchandise ne constitue pas une renonciation au bénéfice de la clause de réserve de propriété, laquelle ne peut jouer que dans la mesure où le paiement n'est pas effectué par l'acheteur. • Versailles, 22 févr. 1990 : *D. 1991. Somm. 43, obs. Pérochon.*

20. Le vendeur qui a déclaré sa créance de dommages-intérêts peut demander au juge-commissaire de la compenser avec sa dette de restitution d'acomptes. • T. com. Senlis, 4 févr. 1988 : *Rev. proc. coll. 1988. 303, obs. Soinne* • Rennes, 21 juin 1989 : *ibid. 1991. 238, obs. Soinne.*

21. Exception de non-conformité. Sur l'inopposabilité par l'acheteur d'une exception fondée sur la non-conformité de la marchandise, V. • Com. 12 févr. 1991 : *Bull. civ. IV, n° 69 ; D. 1993. Somm. 288, obs. Pérochon ; Gaz. Pal. 1992. 1. 86, note Cressard.*

21 bis. Marchandises sinistrées. V. note 7.

22. Vente des marchandises couvertes par une clause. BIBL. Crocq, *Mélanges AEDBF-France III, Banque éditeur, 2001, p. 109.* ♦ Sur la créance du vendeur résultant de la non-restitution des marchandises, V. note 25 ss. ancien art. L. 621-32. ♦ Sur les intérêts de cette créance, V. note 1 *quater* ss. ancien art. L. 621-48.

22 bis. Tant que le délai de revendication n'est pas expiré, le liquidateur ne peut procéder à des réalisations d'actifs portant sur des biens objets d'une clause de réserve de propriété dont il connaît l'existence sans l'accord du vendeur. Par conséquent, doit être accueillie l'action en responsabilité contre le liquidateur, formée par le créancier qui n'avait reçu du fait de la revente prématurée des biens, qu'un prix moindre que le solde restant dû. • Com. 5 déc. 1995 : *Bull. civ. IV, n° 280 ; D. 1996. Somm. 224, obs. Pérochon ; D. Affaires 1996. 179 ; Quot. jur. 2 avr. 1996, p. 5, note P. M. ; Rev. proc. coll. 1998. 186, obs. Soinne.* – V. aussi • Com. 6 juill. 1999 : *Bull. civ. IV, n° 150 ; D. 1999. IR. 209 ; D. Affaires 1999. 1366, obs. A. L. ; Gaz. Pal. 1999. 2. 807, note De Gaulle ; RJDA 1999, n° 1238 ; RTD civ. 1999. 885, obs. Crocq ; Rev. proc. coll. 2000. 80, obs. Soinne* (absence d'inventaire révélant l'existence de la clause de réserve de propriété) • Bordeaux, 7 nov. 1993 : *Rev. proc. coll. 1995. 202, obs. Soinne* • TGI Foix, 10 avr. 1991 : *BICC 1991, n° 1471.* – Comp. : • Paris, 8 juill. 1994 : *D. 1994. IR. 238.* ♦ La responsabilité éventuelle, vis-à-vis du vendeur initial, du liquidateur judiciaire qui a cédé des marchandises faisant l'objet d'une clause de réserve de propriété, postérieurement à l'ouverture de la procédure collective et de l'exercice de l'action en revendication, ne libère pas le sous-acquéreur de son obligation de payer le prix convenu dans l'acte de cession. • Com. 17 mars 1998 : *D. 2000. Somm. 77, obs. Pérochon et Mainguy ; D. Affaires 1998. 846.* ♦ V. également note 30.

Si l'administrateur peut vendre les marchandises objets d'une clause de réserve de propriété, il lui appartient d'affecter les fonds, provenant de cette revente, au règlement de la créance de la société revendiquante dès l'issue de la revendication. Par suite, l'administrateur judiciaire qui n'a pas pris les mesures conservatoires qui auraient permis la restitution éventuelle à l'issue de la procédure de revendication doit être condamné personnellement à indemniser le vendeur. • Com. 4 janv. 2000 : *Bull. civ. IV, n° 5 ; D. 2000. AJ. 56, obs. Lienhard ; JCP E 2000, n° 17, p. 701, obs. Cabrillac ; Act. proc. coll. 2000, n° 29, obs. Crocq ; Rev. proc. coll. 2000. 80, obs. Soinne ; RTD com. 2000. 457, obs. Martin-Serf.* – V. aussi • Com. 11 déc. 2001 : *RJDA 2002, n° 407.* ♦ Sur la possibilité de condamner le représentant des créanciers *in solidum*, pour avoir utilisé des fonds provenant de la vente pour le paiement des créanciers privilégiés, V. • Com. 11 juill. 1995 : *D. 1996. Somm. 223, obs. Pérochon ; JCP E 1995. Pan. 1141 ; Rev. proc. coll. 1995. 475, obs. Soinne.*

Sur cette question, V. obs. Soinne, *Rev. proc. coll. 1993. 603 ; ibid. 1995. 202.*

23. Plan de continuation. L'adoption d'un plan de continuation n'a pas pour effet de priver le créancier revendiquant de son action lorsqu'elle a été introduite dans les délais légaux et n'a pas fait l'objet d'une renonciation expresse. • Versailles, 8 nov. 1990 : *préc. note 15.*

Sur l'exercice de l'action en revendication en cas de résolution du plan de redressement entraînant l'ouverture d'une nouvelle procédure, V. note 10 ss. ancien art. L. 621-115.

Sur l'opposabilité du droit de propriété au débiteur faisant l'objet d'un plan de continuation, en l'absence de revendication dans le délai prescrit, V. note 16 *ter* ss. ancien art. L. 621-115.

23 bis. Plan de cession. Lorsque les biens vendus sous réserve de propriété sont compris dans les actifs cédés en vertu d'un plan de cession, le vendeur impayé ne peut exercer l'action en revendication à l'encontre du cessionnaire, tiers de bonne foi. • Rennes, 15 oct. 1998 : *Rev. proc. coll. 2001. 19, obs. Soinne.* ♦ Mais le cessionnaire peut prendre l'engagement, par une clause spéciale de l'acte de cession, de payer la dette du cédant. • Com. 17 mai 1994 : *Bull. civ. IV, n° 180 ; D. 1996. Somm. 221, obs. Pérochon ; RTD com. 1996. 130, obs. Martin-Serf.* ♦ V. aussi note 8 ss. ancien art. L. 621-124.

24. Opposabilité de la clause au sous-acquéreur. L'opposabilité de la clause de réserve de propriété aux tiers n'est pas subordonnée à une formalité de publicité. • Com. 11 mai 1993 : *Bull. civ. IV, n° 184 ; D. 1993. IR. 145 ; JCP E 1993. I. 277, n° 15, obs. Cabrillac et Pétel.* – Comp. : • Com. 5 mars 1996 : *cité note 26.*

25. Mais le vendeur d'une marchandise avec clause de réserve de propriété ne peut revendiquer la marchandise litigieuse à l'encontre d'un sous-acquéreur sans démontrer que celui-ci n'était pas possesseur de bonne foi de cette marchandise • Com. 1er oct. 1985 : *Bull. civ. IV, n° 224* (loi de 1967) • Com. 19 mai 1987 : *D. 1988. Somm. 12, obs. Derrida ; Bull. civ. IV, n° 120* (loi de 1967) • 5 oct. 1993 : *ibid. IV, n° 317 ; Rev. huiss. 1994. 187, note Vidal* • Versailles, 8 juill. 1993 : *RJDA 1993, n° 1089.*

26. Les dispositions de l'art. 65 [C. com., art. L. 621-122] ne dérogent pas à celles prévues en faveur du possesseur de bonne foi par l'art. 2279 C. civ. • Com. 14 nov. 1989 : *D. 1991. Somm. 43, obs. Pérochon ; Bull. civ. IV, n° 290* (loi de 1967). ♦ Il s'ensuit qu'une banque – à qui ont été données en gage des marchandises vendues sous réserve de propriété, livrées et entreposées dans les locaux d'un tiers, sans que le prix en ait été payé –, possesseur de bonne foi, bénéficie de la présomption édictée par ledit art. 2279, peu important que la possession de son auteur soit entachée d'un vice, et que la banque, qui n'a pas effectué des vérifications ou des recherches que ni la loi ni les usages du commerce ne lui imposent, peut opposer son nantissement à la revendication du vendeur. • Même arrêt. ♦ Cependant, seule une possession exempte de vices par le sous-acquéreur lui-même ou par autrui pour lui confère à celui-ci un titre faisant obstacle à toute revendication. • Com. 11 mai 1993 : *préc. note 24* • 5 mars 1996 : *Bull. civ. IV, n° 73 ; D. 2000. Somm. 74, obs. Pérochon et Mainguy ; D. Affaires 1996. 523 ; JCP E 1996. I. 584, n° 12, obs. Cabrillac* (cession de matériel, par un contrat de cession-bail, à une société de crédit-bail, qui a laissé le débiteur en possession comme locataire, ladite société ne pouvant ignorer qu'elle tenait le bien de quelqu'un qui n'en était pas propriétaire). ♦ Pour une détention de mauvaise foi, V. • Rennes, 13 nov. 1991 : *RJDA 1992, n° 518 ; D. 1993. Somm. 293, obs. Pérochon*. ♦ V., à propos de la loi de 1967, • Com. 28 nov. 1989 : *Bull. civ. IV, n° 300 ; D. 1991. Somm. 43, obs. Pérochon*. ♦ Et, affirmant que le commissionnaire de transport qui n'a pas eu connaissance de la clause de réserve de propriété grevant les marchandises, est fondé à invoquer un droit de rétention de créancier gagiste à l'égard du vendeur : • Com. 3 oct. 1989 : *D. 1991. Somm. 44, obs. Pérochon ; JCP 1990. II. 21454, note Béhar-Touchais ; Bull. civ. IV, n° 244* (loi de 1967). ♦ Comp., sur l'absence de perte de maîtrise de la chose par le vendeur : • Com. 13 févr. 1990 : *Bull. civ. IV, n° 45 ; D. 1990. Somm. 388, obs. Aynès*.

26 bis. Conflit avec le bailleur propriétaire des locaux. Le bailleur, qui n'avait pas été informé par le liquidateur de l'existence d'une clause de réserve de propriété portant sur des cloisons démontables, est entré de bonne foi en possession de celles-ci lors de la remise des clés après la résiliation du bail ; le vendeur, qui a été, de la sorte, empêché d'exercer utilement l'action en revendication, peut actionner le liquidateur en responsabilité civile pour faute. • Com. 22 févr. 1994 : *Bull. civ. IV, n° 71 ; D. 1995. Somm. 26, obs. Honorat*.

E. TRANSMISSION DE LA CLAUSE

BIBL. Cabrillac, *D. 1988. Chron. 225.* – Ghozi, *D. 1986. Chron. 317.* – Soinne, *Gaz. Pal. 1985. 1. Doctr. 287.*

27. Pour l'application d'une clause de réserve de propriété, lorsque l'acheteur a été soumis à une procédure collective, il n'y a pas lieu de distinguer selon que la revendication est exercée par le vendeur ou par un tiers subrogé dans ses droits. • Com. 15 mars 1988 (2 arrêts) : *Bull. civ. IV, n° 106 ; D. 1988. 330, note Pérochon ; Gaz. Pal. 1988. 1. 244, note Soinne ; JCP 1989. II. 21348, note Morançais-Demeester ; RTD com. 1988. 287, obs. Hémard et Bouloc ; Banque 1988. 700, obs. Rives-Lange* (loi de 1967) • 11 juill. 1988 : *Bull. civ. IV, n° 241 ; RTD com. 1988. 656, obs. Cabrillac et Teyssié ; D. 1988. IR. 240 ; Banque 1988. 932, obs. Rives-Lange.* ♦ Si le paiement avec subrogation a pour effet d'éteindre la créance à l'égard du créancier, il la laisse subsister au profit du subrogé, qui dispose de toutes les actions qui appartenaient au créancier qui se rattachaient à cette créance avant le paiement. • Mêmes arrêts. – V. aussi • Bordeaux, 17 déc. 1990 : *JCP E 1991. Pan. 483.* ♦ Sur la validité d'une subrogation consentie avant paiement, V. • Civ. 1re, 28 mai 2002 : *Act. proc. coll. 2002, n° 162, obs. Alleaume.*

28. La réserve de propriété constitue l'accessoire de la créance du vendeur en lui garantissant le paiement du prix, et l'endossement d'une lettre de change transmet au porteur la propriété de la provision avec ses accessoires. • Com. 11 juill. 1988 : *préc. note 27.*

29. Un contrat de concession, comportant une clause de réserve de propriété en faveur du concédant sur les marchandises livrées par lui au concessionnaire et stipulant que leur prix sera payable par l'intermédiaire d'un organisme de financement agréé par le concédant, forme, avec le contrat de financement, conclu entre le concessionnaire et l'organisme de financement et qui prévoit que ce dernier sera subrogé dans les droits du concédant après paiement, un ensemble indivisible dans la commune intention de toutes les parties ; dès lors est irrecevable la demande en revendication de marchandises présentée par le concédant, cette action ayant été transmise à l'organisme de financement par la subrogation qui est opposable au concédant. • Com. 2 févr. 1993 : *Bull. civ. IV, n° 38.*

V. aussi note 17 *bis.*

F. PAIEMENT DU PRIX POUR ÉVITER LA REVENDICATION

Jurisprudence relative à l'ancien art. 121, al. 2

30. L'ancien art. 121, al. 2, interdisait seulement à l'administrateur, sauf à engager sa responsabilité personnelle, de disposer des marchandises avant d'avoir fourni une garantie de paiement du prix, laquelle pouvait être simplement sa garantie personnelle donnée par écrit ; l'exercice par le juge-commissaire de la faculté d'autoriser l'entreprise à disposer des marchandises en en payant le prix au plus tard à la fin de la période d'observation, n'était pas subordonné à la constitution préalable d'une garantie bancaire par l'administrateur. • Grenoble, 16 avr. 1992 : *BICC 1992, n° 1893 ; D. 1993. Somm. 295, obs. Pérochon*.

Comp. : ancien art. L. 621-122, al. 4.

30 bis. Le vendeur de meubles, titulaire d'une clause de réserve de propriété, est recevable à mettre en cause la responsabilité délictuelle de l'administrateur judiciaire de l'acheteur qui, ayant obtenu l'autorisation du juge-commissaire de régler la créance pour conserver les marchandises, s'opposant ainsi à la revendication, a cessé les versements. • Paris, 20 sept. 1996 : *JCP E 1996. Pan. 1147 ; Rev. proc. coll. 1998. 188, obs. Soinne.*

G. PROCÉDURE

31. Modalités de la revendication. V. ancien art. L. 621-123 et notes ss. ancien art. L. 621-115. ♦ V. aussi ancien art. 85-1 s. du 1er décret du 27 déc. 1985, *infra*, App., v° *Difficultés des entreprises.*

32. Saisie-conservatoire. La saisie-conservatoire n'est pas ouverte à celui qui revendique des marchandises en vertu d'une clause de réserve de propriété. • Com. 9 janv. 1990 : *Bull. civ. IV, n° 7 ; D. 1991. Somm. 42, obs. Pérochon* (loi de 1967). ♦ Comp. : note 23 ss. ancien art. L. 621-115.

H. DROIT INTERNATIONAL PRIVÉ

BIBL. Scarano, *RTD com. 1990. 535* (droit comparé et droit international privé).

33. Les conditions auxquelles peuvent être revendiquées des marchandises vendues avec réserve de propriété sont, en cas de redressement judiciaire de l'acheteur, déterminées par la loi de la procédure collective, quelle que soit la loi régissant la validité et l'opposabilité, en général, de la clause de propriété réservée. • Civ. 1re, 8 janv. 1991 : *Bull. civ. I, n° 9 ; D. 1991. 276, note Rémery ; D. 1993. Somm. 286, obs. Pérochon*. ♦ Il résulte de l'art. 7, al. 2, de la Convention de Rome du 19 juin 1980, aux termes duquel les dispositions de celle-ci ne pourront porter atteinte à l'application des règles de la loi du pays du juge qui régissent impérativement la situation quelle que soit la loi applicable au contrat, que doit être écartée l'application du droit italien à l'action en revendication exercée à l'encontre d'une société soumise à une procédure collective portée devant un juge français. • Com. 8 janv. 2002 : *Rev. crit. DIP 2002. 328, note Bureau ; RTD com. 2002. 729, obs. Martin-Serf* .

I. APPLICATION À LA LIQUIDATION JUDICIAIRE

V. art. L. 622-3 et L. 622-14.

Ancien art. L. 621-123 ***L'administrateur, ou à défaut le représentant des créanciers ou le liquidateur, peut acquiescer à la demande en revendication ou en restitution d'un bien visé à la présente section, avec l'accord du débiteur. A défaut d'accord ou en cas de contestation, la demande est portée devant le juge-commissaire qui statue sur le sort du contrat, au vu des observations du créancier, du débiteur et du mandataire de justice précédemment saisi.*** — [L. n° 85-98 du 25 janv. 1985, art. 121-1]. — Pour l'application à la liquidation judiciaire, V. art. L. 622-14. — V. Décr. n° 85-1388 du 27 déc. 1985, ancien art. 85-1, infra, App., v° Difficultés des entreprises.

V. note ss. ancien art. L. 621-117.

L'art. 121-1 de la loi n° 85-98 du 25 janv. 1985, codifié à l'art. L. 621-123, était issu de la loi n° 94-475 du 10 juin 1994. — Pour l'entrée en vigueur de cette loi, V. note ss. art. L. 620-1.

BIBL. ► LE CORRE-BROLY et LE CORRE, *D. 2002. Chron. 948* (analyse jurisprudentielle de la demande en acquiescement de revendication).

1. Portée de la procédure préalable. L'art. 121-1 [C. com., art. L. 621-123], tel qu'il résulte de la loi du 10 juin 1994, institue en matière de revendication une procédure préliminaire devant l'administrateur ou, à défaut, devant le représentant des créanciers ou le liquidateur, constituant un préalable obligatoire à l'engagement de l'action en revendication qui relève désormais de la seule compétence du juge-commissaire, de sorte que l'action en revendication est irrecevable lorsque cette procédure n'a pas été respectée. • Com. 2 oct. 2001 : *Bull. civ. IV, n° 155 ; D. 2001. AJ. 3043, obs. Lienhard ; Act. proc. coll. 2001, n° 250, obs. Pérochon ; JCP E 2002, n° 4, p. 173, obs. Cabrillac et Pétel ; RTD com. 2002. 159, obs. Martin-Serf* • Aix-en-Provence, 18 sept. 2002 : *BICC 2002, n° 1109 ; Rev. proc. coll. 2003. 308, obs. Monsérié-Bon.* – V. déjà • TGI Avesnes-sur-Helpe, 22 nov. 1994 : *Rev. proc. coll. 1997. 331, obs. Soinne* • Montpellier, 24 févr. 1998 : *JCP E 1999, n° 18-19, p. 811, obs. Pétel* • Paris, 27 févr. 1998 : cité par Martin-Serf : *Petites affiches 28 oct. 1998, p. 23 s. (note 32)* • Besançon, 6 nov. 1998 : *Petites affiches 23 sept. 1999, p. 19, note Haennig ; RTD com. 2000. 179, obs. Martin-Serf* • Dijon, 18 janv. 2000 : *BICC 2000, n° 1296 ; D. 2000. AJ. 312* . – *Contra :* • Besançon, 1er oct. 1999 : *Rev. proc. coll. 2001. 31, obs. Soinne.* ♦ Lorsqu'il est saisi par le créancier alors que le délai donné au mandataire n'est pas expiré, le juge-commissaire ne peut accueillir la requête en revendication. Toutefois, le juge peut, par application de l'art. 126 NCPC, statuer sur la requête, dès lors que la cause d'irrecevabilité a disparu. • Paris, 22 janv. 1999 : *D. 1999. IR. 55 ; D. Affaires 1999. 340, obs. A. L. ; JCP E 1999, n° 18-19, p. 811, obs. Pétel ; RTD com. 2000. 179, obs. Martin-Serf* • 22 mars 2005 : *Gaz. Pal. 6-7 juill. 2005, p. 44, obs. Le Corre-Broly.* ♦ V. ancien art. 85-1 du 1er décret du 27 déc. 1985, *infra*, App., v° *Difficultés des entreprises.*

2. La revendication de biens meubles formulée devant le commissaire-priseur lors de l'établissement de l'inventaire ne peut suppléer la présentation d'une requête devant le mandataire de justice mentionné à l'art. 121-1 [C. com., art. L. 121-123]. • Paris, 12 janv. 2001 : *JCP E 2001, n° 7-8, p. 302.*

2 bis. Dans le cas où le demandeur en restitution avait ignoré la désignation de l'administrateur en adressant sa demande au représentant des créanciers, qui était devenu le mandataire de justice compétent dans le délai d'un mois imparti pour répondre à cette demande, l'irrégularité qui entachait la procédure préliminaire ayant disparu avant que n'expire le délai accordé au mandataire de justice compétent pour répondre, une cour d'appel a pu en déduire que la procédure prévue par les art. L. 621-123 C. com. et 85-4 du décret du 27 déc. 1985 n'avait pas été méconnue. • Com. 5 juill. 2005 : *Bull. civ. IV, n° 154 ; D. 2005. 2165, note Le Corre-Broly ; ibid. AJ. 1999, obs. Lienhard ; Gaz. Pal. 4-5 nov. 2005, p. 55, obs. Pérochon ; RTD com. 2006. 208, obs. Martin-Serf.*

3. Compétence du juge-commissaire. Il résulte de l'art. 121-1 [C. com., art. L. 621-123] que l'action en revendication relève désormais de la seule compétence du juge-commissaire. • Com. 2 oct. 2001 : *préc. note 1.* ♦ Pour la possibilité de saisir le tribunal lorsque le juge-commissaire ne s'est pas prononcé dans un délai raisonnable (application de l'art. 25, al. 2, du décret du 27 déc. 1985), V. • Com. 5 juill. 2005 : *préc. note 2 bis.*

4. Revendication du prix. Les dispositions de l'art. 121-1 [C. com., art. L. 621-123] sont applicables aussi bien à la revendication du bien lui-même qu'à celle de son prix. • Com. 2 oct. 2001 : *préc. note 1.* ♦ ... Peu important que cette demande soit faite contre un sous-acquéreur. • Com. 24 mai 2005 : *Bull. civ. IV, n° 110 ; D. 2005. AJ. 1633, obs. Lienhard ; Gaz. Pal. 4-5 nov. 2005, p. 57, obs. Pérochon ; Rev. proc. coll. 2005. 374, obs. Monsèrié-Bon.* ♦ La forclusion résultant du défaut de saisine du juge-commissaire dans le délai légal a vocation à s'appliquer dans le cadre de l'action en revendication du prix exercée par le vendeur contre l'affactureur. • Com. 15 mars 2005 : *Bull. civ. IV, n° 59 ; D. 2005. AJ. 1351, obs. Lienhard ; Act. proc. coll. 2005, n° 103, obs. Regnaut-Moutier ; Gaz. Pal. 6-7 juill. 2005, p. 46, obs. Le Corre-Broly ; Rev. proc. coll. 2005. 374, obs. Monsèrié-Bon.* ♦ ... Ou contre le banquier cessionnaire de la créance du prix de revente. • Com. 12 avr. 2005 : *Gaz. Pal. 6-7 juill. 2005, p. 46, obs. Le Corre-Broly.*

5. Situation antérieure à la loi du 10 juin 1994. V. notamment notes 17 s. et 22 ss. ancien art. L. 621-115.

Ancien art. L. 621-124 ***Peut être revendiqué le prix ou la partie du prix des biens visés à l'article L. 621-122 qui n'a été ni payé, ni réglé en valeur, ni compensé en compte courant entre le débiteur et l'acheteur à la date du jugement ouvrant la procédure de redressement judiciaire.*** — [L. n° 85-98 du 25 janv. 1985, art. 122]. — V. Décr. n° 85-1388 du 27 déc. 1985, ancien art. 85-3, infra, App., v° Difficultés des entreprises. — Pour l'application à la liquidation judiciaire, V. ancien art. L. 622-14.

V. note ss. ancien art. L. 621-117.

Ancien art. 122 de la loi du 25 janv. 1985 [rédaction antérieure à L. n° 94-475 du 10 juin 1994] ***Peut être revendiqué le prix ou la partie du prix des marchandises visées à l'article 121 qui n'a été payé, ni réglé en valeur, ni compensé en compte courant entre le débiteur et l'acheteur.*** — Pour l'entrée en vigueur de la loi du 10 juin 1994, V. note ss. ancien art. L. 620-1.

BIBL. ▶ Cabrillac, *D. 1988. Chron. 225.* – Chaput, *Rev. proc. coll. 1989. 363.* – Schmidt, Hemmele et Chopard, *JCP E 1988. II. 15309.* – D. Martin, *D. 1986. Chron. 323.* – Pérochon, *D. Affaires 1996. 1402 ; Petites affiches 13 févr. 2002, p. 4* (dernières évolutions jurisprudentielles).

1. Contrat d'entreprise. Le vendeur d'un bien dont la propriété lui est réservée peut revendiquer le prix impayé par le sous-acquéreur, si ce dernier a reçu le bien dans son état initial, fût-ce en exécution d'un contrat d'entreprise. • Com. 5 nov. 2003 : *Bull. civ. IV, n° 162 ; D. 2003. AJ. 2965 ; Act. proc. coll. 2004, n° 7, obs. Jacquemont ; JCP E 2004, n° 22, p. 861, obs. Cabrillac ; RD banc. fin. 2004, n° 20, obs. Legeais ; Petites affiches 19 févr. 2004, p. 9, note Lécuyer ; RTD com. 2004. 600, obs. Martin-Serf.* – V. déjà • Com. 17 mars 1998 : *Bull. civ. IV, n° 108 ; D. 1999. Somm. 72, obs. Honorat ; ibid. 2000. Somm. 75, obs. Pérochon et Mainguy*

; *D. Affaires 1998. 803, obs. V. A.-R ; JCP E 1998, n° 37, p. 1398, obs. Pétel.*

1 bis. *Revendication du prix.* Le vendeur dont la propriété est réservée peut revendiquer le prix impayé par le sous-acquéreur dès lors que ce dernier a reçu le matériel dans son état initial. • Com. 17 mars 1998 : *préc. note 1.* – V. aussi • Com. 27 oct. 1998 : *D. 2000. Somm. 75, obs. Pérochon et Mainguy ; RJDA 1998, n° 1271, et p. 887, rapp. Rémery.* ♦ La revente, avant le jugement d'ouverture, de certaines marchandises demeurées en leur état initial ne fait pas obstacle, sous réserve de leur identification, à la revendication qui porte alors sur la créance du prix dû par les sous-acquéreurs. • Com. 15 déc. 1992 : *Bull. civ. IV, n° 412 ; D. 1993. Somm. 293, obs. Pérochon* • Paris, 22 févr. 1989 : *D. 1989. IR. 90.* ♦ Dès lors que l'ouverture de la procédure emporte subrogation de la créance du prix à la chose, le vendeur est fondé à revendiquer, entre les mains du sous-acquéreur, la partie du prix encore impayée. • Com. 3 janv. 1995 : *Bull. civ. IV, n° 3 ; D. 1996. Somm. 221, obs. Pérochon ; Rev. proc. coll. 1995. 198, obs. Soinne ; JCP E 1995. I. 457, n° 13, obs. Cabrillac et Pétel.* ♦ En effet, le paiement fait par le sous-acquéreur postérieurement à l'exercice de l'action en revendication ne fait pas obstacle à celle-ci, à due concurrence de la partie du prix ainsi payée. • Com. 27 oct. 1998 : *préc.* ♦ V. et Comp. : note 6.

2. Revendiquant entre les mains du débiteur non les marchandises vendues avec réserve de propriété elles-mêmes mais leur prix, le vendeur doit prouver que ce prix a été payé par le sous-acquéreur au débiteur après le jugement d'ouverture de la procédure collective. • Com. 2 nov. 1993 : *Bull. civ. IV, n° 375 ; D. 1994. IR. 7.* ♦ Solution confirmée par l'art. L. 621-124, dans sa rédaction issue de la loi n° 94-475 du 10 juin 1994. — Pour une application, V. • Orléans, 11 mars 2004 : *RJDA 2004, n° 867.* ♦ Comp. : • Com. 11 juill. 1995 : *JCP E 1995. Pan. 1141 ; Rev. proc. coll. 1995. 475, obs. Soinne.*

2 bis. Il résulte de l'art. L. 621-124 C. com. que le prix du bien livré qui n'a pas été payé par le sous-acquéreur avant la date du jugement d'ouverture de la procédure, peut être revendiqué par le vendeur entre les mains du débiteur sans qu'il y ait lieu de distinguer si le prix a été ou non payé avant la demande en revendication. • Com. 3 déc. 2003 : *Bull. civ. IV, n° 191 ; D. 2004. AJ. 140, obs. Lienhard ; Act. proc. coll. 2004, n° 21, obs. Pérochon ; JCP E 2004, n° 22, p. 860, obs. Cabrillac ; RD banc. fin. 2004, n° 71, obs. Legeais ; Rev. proc. coll. 2004. 380, obs. Monsèrié-Bon ; RTD civ. 2004. 761, obs. Crocq .*

2 ter. Le vendeur d'un bien dont la propriété lui est réservée peut revendiquer le prix impayé par le sous-acquéreur en redressement ou en liquidation judiciaires, peu important que la créance détenue par l'acquéreur initial à l'encontre du sous-acquéreur soit éteinte pour n'avoir pas été déclarée au passif de ce dernier. • Com. 21 févr. 2006 : *D. 2006. AJ. 718, obs. Lienhard ; JCP E 2006, n° 14-15, p. 672, obs. Cabrillac ; Act. proc. coll. 2006, n° 81, obs. Vallansan ; Gaz. Pal. 30 avr.-4 mai 2006, p. 49, obs. Le Corre-Broly.*

2 quater. En ce sens que le sous-acquéreur qui a effectué des règlements au mépris des droits du vendeur impayé, alors qu'il n'ignorait ni la procédure collective dont faisait l'objet l'acquéreur originaire, ni la revendication du vendeur, peut être condamné dans le cadre d'une action en revendication du prix, en application de l'art. 122 [C. com., art. L. 621-124], V. • Com. 5 mars 1996 : *RJDA 1996, n° 837.* ♦ Comp., jugeant que les dispositions de l'art. 122 [C. com., art. L. 621-124] n'excluent pas que le sous-acquéreur qui a payé les marchandises puisse être tenu à restitution des marchandises dès lors qu'il n'ignore pas que celles-ci sont restées la propriété du revendiquant : • Rennes, 13 nov. 1991 : *Rev. proc. coll. 1993. 125, obs. crit. Soinne.*

3. Pour l'application d'une clause de réserve de propriété, lorsque, les marchandises cédées ayant été revendues à un sous-acquéreur, le prix se trouve par là même subrogé à ces marchandises, le vendeur ne peut exercer sa revendication que sur le prix tel qu'il a été fixé lors de la convention conclue avec l'acquéreur. Le prix revenant au créancier ne peut inclure la marge bénéficiaire que l'acheteur avait fait supporter à ses clients. • Com. 15 janv. 1991 : *Bull. civ. IV, n° 31 ; JCP E 1991. I. 102, n° 11, obs. Cabrillac et Pétel* (loi de 1967) • Lyon, 11 juill. 1997 : *Rev. proc. coll. 2001. 19, obs. Soinne* • Versailles, 23 sept. 1999 : *ibid.* ♦ Par ailleurs, le vendeur sous réserve de propriété n'est fondé à revendiquer que le prix de vente moins les frais. • Paris, 8 juill. 1994 : *D. 1994. IR. 238.*

Lorsque le vendeur réservataire de la propriété a pu, après revendication, revendre les marchandises, le montant de sa créance résulte de la différence entre le prix de la vente initiale et le prix de revente. Dans la mesure où elle ne lui est pas imputable, la diminution du prix ne doit pas être supportée par le revendiquant. • Paris, 11 janv. 1994 : *RJ com. 1995. 205, note X. Vincent.*

3 bis. En vertu de l'art. 1315, al. 2, C. civ., celui qui se prétend libéré doit justifier le paiement ou le fait qui a produit l'extinction de son obligation ; dès lors, pour être déchargé de tout ou partie de son obligation vis-à-vis du vendeur dont la propriété est réservée, le sous-acquéreur recherché en revendication sur le fondement de l'art. 122 [C. com., art. L. 621-124], doit prouver qu'il a payé, ou réglé en valeur, ou opéré une compensation en compte courant. • Com. 17 mars 1998 : *préc. note 1.*

4. Individualisation des marchandises. La revendication du prix des marchandises « visées à l'art. 65 [C. com., art. L. 621-122] » – indépendamment de l'exigence particulière propre à l'art. 66 [C. com., art. L. 621-124] – ne peut être accueillie qu'aux mêmes conditions que la revendication des marchandises elles-mêmes avant leur revente et notamment, dans la mesure où ces marchandises existaient encore en nature dans le patrimoine du débiteur lors de l'ouverture de la procédure collective. V. à propos de la loi de 1967, • Com. 27 mai 1986 : *Bull. civ. IV, n° 102 ; D. 1988. Somm. 63, obs. Derrida* (V. l'arrêt cassé : • Toulouse, 27 nov. 1984 : *D. 1985. 185, note J. Mestre*) • 5 oct. 1993 : *Bull. civ. IV, n° 317* • Paris, 18 mai 1987 : *D. 1988. Somm. 64, obs. Derrida* (loi de 1967) • Rennes, 30 oct. 1991 : *JCP 1992. IV. 55.* ♦ La marchandise dont le prix est revendiqué doit exister en son état initial, non à la date du jugement d'ouverture de la procédure collective mais à celle de sa délivrance au sous-acquéreur. • Com. 3 janv. 1995 : *préc. note 1 bis* • 14 janv. 1997 : *D. 1997. IR. 52* • 5 nov. 2003 : *préc. note 1.* ♦ V. aussi • Paris, 28 mai 1999 : *Rev. proc. coll. 2001. 20, obs. Soinne* • 19 nov. 1999 : *ibid.* • Douai, 23 janv. 2003 : *BICC 2004, n° 1161 ; RJDA 2005, n° 431.* ♦ V. également note 2 ss. art. L. 621-122. ♦ Comp. : art. L. 621-122, al. 2 et 3 (réd. issue de la loi n° 94-475 du 10 juin 1994). ♦ La revendication du prix de revente des marchandises vendues avec réserve de propriété est soumise aux conditions du nouvel art. 121, al. 3 [C. com., art. L. 621-122], qui autorise la revendication des biens mobiliers incorporés dans un autre bien mobilier lorsque leur récupération peut être effectuée sans dommage pour les biens eux-mêmes et le bien dans lequel ils sont incorporés. • Versailles, 24 juin 1999 : *RJDA 1999, n° 1110.*

4 bis. Délais d'action. Il résulte des art. 115 et 122 [C. com., art. L. 621-115 et L. 621-124] que dès lors que l'action en revendication en nature a été exercée dans le délai légal, la forclusion ne peut être opposée à l'action en revendication du prix exercée ultérieurement, à l'encontre du sous-acquéreur. • Com. 24 nov. 1998 : *Bull. civ. IV, n° 279 ; D. 2000. Somm. 75, obs. Pérochon et Mainguy ; D. Affaires 1999. 522, obs. A. L. ; JCP E 1999, n° 18-19, p. 811, obs. Cabrillac ; RTD com. 1999. 754, obs. Martin-Serf ; Quot. jur. 10 déc. 1998, p. 6, note P. M. ; RJ com. 1999. 261, note Courtier ; Rev. proc. coll. 2001. 19, obs. Soinne.* ♦ L'action en paiement exercée contre les détenteurs des marchandises vendues avec clause de réserve de propriété, à la suite de l'ordonnance du juge-commissaire autorisant le vendeur à revendiquer le prix impayé, qui découle de l'action en revendication mais ne se confond pas avec celle-ci, n'est pas soumise au délai de l'art. 115 [C. com., art. L. 621-115]. • Com. 15 févr. 2000 : *RJDA 2000, n° 573 ; Act. proc. coll. 2000, n° 75 ; RTD com. 2001. 517, obs. Martin-Serf.* ♦ V. aussi note 2 ss. ancien art. L. 621-123.

4 ter. Compétence. Dès lors qu'elle ne conduit à mettre en cause ni la validité ni l'exécution du contrat administratif, l'action en revendication du prix de marchandises revendues à un établissement public a un caractère purement commercial, et il appartient ainsi à la juridiction judiciaire de connaître du litige. • T. confl., 13 nov. 2000 : *Bull. civ., n° 23 ; D. 2001. AJ. 236.* ♦ V. aussi note 2 ss. ancien art. L. 621-123.

5. Règlement en valeur. Ayant relevé que le sous-acquéreur de marchandises initialement grevées de réserve de propriété avait, en paiement du prix, remis à l'acheteur-revendeur des lettres de change acceptées, une cour d'appel en a exactement déduit que, par suite du règlement en valeur auquel il avait été ainsi procédé, conformément à l'art. 66 [C. com., art. L. 621-124], le vendeur originaire ne pouvait plus exercer l'action en revendication du prix à l'encontre du sous-acquéreur de la marchandise. • Com. 9 janv. 1990 : *Bull. civ. IV, n° 9 ; D. 1990. Somm. 121, obs. Cabrillac ; D. 1991. Somm. 48, obs. Pérochon ; Banque 1990. 428, obs. Rives-Lange* (loi de 1967) • 2 nov. 1993 : *préc. note 2.* – V. déjà • Paris, 14 mai 1985 : *D. 1988. Somm. 64, obs. Derrida* (loi de 1967) • 2 oct. 1987 : *D. 1988. Somm. 51, obs. Cabrillac* (loi de 1967).

La remise à l'escompte par le débiteur en redressement judiciaire d'une lettre de change tirée sur les acheteurs mais non acceptée par eux ne peut, en l'absence d'engagement cambiaire de ce dernier, constituer le règlement en valeur entre le débiteur et l'acheteur qui, aux termes de l'art. 122 [C. com., art. L. 621-124], fait obstacle à la revendication du prix des marchandises par le propriétaire. • Com. 6 mai 1997 : *Bull. civ. IV, n° 123 ; D. 2000. Somm. 75, obs. Pérochon et Mainguy ; D. Affaires 1997. 798 ; JCP 1997. II. 22910, rapp. Rémery ; RTD com. 1997. 485, obs. Cabrillac ; Rev. proc. coll. 2001. 20, obs. Soinne.* ♦ V. aussi, jugeant que le sous-acquéreur qui n'a pas accepté la lettre de change reste débiteur du prix vis-à-vis du vendeur initial toujours propriétaire du bien : • Com. 5 janv. 1999 : *Act. proc. coll. 1999, n° 59.*

5 bis. Compensation. Un paiement par compensation, autre que par compte courant, avant l'ouverture de la procédure collective, ne constitue pas l'un des modes de paiement mettant obstacle à la revendication du vendeur. • Com. 8 janv. 2002 : *Bull. civ. IV, n° 7 ; D. 2002. AJ.*

573, obs. Lienhard ; *Act. proc. coll. 2002, n° 49, obs. Regnaut-Moutier* ; *JCP E 2002, n° 20, p. 808, obs. Cabrillac et Pétel* ; *Dr. et patr. juill.-août 2002. 105, obs. Monsèrié-Bon* ; *RTD com. 2002. 374, obs. Martin-Serf*. – Dans le même sens, V. • Com. 15 févr. 2005 : *RJDA 2005, n° 735.*

6. *Cession de créance.* Après revente des marchandises en leur état initial par le débiteur, le prix se trouvant par là même subrogé aux marchandises, le vendeur exerce sa revendication sur le prix. • Com. 20 juin 1989 : *Bull. civ. IV, n° 197* ; *D. 1989. 431, note Pérochon* ; *RTD com. 1989. 745, obs. Martin-Serf, et 1990. 445, obs. Bouloc* ; *Banque 1989. 760, obs. Rives-Lange* (loi de 1967). ♦ La cession de créance par l'acquéreur-revendeur, selon bordereau Dailly, ne peut faire échec à la revendication du fournisseur. • Même arrêt. – Dans le même sens, V. • CE 25 juin 2003 : *RJDA 2003, n° 1234.* ♦ V. déjà, admettant l'opposabilité de la clause au sous-acquéreur (loi de 1967). • Dijon, 9 sept. 1987 : *D. 1988. 74, note Zénati* ; *JCP E 1987. 14988, note Chaput* • Paris, 3 févr. 1988 : *D. 1988. IR. 84* ; *Gaz. Pal. 1988. 1. 312, concl. Sauvel et note Garnier et Leblond* (infirmant • T. com. Paris, 16 janv. 1987 : *D. 1988. Somm. 65, obs. Derrida*). ♦ Comp., écartant la faute d'une commune, qui, bien qu'ayant eu connaissance de la réserve de propriété frappant les biens qu'elle avait acquis, avait payé le cessionnaire de la créance, et non le vendeur initial : • CAA Douai, 29 juin 2000 : *D. 2001. 537, note Laugier*.

7. Si la subrogation investit le subrogé de la créance primitive avec tous ses avantages et accessoires, le subrogé n'a pas plus de droits que son subrogeant au lieu et place duquel il agit. • Com. 26 avr. 2000 : *Bull. civ. IV, n° 89* ; *D. 2000. AJ. 278, obs. Pisoni* ; *Act. proc. coll. 2000, n° 122, obs. Dom.* ♦ Ayant retenu que le vendeur était fondé à se prévaloir de sa réserve de propriété à l'égard des matériels litigieux, et que ceux-ci ayant été revendus par le débiteur, le prix dû à ce dernier se trouvait par là même subrogé aux marchandises dont le vendeur était demeuré propriétaire, c'est à bon droit que les juges ont décidé que la créance invoquée par l'affactureur du débiteur ne pouvait faire échec à la revendication du vendeur. • Même arrêt. – V. déjà : • Com. 27 juin 1989 : *Bull. civ. IV, n° 205* ; *JCP E 1990. II. 15668, n° 15, obs. Cabrillac* ; *RTD com. 1990. 269, obs. Martin-Serf* (loi de 1967) (V. l'arrêt confirmé : • Versailles, 13 mai 1987 : *D. 1988. Somm. 64, obs. Derrida)* • Riom, 28 avr. 1999 : *JCP E 2000, n° 17, p. 680.* ♦ Mais le vendeur réservataire ne peut se prévaloir des dispositions de l'art. 122 [C. com., art. L. 621-124] qu'à la condition qu'au jour de l'exercice de l'action en revendication, le prix de revente des marchandises n'ait pas été payé par les sous-acquéreurs entre les mains du tiers subrogé dans les droits de la société débitrice ayant revendu les marchandises. • Com. 10 juill. 2001 : *Bull. civ. IV, n° 134* ; *D. 2001. AJ. 2597, obs. Lienhard* ; *Act. proc. coll. 2001, n° 181, obs. Mainguy* ; *RTD com. 2001. 962, obs. Cabrillac* ; *ibid. 2002. 163, obs. Martin-Serf* ; *RTD civ. 2001. 927, obs. Croq* • Paris, 5 oct. 1996 : *D. Affaires 1996. 1418* ; *Rev. proc. coll. 2001. 20, obs. Soinne.* ♦ V. déjà, sous l'empire de la loi du 13 juill. 1967 : • Com. 11 déc. 1990 : *Bull. civ. IV, n° 322* ; *JCP E 1991. I. 102, n° 10, obs. Cabrillac.*

8. *Plan de cession.* Sur l'application de l'art. 122 [C. com., art. L. 621-124] en cas de cession de marchandises vendues sous réserve de propriété, dans le cadre d'un plan de cession, V. • Aix-en-Provence, 20 mars 1990 : *D. 1991. Somm. 42, obs. Pérochon* (arrêt partiellement cassé par • Com. 9 juin 1992 : *Bull. civ. IV, n° 230* ; *D. 1993. Somm. 6, obs. Derrida*). – Comp. : • Besançon, 10 juin 1992 : *Rev. proc. coll. 1993. 123, obs. Soinne.* ♦ V. aussi note 25 ss. ancien art. L. 621-32 et note 23 *bis* ss. ancien art. L. 621-122.

9. *Titres-restaurant.* Pour le rejet de l'action en revendication du prix de titres-restaurant acquis par une entreprise en vue de leur remise aux salariés, ces derniers n'ayant pas la qualité de sous-acquéreurs des titres, V. • Com. 31 mai 2005 : *RJDA 2005, n° 1134.*

SECTION IV DU RÈGLEMENT DES CRÉANCES RÉSULTANT DU CONTRAT DE TRAVAIL

RÉP. COM. v° *Entreprises en difficulté – Redressement judiciaire (Salariés)*, par Teyssié.

SOUS-SECTION 1 DE LA VÉRIFICATION DES CRÉANCES

BIBL. GÉN. ▸ Bell'Assinot, *Gaz. Pal. 1986. 2. Doctr. 590.* – Henry, *Dr. soc. 1986. 678.* – Lafarge et Meteye, *Gaz. Pal. 1987. 1. Doctr. 391* (AGS et contentieux prud'homal). – Rossi, *Petites affiches 5 juill. 2002, p. 19.*

Ancien art. L. 621-125 ***Après vérification, le représentant des créanciers établit, dans les délais prévus à l'article L. 143-11-7 du code du travail, les relevés des créances résultant d'un contrat de travail, le débiteur entendu ou dûment appelé. Les relevés des créances sont soumis au représentant des salariés dans les conditions prévues à l'article L. 621-36. Ils sont visés par le juge-commissaire, déposés au greffe du tribunal et font l'objet d'une mesure de publicité dans des conditions fixées par décret en Conseil d'État.*** — V. Décr. n° 85-1388 du 27 déc. 1985, ancien art. 76 s., infra, App., v° Difficultés des entreprises.

Le salarié dont la créance ne figure pas en tout ou en partie sur un relevé peut saisir à peine de forclusion le conseil de prud'hommes dans un délai de deux mois à compter de l'accomplissement de la mesure de publicité mentionnée à l'alinéa précédent. Il peut demander au représentant des salariés de l'assister ou de le représenter devant la juridiction prud'homale.

Le représentant des créanciers cité devant le conseil de prud'hommes ou, à défaut, le demandeur appelle devant cette juridiction les institutions visées à l'article L. 143-11-4 du code du travail. Le débiteur ou l'administrateur lorsqu'il a pour mission d'assurer l'administration est mis en cause. — [L. n° 85-98 du 25 janv. 1985, art. 123]. — Pour l'application à la liquidation judiciaire, V. ancien art. L. 622-14.

1. Créances salariales visées. Les créances salariales qui sont l'objet d'une instance en cours devant la juridiction prud'homale à la date du jugement d'ouverture du redressement judiciaire ne sont pas soumises à la vérification des créances salariales instituée par l'art. 123 de la loi [C. com., art. L. 621-125] et par les art. 76 et 78 du décret. • Soc. 10 déc. 1996 : *Bull. civ. V, n° 434* • 30 sept. 1997 : *Bull. civ. V, n° 297 ; D. 1997. IR. 219 ; Rev. proc. coll. 1999. 156, obs. Monsèrié.*

1 bis. L'envoi d'une lettre de licenciement par le liquidateur et la remise de bulletins de paie ne vaut pas reconnaissance des droits des intéressés dans le passif de la société débitrice. • Soc. 17 mars 1998 : *Act. proc. coll. 1998, n° 42.*

1 ter. Délai de saisine. La fin de non-recevoir tirée de la saisine prématurée de la juridiction prud'homale est couverte par l'expiration du délai d'affichage de l'avis de dépôt au greffe du tribunal de commerce de l'ensemble des relevés de créances salariales, que prévoyait l'ancien art. 78, al. 3, du décret de 1985. • Versailles, 24 févr. 1989 : *D. 1989. Somm. 373, obs. Honorat.*

2. Dès lors que l'affichage que prévoyait l'ancien art. 78, al. 3, du décret du 27 déc. 1985 n'avait pas été effectué, le délai de forclusion n'avait pas commencé à courir. • Soc. 9 mars 1994 : *D. 1994. 455, note Derrida* • 27 juin 1995 : *Rev. proc. coll. 1996. 117, obs. Dureuil.* ♦ De même, lorsque la date d'affichage de l'avis indiquant que l'ensemble des relevés des créances est déposé au greffe du tribunal dans les locaux du siège de l'entreprise et à ses portes, marquant la date du point de départ du délai de forclusion, imparti par l'art. 123 [C. com., art. L. 621-125], al. 2, n'était pas établie, le délai de forclusion n'avait pas commencé à courir. • Soc. 8 avr. 1992 : *Bull. civ. V, n° 252.* – V. aussi • Soc. 18 févr. 1997 : *Rev. proc. coll. 1997. 354, obs. Taquet.*

Une cour d'appel ne pouvait, sous l'empire de l'ancien art. 78, al. 3 et 5, décider qu'un salarié encourait la forclusion édictée par l'art. 123 [C. com., art. L. 621-125], au motif que la publicité mentionnée à cet art. avait été effectuée à la mairie, sans rechercher, ainsi qu'elle y était invitée, si le représentant des créanciers s'était trouvé dans l'impossibilité de procéder à cet affichage dans les locaux de l'entreprise. • Soc. 16 nov. 1995 : *Bull. civ. V, n° 299 ; D. 1995. IR. 277 ; D. Affaires 1996. 46.*

Comp. : art. 78 du 1er décret du 27 déc. 1985, dans sa rédaction issue du décret n° 94-910 du 21 oct. 1994, *infra*, App., v° *Difficultés des entreprises.*

3. Le délai de forclusion ne court pas lorsque le représentant des créanciers n'a pas informé le salarié de son existence et de son point de départ. • Soc. 25 juin 2002 : *Bull. civ. V, n° 210 ; D. 2002. AJ. 2406 ; JCP E 2002, n° 39, p. 1526, obs. Pétel ; Act. proc. coll. 2002, n° 181, obs. Regnaut-Moutier ; Rev. proc. coll. 2002. 289, obs. Taquet ; Petites affiches 15 avr. 2003, p. 10, note Tchotourian ; RTD com. 2003. 568, obs. Martin-Serf.* ♦ *Contra,* auparavant : • Soc. 7 nov. 1995 : *JCP E 1996. I. 584, n° 14, obs. Pétel ; RJ com. 1998. 108, note Haennig* • 30 avr. 2002 : *Bull. civ. V, n° 136.* ♦ Il résulte des art. L. 621-125 C. com., 78 du décret du 27 déc. 1985 et 640 NCPC que le représentant des créanciers qui informe le salarié de la nature et du montant des créances admises ou rejetées, doit lui rappeler la durée du délai de forclusion prévu au premier des textes susvisés, la date de la publication prévue au 3° al. du deuxième de ces textes, le journal dans lequel elle sera effectuée ainsi que la juridiction compétente et les modalités de sa saisine ; en l'absence de ces mentions, ou lorsque celles-ci sont erronées, le délai de forclusion ne court pas.

• Soc. 7 févr. 2006 : *D. 2006. AJ. 579, obs. Lienhard* .

4. L'action tendant au paiement de salaires et indemnités de rupture ne saurait être déclarée forclose même si les salariés n'ont pas, comme l'exige l'art. 123 [C. com., art. L. 621-125], saisi le conseil de prud'hommes dans le délai de deux mois courant à compter de la mesure de publicité légale, dès lors qu'aucun délai de forclusion n'a couru à leur égard. En effet, l'état des créances déposé au greffe par le liquidateur mentionnait les intéressés en qualité de salariés, de sorte que la saisine de la juridiction prud'homale ne présentait pas d'intérêt, peu important que le liquidateur ait écrit à ces salariés pour les avertir de l'éventuelle utilité d'une telle saisine eu égard au refus du GARP de garantir leurs créances. • Paris, 16 avr. 1999 : *JCP 2000. IV. 1205.*

4 bis. Le salarié qui demande devant le conseil de prud'hommes, conformément à l'art. L. 511-1 C. trav., la réparation du préjudice causé par l'irrégularité de fond ou de procédure de son licenciement et dont l'action est distincte de celle ouverte par l'art. 123 de la loi du 25 janv. 1985 [C. com., art. L. 621-125] ne peut se voir opposer la fin de non-recevoir tirée de la forclusion prévue par ce second texte. • Soc. 4 juill. 2000 : *Bull. civ. V, n° 266 ; D. 2001. Somm. 115, obs. Derrida* ; *Rev. proc. coll. 2001. 41, obs. Taquet* • 15 janv. 2003 : *Rev. proc. coll. 2003. 155, obs. Taquet.*

4 ter. L'art. L. 621-125 C. com. n'impose au salarié, à peine de forclusion, que de saisir la juridiction prud'homale dans le délai qu'il prévoit ; des demandes nouvelles peuvent être présentées en tout état de la procédure ainsi engagée, peu important que le délai de forclusion soit alors expiré. • Soc. 9 nov. 2005 : *Bull. civ. V, n° 314 ; Act. proc. coll. 2006, n° 17, obs. Regnaut-Moutier ; Rev. proc. coll. 2006. 70, obs. Taquet.*

5. Lorsque, invoquant le caractère privilégié d'une créance salariale, un salarié conteste l'admission de cette créance faite à titre chirographaire sur le relevé établi par le représentant des créanciers, le juge-commissaire, dont la fonction est de viser les relevés des créances salariales, n'est pas compétent pour statuer sur les contestations relatives à ces créances à la demande du salarié et la décision par laquelle il refuse de reconnaître le caractère privilégié de la créance figurant sur le relevé doit être infirmée, alors que les contestations relatives à l'admission des créances doivent, conformément à l'art. 123 [C. com., art. L. 621-125], al. 2, être portées devant le conseil de prud'hommes dans le délai de deux mois à compter de la publication du relevé. • Paris, 2 juin 1993 : *D. 1993. IR. 245.*

5 bis. Relevé de forclusion. La saisine du conseil de prud'hommes par le salarié, qui conteste la décision du représentant des créanciers, emporte nécessairement demande de relevé de forclusion lorsqu'il introduit la procédure après l'expiration du délai de deux mois de l'art. L. 621-125 C. com., mais conformément aux art. L. 621-46 C. com. et 78 du décret du 27 déc. 1985, moins d'un an après le jugement d'ouverture de la procédure collective, sans qu'il soit besoin que cette demande soit formulée expressément. • Soc. 26 mars 2003 : *Bull. civ. V, n° 118 ; Act. proc. coll. 2003, n° 165, obs. Cagnoli ; JCP E 2003, n° 40, p. 1574, obs. Pétel ; Rev. proc. coll. 2003. 251, obs. Taquet. — Contra,* auparavant : • Soc. 22 juin 1993 : *Bull. civ. V, n° 173 ; D. 1993. IR. 195 ; Dr. sociétés 1994, n° 71, obs. Chaput* • 26 nov. 1996 : *Rev. proc. coll. 1997. 472, obs. Taquet ; RJ com. 1998. 108, note Haennig.*

5 ter. Le délai de l'action en relevé de forclusion ne peut courir à l'encontre du salarié dès lors que le représentant des créanciers a déposé le relevé des créances résultant d'un contrat de travail non dans les trois mois suivant le prononcé du jugement d'ouverture, mais postérieurement à l'expiration du délai prévu à l'art. 53 [C. com., art. L. 621-46]. • Soc. 8 janv. 2002 : *Bull. civ. V, n° 2 ; Rev. proc. coll. 2002. 110, obs. Taquet ; RTD com. 2003. 568, obs. Martin-Serf* .

6. Contestation postérieure à la condamnation de l'employeur au paiement. En ce sens qu'un salarié peut saisir le conseil de prud'hommes d'une action tendant à contester le refus du représentant des créanciers de faire figurer sa créance sur un relevé des créances résultant d'un contrat de travail, même lorsqu'une précédente décision prud'homale a condamné l'employeur à payer les sommes réclamées, V. • Soc. 16 déc. 1998 : *Bull. civ. V, n° 568 ; D. 2001. Somm. 115, obs. Derrida* ; *JCP E 1999, n° 18-19, p. 812, obs. Pétel.*

7. Défendeur à l'action. L'action relative à l'inscription sur le relevé des créances des diverses indemnités consécutives à la rupture du contrat de travail est formée à titre principal contre le représentant des créanciers de l'employeur en redressement judiciaire. • Soc. 16 janv. 1991 : *Bull. civ. V, n° 14 ; D. 1991. IR. 48* • 16 déc. 1992 : *Bull. civ. V, n° 596.*

8. Intéressement des salariés. La juridiction prud'homale est compétente pour statuer sur la demande du salarié tendant à l'inscription sur le relevé des créances relatives à l'intéressement et mettant en jeu la garantie de l'AGS. • Soc. 19 mars 1997 : *D. 1997. IR. 94.*

9. Accident du travail. Les dispositions relatives au règlement des créances résultant de l'art. 123 [C. com., art. L. 621-125] ne sont pas applicables à la créance du salarié victime d'un accident du travail, consécutive à la reconnaissance de la faute inexcusable de l'employeur, cette créance ne constituant pas une créance salariale résultant d'un contrat de travail mais une créance dont le fait générateur est né du fait ou à l'occasion du travail, selon la définition de l'art. L. 411-1 CSS • Dijon, 21 oct. 1997 : *JCP 1998. IV. 3147.*

10. Défaut d'établissement des relevés des créances salariales. Lorsque les délais imposés au représentant des créanciers pour établir les relevés des créances résultant d'un contrat de travail sont dépassés, sans que ces relevés aient été établis, les salariés peuvent saisir directement le conseil de prud'hommes pour faire reconnaître leurs créances salariales, notamment celles qui sont nées après l'ouverture de la procédure collective. • Soc. 26 févr. 2003 : *Bull. civ. V, n° 69.*

11. Voies de recours. La demande par laquelle le salarié conteste devant le bureau de jugement du conseil de prud'hommes, conformément aux dispositions des art. L. 621-125 et L. 621-128 C. com., la décision du représentant des créanciers de ne pas faire figurer tout ou partie de sa créance sur les relevés des créances résultant d'un contrat de travail, présente un caractère indéterminé en sorte que le jugement du conseil de prud'hommes est susceptible d'appel. • Soc. 18 févr. 2004 : *Rev. proc. coll. 2004. 254, obs. Taquet.*

Ancien art. L. 621-126 ***Les instances en cours devant la juridiction prud'homale, à la date du jugement d'ouverture du redressement judiciaire, sont poursuivies en présence du représentant des créanciers et de l'administrateur lorsqu'il a pour mission d'assurer l'administration ou ceux-ci dûment appelés.***

Le représentant des créanciers informe dans les dix jours la juridiction saisie et les salariés parties à l'instance de l'ouverture de la procédure de redressement judiciaire.

Les institutions mentionnées à l'article L. 143-11-4 du code du travail sont mises en cause par le représentant des créanciers ou, à défaut, les salariés requérants, dans les dix jours du jugement d'ouverture du redressement judiciaire. — [L. n° 85-98 du 25 janv. 1985, art. 124]. — Pour l'application à la liquidation judiciaire, V. ancien art. L. 622-14.

1. Les dispositions des art. 369 et 372 NCPC ne sont pas applicables aux instances visées à l'art. L. 621-126 C. com., qui ne sont ni suspendues ni interrompues. • Soc. 17 sept. 2003 : *Bull. civ. V, n° 234 ; D. 2003. AJ. 2376 ; Act. proc. coll. 2003, n° 210, obs. Blanc ; JCP E 2004, n° 13, p. 517, obs. Morvan* • 24 nov. 2004 : *Bull. civ. V, n° 300 ; RTD com. 2005. 174, obs. Vallens ; Rev. proc. coll. 2005. 217, obs. Staes.*

1 bis. Aux termes de l'art. 124 [C. com., art. L. 621-126], et nonobstant les dispositions des art. 123, 125 et 126 [C. com., art. L. 621-125, L. 621-127 et L. 621-128], l'instance en référé, introduite avant la procédure de redressement judiciaire, doit être poursuivie en appel en présence du représentant des créanciers et du GARP. • Paris, 22 oct. 1993 : *BICC 1994, n° 82.* ♦ Le juge des référés ne peut ordonner au mandataire-liquidateur de verser au salarié les sommes qui lui sont dues ; il ne peut que constater l'existence d'une créance qui n'est pas sérieusement contestée et en fixer le montant. Dès lors l'arrêt de la cour d'appel est opposable au GARP, mis en cause conformément aux dispositions de l'art. 124 [C. com., art. L. 621-126] sans que cela emporte de plein droit la garantie de cette institution, qui peut se prévaloir des dispositions de l'art. L. 143-11-7 C. trav. pour ne pas exécuter une décision de référé, qui ne fixe pas définitivement la créance. • Même arrêt.

V. aussi • Aix-en-Provence, 4 janv. 1989 : *D. 1989. Somm. 373, obs. Honorat* • Versailles, 11 mai 2004 : *BICC 2004, n° 1541.*

2. Est irrecevable, en raison de l'indivisibilité de la procédure collective, le pourvoi formé par une société mise en redressement judiciaire entre la date de la décision attaquée et la date du pourvoi, dès lors que le représentant des créanciers ne s'est pas joint à la déclaration de pourvoi et n'a pas non plus été désigné comme défendeur dans cette déclaration, de telle sorte que les organes de la procédure collective n'ont pas été mis en cause devant la Cour de cassation. • Soc. 12 juill. 1994 : *Bull. civ. V, n° 235 ; D. 1994. IR. 221.*

2 bis. Le tribunal de commerce ayant mis fin à la mission du représentant des créanciers de l'ancien employeur, le commissaire à l'exécution du plan peut, valablement au regard de l'art. 124 [C. com., art. L. 621-126], intervenir à l'instance. • Soc. 30 sept. 1997 : *Bull. civ. V, n° 297 ; D. 1997. IR. 219 ; Rev. proc. coll. 1999. 156, obs. Monsèrié.*

3. Est recevable la demande formée par un salarié, sur le fondement de l'art. 124 [C. com., art. L. 621-126], tendant à faire déclarer le jugement, fixant ses créances salariales, opposable à l'AGS, ce jugement n'ayant pas autorité de la chose jugée vis-à-vis de celle-ci qui était un tiers à l'instance. • Caen, 17 févr. 1994 : *BICC 1994, n° 862.*

4. L'instance introduite par le salarié, qui était en cours à la date du jugement d'ouverture, recommence à la suite de l'opposition formée par les parties défaillantes contre l'arrêt de défaut. C'est la même instance qui se poursuit en présence de l'employeur et des organes de la procédure, aucune forclusion n'étant encourue par le salarié. • Soc. 16 mars 1999 : *JCP E 1999, n° 20, p. 841.*

4 bis. La radiation d'une procédure introduite devant la juridiction prud'homale, avant que l'employeur ne soit placé en liquidation judiciaire, ne constitue qu'une simple mesure d'administration judiciaire qui laisse subsister l'instance, laquelle se poursuit après l'ouverture de la procédure collective et le rétablissement de l'affaire. • Soc. 14 mai 2003 : *Bull. civ. V, n° 166 ; D. 2003. IR. 1735.*

5. Le représentant des créanciers qui n'a pas informé de l'ouverture de la procédure de redressement judiciaire les salariés et la juridiction saisie ne peut valablement se prévaloir d'une inopposabilité de la décision rendue au terme de l'instance prud'homale. • Soc. 17 sept. 2003 : *préc. note 1.* ♦ Lorsque cette information n'a pas été donnée, il ne peut être opposé au salarié qui a introduit une action avant que l'employeur soit mis en redressement judiciaire, que sa créance ne figure pas sur le relevé des créances et qu'il n'a intenté aucune action ni mis en cause le représentant des créanciers, dans les conditions de l'art. 123 [C. com., art. L. 621-125]. • Soc. 13 juill. 1999 : *Act. proc. coll. 1999, n° 188.*

Ancien art. L. 621-127 ***Lorsque les institutions mentionnées à l'article L. 143-11-4 du code du travail refusent pour quelque cause que ce soit de régler une créance figurant sur un relevé des créances résultant d'un contrat de travail, elles font connaître leur refus au représentant des créanciers qui en informe immédiatement le représentant des salariés et le salarié concerné.***

Ce dernier peut saisir du litige le conseil de prud'hommes. Le représentant des créanciers, le chef d'entreprise ou l'administrateur lorsqu'il a pour mission d'assurer l'administration sont mis en cause.

Le salarié peut demander au représentant des salariés de l'assister ou de le représenter devant la juridiction prud'homale. — [L. n° 85-98 du 25 janv. 1985, art. 125]. — Pour l'application à la liquidation judiciaire, V. ancien art. L. 622-14.

1. Contestation de la garantie. Sur le droit de l'AGS de contester l'étendue de sa garantie, V. • Soc. 5 janv. 1995 : *Rev. proc. coll. 1995. 497, obs. Taquet* • 14 mars 2000 : *Bull. civ. V, n° 102 ; Rev. proc. coll. 2000. 108, obs. Taquet* • 1er févr. 2001 : *Bull. civ. V, n° 35 ; Rev. proc. coll. 2001. 154, obs. Taquet.* ♦ V. aussi note 28 ss. ancien art. L. 621-132.

1 bis. Caractère facultatif de la saisine. Le verbe « peut » figurant à l'al. 2 signifie à l'évidence que la voie de recours ouverte au salarié est facultative, mais non pas qu'il aurait la possibilité de soumettre sa contestation à une juridiction autre que le conseil des prud'hommes, seul compétent en la matière. • TGI Paris, 7 juill. 1986 : *Gaz. Pal. 1986. 2. 563, note Marchi.*

2. Autorité de la chose jugée. Une décision du conseil de prud'hommes, fixant une créance salariale ayant acquis autorité de la chose jugée entre le salarié et le liquidateur, n'empêche pas un recours du salarié contre l'AGS, qui refuse de régler ladite créance, devant le conseil de prud'hommes, conformément à l'art. 125. • Soc. 22 juin 1993 : *Bull. civ. V, n° 172 ; D. 1993. IR. 186.*

3. Litige relatif aux ASSEDIC. Il résulte de l'art. 125 [C. com., art. L. 621-127] qu'un litige relatif au refus d'une ASSEDIC de régler des créances nées de la rupture de contrats de travail, est de la compétence exclusive du conseil de prud'hommes et que les salariés concernés sont seuls recevables à agir. • Soc. 21 mars 1989 : *Bull. civ. V, n° 233 ; D. 1991. Somm. 108, obs. Derrida*

4. Les instances introduites par un salarié sur le fondement de l'art. 125 [C. com., art. L. 621-127] ayant pour objet de faire déclarer mal fondé le refus opposé par l'ASSEDIC au paiement de ses créances salariales, l'ASSEDIC, partie principale, peut être condamnée aux dépens avec le mandataire-liquidateur, ès-qualité. • Paris, 21 mai 1993 : *BICC 1993, n° 1216.*

5. Requalification des contrats. V. note 28 ss. ancien art. L. 621-132.

Ancien art. L. 621-128 ***Les litiges soumis au conseil de prud'hommes en application des articles L. 621-125 et L. 621-127 sont portés directement devant le bureau de jugement.*** — [L. n° 85-98 du 25 janv. 1985, art. 126]. — Pour l'application à la liquidation judiciaire, V. ancien art. L. 622-14.

Compétence exclusive. Le bureau de jugement est seul compétent, par application de l'art. L. 621-128 C. com., pour connaître des litiges relatifs aux créances qui doivent figurer sur un relevé de créances résultant d'un contrat de travail et opposant le salarié au représentant des créanciers, dès lors que le salarié entend obtenir la mise en œuvre de la garantie de l'AGS. • Soc. 4 juin 2003 : *Bull. civ. V, n° 189 ; D. 2003. IR. 1603 ; Rev. proc. coll. 2003. 343, obs. Taquet.* ♦ ... Peu important qu'il ait appelé en garantie une partie étrangère à la procédure collective de l'employeur. • Soc. 21 juin 2005 : *Bull. civ. V, n° 209 ; D. 2005. IR. 2039.* ♦ Par suite, est exclue, non seulement la compétence du bureau de conciliation, mais aussi celle de la formation en référé. • Paris, 22 janv. 1987 : *D. 1987. Somm. 239, obs. Honorat ; Rev. proc. coll. 1988. 371, obs. Langlois* • Montpellier, 5 nov. 1987 : *D. 1989. Somm. 79, obs. Honorat.* ♦ La saisine directe du bureau de jugement prévue par l'art. 126 [C. com., art. L. 621-128] exclut toute possibilité de s'adresser au juge des référés pour obtenir une provision. • Soc. 17 juin 1992 : *Bull. civ. V, n° 406 ; D. 1992. IR. 212* • 14 déc. 1993 : *Gaz. Pal. 1994. 1. Pan. 30.* ♦ En revanche, dès lors qu'il est saisi, non d'un litige relatif au refus des institutions mentionnées à l'art. L. 143-11-4 C. trav. de régler une créance figurant sur un relevé des créances résultant d'un contrat de travail, mais de la demande de salariés tendant au paiement de la fraction non garantie par les institutions des sommes dues aux titres de la poursuite et de la rupture de leur contrat de travail postérieurement au prononcé du redressement judiciaire de l'employeur, le juge des référés est compétent pour en connaître. • Soc. 7 oct. 1998 : *Bull. civ. V, n° 412 ; D. 1998. IR. 235 ; JCP E 1998, n° 52, p. 2068, obs. Pétel ; Procédures 1999, n° 38, obs. Laporte.*

Viole les art. 123 et 126 [C. com., art. L. 621-125 et L. 621-128] l'arrêt qui, pour renvoyer des salariés licenciés pour motif économique à se pourvoir devant le bureau de conciliation, ces salariés ayant saisi directement le bureau de jugement du conseil de prud'hommes afin d'obtenir des indemnités pour rupture abusive du contrat de travail, retient « qu'il s'agit, en la cause, de différends nés à l'occasion du contrat de travail et qui, comme tels, sont régis par les dispositions de l'art. L. 511-1 C. trav. qui imposent d'interpréter restrictivement les textes d'exception que constituent les art. 123 et 125 de la loi du 25 janv. 1985 [C. com., art. L. 621-125 et L. 621-127] », alors que l'arrêt constate que les salariés ont saisi la juridiction prud'homale d'un litige concernant des créances résultant d'un contrat de travail qui ne figurent pas sur les relevés établis par le représentant des créanciers. • Soc. 4 déc. 1991 : *Bull. civ. V, n° 550 ; D. 1992. IR. 31.*

Ancien art. L. 621-129 ***Les relevés des créances résultant d'un contrat de travail, visés par le juge-commissaire, ainsi que les décisions rendues par la juridiction prud'homale sont portés sur l'état des créances déposé au greffe. Toute personne intéressée, à l'exclusion de celles visées aux articles L. 621-125 à L. 621-127, peut former une réclamation ou une tierce opposition dans des conditions prévues par décret en Conseil d'État.*** — [L. n° 85-98 du 25 janv. 1985, art. 127]. — Pour l'application à la liquidation judiciaire, V. ancien art. L. 622-14.

1. Pouvoirs du conseil de prud'hommes. Le conseil de prud'hommes doit se borner à déterminer le montant des sommes à inscrire sur l'état des créances déposé au greffe du tribunal, sans pouvoir condamner le liquidateur de l'employeur à payer celles-ci à l'intéressé. • Soc. 6 juin 1989 : *Bull. civ. V, n° 424* • 15 juin 1995 : *Rev. proc. coll. 1996. 121, obs. Taquet* • 12 juin 1997 : *ibid. 1997. 473, obs. Taquet.* – V. aussi • Soc. 27 oct. 1998 : *D. 2001. Somm. 114, obs. Derrida ; JCP 1999. I. 183, n° 20, obs. Morvan* • 19 avr. 2000 : *Act. proc. coll. 2000, n° 135.* ♦ Le conseil de prud'hommes ne peut porter condamnation du représentant des créanciers, à payer des sommes dues aux salariés. Cette juridiction doit se borner, pour les créances nées antérieurement à l'ouverture de la procédure de redressement judiciaire, à déterminer le montant des sommes à inscrire sur l'état des créances déposé au greffe du tribunal. Le représentant des créanciers ne peut être condamné à payer les créances nées après l'ouverture de la procédure collective. • Soc. 8 avr. 1992 : *Bull. civ. V, n° 252 ; D. 1992. IR. 187.*

2. Le conseil de prud'hommes qui juge que les intérêts légaux des sommes dues aux salariés courent à partir de la date de la saisine de la juridiction prud'homale, alors qu'il constate que certaines créances ont pris naissance avant le jugement d'ouverture du redressement judiciaire, viole l'art. 55 [C. com., art. L. 621-48]. • Soc. 8 avr. 1992 : *préc. note 1.*

2 bis. Réclamation. Le salarié dont la créance n'a pas été incluse dans celle de l'AGS admise au passif, s'il est sans intérêt à relever appel de l'ordonnance d'admission, dès lors que selon l'art. L. 143-11-7 C. trav., ses droits à l'égard de cet organisme sont indépendants de la déclaration que ce dernier fait dans les conditions des art. L. 621-43 s. C. com., peut toutefois agir par voie de réclamation conformément aux art. L. 621-129 C. com., 83 et 84 du décret du 27 déc. 1985.

• Aix-en-Provence, 4 févr. 2004 : *BICC 2005, n° 2161.*

3. Plan de redressement. Les sommes dues par l'employeur en exécution du contrat de travail antérieurement au jugement ouvrant la procédure de redressement judiciaire restent soumises, même après l'adoption d'un plan de redressement, qu'il soit par cession ou par continuation, au régime de la procédure collective. • Soc. 27 oct. 1998 : *D. 1998. IR. 259 ; JCP E 1999, n° 17, p. 774, note Serret* • 10 mai 2006 : *D. 2006. AJ. 1529, obs. Lienhard.* ♦ Doit être cassé, pour violation des art. 76 et 127 [C. com., art. L. 621-78 et L. 621-129], l'arrêt qui, pour condamner un employeur en redressement judiciaire à payer une indemnité pour licenciement sans cause réelle et sérieuse à un salarié licencié antérieurement à la procédure, énonce que l'employeur, qui a bénéficié d'un plan de redressement, est tenu de réparer l'entier préjudice causé aux salariés par application de l'art. 76 [C. com., art. L. 621-78] (2°), alors que les juges du fond constatent que les créances du salarié sont nées antérieurement au jugement d'ouverture du redressement judiciaire de l'employeur et qu'ils devaient donc se borner à déterminer le montant des sommes à inscrire sur l'état des créances déposé au greffe du tribunal sans pouvoir condamner le débiteur à payer celles-ci au salarié. • Soc. 27 oct. 1998 : *préc.* ♦ V. aussi note 25 *bis* ss. ancien art. L. 621-132.

4. Portée de l'état des créances salariales. Il résulte de l'art. 127 [C. com., art. L. 621-129] qu'outre les relevés des créances visés par le juge-commissaire, seules les décisions rendues par la juridiction prud'homale doivent être portées sur l'état des créances salariales et, par voie de conséquence, ouvrent aux salariés les droits à l'assurance contre le risque de non-paiement des sommes qui leur sont dues en exécution du contrat de travail. • Soc. 14 mars 2000 : *Bull. civ. V, n° 102.*

SOUS-SECTION 2 DU PRIVILÈGE DES SALARIÉS

Ancien art. L. 621-130 ***Les créances résultant d'un contrat de travail sont garanties en cas d'ouverture d'une procédure de redressement judiciaire ou de liquidation judiciaire :***

1° Par le privilège établi par les articles L. 143-10, L. 143-11, L. 742-6 et L. 751-15 du code du travail, pour les causes et montants définis auxdits articles ; — V. C. trav., art. L. 143-10 et L. 143-11, infra, ss. ancien art. L. 621-132.

2° Par le privilège du 4° de l'article 2101 et du 2° de l'article 2104 du code civil. — [L. n° 85-98 du 25 janv. 1985, art. 128].

1. L'entreprise de travail temporaire ne peut invoquer, en déclarant au passif du redressement judiciaire de l'entreprise utilisatrice sa créance pour le prix de ses prestations de services, les privilèges afférents aux créances des salariés. • Com. 12 juill. 1993 : *Bull. civ. IV, n° 297 ; D. 1993. Somm. 369, obs. Honorat* (V. l'arrêt d'appel : • Versailles, 21 sept. 1989 : *D. 1990. Somm. 74, obs. Honorat*).

Pour une autre application, V. • Soc. 29 oct. 2003 : *Bull. civ. V, n° 266.*

1 bis. Pour déterminer si une créance peut bénéficier du privilège des salaires, il convient de rechercher non pas si elle est de nature salariale, mais si elle résulte d'un contrat de travail conclu avec la personne faisant l'objet de la procédure collective. • Rouen, 5 avr. 2001 : *RJDA 2002, n° 282.*

2. Selon les art. 2101 et 2104 [2331 et 2375] C. civ. auxquels renvoie l'art. 128 [C. com., art. L. 621-130], ont un caractère privilégié les rémunérations des six derniers mois, l'indemnité compensatrice de congés payés et l'indemnité de licenciement. La notion de rémunération au sens desdits art. 2101 et 2104 [2331 et 2375] englobe non seulement le salaire proprement dit, mais aussi ses accessoires ; les gratifications contractuelles, en l'espèce la gratification conventionnelle d'un montant déterminé régulièrement versée au salarié, les primes de treizième mois et de bilan liquidées à la date de la rupture du contrat de travail, présentent le caractère d'un complément de rémunération ; par suite, les règles protectrices du salaire leur sont applicables. • Paris, 28 mai 1993 : *JCP E 1993. Pan. 1006.* V. notes ss. ancien art. L. 621-132.

3. Pour une application de la règle de l'arrêt des poursuites individuelles aux salariés, V. note 42 *bis* ss. ancien art. L. 621-40.

Ancien art. L. 621-131 ***Nonobstant l'existence de toute autre créance, les créances que garantit le privilège établi aux articles L. 143-10, L. 143-11, L. 742-6 et L. 751-15 du code du travail doivent être payées par l'administrateur sur ordonnance du juge-commissaire, dans les dix jours***

du prononcé du jugement ouvrant la procédure de redressement judiciaire ou de liquidation judiciaire, si l'administrateur dispose des fonds nécessaires.

Toutefois, avant tout établissement du montant de ces créances, l'administrateur doit, avec l'autorisation du juge-commissaire et dans la mesure des fonds disponibles, verser immédiatement aux salariés, à titre provisionnel, une somme égale à un mois de salaire impayé, sur la base du dernier bulletin de salaire, et sans pouvoir dépasser le plafond visé à l'article L. 143-10 du code du travail.

A défaut de disponibilités, les sommes dues en vertu des deux alinéas précédents doivent être acquittées sur les premières rentrées de fonds. – [L. n° 85-98 du 25 janv. 1985, art. 129]. – V. C. trav., art. L. 143-10 et L. 143-11, infra, ss. ancien art. L. 621-132.

BIBL. ▶ SOINNE, *Rev. proc. coll. 1997. 249* (répartitions).

La subrogation de l'AGS dans les droits des salariés (après avance des fonds) ne peut être exigée durant la période d'observation, selon les dispositions de l'art. L. 621-131, que dans la mesure où l'entreprise détient les fonds lui permettant d'y faire droit sans compromettre son fonctionnement normal et donc ses possibilités de redressement. • T. com. Lyon, 28 déc. 2000 : *Act. proc. coll. 2001, n° 35, obs. Étienne-Martin et Nanterme*. – V. Soinne, *Rev. proc. coll. 2001. 59*.

SOUS-SECTION 3 DE LA GARANTIE DU PAIEMENT DES CRÉANCES RÉSULTANT DU CONTRAT DE TRAVAIL

BIBL. GÉN. ▶ LAFARGE, *RJ com. 1987. 178*. – LAFARGE, SERFATI-APTER et MÉTAYER, *Gaz. Pal. 1986. 1. Doctr. 299*. – RAMACKERS, *D. 1989. Chron. 301*. – BLAISE, *Dr. soc. 1987. 616 ; ibid. 1994. 778*. – SAINT-GENIEST, *ibid. 1987. 836*. – SOINNE, *ibid. 1986. 685 ; Rev. proc. coll. 2003. 291* (l'AGS est-elle en faillite ?). – BLANCHARD, *Rev. proc. coll. 2001. 242* (sort des créances salariales dans le cadre des procédures collectives). – PERIES, *Cah. dr. entr. 2002, n° 2, p. 15* (expansion accrue du régime de garantie sous l'influence de la jurisprudence de 1998 à 2001). – CHAGNY, *Gaz. Pal. 2002. Chron. 1366 ; Sem. soc. Lamy 6 oct. 2003, n° 1138, p. 30* (observations sur la jurisprudence de la Cour de cassation). – ARSEGUEL, *Rev. Lamy droit des affaires, suppl. au n° 80, mars 2005, p. 90* (AGS : le prix d'un progrès social). ▶ Sur la réforme du 10 juin 1994 : METEYE, *Gaz. Pal. 1994. 2. Doctr. 1293*.

Ancien art. L. 621-132 *Sans préjudice des règles fixées aux articles L. 621-130 et L. 621-131, les créances résultant du contrat de travail ou du contrat d'apprentissage sont garanties dans les conditions fixées aux articles L. 143-10 à L. 143-11-9 et L. 143-13-1 du code du travail, reproduits ci-après :*

Art. L. 143-10 Lorsqu'est ouverte une procédure de redressement ou de liquidation judiciaire, les rémunérations de toute nature dues aux salariés et apprentis et l'indemnité mentionnée à l'article L. 980-11-1 due par l'employeur aux bénéficiaires d'un stage d'initiation à la vie professionnelle pour les soixante derniers jours de travail ou d'apprentissage doivent, déduction faite des acomptes déjà perçus, être payées, nonobstant l'existence de toute autre créance privilégiée, jusqu'à concurrence d'un plafond mensuel identique pour toutes les catégories de bénéficiaires.

Ce plafond est fixé par voie réglementaire sans pouvoir être inférieur à deux fois le plafond retenu pour le calcul des cotisations de sécurité sociale. – V. C. trav., art. D. 143-1 fixant ce plafond à deux fois le plafond retenu, par mois, pour le calcul des cotisations de sécurité sociale. – **C. trav.**

Les rémunérations prévues au premier alinéa ci-dessus comprennent non seulement les salaires, appointements ou commissions proprement dites mais encore tous les accessoires et notamment l'indemnité mentionnée à l'article L. 122-3-4, l'indemnité pour inobservation du délai congé mentionnée à l'article L. 122-8, l'indemnité compensatrice mentionnée à l'article L. 122-32-6 et l'indemnité mentionnée à l'article L. 124-4-4 (L. n° 2005-841 du 26 juill. 2005, art. 24-I) «, ainsi que les contributions dues par l'employeur dans le cadre des conventions de reclassement personnalisé mentionnées à l'article L. 321-4-2 ». – Les dispositions de l'art. 24 de la loi n° 2005-841 du 26 juill. 2005 sont applicables aux accords mentionnés au cinquième al. du I de l'art. L. 321-4-2 C. trav. conclus à compter du 1er avr. 2005 (L. n° 2005-841 du 26 juill. 2005, art. 36-VI).

Art. L. 143-11 En outre, lorsqu'est ouverte une procédure de redressement ou de liquidation judiciaire, les indemnités de congés payés prévues aux articles L. 223-11 à L. 223-15 et R. 223-2 doivent être payées nonobstant l'existence de toute autre créance privilégiée, jusqu'à concurrence d'un plafond identique à celui établi pour une période de trente jours de rémunération par l'article L. 143-9.

Art. L. 143-11-1 Tout employeur ayant la qualité de commerçant, d'artisan, d'agriculteur ou de personne morale de droit privé et occupant un ou plusieurs salariés doit assurer ses salariés, y compris les travailleurs salariés détachés à l'étranger ainsi que les travailleurs salariés expatriés visés à l'article L. 351-4, contre le risque de non-paiement, en cas de procédure de redressement ou de liquidation judiciaire, des sommes qui leur sont dues (L. n° 2002-73 du 17 janv. 2002) « et contre le risque de rupture du contrat de travail pour cause de force majeure consécutive à un sinistre » en exécution du contrat de travail.

L'assurance couvre :

1° Les sommes dues aux salariés à la date du jugement d'ouverture de toute procédure de redressement ou de liquidation judiciaire (L. n° 2005-841 du 26 juill. 2005, art. 24-II) « ainsi que les contributions dues par l'employeur dans le cadre des conventions de reclassement personnalisé mentionnées à l'article L. 321-4-2 » ; — V. note ss. 2° bis.

2° Les créances résultant de la rupture des contrats de travail intervenant pendant la période d'observation, dans le mois suivant le jugement qui arrête le plan de redressement, dans les quinze jours suivant le jugement de liquidation et pendant le maintien provisoire de l'activité autorisé par le jugement de liquidation judiciaire ;

(Abrogé par Ord. n° 2004-602 du 24 juin 2004, art. 13-I) *« Les créances résultant de la rupture du contrat de travail des salariés auxquels a été proposée une convention de conversion prévue à l'article L. 322-3 sont couvertes par l'assurance, sous réserve que l'administrateur, l'employeur ou le liquidateur, selon le cas, ait proposé cette convention aux intéressés au cours de l'une des période*[s] *indiquées ci-dessus ; »*

(L. n° 2005-841 du 26 juill. 2005, art. 24-II) « 2° *bis* Les créances résultant de la rupture du contrat de travail des salariés auxquels a été proposée la convention de reclassement personnalisé mentionnée à l'article L. 321-4-2, sous réserve que l'administrateur, l'employeur ou le liquidateur, selon le cas, ait proposé cette convention aux intéressés au cours de l'une des périodes indiquées au 2°, y compris les contributions dues par l'employeur dans le cadre de cette convention et les salaires dus pendant le délai de réponse du salarié ; » — Les dispositions de l'art. 24 de la loi n° 2005-841 du 26 juill. 2005 sont applicables aux accords mentionnés au cinquième al. du I de l'art. L. 321-4-2 C. trav. conclus à compter du 1er avr. 2005 (L. n° 2005-841 du 26 juill. 2005, art. 36-VI).

3° Lorsque le tribunal prononce la liquidation judiciaire, dans la limite d'un montant maximal correspondant à un mois et demi de travail, les sommes dues au cours de la période d'observation, des quinze jours suivant le jugement de liquidation ou du mois suivant le jugement de liquidation en ce qui concerne les représentants des salariés prévus par les articles L. 621-8 et L. 621-135 du code de commerce et pendant le maintien provisoire de l'activité autorisé par le jugement de liquidation. — V. C. trav., art. D. 143-3. — **C. trav.**

La garantie des sommes et créances visées aux 1°, 2° et 3° ci-dessus inclut les cotisations et contributions sociales salariales d'origine légale ou d'origine conventionnelle imposée par la loi. — Cette disposition, issue de la loi n° 96-1160 du 27 déc. 1996, est applicable aux relevés de créances prévus à l'art. L. 143-11-7 établis à compter du 1er janv. 1997 (L. n° 96-1160 du 27 déc. 1996, art. 36, III).

(Abrogé par Ord. n° 2004-602 du 24 juin 2004, art. 13-I) *« L'assurance couvre également la contribution, échue ou à échoir, due par l'employeur pour le financement des allocations mentionnées au deuxième alinéa de l'article L. 322-3, lorsque la convention de conversion a été conclue antérieurement au jugement d'ouverture de la procédure de redressement ou de liquidation judiciaires. »*

« Lorsque la convention de conversion a été conclue postérieurement à ce jugement, la contribution de l'employeur et les salaires dus aux salariés y ayant adhéré pendant le délai de réponse prévu par le premier alinéa de l'article L. 321-6-1 sont couvertes par l'assurance si le bénéfice de ladite convention a été proposé au salarié concerné pendant l'une des périodes indiquées au 2° du présent article. »

(L. n° 2002-73 du 17 janv. 2002) « L'assurance couvre les sommes dues aux salariés en application des articles L. 122-9-1 et L. 122-3-4-1. » — Les droits acquis par les salariés dans le cadre du compte épargne-temps, institué par l'art. L. 227-1 C. trav., sont garantis dans les conditions de l'art. L. 143-11-1 C. trav. (C. trav., art. L. 227-1, al. 13, issu de L. n° 94-640 du 25 juill. 1994).

Art. L. 143-11-2 Les créances résultant du licenciement des salariés bénéficiaires d'une protection particulière relative au licenciement sont couvertes par l'assurance dès lors que l'administrateur, l'employeur ou le liquidateur, selon le cas, a manifesté, au cours des périodes mentionnées au 2° de l'article L. 143-11-1, son intention de rompre le contrat de travail.

Art. L. 143-11-3 Lorsqu'elles revêtent la forme d'un droit de créance sur l'entreprise, les sommes dues au titre de l'intéressement conformément aux dispositions des articles L. 441-1 et suivants, au titre de la participation des salariés aux fruits de l'expansion conformément aux dispositions des articles L. 442-1 et suivants ou en application d'un accord créant un fonds salarial dans les conditions prévues par les articles L. 471-1 et suivants, sont couvertes par l'assurance prévue à l'article L. 143-11-1.

Les arrérages de préretraite dus à un salarié ou à un ancien salarié en application d'un accord professionnel ou interprofessionnel, d'une convention collective ou d'un accord d'entreprise sont également couverts par l'assurance. Ces dispositions s'appliquent lorsque l'accord ou la convention prévoit le départ en préretraite à cinquante-cinq ans au plus tôt. La garantie prévue par le présent alinéa est limitée dans des conditions fixées par décret. — V. C. trav., art. D. 143-4. — **C. trav.**

Les créances visées au premier et au deuxième alinéa sont garanties :

– lorsqu'elles sont exigibles à la date du jugement d'ouverture de la procédure ;

– lorsque, si un plan organisant la continuation de l'entreprise intervient à l'issue de la procédure, elles deviennent exigibles du fait de la rupture du contrat de travail, dans les délais prévus au 2° de l'article L. 143-11-1 ;

– lorsque intervient un jugement de liquidation judiciaire ou un jugement arrêtant le plan de cession totale de l'entreprise.

(L. n° 2004-391 du 4 mai 2004, art. 57) « L'assurance prévue à l'article L. 143-11-1 ne couvre pas les sommes qui concourent à l'indemnisation du préjudice causé par la rupture du contrat de travail dans le cadre d'un licenciement pour motif économique, en application d'un accord d'entreprise ou d'établissement ou de groupe ou d'une décision unilatérale de l'employeur, lorsque l'accord a été conclu et déposé ou la décision notifiée moins de dix-huit mois avant la date du jugement d'ouverture de la procédure de redressement ou de liquidation judiciaires. »

Art. L. 143-11-4 Le régime d'assurance prévu à l'article L. 143-11-1 est mis en œuvre par une association créée par les organisations nationales professionnelles d'employeurs les plus représentatives et agréée par le ministre chargé du travail. — Cette association a pris le nom d'Association pour la gestion du régime d'assurance des salariés (AGS).

Cette association passe une convention de gestion avec les institutions gestionnaires du régime d'assurance mentionné à la section I du chapitre Ier du titre V du livre III de la première partie du code du travail.

En cas de dissolution de cette association, le ministre chargé du travail confie aux institutions prévues à l'alinéa précédent la gestion du régime d'assurance institué à l'article L. 143-11-1. – V. C. com., ancien art. L. 621-38.

Art. L. 143-11-5 Le droit du salarié est indépendant de l'observation par l'employeur tant des prescriptions des articles L. 143-11-1 à L. 143-11-9 que des obligations dont il est tenu à l'égard des institutions prévues à l'article L. 143-11-4.

Art. L. 143-11-6 L'assurance est financée par des cotisations des employeurs qui sont assises sur les rémunérations servant de base au calcul des contributions au régime d'assurance-chômage défini par la section I du chapitre Ier du titre V du livre III du présent code.

Les dispositions de l'article L. 351-6 sont applicables au recouvrement de ces cotisations et des majorations de retard y afférentes.

Art. L. 143-11-7 Le représentant des créanciers établit les relevés des créances dans les conditions suivantes :

1. Pour les créances mentionnées aux articles L. 143-10, L. 143-11, L. 742-6 et L. 751-15, dans les dix jours suivant le prononcé du jugement d'ouverture de la procédure ;

2. Pour les autres créances également exigibles à la date du jugement d'ouverture de la procédure, dans les trois mois suivant le prononcé du jugement ;

3. Pour les salaires et les indemnités de congés payés couvertes en application du 3° de l'article L. 143-11-1 et les salaires couverts en application du dernier alinéa de ce même article, dans les dix jours suivant l'expiration des périodes de garantie prévues à ce 3° et ceux, jusqu'à concurrence du plafond mentionné aux articles L. 143-10, L. 143-11, L. 742-6 et L. 751-15.

4. Pour les autres créances dans les trois mois suivant l'expiration de la période de garantie.

Le relevé des créances précise le montant des cotisations et contributions visées au septième alinéa de l'article L. 143-11-1 dues au titre de chacun des salariés, intéressés ; – Cette disposition, issue de la loi n° 96-1160 du 27 déc. 1996, est applicable aux relevés de créances établis à compter du 1er janv. 1997 (L. n° 96-1160 du 27 déc. 1996, art. 36, III).

Si les créances ne peuvent être payées en tout ou partie sur les fonds disponibles avant l'expiration des délais prévus ci-dessus, le représentant des créanciers demande, sur prestation des relevés, l'avance des fonds nécessaires aux institutions mentionnées à l'article L. 143-11-4.

Les institutions susmentionnées versent au représentant des créanciers les sommes figurant sur les relevés et restées impayées :

1° Dans les cinq jours suivant la réception des relevés visés aux 1 et 3 ci-dessus ;

2° Dans les huit jours suivant la réception des relevés visés aux 2 et 4 ci-dessus.

(L. n° 2005-841 du 26 juill. 2005, art. 24-III) « Par dérogation aux dispositions des trois alinéas précédents, l'avance des contributions de l'employeur au financement de la convention de reclassement personnalisé mentionnée à l'article L. 321-4-2 est versée directement aux organismes gestionnaires mentionnés à l'article L. 351-21. » – Les dispositions de l'art. 24 de la loi n° 2005-841 du 26 juill. 2005 sont applicables aux accords mentionnés au cinquième al. du I de l'art. L. 321-4-2 C. trav. conclus à compter du 1er avr. 2005 (L. n° 2005-841 du 26 juill. 2005, art. 36-VI).

(Abrogé par Ord. n° 2004-602 du 24 juin 2004, art. 13-I) « *Par dérogation aux dispositions des trois alinéas précédents, l'avance de la contribution de l'employeur au financement des allocations mentionnées au deuxième alinéa de l'article L. 322-3 et versée directement aux organismes gestionnaires mentionnés à l'article L. 351-21.* »

Le représentant des créanciers reverse immédiatement les sommes qu'il a reçues aux salariés et organismes créanciers, à l'exclusion des créanciers subrogés, et en informe le représentant des salariés.

Les institutions mentionnées ci-dessus doivent avancer les sommes comprises dans le relevé même en cas de contestation par un tiers.

(L. n° 2001-624 du 17 juill. 2001) « Elles doivent également avancer les sommes correspondantes à des créances établies par décision de justice exécutoire, même si les délais de garantie sont expirés. Les décisions de justice seront de plein droit opposables à l'association visée à l'article L. 143-11-4 ». Dans le cas où le représentant des créanciers a cessé ses fonctions, le greffier du tribunal ou le commissaire à l'exécution du plan, selon le cas, adresse un relevé complémentaire aux institutions mentionnées ci-dessus, à charge pour lui de reverser les sommes aux salariés et organismes créanciers.

Art. L. 143-11-7-1 *(L. n° 2002-73 du 17 janv. 2002)* L'employeur des salariés entrant dans le cadre des prévisions des articles L. 122-9-1 et L. 122-3-4-1 transmet le justificatif des créances prévues aux articles L. 122-9-1 et L. 122-3-4 aux institutions mentionnées à l'article L. 143-11-4. Celles-ci versent auxdits salariés le montant des indemnités prévues aux articles L. 122-9-1 et L. 122-3-4-1 dans les cinq jours suivant la réception de la demande.

Lorsque les institutions mentionnées à l'article L. 143-11-4 refusent pour quelque cause que ce soit de régler la créance résultant de l'application des articles L. 122-9-1 et L. 122-3-4-1, elles font connaître leur refus au salarié. Celui-ci peut saisir du litige le conseil de prud'hommes.

Art. L. 143-11-8 La garantie des institutions mentionnées à l'article L. 143-11-4 est limitée, toutes créances du salarié confondues à un ou des montants fixés par décret, en référence au plafond mensuel retenu pour le calcul des contributions du régime d'assurance-chômage prévu à la section II du chapitre Ier du titre V du livre III du présent code. — V. C. trav., art. D. 143-2. — **C. trav.**

(L. n° 2002-73 du 17 janv. 2002) « Les sommes versées au salarié en application des articles L. 122-9-1 et L. 122-3-4-1 sont le cas échéant prises en compte pour la détermination du ou des montants prévus à l'alinéa précédent. »

Art. L. 143-11-9 Les institutions mentionnées à l'article L. 143-11-4 sont subrogées dans les droits des salariés pour lesquels elles ont effectué des avances, en ce qui concerne les créances garanties par le privilège prévu aux articles L. 143-10, L. 143-11, L. 742-6 et L. 751-15 et les créances avancées au titre du 3° de l'article L. 143-11-1.

(Abrogé par Ord. n° 2004-602 du 24 juin 2004, art. 13-I) « *Les salaires avancés en application du dernier alinéa de l'article L. 143-11-1 sont remboursés dans les conditions prévues au 4° du III de l'article L. 621-32 du code de commerce.* »

Les autres sommes avancées sont remboursées aux institutions susmentionnées dans les conditions prévues par le titre II du livre VI du code de commerce pour le règlement des créances nées antérieurement au jugement d'ouverture de la procédure et bénéficient des privilèges attachés à celles-ci.

Art. L. 143-13-1 Les étrangers mentionnés à l'article L. 341-6-1 bénéficient des dispositions de la présente section pour les sommes qui leur sont dues en application de cet article.

V. art. L. 122-32-11 C. trav. qui déclare applicables, en cas de règlement judiciaire ou de liquidation des biens [redressement ou liquidation judiciaires], les art. L. 143-11-5 à L. 143-11-7 [L. 143-11-7 à L. 143-11-9] au paiement des indemnités prévues aux art. L. 122-32-6, L. 122-32-7 et L. 122-32-9 du même code (rupture du contrat de travail des salariés victimes d'un accident du travail ou d'une maladie professionnelle). — ***C. trav.***

A. ART. L. 143-10 C. TRAV.

1. L'indemnité de clientèle ne bénéficie pas du superprivilège. • Rouen, 10 janv. 1990 : *JCP E 1991. I. 102, n° 15, obs. Pételt.*

B. ART. L. 143-11-1 C. TRAV.

1 bis. Employeurs visés. Sur l'application du texte aux URSSAF, V. • Soc. 21 avr. 1988 : *Bull. civ. V, n° 258.* ♦ ... Aux entreprises d'assurances, V. :

Rép. min. n° 98 : *JOAN Q, 27 sept. 1993, p. 3201.* • Soc. 22 mars 1995 : *JCP E 1995. Pan. 617* (non-application en cas de liquidation provoquée par le retrait d'agrément) • 13 sept. 2005 : *Bull. civ. V, n° 249 ; RJ com. 2006. 52, note Sortais* (même solution).

La société Télévision du savoir, de la formation et de l'emploi, qui, en vertu des art. 45 et 46 de la loi n° 86-1067 du 30 sept. 1986 relative à la liberté de communication, modifiée par la loi n° 94-88 du 1er févr. 1994 [V. désormais art. 47 de la loi n° 86-1067 du 30 sept. 1986 modifiée par la loi n° 2000-719 du 1er août 2000], est soumise à la législation sur les sociétés anonymes, a la qualité de personne morale de droit privé au sens de l'art. L. 143-11-1 C. trav. • Soc. 29 févr. 2000 : *Bull. civ. V, n° 78 ; D. 2001. Somm. 117, obs. Derrida ; Rev. proc. coll. 2000. 107, obs. Taquet.* ♦ *Contra*, auparavant, ayant jugé que bien que soumises à la législation sur les sociétés anonymes, les sociétés de programme qui ont pour objet le service public de la radiodiffusion et de la télévision et pour unique actionnaire l'État, ne sont pas tenues des obligations découlant pour les personnes morales de droit privé non commerçantes en cessation des paiements des dispositions de l'art. L. 143-11-1 C. trav. : • Soc. 16 déc. 1987 : *Bull. civ. V, n° 730 ; Gaz. Pal. 1988. 2. 685, note Véron ; Dr. soc. 1988. 489, concl. Picca.* ♦ Pour l'application de l'art. L. 143-11-1 à la société France Télécom, V. • Soc. 7 sept. 2004 : *D. 2004. IR. 2691.* ♦ En revanche, sont exclues du champ d'application : la compagnie nationale Air France. • Soc. 16 déc. 1987 : *Bull. civ. V, n° 731 ; Gaz. Pal. 1988. 2. 685, note Véron ; Dr. soc. 1988. 489, concl. Picca* • 17 avr. 1991 : *D. 1991. IR. 134 ; Rev. sociétés 1991. 593, note Maleville* (conf. • Paris, 26 mai 1989 : *D. 1990. Somm. 217, obs. Honorat)*. ♦ ... La SNCF. • Soc. 16 déc. 1987 : *préc.* ♦ ... La SEITA. • Soc. 6 nov. 1991 : *Bull. civ. V, n° 476* (conf. • Paris, 9 mai 1988 : *D. 1988. IR. 219).*

Depuis le 26 juill. 1994 (date d'entrée en vigueur de la loi n° 94-624 du 21 juill. 1994), les syndicats de copropriété sont exclus du champ d'application de la garantie des salaires (Instr. UNEDIC n° 11-96 du 21 févr. 1996, *JCP E 1996. Pan. 338*).

2. Est recevable la demande en répétition de l'indu en cas de paiement, par erreur, de cotisations au GARP par une société non soumise aux procédures collectives d'apurement du passif. • Soc. 3 mai 1995 : *Bull. civ. V, n° 141 ; Rev. proc. coll. 1996. 119, obs. Taquet* (cassant • Versailles, 10 juill. 1992 : *JCP E 1993. Pan. 494).*

2 bis. En ce sens que l'AGS doit garantie même dans le cas où une procédure collective a été ouverte par erreur, V. • Soc. 6 juin 2000 : *Rev. proc. coll. 2001. 42, obs. Taquet.* ♦ V. aussi, en cas d'annulation par le tribunal de sa propre décision d'ouverture de la procédure collective, • Bourges, 19 mars 2004 : *JCP 2004. IV. 3144.*

2 ter. Apprentis. Pour l'application de la garantie de l'AGS aux apprentis, V. • Soc. 23 mai 2000 : *Bull. civ. V, n° 192 ; D. 2001. Somm. 118, obs. Derrida ; Act. proc. coll. 2000, n° 153, obs. Vallansan ; ibid., n° 167, obs. Taquet* • 6 juin 2000 : *Bull. civ. V, n° 215.* ♦ Sur la garantie de la créance de l'apprenti née de la résiliation de son contrat [pour faute de l'employeur] avant le jugement d'ouverture, V. • Soc. 1er oct. 2003 : *Bull. civ. V, n° 249 ; Act. proc. coll. 2003, n° 245, obs. Vallansan ; Rev. proc. coll. 2004. 138, obs. Taquet.* ♦ V. aussi note 3 *bis* ss. ancien art. L. 622-5.

2 quater. Alsace-Moselle. Il résulte de l'art. 22 de la loi du 1er juin 1924 [C. com., art. L. 628-1] que bénéficient de la garantie de l'AGS les sommes dues, en exécution du contrat de travail, aux salariés des personnes physiques domiciliées dans les départements du Haut-Rhin, Bas-Rhin et Moselle, qui ne sont ni des commerçants, ni des artisans, ni des agriculteurs, lorsqu'elles sont en état d'insolvabilité notoire. • Soc. 12 janv. 1999 : *Bull. civ. V, n° 9 ; D. 2001. Somm. 117, obs. Derrida* • Colmar, 8 nov. 1999 : *Rec. jur. de l'Est 2000, n° 1, p. 22.*

3. Faillite internationale. La garantie de l'AGS est due dans les conditions prévues par les art. L. 143-11-1 s. dès lors, d'une part, que les salariés exercent ou exerçaient habituellement leur travail en France et, d'autre part, qu'une procédure collective d'apurement du passif de l'employeur est ouverte en France ou, lorsqu'elle est ouverte dans un pays extérieur à l'Union européenne, a fait l'objet d'une décision d'*exequatur*. • Soc. 3 juin 2003 : *Bull. civ. V, n° 184 ; D. 2004. Somm. 58, obs. Henry ; Act. proc. coll. 2003, n° 216, obs. Dom ; Rev. proc. coll. 2003. 342, obs. Taquet ; JCP E 2004, n° 5, p. 180, note Mélin (2e arrêt).* ♦ Si sont inclus dans la protection légale les salariés détachés à l'étranger ainsi que les travailleurs français expatriés, le régime d'assurance ne s'étend, en revanche, pas aux salariés engagés à l'étranger et y travaillant. • Paris, 26 nov. 1986 : *D. 1988. Somm. 41, obs. Honorat.*

3 bis. Lorsque l'employeur est établi dans un autre État membre que celui sur le territoire duquel le travailleur réside et exerçait son activité salariée, l'institution de garantie compétente, au titre de l'art. 3 de la directive CEE n° 80-987 du Conseil, du 20 oct. 1980 (concernant le rapprochement des législations des États membres relatives à la protection des travailleurs salariés en cas d'insolvabilité de l'employeur), pour le paiement des créances de ce travailleur en cas d'insolvabilité de son employeur, est l'institution de l'État sur le territoire duquel, selon les termes de l'art. 2, § 1, de la directive, soit l'ouverture de la procédure de désintéressement collectif est décidée, soit la fermeture de l'entreprise ou de l'établissement de l'employeur est constatée. • CJCE 17 sept. 1997 : *D. 1997. IR. 206.* ♦ Ainsi, la garantie prévue par l'art. L. 143-11-1 ne s'applique pas dès lors que la société, qui employait le salarié, était établie en République fédérale d'Allemagne et que la procédure de liquidation des biens de cette société avait été ouverte sur le territoire de cet État membre de l'Union européenne. • Soc. 20 janv. 1998 : *Bull. civ. V, n° 25 ; D. 1998. IR. 53 ; JCP 1998. II. 10086, note Kerckhove ; Petites affiches 8 juin 1997, p. 17, note Vallens ; JCP E 1998, n° 12, p. 449, obs. Taquet.* ♦ Lorsque les travailleurs victimes de l'insolvabilité de leur employeur exerçaient leur activité dans un État membre pour le compte de la succursale d'une société constituée selon le droit d'un autre État membre, dans lequel cette société a son siège social et y est mise en liquidation, l'institution compétente, au regard de l'art. 3 de la directive CEE n° 80-987, pour le paiement des créances de ces travailleurs, est celle de l'État sur le territoire duquel ils exerçaient leur activité salariée. • CJCE 16 déc. 1999 : *D. 2000. IR. 25.* – Dans le même sens, V. • Soc. 2 juill. 2002 : *Bull. civ. V, n° 228 ; D. 2002. IR. 2778 ; Act. proc. coll. 2002, n° 196, obs. Vachet ; JCP E 2003, n° 6, p. 270, obs. Pétel ; ibid., n° 12, p. 512, obs. Morvan ; JCP 2003. II. 10026, note Menjucq* • 3 juin 2003 : *Bull. civ. V, n° 183 ; Rev. proc. coll. 2003. 343, obs. Taquet ; JCP E 2004, n° 5, p. 180, note Mélin (1er arrêt)* • 26 avr. 2006 : *D. 2006. IR. 1335.* ♦ Comp., retenant la compétence de l'institution de l'État d'ouverture de la procédure, dans l'hypothèse où celle-ci avait été étendue à un établissement situé dans un autre État : • Soc. 2 oct. 2001 : *Bull. civ. V, n° 294 ; D. 2001. IR. 3171 ; Act. proc. coll. 2001, n° 242, obs. Regnaut-Moutier ; Rev. proc. coll. 2002. 62, obs. Taquet.* ♦ V. et Comp., désormais : directive 80/987/CEE, mod. par directive 2002/74/CE du 23 sept. 2002 *(JOCE L 270 du 8 oct. 2002 ; Act. proc. coll. 2002, n° 265, obs. Fin-Langer),* art. 8 *bis.*

4. Capital-décès. En ce sens que le capital-décès, étant directement rattaché au contrat de travail, la protection de l'art. L. 143-11-1 doit bénéficier aux ayants droit de salariés cadres, V. • Soc. 4 févr. 1987 : *Bull. civ. V, n° 56 ; D. 1987. Somm. 211, obs. Langlois, et 236, obs. Honorat* • 8 nov. 1994 : *Bull. civ. V, n° 293 ; D. 1995. 143, note Honorat ; JCP 1995. II. 22383, note Saint-Jours* • 25 juin 1996 : *Gaz. Pal. 1996. 2. Pan. 218* • 8 juill. 1997 : *Bull. civ. V, n° 248 ; D. 1997. IR. 200.* – V. aussi • Aix-en-Provence, 20 juin 1995 : *Bull. Aix 1995, n° 1, p. 245.* – *Contra*, au motif que la créance résulte d'une action en responsabilité contre l'employeur : • Soc. 6 avr. 1994 : *Bull. civ. V, n° 132 ; D. 1995. Somm. 24, obs. Honorat ; JCP 1994. II. 22335, note Saint-Jours.*

5. Critère de la garantie. La protection est accordée indépendamment de la qualification de salaire de la somme en cause, le critère n'étant pas la nature salariale de la créance, mais son rattachement au contrat de travail (à propos de frais professionnels). • Soc. 17 déc. 1991 : *Bull. civ. V, n° 587 ; D. 1992. IR. 47.*

Sur l'exclusion du bénéfice de l'AGS : des dirigeants de fait, V. • Soc. 25 oct. 2000 : *Rev. proc. coll. 2001. 102, obs. Taquet* • Douai, 27 sept. 1996 : *Rev. proc. coll. 1997. 227, obs. Taquet* • 30 juin 1999 : *Rev. proc. coll. 2000. 61, obs. Taquet.* ♦ ... Des sommes dues à un dirigeant dont le contrat de travail est nul, V. • Paris, 29 mai 1997 : *Rev. sociétés 1997. 625, obs. Guyon.* – Comp. : • Versailles, 16 oct. 1997 : *Rev. sociétés 1998. 159, obs. Guyon.* ♦ Des sommes dues au représentant des salariés à la procédure collective dont le contrat de travail est fictif, V. • Soc. 30 nov. 2004 : *Act. proc. coll. 2005, n° 32, obs. Vallansan.* ♦ ... Des sommes liées à la rupture du contrat de travail conclu, non avec l'employeur en redressement judiciaire, mais avec le précédent employeur, V. • Soc. 15 janv. 2003 : *Act. proc. coll. 2003, n° 58.*

6. Exemples de créances garanties. Bénéficient de la garantie de l'AGS, comme se rattachant à l'exécution du contrat de travail : l'indemnité compensatrice des salaires. • Soc. 16 nov. 1999 : *Bull. civ. V, n° 440 ; Rev. proc. coll. 2000. 62, obs. Taquet.* – Dans le même sens : • Soc. 18 juill. 2000 : *Act. proc. coll. 2000, n° 211, obs. Vallansan* • 29 janv. 2003 : *Bull. civ. V, n° 25.* ♦ ... L'indemnité compensatrice de congés payés. • Soc. 2 juin 1992 : *Bull. civ. V, n° 358.* ♦ Comp., limitant la garantie à l'indemnité due pour la période antérieure à l'ouverture de la procédure collective : • Soc. 21 nov. 1989 : *Bull. civ. V, n° 673.* ♦ ... L'indemnité correspondant aux repos compensateurs dont le salarié n'a pu bénéficier. • Soc. 1er avr. 1997 : *Rev. proc. coll. 1997. 353, obs. Taquet.* ♦ ... Une prime de treizième mois devenue obligatoire par voie d'usage dans l'entreprise. • Soc. 23 sept. 1992 : *Gaz. Pal. 1992. 2. Pan. 265.* ♦ ... Les créances de complément de salaires et de remboursement de frais médicaux, dès lors que ces sommes sont versées par l'employeur en application de la convention collective. • Soc. 28 oct. 1997 : *Bull. civ. V, n° 338 ; D. 1998. IR. 16.* ♦ ... L'indemnité de clientèle accordée à un VRP dans le cadre d'une transaction. • Soc. 4 oct. 2000 : *Rev. proc. coll. 2001. 42, obs. Taquet.* ♦ ... La prime d'objectifs et l'indemnité de rupture prévues par une transaction, dès lors que ces créances ne constituent pas un nouvel engagement de l'employeur se substituant à ses obligations anciennes mais résultent, tant dans leur principe que dans leur montant, des stipulations du contrat de travail. • Soc. 3 avr. 2001 : *Bull. civ. V, n° 116 ; D. 2001. IR. 1852.* ♦ ... La capitalisation du congé de conversion due à la date du licenciement. • Soc. 10 juill. 2001 : *Act. proc. coll. 2001, n° 263.* ♦ ... La somme allouée au salarié à la suite de la requalification de son contrat de travail à temps partiel en contrat de travail à temps complet. • Soc. 12 juin 2002 : *Act. proc. coll. 2002, n° 210.* ♦ ... L'indemnité forfaitaire versée au salarié embauché sans déclaration préalable à l'embauche. • Soc. 12 févr. 2003 : *Rev. proc. coll. 2003. 250, obs. Taquet.* ♦ ... La créance résultant de l'inexécution de l'engagement pris par l'employeur d'étendre le bénéfice d'un contrat de solidarité à une nouvelle période. • Soc. 9 oct. 1990 : *Bull. civ. V, n° 427 ; D. 1990. IR. 245.* ♦ ... La créance de rémunération avant amortissement d'un film due à un comédien. • Soc. 17 mai 2005 : *Bull. civ. V, n° 166 ; D. 2005. IR. 1506 ; Act. proc. coll. 2005, n° 145, obs. Fin-Langer.*

7. Sont également garantis par l'AGS : les dommages-intérêts alloués au salarié en réparation du retard apporté par le représentant des créanciers à lui transmettre les documents nécessaires à l'adhésion à la convention de conversion. • Soc. 2 mars 1999 : *D. 2001. Somm. 119, obs. Derrida ; Rev. proc. coll. 1999. 226, obs. Taquet.* ♦ ... Les dommages-intérêts alloués aux salariés en raison du retard de l'employeur dans le paiement des indemnités de rupture des contrats de travail. • Soc. 10 juill. 2001 : *Bull. civ. V, n° 251 ; D. 2001. IR. 2461 ; Rev. proc. coll. 2001. 259, obs. Taquet.* ♦ ... Les dommages-intérêts dus au salarié à raison de la méconnaissance par l'employeur de l'obligation du repos dominical. • Soc. 8 juin 1999 : *Bull. civ. V, n° 265 ; Rev. proc. coll. 1999. 227, obs. Taquet.* ♦ ... Les dommages-intérêts dus à raison de l'inexécution par l'employeur de son obligation d'information des salariés de leurs droits en matière de repos compensateur. • Soc. 16 mars 1999 : *Bull. civ. V, n° 114 ; Rev. proc. coll. 1999. 161, obs. Taquet.* ♦ ... Les dommages-intérêts alloués au salarié pour non-respect par l'employeur de ses obligations vis-à-vis de la sécurité sociale et des organismes de retraite. • Soc. 17 oct. 2000 : *JCP 2001. II. 10532, note Colonna* • 8 janv. 2002 : *Bull. civ. V, n° 1 ; Rev. proc. coll. 2002. 108, obs. Taquet.* ♦ ... Les dommages-intérêts dus à raison des retards de paiement des salaires et de la non-régularisation des documents relatifs aux congés payés. • Soc. 27 juin 2001 : *Act. proc. coll. 2001, n° 208.* ♦ ... Les dommages-intérêts accordés aux salariés au titre de l'inexécution, par l'employeur, de ses obligations de délivrer des bulletins de paie, certificats de travail et attestations ASSEDIC. • Soc. 4 déc. 2002 : *Bull. civ. V, n° 368. – Contra* : • Soc. 13 janv. 1999 : *Rev. proc. coll. 1999. 162, obs. Taquet.* ♦ ... Les dommages-intérêts alloués en raison de la rupture du contrat de travail avant la prise de fonctions. • Soc. 22 mars 1995 : *Gaz. Pal. 1995. 1. Pan. 106 ; Rev. proc. coll. 1995. 496, obs. Taquet.* ♦ Comp. : note 9. ♦ ... Les dommages-intérêts alloués en réparation du préjudice résultant d'un prêt illicite de main-d'œuvre. • Soc. 9 nov. 2004 : *Bull. civ. V, n° 280 ; D. 2004. IR. 3116.* ♦ ... Les dommages-intérêts alloués au salarié victime du harcèlement moral de son employeur. • Soc. 8 févr. 2005 : *Act. proc. coll. 2005, n° 69.* – Rappr. : • Metz, 25 sept. 2002 : *JCP E 2003, n° 9, p. 348.*

8. L'AGS doit garantir une partie de salaire retenue par l'employeur en raison d'une saisie-arrêt et non déposée au greffe du tribunal d'instance avant l'ouverture de la procédure collective à l'encontre de l'employeur. • Soc. 14 mai 1997 : *JCP 1997. IV. 1410.*

8 bis. La prime de création d'entreprise prévue au plan social et destinée à aider les salariés licenciés pendant la période d'observation à se reclasser relève de la garantie de l'AGS. • Soc. 30 avr. 2003 : *Bull. civ. V, n° 150 ; D. 2003. IR. 1339 ; Act. proc. coll. 2003, n° 178, obs. Fin-Langer.*

9. Exemples de créances non garanties. L'AGS ne garantit pas : les sommes dues en application de l'art. 700 NCPC, qui sont nées d'une procédure judiciaire. • Soc. 2 mars 1999 : *Bull. civ. V, n° 87 ; Rev. proc. coll. 1999. 161, obs. Taquet* • 31 oct. 2000 : *Act. proc. coll. 2000, n° 260.* ♦ ... La créance d'un salarié démissionnaire correspondant à des dommages-intérêts du fait de l'illégalité d'une clause de non-concurrence qui figurait dans le contrat de travail et dont l'employeur avait exigé l'application. • Soc. 16 déc. 1992 : *Bull. civ. V, n° 595 ; D. 1993. Somm. 193, obs. Honorat.* ♦ ... Les dommages-intérêts dus pour rupture d'une promesse d'embauche, V. • Soc. 19 janv. 1999 : *Rev. proc. coll. 2000. 19, obs. Taquet* • Versailles, 28 sept. 1993 : *D. 1994. Somm. 180, obs. Honorat* • 2 déc. 1994 : *D. 1996. Somm. 87, obs. Honorat.* ♦ Comp., s'agissant d'une rupture du contrat avant prise de fonctions : note 7. ♦ ... Les sommes dues par l'employeur en redressement judiciaire en réparation des souffrances et du préjudice esthétique causés au salarié victime d'un accident du travail dû à la faute inexcusable dudit employeur. • Soc. 21 oct. 1998 : *Bull. civ. V, n° 442.* ♦ ... Les sommes allouées à des salariés par décision de justice à titre de dommages-intérêts pour résistance abusive à leur demande. • Soc. 26 janv. 2000 : *Bull. civ. V, n° 37.* ♦ ... Les dommages-intérêts en raison des carences de l'employeur, lequel a payé certains salaires avec retard, dès lors qu'il n'est pas constaté, pour le salarié, l'existence d'un préjudice indépendant de ce retard et causé par la mauvaise foi de l'employeur. • Soc. 26 janv. 2000 : *Bull. civ. V, n° 39.* ♦ ... La créance relevant d'une action en responsabilité contre le représentant des créanciers et le représentant des salariés ayant omis de mentionner le salarié sur la liste des salariés. • Soc. 12 févr. 1992 : *Bull. civ. V, n° 84 ; D. 1993. Somm. 75, obs. Honorat.* ♦ ... La somme résultant de la liquidation de l'astreinte, prononcée à la suite de la condamnation d'un employeur à remettre à son ancien salarié des bulletins de salaire. • Soc. 7 nov. 1990 : *Bull. civ. V, n° 522 ; D. 1990. IR. 285* • 30 mars 1993 : *Gaz. Pal. 1993. 1. Pan. 125.*

10. De même, sont exclus de la garantie de l'AGS : les sommes dues au titre des frais d'huissier de justice dues à la suite de la résistance opposée par le débiteur à l'exécution d'une décision de justice. • Soc. 12 janv. 1999 : *D. 1999. IR. 50.* ♦ ... L'indemnité de préavis due à l'ASSEDIC en cas d'adhésion d'un salarié à une convention de conversion. • Soc. 18 juill. 2000 : *Rev. proc. coll. 2001. 42, obs. Taquet.* ♦ ... Les agios engendrés par le défaut de provision de chèques émis par l'employeur en règlement de créances salariales. • Paris, 13 mai 1993 : *BICC 1993, n° 1273.* ♦ ... L'indemnité de stage ainsi que les frais de déplacement du stagiaire dus en exécution de contrats ayant pour objet des stages d'initiation à la vie professionnelle des jeunes. • Soc. 25 oct. 1990 : *Bull. civ. V, n° 498 ; D. 1991. Somm. 238, obs. Honorat.* ♦ Comp., pour les contrats d'insertion en alternance : art. L. 981-1 C. trav. – **C. trav.** ♦ ... Le paiement d'une somme qui avait été retenue sur le salaire d'un salarié et qui n'avait pas été versée à la caisse de retraite par son employeur en liquidation judiciaire, la créance litigieuse ne résultant pas de l'exécution du contrat de travail mais d'une action en responsabilité dirigée contre l'employeur. • Soc. 10 juill. 1991 : *Bull. civ. V, n° 351 ; D. 1992. Somm. 186, obs. crit. Honorat* • 12 janv. 1993 : *Gaz. Pal. 1993. 1. Pan. 48.* – Comp. : note 7. – V. aussi • Soc. 21 févr. 1995 : *D. 1995. Somm. 305, obs. crit. Honorat* • Versailles, 15 mars 1996 : *BICC 1996, n° 795* • Paris, 7 avr. 1998 : *D. 1998. IR. 135.* ♦ ... Une créance salariale que le salarié a entendu nover en créance de prêt. • Grenoble, 22 juin 1998 : *Dr. sociétés 1999, n° 71, obs. Chaput.* ♦ ... L'aide individuelle de réinsertion des travailleurs immigrés dans leur pays d'origine. • Soc. 24 févr. 1993 : *Bull. civ. V, n° 65 ; D. 1993. Somm. 322, obs. Honorat.*

10 bis. La demande de régularisation du paiement des *cotisations dues à une caisse complémentaire de prévoyance* ne constitue pas une créance du salarié, mais une dette de l'entreprise, dont l'AGS n'a pas à garantir le paiement. • Soc. 31 mars 1998 : *D. 1998. IR. 125.* ♦ Dans le même sens, pour des cotisations à un régime de retraite complémentaire, V. • Soc. 28 mars 2000 : *D. 2001. Somm. 119, obs. Derrida ; Rev. proc. coll. 2001. 103, obs. Taquet.* ♦ En revanche, doit être garantie par l'AGS l'indemnité due en réparation du préjudice subi par le salarié du fait du non-paiement par l'employeur des cotisations à une caisse de retraite complémentaire prévue par la convention collective. • Soc. 25 janv. 2005 : *Bull. civ. V, n° 17 ; D. 2005. IR. 597 ; Act. proc. coll. 2005, n° 68, obs. Rétif.*

11. Si les sommes représentant les arrérages de rentes résultant de la souscription par l'employeur de *contrats d'assurance collective* pour obtenir le versement d'une rente viagère au profit du conjoint d'un salarié décédé et des salariés victimes d'invalidité permanente ou d'incapacité de longue durée, sont dues en exécution du contrat de travail, le bénéficiaire n'en devient créancier qu'au fur et à mesure des échéances ; elles sont, dès lors, exclues du régime d'assurance de l'art. L. 143-11-1 si cette échéance est postérieure à la date d'ouverture de la procédure collective. • Soc. 2 juin 1992 : *Bull. civ. V, n° 359.*

12. En ce sens que les *indemnités journalières* dues par l'employeur pour non-respect du contrat souscrit auprès de l'organisme de prévoyance ne sont garanties par l'AGS que s'il existe un accord collectif imposant la souscription d'un contrat d'assurance au profit des salariés, V. • Soc. 14 avr. 1999 : *Act. proc. coll. 1999, n° 138.*

13. Lorsque l'*avantage conféré au titre d'un plan social* ne constitue pas une indemnisation effective des dommages consécutifs au licenciement économique, mais un revenu de remplacement du salarié en fin de droit, une prestation sociale, cet avantage ne relève d'aucune des créances privilégiées visées aux art. 2101 [2331] (4°) et 2104 [2375] (2°) C. civ. et, s'agissant d'une somme qui n'est pas due en exécution du contrat de travail, la créance ne relève pas du régime d'assurance des créances des salariés. • Soc. 25 mai 1993 : *D. 1994. Somm. 80, obs. Honorat.* ♦ Comp. : note 8 *bis*.

14. Une cour d'appel qui, ayant relevé qu'un salarié, actionnaire d'une société, après accord du conseil d'administration de celle-ci, a accepté avec les administrateurs de laisser le montant de ses *créances salariales sur un compte dénommé « compte courant »* et ayant fait ressortir l'importance des sommes dues et l'étroite imbrication des intérêts du salarié et de la société, estime souverainement que les parties ont eu la commune intention de modifier la nature de la créance, peut en déduire que les éléments constitutifs d'une novation de la créance sont réunis pour rejeter la demande du salarié tendant à ce que ces sommes soient portées sur le relevé des créances salariales et garanties par l'AGS après mise en liquidation judiciaire de la société. • Soc. 22 juin 1993 : *Bull. civ. V, n° 174 ; D. 1994. Somm. 80, obs. Honorat ; Bull. Joly 1993. 1237, note Couret.* – Dans le même sens, V. • Chambéry, 2 déc. 2003 : *RJDA 2004, n° 1217.*

15. Le régisseur d'une société ayant tardé à réclamer paiement de ses salaires après la liquidation judiciaire de l'employeur, le GARP est fondé à invoquer la novation de la créance salariale en *créance de prêt* du fait des avances de trésorerie dont a bénéficié la société et à prétendre que, n'étant tenu qu'à garantir les seules créances salariales, conformément à l'art. L. 143-11-1, il ne saurait avancer au salarié des sommes qui ont servi à financer la société et ont entraîné un passif salarial important, la créance ayant perdu ainsi son caractère salarial à l'égard du GARP. • Paris, 2 mai 1994 : *D. 1994. IR. 217.*

16. *Le versement de fonds en vue de l'acquisition de parts sociales* ne constitue pas une créance résultant de l'exécution du contrat de travail. • Soc. 7 juill. 1998 : *Bull. civ. V, n° 366 ; D. 1998. IR. 209.*

16 bis. L'AGS ne doit pas garantir le paiement à un *fonctionnaire communal détaché auprès d'une société d'économie mixte* d'aménagement, au titre de sa rémunération due à la date de la mise en liquidation judiciaire de cette société jusqu'à la date à laquelle le détachement devait prendre fin et celle due à titre de dommages-intérêts, dès lors que ces créances ne résultent pas du contrat de travail liant le salarié à l'organisme de détachement, mais de l'application de la loi du 26 janv. 1984 portant dispositions statutaires relatives à la fonction publique territoriale. • Soc. 7 juill. 1998 : *Bull. civ. V, n° 365 ; D. 1998. IR. 198.*

17. Existence d'un autre garant. L'AGS intervient pour garantir le règlement des créances dues au salarié en exécution du contrat de travail, dès lors que le représentant des créanciers ne dispose pas des sommes nécessaires à ce règlement, peu important qu'un tiers, en l'occurrence la commune qui s'était engagée, en cas de dissolution d'une association, à prendre en charge les contrats de travail du personnel, soit susceptible de garantir également tout ou partie de ces créances. • Soc. 1er déc. 1993 : *Bull. civ. V, n° 297 ; D. 1994. IR. 20.*

17 bis. Si les associés d'un groupement d'employeurs, auquel les salariés sont liés par des contrats de travail, sont solidairement responsables du passif salarial, en application de l'art. L. 127-1 C. trav., cette circonstance n'est cependant pas de nature à empêcher la mise en œuvre de la garantie de l'AGS, à la suite de la liquidation judiciaire du groupement. • Soc. 9 mars 2004 : *Bull. civ. V, n° 74 ; D. 2004. Somm. 2191, obs. Giraudet ; Act. proc. coll. 2004, n° 124, obs. Fin-Langer.*

18. Sommes dues à la date du jugement d'ouverture. L'AGS, tenue de garantir le paiement des sommes dues aux salariés à la date du jugement d'ouverture de la procédure collective, même avant l'intervention de la loi du 10 juin 1994, ne pouvait, pour se dispenser de cette obligation, se prévaloir du fait que le jugement ouvrant la procédure collective avait prononcé d'emblée la liquidation judiciaire. • Soc. 11 juill. 1989 : *Bull. civ. V, n° 510 ; D. 1990. Somm. 73, obs. Honorat. – Contra* : • Limoges, 15 mars 1988 : *D. 1989. Somm. 79, obs. Honorat.* ♦ Comp., désormais : art. L. 143-11-1, dans sa rédaction issue de la loi n° 94-475 du 10 juin 1994.

L'AGS doit garantir le paiement des dommages-intérêts alloués à un salarié sur le fondement de l'art. L. 122-14-5, en réparation du préjudice subi du fait de son licenciement sans cause réelle et sérieuse, prononcé avant le jugement d'ouverture de la procédure collective de l'employeur. • Soc. 8 juin 1999 : *Bull. civ. V, n° 266 ; D. 2001. Somm. 120, obs. Derrida* • 29 janv. 2003 : *Bull. civ. V, n° 26.* ♦ Dans le même sens, s'agissant de dommages-intérêts alloués en raison de la rupture illicite d'un contrat à durée déterminée, V. • Soc. 12 mars 2002 : *Bull. civ. V, n° 86.* ♦ ... De dommages-intérêts alloués en raison de la rupture d'un contrat de travail en violation de l'art. L. 122-12 C. trav., V. • Soc. 28 janv. 2004 : *Bull. civ. V, n° 28 ; Act. proc. coll. 2004, n° 73, obs. Fin-Langer.*

L'indemnité de départ à la retraite ne relève pas de la garantie de l'AGS, au titre de l'art. L. 143-11-1, al. 2, 1°, dès lors que le salarié ne justifie pas avoir informé son employeur de son intention de partir à la retraite avant le jugement d'ouverture de la procédure. • Soc. 20 avr. 2005 : *Bull. civ. V, n° 147 ; JCP E 2005, n° 25, p. 1057 ; Act. proc. coll. 2005, n° 145, obs. Fin-Langer.*

Sur la date de naissance de la créance, V., pour une indemnité conventionnelle de départ à la retraite (absence de garantie pour les salariés n'ayant pas atteint l'âge prévu par l'accord à la date d'ouverture), • Soc. 12 avr. 1995 : *Bull. civ. V, n° 132 ; D. 1995. Somm. 307, obs. Honorat ; Rev. proc. coll. 1995. 499, obs. Taquet.* ♦ ... Pour une indemnité conventionnelle de non-concurrence (la contrepartie pécuniaire étant une créance due mois par mois, l'AGS ne couvre que les créances dues au jour d'ouverture), • Soc. 6 mai 1997 : *Bull. civ. V, n° 162 ; D. 1998. Somm. 221, obs. Serra ; JCP 1997. II. 22936, note Serret* • 9 févr. 1999 : *Act. proc. coll. 1999, n° 83.* ♦ ... Pour une indemnité conventionnelle de rupture amiable payable par mensualités (créance naissant au jour de la conclusion de l'accord), • Soc. 23 nov. 2004 : *Bull. civ. V, n° 293 ; D. 2005. IR. 18 ; Act. proc. coll. 2005, n° 8, obs. Vallansan ; JCP E 2005, n° 17, p. 711, obs. Pétel.* ♦ ... Pour une prime de 13e mois (naissant le 31 déc. de l'année concernée), • Soc. 14 mai 1997 : *Bull. civ. V, n° 172 ; D. 1997. IR. 145.*

18 bis. La garantie de l'AGS ne saurait être exclue au motif que la créance litigieuse peut être couverte par les fonds disponibles de l'entreprise. • Soc. 10 déc. 1996 : *Bull. civ. V, n° 434.*

18 ter. Les sommes dues par l'employeur en exécution du contrat de travail antérieurement au jugement ouvrant le redressement judiciaire restant soumises, même après un plan de redressement par cession ou par continuation, au régime de la procédure collective, la garantie de l'AGS doit intervenir selon les principes énoncés par les art. L. 143-11-1 s. • Soc. 27 oct. 1998 : *Bull. civ. V, n° 454 ; Rev. proc. coll. 1999. 162, obs. Taquet* • 13 juin 2001 : *Act. proc. coll. 2001, n° 194.*

18 quater. En ce sens que, la résolution du plan de cession ayant pour effet d'ouvrir une nouvelle procédure de redressement judiciaire, l'AGS doit garantir le paiement des échéances mensuelles de la contrepartie financière d'une clause de non-concurrence qui sont nées avant la date de résolution du plan de cession, puisqu'elles sont dues à la date d'ouverture de la seconde procédure collective, V. • Soc. 14 déc. 1999 : *Bull. civ. V, n° 485 ; D. 2001. Somm. 121, obs. Derrida.*

19. Licenciement après jugement de plan de redressement. La garantie de l'AGS s'applique aux créances résultant de la rupture des contrats de travail intervenue dans le mois suivant le jugement qui a modifié le plan de redressement, lequel fait corps avec le jugement arrêtant ce plan. • Soc. 3 avr. 1991 : *Bull. civ. V, n° 165 ; D. 1994. Somm. 44, obs. Derrida ; JCP E 1991. I. 102, n° 16, obs. Pétel.*

20. Viole l'art. L. 143-11-1, 1° et 2°, la cour d'appel qui, pour exclure la garantie de l'AGS en ce qui concerne le paiement de rappels de salaire et de dommages et intérêts pour rupture abusive du contrat de travail à un certain nombre de joueurs de football, licenciés par un club sportif à la suite de sa mise en redressement judiciaire, retient qu'en application de l'art. 64 de la loi du 25 janv. 1985 [C. com., art. L. 621-65], les dispositions du plan de redressement sont opposables aux joueurs en sorte que l'AGS doit être mise hors de cause, le club étant désormais *in bonis*, alors que les créances dont elle a fixé le montant concernent, d'une part, des rappels de salaire dus à la date de l'ouverture de la procédure collective, et, d'autre part, des indemnités résultant de la rupture du contrat de travail intervenue pendant la période d'observation. • Soc. 20 mai 1992 : *Bull. civ. V, n° 321 ; D. 1992. IR. 187.* – V. aussi • Soc. 20 mai 1992 : *Bull. civ. V, n° 322 ; D. 1992. IR. 188* ♦ En revanche, en l'absence de prononcé de liquidation judiciaire, ne peut être mise à la charge de l'AGS, la garantie du paiement de créances nées après l'ouverture du redressement judiciaire et résultant de la poursuite des contrats de travail des salariés pendant la période d'observation (s'agissant d'une prime annuelle de 13e mois pour la période antérieure à la cession). • Soc. 12 nov. 1997 : *Bull. civ. V, n° 367.* ♦ De même, ne peuvent être garantis au titre de l'art. L. 143-11-1, al. 2, 1° et 2°, des salaires postérieurs au jugement d'ouverture du redressement judiciaire et des créances résultant de la rupture du contrat de travail intervenue plus d'un mois après le jugement arrêtant le plan de redressement par continuation. • Soc. 13 janv. 1999 : *Rev. proc. coll. 2001. 103, obs. Taquet.* – V. aussi • Soc. 29 avr. 1998 : *Rev. proc. coll. 1999. 35, obs. Taquet.* ♦ En ce sens que la date du jugement autorisant les licenciements constitue le point de départ du délai d'un mois prévu par l'art. L. 143-11-1, V. • Soc. 13 févr. 2001 : *Act. proc. coll. 2001, n° 92 ; Rev. proc. coll. 2001. 258, obs. Taquet.* ♦ La contrepartie pécuniaire à la clause de non-concurrence étant une créance due mois par mois pendant un an, dès lors qu'aucune mensualité n'est due à l'intéressé pendant la période d'observation et dans le mois suivant l'adoption du plan de redressement, l'AGS n'a pas à en garantir le paiement. • Soc. 27 oct. 1999 : *Bull. civ. V, n° 416 ; Rev. proc. coll. 2000. 62, obs. Taquet.*

20 bis. En négligeant de licencier, dans le délai d'un mois prévu par l'art. L. 143-11-1, qui constitue l'une des conditions d'application de la garantie de l'AGS, un salarié non repris par le cessionnaire, l'administrateur judiciaire commet une faute et engage sa responsabilité professionnelle dans les termes de l'art. 1383 C. civ. • Paris, 11 oct. 1999 : *JCP E 1999, n° 46, p. 1806.*

20 ter. Nouvelle procédure après résolu-

tion du plan de continuation. Aucun texte ne prévoyant que le privilège ou le superprivilège dont sont assorties les créances salariales dans la première procédure disparaissent, l'AGS a droit (après avoir effectué l'avance desdits salaires) à en être intégralement remboursée en sa qualité de créancier superprivilégié et privilégié subrogé. • Poitiers, 23 avr. 1996 : *D. 1996. Somm. 284, obs. Honorat* ✎.

20 quater. Rupture du contrat de travail. La garantie de l'AGS ne pouvant être mise en œuvre sur le fondement de l'art. L. 143-11-1, al. 2, 2°, qu'à la condition que le contrat ait été rompu par l'administrateur, l'employeur ou le liquidateur, selon le cas, au cours de l'une des périodes visées par ce texte, il en résulte que la créance indemnitaire résultant du seul départ à la retraite du salarié après le jugement d'ouverture et au cours de la période d'observation ne bénéficie pas de cette garantie. • Soc. 20 avr. 2005 : *préc. note 18.*

21. Licenciement après jugement de liquidation. Ne sont pas garanties les créances résultant de la rupture de contrats de travail intervenue plus de quinze jours après la liquidation judiciaire de l'employeur. • Soc. 21 nov. 1989 : *Bull. civ. V, n° 672 ; D. 1990. Somm. 217, obs. Honorat* ✎ • 24 janv. 1990 : *Bull. civ. V, n° 25 ; D. 1990, préc.* ✎ • 5 avr. 1995 : *Rev. proc. coll. 1996. 120, obs. Taquet* • 1er déc. 1999 : *Rev. proc. coll. 2000. 107, obs. Taquet.* ♦ La liquidation judiciaire n'entraîne pas en soi la rupture des contrats de travail, au sens de l'art. L. 143-11-1. • Soc. 18 nov. 1992 : *Bull. civ. V, n° 558* • 24 mai 2000 : *Rev. proc. coll. 2001. 103, obs. Taquet* • 3 mai 2001 : *Rev. proc. coll. 2001. 258, obs. Taquet* • 20 juin 2001 : *Act. proc. coll. 2001, n° 240* • 3 avr. 2002 : *Bull. civ. V, n° 116 ; D. 2002. Somm. 2095, obs. Escande-Varniol* ✎ *; Act. proc. coll. 2002, n° 114, obs. Vallansan ; Rev. proc. coll. 2002. 202, obs. Taquet.* ♦ Le délai de quinze jours court à compter du jugement prononçant la liquidation judiciaire et ne s'ajoute pas à la période de maintien provisoire de l'activité. • Soc. 8 janv. 1997 : *Rev. proc. coll. 1997. 355, obs. Taquet.*

En ce sens que peuvent être garanties, au titre de l'art. L. 143-11-1 (3°), les sommes dues à des salariés embauchés après le jugement d'ouverture, V. • Soc. 2 nov. 1994 : *Rev. proc. coll. 1995. 336, obs. Dureuil.*

La créance indemnitaire consécutive à l'arrêt de maladie puis à l'invalidité du salarié due plus de quinze jours après le prononcé de la liquidation judiciaire ne peut être garantie par l'AGS. • Soc. 31 mars 1998 : *préc. note 10.*

22. Viole l'art. L. 143-11-1 (2°), la cour d'appel qui, pour retenir la garantie de l'AGS, estime que, si le jugement de liquidation judiciaire n'a pas autorisé expressément la poursuite d'activité, celle-ci a eu lieu, en fait, jusqu'à la date des licenciements, alors qu'elle a constaté, d'une part, que les licenciements sont intervenus plus de quinze jours après le jugement de liquidation judiciaire et, d'autre part, que ce jugement n'a pas autorisé le maintien provisoire de l'activité de l'entreprise. • Soc. 20 mai 1992 : *Bull. civ. V, n° 320 ; D. 1992. IR. 187.* – V. aussi • Soc. 18 févr. 1998 : *Rev. proc. coll. 1998. 500, obs. Taquet.*

22 bis. Doit être cassé, pour violation de l'art. L. 143-11-1 (2°), l'arrêt qui, pour dire que la garantie est due au salarié qui a demandé la requalification de son contrat de travail à durée déterminée renouvelé de façon ininterrompue pendant une longue période, énonce que la rupture du contrat requalifié en contrat à durée indéterminée a eu lieu à la date fixée lors de la conclusion du contrat, dans le délai légal de quinze jours et produit les effets d'un licenciement, alors que le contrat de travail à durée indéterminée, auquel il ne peut être mis fin à une date fixée à l'avance, n'a pas été rompu dans le délai de quinze jours suivant le prononcé de la liquidation judiciaire. • Soc. 8 janv. 1997 : *D. 1997. IR. 40.*

22 ter. La remise d'un reçu pour solde de tout compte et d'une attestation ASSEDIC aux salariés sous contrats à durée déterminée vaut rupture de leur contrat de travail, et dès lors que ces documents ont été remis dans les quinze jours suivant le jugement de liquidation judiciaire, l'AGS doit prendre en charge les dommages-intérêts qui leur sont dus. • Soc. 13 juin 2001 : *Rev. proc. coll. 2002. 60, obs. Taquet.*

23. Le liquidateur, qui exerce les droits et actions du débiteur concernant le patrimoine de celui-ci, doit effectuer les démarches nécessaires pour obtenir le nombre et les noms des salariés du débiteur, afin que leur licenciement intervienne dans le délai prévu par l'art. L. 143-11-1, pour leur permettre de recevoir de l'AGS le paiement des indemnités consécutives à la rupture du contrat de travail. • Com. 6 juill. 1993 : *Bull. civ. IV, n° 281 ; D. 1993. IR. 211.*

24. Sommes dues au cours de la période d'observation. Il résulte de l'art. L. 143-11-1 (3°) que l'assurance contre le risque de non-paiement, en cas de procédure de redressement judiciaire, des sommes dues en exécution du contrat de travail, ne couvre les sommes dues à ce titre au cours de la période d'observation que lorsque le tribunal prononce la liquidation judiciaire. • Soc. 7 févr. 1990 : *Bull. civ. V, n° 43 ; D. 1990. Somm. 217, obs. Honorat* ✎ • 6 juill.

1999 : *D. 2001. Somm. 120, obs. Derrida* ; *Act. proc. coll. 1999, n° 222, obs. Gherari.* ♦ La garantie ne peut donc jouer lorsque la société intéressée a fait l'objet d'un plan de cession. • Soc. 3 oct. 1995 : *JCP E 1996. Pan. 24* • 7 juin 2000 : *Rev. proc. coll. 2001. 43, obs. Taquet.*

V. aussi, pour une prime de treizième mois, • Soc. 17 mars 1998 : *Act. proc. coll. 1998, n° 43.*

24 bis. Il résulte de l'art. L. 143-11-1 (3°) que l'AGS ne doit garantir le paiement que d'une somme correspondant à un mois et demi de travail. • Soc. 24 juin 1998 : *Rev. proc. coll. 1999. 163, obs. Taquet* • 10 oct. 2000 : *Act. proc. coll. 2000, n° 259.*

25. Sommes dues au cours des quinze jours suivant le jugement de liquidation. En ce sens que la garantie de l'AGS s'applique aux sommes dues au cours des quinze jours suivant le jugement de liquidation judiciaire, quand bien même le liquidateur n'aurait pas procédé au licenciement du salarié dans les quinze jours de ce jugement, V. • Soc. 8 oct. 2003 : *Bull. civ. V, n° 255 ; Act. proc. coll. 2003, n° 261, obs. Taquet.*

25 bis. Plan de redressement. Les sommes dues par l'employeur en exécution du contrat de travail antérieurement au jugement ouvrant le redressement judiciaire restant soumises, même après un plan de redressement par cession ou par continuation, au régime de la procédure collective, la garantie de l'AGS doit intervenir selon les principes énoncés par les art. L. 143-11-1 s. • Soc. 27 oct. 1998 : *Bull. civ. V, n° 454 ; Act. proc. coll. 1998, n° 175 ; JCP E 1998, n° 52, p. 2067, obs. Pétel.* ♦ V. aussi note 1 ss. ancien art. L. 621-78 et note 3 ss. ancien art. L. 621-129 *supra*.

25 ter. Le plan de cession n'ayant prévu aucun licenciement pour motif économique, le contrat de travail s'est poursuivi de plein droit avec le cessionnaire, nonobstant la carence de l'employeur soumis à la procédure collective qui, dès l'arrêté du plan, a cessé d'exécuter ses obligations en ne versant plus son salaire au salarié. Dès lors, à défaut de rupture du contrat de travail, l'AGS ne doit aucune garantie. • Soc. 6 juill. 1999 : *Bull. civ. V, n° 322 ; D. 2000. Somm. 2, obs. Derrida* .

26. Cession d'unités de production. En ce sens que les contrats de travail étant poursuivis en application de l'art. L. 122-12 C. trav., la garantie de l'AGS n'est pas due, V. • Agen, 5 juin 1990 : *Gaz. Pal. 1991. 2. 341, note Lagraula.* ♦ En revanche, s'agissant de salariés licenciés dans le cadre d'une cession d'actif et non repris, l'AGS est tenue de garantir les indemnités pour méconnaissance de l'ordre des licenciements et de la priorité de réembauchage mise à la charge du cédant. • Soc. 27 nov. 2001 : *Bull. civ. V, n° 358 ; D. 2002. Somm. 2094, obs. Giraudet* ; *Rev. proc. coll. 2002. 109, obs. Taquet.*

27. Répétition de l'indu. V. note 2.

28. Contestations de l'AGS. L'AGS n'est pas recevable, sauf fraude qu'il lui appartient de démontrer, à demander la requalification d'un contrat de travail à durée déterminée en contrat à durée indéterminée. • Soc. 4 déc. 2002 : *Bull. civ. IV, n° 367 ; D. 2003. 373, note Karaquillo* ; *JCP E 2003, n° 4, p. 156, obs. Taquet ; ibid., n° 26, p. 1087, obs. Bousez* • 26 mars 2003 : *Rev. proc. coll. 2003. 249, obs. Taquet.* – Rappr. : • Soc. 23 oct. 2001 : *Bull. civ. V, n° 328 ; Rev. proc. coll. 2002. 61, obs. Taquet.* – *Contra*, auparavant : • Soc. 1er déc. 1993 : *D. 1994. 577, note Roy-Loustaunau* ; *Gaz. Pal. 1994. 1. Pan. 15 ; Rev. proc. coll. 1995. 240, obs. Taquet* • 1er mars 1994 : *D. 1994, préc.* • 12 avr. 1995 : *Bull. civ. V, n° 130 ; D. 1995. 461, note Roy-Loustaunau* .

C. ART. L. 143-11-2 C. TRAV.

29. L'AGS ne garantit les créances résultant de la rupture du contrat de travail d'un salarié bénéficiaire d'une protection particulière au sens de l'art. L. 143-11-2 que si le mandataire-liquidateur a manifesté son intention de rompre le contrat de travail dans les quinze jours qui suivent le jugement de liquidation judiciaire. • Soc. 18 déc. 1991 : *Bull. civ. V, n° 591 ; D. 1992. IR. 47* • 4 janv. 2000 : *Rev. proc. coll. 2000. 108, obs. Taquet* • 3 oct. 2001 : *ibid. 2002. 109, obs. Taquet.*

29 bis. L'AGS doit garantir l'indemnité de licenciement allouée au salarié bénéficiant d'une protection particulière lorsque l'administrateur a indiqué par écrit à l'intéressé qu'une procédure de licenciement allait être engagée à son égard, manifestant ainsi son intention de rompre le contrat de travail dans le mois suivant le jugement arrêtant le plan de redressement, peu important qu'un délai de plus d'un mois se soit écoulé entre la date de ce jugement et la rupture effective du contrat de travail. • Soc. 2 oct. 2001 : *Bull. civ. V, n° 295 ; D. 2001. IR. 3089 ; Rev. proc. coll. 2002. 62, obs. Taquet.*

30. Les créances dues à un salarié bénéficiant d'une protection particulière relatives au licenciement, qui ne résultent pas de la rupture de son contrat de travail mais concernent des salaires pour une période postérieure à l'expiration du délai de 15 jours suivant la liquidation judiciaire, ne sont pas garanties par l'AGS. • Soc. 2 juin 1992 : *Bull. civ. V, n° 358 ; D. 1993. Somm. 75, obs. Honorat* .

D. ART. L. 143-11-3 C. TRAV.

31. Intéressement. La garantie de l'AGS s'applique aux versements volontaires effectués par les salariés sur le plan d'épargne d'entreprise, ces sommes revêtant la forme d'un droit de créance sur l'entreprise. • Soc. 17 mai 1995 : *Rev. proc. coll. 1996. 272, obs. Taquet.* ♦ V. aussi note 8 ss. ancien art. L. 621-125 C. com.

32. Participation. Pour l'application de la garantie de l'AGS aux droits constitués au profit des salariés au titre de la participation aux résultats de l'entreprise, V. • Soc. 30 sept. 2004 : *Bull. civ. V, n° 242.* ♦ L'interdiction prévue par l'art. L. 442-13 de remettre en cause, à l'occasion de litiges nés de l'application des dispositions relatives à la participation des salariés, le montant du bénéfice net et celui des capitaux propres est limitée aux litiges opposant le salarié à son employeur ; l'AGS, tiers au contrat de travail, dispose d'un droit propre de contester le principe et l'étendue du bénéfice net et de celui des capitaux propres. • Soc. 10 févr. 1999 : *Bull. civ. V, n° 62 ; D. Affaires 1999. 398, obs. Guiomard ; Rev. proc. coll. 1999. 163, obs. Taquet.*

33. Arrérages de préretraite. En ce sens que des arrérages versés en application d'une note et d'un procès-verbal de réunion du comité d'entreprise, qui ne constituent pas un accord collectif d'entreprise au sens des art. L. 131-1 s. C. trav., ne peuvent bénéficier de la garantie de l'AGS, V. • Soc. 10 avr. 1991 : *Bull. civ. V, n° 175 ; D. 1993. Somm. 75, obs. Honorat.* – Dans le même sens, V. • Soc. 2 nov. 1993 : *Gaz. Pal. 1993. 2. Pan. 284.*

E. ART. L. 143-11-4 C. TRAV.

34. Capacité juridique de l'AGS. Aucun texte légal, réglementaire d'ordre public ou conventionnel ne limite la capacité et les pouvoirs de l'AGS et partant ceux de son mandataire par l'intermédiaire des instituts de gestion, qui sont des parties à l'instance prud'homale. Il ne leur est donc pas interdit, dans le cadre de litiges individuels, de transiger ainsi que le droit commun du statut des associations relevant du droit privé le permet. • Paris, 22 janv. 1999 : *Gaz. Pal. 1999. 1. Somm. 52.*

35. Appel en garantie. Le salarié auquel est reconnu le droit d'agir contre les institutions mentionnées à l'art. L. 143-11-4 lorsque celles-ci refusent de régler une créance figurant sur le relevé des créances salariales, est recevable à appeler en cause ces mêmes institutions pour les entendre condamner à garantir la créance, qui, sur sa réclamation, serait jugée devoir figurer sur ledit relevé. • Soc. 30 mai 1990 : *Bull. civ. V, n° 253.*

36. Déclaration des créances. V. C. com., ancien art. L. 621-43, al. 4, *supra.*

37. Déclaration à l'administration fiscale. V. C. com., ancien art. L. 621-38, *supra.*

F. ART. L. 143-11-7 C. TRAV.

BIBL. Taquet, *Rev. proc. coll. 2001. 244 ; Sem. soc. Lamy 6 oct. 2003, n° 1138, p. 36* (loi du 17 juill. 2001).

38. Avances de l'AGS. Viole l'art. L. 143-11-7 le conseil des prud'hommes qui condamne l'AGS et les ASSEDIC à verser directement à un salarié les sommes dues au titre de salaires, alors qu'il ne peut condamner ces institutions qu'à faire entre les mains du représentant des créanciers l'avance des fonds nécessaires au règlement de cette créance dans les conditions prévues audit article. • Soc. 30 mai 1990 : *D. 1990. IR. 162* • 21 mars 1990 : *D. 1990. IR. 102 ; Bull. civ. V, n° 133* • 11 juin 1992 : *ibid. V, n° 384* • 26 janv. 2000 : *D. 2000. IR. 62 ; Rev. proc. coll. 2000. 107, obs. Taquet.* ♦ La fin de non-recevoir à opposer aux demandes de salariés dirigées contre l'ASSEDIC a un caractère d'ordre public et doit être relevée d'office. • Soc. 12 févr. 1991 : *D. 1991. IR. 68.*

39. L'AGS intervient pour garantir le règlement des créances dues au salarié en exécution du contrat de travail dès lors que le représentant des créanciers ne dispose pas des sommes nécessaires à ce règlement, peu important qu'un tiers soit susceptible de garantir également tout ou partie des créances. • Soc. 1er déc. 1993 : *Bull. civ. V, n° 297 ; Rev. proc. coll. 1995. 242, obs. Taquet.*

40. La preuve de l'absence ou de l'insuffisance des fonds n'incombe pas au salarié. • Soc. 21 oct. 1998 : *Bull. civ. V, n° 441.*

41. Indemnités garanties. Sur les dispositions transitoires, V. • Soc. 3 oct. 1989 : *Bull. civ. V, n° 557.*

42. Créances définitivement établies (jurisprudence antérieure à la loi du 17 juill. 2001). Des salariés justifient d'une créance définitivement établie au sens de l'art. 143-11-7 dès lors qu'un arrêt a constaté la ruine du fonds de commerce et décidé que, les deux sociétés locataires gérantes étant le dernier employeur des salariés, elles devaient supporter la charge de leur licenciement, cet arrêt ayant force de chose jugée alors qu'il fait l'objet d'un pourvoi en cassation. • Soc. 1er juin 1994 : *Bull. civ. V, n° 183 ; D. 1995. 76, note Souweine ; Petites affiches 12 oct. 1994, p. 18, note Derrida.* ♦ V., se référant aussi à la notion de force de chose jugée : • Cass., ord., 13 oct. 1992 : *Bull. civ., n° 13 ; Dr. soc. 1993. 760, note Derrida* • 17 mai 1995 : *Bull. civ., n° 17* • 29 déc. 1995 : *ibid., n° 31* • Soc. 20 mars 2001 : *Act. proc. coll. 2001, n° 142* • TGI Lyon, JEX, 7 déc. 1993 : *D. 1994. IR. 126.* ♦ Comp., se référant à la notion d'autorité de la chose jugée : • Soc. 23 sept. 1992 : *Rev. proc. coll. 1993. 324, obs. Kerckhove.* ♦ ... Relevant que la décision fixant la créance du salarié était exécutoire nonobstant le pourvoi formé par l'employeur : • Soc. 21 oct. 1998 : *préc. note 40.* ♦ *Contra*, considérant que ne sont pas définitivement établies les créances établies par une décision frappée d'un pourvoi en cassation : • Grenoble, 19 janv. 1989 : *D. 1991. Somm. 109, obs. crit. Derrida* (Rép. min. n° 47697 : *JOAN Q, 24 août 1992, p. 3946*).

Comp., désormais : art. L. 143-11-7 C. trav., dans sa rédaction issue de la loi n° 2001-624 du 17 juill. 2001.

43. Refus de paiement. Si le GARP est tenu de verser au représentant des créanciers ou du mandataire-liquidateur les sommes figurant sur les relevés des créances salariales dans les délais fixés par l'art. L. 143-11-7, aucune disposition ne prévoit que son refus de payer doive être formulé dans ces délais. • Soc. 20 mai 1992 : *Bull. civ. V, n° 323 ; D. 1993. Somm. 367, obs. crit. Honorat* • 9 juin 1994 : *Rev. proc. coll. 1995. 243, obs. Taquet.*

44. Sur le droit, reconnu à l'AGS, de faire opposition au paiement de créances définitivement établies dans une instance à laquelle elle n'a été ni partie ni représentée, V. • Soc. 1er déc. 1999 : *Act. proc. coll. 2000, n° 20, obs. Fricero.*

45. Compétence du juge-commissaire. Si le paiement par le représentant des créanciers n'intervient pas dans un délai convenable, le salarié doit saisir le juge-commissaire de la difficulté, le juge des référés du tribunal de grande instance n'étant pas compétent pour donner injonction au représentant des créanciers dans le cadre de la mission qui lui a été donnée par le tribunal de commerce. • Versailles, 10 janv. 1992 : *Gaz. Pal. 1992. 1. Somm. 237.*

G. ART. L. 143-11-8 C. TRAV.

[Jurisprudence relative à l'art. D. 143-2 C. trav. dans sa réd. antérieure au décret n° 2003-684 du 24 juill. 2003].

46. Viole les art. L. 143-11-8 et D. 143-2 C. trav. la cour d'appel qui, pour fixer la garantie de salaire d'un représentant de commerce, licencié à la suite de la mise en liquidation judiciaire de son employeur, à treize fois le plafond mensuel retenu pour le calcul des contributions au régime d'assurance chômage, énonce que, si le montant des commissions a été fixé contractuellement entre les parties, le principe de l'indemnité de clientèle est expressément prévu par l'al. 1er de l'art. L: 751-9 C. trav., et son mode de calcul fixé par la convention collective applicable aux VRP. • Soc. 11 mars 1992 : *Bull. civ. V, n° 171 ; D. 1992. IR. 119 ; Rev. proc. coll. 1993. 321, obs. Kerckhove* • 14 déc. 1993 : *Gaz. Pal. 1994. 1. Pan. 15.* – V. aussi • Soc. 21 mai 1992 : *Bull. civ. V, n° 333* • 20 janv. 1993 : *Bull. civ. V, n° 15 ; D. 1993. Somm. 344, obs. Mouly* • 17 mai 1994 : *Rev. proc. coll. 1995. 239, obs. Taquet* • Paris, 12 mars 1992 : *D. 1992. IR. 149.*

47. Les créances résultant de dispositions législatives ou réglementaires ou conventionnelles au sens de l'art. D. 143-2 sont celles qui trouvent leur fondement dans une loi, un règlement ou une convention collective, peu important que leur montant ne soit pas lui-même fixé par l'une de ces sources de droit ; la rémunération du salarié, contrepartie de son travail, entre dans les prévisions de cet article, même lorsque son montant est fixé par l'accord des parties. • Soc. 15 déc. 1998 : *Bull. civ. V, n° 550 ; D. 1999. 205, note Souweine ; D. Affaires 1999. 150, obs. Dechristé ; JCP E 1999, n° 5, p. 204, obs. Taquet ; ibid. 1999, n° 18-19, p. 813, obs. Pétel* • 5 oct. 1999 : *Bull. civ. V, n° 362 ; D. 1999. IR. 250 ; Rev. proc. coll. 2000. 18, obs. Taquet* • 14 déc. 1999 : *Rev. proc. coll. 2000. 63, obs. Taquet.* ♦ De même, est garantie dans la limite du « plafond 13 » la créance d'indemnité pour licenciement sans cause réelle et sérieuse qui trouve son fondement dans les dispositions de l'art. L. 122-14-4, peu important que son montant soit supérieur au montant minimal fixé par ce texte. • Soc. 12 janv. 1999 : *Bull. civ. V, n° 10 ; D. 1999. IR. 56 ; D. Affaires 1999. 234, obs. Dechristé ; JCP E 1999, n° 44-45, p. 1776, obs. Darmaisin* • 9 févr. 1999 : *Act. proc. coll. 1999, n° 84, obs. Taquet.* ♦ V. aussi • Soc. 13 avr. 1999 : *Act. proc. coll. 1999, n° 139* • 8 févr. 2000 : *Rev. proc. coll. 2001. 102, obs. Taquet* • 29 févr. 2000 : *ibid. 2000. 107, obs. Taquet* • 3 avr. 2001 : *Bull. civ. V, n° 120.* ♦ Dans le même sens, s'agissant d'une créance de dommages-intérêts pour rupture anticipée d'un contrat de travail à durée déterminée (C. trav., art. L. 122-3-8) : • Soc. 30 oct. 2000 : *Act. proc. coll. 2001, n° 24.* ♦ *Contra*, auparavant, en ce sens que le bénéfice du « plafond 13 » prévu par l'art. D. 143-2 supposait qu'il s'agisse d'une rémunération dont le montant est impérativement fixé par la loi : • Soc. 8 janv. 1997 : *Bull. civ. IV, n° 2 ; D. 1997. IR. 40.* ♦ Sur ce revirement de jurisprudence, V. Charbin, *JCP E 1999, n° 47, p. 1856.* ♦ L'AGS qui, informée de la modification de la jurisprudence en décembre 1998, n'a pris l'initiative d'adresser au liquidateur une somme complémentaire à destination du salarié et prenant en compte le « plafond 13 » ni dans les semaines suivant le revirement jurisprudentiel, ni même après le courrier de rappel du salarié, ni enfin après avoir reçu l'assignation devant le conseil de prud'hommes, peut être condamnée à verser à ce dernier des frais de procédure qui auraient été inutiles en l'absence d'une telle passivité. • Grenoble, 30 oct. 2000 : *D. 2001. Somm. 122, obs. Derrida*. ♦ V. aussi, sur l'effet rétroactif du revirement de jurisprudence de 1998, • Soc. 26 nov. 2003 : *Act. proc. coll. 2004, n° 8, obs. Vallansan.*

48. Lorsque les créances salariales relèvent les unes du plafond 13 et les autres du plafond 4, le plafond 13 est applicable à toutes les créances additionnées du salarié. • Soc. 30 nov. 1999 : *Bull. civ. V, n° 463 ; D. 2000. IR. 8 ; Act. proc. coll. 2000, n° 10, obs. Vallansan ; Gaz. Pal. 2000. Somm. 422, obs. Boubli ; Rev. proc. coll. 2000. 62, obs. Taquet* • 12 juin 2001 : *Rev. proc. coll. 2001. 258, obs. Taquet.* ♦ *Contra,* auparavant, en ce sens que lorsque les créances salariales relevaient des deux plafonds, il y avait lieu, pour déterminer le plafond applicable, de rechercher si les créances relevant du plafond 13 dépassaient le montant du plafond 4, auquel cas le plafond 13 était applicable à l'ensemble des créances, tandis que, dans le cas contraire, seul le plafond 4 était applicable : • Soc. 9 févr. 1994 : *Bull. civ. V, n° 48 ; D. 1994. 301, note Chauvet ; JCP 1994. II. 22329, note Corrignan-Carsin ; JCP E 1994. II. 590, note Taquet.*

49. Le GARP ne peut être tenu de régler des sommes excédant le plafond de sa garantie et cela même si les sommes ont été réglées avant que n'ait été déterminé le montant maximum de cette garantie ; il est fondé à déduire des sommes avancées pour le compte du salarié les sommes excédant ce plafond. • Versailles, 4 janv. 1993 : *D. 1993. Somm. 367, obs. Honorat*.

Comp., désormais : art. D. 143-2 C. trav., dans sa réd. issue du décret n° 2003-684 du 24 juill. 2003 *(JO 27 juill.)*, qui supprime le « plafond 13 » et définit de nouveaux plafonds de garantie des salaires. ♦ A propos de ce texte, V. Taquet, *Rev. proc. coll. 2003. 289 ;* Charbonneau et Pansier, *Gaz. Pal. 2003. Doctr. 2681.*

H. ART. L. 143-11-9 C. TRAV.

50. Portée de la subrogation. V. note 30 ss. ancien art. L. 621-32 C. com., et note 20 *ter.*

51. Tierce opposition. Les art. L. 143-1-1 s. C. trav. ont institué un régime spécial de garantie de salaire qui obéit à des règles propres tant en ce qui concerne la procédure à suivre que l'étendue éventuelle de la garantie qui est due, ce qui exclut que les organismes chargés de sa gestion puissent être considérés comme représentés à l'instance par l'employeur ou le salarié ou comme ayant la qualité de créancier ou ayant droit de l'employeur dans l'instance en cause ; aussi l'ASSEDIC et l'AGS sont-elles recevables à former tierce opposition à un jugement ayant condamné une société mise par la suite en liquidation judiciaire à verser diverses sommes représentant des créances salariales. • Soc. 2 juill. 1992 : *Bull. civ. V, n° 441 ; D. 1992. IR. 246.*

De même, les institutions mentionnées à l'art. L. 143-11-4 peuvent être recevables à former tierce opposition, dans les conditions prévues par les art. 582 à 592 NCPC, aux décisions de justice définitives intervenues avant l'ouverture de la procédure collective entre un employeur et son salarié, lorsque ces décisions sont susceptibles d'entraîner la garantie prévue. • Paris, 3 juill. 1992 : *BICC 1992, n° 1885.*

V. note 32.

SECTION V DE LA PROCÉDURE SIMPLIFIÉE APPLICABLE À CERTAINES ENTREPRISES

RÉP. COM. v° *Entreprises en difficulté – Redressement judiciaire (Procédure simplifiée)*, par Vauvillé et Dekeuwer-Défossez.

Ancien art. L. 621-133 ***Les personnes mentionnées au second alinéa de l'article L. 620-2 bénéficient, sous réserve des dispositions de l'article L. 621-134 ci-après, de la procédure simplifiée prévue à la présente section. Les autres dispositions du présent titre leur sont applicables dans la mesure où elles ne sont pas contraires à celles de la présente section.*** – [L. n° 85-98 du 25 janv. 1985, art. 137].

Critères. V. note 4 ss. ancien art. L. 621-5.

Ancien art. L. 621-134 *Jusqu'au jugement arrêtant le plan, le tribunal, à la demande du débiteur, du procureur de la République ou d'office, peut décider de faire application intégrale de la procédure prévue par les sections 1 à 4 du présent chapitre, s'il estime qu'elle est de nature à favoriser le redressement de l'entreprise.*

Dans ce cas, la durée de la période d'observation déjà écoulée s'impute sur celle prévue au deuxième alinéa de l'article L. 621-6. — [L. n° 85-98 du 25 janv. 1985, art. 138].

Application du régime général. Pour des exemples d'application, V. • Paris, 8 janv. 1988 : *Gaz. Pal. 1988. 1. Somm. 210* • T. com. Bobigny, 8 juill. 1998 : *Rev. proc. coll. 2000. 8, obs. Monsèrié-Bon.*

SOUS-SECTION 1 DU JUGEMENT D'OUVERTURE ET DE LA PÉRIODE D'OBSERVATION

Ancien art. L. 621-135 *Dans le jugement d'ouverture du redressement judiciaire, le tribunal désigne le juge-commissaire et un mandataire de justice chargé de représenter les créanciers. Il invite les délégués du personnel ou, à défaut de ceux-ci, les salariés à désigner au sein de l'entreprise un représentant des salariés.*

Dans les entreprises ne remplissant pas les conditions prévues à l'article L. 421-1 du code du travail ou dans les entreprises n'ayant pas d'institutions représentatives du personnel, le représentant des salariés exerce les fonctions dévolues à ces institutions par les dispositions des sections I à IV du présent chapitre. — [L. n° 85-98 du 25 janv. 1985, art. 139]. — V. Décr. n° 85-1388 du 27 déc. 1985,anciens art. 17 et 159, infra, App., v° Difficultés des entreprises.

BIBL. ▶ SOINNE, *Rev. proc. coll. 1996. 319* (désignation du juge-commissaire ; condition d'ancienneté).

Ancien art. L. 621-136 *La durée maximale de la période d'observation, qui peut être renouvelée une fois par décision motivée du tribunal qui statue, soit à la demande du débiteur, du procureur de la République ou de l'administrateur, s'il en a été nommé un, soit d'office, est fixée par décret en Conseil d'État. Lorsqu'il s'agit d'une exploitation agricole, le tribunal peut proroger la durée de la période d'observation jusqu'au terme de l'année culturale en cours compte tenu des usages spécifiques aux productions concernées.* — V. Décr. n° 85-1388 du 27 déc. 1985, ancien art. 111, infra, App., v° Difficultés des entreprises.

Le juge-commissaire dispose des pouvoirs prévus à l'article L. 621-55. — [L. n° 85-98 du 25 janv. 1985, art. 140].

Ancien art. 140 de la loi du 25 janv. 1985 [rédaction antérieure à L. n° 94-475 du 10 juin 1994] *La période d'observation s'ouvre par une période d'enquête limitée à* (Décr. n° 88-430 du 21 avr. 1988) *« trente » jours renouvelable une fois par ordonnance du président du tribunal à la demande du débiteur, du procureur de la République ou du juge-commissaire.*

Le juge-commissaire, avec le concours du débiteur et l'assistance éventuelle d'un expert de son choix, est chargé de procéder à une enquête afin de dresser un rapport sur la situation économique et sociale de l'entreprise et sur ses perspectives de redressement. Les constatations de l'expert sont consignées dans le rapport du juge.

Le juge-commissaire dispose des pouvoirs prévus à l'article 19. — Pour l'entrée en vigueur de la loi du 10 juin 1994, V. note ss. ancien art. L. 620-1.

Jurisprudence relative à l'art. 140 de la loi n° 85-98 du 25 janv. 1985, dans sa rédaction antérieure à la loi n° 94-475 du 10 juin 1994.

1. Nécessité d'une enquête. Sur la nécessité, jusqu'à l'intervention de la loi du 10 juin 1994, d'un redressement judiciaire préalable à la mise en liquidation judiciaire, V. note 1 ss. ancien art. L. 621-6.

2. L'omission du rapport d'enquête prévu par les dispositions d'ordre public des art. 140 [ancien] et 142 entraînait la nullité du jugement de première instance. • Paris, 13 mars 1987 : *D. 1987. IR. 93.*

2 bis. Dès lors que le débiteur bénéficiait de la procédure simplifiée, les dispositions relatives à l'établissement d'un bilan économique et social de l'entreprise n'étaient pas applicables. • Com. 20 juin 1995 : *Rev. proc. coll. 1996. 83, obs. Monsèrié.*

3. A défaut de contenir les renseignements relatifs aux perspectives de redressement de l'entreprise, qu'il n'avait pas pour mission de recueillir, même s'il lui était permis de le faire, le rapport établi par le juge commis en exécution de l'art. 13 du décret ne pouvait remplacer celui qu'il incombait au juge-commissaire de dresser à l'issue de l'enquête prévue à l'ancien art. 140, al. 2, ci-dessus. • Com. 3 avr. 1990 : *Bull. civ. IV, n° 112 ; D. 1990. IR. 109.* ♦ Était donc justifié l'arrêt qui annulait la procédure de liquidation judiciaire ouverte au vu d'un tel rapport le même jour que le jugement ouvrant le redressement judiciaire. • Même arrêt. – V. aussi • Colmar, 4 mars 1987 : *D. 1987. IR. 77* • Paris, 6 mai 1988 : *D. 1988. IR. 159* • 21 févr. 1989 : *D. 1989. IR. 91.* ♦ En revanche, ne méconnaissait pas les dispositions des art. 140 [ancien] et 142 de la loi le tribunal qui, après avoir commis un juge avec la mission définie à l'art. 13 du décret, statuait ensuite par deux jugements rendus le même jour pour ouvrir, par le premier, le redressement judiciaire du débiteur et prononcer, par le second, sa liquidation judiciaire, la constatation de la cour d'appel établissant que cette seconde décision avait été rendue au vu du rapport d'enquête du juge-commissaire, auquel le rapport du juge commis n'avait pas été substitué. • Com. 12 mai 1992 : *Bull. civ. IV, n° 180 ; D. 1992. IR. 195.*

3 bis. Le juge-commissaire ne pouvait procéder à l'enquête prévue à l'ancien art. 140 sans entendre le débiteur, même s'il disposait d'informations en raison de l'existence d'une procédure antérieure intéressant le même débiteur. • Limoges, 30 sept. 1991 : *BICC 1992, n° 223.*

4. Durée de la période d'enquête. Sur la durée minimale de la période d'enquête prévue par l'ancien art. 140, V. • Paris, 7 oct. 1987 : *Gaz. Pal. 1988. 1. Somm. 95* • 5 nov. 1987 : *ibid.* • 20 nov. 1987 : *ibid.* • 6 mai 1988 : *D. 1988. IR. 159.*

Sur l'impossibilité, en raison de la nécessaire durée minimale de la période d'enquête, de prononcer par un seul et même jugement l'ouverture de la procédure de redressement judiciaire et de la liquidation judiciaire, V. • Colmar, 25 févr. 1987 : *D. 1989. Somm. 7, obs. Derrida.* – Comp. : • Limoges, 30 sept. 1991 : *préc. note 3 bis.*

Sur la possibilité, cependant, de prononcer le même jour l'ouverture d'une procédure de redressement judiciaire, puis une procédure de liquidation judiciaire, V. • Com. 17 mai 1989 : *Bull. civ. IV, n° 152 ; D. 1989. IR. 177 ; JCP 1990. II. 21464, note Beaubrun* • Paris, 8 oct. 1991 : *D. 1991. IR. 294* • Com. 12 mai 1992 : *préc. note 3.* ♦ V. aussi, jugeant que le tribunal peut, après avoir constaté la non-comparution des représentants du personnel, ouvrir la procédure de redressement judiciaire et exercer aussitôt l'option prévue par l'art. 142 dans une seule et même décision, • Paris, 24 mars 1987 : *D. 1987. IR. 103.* ♦ V. note ss. ancien art. L. 621-142.

5. Sur l'application de ce principe au niveau de la cour d'appel, V. note 2 ss. ancien art. 11 du 1er décret du 27 déc. 1985, *infra*, App., v° *Difficultés des entreprises.*

Ancien art. L. 621-137 ***I. — Pendant cette période, l'activité est poursuivie par le débiteur sauf s'il apparaît nécessaire au tribunal de nommer un administrateur qui peut être soit un administrateur judiciaire, soit*** (L. n° 2003-7 du 3 janv. 2003, art. 44) ***« une personne choisie sur le fondement du deuxième alinéa de l'article L. 811-2 ». Dans ce cas, le débiteur est soit dessaisi et représenté par l'administrateur, soit assisté par celui-ci.*** — V. Décr. n° 85-1388 du 27 déc. 1985, ancien art. 15, infra, App., v° Difficultés des entreprises.

II. — En l'absence d'administrateur :

1° Le débiteur exerce les fonctions dévolues à celui-ci par l'article L. 621-37 ; il exerce la faculté ouverte par l'article L. 621-122 et par l'article L. 621-28 s'il y est autorisé par le juge-commissaire ;

2° Le représentant des créanciers exerce les fonctions dévolues à l'administrateur par l'article L. 621-19 ;

3° L'assemblée générale extraordinaire ou l'assemblée des associés est, pour l'application de l'article L. 621-58, convoquée à la demande du juge-commissaire qui fixe le montant de l'augmentation du capital proposée à l'assemblée pour reconstituer les capitaux propres. — [L. n° 85-98 du 25 janv. 1985, art. 141].

Pour l'application des dispositions de la loi n° 2003-7 du 3 janv. 2003 à Mayotte et dans les îles Wallis-et-Futuna, V. ce texte, art. 48 (JO 4 janv.).

1. Mission de l'administrateur. Sur la nullité d'un jugement ayant désigné un administrateur judiciaire sans préciser sa mission, V. • Versailles, 5 janv. 1988 : *D. 1990. Somm. 9, obs. Derrida.*

En ce sens que l'administrateur investi d'une mission de représentation du débiteur dans tous les actes de gestion et de disposition doit exercer une surveillance attentive des actes et des comptes de nature à prévenir notamment tout risque d'immixtion dans la gestion de l'entreprise du dirigeant, V. • Paris, 25 juin 1999 : *Act. proc. coll. 1999, n° 198 ; Dr. sociétés 2000, n° 11, obs. Chaput.*

2. Conséquences du défaut de désignation. Cassation, pour violation des art. 32 et 137 à 141 [C. com., art. L. 621-23, L. 621-133 à L. 621-137], de l'arrêt qui, pour déclarer irrecevable l'appel du débiteur contre un jugement le condamnant au paiement d'une certaine somme d'argent, a retenu qu'après avoir été mis en redressement judiciaire, celui-ci ne pouvait interjeter appel de ce jugement sans l'intervention et l'assistance du représentant des créanciers, alors qu'aucun administrateur n'avait été désigné. • Com. 18 avr. 1989 : *Bull. civ. IV, n° 119 ; D. 1990. Somm. 9, obs. Derrida.*

2 bis. Dès lors que la procédure est ouverte sous le régime simplifié sans nomination d'administrateur judiciaire, le débiteur a toute latitude pour engager des actions en justice, notamment celles en recouvrement de créances, actes courants et correspondant à l'activité normale de l'entreprise et engagés au bénéfice de celle-ci. • Douai, 2 déc. 1999 : *Rev. proc. coll. 2002. 92, obs. Lebel.* ♦ En revanche, le débiteur ne peut accomplir seul des actes dépassant la gestion courante de l'entreprise (application de l'art. L. 621-24, al. 2, C. com.). • Orléans, 24 mars 2005 : *RJDA 2005, n° 844.*

2 ter. Il résulte de l'art. 141, al. 1er, devenu l'art. L. 621-137 C. com., que le gérant d'une SARL qui fait l'objet d'une procédure simplifiée de redressement judiciaire reste tenu, à défaut d'être dessaisi et représenté par un administrateur judiciaire, au respect des obligations légales lui incombant et doit, par conséquent, convoquer l'assemblée générale des associés pour lui soumettre les comptes sociaux dans les six mois de la clôture de l'exercice (en application de l'art. L. 223-26 C. com.). • Crim. 4 avr. 2001 : *Bull. Joly 2001. 991, note Barbièri ; RJDA 2001, n° 1118 ; Dr. sociétés 2002, n° 7, note Legros ; Rev. proc. coll. 2002. 92, obs. Lebel.* ♦ Comp., dans le régime général : note 1 *septies* ss. ancien art. L. 621-22.

3. Exercice de la faculté ouverte par l'art. L. 621-28. V. notes 12 *bis*, 15 *bis* et 15 *ter* ss. ancien art. L. 621-28.

Ancien art. L. 621-138 ***Le tribunal peut décider soit la poursuite de l'activité en vue de l'élaboration d'un projet de plan de redressement de l'entreprise, soit la liquidation judiciaire à laquelle s'appliquent les dispositions du chapitre II.*** — [L. n° 85-98 du 25 janv. 1985, art. 142].

Dans la procédure simplifiée de redressement judiciaire, la liquidation judiciaire peut être décidée, en vertu de l'art. 142 [C. com., art. L. 621-132], sans que les délégués du personnel ou le représentant des salariés soient entendus ou dûment appelés. • Com. 12 mai 1992 : *Bull. civ. IV, n° 180 ; D. 1992. IR. 195* • Nancy, 29 juin 1995 : *Rev. proc. coll. 1998. 265, obs. Soinne.*

V. aussi notes 1 et 2 ss. ancien art. 111 du 1er décret du 27 déc. 1985, *infra*, App., v° *Difficultés des entreprises.*

SOUS-SECTION 2 DE L'ÉLABORATION DU PLAN DE REDRESSEMENT DE L'ENTREPRISE

Ancien art. L. 621-139 ***Pendant la période d'observation, le débiteur ou l'administrateur, s'il en a été nommé un, établit un projet de plan de redressement de l'entreprise avec le concours éventuel d'un expert nommé par le tribunal.*** — V. Décr. n° 85-1388 du 27 déc. 1985, ancien art. 112, infra, App., v° Difficultés des entreprises.

Le débiteur ou l'administrateur communique au représentant des créanciers et au juge-commissaire les propositions de règlement du passif prévues à l'article L. 621-60 et procède aux informations et consultations prévues au troisième alinéa de l'article L. 621-56 et à l'article L. 621-61. — [L. n° 85-98 du 25 janv. 1985, art. 143].

Ancien art. 143 (al. 1er et 2) de la loi du 25 janv. 1985 [rédaction antérieure à L. n° 94-475 du 10 juin 1994] ***L'activité est poursuivie, dans les conditions prévues à l'article 141, pour une durée de*** (Décr. n° 88-430 du 21 avr. 1988) ***« quatre » mois qui peut être exceptionnellement prolongée par décision motivée du tribunal, d'office ou à la demande du débiteur, le cas échéant, de l'administrateur et du procureur de la République pour une durée*** (Décr. n° 88-430 du 21 avr. 1988) ***« de deux » mois.*** (L. n° 88-1202 du 30 déc. 1988) ***« Toutefois, lorsqu'il s'agit d'une exploitation agricole, le tribunal peut décider que cette dernière prolongation est prorogée jusqu'au terme de l'année culturale en cours compte tenu des usages spécifiques aux productions concernées ».***

Pendant cette période, le débiteur ou l'administrateur, s'il en est nommé un, élabore un projet de plan de redressement de l'entreprise avec le concours éventuel de l'expert qui a assisté le juge-commissaire dans son enquête. – Pour l'entrée en vigueur de la loi du 10 juin 1994, V. note ss. ancien art. L. 620-1.

1. Plan de redressement. Il résulte des dispositions de l'ancien art. 143, al. 2 [C. com., art. L. 621-139, al. 1er], seules applicables en cas d'ouverture d'une procédure simplifiée de redressement judiciaire, lorsqu'aucun administrateur n'a été désigné, que le débiteur élabore un projet de plan de redressement de l'entreprise avec le concours éventuel de l'expert qui a assisté le juge-commissaire dans son enquête. • Com. 19 mars 1991 : *Bull. civ. IV, n° 104.* ♦ Cet art. n'interdit pas au débiteur d'élaborer un projet de plan de redressement de l'entreprise lorsqu'un administrateur a été nommé. • Com. 25 mars 1997 : *Bull. civ. IV, n° 80 ; D. Affaires 1997. 613.* ♦ V. aussi note 4 ss. ancien art. L. 621-62.

Si, dans le régime général et dans la procédure simplifiée, lorsqu'il est nommé un administrateur, le projet de plan de continuation présenté par le débiteur doit, comme les offres des tiers, être soumis à l'administrateur pour que celui-ci en fasse l'analyse dans le rapport qu'il dépose au greffe du tribunal et l'annexe à celui-ci, même s'il formule une autre proposition, le tribunal statuant au vu de ce rapport sans être tenu par la proposition de l'administrateur, le projet ou l'offre formulés durant la procédure d'appel sont soumis directement aux juges du second degré qui se prononcent sur eux. • Com. 6 oct. 1992 : *Bull. civ. IV, n° 286 ; D. 1994. Somm. 3, obs. Derrida* • 10 oct. 1995 : *Rev. proc. coll. 1995. 421, obs. Soinne.*

2. Propositions de règlement du passif. Il résulte de l'esprit de la loi du 25 janv. 1985 et *a contrario* des dispositions des art. 144 et 145 du même texte [C. com., art. L. 621-140 et L. 621-141] que, lorsqu'un administrateur judiciaire est nommé dans une procédure simplifiée, aux côtés du débiteur au cours de la phase d'élaboration du plan, c'est à lui qu'il appartient de prendre l'initiative des propositions, ou tout au moins de collaborer activement avec le débiteur en ce sens. • Versailles, 28 avr. 1986 : *D. 1987. Somm. 76, obs. Honorat.*

3. Exploitation agricole (jurisprudence relative à l'ancien art. 143, al. 1er). Avant la loi du 10 juin 1994, en l'état de la mise en redressement judiciaire d'une exploitation agricole et dès lors que toute possibilité d'un plan de redressement ne pouvait être écartée ou exclue, il convenait d'ordonner la poursuite de l'activité de celle-là en vue de l'élaboration d'un plan de redressement, conformément aux dispositions des art. 143, ancien al. 1er, ci-dessus et 29 de la loi n° 88-1202 du 30 déc. 1988 [C. rur., art. L. 351-8], et ce jusqu'à la fin de la période culturale, l'affaire étant rappelée à l'audience à ce moment pour qu'il soit fait un bilan de la situation. • TGI Moulins, 7 févr. 1991 : *RJ com. 1993. 39, obs. Gallet ; Rev. proc. coll. 1993. 473, obs. Soinne.*

Ancien art. L. 621-140 ***S'il n'est pas nommé d'administrateur, les offres d'acquisition mentionnées aux articles L. 621-57 et L. 621-85 sont adressées au greffe du tribunal qui les communique au juge-commissaire, au débiteur et au représentant des créanciers.***

Dans ce cas, le débiteur fait état dans son projet de toutes les offres dont le juge-commissaire aura vérifié la recevabilité. – [L. n° 85-98 du 25 janv. 1985, art. 144].

Dans le cas de la procédure simplifiée de redressement judiciaire où il n'est pas nommé d'administrateur, il appartient à la juridiction saisie de rechercher s'il est résulté du non-respect des règles relatives aux offres d'acquisition des actifs de l'entreprise une violation des droits de la défense. V. • Com. 16 avr. 1991 : *Bull. civ. IV, n° 145 ; D. 1994. Somm. 1, obs. Derrida.*

Ancien art. L. 621-141 ***S'il n'est pas nommé d'administrateur, le débiteur dépose au greffe du tribunal le projet de plan de redressement de l'entreprise.***

Dans ce cas, le juge-commissaire fait rapport au tribunal et lui soumet le projet de plan en donnant son avis motivé. – [L. n° 85-98 du 25 janv. 1985, art. 145].

Dans le cas prévu par l'art. 145 [C. com., art. L. 621-141], le juge-commissaire ne fait rapport qu'au tribunal. Dès lors, la cour d'appel n'est pas tenue de l'entendre sur le projet de plan modifié après la décision des premiers juges. • Com. 16 févr. 1999 : *RJDA 1999, n° 577.*

Ancien art. L. 621-142 ***A tout moment de la procédure, le tribunal, à la demande d'une des personnes mentionnées à l'article L. 621-27 ou d'office, peut prononcer une des mesures prévues à cet article.*** — [L. n° 85-98 du 25 janv. 1985, art. 146].

Saisie par l'administrateur et le représentant des créanciers de conclusions tendant au prononcé de la liquidation judiciaire d'une entreprise mise en redressement judiciaire simplifié, une cour d'appel, en accueillant la demande, ne fait qu'user des pouvoirs qu'elle tient de l'art. 146 [C. com., art. L. 621-142], après avoir constaté que le redressement de l'entreprise n'était plus possible et sans attendre le dépôt du rapport d'enquête prévu par les art. 140 et 142 [dans leur rédaction antérieure à la loi du 10 juin 1994]. • Com. 27 nov. 1991 : *Bull. civ. IV, n° 361 ; D. 1992. IR. 39 ; JCP E 1992. I. 166, n° 7, obs. Cabrillac.*

SOUS-SECTION 3 DE L'EXÉCUTION DU PLAN DE REDRESSEMENT DE L'ENTREPRISE

Ancien art. L. 621-143 ***En l'absence d'administrateur, le commissaire à l'exécution du plan assiste le débiteur dans l'accomplissement des actes nécessaires à la mise en œuvre du plan.*** — [L. n° 85-98 du 25 janv. 1985, art. 147].

S'agissant d'une adjudication intervenue avant le jugement prononçant l'ouverture de la procédure de redressement, l'opposition du commissaire à l'exécution du plan, à la répartition du prix, est irrecevable, car formée au moment où le débiteur était *in bonis*. • Douai, 26 nov. 1990 : *JCP E 1991. Pan. 482.*

V. note 1 ss. ancien art. L. 621-67.

CHAPITRE II DE LA LIQUIDATION JUDICIAIRE

RÉP. COM. v° *Entreprises en difficulté - Redressement judiciaire (Phase de traitement - Redressement ou liquidation)*, par PORACCHIA, RIZZO et N. VIGNAL.

SECTION PREMIÈRE DU JUGEMENT DE LIQUIDATION JUDICIAIRE

SOUS-SECTION 1 DE LA LIQUIDATION JUDICIAIRE OUVERTE SANS PÉRIODE D'OBSERVATION

Ancien art. L. 622-1 ***La procédure de liquidation judiciaire est ouverte sans période d'observation à l'égard de toute entreprise mentionnée au premier alinéa de l'article L. 620-2 en état de cessation des paiements, dont l'activité a cessé ou dont le redressement est manifestement impossible.*** — V. Décr. n° 85-1388 du 27 déc. 1985, anciens art. 118-1 et 118-2, infra, App., v° Difficultés des entreprises.

Elle est engagée selon les modalités prévues au second alinéa de l'article L. 621-1 et aux articles L. 621-2 à L. 621-5 ainsi que L. 621-14 et L. 621-15.

La date de cessation des paiements est fixée conformément à l'article L. 621-7. — [L. n° 85-98 du 25 janv. 1985, art. 148].

V. notes ss. ancien art. L. 620-1.

Pour l'ouverture d'une procédure de liquidation judiciaire à l'égard des établissements de crédit qui ont fait l'objet d'une mesure de radiation prononcée par la Commission bancaire, V. C. mon. fin., art. L. 613-26, infra, App., v° Code monétaire et financier (extraits). — Pour un commentaire de cette disposition, V. Bonneau, JCP E 1999, n° 36, p. 1378.

1. Choix de la solution. S'agissant d'un exploitant agricole, les art. 140 et 142 [dans leur rédaction antérieure à la loi du 10 juin 1994], relatifs au rapport du juge-commissaire, ne s'appliquant pas quand la liquidation est ouverte sans période d'observation, le tribunal peut se prononcer au vu du seul rapport du conciliateur désigné en application de l'art. L. 351-5 C. rur. (V. ce texte, *supra*). • Com. 25 nov. 1997 : *Bull. civ. IV, n° 303.* ♦ V. aussi note 4 ss. ancien art. L. 621-62.

2. Exécution provisoire. Lorsqu'une procédure de liquidation judiciaire est ouverte « d'entrée », sans avoir été précédée d'une période d'observation et alors que les dispositions de l'art. 177 [C. com., art. L. 623-9] n'ont pas été modifiées en conséquence quant aux effets de l'arrêt de l'exécution provisoire, il y a lieu de fixer l'affaire par priorité et à très bref délai devant la cour. En effet, il n'entre pas dans les pouvoirs du premier président, saisi en référé, de décider de l'ouverture d'une période d'observation et encore moins de l'aménager par la désignation d'organes de contrôle, la question ne pouvant non plus être renvoyée au tribunal dans la mesure où la cour est saisie en raison de l'effet dévolutif de l'appel. • Dijon, (ord.), 1er juill. 1997 : *JCP 1998. IV. 1047.*

3. Pouvoirs de la cour d'appel. Dès lors que le débiteur reconnaît être en cessation des paiements, la cour d'appel, après avoir infirmé le jugement rendu sur l'assignation du créancier, peut prononcer d'office la liquidation judiciaire. • Com. 12 mai 1998 : *Bull. civ. IV, n° 152 ; D. Affaires 1998. 1006 ; RJ com. 2000. 40, obs. Teilliais.*

4. En ce sens qu'une cour d'appel ne peut confirmer l'ouverture immédiate d'une procédure de liquidation judiciaire, sans faire de distinction entre le passif exigible à la date du jugement ouvrant la liquidation et le passif rendu exigible par l'effet du jugement de liquidation et sans examiner si l'entreprise disposait d'un actif, V. • Com. 26 mai 1999 : *Bull. civ. IV, n° 110 ; D. 1999. IR. 165 ; D. Affaires 1999. 1175, obs. A. L. ; Act. proc. coll. 1999, n° 168, obs. Vallansan ; RTD com. 1999. 953, obs. Laude ; Petites affiches 4 janv. 2000, p. 20, note Courtier ; Rev. proc. coll. 2000. 46, obs. Deleneuville* • 8 juill. 2003 : *Bull. civ. IV, n° 124 ; D. 2003. AJ. 2174 ; RD banc. fin. 2003, n° 230, obs. F.-X. Lucas ; JCP E 2004, n° 5, p. 173, obs. Pétel ; Petites affiches 17 févr. 2004, p. 3, note Zattara ; Defrénois 2004. 578, obs. Gibirila ; Rev. proc. coll. 2004. 210, obs. Lebel.*

Ancien art. L. 622-2 (L. n° 2003-7 du 3 janv. 2003, art. 45) « ***Dans le jugement qui ouvre la liquidation judiciaire, le tribunal désigne le juge-commissaire et, en qualité de liquidateur, un mandataire judiciaire inscrit ou une personne choisie sur le fondement du premier alinéa du II de l'article L. 812-2. Le liquidateur est remplacé suivant les règles prévues au deuxième alinéa de l'article L. 622-5. Il peut lui être adjoint dans les mêmes conditions un ou plusieurs liquidateurs.*** »

Un représentant des salariés est désigné dans les conditions prévues au premier alinéa de l'article L. 621-8 ou au premier alinéa de l'article L. 621-135 selon le cas. Il est remplacé dans les conditions prévues au troisième alinéa de l'article L. 621-10. Il exerce la mission prévue à l'article L. 621-36 et, dans le cas mentionné au deuxième alinéa de l'article L. 621-135, les fonctions qui lui sont dévolues par ces dispositions.

Les contrôleurs sont désignés comme il est dit à l'article L. 621-13 et exercent leurs attributions dans les mêmes conditions que celles prévues au chapitre Ier. — [L. n° 85-98 du 25 janv. 1985, art. 148-1].

V. notes ss. ancien art. L. 620-1.

Pour l'application des dispositions de la loi n° 2003-7 du 3 janv. 2003 en Nouvelle-Calédonie, V. art. L. 936-13 ; ... En Polynésie française, V. art. L. 946-13 ; ... Dans les îles Wallis-et-Futuna, V. art. L. 956-9 ; ... À Mayotte, V. L. n° 2003-7 du 3 janv. 2003, art. 48 (JO 4 janv.).

BIBL. ▶ SOINNE, *Rev. proc. coll. 1996. 319* (désignation du juge-commissaire ; condition d'ancienneté).

V. notes ss. ancien art. L. 622-5.

Ancien art. L. 622-3 ***Le jugement qui ouvre la liquidation judiciaire a les mêmes effets que ceux qui sont prévus en cas de redressement judiciaire par les premier et quatrième alinéas de l'article L. 621-24 et par les articles L. 621-40, L. 621-41, L. 621-43, L. 621-48, L. 621-50, L. 621-115, L. 621-116 et L. 621-122.***

Les créanciers déclarent leurs créances au liquidateur selon les modalités prévues aux articles L. 621-43 à L. 621-47. — [L. n° 85-98 du 25 janv. 1985, art. 148-2].

V. notes ss. ancien art. L. 620-1.

V. note ss. ancien art. L. 622-14.

Ancien art. L. 622-4 ***Le liquidateur procède aux opérations de liquidation en même temps qu'à la vérification des créances. Il peut introduire les actions qui relèvent de la compétence du représentant des créanciers.***

Le liquidateur exerce les missions dévolues à l'administrateur et au représentant des créanciers par les articles L. 621-18, L. 621-41, L. 621-42, L. 621-126 et L. 621-127.

Les licenciements sont soumis aux dispositions du quatrième alinéa de l'article L. 622-5. — [L. n° 85-98 du 25 janv. 1985, art. 148-3].

V. notes ss. ancien art. L. 620-1.

Sur la mission du liquidateur en cas d'ouverture d'une procédure de liquidation judiciaire à l'égard d'un établissement de crédit ou d'une entreprise d'investissement, V. C. mon. fin., ancien art. L. 613-29, infra, App., v° Code monétaire et financier (extraits).

SOUS-SECTION 2 DE LA LIQUIDATION JUDICIAIRE PRONONCÉE AU COURS DE LA PÉRIODE D'OBSERVATION

Ancien art. L. 622-5 ***Le tribunal qui prononce la liquidation judiciaire nomme le représentant des créanciers en qualité de liquidateur. Toutefois, le tribunal peut, par décision motivée, à la demande de l'administrateur, d'un créancier, du débiteur ou du procureur de la République,*** (L. n° 2003-7 du 3 janv. 2003, art. 46) ***« désigner en qualité de liquidateur une autre personne dans les conditions prévues à l'article L. 812-2 ».***

Le tribunal peut soit d'office, soit sur proposition du juge-commissaire ou à la demande du procureur de la République, procéder au remplacement du liquidateur. Le débiteur ou un créancier peut demander au juge-commissaire de saisir à cette fin le tribunal. — V. Décr. n° 85-1388 du 27 déc. 1985, anciens art. 27 et 30, infra, App., v° Difficultés des entreprises.

Le liquidateur procède aux opérations de liquidation en même temps qu'il achève éventuellement la vérification des créances et qu'il établit l'ordre des créanciers. Il poursuit les actions introduites avant le jugement de liquidation soit par l'administrateur, soit par le représentant des créanciers, et peut introduire les actions qui relèvent de la compétence du représentant des créanciers.

Les licenciements auxquels procède le liquidateur en application de la décision prononçant la liquidation sont soumis aux dispositions des articles L. 321-8 et L. 321-9 du code du travail. — [L. n° 85-98 du 25 janv. 1985, art. 148-4].

Pour l'application des dispositions de la loi n° 2003-7 du 3 janv. 2003 à Mayotte, V. ce texte, art. 48 (JO 4 janv.).

Sur la mission du liquidateur en cas de prononcé d'une procédure de liquidation judiciaire à l'égard d'un établissement de crédit ou d'une entreprise d'investissement, V. C. mon. fin., ancien art. L. 613-29, infra, App., v° Code monétaire et financier (extraits).

BIBL. ▶ SOINNE, *Rev. proc. coll. 1997. 249* (répartitions).

1. Désignation du liquidateur. Sur la liberté de choix du mandataire judiciaire à la liquidation des entreprises, V. note 1ss. art. L. 812-1. ♦ Sur les voies de recours contre la décision de nomination du liquidateur, V. note 1 ss. ancien art. L. 623-2 et note 8 *bis* ss. ancien art. L. 623-6.

1 bis. Refus du mandat. V. note 2 ss. art. L. 812-1.

1 ter. Remplacement. Le tribunal ayant ouvert la procédure collective est seul compétent pour connaître d'une demande de remplacement d'un mandataire judiciaire qu'il a désigné dans le cadre des dispositions des art. 148 s. [C. com., art. L. 622-5 s.]. L'auxiliaire de justice dont s'agit n'étant pas attrait en son nom personnel et lui-même directement partie à l'instance qui concerne exclusivement son administré, mais mis en cause à raison des conditions dans lesquelles il exerce le mandat qui lui a été confié par le tribunal, l'art. 47 NCPC, qui prévoit, lorsqu'un auxiliaire de justice est partie à un litige qui relève de la juridiction dans le ressort de laquelle il exerce ses fonctions, un renvoi de droit au profit de la juridiction limitrophe, est inapplicable. • Versailles, 25 févr. 1999 : *RJ com. 1999. 449, note Fricero.*

Le remplacement du mandataire-liquidateur, dans les conditions prévues à l'art. 148-4 [C. com., art. L. 622-5], équivaut à la cessation des fonctions d'un incapable dès lors que, par application de l'art. 152 [C. com., art. L. 622-9], le débiteur en liquidation judiciaire est dessaisi de l'administration et de la disposition de ses biens et que le liquidateur exerce toutes actions du débiteur concernant son patrimoine. • Orléans, 17 févr. 2000 : *RJDA 2000, n° 450 ; Procédures 2000, n° 146, obs. Laporte.* ♦ Le nouveau liquidateur doit donc être mis en cause dans une instance en cours ayant pour objet la constatation du principe et la fixation du montant d'une créance, même si, à cet égard, le débiteur dispose du droit propre d'exercer les voies de recours. • Même arrêt.

Sur le pouvoir discrétionnaire des juges du fond pour procéder au remplacement du liquidateur, V. note 2 *bis* ss. ancien art. L. 623-7.

V. aussi note 15 ss. ancien art. L. 622-9 et note 7 *bis* ss. ancien art. L. 623-6.

2. Pouvoirs du liquidateur. **BIBL.** Vallens, *RTD com. 2001. 979* (double rôle du liquidateur). ♦ Le liquidateur trouve dans les pouvoirs qui lui sont conférés par la loi en vue de la défense de l'intérêt collectif des créanciers qualité pour exercer une action en paiement de dommages-intérêts contre toute personne, fût-elle titulaire d'une créance ayant son origine antérieurement au jugement d'ouverture de la procédure collective, coupable d'avoir contribué par des agissements fautifs à la diminution de l'actif ou à l'aggravation du passif (à propos d'une action contre une banque). • Com. 16 nov. 1993 : *Bull. civ. IV, n° 408 ; D. 1994. 57, concl. Régis de Gouttes, rapp. Pasturel, note Derrida et Sortais* • 11 oct. 1994 : *Bull. civ. IV, n° 279 ; D. 1994. IR. 240 ; Bull. Joly 1994. 1342, note Le Cannu ; Petites affiches 16 juin 1995, p. 22, note Courtier.* – V. aussi • Chambéry, 16 avr. 1992 : *Gaz. Pal. 1994. 1. Somm. 789.* – Comp. : • Paris, 21 juin 1994 : *Rev. dr. bancaire 1995. 16, obs. Crédot et Gérard.*

2 bis. Le liquidateur désigné dans la nouvelle procédure collective ouverte après résolution du plan de continuation trouve, dans les pouvoirs qui lui sont dévolus par la loi en vue de la défense de l'intérêt collectif des créanciers, qualité pour poursuivre les actions reprises ou engagées aux mêmes fins, avant la résolution du plan, par le commissaire à l'exécution du plan. • Com. 24 mars 2004 : *Bull. civ. IV, n° 62 ; D. 2004. Somm. 2148, obs. F.-X. Lucas ; JCP E 2004, n° 37, p. 1384, obs. Pétel ; Gaz. Pal. 2004. 1903, note Le Corre.*

2 ter. Selon les dispositions des art. 46, al. 1er [C. com., art. L. 621-39, al. 1er], et 148, al. 3 [C. com., art. L. 622-5, al. 3], qui sont d'ordre public, le représentant des créanciers, dont les attributions sont ensuite dévolues au liquidateur, a seul qualité pour agir au nom et dans l'intérêt collectif des créanciers ; l'action individuelle introduite par un créancier, pour demander la réparation d'un préjudice qui n'est pas distinct de celui causé aux autres créanciers, est irrecevable. • Com. 4 oct. 2005 : *Bull. civ. IV, n° 195 ; D. 2005. AJ. 2805, obs. Lienhard.* ♦ Cette fin de non-recevoir doit être relevée d'office. • Même arrêt.

Est ainsi irrecevable l'action individuelle d'un créancier tendant à rechercher la faute d'une banque pour avoir accordé abusivement du crédit au débiteur. • Versailles, 12 oct. 1995 : *BICC 1996, n° 339.*

Dans le même sens, pour la demande de cautions, fondée sur l'art. 1382 C. civ., en réparation de leur préjudice matériel et moral « trouvant sa cause dans l'inexécution [par le cocontractant de la société débitrice] de ses engagements ayant conduit [celle-ci] à la liquidation », V. • Com. 20 févr. 2001 : *RJDA 2001, n° 712 ; Rev. proc. coll. 2002. 118, obs. Martin-Serf.*

Le représentant des créanciers d'une société, désigné en qualité de liquidateur judiciaire de celle-ci, à la suite d'une conversion de procédure, est recevable à se constituer partie civile dans les poursuites exercées contre le dirigeant de l'entreprise pour abus des biens sociaux. • Crim. 12 oct. 1995 : *Bull. crim. n° 305 ; RJDA 1996, n° 65.*

2 quater. Le liquidateur a, seul, l'initiative de la vente des biens de l'entreprise en dehors de l'exercice par les créanciers de leur droit de poursuite individuelle (à propos d'une ordonnance du juge-commissaire ayant ordonné la vente d'un bien de l'entreprise à la demande d'un tiers). • Com. 22 janv. 2002 : *Procédures 2002, n° 97, obs. Laporte ; Dr. sociétés 2002, n° 175, note Legros.*

3. Le liquidateur, chargé de la réalisation de l'actif, agit comme organe de la procédure, et non au titre de ses fonctions de représentant des créanciers. Il est un tiers par rapport au débiteur, même si les créanciers chirographaires ne sont pas des tiers par rapport à leur débiteur, mais en sont les ayants cause universels ; par conséquent, il ne peut se prévaloir du défaut de date certaine du bail d'une exploitation agricole. • TGI Saint-Gaudens, 8 avr. 1992 : *BICC 1992, n° 1891.*

Le liquidateur, qui succède au représentant des créanciers en vue de la défense de leurs intérêts collectifs, est un tiers par rapport au contrat de gage conclu par le débiteur avant sa mise en liquidation judiciaire et, en conséquence, est habilité à contester l'opposabilité du gage et sa validité, peu important qu'en sa qualité de représentant du débiteur il ait eu connaissance personnellement de l'existence du gage. • Com. 23 janv. 2001 : *Bull. civ. IV, n° 20 ; D. 2001. AJ. 779, obs. Lienhard ; Defrénois 2001. 942, obs. Théry.*

Le liquidateur a le pouvoir de demander qu'en application de l'art. 112 [C. com., art. L. 621-112], l'acquisition faite par une épouse séparée de biens avec les valeurs fournies par son mari soit réunie à l'actif de la société de ce dernier faisant l'objet d'une procédure de redressement judiciaire. • Com. 23 janv. 1996 : *Bull. civ. IV, n° 24 ; D. 1996. IR. 62.*

Le droit conféré aux créanciers par l'art. 1167 C. civ. (action paulienne) peut également être exercé, en leur nom et dans leur intérêt collectif, par le liquidateur. • Civ. 1re, 13 juill. 2004 : *Petites affiches 13 avr. 2005, p. 3, note Lécuyer* • Rouen, 27 janv. 1999 : *RJDA 1999, n° 837.*

Le liquidateur exerçant l'action oblique ne peut disposer de plus de droit que le débiteur n'en possède lui-même ; dès lors, la concubine du débiteur est fondée à lui opposer l'existence d'un pacte tontinien grevant un immeuble acquis en commun, nonobstant l'absence de publication de ce pacte, qui est sans effet dans les rapports des acquéreurs entre eux. • Civ. 1re, 28 nov. 2000 : *Act. proc. coll. 2001, n° 29.*

Sur la recevabilité de la demande du liquidateur tendant à la nomination d'un expert sur le fondement de l'art. 145 NCPC, V. • Com. 14 nov. 2000 : *Act. proc. coll. 2001, n° 12.*

V. aussi notes ss. ancien art. L. 621-39.

3 bis. Selon les dispositions combinées des art. L. 117-17 et L. 143-11 C. trav., L. 622-5, al. 4, et L. 622-10, al. 2, C. com., le liquidateur qui met fin au contrat d'apprentissage dans les quinze jours du jugement de liquidation judiciaire ou pendant la période de maintien provisoire de l'activité de l'entreprise agit en exécution du jugement de liquidation et n'a pas à demander au conseil de prud'hommes la résiliation du contrat. • Soc. 23 mai 2000 : *Rev. proc. coll. 2001. 36, obs. Taquet ; Gaz. Pal. 2002. Somm. 293, obs. Dumont* • 15 janv. 2002 : *Bull. civ. V, n° 11* • Agen, 22 janv. 2002 : *JCP 2002. IV. 2371.*

3 ter. Intervention à l'instance. Le sort de l'intervention n'est pas lié à celui de l'action principale, lorsque l'intervenant principal, liquidateur judiciaire, se prévaut d'un droit propre qu'il est seul habilité à exercer après le jugement ayant converti le redressement judiciaire en liquidation. • Com. 10 déc. 2002 : *Bull. civ. IV, n° 193 ; D. 2003. AJ. 348.*

3 quater. Sort des sommes recouvrées. Les sommes recouvrées à la suite des actions que le liquidateur engage ou poursuit dans l'intérêt collectif des créanciers entrent dans le patrimoine du débiteur pour être réparties, entre tous les créanciers, au marc le franc. • Com. 9 nov. 2004 : *RJDA 2005, n° 175.* ♦ Cette règle fait obstacle à ce que la compensation ait lieu entre la dette mise à la charge d'un tiers à la suite de l'action poursuivie par le liquidateur et la dette du débiteur en liquidation judiciaire envers ce tiers. • Même arrêt.

3 quinquies. Coliquidateurs. V. note 9 ss. ancien art. L. 621-41 (Civ. 2e, 8 janv. 1997).

4. Concurrence de compétence entre liquidateur et juge des ordres (jurisprudence antérieure à la loi du 10 juin 1994). Lorsque l'ordre a été requis à la suite d'un jugement d'adjudication sur saisie publié avant la mise en redressement judiciaire du débiteur, le juge des ordres, malgré la règle de l'arrêt des poursuites individuelles édictée par l'art. 47 [C. com., art. L. 621-40], demeure compétent, soit pour achever le règlement de l'ordre en cours au moment de l'ouverture du redressement judiciaire, soit même pour procéder à ce règlement en vertu d'une réquisition qui lui serait adressée postérieurement. • Com. 12 juill. 1994 : *Bull. civ. IV, n° 262 ; D. 1994. 569, rapp. Rémery, note Honorat ; Defrénois 1995. 269, note Sénéchal* • Versailles, 19 oct. 1995 : *RJDA 1996, n° 559* • Paris, 12 déc. 2002 : *Gaz. Pal. 8-9 août 2003, p. 16, obs. Vray.* ♦ Il ne peut cependant, si les bordereaux de collocation n'ont pas été payés à la date d'ouverture de la procédure collective, méconnaître les règles de celle-ci lors de la distribution du prix, et doit donc colloquer les seules créances inscrites qui ont été admises ainsi que celles visées à l'art. 40 [C. com., art. L. 621-32]. • Com. 12 juill. 1994 : *préc. – Contra*, en faveur de la compétence du liquidateur : • Aix-en-Provence, 1er oct. 1992 : *BICC 1993, n° 506* • Paris, 24 févr. 1993 : *Rev. loyers 1994. 108, note Gallet* • TGI Rouen, 20 janv. 1994 : *Defrénois 1994. 572, obs. Sénéchal.*

Si l'adjudication avant le jugement d'ouverture de la procédure collective fait sortir l'immeuble du patrimoine du débiteur, la créance résultant du prix de vente demeure dans son patrimoine même après le règlement du prix par l'adjudicataire, et, si les bordereaux de collocation n'ont pas été payés à la date d'ouverture de la procédure collective, il appartient au liquidateur judiciaire, en l'absence de publication du jugement d'adjudication avant l'ouverture de la procédure collective, ou au juge des ordres dans le cas contraire, de colloquer les créances inscrites qui ont été admises ainsi que celles visées à l'art. 40 [C. com., art. L. 621-32]. • Com. 23 janv. 1996 : *Bull. civ. IV, n° 25 ; D. 1996. 425, note Prévault ; D. 1996. Somm. 282, obs. Honorat ; Defrénois 1996. 940, obs. Sénéchal ; D. Affaires 1996. 326 ; JCP E 1996. I. 554, n° 14, obs. Cabrillac ; Rev. huiss. 1996. 591, note Courtier.* – V. aussi • Com. 6 févr. 1996 : *D. 1996. IR. 139.*

S'agissant des créances qui, d'après l'art. 40 (5°) [C. com., art. L. 621-32], sont classées selon leur rang, il résulte des dispositions combinées des art. 140 à 151 du décret du 27 déc. 1985 et de l'art. 154 de la loi [C. com., art. L. 622-16] qu'il appartient au seul liquidateur de régler lui-même l'ordre entre les créanciers, sous réserve des contestations qui sont portées devant le tribunal de grande instance, dans le cadre de la procédure d'ordre, et que ce liquidateur a la maîtrise totale de l'établissement des bordereaux de collocation et des rangs de collocation des créanciers bénéficiaires dans le cadre de la procédure dont il se trouve saisi ; le liquidateur ne peut donc demander au tribunal de préciser le rang d'une créance dépendant de l'art. 40 (5°) [C. com., art. L. 621-32]. • Paris, 11 oct. 1995 : *RJDA 1996, n° 277.*

Comp., désormais : art. L. 621-50, al. 1er, dont la rédaction issue de la loi n° 94-475 du 10 juin 1994 ne mentionne plus les actes et décisions judiciaires translatifs ou constitutifs de droits réels. ♦ V. aussi ancien art. 65-1 du 1er décret du 27 déc. 1985, issu du décret n° 94-910 du 21 oct. 1994, *infra*, App., v° *Difficultés des entreprises.*

Sur le pouvoir du liquidateur de prescrire, sans l'intervention du juge-commissaire, les modalités de répartition des fonds entre les créanciers, V. • Rennes, 4 janv. 1995 : *Rev. proc. coll. 1996. 326, obs. Soinne.*

V. également notes 6 et 6 *bis* ss. ancien art. L. 622-16.

5. Responsabilité civile. Sur la responsabilité civile d'un liquidateur en raison : de diligences insuffisantes pour obtenir le nombre et les noms des salariés du débiteur afin que leur licenciement intervienne dans le délai de l'art. L. 143-11-1 C. trav., V. • Com. 6 juill. 1993 : *Bull. civ. IV, n° 281 ; D. 1993. IR. 211* • Besançon, 6 mars 1998 : *Rev. proc. coll. 2000. 84, obs. Soinne.* ♦ V. aussi notes 23 et 25 ss. ancien art. L. 621-132. ♦ ... Du défaut de licenciement d'un salarié resté en arrêt maladie pendant plusieurs années puis reconnu en état d'invalidité, ainsi privé de l'indemnité de licenciement à laquelle il aurait eu droit, V. • TGI Paris, 19 mai 1999 : *JCP E 1999, n° 26, p. 1130.* ♦ ... De la dissimulation au cessionnaire du fonds de commerce d'une demande d'autorisation de licenciement d'un salarié protégé, V. • Versailles, 22 juin 2000 : *D. 2000. AJ. 383* . ♦ ... Du défaut d'information des candidats repreneurs sur l'existence d'un usufruit grevant les actifs, V. • Civ. 3e, 18 juill. 2001 : *Act. proc. coll. 2001, n° 241.* ♦ ... De la résiliation tardive d'un bail commercial, V. • Paris, 25 oct. 2002 : *JCP E 2003, n° 27, p. 1142, obs. Pasqualini et Pasqualini-Salerno.* – Comp. : • Com. 7 juin 2005 : *Gaz. Pal. 4-5 nov. 2005, p. 21, obs. Gorrias* (à propos de l'absence de résiliation d'un bail à construction). ♦ ... De la non-restitution d'un local au bailleur, alors qu'il n'était plus en mesure de payer les loyers, V. • Paris, 18 mars 1993 : *Dr. sociétés 1993, n° 182* • 13 sept. 1993 : *JCP E 1993. 1149* • 29 mars 1996 : *JCP E 1996. Pan. 553 ; AJPI 1996. 1017, note Gallet.* – V. aussi • Paris, 19 mai 2000 : *JCP E 2000, n° 50, p. 1981* • 3 avr. 2001 : *RJDA 2001, n° 884.* ♦ V. encore note 23 *quater* ss. ancien art. L. 621-28. ♦ ... Du refus du débiteur d'exécuter la décision ayant ordonné son expulsion, V. • Com. 18 mars 1998 : *Rev. proc. coll. 2000. 82, obs. Soinne* • TGI Boulogne-sur-Mer, 4 juill. 2000 : *Gaz. Pal. 2001. Somm. 307.* ♦ ... De la négligence dans la gestion d'un portefeuille de valeurs mobilières et le recouvrement de loyers échus, V. • Com. 6 févr. 1996 : *D. 1996. IR. 88* (loi de 1967). ♦ ... Du retard mis pour procéder à la réalisation d'un bien gagé, V. • Com. 11 mai 1993 : *Bull. civ. IV, n° 186 ; JCP E 1993. I. 295, n° 9, obs. Cabrillac* (loi de 1967). ♦ ... Du retard dans le versement au créancier nanti des sommes résultant de la vente du fonds de commerce du débiteur, V. • Paris, 1er juill. 1999 : *RJDA 2000, n° 67.* ♦ ... Du défaut d'avertissement d'un créancier hypothécaire d'avoir à déclarer sa créance, V. • Paris, 18 févr. 1994 : *D. 1994. IR. 95.* ♦ ... Du défaut d'information du bailleur, après résiliation du bail, de l'existence d'une clause de réserve de propriété portant sur des cloisons démontables, V. • Com. 22 févr. 1994 : *Bull. civ. IV, n° 71 ; D. 1995. Somm. 26, obs. Honorat* . ♦ ... De la cession d'un droit au bail sans respecter l'obligation contractuelle de cession par acte authentique, V. • Civ. 1re, 13 févr. 1996 : *Bull. civ. I, n° 83* (loi de 1967). ♦ ... D'une demande abusive d'extension de la procédure, V. • Com. 27 oct. 1998 : *RJDA 1999, n° 64.* ♦ ... D'une faute dans l'établissement de l'état des créances, V. note 4 ss. ancien art. L. 621-103. ♦ ... De la vente, avant l'expiration du délai de revendication, de marchandises couvertes par une clause de réserve de propriété, V. note 22 *bis* ss. ancien art. L. 621-122. ♦ ... De la vente d'un véhicule qu'il savait ne pas appartenir à la société débitrice, V. • Com. 22 janv. 2002 : *Act. proc. coll. 2002, n° 106, obs. Regnaut-Moutier ; JCP 2003. II. 10013, note Haennig ; RTD com. 2003. 570, obs. Martin-Serf* . ♦ ... De la participation à une transaction en vue de procéder à la réalisation d'un actif du débiteur au mépris de la procédure, à laquelle il était partie, relative à la cession de cet actif à un tiers, V. • Com. 28 mai 2002 : *RJDA 2002, n° 1173.* ♦ ... De la réformation d'une décision exécutoire de plein droit à titre provisoire, déjà exécutée, V. note 12 ss. ancien art. 155 du 1er décret du 27 déc. 1985, *infra*, App., v° *Difficultés des entreprises.* ♦ ... De la poursuite irrégulière de l'activité en cas de conversion en liquidation, V. Soinne, *Rev. proc. coll. 1996. 360.* ♦ ... De la clôture des opérations de liquidation judiciaire sans qu'ait été réglée la créance de la banque du débiteur dont il avait pourtant connaissance, V. • T. com. Paris, 18 févr. 1998 : *Gaz. Pal. 1999. 1. Somm. 614.*

6. *Exercice de l'action en responsabilité.* Justifie légalement sa décision la cour d'appel qui, ayant constaté qu'un créancier demandait au liquidateur la réparation de sa fraction personnelle d'un préjudice subi par l'ensemble des créanciers, retient que l'action dans l'intérêt collectif des créanciers ne peut être exercée que par un nouveau liquidateur, désigné dans les conditions fixées par l'art. L. 622-5, al. 2, C. com. • Com. 4 mars 2003 : *Bull. civ. IV, n° 37 ; D. 2003. AJ. 1166.*

Sur la prescription de l'action, V. note 9 ss. ancien art. L. 621-8.

7. *Licenciements : motivation de la lettre de licenciement.* La lettre de licenciement pour motif économique émanant du mandataire judiciaire liquidateur est suffisamment motivée dès lors qu'elle vise le jugement de liquidation en application duquel il est procédé au licenciement. • Soc. 2 mars 2004 (2 arrêts) : *Bull. civ. V, nos 66 et 67 ; Act. proc. coll. 2004, n° 104, obs. Taquet ; JCP E 2004, n° 37, p. 1390, obs. Pétel ; JCP 2004. I. 183, n° 16, obs. Morvan.*

SOUS-SECTION 3 DISPOSITIONS COMMUNES

Ancien art. L. 622-6 *Aucun parent ou allié jusqu'au quatrième degré inclusivement du chef d'entreprise ou des dirigeants s'il s'agit d'une personne morale ne peut être nommé liquidateur.* — [L. n° 85-98 du 25 janv. 1985, art. 149].

Ancien art. L. 622-7 *Le liquidateur tient informés, au moins tous les trois mois, le juge-commissaire et le procureur de la République du déroulement des opérations.* — [L. n° 85-98 du 25 janv. 1985, art. 150]. — V. Décr. n° 85-1388 du 27 déc. 1985, ancien art. 123, infra, App., v° Difficultés des entreprises.

Ancien art. L. 622-8 *Toute somme reçue par le liquidateur dans l'exercice de ses fonctions est immédiatement versée en compte de dépôt à la Caisse des dépôts et consignations. En cas de retard, le liquidateur doit, pour les sommes qu'il n'a pas versées, un intérêt dont le taux est égal au taux de l'intérêt légal majoré de cinq points.* — [L. n° 85-98 du 25 janv. 1985, art. 151].

Pour l'insaisissabilité des sommes déposées à la Caisse des dépôts et consignations, V. ancien art. L. 627-1.

BIBL. ▶ TUDELA, *Gaz. Pal. 1999. 2. Doctr. 1223.*

S'il est vrai que l'art. L. 622-8 C. com. fait obligation au liquidateur de verser en compte de dépôt à la caisse des dépôts et consignations toute somme reçue, aucune disposition légale ne fait obstacle à une utilisation à sa guise desdits fonds dans l'accomplissement de la mission de liquidation à lui confiée, la non-représentation des fonds ne pouvant être sanctionnée que sur un fondement quasi délictuel. • Versailles, réf., 4 août 2004 : *JCP E 2004, n° 48, p. 1885, note Merrien et Sitterlé.*

Ancien art. L. 622-9 *Le jugement qui ouvre ou prononce la liquidation judiciaire emporte de plein droit, à partir de sa date, dessaisissement pour le débiteur de l'administration et de la disposition de ses biens même de ceux qu'il a acquis à quelque titre que ce soit tant que la liquidation judiciaire n'est pas clôturée. Les droits et actions du débiteur concernant son patrimoine sont exercés pendant toute la durée de la liquidation judiciaire par le liquidateur.*

Toutefois, le débiteur peut se constituer partie civile dans le but d'établir la culpabilité de l'auteur d'un crime ou d'un délit dont il serait victime, s'il limite son action à la poursuite de l'action publique sans solliciter de réparation civile. — [L. n° 85-98 du 25 janv. 1985, art. 152].

BIBL. ▶ Teboul, *RJ com. 2002. 360* (effets du dessaisissement). – Saint-Alary-Houin, *Rev. proc. coll. 2003. 173.* – Monsèrié-Bon, *Rev. Lamy droit des affaires, suppl. au n° 80, mars 2005, p. 53* (dessaisissement et avènement des droits propres).

A. GÉNÉRALITÉS

1. Nature et portée du dessaisissement. V. note 4. ♦ Sur la sanction, V. notes 24 s.

Le dessaisissement intervenant de plein droit, l'attitude fautive ou non du liquidateur dans la conduite de la procédure collective est sans incidence sur l'application d'un principe légal dont la mise en œuvre est indépendante de toute intervention de ce mandataire de justice, sauf au tiers à rechercher, le cas échéant, la responsabilité délictuelle ou quasi délictuelle dudit mandataire par l'introduction d'une instance nécessairement distincte. • Metz, 6 mars 1997 : *JCP 1998. IV. 1412.* ♦ Le dessaisissement atteint aussi bien les revenus que le débiteur a pu se procurer à raison d'une activité professionnelle nouvelle postérieure à sa mise en liquidation, dès lors que ces revenus ou tous autres biens ont été acquis avant la clôture de la liquidation. • Même arrêt.

Le dessaisissement s'étend à toute opération ou à tout acte ayant un caractère patrimonial et atteint l'ensemble des biens du débiteur qu'ils soient affectés ou non à l'exploitation. • Caen, 25 nov. 1997 : *BICC 1998, n° 608 ; RJDA 1998, n° 1018.*

Le jugement de liquidation judiciaire d'une personne physique emporte dessaisissement pour le débiteur de l'administration et de la disposition de ses biens, notamment des parts dans le capital d'une société mais ne le dessaisit pas de ses fonctions de représentant légal de cette société. • Com. 27 nov. 2001 : *Bull. civ. IV, n° 189 ; D. 2002. AJ. 92, obs. Lienhard ; Act. proc. coll. 2002, n° 12, obs. Vallansan ; Dr. sociétés 2002, n° 24, note Legros ; Bull. Joly 2002. 212, note M. Sénéchal ; RD banc. fin. 2002, n° 65, obs. F.-X. Lucas ; JCP E 2002, n° 20, p. 805, obs. Pételi ; RJ com. 2002. 462, note Haennig.* ♦ Il en résulte que le liquidateur, qui ne peut agir qu'au nom du débiteur actionnaire de la société, n'est pas recevable à demander la désignation d'un administrateur provisoire de la société au motif que son représentant légal est soumis à une procédure de liquidation judiciaire. • Même arrêt. – Dans le même sens, V. • Orléans, 17 juin 2004 : *RJDA 2004, n° 1147.* – *Contra* : • Bordeaux, 14 nov. 2002 : *Dr. sociétés 2004, n° 56, note F.-X. Lucas ; Rev. proc. coll. 2004. 261, obs. Lebel.* ♦ Pour une autre application, V. • Com. 10 mai 2005 : *RJDA 2005, n° 1135.*

Le dessaisissement d'un débiteur ne l'empêche pas d'exercer une activité professionnelle. • Com. 5 juill. 2005 : *Bull. civ. IV, n° 152 ; D. 2005. AJ. 2146, obs. Lienhard ; RD banc. fin. 2005, n° 178, obs. F.-X. Lucas ; Gaz. Pal. 4-5 nov. 2005, p. 30, obs. Voinot ; JCP E 2006, n° 2, p. 72, obs. Pétel.*

Sur la question de savoir si, par application de l'art. L. 622-9, le liquidateur peut être considéré comme un tiers par rapport au débiteur, V. note 39 *ter* ss. ancien art. L. 621-32.

1 bis. Un débiteur en liquidation judiciaire, fût-ce une société, peut subir un préjudice dont il appartient au liquidateur judiciaire ou, lorsque l'action est dirigée contre ce dernier, à un mandataire *ad hoc* de poursuivre la réparation. • Com. 24 mai 2005 : *Bull. civ. V, n° 109 ; D. 2005. AJ. 1695, obs. Lienhard ; JCP E 2005, n° 36, p. 1424, obs. Cabrillac et Pétel ; Gaz. Pal. 4-5 nov. 2005, p. 35, obs. Roussel Galle ; Dr. sociétés 2005, n° 216, note Legros.* ♦ Sur le tribunal compétent pour désigner un mandataire *ad hoc*, V. note 4 *quater* ss. art. 1844-7 C. civ., *infra*, App., v° Sociétés commerciales.

2. Point de départ. Par l'effet de la loi, le dessaisissement du débiteur part de la première heure du jour où est prononcée la liquidation judiciaire. • Com. 17 mai 1989 : *Bull. civ. IV, n° 152 ; D. 1989. IR. 177 ; JCP 1990. II. 21464, note Beaubrun.*

2 bis. Fin du dessaisissement. La clôture de la liquidation judiciaire pour insuffisance d'actif, qui met fin au dessaisissement du débiteur, lui permet d'engager une action en paiement d'une créance née antérieurement à l'ouverture de la procédure collective et non recouvrée par le liquidateur. • Com. 17 oct. 2000 : *Bull. civ. IV, n° 155 ; D. 2001. Somm. 619, obs. Honorat ; ibid. 2000. AJ. 411, obs. Lienhard ; Act. proc. coll. 2000, n° 232, obs. Bonneau ; JCP E 2001, n° 4, p. 176, obs. Pétel ; RTD com. 2001. 243, obs. Vallens.*

La remise des parties dans leur état antérieur à la suite de l'annulation du jugement d'adjudication d'un bien immobilier [elle-même consécutive à l'annulation du jugement d'extension d'une procédure de liquidation judiciaire à la SCI qui était propriétaire du bien objet de l'adjudication] commande que soit mise à la charge du propriétaire qui, dans la procédure de saisie immobilière, avait été représenté par le liquidateur pour le temps de son dessaisissement, et qui a été remis à la tête de ses biens, la restitution du prix en contrepartie de celle du bien. • Com. 7 févr. 2006 : *D. 2006. AJ. 578, obs. Lienhard ; Gaz. Pal. 30 avr.-4 mai 2006, p. 33, obs. Voinot.*

2 ter. Rétractation du jugement pronon-

çant la liquidation. Le jugement rétractant la décision de liquidation judiciaire du débiteur ne fait pas disparaître rétroactivement les effets du dessaisissement du débiteur lorsqu'il était en état de liquidation judiciaire. • Com. 2 avr. 1996 : *Bull. civ. IV, n° 104 ; D. 1996. IR. 122 ; JCP E 1996. I. 584, n° 6, obs. Cabrillac.* ♦ Par conséquent, des chèques ayant été émis par le dirigeant d'une société postérieurement au jugement ayant prononcé sa liquidation judiciaire, ces opérations sont inopposables à la procédure judiciaire, et la banque n'a commis aucune faute en rejetant, par deux fois, les chèques présentés par le créancier bénéficiaire, même si la seconde présentation des chèques litigieux a été effectuée après rétractation du jugement de liquidation judiciaire. • Même arrêt.

2 quater. Cassation de l'arrêt confirmant le jugement prononçant la liquidation judiciaire. V. • Com. 1er avr. 2003 : *Dr. sociétés 2004, n° 43, note Legros.*

2 quinquies. Bonne foi des tiers. Les dispositions de l'art. 152 [C. com., art. L. 622-9] ne font pas d'exception en faveur des tiers de bonne foi. • Com. 2 avr. 1996 : *Bull. civ. IV, n° 103 ; D. 1996. Somm. 338, obs. Honorat ; JCP E 1996. I. 584, n° 5, obs. Cabrillac* • 22 oct. 1996 : *Dr. sociétés 1996, n° 232, obs. Chaput* • 19 mai 2004 : *Bull. civ. IV, n° 97 ; D. 2004. AJ. 1813, obs. Lienhard (2e esp.) ; Act. proc. coll. 2004, n° 163, obs. Boulay ; Rev. proc. coll. 2006. 55, obs. Lebel.* ♦ V. aussi note 24.

2 sexies. Créancier de pension alimentaire. Si l'art. 30 de la loi du 25 janv. 1985 [C. com., art. L. 621-21] permet à la personne mise en liquidation judiciaire d'obtenir de l'actif, pour sa famille, des subsides fixés par le juge-commissaire, son dessaisissement, résultant de l'application des dispositions d'ordre public de l'art. 152 [C. com., art. L. 622-9], est général et embrasse l'intégralité de son patrimoine, aucune exception n'étant légalement prévue en faveur des créanciers auxquels serait due une pension alimentaire. • Paris, 4 juill. 2000 : *D. 2000. AJ. 398 ; Rev. proc. coll. 2002. 260, obs. Lebel.*

2 septies. Conflit avec l'art. L. 108 CPCE. Les dispositions d'ordre public de l'art. 152 [C. com., art. L. 622-9] l'emportent sur celles de l'art. L. 108 CPCE, qui énonce qu'en cas de changement dans la condition civile ou la situation légale du titulaire du compte courant postal, avis doit être donné au centre de chèques postaux détenteur de ce compte et que La Poste ne peut être tenue responsable des conséquences pouvant résulter des modifications qui ne lui auraient pas été notifiées. • Com. 18 janv. 2000 : *JCP E 2000, n° 8, p. 297 ; Procédures 2000, n° 126, obs. Laporte ; RJDA 2000, n° 701 ; Gaz. Pal. 2000. 1873, note Daniélou.* ♦ Le jugement qui prononce la liquidation judiciaire emportant de plein droit, à partir de sa date à zéro heure, dessaisissement pour le débiteur de l'administration et de la disposition de ses biens, il importe peu que La Poste ait connu ou non la liquidation judiciaire de son client au jour des retraits effectués sur le compte chèque postal. • Même arrêt. – Dans le même sens, V. • Aix-en-Provence, 24 mars 2004 : *RD banc. fin. 2004, n° 211, obs. F.-X. Lucas.*

2 octies. Dissolution des sociétés en liquidation judiciaire. BIBL. Dureuil, *Mélanges Honorat, Frison-Roche, 2000, p. 99.* ♦ V. art. 1844-7 (7°) C. civ. et notes ss. cet art., *infra*, App., v° *Sociétés commerciales.*

B. EFFETS DU DESSAISISSEMENT QUANT AUX BIENS

3. Biens insaisissables. Si sont exclues du dessaisissement du débiteur en liquidation judiciaire la fraction insaisissable des salaires ou les prestations assimilées, cette exception, édictée dans le seul intérêt du débiteur, ne peut pas être invoquée par un tiers, dès lors que les conditions d'application de l'art. 1166 C. civ. (action oblique) ne sont pas réunies. • Com. 11 juill. 1995 : *Bull. civ. IV, n° 209 ; D. 1996. Somm. 83, obs. Honorat ; RJDA 1995, n° 132.*

En ce sens que les juges ne peuvent faire échapper au dessaisissement les indemnités allouées au débiteur à la suite d'un accident de la circulation, sans rechercher si celles-ci ont, en tout ou en partie, un caractère alimentaire au regard de l'art. 14 de la loi n° 91-650 du 9 juill. 1991, V. • Com. 5 févr. 2002 : *Bull. civ. IV, n° 28 ; D. 2002. AJ. 887 ; Act. proc. coll. 2002, n° 88, obs. Vallansan ; Procédures 2002, n° 98, obs. Laporte ; Dr. et patr. juill.-août 2002. 107, obs. Monsèrié-Bon ; Rev. proc. coll. 2002. 257, obs. Lebel ; RJ com. 2003. 415, note Sortais.*

3 bis. Apport en société. Le débiteur en liquidation judiciaire étant dessaisi, en application de l'art. 152 [C. com., art. L. 622-9], de l'administration et de la disposition de ses biens, il n'a pas la capacité d'effectuer un apport en société, qui constitue un acte de disposition ; il s'ensuit que la société constituée entre la débitrice en liquidation judiciaire et son fils doit être déclarée nulle sur le fondement des art. 1841-10 et 1832 C. civ. • Poitiers, 22 juill. 1999 : *Dr. sociétés 2001, n° 11, obs. Chaput.*

4. Débiteur marié. Il résulte de la combinaison des art. 1413 C. civ. et L. 622-9 C. com. qu'en cas de liquidation judiciaire d'un débiteur marié sous le régime de la communauté, les biens communs inclus dans l'actif de la procédure collective sont administrés par le seul liquidateur qui exerce pendant toute la durée de la liquidation judiciaire les droits et actions du débiteur dessaisi concernant son patrimoine. • Com. 4 oct. 2005 : *Bull. civ. IV, n° 193 ; D. 2005. AJ. 2592, obs. Lienhard ; D. 2006. Pan. 86, obs. Le Corre ; ibid. 1382, obs. Danis-Fatôme ; Act. proc. coll. 2005, n° 230, obs. Regnaut-Moutier ; JCP E 2006, n° 2, p. 73, obs. Pétel ; ibid., n° 6-7, p. 293, note Beigner ; Gaz. Pal. 10-11 févr. 2006, p. 42, obs. Vauvillé.* ♦ Il s'ensuit que les pouvoirs de gestion des biens communs normalement dévolus au conjoint *in bonis* en vertu des art. 1421 s. C. civ. ne peuvent plus s'appliquer. • Même arrêt. ♦ Le dessaisissement du débiteur porte aussi sur les biens de communauté quand le jugement de divorce est postérieur à l'ouverture de la procédure collective. • Paris, 9 févr. 1990 : *JCP E 1990. I. 20009* • 6 nov. 1992 : *RJDA 1993, n° 450* • Reims, 14 févr. 1996 : *JCP 1997. IV. 852.* – V. aussi, en cas de décès du débiteur en cours de procédure, • Colmar, 26 nov. 2002 : *JCP 2003. IV. 2932.* ♦ Mais il n'opère pas mutation du droit de propriété ; le mandataire-liquidateur n'a donc pas qualité pour demander l'expulsion de la femme du débiteur avant la vente définitive d'un immeuble dépendant de la communauté. • Paris, 9 avr. 1990 : *préc.* – Dans le même sens, V. • Caen, 24 sept. 1996 : *BICC 1996, n° 1335 ; JCP 1996. IV. 2529 ; Rev. proc. coll. 1997. 479, obs. Canet.* ♦ Le dessaisissement s'étendant aux biens communs, le liquidateur dispose du droit de procéder au recouvrement des créances de la communauté, dont le partage n'a pas encore été effectué. • Civ. 1re, 21 mars 2000 : *Act. proc. coll. 2000, n° 110.*

4 bis. Pour l'inopposabilité à la procédure collective de l'acte de cession compris dans une convention définitive de divorce homologuée par le juge, prévoyant l'abandon par le mari, soumis à une procédure de liquidation judiciaire, de sa part sur l'immeuble commun au titre de la pension alimentaire, V. • Com. 26 avr. 2000 : *Bull. civ. IV, n° 81 ; D. 2000. AJ. 264, obs. Lienhard ; JCP E 2000, n° 40, p. 1562, obs. Pétel ; Procédures 2000, n° 164, obs. Laporte ; Petites affiches 28 févr. 2001, p. 16, note Paquette-Dessaigne.*

4 ter. La liquidation judiciaire du mari ne peut faire obstacle à la demande de séparation de biens présentée par son épouse. • Civ. 1re, 3 mai 2000 : *Bull. civ. I, n° 127 ; D. 2000. AJ. 294 ; JCP 2000. II. 10389, note Casey ; ibid. 2001. I. 309, obs. Tisserand ; Defrénois 2000. 855, obs. Sénéchal.* ♦ ... Mais elle n'établit cependant pas à elle seule la mise en péril des intérêts de l'épouse. • Civ. 1re, 19 oct. 2004 : *Bull. civ. I, n° 231 ; D. 2004. AJ. 2855 ; D. 2005. Pan. 298, obs. Le Corre ; Act. proc. coll. 2004, n° 233, obs. Vallansan et Leprovaux ; JCP E 2005, n° 6, p. 239, obs. Leprovaux ; AJ famille 2005. 28, obs. Hilt ; Rev. proc. coll. 2005. 56, obs. Dumont ; Defrénois 2005. 990, obs. Gibirila.*

5. Si la liquidation judiciaire d'une personne mariée sous le régime de la communauté de biens ne modifie pas les droits que les créanciers de son conjoint tiennent du régime matrimonial, le dessaisissement de la personne leur interdit d'exercer des poursuites sur les biens communs en dehors des cas où les créanciers du débiteur soumis à la liquidation judiciaire peuvent eux-mêmes agir. • Cass., Ass. plén., 23 déc. 1994 : *Bull. civ. n° 7 ; BICC 1er févr. 1995, p. 1, concl. Roehrich, rapp. Chartier ; D. 1995. 145, rapp. Chartier, note Derrida ; RJ com. 1995. 55, note M. Storck ; JCP 1995. II. 22401, note Randoux ; JCP E 1995. II. 660, note Pétel ; Gaz. Pal. 1995. 2. 407, note de La Marnierre.* ♦ V. aussi Sénéchal, *Bull. Joly 1995. 229* ; Vauville, *Rev. proc. coll. 1995. 23* ; Courtier, *Rev. huiss. 1995. 961.* ♦ Les juges doivent rechercher, au besoin d'office, si le créancier avait déclaré sa créance au passif de la procédure collective du débiteur, dès lors qu'en l'absence d'une telle déclaration, le créancier ne peut faire valoir son hypothèque, sauf, le cas échéant, sur le solde du prix de l'immeuble grevé substituant après règlement des créanciers admis. • Com. 14 oct. 1997 : *Bull. civ. IV, n° 260 ; D. 1998. Somm. 134, obs. Revel ; D. Affaires 1997. 1327 ; JCP 1998. II. 10003, note Beignier* • 16 mars 1999 : *Act. proc. coll. 1999, n° 165.* ♦ V. aussi • Com. 25 févr. 2004 : *D. 2004. AJ. 2147, obs. Le Corre ; Rev. proc. coll. 2005. 58, obs. Rubellin.* ♦ Sur l'obligation de déclarer la créance, V. aussi note 9 ss. ancien art. L. 621-46.

6. L'inopposabilité à la liquidation judiciaire du mari, en raison de son dessaisissement, du prêt contracté par les époux n'affecte ni la validité de l'emprunt à l'égard de la femme *in bonis* ni l'engagement de ses biens propres. • Com. 20 juin 1995 : *Bull. civ. IV, n° 183 ; JCP E 1995. I. 513, n° 8, obs. Cabrillac* (V. l'arrêt confirmé : • Amiens, 27 nov. 1992 : *Rev. proc. coll. 1994. 36, obs. Saint-Alary-Houin*).

6 bis. L'inopposabilité à la masse de l'hypothèque consentie, postérieurement au jugement de liquidation des biens de l'un des époux, sur un immeuble commun, pour sûreté d'une dette que ceux-ci ont contractée, produit effet à l'égard de chacun des époux. • Com. 14 oct. 1997 : *Bull. civ. IV, n° 267 ; D. 1998. Somm. 99, obs. Honorat* (loi de 1967).

7. Lorsque l'ordonnance du juge-commissaire fixant la mise à prix, précisant les conditions essentielles de la vente et déterminant les modalités de publicité est passée en force de chose jugée à l'égard du débiteur qui dispose à son encontre d'un recours devant le tribunal de la procédure collective, le liquidateur, qui exerce le pouvoir exclusif d'agir au nom du débiteur dans la procédure de saisie immobilière, se trouve dispensé de délivrer au débiteur saisi la sommation prévue à l'art. 689 C. pr. civ. [ancien]. • Cass., Ch. mixte, 5 déc. 1997 : *Bull. civ., n° 2 ; D. 1998. IR. 22 ; D. Affaires 1998. 28, obs. A. L. ; Quot. Jur. 20 janv. 1998, p. 10, note P. M. ; BICC 15 févr. 1998, p. 8, concl. Monnet ; JCP E 1998, n° 9, p. 328, note Croze* • Com. 11 avr. 1995 : *Bull. civ. IV, n° 123 ; D. 1995. IR. 153 ; Defrénois 1995. 973, obs. Sénéchal.* – V. Cass., rép., *BICC 1er mai 1996, p. 36.* ♦ Dans le cas où un immeuble appartenant à deux époux, dont l'un est en liquidation judiciaire, fait l'objet d'une procédure de saisie immobilière, la sommation prévue audit art. doit être faite au conjoint du débiteur en liquidation judiciaire. • Com. 11 avr. 1995 : *préc.*

7 bis. Il résulte de l'art. 2217, al. 1er, C. civ. qu'un commandement de payer doit être délivré à l'épouse du débiteur, qui demeure maître de ses biens, s'agissant d'une saisie portant sur un immeuble acquis en indivision par des époux séparés de biens. • Com. 28 janv. 1997 : *D. 1997. IR. 72* (loi de 1967). ♦ V. aussi note 6 ss. ancien art. L. 622-23.

7 ter. Le jugement d'adjudication d'un immeuble faisant partie de l'actif d'une liquidation judiciaire doit être signifié au débiteur en état de liquidation et à son épouse occupant avec lui l'immeuble avant que l'adjudicataire ne puisse demander la libération des lieux et l'expulsion des occupants. • Civ 2e, 5 juin 1996 : *Rev. huiss. 1998. 294, note R. Martin.*

C. EFFETS QUANT AUX ACTIONS EN JUSTICE

BIBL. Matsopoulou, *JCP 1998. I. 164* (exercice de l'action civile).

8. Actions interdites. Il résulte de l'art. 152 [C. com., art. L. 622-9], texte d'ordre public, que le débiteur seul ne peut exercer une voie de recours. • Paris, 12 juill. 1988 : *D. 1989. Somm. 10, obs. Derrida.* ♦ S'il peut cependant faire appel d'un jugement défavorable à la masse *[sic]* pour empêcher cette décision d'acquérir l'autorité de la chose jugée, c'est seulement à titre purement conservatoire et sous réserve qu'ultérieurement le mandataire-liquidateur s'associe à cet appel. • Même arrêt.

8 bis. Pour l'irrecevabilité du pourvoi en cassation formé par le débiteur contre un arrêt ayant statué sur un litige l'opposant à un tiers, alors qu'il n'avait été mis fin à la procédure collective et donc au dessaisissement qu'après l'expiration du délai de pourvoi, V. • Civ. 2e, 15 janv. 2004 : *Bull. civ. II, n° 5 ; Act. proc. coll. 2004, n° 35 ; Procédures 2004, n° 79, obs. Laporte.*

9. La mise en liquidation judiciaire prononcée par un jugement devenu irrévocable suite au rejet et épuisement des voies de recours, à l'encontre du débiteur, rend ce dernier irrecevable à agir. • Paris, 5 févr. 2002 : *BICC 2002, n° 907.*

9 bis. L'action en responsabilité civile contre le liquidateur est de nature patrimoniale et ne peut être exercée par le débiteur en liquidation judiciaire avant la clôture des opérations de liquidation. • Com. 6 févr. 2001 : *Bull. civ. IV, n° 30 ; D. 2001. AJ. 859, obs. Lienhard ; RTD com. 2001. 770, obs. Vallens.* – V. déjà • Paris, 13 sept. 1999 : *D. 1999. AJ. 21, obs. A. L.* ♦ Par suite, si le débiteur peut faire appel à titre conservatoire du jugement rejetant sa demande, il n'a pas qualité pour suivre l'instance d'appel sans intervention d'un administrateur *ad hoc.* • Com. 6 févr. 2001 : *préc.*

9 ter. Il résulte de la combinaison de l'art. 152 [C. com., art. L. 622-9] et de l'art. 66 du décret n° 92-755 du 31 juill. 1992 que, lorsque le jugement de liquidation judiciaire est prononcé au cours du délai ouvert pour contester la saisie-attribution, il interrompt le délai et un nouveau délai commence à courir à compter de la dénonciation faite au liquidateur. • Com. 19 janv. 1999 : *Bull. civ. IV, n° 17 ; D. 1999. 245, note Derrida ; D. Affaires 1999. 478 ; JCP E 1999, n° 18-19, p. 815, obs. Pétel ; Petites affiches 9 mars 1999, p. 8, note P. M. ; Defrénois 2000. 45, obs. Sénéchal ; RJ com. 2000. 29, note Courtier.* ♦ A la suite du prononcé de la liquidation judiciaire, le liquidateur a seul qualité pour élever une contestation relative à la saisie-attribution. • Même arrêt. ♦ Le débiteur en liquidation judiciaire est irrecevable à demander la mainlevée d'une saisie-vente pratiquée par un créancier. • Com. 1er oct. 2002 : *Act. proc. coll. 2002, n° 251.*

9 quater. L'action en paiement du montant non libéré du capital d'une société anonyme fait partie des droits et actions du débiteur concernant son patrimoine que le liquidateur exerce en application de l'art. 152 [C. com., art. L. 622-9]. • Com. 26 mai 1999 : *Bull. civ. IV, n° 109 ; D. 2000 Somm. 97, obs. Honorat ; D. Affaires 1999. 994, obs. A. L. ; Act. proc. coll. 1999, n° 148, obs. Regnaut-Moutier ; Bull. Joly 1999. 971, note Saintourens ; Rev. sociétés 1999. 865, note Honorat.*

9 quinquies. Dès lors que l'action en responsabilité dirigée par le débiteur en liquidation judiciaire ne vise pas à sanctionner une atteinte personnelle à ses droits mais tend à obtenir la réparation d'un préjudice résultant d'une faute lourde commise par l'État, sur le fondement de l'art. L. 781-1 COJ, elle revêt un caractère patrimonial et, étant susceptible d'affecter les droits de ses créanciers, entre dans les prévisions de l'art. L. 622-9 C. com. • Com. 12 juill. 2004 : *Bull. civ. IV, n° 154 ; D. 2004. AJ. 2157 ; Rev. proc. coll. 2006. 56, obs. Lebel.*

9 sexies. Le dessaisissement du débiteur s'étend à l'exercice de ses droits dans l'indivision dont il est membre. • Com. 21 janv. 2003 : *RJDA 2003, n° 625.* ♦ Le liquidateur, qui exerce les droits et actions du débiteur dessaisi, peut agir sur le fondement de l'art. 815 C. civ. qui dispose que nul n'est contraint de demeurer dans l'indivision. • Com. 3 déc. 2003 : *Bull. civ. IV, n° 189 ; D. 2004. AJ. 141 ; AJ famille 2004. 67, obs. Deis-Beauquesne ; RJPF 2004, n° 4, p. 18, obs. Vauvillé.*

10. Pour l'irrecevabilité d'une demande de mise en cause devant la cour d'appel, par la société débitrice en liquidation judiciaire, de prétendus dirigeants de fait, V. • Paris, 10 mars 1988 : *D. 1989. Somm. 10, obs. Derrida.*

10 bis. Pour l'irrecevabilité d'un dire déposé par le débiteur dans le cadre de la vente aux enchères publiques autorisée par le juge-commissaire, V. • Com. 2 avr. 1996 : *Bull. civ. IV, n° 102 ; D. 1996. IR. 123 ; JCP E 1996. Pan. 657* • 7 déc. 1999 : *RJDA 2000, n° 320 ; Procédures 2000, n° 64, obs. Laporte* • 3 déc. 2003 : *RD banc. fin. 2004, n° 86, obs. S. Piedelièvre* • TGI Albertville, 30 oct. 1998 : *Gaz. Pal. 1999. 2. Somm. 777, obs. du Rusquec.*

10 ter. Il résulte de l'art. 152 [C. com., art. L. 622-9], al. 1er, que le débiteur mis en liquidation judiciaire n'a plus qualité, non seulement pour agir, mais encore pour défendre en justice. Par suite, l'appel d'un jugement formé seulement à son encontre est irrecevable. • Versailles, 4 juin 1998 : *RJ com. 2000. 35, obs. Legrand.* ♦ En effet, le liquidateur, seul habilité à défendre au nom du débiteur, doit être attrait devant la cour dans le délai d'appel. • Même arrêt.

10 quater. S'agissant d'un appel interjeté par la société en liquidation judiciaire seule, l'intervention du liquidateur, par conclusions postérieures à l'expiration du délai d'appel, ne peut régulariser la procédure. • Com. 10 déc. 2003 : *Bull. civ. IV, n° 204 ; D. 2004. AJ. 142 ; Act. proc. coll. 2004, n° 52, obs. Legros ; Bull. Joly 2004. 357, note Scholer.* – Rappr. : • Versailles, 27 mai 2003 : *BICC 2004, n° 250.*

11. Actions ouvertes. Un débiteur en liquidation judiciaire peut toujours exercer seul, pourvu qu'il le fasse contre le liquidateur judiciaire ou en sa présence, un pourvoi contre la décision qui l'a déclaré irrecevable à agir, s'il prétend que la nature ou la portée des règles du dessaisissement ont été violées. • Com. 2 avr. 1996 : *préc. note 10 bis* • Soc. 1er févr. 2001 : *Act. proc. coll. 2001, n° 130.* ♦ De même, le dessaisissement ne saurait priver le débiteur de son droit propre de faire appel. • Versailles, 6 mars 1997 : *Gaz. Pal. 1997. 2. Somm. 352.*

11 bis. Le débiteur en liquidation judiciaire est recevable à interjeter appel de l'ordonnance du juge-commissaire ayant relevé un créancier de sa forclusion. • Com. 15 févr. 2000 : *Bull. civ. IV, n° 31 ; D. 2000. AJ. 161 ; RJDA 2000, n° 451 (pourvoi n° 97-21. 102)* • 15 févr. 2000 : *Act. proc. coll. 2000, n° 84, obs. Vallansan (pourvoi n° 97-20.749)* • 8 juill. 2003 : *Bull. civ. IV, n° 126 ; D. 2003. AJ. 2173 ; Dr. sociétés 2003, n° 187, note F.-X. Lucas ; Procédures 2003, n° 260, obs. Croze ; Bull. Joly 2004. 103, note Neau-Leduc* (s'agissant d'une association en liquidation judiciaire). ♦ Il dispose également d'un droit propre de former un pourvoi contre l'arrêt qui a rejeté l'appel-nullité interjeté par lui, à l'encontre d'un jugement ayant confirmé le relevé de forclusion d'un créancier prononcé par le juge-commissaire. • Com. 26 oct. 1999 : *Bull. civ. IV, n° 187 ; JCP 1999. IV. 3076.* ♦ Quelles que soient les voies de recours engagées, la décision de liquidation judiciaire est exécutoire par provision et l'art. 152 [C. com., art. L. 622-9] est applicable, étant observé que le débiteur conserve évidemment le droit de former des recours notamment contre la décision de liquidation, celle fixant la date de cessation des paiements et celles statuant sur les admissions de créances. • Versailles, 14 déc. 1995 : *D. 1996. IR. 56.* ♦ Comp., lorsqu'un administrateur provisoire a été désigné : • Paris, 15 janv. 2002 : *BICC 2002, n° 771.*

11 ter. Un débiteur en liquidation judiciaire peut toujours, en vertu de son droit propre, défendre seul à une action exercée contre lui par le liquidateur. • Com. 8 juill. 2003 : *Bull. civ. IV, n° 123 ; D. 2004. Somm. 56, obs. F.-X. Lucas ; Act. proc. coll. 2003, n° 213, obs. Vallansan ; Dr. sociétés 2004, n° 80, note Legros.* ♦ Pour une application, à propos d'une action en report de la date de cessation des paiements, V. • Aix-en-Provence, 3 sept. 2003 : *Dr. sociétés 2004, n° 144, note Legros.*

11 quater. Après l'appel relevé par le débiteur, avant sa mise en liquidation judiciaire, contre une décision statuant sur l'existence et le montant d'une créance, le désistement d'appel du liquidateur est impropre à dessaisir les juges d'appel, faute pour eux d'avoir constaté le désistement du débiteur dans l'exercice de son droit propre. • Com. 1er oct. 2002 : *Bull. civ. IV, n° 133 ; D. 2002. AJ. 3013 ; Act. proc. coll. 2002, n° 240, obs. Fricero ; Dr. et patr. mars 2003.*

94, obs. Monsèrié-Bon ; Dr. sociétés 2003, n° 70, note Legros. – Dans le même sens, V. • Com. 5 juill. 2005 : *Gaz. Pal. 4-5 nov. 2005, p. 16, obs. Rohart-Messager.*

12. Le recours formé contre une décision du Conseil de la concurrence déclarant sa saisine irrecevable n'est pas une action patrimoniale au sens de l'art. 152 [C. com., art. L. 622-9]. • Paris, 12 sept. 1991 : *Gaz. Pal. 1992. 1. 58, concl. Jobard et note Marchi.*

12 bis. Jugé que le liquidateur est irrecevable à demander la désignation d'un administrateur provisoire, cette action n'ayant pas un caractère patrimonial. • Besançon, 12 nov. 1997 : *Dr. sociétés 1998, n° 63, obs. Chaput.*

13. Sur les droits propres du débiteur à exercer des voies de recours, V. aussi note 2 *ter* ss. ancien art. L. 621-105.

13 bis. Sur l'exercice des actions exclusivement attachées à la personne du débiteur, V. notes 20 s.

14. Le débiteur, exerçant un droit qui lui est propre, peut demander lui-même au tribunal la clôture de sa liquidation judiciaire. • Com. 5 mars 2002 : *Bull. civ. IV, n° 47 ; D. 2002. AJ. 1422 ; JCP E 2002, n° 39, p. 1523, obs. Cabrillac ; Procédures 2002, n° 122, note Laporte ; RD banc. fin. 2002, n° 104, obs. F.-X. Lucas ; RTD com. 2002. 378, obs. Vallens ; Dr. et patr. oct. 2002. 112, obs. Monsèrié-Bon.*

14 bis. Action oblique. Pendant toute la durée de la liquidation judiciaire, les droits et actions du débiteur concernant son patrimoine sont exercés par le liquidateur auquel aucun créancier ne peut se substituer pour recouvrer, fût-ce par voie oblique, une créance de la personne soumise à cette procédure collective. • Com. 3 avr. 2001 : *Bull. civ. IV, n° 71 ; D. 2001. AJ. 1728 ; RD banc. fin. 2001, n° 118, obs. F.-X. Lucas ; JCP E 2001, n° 38, p. 1473, obs. Pétel ; RTD com. 2001. 771, obs. Vallens ; Dr. et patr. nov. 2001. 110, obs. Monsèrié-Bon ; RTD civ. 2001. 882, obs. Mestre et Fages.* ♦ Si le liquidateur ne fait pas diligence, il appartient au créancier d'en demander le remplacement dans les conditions prévues par l'art. 148-4 [C. com., art. L. 622-5], al. 2, de la loi et l'art. 30 du décret. • Paris, 13 mars 1998 : *D. Affaires 1998. 673, obs. A. L. ; JCP E 1999, n° 14, p. 621, note Duboeuf-Hild.* ♦ Sur la recevabilité en cas de redressement judiciaire, V. note 5 ss. ancien art. L. 621-39.

15. Interruption des instances en cours. L'instance étant interrompue par l'effet du jugement de liquidation judiciaire, celle-ci doit être reprise par le liquidateur ou à son encontre, celui-ci étant seul habilité à poursuivre les instances introduites avant le jugement de liquidation, soit par l'administrateur, soit par le représentant des créanciers. • Civ. 2e, 6 mars 1991 : *Bull. civ. II, n° 78 ; D. 1992. Somm. 88, obs. Derrida.* ♦ A défaut, les jugements, même passés en force de chose jugée, obtenus après l'interruption de l'instance, sont réputés non avenus, à moins qu'ils ne soient expressément ou tacitement confirmés par la partie au profit de laquelle l'interruption est prévue. • Même arrêt. – Dans le même sens, V. • Nîmes, 7 déc. 2004 : *D. 2005. 1034, note Souweine.*

V. note 9 ss. ancien art. L. 621-41 (Civ. 2e, 8 janv. 1997).

15 bis. Opposabilité de la prescription au liquidateur. A l'égard du liquidateur qui exerce les droits et actions du débiteur, concernant son patrimoine, à la suite de son dessaisissement, la prescription commence à courir à compter de la même date qu'à l'égard de ce dernier. • Com. 7 déc. 2004 : *RJDA 2005, n° 354 ; Rev. proc. coll. 2006. 58, obs. Lebel.* – En ce sens, V. déjà V. • Civ. 1re, 13 oct. 1998 : *Procédures 1999, n° 33, obs. Laporte ; Dr. sociétés 1999, n° 39, obs. Chaput.*

15 ter. Vérification fiscale. En cas de liquidation judiciaire d'une société faisant l'objet d'une vérification fiscale, le principe d'un débat oral et contradictoire au cours de la vérification doit bénéficier tant au liquidateur désigné dans la procédure qu'au dirigeant de la société, pénalement responsable du délit de fraude fiscale. • Crim. 1er mars 2000 : *RTD com. 2000. 730, obs. Vallens.*

D. EFFETS QUANT AUX ACTES JURIDIQUES

15 quater. Retraits, virements et chèques. Sont inopposables au liquidateur les prélèvements effectués par retraits, virements ou chèques auprès de sa banque par le débiteur alors dessaisi, peu important que la banque ait ou non connu, au jour des prélèvements, la situation de son client. • Com. 11 déc. 2001 : *Act. proc. coll. 2002, n° 51.* ♦ V. aussi note 2 *ter*.

15 quinquies. Compte courant. Sont inopposables à la procédure collective les opérations de débit du compte courant effectuées postérieurement au jugement de liquidation judiciaire. • Com. 19 mai 2004 : *préc. note 2 quinquies ; JCP E 2004, n° 37, p. 1385, obs. Cabrillac.*

15 sexies. Contrat de travail. Pour l'inopposabilité à la procédure collective du contrat de travail conclu par l'employeur en liquidation judiciaire, V. • Soc. 13 nov. 2001 : *Act. proc. coll. 2002, n° 27.*

16. Obligations de l'employeur. Il ne saurait être reproché à un conseil de prud'hommes d'avoir condamné un liquidateur à délivrer, en cette qualité, à des salariés, des certificats de travail, des bulletins de paie et des attestations ASSEDIC. • Soc. 24 janv. 1989 : *Bull. civ. V, n° 53.* ♦ Sur la possibilité d'ordonner au liquidateur, sous astreinte, la remise à un salarié d'une attestation destinée aux ASSEDIC, V. • Soc. 17 oct. 1989 : *Bull. civ. V, n° 594.*

17. Actes conservatoires et notifications au débiteur. L'inscription au registre du commerce et des sociétés, en raison des conséquences qui s'y attachent, ne constitue pas un simple acte conservatoire que peut accomplir un débiteur en liquidation des biens [liquidation judiciaire]. • Com. 3 mai 1994 : *Bull. civ. IV, n° 160* (loi de 1967).

De même, la mise en demeure de l'entrepreneur principal prévue par l'art. 12 de la loi n° 75-1334 du 31 déc. 1975, ne constituant pas, en raison des circonstances qui s'y rattachent, un simple acte conservatoire, est inopérante une mise en demeure adressée par le sous-traitant à un entrepreneur principal dessaisi. • Civ. 3e, 3 juill. 1996 : *Bull. civ. III, n° 170 ; D. Affaires 1996. 1123 ; Petites affiches 25 oct. 1996, p. 19, note Coffy de Boisdeffre* (loi de 1967).

Il résulte de l'art. 152 [C. com., art. L. 622-9] que, pour être régulière, la notification d'une décision de déchéance de droits pour non-paiement de la taxe annuelle doit être faite à la personne du liquidateur de la société titulaire d'un brevet. • Paris, 18 sept. 1996 : *D. 1996. IR. 221 ; D. Affaires 1996. 1265.*

Dès lors que l'arrêté de fermeture du site emportant obligation de dépolluer, intervenu postérieurement au jugement de liquidation judiciaire, n'a pas été notifié au liquidateur, l'obligation de faire résultant de cet arrêté lui est inopposable. • Com. 19 nov. 2003 : *D. 2004. 629, note Voinot.*

Le liquidateur est habilité à recevoir l'acte par lequel lui est, à la fois, signifiée la saisie-attribution en sa qualité de tiers saisi et lui est dénoncée en sa qualité de représentant du débiteur. • Civ. 2e, 5 avr. 2001 : *Bull. civ. II, n° 73 ; D. 2001. AJ. 1467, obs. Lienhard ; JCP E 2001, n° 38, p. 1474, obs. Cabrillac ; Dr. et patr. nov. 2001. 110, obs. Monsèrié-Bon.* ♦ La saisie-attribution doit être dénoncée au liquidateur dans le délai de huit jours, à peine de caducité. • Com. 4 mars 2003 : *Bull. civ. IV, n° 34 ; D. 2003. AJ. 907, obs. Lienhard ; ibid. Somm. 1623, obs. F.-X. Lucas ; JCP E 2003, n° 19, p. 814, note Delattre ; ibid., n° 40, p. 1576, obs. Pétel ; RD banc. fin. 2003, n° 118, obs. Delleci ; Procédures 2003, n° 167, obs. Perrot ; Dr. et procédures 2003. 306, note Putman ; Gaz. Pal. 5-6 sept. 2003, p. 7, obs. Brenner.*

Est nul le commandement de payer délivré au débiteur dessaisi de l'administration et de la disposition de ses biens par l'effet du jugement de liquidation judiciaire. • Com. 1er oct. 2002 : *RD banc. fin. 2003, n° 78, obs. F.-X. Lucas.*

Pour l'obligation de signifier au débiteur le jugement de séparation de biens prononcé au cours de la procédure collective, V. • Com. 23 mai 2000 : *JCP 2001. I. 309, n° 10, obs. Tisserand ; Rev. proc. coll. 2002. 259, obs. Lebel.*

17 bis. Déclaration de cessation des paiements. La déclaration de cessation des paiements, relative à une nouvelle activité du débiteur, doit être effectuée par le liquidateur tant que la première procédure reste ouverte. • TGI Avesnes-sur-Helpe, 25 juin 1996 : *Rev. proc. coll. 1997. 478, obs. Canet.* ♦ Toutefois, l'ouverture d'une seconde procédure collective à l'égard d'un débiteur toujours dans les liens d'une procédure non encore clôturée, n'est pas possible. • Même jugement.

17 ter. Contrat conclu en qualité de mandataire. Un contrat de travaux conclu après le prononcé de la liquidation judiciaire d'une société mandataire, par son gérant seul, ne peut, à défaut de pouvoir de ce mandataire, engager la société mandante. • Versailles, 26 juin 1998 : *Gaz. Pal. 1999. 1. Somm. 25.*

17 quater. Date de l'acte. En ce sens que les actes sous seing privé faits par le débiteur mis en liquidation judiciaire font foi de leur date par eux-mêmes et qu'il appartient, par conséquent, au liquidateur qui prétend qu'un tel acte aurait été accompli postérieurement à l'ouverture de la procédure collective, de prouver, par tous moyens, la fausseté de sa date apparente, V. • Com. 16 mars 1999 : *Act. proc. coll. 1999, n° 116, obs. Regnaut-Moutier.*

V. aussi • Aix-en-Provence, 16 mai 2001 : *cité note 5 ss. ancien art. L. 621-43.*

E. DROITS ET ACTIONS ATTACHÉS À LA PERSONNE DU DÉBITEUR

18. Droits attachés à la personne. Le droit de rachat d'une police d'assurance sur la vie est un droit exclusivement attaché à la personne du souscripteur que le syndic de la liquidation de ses biens [le liquidateur] ne peut exercer. • Com. 25 oct. 1994 : *Bull. civ. IV, n° 311 ; Rev. huiss. 1995. 447, note Vidal* (loi de 1967).

19. Pour le courrier du débiteur, V. art. L. 622-15.

19 bis. L'action en reconnaissance d'un bail rural échappe au dessaisissement du débiteur en liquidation judiciaire. • Civ. 3e, 7 avr. 2004 : *Bull. civ. III, n° 78 ; D. 2004. AJ. 1236, obs. Lienhard ; Dr. et patr. juill.-août 2004. 100, obs. J.-J. Barbièri* (1re esp.). ♦ De même, le droit de préemption portant sur un fonds faisant l'objet d'un bail rural ne peut être mis en œuvre que par l'exploitant preneur en place, même s'il est en liquidation judiciaire. • Civ. 3e, 7 avr. 2004 : *ibid. (2e esp.)* ; *Act. proc. coll. 2004, n° 127, obs. Roussel Galle.*

19 ter. Le droit de demander la dissolution anticipée d'une société pour justes motifs est exclusivement attaché à la personne des associés et échappe au dessaisissement prévu par l'art. L. 622-9 C. com. • Orléans, 22 sept. 2005 : *RJDA 2006, n° 31 ; Bull. Joly 2006. 228, note Legrand.*

19 quater. La faculté d'accepter une succession ou d'y renoncer étant un droit attaché à la personne, le débiteur en liquidation judiciaire l'exerce seul, sans préjudice de la mise en œuvre éventuelle par le liquidateur, en sa qualité de représentant des créanciers, de l'action prévue par l'art. 788 C. civ. • Com. 3 mai 2006 : *D. 2006. AJ. 1369, obs. Lienhard.*

20. Actions attachées à la personne. L'action tendant à être autorisé à disposer d'un bien donné avec clause d'inaliénabilité, qui est subordonnée à des considérations personnelles d'ordre moral et familial, est exclusivement attachée à la personne du donataire et ne peut être exercée par le liquidateur. • Civ. 1re, 29 mai 2001 : *Bull. civ. I, n° 150 ; D. 2001. IR. 1997 ; JCP E 2001, n° 37, p. 1424, obs. Cabrillac ; RTD civ. 2001. 882, obs. Mestre et Fages* ; *Rev. proc. coll. 2002. 257, obs. Lebel* • 3 avr. 2002 : *RJDA 2002, n° 996 ; RJ com. 2003. 414, note Sortais* • 8 mars 2005 : *Gaz. Pal. 6-7 juill. 2005, p. 18, obs. Voinot* • Com. 9 nov. 2004 : *Bull. civ. IV, n° 191 ; D. 2004. AJ. 3068, obs. Lienhard* ; *D. 2005. Pan. 295, obs. Le Corre ; Act. proc. coll. 2004, n° 244, obs. Regnaut-Moutier ; JCP E 2005, n° 17, p. 707, obs. Cabrillac ; JCP N 2005, n° 12, p. 646, note Vauvillé ; Petites affiches 13 avr. 2005, p. 6, note F.-X. Lucas ; Rev. proc. coll. 2005. 54, obs. Dumont.* ♦ *Contra*, auparavant : • Com. 4 janv. 2000 : *RJDA 2000, n° 453* • Caen, 4 mars 2003 : *JCP N 2004, n° 46-47, p. 1741, obs. Vauvillé.*

20 bis. La règle limitative, qui exige en application de l'art. 152 [C. com., art. L. 622-9] que la partie civile soit représentée par le liquidateur, n'est toutefois pas applicable lorsque l'action est exclusivement attachée à la personne, ce qui est le cas en matière d'abandon de famille où l'action suppose la prise en considération d'appréciations d'ordre moral ou familial qui s'opposent à ce que le liquidateur puisse s'immiscer dans l'exercice d'une telle action qui ne concerne pas le patrimoine. • Douai, 13 avr. 1994 : *Gaz. Pal. 1994. 2. Somm. 719.* ♦ V. aussi note 23 ter.

21. De même, une personne en liquidation judiciaire peut relever seule appel du jugement ayant prononcé son expulsion des lieux où elle loge avec sa famille. • Paris, 22 févr. 1995 : *RJDA 1995, n° 899.* ♦ ... Ou demander seule en justice des délais pour libérer le logement familial dont elle est expulsée. • Rouen, 3 avr. 2001 : *RJDA 2002, n° 74.* – Rappr. : • Nancy, 23 sept. 2002 : *RD banc. fin. 2004, n° 32, obs. F.-X. Lucas.*

21 bis. Il résulte des dispositions combinées des art. 1166 C. civ., L. 511-1 C. trav. et L. 622-9 que l'instance introduite par le salarié devant la juridiction prud'homale à l'encontre de son employeur ou de ses représentants à l'occasion de son contrat de travail est exclusivement attachée à la personne de l'intéressé, même s'il est en liquidation judiciaire, et ne peut être exercée ni par ses créanciers ni par ses représentants légaux. • Soc. 31 janv. 2001 : *Bull civ. V, n° 29 ; D. 2001. 2404, note Lacamp-Leplaë* ; *Act. proc. coll. 2001, n° 80, obs. Saintourens ; RJDA 2001, n° 715.* ♦ La condamnation à l'astreinte prononcée contre le salarié pour qu'il cesse son activité concurrente ne peut être mise à la charge de la liquidation judiciaire, dès lors que la demande du salarié tendant à la constatation de la nullité de la clause de non-concurrence insérée à son contrat de travail est une action strictement personnelle qui échappe au dessaisissement. • Même arrêt. ♦ De même, la reconnaissance de l'existence d'un contrat de travail est un droit exclusivement attaché à la personne de celui qui se prétend salarié. • Soc. 13 juill. 2004 : *Bull. civ. V, n° 217 ; D. 2004. AJ. 2157* ; *Rev. proc. coll. 2006. 56, obs. Lebel.*

21 ter. Si le débiteur peut continuer à exercer l'action en diffamation introduite avant sa mise en liquidation judiciaire, les organes de la procédure collective sont recevables à prétendre que, dans la mesure où cette action tend également à obtenir une réparation matérielle, les condamnations pécuniaires qui viendraient à être prononcées en sa faveur resteront acquises à la liquidation judiciaire. • Paris, 16 oct. 2000 : *D. 2001. 1167, note Ravanas* ; *JCP E 2000, n° 46, p. 1789 ; Rev. proc. coll. 2003. 14, obs. Lebel.*

21 quater. Le caractère personnel attaché aux sanctions pécuniaires prononcées par la COB implique que leur contestation soit réservée à la personne qui en fait l'objet, même si elle se trouve en liquidation judiciaire, qu'un créancier individuel ne puisse se substituer à cette personne et que, par exception au principe du dessaisissement prévu par l'art. L. 622-9 C. com., le représentant des créanciers ne soit pas autorisé à agir sans que le débiteur soit partie au recours. • Paris, 8 juin 2004 : *JCP E 2004, n° 40, p. 1521 ; Act. proc. coll. 2004, n° 202, obs. Regnaut-Moutier ; Banque et Droit nov.-déc. 2004. 36, obs. de Vauplane et Daigre ; RD banc. fin. 2004, n° 274, obs. Pietrancosta.*

21 quinquies. L'action concernant la détermination de la nature du régime matrimonial des époux ne concerne en rien leurs rapports familiaux et conjugaux et a un caractère purement patrimonial, de sorte que le liquidateur n'a pas à attraire le débiteur dans la procédure. • Com. 12 oct. 2004 : *Petites affiches 12 avr. 2005, p. 9, note Lécuyer ; Rev. proc. coll. 2006. 55, obs. Lebel.*

22. Poursuites pénales. Le dessaisissement du débiteur prévu par l'art. 152 [C. com., art. L. 622-9] ne saurait faire obstacle à l'application des art. 137 et 138 (11°) C. pr. pén. (placement et obligations du contrôle judiciaire). • Crim. 29 juin 1994 : *Bull. crim. n° 259 ; D. 1995. Somm. 27, obs. crit. Honorat ; Bull. Joly 1994. 847, note Jeantin.* ♦ V. aussi note 14 *bis* ss. ancien art. L. 621-40.

23. Le dirigeant d'une société commerciale en liquidation judiciaire, qui n'est pas lui-même l'objet d'une procédure collective, doit répondre sur son patrimoine personnel des conséquences dommageables de ses agissements délictueux, eussent-ils été commis pour le compte de la société. La cour d'appel a donc légalement justifié sa décision de condamnation du gérant de la société à réparer le préjudice subi par la victime du fait du délit de tromperie. • Crim. 23 mai 1995 : *Bull. crim. n° 189 ; JCP E 1995. Pan. 1038.*

F. CONSTITUTION DE PARTIE CIVILE

23 bis. En ce sens que l'art. 152 [C. com., art. L. 622-9], al. 2, vise aussi bien la constitution de partie civile du débiteur que celle de son représentant légal, lorsqu'il s'agit d'une personne morale, V. • Crim. 29 juin 1994 : *préc. note 22* • 21 mars 2000 : *D. 2000. AJ. 280, obs. Lienhard ; RTD com. 2000. 729, obs. Vallens ; Rev. sociétés 2000. 751, note Bouloc.*

23 ter. Pour l'irrecevabilité de la constitution de partie civile du mandataire-liquidateur d'une société victime de contrefaçon de marque, V. • Crim. 31 janv. 2006 : *Bull. crim. n° 29 ; D. 2006. AJ. 982, obs. Lienhard ; Act. proc. coll. 2006, n° 83, obs. Alleaume ; Gaz. Pal. 30 avr.-4 mai 2006, p. 54, obs. Robaczewski.* ♦ ... D'abus de biens sociaux, V. • Douai, 2 mars 2006 : *D. 2006. AJ. 981, obs. Lienhard.* ♦ V. aussi note 20 *bis*.

G. SANCTIONS

24. Les actes juridiques accomplis par le débiteur en liquidation judiciaire, dessaisi de l'administration et de la disposition de ses biens, ne sont pas frappés de nullité mais simplement d'inopposabilité à la procédure collective. • Com. 23 mai 1995 : *Bull. civ. IV, n° 150 ; D. 1995. 413, note Derrida ; Dr. sociétés 1995, n° 165, obs. Chaput ; Rev. proc. coll. 1995. 345, obs. Dureuil* • 12 juin 1997 : *Dr. sociétés 1997, n° 159, obs. Chaput ; Rev. proc. coll. 1997. 476, obs. Canet* • 23 juin 1998 : *D. Affaires 1998. 1451 ; RJDA 1998, n° 1273.* ♦ Ces actes peuvent être ratifiés par le liquidateur dans l'intérêt des créanciers qu'il représente. • Com. 20 févr. 2001 : *RJDA 2001, n° 883.* – Sur les conditions de la ratification, V. • Com. 2 juin 2004 : *RJDA 2004, n° 1358.* ♦ L'acte accompli par le débiteur en liquidation judiciaire, preneur d'un bail rural, en méconnaissance des règles du dessaisissement, est inopposable aux créanciers de la procédure, ce dont il résulte que les bailleurs ne peuvent l'invoquer pour fonder une demande de résiliation du bail rural, suite à la mise à disposition d'une société (en vertu de l'art. L. 411-37 C. rur.) de la parcelle donnée à bail. • Com. 9 janv. 2001 : *Bull. civ. IV, n° 3 ; D. 2001. AJ. 630, obs. Lienhard ; Act. proc. coll. 2001, n° 39, obs. Vallansan ; JCP E 2001, n° 18, p. 750, obs. Cabrillac ; Ann. loyers 2002. 565, obs. Delattre.* ♦ V. aussi notes 2 *ter* et 6. ♦ *Contra*, considérant que la violation par le débiteur des dispositions de l'art. 152 [C. com., art. L. 622-9] est sanctionnée par la nullité de la vente, même à l'égard des cocontractants de bonne foi (Rép. min. n° 54461 : *JOAN Q, 25 mai 1992, p. 2358*).

25. La signification d'un jugement faite par le débiteur dessaisi est nulle et ne peut avoir pour effet de faire courir le délai d'appel à l'encontre du destinataire de l'acte. • Com. 28 juin 1994 : *Bull. civ. IV, n° 239 ; D. 1994. IR. 198.*

25 bis. La réalisation d'un actif [immeuble acquis par le débiteur au cours de la procédure, en infraction à la règle du dessaisissement] en vue de permettre le paiement des créanciers dont les droits sont reconnus n'implique ni la ratification par le liquidateur de l'acquisition faite par le débiteur, ni celle du prêt assorti d'une sûreté ayant permis cette acquisition, qui sont inopposables à la procédure : • Com. 19 mai 2004 : *Bull. civ. IV, n° 96 ; D. 2004. AJ. 1813, obs. Lienhard (1re esp.) ; JCP E 2004, n° 37, p. 1385, obs. Pétel ; Act. proc. coll. 2004, n° 174, obs. Modi Koko Bebey.*

25 ter. Le contrat d'ouverture de crédit, conclu au mépris du dessaisissement de l'un des emprunteurs, est inopposable à la procédure collective de ce dernier, mais le débiteur reste personnellement tenu, hors procédure collective, de l'acte irrégulièrement passé, de sorte qu'il appartiendra, le cas échéant, au créancier d'agir en annulation pour dol après clôture de la liquidation judiciaire. • Orléans, 18 déc. 2003 : *RJDA 2004, n° 453.*

25 quater. L'action fondée sur l'enrichissement sans cause ne peut être introduite pour suppléer une autre action qui se heurte à un obstacle de droit ; l'inopposabilité à la masse des créanciers [aux créanciers] des actes accomplis par le débiteur dessaisi à la suite de sa liquidation des biens [liquidation judiciaire] faisant obstacle à l'exercice de l'action en remboursement des prêts consentis au débiteur pour l'acquisition d'un immeuble, il en résulte que l'action introduite par les prêteurs fondée sur l'enrichissement sans cause ne peut y suppléer. • Com. 2 nov. 2005 : *Bull. civ. IV, n° 216 ; D. 2005. AJ. 2943, obs. Lienhard*.

26. Les règles du dessaisissement n'ont été édictées que dans l'intérêt des créanciers ; dès lors, seul le liquidateur peut s'en prévaloir. • CE 21 juin 2000 : *RTD com. 2000. 1020, obs. Vallens* • Com. 22 janv. 2002 : *RJDA 2002, n° 532* • 7 juin 2005 : *Gaz. Pal. 4-5 nov. 2005, p. 31, obs. Voinot.*

Ancien art. L. 622-10 *Si l'intérêt public ou celui des créanciers l'exige, le maintien de l'activité peut être autorisé par le tribunal pour une durée maximale fixée par décret en Conseil d'État. Elle peut être prolongée à la demande du procureur de la République pour une durée fixée par la même voie. Lorsqu'il s'agit d'une exploitation agricole, ce délai est fixé par le tribunal en fonction de l'année culturale en cours et des usages spécifiques aux productions concernées. Les dispositions de l'article L. 621-32 sont applicables aux créances nées pendant cette période.* — V. Décr. n° 85-1388 du 27 déc. 1985, ancien art. 119-2, infra, App., v° Difficultés des entreprises.

L'administration de l'entreprise est assurée par l'administrateur, qui reste en fonctions par dérogation aux dispositions de l'article L. 621-27, ou, à défaut, par le liquidateur. L'administrateur ou, à défaut, le liquidateur procède aux licenciements dans les conditions prévues aux articles L. 321-8 et L. 321-9 du code du travail.

Lorsque l'administrateur ne dispose pas des sommes nécessaires à la poursuite de l'activité, il peut, sur autorisation du juge-commissaire, se les faire remettre par le liquidateur. — [L. n° 85-98 du 25 janv. 1985, art. 153].

Ancien art. 153 (al. 1er) de la loi du 25 janv. 1985 [rédaction antérieure à L. n° 94-475 du 10 juin 1994]

Si l'intérêt public ou celui des créanciers l'exige, le maintien de l'activité peut être autorisé par le tribunal pour une période ne pouvant excéder trois mois et pour les seuls besoins de la liquidation judiciaire. (L. n° 88-1202 du 30 déc. 1988) *« Lorsqu'il s'agit d'une exploitation agricole, ce délai est fixé par le tribunal en fonction de l'année culturale en cours et des usages spécifiques aux productions concernées. » Les dispositions de l'article 40 sont applicables aux créances nées pendant cette période.* — Pour l'entrée en vigueur de la loi du 10 juin 1994, V. note ss. ancien art. L. 620-1.

1. Bénéfice de l'art. L. 621-32. V. notes 3 et 4 ss. ancien art. L. 621-32.

2. Poursuite de l'activité sans autorisation. Sur la responsabilité du liquidateur, V. Soinne, *Rev. proc. coll. 1996. 360.*

Ancien art. L. 622-11 *Le juge-commissaire exerce les compétences qui lui sont dévolues par les articles L. 621-12, L. 621-13, L. 621-55, L. 621-20 et L. 621-21, par le premier alinéa de l'article L. 621-28 et le quatrième alinéa de l'article L. 621-31.*

Les renseignements détenus par le procureur de la République lui sont communiqués selon les règles prévues au deuxième alinéa de l'article L. 621-11. — [L. n° 85-98 du 25 janv. 1985, art. 153-1]. — L'art. 153-1 de la loi n° 85-98 du 25 janv. 1985, codifié à l'art. L. 622-11, était issu de la loi n° 94-475 du 10 juin 1994. — Pour l'entrée en vigueur de cette loi, V. note ss. ancien art. L. 620-1.

Ancien art. L. 622-12 *Le liquidateur reçoit du juge-commissaire tous les renseignements et documents utiles à l'accomplissement de sa mission. Il exerce les fonctions dévolues à l'administrateur ou au représentant des créanciers, selon le cas, par les articles L. 621-16, L. 621-20 et L. 621-112.*

L'administrateur, dans le cas mentionné au deuxième alinéa de l'article L. 622-10, ou, à défaut, le liquidateur, a la faculté d'exiger l'exécution des contrats en cours dans les conditions prévues à l'article L. 621-28. — [L. n° 85-98 du 25 janv. 1985, art. 153-2]. — L'art. 153-2 de la loi n° 85-98 du 25 janv. 1985, codifié à l'art. L. 622-12, était issu de la loi n° 94-475 du 10 juin 1994. — Pour l'entrée en vigueur de cette loi, V. note ss. ancien art. L. 620-1.

Sur le droit, pour les mandataires judiciaires au redressement et à la liquidation des entreprises, d'obtenir communication des informations nominatives relatives au pacte civil de solidarité, dans les procédures de liquidation judiciaire mettant en cause l'un des partenaires, V. Décr. nº 99-1090 du 21 déc. 1999, art. 3 et 5 (JO 24 déc.).

1. Le prononcé de la liquidation judiciaire n'a pas pour effet d'entraîner la résiliation des contrats en cours. • Com. 15 févr. 2005 : *Bull. civ. IV, nº 28 ; D. 2005. AJ. 641, obs. Lienhard ; Gaz. Pal. 4-5 nov. 2005, p. 24, obs. Dumont ; Act. proc. coll. 2005, nº 56, obs. Vallansan ; JCP E 2005, nº 36, p. 1424, obs. Pétel* • 5 juill. 2005 : *Bull. civ. IV, nº 151 ; D. 2005. AJ. 2147, obs. Lienhard ; Gaz. Pal. 4-5 nov. 2005, p. 24, obs. Dumont.* ♦ V. aussi, dans le cas d'une liquidation judiciaire prononcée après une période d'observation • Com. 22 janv. 2002 : *Act. proc. coll. 2002, nº 102* • 28 sept. 2004 : *RJDA 2005, nº 179 ; Rev. proc. coll. 2005. 44, obs. Roussel Galle* (V. l'arrêt cassé : • Douai, 30 janv. 2003 : *Rev. proc. coll. 2003. 241, obs. Roussel Galle*). ♦ Toutefois, le compte courant d'un débiteur mis en liquidation judiciaire est clôturé par l'effet de cette mesure. • Com. 14 mai 2002 : *Bull. civ. IV, nº 83 ; Act. proc. coll. 2002, nº 155, obs. Boulay.*

2. V. note 2 ss. ancien art. L. 622-22.

Ancien art. L. 622-13 ***La liquidation judiciaire n'entraîne pas de plein droit la résiliation du bail des immeubles affectés à l'activité de l'entreprise.***

Le liquidateur ou l'administrateur peut continuer le bail ou le céder dans les conditions prévues au contrat conclu avec le bailleur avec tous les droits et obligations qui s'y rattachent.

Si le liquidateur ou l'administrateur décide de ne pas continuer le bail, celui-ci est résilié sur sa simple demande. La résiliation prend effet au jour de cette demande.

Le bailleur qui entend demander ou faire constater la résiliation pour des causes antérieures au jugement de liquidation judiciaire doit, s'il ne l'a déjà fait, introduire sa demande dans les trois mois du jugement. Les dispositions de l'article L. 621-29 sont applicables, que l'activité soit ou non poursuivie.

Le privilège du bailleur est déterminé conformément aux trois premiers alinéas de l'article L. 621-31. — [L. nº 85-98 du 25 janv. 1985, art. 153-3]. — L'art. 153-3 de la loi nº 85-98 du 25 janv. 1985, codifié à l'art. L. 622-13, était issu de la loi nº 94-475 du 10 juin 1994. — Pour l'entrée en vigueur de cette loi, V. note ss. art. L. 620-1.

BIBL. ▸ LE CORRE-BROLY, *D. Affaires 1998. 1114.*

1. Application de l'art. L. 621-28. Doit être cassé l'arrêt qui, pour confirmer l'ordonnance du juge des référés constatant la résiliation du bail, ordonnant l'expulsion de la société locataire et autorisant le bailleur à reprendre les lieux, retient que l'art. 153-3 [C. com., art. L. 622-13] modifié par la loi du 10 juin 1994 ne constitue nullement une dérogation à l'art. 37 [C. com., art. L. 621-28], lequel au contraire le complète parfaitement en fixant les droits du bailleur, dès lors que le juge des référés, en statuant ainsi, a tranché une contestation sérieuse. • Civ. 3e, 26 oct. 1999 : *Ann. loyers 2000. 10, obs. R. Martin ; Petites affiches 28 avr. 2000, p. 11, note Gallet* (V. l'arrêt cassé : • Aix-en-Provence, 29 févr. 1996 : *BICC 1996, nº 634 ; Gaz. Pal. 1996. 1. 262, note Brault*).

1 bis. Causes antérieures au jugement de liquidation. L'art. L. 622-13 C. com. ne déroge pas à l'art. L. 621-40, ce dont il résulte que, sous réserve de l'application des dispositions de l'art. L. 621-29, les causes antérieures au jugement de liquidation judiciaire mentionnées au premier de ces textes ne peuvent concerner que des obligations autres que le paiement d'une somme d'argent. • Com. 28 mai 2002 : *Bull. civ. IV, nº 93 ; D. 2002. AJ. 1980, obs. Lienhard ; Rev. proc. coll. 2002. 181, obs. Macorig-Venier ; AJDI 2002. 686, obs. Le Corre ; Loyers et copr. 2002, nº 231, obs. Brault et Pereira-Osouf ; JCP E 2003, nº 5, p. 220, obs. Pétel* (V. l'arrêt cassé : • Dijon, 27 janv. 1998 : *BICC 1998, nº 1026 ; Rev. loyers 1999. 146, note Gallet)* • 30 mars 2005 : *Rev. proc. coll. 2005. 214, obs. Macorig-Venier.* – V. déjà, en ce sens, • Paris, 25 juin 1996 : *Loyers et copr. 1997, nº 80, obs. Brault ; Rev. proc. coll. 1998. 287, obs. Macorig-Venier* • Grenoble, 30 avr. 1996 : *Rev. proc. coll. 1999. 119, obs. Macorig-Venier.*

2. Application de la loi dans le temps. L'art. 153-3 [C. com., art. L. 622-13], al. 4, issu de la loi du 10 juin 1994, n'est pas applicable dans le cas où le bailleur avait engagé une action tendant à la constatation de la résolution par le jeu d'une clause résolutoire de plein droit en mai 1994 et où le locataire avait été mis en liquidation judiciaire en janv. 1995, la loi nouvelle ne devant s'appliquer qu'aux procédures ouvertes à compter de l'entrée en vigueur de celle-ci, cette restriction visant toutes les procédures, et non seulement les procédures de redressement ou liquidation judiciaires. • Versailles, 24 oct. 1996 : *RJDA 1997, n° 430.* ♦ Sur l'entrée en vigueur de la loi du 10 juin 1994, V. aussi note ss. ancien art. L. 620-1.

3. Cession du bail. Jugé que le mandataire liquidateur ne peut valablement soutenir que le refus du bailleur d'autoriser la cession en cause aurait un caractère abusif justifiant l'allocation de dommages et intérêts alors que le bail subordonnait la cession du droit au bail à l'autorisation écrite du bailleur et que celui-ci, qui avait fait connaître, sans retard, le motif de son refus d'agrément, était parfaitement en droit, compte tenu de la clause de destination des lieux, d'exiger du nouveau locataire l'exercice de l'activité complète prévue contractuellement, laquelle, sans pouvoir lui apporter une certitude était cependant, de nature à lui laisser espérer un chiffre d'affaires et un bénéfice plus importants et par voie de conséquence, de meilleures chances d'être réglé régulièrement de ses loyers. • Paris, 14 févr. 1997 : *Gaz. Pal. 1998. 1. Somm. 166, obs. Brault.*

4. Le mandataire-liquidateur ne peut invoquer une inopposabilité de la clause de garantie solidaire prévue au bail, l'inopposabilité instituée par l'art. 38-1 [C. com., art. L. 621-30] ne concernant que l'administrateur, et non le mandataire-liquidateur, qui doit, aux termes de l'art. 153-3 [C. com., art. L. 622-13], respecter les conditions prévues au contrat conclu avec le bailleur. • Paris, 26 févr. 1999 : *RJDA 1999, n° 1365.* ♦ L'obligation de garantie ne pouvant être assurée dans les termes de la convention et le bailleur refusant la cession en l'absence de garantie solidaire, il appartient au liquidateur, afin de respecter les termes de l'art. 153-3 [C. com., art. L. 622-13], de saisir le tribunal afin de déterminer des garanties de substitution, conformément à l'art. 35-1, al. 3, du décret du 30 sept. 1953 [C. com., art. L. 145-16]. • Même arrêt. ♦ Sur l'applicabilité du mécanisme de substitution de garantie prévu par l'art. L. 145-16, V. aussi • Civ. 3e, 13 nov. 1997 : *Bull. civ. III, n° 202 ; D. 1998. Somm. 97, obs. Honorat ; Defrénois 1998. 957, obs. Sénéchal.*

5. Sur l'exercice du droit de préférence par le bailleur, V. • Dijon, 4 nov. 1999 : *Loyers et copr. 2000, n° 114, obs. Brault et Pereira* • T. com. Paris, 1er déc. 2000 : *ibid. 2001, n° 257, obs. Brault.*

Ancien art. L. 622-14 ***Les articles L. 621-51 à L. 621-53, L. 621-103 à L. 621-129 s'appliquent à la procédure de liquidation judiciaire.*** — [L. n° 85-98 du 25 janv. 1985, art. 153-4]. — Sur la rédaction de l'art. 153-4 de la loi n° 85-98 du 25 janv. 1985 (désormais codifié à l'art. L. 622-14) antérieure à la loi n° 96-588 du 1er juill. 1996, V. éditions 1993-1994 et antérieures du **C. com.**

BIBL. ► Crocq, *Petites affiches 14 sept. 1994* (clause de réserve de propriété et nouvel art. 153-4). – Soinne, *Rev. proc. coll. 1997. 198* (modification apportée par la loi du 1er juill. 1996).

V. déjà, avant l'intervention de la loi du 10 juin 1994, note 2 ss. ancien art. L. 621-24 ; note 10 ss. ancien art. L. 621-28 ; note 9 ss. ancien art. L. 621-29 ; note 1 ss. ancien art. L. 621-31 ; note 3 ss. ancien art. L. 621-32 ; note 2 ss. ancien art. L. 621-40 ; note 10 ss. ancien art. L. 621-41 ; note 1 *bis* ss. ancien art. L. 621-48.

Ancien art. L. 622-15 ***Pendant la procédure de liquidation judiciaire, le liquidateur est le destinataire du courrier adressé au débiteur. Les dispositions des deuxième et troisième alinéas de l'article L. 621-20 sont applicables.*** — [Décr. n° 85-1388 du 27 déc. 1985, art. 119-3].

V. bibl. ss. ancien art. L. 621-20.

L'art. L. 622-15 a pour objet de permettre au liquidateur de se faire remettre par tous moyens de son choix le courrier adressé au débiteur afin que celui-ci ne puisse lui opposer le secret des correspondances. • Com. 28 sept. 2004 : *Bull. civ. IV, n° 168 ; D. 2004. AJ. 2714, obs. Lienhard ; JCP E 2005, n° 1-2, p. 26, obs. Pétel ; Rev. proc. coll. 2005. 202, obs. Lebel.* ♦ Si le liquidateur utilise des ordres de réexpédition, cette prestation est assurée par La Poste à titre onéreux. • Même arrêt.

SECTION II DE LA RÉALISATION DE L'ACTIF

BIBL. ► Le Corre, *Rev. Lamy droit des affaires, suppl. au n° 80, mars 2005, p. 61* (difficultés pratiques).

Ancien art. L. 622-16 ***Les ventes d'immeubles ont lieu suivant les formes prescrites en matière de saisie immobilière. Toutefois, le juge-commissaire fixe, après avoir recueilli les observations des contrôleurs, le débiteur et le liquidateur entendus ou dûment appelés, la mise à prix et les conditions essentielles de la vente et détermine les modalités de la publicité.***

Lorsqu'une procédure de saisie immobilière engagée avant l'ouverture du redressement ou de la liquidation judiciaires a été suspendue par l'effet de cette dernière, le liquidateur peut être subrogé dans les droits du créancier saisissant pour les actes que celui-ci a effectués, lesquels sont réputés accomplis pour le compte du liquidateur qui procède à la vente des immeubles. La saisie immobilière peut alors reprendre son cours au stade où le jugement d'ouverture l'avait suspendue. — V. Décr. n° 85-1388 du 27 déc. 1985, ancien art. 126-1, infra, App., v° Difficultés des entreprises.

Dans les mêmes conditions, le juge-commissaire peut, si la consistance des biens, leur emplacement ou les offres reçues sont de nature à permettre une cession amiable dans de meilleures conditions, autoriser la vente soit par adjudication amiable sur la mise à prix qu'il fixe, soit de gré à gré aux prix et conditions qu'il détermine. En cas d'adjudication amiable, il peut toujours être fait surenchère.

Les adjudications réalisées en application des alinéas qui précèdent emportent purge des hypothèques.

Le liquidateur répartit le produit des ventes et règle l'ordre entre les créanciers, sous réserve des contestations qui sont portées devant le tribunal de grande instance.

En cas de liquidation judiciaire d'un agriculteur, le tribunal peut, en considération de la situation personnelle et familiale du débiteur, lui accorder des délais de grâce dont il détermine la durée pour quitter sa maison d'habitation principale.

Les modalités d'application du présent article sont fixées par décret en Conseil d'État. — [L. n° 85-98 du 25 janv. 1985, art. 154]. — V. Décr. n° 85-1388 du 27 déc. 1985, ancien art. 124-1, infra, App., v° Difficultés des entreprises.

Sur les ventes d'immeubles dans les départements du Bas-Rhin, du Haut-Rhin et de la Moselle, V. ancien art. L. 628-8.

BIBL. ▶ Daublon, *Defrénois 1986. 817.* – Frémont, *JCP N 1987. I. 1.* – Provancal, *Rev. proc. coll. 1987, n° 2, p. 11* (distribution du prix). – Sénéchal, *Defrénois 1993. 817* (détention et distribution du prix) ; *Petites affiches 28 oct. 1998, p. 36* (vente des immeubles et distribution de leur prix). – Gallet, *Gaz. Pal. 1990. 2. Doctr. 595* (vente à la requête d'un créancier). – P. Rieg, *JCP N 1995. Prat. 3391.* – Derrida, *Defrénois 1995. 1073.* – Vauvillé, *Dr. et patr. oct. 1997. 33* (purge des inscriptions). – Fernandez, *Petites affiches 17 déc. 1997, p. 9* (même thème). – Garçon, *JCP E 1999, n° 13, p. 561* (pacte de préférence) ; *JCP E 2001, n° 13, p. 548* (droit de préemption urbain après la loi SRU du 13 déc. 2000). – Colloque organisé par le Crajefe le 29 mai 1999, *Petites affiches 12 janv. 2000.* – Navarre-Laroche, *Gaz. Pal. 2000. Doctr. 718* (sort de l'immeuble indivis hypothéqué). – Journée d'études organisée par l'IFPPC le 4 mai 1999, *Petites affiches 18 juill. 2000, p. 7, et 19 juill. 2000, p. 4.* – Macorig-Venier, *JCP N 2004, n° 27, p. 1070* (ventes de gré à gré dans la liquidation judiciaire : actualité et perspectives). – M. Sénéchal, *D. 2004. Chron. 2845* (réalisation des droits du créancier hypothécaire).

1. Saisie immobilière. L'autorisation de vendre un immeuble du débiteur en liquidation judiciaire autrement que par voie de saisie immobilière étant donnée par le juge-commissaire dans les conditions prévues à l'art. 154 [C. com., art. L. 622-16], al. 2 [3], il en résulte que si ce magistrat a autorisé le liquidateur à vendre l'immeuble par voie de saisie immobilière, il ne peut être demandé au tribunal de grande instance de convertir cette vente en vente volontaire sur le fondement des art. 744 et 745 C. pr. civ. • Com. 11 avr. 1995 : *Bull. civ. IV, n° 122 ; D. 1995. 333, rapp. Rémery, note Honorat.*

Sur les effets du dessaisissement, V. note 7 ss. ancien art. L. 622-9.

1 bis. Cession amiable. L'art. 154 [C. com., art. L. 622-16] laisse au juge-commissaire toute latitude pour choisir entre la vente par adjudication et le gré à gré sans établir de hiérarchie, ni conférer à la vente de gré à gré le caractère d'une exception. • Paris, 27 févr. 1990 : *Gaz. Pal. 1991. 1. 314, note Marchi ; RTD com. 1990. 479, obs. Haehl.* – V. aussi • Paris, 22 févr. 1991 : *D. 1992. Somm. 89, obs. Derrida.* ♦ Comp., interprétant l'art. 154, al. 2 [3], comme une exception : • T. com. Bayonne, 23 nov. 1990 : *RJ com. 1992. 132, obs. Gallet.* ♦ Sur la nécessité d'une autorisation du juge-commissaire, V. • Toulouse, 11 mars 1991 : *D. 1991. 401, note Barbièri.* ♦ Sur l'obligation, pour le juge-commissaire, de motiver sa décision, • Aix-en-Provence, 6 janv. 1994 : *Gaz. Pal. 1994. 2. 429, note Latil.* ♦ V. aussi note 6 *quater* ss. ancien art. L. 623-4.

1 ter. L'autorisation du juge-commissaire de vendre un immeuble de gré à gré aux conditions d'une offre déterminée ne vaut qu'au profit de l'auteur de celle-ci, peu important que son nom ne figure pas dans le dispositif. • Com. 3 mai 2006 : *D. 2006. AJ. 1453, obs. Lienhard*.

2. Les ventes d'immeubles de gré à gré ne sont pas soumises au droit de préemption urbain lorsqu'elles sont comprises dans un processus de liquidation de société (Rép. min. nº 899 : *JO Sénat Q, 6 janv. 1994, p. 33*). – V. aussi : Rép. min. : *JOAN Q, 3 janv. 1994, p. 59.* ♦ Ces ventes, en effet, ne constituent pas des « aliénations volontaires », au sens de l'art. L. 213-1 C. urb. • CE 6 oct. 1995 : *D. 1995. IR. 246* (loi de 1967) • Civ. 3e, 10 nov. 1998 (loi de 1967) : *Bull. civ. III, nº 214 ; D. Affaires 1998. 1959.* – V. Bourgois et Vauvillé, *Dr. et patr. mars 1996. 36* ; Bourgois, *JCP N 1998, nº 14, p. 515.* ♦ V. désormais, au **C. urb.**, la nouvelle rédaction de l'art. L. 213-1, issue de la loi nº 2000-1208 du 13 déc. 2000, qui ne mentionne plus le mot « volontairement » et infirme, par conséquent, cette jurisprudence. ♦ Comp. note 15 *bis* ss. ancien art. L. 621-83 et note 3 *quinquies* ss. ancien art. L. 622-17.

La SAFER peut exercer son droit de préemption sur les biens d'un débiteur en liquidation judiciaire dont le juge-commissaire autorise la vente de gré à gré. • Com. 15 oct. 2002 : *Bull. civ. IV, nº 144 ; D. 2002. AJ. 3012, obs. Lienhard ; JCP E 2003, nº 5, p. 220, obs. Pétel ; Gaz. Pal. 2003. 1805, obs. Lachaud ; Petites affiches 14 juill. 2003, p. 8, note Roussel Galle.* ♦ V. note 3 *quater* ss. ancien art. L. 622-17. ♦ Dans le même sens, pour le droit de préemption du preneur d'un bien rural (C. rur., art. L. 412-1), V. • Civ. 3e, 5 févr. 2003 : *Bull. civ. III, nº 28 ; D. 2003. AJ. 696 ; Act. proc. coll. 2003, nº 75, obs. Regnaut-Moutier ; Petites affiches 14 juill. 2003, p. 8, note Roussel Galle.*

2 bis. Lorsque le juge-commissaire autorise, en application de l'art. 154, al. 3, devenu l'art. L. 622-16, al. 3, C. com., la cession amiable de biens immobiliers compris dans l'actif de la procédure collective, il résulte de l'art. 138, al. 3, du décret du 27 déc. 1985 que le liquidateur passe les actes nécessaires à la réalisation de la vente ; dès lors, s'il n'en est autrement décidé par l'ordonnance du juge-commissaire, le transfert de la propriété des biens s'opère à la date de passation des actes précités. • Com. 16 oct. 2001 : *Bull. civ. IV, nº 166 ; D. 2001. AJ. 3349, obs. Lienhard ; ibid. 2002. Somm. 1479, obs. Honorat ; Act. proc. coll. 2001, nº 251, obs. Vallansan ; JCP E 2002, nº 3, p. 129, obs. Cabrillac.*

2 ter. Si la vente de gré à gré d'un immeuble compris dans l'actif du débiteur en liquidation judiciaire n'est réalisée que par l'accomplissement d'actes postérieurs à la décision du juge-commissaire qui autorise, sur le fondement de l'art. L. 622-16, al. 3, C. com., la cession de ce bien, celle-ci n'en est pas moins parfaite dès l'ordonnance, sous la condition suspensive que la décision acquière force de chose jugée. • Com. 4 oct. 2005 : *Bull. civ. IV, nº 191 ; D. 2005. AJ. 2593, obs. Lienhard ; JCP E 2005, nº 50, p. 2154, note Rakotovahiny ; ibid. 2006, nº 2, p. 74, obs. Cabrillac et Pétel ; Act. proc. coll. 2005, nº 233, obs. Roussel Galle ; Gaz. Pal. 10-11 févr. 2006, p. 25, obs. M. Sénéchal.*

2 quater. Sur la question de savoir si l'acquéreur bénéficie du droit de rétractation prévu par l'art. L. 271-1 CCH, V. Vauvillé, *Dr. et patr. déc. 2001. 51.*

2 quinquies. Autre mode de réalisation. Jugé, à propos d'enchères privées, sous plis cachetés, que le juge-commissaire ne peut choisir d'autre mode de réalisation des immeubles que ceux prévus par la loi, sauf à excéder ses pouvoirs. • Orléans, 8 nov. 2001 : *Act. proc. coll. 2002, nº 28, obs. Soinne, RTD com. 2002. 166, obs. Vallens ; JCP E 2002, nº 20, p. 806, obs. Pétel ; RJDA 2002, nº 533. — Contra :* • Paris, 21 févr. 2003 : *Act. proc. coll. 2003, nº 132, obs. Soinne ; JCP N 2003, nº 47, p. 1699, obs. Vauvillé.*

3. Biens communs. S'agissant d'une question concernant le sort du prix d'adjudication d'un bien commun (doit-il être remis intégralement ou pour moitié au liquidateur d'un époux ?), il n'y a pas lieu à avis, la réponse résultant de l'application simultanée du principe énoncé à l'art. 1413 C. civ., de celui de l'indivisibilité de la procédure d'ordre et de celui de la suspension des poursuites individuelles en matière de procédure collective (qui entraîne, pour le liquidateur, aux termes de l'art. 154 [C. com., art. L. 622-16], al. 4 [5], le pouvoir de régler l'ordre des créanciers). • Cass., avis, 7 déc. 1992 : *Bull. civ., nº 6 ; Defrénois 1993. 1045, note Derrida.*

4. Logement familial. BIBL. Vauvillé, *JCP N 1993. I. 79.* ♦ L'art. 215, al. 3, C. civ. (prévoyant, à peine de nullité, que les époux ne peuvent l'un sans l'autre disposer des droits par lesquels est assuré le logement de la famille) est inapplicable en cas de vente forcée. • Civ. 1re, 21 mai 1997 : *D. Affaires 1997. 905 ; JCP E 1997. I. 681, nº 14, obs. Pétel* • Paris, 9 mars 1992 : *D. 1992. IR. 49* • Grenoble, 23 nov. 1999 : *JCP E 2000, nº 14, p. 588 ; RD banc. fin. 2000, nº 122, obs. F.-X. Lucas.* ♦ En conséquence, lorsque des époux sont propriétaires indivis de leur logement familial et que l'un d'eux a été mis en liquidation judiciaire, le liquidateur, qui a été autorisé par le juge-commissaire à procéder à la vente judiciaire du logement, peut provoquer par la voie de l'action oblique le partage de l'indivision conventionnelle des époux portant sur ce logement et solliciter la licitation dès lors que le partage ne peut être réalisé en nature. • Paris, 2 déc. 1995 : *RJDA 1996, n° 706.* – V. aussi • Colmar, 7 sept. 1993 : *Rev. proc. coll. 1994. 28, obs. Dureuil.* ♦ De même, les dispositions de l'art. 490-2, al. 3, C. civ., imposant, en cas d'incapacité d'un des époux, l'accord du juge des tutelles pour la vente du logement familial, ne sauraient faire obstacle au pouvoir du juge-commissaire d'autoriser le liquidateur à réaliser les actifs, y compris ceux relevant de la communauté. • Versailles, 20 juin 1996 : *RJDA 1996, n° 1267.*

4 bis. Clause d'inaliénabilité contenue dans une donation. La révocation d'une donation pour inexécution des charges n'est pas possible en cas d'inobservation de la clause d'inaliénabilité par le liquidateur. • Montpellier, 14 oct. 2003 : *BICC 2004, n° 452.* ♦ V. note 20 ss. ancien art. L. 622-9.

5. Indivision. Une banque ne peut être condamnée à restituer au liquidateur la partie du prix de vente résultant de l'adjudication d'un immeuble indivis, aux motifs qu'il a été procédé à l'adjudication au mépris de l'art. L. 622-16, al. 2, C. com., et qu'il appartenait au seul liquidateur de percevoir la totalité du prix de vente et de procéder à sa répartition suivant l'ordre des créanciers, alors que, créancière de l'indivision qui préexistait à l'ouverture de la procédure collective de l'ex-époux, elle pouvait poursuivre la saisie et la vente de l'immeuble indivis avant tout partage, tandis que le partage auquel aurait été contraint le liquidateur pour déterminer le sort du bien serait demeuré sans effet sur les droits des créanciers de l'indivision. • Com. 18 févr. 2003 : *Bull. civ. IV, n° 21 ; D. 2003. AJ. 766, obs. Lienhard ; ibid. Somm. 1620, obs. Le Corre ; Act. proc. coll. 2003, n° 91, obs. Vallansan ; Procédures 2003, n° 150, note Laporte ; JCP N 2003, n° 47, p. 1701, obs. Vauvillé ; Rev. proc. coll. 2003. 356, obs. Dumont ; RJ com. 2004. 31, note Sortais (pourvoi n° 00-11.008).* – Rappr. : • Com. 20 sept. 2005 : *D. 2006. Pan. 82, obs. Le Corre.* ♦ La liquidation judiciaire étant antérieure au décès du débiteur, le liquidateur, qui représente les créanciers, aurait pu agir avant la création de l'indivision successorale et est donc recevable en application de l'art. 815-17, al. 1er, C. civ., à poursuivre la vente forcée de l'immeuble tombé dans l'indivision successorale. • Com. 18 févr. 2003 : *ibid. ; Bull. civ. IV, n° 22 ; Procédures 2003, n° 149, note Laporte ; Dr. et patr. juin 2003. 98, obs. Monsèrié-Bon (pourvoi n° 00-13. 100).*

Ni le liquidateur, ni le juge-commissaire n'ont le pouvoir d'imposer au coïndivisaire étranger à la procédure collective, les conditions de licitation prévues par l'art. 154 [C. com., art. L. 622-16] ; le liquidateur se doit de recourir à la procédure de droit commun pour provoquer, en sa qualité de représentant des créanciers de l'un des coïndivisaires, le partage de l'immeuble conformément aux dispositions de l'art. 815-17 C. civ. • Rouen, 19 mars 1992 : *JCP 1993. IV. 813.* – Dans le même sens, V. • Paris, 22 févr. 2000 : *D. 2000. IR. 107* • 29 mai 2001 : *D. 2001. AJ. 2891* .

V. aussi note 6 ss. art. 103 de la loi du 25 janv. 1985, *infra*, ss. ancien art. L. 621-105.

5 bis. Purge des hypothèques. L'art. 154 [C. com., art. L. 622-16], al. 4, qui dispose que la vente d'immeuble par adjudication le purge des hypothèques, ne s'applique pas au nantissement grevant les films. • T. com. Paris, 1er déc. 1995 : *D. 1997. Somm. 89, obs. Hassler et Lapp* .

6. Compétence du TGI et du juge-commissaire. Si l'art. 174 du décret du 27 déc. 1985 dispose que le tribunal saisi d'une procédure de redressement judiciaire connaît de tout ce qui concerne le redressement et la liquidation judiciaires, les contestations en matière de règlement d'ordre entre les créanciers relèvent, par application de l'art. 154 [C. com., art. L. 622-16], al. 4 [5], ci-dessus, de la compétence exclusive du tribunal de grande instance. • Com. 19 oct. 1993 : *Bull. civ. IV, n° 342 ; D. 1993. IR. 252.*

6 bis. Le juge-commissaire fixe les conditions essentielles de la vente par adjudication amiable au cours de la liquidation judiciaire, dont font partie les modalités de paiement du prix d'adjudication, et le tribunal de grande instance ne connaît de la distribution du prix que les contestations formées contre l'état de collocation dressé par le liquidateur de la procédure collective, lesquelles ne peuvent porter que sur le montant de la somme à distribuer, l'ordre de préférence entre créanciers et le montant des collocations. • Com. 28 juin 1994 : *Bull. civ. IV, n° 238 ; D. 1994. 477, rapp. Rémery, note Honorat* . ♦ V. note 3 ss. ancien art. 140 du 1er décret du 27 déc. 1985, *infra*, App., v° *Difficultés des entreprises.*

V. aussi, sur la compétence du liquidateur, note 4 ss. ancien art. L. 622-5.

6 ter. Procédure d'ordre. L'art. 154 [C. com., art. L. 622-16], ni aucun autre texte, ne faisant un sort particulier au créancier bénéficiant d'un privilège spécial sur les immeubles, il en résulte que ce créancier ne peut prétendre obtenir le paiement de sa créance que dans le cadre de la procédure d'ordre. • Amiens, 28 oct. 1997 : *Gaz. Pal. 1998. 2. Somm. 705.*

6 quater. Rescision pour lésion. La vente

des immeubles d'un débiteur en liquidation judiciaire par le liquidateur, fût-elle de gré à gré, est une vente qui, d'après l'art. 154, al. 1er et 2, devenu l'art. L. 622-16, al. 1er et 3, C. com., ne peut être faite que d'autorité de justice et n'est, en conséquence, pas susceptible de rescision pour lésion. • Com. 16 juin 2004 : *Bull. civ. IV, n° 125 ; D. 2004. AJ. 2045 ; JCP E 2004, n° 49, p. 1931, note Rakotovahiny ; ibid. 2005, n° 1-2, p. 28, obs. Cabrillac ; JCP N 2004, n° 41, p. 1518, note Garçon ; Defrénois 2005. 695, note Roussel Galle.*

7. Action paulienne. L'autorité de l'ordonnance du juge-commissaire qui autorise la vente ne pouvant se trouver affectée par la décision d'inopposabilité que prononce le juge saisi de l'action paulienne, cette action peut être accueillie. • Com. 14 mai 1996 : *Bull. civ. IV, n° 134 ; D. 1996. IR. 141 ; D. Affaires 1996. 808* (loi de 1967).

7 bis. Agriculteur. La personne qui est agriculteur au jour du prononcé de sa liquidation judiciaire peut se prévaloir des dispositions de l'art. 154 [C. com., art. L. 622-16], al. 6, bien que la liquidation judiciaire ait été prononcée, non en considération de sa qualité d'agriculteur, mais en celle de dirigeant, par voie d'extension de la procédure collective précédemment ouverte à l'encontre d'une société commerciale. • Paris, 8 oct. 1999 : *Act. proc. coll. 1999, n° 256.*

7 ter. Redressement judiciaire civil. Aucune disposition des art. L. 332-1 s. C. consom. n'autorise le juge de l'exécution, saisi en application de l'art. L. 332-3, à suspendre l'exécution d'une décision du juge-commissaire relative à la réalisation de l'actif d'un débiteur justiciable de la loi du 25 janv. 1985. • Limoges, 28 juin 1994 : *D. 1999. Somm. 204, obs. Chatain et Ferrière.* ♦ Les circonstances que le conjoint du débiteur n'est pas commerçant et peut bénéficier de la législation sur le surendettement des particuliers et que l'immeuble en cause n'est pas à usage professionnel ne permettent pas pour autant au juge de l'exécution d'entraver le déroulement d'une procédure de redressement ou de liquidation judiciaire. • Même arrêt.

8. Recours. V. ancien art. 25 du 1er décret du 27 déc. 1985, *infra,* App., v° *Difficultés des entreprises,* note 15 *bis* ss. cet art., note 3 ss. ancien art. L. 623-4 et ancien art. L. 623-5.

Ancien art. L. 622-17 ***Des unités de production composées de tout ou partie de l'actif mobilier ou immobilier peuvent faire l'objet d'une cession globale.***

Le liquidateur suscite des offres d'acquisition et fixe le délai pendant lequel elles seront reçues. Toute personne intéressée peut soumettre son offre au liquidateur.

Toutefois, ni le débiteur, ni les dirigeants de droit ou de fait de la personne morale en liquidation judiciaire, ni aucun parent, ni allié de ceux-ci jusqu'au deuxième degré inclusivement ne peuvent se porter acquéreur.

Toute offre doit être écrite et comprendre les indications prévues aux 1° à 5° du I de l'article L. 621-85. Elle est déposée au greffe du tribunal où tout intéressé peut en prendre connaissance. Elle est communiquée au juge-commissaire.

Le juge-commissaire, après avoir entendu ou dûment convoqué le débiteur, le comité d'entreprise ou à défaut les délégués du personnel, les contrôleurs et, le cas échéant, le propriétaire des locaux dans lesquels l'unité de production est exploitée, le ministère public dûment avisé, choisit l'offre qui lui paraît la plus sérieuse et qui permet dans les meilleures conditions d'assurer durablement l'emploi et le paiement des créanciers.

Le liquidateur rend compte de l'exécution des actes de cession.

Une quote-part du prix de cession est affectée à chacun des biens cédés pour la répartition du prix et l'exercice du droit de préférence. — [L. n° 85-98 du 25 janv. 1985, art. 155]. — V. Décr. n° 85-1388 du 27 déc. 1985, anciens art. 27, 138-1, 139 et 139-1, infra, App., v° Difficultés des entreprises.

Ancien art. 155 (al. 3 et 5) de la loi du 25 janv. 1985 [rédaction antérieure à L. n° 94-475 du 10 juin 1994] ***Toutefois, ni les dirigeants de la personne morale en liquidation ni aucun parent ou allié de ces dirigeants ou du chef d'entreprise jusqu'au deuxième degré inclusivement ne peuvent se porter acquéreurs.***

....

Le liquidateur, après avoir consulté le comité d'entreprise ou, à défaut, les délégués du personnel et provoqué les observations du débiteur et des contrôleurs, choisit l'offre qui lui paraît la plus sérieuse et permettant dans les meilleures conditions d'assurer durablement l'emploi et le paiement des créanciers. La cession est ordonnée par le juge-commissaire. — Pour l'entrée en vigueur de la loi du 10 juin 1994, V. note ss. ancien art. L. 620-1.

BIBL. ▶ LAGRAULA, GUÉRIN et AUDINET, *Gaz. Pal. 1986. 2. Doctr. 759.* – HAEHL, *RTD com. 1989. 310.* – PÉROCHON, *D. 1990. Chron. 252* . – GARÇON, *JCP N 1994. I. 177 ; JCP E 1999, n° 13, p. 561* (pacte de préférence) ; *JCP E 2001, n° 13, p. 548* (droit de préemption urbain après la loi SRU du 13 déc. 2000). – SAINT-ALARY-HOUIN, *RTD com. 2001. 221* (même thème). – CANET, *RJDA 1997, p. 587* (liquidation judiciaire et sauvegarde de l'emploi). – RAKOTOVAHINY, *Petites affiches 31 janv. 2000, p. 4.*

1. Unité de production. L'unité de production correspond à un ensemble de biens de production (matériels) qui nécessairement associés à une force humaine de travail, concourt par elle-même soit à transformer de la matière première en produit fini ou semi-fini, soit plus généralement à générer de la valeur ajoutée hors le seul profit de vente. • T. com. Lyon, 29 juill. 1986 : *D. 1987. Somm. 93, obs. Derrida ; RTD com. 1989. 310, obs. Haehl.* ♦ L'unité de production suppose un ensemble de moyens matériels et humains permettant la poursuite ou la naissance d'une activité économique. • Paris, 27 févr. 1990 : *Gaz. Pal. 1991. 1. 314, note Marchi ; RTD com. 1990. 479, obs. Haehl* • 8 oct. 1999 : *Act. proc. coll. 1999, n° 257.* ♦ L'unité de production suppose le maintien d'une activité minimale. • Lyon, 6 sept. 1996 : *JCP E 1997. I. 623, n° 4, obs. Cabrillac.* ♦ Une entreprise ayant cessé toute activité, depuis un certain temps, peut uniquement être vendue comme « les autres biens » et dans les formes prescrites par l'art. 156. • T. com. Paris, 27 sept. 1994 : *Rev. proc. coll. 1995. 351, obs. Dureuil.*

1 bis. La cession autorisée par le juge-commissaire n'étant pas limitée au bail mais comprenant le fonds de commerce y inclus les baux, et le bailleur ne démontrant pas que cette cession serait une cession « camouflée » du seul droit au bail, une cour d'appel a pu en déduire que l'opération constituait une cession globale d'unité de production au sens de l'art. 155 [C. com., art. L. 622-17]. • Com. 19 oct. 1993 : *Bull. civ. IV, n° 343 ; Dr. sociétés 1994, n° 7, obs. Chaput ; Rev. loyers 1995. 111, note Gallet.*

2. Nature de la cession globale. S'agissant non d'une vente de droit commun librement contractée entre les parties mais d'une cession globale d'unité de production, opération dont le caractère forfaitaire implique l'existence d'un aléa exclusif de l'application des garanties prévues dans le droit commun de la vente et obéissant à des règles propres édictées en vue du maintien au moins partiel de l'activité, par une loi d'ordre public, le cessionnaire ne peut se prévaloir des dispositions légales relatives à la garantie d'éviction et demander sur ce fondement la résolution de la cession d'un portefeuille d'assurance sur lequel des salariés de l'entreprise liquidée font valoir des droits concurrents. • Com. 12 oct. 1993 : *Bull. civ. IV, n° 331 ; D. 1993. IR. 245 ; Rev. proc. coll. 1993. 496, obs. Soinne ; Defrénois 1994. 565, obs. Sénéchal ; RTD com. 1994. 559, obs. Haehl* • Paris, 13 sept. 1994 : *RJDA 1995, n° 213 ; Rev. proc. coll. 1995. 402, obs. Soinne.* ♦ V., dans le même sens, pour une cession à forfait soumise à la loi du 13 juill. 1967, • Com. 3 mars 1998 : *Bull. civ. IV, n° 93 ; D. 1998. IR. 94 ; D. Affaires 1998. 583 ; Defrénois 1998. 1458, obs. Bénabent.*

3. L'offre du repreneur dans le cadre de l'art. 155 [C. com., art. L. 622-17] n'étant ni une promesse unilatérale de vente ni une cession amiable, elle ne relève pas des art. 1840 A CGI [abrogé ; V. désormais C. civ., art. 1589-2] et 12 de la loi du 29 juin 1935 [C. com., art. L. 141-1]. • Paris, 2 juin 1992 : *Rev. proc. coll. 1992. 412, obs. Soinne.* ♦ Comp., sur l'application dudit art. 12 : • Rouen, 5 août 1992 : *JCP 1993. IV. 812.*

V. aussi notes 14 et 14 *bis* ss. ancien art. L. 621-83.

3 bis. Réalisation de la cession. La décision du juge-commissaire, rendue sur le fondement des art. 155 ou 156 [C. com., art. L. 622-17 ou L. 622-18] pour ordonner soit la cession globale d'une unité de production, soit la cession de gré à gré d'un élément de l'actif mobilier d'un débiteur en liquidation judiciaire ne vaut pas vente par elle-même. La cession ainsi ordonnée n'est réalisée que par les actes que doit passer le liquidateur après l'ordonnance, d'où il résulte que l'exigibilité du prix est subordonnée à l'établissement des actes nécessaires à la réalisation de la cession. • Com. 5 déc. 1995 : *Bull. civ. IV, n° 279 ; D. 1996. IR. 35 ; Quot. jur. 30 janv. 1996, p. 2.* ♦ Ainsi, le notaire qui s'abstient, bien qu'il en ait été requis, de dresser ces actes, commet une faute à l'origine de la perte de la chance éprouvée par le liquidateur de percevoir le prix de cession avant la mise en redressement judiciaire de l'acquéreur. • Même arrêt. ♦ Tant que les actes nécessaires à la réalisation de la cession n'ont pas été passés, le cessionnaire n'a qu'un droit de jouissance sur les biens de l'entreprise et ne peut accomplir aucun acte de disposition sur l'un quelconque des éléments composant l'unité de production. • Paris, 10 oct. 2000 : *Act. proc. coll. 2001, n° 41, obs. Vallansan.* ♦ Comp., en ce sens que si la vente de gré à gré d'un fonds de commerce du débiteur en liquidation judiciaire n'est réalisée que par l'accomplissement d'actes postérieurs à la décision du juge-commissaire qui ordonne, sur le fondement de l'art. 155 [C. com., art. L. 622-17], la cession du fonds, celle-ci n'en est pas moins parfaite dès l'ordonnance, sous la condition suspensive que la décision acquière force de chose jugée : • Com. 6 juin 2000 : *RJDA 2000, n° 1142 ; RTD com. 2001. 224, obs. Saint-Alary-Houin*. – V. l'arrêt confirmé : • Paris, 28 oct. 1997 : *D. Affaires 1997. 1471.* ♦ V. aussi notes 2 et 4 ss. ancien art. L. 622-18.

3 ter. Le liquidateur judiciaire, autorisé par le juge-commissaire à céder les parts d'une SCI dont la société en liquidation judiciaire est titulaire, est tenu de respecter la clause des statuts de la SCI relative au droit de préemption des associés. Les règles de l'autorité de la chose jugée, attachée au dispositif de l'ordonnance ayant décidé la cession globale des actifs, y compris les parts de la SCI, ne font pas obstacle à l'application de cette clause. • Com. 23 janv. 1996 : *Bull. civ. IV, n° 22 ; D. 1996. 310, note Derrida ; D. Affaires 1996. 327 ; Dr. sociétés 1996, n° 56, obs. Chaput ; JCP E 1996. I. 554, n° 10, obs. Pétel ; Bull. Joly 1996. 488, note Calendini.* ♦ V. aussi note 4 *sexies* ss. ancien art. L. 621-89.

3 quater. La SAFER peut exercer son droit de préemption sur les biens composant une unité de production dont le juge-commissaire a ordonné la cession globale dans le cadre de la liquidation judiciaire. • Com. 15 oct. 2002 : *Bull. civ. IV, n° 143 ; D. 2002. AJ. 3012, obs. Lienhard ; JCP E 2003, n° 5, p. 220, obs. Pétel ; Petites affiches 14 juill. 2003, p. 8, note Roussel Galle.* – Dans le même sens, V. • Civ. 3e, 30 avr. 2003 : *Bull. civ. IV, n° 94 ; D. 2003. AJ. 1365 ; Petites affiches 10 déc. 2003, p. 17, note Roussel Galle ; ibid. 9 avr. 2004, p. 10, note Sortais ; JCP N 2004, n° 46-47, p. 1737, obs. Vauvillé.* ♦ V. aussi note 2 ss. ancien art. L. 622-16.

3 quinquies. Pour l'inapplicabilité du droit de préemption urbain aux biens compris dans une unité de production cédée en application de l'art. L. 622-17, V. l'art. L. 213-1 C. urb., dans sa rédaction issue de L. n° 2000-1208 du 13 déc. 2000, au **C. urb.**

4. Parents et alliés. V. • T. com. Lyon, 29 juill. 1986 : *préc. note 1.*

4 bis. Transmission de l'offre. Jugé qu'il ne résulte nullement de l'art. 155 [C. com., art. L. 622-17] qu'il serait fait obligation au greffier de transmettre au juge-commissaire les offres reçues par lui en application de ce texte ; c'est au candidat acquéreur qu'il appartient de faire parvenir son offre au juge-commissaire. • T. com. Nanterre, 4 sept. 1997 : *Rev. proc. coll. 1998. 259, obs. Soinne.*

5. Portée de l'offre. Sur la possibilité pour un repreneur de rétracter une offre faite sous une condition suspensive dont la réalisation n'est pas établie, V. • Com. 25 mai 1993 : *Bull. civ. IV, n° 206 ; D. 1994. Somm. 3, obs. Derrida ; Rev. proc. coll. 1993. 466, obs. Soinne ; JCP E 1993. I. 295, n° 8, obs. Cabrillac et Pétel ; RTD com. 1994. 563, obs. Haehl.*

Sur l'application aux cessions régies par l'art. L. 622-17 ou L. 622-18 de l'interdiction d'aggravation des charges, prévue par l'art. L. 621-63, al. 3, V. notes 6 *bis* et 6 *ter* ss. cet art.

6. Choix de l'offre. L'intérêt relatif des différentes offres ne peut être apprécié qu'en l'état où elles se trouvaient au terme du délai fixé par le liquidateur pour leur réception. • T. com. Paris, 17 mars 1989 : *Gaz. Pal. 1990. 1. Somm. 190.* – V. conf. • T. com. Bobigny, 23 mars 1988 : *ibid.*

7. En application de l'art. 155 [C. com., art. L. 622-17], le débiteur est appelé à donner un simple avis sur les offres reçues, il n'est pas partie et n'a pas vocation à faire opposition, même s'il n'a pas déféré à la convocation du juge-commissaire, seul le défaillant à une instance à laquelle il est partie pouvant exercer cette voie de recours. • Versailles, 14 déc. 1995 : *D. 1996. IR. 56.*

7 bis. Le tribunal saisi sur une opposition à l'ordonnance du juge-commissaire qui a rejeté les offres d'acquisition d'unités de production ne saurait déclarer irrecevables les améliorations à celles-ci sans organiser un débat unique respectant le principe de la contradiction. • Paris, 10 mai 1996 : *RJ com. 1996. 275, note L. R.*

8. Sur le pouvoir souverain des juges du fond de retenir, ou non, une proposition de cession globale d'une unité de production, V. • Com. 16 mars 1993 : *Bull. civ. IV, n° 103 ; D. 1993. IR. 101.*

Sur le pouvoir de la cour d'appel saisie par le ministère public, V. note 1 ss. ancien art. L. 623-5.

9. Faculté de substitution. En ce sens que cette faculté doit être expressément prévue par l'ordonnance du juge-commissaire, V. • Civ 3e, 11 juin 1997 : *RJDA 1997, n° 1417 ; JCP E 1997. Pan. 896.*

En autorisant une cession au profit d'un tiers, ou, à défaut, de « toute personne physique ou morale pouvant s'y substituer », l'ordonnance du magistrat institue, pour le cas où le cessionnaire désigné ne donnerait pas suite à son offre, une faculté de substitution à l'usage du seul liquidateur et, dès lors, les règles de la subrogation conventionnelle ne sont pas applicables. • Com. 19 oct. 1993 : *Bull. civ. IV, n° 343 ; JCP E 1993. Pan. 1409.*

10. Ordre de préférence. Le juge-commissaire statue en dehors des limites de ses attributions en établissant un ordre de préférence entre les créanciers, peu important que l'attribution prioritaire du prix aux créanciers hypothécaires inscrits et aux créanciers titulaires d'un nantissement sur matériel soit apparue, en l'espèce, comme une condition nécessaire de la cession. • Com. 16 mars 1993 : *Bull. civ. IV, n° 104.*

11. Poursuite des contrats de travail. BIBL. Bailly, *Gaz. Pal. 2002. Doctr. 1359.* – Béraud, *Rev. proc. coll. 2003. 91.* – Bret, *Sem. soc. Lamy 6 oct. 2003, n° 1138, p. 38.* – Przemyski, *Dr. et procédures 2004. 197.* – Moreuil et Morvan, *JCP E 2004, n° 52-53, p. 2060.* ♦ Le fait, pour le juge-commissaire, d'accepter une offre d'acquisition en vertu de l'art. 155 [C. com., art. L. 622-17] et d'ordonner en conséquence la cession, n'est pas de nature à faire échec à l'application de l'art. L. 122-12, al. 2, C. trav. • Soc. 8 juill. 1992 : *Bull. civ. V, n° 446* • 14 mai 1998 : *JCP E 1998, n° 37, p. 1399, obs. Pétel* • 21 oct. 1998 : *D. 2000. Somm. 3, obs. Derrida* • 16 mars 1999 : *Act. proc. coll. 1999, n° 122 ; Dr. sociétés 1999, n° 94, obs. Chaput* • 27 oct. 1999 : *Bull. civ. V, n° 415 ; JCP 2000. I. 247, p. 1423, obs. Morvan ; Rev. proc. coll. 2000. 65, obs. Taquet* • 27 avr. 2000 : *D. 2000. IR. 190 ; Act. proc. coll. 2000, n° 139, obs. Vallansan ; Gaz. Pal. 2002. Somm. 292, obs. Dumont* • Agen, 5 juin 1990 : *Gaz. Pal. 1991. 1. 341, note Lagraula.* ♦ La cession d'unités de production entraîne de plein droit le transfert d'une entité économique autonome et, par voie de conséquence, la poursuite avec le cessionnaire des contrats de travail des salariés des unités transférées, peu important qu'ils aient été licenciés par le mandataire-liquidateur avant la cession ainsi que l'interruption de courte durée de l'activité cédée. • Soc. 19 avr. 2005 : *Bull. civ. V, n° 143 ; D. 2005. AJ. 1352, obs. Lienhard ; ibid. Pan. 2017, obs. F.-X. Lucas.* – V. déjà, en ce sens, • Soc. 16 mars 1999 : *D. 2000. Somm. 2, obs. Derrida* • 3 avr. 2001 : *Bull. civ. V, n° 113 ; D. 2001. AJ. 1618, obs. Lienhard ; Act. proc. coll. 2001, n° 128, obs. Masquefa.* – Comp. : • Soc. 11 oct. 2005 : *Act. proc. coll. 2005, n° 246.* ♦ Pour l'application de l'art. L. 122-12 C. trav. à des salariés qui avaient adhéré à une convention de conversion le jour même où la cession de l'unité de production avait été autorisée par le juge-commissaire, V. • Soc. 3 avr. 2001 : *Bull. civ. V, n° 119 ; D. 2001. AJ. 1618, obs. Lienhard.*

11 bis. Résiliation du bail. La cession ordonnée, en application de l'art. 155 [C. com., art. L. 622-17], ne saurait priver le propriétaire de l'immeuble dans lequel le fonds de commerce est exploité du droit de poursuivre la résiliation judiciaire du bail pour une cause antérieure à l'ordonnance rendue par le juge-commissaire. • Com. 22 oct. 1996 : *RJDA 1997, n° 265 ; Loyers et copr. 1997, n° 114, note Brault.* ♦ Le propriétaire de l'immeuble dans lequel le fonds de commerce est exploité n'est pas tenu de former un recours contre l'ordonnance du juge-commissaire ordonnant la cession du fonds de commerce, dès lors qu'il n'entend pas obtenir la nullité ou la résolution de la vente du fonds de commerce dont la cession est ordonnée, mais seulement la résiliation du bail, qui n'est qu'un élément du fonds de commerce. • Même arrêt.

12. Inapplicabilité de l'art. L. 621-88. Les cessions opérées au cours des opérations de liquidation judiciaire n'entraînent pas transmission forcée des contrats de fourniture de biens ou services concernant les biens cédés. • Com. 19 déc. 1995 : *Bull. civ. IV, n° 303 ; D. 1997. Somm. 3, obs. Derrida ; D. Affaires 1996. 180* • 4 févr. 2003 : *RJDA 2003, n° 747 ; RD banc. fin. 2003, n° 151, obs. F.-X. Lucas ; Rev. proc. coll. 2003. 243, obs. Roussel Galle* • 13 mai 2003 : *Petites affiches 8 déc. 2003, p. 12, obs. Mottet.* ♦ V. aussi, pour l'incessibilité du contrat de franchise, en cas de liquidation judiciaire du franchiseur, • Orléans, 14 sept. 2000 : *D. 2001. 1017, note Marot.*

13. Inapplicabilité de l'art. L. 621-84, al. 3. Si dans les conditions et suivant les modalités prévues à l'art. 82 [C. com., art. L. 621-84], al. 3, il est possible de céder un bail rural en vue du redressement de l'entreprise par la voie d'un plan de cession, cette faculté est exclue au cours des opérations de liquidation judiciaire, fût-ce à l'occasion de la cession globale d'une unité de production, dès lors que, dans ce cas, les contrats ne peuvent être cédés qu'aux conditions qui leur sont applicables et qu'il n'existe aucune dérogation aux dispositions d'ordre public de l'art. L. 411-35 C. rur. qui interdisent la cession d'un bail rural. • Com. 1er oct. 1997 : *Bull. civ. IV, n° 232 ; D. Affaires 1997. 1224 ; JCP 1997. II. 22941, rapp. Rémery.*

14. Recours. V. ancien art. 25 du 1er décret du 27 déc. 1985 et note 15 *bis* ss. cet art., *infra,* App., v° *Difficultés des entreprises,* note 3 ss. ancien art. L. 623-4 et ancien art. L. 623-5.

Ancien art. L. 622-18 *Le juge-commissaire ordonne la vente aux enchères publiques ou de gré à gré des autres biens de l'entreprise, le débiteur entendu ou dûment appelé et après avoir recueilli les observations des contrôleurs.*

Le juge-commissaire peut demander que le projet de vente amiable lui soit soumis afin de vérifier si les conditions qu'il a fixées ont été respectées. — [L. n° 85-98 du 25 janv. 1985, art. 156]. — V. Décr. n° 85-1388 du 27 déc. 1985, ancien art. 151-2, infra, App., v° Difficultés des entreprises.

Pour les contrats d'édition, V. CPI, art. L. 132-15. - ***CPI*** *ou* ***C. proc. coll.***

BIBL. ► SOINNE, *Rev. proc. coll. 1988. 1.* – GARÇON, *JCP E 1999, n° 13, p. 561* (pacte de préférence). – RAKOTOVAHINY, *D. 2000. Chron. 51* (vente de gré à gré du fonds de commerce) ; *Petites affiches 31 janv. 2000, p. 4.* – MACORIG-VENIER, *JCP N 2004, n° 27, p. 1070* (ventes de gré à gré dans la liquidation judiciaire : actualité et perspectives).

1. Biens concernés. Lorsque les biens cédés (fonds de commerce, stock de marchandises, matériel divers) n'englobent aucun outil de production propre à l'activité de l'entreprise soumise à la procédure de liquidation judiciaire et ne s'accompagnent de la reprise d'aucun salarié, ni de projet de création immédiate d'emplois, c'est avec pertinence et dans les pleines limites de ses attributions que le juge-commissaire a fondé son ordonnance sur l'art. 156 [C. com., art. L. 622-18], seul applicable en l'espèce, et non sur l'art. 155 [C. com., art. L. 622-17]. • T. com. Lyon, 29 juill. 1986 : *D. 1987. Somm. 93, obs. Derrida.* ♦ Dans le même sens, pour la vente d'une simple marque de fabrique : • Aix-en-Provence, 3 juin 1993 : *Rev. proc. coll. 1995. 77, obs. Dureuil.*

La cession d'un portefeuille d'actions, détenu par une société en liquidation judiciaire, constitue la cession d'un élément d'actif ; il ne peut s'agir de la cession d'une unité de production, au sens de l'art. 155 [C. com., art. L. 622-17], même si la cession des actions est accompagnée de celle de toutes les créances détenues sur la société cédée et les filiales de celle-ci. • Paris, 18 mars 1994 : *Bull. Joly 1994. 688, note Le Cannu ; Dr. sociétés 1995, n° 119, obs. Chaput.*

1 bis. La liquidation judiciaire du promettant est sans effet sur la promesse de vente qu'il a consentie alors qu'il était maître de ses biens et ne prive pas le bénéficiaire de son droit de lever l'option d'achat ; dès lors, en autorisant la cession du fonds de commerce à un tiers après la levée de l'option d'achat par le bénéficiaire de la promesse, le juge-commissaire excède ses pouvoirs, ce qui rend l'appel du jugement recevable. • Com. 7 mars 2006 : *D. 2006. AJ. 859, obs. Lienhard ; Act. proc. coll. 2006, n° 93, obs. Monsèrié-Bon.*

1 ter. Sur une autorisation donnée sous condition de stipuler une clause de réserve de propriété, V. note 14 ss. ancien art. L. 621-122.

2. Offres d'achat. **BIBL.** Delattre, *RJDA 2003, p. 323* (réalisation des actifs d'une entreprise en liquidation judiciaire : ordonnance du juge-commissaire et rétractation). ♦ Les dispositions de l'art. 156 [C. com., art. L. 622-18] font échapper, par leur caractère d'ordre public, l'offre d'achat de gré à gré d'un élément de l'actif mobilier d'un débiteur en liquidation judiciaire aux dispositions d'ordre privé du code civil régissant la nature et la forme de la vente. • Com. 14 juin 1994 : *Bull. civ. IV, n° 210 ; D. 1994. IR. 205 ; Rev. proc. coll. 1995. 343, obs. Dureuil.* ♦ Aussi, s'agissant de l'auteur d'une offre d'achat de fonds de commerce n'ayant pas rétracté celle-ci avant l'ordonnance du juge-commissaire autorisant le liquidateur à céder le bien à l'amiable, ni formé de recours contre ladite ordonnance qui lui avait été régulièrement notifiée, une cour d'appel a pu décider qu'en refusant, sans justifier d'aucun motif légitime tiré de la non-réalisation des conditions suspensives dont l'offre était assortie, de procéder à la vente ordonnée par le juge-commissaire, l'auteur de l'offre avait commis une faute engageant sa responsabilité. • Même arrêt (V. l'arrêt confirmé : • Aix-en-Provence, 10 mars 1992 : *JCP 1992. IV. 1589*). ♦ Si la vente de gré à gré d'un élément de l'actif mobilier du débiteur en liquidation judiciaire n'est réalisée que par l'accomplissement d'actes postérieurs à la décision du juge-commissaire qui ordonne, sur le fondement de l'art. 156 [C. com., art. L. 622-18], la cession du bien, celle-ci n'en est pas moins parfaite dès l'ordonnance, sous la condition suspensive que la décision acquière force de chose jugée, dès lors que le cessionnaire ne peut ensuite refuser de procéder à la vente ordonnée en retirant l'offre d'achat retenue par le juge-commissaire, sauf à justifier, le cas échéant, d'un motif légitime tiré de la non-réalisation des conditions dont il avait pu l'assortir. • Com. 11 mars 1997 : *Bull. civ. IV, n° 69 ; D. 1997. IR. 87 ; D. Affaires 1997. 482 ; Defrénois 1997. 941, obs. Sénéchal ; JCP E 1997. I. 681, n° 8, obs. Pétel ; Rev. huiss. 1998. 351, note Courtier.* ♦ Ainsi, dès lors qu'une société n'allègue pas qu'une ordonnance aurait retenu une offre d'achat différente de celle, non conditionnelle, qu'elle avait formulée, c'est à bon droit qu'une cour d'appel, sans énoncer que l'ordonnance de ce magistrat valait vente par elle-même, retient que la cession du fonds était parfaite et en déduit que la créance déclarée au titre du prix de vente convenu devait être admise au passif du redressement judiciaire de l'acquéreur. • Même arrêt. – V. Garçon, *JCP N 1997. I. 1283.* ♦ De même, le cessionnaire, qui ne peut refuser de régulariser la vente en retirant son offre, est tenu, pour obtenir la restitution de l'acompte, d'agir en résolution de la cession devant le tribunal de la procédure collective. • Com. 3 oct. 2000 : *Bull. civ. IV, n° 146 ; D. 2000. AJ. 397, obs. Lienhard ; RJDA 2000, n° 1143 ; JCP E 2001, n° 4, p. 175, obs. Cabrillac ; RTD com. 2001. 224, obs. Saint-Alary-Houin ; Dr. et patr. juin 2001. 111, obs. Monsèrié-Bon.* ♦ Comp. note 4 *ter.*

V. aussi, sur la sanction du refus d'acquérir,

• Com. 19 déc. 2000 : *Act. proc. coll. 2001, n° 68 ; RJDA 2001, n° 617* • Riom, 22 mai 2003 : *RD banc. fin. 2004, n° 83, obs. F.-X. Lucas.*

L'art. 155 [C. com., art. L. 622-17], al. 3, qui interdit à certaines personnes de se porter acquéreur d'une unité de production, n'est pas applicable aux ventes soumises à l'art. 156 [C. com., art. L. 622-18]. • Com. 6 juin 1995 : *RJDA 1995, n° 1297 ; Dr. sociétés 1995, n° 139, obs. Chaput.*

Sur l'application du principe d'interdiction d'aggravation des charges, prévu à l'ancien art. L. 621-63, al. 3, V. note 6 *bis* ss. cet art.

2 bis. Autorisation du juge-commissaire. Les ventes des biens de l'entreprise en liquidation judiciaire ont lieu suivant les formes prescrites par la loi du 25 janv. 1985. Cette règle est d'ordre public. La nullité absolue résultant de la violation des formes prescrites par l'art. 156 de cette loi [C. com., art. L. 622-18] peut être invoquée par tout intéressé, sans qu'il soit tenu de justifier d'un grief et l'autorisation donnée postérieurement par le juge-commissaire ne peut faire obstacle à l'action en nullité du cessionnaire et de son liquidateur. • Com. 27 oct. 1998 : *Bull. civ. IV, n° 259 ; D. 1998. IR. 256 ; D. Affaires 1998. 1861, obs. A. L. ; Quot. jur. 26 nov. 1998, p. 8, note P. M. ; JCP E 1998, n° 52, p. 2064, obs. Pétel* (V. l'arrêt confirmé • Paris, 19 mai 1995 : *D. 1995. Somm. 309, obs. Honorat*). – V. Garçon, *JCP N 1999, n° 26, p. 1051.*

Pour la nullité d'une cession d'actifs autorisée au mépris du principe du contradictoire, V. • Paris, 11 janv. 2005 : *RD banc. fin. 2005, n° 54, obs. F.-X. Lucas ; Rev. proc. coll. 2006. 59, obs. Lebel.* ♦ V. aussi, dans le cas où le juge-commissaire avait, suite au refus du candidat acquéreur de déférer à la sommation de signer l'acte de vente, autorisé la cession au profit d'un second acquéreur, sans avoir au préalable appelé à la procédure le premier candidat, • Grenoble, 25 janv. 1995 : *Rev. proc. coll. 1996. 55, obs. Dureuil.*

En ce sens que l'ordonnance de cession de gré à gré d'un fonds de commerce doit être notifiée au dirigeant de l'entreprise débitrice, au candidat acquéreur retenu et à l'avocat du créancier inscrit, V. • T. com. Paris, (ord.), 22 avr. 1997 : *RJ com. 1998. 31, obs. Gallet.*

3. Recours. V. ancien art. 25 du 1er décret du 27 déc. 1985, *infra,* App., v° *Difficultés des entreprises,* note 15 *bis* ss. cet art., note 3 ss. ancien art. L. 623-4 et ancien art. L. 623-5. ♦ Sur l'irrecevabilité de l'opposition d'un candidat acquéreur évincé contre l'ordonnance du juge-commissaire décidant la vente de gré à gré du fonds de commerce, V. aussi • T. com. Nanterre, 3 mai 1988 : *Rev. proc. coll. 1989. 240, obs. Dureuil.* ♦ Comp., sur la recevabilité de l'opposition de l'acquéreur retenu par l'ordonnance : • T. com. Grenoble, 17 mai 1991 : *RJ com. 1993. 216, obs. Gallet.*

4. Réalisation de la vente. La décision rendue par le juge-commissaire, sur le fondement de l'art. L. 622-18, ne vaut pas vente par elle-même. La cession ainsi ordonnée n'est réalisée que par les actes que doit passer le liquidateur judiciaire après l'ordonnance, de sorte que le transfert de propriété est subordonné à l'établissement de ces actes. • Com. 8 janv. 2002 : *RJDA 2002, n° 669.* ♦ Les conditions de la cession étant, en raison de la disparition d'une partie du matériel cédé, antérieurement au paiement du prix par le cessionnaire et à l'autorisation du commissaire-priseur de procéder à l'enlèvement du matériel, différentes de celles arrêtées par le juge-commissaire dans son ordonnance, la société cessionnaire a un motif légitime de refuser de poursuivre la vente. • Paris, 19 oct. 1999 : *Act. proc. coll. 2000, n° 33, obs. Vallansan ; Petites affiches 2 août 2000, p. 23, note Rakotovahiny.* ♦ V. aussi note 2, *supra,* et note 3 *bis* ss. ancien art. L. 622-17.

4 bis. Le juge-commissaire, en autorisant la prise de possession d'un fonds de commerce, dépendant de l'actif d'une liquidation judiciaire, cédé dans le cadre d'une vente de gré à gré, en violation des clauses du bail, sans l'agrément du propriétaire et en l'absence d'autorisation des tribunaux, fût-ce à titre précaire, a excédé ses pouvoirs, ce qui rend l'appel du jugement recevable en application de l'art. 173 [C. com., art. L. 623-4] (2). • Com. 14 oct. 1997 : *D. Affaires 1997. 1469 ; Petites affiches 15 juill. 1998, p. 18, note Tulliars.* ♦ Sur la responsabilité du mandataire n'ayant pas respecté l'obligation contractuelle de céder le bail par acte authentique, V. • Civ. 1re, 13 févr. 1996 : *Bull. civ. I, n° 83.*

4 ter. L'autorité de la chose jugée attachée à l'ordonnance du juge-commissaire qui a autorisé la vente aux enchères publiques de l'ensemble des biens de la société en liquidation judiciaire ne dispense pas le liquidateur et les professionnels (commissaires-priseurs), chargés de procéder à la vente, du respect des règles de mise en conformité et d'obtention des certificats de conformité exigées par la législation applicable à la commercialisation d'équipements de travail réputés dangereux (soit par l'art. L. 233-5 C. trav.). • Com. 9 janv. 2001 : *D. 2001. 3071, note Crevel* .

4 quater. Vente à vil prix. Pour un exemple, V. • Com. 28 sept. 2004 : *cité note 5 ss. ancien art. L. 623-4.*

5. Effets de la vente. Le fait que le crédit-bailleur d'un véhicule, qui n'était pas intervenu à l'acte de fonds de commerce du preneur soumis à une procédure de liquidation judiciaire, n'avait pas été tenu au courant de la clause prévoyant la reprise du crédit-bail par le repreneur et ne l'avait pas acceptée, ait appréhendé ce véhicule dans les locaux du repreneur, où il se trouvait du seul fait de la cession, ne suffit pas à prouver la novation par changement de débiteur. • Com. 8 mars 1994 : *RJDA 1994, n° 771.* ♦ V. aussi, refusant l'argument de la caution invoquant la novation par changement de débiteur, • Com. 6 juin 1995 : *Rev. proc. coll. 1995. 457, obs. Kerckhove.*

6. Viole la clause de non-concurrence contenue dans le contrat de vente du fonds de commerce, l'exploitant individuel qui se rétablit et crée une confusion dans l'esprit de la clientèle. • Bourges, 10 sept. 1996 : *Dr. sociétés 1997, n° 87, obs. Chaput.* ♦ En revanche, il ne peut être reproché à l'ancien associé d'une société l'exercice d'une activité interdite par une clause de non-concurrence insérée dans la vente du fonds, dès lors que cette clause n'engage que la société débitrice représentée par le liquidateur et non les associés de la société dont le liquidateur n'est pas mandataire. • Nancy, 16 mars 1994 : *Dr. sociétés 1994, obs. Chaput.* – V. aussi • Paris, 5 juill. 1996 : *Dr. sociétés 1997, n° 27, obs. Chaput.*

6 bis. Inapplicabilité de l'art. L. 621-88. Le juge-commissaire qui ordonne la cession forcée d'un contrat accessoirement à la vente de gré à gré d'un bien visé à l'art. 156, devenu l'art. L. 622-18 C. com., excède ses pouvoirs. • Com. 26 juin 2001 : *JCP E 2002, n° 28, p. 1199, note Perdriau (3e esp.) ; RD banc. fin. 2002, n° 20, obs. F.-X. Lucas.* – Dans le même sens, V. • Versailles, 14 oct. 2004 : *RJDA 2005, n° 306.* ♦ V. aussi note 12 ss. ancien art. L. 622-17.

7. Compétence juridictionnelle. V. note 4 *quinquies* ss. ancien art. 174 du 1er décret du 27 déc. 1985, *infra,* App., v° *Difficultés des entreprises.*

8. Formalités de purge. S'agissant de la vente d'un fonds de commerce, les formalités de purge prévues par l'art. 22 de la loi du 17 mars 1909 [C. com., art. L. 143-12] incombent au cessionnaire, le liquidateur judiciaire n'ayant à cette fin aucune qualité. • T. com. Paris, 28 juin 1993 : *Rev. proc. coll. 1995. 78, obs. Dureuil.* ♦ V. désormais ancien art. 104, al. 3, du décret n° 85-1388 du 27 déc. 1985, ajouté par Décr. n° 94-910 du 21 oct. 1994, *infra,* App., v° *Difficultés des entreprises.*

9. Surenchère du dixième. La loi du 25 janv. 1985 ne contenant aucune disposition régissant la procédure de surenchère du créancier inscrit en cas de cession amiable du fonds de commerce autorisée par le juge-commissaire, les formalités prévues par l'art. 23 de la loi du 17 mars 1909, devenu les art. L. 143-13 et L. 143-15 C. com., doivent être respectées par le créancier surenchérisseur. • Com. 10 janv. 2006 : *D. 2006. AJ. 368, obs. Lienhard ; JCP E 2006, n° 14-15, p. 670, obs. Cabrillac ; Act. proc. coll. 2006, n° 30, obs. Vallansan ; Gaz. Pal. 30 avr.-4 mai 2006, p. 35, obs. M. Sénéchal.* – V. déjà, en ce sens, • Com. 20 oct. 1998 : *Bull. civ. IV, n° 248 ; D. Affaires 1998. 1946, obs. A.-L. M.-D.* • Paris, 28 nov. 1997 : *D. Affaires 1998. 138, obs. A.-L. M.-D. et P. P. ; RTD com. 1998. 325, obs. Derruppé* • Douai, 24 juill. 2001 : *RTD com. 2003. 59, obs. Saintourens.* ♦ Sur le respect des formalités de publicité prévues par la loi de 1909, V. aussi Vauvillé, *Dr. et patr. 1999. 51* ; Rakotovahiny, *D. 2000. Chron. 51.*

Ancien art. L. 622-19 ***Avant toute vente ou toute destruction des archives du débiteur, le liquidateur en informe l'autorité administrative compétente pour la conservation des archives. Cette autorité dispose d'un droit de préemption.*** — [L. n° 85-98 du 25 janv. 1985, art. 157].

Ancien art. L. 622-20 ***Le liquidateur peut, avec l'autorisation du juge-commissaire et le débiteur entendu ou dûment appelé, compromettre et transiger sur toutes les contestations qui intéressent collectivement les créanciers même sur celles qui sont relatives à des droits et actions immobiliers.***

Si l'objet du compromis ou de la transaction est d'une valeur indéterminée ou excède la compétence en dernier ressort du tribunal, le compromis ou la transaction est soumis à l'homologation du tribunal. — [L. n° 85-98 du 25 janv. 1985, art. 158]. — V. Décr. n° 85-1388 du 27 déc. 1985, anciens art. 124 et 151-2, infra, App., v° Difficultés des entreprises.

1. Domaine d'application. L'art. 158 [C. com., art. L. 622-20] ne s'applique pas aux actions engagées sur le fondement de l'art. 180 [C. com., art. L. 624-3], qui sont fondées sur une disposition d'ordre public. • Versailles, 15 juin 1995 : *Rev. proc. coll. 1999. 178, obs. Canet.* ♦ V. aussi note 37 *bis* ss. ancien art. L. 624-3.

Pour un exemple de transaction homologuée entre le Gouvernement d'Abu Dhabi et les créanciers des succursales françaises et monégasque de la BCCI, V. • T. com. Paris, 10 mai 1995 : *D. 1995. Somm. 389, obs. Vasseur ; Rev. proc. coll. 1999. 178, obs. Canet.* ♦ En ce sens que la résiliation amiable d'un bail rural peut faire l'objet d'une transaction, V. • TGI Boulogne-sur-Mer, 5 mai 1998 : *Rev. proc. coll. 1999. 174, obs.*

Canet. ♦ Sur la validité d'une transaction relative à la responsabilité d'une banque, V. • Toulouse, 29 mars 1999 (2e esp.) : *RJ com. 2000. 179, note Monsèrié-Bon.* ♦ Sur l'appréciation par le juge de l'économie de l'accord, V. • Rouen, 2 mai 1996 : *Rev. proc. coll. 1999. 179, obs. Canet* • Paris, 21 juin 1994 : *ibid.* • 28 mars 1997 : *ibid.*

1 bis. L'art. 158 [C. com., art. L. 622-20] ne confère pas au liquidateur, même autorisé par le juge-commissaire, le pouvoir de renoncer à l'extinction d'une créance par application de l'art. 53 [C. com., art. L. 621-46]. • Com. 23 nov. 1999 : *D. 2000. AJ. 13, obs. A. L.* ; *JCP E 2000, nos 18-19, p. 752, obs. Pétel ; Petites affiches 11 juill. 2000, p. 27, note Courtier ; RTD com. 2000. 719, obs. Martin-Serf* ; *Rev. proc. coll. 2002. 283, obs. Canet.*

1 ter. Il résulte de l'art. 2093 [2285] C. civ., selon lequel les biens du débiteur sont le gage commun de ses créanciers qui s'en distribuent le prix entre eux à moins qu'il n'y ait des causes légitimes de préférence, qu'aux termes d'une transaction, des créanciers n'ayant aucune garantie ne peuvent se voir accorder plus de droits qu'un créancier nanti. • Com. 10 déc. 2002 : *Bull. civ. IV, no 192 ; D. 2003. AJ. 134, obs. Lienhard* ; *JCP E 2003, no 20, p. 851, obs. Pétel.*

1 quater. Le plan d'apurement d'une créance bancaire passé dans l'intérêt exclusif et indistinct du débiteur et de son épouse, afin d'éviter la réalisation de l'immeuble commun, et sans atteinte aux droits des autres créanciers, ne constitue pas une transaction au sens de l'art. 158 [C. com., art. L. 622-20]. • Com. 4 oct. 2005 : *D. 2005. AJ. 2806, obs. Lienhard* ; *Gaz. Pal. 30 avr.-4 mai 2006, p. 36, obs. M. Sénéchal.*

2. Homologation. Dès lors que l'objet de la transaction excède la compétence en dernier ressort du tribunal, l'homologation de la transaction doit être soumise au tribunal de la procédure collective. • Com. 2 mars 1999 : *Rev. proc. coll. 1999. 176, obs. Canet ; Petites affiches 24 avr. 2000, p. 9, note Gallet.* ♦ En procédant lui-même à l'homologation de la transaction, le juge-commissaire excède les limites de ses attributions. • Même arrêt. ♦ Sur le caractère obligatoire de la double formalité de l'autorisation préalable du juge-commissaire et de l'homologation du tribunal, pour les actes visés à l'art. L. 622-20, al. 2, C. com., V. • Paris, 31 mai 2002 : *D. 2002. AJ. 2533* . – Comp. : • Orléans, 17 févr. 2000 : *Rev. proc. coll. 2002. 286, obs. Canet.* ♦ L'ordonnance par laquelle le juge-commissaire autorise le liquidateur à transiger n'a pas elle-même à être homologuée par le tribunal. • Reims, 5 juin 1996 : *Rev. proc. coll. 1999. 176, obs. Canet.*

En ce sens que le jugement homologuant la transaction est revêtu de l'autorité de la chose jugée et a pour effet d'interdire toute appréciation de la validité de la transaction, V. • Com. 19 oct. 1993 : *Rev. proc. coll. 1999. 178, obs. Canet* (loi de 1967).

3. Ordre public. Les règles de ce texte étant d'ordre public, les transactions intervenues en violation des formes prescrites par la loi sont nulles d'une nullité absolue (loi de 1967). • Com. 6 déc. 1994 : *Bull. civ. IV, no 372 ; D. 1995. Somm. 215, obs. Honorat* . ♦ V. aussi note 5.

4. Pour l'homologation d'une transaction alors que l'accord des parties n'avait pu se concrétiser dans un projet de transaction soumis à l'autorisation du juge-commissaire, V. • Grenoble, 16 févr. 1988 : *Rev. proc. coll. 1999. 174, obs. Canet.*

5. Voies de recours. Une banque qui est intervenue à l'instance, en sa qualité de créancière munie d'une sûreté spéciale portant sur un actif, objet de la transaction, justifie d'un intérêt personnel, distinct de celui de la collectivité des créanciers, et est donc recevable à interjeter appel du jugement autorisant la transaction. • Com. 10 déc. 2002 : *préc. note 1 ter.* ♦ En revanche, la qualité de bailleur et de créanciers du débiteur en liquidation judiciaire ne permet pas de critiquer les motifs par lesquels une cour d'appel a rejeté une demande de transaction présentée par le liquidateur, seul habilité à élever une contestation dans l'intérêt collectif des créanciers. • Même arrêt. L'appel du liquidateur contre le jugement d'homologation d'une transaction non autorisée ne peut être déclaré irrecevable, le liquidateur ayant intérêt à demander la nullité d'une transaction entachée d'une nullité absolue. • Com. 29 avr. 2002 : *RJDA 2002, no 1065.* ♦ Le débiteur, même s'il a le droit d'être entendu par le tribunal en application de l'art. L. 622-20 C. com., n'est pas partie à la transaction, de sorte que son appel contre le jugement d'homologation est irrecevable dès lors que l'accord conclu par le liquidateur n'est pas relatif à des droits extrapatrimoniaux ou à des droits propres exclus du dessaisissement. • Amiens, 3 juin 2004 : *Rev. proc. coll. 2005. 54, obs. Dumont.* – V. aussi • Paris, 21 juin 1994 : *Rev. proc. coll. 1999. 177, obs. Canet* • Versailles, 12 oct. 1995 : *ibid.* • Chambéry, 4 déc. 2001 : *Rev. proc. coll. 2003. 9, obs. Lebel.* ♦ Pour l'irrecevabilité de l'appel formé par les associés de la société en liquidation judiciaire, V. • Com. 16 oct. 2001 : *Act. proc. coll. 2001, no 266 ; Dr. sociétés 2002, no 41, note Legros.* ♦ En ce sens qu'un contrôleur ne peut interjeter appel du jugement d'homologation, V. • Com. 9 déc. 1997 : *Rev. proc. coll. 1999. 177, obs. Canet* • Paris, 19 déc. 1995 : *ibid.* ♦ Pour l'irrecevabilité de l'appel formé par un cosignataire de la transaction à l'encontre du jugement d'homologation, V. • Toulouse, 29 mars 1999 : *préc. note 1.*

Ancien art. L. 622-21 ***Le liquidateur autorisé par le juge-commissaire peut, en payant la dette, retirer les biens constitués en gage par le débiteur ou la chose retenue.***

A défaut de retrait, le liquidateur doit, dans les six mois du jugement de liquidation judiciaire, demander au juge-commissaire l'autorisation de procéder à la réalisation. Le liquidateur notifie l'autorisation au créancier quinze jours avant la réalisation. — V. Décr. n° 85-1388 du 27 déc. 1985, ancien art. 155, infra, App., v° Difficultés des entreprises.

Le créancier gagiste, même s'il n'est pas encore admis, peut demander, avant la réalisation, l'attribution judiciaire. Si la créance est rejetée en tout ou en partie, il restitue au liquidateur le bien ou sa valeur, sous réserve du montant admis de sa créance.

En cas de vente par le liquidateur, le droit de rétention est de plein droit reporté sur le prix. L'inscription éventuellement prise pour la conservation du gage est radiée à la diligence du liquidateur. — [L. n° 85-98 du 25 janv. 1985, art. 159].

BIBL. ► MARTIN-SERF, *RTD com. 1988. 692.* – NEVEU, *Banque 1985. 1030 ; RJ com. nov. 1994, n° spéc., p. 149.* – DEVÈZE, *Rev. proc. coll. 1992. 119.* – POURQUIER, *D. Affaires 1998. 936 ; RTD com. 2000. 569.* – CAMPANA et CALENDINI, *JCP E 1998, n° 27, p. 1083.* – LE CORRE-BROLY, *D. Affaires 1998. 1802 et 1838* (droit de rétention sur documents d'immatriculation). – PÉROCHON, *Mélanges Cabrillac, Dalloz-Litec, 1999, p. 379.*

1. Biens constitués en gage. La consignation auprès du comptable du Trésor d'une somme pour assurer le recouvrement de la créance du Trésor public ne constitue pas un contrat de gage. Aussi, une cour d'appel ne peut, sans violer les art. L. 277, R. 277-1 LPF et 159 de la loi de 1985 [C. com., art. L. 622-21], pour ordonner la compensation entre la garantie détenue par la recette des finances et la créance du Trésor public, énoncer que les sommes déposées sur un compte à terme de la recette des finances constituent une sûreté assimilable au gage. • Com. 27 oct. 1998 : *D. 1999. Somm. 244, obs. Jobard-Bachellier ; D. Affaires 1999. 170, obs. V. A.-R. ; JCP 1999. I. 158, n° 13, obs. Delebecque ; RTD com. 1999. 749, obs. Martin-Serf ; Quot. jur. 17 nov. 1998, p. 7, note P. M. ; RJ com. 2000. 325, note Courtier.*

L'art. 159, al. 1er, devenu l'art. L. 622-21, al. 1er, C. com., est inapplicable aux immeubles. • Civ. 3e, 23 oct. 2002 : *Bull. civ. III, n° 209 ; D. 2002. AJ. 3144 ; Act. proc. coll. 2002, n° 269, obs. Saintourens ; JCP E 2003, n° 5, p. 221, obs. Cabrillac ; ibid., n° 43, p. 1720, note Kéita ; JCP 2003. II. 10182, note Dreuille ; RD banc. fin. 2003, n° 24, obs. Legeais.*

1 bis. Gage sans droit de rétention. Le juge-commissaire ne statue pas dans la limite de ses attributions lorsque, au mépris de l'ordre des créanciers, il autorise le liquidateur à retirer le bien nanti, en payant la dette du créancier titulaire d'un nantissement sur l'outillage et le matériel qui ne confère pas de droit de rétention. • Com. 4 janv. 2005 : *Bull. civ. IV, n° 1 ; D. 2005. 970, note A. Aynès ; ibid. Pan. 2018, obs. F.-X. Lucas ; JCP E 2005, n° 17, p. 709, obs. Cabrillac ; Gaz. Pal. 29-30 avr. 2005, p. 31, obs. Voinot ; Rev. proc. coll. 2005. 133, obs. Gorrias.*

1 ter. Attribution judiciaire. Le créancier gagiste peut, à défaut de paiement, demander l'attribution judiciaire de son gage et, si le débiteur est soumis à une procédure de redressement judiciaire, il dispose à nouveau de cette faculté après le jugement prononçant la liquidation judiciaire. • Com. 28 mai 1996 : *Bull. civ. IV, n° 144 ; D. 1996. Somm. 385, obs. S. Piedelièvre ; Rev. dr. bancaire 1996. 211, obs. Campana et Calendini.* ♦ L'art. 40 [C. com., art. L. 621-32] n'exclut pas l'application de l'art. 159 [C. com., art. L. 622-21], al. 3, et de l'art. 2078 C. civ., l'attribution judiciaire du gage étant, à défaut de disposition contraire, offerte au créancier, titulaire d'un nantissement sur outillage et matériel d'équipement, qui ne poursuit pas la réalisation du bien grevé. • Com. 6 mars 1990 : *Bull. civ. IV, n° 67 ; D. 1990. 311, note Derrida ; JCP E 1990. II. 15815, note Amlon* (V. l'arrêt cassé : • Bastia, 21 avr. 1988 : *D. 1988. Somm. 384, obs. Honorat*). ♦ Tout créancier nanti peut demander l'attribution judiciaire du gage même non assorti d'un droit de rétention et le superprivilège des salaires ne peut faire obstacle à cette attribution. • Com. 6 janv. 1998 : *Bull. civ. IV, n° 9 ; D. 1998. IR. 39 ; D. Affaires 1998. 157, obs. A. L. ; Petites affiches 8 févr. 1999, p. 15, note Teilliais.* ♦ V. aussi, en ce sens que l'attribution judiciaire ne suppose pas que le gage soit affecté d'un droit de rétention, • Aix-en-Provence, 21 mai 1987 : *Gaz. Pal. 1989. 1. 211, note Putman* • Lyon, 26 mars 1993 : *Gaz. Pal. 1995. 2. Somm. 606* • Colmar, 19 nov. 1997 : *Gaz. Pal. 1999. 2. 803.* ♦ Comp., affirmant que le fait d'engager des procédures visant à ordonner l'attribution ou la vente des objets gagés est le prolongement normal de l'exercice du droit de rétention et ne saurait s'analyser comme une renonciation à celui-ci : • Com. 18 déc. 1990 : *RTD com. 1992. 465, obs. Martin-Serf*. – *Contra* : • Limoges, 6 janv. 1987 : *JCP E 1988. II. 15346, note Garçon.*

1 quater. Le créancier qui a omis de déclarer la sûreté dont il était titulaire ne peut ultérieurement faire état de son droit de rétention, conséquence de cette sûreté, pour demander l'attribution judiciaire du gage. • Com. 1er févr. 2000 : *RJDA 2000, n° 562.*

Le droit de rétention qui n'est pas une sûreté et qui n'est pas assimilable au gage ne permet pas l'attribution en pleine propriété de la chose retenue. • Com. 9 juin 1998 : *Bull. civ. IV, n° 181 ; D. 1999. Somm. 300, obs. Piedelièvre ; D. Affaires 1998. 1323, obs. A. L. ; RTD com. 1999. 751, obs. Martin-Serf ; Banque et Droit nov.-déc. 1998. 38, obs. Rontchevsky ; Gaz. Pal. 1999. 2. Somm. 451, obs. Guével.*

Le titulaire du droit de rétention peut refuser la restitution des marchandises sur lesquelles il exerce son droit mais n'a nullement vocation à se voir attribuer la propriété de ces marchandises et seul le liquidateur est habilité à procéder à la vente des marchandises, le droit de rétention étant reporté sur le prix de vente dans les limites du montant de l'admission de la créance du rétenteur. • Même arrêt. ♦ V. aussi note 3 *bis* ss. ancien art. L. 621-44.

1 quinquies. Est recevable la demande d'attribution judiciaire d'un gage sur valeurs mobilières. • Aix-en-Provence, 2 avr. 1992 : *Dr. sociétés 1992, n° 262, obs. Chaput ; Rev. proc. coll. 1993. 156, obs. Dureuil.*

1 sexies. La banque bénéficiaire d'un warrant agricole n'a pas à revendiquer les marchandises remises en gage et dispose des droits qui lui sont reconnus par l'art. 159, devenu l'art. L. 622-21 C. com. • Com. 4 mars 2003 : *D. 2003. Somm. 1627, obs. Le Corre ; JCP E 2003, n° 40, p. 1573, obs. Cabrillac ; RJDA 2003, n° 865.*

2. L'absence de vérification des créances ne fait pas obstacle à la recevabilité de l'action en attribution du gage, laquelle suppose seulement l'existence d'une créance du bénéficiaire du gage à l'égard du constituant. • Versailles, 30 janv. 1997 : *D. 1997. IR. 124 ; D. Affaires 1997. 577.* – V. déjà • Chambéry, 26 sept. 1994 : *Gaz. Pal. 1995. 1. Somm. 195.*

2 bis. Dès lors qu'en exécution de deux ordonnances les matériels nantis ont été restitués aux vendeurs impayés, bénéficiaires d'une clause de réserve de propriété, le créancier gagiste ne peut plus, en vertu de l'art. 159 [C. com., art. L. 622-21], al. 3, demander l'attribution de ces matériels revenus en la possession des vendeurs propriétaires. • Com. 5 avr. 1994 : *Bull. civ. IV, n° 146 ; D. 1994. IR. 117 ; JCP E 1995. I. 417, n° 13, obs. Cabrillac ; Rev. huiss. 1995. 720, note Bazin.*

2 ter. N'a pas dépassé la limite de ses attributions le juge-commissaire qui n'a pas dans son ordonnance attribué judiciairement le matériel nanti, ni fait application de l'art. 159 [C. com., art. L. 622-21], al. 4, mais qui a seulement affecté une quote-part du prix de cession à chacun des biens cédés pour la répartition du prix et l'exercice du droit de préférence, conformément à l'art. 155 [C. com., art. L. 622-17], dernier al. (à propos d'une demande d'attribution faite, par un créancier n'ayant pas fait opposition à l'ordonnance, avant la réalisation de l'acte de vente). • Com. 16 avr. 1996 : *Bull. civ. IV, n° 122 ; D. 1996. IR. 139 ; JCP E 1996. I. 584, n° 16, obs. Cabrillac ; Rev. huiss. 1998. 287, note Courtier.* ♦ Dès lors que l'ordonnance autorisant la vente est passée en force de chose jugée, l'attribution judiciaire du matériel ne peut plus être demandée. • Même arrêt.

En revanche, excède les limites de ses attributions le juge-commissaire qui rejette la demande d'attribution judiciaire de titres nantis formée par une banque, au motif que celle-ci ne rapporte pas la preuve que le nantissement a été constitué antérieurement à la date de cessation des paiements et qu'en application de l'art. 107 [C. com., art. L. 621-107], 6°, ce nantissement est inopposable. • Paris, 5 oct. 1999 : *Banque et Droit mai-juin 2000. 49, obs. Guillot.*

2 quater. Le créancier gagiste, recouvrant, en vertu de l'art. 159 [C. com., art. L. 622-21], la faculté de demander l'attribution judiciaire du gage après le jugement prononçant la liquidation judiciaire, doit former une demande nouvelle devant le juge-commissaire. • Com. 14 oct. 1997 : *Bull. civ. IV, n° 265 ; D. 1998. Somm. 105, obs. S. Piedelièvre ; D. Affaires 1997. 1360 ; RTD com. 1999. 747, obs. Martin-Serf ; RD bancaire et bourse 1998. 25, obs. Campana et Calendini.*

Sur l'exercice de l'action par voie de requête adressée au juge-commissaire à titre préventif, dans le cadre de l'art. 25 du décret, V. • Grenoble, 11 oct. 1990 : *Gaz. Pal. 1991. 208, note Gallet.* ♦ V. aussi, se prononçant en faveur de la compétence du juge-commissaire, Cass., rép., *BICC 1er mai 1996, p. 37* • Chambéry, 26 sept. 1994 : *préc. note 2.* ♦ Comp., pour une demande formée devant le tribunal de commerce : • Versailles, 30 janv. 1997 : *préc. note 2.*

2 quinquies. L'attribution judiciaire ne peut être demandée durant la phase de redressement judiciaire. • Chambéry, 26 sept. 1994 : *préc. note 2.* ♦ V. note 41 ss. ancien art. L. 621-40.

2 sexies. Lorsque le créancier gagiste demande l'attribution judiciaire du gage, en application de l'art. 159 [C. com., art. L. 622-21], al. 3, il n'agit pas en revendication. • Com. 28 janv. 1997 : *Bull. civ. IV, n° 32 ; Dr. sociétés 1997, n° 42, obs. Chaput.*

3. Vente par le liquidateur. Une banque, titulaire d'un droit de rétention fictif sur un véhicule automobile, est fondée, en cas de vente aux enchères publiques de ce véhicule à l'initiative du liquidateur, à suspendre la mainlevée du gage à l'attribution à son profit du produit de la vente, peu important l'existence de créances superprivilégiées de salaires qui ne peuvent faire échec au report du droit de rétention sur le prix. • Com. 15 oct. 1991 : *Bull. civ. IV, n° 288 ; D. 1991. IR. 249 ; RTD com. 1992. 464, obs. Martin-Serf.* – V. aussi • TGI Vesoul, 17 juin 1988 : *Gaz. Pal. 1988. 2. 838, note Pinon* • Aix-en-Provence, 21 juin 1991 : *RJDA 1991, n° 1076.* ♦ En revanche, le droit de rétention du prêteur sur les documents administratifs relatifs à des véhicules ne s'étend pas aux véhicules eux-mêmes et il n'en résulte pas un droit pour le prêteur de se faire attribuer le prix de vente des véhicules concernés par ces documents. • Com. 8 juill. 2003 : *D. 2004. Somm. 55, obs. Le Corre ; RJDA 2004, n° 101.* – V. Le Corre-Broly, *Gaz. Pal. 26-28 sept. 2004, p. 5.*

3 bis. L'art. 159 [C. com., art. L. 622-21], al. 4, est inapplicable au nantissement d'un fonds de commerce car ce dernier ne confère aucun droit de rétention réel ou fictif au créancier. • Bordeaux, 20 déc. 1995 : *Cah. jurispr. Aquitaine 1996, n° 2, p. 94* • Orléans, 19 janv. 2006 : *RJDA 2006, n° 459.*

4. Sanction du délai de six mois. Dès lors que le liquidateur ne demande pas l'autorisation de procéder à la réalisation du bien gagé dans le délai de six mois, le créancier, dont le droit de rétention n'est pas contesté et à l'encontre de qui une demande de restitution n'est plus recevable, n'a pas d'autre possibilité que de demander au tribunal l'autorisation de réaliser la chose qu'il retient et il y a donc lieu de faire droit à cette demande. • Limoges, 23 févr. 1993 : *D. 1993. IR. 77 ; JCP E 1993. I. 275, n° 7, obs. Cabrillac.*

5. Responsabilité civile du liquidateur. V., en cas de retard pour procéder à la réalisation du bien engagé (loi de 1967), • Com. 11 mai 1993 : *Bull. civ. IV, n° 186 ; JCP E 1993. I. 295, n° 9, obs. Cabrillac.*

6. Situation de la caution. Si l'attribution judiciaire du gage prévue par l'art. 159, al. 3, devenu l'art. L. 622-21, al. 3, C. com., ne constitue qu'une faculté pour le créancier, ce dernier, lorsqu'il est par ailleurs garanti par un cautionnement, commet une faute au sens de l'art. 2037 [2314] C. civ. si, en s'abstenant de demander cette attribution, il prive la caution d'un droit qui pouvait lui profiter. • Com. 13 mai 2003 : *Bull. civ. IV, n° 73 ; D. 2003. AJ. 1629, obs. Avena-Robardet ; D. 2004. Somm. 52, obs. Le Corre ; Act. proc. coll. 2003, n° 173, obs. Legeais ; JCP E 2003, n° 40, p. 1575, obs. Cabrillac ; RD banc. fin. 2003, n° 192, obs. F.-X. Lucas ; RTD com. 2004. 156, obs. Martin-Serf ; Petites affiches 19 févr. 2004, p. 4, note Mouial-Bassilana ; Defrénois 2004. 889, obs. J. Honorat* • 3 déc. 2003 : *RD banc. fin. 2004, n° 79, obs. F.-X. Lucas ; RJDA 2004, n° 626.* – *Contra* : • Civ. 1re, 8 juill. 2003 : *D. 2004. Somm. 52, obs. Le Corre.* ♦ Dans le même sens, la Chambre mixte de la Cour de cassation a considéré que la caution est déchargée de son obligation lorsque la banque, en accordant au liquidateur la mainlevée de son nantissement, renonce au bénéfice du gage. • Cass., Ch. mixte, 10 juin 2005 : *Bull. civ., n° 5 ; D. 2005. AJ. 1773, obs. Delpech ; ibid. 2020, note Piedelièvre ; JCP E 2005, n° 29, p. 1218, note Legeais ; JCP 2005. II. 10130, note Simler ; Act. proc. coll. 2005, n° 142, obs. Regnaut-Moutier ; Banque et Droit juill.-août 2005. 63, obs. Jacob ; Dr. et procédures 2005. 365, obs. Picod ; RTD com. 2005. 844, obs. Martin-Serf.*

7. Recours. V. note 6 *quater* ss. ancien art. L. 623-4.

SECTION III DE L'APUREMENT DU PASSIF

SOUS-SECTION 1 DU RÈGLEMENT DES CRÉANCIERS

Ancien art. L. 622-22 ***Le jugement qui ouvre ou prononce la liquidation judiciaire rend exigibles les créances non échues.***

Lorsque ces créances sont exprimées dans une monnaie autre que celle du lieu où a été prononcée la liquidation judiciaire, elles sont converties en la monnaie de ce lieu, selon le cours du change à la date du jugement. — [L. n° 85-98 du 25 janv. 1985, art. 160].

1. Caution. La déchéance du terme convenu, résultant du prononcé de la liquidation judiciaire du débiteur principal, n'a d'effet qu'à l'égard de celui-ci et ne peut pas être étendue à la caution, à défaut de clause contraire. • Com. 8 mars 1994 : *Bull. civ. IV, n° 96 ; D. 1994. 557, note Bazin* • 17 déc. 1996 : *RJDA 1997, n° 552* • 25 mars 1997 : *Dr. et patr. janv. 1998. 90, obs. B. Saint-Alary* • 13 oct. 1999 : *Rev. proc. coll. 2000. 55, obs. Kerckhove* • 26 oct. 1999 : *JCP E 1999, n° 49, p. 1941* • 7 déc. 1999 : *Rev. proc. coll. 2000. 132, obs. Kerckhove* • 18 janv. 2000 : *RJDA 2000, n° 477.* ♦ Comp. : note ss. ancien art. L. 621-49. ♦ *Contra*, dans le cas d'un cautionnement hypothécaire, assimilé à une sûreté réelle : • Civ. 1re, 4 mai 1999 : *D. 1999. IR. 168 ; D. Affaires 1999. 899, obs. A. L.*

2. Libération des actions. Si l'art. 75 de la loi du 24 juill. 1966 [C. com., art. L. 225-3] fixe un délai maximal de cinq ans à compter de l'immatriculation de la société pour la libération des actions de numéraire, l'art. 160 ci-dessus [C. com., art. L. 622-22] prévoit que la liquidation judiciaire rend exigibles les créances non échues à la date du jugement d'ouverture de la procédure. Par suite, le mandataire-liquidateur peut à tout moment exiger des actionnaires le versement de la fraction du capital non libéré correspondant à leurs apports sans avoir à justifier que celui-ci est nécessaire pour apurer le passif. • Paris, 16 janv. 1992 : *RJDA 1992, n° 869.* ♦ V. aussi, s'agissant de la libération du solde du capital d'une SARL à capital variable, • Rennes, 17 janv. 2001 : *Bull. joly 2001. 163, note Legrand ; Dr. sociétés 2001, n° 160, obs. Legros* • Paris, 6 mars 2001 : *D. 2001. AJ. 1543, obs. Lienhard ; Bull. Joly 2001. 787, note Dom ; Dr. sociétés 2001, n° 116, obs. F.-X. Lucas ; Rev. proc. coll. 2002. 176, obs. Lebel.* ♦ Comp., jugeant que l'art. 160 [C. com., art. L. 622-22] ne vise que les créances sur le débiteur et non les créances du débiteur : • Versailles, 3 avr. 1997 : *D. Affaires 1997. 1084 ; Bull. Joly 1997. 861, note Dom* • Lyon, 11 févr. 2000 : *RTD com. 2001. 145, obs. Champaud et Danet*. ♦ La dette de l'actionnaire au titre de la libération du capital souscrit ne devient exigible que sur décision du conseil d'administration ou du directoire ; l'expiration du délai dans lequel la libération du capital aurait dû intervenir ne suffit pas à rendre cette créance exigible. • Même arrêt. ♦ Une société ayant été mise en liquidation judiciaire, le liquidateur, substitué aux organes légaux de celle-ci, est en droit d'exiger de certains souscripteurs qu'ils libèrent totalement leurs actions, dès lors qu'aucune échéance n'a été fixée par les dirigeants, sans avoir à justifier de l'appel des fonds auprès de tous les actionnaires. • Com. 9 mai 1995 : *Bull. civ. IV, n° 137 ; D. 1995. IR. 148 ; Rev. sociétés 1995. 753, note Jeantin ; Defrénois 1995. 961, obs. Le Cannu ; Bull. Joly 1995. 775, note Calendini.* ♦ Sur cette question, V. aussi F.-X. Lucas, *Petites affiches 9 janv. 2002, p. 7.*

3. Indemnité contractuelle. Aucun texte, et spécialement l'art. 160 [C. com., art. L. 622-22], ne dispose que la clause, déterminant le montant de l'indemnité destinée à réparer le préjudice causé au prêteur au cas d'exigibilité anticipée du prêt, serait réputée non écrite, après le prononcé de la liquidation judiciaire. Une telle clause, dont les parties peuvent librement convenir lors de la signature du contrat, sous réserve du pouvoir reconnu au juge par l'art. 1152, al. 2, C. civ., n'est pas contraire à la règle d'égalité des créanciers. • Com. 9 mai 1995 : *Bull. civ. IV, n° 132 ; D. 1995. IR. 153.*

§ 1er DU DROIT DE POURSUITE INDIVIDUELLE

Ancien art. L. 622-23 ***Les créanciers titulaires d'un privilège spécial, d'un nantissement ou d'une hypothèque et le Trésor public pour ses créances privilégiées peuvent, dès lors qu'ils ont déclaré leurs créances même s'ils ne sont pas encore admis, exercer leur droit de poursuite individuelle si le liquidateur n'a pas entrepris la liquidation des biens grevés dans le délai de trois mois à compter du jugement qui ouvre ou prononce la liquidation judiciaire.***

En cas de vente d'immeubles, les dispositions des premier, troisième et cinquième alinéas de l'article L. 622-16 sont applicables. Lorsqu'une procédure de saisie immobilière a été engagée avant le jugement d'ouverture, le créancier titulaire d'une hypothèque est dispensé, lors de la reprise des poursuites individuelles, des actes et formalités effectués avant ce jugement. — [L. n° 85-98 du 25 janv. 1985, art. 161].

Ancien art. 161 (al. 2) de la loi du 25 janv. 1985 [rédaction antérieure à L. n° 94-475 du 10 juin 1994] ***En cas de vente d'immeubles, les dispositions des premier et quatrième alinéas de l'article 154 sont applicables.*** — Pour l'entrée en vigueur de la loi du 10 juin 1994, V. note ss. ancien art. L. 620-1.

BIBL. ▸ DEVÈZE, *Rev. proc. coll. 1992. 119.*

1. Créanciers visés. En accordant à quelques créanciers le droit d'exercer, sous certaines conditions, leurs droits de poursuites individuelles, le législateur a implicitement mais nécessairement décidé que l'exercice d'un tel droit était en principe suspendu ou interdit à tous les créanciers conformément aux dispositions de l'art. 47 [C. com., art. L. 621-40]. • TGI Chalons-sur-Saône, 11 mars 1986 : *Gaz. Pal. 1986. 2. 614, note Brault.* ♦ Dans ces conditions, la demande de bailleurs, alors que le tribunal de commerce a prononcé la liquidation judiciaire du preneur, et tendant à la résiliation d'un contrat de bail pour défaut de paiement des loyers est irrecevable. • Même jugement.

2. Inaction du liquidateur. Si l'art. 161 [C. com., art. L. 622-23] n'exige pas que le liquidateur ait réalisé les ventes dans les trois mois du jugement [ouvrant ou] prononçant la liquidation judiciaire, il est cependant nécessaire qu'un commencement d'exécution soit intervenu dans ce même délai. • Com. 28 mai 1991 : *Bull. civ. IV, n° 186 ; D. 1991. Somm. 333, obs. Honorat* . ♦ Le liquidateur ne justifiant pas avoir, à la suite d'une ordonnance par laquelle le juge-commissaire, statuant à sa requête, l'avait autorisé à procéder à toute expertise et à toute recherche à l'effet de déterminer avec précision la consistance et l'évaluation des immeubles du débiteur ainsi qu'à « poursuivre les ventes d'ores et déjà entreprises dans les formes prescrites par la loi du 25 janv. 1985 et le décret du 27 déc. 1985 », procédé à des recherches effectives ou saisi un expert, il peut en être déduit que la décision du juge-commissaire avait constitué une simple mesure préparatoire ouvrant la possibilité de passer à l'exécution des opérations de liquidation et que, dès lors, la liquidation des biens grevés n'avait pas été entreprise dans le délai légal. • Même arrêt. – V. aussi • Bourges, 26 oct. 1987 : *Rev. proc. coll. 1988. 324, obs. Dureuil.*

2 bis. Constitue une démarche nécessaire et préalable à la vente des meubles saisis, l'intervention volontaire des liquidateurs à une audience du juge de l'exécution, tenue quelques semaines après le prononcé de la liquidation judiciaire et relative à une instance engagée par les débiteurs avant l'ouverture de la procédure collective, tendant à voir déclarer nulles les saisies conservatoires et à faire ordonner la restitution des meubles objets de la saisie conservatoire et de la saisie-vente engagées par le Trésor public. • Paris, 12 déc. 1995 : *Rev. proc. coll. 1996. 221, obs. Canet.*

3. Le droit de poursuite individuelle des créanciers, qui ne peut avoir pour effet de modifier l'ordre des paiements, autorise seulement la poursuite ou l'engagement des voies d'exécution. Aussi, une société subrogée dans les droits du vendeur d'un ensemble immobilier est irrecevable à exercer l'action résolutoire du contrat de vente, bien que le liquidateur judiciaire n'ait pas entrepris la liquidation des biens grevés dans le délai de trois mois à compter du jugement de liquidation judiciaire. • Com. 19 déc. 1995 : *Bull. civ. IV, n° 305 ; D. 1996. 145, note Campana ; D. 1996. Somm. 390, obs. S. Piedelièvre ; D. Affaires 1996. 213 ; Defrénois 1996. 937, obs. Sénéchal ; RTD com. 1996. 533, obs. Martin-Serf ; JCP E 1996. I. 554, n° 13, obs. Pétel* • 19 janv. 1999 : *Act. proc. coll. 1999, n° 73* • 13 nov. 2001 : *RJDA 2002, n° 285.* – V. Soinne, *Rev. proc. coll. 1996. 145.* ♦ V. aussi • Lyon, 21 avr. 1989 : *D. 1991. Somm. 110, obs. Derrida* . ♦ *Contra*, jugeant qu'à défaut d'inaction du mandataire-liquidateur dans le délai visé à l'art. 161 [C. com., art. L. 622-23], le vendeur impayé ne peut exercer son action résolutoire, V. • Limoges, 6 avr. 1987 : *JCP E 1988. II. 15346, note Garçon* • Toulouse, 21 juin 1988 : *Rev. proc. coll. 1990. 170, obs. Dureuil.* – En ce sens aussi, • Douai, 13 mai 1991 : *Defrénois 1992. 596, obs. Sénéchal.* ♦ En ce sens que l'inaction du liquidateur n'autorise pas le créancier hypothécaire à poursuivre le mandataire en paiement de la créance garantie, V. • Civ. 3e, 2 juill. 2003 : *Act. proc. coll. 2003, n° 214.*

3 bis. Le créancier hypothécaire d'un époux *in bonis* ne peut exercer des poursuites sur l'immeuble commun qu'après justification de ce que le liquidateur de l'autre époux n'a pas entrepris la liquidation du bien grevé dans les trois mois du jugement de liquidation judiciaire. • Cass., Ass. plén., 23 déc. 1994 : *Bull. civ., n° 7 ; BICC 1er févr. 1995, p. 1, concl. Roehrich, rapp. Chartier ; D. 1995. 145, rapp. Chartier, note Derrida ; RJ com. 1995. 55, note M. Storck ; JCP 1995. II. 22401, note Randoux ; JCP E 1995. II. 660, note Pétel ; Gaz. Pal. 1995. 2. 407, note de La Marnierre.* – V. aussi Sénéchal, *Bull. Joly 1995. 229 ;* Vauville, *Rev. proc. coll. 1995. 23 ;* Courtier, *Rev. huiss. 1995. 961.* ♦ V. note 9 *bis* ss. ancien art. L. 621-40. ♦ Sur le sort des biens communs lorsque les époux sont successivement mis en liquidation judiciaire, V. Rubellin, *Defrénois 2001. 492.*

3 ter. Le créancier hypothécaire du coïndivisaire, maître de ses biens, peut poursuivre la saisie immobilière du bien grevé dès lors que le liquidateur de l'indivisaire en procédure collective n'a pas entrepris la liquidation du bien dans les trois mois à compter du jugement ayant prononcé la liquidation judiciaire. • Com. 6 juill. 1999 : *Bull. civ. IV, n° 152 ; D. 2000. Somm. 395, obs. Piedelièvre ; D. Affaires 1999. 1217, obs. A. L. ; Act. proc. coll. 1999, n° 183, obs. Vallansan ; Procédures 1999, n° 251, obs. Laporte.*

4. Déclaration de créance. Sur la nécessité de déclarer sa créance, V. • TGI Fontainebleau, 8 avr. 1987 : *D. 1988. Somm. 145, obs. Honorat.* ♦ Le tiers détenteur d'un immeuble grevé d'une hypothèque ne peut opposer au créancier qui exerce son droit de suite que l'extinction de la créance résultant du défaut de déclaration et non le fait qu'elle n'ait pas encore été admise par le juge-commissaire. • Com. 17 déc. 2003 : *Bull. civ. IV, n° 210 ; D. 2004. AJ. 137, obs. Lienhard ; JCP E 2004, n° 22, p. 862, obs. Pétel.*

4 bis. Absence d'influence de l'inaction du Trésor public sur la prescription. V. note 38 ss. ancien art. L. 621-43.

5. Vente d'immeubles (jurisprudence antérieure à la loi du 10 juin 1994). Avant la loi du 10 juin 1994, les créanciers hypothécaires, qui exerçaient leur droit de poursuite individuelle dans le cas prévu à l'art. 161, al. 1er, étaient soumis aux dispositions de l'art. 154, al. 1er et 4, de la loi et à celles des art. 125 à 131 du décret pris pour l'application dudit art. 154. • Com. 19 mars 1991 : *Bull. civ. IV, n° 103 ; D. 1991. 360, note Honorat.* ♦ Comp., désormais : art. L. 622-23, al. 2. ♦ Sur la nullité d'une procédure de saisie immobilière engagée sans l'intervention du juge-commissaire, V. ce même arrêt. – V. aussi • TGI Angoulême, 12 mars 1991 : *Gaz. Pal. 1991. 2. Somm. 427.*

6. Le créancier hypothécaire, qui exerce des poursuites de saisie immobilière sur un bien indivis sur lequel une personne soumise à une procédure collective a des droits, est tenu, sans préjudice de la délivrance d'un commandement aux indivisaires maîtres de leurs droits, fût-il titulaire d'une hypothèque consentie par tous les indivisaires et lui permettant dès lors de poursuivre pour la saisie et la vente de ce bien avant le partage de l'indivision, de présenter requête au juge-commissaire dont l'ordonnance se substitue au commandement de droit commun. • Com. 22 avr. 1997 : *Bull. civ. IV, n° 99 ; D. 1998. Somm. 106, obs. Piedelièvre ; D. Affaires 1997. 703 ; JCP E 1997. I. 681, n° 15, obs. Pétel ; Defrénois 1998. 254, obs. Sénéchal.* – V. déjà • Reims, 14 févr. 1996 : *JCP E 1997. Pan. 601.* ♦ Dans le même sens, s'agissant de poursuites de saisie immobilière sur un bien commun à deux époux dont l'un est soumis à une procédure collective, V. • Com. 16 mars 1999 : *RJDA 1999, n° 703 ; Procédures 1999, n° 156, obs. Laporte ; Act. proc. coll. 1999, n° 131 ; Defrénois 1999. 865, obs. Sénéchal ; Rev. proc. coll. 2001. 10, obs. Macorig-Venier.*

7. Lorsque la vente est poursuivie par un créancier, en application de l'art. 161 [C. com., art. L. 622-23], la mise à prix n'est pas déterminée par le juge-commissaire seul, mais par celui-ci en accord avec le créancier poursuivant. • Com. 6 janv. 1998 : *Bull. civ. IV, n° 2.*

8. Pour une application de l'art. L. 622-23, al. 2, dispensant le créancier, lors de la reprise des poursuites, des actes et formalités effectués avant le jugement d'ouverture, V. • TGI Montbrison, 21 nov. 2000 : *JCP 2001. II. 10487, note Laporte.*

Ancien art. L. 622-24 *Le juge-commissaire peut, d'office ou à la demande du représentant des créanciers, du liquidateur, du commissaire à l'exécution du plan ou d'un créancier, ordonner le paiement à titre provisionnel d'une quote-part d'une créance définitivement admise.*

Ce paiement provisionnel peut être subordonné à la présentation par son bénéficiaire d'une garantie émanant d'un établissement de crédit. — [L. n° 85-98 du 25 janv. 1985, art. 161-1]. — L'art. 161-1 de la loi n° 85-98 du 25 janv. 1985, codifié à l'art. L. 622-24, était issu de la loi n° 94-475 du 10 juin 1994. — Pour l'entrée en vigueur de cette loi, V. ancien art. L. 620-1.

BIBL. ▶ HUILLE, *Gaz. Pal. 2001. Doctr. 298.*

• § 2 DE LA RÉPARTITION DU PRODUIT DE LA LIQUIDATION JUDICIAIRE

BIBL. ▶ SOINNE, *Rev. proc. coll. 1997. 249.* – PIERRE, *Rev. proc. coll. 2000. 1* (l'indu et les erreurs de répartition). – CANET, *Gaz. Pal. 2001. Doctr. 292* (compétence pour prescrire les répartitions et statuer sur les conflits de privilèges). – ROUGER, *ibid. p. 303* (distribution du prix de vente des immeubles).

Ancien art. L. 622-25 *Si une ou plusieurs distributions de sommes précèdent la répartition du prix des immeubles, les créanciers privilégiés et hypothécaires admis concourent aux répartitions dans la proportion de leurs créances totales.*

Après la vente des immeubles et le règlement définitif de l'ordre entre les créanciers hypothécaires et privilégiés, ceux d'entre eux qui viennent en rang utile sur le prix des immeubles pour la totalité de leur créance ne perçoivent le montant de leur collocation hypothécaire que sous la déduction des sommes par eux reçues.

Les sommes ainsi déduites profitent aux créanciers chirographaires. — [L. n° 85-98 du 25 janv. 1985, art. 162].

1. Règle de l'égalité des créanciers. BIBL. Pollaud-Dulian, *JCP 1998. I. 138.* ♦ Un créancier, admis à titre chirographaire, ne peut conserver les sommes à lui payées en violation de la règle de l'égalité des créanciers chirographaires, le paiement eût-il été fait en connaissance de cette violation. • Com. 17 nov. 1992 : *Bull. civ. IV, n° 361 ; D. 1993. 341, note Sortais,* *et Somm. 191, obs. Honorat* *; JCP 1993. II. 22140, note Dagorne-Labbe ; Defrénois 1994. 575. obs. Sénéchal* • 11 févr. 2004 : *Bull. civ. IV, n° 27 ; D. 2004. AJ. 701* *; JCP E 2004, n° 24, p. 963, note Millet ; ibid., n° 37, p. 1391, obs. Cabrillac ; Act. proc. coll. 2004, n° 72, obs. Regnaut-Moutier ; RTD com. 2005. 165, obs. Martin-Serf* .

1 bis. En revanche, le paiement fait par une erreur sur l'ordre des privilèges n'ouvre pas droit à répétition, dès lors qu'il est intervenu sans atteinte au principe de l'égalité des créanciers, inapplicable aux créanciers privilégiés, et que l'accipiens n'a reçu que ce que lui devait son débiteur. • Com. 30 oct. 2000 : *Bull. civ. IV, n° 169 ; D. 2001. 1527, note S. Pierre* *; ibid. Somm. 620, obs. Honorat* *; ibid. 1612, obs. Brémond* *; D. 2000. AJ. 430, obs. Pisoni* *; Act. proc. coll. 2000, n° 242, obs. Vallansan ; JCP E 2001, n° 4, p. 176, obs. Cabrillac ; Defrénois 2001. 364, obs. Sénéchal ; Dr. et patr. juin 2001. 114, obs. Monsèrié-Bon.*

2. Efficacité d'une saisie-attribution. Un créancier ne pouvant, en procédant par voie de saisie-attribution, que saisir la créance disponible, au sens de l'art. 43 de la loi du 9 juill. 1991, une saisie pratiquée sur des sommes issues de la réalisation judiciaire de l'actif de liquidation d'une société est inutile, dès lors que ces sommes se trouvent affectées au désintéressement des créanciers de cette société, selon les règles d'ordre public de la procédure collective. • TGI Caen, JEX, 21 mai 1996 : *BICC 1996, n° 1025 ; RJDA 1997, n° 424.* ♦ Le créancier recourant à la saisie-attribution ne saurait primer par sa diligence dans l'exercice de cette voie d'exécution et par l'effet attributif subséquent, que les créanciers de même rang. Et dès lors que le superprivilège des salariés absorbe l'intégralité du produit de la vente, la mainlevée de cette saisie ne peut qu'être ordonnée. • Même ordonnance.

Ancien art. L. 622-26 ***Les droits des créanciers hypothécaires qui sont colloqués partiellement sur la distribution du prix des immeubles sont réglés d'après le montant qui leur reste dû après la collocation immobilière. L'excédent des dividendes qu'ils ont touchés dans des distributions antérieures par rapport au dividende calculé après collocation est retenu sur le montant de leur collocation hypothécaire et est inclus dans les sommes à répartir aux créanciers chirographaires.*** — [L. n° 85-98 du 25 janv. 1985, art. 163].

Ancien art. L. 622-27 ***Les créanciers privilégiés ou hypothécaires, non remplis sur le prix des immeubles, concourent avec les créanciers chirographaires pour ce qui leur reste dû.*** — [L. n° 85-98 du 25 janv. 1985, art. 164].

Ancien art. L. 622-28 ***Sous réserve du troisième alinéa de l'article L. 622-21, les dispositions des articles L. 622-25 à L. 622-27 s'appliquent aux créanciers bénéficiaires d'une sûreté mobilière spéciale.*** — [L. n° 85-98 du 25 janv. 1985, art. 165].

Ancien art. L. 622-29 ***Le montant de l'actif, distraction faite des frais et dépens de la liquidation judiciaire, des subsides accordés au chef d'entreprise ou aux dirigeants ou à leur famille et des sommes payées aux créanciers privilégiés, est réparti entre tous les créanciers au marc le franc de leurs créances admises.***

La part correspondant aux créances sur l'admission desquelles il n'aurait pas été statué définitivement et, notamment, les rémunérations des dirigeants sociaux tant qu'il n'aura pas été statué sur leur cas, est mise en réserve. — [L. n° 85-98 du 25 janv. 1985, art. 166].

BIBL. ▶ CABRILLAC, *Mélanges Breton-Derrida, p. 31* (égalité entre les créanciers).

SOUS-SECTION 2 DE LA CLÔTURE DES OPÉRATIONS DE LIQUIDATION JUDICIAIRE

BIBL. ▶ SOINNE, *Rev. proc. coll. 1993. 217.*

Ancien art. L. 622-30 ***A tout moment, le tribunal peut prononcer, même d'office, le débiteur entendu ou dûment appelé et sur rapport du juge-commissaire, la clôture de la liquidation judiciaire :***

1° Lorsqu'il n'existe plus de passif exigible ou que le liquidateur dispose des sommes suffisantes pour désintéresser les créanciers ;

2° Lorsque la poursuite des opérations de liquidation judiciaire est rendue impossible en raison de l'insuffisance de l'actif. — [L. n° 85-98 du 25 janv. 1985, art. 167]. — V. Décr. n° 85-1388 du 27 déc. 1985, ancien art. 152-1, infra, App., v° Difficultés des entreprises.

BIBL. ▶ VALLENS, *Petites affiches 19 sept. 1997, p. 4.*

1. Application au redressement judiciaire. Les art. 167 et 8, devenus les art. L. 622-30 (1°) et L. 621-6 C. com., n'interdisent pas de prononcer la clôture de la procédure de redressement judiciaire lorsqu'au cours de la période d'observation il est constaté que le débiteur met à la disposition de ses créanciers des sommes suffisantes pour payer les dettes exigibles. • Com. 8 juill. 2003 : *Bull. civ. IV, n° 128 ; D. 2003. AJ. 2008, obs. Lienhard ; D. 2004. Somm. 57, obs. Le Corre ; Act. proc. coll. 2003, n° 212, obs. Vallansan ; JCP E 2004, n° 5, p. 173, obs. Cabrillac ; RTD com. 2003. 814, obs. Saint-Alary-Houin ; Dr. sociétés 2004, n° 26, note Legros ; Rev. proc. coll. 2004. 74, obs. Canet.* ♦ V. déjà, en ce sens : • T. com. Chartres, 16 juin 1992 : *Gaz. Pal. 1992. 2. 725, note Marchi* • 31 mars 1993 : *ibid. 1993. 2. 347, note Marchi* • TGI La Roche-sur-Yon, 21 janv. 1992 : *JCP 1992. IV. 2950.* ♦ V. aussi, implicitement, • Com. 22 avr. 1997 : *D. 1998. Somm. 11, obs. Derrida ; Rev. proc. coll. 1998. 396, obs. Soinne.* ♦ *Contra* : • Toulouse, 9 nov. 1987 : *Rev. proc. coll. 1989. 240, obs. Dureuil.*

1 bis. Demande du débiteur. V. note 14 ss. ancien art. L. 622-9.

1 ter. Notion d'insuffisance d'actif. V. note ss. ancien art. 152-1 du 1er décret du 27 déc. 1985, *infra, App., v° Difficultés des entreprises.*

2. Effets du jugement de clôture pour extinction du passif. V. note 2 *bis* ss. ancien art. L. 625-10. ♦ En ce sens que le jugement de clôture pour extinction du passif ne fait pas obstacle aux poursuites ultérieures diligentées par un créancier qui n'a pas été désintéressé, le débiteur n'ayant pas respecté l'accord avec ce créancier qui prévoyait le paiement échelonné de sa créance, V. • Com. 4 oct. 2005 : *Bull. civ. IV, n° 192 ; D. 2005. AJ. 2806, obs. Lienhard ; D. 2006. Pan. 82, obs. Le Corre ; JCP E 2006, n° 2, p. 74, obs. Cabrillac ; Gaz. Pal. 30 avr.-4 mai 2006, p. 36, obs. M. Sénéchal.*

3. Effets du jugement de clôture pour insuffisance d'actif. La clôture des opérations de liquidation pour insuffisance d'actif prive le mandataire judiciaire du droit de représenter la personne morale. • Civ. 2e, 17 oct. 2002 : *Bull. civ. II, n° 232 ; D. 2002. AJ. 3143 ; Bull. Joly 2003. 125, note Pétel ; Rev. sociétés 2003. 154, note Le Corre ; Dr. sociétés 2003, n° 129, note Legros ; RJ com. 2004. 388, note Sortais.* ♦ V. aussi note 2 *bis* ss. ancien art. L. 622-9.

3 bis. En ce sens que, le jugement de clôture de la liquidation judiciaire mettant fin aux fonctions du liquidateur, celui-ci, partie en première instance, ne peut plus être intimé et la procédure d'appel doit donc être régularisée par la nomination d'un mandataire *ad hoc*, V. • Com. 5 nov. 2003 : *Bull. civ. IV, n° 160 ; D. 2003. AJ. 2965 ; Act. proc. coll. 2004, n° 9, obs. Cagnoli ; JCP E 2004, n° 31, p. 1254, note Legros ; Rev. proc. coll. 2004. 271, obs. Dumont ; RJ com. 2004. 389, note Sortais.*

3 ter. Sur les conséquences de la clôture de la liquidation judiciaire pour insuffisance d'actif et de l'absence de vérification de l'état des créances, V. note 10 ss. ancien art. L. 621-46.

3 quater. V. aussi note 12 *ter* ss. ancien art. L. 620-2.

4. Durée excessive de la procédure. Pour une condamnation de la France sur le fondement de l'art. 6 (1) de la Convention européenne de sauvegarde des droits de l'homme (« délai raisonnable » des procédures), V. • CEDH 17 janv. 2002 : *D. 2002. AJ. 807 ; RJ com. 2002. 272, note Sortais.* – V. Vallens, *Bull. Lamy droit commercial mars 2002.* ♦ Pour une condamnation de l'Italie, V. • CEDH 17 juill. 2003 : *D. 2004. Somm. 1968, obs. Lemée.* – V. Soinne, *Rev. proc. coll. 2003. 303.*

5. Péremption d'instance. La péremption d'instance a pour objet de sanctionner le défaut de diligence des parties ; la procédure collective, dont l'ouverture est imposée par la loi dans certaines conditions, ne constitue pas une instance au sens de l'art. 386 NCPC. • Com. 10 janv. 2006 : *D. 2006. AJ. 443, obs. Lienhard ; JCP 2006. II. 10080, note Cholet.* ♦ V. aussi note 25 *bis* ss. ancien art. L. 621-104.

Ancien art. L. 622-31 *Le liquidateur procède à la reddition des comptes. Il est responsable des documents qui lui ont été remis au cours de la procédure pendant cinq ans à compter de cette reddition.* — [L. n° 85-98 du 25 janv. 1985, art. 168].

Ancien art. L. 622-32 *I. — Le jugement de clôture de liquidation judiciaire pour insuffisance d'actif ne fait pas recouvrer aux créanciers l'exercice individuel de leurs actions contre le débiteur, sauf si la créance résulte :*

1° D'une condamnation pénale soit pour des faits étrangers à l'activité professionnelle du débiteur, soit pour fraude fiscale, au seul bénéfice, dans ce cas, du Trésor public ;

2° De droits attachés à la personne du créancier.

II. — Toutefois, la caution ou le coobligé qui a payé au lieu et place du débiteur peut poursuivre celui-ci.

III. — Les créanciers recouvrent leur droit de poursuite individuelle en cas de fraude à l'égard des créanciers, de faillite personnelle, d'interdiction de diriger ou contrôler une entreprise commerciale ou une personne morale, de banqueroute ou lorsque le débiteur ou la personne morale dont il a été le dirigeant a été déclaré en état de cessation des paiements et que la procédure a été clôturée pour insuffisance d'actif.

IV. — Les créanciers dont les créances ont été admises et qui recouvrent l'exercice individuel de leurs actions peuvent obtenir, par ordonnance du président du tribunal, un titre exécutoire. — [L. n° 85-98 du 25 janv. 1985, art. 169]. — V. Décr. n° 85-1388 du 27 déc. 1985, anciens art. 27, 154 et 154-1, infra, App., v° Difficultés des entreprises.

BIBL. ► Dureuil et Mestre, *Rev. proc. coll. 1989. 389.* - Macorig-Venier, *ibid. 2003. 186.*

► Sur la situation de la caution après la loi du 10 juin 1994 : Brocard, *ALD 1994. 169 ; RJ com. 1994. 368.* — Devèze, *Petites affiches 12 oct. 1994, p. 10.* — De Valbray, *ibid., 14 sept. 1994, p. 73.* — Chaput, *Rev. proc. coll. 1994. 523.* — Courtier, *Rev. huiss. 1995. 257.* — Rubellin, *Petites affiches 21 juin 1995, p. 16.* — Delville, *JCP 1996. I. 3961.*

1. Cautions (jurisprudence antérieure à la loi du 10 juin 1994). Malgré la clôture de la liquidation judiciaire pour insuffisance d'actif, les créanciers conservent, la dette n'étant pas éteinte, le droit de poursuite à l'encontre de la caution du débiteur ; il en était ainsi, avant la loi du 10 juin 1994, quoique le droit, subsistant, de la caution à subrogation, ne pût s'exercer, sauf dans les cas prévus aux art. 169, ancien al. 2 [devenu al. 3], et 170 [ancien]. • Com. 8 juin 1993 : *Bull. civ. IV, n° 230 ; JCP 1993. II. 22174, note Ginestet ; Bull. Joly 1993. 911, note Jeantin ; Defrénois 1994. 577, obs. Sénéchal.* ♦ Dans le même sens : • Com. 28 juin 1994 : *Dr. sociétés 1994, n° 155, obs. Chaput* • Versailles, 18 juin 1998 : *Gaz. Pal. 1999. 2. Somm. 398.* ♦ V. aussi, pour l'absence de recours personnel de la caution *solvens* dont la créance de remboursement a pris naissance à la date de l'engagement de caution, antérieur à la procédure collective, • Com. 1er mars 2005 : *D. 2005. 1365, note Le Corre ; Rev. proc. coll. 2005. 212, obs. Macorig-Vernier.* ♦ Solution infirmée par l'art. L. 622-32, al. 2, issu de la loi n° 94-475 du 10 juin 1994, qui permet à la caution ou au coobligé qui a payé au lieu et place du débiteur de poursuivre celui-ci.

1 bis. Codébiteurs solidaires. Si le jugement de clôture de la liquidation judiciaire ne fait pas recouvrer aux créanciers l'exercice de leurs actions contre le débiteur, cette exception purement personnelle à ce dernier ne peut pas être opposée par le codébiteur solidaire. • Com. 24 mars 2004 : *D. 2004. AJ. 1593 ; Rev. proc. coll. 2004. 232, obs. Macorig-Venier.*

1 ter. Créances postérieures au jugement d'ouverture. Les dispositions de l'art. 169 [C. com., art. L. 622-32] ne sont pas applicables aux créanciers dont la créance est née régulièrement après l'ouverture de la procédure collective. • Com. 30 oct. 2000 : *Act. proc. coll. 2000, n° 248 ; RJDA 2001, n° 203.* ♦ L'époux créancier de l'autre au titre de sa contribution au passif après dissolution de la communauté n'est pas soumis aux dispositions de l'art. 169 [C. com., art. L. 622-32] lorsque cette dissolution intervient postérieurement au jugement d'ouverture de la procédure collective de l'époux débiteur. • Civ. 1re, 17 oct. 2000 : *Act. proc. coll. 2000, n° 244.*

1 quater. Actions en résolution. L'action tendant à la résolution d'un contrat pour motif autre que le défaut de paiement d'une somme d'argent n'est soumise ni aux dispositions de l'art. L. 621-40, ni à celles de l'art. L. 622-32, al. 1er. • Civ. 1re, 14 nov. 2001 : *Act. proc. coll. 2002, n° 14.*

1 quinquies. Action en revendication. Les dispositions de l'art. 169, devenu l'art. L. 622-32 C. com., ne font pas obstacle à l'exécution, postérieurement au jugement de clôture de la liquidation judiciaire pour insuffisance d'actif, d'une décision du juge-commissaire autorisant, à la suite d'une requête en revendication, la restitution du bien. • Com. 4 janv. 2005 : *Gaz. Pal. 29-30 avr. 2005, p. 45, obs. Le Corre-Broly ; RTD com. 2006. 207, obs. Martin-Serf.*

1 sexies. Action paulienne. L'action fondée sur l'art. 1167 C. civ. qu'un créancier peut exercer contre tous les actes faits en fraude de ses droits par le débiteur n'est pas soumise aux dispositions de l'art. L. 622-32 C. com. • Com. 2 nov. 2005 : *cité note 21 ss. ancien art. L. 621-40.*

1 septies. Créances éteintes. La renaissance du droit de poursuite individuelle d'un créancier pour le recouvrement d'une créance ayant son origine antérieurement au jugement d'ouverture est subordonnée à la non-extinction de cette créance sur laquelle la poursuite est fondée. • Com. 14 nov. 2000 : *Bull. civ. IV, n° 174 ; D. 2001. AJ. 125, obs. Lienhard ; Act. proc. coll. 2001, n° 14, obs. Vallansan ; RTD com. 2001. 226, obs. Martin-Serf* • 25 juin 2002 : *RD banc. fin. 2002, n° 191, obs. F.-X. Lucas ; Rev. proc. coll. 2004. 231, obs. Macorig-Venier.* ♦ Sans préjudice de l'éventuelle application des dispositions de l'art. 1382 C. civ. en raison de la fraude commise par le débiteur, la créance étant éteinte faute d'avoir été déclarée à la procédure collective et d'avoir donné lieu à relevé de forclusion, le créancier est irrecevable à invoquer les dispositions de l'art. 169, al. 2 [C. com., art. L. 622-32]. • Mêmes arrêts. – Dans le même sens, V. • Paris, 11 oct. 2001 : *D. 2001. AJ. 3435*. ♦ V. note 3 et comp. note 5 *bis*.

1 octies. Droits attachés à la personne. Déjà avant la loi du 10 juin 1994, la Cour de cassation avait jugé que l'art. 169 vise les droits attachés non à la personne du débiteur mais à celle du créancier. • Com. 31 mars 1992 : *Bull. civ. IV, n° 139 ; D. 1992. Somm. 373, obs. Derrida ; Defrénois 1992. 1384, obs. Le Cannu* • Soc. 11 mars 1993 : *Bull. civ. V, n° 84 ; D. 1993. IR. 101* • 11 janv. 1994 : *Rev. huiss. 1994. 477.* ♦ A défaut de résulter de tels droits, la créance de cotisations d'une caisse régionale d'assurance maladie ne peut ouvrir à celle-ci droit à la reprise des poursuites individuelles contre son assuré. • Com. 31 mars 1992 : *préc. – Contra* : • Dijon, 26 avr. 1990 : *D. 1991. Somm. 241, obs. crit. Honorat ; JCP E 1991. I. 44, n° 9, obs. crit. Pételhttps://*. – Comp. : • TASS Lot-et-Garonne, 6 juin 1994 : *BICC 1994, n° 800 ; Rev. dr. bancaire 1995. 41, obs. Campana* et *Calendini.* ♦ L'art. L. 622-32, al. 1er, dans sa rédaction issue de la loi n° 94-475 du 10 juin 1994, confirme cette jurisprudence.

Dès lors que l'accident du travail d'un salarié était dû à la faute inexcusable de l'employeur, la demande de ce salarié en paiement, par l'employeur d'une indemnité réparant son préjudice professionnel est recevable, s'agissant d'un droit attaché à la personne. • Soc. 23 mai 1996 : *Bull. civ. V, n° 204 ; D. 1996. IR. 157 ; Rev. proc. coll. 1997. 93, obs. Taquet.*

La créance de remboursement de prêt ne résulte pas de droits attachés à la personne du créancier. • Com. 29 mai 2001 : *Bull. civ. IV, n° 103 ; D. 2001. AJ. 1950*.

1 nonies. Non-extinction des dettes. Le jugement de clôture pour insuffisance d'actif n'entraînant pas extinction des dettes, le non-recouvrement par les créanciers de l'exercice individuel de leurs actions ne fait pas obstacle à l'application des dispositions impératives des art. L. 615-8 et R. 615-28 CSS, qui permettent de refuser le règlement des prestations, fussent-elles relatives à des soins postérieurs au jugement d'ouverture de la procédure collective, à l'assuré qui n'était pas à jour de ses cotisations au regard du régime dont il relevait et auquel il avait continué d'être assujetti malgré son changement d'activité. • Soc. 8 juin 1995 : *Bull. civ. IV, n° 194 ; Rev. proc. coll. 1996. 131, obs. Dureuil.* – Dans le même sens, V. • Dijon, 12 sept. 1995 : *Gaz. Pal. 1998. 1. Somm. 380.*

2. Alsace-Moselle. V., pour des applications spécifiques en raison du redressement judiciaire des personnes physiques en Alsace-Moselle, • TGI Metz, 25 août 1988 : *Rev. proc. coll. 1988. 429, obs. Dureuil* • Colmar, 16 mars 1988 : *D. 1989. Somm. 4, obs. Derrida* • Metz, 26 juin 1990 : *D. 1992. Somm. 2, obs. Derrida*.

2 bis. Débiteur récidiviste. Sur l'interprétation de l'art. L. 621-32, al. 3, *in fine*, V. • TGI Nice, 30 mai 1990 : *D. 1991. Somm. 113, obs. crit. Derrida*.

3. Fraude. BIBL. Pérochon, *Mélanges Honorat, Frison-Roche, 2000, p. 161.* ♦ L'art. 169 [C. com., art. L. 622-32] ne distingue pas selon que la fraude a été commise avant ou après l'ouverture de la procédure collective. • Com. 15 févr. 2005 : *Bull. civ. IV, n° 26 ; D. 2005. AJ. 711, obs. Lienhard ; ibid. Pan. 2018, obs. F.-X. Lucas ; Act. proc. coll. 2005, n° 71, obs. Blanc ; Gaz. Pal. 29-30 avr. 2005, p. 31, obs. Voinot.* ♦ Sur la condition de recevabilité tenant à la qualité de créancier, V. • Com. 2 févr. 1999 : *cité note 35 ss. ancien art. L. 621-46.* ♦ ... À la clôture de la procédure pour insuffisance d'actif, V. • Paris, 5 janv. 2005 : *Gaz. Pal. 3-5 avr. 2005, p. 20, obs. Vray.* ♦ Une simple faute de gestion est insuffisante pour caractériser la fraude. • Amiens, 16 déc. 1988 : *JCP E 1990. II. 15658, n° 11, obs. Cabrillac et Pételhttps://.* ♦ Les parties civiles dont les créances sont éteintes pour n'avoir pas été déclarées au passif de la liquidation judiciaire du prévenu ne peuvent prétendre avoir recouvré leur droit de poursuite individuelle en raison de la fraude de ce prévenu, leur ayant dissimulé sa mise en liquidation judiciaire, dès lors qu'il n'existe aucune obligation légale pour le débiteur d'informer ses créanciers du prononcé d'une mesure de redressement ou de liquidation judiciaire. • Crim. 11 mai 2000 : *Dr. sociétés 2000, n° 136, obs. Chaput.* ♦ En revanche, constatant qu'un débiteur, dont la liquidation judiciaire a été clôturée pour insuffisance d'actif, et qui est tenu, en vertu des art. 52 de la loi [C. com., art. L. 621-45] et 69 du décret, de remettre au représentant des créanciers la liste certifiée de ses créanciers et du montant de ses dettes, a dissimulé l'existence des sommes dont il était redevable envers un créancier qui n'a pu, en conséquence, bénéficier de l'avertissement aux créanciers connus d'avoir à déclarer leurs créances, prévu à l'art. 66 du décret, une cour d'appel en déduit justement qu'un tel comportement à l'égard du créancier est constitutif d'une fraude au sens de l'art. 169 [C. com., art. L. 622-32], al. 2 [3], de la loi. • Com. 16 nov. 1993 : *Bull. civ. IV, n° 407 ; D. 1994. 157, note Amalvy et Derrida*. ♦ Il en résulte que le jugement de clôture pour insuffisance d'actif fait recouvrer à ce créancier son droit de poursuite individuelle pour obtenir, à titre de dommages-intérêts, en application de l'art. 1382 C. civ., le paiement de l'équivalent de la créance éteinte par la fraude du débiteur. • Com. 26 oct. 1999 : *Bull. civ. IV, n° 186 ; D. 1999. AJ. 93, obs. A. L.* ; *Act. proc. coll. 1999, n° 258, obs. Vallansan ; JCP E 2000, n° 4, p. 128, obs. Pétel ; ibid., n° 42, p. 1660, note Le Corre ; RD banc. fin. 2000, n° 23, obs. F.-X. Lucas ; RJ com. 2000. 209, note Courtier ; RTD com. 2001. 226, obs. Martin-Serf*. – Rappr. : • Com. 12 avr. 2005 : *Gaz. Pal. 6-7 juill. 2005, p. 19, obs. Voinot* • Aix-en-Provence, 7 mars 1996 : *Gaz. Pal. 1997. 1. 53, note Latil* • Dijon, 17 oct. 1997 : *Act. proc. coll. 1999, n° 142, obs. Vallansan* • 15 sept. 1998 : *ibid.* • Douai, 19 sept. 2002 : *RD banc. fin. 2003, n° 152, obs. F.-X. Lucas* • Paris, 27 janv. 2004 : *ibid. 2004, n° 80, obs. F.-X. Lucas* • Caen, 24 févr. 2005 : *RJDA 2006, n° 681.* ♦ Toutefois, la créance fondant les poursuites étant éteinte pour n'avoir pas été déclarée au passif de la procédure collective du débiteur, les juges ne peuvent lui substituer un nouveau titre. • Civ. 2e, 26 juin 2003 : *D. 2003. AJ. 1911, obs. Lienhard* ; *Dr. et procédures 2003. 354, obs. Putman ; Petites affiches 18 févr. 2004, p. 3, note F.-X. Lucas.* ♦ V. aussi note 1 *quinquies* ; note 3 *bis* ss. ancien art. L. 621-45.

V. aussi ancien art. L. 625-8, al. 2.

4. Constitue une fraude aux droits d'un créancier le fait que, le jour où le débiteur a créé son entreprise personnelle, il était virtuellement en état de cessation des paiements. • Besançon, 14 oct. 1994 : *BICC 1995, n° 58* • Chambéry, 25 juin 2002 : *Procédures 2003, n° 20, note Laporte.*

4 bis. En ce sens que commet une fraude le débiteur qui accomplit, après la date de cessation des paiements, un acte visé aux art. 107 et 108 [C. com., art. L. 621-107 et L. 621-108], V. • Rouen, 20 nov. 1996 : *BRDA 1997, n° 5, p. 9.*

4 ter. La fraude peut consister dans le non-respect des mesures de publicité de la vente d'un fonds de commerce imposées par l'art. 3 de la loi du 17 mars 1909 [C. com., art. L. 141-12 s.]. • Montpellier, 5 mars 1997 : *Rev. proc. coll. 1999. 120, obs. Macorig-Venier.*

4 quater. La soustraction d'un bien par le dirigeant d'une personne morale en liquidation judiciaire pour insuffisance d'actif constitue une fraude, permettant aux créanciers de recouvrer leur droit de poursuite individuelle, sans qu'il soit nécessaire de reprendre la procédure, clôturée. • Paris, 9 oct. 2001 : *BICC 2002, n° 164.* ♦ Comp. note 3 ss. ancien art. L. 622-34.

5. L'art. 169 [C. com., art. L. 622-32] ne suppose pas nécessairement que la fraude concerne l'ensemble des créanciers. • Crim. 7 nov. 1994 : *Bull. crim. n° 353 ; JCP 1995. IV. 551.*

6. Sur le défaut de qualité des dirigeants pour interjeter appel du jugement ordonnant la réouverture de la procédure, V. note 6 *quater* ss. ancien art. L. 623-1.

7. Responsabilité fiscale. La clôture pour insuffisance d'actifs, malgré les conséquences qui s'y attachent à l'égard du débiteur en application de l'art. 169 [C. com., art. L. 622-32], ne fait pas obstacle à l'exercice par l'administration fiscale, à l'encontre du dirigeant de la société en liquidation, de l'action instituée à l'art. 267 LPF. • Com. 30 mai 2000 : *D. 2000. AJ. 302, obs. Lienhard* ; *RD banc. fin. 2000, n° 163, obs. F.-X. Lucas ; Bull. Joly 2000. 903, note Serlooten* • 28 nov. 2000 : *Bull. civ. IV, n° 184 ; D. 2001. AJ. 235, obs. Lienhard* ; *JCP E 2001, n° 18, p. 752, obs. Pétel.* ♦ V. art. L. 267 LPF. – **C. sociétés** ou **C. pr. fisc.** ♦ V. aussi note 27 ss. ancien art. L. 624-3.

7 bis. Ouverture antérieure d'une procédure clôturée pour insuffisance d'actif. Les créanciers ne recouvrent pas leur droit de poursuite individuelle à l'égard du dirigeant d'une personne morale dont la liquidation judiciaire a été clôturée pour insuffisance d'actif lorsque ce dirigeant n'avait pas lui-même antérieurement fait l'objet d'une procédure de liquidation judiciaire avec clôture pour insuffisance d'actif ou été le dirigeant d'une personne morale dont la liquidation judiciaire avait connu la même issue. • Com. 9 juin 1998 : *Bull. civ. IV, n° 182 ; D. Affaires 1998. 1129, obs. A. L. ; Act. proc. coll. 1998, n° 76, obs. Béhar-Touchais ; Procédures 1998, n° 200, obs. Croze ; JCP E 1998, n° 52, p. 2068, obs. Cabrillac* • 2 mars 1999 : *Act. proc. coll. 1999, n° 107.*

Pour recouvrer les dettes sociales impayées, les créanciers ne peuvent reprendre les poursuites à l'encontre du dirigeant faisant l'objet d'une interdiction de gérer ou de faillite personnelle lorsque l'extension à ce dernier de la liquidation judiciaire de la société n'a pas été prononcée (Rép. min. n° 9903 : *JO Sénat Q, 19 nov. 1998, p. 3704*).

7 ter. Admission au passif. L'art. 169 modifié par la loi n° 94-475 du 10 juin 1994 [C. com., art. L. 622-32], qui prévoit qu'en cas de faillite personnelle du débiteur les créanciers recouvrent leurs droits de poursuite individuelle, subordonne l'exercice de ce droit à la condition que la créance ait été admise au passif de la liquidation judiciaire. • Paris, 26 févr. 1999 : *Dr. sociétés 1999, n° 165, obs. Chaput.*

7 quater. Viole l'art. 169 [C. com., art. L. 622-32], al. 3, la cour d'appel qui, pour dire que le receveur des impôts, admis au passif de la liquidation judiciaire d'une société, est fondé à obtenir un titre exécutoire lui permettant de reprendre les poursuites individuelles contre son dirigeant, retient que « la déclaration de créance du receveur au passif de la personne morale est à deux degrés », que la déclaration par le liquidateur de celle-ci au passif du dirigeant de la créance correspondant au montant de la condamnation de ce dirigeant au titre de l'insuffisance d'actif comprend une quote-part de la créance du receveur, alors que le receveur, qui était créancier de la société, n'était pas devenu créancier du dirigeant personnellement du fait de l'ouverture de la procédure collective de ce dernier, et qu'il appartenait au seul liquidateur de la personne morale de recouvrer le montant de la condamnation mise à la charge du dirigeant et de répartir ensuite les fonds obtenus entre les créanciers de celle-ci. • Com. 28 mars 2000 : *Bull. civ. IV, n° 71 ; D. 2001. Somm. 618, obs. Honorat ; ibid. 2000. AJ. 225, obs. Pisoni ; JCP E 2000, n° 40, p. 1567, obs. Pétel ; RTD com. 2000. 731, obs. Vallens ; Petites affiches 21 nov. 2000, p. 16, note Gibirila ; ibid., 24 sept. 2001, p. 13, note Courtier ; Act. proc. coll. 2000, n° 112, obs. Vallansan* • 17 oct. 2000 : *Act. proc. coll. 2000, n° 249, obs. Vallansan.* ♦ En revanche, le receveur principal des impôts qui a été admis au passif de la personne morale dont la liquidation judiciaire a été clôturée pour insuffisance d'actif, et qui est donc titulaire d'une créance du même montant à l'égard du dirigeant qui s'est vu « étendre » la procédure collective de la personne morale, sur le fondement de l'art. L. 624-5, procédure elle-même clôturée, peut exercer son droit de poursuite individuelle contre ce dirigeant. • T. com. Senlis, (Ord. prés.), 11 avr. 2001 : *Act. proc. coll. 2001, n° 111, obs. Vallansan.*

8. Liquidation des biens. Selon les termes de l'art. 240, le dispositif de l'art. 169, plus favorable au débiteur que celui prévu par la loi du 13 juill. 1967, n'est applicable qu'aux procédures ouvertes après l'entrée en vigueur de la loi de 1985, le 1er janv. 1986, sans dérogation au bénéfice des personnes déclarées en liquidation des biens avant cette date (Rép. min. n° 2990 : *JOAN Q, 9 févr. 1998, p. 740*).

9. Obtention d'un titre exécutoire. Les créanciers qui recouvrent leur droit de poursuite individuelle après la clôture de la liquidation judiciaire pour insuffisance d'actif ne peuvent l'exercer qu'en obtenant un titre exécutoire délivré par le président du tribunal de la procédure collective. • Com. 14 janv. 2004 : *D. 2003. AJ. 348, obs. Lienhard ; JCP E 2004, n° 22, p. 857, obs. Cabrillac ; RTD com. 2004. 375, obs. Vallens.* – Dans le même sens, V. • Com. 16 juin 2004 : *Bull. civ. IV, n° 126 ; D. 2004. AJ. 1902, obs. Lienhard (1re esp.) ; Act. proc. coll. 2004, n° 205, obs. Cagnoli ; Rev. proc. coll. 2005. 213, obs. Macorig-Venier.* ♦ Toutefois, s'agissant de l'administration fiscale, celle-ci doit simplement faire constater par ce magistrat qu'elle remplit les conditions légales pour reprendre l'exercice de son droit de poursuite individuelle. • Com. 24 mars 2004 : *Bull. civ. IV, n° 59 ; BRDA 2004, n° 7, p. 6* (rectifiant l'arrêt du 14 janv. 2004 préc.). ♦ Dans le même sens, V. • Com. 7 déc. 2004 : *Rev. proc. coll. 2006. 73, obs. Neau-Leduc et Hubert* • 18 janv. 2005 : *ibid.* • Amiens, 9 mai 2005 : *JCP E 2006, n° 3, p. 134* (rendu sur renvoi de • Com. 24 mars 2004 : *préc.*).

10. Recours contre l'ordonnance du président du tribunal. L'ordonnance rendue par le président du tribunal de commerce en application de l'art. 169, dernier al., devenu l'art. L. 622-32, IV, C. com., ne relève pas du régime prévu par les art. 1405 s. NCPC [relatifs à l'ordonnance d'injonction de payer] ; cette ordonnance est susceptible d'appel de la part du débiteur dans les conditions de forme et de délai de droit commun. • Com. 16 juin 2004 : *Bull. civ. IV, n° 127 ; D. 2004. AJ. 1902, obs. Lienhard (2e esp.).*

Ancien art. L. 622-33 ***La clôture de la liquidation judiciaire suspend les effets de la mesure d'interdiction d'émettre des chèques, dont le débiteur fait l'objet au titre de l'article 65-3 du décret du 30 octobre 1935 unifiant le droit en matière de chèques et relatif aux cartes de paiement*** [C. mon. fin., art. L. 131-73], ***mise en œuvre à l'occasion du rejet d'un chèque émis avant le jugement d'ouverture de la procédure.*** — V. l'art. L. 131-73 C. mon. fin., infra, App., v° Code monétaire et financier (extraits).

Si les créanciers recouvrent leur droit de poursuite individuelle, la mesure d'interdiction reprend effet, à compter de la délivrance du titre exécutoire visé au dernier alinéa de l'article L. 622-32. — [L. n° 85-98 du 25 janv. 1985, art. 169-1]. — Cette disposition est applicable aux seules procédures dont la clôture interviendra après l'entrée en vigueur de la loi n° 98-657 du 29 juill. 1998 (L. n° 98-657 du 29 juill. 1998, art. 112, III). — V. Décr. n° 85-1388 du 27 déc. 1985, anciens art. 153-2 et 154-2, infra, App., v° Difficultés des entreprises.

Ancien art. L. 622-34 *Si la clôture de la liquidation judiciaire est prononcée pour insuffisance d'actif et s'il apparaît que des actifs n'ont pas été réalisés ou que des actions dans l'intérêt des créanciers n'ont pas été engagées, la procédure peut être reprise, à la demande de tout créancier intéressé, par décision spécialement motivée du tribunal, sur la justification que les fonds nécessaires aux frais des opérations ont été consignés à la Caisse des dépôts et consignations. Par priorité sur les sommes recouvrées à la suite de la reprise de la procédure, le montant des frais consignés est remboursé au créancier qui a avancé les fonds.* — [L. n° 85-98 du 25 janv. 1985, art. 170].

Ancien art. 170 de la loi du 25 janv. 1985 [rédaction antérieure à L. n° 94-475 du 10 juin 1994] *Si la clôture de la liquidation judiciaire est décidée pour insuffisance d'actif et s'il apparaît que des actifs ont été dissimulés ou, plus généralement, en cas de fraude commise par le chef d'entreprise ou les dirigeants sociaux, la procédure de liquidation judiciaire peut être reprise à la demande de tout intéressé, par décision spécialement motivée du tribunal, sur justification que les fonds nécessaires aux frais des opérations ont été consignés à la Caisse des dépôts et consignations.* — Pour l'entrée en vigueur de la loi du 10 juin 1994, V. note ss. ancien art. L. 620-1.

Jurisprudence partiellement antérieure à la loi du 10 juin 1994

1. Confusion des patrimoines. V. note 35 ss. ancien art. L. 620-2.

1 bis. Irrecevabilité de la demande du liquidateur. En cas de clôture d'une liquidation judiciaire pour insuffisance d'actif, et s'il apparaît que des actifs ont été dissimulés ou, plus généralement, en cas de fraude commise par le chef d'entreprise ou les dirigeants sociaux, le liquidateur, dont la mission a pris fin, n'est pas recevable, faute d'intérêt, à demander la reprise de la procédure. • Com. 5 avr. 1994 : *Bull. civ. IV, n° 140 ; D. 1994. IR. 117 ; JCP E 1994. I. 394, n° 8, obs. Cabrillac* • 29 oct. 2002 : *Act. proc. coll. 2003, n° 22.*

2. Consignation. Si dans la conception de la loi du 13 juill. 1967, la condition de la consignation apparaissait non comme une condition de fond mais comme une condition tenant à l'accomplissement des opérations, condition dont le syndic pouvait s'affranchir lorsque, étant demandeur, il estimait pouvoir prendre le risque d'agir sans disposer d'une couverture financière, tel ne peut être le cas dans la situation créée par la loi nouvelle, puisque l'action ne se conçoit ici, par principe, que dans l'hypothèse où le liquidateur n'est plus en fonction. • Paris, 6 avr. 1993 : *D. 1993. Somm. 321, obs. Honorat.*

3. Motifs de réouverture. La notion d'actions non engagées en faveur des créanciers ne peut correspondre qu'à celles qui ont pour objet de reconstituer l'actif du débiteur concerné aux fins de répartition de cet actif omis entre les créanciers, et non à celles qui ont au contraire pour objet d'alourdir le passif du débiteur, telle l'action d'un créancier d'une société dont la liquidation judiciaire a été clôturée pour insuffisance d'actif, en sa qualité d'assureur condamné à avancer une provision pour la réalisation de travaux de reprise de désordres imputables à cette société. • Rennes, 21 mars 2001 : *BICC 2001, n° 899 ; RJDA 2002, n° 183.* ♦ Pour une réouverture justifiée par l'existence de deux biens immobiliers dissimulés par le débiteur, constamment défaillant durant les opérations de liquidation judiciaire, V. • T. com. Paris, 27 sept. 1995 : *RJ com. 1996. 272, note Gallet.* – Comp. note 4 *quater* ss. ancien art. L. 622-32.

3 bis. Sur le pouvoir souverain d'appréciation des juges du fond, V. • Com. 2 nov. 2005 : *Bull. civ. IV, n° 211 ; D. 2005. AJ. 2873, obs. Lienhard.*

4. Non-publication du jugement ordonnant la réouverture. V. note 3 ss. ancien art. 156 du 1er décret du 27 déc. 1985, *infra*, App., v° *Difficultés des entreprises.*

5. Recours. La tierce opposition formée par un créancier contre le jugement prononçant la réouverture des opérations de liquidation judiciaire est recevable, dès lors que l'art. 585 NCPC dispose que tout jugement est susceptible de tierce opposition si la loi n'en dispose autrement. • T. com. Paris, 27 sept. 1995 : *préc. note 3.*

CHAPITRE III DES VOIES DE RECOURS

RÉP. COM. v° *Entreprises en difficulté - Redressement judiciaire (Procédure et organes)*, par PIGASSOU.

BIBL. GÉN. ► ARGELLIÈS, CABRILLAC et MASSART, *Gaz. Pal. 1987. 1. Doctr. 175.* – GIRARD, *Gaz. Pal. 1986. 2. Doctr. 653.* – CADIET, *Rev. proc. coll. 1989. 371.* – PERDRIAU, *JCP 1987. I. 3288 ; Err. 3223* (contrôle de la Cour de cassation). – FRISON-ROCHE, *Petites affiches 28 oct. 1998, p. 16* (autorité de chose jugée et voies de recours). – PERDRIAU et DERRIDA, *Mélanges P. Julien, Edilaix, 2003, p. 144* (les irrecevabilités du pourvoi en cassation propres aux procédures de redressement et de liquidation judiciaires).

▶ Sur la réforme du 10 juin 1994 : FRISON-ROCHE et GUILLOT, *Petites affiches 14 sept. 1994, p. 113.*

Ancien art. L. 623-1 ***I. — Sont susceptibles d'appel ou de pourvoi en cassation :***

1° Les décisions statuant sur l'ouverture de la procédure de la part du débiteur, du créancier poursuivant ainsi que du ministère public même s'il n'a pas agi comme partie principale ;

2° Les décisions statuant sur la liquidation judiciaire, arrêtant ou rejetant le plan de continuation de l'entreprise de la part du débiteur, de l'administrateur, du représentant des créanciers, du comité d'entreprise ou, à défaut, des délégués du personnel ainsi que du ministère public même s'il n'a pas agi comme partie principale ;

3° Les décisions modifiant le plan de continuation de l'entreprise de la part du débiteur, du commissaire à l'exécution du plan, du comité d'entreprise ou, à défaut des délégués du personnel ainsi que du ministère public même s'il n'a pas agi comme partie principale.

II. — L'appel du ministère public est suspensif. — [L. n° 85-98 du 25 janv. 1985, art. 171]. — V. Décr. n° 85-1388 du 27 déc. 1985, anciens art. 21, dernier al., et 155 s., infra, App., v° Difficultés des entreprises.

BIBL. ▶ FRISON-ROCHE et GUILLOT, *Petites affiches 30 sept. 1994, p. 26* (effet suspensif des recours du ministère public). – RAHON, *Gaz. Pal. 2003. Doctr. 683* (appel des décisions de mise en liquidation judiciaire).

I. APPEL OU POURVOI EN CASSATION

A. OUVERTURE DE LA PROCÉDURE

1. Aucune disposition de la loi et de son décret d'application n'interdit que l'appel, interjeté par le débiteur, soit limité à la disposition concernant la date provisoire de la cessation des paiements. • Paris, 8 mars 1991 : *Gaz. Pal. 1991. 2. Somm. 426* • Colmar, 11 sept. 1991 : *Rev. proc. coll. 1993. 53, obs. Liénard.* – V. aussi • Versailles, 6 mars 1997 : *Gaz. Pal. 1997. 2. Somm. 353.*

Seule une décision passée en force de chose irrévocablement jugée étant de nature à rendre l'appel du débiteur sans objet, viole l'art. 1351 C. civ. et l'art. 3 de la loi de 1985 [C. com., art. L. 621-1] l'arrêt qui, pour dire sans objet l'appel relevé par un débiteur en redressement judiciaire, relève que le tribunal a « converti » le redressement judiciaire en liquidation judiciaire et retient que sa décision est exécutoire de plein droit, à titre provisoire. • Com. 3 déc. 1996 : *Bull. civ. IV, n° 303 ; D. 1997. IR. 26.* ♦ V. aussi • Com. 1er oct. 2002 : *Rev. proc. coll. 2004. 45, obs. Lebel.*

Si, aux termes de l'art. 9 [C. com., art. L. 621-7], al. 2, le débiteur ne peut agir à titre principal pour faire fixer la date de cessation des paiements, il peut se pourvoir en cassation contre un arrêt ayant statué sur une demande de report de cette date. • Com. 1er févr. 2000 : *Bull. civ. IV, n° 24 ; D. 2000. AJ. 128 ; Act. proc. coll. 2000, n° 57, obs. Vallansan ; Petites affiches 1er juin 2001, p. 12, note Courtier.* ♦ N'ayant pas formé de recours contre le jugement de redressement judiciaire, qui a reporté la date de cessation des paiements de la société débitrice au 30 juin 1995, le cogérant de celle-ci n'est pas recevable à critiquer le chef de l'arrêt d'appel fixant à cette date la cessation des paiements, sur une demande de report dont le tribunal s'est saisi d'office. • Même arrêt.

Faute d'appel à l'instance de l'administrateur judiciaire désigné, l'appel dirigé par le débiteur contre le jugement ayant ouvert son redressement judiciaire est irrecevable. • Com. 3 déc. 2003 : *Bull. civ. IV, n° 194 ; Dr. sociétés 2004, n° 214, note Legros.* ♦ A défaut d'avoir été appelé à l'instance, l'administrateur judiciaire, par son intervention volontaire, permet la régularisation de la procédure. • Même arrêt.

1 bis. Le gérant-associé, révoqué à l'occasion de la nomination de l'administrateur provisoire pour mésentente entre associés, est irrecevable à contester au nom de la société la nomination de l'administrateur provisoire aux fonctions d'administrateur judiciaire lors de l'ouverture de la procédure du redressement judiciaire. • Com. 5 déc. 1995 : *Bull. Joly 1996. 213.* ♦ Comp. : • Paris, 14 juin 1994 : *D. 1994. IR. 217.*

Les anciens dirigeants d'une société dissoute par application de l'art. 1844-7 (7°), C. civ. ayant intérêt à titre personnel à contester le report de la date de cessation des paiements, l'administrateur judiciaire ne saurait prétendre que ces dirigeants n'ont plus qualité pour représenter les sociétés dissoutes alors qu'il a engagé son action sans prendre la précaution de faire désigner un mandataire *ad hoc.* • Versailles, 7 déc. 1995 : *D. 1996. IR. 56.* ♦ Le droit de faire appel du jugement reportant la date de cessation des paiements étant incontestable, les anciens dirigeants légaux ne peuvent se voir dénier le droit d'intervenir dans de telles instances, leur présence étant même nécessaire dès lors qu'une modification de la date de cessation des paiements peut leur être opposée. • Même arrêt.

1 ter. Sur l'appel du débiteur de la décision d'extension pour confusion des patrimoines, V. note 6 *ter*.

1 quater. Une banque, tiers opposant, n'étant pas créancier poursuivant, ne peut donc faire appel du jugement de redressement judiciaire et, par voie de conséquence, du jugement ayant statué sur sa tierce opposition. • Versailles, 19 déc. 1994 : *D. 1995. IR. 51.* ♦ Il résulte des dispositions combinées des art. 592 NCPC et 171 de la loi de 1985 [C. com., art. L. 623-1] que l'appel contre un jugement rendu sur tierce opposition à un jugement statuant sur l'ouverture d'une procédure de redressement ou sur une liquidation judiciaire est un appel contre un jugement statuant sur l'ouverture du redressement ou sur la liquidation judiciaire. • Paris, 18 déc. 1997 : *Gaz. Pal. 1998. 1. Somm. 96.* ♦ Toutefois, dès lors que la communauté de patrimoine n'est qu'un élément accessoire des décisions concernant la procédure de redressement ou de liquidation judiciaire et est la seule disposition de ces décisions qui soit critiquée par les tiers opposants, leur appel est recevable. • Même arrêt. ♦ Les dispositions du nouvel art. 171-1 [C. com., art. L. 623-2] n'ont nullement pour effet d'ouvrir au créancier non poursuivant le droit d'interjeter appel contre le jugement sur tierce opposition, les dispositions de l'art. 171 demeurant inchangées. • Paris, 18 oct. 1996 : *D. 1996. IR. 256.*

1 quinquies. Le jugement qui étend à une ou plusieurs personnes une procédure de redressement ou de liquidation judiciaires n'est pas soumis aux dispositions de l'art. 171 (1) [C. com., art. L. 623-1] en ce qui concerne les personnes susceptibles de former un recours ; il s'ensuit que le pourvoi formé par une banque contre l'arrêt qui a confirmé le jugement ayant rejeté la tierce opposition contre le jugement d'extension de la procédure est recevable. • Com. 4 juill. 2000 : *Bull. civ. IV, n° 138 ; D. 2000. AJ. 375, obs. Lienhard ; RJDA 2000, n° 1134.*

1 sexies. Le recours contre le jugement qui reporte la date de cessation des paiements n'est pas soumis aux dispositions de l'art. L. 623-1 (1°) C. com. (recevabilité de l'intervention volontaire d'un créancier dans l'instance d'appel introduite par le débiteur). • Com. 24 janv. 2006 : *Gaz. Pal. 30 avr.-4 mai 2006, p. 20, obs. Lebel.*

1 septies. Est irrecevable l'appel formé par le représentant des créanciers, devenu liquidateur, contre le jugement statuant sur l'ouverture de la procédure de liquidation judiciaire d'un associé de société en nom collectif, en raison de la mise en liquidation judiciaire de la personne morale, sur le fondement de l'art. 178 [C. com., art. L. 624-1], dès lors que seules les décisions statuant sur la liquidation judiciaire prises à l'issue d'une période d'observation sont susceptibles d'un recours de la part du mandataire. • Com. 20 mars 2001 : *Bull. civ. IV, n° 64 ; D. 2001. AJ. 1469 ; Dr. sociétés 2001, n° 114, obs. Legros ; Dr. et patr. nov. 2001. 113, obs. Monsèrié-Bon ; Rev. sociétés 2002. 754, note Henry*.

1 octies. L'appel-nullité ne peut être formé que par une partie au procès (à propos d'une banque ayant elle-même reconnu, en formant tierce opposition aux jugements dont elle a fait appel, par la suite, qu'elle n'était pas partie à l'instance). • Com. 19 nov. 1996 : *Bull. civ. IV, n° 279 ; D. Affaires 1997. 131 ; Petites affiches 13 mai 1998, p. 27, note Courtier.* ♦ V. aussi notes 8 s. ss. ancien art. L. 623-4 et notes 17 s. ss. ancien art. L. 623-6.

2. En ouvrant une procédure de redressement judiciaire en raison seulement de la dépendance économique par rapport au groupe de la société filiale qui a déclaré la cessation des paiements, sans constater l'état de cessation des paiements, les juges commettent un excès de pouvoir rendant recevable et fondé l'appel-nullité. • Com. 6 mars 2001 : *RJDA 2001, n° 875 ; Rev. proc. coll. 2002. 170, obs. Gorrias.*

2 bis. Pour l'irrecevabilité de l'appel-nullité formé par l'associé d'une société créée de fait contre le jugement ayant étendu à cette société la procédure de liquidation judiciaire ouverte à l'encontre d'une autre société, seule la voie de la tierce opposition étant ouverte, V. • Com. 11 févr. 2004 : *Bull. civ. IV, n° 31 ; Dr. sociétés 2004, n° 128, note Legros ; Gaz. Pal. 2004. 2465, note Watremet ; JCP E 2005, n° 15-16, p. 670, note Gibirila.*

2 ter. Période d'observation. V. ancien art. L. 623-9.

3. Établissements de crédit. V. note 2 ss. art. L. 613-22 C. mon. fin., *infra*, App., v° *Code monétaire et financier (extraits).*

B. LIQUIDATION JUDICIAIRE

4. Qualité. Il résulte de l'art. 171 [C. com., art. L. 623-1] (2) que le *représentant des salariés* peut relever appel des décisions statuant sur la liquidation judiciaire. • Limoges, 13 août 1986 : *D. 1987. 44, note Derrida ; Gaz. Pal. 1986. 2. 724, note Martin.*

4 bis. Le comité d'entreprise, pouvant interjeter appel du jugement statuant sur la liquidation judiciaire dans les dix jours de la signification de cette décision, n'est pas recevable à critiquer un tel jugement par la voie de la tierce opposition. • Com. 19 oct. 1993 : *Bull. civ. IV, n° 345 ; D. 1994. Somm. 46, obs. Derrida ; Rev. proc. coll. 1994. 150, obs. Liénard.*

5. En cas d'appel du ministère public contre un jugement ayant prononcé la liquidation judiciaire de l'entreprise, est recevable l'intervention des *délégués du personnel.* • Paris, 2 mai 1986 : *JCP 1986. II. 20713, note Jeantin.* ♦ En revanche, est irrecevable celle des *AGS* et du *GARP* alors que c'est au ministère public qu'il appartient de faire respecter la loi et que ces organismes d'assurance ne sont pas chargés de préserver les droits des salariés qui, en l'espèce, sont parties à la procédure pour la défense de leurs intérêts. • Même arrêt. ♦ Comp., s'agissant d'une liquidation résultant d'une confusion des patrimoines : • Riom, 11 déc. 1996 : *Rev. proc. coll. 1998. 75, obs. crit. Soinne.*

6. Sur le pourvoi en cassation du *représentant des créanciers,* V. note 2 *ter* ss. ancien art. L. 623-7.

6 bis. Le *débiteur* est recevable, en vertu du droit propre qu'il tient de l'art. 171 (1) [C. com., art. L. 623-1], à former un pourvoi en cassation contre l'arrêt qui prononce sa liquidation judiciaire. Mais si ce débiteur est une société, sa dissolution par l'effet du jugement de liquidation judiciaire, en application de l'art. 1844-7 (7°) C. civ., prive de pouvoirs ses *dirigeants*, y compris l'administrateur provisoire antérieurement désigné, et la société débitrice ne peut alors exercer son droit propre que par l'intermédiaire de son liquidateur amiable ou d'un mandataire *ad hoc.* • Com. 16 mars 1999 : *Bull. civ. IV, n° 66 ; D. 2000. 513, note Kenfack ; Bull. Joly 1999. 1118, note Randoux ; RTD com. 2000. 130, obs. Monsèrié-Bon* • 16 oct. 2001 : *Act. proc. coll. 2001, n° 265 ; Dr. sociétés 2002, n° 39, note Legros ; Rev. proc. coll. 2002. 168, obs. Gorrias.* ♦ L'*ancien dirigeant* ne saurait utilement se prévaloir des dispositions de l'art. 534 NCPC pour faire appel du jugement d'ouverture de la liquidation judiciaire, l'exercice des voies de recours en matière de procédure collective étant régi par des dispositions spécifiques, exclusives de l'application des règles de droit commun. • Paris, 7 mars 2003 : *D. 2003. AJ. 1038, obs. Lienhard ; Dr. sociétés 2003, n° 128, note Legros ; RD banc. fin. 2003, n° 145, obs. F.-X. Lucas.*

Si le débiteur est recevable à critiquer la décision prononçant sa liquidation judiciaire, il ne peut se borner à former des griefs à l'encontre des dispositions rejetant le plan de cession. • Com. 10 mai 2000 : *Bull. civ. IV, n° 97 ; Act. proc. coll. 2000, n° 143, obs. Cagnoli* • 30 oct. 2000 : *RTD com. 2001. 245, obs. Vallens.*

6 ter. Il résulte de l'art. L. 623-1 C. com. que le débiteur dont la liquidation judiciaire a été étendue à une autre personne physique ou morale est recevable, en vertu de son droit propre, à relever appel du jugement d'extension. • Com. 24 mai 2005 : *RTD com. 2005. 608, obs. Vallens ; RJDA 2005, n° 1252.* – Rappr. : • Com. 16 oct. 2001 : *Dr. sociétés 2002, n° 39, note Legros.*

6 quater. Les *dirigeants sociaux,* à qui sont imputées la dissimulation d'actif ou la fraude pouvant justifier la reprise de la procédure de la liquidation judiciaire de la société débitrice, n'ont pas qualité pour interjeter appel, en leur nom propre du jugement ayant ordonné la réouverture de la procédure, en vertu de l'art. 169. • Com. 11 févr. 1997 : *Dr. sociétés 1997, n° 86, obs. Chaput.*

7. Décisions visées. Est recevable le pourvoi contre une décision ordonnant la jonction de procédures de liquidation judiciaire, en vertu de l'art. 7 [C. com., art. L. 621-5], et se prononçant sur une demande de report de la date de cessation des paiements. • Com. 9 avr. 1991 : *D. 1991. IR. 128.*

8. Est recevable l'appel de l'administrateur contre le jugement qui, arrêtant un plan de cession, rejette implicitement la liquidation judiciaire. • Com. 15 juill. 1992 : *Bull. civ. IV, n° 271 ; D. 1994. Somm. 44, obs. Derrida.*

8 bis. Le jugement rendu sur tierce opposition à un jugement ayant prononcé la liquidation judiciaire d'un débiteur est une décision statuant sur la liquidation judiciaire au sens de l'art. 171 [C. com., art. L. 623-1]. • Com. 14 déc. 1993 : *Bull. civ. IV, n° 470 ; D. 1994. IR. 18* • 16 avr. 1996 : *D. 1996. IR. 144 ; D. Affaires 1996. 718.*

8 ter. Sur les recours contre la décision d'ouverture de la procédure de liquidation judiciaire, V. note 1 *sexies.*

8 quater. Pluralité de parties. Si, lorsque la matière est indivisible, l'appel interjeté en temps utile contre l'une des parties conserve le droit de l'appelant vis-à-vis des autres et couvre l'irrégularité ou la tardiveté d'intimation, encore faut-il que les intéressés aient été mis en cause devant la juridiction d'appel. Il en résulte que la société mise en liquidation judiciaire ne peut faire appel du jugement d'ouverture en se bornant à attraire dans la procédure d'appel le seul liquidateur, en sa qualité de représentant des créanciers, sans intimer également ce créancier à l'initiative duquel la procédure collective avait été ouverte. • Com. 28 avr. 1998 : *Bull. civ. IV, n° 135 ; D. Affaires 1998. 1052 ; RJDA 1998, n° 1021.*

C. PLAN DE CONTINUATION

8 quinquies. Contrôle du sérieux du plan. Pour apprécier la recevabilité de l'appel formé, sur le fondement de l'art. 171 (2) [C. com., art. L. 623-1], à l'encontre d'un jugement qui aurait rejeté un plan de continuation, la cour d'appel doit rechercher si les propositions constituent un tel plan ; à défaut de contenir des engagements sérieux et efficaces, un projet ne peut, en dépit de son intitulé, être considéré comme un plan de continuation. • Com. 20 févr. 1996 : *D. 1996. IR. 112 ; D. Affaires 1996. 491 ; Dr. sociétés 1996, nº 127, obs. Chaput.* – V. aussi • Com. 6 oct. 1992 : *Bull. civ. IV, nº 288 ; D. 1994. Somm. 44, obs. Derrida* • Paris, 5 déc. 1997 : *RJ com. 1998. 325, note Monsèrié.*

9. Recours du débiteur. En vertu du droit propre qu'il tient de l'art. 171 (2) [C. com., art. L. 623-1], le débiteur peut, même lorsqu'un administrateur a été désigné en application de l'art. 31 [C. com., art. L. 621-22] avec mission d'assurer seul et entièrement l'administration de l'entreprise, former un recours en cassation contre les décisions arrêtant ou rejetant le plan de continuation. • Com. 22 mai 1990 : *Bull. civ. IV, nº 154 ; D. 1990. 415, note Derrida.* – V. aussi, pour le droit d'appel, • Paris, 9 oct. 1998 : *RJ com. 1999. 170, note Pétel.* ♦ Ce droit n'est pas limité au seul cas où le débiteur lui-même a proposé le plan de continuation. • Versailles, 23 avr. 1992 : *D. 1992. IR. 203 ; RJ com. 1992. 307, note Vallens.*

En ce sens qu'est recevable l'appel du débiteur tendant à faire adopter un plan de continuation par voie de reprise interne présenté par un tiers auquel doit être cédée la majorité des parts sociales, V. • Com. 6 juill. 1999 : *Bull. civ. IV, nº 153 ; D. 1999. IR. 214 ; Act. proc. coll. 1999, nº 197, obs. Fricero ; RTD com. 1999. 987, obs. Vallens ; JCP E 2000, nº 4, p. 126, obs. Pétel.* ♦ V. note 10 *bis*.

10. Un associé d'une société à responsabilité limitée ne peut représenter la société dans l'exercice du recours qui lui est ouvert par ce texte. • Com. 28 juin 1990 : *Bull. civ. IV, nº 193 ; D. 1990. IR. 208.*

10 bis. Est irrecevable le pourvoi formé par une société ayant présenté un plan de continuation par voie de reprise interne, mais qui n'est pas le débiteur soumis à la procédure de redressement judiciaire. • Com. 25 oct. 1994 : *Bull. civ. IV, nº 315 ; D. 1995. Somm. 4, obs. Derrida.*

11. Rejet du plan. En application de l'art. 171 (2) [C. com., art. L. 623-1], l'appel du *débiteur* est recevable contre le jugement qui, arrêtant un plan de cession, rejette par là même un plan de continuation proposé par le débiteur. • Com. 6 mars 1990 : *Bull. civ. IV, nº 65 ; D. 1990. 218, note Derrida ; JCP 1990. II. 21513, note Bolard* • 22 mai 1990 : *préc. note 9* • 10 juill. 1990 : *D. 1990. IR. 193* (recours en cassation). • 16 avr. 1991 : *JCP 1991. IV. 235.* – Dans le même sens : • Com. 14 mai 1991 : *Bull. civ. IV, nº 165 ; D. 1992. Somm. 93, obs. Derrida* • Colmar, 18 nov. 1987 : *D. 1988. Somm. 42* • Bourges, 14 janv. 2002 : *Dr. sociétés 2002, nº 113, note Legros.* ♦ Sur le pouvoir des mandataires sociaux de représenter, en appel, la personne morale dont la cession globale des actifs a été ordonnée, V. • Paris, 2 juill. 1999 : *D. Affaires 1999. 1462, obs. A. L.* – Comp. : • Bourges, 26 mars 2002 : *RD banc. fin. 2002, nº 140, obs. F.-X. Lucas ; Dr. sociétés 2002, nº 174, note Legros.* ♦ V. aussi, sur la recevabilité de l'appel du débiteur qui avait précédemment présenté un plan de continuation par rachat des parts sociales, nové en un plan de cession, • Douai, 6 oct. 1994 : *Rev. proc. coll. 1995. 419, obs. Soinne.* ♦ Comp., lorsque le tribunal demeure saisi de la seule proposition du plan de cession après retrait du plan de continuation : • Paris, 14 oct. 1988 : *D. 1988. IR. 266.* ♦ ... Ou lorsque le plan de continuation présenté par le débiteur n'était pas sérieux : • Com. 6 oct. 1992 : *préc. note 8 quinquies* • 20 févr. 1996 : *ibid.* ♦ Comp., également, lorsque n'est pas rejeté le plan de continuation proposé par le débiteur, mais que sont refusées des offres de continuation formulées par des tiers : • Lyon, 4 nov. 1988 : *D. 1990. Somm. 6, obs. Derrida.*

12. En revanche, une société candidate à la reprise interne des sociétés débitrices par rachat des actions de celles-ci, n'est pas, en cette qualité, au nombre des personnes énumérées au 2 de l'art. 171 [C. com., art. L. 623-1] pour former appel d'un jugement rejetant le plan de continuation d'une entreprise et prononçant sa liquidation judiciaire, et son appel est donc irrecevable. • Paris, 29 avr. 1988 : *D. 1988. IR. 160.*

Sur l'irrecevabilité de l'appel des candidats évincés, V. • Com. 10 déc. 1991 : *Bull. civ. IV, nº 380.*

13. Recours des créanciers. Il résulte de l'art. 171 (2) [C. com., art. L. 623-1] qu'un créancier ne peut ni faire *appel* d'un jugement arrêtant le plan de continuation de l'entreprise. • Com. 20 juin 1995 : *Rev. huiss. 1995. 1371, note Vidal.* ♦ ... Ni exercer un *recours en cassation* contre un arrêt statuant en la matière de plan de continuation d'une entreprise en redressement judiciaire. • Com. 14 mars 1989 : *D. 1989. IR. 106 ; Bull. civ. IV, nº 85.* ♦ La solution est la même en cas de carence du représentant des créanciers à user personnellement des voies de recours à l'égard d'une décision qui lui fait grief en violant les règles essentielles de procédure et de fond applicables aux procédures collectives.

• Com. 20 juin 1995 : *préc.* – V. déjà • Com. 20 déc. 1988 : ♖ *D. 1989. 484, note Derrida (2e arrêt) ; Bull. civ. IV, n° 348.* ♦ V. aussi notes ss. ancien art. L. 623-7.

13 bis. Un créancier ne peut exercer un recours en cassation contre l'arrêt qui statue sur le recours en révision formé contre la décision arrêtant le plan de continuation. • Com. 24 juin 2003 : ♖ *Bull. civ. IV, n° 108.*

13 ter. Si les créanciers peuvent être entendus par le tribunal en qualité de « personnes intéressées » en cas de modification substantielle du plan de continuation, ils ne peuvent pas être considérés comme étant des parties à l'instance en modification du plan ayant des prétentions à formuler. • Rouen, 27 janv. 2005 : *RJDA 2005, n° 734.*

14. L'appel formé par un créancier, fût-ce aux fins d'annulation du jugement pour violation d'une disposition d'ordre public est irrecevable à moins que ne soit en cause la méconnaissance par le juge d'un principe essentiel de procédure ou l'excès de pouvoir. • Com. 28 mars 1995 : ♖ *Bull. civ. IV, n° 108 ; D. 1995. IR. 112.* ♦ V. aussi note 8 ss. ancien art. L. 623-4 et note 23 ss. ancien art. L. 623-6 et note ss. ancien art. 86 du 1er décret du 27 déc. 1985, *infra*, App., v° *Difficultés des entreprises.*

Le créancier qui excipe d'un droit propre et d'un préjudice personnel distinct n'est ni partie, ni représenté par le représentant des créanciers en première instance ; son appel-nullité contre le jugement arrêtant le plan de continuation est donc irrecevable. • Com. 9 déc. 1997 : ♖ *Bull. civ. IV, n° 329 ; JCP E 1998, n° 17, p. 652, obs. Pétel.* ♦ Sur la notion de tiers, s'agissant d'un créancier, V. aussi • Rouen, 29 août 1990 : *Gaz. Pal. 1991. 1. 317, note Marchi.*

14 bis. Représentant des créanciers. Le représentant des créanciers est recevable à former un appel-nullité contre une décision statuant sur l'exécution du plan dans la mesure où, par sa désignation, il est devenu partie à l'instance et qu'il entre dans sa mission de s'opposer à la violation des règles d'ordre public. • Pau, 17 déc. 2002 : *JCP E 2003, n° 50, p. 1991.*

14 ter. Recours du ministère public. Le ministère public, chargé d'assurer le respect de la légalité et de l'ordre public économique, est investi par l'art. 171 [C. com., art. L. 623-1] du pouvoir d'exercer les voies de recours, même s'il n'a pas agi comme partie principale et est habile à invoquer, à cette occasion, toute violation de la loi. • Com. 28 févr. 1995 : ♖ *Bull. civ. IV, n° 61 ; RJDA 1995, n° 895.*

14 quater. Recours de l'ex-associé en cas de cession forcée des parts sociales ou des actions. V. note 6 ss. ancien art. L. 621-59.

14 quinquies. Caducité ou résolution du plan. Faute de disposition particulière limitant le droit d'appel d'une décision constatant la caducité du plan de continuation, ce droit est ouvert à toute partie y ayant intérêt (en l'espèce, le représentant des créanciers). • Versailles, 30 nov. 1995 : *Rev. proc. coll. 1996. 453, obs. Soinne.* ♦ Dans le même sens, écartant l'application de l'art. 171 (1) [C. com., art. L. 623-1] au jugement ayant prononcé la résolution du plan sur le fondement de l'art. 80 [C. com., art. L. 621-82] : • Versailles, 25 mars 1999 : *D. Affaires 1999. 716, obs. A. L.*

II. RECOURS EN RÉVISION

15. La révision d'un jugement passé en force de chose jugée ne pouvant être demandée que par les personnes qui y ont été parties ou représentées, un créancier ne peut demander la révision du jugement ayant ouvert le redressement judiciaire de son débiteur. • Com. 11 oct. 1994 : ♖ *Bull. civ. IV, n° 285 ; D. 1994. IR. 242.*

Comp. : note 11 ss. ancien art. L. 623-7.

Ancien art. L. 623-2 *Les décisions statuant sur l'ouverture de la procédure sont susceptibles de tierce opposition.* — [L. n° 85-98 du 25 janv. 1985, art. 171-1]. — V. Décr. n° 85-1388 du 27 déc. 1985,ancien art. 155 s., infra, App., v° Difficultés des entreprises. — L'art. 171-1 de la loi n° 85-98 du 25 janv. 1985, codifié à l'art. L. 623-2, était issu de la loi n° 94-475 du 10 juin 1994. — Pour l'entrée en vigueur de cette loi, V. note ss. ancien art. L. 620-1.

1. Il résulte des dispositions combinées des art. L. 621-8 et L. 622-2 que le liquidateur judiciaire d'une entreprise est un organe de la procédure collective de cette entreprise, de sorte qu'il ne peut en aucun cas être considéré comme un tiers au jugement ouvrant une telle procédure collective au sens de l'art. 582 NCPC ; il s'ensuit qu'il ne peut former tierce opposition à ce jugement. • Rennes, 21 nov. 2001 : *Act. proc. coll. 2002, n° 175.* ♦ Pour l'irrecevabilité de l'appel, V. note 8 *bis* ss. ancien art. L. 623-6.

2. Sur l'absence de recevabilité, faute de qualité de tiers, d'un actionnaire d'une société coopérative de consommation ouvrière, dans sa tierce opposition contre le jugement ayant prononcé la liquidation judiciaire, mais sur la recevabilité d'une union locale d'un syndicat non représentée à l'instance, V. • TGI Montbéliard, 3 juin 1997 : *JCP E 1997. Pan. 1024.*

V. note 1 *quater* ss. ancien art. L. 623-1.

3. Pour la recevabilité de la tierce opposition contre le jugement de report de la date de cessation des paiements, V. • Grenoble, 24 nov. 2004 : *Rev. proc. coll. 2005. 127, obs. Gorrias.*

Ancien art. L. 623-3 ***Les décisions arrêtant le plan de continuation ne sont pas susceptibles de tierce opposition.*** — [L. n° 85-98 du 25 janv. 1985, art. 172]. — V. Décr. n° 85-1388 du 27 déc. 1985, ancien art. 155 s., infra, App., v° Difficultés des entreprises.

1. Le jugement modifiant le plan de continuation n'est pas susceptible de tierce opposition à moins que ne soit en cause la violation d'un principe fondamental de procédure ou l'excès de pouvoir. • Com. 28 sept. 2004 : *D. 2005. Pan. 293, obs. Le Corre.*

2. V. note 8 *bis* ss. ancien art. L. 623-1 et note 18 ss. ancien art. L. 623-6.

Ancien art. L. 623-4 ***Ne sont susceptibles ni d'opposition, ni de tierce opposition, ni d'appel, ni de recours en cassation :***

1° Les jugements relatifs à la nomination ou au remplacement du juge-commissaire ;

2° Les jugements par lesquels le tribunal statue sur le recours formé contre les ordonnances rendues par le juge-commissaire dans la limite de ses attributions, à l'exception de ceux statuant sur les revendications. — [L. n° 85-98 du 25 janv. 1985, art. 173]. — V. Décr. n° 85-1388 du 27 déc. 1985, ancien art. 155 s., infra, App., v° Difficultés des entreprises.

1. Conformité à la Conv. EDH. L'art. L. 623-4 C. com. n'est pas contraire à l'art. 6 Conv. EDH, la possibilité d'exercer un recours contre l'ordonnance du juge-commissaire devant le tribunal de commerce en application des art. 25 et 26 du décret du 27 déc. 1985 assurant la possibilité de faire examiner la cause par deux juridictions indépendantes l'une de l'autre. • Nancy, 3 déc. 2002 : *JCP 2003. IV. 2811.*

1 bis. Relevé de forclusion. Le pourvoi formé contre un arrêt statuant sur le relevé de forclusion n'est pas soumis aux dispositions de l'art. 173, devenu l'art. L. 623-4 C. com. • Com. 29 oct. 2002 : *Bull. civ. IV, n° 155 ; RJDA 2003, n° 283.* ♦ En revanche, était irrecevable, avant la loi du 10 juin 1994, le pourvoi contre un jugement qui statuait sur l'opposition formée contre une ordonnance du juge-commissaire rendue, conformément à l'art. 53 de la loi du 25 janv. 1985, dans son ancienne rédaction, sur une action en relevé de forclusion. • Com. 17 janv. 1989 : *D. 1989. 146, note F. D. ; Bull. civ. IV, n° 21.* – V. aussi • Paris, 21 févr. 1989 : *D. 1989. IR. 91* • Com. 28 nov. 1989 : *Bull. civ. IV, n° 298* • 9 mai 1990 : *D. 1990. IR. 149 ; Bull. civ. IV, n° 139.* ♦ V. aussi note 8.

Sur le cumul d'un relevé de forclusion et d'admission, V. note 2 ss. ancien art. 25 du 1er décret du 27 déc. 1985, *infra*, App., v° *Difficultés des entreprises.*

2. Continuation des contrats. Est irrecevable le pourvoi contre la décision du juge-commissaire qui, un concédant ayant annoncé au concessionnaire qu'il résilierait le contrat de concession à compter d'une certaine date et le concessionnaire ayant été mis en redressement judiciaire avant la fin du délai de préavis, ordonna, sur la demande de l'administrateur, la poursuite du contrat sous astreinte. • Com. 11 déc. 1990 : *D. 1991. 440, note crit. Derrida ; JCP 1991. II. 21712, note crit. Béhar-Touchais.* V. aussi • Paris, 30 sept. 1991 : *D. 1991. IR. 249.*

3. Cessions d'actif. Sur l'irrecevabilité de l'appel contre un jugement statuant sur un recours formé à la suite d'une ordonnance portant sur : la cession aux enchères publiques de biens mobiliers ne constituant pas une unité de production de l'entreprise en liquidation judiciaire, V. • Com. 26 oct. 1999 : *Bull. civ. IV, n° 191 ; D. 2000. Somm. 330, obs. Honorat ; ibid. 1999. AJ. 95 ; RJDA 1999, n° 1363 ; RTD com. 2000. 189, obs. Vallens ; Petites affiches 29 mai 2000, p. 12, note Courtier.* ♦ ... La cession d'un fonds de commerce d'une entreprise en liquidation judiciaire comprenant un droit au bail, V. • Com. 9 janv. 2001 : *Act. proc. coll. 2001, n° 70.* ♦ Sur l'irrecevabilité d'un pourvoi en cassation contre des décisions statuant sur le recours formé à la suite d'une ordonnance portant : sur la cession d'unités de production, V. • Com. 20 déc. 1988 : *Bull. civ. IV, n° 347 ; D. 1989. 484, note Derrida (3e arrêt).* ♦ ... Une cession de gré à gré, V. • Com. 19 mars 1991 : *Bull. civ. IV, n° 106 ; D. 1992. Somm. 89, obs. Derrida.* ♦ ... Une vente aux enchères du fonds de commerce ou d'autres biens mobiliers, V. • Com. 13 janv. 1993 : *Bull. civ. IV, n° 12* • 26 juin 2001 : *JCP E 2002, n° 28, p. 1199, note Perdriau (2e esp.).* ♦ Sur le rejet d'une demande d'attribution judiciaire de biens mobiliers nantis dont la vente aux enchères a été ordonnée, V. • Com. 6 déc. 1988 : *Bull. civ. IV, n° 337 ; D. 1988. IR. 302.* ♦ V. aussi note 6 *ter.* ♦ Comp., depuis la loi n° 94-475 du 10 juin 1994, art. L. 623-5.

4. Recours abusif. Il a été jugé que doit également être déclaré irrecevable l'appel élevé à l'égard des condamnations à des dommages et intérêts résultant des demandes incidentes en réparation du préjudice causé par l'exercice abusif d'un appel principal irrecevable. • Paris, 11 oct. 1988 : *D. 1988. IR. 279.*

4 bis. Portée de l'art. L. 623-4 (2°). L'irrecevabilité de l'appel, édictée par l'art. 173 (2) [C. com., art. L. 623-4 (2°)], ne peut s'appliquer qu'à la disposition du jugement statuant sur l'ordonnance du juge-commissaire proprement dite et non pas à la disposition par laquelle le tribunal s'est prononcé sur une demande qui lui avait été présentée pour la première fois. • Com. 22 oct. 1996 : *RJDA 1997, n° 279.* – V. aussi • Orléans, 13 janv. 2000 : *JCP 2000. IV. 2253.*

4 ter. Est irrecevable l'appel du jugement qui, statuant sur recours contre l'ordonnance du juge-commissaire ayant rejeté la demande en relevé de forclusion, a accueilli celle-ci et renvoyé les parties devant le juge-commissaire pour qu'il soit statué sur l'admission de la créance en cause. • Com. 6 mai 1997 : *Bull. civ. IV, n° 122 ; RJDA 1997, n° 1130.*

4 quater. Sur l'inapplicabilité de l'art. 173 (2) [C. com., art. L. 623-4] dans l'hypothèse de saisine d'office du tribunal, prévue par l'art. 25, al. 2, du décret, V. note 4 *quater* ss. ancien art. 25 du 1er décret du 27 déc. 1985, *infra*, App., v° *Difficultés des entreprises.*

4 quinquies. La fin de non-recevoir tirée de l'absence d'ouverture d'une voie de recours contre les jugements visés à l'art. L. 623-4 (2°) C. com. doit, en raison de son caractère d'ordre public, être relevée d'office : V. • Civ. 2e, 10 mars 2004 : *Bull. civ. II, n° 98 ; D. 2004. AJ. 951 ; Act. proc. coll. 2004, n° 108, obs. Cagnoli.*

5. Dépassement d'attributions. Pour un appel recevable contre un jugement ayant statué sur le recours contre une ordonnance excédant les attributions du juge-commissaire (location d'un immeuble du débiteur à titre précaire), V. • Paris, 31 mai 1988 : *D. 1988. IR. 218.* ♦ V. aussi, pour une ordonnance appréciant la régularité d'un droit de rétention, • Com. 6 juin 1995 : *Bull. civ. IV, n° 169 ; D. 1996. Somm. 86, obs. Honorat.* ♦ ... Une expertise probatoire en vue d'une action en responsabilité ultérieure opposant les créanciers à des tiers, • Paris, 2 avr. 1991 : *D. 1992. Somm. 9, obs. Derrida ; Gaz. Pal. 1992. 2. 88, note Marchi.* – V. aussi • Paris, 17 janv. 1995 : *D. 1995. IR. 115 ; Rev. proc. coll. 1995. 286, obs. Dureuil.* ♦ Comp., sur cette question controversée : note 5 ss. ancien art. 164 du 1er décret du 27 déc. 1985, *infra*, App., v° *Difficultés des entreprises.* ♦ ... Une rétractation d'ordonnance prescrivant une expertise aux fins d'application des art. 180 s. [C. com., art. L. 624-3 s.], • Paris, 29 juin 1993 : *Rev. proc. coll. 1995. 48, obs. Dureuil.* ♦ ... La décision commettant un huissier pour procéder au changement des serrures d'un appartement du débiteur occupé par des tiers, • T. com. Nice, 17 sept. 1991 : *D. 1992. Somm. 9, obs. Derrida.* ♦ ... Une autorisation de cession de fonds de commerce, dans le cadre d'une vente de gré à gré d'une entreprise en liquidation judiciaire, sans respecter la clause d'agrément du propriétaire, • Com. 14 oct. 1997 : *D. Affaires 1997. 1469.* ♦ ... Une ordonnance autorisant la cession du fonds de commerce d'une entreprise en liquidation judiciaire après la levée de l'option d'achat par le bénéficiaire d'une promesse de vente sur ledit fonds de commerce, • Com. 7 mars 2006 : *cité note 1 bis ss. ancien art. L. 622-18.* ♦ ... Le refus, dans le cadre d'une liquidation résiduelle, d'apprécier si l'actif disponible permet de faire face au passif exigible avant d'autoriser la vente des biens résiduels, • Com. 22 avr. 1997 : *Rev. proc. coll. 1998. 68, obs. Soinne.* ♦ ... Une ordonnance constituant une modification substantielle des conditions de la cession précédemment ordonnée en application des art. 155 et 156 [C. com., art. L. 622-17 et L. 622-18]. • Com. 16 mars 1999 : *Bull. civ. IV, n° 65 ; D. 1999. IR. 103 ; JCP E 1999, n° 39, p. 1533, obs. Pétel.* ♦ ... Une ordonnance autorisant la vente d'actifs d'un débiteur en liquidation judiciaire pour un prix fictif. • Com. 28 sept. 2004 : *Bull. civ. IV, n° 167 ; D. 2005. 302, note Rakotovahiny ; Act. proc. coll. 2004, n° 216, obs. Vallansan ; JCP E 2005, n° 1-2, p. 29, obs. Cabrillac ; Petites affiches 13 avr. 2005, p. 8, note F.-X. Lucas ; ibid. 16 mai 2005, p. 3, obs. Forray ; RTD civ. 2005. 157, obs. P.-Y. Gautier ; JCP N 2005, n° 15, p. 736, note Garçon.* ♦ Une ordonnance se prononçant sur la répartition entre les créanciers du prix de cession des actifs. • Com. 7 déc. 2004 : *Rev. proc. coll. 2005. 131, obs. Gorrias.* ♦ ... Une ordonnance statuant sur une créance née après l'ouverture de la procédure collective. • Orléans, 28 août 2001 : *RJDA 2002, n° 277.* ♦ ... Une ordonnance rendue dans une matière réservée au conseil de prud'hommes. • Com. 19 janv. 1999 : *Act. proc. coll. 1999, n° 127.* ♦ ... Une ordonnance rejetant, sur le fondement de l'art. 107 [C. com., art. L. 621-107], une demande d'attribution judiciaire du gage, V. note 2 *ter* ss. ancien art. L. 622-21. ♦ ... Une ordonnance autorisant le liquidateur à résoudre amiablement le bail et à engager une action en responsabilité contre l'acquéreur du fonds de commerce de la société en liquidation, ce pouvoir appartenant au liquidateur seul. • Com. 19 déc. 2000 : *RJDA 2001, n° 617.* ♦ V. aussi note 1 *bis* ss. ancien art. L. 622-21. ♦ Sur les limitations des attributions du juge-commissaire résultant de la compétence du juge de l'exécution, V. note 3 *bis* ss. ancien art. L. 621-12.

5 bis. En ce sens que le juge-commissaire excède les limites de ses attributions en autorisant les exploitants d'une société civile d'exploitation agricole en redressement judiciaire à souscrire une assurance privée pour couvrir le risque de maladie, dès lors que la juridiction du contentieux de la sécurité sociale est seule compétente pour statuer sur l'application de l'art. 1106-12 C. rur. excluant les assurés du bénéfice de l'assurance en cas de défaut de versement des cotisations [V. désormais art. L. 732-15 C. rur.], lorsque ce défaut de versement ne résulte que de l'application de l'art. 33 de la loi du 25 janv. 1985, V. • Soc. 8 juill. 1999 : *Bull. civ. V, n° 340 ; JCP E 1999, n° 41, p. 1614 ; Act. proc. coll. 1999, n° 236, obs. Vachet.*

6. Malgré les dispositions de l'art. 173 (2) [C. com., art. L. 623-4], est susceptible d'appel un jugement statuant sur le recours formé contre une ordonnance rendue par le juge-commissaire dans les limites de ses attributions en ce que ce jugement aurait fait une inexacte application des dispositions de l'art. 25 du décret du 27 déc. 1985 relatives aux formes et délai du recours contre l'ordonnance du juge-commissaire. • Com. 2 févr. 1993 : *Bull. civ. IV, n° 37 ; Rev. proc. coll. 1993. 398, obs. Dureuil* • 28 mai 1996 : *Bull. civ. IV, n° 150* • 17 juin 1997 : *D. Affaires 1997. 965* • 6 janv. 1998 : *Rev. proc. coll. 1999. 27, obs. Cadiou.* ♦ Lorsque le jugement attaqué est susceptible d'appel en ce qu'il aurait fait une inexacte application des dispositions dudit art. 25, il s'ensuit qu'il ne peut faire l'objet d'un pourvoi en cassation. • Com. 14 déc. 1993 : *Bull. civ. IV, n° 474 ; D. 1994. IR. 40.*

De même est recevable, par application des art. 103, al. 3, et 173 (2) [C. com., art. L. 623-4], l'appel formé par une banque contre le jugement d'un tribunal de commerce ayant, à tort, accueilli le recours formé par des cautions des engagements d'une société en liquidation judiciaire envers ladite banque contre l'ordonnance du juge-commissaire qui avait décidé l'admission au passif de la créance de cette banque. • Com. 22 oct. 1996 : *Bull. civ. IV, n° 251 ; D. 1997. Somm. 79, obs. Honorat ; D. Affaires 1996. 1355 ; JCP 1996. II. 22738, rapp. Rémery.*

6 bis. L'irrecevabilité du recours édictée par l'art. 173 (2) [C. com., art. L. 623-4] ne s'applique pas à la disposition du jugement par laquelle le tribunal s'est prononcé sur une demande qui lui était soumise pour la première fois de dommages-intérêts présentée par le liquidateur de la liquidation judiciaire, et les juges du second degré qui déclarent l'appel recevable, usent légalement de leur pouvoir de réformation. • Com. 22 mars 1994 : *Bull. civ. IV, n° 120.*

6 ter. Le juge-commissaire ne sort pas de ses attributions en décidant des suites que la cession lui paraît devoir comporter quant aux sûretés grevant certains biens compris dans l'ensemble des actifs cédés en application de l'art. 155 [C. com., art. L. 622-17]. • Paris, 7 mai 1999 : *Gaz. Pal. 1999. 2. Somm. 778.*

6 quater. La faculté ouverte au créancier nanti par les dispositions de l'art. L. 622-21, al. 3, C. com. de demander l'attribution judiciaire du gage s'exerce en saisissant le juge-commissaire qui, en répondant à cette requête, statue ainsi dans les limites de ses attributions. • Orléans, 20 mars 2003 : *RJDA 2003, n° 987.*

7. Revendications. Il résulte de l'art. 173 (2) [C. com., art. L. 623-4] que l'appel dirigé contre un jugement par lequel le tribunal s'est prononcé sur le recours formé contre une ordonnance rendue par le juge-commissaire sur une revendication n'est recevable que dans cette limite et il est interdit à la cour d'appel de connaître d'une demande présentée sur un autre fondement. • Com. 14 juin 1994 : *Bull. civ. IV, n° 214 ; D. 1994. IR. 206.*

7 bis. L'appel contre les jugements statuant sur le recours formé contre les ordonnances rendues par le juge-commissaire en matière de revendication n'est pas recevable lorsque la valeur de la marchandise ou du bien revendiqué n'excède pas le plafond de compétence fixé à 13 000 F par l'art. 639 C. com. [plafond désormais fixé à 4 000 € par l'art. R. 411-4 COJ] • Colmar, 10 oct. 1990 : *Rev. proc. coll. 1992. 158, obs. Dureuil.*

8. Appel-nullité et pourvoi-nullité. Aucune disposition ne peut interdire de faire constater, selon les voies de recours du droit commun, la nullité d'une décision entachée d'excès de pouvoir. • Com. 12 mai 1992 : *Bull. civ. IV, n° 182 ; D. 1992. 345, note Bolard ; Defrénois 1992. 1376, obs. Sénéchal.* – V. aussi • Com. 26 juin 2001 : *JCP E 2002, n° 28, p. 1199, note Perdriau (1re esp.).* ♦ Depuis l'arrêt de la chambre mixte du 28 janv. 2005, le recours-nullité n'est ouvert qu'en cas d'excès de pouvoir : V. • Cass. ch. mixte, 28 janv. 2005 : *Bull. civ. n° 1 ; D. 2005. IR. 386, obs. Avena-Robardet.* ♦ Ne constituent un excès de pouvoir ni la violation des règles relatives à la composition des juridictions ni la violation du principe de la contradiction. • Civ. 2e, 17 nov. 2005 : *D. 2005. AJ. 3085, obs. Lienhard ; Act. proc. coll. 2006, n° 22, obs. Cagnoli ; Procédures 2006, n° 12, obs. Junillon.* ♦ Comp., auparavant : note 8 *bis*.

Ont été déclarés recevables : un appel-nullité contre un jugement ayant statué sur une demande en relevé de forclusion introduite plus d'une année après le jugement d'ouverture sans relever d'office cette fin de non-recevoir d'ordre public, • Com. 16 nov. 1993 : *Bull. civ. IV, n° 409* • 28 mai 1996 : *D. 1996. IR. 161* • 19 déc. 2000 : *RJDA 2001, n° 486.* – *Contra* : • Aix-en-Provence, 7 janv. 1993 : *Gaz. Pal. 1992. 2. 346, note Latil ; JCP E 1993. I. 298, n° 12, obs. crit. Cabrillac et Pétel* • Versailles, 1er déc. 1994 : *D. 1995. IR. 51 ; Rev. proc. coll. 1995. 288, obs. crit. Dureuil.* ♦ ... Un appel-nullité contre le jugement d'un tribunal de commerce s'étant prononcé, malgré l'art. 28 du décret n° 85-1390 du 27 déc. 1985, sur la contestation d'une ordonnance d'un juge-commissaire arrêtant les émoluments du liquidateur. • Com. 31 mai 1994 : *D. 1994. IR. 221.* ♦ ... Un pourvoi-nullité contre un arrêt ayant statué dans une matière où la cour d'appel est incompétente, • Com. 30 mars 1993 : *Bull. civ. IV, n° 131 ; D. 1993. IR. 131.* ♦ ... Un pourvoi-nullité contre un arrêt ayant rejeté le recours formé par un cocontractant du débiteur dont le contrat avait fait l'objet d'une cession forcée accessoirement à la vente de gré à gré d'un bien visé à l'art. 156, devenu l'art. L. 622-18 C. com., • Com. 26 juin 2001 : *JCP E 2002, n° 28, p. 1199, note Perdriau (3e esp.) ; RD banc. fin. 2002, n° 20, obs. F.-X. Lucas.*

8 bis. Avant l'arrêt de la chambre mixte du 28 janv. 2005 [préc. note 8], il était admis qu'aucune disposition ne pouvait interdire de faire constater selon les voies de recours du droit commun la nullité d'une décision rendue en violation d'un principe essentiel de procédure, telle l'obligation de motivation des jugements. • Com. 30 mars 1993 : *Bull. civ. IV, n° 132* (à propos d'une ordonnance du juge-commissaire) • 18 janv. 2005 : *Rev. proc. coll. 2005. 131, obs. Gorrias (même cas de figure)* • Dijon, 23 oct. 2001 : *JCP E 2002, n° 10, p. 402* (à propos d'un jugement relevant un créancier de sa forclusion). ♦ Comp., s'agissant de l'obligation de motiver les ordonnances du juge-commissaire : • Aix-en-Provence, 6 janv. 1994 : *Gaz. Pal. 1994. 429, note Latil ; Rev. proc. coll. 1995. 43, obs. Dureuil.*

L'appel-nullité était ainsi recevable en cas de violation du principe de la contradiction. • Com. 14 févr. 1995 : *Bull. civ. IV, n° 45 ; D. 1995. IR. 75 ; Rev. proc. coll. 1995. 288, obs. Dureuil* • 19 déc. 1995 : *ibid. 1996. 321, obs. Soinne* • 28 avr. 1998 : *D. Affaires 1998. 956, obs. S. P.* ♦ ... Ou en cas d'absence de motivation. • Dijon, 4 juin 1996 : *JCP 1997. IV. 291.* ♦ ... Ou de participation du juge-commissaire à la formation de jugement (statuant sur le recours). • Basse-Terre, 2 déc. 1996 : *BICC 1997, n° 552.*

8 ter. L'appel-nullité était recevable dès lors qu'un créancier invoquait l'application inexacte faite par le tribunal des dispositions du décret du 27 déc. 1985 relatives aux formes et délais du recours formé contre une ordonnance rendue par le juge-commissaire, dans la limite de ses attributions. • Com. 28 mai 1996 : *Bull. civ. IV, n° 150 ; D. Affaires 1996. 779.* – V. aussi • Dijon, 31 mai 1994 : *BICC 1994, n° 1170* (opposition à l'ordonnance formée par une simple lettre) • Lyon, 6 sept. 1996 : *JCP E 1996. Pan. 1055.*

Sur l'ouverture de l'appel-nullité en cas d'atteinte au principe de l'effet dévolutif du recours et à la règle du dessaisissement du juge-commissaire et de contradiction entre les motifs et le dispositif, V. • Paris, 12 févr. 1991 : *D. 1992. Somm. 8, obs. Derrida.* – V. aussi • Lyon, 11 oct. 1991 : *ibid.* ♦ Sur la nécessité d'un intérêt à agir, V. • Paris, 6 mars 1991 : *D. 1992. Somm. 92, obs. Derrida.*

La voie de la cassation n'étant ouverte que lorsque toutes les autres voies sont fermées, est irrecevable le pourvoi formé contre un jugement d'un tribunal qui a rejeté les recours contre une ordonnance du juge-commissaire refusant d'accueillir les requêtes en relevé de forclusion, alors que le tribunal ayant excédé ses pouvoirs en se prononçant dans une matière où seule la cour d'appel était compétente dès lors que la procédure collective avait été ouverte postérieurement à l'entrée en vigueur de la loi du 10 juin 1994, un tel recours en annulation pouvait être formé par la voie de l'appel. • Com. 28 nov. 2000 : *Bull. civ. IV, n° 186 ; D. 2001. AJ. 127, obs. Lienhard ; Act. proc. coll. 2001, n° 16, obs. Vallansan.*

8 quater. L'appel en annulation suppose que le jugement et non l'ordonnance du juge-commissaire soit affecté d'une irrégularité de nature à justifier la recevabilité de cette voie de recours. • Toulouse, 6 juill. 2000 : *BICC 2002, n° 650.* – Rappr. : • Com. 17 juill. 2001 : *Rev. proc. coll. 2002. 171, obs. Gorrias.*

9. Sur l'autonomie des conditions de l'appel-nullité par rapport à celles de l'appel-réformation, V. • Com. 27 mai 2003 : *Bull. civ. IV, n° 88 ; D. 2003. AJ. 2013.*

10. L'appel-nullité n'est pas soumis aux dispositions de l'art. 380 NCPC, qui dispose que l'appel d'une décision de sursis à statuer nécessite l'autorisation du premier président de la cour d'appel. • Com. 7 juill. 1998 : *Act. proc. coll. 1998, n° 142.*

11. Sur l'effet dévolutif de l'appel-nullité, V. note 55 ss. ancien art. L. 621-46 et notes 33 et 34 ss. ancien art. L. 623-6.

V. aussi note 3 ss. ancien art. L. 621-10, notes 17 s. ss. ancien art. L. 623-6, note 15 *bis* ss. art. 25 et note ss. ancien art. 26 du 1er décret du 27 déc. 1985, *infra*, App., v° *Difficultés des entreprises.*

Ancien art. L. 623-5 *Ne sont susceptibles que d'un appel et d'un pourvoi en cassation de la part du ministère public, les jugements statuant sur les recours formés contre les ordonnances du juge-commissaire rendues en application des articles L. 622-16, L. 622-17 et L. 622-18.* — [L. n° 85-98 du 25 janv. 1985, art. 173-1]. — L'art. 173-1 de la loi n° 85-98 du 25 janv. 1985, codifié à l'art. L. 623-5, était issu de la loi n° 94-475 du 10 juin 1994. — Pour l'entrée en vigueur de cette loi, V. note ss. ancien art. L. 620-1.

1. Effet dévolutif. Par l'effet dévolutif de l'appel, la juridiction du second degré se trouve investie de l'entière connaissance du litige et elle est tenue, sans que ce pouvoir soit conditionné par l'existence d'une erreur manifeste d'appréciation de la part des premiers juges, de se prononcer, à son tour, sur l'opportunité d'ordonner ou non la cession prévue à l'art. 155 [C. com., art. L. 622-17] à l'un des candidats repreneurs dont les offres avaient été écartées par le tribunal. • Com. 11 mars 1997 : *Bull. civ. IV, n° 73 ; D. 1997. IR. 144 ; RJDA 1997, n° 965 ; JCP E 1997. I. 681, n° 7, obs. Pétel* (V. l'arrêt cassé : • Paris, 10 mai 1996 : *RJ com. 1996. 275, note L. R.).*

2. Appel du débiteur. Est irrecevable l'appel du débiteur en liquidation judiciaire contre le jugement du tribunal qui a refusé d'annuler l'ordonnance du juge-commissaire rendue en application de l'art. 154 [C. com., art. L. 622-16] et le jugement d'adjudication sur saisie immobilière. • Com. 19 janv. 1999 : *Act. proc. coll. 1999, n° 72.*

3. Demande nouvelle. Pour la recevabilité de l'appel, lorsque le jugement s'est prononcé sur une demande nouvelle (en l'espèce, une surenchère d'un créancier nanti, suite à la cession de gré à gré du fonds de commerce du débiteur, sur le fondement de l'art. L. 622-18), V. • Com. 20 mars 2001 : *RJDA 2001, n° 794.*

4. Appel-nullité. Pour l'irrecevabilité de l'appel-nullité formé par le candidat repreneur évincé lors de la cession d'actifs dans le cadre de la liquidation judiciaire, V. • Com. 3 déc. 2003 : *Bull. civ. IV, n° 193 ; D. 2004. AJ. 141 ; RD banc. fin. 2004, n° 82, obs. F.-X. Lucas ; RJ com. 2004. 186, note Sortais* • 30 juin 2004 : *Rev. proc. coll. 2005. 133, obs. Gorrias* • 24 mai 2005 : *Gaz. Pal. 4-5 nov. 2005, p. 32, obs. M. Sénéchal.* ♦ Pour l'irrecevabilité de la tierce opposition-nullité, V. • Com. 28 sept. 2004 : *D. 2005. Pan. 295, obs. Le Corre* . ♦ Comp. note 15 *bis* ss. ancien art. 25 du 1er décret du 27 déc. 1985, *infra*, App., v° *Difficultés des entreprises.*

5. Pourvoi en cassation. Si les dispositions de l'art. L. 623-5 C. com. ne peuvent interdire de faire constater, selon les voies de recours du droit commun, la nullité d'une décision lorsque est en cause l'excès de pouvoir, la voie de la cassation n'est ouverte que lorsque toutes les autres voies sont fermées. • Com. 12 avr. 2005 : *RTD com. 2005. 606, obs. Vallens* .

Ancien art. L. 623-6 *I. — Ne sont susceptibles que d'un appel de la part du ministère public même s'il n'a pas agi comme partie principale :*

1° Les jugements relatifs à la nomination ou au remplacement de l'administrateur, du représentant des créanciers, du liquidateur, des contrôleurs, du ou des experts ;

2° Les jugements statuant sur la durée de la période d'observation, sur la poursuite ou la cessation de l'activité ou sur l'autorisation de la location-gérance prévue à l'article L. 621-34.

II. — Ne sont susceptibles que d'un appel de la part, soit du ministère public même s'il n'a pas agi comme partie principale, soit du cessionnaire ou du cocontractant mentionné à l'article L. 621-88, les jugements qui arrêtent ou rejettent le plan de cession de l'entreprise. Le cessionnaire ne peut interjeter appel du jugement arrêtant le plan de cession que si ce dernier lui impose, en violation de l'article L. 621-63, des charges autres que les engagements qu'il a souscrits au cours de la préparation du plan. Le cocontractant mentionné à l'article L. 621-88 ne peut interjeter appel que de la partie du jugement qui emporte cession du contrat.

III. — Ne sont susceptibles que d'un appel de la part soit du ministère public même s'il n'a pas agi comme partie principale, soit du cessionnaire, dans les limites mentionnées à l'alinéa précédent, les jugements modifiant le plan de cession.

IV. — L'appel du ministère public est suspensif. — [L. n° 85-98 du 25 janv. 1985, art. 174]. — V. Décr. n° 85-1388 du 27 déc. 1985, anciens art. 21, dernier al., et 155 s., infra, App., v° Difficultés des entreprises.

I. APPEL-RÉFORMATION

A. QUALITÉ POUR AGIR

1. Ministère public. Le ministère public étant recevable à agir pour la défense d'intérêts légitimes peut déférer à la cour tout jugement qui ne retiendrait pas l'offre de reprise permettant d'assurer dans les meilleures conditions l'emploi attaché à l'ensemble cédé et le paiement des créanciers. • Amiens, 24 juill. 1986 : *Gaz. Pal. 1986. 2. 643* • Aix-en-Provence, 2 juin 1988 : *D. 1990. Somm. 3, obs. Derrida*. – V. aussi • Nancy, 18 déc. 2003 : *RTD com. 2004. 162, obs. Vallens* (dans le cas où une offre préférable à celle retenue avait été présentée tardivement, en cours de délibéré) ♦ Le candidat dont l'offre n'a pas été retenue ne peut contester la recevabilité de l'appel interjeté par le ministère public. • Paris, 29 juill. 1987 : *Gaz. Pal. 1987. 2. 677.* ♦ L'appel du ministère public à l'encontre du jugement ayant arrêté un plan de redressement est un droit reconnu par le législateur, même s'il n'a pas agi comme partie principale, sans avoir à justifier d'un intérêt particulier. • Paris, 5 déc. 1997 : *RJ com. 1998. 325, note Monsèrié.* ♦ Sur la recevabilité, de la part du candidat évincé, d'une intervention accessoire aux prétentions du ministère public, V. note 13.

2. Cessionnaire. Est recevable l'appel du cessionnaire de l'entreprise contre le jugement arrêtant le plan de cession de l'entreprise, qui lui imposerait des charges autres que les engagements souscrits dans son offre. • Aix-en-Provence, 9 déc. 1988 : *D. 1990. Somm. 3, obs. Derrida* • Montpellier, 19 juin 1990 : *D. 1992. Somm. 93, obs. Derrida*. ♦ Ainsi, sont recevables les appels-réformation de créanciers hypothécaires dont l'offre de reprise a été écartée par le tribunal décidant qu'une partie du prix de cession d'immeubles sera réservée aux créanciers chirographaires, sans respecter les conditions des offres des établissements de crédit et en leur imposant une charge qu'ils n'avaient pas souscrite. • Paris, 8 juin 1993 : *D. 1993. IR. 186 ; Gaz. Pal. 1994. 1. 20, note Marchi.* ♦ A défaut de cette condition, n'est pas recevable l'appel contre un jugement interprétatif concernant les modalités du plan de cession. • Com. 12 févr. 1991 : *JCP 1991. IV. 140 ; Bull. civ. IV, n° 68.* ♦ Comp., admettant l'appel visant à contester la cession judiciaire de contrats : • Paris, 5 déc. 1997 : *préc. note 1.* ♦ L'auteur de l'offre de cession qui a été désigné dans le jugement comme bénéficiaire de la reprise a la qualité de cessionnaire au sens de l'art. L. 623-6 (II) C. com. et peut, à ce titre, même en cas d'exercice d'une faculté de substitution, interjeter appel du jugement qui lui imposerait d'autres engagements que ceux qu'il a pu souscrire : • Orléans, 21 juill. 2005 : *RJDA 2006, n° 54.*

2 bis. Aucune disposition légale n'interdit au cessionnaire qui a demandé la modification du plan de cession d'interjeter appel du jugement rejetant cette demande. • Com. 3 mai 2006 : *cité note 1 quater ss. ancien art. L. 623-7.*

3. Cocontractant cédé. Le cocontractant ne peut relever appel que de la partie du jugement qui emporte cession du contrat, ce qui ne lui permet pas de critiquer l'ensemble du jugement. • Limoges, 13 août 1986 : *D. 1987. 44, note Derrida ; JCP 1986. II. 20693, note Cabrillac ; Gaz. Pal. 1986. 2. 722, note J.-F. Martin.* – V. aussi, jugeant que l'art. 174, al. 2 [C. com., art. L. 623-6, II], ci-dessus déroge au principe général de procédure civile prévu par l'art. 550 NCPC (recevabilité de l'appel incident), • Rouen, 14 avr. 1992 : *RJDA 1992, n° 763.*

4. Le cocontractant mentionné à l'art. 86 [C. com., art. L. 621-88] n'est pas recevable à relever appel de la décision refusant le transfert de son contrat. • Paris, 22 oct. 1991 : *D. 1992. 417, note Derrida*. – V. aussi • Versailles, 15 avr. 1996 : *Rev. proc. coll. 1998. 384, obs. Soinne.* ♦ Sur la recevabilité de l'appel-nullité, V. note 22.

4 bis. Saisie de l'action engagée par le cessionnaire contre le concédant en réparation du préjudice causé par la résiliation du contrat dont le transfert a été ordonné par le jugement ayant arrêté, par des dispositions opposables à tous, le plan de cession, une cour d'appel ne peut se prononcer sur la validité ou l'opposabilité de la partie du jugement emportant cession du contrat en l'absence d'appel du cocontractant sur ce point. • Com. 7 déc. 1999 : *RJDA 2000, n° 317 ; Rev. proc. coll. 2001. 93, obs. Soinne.*

B. ABSENCE DE QUALITÉ

5. Débiteur et administrateur. Le débiteur cédé n'a pas qualité pour faire appel. • Versailles, 9 juill. 1986 : *Gaz. Pal. 1987. 1. 133, note Marchi.*

6. Toutefois, en ce sens que, l'art. 171 [C. com., art. L. 623-1] ouvrant au débiteur et à l'administrateur judiciaire le droit d'appeler du jugement arrêtant ou rejetant le plan de continuation de l'entreprise ainsi que du jugement statuant sur la liquidation judiciaire, et l'art. 174 [C. com., art. L. 623-6] leur refusant toute qualité pour relever appel des jugements arrêtant ou rejetant un plan de cession, l'appel formé par ces personnes contre un jugement qui, arrêtant un plan de cession, rejette par là même un plan de continuation ou la liquidation judiciaire, est recevable, V. notes 8 et 11 ss. ancien art. L. 623-1. ♦ De même, est un jugement mixte, le jugement qui prononce la jonction des procédures concernant deux sociétés « avec confusion des masses et du patrimoine » avant d'arrêter le plan de cession de leurs actifs, et l'appel portant exclusivement sur les dispositions relatives à cette confusion et non sur le plan de cession ne relève pas de l'application de l'art. 174 [C. com., art. L. 623-6]. • Paris, 16 janv. 1996 : *D. 1996. IR. 75.*

7. L'appel du débiteur contre le jugement statuant sur la non-exécution des obligations du cessionnaire est recevable. • Toulouse, 11 mars 1991 : *BICC 1991, n° 1190.*

7 bis. Dès lors que les griefs formulés par le débiteur au titre des fautes de gestion et du désintérêt à l'égard de ses droits ne concernent que la manière dont le liquidateur exerce ses fonctions, l'appréciation qui en est faite par le tribunal ne peut être soumise à la cour d'appel que par la voie de l'appel réformation, ouvert au seul ministère public. • Civ. 2ᵉ, 7 déc. 2000 : *Act. proc. coll. 2001, n° 38.*

8. Sur la recevabilité de l'appel-nullité du débiteur, V. note 27.

8 bis. Liquidateur. L'appel formé par le liquidateur contre le jugement qui lui a ordonné de prendre en charge la liquidation judiciaire est irrecevable. • Rennes, 21 nov. 2001 : *Act. proc. coll. 2002, n° 175.* ♦ Pour l'irrecevabilité de la tierce opposition, V. note 1 ss. ancien art. L. 623-2.

8 ter. Associé. L'associé d'une société en redressement judiciaire est irrecevable à interjeter appel du jugement ayant arrêté le plan de cession de la société. • Com. 18 mars 2003 : *Dr. sociétés 2004, n° 60, note Legros.*

9. Créanciers. Il résulte de l'art. 174, al. 2 [C. com., art. L. 623-6, II], qu'un créancier ne peut interjeter appel d'un jugement statuant en matière de plan de cession. • Com. 3 mars 1992 : *Bull. civ. IV, n° 100.* ♦ Ni les créanciers, ni les contrôleurs ne sont au nombre des personnes autorisées, par l'art. 174 [C. com., art. L. 623-6], à faire appel des jugements arrêtant le plan de cession de l'entreprise. • Paris, 8 juill. 1987 : *D. 1988. 11, concl. Sauvel.* ♦ Est irrecevable l'appel interjeté par un créancier hypothécaire contre un jugement arrêtant, conformément aux prévisions de l'art. 68 [C. com., art. L. 621-69], une modification substantielle dans les objectifs et les moyens du plan de cession. • Com. 8 juin 1993 : *Bull. civ. IV, n° 235 ; D. 1994. Somm. 42, obs. Derrida ; Rev. huiss. 1994. 196, note Vidal.* ♦ V. aussi note 23.

10. Lorsque, faute d'accord avec le créancier nanti à propos d'un paiement partiel des échéances d'emprunt restant dues postérieurement au transfert de propriété, les matériels grevés de nantissement ont été exclus de l'offre de reprise, de sorte que le tribunal n'a pas été appelé à statuer sur leur cession, le créancier nanti n'avait pas la qualité de partie à l'instance qui devait statuer sur le plan de cession ; son appel contre le jugement arrêtant ce plan est donc irrecevable. • Aix-en-Provence, 3 avr. 1997 : *D. 1999. Somm. 4, obs. Derrida.*

Sur l'irrecevabilité de l'appel formé par un créancier nanti sur matériel d'équipement professionnel contre le jugement arrêtant le plan de cession, lorsque le matériel grevé n'est pas compris dans la cession, V. aussi • Amiens, 16 déc. 1988 : *D. 1990. Somm. 3, obs. Derrida.*

Sur la recevabilité de la tierce opposition, V. note 7 ss. ancien art. L. 623-7.

11. Salariés et représentants du personnel. Les représentants du comité d'entreprise ou, à défaut, les délégués du personnel dont l'audition se trouve ainsi requise par la loi ne disposent pas pour autant de la faculté de relever appel du jugement arrêtant ou rejetant le plan de cession. • Paris, 13 janv. 1987 : *D. 1987. IR. 42 ; Gaz. Pal. 1987. 1. 199, note Marchi* • Versailles, 9 févr. 1989 : *D. 1990. Somm. 3, obs. Derrida.* ♦ Sur l'irrecevabilité de l'appel des salariés, des représentants des salariés et des délégués du personnel, V. • Paris, 22 févr. 1989 : *D. 1989. IR. 91* • 6 févr. 1987 : *D. 1987. IR. 42.*

12. Candidats repreneurs évincés. Il résulte de l'art. 174 [C. com., art. L. 623-6] que les appels relevés par les repreneurs évincés contre le jugement arrêtant ou rejetant un plan de cession sont irrecevables. • Limoges, 13 août 1986 : *préc. note 3* • Amiens, 9 févr. 1989 : *D. 1990. Somm. 3, obs. Derrida* • Rouen, 5 juill. 1994 : *BICC 1995, n° 134.* ♦ En exerçant néanmoins un recours que la jurisprudence déclare irrecevable, le repreneur évincé commet une faute dont il doit réparation au cessionnaire et au mandataire de justice de l'entreprise cédée. • Com. 11 mai 1999 : *Bull. civ. IV, n° 101 ; D. 2000. Somm. 96, obs. Honorat ; Dr. sociétés 1999, n° 115, obs. Chaput ; Petites affiches 5 août 1999, p. 10, note P. M.*

13. Cependant, le candidat évincé est recevable en son intervention accessoire, conformément aux dispositions combinées des art. 330 et 554 NCPC ainsi que de l'art. 161, al. 4 [art. 160-V], du décret du 27 déc. 1985, dans la mesure où il a intérêt, pour la conservation de ses droits, à soutenir désormais les prétentions du ministère public. • Paris, 6 févr. 1987 : *préc. note 11.* – V. aussi • Versailles, 23 avr. 1992 : *RJ com. 1992. 307, note Vallens* • Paris, 5 déc. 1997 : *préc. note 1.* ♦ Mais l'intervention accessoire devant la cour d'appel ne confère pas la faculté d'exercer les voies de recours que pourrait exercer la partie principale (à propos d'un département). • Com. 27 nov. 1991 : *JCP 1992. IV. 394.*

14. Sur la recevabilité de l'appel-nullité, V. note 21. ♦ Sur la recevabilité d'un pourvoi en cassation portant sur la recevabilité de l'appel, V. note 3 ss. ancien art. L. 623-7.

15. Locataire-gérant. Le locataire-gérant du fonds cédé dans le cadre d'un plan de cession ne peut tirer du contrat de location-gérance, surtout lorsque celui-ci a pris fin et n'a donc pas été cédé, la qualité lui ouvrant la voie de l'appel-réformation. • Paris, 2 juill. 1991 : *RJDA 1991, n° 849.* ♦ Sur l'irrecevabilité de l'appel-nullité, V. note 21 *in fine*.

C. JUGEMENTS VISÉS PAR L'ART. 174

16. La décision qui se borne à modifier la désignation de l'associé représentant une société d'exercice libéral de mandataires judiciaires dans l'accomplissement de sa mission de liquidateur du débiteur, précédemment exercée par l'un des associés au nom de cette même société, n'est pas une décision de remplacement. • Com. 13 déc. 2005 : *Act. proc. coll. 2006, n° 70.*

16 bis. Le remplacement d'un contrôleur entraîne nécessairement dans un premier temps sa révocation et par conséquent les jugements qui ont trait à la révocation d'un contrôleur sont susceptibles de recours dans les mêmes conditions que les décisions de nomination ou de remplacement. Par suite, un créancier, fût-il contrôleur, ne dispose d'aucun droit d'appel à l'encontre du jugement qui prononce sa révocation. • Rouen, 11 sept. 1997 : *RJDA 1998, n° 455.*

16 ter. Le jugement qui, sur requête du commissaire à l'exécution du plan, confirme le plan de cession arrêté par un précédent jugement n'entre pas dans la catégorie des jugements qui arrêtent ou rejettent un plan de cession ; les voies de recours de droit commun sont donc ouvertes contre ce jugement. • Paris, 14 sept. 1993 : *Gaz. Pal. 1994. 1. 23, note Marchi ; Petites affiches 20 avr. 1994, note Calendini.*

16 quater. La loi du 25 janv. 1985 ne renferme aucune disposition prohibant l'exercice de l'appel à l'encontre d'une décision statuant sur une demande de résolution d'un plan de cession. • Com. 6 mai 1997 : *Bull. civ. IV, n° 124 ; D. 1998. Somm. 6, obs. Derrida ; D. Affaires 1997. 766.* – Dans le même sens, V. • Paris, 26 févr. 2002 : *BICC 2002, n° 977.*

16 quinquies. Pour la recevabilité de l'appel du commissaire à l'exécution du plan contre le jugement ayant prononcé la clôture de la procédure et mis fin à la mission de ce mandataire alors qu'il restait des actifs immobiliers à réaliser, cette décision n'étant pas visée par les dispositions spéciales de la loi du 25 janv. 1985 réglementant les voies de recours, V. • Com. 5 mai 2004 : *Bull. civ. IV, n° 83 ; D. 2004. AJ. 1734 ; Act. proc. coll. 2004, n° 143, obs. Cagnoli ; RTD com. 2004. 612, obs. Vallens.*

16 sexies. L'art. 174 [C. com., art. L. 623-6] vise l'appel des jugements du tribunal de commerce et non celui des ordonnances du juge-commissaire. • Dijon, 4 juill. 1995 : *Gaz. Pal. 1998. 1. Somm. 383.*

II. RECOURS-NULLITÉ

V. aussi notes 8 s. ss. ancien art. L. 623-4, notes 8 à 10 ss. ancien art. L. 623-7 et note 2 ss. ancien art. 30 du 1er décret du 27 déc. 1985, *infra*, App., v° *Difficultés des entreprises.*

BIBL. Bolard, *D. 1988. Chron. 177 ; Rev. proc. coll. 1991. 1 ; Justices juill.-déc. 1996, p. 119.* – Cadiet, *ibid. 1988. 17.* – Honorat et Mas, *Petites affiches 1er juill. 1987.* – Gerbay, *D. 1993. Chron. 143.* – Pirovano, *D. 1988. Chron. 273.* – Soinne, *Gaz. Pal. 1987. 2. Doctr. 695.* – A. Robert, *Dr. et patr. févr. 1998. 58.* – Santa-Croce, *Mélanges Jeantin, Dalloz, 1999, p. 467.* – Perdriau, *D. 2002. Chron. 1993* (pourvoi-nullité). – Maupas, *Rev. proc. coll. 2002. 229.*

17. Conditions de recevabilité. Aucune disposition régissant les procédures collectives n'interdit de faire constater, selon les voies de recours du droit commun, la nullité d'une décision entachée d'excès de pouvoir. • Com. 3 mars 1992 : *Bull. civ. IV, n° 103 ; D. 1992. 345, note Bolard ; Defrénois 1992. 1380, obs. Sénéchal* (intégration dans le plan de cession de biens n'appartenant pas au débiteur) • 11 avr. 1995 : *Rev. proc. coll. 1996. 103, obs. Soinne* (même motif). – V. aussi • Com. 27 avr. 1993 : *Bull. civ. IV, n° 152 ; D. 1994. Somm. 45, obs. Derrida ; Rev. sociétés 1993. 648, note Chaput* (charges supplémentaires imposées aux personnes exécutant le plan). ♦ Il en allait de même, avant l'arrêt de la chambre mixte du 28 janv. 2005 [V. note 8 ss. ancien art. L. 623-4], en cas de violation d'un principe essentiel de procédure, tel que l'obligation de motivation des jugements. • Com. 17 mai 1994 : *Dr. sociétés 1994, n° 154, obs. Chaput* • 19 déc. 1995 : *ibid. 1996, n° 55, obs. Chaput.* ♦ Mais si, pour remédier à certains vices particulièrement graves, l'appel à fin d'annulation peut être formé, même lorsque l'appel à fin de réformation n'est pas ouvert, encore faut-il qu'il émane d'une partie qui y a intérêt, ainsi qu'en dispose l'art. 546 NCPC. • Paris, 8 juill. 1987 : *préc. note 9.*

18. L'administrateur judiciaire, chargé d'assister le débiteur déclaré en redressement judiciaire, et le représentant des créanciers ne sont, au sens de l'art. 583 NCPC, ni des tiers au regard du débiteur, ni des étrangers par rapport à la procédure à laquelle ils auraient dû être appelés, si bien que la voie de la tierce opposition leur est fermée. L'appel est la seule voie de recours appropriée pour permettre aux mandataires de justice, en présence d'une décision obtenue à leur insu, de faire valoir les règles d'ordre public des procédures collectives. • Grenoble, 29 janv. 1992 : *BICC 1992, n° 1029.*

19. Délai. V. note 3 ss. ancien art. 157 du 1er décret du 27 déc. 1985, *infra*, App., v° *Difficultés des entreprises.*

A. CARACTÈRE SUBSIDIAIRE DU RECOURS

20. L'appel-nullité, de caractère subsidiaire, ne peut être utilisé que lorsque aucune autre voie de recours n'est ouverte. • Com. 7 juill. 1998 : *Act. proc. coll. 1998, n° 128* • Douai, 16 juill. 1987 : *Gaz. Pal. 1987. 2. 693.* ♦ Telle n'est pas la situation dans laquelle se trouve le procureur de la République qui dispose du droit d'appel des jugements arrêtant ou rejetant un plan de cession, en vertu de l'art. 174 [C. com., art. L. 623-6]. • Douai, 16 juill. 1987 : *préc.* – Dans le même sens, V. • Dijon, 4 juill. 1995 : *préc. note 16 sexies.* ♦ V. note 1.

B. QUALITÉ DE PARTIE

BIBL. Derrida, *D. 1989. Chron. 77.*

21. Candidats repreneurs évincés. Avant de se prononcer sur le plan de redressement de l'entreprise, le tribunal n'est pas tenu de procéder à l'audition des candidats repreneurs et ceux-ci, quand bien même seraient-ils entendus pour une bonne administration de la justice, n'ont pas de prétentions à soutenir au sens des art. 4 et 31 NCPC. • Com. 22 mars 1988 : *D. 1988. 375, note Derrida et Julien ; Bull. civ. IV, n° 113 ; Gaz. Pal. 1988. 2. 661, note Marchi* • 8 nov. 1988 : *D. 1988. IR. 279 ; Bull. civ. IV, n° 295* • 22 oct. 1996 : *Rev. proc. coll. 1997. 424, obs. Cadiou.* ♦ Dès lors, le candidat repreneur, qui n'était pas partie à l'instance et à l'encontre de qui aucune condamnation n'a été prononcée, est irrecevable à se pourvoir en cassation. • Com. 22 mars 1988 : *préc.* ♦ De même, son appel-annulation du jugement ayant arrêté le plan de redressement est-il irrecevable. • Com. 8 nov. 1988 : *préc.* – V. aussi • Lyon, 14 févr. 1992 : *D. 1994. Somm. 39, obs. Derrida* • Com. 2 avr. 1996 : *Bull. civ. IV, n° 109* • 3 févr. 1998 : *RTD com. 1998. 680, obs. Saint-Alary-Houin.* – Comp. : • Douai, 31 mars 1988 : *D. 1990. Somm. 3, obs. Derrida* • Aix-en-Provence, 9 déc. 1988 : *ibid.* ♦ *Contra*, jugeant recevable l'appel-nullité relevé contre le jugement arrêtant un plan de redressement par une personne n'ayant pas été partie en première instance : • Pau, 14 avr. 1992 : *D. 1994. Somm. 45, obs. Derrida ; Cah. jurispr. Aquitaine 1992. 3. 414, note Legrand.* ♦ V. aussi note 2 ss. ancien art. L. 623-7.

Sur l'irrecevabilité, faute d'avoir été partie en première instance, de l'appel-nullité du « repreneur » évincé, V. aussi • Lyon, 16 oct. 1987 : *Gaz. Pal. 1988. 1. 249* • Paris, 18 oct. 1988 : *D. 1989. Somm. 12, obs. Derrida.* ♦ V. également, pour l'appel de l'ancien locataire-gérant qui avait offert de racheter le fonds de commerce, • Paris, 5 mars 1991 : *D. 1991. 376, note Sortais* • 2 juill. 1991 : *préc. note 15.*

Le dirigeant d'une société en redressement judiciaire qui a présenté en son nom personnel, comme associé de la société, un plan de continuation doit être considéré comme un repreneur évincé et n'a donc pas qualité pour former un appel-nullité à l'encontre du jugement ayant arrêté le plan de cession. • Com. 29 févr. 2000 : *Dr. sociétés 2000, n° 104, obs. Chaput.*

22. Cocontractant cédé. N'ayant pas le droit de demander la cession forcée des contrats qui le lient à l'entreprise en redressement judiciaire et qui est décidée souverainement par le tribunal lorsque celui-ci la juge nécessaire au maintien de l'activité, le cocontractant mentionné à l'art. 86 [C. com., art. L. 621-88], dont le contrat n'a pas été transféré, n'a pas de prétentions à soutenir au sens des art. 4 et 31 NCPC, et n'est donc pas partie à l'instance. • Paris, 22 oct. 1991 : *préc. note 4.* – Dans le même sens : • Com. 22 nov. 1994 : *Bull. civ. IV, n° 346 ; D. 1997. Somm. 7, obs. Derrida.*

22 bis. Cessionnaire. Pour la recevabilité du recours du cessionnaire en annulation du jugement ayant arrêté le plan de cession nonobstant l'absence de réalisation des conditions suspensives dont l'offre était assortie, V. • Com. 11 déc. 2001 : *Rev. proc. coll. 2003. 108, obs. Gorrias.*

23. Créanciers. Ne peut former d'appel à fin d'annulation, la société qui, ni en tant que créancier, ni en tant que contrôleur n'était partie en première instance. • Paris, 8 juill. 1987 : *préc. note 9.* – Comp. : • Douai, 4 juin 1987 : *Gaz. Pal. 1987. 2. 691* • 31 mars 1988 : *préc. note 21.*

Lorsque l'Association française des banques était présente devant le tribunal en sa qualité de contrôleur, la subrogation dont elle prétend bénéficier dans les droits des déposants qu'elle a indemnisés au titre de la solidarité interbancaire n'a pas pour effet de lui donner le statut de partie au sens de l'art. 546 NCPC, puisque les créanciers dans les droits desquels elle serait subrogée ne bénéficient pas eux-mêmes de cette qualité. • Paris, 5 avr. 1996 : *D. 1996. IR. 139 ; Rev. proc. coll. 1996. 331, obs. Soinne.* ♦ V. aussi note 23 *ter.*

Toutefois, des créanciers, représentés en première instance par le représentant des créanciers, peuvent interjeter appel-nullité au cas d'inaction de ce dernier, tout créancier, qui estime que la décision arrêtant le plan de cession contrevient aux règles d'ordre public de la loi, étant autorisé à exercer l'action *ut singuli.* • Montpellier, 29 juill. 1992 (3e esp.) : *D. 1992. Somm. 357, obs. Vasseur,* conf. par • Com. 26 avr. 1994 : *cité note 24.*

V. aussi, pour l'appel-nullité d'un jugement arrêtant le plan de cession, intenté par un créancier nanti, non convoqué à l'audience du jugement et auquel la décision n'avait pas été notifiée, • Caen, 14 avr. 1994 : *JCP 1994. IV. 1351.*

23 bis. En énonçant que faute d'appel-nullité recevable, un créancier, eût-il un droit propre distinct de celui invoqué par les autres créanciers, était irrecevable en son intervention volontaire en cause d'appel, une cour d'appel n'a pas excédé ses pouvoirs. • Com. 26 avr. 1994 : *cité note 24.*

23 ter. Contrôleurs. V. note 23. ♦ Si, en application de l'art. 15 [C. com., art. L. 621-13], les contrôleurs désignés par le juge-commissaire assistent le représentant des créanciers dans ses fonctions, leur audition éventuelle ne leur confère pas la qualité de partie ; l'appel du contrôleur n'est donc pas recevable. • Com. 9 déc. 1997 : *D. 1998. IR. 22 ; D. Affaires 1998. 77, obs. A. L. ; Quot. jur. 15 janv. 1998, p. 6, note P. M. ; RTD com. 1998. 952, obs. Vallens* • 6 juin 2000 : *RJDA 2000, n° 1005.* ♦ V. déjà, dans une espèce où l'Association française des banques avait été désignée comme contrôleur, • Paris, 5 avr. 1996 : *préc. note 23.*

Les contrôleurs n'ont, en effet, que la qualité de « personne intéressée à la procédure », malgré la réserve apportée par la loi du 10 juin 1994 à l'art. 46 [C. com., art. L. 621-39]. • Paris, 20 déc. 1996 : *D. 1997. IR. 53 ; D. Affaires 1997. 351 ; Rev. dr. bancaire 1997. 80, obs. Campana et Calendini.*

24. Représentant des créanciers. V., dans le sens de la recevabilité de l'appel-nullité du représentant des créanciers contre un jugement arrêtant un *plan de continuation,* pour non-respect de la procédure de consultation des créanciers, • Paris, 10 juin 1987 : *D. 1987. 546, note Derrida* • Lyon, 17 juin 1987 : *ibid.* ♦ Comp., rejetant l'appel, en cas de *plan de cession* : • Lyon, 4 nov. 1988 : *D. 1989. Somm. 12, obs. Derrida.* ♦ V. aussi note 18.

Le représentant des créanciers d'une société en redressement judiciaire est irrecevable à se prévaloir devant la Cour de cassation de griefs, à supposer qu'ils visent un excès de pouvoir, qui sont personnels, d'un côté, à la société débitrice qu'il ne représente pas, d'un autre côté, à certains créanciers pris individuellement ayant formé appel, dès lors que lui-même n'a pas relevé, en vue de la défense de l'intérêt collectif des créanciers, appel du jugement ayant arrêté le plan de cession. • Com. 26 avr. 1994 : *Bull. civ. IV, n° 154 ; D. 1994. 542, note Derrida ; RJDA 1994, nos 713 à 715, et p. 498, concl. M. Raynaud.* – V. aussi Vasseur, *D. 1994. Chron. 317.*

25. Représentant des salariés. Jugé que, même si le représentant des salariés doit être entendu avant le jugement, cette circonstance ne lui confère pas la qualité de partie ; il est donc irrecevable à relever appel du jugement, fût-ce pour en faire prononcer la nullité. • Limoges, 13 août 1986 : *préc. note 3.*

26. Représentants du personnel. Jugé que, bien que non parties à l'instance au sens strict du terme, les délégués du personnel et les comités d'entreprise qui sont parties à la procédure doivent être déclarés recevables à relever appel-nullité d'une décision ainsi rendue en violation des obligations d'ordre public de la loi de 1985 qui a organisé à leur intention une information et une consultation préalable. • Rennes, 7 juill. 1993 : *D. 1996. Somm. 7, obs. Derrida ; JCP 1994. IV. 46.* ♦ Comp. : art. L. 621-62, al. 1er.

27. Débiteur. Aucune disposition légale n'interdit au débiteur de faire constater par la voie de l'appel la nullité d'un jugement arrêtant un plan de cession. • Lyon, 4 nov. 1988 : *préc. note 24* • Paris, 4 févr. 1997 : *D. 1998. Somm. 3, obs. Derrida. – Contra* : • Versailles, 9 févr. 1989 : *D. 1990. Somm. 3, obs. Derrida.* ♦ V. aussi, refusant l'appel, dans un cas où un plan de continuation avait été résolu, • Paris, 15 janv. 1991 : *D. 1992. Somm. 92, obs. crit. Derrida.*

27 bis. Coïndivisaire. En ce sens qu'un coïndivisaire du débiteur n'a pas la qualité de partie, au sens de l'art. 546 NCPC, V. • Paris, 7 févr. 1997 : *D. 1998. Somm. 4, obs. Derrida.*

28. Administrateur. V. note 18.

C. INTÉRÊT À AGIR

29. Excès de pouvoir. Sur la notion d'excès de pouvoir, V. • Douai, 16 mai 2006 : *D. 2006. AJ. 1529, obs. Lienhard.* ♦ Pour la recevabilité d'un appel-nullité fondé sur une violation de la règle d'irrévocabilité des offres de reprise, édictée par l'art. 21 [C. com., art. L. 621-57], al. 2. V. • Paris, 4 févr. 1997 : *préc. note 27.* – Comp. : note ss. ancien art. 103-2 du 1er décret du 27 déc.

1985, *infra*, App., v° *Difficultés des entreprises.* ♦ ... De la règle d'indépendance du repreneur, prévue par l'art. 21 [C. com., art. L. 621-57], al. 4, V. • Com. 4 oct. 2005 : *cité note 4 quater ss. ancien art. L. 621-57 ; Gaz. Pal. 10-11 févr. 2006, p. 16, obs. Rohart-Messager.*

En ce sens que la violation de la règle d'égalité des créanciers, dans le choix du repreneur, n'est pas constitutive d'un abus de pouvoir, V. • Aix-en-Provence, 30 oct. 1997 : *D. 1999. Somm. 2, obs. Derrida.*

30. Pour des exemples d'excès de pouvoir, V. note 7 ss. ancien art. L. 621-59 ; et • Com. 3 mars 1992 : *préc. note 17.* ♦ V. aussi note 8 ss. ancien art. L. 623-4.

31. La cour d'appel saisie d'un recours en annulation n'a pas à apprécier l'opportunité ni le contenu du plan arrêté par le jugement de première instance. • Versailles, 9 juill. 1986 : *D. 1987. Somm. 8, obs. Derrida ; Gaz. Pal. 1986. 2. 570, note J.-F. Martin.*

32. Grief. Aux termes de l'art. 114, al. 2, NCPC, la nullité ne peut être prononcée qu'à charge pour l'adversaire qui l'invoque de prouver le grief que lui cause l'irrégularité, même lorsqu'il s'agit d'une formalité substantielle ou d'ordre public. • Lyon, 16 oct. 1987 : *Gaz. Pal. 1988. 1. 249.*

D. EFFET DÉVOLUTIF

33. Si la recevabilité de l'appel-nullité est conditionnée par l'existence de griefs autonomes tels l'excès de pouvoir ou la violation d'un principe fondamental de procédure, son effet dévolutif s'opère pour le tout en application de l'art. 562, al. 2, NCPC, la cour d'appel ayant dès lors l'obligation, après avoir annulé la décision attaquée, de statuer au fond en répondant aux conclusions qui déterminent les moyens des parties. • Com. 28 mai 1996 : *Bull. civ. IV, n° 150 ; D. 1997. 538, note Bolard ; D. Affaires 1996. 779 ; Petites affiches 9 mai 1997, p. 13, note Lebel ; RTD com. 1998. 692, obs. Vallens* • 1er oct. 1997 : *D. Affaires 1997. 1224 ; JCP 1997. II. 22941, rapp. Rémery.* ♦ Comp., en cas d'appel-réformation concurrent irrecevable : • Basse-Terre, 2 déc. 1996 : *BICC 1997, n° 552 ; Gaz. Pal. 1997. 1. Somm. 154, obs. Vray.* – *Contra* : • Dijon, 27 juin 1995 : *BICC 1996, n° 64* • Nîmes, 16 sept. 1993 : *ibid. 1993, n° 1220* • Paris, 9 avr. 1991 : *D. 1992. Somm. 8, obs. Derrida.* ♦ Jugé, toutefois, que l'effet dévolutif ne peut jouer lorsque la cour se trouve dans l'impossibilité de statuer dès lors que tous les candidats repreneurs n'ont pas été attraits dans la procédure d'appel. • Paris, 4 févr. 1997 : *préc. note 27.*

34. Si l'appel tend à l'annulation du jugement, la dévolution s'opère pour le tout, même si l'acte introductif d'instance est annulé dès lors que l'appelant a comparu et conclu au fond en première instance. • Civ. 2e, 9 déc. 1997 : *D. 1998. 229, note Bolard.* ♦ Comp. : • Com. 17 févr. 1998 : *Rev. proc. coll. 1999. 32, obs. Cadiou.*

Ancien art. L. 623-7 ***Il ne peut être exercé de tierce opposition ou de recours en cassation contre les arrêts rendus en application du I de l'article L. 623-6.***

Le pourvoi en cassation n'est ouvert qu'au ministère public à l'encontre des arrêts rendus en application du II et du III de l'article L. 623-6. – [L. n° 85-98 du 25 janv. 1985, art. 175]. – V. Décr. n° 85-1388 du 27 déc. 1985, anciens art. 156 et 162, infra, App., v° Difficultés des entreprises.

Ancien art. 175 de la loi du 25 janv. 1985 [rédaction antérieure à L. n° 94-475 du 10 juin 1994] ***Toutefois, il ne peut être exercé de tierce opposition ou de recours en cassation contre les jugements ou arrêts rendus en application de l'article 174.*** – Pour l'entrée en vigueur de la loi du 10 juin 1994, V. note ss. ancien art. L. 620-1.

A. RECOURS EN CASSATION

1. Plan de cession. Il résulte de la combinaison des art. 174, al. 2, et 175 [C. com., art. L. 623-6, II, et L. 623-7] qu'il ne peut être exercé de recours en cassation contre les jugements qui arrêtent ou rejettent le plan de cession de l'entreprise en redressement judiciaire. • Com. 15 juill. 1987 : *Bull. civ. IV, n° 185 ; D. 1987. IR. 232 ; Gaz. Pal. 1987. 2. 676, note J.-F. Martin* • 20 déc. 1988 : *D. 1989. 484, note Derrida ; Bull. civ. IV, n° 346* • 24 janv. 1989 : *ibid. IV, n° 34 ; D. 1989, préc.* • 14 nov. 1989 : *Bull. civ. IV, n° 287 ; D. 1989, préc.* • 12 juill. 1993 : *Bull. civ. IV, n° 296 ; D. 1993. IR. 262.* ♦ Toutefois, l'arrêt statuant sur l'appel formé contre un jugement arrêtant le plan de cession est susceptible de pourvoi en cassation en cas d'excès de pouvoir. • Com. 9 juin 1992 : *D. 1992. IR. 228.* ♦ ... Aucune disposition n'interdisant de faire constater selon les voies de recours du droit commun la nullité d'une décision entachée d'excès de pouvoir. • Com. 27 avr. 1993 : *D. 1994. Somm. 45, obs. Derrida ; Rev. sociétés 1993. 648, note Chaput.* – V. aussi • Com. 14 janv. 1997 : *D. 1997. IR. 53.*

1 bis. L'ordonnance par laquelle le premier président de la cour d'appel arrête l'exécution provisoire d'un jugement qui arrête ou rejette le plan de cession est également insusceptible de pourvoi. • Com. 14 mai 1996 : *Bull. civ. IV, n° 136 ; D. 1998. Somm. 1, obs. Derrida ; D. Affaires 1996. 814 ; JCP E 1996. I. 584, n° 2, obs. crit. Pétel.*

1 ter. Il résulte de l'art. 175 dans sa rédaction d'origine applicable à la procédure de redressement judiciaire ouverte après résolution du plan de continuation adopté dans une procédure de redressement judiciaire, elle-même ouverte avant l'entrée en vigueur de la loi du 10 juin 1994, qu'il ne peut être exercé aucun recours en cassation à l'encontre de l'arrêt statuant sur le plan de cession d'une entreprise. • Com. 10 déc. 2002 : *JCP E 2003, n° 14, p. 618, note Sonet.*

1 quater. Il résulte de la combinaison des art. L. 623-6, II et III, et L. 623-7, al. 2, C. com. que les arrêts rendus sur appel des jugements arrêtant, rejetant, modifiant le plan de cession ne sont susceptibles de pourvoi en cassation que de la part du ministère public ; il ne peut être dérogé à cette règle, comme à toute autre règle interdisant ou différant un recours, qu'en cas d'excès de pouvoir. • Com. 3 mai 2006 : *D. 2006. AJ. 1369, obs. Lienhard .*

2. Auteur du pourvoi. Sont ainsi irrecevables les pourvois élevés : par le *débiteur* à l'encontre de l'arrêt qui avait déclaré irrecevable son appel en annulation du jugement arrêtant un plan de cession. • Com. 20 déc. 1988 : *préc. note 1.* – V. aussi • Com. 2 oct. 1990 : *Bull. civ. IV, n° 223.* ♦ ... Par un *créancier* contre une décision qui a arrêté un plan de redressement d'une entreprise en organisant sa continuation assortie d'une cession partielle. • Com. 12 juin 1990 : *D. 1990. IR. 193.* ♦ ... Par le *cocontractant* de l'art. 86 [C. com., art. L. 621-88], à l'encontre de l'arrêt qui avait déclaré irrecevable son appel contre le cessionnaire de l'entreprise, à propos du jugement décidant du transfert des contrats. • Com. 24 janv. 1989 : *préc. note 1* • 14 mars 1995 : *Bull. civ. IV, n° 79.* ♦ ... Par le *candidat repreneur évincé* contre l'arrêt qui avait déclaré irrecevable son appel en annulation des jugements relatifs au plan de cession. • Com. 24 janv. 1989 : *préc. note 1.* ♦ ... Par le *cessionnaire* contre l'arrêt qui avait statué sur l'appel interjeté du jugement arrêtant le plan de cession qui lui impose des charges autres que les engagements qu'il a souscrits au cours de la préparation du plan. • Com. 5 avr. 1994 : *Bull. civ. IV, n° 144 ; D. 1994. IR. 117.* ♦ V. aussi note 21 ss. ancien art. L. 623-6.

2 bis. Remplacement d'un mandataire judiciaire. Les jugements relatifs au remplacement du liquidateur judiciaire ne sont susceptibles que d'un appel de la part du ministère public et aucun recours en cassation ne peut être exercé contre les arrêts rendus en application de l'art. L. 623-6, I, 1°, C. com., à moins que ne soit en cause l'excès de pouvoir. • Com. 2 nov. 2005 : *Bull. civ. IV, n° 212 ; D. 2005. AJ. 2874, obs. Lienhard ; Act. proc. coll. 2006, n° 22, obs. Cagnoli ; Gaz. Pal. 10-11 févr. 2006, p. 19, obs. Gorrias.* ♦ Les juges statuent dans l'exercice de leur pouvoir discrétionnaire en procédant au remplacement du liquidateur judiciaire. • Même arrêt. ♦ V. déjà, en ce sens, • Com. 11 mai 1999 : *Bull. civ. IV, n° 100 ; D. 1999. IR. 153 ; Petites affiches 8 juin 1999, p. 9, note P. M.* • 15 févr. 2005 : *Bull. civ. IV, n° 27 ; RTD com. 2005. 422, obs. Vallens .*

2 ter. Pourvois recevables. En revanche, est recevable le recours en cassation formé par le représentant des créanciers, en application de l'art. 171 (2) [C. com., art. L. 623-1], à l'encontre d'un arrêt qui, pour arrêter le plan de cession d'une entreprise proposé par un repreneur, a infirmé le jugement qui avait prononcé la liquidation judiciaire de cette entreprise. • Com. 26 juin 1990 : *Bull. civ. IV, n° 191.*

3. De même, est recevable le pourvoi formé par des repreneurs évincés contre l'arrêt rejetant la cession de l'entreprise et homologuant un plan de continuation, dès lors que ceux-ci demandent la cassation de l'arrêt, uniquement en ce qu'il a déclaré recevable l'appel du débiteur contre le jugement ayant arrêté le plan de cession, les cessionnaires désignés par un tel jugement ayant un intérêt légitime à invoquer l'éventuelle méconnaissance par la cour d'appel des dispositions d'ordre public relatives à l'exercice des voies de recours. • Com. 6 mars 1990 : *Bull. civ. IV, n° 65 ; D. 1990. 218, note Derrida ; JCP 1990. II. 21513, note Bolard* • 14 mai 1991 : *Bull. civ. IV, n° 165 ; D. 1992. Somm. 93, obs. Derrida .* ♦ Dans le même sens, s'agissant du pourvoi de l'administrateur et du débiteur tendant à la cassation d'un arrêt ayant déclaré recevable l'appel interjeté par un créancier contre le jugement ayant arrêté le plan de cession : • Com. 3 mars 1992 : *Bull. civ. IV, n° 100 ; D. 1992. IR. 118.* ♦ Pour la recevabilité du pourvoi formé par un repreneur évincé contre l'arrêt qui a déclaré son appel-nullité irrecevable et qui l'a condamné au paiement de dommages-intérêts, V. • Com. 11 mai 1999 : *Bull. civ. IV, n° 101 ; Dr. sociétés 1999, n° 115, obs. Chaput ; Petites affiches 5 août 1999, p. 10, note P. M. ; RTD com. 1999. 761, obs. Vallens .*

V. aussi, pour la recevabilité du pourvoi faisant grief à l'arrêt d'avoir déclaré un appel recevable en méconnaissance des dispositions relatives aux formes dans lesquelles doit s'exercer l'appel relevé contre les jugements arrêtant le plan de cession, • Com. 14 mai 1996 : *Bull. civ. IV, n° 136.*

4. Est recevable le pourvoi formé par un débiteur contre un arrêt qui, après avoir infirmé la décision d'un tribunal de commerce prononçant la liquidation judiciaire de l'entreprise, a renvoyé la cause devant les premiers juges, afin qu'il soit statué à nouveau par eux au vu de l'offre d'acquisition de ladite entreprise par un tiers, reçue durant l'instance d'appel. • Com. 21 janv. 1992 : *Bull. civ. IV, n° 28 ; JCP 1992. IV. 869.*

4 bis. Le pourvoi formé par le liquidateur judiciaire contre la décision qui constate la caducité du plan de cession est recevable, cette décision n'étant pas de celles qui sont visées par les art. 174 et 175 [C. com., art. L. 623-6 et L. 623-7]. • Com. 6 févr. 1996 : *Bull. civ. IV, n° 37 ; D. 1998. Somm. 6, obs. Derrida.*

5. Est recevable le pourvoi formé, dans le cas d'une procédure de redressement judiciaire, contre une ordonnance du juge-commissaire rectifiant, pour erreur matérielle, une précédente ordonnance, au motif que, celle-ci étant passée en force de chose jugée à l'expiration du délai prévu par l'art. 157, al. 3, du décret du 27 déc. 1985, qui a couru à compter de la notification aux parties, il s'ensuit que la décision rectificative ne peut être attaquée que par la voie du recours en cassation conformément à l'art. 462, al. 5, NCPC. • Com. 17 mars 1992 : *Bull. civ. IV, n° 117 ; JCP 1992. IV. 1516* • 11 oct. 1994 : *Bull. civ. IV, n° 282 ; D. 1995. 297, rapp. Rémery.* – V. aussi • Com. 6 déc. 1994 : *Quot. jur. 19 janv. 1995, p. 3.*

6. Sur la recevabilité du pourvoi en cas d'excès de pouvoir, V. note 1.

B. TIERCE OPPOSITION

7. Irrecevabilité de principe. Les tierces oppositions étant irrecevables, il n'est nul besoin de rechercher si elles seraient recevables du fait que le représentant des créanciers n'aurait pu valablement représenter les créanciers qui ne s'étaient pas manifestés à défaut de publicité du jugement de redressement judiciaire antérieurement au jugement arrêtant le plan de cession. • T. com. Montpellier, 29 juill. 1992 (2e esp.) : *D. 1992. Somm. 357, obs. Vasseur.*

Dès lors qu'elle a pour seul objet de critiquer le plan de cession arrêté après rejet de la proposition de plan de continuation, la tierce-opposition est irrecevable. • Com. 27 oct. 1998 : *RTD com. 1999. 207, obs. Vallens.*

Pour la recevabilité de la tierce opposition formée par une banque contre le jugement l'ayant écarté du bénéfice des dispositions de l'art. 93, al. 3 [C. com., art. L. 621-96], V. • T. com. Paris, 9 févr. 2001 : *RJ com. 2002. 318, note Merven ; Banque et Droit mai-juin 2002. 53, obs. Guillot.*

8. Tierce opposition-nullité. Il résulte des dispositions de l'art. 175 [C. com., art. L. 623-7] que ne sont pas susceptibles de tierce opposition, fût-ce aux fins de prononcé de leur nullité, les jugements ou arrêts rendus en application de l'art. 174 [C. com., art. L. 623-6], à moins que ne soit en cause la violation d'un principe essentiel de procédure ou l'excès de pouvoir. • Com. 25 janv. 1994 : *Bull. civ. IV, n° 32 ; D. 1994. 325, rapp. Pasturel, et 379, note Derrida* • 26 avr. 1994 : *Bull. civ. IV, n° 154 ; D. 1994. 542, note Derrida ; RJDA 1994, nos 713 à 715, et p. 498, concl. M. Raynaud.* – V. aussi Vasseur, *D. 1994. Chron. 317.* – V. également • Com. 14 janv. 1997 : *D. 1997. IR. 67* • 28 mai 1996 : *Rev. proc. coll. 1998. 329, obs. Soinne.* ♦ Par un arrêt du 28 janv. 2005, la chambre mixte a restreint le recours-nullité au seul cas d'excès de pouvoir (V. note 8 ss. ancien art. L. 623-4).

8 bis. Le jugement modifiant le plan de cession n'est pas susceptible de tierce opposition, à moins que ne soit en cause la violation d'un principe fondamental de procédure ou l'excès de pouvoir. • Com. 18 janv. 2005 : *Gaz. Pal. 29-30 avr. 2005, p. 29, obs. Voinot.*

9. En l'absence d'une voie de recours-nullité organisée sur un plan général et avec des règles propres, la tierce opposition-nullité comme l'appel-nullité doivent se couler dans le moule procédural des voies de recours prévues par la loi de 1985. • T. com. Lyon, 14 juin 1993 : *Gaz. Pal. 1994. 1. Somm. 89.*

10. Lorsqu'une société appartenant à un GIE est en redressement judiciaire, les autres membres du groupement peuvent former tierce opposition au plan de cession qui aboutit à violer le principe fondamental d'agrément du nouveau membre par les autres et à leur imposer un nouvel adhérent, alors qu'ils doivent donner leur accord pour toute cession de droits. • Lyon, 13 mars 1992 : *Bull. Joly 1992. 1306, note Le Cannu ; Rev. proc. coll. 1993. 517, obs. Soinne ; Dr. sociétés 1993, n° 7, obs. Chaput.*

C. RECOURS EN RÉVISION

Jurisprudence antérieure à la loi du 10 juin 1994.

11. Le recours en révision est ouvert contre tout jugement passé en force de chose jugée. Aucune disposition n'interdit l'exercice d'un tel recours contre le jugement rendu en application de l'art. 174 [C. com., art. L. 623-6] qui arrête ou rejette le plan de cession d'une entreprise. • Com. 2 avr. 1996 : *Bull. civ. IV,* *n° 107 ; D. 1996. IR. 123 ; JCP E 1996. I. 584, n° 1, obs. Cabrillac.*

Pour une illustration de l'exercice de cette voie de recours, V. • Paris, 5 juill. 1996 : *Rev. proc. coll. 1998. 268, obs. Soinne.* ♦ Comp., depuis la loi n° 94-475 du 10 juin 1994, art. L. 623-7, al. 1er.

12. La révision d'une décision ne pouvant être demandée que par les personnes qui y ont été parties ou représentées, le commissaire à l'exécution du plan ne peut demander la révision de l'arrêt auquel a éte partie le débiteur mis ensuite en redressement judiciaire. • Com. 16 mars 1999 : *D. 1999. IR. 104 ; D. Affaires 1999. 718, obs. A. L.*

Ancien art. L. 623-8 ***Lorsque le ministère public doit avoir communication des procédures de redressement judiciaire ou de liquidation judiciaire et des causes relatives à la responsabilité des dirigeants sociaux, le pourvoi en cassation pour défaut de communication n'est ouvert qu'à lui seul.*** — [L. n° 85-98 du 25 janv. 1985, art. 176].

BIBL. ▸ Perdriau, *JCP 1986. I. 3228 ; Err. 3233.*

1. Communication au ministère public. Pour des applications de l'art. 176 [C. com., art. L. 623-8], V. • Com. 22 févr. 1994 : *Bull. civ. IV, n° 75 ; D. 1994. IR. 95* • 6 juin 1995 : *JCP 1995. IV. 1896* • 23 janv. 1996 : *Bull. civ. IV, n° 25* • 19 févr. 2002 : *JCP E 2002, n° 14, p. 597.*

2. Appel du ministère public. Dès lors que le ministère public n'a figuré que comme partie jointe et non comme partie principale à la procédure devant les premiers juges, et que les faits sanctionnés par la décision entreprise n'ont pas porté atteinte à l'ordre public, il est privé du droit d'appel. La cour d'appel dit, au besoin d'office, relever cette fin de non-recevoir. • Com. 20 janv. 1998 : *D. 1998. 125, rapp. Pasturel* ; *D. Affaires 1998. 297, obs. V. A.-R.*

Ancien art. L. 623-9 ***En cas d'infirmation du jugement imposant de renvoyer l'affaire devant le tribunal, la cour d'appel peut ouvrir une nouvelle période d'observation. Cette période est d'une durée maximale de trois mois réduite à un mois lorsqu'il a été fait application de la procédure simplifiée prévue à la section V du chapitre Ier.***

En cas d'appel du jugement statuant sur la liquidation judiciaire ou arrêtant ou rejetant le plan de continuation ou de cession et lorsque l'exécution provisoire est arrêtée, la période d'observation est prolongée jusqu'à l'arrêt de la cour d'appel. — [L. n° 85-98 du 25 janv. 1985, art. 177]. — V. Décr. n° 85-1388 du 27 déc. 1985, anciens art. 155, al. 2 et 158, al. 2, infra, App., v° Difficultés des entreprises.

1. Nouvelle période d'observation. Pour des applications, V. • Aix-en-Provence, 28 janv. 1987 : *D. 1987. Somm. 99, obs. Derrida* • Paris, 18 nov. 1988 : *Gaz. Pal. 1989. 1. Somm. 112.*

1 bis. Effet dévolutif de l'appel. Sur l'application de ce principe, en cas d'offre d'acquisition par un tiers d'une entreprise dont le tribunal de commerce avait prononcé la liquidation judiciaire, reçue durant l'instance d'appel, V. • Com. 21 janv. 1992 : *Bull. civ. IV, n° 28.*

V. aussi note 6 *bis* ss. ancien art. L. 621-5.

2. Exécution provisoire. V. note 8 ss. ancien art. 155 du 1er décret du 27 déc. 1985, *infra*, App., v° *Difficultés des entreprises.*

Ancien art. L. 623-10 ***Pour l'application du présent titre, les membres du comité d'entreprise ou les délégués du personnel désignent parmi eux la personne habilitée à exercer en leur nom les voies de recours.*** — [L. n° 85-98 du 25 janv. 1985, art. 226]. — V. Décr. n° 85-1388 du 27 déc. 1985, ancien art. 159, infra, App., v° Difficultés des entreprises.

CHAPITRE IV DISPOSITIONS PARTICULIÈRES AUX PERSONNES MORALES ET À LEURS DIRIGEANTS

RÉP. COM. v° *Entreprises en difficulté — Redressement judiciaire (Personnes morales et dirigeants)*, par Daigre.

BIBL. GÉN. ▸ Chaput, *JCP E 1986. II. 14705.* - Marchi, *Gaz. Pal. 1986. 2. Doctr. 434.* - Bloch, *Gaz. Pal. 1996. 2. Doctr. 626.* - Mascala, *Petites affiches 6 sept. 2000, p. 50* (sanctions applicables aux dirigeants) ; *Rev. Lamy droit des affaires, suppl. au n° 80, mars 2005, p. 80* (évolution du régime des sanctions).

► Sur la réforme du 10 juin 1994 : Haehl, *Petites affiches 14 sept. 1994, p. 22.* – Chaput, *Rev. proc. coll. 1994. 523.*

Ancien art. L. 624-1 ***Le jugement qui ouvre le redressement ou la liquidation judiciaires de la personne morale produit ses effets à l'égard de toutes les personnes membres ou associées de la personne morale et indéfiniment et solidairement responsables du passif social. Le tribunal ouvre à l'égard de chacune d'elles une procédure de redressement judiciaire ou de liquidation judiciaire selon le cas.*** – [L. n° 85-98 du 25 janv. 1985, art. 178].

Les procédures ouvertes en vertu de l'art. L. 624-1, dans sa réd. antérieure à la loi n° 2005-845 du 26 juill. 2005, ne sont pas affectées par son entrée en vigueur (L. n° 2005-845 du 26 juill. 2005, art. 192).

BIBL. ► Barbièri, *Rev. proc. coll. 1991. 153.*

1. Ordre public. V. • Paris, 13 janv. 1995 : *Bull. Joly 1995. 262, note Jeantin.*

1 bis. Qualification. L'ouverture d'une procédure collective à l'encontre d'un associé indéfiniment responsable du passif social n'est pas une sanction au sens des dispositions de l'art. 6-1 de la Convention européenne de sauvegarde des droits de l'homme et des libertés fondamentales. • Paris, 8 sept. 2000 : *D. 2001. Somm. 1070, obs. F.-X. Lucas* ; *D. 2002. Somm. 76, obs. Sortais* ; *Dr. sociétés 2001, n° 8, obs. Chaput.* ♦ Dès lors, l'associé d'une société en nom collectif en liquidation judiciaire qui voit s'ouvrir à son encontre une procédure collective sur le fondement de l'art. 178 [C. com., art. L. 624-1] ne peut s'y opposer en arguant du caractère disproportionné de la sanction ainsi prononcée, la liquidation ayant été causée par les agissements frauduleux d'un autre associé. • Même arrêt.

L'ouverture d'une procédure collective à l'égard de chacun des membres d'un groupement d'intérêt économique en redressement ou liquidation judiciaires n'est pas subordonnée à la constatation d'une faute de ce membre. • Com. 29 nov. 2005 : *Dr. sociétés 2006, n° 21, note Legros ; Gaz. Pal. 10-11 févr. 2006, p. 14, obs. Lebel.*

1 ter. Jugements successifs. Les dispositions de l'art. 178, devenu l'art. L. 624-1 C. com., n'impliquent pas que l'ouverture de la procédure collective des associés soit simultanée par rapport à celle de la personne morale et soit contenue dans le même jugement. • Com. 10 déc. 2002 : *Act. proc. coll. 2003, n° 48.*

1 quater. Groupements d'intérêt économique. Pour une hypothèse de confusion de patrimoines entre des sociétés adhérentes d'un groupement d'intérêt économique, ayant conduit à prononcer un redressement judiciaire unique pour toutes ces entreprises, V. • Versailles, 16 déc. 1987 : *D. 1988. Somm. 383, obs. Honorat ; Rev. sociétés 1989. 434, note Honorat.* – Comp. : • Com. 6 mars 1990 : *Dr. sociétés 1990, n° 173.* ♦ Lorsqu'un règlement judiciaire a été prononcé à titre personnel à l'encontre d'un membre d'un GIE puis étendu à ce dernier pour confusion des patrimoines, la procédure ouverte par extension à l'égard du GIE ne saurait justifier l'ouverture d'une procédure à l'encontre de chacun des autres membres par application de l'art. 97 de la loi du 13 juill. 1967, en l'absence de cessation des paiements propre au GIE et de confusion des patrimoines entre celui-ci et ceux-là. • Com. 1er déc. 1992 : *Bull. Joly 1993. 237, note Daigre.*

V. aussi • Com. 8 févr. 1994 : *Bull. civ. IV, n° 57 ; Dr. sociétés 1994, n° 94, obs. Chaput ; Rev. proc. coll. 2000. 124, obs. Deleneuville.*

Comp., pour les GEIE : art. 36 du Règl. CEE n° 2137-85 du 25 juill. 1985, *supra,* ss. art. L. 252-13.

2. Sociétés en nom collectif. Pour des applications à des associés indéfiniment et solidairement responsables du passif social, V., • Com. 25 mai 1988 : *Rev. sociétés 1989. 277, note Daigre* (art. 97, loi de 1967) • Paris, 2 mars 1990 : *Gaz. Pal. 1990. 2. 683, note Marchi* • 24 mars 1992 : *D. 1992. IR. 167* • 8 mars 1996 : *D. Affaires 1996. 559.* – Comp. : • Paris, 11 juill. 1990 : *JCP E 1991. I. 22, n° 1, obs. Viandier et Caussain ; Rev. proc. coll. 1991. 198, obs. Calendini.*

Tant que la cession des parts sociales de l'associé en nom collectif n'a pas été inscrite au registre du commerce et des sociétés, l'associé ne peut l'opposer aux tiers pour se soustraire à l'art. 178 [C. com., art. L. 624-1]. • Com. 10 déc. 1996 : *D. Affaires 1997. 191 ; Bull. Joly 1997. 238, note Le Cannu ; JCP 1997. II. 22886, note E. Savatier* • Paris, 1er déc. 2000 : *Bull. Joly 2001. 451, note Bahans ; Act. proc. coll. 2001, n° 225, obs. Vallansan.* ♦ L'appel en garantie par un associé de SNC ayant fait l'objet d'un redressement judiciaire alors qu'il avait cédé ses parts sociales mais que la cession n'avait pas été publiée à temps au RCS, de la société mandatée pour procéder à cette publication, est irrecevable, faute d'un lien suffisant entre l'objet de l'instance principale et celui de l'action en garantie, au sens de l'art. 325 NCPC. • Paris, 14 oct. 1997 : *D. Affaires 1997. 1360.*

Si la mise en tutelle d'un majeur associé en nom collectif le prive juridiquement de la capacité d'être commerçant, la poursuite de son activité commerciale, nonobstant la mesure d'incapacité prononcée à son égard, le laisse justiciable des dispositions de l'art. 178 [C. com., art. L. 624-1]. • Com. 8 déc. 1998 : *Bull. civ. IV, n° 292 ; D. 1999. IR. 29 ; D. Affaires 1999. 129, obs. A. L. ; JCP 1999. II. 10130, note Gibirila ; JCP E 1999, n° 18-19, p. 813, obs. Cabrillac ; ibid., n° 21, p. 916, note Youego ; Bull. Joly 1999. 386, note Le Cannu ; Act. proc. coll. 1999, n° 9, obs. Regnaut-Moutier ; Defrénois 1999. 612, obs. J. Honorat.* – V. aussi Valory, *Dr. et patr. mars 2000. 74* (V. l'arrêt cassé : • Paris, 12 mars 1996 : *D. 1996. IR. 111 ; RJ com. 1996. 367, note X. Vincent*) • Com. 28 nov. 2000 : *D. 2001. Somm. 1514, obs. Lemouland ; Dr. sociétés 2001, n° 23, obs. Chaput ; RD banc. fin. 2001, n° 17, obs. F.-X. Lucas ; Bull. Lamy droit commercial mai 2001, p. 2, obs. Gibirila.*

Le tribunal peut, sans contradiction, prononcer la liquidation judiciaire immédiate d'un associé, alors qu'il a mis en redressement judiciaire les sociétés en nom collectif dans lesquelles il est associé, dès lors qu'il constate, qu'à son égard, un redressement est manifestement impossible. • Paris, 27 janv. 1995 : *Gaz. Pal. 1995. 1. Somm. 70.*

2 bis. Il résulte de l'art. 178 [C. com., art. L. 624-1] que le tribunal ne peut être saisi ou se saisir d'office de la procédure de redressement judiciaire des associés tenus indéfiniment et solidairement du passif social qu'après l'ouverture de la procédure collective de la société en nom collectif. • Com. 25 nov. 1997 : *Bull. civ. IV, n° 307 ; D. 1998. IR. 14 ; D. Affaires 1998. 27, obs. A. L. ; Bull. Joly 1998. 153, note Le Cannu.* ♦ La saisine d'office du tribunal à une époque où la société n'était pas en procédure collective du fait de l'annulation, par la cour d'appel, du jugement d'ouverture, n'a pas pour effet d'engager valablement l'action contre les associés. • Même arrêt.

2 ter. V., écartant l'application des dispositions de l'art. 178 [C. com., art. L. 624-1] à l'associé d'une SNC qui s'était vu étendre la procédure de liquidation judiciaire ouverte à l'encontre d'une société anonyme, la confusion des patrimoines de la SNC et de son associé n'étant pas établie, • Paris, 8 nov. 1996 : *Rev. proc. coll. 2000. 124, obs. Deleneuville.*

Sur l'application de l'art. L. 624-1 en cas de retrait de l'associé de la SNC, V. note 7 ss. ancien art. L. 621-15.

2 quater. Sociétés en commandite. L'ouverture d'une procédure collective à l'encontre d'une société en commandite simple entraîne, en application de l'art. 178 [C. com., art. L. 624-1], l'ouverture d'une procédure de redressement à l'égard de chaque associé commandité, ceux-ci ayant, selon l'art. 23 de la loi du 24 juill. 1966 [C. com., art. L. 222-1], le même statut que les associés en nom et se trouvant ainsi indéfiniment et solidairement responsables du passif social. • Poitiers, 2 déc. 1997 : *Dr. sociétés 1999, n° 51, obs. Chaput.* ♦ La cession de ses parts par l'associé, antérieurement au jugement d'ouverture de la procédure et à la date de cessation des paiements, est sans incidence dès lors que l'associé reste responsable du passif préexistant à son départ et qu'à ce moment-là, la société, assignée par un créancier en vue de l'ouverture du redressement judiciaire, ne pouvait faire face à ce passif exigible avec l'actif disponible. • Même arrêt.

2 quinquies. Sociétés civiles professionnelles. S'agissant d'un associé d'une SCP de notaires, l'absence de publicité au registre du commerce et des sociétés (obligatoire, en vertu de l'art. 39, al. 2, du décret n° 67-868 du 2 oct. 1967), impliquant une présomption irréfragable que l'associé est demeuré membre de la société, le retrayant ne peut échapper au principe automatique de l'ouverture du redressement judiciaire en vertu de l'art. 178 [C. com., art. L. 624-1]. • Douai, 25 sept. 1997 : *Petites affiches 3 déc. 1997, p. 17, note Soinne.* ♦ C'est à compter de la publication du retrait au RCS, et non de l'arrêté de retrait ou de sa publication au Journal officiel, que le retrayant cesse d'être associé. • Même arrêt.

2 sexies. Sociétés civiles agricoles. Sur l'inapplicabilité de l'art. 178 [C. com., art. L. 624-1] à l'associé d'une société civile d'exploitation agricole, V. • Com. 3 oct. 2000 : *Act. proc. coll. 2000, n° 226, obs. Regnaut-Moutier ; Dr. sociétés 2000, n° 172, obs. Chaput ; Petites affiches 7 mai 2001, p. 12, note Gibirila.*

3. Sociétés créées de fait. La condition préalable à l'application des art. 178 [C. com., art. L. 624-1] et 182 [C. com., art. L. 624-5] (existence d'une procédure collective à l'encontre de la société) ne peut être réalisée à l'égard d'une société créée de fait, alors que, aux termes de l'art. 2 [C. com., art. L. 620-2], seuls les groupements de droit privé dotés de la personnalité morale peuvent être soumis à la procédure de redressement judiciaire. • Paris, 22 janv. 1993 : *D. 1993. IR. 117.* – V. aussi • Com. 30 mars 1993 : *Bull. civ. IV, n° 126 ; Bull. Joly 1993. 775, note Le Nabasque* • Paris, 13 sept. 1994 : *Dr. sociétés 1994, n° 191, obs. Chaput.*

3 bis. Plan de continuation. La procédure collective de l'associé de la personne morale, indéfiniment et solidairement responsable du passif social, ne peut être ouverte après que le tribunal, mettant fin au redressement judiciaire, a arrêté le plan de continuation de la personne morale. • Com. 13 nov. 2002 : *Bull. civ. IV, n° 166 ; D. 2002. AJ. 3342, obs. Lienhard ; Act. proc. coll. 2002, n° 264, obs. Regnaut-Moutier ; JCP E 2003, n° 13, p. 566, note Legros ; Bull. Joly 2003. 128, note F.-X. Lucas ; Petites affiches 19 sept. 2003, p. 13, note Cerati-Gauthier ; RTD com. 2003. 814, obs. Saint-Alary-Houin ; Rev. proc. coll. 2004. 266, obs. Dumont.*

3 ter. Clôture de la liquidation judiciaire pour insuffisance d'actif. La clôture pour insuffisance d'actif de la personne morale, qui laisse subsister la responsabilité solidaire des associés, ne fait pas obstacle à l'ouverture ultérieure d'une procédure collective à l'encontre de ces derniers dans le cadre de l'art. L. 624-1 C. com. • Grenoble, 21 mai 2003 : *Rev. proc. coll. 2004. 219, obs. Lebel.*

4. Effets. BIBL. Le Corre, *D. 2002. Chron. 1122* (sort des créances). ♦ Les procédures collectives ainsi ouvertes sont indépendantes les unes des autres, chacune conservant son autonomie et suivant son régime propre. • Paris, 24 mars 1992 : *préc. note 2.*

Si l'ouverture d'une procédure collective à l'égard d'une personne morale produit ses effets à l'égard de toutes les personnes membres de la personne morale et indéfiniment et solidairement responsables du passif social, il n'en demeure pas moins qu'il s'agit de procédures distinctes et que, par voie de conséquence, il incombe au créancier qui se prévaut de l'obligation des associés au passif social, de déclarer sa créance non seulement à la procédure suivie contre la personne morale mais encore à chacune de celles suivies contre ses membres ou associés. • Com. 20 févr. 2001 : *Bull. civ. IV, n° 40 ; D. 2001. AJ. 1101, obs. Avena-Robardet ; Act. proc. coll. 2001, n° 76, obs. Regnaut-Moutier ; JCP E 2001, n° 20-21, p. 850, note Rémery ; ibid., n° 38, p. 1469, obs. Pétel ; Bull. Joly 2001. 605, note Le Nabasque ; Dr. sociétés 2001, n° 97, note Legros ; RD banc. fin. 2001, n° 120, obs. F.-X. Lucas ; RJ com. 2002. 44, note Gibirila ; RTD com. 2002. 722, obs. Martin-Serf* • Paris, 1er févr. 1994 : *Dr. sociétés 1994, n° 91, obs. Chaput* • Aix-en-Provence, 2 sept. 2003 : *RD banc. fin. 2004, n° 172, obs. F.-X. Lucas.* – V. aussi • Paris, 11 janv. 2002 : *RD banc. fin. 2002, n° 101, obs. F.-X. Lucas.* ♦ *Contra,* jugeant que par l'effet de l'art. 178 [C. com., art. L. 624-1], la dette de la société en nom collectif étant devenue également la dette de l'associé, le créancier n'a pas l'obligation de déclarer sa créance au passif de l'associé personnellement dès lors qu'il l'a déclarée au passif de la société et que tout le passif de la société doit être déclaré, par le représentant des créanciers, au passif personnel de l'associé : • Paris, 2 juill. 1999 : *Act. proc. coll. 1999, n° 205, obs. Vallansan.* ♦ V. aussi note 26 ss. ancien art. L. 621-46.

Jugé que le passif social mis à la charge de l'associé en nom en application de l'art. 178 [C. com., art. L. 624-1] étant de même nature que celui déterminé dans le cadre de la vérification du passif de la société, une créance fiscale admise au passif de la société à titre privilégié le sera de même au passif de l'associé. • Paris, 18 sept. 1998 : *Rev. proc. coll. 2000. 126, obs. crit. Deleneuville.*

La déclaration de créance effectuée par le créancier au passif d'un des associés en nom a pour effet de sauvegarder la créance sur celui-ci, obligé à la dette, mais non la créance contributive de cet associé dans ses rapports avec ses coassociés qui font aussi l'objet d'une procédure collective, de sorte qu'il ne peut pas, en l'absence de déclaration au passif de ses coassociés, appeler ceux-ci en garantie pour la créance déclarée à son propre passif. • Paris, 9 sept. 2003 : *RJDA 2004, n° 326.*

4 bis. L'art. L. 621-7 C. com., qui dispose que la date de cessation des paiements ne peut être fixée ou reportée à une date antérieure de plus de dix-huit mois à la date du jugement d'ouverture, est applicable aux procédures ouvertes en application de l'art. L. 624-1. • Paris, 18 mars 2005 : *JCP E 2005, n° 29, p. 1227.*

5. Application cumulative des art. L. 624-1 et L. 624-3. L'ouverture à l'égard d'un associé d'une procédure de redressement judiciaire en application de l'art. 178 [C. com., art. L. 624-1] rend sans objet la demande présentée sur le fondement de l'art. 180 [C. com., art. L. 624-3]. • Com. 8 févr. 1994 : *préc. note 1 quater* • 11 avr. 1995 : *RJDA 1995, n° 771.*

6. Articulation avec le droit des sociétés. Sur la possibilité, pour les créanciers dont la créance est née postérieurement à l'ouverture de la procédure collective d'une société en nom collectif, de mettre en œuvre la responsabilité indéfinie et solidaire des associés, telle qu'elle résulte de l'art. 10 de la loi du 24 juill. 1966 [C. com., art. L. 621-8], V. • Com. 26 oct. 1999 : *Act. proc. coll. 1999, n° 274, obs. Regnaut-Moutier ; RD banc. fin. 2000, n° 21, obs. F.-X. Lucas ; Rev. proc. coll. 2000. 126, obs. Deleneuville.*

Ancien art. L. 624-2 *Lorsqu'une procédure de redressement judiciaire ou de liquidation judiciaire est ouverte à l'égard d'une personne morale de droit privé les dispositions suivantes du présent titre sont applicables à ses dirigeants personnes physiques ou morales ainsi qu'aux personnes physiques* *représentants permanents de ces dirigeants personnes morales.* – [L. n° 85-98 du 25 janv. 1985, art. 179].

1. Personnes morales de droit privé ayant une activité économique (jurisprudence antérieure à la loi du 10 juin 1994). L'association créée pour fonder, créer, équiper et gérer des centres de loisirs qui se livrent à des activités relatives à l'organisation de voyages ou de séjours en prévoyant des transports, en encaissant le prix de voyage, en assurant la réservation de chambres d'hôtels et en souscrivant des polices d'assurances, accomplit, grâce aux ressources procurées par les cotisations de ses adhérents, des prestations de services comparables à celles offertes par une agence de voyage. Cette personne morale de droit privé non commerçante avait un objet économique au sens de l'art. 96 de la loi du 13 juill. 1967. • Com. 6 juill. 1993 : *Bull. civ. IV, n° 290 ; D. 1993. IR. 219 ; Bull. Joly 1993. 1144, note Jeantin.* ♦ Dans le même sens, pour une personne morale dont l'objet associatif porte sur des activités d'enseignement et d'organisation d'enseignements dans des domaines intéressant directement l'économie, s'agissant de commerce et de tourisme : • Paris, 5 avr. 1996 : *D. 1996. IR. 138.* ♦ ... Pour une association ayant eu une activité d'édition et de vente de livres, d'organisation de voyages et de prise de participation dans le capital d'une société commerciale : • Com. 14 mars 2000 : *Dr. sociétés 2000, n° 88, obs. Chaput.*

2. Au regard de l'art. 96 de la loi du 13 juill. 1967, une cour d'appel n'est pas tenue de préciser la part respective exacte des activités économiques et des missions de service public d'une association dès lors qu'elle constate que celle-ci avait un objet économique et poursuivait un but lucratif (loi de 1967) • Com. 16 févr. 1993 : *Bull. Joly 1993. 678, note Jeantin ; Rev. sociétés 1993. 644, note Guyon ; Gaz. Pal. 1995. 2. 404, note Marot.* – V. aussi • Paris, 3 févr. 1995 : *JCP E 1995. Pan. 390.*

Sur la responsabilité du président d'un club de football pour fautes de gestion ayant conduit à une insuffisance d'actif et au redressement judiciaire du club, V. • TGI Grenoble, 30 sept. 1993 : *D. 1996. Somm. 26, obs. Karaquillo.*

V. aussi note 12 *ter* ss. ancien art. L. 624-3.

La condition relative à l'activité économique de la personne morale a été abandonnée lors de la réforme opérée par la loi n° 94-475 du 10 juin 1994. ♦ Pour l'entrée en vigueur de cette loi, V. note ss. ancien art. L. 620-1.

3. Personnes morales de droit public. V. notes 13 *bis* et 13 *ter* ss. ancien art. L. 624-3.

Ancien art. L. 624-3 *Lorsque le redressement judiciaire ou la liquidation judiciaire d'une personne morale fait apparaître une insuffisance d'actif, le tribunal peut, en cas de faute de gestion ayant contribué à cette insuffisance d'actif, décider que les dettes de la personne morale seront supportées, en tout ou en partie, avec ou sans solidarité, par tous les dirigeants de droit ou de fait, rémunérés ou non, ou par certains d'entre eux.*

L'action se prescrit par trois ans à compter du jugement qui arrête le plan de redressement ou, à défaut, du jugement qui prononce la liquidation judiciaire.

Les sommes versées par les dirigeants en application de l'alinéa 1er entrent dans le patrimoine du débiteur et sont affectées en cas de continuation de l'entreprise selon les modalités prévues par le plan d'apurement du passif. En cas de cession ou de liquidation, ces sommes sont réparties entre tous les créanciers au marc le franc. – [L. n° 85-98 du 25 janv. 1985, art. 180]. – V. Décr. n° 85-1388 du 27 déc. 1985, anciens art. 155, al. 2, 163, 164 et 167, infra, App., v° Difficultés des entreprises.

BIBL. ▸ ROSENFELD et SEXER, *D. Affaires 1995. 145.* – OBADIA et SEXER, *Bull. Joly 1994. 617.* – VINCENSINI, *Bull. Aix 1995, n° 2, p. 16.* – GRUBER, *Petites affiches 1er mai 1995* (action en comblement de passif et art. 1er, al. 2, de la Convention de Bruxelles du 27 sept. 1968). – POLLAUD-DULIAN, *RTD com. 1997. 349* (avatars de l'action en responsabilité civile dans le droit des affaires). – Y. COLIN, *Dr. sociétés 1998. Chron. 5.* – FEUGÈRE, *RJ com. 1999. 333.* – DEBOISSY, *Annonces de la Seine, 18 mai 2000, p. 6.* – DERRIDA, *D. 2001. Chron. 1377.* – SAINT-ALARY-HOUIN, *Cah. dr. entr. 2001, n° 3, p. 30 ; Rev. proc. coll. 2001. 145.* – COZIAN, *JCP E 2002, n° 8-9, p. 358* (déductibilité des revenus imposables des paiements faits par le dirigeant). – DELENEUVILLE, *Rev. proc. coll. 2002. 76.* – SORTAIS, *Mélanges Bézard, Montchrestien, 2002, p. 321.* – DESCORPS DECLÈRE, *RTD com. 2003. 25* (pour une réhabilitation de la responsabilité civile des dirigeants sociaux).

A. CONDITIONS D'APPLICATION

1. Nature juridique. Sur l'absence de caractère répressif, V. note 28. ♦ Sur le *caractère indemnitaire* de l'action en comblement de passif, V. • Pau, 23 mars 2004 : *RD banc. fin. 2004, n° 214, obs. F.-X. Lucas ; Rev. proc. coll. 2005. 233, obs. Dumont.* – V. déjà, sous l'empire des textes antérieurs, • Paris, 2 déc. 1953 : *RTD com. 1954. 395* • Lyon, 7 nov. 1955 : *D. 1956. 359, note Gervésie ; JCP 1956. II. 9170, note Bastian ; RTD com. 1956. 323, obs. Houin* • Com. 19 févr. 1985 : *Bull. civ. IV, n° 65.*

1 bis. L'obligation en comblement de l'insuffisance d'actif prévue à l'art. 180 [C. com., art. L. 624-3] ayant un caractère patrimonial et indemnitaire, les dispositions de ce texte ne font pas obstacle à ce que les dirigeants de droit ou de fait des sociétés débitrices participent volontairement à l'apurement du passif même s'ils ne reconnaissent pas leur responsabilité et sans que celle-ci soit constatée. • T. com. Paris, 7 sept. 1998 : *Gaz. Pal. 1999. 2. Somm. 612.*

2. Cette action est d'ordre patrimonial et la charge qui en résulte est transmissible par succession (loi de 1967). • Com. 9 févr. 1979 : *D. 1980. 459, note Burst.* – Dans le même sens, V. • Amiens, 23 janv. 2003 : *JCP 2003. IV. 2612 ; RJDA 2004, n° 208 ; Rev. proc. coll. 2005. 153, obs. A. Barret.* ♦ Les héritiers ayant accepté sous bénéfice d'inventaire sont tenus du paiement des dettes de la succession (dont la dette née de l'art. 180) à concurrence de la valeur des biens recueillis. • Versailles, 27 févr. 1997 : *BICC 1997 n° 1053 ; JCP E 1997. Pan. 468 ; Gaz. Pal. 1997. 2. Somm. 351.* ♦ L'acceptation de la succession sous bénéfice d'inventaire ne peut ni interdire ni retarder les actions en comblement de passif et en rédressement judiciaire engagées, sur le fondement des art. 180 [C. com., art. L. 624-3] et 182 [C. com., art. L. 624-5], contre les héritiers d'un dirigeant d'entreprise fautif. • Même arrêt.

3. L'auteur du dommage qui était sous l'empire d'un trouble mental n'en est pas moins obligé à réparation, selon l'art. 489-2 C. civ. V. (loi de 1967) • Civ. 1re, 9 nov. 1983 : *Bull. civ. I, n° 263 ; JCP 1984. II. 20316, note Jourdain* • Aix-en-Provence, 13 janv. 1988 : *Rev. proc. coll. 1989. 248, obs. Chaput.*

4. Cumul d'actions en responsabilité. BIBL. Daigre, *Bull. Joly 1995. 953 ; Rev. sociétés 1988. 199.* – Brunet et Germain, *Petites affiches 23 juill. 1986.* – Soinne, *ibid., 2 août 1995, p. 10 ; Rev. proc. coll. 1995. 249.* – Piniot, *RJDA 1995, p. 639.* – Vidal, *Dr. sociétés déc. 2000. 3* (tiers victime d'une faute du dirigeant détachable de ses fonctions). ♦ Lorsque le redressement ou la liquidation judiciaires d'une société à responsabilité limitée fait apparaître une insuffisance d'actif, les dispositions des art. 180 et 183 de la loi du 25 janv. 1985 [C. com., art. L. 624-3 et L. 624-6], qui ouvrent, aux conditions qu'ils prévoient, une action en paiement des dettes sociales ayant contribué à l'insuffisance d'actif, ne se cumulent pas avec celles de l'art. 52 de la loi du 24 juill. 1966 [C. com., art. L. 223-22]. • Com. 28 févr. 1995 : *Bull. civ. IV, n° 60 ; D. 1995. 390, note Derrida ; Rev. sociétés 1995. 555, note Derrida ; RTD com. 1995. 663, obs. Haehl ; Petites affiches 11 août 1995, p. 37, note Chartier ; Quot. jur. 21 mars 1995, p. 7, note P. M.* • 19 févr. 2002 : *Dr. sociétés 2002, n° 117, note Vidal ; RJDA 2002, n° 777* • Paris, 28 mars 1995 : *Bull. Joly 1995. 683, note Daigre.* ♦ Il s'ensuit qu'un créancier est irrecevable à exercer contre le gérant, à qui il impute des fautes de gestion, l'action en réparation du préjudice résultant du non-paiement de sa créance. • Mêmes arrêts. – Comp. : • Com. 28 avr. 1998 : *D. 1998. IR. 136 ; D. Affaires 1998. 1008, obs. A. L. ; Bull. Joly 1998. 808, note Le Cannu ; JCP E 1998, n° 31, p. 1258, note Guyon ; Dr. sociétés 1998, n° 115, note Vidal ; JCP 1998. II. 10177, note Ohl ; Rev. sociétés 1998. 767, note Saintourens.* ♦ ... Peu important le fait que le dirigeant n'ait pas été poursuivi en paiement des dettes sociales sur le fondement de l'art. 180 [C. com., art. L. 624-3]. • Com. 11 avr. 1995 : *Bull. Joly 1995. 684, note Daigre.* ♦ V. aussi, pour l'irrecevabilité de l'action sociale en responsabilité contre les dirigeants, • Com. 26 mai 1999 : *Bull. Joly 1999. 962, note Menjucq ; RJDA 2000, n° 321* • 3 oct. 2000 : *Bull. Joly 2001. 24, note Le Cannu ; Petites affiches 30 mai 2001, p. 21, note Gibirila.* – *Contra :* • Com. 21 févr. 1995 : *cité par Soinne, Petites affiches 2 août 1995, p. 16.* ♦ De même, les dispositions desdits art. 180 et 183 [C. com., art. L. 624-3 et L. 624-6] ne peuvent être cumulées avec celles des art. 1382 et 1383 C. civ. • Com. 20 juin 1995 : *Bull. civ. IV, n° 186 ; D. 1995. 448 ; Bull. Joly 1995. 988, note Saintourens ; Rev. sociétés 1995. 766.* ♦ Est donc irrecevable l'action subsidiaire formée par le liquidateur, sur le fondement de ces art., en réparation du préjudice global des créanciers résultant de l'insuffisance d'actif. • Même arrêt. – Dans le même sens, V. • Paris, 17 avr. 1992 : *Bull. Joly 1992. 952, note Daigre ; Dr. sociétés 1992, n° 206, obs. Chaput* • 4 juill. 1995 : *D. 1995. IR. 222 ; D. Affaires 1995. 25* • Bordeaux, 12 janv. 1993 : *Rev. proc. coll. 1993. 573, obs. Blanchard* • Dijon, 23 sept. 1997 : *Rev. proc. coll. 1999. 46, obs. Martin-Serf* • Angers, 3 déc. 2001 : *BICC 2002, n° 341* • TGI Toulouse, 28 mars 1988 : *D. 1991. Somm. 114, obs. Derrida ; Rev. proc. coll. 1989. 246, obs. Chaput.* ♦ Sur la recevabilité de l'action civile en cas d'abus de biens sociaux, V. note 40 *bis*.

S'il est vrai que les dispositions de l'art. 180 [C. com., art. L. 624-3] excluent toute action concurrente du liquidateur fondée sur l'art. 1382 C. civ., cette exclusion ne trouve toutefois à s'appliquer qu'à la condition que les fautes imputées au dirigeant social aient contribué à une insuffisance d'actif, laquelle s'apprécie en fonction du passif existant au jour de l'ouverture de la procédure. • Lyon, 30 avr. 1999 : *D. 1999. IR. 217 ; D. Affaires 1999. 1256, obs. A. L ; Gaz. Pal. 2000. 539, note Guével.* ♦ V. note 32. ♦ Pour la recevabilité de l'action fondée sur l'art. 52 de la loi du 24 juill. 1966 [C. com., art. L. 223-22], lorsque l'insuffisance d'actif n'est pas alléguée, V. • Com. 28 mars 2000 : *Bull. civ. IV, n° 70 ; D. 2000. AJ. 227 ; JCP E 2000, n° 40, p. 1566, obs. Pétel ; Rev. proc. coll. 2000. 135, obs. Martin-Serf ; Act. proc. coll. 2000, n° 113, obs. Saintourens ; RD banc. fin. 2000, n° 73, obs. F.-X. Lucas ; Bull. Joly 2000. 606, note Daigre ; RTD com. 2001. 452, obs. Champaud et Danet* • 28 mai 2002 : *RJDA 2002, n° 1176 ; Dr. sociétés 2003, n° 105, note Legros.*

Par ailleurs, certaines cours d'appel admettent que la responsabilité quasi délictuelle du dirigeant d'une personne morale peut être mise en œuvre à la suite d'une action personnelle exercée par un créancier qui invoque un préjudice personnel et distinct de celui de l'ensemble des autres créanciers. • Paris, 15 sept. 1995 : *D. Affaires 1995. 90* • 13 janv. 1995 : *D. 1995. IR. 66 ; RJDA 1995, n° 294* • 21 nov. 1995 : *BRDA 1996, n° 2, p. 5* (salarié invoquant un dol) • 10 mars 1998 : *D. 1998. IR. 103 ; D. Affaires 1998. 579, obs. A. L. ; Rev. sociétés 1998. 438, obs. Guyon ; Bull. Joly 1998. 798, note Rontchevsky ; Rev. proc. coll. 1999. 46, obs. Martin-Serf.* ♦ ... A condition que cette action soit fondée sur une faute personnelle du dirigeant séparable de ses fonctions. • Versailles, 8 avr. 1999 : *D. Affaires 1999. 996, obs. A. L. ; Bull. Joly 1999. 1075, note Daigre ; RJDA 1999, n° 1221* • 22 juin 2000 : *D. 2000. AJ. 367, obs. Lienhard ; Bull. Joly 2000. 1051, note Daigre* • Nancy, 21 nov. 2002 : *Dr. sociétés 2003, n° 74, note Monnet.* ♦ V. et comp. : note 12 *ter* ss. art. L. 621-39.

Sur la responsabilité fiscale, V. note 27.

4 bis. Seule la gestion du dirigeant social antérieure au jugement d'ouverture pouvant ouvrir l'action en paiement des dettes sociales prévue par l'art. 180 [C. com., art. L. 624-3], l'action d'un créancier relevant de l'art. 40 [C. com., art. L. 621-32], fondée sur l'art. 244 de la loi du 24 juill. 1966 [C. com., art. L. 225-251] et tendant à la mise en jeu de la responsabilité du dirigeant pour des faits postérieurs au jugement d'ouverture, est recevable. • Com. 14 mars 2000 : *Bull. civ. IV, n° 59 ; D. 2000. AJ. 187, obs. Lienhard ; JCP E 2000, n° 39, p. 1527, note Poracchia ; Rev. proc. coll. 2000. 135, obs. Martin-Serf ; Gaz. Pal. 2000. Somm. 2770, obs. Guével ; ibid. 2002. 52, note Courtier ; Petites affiches 21 nov. 2000, p. 13, note Gibirila ; Dr. sociétés 2000, n° 75, obs. Chaput ; RD banc. fin. 2000, n° 73, obs. F.-X. Lucas ; Bull. Joly 2000. 602, note Daigre.* ♦ V. note 18.

4 ter. Le régime du non-cumul des responsabilités fondées sur les dispositions des art. 180 et 183 de la loi de 1985 [C. com., art. L. 624-3 et L. 624-6] et des art. 1382 et 1383 C. civ. ne s'applique qu'aux dirigeants de droit ou de fait des sociétés en redressement ou en liquidation judiciaires et ne s'oppose donc pas à l'action en responsabilité contre une banque. • Com. 29 oct. 2002 : *Act. proc. coll. 2003, n° 51* • Paris, 15 déc. 1995 : *D. 1996. IR. 74.*

4 quater. En ce sens que le moyen relatif à la fin de non-recevoir tirée du non-cumul de l'action en comblement de passif et des actions en responsabilité de droit commun ne peut être invoqué pour la première fois devant la Cour de cassation, V. • Com. 28 mars 2000 : *préc. note 4.*

5. Dirigeants de droit. N'avaient pas la qualité de dirigeants de droit au sens de l'art. 99 de la loi de 1967 : les membres des organes légaux de surveillance. • Com. 9 mai 1978 : *D. 1978. 419.* ♦ ... Les directeurs salariés. • Com. 20 févr. 1979 : *Gaz. Pal. 1979. 2. 539, note Fagain.*

6. Le défaut de publicité de la désignation d'un dirigeant ne peut pas avoir pour effet de soustraire celui-ci aux responsabilités attachées aux fonctions qu'il a acceptées et exercées. • Com. 8 juill. 2003 : *RJDA 2004, n° 76.* – V. déjà, sous l'empire de la loi de 1967 : • Com. 26 janv. 1988 : *Bull. civ. IV, n° 52 ; D. 1988. Somm. 377, obs. Honorat ; Rev. sociétés 1988. 284, note Chaput.*

Si, aux termes de l'art. 66 du décret du 30 mai 1984 [C. com., art. L. 123-9], la personne assujettie à immatriculation au registre du commerce et des sociétés, ne peut dans l'exercice de son activité, opposer aux tiers les faits et actes sujets à mention que si ces derniers ont été publiés au registre, l'inopposabilité ne concerne pas les faits et actes qui mettent en jeu sa responsabilité personnelle sur le fondement de l'art. 180 [C. com., art. L. 624-3] (à propos d'un dirigeant dont la démission n'a pas été publiée). • Com. 14 oct. 1997 : *Bull. civ. IV, n° 254 ; D. 1997. IR. 243 ; D. Affaires 1997. 1290 ; Bull. Joly 1997. 1083, note Calendini ; Defrénois 1998. 671, obs. J. Honorat et Hovasse ; Rev. sociétés 1998. 380, note Randaux* • Versailles, 2 déc. 1999 : *Bull. Joly 2000. 382 ; RJDA 2000, n° 456.* ♦ Ainsi, l'administrateur d'une société anonyme, considéré comme démissionnaire d'office au bout de trois mois d'exercice de ses fonctions et ayant effectivement démissionné deux mois plus tard, ne peut être considéré comme responsable de faits postérieurs à son départ simplement parce que sa démission n'a pas été publiée. • Paris, 25 févr. 2000 : *Dr. sociétés 2000, n° 155, obs. Chaput.* ♦ V. note 17.

V. aussi note 1 *bis* ss. ancien art. L. 625-4 et notes 2 à 2 *ter* ss. ancien art. L. 625-5.

7. Peut être condamné à supporter une partie des dettes d'une société en liquidation judiciaire l'un de ses administrateurs qui, par sa surface financière personnelle et celle de sa société mère, son poids économique, la hauteur de sa participation au capital et son rôle réel dans la marche de la société, en était l'administrateur de référence. • Paris, 22 nov. 1996 : *RJDA 1997, n° 280.*

7 bis. L'existence d'un contrat de travail ne suffit pas à établir que le dirigeant de droit n'est que le prête-nom d'un dirigeant de fait. • Paris, 15 janv. 1999 : *Bull. Joly 1999. 627, note Saintourens.* ♦ Pour l'absence de condamnation d'un dirigeant de droit, simple prête-nom sans réel pouvoir, V. • Metz, 29 juin 1993 : *Dr. sociétés 1994, n° 114, obs. Chaput.* ♦ Comp. : note 22 *bis*.

8. Dirigeants de fait. BIBL. Rives-Lange, *D. 1975. Chron. 41.* – Notté, *JCP E 1980. II. 8560.* – J.-F. Martin, *Gaz. Pal. 1991. 1. Doctr. 24.* – Champaud et Danet, *RTD com. 1994. 279*. – Tricot, *Dr. et patr. janv. 1996. 24.* – Le Cannu, *Bull. Joly 1998. 5* (contrat avec la société dirigée). – Gimalac, *RTD com. 1999. 601* (distribution intégrée). ♦ A la qualité de dirigeant de fait celui qui exerce une activité positive et indépendante dans l'administration générale d'une société (loi de 1967). • Com. 9 mai 1978 : *D. 1979. 419, note Vasseur* • 20 déc. 1988 : *Rev. proc. coll. 1989. 244, obs. Chaput* (loi de 1967, à propos d'un président de conseil de surveillance) • 20 janv. 1998 : *RTD com. 1998. 357, obs. Champaud et Danet* • 3 févr. 1998 : *RTD com. 1998. 614, obs. Champaud et Danet*. ♦ Pour des exemples du contrôle exercé par la Cour de cassation sur la motivation par les juges du fond, V. • Com. 28 janv. 1997 : *D. 1997. IR. 72* • 16 mars 1999 : *Bull. civ. IV, n° 64 ; D. 1999. IR. 103* • 18 janv. 2000 : *Rev. proc. coll. 2001. 262, obs. Martin-Serf* • 17 déc. 2003 : *Dr. sociétés 2005, n° 46, note Legros* • 12 oct. 2004 : *ibid.*

9. L'immixtion dans la gestion d'une entreprise devant se traduire par des actes positifs en toute indépendance, la preuve de tels actes ne peut résulter de l'exécution d'un contrat de partenariat interne qui implique une collaboration sous la surveillance et le contrôle des dirigeants de droit. • Rennes, 11 juill. 1990 : *Dr. sociétés 1993, n° 184, obs. Chaput.* ♦ En revanche, la personne qui, sous couvert d'un « contrat de partenariat interne », se charge d'organiser la gestion financière de la société et de négocier avec ses différents partenaires financiers, administratifs et commerciaux, s'immisce dans la gestion et doit être qualifiée de dirigeant de fait. • Com. 6 oct. 1992 : *Bull. civ. IV, n° 287 ; D. 1992. IR. 255 ; Bull. Joly 1992. 1288, note Daigre.*

Pour la qualité de dirigeant de fait d'un donneur d'ordre qui s'était immiscé dans la gestion des sous-traitants, V. • Com. 12 mai 1998 : *RTD com. 1998. 862, obs. Champaud et Danet ; Rev. proc. coll. 2001. 263, obs. Martin-Serf ; Bull. Joly 2006. 469, note F.-X. Lucas.*

9 bis. Le fait, pour une banque, d'exercer un contrôle sur l'utilisation des fonds prêtés, de « suivre » un dossier et même d'intervenir au besoin auprès des dirigeants de l'entreprise est un acte légitime de défense de ses intérêts propres, lequel ne lui confère pas systématiquement la qualité de dirigeant de fait. • Paris, 15 déc. 1995 : *D. 1996. IR. 74 ; RJDA 1996, n° 432.* ♦ De même, les seules circonstances qu'une banque soit à l'origine des montages juridiques et financiers des opérations immobilières de la société débitrice ne sont pas de nature à établir qu'elle aurait dirigé en toute indépendance et souveraineté la société ou les sociétés en participation créées à cet effet, alors que la débitrice en assurait la gérance et mettait elle-même en œuvre les opérations immobilières concernées. • Paris, 26 mai 1998 : *Dr. sociétés 1999, n° 73, obs. Chaput.*

9 ter. Pour un arrêt qualifiant une banque d'administrateur de fait par personnes interposées (deux de ses cadres, qu'elle avait fait nommer au conseil d'administration de la société débitrice), V. • Versailles, 29 avr. 2004 : *Bull. Joly 2004. 1201, note Constantin et Lévy ; Dr. sociétés 2004, n° 188, note Legros ; JCP E 2005, n° 1-2, p. 34, note Campana ; Rev. proc. coll. 2005. 235, obs. Dumont.* – V. F.-X. Lucas, *RD banc. fin. 2004 juill.-août 2004. 271 ; Dr. sociétés 2004. Étude 14 ;* Delebecque, *JCP E 2005, n° 6, p. 220 ;* Amigues, *Banque et Droit mars-avr. 2005. 7.* ♦ Pour un exemple de direction de fait par société interposée, V. • Com. 2 nov. 2005 : *BRDA 2005, n° 23, p. 5 ; Bull. joly 2006. 469, note F.-X. Lucas.*

10. La direction de fait ne peut pas être déduite de la seule existence d'un contrat de franchise, mais doit être vérifiée au cas par cas au vu des circonstances de la cause et ne peut être retenue que s'il en résulte un dépassement des obligations inhérentes à la nécessaire collaboration des parties par laquelle se définit ce type de contrat. • Orléans, 8 mars 2001 : *RJDA 2001, n° 589.* ♦ S'est livré à une immixtion dans la gestion de la société franchisée dépassant les obligations à sa charge résultant du contrat de franchise, et en était en réalité le dirigeant de fait, le franchiseur qui détenait les documents comptables, sociaux et bancaires nécessaires pour gérer cette entreprise, conservait la signature bancaire, préparait tous les documents administratifs et les titres de paiement signés ensuite par la personne morale, établissait les déclarations fiscales et sociales, contrôlait l'embauche du personnel et a participé à la poursuite d'une activité déficitaire pendant plusieurs mois bien qu'il connût l'insuffisance de la trésorerie. • Com. 9 nov. 1993 : *Bull. civ. IV, n° 390 ; D. 1995. Somm. 79, obs. Ferrier ; JCP 1994. II. 22304, note Virassamy ; Rev. sociétés 1994. 321, note Le Tourneau.* – V. aussi • Rouen, 14 mars 1992 : *RJDA 1992, n° 870.* – Comp. : • Com. 27 mai 2003 : *RJDA 2003, n° 960 (3ᵉ esp.),* cassant • Pau, 29 févr. 2000 : *Dr. sociétés 2000, n° 100, obs. Chaput ; Rev. proc. coll. 2001. 263, obs. Martin-Serf.* – Comp. également : • Montpellier, 10 sept. 1996 : *Petites affiches 20 févr. 1998, p. 21, note Likillimba.*

La société qui s'est réservé les domaines de l'embauche et des licenciements, la mise en place de l'organisation administrative et financière d'un hôtel, la définition de la politique des prix, la négociation des contrats et la politique commerciale, assure, en fait, la direction de l'hôtel, le propriétaire des lieux n'ayant que le rôle d'un simple bailleur de fonds. • Com. 19 déc. 1995 : *Bull. civ. IV, n° 307 ; D. Affaires 1996. 153 ; Rev. sociétés 1996. 347, note Le Tourneau ; Dr. sociétés 1996, n° 33, obs. Chaput.* ♦ V. aussi, pour un directeur général, assurant sur place la totale direction de l'entreprise (responsable du changement du personnel d'encadrement et de la reconduction du prix de vente inférieur au prix de revient), • Com. 16 avr. 1996 : *D. 1996. IR. 138.*

10 bis. Dès lors qu'il est établi que le gérant de droit, frappé d'une interdiction de gérer, a continué, postérieurement à sa démission, à intervenir dans la gestion de la société, il doit être regardé comme étant un dirigeant de fait. • Paris, 10 oct. 2000 : *Bull. Joly 2001. 33 ; Dr. sociétés 2001, n° 6, obs. Chaput.* ♦ En revanche, le fait que la concubine de ce gérant ait été propriétaire de plus de la moitié du capital social et qu'elle ait bénéficié d'un bail sur des locaux de la société pour lesquels aucun loyer n'a été payé ne sont pas de nature à établir sa qualité de gérante de fait. • Même arrêt. ♦ V. aussi • Paris, 15 déc. 1999 : *RTD com. 2001. 241, obs. Mascala.*

11. A été considéré comme un dirigeant de fait le directeur d'un cabinet de conseil juridique, qui avait organisé les études de marché d'une société, recherché les investisseurs, organisé les contacts avec les organismes financiers, avait manifesté des signes extérieurs d'autorité et un intérêt propre concrétisé par des engagements de caution. • Toulouse, 25 janv. 1993 : *JCP E 1993. Pan. 1412.*

11 bis. Doivent être qualifiés de dirigeants de fait, un architecte et un expert-comptable liés à la société débitrice par un contrat de maîtrise d'ouvrage déléguée, dès lors qu'il apparaît qu'ils se sont passés, à de multiples reprises, de la signature du gérant pour procéder à des règlements bancaires, faire intervenir des entreprises sur le chantier, embaucher du personnel ou se consentir des avantages financiers réciproques. • Com. 4 juill. 2000 : *RJDA 2001, n° 30 ; Petites affiches 30 mai 2001, p. 24, note Gibirila ; Rev. proc. coll. 2001. 263, obs. Martin-Serf.*

11 ter. Sur la qualité de dirigeants de fait de directeurs techniques salariés, V. • Versailles, 21 déc. 2000 : *RJDA 2001, n° 487.*

11 quater. Pour un arrêt écartant la qualité de dirigeant de fait d'un salarié détenant la moitié des parts sociales de la société débitrice, en l'absence d'activité positive et indépendante dans l'administration de cette société, V. • Com. 26 juin 2001 : *Act. proc. coll. 2001, n° 202 ; Dr. sociétés 2001, n° 140, note Legros.* ♦ V. aussi, s'agissant de salariés dont l'immixtion dans la gestion sociale n'était pas suffisamment caractérisée, • Paris, 1ᵉʳ févr. 2002 : *RJDA 2002, n° 673.* ♦ En sens contraire, pour des arrêts retenant la qualité de dirigeant de fait de salariés. : • Com. 19 févr. 2002 : *RJDA 2002, n° 791* • Grenoble, 5 nov. 1998 : *Rev. proc. coll. 2001. 266, obs. Martin-Serf* • Aix-en-Provence, 28 janv. 1999 : *ibid.*

11 quinquies. La preuve de l'immixtion d'une société détenant une participation dans le capital de la société débitrice en liquidation judiciaire et de son représentant légal ne peut résulter de l'exécution du contrat de prestations administratives conclu entre ces deux sociétés, lequel impliquait la fourniture de différentes prestations d'assistance moyennant une rémunération qui ne paraît pas excessive, sous le contrôle du gérant de droit. • Paris, 14 oct. 1997 : *Dr. sociétés 1998, n° 90, obs. Chaput.* ♦ Comp. : • Com. 22 juin 1999 : *Rev. proc. coll. 2001. 263, obs. Martin-Serf.*

Ne peut être qualifié de dirigeant de fait celui à l'encontre duquel il est simplement relevé qu'il a été porteur de parts au sein d'une SARL, dont il a par la suite été désigné liquidateur amiable. • Paris, 13 juin 2000 : *Rev. proc. coll. 2001. 110, obs. Barret.*

V. aussi : pour un associé majoritaire de SARL, • Com. 25 janv. 1994 : *RJDA 1994, n° 457*

• Toulouse, 9 janv. 1997 : *Rev. proc. coll. 2001. 264, obs. Martin-Serf* • Paris, 23 oct. 1998 : *ibid.* – Comp. : • Paris, 19 sept. 1995 : *RJDA 1995, n° 1368.* ♦ ... Pour un associé unique d'EURL, • Paris, 15 janv. 1999 : *préc. note 7 bis.* ♦ ... Pour une société holding et une société fondatrice, • Paris, 7 févr. 1997 : *Bull. Joly 1997. 480, note Daigre ; Rev. proc. coll. 2001. 265, obs. Martin-Serf.* ♦ ... Pour une société mère elle-même filiale à 99 % d'une holding, • Paris, 23 mai 1997 : *JCP E 1997. Pan. 764 ; RJDA 1997, n° 1277.* ♦ ... Pour une société mère, seule maîtresse de la politique économique et financière de sa filiale, • Com. 6 juin 2000 : *RJDA 2000, n° 896 ; Rev. proc. coll. 2001. 265, obs. Martin-Serf* • Paris, 15 janv. 1999 : *BRDA 1999, n° 6, p. 3.* ♦ ... Pour une société mère qui avait continué à gérer une branche d'activité transférée à sa filiale, V • Com. 23 nov. 1999 : *Rev. proc. coll. 2001. 265, obs. Martin-Serf.* ♦ ... Pour le dirigeant de droit d'une société mère, avec l'accord duquel étaient prises toutes les décisions importantes concernant la filiale. • Com. 12 juin 2001 : *RJDA 2001, n° 971.*

12. En ce sens que la délégation de signature dont dispose un associé, alors qu'elle constitue le seul signe de sa participation à la gestion de la société, ne permet pas de déduire que celui-ci détient le pouvoir dans l'entreprise, V. • Paris, 9 sept. 1992 : *Bull. Joly 1992. 1219.* – V. aussi • Com. 9 juill. 2002 : *RJDA 2002, n° 1274.* – Comp. : • Paris, 20 déc. 1996 : *Rev. sociétés 1997. 392, obs. Guyon.* ♦ En revanche, le fait de détenir seul l'exploitation et la signature bancaire d'une société dont le siège ne correspond qu'à une simple domiciliation commerciale suffit à caractériser la gestion de fait. • Paris, 25 janv. 2000 : *Rev. proc. coll. 2001. 110, obs. Barret.*

12 bis. Pour un arrêt ayant refusé de reconnaître au maire d'une commune la qualité de dirigeant de fait d'un club de football professionnel, au motif qu'il n'exerçait qu'un contrôle de l'utilisation des concours financiers municipaux, V. • CAA Bordeaux, 11 mai 1998 : *D. 1999. Somm. 92, obs. Karaquillo.*

12 ter. La qualification de gérant de fait constitue un point de droit sur lequel l'aveu ne peut porter. • Com. 10 mars 2004 : *RD banc. fin. 2004, n° 213, obs. F.-X. Lucas ; Dr. sociétés 2005, n° 66, note Legros ; Rev. proc. coll. 2006. 76, obs. A. et O. Barret.* ♦ Pour des arrêts écartant le témoignage comme mode de preuve de la direction de fait, V. • Paris, 8 oct. 2002 (2 arrêts) : *RTD com. 2003. 376, obs. crit. Mascala.*

12 quater. Sur la compétence du tribunal de la procédure collective pour apprécier la qualité de dirigeant de fait, V. note 1 ss. ancien art. 163 du 1er décret du 27 déc. 1985, *infra, App., v° Difficultés des entreprises.* ♦ S'agissant de poursuites exercées contre un dirigeant personne publique, V. note 13 *bis.*

13. Sur l'indépendance des poursuites entre dirigeants de fait et de droit, V. note 30 *septies.*

13 bis. Dirigeants personnes publiques. La responsabilité qui peut incomber à l'État ou aux autres personnes morales de droit public en raison des dommages imputés à leurs services publics administratifs est soumise à un régime de droit public ; il n'en va autrement que si la loi, par une disposition expresse, a dérogé à ce principe. • T. confl., 15 nov. 1999 : *Bull. civ., n° 35 ; D. 2000. AJ. 11, obs. A. L. ; Petites affiches 17 avr. 2000, p. 11, note Courtier ; JCP E 2000, nos 18-19, p. 755, obs. Pétel ; Dr. sociétés 2000, n° 54, obs. Chaput ; Rev. proc. coll. 2000. 136, obs. Martin-Serf.* ♦ Il ne résulte pas de l'art. 180 [C. com., art. L. 624-3] que le législateur ait entendu, par dérogation aux principes gouvernant la responsabilité des personnes publiques, faire relever de la compétence des tribunaux de l'ordre judiciaire, la recherche de la responsabilité civile de l'État ou d'autres personnes morales de droit public au titre de l'exercice d'une mission de service public administratif. • Même arrêt. ♦ Pour une confirmation implicite de cette solution, V. • CE 1er oct. 2004 : *RJDA 2005, n° 740.* ♦ Il appartient aux juridictions de l'ordre judiciaire de connaître de l'action en paiement des dettes sociales dirigées contre un établissement public à caractère industriel et commercial qui ne soutient pas avoir accompli une mission de service public administratif. • Com. 6 févr. 2001 : *Bull. civ. IV, n° 33 ; D. 2001. AJ. 860 ; D. 2002. Somm. 81, obs. Derrida ; Bull. Joly 2001. 593, note Barbièri ; Rev. proc. coll. 2001. 267, obs. Martin-Serf.*

Par deux arrêts précédents, le Tribunal des conflits avait déclaré compétents les tribunaux judiciaires, s'agissant de poursuivre une personne publique dirigeant de droit. • T. confl., 2 juill. 1984 : *D. 1984. 545, note Derrida* (art. 98, loi de 1967). ♦ ... Les tribunaux administratifs, s'agissant de poursuivre une personne publique dirigeant de fait, en raison de la nécessaire appréciation de son comportement. • T. confl., 23 janv. 1989 : *D. 1989. 367, concl. Flipo et note Amselek et Derrida ; ibid. 1989. Somm. 324, obs. Vasseur ; JCP 1990. II. 21397, note Alfandari* (art. 98, loi de 1967). ♦ V. aussi, ayant jugé que la recherche d'une faute de gestion dirigée, en application de l'art. 180 [C. com., art. L. 624-3], contre une commune, membre du conseil d'administration d'une association constituée conformément à la loi du 1er juill. 1901, relève par nature de la compétence du juge judiciaire, quels que soient les clauses des contrats passés avec l'association et les buts poursuivis, • Rouen,

27 mai 1998 : *BICC 1998, n° 1323 ; Rev. proc. coll. 2000. 136, obs. Martin-Serf.*

Pour la cassation d'un arrêt ayant reconnu compétence à la juridiction administrative pour connaître de l'action en comblement de passif contre une commune dirigeant une association, qui avait en charge la gestion d'une piscine et d'une patinoire, sans rechercher si la commune était dirigeante de droit ou de fait de l'association et si le service géré par cette association était administratif ou industriel et commercial, V. • Civ. 1re, 11 févr. 2003 : *Bull. civ. I, n° 44 ; D. 2003. AJ. 623, obs. Lienhard ; Act. proc. coll. 2003, n° 107, obs. Regnaut-Moutier ; Bull. Joly 2003. 557, note Pézard ; Rev. proc. coll. 2005. 150, obs. Martin-Serf* (V. l'arrêt cassé : • Versailles, 9 déc. 1999 : *D. 2000. AJ. 145 ; Rev. proc. coll. 2000. 136, obs. Martin-Serf*).

Sur la compétence des tribunaux judiciaires pour connaître de l'action en comblement du passif dirigée à l'encontre d'un syndicat intercommunal, dirigeant de droit d'une société d'économie mixte locale, V. • Com. 26 oct. 1999 : *D. 1999. AJ. 80 ; Act. proc. coll. 1999, n° 246, obs. Regnaut-Moutier ; JCP E 2000, n° 1-2, p. 34, rapp. Rémery ; Petites affiches 3 févr. 2000, p. 13, note P. M. ; Rev. proc. coll. 2000. 136, obs. Martin-Serf.* ♦ Dans le même sens, pour une action dirigée contre une commune, V. • Com. 8 janv. 2002 : *Bull. civ. IV, n° 7 ; D. 2002. AJ. 570, obs. Lienhard ; Dr. sociétés 2002, n° 71, note Vidal ; ibid. 2003, n° 30, note Legros ; Rev. sociétés 2003. 308, note F.-X. Lucas ; Rev. proc. coll. 2003. 161, obs. Martin-Serf.*

V. aussi • T. com. Paris, 8 août 1989 : *RJ com. 1991. 321, note Gallet* • TGI Bordeaux, 4 avr. 1996 : *Gaz. Pal. 1997. 1. 61.* ♦ V. également note 15.

13 ter. Pour un arrêt reconnaissant à une commune la qualité de dirigeant de fait d'une association sportive, V. • Com. 13 mai 2003 : *D. 2003. Somm. 2537, obs. Karaquillo*. – Comp. • Grenoble, 31 janv. 2002 : *Rev. proc. coll. 2003. 346, obs. Lebel.*

13 quater. Si une collectivité territoriale actionnaire d'une société d'économie mixte locale peut être appelée, en application de l'art. 180 [C. com., art. L. 624-3], à supporter tout ou partie de l'insuffisance d'actif de cette société lors de sa liquidation, ces dispositions, qui sont applicables au seul cas de liquidation judiciaire, n'ont pas pour objet et ne sauraient avoir pour effet d'autoriser une collectivité locale à déroger aux dispositions législatives relatives aux aides directes aux entreprises lorsqu'elle décide la dissolution amiable d'une société d'économie mixte. • CE 15 mars 2000 : *JCP E 2000, nos 15-16, p. 630.*

14. Représentants d'une personne morale. Les représentants permanents des personnes morales encourent, suivant l'art. 91 de la loi du 24 juill. 1966 [C. com., art. L. 625-20], la même responsabilité que s'ils étaient administrateurs en leur nom propre, sans préjudice de la responsabilité solidaire des sociétés représentées par eux. • Paris, 18 juin 1991 : *Gaz. Pal. 1992. 1. 148, note Marchi ; Bull. Joly 1992. 277, note Couret,* conf. par • Com. 3 janv. 1995 : cité note 34. – V. aussi • Com. 25 mars 1997 : *Bull. civ. IV, n° 85 ; D. Affaires 1997. 579 ; Bull. Joly 1997. 799, note G. B. ; Rev. proc. coll. 1999. 182, obs. Martin-Serf.* ♦ Sur la nécessité, pour les juges du fond, de constater la qualité de représentant permanent, V. • Com. 3 oct. 2000 : *Act. proc. coll. 2000, n° 234 ; Dr. sociétés 2001, n° 79, obs. Legros ; Bull. Joly 2001. 24, obs. Le Cannu.*

15. Une commune, membre du conseil d'administration d'une association, a la qualité de dirigeant de droit de cette personne morale et peut, en cette qualité, être condamnée à supporter partie des dettes de celle-ci (loi de 1967). • Com. 16 févr. 1993 : *Bull. civ. IV, n° 66 ; Rev. sociétés 1993. 644, note Guyon ; Bull. Joly 1993. 678, note Jeantin.*

16. Viole les art. L. 381-5 C. communes et 99 de la loi du 13 juill. 1967, l'arrêt qui déclare recevable l'action en comblement de passif dirigée contre le représentant d'une commune au sein du conseil d'administration d'une société d'économie mixte, au motif qu'il était recherché en raison de sa gestion personnelle et non de son mandat, alors qu'il résulte du premier des textes visés que la responsabilité civile résultant de ce mandat incombe à la commune et non à ses représentants (loi de 1967). • Com. 25 juin 1991 : *Rev. proc. coll. 1991. 502, obs. Chaput.*

V. aussi, *supra*, note 13 *bis* et, *infra*, note 36.

17. Retrait du dirigeant. L'ancien dirigeant qui a cédé ses parts entre la date de cessation des paiements et l'ouverture de la procédure peut être condamné à combler le passif. • Com. 23 juin 1998 : *Act. proc. coll. 1998, n° 124* • Com. 4 févr. 1969 : *D. 1969. 584, note Honorat* (loi de 1967). ♦ Les juges doivent cependant préciser si l'insuffisance d'actif existait déjà lors de la cessation des fonctions du dirigeant. • Com. 2 févr. 1999 : *Dr. sociétés 1999, n° 95, obs. Chaput.* ♦ V. aussi • Rouen, 9 oct. 1997 : *RJDA 1998, n° 632.* ♦ Sur l'incidence de la publication de la démission, V. note 6.

18. Date de la faute. Seule la gestion du dirigeant social, antérieurement au jugement d'ouverture de la procédure collective, peut donner lieu à l'action en comblement de passif. Les dettes nées postérieurement à ce jugement n'entrent donc pas dans le passif pouvant entraîner cette sanction. • Com. 28 févr. 1995 : *RJDA*

1995, n° 651. ♦ La faute peut être antérieure à la date de la cessation des paiements, dès lors que le lien de causalité entre cette faute et l'insuffisance d'actif est établi. • Paris, 5 juill. 1996 : *D. 1996. IR. 228.* ♦ V. aussi, *supra,* note 4 *bis.*

19. La décision de poursuite de l'activité de l'entreprise en vue de l'élaboration d'un projet de plan de redressement prise par le tribunal en vertu de l'art. 142 [C. com., art. L. 621-138] et le jugement arrêtant le plan de cession sont sans influence sur l'appréciation que les juges du fond, saisis d'une demande fondée sur l'art. 180 [C. com., art. L. 624-3], doivent porter quant à l'existence d'une faute de gestion du dirigeant social pour la période antérieure au prononcé du redressement judiciaire. • Com. 8 juin 1993 : *Bull. civ. IV, n° 231.*

19 bis. En cas de résolution du plan de continuation et d'ouverture d'une procédure de liquidation judiciaire, l'action en comblement du passif ne peut être fondée que sur les fautes commises depuis le jugement qui a arrêté le plan. • Rouen, 28 janv. 1999 : *RJDA 1999, n° 449 ; Bull. Joly 1999. 633, note Pétel.* ♦ Sont exclues de l'application de l'art. 180 [C. com., art. L. 624-3] les fautes postérieures au jugement d'ouverture, telles que la création d'un passif d'exploitation au cours de la période d'observation, ce qui s'entend du passif créé postérieurement au jugement ouvrant la nouvelle procédure collective après résolution du plan de continuation. • Com. 8 janv. 2002 : *Dr. sociétés 2002, n° 131, note Legros.* ♦ V. aussi note 30 *bis.*

19 ter. Plan de cession. L'action en comblement de passif peut être engagée non seulement lorsqu'il y a continuation ou liquidation de la société, mais également en cas de cession de cette société. • Aix-en-Provence, 29 oct. 1992 : *RJDA 1993, n° 451 ; Rev. proc. coll. 1993. 581, obs. Blanchard.* ♦ V. aussi, depuis la loi n° 94-475 du 10 juin 1994, art. L. 624-3, al. 3.

19 quater. Règlement amiable. En ce sens que l'ouverture d'une procédure de règlement amiable ne fait pas obstacle à la condamnation du dirigeant au paiement des dettes sociales, V. note 1 *bis* ss. ancien art. L. 611-3.

20. Nature de la faute. BIBL. Bourrié-Quenillet, *JCP 1998. I. 112.* ♦ Le dirigeant de droit, gérant de la société, ne saurait être condamné, en application de l'art. 180 [C. com., art. L. 624-3], à combler partie du passif de la société en liquidation judiciaire, en l'absence de tout comportement frauduleux et de faute de gestion nettement caractérisée et suffisamment grave pour trancher avec le comportement habituel du commerçant malheureux de bonne foi. • Bourges, 3 juin 1998 : *JCP E 1999, n° 37, p. 1417.* ♦ Le dirigeant ne peut être sanctionné à titre personnel sur le fondement de l'art. 180 [C. com., art. L. 624-3], dès lors qu'il n'a commis aucune faute de gestion, nonobstant les mauvais résultats de son entreprise. • Paris, 8 sept. 2000 : *Dr. sociétés 2001, n° 5, obs. Chaput.*

Caractérise l'existence d'une faute de gestion d'un gérant de société ayant contribué à l'insuffisance d'actif, quelles qu'en soient les autres causes, l'arrêt qui relève que le dirigeant s'est abstenu de mettre en place une structure compétente et des outils de gestion fiables, permettant à la personne morale et à lui-même d'appréhender la situation économique et financière exacte et, en conséquence, de prendre en temps utile les mesures de redressement qui s'imposaient et que cette anarchie totale est à l'origine de l'insuffisance qui a pu ainsi se créer et s'accroître sans que le gérant puisse s'en apercevoir. • Com. 14 déc. 1993 : *Bull. civ. IV, n° 473 ; JCP 1994. IV. 480.*

21. V. aussi, à propos : de financement d'investissements par les fonds propres au lieu du recours à un emprunt à long terme, • Com. 2 nov. 1993 : *Rev. huiss. 1993. 226.* ♦ ... De financement de travaux indus et de poursuite d'exploitation déficitaire, • Com. 13 nov. 1990 : *Bull. civ. IV, n° 276 ; Gaz. Pal. 1991. 1. Pan. 94.* ♦ ... De la poursuite volontaire et en toute connaissance de cause de l'exploitation d'un fonds de commerce déficitaire, la charge imposée à la société, sans contrepartie, au profit d'une autre société du groupe, ayant excédé ses possibilités financières. • Com. 30 mars 1999 : *RJDA 1999, n° 704.* (♦ ... La faute de gestion consistant en la poursuite d'une exploitation déficitaire n'étant pas subordonnée à la constatation d'un état de cessation des paiements de la société antérieur ou concomitant à cette poursuite. • Com. 27 avr. 1993 : *Bull. civ. IV, n° 151 ; D. 1993. IR. 130 ; Bull. Joly 1993. 687, note Chaput ; Rev. sociétés 1993. 871, note Le Nabasque* .) – V. aussi • Com. 14 mai 1991 : *Bull. civ. IV, n° 164* • 8 juin 1999 : *Bull. Joly 1999. 1078, note Scholer* • 26 oct. 1999 : *RJDA 1999, n° 1368* • 28 nov. 2000 : *RJDA 2001, n° 346* • 16 oct. 2001 : *D. 2001. AJ. 3273, obs. Lienhard* • 14 janv. 2004 : *Dr. sociétés 2004, n° 168, note Legros* • Paris, 18 juin 1991 : *préc. note 14* • 12 nov. 1991 : *D. 1992. IR. 54* • T. com. Paris, 15 sept. 1992 : *Bull. Joly 1993. 79, note Daigre.* ♦ ... De manœuvres destinées à minorer les pertes réelles, ces manœuvres ayant permis de masquer la situation de la société et de tromper l'opinion des dispensateurs de crédit, • Com. 18 janv. 2000 : *Bull. Joly 2000. 498.* ♦ ... De la tenue approximative de la comptabilité, • Paris, 28 janv. 2000 : *Rev. proc. coll. 2000. 226, obs. Barret.* ♦ ... D'un dirigeant d'une société anonyme qui fait financer par celle-ci les investissements immobiliers d'une SCI dont il est l'associé, cette charge financière ayant abouti à la ruine de la SA, • Com. 14 déc. 1993 : *Rev. sociétés 1994. 778, note Pariente* ✎. ♦ ... De la souscription d'emprunts hors de proportion avec les capacités de remboursement des sociétés du groupe, du non-respect de la procédure applicable aux conventions réglementées et de la tenue d'une comptabilité irrégulière et incomplète, • Paris, 5 déc. 1997 : *Bull. Joly 1998. 253, note Daigre.* ♦ ... De l'abstention de désigner un commissaire aux comptes, • Paris, 18 nov. 1997 : *Bull. Joly 1998. 250, note J.-F. Barbièri ; RJDA 1998, n° 299.* ♦ ... D'un dirigeant qui, notamment, avait maintenu son domicile familial en un lieu éloigné du siège de la société, alors que ses fonctions nécessitaient une action constante et des choix concrets (loi de 1967), • Com. 7 juill. 1992 : ⚖ *Bull. Joly 1992. 1192, note Campana.* ♦ ... D'un dirigeant qui avait, à plusieurs reprises, fait régler par la société ses dépenses personnelles, avait utilisé des fonds sociaux afin de rembourser des dettes contractées par une autre société dans laquelle il était intéressé et s'était lancé, malgré l'endettement chronique de la société, dans des achats de véhicules inconsidérés, bien qu'aucun financement par l'entreprise ne fût possible, • Com. 11 juill. 1995 : ⚖ *JCP 1995. II. 22549, note Gibirila.* ♦ ... De dirigeants qui avaient maintenu un courant d'affaires avec une autre société, alors que les créances impayées s'accumulaient, sans se préoccuper d'obtenir de garantie, avec des délais de paiement anormalement longs et la continuation des livraisons malgré des factures importantes en souffrance, • Paris, 12 janv. 1996 : *D. 1996. IR. 75.* ♦ ... D'un dirigeant s'étant octroyé une rémunération excessive, • Com. 4 janv. 2000 : ⚖ *BRDA 2000, n° 6, p. 5* • Rennes, 13 déc. 1995 : *Dr. sociétés 1996, n° 195, obs. Chaput* • Paris, 19 sept. 2000 : *ibid. 2001, n° 42, obs. Chaput* • Lyon, 17 avr. 2003 : *JCP 2004. IV. 1308.* – V. aussi les arrêts cités par A. Martin-Serf, *Rev. proc. coll. 1998. 109.* ♦ Comp., en cas de régularisation dans les comptes sociaux et le patrimoine personnel du dirigeant : • Com. 20 mai 1997 : ⚖ *Dr. sociétés 1999, n° 6.* ♦ ... De la mise en place d'une direction générale pléthorique inadaptée à l'entreprise et de l'absence de mesures de réorganisation, ayant entraîné la perte de nombreux marchés, • Com. 3 oct. 2000 : ⚖ *préc. note 4.* ♦ ... Du versement de rémunérations à un salarié dont il n'est pas démontré qu'il a exercé une activité réelle (la production des fiches de paie par le dirigeant poursuivi étant, à cet égard, insuffisante), • Com. 23 nov. 1999 : ⚖ *Bull. Joly 2000. 379, note Barbièri.* ♦ ... D'un dirigeant qui avait créé une société sans apporter de fonds propres suffisants pour assurer son fonctionnement dans des conditions normales et qui avait poursuivi l'activité de la société sans prendre aucune mesure pour remédier à cette insuffisance de fonds propres, • Com. 23 nov. 1999 : ⚖ *RJDA 2000, n° 457.* – V. aussi • Aix-en-Provence, 16 mai 2001 : *RJDA 2002, n° 416 ; RD banc. fin. 2001, n° 192, obs. F.-X. Lucas.* ♦ ... D'un repreneur de société dont le plan était vicié par des erreurs d'appréciation, • T. com. Paris, 23 nov. 1992 : *Bull. Joly 1993. 255, note Campana.* – Rappr. : • Rouen, 21 mars 2002 : *RJDA 2002, n° 1305 (2e esp.).* ♦ ... Du dirigeant ayant acquis le contrôle d'une société présentant une situation comptable négative et qui ne disposait d'aucune trésorerie ni de concours bancaires lui permettant de prendre les mesures de nature à rétablir la situation des entreprises concernées, • Paris, 31 mars 1998 : *Act. proc. coll. 1998, n° 26 ; Dr. sociétés 1999, n° 5, obs. Chaput.* ♦ ... Du dirigeant d'une société dont la situation financière s'était détériorée rapidement sous sa direction sans que des mesures concrètes de restructuration aient été prises en temps utile, le licenciement partiel des salariés et la réduction des frais de publicité n'ayant pas suffi à redresser une situation déjà totalement obérée, tandis que, dans le même temps, lui-même ainsi qu'un administrateur se faisaient consentir des avantages financiers, • Com. 13 oct. 1998 : ⚖ *Act. proc. coll. 1998, n° 154 ; Bull. Joly 1999. 55 ; RJDA 1999, n° 81.* ♦ ... D'un dirigeant qui avait laissé impayées des dettes sociales anciennes, engagé un personnel important et procédé à des investissements tandis qu'il n'avait aucune certitude au sujet des contrats qu'il espérait signer, • Com. 27 oct. 1998 : ⚖ *RTD com. 1999. 983, obs. Mascala* ✎. ♦ ... D'un franchiseur qui avait continué à livrer des marchandises à ses franchisés alors qu'il connaissait leur impossibilité absolue d'en payer le prix, • Pau, 29 févr. 2000 : *préc. note 10.* ♦ ... D'un dirigeant qui avait consenti sur les fonds sociaux de nombreux prêts à une société qu'il dirigeait également, sans exiger aucune garantie pour leur remboursement, et ce, alors même que la société connaissait des difficultés, • Com. 8 oct. 2003 : *RJDA 2004, n° 353.* ♦ ... D'un dirigeant d'une société filiale, liquidateur amiable de celle-ci, qui s'était abstenu de recouvrer une créance détenue sur la société mère, • Paris, 12 oct. 1999 : *Dr. sociétés 2000, n° 101, obs. Chaput.* ♦ V. aussi note 2 *ter* ss. ancien art. L. 621-58.

Les faits de détournement d'actif qui ont été retenus pour justifier une interdiction de gérer constituent en eux-mêmes des fautes de gestion. • Com. 17 juill. 2001 : ⚖ *cité note 22.*

22. Sur la faute de gestion constituée par le retard dans la déclaration de cessation des paiements, V., • Com. 8 déc. 1998 : *RTD com. 1999. 983, obs. Mascala* • 8 oct. 1996 : *D. Affaires 1996. 1356 ; Bull. Joly 1996. 1057, note Calendini* • 28 mai 1991 : *Bull. civ. IV, n° 187 ; D. 1992. Somm. 184, obs. Honorat ; Rev. sociétés 1992. 373, note Honorat* (loi de 1967) • Paris, 21 sept. 2001 : *Dr. sociétés 2002, n° 62, note Legros.* – Comp. : • Com. 19 janv. 1993 : *Bull. civ. IV, n° 18 ; Rev. huiss. 1993. 673, note Vidal* • 18 janv. 2000 : *RJDA 2000, n° 704* • Paris, 16 nov. 1993 : *Bull. Joly 1994. 101* • Rennes, 5 avr. 2000 : *Dr. sociétés 2001, n° 42, obs. Chaput ; RTD com. 2001. 922, obs. Champaud et Danet* (retard justifié par l'activité de concessionnaire du débiteur) • Paris, 27 févr. 2001 : *RJDA 2001, n° 888* (société ayant cessé son activité plus d'un an avant le dépôt de bilan). ♦ V. aussi, en cas de règlement amiable, note 1 *bis* ss. ancien art. L. 611-3. ♦ ... La faute de gestion résultant de l'omission de la déclaration de la perte de la moitié du capital social, V. • Bordeaux, 23 oct. 1995 : *Dr. sociétés 1996, n° 34, obs. Chaput.* ♦ ... Ou du défaut de convocation de l'assemblée générale en vue de la reconstitution des capitaux propres, V. • Com. 8 oct. 1996 : *Rev. proc. coll. 1999. 42, obs. Martin-Serf.*

Dès lors que le dirigeant a commis des fautes de gestion ayant contribué à l'insuffisance d'actif, il doit répondre des dettes sociales, sans qu'il soit besoin de rechercher si celui-ci avait ou non personnellement bénéficié de la poursuite de l'exploitation. • Com. 23 mai 1995 : *Bull. Joly 1995. 884, note Le Cannu* • Paris, 13 oct. 1995 : *D. 1995. IR. 244.* ♦ En effet, la faute de gestion pouvant entraîner la condamnation d'un dirigeant au paiement des dettes sociales en application de l'art. 180, devenu l'art. L. 624-3 C. com., peut exister indépendamment du fait que le dirigeant a agi dans un intérêt personnel. • Com. 17 juill. 2001 : *Dr. sociétés 2002, n° 5, note Legros.* – V. aussi • Paris, 24 mai 1996 : *Dr. sociétés 1997, n° 9, obs. Chaput.*

Le juge qui fait application de l'art. 180 [C. com., art. L. 624-3] n'est pas tenu par la limitation de délai énoncée à l'art. 9 [C. com., art. L. 621-7], al. 1er. • Com. 30 nov. 1993 : *Bull. civ. IV, n° 440 ; Bull. Joly 1994. 410, note Pétel.* ♦ Il n'est pas davantage tenu par la décision de report de la date de cessation des paiements. • Com. 10 mars 2004 : *RTD com. 2004. 378, obs. Vallens ; RJDA 2004, n° 874* • Paris, 18 févr. 2000 : *D. 2000. AJ. 170, obs. Pisoni.* ♦ V. aussi note 3 *bis* ss. ancien art. L. 625-5.

22 bis. Celui qui a accepté les fonctions d'administrateur est tenu à une surveillance et à un contrôle sérieux de l'administration de la société et l'intérêt limité qu'il a dans l'affaire ne peut justifier sa passivité. • Com. 31 janv. 1995 : *Bull. civ. IV, n° 29 ; D. 1995. IR. 50 ; Rev. sociétés 1995. 763 ; Bull. Joly 1995. 341, note Couret ; RTD com. 1996. 543, obs. Martin-Serf.* – V. aussi • Com. 3 mars 1998 : *RJDA 1998, n° 902 ; Bull. Joly 1998. 645* • 23 juin 1998 : *Bull. Joly 1998. 1287, note Pétel ; RJDA 1998, n° 1393 ; RTD com. 1999. 983, obs. Mascala* • Versailles, 21 oct. 1993 : *Bull. Joly 1994. 99, note P.L.C.* • Paris, 28 oct. 1994 : *ibid. 1995. 72, note Le Cannu ; Dr. sociétés 1995, n° 122, obs. Chaput* (loi de 1967) • Douai, 9 janv. 1997 : *Rev. proc. coll. 1999. 182, obs. Martin-Serf* • Chambéry, 22 juin 1998 : *Dr. sociétés 2000, n° 121, obs. Chaput* • Versailles, 21 déc. 2000 : *préc. note 11 ter* • Versailles, 2 déc. 1999 : *préc. note 6* • Paris, 2 juill. 1996 : *Dr. sociétés 1996, n° 231, obs. Chaput* • Versailles, 21 déc. 2000 : *préc. note 11 ter* • 11 sept. 2003 : *RJDA 2004, n° 206.* ♦ Comp., exonérant les administrateurs n'ayant pas le rang de président du conseil d'administration ou de directeur général, aux motifs qu'ils n'avaient pas eu connaissance de la situation exacte de la société et que, pour certains d'entre eux, ils n'avaient pas été convoqués au conseil d'administration : • Com. 14 mai 2002 : *RJDA 2002, n° 920 ; Dr. sociétés 2003, n° 104, note Legros.* ♦ *Contra :* • Paris, 26 juin 1998 : *Act. proc. coll. 1998, n° 113.* ♦ L'incurie du dirigeant de droit, qui prétend avoir été soumis au dirigeant de fait, ne peut être une cause d'exonération de responsabilité. • Paris, 19 nov. 1999 : *Bull. Joly 2000. 263, note Barbièri ; RJDA 2000, n° 459.* ♦ L'intéressé ne saurait se retrancher derrière la « pression » exercée par la société mère, actionnaire majoritaire détentrice de 99 % du capital social. • Paris, 25 avr. 1997 : *Dr. sociétés 1998, n° 27, obs. Chaput.* ♦ V. aussi, en ce sens que l'appartenance à un groupe de sociétés est sans incidence sur la responsabilité du dirigeant, qui ne peut rejeter toute responsabilité sur la société-mère, • Paris, 19 nov. 1999 : *préc.* ♦ Comp., pour l'atténuation de la responsabilité de la directrice générale, épouse du président du conseil d'administration, du fait, notamment, des pressions de l'actionnaire majoritaire : • Poitiers, 12 oct. 1999 : *Dr. sociétés 2001, n° 25, obs. Chaput.*

Un administrateur ne peut prétendre se soustraire à l'application de l'art. 180, devenu l'art. L. 624-3 C. com., en invoquant l'attitude d'un autre administrateur. • Com. 8 janv. 2002 : *Bull. civ. IV, n° 7 ; D. 2002. AJ. 570, obs. Lienhard ; JCP 2002. II. 10057, note Landbeck.*

Sur la faute de gestion du dirigeant de droit se déchargeant totalement sur un salarié de ses obligations propres de dirigeant, et s'abstenant de tout contrôle, V. • Riom, 25 mai 1994 : *Rev. proc. coll. 1998. 301, obs. Martin-Serf* • Aix-en-Provence, 2 févr. 1995 : *ibid.* • 30 nov. 1995 : *ibid.*

Sur la condamnation d'un dirigeant pour faute

de gestion malgré la désignation d'un enquêteur, dans le cadre de la procédure d'alerte prévue par la loi du 1er mars 1984, V. • Versailles, 28 mai 1998 : *RJDA 1998, n° 1023.*

Commet une faute de gestion la personne morale administrateur qui s'abstient d'exiger du président qu'il déclare la cessation des paiements, peu important, par ailleurs, la présence au conseil d'administration d'administrateurs de complaisance dévoués au président. • Com. 25 mars 1997 : *préc. note 14.*

Les dirigeants ne peuvent pas se soustraire à l'application de l'art. 180 [C. com., art. L. 624-3] en invoquant l'intervention des pouvoirs publics. • Com. 6 févr. 2001 : *préc. note 13 bis.*

23. En revanche, sont impropres à caractériser l'existence d'une faute de gestion d'un dirigeant social ayant contribué à l'insuffisance d'actif, les motifs selon lesquels ce dirigeant a pris en charge la société en connaissance de sa situation déficitaire, en a poursuivi sciemment l'exploitation jusqu'à la cessation des paiements, dont l'état s'est révélé irrémédiable, ne s'explique pas sur le défaut de comptabilité régulière, et enfin ne prouve pas que l'insuffisance d'actif est due à des fautes de gestion d'anciens dirigeants. • Com. 17 nov. 1992 : *Bull. civ. IV, n° 359 ; D. 1992. IR. 277 ; Rev. sociétés 1993. 445, note Chaput.* ♦ V. aussi, jugeant la faute de gestion non démontrée, s'agissant de la poursuite d'une exploitation déficitaire, dès lors que les difficultés de la société avaient pour origine la conjoncture économique. • Com. 31 mars 1998 : *RJDA 1998, n° 777* • Paris, 16 sept. 1997 : *Rev. proc. coll. 2000. 24, obs. Martin-Serf* • 30 oct. 1998 : *ibid.* • Aix-en-Provence, 11 sept. 2001 : *Dr. sociétés 2002, n° 23, note Legros ; RJDA 2002, n° 672.*

24. Ne caractérise pas la faute de gestion au sens de l'art. 180 [C. com., art. L. 624-3], la seule tolérance d'un administrateur à la poursuite de l'exploitation d'un produit fabriqué par la société sans les autorisations administratives requises pour sa distribution. • Com. 15 déc. 1992 : *Bull. civ. IV, n° 407 ; Rev. sociétés 1993. 450.*

24 bis. La responsabilité de la tenue de la comptabilité incombant au président du conseil d'administration, la tenue d'une comptabilité incomplète ne saurait être reprochée aux administrateurs et justifier leur condamnation au comblement du passif social dès lors qu'il n'est pas démontré qu'ils se sont immiscés dans l'établissement des comptes. • Paris, 29 mars 2002 : *JCP E 2002, n° 46, p. 1795 ; RJDA 2003, n° 172 (2e esp.) ; Dr. sociétés 2003, n° 88, note Legros.*

25. En ce sens que le gérant nommé à la direction d'une société ne saurait être condamné au comblement de passif alors qu'avant son entrée en fonctions une enquête sur l'état de la société avait été diligentée par le président du tribunal de commerce qui n'avait pas jugé utile l'ouverture d'une période d'observation et qu'un avis avait été émis faisant état d'une réduction des difficultés de l'entreprise, V. • Douai, 20 févr. 1992 : *Dr. sociétés 1993, n° 9, obs. Chaput.*

25 bis. L'imprévoyance des dirigeants qui n'ont pas su anticiper les nouvelles conditions économiques ni explorer de nouveaux marchés n'est pas en elle-même constitutive de la faute de gestion visée par l'art. 180 [C. com., art. L. 624-3]. • Paris, 29 nov. 1996 : *RJDA 1997, n° 281.* ♦ En revanche, le choix, lors de la création de l'entreprise d'investissements inadaptés ou excessifs, compte tenu de leurs conditions prévisibles de financement, peut constituer une faute de gestion au sens de l'art. 180 [C. com., art. L. 624-3]. • Com. 19 mars 1996 : *Bull. civ. IV, n° 91 ; Rev. sociétés 1996. 840, note Bruguier ; D. 1996. IR. 101 ; D. Affaires 1996. 618 ; Bull. Joly 1996. 613, note Couret ; Defrénois 1996. 935, obs. Le Cannu* (V. l'arrêt cassé : • Aix-en-Provence, 9 déc. 1993 : *D. 1995. 475, note crit. Pirovano*). – V., sur renvoi, écartant la faute de gestion des dirigeants, les conditions prévisibles de financement reposant sur des prévisions de recettes raisonnables et le projet étant conforme aux recommandations d'une société de conseil spécialisée : • Nîmes, 23 févr. 1999 : *Banque et Droit juill.-août 1999, p. 48, obs. Guillot,* conf. par • Com. 29 oct. 2002 : *Dr. sociétés 2003, n° 46, note Legros.* ♦ Dans le même sens que l'arrêt du 19 mars 1996, V. • Com. 20 juin 2000 : *Bull. Joly 2000. 906* • 30 oct. 2000 : *Bull. Joly 2001. 27, note Daigre ; RJDA 2001, n° 210 ; Dr. sociétés 2001, n° 80, obs. Legros* (pour une société de capital-risque) • Lyon, 12 sept. 2002 : *Dr. sociétés 2004, n° 7, note Legros.*

25 ter. Le fait pour le dirigeant social de s'être abstenu de désigner un commissaire aux comptes caractérise une faute de gestion ayant contribué à l'insuffisance d'actif de la SARL défaillante. • Paris, 18 nov. 1997 : *JCP E 1997. Pan. 1389.* ♦ Il en va de même du gérant qui, après avoir repris une société pour un franc, s'est abstenu de mettre en place, dès sa prise de fonction, des outils de gestion fiables lui permettant d'appréhender la situation économique et financière exacte de la société. • Paris, 31 mars 1998 : *RJDA 1998, n° 777.*

25 quater. Pour l'absence de faute de gestion du liquidateur amiable d'une société, qui avait été nommé alors que celle-ci était déjà en état de cessation des paiements, V. • Paris, 5 déc. 2000 : *Dr. sociétés 2001, n° 58, obs. Chaput.*

26. Lien de causalité. Le dirigeant d'une personne morale peut être déclaré responsable sur le fondement de l'art. 180 [C. com., art. L. 624-3] même si la faute de gestion qu'il a commise n'est que l'une des causes de l'insuffisance d'actif, et il peut être condamné à supporter la totalité des dettes sociales même si cette défaillance n'est à l'origine que d'une partie d'entre elles. • Com. 30 nov. 1993 : *préc. note 22* • 19 mars 1996 : *Bull. Joly 1996. 526, note Le Cannu ; Rev. proc. coll. 2000. 24, obs. Martin-Serf* • 6 févr. 2001 : *préc. note 13 bis* • Orléans, 18 mars 1997 : *Rev. proc. coll. 2000. 24, obs. Martin-Serf.* ♦ La responsabilité fondée sur l'art. 180 [C. com., art. L. 624-3] ne peut donner lieu à une garantie à la charge d'un tiers, quelles que soient les fautes qui ont pu être imputées à ce dernier. • Paris, 25 sept. 1998 : *Act. proc. coll. 1998, n° 155.*

En ce sens que le dirigeant qui ne conteste pas que le défaut de déclaration de la cessation des paiements dans le délai légal constitue une faute de gestion au sens de l'art. 180 [C. com., art. L. 624-3] doit être considéré comme ne contestant pas davantage que cette faute a contribué à l'insuffisance d'actif, V. • Com. 14 nov. 2000 : *RJDA 2001, n° 347.*

V. aussi • Com. 19 janv. 1993 : *préc. note 22.*

Sur l'insuffisance de la seule constatation de la surévaluation des stocks et de la poursuite d'une activité déficitaire ayant entraîné la disparition d'un actif important, V. • Com. 16 avr. 1996 : *D. 1996. IR. 138 ; Rev. sociétés 1997. 611, note C. Henry*. ♦ V. aussi, refusant de condamner un dirigeant de deux sociétés dont les difficultés ne résultaient pas des fautes de gestion de ce dirigeant, mais trouvaient leur cause dans l'échec d'un projet et dans la défaillance d'un partenaire qui avait déposé son bilan, • Paris, 24 févr. 1998 : *Rev. proc. coll. 2000. 25, obs. Martin-Serf.* ♦ V. encore • Paris, 1er févr. 2002 : *RJDA 2002, n° 673* (insuffisance d'actif trouvant son origine dans la mésentente entre les associés).

27. Responsabilité fiscale. V. art. L. 267 LPF. – **C. sociétés** ou **C. pr. fisc.** ♦ BIBL. Le Corre, *Bull. d'actualité Lamy droit commercial févr. 2004.* ♦ L'action en responsabilité prévue par l'art. L. 267 n'étant exclue que si, en vertu d'une autre disposition légale, le dirigeant est tenu de la totalité de la dette fiscale restant due, l'action en comblement de passif prévue par l'art. 180 [C. com., art. L. 624-3] ne fait pas obstacle à l'application de ce texte. • Com. 9 déc. 1997 : *Bull. civ. IV, n° 331 ; D. Affaires 1998. 159, obs. J. F. ; JCP E 1998, n° 17, p. 659, obs. Pétel ; Rev. sociétés 1998. 316, note Daigre*. – V. concl. Piniot, *RJDA 1998, p. 3* ; Poullain, *Dr. et patr. févr. 1998. 35.* ♦ La cour de cassation avait déjà jugé, avant la loi de 1985, que les conditions d'application dudit art. L. 267 étant indépendantes de celles de l'art. 99 de la loi du 13 juill. 1967, il n'est pas interdit au juge d'appliquer le premier texte à un dirigeant bien que l'action fondée sur le second texte et dirigée contre lui ait été rejetée par une action antérieure (loi de 1967). • Com. 20 nov. 1990 : *Bull. civ. IV, n° 289.* ♦ Même solution pour l'art. L. 266 [abrogé par L. n° 2005-842 du 26 juill. 2005]. • Paris, 20 sept. 1996 : *BRDA 1996, n° 20, p. 2.* ♦ L'action en comblement de passif, prévue par l'art. 180 [C. com., art. L. 624-3], n'a pas la même finalité et ne saurait faire échec aux dispositions du livre des procédures fiscales, lesquelles mettent en œuvre une action spécifique en responsabilité au seul profit du Trésor. • Versailles, 26 mars 1992 : *D. 1992. IR. 165,* conf. par • Com. 21 juin 1994 : *RJF 1994, n° 1272.* ♦ Pour une autre application de l'art. L. 267 LPF, V. • Com. 25 avr. 2001 : *Dr. sociétés 2001, n° 128, note Legros.* ♦ V. aussi note 7 ss. ancien art. L. 622-32.

28. Droit transitoire. La loi du 25 janv. 1985, qui a abrogé l'art. 99 de la loi de 1967, n'est applicable qu'aux procédures ouvertes depuis le 1er janv. 1986, de sorte que cette disposition, dépourvue de caractère répressif, demeure applicable aux procédures ouvertes avant cette date. • Com. 9 févr. 1988 : *Bull. civ. IV, n° 61 ; D. 1989. Somm. 1, obs. Derrida* • 14 févr. 1989 : *Bull. civ. IV, n° 60 ; D. 1989. IR. 78.* ♦ V. aussi, pour l'art. 100 de la loi de 1967, • Com. 13 nov. 1990 : *Bull. civ. IV, n° 275.*

B. MISE EN ŒUVRE

29. Qualité pour agir. V. note 4 et art. L. 624-6.

30. Prescription. Seule l'assignation régulièrement signifiée est susceptible d'interrompre la prescription et non la requête en comblement de passif déposée par l'administrateur. • Dijon, 4 nov. 1992 : *Rev. proc. coll. 1993. 581, obs. Blanchard.*

En cas d'extension de la procédure à d'autres sociétés, c'est la date du dernier jugement d'extension qui constitue le point de départ de la prescription prévue par l'art. 180 [C. com., art. L. 624-3], al. 2, puisque c'est à cette date seulement que les organes de la procédure ont pu avoir connaissance exacte de la gestion du groupe par son dirigeant et des fautes par lui commises. • Paris, 20 déc. 1994 : *Dr. sociétés 1995, n° 75, obs. Chaput.* ♦ En présence d'un plan de cession, la prescription commence à courir depuis la date du jugement arrêtant le plan (dans l'hypothèse où celui-ci a été réformé à la suite d'un appel). • Com. 19 mai 2004 : *Bull. civ. IV, n° 101 ; D. 2004. AJ. 2047* ; *Act. proc. coll. 2004, n° 167, obs. Saintourens ; RTD com. 2004. 611, obs. Vallens* ; *Dr. sociétés 2004, n° 169, note Legros ; Rev. proc. coll. 2005. 151, obs. Martin-Serf.* ♦ La prescription court à compter du jugement qui arrête le plan, même s'il y a ultérieurement conversion en liquidation judiciaire (pour une action fondée sur des fautes de gestion commises avant l'ouverture de la procédure collective). • Rouen, 28 janv. 1999 : *préc. note 19 bis.* – V. aussi Martin-Serf, *Rev. proc. coll. 2000. 25.*

30 bis. Lorsque le plan de continuation est résolu, une nouvelle procédure collective est ouverte et le délai de prescription de l'action en paiement des dettes sociales fondée sur une faute commise par un dirigeant social depuis le jugement ayant arrêté le plan court à compter du nouveau jugement. • Com. 20 janv. 1998 : *Bull. civ. IV, n° 30 ; D. 1998. Somm. 326, obs. Honorat ; D. Affaires 1998. 253, obs. A. L. ; Rev. proc. coll. 2000. 25, obs. Martin-Serf* • Rouen, 28 janv. 1999 : *préc. note 19 bis* • Grenoble, 27 oct. 2004 : *JCP E 2005, n° 12, p. 503.* ♦ V. aussi note 13 ss. ancien art. L. 624-5.

30 ter. Selon l'art. 2261 C. civ., la prescription est acquise lorsque le dernier jour du terme est accompli ; l'art. 642 NCPC [qui prévoit la prorogation des délais de procédure expirant un samedi, un dimanche ou un jour férié ou chômé jusqu'au premier jour ouvrable suivant] ne s'applique pas au délai de prescription prévu par l'art. L. 624-3 C. com. dans sa rédaction antérieure à la loi du 26 juill. 2005. • Com. 10 janv. 2006 : *D. 2006. AJ. 301, obs. Lienhard ; Act. proc. coll. 2006, n° 31, obs. Le Bars ; JCP E 2006, n° 14-15, p. 674, obs. Pétel ; ibid., n° 16, p. 732, note Legros ; Gaz. Pal. 30 avr.-4 mai 2006, p. 52, obs. Montéran.*

30 quater. Doit être déclarée prescrite l'action formée contre le dirigeant de fait d'une société plus de trois ans après le jugement ayant prononcé la liquidation judiciaire de la société, peu important qu'entre-temps le gérant de droit ait été lui-même condamné au paiement d'une partie de l'insuffisance d'actif, dès lors qu'il n'existe aucune solidarité entre les dirigeants de droit ou de fait au regard de l'action en comblement du passif social. • Com. 26 oct. 1999 : *RJDA 2000, n° 73 ; Dr. sociétés 2000, n° 6, obs. Chaput.*

30 quinquies. L'action pour l'ouverture d'une procédure de redressement judiciaire à l'égard du dirigeant à la charge duquel a été mis tout ou partie du passif d'une personne morale et qui ne s'acquitte pas de cette dette n'est pas soumise, à défaut de disposition spéciale, à la prescription de trois ans édictée par l'art. 180 [C. com., art. L. 624-3], al. 2, pour l'action en paiement des dettes sociales, mais à la prescription de droit commun. • Com. 14 mai 1996 : *Bull. civ. IV, n° 135 ; D. 1996. Somm. 339, obs. Honorat ; D. Affaires 1996. 813 ; Dr. sociétés 1996, n° 128, obs. Chaput ; Bull. Joly 1996. 836, note Le Cannu.* – Dans le même sens : • Aix-en-Provence, 3 sept. 1998 : *Rev. proc. coll. 1999. 237, obs. Bach* • Douai, 29 avr. 2003 : *ibid. 2005. 157, obs. A. Barret.*

30 sexies. Le moyen tiré de la prescription fondé sur l'art. 180 [C. com., art. L. 624-3] ne peut être relevé d'office, conformément à l'art. 2223 C. civ. • Com. 19 déc. 2000 : *Bull. civ. IV, n° 197.*

Sur l'inapplicabilité de la prescription prévue par les art. L. 624-3 et L. 624-5 à l'extension fondée sur l'art. L. 621-5, V. note 32 *quinquies* ss. ancien art. L. 620-2.

30 septies. Sursis à statuer. L'action pénale en cours contre le dirigeant pour abus de biens sociaux, banqueroute, diffusions d'informations fausses ou trompeuses n'étant pas de nature à exercer une influence sur l'action en comblement de passif, le juge saisi de cette dernière action n'a pas à surseoir à statuer. • Versailles, 4 mai 1995 : *JCP E 1995. Pan. 812* • Paris, 15 mai 1997 : *RJ com. 1998. 206, obs. Legrand.* ♦ Dans le même sens : • Com. 14 mars 1995 : *Bull. Joly 1995. 551* (à propos du prononcé d'un redressement judiciaire ou d'une faillite personnelle du dirigeant) • 25 nov. 1997 : *Dr. sociétés 1998, n° 45, obs. Chaput.* ♦ Comp., jugeant que les juges du fond ne peuvent refuser de surseoir à statuer sur la demande de l'administrateur judiciaire d'une société, tendant à l'ouverture du redressement judiciaire personnel des dirigeants, sans rechercher si la décision à intervenir sur l'action publique relative à l'un des dirigeants (pour abus de biens sociaux) était susceptible d'exercer une influence sur celle qui devait être rendue par la juridiction civile. • Com. 3 févr. 1998 : *D. Affaires 1998. 538.*

Dès lors qu'il est établi que l'action en comblement de passif, engagée et destinée à obtenir la réparation du préjudice causé aux créanciers de l'entreprise par les fautes de gestion du dirigeant, ne présente aucune identité de fondement ni d'objet avec l'instance pénale en faux en écritures, il n'y a pas lieu de surseoir à statuer sur l'action en paiement de l'insuffisance d'actif. • Com. 18 janv. 2000 : *préc. note 21.*

30 octies. Action contre un dirigeant de fait. La recherche de la responsabilité d'un dirigeant de fait, sur le fondement des art. 180 et 182 [C. com., art. L. 624-3 et L. 624-5], ne suppose nullement que le dirigeant de droit soit mis en cause ou que sa responsabilité soit également recherchée sur les mêmes fondements : • Paris, 19 mai 1995 : *RJDA 1995, n° 1047.*

31. Insuffisance d'actif. Il n'est pas nécessaire pour qu'il puisse être fait application de l'art. 180 [C. com., art. L. 624-3], que le passif soit entièrement chiffré ni que l'actif ait été réalisé, il suffit que l'insuffisance d'actif soit certaine. • Com. 17 juill. 1956 : *RTD com. 1956. 693, obs. Rault ; ibid. 729, obs. Houin* (droit antérieur) • 28 mai 1991 : *préc. note 22* • 25 janv. 1994 : *Bull. civ. IV, n° 31* • 7 juin 2005 : *JCP E 2005, n° 48, p. 2058, note Delattre ; Dr. sociétés 2005, n° 194, note Legros* • Aix-en-Provence, 27 févr. 2002 : *Dr. sociétés 2002, n° 195, note Legros.* ♦ ... A moins d'une condamnation provisionnelle, la mise en œuvre de l'art. 180 [C. com., art. L. 624-3] suppose que les créances, y compris chirographaires, aient été vérifiées. L'action pouvant, cependant, être engagée avant la fin des opérations de vérification, il doit être fait droit à la demande de sursis à statuer émanant du liquidateur, lorsque l'un des dirigeants poursuivi a contesté la quasi-totalité des créances et que la vérification, compte tenu de ces contestations, est susceptible de durer plus de trois ans, délai de prescription de l'action fondée sur l'art. 180 [C. com., art. L. 624-3]. • Paris, 28 mars 1997 : *JCP 1997. IV. 2119.* ♦ ... Une condamnation provisionnelle peut être prononcée contre les dirigeants sociaux même avant l'arrêt définitif de l'état des créances (loi de 1967). • Com. 8 juill. 1986 : *Bull. civ. IV, n° 148.*

Sur la preuve de l'insuffisance d'actif, V. • Com. 3 déc. 2003 : *RJDA 2004, n° 458.*

31 bis. L'insuffisance d'actif ne peut être chiffrée au montant du passif dès lors que la société débitrice est propriétaire de terrains dont la valeur ne peut être tenue pour nulle. • Paris, 30 mai 1997 : *Dr. sociétés 1998, n° 41, obs. Chaput.*

31 ter. En ce sens qu'est justifiée la condamnation d'un dirigeant au paiement d'une partie de l'insuffisance d'actif, évaluée en fonction de la meilleure évaluation présentée pour les immeubles faisant encore partie de l'actif de la société débitrice, V. • Com. 29 févr. 2000 : *cité note 40 bis.*

32. L'insuffisance d'actif qui peut être mise à la charge du dirigeant est celle qui est constatée au cours ou à l'issue de la procédure collective, sous réserve de l'exclusion de tout passif social postérieur au jugement d'ouverture, à moins qu'il s'agisse d'un passif trouvant son origine antérieurement à l'ouverture de la procédure et sa cause dans la faute de gestion relevée. • Paris, 5 juill. 1996 : *préc. note 18.*

L'existence et le montant de l'insuffisance d'actif doivent être appréciés au moment où statue la juridiction saisie de l'action tendant à la faire supporter par un dirigeant social. • Com. 27 févr. 1978 : *D. 1978. IR. 334* (loi de 1967) • 30 janv. 1990 *Bull. civ. IV, n° 30* • 18 févr. 1992 : *RJDA 1992, n° 521* • 28 avr. 1998 : *D. Affaires 1998. 1487, obs. A. L. ; RJDA 1998, n° 1000* • 16 mars 1999 : *Bull. civ. IV, n° 61 ; D. 1999. IR. 103 ; D. Affaires 1999. 907 ; Bull. Joly 1999. 757, note Saint-Alary-Houin ; Petites affiches 16 avr. 1999, p. 7, note P. M.* • 30 mars 1999 : *Bull. Joly 1999. 759, note Saint-Alary-Houin.* ♦ Sur l'exclusion des frais de justice, nés après l'ouverture de la procédure, V. • Com. 2 juin 1987 : *D. 1988. Somm. 39, obs. Honorat ; Bull. civ. IV, n° 130* (loi de 1967) • Paris, 19 mars 1991 : *D. 1992. Somm. 373, obs. Honorat ; Rev. sociétés 1992. 787, note Honorat* • Com. 16 févr. 1993 : *Bull. civ. IV, n° 67 ; D. 1993. Somm. 319, obs. Honorat ; Rev. sociétés 1993. 655, note Honorat* (loi de 1967).

33. Dettes imputables aux dirigeants. Les dettes qui peuvent être mises, en tout ou en partie, à la charge des dirigeants sociaux au titre de l'insuffisance d'actif ne sont pas constituées des seules dettes pour lesquelles les créanciers ont recouvré leur droit de poursuite individuelle et ont obtenu un titre exécutoire. • Aix-en-Provence, 29 oct. 1992 : *préc. note 19 ter.*

33 bis. Les dettes de la personne morale que l'art. 180 [C. com., art. L. 624-3] permet, aux conditions qu'il prévoit, de mettre à la charge des dirigeants, ne peuvent comprendre celles d'autres personnes morales auxquelles la procédure collective a été étendue sur le fondement de la confusion des patrimoines mais dont ceux-ci n'ont pas été les dirigeants. • Com. 23 mai 2000 : *Bull. civ. IV, n° 108 ; D. 2000. AJ. 299, obs. Lienhard ; D. 2002. Somm. 78, obs. Derrida ; Act. proc. coll. 2000, n° 141, obs. Vallansan ; JCP E 2000, n° 40, p. 1567, obs. Pétel ; Bull. Joly 2000. 789, note Couret ; Petites affiches 21 nov. 2000, p. 18, note Gibirila ; ibid., 26 févr. 2001, note Raimon ; Rev. sociétés 2001. 115, note Daigre* • 17 juill. 2001 : *Act. proc. coll. 2001, n° 218, obs. Vallansan ; Dr. sociétés 2001, n° 174, note Legros ; Rev. proc. coll. 2002. 111, obs. Martin-Serf* • 8 juill. 2003 : *Dr. sociétés 2004, n° 167, note Legros.*

34. Montant de la condamnation. Pour déterminer la somme qui est mise à la charge du dirigeant social ayant commis des fautes de gestion, le tribunal doit tenir compte non pas des sommes dues par la personne morale à un créancier déterminé, mais de la gravité des fautes de gestion commises par le dirigeant et de la proportion dans laquelle ces fautes ont contribué à l'insuffisance d'actif, même si en principe le seul fait que le dirigeant ait commis une faute permet de le condamner à payer l'intégralité de l'insuffisance d'actif. • Versailles, 3 mai 1990 : *Bull. Joly 1990. 664, note Daigre.* ♦ Le dirigeant d'une personne morale peut être déclaré responsable sur le fondement de l'art. 180 [C. com., art. L. 624-3], même si la faute de gestion qu'il a commise n'est que l'une des causes de l'insuffisance d'actif et il peut être condamné à supporter en totalité ou partie des dettes sociales, même si sa faute n'est à l'origine que d'une partie d'entre elles. • Com. 17 févr. 1998 : *Bull. civ. IV, n° 78 ; D. 1998. IR. 82 ; D. Affaires 1998. 475, obs. A. L. ; Bull. Joly 1998. 644, note Daigre ; Rev. sociétés 1998. 580, note Guyon* • 21 juin 2005 : *Bull. civ. IV, n° 134 ; D. 2005. AJ. 1850, obs. Lienhard ; Dr. sociétés 2005, n° 193, note Legros ; Gaz. Pal. 4-5 nov. 2005, p. 59, obs. Montéran ; Rev. proc. coll. 2005. 385, obs. Martin-Serf.* ♦ Dans le même sens, pour le représentant permanent d'une personne morale, V. • Com. 3 janv. 1995 : *Bull. Joly 1995. 266, note Couret ; Rev. huiss. 1996. 210, note Courtier.*

34 bis. Pour déterminer le montant de la condamnation, le juge doit tenir compte, non seulement de la gravité des fautes et du montant de l'insuffisance d'actif, mais également de la situation personnelle du dirigeant et de ses facultés contributives. • Versailles, 27 sept. 2001 : *RJDA 2002, n° 184 ; Bull. Joly 2002. 48, note Daigre.*

34 ter. L'art. 180 [C. com., art. L. 624-3] ne prévoit pas que la condamnation prononcée au titre de l'insuffisance d'actif doit être proportionnelle au montant de la participation du dirigeant dans le capital social. • Versailles, 2 déc. 1999 : *RJDA 2000, n° 456.*

34 quater. Le montant de la condamnation ne peut excéder celui de l'insuffisance d'actif tel qu'il est constaté au jour où le juge statue. • Com. 21 janv. 2003 : *Act. proc. coll. 2003, n° 77.* ♦ La condamnation ne peut porter sur l'intégralité du passif social comprenant le montant des productions de créances non contestées, augmenté du montant des créances admises à l'issue du procès en cours, alors que, si la réparation d'un dommage peut être intégrale, elle ne saurait, en dépassant le montant de l'insuffisance d'actif, excéder celui du préjudice (loi de 1967). • Com. 23 janv. 1996 : *D. 1996. IR. 132.*

35. Viole l'art. 180 [C. com., art. L. 624-3] l'arrêt qui condamne un dirigeant à supporter la totalité de l'insuffisance d'actif de la personne morale et un autre à en payer une partie, sans préciser que l'obligation de contribuer du premier en sera diminuée d'autant. • Com. 17 nov. 1992 : *préc. note 23* • 3 févr. 1998 : *D. Affaires 1998. 475, obs. A. L.* • 17 juill. 2001 : *RJDA 2001, n° 1239.*

35 bis. Absence de condamnation. L'art. 180 [C. com., art. L. 624-3] conférant aux juges la faculté de ne pas faire application de la sanction prévue par ce texte, ceux-ci peuvent décider de ne pas prononcer de sanction pécuniaire à l'encontre d'un dirigeant en dépit de ses fautes de gestion, compte tenu du fait qu'il avait exécuté ses engagements de caution et qu'il ne bénéficiait plus que du revenu minimum d'insertion. • Paris, 9 oct. 1998 : *Act. proc. coll. 1999, n° 41.* ♦ La contribution volontaire des dirigeants à l'insuffisance d'actif, fixée à 800 MF, sous forme de versements en numéraire, d'abandons de créances et de cession au franc symbolique d'obligations remboursables en actions, le tout pour un montant de 420 MF, constitue une offre satisfactoire dispensant ces dirigeants de condamnation. • T. com. Paris, 7 sept. 1998 : *Rev. proc. coll. 2002. 112, obs. Martin-Serf.* ♦ De même, une cour d'appel peut juger inopportun de faire application de l'art. 180 [C. com., art. L. 624-3] à un dirigeant à qui il est reproché d'avoir déclaré tardivement la cessation des paiements et poursuivi une activité déficitaire dans un intérêt exclusif lorsqu'il apparaît qu'il suit un traitement psychiatrique depuis plusieurs années et qu'il n'était pas seul à la tête de ses affaires. • Grenoble, 7 janv. 1999 : *JCP E 1999, n° 17, p. 745.* ♦ V. aussi • Com. 25 juin 2002 : *RJDA 2002, n° 1306 ; Dr. sociétés 2003, n° 73, note Legros* • Paris, 11 janv. 2005 : *Gaz. Pal. 29-30 avr. 2005, p. 51, obs. Montéran ; RJDA 2005, n° 1023.*

35 ter. Durée excessive de la procédure. Pour un arrêt réformant un jugement ayant prononcé, en application de la loi du 13 juill. 1967, une condamnation au comblement du passif fondée sur des faits commis treize ans plus tôt, ce qui avait privé le dirigeant du droit à un procès équitable, V. • Douai, 4 nov. 2004 : *RTD com. 2005. 177, obs. Vallens.*

36. Solidarité. Il résultait de la combinaison de l'art. 91 de la loi du 24 juill. 1966 [devenu C. com., art. L. 225-20] et de l'art. 98 de la loi du 13 juill. 1967 l'existence d'une solidarité légale entre la personne morale et son représentant permanent pour la responsabilité prévue à l'art. 99 de la loi du 13 juill. 1967. • Com. 2 déc. 1986 : *Bull. civ. IV, n° 232 ; Rev. sociétés 1987. 409.* ♦ Il s'ensuivait que l'action engagée dans le délai légal contre la société interrompait la prescription à l'égard du représentant lui-même. • Même arrêt. – Comp. : • Com. 2 juill. 1991 : *Rev. sociétés 1991. 815, note Honorat.* ♦ Il résulte également de cette solidarité que l'action, engagée sur le fondement de l'art. 180 [C. com., art. L. 624-3], peut valablement ne viser que le représentant permanent. • T. com. Paris, 5 janv. 1994 : *RJDA 1994, n° 456.* ♦ V. aussi, jugeant que le liquidateur judiciaire, qui ne peut alléguer, dès lors qu'il agit sur le fondement de l'art. 180 [C. com., art. L. 624-3], aucune autre faute que celle de gestion commise par le représentant permanent dans l'accomplissement de son mandat de représentation, n'est pas recevable à poursuivre ce représentant permanent et le dirigeant personne morale représentée, pour qu'ils soient condamnés, chacun personnellement, à supporter les dettes de la société débitrice, • Paris, 30 juin 2000 : *JCP E 2000, n° 45, p. 1738 ; Dr. sociétés 2000, n° 173, obs. Chaput.*

V. aussi, *supra*, note 30 *ter*.

37. Les juges ne sont pas tenus de se prononcer sur la part de responsabilité incombant à chacun des coauteurs du dommage dans leurs rapports réciproques, dès lors qu'ils ne sont saisis d'aucune demande en ce sens. • Com. 3 janv. 1995 : *préc. note 34.* ♦ La décision n'ayant pas réparti la contribution à la réparation entre les codébiteurs solidaires, il s'ensuit naturellement que les rapports entre ces codébiteurs sont régis par les dispositions du droit commun de la solidarité contenues dans les art. 1213 et 1214 C. civ. • Paris, 4 févr. 1992 : *Dr. sociétés 1992, n° 79, obs. Chaput.*

V. aussi note 35 *bis*.

37 bis. Transaction. BIBL. N. Colin, *Petites affiches 16 juill. 1999, p. 4.* – Chaput, *Bull. d'actualité Lamy droit commercial oct. 2001.* – Teboul, *Gaz. Pal. 2004. Doctr. 2824.* – Delattre, *RJDA 2005. 1039.* ♦ Les condamnations au paiement des dettes sociales prononcées en application de l'art. L. 624-3 C. com. ne peuvent faire l'objet d'une transaction. • Com. 5 nov. 2003 : *Bull. civ. IV, n° 164 ; D. 2003. AJ. 2831 ; Bull. Joly 2004. 205, note Boillot ; JCP E 2004, n° 22, p. 857, obs. Pétel ; ibid., n° 28-29, p. 1154, note Dumont-Lefrand ; RJ com. 2004. 188, note Sortais ; RTD com. 2004. 604, obs. Mascala ; Dr. sociétés 2004, n° 213, note Legros* • 15 mars 2005 : *Gaz. Pal. 6-7 juill. 2005, p. 52, obs. Montéran.* ♦ V. aussi note 1 ss. ancien art. L. 622-20. ♦ Comp. à propos de la transaction intervenue dans le cadre du plan de cession des sociétés AOM et Air Liberté, portant notamment sur la renonciation à la mise en œuvre d'une action fondée sur l'art. L. 624-3 : • T. com. Créteil, 27 juill. 2001 : *D. 2002. Somm. 76, obs. Derrida.* – V. Soinne, *Rev. proc. coll. 2001. 161.* ♦ V. aussi le jugement rendu dans l'affaire « Pallas Stern » : • T. com. Paris, 7 sept. 1998 : *Rev. proc. coll. 2002. 283, obs. Canet.*

37 ter. Délais de paiement. En refusant d'accorder un délai de paiement au dirigeant condamné au comblement du passif, une cour d'appel ne fait qu'exercer le pouvoir discrétionnaire qu'elle tient de l'art. 1244-1 C. civ., sans avoir à motiver spécialement sa décision. • Com. 8 oct. 2003 : *RJDA 2004, n° 202.*

37 quater. Redressement judiciaire civil. L'existence d'une procédure de redressement judiciaire civil ne saurait faire obstacle à l'exécution de la sanction pécuniaire prononcée, en vertu de l'art. 180 [C. com., art. L. 624-3], par une décision irrévocable, cette dette n'étant pas susceptible d'être incluse dans le redressement judiciaire civil. • Paris, 8 févr. 2002 : *BICC 2002, n° 976.*

38. Exclusion de l'application cumulative des art. L. 624-3 et L. 624-5. V. note 10 ss. ancien art. L. 624-5.

39. Exclusion de l'application cumulative des art. L. 624-3 et L. 624-1. V. note 5 ss. ancien art. L. 624-1.

40. Rapports avec l'action en nullité. L'appréciation de la faute de gestion résultant d'un paiement préférentiel effectué en période suspecte n'est pas subordonnée à l'exercice préalable de l'action en nullité du paiement. • Com. 11 juin 1996 : *Bull. civ. IV, n° 169 ; D. Affaires 1996. 876.*

40 bis. Rapport avec l'action civile en cas d'abus de biens sociaux. Si elle est en partie fondée sur les mêmes fautes de gestion, l'action en comblement de passif engagée par le liquidateur devant le tribunal de commerce a un objet différent de l'action civile en réparation du préjudice résultant des infractions d'abus de biens sociaux. • Com. 29 oct. 1996 : *Rev. sociétés 1997. 377, note crit. Bouloc ; Rev. proc. coll. 2000. 136, obs. Martin-Serf* • 21 nov. 2001 : *RJDA 2002, n° 287.* ♦ Il en résulte qu'est recevable l'action civile exercée devant le juge répressif au nom de sociétés en redressement judiciaire alors que des actions en comblement de passif ont été engagées contre le prévenu devant la juridiction commerciale. • Crim. 9 oct. 1997 : *Dr. sociétés 1998, n° 59, obs. Chaput.* ♦ Inversement, un dirigeant peut être condamné au titre de la contribution à l'insuffisance d'actif de la société débitrice, alors que le liquidateur a déjà obtenu devant les juridictions pénales réparation du préjudice causé par l'abus de biens commis par ce dirigeant, dès lors qu'au-delà de la qualification pénale d'abus de biens sociaux du prêt consenti par le dirigeant à un ami personnel, la privation de trésorerie qui en est résultée pour la société a été à l'origine d'une faute de gestion, ladite société ayant été contrainte de souscrire de nouveaux emprunts et d'augmenter ainsi ses frais financiers. • Com. 29 févr. 2000 : *Bull. civ. IV, n° 42 ; D. 2000. AJ. 158, obs. Lienhard ; D. 2002. Somm. 79, obs. Sortais ; Bull. Joly 2000. 597, note Saintourens ; RTD com. 2001. 239, obs. Mascala ; Gaz. Pal. 2002. Somm. 256, obs. Courtier.* – V. Grossi, *Rev. Lamy Droit des affaires juill. 2000. 3.* ♦ Comp. : note 4.

Pour la recevabilité de l'action en comblement de passif engagée par des mandataires déboutés par la juridiction pénale de leur action civile pour abus de biens sociaux, V. • Com. 27 nov. 2001 : *Act. proc. coll. 2002, n° 29, obs. Regnaut-Moutier ; RJDA 2002, n° 417 ; Dr. sociétés 2002, n° 88, note Legros.*

L'action civile fondée sur des abus de biens sociaux et des faits de banqueroute étant distincte de l'action en comblement de passif, le juge pénal ne saurait condamner le dirigeant coupable d'abus de biens sociaux et de banqueroute à supporter le passif social. • Crim. 5 août 1998 : *Rev. sociétés 1999. 175, note Bouloc.*

40 ter. Rapports avec l'action civile pour banqueroute. Pour la recevabilité de cette action, dont l'objet est différent de celui de l'action en comblement du passif, V. • Crim. 13 juin 2001 : *RJDA 2002, n° 287* • 10 oct. 2001 : *ibid., n° 417* • 4 nov. 2004 : *Dr. sociétés 2005, n° 100, note R. Salomon.*

41. Répartition des sommes. Il résulte de l'art. 180 [C. com., art. L. 624-3], al. 3, selon lequel les sommes versées par les dirigeants en application de l'al. 1er entrent dans le patrimoine du débiteur et sont réparties, en cas de liquidation [ou de cession, depuis la loi du 10 juin 1994], entre tous les créanciers au marc le franc que la répartition de ces sommes s'effectue sans accorder un rang prioritaire aux créanciers superprivilégiés. • Com. 20 mai 1997 : *Bull. civ. IV, n° 147 ; D. 1997. IR. 144 ; D. Affaires 1997. 799 ; Quot. jur. 3 juill. 1997, p. 8, note P. M. ; JCP E 1997. I. 681, n° 19, obs. Pétel ; Rev. proc. coll. 1997. 487, obs. Martin-Serf ; RJ com. 1998. 26, note Calendini.*

42. Droit transitoire. V. note ss. nouvel art. L. 652-1.

Ancien art. L. 624-4 ***Le tribunal peut ouvrir une procédure de redressement judiciaire ou de liquidation judiciaire à l'égard des dirigeants à la charge desquels a été mis tout ou partie du passif d'une personne morale et qui ne s'acquittent pas de cette dette.*** — [L. n° 85-98 du 25 janv. 1985, art. 181]. — V. Décr. n° 85-1388 du 27 déc. 1985, anciens art. 163, 164 et 167, infra, App., v° Difficultés des entreprises.

Les procédures ouvertes en vertu de l'art. L. 624-4, dans sa réd. antérieure à la loi n° 2005-845 du 26 juill. 2005, ne sont pas affectées par son entrée en vigueur (L. n° 2005-845 du 26 juill. 2005, art. 192).

BIBL. ▶ DELATTRE, *Rev. proc. coll. 2000. 183.* – LE CORRE, *D. 2002. Chron. 1122* (sort des créances).

1. Héritiers. Le texte ne s'applique pas à ceux qui à titre d'héritiers d'un dirigeant social ont été condamnés au comblement de passif (loi de 1967). • Com. 3 mai 1988 : *D. 1988. IR. 140.*

1 bis. Dirigeant déjà soumis à une procédure collective. V. note 12 *bis* ss. ancien art. L. 620-2.

2. Date de cessation des paiements. Il convient de se référer au droit commun et de rechercher à quelle date le dirigeant social a effectivement cessé ses paiements (loi de 1967). • Com. 3 mai 1988 : *Bull. civ. IV, n° 146 ; D. 1988. IR. 140.*

2 bis. Rapports avec la faillite personnelle. L'action tendant au prononcé du redressement judiciaire du dirigeant pour non-paiement des dettes sociales mises à sa charge par le tribunal, ayant un objet et une cause distincts de l'action ayant donné lieu à l'arrêt qui tendait au prononcé de sa faillite personnelle pour non-déclaration, dans le délai légal, de l'état de cessation des paiements de la société, une cour d'appel ne méconnaît pas l'autorité de la chose jugée par cette dernière décision en prononçant la liquidation judiciaire du dirigeant. • Com. 14 mai 1996 : *D. 1996. Somm. 339, obs. Honorat ; D. Affaires 1996. 813.*

2 ter. Rapports avec l'interdiction de gérer. Sur l'indépendance de la procédure fondée sur l'art. L. 624-4 C. com. de celle d'interdiction de gérer, V. • Paris, 6 nov. 2001 : *RJDA 2002, n° 289.*

2 quater. Exemples d'application. V. • Com. 4 oct. 2005 : *Gaz. Pal. 10-11 févr. 2006, p. 46, obs. Montéran* • Paris, 25 sept. 1998 : *Rev. proc. coll. 1999. 237, obs. Bach* • 15 déc. 1998 : *ibid.* • 28 janv. 2005 : *Dr. sociétés 2005, n° 132, note Legros.*

3. Prescription. V. note 30 *quater* ss. ancien art. L. 624-3.

3 bis. Compétence. V. note 1 *bis* ss. ancien art. 163 du 1er décret du 27 déc. 1985, *infra,* App., v° *Difficultés des entreprises.*

4. Droit transitoire. V. note 28 ss. ancien art. L. 624-3.

Ancien art. L. 624-5 *I. —* ***En cas de redressement judiciaire ou de liquidation judiciaire d'une personne morale, le tribunal peut ouvrir une procédure de redressement judiciaire ou de liquidation judiciaire à l'égard de tout dirigeant de droit ou de fait, rémunéré ou non, contre lequel peut être relevé un des faits ci-après :***

1° Avoir disposé des biens de la personne morale comme des siens propres ;

2° Sous le couvert de la personne morale masquant ses agissements, avoir fait des actes de commerce dans un intérêt personnel ;

3° Avoir fait des biens ou du crédit de la personne morale un usage contraire à l'intérêt de celle-ci à des fins personnelles ou pour favoriser une autre personne morale ou entreprise dans laquelle il était intéressé directement ou indirectement ;

4° Avoir poursuivi abusivement, dans un intérêt personnel, une exploitation déficitaire qui ne pouvait conduire qu'à la cessation des paiements de la personne morale ;

5° Avoir tenu une comptabilité fictive ou fait disparaître des documents comptables de la personne morale ou s'être abstenu de tenir toute comptabilité conforme aux règles légales ;

6° Avoir détourné ou dissimulé tout ou partie de l'actif ou frauduleusement augmenté le passif de la personne morale ;

7° Avoir tenu une comptabilité manifestement incomplète ou irrégulière au regard des dispositions légales. — Ce dernier cas d'ouverture a été ajouté par la loi n° 94-475 du 10 juin 1994. — Pour l'entrée en vigueur de cette loi, V. note ss. ancien art. L. 620-1.

II. — En cas de redressement judiciaire ou de liquidation judiciaire prononcé en application du présent article, le passif comprend, outre le passif personnel, celui de la personne morale.

III. — La date de la cessation des paiements est celle fixée par le jugement d'ouverture du redressement judiciaire ou de la liquidation judiciaire de la personne morale.

IV. — L'action se prescrit par trois ans à compter du jugement qui arrête le plan de redressement de l'entreprise ou, à défaut, du jugement qui prononce la liquidation judiciaire. — [L. n° 85-98 du 25 janv. 1985, art. 182]. — V. Décr. n° 85-1388 du 27 déc. 1985, anciens art. 155, al. 2, 163, 164, 166 et 167, infra, App., v° Difficultés des entreprises.

Les procédures ouvertes en vertu de l'art. L. 624-5, dans sa réd. antérieure à la loi n° 2005-845 du 26 juill. 2005, ne sont pas affectées par son entrée en vigueur (L. n° 2005-845 du 26 juill. 2005, art. 192).

BIBL. ► CHARVÉRIAT, *RJDA 1993, p. 839.* – TEBOUL, *Petites affiches 14 sept. 1999, p. 4* (poursuite abusive d'une exploitation déficitaire). – SAINT-ALARY-HOUIN, *Cah. dr. entr. 2001, n° 3, p. 30 ; Rev. proc. coll. 2001. 145.*

1. Nature de la procédure ouverte. La procédure collective dont le dirigeant peut être l'objet, en application de l'art. 182 [C. com., art. L. 624-5], est subordonnée à l'ouverture préalable d'une telle procédure à l'égard de la personne morale elle-même. • Com. 11 déc. 2001 : *Act. proc. coll. 2002, n° 55 ; Dr. sociétés 2002, n° 64, note Legros* • Paris, 6 avr. 1990 : *D. 1991. Somm. 115, obs. Derrida.*

Sur la distinction entre la procédure ouverte sur le fondement de l'art. 182 [C. com., art. L. 624-5] et l'extension pour confusion des patrimoines, V. • Com. 8 déc. 1998 : *Bull. civ. IV, n° 291 ; RJDA 1999, n° 209 ; JCP E 1999, n° 18-19, p. 816, obs. Pétel* • 13 oct. 1998 : *Rev. proc. coll. 1999. 184, obs. Bach* • 14 nov. 2000 : *RJDA 2001, n° 348.*

2. Avant la loi du 10 juin 1994, le tribunal, saisi sur le fondement de l'art. 182, ne pouvait ouvrir une procédure de liquidation judiciaire à l'égard du dirigeant poursuivi, sans faire précéder cette décision d'un jugement de redressement judiciaire le concernant, même si la personne morale qu'il dirigeait avait été mise en liquidation judiciaire. • Com. 16 mars 1993 : *Bull. civ. IV, n° 105 ; D. 1993. IR. 101* • 20 juin 1995 : *Bull. Joly 1995. 992, note Le Cannu* • 20 janv. 1998 : *Bull. civ. IV, n° 29 ; D. 1998. IR. 61 ; D. Affaires 1998. 298, obs. V. A.-R. ; Quot. jur. 12 mars 1998, p. 6, note P. M.* • 6 juin 2000 : *Dr. sociétés 2000, n° 138, obs. Chaput ; RJDA 2000, n° 1133.* ♦ De même, le tribunal ne pouvait prononcer, par deux jugements rendus le même jour, le redressement puis la liquidation judiciaires du dirigeant de la société et de son épouse, alors que la procédure de redressement judiciaire ouverte en application de l'art. 182 à l'égard des époux et celle concernant la société n'étaient pas communes, et que la liquidation judiciaire desdits époux ne pouvait être prononcée sans que soit constatée l'impossibilité de l'une ou l'autre des solutions du redressement judiciaire prévues par l'art. 1er. • Com. 6 juill. 1993 : *Bull. civ. IV, n° 283 ; JCP 1993. IV. 2318.*

3. Toutefois, en cas de confusion de patrimoine entre une société commerciale et un de ses dirigeants, la liquidation judiciaire de la société pouvait déjà être étendue à celui-ci sans recourir préalablement à la procédure de redressement judiciaire. • Com. 15 oct. 1991 : *Bull. civ. IV, n° 289.* ♦ Il en allait de même en cas de fictivité de la société. • Com. 16 mars 1993 : *préc. note 2. – Contra* : • Limoges, 21 mai 1987 : *D. 1988. Somm. 147, obs. Honorat* • Paris, 10 juill. 1987 : *Rev. proc. coll. 1988. 437, obs. Chaput.* ♦ Il résulte désormais des dispositions des art. 1er [C. com., art. L. 620-1], al. 3, et 182 [C. com., art. L. 624-5], al. 1er, dans leur rédaction de la loi du 10 juin 1994, que la liquidation judiciaire immédiate du dirigeant peut être prononcée, même en l'absence de confusion entre son patrimoine et celui de la personne morale ou de fictivité de cette dernière, dès lors que son redressement personnel est manifestement impossible. • Com. 13 oct. 1998 : *préc. note 1*. – V. aussi • Com. 6 juin 2000 : *Rev. proc. coll. 2001. 109, obs. Barret.* ♦ S'agissant de l'application dans le temps de la loi nouvelle, la procédure collective du dirigeant est soumise à la loi applicable à la procédure collective de la personne morale telle qu'elle était en vigueur à la date d'ouverture de la procédure collective de celle-ci. • Com. 20 janv. 1998 : *préc. note 2* • 11 déc. 2001 : *préc. note 1* • 5 mars 2002 : *Dr. sociétés 2002, n° 155, note Legros.* ♦ Les juges qui prononcent d'emblée la liquidation judiciaire doivent indiquer en quoi le redressement personnel du dirigeant est impossible. • Com. 6 févr. 2001 : *Dr. sociétés 2001, n° 81, obs. Legros* • 4 avr. 2006 : *D. 2006. AJ. 1106, obs. Lienhard*.

4. Sur l'obligation d'ouvrir une procédure distincte à l'encontre du dirigeant, V. • Paris, 19 déc. 1991 : *Bull. Joly 1992. 325.* ♦ Toutefois, lorsque l'existence d'une confusion de patrimoine est établie, un tribunal peut étendre la procédure ouverte à l'encontre d'une personne morale ou physique sans que les conditions exigées par l'art. 182 [C. com., art. L. 624-5] soient réunies. • Versailles, 29 mars 1990 : *Bull. Joly 1990. 561, note Pétel.* ♦ V. aussi notes 22 s. ss. ancien art. L. 620-2, note 2 ss. ancien art. L. 620-5 et note 3 ss. ancien art. L. 624-1.

4 bis. La date de la cessation des paiements du dirigeant est celle fixée par le jugement d'ouverture du redressement judiciaire de la personne morale dont le passif vient s'ajouter au passif personnel du dirigeant. • Com. 20 janv. 1998 : *préc. note 2* • 11 déc. 2001 : *préc. note 1.* ♦ Il ne peut être fixé qu'une seule date de cessation des paiements du dirigeant commun de plusieurs personnes morales soumises chacune à une procédure collective indépendante, cette date étant nécessairement la plus ancienne. • Com. 4 févr. 2003 : *Bull. civ. IV, n° 15 ; D. 2003. 1496, note Martineau-Bourgninaud ; ibid. Somm. 1620, obs. Le Corre ; ibid. AJ. 555, obs. Lienhard ; Act. proc. coll. 2003, n° 61, obs. Vallansan ; JCP E 2003, n° 20, p. 855, obs. Pétel ; Dr. sociétés 2003, n° 193, note Legros ; Defrénois 2004. 571, obs. Gibirila ; Rev. proc. coll. 2004. 269, obs. Dumont.*

4 ter. Dirigeants de droit. Le dirigeant de droit ne peut, pour se soustraire à l'application de l'art. 182 [C. com., art. L. 624-5], soutenir qu'il a abandonné l'exercice effectif de ses fonctions à un dirigeant de fait. • Com. 9 mai 1995 : *Bull. civ. IV, n° 134 ; D. 1996. Somm. 84, obs. Honorat ; Rev. sociétés 1995. 765 ; Rev. huiss. 1996. 217, note Courtier.* – V. aussi • Com. 8 déc. 1998 : *Act. proc. coll. 1999, n° 27* • Paris, 6 févr. 1996 : *D. 1996. IR. 74* • 9 janv. 1996 : *D. 1996. IR. 74.* ♦ V. également note 1 *bis* ss. ancien art. L. 625-4.

5. Dirigeants de fait. BIBL. V. note 8 ss. ancien art. L. 624-3. ♦ La qualité d'associé majoritaire ne peut être regardée, en soi, comme impliquant une participation effective à la gestion d'une société. • Paris, 10 mai 1989 : *JCP E 1989. II. 15558.* ♦ Une opération financière isolée par laquelle l'associé majoritaire d'une SARL a certes utilisé dans un intérêt personnel la société en dehors de son domaine d'activité propre, sans toutefois lui porter préjudice, ne suffit pas à caractériser une participation effective à la gestion de la société. • Même arrêt. – V. aussi • Toulouse, 11 mars 1993 : *JCP 1993. IV. 1625.* ♦ V. également note 1 *ter* ss. ancien art. L. 625-4.

Le fait que l'épouse d'un commerçant ait exploité le fonds de commerce « de notoriété publique » et qu'elle se soit présentée au tribunal au lieu et place de son mari sont insuffisants à établir la qualité de dirigeant de fait de l'épouse, aucun document produit n'établissant par ailleurs que celle-ci traitait avec les fournisseurs ou qu'elle disposait de la signature bancaire. • Aix-en-Provence, 23 nov. 1995 : *Dr. sociétés 1996, n° 211, obs. Chaput.*

Le seul fait de détenir la signature de comptes bancaires ne suffit pas, faute d'autres éléments positifs de gestion et de direction, à caractériser la qualité de gérant de fait. • Paris, 7 oct. 1997 : *Bull. Joly 1998. 55* • 30 juin 1998 : *Act. proc. coll. 1998, n° 140.* ♦ De même, la fonction de conseiller d'une société n'implique pas nécessairement qu'outrepassant son rôle technique, la personne qui l'exerce se soit immiscée dans la direction générale de la société et ait participé de façon continue aux affaires. • Paris, 9 avr. 1996 : *D. 1996. IR. 134.*

La qualité de dirigeant de fait découle de la signature d'effets de complaisance en connaissance de cause pour financer l'activité de la société. • Com. 8 oct. 1996 : *Dr. sociétés 1996, n° 211, obs. Chaput.*

A la qualité de dirigeant de fait le cuisinier salarié d'une EURL qui passe les commandes avec les fournisseurs, acquiert seul du matériel de restauration, commande et surveille les travaux dans les restaurants de l'entreprise, se présentant ainsi aux clients et au personnel comme le seul interlocuteur de l'entreprise, allant même jusqu'à gérer les stocks et signer les chèques à la place du comptable. • Bordeaux, 20 janv. 2003 : *Cah. jurispr. Aquitaine 2003, n° 2, p. 321.*

Pour étendre à son « directeur technico-commercial », la liquidation judiciaire d'une société de « chauffage-plomberie », une cour d'appel a dans son pouvoir souverain d'appréciation, retenu, entre autres éléments justifiant la qualification de dirigeant de fait, que celui-ci avait lui-même « embauché » le président du conseil d'administration de la société, dont le salaire, fixé par lui, était inférieur de plus de la moitié au sien propre et qu'il prenait toutes les décisions importantes. • Com. 17 mars 1998 : *D. Affaires 1998. 765.*

Pour un « contrôleur de gestion » (non judiciairement désigné) ayant dépassé ses fonctions en participant de façon permanente et en toute indépendance aux affaires de la société, V. • Paris, 27 sept. 1994 : *Bull. Joly 1994. 1337, note Couret ; Dr. sociétés 1994, n° 192, obs. Chaput.* ♦ Comp., réformant un jugement ayant considéré comme un dirigeant de fait, un constructeur automobile s'étant immiscé dans la gestion d'un concessionnaire : • Toulouse, 30 juin 1997 : *RJDA 1997, n° 1420 ; Bull. Joly 1998. 53,* conf. par : • Com. 26 oct. 1999 : *RJDA 1999, n° 1213 ; Bull. Joly 2000. 149, note Le Cannu ; Dr. sociétés 2000, n° 58, obs. Chaput.* – V. rapp. Rémery, *RJDA 1999, p. 945* (V. les décisions des premiers juges : • T. com. Saint-Gaudens, 11 oct. 1996 : *RJDA 1997, n° 583* • 25 avr. 1997 : *Dr. sociétés 1997, n° 105, obs. Chaput*). – V. Le Cannu, *Bull. Joly 1998. 5.*

V. aussi • Com. 22 janv. 2002 : *RJDA 2002, n° 502 ; Dr. sociétés 2002, n° 135, note Legros* • Paris, 12 avr. 2002 : *RJDA 2002, n° 1030.*

5 bis. Sur l'indépendance des poursuites entre dirigeants de fait et de droit, V. note 30 *septies* ss. ancien art. L. 624-3.

5 ter. Dirigeant décédé. En cas de décès du dirigeant d'une personne morale, le tribunal de la procédure collective de celle-ci, saisi dans les conditions fixées par l'art. L. 624-5 C. com. et dans le délai d'un an à partir de la date du décès, peut ouvrir le redressement ou la liquidation judiciaires de ce dirigeant, les héritiers étant appelés en la cause. • Com. 21 juin 2005 : *Bull. civ. IV, n° 136 ; D. 2005. AJ. 1848, obs. Lienhard ; D. 2006. Pan. 87, obs. Le Corre ; JCP E 2005, n° 46, p. 1935, note Maitre ; Rev. proc. coll. 2005. 237, obs. Dumont ; Act. proc. coll. 2005, n° 196, obs. Saintourens ; Dr. sociétés 2005, n° 177, note Legros ; RJ com. 2005. 440, note Sortais ; JCP 2006. II. 10025, note Labarthette ; Rev. proc. coll. 2006. 51, obs. Lebel.* – V. Houot-Thomas, *Rev. proc. coll. 2005. 190.* ♦ Une indivision successorale étant dépourvue de la personnalité morale, seule peut être ouverte la procédure collective du dirigeant décédé. • Même arrêt. ♦ Le décès du dirigeant en cours d'instance n'entraîne pas l'extinction de celle-ci qui doit être poursuivie, à son égard, les héritiers étant appelés en la cause. • Com. 21 juin 2005 : *ibid. ; Bull. civ. IV, n° 135 ; Dr. sociétés 2005, n° 176, note Legros.*

5 quater. Société objet d'un plan de redressement. La décision qui arrête le plan de redressement d'une personne morale ne fait pas obstacle à l'ouverture d'une procédure de redressement ou de liquidation judiciaires à l'égard du dirigeant contre lequel peut être relevé un des faits prévus à l'art. L. 624-5 C. com. ; la constatation d'une insuffisance d'actif n'est donc pas une condition nécessaire à l'exercice de l'action visée par ce texte. • Com. 7 juin 2005 : *Bull. civ. IV, n° 126 ; D. 2005. AJ. 1697, obs. Lienhard ; D. 2006. Pan. 87, obs. Le Corre ; JCP E 2005, n° 36, p. 1427, obs. Pétel ; ibid., n° 39, p. 1582, note Cerati-Gauthier ; Act. proc. coll. 2005, n° 161, obs. Vallansan ; Rev. proc. coll. 2005. 236, obs. Dumont ; Rev. sociétés 2005. 906, note Le Corre.*

5 quinquies. Lorsqu'une société fait l'objet d'un plan de redressement, aucune procédure de redressement ou de liquidation judiciaire ne peut être ouverte à son égard au motif que cette société aurait été le dirigeant de fait d'une autre société soumise à une procédure collective et aurait commis l'un des agissements prévus par l'art. 182 [C. com., art. L. 624-5]. • Com. 5 févr. 2002 : *Bull. civ. IV, n° 29 ; JCP E 2002, n° 39, p. 1527, obs. Pétel ; Act. proc. coll. 2002, n° 91, obs. Vallansan ; Dr. sociétés 2002, n° 92, note Legros.* – V. Delattre, *Act. proc. coll. juin 2002.*

6. Date des faits. Seuls des faits antérieurs au jugement d'ouverture du redressement [ou de la liquidation] judiciaire d'une personne morale peuvent justifier le prononcé du redressement [ou de la liquidation] judiciaire de ses dirigeants sur le fondement de l'art. 182 [C. com., art. L. 624-5]. • Com. 12 oct. 1993 : *Bull. civ. IV, n° 332 ; D. 1993. IR. 245 ; Bull. Joly 1993. 1268, note Pétel* • 28 nov. 2000 : *RJDA 2001, n° 349* • 20 févr. 2001 : *Dr. sociétés 2001, n° 98, note Legros.*

6 bis. Les juges peuvent ne retenir que des faits postérieurs à la décision arrêtant le plan de continuation et antérieurs à celle ouvrant, après la résolution de celui-ci, une nouvelle procédure de redressement judiciaire (V. désormais, art. L. 621-82, al. 1er). • Com. 11 mars 1997 : *Bull. civ. IV, nos 71 et 72 ; D. Affaires 1997. 481 ; Dr. sociétés 1997, n° 85, obs. Chaput ; Bull. Joly 1997. 586, note Le Cannu.*

6 ter. Caractère patrimonial de l'action. V. note 2 ss. ancien art. L. 624-3.

7. Comportements répréhensibles. Les dispositions de l'art. 182 [C. com., art. L. 624-5] (1°) n'exigent pas que soit rapportée la preuve que les actes de disposition ont été accomplis dans l'intérêt personnel du dirigeant ; il suffit que ces actes soient sans commune mesure avec les facultés de la société. • Paris, 7 juill. 1992 : *RJDA 1993, n° 29.* ♦ Entrent ainsi dans le champ d'application de l'art. 182 [C. com., art. L. 624-5] : des prélèvements importants dans la caisse sociale. • Paris, 2 nov. 1988 : *Rev. proc. coll. 1989. 595, obs. Chaput.* ♦ ... Des ventes à prix coûtant à la famille du dirigeant de véhicules sociaux et la prise en charge par la société de dépenses personnelles, • Com. 14 oct. 1997 : *Bull. Joly 1998. 56.* ♦ ... Des mobilisations de créances fictives et des cessions de créances à des conditions anormalement avantageuses pour le cessionnaire, • Com. 25 nov. 1997 : *Bull. Joly 1998. 148.* ♦ ... Des remboursements indus de frais de voyage, • Bourges, 19 oct. 1988 : *ibid.* – V. aussi • Com. 8 déc. 1998 : *Bull. Joly 1999. 453, note J.-F. Barbièri.* ♦ Comp., en cas de rémunération modeste : • Com. 19 nov. 1996 : *RJDA 1997, n° 581.* ♦ ... Ou de régularisation dans les comptes sociaux et le patrimoine personnel du dirigeant : • Com. 20 mai 1997 : *Dr. sociétés 1999, n° 6.* ♦ ... Le paiement par la société, sans l'accord du conseil d'administration, de mensualités d'une assurance retraite souscrite par le président, • Com. 8 déc. 1998 : *préc.* ♦ ... Le recel du produit d'escroquerie aux cartes bancaires dérobées à la clientèle. • Paris, 16 oct. 1990 : *D. 1990. IR. 267.* ♦ ... La conclusion par un gérant, au profit d'une association dont il est président, de contrats pour lesquels il a fait un usage des biens et du crédit de la société contraire à l'intérêt de cette dernière. • Com. 28 mai 1991 : *Bull. Joly 1991. 840, note Jeantin.* ♦ ... L'achat, par la société, d'actifs d'une autre société à la seule fin de permettre à celle-ci de rembourser un prêt cautionné par le dirigeant de la première société. • Com. 4 janv. 2000 : *RJDA 2000, n° 460.* ♦ ... Le virement, sans contrepartie, du compte de la société débitrice à celui d'une autre société dans laquelle le dirigeant a un intérêt direct. • Com. 26 mai 1998 : *Bull. civ. IV, n° 167 ; D. 1998. IR. 216 ; D. Affaires 1998. 1130, obs. P. P.* ♦ ... Le fait, pour un gérant commun à deux sociétés, d'avoir déclaré la cessation des paiements de l'une d'elles, qui était la maîtresse de ses biens au jour de la déclaration, pour favoriser le règlement de la procédure collective de l'autre. • Com. 1er févr. 2000 : *RJDA 2000, n° 790.* ♦ V. aussi, dans l'hypothèse d'une confusion des patrimoines de sociétés ayant un gérant commun, • Com. 6 juin 2000 : *Act. proc. coll. 2000, n° 196.* ♦ ... La mise en place d'un montage juridique masquant la situation réelle du groupe, dont les dirigeants ont retiré des avantages financiers au détriment du groupe et des petits actionnaires, poursuivant une exploitation déficitaire qui ne pouvait conduire qu'à la cessation des paiements. • Versailles, 4 mai 1995 : *Bull. Joly 1995. 788, note Couret.* – V. aussi • Com. 5 mars 2002 : *Act. proc. coll. 2002, n° 119* • Versailles, 28 oct. 1999 : *RJDA 2000, n° 74.* ♦ ... La rupture, par un gérant, d'un contrat de location-gérance à seule fin de pouvoir céder son fonds dans de bonnes conditions. • Grenoble, 23 nov. 1995 : *Dr. sociétés 1997, n° 88.* ♦ ... Le gérant qui a engagé l'EURL dans des travaux d'aménagement d'un local qu'il envisageait d'acquérir pour lui-même. • Rennes, 8 janv. 1992 : *Dr. sociétés 1992, n° 226, obs. Chaput.*

Sur les conditions d'application de l'art. L. 624-5 (3°), V. • Com. 3 avr. 2001 : *RJDA 2001, n° 716 ; Act. proc. coll. 2001, n° 113.* ♦ Pour un exemple d'application de ce texte, à propos de la présentation de nombreuses lettres de change non causées, tirées sur des tierces personnes non averties, faits qui pouvaient exposer la société et son dirigeant au risque anormal de poursuites pénales et fiscales et porter atteinte au crédit et à la réputation de la société, V. • Com. 21 juin 2005 : *préc. note 5 ter (2e arrêt).* ♦ Pour des cas de poursuite abusive d'exploitation, V. • Com. 12 juin 2001 : *RJDA 2001, n° 1238* • Paris, 8 oct. 1991 : *Bull. Joly 1991. 1139* • 9 juill. 1993 : *Gaz. Pal. 1994. 1. 21, note Marchi.*

Le redressement judiciaire doit être étendu au dirigeant qui, malgré une procédure d'alerte déclenchée par le commissaire aux comptes, a maintenu une activité déficitaire. • Pau, 23 mai 1995 : *Dr. sociétés 1996, n° 6, obs. Chaput.*

Seul un fait positif de poursuite abusive d'une exploitation déficitaire peut être retenu à l'encontre d'un dirigeant. • Com. 25 juin 1996 : *Bull. Joly 1996. 1063, note Daigre.*

Constitue un intérêt personnel, au sens de l'art. 182 [C. com., art. L. 624-5] (4°), le seul fait, pour des dirigeants, de poursuivre abusivement l'exploitation d'une société en vue de retarder la mise en œuvre des garanties personnelles qu'ils ont consenties aux créanciers sociaux. • Com. 8 oct. 1996 : *RJDA 1997, n° 134.* ♦ L'intérêt personnel poursuivi par le dirigeant est caractérisé lorsque celui-ci a pris soin de régler le passif social qu'il garantissait par préférence aux autres charges courantes qui, elles, sont demeurées impayées. • Com. 27 oct. 1998 : *RJDA 1999, n° 450.* – Rappr. : • Paris, 11 févr. 2000 : *Rev. proc. coll. 2001. 111, obs. Barret.* ♦ Sur la caractérisation de l'intérêt personnel, V. aussi • Com. 14 janv. 1997 : *RJDA 1997, n° 582* • 23 janv. 2001 : *Rev. proc. coll. 2002. 115, obs. Barret* • 3 avr. 2001 : *Dr sociétés 2001, n° 144, note Legros* • 13 nov. 2002 : *RJDA 2003, n° 292* • 15 mars 2005 : *Gaz. Pal. 6-7 juill. 2005, p. 50, obs. Montéran.*

Pour une exonération des dirigeants sociaux justifiée par la mise en œuvre par le dirigeant de moyens financiers destinés à redresser la situation, V. • Bordeaux, 7 janv. 2003 : *Cah. jurispr. Aquitaine 2003, nº 2, p. 321.*

7 bis. Le juge, qui fait application de l'art. 182 [C. com., art. L. 624-5] (4º), n'est pas tenu par la date de cessation des paiements judiciairement fixée. • Paris, 10 juin 1994 : *D. 1994. IR. 188* ♦ V. aussi note 3 *bis* ss. ancien art. L. 625-5.

7 ter. Le fait, pour un dirigeant d'association, d'avoir repris dans celle-ci, à la faveur d'une clause nulle d'actualisation du montant nominal de ses apports en numéraire, autre chose que ce qu'il y avait apporté, démontre qu'il a perçu de manière illicite des fonds constituant des actifs de l'association, ce qui révèle un détournement d'actif au sens de l'art. L. 624-5 (6º) C. com. • Com. 5 juill. 2005 : *Bull. civ. IV, nº 149 ; D. 2005. AJ. 2219, obs. Lienhard ; Dr. sociétés 2005, nº 172, note F.-X. Lucas ; RTD com. 2005. 783, obs. Grosclaude ; Rev. proc. coll. 2006. 83, obs. A. Barret ; Rev. sociétés 2006. 182, note Sortais.* ♦ Constitue le grief défini à l'art. 182 [C. com., art. L. 624-5] (6º) le fait de donner le fonds de commerce, seul élément d'actif, en location-gérance à un administrateur, avec clause de préemption, à une époque où la société était déjà en cessation des paiements. • Paris, 21 oct. 1994 : *Dr. sociétés 1995, nº 31, obs. Chaput.*

8. En revanche, il ne suffit pas de constater qu'un dirigeant de fait d'une société a soustraité à son propre bureau d'études des activités sociales, dès lors qu'il n'a pas masqué ses agissements sous le couvert de la société qu'il dirigeait, ni fait des biens de la société un usage contraire à l'intérêt de celle-ci. • Paris, 16 déc. 1987 : *Gaz. Pal. 1988. 1. Somm. 209 ; Rev. proc. coll. 1989. 81, obs. Chaput.* ♦ V. aussi, lorsque les actes en question (travaux sur propriété personnelle) ont été faits ostensiblement au nom de leur destinataire réel, • Com. 28 mars 1995 : *Bull. civ. IV, nº 107 ; D. 1995. IR. 107 ; Dr. sociétés 1995, nº 140, obs. Chaput.* ♦ De même, l'importance du passif constitué pendant la gestion d'une personne morale n'est pas, en elle-même, l'un des faits visés aux art. 182 et 189 [C. com., art. L. 624-5 et L. 625-5]. • Paris, 4 juin 1992 : *Bull. Joly 1992. 959.*

9. La mauvaise foi n'est pas une condition exigée par l'art. 182 [C. com., art. L. 624-5] (5º). • Com. 27 oct. 1998 : *D. Affaires 1998. 2020.* – V. aussi • Bourges, 12 juin 2001 : *Act. proc. coll. 2001, nº 255.*

En ce sens que le fait que le cabinet d'expert-comptable chargé d'établir les comptes annuels de la société ait mis fin à sa mission en raison du non-règlement de ses honoraires n'est pas de nature à exonérer le dirigeant, V. • Amiens, 19 nov. 1998 : *Rev. proc. coll. 1999. 236, obs. Bach. – Contra :* • T. com. Douai, 16 juill. 1998 : *Rev. proc. coll. 1999. 236, obs. Bach* • 17 sept. 1998 : *ibid.* – V. aussi • Dijon, 11 mai 1999 : *Rev. proc. coll. 2000. 115, obs. Barret.*

La remise lacunaire ou tardive des pièces comptables au mandataire liquidateur ne suffit pas à justifier la condamnation du gérant d'une SARL en liquidation judiciaire, en application de l'art. 182 [C. com., art. L. 624-5] (5º). • Paris, 16 avr. 1999 : *RJDA 1999, nº 979.* ♦ Comp. : • Amiens, 19 nov. 1998 : *Rev. proc. coll. 1999. 236, obs. Bach.* ♦ La non-remise au mandataire judiciaire de la comptabilité équivaut à l'absence de toute comptabilité. Il s'agit, néanmoins, d'une présomption simple et le dirigeant peut, à tout moment de la procédure, tenter d'expliquer les raisons pour lesquelles il n'a pas été à même de présenter la comptabilité. • Paris, 9 juin 1998 : *Rev. proc. coll. 1999. 236, obs. Bach.* – V. aussi • Com. 14 janv. 2004 : *Rev. proc. coll. 2005. 155, obs. A. Barret.*

Ne peut être mis en redressement judiciaire sur le fondement de l'art. 182 [C. com., art. L. 624-5] le gérant d'une société en sommeil qui justifie de la tenue d'une comptabilité par une note de service émanant des impôts et du vol de cette comptabilité par la production d'une plainte déposée auprès des services de police, et qui démontre que son activité a été mise en sommeil, le chiffre d'affaires étant nul, aucun salarié n'ayant été employé ni aucune rémunération versée au gérant. • Aix-en-Provence, 15 oct. 1998 : *Act. proc. coll. 1999, nº 233.*

Avant la loi du 10 juin 1994, l'absence de livre journal et de livre d'inventaire, n'équivalant pas à l'absence de toute comptabilité, n'entrait pas dans le champ d'application de l'art. 182. • Paris, 19 mars 1993 : *RJDA 1993, nº 801.* – V. aussi : • Com. 8 déc. 1998 : *Act. proc. coll. 1999, nº 28* (absence de mise à jour du livre d'inventaire) • 3 avr. 2001 : *Act. proc. coll. 2001, nº 113* (absence de provisions pour créances irrécouvrables). ♦ Comp., désormais, depuis la loi du 10 juin 1994, art. L. 624-5 (7º). ♦ Pour l'entrée en vigueur de cette loi, V. note ss. ancien art. L. 620-1. ♦ Pour des applications de l'art. 182 [C. com., art. L. 624-5] (7º), V. • Com. 17 sept. 2002 : *RJDA 2002, nº 1307 ; Dr. sociétés 2003, nº 90, note Legros* (application à un dirigeant de fait) • Paris, 28 avr. 2000 : *Dr. sociétés 2000, nº 137, obs. Chaput.*

Sur la charge de la preuve pesant sur l'autorité de poursuite, V. • Com. 23 nov. 2004 : *Dr. sociétés 2005, nº 90, note Legros.*

V. aussi note 2 ss. ancien art. L. 625-4.

9 bis. Caractère facultatif de la sanction.

Il résulte expressément de l'art. 182 [C. com., art. L. 624-5] qu'à supposer même que ses conditions d'application soient réunies, cette sanction commerciale n'est que facultative. • Rennes, 6 sept. 2000 : *Rev. proc. coll. 2001. 108, obs. Barret. – Contra :* • Bourges, 12 juin 2001 : *préc. note 9.*

10. Application cumulative des art. L. 624-3 et L. 624-5. Une même décision judiciaire ne peut à la fois condamner le dirigeant d'une personne morale en redressement judiciaire à supporter l'insuffisance d'actif et prononcer à son égard le redressement judiciaire en vertu de l'art. 182 [C. com., art. L. 624-5]. • Com. 17 nov. 1992 : *Bull. civ. IV, n° 359 ; Rev. sociétés 1993. 445, note Chaput* • 5 févr. 2002 : *RJDA 2002, n° 537 ; Dr. sociétés 2002, n° 193, note Legros.* ♦ V. déjà, refusant l'application cumulative des art. 99 et 101 de la loi du 13 juill. 1967, • Com. 25 juin 1991 : *Rev. sociétés 1992. 114, note crit. Honorat.*

10 bis. Cumul avec une interdiction de gérer. Pour la compatibilité de l'action de l'art. L. 624-5 et de l'action tendant au prononcé d'une interdiction de gérer, V. • Com. 17 déc. 2003 : *RJDA 2004, n° 459 ; Rev. proc. coll. 2005. 153, obs. A. Barret.*

11. Effets de la confusion des patrimoines. BIBL. Le Corre, *D. 2002. Chron. 1122* (sort des créances). ♦ Dès lors que la liquidation judiciaire d'une société a été étendue à son dirigeant avec passif commun, le privilège général sur les immeubles, dans lequel le Fonds national de garantie des salaires est subrogé, s'exerce sur l'ensemble des deux patrimoines et ce superprivilège, né au titre de la personne morale, est opposable aux créanciers du dirigeant, sans qu'il y ait lieu à publicité préalable. • Com. 6 févr. 1996 : *Bull. civ. IV, n° 35 ; D. 1996. IR. 75 ; JCP E 1996. I. 584, n° 19, obs. crit. Pételـ* – V., déjà (loi de 1967), • Com. 2 nov. 1993 : *Bull. civ. IV, n° 379 ; RJDA 1994, n° 462.*

11 bis. Les créanciers admis au passif de la personne morale n'ont pas à déclarer leur créance dans la procédure collective du dirigeant dès lors que c'est par l'effet de la loi et du seul fait de l'ouverture du redressement judiciaire du dirigeant que le passif de celui-ci comprend, outre ses dettes personnelles, celles de la personne morale. • Com. 17 févr. 1998 : *Bull. civ. IV, n° 77 ; D. 1998. IR. 90 ; JCP E 1998, n° 37, p. 1401, obs. Pétel* • 12 oct. 1999 : *JCP E 2000, n° 9, p. 366, rapp. Rémery ; RJDA 1999, n° 1369.* ♦ La déclaration de créance à la procédure collective du dirigeant est inutile et ne peut en aucun cas ouvrir une procédure contradictoire d'admission sur contestation devant le juge-commissaire. • Grenoble, 12 déc. 2002 : *JCP E 2003, n° 30, p. 1219.* ♦ La vérification des créances composant le passif de la personne morale relève des organes de la procédure collective de celle-ci et non de ceux de la procédure collective du dirigeant. • Com. 15 févr. 2000 : *RJDA 2000, n° 707.*

Il résulte de l'art. 182 [C. com., art. L. 624-5], al. 2, qu'il doit être tenu compte des droits de préférence des créanciers privilégiés de la personne morale dans la procédure collective ouverte à l'égard du dirigeant. • Com. 2 mars 1999 : *Bull. civ. IV, n° 49 ; D. 1999. Somm. 301, obs. Piedelièvre ; D. Affaires 1999. 560, obs. A. L. ; JCP 1999. I. 158, n° 16, obs. Delebecque ; JCP E 1999, n° 39, p. 1536, obs. Cabrillac ; Bull. Joly 1999. 856, note Sénéchal ; Rev. proc. coll. 1999. 237, obs. Bach ; RTD civ. 1999. 436, obs. Crocq ; Petites affiches 23 mars 2000, p. 14, note Honorat et Henry ; Act. proc. coll. 1999, n° 85, obs. Vallansan.*

Si, selon l'art. L. 624-5 C. com., en cas de redressement ou liquidation judiciaires prononcé en application de ce texte, le passif du dirigeant comprend, outre son passif personnel, celui de la personne morale, les créances admises dans la procédure collective de la personne morale et qui ont fait l'objet d'une réclamation de la part du dirigeant, dans les conditions fixées à l'art. 103 de la loi du 25 janv. 1985, ne sont comprises de plein droit dans la procédure collective du dirigeant que dans les termes de la décision rendue sur cette réclamation. • Com. 4 avr. 2006 : *D. 2006. AJ. 1167, obs. Lienhard.*

11 ter. En décidant, que le passif du dirigeant comprendrait outre son passif personnel et celui d'une première société, mis à sa charge par un précédent jugement, celui d'une seconde société, sans prononcer le redressement judiciaire du dirigeant en tant que dirigeant de fait de cette société, au motif qu'il avait été antérieurement mis en redressement judiciaire en qualité de dirigeant de droit de la première société, une cour d'appel viole l'art. 182 de la loi du 25 janv. 1985 [C. com., art. L. 624-5] et l'art. 166 du décret du 27 déc. 1985 (dans sa rédaction antérieure au décret du 21 oct. 1994). • Com. 26 mai 1998 : *préc. note 7.* – Dans le même sens, V. • Com. 17 déc. 2003 : *RJDA 2004, n° 602.*

11 quater. L'art. 182 [C. com., art. L. 624-5] prévoyant que la procédure collective du dirigeant comprend, outre le passif personnel, celui de la personne morale, il appartient au débiteur, qui critique le jugement convertissant en liquidation la procédure de redressement judiciaire, de justifier de la possibilité de présentation d'un plan de redressement permettant de procéder à l'apurement des deux passifs confondus. • Amiens, 19 févr. 1998 : *Gaz. Pal. 2000. Somm. 2207, obs. Canet.*

11 quinquies. Sursis à statuer. V. note 30 *sexies* ss. ancien art. L. 624-3.

12. Conflits de juridictions. Sur l'inapplicabilité de la convention de Bruxelles du 27 sept. 1968 et de la convention franco-belge du 8 juill. 1899 à l'action fondée sur l'art. 182 [C. com., art. L. 624-5], V. • Paris, 13 mars 1991 : *D. 1992. 184, note Sortais* ⊘.

13. Prescription. La prescription de l'action prévue par l'art. L. 624-5 C. com. commence à courir à la date du jugement prononçant la liquidation judiciaire de la société (et non à compter du jour où cette décision est passée en force de chose jugée). • Com. 13 mai 2003 : *Bull. civ. IV, n° 79 ; D. 2003. AJ. 1564* ⊘ *; JCP E 2003, n° 41, p. 1630, note Legros ; Bull. Joly 2003. 907, note Pétel ; RTD com. 2003. 823, obs. Vallens* ⊘ *; Rev. proc. coll. 2004. 269, obs. Dumont.* ♦ S'agissant de faits commis par le dirigeant, postérieurement au jugement arrêtant le plan de continuation, pendant l'exécution de celui-ci, la prescription court du jugement qui, après résolution du plan, et ouverture d'une nouvelle procédure collective, ordonne la cession de l'entreprise ou sa liquidation (à propos de l'ancien art. 80, al. 1er). • Com. 22 avr. 1997 : *Bull. civ. IV, n° 102 ; D. 1997. IR. 135 ; D. Affaires 1997. 704.* ♦ V. aussi note 30 *bis* ss. ancien art. L. 624-3. ♦ La prescription étant acquise à la date de résolution du plan de cession, la résolution n'a pas eu pour effet de faire courir un nouveau délai pour les faits commis antérieurement au jugement d'arrêté de ce plan. • Com. 5 mars 2002 : *Rev. proc. coll. 2003. 337, obs. Barret.*

14. Rapport avec l'action civile en cas d'abus de biens sociaux. La condamnation d'un dirigeant au paiement de dommages-intérêts à la suite d'un abus de biens sociaux n'interdit pas l'ouverture à son encontre d'une procédure collective sur le fondement de l'art. L. 624-5, I, al. 3, C. com. • Com. 4 janv. 2005 : *Dr. sociétés 2005, n° 68, note Legros ; RJDA 2005, n° 606 ; Gaz. Pal. 29-30 avr. 2005, p. 53, obs. Montéran ; Rev. proc. coll. 2006. 82, obs. A. Barret.*

15. Droit transitoire. Selon l'art. 192 de la loi du 26 juill. 2005, les procédures ouvertes en vertu de l'art. L. 624-5 C. com., dans sa rédaction antérieure à cette loi, ne sont pas affectées par son entrée en vigueur ; il s'ensuit que la procédure de redressement ou de liquidation judiciaires ouverte, à titre de sanction, contre un dirigeant social par une décision prononcée antérieurement au 1er janv. 2006, fût-elle frappée de voies de recours, continue d'être régie par les dispositions de l'art. L. 624-5 C. com. dans sa rédaction antérieure à la loi précitée, peu important que l'exécution provisoire ait été, le cas échéant, arrêtée. • Com. 4 janv. 2006 : *D. 2006. AJ. 142, obs. Lienhard* ⊘ *; JCP E 2006, n° 14-15, p. 675, note Legros ; Act. proc. coll. 2006, n° 20, obs. Regnaut-Moutier ; RJ com. 2006. 55, note Sortais ; Gaz. Pal. 30 avr.-4 mai 2006, p. 52, obs. Montéran.*

16. Il résulte de la combinaison des art. 190 et 192 de la loi du 26 juill. 2005 que les instances engagées aux fins d'ouverture d'une procédure collective à l'égard des dirigeants des personnes morales sur le fondement des art. L. 624-5 et L. 624-6 C. com. dans leur rédaction antérieure à cette loi, peuvent être poursuivies si la procédure de redressement ou de liquidation judiciaire a été ouverte avant le 1er janv. 2006, peu important le mode de saisine du tribunal. • Com.16 mai 2006 : *D. 2006. AJ. 1449, obs. Lienhard* ⊘.

17. Il résulte de la combinaison des art. 190 à 192 de la loi du 26 juill. 2005 que les instances aux fins de sanction engagées à l'égard des dirigeants des personnes morales sur le fondement de l'art. L. 624-5 C. com. dans sa rédaction antérieure à cette loi, ne peuvent plus être poursuivies si la procédure de redressement ou de liquidation judiciaire n'a pas été ouverte avant le 1er janv. 2006. • Com. 7 mars 2006 : *D. 2006. AJ. 856, obs. Lienhard* ⊘ *; Act. proc. coll. 2006, n° 95, obs. Regnaut-Moutier.* ♦ Le dirigeant ayant été remis à la tête de ses biens avant cette date, jour de l'entrée en vigueur de la loi du 26 juill. 2005, est devenu sans objet le pourvoi formé par le liquidateur contre l'arrêt de cour d'appel ayant infirmé les décisions ouvrant un redressement judiciaire, puis prononçant une liquidation judiciaire contre ce dirigeant. • Même arrêt.

Ancien art. L. 624-6 ***Dans les cas prévus aux articles L. 624-3 à L. 624-5, le tribunal se saisit d'office ou est saisi par l'administrateur, le représentant des créanciers, le commissaire à l'exécution du plan, le liquidateur ou le procureur de la République.*** — [L. n° 85-98 du 25 janv. 1985, art. 183]. — V. Décr. n° 85-1388 du 27 déc. 1985, ancien art. 164, infra, App., v° Difficultés des entreprises.

1. Recevabilité des demandes. Le liquidateur a qualité pour demander l'ouverture, sur le fondement de l'art. 182 [C. com., art. L. 624-5], d'une procédure de redressement judiciaire à l'égard des dirigeants d'une personne morale mise en liquidation judiciaire. • Com. 11 mai 1993 : *Bull. civ. IV, n° 187 ; D. 1993. IR. 195.*

1 bis. Sur le défaut de qualité du représentant des créanciers pour engager une action en paiement des dettes sociales après le jugement arrêtant le plan de redressement, V. note 2 ss. ancien art. L. 621-67.

1 ter. Le commissaire à l'exécution du plan a qualité pour introduire une action en comblement de passif à l'encontre d'un dirigeant, mais ne peut le faire que tant qu'il demeure en fonction, jusqu'à l'expiration du plan ou jusqu'au paiement du prix de cession. • Aix-en-Provence, 24 sept. 2002 : *Act. proc. coll. 2002, n° 270.* ♦ V. aussi • Com. 29 oct. 2002 : *Dr. sociétés 2003, n° 47, note Legros ; RD banc. fin. 2003, n° 80, obs. F.-X. Lucas.* ♦ V. encore note 8 ss. ancien art. L. 621-68.

1 quater. Sur la question de la régularisation du défaut de qualité pour agir, V. • Com. 24 sept. 2003 : *cité note 2 ss. ancien art. L. 621-67.*

2. Les dirigeants ne sont pas recevables, même à titre de garantie, à exercer l'action en paiement des dettes sociales contre d'autres dirigeants. • Com. 6 juin 1995 : *Bull. civ. IV, n° 168 ; D. 1995. IR. 171 ; Bull. Joly 1995. 986, note Le Cannu* • 1er avr. 2003 : *RJDA 2003, n° 752.* ♦ V. aussi, sur le défaut de qualité d'un dirigeant pour agir en extension de la procédure à son égard, afin de bénéficier de l'art. 169 [C. com., art. L. 622-32], • Rennes, 19 mai 1993 : *Dr. sociétés 1994, n° 51, obs. Chaput.*

3. L'art. 183 [C. com., art. L. 624-6] n'impose aucunement de présenter requête pour être autorisé à assigner sur le fondement de l'art. 180 [C. com., art. L. 624-3]. • Paris, 13 mars 1991 : *Rev. proc. coll. 1993. 57, obs. Liénard.*

3 bis. En ce sens que l'assignation en paiement des dettes sociales délivrée au dirigeant d'une des sociétés dont le patrimoine est confondu, par le liquidateur agissant « ès *qualités* de liquidateur du groupe » constitue un vice de forme qui n'entraîne la nullité de l'acte qu'en cas de grief prouvé, et non une irrégularité de fond au sens de l'art. 117 NCPC, dès lors que le liquidateur n'a pas agi comme représentant des débiteurs en liquidation judiciaire mais comme organe de la procédure, V. • Com. 14 nov. 2000 : *Bull. civ. IV, n° 176 ; D. 2000. AJ. 437, obs. Lienhard ; Procédures 2001, n° 60, obs. Laporte ; RTD com. 2001. 247, obs. Vallens ; Bull. Joly 2001. 251, note Pétel.*

4. V. aussi note 4 ss. ancien art. L. 624-3.

4 bis. Saisine d'office. Il se déduit des art. 183 et 191 [C. com., art. L. 624-6 et L. 625-7], qui prévoient que seul le tribunal peut se saisir d'office, que la cour d'appel n'a pas cette faculté. • Com. 26 nov. 2002 : *Bull. civ. IV, n° 178 ; D. 2003. AJ. 276 ; RTD com. 2003. 171, obs. Vallens.*

4 ter. Exclusivité de la demande. Sur l'inapplicabilité des dispositions de l'art. 7 du décret du 27 déc. 1985, V. note 6 *quater* ss. ancien art. 7 du 1er décret du 27 déc. 1985, *infra*, App., v° *Difficultés des entreprises.*

4 quater. Responsabilité civile du représentant des créanciers. V. note 13 ss. ancien art. L. 621-39.

5. Qualité pour faire appel. Est recevable l'appel du mandataire-liquidateur, tant en qualité de représentant de la société qu'en tant qu'organe de la procédure, contre le jugement ayant déclaré sa demande irrecevable. • Com. 23 janv. 1996 : *Rev. huiss. 1996. 1264, note Courtier.*

6. Péremption d'instance. La péremption atteint l'instance, même si celle-ci met en cause l'ordre public et peu important les conditions procédurales de son ouverture et de son déroulement. • Com. 21 nov. 1995 : *Quot. jur. 4 janv. 1996, p. 4 ; Rev. huiss. 1996. 1135, note Courtier.* ♦ Comp., désormais : note 5 ss. ancien art. L. 622-30.

7. Droit transitoire. V. note 16 ss. ancien art. L. 624-5.

Ancien art. L. 624-7 ***Pour l'application des dispositions des articles L. 624-3 à L. 624-5, d'office ou à la demande de l'une des personnes mentionnées à l'article L. 624-6 le tribunal peut charger le juge-commissaire ou, à défaut, un membre de la juridiction qu'il désigne d'obtenir, nonobstant toute disposition législative contraire, communication de tout document ou information sur la situation patrimoniale des dirigeants personnes physiques ou morales ainsi que des personnes physiques représentants permanents des dirigeants personnes morales mentionnées à l'article L. 624-2 de la part des administrations et organismes publics, des organismes de prévoyance et de sécurité sociales*** [sociale] ***et des établissements de crédit.*** — [L. n° 85-98 du 25 janv. 1985, art. 184]. — V. Décr. n° 85-1388 du 27 déc. 1985, ancien art. 164, infra, App., v° Difficultés des entreprises.

1. Sur la validité des ordonnances du juge-commissaire prescrivant des mesures d'expertise, au regard du principe du contradictoire, V. • Paris, 18 juin 1991 : *Gaz. Pal. 1992. 1. 148, note Marchi.* – Comp. : • Paris, 2 avr. 1991 : *D. 1992. Somm. 9, obs. Derrida ; Gaz. Pal. 1992. 2. 516,* *note Breval et Dana.* ♦ Comp. : notes 5 s. ss. ancien art. 164 du 1er décret du 27 déc. 1985, *infra*, App., v° *Difficultés des entreprises.*

2. Les dispositions de l'art. 183 [C. com., art. L. 624-6] autorisant le liquidateur à rechercher les preuves des fautes de gestion commises par les dirigeants, il peut être procédé à un audit comptable de l'entreprise. Les travaux d'un expert-comptable agissant pour le compte d'un cabinet n'ayant pas valeur d'expertise, le caractère non contradictoire des opérations est sans incidence sur la valeur de ce document au regard de l'administration de la preuve. • Paris, 19 mars 1993 : *Gaz. Pal. 1994. 1. Somm. 225.*

3. Sur l'application de l'art. L. 624-7 C. com. dans le cas de poursuites en faillite personnelle ou en interdiction de gérer, V. Barret, *Rev. proc. coll. 2003. 335.*

CHAPITRE V DE LA FAILLITE PERSONNELLE ET DES AUTRES MESURES D'INTERDICTION

RÉP. COM. v° *Entreprises en difficulté-Redressement judiciaire (Sanctions)*, par FORTIS.

BIBL. GÉN. ▸ Sur la réforme du 10 juin 1994 : HAEHL, *Petites affiches 14 sept. 1994, p. 22.* – CHAPUT, *Rev. proc. coll. 1994. 523.*

Ancien art. L. 625-1 ***Lorsqu'une procédure de redressement judiciaire ou de liquidation judiciaire est ouverte, les dispositions du présent chapitre sont applicables :***

1° Aux personnes physiques exerçant la profession de commerçant, d'agriculteur ou immatriculées au répertoire des métiers ;

2° Aux personnes physiques, dirigeants de droit ou de fait de personnes morales ayant une activité économique ;

3° Aux personnes physiques, représentants permanents de personnes morales, dirigeants des personnes morales définies au 2° ci-dessus. – [L. n° 85-98 du 25 janv. 1985, art. 185].

1. Délai d'action. Les mesures d'intérêt public prévues par les art. 185 s. [C. com., art. L. 625-1 s.], en cas d'ouverture du redressement judiciaire, peuvent être prononcées à toute époque de la procédure. • Com. 3 mai 1994 : *Bull. civ. IV, n° 164 ; D. 1994. IR. 156.* ♦ La liquidation judiciaire n'étant pas clôturée, une cour d'appel ne fait qu'user des pouvoirs qu'elle tient de l'art. 189 [C. com., art. L. 625-5] en confirmant le jugement ayant prononcé à l'encontre d'un liquidateur amiable une interdiction de diriger, gérer, administrer ou contrôler toute personne morale, pour une durée de cinq ans. • Même arrêt. ♦ Est recevable la demande de mise en faillite d'un dirigeant social diligentée par l'administrateur judiciaire après résolution du plan de redressement de la société et adoption d'un plan de cession partielle. • Com. 12 nov. 1997 : *RJDA 1998, n° 322.* – Dans le même sens : • Paris, 30 avr. 1993 : *D. 1993. IR. 158 ; Dr. sociétés 1993, n° 142, obs. Chaput.* ♦ V. note 1 ss. ancien art. L. 625-2 et note 1 ss. ancien art. L. 625-3. ♦ V. aussi, depuis la loi n° 94-475 du 10 juin 1994, art. L. 625-1, al. 1er.

La faillite personnelle ou l'interdiction de gérer peuvent être prononcées dès lors que le tribunal a été saisi ou s'est saisi d'office en vue de l'application d'une sanction personnelle avant la clôture de la procédure collective par une décision passée en force de chose jugée. • Com. 22 oct. 1996 : *Bull. civ. IV, n° 250 ; D. 1997. Somm. 79, obs. Honorat ; D. Affaires 1997. 26 ; Bull. Joly 1996. 1066, note Calendini ; JCP E 1997. 5. 693, n° 12, obs. crit. Pétel* • 12 oct. 1999 : *RJDA 1999, n° 1370 ; Act. proc. coll. 1999, n° 260* • Paris, 16 févr. 2001 : *Rev. proc. coll. 2002. 114, obs. Barret.*

2. En revanche, une procédure de redressement judiciaire s'étant achevée par la résolution du plan, et une nouvelle procédure étant ouverte, le tribunal n'a pas le pouvoir de sanctionner le débiteur pour des faits concernant une procédure qui n'était plus en cours. • Caen, 1er juin 1995 : *JCP 1995. IV. 2675.* – Dans le même sens, V. • Toulouse, 8 avr. 1999 : *cité note 1 ss. ancien art. L. 625-3.* ♦ V. aussi note 3 *ter* ss. ancien art. L. 625-5.

3. Dirigeants de droit. V. note 1 *bis* ss. ancien art. L. 625-4 et notes 2 à 2 *ter* ss. ancien art. L. 625-5.

4. Dirigeants de fait. **BIBL.** V. note 8 ss. ancien art. L. 624-3. ♦ Sur la nécessité de prouver des actes positifs de gestion pour qualifier un gérant de fait, V. • Paris, 8 mars 1990 : *JCP E 1990. I. 20012* • 5 févr. 1999 : *Dr. sociétés 2000, n° 4, obs. Chaput* • 7 févr. 2003 : *ibid. 2004, n° 145, note Legros.* ♦ V. note 1 *ter* ss. ancien art. L. 625-4 et note 2 *ter* ss. ancien art. L. 625-5.

En ce sens que, pour retenir la qualité de dirigeant de fait, les juges peuvent se référer à un jugement devenu définitif et ayant condamné le dirigeant sur le fondement de l'art. 180 [C. com., art. L. 624-3], V. • Com. 3 oct. 2000 : *Act. proc. coll. 2000, n° 235 ; Dr. sociétés 2000, n° 175, obs. Chaput.*

4 bis. *Dirigeants rémunérés ou non.* Les art. 185, 189 et 192 [C. com., art. L. 625-1, L. 625-5 et L. 625-8] ne distinguent pas selon que le dirigeant a été rémunéré ou non. • Com. 16 févr. 1999 : *RJDA 1999, n° 452.*

5. *Représentants permanents de personnes morales.* Pour une application de l'art. L. 625-1 (3°), V. • Paris, 16 mai 1995 : *Dr. sociétés 1995, n° 192, obs. Chaput.* ♦ L'art. L. 1524, al. 5, CGCT [selon lequel la responsabilité civile qui résulte de l'exercice du mandat des représentants incombe à la collectivité territoriale ou au groupement dont ils sont mandataires] ne déroge pas aux dispositions de l'art. 185 (3°), devenu l'art. L. 625-1 (3°) C. com. • Com. 8 janv. 2002 : *Bull. civ. IV, n° 5 ; D. 2002. AJ. 570, obs. Lienhard ; Act. proc. coll. 2002, n° 56, obs. Vallansan ; Procédures 2002, n° 50, note Croze ; JCP 2002. II. 10057, note Landbeck ; Dr. sociétés 2003, n° 32, note Legros.*

6. *Dirigeant d'une succursale d'une société étrangère.* L'établissement en France, d'une société de droit allemand ayant fait l'objet d'une publicité au registre du commerce et des sociétés, n'a aucune personnalité morale propre dès lors qu'elle répond aux critères caractérisant la succursale. Par suite, l'intéressé qui a été cité pour répondre des agissements qu'il aurait pu commettre, en sa qualité de dirigeant de la succursale, dont la liquidation judiciaire a été prononcée et qui n'a jamais été le dirigeant de la société de droit allemand, ne peut se voir appliquer les dispositions des art. 185 à 192 [C. com., art. L. 625-1 à L. 625-8]. • Paris, 27 juin 1997 : *Rev. proc. coll. 1999. 49, obs. Bach.*

7. *Dirigeant condamné pour banqueroute.* En ce sens que l'autorité de la chose jugée attachée à la décision qui a condamné un dirigeant pour banqueroute sans prononcer à son encontre de peines accessoires ne fait pas obstacle au prononcé d'une sanction personnelle, V. • Angers, 6 sept. 1999 : *Rev. proc. coll. 2000. 116, obs. Barret.*

8. *Personnes morales ayant une activité économique.* Une association qui, pour réaliser son objet, emploie une quinzaine de salariés, facture ses prestations et verse chaque mois à sa directrice salariée une somme d'argent pour son hébergement au domicile de celle-ci a un objet économique au sens de l'art. L. 625-1 (2°) C. com. ; il s'ensuit que les dispositions de l'art. L. 625-8 C. com. peuvent être appliquées au dirigeant de droit de cette association. • Paris, 9 avr. 2002 : *Bull. Joly 2002. 889, note Grellière ; RJDA 2002, n° 1160.* ♦ En ce sens que l'existence de « créances à recouvrer » dont il n'est pas prétendu qu'il s'agisse de cotisations n'est pas de nature à établir, à elle seule, le caractère économique de l'activité exercée par une association, V. • Paris, 17 janv. 2003 : *Dr. sociétés 2003, n° 106, note Legros.*

9. Une société civile immobilière qui a pour activité effective d'offrir au public la location de logements exerce une activité économique au sens de l'art. L. 625-1 C. com. • Paris, 25 oct. 2002 : *RJDA 2003, n° 272.*

Ancien art. L. 625-2 ***La faillite personnelle emporte interdiction de diriger, gérer, administrer ou contrôler, directement ou indirectement, toute entreprise commerciale ou artisanale, toute exploitation agricole et toute personne morale ayant une activité économique.***

Elle entraîne également les interdictions et déchéances applicables aux personnes qui étaient déclarées en état de faillite au sens donné à ce terme antérieurement au 1er janvier 1968. — [L. n° 85-98 du 25 janv. 1985, art. 186].

Sur la codification de l'art. 186, al. 2, de la loi du 25 janv. 1985, V. J.-H. Robert, Dr. pénal 2001, n° 36.

1. *Liquidation judiciaire (jurisprudence antérieure à la loi du 10 juin 1994).* Aucune disposition de la loi de 1985 ne réserve l'application de l'art. 186 à la seule période initiale de la procédure collective et n'en prévoit l'exclusion au cours de la phase terminale de liquidation, si toute poursuite d'exploitation s'avère impossible. • Paris, 6 avr. 1990 : *D. 1991. Somm. 115, obs. Derrida.* ♦ Il en est de même pour les art. 187, 188 et 189, qui permettent au tribunal de se prononcer « à toute époque de la procédure ». • Même arrêt. ♦ V. note 1 ss. ancien art. L. 625-1.

1 bis. *Sociétés étrangères.* L'art. L. 625-2 C. com. ne circonscrit nullement la déchéance qu'il édicte aux seules sociétés françaises. • Douai, 22 sept. 2005 : *D. 2005. AJ. 2677, obs. Lienhard ; Act. proc. coll. 2006, n° 41, obs. Delattre.*

1 ter. *Acte de direction.* Sur la question de savoir si la signature d'un bail commercial doit s'analyser comme un acte de direction d'une entreprise commerciale, V. • Civ. 3e, 27 janv. 1999 : *D. 1999. IR. 63 ; D. Affaires 1999. 342 ; JCP E 1999, n° 18-19, p. 816, obs. Cabrillac ; RTD com. 1999. 432, obs. Champaud et Danet.*

1 quater. Gérance d'une société civile. En ce sens que le dirigeant frappé de faillite personnelle ne peut gérer une société civile immobilière, V. • Douai, 1er juill. 1999 : *Rev. proc. coll. 2000. 225, obs. Barret.*

2. Loi d'amnistie. Sur l'absence d'amnistie, au titre de la loi du 20 juill. 1988, de la faillite personnelle, V. • Paris, 2 févr. 1989 : *D. 1989. IR. 81* (loi de 1967). ♦ Dans le même sens, V. L. n° 95-884 du 3 août 1995, art. 18-II, 1° *(D. et ALD 1995. 407)* ; L. n° 2002-1062 du 6 août 2002, art. 16, al. 2, 1° *(D. 2002. 2308).*

3. Radiation du RCS. Sur la radiation de l'inscription au registre du commerce et des sociétés consécutive à une condamnation pour faillite personnelle, V. • Dijon, 19 févr. 2002 : *Act. proc. coll. 2002, n° 118.*

Ancien art. L. 625-3 *A toute époque de la procédure, le tribunal peut prononcer la faillite personnelle de toute personne physique commerçante, de tout agriculteur ou de toute personne immatriculée au répertoire des métiers contre lequel a été relevé l'un des faits ci-après :*

1° Avoir poursuivi abusivement une exploitation déficitaire qui ne pouvait conduire qu'à la cessation des paiements ;

2° Avoir omis de tenir une comptabilité conformément aux dispositions légales ou fait disparaître tout ou partie des documents comptables ;

3° Avoir détourné ou dissimulé tout ou partie de l'actif ou frauduleusement augmenté son passif. — [L. n° 85-98 du 25 janv. 1985, art. 187]. — V. Décr. n° 85-1388 du 27 déc. 1985, ancien art. 169, infra, App., v° Difficultés des entreprises.

1. Délai pour prononcer la décision (jurisprudence antérieure à la loi du 10 juin 1994). V. note 1 ss. ancien art. L. 625-1 et note 1 ss. ancien art. L. 625-2. ♦ Les art. 187 et 188 [C. com., art. L. 625-3 et L. 625-4] permettant au tribunal de prononcer dans certains cas la faillite personnelle à toute époque de la procédure, ne le privent pas d'arrêter sa décision à cet égard après l'issue de celle-ci, dès lors que c'est à ce moment que les agissements du dirigeant social sont le plus clairement et le plus complètement révélés. En effet, aucun délai de prescription particulier n'est prévu par la loi du 25 janv. 1985 ou son décret d'application en ce qui concerne les sanctions. • Paris, 12 juin 1991 : *BICC 1992, n° 327.* ♦ La loi ne retire pas au tribunal le pouvoir de statuer sur les sanctions après la clôture des opérations de liquidation judiciaire. • Paris, 8 févr. 1994 : *D. 1994. IR. 79. – Contra :* • Aix-en-Provence, 17 mars 1994 : *D. 1994. IR. 117* • Basse-Terre, 10 mai 1999 : *Rev. proc. coll. 2000. 224, obs. Barret.* ♦ Si une juridiction antérieurement saisie peut certainement statuer postérieurement à la clôture de la procédure, cette formulation suppose que la sanction soit demandée alors que la procédure est encore en cours. La demande de sanction fondée sur des faits antérieurs à la seconde procédure collective ouverte après résolution du plan de continuation est donc irrecevable. • Toulouse, 8 avr. 1999 : *JCP E 1999, n° 40, p. 1560 ; RJ com. 2000. 221, note Regnaut-Moutier ; Rev. proc. coll. 2000. 224, obs. Barret.* ♦ V. aussi note 2 ss. ancien art. L. 625-1.

Le délai de prescription visé à l'art. 182 [C. com., art. L. 624-5], dernier al., n'est pas applicable. • Com. 25 oct. 1994 : *Dr. sociétés 1995, n° 32, obs. Chaput.*

1 bis. Personnes visées. En ce sens que l'art. L. 625-3 (2°) C. com. ne permet pas de faire supporter à un tiers, qui se serait dissimulé derrière le débiteur soumis à la procédure collective, la sanction du défaut de tenue de comptabilité, V. • Grenoble, 10 oct. 2001 : *JCP 2002. IV. 1558.*

2. Poursuite abusive d'une exploitation déficitaire. La faillite personnelle ne peut être prononcée pour avoir poursuivi l'exploitation du fonds de commerce au-delà de la période de trois mois fixée par un jugement postérieur au jugement d'ouverture. • Pau, 24 juin 1998 : *Cah. jurispr. Aquitaine 1999, n° 4991.* ♦ Le jugement de report de la date de cessation des paiements faisant seulement apparaître que les créanciers institutionnels n'étaient plus payés, le caractère abusif d'une poursuite d'exploitation qui ne pouvait conduire qu'à la cessation des paiements n'est pas démontré. • Même arrêt.

3. Comptabilité. Le caractère incomplet de la comptabilité la rend non conforme aux dispositions légales. • Com. 12 avr. 2005 : *Bull. civ. IV, n° 86 ; D. 2005. AJ. 1351, obs. Lienhard ; Bull. Joly 2005. 1209, note Granier ; Defrénois 2005. 1928, obs. Gibirila. – Contra*, auparavant • Paris, 25 sept. 1990 : *D. 1990. IR. 229* • Rouen, 1er avr. 1999 : *Rev. proc. coll. 2000. 226, obs. Barret.* ♦ L'existence de pièces permettant de reconstituer une comptabilité n'équivaut pas à l'existence même de cette comptabilité. • Riom, 13 mars 1991 : *Gaz. Pal. 1992. 2. Somm. 537.* ♦ Le grief de défaut de tenue de comptabilité en conformité avec les prescriptions légales n'est pas caractérisé lorsque le commerçant établit que l'expert-comptable chargé de la tenue de la comptabilité, bien que payé de ses honoraires, n'a pas rempli sa mission et qu'il a dû procéder à son remplacement. • Aix-en-Provence, 3 sept.

1998 : *Rev. proc. coll. 2000. 67, obs. Bach.* ♦ V. aussi note 2 ss. ancien art. L. 625-4.

4. Fautes commises en qualité de dirigeant social. En ce sens qu'un commerçant ne peut être condamné à la faillite personnelle dans le cadre d'une procédure collective ouverte à son encontre en tant que personne physique pour des fautes commises en qualité de dirigeant de sociétés mises en liquidation judiciaire, V. • Com. 13 mai 2003 : *Dr. sociétés 2004, n° 25, note Legros ; RTD com. 2004. 607, obs. Mascala ; Rev. proc. coll. 2005. 161, obs. O. Barret.*

Ancien art. L. 625-4 ***A toute époque de la procédure, le tribunal peut prononcer la faillite personnelle de tout dirigeant, de droit ou de fait, rémunéré ou non, d'une personne morale qui a commis l'un des actes mentionnés à l'article L. 624-5.*** — [L. n° 85-98 du 25 janv. 1985, art. 188]. — V. Décr. n° 85-1388 du 27 déc. 1985, ancien art. 169, infra, App., v° Difficultés des entreprises.

1. Délai pour prononcer la décision. V. note 1 ss. ancien art. L. 625-1, note 1 ss. ancien art. L. 625-2 et note 1 ss. ancien art. L. 625-3.

1 bis. Dirigeants de droit. L'ancien président-directeur général devenu président du conseil de surveillance, n'ayant plus qualité pour déclarer la cessation des paiements, ne peut faire l'objet d'une interdiction de diriger. • Paris, 9 juin 1995 : *JCP E 1996. I. 541, n° 10, obs. Viandier et Caussain ; Dr. sociétés 1995, n° 214, obs. Chaput.* ♦ De même, la faillite personnelle ne peut être prononcée contre un gérant pour des faits postérieurs à sa démission. • Com. 14 janv. 1997 : *RJDA 1997, n° 580.* ♦ V. aussi • Paris, 9 mars 1999 : *RJDA 1999, n° 705.*

Un dirigeant de droit, au sens de l'art. 188 [C. com., art. L. 625-4], ne peut, pour se soustraire à l'application de ce texte, prétendre n'avoir été que le prête-nom du dirigeant de fait de la société. • Com. 12 nov. 1991 : *Bull. civ. IV, n° 338 ; D. 1992. IR. 39.* – Dans le même sens, V. • Paris, 21 déc. 2001 : *Dr. sociétés 2003, n° 10, note Legros.*

En cas d'indisponibilité d'un des dirigeants, il appartient au cogérant d'assurer la gestion de l'entreprise par tous moyens, quelle que soit la durée de l'absence réelle du dirigeant et la gravité de son invalidité. Le cogérant qui s'est désintéressé de la gestion, alors que ses fonctions statutaires et légales lui imposent d'assurer sa mission, peut voir prononcer à son encontre la faillite personnelle en application des art. 188 et 182 [C. com., art. L. 625-4 et L. 624-5] (5°) lorsque aucune comptabilité conforme n'a été tenue. • Nouméa, 1er avr. 1999 : *Dr. sociétés 2000, n° 40, obs. Chaput.*

Pour la condamnation à la faillite personnelle d'un liquidateur amiable, V. • Bordeaux, 22 juin 1999 : *Cah. jurispr. Aquitaine 2000. 96.*

1 ter. Dirigeants de fait. BIBL. V. note 8 ss. ancien art. L. 624-3. ♦ En droit, la qualification de dirigeant de fait d'une société se caractérise par l'exercice, en toute souveraineté et indépendance, d'activités positives de gestion et de direction engageant celle-ci. • Paris, 16 déc. 1997 : *D. 1998. IR. 44 ; Bull. Joly 1998. 369.* ♦ Le seul fait de détenir la signature sociale, pour une durée de quelques mois, ne suffit pas, faute de démontrer l'existence d'autres éléments positifs de gestion et de direction, à caractériser la qualité de gérant de fait. • Même arrêt. ♦ La qualité de gérant de fait ne peut être déduite de la seule fictivité du contrat de travail de l'intéressé : • Com. 24 mai 2005 : *Dr. sociétés 2005, n° 195, note Legros (2e esp.).* ♦ La qualité d'associé, même majoritaire, n'implique pas, en elle-même, une participation effective à la gestion sociale et n'emporte pas nécessairement la qualité de dirigeant de fait. • Paris, 19 sept. 1995 : *BRDA 1995, n° 20, p. 5.* ♦ De même, la possession par un salarié de près du quart du capital d'une société, comme la souscription par lui d'un engagement de caution au bénéfice d'un créancier de cette société, à la bonne marche de laquelle il était intéressé en raison même de sa participation au capital, ne sont pas des éléments suffisants pour établir, à eux seuls, sa qualité de gérant de fait. • Paris, 19 janv. 1996 : *D. Affaires 1996. 245.* ♦ En revanche, la qualité de gérant de fait a été retenue à l'égard de l'époux de la gérante de droit d'une SARL, titulaire d'une procuration permettant d'engager la société, caution de celle-ci, et qui avait mis à sa disposition un compte courant d'associé. • Paris, 6 févr. 1996 : *D. Affaires 1996. 527.*

1 quater. Condamnation antérieure. Le titulaire de plusieurs mandats sociaux peut faire l'objet d'une sanction de faillite personnelle en qualité de dirigeant de chacune des personnes morales dans laquelle il exerce son mandat ; il peut donc être condamné en qualité de gérant d'une société à responsabilité limitée, même s'il a auparavant fait l'objet d'une mesure identique en tant que dirigeant d'une autre société. • Versailles, 14 nov. 1996 : *RJDA 1997, n° 283.*

2. Comportements répréhensibles. Seuls des faits antérieurs au jugement d'ouverture de la procédure collective peuvent justifier le prononcé de la faillite personnelle. • Com. 17 oct. 2000 : *Act. proc. coll. 2000, n° 252 ; Petites affiches 30 mai 2001, p. 27, note Gibirila.*

La faillite personnelle du dirigeant ne peut être prononcée que si celui-ci a commis l'un des actes mentionnés à l'art. 182 [C. com., art. L. 624-5], et non en raison d'un des faits prévus à l'art. 187 [C. com., art. L. 625-3]. • Com. 17 nov. 1992 : *Bull. civ. IV, n° 359 ; D. 1992. IR. 277.*

Avant la loi du 10 juin 1994, la tenue d'une comptabilité irrégulière ne figurait pas parmi les faits qui pouvaient être sanctionnés, l'art. 188 [C. com., art. L. 625-4], qui renvoie à l'art. 182 [C. com., art. L. 624-5], retenant seulement le cas où le dirigeant a fait disparaître les documents comptables ou s'est abstenu de tenir une comptabilité. • Paris, 13 juin 1989 : *D. 1989. IR. 211* • 29 oct. 1991 : *D. 1992. IR. 54* • Com. 22 juin 1993 : *Bull. civ. IV, n° 261* • 28 mars 1995 : *Bull. civ. IV, n° 107 ; D. 1995. IR. 107* • 8 déc. 1998 : *Dr. sociétés 1999, n° 99, obs. Chaput.* ♦ Le seul défaut de mise à jour était distinct de l'absence totale de comptabilité qui seule pouvait motiver une interdiction professionnelle. • Paris, 29 mai 1990 : *D. 1990. IR. 162.* ♦ Comp., désormais : art. L. 624-5 (7°), issu de la loi n° 94-475 du 10 juin 1994.

Constitue une faute de gestion pouvant conduire à prononcer la faillite personnelle, le manque de prévoyance des dirigeants dans la mise en place de technologies nouvelles. • Paris, 30 sept. 1991 : *Bull. Joly 1991. 1041.* – V. aussi • Douai, 28 mai 1998 : *Rev. proc. coll. 2000. 67, obs. Bach.*

V. aussi notes 7 à 9 ss. ancien art. L. 624-5, note 2 ss. ancien art. L. 625-3, note 4 ss. ancien art. L. 625-5 et note 2 ss. ancien art. L. 625-8.

3. Sanctions. Le renvoi opéré par l'art. 188 [C. com., art. L. 625-4] aux actes mentionnés à l'art. 182 [C. com., art. L. 624-5] fait que l'un des cas énumérés à l'art. 182 [C. com., art. L. 624-5] peut déboucher à la fois sur une procédure de redressement judiciaire du dirigeant et sur une condamnation pour faillite personnelle. • Paris, 16 oct. 1990 : *D. 1990. IR. 267.*

4. Prescription. Les actions en matière de sanctions personnelles restent soumises à la prescription trentenaire de droit commun, l'art. 188 [C. com., art. L. 625-4] ne faisant référence aux dispositions de l'art. 182 [C. com., art. L. 624-5] que pour la définition de certains cas d'application de la faillite personnelle. • Paris, 30 avr. 1993 : *D. 1993. IR. 158.*

5. Droit transitoire. Il résulte des art. 190 et 191 de la loi du 26 juill. 2005 de sauvegarde des entreprises que le chapitre III du titre V du livre VI C. com. dans sa nouvelle rédaction, relatif à la faillite personnelle et aux autres mesures d'interdiction, à l'exception de ses art. L. 653-7 et L. 653-11, n'est pas applicable aux procédures collectives en cours au 1er janv. 2006. • Com. 4 avr. 2006 : *D. 2006. AJ. 1107, obs. Lienhard ; Act. proc. coll. 2006, n° 95, obs. Regnaut-Moutier.* ♦ Il s'ensuit que l'art. L. 624-5 C. com. dans sa rédaction antérieure à la loi du 26 juill. 2005, bien qu'abrogé par cette loi, peut encore servir de fondement au prononcé d'une mesure de faillite personnelle ou d'interdiction de gérer contre le dirigeant d'une personne morale soumise à une procédure collective en cours au 1er janv. 2006, ayant commis l'un des actes qui y sont mentionnés. • Même arrêt.

Ancien art. L. 625-5 ***A toute époque de la procédure, le tribunal peut prononcer la faillite personnelle de toute personne mentionnée à l'article L. 625-1 contre laquelle a été relevé l'un des faits ci-après :***

1° Avoir exercé une activité commerciale, artisanale ou agricole ou une fonction de direction ou d'administration d'une personne morale contrairement à une interdiction prévue par la loi ;

2° Avoir, dans l'intention d'éviter ou de retarder l'ouverture de la procédure de redressement judiciaire ou de liquidation judiciaire, fait des achats en vue d'une revente au-dessous du cours ou employé des moyens ruineux pour se procurer des fonds ;

3° Avoir souscrit, pour le compte d'autrui, sans contrepartie, des engagements jugés trop importants au moment de leur conclusion, eu égard à la situation de l'entreprise ou de la personne morale ;

4° Avoir payé ou fait payer, après cessation des paiements et en connaissance de cause de celle-ci, un créancier au préjudice des autres créanciers ;

5° Avoir omis de faire, dans le délai de quinze jours, la déclaration de l'état de cessation de paiements. — [L. n° 85-98 du 25 janv. 1985, art. 189]. — V. Décr. n° 85-1388 du 27 déc. 1985, ancien art. 169, infra, App., v° Difficultés des entreprises.

1. Liquidation judiciaire. V. note 1 ss. ancien art. L. 625-1 et note 1 ss. ancien art. L. 625-2.

2. Personnes visées. Le cogérant d'une SARL ne saurait, au seul motif que sa nomination n'a pas été publiée au registre du commerce, soutenir que le défaut de publicité, qu'il lui appartenait d'ailleurs d'accomplir, suffirait à démontrer qu'il n'a pas géré la société et le ferait échapper ainsi aux sanctions prévues par les art. 189 [C. com., art. L. 625-5] (5) et 192 [C. com., art. L. 625-8]. • Paris, 26 sept. 1989 : *D. 1991. Somm. 116, obs. Derrida.*

2 bis. Bien que la démission d'un gérant n'ait pas été publiée au registre du commerce, on ne saurait retenir, pour prononcer l'interdiction prévue à l'art. 192 [C. com., art. L. 625-8], des faits qui se sont produits après cette démission. • Paris, (3e ch. A), 15 mai 1990 : *D. 1991. Somm. 116, obs. Derrida* • 13 nov. 1990 : *D. 1991. Somm. 112, obs. Derrida* • 20 nov. 1990 : *D. 1991. IR. 35* • 18 janv. 1994 : *Bull. Joly 1994. 309, note A. C.* • 9 mars 1999 : *Bull. Joly 1999. 856.* ♦ V. aussi, pour l'application de l'art. L. 267 LPF, • Com. 8 janv. 1991 : *Bull. civ. IV, n° 17 ; Rev. sociétés 1991. 806*. – *Contra* : • Paris, (3e ch. B), 6 oct. 1989 : *D. 1991. Somm. 116, obs. Derrida*. • Paris, (3e ch. A), 8 oct. 1991 : *Bull. Joly 1991. 1138.*

2 ter. L'obligation de déclarer l'état de cessation de paiements de la société pèse sur le dirigeant de fait (alors même qu'il n'est pas le représentant légal ou n'a pas reçu pouvoir spécial pour déclarer la cessation de paiements de la société). • Com. 6 janv. 1998 : *Bull. civ. IV, n° 6 ; D. Affaires 1998. 158, obs. A. L. ; Bull. Joly 1998. 370, note Routier ; JCP 1998. II. 10068, note Daigre* • 7 juill. 1998 : *BRDA 1998, n° 18, p. 4.* – V. déjà • Paris, 21 févr. 1992 : *Dr. sociétés 1992, n° 111, obs. Chaput.* – *Contra* : • Paris, 11 oct. 1991 : *Dr. sociétés 1992, n° 53, obs. Chaput.* – Sur cette question, V. Cunha, *Rev. proc. coll. 2006. 24.* ♦ A défaut d'être un dirigeant de fait, la non-déclaration ne peut être imputée à un administrateur. • Paris, 25 oct. 1996 : *Dr. sociétés 1998, n° 5, obs. Chaput.*

Les membres du conseil d'administration qui n'allèguent pas avoir agi au sein du conseil en vue de la déclaration de cessation des paiements entrent dans le champ d'application des art. 189 [C. com., art. L. 625-5] (5) et 192 [C. com., art. L. 625-8]. • Com. 9 juin 1992 : *Dr. sociétés 1992, n° 203, obs. Chaput* • 7 juill. 1998 : *D. Affaires 1998. 1536, obs. A. L. ; Bull. Joly 1998. 1297, note Le Cannu.* – V. aussi • Com. 16 févr. 1999 : *Dr. sociétés 1999, n° 55, obs. Chaput ; RJDA 1999, n° 451 ; Bull. Joly 1999. 774, note P. S.* ♦ Le directeur général d'une société, par ailleurs professionnel de l'exercice comptable et fiscal, ne peut prétendre être exonéré de son obligation de déclarer l'état de cessation des paiements dans le délai légal en se retranchant derrière la volonté des associés. • Paris, 6 nov. 1998 : *Rev. proc. coll. 1999. 235, obs. Bach.* ♦ Le fait, pour une personne, d'avoir accepté d'être un gérant de complaisance ne l'exonère pas de la responsabilité qui pèse sur tout dirigeant de veiller à la bonne marche de l'entreprise et de satisfaire aux obligations légales. • Paris, 9 janv. 1996 : *RJDA 1996, n° 562.* – V. aussi • Paris, 8 déc. 2000 : *RTD com. 2001. 242, obs. Mascala*. ♦ Comp., pour une décision tenant compte du jeune âge et des liens de filiation avec le président : • Paris, 23 oct. 1998 : *Act. proc. coll. 1998, n° 182 ; Rev. proc. coll. 1999. 235, obs. Bach.*

En ce sens que la dissimulation, par le précédent dirigeant, demeuré dirigeant de fait, de la situation exacte de la société, n'est pas exonératoire de la responsabilité du dirigeant de droit, lequel aurait dû, au vu du bilan, procéder à une analyse financière dès sa nomination et effectuer, dès cette date, la déclaration de cessation des paiements, V. • Com. 5 janv. 1999 : *Rev. proc. coll. 1999. 235, obs. Bach.*

V. aussi note 6 ss. ancien art. L. 624-3.

2 quater. La faillite personnelle ne peut être prononcée à l'encontre d'un exploitant agricole dès lors que les faits visés sont antérieurs à la loi n° 88-1202 du 30 déc. 1988. • Com. 8 oct. 1996 : *Bull. civ. IV, n° 225 ; D. 1996. IR. 242.*

3. Comportements répréhensibles. V., sanctionnant, sur le fondement de l'art. 189 [C. com., art. L. 625-5] (1), un notaire ayant exercé une fonction de président de conseil d'administration, contrairement à l'interdiction prévue par le décret du 19 déc. 1945, • Com. 10 oct. 1995 : *Bull. civ. IV, n° 226 ; D. 1995. IR. 244 ; D. Affaires 1995. 162.* ♦ En revanche, le fait, par un dirigeant, d'avoir exercé une activité dans un établissement public, sans obtenir de dérogation pour continuer à diriger une entreprise privée, ne permet pas de lui appliquer l'art. 189 [C. com., art. L. 625-5] (1). • Com. 14 oct. 1997 : *D. Affaires 1997. 1362.*

V., sanctionnant des faits répondant à la définition de l'art. 189 [C. com., art. L. 625-5] (2), • Com. 22 juin 1993 : *Bull. civ. IV, n° 261* • 28 janv. 2004 : *RJDA 2004, n° 873* • Paris, 19 mars 1993 : *Gaz. Pal. 1994. 1. Somm. 225.*

La sanction de faillite personnelle ne peut être infligée au gérant d'une SARL, pour avoir pris un risque inconsidéré et disproportionné aux capacités de l'entreprise en concluant deux contrats très importants de sous-traitance : • Paris, 29 oct. 1991 : *D. 1992. IR. 54.*

En revanche, justifie le prononcé d'une mesure de faillite personnelle, sur le fondement de l'art. L. 625-5 (3°) C. com., le fait, pour un exploitant à titre individuel, d'avoir consenti à son conjoint et à ses deux enfants des contrats de travail non justifiés par l'activité réelle de l'entreprise tandis que les résultats de celle-ci ne lui permettaient pas d'en supporter la charge. • Com. 28 sept. 2004 : *RJDA 2005, n° 310.*

3 bis. Déclaration tardive d'état de cessation des paiements. Le juge qui fait application de l'art. 189 [C. com., art. L. 625-5] (5) n'est tenu ni par la limitation de délai énoncée à l'art. 9 [C. com., art. L. 621-7], al. 1er. • Com.

20 oct. 1992 : *Bull. civ. IV, n° 315 ; D. 1992. IR. 265 ; Bull. Joly 1993. 122, note Le Nabasque* • 30 nov. 1993 : *Bull. civ. IV, n° 440* • Versailles, 18 nov. 1999 : *RJDA 2000, n° 198.* ♦ ... Ni par l'absence de demande de report dans le délai formulé par l'art. 9 [C. com., art. L. 621-7], al. 2. • Com. 11 juin 1996 : *Bull. civ. IV, n° 168 ; D. 1996. Somm. 341, obs. Honorat ; D. Affaires 1996. 952 ; Bull. Joly 1996. 955, note Saintourens.* ♦ ... Ni par la décision antérieure du tribunal qui a retenu, par une appréciation de la situation au jour où il statuait, que la personne morale n'était pas en état de cessation des paiements. • Com. 19 nov. 1996 : *Bull. civ. IV, n° 278 ; D. 1997. Somm. 310, obs. Honorat ; D. Affaires 1997. 79 ; Bull. Joly 1997. 235, note Saintourens ; JCP E 1997. I. 651, n° 19, obs. Pétel ; Rev. sociétés 1997. 387, note Honorat .* – V. aussi • Paris, 7 déc. 2001 : *Dr. sociétés 2002, n° 136, note Legros.* ♦ Sur la nécessité, cependant, de retenir une date précise de cessation des paiements, V. • Com. 20 mai 1997 : *Bull. civ. IV, n° 145 ; D. 1997. IR. 144 ; D. Affaires 1997. 767 ; Bull. Joly 1997. 801, note Saintourens* • 20 juin 2000 : *Rev. proc. coll. 2001. 108, obs. Barret.* ♦ La faillite personnelle ne peut être prononcée par application de l'art. 189 [C. com., art. L. 625-5] (5) que s'il est établi que l'entreprise était en état de cessation des paiements plus de quinze jours avant la délivrance de l'assignation du créancier. • Com. 16 mars 1999 : *Act. proc. coll. 1999, n° 143.* ♦ Les juges du fond doivent constater l'impossibilité, pour le débiteur, de faire face au passif exigible avec son actif disponible à la date retenue comme étant celle de la cessation des paiements. • Com. 15 févr. 2000 : *Rev. proc. coll. 2001. 50, obs. Barret* • 9 juill. 2002 : *Dr. sociétés 2003, n° 8, note Legros.* ♦ En revanche, ils ne sont pas tenus de fixer le montant de l'insuffisance d'actif tel qu'il existait lorsque la cessation des paiements aurait dû être déclarée par le dirigeant. • Com. 26 oct. 1999 : *Rev. proc. coll. 2000. 115, obs. Barret.* ♦ La cassation de l'arrêt d'appel, en ce qu'il avait statué sur le report de la date de cessation des paiements atteint, par un lien de dépendance nécessaire, la condamnation du dirigeant pour absence de déclaration de cessation des paiements (sur le fondement de l'art. 180 [C. com., art. L. 624-3]). • Com. 12 nov. 1997 : *Bull. civ. IV, n° 290 ; D. Affaires 1997. 1468.* ♦ Le dirigeant poursuivi est en droit de contester, pour les besoins de sa défense, le bien-fondé de la date de cessation des paiements retenue dans le jugement d'ouverture de la procédure. • Com. 4 juill. 2000 : *Rev. proc. coll. 2001. 107, obs. Barret ; RJ com. 2001. 276, note Teboul.*

Le défaut de déclaration de cessation des paiements à l'encontre du dirigeant de fait et du dirigeant de droit de la société débitrice est suffisamment établi par la seule circonstance que la procédure a été ouverte sur saisine d'office du tribunal en résolution du plan de redressement. • Paris, 27 mars 1998 : *Act. proc. coll. 1998, n° 28.*

La responsabilité de l'absence de déclaration dans le délai incombe exclusivement au débiteur, même dans le cas où il n'a différé sa déclaration que sur les conseils d'un tiers. • Com. 30 nov. 1993 : *préc.* • Douai, 18 juin 1998 : *Rev. proc. coll. 1999. 235, obs. Bach.* ♦ Il n'y a pas lieu de considérer les motifs qui ont conduit le dirigeant à différer la déclaration d'état de cessation des paiements ou l'absence de caractère intentionnel de son abstention. • Com. 10 oct. 1995 : *Bull. civ. IV, n° 227 ; D. 1996. Somm. 84, obs. Honorat ; D. Affaires 1995. 159 ; Bull. Joly 1996. 62 ; Rev. huiss. 1996. 596, note Courtier* • 8 oct. 1996 : *Bull. civ. IV, n° 225 ; D. 1996. IR. 242 ; D. Affaires 1996. 1264* • 27 oct. 1998 : *Bull. Joly 1999. 57* • 13 avr. 1999 : *RJDA 1999, n° 979 ; Bull. Joly 1999. 1082, note Scholer* • 14 mars 2000 : *Rev. proc. coll. 2000. 226, obs. Barret* • Paris, 2 juin 2000 : *Rev. proc. coll. 2001. 108, obs. Barret.* ♦ ... Peu important, par ailleurs, les mesures de redressement et les accords avec les créanciers envisagés ultérieurement, hors du cadre du règlement amiable de la loi du 1er mars 1984 (à propos de l'art. 180 [C. com., art. L. 624-3]). • Com. 8 oct. 1996 : *Bull. civ. IV, n° 226 ; D. Affaires 1996. 1356 ; Bull. Joly 1996. 1057, note Calendini ; JCP E 1997. II. 917, note Daigre.* – V. aussi • Com. 26 juin 2001 : *Dr. sociétés 2001, n° 143, note Legros* • Versailles, 11 avr. 1996 : *D. 1996. IR. 161 ; Bull. Joly 1996. 703, note Le Cannu* • Paris, 18 juin 1999 : *Rev. proc. coll. 2001. 50, obs. Barret* • 5 janv. 2000 : *JCP E 2000, nos 18-19, p. 730.* ♦ V. aussi, en cas de règlement amiable, note 1 *bis* ss. ancien art. L. 611-3.

Le débiteur, qui est tenu de demander l'ouverture de la procédure de redressement judiciaire au plus tard dans les quinze jours qui suivent la cessation des paiements, n'en est pas dispensé par la délivrance d'une assignation à cette fin par un créancier : • Com. 19 janv. 1999 : *Bull. civ. IV, n° 19 ; D. 2002. Somm. 203, obs. Sortais ; D. Affaires 1999. 259, obs. A. L. ; JCP E 1999, n° 18-19, p. 816, obs. Pétel ; Dr. sociétés 1999, n° 37, obs. Chaput ; Petites affiches 9 juill. 1999, p. 24, note Courtier.*

Le dirigeant de droit d'une personne morale ne peut, pour se soustraire à l'application de l'art. 189, devenu l'art. L. 625-5 C. com., prétendre avoir abandonné l'exercice de ses fonctions à un dirigeant de fait ou n'avoir été que son prête-nom. • Com. 5 févr. 2002 : *Dr. sociétés 2002, n° 153, note Legros* • Paris, 4 oct. 2002 :

RTD com. 2003. 377, obs. Mascala. ♦ Ainsi, le fait, pour une fille de 19 ans, d'avoir accepté, à la demande de son père, de signer divers documents dont elle ne comprenait pas la portée et qui ont fait d'elle l'un des associés et la gérante d'une société, dont elle ignorait tout de la marche, de ses difficultés et de l'ouverture du redressement judiciaire, n'est pas de nature à l'exonérer de sanction. • Paris, 18 juin 1999 : *D. Affaires 1999. 1296 ; Rev. proc. coll. 2001. 50, obs. Barret.*

Sur la prise en compte de l'absence d'incidence du retard sur le montant du passif, V. • Paris, 19 juin 1998 : *Act. proc. coll. 1998, n° 126.* ♦ ... De la collaboration du dirigeant au bon déroulement de la procédure, V. • Paris, 15 févr. 2000 : *Rev. proc. coll. 2000. 226, obs. Barret.* ♦ ... Du fait que les difficultés de l'entreprise sont en partie imputables à des causes étrangères au dirigeant, V. • Paris, 25 janv. 2000 : *Rev. proc. coll. 2001. 277, obs. Barret.* ♦ Pour l'exemption de toute sanction d'un dirigeant qui avait déclaré la cessation des paiements douze jours seulement après sa prise de fonctions, V. • Paris, 21 sept. 2001 : *Dr. sociétés 2002, n° 62, note Legros.* ♦ V. aussi, sur l'opportunité de prononcer une sanction en application de l'art. 189 [C. com., art. L. 625-5] (5) : • Paris, 23 sept. 1997 : *Rev. proc. coll. 1999. 133, obs. Bach* • 3 juill. 1998 : *ibid.* • Besançon, 3 mai 2000 : *Rev. proc. coll. 2001. 108, obs. Barret.*

Pour des applications de l'art. 189 [C. com., art. L. 625-5] (5), V. • Paris, 25 sept. 1990 : *D. 1990. IR. 229* • 4 juill. 1995 : *D. 1995. IR. 221 ; D. Affaires 1995. 45.* ♦ V. aussi, *supra*, note 2 *ter*, et note 22 ss. ancien art. L. 624-3.

3 ter. Dès lors que la société avait obtenu un plan de redressement (par la suite résolu en vertu de l'art. 80 [C. com., art. L. 621-82]), il ne peut être reproché au dirigeant de n'avoir pas déclaré la cessation des paiements avant la décision ayant arrêté ce plan. • Com. 17 mars 1998 : *Bull. civ. IV, n° 107 ; RJDA 1998, n° 1025.* ♦ V. aussi note 2 ss. ancien art. L. 625-1 et note 3 *ter* ss. ancien art. L. 625-8.

4. Énumération limitative. Les causes de faillite personnelle sont strictement énumérées par la loi du 25 janv. 1985. L'art. 189 [C. com., art. L. 625-5] ne pose aucune mesure de faillite personnelle contre un commerçant créant une activité personnelle au cours d'une procédure de liquidation judiciaire dont il fait l'objet. • Com. 17 mars 1998 : *D. Affaires 1998. 915.* ♦ De même, l'insuffisance d'actif ne constitue pas l'un des faits visés par les art. 188 et 189 [C. com., art. L. 625-4 et L. 625-5] et, même importante, elle ne peut servir à elle seule de fondement à une interdiction professionnelle. • Paris, 29 mai 1990 : *D. 1990. IR. 162.* ♦ V. aussi, refusant de prononcer une mesure de faillite personnelle à l'encontre d'un dirigeant qui avait enfreint une interdiction contractuelle de concurrence, • Toulouse, 28 sept. 1998 : *Rev. proc. coll. 2000. 116, obs. Barret.*

V. aussi note 8 ss. ancien art. L. 624-5 et note 2 ss. ancien art. L. 625-8.

4 bis. Mesure facultative. Il résulte de l'art. 189 [C. com., art. L. 625-5] que le juge a la faculté de ne pas prononcer la faillite personnelle du dirigeant contre lequel il a relevé des faits qui y sont mentionnés. • Com. 23 mai 2000 : *Act. proc. coll. 2000, n° 155.* ♦ Pour une application, V. • Paris, 9 nov. 2001 : *Dr. sociétés 2002, n° 111, note Legros.*

5. Violation de l'interdiction. V. ancien art. L. 627-4 et notes ss. cet art.

Ancien art. L. 625-6 ***Le tribunal peut prononcer la faillite personnelle du dirigeant de la personne morale qui n'a pas acquitté les dettes de celle-ci mises à sa charge.*** — [L. n° 85-98 du 25 janv. 1985, art. 190]. — V. Décr. n° 85-1388 du 27 déc. 1985, ancien art. 169, infra, App., v° Difficultés des entreprises.

Interprétation stricte. L'art. 190 [C. com., art. L. 625-6] n'est applicable que dans le cas où le dirigeant, condamné en application de l'art. 180 [C. com., art. L. 624-3] à supporter tout ou partie des dettes de la personne morale, s'est abstenu d'en régler le montant (et non dans le cas d'une procédure d'extension au dirigeant avec mise à sa charge du passif de la personne morale). • Com. 6 janv. 1998 : *Bull. civ. IV, n° 4 ; D. Affaires 1998. 255, obs. J. F. ; JCP E 1998, n° 17, p. 659, obs. Pétel ; Bull. Joly 1998. 367, note Calendini ; Petites affiches 6 août 1999, p. 27, note Teilliais.*

Ancien art. L. 625-7 ***Dans les cas prévus aux articles L. 625-3 à L. 625-6, le tribunal se saisit d'office ou est saisi par l'administrateur, le représentant des créanciers, le liquidateur ou le procureur de la République.*** — [L. n° 85-98 du 25 janv. 1985, art. 191]. — V. Décr. n° 85-1388 du 27 déc. 1985, ancien art. 168, infra, App., v° Difficultés des entreprises.

Est irrecevable l'action engagée, *ès qualités* d'administrateur judiciaire, aux fins de voir prononcer à l'encontre du dirigeant une mesure de faillite personnelle, dès lors que l'administrateur n'était plus en fonctions au jour de l'assignation et que le commissaire à l'exécution du plan n'a pas qualité pour saisir le tribunal aux fins de prononcé de la faillite personnelle. • Com. 24 sept. 2003 : *cité note 2 ss. ancien art. L. 621-67.* ♦ V. aussi cet arrêt sur le défaut de qualité du représentant des créanciers pour agir en prononcé de faillite personnelle après le jugement arrêtant le plan de redressement.

Ancien art. L. 625-8 *Dans les cas prévus aux articles L. 625-3 à L. 625-6, le tribunal peut prononcer, à la place de la faillite personnelle, l'interdiction de diriger, gérer, administrer ou contrôler, directement ou indirectement, soit toute entreprise commerciale ou artisanale, toute exploitation agricole et toute personne morale, soit une ou plusieurs de celles-ci.*

L'interdiction mentionnée au premier alinéa peut également être prononcée à l'encontre de toute personne mentionnée à l'article L. 625-1 qui, de mauvaise foi, n'aura pas remis au représentant des créanciers la liste complète et certifiée de ses créanciers et le montant de ses dettes dans les huit jours suivant le jugement d'ouverture. — [L. n° 85-98 du 25 janv. 1985, art. 192]. — V. Décr. n° 85-1388 du 27 déc. 1985, ancien art. 155, infra, App., v° Difficultés des entreprises.

1. Personnes visées. En ce sens qu'un gérant d'EURL non rémunéré peut valablement être condamné à une interdiction de gérer, V. • Com. 16 févr. 1999 : *BRDA 1999, n° 6, p. 4.* ♦ Pour l'application de l'art. 192 [C. com., art. L. 625-8] à des dirigeants d'une association, V. • TGI Créteil, 15 févr. 1989 : *RTD com. 1990. 271, obs. Haehl.* ♦ V. aussi note 8 ss. ancien art. L. 625-1.

2. Agissements répréhensibles (jurisprudence relative à l'ancien art. 192, al. 1er). L'énumération des « cas prévus aux art. 189 et 190 », que prévoyait l'art. 192 de la loi du 25 janv. 1985, avant la loi du 10 juin 1994, était limitative et ne pouvait être étendue à d'autres faits, notamment pas aux cas visés aux art. 187 et 188. • Com. 23 nov. 1999 : *Rev. proc. coll. 2000. 115, obs. O. Barret* • Paris, 16 nov. 1989 : *D. 1991. Somm. 115, obs. Derrida* • 9 juill. 1993 : *Gaz. Pal. 1994. 1. 21, note Marchi.* ♦ Comp., sur la possibilité, s'agissant d'un fait relevant de l'art. 187 (1), de prononcer à la place de la faillite personnelle, l'interdiction prévue à l'art. 192 : • Com. 3 nov. 1992 : *Bull. civ. IV, n° 342.* ♦ La création d'une insuffisance d'actif comme le caractère incomplet de la comptabilité, n'étant pas mentionnés parmi les cas figurant aux art. 189 et 190 auxquels renvoyait l'ancien art. 192, al. 1er, ne permettaient pas de prononcer l'interdiction de gérer. • Paris, 20 mars 1990 : *JCP E 1990. I. 19173.* ♦ De même, il résultait de l'art. 188 que la faillite personnelle était seule encourue par le dirigeant d'une personne morale qui avait commis l'un des actes mentionnés à l'art. 182. • Com. 27 avr. 1993 : *Bull. civ. IV, n° 149 ; Rev. sociétés 1993. 867, note Le Nabasque ; D. 1993. IR. 130 ; Bull. Joly 1993. 689, note Ramackers.* – V. aussi • Com. 14 juin 1994 : *Bull. civ. IV, n° 213 ; D. 1994. IR. 188* • 23 mai 1995 : *Bull. Joly 1995. 884, note Le Cannu.* ♦ Comp., désormais : art. L. 625-8, al. 1er. ♦ La modification opérée par la loi du 10 juin 1994 ne s'applique pas aux procédures ouvertes avant le 1er oct. 1994 : V. • Com. 5 janv. 1999 : *Act. proc. coll. 1999, n° 62.* ♦ Le défaut de remise de la comptabilité n'est pas un fait de nature à justifier le prononcé d'une interdiction de gérer. • Com. 3 déc. 2003 : *Rev. proc. coll. 2005. 159, obs. O. Barret.*

3. Le président du directoire d'une société anonyme à qui il appartenait de démissionner s'il ne pouvait réellement exercer ses pouvoirs et qui a souscrit des engagements trop importants au moment de leur conclusion eu égard à la situation de la personne morale et qui a engagé des dépenses excessives en l'absence de compte d'exploitation prévisionnel et de prévision de financement, a eu une gestion imprudente justifiant une interdiction de gérer. • Paris, 9 nov. 1990 : *Rev. sociétés 1991. 590, note Sortais.*

3 bis. Déclaration tardive d'état de cessation des paiements. Pour le prononcé d'une interdiction de gérer à l'encontre d'un dirigeant n'ayant pas déclaré la cessation des paiements dans le délai imparti, V. • Com. 13 oct. 1998 : *Bull. civ. IV, n° 238* • Paris, 16 avr. 1999 : *Dr. sociétés 2000, n° 9, obs. Chaput* • 23 janv. 2001 : *Dr. sociétés 2002, n° 6, note Legros* (condamnation des dirigeants de droit et de fait). ♦ Pour une décision écartant, au contraire, l'application de l'art. 192 [C. com., art. L. 625-8], alors même que le grief de dépassement du délai de déclaration de la cessation des paiements était établi, au motif, notamment, que le dirigeant avait effectué cette déclaration sitôt connu l'échec de la tentative de règlement amiable, V. • Paris, 8 juin 1999 : *Act. proc. coll. 1999, n° 208.* – V. aussi • Paris, 5 janv. 2000 : *JCP E 2000, nos 18-19, p. 730* • 6 nov. 2001 : *Dr. société 2002, n° 111, note Legros* • 7 mars 2003 : *RJDA 2003, n° 754 ; Dr. sociétés 2003, n° 210, note Legros* • T. com. Roubaix-Tourcoing, 3 mars 1998 : *Rev. proc. coll. 2000. 115, obs. Barret.*

3 ter. Dès lors que la nouvelle procédure collective a été ouverte par résolution du plan de continuation de l'entreprise pour inexécution des engagements financiers, la sanction de l'interdiction de gérer ne peut être fondée sur l'omission de faire, dans le délai de quinze jours, la déclaration de l'état de cessation des paiements. • Com. 29 mai 2001 : *Bull. civ. IV, n° 105 ; D. 2002. Somm. 203, obs. Derrida ; D. 2001. AJ. 2033, obs. Lienhard ; JCP E 2001, n° 37, p. 1425, obs. Pétel ; Dr. sociétés 2001, n° 142, note Legros ; RTD com. 2002. 155, obs. Saint-Alary-Houin* • 24 juin 2003 : *Rev. proc. coll. 2005. 158, obs. Barret. – Contra :* • Paris, 19 janv. 2001 : *Rev. proc. coll. 2001. 274, obs. Barret.* ♦ V. aussi notes 3 *bis* et 3 *ter* ss. ancien art. L. 625-5.

4. Substitution par la cour d'appel. Une cour d'appel ne peut substituer à l'interdiction de gérer prononcée en première instance la sanction plus sévère de la faillite personnelle. • Com. 5 avr. 1994 : *Bull. Joly 1994. 1213* • 28 mars 2000 : *Act. proc. coll. 2000, n° 114.* ♦ En raison de la nature différente de ces deux sanctions, l'intimé, à l'encontre duquel il n'a été demandé en première instance qu'une mesure d'interdiction de diriger est fondé à solliciter que soit écartée comme nouvelle la demande du ministère public tendant à l'application de la faillite personnelle. • Aix-en-Provence, 13 nov. 1997 : *Rev. proc. coll. 1999. 133, obs. Bach.*

5. Motifs de substitution. Pour des circonstances économiques spécifiques (guerre du Golfe), à l'origine des difficultés financières de la société, V. • Paris, 6 juill. 1995 : *D. 1995. IR. 221 ; D. Affaires 1995. 45 ; JCP 1996. II. 22649, note Gibirila.* ♦ ... Pour une défaillance d'une filiale conséquence de la défaillance de la société-mère, V. • Paris, 26 mars 1996 : *Dr. sociétés 1996, n° 193, obs. Chaput.* ♦ ... Pour la possibilité de reclassement du dirigeant dans une activité commerciale individuelle mieux adaptée, V. • Paris, 25 sept. 1990 : *D. 1990. IR. 229.* ♦ ... Pour les circonstances dans lesquelles une fille de 19 ans a accepté de prêter son nom à son père et la crainte révérencielle que celui-ci lui a inspirée, V. • Paris, 18 juin 1999 : *D. Affaires 1999. 1296 ; Dr. sociétés 2000, n° 8, obs. Chaput.* ♦ V. aussi • Bourges, 11 janv. 1999 : *Act. proc. coll. 1999, n° 235.*

6. Limitation à certaines entreprises. Pour une décision ayant excepté de l'interdiction de gérer l'entreprise personnelle du débiteur, V. • Paris, 6 févr. 1996 : *Bull. Joly 1996. 401, note Lepeltier.* ♦ Pour une décision de refus, V. • Versailles, 30 mai 1996 : *D. Affaires 1996. 1195.*

6 bis. Opportunité de la sanction. Pour l'infirmation d'un jugement ayant condamné un dirigeant à une interdiction de gérer, les juges d'appel ayant retenu que les griefs, décelables depuis de nombreuses années, n'avaient été formulés par le mandataire liquidateur que sept années après le prononcé de la liquidation judiciaire, à une date à laquelle l'intéressé avait créé une entreprise génératrice de bénéfices, employant quatorze salariés et lui permettant de subvenir aux besoins de sa famille, V. • Douai, 18 sept. 1997 : *Rev. proc. coll. 2000. 67, obs. Bach.*

7. Aides à la création d'entreprise. L'interdiction de gérer fait obstacle à l'octroi de mesures d'aide à la création d'entreprise. • CE 18 mars 1998 : *Act. proc. coll. 1998, n° 101.*

8. Violation de l'interdiction. V. art. L. 627-4 et notes ss. cet art.

V. aussi note 1 *ter* ss. ancien art. L. 625-2.

9. Interdiction de gérer prévue par l'art. L. 625-8, al. 2. Pour l'absence d'incidence des dispositions de l'art. L. 625-8, al. 2, sur l'extinction des créances non-déclarées, V. note 1 ss. ancien art. L. 621-45.

Ancien art. L. 625-9 *Le droit de vote des dirigeants frappés de la faillite personnelle ou de l'interdiction prévue à l'article L. 625-8 est exercé dans les assemblées des personnes morales soumises à une procédure de redressement judiciaire ou de liquidation judiciaire par un mandataire désigné par le tribunal à cet effet, à la requête de l'administrateur, du liquidateur ou du commissaire à l'exécution du plan.*

Le tribunal peut enjoindre à ces dirigeants ou à certains d'entre eux, de céder leurs actions ou parts sociales dans la personne morale ou ordonner leur cession forcée par les soins d'un mandataire de justice, au besoin après expertise. Le produit de la vente est affecté au paiement de la part des dettes sociales dans le cas où ces dettes ont été mises à la charge des dirigeants. — [L. n° 85-98 du 25 janv. 1985, art. 193]. — V. Décr. n° 85-1388 du 27 déc. 1985, ancien art. 52, infra, App., v° Difficultés des entreprises.

Cession de parts sociales. Le tribunal ne peut étendre la mesure prévue à l'art. 193 [C. com., art. L. 625-9], al. 2, aux parts sociales que les dirigeants sociaux peuvent détenir dans d'autres personnes morales, l'interdiction de contrôler ces personnes, de les gérer ou administrer, conséquence de la faillite personnelle, ne nécessitant pas obligatoirement une telle cession. • Versailles, 25 févr. 1993 : *D. 1993. IR. 101 ; Bull. Joly 1993. 602, note P.L.C. ; Dr. sociétés 1994, n° 52, obs. Chaput* • 5 mai 1994 : *RJDA 1994, n° 1143.*

Loi n° 85-98 du 25 janvier 1985,

Relative au redressement et à la liquidation judiciaires des entreprises.

Art. 194 (Abrogé par Ord. n° 2000-912 du 18 sept. 2000, ratifiée par L. n° 2003-7 du 3 janv. 2003, art. 50-I) *Le jugement qui prononce soit la faillite personnelle, soit l'interdiction prévue à l'article 192* [C. com., ancien art. L. 625-8] *emporte l'incapacité d'exercer une fonction publique élective. L'incapacité s'applique également à toute personne physique à l'égard de laquelle la liquidation judiciaire a été prononcée. Elle prend effet de plein droit à compter de la notification qui en est faite à l'intéressé par l'autorité compétente.*

1. Conformité à la Constitution. Saisi du texte de la loi organique n° 99-209 du 19 mars 1999 relative à la Nouvelle-Calédonie, le Conseil constitutionnel a décidé qu'en instituant une incapacité d'exercer une fonction publique élective d'une durée en principe au moins égale à cinq ans, applicable de plein droit à toute personne physique à l'égard de laquelle a été prononcée la faillite personnelle, l'interdiction prévue à l'art. 192 [C. com., art. L. 625-8] ou la liquidation judiciaire, sans que le juge qui décide de ces mesures ait à prononcer expressément ladite incapacité, l'art. 194 méconnaît le principe de nécessité des peines. • Cons. const. 15 mars 1999 : *JO 21 mars ; D. 2000. Somm. 116, obs. Roujou de Boubée* ; *JCP 1999. I. 151, n° 5, obs. J.-H. Robert ; JCP E 1999, n° 39, p. 1537, obs. Pétel.* – V. Thiriez, *Annonces de la Seine, 25 mars 1999, p. 4.* – V. aussi J.-H. Robert, *Dr. pénal 2001, n° 36.*

2. Conformité au code pénal. L'art. 194 ne peut être regardé comme ayant été implicitement abrogé par l'art. 132-21 C. pén., lequel vise la sanction pénale définie par l'art. 131-26 du même code et, surtout, suppose, pour l'exclure, que l'interdiction des droits civiques résulte de plein droit d'une « condamnation pénale » ; une mesure de liquidation judiciaire n'ayant pas, à l'évidence, la nature d'une sanction pénale. • Paris, 31 mars 1995 : *Gaz. Pal. 1995. 2. Somm. 522,* conf. par • Com. 9 juill. 1996 : *Bull. civ. IV, n° 207 ; D. 1996. 465, concl. De Gouttes* ; *D. Affaires 1996. 1132 ; Gaz. Pal. 1996. 2. Somm. 310, obs. Perdriau.* – V., dans le même sens et la même affaire, • CE 8 janv. 1997 : *D. 1997. 259, note Ghevontian*. ♦ Le jugement, devenu définitif, par lequel un tribunal de commerce a prononcé la faillite personnelle d'un député, entraîne la déchéance de plein droit du parlementaire qui doit être constatée par le Conseil constitutionnel. • Cons. const. 5 sept. 1996 : *JO 8 sept. ; D. 1998. Somm. 149, obs. Ghevontian*.

3. Conformité aux normes internationales. L'incapacité que la loi attache au prononcé de la liquidation judiciaire d'une personne physique et qui prend effet de plein droit à compter de la notification qui en est faite à celle-ci ne contrevient pas aux dispositions de l'art. 6, paragr. 1, de la convention européenne des droits de l'homme, dès lors que l'intéressé bénéficie de la garantie prévue par ce texte du fait de la procédure ayant abouti au prononcé de la liquidation judiciaire et dont il n'est pas soutenu qu'elle ne répondrait pas aux exigences du procès équitable. • Com. 9 juill. 1996 : *préc. note 2.* ♦ Dans le même sens et la même affaire, considérant, par ailleurs, également que l'art. 194 est compatible avec l'art. 14 du Pacte international relatif aux droits civils et politiques, V. • CE 8 janv. 1997 : *préc. note 2.*

4. Domaine d'application. Les dispositions de l'art. 194 qui visent toute fonction publique élective, s'appliquent aux représentants de la France au Parlement européen placés en liquidation judiciaire, alors même que l'art. 5 de la loi n° 77-729 du 7 juill. 1977 ne s'y réfère pas expressément. • CE 8 janv. 1997 : *préc. note 2.*

5. Notification. L'incapacité d'exercer une fonction publique élective, dont la notification est expressément prescrite par l'art. 194, n'ayant pas été notifiée, cette incapacité n'a jamais pris effet, même si le jugement a été signifié. • Cons. const. 16 déc. 1997 : *JO 19 déc. ; D. 1998. 301, note Ghevontian*.

6. V. note 7 ss. ancien art. 155 du 1er décret du 27 déc. 1985, *infra*, App., v° *Difficultés des entreprises.*

Ancien art. L. 625-10 *Lorsque le tribunal prononce la faillite personnelle ou l'interdiction prévue à l'article L. 625-8, il fixe la durée de la mesure, qui ne peut être inférieure à cinq ans. Il peut ordonner l'exécution provisoire de sa décision. Les déchéances et les interdictions cessent de plein droit au terme fixé, sans qu'il y ait lieu au prononcé d'un jugement.*

Le jugement de clôture pour extinction du passif rétablit le chef d'entreprise ou les dirigeants de la personne morale dans tous leurs droits. Il les dispense ou relève de toutes les déchéances et interdictions.

Dans tous les cas, l'intéressé peut demander au tribunal de le relever, en tout ou partie, des déchéances et interdictions s'il a apporté une contribution suffisante au paiement du passif.

Lorsqu'il y a relèvement total des déchéances et interdictions, la décision du tribunal emporte réhabilitation. — [L. n° 85-98 du 25 janv. 1985, art. 195]. — V. Décr. n° 85-1388 du 27 déc. 1985, ancien art. 171, infra, App., v° Difficultés des entreprises.

Les dispositions de l'art. 195 de la loi n° 85-98 du 25 janv. 1985 faisant référence à l'incapacité d'exercer une fonction publique élective n'ont pas été codifiées. Ces dispositions avaient été déclarées contraires à la Constitution par le Conseil constitutionnel (Cons. const. 15 mars 1999 : D. 2000. Somm. 116, obs. Roujou de Boubée ; JCP 1999. I. 151, n° 5, obs. Robert ; JCP E 1999, n° 39, p. 1537, obs. Pétel).

BIBL. ► Sur le relèvement et la réhabilitation : MASCALA, *Rev. proc. coll. 2003. 192.*

1. Fixation de la durée. En décidant que, compte tenu des éléments relevés à l'encontre du gérant d'une société mise en liquidation judiciaire, il convenait de prononcer sa faillite personnelle mais qu'il n'y avait pas lieu de limiter cette mesure dans le temps, s'agissant d'une sanction qui ne se circonscrit pas dans la durée, un arrêt viole l'art. 195 [C. com., art. L. 625-10]. • Com. 3 nov. 1992 : *Bull. civ. IV, n° 343.* ♦ De même, viole ce texte l'arrêt qui a déchu à vie le président du conseil d'administration de la société du droit de diriger, gérer, administrer ou contrôler toute entreprise commerciale. • Com. 9 janv. 1996 : *Bull. civ. IV, n° 9 ; D. 1996. IR. 43 ; Bull. Joly 1996. 530, note Vallansan.* – Dans le même sens : • Com. 23 nov. 1999 : *Rev. proc. coll. 2000. 115, obs. Barret.*

1 bis. L'interdiction de gérer prononcée à l'encontre d'un gérant de SARL âgé de trente-deux ans n'est pas perpétuelle, dès lors que sa durée a été limitée à trente ans. • Com. 20 juin 1995 : *RJDA 1995, n° 1048.* – V. aussi • Com. 3 avr. 2001 : *Rev. proc. coll. 2001. 276, obs. Barret.*

1 ter. Pour l'inapplicabilité des dispositions de l'art. 131-27 C. pén. à l'interdiction de gérer prononcée en application des art. L. 625-8 et L. 625-10 C. com., V. • Paris, 10 sept. 2004 : *Rev. sociétés 2004. 967, obs. Urbain-Parléani ; RJDA 2005, n° 309.*

1 quater. Conformité à la Conv. EDH. La faillite personnelle et l'interdiction de gérer n'ont pas une nature de sanctions pénales et ne sont donc pas soumises au principe de légalité des délits et des peines ; il en résulte que les art. L. 625-5 s. C. com., qui ne prévoient pas de plafond pour la durée de la sanction, ne sont pas contraires à l'art. 7 Conv. EDH, ni à l'art. 15 du pacte international relatif aux droits civils et politiques. • Amiens, 13 mars 2003 : *BICC 2003, n° 1417 ; Dr. sociétés 2004, n° 41, note Legros ; RJDA 2004, n° 603 ; RTD com. 2004. 606, obs. Mascala .*

2. Suspension de l'exécution provisoire. V. note 7 ss. ancien art. 155 du 1er décret du 27 déc. 1985, *infra*, App., v° *Difficultés des entreprises.*

2 bis. Effets du jugement de clôture pour extinction du passif. Il résulte des art. 1844-7, 7°, et 1844-8, al. 3, C. civ., que le jugement de clôture pour extinction du passif est sans influence sur la dissolution, consécutive au prononcé de la liquidation judiciaire, de la personne morale dont la personnalité ne subsiste que pour les besoins de sa liquidation. • Com. 26 oct. 1999 : *Bull. civ. IV, n° 196 ; D. 1999. AJ. 77, obs. A. L. ; Act. proc. coll. 1999, n° 245, obs. Regnaut-Moutier ; JCP E 2000, n° 4, p. 128, obs. Cabrillac et Pétel ; Bull. Joly 2000. 49, note Le Cannu ; Petites affiches 17 févr. 2000, p. 11, note P. M. ; ibid., 14 mars 2000, p. 11, note Courtier ; Dr. sociétés 2000, n° 27, obs. Chaput ; RJ com. 2000. 130, note Convert ; RTD com. 2000. 124, obs. Champaud et Danet ; Defrénois 2000. 997, obs. Gibirila.* ♦ Viole ces textes l'arrêt qui, pour dire n'y avoir lieu à la désignation d'un liquidateur de la société, retient que l'art. 195 de la loi du 25 janv. 1985 [C. com., art. L. 625-10] doit être interprété comme rétablissant la société dans ses droits, et que celle-ci, qui avait été rétablie dans son existence sociale par l'effet de la clôture de sa liquidation judiciaire pour extinction du passif, disposait de ses organes sociaux. • Même arrêt. (V. l'arrêt cassé : • Douai, 16 janv. 1997 : *Petites affiches 8 sept. 1997, p. 10, note Soinne*).

3. Relevé de déchéance. Sur le pouvoir souverain d'appréciation des juges du fond, V. • Com. 24 mai 2005 : *RJDA 2005, n° 1373 ; Dr. sociétés 2006, n° 20, note Legros.* ♦ La faculté de demander le relevé des déchéances attachées à la faillite personnelle n'est pas de nature exclusivement quantitative, il convient de tenir compte aussi des possibilités contributives du failli et il est permis de retenir la part prise dans la création du passif. • Paris, 12 juin 1990 : *D. 1990. IR. 192.* ♦ Pour des décisions accordant le relevé de déchéance, V. • Paris, 14 sept. 1999 : *Rev. proc. coll. 2000. 68, obs. Bach* • Douai, 21 oct. 1999 : *Rev. proc. coll. 2001. 278, obs. Barret* • T. com. Bobigny, 6 nov. 1998 : *ibid.* ♦ Pour des décisions refusant de prononcer le relevé de déchéance, V. • Com. 3 nov. 1992 : *Bull. civ. IV, n° 344* (versement mensuel de 250 F pour un passif supérieur à 200 000 F) • Paris, 16 mai

2003 : *Dr. sociétés 2004, nº 172, note Legros* • T. com. Paris, 20 mai 1999 : *Rev. proc. coll. 2000. 68, obs. Bach* (contribution de 15 000 F pour une insuffisance d'actif de 2,5 millions de francs).

Sur l'insuffisance de la seule offre de verser une somme consignée sur un compte, V. • Versailles, 11 sept. 1997 : *D. Affaires 1997. 1329.* ♦ ... De la justification d'avoir obtenu des dégrèvements fiscaux, V. • Dijon, 24 nov. 1998 : *Rev. proc. coll. 2000. 68, obs. Bach.*

3 bis. Le paiement total par le dirigeant des sommes auxquelles il a été condamné, destiné à indemniser le préjudice subi par les créanciers à la suite de son comportement fautif, constitue une réparation pécuniaire distincte et autonome de la sanction personnelle qu'est la mesure d'interdiction de gérer, qui vise à assainir les professions commerciales et à écarter l'intéressé des responsabilités économiques. • Douai, 15 févr. 2001 : *BICC 2001, nº 962.* ♦ Cette réparation n'équivaut donc pas à la contribution prévue par les dispositions de l'art. L. 625-10 C. com. • Versailles, 26 juin 2003 : *RJDA 2003, nº 1105.*

3 ter. Les dispositions de l'art. L. 625-10 C. com. ne concernent que le relèvement des déchéances et interdictions et ne sont pas applicables aux condamnations pécuniaires. • Paris, 24 janv. 2003 : *RJDA 2003, nº 868.*

4. Droit transitoire. La procédure tendant au relevé des déchéances, interdictions et incapacités de l'art. 195 [C. com., art. L. 625-10] est applicable aux dirigeants sanctionnés sous l'empire de la loi du 13 juill. 1967. • Douai, 16 déc. 1999 : *Rev. proc. coll. 2001. 51, obs. A. Barret* (solution fondée sur l'art. 240, al. 4, de la loi du 25 janv. 1985). – Dans le même sens, V. • Colmar, 11 mars 2003 : *ibid. 2005. 156, obs. A. Barret.*

L'amnistie opérée par la loi nº 95-884 du 3 août 1995 n'entraîne pas la remise de la faillite personnelle ou des autres sanctions prévues au titre VI ci-dessus de la loi nº 85-98 du 25 janv. 1985 (L. nº 95-884 du 3 août 1995, art. 18-II, 1º). — V. cette loi (D. et ALD 1995. 407). - Dans le même sens, pour l'amnistie opérée par la loi nº 2002-1062 du 6 août 2002, V. cette loi, art. 16, al. 2, 1º (D. 2002. 2308).

CHAPITRE VI DE LA BANQUEROUTE ET DES AUTRES INFRACTIONS

RÉP. COM. vº *Entreprises en difficulté — Redressement judiciaire (Sanctions)*, par FORTIS.

BIBL. GÉN. ▸ BOULOC, *RSC 1985. 613.* - DERRIDA, *ibid. 1989. 658.* - LABORDE, *Rev. proc. coll. 1987, nº 1, p. 1.* - LANGLADE, *JCP E 1986. II. 15710.* - BRIEUC DE MASSIAC, *RJDA 1992, p. 658.* - DEVÈZE, *Rev. proc. coll. 1992. 319.* - JONVILLE, *JCP N. 1994. Prat. 3053* (responsabilité pénale des personnes morales). - JEANDIDIER, *RJ com. nov. 2001, nº spéc., p. 131* (le droit pénal de la banqueroute ou les avatars de la pénalisation).

▸ Sur la réforme du 10 juin 1994 : HAEHL, *Petites affiches 14 sept. 1994, p. 22.* — CHAPUT, *Rev. proc. coll. 1994. 523.*

SECTION PREMIÈRE DE LA BANQUEROUTE

RÉP. PÉN. vº *Banqueroute*, par PASCAL.

Ancien art. L. 626-1 ***Les dispositions de la présente section sont applicables :***

1º A tout commerçant, agriculteur ou personne immatriculée au répertoire des métiers ;

2º A toute personne qui a, directement ou indirectement, en droit ou en fait, dirigé ou liquidé une personne morale de droit privé ayant une activité économique ;

3º Aux personnes physiques représentants permanents de personnes morales dirigeants des personnes morales définies au 2º ci-dessus. — [L. nº 85-98 du 25 janv. 1985, art. 196].

Les art. L. 626-2 à L. 626-5, L. 626-7, L. 626-12 et L. 626-16 à L. 626-19 sont applicables à toute personne ayant directement ou indirectement le pouvoir d'engager une institution de prévoyance, même lorsque cette dernière ne relève pas de plein droit de ces dispositions (CSS, art. L. 931-28, issu de L. nº 94-678 du 8 août 1994).

BIBL. ▸ CONTE, *Mélanges Jean Larguier* (la banqueroute du commerçant radié du registre du commerce et des sociétés) ; *Dr. pénal, hors-série, déc. 2000, p. 4* (la banqueroute, un exemple des ambiguïtés de la dépénalisation).

1. Application aux dirigeants de fait. Les art. 196 et 197 [C. com., art. L. 626-1 et L. 626-2] sont indistinctement applicables aux dirigeants de droit ou de fait pour toutes les infractions qu'ils prévoient, y compris pour l'absence de toute comptabilité. • Crim. 7 déc. 1992 : *Bull. crim. n° 402.*

2. Caractérise la gestion de fait, l'arrêt qui constate qu'un prévenu, théoriquement directeur commercial, était en réalité le seul à disposer d'une voiture de fonction, occupait le bureau directorial, prenait les décisions importantes et était le véritable patron, fixait les salaires, décidait des investissements et des prises de participation, et qu'il avait joué un rôle essentiel dans les procédés frauduleux. • Crim. 19 sept. 1994 : *Bull. Joly 1994. 1309, note J.-F. Barbièri.* ♦ Doit également être considéré comme gérant de fait le prévenu qui, après sa retraite, continue à animer la société en toute indépendance, établissant des relations avec les clients et les fournisseurs et procédant à des embauches. • Paris, 9 nov. 1998 : *Dr. sociétés 1999, n° 72, obs. Chaput.* ♦ Il en va de même du prévenu salarié dont le montant du salaire est nettement supérieur à celui perçu par la gérante de droit et qui, par ailleurs, exerce des fonctions de directeur financier, s'est porté caution solidaire pour des dettes sociales, encaisse les chèques clients sur un compte personnel et est en relation directe avec les fournisseurs de la société. • Paris, 16 févr. 1999 : *Dr. sociétés 2000, n° 4, obs. Chaput.* ♦ Pour d'autres exemples, V. • Crim. 19 déc. 1994 : *Bull. Joly 1995. 340* • 26 sept. 2001 : *Dr. sociétés 2002, n° 91, note Legros* • Paris, 12 nov. 1993 : *Dr. sociétés 1994, n° 190* • 9 juin 1995 : *Dr. sociétés 1995, n° 215, obs. Chaput.*

V. aussi notes 8 s. ss. ancien art. L. 624-3.

3. Condamnation simultanée d'un dirigeant de fait et d'un dirigeant de droit. Sur cette possibilité, V. • Crim. 19 sept. 1994 : *préc. note 2.*

3 bis. Représentant permanent d'une personne morale. V. • Toulouse, 31 mai 2000 : *JCP 2001. IV. 1514 ; Dr. sociétés 2001, n° 44, obs. Chaput.*

4. Société d'économie mixte. Le fait qu'une société d'économie mixte locale, personne morale de droit privé, poursuive un but d'intérêt général et que la majorité de son capital soit détenue par une collectivité locale ou un groupement de communes, n'exclut pas que ses dirigeants puissent être poursuivis pour banqueroute, dès lors que cette société exerce une activité économique au sens de l'art. 196 [C. com., art. L. 626-1]. • Crim. 2 juin 1999 : *Bull. crim. n° 118 ; D. 1999. IR. 206 ; D. Affaires 1999. 1118 ; Rev. sociétés 1999. 653, note Bouloc ; Bull. Joly 1999. 1201, note Barbièri ; RTD com. 1999. 980, obs. Mascala ; ibid. 2000. 200, obs. Bouloc ; RSC 1999. 830, obs. Renucci ; Dr. adm. 1999, n° 281, obs. Benjamin* • Toulouse, 31 mai 2000 : *préc. note 3 bis.*

Ancien art. L. 626-2 *En cas d'ouverture d'une procédure de redressement judiciaire ou de liquidation judiciaire, sont coupables de banqueroute les personnes mentionnées à l'article L. 626-1 contre lesquelles a été relevé l'un des faits ci-après :*

1° Avoir, dans l'intention d'éviter ou de retarder l'ouverture de la procédure de redressement judiciaire, soit fait des achats en vue d'une revente au-dessous du cours, soit employé des moyens ruineux pour se procurer des fonds ;

2° Avoir détourné ou dissimulé tout ou partie de l'actif du débiteur ;

3° Avoir frauduleusement augmenté le passif du débiteur ;

4° Avoir tenu une comptabilité fictive ou fait disparaître des documents comptables de l'entreprise ou de la personne morale ou s'être abstenu de tenir toute comptabilité lorsque la loi en fait l'obligation ;

5° Avoir tenu une comptabilité manifestement incomplète ou irrégulière au regard des dispositions légales. — Ce dernier cas de banqueroute a été ajouté par la loi n° 94-475 du 10 juin 1994. — Pour l'entrée en vigueur de cette loi, V. note ss. art. L. 620-1. — [L. n° 85-98 du 25 janv. 1985, art. 197].

Sont exclus du bénéfice de l'amnistie opérée par la loi n° 2002-1062 du 6 août 2002 les délits de banqueroute par détournement d'actifs prévus par les art. L. 626-1 à L. 626-5 C. com. et le recel d'actifs détournés prévu par les art. L. 626-10 et L. 626-12 C. com. (L. n° 2002-1062 du 6 août 2002, art. 14, 5°).

BIBL. ▶ GIOANNI, *D. 1994. Chron. 53* (la cessation des paiements dans l'infraction de banqueroute). — DEKEUWER, *JCP E 1995. I. 420* (même thème).

1. Emploi de moyens ruineux. Dans le sens que des faits poursuivis sur le fondement de l'art. 131 (2) de la loi du 13 juill. 1967, abrogé par l'art. 238 de la loi du 25 janv. 1985, demeurent punissables en application des dispositions combinées des art. 3 et 197 (1) de cette dernière loi [C. com., art. L. 621-1 et L. 626-2 (1)], V. • Paris, 30 juin 1988 : *Gaz. Pal. 1988. 2. 834, note Marchi.*

2. Constitue le délit de banqueroute par emploi de moyens ruineux pour se procurer des fonds l'escompte de fausses factures et de traites de complaisance dont le coût ne peut qu'aggraver la situation financière de l'entreprise. • Crim. 6 déc. 1993 : *Bull. crim. n° 370 ; D. 1994. IR. 50.* – Dans le même sens : • Crim. 24 mai 2000 : *Dr. pénal 2000, n° 129, obs. J.-H. Robert.* ♦ V. aussi, pour l'utilisation de la technique de l'affacturage, • Crim. 13 mai 1991 : *Rev. proc. coll. 1995. 354, obs. Devèze.* ♦ ... Pour l'accumulation de prêts et des opérations relevant du mécanisme dit de la « cavalerie », • Paris, 26 mai 1993 : *Gaz. Pal. 1994. 1. 69* • Crim. 19 sept. 1994 : *Bull. Joly 1994. 1309, note J.-F. Barbièri.* ♦ ... Pour la souscription de contrats de construction à un prix inférieur au prix des marchés de sous-traitance, • Rennes, 11 mai 1994 : *JCP 1996. IV. 211.* ♦... Pour un taux d'endettement excessif générant des frais trop importants pour l'entreprise, • Crim. 12 mars 1998 : *Bull. crim. n° 100 ; D. Affaires 1998. 962.*

3. La notion d'emploi de moyens pour se procurer des fonds suppose un ou des actes positifs permettant d'obtenir ou de faire rentrer des fonds et non pas une simple abstention de payer une dette légitimement préexistante. Le caractère ruineux des moyens suppose qu'il apparaisse dans le même temps que le recours à la technique et l'effet inéluctable de l'augmentation du passif par le recours auxdits moyens (à propos du non-paiement de dettes fiscales et sociales). • Versailles, 11 juin 1993 : *BICC 1993, n° 1272.*

Sur l'insuffisance du seul fait d'avoir souscrit un emprunt bancaire au profit d'une société en état de cessation des paiements depuis trois ans, manifestement incapable de le rembourser, V. • Crim. 26 sept. 1996 : *RJDA 1997, n° 135 ; Bull. Joly 1997. 112, note J.-F. Barbièri.* ♦ V. aussi, pour des emprunts successifs et sans intérêt, • Crim. 21 mars 2001 : *Dr. pénal 2001, n° 103, note J.-H. Robert.*

En ce sens que la revente systématique de matériels sans remboursement des crédits consentis à la société ne caractérise pas l'emploi de moyens ruineux pour se procurer des fonds, dès lors que les prix de vente étaient normaux et que la société n'avait pas été lésée, V. • Crim. 8 déc. 1999 : *RJDA 2000, n° 462.*

L'utilisation de fonds à un autre usage que celui auquel ils étaient destinés ne constitue pas un emploi de moyens ruineux pour se procurer des fonds. • Crim. 16 juin 1999 : *Rev. proc. coll. 2000. 34, obs. Devèze.*

4. V., sanctionnant la création de sociétés fictives, • Aix-en-Provence, 11 févr. 1993 : *Dr. sociétés 1993, n° 185, obs. Chaput.*

5. Le président d'une société anonyme qui a fait tout son possible pour réduire l'endettement de sa société et qui y est parvenu dans une très large mesure ne saurait se voir reprocher d'avoir recouru à des moyens ruineux dans l'intention d'éviter ou de retarder la constatation de la cessation des paiements, constitutifs de banqueroute. • Paris, 22 avr. 1992 : *Dr. sociétés 1992, n° 225, obs. Chaput ; Gaz. Pal. 1992. 2. 520, note Marchi.*

5 bis. Le délit de banqueroute est constitué, que les faits constatés soient antérieurs ou postérieurs à la date de la cessation des paiements, dès lors que, procédant d'une même intention et tendant au même but, ils ont pour objet ou pour effet soit d'éviter ou de retarder la constatation de cet état, soit d'affecter la consistance de l'actif disponible dans des conditions de nature à placer l'intéressé dans l'impossibilité de faire face au passif exigible. • Crim. 21 sept. 1994 : *Gaz. Pal. 1994. 2. Somm. 712 ; JCP E 1995. II. 690, note A. Dekeuwer.* – Dans le même sens : • Crim. 6 févr. 1995 : *Rev. proc. coll. 1996. 133, obs. Devèze* • 7 avr. 1998 : *RSC 1998. 773, obs. Renucci ; RTD com. 1998. 947, obs. Mascala .* – Comp. : • Crim. 18 juin 1998 : *JCP E 1999, n° 4, p. 174, note J.-H. Robert ; Rev. sociétés 1998. 817, note Bouloc .*

6. Détournement ou dissimulation d'actif. Si le délit de banqueroute par détournement d'actif suppose qu'une procédure de redressement judiciaire ait été ouverte contre le débiteur, il s'agit là d'une condition préalable à l'exercice de l'action publique, constitutive d'une règle de procédure qui ne saurait avoir effet sur les poursuites régulièrement engagées avant son entrée en vigueur. • Crim. 10 mars 1986 : *D. 1986. 182, note Derrida ; D. 1986. IR. 407, obs. Roujou de Boubée ; Gaz. Pal. 1986. 2. 536, note Marchi* • 12 oct. 1987 : *D. 1987. 37, note Derrida.* ♦ Ainsi les faits de détournement d'actif poursuivis, bien que commis sous l'empire des dispositions abrogées de la loi du 13 juill. 1967, entrent dans les prévisions de la loi du 25 janv. 1985 et justifient la condamnation prononcée au regard de l'une et l'autre de ces deux lois. • Crim. 10 mars 1986 : *préc.* – Dans le même sens : • Crim. 14 févr. 1994 : *RJDA 1994, n° 463 ; JCP 1994. IV. 1202.*

7. Le détournement d'actif, constitutif de l'ancien délit assimilé à la banqueroute frauduleuse, tel que défini par l'art. 133, al. 2, de la loi du 13 juill. 1967, entre – bien que commis avant le 1er janv. 1986 – dans les prévisions de l'art. 197 (2) de la loi du 25 janv. 1985 [C. com., art.

L. 626-2] et demeure punissable dans les limites des peines maximales fixées par l'art. 402 (nouvelle rédaction) du C. pén. [ancien]. • Crim. 1er juin 1987 : *Bull. crim. n° 227.* – V. aussi • Crim. 5 juin 1989 : *D. 1989. IR. 244.*

8. Le délit de banqueroute par détournement d'actif suppose l'existence d'une dissipation volontaire d'un élément de patrimoine d'un débiteur en état de cessation des paiements par l'une des personnes énumérées à l'art. 196 [C. com., art. L. 626-1]. • Crim. 5 juin 1989 : *préc. note 7* • 10 mai 1993 : *Bull. crim. n° 168 ; RJDA 1993, n° 966.* – Rappr. : • Crim. 12 janv. 2005 : *Dr. sociétés 2005, n° 147, note R. Salomon ; JCP E 2005, n° 41, p. 1696, note J.-H. Robert.* ♦ Tout acte de disposition volontaire accompli sur le patrimoine du débiteur après la cessation des paiements, en fraude des droits des créanciers, constitue le délit de banqueroute par détournement d'actif. • Crim. 11 mai 1995 : *Bull. crim. n° 172.* ♦ Sur l'absence d'élément intentionnel, dans l'hypothèse où le débiteur aurait consigné le prix de vente du fonds de commerce pour désintéresser les créanciers, V. • Crim. 13 juin 1996 : *D. Affaires 1996. 1227 ; Rev. sociétés 1997. 369, note Bouloc ; Rev. proc. coll. 1997. 495, obs. Devèze.*

Dès lors qu'il n'est pas démontré, ni même allégué, que les cessions d'actif réalisées par le dirigeant aient reçu une contrepartie, une cour d'appel caractérise en tous ses éléments le délit de banqueroute. • Crim. 3 oct. 1996 : *D. Affaires 1997. 55.*

La dissipation volontaire de l'élément du patrimoine devant avoir été accomplie personnellement par l'une des personnes énumérées à l'art. 196 [C. com., art. L. 626-1], un gérant de société en liquidation judiciaire ne peut être condamné alors que l'élément principal de l'actif vendu l'a été par le liquidateur, avec l'autorisation du juge-commissaire. • Crim. 22 févr. 1996 : *Bull. crim. n° 90 ; Bull. Joly 1996. 694, note J.-F. Barbièri.*

Il n'est pas exigé que l'élément d'actif ait définitivement disparu du patrimoine, soit par une destruction, soit par un acte de disposition ; il suffit qu'il ait été volontairement caché ou soustrait de façon à empêcher qu'il ne soit appréhendé au profit des créanciers. • Toulouse, 16 mars 2005 : *Dr. sociétés 2005, n° 186, note R. Salomon ; RJDA 2006, n° 448.* ♦ L'art. L. 626-2 (2°) C. com. ne prévoit pas que la clôture des opérations de liquidation ait dû intervenir préalablement aux faits litigieux ou à leur poursuite. • Même arrêt.

9. Pour déclarer constitué le délit de banqueroute, le juge répressif a le pouvoir de retenir, en tenant compte des éléments soumis à son appréciation, une date de cessation des paiements autre que celle déjà fixée par la juridiction consulaire. • Crim. 18 nov. 1991 : *Bull. crim. n° 415 ; JCP 1993. II. 22102, note Sordino ; D. 1992. IR. 54 ; Gaz. Pal. 1992. 2. 515, note Marchi* • 21 juin 1993 : *Bull. crim. n° 217 ; Bull. Joly 1993. 1151 ; RJ com. 1994. 16, note Bernadini et Honorat.* – Comp. : • Lyon, 19 juin 1990 : *D. 1991. Somm. 117, obs. Derrida.* ♦ Également en ce sens que des détournements d'actif antérieurs à la date de cessation des paiements peuvent être constitutifs du délit de banqueroute, V. • Crim. 5 oct. 1992 : *cité note 11.* ♦ V. aussi note 5 *bis*.

10. Ne constitue pas le délit de banqueroute par détournement de l'actif d'une société le fait, par le dirigeant de celle-ci, de céder à un ou plusieurs créanciers de la personne morale tout ou partie des biens de cette dernière, dans la mesure où, égale ou supérieure à la valeur de ces biens, la créance du bénéficiaire est liquide, certaine et exigible. • Crim. 16 janv. 1989 : *D. 1989. IR. 78.* ♦ Pareille dation en paiement, bien que réalisée durant la période suspecte, ne s'analyse qu'en un paiement préférentiel, lequel n'est plus pénalement punissable depuis l'abrogation par la loi du 25 janv. 1985 de l'ancien art. 131, al. 3, de la loi du 13 juill. 1967. • Même arrêt • Crim. 21 juin 1993 : *préc. note 9* • Douai, 10 janv. 1995 : *Dr. sociétés 1995, n° 123, obs. Chaput.* ♦ Comp., pour l'utilisation du produit de la vente du fonds de commerce pour rembourser des comptes courants d'associés dont le gérant et son fils étaient titulaires : • Crim. 11 mai 1995 : *préc. note 8.*

10 bis. Le détournement de clientèle d'un fonds de commerce pris en location-gérance n'est pas constitutif du délit de banqueroute par détournement d'actif, dès lors que cet élément du fonds n'est pas la propriété de la société en cessation des paiements et ne figure pas dans ses actifs. • Crim. 22 août 1995 : *Bull. crim. n° 267 ; D. 1995. IR. 243 ; D. Affaires 1995. 115 ; Rev. sociétés 1996. 339, note Ohl.* ♦ Comp., pour un délit de banqueroute par détournement d'actif résultant de la vente à un prix inférieur au prix d'acquisition de véhicules achetés avec une clause de réserve de propriété : • Crim. 20 oct. 2004 : *Bull. crim. n° 249 ; D. 2004. AJ. 3223 ; RTD com. 2005. 429, obs. Bouloc.*

11. En revanche, commet le délit de banqueroute par détournement d'actif, le dirigeant qui, titulaire d'un compte courant d'associé créditeur, a opéré, postérieurement au jugement prononçant le redressement judiciaire et au jugement arrêtant le plan de cession, des prélèvements sur le compte de la société aux fins de paiement de sa créance, dès lors que celle-ci était éteinte, faute d'avoir été déclarée, et que l'intéressé était dessaisi pour partie de ses pouvoirs de gestion. • Crim. 20 mars 1995 : *Bull. crim. n° 110 ; RJDA 1995, n° 907.* ♦ V. aussi, sur le détournement d'actif résultant de la position débitrice du compte courant d'associé, • Crim. 8 sept. 2004 : *JCP E 2005, n° 20, p. 818, obs. Muller.* ♦ ... Qui a détourné des règlements de clients et des contrats de construction, éléments du patrimoine social, ces agissements ayant provoqué la cessation des paiements de l'entreprise. • Crim. 5 oct. 1992 : *Bull. crim. n° 301 ; Bull. Joly 1993. 252, note Bouloc.* ♦ ... Qui a poursuivi l'activité de transport-déménagement de la société, avec certains salariés et un véhicule de celle-ci, et perçu personnellement les règlements des clients. • Crim. 5 août 1998 : *Rev. sociétés 1999. 170, note Bouloc.* ♦ ... Qui a cédé un élément d'actif d'une société en redressement judiciaire, pour une somme bien inférieure à sa valeur vénale, au bénéfice d'une autre société dans laquelle le dirigeant a des intérêts. • Crim. 7 déc. 1992 : *RJDA 1993, n° 67.* ♦ ... Qui a cédé des actifs de la société aux dépens de la procédure. • Paris, 17 mars 1997 : *Dr. sociétés 1997, n° 155.* ♦ ... Qui, après avoir mis en œuvre une procédure de divorce par consentement mutuel, a vendu un immeuble dépendant de la communauté et déposé le produit de la vente sur un compte bancaire ouvert au Luxembourg au nom de jeune fille de son épouse, dans l'intention de soustraire cet élément d'actif au gage des créanciers. • Crim. 29 mars 2000 : *Bull. crim. n° 141 ; D. 2000. AJ. 268 ; RJDA 2000, n° 1024.* ♦ ... Qui a fait reprendre par d'autres sociétés les contrats de construction, lesquels constituaient la partie essentielle de son actif, et a organisé l'affectation des fonds payés par les clients soit au profit de la société de crédit immobilier, soit au profit d'autres sociétés. • Crim. 14 déc. 1994 : *Bull. crim. n° 417.* ♦ ... Qui, de concert avec la SCI propriétaire des murs, laisse celle-ci retrouver la disposition des locaux dans lesquels la SARL exerçait jusque-là son activité, sans réclamer une indemnité d'éviction correspondant à la perte du droit au bail. • Crim. 26 oct. 1995 : *RJDA 1996, n° 279.* ♦ ... Qui résilie le bail commercial pour le remplacer par un bail précaire, et augmente le loyer. • Paris, 30 mai 1996 : *Dr. sociétés 1997, n° 8, obs. Chaput.* ♦ ... Qui occupe un appartement loué par la société sans versement de loyers. • Paris, 30 oct. 1996 : *Dr. sociétés 1997, n° 84.* ♦ ... Qui s'est octroyé des rémunérations excessives, au regard de la situation financière de la société. • Crim. 18 juin 1998 : *JCP E 1999, n° 4, p. 174, note J.-H. Robert.* ♦ ... Qui a signé un ordre de virement en vue de rembourser à des associés, membres de sa famille, leur compte courant. • Crim. 27 nov. 1997 : *RJDA 1998, n° 323.* ♦ ... Qui a fait régler par la société en difficulté d'importantes dépenses personnelles. • Paris, 4 déc. 1996 : *Dr. sociétés 1997, n° 155.* ♦ ... Qui a émis à son ordre, sur le compte de la société, un chèque, en remboursement de sommes versées en vue d'une augmentation de capital restée à l'état de projet, sans rapporter la preuve de l'existence d'une créance certaine, liquide et exigible. • Crim. 23 oct. 1997 : *Bull. crim. n° 348 ; D. 1998. IR. 39 ; D. Affaires 1998. 115, obs. V. A.-R. ; Rev. sociétés 1998. 141, note Bouloc ; JCP E 1999. 321, note J.-H. Robert.* ♦ ... Qui n'a remis ni au mandataire liquidateur, ni au repreneur de la société, les codes sources permettant d'adapter, de modifier, et de faire évoluer en fonction des besoins de la clientèle les trois logiciels qui figuraient à l'actif du bilan de la société. • Crim. 26 nov. 1998 : *Bull. crim. n° 319 ; D. Affaires 1999. 260 ; Rev. sociétés 1999. 402, note Bouloc ; Dr. pénal 1999, n° 85, obs. Robert.* ♦ ... Qui a détourné, au profit d'une société concurrente, des sites internet et les fichiers clients d'une lettre informatique, V. • Paris, 14 mars 2005 : *Dr. sociétés 2005, n° 230, note R. Salomon.*

12. L'intérêt de groupe ne peut constituer, en cas de poursuite pour banqueroute par détournement d'actifs, un fait justificatif. • Crim. 27 avr. 2000 : *Bull. crim. n° 169 ; D. 2000. AJ. 327, obs. Lienhard ; D. 2002. Somm. 206, obs. Sortais ; Act. proc. coll. 2000, n° 170, obs. Regnaut-Moutier ; RSC 2000. 842, obs. Renucci ; RTD com. 2000. 1030, obs. Bouloc ; Petites affiches 9 avr. 2001, p. 13, note Sordino.* ♦ V. déjà, ayant jugé que justifie sa décision la cour d'appel qui refuse au dirigeant d'une entreprise en état de cessation des paiements, poursuivi pour avoir détourné partie de l'actif social au profit d'une autre entreprise dans laquelle il est intéressé, de se prévaloir de l'existence d'une union économique entre ces deux sociétés, en relevant que la procédure collective dont la première fait l'objet a restitué à celle-ci, dans l'intérêt des créanciers, son indépendance économique et financière, • Crim. 20 juill. 1993 : *Bull. crim. n° 250 ; Rev. sociétés 1994. 93, note Bouloc ; RJDA 1993, n° 968.* – V. aussi • Paris, 23 avr. 1997 : *Dr. sociétés 1997, n° 178, obs. Chaput.*

12 bis. Le délit de banqueroute par dissimulation d'actif est réalisé par le gérant d'une société à responsabilité limitée mise en liquidation judiciaire, qui intervient sur des chantiers avec du matériel de la société malgré la procédure et qui a mis en réparation un matériel de valeur postérieurement à l'arrêt de l'activité sociale, sans en avertir le liquidateur. • Grenoble, 13 déc. 1995 : *Dr. sociétés 1996, n° 80, obs. Chaput.*

12 ter. Justifie sa décision déclarant coupable de banqueroute par augmentation frauduleuse du passif le gérant d'une société en liquidation judiciaire la cour d'appel qui relève que ce gérant, méconnaissant la décision ayant autorisé la poursuite de l'activité de la société pour la liquidation du stock, a acheté des marchandises qui sont demeurées impayées bien qu'elles aient été revendues. • Crim. 16 juin 1999 : *RJDA 1999, n° 980.*

13. Infractions relatives à la comptabilité. **BIBL.** Eichel, *Gaz. Pal. 1987. 2. Doctr. 481.* – Thorin, *ibid. 1989. 1. Doctr. 193.* – Stolowy, *JCP 2003. I. 147.* ♦ La loi du 25 janv. 1985, avant sa modification par la loi du 10 juin 1994, ne contenait aucune incrimination pénale pour des faits de tenue irrégulière de la comptabilité d'une société, lesquels ne pouvaient, en raison de l'interprétation stricte des lois pénales, être assimilés à une absence de toute comptabilité. • Crim. 26 janv. 1987 : *Bull. crim. n° 38 ; D. 1987. IR. 43* • 15 oct. 1998 : *Rev. sociétés 1999. 184, note Bouloc.* ♦ Comp., désormais : art. L. 626-2 (5), issu de la loi n° 94-475 du 10 juin 1994. ♦ Sur cette nouvelle rédaction, V. Devèze, *Rev. proc. coll. 1996. 135.* ♦ Pour des applications de ce texte, V. • Crim. 12 sept. 2001 : *RJDA 2002, n° 185* • 8 mars 2006 : *ibid. 2006, n° 686.*

14. Si la tenue d'une comptabilité fictive est spécialement incriminée depuis le 1er janv. 1986 par l'art. 197 ci-dessus [devenu C. com., art. L. 626-2], il n'en demeure pas moins que les faits de cette nature, commis par un mandataire social, entraient antérieurement dans les prévisions de l'art. 131 de la loi du 13 juill. 1967, qui réprimait la tenue irrégulière de la comptabilité d'une société, et qu'ainsi les faits poursuivis au titre de la banqueroute sont punissables au regard de l'une et l'autre de ces deux lois. • Crim. 26 mars 1990 : *D. 1990. IR. 129.* – V. aussi • Crim. 25 juill. 1989 : *D. 1990. Somm. 364, obs. Roujou de Boubée* • 4 sept. 1990 : *JCP 1990. IV. 404.*

14 bis. Constitue le délit de banqueroute par tenue de comptabilité fictive le fait, pour le dirigeant d'une société, d'avoir donné personnellement des directives pour l'établissement de traites fictives. • Crim. 5 nov. 1998 : *JCP 1999. IV. 1326.*

15. L'existence de pièces permettant de reconstituer une comptabilité n'équivaut pas à l'existence même de cette comptabilité. • Riom, 13 mars 1991 : *Gaz. Pal. 1992. 2. Somm. 537.* ♦ Sur l'absence de comptabilité, V. aussi • Crim. 5 déc. 2001 : *Dr. sociétés 2002, n° 90, note Legros* • Paris, 7 déc. 1987 : *Gaz. Pal. 1988. 1. 362, note Marchi* • 14 déc. 1987 : *ibid.* • 20 janv. 1988 : *ibid.* • 14 juin 1988 : *ibid. 1988. 2. 694, note Marchi* • 28 juin 1988 : *ibid.*

16. En cas d'ouverture d'une procédure de redressement judiciaire, constitue le délit de banqueroute par abstention de tenue de toute comptabilité le fait, par tout commerçant ou dirigeant d'une personne morale commerçante, de s'abstenir de procéder, au mépris des dispositions de l'art. 8 [L. 123-12] C. com., à l'enregistrement chronologique des mouvements affectant le patrimoine de l'entreprise et à l'établissement de l'inventaire périodique des éléments actifs et passifs de ce patrimoine. • Crim. 6 déc. 1993 : *préc. note 2.*

17. Commet le délit de banqueroute par soustraction de comptabilité le gérant d'une société à responsabilité limitée mise en redressement judiciaire qui ne représente pas la comptabilité, pourtant régulièrement tenue au sein de l'entreprise, aux organes de la procédure collective ou aux autorités judiciaires. • Crim. 19 oct. 1992 : *RJDA 1993, n° 33.* ♦ V. aussi, pour la condamnation d'un dirigeant qui avait retardé la communication de la comptabilité au liquidateur jusqu'au moment où il avait eu connaissance de la citation le convoquant devant le tribunal correctionnel, • Crim. 19 janv. 2000 : *Bull. crim. n° 29 ; RJDA 2000, n° 708 ; Rev. sociétés 2000. 574, note Bouloc ; RSC 2000. 841, obs. Renucci.* ♦ ... D'un dirigeant qui avait invité la société d'archivage désignée par le liquidateur à venir prendre possession de la comptabilité dans un endroit particulièrement difficile d'accès, • Crim. 25 févr. 2004 : *Bull. crim. n° 52 ; Rev. sociétés 2004. 917, note Bouloc ; Dr. pénal 2004, n° 112, note J.-H. Robert ; RTD com. 2004. 610, obs. Mascala ; JCP E 2005, n° 20, p. 819, obs. Muller.*

17 bis. L'incrimination peut concerner les exercices comptables antérieurs à la date de cessation des paiements. • Crim. 17 nov. 2004 : *Dr. pénal 2005, n° 61, note J.-H. Robert.* – Dans le même sens, V. • Crim. 26 janv. 2005 : *ibid. ; Dr. sociétés 2005, n° 146, note R. Salomon.*

V. note 1 ss. ancien art. L. 626-1.

18. Cessation des paiements (non-déclaration). L'ancien délit de banqueroute pour omission de déclaration au greffe dans les quinze jours de la cessation des paiements n'a pas été repris par la législation nouvelle, qui connaît cependant cette même situation. La loi ancienne doit être considérée comme immédiatement abrogée. • Aix-en-Provence, 11 févr. 1986 : *D. 1986. 150, note Derrida.* ♦ Aucune disposition ne reprenant l'ancienne prescription de l'art. 128-4 de la loi du 13 juill. 1967, il y a lieu de considérer que la loi plus douce est d'application immédiate. • Même arrêt.

19. Les juges, constatant à juste titre que l'art. 197 [C. com., art. L. 626-2], entré en vigueur le 1er janv. 1986, ne réprimait plus l'omission par un commerçant ou le dirigeant d'une société de déclarer la cessation des paiements, soit de son entreprise, soit de la société qu'il dirigeait en droit ou en fait, déclarent justement l'action publique éteinte de ce chef par abrogation de la loi pénale et relaxent donc les prévenus de ce délit. • Crim. 16 févr. 1987 : *D. 1987. IR. 63 ; Rev. sociétés 1987. 612, note Bouloc.*

20. *Complicité de banqueroute.* BIBL. Kœring-Joulin, *D. 1980. Chron. 231.* – Mouly, *D. 1984. Chron. 32.* – Letartre, *Rev. dr. bancaire 1988. 192.* ♦ V. art. L. 626-3 à L. 626-5 et L. 626-7. ♦ Ne justifie pas sa décision de relaxe du chef de complicité de banqueroute, la cour d'appel qui constate que le banquier poursuivi de ce chef a notifié à une personne morale l'interdiction d'émettre des chèques, puis a laissé le dirigeant social virer des fonds sociaux sur un compte personnel sur lequel des chèques ont ensuite été émis en méconnaissance de l'art. 65-4 du décret du 30 oct. 1935. • Crim. 9 oct. 1989 : *D. 1990. Somm. 120, obs. Cabrillac ; Rev. sociétés 1990. 279, note Bouloc ; Bull. crim. n° 343.* ♦ Comp., pour l'absence de complicité, dès lors que les frais financiers étaient normaux et que la banque ignorait le caractère de complaisance d'un effet escompté : • Crim. 13 nov. 1989 : *Rev. proc. coll. 1990. 287, obs. Devèze.*

La complicité du banquier n'est établie que si la démonstration est faite qu'il connaissait pertinemment l'état de cessation des paiements du débiteur, le caractère ruineux du crédit, ainsi que la volonté du débiteur de retarder le dépôt de bilan ; il est nécessaire que le banquier ait eu une conscience infractionnelle et qu'il ait décidé de s'associer en connaissance de cause aux manœuvres du débiteur. • Saint-Denis de la Réunion, 17 déc. 1998 : *D. 1999. 609, note D.-R. Martin*. – Dans le même sens, V. • Paris, 14 févr. 2000 : *D. 2002. Somm. 205, obs. Sortais ; RTD com. 2001. 238, obs. Mascala*.

Pour la condamnation d'un avocat qui avait prêté main forte au débiteur pour dissimuler aux créanciers le produit de la vente d'un immeuble, V. • Crim. 29 mars 2000 : *préc. note 11.*

Sur la relaxe d'un expert-comptable débutant, faute d'élément intentionnel, • Paris, 26 oct. 1994 : *Dr. sociétés 1995, n° 77, obs. Chaput.* ♦ ... D'un administrateur judiciaire, poursuivi du chef de complicité de banqueroute par détournement d'actifs, V. • Crim. 12 juin 2003 : *cité par Soinne, Rev. proc. coll. 2003. 283 ; Gaz. Pal. 12-14 sept. 2003, p. 4.*

V. aussi • Crim. 21 mars 2001 : *Act. proc. coll. 2001, n° 145.*

21. Le principe de l'égalité des créanciers ne s'oppose pas à leur action individuelle contre les complices du banqueroutier qui ne font pas eux-mêmes l'objet d'une procédure collective et dont le patrimoine n'est pas en conséquence le gage de l'ensemble des créanciers. • Crim. 11 oct. 1993 : *Bull. crim. n° 283 ; D. 1994. IR. 18 ; RJDA 1994, n° 102.*

21 *bis.* Sur la condamnation civile du complice de banqueroute, V. • Douai, 14 déc. 2004 : *D. 2005. AJ. 358, obs. Lienhard*.

22. *Action civile des créanciers.* V. notes ss. ancien art. L. 626-16.

23. *Recel de banqueroute.* En obtenant le versement d'honoraires anormalement élevés sans rapport avec les prestations fournies à une société pour laquelle il devait mettre au point le plan de reprise d'activités par le même dirigeant, le prévenu, qui se prétend professionnel des procédures collectives, s'est rendu coupable du délit de recel de banqueroute dès lors qu'il lui appartenait, par des vérifications comptables sommaires, de vérifier que la société débitrice n'était pas en état virtuel de cessation des paiements. • Paris, 25 oct. 1993 : *Dr. sociétés 1994, n° 53, obs. Chaput.*

24. Sont coupables de recel de détournement d'actif les prévenus qui ont acheté des marchandises à une société en état de cessation des paiements, alors, qu'en tant que professionnels, ils ne pouvaient ignorer ni la situation irrémédiablement compromise de la société, ni le caractère dérisoire du prix payé. • Paris, 21 févr. 1995 : *Dr. sociétés 1995, n° 123, obs. Chaput.*

V. note 1 *quater* ss. ancien art. L. 626-6.

25. *Tentative.* Aucune disposition légale ne réprime la tentative de banqueroute. • Crim. 7 avr. 1998 : *Rev. sociétés 1998. 624, note Bouloc*.

26. *Rapport avec l'abus de biens sociaux.* BIBL. Sordino, *Mélanges Cabrillac, Dalloz-Litec, 1999. p. 698.* ♦ En ce sens que les qualifications d'abus de biens sociaux et de banqueroute sont exclusives l'une de l'autre et que seule la banqueroute doit être prononcée lorsque les faits poursuivis ont été commis après la date de cessation des paiements, V. • Crim. 27 oct. 1999 : *RJDA 2000, n° 284 ; JCP E 2000, n° 26, p. 1045, note J.-H. Robert* • 30 juin 2004 : *JCP E 2004, n° 50, p. 1978, note J.-H. Robert ; RSC 2004. 895, obs. Rebut ; Dr. sociétés 2005, n° 18, note R. Salomon (1re esp.)* • Paris, 15 déc. 1999 : *JCP E 2000, n° 28, p. 1132, obs. Muller.* ♦ V. aussi note 5 *bis.*

Ancien art. L. 626-3 *La banqueroute est punie de cinq ans d'emprisonnement et de 75 000 € d'amende.*

Encourent les mêmes peines les complices de banqueroute, même s'ils n'ont pas la qualité de commerçant, d'agriculteur ou d'artisan ou ne dirigent pas, directement ou indirectement, en droit

ou en fait, une personne morale de droit privé ayant une activité économique. — [L. n° 85-98 du 25 janv. 1985, art. 198]. — V. note ss. ancien art. L. 626-5.

Complicité. V. note 20 ss. ancien art. L. 626-2.

Ancien art. L. 626-4 ***Lorsque l'auteur ou le complice de banqueroute est un dirigeant d'une entreprise prestataire de services d'investissement, les peines sont portées à sept ans d'emprisonnement et 100 000 € d'amende.*** — [L. n° 85-98 du 25 janv. 1985, art. 199]. — V. note ss. ancien art. L. 626-5.

Ancien art. L. 626-5 ***Les personnes physiques coupables des infractions prévues par les articles L. 626-3 et L. 626-4 encourent également les peines complémentaires suivantes :***

1° L'interdiction des droits civiques, civils et de famille, suivant les modalités de l'article 131-26 du code pénal ;

2° L'interdiction, pour une durée de cinq ans au plus, d'exercer une fonction publique ou d'exercer l'activité professionnelle ou sociale dans l'exercice ou à l'occasion de l'exercice de laquelle l'infraction a été commise ;

3° L'exclusion des marchés publics pour une durée de cinq ans au plus ;

4° L'interdiction, pour une durée de cinq ans au plus, d'émettre des chèques autres que ceux qui permettent le retrait de fonds par le tireur auprès du tiré ou ceux qui sont certifiés ;

5° L'affichage ou la diffusion de la décision prononcée dans les conditions prévues par l'article 131-35 du code pénal. — [L. n° 85-98 du 25 janv. 1985, art. 200]. — La loi n° 92-1336 du 16 déc. 1992 relative à l'entrée en vigueur du nouveau code pénal est entrée en vigueur le 1er mars 1994 (art. 373 de la loi). — Pour le régime applicable jusqu'à cette date, V. ancien C. pén. art. 402 à 404. — **C. pén.**

Ancien art. L. 626-6 ***La juridiction répressive qui reconnaît l'une des personnes mentionnées à l'article L. 626-1 coupable de banqueroute peut, en outre, prononcer soit la faillite personnelle de celle-ci, soit l'interdiction prévue à l'article L. 625-8.***

Lorsqu'une juridiction répressive et une juridiction civile ou commerciale ont, par des décisions définitives, prononcé à l'égard d'une personne la faillite personnelle ou l'interdiction prévue à l'article L. 625-8 à l'occasion des mêmes faits, la mesure ordonnée par la juridiction répressive est seule exécutée. — [L. n° 85-98 du 25 janv. 1985, art. 201].

Toute personne frappée d'une interdiction, déchéance ou incapacité ou d'une mesure de publication quelconque résultant de plein droit d'une condamnation pénale ou prononcée dans le jugement de condamnation à titre de peine complémentaire peut demander à la juridiction qui a prononcé la condamnation ou, en cas de pluralité de condamnations, à la dernière juridiction qui a statué, de la relever, en tout ou partie, y compris en ce qui concerne la durée, de cette interdiction, déchéance ou incapacité [...]. — Lorsque la demande est relative à une déchéance, interdiction ou incapacité prononcée en application de l'art. 201 de la loi n° 85-98 du 25 janv. 1985 C. com., art. L. 626-6], la juridiction ne peut accorder le relèvement que si l'intéressé a apporté une contribution suffisante au paiement du passif du débiteur. (L. n° 94-475 du 10 juin 1994) « La juridiction peut accorder, dans les mêmes conditions, le relèvement des interdictions, déchéances et incapacités résultant des condamnations pour banqueroute prononcées en application des art. 126 à 149 de la loi n° 67-563 du 13 juill. 1967 sur le règlement judiciaire, la liquidation des biens, la faillite personnelle et les banqueroutes. » — Sauf lorsqu'il s'agit d'une mesure résultant de plein droit d'une condamnation pénale, la demande ne peut être portée devant la juridiction compétente qu'à l'issue d'un délai de six mois après la décision initiale de condamnation. En cas de refus opposé à cette première demande, une autre demande ne peut être présentée que six mois après cette décision de refus. Il en est de même, éventuellement, des demandes ultérieures (C. pr. pén., art. 702-1, al. 1er à 3, aj. par L. n° 92-1336 du 16 déc. 1992 et applicable, dans sa rédaction originelle, à compter du 1er mars 1994 ; pour le régime applicable jusqu'à cette date, V. ancien C. pén. ancien art. 55-1. — ***C. pén.*** *— Pour l'entrée en vigueur de la loi du 10 juin 1994, V. note ss. ancien art. L. 620-1 C. com.).*

1. Pouvoir d'appréciation du juge. V. note 3 ss. art. 6 du décret-loi du 8 août 1935 abrogé, ss. art. L. 128-1 C. com.

1 bis. Durée de la sanction. L'interdiction d'exercer une activité professionnelle ou sociale est soit définitive soit temporaire ; dans ce dernier cas, elle ne peut excéder une durée de cinq ans. Dès lors, méconnaît l'art. 131-27 C. pén. et ses principes la cour d'appel qui condamne une personne déclarée coupable de banqueroute à dix ans d'interdiction de gérer, en application des art. L. 625-8 et L. 626-6 C. com. • Crim.

8 janv. 2003 : *Bull. crim. n° 3 ; D. 2003. IR. 807 ; RTD com. 2003. 379, obs. Mascala* ; *Dr. pénal 2003, n° 46, note Véron ; JCP E 2003, n° 24, p. 1001, note J.-H. Robert ; Act. proc. coll. 2003, n° 94, obs. Cerf-Hollender.* – V. Couvrat, *RSC 2003. 598*. ♦ En revanche, l'art. L. 626-6 C. com. n'impose nullement que la durée de l'interdiction soit limitée. • Crim. 25 févr. 2004 : *Bull. crim. n° 52 ; D. 2004. AJ. 1085* ; *Act. proc. coll. 2004, n° 119, obs. Cerf-Hollender ; Bull. Joly 2004. 779, note F.-X. Lucas ; Dr. pénal 2004, n° 112, note J.-H. Robert ; Gaz. Pal. 12-14 sept. 2004, p. 7, obs. Sordino ; Rev. sociétés 2004. 917, note Bouloc.*

1 ter. Complicité de banqueroute. La faillite personnelle ne peut être prononcée à l'égard d'une personne condamnée pour complicité de banqueroute qui n'était ni gérant de droit, ni gérant de fait de la société en redressement judiciaire. • Crim. 30 juin 2004 : *JCP E 2004, n° 50, p. 1978, note J.-H. Robert ; Dr. sociétés 2005, n° 18, note R. Salomon (1re esp.).*

1 quater. Recel de banqueroute. La personne déclarée coupable de recel de banqueroute ne peut être condamnée à une interdiction de gérer ou administrer toute entreprise commerciale ou artisanale et toute personne morale, aucun texte ne prévoyant une telle peine pour le délit retenu. • Crim. 5 août 1998 : *JCP 1999. I. 151, n° 6, obs. J.-H. Robert ; Rev. sociétés 1999. 175, note Bouloc*.

1 quinquies. Double condamnation. Pour le refus d'appliquer les dispositions de l'art. 201, al. 2 [C. com., art. L. 626-6], lorsque la condamnation prononcée par la juridiction répressive et celle prononcée par la juridiction civile sont fondées sur des faits différents, V. • Com. 26 nov. 2002 : *Bull. civ. IV, n° 178 ; RTD com. 2003. 378, obs. Mascala*.

2. Droit transitoire. En ajoutant à la peine principale prononcée selon les prévisions de l'art. 402 ancien C. pén., en vigueur à la date des faits poursuivis, la sanction complémentaire de l'interdiction de gérer prévue à l'art. 201 [C. com., art. L. 626-6], sanction qu'à la même date les juridictions répressives n'avaient pas le pouvoir de prononcer contre les condamnés du chef de banqueroute, une cour d'appel méconnaît les dispositions de l'art. 4 ancien C. pén. (non-rétroactivité des lois pénales). • Crim. 9 oct. 1989 : *Rev. sociétés 1990. 285, note Bouloc*.

La faillite personnelle peut être prononcée par les juges correctionnels à l'occasion d'une condamnation pour banqueroute, quelle que soit la date de commission des faits constitutifs de cette infraction, dès lors que la procédure de redressement judiciaire du débiteur préalable aux poursuites pénales a été ouverte postérieurement au 1er janv. 1986, date d'entrée en vigueur de la loi du 25 janv. 1985 et notamment de l'art. 201 [C. com., art. L. 626-6] prévoyant cette sanction. • Crim. 18 nov. 1991 : *RJDA 1992, n° 292.*

3. Selon les termes des dispositions combinées des art. 131-27 et 112-1, al. 3, C. pén., l'interdiction d'exercer une activité professionnelle, qui ne peut désormais excéder une durée de cinq ans en cas de condamnation pour délit, s'applique aux infractions commises avant le 1er mars 1994 et n'ayant pas donné lieu à une condamnation passée en force de chose jugée. • Crim. 19 déc. 1994 : *Bull. Joly 1995. 340.*

Ancien art. L. 626-7 *I. — Les personnes morales peuvent être déclarées responsables pénalement, dans les conditions prévues par l'article 121-2 du code pénal, des infractions prévues par les articles L. 626-3 et L. 626-4.*

II. — Les peines encourues par les personnes morales sont :

1° L'amende, suivant les modalités prévues par l'article 131-38 du code pénal ;

2° Les peines mentionnées à l'article 131-39 du code pénal.

III. — L'interdiction mentionnée au 2° de l'article 131-39 du code pénal porte sur l'activité dans l'exercice ou à l'occasion de l'exercice de laquelle l'infraction a été commise. — [L. n° 85-98 du 25 janv. 1985, art. 202]. — V. note ss. ancien art. L. 626-5.

BIBL. ▶ Ducouloux-Favard, *Petites affiches 6 oct. 1993, p. 61* (banqueroute par moyens ruineux et complicité des établissements financiers au regard du nouveau code pénal). — Jonville, *JCP N 1994. Prat. 3053.*

SECTION II DES AUTRES INFRACTIONS

Ancien art. L. 626-8 *Est passible d'un emprisonnement de deux ans et d'une amende de 30 000 € le fait :*

1° Pour tout commerçant, toute personne immatriculée au répertoire des métiers, tout agriculteur ou tout dirigeant, de droit ou de fait, rémunéré ou non, d'une personne morale, de consentir

pendant la période d'observation une hypothèque ou un nantissement ou de faire un acte de disposition sans l'autorisation prévue par l'article L. 621-24 ou de payer, en tout ou partie, une dette née antérieurement à la décision d'ouverture de la procédure ;

2° Pour tout commerçant, toute personne immatriculée au répertoire des métiers, tout agriculteur ou tout dirigeant, de droit ou de fait, rémunéré ou non, d'une personne morale d'effectuer un paiement en violation des modalités de règlement du passif prévues au plan de continuation ou de faire un acte de disposition sans l'autorisation prévue par l'article L. 621-72 ;

3° Pour toute personne, pendant la période d'observation ou celle d'exécution du plan de continuation, en connaissance de la situation du débiteur, de passer avec celui-ci l'un des actes mentionnés aux 1° et 2° ci-dessus ou d'en recevoir un paiement irrégulier. — [L. n° 85-98 du 25 janv. 1985, art. 203].

BIBL. ▶ E. LE CORRE, *Banque et Droit juill.-août 2004. 19* (éléments constitutifs de l'infraction de paiements interdits).

Ancien art. L. 626-9 ***Est puni des peines prévues par les articles L. 626-3 à L. 626-5 le fait :***

1° Dans l'intérêt des personnes mentionnées à l'article L. 626-1, de soustraire, receler ou dissimuler tout ou partie des biens, meubles ou immeubles de celles-ci, le tout sans préjudice de l'application de l'article 121-7 du code pénal ;

2° Pour toute personne, de déclarer frauduleusement dans la procédure de redressement judiciaire ou de liquidation judiciaire, soit en son nom, soit par interposition de personne, des créances supposées ;

3° Pour toute personne exerçant une activité commerciale, artisanale ou agricole sous le nom d'autrui ou sous un nom supposé, de se rendre coupable d'un des faits prévus à l'article L. 626-14. — [L. n° 85-98 du 25 janv. 1985, art. 204]. — V. note ss. ancien art. L. 626-5.

Ancien art. L. 626-10 ***Le fait, pour le conjoint, les descendants ou les ascendants ou les collatéraux ou les alliés des personnes mentionnées à l'article L. 626-1, de détourner, divertir ou receler des effets dépendant de l'actif du débiteur soumis à une procédure de redressement judiciaire, est puni des peines prévues par l'article 314-1 du code pénal.*** — [L. n° 85-98 du 25 janv. 1985, art. 205]. — V. notes ss. ancien art. L. 626-2 et L. 626-5.

Ancien art. L. 626-11 ***Dans les cas prévus par les articles précédents, la juridiction saisie statue, lors même qu'il y aurait relaxe :***

1° D'office, sur la réintégration dans le patrimoine du débiteur de tous les biens, droits ou actions qui ont été frauduleusement soustraits ;

2° Sur les dommages-intérêts qui seraient demandés. — [L. n° 85-98 du 25 janv. 1985, art. 206].

Ancien art. L. 626-12 ***I. — Est puni des peines prévues par l'article 314-2 du code pénal le fait, pour tout administrateur, représentant des créanciers, liquidateur ou commissaire à l'exécution du plan :***

1° De porter volontairement atteinte aux intérêts des créanciers ou du débiteur soit en utilisant à son profit des sommes perçues dans l'accomplissement de sa mission, soit en se faisant attribuer des avantages qu'il savait n'être pas dus ;

2° De faire, dans son intérêt, des pouvoirs dont il disposait, un usage qu'il savait contraire aux intérêts des créanciers ou du débiteur.

II. — Est puni des mêmes peines le fait, pour tout administrateur, représentant des créanciers, liquidateur, commissaire à l'exécution du plan ou toute autre personne, à l'exception des contrôleurs et des représentants des salariés, de se rendre acquéreur pour son compte, directement ou indirectement, de biens du débiteur ou de les utiliser à son profit, ayant participé à un titre quelconque à la procédure. La juridiction saisie prononce la nullité de l'acquisition et statue sur les dommages intérêts qui seraient demandés. — [L. n° 85-98 du 25 janv. 1985, art. 207]. — V. notes ss. anciens art. L. 626-2 et L. 626-5.

V. aussi C. civ., art. 1597. — **C. civ.**

BIBL. ▶ FREYRIA, *Rev. proc. coll. 2000. 174* (notion de malversation).

A. ÉLÉMENTS CONSTITUTIFS DU DÉLIT

1. Exigence d'un dol spécial. Contrairement au premier al. de l'art. 207 [C. com., art. L. 626-12], le deuxième al. de ce même texte ne rend nullement nécessaire que soit rapportée la preuve de la conscience qu'aurait eue le prévenu de porter atteinte aux intérêts des créanciers, l'intérêt protégé par la loi pénale n'étant pas alors l'intérêt particulier des créanciers mais l'intérêt général qui exige que les juges consulaires et les mandataires de justice ne puissent se porter acquéreurs des biens du débiteur lorsqu'ils ont participé à la procédure. • Crim. 23 mai 1995 : ⚖ *Rev. proc. coll. 1996. 240, obs. Soinne.*

2. Délit de malversation. En ce sens que l'infraction n'est constituée que si le mandataire a commis les faits reprochés « dans son intérêt », V. • Crim. 5 mai 1999 : ⚖ *Rev. proc. coll. 2000. 74, obs. Soinne.*

Sont constitutifs du délit de malversation les prélèvements opérés par le syndic, alors qu'il n'avait obtenu aucune autorisation des organes compétents. • Paris, 31 mai 1990 : *cité note 7.* ♦ En revanche, l'incrimination prévue par l'art. 207 [C. com., art. L. 626-12] ne peut être retenue contre un syndic qui a cédé un stock de marchandises dans des conditions douteuses, dès lors que l'intéressé n'a pas utilisé à son profit les sommes qu'il a perçues dans l'accomplissement de sa mission, ni fait un usage abusif des pouvoirs dont il disposait. • Même arrêt.

3. La non-consignation, par le syndic à la liquidation des biens, des fonds perçus à l'occasion de sa mission, en méconnaissance des prescriptions légales ou réglementaires, et leur utilisation à son profit, sont constitutives du délit de malversation. • Crim. 5 juill. 1993 : ⚖ *Bull. crim. n° 239 ; D. 1993. IR. 240.*

V. aussi note 2 ss. ancien art. 32 du 3e décret du 27 déc. 1985, *infra*, App., v° *Difficultés des entreprises.*

3 bis. Fait un usage de ses pouvoirs contraire aux intérêts du débiteur ou des créanciers, au sens de l'art. 207, al. 1 (2°) [C. com., art. L. 626-12, I (2°)], l'administrateur qui laisse sciemment et dans son intérêt s'éteindre la créance de la société administrée sur le dirigeant social en redressement judiciaire. • Crim. 29 sept. 1999 : ⚖ *Dr. sociétés 2000, n° 72, obs. Chaput.*

4. Sur la nullité d'une ordonnance qui autorise la location à titre précaire d'un immeuble d'un débiteur en redressement judiciaire au profit d'un juge-commissaire de la procédure, V. • Paris, 31 mai 1988 : *D. 1988. IR. 218.*

5. Délit d'acquisition des biens du débiteur. Constituent des biens du débiteur, au sens de l'art. 207 [C. com., art. L. 626-12], al. 2, tous les éléments actifs et passifs du patrimoine ; par conséquent, ne peuvent en être exclues les créances sur le débiteur et les actions ou parts sociales de la société en redressement judiciaire, qui ouvrent droit à une quote-part de l'actif en cas de liquidation. • Crim. 19 juin 1997 : ⚖ *Bull. crim. n° 250 ; D. Affaires 1997. 1193 ; Bull. Joly 1997. 1047, note Le Cannu ; Rev. proc. coll. 1998. 182, obs. Soinne ; Rev. sociétés 1998. 384, note Bouloc* ✎. – V. l'arrêt de renvoi : • Paris, 10 nov. 1998 : *D. Affaires 1999. 220.*

5 bis. En ce sens que constitue une participation à la procédure, au sens de l'art. 207 [C. com., art. L. 626-12], le fait, pour un juge consulaire, de participer au jugement d'ouverture de la procédure collective, V. • Crim. 30 juin 1999 : ⚖ *Bull. crim. n° 175 ; D. Affaires 1999. 1290, obs. A. L. ; Act. proc. coll. 1999, n° 209, obs. Vallansan ; Rev. sociétés 2000. 553, note Bouloc* ✎.

5 ter. Pour la condamnation, sur le fondement de l'art. 207 [C. com., art. L. 626-12], al. 2, d'un administrateur qui avait acquis, par l'intermédiaire d'un prête-nom, 10 % des actions de la société administrée, V. • Crim. 29 sept. 1999 : ⚖ *préc. note 3 bis.*

5 quater. L'expert comptable de la société en liquidation judiciaire, n'étant ni un organe de la procédure ni une personne mandatée pour y intervenir, ne peut être déclaré coupable de malversation sur le fondement de l'art. L. 626-12 (II) C. com. • Crim. 15 déc. 2004 : ⚖ *Bull. crim. n° 321 ; D. 2005. AJ. 567, obs. Lienhard* ✎ *; Act. proc. coll. 2005, n° 62, obs. Saintourens ; Dr. pénal 2005, n° 46, note J.-H. Robert ; Gaz. Pal. 29-30 avr. 2005, p. 54, obs. Robaczewski ; Bull. Joly 2005. 567, note J.-F. Barbièri ; RSC. 2005. 316, obs. Rebut* ✎.

5 quinquies. Il y a lieu de rejeter l'offre de reprise d'une société en redressement judiciaire et d'en ordonner la liquidation dès lors que l'offre de reprise émane d'une société appartenant à un proche parent d'un juge du tribunal de commerce qui occupe un poste important dans cette société. • T. com. Versailles, 23 févr. 1993 : *Rev. proc. coll. 1993. 529, obs. Soinne.*

V. aussi note 3 *ter* ss. ancien art. L. 621-63.

6. Complicité. Est punissable le syndic qui se rend complice de l'acquisition d'un élément de l'actif du débiteur par une société dans laquelle son collaborateur était majoritaire. • Paris, 31 mai 1990 : *cité note 7.* ♦ V. aussi, pour la complicité d'un administrateur pour n'avoir pas joint le K-*bis* de la société candidate à la reprise à sa requête au juge-commissaire pour qu'il autorise la cession à forfait, • Crim. 23 mai 1995 : ⚖ *préc. note 1.*

Pour un arrêt ayant retenu la complicité de malversation d'un magistrat, juge-commissaire et président de la formation ayant accordé la cession des actifs de la société en redressement judiciaire, pour ne pas s'être opposé à une manœuvre dont il connaissait le caractère frauduleux, V. • Crim. 30 juin 1999 : *préc. note 5 bis.*

B. DROIT TRANSITOIRE

7. Reprise des poursuites fondées sur la loi de 1967. Sur la possibilité de reprendre des poursuites fondées sur l'art. 146 abrogé de la loi du 13 juill. 1967, pour des faits commis avant le 1er janv. 1986, sur le fondement de l'art. 207 de la loi du 25 janv. 1985 [devenu C. com., art. L. 626-12], V. • Crim. 12 juin 1989 : *D. 1989. 585, rapp. Souppe et note Derrida* (cassant • Paris, 3 févr. 1988 : *D. 1988. 402, note Derrida ; Gaz. Pal. 1988. 1. 215, note Marchi*) • Metz, 31 mars 1988 : *ibid. 1988. 1. 418, note Marchi.* – V. déjà • Crim. 20 oct. 1986 : *D. 1986. IR. 487.* – Comp. : • Paris, 31 mai 1990 : *D. 1991. 35, note Fortin ; Gaz. Pal. 1990. 2. 559, note Marchi.*

8. Référence au nouveau code pénal. Il se déduit de l'art. 207 ancien, selon lequel les malversations incriminées par cet article sont punies « des peines prévues par le 2e alinéa de l'article 408 du code pénal », que le législateur a, quant à la répression, entendu assimiler ces malversations aux faits d'abus de confiance définis par ce second texte. Il s'ensuit que les dispositions de l'art. 408, al. 2, ayant été reprises, à compter du 1er mars 1994, à l'art. 314-2 du code pénal, les peines prévues par ce texte ont, dès cette date, été applicables au délit prévu par l'art. 207 [C. com., art. L. 626-12]. • Crim. 30 juin 1998 : *D. 1998. IR. 225 ; D. Affaires 1998. 1645, obs. A. L. ; Rev. sociétés 1999. 166, note Bouloc* • 30 juin 1999 : *Bull. crim. n° 175 ; D. Affaires 1999. 1290, obs. A. L. ; Rev. proc. coll. 2000. 74, obs. Soinne ; Rev. sociétés 2000. 553, note Bouloc* .

Ancien art. L. 626-13 ***Le fait, pour le créancier, après le jugement ouvrant la procédure de redressement judiciaire ou de liquidation judiciaire, de passer une convention comportant un avantage particulier à la charge du débiteur est puni des peines prévues par l'article 314-1 du code pénal.***

La juridiction saisie prononce la nullité de cette convention. — [L. n° 85-98 du 25 janv. 1985, art. 208]. — V. note ss. ancien art. L. 626-5.

Ancien art. L. 626-14 ***Est puni des peines prévues aux articles L. 626-3 à L. 626-5 le fait, pour les personnes mentionnées aux 2° et 3° de l'article L. 626-1, de mauvaise foi, en vue de soustraire tout ou partie de leur patrimoine aux poursuites de la personne morale qui a fait l'objet d'un jugement d'ouverture de redressement judiciaire ou de liquidation judiciaire ou à celles des associés ou des créanciers de la personne morale, de détourner ou de dissimuler, ou de tenter de détourner ou de dissimuler, tout ou partie de leurs biens, ou de se faire frauduleusement reconnaître débitrice de sommes qu'elles ne devaient pas.*** — [L. n° 85-98 du 25 janv. 1985, art. 209]. — V. note ss. ancien art. L. 626-5.

SECTION III DES RÈGLES DE PROCÉDURE

Ancien art. L. 626-15 ***Pour l'application des dispositions des sections I et II du présent chapitre, la prescription de l'action publique ne court que du jour du jugement prononçant l'ouverture de la procédure de redressement judiciaire lorsque les faits incriminés sont apparus avant cette date.*** — [L. n° 85-98 du 25 janv. 1985, art. 210].

1. Le point de départ de la prescription de l'action publique du délit de malversation [C. com., art. L. 626-12, I] doit être fixé au jour où l'infraction est apparue et a pu être constatée dans les conditions permettant l'exercice de l'action publique. • Crim. 9 févr. 2005 : *Bull. crim. n° 50 ; D. 2005. AJ. 1152, obs. Lienhard ; Dr. pénal 2005, n° 80, note J.-H. Robert.*

2. Sur le point de départ de la prescription du délit d'acquisition des biens du débiteur visé à l'art. L. 626-12 (II) C. com., V. • Crim. 19 févr. 2003 : *Dr. pénal 2003, n° 88, note J.-H. Robert.*

Ancien art. L. 626-16 ***La juridiction répressive est saisie soit sur la poursuite du ministère public, soit sur constitution de partie civile de l'administrateur, du représentant des créanciers, du représentant des salariés, du commissaire à l'exécution du plan ou du liquidateur.*** — [L. n° 85-98 du 25 janv. 1985, art. 211].

1. Ordre des poursuites. L'art. L. 626-16 C. com. n'impose pas, comme condition de validité des poursuites engagées par le procureur de la République, leur antériorité à toute constitution de partie civile. • Crim. 11 avr. 2002 : *Bull. crim. n° 87 ; D. 2002. AJ. 2258 ; Rev. sociétés 2002. 561, note Bouloc*.

1 bis. Ouverture de l'action civile. BIBL. Matsopoulou, *JCP 1998. I. 164.* ♦ Seules peuvent mettre en mouvement l'action publique en matière de banqueroute les personnes limitativement énumérées par l'art. 211 [C. com., art. L. 626-16]. • Crim. 20 févr. 1997 : *Bull. crim. n° 72 ; RJDA 1997, n° 967.* – Rappr. : • Crim. 28 juin 1998 : *RSC 1998. 776, obs. Renucci*. ♦ Toutefois, l'irrégularité résultant de l'ouverture d'une information du chef de banqueroute sur plainte avec constitution de partie civile d'une personne autre que celles désignées à cet article est couverte par l'ordonnance de renvoi devant le tribunal correctionnel et ne peut plus être invoquée devant les juges du fond. • Crim. 5 mai 1997 : *Bull. crim. n° 159 ; Rev. sociétés 1998. 127, note Bouloc*.

1 ter. L'action du créancier qui se constitue partie civile peut seulement avoir comme effet de corroborer l'action publique déjà engagée sur le fondement du délit de banqueroute. Elle ne peut pas constituer la base d'une demande en réparation du préjudice résultant de l'inexécution du contrat conclu entre le créancier et le débiteur faisant l'objet d'une procédure collective. • Crim. 6 janv. 1992 : *RJDA 1992, n° 522.* – Dans le même sens, V. • Crim. 28 janv. 1998 : *Act. proc. coll. 1998, n° 47.*

2. Toutefois, l'art. 211 [C. com., art. L. 626-16] n'interdit pas aux créanciers de se constituer parties civiles en raison d'un préjudice particulier distinct du montant de leur créance et résultant directement de l'infraction. • Crim. 11 oct. 1993 : *Bull. crim. n° 283 ; D. 1994. IR. 18 ; Rev. sociétés 1994. 303, note Bouloc*. ♦ Dans le même sens, jugeant recevable la constitution de partie civile de dirigeants de sociétés en redressement judiciaire des chefs de malversation et prise illégale d'intérêts, V. • Crim. 26 sept. 2001 : *Bull. crim. n° 193 ; D. 2001. AJ. 3621*. ♦ Sur la notion de « préjudice particulier », V. • Crim. 17 nov. 2004 : *D. 2005. AJ. 566, obs. Lienhard ; Dr. sociétés 2005, n° 58, note R. Salomon ; Rev. sociétés 2005. 433, note Bouloc*.

2 bis. En ce sens que doivent être déclarées irrecevables les constitutions de partie civile de syndicats de salariés, dès lors que ces syndicats n'établissent l'existence d'aucun préjudice même indirect porté à l'intérêt collectif de la profession, distinct de l'intérêt général et du préjudice individuel subi par les salariés, V. • Crim. 27 oct. 1999 : *RJDA 2000, n° 285.*

3. Le dirigeant d'une société doit répondre sur son patrimoine personnel des conséquences de ses agissements délictueux, notamment de banqueroute, dans la mesure où il n'est ni établi, ni même allégué, que la liquidation judiciaire lui ait été étendue ou qu'il ait été condamné au comblement du passif social (à propos d'un préjudice moral). • Crim. 30 mai 1994 : *Bull. Joly 1994. 1205, note Daigre ; Rev. proc. coll. 1996. 137, obs. Mascala.* ♦ Comp., sur la compatibilité de l'action civile pour banqueroute et de l'action en comblement du passif : note 40 *ter* ss. ancien art. L. 624-3.

4. Si, en cas de poursuites pour banqueroute, le créancier ne peut obtenir devant la juridiction répressive le montant de sa créance, il conserve le droit de demander réparation du préjudice particulier résultant de l'infraction à toutes les personnes étrangères à la procédure collective. • Crim. 14 févr. 1994 : *Bull. crim. n° 63 ; RJDA 1994, n° 590.* ♦ V. aussi note 6 ss. ancien art. L. 621-40.

4 bis. Pour la recevabilité de la constitution de partie civile du commissaire à l'exécution du plan, V. • Crim. 17 nov. 2004 : *préc. note 2.* ♦ V. aussi note 8 ss. ancien art. L. 621-68.

5. Évaluation du préjudice. Le préjudice subi par les créanciers résulte directement de la diminution de l'actif et est nécessairement égal à la valeur du bien frauduleusement soustrait. • Crim. 13 mars 1995 : *Bull. crim. n° 99 ; D. 1995. IR. 147.* ♦ Aucune disposition de la loi ne permet de réduire, en raison de la négligence de la victime, le montant des réparations civiles dues par l'auteur d'une infraction intentionnelle contre les biens. • Crim. 20 mars 1995 : *Bull. crim. n° 110.*

Sur la réparation de la perte d'une chance, V. : • Crim. 4 déc. 1997 : *Petites affiches 27 juill. 1998, p. 24, note Sordine.*

Sur le pouvoir souverain des juges du fond pour apprécier le préjudice, V. • Crim. 8 août 1995 : *Dr. sociétés 1995, n° 243.*

6. Instruction. Doit être rejetée la demande tendant à l'annulation des actes de l'instruction portant sur des faits de banqueroute par emploi de moyens ruineux en raison du fait que le juge d'instruction n'avait pas été saisi de cette infraction, le réquisitoire introductif ne visant que la banqueroute par détournement d'actif, dès lors que la qualification des faits par le réquisitoire n'est que provisoire et indicative et que les pièces jointes à ce réquisitoire, soit en particulier, la plainte des créanciers, dénoncent bien des faits d'emploi de moyens ruineux pour se procurer des fonds. • Crim. 11 avr. 2002 : *Bull. crim. n° 87 ; Rev. sociétés 2002. 561, note Bouloc ; Act. proc. coll. 2002, n° 256, obs. Cerf-Hollender.*

7. De même, doit être rejetée la demande d'annulation du réquisitoire fondée sur la circonstance que le jugement ayant étendu la procédure de redressement judiciaire et le jugement ayant prononcé la liquidation judiciaire seraient réputés non avenus pour n'avoir pas été notifiés dans le délai prévu par l'art. 478 NCPC et qu'ainsi les faits de banqueroute, objet du réquisitoire, ne pourraient être constitués, dès lors qu'une telle circonstance est sans incidence sur la validité du réquisitoire et de la procédure ultérieure, l'ouverture du redressement judiciaire n'étant qu'une condition préalable à l'exercice de l'action publique. • Crim. 10 mars 2004 : *Bull. crim. n° 65 ; D. 2004. AJ. 1237 ; RTD com. 2004. 608, obs. Mascala.*

8. *Impartialité du juge.* Le fait que le juge d'instruction ait, antérieurement à sa désignation, participé au jugement d'ouverture de la procédure de redressement judiciaire, puis à la décision étendant cette procédure et enfin au jugement de liquidation n'est pas, en soi, de nature à faire naître un doute objectivement justifié sur l'impartialité du magistrat en cause. • Crim. 10 mars 2004 : *préc. note 7.*

Ancien art. L. 626-17 ***Le ministère public peut requérir de l'administrateur ou du liquidateur la remise de tous les actes et documents détenus par ces derniers.*** — [L. n° 85-98 du 25 janv. 1985, art. 212].

Ancien art. L. 626-18 ***Les frais de la poursuite intentée par l'administrateur, le représentant des créanciers, le représentant des salariés, le commissaire à l'exécution du plan ou le liquidateur sont supportés par le Trésor public, en cas de relaxe.***

En cas de condamnation, le Trésor public ne peut exercer son recours contre le débiteur qu'après la clôture des opérations de liquidation judiciaire. — [L. n° 85-98 du 25 janv. 1985, art. 213].

Ancien art. L. 626-19 ***Les jugements et arrêts de condamnation rendus en application du présent chapitre sont publiés aux frais du condamné.*** — [L. n° 85-98 du 25 janv. 1985, art. 214].

CHAPITRE VII DISPOSITIONS COMMUNES

Ancien art. L. 627-1 ***Aucune opposition ou procédure d'exécution de quelque nature qu'elle soit sur les sommes versées à la Caisse des dépôts et consignations n'est recevable.*** — [Décr. n° 85-1388 du 27 déc. 1985, art. 173].

BIBL. ▶ BAC, *JCP E 1998, n° 6, p. 211.* – VAUVILLÉ, *ibid. 1998, n° 45/46, p. 1768.* – GHELFI-TASTEVIN, *Petites affiches 18 oct. 1999, p. 6 ; ibid., 20 oct. 1999, p. 13* (effet attributif immédiat des saisies). – DESPRAT, *Gaz. Pal. 2001. Doctr. 322.* – MARTIN-SERF, *Rev. proc. coll. 2000. 172.* – EVANO, *Petites affiches 22 janv. 2004, p. 13.*

▶ Sur la codification opérée par l'ordonnance du 18 sept. 2000 : LIENHARD, *D. 2000, n° 34, Cah. dr. aff., p. III.* – ARRIGHI DE CASANOVA et DOUVRELEUR, *JCP 2001. I. 285.* – BOUTIN, *Act. proc. coll. 2003, n° 44* (ratification de l'ord. par la loi du 3 janv. 2003). – V. aussi, *infra*, note 1 *bis*.

Jurisprudence relative à l'art. 173 du décret n° 85-1388 du 27 déc. 1985.

I. ILLÉGALITÉ DE L'ART. 173 RÉSULTANT DE L'ARRÊT DU 9 FÉVR. 2000

1. En instituant, par l'art. 173, un régime d'insaisissabilité des sommes reçues par le liquidateur dans l'exercice de ses fonctions au nom de l'entreprise mise en liquidation et déposées à la Caisse des dépôts et consignations, l'autorité réglementaire est intervenue dans une matière réservée au législateur. Par suite, les dispositions de l'art. 173 sont entachées d'illégalité. • CE 9 févr. 2000 : *D. 2000. AJ. 136, obs. Lienhard ; JCP 2000. II. 10314, note Croze et Moussa ; Petites affiches 16 mars 2000, p. 19, obs. Lagarde ; Procédures 2000, n° 123, obs. Croze ; RTD com. 2000. 724, obs. Martin-Serf.* – V. Dymant et Le Corre, *JCP E 2000, n° 23, p. 884.* – V. concl. Savoie, *Petites affiches 30 août 2000, p. 4.* ♦ L'art. 173 ayant été déclaré illégal par le Conseil d'État et cette déclaration d'illégalité, même décidée à l'occasion d'une autre instance, s'imposant au juge civil qui ne peut faire application de ce texte illégal, il s'ensuit que cet art. ne peut être invoqué pour faire obstacle à une voie d'exécution sur les sommes versées à la Caisse des dépôts et consignations. • Com. 26 avr. 2000 : *Bull. civ. IV, n° 85 ; D. 2000. AJ. 247, obs. Lienhard ; JCP E 2000, n° 40, p. 1565, obs. Pétel ; Act. proc. coll. 2000, n° 120, obs. Regnaut-Moutier ; Procédures 2000, n° 166, obs. Laporte ; RD banc. fin. 2000, n° 162, obs. F.-X. Lucas ; RTD com. 2000. 724, obs. Martin-Serf*

• 20 juin 2000 : *RD banc. fin. 2000, n° 162, obs. F.-X. Lucas* • 20 févr. 2001 : *D. 2001. AJ. 921, obs. Lienhard ; Act. proc. coll. 2001, n° 75, obs. Regnaut-Moutier ; RD banc. fin. 2001, n° 128, obs. Delleci* • 3 avr. 2001 : *RD banc. fin. 2001, n° 165, obs. Delleci.* – V. aussi Rolland, *Petites affiches 3 oct. 2000, p. 9.* ♦ Pour l'effet rétroactif de cette déclaration d'illégalité, V. *infra*, note 1 *ter*. ♦ Sur l'illégalité de l'art. 173, V. déjà Derrida, obs. ss. • Com. 8 févr. 1994 : *D. 1994. 609* .

II. CODIFICATION DE L'ART. 173 PAR L'ORD. DU 18 SEPT. 2000

1 bis. En codifiant les dispositions de l'art. 173 dans la partie législative du code de commerce, le gouvernement, loin de méconnaître l'autorité de la chose jugée de l'arrêt du Conseil d'État du 9 févr. 2000 [préc. note 1], a procédé aux modifications rendues nécessaires par cette décision, afin d'assurer le respect de la hiérarchie des normes, ainsi que l'y habilitait la loi du 16 déc. 1999 (rejet du recours en annulation formé contre l'ord. du 18 sept. 2000). • CE 27 mai 2002 : *D. 2002. AJ. 2188, obs. Lienhard ; Act. proc. coll. 2002, n° 180, obs. Boutin ; RD banc. fin. 2002, n° 192, obs. F.-X. Lucas ; JCP E 2003, n° 6, p. 271, obs. Pétel ; RTD com. 2003. 372, obs. Martin-Serf*. – V. Roussel Galle, *Rev. proc. coll. 2002. 155* ; Prétot, *RJDA janv. 2003, p. 3.* ♦ V. aussi • TGI Saint-Quentin, 21 juin 2001 : *Rev. proc. coll. 2002. 103, obs. Saint-Alary-Houin.* ♦ L'Ord. n° 2000-912 du 18 sept. 2000 a été ratifiée par la loi n° 2003-7 du 3 janv. 2003, art. 50-I (*JO 4 janv.*).

1 ter. Viole la loi des 16-24 août 1790 la cour d'appel qui, pour rejeter une demande tendant à l'annulation et à la mainlevée d'une saisie-attribution pratiquée entre les mains de la Caisse des dépôts et consignations, le 30 mars 2000, énonce que l'art. L. 627-1 C. com. reprend intégralement les termes de l'art. 173 du décret du 27 déc. 1985, déclaré illégal le 9 févr. 2000, et a été introduit par l'ord. du 18 sept. 2000 non encore ratifiée, alors que, l'annulation de l'art. 173 étant sans incidence sur l'art. L. 627-1, peu important l'identité de leur contenu, elle a apprécié la légalité de cette dernière disposition alors de nature réglementaire. • Civ. 1re, 13 nov. 2003 : *Bull. civ. I, n° 232 ; D. 2003. AJ. 2886, obs. Lienhard ; Act. proc. coll. 2003, n° 258, obs. Regnaut-Moutier ; Petites affiches 18 févr. 2004, p. 8, note F.-X. Lucas ; RTD com. 2004. 159, obs. Martin-Serf*. ♦ Sur renvoi, la Cour d'appel de Paris a jugé que la déclaration d'illégalité de l'art. 173 du décret résultant de l'arrêt du Conseil d'État du 9 février 2000 a eu un effet rétroactif et que l'art. L. 627-1 C. com. n'est donc pas applicable à un avis à tiers détenteur notifié le 16 sept. 1998 : • Paris, 3 juin 2005 : *Gaz. Pal. 4-5 nov. 2005, p. 26, obs. Henry.*

III. JURISPRUDENCE ANTÉRIEURE À L'ARRÊT DU 9 FÉVR. 2000

1 quater. Portée de l'art. 173 dans sa rédaction issue du décret du 21 oct. 1994. La précision apportée par le décret du 21 oct. 1994 n'a qu'un effet déclaratif. • Paris, 23 oct. 1998 : *D. Affaires 1998. 1909, obs. A. L. ; Rev. proc. coll. 1999. 101, obs. Canet.*

L'art. 173 [C. com., art. L. 627-1] interdit toute opposition ou procédure d'exécution de quelque nature que ce soit, et par là même toute saisie-attribution ou avis à tiers détenteur sur les sommes versées à la Caisse des dépôts et consignations, de sorte que n'est pas recevable l'avis à tiers détenteur délivré au liquidateur, pour obtenir l'attribution de sommes versées à ladite Caisse. • Com. 6 juill. 1999 : *Act. proc. coll. 1999, n° 218.*

Le texte très général de l'art. 173 [C. com., art. L. 627-1] vise les sommes « versées » à la Caisse des dépôts et consignations et non pas seulement les sommes consignées. Il ne distingue pas non plus selon l'origine des fonds « versés » par les mandataires de justice et doit donc être appliqué également à un commissaire à l'exécution du plan de continuation, même si aucun texte ne fait obligation générale à celui-ci de déposer les sommes qu'il détient à la Caisse des dépôts et consignations. Il n'y a pas lieu non plus de distinguer selon que l'avis à tiers détenteur est décerné au commissaire à l'exécution du plan ou à la Caisse des dépôts et consignations dès lors qu'il a pour objet d'appréhender des sommes qui y sont déposées. • Rouen, 10 juin 1998 : *Gaz. Pal. 1998. 2. Somm. 707.* – V. aussi • TGI Lyon, JEX, 21 mai 1996 : *Gaz. Pal. 1996. 2. Somm. 439* • Aix-en-Provence, 15 sept. 1999 : *Petites affiches 8 sept. 2000, p. 13, note Cioffi.* ♦ Comp., jugeant : que l'art. 173, ne posant pas le principe de l'insaisissabilité des sommes déposées à la Caisse des dépôts et consignations, n'est pas en contradiction avec l'art. 14 de la loi n° 91-650 du 9 juill. 1991 (selon lequel seule la loi peut déclarer un bien insaisissable) ; que l'art. 173 constate seulement qu'aucune opposition ou procédure d'exécution, sur les sommes déposées, n'est recevable directement auprès de la Caisse : • Paris, (8e ch. A), 13 janv. 1998 : *D. 1998. 194, note Derrida ; D. Affaires 1998. 295, obs. A. L. ; RTD com. 1999. 505, obs. Martin-Serf*. ♦ Dans le même sens, jugeant que les effets de l'avis à tiers détenteur ne sont paralysés qu'à l'égard des sommes déjà versées à la Caisse, V. • Paris, (3e ch. B), 23 oct. 1998 : *préc.* ♦ Comp. aussi, jugeant que le liquidateur joue un double rôle et peut être considéré comme débiteur saisi en tant que représentant de la personne en liquidation, en même temps que tiers saisi comme liquidateur dépositaire des sommes qu'il a recouvrées, ces deux fonctions sont complémentaires, l'une n'excluant pas l'autre ; que la délivrance d'un avis à tiers détenteur, emportant, à concurrence des sommes pour lesquelles il est pratiqué, attribution immédiate au profit du saisissant de la créance saisie disponible entre les mains du tiers, ainsi que de tous ses accessoires, emporte donc son effet attributif sur les sommes détenues au jour de sa notification par le liquidateur, et ce sans que puisse être opposé l'ordre des paiements prévu par l'art. 40 [C. com., art. L. 621-32] : • Paris, (8e ch. B), 7 mai 1998 : *D. Affaires 1998. 1050, obs. A. L. ; RTD com. 1999. 505, obs. Martin-Serf*. ♦ Dans le même sens, V. • Paris, (8e ch. B), 14 mai 1998 : *Act. proc. coll. 1998, n° 82 ; Rev. proc. coll. 1999. 102, obs. Canet* • 29 oct. 1998 : *D. 1998. IR. 264 ; Rev. proc. coll. 1999. 111, obs. Canet.* ♦ Sur la qualité de tiers saisi du liquidateur, V. aussi note 39 *ter* ss. ancien art. L. 621-32.

1 quinquies. Sur la possibilité, pour les créanciers de l'art. 40 [C. com., art. L. 621-32] de la loi, de pratiquer une saisie conservatoire ou une saisie-attribution sur les sommes versées à la Caisse des dépôts et consignations, V. Rép. min. n° 25637 : *JOAN Q, 15 juill. 1996, p. 3868 ; Rev. proc. coll. 1997. 37, obs. Canet.* – V. également • TGI Montluçon, 29 juin 1994 : *Rev. proc. coll. 1995. 304, obs. Saint-Alary-Houin.*

1 sexies. L'art. 173 [C. com., art. L. 627-1] ne s'applique qu'aux sommes versées à la Caisse des dépôts et consignations, l'avis à tiers détenteur est donc ainsi valable pour les sommes dont le commissaire à l'exécution du plan de continuation est en possession à l'exception de celles versées à ladite Caisse avant la date de l'opposition. • Rouen, 10 juin 1998 : *préc. note 1 ter.*

1 septies. En ce sens que l'art. 173 ne fait pas obstacle à la saisie conservatoire, entre les mains du commissaire à l'exécution du plan, de sommes dues par le débiteur et qui ont été, à l'occasion d'une répartition, attribuées à une caution subrogée dans les droits d'un créancier, V. • Com. 22 janv. 2002 : *Rev. proc. coll. 2004. 215, obs. Lebel.*

1 octies. L'art. 173 [C. com., art. L. 627-1] n'est pas contraire à l'art. 17 de la Déclaration des droits de l'homme et du citoyen et à l'art. 1er du protocole additionnel à la Convention européenne des droits de l'homme et des libertés fondamentales dans la mesure où le seul effet d'attribution immédiate de la créance entraînée par la saisie-attribution n'a pas pour conséquence de conférer au saisissant un droit de propriété. • Amiens, 18 nov. 1997 : *Rev. proc. coll. 1999. 160, obs. Saint-Alary-Houin.*

2. Portée de l'ancienne rédaction de l'art. 173. Cassation de l'arrêt qui avait énoncé que, si, selon l'art. 173, dans sa rédaction antérieure au décret du 21 oct. 1994, aucune opposition n'est recevable sur les sommes versées à la Caisse des dépôts et consignations, le terme « opposition » n'a plus de signification en procédure d'exécution depuis l'entrée en vigueur [le 1er janv. 1993] de la loi n° 91-650 du 9 juill. 1991, de sorte que les effets dudit art. 173 ne peuvent être étendus à la saisie-attribution instituée par cette loi, alors que l'art. 173 interdisait toute opposition, et, par là même, toute saisie-attribution ou avis à tiers détenteur sur les sommes versées à la Caisse des dépôts et consignations. • Com. 22 avr. 1997 : *Bull. civ. IV, n° 104 ; D. 1997. 371, note Derrida ; D. Affaires 1997. 737 ; Quot. jur. 22 mai 1997, p. 6, note P. M. ; Rev. dr. bancaire 1997. 135, obs. Campana et Calendini ; Rev. proc. coll. 1997. 459, obs. Saint-Alary-Houin.* ♦ Dans le même sens, en déduisant que n'était pas recevable l'avis à tiers détenteur délivré au liquidateur, tiers saisi, pour obtenir l'attribution de sommes versées à cette caisse, V. • Com. 5 mai 1998 : *Bull. civ. IV, n° 143 ; D. 1998. IR. 152 ; D. Affaires 1998. 961, obs. A. L ; RJ com. 2000. 39, obs. Teilliais.* (V., l'arrêt cassé, qui avait jugé que l'art. 173, au moins dans sa rédaction antérieure au décret du 21 oct. 1994, ne pouvait avoir pour effet d'interdire à un créancier privilégié, au sens de l'art. 40, de mettre en œuvre une procédure d'exécution forcée entre les mains du liquidateur, à charge pour ce dernier de déconsigner les fonds correspondants de la Caisse des dépôts et consignations : • Rennes, 21 mars 1996 : *BICC 1996, n° 796 ; Rev. proc. coll. 1997. 37, obs. crit. Canet*). ♦ V. aussi • Com. 5 févr. 1999 : *Act. proc. coll. 1999, n° 53* • Paris, 25 nov. 1999 : *D. 2000. AJ. 33*. ♦ Il importe peu que les sommes aient seulement été versées à la Caisse, et non pas consignées. • Com. 8 déc. 1998 : *Bull. civ. IV, n° 290 ; D. 1999. IR. 21 ; D. Affaires 1999. 131, obs. A. L. ; RTD com. 1999. 209, obs. Vallens ; ibid. 505, obs. Martin-Serf*.

3. En revanche, produit ses effets l'avis à tiers détenteur notifié au commissaire à l'exécution du plan alors que les fonds, déposés à la banque, n'avaient pas encore été transférés à la Caisse des dépôts et consignations. • Com. 8 déc. 1998 : *D. Affaires 1999. 131, obs. A. L.* ♦ V. Instr. DGI *(BOI 127C 1-99, 15 avr. 1999 ; JCP E 1999, n° 18-19, p. 829 ; Annonces de la Seine, 3 mai 1999, p. 1, obs. Lagarde).*

4. Dépôt obligatoire des fonds à la Caisse. V., pour l'administrateur et le représentant des créanciers, art. L. 621-33 C. com. ; pour le commissaire à l'exécution du plan, art. L. 621-68 C. com. ; pour le liquidateur, art. L. 622-8 C. com.

Ancien art. L. 627-2 *Le juge-commissaire a droit, sur l'actif du débiteur, au remboursement de ses frais de déplacement.* — [L. n° 85-98 du 25 janv. 1985, art. 215 A].

Ancien art. L. 627-3 (L. n° 2001-1275 du 28 déc. 2001) *I. – Lorsque les fonds disponibles du débiteur n'y peuvent suffire immédiatement, le Trésor public, sur ordonnance motivée du juge-commissaire ou du président du tribunal, fait l'avance des droits, taxes, redevances ou émoluments perçus par les greffes des juridictions, des débours tarifés et des émoluments dus aux avoués et des rémunérations des avocats dans la mesure où elles sont réglementées, des frais de signification et de publicité et de la rémunération des techniciens désignés par la juridiction après accord du ministère public, afférents :*

1° Aux décisions qui interviennent au cours de la procédure de redressement judiciaire ou de liquidation judiciaire rendues dans l'intérêt collectif des créanciers ou du débiteur ;

2° A l'exercice des actions tendant à conserver ou à reconstituer le patrimoine du débiteur ou exercées dans l'intérêt collectif des créanciers ;

3° Et à l'exercice des actions mentionnées aux articles L. 625-3 à L. 625-6.

II. – Le Trésor public, sur ordonnance motivée du président du tribunal, fait également l'avance des mêmes frais afférents à l'exercice de l'action en résolution et en modification du plan.

III. – Ces dispositions sont applicables aux procédures d'appel ou de cassation de toutes les décisions mentionnées ci-dessus.

IV. – Pour le remboursement de ses avances, le Trésor public est garanti par le privilège des frais de justice.

Sur les recours, V. Décr. n° 85-1388 du 27 déc. 1985, art. 25-1, infra, App., v° Difficultés des entreprises.

BIBL. ▶ BRÉVAL, *Petites affiches 13 janv. 1997, p. 9* (règlement des honoraires d'expertise).

1. Frais et débours. Il résulte de la combinaison de l'art. 215 ci-dessus [C. com., art. L. 627-3] et des art. R. 93 (7°) et R. 214 C. pr. pén., que les frais visés par le premier de ces textes, que le deuxième assimile aux frais de justice criminelle, correctionnelle et de police, sont taxés et liquidés d'après le tarif et selon les règles de la juridiction compétente. Ces frais, s'agissant de ceux dus aux avocats, ne pouvant ainsi comprendre, outre les débours, que la partie légalement tarifée de leur rémunération correspondant à l'exercice de la postulation, et non leurs honoraires qui, aux termes de l'art. 10 de la loi n° 71-1130 du 31 déc. 1971, sont fixés en accord avec le client, l'avance de frais et débours par le Trésor public ne peut couvrir les sommes réclamées par un avocat en vue d'assurer la défense du liquidateur devant une juridiction où la représentation par avocat n'est pas obligatoire. • Com. 6 mai 1997 : *Bull. civ. IV, n° 121 ; D. 1997. 437, rapp. Rémery ; D. Affaires 1997. 799 ; Quot. jur. 24 juin 1997, p. 4, note P.M. ; Rev. proc. coll. 1998. 70, obs. Soinne.* ♦ Solution confirmée par la nouvelle rédaction de l'art. L. 627-3, issue de la loi n° 2001-1275 du 28 déc. 2001.

2. Seules les rémunérations des techniciens désignés par le juge-commissaire en application de l'art. L. 621-12 C. com., celles des personnes qualifiées désignées en application de l'art. 164 du décret n° 85-1388 du 27 déc. 1985 ou celles des techniciens désignés pour exécuter des mesures d'instruction en application des art. 232 s. NCPC peuvent donner lieu à une avance du Trésor public dans les conditions fixées par l'art. L. 627-3. • Com. 28 sept. 2004 : *Bull. civ. IV, n° 169 ; D. 2004. AJ. 2654 ; JCP E 2005, n° 1-2, p. 26, obs. Pétel ; Bull. Joly 2005. 217, note J.-F. Barbièri ; Rev. proc. coll. 2006. 54, obs. Lebel.* ♦ Les honoraires d'un cabinet comptable, désigné pour assister le liquidateur judiciaire afin, notamment, de mener des investigations sur les responsabilités encourues par les dirigeants et de procéder à la révision du compte client dans le cadre de l'art. 37 de la loi n° 85-99 du 25 janv. 1985 [C. com., art. L. 814-6] et de l'art. 31 du décret n° 85-1390 du 27 déc. 1985, qui n'étaient pas applicables en pareil cas, ne peuvent donner lieu à une avance par le Trésor public. • Même arrêt. ♦ Le commissaire-priseur, désigné pour procéder à une vente aux enchères publiques de l'actif mobilier d'une société en liquidation judiciaire, en application de l'art. L. 622-18 C. com., n'est pas un technicien au sens des art. L. 627-3 C. com. et 232 NCPC. • Limoges, 5 janv. 2005 : *BICC 2005, n° 441.*

3. L'art. L. 627-3, qui accorde le remboursement des frais et débours avancés dans les procédures impécunieuses, n'opère aucune distinction entre les sommes versées aux officiers publics et ministériels et les autres frais et débours ; ce texte n'exige nullement que pour le paiement des frais de greffe ou d'huissier de justice des justificatifs soient donnés affaire par affaire, ligne par ligne, ou récapitulés sur un état de frais spécifique certifié page par page. • Paris, 15 oct. 2002 : *RJ com. 2004. 29, note Sortais.*

4. Sur le contrôle de la motivation de l'ordonnance du juge-commissaire décidant l'avance des frais et débours par le Trésor public, V. • Besançon, 28 juin 2005 : *RTD com. 2005. 610, obs. Vallens*.

Ancien art. L. 627-4 ***Le fait, pour toute personne, d'exercer une activité professionnelle ou des fonctions en violation des interdictions, déchéances ou incapacité prévues par les articles L. 625-2 et L. 625-8, est puni d'un emprisonnement de deux ans et d'une amende de 375 000 €*** – [L. n° 85-98 du 25 janv. 1985, art. 216].

1. Droit transitoire. L'art. 216 [C. com., art. L. 627-4] est applicable à la violation, commise après le 1er janv. 1986, d'une interdiction de gérer prononcée antérieurement sur le fondement des art. 105 à 109 de la loi du 13 juill. 1967, dès lors que tous les éléments constitutifs de l'infraction sont postérieurs à la date d'entrée en vigueur de la loi du 25 janv. 1985. • Crim. 10 nov. 1999 : *D. 2000. AJ. 85 ; Act. proc. coll. 2000, n° 70, obs. Regnaut-Moutier ; Rev. sociétés 2000. 568, note Bouloc*.

2. Sanction pénale. En ce sens que le dirigeant condamné, sur le fondement de l'art. 216 [C. com., art. L. 627-4], à une peine d'emprisonnement pour avoir continué d'assurer la direction d'une société nonobstant la mesure de faillite personnelle prononcée à son encontre, par une cour d'appel, ne peut soutenir que cette sanction n'était pas immédiatement exécutoire en raison du pourvoi en cassation formé contre la décision d'appel, dès lors que ni la loi du 25 janv. 1985 ni son décret d'application ne prévoit d'exception au principe de l'effet non suspensif du pourvoi, V. • Crim. 1er mars 2000 : *RJDA 2000, n° 706.*

3. Sanction civile. Les actes accomplis par un dirigeant social sous le coup d'une faillite personnelle ne sont pas affectés dans leur validité tant que les organes sociaux délibérants n'ont pas tiré les conséquences de la sanction personnelle frappant le dirigeant ou que la cessation des fonctions de ce dirigeant, sans préjudice d'une démission toujours possible, ne résulte d'une application des dispositions de l'art. 193 [C. com., art. L. 625-9]. • Paris, 9 oct. 1998 : *D. Affaires 1998. 1813, obs. A. L. ; RJ com. 1999. 170, note Pétel.*

4. Direction d'une société étrangère. Pour l'application de l'art. L. 627-4 C. com. au dirigeant français d'une société étrangère, V. • Douai, 22 sept. 2005 : *cité note 1 bis ss. ancien art. L. 625-2.*

Ancien art. L. 627-5 ***Tout licenciement envisagé par l'administrateur, l'employeur ou le liquidateur, selon le cas, du représentant des salariés mentionné aux articles L. 621-8, L. 621-135 et L. 622-2 est obligatoirement soumis au comité d'entreprise, qui donne un avis sur le projet de licenciement.***

Le licenciement ne peut intervenir que sur autorisation de l'inspecteur du travail dont dépend l'établissement. Lorsqu'il n'existe pas de comité d'entreprise dans l'établissement, l'inspecteur du travail est saisi directement.

Toutefois, en cas de faute grave, l'administrateur, l'employeur ou le liquidateur, selon le cas, a la faculté de prononcer la mise à pied immédiate de l'intéressé en attendant la décision définitive. En cas de refus de licenciement, la mise à pied est annulée et ses effets supprimés de plein droit.

La protection instituée en faveur du représentant des salariés pour l'exercice de sa mission fixée à l'article L. 621-36 cesse lorsque toutes les sommes versées au représentant des créanciers par les institutions mentionnées à l'article L. 143-11-4 du code du travail, en application du dixième alinéa de l'article L. 143-11-7 dudit code, ont été reversées par ce dernier aux salariés.

Lorsque le représentant des salariés exerce les fonctions du comité d'entreprise ou, à défaut, des délégués du personnel, en application de l'article L. 621-135, la protection cesse au terme de la dernière audition ou consultation prévue par la procédure de redressement judiciaire. – [L. n° 85-98 du 25 janv. 1985, art. 228].

1. La période de protection du représentant des salariés dans l'entreprise en redressement ou en liquidation judiciaire instaurée par l'art. L. 627-5 C. com. correspond à la durée du mandat. • Soc. 1er mars 2005 : *Bull. civ. V, n° 74.*

♦ Il en résulte que le licenciement d'un candidat à une telle désignation ou élection n'est pas soumis à l'autorisation du comité d'entreprise et de l'inspecteur du travail. • Même arrêt.

2. Le salarié protégé, qui a été licencié sans

autorisation et qui ne demande pas la poursuite du contrat de travail illégalement rompu, a le droit d'obtenir non seulement une indemnité égale à la rémunération qu'il aurait perçue depuis la date de son éviction jusqu'à la fin de la période de protection, à titre de sanction de la méconnaissance par l'employeur du statut protecteur, mais encore, à défaut de faute grave, les indemnités de rupture et une indemnité si le licenciement est dépourvu de cause réelle et sérieuse. • Soc. 5 mai 1993 : *Bull. civ. V, n° 127 ; D. 1993. IR. 138.*

Ancien art. L. 627-6 (L. n° 2003-7 du 3 janv. 2003, art. 47) ***Les fonds détenus par les syndics au titre des procédures de règlement judiciaire ou de liquidation des biens régies par la loi n° 67-563 du 13 juillet 1967 sur le règlement judiciaire, la liquidation des biens, la faillite personnelle et les banqueroutes sont immédiatement versés en compte de dépôt à la Caisse des dépôts et consignations. En cas de retard, le syndic doit, pour les sommes qu'il n'a pas versées, un intérêt dont le taux est égal au taux de l'intérêt légal majoré de cinq points.***

Pour l'application à Mayotte, en Polynésie française et en Nouvelle-Calédonie, V. L. n° 2003-7 du 3 janv. 2003, art. 48 (JO 4 janv.).

CHAPITRE VIII DISPOSITIONS APPLICABLES AUX DÉPARTEMENTS DU HAUT-RHIN, DU BAS-RHIN ET DE LA MOSELLE

RÉP. COM. *Alsace et Moselle,* par Haegel et Schwob.

BIBL. ► VALLENS, *JCP 1989. I. 3387.* – BIGOT, *Gaz. Pal. 1990. 1. Doctr. 349.*

Ancien art. L. 628-1 ***Les dispositions du présent titre s'appliquent aux personnes physiques, domiciliées dans les départements du Haut-Rhin, du Bas-Rhin et de la Moselle, et à leur succession, qui ne sont ni des commerçants, ni des*** (L. n° 2003-7 du 3 janv. 2003, art. 50-II) ***« personnes immatriculées au répertoire des métiers », ni des agriculteurs, lorsqu'elles sont*** (L. n° 2003-710 du 1er août 2003, art. 37) ***« de bonne foi et » en état d'insolvabilité notoire.***

(L. n° 2003-710 du 1er août 2003, art. 37) ***« Avant qu'il ne soit statué sur l'ouverture de la procédure, le tribunal commet, s'il l'estime utile, une personne compétente choisie dans la liste des organismes agréés, pour recueillir tous renseignements sur la situation économique et sociale du débiteur.***

« Les déchéances et interdictions qui résultent de la faillite personnelle ne sont pas applicables à ces personnes.

« Les modalités d'application du présent article sont fixées par décret. » – [L. 1er juin 1924, art. 22].

Les dispositions du code de la consommation relatives au règlement des situations de surendettement des particuliers ne font pas obstacle à l'application des art. 22 [C. com., art. L. 628-1], 23 [abrogé] et 24 [C. com., art. L. 628-2] de la loi du 1er juin 1924 portant introduction des lois commerciales françaises dans les départements du Haut-Rhin, du Bas-Rhin et de la Moselle (C. consom., art. L. 333-3).

1. Insolvabilité notoire. L'insolvabilité notoire ne se confond pas avec la cessation des paiements ; elle est caractérisée lorsque des faits et circonstances extérieurs, notamment des mesures d'exécution demeurées infructueuses, sont de nature à accréditer l'opinion que cette insolvabilité existe et révèlent, en outre, non seulement un arrêt matériel des paiements et une insuffisance d'actif, mais une situation patrimoniale irrémédiablement compromise et sans autre issue, notamment par l'obtention de garanties, de crédit ou de délais de paiement. • Colmar, 16 mars 1988 : *D. 1989. Somm. 4, obs. Derrida.* – V. aussi • Com. 26 nov. 1990 : *Gaz. Pal. 1991. 1. Pan. 94* • Colmar, 14 mai 1996 : *JCP E 1997. Pan. 596 et 597* • 17 déc. 1996 : *Petites affiches 2 mai 1997, p. 8, note Vallens* • 17 févr. 1998 : *JCP 2000. IV. 1134.*

1 bis. Bonne foi du débiteur. N'est pas de bonne foi au sens de l'art. L. 628-1 C. com. le débiteur dont la plupart des dettes ont pour origine des condamnations pénales ou des amendes contraventionnelles, peu important que ces condamnations soient en relation avec une pathologie psychiatrique. • Colmar, 28 févr. 2006 : *JCP 2006. IV. 2065.*

2. Extinction des créances. Sur le refus, fondé sur la tentative de fraude à la loi, de combiner les art. 169 de la loi du 25 janv. 1985 [C.

com., art. L. 622-32] et 22 [C. com., art. L. 628-1], al. 2, de la loi du 1er juin 1924, V. • Colmar, 16 mars 1988 : *préc. note 1.*

2 bis. Garantie de l'AGS. V. note 2 *quater* ss. ancien art. L. 621-132.

2 ter. Domiciliation frauduleuse. Pour des exemples, V. • Colmar, 2 oct. 2001 : *RTD com. 2001. 983, obs. Vallens* • 14 juin 2005 : *JCP E 2006, n° 2, p. 81.*

3. Surendettement des particuliers. V. C. consom., art. L. 333-3, en note ci-dessus. ♦ Sur la distinction des deux régimes, V. obs. Lombard, *Gaz. Pal. 1991. 2. Somm. 304.*

Ancien art. L. 628-2 (L. n° 2003-710 du 1er août 2003, art. 39) ***Sauf dispense ordonnée par le juge-commissaire, il est procédé à l'inventaire des biens des personnes visées à l'article L. 628-1.***

Ancien art. L. 628-3 (L. n° 2003-710 du 1er août 2003, art. 39) ***Par dérogation à l'article L. 621-102, il n'est pas procédé, en cas de liquidation judiciaire, à la vérification des créances s'il apparaît que le produit de la réalisation de l'actif sera entièrement absorbé par les frais de justice, sauf décision contraire du juge-commissaire.***

Ancien art. L. 628-4 (L. n° 2003-710 du 1er août 2003, art. 40) ***Lors de la clôture des opérations de liquidation judiciaire, le tribunal peut, à titre exceptionnel, imposer au débiteur une contribution destinée à l'apurement du passif dans les proportions qu'il détermine. Le tribunal désigne dans ce jugement un commissaire chargé de veiller à l'exécution de la contribution.***

Pour fixer les proportions de la contribution, le tribunal prend en compte les facultés contributives du débiteur déterminées au regard de ses ressources et charges incompressibles. Le tribunal réduit le montant de la contribution en cas de diminution des ressources ou d'augmentation des charges du contributeur.

Son paiement doit être effectué dans un délai de deux ans.

Les modalités d'application du présent article sont fixées par décret.

Ancien art. L. 628-5 (L. n° 2003-710 du 1er août 2003, art. 41) ***Outre les cas prévus à l'article L. 622-32, les créanciers recouvrent également leur droit de poursuite individuelle à l'encontre du débiteur lorsque le tribunal constate, d'office ou à la demande du commissaire, l'inexécution de la contribution visée à l'article L. 628-4.***

Ancien art. L. 628-6 (L. n° 2003-710 du 1er août 2003, art. 42) ***Le jugement prononçant la liquidation judiciaire est mentionné pour une durée de huit ans au fichier prévu à l'article L. 333-4 du code de la consommation et ne fait plus l'objet d'une mention au casier judiciaire de l'intéressé.***

Ancien art. L. 628-7 (L. n° 2003-710 du 1er août 2003, art. 38-I) ***L'assiette et la liquidation de la taxe sur les frais de justice en matière de redressement ou de liquidation judiciaire sont provisoirement réglées conformément aux dispositions des lois locales.*** — [L. 1er juin 1924, art. 24].

Les dispositions de l'ancien art. L. 628-7 correspondent à celles de l'ancien art. L. 628-2, qui a été renuméroté par la loi n° 2003-710 du 1er août 2003.

Ancien art. L. 628-8 (L. n° 2003-710 du 1er août 2003, art. 38-I) ***Les dispositions de l'article 1er de la loi n° 75-1256 du 27 décembre 1975 relative à certaines ventes de biens immeubles dans les départements du Haut-Rhin, du Bas-Rhin et de la Moselle cessent d'être applicables aux ventes forcées d'immeubles compris dans le patrimoine d'un débiteur ayant fait l'objet d'une procédure de redressement judiciaire ouverte postérieurement au 1er janvier 1986.*** — [L. n° 85-98 du 25 janv. 1985, art. 234-1].

Les dispositions de l'art. L. 628-8 correspondent à celles de l'ancien art. L. 628-3, qui a été renuméroté par la loi n° 2003-710 du 1er août 2003.

En matière de règlement judiciaire, de liquidation des biens [de redressement judiciaire, de liquidation judiciaire], de faillite personnelle, le tribunal de grande instance ou, le cas échéant, la chambre commerciale de ce tribunal, remplit les fonctions attribuées par la loi au tribunal de commerce. Toutefois, les fonctions de juge-commissaire peuvent aussi être exercées par un juge du siège du tribunal de grande instance ou par un juge chargé du service du tribunal d'instance du domicile du débiteur (COJ, art. L. 912-1).

Loi n° 85-98 du 25 janvier 1985,

Relative au redressement et à la liquidation judiciaires des entreprises.

Art. 240 Les dispositions de la présente loi ne sont applicables qu'aux procédures ouvertes après leur entrée en vigueur.

Toutefois, lorsqu'une procédure de règlement judiciaire régie par la loi n° 67-563 du 13 juillet 1967 précitée est convertie en liquidation des biens après l'entrée en vigueur de la présente loi, le tribunal peut, dans un seul et même jugement, à la demande du procureur de la République, si des cessions à forfait sont envisagées, décider que les dispositions de la présente loi relatives à la cession d'entreprise sont applicables à l'exception de celles du troisième alinéa de l'article 92 *[devenu C. com., ancien art. L. 621-95]*. A cet effet, il nomme un administrateur chargé de soumettre au tribunal le projet de plan de cession et d'assurer provisoirement la gestion. Le syndic exerce les fonctions dévolues au représentant des créanciers. Si le plan de cession est rejeté, les dispositions du titre III de la présente loi sont applicables à cette procédure, à l'exception de celles des articles 169 et 170 *[devenus C. com., ancien art. L. 622-32 et L. 622-34]*.

Dans les procédures de règlement judiciaire ou de liquidation des biens en cours, après l'entrée en vigueur de la présente loi, toute somme perçue par le syndic dans l'exercice de ses fonctions et pour le compte des créanciers ou du débiteur qu'il assiste ou représente est immédiatement versée en compte de dépôt à la Caisse des dépôts et consignations ou sur les comptes bancaires ou postaux de l'entreprise en règlement judiciaire ou liquidation des biens. En cas de retard, le syndic doit, pour les sommes qu'il n'a pas versées, un intérêt dont le taux est égal au taux de l'intérêt légal majoré de cinq points.

Les dispositions du quatrième alinéa de l'article 195 *[devenu C. com., ancien art. L. 625-10]* s'appliquent aux faillites personnelles et aux autres sanctions prononcées en application des articles 105 à 109 de la loi n° 67-563 du 13 juillet 1967 précitée, dès l'entrée en vigueur de la présente loi.

(L. n° 94-475 du 10 juin 1994) « Sont retirés du casier judiciaire les jugements de règlement judiciaire prononcés en application de la loi n° 67-563 du 13 juillet 1967 sur le règlement judiciaire, la liquidation des biens, la faillite personnelle et les banqueroutes ; sont également retirés à l'expiration d'un délai de cinq ans, à compter du jour où ce jugement est devenu définitif, les jugements de clôture pour extinction du passif, ainsi que les jugements prononçant la liquidation des biens d'une personne physique prononcés en application de la même loi. » — *Pour l'entrée en vigueur, V. supra, note ss. ancien art. L. 620-1 C. com.*

1. Principe. Il résulte de l'art. 240, al. 1er, qu'en dehors des hypothèses visées à ses autres alinéas et qui ne concernent pas l'action en paiement des dettes sociales, les dispositions de la loi du 25 janv. 1985 ne sont applicables qu'aux procédures ouvertes après leur entrée en vigueur, soit postérieurement à la date du 1er janv. 1986 fixée par l'art. 199 du décret. • Com. 7 avr. 1987 : *Bull. civ. IV, n° 90 ; D. 1987. 323, note Derrida ; Rev. sociétés 1987. 621, note Chaput.* ♦ V. aussi note 28 ss. ancien art. L. 624-3.

2. Notion de « procédures ouvertes ». L'art. 240 soumet à l'application de la loi du 25 janv. 1985 les procédures ouvertes après le 1er janv. 1986. • Aix-en-Provence, 21 mars 1986 : *D. 1986. IR. 287.* ♦ Seul un jugement étant de nature à « ouvrir » une procédure collective, méconnaît cette disposition la juridiction qui refuse d'appliquer la loi nouvelle en se fondant sur la date de dépôt de bilan. • Même arrêt. ♦ Par procédures « ouvertes », il convient d'entendre le jugement introduisant la procédure de redressement judiciaire, et non l'assignation introductive d'instance. • Versailles, 10 juin 1987 : *D. 1987. IR. 175.*

3. Sanctions des dirigeants sociaux. La liquidation des biens ayant été ouverte antérieurement au 1er janv. 1986, les dispositions de la loi du 25 janv. 1985, y compris celles relatives aux sanctions dont peuvent faire l'objet les dirigeants sociaux, sont sans application, la procédure continuant à être soumise, du fait du principe de la non-rétroactivité de la loi nouvelle posé par l'art. 2 C. civ., au régime législatif antérieurement applicable. • Paris, 6 mai 1986 : *D. 1986. 596, concl. Sauvel.* – Arrêt conf. par • Com. 9 févr. 1988 : *D. 1989. Somm. 2, obs. Derrida ; Bull. civ. IV, n° 63.*

4. Durée des sanctions. L'art. 240, en mentionnant, d'une part, que les nouvelles dispositions ne s'appliquent qu'aux procédures ouvertes après leur entrée en vigueur et en n'exceptant, d'autre part, que les seules dispositions de l'art. 195 [C. com., art. L. 625-10], al. 4, a exclu implicitement de l'application immédiate de la loi les autres dispositions de ce même article, en particulier celles de son alinéa 1er qui prévoit l'obligation pour le juge de limiter dans le temps les sanctions d'interdiction de gérer. • Paris, 14 mars 1986 : *D. 1986. IR. 208.* – Comp. : • Colmar, 11 mars 2003 : *Act. proc. coll. 2003, n° 202, obs. Vallansan ; RJDA 2004, n° 209.*

5. Conversion de règlement judiciaire. La résolution d'un concordat n'emportant pas ouverture d'une nouvelle procédure, la conversion en liquidation des biens est soumise à la loi du 13 juill. 1967 initialement applicable, bien qu'elle intervienne postérieurement au 1er janv. 1986. • Aix-en-Provence, 11 févr. 1987 : *D. 1987. Somm. 101, obs. Derrida. – Contra* : • T. com. Paris, 9 juin 1986 : *Rev. proc. coll. 1987, n° 1, p. 20, obs. Chaput.*

6. Bien que l'art. 240, al. 2, envisage seulement la conversion du règlement judiciaire en liquidation des biens, mais non la liquidation des biens résultant de la résolution d'un concordat, il convient de faire application de la loi nouvelle, les cessions à forfait envisagées après liquidation des biens étant destinées à sauvegarder l'entreprise dans la mesure où elle est viable. • Aix-en-Provence, 11 févr. 1987 : *préc. note 5.*

7. La conversion d'un règlement judiciaire en liquidation des biens ne se confond pas avec l'ouverture d'une nouvelle procédure provoquée par le non-paiement de créances nouvelles, laquelle est soumise à la loi en vigueur au jour du prononcé du jugement d'ouverture. • T. com. Paris, 17 févr. 1986 : *Rev. proc. coll. 1987, n° 1, p. 19, obs. Chaput* • Limoges, 22 févr. 1988 : *ibid. 1989. 131, obs. Chaput.*

7 bis. Sur la combinaison des dispositions de l'art. 240, al. 2, ci-dessus et de l'art. 90 du décret du 27 déc. 1985, V. • Com. 21 janv. 1992 : *Bull. civ. IV, n° 29.*

8. Application de l'art. 195, al. 4. Nonobstant la lettre de l'art. 240, al. 4, il paraît logique de considérer que le législateur accepte également de relever de l'inéligibilité résultant, en vertu de l'art. 110 de la loi du 13 juill. 1967, du seul jugement de règlement judiciaire ou de liquidation des biens. • T. com. Grenoble, 6 mars 1989 : *D. 1991. Somm. 117, obs. Derrida.*

9. V. aussi note 8 ss. ancien art. L. 622-32, notes 1, 6, 7, 14, 18 et 19 ss. ancien art. L. 626-2, note 2 ss. ancien art. L. 626-6 et note 1 ss. art. 627-4 C. com.

LIVRE SEPTIÈME DES JURIDICTIONS COMMERCIALES ET DE L'ORGANISATION DU COMMERCE *(Ord. nº 2006-673 du 8 juin 2006, art. 2).*

L'Ord. nº 2006-673 du 8 juin 2006 a refondu le livre VII du code de commerce, en y intégrant les dispositions du code de l'organisation judiciaire relatives au tribunal de commerce et aux greffiers des tribunaux de commerce.

TITRE PREMIER DU RÉSEAU DES CHAMBRES DE COMMERCE ET D'INDUSTRIE *(L. nº 2005-882 du 2 août 2005, art. 61).*

REP. COM. vº *Chambres de commerce et d'industrie,* par NOUVION.

V. aussi infra, App., vº Chambres de commerce et d'industrie.

Art. L. 710-1 *(L. nº 2005-882 du 2 août 2005, art. 62-I)* **Le réseau des chambres de commerce et d'industrie se compose des chambres de commerce et d'industrie, des chambres régionales de commerce et d'industrie, des groupements interconsulaires que peuvent former plusieurs chambres entre elles et de l'assemblée des chambres françaises de commerce et d'industrie. Il contribue au développement économique des territoires, des entreprises et de leurs associations en remplissant en faveur des acteurs économiques, dans des conditions fixées par décret, des missions de service public, des missions d'intérêt général et, à son initiative, des missions d'intérêt collectif. Les établissements qui le composent ont, dans le respect de leurs compétences respectives, auprès des pouvoirs publics, une fonction de représentation des intérêts de l'industrie, du commerce et des services, sans préjudice des missions de représentation conférées aux organisations professionnelles ou interprofessionnelles par les dispositions législatives ou réglementaires.**

Ces établissements sont des établissements publics placés sous la tutelle de l'État et administrés par des dirigeants d'entreprise élus. Leurs ressources proviennent des impositions qui leur sont affectées, de la vente ou de la rémunération de leurs activités ou des services qu'ils gèrent, des dividendes et autres produits des participations qu'ils détiennent dans leurs filiales, des subventions, dons et legs qui leur sont consentis et de toute autre ressource légale entrant dans leur spécialité.

Dans des conditions définies par décret, ils peuvent transiger et compromettre. Ils sont soumis, pour leurs dettes, aux dispositions de la loi nº 68-1250 du 31 décembre 1968 relative à la prescription des créances sur l'État, les départements, les communes et les établissements publics.

Ils peuvent, avec l'accord de l'autorité de tutelle, participer à la création et au capital de sociétés civiles et de sociétés par actions dont l'objet social entre dans le champ de leurs compétences.

1. Nature juridique. Il ressort de l'ensemble des dispositions de la loi de 1898, que les chambres de commerce et d'industrie ont le caractère d'établissements publics de l'État. • Cons. const. du 28 janv. 1999, nº 98-17 I : *JO 31 janv. 1999 ; D. 2000. Somm. 195, obs. Ghevontian ; AJDA 1999. 271, note Schoettl ; Dr. adm. 1999, nº 104.* ♦ Sur la nature juridique des agents des chambres de commerce et d'industrie selon qu'ils sont affectés à un service public administratif ou un service public industriel ou commercial, V. • T. confl. 24 mai 2004 : *Bull. civ., nº 16 ; JCP 2004. I. 165, nº 16, obs. Ondoua.* – V. aussi • CAA Nantes, 2 déc. 2005 : *AJDA 2006. 510.*

2. Responsabilité. Lorsque la responsabilité des chambres de commerce et d'industrie, établissements publics économiques aux termes de la loi de 1898, est recherchée pour des fautes qu'elles auraient commises à l'occasion d'une activité de gestion privée ne mettant pas en jeu leurs prérogatives de droit public, le litige qui en résulte ne ressortit pas de la compétence des tribunaux de l'ordre administratif. • Versailles, 28 mai 1998 : *D. 1998. IR. 193.*

3. Activité économique. Toute activité économique (en l'espèce la production d'un magasine servant de support aux espaces publicitaires qu'elle vend) n'est pas incompatible avec le statut juridique d'établissement public de la CCI. • Com. 5 avr. 2005 : *préc. note 2 bis ss. art. L. 134-1.*

CHAPITRE PREMIER DE L'ORGANISATION ET DES MISSIONS DU RÉSEAU DES CHAMBRES DE COMMERCE ET D'INDUSTRIE

(L. n° 2005-882 du 2 août 2005, art. 62-II)

SECTION PREMIÈRE LES CHAMBRES DE COMMERCE ET D'INDUSTRIE

Art. L. 711-1 *(L. n° 2005-882 du 2 août 2005, art. 62-II)* **Les chambres de commerce et d'industrie sont créées par un décret qui fixe notamment leur circonscription et leur siège. Toute modification est opérée dans les mêmes formes.**

Sur l'organisation des chambres de commerce et d'industrie, V. également, L. du 9 avr. 1898, art. 1er, al. 3, et art. 2 s., infra, App., v° Chambres de commerce et d'industrie.

Art. L. 711-2 *(L. n° 2005-882 du 2 août 2005, art. 62-II* **Les chambres de commerce et d'industrie représentent auprès des pouvoirs publics les intérêts de l'industrie, du commerce et des services de leur circonscription.**

A ce titre :

1° Elles sont consultées par l'État sur les règlements relatifs aux usages commerciaux ;

2° Elles peuvent être consultées par les collectivités territoriales et leurs établissements publics sur leurs projets de développement économique, de création d'infrastructures et de dispositifs d'assistance aux entreprises et sur leurs projets en matière de formation professionnelle ;

3° Elles peuvent également être consultées par l'État, les collectivités territoriales et leurs établissements publics sur toute question relative à l'industrie, au commerce, aux services, au développement économique, à la formation professionnelle, à l'aménagement du territoire et à l'environnement intéressant leur circonscription. Elles peuvent, de leur propre initiative, émettre des avis et des vœux sur ces mêmes questions ;

4° Dans les conditions précisées à l'article L. 121-4 du code de l'urbanisme, elles sont associées à l'élaboration des schémas de cohérence territoriale et des plans locaux d'urbanisme et peuvent, à leur initiative, réaliser les documents nécessaires à la préparation des documents prévisionnels d'organisation commerciale.

Code de l'urbanisme

(L. n° 2000-1208 du 13 déc. 2000)

Art. L. 121-4 L'État, les régions, les départements, les autorités compétentes en matière d'organisation des transports urbains et les organismes de gestion des parcs naturels régionaux *(L. n° 2006-436 du 14 avr. 2006, art. 25-IV)* « et des parcs nationaux » sont associés à l'élaboration des schémas de cohérence territoriale et des plans locaux d'urbanisme dans les conditions définies aux chapitres II et III. — *V.* **C. *urb*.**

Il en est de même des chambres de commerce et d'industrie, des chambres de métiers, des chambres d'agriculture et, dans les communes littorales au sens de l'article 2 de la loi n° 86-2 du 3 janvier 1986 relative à l'aménagement, la protection et la mise en valeur du littoral, des sections régionales de la conchyliculture. Ces organismes assurent les liaisons avec les organisations professionnelles intéressées.

Les études économiques nécessaires à la préparation des documents prévisionnels d'organisation commerciale et artisanale peuvent être réalisées à l'initiative des chambres de commerce et d'industrie et des chambres de métiers.

Sur les règles d'adoption des schémas de cohérence territoriale et les plans locaux d'urbanisme, V. C. urb., art. L. 122-1 s. au **C. *urb*.**

Art. L. 711-3 *(L. n° 2005-882 du 2 août 2005, art. 62-II)* **Les chambres de commerce et d'industrie ont une mission de service aux entreprises industrielles, commerciales et de services de leur circonscription.**

Pour l'exercice de cette mission, elles créent et gèrent des centres de formalités des entreprises et apportent à celles-ci toutes informations et tous conseils utiles pour leur développement.

Elles peuvent également créer et assurer directement d'autres dispositifs de conseil et d'assistance aux entreprises, dans le respect du droit de la concurrence et sous réserve de la tenue d'une comptabilité analytique.

Sur la création, par les chambres de commerce et d'industrie, de centres de formalités des entreprises, V. Décr. n° 96-650 du 19 juill. 1996, art. 2, infra, App., v° Registre du commerce et des sociétés.

Art. L. 711-4 *(L. n° 2005-882 du 2 août 2005, art. 62-II)* **Les chambres de commerce et d'industrie contribuent au développement économique du territoire.**

A ce titre :

1° Elles peuvent, pour des considérations d'intérêt général ou en cas de carence de l'initiative privée, assurer la maîtrise d'ouvrage ou la maîtrise d'œuvre de tout projet d'infrastructure ou d'équipement et gérer tout service concourant à l'exercice de leurs missions ;

2° Elles peuvent également recevoir délégation de l'État, des collectivités territoriales et de leurs établissements publics pour créer ou gérer tout équipement, infrastructure ou service qui intéresse l'exercice de leurs missions. Elles peuvent notamment se voir confier, dans ce cadre, des délégations de service public en matière d'aéroports, de ports maritimes et de voies navigables.

Sauf, le cas échéant, pour les services correspondant à une délégation de service public, ces missions sont exercées dans le cadre de structures juridiques distinctes dans des conditions définies par décret.

Pour la réalisation d'équipements commerciaux, les chambres de commerce et d'industrie peuvent se voir déléguer le droit de préemption urbain et être titulaires ou délégataires du droit de préemption institué dans les zones d'aménagement différé.

Aux termes de la loi du 20 juin 1933 (DP 1933. 4. 234 ; BLD 1933. 417), les chambres de commerce peuvent acquérir des terrains ou immeubles en vue de la création d'aéroports.

Art. L. 711-5 *(L. nº 2005-882 du 2 août 2005, art. 62-II)* Les chambres de commerce et d'industrie peuvent créer et administrer, à titre principal ou en association avec d'autres partenaires, tout établissement de formation professionnelle, initiale ou continue, dans les conditions prévues aux articles L. 443-1 et L. 753-1 du code de l'éducation et, pour la formation continue, dans le respect du droit de la concurrence et sous réserve de la tenue d'une comptabilité analytique.

Elles peuvent, en liaison avec les organisations professionnelles, créer des fonds d'assurance-formation dans les conditions prévues par l'article L. 961-10 du code du travail.

Sur la formation professionnelle continue des artisans organisée à l'initiative des chambres des métiers et des organisations professionnelles de l'artisanat représentatives, V. L. nº 82-1091 du 23 déc. 1982 (D. et ALD 1983. 21), mod. par L. nº 96-603 du 5 juill. 1996, art. 23 (JO 6 juill.), et Décr. nº 83-517 du 24 juin 1983 (D. et ALD 1983. 313 ; Rect. 427), mod. par Décr. nº 87-187 du 20 mars 1987 (D. et ALD 1987. 163), Décr. nº 93-888 du 2 juill. 1993 (JO 9 juill.), Décr. nº 95-998 du 25 août 1995 (JO 7 sept.), Décr. nº 97-1114 du 2 déc. 1997 (JO 3 déc.), Décr. nº 2000-853 du 1er sept. 2000 (JO 5 sept.).

SECTION II LES CHAMBRES RÉGIONALES DE COMMERCE ET D'INDUSTRIE

Art. L. 711-6 *(L. nº 2005-882 du 2 août 2005, art. 62-II)* Les chambres régionales de commerce et d'industrie sont créées par un décret qui fixe notamment leur circonscription et leur siège. Toute modification est opérée dans les mêmes formes.

Art. L. 711-7 *(L. nº 2005-882 du 2 août 2005, art. 62-II)* Les chambres régionales de commerce et d'industrie représentent auprès des pouvoirs publics les intérêts de l'industrie, du commerce et des services pour toute question dont la portée excède le ressort d'une des chambres de leur circonscription.

A ce titre :

1° Elles sont consultées par le conseil régional sur le schéma régional de développement économique et, plus généralement, sur tout dispositif d'assistance aux entreprises dont la région envisage la création ;

2° Elles peuvent également être consultées par l'État, par les organes de la région et par les autres collectivités territoriales ou par leurs établissements publics sur toute question relative à l'industrie, au commerce, aux services, au développement économique, à la formation professionnelle, à l'aménagement du territoire et à l'environnement dans leur région dès lors que la portée de cette question excède le ressort d'une des chambres de leur circonscription ; elles peuvent, de leur propre initiative, émettre des avis et des vœux sur ces mêmes questions ;

3° Elles sont associées à l'élaboration du schéma régional d'aménagement et de développement du territoire et du plan régional de développement des formations professionnelles.

Art. L. 711-8 *(L. nº 2005-882 du 2 août 2005, art. 62-II)* Les chambres régionales de commerce et d'industrie ont une mission d'animation du réseau des chambres de commerce et d'industrie de leur circonscription.

A ce titre :

1° Elles veillent à la cohérence des actions et des avis des chambres de commerce et d'industrie dans leur circonscription ;

2° Elles établissent, dans des conditions définies par décret en Conseil d'État, un schéma directeur qui définit le réseau consulaire dans leur circonscription en prenant en compte la viabilité économique, la justification opérationnelle et la proximité des électeurs ; *– V. Décr. nº 2006-309 du 16 mars 2006 (JO 17 mars). – V. art. L. 712-4. – V. aussi art. 1600-II du* **CGI**.

3° Elles élaborent des schémas sectoriels dans des domaines définis par décret. – *V. Décr. nº 2006-309 du 16 mars 2006 (JO 17 mars).*

Art. L. 711-9 *(L. nº 2005-882 du 2 août 2005, art. 62-II)* **Les chambres régionales de commerce et d'industrie veillent à la mise à disposition des ressortissants des chambres de commerce et d'industrie de leur circonscription, de services et prestations dont la nature et les modalités sont fixées par décret.**

Elles peuvent également créer, assurer directement ou coordonner des dispositifs de conseil et d'assistance aux entreprises et des actions de formation professionnelle dont l'objet excède le ressort d'une des chambres de commerce et d'industrie de leur circonscription ou d'un groupement de plusieurs d'entre elles.

Art. L. 711-10 *(L. nº 2005-882 du 2 août 2005, art. 62-II)* **Les chambres régionales de commerce et d'industrie contribuent à l'animation économique du territoire régional.**

A ce titre :

1° Elles peuvent assurer au titre de leurs missions propres, pour des considérations d'intérêt général ou en cas de carence de l'initiative privée, la mise en œuvre de tout projet de développement économique. Elles le peuvent également par délégation de l'État, agissant en son nom propre ou au nom de l'Union européenne, de la région et d'autres collectivités territoriales, et de leurs établissements publics ;

2° Elles peuvent également recevoir délégation de l'État, agissant en son nom propre ou au nom de l'Union européenne, de la région et d'autres collectivités territoriales et de leurs établissements publics, pour créer ou gérer des équipements, des infrastructures ou des services. Elles peuvent notamment se voir confier dans ce cadre des délégations de service public en matière d'aéroports, de ports maritimes et de voies navigables.

Sauf, le cas échéant, pour les services correspondant à une délégation de service public, ces missions sont exercées dans le cadre de structures juridiques distinctes dans des conditions définies par décret.

V. Décr. 28 sept. 1938 (BLD 1938. 805 ; JO 29 sept.), mod. par Décr. 11 févr. 1944 (JO 18 févr.), Décr. 30 mai 1950 (D. 1950. 123 ; BLD 1950. 359), Décr. nº 64-1199 du 4 déc. 1964 (D. 1964. 369 ; BLD 1964. 650), Décr. 14 sept. 1972 (JO 19 sept.), Décr. nº 81-802 du 19 août 1981 (D. et BLD 1981. 315), Décr. nº 91-739 du 18 juill. 1991 (D. et ALD 1991. 364), Décr. nº 2004-244 du 18 mars 2004 (JO 20 mars), Décr. nº 2004-576 du 21 juin 2004 (JO 22 juin). – V. Arr. 24 févr. 1965 (D. 1965. 116 ; BLD 1965. 181) fixant le siège des chambres régionales de commerce et d'industrie, mod. par Arr. 14 janv. 1974 (D. et BLD 1974. 79).

Sur l'assemblée des chambres françaises de commerce et d'industrie, V. Décr. nº 64-1200 du 4 déc. 1964 (D. 1964. 370 ; BLD 1964. 652), mod. par Décr. nº 77-121 du 9 févr. 1977 (D. et BLD 1977. 115), Décr. nº 81-803 du 19 août 1981 (D. et BLD 1981. 317), Décr. nº 91-739 du 18 juill. 1991 (JO 1er août) ; Décr. nº 2004-576 du 21 juin 2004 (JO 22 juin).

SECTION III L'ASSEMBLÉE DES CHAMBRES FRANÇAISES DE COMMERCE ET D'INDUSTRIE

Art. L. 711-11 *(L. nº 2005-882 du 2 août 2005, art. 62-II)* **L'assemblée des chambres françaises de commerce et d'industrie représente, auprès de l'État et de l'Union européenne ainsi qu'au plan international, les intérêts nationaux de l'industrie, du commerce et des services.**

A ce titre, elle donne des avis, soit à la demande des pouvoirs publics, soit de sa propre initiative, sur toutes les questions relatives à l'industrie, au commerce, aux

services, au développement économique, à la formation professionnelle, à l'aménagement du territoire et à l'environnement.

Art. L. 711-12 *(L. nº 2005-882 du 2 août 2005, art. 62-II)* L'assemblée des chambres françaises de commerce et d'industrie assure l'animation de l'ensemble du réseau des chambres de commerce et d'industrie.

A ce titre :

1° Elle définit, sous forme de cahier des charges, des normes d'intervention pour les établissements membres du réseau et s'assure du respect de ces normes ;

2° Elle apporte au réseau son appui dans les domaines technique, juridique et financier ;

3° Elle définit la politique générale du réseau en matière de gestion des personnels des chambres et négocie et signe les accords nationaux en matière sociale applicables aux personnels des chambres ;

4° Elle coordonne les actions du réseau avec celles des chambres de commerce et d'industrie françaises à l'étranger.

CHAPITRE II DE L'ADMINISTRATION DES ÉTABLISSEMENTS DU RÉSEAU DES CHAMBRES DE COMMERCE ET D'INDUSTRIE

(L. nº 2005-882 du 2 août 2005, art. 63-I)

Art. L. 712-1 *(L. nº 2005-882 du 2 août 2005, art. 65-I)* Dans chaque établissement public du réseau, l'assemblée générale des membres élus détermine les orientations et le programme d'action de l'établissement. A cette fin, elle délibère sur toutes les affaires relatives à l'objet de celui-ci, notamment le budget, les comptes et le règlement intérieur. Elle peut déléguer aux autres instances de l'établissement des compétences relatives à son administration et à son fonctionnement courant.

Le président est le représentant légal de l'établissement. Il en est l'ordonnateur et est responsable de sa gestion. Il en préside l'assemblée générale et les autres instances délibérantes. Un décret en Conseil d'État détermine les conditions dans lesquelles lui sont appliquées les dispositions de l'article 7 de la loi nº 84-834 du 13 septembre 1984 relative à la limite d'âge dans la fonction publique et le secteur public. Les fonctions de trésorier sont exercées par un membre de l'assemblée générale.

Art. L. 712-2 *(L. nº 2005-882 du 2 août 2005, art. 64-I)* Il est pourvu aux dépenses ordinaires des chambres de commerce et d'industrie au moyen d'une taxe additionnelle à la taxe professionnelle. – *[L. 9 avr. 1898, art. 21, al. 1er]. – V. L. nº 75-678 du 29 juill. 1975, art. 13-II (D. et BLD 1975. 288). – V. art. 1600* **CGI**.

Art. L. 712-3 *(L. nº 2005-882 du 2 août 2005, art. 64-I)* Les chambres de commerce peuvent affecter tout ou partie des excédents de recettes, provenant de la gestion de leur service ordinaire, à la constitution d'un fonds de réserve en vue de faire face aux dépenses urgentes et imprévues. Le montant de ce fonds de réserve, qui doit être mentionné dans les comptes et budgets de ce service à un article spécial, ne peut, en aucun cas, être supérieur à la moitié de la totalité des ressources annuelles dudit budget. – *[L. 9 avr. 1898, art. 26, al. 2].*

Art. L. 712-4 *(L. n° 2005-882 du 2 août 2005, art. 65-II)* **Un établissement public du réseau des chambres de commerce et d'industrie de la région qui n'a pas délibéré favorablement pour mettre en œuvre le schéma directeur prévu à l'article L. 711-8 ou dont l'autorité compétente constate qu'il n'a pas respecté les dispositions prévues audit schéma ne peut contracter d'emprunts.**

Art. L. 712-5 *(L. n° 2005-882 du 2 août 2005, art. 65-II)* **Une chambre régionale de commerce et d'industrie peut, dans des conditions définies par décret, abonder le budget d'une chambre de commerce et d'industrie de sa circonscription pour subvenir à des dépenses exceptionnelles ou faire face à des circonstances particulières.**

Art. L. 712-6 *(L. n° 2005-882 du 2 août 2005, art. 64)* **« Les établissements du réseau » sont tenus de nommer au moins un commissaire aux comptes et un suppléant choisis sur la liste mentionnée à l'article** *(L. n° 2003-706 du 1er août 2003)* **« L. 822-1 », qui exercent leurs fonctions dans les conditions prévues par les dispositions du livre II sous réserve des règles qui leur sont propres.**

(Abrogé par L. n° 2005-882 du 2 août 2005, art. 64-III) ***« Les dispositions de l'article L. 242-27 leur sont applicables. »***

Les peines prévues par l'article L. 242-8 sont applicables aux dirigeants qui n'auront pas, chaque année, établi un bilan, un compte de résultat et une annexe. *(Abrogé par L. n° 2005-882 du 2 août 2005, art. 64-III)* ***« Les dispositions des articles L. 242-25 et L. 242-28 leur sont également applicables. »*** – *[L. n° 84-148 du 1er mars 1984, art. 32 bis].*

Art. L. 712-7 *(L. n° 2005-882 du 2 août 2005, art. 66)* **L'autorité compétente veille au fonctionnement régulier des établissements du réseau. Elle assiste de droit à leurs instances délibérantes. Certaines délibérations, notamment celles mentionnées au 2° de l'article L. 711-8, sont soumises à son approbation dans des conditions fixées par voie réglementaire.**

Art. L. 712-8 *(L. n° 2005-882 du 2 août 2005, art. 66)* **Lorsque le budget prévisionnel d'un établissement ou le budget exécuté au cours de l'exercice écoulé fait apparaître un déficit non couvert par les excédents disponibles, que des dépenses obligatoires n'ont pas été inscrites au budget ou n'ont pas été mandatées, ou que des dysfonctionnements graves, mettant en péril l'équilibre financier de l'établissement, sont constatés, l'autorité compétente, après application d'une procédure contradictoire, arrête le budget et peut confier au trésorier-payeur général les fonctions de trésorier.**

Art. L. 712-9 *(L. n° 2005-882 du 2 août 2005, art. 66)* **Tout membre élu d'un établissement public du réseau peut être suspendu ou déclaré démissionnaire d'office par l'autorité compétente, après procédure contradictoire, en cas de faute grave dans l'exercice de ses fonctions.**

Lorsque les circonstances compromettent le fonctionnement d'un établissement, l'autorité compétente peut prononcer la suspension de ses instances et nommer une commission provisoire.

Au besoin, il est recouru à la dissolution des instances de l'établissement par décision de l'autorité compétente.

Art. L. 712-10 *(L. n° 2005-882 du 2 août 2005, art. 66)* **Un décret en Conseil d'État précise les conditions d'application du présent chapitre, en particulier les règles de fonctionnement administratif et financier des établissements du réseau ainsi que les modalités de la tutelle exercée par l'État.**

CHAPITRE III DE L'ÉLECTION DES MEMBRES DES CHAMBRES DE COMMERCE ET D'INDUSTRIE ET DES DÉLÉGUÉS CONSULAIRES

SECTION PREMIÈRE DE L'ÉLECTION DES MEMBRES DES CHAMBRES DE COMMERCE ET D'INDUSTRIE *(Ord. n° 2004-328 du 15 avr. 2004, art. 2-I).*

L'ord. n° 2004-328 du 15 avr. 2004, qui a modifié les art. L. 713-3 à L. 713-5 C. com., a été ratifiée par l'art. 78-XIX de la loi n° 2004-1343 du 9 déc. 2004 (JO 10 déc.).

Art. L. 713-1 *(Ord. n° 2003-1067 du 12 nov. 2003, art. 1er)* **I. – Les membres des chambres de commerce et d'industrie sont élus pour cinq ans.**

Un membre d'une chambre de commerce et d'industrie ou d'une chambre régionale de commerce et d'industrie ne peut exercer plus de trois mandats de président de cette chambre, quelle que soit la durée effective de ces mandats ;

II. – Sont électeurs aux élections des membres des chambres de commerce et d'industrie :

1° A titre personnel :

***a)* Les commerçants immatriculés au registre du commerce et des sociétés dans la circonscription de la chambre de commerce et d'industrie, sous réserve, pour les associés en nom collectif et les associés commandités, des dispositions du III de l'article L. 713-2 ;**

***b)* Les chefs d'entreprise inscrits au répertoire des métiers et immatriculés au registre du commerce et des sociétés dans la circonscription ;**

***c)* Les conjoints des personnes énumérées au *a* ou au *b* ci-dessus ayant déclaré au registre du commerce et des sociétés qu'ils collaborent à l'activité de leur époux sans autre activité professionnelle ;**

2° Par l'intermédiaire d'un représentant :

***a)* Les sociétés commerciales au sens du deuxième alinéa de l'article L. 210-1 du présent code et les établissements publics à caractère industriel et commercial dont le siège est situé dans la circonscription ;**

***b)* Au titre d'un établissement faisant l'objet dans la circonscription d'une inscription complémentaire ou d'une immatriculation secondaire, à moins qu'il en soit dispensé par les lois et règlements en vigueur, les personnes physiques mentionnées aux a et b du 1° et les personnes morales mentionnées au a du présent 2°, quelle que soit la circonscription où ces personnes exercent leur propre droit de vote ;**

***c)* Les sociétés à caractère commercial dont le siège est situé hors du territoire national et qui disposent dans la circonscription d'un établissement immatriculé au registre du commerce et des sociétés.** – *[L. n° 87-550 du 16 juill. 1987, art. 6, al. 1er et 2].*

Par dérogation à l'art. L. 713-1, les mandats des membres des chambres de commerce et d'industrie qui venaient à échéance en 2003 sont prorogés au plus tard jusqu'au 31 déc. 2004. Les mandats venant à échéance en 2006 prennent fin de façon anticipée le 31 déc. 2004 au plus tard (Ord. n° 2003-1067 du 12 nov. 2003, art. 10).

Les dispositions du 2e al. du I de l'art. L. 713-1 ne s'appliquent qu'aux mandats acquis à compter des élections organisées en 2004 (Ord. n° 2003-1067 du 12 nov. 2003, art. 11).

Jurisprudence antérieure à l'ord. du 12 nov. 2003 (JO 13 nov.).

Il convient pour l'application de l'art. 6 [C. com., art. L. 713-1] (disposant que les sociétés anonymes sont électrices des membres des chambres de commerce) de prendre en considération la nature de l'activité des sociétés mentionnées par ce texte. Il en résulte qu'une société d'avocats d'exercice libéral à forme anonyme dès lors qu'elle a une activité civile ne peut figurer sur la liste des électeurs. • Civ. 2e, 10 nov. 1998 : *Bull. civ. II, n° 268 ; D. 2000. Somm. 238, obs. Hallouin ; Bull. Joly 1999. 450, note Daigre.*

Art. L. 713-2 **I. – Au titre de leur siège social et de l'ensemble de leurs établissements situés dans la circonscription de la chambre de commerce et d'industrie, les personnes physiques ou morales mentionnées aux 1° et 2° du II de l'article L. 713-1 disposent :**

1° D'un représentant supplémentaire, lorsqu'elles emploient dans la circonscription de la chambre de commerce et d'industrie de dix à quarante-neuf salariés ;

2° De deux représentants supplémentaires, lorsqu'elles emploient dans la circonscription de cinquante à cent quatre-vingt-dix-neuf salariés ;

3° De trois représentants supplémentaires, lorsqu'elles emploient dans la circonscription de deux cents à quatre cent quatre-vingt-dix-neuf salariés ;

4° De quatre représentants supplémentaires, lorsqu'elles emploient dans la circonscription de cinq cents à mille neuf cent quatre-vingt-dix-neuf salariés ;

5° De cinq représentants supplémentaires, lorsqu'elles emploient dans la circonscription deux mille salariés ou plus.

II. – Toutefois, les personnes physiques énumérées aux *a* et *b* du 1° du II de l'article L. 713-1 dont le conjoint bénéficie des dispositions du *c* du 1° du II du même article ne désignent aucun représentant supplémentaire si elles emploient moins de cinquante salariés dans la circonscription de la chambre de commerce et d'industrie.

III. – *(Ord. n° 2003-1067 du 12 nov. 2003, art. 2)* **« Les sociétés en nom collectif et les sociétés en commandite désignent par délibération expresse conformément aux dispositions statutaires un représentant unique au titre des associés et de la société, sans préjudice de la possibilité de désigner des représentants supplémentaires en application du I ci-dessus. »** – *[L. n° 87-550 du 16 juill. 1987, art. 6, al. 3 à 5].*

Art. L. 713-3 *(Ord. n° 2003-1067 du 12 nov. 2003, art. 3)* **I. – Les représentants mentionnés aux articles L. 713-1 et L. 713-2 doivent exercer dans l'entreprise soit des fonctions de président-directeur général,** *(Ord. n° 2004-328 du 15 avr. 2004, art. 15)* **« de président ou de membre du conseil d'administration, » de directeur général, de président ou de membre du directoire, de président du conseil de surveillance, de gérant, de président ou de membre du conseil d'administration ou de directeur d'un établissement public à caractère industriel et commercial, soit, à défaut et pour les représenter à titre de mandataire, des fonctions impliquant des responsabilités de direction commerciale, technique ou administrative de l'entreprise ou de l'établissement.**

II. – Les électeurs à titre personnel mentionnés au 1° du II de l'article L. 713-1 et les représentants des personnes physiques ou morales mentionnées au 2° du II du même article doivent être ressortissants d'un État membre de la Communauté européenne ou d'un État partie à l'accord sur l'Espace économique européen.

Ils doivent, en outre, pour prendre part au vote :

1° Remplir les conditions fixées à l'article L. 2 du code électoral, à l'exception de la nationalité ;

(L. n° 2004-1343 du 9 déc. 2004, art. 78-IV) **« 2° Ne pas avoir fait l'objet de l'interdiction visée à l'article L. 6 du code électoral ; »**

(Ord. n° 2006-673 du 8 juin 2006, art. 2) **« 3° N'avoir pas été frappés depuis moins de quinze ans à compter du jour où la décision les ayant prononcées est devenue définitive, de faillite personnelle ou d'une des mesures d'interdiction ou de déchéance telles que prévues au livre VI du présent code, à la loi n° 85-98 du 25 janvier 1985 relative au redressement et à la liquidation judiciaires des entreprises ou à la loi n° 67-563 du 13 juillet 1967 sur le règlement judiciaire, la liquidation des biens, la faillite personnelle et les banqueroutes ;**

« 4° Ne pas être frappés d'une mesure d'incapacité d'exercer une activité commerciale en application du chapitre VIII du titre II du livre Ier ;

« 5° Ne pas avoir été condamnés à des peines, déchéances ou sanctions prononcées en vertu de législations en vigueur dans les États membres de la Communauté

européenne ou dans les États parties à l'accord sur l'Espace économique européen équivalentes à celles visées aux 2°, 3° et 4°. » – *[L. n° 87-550 du 16 juill. 1987, art. 6, al. 6 et 7].*

Sur l'inéligibilité des personnes condamnées pour infractions à la législation relative aux relations financières avec l'étranger, V. C. douanes, art. 459, infra, App., v° Code monétaire et financier (extraits). — ... Sur l'inéligibilité des personnes condamnées pour infractions relatives pour contrefaçon en matière de dessins et modèles, V. CPI, art. L. 521-4. - **CPI** *— ... Sur l'inéligibilité des personnes condamnées pour organisation de la fraude ou incitation à la fraude aux règles régissant la sécurité sociale, V. CSS, art. L. 637-1 et L. 637-2. —* **CSS.**

Sur la prise en compte du plan de sauvegarde ou de redressement judiciaire de l'entreprise lors des procédures de sauvegarde ou de redressement judiciaire pour déclarer un dirigeant inéligible aux élections consulaires, V. infra, note ss. art. L. 722-9.

Art. L. 713-4 *(Ord. n° 2003-1067 du 12 nov. 2003, art. 5)* **I. – Sont éligibles aux fonctions de membre d'une chambre de commerce et d'industrie, sous réserve d'être âgés de dix-huit ans accomplis et de satisfaire aux conditions fixées au II de l'article L. 713-3.**

1° Les électeurs à titre personnel mentionnés au 1° du II de l'article L. 713-1 inscrits sur la liste électorale de la circonscription correspondante et justifiant qu'ils sont immatriculés depuis deux ans au moins au registre du commerce et des sociétés ;

2° Les électeurs inscrits en qualité de représentant, mentionnés au 2° du II de l'article L. 713-1 et à l'article L. 713-2, inscrits sur la liste électorale de la circonscription et justifiant que l'entreprise qu'ils représentent exerce son activité depuis deux ans au moins.

II. – Tout membre d'une chambre de commerce et d'industrie qui cesse de remplir les conditions d'éligibilité fixées au I ci-dessus présente sa démission au préfet. A défaut, le préfet le déclare démissionnaire d'office.

(Ord. n° 2006-673 du 8 juin 2006, art. 2) **« Toutefois, une cessation d'activité inférieure à six mois n'entraîne pas la démission, sauf dans les cas mentionnés aux 2°, 3°, 4° et 5° du II de l'article L. 713-3. »** – *[L. n° 87-550 du 16 juill. 1987, art. 13]. — V. note ss. art. L. 713-3. — V. Décr. n° 91-739 du 18 juill. 1991, art. 19, infra, App. v° Chambres de commerce et d'industrie.*

L'art. L. 713-4 est l'ancien art. L. 713-10 (Ord. n° 2004-328 du 15 avr. 2004, art. 2-II).

Art. L. 713-5 *(Ord. n° 2003-1067 du 12 nov. 2003, art. 7)* **I. – En cas de dissolution d'une chambre de commerce et d'industrie, il est procédé à son renouvellement dans un délai de six mois.**

Toutefois, si cette dissolution est prononcée moins d'un an avant un renouvellement général, il n'est pas procédé au renouvellement.

II. – Lorsque le nombre de membres d'une chambre de commerce et d'industrie se trouve réduit à moins de la moitié du nombre initial, le préfet constate la situation par arrêté et organise de nouvelles élections pour la totalité des sièges dans un délai de six mois.

Toutefois, si cette situation est constatée moins d'un an avant un renouvellement général, il n'est pas procédé au renouvellement.

(L. n° 2004-1343 du 9 déc. 2004, art. 78-IV) **« III. – Les membres élus en application du présent article demeurent en fonction pour la durée restant à courir du mandat du titulaire initial. »**

L'art. L. 713-5 est l'ancien art. L. 713-14 (Ord. n° 2004-328 du 15 avr. 2004, art. 2-II).

L'ord. n° 2003-1067 du 12 nov. 2003, qui a modifié les art. L. 713-1 à L. 713-6 C. com., a été ratifiée par l'art. 78-IV de la L. n° 2004-1343 du 9 déc. 2004 (JO 10 déc.).

SECTION II DE L'ÉLECTION DES DÉLÉGUÉS CONSULAIRES *(Ord. n° 2004-328 du 15 avr. 2004, art. 2-III).*

Les dispositions du chapitre Ier de l'ord. n° 2004-328 du 15 avr. 2004 [dispositions relatives aux délégués consulaires], sont applicables à l'élection pour le remplacement des délégués consulaires dont le mandat arrive à échéance postérieurement à la publication de l'ordonnance précitée (JO 17 avr.), compte tenu de la prorogation des mandats prévue par l'art. 9 de l'ord. n° 2003-1067 du 12 nov. 2003. - V. C. com., art. L. 713-6. — L'ord. précitée du 15 avr. 2004 a été ratifiée par l'art. 78-XIX de la L. n° 2004-1343 du 9 déc. 2004 (JO 10 déc.).

Art. L. 713-6 *(Ord. n° 2004-328 du 15 avr. 2004, art. 3)* **Les délégués consulaires sont élus pour cinq ans dans la circonscription de chaque chambre de commerce et d'industrie.**

Toutefois, aucun délégué consulaire n'est élu dans la circonscription ou partie de circonscription située dans le ressort d'un tribunal compétent en matière commerciale ne comprenant aucun juge élu.

L'art. L. 713-6 est l'ancien art. L. 713-4 (Ord. n° 2004-328 du 15 avr. 2004, art. 2-II).

Par dérogation à l'art. L. 713-4 [désormais art. L. 713-6], les mandats des délégués consulaires qui venaient à échéance en 2003 sont prorogés au plus tard jusqu'au 31 déc. 2004 (Ord. n° 2003-1067 du 12 nov. 2003, art. 9).

Art L. 713-7 *(Ord. n° 2004-328 du 15 avr. 2004, art. 3)* **Sont électeurs aux élections des délégués consulaires :**

1° A titre personnel :

***a)* Les commerçants immatriculés au registre du commerce et des sociétés dans la circonscription de la chambre de commerce et d'industrie, sous réserve, pour les associés en nom collectif et les associés commandités, des dispositions du III de l'article L. 713-2 ;**

***b)* Les chefs d'entreprise inscrits au répertoire des métiers et immatriculés au registre du commerce et des sociétés dans la circonscription ;**

***c)* Les conjoints des personnes énumérées au *a* ou au *b* ci-dessus ayant déclaré au registre du commerce et des sociétés qu'ils collaborent à l'activité de leur époux sans autre activité professionnelle ;**

***d)* Les capitaines au long cours ou capitaines de la marine marchande exerçant le commandement d'un navire immatriculé en France dont le port d'attache est situé dans la circonscription, les pilotes maritimes exerçant leurs fonctions dans un port situé dans la circonscription, les pilotes de l'aéronautique civile domiciliés dans la circonscription et exerçant le commandement d'un aéronef immatriculé en France ;**

***e)* Les membres en exercice des tribunaux de commerce, ainsi que les anciens membres de ces tribunaux ayant demandé à être inscrits sur la liste électorale ;**

2° Par l'intermédiaire d'un représentant :

***a)* Les sociétés à caractère commercial au sens de l'article L. 210-1 et les établissements publics à caractère industriel et commercial dont le siège social est situé dans la circonscription :**

***b)* Au titre d'un établissement faisant l'objet dans la circonscription d'une inscription complémentaire ou d'une immatriculation secondaire, à moins qu'il en soit dispensé par les lois et règlements en vigueur, les personnes physiques mentionnées aux *a* et *b* du 1° et les personnes morales mentionnées au *a* du présent 2°, quelle que soit la circonscription où ces personnes exercent leur propre droit de vote ;**

***c)* Les sociétés à caractère commercial dont le siège est situé hors du territoire national et qui disposent dans la circonscription d'un établissement immatriculé au registre du commerce et des sociétés ;**

3° Les cadres qui, employés dans la circonscription par les électeurs mentionnés aux 1° ou 2°, exercent des fonctions impliquant des responsabilités de direction

commerciale, technique ou administrative de l'entreprise ou de l'établissement. – *V. Décr. n° 2004-799 du 29 juill. 2004, art. 5, infra, App., v° Chambres de commerce et d'industrie.*

Art. L. 713-8 *(Ord. n° 2004-328 du 15 avr. 2004, art. 4)* Les représentants mentionnés au 2° de l'article L. 713-7 doivent exercer dans l'entreprise soit des fonctions de président-directeur général, de président ou de membre du conseil d'administration, de directeur général, de président ou de membre du directoire, de président du conseil de surveillance, de gérant, de président ou de membre du conseil d'administration ou de directeur d'un établissement public à caractère industriel et commercial, soit, à défaut et pour les représenter à titre de mandataire, des fonctions impliquant des responsabilités de direction commerciale, technique ou administrative de l'entreprise ou de l'établissement.

Art. L. 713-9 *(Ord. n° 2004-328 du 15 avr. 2004, art. 4)* Les électeurs à titre personnel et les cadres mentionnés aux 1° et 3° de l'article L. 713-7 ainsi que les représentants des personnes physiques ou morales mentionnées au 2° du même article doivent être ressortissants d'un État membre de la Communauté européenne ou d'un État partie à l'accord sur l'Espace économique européen.

Ils doivent en outre :

1° Remplir les conditions fixées à l'article L. 2 du code électoral sous réserve des dispositions du premier alinéa ci-dessus ;

(L. n° 2004-1343 du 9 déc. 2004, art. 78-XIX) « 2° N'avoir pas été l'auteur de faits ayant donné lieu à une condamnation pénale pour agissements contraires à l'honneur, à la probité ou aux bonnes mœurs ; »

(Ord. n° 2006-673 du 8 juin 2006, art. 2) « 3° N'avoir pas été frappés depuis moins de quinze ans à compter du jour où la décision les ayant prononcées est devenue définitive, de faillite personnelle ou d'une des mesures d'interdiction ou de déchéance telles que prévues au livre VI du présent code, à la loi n° 85-98 du 25 janvier 1985 relative au redressement et à la liquidation judiciaires des entreprises ou à la loi n° 67-563 du 13 juillet 1967 sur le règlement judiciaire, la liquidation des biens, la faillite personnelle et les banqueroutes ;

« 4° Ne pas être frappés d'une mesure d'incapacité d'exercer une activité commerciale en application du chapitre VIII du titre II du livre Ier ;

« 5° Ne pas avoir été condamnés à des peines, déchéances ou sanctions prononcées en vertu de législations en vigueur dans les États membres de la Communauté européenne ou dans les États parties à l'accord sur l'Espace économique européen équivalentes à celles visées aux 2°, 3° et 4°. »

Art. L. 713-10 Sont éligibles aux fonctions de délégué consulaire les personnes appartenant au collège des électeurs tel qu'il est défini à l'article *(Ord. n° 2004-328 du 15 avr. 2004, art. 5)* « L. 713-7 ». – *[L. n° 87-550 du 16 juill. 1987, art. 12]. – V. Décr. n° 2004-799 du 29 juill. 2004, art. 9 à 12, infra, App., v° Chambres de commerce et d'industrie.*

L'art. L. 713-10 est l'ancien art. L. 713-9 (Ord. n° 2004-328 du 15 avr. 2004, art. 2-II).

SECTION III **DISPOSITIONS COMMUNES** *(Ord. n° 2004-328 du 15 avr. 2004, art. 2-IV).*

L'ord. n° 2004-328 du 15 avr. 2004, qui a renuméroté les art. L. 713-11 à L. 713-18, a été ratifiée par l'art. 78-XIX de la L. n° 2004-1343 du 9 déc. 2004 (JO 10 déc.).

Art. L. 713-11 Les électeurs des délégués consulaires et des membres des chambres de commerce et d'industrie sont répartis dans chaque circonscription administrative entre trois catégories professionnelles correspondant respectivement aux activités commerciales, industrielles ou de services.

Au sein de ces trois catégories, les électeurs peuvent éventuellement être répartis en sous-catégories professionnelles définies en fonction soit de la taille des entreprises, soit de leurs activités spécifiques. – *[L. nº 87-550 du 16 juill. 1987, art. 8]. – V. Décr. nº 91-739 du 18 juill. 1991, art. 1er à 3 et Décr. nº 2004-799 du 29 juill. 2004, art. 2, infra, App., vº Chambres de commerce et d'industrie.*

L'art. L. 713-11 est l'ancien art. L. 713-5 (Ord. nº 2004-328 du 15 avr. 2004, art. 2-II).

Art. L. 713-12 Le nombre des sièges des délégués consulaires, qui ne peut être inférieur à soixante ni supérieur à six cents, est déterminé compte tenu de l'importance du corps électoral consulaire de la circonscription, du nombre de membres élus de la chambre de commerce et d'industrie et du nombre des tribunaux de commerce compris dans la circonscription de cette chambre. - *V. Décr. nº2004-799 du 29 juill. 2004, art. 2, infra, App., vº Chambres de commerce et d'industrie.*

(Ord. nº 2003-1067 du 12 nov. 2003, art. 4) **« Le nombre de sièges d'une chambre de commerce et d'industrie est de vingt-quatre à cinquante pour les chambres de commerce et d'industrie dont la circonscription compte moins de 30 000 électeurs, de trente-huit à soixante-dix pour celles dont la circonscription comporte 30 000 à 100 000 électeurs et de soixante-quatre à cent pour celles dont la circonscription compte plus de 100 000 électeurs. »** – *[L. nº 87-550 du 16 juill. 1987, art. 9]. – V. Décr. nº 91-739 du 18 juill. 1991, art. 2, infra, App., vº Chambres de commerce et d'industrie.*

L'art. L. 713-12 est l'ancien art. L. 713-6 (Ord. nº 2004-328 du 15 avr. 2004, art. 2-II).

Art. L. 713-13 La répartition des sièges entre catégories et sous-catégories professionnelles est faite en tenant compte des bases d'imposition des ressortissants, du nombre de ceux-ci et du nombre de salariés qu'ils emploient.

Aucune des catégories professionnelles ne peut disposer d'une représentation supérieure à la moitié du nombre des sièges. – *[L. nº 87-550 du 16 juill. 1987, art. 10]. – V. Décr. nº 91-739 du 18 juill. 1991, art. 2, infra, App., vº Chambres de commerce et d'industrie.*

L'art. L. 713-13 est l'ancien art. L. 713-7 (Ord. nº 2004-328 du 15 avr. 2004, art. 2-II).

Art. L. 713-14 Les listes électorales sont dressées dans le ressort du tribunal de commerce par une commission présidée par le juge commis à la surveillance du registre du commerce et des sociétés et sont soumises aux prescriptions du premier alinéa de l'article L. 25 et des articles L. 27, L. 34 et L. 35 du code électoral. – *[L. nº 87-550 du 16 juill. 1987, art. 11]. - V. Décr. nº 91-739 du 18 juill. 1991, art. 13 s. et Décr. nº 2004-799 du 29 juill. 2004, art. 4 s., infra, App., vº Chambres de commerce et d'industrie.*

L'art. L. 713-14 est l'ancien art. L. 713-8 (Ord. nº 2004-328 du 15 avr. 2004, art. 2-II).

Pour les sanctions pénales résultant de l'usage commercial des listes électorales, V. Décr. nº 2004-799 du 29 juill. 2004, art. 34, infra, App., vº Chambres de commerce et d'industrie.

Art. L. 713-15 Pour l'élection des membres des chambres de commerce et d'industrie, chaque électeur dispose d'autant de voix qu'il a de qualités à être électeur par application de l'article L. 713-1.

Pour l'élection des délégués consulaires, chaque électeur ne dispose que d'une seule voix.

(Ord. nº 2003-1067 du 12 nov. 2003, art. 6) **« Le droit de vote aux élections des membres des chambres de commerce et d'industrie** *(Ord. nº 2006-673 du 8 juin 2006, art. 2)* **« et aux élections des délégués consulaires » est exercé par correspondance ou par voie électronique. »** *(Abrogé par Ord. nº 2006-673 du 8 juin 2006, art. 4-II)* ***« En cas d'utilisation par un même électeur au titre de la même qualité des deux modes de vote, seul le vote par voie électronique est considéré comme valide. »***– *[L. nº 87-550 du 16 juill. 1987, art. 14]. – V. Décr. nº 91-739 du 18 juill. 1991, art. 24 s. et Décr. nº 2004-799 du 29 juill. 2004, art. 20 s., infra, App., vº Chambres de commerce et d'industrie.*

L'art. L. 713-15 est l'ancien art. L. 713-11 (Ord. nº 2004-328 du 15 avr. 2004, art. 2-II).

L'abrogation de la seconde phrase du deuxième alinéa de l'art. L. 713-15 dans sa rédaction en vigueur jusqu'à la date de publication de l'Ord. nº 2006-673 du 8 juin 2006 (JO 9 juin) ne prendra effet qu'à compter de la date d'entrée en vigueur du décret relatif à la partie Réglementaire du code de commerce (Ord. préc., art. 4-II).

Art. L. 713-16 **Les délégués consulaires et les membres des chambres de commerce et d'industrie sont élus au scrutin** *(Ord. nº 2004-328 du 15 avr. 2004, art. 6-1 ; L. nº 2004-1343 du 9 déc. 2004, art. 78-XIX)* **« majoritaire plurinominal à un tour ». Si plusieurs candidats obtiennent le même nombre de suffrages, le plus âgé est proclamé élu.** – *[L. nº 87-550 du 16 juill. 1987, art. 15].*

L'art. L. 713-16 est l'ancien art. L. 713-12 (Ord. nº 2004-328 du 15 avr. 2004, art. 2-II).

Art. L. 713-17 *(Ord. nº 2004-328 du 15 avr. 2004, art. 7)* **« Les opérations pour l'élection des délégués consulaires et pour l'élection des membres des chambres de commerce et d'industrie sont organisées à la même date, par l'autorité administrative et, sous son contrôle, par les chambres de commerce et d'industrie. Elles sont soumises aux prescriptions des articles L. 49, L. 50, L. 58 à L. 67 du code électoral. La méconnaissance de ces dispositions est passible des peines prévues aux articles L. 86 à L. 117-1 du même code. »**

Une commission présidée par le préfet ou son représentant est chargée de veiller à la régularité du scrutin et de proclamer les résultats. – *V. Décr. nº 91-739 du 18 juill. 1991, art. 20 et Décr. nº 2004-799 du 29 juill. 2004, art. 15 s. infra, App. vº Chambres de commerce et d'industrie.*

Les recours contre les élections des délégués consulaires et des membres des chambres de commerce et d'industrie sont portés devant le tribunal administratif comme en matière d'élections municipales. – *[L. nº 87-550 du 16 juill. 1987, art. 16]. - V. Décr. nº 2004-799 du 29 juill. 2004, art. 31, infra, App., vº Chambres de commerce et d'industrie.*

L'art. L. 713-17 est l'ancien art. L. 713-13 (Ord. nº 2004-328 du 15 avr. 2004, art. 2-II).

Art. L. 713-18 **Un décret en Conseil d'État détermine les modalités d'application des** *(Ord. nº 2003-1067 du 12 nov. 2003, art. 8)* **« articles L. 713-1 à L. 713-14 ». Ce décret fixe notamment les conditions dans lesquelles sont répartis les sièges de délégués consulaires et de membres d'une chambre de commerce et d'industrie entre les catégories et sous-catégories professionnelles.** – *[L. nº 87-550 du 16 juill. 1987, art. 18]. – V. Décr. nº 91-739 du 18 juill. 1991 et Décr. nº 2004-799 du 29 juill. 2004, infra, App., vº Chambres de commerce et d'industrie.*

L'art. L. 713-18 est l'ancien art. L. 713-15 (Ord. nº 2004-328 du 15 avr. 2004, art. 2-II).

L'Ord. nº 2003-1067 du 12 nov. 2003, qui a modifié les art. L. 713-12, L. 713-15 et L. 713-18 C. com., a été ratifiée par l'art. 78-IV de la L. nº 2004-1343 du 9 déc. 2004 (JO 10 déc.).

TITRE DEUXIÈME **DU TRIBUNAL DE COMMERCE**

(Ord. nº 2006-673 du 8 juin 2006, art. 2)

RÉP. COM. ET RÉP. PR. CIV. v[is] *Compétence commerciale*, par Pierre-Maurice ; *Tribunaux de commerce*, par A. Bernard.

RÉP. PR. CIV. vº *Procédure commerciale*, par Bruschi.

BIBL. ▸ Sur le projet de réforme des tribunaux de commerce : Actes du Colloque du 22 oct. 1998, *RJ com. déc. 1998* (tribunaux de commerce : quelles réformes ?). – Dufour, *Petites affiches 21 oct. 1998, p. 4* (réforme de la justice commerciale : mixité, pour le meilleur et contre le pire). – GOURION, *Gaz. Pal. 1er-2 oct. 1999, p. 9.* – BERNARD, *D. 1999. Chron. 403.* – LIENHARD, *D. 2001. 1154* (l'État est-il responsable de la paralysie des tribunaux de commerce ?). – MAGENDIE, *RJ com. 2002. 196* (procédure commerciale et pratique consulaire, prémisses de l'euro-procès). – COSTES, *Annonces de la Seine 28 nov. 2002, p. 1* (nécessaire réforme des tribunaux de commerce). – Actes du Colloque du 8-9 juin 2002, *RJ com. nov. 2002,* (le juge de l'économie). – DUPICHOT, *Mélanges Guyon, Dalloz, 2003, p. 365* (de quelques observations sur la compétence « commerciale » au regard du concept de droit commercial). – ARMAND-PRÉVOST, *RJ com. 2003. 321* (fonctionnement et enjeux des tribunaux de commerce au cours des XIXe et XXe siècles). – DUFOUR, *Petites affiches 1er déc. 2004, p. 3* (conseil national des tribunaux de commerce). – LAGARDE, *D. 2005. 82* (propos pragmatiques sur la dispersion du contentieux économique).

▸ Sur les nouvelles régulations économiques : PANSIER et CHARBONNEAU, *Petites affiches 28 mai 2001, p. 3.* – CROZE, *Procédures 2001. Chron. 9* (retour de la compétence matérielle des tribunaux de commerce).

Sur le Conseil national des tribunaux de commerce, V. Décr. n° 2005-1201 du 23 sept. 2005 (JO 25 sept.), Arr. du 27 sept. 2005 (JO 28 sept.) et Circ. du 29 sept. 2005 (JO 14 oct.).

CHAPITRE PREMIER DE L'INSTITUTION ET DE LA COMPÉTENCE

Art. L. 721-1 *(Ord. n° 2006-673 du 8 juin 2006, art. 2)* **Les tribunaux de commerce sont des juridictions du premier degré, composées de juges élus et d'un greffier. Leur compétence est déterminée par le présent code et les codes et lois particuliers.**

Les tribunaux de commerce sont soumis aux dispositions, communes à toutes les juridictions, du livre Ier du code de l'organisation judiciaire. – *[COJ, art. L. 411-1].*

Le 2e al. de l'art. L. 411-1 COJ, dans sa rédaction antérieure à l'Ord. n° 2006-673 du 8 juin 2006, demeure applicable jusqu'à la date d'entrée en vigueur du décret relatif à la partie Réglementaire du code de commerce (Ord. préc., art. 4-I, 1°). – V. cet al., infra.

> **Code de l'organisation judiciaire Ancien art. L. 411-1** *Al. 2 L'appel des jugements rendus par les tribunaux de commerce est porté devant la cour d'appel.*

Art. L. 721-2 *(Ord. n° 2006-673 du 8 juin 2006, art. 2)* **Dans les circonscriptions où il n'est pas établi de tribunal de commerce, le tribunal de grande instance connaît des matières attribuées aux tribunaux de commerce.** – *[COJ, art. L. 411-3].*

V. art. R. 411-1 à R. 411-3, App., v° Tribunaux de commerce, infra.

Art. L. 721-3 *(Ord. n° 2006-673 du 8 juin 2006, art. 2)* **Les tribunaux de commerce connaissent :**

1° Des contestations relatives aux engagements entre commerçants, entre établissements de crédit ou entre eux ;

2° De celles relatives aux sociétés commerciales ;

3° De celles relatives aux actes de commerce entre toutes personnes.

Toutefois, les parties peuvent, au moment où elles contractent, convenir de soumettre à l'arbitrage les contestations ci-dessus énumérées. – *[COJ, art. L. 411-4].*

Les art. L. 721-3, L. 721-4 et L. 721-6 C. com. (ancien art. L. 411-4, L. 411-5 et L. 411-7 COJ) reprennent en substance les art. 631, 636, 637 et 638, al. 1er, C. com. qui avaient été abrogés par le Décr. n° 78-329 du 16 mars 1978, texte validé par L. n° 91-1258 du 17 déc. 1991. — Ils ont pris effet à la date d'entrée en vigueur de l'art. 3 de la L. du 17 déc. 1991 (JO 19 déc.) ... modifiant le COJ et donnant force de loi audit code. — Toutefois, les décisions prononcées par les tribunaux d'instance et de grande instance, avant l'entrée en vigueur de la L. n° 2001-420 du 15 mai 2001 (JO 16 mai), dans les matières mentionnées aux art. préc. sont, sous réserve des décisions de justice passées en force de chose jugée, réputées rendues par des juridictions compétentes (L. n° 2001-420 du 15 mai 2001, art. 127-III).

Sur la compétence du tribunal de commerce en matière d'injonction de payer, V. infra, App. v° Injonction de payer, NCPC, art. 1406. — ... De son président, en matière de mesures conservatoires, V. L. n° 91-650 du 9 juill. 1991, art. 69 et 97, ***C. pr. civ.***

Sur les conséquences du passage à l'euro sur les instances judiciaires, V. Circ. n° 98-18 du 24 déc. 1998 (BOMJ n° 72, p. 68).

V. pour l'arbitrage international et la reconnaissance, l'exécution forcée et les voies de recours à l'égard des sentences arbitrales rendues à l'étranger ou en matière d'arbitrage international, NCPC, art. 1492 s., 1498 s. — ***C. pr. civ.*** *— V. aussi Décr. n° 68-117 du 26 janv. 1968 (D. 1968. 103 ; BLD 1968. 186) portant publication de la convention européenne sur l'arbitrage commercial international du 21 avr. 1961 et de l'arrangement relatif à l'application de cette convention du 17 déc. 1962.*

RÉP. COM. v^is *Arbitrage commercial*, par MOREAU ; *Actes de commerce ; Commerçant*, par DUBAELE ; *Compétence commerciale*, par PANHALEUX.

BIBL. ► DELEAU-DESHAYES, *RJ com. 1961. 276* (ordre public et compétence commerciale). – GEISENBERGER, *RTD com. 1964. 39* (exception d'incompétence d'attribution des tribunaux de commerce). – DE LA MORINERIE, *Actes du forum de l'AFIC du 18 mars 1998, p. 14* (compétence d'attribution du tribunal de commerce).

(Jurisprudence rendue sur le fondement de l'art. 631 C. com., abrogé, mais dont les dispositions ont été reprises à l'art. L. 411-4 COJ (devenu l'art. L. 721-3 C. com.) par la L. n° 2001-420 du 15 mai 2001).

I. ABROGATION DE L'ART. 631 C. COM

1. Portée de l'abrogation. S'il est exact que l'art. 4 de l'ord. n° 2000-912 du 18 sept. 2000, relative à la partie législative du code de commerce a abrogé celui-ci, et par conséquent les dispositions prévues par l'art. 631 dudit code, dès lors que le litige revêt un caractère purement commercial, il relève de la compétence du tribunal de commerce. • Paris, 31 janv. 2001 : *D. 2001. AJ. 783, obs. Lienhard ; JCP 2001. I. 311, n° 5, obs. Cadiet ; RJ com. 2001. 111 note Fages et Vexliard.* ♦ Considérant qu'il ne saurait résulter de l'abrogation de l'art. 631 C. com. par la loi n° 91-1258 du 17 déc. 1991, l'absence d'existence légale des tribunaux de commerce, V. • Orléans, 10 janv. 2001 : *JCP 2001. I. 311, n° 5, obs. Cadiet ; Procédures 2001, n° 90, obs. Croze.* – Comp. : • Lyon, 11 janv. 2001 : *Procédures 2001, n° 90, obs. Croze.*

1 bis. L'abrogation de l'art. 631 C. com., qui définissait la compétence des tribunaux de commerce, est sans incidence dès lors que les tribunaux de commerce institués par l'art. 411-1 COJ sont, par application de l'art. L. 621-5 C. com. [désormais L 621-2], compétents en matière de procédure collective d'un commerçant personne physique. • Paris, 23 mars 2001 : *D. 2001. AJ. 1539, obs. Lienhard .*♦ De même, elle n'affecte en rien l'existence des tribunaux de commerce et par conséquent l'institution du RCS, régis dans leur organisation et leur fonctionnement par d'autres textes qui demeurent incontestablement en vigueur. • Paris, 28 févr. 2001 : *BICC n° 968.*

1 ter. Rétablissement de la substance de l'art. 631 C. com. L'intervention du législateur qui s'est borné à rétablir, dans des termes équivalents, des dispositions réglementant la compétence des tribunaux de commerce qui, à la suite d'une maladresse législative, avaient été abrogées sans que d'autres ne soient venues les remplacer, a répondu ainsi à un impérieux motif d'intérêt général. • Com. 14 déc. 2004 : *Bull. civ. IV, n° 227 ; D. 2005. AJ. 146, obs. Lienhard ; JCP E 2005, n° 5, p. 162 ; Dr. sociétés 2005, n° 31, obs. Hovasse ; Bull. Joly 2005. 728, note Fages et Vexliard ; Procédures 2005, n° 60, obs. Perrot.* ♦ Par la loi du 15 mai 2001, le législateur n'a fait que réparer l'erreur qu'il avait commise lors de son entreprise de codification, et le juge ne peut violer l'art. 6 (1) de la Conv. EDH en faisant application d'une loi qui rétroactivement en fait coïncider la lettre avec l'esprit. • Paris, 17 oct. 2001 : *D. 2001. AJ. 3438, obs. Lienhard ; Rev. huiss. 2002. 102, obs. Desdevises ; RTD civ. 2002. 843, obs. Normand .*

L'art. 127 (III) de la loi du 15 mai 2001, dont l'objet est de valider les décisions rendues pendant la période comprise entre l'abrogation de l'art. 631 ancien C. com. et son rétablissement dans l'art. L. 411-4 COJ (devenu l'art. L. 721-3 C. com.), n'a pas eu pour effet de dessaisir les TGI des litiges dont ils avaient été saisis régulièrement au regard de la législation en vigueur à la date de l'acte introductif d'instance. • Paris, 6 mars 2002 : *D. 2002. AJ. 1349, obs. Lienhard ; RTD civ. 2002. 840, obs. Normand ; Procédures 2002, n° 104, obs. Croze.* ♦ C'est donc à tort qu'un TGI, compétent en l'état des dispositions en vigueur le 9 mars 2000, a accueilli l'exception d'incompétence au profit du tribunal de commerce s'agissant d'une action en restitution d'un dépôt de garantie et d'un remboursement de trop-perçu de charges, engagée par un preneur commercial contre le bailleur. • Même arrêt.

II. CONTESTATIONS ENTRE COMMERÇANTS

1 quater. Présomption de commercialité. Les actes accomplis par un commerçant pour les besoins de son commerce sont commerciaux par accessoire. • Com. 14 févr. 1956 : *RTD com. 1957. 413 (n° 1)* • 18 mars 1974 : *Gaz. Pal. 1974. 1. Somm. 134, obs. Jauffret.* ♦ C'est à celui qui invoque le caractère civil de l'acte à prouver qu'il n'a pas été accompli pour les besoins du commerce. • Orléans, 22 avr. 1974 : *JCP 1974. IV. 6445, obs. J.A.* ♦ Sur la commercialité par accessoire, V. note 17 ss. art. L. 110-1 C. com.

2. Contrat de travail. Ne relève pas de la compétence commerciale la résiliation du contrat de travail purement civil d'un agent commercial, cette profession ayant un caractère civil, même si les deux parties ont la qualité de commerçant. • Amiens, 4 juin 1975 : *D. 1975. 695, note N.P.* ♦ L'action dirigée contre une société, fondée sur la complicité de celle-ci dans la violation par un ancien salarié d'une clause de non-concurrence, relevant de la compétence du tribunal de commerce, suppose que soit tranchée la question préalable de la violation de la clause de non-concurrence par l'intéressé, laquelle relève de la compétence exclusive de la juridiction prud'homale. • Com. 6 mai 2003 : *JCP E 2003, n° 27, p. 1120 ; RJDA 2003, n° 1145.* ♦ Lorsque des gérants exercent leur activité non pas dans les conditions d'un contrat de travail de droit commun, mais dans les conditions fixées par l'art. L. 781-1 C. trav., la compétence prud'homale est écartée, et le tribunal de commerce retrouve sa compétence, lorsque le litige porte sur les modalités d'exploitation commerciale de la succursale. • Soc. 9 juill. 1974 : *Bull. civ. V, n° 429* • Paris, 11 juill. 1975 : *RTD com. 1975. 803, obs. Jauffret ; JCP 1976. IV. 120.* ♦ Tel est le cas lorsque le différend concerne une demande en paiement de fourniture et de frais d'exploitation. • Soc. 10 juin 1976 : *Bull. civ. V, n° 357* • 8 nov. 1979 : *ibid., n° 843.* ♦ ... Ou porte sur un remboursement d'une certaine somme correspondant à des détournements et à un déficit d'inventaire. • Soc. 8 mars 2006 : *JCP E 2006, n° 16, p. 741 ; RLDA mai 2006. 51, obs. Méar ; Lettre distrib. avr. 2006, p. 4.* ♦ Pour une reconnaissance de la compétence prud'homale, V. • Soc. 22 mars 2006 : *JCP E 2006, n° 19, p. 883.*

3. Demandes multiples. Lorsque la demande comprend des chefs distincts, les uns civils, les autres commerciaux, mais unis par des liens de connexité si étroits qu'on risquerait, en les jugeant séparément, de leur donner des solutions inconciliables, la juridiction civile doit prévaloir sur la juridiction exceptionnelle et être saisie de l'entier litige. • Civ. 21 janv. 1903 : *DP 1903. 1. 177* • 21 oct. 1931 : *ibid. 1933. 1. 100.* ♦ Il en est de même quand une action est intentée contre plusieurs défendeurs dont les uns sont tenus civilement et les autres commercialement. • Civ. 5 févr. 1907 : *DP 1907. 1. 429.* ♦ Le tribunal de commerce n'est, en principe, compétent pour connaître des demandes reconventionnelles que si elles ont, comme la demande principale, une cause commerciale, ou si, étant de nature civile, elles sont indivisibles de la demande principale. • Req. 19 déc. 1922 : *DP 1923. 1. 189.* ♦ Lorsque le défendeur, assigné devant une juridiction commerciale, soulève un moyen de défense portant sur un point de droit civil ou rendant nécessaire l'interprétation d'un contrat civil, la solution doit en être soumise préjudiciellement à la juridiction civile. • Civ. 6 févr. 1924 : *DP 1924. 1. 181, note Appleton.* ♦ La compétence donnée au TGI par l'art. 29 du Décr. du 30 sept. 1953 (V. ce texte, *supra*, ss. art. L. 145-60 C. com.), dans le cas où le litige a pour fondement ou met en cause une disposition dudit décret, n'exclut pas la compétence du tribunal de commerce, sur le fondement de l'art. 411-4 COJ (devenu l'art. L. 721-3 C. com.), pour les autres contestations pouvant opposer les parties à un bail commercial (désignation d'un géomètre-expert). • Paris, 11 févr. 2004 : *AJDI 2004. 379.* ♦ Le tribunal de commerce est compétent pour statuer sur une demande de paiement de loyers par le preneur qui n'allègue aucune motivation sérieuse relevant du statut des baux commerciaux. • Rennes, 5 févr. 2003 : *BICC 2003, n° 673.*

III. SOCIÉTÉS DE COMMERCE

4. Actions relatives à la vie sociale. La compétence est commerciale dès lors qu'on met en cause une société commerciale, que l'action soit intentée par un associé contre la société ou par la société contre un associé. • Paris, 26 juin 1961 : *D. 1962. 39, note Hémard.* ♦ Le fait qu'un gérant de SARL ne soit pas personnellement commerçant ne peut pas le soustraire à la juridiction commerciale dès lors que les faits allégués contre lui se rattachent par un lien direct à la gestion de la société. • Com. 7 avr. 1967 : *D. 1968. 61, note Calais-Auloy* • Aix-en-Provence, 6 janv. 1995 : *Bull. Aix 1995, n° 1, p. 201, obs. Vincensini* • Paris, 19 mars 1997 : *Dr. Sociétés 1997, n° 113, note Bonneau* • T.

com. Paris, 4 févr. 1997 : *Gaz. Pal. 1998. 1. Somm. 181* • Paris, 14 juin 2002 : *RJDA 2003, n° 848* (litige entre un associé et le gérant d'une société en participation ayant une activité commerciale). ♦ La juridiction commerciale est compétente en cas de litige opposant deux associés de fait dont l'un a assigné l'autre en résiliation et dissolution à ses torts de la société de fait commerciale et en dommages-intérêts. • Com. 8 juill. 1970 : *D. 1971. 324.*

Le tribunal de commerce est compétent, en vertu de l'art. 631 C. com. *[abrogé]*, pour connaître du litige qui oppose deux sociétés commerciales au sujet de l'exécution des engagements résultant d'un contrat de bail qui a le caractère d'un acte de commerce, aucun texte, et notamment pas l'art. R. 321-2 COJ, n'attribuant compétence exclusive aux tribunaux d'instance pour, dans de telles conditions, connaître des actions nées d'un contrat de louage d'immeuble. • Lyon, 15 mai 1992 : *D. 1993. 3, note Reinhard* • Civ. 2e, 30 sept. 1981 : *D. 1982. IR. 158, obs. Julien.* ♦ Sur la compétence commerciale pour un litige opposant deux associés d'une société commerciale sur le nombre d'actions devant être attribuées à l'un deux, V. • Com. 14 févr. 2006 : *BRDA 2006, n° 9, p. 4.*

5. Cessions de parts sociales. BIBL. Oppetit, *Rev. sociétés 1978. 631.* – Roux, *ibid. 1980. 49.* – Paillusseau, *JCP 1986. I. 3224.* – Seffert, *RJ com. 1972. 267.* ♦ En vertu de l'art. L. 411-4 COJ (devenu l'art. L. 721-3 C. com.), les tribunaux de commerce peuvent désormais statuer sur un contentieux dont l'objet est l'existence même de la qualité d'associé, dès lors qu'un tel litige a trait au pacte social et d'une cession de droits sociaux, en tant qu'elle a pour objet de faire perdre ou d'acquérir la qualité d'associé, est relative à la société commerciale au sens de cette disposition. • Versailles, 13 mai 2004 : *JCP E 2005, n° 1-2, p. 42, note Legros ; RTD com. 2004. 746, obs. Champaud et Danet ; Rev. sociétés 2004. 731, obs. Urbain-Parleani ; RJDA 2004, n° 1336* (absence de cession de contrôle). ♦ *Contra* : l'art. 631, 2°, *[abrogé]* est une disposition exceptionnelle limitée aux contestations qui ont leur cause dans l'existence du pacte social et ne peut être appliqué au litige portant exclusivement sur une cession de parts sociales. • Paris, 17 oct. 1960 : *D. 1961. 199, note J. Hémard* • Com. 5 déc. 1966 : *D. 1967. 409, note J. Schmidt.* ♦ Présente, en revanche, un caractère commercial la cession d'un nombre de parts entraînant le contrôle de la société. • Com. 28 déc. 1978 : *D. 1980. 316, note Bousquet* • 3 janv. 1985 : *D. 1985. IR. 226* • 19 nov. 1985 : *Bull. civ. IV, n° 272* • 24 nov. 1992 : *ibid., n° 367* • 2 juill. 2002 : *Bull. Joly 2002. 1179, note Fages ; JCP E 2003, n° 19, p. 804, obs. Béguin ; RJDA 2003, n° 501.* ♦ La cession d'une fraction minoritaire du capital d'une SARL revêt un caractère commercial lorsqu'elle s'inscrit dans le cadre d'une opération juridique globale destinée à permettre au cessionnaire la prise de contrôle de la société ; tel est le cas d'une cession de 25 % des parts sociales conclue sous la condition que le cessionnaire acquière la moitié des parts auprès d'autres associés et que, le même jour, ces derniers s'engagent à lui céder leurs parts. • Paris, 22 sept. 1999 : *JCP 2000. I. 205, n° 1, obs. Viandier et Cozian ; BRDA 1999, n° 21, p. 3.* ♦ Sur la notion d'opération juridique globale dans laquelle peut s'inscrire une cession d'action revêtant un caractère commercial, V. • Civ. 2e, 30 mars 2000 : *BRDA 2000, n° 9, p. 7.* – V. aussi • Com. 22 mars 2005 : *RJDA 2005, n° 987.* ♦ Comp., jugeant que la prise de contrôle d'une société s'appréciant non pas au regard du vendeur, mais au regard de chacun des cessionnaires pris séparément, des cessions distinctes de parts sociales consenties par actes séparés à des personnes n'ayant entre elles aucun lien de parenté ne constituent pas des cessions en bloc mais des actes civils relevant de la compétence du TGI. • Versailles, 17 sept. 1998 : *Bull. Joly 1998. 1266, note Etain ; JCP 1999. I. 134, n° 5, obs. Viandier et Caussain ; RTD com. 1999. 141, obs. Reihnard.* ♦ Un pacte d'actionnaires portant sur le contrôle d'une société commerciale pouvant avoir pour objet ou pour effet de transférer ce contrôle à une autre société ou au contraire de faire obstacle à ce transfert et de renforcer le contrôle exercé par les actionnaires, doit être considéré comme un acte de commerce par nature au sens de l'art. 631 (3°) *[abrogé]*, et non comme un acte mixte. • TGI Lyon, 10 avr. 1992 : *RTD com. 1992. 642, obs. Reinhard.*

Lorsque, alors que les apports de deux investisseurs faisaient perdre le contrôle de la société et de ses filiales à l'actionnaire majoritaire, une société holding a été créée pour éviter ce résultat et que, pour protéger les associés majoritaires en capital qu'un tel montage rendait minoritaires en voix, un droit de sortie leur a été garanti par l'engagement de rachat pris par l'actionnaire majoritaire, la clause de rachat ne constitue pas un engagement autonome, mais son acceptation, imposée par les investisseurs, donne à l'actionnaire majoritaire le contrôle des sociétés, effet suffisant pour lui donner la nature d'acte commercial. • Com. 26 mars 1996 : *Bull. civ. IV, n° 93 ; D. 1996. Somm. 342, obs. Hallouin ; Bull. Joly 1996. 588, note Rontchevsky ; JCP E 1996. II. 855, note Bonneau* (conf. : • Paris, 2 mars 1994 : *D. 1994. IR. 126 ; Bull. Joly 1994. 513, note Couret*).

V. aussi, sur la compétence du tribunal de commerce, pour apprécier la validité d'achats d'actions, dans le cadre d'une offre publique, • Paris, 20 nov. 1991 : *D. 1992. 193 (2e esp.), note Guyon ; Rev. sociétés 1992. 327, note Carreau et J.-Y. Martin ; Bull. Joly 1992. 87* (conf. • T. com. Paris, réf., 22 oct. 1991 : *RJ com. 1991. 389, note Schmidt et Baj*). ♦ Il en est de même d'une contestation sur une cession s'intégrant dans une opération comme la liquidation, affectant la société elle-même. • Colmar, 17 nov. 1972 : *D. 1973. Somm. 77.* ♦ V. aussi, sur le caractère commercial d'une garantie de passif dans le cadre d'une cession de parts sociales conférant à l'acquéreur le contrôle de la société, • Paris, 26 janv. 2000 : *BRDA 2000, n° 6, p. 3.* ♦ Sur l'assimilation à la cession d'un fonds de commerce, V. note 3 ss. art. L. 141-1.

6. *Actes de nature civile.* BIBL. Jeandidier, *D. 1979. Chron. 7.* – Dekeuwer, *JCP E 1977. I. 12392.* ♦ Les actes faits par une société à forme commerciale, même s'ils sont de nature civile, sont à son égard des actes de commerce. • Com. 14 févr. 1956 : *JCP 1956. II. 9375* • 19 nov. 1956 : *Gaz. Pal. 1957. 1. 203* • 3 janv. 1956 : *JCP 1956. II. 9232, note Derrida* • 10 mars 1998 : *Bull. civ. IV, n° 101 ; D. Affaires 1998. 722, obs. V. A.-R. ; Bull. Joly 1998. 665, note Daigre ; Rev. sociétés 1998. 307, note Barbièri*. ♦ V. cep., s'agissant des actes constitutifs ou translatifs de droits réels immobiliers, • Paris, 22 avr. 1950 : *Gaz. Pal. 1950. 2. 367* • Nancy, 30 juin 1960 : *D. 1960. 678.* ♦ La compétence des juridictions commerciales régie par l'art. 631 C. com. *[abrogé]* s'étend au cautionnement, acte civil par nature, qui devient commercial lorsque la caution a un intérêt patrimonial personnel dans l'opération garantie. • Com. 7 avr. 2004 : *RJDA 2004, n° 1040.*

IV. ASSOCIATIONS

7. BIBL. Simon, *D. 1977. Chron. 153.* ♦ Bien qu'une association de la loi de 1901 relève en principe des tribunaux civils, la juridiction commerciale peut être compétente lorsque les actes de commerce qu'elle accomplit deviennent habituels. • Com. 8 juill. 1969 : *JCP 1970. II. 16155 bis, note J.A. ; RTD civ. 1970. 349, obs. Jauffret* • Paris, 13 juin 1990 : *D. 1990. IR. 192.* ♦ V., pour un club de football professionnel, • Reims, 19 févr. 1980 : *JCP 1981. II. 19496, note Guyon ; RTD com. 1981. 520, obs. Dubarry ; ibid. 606, obs. Merle.*

Une association, qui offre de manière permanente aux particuliers un site internet visant à favoriser les échanges d'immeubles, effectue des opérations d'intermédiaire pour l'achat ou la vente d'immeubles, et relève de la compétence du tribunal de commerce. • Com. 14 févr. 2006 : *D. 2006. AJ. 783, obs. Chevrier ; JCP 2006. IV. 1548 ; BRDA 2006, n° 6, p. 13 ; RLDA avr. 2006. 14, obs. Alves.*

V. GROUPEMENT D'INTÉRÊT ÉCONOMIQUE

7 bis. Les GIE qui ont une activité de caractère commercial sont justiciables des tribunaux consulaires ; tel est le cas d'un GIE assurant la promotion d'un centre commercial. • Paris, 28 juin 1995 : *JCP E 1995. Pan. 1103 ; RJDA 1995, n° 1115.*

VI. ACTES MIXTES

8. *Option de compétence.* En cas de litige entre deux parties dont l'une seulement est commerçante ou à propos d'un acte qui n'est commercial que pour l'une d'elles, la partie qui n'est pas commerçante ou qui n'a pas fait d'acte de commerce a le droit d'être jugée par la juridiction civile compétente à son égard et si elle est demanderesse, à actionner, à son choix, le défendeur commerçant devant le tribunal civil ou devant le tribunal de commerce. • Civ. 8 mai 1907 : *DP 1911. 1. 222* • Req. 1er juill. 1908 : *ibid. 1909. 1. 11* • Civ. 6 mai 1930 : *DH 1930. 363* • 22 juin 1943 : *DC 1944. J. 83* • Com. 20 juill. 1965 : *D. 1965. 581.* ♦ ... Mais la partie non commerçante peut toujours renoncer à se prévaloir de l'incompétence du tribunal de commerce. • Civ. 2e, 17 mai 1982 : *Bull. civ. II, n° 76.* ♦ ... Et la juridiction saisie ne peut pas relever d'office son incompétence lorsque la partie commerçante a saisi le tribunal de commerce et que l'autre partie n'a pas décliné cette compétence. • Orléans, 27 déc. 2001 : *RJDA 2002, n° 1342.* ♦ Le bail en litige échappant au statut des baux commerciaux, le tribunal de commerce dans le ressort duquel le défendeur, commerçant, a son siège, est compétent pour connaître de l'affaire. • Aix-en-Provence, 23 mars 2004 : *Loyers et copr. 2004, n° 207, obs. Brault.*

9. *Clauses attributives de compétence.* V. notes 33 s.

10. *Preuve.* V. art. L. 110-3.

11. *Prescription.* V. art. L. 110-4.

VII. CLAUSE COMPROMISSOIRE

BIBL. Reinhard, *Petites affiches 15 mai 1996, p. 10* (arbitrage et sociétés). – Contin et Chevallier, *Cah. dr. entr. 1999, n° 3, p. 8* (clauses compromissoires ou compromis). – Marini et Fages, *D. 2001. 2658* (réforme de la clause compromissoire). – Loquin, *RTD com. 2001. 642* (même thème). – Robert et Castel, *Dr. et patr. juill.-août 2001. 19* (loi NRE : premières réactions sur la modification du régime des clauses compromissoires). – Jarrosson, *JCP 2001. I. 333* (nouvel essor de la clause compromissoire après la loi du 15 mai 2001). – Jault et Legros, *Petites affiches 25 avr. 2002, p. 14* (même thème). – Rontchevsky, *AJDI 2002. 270* (arbitrage et baux commerciaux depuis la loi NRE). – Delebecque, *Dr. et patr. mai 2002, p. 46* (arbitrage et droit de la consommation). – Dossier « Nouvelles perspectives en matière d'arbitrage », *ibid., juin 2002, p. 51.* – Loquin, *Gaz. Pal. 5-6 juin 2002, p. 7* (différences et convergences dans le régime de la transmission et de l'extension de la clause compromissoire devant les juridictions françaises). – Augendre, *RJ com. 2002. 292* (réforme de l'arbitrage – de nouveaux territoires ?). – Moury, *D. 2002. 2744* (réflexions sur la transmission des clauses de compétence dans les chaînes de contrats translatifs). – Mathieu-Bouyssou, *JCP 2003. I. 116* (transmission de la clause compromissoire au cessionnaire de la créance). – Colloque 15 mars 2003, *Petites affiches 2 oct. 2003* (arbitrage : une question d'actualité). – Clay, *D. 2003. Somm. 2469.* – Derains, *Gaz. Pal. 2003. Doctr. 3341* (l'arbitre et l'octroi de mesures provisoires *ex parte*). – Philippe, *ibid. 3347* (difficultés procédurales causées par les clauses compromissoires paritaires). – Poudret, *BICC déc. 2003, p. 3* (originalité du droit français de l'arbitrage au regard du droit comparé). – Affaki, *Banque et Droit janv.-févr. 2004. 3* (le banquier et l'arbitrage). – Aboukrat, *Gaz. Pal. 2004. Doctr. 281* (course d'obstacles dans la procédure d'arbitrage). – Croze et Reinhard, *JCP E 2005, n° 14, p. 612* (procédures collectives et arbitrages : conseils pratiques). – Rivier, *Dr. et procédures 2005. 198* (arbitrage et droit des procédures civiles d'exécution). – Braconnier, *Dr. et patr. oct. 2005. 59* (arbitrage et contrats publics d'affaires). – El-Ahdab, *Procédures 2006. Chron. 2* (interprétation restrictive du consentement à une clause compromissoire).

12. Loi du 15 mai 2001 : entrée en vigueur. L'application de la loi du 15 mai 2001, qui consacre la validité de la clause compromissoire dans les contrats conclus à raison d'une activité professionnelle, à la clause insérée dans le contrat en cause, conclu avant la promulgation de la loi, n'entraîne pas lésion de droits acquis mais conforte au contraire la volonté des parties de se soumettre à l'arbitrage ; s'agissant d'une clause contractuelle qui tend à la mise en œuvre d'une règle de procédure, il y a donc lieu d'en apprécier la validité au regard de la nouvelle rédaction de l'art. 2061 C. civ. • TGI Paris, ord., 8 oct. 2002 : *D. 2003. 1928, note Moreau et Sihvola ; JCP E 2003, n° 45-46, p. 1812, obs. Béguin ; JCP 2004. II. 10014, note Fages ; RTD com. 2003. 695, obs. Loquin ; RTD civ. 2004. 338, obs. Thery .* ♦ Dans le même sens, jugeant qu'il convient d'appliquer immédiatement la loi nouvelle, qui rend la clause valable au moment où celle-ci produit son effet, c'est-à-dire lors de l'introduction d'une instance, et non la loi ancienne qui l'annulait au jour de la conclusion du contrat : • Orléans, 18 mars 2004 : *JCP 2004. II. 10103, note Le Bars et Callé ; JCP E 2004, n° 50, p. 1973, obs. Béguin ; RTD com. 2004. 441, obs. Loquin ; RJDA 2004, n° 920.* – V. aussi • Aix-en-Provence, 30 sept. 2004 : *JCP 2005. IV. 2022.* ♦ Dès lors, une clause compromissoire, stipulée dans des contrats conclus en raison d'une activité professionnelle, nulle sous l'empire du texte antérieur, peut être invoquée à l'occasion d'un litige portant sur l'exécution de ces contrats, peu important, à cet égard, qu'ils aient ou non pris fin avant l'entrée en vigueur de la loi nouvelle. • Civ. 1re, 22 nov. 2005 : *D. 2006. 277, note Le Bars et Callé ; D. 2005. IR. 3032, obs. Avena-Robardet ; JCP E 2006, n° 5, p. 239, note Croze ; JCP 2006. II. 10015, note Cornut ; Petites affiches 22 mars 2006, p. 10, note Peltier ; Defrénois 2006. 590, obs. Libchaber ; RJDA 2006, n° 207.*

13. Exclusion des actes mixtes (jurisprudence antérieure à la L. n° 2001-420 du 15 mai 2001). BIBL. Fouchard, *Rev. arb. 1971. 3.* – Hamel, *DH 1926. Chron. 13.* – Gallmeister, *Petites affiches 29 oct. 2004, p. 12.* ♦ La clause compromissoire n'étant valable que pour les litiges entre commerçants, entre associés pour raison d'une société commerciale, ou relatifs aux actes de commerce entre toutes personnes, est nulle la clause insérée dans un contrat mixte. • Com. 2 déc. 1964 : *JCP 1965. II. 14041, note P. L.* • Paris, 15 juin 1988 : *D. 1988. IR. 221.* ♦ Pour un contrat de travail, V. • Civ. 2e, 20 juin 1957 : *D. 1958. Somm. 16.* ♦ V., *contra*, sur la validité de la clause en matière d'arbitrage international, Alexandre, *D. 1972. 37* • Paris, 19 juin 1970 : *JCP E 1972. II. 10689, note Goldmann* • Toulouse, 26 oct. 1982 : *JDI 1984. 603, note Synvet.* ♦ V. aussi • Civ. 1re, 5 janv. 1999 : *D. 1999. IR. 31 ; D. Affaires 1999. 474, obs. X. D. ; RTD com. 1999. 380, obs. Loquin .* ♦ L'art. 631, al. 2, est d'interprétation stricte. • Paris, 20 oct. 1961 : *JCP 1961. II. 12372.* – V. désormais, art. L. 721-3, dernier al. ♦ Est nulle la clause compromissoire afférente à un litige opposant certes deux sociétés commerciales, mais mettant en cause l'existence d'une société civile ayant une personnalité juridique distincte de celle de ses associés commerçants. • Versailles, 29 oct. 1990 : *Gaz. Pal. 1994. 2. Somm. 721.* ♦ En revanche, est valable la clause compromissoire insérée dans un acte de cession d'actions conférant au bénéficiaire une participation majoritaire. • Com. 2 juill. 2002 : *JCP 2003. I. 105, n° 3, obs. Béguin* • Dijon, 25 juin 2002 : *ibid.* ♦ V. art. 1446 NCPC. – **C. pr. civ.** ♦ Comp. désormais, art. 2061 C. civ. (*supra*, bibl. et note 12).

Le fait pour une partie de participer sans réserve à l'arbitrage vaut renonciation de sa part au droit d'invoquer la nullité de la clause d'arbitrage en soutenant qu'elle est insérée dans un acte mixte. • Civ. 2e, 21 nov. 2002 : *Bull. civ. II, n° 264 ; RJDA 2003, n° 342.* ♦ *Contra* : • Civ. 2e, 5 mai 1982 : *Bull. civ. II, n° 69.*

A. AUTONOMIE

14. *Absence d'incidence sur la clause compromissoire de l'inefficacité de l'acte qui la contient.* En application du principe de validité de la convention d'arbitrage et de son autonomie en matière internationale, la nullité non plus que l'inexistence du contrat qui la contient ne l'affectent. • Civ. 1re, 25 oct. 2005 : *Bull. civ. I, n° 378 ; D. 2006. 199, avis Sainte-Rose ; D. 2005. Pan. 3052, obs. Clay ; JCP 2005. IV. 3522.* ♦ En matière d'arbitrage international, l'accord compromissoire, conclu séparément ou inclus dans l'acte juridique auquel il a trait, présente toujours, sauf circonstances exceptionnelles, une complète autonomie juridique excluant qu'il puisse être affecté par une éventuelle invalidité de cet acte. • Civ. 1re, 7 mai 1963 : *D. 1963. 545, note J. Robert.* ♦ La clause compromissoire présentant, par rapport à la convention principale dans laquelle elle s'insère, une autonomie juridique qui exclut qu'elle puisse être affectée par l'inefficacité de cet acte, l'éventuelle nullité du contrat de sous-traitance est sans incidence sur la validité de ladite clause. • Civ. 2e, 4 avr. 2002 : *Bull. civ. II, n° 68 ; D. 2003. 1117, note Degos ; JCP 2002. II. 10154, note Reifegerste ; JCP E 2003, n° 19, p. 804, obs. Seraglini ; Dr. et patr. juin 2002, p. 121, obs. Mestre.* ♦ En droit interne de l'arbitrage, la clause compromissoire présente, par rapport à la convention principale dans laquelle elle s'insère, une autonomie juridique qui exclut, sauf stipulation contraire, qu'elle puisse être affectée par une éventuelle inefficacité de cette convention. • Com. 9 avr. 2002 : *Bull. civ. IV, n° 69 ; D. 2003. 1117, note Degos* et *Somm. 2470, obs. Clay ; JCP 2002. II. 10154, note Reifegerste ; ibid. 2003. I. 105, n° 2, obs. Seraglini* • Civ. 2e, 20 mars 2003 : *Bull. civ. II, n° 68 ; D. 2003. Somm. 2470, obs. Clay ; JCP E 2003, n° 21-22, p. 880 ; RJDA 2003, n° 1030* • 8 avr. 2004 : *BRDA 2004, n° 8, p. 14.*

14 bis. *Extension de la clause compromissoire.* L'existence et l'efficacité d'une clause compromissoire s'apprécient, sous réserve des règles impératives du droit français et de l'ordre public international, d'après la commune volonté des parties, sans qu'il soit nécessaire de se référer à une loi étatique. • Civ. 1re, 30 mars 2004 : *Bull. civ. I, n° 95 ; JCP E 2004, n° 45-46, p. 1786, note Chabot ; RTD com. 2004. 443, obs. Loquin .* ♦ En l'absence de nullité manifeste, la clause compromissoire, contenue dans une convention internationale, doit recevoir application en vertu de l'indépendance d'une telle clause en droit international, sous la seule réserve des règles d'ordre public international qu'il appartiendra aux arbitres de mettre en œuvre, sous le contrôle du juge de l'annulation, pour vérifier leur propre compétence, spécialement en ce qui concerne l'arbitrabilité du litige. • Civ. 1re, 30 mars 2004 : *Bull. civ. I, n° 97 ; D. 2004. 2458, note Najjar ; D. 2005. Pan. 3053, obs. Clay ; JCP E 2005, n° 18-19, p. 755, obs. Seraglini ; RTD com. 2004. 447, obs. Loquin ; RJDA 2004, n° 1406.* ♦ Un litige né de pourparlers ultérieurs au contrat contenant la clause compromissoire n'est pas arbitrable si les pourparlers ne forment pas avec le contrat un ensemble contractuel unique. • Versailles, 31 mars 2005 : *BICC 2005, n° 2241 ; JCP E 2005, n° 47, p. 1986, obs. Béguin.* ♦ Sur la question de savoir si une société, impliquée dans l'exécution du contrat, assignée en intervention forcée, devient partie à l'arbitrage, V. • Civ. 1re, 14 mars 2006 : *D. 2006. IR. 943, obs. Avena-Robardet ; JCP E 2006, n° 18, p. 828.*

B. CONDITIONS DE VALIDITÉ

15. *Principe général de validité dans les contrats internationaux.* La clause compromissoire est valable dans les contrats internationaux. • Cass., 19 févr. 1930 : *S. 1933. 1. 41, note Niboyet (1re esp.)* • Civ. 1re, 28 janv. 2003 : *Bull. civ. I, n° 21 ; JCP E 2003, n° 12, p. 491 ; Rev. crit. DIP 2003. 641, note Jault-Seseke.* ♦ Mais la clause compromissoire insérée dans un contrat de travail international n'est pas opposable au salarié qui a saisi régulièrement la juridiction française compétente en vertu des règles applicables, peu important la loi régissant le contrat de travail. • Soc. 16 févr. 1999 : *Bull. civ. V, n° 78.* ♦ V. dans le même sens, • Soc. 4 mai 1999 : *Bull. civ. V, n° 191 ; Rev. arb. 1999. 299, note M.-A. Moreau.*

16. *Exigence d'un écrit.* Si l'art. 1443 NCPC exige que la clause compromissoire figure dans un document écrit, il ne régit ni la forme, ni l'existence des stipulations qui, se référant à ce document, font la convention des parties. • Civ. 2e, 21 janv. 1999 : *Bull. civ. II, n° 16* (validité de la clause compromissoire par référence). ♦ Sur la validité d'une clause compromissoire incorporée dans les statuts d'une société, V. • Montpellier, 12 nov. 2002 : *JCP E 2003, n° 15, p. 660, obs. Mousseron.* ♦ L'acceptation peut résulter de l'exécution du contrat où elle était insérée sans que l'acheteur ait élevé de protestations. • Civ. 9 janv. 1933 : *DH 1933. 164.* ♦ L'acceptation peut résulter de références à des conditions générales rappelées par telex. • Paris, 20 juin 1987 : *JDI 1987. 934, note Loquin.* ♦ Une stipulation contractuelle qui, par référence expresse aux dispositions de l'art. 1592 C. civ., prévoit qu'à défaut d'accord amiable sur la fixation du prix de vente définitif, les parties s'en remettront à l'arbitrage d'un tiers judiciairement désigné, par exception à une clause réservant la connaissance de tous autres différends au TGI, ne constitue pas une clause compromissoire, au sens de l'art. 1442 NCPC. • Versailles, 4 mars 2004 : *JCP E 2005, n° 18-19, p. 755, obs. Béguin ; JCP 2005. II. 10017, note Noblot.* ♦ Sur la contrariété entre une clause compromissoire et une clause attributive de compétence résolue en faveur de la première dans la mesure où la seconde est usuelle dans les contrats de crédit-bail, ce qui n'est pas le cas des clauses compromissoires : • Nancy, 22 nov. 2004 : *JCP 2006. IV. 1253.*

17. Désignation des arbitres. BIBL. Dupeyre, *Petites affiches 6 févr. 2006, p. 4* (tribunaux arbitraux permanents et préconstitués). ♦ Le principe d'égalité des parties qui s'impose dans la désignation des arbitres est d'ordre public et on ne peut y renoncer qu'après la naissance du litige. • Civ. 1re, 7 janv. 1992 : *Bull. civ. I, n° 2 ; Rev. arb. 1992. 470, note P. Bellet.* ♦ Pour une clause compromissoire prévoyant la désignation d'un arbitre unique choisi par la partie saisissante sur une liste de trois noms, V. • Civ. 2e, 31 janv. 2002 : *JCP E 2003, n° 19, p. 805, obs. Seraglini.* ♦ ... Ou imposant la désignation d'un arbitre commun à deux parties en litige ou un groupe d'arbitres n'ayant qu'une voix au sein du tribunal arbitral : • Paris, 10 oct. 2002 : *RTD com. 2004. 249, obs. Loquin.* ♦ S'il peut être d'usage dans une procédure arbitrale que les arbitres prennent l'accord des parties qui les ont désignés pour faire choix d'un troisième arbitre, il n'y a aucune obligation ; l'indépendance des arbitres à l'égard des parties doit les conduire, en cas de difficulté, à s'accorder entre eux sans avoir à tenir systématiquement compte de l'avis des parties. • TGI Paris, réf., 4 avr. 2003 : *RTD com. 2005. 482, obs. Loquin.* ♦ Les dispositions des art. 1453 et 1459 NCPC imposent, sans que les parties puissent y déroger, que le tribunal arbitral soit constitué d'un seul arbitre ou de plusieurs en nombre impair. • Civ. 2e, 21 nov. 2002 : *Bull. civ. II, n° 265 ; Dr. et patr. mars 2003. 99, obs. Mestre ; RTD com. 2003. 62, obs. Loquin ; JCP E 2003, n° 45-46, p. 1814, obs. Ortscheidt ; Petites affiches 21 nov. 2003, p. 18, note Barbièri ; RJDA 2003, n° 453.* – Comp. • Paris, 21 avr. 2005 : *JCP E 2005, n° 47, p. 1987, obs. Seraglini* (art. 11 de l'Association américaine d'arbitrage). ♦ Si les parties à une convention d'arbitrage désignent les arbitres en nombre pair, la composition du tribunal arbitral peut être régularisée selon les modalités prévues à l'art. 1454 NCPC. • Civ. 2e, 25 mars 1999 : *Bull. civ. II, n° 58.* – *V. contra* • Colmar, 12 déc. 2002 : *JCP E 2003, n° 45-46, p. 1814, obs. Ortscheidt.* ♦ Si les parties s'en remettent à un organisme arbitral suffisamment précisé, elles sont censées avoir adopté le règlement de cet organisme et avoir ainsi satisfait aux exigences de l'art. 1443, al. 2. • Paris, 14 févr. 1985 : *Rev. arb. 1987. 325, note P. Level.* ♦ Excède ses pouvoirs la cour d'appel qui refuse de prêter son concours à la constitution du tribunal arbitral sans constater que la clause compromissoire était soit manifestement nulle, soit insuffisante pour permettre de constituer ce tribunal. • Civ. 2e, 13 juin 2002 : *Bull. civ. II, n° 123 ; D. 2002. IR. 2098.* ♦ Un requérant, en participant à la procédure sans émettre aucune réserve sur l'investiture des arbitres, n'est pas recevable à contester devant une cour d'appel la validité de la convention d'arbitrage. • Civ. 1re, 6 mai 2003 : *Bull. civ. I, n° 102 ; JCP E 2003, n° 27, p. 1119 ; Gaz. Pal. 2004. Somm. 1232, obs. du Rusquec ; RJDA 2004, n° 385 ; Rev. crit. DIP 2004. 124, note Chilstein.* ♦ L'instance arbitrale n'est en cours qu'à partir du moment où le tribunal arbitral est définitivement constitué et peut donc être saisi du litige, c'est-à-dire à partir de l'acceptation par tous les arbitres de leur mission. • Civ. 1re, 25 avr. 2006 : *D. 2006. IR. 1332 ; JCP 2006. IV. 2107.* ♦ La seule notification par le demandeur, par lettre, de la désignation de son arbitre ne peut valoir saisine du tribunal arbitral. • Même arrêt.

Aucune disposition de l'art. 1444 NCPC, qui permet au président du tribunal de désigner le ou les arbitres lorsque la constitution du tribunal arbitral se heurte à une difficulté du fait de l'une des parties, ou dans la mise en œuvre des modalités de désignation, n'interdit au président du tribunal de commerce de surseoir à statuer en application de l'art. 110 NCPC. • Montpellier, 17 sept. 2003 : *RJ com. 2004. 36, note Travier.*

L'impossibilité pour une partie d'accéder au juge, fût-il arbitral, chargé de statuer sur sa prétention, à l'exclusion de toute juridiction étatique, constitue un déni de justice qui fonde la compétence internationale du président du TGI de Paris, dans sa mission d'assistance et de coopération du juge étatique à la constitution d'un tribunal arbitral, dès lors qu'il existe un rattachement avec la France. • Civ. 1re, 1er févr. 2005 : *Bull. civ. I, n° 53 ; D. 2005. 2727 note Hotte ; ibid. Pan. 3054, obs. Clay ; JCP E 2005, n° 11, p. 476, note Kessler ; RTD com. 2005. 266, obs. Loquin ; Gaz. Pal. 2005. Somm. 2034, obs.*

Train ; RJDA 2005, n° 772 ; Rev. crit. DIP 2006. 140, obs. Clay.

17 bis. Indépendance des arbitres. Sur l'appréciation souveraine des juges du fond pour apprécier le défaut d'indépendance et d'impartialité d'un arbitre, V. • Civ. 1re, 29 janv. 2002 : *JCP E 2003, n° 19, p. 806, obs. Béguin.* ♦ Pour des illustrations : • Civ. 2e, 22 nov. 2001 : *D. 2003. Somm. 2472, obs. Clay* • 6 déc. 2001 : *ibid.* • Paris, 2 avr. 2003 : *ibid.* • 28 nov. 2002 : *JCP E 2003, n° 45-46, p. 1813, obs. Seraglini.* ♦ Les faits susceptibles de faire douter de l'indépendance de l'arbitre, s'ils sont révélés à l'une des parties après le rejet du recours en annulation que celle-ci a exercé contre la sentence, peuvent justifier l'ouverture d'un recours en révision pour fraude contre l'arrêt ayant rejeté son recours en annulation, quand bien même le défaut d'indépendance n'avait pas été évoqué dans le cadre de ce recours. • Civ. 2e, 12 févr. 2004 : *D. 2005. Pan. 3056, obs. Clay ; JCP E 2004, n° 50, p. 1975, obs. Seraglini.* ♦ Sur l'atteinte à l'impartialité objective du tribunal arbitral du fait de la mission de conciliation qu'il avait précédemment exercée, V. • Civ. 2e, 10 juill. 2003 : *Bull. civ. II, n° 233 ; D. 2004. Somm. 3180, obs. Clay.*

C. EFFETS

1° ENTRE LES PARTIES

a. Incompétence des juridictions étatiques

1. Principe

BIBL. Khatchadourian, *RJ com. 2002. 212* (l'arbitrage à deux vitesses… existe-t-il ?).

18. Principe de compétence-compétence. Seule la nullité manifeste de la convention d'arbitrage, constatée par le juge, peut faire obstacle à l'application du principe de compétence-compétence, selon lequel il appartient à l'arbitre, en premier lieu, de statuer sur sa propre compétence, et donc, de se prononcer sur l'existence et la validité de la convention d'arbitrage. • Civ. 1re, 1er déc. 1999 : *Bull. civ. I, n° 325* • 16 mars 2004 : *Bull. civ. I, n° 82 ; JCP E 2004, n° 22, p. 836 ; Rev. crit. DIP 2004. 763, note Jault-Seseke* • Civ. 2e, 15 janv. 2004 : *Bull. civ. II, n° 4 ; D. 2004. Somm. 3181, obs. Clay* • Civ. 1re, 16 nov. 2004 : *JCP E 2004, n° 52-53, p. 2048* • 8 nov. 2005 : *D. 2005. Pan. 3056, obs. Clay ; RTD civ. 2006. 143, obs. Thery ; JCP E 2005, n° 50, p. 2150 ; Petites affiches 3 avr. 2006, p. 17, note Chabot* (concurrence déloyale) • 22 nov. 2005 : *D. 2005. IR. 3031 ; RTD com. 2006. 251, obs. Delebecque ; JCP 2006. II. 10046, note Humann ; RJDA 2006, n° 480* (connaissement maritime). ♦ En vertu de ce même principe, la juridiction de l'État saisie d'un litige destiné à l'arbitrage doit se déclarer incompétente, sauf nullité ou inapplicabilité manifeste de la convention d'arbitrage et la seule constatation d'une indivisibilité des litiges ne suffit pas à faire échec au jeu de la clause d'arbitrage. • Civ. 1re, 16 oct. 2001 : *Bull. civ. I, n° 254 ; D. 2001. IR. 3247 ; JCP E 2002. 274, note Kaplan et Cuniberti (2e esp.).* ♦ Dans le même sens, V. • Civ. 2e, 27 juin 2002 : *Bull. civ. II, n° 146 ; JCP 2002. IV. 2423* • 20 déc. 2001 : *Dr. et patr. juin 2002, p. 120, obs. Mestre* • Com. 4 mars 2003 : *JCP E 2003, n° 45-46, p. 1815, obs. Seraglini.* ♦ Jugeant également que la contradiction entre une clause d'arbitrage et une clause attributive de compétence ne remet pas en cause le principe selon lequel l'arbitre doit statuer sur sa propre compétence, V. • Civ. 2e, 18 déc. 2003 : *Bull. civ. II, n° 393 ; D. 2004. IR. 321 ; JCP 2004. II. 10075, note Noblot ; RTD com. 2004. 255, obs. Loquin ; RJDA 2004, n° 498 (1re esp.) ; Defrénois 2004. 990, obs. Libchaber* • Civ. 1re, 27 avr. 2004 : *Bull. civ. I, n° 112 ; RTD com. 2005. 486, obs. Loquin ; JCP E 2004, n° 50, p. 1973, obs. Béguin ; Procédures 2004, n° 157, obs. Nourissat ; RJDA 2005, n° 1171 (2e esp.).* ♦ Jugeant que seul le tribunal arbitral est compétent pour se prononcer sur la caducité éventuelle d'une convention d'arbitrage, V. • Civ. 2e, 8 avr. 2004 : *Bull. civ. II, n° 162 ; D. 2004. IR. 1559 ; JCP 2004. IV. 2141 ; RTD civ. 2004. 770, obs. Thery ; RJDA 2004, n° 921 ; Bull. Joly 2004. 1242, note Rontchevsky.* ♦ Mais si l'appréciation par l'arbitre de sa compétence est prioritaire, elle n'est pas souveraine : V. pour un contrôle du juge étatique : • Paris, 22 mai 2003 : *JCP E 2004, n° 19, p. 763, obs. Seraglini.* ♦ Après avoir souverainement constaté que la clause statutaire de recours à l'arbitrage contenue dans les statuts d'une société excluait les actions relatives à la validité du pacte social, et que les demandes présentées par l'une des parties mettaient en cause la validité du pacte social, ce dont il résultait que les arbitres avaient statué sans convention d'arbitrage, une cour d'appel retient exactement, par ce seul motif, que la sentence arbitrale doit être annulée. • Civ. 2e, 13 juill. 2005 : *Bull. civ. II, n° 194 ; D. 2005. Pan. 3054, obs. Clay.*

19. Exception de procédure. L'exception tirée de l'existence d'une clause compromissoire est régie par les dispositions qui gouvernent les exceptions de procédure, de sorte qu'elle ne peut être soulevée par une partie qui avait préalablement conclu au fond. • Civ. 2e, 22 nov. 2001 : *Bull. civ. II, n° 168 ; Contrats Conc. Consom. 2002, n° 41, note Leveneur.*

19 bis. Référé pré-arbitral. BIBL. Arnaldez et Schäfer, *Rev. arb. 1990. 835.* ♦ Jugeant que l'ordonnance rendue d'après un mécanisme contractuel qui repose sur la coopération des parties a, malgré son appellation, une nature conventionnelle, et n'a d'autorité que celle de la chose convenue, V. • Paris, 29 avr. 2003 : *D. 2003. Somm. 2478, obs. Clay* ; *JCP E 2003, n° 45-46, p. 1816, obs. Béguin ; ibid. 2004, n° 8-9, p. 322, note Kaplan et Cuniberti ; RTD com. 2003. 482, obs. Loquin*. ♦ Le président du tribunal de commerce a excédé ses pouvoirs en refusant de prêter son concours à la constitution du tribunal arbitral en raison d'une contestation sur le contrat qui contenait la clause d'arbitrage et en renvoyant l'affaire devant le tribunal de commerce, dépourvu de tout pouvoir en la matière, dès lors que la clause d'arbitrage désignait le président à cette fin, qu'il existait une difficulté justifiant son intervention et qu'il statuait non comme juge des référés mais, ainsi que le précise l'art. 1457, al. 1er NCPC, comme en matière de référé, peu important l'existence d'une contestation sérieuse sur la formation du contrat que seul le tribunal arbitral pouvait trancher. • Orléans, 18 déc. 2003 : *RJDA 2004, n° 650.*

19 ter. Référé post-arbitral. Le juge des référés est dépourvu de tout pouvoir pour décider des mesures d'interdiction assorties d'une astreinte destinées à assurer l'exécution d'une sentence arbitrale, non revêtue de l'exequatur et qui fait l'objet d'un recours en annulation. • Com. 18 mai 2005 : *Bull. civ. IV, n° 103 ; RTD com. 2005. 485, obs. Loquin* ; *RJDA 2005, n° 1059.*

2. Tempérament

20. Renonciation. Les parties peuvent renoncer à l'application de la procédure d'arbitrage qu'elles avaient initialement prévue et saisir valablement le juge compétent. • Civ. 29 oct. 1934 : *DH 1934. 602.* ♦ Mais une partie ne peut s'affranchir unilatéralement de la clause compromissoire en saisissant le tribunal de commerce. • Civ. 22 janv. 1946 : *D. 1946. 239.* – Conf. • Paris, 15 déc. 1954 : *D. 1955. 208, note J. Robert.* ♦ La saisine du juge des référés aux fins de mesures provisoires ou conservatoires ne s'analyse pas en une renonciation au bénéfice de la convention d'arbitrage, de sorte que viole les art. 1442 et 1458, al. 2, NCPC, l'arrêt qui, pour rejeter l'exception d'incompétence fondée sur la clause compromissoire stipulée dans un contrat, retient que la société ayant obtenu la désignation d'un expert en référé, le maître de l'ouvrage a, par cette action en justice, manifesté sa volonté de ne pas faire application de la clause compromissoire. • Civ. 2e, 7 mars 2002 : *Bull. civ. II, n° 31 ; D. 2002. IR. 1113 ; Dr. et patr. juin 2002, p. 122, obs. Mestre* • Com. 4 oct. 2005 : *Bull. civ. IV, n° 204 ; JCP 2005. IV. 3354.* ♦ L'accord d'une partie pour la mise en œuvre d'une médiation judiciaire n'emporte pas, à défaut de manifestation de volonté non équivoque en ce sens, renonciation à l'arbitrage et acceptation de la compétence de la juridiction étatique. • Civ. 1re, 28 janv. 2003 : *préc. note 15.*

20 bis. Estoppel. Une partie, qui a elle-même formé une demande d'arbitrage et qui a participé sans aucune réserve pendant plus de neuf ans à la procédure arbitrale, est irrecevable, en vertu de la règle de l'estoppel, à soutenir, par un moyen contraire, que cette juridiction aurait statué sans convention d'arbitrage ou sur convention nulle, faute de convention qui lui soit applicable. • Civ. 1re, 6 juill. 2005 : *Bull. civ. I, n° 302 ; D. 2006. 1424, note Agostini ; D. 2005. Pan. 3060, obs. Clay* ; *JCP E 2005, n° 47, p. 1988, obs. Ortscheidt.*

21. Saisine du juge des référés. L'existence d'une convention d'arbitrage ne fait pas obstacle au pouvoir du juge des référés d'ordonner sur le fondement de l'art. 145 NCPC, et avant saisine de la juridiction compétente, toutes les mesures d'instruction légalement admissibles, qui ne se limitent pas aux constatations. • Civ. 2e, 11 oct. 1995 : *Bull. civ. II, n° 235 ; D. 1995. IR. 231 ; Procédures 1996, n° 3, note R. Perrot* • Civ. 1re, 6 déc. 2005 : *RJDA 2006, n° 729.* ♦ La clause compromissoire n'exclut pas, tant que le tribunal arbitral n'est pas constitué, la faculté de saisir le juge des référés aux fins de mesures provisoires ou conservatoires. • Civ. 2e, 7 mars 2002 : *préc. note 20.* ♦ Mais s'agissant de l'application de l'art. 808 *[872]* NCPC, le juge des référés n'est compétent que pour autant que les arbitres ne sont pas saisis. • Paris, 13 janv. 1988 : *D. 1988. IR. 39.*

22. Référé-provision. En présence d'une clause d'arbitrage, le juge des référés ne peut accueillir la demande de provision formée par une partie, en relevant qu'aucune contestation sérieuse ne s'oppose au paiement de la provision, sans constater l'urgence. • Com. 29 juin 1999 : *Bull. civ. IV, n° 147 ; D. 1999. 649, note I. Najjar* • Civ. 2e, 13 juin 2002 : *Bull. civ. II, n° 130 ; D. 2002. 2439, note Najjar* ; *Dr. et patr. mars 2003. 99, obs. Mestre.*

23. Ordonnance sur requête. L'existence d'une clause compromissoire ne prive pas le président du tribunal de commerce du pouvoir qu'il tient de l'art. 875 NCPC d'ordonner sur requête toutes les mesures urgentes dont les circonstances exigent qu'elles ne soient pas prises contradictoirement. • Com. 10 mars 1998 : *Bull. civ. IV, n° 102 ; RTD com. 1998. 834, obs. Dubarry et Loquin*.

23 bis. Transaction. L'existence d'une clause

compromissoire ne saurait déroger aux dispositions de l'art. 1441-4 NCPC. • Paris, 26 sept. 2003 : *D. 2004. 1042, note Kenfack* ✐. ♦ Donner force exécutoire à l'acte (la transaction), qui ne peut relever que de l'*imperium* du juge étatique, est, en effet, indépendant des difficultés d'exécution du même acte, lesquelles difficultés se règlent, soit par la saisine du juge de l'exécution, soit par le recours à l'arbitrage. • Même arrêt.

23 ter. Appel-nullité. Lorsque les parties n'ont pas renoncé à l'appel, ou qu'elles se sont réservé expressément cette faculté dans la convention d'arbitrage, la voie de l'appel est seule ouverte, qu'elle tende à la réformation de la sentence arbitrale ou à son annulation. • Civ. 2e, 20 mars 2003 : *Bull. civ. II, n° 69 ; D. 2003. IR. 943 ; JCP E 2003, n° 21-22, p. 880 ; RTD com. 2003. 699, obs. Loquin* ✐ *; Petites affiches 2 déc. 2003, p. 11, note Chabot ; RJDA 2003, n° 1031* • Civ. 1re, 14 mars 2006 : *D. 2006. IR. 1329 ; JCP E 2006, n° 18, p. 828.* ♦ Dès lors que l'appelant a conclu au fond, la cour d'appel, qui se trouve saisie de l'entier litige par l'effet dévolutif de l'appel formé contre la sentence arbitrale, doit statuer au fond, quelle que soit sa décision sur la demande d'annulation de la sentence. • Même arrêt. – V. aussi • Civ. 2e, 27 mai 2004 : *Procédures 2004, n° 175, obs. Perrot.* ♦ Lorsque la juridiction saisie d'un recours en annulation annule la sentence arbitrale, elle statue sur le fond dans les limites de la mission de l'arbitre, sauf volonté contraire de toutes les parties. • Civ. 2e, 8 juill. 2004 : *Bull. civ. II, n° 350 ; JCP E 2004, n° 40, p. 1517* • Civ. 1re, 18 mai 2005 : *Bull. civ. I, n° 208 ; D. 2005. Pan. 3058, obs. Clay ; D. 2005. IR. 1447 ; JCP E 2005, n° 27-28, p. 1187.* ♦ La cour d'appel peut être saisie par une demande incidente, dès lors qu'entrant par son objet dans les prévisions de la clause compromissoire, cette demande se rattache aux prétentions originaires par un lien suffisant de dépendance, dont l'appréciation relève de son pouvoir souverain. • Civ. 2e, 8 juill. 2004 : *Bull. civ. II, n° 349 ; JCP E 2004, n° 50, p. 1976, obs. Ortscheidt ; Contrats Conc. Consom. 2004, n° 171, obs. Leveneur.* ♦ Après avoir annulé une sentence arbitrale, la cour d'appel n'est pas tenue par le délai qui avait été imparti aux arbitres pour se prononcer, mais exclusivement par l'objet de leur mission. • Orléans, 30 sept. 2004 : *RJDA 2005, n° 214.* ♦ Sur le contrôle des sentences arbitrales au regard de l'ordre public concurrentiel, V. • Paris, 18 nov. 2004 : *D. 2005. Pan. 3058, obs. Clay* ✐ *; JCP 2005. II. 10038, note Chabot ; RTD com. 2005. 263, obs. Loquin* ✐ *; Rev. crit. DIP 2006. 104, obs. Bollée ; RLC 2005, n° 2 p. 68, note Barbier de La Serre et Nourissat.* – Sur cette question, V. aussi Lesguillons, *Gaz. Pal. 2003. Doctr. 1495.*

Le mécanisme administratif proposé par l'ICANN dans l'intérêt de la gestion du système des noms de domaine ne constitue pas un arbitrage ; dès lors, le recours en annulation d'une décision qui n'est pas une sentence est irrecevable. • Paris, 17 juin 2004 : *JCP 2004. II. 10156, note Chabot ; Comm. com. élec. 2005, n° 38, obs. Caron ; Dr. et patr. sept. 2005. 107, obs. Caprioli.*

b. Sort de la clause compromissoire en cas d'expiration du délai d'arbitrage

24. Maintien de la compétence arbitrale. Le délai légal ou conventionnel dans lequel les arbitres doivent accomplir leur mission ne peut être prorogé que par l'accord des parties ou en justice. • Civ. 2e, 7 nov. 2002 : *Bull. civ. II, n° 242 ; D. 2002. IR. 3241 ; JCP E 2003, n° 45-46, p. 1814, obs. Ortscheidt ; Gaz. Pal. 2003. 2306, note Moreau ; RJDA 2004, n° 1070.* – Sur cet arrêt, V. aussi Masson, *Gaz. Pal. 2003. Doctr. 3357* (durée de l'arbitrage). ♦ Dès lors, méconnaît l'art. 1456 NCPC la cour d'appel qui rejette le recours en annulation d'une sentence arbitrale, alors qu'elle constatait que les arbitres ne s'étaient pas prononcés dans le délai fixé et n'avaient pas demandé de prorogation judiciaire avant l'expiration dudit délai. • Même arrêt. ♦ Comp., lorsque l'arbitrage a sa source dans une clause compromissoire, l'expiration du délai de mission des arbitres, sans qu'une sentence ait été rendue, ne prive pas nécessairement d'effets la clause compromissoire. Dès lors, ayant relevé que les parties n'avaient pas renoncé à l'application d'une clause compromissoire et qu'aucun obstacle caractérisé ne faisait échec à la continuation de la procédure d'arbitrage, une cour d'appel a retenu, à bon droit, que la compétence arbitrale avait subsisté à l'extinction du lien d'instance. • Civ. 2e, 18 févr. 1999 : *Bull. civ. II, n° 31 ; D. 1999. IR. 73 ; D. Affaires 1999. 714, obs. V. A.-R.* ♦ V., jugeant que le mandat de représentation en justice de l'avocat lui permet de consentir tacitement à la prorogation du délai d'arbitrage : • Civ. 2e, 21 nov. 2002 : *Bull. civ. II, n° 263 ; JCP E 2003, n° 32-35, p. 1337, note Chabot ; RTD com. 2003. 475, obs. Loquin* ✐ *; Procédures 2003, n° 35, obs. Perrot.* ♦ Pour une volonté tacite de proroger le délai, V. • Montpellier, 8 mars 2005 : *JCP 2006. IV. 1777.* ♦ V. aussi, jugeant que l'ordonnance prorogeant un délai d'arbitrage en application de l'art. 1456 NCPC est insusceptible de recours en vertu de l'art. 1457 du même code, si ce n'est le cas d'excès de pouvoir : • Civ. 2e, 7 nov. 2002 : *Bull. civ. II, n° 241 ; JCP E 2003, n° 45-46, p. 1814, obs. Ortscheidt.* ♦ Sur la notification de la prorogation du délai d'arbitrage, V. • Paris, 6 mars 2003 : *D. 2003. Somm. 2477, obs. Clay* ✐ ;

RTD com. 2003. 479, obs. Loquin ; *JCP E 2004, n° 19, p. 764, obs. Béguin.* ♦ V. aussi • Civ. 1re, 6 juill. 2005 : *Bull. civ. I, n° 301* ; *JCP E 2005, n° 47, p. 1986, obs. Ortscheidt* ; *RJDA 2006, n° 354.* ♦ Sur la responsabilité de l'arbitre, tenu à cet égard d'une obligation de résultat, qui a laissé expirer le délai d'arbitrage sans demander sa prorogation au juge d'appui, V. • Civ. 1re, 6 déc. 2005 : *D. 2006. 274, note Gautier* ; *RTD civ. 2006. 144, obs. Thery* ; *JCP E 2006, n° 8, p. 344, note Chabot* ; *ibid. n° 10, p. 460, note Paillusseau* ; *JCP 2006. II. 10066, note Clay* ; *RJDA 2006, n° 728.*

c. Demande incidente

25. Recevabilité. Lorsque son investiture procède d'une clause compromissoire, l'arbitre peut être saisi par une partie d'une demande incidente, dès lors qu'entrant par son objet dans les prévisions de la clause compromissoire, cette demande se rattache par un lien suffisant aux prétentions originaires que la partie lui avait soumises. • Civ. 2e, 8 avr. 1999 : *Bull. civ. II, n° 67* ; *D. 1999. IR 133* ; *Procédures 1999, n° 146, note R. Perrot.*

d. Renonciation par un État à l'immunité d'exécution

26. Engagement d'exécuter la sentence. L'engagement pris par un État signataire de la clause d'arbitrage d'exécuter la sentence dans les termes de l'art. 24 du règlement d'arbitrage de la Chambre de commerce international implique renonciation de cet État à l'immunité d'exécution. • Civ. 1re, 6 juill. 2000 : *Bull. civ. I, n° 207* ; *D. 2000. IR. 209* ; *JCP E 2001. 223, note Kaplan et Cuniberti (1re esp.).*

e. Irrégularités

26 bis. Renonciation. Une partie qui, ayant participé activement à l'arbitrage, s'est abstenue, en connaissance de cause, d'invoquer devant l'arbitre des irrégularités, est réputée avoir renoncé à se prévaloir ultérieurement de celles-ci. • Civ. 2e, 11 juill. 2002 : *Bull. civ. II, n° 161* ; *D. 2002. IR. 2846* ; *JCP E 2003, n° 19, p. 806, obs. Ortscheidt.* ♦ Rappr., en matière d'interruption d'instance : • Civ. 2e, 23 mai 2003 : *JCP E 2004, n° 19, p. 761, obs. Ortscheidt.*

2° À L'ÉGARD DES TIERS

27. Relativité de la clause compromissoire. La clause compromissoire ne lie pas un tiers non partie à la convention. • Com. 15 nov. 1978 : *D. 1979. IR. 130.* ♦ Pour l'inopposabilité d'une clause compromissoire à un liquidateur judiciaire, V. • Com. 14 janv. 2004 : *Bull. civ. IV, n° 10* ; *D. 2004. AJ. 278, obs. Lienhard* ; *JCP E 2004, n° 11, p. 398* ; *RJDA 2004, n° 736* ; *RDC 2004. 1008, obs. Béhar-Touchais.* ♦ Sur l'articulation entre une procédure collective et une instance arbitrale non en cours au jour du jugement d'ouverture, V. • Com. 2 juin 2004 : *Bull. civ. IV, n° 110* ; *D. 2004. AJ. 1732, obs. Lienhard* ; *ibid. Somm. 3184, obs. Clay* ; *JCP E 2004, n° 26, p. 1053, note N. S.* ; *ibid., n° 50, p. 1972, obs. Béguin* ; *Petites affiches 21 juill. 2004, p. 15, note Touchent* ; *RTD com. 439, obs. Loquin* ; *Dr. et patr. oct. 2004. 119, obs. Monsèrié-Bon* ; *Defrénois 2004. 1671, obs. Gibirila* ; *RJDA 2004, n° 1240* (2 arrêts). – V. sur la question, Croze et Reinhard, *JCP E 2005, n° 14, p. 612.* ♦ L'instance arbitrale est en cours à partir du jour où le tribunal arbitral est définitivement constitué et peut donc être saisi du litige, c'est-à-dire à partir de l'acceptation par tous les arbitres de leur mission. • Civ. 1re, 30 mars 2004 : *Bull. civ. I, n° 98* ; *D. 2004. Somm. 3183, obs. Clay* ; *JCP 2004. I. 159, n° 17, obs. Besrour* ; *RJDA 2004, n° 1011.* ♦ La clause compromissoire ne peut pas être invoquée par un tiers à son profit de sorte que le bénéficiaire d'une stipulation pour autrui n'est pas fondé à se prévaloir de la clause compromissoire liant uniquement le stipulant et le promettant. • Com. 4 juin 1985 : *Bull. civ. IV, n° 178* ; *RTD civ. 1986. 593, obs. Mestre* ; *Rev. arb. 1987. 139, note J.-L. Goutal.*

28. Appel en garantie. L'appel en garantie lié au défendeur par une clause compromissoire peut soulever l'incompétence de la juridiction étatique. • Com. 8 nov. 1982 : *Bull. civ. IV, n° 337* ; *Gaz. Pal. 1983. 1. Pan. 99, obs. Guinchard* ; *RTD com. 1983. 229, obs. J.-Cl. Dubarry.* ♦ Inversement, dans une procédure arbitrale, on ne peut obliger à intervenir ou appeler en garantie un tiers à la clause compromissoire. • Paris, 19 déc. 1986 : *Rev. arb. 1987. 359 et 275, Chron. E. Guaillard* ; *Gaz. Pal. 1987. 1. Somm. 108.*

29. Transmission de la clause compromissoire. BIBL. Moury, *D. 2002. 2744* (réflexions sur la transmission des clauses de compétence dans les chaînes de contrats translatifs). ♦ La clause d'arbitrage international, valable par le seul effet de la volonté des contractants, est transmise au cessionnaire avec la créance telle qu'elle existe dans les rapports entre le cédant et le débiteur cédé. • Civ. 1re, 5 janv. 1999 : *Bull. civ. I, n° 1* ; *D. 1999. IR. 31* • Civ. 2e, 20 déc. 2001 : *Bull. civ. II, n° 198* ; *D. 2002. IR. 251* ; *RTD com. 2002. 279, obs. Loquin* (et sur renvoi • Paris, 10 sept. 2003 : *RJDA 2004, n° 297*). – V. Pradel, *D. 2003. 569.* ♦ ... Et les conditions de validité de la transmission peuvent être appréciées en dehors de toute recherche de la loi applicable au contrat. • Lyon, 4 nov. 2002 : *BICC 2003, n° 294*. – V. aussi note 14. ♦ La clause d'arbitrage international s'impose à toute partie venant aux droits de l'un des contractants. Dès lors, la clause d'arbitrage insérée dans un contrat de mandat d'exploitation de films est opposable au mandataire substitué. • Civ. 1re, 8 févr. 2000 : *Bull. civ. I, n° 36*. ♦ Dans une chaîne homogène de contrats translatifs, la clause d'arbitrage international se transmet avec l'action contractuelle, sauf preuve de l'ignorance raisonnable de l'existence de cette clause. Dès lors, encourt la cassation l'arrêt qui déclare une telle clause inopposable à l'acquéreur final au motif inopérant qu'il ne l'a pas acceptée. • Civ. 1re, 6 févr. 2001 : *Bull. civ. I, n° 22 ; D. 2001. Somm. 1135, obs. Delebecque ; RTD com. 2001. 754, obs. Bouloc ; JCP E 2001, n° 29, p. 1238* • Lyon, 4 nov. 2002 : *préc.* ♦ La cession d'une créance comprend les accessoires de celle-ci. Dès lors, viole l'art. 1492 C. civ. l'arrêt qui, pour rejeter le contredit, retient que dans le cas où seule une créance a été cédée, la clause compromissoire insérée dans le contrat auquel le cessionnaire n'avait pas été partie, en raison du principe d'autonomie qui y est attaché, n'a pu être transmise, alors que la clause d'arbitrage avait été transmise au cessionnaire avec la créance. • Civ. 2e, 20 déc. 2001 : *Bull. civ. II, n° 198 ; RTD com. 2002. 279, obs. Saintourens ; Dr. et patr. juin 2002, p. 123, obs. Mestre.*

29 bis. En matière internationale, la clause d'arbitrage, juridiquement indépendante du contrat principal, est transmise avec lui, quelle que soit la validité de la transmission des droits substantiels. • Civ. 1re, 28 mai 2002 : *Bull. civ. I, n° 146 ; D. 2003. Somm. 2471, obs. Clay ; JCP 2003. I. 105, n° 10, obs. Seraglini ; JCP E 2003, n° 15, p. 656, obs. Raynard ; Petites affiches 3 déc. 2002, p. 16, note Legros ; Gaz. Pal. 2003. 1. Somm. 515, obs. Niboyet.* ♦ V. toutefois, considérant que le fait que la convention d'arbitrage soit contractée en considération de la personne peut faire obstacle à sa transmission. • Même arrêt. ♦ En l'état d'un litige concernant l'indemnisation d'avaries relatives au fret opposant un affréteur au voyage et un fréteur liés par une charte-partie, justifie légalement sa décision la cour d'appel qui, ayant relevé que l'affréteur était intervenu à l'instance, non en cette qualité mais en qualité de cessionnaire du destinataire de la marchandise, décide que la clause compromissoire figurant à la charte-partie ne trouve pas à s'appliquer. • Com., 8 oct. 2003 : *Bull. civ. IV, n° 154 ; Rev. crit. DIP 2004. 763, note Jault-Seseke ; Rev. arb. 2004. 77, note Cachard.*

D. POUVOIRS DES ARBITRES

30. Principe de la contradiction. Les arbitres ont l'obligation de mettre les parties en mesure de débattre contradictoirement de toute information qu'ils ont recueillie et utilisée. • Civ. 2e, 21 juin 1995 : *Bull. civ. II, n° 189 ; Bull. Joly 1995. 1053, note Rontchevsky.* ♦ V. aussi • Civ. 2e, 10 juill. 2003 : *cité note 32.* ♦ Le principe de la contradiction suppose qu'aucun moyen de fait ou de droit ne soit soulevé d'office par le tribunal arbitral sans que les parties n'aient été invitées à présenter leurs observations éventuelles. • Paris, 27 févr. 2003 : *RTD com. 2003. 476, obs. Loquin*. ♦ Si le tribunal arbitral n'a pas l'obligation de soumettre au préalable l'argumentation juridique qui étaye sa motivation à la discussion des parties, il doit cependant respecter le principe de la contradiction. • Civ. 1re, 14 mars 2006 : *préc. note 14 bis.* ♦ Sur la renonciation à se prévaloir d'éventuelles irrégularités relatives à la violation du principe de la contradiction faute de les avoir invoquées devant les arbitres, V. • Civ. 2e, 20 nov. 2003 : *Bull. civ. II, n° 342 ; JCP E 2004, n° 3, p. 58.*

30 bis. Mission. La mission des arbitres, définie par la convention d'arbitrage, est délimitée principalement par l'objet du litige, tel qu'il est déterminé par les prétentions des parties sans s'attacher uniquement à l'énoncé des questions dans l'acte de mission. • Civ. 2e, 24 juin 2004 : *Bull. civ. II, n° 310 ; JCP E 2004, n° 37, p. 1369.* ♦ La sentence arbitrale peut être annulée lorsque l'arbitre a statué sans se conformer à la mission qui lui avait été confiée ; tel est le cas de l'arbitre qui statue *ultra petita* en accordant au demandeur une somme excédant le montant de sa demande. • Versailles, 26 juin 2003 : *BICC 2004, n° 244.*

31. Respect des règles impératives. Il appartient à l'arbitre, hors les cas où la non arbitrabilité relève de la matière, de mettre en œuvre les règles impératives du droit, sous le contrôle du juge de l'annulation. • Com. 9 avr. 2002 : *D. 2002. IR. 1402.*

31 bis. Sursis à statuer. La règle « le criminel tient le civil en l'état » ne s'applique dans les relations internationales qu'en vertu d'un traité. • Civ. 1re, 6 mai 2003 : *préc. note 17.* ♦ L'art. 4 C. pr. pén. qui oblige le juge civil à surseoir à statuer lorsque, procédant des mêmes faits, l'action civile et l'action publique sont exercées séparément ou que la décision à intervenir au pénal est susceptible d'influer sur celle à rendre par la juridiction civile, est sans application pour l'arbitre statuant en matière internationale en raison de l'autonomie de la procédure arbitrale qui obéit à des règles propres. • Paris, 1er mars 2001 : *RTD com. 2003. 63, obs. Loquin* • 17 janv. 2002 : *ibid.* • 20 juin 2002 : *ibid.*

32. Amiable composition. BIBL. Paillusseau, *JCP E 2006, n° 1, p. 19* (le choix entre le droit et l'équité). ♦ Les arbitres, statuant comme amiables compositeurs, s'ils se prononcent exclusivement par application des règles de droit, doivent s'expliquer sur la conformité de celles-ci à l'équité. • Civ. 2e, 15 févr. 2001 : *Bull. civ. II, n° 26 ; D. 2001. 2780, note Rontchevsky* • 10 juill. 2003 : *Bull. civ. II, n° 234 ; D. 2003. Somm. 2474, obs. Clay ; JCP E 2004, n° 4, p. 131, note Chabot ; RTD com. 2003. 699, obs. Loquin*. – Comp. • Civ. 2e, 8 juill. 2004 : *JCP E 2004, n° 50, p. 1974, obs. Seraglini.* ♦ Après avoir mentionné que le tribunal arbitral avait pour mission de statuer sur le préjudice subi par la banque et de prononcer, le cas échéant, toutes condamnations, l'arrêt retient à bon droit qu'en évaluant le préjudice et en décidant qu'il serait inéquitable de laisser la banque propriétaire de ses parts dans le capital de la société, les arbitres avaient exercé leur pouvoir d'amiable compositeur et recherché, en équité, la solution la plus adéquate. • Civ. 2e, 10 juill. 2003 : *Bull. civ. II, n° 233 ; RTD com. 2005. 484, obs. Loquin ; JCP E 2003, n° 39, p. 1511.* ♦ Pour un arrêt relevant que l'arbitre a également fondé sa décision sur des considérations qui relèvent de la raison, du juste, du normal, des circonstances et du critiquable, du réaliste et du cohérent, V. • Paris, 14 janv. 2003 : *RTD com. 2003. 478, obs. Loquin*.

VIII. CLAUSES ATTRIBUTIVES DE COMPÉTENCE

A. CLAUSES ATTRIBUTIVES DE COMPÉTENCE MATÉRIELLE

33. Inopposabilité au défendeur non-commerçant. Est inopposable à un défendeur non-commerçant une clause attributive de compétence au tribunal de commerce. • Com. 10 juin 1997 : *Bull. civ. IV, n° 185 ; D. 1998. Jur. 2, note F. Jault-Seseke et F. Labarthe*. ♦ Mais dans les conventions de caractère civil pour une partie et commerciale pour l'autre, la partie non commerçante peut valablement s'engager, pour les litiges où elle serait demanderesse, à n'assigner que devant la juridiction commerciale et devant un tribunal de commerce nommément déterminé. • Com. 20 juill. 1965 : *D. 1965. 581.* ♦ De même, la partie non commerçante peut toujours renoncer à se prévaloir de l'incompétence du tribunal de commerce. • Civ. 2e, 17 mai 1982 : *Bull. civ. II, n° 7 ; RTD com. 1983. 59, obs. Derruppé.*

B. CLAUSES ATTRIBUTIVES DE COMPÉTENCE TERRITORIALE (ART. 48 NCPC)

1° CONDITIONS DE VALIDITÉ

a. Litiges de caractère international

34. Principe de validité des clauses prorogeant la compétence internationale. Les clauses prorogeant la compétence internationale sont en principe licites lorsqu'il s'agit d'un litige international et lorsque la clause ne fait pas échec à la compétence territoriale impérative d'une juridiction française et l'art. 48 NCPC doit s'interpréter en ce sens que doivent être exclus de la prohibition qu'il édicte, les clauses qui ne modifient la compétence territoriale interne qu'en conséquence d'une modification de la compétence internationale. • Civ. 1re, 17 déc. 1985 : *Bull. civ. I, n° 354 ; D. 1986. IR. 265, obs. B. Audit ; Rev. crit. DIP 1986. 537, note Gaudemet-Tallon.* ♦ La désignation globale des juridictions d'un État dans une clause de prorogation de compétence est licite, du moins si le droit interne de cet État permet de déterminer le tribunal spécialement compétent. • Même arrêt. ♦ L'insertion d'une clause de juridiction étrangère dans un contrat international fait partie de l'économie de celui-ci, de sorte qu'elle s'impose à l'assureur subrogé. • Civ. 1re, 12 juill. 2001 : *Bull. civ. I, n° 224 ; D. 2001. Somm. 3246, obs. Delebecque*.

35. Compétence communautaire. Selon l'art. 17 de la Convention de Bruxelles, modifiée, du 27 sept. 1968, la clause attributive de juridiction doit être conclue soit par écrit, soit verbalement avec confirmation écrite. Il résulte de l'interprétation donnée par la CJCE que satisfait à ces conditions la clause figurant dans les conditions imprimées sur un document émanant d'une partie, lorsque ce document se situe dans le cadre de rapports commerciaux courants entre les parties et que ces rapports sont régis par des conditions générales comportant ladite clause. • Civ. 1re, 9 janv. 1996 : *Bull. civ. I, n° 19.*

b. Litiges internes

36. Personnes ayant toutes contracté en qualité de commerçant. Viole les art. 1er C. com. [désormais, art. L. 121-1] et 48 NCPC, l'arrêt qui retient la compétence territoriale d'un tribunal fondée sur une clause attributive de compétence, alors que le défendeur, qui avait la qualité d'artisan, ne pouvait se voir conférer celle de commerçant par la seule acceptation de lettres de change. • Com. 11 mai 1993 : *Bull. civ. IV, n° 179 ; Gaz. Pal. 1993. 2. 639, note J. Dupichot.* ♦ La souscription par le dirigeant d'une société commerciale d'un cautionnement à caractère commercial, en raison de son intérêt personnel dans l'engagement commercial garanti, ne lui donne pas la qualité de commerçant et ne justifie pas l'application à son égard d'une clause attributive de compétence territoriale. • Com. 10 févr. 1981 : *Bull. civ. IV, n° 75 ; Gaz. Pal. 1981. 2. 475, note J. Dupichot ; D. 1982. IR. 153, obs. P. Julien.*

37. Clause spécifiée de façon très apparente. Ne répond pas aux exigences de l'art. 48 NCPC une clause attributive de juridiction figurant au verso d'un bon de commande et imprimée en caractères grisâtres et peu lisibles. • Com. 30 nov. 1981 : *Bull. civ. IV, n° 415 ; D. 1982. IR. 136.* ♦ Est réputée non écrite la clause qui, dans un contrat conclu entre commerçants, déroge aux règles de la compétence territoriale, dès lors qu'elle figure dans les conditions générales du contrat, au verso d'un imprimé qui n'a été signé qu'au recto, en petits caractères d'imprimerie et à la fin d'un texte copieux et serré, difficilement lisible et peu apparent pour un lecteur moyen. • Aix-en-Provence, 22 janv. 1992 : *D. 1993. Jur. 26, note B. Beignier*. ♦ Pour des exemples de clauses jugées très apparentes et valables, V. • Com. 20 juill. 1981 : *Bull. civ. IV, n° 324 ; D. 1982. IR. 156* (clause constituant l'un des paragraphes du contrat passé entre deux sociétés commerciales et non dissimulée par un timbre humide) • 30 mai 1983 : *Gaz. Pal. 1985. 1. 53, note P.-Y. Nicolas* (clause figurant tant au recto qu'au verso d'un connaissement).

38. Acceptation de la clause. Une clause attributive de compétence territoriale n'est opposable qu'à la partie qui en a eu connaissance et l'a acceptée au moment de la formation du contrat. • Com. 28 févr. 1983 : *Bull. civ. IV, n° 89.* ♦ Mais l'art. 48 n'exige pas que la clause attributive de compétence territoriale ait été l'objet d'une acceptation distincte de l'ensemble du contrat. • Com. 20 juill. 1981 : *Bull. civ. IV, n° 324 ; D. 1982. IR. 156.* ♦ Le consentement du destinataire au contrat de transport ne s'étend pas à la clause attributive de compétence qui, insérée dans la lettre de voiture, ne fait pas partie de l'économie du contrat et doit être acceptée par lui. • Com. 4 janv. 2005 : *cité note 3 ss. art. L. 132-8.* ♦ Il ne résulte d'aucun texte de droit interne que le porteur de connaissement, en acceptant la livraison de la marchandise, succède aux droits et obligations du chargeur découlant de la clause attributive de juridiction acceptée par celui-ci. Dès lors, la clause attributive de compétence est inopposable aux assureurs subrogés dans les droits du destinataire, porteur du connaissement, faute d'avoir été acceptée au plus tard lors de la livraison. • Com. 4 mars 2003 : *Bull. civ. IV, n° 33 ; JCP 2004. II. 10071, note Sinay-Cytermann ; Dr. et patr. nov. 2003. 101, obs. P. Mousseron ; RDC 2003. 140, obs. Delebecque ; Rev. crit. DIP 2003. 285, note Lagarde.* – V. aussi • CJCE 9 nov. 2000 : *D. 2000 IR. 298.* ♦ Des clauses attributives de juridiction figurant sur les documents contractuels respectifs des parties étant inconciliables, elles s'annulent et dans ce cas la désignation de la juridiction territorialement compétente est régie par les art. 42 et 46 NCPC. • Com. 20 nov. 1984 : *Bull. civ. IV, n° 313 ; JCP 1987. II. 20832, note A. Blaisse.*

2° PORTÉE

39. Renonciation. Le fait que la partie demanderesse se soit initialement prévalue d'une clause attribuant compétence à une juridiction déterminée n'implique pas de sa part renonciation à exercer en faveur de cette juridiction le droit d'option reconnu au demandeur, en matière contractuelle, par les dispositions de l'art. 46 NCPC, dans l'éventualité où la clause attributive de juridiction serait jugée non conforme aux exigences de l'art. 48 du même code. • Com. 2 mars 1993 : *Bull. civ. IV, n° 81.*

40. Référé. La clause attributive de compétence territoriale est inopposable à la partie qui saisit le juge des référés. • Civ. 2e, 17 juin 1998 : *Bull. civ. II, n° 200 ; D. 1998. IR. 194 ; D. Affaires 1998. 708, obs. S.P.*

IX. CLAUSES DE CONCILIATION ET DE MÉDIATION

BIBL. Gorchs, *RTD civ. 2003. 409* (la médiation dans le procès civil : sens et contresens).

41. Existence. Une procédure préalable de conciliation ne peut résulter que d'une stipulation contractuelle, laquelle est seule de nature à s'imposer au juge. • Civ. 1re, 6 mai 2003 : *Bull. civ. I, n° 108 ; JCP E 2004, n° 12, p. 465, obs. Brena ; JCP 2004. II. 10021, note Colson ; RTD civ. 2003. 499, obs. Mestre et Fages ; RJDA 2003, n° 1144.* ♦ Sur la distinction entre la procédure d'arbitrage et une simple procédure de conciliation préalable à la saisine de la justice étatique, V. • Paris, 20 nov. 2003 : *D. 2004. Somm. 3179, obs. Clay*.

41 bis. Sanction de l'inobservation d'une clause instituant un préliminaire de conciliation ou de médiation. BIBL. Montéran, *Gaz. Pal. 2003. 1. Doctr. 790* (respect des clauses contractuelles de médiation). ♦ Il résulte des art. 122 et 124 NCPC que les fins de non-recevoir ne sont pas limitativement énumérées ; licite, la clause instituant une procédure de conciliation obligatoire et préalable à la saisine du juge, dont la mise en œuvre suspend jusqu'à son issue le cours de la prescription, constitue une fin de non-recevoir qui s'impose au juge si les parties l'invoquent. • Cass., Ch. mixte, 14 févr. 2003 : *Bull. civ., n° 1 ; BICC 1er mai 2003, p. 41, concl. Benmakhlouf, rapp. Bailly ; D. 2003. 1386, note Ancel et Cottin ; Petites affiches 12 mars 2003, p. 13, note Bernheim ; Procédures 2003, n° 96, obs. Croze ; JCP E 2003, n° 19, p. 810, note Croze et Gautier ; ibid. n° 45-46, p. 1816, obs. Seraglini ; Contrats Conc. Consom. 2003, n° 84, obs. Leveneur ; RJ com. 2003. 203, note Montéran ; RTD civ. 2003. 294, obs. Mestre et Fages ; RDC 2003. 182, obs. Cadiet, et 189, obs. Lagarde* • Com. 17 juin 2003 : *D. 2003. Somm. 2480, obs. Clay ; JCP E 2003, n° 36, p. 1359 ; Contrats Conc. Consom. 2003, n° 134, obs. Leveneur ; RTD civ. 2004. 136, obs. Perrot ; RJDA 2003, n° 1267 ; Procédures 2003, n° 213, obs. Perrot ; RDC 2004. 417, obs. Lagarde.* ♦ V. la jurisprudence antérieure : ayant relevé que les conventions contenaient une clause de conciliation par laquelle les parties s'étaient engagées à soumettre leur différend à deux conciliateurs avant toute action contentieuse, une cour d'appel retient, à bon droit, que l'action en justice introduite par une partie sans observation de la procédure prévue par cette clause est irrecevable. • Civ. 2e, 6 juill. 2000 : *Contrats Conc. Consom. 2001, n° 2, note Leveneur ; Rev. arb. 2001. 749 (1re esp.), note Jarrosson.* ♦ *Contra :* La clause d'un contrat d'exercice professionnel subordonnant une action judiciaire à une conciliation des parties par l'autorité ordinale, qui ne constitue pas une fin de non-recevoir, n'est pas d'ordre public et ne se trouve assortie d'aucune sanction. • Civ. 1re, 23 janv. 2001 : *Bull. civ. I, n° 11 ; Rev. arb. 2001. 751 (2e esp.), note Jarrosson.* ♦ La cour d'appel qui a retenu par une interprétation souveraine de la volonté des parties lors de la signature de la convention que l'inobservation de la clause prévoyant un préalable de conciliation avant toute procédure ne constituait pas une fin de non-recevoir à l'action en justice, ce qui impliquait que ce préalable n'était pas obligatoire, a ainsi justifié sa décision sur ce point. • Civ. 1re, 6 mars 2001 : *Rev. arb. 2001. 751 (3e esp.), note Jarrosson.*

42. Saisine du juge des référés. L'existence d'une clause contractuelle de conciliation n'exclut pas la faculté pour l'une ou l'autre partie de saisir la juridiction des référés lorsque cette saisine est justifiée par l'urgence des mesures sollicitées. • Paris, 4 juill. 2001 : *BICC 2002, n° 125.*

X. ACTES DE COMMERCE PAR LA FORME

BIBL. Pirovano, *D. 1976. Chron. 249.* ♦ V. note 23 ss. art. L. 110-1.

Code de l'aviation civile

(Décr. n° 67-333 du 30 mars 1967, D. 1967. 184 ; BLD 1967. 320)

Art. L. 422-4 … Le règlement du litige *[opposant l'exploitant et le commandant de bord à l'occasion des actes accomplis par ce dernier dans l'exécution de son mandat]* est porté, le cas échéant, devant le tribunal de commerce.

Art. L. 721-4 *(Ord. n° 2006-673 du 8 juin 2006, art. 2)* **Le tribunal de commerce connaît des billets à ordre portant en même temps des signatures de commerçants et de non-commerçants.**

Toutefois, il est tenu de renvoyer au tribunal de grande instance s'il en est requis par le défendeur lorsque les billets à ordre ne portent que des signatures de non-commerçants et n'ont pas pour occasion des opérations de commerce, trafic, change, banque ou courtage. – *[COJ, art. L. 411-5].*

1. La demande en paiement d'intérêts d'un billet à ordre ne peut être soumise à la juridiction consulaire qu'autant qu'il est constaté en fait que ce billet avait un caractère commercial. • Civ. 17 mars 1890 : *DP 1891. 1. 84* • 1er août 1900 : *DP 1900. 1. 504.* – V. aussi • Req. 27 nov. 1906 : *DP 1908. 1. 215.*

2. La compétence du tribunal de commerce n'est pas exclusive et le fait que le souscripteur soit commerçant n'interdit pas au tribunal de grande instance de connaître, à l'occasion d'un litige de sa compétence, de la nullité pour dol des avals figurant sur des billets à ordre. • Paris, 15 févr. 1969 : *D. 1970. Somm. 58.*

Art. L. 721-5 *(Ord. nº 2006-673 du 8 juin 2006, art. 2)* **Par dérogation au 2º de l'article L. 721-3 et sous réserve des compétences des juridictions disciplinaires et nonobstant toute disposition contraire, les tribunaux civils sont seuls compétents pour connaître des actions en justice dans lesquelles l'une des parties est une société constituée conformément à la loi nº 90-1258 du 31 décembre 1990 relative à l'exercice sous forme de sociétés des professions libérales soumises à un statut législatif ou réglementaire ou dont le titre est protégé, ainsi que des contestations survenant entre associés d'une telle société.**

Néanmoins, les associés peuvent convenir, dans les statuts, de soumettre à des arbitres les contestations qui surviendraient entre eux pour raison de leur société. – *[COJ, art. L. 411-6].*

L'art. L. 721-5 est l'ancien art. L. 411-6 COJ qui a pris effet à la date d'entrée en vigueur de l'Ord. nº 2000-912 du 18 sept. 2000, relative à la partie législative du code de commerce (L. nº 2001-420 du 15 mai 2001, art. 127 (IV). Cette Ord. avait abrogé l'art. 631-1 C. com., dont on retrouve aujourd'hui la substance dans l'art. L. 721-5.

BIBL. ▸ Daigre, *JCP E 1998, nº 6, p. 213.*

1. Ayant relevé qu'une société d'experts-comptables avait été constituée en 1987 sous la forme d'une société commerciale, ce dont il résulte que cette société n'était pas constituée sous la forme d'une société d'exercice libéral régie par les dispositions de la loi du 31 déc. 1990 et n'avait pas modifié ses statuts pour le devenir, une cour d'appel retient exactement que le litige dans lequel la société est partie relève de la compétence du tribunal de commerce. • Com. 16 nov. 2004 : *Bull. civ. IV, nº 196 ; D. 2004. AJ. 3141, obs. Lienhard ; JCP E 2004, nº 50, p. 1953 ; RJDA 2005, nº 282 ; Bull. Joly 2005. 226, note Daigre ; Rev. sociétés 2005. 389, note Sortais.* – V. aussi, en faveur de la compétence commerciale, faute de mise en conformité avec la loi nº 90-1258 du 31 déc. 1990, • Paris, 8 oct. 1996 : *Bull. Joly 1997. 34, note Daigre ; Dr. sociétés 1997, nº 15, note Vidal.* ♦ *Contra,* considérant que viole l'art. 631-1 la cour d'appel qui, pour retenir la compétence du tribunal de commerce pour une action intentée contre une société d'avocats, énonce que, celle-ci étant une société anonyme, quelle que soit la nature des actes auxquels le litige se rapporte, « la forme imprime sa commercialité à son activité », celle-ci serait-elle civile par nature. • Civ. 2e, 6 mai 1997 : *Bull. civ. I, nº 128 ; D. 1998. Somm. 186, obs. Hallouin ; D. Affaires 1997. 739 ; JCP E 1997. II. 983, note Bonneau ; Dr. sociétés 1997, nº 132, note Vidal ; Bull. Joly 1997. 989, note Daigre* • Chambéry, 2 juill. 2002 : *JCP E 2003, nº 17-18, p. 737.*

Il résulte de la combinaison des art. 631-1 [721-5] et 7 de la loi nº 85-98 du 25 janv. 1985 [C. com., art. L. 621-5 désormais L. 621-2], que la compétence pour ouvrir une procédure de redressement judiciaire à l'égard d'une société d'exercice libéral d'avocat, à forme anonyme, est exclusivement attribuée au TGI. • Paris, 6 juill. 1994 : *D. 1994. IR. 199 ; JCP E 1994. II. 598, note Daigre ; Bull. Joly 1994. 1006, note Jeantin ; Dr. sociétés 1994, nº 111, obs. Chaput ; Rev. huiss. 1995. 86, note Daigre* (infirmant • T. com. Paris, 22 mars 1994 : *D. 1994. 288, note crit. Derrida ; Bull. Joly 1994. 671, note crit. Jeantin*). – V. aussi Daigre, *JCP E 1994. I. 370.*

2. Pour une autre application de l'art. 631-1 [721-5] (à propos d'une société de conseils juridiques devenue société d'avocats sans avoir mis ses statuts en harmonie), V. • Paris, 20 déc. 1994 : *JCP 1995. II. 22524, note Daigre ; Dr. sociétés 1995, nº 62.* – V. également • Paris, 11 juin 1997 : *D. Affaires 1997. 906 ; Bull. Joly 1997. 989, note Daigre* • Chambéry, 2 juill. 2002 : *préc. note 1.*

3. Sur l'application d'une clause compromissoire figurant dans les statuts d'une société d'exercice libéral, le litige entre les parties trouvant sa source dans l'interprétation et l'application d'une clause statutaire de non-concurrence, V. • Com. 5 oct. 1999 : *Bull. civ. IV, nº 156 ; D. 1999. AJ. 99, obs. M. B. ; Petites affiches 9 mars 2000, p. 20, note Salati ; Bull. Joly 2000. 215, note J. J. Daigre.*

Art. L. 721-6 *(Ord. nº 2006-673 du 8 juin 2006, art. 2)* **Ne sont pas de la compétence des tribunaux de commerce les actions intentées contre un propriétaire, cultivateur ou vigneron, pour vente de denrées provenant de son cru, ni les actions intentées contre un commerçant, pour paiement de denrées et marchandises achetées pour son usage particulier.**

Néanmoins, les billets souscrits par un commerçant sont censés faits pour son commerce. – *[COJ, art. L. 411-7]*. – *V. note ss. L. 721-3.*

Il résulte de l'art. 638 [L. 721-6] que le contrat concédant l'exclusivité et la vente des vins concernant exclusivement des opérations d'écoulement de la production d'un vigneron est un contrat civil relevant de la compétence du TGI, peu important que, pour les besoins de ces opérations, le vigneron ait passé des contrats de distribution, émis des factures et fait de la publicité, indirectement retenus comme « actes à caractère commercial » par le tribunal. • Paris, 12 sept. 1991 : *D. 1991. IR. 255.* ♦ De même, l'importance de la vente n'est pas de nature à en modifier le caractère civil dans la mesure où il ne s'agit que de l'écoulement de la production du vigneron. • Même arrêt.

V. aussi notes 24 à 26 ss. art. L. 110-1.

CHAPITRE II DE L'ORGANISATION ET DU FONCTIONNEMENT

SECTION PREMIÈRE DE L'ORGANISATION ET DU FONCTIONNEMENT DU TRIBUNAL DE COMMERCE

Art. L. 722-1 *(Ord. nº 2006-673 du 8 juin 2006, art. 2)* **Sauf dispositions qui prévoient un juge unique, les jugements des tribunaux de commerce sont rendus par des juges statuant en formation collégiale.** – *[COJ, art. L. 412-1]*.

Art. L. 722-2 *(Ord. nº 2006-673 du 8 juin 2006, art. 2)* **Lorsque le tribunal de commerce statue en matière de sauvegarde, de redressement ou de liquidation judiciaires, de règlement judiciaire ou de liquidation de biens, la formation de jugement comprend, sous réserve de l'application des dispositions de l'article L. 722-15, une majorité de juges ayant exercé des fonctions judiciaires pendant plus de deux ans.** – *[COJ, art. L. 412-2]*.

L'art. L. 412-2 COJ [C. com., art. L. 722-2] n'exige pas que tous les juges composant la formation de jugement exercent des fonctions judiciaires depuis plus de deux ans. • Lyon, réf., 12 nov. 1996 : *Gaz. Pal. 1998. 1. Somm. 215, obs. Vray.*

Art. L. 722-3 *(Ord. nº 2006-673 du 8 juin 2006, art. 2)* **La formation de jugement est présidée par le président du tribunal de commerce ou par un juge de ce tribunal ayant exercé des fonctions judiciaires pendant au moins trois ans, sous réserve de l'application des dispositions de l'article L. 722-15.** – *[COJ, art. L. 412-3]*.

Art. L. 722-4 *(Ord. nº 2006-673 du 8 juin 2006, art. 2)* **Lorsqu'un tribunal de commerce ne peut se constituer ou statuer, la cour d'appel, saisie sur requête du procureur général, désigne, s'il n'a pas été fait application des dispositions des articles L. 722-13 et L. 722-15, le tribunal de grande instance situé dans le ressort de la cour d'appel appelé à connaître des affaires inscrites au rôle du tribunal de commerce et de celles dont il aurait été saisi ultérieurement. Si le renvoi résulte de l'impossibilité de respecter les prescriptions de l'article L. 722-2, le tribunal de grande instance n'est saisi que des affaires de sauvegarde, redressement et de liquidation judiciaires.**

Le greffier du tribunal de commerce n'est pas dessaisi de ses attributions et continue d'exercer ses fonctions auprès du tribunal de renvoi. – *[COJ, art. L. 412-6, al. 1er]*.

Art. L. 722-5 *(Ord. nº 2006-673 du 8 juin 2006, art. 2)* **Lorsque l'empêchement qui avait motivé le renvoi a cessé, la cour d'appel, saisie sur requête du procureur**

général, fixe la date à partir de laquelle le tribunal de commerce connaît à nouveau des affaires de sa compétence. A cette date, les affaires sont transmises, en l'état, au tribunal de commerce. Le tribunal de renvoi reste toutefois saisi des affaires de conciliation et, lorsqu'il est statué au fond, des affaires autres que celles de sauvegarde, de redressement, de liquidation judiciaires, de règlement judiciaire et de liquidation de biens. – *[COJ, art. L. 412-6, al. 2]*.

SECTION II DU MANDAT DES JUGES DES TRIBUNAUX DE COMMERCE

Art. L. 722-6 *(Ord. n° 2006-673 du 8 juin 2006, art. 2)* Sous réserve des dispositions relatives aux élections complémentaires prévues au second alinéa de l'article L. 723-11, les juges des tribunaux de commerce sont élus pour deux ans lors de leur première élection. Ils peuvent, à l'issue d'un premier mandat, être réélus par période de quatre ans, dans le même tribunal ou dans tout autre tribunal de commerce, sans que puisse être dépassé le nombre maximal de mandats prévu à l'article L. 723-7.

Lorsque le mandat des juges des tribunaux de commerce vient à expiration avant le commencement de la période fixée pour l'installation de leurs successeurs, ils restent en fonctions jusqu'à cette installation, sans que cette prorogation puisse dépasser une période de trois mois. – *[COJ, art. L. 412-7, al. 1er et 2]*.

Art. L. 722-7 *(Ord. n° 2006-673 du 8 juin 2006, art. 2)* Avant d'entrer en fonctions, les juges des tribunaux de commerce prêtent serment.

Le serment est le suivant : « Je jure de bien et fidèlement remplir mes fonctions, de garder religieusement le secret des délibérations et de me conduire en tout comme un juge digne et loyal ».

Il est reçu par la cour d'appel, lorsque le tribunal de commerce est établi au siège de la cour d'appel et, dans les autres cas, par le tribunal de grande instance dans le ressort duquel le tribunal de commerce a son siège. – *[COJ, art. L. 412-7, al. 3 et 4]*.

Art. L. 722-8 *(Ord. n° 2006-673 du 8 juin 2006, art. 2)* La cessation des fonctions de juge d'un tribunal de commerce résulte :

1° De l'expiration du mandat électoral, sous réserve des dispositions du deuxième alinéa de l'article L. 722-6 et du troisième alinéa de l'article L. 722-11 ;

2° De la suppression du tribunal ;

3° De la démission ;

4° De la déchéance. – *[COJ, art. L. 412-8]*.

Art. L. 722-9 *(Ord. n° 2006-673 du 8 juin 2006, art. 2)* Lorsqu'une procédure de sauvegarde, de redressement ou de liquidation judiciaires est ouverte à l'égard d'un juge d'un tribunal de commerce, l'intéressé cesse ses fonctions à compter de la date du jugement d'ouverture. Il est réputé démissionnaire.

Les mêmes dispositions s'appliquent à un juge du tribunal de commerce qui a une des qualités mentionnées au premier alinéa de l'article L. 713-3, lorsque la société ou l'établissement public auquel il appartient fait l'objet d'une procédure de sauvegarde, de redressement ou de liquidation judiciaires. – *[COJ, art. L. 412-9]*.

Jugeant que fait partie de la procédure de redressement judiciaire, rendant inéligible aux élections consulaires, l'exécution du plan de continuation de l'entreprise, V. • Civ. 2e, 10 oct. 2002 : *Bull. civ. II, n° 211 ; D. 2002. AJ. 3079 ; JCP E 2003, n° 44, p. 1774, note Legros ; Dr. sociétés 2003, n° 166, obs. Legros ; Dr. pénal 2003, n° 10, obs. Robert ; RTD com. 2004. 517, obs. Champaud et Danet*.

Art. L. 722-10 *(Ord. n° 2006-673 du 8 juin 2006, art. 2)* **Lorsqu'un tribunal de grande instance a été désigné dans les conditions prévues à l'article L. 722-4, le mandat des juges du tribunal de commerce dessaisi n'est pas interrompu pendant la période de dessaisissement.** – *[COJ, art. L. 412-10].*

Art. L. 722-11 *(Ord. n° 2006-673 du 8 juin 2006, art. 2)* **Le président du tribunal de commerce est choisi parmi les juges du tribunal qui ont exercé des fonctions dans un tribunal de commerce pendant six ans au moins, sous réserve des dispositions de l'article L. 722-13.**

Le président est élu pour quatre ans au scrutin secret par les juges du tribunal de commerce réunis en assemblée générale sous la présidence du président sortant ou, à défaut, du doyen d'âge. L'élection a lieu à la majorité absolue aux deux premiers tours de scrutin et à la majorité relative au troisième tour. En cas d'égalité de voix au troisième tour, le candidat ayant la plus grande ancienneté dans les fonctions judiciaires est proclamé élu ; en cas d'égalité d'ancienneté, le plus âgé est proclamé élu.

Le président reste en fonctions jusqu'à l'installation de son successeur sans que cette prorogation puisse dépasser une période de trois mois. – *[COJ, art. L. 412-11].*

La condition d'ancienneté dans les fonctions au tribunal de commerce est une condition d'éligibilité du président et non une condition d'aptitude devant s'apprécier au jour de l'entrée en fonction du nouveau président. • Civ. 2e, 21 févr. 2002 : *Bull. civ. II, n° 27.*

Art. L. 722-12 *(Ord. n° 2006-673 du 8 juin 2006, art. 2)* **Lorsque, pour quelque cause que ce soit, le président du tribunal de commerce cesse ses fonctions en cours de mandat, le nouveau président est élu dans un délai de trois mois pour la période restant à courir du mandat de son prédécesseur.**

En cas d'empêchement, le président est suppléé dans ses fonctions par le juge qu'il a désigné. A défaut de désignation ou en cas d'empêchement du juge désigné, le président est remplacé par le juge ayant la plus grande ancienneté dans les fonctions judiciaires. – *[COJ, art. L. 412-12].*

Le 2e al. de l'art. L. 412-12 COJ, dans sa rédaction antérieure à l'Ord. n° 2006-673 du 8 juin 2006, demeure applicable jusqu'à la date d'entrée en vigueur du décret relatif à la partie Réglementaire du code de commerce (Ord. préc., art. 4-I, 1°). – V. cet al., infra.

Code de l'organisation judiciaire Ancien art. L. 412-12 *Al. 2. En cas d'empêchement, le président est suppléé dans ses fonctions par le juge qu'il aura désigné par ordonnance prise dans la première quinzaine du mois de janvier. A défaut de désignation ou en cas d'empêchement du magistrat désigné, le président est remplacé par le juge ayant la plus grande ancienneté dans les fonctions judiciaires.*

Art. L. 722-13 *(Ord. n° 2006-673 du 8 juin 2006, art. 2)* **Lorsque aucun des candidats ne remplit la condition d'ancienneté requise pour être président du tribunal de commerce, le premier président de la cour d'appel, saisi par requête du procureur général, peut décider, par ordonnance, que l'ancienneté requise n'est pas exigée.** – *[COJ, art. L. 412-13].*

Art. L. 722-14 *(Ord. n° 2006-673 du 8 juin 2006, art. 2)* **Sous réserve de l'application des dispositions de l'article L. 722-15, nul ne peut être désigné pour exercer les fonctions de juge-commissaire dans les conditions prévues par le livre VI s'il n'a exercé pendant deux ans au moins des fonctions judiciaires dans un tribunal de commerce.**

Le président du tribunal de commerce dresse, au début de chaque année judiciaire, par ordonnance prise après avis de l'assemblée générale du tribunal, la liste des juges pouvant exercer les fonctions de juge-commissaire. – *[COJ, art. L. 412-4].*

BIBL. ▶ SOINNE, *Rev. proc. coll. 1996. 319* (désignation du juge-commissaire en cas de régime simplifié et de liquidation).

Art. L. 722-15 *(Ord. nº 2006-673 du 8 juin 2006, art. 2)* **Lorsque aucun des juges du tribunal de commerce ne remplit les conditions d'ancienneté requises soit pour statuer en matière de sauvegarde, de redressement ou de liquidation judiciaires, de règlement judiciaire ou de liquidation de biens, conformément aux dispositions de l'article L. 722-2, soit pour présider une formation de jugement dans les conditions prévues par l'article L. 722-3, soit pour remplir les fonctions de juge-commissaire dans les conditions prévues par l'article L. 722-14, le premier président de la cour d'appel, saisi par requête du procureur général, peut décider, par ordonnance, que l'ancienneté requise n'est pas exigée.** – *[COJ, art. L. 412-14].*

Art. L. 722-16 *(Ord. nº 2006-673 du 8 juin 2006, art. 2)* **Le mandat des juges élus des tribunaux de commerce est gratuit.** – *[COJ, art. L. 412-15].*

V. COJ, art. R. 412-1 à R. 412-20. – ***C. pr. civ.***

CHAPITRE III DE L'ÉLECTION DES JUGES DES TRIBUNAUX DE COMMERCE

SECTION PREMIÈRE DE L'ÉLECTORAT

Les élections 2004 pour le remplacement des juges des tribunaux de commerce sont intervenues conformément aux dispositions en vigueur antérieurement à la publication de l'Ord. nº 2004-328 du 15 avr. 2004 (JO 17 avr.). Cette Ord. a été ratifiée par l'art. 78-XIX de la L. nº 2004-1343 du 9 déc. 2004 (JO 10 déc.).

Art. L. 723-1 *(Ord. nº 2006-673 du 8 juin 2006, art. 2)* **Les juges d'un tribunal de commerce sont élus dans le ressort de la juridiction par un collège composé :**

1° Des délégués consulaires élus dans le ressort de la juridiction ;

2° Des juges du tribunal de commerce ainsi que des anciens membres du tribunal ayant demandé à être inscrits sur la liste électorale. – *[COJ, art. L. 413-1, al. 1er à 3].*

Art. L. 723-2 *(Ord. nº 2006-673 du 8 juin 2006, art. 2)* **Les personnes mentionnées à l'article L. 723-1 ne peuvent faire partie du collège électoral qu'à la condition :**

1° De ne pas avoir été déchues de leurs fonctions ;

2° De ne pas avoir été condamnées pénalement pour des agissements contraires à l'honneur, à la probité ou aux bonnes mœurs ;

3° De n'avoir pas été frappées depuis moins de quinze ans à compter du jour où la décision les ayant prononcées est devenue définitive, de faillite personnelle ou d'une des mesures d'interdiction ou de déchéance telles que prévues au livre VI du présent code, à la loi nº 85-98 du 25 janvier 1985 relative au redressement et à la liquidation judiciaires des entreprises ou à la loi nº 67-563 du 13 juillet 1967 sur le règlement judiciaire, la liquidation des biens, la faillite personnelle et les banqueroutes ;

4° De ne pas être frappées d'une mesure d'incapacité d'exercer une activité commerciale en application du chapitre VIII du titre II du livre Ier.

Les délégués consulaires sont désignés dans les conditions prévues aux articles L. 713-6 à L. 713-18. – *[COJ, art. L. 413-1, al. 4 à 8].*

L'exercice des fonctions de juge de tribunal de commerce ne saurait être regardé comme incompatible avec l'exercice d'un mandat parlementaire. • Cons. const. nº 96-16 I du 19 déc. 1996 : *JO 27 déc.*

Art. L. 723-3 *(Ord. nº 2006-673 du 8 juin 2006, art. 2)* **La liste électorale pour les élections aux tribunaux de commerce est établie par une commission présidée par le juge commis à la surveillance du registre du commerce et des sociétés. En cas de création d'un tribunal de commerce, le premier président de la cour d'appel désigne comme président de la commission un magistrat de l'ordre judiciaire.**

Les dispositions du premier alinéa de l'article L. 25 et des articles L. 27, L. 34 et L. 35 du code électoral sont applicables en cas de contestation portant sur la liste électorale. – *[COJ, art. L. 413-2].*

En application de l'art. L. 34 C. élect., rendu applicable, en vertu des art. L. 413-1 et L. 413-2 COJ [C. com., art. L. 723-1 à L. 723-3], aux élections des juges consulaires, le contentieux relatif à la vérification de la liste électorale ne donne lieu à recours devant le tribunal d'instance que jusqu'au jour du premier tour du scrutin. • Civ. 2e, 29 avr. 1998 : *D. 1998. IR. 139.*

SECTION II DE L'ÉLIGIBILITÉ

Art. L. 723-4 *(Ord. nº 2006-673 du 8 juin 2006, art. 2)* **Sont éligibles aux fonctions de juge d'un tribunal de commerce les personnes âgées de trente ans au moins :**

1° Inscrites sur la liste électorale dressée en application de l'article L. 713-7 dans le ressort du tribunal de commerce ou dans le ressort des tribunaux de commerce limitrophes ;

2° Qui remplissent la condition de nationalité prévue à l'article L. 2 du code électoral ;

3° A l'égard desquelles une procédure de sauvegarde, de redressement ou de liquidation judiciaires n'a pas été ouverte ;

4° Qui, s'agissant des personnes mentionnées au 1° ou au 2° de l'article L. 713-7, n'appartiennent pas à une société ou à un établissement public ayant fait l'objet d'une procédure de sauvegarde, redressement ou de liquidation judiciaires ;

5° Et qui justifient soit d'une immatriculation pendant les cinq dernières années au moins au registre du commerce et des sociétés, soit de l'exercice, pendant une durée totale cumulée de cinq ans, de l'une des qualités énumérées à l'article L. 713-8 ou de l'une des professions énumérées au *d* du 1° de l'article L. 713-7. – *[COJ, art. L. 413-3].*

Les personnes condamnées pour infractions à la législation et à la réglementation relatives aux relations financières avec l'étranger sont déclarées incapables d'être électeurs ou élus aux tribunaux de commerce tant et aussi longtemps qu'elles n'auront pas été relevées de cette incapacité (L. nº 69-1161 du 24 déc. 1969, art. 73, D. et BLD 1970. 9). – Ce texte a été codifié au code des douanes, art. 459.

Sur la prise en compte d'un plan de continuation pour déclarer un dirigeant inéligible aux élections consulaires, V. supra note ss. art. L. 722-9 C. com.

Art. L. 723-5 *(Ord. nº 2006-673 du 8 juin 2006, art. 2)* **Toute personne ayant été déchue de ses fonctions de juge d'un tribunal de commerce est inéligible à cette fonction pour une durée de dix ans.** – *[COJ, art. L. 413-3-1].*

Art. L. 723-6 *(Ord. nº 2006-673 du 8 juin 2006, art. 2)* **Peut être déclarée inéligible pour une période d'une durée de dix ans par la Commission nationale de discipline toute personne ayant présenté sa démission de juge d'un tribunal de commerce**

au cours de la procédure disciplinaire diligentée à son encontre. – *[COJ, art. L. 413-3-2].*

Art. L. 723-7 *(Ord. nº 2006-673 du 8 juin 2006, art. 2)* Les juges des tribunaux de commerce élus pour quatre mandats successifs dans un même tribunal de commerce ne sont plus éligibles dans ce tribunal pendant un an.

Toutefois, le président sortant à l'issue de quatre mandats successifs de membre ou de président peut être réélu pour un nouveau mandat, en qualité de membre du même tribunal de commerce. A la fin de ce mandat, il n'est plus éligible à aucun mandat pendant un an. – *[COJ, art. L. 413-4].*

Art. L. 723-8 *(Ord. nº 2006-673 du 8 juin 2006, art. 2)* Un juge d'un tribunal de commerce ne peut être simultanément membre d'un conseil de prud'hommes ou juge d'un autre tribunal de commerce. – *[COJ, art. L. 413-5].*

SECTION III DU SCRUTIN ET DES OPÉRATIONS ÉLECTORALES

Art. L. 723-9 *(Ord. nº 2006-673 du 8 juin 2006, art. 2)* Chaque électeur ne dispose que d'une voix dans le ressort d'un même tribunal de commerce.

Le droit de vote peut être exercé par correspondance ou par voie électronique. – *[COJ, art. L. 413-6].*

La seconde phrase du 2e al. de l'art. L. 413-6 COJ, dans sa rédaction antérieure à l'Ord. nº 2006-673 du 8 juin 2006, demeure applicable jusqu'à la date d'entrée en vigueur du décret relatif à la partie Réglementaire du code de commerce (Ord. préc., art. 4-I, 1º). – V. cet al., infra.

Code de l'organisation judiciaire **Ancien art. L. 413-6** *Al. 2. 2e phrase En cas d'utilisation par un même électeur au titre de la même qualité des deux modes de vote, seul le vote électronique est considéré comme valide.*

Art. L. 723-10 *(Ord. nº 2006-673 du 8 juin 2006, art. 2)* Les élections des juges des tribunaux de commerce ont lieu au scrutin plurinominal majoritaire à deux tours.

Sont déclarés élus au premier tour les candidats ayant obtenu un nombre de voix au moins égal à la majorité des suffrages exprimés et au quart des électeurs inscrits. Si aucun candidat n'est élu ou s'il reste des sièges à pourvoir, l'élection est acquise au second tour à la majorité relative des suffrages exprimés. Si plusieurs candidats obtiennent le même nombre de voix au second tour, le plus âgé est proclamé élu. – *[COJ, art. L. 413-7].*

Art. L. 723-11 *(Ord. nº 2006-673 du 8 juin 2006, art. 2)* Des élections ont lieu tous les ans dans chaque tribunal de commerce où il y a des sièges à pourvoir pour quelque cause que ce soit.

Si, en cours d'année, le nombre des vacances dépasse le tiers des effectifs d'un tribunal, le préfet peut décider qu'il sera procédé à des élections complémentaires. Dans ce cas, le mandat des juges élus expire à la fin de l'année judiciaire. – *[COJ, art. L. 413-8].*

Le 1er al. de l'art. L. 413-8 COJ, dans sa rédaction antérieure à l'Ord. nº 2006-673 du 8 juin 2006, demeure applicable jusqu'à la date d'entrée en vigueur du décret relatif à la partie Réglementaire du code de commerce (Ord. préc., art. 4-I, 1º). – V. cet al., infra.

Code de l'organisation judiciaire Ancien art. L. 413-8 *Al. 1er Des élections ont lieu tous les ans dans la première quinzaine du mois d'octobre dans chaque tribunal de commerce où il y a des sièges à pourvoir pour quelque cause que ce soit.*

Art. L. 723-12 *(Ord. no 2006-673 du 8 juin 2006, art. 2)* **Les dispositions des articles L. 49, L. 50, L. 58 à L. 67 et L. 86 à L. 117 du code électoral s'appliquent aux opérations électorales organisées en vue de la désignation des juges des tribunaux de commerce.** – *[COJ, art. L. 413-9].*

Art. L. 723-13 *(Ord. no 2006-673 du 8 juin 2006, art. 2)* **Une commission présidée par un magistrat de l'ordre judiciaire désigné par le premier président de la cour d'appel est chargée de veiller à la régularité du scrutin et de proclamer les résultats.** – *[COJ, art. L. 413-10].*

L'art. L. 413-11 COJ, dans sa rédaction antérieure à l'Ord. no 2006-673 du 8 juin 2006, demeure applicable jusqu'à la date d'entrée en vigueur du décret relatif à la partie Réglementaire du code de commerce (Ord. préc., art. 4-I, 1o). – V. cet art., infra.

Code de l'organisation judiciaire Ancien art. L. 413-11 *Les contestations relatives à l'électorat, à l'éligibilité et aux opérations électorales organisées en vue de la désignation des membres des tribunaux de commerce sont de la compétence du tribunal d'instance qui statue en dernier ressort.*

Art. L. 723-14 *(Ord. no 2006-673 du 8 juin 2006, art. 2)* **Un décret en Conseil d'État détermine les modalités d'application du présent chapitre.** – *[COJ, art. L. 413-12].*

V., art. R. 413-1 à R. 413-20 COJ, infra, App., vo Tribunaux de commerce.

CHAPITRE IV DE LA DISCIPLINE DES JUGES DES TRIBUNAUX DE COMMERCE

Art. L. 724-1 *(Ord. no 2006-673 du 8 juin 2006, art. 2)* **Tout manquement d'un juge d'un tribunal de commerce à l'honneur, à la probité, à la dignité et aux devoirs de sa charge constitue une faute disciplinaire.** – *[COJ, art. L. 414-1].*

Art. L. 724-2 *(Ord. no 2006-673 du 8 juin 2006, art. 2)* **Le pouvoir disciplinaire est exercé par une commission nationale de discipline qui est présidée par un président de chambre à la Cour de cassation, désigné par le premier président de la Cour de cassation, et qui comprend :**

1o Un membre du Conseil d'État désigné par le vice-président du Conseil d'État ;

2o Deux magistrats du siège des cours d'appel désignés par le premier président de la Cour de cassation sur une liste établie par les premiers présidents des cours d'appel, chacun d'eux arrêtant le nom d'un magistrat du siège de sa cour d'appel après avis de l'assemblée générale des magistrats du siège de la cour d'appel ;

3o Quatre juges des tribunaux de commerce élus par l'ensemble des présidents des tribunaux de commerce.

Des suppléants en nombre égal sont désignés dans les mêmes conditions. Les membres de la commission nationale de discipline sont désignés pour quatre ans. – *[COJ, art. L. 414-2].*

Art. L. 724-3 *(Ord. n° 2006-673 du 8 juin 2006, art. 2)* Après audition de l'intéressé par le président du tribunal auquel il appartient, la commission nationale de discipline peut être saisie par le garde des sceaux, ministre de la justice.

Elle peut prononcer soit le blâme, soit la déchéance. – *[COJ, art. L. 414-3].*

Art. L. 724-4 *(Ord. n° 2006-673 du 8 juin 2006, art. 2)* Sur proposition du garde des sceaux, ministre de la justice, le président de la commission nationale de discipline peut suspendre un juge d'un tribunal de commerce pour une durée qui ne peut excéder six mois, lorsqu'il existe contre l'intéressé, qui aura été préalablement entendu par le président du tribunal auquel il appartient, des faits de nature à entraîner une sanction disciplinaire. La suspension peut être renouvelée une fois par la commission nationale pour une durée qui ne peut excéder six mois. Si le juge du tribunal de commerce fait l'objet de poursuites pénales, la suspension peut être ordonnée par le président de la commission nationale jusqu'à l'intervention de la décision pénale définitive. – *[COJ, art. L. 414-4].*

Art. L. 724-5 *(Ord. n° 2006-673 du 8 juin 2006, art. 2)* La commission nationale de discipline ne peut délibérer que si quatre de ses membres au moins, y compris le président, sont présents. En cas de partage égal des voix, celle du président est prépondérante. – *[COJ, art. L. 414-5].*

Art. L. 724-6 *(Ord. n° 2006-673 du 8 juin 2006, art. 2)* Les décisions de la commission nationale de discipline et celles de son président sont motivées. Elles ne sont susceptibles de recours que devant la Cour de cassation. – *[COJ, art. L. 414-6].*

Art. L. 724-7 *(Ord. n° 2006-673 du 8 juin 2006, art. 2)* Indépendamment des décisions qui pourraient intervenir en application des articles L. 724-3 et L. 724-4, lorsqu'il apparaît, postérieurement à son élection, qu'un juge du tribunal de commerce a encouru, avant ou après son installation, une des condamnations, déchéances ou incapacités mentionnées à l'article L. 723-2, il est déchu de plein droit de ses fonctions. – *[COJ, art. L. 414-7].*

TITRE TROISIÈME DES JURIDICTIONS COMMERCIALES PARTICULIÈRES

CHAPITRE PREMIER DES DISPOSITIONS APPLICABLES AUX DÉPARTEMENTS DU BAS-RHIN, DU HAUT-RHIN ET DE LA MOSELLE

Art. L. 731-1 *(Ord. n° 2006-673 du 8 juin 2006, art. 2)* Des chambres commerciales du tribunal de grande instance sont instituées dans les départements du Bas-Rhin, du Haut-Rhin et de la Moselle. – *[COJ, art. L. 913-1].*

Art. L. 731-2 *(Ord. n° 2006-673 du 8 juin 2006, art. 2)* La compétence de la chambre commerciale est celle des tribunaux de commerce, à l'exception des affaires qui relèvent de la compétence du tribunal d'instance en application des dispositions du chapitre III du titre II du livre II du code de l'organisation judiciaire. – *[COJ, art. L. 913-2].*

Art. L. 731-3 *(Ord. nº 2006-673 du 8 juin 2006, art. 2)* **La chambre commerciale est composée d'un membre du tribunal de grande instance, président, de deux assesseurs élus et d'un greffier. Les assesseurs sont élus dans les conditions fixées aux articles L. 723-1 à L. 723-14.** – *[COJ, art. L. 913-3].*

Art. L. 731-4 *(Ord. nº 2006-673 du 8 juin 2006, art. 2)* **Les autres dispositions du titre II du livre VII relatives aux tribunaux de commerce sont applicables à la chambre commerciale, à l'exception des articles L. 721-1, L. 721-2, L. 722-3, L. 722-11 à L. 722-13 et du second alinéa de l'article L. 723-7.** – *[COJ, art. L. 913-4].*

Toutefois, par dérogation aux dispositions de l'article L. 722-14, les fonctions de juges-commissaires peuvent aussi être exercées par un juge du siège dans les conditions prévues au second alinéa de l'article L. 215-1 du code de l'organisation judiciaire.

CHAPITRE II DES DISPOSITIONS APPLICABLES AUX DÉPARTEMENTS ET RÉGIONS D'OUTRE-MER

Art. L. 732-1 *(Ord. nº 2006-673 du 8 juin 2006, art. 2)* **Des tribunaux mixtes de commerce sont institués dans les départements et régions d'outre-mer.** – *[COJ, art. L. 921-4, al. 1er].*

Art. L. 732-2 *(Ord. nº 2006-673 du 8 juin 2006, art. 2, 1re phr.)* **La compétence des tribunaux mixtes de commerce est déterminée par le présent code et les lois particulières.** – *[COJ, art. L. 921-4, al. 2, 2e phr.].*

Art. L. 732-3 *(Ord. nº 2006-673 du 8 juin 2006, art. 2)* **Les tribunaux mixtes de commerce sont des juridictions du premier degré composées du président du tribunal de grande instance, président, de juges élus, sous réserve des dispositions de l'article L. 732-7, et d'un greffier. Les juges sont élus dans les conditions fixées aux articles L. 723-1 à L. 723-13.** – *[COJ, art. L. 921-4, al. 3].*

Art. L. 732-4 *(Ord. nº 2006-673 du 8 juin 2006, art. 2)* **Dans les circonscriptions où il n'est pas établi de tribunal mixte de commerce, le tribunal de grande instance connaît des matières attribuées aux tribunaux mixtes de commerce.** – *[COJ, art. L. 921-6].*

Art. L. 732-5 *(Ord. nº 2006-673 du 8 juin 2006, art. 2)* **Les jugements des tribunaux mixtes de commerce sont rendus, sauf dispositions qui prévoient un juge unique, par une formation collégiale comprenant, outre le président, trois juges élus ou désignés dans les conditions prévues par l'article L. 732-7. En cas de partage égal des voix, celle du président est prépondérante.** – *[COJ, art. L. 921-7].*

Art. L. 732-6 *(Ord. nº 2006-673 du 8 juin 2006, art. 2)* **Les dispositions du titre II du livre VII relatives aux tribunaux de commerce sont applicables au tribunal mixte de commerce, à l'exception des articles L. 721-1, L. 722-1, L. 722-3, L. 722-11 à L. 722-13 et du second alinéa de l'article L. 723-7.** – *[COJ, art. L. 921-8].*

Art. L. 732-7 *(Ord. nº 2006-673 du 8 juin 2006, art. 2)* **A la liste des candidats déclarés élus, la commission prévue par l'article L. 723-13 annexe une liste complémentaire comprenant les nom, qualité et domicile des candidats non élus en mentionnant le nombre de voix qu'ils ont obtenues. Le premier président de la cour d'appel, après avis du président du tribunal mixte de commerce, établit à partir de**

cette liste complémentaire une liste de quinze personnes au plus qui, ayant leur résidence dans la ville, sont en mesure de compléter le tribunal mixte. Si le nombre des juges se révèle insuffisant en cours d'année à l'occasion d'une audience, le président du tribunal mixte procède au tirage au sort en séance publique entre tous les noms de la liste arrêtée par le premier président. Les personnes dont le nom a été tiré au sort prêtent serment devant le président du tribunal mixte. – *[COJ, art. L. 921-9].*

TITRE QUATRIÈME DU GREFFE DU TRIBUNAL DE COMMERCE

CHAPITRE PREMIER DE L'INSTITUTION ET DES MISSIONS

Art. L. 741-1 *(Ord. nº 2006-673 du 8 juin 2006, art. 2)* Les greffiers des tribunaux de commerce sont des officiers publics et ministériels. – *[COJ, art. L. 821-1, 1re phrase].*

Art. L. 741-2 *(Ord. nº 2006-673 du 8 juin 2006, art. 2)* La profession de greffier des tribunaux de commerce est représentée auprès des pouvoirs publics par un Conseil national des greffiers des tribunaux de commerce, doté de la personnalité morale et chargé d'assurer la défense de ses intérêts collectifs.

Les modes d'élection et de fonctionnement du Conseil national sont fixés par décret en Conseil d'État. – *[COJ, art. L. 821-4, al. 1er et 2].*

CHAPITRE II DES CONDITIONS D'ACCÈS À LA PROFESSION ET AUX AUTRES PROFESSIONS JUDICIAIRES ET JURIDIQUES

Art. L. 742-1 *(Ord. nº 2006-673 du 8 juin 2006, art. 2)* Les règles d'accès à la profession des greffiers des tribunaux de commerce sont fixées par décret en Conseil d'État. – *[COJ, art. L. 821-3]. – V. Décr. nº 87-601 du 29 juill. 1987 au* **NCPC**.

Art. L. 742-2 *(Ord. nº 2006-673 du 8 juin 2006, art. 2)* Les règles permettant aux greffiers des tribunaux de commerce d'accéder aux autres professions juridiques et judiciaires sont fixées par décret en Conseil d'État.

CHAPITRE III DES CONDITIONS D'EXERCICE

SECTION PREMIÈRE DE L'INSPECTION ET DE LA DISCIPLINE

SOUS-SECTION 1 DE L'INSPECTION

Art. L. 743-1 *(Ord. nº 2006-673 du 8 juin 2006, art. 2)* Les greffiers des tribunaux de commerce sont soumis, dans leur activité professionnelle, à des inspections sous l'autorité du garde des sceaux, ministre de la justice, dans des conditions prévues par décret en Conseil d'État. Au cours de ces inspections, ils sont tenus de fournir tous renseignements et documents utiles sans pouvoir opposer le secret professionnel.

SOUS-SECTION 2 DE LA DISCIPLINE

Art. L. 743-2 *(Ord. n° 2006-673 du 8 juin 2006, art. 2)* Tout manquement d'un greffier de tribunal de commerce à l'honneur, à la probité, à la dignité et aux devoirs de sa charge constitue une faute disciplinaire.

L'acceptation de la démission d'un greffier ne fait pas obstacle au prononcé d'une sanction disciplinaire, si les faits qui lui ont été reprochés ont été commis pendant l'exercice de ses fonctions. – *[COJ, art. L. 822-1].*

Art. L. 743-3 *(Ord. n° 2006-673 du 8 juin 2006, art. 2)* Les sanctions disciplinaires sont :

1° Le rappel à l'ordre ;
2° L'avertissement ;
3° Le blâme ;
4° L'interdiction temporaire ;
5° La destitution ou le retrait de l'honorariat.

Les sanctions mentionnées aux 1° à 4° peuvent être assorties de la sanction complémentaire de l'inéligibilité temporaire au Conseil national des greffiers des tribunaux de commerce. La durée maximale de cette sanction complémentaire est de cinq ans pour les sanctions mentionnées aux 1° à 3° et de dix ans à compter de la cessation de la mesure d'interdiction pour la sanction mentionnée au 4°. – *[COJ, art. L. 822-2].*

Art. L. 743-4 *(Ord. n° 2006-673 du 8 juin 2006, art. 2)* L'action disciplinaire à l'encontre du greffier d'un tribunal de commerce est exercée soit devant la formation disciplinaire du Conseil national des greffiers des tribunaux de commerce, soit devant le tribunal de grande instance dans le ressort duquel le tribunal de commerce a son siège ou, si le greffier est titulaire de plusieurs greffes, devant le tribunal de grande instance désigné par le premier président de la cour d'appel, dans les conditions prévues par le présent chapitre.

L'action disciplinaire se prescrit par dix ans. – *[COJ, art. L. 822-3]. – Dispositions applicables aux procédures engagées postérieurement à leur entrée en vigueur (L. n° 2004-130 du 11 févr. 2004, art. 78).*

Art. L. 743-5 *(Ord. n° 2006-673 du 8 juin 2006, art. 2)* La formation disciplinaire du Conseil national des greffiers des tribunaux de commerce comprend cinq membres désignés par le conseil national en son sein ; cinq suppléants sont désignés dans les mêmes conditions. Elle élit son président.

Le président du conseil national ne peut pas être membre de la formation disciplinaire.

La formation disciplinaire du conseil national ne peut prononcer que l'une des sanctions mentionnées aux 1° à 3° de l'article L. 743-3. – *[COJ, art. L. 822-3-1]. – Dispositions applicables aux procédures engagées postérieurement à leur entrée en vigueur (L. n° 2004-130 du 11 févr. 2004, art. 78).*

Art. L. 743-6 *(Ord. n° 2006-673 du 8 juin 2006, art. 2)* L'action disciplinaire est exercée par le procureur de la République. Elle peut également être exercée par le

président du Conseil national des greffiers des tribunaux de commerce. Dans ce cas, notification en est faite au procureur de la République, qui peut citer le greffier devant le tribunal de grande instance statuant disciplinairement. Notification de la citation est faite au président de la formation disciplinaire du conseil national.

La formation disciplinaire du conseil national est dessaisie à compter de la notification effectuée par le procureur de la République. – *[COJ, art. L. 822-3-2]. – Dispositions applicables aux procédures engagées postérieurement à leur entrée en vigueur (L. nº 2004-130 du 11 févr. 2004, art. 78).*

Art. L. 743-7 *(Ord. nº 2006-673 du 8 juin 2006, art. 2)* **Le greffier du tribunal de commerce qui fait l'objet d'une poursuite pénale ou disciplinaire peut être suspendu provisoirement de l'exercice de ses fonctions par le tribunal de grande instance, saisi à la requête du procureur de la République.**

En cas d'urgence, la suspension provisoire peut être prononcée par le tribunal de grande instance avant même l'exercice de poursuites pénales ou disciplinaires.

Le tribunal de grande instance peut mettre fin à la suspension provisoire à la requête du procureur de la République ou du greffier.

La suspension cesse de plein droit dès que les actions pénale ou disciplinaire sont éteintes. Elle cesse également de plein droit, dans le cas prévu au deuxième alinéa, si, à l'expiration d'un délai d'un mois à compter de son prononcé, aucune poursuite pénale ou disciplinaire n'a été engagée. – *[COJ, art. L. 822-4].*

Art. L. 743-8 *(Ord. nº 2006-673 du 8 juin 2006, art. 2)* **Les décisions de la formation disciplinaire du Conseil national des greffiers des tribunaux de commerce peuvent être déférées à la cour d'appel de Paris par le procureur de la République compétent pour exercer l'action disciplinaire, par le président du conseil national lorsque les poursuites ont été engagées à son initiative, ou par le greffier.**

Les décisions du tribunal de grande instance statuant en matière disciplinaire peuvent être déférées à la cour d'appel territorialement compétente par le procureur de la République, par le président du Conseil national des greffiers des tribunaux de commerce lorsque les poursuites ont été engagées à son initiative, ou par le greffier. – *[COJ, art. L. 822-5]. – Dispositions applicables aux procédures engagées postérieurement à leur entrée en vigueur (L. nº 2004-130 du 11 févr. 2004, art. 78).*

Art. L. 743-9 *(Ord. nº 2006-673 du 8 juin 2006, art. 2)* **Le greffier suspendu, interdit ou destitué s'abstient de tout acte professionnel. Les actes accomplis au mépris de cette prohibition peuvent être déclarés nuls, à la requête de tout intéressé ou du procureur de la République, par le tribunal de grande instance. La décision est exécutoire à l'égard de toute personne.** – *Dispositions applicables aux procédures engagées postérieurement à leur entrée en vigueur (L. nº 2004-130 du 11 févr. 2004, art. 78).*

Toute infraction aux dispositions du premier alinéa est punie des peines prévues à l'article 433-17 du code pénal. – *[COJ, art. L. 822-6].*

Art. L. 743-10 *(Ord. nº 2006-673 du 8 juin 2006, art. 2)* **Le tribunal de grande instance qui prononce la suspension, l'interdiction ou la destitution nomme un ou plusieurs administrateurs provisoires.** – *[COJ, art. L. 822-7]. – Dispositions applicables aux procédures engagées postérieurement à leur entrée en vigueur (L. nº 2004-130 du 11 févr. 2004, art. 78).*

Art. L. 743-11 *(Ord. nº 2006-673 du 8 juin 2006, art. 2)* **Un décret en Conseil d'État fixe les conditions d'application du présent chapitre.** – *[COJ, art. L. 822-8].*

SECTION II DES MODES D'EXERCICE

Art. L. 743-12 *(Ord. nº 2006-673 du 8 juin 2006, art. 2)* **Les greffiers des tribunaux de commerce peuvent exercer leur profession à titre individuel, sous forme de sociétés civiles professionnelles ou sous forme de sociétés d'exercice libéral telles que prévues par la loi nº 90-1258 du 31 décembre 1990 relative à l'exercice sous forme de sociétés des professions libérales soumises à un statut législatif ou réglementaire ou dont le titre est protégé. Ils peuvent aussi être membres d'un groupement d'intérêt économique ou d'un groupement européen d'intérêt économique ou associés d'une société en participation régie par le titre II de la loi nº 90-1258 du 31 décembre 1990 relative à l'exercice sous forme de sociétés des professions libérales soumises à un statut législatif ou réglementaire ou dont le titre est protégé.** – *[COJ, art. L. 821-1, sauf 1re phrase].*

SECTION III DE LA TARIFICATION DES GREFFIERS DES TRIBUNAUX DE COMMERCE

Art. L. 743-13 *(Ord. nº 2006-673 du 8 juin 2006, art. 2)* **Les émoluments des greffiers des tribunaux de commerce sont fixés par décret en Conseil d'État.**

TITRE CINQUIÈME DE L'ÉQUIPEMENT COMMERCIAL

(Ord. nº 2006-673 du 8 juin 2006, art. 2)

RÉP. COM. vº *Équipement commercial*, par Courivaud.

BIBL. GÉN. ▶ TANGUY, *RD imm. 1993. 1* (loi nº 93-122 du 29 janv. 1993) ; *ibid. 1994. 529* (centres commerciaux). – TERNEYRE, *Petites affiches 5 juin 1996, p. 24* (incohérences, effets pervers et failles de la loi). – CLIQUENNOIS, *ibid., 6 déc. 1996, p. 13* (loi nº 96-603 du 5 juill. 1996). – POPESCO et DANIEL, *AJPI 1997. 1007* (restructuration des équipements commerciaux après la loi du 5 juill. 1996). – COURRECH, *Petites affiches 12 juill. 2002, p. 27* (évolutions des conditions d'exploitation des grandes surfaces). – VANDERMEEREN, *RJDA 2004, p. 111* (apport de la jurisprudence récente du Conseil d'État). – BOUYSSOU, *RJ com. 2004. 198* (entre liberté du commerce et planification urbaine). – DESTOURS, *Bull. act. Lamy droit économique juin 2004, p. 1* (droit de la concurrence et droit de l'équipement commercial). – MONTET et VENAYRE, *RLC 2005, nº 1, p. 174* (rapport de la commission Canivet 2004). – LÉON et HENNIAUX, *Rev. Conc. consom. janv.-mars 2005, Études* (analyse de la jurisprudence récente du Conseil d'État). – MAILHÉ, *Petites affiches 4 mars 2005, p. 3* (réglementation des implantations de commerces de détail : soldes avant liquidation ?). – BISCHOFF, *JCP N 2005, nº 30-34, p. 1352* (la zone de chalandise selon le Conseil d'État).

Art. L. 750-1 **Les implantations, extensions, transferts d'activités existantes et changements de secteur d'activité d'entreprises commerciales et artisanales doivent répondre aux exigences d'aménagement du territoire, de la protection de l'environnement et de la qualité de l'urbanisme. Ils doivent en particulier contribuer au**

maintien des activités dans les zones rurales et de montagne ainsi qu'au rééquilibrage des agglomérations par le développement des activités en centre-ville et dans les zones de dynamisation urbaine.

Ils doivent également contribuer à la modernisation des équipements commerciaux, à leur adaptation à l'évolution des modes de consommation et des techniques de commercialisation, au confort d'achat du consommateur et à l'amélioration des conditions de travail des salariés. – *[L. n° 73-1193 du 27 déc. 1973, art. 1er, al. 4 et 5].*

(L. n° 2004-804 du 9 août 2004, art. 18-I) **« Le programme national de développement et de modernisation des activités commerciales et artisanales visé à l'article 1er de la loi n° 73-1193 du 27 décembre 1973 d'orientation du commerce et de l'artisanat exprime les orientations de l'équipement commercial pour la mise en œuvre des objectifs ci-dessus définis. »** – *[C. com., art. L. 720-1].*

Sur la création d'un traitement automatisé d'informations nominatives dénommé BALI ayant notamment pour finalité de faciliter l'instruction des demandes d'ouverture de surface commerciale et le contrôle des surfaces autorisées, V. Arr. 18 sept. 2002 (JO 28 sept.), mod. par Arr. 25 janv. 2005 (JO 27 févr.).

1. Technique du bilan. Les commissions départementales d'équipement commercial doivent dans un premier temps apprécier si le projet qui leur est soumis est de nature à compromettre, dans la zone de chalandise intéressée, l'équilibre recherché par le législateur entre les différentes formes de commerce. Si tel est le cas, elles doivent rechercher si cet inconvénient est compensé par des effets positifs que le projet peut présenter au regard notamment de l'emploi, de l'aménagement du territoire, de la concurrence, de la modernisation des équipements commerciaux et plus généralement de la satisfaction des besoins des consommateurs. • CE 27 mai 2002 : *RTD com. 2002. 671, obs. Orsoni ; AJDA 2002. 702, concl. Schwartz ; ibid. 2004. 801, note Toullier ; RJDA 2002, n° 1329 ; JCP 2003. IV. 1367* • 19 juin 2002 : *Cah. dr. entr. 2002, n° 5, p. 34, obs. Destours* • 11 févr. 2004 : *AJDA 2004. 997*. ♦ Si les décisions de la commission doivent être motivées, cette obligation n'implique pas qu'elle soit tenue de prendre explicitement parti sur le respect par le projet qui lui est soumis de chacun des objectifs et critères d'appréciation fixés par les dispositions législatives applicables. • CE 27 mai 2002 : *préc.*

2. Hiérarchie entre les critères. Si une commission d'équipement commercial estime que le projet n'est pas de nature à perturber les équilibres commerciaux, elle ne peut pas valablement rechercher quels sont les effets de ce projet au regard des autres critères d'appréciation. • CE 7 juin 2004 : *AJDA 2004. 1723 ; JCP E 2004, n° 27, p. 1080 ; Defrénois 2004. 1567, obs. Meng (1re esp.) ; Cah. dr. entr. 2004, n° 6, p. 14, obs. Destours ; RJDA 2005, n° 201 (1re esp.)* (annulant une décision de la CNEC qui avait rejeté une demande d'autorisation au motif que le projet, bien que n'étant pas de nature à perturber les équilibres commerciaux, était néanmoins susceptible d'entraîner une dégradation des conditions de circulation). ♦ Comp., pour le cas inverse : • CE 25 oct. 2004 : *RJDA 2005, n° 201 (2e esp.).* ♦ Sur l'articulation des critères, V. encore • CE 4 juill. 2005 : *JCP E 2005, n° 37, note Masquart.*

3. Droit de la concurrence. BIBL. Destours, *Bull. act. Lamy droit économique juin 2004, p. 1.* ♦ Il incombe aux commissions d'équipement commercial de veiller, sous le contrôle du juge de l'excès de pouvoir, au respect des règles tendant à préserver le libre jeu de la concurrence, notamment de celles qui résultent des dispositions de l'ord. du 1er déc. 1986, insérées désormais dans le code de commerce ; au nombre de ces règles figurent celles qui visent à prévenir les risques d'abus de position dominante. • CE 30 juill. 2003 : *AJDA 2003. 2036, concl. Schwartz ; RJDA 2004, n° 105, et p. 7, concl. Schwartz ; Lettre distrib. nov. 2003, p. 1, obs. Destours ; RTD com. 2004. 79, obs. Orsoni ; Cah. dr. entr. 2004, n° 3, p. 34, obs. Destours* • 17 déc. 2003 : *Cah. dr. entr. 2004, n° 3, p. 34, obs. Destours* • Cons. conc. n° 05-D-30 du 21 juin 2005 : *cité note 29 ss. art. L. 420-2.*

CHAPITRE PREMIER DES COMMISSIONS D'ÉQUIPEMENT COMMERCIAL ET DES OBSERVATOIRES DÉPARTEMENTAUX D'ÉQUIPEMENT COMMERCIAL

SECTION PREMIÈRE DES COMMISSIONS DÉPARTEMENTALES D'ÉQUIPEMENT COMMERCIAL

Art. L. 751-1 *(Ord. nº 2006-673 du 8 juin 2006, art. 2)* **Une commission départementale d'équipement commercial statue sur les demandes d'autorisation qui lui sont présentées en vertu des dispositions des articles L. 752-1, L. 752-3 et L. 752-15.** – *[C. com., art. L. 720-3, al. 1er].*

Art. L. 751-2 *(Ord. nº 2006-673 du 8 juin 2006, art. 2)* **I. – La commission départementale d'équipement commercial est présidée par le préfet.**

II. – Dans les départements autres que Paris, elle est composée :

1º Des trois élus suivants :

a) **Le maire de la commune d'implantation ;**

b) **Le président de l'établissement public de coopération intercommunale compétent en matière d'aménagement de l'espace et de développement dont est membre la commune d'implantation ou, à défaut, le conseiller général du canton d'implantation ;**

c) **Le maire de la commune la plus peuplée de l'arrondissement, autre que la commune d'implantation ; en dehors des départements des Hauts-de-Seine, de la Seine-Saint-Denis, du Val-de-Marne et des communes de l'Essonne, du Val-d'Oise, des Yvelines et de Seine-et-Marne appartenant à l'agglomération parisienne, dans le cas où la commune d'implantation appartient à une agglomération multicommunale comportant au moins cinq communes, le maire de la commune la plus peuplée est choisi parmi les maires des communes de ladite agglomération ;**

2º Des trois personnalités suivantes :

a) **Le président de la chambre de commerce et d'industrie dont la circonscription territoriale comprend la commune d'implantation, ou son représentant ;**

b) **Le président de la chambre de métiers dont la circonscription territoriale comprend la commune d'implantation, ou son représentant ;**

c) **Un représentant des associations de consommateurs du département.**

Lorsque le maire de la commune d'implantation ou le maire de la commune la plus peuplée visée ci-dessus est également le conseiller général du canton, le préfet désigne pour remplacer ce dernier un maire d'une commune située dans l'agglomération multicommunale ou l'arrondissement concernés.

III. – A Paris, elle est composée :

1º Des trois élus suivants :

a) **Le maire de Paris ;**

b) **Le maire de l'arrondissement du lieu d'implantation ;**

c) **Un conseiller d'arrondissement désigné par le conseil de Paris ;**

2º Des trois personnalités suivantes :

a) **Le président de la chambre de commerce et d'industrie de Paris ou son représentant ;**

b) **Le président de la chambre de métiers de Paris ou son représentant ;**

c) **Un représentant des associations de consommateurs du département.** – *[C. com., art. L. 720-8, I à III].*

1. Droit de la concurrence. Jugeant que, eu égard à leur composition, aussi bien les commissions départementales que la commission nationale d'équipement commercial, sont des autorités de l'État, indépendantes des opérateurs économiques, qui prennent des décisions d'autorisation ou de refus d'autorisation, de telle sorte que ces décisions ne constituent pas des ententes entre entreprises que les pouvoirs publics auraient imposées ou favorisées ou dont ils auraient renforcé les effets, V. • CE 5 mars 2003 : *Lettre distrib. juin 2003, p. 4 ; Europe 2003, n° 213.*

2. Préfet de région. En vertu du VI de l'art. L. 720-8 [L. 752-11, al. 2] et eu égard à l'intérêt régional que le projet représentait en l'espèce, le défaut de convocation du préfet de la région d'Ile-de-France à la réunion de la CDEC constitue un vice substantiel de nature à rendre illégale l'autorisation accordée. • CAA Paris, 18 févr. 2003 : *RFD adm. 2003. 815.*

3. Maire. Sur la possibilité pour les maires de se faire représenter, V. • CAA Nantes, 28 sept. 2004 : *AJDA 2005. 1253 ; RFD adm. 2005. 207, obs. R. V.*

Art. L. 751-3 *(Ord. n° 2006-673 du 8 juin 2006, art. 2)* **Tout membre de la commission départementale d'équipement commercial informe le préfet des intérêts qu'il détient et de la fonction qu'il exerce dans une activité économique.** – *[C. com., art. L. 720-8, IV, al. 1er].*

Art. L. 751-4 *(Ord. n° 2006-673 du 8 juin 2006, art. 2)* **Les conditions de désignation des membres de la commission et les modalités de son fonctionnement sont fixées par décret en Conseil d'État.** – *[C. com., art. L. 720-8, VIII].*

SECTION II DE LA COMMISSION NATIONALE D'ÉQUIPEMENT COMMERCIAL

Art. L. 751-5 *(Ord. n° 2006-673 du 8 juin 2006, art. 2)* **La Commission nationale d'équipement commercial comprend huit membres nommés, pour une durée de six ans non renouvelable, par décret pris sur le rapport du ministre chargé du commerce. La commission est renouvelée par moitié tous les trois ans.** – *[C. com., art. L. 720-11, I].*

Art. L. 751-6 *(Ord. n° 2006-673 du 8 juin 2006, art. 2)* **La Commission nationale d'équipement commercial se compose de :**

1° Un membre du Conseil d'État désigné par le vice-président du Conseil d'État, président ;

2° Un membre de la Cour des comptes désigné par le premier président de la Cour des comptes ;

3° Un membre de l'inspection générale des finances désigné par le chef de ce service ;

4° Un membre du corps des inspecteurs généraux de l'équipement désigné par le vice-président du Conseil général des ponts et chaussées ;

5° Quatre personnalités désignées pour leur compétence en matière de distribution, de consommation, d'aménagement du territoire ou d'emploi à raison d'une par le président de l'Assemblée nationale, une par le président du Sénat, une par le ministre chargé du commerce et une par le ministre chargé de l'emploi. – *[C. com., art. L. 720-11, II].*

1. Nature de la CNEC. La Commission nationale d'équipement commercial ne constitue ni une juridiction, ni un tribunal au sens de l'art. 6, § 1 Conv. EDH. • CE 26 mars 2003 : *RJDA 2004, n° 245.* ♦ Pour une décision en faveur de la qualification d'autorité administrative au sens de l'art. 1er de la loi du 12 avr. 2000 relative aux droits des citoyens dans leurs relations avec l'administration. V. • CE 5 nov. 2003 : *RJDA 2004, n° 246.*

2. Recours contre les décisions de la CNEC. Une association dont l'objet social est général et le champ d'action national n'a pas qualité pour demander l'annulation d'une décision de la Commission nationale d'équipement commercial n'ayant d'effet que sur une aire géographique limitée (autorisation d'augmentation de la surface de vente d'un supermarché exploité sur le territoire d'une commune). • CE 29 avr. 2002 : *BRDA 2002, n° 19, p. 12.* ♦ Le délai de recours contentieux commence à courir à compter de la plus tardive des deux dates correspondant, l'une au premier jour d'une période d'affichage de la décision en mairie pendant une durée de deux mois, l'autre à la seconde des deux insertions d'un extrait de la décision effectuées dans la presse régionale ou locale. • CE 10 nov. 2004 : *RJDA 2005, n° 202 (7e esp.).* ♦ L'annulation d'une décision de la CNEC par le Conseil d'État a pour effet de ressaisir la commission nationale de la demande d'autorisation précédemment présentée. • CE 12 janv. 2005 : *JCP E 2005, n° 5, p. 157 ; RTD com. 2005. 270, obs. Orsoni ; RJDA 2005, n° 1158.*

3. Demande de suspension en référé. Lorsque la demande de suspension porte sur une autorisation délivrée au titre de la législation sur l'équipement commercial, ni l'imminence de l'ouverture au public du magasin ou du centre commercial autorisés, ni la perspective d'une concurrence accrue entre grandes surfaces ne peuvent à elles seules caractériser une situation d'urgence. • CE 19 sept. 2003 : *RJDA 2004, n° 247.* ♦ Il appartient au requérant d'apporter les éléments objectifs et précis de nature à démontrer, notamment, la gravité de l'atteinte portée à sa situation économique – qui peut être différente selon qu'il s'agit de l'exploitant d'une petite entreprise de commerce particulièrement exposée à cette concurrence nouvelle ou au contraire d'une société de grande distribution déjà fortement implantée – ou aux intérêts publics en cause. • Même arrêt. ♦ Pour une décision antérieure contraire, V. • CE 27 juin 2001 : *RJDA 2002, n° 317.*

Art. L. 751-7 *(Ord. n° 2006-673 du 8 juin 2006, art. 2)* **Tout membre de la commission nationale informe le président des intérêts qu'il détient et de la fonction qu'il exerce dans une activité économique.** – *[C. com., art. L. 720-11, III].*

Intérêt personnel. Jugeant que la méconnaissance de la formalité d'information prévue au III de l'art. L. 720-11 [art. L. 751-7], est par elle-même sans incidence sur la régularité des décisions prises par la Commission, dès lors que ses membres se conforment aux prescriptions du IV de cet article [art. L. 752-20, al. 1er] : • CE 5 nov. 2003 : *RJDA 2004, n° 245.*

Art. L. 751-8 *(Ord. n° 2006-673 du 8 juin 2006, art. 2)* **Les conditions de désignation des membres de la commission nationale et de son président, ainsi que les modalités de son fonctionnement, sont fixées par décret en Conseil d'État.** – *[C. com., art. L. 720-11, VII].*

SECTION III DES OBSERVATOIRES DÉPARTEMENTAUX D'ÉQUIPEMENT COMMERCIAL

Art. L. 751-9 *(Ord. n° 2006-673 du 8 juin 2006, art. 2)* **L'observatoire départemental d'équipement commercial collecte les éléments nécessaires à l'élaboration des schémas de développement commercial, dans le respect des orientations définies à l'article L. 750-1. Il prend en considération, s'il y a lieu, les orientations des directives territoriales d'aménagement mentionnées à l'article L. 111-1-1 du code de l'urbanisme et des schémas régionaux d'aménagement et de développement du territoire prévus à l'article 34 de la loi n° 83-8 du 7 janvier 1983 relative à la répartition de compétences, entre les communes, les départements, les régions et l'État.** - *V. ce texte au* ***C. adm.***

Le schéma de développement commercial est élaboré et rendu public dans des conditions fixées par décret en Conseil d'État. – *[C. com., art. L. 720-3, IV et V]. - V. Décr. n° 2002-1369 du 20 nov. 2002 (JO 22 nov.).*

BIBL. ► GRABOY-GROBESCO, *AJDA 2003. 169* (schémas de développement commercial). - BOUYSSOU, *JCP N 2003, n° 3, p. 99* (même thème).

Schémas de cohérence territoriale. En vertu de l'art. L. 122-1 C. urb., les autorisations d'exploitation délivrées par les CDEC et par la CNEC doivent être compatibles avec les schémas de cohérence territoriale. • CE 28 sept. 2005 : *E 2005, n° 44-45, p. 1892 ; RJDA 2006, n° 467. – RD imm. 2005. 464, obs. Soler-Couteaux ; JCP* V. C. urb.

CHAPITRE II DE L'AUTORISATION COMMERCIALE

SECTION PREMIÈRE DES PROJETS SOUMIS À AUTORISATION

Art. L. 752-1 *(Ord. n° 2006-673 du 8 juin 2006, art. 2)* **I. — Sont soumis à une autorisation d'exploitation commerciale les projets ayant pour objet :**

1° La création d'un magasin de commerce de détail d'une surface de vente supérieure à 300 mètres carrés, résultant soit d'une construction nouvelle, soit de la transformation d'un immeuble existant ;

2° L'extension de la surface de vente d'un magasin de commerce de détail ayant déjà atteint le seuil des 300 mètres carrés ou devant le dépasser par la réalisation du projet. Est considérée comme une extension l'utilisation supplémentaire de tout espace couvert ou non, fixe ou mobile, et qui n'entrerait pas dans le cadre de l'article L. 310-2 ;

3° La création ou l'extension d'un ensemble commercial tel que défini à l'article L. 752-3 d'une surface de vente totale supérieure à 300 mètres carrés ou devant dépasser ce seuil par la réalisation du projet ;

4° La création ou l'extension de toute installation de distribution au détail de combustibles et de carburants, quelle qu'en soit la surface de vente, annexée à un magasin de commerce de détail mentionné au 1° ci-dessus ou à un ensemble commercial mentionné au 3° ci-dessus et située hors du domaine public des autoroutes et routes express.

Les dispositions relatives aux installations de distribution de combustibles sont précisées par décret ; – *V. Décr. n° 2006-423 du 10 avr. 2006 (JO 11 avr.).*

5° La réutilisation à usage de commerce de détail d'une surface de vente supérieure à 300 mètres carrés libérée à la suite d'une autorisation de création de magasin par transfert d'activités existantes, quelle que soit la date à laquelle a été autorisé ce transfert ;

6° La réouverture au public, sur le même emplacement, d'un magasin de commerce de détail d'une surface de vente supérieure à 300 mètres carrés dont les locaux ont cessé d'être exploités pendant deux ans, ce délai ne courant, en cas de procédure de redressement judiciaire de l'exploitant, que du jour où le propriétaire a recouvré la pleine et entière disposition des locaux ;

7° Les constructions nouvelles, les extensions ou les transformations d'immeubles existants entraînant la constitution d'établissements hôteliers d'une capacité supérieure à trente chambres hors de la région d'Ile-de-France, et à cinquante chambres dans cette dernière.

Lorsqu'elle statue sur ces demandes, la commission départementale d'équipement commercial recueille l'avis préalable de la commission départementale d'action touristique, présentée par le délégué régional au tourisme qui assiste à la séance. Outre les critères prévus à l'article L. 752-6, elle statue en prenant en considération la densité d'équipements hôteliers dans la zone concernée ;

8° Tout changement de secteur d'activité d'un commerce d'une surface de vente supérieure à 2 000 mètres carrés. Ce seuil est ramené à 300 mètres carrés lorsque l'activité nouvelle du magasin est à prédominance alimentaire.

Pour les pépiniéristes et horticulteurs, la surface de vente mentionnée au 1° est celle qu'ils consacrent à la vente au détail de produits ne provenant pas de leur

exploitation, dans des conditions fixées par décret. – *V. Décr. n° 2005-1026 du 24 août 2005 (JO 26 août).*

II. – Les dispositions du 7° du I ne s'appliquent pas aux départements d'outre-mer. – *[C. com., art. L. 720-5, I et VII].*

Sur la compatibilité des autorisations prévues à l'art. L. 752-1 avec les schémas de cohérence territoriale, V. C. urb., art. L. 122-1 au ***C. urb.***

Code de l'urbanisme

Art. L. 111-6-1 *(Ord. n° 2005-1527 du 8 déc. 2005, art. 6)* Nonobstant toute disposition contraire du plan local d'urbanisme, l'emprise au sol des surfaces, bâties ou non, affectées aux aires de stationnement annexes d'un commerce soumis à l'autorisation d'exploitation commerciale prévue aux 1°, 6° et 8° du I de l'article L. 720-5 [L. 752-1] du code de commerce et au I de l'article 36-1 de la loi n° 73-1193 du 27 décembre 1973 d'orientation du commerce et de l'artisanat, ne peut excéder une fois et demie la surface hors œuvre nette des bâtiments affectés au commerce.

Lorsqu'un équipement cinématographique soumis à l'autorisation prévue au I de l'article 36-1 de la loi n° 73-1193 du 27 décembre 1973 précitée n'est pas installé sur le même site qu'un commerce soumis aux autorisations d'exploitation commerciale prévues aux 1°, 6° et 8° du I de l'article L. 720-5 [L. 752-1] du code de commerce, l'emprise au sol des surfaces, bâties ou non, affectées aux aires de stationnement annexes de cet équipement cinématographique ne doit pas excéder une place de stationnement pour trois fauteuils. – *V. l'art. 36-1 préc., infra, App., v° Commerce (organisation).*

Ces dispositions ne font pas obstacle aux travaux de réfection et d'amélioration ou à l'extension limitée des bâtiments commerciaux existant le 15 décembre 2000.

Les dispositions issues de l'Ord. n° 2005-1527 du 8 déc. 2005 entrent en vigueur à des dates fixées par décret en Conseil d'État et au plus tard le 1er juill. 2007 (art. 41 de l'ord. préc.). – V., en attendant, l'art. L. 421-3 (al. 4 à 6) C. urb. au code de commerce Dalloz, édition 2006 ou antérieure.

....

Par dérogation à l'art. L. 752-1 ci-dessus, les projets visés à cet article dont l'établissement public national pour l'aménagement et la restructuration des espaces commerciaux et artisanaux assure la maîtrise d'ouvrage sont, dans des conditions fixées par décret en Conseil d'État, soumis pour autorisation à la Commission nationale d'équipement commercial après consultation de la commission départementale d'équipement commercial, qui rend son avis dans un délai d'un mois à compter de sa saisine. Passé ce délai, l'avis est réputé rendu. Il en est de même lorsque la maîtrise d'ouvrage est assurée par un établissement public d'aménagement par délégation de l'établissement public national pour l'aménagement et la restructuration des espaces commerciaux et artisanaux (L. n° 96-987 du 14 nov. 1996, art. 28). – V. Décr. n° 97-131 du 12 févr. 1997 (JO 13 févr.).

Sur l'interdiction de toute publicité portant sur une opération n'ayant pas reçu l'autorisation prévue par l'art. L. 752-1 ci-dessus, V. infra, App., v° Publicité commerciale, C. consom. art. L. 121-15.

BIBL. ▶ A. Bischoff, *JCP E 1996. I. 598.*

1. Droit communautaire. **BIBL.** Idot, *in Mélanges Gavalda, Dalloz 2001, p. 161.* ♦ Jugeant que les dispositions du code de commerce qui soumettent l'implantation ou l'extension de certains commerces de détail d'une surface de plus de 300 m² à une autorisation n'instaurent pas d'inégalité de traitement et ne portent pas atteinte à la liberté d'établissement, V. • CE 5 mars 2003 : *RJDA 2004, n° 235 ; Cah. dr. entr. 2003, n° 5, p. 48, obs. Destours ; Europe 2003, n° 210, obs. Saulnier.*

2. Réouverture d'un magasin. N'est pas soumise à autorisation la reconstruction d'un bâtiment destiné à recevoir un magasin de commerce de détail de même nature et de même surface de vente que le bâtiment abritant un commerce qui n'avait pas cessé d'être exploité pendant deux ans ou plus alors même que la construction nouvelle devait être implantée non sur la surface dégagée par le magasin démoli mais sur l'emplacement de l'ancien parking. • CE 3 juin 2002 : *RJDA 2002, n° 1328 ; Cah.*

dr. entr. 2003, n° 3, p. 27, obs. Destours ; Defrénois 2003. 920, obs. Meng. ♦ V., appliquant la prorogation du délai de deux ans, aussi bien en cas de « redressement judiciaire » de l'exploitant, comme expressément prévu par le texte, qu'en cas de « liquidation judiciaire » de celui-ci : • Com. 12 juill. 2004 : *Bull. civ. IV, n° 160 ; D. 2004. AJ. 2300 ; JCP E 2005, n° 1-2, p. 29, obs. Cabrillac ; RJDA 2004, n° 1272 ; Act. proc. coll. 2004, n° 178, obs. Regnaut-Moutier ; Gaz. Pal. 2005. Somm. 2805, obs. Guével.*

3. Extension. Lorsqu'elle est saisie d'une demande d'extension, il appartient à l'Administration de vérifier si le projet consiste en l'extension de surfaces commerciales déjà autorisées ; dans le cas où l'extension sollicitée vise à étendre des surfaces commerciales existantes qui n'avaient pas été autorisées, l'Administration doit instruire la demande en tenant compte non seulement des surfaces projetées mais également de ces surfaces non autorisées et de délivrer ou refuser une autorisation portant sur l'ensemble de ces surfaces. • CAA Douai, 15 avr. 2004 : *JCP E 2004, n° 42, p. 1613.* ♦ Pour une décision ordonnant une mesure d'instruction *in futurum* consistant à confier à un géomètre-expert et à un huissier le soin d'établir le plan d'un magasin afin de vérifier qu'il s'est conformé à l'autorisation d'extension, laquelle mentionnait que cette opération avait, selon le projet, pour objet exclusif d'améliorer les conditions d'accueil et de confort de la clientèle, V. • Civ. 1re, 22 févr. 2005 : *cité note 76 ss. L. n° 63-628 du 2 juill. 1963, art. 2, infra, App., v° Concurrence.*

4. Sanction. Les juges peuvent ordonner la fermeture d'un magasin à grande surface installé au mépris des règles relatives au permis de construire et à l'urbanisme commercial, au motif que l'exploitation de ce commerce dans une situation illicite constitue une faute génératrice d'un trouble commercial pour les concurrents. • Com. 28 nov. 1995 : *RJDA 1996, n° 298.* ♦ Mais une demande d'autorisation de création ou d'extension d'un magasin à grande surface ne peut pas être refusée au seul motif que la demande tend à régulariser une situation illicite, l'exploitation de la surface commerciale ayant déjà commencé. • CE 9 juill. 2003 : *RJDA 2004, n° 243.*

5. Établissement hôtelier. Sur la question, V. • CE 5 mars 2003 : *RJDA 2004, n° 237 ; Cah. dr. entr. 2003, n° 5, p. 50, obs. Destours* • 28 nov. 2003 : *RJDA 2004, n° 237* • 25 oct. 2004 : *AJDA 2005. 108 ; JCP E 2005, n° 31-34, p. 1330, obs. Destours ; Gaz. Pal. 2005. Somm. 2063, obs. Graveleau.*

6. Entrée en vigueur de la loi du 12 avr. 1996. Sur la date d'entrée en vigueur de la loi n° 96-314 du 12 avr. 1996 et ses conséquences sur une autorisation tacite de construire, V. • CE 17 mars 2004 : *JCP E 2004, n° 17, p. 643.*

Art. L. 752-2 *(Ord. n° 2006-673 du 8 juin 2006, art. 2)* **I. — Les regroupements de surface de vente de magasins voisins, sans création de surfaces de vente supplémentaires, n'excédant pas 1 000 mètres carrés, ou 300 mètres carrés lorsque l'activité nouvelle est à prédominance alimentaire, ne sont pas soumis à une autorisation d'exploitation commerciale.**

II. — Les pharmacies ne sont pas soumises à une autorisation d'exploitation commerciale ni prises en compte pour l'application du 3° du I de l'article L. 752-1.

III. — Les halles et marchés d'approvisionnement au détail, couverts ou non, établis sur les dépendances du domaine public et dont la création est décidée par le conseil municipal, les magasins accessibles aux seuls voyageurs munis de billets et situés dans l'enceinte des aéroports ainsi que les parties du domaine public affecté aux gares ferroviaires d'une surface maximum de 1 000 mètres carrés, ne sont pas soumis à une autorisation d'exploitation commerciale.

IV. — La création ou l'extension de garages ou de commerces de véhicules automobiles disposant d'atelier d'entretien et de réparation n'est pas soumise à une autorisation d'exploitation commerciale, lorsqu'elle conduit à une surface totale de moins de 1 000 mètres carrés. — *[C. com., art. L. 720-5, II à V].*

Art. L. 752-3 *(Ord. n° 2006-673 du 8 juin 2006, art. 2)* **I. — Sont regardés comme faisant partie d'un même ensemble commercial, qu'ils soient ou non situés dans des bâtiments distincts et qu'une même personne en soit ou non le propriétaire ou l'exploitant, les magasins qui sont réunis sur un même site et qui :**

1° Soit ont été conçus dans le cadre d'une même opération d'aménagement foncier, que celle-ci soit réalisée en une ou en plusieurs tranches ;

2° Soit bénéficient d'aménagements conçus pour permettre à une même clientèle l'accès des divers établissements ;

3° Soit font l'objet d'une gestion commune de certains éléments de leur exploitation, notamment par la création de services collectifs ou l'utilisation habituelle de pratiques et de publicités commerciales communes ;

4° Soit sont réunis par une structure juridique commune, contrôlée directement ou indirectement par au moins un associé, exerçant sur elle une influence au sens de l'article L. 233-16 ou ayant un dirigeant de droit ou de fait commun.

II. — Toutefois, les dispositions du présent article ne sont pas applicables aux zones d'aménagement concerté créées dans un centre urbain, en vertu de l'article L. 311-1 du code de l'urbanisme. – *[C. com., art. L. 720-6].*

V. Circ. 5 janv. 1991 (Defrénois 1991. 697).

BIBL. ▶ BOUYSSOU, *JCP 1991. I. 3494.* – FATÔME et CHEUVREUX, *Defrénois 1992. 146.*

1. Ensemble commercial. Considérant que des magasins ne peuvent être installés sur un même site, c'est-à-dire une même zone géographique, lorsque distants de 300 mètres environ, ils sont séparés par une voie de circulation impossible à traverser et que la communication entre les deux points de vente ne peut s'effectuer que par des carrefours giratoires, conduisant à un rallongement des trajets, V. • Com. 19 juin 2001 : *Bull. civ. IV, n° 123 ; D. 2001. AJ. 2824, obs. Chevrier.* ♦ Il en va différemment de deux magasins dont les accès se font face, des deux côtés d'une voie publique d'une largeur de sept mètres, ce qui ne constituait pas un obstacle à la circulation des clients entre les deux bâtiments. • CE 3 oct. 2003 : *RJDA 2004, n° 236.*

2. Règle de l'accessoire. L'annulation de la décision donnée par la CNEC de créer un équipement commercial entraîne l'annulation de l'autorisation donnée par la même commission le même jour de créer la station-service en annexe du magasin. • CE 20 mai 2005 : *Lettre distrib. nov. 2005, p. 4.*

Art. L. 752-4 *(Ord. n° 2006-673 du 8 juin 2006, art. 2)* **Les demandes d'autorisation sont présentées selon des modalités fixées par décret en Conseil d'État ; les demandes ne conduisant pas à des surfaces de vente supérieures à 1 000 mètres carrés font l'objet de modalités simplifiées.** – *[C. com., art. L. 720-8, VIII].*

Art. L. 752-5 *(Ord. n° 2006-673 du 8 juin 2006, art. 2)* **Les projets ne sont soumis à l'examen de la commission qu'à la condition d'être accompagnés de l'indication de l'enseigne du ou des futurs exploitants des établissements dont la surface de vente est égale ou supérieure à un seuil fixé par décret.** – *V. Décr. n° 93-306 du 9 mars 1993, art. 18 à 18-2, issus du Décr. n° 96-1018 du 26 nov. 1996, art. 10 et 11 (D. 1997. 6) ; Arr. 12 déc. 1997 (D. 1998. 11).*

Les demandes portant sur la création d'un magasin de commerce de détail ou d'un ensemble commercial tel que défini à l'article L. 752-3 d'une surface de vente supérieure à 6 000 mètres carrés sont accompagnées des conclusions d'une enquête publique portant sur les aspects économiques, sociaux et d'aménagement du territoire du projet prescrite dans les conditions fixées par un décret en Conseil d'État. Cette enquête est réalisée conjointement à l'enquête publique prévue en application de l'article L. 123-1 du code de l'environnement lorsque celle-ci s'impose dans le cadre de l'instruction du permis de construire. – *[C. com., art. L. 720-3, VII et VIII].*

Enquête publique. Le pétitionnaire est fondé à ne pas produire les conclusions de l'enquête publique prévue au VIII de l'art. L. 720-3 [devenu art. L. 752-5, al. 2], dès lors qu'il n'y a pas lieu de prendre en compte, au regard du seuil de 6000 m^2, des surfaces où n'étaient pas exposées des marchandises proposées à la vente, mais qui étaient ouvertes à d'autres utilisateurs que les clients de l'établissement et étaient dédiées à la pratique des sports. • CE 28 avr. 2004 : *RJDA 2005, n° 200 (4e esp.).* ♦ En revanche, dès lors qu'il est directement accessible aux clients et n'a pas pour vocation exclusive d'être utilisé pour le chargement des matériaux lourds, l'espace de « stockage des matériaux » doit être comptabilisé dans la surface de vente. • CE 10 mars 2006 : *RLDA avr. 2006. 45, obs. Méar.*

SECTION II DE LA DÉCISION DE LA COMMISSION DÉPARTEMENTALE

Art. L. 752-6 *(Ord. n° 2006-673 du 8 juin 2006, art. 2)* **Dans le cadre des principes définis à l'article L. 750-1, la commission statue en prenant en considération :**

1° L'offre et la demande globales pour chaque secteur d'activité dans la zone de chalandise concernée ;

– l'impact global du projet sur les flux de voitures particulières et de véhicules de livraison ;

– la qualité de la desserte en transport public ou avec des modes alternatifs ;

– les capacités d'accueil pour le chargement et le déchargement des marchandises ;

2° La densité d'équipement en moyennes et grandes surfaces dans cette zone ;

3° L'effet potentiel du projet sur l'appareil commercial et artisanal de cette zone et des agglomérations concernées, ainsi que sur l'équilibre souhaitable entre les différentes formes de commerce. Lorsque le projet concerne la création ou l'extension d'un ensemble commercial, majoritairement composé de magasins spécialisés dans la commercialisation d'articles de marques à prix réduit, l'effet potentiel dudit projet est également apprécié indépendamment de la spécificité de la politique commerciale de ce type de magasins ;

4° L'impact éventuel du projet en termes d'emplois salariés et non salariés ;

5° Les conditions d'exercice de la concurrence au sein du commerce et de l'artisanat ;

6° Les engagements des demandeurs de création de magasins de détail à prédominance alimentaire de créer dans les zones de dynamisation urbaine ou les territoires ruraux de développement prioritaire des magasins de même type, d'une surface de vente inférieure à 300 mètres carrés, pour au moins 10 % des surfaces demandées. – *[C. com., art. L. 720-3, II].*

V. aussi la Circ. du 7 mars 2005 relative à l'application des dispositions du code de commerce sur l'équipement commercial, JCP E 2005, n° 37, p. 1499.

1. Étude d'impact. Sur l'irrégularité d'une procédure d'autorisation d'équipement commercial résultant de graves lacunes que comportait l'étude d'impact, même rectifiée par la CNEC, et sur l'annulation d'une telle autorisation, V. • CE 24 juin 1998 : *D. Affaires 1998. 1585, obs. E. C.* • 11 févr. 2004 : *RJDA 2004, n° 1166 ; Cah. dr. entr. 2004, n° 6, p. 14, obs. Destours.* – Comp. : • CE 4 févr. 2004 : *ibid.* • 11 févr. 2004 : *ibid.* ♦ Les commerces de gros n'ont pas à être mentionnés dans le dossier de la demande d'autorisation, ni à être pris en compte par la commission, dès lors que seuls les commerces de vente au détail entrent dans le champ d'application de l'art. L. 720-5 [L. 752-1] C. com. • CE 13 déc. 2005 : *cité note 4.*

2. Zone frontalière. La définition de la zone de chalandise décrite par le pétitionnaire doit tenir compte des conditions d'accès au site telles qu'elles peuvent être constatées de manière objective, sans que la circonstance qu'une partie de cette zone soit constituée de communes situées hors du territoire national ne justifie à elle seule leur exclusion, dès lors que la frontière qui les sépare ne constitue un obstacle ni géographique ni monétaire à l'accès au site prévu. • CE 3 févr. 2003 : *JCP E 2003, n° 11, p. 440 ; RTD com. 2003. 489, obs. Orsoni ; AJDA 2003. 1112, note Bouyssou ; Cah. dr. entr. 2003, n° 3, p. 29, obs. Destours ; RJDA 2004, n° 239 ; RFD adm. 2003. 417, obs. Terneyre.*

3. Conditions de circulation. Pour une application des critères introduits par la L. n° 2000-1208 du 13 déc. 2000 relatifs aux conditions de circulation et de stationnement aux abords du site, V. • CE 7 juin 2004 : *AJDA 2004. 1669 ; Defrénois 2004. 1567, obs. Meng (2e esp.) ; RJDA 2005, n° 201 (3e esp.) ; RFD adm. 2004. 864.* ♦ Et sur la hiérarchie entre les différents critères, V. • CE 7 juin 2004 : *cité note 2 ss. art. L. 750-1.* ♦ Jugeant que le dossier fourni par le pétitionnaire doit donner des précisions chiffrées sur le flux de voitures particulières et de véhicules de livraison. • CE 18 févr. 2005 : *JCP E 2005, n° 15-16, p. 672, note Masquart.* ♦ ... Notamment en période estivale, s'agissant d'une implantation à proximité immédiate du littoral méditerranéen. • CE 2 nov. 2005 : *AJDA 2005. 2421.*

4. Zone de chalandise. BIBL. Bischoff, *JCP N 2005, n° 30-34, p. 1352* (la zone de chalandise selon le Conseil d'État). ♦ La zone de chalandise doit être délimitée en tenant compte des conditions de desserte et des temps de déplacement nécessaires pour y accéder. • CE 11 févr. 2004 : *AJDA 2004. 1651, concl. Schwartz*. ♦ L'inventaire des équipements commerciaux de la zone de chalandise ainsi délimitée est ensuite effectué en retenant l'ensemble de ceux qui relèvent du même secteur d'activité que celui du projet, y compris ceux qui sont exploités sous la même enseigne que celle sous laquelle le projet, objet de la demande d'autorisation, a été présenté. • CE 14 mars 2005 : *JCP E 2005, n° 25, p. 1074, note Masquart* • 8 juill. 2005 : *RJDA 2006, n° 465 (1re esp).* ♦ Une zone de chalandise unique doit être déterminée pour l'ensemble du projet, cette zone correspondant à la zone d'attraction que cet équipement est susceptible, dans sa globalité, d'exercer sur la clientèle ; par suite, un dossier présenté à l'appui d'une demande d'autorisation d'un ensemble commercial ne peut valablement indiquer deux zones de chalandise distinctes, l'une pour la partie du projet devant être occupée par un magasin spécialisé dans la vente de produits culturels, l'autre, plus restreinte, pour celle occupée par deux commerces d'équipement de la personne. • CE 18 févr. 2005 : *AJDA 2005. 1022 ; RJDA 2005, n° 1159 ; Lettre distrib. mai 2005, p. 3.*

Dans le cas où, à l'appui de sa demande d'autorisation, le pétitionnaire délimite de façon inexacte les sous-zones incluses dans la zone de chalandise du projet, de telles inexactitudes n'ont pas pour effet d'entacher d'illégalité l'autorisation accordée. • CE 13 déc. 2005 : *RJDA 2006, n° 466.*

5. Demande d'autorisation. Se prononçant contre l'accès des tiers aux demandes de création, d'extension ou de transfert d'activité des moyennes et grandes surfaces, V. Rép. min. n° 44977 : *JOAN Q 7 sept. 2004, p. 7032.*

Art. L. 752-7 *(Ord. n° 2006-673 du 8 juin 2006, art. 2)* **Les décisions de la commission départementale se réfèrent aux travaux de l'observatoire départemental d'équipement commercial.** – *[C. com., art. L. 720-3, III].*

Art. L. 752-8 *(Ord. n° 2006-673 du 8 juin 2006, art. 2)* **Le préfet qui préside la commission départementale l'informe sur le contenu du programme national prévu à l'article L. 750-1 et sur le schéma de développement commercial mentionné à l'article L. 751-9.**

Art. L. 752-9 *(Ord. n° 2006-673 du 8 juin 2006, art. 2)* **Lorsque l'opération envisagée concerne une agglomération dans laquelle sont mises en œuvre les procédures prévues aux articles L. 303-1 du code de la construction et de l'habitation et L. 123-11 du code de l'urbanisme** *[dans sa rédaction antérieure à la loi n° 2000-1208 du 13 déc. 2000]* **, la commission prend en compte les actions destinées à y assurer le maintien ou l'implantation de commerces de proximité, d'artisans ou d'activités artisanales.** – *[C. com., art. L. 720-3, VI].*

Art. L. 752-10 *(Ord. n° 2006-673 du 8 juin 2006, art. 2)* **Dans les départements d'outre-mer, sauf dérogation motivée de la commission départementale d'équipement commercial, l'autorisation demandée ne peut être accordée lorsqu'il apparaît qu'elle aurait pour conséquence de porter au-delà d'un seuil de 25 % sur l'ensemble du département, ou d'augmenter, si elle est supérieure à ce seuil, la surface de vente totale des commerces de détail à prédominance alimentaire de plus de 300 mètres carrés de surface de vente, que celle-ci concerne l'ensemble du projet ou une partie seulement, et appartenant :**

1° Soit à une même enseigne ;

2° Soit à une même société, ou une de ses filiales, ou une société dans laquelle cette société possède une fraction du capital comprise entre 10 et 50 %, ou une société contrôlée par cette même société au sens de l'article L. 233-3 ;

3° Soit contrôlée directement ou indirectement par au moins un associé exerçant sur elle une influence au sens de l'article L. 233-16, ou ayant un dirigeant de droit ou de fait commun. – *[C. com., art. L. 720-4]. - V. art. L. 430-2.*

Art. L. 752-11 *(Ord. n° 2006-673 du 8 juin 2006, art. 2)* **Les responsables des services déconcentrés de l'État chargés de l'équipement, de la concurrence et de la consommation ainsi que de l'emploi assistent aux séances de la commission départementale.**

Dans la région d'Ile-de-France, un représentant du préfet de région assiste également aux séances. – *[C. com., art. L. 720-8, V et VI, al. 1er].*

Art. L. 752-12 *(Ord. no 2006-673 du 8 juin 2006, art. 2)* **L'instruction des demandes d'autorisation est faite par les services déconcentrés de l'État.** – *[C. com., art. L. 720-8, VI, al. 2].*

Art. L. 752-13 *(Ord. no 2006-673 du 8 juin 2006, art. 2)* **Aucun membre de la commission départementale ne peut délibérer dans une affaire où il a un intérêt personnel et direct ou s'il représente ou a représenté une des parties intéressées.** – *[C. com., art. L. 720-8, IV, al. 2].*

Art. L. 752-14 *(Ord. no 2006-673 du 8 juin 2006, art. 2)* **La commission départementale d'équipement commercial, suivant une procédure fixée par décret, autorise les projets par un vote favorable de quatre de ses membres. Le procès-verbal indique le sens du vote émis par chacun des membres.** – *[C. com., art. L. 720-9]. – V. Décr. no 93-306 du 9 mars 1993, art. 13 (D. et ALD 1993. 263), mod. par Décr. no 96-1018 du 26 nov. 1996, art. 6 (D. 1997. 6).*

Le préfet qui préside la commission départementale ne prend pas part au vote.

Art. L. 752-15 *(Ord. no 2006-673 du 8 juin 2006, art. 2)* **L'autorisation d'exploitation commerciale est délivrée préalablement à l'octroi du permis de construire s'il y a lieu, ou avant la réalisation du projet si le permis de construire n'est pas exigé.**

L'autorisation est accordée par mètre carré de surface de vente ou par chambre.

Une nouvelle demande est nécessaire lorsque le projet, en cours d'instruction ou dans sa réalisation, subit des modifications substantielles dans la nature du commerce ou des surfaces de vente. Il en est de même en cas de modification de la ou des enseignes désignées par le pétitionnaire.

L'autorisation préalable requise pour la création de magasins de commerce de détail n'est ni cessible ni transmissible. – *[C. com., art. L. 720-5, VI].*

1. Modifications substantielles. Il incombe au juge des référés, saisi d'une demande en vue de mettre fin sous astreinte à l'exploitation de surfaces prétendument mises en place d'une manière illégale, de surseoir à statuer dans l'attente de la décision du juge administratif sur le caractère substantiel ou non de la modification reprochée. • Com. 17 déc. 2002 : *Bull. civ. IV, no 199 ; JCP E 2003, no 7-8, p. 296 ; Cah. dr. entr. 2003, no 3, p. 27, obs. Destours ; RJDA 2003, no 655.* ♦ V. aussi, jugeant que seul le juge administratif est compétent pour interpréter la portée d'une autorisation d'une commission départementale d'équipement commercial, de sorte que la contestation d'un trouble manifestement illicite est subordonnée à l'appréciation, par ce juge, de la modification apportée à la nature du commerce et à l'enseigne du magasin : • Com. 25 févr. 2003 : *RJDA 2003, no 886* (cassant • Orléans, 9 mars 2000 : *RJDA 2000, no 1182).* ♦ Lorsque le projet subit des modifications substantielles dans la nature du commerce ou des surfaces de vente, le préfet saisit à nouveau la commission qui doit statuer dans un délai de deux mois. • CE 20 mai 2005 : *Lettre distrib. oct. 2005, p. 4.*

2. Permis de construire. Dans le cas où le permis de construire accordé à une entreprise a pour objet, après démolition du bâtiment abritant un commerce de détail, la construction, sur les mêmes parcelles mais pas à la même place, d'un bâtiment destiné à recevoir un magasin sous la même enseigne et de même surface, le juge des référés, saisi d'une demande de suspension de ce permis de construire, ne commet pas d'erreur de droit en estimant que le moyen tiré par les demandeurs du défaut de délivrance préalable d'une autorisation d'exploitation commerciale, n'était pas de nature à faire naître un doute sérieux sur la légalité de la décision contestée. • CE 3 juin 2002 : *RJDA 2002, no 1328 ; Cah. dr. entr. 2003, no 3, p. 27, obs. Destours ; Defrénois 2003. 920, obs. Meng.* ♦ Ayant relevé que la demande de permis de construire avait été déposée avant l'expiration du délai de deux ans prévu à l'art. 27-1 du Décr. du 28 janv. 1974 et qu'elle n'avait jamais été rejetée mais avait été régulièrement renouvelée jusqu'à ce qu'un permis de construire définitif soit enfin délivré, une cour d'appel en a justement déduit que l'autorisation d'urbanisme commercial n'avait pas été frappée de caducité. • Com. 3 mars 2004 : *RJ com. 2004. 519, note Bouyssou.*

Les dispositions législatives de la loi du 27 déc. 1973 modifiée [art. L. 750-1 s. C. com.] qui régissent les projets ayant pour effet d'entraîner la création ou l'augmentation d'une surface de vente supérieure aux seuils fixés, ont pour seul objet de favoriser la concurrence économique et, par suite, ne figurent pas, eu égard à leur objet, au nombre des « dispositions d'urbanisme » mentionnées à l'art. L. 600-2 C. urb. • CAA Marseille, 21 mars 2002 : *RD imm. 2003. 109, obs. Derepas*. ♦ Jugeant que le régime d'autorisation d'ouverture des grandes surfaces, qui tend à réguler la concurrence dans le secteur du commerce de détail et à régir une activité économique, ne constitue ni une prescription d'urbanisme ni une servitude administrative : • CE 5 nov. 2003 : *JCP E 2003, n° 48, p. 1891 ; AJDA 2003. 2260, obs. Donnat et Casas ; RJDA 2004, n° 234 ; Petites affiches 26 nov. 2004, p. 10, note Mahinga ; RD imm. 2003. 596, obs. Soler-Couteaux ; RFD adm. 2004. 193* (prorogation du permis de construire).

Art. L. 752-16 *(Ord. n° 2006-673 du 8 juin 2006, art. 2)* **La commission départementale d'équipement commercial statue sur les demandes d'autorisation mentionnées aux articles L. 752-1 et L. 752-15 dans un délai de quatre mois, à compter du dépôt de chaque demande, à l'exception des demandes relatives à des projets situés dans le périmètre des zones franches urbaines définies au B du 3 de l'article 42 de la loi n° 95-115 du 4 février 1995 d'orientation pour l'aménagement et le développement du territoire, pour lesquelles elle statue dans un délai de deux mois.**

Ses décisions sont motivées en se référant notamment aux dispositions des articles L. 750-1, L. 752-6 et L. 752-7.

Passé ce délai, l'autorisation est réputée accordée. Les commissaires ont connaissance des demandes déposées au moins un mois avant d'avoir à statuer. – *[C. com., art. L. 720-10, al. 1er].*

1. Incompétence du Conseil de la concurrence. Les faits dénoncés, s'agissant du caractère erroné des dossiers déposés devant les CDEC et de l'absence de conformité aux art. L. 720-1 et L. 720-3 [L. 750-1 et L. 752-6 s.] C. com. des décisions d'autorisation accordées, échappent à la compétence du Conseil de la concurrence qui n'est pas chargé de l'application de ces textes. • Cons. conc. n° 04-D-12 du 7 avr. 2004 : *BOCC 6 sept. 2004 ; D. 2004. AJ. 1309 ; Cah. dr. entr. 2004, n° 3, p. 34, obs. Destours ; Lettre distrib. mai 2004, p. 2*.

2. Décision implicite. Le silence gardé par la CNEC vaut décision de rejet du recours et le refus implicite d'autorisation qui en découle, qui ne crée aucun droit au profit des tiers, ne fait pas obstacle à ce que la CNEC rapporte ultérieurement sa décision de rejet en délivrant l'autorisation. • CE 17 mars 2004 : *RJDA 2005, n° 202 (5e esp.)* • 15 oct. 2004 : *ibid. (6e esp.).*

SECTION III DU RECOURS CONTRE LA DÉCISION DE LA COMMISSION DÉPARTEMENTALE

Art. L. 752-17 *(Ord. n° 2006-673 du 8 juin 2006, art. 2)* **Sans préjudice du recours juridictionnel réservé aux tiers dans les conditions de droit commun, à la seule initiative du préfet, de deux membres de la commission, dont l'un est élu, ou du demandeur, la décision de la commission départementale peut, dans un délai de deux mois à compter de sa notification ou de son intervention implicite, faire l'objet d'un recours auprès de la commission nationale d'équipement commercial prévue à l'article L. 751-5, qui se prononce dans un délai de quatre mois, à l'exception des demandes relatives à des projets situés dans le périmètre des zones franches urbaines définies au B du 3 de l'article 42 de la loi n° 95-115 du 4 février 1995 d'orientation pour l'aménagement et le développement du territoire, pour lesquelles elle statue dans un délai de deux mois.** – *[C. com., art. L. 720-10, al. 2].*

BIBL. ► MAILHÉ, *JCP E 2005, n° 51-52, p. 2230* (équipement commercial : que veut le Conseil d'État ?).

Code de l'urbanisme

Art. L. 425-7 *(Ord. n° 2005-1527 du 8 déc. 2005, art. 15-II)* Conformément aux articles L. 720-5 et L. 720-10 [L. 752-1, L. 752-2, L. 752-15 et L. 752-17 s.] du code de commerce, lorsque le permis de construire porte sur un projet soumis à une autorisation d'exploitation commerciale, le permis ne peut être accordé avant l'expiration du délai de recours relatif à cette autorisation et, en cas de recours, avant la décision de la commission nationale.

L. 425-8 *(Ord. n° 2005-1527 du 8 déc. 2005, art. 15-II)* Conformément au I de l'article 36-1 de la loi n° 73-1193 du 27 décembre 1973 d'orientation du commerce et de l'artisanat, lorsque le permis de construire porte sur un projet soumis à une autorisation de création de salle de spectacle cinématographique, le permis ne peut être accordé avant l'expiration du délai de recours relatif à cette autorisation et, en cas de recours, avant la décision de la commission nationale. – *V. ce texte infra, App., v° Commerce (organisation).*

Les dispositions issues de l'Ord. n° 2005-1527 du 8 déc. 2005 entrent en vigueur à des dates fixées par décret en Conseil d'État et au plus tard le 1er juill. 2007 (art. 41 de l'ord. préc.). – V. et comp., en attendant, l'art. L. 451-6 ***C. urb.***

Recours. Les dispositions du 2e al. de l'art. L. 720-10 [art. L. 752-17], ne font pas obstacle à ce que le recours ainsi institué soit formé par deux membres de la Commission départementale qui sont tous deux élus. • CE 26 mars 2003 : *RJDA 2004, n° 244.* ♦ Jugeant que le délai de recours de deux mois ouvert au préfet ou à deux membres de la Commission n'est pas un délai franc, V. • CE 11 févr. 2004 : *JCP E 2004, n° 11, p. 397 ; AJDA 2004. 1481, concl. Schwartz ; RJDA 2004, n° 1394 ; RFD adm. 2004. 421.*

Les tiers, qui ne figurent pas au nombre des personnes visées par l'art. L. 720-10 [L. 752-17] qui institue le recours hiérarchique, sont donc recevables à contester la légalité des décisions des CDEC directement devant la juridiction administrative. • CE 10 mars 2006 : *D. 2006. 1237, note Gelas ; AJDA 2006. 796, note Landais et Lenica ; JCP E 2006, n° 13, p. 638, note Paloux et Masquart ; RJDA 2006, n° 712 ; RLDA avr. 2006. 45, obs. Méar* • TA Orléans, 17 janv. 2006 : *AJDA 2006. 706, concl. Francfort.*

Art. L. 752-18 *(Ord. n° 2006-673 du 8 juin 2006, art. 2)* **Avant l'expiration du délai de recours ou, en cas de recours, avant la décision en appel de la commission nationale, le permis de construire ne peut être accordé ni la réalisation entreprise et aucune nouvelle demande ne peut être déposée pour le même terrain d'assiette auprès de la commission départementale d'équipement commercial.** – *[C. com., art. L. 720-10, al. 4].*

Art. L. 752-19 *(Ord. n° 2006-673 du 8 juin 2006, art. 2)* **Le maire de la commune d'implantation membre de la commission départementale dont la décision fait l'objet du recours est entendu à sa demande par la commission nationale.**

Un commissaire du Gouvernement nommé par le ministre chargé du commerce assiste aux séances de la commission. Il rapporte les dossiers. – *[C. com., art. L. 720-11, V et VI].*

Audition du maire. Il ne résulte d'aucune disposition législative ou réglementaire que l'audition du maire de la commune d'implantation devrait être préalablement autorisée par le conseil municipal de ladite commune. • CE 18 févr. 2005 : *AJDA 2005. 910 ; RJDA 2005, n° 1157* (équipement cinématographique). ♦ Le maire a pu, en l'espèce, exprimer un point de vue différent de celui exprimé par le conseil municipal, sans que cette circonstance soit, en tout état de cause, de nature à entacher la décision d'irrégularité. • Même arrêt.

Art. L. 752-20 *(Ord. n° 2006-673 du 8 juin 2006, art. 2)* **Aucun membre de la commission nationale ne peut délibérer dans une affaire où il a un intérêt personnel et direct ou s'il représente ou a représenté une des parties intéressées.**

Le président de la commission nationale a voix prépondérante en cas de partage égal des voix. – *[C. com., art. L. 720-11, II bis et IV].*

Art. L. 752-21 *(Ord. n° 2006-673 du 8 juin 2006, art. 2)* **En cas de rejet pour un motif de fond de la demande d'autorisation par la commission nationale susmen-**

tionnée, il ne peut être déposé de nouvelle demande par le même pétitionnaire, pour un même projet, sur le même terrain pendant une période d'un an à compter de la date de la décision de la commision nationale.

Nouvelle demande. La réduction de 1200 à 1000 m^2 de la surface de vente d'un supermarché projeté n'est pas de nature à faire regarder le second projet comme différent du premier au sens de l'art. L. 720-10 [L. 752-21]. • TA Orléans, 17 janv. 2006 : *AJDA 2006. 706, concl. Francfort.* ♦ Pour une illustration des modifications de fond pouvant être apportées à un projet afin d'éviter l'application du délai d'attente d'un an, V. • CE 15 juill. 2004 : *RJDA 2005, n° 201 (3ᵉ esp.).*

Art. L. 752-22 *(Ord. n° 2006-673 du 8 juin 2006, art. 2)* **Les commissions autorisent ou refusent les projets dans leur totalité.** – *[C. com., art. L. 720-10, al. 3].*

SECTION IV DES CONTRATS PASSÉS À L'OCCASION DE LA RÉALISATION D'UN PROJET AUTORISÉ

Art. L. 752-23 *(Ord. n° 2006-673 du 8 juin 2006, art. 2)* **Sous réserve des dispositions particulières applicables aux collectivités territoriales et aux sociétés d'économie mixte locales, tous les contrats passés par des personnes publiques ou privées, à l'occasion de la réalisation d'un projet autorisé en vertu des articles L. 752-1 et L. 752-3, sont communiqués, selon des modalités fixées par décret, par chaque partie contractante au préfet et à la chambre régionale des comptes.**

Cette obligation s'étend également aux contrats antérieurs à l'autorisation et portant sur la maîtrise ou l'aménagement des terrains sur lesquels est réalisée l'implantation d'établissements ayant bénéficié de l'autorisation. Elle concerne les contrats de tout type, y compris ceux prévoyant des cessions à titre gratuit, des prestations en nature et des contreparties immatérielles.

Cette communication intervient dans les deux mois suivant la conclusion des contrats ou, s'il s'agit de contrats antérieurs à l'autorisation, dans un délai de deux mois à compter de l'autorisation.

Toute infraction aux dispositions du présent article est punie de 15 000 euros d'amende. – *[C. com., art. L. 720-7].*

TITRE SIXIÈME DES MARCHÉS D'INTÉRÊT NATIONAL ET DES MANIFESTATIONS COMMERCIALES *(Ord. n° 2006-673 du 8 juin 2006, art. 2).*

RÉP. COM. v° *Marchés et halles,* par COURIVAUD.

RÉP. PÉN. v° *Marchés (Police des),* par KECHICHIAN.

CHAPITRE PREMIER DES MARCHÉS D'INTÉRÊT NATIONAL *(Ord. n° 2006-673 du 8 juin 2006, art. 2).*

Art. L. 761-1 **Les marchés d'intérêt national sont des services publics de gestion de marchés, dont l'accès est réservé aux producteurs et aux commerçants, qui**

contribuent à l'organisation et à la productivité des circuits de distribution des produits agricoles et alimentaires, à l'animation de la concurrence dans ces secteurs économiques et à la sécurité alimentaire des populations.

Le classement de marchés de produits agricoles et alimentaires comme marchés d'intérêt national ou la création de tels marchés est prononcé sur proposition des conseils régionaux par décret.

Ces marchés peuvent être implantés sur le domaine public ou le domaine privé d'une ou plusieurs personnes morales de droit public ou sur des immeubles appartenant à des personnes privées.

Le déclassement d'un marché d'intérêt national peut être prononcé par arrêté du ministre chargé du commerce et du ministre chargé de l'agriculture sur proposition du conseil régional si l'activité du marché ne permet plus de répondre aux missions définies au premier alinéa ou à l'organisation générale déterminée dans les conditions fixées à l'article L. 761-10. – *[C. com., art. L. 730-1].*

Art. L. 761-2 La liste des marchés d'intérêt national dont l'État entend organiser l'aménagement et la gestion est fixée par décret. – *V. Décr. n° 2004-1483 du 23 déc. 2004 (JO 30 déc.) pour le MIN de Paris-Rungis.*

Pour les autres marchés d'intérêt national, les communes sur le territoire desquelles ils sont implantés, ou les groupements de communes intéressés, en assurent l'aménagement et la gestion, en régie ou par la désignation d'une personne morale publique ou privée. Dans ce dernier cas, cette personne morale est désignée après mise en concurrence dans les conditions fixées par l'article L. 1411-1 du code général des collectivités territoriales.

Ces communes, ou leurs groupements, peuvent toutefois confier ce pouvoir de désignation à la région ou, en Corse, à la collectivité territoriale de Corse. – *[C. com., art. L. 730-2].*

Art. L. 761-3 Le tarif des redevances perçues auprès des titulaires d'autorisation d'occupation ou des autres formes de contribution des usagers du marché à son fonctionnement est établi par le gestionnaire et approuvé par le préfet.

Le gestionnaire du marché présente un compte de résultat prévisionnel permettant de faire face à l'ensemble de ses obligations sociales, financières et sanitaires établies ou prévisibles. – *V. Décr. n° 2005-1595 du 19 déc. 2005, art. 3, infra, App., v° Commerce (organisation).*

Si l'exploitation financière d'un marché présente ou laisse prévoir un déséquilibre grave, les ministres de tutelle peuvent, après avoir conseillé le gestionnaire et, le cas échéant, les collectivités publiques qui ont garanti les emprunts, relever d'office les redevances existantes, créer des recettes nouvelles, réduire les dépenses et, d'une manière générale, prendre toutes dispositions propres à rétablir l'équilibre. – *[C. com., art. L. 730-3].*

Art. L. 761-4 Un périmètre de référence peut être institué autour du marché d'intérêt national par décret en Conseil d'État.

Le périmètre de référence comporte l'application des interdictions prévues à l'article L. 761-5.

Les interdictions prévues s'appliquent aux ventes et aux opérations accessoires à la vente de ceux des produits dont les listes sont fixées dans chaque cas par arrêté des ministres de tutelle.

Le décret mentionné au premier alinéa détermine l'implantation du marché d'intérêt national.

La suppression anticipée de tout ou partie du périmètre, l'extension de l'implantation du marché ou son transfert à l'intérieur du périmètre peuvent être déterminés par décision de l'autorité administrative compétente. – *[C. com., art. L. 730-4].*

Art. L. 761-5 Le décret instituant le périmètre de référence interdit, à l'intérieur de celui-ci, l'extension, le déplacement ou la création de tout établissement dans lequel une personne physique ou morale pratique, à titre autre que de détail, soit des ventes portant sur les produits, soit sur des opérations accessoires à ces ventes, dont les listes sont fixées par arrêté interministériel comme il est prévu au troisième alinéa de l'article L. 761-4.

Cette interdiction ne s'applique pas aux producteurs et groupements de producteurs pour les produits qui proviennent d'exploitations sises à l'intérieur du périmètre de référence.

N'est pas considéré comme une création d'établissement le changement de titulaire du fonds de commerce.

L'extension d'établissement s'entend soit de la création de nouvelles activités, soit de l'agrandissement des locaux commerciaux.

Les conditions d'application des dispositions du présent article sont fixées par décret en Conseil d'État. – *[C. com., art. L. 730-5]. – V. Décr. n° 2005-1595 du 19 déc. 2005, art. 5 s., infra, App., v° Commerce (organisation).*

Art. L. 761-6 Lorsque le périmètre de référence d'un marché d'intérêt national englobe l'enceinte d'un port, les ventes autres que de détail portant sur des produits inscrits sur les listes mentionnées à l'article L. 761-4 obéissent dans cette enceinte aux dispositions suivantes.

Les interdictions prévues à l'article L. 761-5 ne sont pas applicables aux ventes qui concernent les produits acheminés directement par voie maritime dans ce port ou à partir de ce port et portent sur des lots dont l'importance dépasse les limites fixées par arrêté conjoint des ministres chargés de la tutelle des marchés d'intérêt national et du ministre chargé des ports.

Le décret instituant le périmètre de référence peut soit interdire dans l'enceinte du port les ventes à l'importation de produits acheminés par une voie autre que maritime, soit les autoriser seulement pour les lots d'une importance excédant certaines limites et dans les conditions qu'il détermine. – *[C. com., art. L. 730-7].*

Art. L. 761-7 A titre exceptionnel, l'autorité administrative compétente peut accorder des dérogations aux interdictions prévues aux articles L. 761-5 et L. 761-6, dans des conditions fixées par décret en Conseil d'État. . - *[C. com., art. L. 730-8]. – V. Décr. n° 2005-1595 du 19 déc. 2005, art. 9 et 10, infra, App., v° Commerce (organisation).*

Art. L. 761-8 Les infractions aux interdictions des articles L. 761-5 et L. 761-6 ainsi qu'aux dispositions prises en application de ces articles sont constatées et poursuivies dans les conditions fixées par le premier alinéa de l'article L. 450-1 et les articles L. 450-2 et L. 450-3 et sanctionnées d'une peine d'amende de 15 000 euros. Les articles L. 470-1 et L. 470-4 sont applicables. – *[C. com., art. L. 730-10].*

Art. L. 761-9 Le droit d'occupation privative d'emplacement dont dispose un commerçant établi dans l'enceinte d'un marché d'intérêt national est susceptible d'être compris dans le nantissement de son fonds de commerce. – *[C. com., art. L. 730-12].*

Art. L. 761-10 Les dispositions législatives et réglementaires relatives à la tenue et à l'exploitation des marchés de produits agricoles et alimentaires ne sont pas applicables aux marchés d'intérêt national.

L'organisation générale des marchés d'intérêt national est déterminée par décret en Conseil d'État. – *V. Décr. n° 2005-1595 du 19 déc. 2005, art. 11 s., infra, App., v° Commerce (organisation).*

La modification de l'enceinte des marchés d'intérêt national dépourvus de périmètre de référence ainsi que leur transfert s'exercent librement. – *[C. com., art. L. 730-15].*

Art. L. 761-11 Le préfet exerce les pouvoirs de police dans l'enceinte du marché d'intérêt national. Dans l'étendue du périmètre de référence, il veille à l'application des lois et règlements intéressant le marché et dénonce, à cet effet, au procureur de la République les infractions commises. Lorsque le marché avec son périmètre de référence s'étend sur plusieurs départements, les pouvoirs ci-dessus appartiennent au préfet désigné par le ministre de l'intérieur. – *[C. com., art. L. 730-16].*

CHAPITRE II DES MANIFESTATIONS COMMERCIALES *(Ord. n° 2006-673 du 8 juin 2006, art. 2).*

(Ord. n° 2004-274 du 25 mars 2004, art. 30)

L'ord. n° 2004-274 du 25 mars 2004, qui a créé le titre IV du livre VII C. com., a été ratifiée par l'art. 78-XV de la L. n° 2004-1343 du 9 déc. 2004 (JO 10 déc.).

RÉP. COM. v° *Expositions, foires et salons,* par COURIVAUD.

Art. L. 762-1 Un parc d'exposition est un ensemble immobilier clos indépendant, doté d'installations et d'équipements appropriés ayant un caractère permanent et non soumis à l'autorisation prévue à l'article L. 752-1, qui accueille, pendant tout ou partie de l'année, des manifestations commerciales ou autres, à caractère temporaire.

Le parc d'exposition est enregistré auprès de l'autorité administrative compétente. Le programme des manifestations commerciales qu'il accueille fait chaque année l'objet d'une déclaration préalable auprès de l'autorité administrative compétente. – *[C. com., art. L. 740-1].* – *V. Décr. n° 2006-85 du 27 janv. 2006, infra, ss. art. L. 762-3.*

Art. L. 762-2 Un salon professionnel est une manifestation commerciale consacrée à la promotion d'un ensemble d'activités professionnelles réservée à des visiteurs justifiant d'un titre d'accès. Il ne propose à la vente sur place que des marchandises destinées à l'usage personnel de l'acquéreur, dont la valeur n'excède pas un plafond fixé par décret. - *Montant fixé à 80 € TTC (Décr. n° 2006-768 du 29 juin 2006, JO 1er juill.).*

Tout salon professionnel fait l'objet d'une déclaration préalable auprès de l'autorité administrative compétente. – *[C. com., art. L. 740-2].* – *V. Décr. n° 2006-85 du 27 janv. 2006, infra, ss. art. L. 762-3.*

Pour les sanctions pénales, V. art. L. 310-5 (6°). — Pour l'interdiction de toute publicité d'un salon non déclaré, V. art. L. 121-15 C. consom., App., v° Publicité commerciale.

Art. L. 762-3 Les conditions d'application du présent chapitre sont déterminées par un décret en Conseil d'État. – *[C. com., art. L. 740-3].* – *V. Décr. n° 2006-85 du 27 janv. 2006, infra.*

Sur la réglementation des ventes au déballage, V. art. L. 310-2. — Sur la participation des entreprises de fabrication ou de commerce de matériels de guerre et d'armes et munitions de défense des 1re, 2e, 3e, 4e catégories aux manifestations commerciales et aux salons professionnels déclarés en application des art. L. 762-1 et L. 762-2 C. com., V. C. défense, art. L. 2332-2. — ***C. pén.***

Décret n° 2006-85 du 27 janvier 2006,

Relatif au régime de déclaration préalable des manifestations commerciales.

Art. 1er La demande d'enregistrement d'un parc d'exposition est adressée par son exploitant, par lettre recommandée avec demande d'avis de réception, ou remise au préfet du département où se trouvent ses installations. Si l'emprise du parc d'exposition et de ses dépendances s'étend sur plusieurs départements, l'enregistrement est réalisé auprès du département où est situé l'accès principal de ce parc d'exposition. Une demande est faite pour chaque parc qui constitue un ensemble clos sans accès direct et privatif vers un autre parc d'exposition.

Le dossier de demande d'enregistrement comporte une déclaration et des pièces justificatives définies par un arrêté du ministre chargé du commerce. – *V. Arr. 12 juin 2006 (JO 5 juill.).*

Si le dossier est complet, le préfet adresse à l'exploitant du parc d'exposition, par voie postale, un récépissé d'enregistrement de chaque parc dans le délai d'un mois à compter de la réception de ce dossier. Si le dossier est incomplet, le préfet notifie à l'intéressé la liste des pièces manquantes dans un délai de quinze jours à compter de sa réception. A défaut de production des éléments complémentaires manquants, la demande d'enregistrement ne peut faire l'ojet d'un récépissé d'enregistrement.

Tout changement dans les éléments figurant dans la demande d'enregistrement initiale fait l'objet d'une déclaration modificative au préfet dans des conditions identiques à la procédure initiale.

2 Les manifestations commerciales devant faire l'objet d'une déclaration au titre du programme annuel par un parc d'exposition sont :

1° Les salons professionnels tels que définis par l'article L. 762-2 du code de commerce ; – *V. cet art., supra.*

2° Les manifestations commerciales, usuellement dénommées « salons », ouvertes au public et dans lesquelles un ensemble de personnes physiques ou morales relevant d'une branche professionnelle ou d'un ensemble de branches professionnelles expose d'une façon collective et temporaire des biens ou offre des services relevant d'une liste limitative de produits ou services déterminés par l'organisateur, qui peuvent faire l'objet d'une vente directe avec enlèvement de la marchandise ou exécution du contrat de services ;

3° Les manifestations commerciales, usuellement dénommées « foires », dans lesquelles un ensemble de personnes physiques ou morales expose d'une façon collective et temporaire des biens ou offre des services qui peuvent faire l'objet d'une vente directe avec enlèvement de la marchandise ou exécution du contrat de services.

Les manifestations mentionnées au 3° du III de l'article L. 310-2 du code de commerce n'ont pas à faire l'objet d'une déclaration au titre du programme annuel. – *V. cet art., supra.*

3 L'exploitant d'un parc d'exposition enregistré adresse, pour chaque année civile, la déclaration du programme annuel des manifestations commerciales telles que définies à l'article 2 se tenant dans son parc, au préfet du département d'implantation de ce parc, avant le 1er octobre de l'année précédant la tenue des manifestations commerciales inscrites dans ce programme.

L'exploitant du parc déclare les principales caractéristiques de chaque manifestation commerciale, qu'il recueille auprès de son organisateur. La liste de ces caractéristiques est définie par un arrêté du ministre chargé du commerce. Lorsque la manifestation s'est tenue précédemment, ses caractéristiques chiffrées sont certifiées dans des conditions fixées par arrêté du ministre chargé du commerce. La déclaration du programme annuel est écrite, déposée ou transmise par l'exploitant du parc d'exposition par tout moyen reconnu comme faisant preuve. Elle peut être effectuée par voie électronique dans des conditions fixées par arrêté du ministre chargé du commerce. Elle donne lieu à la délivrance d'un accusé de réception, par voie postale ou électronique. Dans ce dernier cas, le préfet veille à ce que la transmission soit assurée de manière sécurisée, conformément à l'article 1316-1 du code civil. L'exploitant du parc adresse par voie postale ou électronique une copie de ce récépissé aux organisateurs des manifestations faisant l'objet de la déclaration annuelle. – *V. Arr. 12 juin 2006 (JO 5 juill.).*

Si le dossier est complet, le préfet adresse, par voie postale, un récépissé de déclaration à l'exploitant du parc d'exposition dans le délai d'un mois à compter de la réception de ce dossier. Si le dossier est incomplet, le préfet notifie à l'intéressé la liste des éléments manquants dans un délai de quinze jours à compter de la réception du dossier. À défaut de production des éléments complémentaires manquants, la déclaration ne peut faire l'objet d'un récépissé de déclaration que pour les manifestations dont le dossier est complet. – *V. Arr. 12 juin 2006 (JO 5 juill.).*

Toute modification du programme annuel ou des principales caractéristiques des manifestations qui y figurent fait l'objet d'une déclaration modificative immédiate au préfet dans des conditions identiques à la procédure initiale de déclaration du programme annuel.

La première déclaration de programme annuel peut être effectuée en même temps que la demande d'enregistrement du parc d'exposition.

En cas d'absence de dépôt de la déclaration complète dans les délais prévus au premier alinéa, les manifestations commerciales qui se tiennent dans le parc sont assujetties, suivant le cas, au régime de déclaration prévu à l'article 4 ou aux demandes d'autorisation prévues au I de l'article L. 310-2 du code de commerce. Dans ce cas, l'exploitant du parc d'exposition informe par voie postale avant le 1er novembre de l'année précédant la tenue des manifestations commerciales les organisateurs de celles pour lesquelles il n'a pas obtenu de récépissé de déclaration. — *V. art. préc., supra.*

4 L'organisateur d'un salon professionnel tel que défini à l'article L. 762-2 du code de commerce qui ne se tient pas dans un parc d'exposition enregistré adresse une déclaration préalable par lettre recommandée avec demande d'avis de réception, ou la remet au préfet du département où se tient la manifestation deux mois au moins avant le début de celle-ci.

Le déclarant fournit les principales caractéristiques de la manifestation. La liste de ces caractéristiques est définie par un arrêté du ministre chargé du commerce. Lorsque la manifestation s'est tenue précédemment, ses caractéristiques chiffrées sont certifiées dans des conditions fixées par arrêté du ministre chargé du commerce. – *V. Arr. 12 juin 2006 (JO 5 juill.).*

Le préfet délivre un récépissé de déclaration dans un délai maximum de quinze jours à compter de la réception du dossier complet de cette déclaration. Si la déclaration est incomplète, il notifie à l'intéressé la liste des éléments manquants dans un délai de quinze jours à compter de sa réception.

À défaut de production des éléments complémentaires manquants dans les dix jours à compter de cette notification, la déclaration ne peut faire l'objet d'un récépissé de déclaration.

Lorsqu'un des éléments de la déclaration initiale est modifié avant ou pendant la tenue de la manifestation, déclaration en est faite immédiatement au préfet du département dans les conditions fixées par arrêté du ministre chargé du commerce. – *V. Arr. 12 juin 2006 (JO 5 juill.).*

Les déclarations initiales et modificatives peuvent être effectuées par voie électronique dans des conditions fixées par arrêté du ministre chargé du commerce. – *V. Arr. 12 juin 2006 (JO 5 juill.).*

5 Les manifestations commerciales déclarées dans les conditions prévues aux articles 3 et 4 font l'objet d'une publicité, le cas échéant par voie électronique, dans des conditions fixées par arrêté du ministre chargé du commerce. – *V. Arr. 12 juin 2006 (JO 5 juill.).*

6 Les manifestations commerciales ayant fait l'objet d'une autorisation pour l'année 2006 avant l'entrée en vigueur du présent décret n'ont pas à être déclarées au titre de cette même année.

7 Le présent décret entre en vigueur à la date de publication de l'arrêté précisant les obligations de déclaration prévues aux articles 1er, 3 et 4 et les modalités de la publicité des manifestations commerciales prévue à l'article 5, et au plus tard le 1er juillet 2006. – *V. Arr. 12 juin 2006 (JO 5 juill.).*

8 Le décret n° 69-948 du 10 octobre 1969 relatif aux manifestations commerciales est abrogé à compter de la date d'entrée en vigueur du présent décret.

LIVRE HUITIÈME DE QUELQUES PROFESSIONS RÉGLEMENTÉES

TITRE PREMIER DES ADMINISTRATEURS JUDICIAIRES, MANDATAIRES JUDICIAIRES ET EXPERTS EN DIAGNOSTIC D'ENTREPRISE

(L. nº 2005-845 du 26 juill. 2005, art. 165-V).

RÉP. COM. vº *Entreprises en difficulté - Redressement judiciaire (Procédure et organes)*, par PIGASSOU.

BIBL. GÉN. ▶ ADAM, *Gaz. Pal. 1986. 2. Doctr. 510.* – CROSIO, *Petites affiches 16 oct. 1985.* – OLIVIER, *Gaz. Pal. 1986. 1. Doctr. 357 ; ibid. 1999. 1. Doctr. 406* (mesures de renforcement du contrôle administratif et financier issues du décret nº 98-1232 du 27 déc. 1998) ; *AJDI 1999. 1116* (même thème). – LYONNET, *RJ com. 1991. 241.* – RUELLAN, *Dr. pénal 2000. Chron. 25 et 28* (responsabilité pénale des administrateurs judiciaires). – BOULOC, *Mélanges Sortais, Bruylant, 2002, p. 21* (même thème). – SAINT-ALARY-HOUIN, *Mélanges Honorat, Frison-Roche, 2000, p. 193* (responsabilité des mandataires judiciaires). – F. AUBERT, *Rapport de la Cour de cassation pour 2002, p. 145* (même thème). – COLLOQUE ORGANISÉ PAR LE CONSEIL NATIONAL DES ADMINISTRATEURS ET MANDATAIRES JUDICIAIRES LE 7 NOV. 2000, *Petites affiches 20 nov. 2001* (les professionnels du traitement des entreprises en difficulté dans l'Union européenne). – GÉNITEAU, *Rev. proc. coll. 2006. 1* (l'administrateur judiciaire et le nouveau livre VI C. com.).

▶ Sur la loi nº 2003-7 du 3 janv. 2003 : PANSIER et CHARBONNEAU, *Petites affiches 28 janv. 2003, p. 4.* – FROEHLICH, *Bull. d'actualité Lamy droit commercial, févr. 2003.* – VALLANSAN, *Act. proc. coll. 2003, nº 26.* – CHAPUT, *JCP E 2003, nº 12, p. 485.* – ROLAND, *Procédures 2003. Chron. 4.* – SOINNE, *Rev. proc. coll. 2003. 1.* – ROUSSEL GALLE, *Dr. sociétés juin 2003.* – F.-X. LUCAS, *Dr. et patr. juill.-août 2003. 30.*

▶ Sur la loi nº 2004-130 du 11 févr. 2004 : SOINNE, *Rev. proc. coll. 2004. 17.*

CHAPITRE PREMIER DES ADMINISTRATEURS JUDICIAIRES

SECTION PREMIÈRE DE LA MISSION, DES CONDITIONS D'ACCÈS ET D'EXERCICE ET DES INCOMPATIBILITÉS

SOUS-SECTION 1 DES MISSIONS

Art. L. 811-1 **Les administrateurs judiciaires sont les mandataires** *(L. nº 2003-7 du 3 janv. 2003, art. 1er-I)* **« , personnes physiques ou morales, » chargés par décision de justice d'administrer les biens d'autrui ou d'exercer des fonctions d'assistance ou de surveillance dans la gestion de ces biens.** – *[L. nº 85-99 du 25 janv. 1985, art. 1er].*

(L. nº 2003-7 du 3 janv. 2003, art. 1er-II) **« Les tâches que comporte l'exécution de leur mandat leur incombent personnellement. Ils peuvent toutefois, lorsque le bon déroulement de la procédure le requiert et sur autorisation motivée du président du tribunal, confier sous leur responsabilité à des tiers une partie de ces tâches.**

« Lorsque les administrateurs judiciaires confient à des tiers des tâches qui relèvent de la mission que leur a confiée le tribunal, ils les rétribuent sur la rémunération qu'ils perçoivent en application du décret prévu à l'article *(L. n° 2005-845 du 26 juill. 2005, art. 158-V)* **« L. 663-2 »**

Les dispositions de la loi n° 2003-7 du 3 janv. 2003 sont applicables à Mayotte et, en tant qu'elles concernent les administrateurs judiciaires, à Wallis-et-Futuna (texte préc., art. 48, JO 4 janv.).

BIBL. ▶ DOLLEY, *Dr. et patr. juill.-août 2003. 39* (limitations au recours à la sous-traitance). – SOINNE, *Rev. proc. coll. 2003. 96* (intervention de tiers dans l'administration ou la gestion des procédures collectives).

1. Tâches confiées à des tiers. V. note ss. art. L. 814-6, *infra*, et notes ss. art. 32 du 3ᵉ décret du 27 déc. 1985, *infra, App.*, v° *Difficultés des entreprises.*

2. Diffamation envers un mandataire judiciaire. En ce sens que les fonctions d'administrateur judiciaire et de mandataire judiciaire ne participent d'aucune prérogative de puissance publique et que ces mandataires ne sont donc pas des citoyens protégés par les dispositions de l'art. 31 de la loi du 29 juill. 1881 réprimant plus sévèrement le délit de diffamation, V. • Cass., Ch. mixte, 4 nov. 2002 (3 arrêts) : *Bull. civ. n° 6 ; D. 2003. 1194, note Dreyer ; JCP 2003. II. 10006, note Derieux ; JCP E 2003, n° 27, p. 1141, obs. Pasqualini et Pasqualini-Salerno ; Rev. sociétés 2003. 370, note Bouloc ; Dr. pénal 2003, n° 18, note Véron ; Petites affiches 16 sept. 2003, p. 6, note Gil ; Rev. proc. coll. 2004. 54, obs. Soinne* (V. l'arrêt cassé : • Paris, 14 janv. 2000 : *D. 2000. IR. 52 ; Rev. proc. coll. 2000. 186, obs. Soinne*) • Civ. 2ᵉ, 27 mars 2003 : *Bull. civ. II, n° 85 ; D. 2003. IR. 1009.* – V. déjà, en ce sens : • Crim. 19 juin 2001 : *Dr. pénal 2001, n° 128, note Véron.*

SOUS-SECTION 2 DES CONDITIONS D'ACCÈS À LA PROFESSION

Art. L. 811-2 *(L. n° 2003-7 du 3 janv. 2003, art. 2)* **Nul ne peut être désigné en justice pour exercer ces fonctions, sous réserve des dispositions particulières à certaines matières, notamment celles relatives aux mineurs et aux majeurs protégés, ou sous réserve des missions occasionnelles qui peuvent être confiées aux membres des professions judiciaires et juridiques en matière civile, s'il n'est inscrit sur la liste établie par une commission nationale instituée à cet effet.**

Toutefois, à titre exceptionnel, le tribunal peut, par décision spécialement motivée et après avis du procureur de la République, désigner comme administrateur judiciaire une personne physique justifiant d'une expérience ou d'une qualification particulière au regard de la nature de l'affaire et remplissant les conditions définies aux 1° à 4° de l'article L. 811-5.

Les personnes visées à l'alinéa précédent ne doivent pas, au cours des cinq années précédentes, avoir perçu à quelque titre que ce soit, directement ou indirectement, une rétribution ou un paiement de la part de la personne physique ou morale faisant l'objet d'une mesure d'administration, d'assistance ou de surveillance, d'une personne qui détient le contrôle de cette personne morale ou de l'une des sociétés contrôlées par elle au sens des II et III de l'article L. 233-16, ni s'être trouvées en situation de conseil de la personne physique ou morale concernée ou de subordination par rapport à elle. Elles doivent, en outre, n'avoir aucun intérêt dans le mandat qui leur est donné et n'être pas au nombre des anciens administrateurs ou mandataires judiciaires ayant fait l'objet d'une décision de radiation ou de retrait des listes en application des articles L. 811-6, L. 811-12 et L. 812-4. Elles sont tenues d'exécuter les mandats qui leur sont confiés en se conformant, dans l'accomplissement de leurs diligences professionnelles, aux mêmes obligations que celles qui s'imposent aux administrateurs judiciaires inscrits sur la liste. Elles ne peuvent exercer les fonctions d'administrateur judiciaire à titre habituel.

Les personnes désignées en application du deuxième alinéa doivent, lors de l'acceptation de leur mandat, attester sur l'honneur qu'elles remplissent les conditions fixées aux 1° à 4° de l'article L. 811-5 *[,]* **qu'elles se conforment aux obligations énumérées à l'alinéa précédent et qu'elles ne font pas l'objet d'une interdiction d'exercice en application de l'avant-dernier alinéa de l'article L. 814-10.**

Lorsque le tribunal nomme une personne morale, il désigne en son sein une ou plusieurs personnes physiques pour la représenter dans l'accomplissement du mandat qui lui est confié.

Pour une application de l'art. L. 811-2, al. 2, V. • Bordeaux, 5 juill. 2000 : *Dr. sociétés 2001, nº 41, note Bonneau ; RTD com. 2001. 919, obs. Champaud et Danet*.

Art. L. 811-3 La liste nationale est divisée en sections *(Abrogé par L. nº 2003-7 du 3 janv. 2003, art. 3) « régionales »* **correspondant au ressort de chaque cour d'appel.** *– [L. nº 85-99 du 25 janv. 1985, art. 3].*

Art. L. 811-4 *(L. nº 2003-7 du 3 janv. 2003, art. 4)* **La commission nationale prévue à l'article L. 811-2 est composée ainsi qu'il suit :**

– un conseiller à la Cour de cassation, président, désigné par le premier président de la Cour de cassation ;

– un magistrat de la Cour des comptes, désigné par le premier président de la Cour des comptes ;

– un membre de l'inspection générale des finances, désigné par le ministre chargé de l'économie et des finances ;

– un magistrat du siège d'une cour d'appel, désigné par le premier président de la Cour de cassation ;

– un membre d'une juridiction commerciale du premier degré, désigné par le premier président de la Cour de cassation ;

– un professeur de droit, de sciences économiques ou de gestion, désigné par le ministre chargé des universités ;

– un représentant du Conseil d'État, désigné par le vice-président du Conseil d'État ;

– deux personnes qualifiées en matière économique ou sociale, désignées par le garde des sceaux, ministre de la justice ;

– trois administrateurs judiciaires, inscrits sur la liste, élus par leurs pairs dans des conditions déterminées par décret en Conseil d'État.

En cas d'égalité des voix, celle du président est prépondérante.

Le président et les membres de la commission ainsi que leurs suppléants, en nombre égal et choisis dans les mêmes catégories, sont désignés pour un mandat de trois ans renouvelable une fois.

Un magistrat du parquet et son suppléant sont désignés pour exercer les fonctions de commissaire du Gouvernement auprès de la commission nationale et assurer notamment l'instruction des demandes d'inscription.

Les frais de fonctionnement de la commission sont à la charge de l'État. *– [L. nº 85-99 du 25 janv. 1985, art. 4]. – V. Décr. nº 85-1389 du 27 déc. 1985, art. 2, infra, App., vº Difficultés des entreprises.*

V. note ss. art. 18 du 2e décret du 27 déc. 1985, *infra*, App., vº *Difficultés des entreprises.*

Art. L. 811-5 *(L. nº 2003-7 du 3 janv. 2003, art. 5-I)* **« Nul ne peut être inscrit sur la liste par la commission s'il ne remplit les conditions suivantes :**

« 1° Être français ou ressortissant d'un État membre de la Communauté européenne ou d'un État partie à l'accord sur l'Espace économique européen ;

« 2° N'avoir pas été l'auteur de faits contraires à l'honneur ou à la probité ayant donné lieu à une condamnation pénale ;

« 3° N'avoir pas été l'auteur de faits de même nature ayant donné lieu à une sanction disciplinaire ou administrative de destitution, de radiation, de révocation, de retrait d'agrément ou de retrait d'autorisation ;

« 4° N'avoir pas été frappé de faillite personnelle ou d'une des mesures d'interdiction ou de déchéance prévues au chapitre V du titre II du livre VI du présent code, au titre VI de la loi n° 85-98 du 25 janvier 1985 relative au redressement et à la liquidation judiciaires des entreprises ou, dans le régime antérieur à cette loi, au titre II de la loi n° 67-563 du 13 juillet 1967 sur le règlement judiciaire, la liquidation des biens, la faillite personnelle et les banqueroutes ;

« 5° Avoir subi avec succès l'examen d'accès au stage professionnel, accompli ce stage et subi avec succès l'examen d'aptitude aux fonctions d'administrateur judiciaire.

« Ne peuvent être admises à se présenter à l'examen d'accès au stage professionnel que les personnes titulaires des titres ou diplômes déterminés par décret.

« Par dérogation aux dispositions qui précèdent, les personnes remplissant des conditions de compétence et d'expérience professionnelle fixées par décret en Conseil d'État sont dispensées de l'examen d'accès au stage professionnel. La commission peut, en outre, dispenser ces personnes, dans des conditions fixées par décret en Conseil d'État, d'une partie du stage professionnel et de tout ou partie de l'examen d'aptitude aux fonctions d'administrateur judiciaire.

« Les personnes morales inscrites ne peuvent exercer les fonctions d'administrateur judiciaire que par l'intermédiaire d'un de leurs membres lui-même inscrit sur la liste. » — *V. Décr. n° 85-1389 du 27 déc. 1985, art. 4, 10, 12 et 13, infra, App., v° Difficultés des entreprises.*

Sont dispensées de conditions de diplôme, de stage et d'examen professionnel prévues aux *(L. n° 2003-7 du 3 janv. 2003, art. 5-II)* « sixième et septième » alinéas les personnes qui justifient avoir acquis, dans un État membre des Communautés européennes autre que la France ou un autre État partie à l'accord sur l'Espace économique européen, une qualification suffisante pour l'exercice de la profession d'administrateur judiciaire, sous réserve d'avoir subi, dans des conditions fixées par décret en Conseil d'État, un examen de contrôle des connaissances. La liste des candidats admis à se présenter à l'examen est arrêtée par la commission. — *[L. n° 85-99 du 25 janv. 1985, art. 5]. — V. Décr. n° 85-1389 du 27 déc. 1985, art. 13-1, infra, App., v° Difficultés des entreprises. — La disposition ajoutée par la loi n° 93-1420 du 31 déc. 1993 [dispense accordée aux personnes ayant acquis une qualification suffisante dans « un autre État partie à l'accord sur l'Espace économique européen »] entre en vigueur à la date d'entrée en vigueur de l'accord sur l'Espace économique européen [1er janv. 1994] (art. 10 de la loi).*

Les dispositions de l'art. L. 811-5, en tant qu'elles instituent un examen d'accès au stage professionnel, ne sont applicables qu'aux personnes qui, à la date de promulgation de la loi n° 2003-7 du 3 janv. 2003, ne sont pas encore inscrites sur le registre de stage (texte préc., art. 39-I, JO 4 janv.).

Sur la dispense de stage dont peuvent bénéficier les greffiers de tribunal de commerce dont l'office est supprimé par suite d'une nouvelle délimitation de circonscriptions judiciaires, V. Décr. n° 99-1017 du 1er déc. 1999 (JO 7 déc).

SOUS-SECTION 3 DES CONDITIONS D'EXERCICE

Art. L. 811-6 *(L n° 2003-7 du 3 janv. 2003, art. 6)* « La commission nationale, de sa propre initiative ou saisie sur requête du garde des sceaux, ministre de la justice, du président du Conseil national des administrateurs judiciaires et des mandataires judiciaires, du commissaire du Gouvernement ou du procureur de la République du ressort de la juridiction dans lequel est établi l'administrateur judiciaire, peut, par décision motivée et après avoir mis l'intéressé en demeure de présenter ses observations, retirer de la liste mentionnée à l'article L. 811-2 l'administrateur judiciaire

qui, en raison de son état physique ou mental, est empêché d'assurer l'exercice normal de ses fonctions ou l'administrateur judiciaire qui a révélé son inaptitude à assurer l'exercice normal de ses fonctions. »

Le retrait de la liste ne fait pas obstacle à l'exercice de poursuites disciplinaires contre l'administrateur judiciaire si les faits qui lui sont reprochés ont été commis pendant l'exercice de ses fonctions. – *[L. n° 85-99 du 25 janv. 1985, art. 6].*

Pour un retrait motivé : par des manquements graves et répétés de l'administrateur à la probité et à ses obligations professionnelles, V. • Civ. 1re, 13 nov. 1996 : *Bull. civ. I, n° 387 ; D. 1996. IR. 267 ; D. Affaires 1997. 130.* ♦ ... Par le fait que l'intéressé avait décidé de se consacrer, à titre exclusif, à l'exercice d'une activité de consultant auprès d'entreprises en difficulté et cédé à un mandataire-liquidateur la « structure de son cabinet », V. • Com. 24 juin 2003 : *Bull. civ. IV, n° 104 ; D. 2003. AJ. 2175 ; Rev. proc. coll. 2004. 53, obs. Soinne.*

Art. L. 811-7 **Les administrateurs judiciaires peuvent constituer entre eux, pour l'exercice en commun de leur profession, des sociétés civiles professionnelles régies par la loi n° 66-879 du 29 novembre 1966 relative aux sociétés civiles professionnelles. Ils peuvent également exercer leur profession sous forme de sociétés d'exercice libéral telles que prévues par la loi n° 90-1258 du 31 décembre 1990 relative à l'exercice sous forme de sociétés des professions libérales soumises à un statut législatif ou réglementaire ou dont le titre est protégé. Ils peuvent aussi être membres d'un groupement d'intérêt économique ou d'un groupement européen d'intérêt économique ou associés d'une société en participation régie par le titre II de la loi n° 90-1258 du 31 décembre 1990 relative à l'exercice sous forme de sociétés des professions libérales soumises à un statut législatif ou réglementaire ou dont le titre est protégé.** – *[L. n° 85-99 du 25 janv. 1985, art. 8]. – V. Décr. n° 85-1389 du 27 déc. 1985, art. 14, infra, App., v° Difficultés des entreprises. – Sur l'entrée en vigueur des dispositions relatives à l'exercice de la profession sous forme de sociétés d'exercice libéral, de groupements d'intérêt économique ou groupements européens d'intérêt économique, ou de sociétés en participation, V. L. n° 90-1259 du 31 déc. 1990, art. 67. – V. L. du 29 nov. 1966 et L. n° 90-1258 du 31 déc. 1990 au* ***C. sociétés.*** *– V. Décr. n° 86-1176 du 5 nov. 1986 et Décr. n° 93-892 du 6 juill. 1993,* ***C. sociétés.***

Art. L. 811-8 *(L. n° 2003-7 du 3 janv. 2003, art. 7)* **Les dossiers suivis par l'administrateur judiciaire qui quitte ses fonctions, pour quelque motif que ce soit, sont répartis par la juridiction entre les autres administrateurs dans un délai de trois mois à compter de la cessation de fonctions.**

Toutefois, dans l'intérêt d'une bonne administration de la justice, la juridiction peut autoriser l'ancien administrateur judiciaire à poursuivre le traitement d'un ou de plusieurs dossiers en cours, sauf si une radiation est la cause de l'abandon de ses fonctions. Cet administrateur judiciaire demeure soumis aux dispositions des articles L. 811-10 à L. 811-16, L. 814-1 et L. 814-5.

Droit de présentation. L'administrateur judiciaire qui cesse ses fonctions ne saurait valablement recevoir le paiement d'un droit de présentation de son successeur. • Civ. 1re, 25 avr. 1990 : *D. 1990. IR. 119.*

Art. L. 811-9 **Les personnes inscrites sur la liste ont vocation à exercer leurs fonctions sur l'ensemble du territoire.** – *[L. n° 85-99 du 25 janv. 1985, art. 10].*

SOUS-SECTION 4 DES INCOMPATIBILITÉS

Art. L. 811-10 *(L. n° 2003-7 du 3 janv. 2003, art. 8)* **La qualité d'administrateur judiciaire inscrit sur la liste est incompatible avec l'exercice de toute autre profession, à l'exception de celle d'avocat.**

Elle est, par ailleurs, incompatible avec :

1° Toutes les activités à caractère commercial, qu'elles soient exercées directement ou par personne interposée ;

2° La qualité d'associé dans une société en nom collectif, d'associé commandité dans une société en commandite simple ou par actions, de gérant d'une société à responsabilité limitée, de président du conseil d'administration, membre du directoire, directeur général ou directeur général délégué d'une société anonyme, de président ou de dirigeant d'une société par actions simplifiée, de membre du conseil de surveillance ou d'administrateur d'une société commerciale, de gérant d'une société civile, à moins que ces sociétés n'aient pour objet l'exercice de la profession d'administrateur judiciaire ou l'acquisition de locaux pour cet exercice. Un administrateur judiciaire peut en outre exercer les fonctions de gérant d'une société civile dont l'objet exclusif est la gestion d'intérêts à caractère familial.

La qualité d'administrateur judiciaire inscrit sur la liste ne fait pas obstacle à l'exercice d'une activité de consultation dans les matières relevant de la qualification de l'intéressé, ni à l'accomplissement des mandats de mandataire *ad hoc* et de conciliateur prévus *(L. n° 2005-845 du 26 juill. 2005, art. 164-II)* « aux articles L. 611-3 et L. 611-6 » du présent code et par l'article L. 351-4 du code rural, de commissaire à l'exécution du plan, d'administrateur ou de liquidateur amiable, d'expert judiciaire et de séquestre amiable ou judiciaire. Cette activité et ces mandats, à l'exception des mandats de mandataire *ad hoc*, de conciliateur et de commissaire à l'exécution du plan, ne peuvent être exercés qu'à titre accessoire.

Les conditions du présent article sont, à l'exception du quatrième alinéa, applicables aux personnes morales inscrites. – *[L. n° 85-99 du 25 janv. 1985, art. 4].*

V. note 1 ss. art. L. 813-1.

SECTION II DE LA SURVEILLANCE, DE L'INSPECTION ET DE LA DISCIPLINE

SOUS-SECTION 1 DE LA SURVEILLANCE ET DE L'INSPECTION

Art. L. 811-11 *(L. n° 2003-7 du 3 janv. 2003, art. 9)* Les administrateurs judiciaires sont placés sous la surveillance du ministère public. Ils sont soumis, dans leur activité professionnelle, à des inspections confiées à l'autorité publique et à l'occasion desquelles ils sont tenus de fournir tous renseignements ou documents utiles sans pouvoir opposer le secret professionnel.

L'organisation et les modalités de ces inspections sont déterminées par décret en Conseil d'État. – *V. Décr. n° 85-1389 du 27 déc. 1985, art. 55 s., infra, App., v° Difficultés des entreprises.*

Dans le cadre du contrôle dont est chargé le conseil national mentionné à l'article L. 814-2, les administrateurs judiciaires sont tenus, sans pouvoir opposer le secret professionnel, de déférer aux demandes des personnes chargées du contrôle tendant à la communication de tous renseignements ou documents utiles.

Le commissaire aux comptes de l'administrateur judiciaire soumis à un contrôle ou à une inspection est tenu, sans pouvoir opposer le secret professionnel, de déférer aux demandes des personnes chargées du contrôle ou de l'inspection tendant à la communication de tout renseignement recueilli ou de tout document établi dans le cadre de l'exécution de sa mission.

(L. n° 2005-845 du 26 juill. 2005, art. 155) « La Caisse des dépôts et consignations est tenue, sans pouvoir opposer le secret professionnel, de déférer aux demandes

des personnes chargées de l'inspection ainsi qu'à celles du conseil national mentionné à l'article L. 814-2 pour l'exercice du contrôle dont il est chargé, tendant à la communication de tout renseignement ou document utiles à la connaissance des mouvements de fonds intervenus sur les comptes ouverts dans ses livres au nom de chaque administrateur judiciaire et de sommes qui y sont déposées au titre des mandats sur lesquels porte l'inspection ou le contrôle. » – *Le dernier al. de l'art. L. 811-11 est applicable aux procédures et situations en cours dès la publication de la loi nº 2005-845 du 26 juill. 2005 (texte préc., art. 190, JO 27 juill.).*

V. note 1 ss. art. L. 812-9.

Art. L. 811-11-1 *(Ord. nº 2005-1126 du 8 sept. 2005, art. 2)* **Les administrateurs judiciaires sont tenus de désigner un commissaire aux comptes qui assure le contrôle de leur comptabilité spéciale et exerce, à ce titre, une mission permanente de contrôle de l'ensemble des fonds, effets, titres et autres valeurs appartenant à autrui, dont les administrateurs judiciaires sont seuls détenteurs en vertu d'un mandat reçu dans l'exercice de leurs fonctions.**

Ce contrôle porte également sur les comptes bancaires ou postaux ouverts pour les besoins de l'activité au nom des débiteurs faisant l'objet de l'une des procédures prévues au titre II du livre VI et qui fonctionnent sous la seule signature de l'administrateur ou de ses délégués dûment habilités.

Les commissaires aux comptes peuvent en outre, aux fins de contrôle, avoir accès à la comptabilité générale de l'étude, aux procédures confiées à l'administrateur et se faire communiquer par lui ou par les tiers détenteurs des fonds, nonobstant toute disposition contraire, tous renseignements utiles à leur mission de contrôle.

Art. L. 811-11-2 *(Ord. nº 2005-1126 du 8 sept. 2005, art. 2)* **Les commissaires aux comptes informent, dans des conditions fixées par décret en Conseil d'État, les autorités auxquelles sont confiées la surveillance, les inspections et le contrôle des administrateurs judiciaires, des résultats de leur mission et signalent les anomalies ou irrégularités dont ils ont connaissance au cours de l'exécution de leur mission.**

● SOUS-SECTION 2 DE LA DISCIPLINE

Art. L. 811-12 A *(L. nº 2003-7 du 3 janv. 2003, art. 10)* **Toute contravention aux lois et règlements, toute infraction aux règles professionnelles, tout manquement à la probité ou à l'honneur, même se rapportant à des faits commis en dehors de l'exercice professionnel, expose l'administrateur judiciaire qui en est l'auteur à des poursuites disciplinaires.**

Art. L. 811-12 *(L. nº 2003-7 du 3 janv. 2003, art. 11)* **« L'action disciplinaire est engagée par le garde des sceaux, ministre de la justice, le procureur général près la cour d'appel dans le ressort de laquelle ont été commis les faits, le commissaire du Gouvernement ou le président du Conseil national des administrateurs judiciaires et des mandataires judiciaires. L'acceptation de la démission d'une personne inscrite sur la liste des administrateurs judiciaires ne fait pas obstacle aux poursuites disciplinaires si les faits qui lui sont reprochés ont été commis pendant l'exercice de ses fonctions. »**

La Commission nationale d'inscription siège comme chambre de discipline. Le commissaire du Gouvernement y exerce les fonctions du ministère public. Elle peut prononcer les peines disciplinaires suivantes :

1° L'avertissement ;

2° Le blâme ;

3° L'interdiction temporaire pour une durée n'excédant pas *(L. n° 2003-7 du 3 janv. 2003, art. 11)* « trois ans » ;

4° La radiation de la liste des administrateurs judiciaires.

II. – L'avertissement et le blâme peuvent être accompagnés, pendant un délai d'un an, de mesures de contrôle soumettant l'administrateur judiciaire à des obligations particulières déterminées par la commission. Ces obligations peuvent également être prescrites par la commission lorsque l'administrateur judiciaire interdit temporairement reprend ses fonctions.

III. – *(L. n° 2003-7 du 3 janv. 2003, art. 11)* « Lorsqu'elle prononce une peine disciplinaire, la commission peut décider, eu égard à la gravité des faits commis, de mettre à la charge de l'administrateur judiciaire tout ou partie des frais occasionnés par la présence d'un commissaire aux comptes ou d'un expert lors des contrôles ou des inspections ayant permis la constatation de ces faits. » – *[L. n° 85-99 du 25 janv. 1985, art. 13].*

1. Recours. Est recevable le recours formé contre une décision de la Commission nationale d'inscription et de discipline, par le commissaire du Gouvernement auprès de cette commission, devant laquelle il occupe, aux termes de l'art. 13 [C. com., art. L. 811-12], les fonctions du ministère public, dans la plénitude des pouvoirs qu'il tire de la mission de surveillance qui lui a été confiée par la loi. • Civ. 1re, 26 nov. 1991 : *D. 1992. IR. 12 ; Gaz. Pal. 1992. 2. 443, note Delafaye.*

2. V. note 2 ss. art. L. 812-9.

Art. L. 811-13 Tout administrateur judiciaire qui fait l'objet d'une poursuite pénale ou disciplinaire peut être suspendu provisoirement de l'exercice de ses fonctions par *(L. n° 2004-130 du 11 févr. 2004, art. 69)* « le tribunal de grande instance du lieu où il est établi ».

En cas d'urgence, la suspension provisoire peut être prononcée même avant l'exercice des poursuites pénales ou disciplinaires si des inspections ou vérifications ont laissé apparaître des risques pour les sommes perçues par l'administrateur judiciaire, à raison de ses fonctions.

(L. n° 2004-130 du 11 févr. 2004, art. 69) « Le tribunal » peut, à tout moment, à la requête soit du commissaire du Gouvernement, soit de l'administrateur judiciaire, mettre fin à la suspension provisoire.

La suspension cesse de plein droit dès que les actions pénales ou disciplinaires sont éteintes. Elle cesse également de plein droit, dans le cas prévu au deuxième alinéa, si, à l'expiration d'un délai d'un mois à compter de son prononcé, aucune poursuite pénale ou disciplinaire n'a été engagée. – *[L. n° 85-99 du 25 janv. 1985, art. 14]. – V. Décr. n° 85-1389 du 27 déc. 1985, art. 29, infra, App., v° Difficultés des entreprises. – V. aussi Décr. n° 86-1176 du 5 nov. 1986, art. 47-2.*

Sont applicables dans les îles Wallis-et-Futuna les modifications apportées à l'art. L. 811-13 par la loi n° 2004-130 du 11 févr. 2004 (Ord. n° 2006-639 du 1er juin 2006, art. 7-II).

Art. L. 811-14 L'action disciplinaire se prescrit par dix ans. – *[L. n° 85-99 du 25 janv. 1985, art. 16].*

Art. L. 811-15 L'administrateur judiciaire interdit, radié ou suspendu doit s'abstenir de tout acte professionnel.

Les actes accomplis au mépris de cette prohibition peuvent être déclarés nuls, à la requête de tout intéressé ou du ministère public, par le tribunal statuant en chambre du conseil. La décision est exécutoire à l'égard de toute personne.

Toute infraction aux dispositions qui précèdent est punie des peines encourues pour le délit d'usurpation de titre prévu par l'article 433-17 du code pénal. – *[L. n° 85-99 du 25 janv. 1985, art. 17].*

Art. L. 811-16 Nul ne peut faire état du titre d'administrateur judiciaire, en dehors de la mission qui lui a été confiée, en vertu du deuxième alinéa de l'article L. 811-2

(L. n° 2003-7 du 3 janv. 2003, art. 12) **« ou du second alinéa de l'article L. 811-8, » s'il n'est inscrit sur la liste des administrateurs judiciaires.**

Toute infraction à cette disposition est punie des peines encourues pour le délit d'usurpation de titre prévu par l'article 433-17 du code pénal.

Est puni des mêmes peines celui qui aura fait usage d'une dénomination présentant une ressemblance de nature à causer une méprise dans l'esprit du public avec le titre d'administrateur judiciaire. – *[L. n° 85-99 du 25 janv. 1985, art. 18].*

CHAPITRE II DES MANDATAIRES JUDICIAIRES *(L. n° 2005-845 du 26 juill. 2005, art. 165-V).*

Dans tous les textes législatifs et réglementaires, les références faites au « mandataire judiciaire au redressement et à la liquidation des entreprises » sont remplacées par des références au « mandataire judiciaire » (L. n° 2005-845 du 26 juill. 2005, art. 165-V, entrant en vigueur le 1er janv. 2006).

BIBL. GÉN. ▶ BRUNET, *Rev. proc. coll. 1986, n° 3, p. 35.* – DUREUIL, *ibid. 1986, n° 2, p. 11.*

SECTION PREMIÈRE DES MISSIONS, DES CONDITIONS D'ACCÈS ET D'EXERCICE ET DES INCOMPATIBILITÉS

SOUS-SECTION 1 DES MISSIONS

Art. L. 812-1 **Les mandataires judiciaires sont les mandataires** *(L. n° 2003-7 du 3 janv. 2003, art. 14)* **« , personnes physiques ou morales, » chargés par décision de justice de représenter les créanciers et de procéder** *(Abrogé par L. n° 2004-130 du 11 févr. 2004, art. 69)* **«** ***éventuellement*** **» à la liquidation d'une entreprise dans les conditions définies par le titre II du livre VI.** – *[L. n° 85-99 du 25 janv. 1985, art. 19].*

(L. n° 2003-7 du 3 janv. 2003, art. 14) **« Les tâches que comporte l'exécution de leur mandat leur incombent personnellement. Ils peuvent toutefois, lorsque le bon déroulement de la procédure le requiert et sur autorisation motivée du président du tribunal, confier sous leur responsabilité à des tiers une partie de ces tâches.**

« Lorsque les mandataires judiciaires confient à des tiers des tâches qui relèvent de la mission que leur a confiée le tribunal, ils les rétribuent sur la rémunération qu'ils perçoivent en application du décret prévu à l'article L. 814-6. »

Les dispositions de la loi n° 2003-7 du 3 janv. 2003 sont applicables à Mayotte (texte préc., art. 48, JO 4 janv.).

1. Choix du liquidateur. La victime d'un dommage subi en raison de sa qualité de collaborateur du service public peut, même en l'absence de faute, en demander réparation à l'État, dès lors que son préjudice est anormal, spécial et d'une certaine gravité. • Civ. 1re, 30 janv. 1996 : *Bull. civ. I, n° 51 ; D. 1997. 83, note Legrand ; JCP 1996. II. 22608, rapp. Sargos ; Rev. proc. coll. 1996. 337, obs. Soinne ; Gaz. Pal. 1997. 1. 256, concl. Sainte-Rose* (cassant l'arrêt qui avait jugé qu'en l'absence de toute disposition légale ou réglementaire fixant les modalités selon lesquelles les affaires sont réparties entre tous les mandataires-liquidateurs inscrits, le juge désigne librement le mandataire de son choix sur les listes établies près les cours d'appel ; qu'un mandataire ne peut invoquer un abus de droit dès lors qu'il ne rapporte pas la preuve d'un refus délibéré de le nommer révélateur d'une intention de nuire, ni que les missions confiées à ses confrères l'ont été pour des motifs autres que l'intérêt des parties et celui d'une bonne administration de la justice : • Paris, 20 sept. 1991 : *D. 1992. Somm. 283, obs. Honorat*). ♦ Sur renvoi, la Cour de Paris a jugé que : si l'inscription sur la liste des mandataires-liquidateurs ne peut avoir pour effet de garantir à la personne concernée une activité importante, compte tenu notamment de la liberté du juge de désigner dans chaque cas le mandataire de son choix qui lui paraît le plus indiqué, cette liberté ne saurait conduire à exclure sans motif une des personnes inscrites et à la priver ainsi de sa seule activité professionnelle légale ; plus spécialement, le fait de ne jamais être nommé en dix années, alors qu'aucun reproche ne lui a été fait, n'est pas un risque normal et prévisible dans les conditions où s'est exercée durant ce laps de temps l'activité de mandataire-liquidateur. Le préjudice subi est anormal. Le défaut de désignation a eu pour conséquence de priver l'intéressé de tout revenu tiré de sa seule activité professionnelle légale ; son préjudice est donc aussi spécial et d'une gravité certaine. • Paris, 3 déc. 1997 : *D. Affaires 1998. 160, obs. A.L.* ♦ Dans la même affaire, V. note ss. art. L. 814-3. – Comp. : • Civ. 2e, 14 déc. 1992 : *Bull. civ. II, no 314 ; D. 1993. Somm. 192, obs. Honorat* • Com. 12 avr. 2005 : *cité par Soinne, Rev. proc. coll. 2005. 111* • Civ. 1re, 14 févr. 2006 : *D. 2006. AJ. 1042, obs. Lienhard*. ♦ Sur la qualité de collaborateur du service public des mandataires de justice, V. Lemaire, *Rev. proc. coll. 1999. 10.* ♦ V. aussi note 12 ss. ancien art. L. 621-8, *supra.*

V. aussi, précisant que la désignation des mandataires de justice relève du pouvoir souverain des cours et tribunaux compétents dont les juges ne peuvent voir leur responsabilité engagée à raison de leur choix en ce domaine (Rép. min. no 39326 : *JOAN Q, 29 juill. 1996, p. 4180*).

2. Sur l'irrecevabilité de l'appel et de la tierce opposition formés par le liquidateur contre le jugement lui confiant un mandat, V. note 1 ss. ancien art. L. 623-2 et note 8 *bis* ss. ancien art. L. 623-6.

3. Tâches confiées à des tiers. En donnant à un avocat la mission de le représenter en justice, ès qualités, un mandataire judiciaire ne confie pas à un tiers une partie des tâches que comporte l'exécution de son mandat et qui lui incombent personnellement au sens de l'art. L. 812-1, al. 2. • Cass., avis, 27 févr. 2006 : *D. 2006. AJ. 860, obs. Lienhard.* ♦ L'avocat mandaté par le mandataire judiciaire aux fins de le représenter en justice, ès qualités, n'effectue pas au profit de l'entreprise une tâche technique non comprise dans la mission confiée au mandataire judiciaire de sorte que les art. L. 814-6 C. com. [abrogé] et 31 du décret no 85-1390 du 27 déc. 1985 ne sont pas davantage applicables à sa désignation. • Même avis. ♦ V. notes ss. art. 32 du 3e décret du 27 déc. 1985, *infra*, App., vo *Difficultés des entreprises.*

4. Diffamation envers un mandataire judiciaire. V. note 2 ss. art. L. 811-1.

● SOUS-SECTION 2 DES CONDITIONS D'ACCÈS À LA PROFESSION

Art. L. 812-2 I. — Nul ne peut être désigné en justice pour exercer les fonctions de mandataire judiciaire *(Abrogé par L. no 2004-130 du 11 févr. 2004, art. 69)* « *, dans une procédure de redressement judiciaire,* » s'il n'est inscrit sur la liste établie à cet effet par une commission *(L. no 2003-7 du 3 janv. 2003, art. 15)* « nationale ».

(L. no 2003-7 du 3 janv. 2003, art. 15) « II. — Toutefois, à titre exceptionnel, le tribunal peut, par décision spécialement motivée et après avis du procureur de la République, désigner comme mandataire judiciaire une personne physique justifiant d'une expérience ou d'une qualification particulière au regard de la nature de l'affaire et remplissant les conditions définies aux 1° à 4° de l'article L. 812-3.

« Les personnes visées à l'alinéa précédent ne doivent pas, au cours des cinq années précédentes, avoir perçu à quelque titre que ce soit, directement ou indirectement, une rétribution ou un paiement de la part de la personne physique ou morale faisant l'objet d'une mesure de redressement ou de liquidation judiciaires, d'une personne qui détient le contrôle de cette personne morale ou de l'une des sociétés contrôlées par elle au sens des II et III de l'article L. 233-16, ni s'être trouvées en situation de conseil de la personne physique ou morale concernée ou de subordination par rapport à elle. Elles doivent, en outre, n'avoir aucun intérêt dans le mandat qui leur est donné et n'être pas au nombre des anciens administrateurs ou mandataires judiciaires ayant fait l'objet d'une décision de radiation ou de retrait des listes en application des articles L. 811-6, L. 811-12, L. 812-4 et L. 812-9. Elles sont tenues d'exécuter les mandats qui leur sont confiés en se conformant, dans l'accomplissement de leurs diligences professionnelles, aux mêmes obligations que

celles qui s'imposent aux mandataires judiciaires inscrits sur la liste. Elles ne peuvent exercer les fonctions de mandataire judiciaire à titre habituel.

« Les personnes désignées en application du premier alinéa du présent II doivent, lors de l'acceptation de leur mandat, attester sur l'honneur qu'elles remplissent les conditions fixées aux 1° à 4° de l'article L. 812-3, qu'elles se conforment aux obligations énumérées à l'alinéa précédent et qu'elles ne font pas l'objet d'une interdiction d'exercice en application de l'avant-dernier alinéa de l'article L. 814-10.

« III. — Lorsque le tribunal nomme une personne morale, il désigne en son sein une ou plusieurs personnes physiques pour la représenter dans l'accomplissement du mandat qui lui est confié. » — *[L. n° 85-99 du 25 janv. 1985, art. 20].*

Les mandataires judiciaires inscrits sur les listes régionales à la date de promulgation de la loi n° 2003-7 du 3 janv. 2003 sont inscrits d'office sur la liste nationale des mandataires judiciaires (texte préc., art. 39-II, JO 4 janv.).

Art. L. 812-2-1 *(L. n° 2003-7 du 3 janv. 2003, art. 16)* **La liste mentionnée à l'article L. 812-2 est divisée en sections correspondant au ressort de chaque cour d'appel.**

Art. L. 812-2-2 *(L. n° 2003-7 du 3 janv. 2003, art. 16)* **La commission nationale prévue à l'article L. 812-2 est composée ainsi qu'il suit :**

— un conseiller à la Cour de cassation, président, désigné par le premier président de la Cour de cassation ;

— un magistrat de la Cour des comptes, désigné par le premier président de la Cour des comptes ;

— un membre de l'inspection générale des finances, désigné par le ministre chargé de l'économie et des finances ;

— un magistrat du siège d'une cour d'appel, désigné par le premier président de la Cour de cassation ;

— un membre d'une juridiction commerciale du premier degré, désigné par le premier président de la Cour de cassation ;

— un professeur de droit, de sciences économiques ou de gestion, désigné par le ministre chargé des universités ;

— un représentant du Conseil d'État, désigné par le vice-président du Conseil d'État ;

— deux personnes qualifiées en matière économique ou sociale, désignées par le garde des sceaux, ministre de la justice ;

— trois mandataires judiciaires inscrits sur la liste, élus par leurs pairs dans des conditions déterminées par décret en Conseil d'État. L'un d'eux est remplacé par une personne inscrite sur la liste des experts en diagnostic d'entreprise lorsque la commission donne, en application des dispositions du dernier alinéa de l'article L. 813-1 *(Abrogé par L. n° 2004-130 du 11 févr. 2004, art. 53-II) « et de l'article L. 813-2 »*, **un avis sur l'inscription d'un expert de cette spécialité, sur sa radiation ou sur son retrait de la liste.**

En cas d'égalité des voix, celle du président est prépondérante.

Le président et les membres de la commission ainsi que leurs suppléants, en nombre égal et choisis dans les mêmes catégories, sont désignés pour un mandat de trois ans renouvelable une fois.

Un magistrat du parquet et son suppléant sont désignés pour exercer les fonctions de commissaire du Gouvernement auprès de la commission nationale et assurer notamment l'instruction des demandes d'inscription.

Les frais de fonctionnement de la commission sont à la charge de l'État.

Art. L. 812-3 *(L. n° 2003-7 du 3 janv. 2003, art. 17)* **« Nul ne peut être inscrit sur la liste par la commission s'il ne remplit les conditions suivantes :**

« 1° Être français ou ressortissant d'un État membre de la Communauté européenne ou d'un État partie à l'accord sur l'Espace économique européen ;

« 2° N'avoir pas été l'auteur de faits contraires à l'honneur ou à la probité ayant donné lieu à une condamnation pénale ;

« 3° N'avoir pas été l'auteur de faits de même nature ayant donné lieu à une sanction disciplinaire ou administrative de destitution, de radiation, de révocation, de retrait d'agrément ou de retrait d'autorisation ;

« 4° N'avoir pas été frappé de faillite personnelle ou d'une des mesures d'interdiction ou de déchéance prévues au chapitre V du titre II du livre VI du présent code, au titre VI de la loi n° 85-98 du 25 janvier 1985 précitée ou, dans le régime antérieur à cette loi, au titre II de la loi n° 67-563 du 13 juillet 1967 précitée ;

« 5° Avoir subi avec succès l'examen d'accès au stage professionnel, accompli ce stage et subi avec succès l'examen d'aptitude aux fonctions de mandataire judiciaire.

« Ne peuvent être admises à se présenter à l'examen d'accès au stage professionnel que les personnes titulaires des titres ou diplômes déterminés par décret.

« Par dérogation aux dispositions qui précèdent, les personnes remplissant des conditions de compétence et d'expérience professionnelle fixées par décret en Conseil d'État sont dispensées de l'examen d'accès au stage professionnel. La commission peut, en outre, dispenser ces personnes, dans des conditions fixées par décret en Conseil d'État, d'une partie du stage professionnel et de tout ou partie de l'examen d'aptitude aux fonctions de mandataire judiciaire. — *V. Décr. n° 85-1389 du 27 déc. 1985, infra, App., v° Difficultés des entreprises.*

« Les personnes morales inscrites ne peuvent exercer les fonctions de mandataire judiciaire que par l'intermédiaire d'un de leurs membres lui-même inscrit sur la liste. »

Sont dispensées des conditions de diplôme, de stage et d'examen professionnel prévues aux *(L. n° 2003-7 du 3 janv. 2003, art. 17)* « sixième et septième » alinéas les personnes qui justifient avoir acquis, dans un État membre des communautés européennes autre que la France ou un autre État partie à l'accord sur l'Espace économique européen, une qualification suffisante pour l'exercice de la profession de mandataire judiciaire, sous réserve d'avoir subi, dans des conditions fixées par décret en Conseil d'État, un examen de contrôle des connaissances. La liste des candidats admis à se présenter à l'examen est arrêtée par la commission *(Abrogé par L. n° 2003-7 du 3 janv. 2003, art. 17)* ***« instituée au siège de la cour d'appel de Paris. Le candidat qui a subi avec succès les épreuves de l'examen peut solliciter son inscription sur la liste établie par la commission instituée au siège de la cour d'appel dans le ressort de laquelle il envisage d'établir son domicile professionnel ».*** — *[L. n° 85-99 du 25 janv. 1985, art. 21]. — V. Décr. n° 85-1389 du 27 déc. 1985, art. 45-1, infra, App., v° Difficultés des entreprises. — La disposition ajoutée par la loi n° 93-1420 du 31 déc. 1993 [dispense accordée aux personnes ayant acquis une qualification suffisante dans « un autre État partie à l'accord sur l'Espace économique européen »] entre en vigueur à la date d'entrée en vigueur de l'accord sur l'Espace économique européen [1er janv. 1994] (art. 10 de la loi).*

Les dispositions de l'art. L. 812-3, en tant qu'elles instituent un examen d'accès au stage professionnel, ne sont applicables qu'aux personnes qui, à la date de promulgation de la loi n° 2003-7 du 3 janv. 2003, ne sont pas encore inscrites sur le registre de stage (texte préc., art. 39-I, JO 4 janv.).

Sur la dispense de stage dont peuvent bénéficier les greffiers de tribunal de commerce dont l'office est supprimé par suite d'une nouvelle délimitation de circonscriptions judiciaires, V. Décr. n° 99-1017 du 1er déc. 1999 (JO 7 déc).

Recours. Sur l'irrecevabilité de l'appel élevé par un groupement professionnel en l'absence d'atteinte à l'intérêt collectif de la profession : V. • Amiens, 15 nov. 1990 : *JCP E 1991, Bloc-notes, 17 janv. 1991.*

SOUS-SECTION 3 DES CONDITIONS D'EXERCICE

Art. L. 812-4 *(L. n° 2003-7 du 3 janv. 2003, art. 18)* **« La commission nationale, de sa propre initiative ou saisie sur requête du garde des sceaux, ministre de la justice, du président du Conseil national des administrateurs judiciaires et des mandataires judiciaires, du commissaire du Gouvernement ou du procureur de la République du ressort de la juridiction dans lequel est établi le mandataire judiciaire, peut, par décision motivée et après avoir mis l'intéressé en demeure de présenter ses observations, retirer de la liste mentionnée à l'article L. 812-2 le mandataire judiciaire qui, en raison de son état physique ou mental, est empêché d'assurer l'exercice normal de ses fonctions ou le mandataire judiciaire qui a révélé son inaptitude à assurer l'exercice normal de ses fonctions. »**

Le retrait de la liste ne fait pas obstacle à l'exercice de poursuites disciplinaires contre le mandataire judiciaire si les faits qui lui sont reprochés ont été commis pendant l'exercice de ses fonctions. – *[L. n° 85-99 du 25 janv. 1985, art. 22].*

Art. L. 812-5 **Les mandataires judiciaires peuvent constituer entre eux, pour l'exercice en commun de leur profession, des sociétés civiles professionnelles régies par la loi n° 66-879 du 29 novembre 1966 précitée. Ils peuvent également exercer leur profession sous forme de sociétés d'exercice libéral telles que prévues par la loi n° 90-1258 du 31 décembre 1990 relative à l'exercice sous forme de sociétés des professions libérales soumises à un statut législatif ou réglementaire ou dont le titre est protégé. Ils peuvent aussi être membres d'un groupement d'intérêt économique ou d'un groupement européen d'intérêt économique ou associés d'une société en participation régie par le titre II de la loi n° 90-1258 du 31 décembre 1990 relative à l'exercice sous forme de sociétés des professions libérales soumises à un statut législatif ou réglementaire ou dont le titre est protégé.** – *[L. n° 85-99 du 25 janv. 1985, art. 23]. – V. Décr. n° 85-1389 du 27 déc. 1985, art. 46, infra, App., v° Difficultés des entreprises. – Sur l'entrée en vigueur des dispositions relatives à l'exercice de la profession sous forme de sociétés d'exercice libéral, de groupements d'intérêt économique ou groupements européens d'intérêt économique, ou de sociétés en participation, V. L. n° 90-1259 du 31 déc. 1990, art. 67. – V. L. du 29 nov. 1966 et L. n° 90-1258 du 31 déc. 1990 au* ***C. sociétés.*** *– V. Décr. n° 86-1176 du 5 nov. 1986 et Décr. n° 93-1112 du 20 sept. 1993,* ***C. sociétés.***

Art. L. 812-6 *(L. n° 2003-7 du 3 janv. 2003, art. 19)* **Les dossiers suivis par le mandataire judiciaire qui quitte ses fonctions, pour quelque motif que ce soit, sont répartis par la juridiction entre les autres mandataires dans un délai de trois mois à compter de la cessation de fonctions.**

Toutefois, dans l'intérêt d'une bonne administration de la justice, la juridiction peut autoriser l'ancien mandataire à poursuivre le traitement d'un ou de plusieurs dossiers en cours, sauf si une radiation est la cause de l'abandon de ses fonctions. Ce mandataire demeure soumis aux dispositions des articles L. 812-8 à L. 812-10, L. 814-1 et L. 814-5.

Art. L. 812-7 *(L. n° 2003-7 du 3 janv. 2003, art. 20)* **Les personnes inscrites sur la liste ont vocation à exercer leurs fonctions sur l'ensemble du territoire.**

SOUS-SECTION 4 DES INCOMPATIBILITÉS

Art. L. 812-8 *(L. n° 2003-7 du 3 janv. 2003, art. 21)* **La qualité de mandataire judiciaire inscrit sur la liste est incompatible avec l'exercice de toute autre profession.**

Elle est, par ailleurs, incompatible avec :

1° Toutes les activités à caractère commercial, qu'elles soient exercées directement ou par personne interposée ;

2° La qualité d'associé dans une société en nom collectif, d'associé commandité dans une société en commandite simple ou par actions, de gérant d'une société à responsabilité limitée, de président du conseil d'administration, membre du directoire, directeur général ou directeur général délégué d'une société anonyme, de président ou de dirigeant d'une société par actions simplifiée, de membre du conseil de surveillance ou d'administrateur d'une société commerciale, de gérant d'une société civile, à moins que ces sociétés n'aient pour objet l'exercice de la profession de mandataire judiciaire ou l'acquisition de locaux pour cet exercice. Un mandataire peut en outre exercer les fonctions de gérant d'une société civile dont l'objet exclusif est la gestion d'intérêts à caractère familial.

La qualité de mandataire judiciaire inscrit sur la liste ne fait pas obstacle à l'exercice d'une activité de consultation dans les matières relevant de la qualification de l'intéressé, ni à l'accomplissement des mandats de mandataire *ad hoc* et de conciliateur prévus *(L. n° 2005-845 du 26 juill. 2005, art. 164-II)* « aux articles L. 611-3 et L. 611-6 » du présent code et par l'article L. 351-4 du code rural, de commissaire à l'exécution du plan ou de liquidateur amiable des biens d'une personne physique ou morale, d'expert judiciaire et de séquestre judiciaire. Cette activité et ces mandats, à l'exception des mandats de mandataire *ad hoc*, de conciliateur et de commissaire à l'exécution du plan, ne peuvent être exercés qu'à titre accessoire. La même personne ne peut exercer successivement les fonctions de conciliateur puis de mandataire judiciaire avant l'expiration d'un délai d'un an lorsqu'il s'agit d'une même entreprise.

Les conditions du présent article sont, à l'exception du quatrième alinéa, applicables aux personnes morales inscrites.

Incompatibilité. Pour un exemple d'avantage fiscal refusé à un mandataire, dès lors qu'il serait lié à l'exercice d'une activité prohibée, V. • Com. 18 juill. 1997 : *Bulletin d'actualité Lamy droit commercial oct. 1997, p. 10.*

SECTION II DE LA SURVEILLANCE, DE L'INSPECTION ET DE LA DISCIPLINE

Art. L. 812-9 Les dispositions relatives à la surveillance, à l'inspection et à la discipline des administrateurs judiciaires prévues par les articles L. 811-11 à L. 811-15 sont applicables aux mandataires judiciaires.

La commission *(L. n° 2003-7 du 3 janv. 2003, art. 13-II)* « nationale » d'inscription siège comme chambre de discipline. Le commissaire du Gouvernement y exerce les fonctions du ministère public. – *[L. n° 85-99 du 25 janv. 1985, art. 28].*

1. Les art. 12 et 28 [C. com., art. L. 811-11 et L. 812-9] ne sauraient concerner les relations entre le mandataire-liquidateur et la juridiction qui l'a commis. • Crim. 28 févr. 1993 : *Rev. proc. coll. 1993. 587, obs. Soinne.*

2. L'administrateur et le représentant des créanciers peuvent être nommés commissaire à l'exécution du plan et répondent des manquements commis dans l'exécution de cette mission dans les conditions prévues par les art. 13 et 28, devenus les art. L. 811-12 et L. 812-9 C. com. • Com. 8 juill. 2003 : *Bull. civ. IV, n° 125 ; D. 2003. AJ. 2175 ; RTD com. 2003. 812, obs. Saint-Alary-Houin ; Rev. proc. coll. 2004. 56, obs. Soinne.* ♦ Le professionnel désigné commissaire à l'exécution du plan en considération de ses fonctions de représentant des créanciers doit, sur le plan disciplinaire, répondre de ses manquements de mandataire-liquidateur dans l'exécution de sa mission. • Même arrêt.

Art. L. 812-10 *(L. n° 2003-7 du 3 janv. 2003, art. 23)* **« Nul ne peut faire état du titre de mandataire judiciaire, en dehors de la mission qui lui a été confiée en vertu du premier alinéa du II de l'article L. 812-2 et du second alinéa de l'article L. 812-6, s'il n'est inscrit sur la liste des mandataires judiciaires.**

« Toute infraction à cette disposition est punie des peines encourues pour le délit d'usurpation de titre prévu par l'article 433-17 du code pénal. »

Est puni des mêmes peines celui qui aura fait usage d'une dénomination présentant une ressemblance de nature à causer une méprise dans l'esprit du public avec le titre prévu au premier alinéa. – *[L. n° 85-99 du 25 janv. 1985, art. 29].*

CHAPITRE III DES EXPERTS EN DIAGNOSTIC D'ENTREPRISE

BIBL. GÉN. ► GANDUR, *Gaz. Pal. 1985. 2. Doctr. 698.* – OLIVIER, *ibid. 1985. 1. Doctr. 191.*

Art. L. 813-1 Les experts en diagnostic d'entreprise sont désignés en justice pour établir un rapport sur la situation économique et financière d'une entreprise en cas de règlement amiable ou de redressement judiciaire, ou concourir à l'élaboration d'un tel rapport en cas de redressement judiciaire.

(L. n° 2003-7 du 3 janv. 2003, art. 24-I) **« Ces experts ne doivent pas, au cours des cinq années précédentes, avoir perçu à quelque titre que ce soit, directement ou indirectement, une rétribution ou un paiement de la part de la personne physique ou morale faisant l'objet d'une mesure d'administration, d'assistance ou de surveillance ou de la part d'une personne qui détient le contrôle de cette personne morale, ni s'être trouvés en situation de subordination par rapport à la personne physique ou morale concernée. Ils doivent, en outre, n'avoir aucun intérêt dans le mandat qui leur est donné.**

« Les experts ainsi désignés doivent attester sur l'honneur, lors de l'acceptation de leur mandat, qu'ils se conforment aux obligations énumérées à l'alinéa précédent. »

Ces experts peuvent être choisis parmi les experts de cette spécialité inscrits sur les listes dressées, pour l'information des juges, en application de l'article 2 de la loi n° 71-498 du 29 juin 1971 relative aux experts judiciaires.

(L. n° 2004-130 du 11 févr. 2004, art. 53-I) **« Chaque cour d'appel procède à l'inscription des experts de cette spécialité selon les dispositions de l'article 2 de la loi n° 71-498 du 29 juin 1971 relative aux experts judiciaires. Leur inscription sur la liste nationale des experts judiciaires est faite après avis de la commission nationale créée à l'article L. 812-2. »** – *[L. n° 85-99 du 25 janv. 1985, art. 30]. – V. L. n° 71-498 du 29 juin 1971 au* **C. pr. civ.**

1. Inscription sur la liste. Annulation, pour violation des art. 11 et 30 [C. com., art. L. 811-10 et L. 813-1], de la décision d'une cour d'appel qui refuse l'inscription d'un administrateur judiciaire sur la liste des experts en diagnostic d'entreprise, non pas en raison d'une inopportunité propre à la candidature du demandeur, mais au motif qu'il « est inopportun qu'un administrateur judiciaire exerce également les fonctions d'expert en diagnostic d'entreprise ». • Civ. 1re, 7 juin 1988 : *Bull. civ. I, n° 177 ; D. 1989. Somm. 77, obs. Honorat.*

2. Nature de la mission. V. note 5 ss. ancien art. 164 du 1er décret du 27 déc. 1985, *infra*, App., v° *Difficultés des entreprises.*

Art. L. 813-2 (Abrogé par L. n° 2004-130 du 11 févr. 2004, art. 53-I) ***La radiation de l'expert inscrit sous la rubrique d'expert en diagnostic d'entreprise peut être prononcée avant l'expiration du délai de trois ans dans les conditions prévues au deuxième alinéa de l'article 5 de la loi n° 71-498 du 29 juin 1971 relative aux experts judiciaires, sur demande ou après avis de la commission*** (L. n° 2003-7 du 3 janv. 2003, art. 24-II) ***« nationale ».***

La cour d'appel peut également retirer de la liste, sur demande ou après avis de la commission (L. n° 2003-7 du 3 janv. 2003, art. 24-II) *« nationale », les experts de cette spécialité dont les qualités professionnelles se seraient révélées insuffisantes ou qui ne seraient plus en mesure d'exercer normalement leurs activités.* – [L. n° 85-99 du 25 janv. 1985, art. 31].

CHAPITRE IV DISPOSITIONS COMMUNES

SECTION PREMIÈRE DES RECOURS CONTRE LES DÉCISIONS DES COMMISSIONS D'INSCRIPTION ET DE LA REPRÉSENTATION AUPRÈS DES POUVOIRS PUBLICS

SOUS-SECTION 1 DES RECOURS CONTRE LES DÉCISIONS DES COMMISSIONS D'INSCRIPTION

Art. L. 814-1 **Les recours contre les décisions prises, tant en matière d'inscription ou de retrait que** *(Abrogé par L. n° 2004-130 du 11 févr. 2004, art. 69)* ***« de suspension provisoire ou »*** **de discipline, par** *(L. n° 2003-7 du 3 janv. 2003, art. 25)* **« les commissions nationales » sont portés devant la cour d'appel de Paris.** *(Abrogé par L. n° 2003-7 du 3 janv. 2003, art. 25)* ***« Les recours contre les mêmes décisions prises par les commissions régionales sont portés devant la cour d'appel compétente. »***

Ces recours *(Abrogé par L. n° 2004-130 du 11 févr. 2004, art. 69)* ***« , à l'exception de ceux dirigés contre les décisions de suspension provisoire, »*** **ont un caractère suspensif.** – *[L. n° 85-99 du 25 janv. 1985, art. 32].*

Sont applicables dans les îles Wallis-et-Futuna les modifications apportées à l'art. L. 814-1 par la loi n° 2004-130 du 11 févr. 2004 (Ord. n° 2006-639 du 1er juin 2006, art. 7-II).

SOUS-SECTION 2 DE LA REPRÉSENTATION DES PROFESSIONS AUPRÈS DES POUVOIRS PUBLICS

Art. L. 814-2 *(L. n° 2003-7 du 3 janv. 2003, art. 26)* **Les professions d'administrateur judiciaire et de mandataire judiciaire sont représentées auprès des pouvoirs publics par un Conseil national des administrateurs judiciaires et des mandataires judiciaires, établissement d'utilité publique doté de la personnalité morale, chargé d'assurer la défense des intérêts collectifs de ces professions. Il incombe, en outre, au conseil national de veiller au respect de leurs obligations par les mandataires de justice, d'organiser leur formation professionnelle, de s'assurer qu'ils se conforment à leur obligation d'entretien et de perfectionnement des connaissances, de contrôler leurs études et de rendre compte de l'accomplissement de ces missions dans un rapport qu'il adresse chaque année au garde des sceaux, ministre de la justice.**

Les modes d'élection et de fonctionnement du conseil national, qui comprend en nombre égal un collège représentant les administrateurs judiciaires et un collège représentant les mandataires judiciaires, sont fixés par décret en Conseil d'État. – *[L. n° 85-99 du 25 janv. 1985, art. 33]. – V. Décr. n° 85-1389 du 27 déc. 1985, art. 54-1 s., infra, App., v° Difficultés des entreprises.*

SECTION II DE LA GARANTIE DE LA REPRÉSENTATION DES FONDS, DE LA RESPONSABILITÉ CIVILE PROFESSIONNELLE ET DE LA RÉMUNÉRATION

SOUS-SECTION 1 DE LA GARANTIE DE LA REPRÉSENTATION DES FONDS ET DE LA RESPONSABILITÉ CIVILE PROFESSIONNELLE

Art. L. 814-3 *(L. n° 2003-7 du 3 janv. 2003, art. 27)* **Une caisse dotée de la personnalité civile et gérée par les cotisants a pour objet de garantir le remboursement des fonds, effets ou valeurs reçus ou gérés par chaque administrateur judiciaire et par chaque mandataire judiciaire inscrits sur les listes, à l'occasion des opérations dont ils sont chargés à raison de leurs fonctions. Deux magistrats du parquet sont désignés pour exercer, l'un en qualité de titulaire, l'autre de suppléant, les fonctions de commissaire du Gouvernement auprès de la caisse.**

L'adhésion à cette caisse est obligatoire pour chaque administrateur judiciaire et pour chaque mandataire judiciaire inscrits sur les listes.

Les ressources de la caisse sont constituées par le produit d'une cotisation spéciale annuelle payée par chaque administrateur judiciaire et par chaque mandataire judiciaire inscrits sur les listes.

Les cotisations payées par les administrateurs judiciaires et par les mandataires judiciaires sont affectées à la garantie des seuls administrateurs judiciaires et mandataires judiciaires inscrits sur les listes.

Au cas où les ressources de la caisse s'avèrent insuffisantes pour exécuter ses obligations, elle procède à un appel de fonds complémentaire auprès des professionnels inscrits sur les listes.

La garantie de la caisse joue sans que puisse être opposé aux créanciers le bénéfice de discussion prévu à l'article 2021 du code civil et sur la seule justification de l'exigibilité de la créance et de la non-représentation des fonds par l'administrateur judiciaire ou le mandataire judiciaire inscrits sur les listes.

La caisse est tenue de s'assurer contre les risques résultant pour elle de l'application du présent code.

Les recours contre les décisions de la caisse sont portés devant le tribunal de grande instance de Paris. – *[L. n° 85-99 du 25 janv. 1985, art. 34]. – V. Décr. n° 85-1389 du 27 déc. 1985, art. 71 s., infra, App. v° Difficultés des entreprises.*

BIBL. ▸ BOLARD, *D. 1988. Chron. 263.* – GUYON, *Rev. proc. coll. 1988. 159.* – PERDRIAU, *JCP E 1989. II. 15547.* – SOINNE, *Rev. proc. coll. 1990. 261.*

1. Adhésion obligatoire. L'adhésion à une caisse de garantie est obligatoire pour les administrateurs judiciaires et les mandataires liquidateurs et chaque adhérent est tenu de payer le montant de la cotisation correspondant aux frais de fonctionnement et missions légales de la caisse, à savoir la garantie de la représentation des fonds et les assurances obligatoires tant de celle-ci que de chaque adhérent pour sa responsabilité civile professionnelle. • Civ. 1re, 30 janv. 1996 : *Bull. civ. I, n° 52 ; D. 1996. IR. 62 ; JCP 1996. II. 22613, rapp. Sargos.* – V. aussi, sur renvoi, • Paris, 3 déc. 1997 : *JCP E 1998, n° 4, p. 102.* ♦ Dans la même affaire, V. notes ss. art. L. 812-1. ♦ Pour un autre arrêt, dans le même sens, V. • Civ. 1re, 10 juin 1997 : *Rev. proc. coll. 1998. 199, obs. Soinne.*

2. Contrôle du juge administratif (jurisprudence antérieure à la loi du 3 janv. 2003). En raison de la mission exercée par la caisse de garantie, du contrôle auquel celle-ci est soumise pour la fixation de la cotisation et des prérogatives de puissance publique dont elle dispose pour imposer une cotisation et en fixer le montant, les décisions par lesquelles elle fixe les principes de calcul de la cotisation annuelle et son montant pour chaque affilié sont des actes administratifs dont la légalité relève de l'appréciation du juge administratif. • CE 29 déc. 1999 : *D. 2000. IR. 30.* ♦ Jurisprudence infirmée par l'art. L. 814-3, dans sa réd. issue de la loi n° 2003-7 du 3 janv. 2003, qui donne compétence au tribunal de grande instance de Paris.

3. Cotisation complémentaire. Si l'art. 34 [C. com., art. L. 814-3] a prévu le principe d'une cotisation annuelle, il n'a ni pour objet ni pour effet d'interdire au conseil d'administration de la caisse de garantie de prévoir une cotisation complémentaire lorsque l'appel de cette cotisation est rendu nécessaire par des circonstances particulières. • CE 29 déc. 1999 : *préc. note 2.* – Dans le même sens, V. • Com. 13 mai 2003 : *Bull. civ. IV, n° 80 ; RJDA 2003, n° 1090.* ♦ Le fait de refuser le paiement de la cotisation exceptionnelle constitue une faute disciplinaire. • Com. 13 mai 2003 : *préc.* • Colmar, 19 mars 1998 : *Rev. proc. coll. 2000. 211, obs. Soinne* • Paris, 24 févr. 1999 : *ibid.* ♦ Jurisprudence confirmée par l'art. L. 814-3, al. 5, dans sa réd. issue de la loi n° 2003-7 du 3 janv. 2003. ♦ Si aucune des dispositions de la loi relatives aux cotisations n'interdit au conseil d'administration de la Caisse de garantie d'appeler, lorsque les circonstances le justifient, une cotisation supplémentaire auprès des professionnels qui lui sont obligatoirement affiliés, ces mêmes dispositions font, en revanche, obstacle à ce que cette cotisation soit unilatéralement étendue aux administrateurs et mandataires judiciaires non inscrits sur une liste et autorisés à titre exceptionnel à achever certaines de leurs missions. • CE 10 août 2005 : *JCP E 2005, n° 38, p. 1544, concl. Aguila ; Rev. proc. coll. 2005. 309, concl. Aguila.*

Art. L. 814-4 *(L. n° 2003-7 du 3 janv. 2003, art. 28)* **Il doit être justifié par chaque administrateur judiciaire ainsi que par chaque mandataire judiciaire inscrits sur les listes d'une assurance souscrite par l'intermédiaire de la caisse de garantie. Cette assurance couvre les conséquences pécuniaires de la responsabilité civile encourue par les administrateurs judiciaires et les mandataires judiciaires, du fait de leurs négligences ou de leurs fautes ou de celles de leurs préposés, commises dans l'exercice de leurs mandats.** – *[L. n° 85-99 du 25 janv. 1985, art. 35]. – V. Décr. n° 85-1389 du 27 déc. 1985, art. 77 s., infra, App., v° Difficultés des entreprises.*

Art. L. 814-5 *(L. n° 2003-7 du 3 janv. 2003, art. 29)* **L'administrateur judiciaire non inscrit sur la liste nationale, désigné dans les conditions prévues par le deuxième alinéa de l'article L. 811-2, le mandataire judiciaire non inscrit sur la liste nationale, désigné dans les conditions prévues par le premier alinéa du II de l'article L. 812-2, doit justifier, lorsqu'il accepte sa mission, d'une garantie affectée au remboursement des fonds, effets ou valeurs ainsi que d'une assurance souscrite le cas échéant auprès de la caisse de garantie. Cette assurance couvre les conséquences pécuniaires de la responsabilité civile encourue par cet administrateur judiciaire ou ce mandataire judiciaire, du fait de ses négligences ou de ses fautes ou de celles de ses préposés, commises dans l'exercice de son mandat.** – *[L. n° 85-99 du 25 janv. 1985, art. 36].*

SOUS-SECTION 2 *[ABROGÉE]* DE LA RÉMUNÉRATION

(Abrogée par L. n° 2005-845 du 26 juill. 2005, art. 158-IV)

Art. L. 814-6 et L. 814-7 *Abrogés par L. n° 2005-845 du 26 juill. 2005, art. 158-IV.*

La loi n° 2005-845 du 26 juill. 2005 entre en vigueur le 1er janv. 2006 (texte préc., art. 190). – Sur la rémunération des administrateurs judiciaires et mandataires judiciaires, V. désormais, supra, art. L. 663-2 et L. 663-3.

SECTION III DISPOSITIONS DIVERSES

(L. n° 2003-7 du 3 janv. 2003, art. 30)

Art. L. 814-8 *(L. n° 2003-7 du 3 janv. 2003, art. 31)* **Lorsqu'un administrateur judiciaire ou un mandataire judiciaire inscrit sur les listes et désigné par une juri-**

diction pour accomplir à l'égard d'une entreprise les missions prévues par les dispositions du livre VI est déjà intervenu pour le compte de celle-ci à titre de conseil ou au titre des missions prévues aux avant-derniers alinéas des articles L. 811-10 et L. 812-8, il informe la juridiction de la nature et de l'importance des diligences accomplies au cours des cinq années précédentes.

Le non-respect des dispositions de l'alinéa précédent est passible de poursuites disciplinaires.

Art. L. 814-9 *(L. n° 2003-7 du 3 janv. 2003, art. 32)* **Les administrateurs judiciaires et les mandataires judiciaires inscrits sur les listes sont tenus de suivre une formation continue leur permettant d'entretenir et de perfectionner leurs connaissances. Cette formation est organisée par le conseil national mentionné à l'article L. 814-2.**

Art. L. 814-10 *(L. n° 2003-7 du 3 janv. 2003, art. 35)* **Les administrateurs judiciaires et les mandataires judiciaires non inscrits sur les listes nationales, désignés dans les conditions prévues au deuxième alinéa de l'article L. 811-2,** *(L. n° 2005-845 du 26 juill. 2005, art. 164-III)* **« ou au premier alinéa du II de l'article L. 812-2 », sont placés sous la surveillance du ministère public et sont soumis, dans leur activité professionnelle, à des inspections de l'autorité publique à l'occasion desquelles ils sont tenus de fournir tous renseignements ou documents utiles sans pouvoir opposer le secret professionnel.**

Les commissaires aux comptes des administrateurs ou mandataires judiciaires non inscrits et qui font l'objet d'une inspection sont tenus, sans pouvoir opposer le secret professionnel, de déférer aux demandes des personnes chargées de l'inspection tendant à la communication de tout renseignement recueilli ou de tout document établi dans le cadre de leur mission.

Le procureur de la République peut, dans le cas où ces mandataires de justice se verraient reprocher d'avoir commis un acte constitutif de la contravention, de l'infraction ou du manquement visés à l'article L. 811-12 A, demander au tribunal de grande instance de leur interdire d'exercer les fonctions d'administrateur ou de mandataire judiciaires.

Les mesures d'interdiction prononcées en application de l'alinéa précédent sont communiquées au garde des sceaux, ministre de la justice, pour être diffusées auprès des procureurs généraux.

Art. L. 814-11 *(L. n° 2003-7 du 3 janv. 2003, art. 36)* **Toute somme détenue par un administrateur judiciaire ou un mandataire judiciaire au titre d'un mandat amiable est versée, dès sa réception, en compte de dépôt à la Caisse des dépôts et consignations, sauf décision expresse du mandant de désigner un autre établissement financier. En cas de retard, l'administrateur judiciaire ou le mandataire judiciaire doit, pour les sommes qu'il n'a pas versées, un intérêt dont le taux est égal au taux de l'intérêt légal majoré de cinq points.**

TITRE DEUXIÈME DES COMMISSAIRES AUX COMPTES

(L. n° 2001-420 du 15 mai 2001)

BIBL. GÉN. ► VIDAL, *Dr. sociétés août-sept. 2001, hors série, p. 24.* – CHAMPAUD et DANET, *RTD com. 2002. 101.* – BARBIÈRI, *Petites affiches 4 mars 2003, p. 14* (mission du commissaire aux comptes en matière de blanchiment). ► Sur la loi de sécurité financière du 1er août 2003 : COURET et

TUDEL, *D. 2003. Chron. 2290.* – HOVASSE, *Dr. sociétés 2003, n° 169.* – GRANIER, *Petites affiches 14 nov. 2003, p. 82.* – MATSOPOULOU, *Rev. sociétés 2003. 813* (renforcement de l'indépendance des commissaires aux comptes). – PORACCHIA, *Dr. et patr. janv. 2004. 62.*

CHAPITRE PRÉLIMINAIRE DISPOSITIONS GÉNÉRALES

(L. n° 2003-706 du 1er août 2003).

Art. L. 820-1 **Nonobstant toute disposition contraire,** *(Abrogé par Ord. n° 2005-1126 du 8 sept. 2005, art. 3)* **« *les articles L. 225-227 à L. 225-242 ainsi que* »** *(L. n° 2003-706 du 1er août 2003)* **« les dispositions du présent titre » sont applicables aux commissaires aux comptes nommés dans toutes les personnes** *(Ord. n° 2005-1126 du 8 sept. 2005, art. 3)* **« et entités » quelle que soit la nature de la certification prévue dans leur mission.** *(Ord. n° 2005-1126 du 8 sept. 2005, art. 3)* **« Elles » sont également applicables à ces personnes** *(Ord. n° 2005-1126 du 8 sept. 2005, art. 3)* **« et entités », sous réserve des règles propres à celles-ci, quel que soit leur statut juridique.**

(Ord. n° 2005-1126 du 8 sept. 2005, art. 3) **« Pour l'application du présent titre, le terme : « entité » désigne les fonds mentionnés aux articles L. 214-20 et L. 214-43 du code monétaire et financier ».**

Art. L. 820-2 **Nul ne peut se prévaloir du titre de commissaire aux comptes s'il ne remplit pas les conditions visées** *(Abrogé par Ord. n° 2005-1126 du 8 sept. 2005, art. 4)* **« *aux articles L. 225-227 à L. 225-242 et* »** *(L. n° 2003-706 du 1er août 2003)* **« aux dispositions du présent titre ».**

Art. L. 820-3 *(L. n° 2003-706 du 1er août 2003)* **En vue de sa désignation, le commissaire aux comptes informe par écrit la personne** *(Ord. n° 2005-1126 du 8 sept. 2005, art. 5)* **« ou l'entité » dont il se propose de certifier les comptes de son affiliation à un réseau, national ou international, qui n'a pas pour activité exclusive le contrôle légal des comptes et dont les membres ont un intérêt économique commun. Le cas échéant, il l'informe également du montant global des honoraires perçus par ce réseau au titre des prestations qui ne sont pas directement liées à la mission du commissaire aux comptes, fournies par ce réseau à une personne** *(Ord. n° 2005-1126 du 8 sept. 2005, art. 5)* **« ou entité » contrôlée ou qui contrôle, au sens des I et II de l'article L. 233-3, la personne** *(Ord. n° 2005-1126 du 8 sept. 2005, art. 5)* **« ou l'entité » dont ledit commissaire aux** *(Ord. n° 2005-1126 du 8 sept. 2005, art. 5)* **« comptes » se propose de certifier les comptes. Ces informations sont intégrées aux documents mis à la disposition des actionnaires en application de l'article L. 225-108. Actualisées chaque année par le commissaire aux comptes, elles sont mises à la disposition, au siège de la personne dont il certifie les comptes, des associés et actionnaires et, pour les associations, des adhérents et donateurs.**

L'information sur le montant des honoraires versés à chacun des commissaires aux comptes est mise, au siège de la personne *(Ord. n° 2005-1126 du 8 sept. 2005, art. 5)* **« ou de l'entité » contrôlée, à la disposition des associés et actionnaires et, pour les associations, des adhérents et donateurs.**

Art. L. 820-3-1 *(Ord. n° 2005-1126 du 8 sept. 2005, art. 6)* **Les délibérations de l'organe mentionné au premier alinéa de l'article L. 823-1 prises à défaut de désignation régulière de commissaires aux comptes ou sur le rapport de commissaires aux comptes nommés ou demeurés en fonctions contrairement aux dispositions du**

présent titre ou à d'autres dispositions applicables à la personne ou à l'entité en cause sont nulles.

L'action en nullité est éteinte si ces délibérations sont expressément confirmées par l'organe compétent sur le rapport de commissaires aux comptes régulièrement désignés.

Art. L. 820-4 **Nonobstant toute disposition contraire :**

1° Est puni d'un emprisonnement de deux ans et d'une amende de 30 000 € le fait, pour tout dirigeant de personne *(Ord. n° 2005-1126 du 8 sept. 2005, art. 7)* **« ou de l'entité » tenue d'avoir un commissaire aux comptes, de ne pas en provoquer la désignation ou de ne pas le convoquer à toute assemblée générale ;**

2° Est puni d'un emprisonnement de cinq ans et d'une amende de 75 000 € le fait, pour les dirigeants d'une personne morale ou toute personne *(Ord. n° 2005-1126 du 8 sept. 2005, art. 7)* **« ou entité au service d'une personne ou entité » tenue d'avoir un commissaire aux comptes, de mettre obstacle aux vérifications ou contrôles des commissaires aux comptes ou des experts nommés en exécution des articles L. 223-37 et L. 225-231, ou de leur refuser la communication sur place de toutes les pièces utiles à l'exercice de leur mission et, notamment, de tous contrats, livres, documents comptables et registres de procès-verbaux.**

Art. L. 820-5 **Est puni d'un an d'emprisonnement et de 15 000 € d'amende le fait, pour toute personne :**

1° De faire usage du titre de commissaire aux comptes ou de titres quelconques tendant à créer une similitude ou une confusion avec celui-ci, sans être régulièrement inscrite sur la liste prévue au I de l'article L. 225-219 et avoir prêté serment dans les conditions prévues à l'article L. 225-223 ;

2° D'exercer illégalement la profession de commissaire aux comptes, en violation des dispositions du I de l'article L. 225-219 et de l'article L. 225-223 ou d'une mesure d'interdiction ou de suspension temporaire ;

Les articles 226-13 et 226-14 du code pénal relatifs au secret professionnel sont applicables aux commissaires aux comptes.

Dans tous les textes législatifs et réglementaires, les références aux art. L. 225-219, L. 225-220, L. 225-222, L. 225-223, L. 225-225, L. 225-226 et au dernier al. de l'art. L. 225-240 sont remplacées respectivement par des références aux art. L. 822-1, L. 822-2, L. 822-3 [L. 822-10], L. 822-10 [L. 822-3], L. 822-12, L. 822-13 et L. 822-15. Les références à l'art. L. 225-221 sont remplacées par des références aux art. L. 822-6 et L. 822-7 (L. n° 2003-706 du 1er août 2003, art. 116).

Art. L. 820-6 **Est puni d'un emprisonnement de six mois et d'une amende de 7 500 € le fait, pour toute personne d'accepter, d'exercer ou de conserver les fonctions de commissaire aux comptes, nonobstant les incompatibilités légales, soit en son nom personnel, soit au titre d'associé dans une société de commissaires aux comptes.**

Art. L. 820-7 **Est puni d'un emprisonnement de cinq ans et d'une amende de 75 000 € le fait, pour toute personne, de donner ou confirmer soit en son nom personnel, soit au titre d'associé dans une société de commissaires aux comptes des informations mensongères sur la situation de la personne morale ou de ne pas révéler au procureur de la République les faits délictueux dont il a eu connaissance. »**

Les commissaires aux comptes et les personnes morales doivent se mettre en conformité avec les dispositions des art. L. 820-1 à L. 820-7 dans un délai de dix-huit mois à compter de la publication de la L. n° 2001-420 du 15 mai 2001 (texte préc., art. 113 (II), publié au JO du 16 mai).

CHAPITRE PREMIER DE L'ORGANISATION ET DU CONTRÔLE DE LA PROFESSION

(L. n° 2003-706 du 1er août 2003)

Art. L. 821-1 *(L. n° 2003-706 du 1er août 2003)* **Il est institué auprès du garde des sceaux, ministre de la justice,** *(Ord. n° 2005-1126 du 8 sept. 2005, art. 8)* **« une autorité administrative indépendante dénommée » Haut Conseil du commissariat aux comptes ayant pour mission :**

– d'assurer la surveillance de la profession avec le concours de la Compagnie nationale des commissaires aux comptes instituée par l'article L. 821-6 ;

– de veiller au respect de la déontologie et de l'indépendance des commissaires aux comptes.

Pour l'accomplissement de cette mission, le Haut Conseil du commissariat aux comptes est en particulier chargé :

– d'identifier et de promouvoir les bonnes pratiques professionnelles ;

– d'émettre un avis sur les normes d'exercice professionnel élaborées par la Compagnie nationale des commissaires aux comptes avant leur homologation par arrêté du garde des sceaux, ministre de la justice ;

– d'assurer, comme instance d'appel des décisions des commissions régionales mentionnées à l'article L. 822-2, l'inscription des commissaires aux comptes ;

– de définir les orientations et le cadre des contrôles périodiques prévus à l'article L. 821-7 et d'en superviser la mise en œuvre et le suivi dans les conditions définies par l'article L. 821-9 ;

– d'assurer, comme instance d'appel des décisions prises par les chambres régionales mentionnées à l'article L. 822-6, la discipline des commissaires aux comptes.

(Ord. n° 2005-1126 du 8 sept. 2005, art. 8) **« – de veiller à la bonne exécution des contrôles mentionnés aux *b* et *c* de l'article L. 821-7 dans les conditions définies par décret en Conseil d'État et garantissant l'indépendance des fonctions de contrôle et de sanction ;**

« – d'établir des relations avec les autorités d'autres États exerçant des compétences analogues. »

Les membres de la commission nationale d'inscription des commissaires aux comptes et de la chambre nationale de discipline des commissaires aux comptes sont maintenus en fonction jusqu'à la nomination des membres du Haut Conseil du commissariat aux comptes. Jusqu'à cette date, la commission nationale et la chambre nationale exercent les compétences qui leur étaient dévolues avant l'entrée en vigueur de la loi du 1er août 2003. Le Haut Conseil du commissariat aux comptes sera saisi de plein droit des dossiers pendants devant la commission nationale d'inscription et la chambre nationale de discipline à compter du jour de la nomination de ses membres. De même, les membres des commissions régionales d'inscription et des chambres régionales de discipline sont maintenus en fonction jusqu'à la nomination des nouveaux membres et statuent jusqu'à cette date (L. n° 2003-706 du 1er août 2003, art. 114-I, JO 2 août).

Art. L. 821-2 *(L. n° 2003-706 du 1er août 2003)* **L'avis mentionné au sixième alinéa de l'article L. 821-1 est recueilli par le garde des sceaux, ministre de la justice, après consultation de l'Autorité des marchés financiers, de la Commission bancaire et de** *(L. n° 2005-1564 du 15 déc. 2005, art. 14-II)* **« l'Autorité de contrôle des assurances et des mutuelles », dès lors qu'il intéresse leurs compétences respectives.**

Art. L. 821-3 *(L. n° 2003-706 du 1er août 2003)* **Le Haut Conseil du commissariat aux comptes comprend :**

(Ord. 2005-1126 du 8 sept. 2005, art. 9) **« 1° Trois magistrats, dont un membre de la Cour de cassation, président, un second magistrat de l'ordre judiciaire, président suppléant, et un magistrat de la Cour des comptes ; »**

1° Trois magistrats, dont un membre de la Cour de cassation, président, un magistrat de la Cour des comptes et un second magistrat de l'ordre judiciaire ;

2° Le président de l'Autorité des marchés financiers ou son représentant, un représentant du ministre chargé de l'économie et un professeur des universités spécialisé en matière juridique, économique ou financière ;

3° Trois personnes qualifiées dans les matières économique et financière ; deux de celles-ci sont choisies pour leurs compétences dans les domaines des entreprises faisant appel public à l'épargne ; la troisième est choisie pour ses compétences dans le domaine des petites et moyennes entreprises, des personnes morales de droit privé ayant une activité économique ou des associations ;

4° Trois commissaires aux comptes, dont deux ayant une expérience du contrôle des comptes des personnes faisant appel public à l'épargne ou à la générosité publique.

Les décisions sont prises à la majorité des voix. En cas de partage égal des voix, la voix du président est prépondérante.

Le président et les membres du Haut Conseil du commissariat aux comptes sont nommés par décret pour six ans renouvelables. Le Haut Conseil du commissariat aux comptes est renouvelé par moitié tous les trois ans.

Le Haut Conseil constitue des commissions consultatives spécialisées en son sein pour préparer ses décisions et avis. Celles-ci peuvent s'adjoindre, le cas échéant, des experts.

Lors de la première constitution du Haut Conseil du commissariat aux comptes, la moitié de ses membres, autres que son président et que le président de l'Autorité des marchés financiers ou son représentant, sont nommés pour trois ans selon des modalités définies par le décret en Conseil d'État mentionné à l'art. L. 821-11 (L. n° 2003-706 du 1er août 2003, art. 114-IV).

En application du IV de l'art. 114 de la loi n° 2003-706 du 1er août 2003 ci-dessus, à l'ouverture de la première séance du premier Haut Conseil du commissariat aux comptes, il est procédé au tirage au sort permettant de désigner les membres dont le mandat sera de trois ans. A cet effet, il est établi un bulletin libellé au nom de chacun des membres soumis au tirage au sort. Le tirage s'effectue selon les modalités suivantes :

a) L'un des deux magistrats autres que le président mentionnés au 1° de l'art. L. 821-3 C. com., dont le nom est tiré au sort le premier, dispose d'un mandat de trois ans ;

b) L'une des personnes autres que le président de l'Autorité des marchés financiers mentionnées au 2° du même art., dont le nom est tiré au sort le premier, dispose d'un mandat de trois ans :

c) Deux des personnes mentionnées au 3° du même art., dont les noms sont tirés au sort les premiers, disposent d'un mandat de trois ans ;

d) Deux des personnes mentionnées au 4° du même art., dont les noms sont tirés au sort les premiers, disposent d'un mandat de trois ans.

Le déroulement des opérations fait l'objet d'un procès-verbal signé par l'ensemble des membres du Haut Conseil du commissariat aux comptes et par le commissaire du Gouvernement. A l'issue de ce tirage au sort, la durée des mandats des membres du Haut Conseil du commissariat aux comptes est publiée au Journal officiel de la République française (Décr. n° 2003-1121 du 25 nov. 2003, art. 24).

Art. L. 821-3-1 *(Ord. 2005-1126 du 8 sept. 2005, art. 10)* **Les agents des services du haut conseil sont soumis au secret professionnel dans l'exercice de leurs missions.**

Le secret professionnel n'est pas opposable au haut conseil et à ses services dans l'exercice de leurs missions, sauf par les auxiliaires de justice.

Art. L. 821-4 *(L. n° 2003-706 du 1er août 2003)* **Un commissaire du Gouvernement auprès du Haut Conseil du commissariat aux comptes est désigné par le garde des sceaux, ministre de la justice. Il siège avec voix consultative. En matière disciplinaire, le commissaire du Gouvernement n'assiste pas aux délibérations. Il peut, sauf en matière disciplinaire, demander une seconde délibération dans des conditions fixées par décret en Conseil d'État.**

Art. L. 821-5 *(L. n° 2003-706 du 1er août 2003)* Les crédits nécessaires au fonctionnement du Haut Conseil sont inscrits au budget du ministère de la justice.

Art. L. 821-5-1 *(Ord. 2005-1126 du 8 sept. 2005, art. 11)* Le Haut conseil du commissariat aux comptes peut, dans des conditions déterminées par décret en Conseil d'État, conclure des conventions organisant ses relations avec les autorités étrangères exerçant des compétences analogues aux siennes sous réserve de réciprocité et à condition que l'autorité étrangère avec laquelle est conclue la convention soit soumise au secret professionnel avec les mêmes garanties qu'en France.

Ces conventions sont publiées au *Journal officiel* de la République française.

Art. L. 821-5-2 *(Ord. 2005-1126 du 8 sept. 2005, art. 11)* Aux fins mentionnées à l'article précédent, le Haut conseil est dispensé de l'application des dispositions de la loi n° 68-678 du 26 juillet 1968 relative à la communication de documents et renseignements d'ordre économique, commercial, industriel, financier ou technique à des personnes physiques ou morales étrangères.

Art. L. 821-6 *(L. n° 2003-706 du 1er août 2003)* Il est institué auprès du garde des sceaux, ministre de la justice, une Compagnie nationale des commissaires aux comptes, établissement d'utilité publique doté de la personnalité morale, chargée de représenter la profession de commissaire aux comptes auprès des pouvoirs publics.

Elle concourt au bon exercice de la profession, à sa surveillance ainsi qu'à la défense de l'honneur et de l'indépendance de ses membres.

Il est institué une compagnie régionale des commissaires aux comptes, dotée de la personnalité morale, par ressort de cour d'appel. Toutefois, le garde des sceaux, ministre de la justice, peut procéder à des regroupements, sur proposition de la compagnie nationale et après consultation, par cette dernière, des compagnies régionales intéressées.

Les ressources de la compagnie nationale et des compagnies régionales sont constituées notamment par une cotisation annuelle à la charge des commissaires aux comptes.

Art. L. 821-7 *(L. n° 2003-706 du 1er août 2003)* Les commissaires aux comptes sont soumis, dans leur activité professionnelle :

a) Aux inspections mentionnées à l'article L. 821-8 ;

b) A des contrôles périodiques organisés selon des modalités définies par le Haut Conseil ;

c) A des contrôles occasionnels décidés par la compagnie nationale ou les compagnies régionales.

Art. L. 821-8 *(L. n° 2003-706 du 1er août 2003)* Le garde des sceaux, ministre de la justice, peut faire diligenter des inspections et demander, à cet effet, le concours de l'Autorité des marchés financiers, de la Compagnie nationale des commissaires aux comptes, de la Commission bancaire ou de *(L. n° 2005-1564 du 15 déc. 2005, art. 14-II)* « l'Autorité de contrôle des assurances et des mutuelles ».

L'Autorité des marchés financiers peut faire diligenter toute inspection d'un commissaire aux comptes d'une personne faisant appel public à l'épargne ou d'un organisme de placements collectifs et demander, à cet effet, le concours de la Compagnie nationale des commissaires aux comptes et, le cas échéant, des personnes et autorités énumérées au 2° de l'article L. 621-9-2 du code monétaire et financier. Le président de l'Autorité des marchés financiers ou son représentant ne siège pas au Haut Conseil lors de l'instance disciplinaire faisant, le cas échéant, suite à une telle inspection.

Art. L. 821-9 *(L. n° 2003-706 du 1er août 2003)* Les contrôles prévus par les *b* et *c* de l'article L. 821-7 sont effectués par la compagnie nationale ou les compagnies régionales.

Lorsque ces contrôles sont relatifs à des commissaires aux comptes de personnes faisant appel public à l'épargne ou d'organismes de placements collectifs, ils sont effectués par la compagnie nationale avec le concours de l'Autorité des marchés financiers.

Art. L. 821-10 *(L. n° 2003-706 du 1er août 2003)* **Lorsque des faits d'une particulière gravité apparaissent de nature à justifier des sanctions pénales ou disciplinaires, le garde des sceaux, ministre de la justice, peut, dès l'engagement des poursuites, lorsque l'urgence et l'intérêt public le justifient, et après que l'intéressé a été mis en mesure de présenter ses observations, prononcer la suspension provisoire d'un commissaire aux comptes, personne physique. Le président de l'Autorité des marchés financiers et le président de la Compagnie nationale des commissaires aux comptes peuvent le saisir à cet effet.**

Le garde des sceaux, ministre de la justice, peut à tout moment mettre fin à la suspension provisoire de sa propre initiative, à la demande de l'intéressé ou des autorités mentionnées au premier alinéa.

La suspension provisoire cesse de plein droit dès que les actions pénale et disciplinaire sont éteintes.

Art. L. 821-11 *(L. n° 2003-706 du 1er août 2003)* **Les conditions d'application des articles L. 821-3 et L. 821-6 à L. 821-10 sont fixées par décret en Conseil d'État.**

Art. L. 821-12 *(L. n° 2003-706 du 1er août 2003)* **Les commissaires aux comptes sont tenus de fournir tous les renseignements et documents qui leur sont demandés à l'occasion des inspections et contrôles, sans pouvoir opposer le secret professionnel.**

CHAPITRE II DU STATUT DES COMMISSAIRES AUX COMPTES

(L. n° 2003-706 du 1er août 2003)

SECTION PREMIÈRE DE L'INSCRIPTION ET DE LA DISCIPLINE

SOUS-SECTION 1 DE L'INSCRIPTION

V. note ss. art. L. 821-1.

Art. L. 822-1 *(L. n° 2003-706 du 1er août 2003)* **Nul ne peut exercer les fonctions de commissaire aux comptes s'il n'est préalablement inscrit sur une liste établie à cet effet.**

Art. L. 822-1-1 *(Ord. 2005-1126 du 8 sept. 2005, art. 12)* **Nul ne peut être inscrit sur la liste des commissaires aux comptes s'il ne remplit les conditions suivantes :**

1° Etre français, ressortissant d'un État membre de la Communauté européenne, d'un État partie à l'accord sur l'Espace économique européen ou d'un autre État étranger lorsque celui-ci admet les nationaux français à exercer le contrôle légal des comptes ;

2° N'avoir pas été l'auteur de faits contraires à l'honneur ou à la probité ayant donné lieu à condamnation pénale ;

3° N'avoir pas été l'auteur de faits de même nature ayant donné lieu à une sanction disciplinaire de radiation ;

4° N'avoir pas été frappé de faillite personnelle ou de l'une des mesures d'interdiction ou de déchéance prévues au livre VI ;

5° Avoir accompli un stage professionnel, jugé satisfaisant, d'une durée fixée par voie réglementaire, chez une personne agréée par un État membre de la Communauté européenne pour exercer le contrôle légal des comptes ;

6° Avoir subi avec succès les épreuves du certificat d'aptitude aux fonctions de commissaire aux comptes ou être titulaire du diplôme d'expertise comptable.

Les conditions d'accomplissement du stage professionnel prévu au 5°, ainsi que les diplômes et conditions de formation permettant de se présenter aux épreuves du certificat d'aptitude aux fonctions de commissaire aux comptes mentionné au 6° sont déterminés par décret en Conseil d'État.

Art. L. 822-1-2 *(Ord. 2005-1126 du 8 sept. 2005, art. 12)* Par dérogation aux dispositions de l'article L. 822-1-1, les personnes remplissant des conditions de compétence et d'expérience professionnelle fixées par décret en Conseil d'État peuvent être dispensées de tout ou partie du stage professionnel visé au 5° du même article, sur décision du garde des sceaux, ministre de la justice.

Sont dispensées, dans des conditions déterminées par décret en Conseil d'État, des conditions de diplôme, de stage et d'examen prévues aux 5° et 6° de l'article L. 822-1-1, les personnes qui justifient avoir acquis, dans un État membre de la Communauté européenne ou dans un autre État admettant les nationaux français à exercer le contrôle légal des comptes, une qualification suffisante pour l'exercice du contrôle légal des comptes, sous réserve de subir un examen d'aptitude.

Art. L. 822-2 *(L. n° 2003-706 du 1er août 2003)* Une commission régionale d'inscription est établie au siège de chaque cour d'appel. Elle dresse et révise la liste mentionnée à l'article L. 822-1.

Chaque commission régionale d'inscription est composée de :

1° Un magistrat de l'ordre judiciaire qui en assure la présidence ;

2° Un magistrat de la chambre régionale des comptes ;

3° Un professeur des universités spécialisé en matière juridique, économique ou financière ;

4° Deux personnes qualifiées en matière juridique, économique ou financière ;

5° Un représentant du ministre chargé de l'économie ;

6° Un membre de la compagnie régionale des commissaires aux comptes.

Le président et les membres de la commission régionale d'inscription et leurs suppléants sont nommés par arrêté du garde des sceaux, ministre de la justice, pour une durée de trois ans renouvelable.

Les décisions sont prises à la majorité des voix. En cas de partage égal des voix, la voix du président est prépondérante.

Les recours contre les décisions des commissions régionales d'inscription sont portés devant le Haut Conseil du commissariat aux comptes.

Art. L. 822-3 *(L. n° 2003-706 du 1er août 2003)* Tout commissaire aux comptes doit prêter, devant la cour d'appel dont il relève, le serment de remplir les devoirs de sa profession avec honneur, probité et indépendance, respecter et faire respecter les lois.

Art. L. 822-4 *(L. n° 2003-706 du 1er août 2003)* Toute personne inscrite sur la liste de l'article L. 822-1 qui n'a pas exercé des fonctions de commissaire aux comptes pendant trois ans est tenue de suivre une formation continue particulière avant d'accepter une mission de certification.

Art. L. 822-5 *(L. n° 2003-706 du 1er août 2003)* Les conditions d'application de la présente sous-section sont déterminées par décret en Conseil d'État.

SOUS-SECTION 2 DE LA DISCIPLINE

Art. L. 822-6 *(L. nº 2003-706 du 1er août 2003)* **La commission régionale d'inscription, constituée en chambre régionale de discipline, connaît de l'action disciplinaire intentée contre un commissaire aux comptes membre d'une compagnie régionale, quel que soit le lieu où les faits qui lui sont reprochés ont été commis.**

Art. L. 822-7 *(L. nº 2003-706 du 1er août 2003)* **La chambre régionale de discipline peut être saisie par le garde des sceaux, ministre de la justice, le procureur de la République, le président de la Compagnie nationale des commissaires aux comptes ou le président de la compagnie régionale.**

Outre les personnes déterminées par décret en Conseil d'État, le président de l'Autorité des marchés financiers peut saisir le procureur général aux fins d'exercice de l'action disciplinaire. Lorsqu'il a exercé cette faculté, il ne peut siéger dans la formation disciplinaire du Haut Conseil saisi de la même procédure.

Les décisions de la chambre régionale de discipline sont susceptibles de recours devant le Haut Conseil du commissariat aux comptes, à l'initiative des autorités mentionnées au présent article ainsi que du professionnel intéressé.

Un magistrat de l'ordre judiciaire, désigné par le garde des sceaux, ministre de la justice, appartenant au parquet général ou au parquet, exerce les fonctions de ministère public auprès de chaque chambre régionale et auprès du Haut Conseil statuant en matière disciplinaire.

Les conditions d'application du présent article sont déterminées par décret en Conseil d'État.

Art. L. 822-8 *(L. nº 2003-706 du 1er août 2003)* **Les sanctions disciplinaires sont :**

1° L'avertissement ;

2° Le blâme ;

3° L'interdiction temporaire pour une durée n'excédant pas cinq ans ;

4° La radiation de la liste.

Il peut être aussi procédé au retrait de l'honorariat.

L'avertissement, le blâme ainsi que l'interdiction temporaire peuvent être assortis de la sanction complémentaire de l'inéligibilité aux organismes professionnels pendant dix ans au plus.

La sanction de l'interdiction temporaire peut être assortie du sursis. La suspension de la peine ne s'étend pas à la sanction complémentaire prise en application de l'alinéa précédent. Si, dans le délai de cinq ans à compter du prononcé de la sanction, le commissaire aux comptes a commis une infraction ou une faute ayant entraîné le prononcé d'une nouvelle sanction disciplinaire, celle-ci entraîne, sauf décision motivée, l'exécution de la première sanction sans confusion possible avec la seconde.

Lorsqu'ils prononcent une sanction disciplinaire, le Haut Conseil et les chambres régionales peuvent décider de mettre à la charge du commissaire aux comptes tout ou partie des frais occasionnés par les inspections ou contrôles ayant permis la constatation des faits sanctionnés.

SECTION II DE LA DÉONTOLOGIE ET DE L'INDÉPENDANCE DES COMMISSAIRES AUX COMPTES

Art. L. 822-9 *(L. nº 2003-706 du 1er août 2003)* **Les fonctions de commissaire aux comptes sont exercées par des personnes physiques ou des sociétés constituées entre elles sous quelque forme que ce soit.**

Les trois quarts du capital des sociétés de commissaires aux comptes sont détenus par des commissaires aux comptes. Lorsqu'une société de commissaires aux comptes a une participation dans le capital d'une autre société de commissaires aux comptes, les actionnaires ou associés non commissaires aux comptes ne peuvent détenir plus de 25 % de l'ensemble du capital des deux sociétés. Les fonctions de gérant, de président du conseil d'administration ou du directoire, de président du conseil de surveillance et de directeur général sont assurées par des commissaires aux comptes. Les trois quarts au moins des membres des organes de gestion, d'administration, de direction ou de surveillance et les trois quarts au moins des actionnaires ou associés doivent être des commissaires aux comptes. Les représentants permanents des sociétés de commissaires aux comptes associés ou actionnaires doivent être des commissaires aux comptes.

Dans les sociétés de commissaires aux comptes inscrites, les fonctions de commissaire aux comptes sont exercées, au nom de la société, par des commissaires aux comptes personnes physiques associés, actionnaires ou dirigeants de cette société. Ces personnes ne peuvent exercer les fonctions de commissaire aux comptes qu'au sein d'une seule société de commissaires aux comptes. Les membres du conseil d'administration ou du conseil de surveillance peuvent être salariés de la société sans limitation de nombre ni condition d'ancienneté au titre de la qualité de salarié.

En cas de décès d'un actionnaire ou associé commissaire aux comptes, ses ayants droit disposent d'un délai de deux ans pour céder leurs actions ou parts à un commissaire aux comptes.

L'admission de tout nouvel actionnaire ou associé est subordonnée à un agrément préalable qui, dans les conditions prévues par les statuts, peut être donné soit par l'assemblée des actionnaires ou des porteurs de parts, soit par le conseil d'administration ou le conseil de surveillance ou les gérants selon le cas.

Par dérogation à ces dispositions, l'exercice de ces fonctions est possible simultanément au sein d'une société de commissaires aux comptes et d'une autre société de commissaires aux comptes dont la première détient plus de la moitié du capital social ou dans le cas où les associés des deux entités sont communs pour au moins la moitié d'entre eux.

Art. L. 822-10 *(L. n° 2003-706 du 1er août 2003)* Les fonctions de commissaire aux comptes sont incompatibles :

1° Avec toute activité ou tout acte de nature à porter atteinte à son indépendance ;

2° Avec tout emploi salarié ; toutefois, un commissaire aux comptes peut dispenser un enseignement se rattachant à l'exercice de sa profession ou occuper un emploi rémunéré chez un commissaire aux comptes ou chez un expert-comptable ;

3° Avec toute activité commerciale, qu'elle soit exercée directement ou par personne interposée.

Art. L. 822-11 *(L. n° 2003-706 du 1er août 2003)* I. — Le commissaire aux comptes ne peut prendre, recevoir ou conserver, directement ou indirectement, un intérêt auprès de la personne *(Ord. 2005-1126 du 8 sept. 2005, art. 13)* « ou de l'entité » dont il est chargé de certifier les comptes, ou auprès d'une personne qui la contrôle ou qui est contrôlée par elle, au sens des I et II de l'article L. 233-3.

Sans préjudice des dispositions contenues dans le présent livre ou dans le livre II, le code de déontologie prévu à l'article L. 822-16 définit les liens personnels, financiers et professionnels, concomitants ou antérieurs à la mission du commissaire aux comptes, incompatibles avec l'exercice de celle-ci. Il précise en particulier les situations dans lesquelles l'indépendance du commissaire aux comptes est affectée, lorsqu'il appartient à un réseau pluridisciplinaire, national ou international, dont les membres ont un intérêt économique commun, par la fourniture de prestations de services à une personne *(Ord. 2005-1126 du 8 sept. 2005, art. 13)* « ou à une entité » contrôlée ou qui contrôle, au sens des I et II de l'article L. 233-3, la personne *(Ord. 2005-1126 du 8 sept. 2005, art. 13)* « ou l'entité » dont les comptes sont certifiés par ledit commissaire aux comptes. Le code de déontologie précise également les restrictions à apporter à la détention d'intérêts financiers par les salariés et collaborateurs du commissaire aux comptes dans les sociétés dont les comptes sont certifiés par lui.

II. — Il est interdit au commissaire aux comptes de fournir à la personne *(Ord. 2005-1126 du 8 sept. 2005, art. 13)* « ou à l'entité » qui l'a chargé de certifier ses comptes, ou aux personnes *(Ord. 2005-1126 du 8 sept. 2005, art. 13)* « ou entités » qui la contrôlent ou qui sont contrôlées par celle-ci au sens des I et II du même article, tout conseil ou toute autre prestation de services n'entrant pas dans les diligences directement liées à la mission de commissaire aux comptes, telles qu'elles sont définies par les normes d'exercice professionnel mentionnées au sixième alinéa de l'article L. 821-1.

Lorsqu'un commissaire aux comptes est affilié à un réseau national ou international, dont les membres ont un intérêt économique commun et qui n'a pas pour activité exclusive le contrôle légal des comptes, il ne peut certifier les comptes d'une personne *(Ord. 2005-1126 du 8 sept. 2005, art. 13)* « ou d'une entité » qui, en vertu d'un contrat conclu avec ce réseau ou un membre de ce réseau, bénéficie d'une prestation de services, qui n'est pas directement liée à la mission du commissaire aux comptes selon l'appréciation faite par le Haut Conseil du commissariat aux comptes en application du troisième alinéa de l'article L. 821-1.

BIBL. ▸ VIDAL, *Dr. sociétés janv. 2004. 3* (interdiction de certifier pour appartenance à certains réseaux).

Art. L. 822-12 *(L. n° 2003-706 du 1er août 2003)* Les commissaires aux comptes et les membres signataires d'une société de commissaires aux comptes ne peuvent être nommés dirigeants ou salariés des personnes *(Ord. 2005-1126 du 8 sept. 2005, art. 14)* « ou entités » qu'ils contrôlent, moins de cinq années après la cessation de leurs fonctions.

Pendant ce même délai, ils ne peuvent exercer les mêmes fonctions dans une personne *(Ord. 2005-1126 du 8 sept. 2005, art. 14)* « ou entité » contrôlée ou qui contrôle au sens des I et II de l'article L. 233-3 la personne morale dont ils ont certifié les comptes.

Art. L. 822-13 *(L. n° 2003-706 du 1er août 2003)* Les personnes ayant été dirigeants ou salariés d'une personne *(Ord. 2005-1126 du 8 sept. 2005, art. 15)* « ou entité » ne peuvent être nommées commissaires aux comptes de cette personne morale moins de cinq années après la cessation de leurs fonctions.

Pendant le même délai, elles ne peuvent être nommées commissaires aux comptes des personnes *(Ord. 2005-1126 du 8 sept. 2005, art. 15)* « ou entités » possédant au moins 10 % du capital de la personne *(Ord. 2005-1126 du 8 sept. 2005, art. 15)* « ou de l'entité » dans laquelle elles exerçaient leurs fonctions, ou dont celle-ci possédait au moins 10 % du capital lors de la cessation de leurs fonctions.

Les interdictions prévues au présent article pour les personnes *(Ord. 2005-1126 du 8 sept. 2005, art. 15)* « ou entités » mentionnées au premier alinéa sont applicables aux sociétés de commissaires aux comptes dont lesdites personnes *(Ord. 2005-1126 du 8 sept. 2005, art. 15)* « ou entités » sont associées, actionnaires ou dirigeantes.

Art. L. 822-14 *(L. n° 2003-706 du 1er août 2003)* Il est interdit au commissaire aux comptes, personne physique, ainsi qu'au membre signataire d'une société de commissaires aux comptes, de certifier durant plus de six exercices consécutifs les comptes des personnes *(Ord. 2005-1126 du 8 sept. 2005, art. 16)* « et entités » faisant appel public à l'épargne.

Cette disposition est également applicable aux personnes morales visées à l'article L. 612-1 et aux associations visées à l'article L. 612-4 dès lors que ces personnes font appel à la générosité publique.

Les dispositions de l'art. L. 822-14 sont applicables trois ans après la promulgation de la loi n° 2003-706 du 1er août 2003. Elles ne remettent pas en cause les mandats des commissaires aux comptes qui seront alors en cours dans la limite de six ans à compter de la promulgation de cette loi (L. n° 2003-706 du 1er août 2003, art. 114-III, JO 2 août).

Art. L. 822-15 *(L. n° 2003-706 du 1er août 2003)* **Sous réserve des dispositions de l'article L. 225-240 et des dispositions législatives particulières, les commissaires aux comptes, ainsi que leurs collaborateurs et experts, sont astreints au secret professionnel pour les faits, actes et renseignements dont ils ont pu avoir connaissance à raison de leurs fonctions.**

Lorsqu'une personne morale établit des comptes consolidés, les commissaires aux comptes de la personne morale consolidante et les commissaires aux comptes des personnes consolidées sont, les uns à l'égard des autres, libérés du secret professionnel. Ces dispositions s'appliquent également lorsqu'une personne établit des comptes combinés.

Art. L. 822-16 *(L. n° 2003-706 du 1er août 2003)* **Un décret en Conseil d'État approuve un code de déontologie de la profession, après avis du Haut Conseil du commissariat aux comptes et, pour les dispositions s'appliquant aux commissaires aux comptes intervenant auprès des personnes** *(Ord. 2005-1126 du 8 sept. 2005, art. 17)* **« et entités » faisant appel public à l'épargne, de l'Autorité des marchés financiers.** – *V. Décr. n° 2005-1412 du 16 nov. 2005 (JO 17 nov.), mod. par Décr. n° 2006-469 du 24 avr. 2006 (JO 25 avr.).*

Le décret n° 2005-1412 du 16 nov. 2005 portant approbation du code de déontologie a été annulé par le Conseil d'État en tant qu'il ne prévoyait pas de mesures transitoires relatives aux mandats de commissaires aux comptes en cours à la date de son entrée en vigueur (CE 24 mars 2006 : D. 2006. 1224). – V. Cassia, D. 2006. Chron. 1190). Tirant les conséquences de cette décision, le décret n° 2006-469 du 24 avr. 2006 a modifié le décret du 16 nov. 2005, en y insérant des dispositions transitoires.

BIBL. ▶ Sur le code de déontologie : *BRDA 2005, n° 22, p. 15.* – PETITJEAN, *JCP E 2006, n° 2, p. 84* (interdits et incompatibilités). – J.-F. BARBIÈRI, *Bull. Joly 2006. 409.* – DAMMANN, *D. 2006. 1226* (réflexion sur le décret du 16 nov. 2005 et l'arrêt de Conseil d'État du 24 mars 2006).

La nomination des commissaires aux comptes légalement faite avant l'entrée en vigueur de la loi du1er août 2003 ne peut être remise en cause du seul fait de l'entrée en vigueur de celle-ci (L. n° 2003-706 du 1er août 2003, art. 114-II).

V. Décr. n° 69-810 du 12 août 1969 relatif à l'organisation de la profession et au statut professionnel des commissaires aux comptes. — ***C. sociétés.***

● SECTION III DE LA RESPONSABILITÉ CIVILE

(Ord. 2005-1126 du 8 sept. 2005, art. 18)

Art. L. 822-17 Les commissaires aux comptes sont responsables, tant à l'égard de la personne ou de l'entité que des tiers, des conséquences dommageables des fautes et négligences par eux commises dans l'exercice de leurs fonctions.

Leur responsabilité ne peut toutefois être engagée à raison des informations ou divulgations de faits auxquelles ils procèdent en exécution de leur mission.

Ils ne sont pas civilement responsables des infractions commises par les dirigeants et mandataires sociaux, sauf si, en ayant eu connaissance, ils ne les ont pas signalées dans leur rapport à l'assemblée générale ou à l'organe compétent mentionnés à l'article L. 823-1.

Art. L. 822-18 Les actions en responsabilité contre les commissaires aux comptes se prescrivent dans les conditions prévues à l'article L. 225-254.

CHAPITRE III DE L'EXERCICE DU CONTRÔLE LÉGAL

(Ord. 2005-1126 du 8 sept. 2005, art. 19)

SECTION PREMIÈRE DE LA NOMINATION, DE LA RÉCUSATION ET DE LA RÉVOCATION DES COMMISSAIRES AUX COMPTES

Art. L. 823-1 En dehors des cas de nomination statutaire, les commissaires aux comptes sont désignés par l'assemblée générale ordinaire dans les personnes morales qui sont dotées de cette instance ou par l'organe exerçant une fonction analogue compétent en vertu des règles qui s'appliquent aux autres personnes ou entités.

Un ou plusieurs commissaires aux comptes suppléants, appelés à remplacer les titulaires en cas de refus, d'empêchement, de démission ou de décès sont désignés dans les mêmes conditions.

Les fonctions du commissaire aux comptes suppléant appelé à remplacer le titulaire prennent fin à la date d'expiration du mandat confié à ce dernier, sauf si l'empêchement n'a qu'un caractère temporaire. Dans ce dernier cas, lorsque l'empêchement a cessé, le titulaire reprend ses fonctions après l'approbation des comptes par l'assemblée générale ou l'organe compétent.

Lorsque le commissaire aux comptes a vérifié, au cours des deux derniers exercices, les opérations d'apports ou de fusion de la société ou des sociétés que celle-ci contrôle au sens des I et II de l'article L. 233-16, le projet de résolution le désignant en fait état.

Art. L. 823-2 Les personnes et entités astreintes à publier des comptes consolidés désignent au moins deux commissaires aux comptes.

Art. L. 823-3 Les commissaires aux comptes sont nommés pour six exercices. Leurs fonctions expirent après la délibération de l'assemblée générale ou de l'organe compétent qui statue sur les comptes du sixième exercice.

Le commissaire aux comptes nommé en remplacement d'un autre ne demeure en fonction que jusqu'à l'expiration du mandat de son prédécesseur.

Art. L. 823-4 Si l'assemblée ou l'organe compétent omet de désigner un commissaire aux comptes, tout membre de l'assemblée ou de l'organe compétent peut demander en justice la désignation d'un commissaire aux comptes, le représentant légal de la personne ou de l'entité dûment appelé. Le mandat ainsi conféré prend fin lorsqu'il a été pourvu par l'assemblée ou l'organe compétent à la nomination du ou des commissaires.

Art. L. 823-5 Lorsqu'une société de commissaires aux comptes est absorbée par une autre société de commissaires aux comptes, la société absorbante poursuit le mandat confié à la société absorbée jusqu'à la date d'expiration de ce dernier.

Toutefois, par dérogation aux dispositions de l'article L. 823-3, l'assemblée générale ou l'organe compétent de la personne ou de l'entité contrôlée peut, lors de sa première réunion postérieure à l'absorption, délibérer sur le maintien du mandat, après avoir entendu le commissaire aux comptes.

Art. L. 823-6 Un ou plusieurs actionnaires ou associés représentant au moins 5 % du capital social, le comité d'entreprise, le ministère public, l'Autorité des marchés financiers pour les personnes faisant publiquement appel à l'épargne et entités peuvent, dans le délai et les conditions fixées par décret en Conseil d'État, demander en justice la récusation pour juste motif d'un ou plusieurs commissaires aux comptes.

Les dispositions de l'alinéa précédent sont applicables, en ce qui concerne les personnes autres que les sociétés commerciales, sur demande du cinquième des membres de l'assemblée générale ou de l'organe compétent.

S'il est fait droit à la demande, un nouveau commissaire aux comptes est désigné en justice. Il demeure en fonctions jusqu'à l'entrée en fonctions du commissaire aux comptes désigné par l'assemblée ou l'organe compétent.

Art. L. 823-7 En cas de faute ou d'empêchement, les commissaires aux comptes peuvent, dans les conditions fixées par décret en Conseil d'État, être relevés de leurs fonctions avant l'expiration normale de celles-ci, sur décision de justice, à la demande de l'organe collégial chargé de l'administration, de l'organe chargé de la direction, d'un ou plusieurs actionnaires ou associés représentant au moins 5 % du capital social, du comité d'entreprise, du ministère public ou de l'Autorité des marchés financiers pour les personnes faisant publiquement appel à l'épargne et entités.

Les dispositions de l'alinéa précédent sont applicables, en ce qui concerne les personnes autres que les sociétés commerciales, sur demande du cinquième des membres de l'assemblée générale ou de l'organe compétent.

Art. L. 823-8 Lorsque, à l'expiration des fonctions d'un commissaire aux comptes, il est proposé à l'assemblée ou à l'organe compétent de ne pas le renouveler, le commissaire aux comptes doit, sous réserve des dispositions de l'article L. 822-14 et s'il le demande, être entendu par l'assemblée ou l'organe compétent.

SECTION II DE LA MISSION DU COMMISSAIRE AUX COMPTES

Art. L. 823-9 Les commissaires aux comptes certifient, en justifiant de leurs appréciations, que les comptes annuels sont réguliers et sincères et donnent une image fidèle du résultat des opérations de l'exercice écoulé ainsi que de la situation financière et du patrimoine de la personne ou de l'entité à la fin de cet exercice.

Lorsqu'une personne ou une entité établit des comptes consolidés, les commissaires aux comptes certifient, en justifiant de leurs appréciations, que les comptes consolidés sont réguliers et sincères et donnent une image fidèle du patrimoine, de la situation financière ainsi que du résultat de l'ensemble constitué par les personnes et entités comprises dans la consolidation.

Sans préjudice des dispositions de l'article L. 823-14, la certification des comptes consolidés est délivrée notamment après examen des travaux des commissaires aux comptes des personnes et entités comprises dans la consolidation ou, s'il n'en est point, des professionnels chargés du contrôle des comptes desdites personnes et entités.

Art. L. 823-10 Les commissaires aux comptes ont pour mission permanente, à l'exclusion de toute immixtion dans la gestion, de vérifier les valeurs et les documents comptables de la personne ou de l'entité dont ils sont chargés de certifier les comptes et de contrôler la conformité de sa comptabilité aux règles en vigueur.

Ils vérifient également la sincérité et la concordance avec les comptes annuels des informations données dans le rapport de gestion du conseil d'administration, du directoire ou de tout organe de direction, et dans les documents adressés aux actionnaires ou associés sur la situation financière et les comptes annuels.

Ils vérifient, le cas échéant, la sincérité et la concordance avec les comptes consolidés des informations données dans le rapport sur la gestion du groupe.

Art. L. 823-11 Les commissaires aux comptes s'assurent que l'égalité a été respectée entre les actionnaires, associés ou membres de l'organe compétent.

Art. L. 823-12 Les commissaires aux comptes signalent à la plus prochaine assemblée générale ou réunion de l'organe compétent les irrégularités et inexactitudes relevées par eux au cours de l'accomplissement de leur mission.

Ils révèlent au procureur de la République les faits délictueux dont ils ont eu connaissance, sans que leur responsabilité puisse être engagée par cette révélation.

SECTION III DES MODALITÉS D'EXERCICE DE LA MISSION

Art. L. 823-13 A toute époque de l'année, les commissaires aux comptes, ensemble ou séparément, opèrent toutes vérifications et tous contrôles qu'ils jugent opportuns et peuvent se faire communiquer sur place toutes les pièces qu'ils estiment utiles à l'exercice de leur mission et notamment tous contrats, livres, documents comptables et registres des procès-verbaux.

Pour l'accomplissement de leurs contrôles, les commissaires aux comptes peuvent, sous leur responsabilité, se faire assister ou représenter par tels experts ou collaborateurs de leur choix, qu'ils font connaître nommément à la personne ou à l'entité dont ils sont chargés de certifier les comptes. Ces experts ou collaborateurs ont les mêmes droits d'investigation que les commissaires aux comptes.

Art. L. 823-14 Les investigations prévues à l'article L. 823-13 peuvent être faites tant auprès de la personne ou de l'entité dont les commissaires aux comptes sont chargés de certifier les comptes que des personnes ou entités qui la contrôlent ou qui sont contrôlées par elle au sens de l'article L. 233-3. Elles peuvent également être faites, pour l'application du deuxième alinéa de l'article L. 823-9, auprès de l'ensemble des personnes ou entités comprises dans la consolidation.

Les commissaires aux comptes peuvent également recueillir toutes informations utiles à l'exercice de leur mission auprès des tiers qui ont accompli des opérations pour le compte de la personne ou de l'entité. Toutefois, ce droit d'information ne peut s'étendre à la communication des pièces, contrats et documents quelconques détenus par des tiers, à moins qu'ils n'y soient autorisés par une décision de justice.

Le secret professionnel ne peut être opposé aux commissaires aux comptes dans le cadre de leur mission, sauf par les auxiliaires de justice.

Art. L. 823-15 Lorsque la personne ou l'entité est astreinte à désigner deux commissaires aux comptes, ceux-ci se livrent ensemble à un examen contradictoire des conditions et des modalités d'établissement des comptes, selon les prescriptions énoncées par une norme d'exercice professionnel établie conformément au sixième alinéa de l'article L. 821-1. Une norme d'exercice professionnel détermine les principes de répartition des diligences à mettre en œuvre par chacun des commissaires aux comptes pour l'accomplissement de leur mission.

Art. L. 823-16 Les commissaires aux comptes portent à la connaissance de l'organe collégial chargé de l'administration et, le cas échéant, de l'organe chargé de la direction :

1° Leur programme général de travail mis en œuvre ainsi que les différents sondages auxquels ils ont procédé ;

2° Les modifications qui leur paraissent devoir être apportées aux comptes devant être arrêtés ou aux autres documents comptables, en faisant toutes observations utiles sur les méthodes d'évaluation utilisées pour leur établissement ;

3° Les irrégularités et les inexactitudes qu'ils auraient découvertes ;

4° Les conclusions auxquelles conduisent les observations et rectifications ci-dessus sur les résultats de la période comparés à ceux de la période précédente.

Art. L. 823-17 Les commissaires aux comptes sont convoqués à toutes les réunions du conseil d'administration ou du directoire et du conseil de surveillance, ou de l'organe collégial d'administration ou de direction et de l'organe de surveillance qui examinent ou arrêtent des comptes annuels ou intermédiaires, ainsi qu'à toutes les assemblées d'actionnaires ou d'associés ou à toutes les réunions de l'organe compétent mentionné à l'article L. 823-1.

Art. L. 823-18 Les honoraires des commissaires aux comptes sont supportés par la personne ou l'entité dont ils sont chargés de certifier les comptes. Ces honoraires sont fixés selon des modalités déterminées par décret en Conseil d'État.

La chambre régionale de discipline et, en appel, le Haut Conseil du commissariat aux comptes sont compétents pour connaître de tout litige tenant à la rémunération des commissaires aux comptes.

LIVRE NEUVIÈME DISPOSITIONS RELATIVES À L'OUTRE-MER

RÉP. COM. v^{is} *Départements d'outre-mer,* par LUCHAIRE ; *Territoires d'outre-mer et collectivités territoriales d'outre-mer,* par MANGIN.

TITRE PREMIER DISPOSITIONS SPÉCIFIQUES À SAINT-PIERRE-ET-MIQUELON

Art. L. 910-1 Ne sont pas applicables à Saint-Pierre-et-Miquelon les articles :

1° L. 125-3, L. 126-1 ;

2° *(L. n° 2005-842 du 26 juill. 2005, art. 11-III)* « L. 225-245-1, L. 229-1 à L. 229-15, L. 238-6, L. 244-5 et » L. 252-1 à L. 252-13 ;

3° L. 470-6 ;

4° L. 522-1 à L. 522-40 et L. 524-20 ;

5° *(Ord. n° 2004-328 du 15 avril 2004, art. 8)* « L. 711-5, L. 711-9 ; *(L. n° 2004-1343 du 9 déc. 2004, art. 78-XIX)* « L. 713-6 à L. 713-10, L. 713-11 à L. 713-17 en tant qu'ils concernent les délégués consulaires ; » *(Ord. n° 2006-673 du 8 juin 2006, art. 9)* « L. 721-1, L. 721-2, L. 722-1 à L. 724-7, L. 741-1 à L. 743-11, L. 750-1 à L. 761-11 ».

Art. L. 910-2 Pour l'application du présent code à Saint-Pierre-et-Miquelon, les termes énumérés ci-après sont remplacés comme suit :

1° « Tribunal de grande instance » ou « tribunal d'instance » par « tribunal de première instance » ;

2° « Tribunal de commerce » ou « justice consulaire » par « tribunal de première instance statuant en matière commerciale » ;

3° « Département » ou « arrondissement » par « collectivité territoriale » ;

4° « *Bulletin officiel des annonces civiles et commerciales* » par « Recueil des actes administratifs de la collectivité territoriale ».

Art. L. 910-3 Les références faites, par des dispositions du présent code applicables à Saint-Pierre-et-Miquelon, à d'autres articles du présent code, ne concernent que les articles rendus applicables dans la collectivité avec les adaptations prévues dans les chapitres ci-dessous.

Art. L. 910-4 En l'absence d'adaptation, les références faites par des dispositions du présent code applicables à Saint-Pierre-et-Miquelon, à des dispositions qui n'y sont pas applicables, sont remplacées par les références aux dispositions ayant le même objet applicables localement.

Art. L. 910-5 Les articles faisant référence à la Communauté européenne sont applicables dans le respect de la décision d'association prévue à l'article 136 du traité instituant la Communauté européenne. Les références à l'accord sur l'Espace économique européen ne sont pas applicables.

CHAPITRE PREMIER DISPOSITIONS D'ADAPTATION DU LIVRE Ier

Art. L. 911-1 *(Ord. nº 2004-279 du 25 mars 2004, art. 6)* A l'article L. 122-1, les mots : « par le préfet du département dans lequel il envisage d'exercer pour la première fois son activité » sont remplacés par les mots : « par le préfet de la collectivité dans le cas où l'étranger doit y exercer pour la première fois son activité ».

Art. L. 911-2 Les dérogations prévues par les articles L. 123-25 à L. 123-27 sont applicables aux personnes physiques soumises à un régime simplifié d'imposition par la réglementation en vigueur à Saint-Pierre-et-Miquelon.

Art. L. 911-3 A l'article L. 133-7, les mots : « les droits, taxes, frais et amendes de douane liés à une opération de transport » sont supprimés.

Art. L. 911-4 L'inscription au greffe du tribunal de première instance statuant en matière commerciale dispense de la formalité de l'enregistrement les actes et déclarations qui y sont soumis en application de l'article L. 141-5.

Art. L. 911-5 Pour l'application des articles L. 141-15, L. 143-7 et L. 145-28, un magistrat du tribunal de première instance peut être délégué par le président.

Art. L. 911-6 A l'article L. 141-13, les mots : « par les articles 638 et 653 du code général des impôts » sont remplacés par les mots : « par les dispositions de droit fiscal applicables localement ».

Art. L. 911-7 A l'article L. 144-5, les mots : « les articles L. 3211-2 et L. 3212-1 à L. 3212-12 du code de la santé publique » sont remplacés par les mots : « les articles du code de la santé publique applicable localement relatifs à l'hospitalisation et à l'internement avec ou sans le consentement de l'intéressé ».

Art. L. 911-8 L'article L. 145-2 est modifié ainsi qu'il suit :

I. — Au 4°, les mots : « à l'État, aux départements, aux communes, aux établissements publics » sont remplacés par les mots : « à l'État, aux collectivités territoriales et aux établissements publics » ;

II. — Au 6°, les mots : « à la caisse de sécurité sociale de la maison des artistes et reconnus auteurs d'œuvres graphiques et plastiques, tels que définis par l'article 71 de l'annexe III du code général des impôts » sont remplacés par les mots : « à la caisse locale d'assurance sociale et reconnus auteurs d'œuvres graphiques et plastiques au sens du code des impôts applicable localement ».

Art. L. 911-9 Pour l'application de l'article L. 145-6, les mots : « l'évacuation des lieux compris dans un secteur ou périmètre prévu aux articles *(Ord. nº 2005-1527 du 8 déc. 2005, art. 29)* « L. 313-4 à L. 313-4-2 » du code de l'urbanisme » sont remplacés par les mots : « l'évacuation des lieux prévue à l'article L. 145-18 ».

Les dispositions issues de l'Ord. nº 2005-1527 du 8 déc. 2005 entrent en vigueur à des dates fixées par décret en Conseil d'État et au plus tard le 1er juill. 2007 (art. 41 de l'ord. préc.).

Art. L. 911-10 A l'article L. 145-13, les mots : « sous réserve des dispositions de la loi du 28 mai 1943 relative à l'application aux étrangers des lois en matière de baux à loyer et de baux à ferme » sont supprimés.

Art. L. 911-11 **Le deuxième alinéa de l'article L. 145-18 est ainsi rédigé :**

Art. L. 145-18, al. 2 Il en est de même pour effectuer des opérations de restauration immobilière comportant des travaux de remise en état, de conservation, de modernisation ou de démolition ayant pour conséquence la transformation des conditions d'habitabilité d'un ensemble d'immeubles nécessitant l'évacuation des lieux. Ces opérations peuvent être décidées et exécutées dans le respect de la réglementation locale, soit par les autorités publiques localement compétentes, soit à l'initiative d'un ou de plusieurs propriétaires, groupés ou non en association syndicale. Dans ce dernier cas, ce ou ces propriétaires y sont spécialement autorisés dans des conditions fixées par le représentant de l'État, qui précisent notamment les engagements exigés des propriétaires quant à la nature et à l'importance des travaux. Les immeubles acquis par un organisme de rénovation ne peuvent, après restauration, être cédés de gré à gré qu'aux conditions d'un cahier des charges type approuvé par le représentant de l'État.

Art. L. 911-12 **A l'article L. 145-26, après les mots : « à l'État, aux départements, aux communes », sont ajoutés les mots : « à la collectivité territoriale ».**

Art. L. 911-13 **Le premier alinéa de l'article L. 145-34 est ainsi rédigé :**

Art. L. 145-34, al. 1er A moins d'une modification notable des éléments déterminant la valeur locative, le taux de variation du loyer applicable lors de la prise d'effet du bail à renouveler, si sa durée n'est pas supérieure à neuf ans, ne peut excéder la variation d'un indice local trimestriel mesurant le coût de la construction intervenue depuis la fixation initiale du loyer du bail expiré. Cet indice est calculé dans des conditions déterminées par arrêté du représentant de l'État. A défaut de clause contractuelle fixant le trimestre de référence de cet indice, il y a lieu de prendre en compte une variation de l'indice local trimestriel mesurant le coût de la construction fixé à cet effet par l'arrêté précité.

Art. L. 911-14 **L'article L. 145-35 est modifié ainsi qu'il suit :**

I. — Au premier alinéa, le mot : « départementale » est supprimé ;

II. — Le dernier alinéa est ainsi rédigé :

« La composition de la commission, le mode de désignation de ses membres et ses règles de fonctionnement sont fixés par arrêté du représentant de l'État. »

CHAPITRE II DISPOSITIONS D'ADAPTATION DU LIVRE II

Art. L. 912-1 **Aux articles** *(Ord. nº 2004-274 du 25 mars 2004, art. 46-II)* **« L. 223-18, » L. 225-36 et L. 225-65, les mots : « dans le même département ou un département limitrophe » sont remplacés par les mots : « dans la collectivité ».**

Art. L. 912-2 **Le dernier alinéa de l'article L. 225-43 et celui de l'article L. 225-91 sont supprimés.**

Art. L. 912-3 **Au deuxième alinéa de l'article L. 225-102, les mots : « ainsi que par les salariés d'une société coopérative ouvrière de production au sens de la loi nº 78-763 du 19 juillet 1978 portant statut de sociétés coopératives ouvrières de production » sont supprimés.**

Art. L. 912-4 *(Ord. nº 2004-604 du 24 juin 2004, art. 59)* **Au 5° de l'article L. 225-115, les mots : « versements effectués en application des 1 et 4 de l'article 238 *bis* du code général des impôts » sont remplacés par les mots : « déductions**

fiscales prévues par les dispositions du code des impôts applicables localement relatives au total des déductions du montant des bénéfices imposables des sociétés qui procèdent à des versements au profit d'œuvres d'organismes d'intérêt général, ou de sociétés agréées ou à des donations d'œuvre d'art à l'État ».

Art. L. 912-5 *Abrogé par Ord. nº 2004-604 du 24 juin 2004, art. 55.*

Art. L. 912-6 Au VI de l'article L. 225-270, les mots : « les dispositions de l'article 94 A du code général des impôts » sont remplacés par les mots : « les dispositions du code des impôts applicable localement relatives aux gains nets en capital réalisés à l'occasion de la cession à titre onéreux de valeurs mobilières et de droits sociaux ».

CHAPITRE III DISPOSITIONS D'ADAPTATION DU LIVRE III

Art. L. 913-1 Le second alinéa de l'article L. 322-9 est ainsi rédigé :

Art. L. 322-9, al. 2 Ils se conforment aux dispositions prescrites par le code des impôts applicable localement relatives aux ventes publiques et par enchères.

CHAPITRE IV DISPOSITIONS D'ADAPTATION DU LIVRE IV

Art. L. 914-1 Au second alinéa de l'article L. 442-2, avant les mots : « taxes sur le chiffre d'affaires », est ajouté le mot : « éventuelles ».

Art. L. 914-2 L'article L. 443-1 est modifié ainsi qu'il suit :

I. — Au 3°, les mots : « à l'article 403 du code général des impôts » sont remplacés par les mots : « par les dispositions du code des impôts applicable localement ».

II. — Le 4° est ainsi rédigé :

« 4° A soixante-quinze jours après le jour de livraison pour les achats de boissons alcooliques passibles des droits de circulation prévus par le code des impôts applicable localement. »

CHAPITRE V DISPOSITIONS D'ADAPTATION DU LIVRE V

Art. L. 915-1 Le deuxième alinéa de l'article L. 511-62 est ainsi rédigé :

Art. L. 511-62, al. 2 La retraite comprend les sommes indiquées dans les articles L. 511-45 et L. 511-46, outre les droits de courtage et de timbre éventuellement prévus par les dispositions du code des impôts applicable localement.

Art. L. 915-2 Le premier alinéa de l'article L. 524-19 est ainsi rédigé :

Art. L. 524-19, al. 1er Le montant des droits à percevoir par le greffier du tribunal de première instance statuant en matière commerciale est fixé par décret.

Art. L. 915-3 Au premier alinéa de l'article L. 525-2, après les mots « au droit fixe », sont ajoutés les mots : « selon les modalités en vigueur localement ».

Art. L. 915-4 Au II de l'article L. 525-9, les mots : « au privilège visé à l'article L. 243-4 du code *[de]* la sécurité sociale » sont remplacés par les mots : « au privi-

lège organisé en faveur de la caisse de prévoyance sociale de la collectivité territoriale ».

Art. L. 915-5 **L'article L. 525-18 est modifié ainsi qu'il suit :**

I. — Au 1°, la référence au décret n° 53-968 du 30 septembre 1953 est remplacée par la référence au décret n° 55-639 du 20 mai 1955 ; — *V. note ss. art. L. 525-18.*

II. — Le 2° est ainsi rédigé :

« 2° Les navires de mer. »

CHAPITRE VI DISPOSITIONS D'ADAPTATION DU LIVRE VI

Art. L. 916-1 *(L. n° 2005-845 du 26 juill. 2005, art. 193-I)* **Le 4° du III de l'article L. 643-11 ne s'applique pas à Saint-Pierre-et-Miquelon.**

CHAPITRE VII DISPOSITIONS D'ADAPTATION DU LIVRE VII

Art. L. 917-1 **Aux articles L. 711-2 et L. 711-4, le mot : « Gouvernement » est remplacé par les mots : « représentant de l'État dans la collectivité ».**

Art. L. 917-2 **Au troisième alinéa de l'article L. 711-6, les mots : « ou la commune » sont remplacés par les mots : « la commune ou la collectivité ».**

Art. L. 917-3 **A l'article L. 711-7, les mots : « au sens et pour l'application de l'article L. 961-10 du code du travail » sont supprimés.**

Art. L. 917-4 **A l'article L. 712-1, les mots : « au moyen d'une taxe additionnelle à la taxe professionnelle » sont remplacés par les mots : « comme il est dit dans les dispositions du code des impôts applicable dans la collectivité ».**

CHAPITRE VIII DISPOSITIONS D'ADAPTATION DU LIVRE VIII

Le livre VIII ne nécessite aucune mesure d'adaptation.

TITRE DEUXIÈME DISPOSITIONS APPLICABLES À MAYOTTE

Les dispositions législatives postérieures à la loi n° 2001-616 du 11 juill. 2001 (relative à Mayotte) qui modifient le code de commerce sont applicables de plein droit à Mayotte, à l'exception de celles modifiant le chapitre II du titre V du livre II, le chapitre Ier du titre II du livre III, le chapitre II du titre II du livre V et le livre VII de ce code (L. n° 2001-616 du 11 juill. 2001, art. 3).

A l'exception des art. 24 et 25 de l'Ord. n° 2004-274 du 25 mars 2004 (V. table chronologique en fin d'ouvrage), sont applicables de plein droit à Mayotte les dispositions entrant dans le champ des prévisions du II de l'art. 3 de la loi n° 2001-616 du 11 juill. 2001 (Ord. n° 2004-274 du 25 mars 2004, art. 47-I).

Pour l'actualisation de la législation commerciale applicable à Mayotte par rapport aux modifications, adjonctions et abrogations issues des lois nos 2001-152 du 19 févr. 2001, 2001-420 du 15 mai 2001,

2001-1168 du 11 déc. 2001, 2002-73 du 17 janv. 2002, 2002-1303 du 29 oct. 2002, 2003-7 du 3 janv. 2003, 2003-706 et 2003-721 du 1er août 2003, 2003-775 du 21 août 2003, V. Ord. nº 2004-604 du 24 juin 2004, art. 56-I (JO 26 juin).

Art. L. 920-1 **Sous réserve des adaptations prévues dans les chapitres ci-après, les dispositions suivantes du présent code sont applicables à Mayotte :**

1° Le livre Ier, à l'exception des articles L. 125-3, L. 126-1 ;

2° Le livre II, à l'exception des articles *(L. nº 2005-842 du 26 juill. 2005, art. 11-III)* **« L. 225-245-1, L. 229-1 à L. 229-15, L. 238-6, L. 244-5 et » L. 252-1 à L. 252-13 ;**

3° Le livre III, à l'exception des articles L. 321-1 à L. 321-38 ;

4° Le livre IV, à l'exception des articles L. 441-1, L. 442-1 et L. 470-6 ;

5° Le livre V, à l'exception des articles L. 522-1 à L. 522-40, L. 524-12, L. 524-20 et L. 524-21 ;

6° Le livre VI, à l'exclusion des articles L. 621-38, L. 621-132 et L. 628-1 à *(L. nº 2003-710 du 1er août 2003, art. 38-II)* **« L. 628-8 » ;**

(Ord. nº 2005-43 du 20 janv. 2005, art. 3-I) **« 7° Le titre Ier du livre VII, à l'exception des articles L. 711-5 et L. 712-1 et des dispositions relatives aux délégués consulaires** *(Ord. nº 2006-673 du 8 juin 2006, art. 9)***« ; les articles L. 721-3 à L. 721-6 ; »**

« 8° Le livre VIII. » – *Les 7º et 8º entrent en vigueur le 1er févr. 2005 (Ord. préc., art. 17).*

Art. L. 920-2 **Pour l'application du présent code dans la collectivité, les termes énumérés ci-après sont remplacés comme suit :**

1° « Tribunal de grande instance » ou « tribunal d'instance » par « tribunal de première instance » ;

2° « Tribunal de commerce » ou « justice consulaire » par « tribunal de première instance statuant en matière commerciale » ;

3° « Conseil des prud'hommes » par « tribunal du travail » ;

4° « Département » ou « arrondissement » par « collectivité territoriale » ;

5° « ***Bulletin officiel des annonces civiles et commerciales*** **» par « Recueil des actes administratifs de la collectivité territoriale ».**

Art. L. 920-3 **Les références faites, par des dispositions du présent code applicables à Mayotte, à d'autres articles du présent code ne concernent que les articles rendus applicables dans la collectivité avec les adaptations prévues dans les chapitres ci-dessous.**

Art. L. 920-4 **En l'absence d'adaptation, les références faites, par des dispositions du présent code applicables à Mayotte, à des dispositions qui n'y sont pas applicables sont remplacées par les références aux dispositions ayant le même objet applicables localement.**

Art. L. 920-5 **Les références faites, par des dispositions du présent code applicables à Mayotte, à des dispositions du code du travail n'y sont applicables que s'il existe une disposition applicable localement ayant le même objet.**

Art. L. 920-6 (Abrogé par Ord. nº 2005-43 du 20 janv. 2005, art. 3-II) ***Les références à l'immatriculation au répertoire des métiers sont remplacées par les références à l'immatriculation faite conformément à la réglementation applicable à Mayotte.***

Art. L. 920-7 **Les articles faisant référence à la Communauté européenne sont applicables dans le respect de la décision d'association prévue à l'article 136 du traité instituant la Communauté européenne. Les références à l'accord sur l'Espace économique européen ne sont pas applicables.**

CHAPITRE PREMIER DISPOSITIONS D'ADAPTATION DU LIVRE Ier

Art. L. 921-1 *(Ord. nº 2004-279 du 25 mars 2004, art. 7-I)* A l'article L. 122-1, les mots : « par le préfet du département dans lequel il envisage d'exercer pour la première fois son activité » sont remplacés par les mots : « par le préfet de Mayotte dans le cas où l'étranger doit y exercer pour la première fois son activité. »

Art. L. 921-2 Les dérogations prévues par les articles L. 123-25 à L. 123-27 sont applicables aux personnes physiques soumises à un régime simplifié d'imposition par la réglementation en vigueur à Mayotte.

Art. L. 921-3 A l'article L. 133-6, les mots : « celles qui naissent des dispositions de l'article 1269 du Nouveau code de procédure civile » sont remplacés par les mots : « les demandes en révision de compte et en liquidation des fruits présentées en vue d'un redressement en cas d'erreur, d'omission ou de présentation inexacte ».

Art. L. 921-4 A l'article L. 133-7, les mots : « les droits, taxes, frais et amendes de douane liés à une opération de transport » sont supprimés.

Art. L. 921-5 Pour l'application des articles L. 141-15, L. 143-7, L. 144-1 à L. 144-13 et L. 145-28, un magistrat du tribunal de première instance peut être délégué par le président.

Art. L. 921-6 A l'article L. 141-13, les mots : « de la déclaration prescrite par les articles 638 et 653 du code général des impôts » sont remplacés par les mots : « de la déclaration prescrite dans les conditions prescrites par les dispositions du code des impôts applicable dans la collectivité ».

Art. L. 921-7 A l'article L. 144-5, les mots : « les articles L. 3211-2 et L. 3212-1 à L. 3212-12 du code de la santé publique » sont remplacés par les mots : « les articles du code de la santé publique applicable dans la collectivité relatifs à l'hospitalisation et à l'internement avec ou sans le consentement de l'intéressé ».

Art. L. 921-8 L'article L. 145-2 est modifié ainsi qu'il suit :

I. – Au 4°, les mots : « à l'État, aux départements, aux communes, aux établissements publics » sont remplacés par les mots : « à l'État, aux collectivités territoriales et aux établissements publics ».

II. – Au 6°, les mots : « à la caisse de sécurité sociale de la maison des artistes et reconnus auteurs d'œuvres graphiques et plastiques, tels que définis par l'article 71 de l'annexe III du code général des impôts » sont remplacés par les mots : « à la caisse locale d'assurance sociale et reconnus auteurs d'œuvres graphiques et plastiques au sens du code des impôts applicable dans la collectivité ».

Art. L. 921-9 Pour l'application de l'article L. 145-6, les mots : « l'évacuation des lieux compris dans un secteur ou périmètre prévu aux articles *(Ord. nº 2005-1527 du 8 déc. 2005, art. 29)* « L. 313-4 à L. 313-4-2 » du code de l'urbanisme » sont remplacés par les mots : « l'évacuation des lieux prévue à l'article L. 145-18 ».

V. note ss. art. L. 911-9.

Art. L. 921-10 A l'article L. 145-13, les mots : « sous réserve des dispositions de la loi du 28 mai 1943 relative à l'application aux étrangers des lois en matière de baux à loyer et de baux à ferme » sont supprimés.

Art. L. 921-11 **Le deuxième alinéa de l'article L. 145-18 est ainsi rédigé :**

Art. L. 145-18, al. 2 Il en est de même pour effectuer des opérations de restauration immobilière comportant des travaux de remise en état, de conservation, de modernisation ou de démolition ayant pour conséquence la transformation des conditions d'habitabilité d'un ensemble d'immeubles nécessitant l'évacuation des lieux. Ces opérations peuvent être décidées et exécutées dans le respect de la réglementation locale, soit par les autorités publiques localement compétentes, soit à l'initiative d'un ou de plusieurs propriétaires, groupés ou non en association syndicale. Dans ce dernier cas, ce ou ces propriétaires y sont spécialement autorisés dans des conditions fixées par le représentant de l'État, qui précisent notamment les engagements exigés des propriétaires quant à la nature et à l'importance des travaux. Les immeubles acquis par un organisme de rénovation ne peuvent, après restauration, être cédés de gré à gré qu'aux conditions d'un cahier des charges type approuvé par le représentant de l'État.

Art. L. 921-12 **A l'article L. 145-26, après les mots : « à l'État, aux départements, aux communes », sont ajoutés les mots : « à la collectivité territoriale ».**

Art. L. 921-13 **Le premier alinéa de l'article L. 145-34 est ainsi rédigé :**

Art. L. 145-34, al. 1er A moins d'une modification notable des éléments déterminant la valeur locative, le taux de variation du loyer applicable lors de la prise d'effet du bail à renouveler, si sa durée n'est pas supérieure à neuf ans, ne peut excéder la variation d'un indice local trimestriel mesurant le coût de la construction intervenue depuis la fixation initiale du loyer du bail expiré. Cet indice est calculé dans des conditions déterminées par arrêté du représentant de l'État. A défaut de clause contractuelle fixant le trimestre de référence de cet indice, il y a lieu de prendre en compte une variation de l'indice local trimestriel mesurant le coût de la construction fixé à cet effet par l'arrêté précité.

Art. L. 921-14 **L'article L. 145-35 est modifié ainsi qu'il suit :**

I. — Au premier alinéa, le mot : « départementale » est supprimé ;

II. — Le dernier alinéa est ainsi rédigé :

« La composition de la commission, le mode de désignation de ses membres et ses règles de fonctionnement sont fixés par arrêté du représentant de l'État. »

CHAPITRE II **DISPOSITIONS D'ADAPTATION DU LIVRE II**

Art. L. 922-1 *(Ord. n° 2004-604 du 24 juin 2004, art. 56-II)* **Aux articles L. 225-177, L. 225-179 et L. 233-11, les mots : « la date de publication de la loi n° 2001-420 du 15 mai 2001 » sont remplacés par les mots : « la date de publication de l'ordonnance n° 2004-604 du 24 juin 2004 portant réforme du régime des valeurs mobilières émises par les sociétés commerciales et extension à l'outre-mer de dispositions ayant modifié la législation commerciale ».**

Art. L. 922-2 **Aux articles** *(Ord. n° 2004-274 du 25 mars 2004, art. 47-III)* **« L. 223-18, » L. 225-36 et L. 225-65, les mots : « dans le même département ou un département limitrophe » sont remplacés par les mots : « dans la collectivité ».**

Art. L. 922-3 **Le dernier alinéa de l'article L. 225-43 et celui de l'article L. 225-91 sont supprimés.**

Art. L. 922-4 *(Ord. n° 2004-604 du 24 juin 2004, art. 60-II)* **Au 5° de l'article L. 225-115, les mots : « versements effectués en application des 1 et 4 de l'arti-**

cle 238 *bis* du code général des impôts » sont remplacés par les mots : « déductions fiscales prévues par les dispositions de droit fiscal applicables dans la collectivité et relatives au total des déductions du montant des bénéfices imposables des sociétés qui procèdent à des versements au profit d'œuvres d'organismes d'intérêt général, ou de sociétés agréées ou à des donations d'œuvre d'art à l'État ».

Art. L. 922-5 *(Ord. n° 2004-604 du 24 juin 2004, art. 56-II)* « Aux articles L. 225-105, L. 225-230 *[Ord. n° 2005-1126 du 8 sept. 2005, art. 22 : L. 823-6]* et L. 225-231 », les mots : « le comité d'entreprise » sont remplacés par les mots : « les délégués du personnel ».

Art. L. 922-6 Aux articles L. 225-231, L. 232-3, L. 232-4, L. 234-1 et L. 234-2, les mots : « au comité d'entreprise » sont remplacés par les mots : « aux délégués du personnel ».

Art. L. 922-7 Au VI de l'article L. 225-270, les mots : « les dispositions de l'article 94 A du code général des impôts » sont remplacés par les mots : « les dispositions du code des impôts applicable dans la collectivité relatives aux gains nets en capital réalisés à l'occasion de la cession à titre onéreux de valeurs mobilières et de droits sociaux ».

Art. L. 922-8 Le dernier alinéa de l'article L. 228-36 est supprimé.

Art. L. 922-9 A l'article L. 233-24, les mots : « ou du VII de l'article 97 » sont supprimés.

Art. L. 922-10 Le deuxième alinéa de l'article L. 251-7 est supprimé.

CHAPITRE III DISPOSITIONS D'ADAPTATION DU LIVRE III

Art. L. 923-1 A l'article L. 322-1, les mots : « aux articles 53 de la loi n° 91-650 du 9 juillet 1991 relative à la réforme des procédures d'exécution et 945 du code de procédure civile » sont remplacés par les mots : « aux dispositions de procédure civile applicables dans la collectivité relatives à la vente de meubles dépendant d'une succession ».

Art. L. 923-2 Le second alinéa de l'article L. 322-9 est ainsi rédigé :

Art. L. 322-9, al. 2 Ils se conforment aux dispositions prescrites par le code des impôts applicable dans la collectivité relatives aux ventes publiques et par enchères.

CHAPITRE IV DISPOSITIONS D'ADAPTATION DU LIVRE IV

Les modifications et adjonctions apportées au code de commerce en ses art. L. 430-1 à L. 430-10 par les art. 86 à 93 de la loi n° 2001-420 du 15 mai 2001 sont applicables à Mayotte, sous réserve des adaptations suivantes (Ord. n°2004-823 du 19 août 2004, art. 3-I).

Art. L. 924-1 *(Ord. n°2004-823 du 19 août 2004, art. 3-II)* Au premier alinéa de l'article L. 430-2, le mot : « trois » est remplacé par le mot : « deux ». Les quatrième et cinquième alinéas de cet article sont supprimés.

Art. L. 924-2 *(Ord. n° 2004-823 du 19 août 2004, art. 3-II)* A l'article L. 430-3, la dernière phrase du premier alinéa est supprimée. Au troisième alinéa du même arti-

cle, les mots : « , ou le renvoi total ou partiel d'une opération de dimension communautaire », sont supprimés.

Art. L. 924-3 Le dernier alinéa de l'article L. 442-3 est remplacé par quatre alinéas ainsi rédigés :

Art. L. 441-2 [...] La cessation de la publicité, réalisée dans des conditions non conformes aux dispositions de l'alinéa 1, peut être ordonnée par le juge d'instruction ou par le tribunal saisi des poursuites, soit sur réquisition du ministère public, soit d'office. La mesure ainsi prise est exécutoire nonobstant toutes voies de recours.

Mainlevée peut en être donnée par la juridiction qui l'a ordonnée ou qui est saisie du dossier. La mesure cesse d'avoir effet en cas de décision de non-lieu ou de relaxe.

Les décisions statuant sur les demandes de mainlevée peuvent faire l'objet d'un recours devant le tribunal supérieur d'appel selon qu'elles ont été prononcées par un juge d'instruction ou par le tribunal saisi des poursuites.

Le tribunal supérieur d'appel statue dans un délai de dix jours à compter de la réception des pièces.

Art. L. 924-4 Au second alinéa de l'article L. 442-2, avant les mots : « taxes sur le chiffre d'affaires », est ajouté le mot : « éventuelles » ;

Art. L. 924-5 Le dernier alinéa de l'article L. 442-3 est remplacé par quatre alinéas ainsi rédigés :

Art. L. 442-3 [...] La cessation de l'annonce publicitaire peut être ordonnée par le juge d'instruction ou par le tribunal saisi des poursuites, soit sur réquisition du ministère public, soit d'office. La mesure ainsi prise est exécutoire nonobstant toutes voies de recours.

Mainlevée peut en être donnée par la juridiction qui l'a ordonnée ou qui est saisie du dossier. La mesure cesse d'avoir effet en cas de décision de non-lieu ou de relaxe.

Les décisions statuant sur les demandes de mainlevée peuvent faire l'objet d'un recours devant le tribunal supérieur d'appel.

Le tribunal supérieur d'appel statue dans un délai de dix jours à compter de la réception des pièces.

Art. L. 924-6 L'article L. 443-1 est modifié ainsi qu'il suit :

I. — Au 1°, les mots : « visés aux articles L. 326-1 à L. 326-3 du code rural » sont remplacés par les mots : « prévus par les dispositions du code rural applicable dans la collectivité » ;

II. — Au 3°, les mots : « à l'article 403 du code général des impôts » sont remplacés par les mots : « par les dispositions du code des impôts applicable dans la collectivité » ;

III. — Le 4° est ainsi rédigé :

« 4° A soixante-quinze jours après le jour de livraison pour les achats de boissons alcooliques passibles des droits de circulation prévus par le code des impôts applicable dans la collectivité. »

CHAPITRE V DISPOSITIONS D'ADAPTATION DU LIVRE V

Art. L. 925-1 Le deuxième alinéa de l'article L. 511-62 est ainsi rédigé :

Art. L. 511-62, al. 2 La retraite comprend les sommes indiquées dans les articles L. 511-45 et L. 511-46, outre les droits de courtage et de timbre éventuellement prévus par les dispositions applicables dans la collectivité.

Art. L. 925-2 Aux articles L. 523-8 et L. 524-6, les mots : « articles 1426 à 1429 du Nouveau code de procédure civile » sont remplacés par les mots : « dispositions de procédure civile applicables localement relatives aux offres de payement et à la consignation ».

Art. L. 925-3 Le premier alinéa de l'article L. 524-19 est ainsi rédigé :

Art. L. 524-19, al. 1er Le montant des droits à percevoir par le greffier du tribunal de première instance statuant en matière commerciale est fixé par décret.

Art. L. 925-4 Au premier alinéa de l'article L. 525-2, après les mots : « au droit fixe » sont ajoutés les mots : « selon les modalités en vigueur dans la collectivité ».

Art. L. 925-5 Au II de l'article L. 525-9, les mots : « au privilège visé à l'article L. 243-4 du code de la sécurité sociale » sont remplacés par les mots : « au privilège organisé en faveur de la caisse de prévoyance sociale de la collectivité territoriale ».

Art. L. 925-6 L'article L. 525-18 est modifié ainsi qu'il suit :

I. — Au 1°, la référence au décret n° 53-968 du 30 septembre 1953 est remplacée par la référence au décret n° 55-639 du 20 mai 1955. — *V. note ss. art. L. 525-18.*

II. — Le 2° est ainsi rédigé :

« 2° Les navires de mer ainsi que les bateaux de navigation fluviale. »

L'art. 43 de l'Ord. n° 2006-346 du 23 mars 2006, ajoutant un art. L. 526-5, n'est pas applicable à Mayotte (Ord. préc., art. 57-I).

CHAPITRE VI DISPOSITIONS D'ADAPTATION DU LIVRE VI

(L. n° 2005-845 du 26 juill. 2005, art. 194)

Art. L. 926-1 A l'article L. 625-2 les mots : « mentionnée à l'article L. 432-7 du code du travail » sont remplacés par les mots : « à l'égard des informations présentant un caractère confidentiel et données comme telles ».

Art. L. 926-2 Pour l'application de l'article L. 622-24, les organismes visés à l'article L. 351-21 du code du travail sont les organismes locaux ayant en charge le service de l'allocation d'assurance chômage et le recouvrement des contributions.

Art. L. 926-3 Pour l'application des articles L. 622-24, *(L. n° 2005-845 du 26 juill. 2005, art. 194-II)* « L. 622-26, L. 626-5 à L. 626-7 », L. 621-78, L. 621-126, L. 621-127 et L. 627-5, les institutions mentionnées à l'article L. 143-11-4 du code du travail sont les institutions locales chargées de la mise en œuvre du régime d'assurance contre le risque de non-paiement des salaires, en cas de procédure de redressement ou de liquidation judiciaires.

Art. L. 926-4 Pour l'application de l'article *[des articles]* *(L. n° 2005-845 du 26 juill. 2005, art. 194-II)* « L. 626-5 à L. 626-7 », les institutions régies par le livre IX du code de la sécurité sociale sont les institutions locales de retraite complémentaire ou supplémentaire ou de prévoyance, prévues par les dispositions applicables dans la collectivité et relatives aux régimes de sécurité et de protection sociales.

Art. L. 926-5 A l'article L. 626-14, la référence à l'article 28 du décret n° 55-22 du 4 janvier 1955 portant réforme de la publicité foncière est remplacée par la référence aux dispositions applicables dans la collectivité et relatives à la publicité des droits sur les immeubles autres que les privilèges et hypothèques.

Art. L. 926-6 A l'article *(L. n° 2005-845 du 26 juill. 2005, art. 194-II)* « **L. 642-1** », l'obligation faite au tribunal de tenir compte des dispositions contenues aux 1°, 2°, 3° et 4° de l'article *(L. n° 2005-845 du 26 juill. 2005, art. 194-II)* « **L. 331-3** » du code rural s'entend des prescriptions suivantes :

« Observer l'ordre des priorités établi entre l'installation des jeunes agriculteurs et l'agrandissement des exploitations, en tenant compte de l'intérêt économique et social du maintien de l'autonomie de l'exploitation faisant l'objet de la demande ;

« Tenir compte, en cas d'agrandissement ou de réunion d'exploitations, des possibilités d'installation sur une exploitation viable, de la situation des terres concernées par rapport au siège de l'exploitation du ou des demandeurs, de la superficie des biens faisant l'objet de la demande et des superficies déjà mises en valeur par le ou les demandeurs, ainsi que par le preneur en place ;

« Prendre en considération la situation personnelle du ou des demandeurs : âge, situation familiale et professionnelle et, le cas échéant, celle du preneur en place, ainsi que le nombre et la nature des emplois salariés en cause ;

« Tenir compte de la structure parcellaire des exploitations concernées, soit par rapport au siège de l'exploitation, soit pour éviter que des mutations en jouissance en remettent en cause des aménagements obtenus à l'aide de fonds publics. »

Art. L. 926-7 *(L. n° 2005-845 du 26 juill. 2005, art. 194-II)* Le 4° du III de l'article L. 643-11 ne s'applique pas.

CHAPITRE VII DISPOSITIONS D'ADAPTATION DU LIVRE VII

Art. L. 927-1 *(Ord. n° 2005-43 du 20 janv. 2005, art. 3-III)* Pour l'application à Mayotte de l'article L. 711-6, le représentant de l'État à Mayotte est habilité à accorder à la chambre de commerce et d'industrie de Mayotte l'autorisation prévue à cet article, par délégation permanente du ministre chargé de la tutelle des chambres de commerce et d'industrie. – *Entrée en vigueur le 1er févr. 2005 (Ord. préc., art. 17).*

CHAPITRE VIII DISPOSITIONS D'ADAPTATION DU LIVRE VIII

Le livre VIII ne nécessite pas de mesure d'adaptation.

V. toutefois, art. L. 922-5.

TITRE TROISIÈME DISPOSITIONS APPLICABLES EN NOUVELLE-CALÉDONIE

Dans les conditions prévues au présent titre, sont applicables en Nouvelle-Calédonie les art. 10 à 20, 22 et 23 de l'Ord. n° 2004-274 du 25 mars 2004, JO 27 mars (art. 48-I). Est également applicable en Nouvelle-Calédonie le I de l'art. 21 de l'ordonnance précitée. – V. table chronologique en fin d'ouvrage.

Pour l'actualisation de la législation commerciale applicable en Nouvelle-Calédonie par rapport aux modifications, adjonctions et abrogations issues des lois nos 2001-152 du 19 févr. 2001, 2001-420 du 15 mai 2001, 2001-624 du 17 juill. 2001, 2001-1168 du 11 déc. 2001, 2002-73 du 17 janv. 2002, 2002-1303 du 29 oct. 2002, 2003-7 du 3 janv. 2003, 2003-706 et 2003-721 du 1er août 2003, 2003-775 du 21 août 2003, V. Ord. n°2004-604 du 24 juin 2004, art. 57-II (JO 26 juin).

Art. L. 930-1 Sous réserve des adaptations prévues dans les chapitres ci-après, les dispositions suivantes du présent code sont applicables en Nouvelle-Calédonie :

1° Le livre Ier, à l'exception des articles L. 124-1 à L. 126-1, L. 131-1 à L. 131-6, L. 131-9, L. 134-1 à L. 134-17, L. 145-34 à L. 145-36, L. 145-38 et L. 145-39 ;

2° Le livre II, à l'exception des articles *(Abrogé par Ord. nº 2004-604 du 24 juin 2004, art. 57-III)* « *L. 225-219 à L. 225-223* [abrogés et remplacés par les art. L. 822-1, L. 822-2, L. 822-3, L. 822-6, L. 822-7 et L. 822-10], » *(L. nº 2005-842 du 26 juill. 2005, art. 11-III)* « L. 225-245-1, L. 229-1 à L. 229-15, L. 238-6, L. 244-5 et » L. 252-1 à L. 252-13 ;

3° Le livre III, à l'exception des articles L. 310-4, L. 321-1 à L. 321-38, L. 322-7 et L. 322-10 ;

4° Le livre V, à l'exception des articles L. 522-1 à L. 522-40, L. 524-12, L. 524-20 et L. 524-21 ;

(L. nº 2005-845 du 26 juill. 2005, art. 195-II) « 5° Le livre VI, à l'exception des articles L. 622-19, L. 625-9 et L. 670-1 à L. 670-8 » ;

(Ord. nº 2006-673 du 8 juin 2006, art. 9)« 6° Le titre II du livre VII, à l'exception des articles L. 722-3, L. 722-11 à L. 722-13, de l'article L. 723-6, de l'alinéa 2 de l'article L. 723-7, de l'alinéa 2 de l'article L. 723-10 et de l'article L. 723-11 ; »

(Ord. nº 2004-604 du 24 juin 2004, art. 57-III) « 7° Le titre II du livre VIII » *[.]*

Art. L. 930-2 Pour l'application du présent code dans le territoire, les termes énumérés ci-après sont remplacés ainsi qu'il suit :

1° « Tribunal de grande instance » ou « tribunal d'instance » par « tribunal de première instance » ;

2° « Tribunal de commerce » ou « justice consulaire » par « tribunal mixte de commerce » ;

3° « Conseil de prud'hommes » par « tribunal du travail » ;

4° « *Bulletin officiel des annonces civiles et commerciales* » par « *Journal officiel de la Nouvelle-Calédonie* » ;

5° « Département » ou « arrondissement » par « Nouvelle-Calédonie » ou par « province » ;

6° « Préfet » ou « sous-préfet » par « représentant de l'État en Nouvelle-Calédonie ».

Art. L. 930-3 Les références faites, par des dispositions du présent code applicables en Nouvelle-Calédonie, à d'autres articles du présent code, ne concernent que les articles rendus applicables en Nouvelle-Calédonie avec les adaptations prévues dans les chapitres ci-dessous.

Art. L. 930-4 En l'absence d'adaptation, les références faites par des dispositions du présent code applicables en Nouvelle-Calédonie, à des dispositions qui n'y sont pas applicables, sont remplacées par les références aux dispositions ayant le même objet applicables localement.

Art. L. 930-5 Les références faites par des dispositions du présent code applicables en Nouvelle-Calédonie à des dispositions du code du travail, n'y sont applicables que s'il existe une disposition applicable localement ayant le même objet.

Art. L. 930-6 Les références à l'immatriculation au répertoire des métiers sont remplacées par les références à l'immatriculation faite conformément à la réglementation applicable en Nouvelle-Calédonie.

Art. L. 930-7 Les articles faisant référence à la Communauté européenne sont applicables dans le respect de la décision d'association prévue à l'article 136 du traité instituant la Communauté européenne. Les références à l'accord sur l'Espace économique européen ne sont pas applicables.

CHAPITRE PREMIER DISPOSITIONS D'ADAPTATION DU LIVRE Ier

Art. L. 931-1 A l'article L. 122-1, les mots : « le préfet du département où l'étranger doit exercer son activité » sont remplacés par les mots : « l'autorité de Nouvelle-Calédonie compétente ».

Art. L. 931-2 Les dérogations prévues par les articles L. 123-25 à L. 123-27 sont applicables aux personnes physiques soumises à un régime simplifié d'imposition par la réglementation en vigueur en Nouvelle-Calédonie.

Art. L. 931-3 A l'article L. 131-11, les mots : « S'il est inscrit sur la liste des courtiers, dressée conformément aux dispositions réglementaires, il en est rayé et ne peut plus y être inscrit de nouveau » sont supprimés.

Art. L. 931-4 Pour l'application de l'article L. 133-6 :

1° Les mots : « celles qui naissent des dispositions de l'article 1269 du Nouveau code de procédure civile » sont remplacés par les mots : « les demandes en révision de compte et en liquidation des fruits présentées en vue d'un redressement en cas d'erreur, d'omission ou de présentation inexacte » ;

2° Les dispositions du dernier alinéa sont applicables dans le cas de transport fait pour le compte de la Nouvelle-Calédonie.

Art. L. 931-5 A l'article L. 133-7, les mots : « les droits, taxes, frais et amendes de douane liés à une opération de transport » sont supprimés.

Art. L. 931-6 Pour l'application des articles L. 141-15, L. 143-7, L. 144-1 à L. 144-13 et L. 145-28, un magistrat du tribunal de première instance peut être délégué par le président.

Art. L. 931-7 A l'article L. 141-13, les mots : « par les articles 638 et 653 du code général des impôts » sont remplacés par les mots : « par les dispositions du code des impôts applicable en Nouvelle-Calédonie relatives aux déclarations de mutation verbales ».

Art. L. 931-8 A l'article L. 144-5, les mots : « les articles L. 3211-2 et L. 3212-1 à L. 3212-12 du code de la santé publique » sont remplacés par les mots : « les articles du code de la santé publique applicable en Nouvelle-Calédonie relatifs à l'hospitalisation ou à l'internement avec ou sans le consentement de l'intéressé ».

Art. L. 931-9 L'article L. 144-11 est ainsi rédigé :

Art. L. 144-11. Si, conformément à la réglementation locale, le contrat de location-gérance est assorti d'une clause d'échelle mobile, la révision du loyer peut, nonobstant toute convention contraire, être demandée selon les conditions fixées par une délibération de l'autorité locale compétente lorsque, par le jeu de cette clause, ce loyer se trouve augmenté ou diminué de plus du quart par rapport au prix précédemment fixé, contractuellement ou judiciairement.

Art. L. 931-10 L'article L. 144-12 est ainsi rédigé :

Art. L. 144-12. A défaut d'accord amiable entre les parties sur la révision du loyer, l'instance est introduite et jugée conformément aux dispositions prévues en matière de révision du prix des baux à loyer d'immeubles ou de locaux à usage commercial ou industriel.

Le juge doit, en tenant compte de tous les éléments d'appréciation, adapter le jeu de l'échelle mobile à la valeur locative équitable au jour de la notification. Le nouveau prix est applicable à partir de cette même date, à moins que les parties ne se soient mises d'accord avant ou pendant l'instance sur une date plus ancienne ou plus récente.

Art. L. 931-11 L'article L. 145-2 est modifié ainsi qu'il suit :

I. – Au 4°, les mots : « à l'État, aux départements, aux communes, aux établissements publics » sont remplacés par les mots : « à l'État, aux collectivités territoriales et aux établissements publics » ;

II. – Au 6°, les mots : « à la caisse de sécurité sociale de la maison des artistes et reconnus auteurs d'œuvres graphiques et plastiques, tels que définis par l'article 71 de l'annexe III du code général des impôts » sont remplacés par les mots : « à la caisse locale d'assurance sociale et reconnus auteurs d'œuvres graphiques et plastiques au sens du code des impôts applicable en Nouvelle-Calédonie ».

Art. L. 931-12 Pour l'application de l'article L. 145-6, les mots : « l'évacuation des lieux compris dans un secteur ou périmètre prévu aux articles *(Ord. n° 2005-1527 du 8 déc. 2005, art. 29)* « L. 313-4 à L. 313-4-2 » du code de l'urbanisme » sont remplacés par les mots : « l'évacuation des lieux prévue à l'article L. 145-18 ».

V. note ss. art. L. 911-9.

Art. L. 931-13 A l'article L. 145-13, les mots : « sous réserve des dispositions de la loi du 28 mai 1943 relative à l'application aux étrangers des lois en matière de baux à loyer et de baux à ferme » sont supprimés.

Art. L. 931-14 Le deuxième alinéa de l'article L. 145-18 est ainsi rédigé :

Art. L. 145-18, al. 2 Il en est de même pour effectuer des opérations de restauration immobilière comportant des travaux de remise en état, de conservation, de modernisation ou de démolition ayant pour conséquence la transformation des conditions d'habitabilité d'un ensemble d'immeubles nécessitant l'évacuation des lieux. Ces opérations peuvent être décidées et exécutées dans le respect de la réglementation locale, soit par les autorités publiques localement compétentes, soit à l'initiative d'un ou de plusieurs propriétaires, groupés ou non en association syndicale. Dans ce dernier cas, ce ou ces propriétaires y sont spécialement autorisés dans des conditions fixées par les autorités locales compétentes, qui précisent notamment les engagements exigés des propriétaires quant à la nature et à l'importance des travaux. Les immeubles acquis par un organisme de rénovation ne peuvent, après restauration, être cédés de gré à gré qu'aux conditions d'un cahier des charges type approuvé par lesdites autorités.

Art. L. 931-15 A l'article L. 145-26, les mots : « aux départements » sont remplacés par les mots : « à la Nouvelle-Calédonie, aux provinces ».

Art. L. 931-16 L'article L. 145-37 est ainsi rédigé :

Art. L. 145-37 Les loyers des baux d'immeubles ou de locaux régis par le présent chapitre, renouvelés ou non, peuvent être révisés à la demande de l'une ou de l'autre des parties, dans les conditions prévues par les délibérations de l'autorité de Nouvelle-Calédonie compétente.

Art. L. 931-17 L'article L. 145-43 est ainsi rédigé :

Art. L. 145-43 Sont dispensés de l'obligation d'exploiter pendant la durée de leur stage les commerçants et artisans, locataires du local dans lequel est situé leur fonds, qui sont admis à suivre un stage de conversion ou un stage de promotion conformément aux dispositions du code du travail applicable en Nouvelle-Calédonie.

Art. L. 931-18 Le troisième alinéa de l'article L. 145-47 est supprimé.

Art. L. 931-19 A l'article L. 145-56, les mots : « et de procédure » sont supprimés.

CHAPITRE II DISPOSITIONS D'ADAPTATION DU LIVRE II

Art. L. 932-1 à L. 932-5 *Abrogés par Ord. n° 2004-604 du 24 juin 2004, art. 57-III.*

Art. L. 932-6 *(Ord. n° 2004-604 du 24 juin 2004, art. 57-III)* **Aux articles L. 225-177, L. 225-179 et L. 233-11, les mots : « la date de publication de la loi n° 2001-420 du 15 mai 2001 relative aux nouvelles régulations économiques » sont remplacés par les mots : « la date de publication de l'ordonnance n° 2004-604 du 24 juin 2004 portant réforme du régime des valeurs mobilières émises par les sociétés commerciales et extension à l'outre-mer de dispositions ayant modifié la législation commerciale ».**

Art. L. 932-7 Aux articles *(Ord. n° 2004-274 du 25 mars 2004, art. 48-V)* **« L. 223-18, » L. 225-36 et L. 225-65, les mots : « dans le même département ou un département limitrophe » sont remplacés par les mots : « en Nouvelle-Calédonie ».**

Art. L. 932-8 Le dernier alinéa de l'article L. 225-43 et celui de l'article L. 225-91 sont supprimés.

Art. L. 932-9 *Abrogé par Ord. n° 2004-604 du 24 juin 2004, art. 57-III.*

Art. L. 932-10 Le 5° de l'article L. 225-115 est ainsi rédigé :

Art. L. 225-115. 5° Du montant global, certifié par les commissaires aux comptes, des déductions du montant des bénéfices imposables de sociétés qui procèdent à des versements à des œuvres d'organismes d'intérêt général ou de sociétés agréées ou à des donations d'œuvres d'art à l'État ou à la Nouvelle-Calédonie, telles que prévues par les dispositions de droit fiscal applicables en Nouvelle-Calédonie, ainsi que la liste des actions nominatives de parrainage, de mécénat.

Art. L. 932-11 *(Ord. n° 2004-604 du 24 juin 2004, art. 57-III)* **« Aux articles L. 225-105, L. 225-230** *[Ord. n° 2005-1126 du 8 sept. 2005, art. 22 : L. 823-6]* **et L. 225-231 », après les mots : « le comité d'entreprise » sont ajoutés les mots : « ou à défaut les délégués du personnel ».**

Art. L. 932-12 Aux articles L. 225-231, L. 232-3, L. 232-4, L. 234-1 et L. 234-2, aux mots : « au comité d'entreprise » sont ajoutés les mots : « ou à défaut aux délégués du personnel ».

Art. L. 932-13 *Abrogé par Ord. n° 2004-604 du 24 juin 2004, art. 57-III.*

Art. L. 932-14 Au VI de l'article L. 225-270, les mots : « les dispositions de l'article 94 A du code général des impôts » sont remplacés par les mots : « les disposi-

tions du code des impôts applicable en Nouvelle-Calédonie relatives aux gains nets en capital réalisés à l'occasion de la cession à titre onéreux de valeurs mobilières et de droits sociaux ».

Art. L. 932-15 Le dernier alinéa de l'article L. 228-36 est supprimé.

Art. L. 932-16 A l'article L. 233-24, les mots « ou du VII de l'article 97 » sont supprimés.

Art. L. 932-17 Le deuxième alinéa de l'article L. 251-7 est supprimé.

CHAPITRE III DISPOSITIONS D'ADAPTATION DU LIVRE III

Art. L. 933-1 Les deuxième et troisième alinéas de l'article L. 310-1 sont supprimés.

Art. L. 933-2 Les deuxième et troisième alinéas du I et le II de l'article L. 310-2 sont supprimés.

Art. L. 933-3 Le deuxième alinéa du I de l'article L. 310-3 est supprimé.

Art. L. 933-4 Les 1°, 2° et 3° de l'article L. 310-5 sont supprimés.

Art. L. 933-5 A l'article L. 322-1, les mots : « aux articles 53 de la loi n° 91-650 du 9 juillet 1991 relative à la réforme des procédures d'exécution et 945 du code de procédure civile » sont remplacés par les mots : « aux dispositions de procédure civile applicables en Nouvelle-Calédonie et relatives à la vente de meubles dépendant d'une succession ».

Art. L. 933-6 L'article L. 322-11 est ainsi rédigé :

Art. L. 322-11. Les contestations relatives aux ventes réalisées en application des délibérations en vigueur localement relatives à la vente volontaire, aux enchères, en gros, des marchandises par les courtiers assermentés sont portées devant le tribunal mixte de commerce.

Art. L. 933-7 L'article L. 322-15 est ainsi rédigé :

Art. L. 322-15. Il appartient toujours au tribunal ou au juge qui autorise ou ordonne la vente en vertu de l'article précédent, de désigner éventuellement, pour y procéder, une autre classe d'officiers publics que les courtiers assermentés.

Art. L. 933-8 L'article L. 322-16 est ainsi rédigé :

Art. L. 322-16. Les dispositions de l'article L. 322-11 sont applicables aux ventes visées aux articles L. 322-14 et L. 322-15.

CHAPITRE IV DISPOSITIONS D'ADAPTATION DU LIVRE IV

Le livre IV n'est pas applicable.

CHAPITRE V DISPOSITIONS D'ADAPTATION DU LIVRE V

Art. L. 935-1 A l'article L. 511-55, le mot : « destitution » est supprimé.

Art. L. 935-2 L'article L. 511-60 est ainsi rédigé :

Art. L. 511-60. Un décret en Conseil d'État détermine les modalités d'application des dispositions de la présente sous-section, hormis le montant des rémunérations dues aux notaires ou huissiers ayant dressé les protêts pour les différentes formalités dont ils sont chargés.

Art. L. 935-3 A l'article L. 511-61, les mots : « ou des collectivités territoriales » sont remplacés par les mots : « des communes, des provinces ou de la Nouvelle-Calédonie ».

Art. L. 935-4 Le deuxième alinéa de l'article L. 511-62 est ainsi rédigé :

Art. L. 511-62, al. 2. La retraite comprend les sommes indiquées dans les articles L. 511-45 et L. 511-46, outre les droits de courtage et de timbre éventuellement prévus par les dispositions du code des impôts applicable en Nouvelle-Calédonie.

Art. L. 935-5 Aux articles L. 523-8 et L. 524-6, les mots : « articles 1426 à 1429 du Nouveau code de procédure civile » sont remplacés par les mots : « dispositions de procédure civile applicables localement relatives aux offres de payement et à la consignation ».

Art. L. 935-6 Le premier alinéa de l'article L. 524-19 est ainsi rédigé :

Art. L. 524-19, al. 1er. Le montant des droits à percevoir par le greffier du tribunal mixte de commerce est fixé par décret.

Art. L. 935-7 Au premier alinéa de l'article L. 525-2, après les mots : « au droit fixe » sont ajoutés les mots : « selon les modalités en vigueur en Nouvelle-Calédonie ».

Art. L. 935-8 Au II de l'article L. 525-9, les mots : « au privilège visé à l'article L. 243-4 du code de la sécurité sociale » sont remplacés par les mots : « au privilège organisé en faveur de la caisse de prévoyance sociale du territoire ».

Art. L. 935-9 L'article L. 525-18 est modifié ainsi qu'il suit :

I. — Au 1°, la référence au décret n° 53-968 du 30 septembre 1953 est remplacée par la référence au décret n° 55-639 du 20 mai 1955. — *V. note ss. art. L. 525-18.*

II. — Le 2° est ainsi rédigé :

« 2° Les navires de mer ainsi que les bateaux de navigation fluviale. »

L'art. 43 de l'Ord. n° 2006-346 du 23 mars 2006, ajoutant un art. L. 526-5, n'est pas applicable en Nouvelle-Calédonie. - Les dispositions de l'art. 44 de l'Ord. préc., ajoutant les art. L. 527-1 à L. 527-11, sont applicables en Nouvelle-Calédonie dans les conditions prévues au présent titre III du livre IX (Ord. préc., art. 57-II).

CHAPITRE VI DISPOSITIONS D'ADAPTATION DU LIVRE VI

Art. L. 936-1 Les mesures d'application prévues aux articles *(L. n° 2005-845 du 26 juill. 2005, art. 195-II)* « L. 621-4 », L. 626-3, *(L. n° 2005-845 du 26 juill. 2005,* *art. 195-II)* « L. 626-6 », L. 626-14, *(L. n° 2005-845 du 26 juill. 2005, art. 195-II)* « L. 626-16 » et L. 625-1 sont fixées par l'autorité compétente de Nouvelle-Calédonie.

Art. L. 936-2 *(L. n° 2005-845 du 26 juill. 2005, art. 195-II)* Au premier alinéa de l'article L. 611-1, l'arrêté du représentant de l'État dans la région est remplacé par une décision du gouvernement de la Nouvelle-Calédonie.

Art. L. 936-3 Pour l'application de l'article L. 612-1, les commissaires aux comptes et leurs suppléants sont choisis et exercent leurs fonctions selon la réglementation en vigueur localement.

Art. L. 936-4 Le troisième alinéa de l'article L. 612-1 est supprimé.

Art. L. 936-5 A l'article L. 621-2, les mots : « dans chaque département », sont remplacés par les mots : « en Nouvelle-Calédonie ».

Art. L. 936-6 A l'article L. 625-2, les mots : « mentionnée à l'article L. 432-7 du code du travail » sont remplacés par les mots : « à l'égard des informations présentant un caractère confidentiel et données comme telles ».

Art. L. 936-7 Pour l'application de l'article L. 622-24, les organismes visés à l'article L. 351-21 du code du travail sont les organismes de Nouvelle-Calédonie ayant en charge le service de l'allocation d'assurance chômage et le recouvrement des contributions.

Art. L. 936-8 Pour l'application des articles L. 622-24, *(L. n° 2005-845 du 26 juill. 2005, art. 195-II)* « L. 622-26, L. 626-5 à L. 626-7 », L. 626-20, L. 625-3, L. 625-4 et L. 662-4, les institutions mentionnées à l'article L. 143-11-4 du code du travail sont les institutions de Nouvelle-Calédonie chargées de la mise en œuvre du régime d'assurance contre le risque de non-paiement des salaires, en cas de procédure de redressement ou de liquidation judiciaires.

Art. L. 936-9 Pour l'application de l'article *[des articles]* *(L. n° 2005-845 du 26 juill. 2005, art. 195-II)* « L. 626-5 à L. 626-7 », les institutions régies par le livre IX du code de la sécurité sociale sont les institutions de retraite complémentaire ou supplémentaire ou de prévoyance, prévues par les dispositions applicables en Nouvelle-Calédonie et relatives aux régimes de sécurité et de protection sociales.

Art. L. 936-10 A l'article L. 626-14, la référence à l'article 28 du décret n° 55-22 du 4 janvier 1955 portant réforme de la publicité foncière est remplacée par la référence aux dispositions applicables localement et relatives à la publicité des droits sur les immeubles autres que les privilèges et hypothèques.

Art. L. 936-11 A l'article *(L. n° 2005-845 du 26 juill. 2005, art. 195-II)* « L. 642-1 », l'obligation faite au tribunal de tenir compte des dispositions contenues aux 1°, 2°, 3° et 4° de l'article *(L. n° 2005-845 du 26 juill. 2005, art. 195-II)* « L. 331-3 » du code rural s'entend des prescriptions suivantes :

« Observer l'ordre des priorités établi entre l'installation des jeunes agriculteurs et l'agrandissement des exploitations, en tenant compte de l'intérêt économique et social du maintien de l'autonomie de l'exploitation faisant l'objet de la demande ;

« Tenir compte, en cas d'agrandissement ou de réunion d'exploitations, des possibilités d'installation sur une exploitation viable, de la situation des terres concernées par rapport au siège de l'exploitation du ou des demandeurs, de la superficie des biens faisant l'objet de la demande et des superficies déjà mises en valeur par le ou les demandeurs, ainsi que par le preneur en place ;

« Prendre en considération la situation personnelle du ou des demandeurs : âge, situation familiale et professionnelle et, le cas échéant, celle du preneur en place, ainsi que le nombre et la nature des emplois salariés en cause ;

« Tenir compte de la structure parcellaire des exploitations concernées, soit par rapport au siège de l'exploitation, soit pour éviter que des mutations en jouissance ne remettent en cause des aménagements obtenus à l'aide de fonds publics. »

Art. L. 936-12 *(L. n° 2005-845 du 26 juill. 2005, art. 195-II)* Le 4° du III de l'article L. 643-11 ne s'applique pas.

CHAPITRE VII DISPOSITIONS D'ADAPTATION DU LIVRE VII

Art. L. 937-1 *(Ord. n° 2006-673 du 8 juin 2006, art. 9)* Le premier alinéa de l'article L. 721-1 est ainsi rédigé :

« Le tribunal mixte de commerce est composé du président du tribunal de première instance, président, de juges élus, sous réserve des dispositions de l'article L. 937-13, et d'un greffier.

« Ce tribunal exerce les compétences dévolues en métropole au tribunal de commerce. »

Art. L. 937-2 *(Ord. n° 2006-673 du 8 juin 2006, art. 9)* L'article L. 722-1 est ainsi rédigé :

Art. L. 722-1 Les jugements des tribunaux mixtes de commerce sont rendus, sauf dispositions qui prévoient un juge unique, par une formation comprenant, outre le président, trois juges élus ou désignés dans les conditions prévues à l'article L. 937-13. En cas de partage égal des voix, celle du président est prépondérante.

Art. L. 937-3 *(Ord. n° 2006-673 du 8 juin 2006, art. 9)* Le premier alinéa de l'article L. 722-9 est ainsi rédigé :

« Les juges des tribunaux mixtes de commerce sont élus pour quatre ans. Ils sont rééligibles. »

Art. L. 937-4 *(Ord. n° 2006-673 du 8 juin 2006, art. 9)* L'article L. 723-1 est ainsi rédigé :

Art. L. 723-1 I. — Les juges des tribunaux mixtes de commerce sont élus dans le ressort de chacune de ces juridictions par un collège composé :

1° D'électeurs à titre personnel :

a) Les commerçants immatriculés en Nouvelle-Calédonie au registre du commerce et des sociétés, sous réserve, pour les associés en nom collectif et les associés commandités, des dispositions du IV du présent article ;

b) Les chefs d'entreprise immatriculés en Nouvelle-Calédonie conformément à la réglementation applicable à la collectivité et au registre du commerce et des sociétés ;

c) Les conjoints des personnes énumérées au a ou au b ci-dessus ayant déclaré au registre du commerce et des sociétés qu'ils collaborent à l'activité de leur époux sans autre activité professionnelle ;

d) Les capitaines au long cours ou capitaines de la marine marchande exerçant le commandement d'un navire immatriculé en France dont le port d'attache est situé dans la circonscription, les pilotes maritimes exerçant leurs fonctions dans un port situé dans la circonscription, les pilotes de l'aéronautique civile domiciliés dans la circonscription et exerçant le commandement d'un aéronef immatriculé en France ;

e) Les membres en exercice des tribunaux mixtes de commerce, ainsi que les anciens membres de ces tribunaux ayant demandé à être inscrits sur la liste électorale ;

2° D'électeurs inscrits en qualité de représentant :

a) Les sociétés à caractère commercial au sens de l'article L. 210-1 et les établissements publics à caractère industriel et commercial dont le siège social est situé dans la circonscription ;

b) Au titre d'un établissement faisant l'objet dans la circonscription d'une inscription complémentaire ou d'une immatriculation secondaire, à moins qu'il en soit dispensé par les lois et règlements en vigueur, les personnes physiques mentionnées aux a et b du 1° et les personnes morales mentionnées au *a* du présent 2°, quelle que soit la circonscription où ces personnes exercent leur propre droit de vote ;

c) Les sociétés à caractère commercial dont le siège est situé hors du territoire national et qui disposent dans la circonscription d'un établissement immatriculé au registre du commerce et des sociétés ;

3° Les cadres qui, employés dans la circonscription par les électeurs mentionnés aux 1° ou 2°, exercent des fonctions impliquant des responsabilités de direction commerciale, technique ou administrative de l'entreprise ou de l'établissement.

II. — Au titre de leur siège social et de l'ensemble de leurs établissements situés dans la collectivité, les personnes physiques ou morales mentionnées aux 1° et 2° du I disposent :

1° D'un représentant supplémentaire, lorsqu'elles emploient dans la collectivité de dix à quarante-neuf salariés ;

2° De deux représentants supplémentaires, lorsqu'elles emploient dans la collectivité de cinquante à cent quatre-vingt-dix-neuf salariés ;

3° De trois représentants supplémentaires, lorsqu'elles emploient dans la collectivité de deux cents à quatre cent quatre-vingt-dix-neuf salariés ;

4° De quatre représentants supplémentaires, lorsqu'elles emploient dans la collectivité de cinq cents à mille neuf cent quatre-vingt-dix-neuf salariés ;

5° De cinq représentants supplémentaires, lorsqu'elles emploient dans la collectivité deux mille salariés ou plus.

III. — Toutefois, les personnes physiques énumérées aux *a* et *b* du 1° du I dont le conjoint bénéficie des dispositions du *c* du 1° du même paragraphe ne désignent aucun représentant supplémentaire si elles emploient moins de cinquante salariés dans la collectivité.

IV. — Les sociétés en nom collectif et les sociétés en commandite désignent par délibération expresse conformément aux dispositions statutaires un représentant unique au titre des associés et de la société, sans préjudice de la possibilité de désigner des représentants supplémentaires en application du II ci-dessus.

Art. L. 937-5 *(Ord. n° 2006-673 du 8 juin 2006, art. 9)* **L'article L. 723-2 est ainsi rédigé :**

Art. L. 723-2 I. — Les représentants mentionnés à l'article L. 723-1 applicable en Nouvelle-Calédonie doivent exercer dans l'entreprise soit des fonctions de président-directeur général, de président ou de membre du conseil d'administration, de directeur général, de président ou de membre du directoire, de président du conseil de surveillance, de gérant, de président ou de membre du conseil d'administration ou de directeur d'un établissement public à caractère industriel et commercial, soit, à défaut et pour les représenter à titre de mandataire, des fonctions impliquant des responsabilités de direction commerciale, technique ou administrative de l'entreprise ou de l'établissement.

II. - Les électeurs à titre personnel mentionnés au 1° du I du même article et les représentants des personnes physiques ou morales mentionnées au 2° du I de cet article doivent être ressortissants d'un État membre de la Communauté européenne. Ils doivent, en outre, pour prendre part au vote :

1° Remplir les conditions fixées à l'article L. 2 du code électoral, à l'exception de la nationalité ;

2° Ne pas avoir fait l'objet de l'interdiction visée à l'article L. 6 du code électoral ;

3° N'avoir pas été frappés depuis moins de quinze ans à compter du jour où la décision les ayant prononcées est devenue définitive de faillite personnelle ou d'une des mesures d'interdiction ou de déchéance telles que prévues au livre VI du présent code ou à la loi n° 85-98 du 25 janvier 1985 relative au redressement et à la liquidation judiciaires des entreprises ou à la loi n° 67-563 du 13 juillet 1967 sur le règlement judiciaire, la liquidation des biens, la faillite personnelle et les banqueroutes ;

4° Ne pas être frappés d'une mesure d'incapacité d'exercer une activité commerciale en application du chapitre VIII du titre II du livre Ier ;

5° Ne pas avoir été condamnés à des peines, déchéances ou sanctions prononcées en vertu de législations en vigueur dans les États membres de la Communauté européenne équivalentes à celles visées aux 2°, 3° et 4°.

Art. L. 937-6 *(Ord. n° 2006-673 du 8 juin 2006, art. 9)* **Pour l'application de l'article L. 723-3, les mots : « le juge commis à la surveillance du registre du commerce et des sociétés. En cas de création d'un tribunal de commerce, le premier président de la cour d'appel désigne comme président de la commission un magistrat de l'ordre judiciaire » sont remplacés par les mots : « un magistrat de l'ordre judiciaire désigné par le premier président de la cour d'appel ».**

Art. L. 937-7 *(Ord. n° 2006-673 du 8 juin 2006, art. 9)* **L'article L. 723-4 est ainsi rédigé :**

Art. L. 723-4 Sous réserve des dispositions de l'article L. 937-9, sont éligibles aux fonctions de juge d'un tribunal mixte de commerce les personnes âgées de trente ans au moins inscrites sur la liste électorale dressée en application de l'article L. 937-6 et justifiant soit d'une immatriculation en Nouvelle-Calédonie depuis cinq ans au moins au registre du commerce et des sociétés, soit, pendant le même délai, de l'exercice de l'une des qualités énumérées au I de l'article L. 723-2 applicable en Nouvelle-Calédonie.

Art. L. 937-8 *(Ord. n° 2006-673 du 8 juin 2006, art. 9)* **L'article L. 723-5 est ainsi rédigé :**

Art. L. 723-5 Est inéligible aux fonctions de juge d'un tribunal mixte de commerce tout candidat à l'égard duquel est ouverte une procédure de sauvegarde, redressement ou de liquidation judiciaires. La même disposition s'applique à tout candidat ayant une des qualités mentionnées au I de l'article L. 723-2 applicable en Nouvelle-Calédonie, lorsque la société ou l'établissement public auquel il appartient fait l'objet d'une procédure de sauvegarde, redressement ou de liquidation judiciaires.

Art. L. 937-9 *(Ord. n° 2006-673 du 8 juin 2006, art. 9)* **Le premier alinéa de l'article L. 723-7 est ainsi rédigé :**

« Après douze années de fonctions judiciaires ininterrompues dans un même tribunal mixte de commerce, les juges des tribunaux mixtes de commerce ne sont plus éligibles dans ce tribunal pendant un an. »

Art. L. 937-10 *(Ord. n° 2006-673 du 8 juin 2006, art. 9)* **Pour l'application de l'article L. 723-8, les mots : « membre d'un conseil de prud'hommes » sont remplacés par les mots : « assesseur d'un tribunal du travail ».**

Art. L. 937-11 *(Ord. n° 2006-673 du 8 juin 2006, art. 9)* **Pour l'application de l'article L. 723-9, les mots : « par correspondance ou par voie électronique. » sont remplacés par les mots : « par procuration ou par correspondance dans des conditions fixées par décret en Conseil d'État ». Chaque électeur ne peut disposer que d'une procuration.**

Art. L. 937-12 *(Ord. n° 2006-673 du 8 juin 2006, art. 9)* **Pour l'application du premier alinéa de l'article L. 723-10, les mots : « deux tours » sont remplacés par les**

mots : « un tour », et il est ajouté à la fin de l'alinéa la phrase suivante : « Si plusieurs candidats obtiennent le même nombre de voix, le plus âgé est proclamé élu. »

Art. L. 937-13 *(Ord. nº 2006-673 du 8 juin 2006, art. 9)* Pour l'application de la section III du chapitre III du titre II du livre VII, les dispositions suivantes sont ajoutées :

« I. – A la liste des candidats déclarés élus, la commission prévue par l'article L. 723-13 annexe une liste complémentaire comprenant les nom, qualité et domicile des candidats non élus. Ces candidats sont classés dans l'ordre décroissant du nombre de voix qu'ils ont obtenues. A égalité de voix, ils sont classés dans l'ordre décroissant de leur âge.

« Les candidats figurant sur la liste complémentaire dressée en application du premier alinéa du présent article sont appelés à remplacer les juges dont le siège deviendrait vacant pour quelque cause que ce soit. Ils sont désignés, en suivant l'ordre de la liste complémentaire, par le président du tribunal mixte de commerce. Avant d'entrer en fonctions, ils prêtent serment dans les conditions prévues pour les juges des tribunaux mixtes de commerce.

« II. – Si les sièges vacants ne peuvent être pourvus en application du I et si le nombre des vacances dépasse le tiers des effectifs du tribunal, il est procédé à des élections complémentaires.

« Il en est de même en cas d'augmentation des effectifs d'un tribunal mixte de commerce.

« Toutefois, il n'y a pas lieu de procéder à des élections complémentaires dans les douze mois précédant l'élection générale.

« III. – Le mandat des juges désignés ou élus en application des I et II prend fin en même temps que celui des autres juges des tribunaux mixtes de commerce. »

CHAPITRE VIII DISPOSITIONS D'ADAPTATION DU LIVRE VIII

Art. L. 938-1 *(Ord. nº 2004-604 du 24 juin 2004, art. 57-III)* Pour l'application en Nouvelle-Calédonie des articles L. 822-2 à L. 822-7, les termes énumérés ci-après sont remplacés ainsi qu'il suit :

1° « commission régionale d'inscription » par « commission territoriale d'inscription » ;

2° « chambre régionale des comptes » par « chambre territoriale des comptes » ;

3° « chambre régionale de discipline » par « chambre territoriale de discipline ».

V. aussi art. L. 932-11.

TITRE QUATRIÈME DISPOSITIONS APPLICABLES EN POLYNÉSIE FRANÇAISE

Art. L. 940-1 Sous réserve des adaptations prévues dans les chapitres ci-après, les dispositions suivantes du présent code sont applicables dans le territoire de la Polynésie française :

1° Le livre I, à l'exception des articles L. 124-1 à L. 126-1, L. 145-34 à L. 145-36, L. 145-38 et L. 145-39 ;

2° Le livre II, à l'exception des articles L. 225-219 à L. 225-223 *[abrogés et remplacés par les art. L. 822-1, L. 822-2, L. 822-3, L. 822-6, L. 822-7 et L. 822-10]*, L. 252-1 à L. 252-13 ;

3° Le livre III, à l'exception des articles L. 310-4, L. 321-1 à L. 321-38, L. 322-7 et L. 322-10 ;

4° Le livre V, à l'exception des articles L. 522-1 à L. 522-40, L. 524-12, L. 524-20 et L. 525-21 ;

5° Le livre VI, à l'exception des articles L. 621-38, L. 621-132 et L. 628-1 à *(L. n° 2003-710 du 1er août 2003, art. 38-II)* « L. 628-8 » [;].

(Ord. n° 2006-673 du 8 juin 2006, art. 9) « 6° Le titre II du livre VII, à l'exception des articles L. 722-3, L. 722-11 à L. 722-13, de l'article L. 723-6, du deuxième alinéa de l'article L. 723-7, du deuxième alinéa de l'article L. 723-10 et de l'article L. 723-11. »

(Ord. n° 2004-604 du 24 juin 2004, art. 66) « Les dispositions qui précèdent *(Ord. n° 2006-673 du 8 juin 2006, art. 9)*« , à l'exception de celles du 6°, » sont celles en vigueur à la date de la publication de la loi organique n° 2004-192 du 27 février 2004 portant statut d'autonomie de la Polynésie française. Elles ne peuvent être modifiées que dans les conditions prévues à l'article 11 de cette loi organique. »

Art. L. 940-2 Pour l'application du présent code en Polynésie française, les termes énumérés ci-après sont remplacés comme suit :

1° « Tribunal de grande instance » ou « tribunal d'instance » par « tribunal de première instance » ;

2° « Tribunal de commerce » ou « justice consulaire » par « tribunal mixte de commerce » ;

3° « Conseil de prud'hommes » par « tribunal du travail » ;

4° « *Bulletin officiel des annonces civiles et commerciales* » par « *Journal officiel* de la Polynésie française » ;

5° « Département » ou « arrondissement » par « territoire de la Polynésie française » ;

6° « Préfet » ou « sous-préfet » par « représentant de l'État dans le territoire ».

Art. L. 940-3 Les références faites, par des dispositions du présent code applicables en Polynésie française, à d'autres articles du présent code ne concernent que les articles rendus applicables en Polynésie française avec les adaptations prévues dans les chapitres ci-dessous.

Art. L. 940-4 En l'absence d'adaptation, les références faites, par des dispositions du présent code applicables en Polynésie française, à des dispositions qui n'y sont pas applicables sont remplacées par les références aux dispositions ayant le même objet applicables localement.

Art. L. 940-5 Les références faites, par des dispositions du présent code applicables en Polynésie française, à des dispositions du code du travail n'y sont applicables que s'il existe une disposition applicable localement ayant le même objet.

Art. L. 940-6 Les renvois faits, par des dispositions du présent code applicables en Polynésie française, à des dispositions de nature réglementaire sont remplacés par des renvois à des délibérations de l'autorité compétente de la Polynésie française, sous réserve des dispositions prévues dans les chapitres ci-après.

Art. L. 940-7 Les références à l'immatriculation au répertoire des métiers sont remplacées par les références à l'immatriculation faite conformément à la réglementation applicable en Polynésie française.

Art. L. 940-8 Les articles faisant référence à la Communauté européenne sont applicables dans le respect de la décision d'association prévue à l'article 136 du

traité instituant la Communauté européenne. Les références à l'accord sur l'Espace économique européen ne sont pas applicables.

CHAPITRE PREMIER DISPOSITIONS D'ADAPTATION DU LIVRE Ier

Art. L. 941-1 Par dérogation à l'article L. 940-6, le renvoi à des dispositions de nature réglementaire mentionné à l'article L. 143-23 est maintenu en ce qu'il concerne l'Institut national de la propriété industrielle.

Art. L. 941-2 A l'article L. 122-1, les mots : « le préfet du département où l'étranger doit exercer son activité » sont remplacés par les mots : « le conseil des ministres de la Polynésie française ».

Art. L. 941-3 Les dérogations prévues par les articles L. 123-25 à L. 123-27 sont applicables aux personnes physiques soumises à un régime simplifié d'imposition par la réglementation en vigueur en Polynésie française.

Art. L. 941-4 Pour l'application de l'article L. 133-6 :

I. – Les mots : « celles qui naissent des dispositions de l'article 1269 du Nouveau code de procédure civile » sont remplacés par les mots *[: «]* **les demandes en révision de compte et en liquidation des fruits présentées en vue d'un redressement en cas d'erreur, d'omission ou de présentation inexacte ».**

II. – Les dispositions du dernier alinéa sont applicables dans le cas de transport fait pour le compte de la Polynésie française.

Art. L. 941-5 A l'article L. 133-7, les mots : « les droits, taxes, frais et amendes de douane liés à une opération de transport » sont supprimés.

Art. L. 941-6 Pour l'application des articles L. 141-15, L. 143-7, L. 144-1 à L. 144-13 et L. 145-28, un magistrat du tribunal de première instance peut être délégué par le président.

Art. L. 941-7 A l'article L. 141-13, les mots : « par les articles 638 et 653 du code général des impôts » sont remplacés par les mots : « par les dispositions du code des impôts applicable en Polynésie française ».

Art. L. 941-8 A l'article L. 144-5, les mots : « les articles L. 3211-2 et L. 3212-1 à L. 3212-12 du code de la santé publique » sont remplacés par les mots : « les articles du code de la santé publique applicable dans le territoire relatifs à l'hospitalisation ou à l'internement avec ou sans le consentement de l'intéressé ».

Art. L. 941-9 L'article L. 144-11 est ainsi rédigé :

Art. L. 144-11. Si, conformément à la réglementation territoriale, le contrat de location-gérance est assorti d'une clause d'échelle mobile, la révision du loyer peut, nonobstant toute convention contraire, être demandée selon les conditions fixées par une délibération de l'assemblée de la Polynésie française lorsque, par le jeu de cette clause, ce loyer se trouve augmenté ou diminué de plus du quart par rapport au prix précédemment fixé, contractuellement ou judiciairement.

Art. L. 941-10 L'article L. 144-12 est ainsi rédigé :

Art. L. 144-12. A défaut d'accord amiable entre les parties sur la révision du loyer, l'instance est introduite et jugée conformément aux dispositions prévues en matière de révision du prix des baux à loyer d'immeubles ou de locaux à usage commercial ou industriel.

Le juge doit, en tenant compte de tous les éléments d'appréciation, adapter le jeu de l'échelle mobile à la valeur locative équitable au jour de la notification. Le nouveau prix est applicable à partir de cette même date, à moins que les parties ne se soient mises d'accord avant ou pendant l'instance sur une date plus ancienne ou plus récente.

Art. L. 941-11 L'article L. 145-2 est modifié ainsi qu'il suit :

I. – Au 4°, les mots : « à l'État, aux départements, aux communes, aux établissements publics » sont remplacées *[remplacés]* par les mots : « à l'État, aux collectivités territoriales et aux établissements publics » ;

II. – Au 6°, les mots : « à la caisse de sécurité sociale de la maison des artistes et reconnus auteurs d'œuvres graphiques et plastiques, tels que définis par l'article 71 de l'annexe III du code général des impôts » sont remplacées *[remplacés]* par les mots : « à la caisse locale d'assurance sociale et reconnus auteurs d'œuvres graphiques et plastiques au sens du code des impôts applicable dans le territoire ».

Art. L. 941-12 Pour l'application de l'article L. 145-6, les mots : « l'évacuation des lieux compris dans un secteur ou périmètre prévu aux articles *(Ord. n° 2005-1527 du 8 déc. 2005, art. 29)* « L. 313-4 à L. 313-4-2 » du code de l'urbanisme » sont remplacés par les mots : « l'évacuation des lieux prévue à l'article L. 145-18 ».

V. note ss. art. L. 911-9.

Art. L. 941-13 A l'article L. 145-13, les mots : « sous réserve des dispositions de la loi du 28 mai 1943 relative à l'application aux étrangers des lois en matière de baux à loyer et de baux à ferme » sont supprimés.

Art. L. 941-14 Le deuxième alinéa de l'article L. 145-18 est ainsi rédigé :

Art. L. 145-18, al. 2. Il en est de même pour effectuer des opérations de restauration immobilière comportant des travaux de remise en état, de conservation, de modernisation ou de démolition ayant pour conséquence la transformation des conditions d'habitabilité d'un ensemble d'immeubles nécessitant l'évacuation des lieux. Ces opérations peuvent être décidées et exécutées dans le respect de la réglementation locale, soit par les autorités publiques localement compétentes, soit à l'initiative d'un ou de plusieurs propriétaires, groupés ou non en association syndicale. Dans ce dernier cas, ce ou ces propriétaires y sont spécialement autorisés dans des conditions fixées par les autorités territoriales compétentes, qui précisent notamment les engagements exigés des propriétaires quant à la nature et à l'importance des travaux. Les immeubles acquis par un organisme de rénovation ne peuvent, après restauration, être cédés de gré à gré qu'aux conditions d'un cahier des charges type approuvé par lesdites autorités.

Art. L. 941-15 A l'article L. 145-26, les mots : « aux départements » sont remplacés par les mots : « à la Polynésie française ».

Art. L. 941-16 L'article L. 145-37 est ainsi rédigé :

Art. L. 145-37. Les loyers des baux d'immeubles ou de locaux régis par le présent chapitre, renouvelés ou non, peuvent être révisés à la demande de l'une ou de l'autre des parties, dans les conditions prévues par délibération de l'assemblée de la Polynésie française.

Art. L. 941-17 L'article L. 145-43 est ainsi rédigé :

Art. L. 145-43. Sont dispensés de l'obligation d'exploiter pendant la durée de leur stage les commerçants et artisans, locataires du local dans lequel est situé leur fonds, qui sont admis à suivre un stage de conversion ou un stage de promotion conformément aux dispositions du code du travail applicable en Polynésie française.

Art. L. 941-18 Le troisième alinéa de l'article L. 145-47 est supprimé.

Art. L. 941-19 A l'article L. 145-56, les mots : « et de procédure » sont supprimés.

CHAPITRE II DISPOSITIONS D'ADAPTATION DU LIVRE II

Art. L. 942-1 Par dérogation à l'article L. 940-6, les renvois à des décrets mentionnés aux articles L. 225-35 et L. 225-68 sont maintenus.

Art. L. 942-2 Pour l'application du livre II, les commissaires aux comptes et leurs suppléants sont choisis et exercent leurs fonctions selon la réglementation en vigueur en Polynésie française.

Art. L. 942-3 Les 4° et 5° du III de l'article L. 225-21 sont supprimés.

Art. L. 942-4 Aux articles L. 225-25 et L. 225-72, la référence aux articles 20 et 21 de la loi n° 88-1201 du 23 décembre 1988 relative aux organismes de placement collectif en valeur mobilière et portant création des fonds communs de créance est supprimée.

Art. L. 942-5 Aux articles L. 225-36 et L. 225-65, les mots : « dans le même département ou un département limitrophe » sont remplacés par les mots : « en Polynésie française ».

Art. L. 942-6 Le dernier alinéa de l'article L. 225-43 et celui de l'article L. 225-91 sont supprimés.

Art. L. 942-7 Le 4° du IV de l'article L. 225-67 et le 4° du III de l'article L. 225-77 sont supprimés.

Art. L. 942-8 Le 5° de l'article L. 225-115 est ainsi rédigé :

Art. L. 225-115. 5° Du montant global, certifié par les commissaires aux comptes, des déductions du montant des bénéfices imposables de sociétés qui procèdent à des versements à des œuvres d'organismes d'intérêt général ou de sociétés agréées ou à des donations d'œuvres d'art à l'État ou à la Polynésie française, telles que prévues par les dispositions de droit fiscal applicables en Polynésie française, ainsi que la liste des actions nominatives de parrainage, de mécénat.

Art. L. 942-9 A l'article L. 225-230 *[Ord. n° 2005-1126 du 8 sept. 2005, art. 22 : L. 823-6]*, après les mots : « le comité d'entreprise », sont ajoutés les mots : « ou à défaut les délégués du personnel ».

Art. L. 942-10 Aux articles L. 225-231, L. 232-3, L. 232-4, L. 234-1 et L. 234-2, aux mots : « au comité d'entreprise », sont ajoutés les mots : « ou à défaut aux délégués du personnel ».

Art. L. 942-11 Le deuxième alinéa de l'article *(Ord. n° 2005-1126 du 8 sept. 2005, art. 22)* « L. 823-18 » est supprimé.

Art. L. 942-12 Au VI de l'article L. 225-270, les mots : « les dispositions de l'article 94 A du code général des impôts » sont remplacés par les mots : « les dispositions du code des impôts applicable dans le territoire relatives aux gains nets en capital réalisés à l'occasion de la cession à titre onéreux de valeurs mobilières et de droits sociaux ».

Art. L. 942-13 Le dernier alinéa de l'article L. 228-36 est supprimé.

Art. L. 942-14 A l'article L. 233-24, les mots : « ou du VII de l'article 97 » sont supprimés.

Art. L. 942-15 Le deuxième alinéa de l'article L. 251-7 est supprimé.

CHAPITRE III DISPOSITIONS D'ADAPTATION DU LIVRE III

Art. L. 943-1 Les deuxième et troisième alinéas de l'article L. 310-1 sont supprimés.

Art. L. 943-2 Les deuxième et troisième alinéas du I et le II de l'article L. 310-2 sont supprimés.

Art. L. 943-3 Le deuxième alinéa du I de l'article L. 310-3 est supprimé.

Art. L. 943-4 Les 1°, 2° et 3° de l'article L. 310-5 sont supprimés.

Art. L. 943-5 A l'article L. 322-1, les mots : « aux articles 53 de la loi n° 91-650 du 9 juillet 1991 relative à la réforme des procédures d'exécution et 945 du code de procédure civile » sont remplacés par les mots : « aux dispositions de procédure civile applicables localement et relatives à la vente de meubles dépendant d'une succession ».

Art. L. 943-6 L'article L. 322-11 est ainsi rédigé :

Art. L. 322-11. Les contestations relatives aux ventes réalisées en application des délibérations en vigueur localement relatives à la vente volontaire, aux enchères, en gros, des marchandises par les courtiers assermentés sont portées devant le tribunal mixte de commerce.

Art. L. 943-7 L'article L. 322-15 est ainsi rédigé :

Art. L. 322-15. Il appartient toujours au tribunal ou au juge qui autorise ou ordonne la vente en vertu de l'article précédent, de désigner éventuellement, pour y procéder, une autre classe d'officiers publics que les courtiers assermentés.

Art. L. 943-8 L'article L. 322-16 est ainsi rédigé :

Art. L. 322-16. Les dispositions de l'article L. 322-11 sont applicables aux ventes visées aux articles L. 322-14 et L. 322-15.

CHAPITRE IV DISPOSITIONS D'ADAPTATION DU LIVRE IV

Le livre IV n'est pas applicable.

CHAPITRE V DISPOSITIONS D'ADAPTATION DU LIVRE V

Art. L. 945-1 Par dérogation à l'article L. 940-6, les renvois à des dispositions de nature réglementaire mentionnés aux articles L. 523-14 et L. 524-19 sont maintenus.

Art. L. 945-2 A l'article L. 511-55, le mot : « destitution » est supprimé.

Art. L. 945-3 L'article L. 511-60 est ainsi rédigé :

Art. L. 511-60. Les modalités d'application des dispositions de la présente sous-section sont fixées par délibération de l'autorité territoriale compétente.

Art. L. 945-4 A l'article L. 511-61, les mots : « ou des collectivités territoriales » sont remplacés par les mots : « ou des communes ou de la Polynésie française ».

Art. L. 945-5 Le deuxième alinéa de l'article L. 511-62 est ainsi rédigé :

Art. L. 511-62, al. 2. La retraite comprend les sommes indiquées dans les articles L. 511-45 et L. 511-46, outre les droits de courtage et de timbre éventuellement prévus par les dispositions applicables en Polynésie française.

Art. L. 945-6 Aux articles L. 523-8 et L. 524-6, les mots : « articles 1426 à 1429 du Nouveau code de procédure civile » sont remplacés par les mots : « dispositions de procédure civile applicables localement relatives aux offres de payement et à la consignation ».

Art. L. 945-7 Au premier alinéa de l'article L. 525-2, après les mots : « au droit fixe » sont ajoutés les mots : « selon les modalités en vigueur en Polynésie française ».

Art. L. 945-8 Au II de l'article L. 525-9, les mots : « au privilège visé à l'article L. 243-4 du code de la sécurité sociale » sont remplacés par les mots : « au privilège organisé en faveur de la caisse de prévoyance sociale du territoire *[»]*.

Art. L. 945-9 L'article L. 525-18 est modifié ainsi qu'il suit :

I. – Au 1°, la référence au décret n° 53-968 du 30 septembre 1953 est remplacée par la référence au décret n° 55-639 du 20 mai 1955 ; – *V. note ss. art. L. 525-18.*

II. – Le 2° est ainsi rédigé :

« 2° Les navires de mer ainsi que les bateaux de navigation fluviale. »

CHAPITRE VI DISPOSITIONS D'ADAPTATION DU LIVRE VI

Art. L. 946-1 Par dérogation à l'article L. 940-6, le renvoi à des dispositions de nature réglementaire mentionné à l'article L. 621-2 est maintenu.

Art. L. 946-2 L'article L. 611-1 est modifié ainsi qu'il suit :

I. – Au premier alinéa, l'arrêté du représentant de l'État dans la région est remplacé par une décision du gouvernement de Polynésie française.

II. – Au quatrième alinéa, les mots, « notamment en application des articles 5, 48 et 66 de la loi n° 82-213 du 2 mars 1982 modifiée relative aux droits et libertés des communes, des départements et des régions » sont supprimés.

Art. L. 946-3 Pour l'application de l'article L. 612-1, les commissaires aux comptes et leurs suppléants sont choisis et exercent leurs fonctions selon la réglementation en vigueur localement.

Art. L. 946-4 Le troisième alinéa de l'article L. 612-1 est supprimé.

Art. L. 946-5 A l'article L. 612-2, après les mots : « au comité d'entreprise » sont ajoutés les mots : « ou, à défaut, aux délégués du personnel ».

Art. L. 946-6 A l'article L. 621-2, les mots : « dans chaque département » sont remplacés par les mots : « en Polynésie française ».

Art. L. 946-7 A l'article L. 621-36, les mots : « mentionnée à l'article L. 432-7 du code du travail » sont remplacés par les mots : « à l'égard des informations présentant un caractère confidentiel et données comme telles ».

Art. L. 946-8 Pour l'application de l'article L. 621-43, les organismes visés à l'article L. 351-21 du code du travail sont les organismes territoriaux ayant en charge le service de l'allocation d'assurance chômage et le recouvrement des contributions.

Art. L. 946-9 Pour l'application des articles L. 621-43, L. 621-46, L. 621-60, L. 621-78, L. 621-126, L. 621-127 et L. 627-5, les institutions mentionnées à l'article L. 143-11-4 du code du travail sont les institutions territoriales chargées de la mise en œuvre du régime d'assurance contre le risque de non-paiement des salaires, en cas de procédure de redressement ou de liquidation judiciaires.

Art. L. 946-10 Pour l'application de l'article L. 621-60, les institutions régies par le livre IX du code de la sécurité sociale sont les institutions territoriales de retraite complémentaire ou supplémentaire ou de prévoyance, prévues par les dispositions applicables dans la collectivité et relatives aux régimes de sécurité et de protection sociales.

Art. L. 946-11 A l'article L. 621-72, la référence à l'article 28 du décret n° 55-22 du 4 janvier 1955 portant réforme de la publicité foncière est remplacée par la référence aux dispositions applicables dans le territoire et relatives à la publicité des droits sur les immeubles autres que les privilèges et hypothèques.

Art. L. 946-12 A l'article L. 621-84, l'obligation faite au tribunal de tenir compte des dispositions contenues aux 1°, 2°, 3° et 4° de l'article L. 331-7 du code rural s'entend des prescriptions suivantes :

« Observer l'ordre des priorités établi entre l'installation des jeunes agriculteurs et l'agrandissement des exploitations, en tenant compte de l'intérêt économique et social du maintien de l'autonomie de l'exploitation faisant l'objet de la demande ;

Tenir compte, en cas d'agrandissement ou de réunion d'exploitations, des possibilités d'installation sur une exploitation viable, de la situation des terres concernées par rapport au siège de l'exploitation du ou des demandeurs, de la superficie des biens faisant l'objet de la demande et des superficies déjà mises en valeur par le ou les demandeurs, ainsi que par le preneur en place ;

Prendre en considération la situation personnelle du ou des demandeurs : âge, situation familiale et professionnelle et, le cas échéant, celle du preneur en place, ainsi que le nombre et la nature des emplois salariés en cause ;

Tenir compte de la structure parcellaire des exploitations concernées, soit par rapport au siège de l'exploitation, soit pour éviter que des mutations en jouissance en remettent en cause des aménagements obtenus à l'aide de fonds publics. »

Art. L. 946-13 *(L. nº 2003-7 du 3 janv. 2003)* **Le premier alinéa de l'article L. 622-2 est complété par une phrase ainsi rédigée :**

« Il peut lui être adjoint dans les mêmes conditions un ou plusieurs liquidateurs. »

CHAPITRE VII DISPOSITIONS D'ADAPTATION DU LIVRE VII

Art. L. 947-1 *(Ord. nº 2006-673 du 8 juin 2006, art. 9)* **Le premier alinéa de l'article L. 721-1 est ainsi rédigé :**

« Le tribunal mixte de commerce est composé du président du tribunal de première instance, président, de juges élus, sous réserve des dispositions de l'article L. 947-13, et d'un greffier.

« Ce tribunal exerce les compétences dévolues en métropole au tribunal de commerce. »

Art. L. 947-2 *(Ord. nº 2006-673 du 8 juin 2006, art. 9)* **L'article L. 722-1 est ainsi rédigé :**

Art. L. 722-1 Les jugements des tribunaux mixtes de commerce sont rendus, sauf dispositions qui prévoient un juge unique, par une formation comprenant, outre le président, trois juges élus ou désignés dans les conditions prévues à l'article L. 947-13. En cas de partage égal des voix, celle du président est prépondérante.

Art. L. 947-3 *(Ord. nº 2006-673 du 8 juin 2006, art. 9)* **Le premier alinéa de l'article L. 722-7 est ainsi rédigé :**

« Les juges des tribunaux mixtes de commerce sont élus pour quatre ans. Ils sont rééligibles. »

Art. L. 947-4 *(Ord. nº 2006-673 du 8 juin 2006, art. 9)* **L'article L. 723-1 est ainsi rédigé :**

Art. L. 723-1 I. — Les juges des tribunaux mixtes de commerce sont élus dans le ressort de chacune de ces juridictions par un collège composé :

1º D'électeurs à titre personnel :

a) Les commerçants immatriculés en Polynésie française au registre du commerce et des sociétés, sous réserve, pour les associés en nom collectif et les associés commandités, des dispositions du IV du présent article ;

b) Les chefs d'entreprise immatriculés en Polynésie française conformément à la réglementation applicable à cette collectivité au registre du commerce et des sociétés ;

c) Les conjoints des personnes énumérées au *a* ou au *b* ci-dessus ayant déclaré au registre du commerce et des sociétés qu'ils collaborent à l'activité de leur époux sans autre activité professionnelle ;

d) Les capitaines au long cours ou capitaines de la marine marchande exerçant le commandement d'un navire immatriculé en France dont le port d'attache est situé dans la circonscription, les pilotes maritimes exerçant leurs fonctions dans un port situé dans la circonscription, les pilotes de l'aéronautique civile domiciliés dans la circonscription et exerçant le commandement d'un aéronef immatriculé en France ;

e) Les membres en exercice des tribunaux mixtes de commerce, ainsi que les anciens membres de ces tribunaux ayant demandé à être inscrits sur la liste électorale ;

2º D'électeurs inscrits en qualité de représentant :

a) Les sociétés à caractère commercial au sens de l'article L. 210-1 et les établissements publics à caractère industriel et commercial dont le siège social est situé dans la circonscription ;

b) Au titre d'un établissement faisant l'objet dans la circonscription d'une inscription complémentaire ou d'une immatriculation secondaire, à moins qu'il en soit dispensé par les lois et règlements en vigueur, les personnes physiques mentionnées aux *a* et *b* du 1° et les personnes morales mentionnées au *a* du présent 2°, quelle que soit la circonscription où ces personnes exercent leur propre droit de vote ;

c) Les sociétés à caractère commercial dont le siège est situé hors du territoire national et qui disposent dans la circonscription d'un établissement immatriculé au registre du commerce et des sociétés ;

3° Les cadres qui, employés dans la circonscription par les électeurs mentionnés aux 1° ou 2°, exercent des fonctions impliquant des responsabilités de direction commerciale, technique ou administrative de l'entreprise ou de l'établissement.

II. — Au titre de leur siège social et de l'ensemble de leurs établissements situés dans la collectivité, les personnes physiques ou morales mentionnées aux 1° et 2° du I disposent :

1° D'un représentant supplémentaire, lorsqu'elles emploient dans la collectivité de dix à quarante-neuf salariés ;

2° De deux représentants supplémentaires, lorsqu'elles emploient dans la collectivité de cinquante à cent quatre-vingt-dix-neuf salariés ;

3° De trois représentants supplémentaires, lorsqu'elles emploient dans la collectivité de deux cents à quatre cent quatre-vingt-dix-neuf salariés ;

4° De quatre représentants supplémentaires, lorsqu'elles emploient dans la collectivité de cinq cents à mille neuf cent quatre-vingt-dix-neuf salariés ;

5° De cinq représentants supplémentaires, lorsqu'elles emploient dans la collectivité deux mille salariés ou plus.

III. — Toutefois, les personnes physiques énumérées aux *a* et *b* du 1° du I dont le conjoint bénéficie des dispositions du *c* du 1° du même paragraphe ne désignent aucun représentant supplémentaire si elles emploient moins de cinquante salariés dans la collectivité.

IV. — Les sociétés en nom collectif et les sociétés en commandite désignent par délibération expresse conformément aux dispositions statutaires un représentant unique au titre des associés et de la société, sans préjudice de la possibilité de désigner des représentants supplémentaires en application du II ci-dessus.

Art. L. 947-5 *(Ord. n° 2006-673 du 8 juin 2006, art. 9)* **L'article L. 723-2 est ainsi rédigé :**

Art. L. 723-2 I. — Les représentants mentionnés à l'article L. 723-1 applicable en Polynésie française doivent exercer dans l'entreprise soit des fonctions de président-directeur général, de président ou de membre du conseil d'administration, de directeur général, de président ou de membre du directoire, de président du conseil de surveillance, de gérant, de président ou de membre du conseil d'administration ou de directeur d'un établissement public à caractère industriel et commercial, soit, à défaut et pour les représenter à titre de mandataire, des fonctions impliquant des responsabilités de direction commerciale, technique ou administrative de l'entreprise ou de l'établissement.

II. — Les électeurs à titre personnel mentionnés au I du même article et les représentants des personnes physiques ou morales mentionnées au 2° du I de cet article doivent être ressortissants d'un État membre de la Communauté européenne. Ils doivent, en outre, pour prendre part au vote :

1° Remplir les conditions fixées à l'article L. 2 du code électoral, à l'exception de la nationalité ;

2° Ne pas avoir fait l'objet de l'interdiction visée à l'article L. 6 du code électoral ;

3° N'avoir pas été frappés de faillite personnelle ou d'une des mesures d'interdiction ou de déchéance telles que prévues au livre VI du présent code dans sa rédaction applicable conformément au dernier alinéa de l'article L. 940-1 ou à la loi n° 85-98 du 25 janvier 1985 relative au redressement et à la liquidation judiciaires des entreprises ou à la loi n° 67-563 du 13 juillet 1967 sur le règlement judiciaire, la liquidation des biens, la faillite personnelle et les banqueroutes ou d'une mesure d'interdiction d'exercer une activité commerciale ;

4° Ne pas avoir été condamnés à des peines, déchéances ou sanctions prononcées en vertu de législations en vigueur dans les États membres de la Communauté européenne équivalentes à celles visées aux 2° et 3°.

Art. L. 947-6 *(Ord. n° 2006-673 du 8 juin 2006, art. 9)* **Pour l'application de l'article L. 723-3, les mots : « le juge commis à la surveillance du registre du commerce et des sociétés. En cas de création d'un tribunal de commerce, le premier président de la cour d'appel désigne comme président de la commission un magistrat de l'ordre judiciaire » sont remplacés par les mots : « un magistrat de l'ordre judiciaire désigné par le premier président de la cour d'appel ».**

Art. L. 947-7 *(Ord. n° 2006-673 du 8 juin 2006, art. 9)* **L'article L. 723-4 est ainsi rédigé :**

Art. L. 723-4 Sous réserve des dispositions de l'article L. 947-9, sont éligibles aux fonctions de juge d'un tribunal mixte de commerce les personnes âgées de trente ans au moins inscrites sur la liste électorale dressée en application de l'article L. 947-6 et justifiant soit d'une immatriculation depuis cinq ans au moins au registre du commerce et des sociétés, soit, pendant le même délai, de l'exercice de l'une des qualités énumérées au I de l'article L. 723-2 dans sa rédaction applicable en Polynésie française.

Art. L. 947-8 *(Ord. n° 2006-673 du 8 juin 2006, art. 9)* **L'article L. 723-5 est ainsi rédigé :**

Art. L. 723-5 Est inéligible aux fonctions de juge d'un tribunal mixte de commerce tout candidat à l'égard duquel est ouverte une procédure de redressement ou de liquidation judiciaires. La même disposition s'applique à tout candidat ayant une des qualités mentionnées au I de l'article L. 723-2 dans sa rédaction applicable en Polynésie française, lorsque la société ou l'établissement public auquel il appartient fait l'objet d'une procédure de redressement ou de liquidation judiciaires.

Art. L. 947-9 *(Ord. n° 2006-673 du 8 juin 2006, art. 9)* **Le premier alinéa de l'article L. 723-7 est ainsi rédigé :**

« Après douze années de fonctions judiciaires ininterrompues dans un même tribunal mixte de commerce, les juges des tribunaux mixtes de commerce ne sont plus éligibles dans ce tribunal pendant un an. »

Art. L. 947-10 *(Ord. n° 2006-673 du 8 juin 2006, art. 9)* **Pour l'application de l'article L. 723-8, les mots : « membre d'un conseil de prud'hommes » sont remplacés par les mots : « assesseur d'un tribunal du travail ».**

Art. L. 947-11 *(Ord. n° 2006-673 du 8 juin 2006, art. 9)* **Pour l'application de l'article L. 723-9, les mots : « par correspondance ou par voie électronique » sont remplacés par les mots : « par procuration ou par correspondance dans des conditions fixées par décret en Conseil d'État. Chaque électeur ne peut disposer que d'une procuration. »**

Art. L. 947-12 *(Ord. n° 2006-673 du 8 juin 2006, art. 9)* **Pour l'application du premier alinéa de l'article L. 723-10, les mots : « deux tours » sont remplacés par les mots : « un tour », et il est ajouté à la fin de l'article la phrase suivante : « Si plusieurs candidats obtiennent le même nombre de voix, le plus âgé est proclamé élu ».**

Art. L. 947-13 *(Ord. n° 2006-673 du 8 juin 2006, art. 9)* **Pour l'application de la section III du chapitre III du titre II du livre VII, les dispositions suivantes sont ajoutées :**

« I. — A la liste des candidats déclarés élus, la commission prévue par l'article L. 723-13 annexe une liste complémentaire comprenant les nom, qualité et domicile des candidats non élus. Ces candidats sont classés dans l'ordre décroissant du nombre de voix qu'ils ont obtenues. A égalité de voix, ils sont classés dans l'ordre décroissant de leur âge.

« Les candidats figurant sur la liste complémentaire dressée en application du premier alinéa du présent article sont appelés à remplacer les juges dont le siège deviendrait vacant pour quelque cause que ce soit. Ils sont désignés, en suivant l'ordre de la liste complémentaire, par le président du tribunal mixte de commerce. Avant d'entrer en fonctions, ils prêtent serment dans les conditions prévues pour les juges des tribunaux mixtes de commerce.

« II. — Si les sièges vacants ne peuvent être pourvus en application du I et si le nombre des vacances dépasse le tiers des effectifs du tribunal, il est procédé à des élections complémentaires. Il en est de même en cas d'augmentation des effectifs d'un tribunal mixte de commerce.

« Toutefois, il n'y a pas lieu de procéder à des élections complémentaires dans les douze mois précédant l'élection générale.

« III. — Le mandat des juges désignés ou élus en application des I et II prend fin en même temps que celui des autres juges des tribunaux mixtes de commerce. »

CHAPITRE VIII DISPOSITIONS D'ADAPTATION DU LIVRE VIII

Le livre VIII n'est pas applicable.

V. toutefois, art. L. 942-9 et L. 942-11.

TITRE CINQUIÈME DISPOSITIONS APPLICABLES DANS LES ÎLES WALLIS-ET-FUTUNA

Dans les conditions prévues au présent titre, sont applicables aux îles Wallis-et-Futuna les art. 10 à 20, 22, 23 et 26 de l'Ord. nº 2004-274 du 25 mars 2004, JO 27 mars (art. 49-I). – V. table chronologique en fin d'ouvrage.

Pour l'actualisation de la législation commerciale applicable dans les îles Wallis-et-Futuna par rapport aux modifications, adjonctions et abrogations issues des lois nos 2001-152 du 19 févr. 2001, 2001-420 du 15 mai 2001, 2001-624 du 17 juill. 2001, 2001-1168 du 11 déc. 2001, 2002-73 du 17 janv. 2002, 2002-1303 du 29 oct. 2002, 2003-7 du 3 janv. 2003, 2003-706 et 2003-721 du 1er août 2003, 2003-775 du 21 août 2003, V. Ord. nº 2004-604 du 24 juin 2004, art. 57-II (JO 26 juin).

Art. L. 950-1 Sous réserve des adaptations prévues dans les chapitres ci-après, les dispositions suivantes du présent code sont applicables dans les îles Wallis-et-Futuna :

1° Le livre Ier, à l'exception des articles L. 124-1 à L. 126-1 ;

2° Le livre II, à l'exception des articles *(L. nº 2005-842 du 26 juill. 2005, art. 11-III)* « L. 225-245-1, L. 229-1 à L. 229-15, L. 238-6, L. 244-5 et » L. 252-1 à L. 252-13 ;

3° Le livre III, à l'exception des articles L. 321-1 à L. 321-38 ;

4° Le livre IV, à l'exception des articles L. 441-1, L. 442-1 et L. 470-6 ;

5° Le livre V, à l'exception des articles L. 522-1 à L. 522-40, L. 524-12, L. 524-20 et L. 524-21 ;

(L. nº 2005-845 du 26 juill. 2005, art. 196-II) « 6° Le livre VI, à l'exception des articles L. 622-19, L. 625-9, L. 653-10 et L. 670-1 à L. 670-8 » ;

7° *(Ord. nº 2006-673 du 8 juin 2006, art. 9)* « Le titre Ier du livre VII, à l'exception des articles L. 711-5 et L. 711-9 ; les articles L. 721-3 à L. 721-6 ; »

8° Le livre VIII, à l'exception des articles L. 812-1 à *(L. n° 2004-130 du 11 févr. 2004, art. 53)* « L. 813-1 ».

Art. L. 950-2 Pour l'application du présent code dans les îles Wallis-et-Futuna, les termes énumérés ci-après sont remplacés comme suit :

1° « Tribunal de grande instance » ou « tribunal d'instance » par « tribunal de première instance » ;

2° « Tribunal de commerce » ou « justice consulaire » par « tribunal de première instance statuant en matière commerciale » ;

3° « Conseil de prud'hommes » par « tribunal du travail » ;

4° « *Bulletin officiel des annonces civiles et commerciales* » par « *Journal officiel* du territoire » ;

5° « Département » ou « arrondissement » par « territoire » ;

6° « Préfet » ou « sous-préfet » par « représentant de l'État dans le territoire » *[;]* *(Ord. n° 2004-274 du 25 mars 2004, art. 49-VI)* « 7° « maire » par « chef de circonscription ». »

Le Décr. n° 2004-275 du 25 mars 2004, portant application de l'art. 29 de l'Ord. n° 2004-274 du 25 mars 2004 (JO 27 mars), est applicable aux îles Wallis-et-Futuna avec l'adaptation prévue aux 6° et 7° de l'art. L. 950-2. - V. table chronologique en fin d'ouvrage.

Art. L. 950-3 Les références faites, par des dispositions du présent code applicables dans les îles Wallis-et-Futuna, à d'autres articles du présent code, ne concernent que les articles rendus applicables dans les îles Wallis-et-Futuna avec les adaptations prévues dans les chapitres ci-dessous.

Art. L. 950-4 En l'absence d'adaptation, les références faites par des dispositions du présent code applicables dans les îles Wallis-et-Futuna, à des dispositions qui n'y sont pas applicables, sont remplacées par les références aux dispositions ayant le même objet applicables localement.

Art. L. 950-5 Les références faites par des dispositions du présent code applicables dans les îles Wallis-et-Futuna, à des dispositions du code du travail n'y sont applicables que s'il existe une disposition applicable localement ayant le même objet.

Art. L. 950-6 Les références à l'immatriculation au répertoire des métiers sont remplacées par les références à l'immatriculation faite conformément à la réglementation applicable dans les îles Wallis-et-Futuna.

Art. L. 950-7 Les articles faisant référence à la Communauté européenne sont applicables dans le respect de la décision d'association prévue à l'article 136 du traité instituant la Communauté européenne. Les références à l'accord sur l'Espace économique européen ne sont pas applicables.

CHAPITRE PREMIER DISPOSITIONS D'ADAPTATION DU LIVRE Ier

Art. L. 951-1 A l'article L. 122-1, les mots : « par le préfet du département où l'étranger doit exercer son activité » sont remplacés par les mots : « par le représentant de l'État dans le territoire dans le cas où l'étranger doit y exercer son activité ».

Art. L. 951-2 Les dérogations prévues par les articles L. 123-25 à L. 123-27 sont applicables aux personnes physiques soumises à un régime simplifié d'imposition par la réglementation en vigueur localement.

Art. L. 951-3 A l'article L. 133-6, les mots : « celles qui naissent des dispositions de l'article 1269 du Nouveau code de procédure civile » sont remplacés par les mots : « les demandes en révision de compte et en liquidation des fruits présentées en vue d'un redressement en cas d'erreur, d'omission ou de présentation inexacte ».

Art. L. 951-4 Pour l'application des articles L. 141-15, L. 143-7, L. 144-1 à L. 144-13 et L. 145-28, un magistrat du tribunal de première instance peut être délégué par le président.

Art. L. 951-5 A l'article L. 141-13, les mots : « par les articles 638 et 653 du code général des impôts » sont remplacés par les mots : « par les dispositions du code des impôts applicable dans le territoire ».

Art. L. 951-6 A l'article L. 144-5, les mots : « les articles L. 3211-2 et L. 3212-1 à L. 3212-12 du code de la santé publique » sont remplacés par les mots : « les articles du code de la santé publique applicable dans le territoire relatifs à l'hospitalisation et à l'internement avec ou sans le consentement de l'intéressé ».

Art. L. 951-7 L'article L. 145-2 est modifié ainsi qu'il suit :

I. – Au 4°, les mots : « à l'État, aux départements, aux communes, aux établissements publics » sont remplacés par les mots : « à l'État, aux collectivités territoriales et aux établissements publics » ;

II. – Au 6°, les mots : « à la caisse de sécurité sociale de la maison des artistes et reconnus auteurs d'œuvres graphiques et plastiques, tels que définis par l'article 71 de l'annexe III du code général des impôts » sont remplacés par les mots : « à la caisse locale d'assurance sociale et reconnus auteurs d'œuvres graphiques et plastiques au sens du code des impôts applicable dans le territoire ».

Art. L. 951-8 Pour l'application de l'article L. 145-6, les mots : « l'évacuation des lieux compris dans un secteur ou périmètre prévu aux articles *(Ord. n° 2005-1527 du 8 déc. 2005, art. 29)* « L. 313-4 à L. 313-4-2 » du code de l'urbanisme » sont remplacés par les mots « l'évacuation des lieux prévue à l'article L. 145-18 ».

V. note ss. art. L. 911-9.

Art. L. 951-9 A l'article L. 145-13, les mots « sous réserve des dispositions de la loi du 28 mai 1943 relative à l'application aux étrangers des lois en matière de baux à loyer et de baux à ferme » sont supprimés.

Art. L. 951-10 Le deuxième alinéa de l'article L. 145-18 est ainsi rédigé :

Art. L. 145-18, al. 2. Il en est de même pour effectuer des opérations de restauration immobilière comportant des travaux de remise en état, de conservation, de modernisation ou de démolition ayant pour conséquence la transformation des conditions d'habitabilité d'un ensemble d'immeubles nécessitant l'évacuation des lieux. Ces opérations peuvent être décidées et exécutées dans le respect de la réglementation locale, soit par les autorités publiques localement compétentes, soit à l'initiative d'un ou de plusieurs propriétaires, groupés ou non en association syndicale. Dans ce dernier cas, ce ou ces propriétaires y sont spécialement autorisés dans des conditions fixées par le représentant de l'État, qui précisent notamment les engagements exigés des propriétaires quant à la nature et à l'importance des travaux. Les immeubles acquis par un organisme de rénovation ne peuvent, après restauration, être cédés de gré à gré qu'aux conditions d'un cahier des charges type approuvé par le représentant de l'État.

Art. L. 951-11 A l'article L. 145-26, après les mots : « à l'État, aux départements, aux communes », sont ajoutés les mots au territoire ».

Art. L. 951-12 Le premier alinéa de l'article L. 145-34 est ainsi rédigé :

Art. L. 145-34 Al. 1er A moins d'une modification notable des éléments *(Ord. n° 2004-604 du 24 juin 2004, art. 58-III)* « mentionnés aux 1° à 4° de l'article L. 145-33 », le taux de variation du loyer applicable lors de la prise d'effet du bail à renouveler, si sa durée n'est pas supérieure à neuf ans, ne peut excéder la variation d'un indice local trimestriel mesurant le coût de la construction intervenue depuis la fixation initiale du loyer du bail expiré. Cet indice est calculé dans des conditions déterminées par arrêté du représentant de l'État. A défaut de clause contractuelle fixant le trimestre de référence de cet indice, il y a lieu de prendre en compte une variation de l'indice local trimestriel mesurant le coût de la construction fixé à cet effet par l'arrêté précité.

Art. L. 951-13 L'article L. 145-35 est modifié ainsi qu'il suit :

I. — Au premier alinéa, le mot : « départementale » est supprimé ;

II. — Le dernier alinéa est ainsi rédigé :

« La composition de la commission, le mode de désignation de ses membres et ses règles de fonctionnement sont fixés par arrêté du représentant de l'État. »

Art. L. 951-14 L'article L. 145-43 est ainsi rédigé :

Art. L. 145-43. Sont dispensés de l'obligation d'exploiter pendant la durée de leur stage les commerçants et artisans, locataires du local dans lequel est situé leur fonds, qui sont admis à suivre un stage de conversion ou un stage de promotion conformément aux dispositions du code du travail applicable dans le territoire.

CHAPITRE II DISPOSITIONS D'ADAPTATION DU LIVRE II

Art. L. 952-1 *(Ord. n° 2004-604 du 24 juin 2004, art. 58-III)* Aux articles L. 225-177, L. 225-179 et L. 233-11, les mots : « la date de publication de la loi n° 2001-420 du 15 mai 2001 relative aux nouvelles régulations économiques » sont remplacés par les mots : « la date de publication de l'ordonnance n° 2004-604 du 24 juin 2004 portant réforme du régime des valeurs mobilières émises par les sociétés commerciales et extension à l'outre-mer de dispositions ayant modifié la législation commerciale ».

Art. L. 952-2 Aux articles *(Ord. n° 2004-274 du 25 mars 2004, art. 49-VII)* « L. 223-18, » L. 225-36 et L. 225-65, les mots : « dans le même département ou un département limitrophe » sont remplacés par les mots : « dans le territoire ».

Art. L. 952-3 Le dernier alinéa de l'article L. 225-43 et celui de l'article L. 225-91 sont supprimés.

Art. L. 952-4 *(Ord. n° 2004-604 du 24 juin 2004, art. 62-II)* Au 5° de l'article L. 225-115, les mots : « versements effectués en application des 1 et 4 de l'article 238 *bis* du code général des impôts » sont remplacés par les mots : « déductions fiscales prévues par les dispositions de droit fiscal applicables dans le territoire et relatives au total des déductions du montant des bénéfices imposables des sociétés qui procèdent à des versements au profit d'œuvres d'organismes d'intérêt général, ou de sociétés agréées ou à des donations d'œuvre d'art à l'État ».

Art. L. 952-5 *(Ord. n° 2004-604 du 24 juin 2004, art. 58-III)* « Aux articles L. 225-105, L. 225-230 *[Ord. n° 2005-1126 du 8 sept. 2005, art. 22 : L. 823-6]* et L. 225-131 », les mots : « le comité d'entreprise » sont remplacés par les mots : « les délégués du personnel ».

Art. L. 952-6 Aux articles L. 225-231, L. 232-3, L. 232-4, L. 234-1 et L. 234-2, les mots : « au comité d'entreprise » sont remplacés par les mots : « aux délégués du personnel ».

Art. L. 952-7 Au VI de l'article L. 225-270, les mots : « les dispositions de l'article 94 A du code général des impôts » sont remplacés par les mots : « les dispositions du code des impôts applicable dans le territoire relatives aux gains nets en capital réalisés à l'occasion de la cession à titre onéreux de valeurs mobilières et de droits sociaux ».

Art. L. 952-8 Le dernier alinéa de l'article L. 228-36 est supprimé.

Art. L. 952-9 A l'article L. 233-24, les mots : « ou du VII de l'article 97 » sont supprimés.

Art. L. 952-10 Le deuxième alinéa de l'article L. 251-7 est supprimé.

CHAPITRE III DISPOSITIONS D'ADAPTATION DU LIVRE III

(Ord. nº 2004-274 du 25 mars 2004)

Art. L. 953-1 *(Ord. nº 2004-274 du 25 mars 2004, art. 49-VIII)* Le III de l'article L. 310-2 et le 6° de l'article L. 310-5 sont supprimés.

Art. L. 953-2 A l'article L. 322-1, les mots : « aux articles 53 de la loi nº 91-650 du 9 juillet 1991 relative à la réforme des procédures d'exécution et 945 du code de procédure civile » sont remplacés par les mots : « aux dispositions de procédure civile applicables dans le territoire relatives à la vente de meubles dépendant d'une succession ».

Les art. L. 953-2 et L. 953-3 étaient respectivement, avant l'Ord. nº 2004-274 du 25 mars 2004 (JO 27 mars), les art. L. 953-1 et L. 953-2.

Art. L. 953-3 Le second alinéa de l'article L. 322-9 est ainsi rédigé :

Art. L. 322-9, al. 2. Ils se conforment aux dispositions prescrites par le code des impôts applicable dans le territoire relatives aux ventes publiques et par enchères.

V. supra note ss. art. L. 953-2.

CHAPITRE IV DISPOSITIONS D'ADAPTATION DU LIVRE IV

Les modifications et adjonctions apportées au code de commerce en ses art. L. 430-1 à L. 430-10 par les art. 86 à 93 de la loi nº 2001-420 du 15 mai 2001 sont applicables dans les îles Wallis-et-Futuna, sous réserve des adaptations suivantes (Ord. nº 2004-823 du 19 août 2004, art. 3-I).

Art. L. 954-1 *(Ord. nº 2004-823 du 19 août 2004, art. 3-II)* Au premier alinéa de l'article L. 430-2, le mot : « trois » est remplacé par le mot : « deux ». Les quatrième et cinquième alinéas de cet article sont supprimés.

Art. L. 954-2 *(Ord. nº 2004-823 du 19 août 2004, art. 3-II)* A l'article L. 430-3, la dernière phrase du premier alinéa est supprimée. Au troisième alinéa du même article, les mots : « , ou le renvoi total ou partiel d'une opération de dimension communautaire », sont supprimés.

Art. L. 954-3 Le dernier alinéa de l'article L. 441-2 est remplacé par quatre alinéas ainsi rédigés :

Art. L. 441-2 [...] La cessation de la publicité, réalisée dans des conditions non conformes aux dispositions de l'alinéa 1, peut être ordonnée par le juge d'instruction ou par le tribunal saisi des poursuites, soit sur réquisition du ministère public, soit d'office. La mesure ainsi prise est exécutoire nonobstant toutes voies de recours.

Mainlevée peut en être donnée par la juridiction qui l'a ordonnée ou qui est saisie du dossier. La mesure cesse d'avoir effet en cas de décision de non-lieu ou de relaxe.

Les décisions statuant sur les demandes de mainlevée peuvent faire l'objet d'un recours devant la cour d'appel.

La cour d'appel statue dans un délai de dix jours à compter de la réception des pièces.

Art. L. 954-4 Au second alinéa de l'article L. 442-2, avant les mots : « taxes sur le chiffre d'affaires », est ajouté le mot : « éventuelles ».

Art. L. 954-5 Le dernier alinéa de l'article L. 442-3 est remplacé par quatre alinéas ainsi rédigés :

Art. L. 442-3 [...] La cessation de l'annonce publicitaire peut être ordonnée par le juge d'instruction ou par le tribunal saisi des poursuites, soit sur réquisition du ministère public, soit d'office. La mesure ainsi prise est exécutoire nonobstant toutes voies de recours.

Mainlevée peut en être donnée par la juridiction qui l'a ordonnée ou qui est saisie du dossier. La mesure cesse d'avoir effet en cas de décision de non-lieu ou de relaxe.

Les décisions statuant sur les demandes de mainlevée peuvent faire l'objet d'un recours devant la cour d'appel.

La cour d'appel statue dans un délai de dix jours à compter de la réception des pièces.

Art. L. 954-6 A l'article L. 442-7, les mots : « ou coopérative d'entreprise ou d'administration » sont supprimés.

Art. L. 954-7 L'article L. 443-1 est modifié ainsi qu'il suit :

I. — Au 1°, les mots : « visés aux articles L. 326-1 à L. 326-3 du code rural » sont remplacés par les mots : « prévus par les dispositions de droit rural applicables dans le territoire » ;

II. — Au 3°, les mots : « à l'article 403 du code général des impôts » sont remplacés par les mots : « par les dispositions du code des impôts applicable dans le territoire. »

III. — Le 4° est ainsi rédigé :

« 4° A soixante-quinze jours après le jour de livraison pour les achats de boissons alcooliques passibles des droits de circulation prévus par le code des impôts applicable dans le territoire ».

CHAPITRE V DISPOSITIONS D'ADAPTATION DU LIVRE V

Art. L. 955-1 A l'article L. 511-61, les mots : « ou des collectivités territoriales » sont remplacés par les mots : « ou des îles Wallis-et-Futuna ».

Art. L. 955-2 Le deuxième alinéa de l'article L. 511-62 est ainsi rédigé :

Art. L. 511-62, al. 2. La retraite comprend les sommes indiquées dans les articles L. 511-45 et L. 511-46, outre les droits de courtage et de timbre éventuellement prévus par les dispositions du code des impôts applicable dans les îles Wallis-et-Futuna.

Art. L. 955-3 **Aux articles L. 523-8 et L. 524-6, les mots : « articles 1426 à 1429 du Nouveau code de procédure civile » sont remplacés par les mots : « dispositions de procédure civile applicables localement relatives aux offres de payement et à la consignation ».**

Art. L. 955-4 **Le premier alinéa de l'article L. 524-19 est ainsi rédigé :**

Art. L. 524-19, al. 1er. Le montant des droits à percevoir par le greffier du tribunal de première instance statuant en matière commerciale est fixé par décret.

Art. L. 955-5 **Au premier alinéa de l'article L. 525-2, après les mots : « au droit fixe » sont ajoutés les mots : « selon les modalités en vigueur dans les îles Wallis-et-Futuna ».**

Art. L. 955-6 **Au II de l'article L. 525-9, les mots : « au privilège visé à l'article L. 243-4 du code de la sécurité sociale » sont remplacés par les mots : « au privilège organisé en faveur de la caisse de prévoyance sociale du territoire ».**

Art. L. 955-7 **L'article L. 525-18 est modifié ainsi qu'il suit :**

I. — Au 1°, la référence au décret n° 53-968 du 30 septembre 1953 est remplacée par la référence au décret n° 55-639 du 20 mai 1955 ; — *V. note ss. art. L. 525-18.*

II. — Le 2° est ainsi rédigé :

« 2° Les navires de mer ainsi que les bateaux de navigation fluviale. »

L'art. 43 de l'Ord. n° 2006-346 du 23 mars 2006, ajoutant un art. L. 526-5, n'est pas applicable dans les îles Wallis-et-Futuna. — Les dispositions de l'art. 44 de l'Ord. préc., ajoutant les art. L. 527-1 à L. 527-11, sont applicables dans les îles Wallis-et-Futuna dans les conditions prévues au présent titre V du livre IX (Ord. préc., art. 57-III).

CHAPITRE VI DISPOSITIONS D'ADAPTATION DU LIVRE VI

Art. L. 956-1 **Les mesures d'application prévues aux articles** *(L. n° 2005-845 du 26 juill. 2005, art. 196-II)* **« L. 621-4 », L. 626-3,** *(L. n° 2005-845 du 26 juill. 2005, art. 196-II)* **« L. 626-5 à L. 626-7 », L. 626-14,** *(L. n° 2005-845 du 26 juill. 2005, art. 196-II)* **« L. 626-16 » et L. 625-1 sont fixées par l'assemblée territoriale.**

Art. L. 956-2 **A l'article L. 625-2, les mots : « mentionnée à l'article L. 432-7 du code du travail » sont remplacés par les mots : « à l'égard des informations présentant un caractère confidentiel et données comme telles ».**

Art. L. 956-3 **Pour l'application de l'article L. 622-24, les organismes visés à l'article L. 351-21 du code du travail sont les organismes locaux ayant en charge le service de l'allocation d'assurance chômage et le recouvrement des contributions.**

Art. L. 956-4 **Pour l'application des articles L. 622-24,** *(L. n° 2005-845 du 26 juill. 2005, art. 196-II)* **« L. 622-26, L. 626-5 à L. 626-7 », L. 626-20, L. 625-3, L. 625-4 et L. 662-4, les institutions mentionnées à l'article L. 143-11-4 du code du travail sont les institutions locales chargées de la mise en œuvre du régime d'assurance contre le risque de non-paiement des salaires, en cas de procédure de redressement ou de liquidation judiciaires.**

Art. L. 956-5 Pour l'application de l'article [des articles] *(L. n° 2005-845 du 26 juill. 2005, art. 196-II)* « L. 626-5 à L. 626-7 », les institutions régies par le livre IX du code de la sécurité sociale sont les institutions locales de retraite complémentaire ou supplémentaire ou de prévoyance, prévues par les dispositions applicables dans les îles Wallis-et-Futuna et relatives aux régimes de sécurité et de protection sociales.

Art. L. 956-6 A l'article L. 626-14, la référence à l'article 28 du décret n° 55-22 du 4 janvier 1955 portant réforme de la publicité foncière est remplacée par la référence aux dispositions applicables dans le territoire et relatives à la publicité des droits sur les immeubles autres que les privilèges et hypothèques.

Art. L. 956-7 A l'article *(L. n° 2005-845 du 26 juill. 2005, art. 196-II)* « L. 642-2 », l'obligation faite au tribunal de tenir compte des dispositions contenues aux 1°, 2°, 3° et 4° de l'article *(L. n° 2005-845 du 26 juill. 2005, art. 196-II)* « L. 331-3 » du code rural s'entend des prescriptions suivantes :

« Observer l'ordre des priorités établi entre l'installation des jeunes agriculteurs et l'agrandissement des exploitations, en tenant compte de l'intérêt économique et social du maintien de l'autonomie de l'exploitation faisant l'objet de la demande ;

Tenir compte, en cas d'agrandissement ou de réunion d'exploitations, des possibilités d'installation sur une exploitation viable, de la situation des terres concernées par rapport au siège de l'exploitation du ou des demandeurs, de la superficie des biens faisant l'objet de la demande et des superficies déjà mises en valeur par le ou les demandeurs, ainsi que par le preneur en place ;

Prendre en considération la situation personnelle du ou des demandeurs : âge, situation familiale et professionnelle et, le cas échéant, celle du preneur en place, ainsi que le nombre et la nature des emplois salariés en cause ;

Tenir compte de la structure parcellaire des exploitations concernées, soit par rapport au siège de l'exploitation, soit pour éviter que des mutations en jouissance ne remettent en cause des aménagements obtenus à l'aide de fonds publics. »

Art. L. 956-8 *(L. n° 2005-845 du 26 juill. 2005, art. 196-II)* « Après la première phrase du premier alinéa du II de l'article L. 641-1, il est inséré une phrase ainsi rédigée : »

(L. n° 2003-7 du 3 janv. 2003) « Il peut lui être adjoint dans les mêmes conditions un ou plusieurs liquidateurs. »

Art. L. 956-9 *(L. n° 2005-845 du 26 juill. 2005, art. 196-II)* Le 4° du III de l'article L. 643-11 ne s'applique pas.

CHAPITRE VII DISPOSITIONS D'ADAPTATION DU LIVRE VII

Art. L. 957-1 Aux articles L. 711-2 et L. 711-4, le mot : « Gouvernement » est remplacé par les mots : « représentant de l'État dans le territoire ».

Art. L. 957-2 Au troisième alinéa de l'article L. 711-6, les mots : « ou la commune » sont remplacés par les mots : « ou le territoire ».

Art. L. 957-3 A l'article L. 712-1, les mots : « au moyen d'une taxe additionnelle à la taxe professionnelle » sont remplacés par les mots : « comme il est dit dans les dispositions du code des impôts applicable dans les îles Wallis-et-Futuna ».

CHAPITRE VIII DISPOSITIONS D'ADAPTATION DU LIVRE VIII

Art. L. 958-1 *(L. nº 2005-845 du 26 juill. 2005, art. 196-II)* « Les articles L. 814-1 à L. 814-5 » sont applicables en tant qu'ils concernent les administrateurs judiciaires.

Art. L. 958-2 *(Ord. nº 2004-604 du 24 juin 2004, art. 58-III)* Pour l'application dans les îles Wallis-et-Futuna des articles L. 822-2 à L. 822-7, les termes énumérés ci-après sont remplacés ainsi qu'il suit :

1° « commission régionale d'inscription » par « commission territoriale d'inscription » ;

2° « chambre régionale des comptes » par « chambre territoriale des comptes de Nouvelle-Calédonie » ;

3° « chambre régionale de discipline » par « chambre territoriale de discipline ».

V. aussi, art. L. 952-5.

APPENDICE

ARTISANS

Le décret du 5 déc. 1955 (JO 8 déc.) a institué un conseil supérieur de l'artisanat.

Code de l'artisanat

(Décr. n° 52-849 du 16 juill. 1952 ; L. n° 58-346 du 3 avr. 1958)

TITRE PREMIER De l'artisan, du maître artisan et du compagnon *(Décr. n° 55-656 du 20 mai 1955).*

Art. 1er à 3 *Abrogés par Décr. n° 62-235 du 1er mars 1962, art. 37.*

4 *Disposition caduque.*

4 *bis* *(Décr. n° 55-656 du 20 mai 1955)* **Le compagnon est l'ouvrier qualifié travaillant dans une entreprise artisanale et possédant une qualification professionnelle attestée soit par le certificat de compagnon, soit par un apprentissage préalable ou un exercice prolongé du métier.**

BIBL. ▸ Crémieux, *D. 1972. Chron. 235* (contrat d'apprentissage). – Paillet, *JCP E 1981. II. 13627* (responsabilité du fait de l'apprenti).

1. Commerçant. Sur la distinction de droit commun entre l'artisan et le commerçant à propos de la compétence des juridictions commerciales, V. notes 27 s. ss. C. com., art. L. 110-1.

2. Brevet professionnel. Sur l'exigence d'un brevet professionnel pour un coiffeur, V. • Crim. 14 mars 1972 : *D. 1972. 604, note H.M. ; RTD com. 1973. 64, obs. Jauffret.* ♦ Comp., pour les diplômes coiffeurs hommes et femmes, • Crim. 28 mars 1974 : *Bull. crim. n° 137.* ♦ V. L. n° 46-1173 du 23 mai 1946, en note à la suite de l'art. 16-IV de la loi n° 96-603 du 5 juill. 1996, *infra.*

TITRE II Des chambres de métiers

5 *(Décr. n° 55-657 du 20 mai 1955)* **Les chambres de métiers** *(Décr. n° 2004-1164 du 2 nov. 2004, art. 1er)* **« et de l'artisanat » sont, auprès des pouvoirs publics, les organes représentatifs des intérêts généraux de l'artisanat de leur circonscription.**

Sur la réglementation de l'usage de l'appellation « Chambre de métiers », V. L. n° 56-1119 du 12 nov. 1956, infra, v° Chambres de commerce et d'industrie.

CHAPITRE PREMIER *Institution et organisation* (*Décr. n° 55-657 du 20 mai 1955*).

6 *(Décr. n° 2004-1164 du 2 nov. 2004, art. 1er)* **« Les chambres de métiers prennent la dénomination de « chambres de métiers et de l'artisanat ». Dans toutes les disposi-**

tions à caractère réglementaire, les mots : « chambres de métiers » sont remplacés par les mots : « chambres de métiers et de l'artisanat » et les mots : « chambre de métiers » sont remplacés par les mots : « chambre de métiers et de l'artisanat ».

« Elles sont instituées par décret pris sur le rapport des ministres chargés de l'artisanat, du travail, de l'emploi, de la formation professionnelle, de l'éducation nationale et, le cas échéant, du ministre chargé de l'outre-mer. »

Elles sont des établissements publics *(L. n° 94-679 du 8 août 1994)* **« économiques »** *(Décr. n° 2004-1164 du 2 nov. 2004, art. 1er)* **« de l'État ».**

(Décr. n° 2004-1164 du 2 nov. 2004, art. 1er) **« Il ne peut être créé plus d'une chambre de métiers et de l'artisanat par département. Une chambre de métiers et de l'artisanat peut se diviser en autant de sections qu'elle le juge utile.**

« Le transfert du siège d'une chambre de métiers et de l'artisanat est autorisé par arrêté du préfet. »

Dans les articles qui suivent, l'expression « artisans » comprend les maîtres artisans et les artisans (Décr. n° 55-657 du 20 mai 1955, art. 3).

7 et 8 *Abrogés par Décr. n° 71-782 du 16 sept. 1971.*

9 et 10 *Abrogés par Décr. n° 68-47 du 13 janv. 1968.*

11 et 12 *Remplacés par Décr. n° 64-1362 du 30 déc. 1964, art. 4 et 5, eux-mêmes abrogés par Décr. n° 92-1043 du 28 sept. 1992, art. 55, qui a été lui-même abrogé par Décr. n° 99-433 du 27 mai 1999, art. 37.*

13 *Abrogé par Décr. n° 92-1043 du 28 sept. 1992, art. 55 [abrogé].*

14 *Abrogé par Décr. n° 68-47 du 13 janv. 1968.*

15 *(Décr. n° 2004-1164 du 2 nov. 2004, art. 2)* **Sont déclarés démissionnaires d'office par le préfet, après avis de l'assemblée générale de la chambre de métiers et de l'artisanat, les membres qui cessent au cours de leur mandat de répondre aux conditions d'éligibilité prévues par l'article 5 du décret n° 2004-896 du 27 août 2004 modifiant le décret n° 99-433 du 27 mai 1999 relatif à la composition des chambres de métiers et à leur élection et ceux qui ne relèvent plus, au sein du collège des activités, de la catégorie à laquelle ils appartenaient au moment de leur élection.**

16 *Abrogé par Décr. n° 99-433 du 27 mai 1999, art. 37.*

17 *(Décr. n° 2004-1164 du 2 nov. 2004, art. 3)* **Les chambres de métiers et de l'artisanat peuvent être supprimées par décret, pris sur le rapport du ministre chargé de l'artisanat, du ministre chargé du travail, de l'emploi, de la formation professionnelle, du ministre chargé de l'éducation nationale et, le cas échéant, du ministre chargé de l'outre-mer.**

L'assemblée générale d'une chambre de métiers et de l'artisanat peut être dissoute par décret pris sur rapport du ministre chargé de l'artisanat.

En cas de dissolution, une commission composée de trois à neuf membres artisans désignés par arrêté du préfet administre provisoirement la chambre de métiers et de l'artisanat dans l'attente de nouvelles élections. Les élections pour le remplacement des membres d'une assemblée générale dissoute doivent avoir lieu dans un délai de quatre mois à partir de la publication du décret de dissolution. Toutefois, si une révision spéciale des listes électorales a été prescrite à la suite de la dissolution, le délai fixé court à partir du jour où la révision des listes électorales a pris fin.

Si cette dissolution intervient dans les douze mois précédant le renouvellement général, il n'est procédé à aucune élection.

Jugeant que rien n'exige que la mesure de tutelle prise par l'État lors de la dissolution d'une chambre des métiers soit précédée d'une consultation des organes dirigeants de cet établissement public. • CE 29 avr. 2002 : *Rec. CE 158* ; *RTD com. 2002. 670, obs. Orsoni* ; *JCP 2003. IV. 1371.*

CHAPITRE II *Fonctionnement*

18 *(Décr. nº 2004-1164 du 2 nov. 2004, art. 4)* **Les fonctions des membres des chambres de métiers et de l'artisanat sont gratuites. Toutefois, peuvent être prévus l'attribution d'indemnités de fonctions pour le président et les membres du bureau, de vacations pour les autres membres ainsi que des frais de déplacement et de représentation. Leurs modalités d'attribution sont fixées par arrêté du ministre chargé de l'artisanat.** — *V. Arr. 5 févr. 1985 (JO 12 févr.), mod. par Arr. 12 juin 2001 (JO 20 juin).*

Les membres associés aux chambres de métiers et de l'artisanat mentionnés à l'article 21 peuvent bénéficier du remboursement de leurs frais de déplacement. Les modalités d'attribution de ces frais sont fixées par arrêté du ministre chargé de l'artisanat.

19 *(Décr. nº 2004-1164 du 2 nov. 2004, art. 5)* **I. — L'installation de l'assemblée générale des chambres de métiers et de l'artisanat a lieu trente jours au plus tard après la proclamation des résultats des élections, sur convocation du président sortant ou, à défaut, du préfet.**

Il est procédé au cours de cette séance à l'élection des membres du bureau.

Les assemblées générales des chambres de métiers et de l'artisanat désignent parmi leurs membres en exercice un bureau composé d'un président, d'au plus trois vice-présidents, d'un trésorier, d'un trésorier adjoint, d'un secrétaire et d'un ou plusieurs secrétaires adjoints.

II. — Les membres du bureau sont élus à bulletin secret et par un scrutin distinct pour chaque poste. L'élection a lieu à la majorité absolue des suffrages exprimés aux deux premiers tours et à la majorité relative au troisième.

Le bureau se réunit au moins tous les deux mois sur convocation de son président.

Le bureau est élu après chaque renouvellement général de la chambre de métiers et de l'artisanat. Les membres sortants sont rééligibles. Ils demeurent en fonction jusqu'à la date d'installation des membres proclamés élus. A compter de la date des élections, le bureau sortant ne peut procéder qu'aux actes conservatoires et urgents.

Lorsque le bureau n'est plus en mesure d'exercer normalement ses attributions dans le cadre des règles de fonctionnement prévues au règlement intérieur de la chambre, le préfet peut procéder, par arrêté motivé, à sa dissolution. Une assemblée générale extraordinaire est convoquée par le préfet pour procéder au renouvellement du bureau dans les quinze jours suivant cette décision.

III. — Les fonctions d'ordonnateur des dépenses sont exercées par le président qui peut, avec l'agrément du bureau, les déléguer à un vice-président. Les fonctions de comptable sont exercées par le trésorier qui peut, avec l'agrément du bureau, les déléguer au trésorier adjoint. Les conditions dans lesquelles le président et le trésorier peuvent déléguer leur signature au secrétaire général ou, sur sa proposition, à d'autres agents permanents de la chambre sont fixées par le règlement intérieur prévu à l'article 8 *bis* du décret du 30 décembre 1964.

En cas d'empêchement du président et, en l'absence de la délégation préalable, les fonctions d'ordonnateur sont exercées par un vice-président dans l'ordre du tableau. En cas d'empêchement du trésorier et en l'absence de délégation préalable, les fonctions de comptable sont assurées par le trésorier adjoint. En cas d'empêchement du trésorier et du trésorier adjoint, une assemblée générale extraordinaire est convoquée par le président, le premier vice-président ou, à défaut, par le préfet pour élire leurs remplaçants.

IV. — La démission du président, des membres du bureau et des autres membres de la chambre est adressée au préfet par lettre recommandée avec accusé de réception ou tout autre moyen permettant d'en attester la réception par son destinataire.

Les membres du bureau qui se sont abstenus, sans motif légitime, d'assister à trois séances consécutives auxquelles ils étaient régulièrement convoqués sont déclarés démissionnaires du bureau par le préfet, après avis de l'assemblée générale de la chambre.

Le préfet peut, en cas de faute grave dans l'exercice des fonctions et par arrêté motivé pris après que l'intéressé a été mis à même de faire valoir ses observations, suspendre ou mettre fin aux fonctions d'un membre de la chambre, d'un membre du bureau ou du président.

En cas de décès ou de démission volontaire ou d'office d'un membre du bureau, il est pourvu à son remplacement au cours de la première réunion de l'assemblée générale de la chambre qui suit la vacance. En cas d'urgence, une assemblée générale extraordinaire peut être convoquée par son président, son premier vice-président ou, à défaut, par le préfet dans le délai d'un mois pour élire le remplaçant.

19 *bis* *(Décr. n° 2004-1164 du 2 nov. 2004, art. 6)* Sous réserve des dispositions du statut du personnel des chambres de métiers et de l'artisanat établi en application de la loi n° 52-1311 du 10 décembre 1952, le président peut conclure des transactions, après y avoir été autorisé pour chaque affaire, par délibération de l'assemblée générale de la chambre de métiers et de l'artisanat ou, en cas d'urgence, après autorisation du bureau. Le projet de transaction est soumis à l'approbation du préfet au-delà d'un seuil fixé par le ministre chargé de l'artisanat. Il est réputé approuvé si une décision contraire motivée du préfet n'a pas été notifiée au président dans un délai de trente jours courant à compter de sa réception.

20 *(Décr. n° 2004-1164 du 2 nov. 2004, art. 7)* Les chambres de métiers et de l'artisanat se réunissent en assemblée générale au moins deux fois par an sur convocation du président de la chambre ou, à défaut, du préfet. Toutefois, sur proposition du bureau ou sur demande d'un tiers des membres, elles sont convoquées pour une assemblée générale extraordinaire par le président ou, en cas de refus de celui-ci, par le préfet.

Les membres de l'assemblée générale sont informés au moins huit jours avant la date de la réunion. La convocation, adressée au domicile des intéressés, indique l'ordre du jour de la séance.

Participent aux séances de l'assemblée générale de la chambre de métiers et de l'artisanat avec voix consultative :

Les ministres chargés de l'artisanat, de l'éducation nationale, du travail, de l'emploi, de la formation professionnelle et le ministre chargé de l'outre-mer, pour les chambres de métiers et de l'artisanat d'outre-mer ;

Le préfet, lequel se fait assister de fonctionnaires appartenant aux administrations compétentes.

L'assemblée générale ne peut délibérer que si le quorum des membres présents constaté en début de séance dépasse la moitié du nombre des membres en exercice. Si le quorum n'est pas atteint, il est procédé, dans le mois qui suit, à une deuxième assemblée générale, convoquée au moins huit jours avant la date de sa réunion et avec le même ordre du jour. Cette assemblée générale se tient valablement si le nombre de membres présents atteint le tiers du nombre des membres en exercice.

Les décisions sont prises à la majorité absolue des membres présents. En cas de partage des voix, celle du président est prépondérante.

Les membres sortants siègent jusqu'à l'installation de leurs successeurs. Toutefois, à compter du jour de l'élection et jusqu'à celui de l'installation des nouveaux membres, la chambre ne peut se réunir que pour procéder à des actes conservatoires et urgents. La chambre ne peut modifier le règlement intérieur ni prendre aucune décision concernant le personnel pendant cette période.

Les membres qui se sont abstenus de se rendre à deux assemblées générales successives sans motif légitime sont déclarés démissionnaires par le préfet, après délibération de l'assemblée générale de la chambre.

21 *(Décr. n° 2004-1164 du 2 nov. 2004, art. 8)* A chaque renouvellement général des chambres, des membres associés peuvent être désignés par l'assemblée générale de la chambre de métiers et de l'artisanat, après consultation des organisations professionnelles représentatives du secteur des métiers du département. Les membres associés conseillent et assistent les ressortissants de la chambre de métiers et de l'artisanat dans les secteurs d'activité ou les zones géographiques concernés.

Les membres associés répondent aux conditions d'éligibilité prévues par l'article 5 du décret n° 2004-896 du 27 août 2004 modifiant le décret n° 99-433 du 27 mai 1999 relatif à la composition des chambres de métiers et à leur élection.

Le règlement intérieur fixe un nombre de membres associés limité à la moitié au maximum du nombre des membres élus, sauf dérogation admise par le préfet, et leur mode de désignation. Il précise leurs missions et les modalités de leur participation aux délibérations de l'assemblée générale avec voix consultative.

22 *Abrogé par Décr. n° 73-358 du 26 mars 1973. – V. infra, Décr. n° 64-1362 du 30 déc. 1964, art. 8 bis.*

CHAPITRE III *Attributions*

23 *(Décr. n° 2004-1164 du 2 nov. 2004, art. 9)* Les chambres de métiers et de l'artisanat ont pour attribution :

1° De tenir le répertoire des métiers ;

2° De reconnaître la qualité d'artisan et d'artisan d'art et d'attribuer les titres de maître artisan ;

3° D'organiser l'apprentissage dans le secteur des métiers ;

4° De favoriser la promotion professionnelle des chefs d'entreprise et des salariés de ce secteur ;

5° Dans le cadre de la politique de l'aménagement du territoire et conformément aux directives du plan de contribuer, le cas échéant, à l'expansion du secteur des métiers et au maintien ou à l'élargissement des débouchés, notamment par l'organisation d'expositions ;

6° D'améliorer la rentabilité des entreprises, la qualité des produits et des services, les techniques et les méthodes de production et de commercialisation en favorisant la collaboration entre entreprises et la création de services communs ;

7° De créer des œuvres d'entraide et d'assistance ou de concourir au fonctionnement de telles œuvres ;

8° De procéder à toutes études utiles intéressant le secteur des métiers et d'émettre des vœux ou des avis sur les matières relevant de leur compétence ;

9° De participer à la prévention et au traitement des difficultés des entreprises artisanales, en liaison avec les services financiers de l'État, les organismes de recouvrement des cotisations sociales et toutes personnes morales, publiques ou privées concernées.

Ces attributions s'exercent, conformément à la réglementation propre à chaque matière, sous le contrôle du ministre chargé de l'artisanat et également, pour les questions relevant de sa compétence, du ministre de l'éducation nationale.

Les chambres de métiers et de l'artisanat peuvent également prêter leur concours aux organisations professionnelles du secteur des métiers.

Les chambres de métiers et de l'artisanat peuvent être autorisées par le préfet du département dans lequel se trouve leur siège dans les domaines relevant de leur compétence à :

1° Adhérer à des syndicats mixtes créés en application des articles L. 5721-1 et suivants du code général des collectivités territoriales ;

2° Participer à des sociétés d'économie mixte et, dans les conditions prévues par la loi n° 43-612 du 17 novembre 1943 sur la gestion des intérêts professionnels, à des sociétés professionnelles ou à des établissements professionnels ;

3° Souscrire des parts ou des actions de sociétés s'inscrivant dans leur domaine de spécialité.

Sur la création, par les chambres des métiers et de l'artisanat, de centres de formalités des entreprises, V. Décr. n° 96-650 du 19 juill. 1996, art. 2, infra, v° Registre du commerce et des sociétés.

Sur la formation professionnelle continue des artisans organisée à l'initiative des chambres des métiers et de l'artisanat et des organisations professionnelles de l'artisanat représentatives, V. L. n° 82-1091 du 23 déc. 1982 (D. et ALD 1983. 21) et Décr. n° 83-517 du 24 juin 1983 (D. et ALD 1983. 313 ; Rect. 427), mod. par Décr. n° 87-187 du 20 mars 1987 (D. et ALD 1987. 163), Décr. n° 93-888 du 2 juill. 1993 (JO 9 juill.), Décr. n° 95-998 du 25 août 1995 (JO 7 sept.), Décr. n° 97-1114 du 2 déc. 1997 (JO 3 déc.), Décr. n° 2000-853 du 1er sept. 2000 (JO 5 sept.).

Loi n° 2005-882 du 2 août 2005,

En faveur des petites et moyennes entreprises.

Art. 72 Les chambres de métiers et de l'artisanat contribuent au développement économique du territoire. Pour la réalisation d'équipements commerciaux ou artisanaux, elles peuvent se voir déléguer le droit de préemption urbain et être titulaires ou délégataires du droit de préemption institué dans les zones d'aménagement différé.

Elles peuvent également recevoir délégation de l'État, des collectivités territoriales et de leurs établissements publics pour créer ou gérer tout équipement ou service qui intéresse l'exercice de leurs missions.

24 *Abrogé par Décr. n° 66-137 du 7 mars 1966.*

CHAPITRE IV *Ressources*

25 Il est pourvu aux dépenses des chambres de métiers *(Décr. n° 2004-1164 du 2 nov. 2004, art. 1er)* **« et de l'artisanat » au moyen des ressources prévues et recouvrées conformément aux dispositions** *(Décr. n° 2004-1164 du 2 nov. 2004, art. 10)* **« de l'article 1601 du code général des impôts ».**

26 *(Décr. n° 2004-1164 du 2 nov. 2004, art. 11)* **I. — Les chambres de métiers et de l'artisanat peuvent recevoir :**

1. Des subventions publiques et privées ;

2. Des dons et des legs.

II. — Les chambres de métiers et de l'artisanat peuvent percevoir, en outre, des redevances, dans le respect des règles de concurrence, pour des prestations de services fournies aux entreprises artisanales. Le montant de ces redevances est établi en prenant en compte l'intérêt personnel et spécial qu'en retire l'entreprise artisanale et dans la limite des charges exposées au titre de ce service. La chambre de métiers et de l'artisanat arrête les tarifs de ces redevances, lesquels font l'objet d'une information auprès des ressortissants.

Le montant de chaque redevance, les conditions de sa perception ainsi que les recettes correspondantes figurent en annexe du budget prévisionnel et des comptes de la chambre. Aucune autre redevance ne peut être perçue par la chambre à compter de la date d'approbation de son budget.

27 *Abrogé par Décr. n° 68-47 du 13 janv. 1968.*

CHAPITRE V *Contrôle financier*

28 *Remplacé par Décr. n° 64-1362 du 30 déc. 1964, art. 10. — V. ce texte, infra.*

29 Les chambres de métiers peuvent affecter tout ou partie des excédents de recettes provenant de la gestion de leur service ordinaire à la constitution d'un fonds de

réserve qui doit être mentionné dans les comptes du budget de ce service à un chapitre spécial et ne peut, en aucun cas, être supérieur à la moitié de la totalité des ressources annuelles dudit budget.

Sur l'assemblée permanente des chambres de métiers, V. Décr. n° 66-137 du 7 mars 1966 (D. 1966. 200 ; BLD 1966. 128), mod. par Décr. n° 86-804 du 4 juill. 1986 (D. et ALD 1986. 397), Décr. n° 90-104 du 30 janv. 1990 (D. et ALD 1990. 132), Décr. n° 96-37 du 16 janv. 1996 (D. 1996. 49), Décr. n° 97-1131 du 8 déc. 1997 (D. 1998. 6).

TITRE III Du registre des métiers

30 à 35 *bis* *Abrogés par Décr. n° 62-235 du 1er mars 1962, art. 37.*

35 *ter* *Al. 1er abrogé par Décr. n° 62-235 du 1er mars 1962, art. 37.*

Al. 2 à 5 abrogés par L. n° 96-603 du 5 juill. 1996, art. 25.

Les peines prévues à l'alinéa précédent sont prononcées par le tribunal correctionnel du lieu de l'exploitation de l'entreprise artisanale, sur réquisition du procureur de la République.

Dans les cas prévus aux alinéas 1 et 2, le jugement ordonne, le cas échéant, l'immatriculation, la radiation, ou la rectification des indications inexactes.

Dans le cas prévu à l'alinéa 2, le coupable peut, en outre, être privé par le tribunal correctionnel, pendant un temps qui n'excédera pas cinq ans, du droit de vote et d'éligibilité aux chambres de métiers *(Décr. n° 2004-1164 du 2 nov. 2004, art. 1er)* **« et de l'artisanat » et, éventuellement, aux conseils de prud'hommes, aux tribunaux de commerce et aux chambres de commerce.**

TITRE IV De l'apprentissage artisanal

....

TITRE V Du crédit aux artisans

53 à 71 *Abrogés par Décr. n° 83-316 du 15 avr. 1983, art. 1er. – V. ce texte, infra, v° Crédit artisanal.*

TITRE VI Des adjudications et des marchés

CHAPITRE PREMIER *De la dispense de cautionnement*

73 *V. texte D. 1952. 262 ; BLD 1952. 524. – Mod. par L. n° 57-28 du 10 janv. 1957 (D. 1957. 35 ; BLD 1957. 59).*

CHAPITRE II *Des travaux réservés aux artisans et aux coopératives d'artisans*

74 Tous travaux susceptibles d'être exécutés par des *(Décr. n° 55-656 du 20 mai 1955)* **« artisans » définis à l'article 1er du présent code, faisant l'objet d'adjudications et de marchés de gré à gré passés au nom de l'État, des départements, des communes et des établissements publics de bienfaisance et d'assistance, doivent être réservés de préférence, à égalité de prix, jusqu'à concurrence du quart de leur montant, à des artisans à titre individuel ou à des sociétés coopératives artisanales constituées conformément à l'article 64 du présent code, pour être distribués par ces coopératives à leurs adhérents artisans.**

En ce qui concerne les travaux d'art susceptibles d'être exécutés par des artistes et *(Décr. n° 55-656 du 20 mai 1955)* **« artisans » d'art, ils sont réservés, jusqu'à concurrence de la moitié de leur montant, aux sociétés coopératives d'artistes et aux artisans d'art.**

Les modalités d'application du présent article, notamment les conditions dans lesquelles s'exerce la préférence visée aux deux alinéas précédents, ainsi que les conditions qu'ont à remplir les artisans et les artistes et les sociétés coopératives artisanales, pour pouvoir bénéficier de ces dispositions, sont déterminées par décret.

75 Une caisse de garantie-caution destinée à couvrir les risques de malfaçon dans les travaux, et dont le règlement est soumis à l'approbation du ministre chargé de l'artisanat, doit être constituée entre les organismes coopératifs intéressés.

V. Décr. 13 août 1936 (BLD 1936. 596), mod. par Décr. n° 47-1693 du 30 août 1947 (BLD 1947. 795) ; Arr. 4 mars 1937 (BLD 1937. 205), Arr. 13 sept. 1938 (BLD 1938. 790).

V. infra, L. n° 83-657 du 20 juill. 1983, art. 1er à 34, relatifs au statut des coopératives artisanales et de leurs unions.

TITRE VII De l'assistance aux artisans sans travail

76 à 80 *V. texte D. 1952. 262 ; BLD 1952. 524. – Art. 76 et 77 mod. par Décr. n° 55-656 du 20 mai 1955 (D. 1955. 271 ; BLD 1955. 598).*

TITRE VIII Dispositions spéciales à l'artisanat dans les départements d'outre-mer

81 *V. texte D. 1952. 262 ; BLD 1952. 524.*

TITRE VIII *bis* Dispositions relatives à l'artisanat à Mayotte

(Ord. n° 2005-43 du 20 janv. 2005, art. 5)

81 *bis* *(Décr. n° 2006-379 du 27 mars 2006, art. 7)* **Les articles 5, 6, 15, 17, 18, 19, 19 *bis*, 20, 21, 23 et 26 du code de l'artisanat s'appliquent à Mayotte.**

Pour l'application à Mayotte de l'article 19 *bis*, les mots : « sous réserve des dispositions du statut du personnel des chambres de métiers et de l'artisanat établi en application de la loi n° 52-1311 du 10 décembre 1952 » sont remplacés par les mots : « Sous réserve des dispositions applicables aux personnels de la chambre de métiers et de l'artisanat de Mayotte ».

TITRE IX Dispositions diverses

82 Ne sont applicables aux départements du Haut-Rhin, du Bas-Rhin et de la Moselle que les articles 53 à 71 inclus, relatifs au crédit aux artisans, les articles 73 à 75 inclus relatifs aux adjudications et marchés, et les articles 76 à 80 inclus relatifs à l'assistance aux artisans sans travail.

83 *(Liste des dispositions législatives auxquelles se substitue le code de l'artisanat et abrogées par la loi n° 58-346 du 3 avr. 1958 qui a conféré force de loi à ce code).*

Décret n° 64-1362 du 30 décembre 1964,

Relatif aux chambres de métiers.

Art. 1er et 2 *Abrogés par Décr. n° 71-782 du 16 sept. 1971 [abrogé].*

3 *Abrogé par Décr. n° 68-47 du 13 janv. 1968.*

4 et 5 *Abrogés par Décr. n° 92-1043 du 28 sept. 1992, art. 55. – Ce décret a été abrogé par Décr. n° 99-433 du 27 mai 1999, art. 37 (JO 29 mai).*

6 et 7 *Abrogés par Décr. n° 2004-1164 du 2 nov. 2004, art. 17. - V. supra, C. artisanat, art. 19 et 20.*

7 bis (*Décr. n° 2004-1164 du 2 nov. 2004, art. 13*) **Il est tenu par chaque chambre de métiers et de l'artisanat un registre spécial sur lequel sont inscrites, par ordre de date, les délibérations de l'assemblée générale. Ce registre est signé par tous les membres présents à la séance ou mention est faite de la cause de leur empêchement.**

Il est dressé un compte rendu de chaque séance de l'assemblée générale. Un exemplaire du compte rendu est adressé dans la quinzaine au ministre chargé de l'artisanat et au préfet. Le ministre chargé de l'outre-mer est également destinataire d'un exemplaire du compte rendu de chaque séance des assemblées des chambres de métiers et de l'artisanat d'outre-mer.

8 *Abrogé par Décr. n° 2004-1164 du 2 nov. 2004, art. 17. - V. supra, C. artisanat, art. 21.*

8 bis (*Décr. n° 2004-1164 du 2 nov. 2004, art. 14*) **Les chambres de métiers et de l'artisanat adoptent, sur proposition du bureau, leur règlement intérieur et son annexe, qui sont transmis pour approbation au préfet.**

Le règlement intérieur prévoit notamment la création des quatre commissions suivantes, dont il fixe les règles d'organisation et de fonctionnement :

La commission des finances, chargée notamment de l'examen des documents comptables et financiers préparés par le président et les membres du bureau ainsi que de la vérification et de l'apurement des comptes dressés par le trésorier ;

La commission du développement économique, chargée notamment des questions relatives à l'accompagnement des entreprises dans les différentes phases de leur développement ;

La commission de la formation professionnelle, chargée de l'étude de toutes les questions d'apprentissage et de perfectionnement professionnel ;

La commission d'appel d'offres, chargée de l'examen des marchés. Le règlement intérieur peut prévoir l'examen par cette commission de marchés d'un montant inférieur aux seuils fixés par le code des marchés publics.

Les membres des commissions sont désignés par l'assemblée générale.

Le président et le trésorier de la chambre de métiers et de l'artisanat ne peuvent faire partie de la commission des finances. Le président de la chambre de métiers et de l'artisanat est membre de droit de toutes les autres commissions et peut les présider.

Le règlement intérieur comporte un chapitre particulier concernant l'organisation des services de la chambre de métiers et de l'artisanat. Une annexe du règlement intérieur fixe la grille des emplois de la chambre de métiers et de l'artisanat et détermine le nombre, la nature et l'indice de base des emplois permanents.

La chambre élabore également un règlement relatif au fonctionnement de ses services. Ce règlement est transmis au préfet pour information.

Les services de la chambre de métiers et de l'artisanat sont dirigés par un secrétaire général nommé par le président, après accord du bureau, et placé sous son autorité. Le règlement intérieur comporte l'emploi correspondant, qui doit être pourvu en permanence dans les conditions prévues au statut du personnel des chambres de métiers et de l'artisanat établi en application de la loi n° 52-1311 du 10 décembre 1952.

En cas de vacance, si le remplacement ne peut être immédiat, un agent est désigné à titre intérimaire par le président de la chambre de métiers et de l'artisanat. La nomination du secrétaire général doit alors intervenir dans le délai d'un an à compter de la vacance du poste.

Le secrétaire général d'une chambre des métiers, à laquelle a été confiée par l'État une mission d'intérêt général, doit être regardé tant comme un agent du gouvernement, au sens de l'art. 175 de l'ancien code pénal, que comme une personne chargée d'une mission de service public, au sens de l'art. 432-12 du même code. • Crim. 10 sept. 2003 : *Bull. crim. n° 158 ; D. 2004. Somm. 2758, obs. Segonds ; Dr. pénal. 2004, n° 19, obs. Véron.*

9 *Abrogé par Décr. n° 2004-1164 du 2 nov. 2004, art. 17. – V. supra, C. artisanat, art. 23.*

10 *(Décr. n° 2004-1164 du 2 nov. 2004, art. 15)* **Le budget et les comptes des chambres de métiers et de l'artisanat sont établis dans les formes prescrites par le ministre chargé de l'artisanat et le ministre chargé du budget.**

Ils doivent faire apparaître dans des sections distinctes les dépenses et les recettes ordinaires et celles qui, par leur nature, ne sont pas susceptibles de se reproduire tous les ans.

Le budget est voté par l'assemblée générale de la chambre de métiers et de l'artisanat avant le 1er décembre de chaque année. Il n'est exécutoire qu'après approbation expresse du préfet, lequel en transmet un exemplaire au ministre chargé de l'artisanat.

Lorsque le préfet constate la carence de la chambre de métiers et de l'artisanat, il procède suivant le cas à :

1° L'établissement d'office du budget de la chambre ;

2° L'inscription d'office au budget de la chambre des dépenses obligatoires omises ;

3° L'ordonnancement et au mandatement d'office des dépenses obligatoires.

Chaque année, au cours de sa première assemblée générale ordinaire, la chambre de métiers et de l'artisanat adopte le compte de gestion de l'exercice précédent.

Dans les six premiers mois de chaque année, le président de la chambre de métiers et de l'artisanat adresse au préfet, pour approbation définitive, le compte de gestion de l'année précédente, accompagné des pièces de comptabilité ainsi que, le cas échéant, le tableau d'amortissement des emprunts contractés par la chambre de métiers et de l'artisanat.

Lorsque la chambre de métiers et de l'artisanat gère directement un centre de formation d'apprentis, elle présente séparément le budget et les comptes de ce service, le budget et les comptes de gestion des services de la chambre hors centre de formation d'apprentis ainsi que le budget et les comptes tous services confondus.

11 *Abrogé par Décr. n° 2004-1164 du 2 nov. 2004, art. 17. – Sur les chambres régionales de métiers et de l'artisanat, V. Décr. n° 2004-1165 du 2 nov. 2004, infra.*

12 *(Décr. n° 2004-1164 du 2 nov. 2004, art. 16)* **Les chambres de métiers et de l'artisanat peuvent s'entendre pour organiser un ou plusieurs services en commun. Les modalités de gestion et de financement de ce ou ces services sont fixées d'un commun accord.** *– Sur les chambres régionales de métiers et de l'artisanat, V. Décr. n° 2004-1165 du 2 nov. 2004, infra.*

13 *(Décr. n° 2006-379 du 27 mars 2006, art. 8)* **Le présent décret est applicable à la chambre de métiers et de l'artisanat de Mayotte.**

Décret n° 68-47 du 13 janvier 1968,

Relatif à l'élection des membres des chambres de métiers et modifiant diverses dispositions concernant le fonctionnement de ces compagnies (D. 1968. 86 ; BLD 1968. 156).

CHAPITRE PREMIER *Dispositions relatives aux élections aux chambres de métiers*

Art. 1er à 24 *Abrogés par Décr. n° 92-1043 du 28 sept. 1992, art. 55.*

25 à 29 *Modifiaient Décr. n° 59-1315 du 19 nov. 1959 [abrogé] (collège des organisations professionnelles).*

30 *Modifiait l'art. 4 du Décr. n° 64-1362 du 30 déc. 1964.*

CHAPITRE II *Dispositions relatives au fonctionnement des chambres de métiers*

31 *(Décr. n° 2004-1164 du 2 nov. 2004, art. 18)* **Les chambres de métiers et de l'artisanat peuvent être autorisées à contracter des emprunts en vue de subvenir ou de concourir aux dépenses nécessaires à l'exercice de leurs attributions à l'exclusion de leurs dépenses ordinaires. Ces emprunts sont autorisés par arrêté du préfet de département. Un crédit égal à l'annuité d'amortissement devra obligatoirement être inscrit chaque année au budget de la chambre de métiers et de l'artisanat.**

Ces emprunts peuvent être contractés par les chambres de métiers et de l'artisanat ainsi que par les sociétés et établissements professionnels créés par elles en aplication de la loi susvisée du 17 novembre 1943, notamment auprès de la caisse centrale de crédit coopératif.

L'ouverture d'une ligne de trésorerie par les chambres peut être autorisée, à titre exceptionnel, par arrêté du préfet en vue de faire face à des besoins temporaires de trésorerie.

Un arrêté du ministre chargé de l'artisanat fixe les seuils en dessous desquels l'autorisation du préfet pour contracter un emprunt et ouvrir une ligne de trésorerie n'est pas requise.

(Décr. n° 2006-379 du 27 mars 2006, art. 9) **« Les dispositions du présent article sont applicables à Mayotte. »**

32 à 38 *V. supra, Décr. n° 64-1362 du 30 déc. 1964, art. 7, 7 bis, 8 et 11.*

39 *(Abrogation de textes antérieurs).*

Sur la composition des chambres de métiers et de l'artisanat et leurs élections, V. Décr. n° 99-433 du 27 mai 1999, infra.

Sur le régime de l'artisanat dans les départements de la Martinique et de la Réunion, V. Décr. n° 73-409 du 23 mars 1973 (D. et BLD 1973. 207), mod. par Décr. n° 99-433 du 27 mai 1999 (JO 29 mai). — Pour Saint-Pierre-et-Miquelon, V. Ord. n° 77-1106 du 26 sept. 1977, art. 16 et 17 (JO 30 sept.).

Sur la Chambre nationale de la batellerie artisanale, qui joue, dans le secteur du transport fluvial, le rôle de chambre de métiers et de l'artisanat, V. L. n° 82-1153 du 30 déc. 1982, art. 40 (D. et ALD 1983. 67) ; Décr. n° 84-365 du 14 mai 1984 (JO 16 mai), mod. par Décr. n° 85-540 du 21 mai 1985 (JO 23 mai), Décr. n° 2005-633 du 30 mai 2005 (JO 31 mai).

Loi n° 73-1193 du 27 décembre 1973,

D'orientation du commerce et de l'artisanat (D. et BLD 1974. 30).

TITRE III Dispositions économiques

V. C. com., art. L. 711-8, supra.

CHAPITRE IV *Adaptation et modernisation des entreprises*

Art. 48 à 51 *(Concours financiers particuliers aux artisans ; prêts d'installation et d'équipement ; conseil du crédit à l'artisanat ; aide particulière aux entreprises artisanales de sous-traitance).*

52 *V. infra, v° Commerce (organisation).*

Arrêté du 30 août 1983,

Relatif à l'organisation et à la tenue du répertoire des métiers. — Cet arrêté a été pris en application du décret nº 83-487 du 10 juin 1983, abrogé par Décr. nº 98-247 du 2 avril 1998, infra.

TITRE PREMIER **Dispositions générales** *(Arr. 26 mars 1985).*

Art. 1er Le répertoire des métiers est constitué par :

1° Un registre chronologique à souches où sont enregistrées, dans l'ordre chronologique de leur réception, les demandes d'immatriculation ou de radiation, d'inscription ou de radiation de mention du conjoint collaborateur et les déclarations de modification des mentions portées au répertoire ;

2° La collection des dossiers individuels des personnes immatriculées ;

3° Les trois fichiers suivants :

Un fichier alphabétique unique incluant les personnes immatriculées et les conjoints mentionnés au répertoire ;

Un fichier géographique, par commune, des personnes immatriculées et des conjoints mentionnés ;

Un fichier par type d'activité des personnes immatriculées.

(Arr. 2 févr. 1988) « Les fichiers peuvent être tenus selon un procédé informatique après accord de la Commission nationale de l'informatique et des libertés. »

2 Le registre tenu par les chambres de métiers *(Décr. nº 2004-1164 du 2 nov. 2004, art. 1er)* « et de l'artisanat » d'Alsace et de la Moselle, ci-après dénommé Le Registre, est constitué par :

1° Le registre chronologique visé à l'article 1er, où sont enregistrées de la même manière les demandes et déclarations relatives aux personnes demandant leur immatriculation au registre ou déjà immatriculées, quelle que soit la section concernée ;

2° Deux collections des dossiers individuels des personnes immatriculées, l'une pour la première section, l'autre pour la deuxième ;

3° Les trois fichiers visés à l'article 1er, concernant les personnes immatriculées au registre et les conjoints mentionnés ; chaque fiche porte clairement en tête la section dont relève la personne concernée.

(Arr. 2 févr. 1988) « Les fichiers peuvent être tenus selon un procédé informatique après accord de la Commission nationale de l'informatique et des libertés. »

3 Le dossier individuel de chaque personne immatriculée au répertoire des métiers ou au registre comporte :

Un sous-dossier d'identification comprenant la demande d'immatriculation, un formulaire professionnel, les déclarations de modification et demandes de transfert d'une section à l'autre du registre ; pour les personnes morales il est établi un formulaire professionnel pour chaque dirigeant ;

Un sous-dossier d'identification du conjoint collaborateur, le cas échéant, comprenant une demande d'inscription de mention du conjoint au répertoire des métiers ou au registre signée des deux époux *(Arr. 2 févr. 1988)* « ou de l'un d'eux seul » et déclarant que le conjoint collabore effectivement, habituellement et sans rémunération, à l'activité de l'entreprise et n'exerce aucune autre profession *(Arr. 2 févr. 1988)* « et le cas échéant la déclaration notariée d'annulation du mandat tacite d'administration prévue à l'article 9 de la loi susvisée du 10 juillet 1982 *[C. com., art. L. 121-6]* » ;

Un sous-dossier d'identification pour chaque établissement secondaire situé dans le ressort de la chambre de métiers *(Décr. nº 2004-1164 du 2 nov. 2004, art. 1er)* « et de l'artisanat », comprenant la déclaration d'ouverture et un formulaire professionnel concernant la personne responsable de cet établissement.

Pour chaque établissement secondaire immatriculé par les chambres de métiers *(Décr. nº 2004-1164 du 2 nov. 2004, art. 1er)* « et de l'artisanat » d'Alsace et de la

Moselle, à défaut de siège social dans leur ressort, il est établi un dossier individuel comportant la demande d'immatriculation et un formulaire professionnel pour chaque dirigeant.

4 Chaque dossier est constitué par des imprimés conformes aux modèles agréés par le ministre chargé de l'artisanat.

Chaque document du dossier est coté et répertorié.

(Arr. 18 avr. 1995) « La déclaration prévue au deuxième alinéa de l'article 6 du décret n° 83-487 du 10 juin 1983 est un document provisoire et ne figure pas au dossier. » *– [Décr. n° 83-487 abrogé par Décr. n° 98-247 du 2 avr. 1998, infra].*

5 Les demandes et déclarations sont établies en double exemplaire. Elles peuvent être établies par un mandataire. Celui-ci est tenu chaque fois de présenter une procuration particulière qui reste annexée à la demande ou déclaration et de justifier son identité.

(Arr. 2 févr. 1988) « Les déclarations afférentes à la création, à la modification et à la cessation d'activité se font sur un document conforme aux modèles approuvés par l'arrêté interministériel pris pour l'application du décret créant les centres de formalités des entreprises. » *– V. Arr. 2 févr. 1988 (JO 3 févr.).*

Sous peine de nullité, les demandes et déclarations doivent être certifiées exactes et signées par le demandeur ou le déclarant ; *(Arr. 2 févr. 1988)* « elles le sont par les deux époux ou l'un d'eux seul en cas de demande d'inscription de mention de conjoint collaborateur ».

A l'appui de la demande ou déclaration, doivent être présentées :

Une pièce justifiant l'identité du demandeur ou déclarant : carte nationale d'identité ou livret de famille ou fiche d'état civil *(Arr. 2 févr. 1988)* « datant de moins de trois mois » pour les ressortissants français ;

(Arr. 2 févr. 1988) « La carte de résident prévue par la loi du 17 juillet 1984 susvisée *[n° 84-622]* ou la carte de résident privilégié, la carte d'identité de commerçant pour les exploitants étrangers soumis aux dispositions du décret du 12 novembre 1938 modifié *[C. com., art. L. 122-1 s.]*, le titre de séjour pour les ressortissants notamment des États membres de la Communauté européenne, des vallées d'Andorre, de la principauté de Monaco et de la République populaire d'Algérie à moins qu'ils justifient ne pas y être astreints. »

Lorsque la radiation du répertoire ou du registre est demandée par les héritiers ou ayants droit, ceux-ci doivent justifier de leur qualité.

6 *(Arr. 26 mars 1985)* « Les demandes d'immatriculation au répertoire ou au registre doivent être accompagnées d'une attestation de suivi du stage d'initiation à la gestion imposé par la loi n° 82-1091 du 23 décembre 1982, ou d'une dispense. »

Les demandes d'immatriculation doivent en outre comporter les renseignements suivants :

1. Pour tous les demandeurs :

Activité principale ou secondaire susceptible de donner lieu à immatriculation ;

Autres activités ;

Lieu d'exercice de l'activité (adresse de l'établissement principal et, s'il y a lieu, des établissements secondaires) ; à défaut d'adresse professionnelle précise, indication de la circonscription administrative à l'intérieur de laquelle est exercée l'activité ;

Modalités d'exercice de l'activité (sédentaire, foraine, ambulante, saisonnière) ;

Origine de l'établissement principal ou secondaire : création, acquisition, location-gérance ou autre ;

Nom et enseigne (éventuellement) sous lesquels est exercée l'activité ;

S'il s'agit d'une exploitation en location-gérance, identité et domicile ou siège social du propriétaire de l'établissement ou du fonds ;

Éventuellement, date, lieu et *(Décr. n° 98-550 du 2 juill. 1998)* « les mentions visées aux 1 et 2 de l'article 72 du décret n° 84-406 du 30 mai 1984 relatif au registre du commerce et des sociétés » ; *– V. ce texte infra, v° Registre du commerce et des sociétés.*

Date du commencement de l'activité.

2. En outre, pour les personnes physiques :

Nom, prénoms et pseudonyme ;

Date et lieu de naissance ;

Adresse du domicile personnel ou, le cas échéant, indication de la commune de rattachement ;

Nationalité ;

Date et lieu de délivrance du titre de séjour pour les étrangers et, éventuellement, de la carte de commerçant étranger ;

Effectif des salariés distinguant *(Arr. 2 févr. 1988)* « les apprentis et les handicapés ;

« Pour le décompte des effectifs salariés conformément aux dispositions des articles 1er et 2 du décret du 10 juin 1983 susvisé *[n° 83-487, abrogé]*, les justifications y afférentes doivent être produites. »

3. En outre, pour les personnes morales :

Forme sociale ;

Dénomination ou raison sociale ;

Adresse du siège social ;

Durée de la société ;

Ligne supprimée par Arr. 2 févr. 1988, art. 1er-IV.

Identité des dirigeants et associés suivants :

a) Associés des sociétés en nom collectif et associés commandités des sociétés en commandite simple ;

b) Gérants et associés des SARL ayant pouvoir d'engager la société ;

(Arr. 18 avr. 1995) « *c)* Administrateurs ou membres du directoire des sociétés anonymes ;

« *d)* Le président et les membres du conseil d'administration pour les associations. »

Effectif des salariés *(Arr. 2 févr. 1988)* « distinguant les apprentis et les handicapés.

« Pour le décompte des effectifs salariés conformément aux dispositions des articles 1er et 2 du décret du 10 juin 1983 susvisé *[n° 83-487, abrogé]*, les justifications y afférentes doivent être produites. »

7 Les demandes d'inscription de mention de conjoint collaborateur doivent comporter les renseignements suivants :

Nom, prénoms, pseudonyme et numéro d'immatriculation de l'époux immatriculé ;

Adresse du domicile des époux ;

Nom et prénoms du conjoint demandeur et :

Sa date et son lieu de naissance ;

Sa nationalité ;

(Arr. 2 févr. 1988) « La date de son mariage ».

Ligne supprimée par Arr. 2 févr. 1988, art. 1er-V.

Les demandes de radiation de mention de conjoint collaborateur doivent indiquer l'identité et la qualité du demandeur et le motif de la radiation.

8 Les demandes de radiation du répertoire ou du registre doivent comporter les renseignements suivants :

Nom, prénoms et pseudonyme du demandeur ou du défunt ;

Dénomination ou raison sociale de la personne morale concernée ;

Adresse du siège social ou du principal établissement ou, à défaut, adresse du domicile personnel ou commune de rattachement ;

Numéro d'immatriculation au répertoire ou au registre ;

Activité ayant donné lieu à immatriculation ;

Motif de la demande de radiation ;

Date de la cessation d'activité.

9 Les déclarations de modification et les demandes de transfert d'une section à l'autre du registre doivent indiquer :

a) Pour les personnes physiques :
Nom, prénoms et pseudonyme ;
Date et lieu de naissance ;
Adresse de l'établissement, à défaut adresse du domicile personnel et, à défaut, commune de rattachement ;
b) Pour les personnes morales :
Dénomination ou raison sociale ;
Forme sociale ;
Adresses du siège social, de l'établissement ;
c) Pour tous les déclarants :
Numéro d'immatriculation au répertoire ou au registre ; pour ce dernier, la section où est immatriculé le déclarant ;
Mentions anciennes dont la modification est déclarée et qui doivent être supprimées ;
Mentions nouvelles dont l'inscription doit être portée à la place ou en complément des mentions existantes.

Les modifications de l'effectif des salariés doivent être déclarées lorsqu'elles motivent la radiation ou le transfert en application des articles 7 et 17 du décret susvisé du 10 juin 1983 *[n° 83-487, abrogé]*.

9 *bis* *(Arr. 7 juill. 1986)* Le président de la chambre de métiers *(Décr. n° 2004-1164 du 2 nov. 2004, art. 1er)* « et de l'artisanat » inscrit d'office au dossier individuel de la personne immatriculée au répertoire des métiers ou au registre institué à l'article 16 les déclarations de cessation de paiement ou d'inexécution des engagements financiers *(L. n° 2005-845 du 26 juill. 2005, art. 165-I)* « d'une procédure de conciliation », ainsi que les décisions intervenues dans les procédures *(L. n° 2005-845 du 26 juill. 2005, art. 165-II)* « de sauvegarde, » de redressement et de liquidation judiciaires avec l'indication de leur date et du tribunal dont elles émanent :

1° Ouvrant *(L. n° 2005-845 du 26 juill. 2005, art. 165-II)* « les procédures de sauvegarde ou de redressement judiciaire » avec l'indication des pouvoirs conférés à l'administrateur ;

2° Prolongeant la période d'observation ;

3° Modifiant la date de cessation des paiements ;

4° Modifiant les pouvoirs de l'administrateur ;

5° Décidant la poursuite d'activité en vue de l'élaboration *(L. n° 2005-845 du 26 juill. 2005, art. 165-II)* « d'un plan de sauvegarde ou de redressement » en application de l'article 142 de la loi du 25 janvier 1985 précitée *[C. com., art. L. 621-138 ancien]* ;

6° Autorisant la conclusion d'un contrat de location-gérance au cours de la période d'observation ;

7° Autorisant des prêts ou accordant des délais de paiement en application de l'article 40 (3°) de la loi du 25 janvier 1985 précitée *[C. com., art. L. 621-32 (3°) ancien ; L. 622-17]* ;

8° Subordonnant l'adoption *(L. n° 2005-845 du 26 juill. 2005, art. 165-II)* « d'un plan de sauvegarde ou de redressement » au remplacement d'un ou de plusieurs dirigeants ;

9° Ordonnant la cessation totale ou partielle de l'activité ;

10° Arrêtant le *(L. n° 2005-845 du 26 juill. 2005, art. 165-II)* « plan de sauvegarde, de redressement judiciaire » ou de cession ;

11° Modifiant le jugement qui arrête le *(L. n° 2005-845 du 26 juill. 2005, art. 165-II)* « plan de sauvegarde, de redressement judiciaire » ou de cession ;

12° Prononçant la liquidation judiciaire ;

13° Prononçant la clôture pour extinction du passif ou insuffisance d'actif ;

14° Prononçant la clôture de la procédure en cas de cession totale de l'entreprise en application de l'article 92 de la loi du 25 janvier 1985 précitée *[C. com., art. L. 621-95 ancien]* ;

15° Décidant que les dettes de la personne morale seront supportées en tout ou en partie par ses dirigeants ou certains d'entre eux ;

16° Prononçant la faillite personnelle ou l'interdiction prévue à l'article 192 de la loi du 25 janvier 1985 précitée *[C. com., art. L. 625-8 ancien ; L. 653-8]*.

Pour les décisions figurant au 16°, l'inscription comporte, en outre, la durée de la mesure prononcée par le tribunal.

TITRE II Dispositions relatives à la qualification professionnelle des artisans *(Arr. 2 févr. 1988)*.

9 *ter* *(Arr. 2 févr. 1988)* 1. Les demandes d'immatriculation des personnes qui souhaitent se prévaloir de la qualité d'artisan vis-à-vis de la clientèle doivent être accompagnées des pièces justificatives suivantes :

– diplôme ou titre homologué dans le métier exercé ou un métier connexe ;

– le cas échéant, justification de la durée d'exercice du métier d'au moins six années ainsi que des années de formation pouvant être prises en compte pour le calcul de cette durée.

2. Les demandes présentées par les personnes déjà immatriculées en vue de se prévaloir de la qualité d'artisan vis-à-vis de la clientèle sont établies conformément aux dispositions de l'article 5 ci-dessus et sont classées au sous-dossier d'identification de la personne immatriculée. Elles doivent être accompagnées des pièces justificatives prévues au 1.

3. Le président de la chambre de métiers *(Décr. n° 2004-1164 du 2 nov. 2004, art. 1er)* « et de l'artisanat » délivre à la personne qui justifie de sa qualification une attestation de la qualité d'artisan vis-à-vis de la clientèle qui vaut titre d'artisan pour l'application de l'alinéa 2 de l'article 7 du décret du 10 juin 1983 susvisé *[n° 83-487, abrogé]*.

4. Le titre de maître artisan délivré par la commission régionale des qualifications est mentionné au dossier individuel de la personne immatriculée. Il en est de même du titre de maître dans les départements du Bas-Rhin, du Haut-Rhin et de la Moselle.

TITRE III Dispositions relatives aux sociétés coopératives artisanales *(Arr. 2 févr. 1988)*.

9 *quater* *(Arr. 2 févr. 1988)* I. – La section spéciale du répertoire des métiers et du registre tenu par les chambres de métiers *(Décr. n° 2004-1164 du 2 nov. 2004, art. 1er)* « et de l'artisanat » d'Alsace et de la Moselle où sont immatriculées les sociétés coopératives artisanales comprend séparément :

1° Un registre chronologique identique aux registres visés aux articles 1er (1°) et 2 (2°) ;

2° La collection des dossiers individuels des sociétés coopératives artisanales immatriculées ;

3° Un fichier par type d'activité des sociétés coopératives artisanales immatriculées.

II. – Toutes les sociétés coopératives artisanales doivent être immatriculées à cette section, y compris celles qui répondent aux conditions fixées par les articles 1er à 5 ou 15 et 16 du décret du 10 juin 1983 susvisé *[n° 83-487, abrogé]* ; ces dernières ne sont pas reprises dans la partie du répertoire ou du registre faisant l'objet du titre Ier.

III. – Aux demandes d'immatriculation des sociétés coopératives artisanales et de leurs unions doivent être joints les statuts, la liste complète des associés et la liste des mandataires.

Ces deux listes doivent indiquer les nom, prénoms, domicile et profession des personnes physiques et la dénomination ou raison sociale, l'adresse du siège social et la nature des activités des personnes morales. Elles doivent indiquer, s'il y a lieu, le numéro, ou ancien numéro, d'immatriculation au répertoire des métiers ou au registre visé à l'article 2 de tous les associés et mandataires et l'effectif de leurs salariés.

IV. – Les dispositions des articles 3, 4, 5, 6, 8, 9 et 9 *bis* ci-dessus sont applicables aux sociétés coopératives artisanales à l'exception des dispositions spécifiques aux personnes physiques.

TITRE IV Dispositions communes *(Arr. 2 févr. 1988)*.

10 Lorsqu'il reçoit une demande ou une déclaration le président de la chambre des métiers *(Décr. n° 2004-1164 du 2 nov. 2004, art. 1er)* « et de l'artisanat » s'assure qu'elle contient toutes les indications nécessaires et que les justifications exigées ont été présentées. Dans le cas contraire il invite le demandeur ou le déclarant à donner ou présenter sous quinzaine les indications omises ou les justifications manquantes.

Le président de la chambre de métiers *(Décr. n° 2004-1164 du 2 nov. 2004, art. 1er)* « et de l'artisanat » délivre un récépissé détaché du registre chronologique mentionné aux articles 1 et 2 lors de la réception de toute *(Arr. 26 mars 1985)* « demande d'immatriculation, de radiation ou de changement de section », d'inscription ou de radiation de mention de conjoint collaborateur et de toute déclaration modificative, dès qu'elle est complète et appuyée des pièces justificatives requises.

Il peut éventuellement inviter le demandeur à lui donner des renseignements complémentaires susceptibles de l'éclairer. Ces renseignements ne peuvent porter que sur la nature, l'importance, la permanence ou le caractère habituel de l'activité déclarée. Il peut, dans le délai qui lui est imparti à l'article 11 du décret du 10 juin 1983 susvisé *[n° 83-487, abrogé]*, recueillir auprès des organisations professionnelles, administrations et organismes publics et privés tous les éléments d'information qui lui paraissent indispensables.

11 Les déclarations de modification sont publiées par affichage d'un extrait comportant les indications suivantes :

Identité et qualité du déclarant ;

Désignation de l'établissement, lieu et nature de l'activité ;

Date et nature de la modification intervenue ;

Dates du début et de la fin de la période d'affichage.

Elles sont versées au dossier individuel de la personne concernée.

12 Les décisions du président de la chambre de métiers *(Décr. n° 2004-1164 du 2 nov. 2004, art. 1er)* « et de l'artisanat » relatives au répertoire ou au registre sont notifiées au demandeur, adressées en ampliation au président de la commission du répertoire des métiers ou du registre et publiées. Les décisions d'immatriculation et celles concernant une personne déjà immatriculée sont versées au dossier individuel du demandeur.

(Arr. 26 mars 1985) « La notification est faite par lettre ». Cependant les décisions de rejet sont notifiées par lettre recommandée avec demande d'avis de réception. La lettre doit indiquer au demandeur la raison du rejet, le délai dans lequel il peut saisir la commission du répertoire des métiers ou du registre et l'adresse de cet organisme.

Après décision ou dès réception des déclarations de modification de mention, un exemplaire de la demande ou déclaration est versé au dossier.

13 Le président de la chambre de métiers *(Décr. n° 2004-1164 du 2 nov. 2004, art. 1er)* « et de l'artisanat » délivre à chaque personne ou société immatriculée au répertoire des métiers ou au registre une carte d'identification, un numéro de gestion et un numéro d'immatriculation.

La carte d'identification justifie de l'immatriculation au répertoire ou au registre. Elle est conforme au modèle déterminé par le ministre chargé de l'artisanat. Elle comporte le numéro de gestion et le numéro d'immatriculation. Elle est renouvelée à chaque modification des mentions qui y sont portées. *(Arr. 18 avr. 1995)* « Elle est restituée à la chambre de métiers *(Décr. n° 2004-1164 du 2 nov. 2004, art. 1er)* « et de l'artisa-

nat » en cas de radiation. Le cas échéant, l'intéressé atteste sur l'honneur la perte de cette carte. »

Le numéro de gestion est composé de trois groupes de chiffres. Le premier correspond à l'ordre chronologique d'immatriculation au cours de chaque année. Le second représente le millésime de l'année d'immatriculation. Le troisième désigne la chambre de métiers *(Décr. n° 2004-1164 du 2 nov. 2004, art. 1er)* **« et de l'artisanat » ; il figure pour chacune d'elles en annexe I.** – *V. Annexe I, D. et ALD 1983. 471.*

Le numéro d'immatriculation est composé du numéro d'identité attribué par l'INSEE, suivi du sigle RM et du groupe de chiffres qui désigne la chambre de métiers *(Décr. n° 2004-1164 du 2 nov. 2004, art. 1er)* **« et de l'artisanat ».**

Les numéros de gestion et d'immatriculation sont portés sur les documents constitutifs du dossier individuel. Le numéro de gestion est en outre porté sur les fichiers désignés aux articles 1er et 2.

14 La publication des décisions du président de la chambre de métiers *(Décr. n° 2004-1164 du 2 nov. 2004, art. 1er)* **« et de l'artisanat » a lieu par affichage d'un extrait comportant les indications suivantes :**

Date et objet de la demande ;

Identité et qualité du demandeur ;

Désignation de l'établissement ;

Nature de l'activité ;

Date et nature de la décision intervenue ;

Date d'effet de la décision ;

Dates du début et de la fin de la période d'affichage.

L'affichage des extraits de déclaration de modification et des extraits de décisions du président de la chambre de métiers *(Décr. n° 2004-1164 du 2 nov. 2004, art. 1er)* **« et de l'artisanat » a lieu pendant trente jours au siège de la chambre de métiers** *(Décr. n° 2004-1164 du 2 nov. 2004, art. 1er)* **« et de l'artisanat », sur un panneau réservé à cet usage, clairement signalé et facilement accessible au public.**

15 L'Institut national de la propriété industrielle est chargé de constituer et de tenir à jour, pour en assurer la conservation, un double de tous les dossiers des personnes immatriculées au répertoire des métiers ou au registre.

L'un des deux exemplaires prévus à l'article 5 de chaque demande ou déclaration est destiné au double de ces dossiers. *(Arr. 18 avr. 1995)* **« Il est adressé directement à l'Institut national de la propriété industrielle. »**

16 Les frais occasionnés par la tenue et la conservation du double des dossiers conformément à l'article précédent sont couverts forfaitairement par un prélèvement sur les redevances que les chambres sont autorisées à percevoir en application de l'article 19 du décret du 10 juin 1983 susvisé *[n° 83-487, abrogé]*. **Le montant de ce prélèvement est fixé par décision conjointe du ministre chargé de l'artisanat et du ministre auprès duquel est placé l'Institut national de la propriété industrielle.**

Chaque chambre de métiers *(Décr. n° 2004-1164 du 2 nov. 2004, art. 1er)* **« et de l'artisanat » est tenue de reverser chaque trimestre le montant des prélèvements correspondant aux exemplaires envoyés conformément au dernier alinéa de l'article précédent.**

17 Les dispositions de l'arrêté du 14 mars 1973 relatif à la collecte et à l'exploitation statistique des informations contenues dans le répertoire des métiers sont provisoirement maintenues en vigueur. – *V. Arr. 14 mars 1973 (JO 30 mars), mod. par Arr. 28 oct. 1974 (JO 9 nov.).*

18 Conformément à l'article 19 du décret du 10 juin 1983 susvisé *[n° 83-487, abrogé]*, **toute personne peut se faire délivrer un extrait des inscriptions figurant au dossier d'une personne immatriculée.**

Toute personne peut également se faire délivrer par le président de la chambre de métiers *(Décr. n° 2004-1164 du 2 nov. 2004, art. 1er)* « et de l'artisanat » :

Un certificat d'immatriculation, de non-immatriculation ou de radiation d'une personne déterminée ;

Un certificat constatant la qualification d'artisan ou de maître-artisan d'une personne immatriculée ou inscrite en qualité de dirigeant d'une société immatriculée.

(Arr. 7 juill. 1986) « Les extraits sont établis sur un imprimé conforme au modèle fixé par le ministre chargé de l'artisanat. Ils comportent, à l'exclusion de toute autre mention, l'identité, la dénomination ou raison sociale, l'enseigne, la nature de la ou des activités exercées, l'adresse de l'établissement principal et, éventuellement, des établissements secondaires, la qualité juridique et, éventuellement, *(Arr. 2 févr. 1988)* « la qualification du ou des exploitants » et les décisions énumérées à l'article 9 *bis*. Les extraits comportent obligatoirement le numéro d'immatriculation défini à l'article 13, la date d'immatriculation au répertoire des métiers ou au registre et, sur demande, l'état civil du conjoint collaborateur lorsque celui-ci fait l'objet d'une mention au répertoire ou au registre. »

19 Les administrations de l'État et des collectivités locales peuvent également se faire délivrer les certificats et extraits mentionnés à l'article précédent. Les extraits peuvent être, sur demande expresse, complétés par d'autres mentions. Les représentants de ces administrations peuvent en outre consulter sur place les fichiers et les dossiers des personnes immatriculées.

Les règles fixées à l'article précédent et à l'alinéa ci-dessus s'appliquent aux doubles des dossiers conservés par l'Institut national de la propriété industrielle auquel il est fait recours à défaut de pouvoir consulter le dossier original tenu par la chambre de métiers *(Décr. n° 2004-1164 du 2 nov. 2004, art. 1er)* « et de l'artisanat ».

19 *bis* *(Arr. 7 juill. 1986)* I. — Ne doivent plus être communiquées les mentions relatives aux jugements énumérés ci-après :

a) Les jugements rendus en matière de *(L. n° 2005-845 du 26 juill. 2005, art. 165-II)* « procédures de sauvegarde, de » redressement et de liquidation judiciaires en cas de clôture pour extinction du passif ;

b) Les jugements rendus en matière de *(L. n° 2005-845 du 26 juill. 2005, art. 165-II)* « procédures de sauvegarde ou de redressement judiciaire » en cas d'exécution *(L. n° 2005-845 du 26 juill. 2005, art. 165-II)* « d'un plan de sauvegarde ou de redressement judiciaire » et d'apurement collectif du passif et en cas de clôture de la procédure en application de l'article 92 de la loi du 25 janvier 1985 précitée *[C. com., art. L. 621-95 ancien]* ;

c) Les jugements ayant décidé que les dettes de la personne morale seront supportées en tout ou en partie par les dirigeants de celle-ci ou certains d'entre eux, en cas de paiement par ceux-ci du passif mis à leur charge ;

d) Les jugements prononçant la faillite personnelle ou l'interdiction prévue à l'article 192 de la loi du 25 janvier 1985 précitée *[C. com., art. L. 625-8 ancien ; L. 653-8]* en cas de clôture pour extinction du passif, relèvement total des déchéances ou amnistie.

II. — Pour l'application du paragraphe I ci-dessus, l'assujetti doit remettre au président de la chambre de métiers *(Décr. n° 2004-1164 du 2 nov. 2004, art. 1er)* « et de l'artisanat » :

1° En cas d'exécution du *(L. n° 2005-845 du 26 juill. 2005, art. 165-II)* « plan de sauvegarde ou de redressement judiciaire » et d'apurement collectif du passif, une attestation du commissaire à l'exécution du plan ;

2° En cas de paiement du passif mis à la charge des dirigeants d'une société, une attestation soit du commissaire à l'exécution du plan, soit du liquidateur ;

3° En cas de relèvement total des déchéances et interdictions, sur demande de l'intéressé, la décision du tribunal qui a fait droit à ladite demande.

19 *ter* *(Arr. 11 juin 1992)* Le président de la chambre de métiers *(Décr. n° 2004-1164 du 2 nov. 2004, art. 1er)* « et de l'artisanat » peut communiquer à des tiers la liste des

noms, adresses et numéros de téléphone des personnes immatriculées au répertoire des métiers, avec mention de leur activité et, le cas échéant, de leur qualité d'artisan ou de maître artisan, en vue de leur publication sous forme d'annuaires locaux ou professionnels, destinés à promouvoir les métiers.

Les personnes concernées devront être informées de cette possibilité de cession, afin de pouvoir s'y opposer éventuellement, conformément aux dispositions de la loi du 6 janvier 1978.

20 Le président de la chambre de métiers *(Décr. n° 2004-1164 du 2 nov. 2004, art. 1er)* **« et de l'artisanat » recherche s'il existe des personnes qui, immatriculées ou non au répertoire des métiers ou au registre, n'ont pas adressé les demandes ou déclarations auxquelles elles sont tenues. Il les invite à s'acquitter de leurs obligations sous quinzaine. En cas d'abstention prolongée à l'issue de ce délai il en informe le préfet.**

21 L'arrêté du 13 janvier 1975 relatif à l'organisation et à la tenue du répertoire des métiers, modifié par l'arrêté du 4 juin 1980 et l'arrêté du 27 mars 1981 relatif aux pièces justificatives requises à l'occasion des formalités accomplies au répertoire des métiers et aux modalités d'affichage des décisions de la commission du répertoire sont abrogés.

Loi n° 83-657 du 20 juillet 1983,

Relative au développement de certaines activités d'économie sociale.

TITRE PREMIER **Statut des coopératives artisanales et de leurs unions**

CHAPITRE PREMIER *Définition et forme juridique*

Art. 1er Les sociétés coopératives artisanales ont pour objet la réalisation de toutes opérations et la prestation de tous services susceptibles de contribuer, directement ou indirectement, au développement des activités artisanales de leurs associés ainsi que l'exercice en commun de ces activités.

Les associés se choisissent librement et disposent de droits égaux quelle que soit l'importance de la part du capital social détenue par chacun d'eux. Il ne peut être établi entre eux de discrimination suivant la date de leur admission.

Par la souscription ou l'acquisition d'une part sociale, l'associé s'engage à participer aux activités de la société coopérative ; les statuts peuvent déterminer le nombre de parts à souscrire ou à acquérir par chaque associé en fonction de son engagement d'activité.

2 Les sociétés coopératives artisanales doivent être immatriculées au registre du commerce et des sociétés. Elles doivent, en outre, faire l'objet d'une immatriculation au répertoire des métiers ou au registre tenu par les chambres de métiers d'Alsace et de Moselle.

3 Les sociétés coopératives artisanales sont des sociétés à capital variable constituées sous forme de société à responsabilité limitée ou de société anonyme.

(L. n° 92-643 du 13 juill. 1992) **« Elles peuvent à tout moment, par une décision des associés prise dans les conditions requises pour la modification des statuts, passer de l'une à l'autre de ces formes. Cette modification n'entraîne pas la création d'une personne morale nouvelle. »**

4 Les sociétés coopératives artisanales sont régies par les dispositions du présent titre et, en ce qu'elles ne sont pas contraires à celles-ci, par les dispositions du titre III de

la loi sur les sociétés du 24 juillet 1867 *[C. com., art. L. 231-1 s.]*, de la loi n° 47-1775 du 10 septembre 1947 portant statut de la coopération et de la loi n° 66-537 du 24 juillet 1966 modifiée sur les sociétés commerciales *[C. com., art. L. 210-1 s.]*. – *V. L. n° 47-1775 du 10 sept. 1947 au* ***C. sociétés.***

5 Les actes et documents émanant de la coopérative et destinés aux tiers, notamment les lettres, factures, annonces et publications diverses, doivent indiquer lisiblement la dénomination sociale de la coopérative, précédée ou suivie des mots : « société coopérative artisanale à capital variable », accompagnée de la mention de la forme sous laquelle la société est constituée.

Les gérants, le président, les administrateurs, les directeurs généraux, les membres du directoire ou du conseil de surveillance qui auront contrevenu aux dispositions de l'alinéa précédent seront punis des peines prévues à l'article 462 de la loi n° 66-537 du 24 juillet 1966 précitée *[C. com., art. L. 246-1]*.

L'appellation « société coopérative artisanale » ne peut être utilisée que par les sociétés coopératives fonctionnant conformément au présent titre. L'emploi illicite de cette appellation ou de toute expression de nature à prêter à confusion avec celle-ci est puni d'une amende de 2 500 €.

Le tribunal pourra, en outre, ordonner la publication du jugement aux frais du condamné dans deux journaux au maximum et son affichage dans les conditions prévues à l'article 131-35 du code pénal.

CHAPITRE II *Constitution*

6 Seuls peuvent être associés d'une société coopérative artisanale :

1° Les artisans, personnes physiques ou morales immatriculées au répertoire des métiers ou au registre tenu par les chambres de métiers d'Alsace et de Moselle *(Ord. n° 2004-274 du 25 mars 2004, art. 6-I)* « ainsi que les personnes régulièrement établies sur le territoire d'un autre État membre de la Communauté européenne ou partie à l'accord sur l'Espace économique européen, qui exercent des activités identiques à celles prévues pour l'immatriculation à ces mêmes répertoire ou registre » ; – *Pour l'application de cette disposition à Saint-Pierre-et-Miquelon, V. infra, art. 6-1.*

2° Les personnes qui ont été admises comme associés au titre du 1° ci-dessus, mais qui ne remplissent plus les conditions fixées dans cet alinéa par suite de l'expansion de leur entreprise, à la condition que l'effectif permanent de celle-ci soit inférieur à cinquante salariés ;

3° Les personnes physiques ou morales dont l'activité est identique ou complémentaire à celle des personnes mentionnées au 1° ci-dessus, lorsque l'effectif permanent des salariés qu'elles emploient n'excède pas cinquante. Toutefois, le montant total des opérations réalisées avec une société coopérative par les associés de cette catégorie ne peut dépasser le quart du chiffre d'affaires annuel de cette coopérative ;

4° Les personnes physiques ou morales intéressées à l'objet des sociétés coopératives artisanales *(Abrogé par Ord. n° 2004-274 du 25 mars 2004, art. 6-II)* « ***, mais n'exerçant pas d'activité identique ou complémentaire à celles-ci*** ». Ces associés sont dits associés non coopérateurs. Ils ne peuvent ni participer aux opérations ni bénéficier des services mentionnés au premier alinéa de l'article 1er. Ils jouissent de tous les autres droits reconnus aux associés coopérateurs. *(L. n° 92-643 du 13 juill. 1992)* « Les statuts peuvent prévoir que, par dérogation aux dispositions du deuxième alinéa de l'article premier et pour les parts sociales de cette seule catégorie d'associés, il sera fait application des dispositions de l'article 14 de la loi n° 47-1775 du 10 septembre 1947 portant statut de la coopération » ; – *V. ce texte au* ***C. sociétés.***

(L. n° 85-703 du 12 juill. 1985) « 5° D'autres sociétés coopératives artisanales et leurs unions ».

Les conditions de l'admission ou de son maintien pour les catégories d'associés mentionnées aux 2°, 3° et 4° ci-dessus sont fixées par les statuts. Le nombre de ces associés ne peut excéder le quart du nombre total des associés de la société coopérative.

6-1 *(Ord. nº 2004-274 du 25 mars 2004, art. 46-I)* Le 1º de l'article 6 n'est applicable à Saint-Pierre-et-Miquelon que dans les limites définies par l'article L. 910-5 du code de commerce.

7 Le nombre des associés ne peut être inférieur à sept si la société coopérative est constituée sous forme de société anonyme et il ne peut être inférieur à *(Ord. nº 2004-274 du 25 mars 2004, art. 7)* « deux », ni supérieur à *(L. nº 2005-882 du 2 août 2005, art. 36)* « cent », si la société coopérative est constituée sous forme de société à responsabilité limitée.

8 La société coopérative artisanale dispose d'une année pour se conformer, selon le cas, aux dispositions de l'article 7 ou du dernier alinéa de l'article 6, à compter du jour où celles-ci ne sont plus respectées. A l'expiration de ce délai, tout intéressé peut demander la dissolution de la société coopérative. Le tribunal peut accorder à la société coopérative un délai de six mois maximum renouvelable une seule fois, pour régulariser la situation. Il ne peut prononcer la dissolution si, au jour où il statue sur le fond, cette régularisation a eu lieu.

9 Sauf disposition spéciale des statuts, l'admission de nouveaux associés est décidée par l'assemblée générale ordinaire ou l'assemblée des associés.

Les statuts peuvent prévoir que les nouveaux associés sont admis à titre provisoire pendant une période probatoire qui ne peut excéder une année.

Pendant cette période, ces associés jouissent de droits égaux à ceux des autres associés. A l'expiration de cette période, l'admission est définitive sauf décision motivée de l'assemblée générale ordinaire ou de l'assemblée des associés, l'intéressé ayant été entendu ou dûment convoqué. Toutefois, sur décision unanime des associés, ce délai peut être reconduit pour une durée d'une année.

Les statuts déterminent les modalités d'exclusion des associés. La décision d'exclusion d'un associé est prise dans les conditions retenues pour son admission sauf le droit pour l'intéressé de faire appel de la décision devant l'assemblée dans le cas où ce n'est pas celle-ci qui a pris la décision d'exclusion. L'assemblée statue dans le délai d'un mois à compter de la date à laquelle a été formé l'appel, celui-ci devant intervenir au plus tard quinze jours après la notification de la décision d'exclusion.

Tout associé peut se retirer de la société coopérative dans les conditions prévues aux statuts. L'associé qui se retire de la société coopérative ou qui en est exclu reste tenu pendant cinq ans envers les associés et envers les tiers de toutes les obligations existant au jour où cette décision a pris effet.

(L. nº 92-643 du 13 juill. 1992) « En cas de retrait ou d'exclusion, la dernière phrase du dernier alinéa de l'article 18 de la loi nº 47-1775 du 10 septembre 1947 précitée n'est pas applicable. » — *V. ce texte au* ***C. sociétés.***

10 Les sociétés coopératives artisanales peuvent admettre des tiers non associés à bénéficier de leurs services ou à participer à la réalisation des opérations entrant dans leur objet, à l'exclusion des opérations de gestion technique et financière. Cette faculté doit être mentionnée dans les statuts.

Les opérations effectuées avec des tiers non associés font l'objet d'une comptabilité séparée. Elles ne peuvent excéder le cinquième du chiffre d'affaires de la société coopérative.

Si les comptes font apparaître un dépassement de cette proportion la société dispose d'un délai d'un an pour régulariser la situation.

CHAPITRE III *Fonctionnement et administration*

11 Le capital des sociétés coopératives artisanales est représenté par des parts sociales nominatives. Leur valeur nominale est uniforme et ne peut être inférieure à un mon-

tant fixé par décret. – *Valeur minimale fixée à 15 € par Décr. n° 84-251 du 6 avr. 1984, art. 1er, mod. par Décr. n° 2001-96 du 2 févr. 2001 (JO 29 avr.).*

Le capital social ne peut être réduit à une somme inférieure à la moitié du capital le plus élevé atteint depuis la constitution de la société. En aucun cas, il ne peut être ramené à un montant inférieur au capital de fondation.

Les parts sociales doivent être intégralement libérées dès leur souscription, qu'elles représentent des apports en nature ou en numéraire. Toutefois, lorsqu'une société coopérative artisanale est constituée sous forme de société anonyme, les parts souscrites en numéraire peuvent être libérées lors de leur souscription d'un quart au moins de leur valeur ; la libération du surplus doit intervenir dans un délai maximum de trois ans à compter du jour de la souscription.

Les statuts fixent les modalités de souscription des parts sociales et de l'augmentation ultérieure de la participation des associés au capital.

La cession des parts sociales est soumise à agrément préalable dans les conditions fixées par les statuts ou, à défaut, à agrément de l'assemblée générale ou de l'assemblée des associés.

(L. n° 92-643 du 13 juill. 1992) **« L'article 11 *bis* de la loi n° 47-1775 du 10 septembre 1947 précitée n'est pas applicable. »** – *V. ce texte au* ***C. sociétés.***

12 *Abrogé par L. n° 92-643 du 13 juill. 1992, art. 40.*

13 La responsabilité des associés dans le passif de la société coopérative peut s'étendre à leur patrimoine, sans pouvoir excéder trois fois le montant des parts sociales détenues, libérées ou à libérer.

Une modification des statuts tendant à y introduire cette clause d'extension de responsabilité ne peut être décidée qu'à l'unanimité des associés.

Cette clause est portée à la connaissance des futurs associés, qui en donnent acte.

Les créanciers de la société coopérative ne peuvent poursuivre le paiement des dettes contre les associés qu'après avoir vainement mis en demeure la société coopérative par acte extrajudiciaire.

14 Chaque associé dispose d'une seule voix dans les assemblées.

Sur première convocation, l'assemblée générale ordinaire ou l'assemblée des associés ne délibère valablement que si sont présents ou représentés un quart au moins des associés inscrits au jour de la convocation s'il s'agit d'une société anonyme, ou la moitié au moins dans le cas d'une société à responsabilité limitée.

15 Lorsque le quorum de l'assemblée générale ordinaire ou extraordinaire ou de l'assemblée des associés n'est pas atteint, une seconde assemblée est convoquée. Sur seconde convocation, l'assemblée délibère valablement quel que soit le nombre des associés présents ou représentés, sauf pour les sociétés coopératives constituées sous forme de société à responsabilité limitée pour lesquelles la présence de la moitié des associés reste requise. Pour ces sociétés, sur troisième convocation, l'assemblée délibère valablement quel que soit le nombre des associés présents ou représentés.

16 L'assemblée qui a pour objet la modification des statuts ne délibère valablement, sur première convocation, que si la moitié des associés inscrits au jour de la convocation sont présents ou représentés.

Une majorité des deux tiers des voix dont disposent les membres présents ou représentés est requise pour toute décision modifiant les statuts, quelle que soit la forme adoptée par la société coopérative.

Cette majorité comprend la moitié au moins d'artisans.

17 Lorsque la société coopérative exerce plusieurs activités distinctes ou a plusieurs établissements, ou lorsqu'elle étend ses activités sur plus d'un département, les statuts peuvent prévoir que l'assemblée générale ou l'assemblée des associés peut être précé-

dée par des assemblées de section auxquelles s'appliquent les règles de composition, de convocation, de tenue, de quorum, de majorité et de procès-verbal des assemblées générales ou assemblées des associés. Ces assemblées de section délibèrent séparément sur le même ordre du jour. Elles élisent des délégués qui se réunissent sur le même ordre du jour dans un délai maximum d'un mois suivant la dernière assemblée de section ; cette réunion est réputée être l'assemblée générale ou l'assemblée des associés.

Les statuts déterminent la répartition des associés en section et fixent le nombre de délégués par section.

Les modalités d'application du présent article sont précisées par décret. – *V. Décr. n° 84-251 du 6 avr. 1984, art. 2 s. (D. et ALD 1984. 293).* – ***C. sociétés.***

18 La société coopérative artisanale est administrée par un ou plusieurs mandataires nommés pour quatre ans au plus par l'assemblée des associés ou l'assemblée générale, renouvelables et révocables par elle, la révocation pouvant avoir lieu même si la question n'a pas été inscrite à l'ordre du jour. *(Ord. n° 2004-274 du 25 mars 2004, art. 8)* **« Deux tiers au moins de ces mandataires sont des associés de la catégorie prévue au 1° de l'article 6 de la présente loi ou des conjoints collaborateurs mentionnés au répertoire des métiers ou au registre tenu par les chambres de métiers d'Alsace et de Moselle. Le président du conseil d'administration, le président du directoire, le gérant unique, le président du conseil de surveillance, notamment lorsqu'il est désigné dans les conditions fixées à l'article 19, le vice-président du conseil de surveillance sont des personnes physiques ayant soit, à titre personnel, la qualité d'associé de la catégorie prévue au 1° de l'article 6, soit la qualité de représentant légal d'une personne morale associée de cette même catégorie. »**

(L. n° 88-15 du 5 janv. 1988) **« Lorsque la société coopérative artisanale est constituée sous forme de société à responsabilité limitée et qu'un gérant unique a été nommé, l'assemblée des associés exerce, si elle compte au plus vingt membres, les fonctions du conseil de surveillance prévu à l'article 19. »**

L'ord. n° 2004-274 du 25 mars 2004 a été ratifiée par l'art. 78-XV de la L. n° 2004-1343 du 9 déc. 2004 (JO 10 déc.).

19 Les sociétés coopératives artisanales comptant plus de vingt associés, constituées sous forme de société à responsabilité limitée, sont dotées d'un conseil de surveillance, sauf si la société est administrée par trois gérants ou plus. Le conseil de surveillance est composé de trois membres au moins et de neuf membres au plus, désignés par l'assemblée des associés et en son sein pour une durée que les statuts déterminent et qui ne peut excéder quatre ans.

Ces membres sont rééligibles. Ils doivent pour les deux tiers au moins être des artisans.

Ils peuvent être à tout moment révoqués par l'assemblée des associés, même si la question n'a pas été inscrite à l'ordre du jour.

Les fonctions de gérant et de membre du conseil de surveillance sont incompatibles.

A toute époque de l'année, le conseil de surveillance opère les vérifications et les contrôles qu'il juge opportuns et peut se faire communiquer tout document qu'il estime utile à l'accomplissement de sa mission ou demander un rapport sur la situation de la société.

Il présente à l'assemblée des associés un rapport sur la gestion de la société.

La responsabilité des membres du conseil de surveillance est soumise aux dispositions de l'article 250 de la loi n° 66-537 du 24 juillet 1966 précitée *[C. com., art. L. 225-257].*

20 Les statuts de la société coopérative artisanale constituée sous forme de société à responsabilité limitée peuvent subordonner certains actes du ou des gérants à l'agrément préalable, selon le cas, du conseil de surveillance ou de l'assemblée des associés. Les clauses statutaires limitant les pouvoirs du ou des gérants qui résultent du présent article sont inopposables aux tiers.

21 Les fonctions de mandataire ou de membre du conseil de surveillance ne donnent pas lieu à rémunération.

Toutefois, les mandataires associés ou non qui exercent effectivement une fonction de direction de la société peuvent percevoir une rémunération.

CHAPITRE IV *Dispositions financières*

22 Le solde créditeur du compte de résultat de l'exercice, diminué des pertes reportées, est appelé excédent net de gestion.

23 Après application, le cas échéant, des dispositions de l'article 25, l'excédent net de gestion est réparti en tenant compte des règles suivantes :

1° Une fraction au moins égale à 15 p. 100 est affectée à la constitution d'un compte spécial indisponible.

Ce compte ne peut excéder le niveau le plus élevé atteint par les capitaux propres de la société coopérative diminués de son propre montant.

Il est destiné à garantir les engagements pris par la société coopérative à l'égard des tiers.

Il n'ouvre aucun droit aux associés et n'est susceptible ni d'être partagé entre eux, ni de faire l'objet de remboursement en cas de départ d'un associé pour quelque cause que ce soit, ni d'être incorporé au capital social.

Si les comptes font apparaître un dépassement de la limite prévue au troisième alinéa du présent article, la société dispose d'un délai d'un an pour régulariser la situation.

2° *(L. n° 92-643 du 13 juill. 1992)* « Après dotation au compte spécial indisponible et à la réserve prévue à l'article 18 de la loi n° 47-1775 du 10 septembre 1947 précitée, les reliquats peuvent être affectés :

« *a*) Au service de l'intérêt aux parts sociales qui y donnent droit ;

« *b*) A la répartition, à titre de ristournes, entre les associés proportionnellement aux opérations qu'ils ont réalisées avec la société coopérative et suivant les modalités prévues par les statuts. » — *V. ledit art. 18 au* ***C. sociétés.***

Si une société coopérative artisanale effectue des opérations impliquant des activités différentes, elle établit des comptabilités distinctes dont les modalités sont fixées par son règlement intérieur en vue d'assurer pour l'ensemble des reliquats un partage équitable au prorata de la part prise par chacun des associés dans les activités de la coopérative.

24 En cas de pertes résultant des opérations avec les associés, l'assemblée générale ou l'assemblée des associés peut décider leur répartition immédiate à raison de la part prise par chacun des associés dans les différentes activités de la société coopérative. Les modalités de cette répartition sont déterminées par les statuts. A défaut d'une répartition immédiate, les pertes sont imputées sur le capital social ou reportées sur l'exercice suivant.

Les pertes ne peuvent être imputées sur le compte spécial indisponible qu'en cas de dissolution ou de cessation d'activité.

25 La part de l'excédent net de gestion résultant des opérations effectuées avec les tiers non associés est portée en totalité à un compte de réserve.

Cette réserve ne peut être ni répartie entre les associés, ni incorporée au capital. Si les pertes résultant des opérations effectuées avec les tiers excèdent cette réserve, elles sont immédiatement réparties. A défaut, elles sont imputées sur le capital social ou reportées sur l'exercice suivant.

Cette réserve ne peut être utilisée pour amortir des pertes sociales visées à l'article 24 qu'après épuisement du compte spécial indisponible.

26 L'assemblée des associés ou l'assemblée générale peut décider la transformation en parts sociales de tout ou partie des ristournes distribuables aux associés.

(L. nº 92-643 du 13 juill. 1992) « Les deux derniers alinéas de l'article 16 de la loi nº 47-1775 du 10 septembre 1947 précitée ne sont pas applicables. » – *V. ce texte au* ***C. sociétés.***

CHAPITRE V *Unions de sociétés coopératives artisanales*

27 Les sociétés coopératives artisanales peuvent constituer entre elles des unions. Ces unions ont pour objet la réalisation de toutes opérations et la prestation de tous services susceptibles de contribuer directement ou indirectement au développement des activités *(Abrogé par Ord. nº 2004-274 du 25 mars 2004, art. 9)* « *artisanales* » de leurs associés ainsi que l'exercice de tout ou partie de ces activités.

Ces unions peuvent prendre des participations dans des sociétés coopératives artisanales ou d'autres sociétés ayant la forme commerciale ou un objet commercial. Toutefois, les prises de participation des unions de sociétés coopératives artisanales dans des personnes morales dont l'activité principale n'est pas identique à l'activité de la société participante ou n'est pas complémentaire de cette activité sont soumises à une autorisation administrative.

La constitution d'une union de sociétés coopératives artisanales ne peut avoir pour objet de porter atteinte au caractère coopératif des sociétés coopératives artisanales associées de cette union.

28 Les unions de sociétés coopératives artisanales sont régies par le présent titre.

Toutefois :

1° Les unions de sociétés coopératives artisanales peuvent admettre comme associés, outre les sociétés coopératives artisanales, toute personne physique ou morale intéressée directement par leur objet et notamment les organismes et organisations professionnelles du secteur des métiers. Le nombre de ces associés ne peut excéder le quart du nombre total des membres de l'union ; *(L. nº 92-643 du 13 juill. 1992)* « les statuts peuvent prévoir que les parts qu'ils détiennent donnent droit à rémunération dans les conditions prévues à l'article 14 de la loi nº 47-1775 du 10 septembre 1947 précitée » ; – *V. ce texte au* ***C. sociétés.***

2° Selon des modalités prévues par les statuts, le nombre de voix dont dispose chaque société coopérative peut être proportionnel au montant des opérations réalisées par elle avec l'union ou au nombre de ses associés. Le rapport entre le nombre de voix détenues par deux coopératives ne peut excéder trois.

CHAPITRE VI *Dispositions diverses et transitoires*

29 Quelle que soit la forme sous laquelle elles sont constituées, les sociétés coopératives artisanales et leurs unions font procéder périodiquement à l'examen analytique de leur situation financière et de leur gestion.

Un décret en Conseil d'État, pris après avis du Conseil supérieur de la coopération, détermine les modalités de mise en œuvre de la procédure, dite de révision coopérative, définie à l'alinéa précédent ainsi que les conditions d'agrément garantissant le pluralisme de son exercice et le respect des principes coopératifs. – *V. Décr. nº 84-1027 du 23 nov. 1984 (D. et ALD 1984. 593), mod. par Décr. nº 88-245 du 10 mars 1988 (D. et ALD 1988. 207).* – ***C. sociétés.***

30 La décision régulièrement prise par toute société, quelle qu'en soit la forme, ou tout groupement d'intérêt économique constitué selon l'ordonnance nº 67-821 du 23 septembre 1967 *[C. com., art. L. 251-1 s.]*, de modifier ses statuts pour les adapter aux dispositions du présent titre n'entraîne pas création d'une personne morale nouvelle.

31 Les parts ou actions des groupements ou sociétés usant de la faculté ouverte à l'article 30 sont converties en parts sociales pour leur valeur nominale.

Les membres, les associés ou les actionnaires qui se seraient opposés à la transformation peuvent opter, dans un délai de trois mois, soit pour le rachat de leurs titres de capital, dans un délai de deux ans, soit pour leur annulation et l'inscription de leur contre-valeur sur un compte à rembourser, portant intérêt au taux légal, et remboursable dans un délai de cinq ans. Ces différents délais s'entendent à compter de la publication de la décision de transformation de la société ou du groupement.

Pour l'application de l'alinéa précédent, la valeur des droits sociaux dont le remboursement est demandé est déterminée, en cas de contestation, par un expert désigné, soit par les parties, soit, à défaut d'accord entre elles, par ordonnance du président du tribunal statuant en la forme des référés et sans recours possible.

A la date de la transformation du groupement ou de la société, les résultats reportés, mis en réserve ou incorporés au capital social sont portés au compte spécial indisponible prévu à l'article 23 de la présente loi. A défaut, la transformation est réputée être une cession d'entreprise.

Les membres des groupements d'intérêt économique constitués selon l'ordonnance n° 67-821 du 23 septembre 1967 restent tenus sur leur patrimoine propre, conformément à l'article 4 dudit texte *[C. com., art. L. 251-6]*, de toutes les obligations existant au moment de la transformation.

32 Les sociétés coopératives d'artisans et leurs unions, existant à la date de publication de la présente loi, disposent d'un délai de *(L. n° 85-703 du 12 juill. 1985)* « trois ans » à partir de cette date pour mettre leurs statuts en conformité avec ses dispositions.

A l'expiration de ce délai, les clauses statutaires contraires aux dispositions du présent titre sont réputées non écrites.

Les assemblées générales ordinaires ou les assemblées d'associés délibèrent valablement pour la modification à cet effet des statuts.

Les coopératives créées en application de la loi locale du 20 mai 1898 dont le siège est fixé dans les départements du Haut-Rhin, du Bas-Rhin et de la Moselle ont la faculté de conserver le bénéfice des dispositions de ladite loi. Cette option est également ouverte aux coopératives créées après l'entrée en vigueur de la présente loi.

33 Les sociétés coopératives artisanales et leurs unions sont habilitées à recevoir des dons, legs et subventions.

34 Les sociétés coopératives artisanales et leurs unions sont tenues, indépendamment des obligations imposées à toutes les entreprises, et sous peine des sanctions prévues à l'article 23 de la loi n° 47-1775 du 10 septembre 1947 précitée, de fournir aux services du ministre chargé de l'artisanat toutes justifications nécessaires pour permettre de vérifier qu'elles fonctionnent conformément au présent titre. *– V. ce texte au **C. sociétés.***

Un décret fixe les conditions d'application du présent article. *– V. Décr. n° 84-205 du 23 mars 1984, art. 1er et 2 (D. et ALD 1984. 260). –* ***C. sociétés.***

....

Pour les dispositions applicables aux sociétés coopératives artisanales de transport fluvial, V. L. n° 83-657 du 20 juill. 1983, art. 36 (D. et ALD 1983. 385). – ***C. sociétés.***

Arrêté du 3 octobre 1985,

Relatif aux informations contenues dans le répertoire informatique des métiers (D. et ALD 1985. 572).

Loi n° 89-1008 du 31 décembre 1989,

Relative au développement des entreprises commerciales et artisanales et à l'amélioration de leur environnement économique, juridique et social.

Art. 14 I. *(Prélèvement successoral au profit du conjoint survivant du chef d'une entreprise artisanale). — V. supra, ss. art. L. 121-26 C. com.*

Décret n° 90-145 du 15 février 1990,

Relatif aux actions de développement économique dans l'artisanat (D. et ALD 1990. 150).

Loi n° 96-603 du 5 juillet 1996,

Relative au développement et à la promotion du commerce et de l'artisanat.

BIBL. ► Puygauthier, *JCP N 1997. Prat. 4035 ; ibid. 1997. Doctr. 1213 et 1249* (statut de l'artisan).

TITRE II Dispositions relatives à la qualification professionnelle et à l'artisanat

CHAPITRE PREMIER *Dispositions concernant la qualification professionnelle exigée pour l'exercice de certaines activités*

BIBL. ► Revet, *D. Affaires 1998. 51* (qualifications artisanales au regard de la liberté du commerce et de l'industrie).

Art. 16 **I. — Quels que soient le statut juridique et les caractéristiques de l'entreprise, ne peuvent être exercées que par une personne qualifiée professionnellement ou sous le contrôle effectif et permanent de celle-ci, les activités suivantes :**

— l'entretien et la réparation des véhicules et des machines ;

— la construction, l'entretien et la réparation des bâtiments ;

— la mise en place, l'entretien et la réparation des réseaux et des équipements utilisant les fluides, ainsi que des matériels et équipements destinés à l'alimentation en gaz, au chauffage des immeubles et aux installations électriques ;

— le ramonage ;

— les soins esthétiques à la personne autres que médicaux et paramédicaux *(L. n° 2005-882 du 2 août 2005, art. 38)* **« et les modelages esthétiques de confort sans finalité médicale » ;**

— la réalisation de prothèses dentaires ;

— la préparation ou la fabrication de produits frais de boulangerie, pâtisserie, boucherie, charcuterie et poissonnerie, ainsi que la préparation ou la fabrication de glaces alimentaires artisanales ;

— l'activité de maréchal-ferrant. *— V. infra, Décr. n° 98-246 du 2 avr. 1998. — Pour les sanctions pénales, V. art. 24-I (1°).*

II. — Pour chaque activité visée au I, un décret en Conseil d'État pris après avis du Conseil de la concurrence, de la Commission de la sécurité des consommateurs, de l'assemblée des chambres françaises de commerce et d'industrie, de l'assemblée permanente des chambres de métiers et des organisations professionnelles représentatives, détermine, en fonction de la complexité de l'activité et des risques qu'elle peut présenter pour la sécurité ou la santé des personnes, les diplômes, les titres homologués ou la durée et les modalités de validation de l'expérience professionnelle qui justifient de la qualification.

Toutefois, toute personne qui, à la date de publication de la présente loi *[JO 6 juill.]*, **exerce effectivement l'activité en cause en qualité de salarié ou pour son propre compte est réputée justifier de la qualification requise.**

(L. n° 2005-882 du 2 août 2005, art. 17) **« Lorsque les conditions d'exercice de l'activité déterminées au I sont remplies uniquement par le chef d'entreprise et que celui-ci cesse l'exploitation de l'entreprise, les dispositions relatives à la qualification professionnelle exigée pour les activités prévues au I ne sont pas applicables, pendant une période de trois ans à compter de la cessation d'exploitation, aux activités exercées par le conjoint de ce chef d'entreprise appelé à assurer la continuité de l'exploitation, sous réserve qu'il relève d'un des statuts mentionnés à l'article L. 121-4 du code de commerce depuis au moins trois années et qu'il s'engage dans une démarche de validation des acquis de son expérience conformément au I de l'article L. 335-5 du code de l'éducation. »** — *V. art. L. 121-4 C. com., supra.*

III. — Dans un délai de deux ans à compter de la promulgation de la présente loi, le Gouvernement présentera au Parlement un rapport qui dressera le bilan des dispositions du présent article et qui proposera, le cas échéant, l'actualisation de la liste des activités pour lesquelles est exigée une qualification professionnelle.

IV. — Les dispositions du présent article ne font pas obstacle à l'application des dispositions législatives spécifiques à la profession de coiffeur. — *V. L. n° 46-1173 du 23 mai 1946 (JO 24 mai), mod. par L. n° 87-343 du 22 mai 1987 (D. et ALD 1987. 216), L. n° 93-1 du 4 janv. 1993, art. 60 (JO 5 janv.), L. n° 96-603 du 5 juill. 1996, art. 18 (D. 1996. 326), L. n° 96-609 du 5 juill. 1996, art. 59 (JO 9 juill.), Ord. n° 2004-279 du 25 mars 2004, art. 2 (JO 27 mars) ; Décr. n° 97-558 du 29 mai 1997 (JO 30 mai).*

V. — Modification de l'art. 35 du code professionnel local.

Sur les conditions juridiques de l'exercice de la profession d'artisan boulanger, V. C. consom., art. L. 121-80 s., infra, v° Publicité commerciale.

Qualification professionnelle. C'est la nature de l'activité qui détermine l'exigence de qualification : pour le même métier, les mêmes conditions devront être remplies aussi bien par les personnes immatriculées au répertoire des métiers que par les personnes inscrites au registre du commerce et des sociétés (Rép. min. n° 17465 : *JO Sénat Q, 5 déc. 1996 ; BID 1997, n° 6, p. 36).*

17 *(Rapport du Gouvernement sur la profession de restaurateur).*

18 *Modification de l'art. 3 et insertion de l'art. 3-2 de la loi n° 46-1173 portant réglementation des conditions d'accès à la profession de coiffeur.*

CHAPITRE II *Dispositions relatives à l'artisanat*

19 **I. — Doivent être immatriculées au répertoire des métiers ou au registre des entreprises visé au IV ci-après les personnes physiques et les personnes morales qui n'emploient pas plus de dix salariés et qui exercent à titre principal ou secondaire une activité professionnelle indépendante de production, de transformation, de réparation ou de prestation de service relevant de l'artisanat et figurant sur une liste établie par décret en Conseil d'État après consultation de l'assemblée permanente des chambres de métiers, de l'assemblée des chambres françaises de commerce et d'industrie et des organisations professionnelles représentatives.**

Ce décret fixe les conditions de qualification auxquelles est subordonné le maintien de l'immatriculation au répertoire des métiers ou au registre des entreprises visé au IV ci-après des personnes dont le nombre de salariés franchit le seuil fixé au premier alinéa, les conditions du maintien à titre temporaire des entreprises dépassant ce même seuil et les conditions du maintien des entreprises ayant dépassé ledit seuil lors de leur transmission ou de leur reprise.

Il définit également les conditions de tenue du répertoire des métiers par les chambres de métiers *(L. n° 2003-721 du 1er août 2003)* **« et la nature des informations que**

leur président peut adresser au préfet lorsqu'il estime, lors de l'immatriculation ou en toute autre occasion, que l'activité déclarée est exercée en méconnaissance des dispositions des I et II de l'article 16 ». *— V. Décr. n° 98-247 du 2 avr. 1998, art. 8, infra. — Pour les sanctions pénales, V. art. 24-I (3°).*

II. — L'immatriculation au répertoire des métiers ne dispense pas, le cas échéant, de l'immatriculation au registre du commerce et des sociétés.

III. — Ne peut être immatriculée au répertoire des métiers ou au registre des entreprises visé au IV ci-après et doit en être radiée d'office toute personne faisant l'objet de l'interdiction prévue à l'article 192 de la loi n° 85-98 du 25 janvier 1985 relative au redressement et à la liquidation judiciaires des entreprises *[C. com., ancien art. L. 625-8]* **ou de la peine complémentaire d'interdiction d'exercer une activité professionnelle ou sociale pour crime ou délit prévue au 11° de l'article 131-6 du code pénal.**

A cette fin, le préfet, après avoir consulté le bulletin n° 2 du casier judiciaire de la personne demandant son immatriculation, fait connaître au président de la chambre de métiers l'existence d'une éventuelle interdiction.

IV. — Dans les départements de la Moselle, du Bas-Rhin et du Haut-Rhin, la première section du registre des entreprises tenu par les chambres de métiers tient lieu de répertoire des métiers, les règles fixées aux I à III ci-dessus étant applicables. Les conditions d'immatriculation à la deuxième section de ce registre sont précisées au décret visé au I du présent article.

BIBL. ► SAINTOURENS, *RTD com. 2003. 693*.

Libre prestation des services. Jugeant que les artisans ressortissants d'un État membre qui effectuent temporairement des prestations de services dans un autre État membre (Allemagne) ne peuvent être soumis à l'obligation d'immatriculation au registre des métiers prévue par la réglementation de cet État. • CJCE 11 déc. 2003 : *D. 2004. IR. 250 ; JCP E 2004, n° 1-2, p. 9 ; RJDA 2004, n° 506* • 3 oct. 2000 : *D. 2000. IR. 279.*

19-1 *(L. n° 2003-721 du 1er août 2003, art. 2-II)* **La chambre de métiers délivre gratuitement un récépissé de dépôt de dossier de création d'entreprise à toute personne assujettie à l'immatriculation au répertoire des métiers, dès que celle-ci a déposé un dossier de demande d'immatriculation complet. Ce récépissé permet d'accomplir, sous la responsabilité personnelle de la personne physique qui a déposé le dossier, les démarches nécessaires auprès des organismes publics et des organismes privés chargés d'une mission de service public. Il comporte la mention : « en attente d'immatriculation ».**

Les conditions d'application du présent article sont définies par décret en Conseil d'État.

20 Est créée au sein du répertoire des métiers une section spécifique « Artisans d'art ».

21 I. — Un décret en Conseil d'État fixe les conditions dans lesquelles les personnes physiques ainsi que les dirigeants sociaux des personnes morales immatriculées au répertoire des métiers peuvent se prévaloir de la qualité d'artisan, ou de celle d'artisan d'art, qui leur est reconnue lorsqu'ils remplissent des conditions de diplôme, de titre ou d'expérience professionnelle. *— V. Décr. n° 98-247 du 2 avr. 1998, infra.*

Ce décret précise également les conditions d'attribution du titre de maître artisan.

Les qualités d'artisan ou d'artisan d'art sont reconnues et le titre de maître artisan est attribué dans les mêmes conditions de diplôme ou de titre, et selon les mêmes modalités, aux conjoints collaborateurs, aux conjoints associés et aux associés prenant part personnellement et habituellement à l'activité de l'entreprise. Les maîtres artisans ayant cessé leur activité professionnelle pour prendre leur retraite peuvent conserver l'usage de cette qualité à titre honoraire.

II. — Dans les départements du Bas-Rhin, du Haut-Rhin et de la Moselle, il est, pour l'attribution du titre de maître, fait application de l'article 133 du code professionnel local. *— Pour les sanctions pénales, V. art. 24-I (3°).*

III. — Seuls des artisans, des artisans d'art, des maîtres artisans ou des personnes morales inscrites au registre du commerce et des sociétés dont le dirigeant social a la qualité d'artisan ou d'artisan d'art pour l'activité en cause peuvent utiliser le mot : « artisan » et ses dérivés pour l'appellation, l'enseigne, la promotion et la publicité de l'entreprise, du produit ou de la prestation de service.

L'emploi du terme : « artisanal » peut être en outre subordonné au respect d'un cahier des charges homologué dans des conditions fixées par décret, qui détermine les principes essentiels du caractère artisanal de l'activité considérée.

22 *(Nantissement du fonds exploité par l'artisan). — V. cet art. ss. C. com., art. L. 142-1, supra.*

22-1 *(Ord. n° 2005-43 du 20 janv. 2005, art. 12-I)* L'article 19, à l'exception des mots du dernier alinéa du I qui suivent les mots : « les chambres de métiers », et les articles 19-1, 20, 21 et 22 de la présente loi sont applicables à Mayotte. — *Entrée en vigueur le 1er févr. 2005 (Ord. préc., art. 17).*

23 ....

CHAPITRE III *Dispositions communes*

24 I. — Est puni d'une amende de 7 500 € :

1° Le fait d'exercer à titre indépendant ou de faire exercer par l'un de ses collaborateurs une des activités visées à l'article 16 sans disposer de la qualification professionnelle exigée par cet article ou sans assurer le contrôle effectif et permanent de l'activité par une personne en disposant ;

2° Le fait d'exercer une activité visée à l'article 19 sans être immatriculé au répertoire des métiers ou au registre des entreprises tenu par les chambres de métiers d'Alsace et de la Moselle ;

3° Le fait de faire usage du mot : « artisan » ou de l'un de ses dérivés pour l'appellation, l'enseigne, la promotion ou la publicité de l'entreprise, du produit ou de la prestation de service sans détenir la qualité d'artisan, de maître ou de maître artisan dans les conditions prévues par le I et le II de l'article 21.

II. — Les personnes physiques coupables de l'un des délits prévus au présent article encourent également les peines complémentaires suivantes :

1° La fermeture, pour une durée de cinq ans au plus, des établissements ou de l'un ou de plusieurs établissements de l'entreprise ayant servi à commettre les faits incriminés ;

2° L'affichage ou la diffusion de la décision prononcée, dans les conditions prévues par l'article 131-35 du code pénal.

III. — Les personnes morales peuvent être déclarées responsables pénalement, dans les conditions prévues à l'article 121-2 du code pénal, des infractions définies au présent article.

Les peines encourues par les personnes morales sont :

1° L'amende, suivant les modalités prévues par l'article 131-38 du code pénal ;

2° La peine prévue au 4° de l'article 131-39 du code pénal pour une durée de cinq ans au plus et la peine prévue au 9° dudit article.

IV. — Outre les officiers et les agents de police judiciaire agissant dans les conditions prévues au code de procédure pénale, les agents de la direction générale de la concurrence, de la consommation et de la répression des fraudes sont habilités à rechercher et constater, dans des conditions prévues par les articles L. 215-3 et L. 217-10 du code de la consommation, les infractions prévues par le présent article. — *V. ces art. au* ***C. consom.*** *ou au* ***C. pén.***

(Ord. n° 2005-43 du 20 janv. 2005, art. 12-II) « V. — Les dispositions du présent article sont applicables à Mayotte, à l'exception du 1° du I et du IV. » — *Cette disposition entre en vigueur le 1er févr. 2005 (Ord. préc., art. 17).*

25 *Abrogation de la loi n° 56-1096 du 30 oct. 1956 modifiant certaines dispositions relatives à l'élection aux chambres de métiers et aux métiers artisanaux, et de l'art. 35 ter du code de l'artisanat.*

Décret n° 98-246 du 2 avril 1998,

Relatif à la qualification professionnelle exigée pour l'exercice des activités professionnelles prévues à l'article 16 de la loi n° 96-603 du 5 juillet 1996 relative au développement et à la promotion du commerce et de l'artisanat.

Art. 1er **Les personnes qui exercent l'une des activités entrant dans le domaine des activités mentionnées au I de l'article 16 de la loi** *[n° 96-603]* **du 5 juillet 1996 susvisée ou qui en contrôlent l'exercice par des personnes non qualifiées doivent être titulaires d'un certificat d'aptitude professionnelle ou d'un brevet d'études professionnelles ou d'un diplôme ou d'un titre homologué de niveau égal ou supérieur délivré pour l'exercice de l'un des métiers prévus dans la liste annexée au présent décret.** – *V. cette liste infra.*

A défaut de diplômes ou de titres homologués, ces personnes doivent justifier d'une expérience professionnelle de trois années effectives sur le territoire de la Communauté européenne ou d'un État partie à l'accord sur l'Espace économique européen acquise en qualité de travailleur indépendant ou de salarié dans l'exercice de l'un des métiers prévus dans la liste susmentionnée.

2 **L'expérience professionnelle est validée de plein droit et à tout moment dès lors que l'intéressé justifie par tout moyen qu'il remplit les conditions mentionnées au deuxième alinéa de l'article 1er.**

Sur demande de l'intéressé, le préfet du département du lieu de son domicile lui délivre une attestation lorsque les conditions de validation sont réunies.

3 **Les ressortissants d'un État membre de la Communauté européenne ou d'un État partie à l'accord sur l'Espace économique européen et, sous réserve des conventions internationales, les ressortissants des autres États bénéficient, pour l'application du présent décret, des mêmes droits que les titulaires des diplômes, titres et attestations délivrés en France, lorsqu'ils sont titulaires d'un diplôme, certificat ou autre titre obtenu dans l'un de ces États autre que la France préparant à l'exercice du métier relevant de la liste prévue à l'article 1er du présent décret, ou lorsqu'ils justifient d'une expérience professionnelle dans le domaine de l'activité considérée dans des conditions équivalentes.**

Pour obtenir le bénéfice du diplôme, certificat ou titre qu'ils détiennent, les intéressés doivent en justifier et produire une attestation émanant des autorités compétentes de l'État dans lequel ces diplômes ont été obtenus indiquant le niveau de formation ou le programme d'enseignement ; les documents non établis en français doivent être accompagnés d'une traduction certifiée conforme à l'original par un traducteur assermenté.

Au vu de ces diplômes, certificats ou titres, le préfet délivre une attestation de reconnaissance de qualification.

Pour obtenir la reconnaissance de leur expérience professionnelle, les intéressés doivent suivre la procédure prévue à l'article 2.

4 **Les personnes qui ont commencé à exercer entre le 5 juillet 1996 et la date de publication du présent décret** *[JO 3 avr.]* **une activité entrant dans le domaine des activités telles que prévues au I de l'article 16 de la loi** *[n° 96-603]* **du 5 juillet 1996 susvisée disposent d'un délai de trois ans à compter du début de leur activité pour satisfaire aux dispositions du présent décret.**

ANNEXE

Liste relative aux métiers entrant dans le champ des activités mentionnées au 1 de l'article 16 de la loi du 5 juillet 1996

I. – Entretien et réparation des véhicules et des machines

Réparateur d'automobiles, carrossier, réparateur de cycles et motocycles, réparateur de matériels agricoles, forestiers et de travaux publics.

II. – Construction, entretien et réparation des bâtiments

Métiers de gros œuvre, de second œuvre et de finition du bâtiment.

III. – Mise en place, entretien et réparation des réseaux et des équipements utilisant les fluides ainsi que des matériels et équipements destinés à l'alimentation en gaz, au chauffage des immeubles et aux installations électriques

Plombier, chauffagiste, électricien, climaticien et installateur de réseaux d'eau, de gaz ou d'électricité.

IV. – Ramonage

Ramoneur.

V. – Soins esthétiques à la personne autres que médicaux et paramédicaux

Esthéticien.

VI. – Réalisation de prothèses dentaires

Prothésiste dentaire.

VII. – Préparation ou fabrication de produits frais de boulangerie, pâtisserie, boucherie, charcuterie et poissonnerie, préparation ou fabrication de glaces alimentaires artisanales

Boulanger, pâtissier, boucher, charcutier, poissonnier et glacier.

VIII. – Activité de maréchal-ferrant

Maréchal-ferrant.

Décret n° 98-247 du 2 avril 1998,

Relatif à la qualification artisanale et au répertoire des métiers.

TITRE PREMIER De la qualité d'artisan, d'artisan d'art et du titre de maître artisan

Art. 1er La qualité d'artisan est reconnue de droit par le président de la chambre de métiers *(Décr. nº 2004-1164 du 2 nov. 2004, art. 1er)* « et de l'artisanat » compétente du département aux personnes physiques, y compris les dirigeants sociaux des personnes morales, qui justifient soit d'un certificat d'aptitude professionnelle ou d'un brevet d'études professionnelles délivré par le ministre de l'éducation nationale, soit d'un titre homologué d'un niveau au moins équivalent dans le métier exercé ou un métier connexe, soit d'une immatriculation dans le métier d'une durée de six années au moins.

***(Décr. nº 2006-80 du 25 janv. 2006, art. 1er)* « Toutefois, pour les professions dont l'exercice est réglementé, lorsque aucun diplôme ou titre homologué n'existe dans le métier exercé et les métiers connexes, la qualité d'artisan peut être justifiée par un certificat ou une attestation de capacité professionnelle exigé pour cet exercice. »**

Un arrêté du ministre chargé de l'artisanat fixe pour chaque métier la liste des diplômes et titres homologués dans le métier et les métiers connexes qui peuvent être pris en compte.

1. Droit commun. Sur la notion d'artisan en droit commun, à propos de la compétence des juridictions commerciales, V. notes 27 s. ss. art. L. 110-1 C. com., *supra*, et *infra*, note 2. ♦ ... A propos de l'application d'une procédure de redressement judiciaire, V. note 5 ss. ancien art. L. 620-2 C. com., *supra*.

2. Inscription. La personne qui bien qu'inscrite au répertoire des métiers n'exerce qu'une activité modeste d'ouvrière à domicile n'a pas la qualité d'artisan. • Soc. 18 nov. 1966 : *Bull. civ. IV, n° 873.* – Comp. • Civ. 29 oct. 1985 : *Gaz. Pal. 1986. 1. 9, note Doucet.* ♦ L'inscription au répertoire des métiers d'un artisan n'est pas exclusive de la qualité de commerçant. • Com. 19 nov. 1975 : *Bull. civ. IV, n° 275* • Poitiers, 23 nov. 1992 : *RJ Centre-Ouest 1994. 192, note Quement.* ♦ Un concessionnaire automobile exerçant à titre accessoire une activité de réparation de véhicules doit être immatriculé au registre des métiers dès lors que cette activité ne peut être considérée, eu égard au chiffre d'affaires réalisé (415 000 F), comme de « peu d'importance », au sens des dispositions de l'art. 1er du Décr. n° 83-487 du 10 juin 1983 [abrogé]. • Bordeaux, 23 juin 1998 : *JCP E 1998, n° 40, p. 1522.*

2 *(Décr. n° 2006-80 du 25 janv. 2006, art. 1er)* **« Sur demande de l'intéressé, » la qualité d'artisan d'art est reconnue de droit par le président de la chambre de métiers** *(Décr. n° 2004-1164 du 2 nov. 2004, art. 1er)* **« et de l'artisanat » compétente du département aux personnes physiques, y compris les dirigeants sociaux des personnes morales, qui exercent les métiers de l'artisanat d'art dont la liste est fixée par arrêté du ministre chargé de l'artisanat et sont titulaires d'un certificat d'aptitude professionnelle ou d'un diplôme ou d'un titre de niveau équivalent ou supérieur délivré pour le métier considéré.**

La qualité d'artisan d'art peut également être reconnue dans les mêmes conditions aux personnes physiques, y compris les dirigeants sociaux de personnes morales, qui justifient d'une durée d'immatriculation au répertoire des métiers de six ans dans le métier d'artisanat d'art considéré.

3 Le titre de maître artisan est attribué par le président de la chambre de métiers *(Décr. n° 2004-1164 du 2 nov. 2004, art. 1er)* **« et de l'artisanat » compétente du département aux personnes physiques, y compris les dirigeants sociaux des personnes morales, immatriculées au répertoire des métiers, titulaires du brevet de maîtrise dans le métier exercé ou un métier connexe, après deux ans de pratique professionnelle.**

Les personnes physiques, y compris les dirigeants sociaux des personnes morales, immatriculées au répertoire des métiers, titulaires d'un diplôme de niveau de formation au moins équivalent au brevet de maîtrise dans le métier exercé ou un métier connexe peuvent, après deux ans de pratique professionnelle, se faire attribuer le titre de maître artisan par la commission régionale des qualifications prévue à l'article 4 s'ils justifient de connaissances en gestion et en psychopédagogie équivalentes à celles des unités de valeur correspondantes du brevet de maîtrise.

Un arrêté du ministre chargé de l'artisanat fixe pour chaque métier la liste des diplômes et titres homologués dans le métier et les métiers connexes.

Le titre de maître artisan peut également être attribué par la commission régionale des qualifications prévue à l'article 4 aux personnes qui sont immatriculées au répertoire des métiers depuis au moins dix ans justifiant, à défaut de diplômes, d'un savoir-faire reconnu au titre de la promotion de l'artisanat ou de leur participation aux actions de formation. Les demandes sont accompagnées des titres, prix, certificats et tous documents susceptibles d'informer la commission ; elles sont adressées au président de la chambre de métiers *(Décr. n° 2004-1164 du 2 nov. 2004, art. 1er)* **« et de l'artisanat » compétente du département dont relève le candidat. Ce dernier les transmet, accompagnées de son avis, dans le délai d'un mois à la commission régionale des qualifications. La commission doit statuer dans un délai de trois mois à compter de la réception du dossier.**

4 Une commission régionale des qualifications est instituée dans chaque région ; ses membres sont nommés par arrêté préfectoral après chaque renouvellement des chambres de métiers *(Décr. n° 2004-1164 du 2 nov. 2004, art. 1er)* « et de l'artisanat » ; elle est présidée par le préfet ou son représentant et comprend en outre :

— deux représentants de l'État désignés par le préfet, au sein des services déconcentrés ;

— un représentant du président du conseil régional ;

— quatre artisans titulaires et quatre artisans suppléants nommés sur proposition de la chambre régionale des métiers *(Décr. n° 2004-1165 du 2 nov. 2004, art. 10)* « et de l'artisanat ».

Cette commission est compétente pour examiner les demandes d'attribution du titre de maître artisan prévu à l'article 3.

Elle statue sur la demande, après avis d'un expert compétent dans le métier considéré, choisi sur une liste établie par le préfet de région sur proposition du président de la chambre de métiers *(Décr. n° 2004-1164 du 2 nov. 2004, art. 1er)* « et de l'artisanat » compétente, après avis des organisations professionnelles représentatives concernées ; ses décisions sont prises à la majorité des membres présents ; en cas de partage la voix du président est prépondérante.

5 Les ressortissants d'un État membre de la Communauté européenne ou d'un État partie à l'accord sur l'Espace économique européen bénéficient, pour l'application du présent titre, des mêmes droits que les titulaires des diplômes, certificats ou titres délivrés en France, lorsqu'ils sont titulaires d'un diplôme, certificat ou autre titre obtenu dans l'un de ces États autre que la France préparant à l'exercice d'un métier relevant de la liste des métiers prévue au présent décret, ou lorsqu'ils justifient d'un exercice à titre indépendant de ce métier dans des conditions équivalentes.

Pour bénéficier des dispositions prévues au présent titre, les intéressés doivent joindre à leur demande le diplôme, certificat ou titre qu'ils détiennent ainsi qu'une attestation émanant des autorités compétentes de l'État dans lequel ces diplômes ont été obtenus indiquant le niveau de formation ou le programme d'enseignement, ou, le cas échéant, un extrait du registre du commerce et des sociétés, du répertoire des métiers ou tous documents fiscaux, sociaux ou comptables certifiés par les autorités compétentes justifiant de leur activité ; les documents non établis en français doivent être accompagnés d'une traduction certifiée conforme à l'original par un traducteur assermenté.

6 Nul ne peut se prévaloir de la qualité d'artisan, d'artisan d'art, ou du titre de maître artisan sans avoir satisfait aux obligations prévues au présent titre.

Sans préjudice des dispositions prises pour l'application du dernier alinéa de l'article 21-III de la loi susvisée *[n° 96-603 du 5 juill. 1996]*, les titulaires de la qualité d'artisan, du titre de maître artisan ou d'artisan d'art peuvent utiliser les marques distinctives de qualification artisanale dont le modèle et les conditions d'apposition sont fixés par arrêté du ministre chargé de l'artisanat.

Est constitutif du délit de publicité trompeuse (C. consom., art. L. 121-1 s., *infra*, v° *Publicité commerciale*) le fait, pour le dirigeant d'une société commercialisant du café, de s'être présenté sur des prospectus publicitaires comme « maître torréfacteur » et d'avoir assuré que ses produits étaient vendus « hors commerce », alors que l'intéressé n'était pas titulaire du titre protégé de maître artisan et que la vente s'effectuait par correspondance. • Crim. 18 oct. 1995 : *BRDA 1995, n° 24, p. 10.* ♦ Le fait que l'appellation « maître artificier » soit couramment utilisée dans le milieu professionnel pour désigner le responsable du feu n'est pas de nature à conférer un caractère licite à l'emploi, réglementé, de ce terme dans des contrats destinés à des clients potentiels. • Poitiers, 9 juill. 1998 : *JCP E 1998, n° 38, p. 1427.* ♦ Considérant que l'utilisation non fondée de ce titre dans des documents destinés à la clientèle est constitutive d'un acte de concurrence déloyale, V. • Même arrêt. ♦ Pour une utilisation abusive dans une dénomination commerciale du vocable « artisan » en violation des dispositions de l'art. 24 § 1 et 2 de la loi du 5 juill. 1996, V. • TGI Paris, 21 févr. 2001 : *Gaz. Pal. 21-22 nov. 2001, p. 68.*

TITRE II Du répertoire des métiers

CHAPITRE PREMIER *Immatriculation au répertoire*

7 Sont soumises à l'obligation d'immatriculation au répertoire des métiers, en application de l'article 19-I de la loi du 5 juillet 1996 susvisée, les personnes physiques ou morales qui exercent dans les conditions prévues à cet article les activités dont la liste figure en annexe du présent décret. — *V. cette annexe au JO 3 avr. 1998.*

8 L'appréciation de l'effectif donnant lieu à immatriculation au répertoire des métiers visé à l'article 19 de la loi du 5 juillet 1996 susvisée est effectuée conformément aux articles L. 117-11-1 et L. 412-5 du code du travail.

9 *(Décr. n° 2006-80 du 25 janv. 2006, art. 2)* Le lieu d'immatriculation de la personne physique au répertoire des métiers est la chambre de métiers et de l'artisanat dans le ressort de laquelle est situé soit le principal établissement poursuivant une activité figurant dans la liste annexée au présent décret, soit, dans les cas prévus aux deuxième et troisième alinéas de l'article L. 123-10 du code de commerce, son local d'habitation ou, s'il s'agit d'une personne morale, son siège social. — *V. cet art., supra.*

Lorsque le siège de la personne morale est situé à l'étranger, l'immatriculation doit être demandée à la chambre de métiers et de l'artisanat dans le ressort de laquelle est situé le premier établissement installé en France au sens de l'alinéa précédent.

10 La demande d'immatriculation est présentée dans le délai d'un mois avant le début de l'activité. Toutefois, elle peut être présentée au plus tard dans le délai d'un mois suivant le début d'activité, si l'intéressé a notifié la date du début de ses activités au plus tard à la veille de celle-ci, par lettre recommandée avec demande d'avis de réception au président de la chambre de métiers *(Décr. n° 2004-1164 du 2 nov. 2004, art. 1er)* « et de l'artisanat » compétente.

10 *bis* *(Décr. n° 2006-80 du 25 janv. 2006, art. 2)* I. — Lors de sa demande d'immatriculation, la personne physique mariée sous un régime de communauté légale ou conventionnelle fournit un justificatif, conformément au modèle défini par arrêté du garde des sceaux, ministre de la justice, établissant que son conjoint a été informé des conséquences sur les biens communs des dettes contractées dans l'exercice de sa profession.

II. — Lorsqu'en application des articles L. 526-1 à L. 526-3 du code de commerce la personne physique déclare insaisissables ses droits sur l'immeuble où est fixée sa résidence principale, une mention de cette déclaration est portée au répertoire. — *V. ces art., supra.*

Le cas échéant, la déclaration de remploi des fonds et la renonciation à la déclaration d'insaisissabilité ou de remploi, dans les conditions prévues à l'article L. 526-3 du même code, font également l'objet d'une mention. — *V. cet art., supra.*

III. — Lors de la demande d'immatriculation, l'indication par la personne physique ou morale qu'elle est bénéficiaire d'un contrat d'appui au projet d'entreprises pour la création ou la reprise d'une activité économique conclu dans les conditions prévues au chapitre VII du titre II du livre Ier du code de commerce, dont une copie est déposée dans le dossier individuel de la personne, fait l'objet d'une mention au répertoire des métiers. Sont également mentionnés la dénomination de la personne morale responsable de l'appui, l'adresse de son siège social, ainsi que, si elle immatriculée dans un autre registre public, le lieu d'immatriculation et le numéro d'identification.

La personne, immatriculée au répertoire des métiers, bénéficiaire d'un contrat d'appui au projet d'entreprise pour la création ou la reprise d'une activité économique est soumise aux obligations prévues au 5 de l'article 72 du décret du 30 mai 1984 susvisé *[n° 84-406 relatif au registre du commerce et des sociétés]. — V. cet art., infra, v° Registre du commerce et des sociétés.*

11 *(Décr. n° 2006-80 du 25 janv. 2006, art. 2)* Est un établissement secondaire, au sens du présent décret, tout établissement permanent, distinct du siège social ou du principal établissement, poursuivant une activité figurant dans la liste annexée au présent décret et dirigé par l'assujetti, un préposé ou une personne ayant le pouvoir d'engager cet établissement vis-à-vis des tiers.

La création de tout établissement secondaire au sens de l'alinéa précédent dans le ressort ou hors du ressort de la chambre de métiers et de l'artisanat du lieu d'immatriculation doit être déclarée à celle-ci au plus tard dans le délai d'un mois après le début de l'activité de celui-ci et donne lieu à une inscription complémentaire.

11 *bis* *(Décr. n° 2006-80 du 25 janv. 2006, art. 2)* Lors de son immatriculation au répertoire des métiers, une personne physique ou morale déclare, le cas échéant, l'existence d'un siège social ou d'un établissement principal ou secondaire dans un autre État membre de la Communauté européenne.

Elle déclare également toute décision de transférer son siège social ou son établissement principal ou de créer un établissement principal ou secondaire dans un de ces États.

12 Les personnes immatriculées au répertoire des métiers doivent déclarer au président de la chambre de métiers *(Décr. n° 2004-1164 du 2 nov. 2004, art. 1er)* « et de l'artisanat » compétente, dans le délai d'un mois, les modifications survenues dans leur situation. Lorsqu'elles ne remplissent plus les conditions d'immatriculation, elles doivent demander leur radiation dans le même délai.

Toutefois, en cas d'emploi de plus de dix salariés et sauf demande de radiation, l'immatriculation est maintenue dans les conditions suivantes :

a) Sans limitation de durée aux personnes ayant la qualité d'artisan, d'artisan d'art ou de maître artisan, ou titulaires du brevet de maîtrise ou dont le conjoint collaborateur détient l'une de ces qualités. En ce qui concerne les sociétés, ces conditions de qualification doivent être remplies par le dirigeant social, son conjoint associé ou un associé prenant part personnellement et habituellement à l'activité de l'entreprise ;

b) Pendant une durée de trois ans non renouvelable, lorsque les conditions énumérées au *a* ci-dessus ne sont pas remplies.

En cas de transmission de l'entreprise, *(Décr. n° 2006-80 du 25 janv. 2006, art. 2)* « *[le]* nouvel exploitant » peut, sur sa demande, être immatriculé pour cette même durée.

(Décr. n° 2006-80 du 25 janv. 2006, art. 2) « Lorsqu'une personne physique ou morale transfère son principal établissement ou son siège dans le ressort d'une chambre de métiers et de l'artisanat autre que celle où elle est immatriculée, elle déclare ce transfert à sa nouvelle chambre, laquelle effectue les démarches nécessaires à sa nouvelle immatriculation. Les informations complémentaires nécessaires à cette immatriculation sont fournies gratuitement par la chambre de métiers et de l'artisanat précédemment compétente. »

L'immatriculation au répertoire des métiers peut également être maintenue pendant un délai maximum d'un an en cas de cessation temporaire d'activité, sur déclaration de la personne immatriculée. *(Décr. n° 2006-80 du 25 janv. 2006, art. 2)* « Ce délai est renouvelable dans la limite d'un délai maximum de trois ans dans le cas d'un congé parental. »

13 *(Décr. n° 2006-80 du 25 janv. 2006, art. 2)* « En cas de décès de la personne immatriculée, la radiation est demandée par les héritiers ou les ayants droit dans le délai de six mois à compter de la date du décès. Toutefois, ces héritiers ou ayants droit, qu'ils envisagent ou non de poursuivre l'exploitation, peuvent demander, à compter de la date du décès et dans les mêmes délais, le maintien provisoire de l'immatriculation pour une durée d'un an renouvelable une fois. » En cas de liquidation *(Décr. n° 2006-80 du 25 janv. 2006, art. 2)* « amiable » d'une société immatriculée, la radiation doit être requise à la diligence du liquidateur dans les deux mois *(Décr. n° 2006-80 du 25 janv. 2006, art. 2)* « de la publication de la clôture de la liquidation ».

14 Le conjoint d'une personne physique immatriculée au répertoire des métiers fait l'objet d'une mention à ce répertoire s'il collabore effectivement et habituellement au fonctionnement de l'entreprise, s'il ne perçoit aucune rémunération à ce titre et s'il n'exerce aucune profession à l'extérieur de l'entreprise autre qu'une activité salariée dans les conditions prévues à l'article L. 742-6 (5°) du code de la sécurité sociale.

La demande de la mention au répertoire est formulée par le chef d'entreprise et son conjoint ou par l'un d'entre eux, soit lors de l'immatriculation, soit ultérieurement.

Lorsqu'un conjoint cesse définitivement de remplir les conditions ci-dessus, lui-même ou l'autre conjoint doit, dans les deux mois, demander la radiation de la mention.

Si la demande de mention ou la demande de radiation est présentée par un seul des conjoints, le président de la chambre de métiers *(Décr. n° 2004-1164 du 2 nov. 2004, art. 1er)* « et de l'artisanat » la notifie à l'autre conjoint par lettre recommandée avec demande d'avis de réception ; il procède à l'inscription de la mention ou à sa radiation, sauf opposition de ce conjoint formulée dans un délai d'un mois à compter de la notification. *(Décr. n° 2006-80 du 25 janv. 2006, art. 2)* « Toutefois, la demande de radiation de la mention de conjoint collaborateur, par celui-ci, ne peut faire l'objet d'opposition de la part de l'autre conjoint. »

Sur la présomption de mandat au bénéfice du conjoint collaborateur mentionné au répertoire des métiers, V. C. com., art. L. 121-6, supra.

15 *(Décr. n° 2006-80 du 25 janv. 2006, art. 2)* S'agissant des personnes morales, les personnes énumérées au 10° de l'article 15 du décret du 30 mai 1984 susvisé *[n° 84-406 relatif au registre du commerce et des sociétés]* font également l'objet d'une mention au répertoire des métiers. — *V. art. préc., infra, v° Registre du commerce et des sociétés.*

15 *bis* *(Décr. n° 2006-80 du 25 janv. 2006, art. 2)* Lorsque le président de la chambre de métiers et de l'artisanat est informé par une autorité administrative ou judiciaire de ce que l'évolution de la situation d'une personne immatriculée nécessiterait de compléter ou de modifier les mentions la concernant figurant au répertoire, il invite la personne intéressée à s'acquitter de ses obligations déclaratives. Si l'intéressée ne défère pas à cette invitation dans le délai d'un mois, le président de la chambre de métiers inscrit d'office les modifications appropriées au dossier individuel de la personne aux frais de l'assujettie.

16 Une commission du répertoire des métiers est instituée dans chaque département par arrêté préfectoral ; elle est présidée par le préfet ou son représentant, qui a voix prépondérante, et comprend en outre *(Décr. n° 2006-80 du 25 janv. 2006, art. 2)* « un représentant des greffes des tribunaux de commerce ou des tribunaux de grande instance statuant en matière commerciale *[,]* » un représentant des chambres de commerce et d'industrie, un représentant des chambres de métiers *(Décr. n° 2004-1164 du 2 nov. 2004, art. 1er)* « et de l'artisanat » et un agent de l'État désigné par le préfet. Elle se réunit sur l'initiative de son président *(Décr. n° 2006-80 du 25 janv. 2006, art. 2)* « ou à la demande du président de la chambre de métiers » et rend son avis sur les demandes qui lui sont présentées dans le délai *(Décr. n° 2006-80 du 25 janv. 2006, art. 2)* « *[de]* quinze jours » à compter de sa saisine.

17 *(Décr. n° 2006-80 du 25 janv. 2006, art. 2)* I. — Sous réserve des dispositions du V de l'article 16 et de l'article 35 du code professionnel local, l'immatriculation est effectuée par le président de la chambre de métiers et de l'artisanat compétente, lequel peut saisir pour avis la commission du répertoire des métiers de toute demande concernant une personne physique ou morale.

Le président procède à l'immatriculation des personnes physiques dans le délai d'un jour ouvrable après la délivrance, par le centre de formalités des entreprises géré par la chambre, du récépissé de dépôt de dossier de création d'entreprise visé à l'article 19-1 de la loi du 5 juillet 1996 susvisée *[nº 96-603 relative au développement et à la promotion du commerce et de l'artisanat]. — V. cet art., supra.*

Il procède à l'immatriculation des personnes morales dans le délai d'un jour ouvrable après réception de la notification de l'immatriculation au registre du commerce et des sociétés.

Le président délivre, sans délai et gratuitement, à la personne immatriculée trois extraits de l'immatriculation au répertoire des métiers.

Lorsque le président décide de saisir pour avis la commission du répertoire des métiers, il en informe le demandeur ou le déclarant par lettre motivée dans le délai mentionné au deuxième alinéa. Dans ce cas, l'absence de notification d'immatriculation dans les quinze jours à compter de la réception du dossier complet vaut acceptation de la demande d'immatriculation. Le président est alors tenu d'immatriculer la personne dans le délai d'un jour franc.

II. — La commission du répertoire des métiers est obligatoirement saisie pour avis par le président de la chambre de métiers et de l'artisanat, préalablement à tout refus d'immatriculation. Ce refus doit être motivé. Il est notifié par lettre recommandée avec demande d'avis de réception. La notification mentionne la possibilité pour le demandeur de former un recours devant le juge administratif et en précise les modalités.

III. — Les radiations, intervenues sur demande de la personne immatriculée ou dans les conditions prévues à l'article 17 *bis*, sont effectuées par le président de la chambre de métiers et de l'artisanat compétente. Elles sont notifiées par lettre recommandée avec demande d'avis de réception.

IV. — Les personnes qui se sont vu opposer un refus d'immatriculation ou qui ont été radiées peuvent saisir le préfet en vue de l'application des dispositions prévues au I de l'article 18.

V. — Les immatriculations et les radiations font l'objet d'un affichage à la chambre de métiers et de l'artisanat pendant une durée de trente jours. *— V. art. 23 bis, infra.*

17 *bis* *(Décr. nº 2006-80 du 25 janv. 2006, art. 2)* Lorsque le président de la chambre de métiers et de l'artisanat est informé par une autorité administrative ou judiciaire de ce qu'une personne immatriculée ne remplit plus les conditions d'immatriculation au répertoire des métiers, il procède d'office à sa radiation après l'avoir mise en demeure, ou, le cas échéant, ses héritiers ou ayants droit, de demander la radiation de son immatriculation par lettre recommandée avec demande d'avis de réception.

Les personnes physiques sont radiées à l'issue d'un délai de trois mois après la date de l'accusé de réception et les personnes morales dans le délai de trois mois après leur radiation du registre du commerce et des sociétés.

Lorsqu'une personne a été radiée d'office en application des dispositions précédentes, elle peut, dans un délai de six mois à compter de sa radiation et dès lors qu'elle démontre qu'elle a régularisé sa situation, saisir le président de la chambre de métiers et de l'artisanat aux fins de voir rapporter cette radiation.

S'il s'agit d'une personne morale radiée du registre du commerce et des sociétés, cette dernière peut demander que cette radiation soit rapportée dès qu'elle peut justifier de sa réinscription à ce registre en fournissant un extrait de son immatriculation.

18 *(Décr. nº 2006-80 du 25 janv. 2006, art. 2)* I. — Le préfet peut, soit à la demande d'une personne, soit d'office, demander au président de la chambre de métiers et de l'artisanat une immatriculation, après avis de la commission du répertoire des métiers. Il peut également d'office lui demander une radiation après avis de la même commission.

II. — Lorsqu'il estime qu'une personne immatriculée au répertoire des métiers n'exerce pas son activité professionnelle en conformité avec le I de l'article 16 de la loi du 5 juillet 1996 susvisée *[nº 96-603, relative au développement et à la promotion du commerce et de l'artisanat]*, le président de la chambre de métiers et de l'artisanat peut transmettre au préfet un extrait de l'immatriculation au répertoire des métiers de la personne concernée ainsi que les éléments d'information fondant son appréciation. – *V. art. préc., supra.*

CHAPITRE II *Fonctionnement du répertoire*

19 *(Décr. nº 2006-80 du 25 janv. 2006, art. 2)* Chaque chambre de métiers et de l'artisanat tient le répertoire des métiers des entreprises situées dans son ressort conformément aux dispositions prévues à l'article 9.

Le répertoire des métiers est constitué par :

– un fichier alphabétique des personnes physiques et morales immatriculées ;

– les dossiers individuels des personnes physiques et morales immatriculées.

La tenue des fichiers et dossiers susmentionnés peut faire l'objet d'un traitement informatique dans les conditions prévues par la loi nº 78-17 du 6 janvier 1978 modifiée relative à l'informatique, aux fichiers et aux libertés. – *V. art. 23 bis, infra.*

Les demandes d'immatriculation, de modification de situation ou de cessation d'activité et les pièces justificatives, transmises par voie électronique, peuvent être conservées sous forme de documents électroniques dans les conditions prévues à l'article 1316-1 du code civil.

20 *(Décr. nº 2006-80 du 25 janv. 2006, art. 2)* Les artisans d'art font l'objet d'une mention spécifique au sein du répertoire des métiers conformément à l'article 20 de la loi du 5 juillet 1996 susvisée. Il en va de même pour les sociétés coopératives artisanales répondant aux conditions de la loi du 20 juillet 1983 susvisée. – *V. art. préc., supra. – V. L. nº 83-657 du 20 juill. 1983, supra.*

21 *(Décr. nº 2006-80 du 25 janv. 2006, art. 2)* Le président de la chambre de métiers et de l'artisanat délivre à toute personne qui en fait la demande les documents suivants :

– un extrait des inscriptions figurant au dossier d'une personne immatriculée au répertoire des métiers ;

– un certificat attestant qu'une personne n'est pas immatriculée ;

– une copie intégrale des inscriptions portées au répertoire des métiers pour une même personne.

Ces documents sont transmis, au choix du demandeur, soit sur support papier, soit par voie électronique. Dans ce dernier cas, la chambre de métiers doit y apposer une signature sécurisée et veiller à ce que les transmissions soient assurées de manière sécurisée, conformément aux articles 1316-1 et 1316-4 du code civil. – *V. art. 23 bis, infra.*

21 *bis* *(Décr. nº 2006-80 du 25 janv. 2006, art. 2)* L'Institut national de la propriété industrielle centralise, au sein du répertoire national des métiers, le second original des répertoires tenus par chaque chambre de métiers et de l'artisanat. Il peut délivrer, sur support papier ou par voie électronique, à toute personne qui en fait la demande, des certificats, copies ou communications relatifs à l'inscription d'une personne au répertoire national, moyennant le paiement de redevances. Il peut également délivrer des certificats attestant qu'au jour de la demande une personne ne figure pas dans les immatriculations portées au répertoire national. – *V. art. 23 bis, infra.*

21 *ter* *(Décr. nº 2006-80 du 25 janv. 2006, art. 2)* Sous réserve que cette activité conserve un caractère accessoire, le président de la chambre de métiers et de l'artisanat peut communiquer à des tiers, pour assurer la promotion du secteur des métiers, la liste des noms, prénoms et adresses de personnes physiques et la dénomination et l'adresse de personnes morales immatriculées au répertoire des métiers avec mention de leur activité et, le cas échéant, de leur qualité d'artisan ou de maître artisan en vue de leur publication.

Les personnes concernées devront être informées de cette possibilité de diffusion, lors de leur immatriculation ou avant la publication des listes, afin de pouvoir s'y opposer, le cas échéant, conformément aux dispositions de la loi du 6 janvier 1978 mentionnée à l'article 19 et dans les conditions définies par l'arrêté prévu à l'article 23 *bis*.

Les frais de production des documents et listes délivrés en application du présent article sont à la charge du demandeur.

22 Le président de la chambre de métiers *(Décr. n° 2004-1164 du 2 nov. 2004, art. 1er)* « et de l'artisanat » délivre une attestation d'immatriculation à toute personne immatriculée au répertoire des métiers.

Cette attestation d'immatriculation est conforme *(Décr. n° 2006-80 du 25 janv. 2006, art. 2)* « à un modèle type défini par l'arrêté prévu à l'article 23 *bis* ». Elle comporte, outre la nature de l'activité, l'identification sous le numéro unique d'identification prévu à l'article 3 de la loi du 11 février 1994 susvisée, des personnes physiques ou morales immatriculées, *(Décr. n° 2006-80 du 25 janv. 2006, art. 2)* « les représentants des personnes morales mentionnés au répertoire des métiers dans les conditions prévues à l'article 15 et, le cas échéant, la qualité d'artisan, d'artisan d'art ou le titre de maître artisan ou de maître artisan en métiers d'art de la personne physique ou du ou des dirigeants des personnes morales » ainsi que, selon les cas, leur qualité d'artisan, d'artisan d'art ou leur titre de maître artisan. Elle est renouvelée chaque année. Elle est restituée à la chambre de métiers *(Décr. n° 2004-1164 du 2 nov. 2004, art. 1er)* « et de l'artisanat » en cas de radiation. — *V. L. n° 94-126 du 11 févr. 1994, art. 3, v° Registre du commerce et des sociétés, infra.*

23 Le président de la chambre de métiers *(Décr. n° 2004-1164 du 2 nov. 2004, art. 1er)* « et de l'artisanat » procède d'office à la mention au répertoire des métiers des décisions rendues en matière *(L. n° 2005-845 du 26 juill. 2005, art. 165-II)* « de sauvegarde, » de redressement et de liquidation judiciaires à l'encontre des personnes immatriculées à ce répertoire, et dont il est rendu destinataire par le président du tribunal, chaque fois que cette mention est prévue par le décret du 27 décembre 1985 susvisé *[désormais, par le Décr. n° 2005-1677 du 28 déc. 2005]*. Il procède à la suppression de ces mentions dans les cas prévus à l'article 71 du décret du 30 mai 1984 susvisé. — *V. Décr. n° 2005-1677 du 28 déc. 2005, v° Difficultés des entreprises, infra ; Décr. n° 84-406 du 30 mai 1984, v° Registre du commerce et des sociétés, infra.*

(Décr. n° 2006-80 du 25 janv. 2006, art. 2) « En outre, le président mentionne la décision, rendue par une juridiction d'un État membre de la Communauté européenne soumis à l'application du règlement n° 1346/2000 du 29 mai 2000 relatif aux procédures d'insolvabilité, ouvrant une procédure d'insolvabilité en application de l'article 3 (§ 1) de ce règlement, à l'égard d'une personne immatriculée au répertoire des métiers, dont le centre des intérêts principaux ou le domicile est situé dans cet État. Cette mention est effectuée à la demande de la personne désignée comme syndic, au sens de ce règlement, qui justifie de ses pouvoirs. ».— *V. Règl. préc.* ou au **C. *proc. coll.***

V. Rép. min. n° 15083, JO Sénat Q 3 mars 2005, p. 617 ; JCP E 2005, n° 12, p. 503.

23 *bis* *(Décr. n° 2006-80 du 25 janv. 2006, art. 2)* Un arrêté conjoint du ministre chargé de l'artisanat, du ministre de la justice et du ministre chargé de la propriété industrielle, pris après avis de la Commission nationale de l'informatique et des libertés, fixe les conditions d'application du présent titre, et notamment : — *Comp. Arr. 30 août 1983, supra.*

a) Les conditions de l'affichage à la chambre de métiers des immatriculations et des radiations prévu au V de l'article 17 ;

b) La liste des données déclarées contenues dans les fichiers et dossiers mentionnés à l'article 19 et les extraits et certificats délivrés par le président de la chambre de métiers et de l'artisanat conformément à l'article 21 ;

c) Le modèle type d'attestation d'immatriculation prévue à l'article 22 ;

d) La liste des pièces justificatives nécessaires à l'immatriculation, la radiation ou la modification des inscriptions au répertoire ;

e) Les modalités de transmission du second original de tous les dossiers des personnes immatriculées au répertoire des métiers ou au registre des entreprises tenu par chaque chambre de métiers et de l'artisanat à l'Institut national de la propriété industrielle en application de l'article L. 411-1 du code de la propriété intellectuelle et les modalités de prise en charge par les chambres de métiers et de l'artisanat des frais supportés par l'Institut national de la propriété industrielle au titre de la tenue et de la conservation de ce second original ;

f) Les modalités pratiques permettant aux personnes immatriculées au répertoire des métiers d'être informées qu'elles sont susceptibles de faire l'objet des diffusions prévues à l'article 21 *ter* et éventuellement de s'y opposer.

TITRE III **Dispositions particulières aux départements de la Moselle, du Bas-Rhin et du Haut-Rhin**

24 Dans les départements de la Moselle, du Bas-Rhin et du Haut-Rhin, les dispositions prévues aux articles 1er, 2 et 5 à 23 sont applicables à la 1re section du registre des entreprises, la commission du répertoire étant remplacée par une commission du registre qui est désignée et fonctionne dans les mêmes conditions.

(Décr. n° 2006-80 du 25 janv. 2006, art. 3) « Les dispositions de l'article 19 sont applicables à chacune des deux sections du registre des entreprises. »

25 Les dispositions prévues à l'article 3 du présent décret ne sont pas applicables dans les départements de la Moselle, du Bas-Rhin et du Haut-Rhin, dans lesquels il est fait application de l'article 133 du code professionnel local.

26 Doivent être immatriculées à une deuxième section du registre, quels que soient leur nature juridique, le lieu du principal établissement *(Décr. n° 2006-80 du 25 janv. 2006, art. 3)* « artisanal » ou le siège de leur entreprise, l'effectif de leurs salariés et le degré de perfectionnement de l'équipement technique et des machines utilisées, les personnes qui ne sont pas assujetties à l'immatriculation à la première section du registre et qui exploitent à titre principal ou non, dans un ou plusieurs établissements situés dans les départements cités à l'article 24, une ou des activités visées à l'*(Décr. n° 2006-80 du 25 janv. 2006, art. 3)* « article 7 », dès lors que :

1° Pour l'exécution et la réalisation selon les règles de l'art des travaux ou ouvrages entrant dans leurs activités ainsi déterminées :

a) L'intervention prépondérante de personnes ayant une formation professionnelle appropriée est indispensable ; une telle formation n'est pas exigée du responsable de l'établissement, qui n'est pas tenu de prendre part personnellement à l'exécution des travaux ou des ouvrages ;

b) Le travail n'est pas divisé entre les intervenants de telle façon que chacun soit affecté en permanence à un même poste comportant l'exécution de travaux parcellaires précis, de caractère généralement répétitif et étroitement limité ;

2° Les travaux et ouvrages sont effectués ou réalisés pour le compte de tiers.

27 Lorsque les personnes immatriculées cessent de remplir les conditions fixées pour leur immatriculation à l'une ou l'autre section du registre, elles doivent, dans les deux mois, demander leur transfert à l'autre section ; si elles n'en remplissent pas les conditions, elles doivent demander leur radiation du registre.

28 Sous réserve des dispositions particulières prévues au présent titre, les dispositions prévues aux articles 1er, 2 et 5 à 23 du présent décret sont applicables à la deuxième section du registre, la commission du répertoire étant remplacée par la commission du registre. Toutefois, si l'établissement principal ou le siège de l'entreprise ne sont pas situés dans l'un des départements visés à l'article 24, les personnes tenues à l'immatriculation à la deuxième section du registre à raison d'un ou plusieurs établissements qu'elles exploitent dans ces départements doivent, par dérogation à l'article 9, adresser leur demande au centre de formalités des entreprises du lieu de ces établissements.

Ces dispositions sont également applicables aux décisions d'immatriculation à une section du registre autre que celle demandée, et pour statuer sur les demandes de transfert d'une section à l'autre.

Les décisions d'immatriculation à la deuxième section du registre prises par les préfets de département après avis des commissions du registre sont soumises, en cas de contestation, à une commission interdépartementale du registre des entreprises dont la composition et les règles de fonctionnement sont prises par arrêté du ministre chargé de l'artisanat.

TITRE IV Dispositions applicables à la chambre de métiers et de l'artisanat de Mayotte *(Décr. n° 2006-379 du 27 mars 2006, art. 10).*

29 *(Décr. n° 2006-379 du 27 mars 2006, art. 10)* I. — Le présent décret est applicable à la chambre de métiers et de l'artisanat de Mayotte, à l'exception du deuxième alinéa de l'article 1er, du II de l'article 18 et de l'article 30, sous réserve des adaptations suivantes :

II. — Pour l'application du présent décret à Mayotte :

— les mots : « des chambres de commerce et d'industrie » sont remplacés par les mots : « de la chambre de commerce et d'industrie de Mayotte » et les mots : « des chambres de métiers » sont remplacés par les mots : « de la chambre de métiers et de l'artisanat de Mayotte » ;

— les mots : « chambre régionale des métiers » sont remplacés par les mots : « chambre de métiers et de l'artisanat de Mayotte » ;

— les mots : « commission régionale des qualifications » sont remplacés par les mots : « commission des qualifications » ;

— les mots : « dans chaque région » sont remplacés par les mots : « à Mayotte » ;

— les mots : « conseil régional » sont remplacés par les mots : « conseil général de Mayotte » ;

— les mots : « greffes des tribunaux de commerce ou des tribunaux de grande instance statuant en matière commerciale » sont remplacés par les mots : « du greffe du tribunal de première instance statuant en matière commerciale ».

III. — A l'article 5, les mots : « ou d'un État partie à l'accord sur l'Espace économique européen » sont supprimés.

IV. — A l'article 8, la référence à l'article L. 117-11-1 du code du travail est remplacée par la référence à l'article L. 113-11 du code du travail applicable à Mayotte et la référence à l'article L. 412-5 du code du travail est remplacée par la référence aux articles L. 620-8 et L. 620-9 du code du travail applicable à Mayotte.

V. — A l'article 14, les mots : « dans les conditions prévues à l'article L. 742-6 (5°) du code de la sécurité sociale » sont supprimés.

VI. — A l'article 20, les mots : « répondant aux conditions de la loi du 20 juillet 1983 susvisée » sont supprimés.

TITRE V Dispositions finales *(Décr. n° 2006-379 du 27 mars 2006, art. 10).*

30 Le décret n° 83-487 du 10 juin 1983 modifié relatif au répertoire des métiers est abrogé. — *V. ce texte au* ***C. com.*** *éd. 1997-98 ou antérieures.*

Décret n° 99-433 du 27 mai 1999,

Relatif à la composition des chambres de métiers et à leur élection.

TITRE PREMIER Composition

Art. 1er I. – Chaque chambre de métiers *(Décr. n° 2004-1164 du 2 nov. 2004, art. 1er)* « et de l'artisanat » est constituée de trente-six membres répartis entre deux collèges :

1° Le collège des activités comprend vingt-quatre membres répartis en quatre catégories qui regroupent les activités figurant en annexe au présent décret : – *V. annexe préc. au JO du 29 mai 1999.*

1. Alimentation ;
2. Bâtiment ;
3. Fabrication ;
4. Services.

(Décr. n° 2004-896 du 27 août 2004, art. 1er) « Lors de chaque renouvellement des chambres de métiers et de l'artisanat, la répartition et le nombre de sièges par catégories d'activités sont arrêtés par le préfet à partir de la liste du répertoire des métiers transmise par la chambre de métiers *(Décr. n° 2004-1164 du 2 nov. 2004, art. 1er)* « et de l'artisanat ». Deux sièges sont attribués à chaque catégorie et les seize sièges restants sont attribués proportionnellement au nombre de personnes physiques et morales immatriculées au répertoire des métiers de la chambre de métiers *(Décr. n° 2004-1164 du 2 nov. 2004, art. 1er)* « et de l'artisanat » dans la catégorie correspondante, au plus tard le 1er juillet précédant le renouvellement ; cette répartition se fait suivant la règle du plus fort reste. »

2° Le collège des organisations professionnelles comprend douze membres.

II. – *V. C. artisanat, art. 15, supra.*

2 Les membres des chambres de métiers *(Décr. n° 2004-1164 du 2 nov. 2004, art. 1er)* « et de l'artisanat » sont élus pour cinq ans *(Décr. n° 2004-896 du 27 août 2004, art. 2)* « sous réserve des dispositions du deuxième alinéa de l'article 4 » et sont rééligibles. Ils sont renouvelés intégralement.

Les membres titulaires du collège des activités dont le siège devient vacant sont remplacés par des suppléants. Les membres titulaires du collège des organisations professionnelles sont remplacés par les suivants de liste.

Lorsque la chambre de métiers *(Décr. n° 2004-1164 du 2 nov. 2004, art. 1er)* « et de l'artisanat » est réduite de plus de la moitié de ses membres, il est procédé à son renouvellement dans un délai de trois mois. *(Décr. n° 2004-896 du 27 août 2004, art. 2)* « Toutefois, il » n'est procédé à aucune élection *(Décr. n° 2004-896 du 27 août 2004, art. 2)* « dans les douze mois qui précèdent » le renouvellement général des chambres de métiers *(Décr. n° 2004-1164 du 2 nov. 2004, art. 1er)* « et de l'artisanat ».

3 I. – Les membres du collège des activités sont élus au scrutin majoritaire à un tour, chaque électeur votant dans la catégorie à laquelle il appartient. Le bulletin de vote comporte au plus autant de noms qu'il y a de sièges à pourvoir. Si plusieurs candidats obtiennent le même nombre de suffrages, le moins âgé est élu.

II. – Les membres du collège des organisations professionnelles sont élus au scrutin de liste à un tour, sans panachage ni vote préférentiel, par l'ensemble des électeurs.

La répartition des sièges se fait selon la méthode de la représentation proportionnelle suivant la règle de la plus forte moyenne. Les sièges sont attribués aux candidats dans l'ordre de présentation de chaque liste.

Si plusieurs listes ont la même moyenne pour l'attribution du dernier siège, celui-ci revient à la liste qui a obtenu le plus grand nombre de suffrages. En cas d'égalité des suffrages, le siège est attribué au moins âgé des candidats susceptibles d'être proclamés élus.

4 *(Décr. n° 2004-896 du 27 août 2004, art. 3)* **La date de clôture du scrutin en vue du renouvellement quinquennal des chambres de métiers** *(Décr. n° 2004-1164 du 2 nov. 2004, art. 1er)* **« et de l'artisanat » est fixée le troisième mercredi de novembre.**

Toutefois, cette date ainsi que les autres dates prévues par le présent décret pour le déroulement des opérations électorales peuvent être reportées par arrêté du ministre chargé de l'artisanat sans que la durée de ce report soit supérieure à quatre mois. La durée des mandats en cours des membres des chambres de métiers *(Décr. n° 2004-1164 du 2 nov. 2004, art. 1er)* **« et de l'artisanat » est prorogée jusqu'à la date de clôture du scrutin.**

La date de clôture du scrutin en vue du renouvellement des chambres de métiers issues du scrutin de 1999 a été fixée au 9 mars 2005 (Décr. n° 2004-896 du 27 août 2004, art. 34, JO 31 août). — V. aussi Arr. 10 janv. 2005 (JO 15 janv.).

TITRE II Électorat et éligibilité

A Électorat

5 *(Décr. n° 2004-896 du 27 août 2004, art. 4)* **« Ont la qualité d'électeur les personnes physiques immatriculées à ce répertoire, les dirigeants sociaux des personnes morales immatriculées ainsi que les conjoints collaborateurs tels que définis à l'article 14 du décret du 2 avril 1998 susvisé mentionnés à ce répertoire, depuis au moins six mois à la date de clôture du scrutin.**

« Les électeurs doivent être de nationalité française ou ressortissants d'un État membre de la Communauté européenne ou d'un État partie à l'accord sur l'Espace économique européen. »

Les personnes de nationalité française doivent remplir les conditions requises pour participer aux élections au suffrage universel. Les ressortissants *(Décr. n° 2004-896 du 27 août 2004, art. 4)* **« d'un État membre de la Communauté européenne ou d'un État partie à l'accord sur l'Espace économique européen », âgés de dix-huit ans accomplis, doivent jouir de leurs droits civils et politiques. Ces personnes ne doivent pas avoir fait l'objet de condamnations qui, si elles avaient été prononcées par une juridiction française, feraient obstacle à l'inscription sur la liste électorale établie conformément aux dispositions du code électoral.**

Nationalité. Les art. 4 et 5 du Décr. n° 2004-896 du 27 août 2004 modifiant les art. 5 et 6 du Décr. n° 99-433 du 27 mai 1999 sont annulés en tant qu'ils subordonnent la qualité d'électeur et l'éligibilité des artisans aux élections aux chambres des métiers et de l'artisanat à la possession de la nationalité française ou de la nationalité d'un État membre de la Communauté européenne ou d'un État partie à l'accord sur l'Espace économique européen. • CE 31 mai 2006 : *req. n° 273638.*

B Éligibilité

6 *(Décr. n° 2004-896 du 27 août 2004, art. 5)* **Sont éligibles les électeurs qui remplissent en outre les conditions suivantes :**

I. — Les personnes physiques ne peuvent être élues ou réélues si elles sont âgées de soixante-cinq ans révolus le 1er janvier de l'année d'établissement des listes électorales. Lorsqu'ils atteignent cet âge en cours de mandat, les membres de la chambre de métiers *(Décr. n° 2004-1164 du 2 nov. 2004, art. 1er)* **« et de l'artisanat » poursuivent leur mandat jusqu'au renouvellement suivant.**

II. — Les chefs d'entreprise, les conjoints collaborateurs et les dirigeants sociaux des personnes morales doivent être immatriculés ou mentionnés au répertoire des métiers de la chambre de métiers *(Décr. n° 2004-1164 du 2 nov. 2004, art. 1er)* **« et de l'artisanat » depuis au moins deux ans à la date de clôture du scrutin. L'immatriculation au**

répertoire des métiers peut être maintenue pendant un délai maximum d'un an en cas de cessation temporaire d'activité, sur déclaration de la personne immatriculée.

III. – Les personnes physiques et les personnes morales doivent soit être à jour de leurs cotisations fiscales et sociales, soit respecter les échéances d'un plan de règlement signé avec l'organisme chargé du recouvrement des unes ou des autres de ces cotisations, soit avoir constitué des garanties jugées suffisantes par ces organismes.

V. note de jurisprudence ss. art. 5, supra.

7 Deux personnes qui exercent dans la même entreprise ne peuvent être simultanément membres de la même chambre de métiers *(Décr. nº 2004-1164 du 2 nov. 2004, art. 1er)* « et de l'artisanat ».

Au cas où elles rempliraient toutes les deux les conditions pour être proclamées élues au collège des activités, seule est proclamée élue celle qui a obtenu le plus grand nombre de voix. A égalité de voix, la moins âgée est élue.

Lorsque deux personnes qui exercent dans la même entreprise ont été élues à des collèges différents, la moins âgée peut seule être proclamée élue. Le siège ainsi laissé libre par l'autre est attribué au candidat le mieux placé après elle ou au suivant de liste.

C Incompatibilités

8 *Abrogé par Décr. nº 2004-896 du 27 août 2004, art. 6.*

TITRE III Révision de la liste électorale et candidatures

A Liste électorale

9 La liste des électeurs aux chambres de métiers *(Décr. nº 2004-1164 du 2 nov. 2004, art. 1er)* « et de l'artisanat » est révisée à l'occasion de chaque renouvellement des chambres de métiers *(Décr. nº 2004-1164 du 2 nov. 2004, art. 1er)* « et de l'artisanat ».

Si les circonstances l'exigent, le ministre chargé de l'artisanat peut prescrire la révision totale ou partielle de la liste électorale concernée, par arrêté publié au *Journal officiel* de la République française. L'arrêté fixe la date des différentes opérations que comporte cette révision *[.] (Abrogé par Décr. nº 2004-896 du 27 août 2004, art. 7)* ***« pour la chambre de métiers concernée. Dans ce cas, le délai de convocation des électeurs prévu à l'article 24 est porté à trois mois. »***

10 *(Décr. nº 2004-896 du 27 août 2004, art. 8)* La liste électorale est établie par la chambre de métiers *(Décr. nº 2004-1164 du 2 nov. 2004, art. 1er)* « et de l'artisanat » le 31 mai de l'année de l'élection. Lorsque cette date est un samedi, un dimanche, un jour férié ou chômé, la liste électorale est arrêtée le jour ouvrable précédent. Le président de la chambre de métiers *(Décr. nº 2004-1164 du 2 nov. 2004, art. 1er)* « et de l'artisanat » transmet au préfet un exemplaire signé de la liste électorale, ainsi que le compte rendu constatant l'accomplissement des opérations de révision de cette liste, dans les cinq jours au plus tard qui suivent l'établissement de celle-ci.

Si le préfet estime que les formalités et les délais prescrits n'ont pas été observés, il doit, dans les deux jours suivant la réception de la liste, déférer cette dernière au tribunal administratif, qui statue dans les trois jours et fixe éventuellement le délai dans lequel il devra être procédé à de nouvelles opérations.

Cette liste est établie par catégories d'activités et dans l'ordre alphabétique du nom patronymique des électeurs.

Doivent figurer sur la liste le nom patronymique, le nom d'épouse, les prénoms, le sexe, la date et le lieu de naissance, le domicile, la profession de l'électeur et, en outre :

1° Pour les personnes physiques immatriculées au répertoire des métiers, l'adresse de l'entreprise ou de son établissement principal et leur numéro d'immatriculation au répertoire des métiers ;
2° Pour les conjoints collaborateurs, l'adresse de l'entreprise ou de son établissement principal et le numéro d'immatriculation au répertoire des métiers sous lequel ils sont mentionnés ;
3° Pour les dirigeants sociaux, l'adresse du siège de l'entreprise et le numéro d'immatriculation au répertoire des métiers de la personne morale.

11 et 12 *Abrogés par Décr. n° 2004-896 du 27 août 2004, art. 9 et 10.*

13 *(Décr. n° 2004-896 du 27 août 2004, art. 11)* Dans les cinq jours qui suivent la date de réception de la liste électorale, le préfet informe les électeurs du dépôt de celle-ci et de la possibilité de la consulter pendant une durée de dix jours, par voie d'affiches apposées à la préfecture ou, si nécessaire, à la sous-préfecture du siège de la chambre de métiers *(Décr. n° 2004-1164 du 2 nov. 2004, art. 1er)* « et de l'artisanat », au siège de la chambre et, le cas échéant, par tout autre moyen à sa convenance.
Lorsque la consultation des listes électorales par voie électronique est prévue, elle doit s'effectuer dans des conditions de sécurité et de confidentialité assurant le respect du code électoral.
Tout électeur est autorisé à prendre communication des listes électorales et à en prendre copie à ses frais auprès de la chambre de métiers.
Tout usage commercial des listes électorales établies pour les élections aux chambres de métiers *(Décr. n° 2004-1164 du 2 nov. 2004, art. 1er)* « et de l'artisanat » est puni de l'amende prévue pour les contraventions de la 5e classe.

14 *(Décr. n° 2004-896 du 27 août 2004, art. 12)* Pendant la période de publicité de la liste électorale, toute personne qui prétend avoir été omise de la liste électorale, avoir été radiée à tort ou avoir été classée dans une catégorie autre que celle à laquelle elle appartient peut saisir le président de la chambre de métiers d'une réclamation. La décision du président intervient dans un délai de dix jours. Elle peut être contestée devant le tribunal d'instance dans le ressort duquel est située l'entreprise.
Pendant la période de publicité de la liste électorale et les vingt jours qui suivent, tout électeur intéressé peut directement réclamer l'inscription ou la radiation d'un électeur omis, ou indûment inscrit, ou son inscription dans une catégorie autre que celle à laquelle il appartient, devant le tribunal d'instance dans le ressort duquel est située l'entreprise.
Le tribunal d'instance est compétent pour statuer jusqu'au jour du scrutin.
Le même droit est ouvert au préfet.
Les recours sont formés dans les conditions prévues aux 2° et 3° de l'article L. 25 et aux articles L. 27 et R. 13 à R. 15-7 du code électoral.

15 *Abrogé par Décr. n° 2004-896 du 27 août 2004, art. 13.*

16 *(Décr. n° 2004-896 du 27 août 2004, art. 14)* Au plus tard le premier jour du mois précédant celui de la date de clôture du scrutin, le préfet arrête la liste générale des électeurs, après avoir vérifié qu'il a été procédé à toutes les rectifications ordonnées.

17 *Abrogé par Décr. n° 2004-896 du 27 août 2004, art. 15.*

B Candidatures

18 Nul ne peut présenter simultanément sa candidature au collège des activités et au collège des organisations professionnelles.
(Abrogé par Décr. n° 2004-896 du 27 août 2004, art. 16) ***« Nul ne peut être candidat dans une autre catégorie que celle à laquelle il appartient. »***

Nul ne peut figurer sur plus d'une déclaration de candidature.

Les candidatures qui ne se conforment pas à ces règles sont irrecevables. En cas de candidatures multiples, seule la première des candidatures déposée est recevable.

(Décr. n° 2004-896 du 27 août 2004, art. 16) « La déclaration de candidature doit indiquer le nom patronymique, le nom d'épouse et le prénom, le sexe, la date et le lieu de naissance ainsi que la profession et l'adresse du siège de l'entreprise dans laquelle le candidat exerce ses fonctions. Elle comprend également la nationalité du candidat. Cette déclaration doit comporter les mêmes indications pour la personne appelée à remplacer le candidat élu en cas de vacance du siège.

« A peine d'irrecevabilité de sa candidature, chaque candidat présente à l'appui de sa déclaration de candidature une attestation par laquelle il certifie sur l'honneur que lui-même ou son entreprise remplit les conditions prévues au III de l'article 6.

« Ces déclarations de candidature sont recevables selon les modalités fixées par arrêté préfectoral, à partir du premier jour du mois précédant celui de la date de clôture du scrutin et jusqu'au trentième jour précédant la date du dernier jour du scrutin, à 12 heures. Lorsque le dernier jour du délai imparti est un samedi, un dimanche ou un jour férié ou chômé, ce délai est prorogé jusqu'au premier jour ouvrable suivant.

« Après enregistrement des déclarations de candidature, le préfet publie la liste des candidats, par affichage à la préfecture, à la chambre de métiers et, le cas échéant, par tout autre moyen, le lendemain de la date limite de dépôt des candidatures prévue au présent article. »

19 *(Décr. n° 2004-896 du 27 août 2004, art. 17)* « La déclaration de candidature au collège des activités doit indiquer la catégorie d'activité au titre de laquelle la candidature est présentée.

« Nul ne peut être candidat dans une catégorie autre que celle à laquelle il appartient. »

Les déclarations de candidature *(Abrogé par Décr. n° 2004-896 du 27 août 2004, art. 17) « aux catégories du collège des activités »* résultent d'un document écrit, signé par le candidat et déposé à la préfecture. Cette déclaration doit être accompagnée de l'acceptation écrite du suppléant.

(Abrogé par Décr. n° 2004-896 du 27 août 2004, art. 17) « Ces déclarations de candidature sont recevables, selon les modalités complémentaires fixées par arrêté préfectoral, jusqu'au trentième jour précédant celui du scrutin. Lorsque le dernier jour du délai imparti est un samedi, un dimanche ou un jour férié ou chômé, ce délai est prorogé jusqu'au premier jour ouvrable suivant.

« Les déclarations de candidature qui remplissent les conditions fixées par le présent décret sont enregistrées et immédiatement affichées à la préfecture, le cas échéant à la sous-préfecture du siège de la chambre et à la chambre de métiers. »

Il est délivré récépissé de ce dépôt de candidature.

Aucun retrait de candidature n'est accepté après la date limite fixée pour les dépôts.

20 *(Décr. n° 2004-896 du 27 août 2004, art. 18)* « A peine d'irrecevabilité de leur liste, les candidats au collège des organisations professionnelles sont présentés par les organisations professionnelles du secteur des métiers et de l'artisanat justifiant de leur existence légale dans le ressort de la chambre de métiers *(Décr. n° 2004-1164 du 2 nov. 2004, art. 1er)* « et de l'artisanat », ou dans le département ou la région où elle est implantée, par la production de leurs statuts et du nom de leurs représentants légaux. Ces organisations doivent, en outre, justifier de leur affiliation à une confédération ou une fédération reconnue représentative du secteur des métiers et de l'artisanat sur le plan national dans les conditions prévues à l'article 21.

« Les listes de candidats présentées par les organisations professionnelles comportent au moins autant de candidats qu'il y a de sièges à pourvoir.

« Ces listes sont déposées à la préfecture dans le délai prévu à l'article 18 par un mandataire désigné par la ou les organisations professionnelles et ayant qualité d'électeur à la chambre de métiers *(Décr. n° 2004-1164 du 2 nov. 2004, art. 1er)* « et de l'artisanat ». Elles doivent être accompagnées des déclarations individuelles de candidatures. »

(Abrogé par Décr. n° 2004-896 du 27 août 2004, art. 18) « Les déclarations de candidature remplissant les conditions fixées par le présent article et l'article 18 sont enregistrées et immédiatement affichées à la préfecture, le cas échéant à la sous-préfecture du siège de la chambre, et à la chambre de métiers. »

Il est délivré au mandataire de la liste un récépissé de dépôt de la liste de candidats. Aucun retrait de liste ou changement de candidature n'est accepté après la date limite fixée pour le dépôt des listes de candidats. Toutefois, en cas de décès de l'un des candidats après la date limite de dépôt, il est remplacé jusqu'à la veille du jour du scrutin par un nouveau candidat dont le nom est communiqué *(Décr. n° 2004-896 du 27 août 2004, art. 18)* « au préfet » par le mandataire de la liste.

21 *(Décr. n° 2004-896 du 27 août 2004, art. 19)* « Les confédérations et fédérations, pour être reconnues représentatives du secteur des métiers et de l'artisanat sur le plan national, doivent satisfaire aux conditions posées par l'article L. 133-2 du code du travail et être, en outre, représentées par des syndicats dans trente départements. »

La liste des confédérations et fédérations bénéficiant de cette reconnaissance est fixée à l'occasion de chaque renouvellement des chambres de métiers *(Décr. n° 2004-1164 du 2 nov. 2004, art. 1er)* « et de l'artisanat » par arrêté du ministre chargé de l'artisanat et publiée au *Journal officiel* de la République française. *– V. Arr. 26 nov. 2004 (JO 30 nov.), mod. par Arr. 14 févr. 2005 (JO 17 févr.).*

Pour être inscrites sur cette liste, les confédérations et fédérations du secteur des métiers doivent présenter, le 31 mai au plus tard de l'année de l'élection, une demande au ministre chargé de l'artisanat. Cette demande, dont il est délivré récépissé, doit être accompagnée de la justification du caractère représentatif, au sens du présent article, des organisations et de la régularité de leur fonctionnement.

(Décr. n° 2004-896 du 27 août 2004, art. 19) « Les modalités du dépôt de la demande d'inscription font l'objet d'un avis au *Journal officiel* de la République française au moins trente jours avant la date ci-dessus fixée. »

Sur l'exclusion de la CGPME de la liste des confédérations représentatives au plan national du secteur des métiers et de l'artisanat pour les élections des chambres des métiers et de l'artisanat, V. CE 9 févr. 2005, JCP E 2005, n° 13, p. 550 ; RFD adm. 2005. 459.

22 *(Décr. n° 2004-896 du 27 août 2004, art. 20)* « Le préfet peut rejeter une déclaration de candidature au collège des activités ou au collège des organisations professionnelles ne remplissant pas les conditions prévues au présent décret.

« Dans ce cas, le candidat ou le mandataire de la liste a la faculté de contester dans les quarante-huit heures devant le tribunal administratif la décision de refus d'enregistrement qui lui est notifiée par le préfet. Le tribunal administratif statue alors dans les trois jours.

« Faute pour le tribunal administratif d'avoir statué dans ce délai, la déclaration est enregistrée. »

La décision du tribunal ne peut être contestée qu'à l'occasion d'un recours contre l'élection.

Aux termes de l'art. 20 du Décr. n° 2004-896 du 27 août 2004 (JO 31 août), après le 1er al. supprimé, il devait être inséré un alinéa qui correspond en fait aux trois premiers alinéas du nouvel article, et au 2e al. devait être apporté une modification qui correspond en fait à la rédaction du 3e al. du présent article.

TITRE IV Opérations électorales

23 Le droit de vote est exercé par correspondance et au plus tard *(Décr. n° 2004-896 du 27 août 2004, art. 21)* « le dernier jour du scrutin », le cachet de la poste faisant foi. Ses modalités sont fixées par arrêté du ministre chargé de l'artisanat. *– V. Arr. 17 déc. 2004 (JO 23 déc.).*

Chaque électeur dispose de deux suffrages ; le premier pour élire les représentants de sa catégorie, le deuxième pour élire les représentants au collège des organisations professionnelles.

(Décr. n° 2004-896 du 27 août 2004, art. 21) « Le cas échéant, il peut s'exercer par voie électronique. En cas d'utilisation par un même électeur au titre de la même qualité des deux modes de vote, seul le vote par voie électronique est considéré comme valide. »

24 *(Décr. n° 2004-896 du 27 août 2004, art. 22)* Le ministre chargé de l'artisanat convoque les électeurs et indique la date d'ouverture de la campagne électorale par arrêté, au plus tard le premier jour du mois précédant celui de la date de clôture du scrutin.

La campagne électorale débute le vingt et unième jour précédant le dernier jour du scrutin et s'achève la veille de celui-ci, à minuit.

25 *(Décr. n° 2004-896 du 27 août 2004, art. 23)* Une commission d'organisation des élections est instituée par arrêté préfectoral pour chaque chambre de métiers *(Décr. n° 2004-1164 du 2 nov. 2004, art. 1er)* « et de l'artisanat » au plus tard le premier jour du mois précédant celui de la date de clôture du scrutin. Elle est composée :

1° Du préfet ou de son représentant, président ;

2° D'un membre de la chambre de métiers *(Décr. n° 2004-1164 du 2 nov. 2004, art. 1er)* « et de l'artisanat » désigné par le président de cette chambre ;

3° D'un agent désigné par le directeur de La Poste du département pour les attributions visées aux 1° et 2° de l'article 26.

Le secrétariat de la commission est assuré par un fonctionnaire de la préfecture.

Les candidats ou leurs mandataires et les mandataires des listes peuvent participer, avec voie consultative, aux travaux de la commission.

26 La commission d'organisation des élections se réunit sur convocation de son président. Elle est chargée :

1° D'expédier aux électeurs les circulaires et les bulletins de vote des candidats de leur catégorie et du collège des organisations professionnelles ainsi que les instruments nécessaires au vote par correspondance ;

(Décr. n° 2004-896 du 27 août 2004, art. 24) « 2° D'organiser la réception des votes ;

« 3° D'organiser le dépouillement et le recensement des votes ; »

4° De proclamer les résultats ;

5° De statuer sur les demandes de remboursement des frais de propagande des candidats.

(Décr. n° 2004-896 du 27 août 2004, art. 24) « Pour assurer ces opérations, le président de la commission peut solliciter le concours de la chambre de métiers. »

27 *(Décr. n° 2004-896 du 27 août 2004, art. 25)* « Pour permettre à la commission d'organisation des élections de procéder à l'expédition du matériel électoral, chaque candidat ou son mandataire ou le mandataire de chaque liste doit lui remettre, vingt-cinq jours au moins avant la date de clôture du scrutin, une quantité de bulletins de vote au moins égale au nombre des électeurs inscrits dans sa catégorie ou son collège, ainsi qu'une quantité de circulaires au moins égale au nombre des électeurs. »

(Abrogé par Décr. n° 2004-896 du 27 août 2004, art. 25) « Pour être acceptés par la commission, les bulletins et circulaires doivent répondre aux conditions de format, de libellé et d'impression fixées par arrêté du ministre chargé de l'artisanat. »

La commission n'assure pas l'envoi des documents remis postérieurement à la date ci-dessus mentionnée.

28 *(Décr. n° 2004-896 du 27 août 2004, art. 26)* Le préfet adresse à la commission, au moins vingt-cinq jours avant la date de clôture du scrutin, les enveloppes nécessaires à l'expédition des circulaires et des bulletins de vote ainsi que les enveloppes d'acheminement des votes.

La commission adresse ces documents aux électeurs vingt et un jours au plus tard avant le dernier jour du scrutin.

A cet envoi est jointe une notice indiquant les modalités du vote.

Les modalités du vote par correspondance sont fixées par arrêté du ministre chargé de l'artisanat. Ce arrêté fixe notamment les conditions de format, de libellé et d'impression des bulletins de vote et des circulaires, ainsi que les conditions d'acheminement de ces votes. – *V. Arr. 17 déc. 2004 (JO 23 déc.).*

Les bulletins de vote et les circulaires qui ne sont pas parvenus à leur destinataire sont retournés à la préfecture, qui les conserve jusqu'à l'expiration des délais de recours contre les élections ou, le cas échéant, jusqu'à l'intervention d'un jugement définitif sur les contestations.

29 *Abrogé par Décr. n° 2004-896 du 27 août 2004, art. 27.*

TITRE IV *bis* Vote électronique

(Décr. n° 2004-896 du 27 août 2004, art. 28)

29-1 La commission d'organisation des élections adresse à tous les électeurs, en même temps que les documents prévus au second alinéa de l'article 28, une circulaire relative aux modalités d'accès au système de vote électronique auquel l'électeur doit se relier pour voter, ainsi que, selon des modalités garantissant leur confidentialité, les instruments permettant l'expression du vote.

Ces instruments permettent l'authentification de l'électeur et la vérification de l'unicité de son vote, selon des exigences de sécurité et des modalités définies par arrêté du ministre chargé de l'artisanat, pris après avis de la Commission nationale de l'informatique et des libertés.

29-2 Pour voter par voie électronique, l'électeur, après connexion au site internet ou à tout autre réseau accessible à tous les électeurs, s'identifie, exprime son vote et le valide au moyen des instruments d'authentification qui lui ont été attribués. Il vérifie l'inscription sécurisée de son vote par le système de vote électronique. La transmission du vote et l'émargement de l'électeur doivent pouvoir faire l'objet d'une date certaine de réception et d'un accusé de réception électronique.

29-3 Les données relatives aux électeurs inscrits sur les listes électorales, ainsi que celles relatives à l'expression de leur vote, font l'objet, selon les modalités techniques fixées par arrêté du ministre chargé de l'artisanat, pris après avis de la Commission nationale de l'informatique et des libertés, de traitements automatisés d'information effectués sur des systèmes informatiques distincts, dédiés et isolés, respectivement dénommés « fichier des électeurs » et « contenu de l'urne électronique ».

Le traitement « fichier des électeurs » est établi à partir de la liste électorale dressée par le président de la chambre de métiers *(Décr. n° 2004-1164 du 2 nov. 2004, art. 1er)* « et de l'artisanat ». Ce traitement permet à la commission d'organisation des élections d'adresser à chaque électeur les instruments d'authentification mentionnés à l'article 29-1 du présent décret, d'identifier les électeurs ayant pris part au vote électronique et d'éditer la liste d'émargement. L'émargement indique l'heure du vote. Les deux exemplaires de la liste d'émargement doivent être enregistrés sur un support distinct de celui de l'urne électronique, scellé, non réinscriptible, rendant son contenu inaltérable et probant.

Le fichier dénommé « contenu de l'urne électronique » recense les votes exprimés par voie électronique. Les données de ce second fichier font l'objet d'un chiffrement et ne doivent pas comporter de lien permettant l'identification des électeurs.

29-4 Le jour du dépouillement des votes, le président de la commission d'organisation des élections imprime en deux exemplaires la liste d'émargement à partir du traitement « fichier des électeurs ». Cette liste constitue la liste d'émargement pour le vote par correspondance.

Le président de la commission et l'un des assesseurs reçoivent chacun une clé de dépouillement distincte, selon des modalités en garantissant la confidentialité, permettant d'accéder aux données du fichier dénommé « contenu de l'urne électronique ». Le président reçoit également les éléments permettant la vérification de l'intégrité du système de vote électronique.

Après la clôture des opérations de vote et vérification de l'intégrité du fichier dénommé « contenu de l'urne électronique », le président de la commission d'organisation des élections et l'assesseur mentionné à l'alinéa précédent procèdent publiquement au dépouillement.

Les décomptes des voix par candidat et par listes de candidats doivent apparaître lisiblement à l'écran et faire l'objet d'une édition sécurisée afin d'être portée au procès-verbal de l'élection.

Le système de vote électronique est verrouillé après le dépouillement, de sorte qu'il soit impossible de reprendre ou de modifier le résultat après la décision de clôture du dépouillement prise par la commission.

La commission d'organisation des élections contrôle que le nombre total de votes exprimés par voie électronique correspond au nombre de votants figurant sur les deux exemplaires de la liste d'émargement.

Le nombre total de suffrages exprimés par voie électronique ainsi que le nombre de voix obtenues par chaque liste sont portés au procès-verbal.

29-5 Jusqu'à l'expiration des délais de recours contentieux, les fichiers supports comprenant la copie des programmes sources et exécutables, les matériels de vote, les fichiers d'émargement, de résultat et de sauvegarde, doivent être conservés sous scellés sous le contrôle de la commission d'organisation des élections. La procédure de décompte des votes enregistrés doit, si nécessaire, pouvoir être exécutée de nouveau.

A l'expiration de ces délais, et si aucun recours n'a été exercé, il est procédé à la destruction des fichiers supports sous le contrôle de la commission d'organisation des élections.

29-6 Les modalités d'application du présent titre et d'expertise du système de vote sont fixées par arrêté du ministre chargé de l'artisanat, pris après avis de la Commission nationale de l'informatique et des libertés.

TITRE V Recensement des votes et proclamation des résultats

30 (*Décr. n° 2004-896 du 27 août 2004, art. 29*) I. — Le cinquième jour suivant la date de clôture du scrutin, la commission d'organisation des élections procède aux opérations de dépouillement des votes, en séance publique et en présence de scrutateurs désignés parmi les électeurs par le président de la commission et par les candidats ou les mandataires des listes en présence.

Deux urnes sont mises en place par le président de la commission d'organisation des élections ou une personne désignée par lui, l'une destinée à recevoir le vote pour le collège des activités, la seconde destinée à recevoir le vote pour le collège des organisations professionnelles.

La commission vérifie que le nombre de plis électoraux correspond à celui porté sur l'état récapitulatif. Si une différence est constatée, mention en est faite sur le procès-verbal paraphé par chaque membre de la commission d'organisation des élections.

La commission procède à l'ouverture des enveloppes d'envoi. Le président, ou un membre de la commission désigné par lui, constate le vote de chaque électeur en apposant sa signature, éventuellement avec l'assistance de moyens électroniques, en face du nom de l'électeur, sur chacune des deux listes d'émargement, dans les conditions de sécurité et d'authentification et selon des modalités définies par arrêté du ministre chargé de l'artisanat, pris après avis de la Commission nationale de l'informatique et des libertés. – *V. Arr. 6 janv. 2005 (JO 15 janv.).*

Pour le vote au collège des activités, le président ou une personne désignée par lui vérifie que le vote émis correspond à la catégorie dont relève l'électeur. Un membre de la commission introduit ensuite chaque pli de vote dans l'urne correspondante.

II. – Le président de la commission d'organisation des élections ou une personne désignée par lui procède à l'ouverture de l'urne contenant les votes au collège des activités et, après vérification du nombre des enveloppes par catégorie, effectue le recensement des votes. Si le nombre d'enveloppes est différent du nombre d'émargement, il en est fait mention au procès-verbal.

Le président de la commission ou une personne désignée par lui totalise le nombre de suffrages obtenus par chaque candidat de chaque catégorie du collège des activités et attribue les sièges conformément aux règles figurant au I de l'article 3 ci-dessus.

III. – Le président de la commission ou une personne désignée par lui procède à l'ouverture de l'urne contenant les votes au collège des organisations professionnelles et effectue les mêmes opérations pour le recensement des votes à ce collège.

La commission détermine le quotient électoral pour le collège des organisations professionnelles et calcule le nombre de sièges obtenus par chaque liste. Elle attribue les sièges en tenant compte de l'ordre de présentation.

IV. – Toutes les opérations manuelles de dépouillement visées au présent article peuvent être effectuées par des moyens électroniques, selon des modalités définies par arrêté du ministre chargé de l'artisanat, pris après avis de la Commission nationale de l'informatique et des libertés. – *V. Arr. 6 janv. 2005 (JO 15 janv.).*

31 *(Décr. n° 2004-896 du 27 août 2004, art. 30)* « Le président de la commission » proclame en public les résultats des élections des deux collèges.

Après proclamation des résultats, un procès-verbal est dressé par la commission et signé par le président et les membres de celle-ci.

La liste d'émargement et le procès-verbal des opérations de vote sont transmis immédiatement au préfet ou le cas échéant au sous-préfet d'arrondissement du siège de la chambre de métiers *(Décr. n° 2004-1164 du 2 nov. 2004, art. 1er)* « et de l'artisanat ». Ils peuvent être consultés par tout électeur pendant dix jours.

Le préfet, ou le cas échéant le sous-préfet d'arrondissement du siège de la chambre de métiers *(Décr. n° 2004-1164 du 2 nov. 2004, art. 1er)* « et de l'artisanat », transmet dans les trois jours une copie certifiée conforme du procès-verbal au ministre chargé de l'artisanat et au secrétariat de la chambre de métiers *(Décr. n° 2004-1164 du 2 nov. 2004, art. 1er)* « et de l'artisanat ».

32 *(Décr. n° 2004-896 du 27 août 2004, art. 31)* « Les réclamations contre les élections aux chambres de métiers *(Décr. n° 2004-1164 du 2 nov. 2004, art. 1er)* « et de l'artisanat » sont formées, instruites et jugées dans les conditions prévues par les articles L. 248, R. 119, R. 120, R. 121 et R. 122 du code électoral. »

Toutefois, le délai de cinq jours prévu au premier alinéa de l'article R. 119 dudit code court à compter du jour de la proclamation des résultats.

(Décr. n° 2004-896 du 27 août 2004, art. 31) « L'appel est formé devant la cour administrative d'appel dans les conditions fixées aux articles R. 811-1 à R. 811-14 du code de justice administrative. »

Le recours en cassation devant le Conseil d'État est formé dans les conditions de droit commun.

(Décr. n° 2004-896 du 27 août 2004, art. 31) « Les membres élus restent en fonction jusqu'à ce qu'il ait été définitivement statué sur les réclamations. »

33 Lorsque l'annulation d'une élection est devenue *(Décr. n° 2004-896 du 27 août 2004, art. 32)* « définitive », les électeurs sont convoqués à nouveau par le préfet dans un délai qui ne peut excéder *(Décr. n° 2004-896 du 27 août 2004, art. 32)* « quatre mois ». Si les circonstances l'exigent, ce délai peut être prolongé par arrêté préfectoral.

Les membres élus en application de l'alinéa précédent exercent leur mandat pour la durée restant à courir.

Si l'annulation intervient dans les douze mois qui précèdent la date de renouvellement général, il n'est procédé à aucune élection complémentaire.

34 Les candidats et les listes de candidats qui ont obtenu au moins 5 % des suffrages exprimés par les électeurs de leur catégorie pour le collège des activités ou par les électeurs au collège des organisations professionnelles ont droit au remboursement de leur frais de propagande.

La commission d'organisation des élections statue sur les demandes de remboursements dans des conditions fixées par arrêté du ministre chargé de l'artisanat. – *V. Arr. 17 déc. 2004 (JO 23 déc.).*

35 Les frais de propagande mentionnés à l'article 34 et les autres frais occasionnés par les élections en application du présent décret sont à la charge des chambres de métiers *(Décr. n° 2004-1164 du 2 nov. 2004, art. 1er)* « et de l'artisanat ».

TITRE VI Dispositions applicables à la chambre des métiers de Mayotte

(Décr. n° 2006-379 du 27 mars 2006, art. 11)

36 *(Décr. n° 2006-379 du 27 mars 2006, art. 11)* I. – Le présent décret est applicable à la chambre de métiers et de l'artisanat de Mayotte, à l'exception de l'article 23, du titre IV *bis* et de l'article 30, et sous réserve des adaptations prévues au présent article.

II. – Pour leur application à Mayotte, les dispositions du présent décret sont ainsi modifiées :

Au deuxième alinéa de l'article 24 et au deuxième alinéa de l'article 28, les mots : « le dernier jour du scrutin » sont remplacés par les mots : « le jour du scrutin » ;

L'article 23 est remplacé par les dispositions suivantes :

Art. 23 Le droit de vote est exercé à l'urne dans les conditions prévues à l'article 36-1. Ses modalités sont précisées s'il y a lieu par arrêté préfectoral.

Le 1° de l'article 26 est remplacé par les dispositions suivantes : « 1° De fournir les cartes électorales aux maires qui les adressent aux électeurs au plus tard dans la troisième semaine qui précède la date du scrutin. Dans le même délai, la commission adresse aux électeurs les circulaires et les bulletins de vote des candidats de leur catégorie et du collège des organisations professionnelles. La commission fournit en outre des bulletins de vote et les circulaires en nombre au moins égal à celui des électeurs inscrits aux mairies des communes comportant des bureaux de vote, dix jours avant la date du scrutin ».

Au quatrième alinéa de l'article 28, les mots : « par correspondance » sont supprimés ;

Le premier alinéa de l'article 31 est remplacé par les dispositions suivantes : « Le recensement général des votes est effectué par la commission d'organisation des élections. Un procès-verbal est dressé par la commission et signé par son président et ses autres membres ».

36-1 *(Décr. n° 2006-379 du 27 mars 2006, art. 11)* Le vote à l'urne prévu à l'article 16 de l'ordonnance du 20 janvier 2005 susvisée est organisé pour l'élection des membres de la chambre des métiers de Mayotte dans les conditions suivantes :

I. – La carte qui n'a pu être remise à son titulaire est transmise au bureau de vote où elle demeure à la disposition de l'électeur jusqu'au jour du scrutin.

La carte électorale mentionne la date du scrutin, la désignation et l'adresse du bureau de vote, le nom de famille, les prénoms, le sexe, la date de naissance, la profession et la catégorie professionnelle de l'électeur. Elle indique, en outre, l'adresse de l'entreprise.

II. — L'électeur peut voter par procuration remise à un autre électeur inscrit dans la même catégorie professionnelle dans les conditions prévues aux articles L. 71, L. 72, L. 74 à L. 77, R. 74 (premier alinéa), R. 75 (premier et deuxième alinéas), R. 76 (troisième, quatrième et cinquième alinéas), R. 78 (premier alinéa) et R. 79 du code électoral.

La procuration mentionne l'identité du mandant et du mandataire ainsi que la catégorie professionnelle de chacun d'eux.

Chaque électeur ne peut disposer que d'une seule procuration. Si plusieurs procurations sont établies au nom du même électeur, celle qui a été adressée en premier lieu en mairie est seule valable.

III. — Le représentant de l'État à Mayotte fixe le siège et les heures d'ouverture des bureaux de vote.

Chaque bureau de vote comporte une urne pour chaque collège.

Les bureaux de vote sont constitués du maire ou de son délégué, président, assisté de deux conseillers municipaux ou, à défaut, de deux électeurs consulaires qu'il désigne.

Les opérations de vote sont soumises aux dispositions des articles L. 54, L. 58 à L. 68, R. 45 à R. 55, R. 57 à R. 68 et R. 70 du code électoral.

Le vote a lieu sur présentation de la carte électorale. A défaut de présentation de la carte électorale, il est fait application des dispositions de l'article R. 60 du code électoral.

Le vote de chaque électeur est constaté par sa signature apposée en face de son nom sur la liste d'émargement ou celle de deux membres du bureau lorsque l'électeur ne sait pas signer ou est dans l'impossibilité de signer.

IV. — Les bureaux de vote adressent les procès-verbaux à la commission d'organisation des élections dans les vingt-quatre heures suivant la clôture du scrutin.

V. — Le recensement général des votes est effectué par la commission d'organisation des élections, au plus tard quatre jours après la clôture du scrutin.

TITRE VII Dispositions diverses et transitoires *(Décr. n° 2006-379 du 27 mars 2006, art. 11).*

37 *(Décr. n° 2006-379 du 27 mars 2006, art. 11)* I. — Le présent décret est applicable à compter du prochain renouvellement des chambres de métiers *(Décr. n° 2004-1164 du 2 nov. 2004, art. 1er)* « et de l'artisanat » dont la date sera fixée en application du second alinéa de l'article 4. En conséquence tous les mandats en cours des membres des chambres de métiers *(Décr. n° 2004-1164 du 2 nov. 2004, art. 1er)* « et de l'artisanat » prendront fin à la date d'installation des membres qui seront proclamés élus le septième jour suivant le jour de l'élection. — *V. note ss. art. 4.*

II. — A titre transitoire :

1° La répartition des sièges entre chaque catégorie du collège des activités, prévue à l'article 1er du présent décret, est arrêtée par le préfet le 25 juin 1999 ;

2° La liste électorale, établie conformément aux dispositions des articles 10 à 16, est dressée par la chambre de métiers *(Décr. n° 2004-1164 du 2 nov. 2004, art. 1er)* « et de l'artisanat » à une date fixée par arrêté du préfet permettant de saisir la commission de révision de la liste électorale, prévue à l'article 11, au plus tard le 25 juin 1999.

Le délai de transmission de la liste électorale au préfet ou au sous-préfet et au président de la chambre de métiers *(Décr. n° 2004-1164 du 2 nov. 2004, art. 1er)* « et de l'artisanat » par le président de la commission de révision, prévu au premier alinéa de l'article 12, est ramené à cinq jours.

La période d'affichage et de publication de la liste électorale, prévue à l'article 13, prend fin le 3 septembre 1999, date à laquelle la liste électorale pourra être contestée devant le tribunal d'instance conformément aux dispositions prévues à l'article 14.

La liste électorale rectifiée, s'il y a lieu, en application des décisions judiciaires, en application de l'article 15, est adressée par le président de la commission de révision au préfet ou le cas échéant au sous-préfet d'arrondissement du siège de la chambre au plus tard le 4 octobre 1999.

Au plus tard le 11 octobre 1999, le préfet ou le cas échéant le sous-préfet d'arrondissement du siège de la chambre arrête la liste générale des électeurs dans les conditions prévues à l'article 16 ;

3° La date limite de demande d'inscription sur la liste des confédérations et des fédérations du secteur des métiers reconnues représentatives présentée par ces organisations au ministre chargé de l'artisanat, prévue à l'article 21, est fixée dans l'avis qui sera publié au *Journal officiel* de la République française dans le délai de quinze jours à compter de la publication du présent décret.

III. — Les dispositions prévues au I de l'article 6 relatives à la condition d'âge de soixante-cinq ans sont applicables après le premier renouvellement général effectué en application du présent décret.

Cet art. est l'ancien art. 36.

Décret n° 2004-1165 du 2 novembre 2004,

Relatif aux chambres régionales de métiers et de l'artisanat.

Art. 1er Les chambres régionales de métiers et de l'artisanat sont des établissements publics de l'État.

Elles ont pour mission d'assurer la représentation de l'artisanat au plan régional. Elles réalisent des études, donnent des avis et formulent des propositions intéressant l'artisanat à l'échelon de la région.

Elles coordonnent dans chaque région l'exercice des missions des chambres de métiers et de l'artisanat de leur ressort.

Elles déterminent les politiques qui, entrant dans le cadre des attributions des chambres de métiers et de l'artisanat, peuvent le mieux être mises en œuvre à l'échelon de la région. Elles sont l'interlocuteur du conseil régional et des autres institutions régionales, pour ce qui concerne la formation professionnelle relevant du secteur des métiers et de l'artisanat et le développement économique.

Les chambres régionales de métiers et de l'artisanat peuvent également prêter leur concours aux organisations professionnelles du secteur des métiers et de l'artisanat.

Elles peuvent être autorisées par le préfet de région, dans les domaines relevant de leur compétence, à :

— adhérer à des syndicats mixtes créés en application des articles L. 5721 et suivants du code général des collectivités territoriales ;

— participer à des sociétés d'économie mixte et, dans les conditions prévues par la loi n° 43-612 du 17 novembre 1943 sur la gestion des intérêts professionnels, à des sociétés professionnelles ou à des établissements professionnels ;

— souscrire des parts ou des actions de sociétés s'inscrivant dans leur domaine de spécialité.

2 Les chambres régionales de métiers et de l'artisanat sont composées des présidents des chambres de métiers et de l'artisanat du ressort de la région concernée et des membres élus de ces chambres.

3 Le nombre total de membres de la chambre régionale de métiers et de l'artisanat ne peut excéder quarante-huit. Ce nombre est déterminé par le règlement intérieur des chambres régionales.

Le nombre de représentants des chambres de métiers et de l'artisanat à la chambre régionale est identique par département et ne peut être supérieur à douze.

Les chambres régionales de métiers et de l'artisanat ne désignent pas de membres associés.

4 Les membres des chambres régionales sont élus par les assemblées générales des chambres de métiers et de l'artisanat de la région, parmi leurs membres titulaires, selon les conditions prévues pour l'élection des membres du bureau des chambres de métiers et de l'artisanat. En cas d'égalité des voix, le plus jeune est élu.

En cas de vacance de siège, il est pourvu au remplacement du membre de la chambre de métiers et de l'artisanat concernée au cours de la première réunion de l'assemblée générale qui suit la vacance.

5 Lors de la première assemblée générale de chaque chambre régionale de métiers et de l'artisanat, qui intervient dans les quinze jours qui suivent l'installation des chambres de métiers et de l'artisanat de la région, il est procédé à l'élection des membres du bureau de la chambre régionale. En cas d'égalité des voix, le plus jeune est élu.

Le bureau comprend les présidents des chambres de métiers et de l'artisanat, membres de droit, et des membres élus.

Le nombre des membres du bureau est fixé au maximum à douze. Dans les régions comportant plus de six départements, ce nombre peut être complété, par décision de l'assemblée générale, sans qu'il puisse dépasser le double du nombre de départements situés dans le ressort de la chambre régionale.

Le bureau est composé d'un président, d'un ou de plusieurs vice-présidents, d'un trésorier et d'un trésorier adjoint, d'un secrétaire et, le cas échéant, d'un ou plusieurs secrétaires adjoints dans la limite des postes restant à pourvoir.

6 Dans chaque chambre régionale, il est créé, notamment, les quatre commissions suivantes : une commission des finances, une commission du développement économique, une commission de la formation professionnelle et une commission d'appel d'offres.

La commission des finances est composée de membres désignés par l'assemblée générale de la chambre régionale, en son sein, en dehors des membres du bureau. Le président et le trésorier de la chambre régionale de métiers et de l'artisanat sont entendus par elle.

Les commissions du développement économique et de la formation professionnelle sont composées de membres désignés par l'assemblée générale en son sein.

Le nombre et la composition de ces commissions sont fixés par le règlement intérieur.

La chambre peut se doter d'autres commissions par décision de l'assemblée générale.

7 Il est pourvu aux dépenses des chambres régionales de métiers et de l'artisanat au moyen de la taxe prévue à l'article 1601 du code général des impôts.

8 En outre, les chambres de métiers et de l'artisanat du ressort de chaque région peuvent décider, d'un commun accord, d'allouer à la chambre régionale une aide complémentaire pour le financement d'actions en commun.

Le financement de cette aide est réparti entre les chambres de métiers et de l'artisanat proportionnellement au nombre d'entreprises de leur circonscription assujetties à la taxe pour frais de chambres de métiers.

9 Les dispositions concernant la création, l'organisation, le fonctionnement administratif, budgétaire et financier ainsi que le personnel des chambres de métiers et de l'artisanat s'appliquent aux chambres régionales de métiers et de l'artisanat, sauf dispositions expressément prévues pour ces dernières.

10 Les chambres régionales de métiers instituées en application des dispositions du décret n° 85-1205 du 13 novembre 1985 sont soumises aux dispositions du présent décret. Elles prennent la dénomination de « chambres régionales de métiers et de l'artisanat ». Dans toutes les dispositions à caractère réglementaire, les mots : « chambres régionales de métiers » sont remplacés par les mots : « chambres régionales de métiers et de l'artisanat » et les mots : « chambre régionale de métiers » sont remplacés par les mots : « chambre régionale de métiers et de l'artisanat ».

Les membres de ces chambres sont maintenus en fonctions jusqu'au prochain renouvellement des chambres de métiers et de l'artisanat.

L'assemblée générale, précédant ce renouvellement, fixe par délibération le nombre de représentants des chambres de métiers et de l'artisanat à la chambre régionale conformément à l'article 3 du présent décret.

11 Le décret n° 85-1205 du 13 novembre 1985 instituant les chambres régionales de métiers est abrogé.

Loi n° 2005-882 du 2 août 2005,

En faveur des petites et moyennes entreprises.

Art. 23 Il est créé un label « Entreprise du patrimoine vivant » pouvant être attribué à toute entreprise qui détient un patrimoine économique, composé en particulier d'un savoir-faire rare, renommé ou ancestral, reposant sur la maîtrise de techniques traditionnelles ou de haute technicité et circonscrit à un territoire.

Le label « Entreprise du patrimoine vivant » est attribué selon des critères et des modalités définis par décret en Conseil d'État.

Décret n° 2006-595 du 23 mai 2006,

Relatif à l'attribution du label « entreprise du patrimoine vivant ».

Art. 1er Le label « entreprise du patrimoine vivant » est attribué à une entreprise immatriculée au registre du commerce et des sociétés ou au répertoire des métiers ou, dans les départements de la Moselle, du Haut-Rhin et du Bas-Rhin, au registre des entreprises et qui exerce une activité de production, de transformation, de réparation ou de restauration. L'entreprise doit être à jour de ses obligations fiscales et sociales.

Les entreprises du secteur agricole et alimentaire qui bénéficie d'un dispositif de signe de qualité prévu par les articles L. 642-1, L. 643-2, L. 644-2 ou L. 645-1 du code rural ne peuvent pas se voir attribuer le label « entreprise du patrimoine vivant ».

2 Le label « entreprise du patrimoine vivant » est attribué par l'autorité compétente aux entreprises qui répondent au moins à un critère dans chacune des catégories de critères 1°, 2° et 3° définies ci-dessous :

1° Critères relatifs à la détention d'un patrimoine économique spécifique :

a) L'entreprise possède des équipements, outillages, machines, modèles, documentations techniques rares ;

b) L'entreprise détient des droits de propriété intellectuelle liés à ses produits, à ses services ou à ses équipements de production ;

c) L'entreprise est titulaire d'un nom ou une marque notoire au moins au plan régional qui peut se traduire par un réseau de clientèle spécifique.

2° Critères relatifs à la détention d'un savoir-faire rare reposant sur la maîtrise de techniques traditionnelles ou de haute technicité :

a) L'entreprise détient exclusivement ou avec un petit nombre d'entreprises un savoir-faire indiscutable et notoire au plan local, national ou international ;

b) L'entreprise détient un savoir-faire qui n'est pas accessible par les voies de formation normales mais par celles dispensées par l'entreprise elle-même ;

c) L'entreprise emploie un ou des salariés détenant un savoir-faire exigeant une très longue formation, difficiles à recruter ou à former.

3° Critères relatifs à la notoriété ou l'ancienneté de l'implantation géographique de l'entreprise :

a) La renommée de l'entreprise tient à une dimension culturelle ou ancestrale, locale, nationale ou internationale qui peut aussi être liée à la valeur historique ou architecturale de ses locaux, de ses équipements de production ou à la nature des produits ou des services qu'elle propose à la vente ;

b) Les produits sont fabriqués ou restaurés à raison de procédés de fabrication spéciaux, loyaux et constants, consacrés par les usages locaux, ou à partir d'un outillage ou de machines conçus spécifiquement dans la zone de notoriété.

3 Les ministres chargés des petites et moyennes entreprises, du commerce et de l'artisanat sont l'autorité compétente mentionnée à l'article 2

4 La Commission nationale des entreprises du patrimoine vivant est chargée de donner un avis préalable aux ministres sur les demandes d'attribution du label « entreprise du patrimoine vivant ». Un arrêté des ministres mentionnés à l'article 3 en définit la composition et les modalités de fonctionnement. – *V. arr. 26 mai 2006 (JO 21 juin).*

5 Le secrétariat de la commission est assuré dans les conditions fixées par arrêté des ministres mentionnés à l'article 3. La demande d'attribution du label est adressée au secrétariat de la commission, accompagnée d'un dossier. Un arrêté des ministres mentionnés à l'article 3 définit les éléments que comporte le dossier et qui doivent permettre de vérifier que les conditions mentionnées à l'article 2 sont remplies. Le secrétariat instruit les demandes d'attribution du label et délivre un accusé de réception de la demande d'attribution du label. – *V. arr. 26 mai 2006 (JO 21 juin).*

6 Le label est délivré pour une durée de cinq ans. La décision des ministres chargés des petites et moyennes entreprises, du commerce et de l'artisanat d'attribution ou de refus du label est notifiée au demandeur.

Le silence gardé pendant quatre mois par le ministre sur une demande d'attribution du label vaut décision de rejet.

....

CHAMBRES DE COMMERCE ET D'INDUSTRIE

Les chambres de commerce ont pris la dénomination « chambres de commerce et d'industrie » (Décr. n° 60-466 du 19 mai 1960).

Sur les chambres de commerce et d'industrie, V. aussi, C. com., Livre VII, titre Ier, supra.

RÉP. COM. v° *Chambres de commerce et d'industrie,* par NOUVION.

Loi du 9 avril 1898,

Relative aux chambres de commerce [et aux chambres consultatives des arts et manufactures : supprimées par L. 17 août 1950, art. 4] (DP 99. 4. 12).

TITRE PREMIER Organisation des chambres de commerce

Art. 1er *Al. 1er et 2 abrogés par Ord. n° 2000-912 du 18 sept. 2000.*

(Décr. n° 64-1110 du 4 nov. 1964 [dispositions réglementaires]) **« Il y a au moins une chambre de commerce et d'industrie par département. Toutefois, la circonscription d'une chambre de commerce et d'industrie peut s'étendre à plusieurs départements lorsque la situation économique le justifie. »** — *V. Décr. n° 66-568 du 30 juill. 1966 (D. 1966. 345 ; BLD 1966. 415) en ce qui concerne les attributions du préfet du département du siège de la chambre lorsque la circonscription de celle-ci s'étend à plusieurs départements.*

BIBL. ▶ G. DURAND, *JCP 1995. I. 3877* (établissement public économique).

2 *(Décr. n° 64-1110 du 4 nov. 1964 [dispositions réglementaires])* **Les chambres de commerce et d'industrie sont instituées par décrets en Conseil d'État, sur la proposition du ministre chargé de la tutelle administrative desdites chambres. L'avis du conseil municipal de la commune désignée pour être le siège de la nouvelle chambre ainsi que celui du conseil général et des chambres de commerce et d'industrie du ou des départements sur le territoire desquels s'étend sa circonscription devront être préalablement demandés.**

Les limites de la circonscription de chaque chambre de commerce et d'industrie sont fixées par le décret qui l'institue ; elles peuvent être modifiées par un décret pris ultérieurement dans les mêmes formes.

3 *Abrogé par Ord. n° 59-61 du 3 janv. 1959, art. 3.*

4 *Abrogé par Décr. n° 2004-576 du 21 juin 2004, art. 12.*

5, 6 et 7 *Abrogés par Ord. n° 59-61 du 3 janv. 1959, art. 3.*

8 *Al. 1er, 2 et 3 abrogés par Ord. n° 59-61 du 3 janv. 1959, art. 3.*

Le préfet ou le sous-préfet, suivant les localités, ont entrée à la chambre de commerce et ils y ont voix consultative.

9 *Abrogé par Ord. n° 59-61 du 3 janv. 1959, art. 3.*

10 Les fonctions des membres des chambres de commerce sont gratuites.

Ils prennent rang, dans les cérémonies publiques, immédiatement après les membres des tribunaux de commerce. Le président de la chambre vient immédiatement après celui du tribunal.

TITRE II Attributions des chambres de commerce

11 à 15 *Abrogés par Ord. n° 2000-912 du 18 sept. 2000.*

16 Dans le cas où tous les genres de commerce ou d'opérations qui se pratiquent sur la place ne seraient pas représentés suffisamment par les courtiers inscrits, les chambres de commerce, après avis de la chambre syndicale des courtiers inscrits, peuvent appeler un certain nombre de courtiers non inscrits et de négociants de la place à se réunir aux courtiers inscrits pour concourir avec eux à la constatation du cours des marchandises.

Les chambres de commerce peuvent délivrer les certificats d'origine pour les marchandises françaises destinées à l'exportation et les cartes de légitimation exigées des commis voyageurs en pays étranger.

Chaque année les chambres de commerce sont appelées à présenter au ministre du commerce des propositions en vue de la désignation d'adjoints aux commissaires experts pour les affaires de douane.

17 Les chambres de commerce correspondent directement avec les ministres.

Elles peuvent saisir le ministre du commerce de toutes les questions intéressant le fonctionnement des services qui leur sont confiés.

Elles transmettent chaque année, au ministre du commerce, un compte rendu général de leurs travaux.

18 Les chambres de commerce peuvent correspondre directement entre elles *[avec les chambres consultatives des arts et manufactures]* et les administrations publiques de leur circonscription, pour toutes les questions relatives aux intérêts commerciaux et industriels du pays. Elles peuvent provoquer, par l'entremise de leurs présidents, une entente sur les objets rentrant dans leurs attributions et intéressant à la fois leurs circonscriptions respectives.

Al. 2 à 4 abrogés par Ord. n° 2000-912 du 18 sept. 2000.

19 Les chambres de commerce peuvent publier le compte rendu de leurs séances.

20 *Abrogé par Ord. n° 2000-912 du 18 sept. 2000.*

TITRE III Administrations financières

21 *Al. 1er abrogé par Ord. n° 2000-912 du 18 sept. 2000, et codifié ss. C. com., art. L. 712-2, supra.*

(Décr.-L. 14 juin 1938) « Les décrets visés ci-dessus à l'article 18, relatifs à l'organisation et au fonctionnement des régions économiques, détermineront le mode d'établissement de la part contributive des chambres de commerce aux dépenses de ces régions. Les parts contributives ainsi fixées constituent pour ces compagnies des dépenses obligatoires. »

Les décrets dont il s'agit étaient visés aux al. 2 à 4 de l'art. 18 susmentionné, qui avaient été codifiés à l'art. L. 711-10 C. com. avant que cet article ne soit réécrit par la L. n° 2005-882 du 2 août 2005, 62-II. – V. les art. L. 712-1 C. com., supra.

22 *(Décr. n° 63-831 du 6 août 1963)* Les chambres de commerce et d'industrie peuvent être autorisées par arrêtés du ministre de l'industrie à contracter des emprunts pour subvenir ou concourir aux dépenses résultant de leur action dans tous les domaines où s'exercent leurs attributions, à l'exclusion de leurs dépenses ordinaires prévues à l'article 21 *[C. com., art. L. 712-2]* ; ceux de ces emprunts qui concernent leurs activités de concessionnaires d'outillage public dans les ports maritimes et fluviaux et les aéroports sont autorisés dans la même forme, après avis du ministre des travaux publics et des transports. – *V. Arr. 12 sept. 1984 (JO 27 sept. NC) portant déconcentration d'avis du secrétaire d'État chargé des transports.*

Le représentant de l'État à Mayotte est habilité, par délégation permanente du ministre chargé de la tutelle des chambres de commerce et d'industrie, à accorder à la chambre de commerce et d'industrie de

Mayotte l'autorisation prévue à l'art. 22 de la loi 9 avr. 1898, à l'exception des autorisations portant sur des emprunts relatifs aux concessions portuaires et aéroportuaires conférées, le cas échéant, par l'État (Décr. n° 2006-379 du 27 mars 2006, art. 11).

23 *(Décr. n° 63-831 du 6 août 1963)* **Il est fait face au service des emprunts mentionnés à l'article précédent, lorsque ces emprunts sont contractés par les chambres de commerce et d'industrie pour des besoins autres que ceux qui leur sont propres ainsi qu'aux dépenses de gestion des établissements, services et ouvrages administrés par elles, au moyen des recettes d'exploitation desdits établissements, services et ouvrages ou des ressources spécialement autorisées à cet effet et, s'il y a lieu, des centimes additionnels à la patente prévus à l'article 21** *[taxe additionnelle à la taxe professionnelle ; C. com., art. L. 712-2].*

Lorsque les emprunts prévus à l'article précédent sont contractés par les chambres de commerce et d'industrie pour faire face à leurs propres besoins, ils sont gagés par les centimes additionnels.

24 Les chambres de commerce peuvent, sous réserve de l'autorisation ministérielle, se concerter en vue de créer, de subventionner ou d'entretenir des établissements, services ou travaux d'intérêt commun. – *Sur les groupements interconsulaires, V. Décr. n° 72-950 du 3 oct. 1972 (D. et BLD 1972. 547), mod. par Décr. n° 91-739 du 18 juill. 1991, art. 60 (D. et ALD 1991. 370).*

Elles peuvent être autorisées à contracter, à cet effet, des emprunts collectifs dont la charge sera répartie suivant les dispositions déterminées par les actes d'autorisation et dont le service sera assuré par l'excédent des recettes et au besoin par des centimes additionnels ou par des péages et des droits établis en vertu de lois ou décrets.

Ces questions d'intérêt commun sont débattues dans les conférences où chaque chambre sera représentée par une commission spéciale nommée à cet effet. Le préfet du département où la conférence a lieu pourra toujours assister à ces conférences. Les décisions qui y seront prises ne seront exécutoires qu'après avoir été ratifiées par toutes les chambres intéressées et par le ministre du commerce.

Si des questions autres que celles qui sont prévues ci-dessus étaient mises en discussion, le préfet déclarerait la réunion dissoute.

Toute délibération prise après cette déclaration donnerait lieu à l'application des dispositions et pénalités énoncées à l'article 34 de la loi du 10 août 1871.

25 Les emprunts que les chambres de commerce sont admises à contracter aux termes des articles 22, 23 et 24 peuvent être réalisés, soit avec publicité et concurrence, soit de gré à gré, soit par voie de souscription publique, avec faculté d'émettre des obligations au porteur ou transmissibles par endossement, soit directement auprès de la Caisse des dépôts et consignations ou du Crédit foncier de France, aux conditions de ces établissements.

Les contrats d'emprunt doivent toujours stipuler la faculté de remboursement par anticipation.

26 *Al. 1er et 2 abrogés par Décr. n° 91-739 du 18 juill. 1991, art. 57.*

En dehors des justifications à joindre à l'appui de leurs comptes, les chambres de commerce adressent, chaque année, au ministre du commerce, un tableau d'amortissement des emprunts qu'elles ont été autorisées à contracter.

Al. abrogé par Ord. n° 2000-912 du 18 sept. 2000, et codifié ss. C. com., art. L. 712-3, supra.

27 *(Ord. n° 2005-43 du 20 janv. 2005, art. 4)* **La présente loi est applicable à Mayotte.** *– Entrée en vigueur le 1er févr. 2005 (Ord. préc., art. 17).*

Les chambres consultatives des arts et manufactures instituées en vertu de la loi du 22 germinal an IX et des lois subséquentes ont été supprimées par la loi n° 50-982 du 17 août 1950, art. 4.

Loi du 11 décembre 1924,

Rendant les femmes commerçantes éligibles aux chambres de commerce (DP 1925. 4. 225).

Art. 1er Les femmes, commerçantes ou anciennes commerçantes, régulièrement inscrites sur les listes électorales des tribunaux et chambres de commerce et qui satisfont aux conditions d'éligibilité imposées aux commerçants ou anciens commerçants hommes, sont éligibles aux chambres de commerce.

2 La présente loi est applicable à la Guadeloupe, à la Martinique et à la Réunion.

Loi n° 56-1119 du 12 novembre 1956,

Réglementant l'usage des dénominations « Chambre de commerce », « Chambre de commerce et d'industrie », « Chambre de métiers » et « Chambre d'agriculture ».

Art. 1er L'usage d'une appellation comportant l'emploi des mots « Chambre de commerce », « Chambre de commerce et d'industrie », « Chambre de métiers », « Chambre d'agriculture » est réservé aux seuls établissements publics constitués dans les conditions prévues par les lois en vigueur.

2 Des dérogations à cette interdiction pourront toutefois être accordées, à titre précaire, par arrêtés signés du ministre chargé du commerce ou des autres ministres intéressés, après avis, selon le cas, de la chambre de commerce, de la chambre de métiers ou de la chambre d'agriculture de la circonscription dans laquelle le bénéficiaire de la dérogation a son établissement. Elles pourront être rapportées dans les mêmes conditions.

Ces dérogations ne pourront intervenir que pour tenir compte, à titre exceptionnel, de certaines situations préexistantes ou pour assurer le maintien ou favoriser la création d'associations groupant des intérêts commerciaux étrangers en France ou français à l'étranger ou des intérêts commerciaux français et étrangers associés, dans la mesure où les groupements ont été officiellement agréés par les autorités des pays intéressés.

3 A compter de la promulgation de la présente loi, les groupements, associations ou entreprises dont l'appellation comporterait, seule ou en combinaison avec d'autres termes, les dénominations visées à l'article 1er, devront la modifier dans le délai de six mois s'ils ne satisfont pas aux conditions fixées aux articles 1er et 2 ci-dessus.

Il est interdit à toute revue, publication ou périodique, de faire état dans son titre d'une des appellations visées à l'article 1er, sans avoir obtenu l'autorisation du ou des organismes intéressés.

4 Les infractions aux dispositions prévues par la présente loi sont punies d'une amende de 3 750 €. En cas de récidive, la peine sera portée au double et la fermeture de l'établissement pourra être ordonnée.

L'affichage du jugement et son insertion dans cinq journaux au plus, aux frais du condamné, pourront également être ordonnés.

5 Les dispositions de la présente loi s'appliquent *aux départements algériens.*

Elles sont également applicables aux territoires d'outre-mer, *au Togo et au Cameroun*, compte tenu des textes réglementant dans ces territoires les établissements publics visés à l'article 1er. Les dérogations prévues à l'article 2 sont accordées par arrêté des hauts commissaires ou des chefs de territoires autonomes.

6 Un règlement d'administration publique fixera, en tant que de besoin, les conditions d'application de la présente loi.

Décret n° 64-1200 du 4 décembre 1964,

Portant création d'une assemblée des chambres françaises de commerce et d'industrie (D. 1964. 370 ; BLD 1964. 652). — Mod. par Décr. n° 77-121 du 9 févr. 1977 (D. et BLD 1977. 115), Décr. n° 81-803 du 19 août 1981 (D. et BLD 1981. 317), Décr. n° 91-739 du 18 juill. 1991 (D. et ALD 1991. 364) ; Décr. n° 2004-576 du 21 juin 2004 (JO 22 juin).

Décret n° 72-950 du 3 octobre 1972,

Relatif aux groupements interconsulaires (D. et BLD 1972. 547). — Mod. par Décr. n° 91-739 du 18 juill. 1991 (D. et ALD 1991. 364).

Décret n° 91-739 du 18 juillet 1991,

Relatif aux chambres de commerce et d'industrie, aux chambres régionales de commerce et d'industrie, à l'assemblée des chambres françaises de commerce et d'industrie et aux groupements interconsulaires.

TITRE PREMIER Des chambres de commerce et d'industrie

(Décr. n° 2004-576 du 21 juin 2004)

CHAPITRE PREMIER *Organisation et fonctionnement des chambres de commerce et d'industrie*

SECTION I *Composition des chambres de commerce et d'industrie*

Art. 1er Un arrêté du ministre chargé de la tutelle des chambres de commerce et d'industrie fixe, par référence aux nomenclatures d'activités et de produits de l'Institut national de la statistique et des études économiques, la composition des catégories professionnelles prévues au premier alinéa de l'article L. 713-11 du code de commerce. — *V. Arr. 25 juin 1987 (JO 11 juill.).*

2 A l'occasion d'un renouvellement sur deux, la chambre de commerce et d'industrie réalise, suivant les critères fixés par les articles L. 713-11, L. 713-12 et L. 713-13 du code de commerce, une étude visant à déterminer l'importance économique des catégories et, le cas échéant, des sous-catégories professionnelles.

L'étude est élaborée à partir de données statistiques collectées selon des modalités fixées par arrêté du ministre chargé de la tutelle des chambres de commerce et d'industrie et permettant de calculer les rapports suivants entre :

1° La somme des bases d'imposition de la taxe professionnelle des ressortissants de la catégorie et la somme des bases d'imposition de l'ensemble des ressortissants ;

2° Le nombre de ressortissants de la catégorie et le nombre total des ressortissants ;

3° Le nombre de salariés employés par les ressortissants de la catégorie et le nombre de salariés employés par l'ensemble des ressortissants. — *V. Arr. du 30 juill. 2004, art. 1er (JO 6 août).*

L'étude décrit la répartition des membres entre catégories professionnelles et, le cas échéant, entre sous-catégories professionnelles et propose le nombre de membres que devra comporter la chambre de commerce et d'industrie. Elle est remise au préfet au plus tard le 31 mars de l'année du renouvellement.

Les informations nominatives collectées et exploitées par les chambres de commerce et d'industrie à l'occasion de la préparation de cette étude ne font l'objet d'aucune interconnexion avec d'autres fichiers. Elles sont conservées le temps strictement nécessaire à la réalisation de l'étude pour laquelle elles sont collectées et ne sont pas utilisées à d'autres fins.

3 Au plus tard le 31 mai de l'année au cours de laquelle l'étude a été réalisée, un arrêté préfectoral détermine le nombre des membres et la composition de la chambre de commerce et d'industrie par catégories et sous-catégories professionnelles. Pour tenir compte de particularités locales, le préfet peut s'écarter des propositions de l'étude en ce qui concerne le nombre de sièges attribués aux différentes catégories à concurrence du vingtième des sièges à pourvoir.

4 En cas de création d'une nouvelle chambre, de création d'une délégation ou de modification de la circonscription d'une chambre, le préfet arrête le nombre de membres et la composition de la chambre dans les conditions prévues aux articles 2 et 3 ci-dessus.

SECTION II *Délégation des chambres de commerce et d'industrie*

5 Lorsque, dans la circonscription d'une chambre de commerce et d'industrie, l'existence de bassins d'activités économiques le rend nécessaire, des délégations correspondant à des limites administratives peuvent y être créées par arrêté préfectoral. Toutefois, aucune délégation ne peut être créée au-delà du 31 mai de l'année au cours de laquelle il est procédé au renouvellement de la chambre de commerce et d'industrie.

Le nombre de membres de la délégation et leur répartition entre catégories et sous-catégories professionnelles sont arrêtés par le préfet dans les conditions prévues à l'article 4.

Les membres de la délégation sont élus lors des élections de la chambre de commerce et d'industrie et répartis entre catégories et sous-catégories selon les mêmes règles que celles qui sont applicables aux autres membres de la chambre de commerce et d'industrie.

6 La délégation, qui ne peut se réunir par catégorie, soumet à la chambre ses propositions et ses vœux. Elle peut être consultée directement par l'administration sur les problèmes particuliers de sa circonscription.

La délégation soumet à l'approbation de la chambre de commerce et d'industrie ses règles de fonctionnement, qui sont intégrées au règlement intérieur de la chambre.

7 La délégation élit son président qui est de droit vice-président de la chambre de commerce et d'industrie.

La délégation se réunit sur convocation de son président ou à la demande du tiers au moins de ses membres. Elle peut s'adjoindre des membres associés dans les conditions prévues à l'article 8.

SECTION III *Membres associés*

8 Les chambres de commerce et d'industrie peuvent s'adjoindre des membres associés en nombre au plus égal à la moitié des membres élus. Ces membres prennent part aux délibérations avec voix consultative et peuvent représenter les chambres dans toutes les instances auxquelles celles-ci participent.

Les membres associés sont désignés par la chambre après chaque renouvellement, parmi des personnalités qualifiées détenant des compétences utiles à l'établissement public, notamment parmi les pilotes maritimes dans les chambres dont la circonscription comporte des ports maritimes.

SECTION IV *Fonctionnement des chambres de commerce et d'industrie*

9 Dans les six semaines qui suivent le jour du scrutin, les membres élus de la chambre de commerce et d'industrie sont installés par le préfet, qui dresse procès-verbal de la séance.

10 I. — Après chaque renouvellement, la chambre de commerce et d'industrie élit un bureau composé d'un président, de deux vice-présidents, d'un trésorier, d'un trésorier adjoint et d'un ou deux secrétaires.

Le président et les deux vice-présidents doivent représenter les trois catégories professionnelles.

Le préfet peut autoriser l'augmentation du nombre de vice-présidents et de secrétaires, notamment en cas d'application de l'article 5 ci-dessus.

II. — Il est pourvu immédiatement au remplacement de tout membre du bureau dont le poste est devenu vacant. En cas de vacance de la moitié des postes, le bureau est réélu dans sa totalité.

Si l'ensemble du bureau de la chambre de commerce et d'industrie a démissionné, le préfet assure l'expédition des affaires courantes jusqu'à l'élection d'un nouveau bureau.

III. — Les candidats aux fonctions de membre du bureau doivent attester auprès du préfet qu'ils remplissent les conditions prévues à l'article L. 713-4 du code de commerce et qu'ils ne sont frappés d'aucune des incapacités visées à l'article L. 713-3 du même code.

Nul ne peut être simultanément membre du bureau d'une chambre de commerce et d'industrie et membre du bureau d'une chambre de métiers *(Décr. n° 2004-1164 du 2 nov. 2004, art. 1er)* « et de l'artisanat ». En cas de cumul, l'intéressé fait connaître au préfet, dans les dix jours qui suivent la survenance du cumul, celle des deux fonctions qu'il choisit d'exercer. A défaut, il est considéré comme ayant choisi la dernière fonction à laquelle il a été élu.

11 Lorsqu'un membre d'une chambre de commerce et d'industrie refuse d'exercer tout ou partie des fonctions conférées par son mandat ou fixées par le règlement intérieur de la chambre, ou s'abstient sans motif légitime de se rendre aux assemblées de la chambre pendant six moix consécutifs, le préfet peut lui adresser une mise en demeure de se conformer à ses obligations. Si l'intéressé ne défère pas à cette mise en demeure dans le délai prescrit, le préfet peut le démettre de ses fonctions par arrêté motivé, après l'avoir mis à même de faire valoir ses observations.

Le préfet peut également, en cas de faute grave dans l'exercice des fonctions et par arrêté motivé pris après que l'intéressé a été mis à même de faire valoir ses observations, mettre fin aux fonctions d'un membre de la chambre de commerce et d'industrie, d'un membre du bureau ou du président.

Sur les modalités de démission des membres des CCI, V. Arr. 30 juill. 2004 (JO 12 août).

12 En cas de dissolution d'une chambre de commerce et d'industrie, une commission provisoire, dont la composition est arrêtée par le préfet, est chargée d'expédier les affaires courantes.

CHAPITRE II *Élection des membres des chambres de commerce et d'industrie*

SECTION I *Établissement des listes électorales*

13 La commission mentionnée à l'article L. 713-14 du code de commerce, ci-après dénommée « commission d'établissement des listes électorales », est présidée par le juge commis à la surveillance du registre du commerce et des sociétés dans le ressort duquel est situé le siège de la chambre de commerce et d'industrie. Elle est composée d'un représentant du préfet et d'un membre de la chambre de commerce et d'industrie désigné par l'assemblée générale de la chambre.

La commission se réunit, sur convocation de son président, à partir du 1er janvier de l'année de chaque renouvellement.

Le secrétariat de la commission est assuré conjointement par le greffier de la juridiction de première instance compétente en matière commerciale et par le directeur général de la chambre de commerce et d'industrie ou leur représentant.

La commission peut associer à ses tâches la chambre de commerce et d'industrie.

14 La liste électorale des membres de la chambre de commerce et d'industrie est établie selon la procédure suivante :

1° La chambre de commerce et d'industrie envoie aux entreprises inscrites au registre du commerce et des sociétés de son ressort, avant le dernier jour de février de l'année du renouvellement, par courrier ou par voie électronique, un questionnaire en vue de l'identification ou de la désignation des électeurs définis aux articles L. 713-1 à L. 713-3 du code de commerce.

Les questionnaires sont renvoyés par courrier ou par voie électronique à la chambre de commerce et d'industrie au plus tard le 31 mai de la même année.

2° Le juge commis à la surveillance du registre du commerce et des sociétés, assisté du greffier de la juridiction mentionnée au premier alinéa de l'article 13, fournit au plus tard le 31 mars à la chambre de commerce et d'industrie la liste des personnes physiques et morales définies à l'article L. 713-1 du code de commerce et immatriculées au registre du commerce et des sociétés.

3° La commission d'établissement des listes électorales procède à la révision des listes électorales qui sont arrêtées au 30 juin.

4° Les listes électorales sont dressées par catégorie et, le cas échéant, sous-catégorie professionnelle et transmises au préfet au plus tard le 31 juillet. — *V. Arr. du 30 juill. 2004, art. 2 (JO 6 août).*

15 Le préfet met à la disposition du public, du 1er août au 1er septembre inclus, dans chaque greffe de juridiction de première instance compétente en matière commerciale dans la circonscription de la chambre, à la chambre de commerce et d'industrie et à la préfecture, un exemplaire des listes électorales.

Le préfet informe les électeurs du dépôt des listes électorales et des lieux et modalités de leur consultation, par voie d'affiches apposées à la préfecture du siège de la chambre de commerce et d'industrie, au siège de la chambre et, le cas échéant, par tout autre moyen.

Lorsque la consultation des listes électorales par voie électronique est prévue, elle doit s'effectuer dans des conditions de sécurité et de confidentialité assurant le respect du code électoral.

Tout électeur est autorisé à prendre communication des listes électorales et à en prendre copie à ses frais auprès de la chambre de commerce et d'industrie.

Tout usage commercial des listes électorales établies pour les élections aux chambres de commerce et d'industrie est puni de l'amende prévue pour les contraventions de la 5e classe. — *V. Arr. du 30 juill. 2004, art. 2 (JO 6 août).*

16 Les modalités de paiement au greffier de la prestation prévue à 2° de l'article 14 sont fixées par arrêté du ministre chargé de la tutelle des chambres de commerce et d'industrie. — *V. Arr. du 30 juill. 2004, art. 2 (JO 6 août).*

17 Tout électeur peut présenter, pendant la période de publicité des listes électorales prévue à l'article 15 du présent décret, une réclamation à la commission d'établissement des listes électorales.

Les réclamations sont déposées au secrétariat de la commission.

La commission d'établissement des listes électorales statue sur les réclamations ainsi que sur les éléments nouveaux apparus entre le 30 juin et le 31 juillet qui lui sont signalés par le préfet, le juge commis à la surveillance du registre du commerce et des sociétés ou le greffier de la juridiction de première instance compétente en matière commerciale, au plus tard dans les 48 heures suivant la fin de la mise à disposition du public des listes électorales.

18 Les décisions de la commission peuvent faire l'objet d'une contestation formée dans les conditions prévues aux articles L. 25, L. 27 et R. 13 à R. 15-7 du code électoral.

Le tribunal d'instance territorialement compétent est celui dans le ressort duquel la chambre de commerce et d'industrie a son siège.

Jugeant que la contestation des listes électorales aux élections des chambres de commerce et d'industrie devant le tribunal d'instance territorialement compétent (art. 18 du décret) n'est pas subordonnée à une réclamation préalable devant la commission d'établissement des listes électorales (art. 17 du décret), V. • Civ. 2e, 21 oct. 2004 : *Bull. civ. II, n° 466 ; JCP 2004. IV. 3306.*

SECTION II *Candidatures*

19 I. — Tout électeur qui remplit les conditions fixées à l'article L. 713-4 du code de commerce peut se porter candidat dans sa sous-catégorie ou, à défaut, dans sa catégorie professionnelle. Nul ne peut être candidat dans plus d'une catégorie et sous-catégorie.

L'âge d'éligibilité s'apprécie à la date du scrutin.

II. — Les candidatures sont déclarées à la préfecture.

Les déclarations de candidature sont recevables à compter du jour fixé par l'arrêté de convocation des électeurs prévu à l'article 23 du présent décret et jusqu'au quarantième jour précédant le scrutin, à 12 heures. Elles doivent être faites par écrit et signées par les candidats. Elles peuvent être individuelles ou collectives et présentées soit par les candidats eux-mêmes, soit par un mandataire. Dans ce cas, les déclarations doivent être accompagnées du mandat signé par les mandants et par le mandataire. — *V. Arr. du 30 juill. 2004, art. 4 à 6 (JO 6 août).*

La déclaration de candidature doit indiquer le nom, les prénoms, le sexe, la date et le lieu de naissance du candidat, sa nationalité, la raison sociale et l'adresse de l'entreprise dans laquelle il exerce ses fonctions, la catégorie professionnelle ou la sous-catégorie dans laquelle il se présente et son numéro d'inscription sur la liste électorale.

Chaque candidat atteste auprès du préfet, sous forme d'une déclaration sur l'honneur, qu'il remplit les conditions d'éligibilité énumérées à l'article L. 713-4 du code de commerce et qu'il n'est frappé d'aucune des incapacités prévues à l'article L. 713-3 du code de commerce. — *V. Arr. du 30 juill. 2004, art. 3 (JO 6 août).*

III. — Les déclarations de candidature qui remplissent les conditions fixées par l'article L. 713-4 du code de commerce et par le présent décret sont enregistrées et donnent lieu à la délivrance d'un récépissé.

Le préfet publie la liste des candidats, par affichage, à la préfecture, à la chambre de commerce et d'industrie, et, le cas échéant, par tout autre moyen, le lendemain de la date limite de dépôt des candidatures prévue au présent article.

La campagne électorale débute le jour de l'affichage de la liste des candidats et prend fin la veille du jour du scrutin à zéro heure.

20 Aucun retrait ou remplacement d'une candidature n'est accepté après son enregistrement.

Le refus d'enregistrement d'une candidature peut être contesté par le candidat ou son mandataire dans les conditions prévues à l'avant-dernier alinéa de l'article L. 265 du code électoral.

La candidature est enregistrée si le tribunal administratif n'a pas statué dans les trois jours du dépôt de la requête.

SECTION III *Opérations électorales*

21 La commission prévue à l'article L. 713-17 du code de commerce, ci-après dénommée « commission d'organisation des élections », est présidée par le préfet ou son représentant et comprend :

— le président de la juridiction de première instance compétente en matière commerciale dans le ressort de laquelle est situé le siège de la chambre de commerce et d'industrie ;

— le président de la chambre de commerce et d'industrie ou un membre désigné par ses soins.

La commission est assistée, pour les tâches mentionnées aux 2° et 3° ci-dessous, d'un représentant de chaque entreprise chargé de l'acheminement du courrier.

Elle peut s'adjoindre, sur décision de son président, autant de collaborateurs que nécessaire.

Le secrétariat de la commission est assuré par le directeur général de la chambre de commerce et d'industrie ou un représentant désigné par ses soins au sein de la chambre de commerce et d'industrie.

Le préfet installe la commission au plus tard le 15 septembre précédant le scrutin.

La commission est chargée :

1° De vérifier la conformité des bulletins de vote et des circulaires aux dispositions de l'arrêté prévu au dernier alinéa du présent article ;

2° D'expédier aux électeurs, vingt et un jours avant le scrutin, les circulaires et bulletins de vote des candidats de leur catégorie, ainsi que les instruments nécessaires au vote ;

3° D'organiser la réception des votes ;

4° D'organiser le dépouillement et le recensement des votes ;

5° De proclamer les résultats.

Pour assurer ces opérations, le président de la commission peut solliciter le concours de la chambre de commerce et d'industrie.

Les envois mentionnés au 2° du présent article qui ne sont pas parvenus à leur destinataire sont retournés par les entreprises chargées de l'acheminement du courrier à la préfecture, qui les conserve jusqu'à l'expiration des délais du recours contre les élections ou, le cas échéant, jusqu'à l'intervention d'un jugement définitif sur les contestations. — *V. Arr. du 30 juill. 2004, art. 8 (JO 6 août).*

Un arrêté du ministre chargé de la tutelle des chambres de commerce et d'industrie fixe le format, le libellé et les modalités d'impression des bulletins et des circulaires, ainsi que les modalités de présentation des candidatures sur les bulletins de vote. — *V. Arr. du 30 juill. 2004 (JO 6 août).*

22 Les candidats qui ont recueilli au moins 5 % des suffrages exprimés peuvent obtenir le remboursement de leurs frais de propagande par la chambre de commerce et d'industrie. En cas de regroupement de candidatures par catégorie ou sous-catégorie professionnelle, tous les candidats sont considérés comme ayant obtenu 5 % des suffrages exprimés, dès lors qu'un d'entre eux au moins a atteint ce pourcentage.

Un arrêté du ministre chargé de la tutelle des chambres de commerce et d'industrie définit les frais de propagande et fixe le nombre et les caractéristiques des documents admis à remboursement ainsi que les conditions de celui-ci. — *V. Arr. du 30 juill. 2004, art. 11 (JO 6 août).*

Le préfet fixe, par référence aux tarifs fixés en application de l'article L. 52-11-1 du code électoral, les tarifs maximaux d'impression et d'affichage dans les limites desquels le remboursement intervient. — *V. Arr. du 30 juill. 2004, art. 12 (JO 6 août).*

23 Le 1er septembre au plus tard, un arrêté du ministre chargé de la tutelle des chambres de commerce et d'industrie fixe la date de début et de fin de la période de dépôt des candidatures, la composition du dossier de candidature et la date de clôture du scrutin qui ne peut être postérieure au premier mercredi de novembre à minuit. Toutefois, en cas de circonstances particulières, la date limite du scrutin peut être repoussée par arrêté conjoint du ministre chargé de la tutelle des chambres de commerce et d'industrie et du ministre de l'intérieur.

SECTION IV *Du vote par correspondance*

24 Les plis contenant les votes par correspondance sont admis en franchise au sens du *b* du 2° de l'article 38 du cahier des charges de La Poste annexé au décret *[n° 90-1214]* du 29 décembre 1990 susvisé.

Pour le vote par correspondance, le cachet de la poste fait foi.

Les modalités du vote par correspondance sont fixées par arrêté du ministre chargé de la tutelle des chambres de commerce et d'industrie.

25 I. – Les enveloppes d'acheminement des votes sont adressées à la préfecture, qui en dresse un état récapitulatif. – *V. Arr. du 30 juill. 2004, art. 9 (JO 6 août).*

Sous peine de nullité du vote, les enveloppes d'acheminement des votes doivent comporter les mentions suivantes :

– la dénomination de la chambre ;

– la mention « Élection des membres » ;

– le nom de l'électeur ;

– ses prénoms ;

– sa signature ;

– la désignation de la catégorie et, le cas échéant, de la sous-catégorie à laquelle il appartient.

Les enveloppes d'acheminement des votes peuvent comporter un dispositif permettant une lecture automatisée, dans les conditions de sécurité et selon des modalités définies par arrêté du ministre chargé de la tutelle des chambres de commerce et d'industrie pris après avis de la Commission nationale de l'informatique et des libertés.

II. – Sous peine de nullité du vote, les enveloppes de scrutin doivent comporter exclusivement les mentions suivantes :

– la dénomination de la chambre de commerce et d'industrie ;

– la mention « Élection des membres » ;

– la désignation de la catégorie et, le cas échéant, de la sous-catégorie à laquelle appartient l'électeur.

26 Le lundi suivant la date du scrutin, la commission d'organisation des élections, organisée le cas échéant en sections, procède aux opérations de dépouillement des votes par correspondance en séance publique et en présence de scrutateurs désignés par le président de la commission et par les candidats ou les mandataires des listes en présence.

Le jour du dépouillement, autant d'urnes qu'il y a de sous-catégories sont mises en place.

La commission vérifie que le nombre des enveloppes d'acheminement des votes correspond à celui qui est porté sur l'état récapitulatif mentionné à l'article 25 du présent décret. Si une différence est constatée, mention en est faite sur le procès-verbal paraphé par chaque membre de la commission.

La commission procède à l'ouverture des enveloppes d'acheminement des votes.

Le président ou un membre de la commission désigné par lui au sein d'une section vérifie que le vote émis correspond à la catégorie et à la sous-catégorie dont relève l'électeur et, dans le cas contraire, écarte ce vote du dépouillement.

Le président, ou un membre de la commission désigné par lui au sein d'une section, constate le vote de chaque électeur en apposant sa signature, éventuellement avec l'assistance de moyens électroniques, en face du nom de l'électeur, sur la copie de la liste électorale qui constitue la liste d'émargement, dans les conditions de sécurité et d'authentification et selon des modalités définies par arrêté du ministre chargé de la tutelle des chambres de commerce et d'industrie pris après avis de la Commission nationale de l'informatique et des libertés.

Un membre de la commission introduit ensuite chaque enveloppe de scrutin dans l'urne correspondante.

Le recensement des votes est effectué dans les formes décrites aux deuxième et troisième alinéas de l'article L. 65 du code électoral et suivant les règles fixées à l'article L. 66 du même code.

La commission totalise le nombre de suffrages obtenus par chaque candidat de chaque catégorie ou sous-catégorie et attribue les sièges conformément à l'article L. 713-16 du code de commerce.

Est considéré comme nul tout bulletin présenté sous une forme autre que celle qui a été validée par la commission, tout bulletin comportant un nombre de noms supérieur à celui des sièges à pourvoir dans la catégorie, la sous-catégorie professionnelle ou la délégation et tout bulletin entaché d'une des irrégularités mentionnées à l'article L. 66 du code électoral.

Est considéré comme nul tout suffrage désignant une personne qui n'est pas candidate.

Les bulletins et les enveloppes entachés de nullité sont conservés, paraphés par les membres de la commission et annexés au procès-verbal dans les conditions prévues par les articles L. 66 et R. 68 du code électoral.

Toutes les opérations manuelles de dépouillement prévues au présent article peuvent être effectuées avec l'assistance de moyens électroniques, dans des conditions fixées par arrêté du ministre chargé de la tutelle des chambres de commerce et d'industrie après avis de la Commission nationale de l'informatique et des libertés.

SECTION V *Du vote électronique*

27 La commission d'organisation des élections adresse à tous les électeurs, en même temps que les documents prévus au 2° de l'article 21, une circulaire relative aux modalités d'accès au système de vote électronique auquel l'électeur doit se relier pour voter ainsi que, selon des modalités garantissant leur confidentialité, les instruments permettant l'expression du vote.

Ces instruments permettent l'authentification de l'électeur et la vérification de l'unicité de son vote selon des exigences de sécurité et des modalités définies par arrêté du ministre chargé de la tutelle des chambres de commerce et d'industrie pris après avis de la Commission nationale de l'informatique et des libertés. – *V. Arr. du 12 oct. 2004 (JO 28 oct.).*

28 Pour voter par voie électronique, l'électeur, après connexion au site internet ou à tout autre réseau accessible à tous les électeurs, s'identifie, exprime son vote et le valide au moyen des instruments d'authentification qui lui ont été attribués. Il vérifie l'inscription sécurisée de son vote par le système de vote électronique. La transmission du vote et l'émargement de l'électeur doivent pouvoir faire l'objet d'une date certaine de réception et d'un accusé de réception électronique.

29 Les données relatives aux électeurs inscrits sur les listes électorales ainsi que celles relatives à l'expression de leur vote font l'objet, selon les modalités techniques fixées par arrêté du ministre chargé de la tutelle des chambres de commerce et d'industrie pris après avis de la Commission nationale de l'informatique et des libertés, de traitements automatisés d'information effectués sur des systèmes informatiques distincts, dédiés et isolés, respectivement dénommés « fichier des électeurs » et « contenu de l'urne électronique ». – *V. Arr. du 12 oct. 2004 (JO 28 oct.).*

Le traitement « fichier des électeurs » est établi à partir des listes électorales dressées par la commission d'établissement des listes électorales. Ce traitement permet à la commission d'organisation des élections, d'adresser à chaque électeur les instruments d'authentification mentionnés à l'article 27 du présent décret, d'identifier les électeurs ayant pris part au vote électronique et d'éditer la liste d'émargement. L'émargement indique l'heure du vote. Les listes d'émargement doivent être enregistrées sur un support distinct de celui de l'urne électronique, scellé, non réinscriptible, rendant son contenu inaltérable et probant.

Le fichier dénommé « contenu de l'urne électronique » recense les votes exprimés par voie électronique. Les données de ce fichier font l'objet d'un chiffrement et ne doivent pas comporter de lien permettant l'identification des électeurs.

30 Le jour du dépouillement des votes, le président de la commission d'organisation des élections imprime la liste d'émargement à partir du traitement « fichier des électeurs ». Cette liste constitue la liste d'émargement pour le vote par correspondance.

Le président de la commission et l'un des assesseurs reçoivent chacun une clé de dépouillement distincte, selon des modalités en garantissant la confidentialité, permettant d'accéder aux données du fichier dénommé « contenu de l'urne électronique ». Le président reçoit également les éléments permettant la vérification de l'intégrité du système de vote électronique.

Après la clôture des opérations de vote et vérification de l'intégrité du fichier dénommé « contenu de l'urne électronique », le président de la commission d'organisation des élections et l'assesseur mentionné à l'alinéa précédent procèdent publiquement au dépouillement.

Les décomptes des voix par candidat doivent apparaître lisiblement à l'écran et faire l'objet d'une édition sécurisée afin d'être portés au procès-verbal de l'élection.

Le système de vote électronique est verrouillé après le dépouillement de sorte qu'il soit impossible de reprendre ou de modifier le résultat après la décision de clôture du dépouillement prise par la commission.

La commission d'organisation des élections contrôle que le nombre total de votes exprimés par voie électronique correspond au nombre de votants figurant sur la liste d'émargement.

Le nombre total de suffrages exprimés par voie électronique ainsi que le nombre de voix obtenues par chaque candidat sont portés au procès-verbal.

31 Jusqu'à l'expiration des délais de recours contentieux, les fichiers supports comprenant la copie des programmes sources et des programmes exécutables, les matériels de vote, les fichiers d'émargement, de résultats et de sauvegarde doivent être conservés sous scellés sous le contrôle de la commission d'organisation des élections. La procédure de décompte des votes enregistrés doit, si nécessaire, pouvoir être exécutée de nouveau.

A l'expiration des délais de recours, et si aucun recours n'a été exercé, il est procédé à la destruction des fichiers supports sous le contrôle de la commission d'organisation des élections.

32 Les modalités d'application de la présente section et d'expertise du système de vote sont fixées par arrêté du ministre chargé de la tutelle des chambres de commerce et d'industrie pris après avis de la Commission nationale de l'informatique et des libertés. *– V. Arr. du 12 oct. 2004 (JO 28 oct.).*

SECTION VI *De la proclamation des résultats et du contentieux des élections des membres des chambres de commerce et d'industrie*

33 A l'issue du dépouillement, la commission d'organisation des élections dresse un procès-verbal signé par son président et ses membres et proclame les résultats des élections en public.

Cette proclamation doit intervenir au plus tard quarante-huit heures après le début du dépouillement.

Le procès-verbal est transmis au préfet qui en adresse une copie au ministre chargé de la tutelle des chambres de commerce et d'industrie et à la chambre de commerce et d'industrie.

Les listes d'émargement sont transmises au préfet. Elles peuvent être consultées à la préfecture dans les conditions fixées par l'article L. 68 du code électoral.

34 Les recours en annulation des élections aux chambres de commerce et d'industrie peuvent être formés par tout électeur et par le préfet dans les conditions prévues aux articles L. 248, R. 119, R. 120, R. 121 et R. 122 du code électoral.

Toutefois, le délai de cinq jours prévu au premier alinéa de l'article R. 119 de ce code court à compter de la proclamation des résultats.

L'appel est formé dans un délai d'un mois devant la cour administrative d'appel dans les conditions fixées aux articles R. 811-1 à R. 811-4 du code de justice administrative. Il est jugé comme affaire urgente.

Les membres élus restent en fonction jusqu'à ce qu'il ait été définitivement statué sur les réclamations.

35 En cas d'annulation partielle ou totale devenue définitive des élections des membres d'une chambre de commerce et d'industrie et sauf si cette annulation est prononcée moins d'un an avant un renouvellement général, il est procédé, dans le délai de deux mois, à un nouveau scrutin pour pourvoir les sièges vacants.

Dans le cas prévu à l'alinéa précédent ainsi que dans les cas prévus au I et au II de l'article L. 713-5 du code de commerce, le préfet arrête les dates et les délais des différentes opérations électorales.

36 Lorsque les dates fixées par le présent chapitre ou le dernier jour des délais qu'il impartit tombent un jour férié ou un samedi, ils sont reportés jusqu'au premier jour ouvrable qui suit. Il en est de même pour l'application de l'arrêté prévu au deuxième alinéa de l'article 35.

37 Pour l'application des dispositions du présent titre, lorsque la circonscription d'une chambre de commerce et d'industrie comprend plusieurs départements, le préfet compétent est celui du département où est situé le siège de la chambre. Il prend l'avis des préfets des autres départements de la circonscription.

TITRE II Des chambres régionales de commerce et d'industrie

38 *(Décr. n° 2004-576 du 21 juin 2004, art. 2)* Les circonscriptions des chambres régionales de commerce et d'industrie, dont le siège est fixé par arrêté du ministre chargé du commerce et du ministre chargé de l'industrie, correspondent à celles des régions administratives.

Toutefois, la circonscription de la chambre régionale de commerce et d'industrie de Limousin - Poitou-Charentes correspond à celles des chambres de commerce et d'industrie d'Angoulême, Brive, Cognac, Guéret, La Rochelle, Limoges, Niort, Poitiers, Rochefort et Tulle. La circonscription de la chambre régionale de commerce et d'industrie de Provence-Alpes-Côte d'Azur-Corse correspond à celles des chambres de commerce et d'industrie d'Ajaccio, Arles, Avignon, Bastia, Digne, Gap, Marseille, Nice et Toulon.

Les circonscriptions définies aux premier et deuxième alinéas du présent article peuvent être modifiées par décret en Conseil d'État. – *V. Décr. n° 2001-544 du 25 juin 2001 (JO 28 juin) portant création de la chambre régionale de commerce et d'industrie Paris-Ile-de-France.*

39 Un arrêté du préfet de région détermine le nombre des membres de chaque chambre régionale de commerce et d'industrie dans les conditions fixées ci-après.

Chacune des chambres de commerce et d'industrie dont la circonscription fait partie de celle de la chambre régionale de commerce et d'industrie y est représentée par :

a) Son président et un autre de ses membres ;

b) *(Décr. n° 2001-544 du 25 juin 2001)* « Des membres supplémentaires en nombre égal au quotient du nombre de ressortissants par 6 000 arrondi à l'unité la plus proche, lorsque la circonscription de la chambre régionale de commerce et d'industrie compte au plus 400 000 ressortissants ; ce nombre est égal au quotient du nombre de ressortissants par 18 000 arrondi à l'unité la plus proche, lorsque cette circonscription compte plus de 400 000 ressortissants. »

c) Un membre complémentaire par département compris dans sa circonscription.

Si, en application des règles qui précèdent, le nombre total des sièges d'une chambre régionale de commerce et d'industrie est inférieur à vingt, le nombre forfaitaire de représentants par chambre de commerce et d'industrie peut être porté de deux à trois. *(Décr. n° 2004-576 du 21 juin 2004, art. 2)* « Dans ce cas, le nombre de sièges est arrêté par le préfet de région, après avis de la chambre régionale de commerce et d'industrie. »

Aucune chambre de commerce et d'industrie ne peut disposer à elle seule de la moitié des sièges de la chambre régionale de commerce et d'industrie.

Entre deux renouvellements, les vacances venant à se produire sont immédiatement comblées. – *V. art. 59.*

(Décr. nº 2004-576 du 21 juin 2004, art. 2) « Si la moitié des sièges devient vacant le bureau est réélu dans sa totalité. »

40 Toute chambre de commerce et d'industrie peut faire partie d'une chambre régionale de commerce et d'industrie dont la circonscription est limitrophe de la sienne, pour participer à une de ses activités spécifiques, sous réserve de lui verser une cotisation à cet effet et d'y être autorisée par le ministre chargé de la tutelle administrative des chambres de commerce et d'industrie.

Cette chambre de commerce et d'industrie, qui est représentée par un de ses membres élus, n'a toutefois pas voix délibérative pour l'élection du bureau de la chambre régionale de commerce et d'industrie ni pour le vote de son budget.

41 Les chambres régionales de commerce et d'industrie s'adjoignent des membres associés, qui ont voix consultative et dont le nombre ne peut dépasser la moitié de celui des membres élus.

Ces membres associés sont, dans la limite du tiers du nombre des membre élus, des chefs d'entreprise et des cadres dirigeants de l'industrie, du commerce et des services désignés, parmi eux, par l'ensemble des membres associés de leur catégorie siégeant dans les chambres de commerce et d'industrie de la circonscription de la chambre régionale et, pour le reste, des personnalités choisies en raison de leur compétence en matière économique.

Un arrêté du préfet de région fixe le nombre total des membres associés et, en ce qui concerne le premier groupe défini à l'alinéa précédent, la répartition des sièges entre représentants des organisations patronales et représentants des cadres dirigeants.

Les membres associés sont installés dans leurs fonctions par le préfet de région au cours de la deuxième réunion de la chambre régionale.

42 Les chambres régionales de commerce et d'industrie sont renouvelées à la suite de chaque élection *(Décr. nº 2004-576 du 21 juin 2004, art. 2)* « quinquennale » des chambres de commerce et d'industrie.

Dans les quinze jours qui suivent l'installation de ses membres, chaque chambre de commerce et d'industrie désigne ses représentants à la chambre régionale de commerce et d'industrie suivant les modalités définies aux articles 42 et 43 du présent décret.

(Décr. nº 2004-576 du 21 juin 2004, art. 2) « Ces désignations sont portées à la connaissance du préfet de région qui, dans les neuf semaines qui suivent le jour du scrutin prévu à l'article 23 du présent décret, procède à l'installation des nouveaux membres de la chambre régionale de commerce et d'industrie. »

TITRE III De l'assemblée des chambres françaises de commerce et d'industrie

43 *Modification des art. 1er et 2 du décret nº 64-1200 du 4 déc. 1964.*

TITRE IV Dispositions communes

44 Sauf indication contraire, les dispositions du présent titre s'appliquent aux compagnies consulaires désignées ci-après : assemblée des chambres françaises de commerce et d'industrie, chambres régionales de commerce et d'industrie, chambres de commerce et d'industrie et groupements interconsulaires.

CHAPITRE PREMIER *Organisation et fonctionnement*

45 Les compagnies consulaires mentionnées ci-dessus adoptent un règlement intérieur relatif à leur organisation et à leur fonctionnement, qui fixe, entre autres dispositions :

1° Les conditions de fonctionnement de leurs différentes instances, en particulier l'assemblée générale, le comité directeur, le bureau, les délégations et les commissions, la périodicité de leurs réunions, les rapports avec les délégués consulaires, les membres associés et les conseillers techniques ainsi que l'organisation administrative des services ;

2° Le nombre maximal de mandats que peut exercer un membre ;

3° La durée minimale du mandat que doit avoir exercé, le cas échéant, un membre pour être président ou membre du bureau ;

4° La durée maximale de fonctions que peut exercer un président ou un membre du bureau, le règlement pouvant toutefois substituer à cette durée la fixation de limites d'âge ;

5° Les conditions dans lesquelles le président et le trésorier peuvent déléguer leur signature à d'autres membres élus et, le cas échéant, au directeur général ou, sur sa proposition, à d'autres agents permanents de la chambre ;

6° Les conditions dans lesquelles le directeur général de la chambre de commerce et d'industrie est habilité à représenter son président.

Les dispositions prévues aux 2°, 3° et 4° ci-dessus ne peuvent pas être modifiées dans l'année d'un renouvellement *(Abrogé par Décr. n° 2004-576 du 21 juin 2004, art. 4)* « ***triennal*** ». *— V., dérogeant à l'art. 45 pour les élections des membres des chambres de commerce et d'industrie et des délégués consulaires en 1994, Décr. n° 94-438 du 1er juin 1994 (JO 3 juin).*

Par dérogation aux dispositions de l'art. 45, les règlements intérieurs des chambres de commerce et d'industrie seront mis en conformité avec les dispositions du Décr. n° 2004-576 du 21 juin 2004 au plus tard trois mois après sa publication (JO 22 juin).

46 Le règlement intérieur mentionné à l'article précédent est homologué par *(Décr. n° 2004-576 du 21 juin 2004, art. 4)* « le préfet ».

L'absence de réponse dans les *(Décr. n° 2004-576 du 21 juin 2004, art. 4)* « deux » mois qui suivent la réception du règlement intérieur vaut homologation de celui-ci.

47 Les services des compagnies consulaires sont dirigés par un directeur ou, si leur importance le justifie, par un directeur général, nommé, après consultation du bureau, par le président et placé sous son autorité. Le directeur et le directeur général sont ci-après dénommés directeurs.

Le directeur assiste les membres élus de la chambre dans l'exercice de leurs fonctions et assure, notamment, le secrétariat général du président, de l'assemblée générale, du bureau, des commissions et, en ce qui concerne l'assemblée des chambres françaises de commerce et d'industrie, du comité directeur. Il participe à la préparation de toutes les décisions de la chambre et a la charge de leur mise en œuvre.

Après chaque élection, le président informe l'assemblée générale des *(Décr. n° 2004-576 du 21 juin 2004, art. 4)* « attributions » du directeur, telles qu'elles sont définies au présent article et au règlement intérieur de la chambre.

48 Les chambres de commerce et d'industrie ne peuvent se réunir en assemblée générale que toutes catégories et sous-catégories professionnelles confondues.

Les chambres régionales de commerce et d'industrie, les chambres de commerce et d'industrie et les groupements interconsulaires ne peuvent valablement délibérer que si le nombre des membres présents dépasse la moitié du nombre des membres en exercice.

Lorsque ce nombre n'est pas atteint, il est procédé à une nouvelle convocation de l'assemblée générale. Lors de la deuxième réunion, la délibération est valable si le nombre des membres atteint le tiers du nombre des membres en exercice.

Les délibérations sont prises à la majorité absolue des votants. En cas de partage des voix, celle du président est prépondérante.

L'élection du bureau a lieu au premier et au deuxième tour à la majorité absolue des membres en exercice. Au troisième tour, la majorité relative suffit. En cas de partage des voix, le candidat le plus âgé est élu. Le vote par procuration est admis mais chaque membre ne peut disposer que d'une procuration.

49 *(Décr. n° 2004-576 du 21 juin 2004, art. 4)* Les membres sortants siègent jusqu'à l'installation de leurs successeurs.

Toutefois, à compter du jour de l'élection et jusqu'à celui de l'installation des nouveaux membres, la chambre ne peut se réunir que pour expédier les affaires courantes.

CHAPITRE II *Dispositions financières, budgétaires et comptables*

50 L'assemblée générale de chaque compagnie consulaire vote chaque année un budget primitif qui doit satisfaire aux principes généraux applicables aux budgets des établissements publics à caractère administratif, sous réserve des adaptations prévues par le présent décret pour tenir compte des caractères spécifiques de ces compagnies.

Ce budget est un document unique qui embrasse l'ensemble des activités de la compagnie consulaire. Ce caractère unique ne fait pas obstacle à ce que le budget comprenne, dans les conditions fixées par arrêté du ministre chargé de la tutelle administrative des chambres de commerce et d'industrie, des regroupements ou des subdivisions, sous forme de sections comptables ou autres, destinées à individualiser certaines activités, notamment économiques.

Le budget primitif peut faire l'objet, en cas de nécessité, de budgets rectificatifs.

A l'issue de chaque exercice, l'asssemblée générale vote, d'une part, un budget exécuté, qui retrace les conditions dans lesquelles le budget primitif et les budgets rectificatifs ont été exécutés, et, d'autre part, un bilan, un compte de résultat et une annexe établis dans les conditions prévues au premier alinéa de l'article 24 du décret du 1er mars 1985 *[abrogé]* susvisé applicable aux personnes morales de droit privé non commerçantes ayant une activité économique. — *V. ce texte, supra, ss. C. com., art. L. 612-5 ancien.*

Le plan comptable applicable aux documents mentionnés ci-dessus est fixé par arrêté conjoint du ministre chargé de la tutelle administrative des chambres de commerce et d'industrie, du garde des sceaux, ministre de la justice, et du ministre chargé du budget.

51 Le budget primitif et les budgets rectificatifs sont approuvés par le ministre chargé de la tutelle administrative des chambres de commerce et d'industrie après avis du préfet territorialement compétent.

Le budget exécuté est approuvé, selon les cas, par le ministre chargé de la tutelle administrative des chambres de commerce et d'industrie en ce qui concerne l'assemblée des chambres françaises de commerce et d'industrie ainsi que les groupements interconsulaires, par le préfet de région en ce qui concerne les chambres régionales de commerce et d'industrie ainsi que les chambres de commerce et d'industrie dont la circonscription comprend plusieurs départements et par le préfet de département en ce qui concerne les autres chambres de commerce et d'industrie.

L'avis du ou des ministres respectivement chargés des ports et aéroports est requis en ce qui concerne la partie des budgets des compagnies consulaires relative aux concessions portuaires et aéroportuaires qui leur sont confiées par l'État.

Un arrêté du ministre chargé de la tutelle administrative des chambres de commerce et d'industrie ou un arrêté conjoint du ministre chargé de la tutelle administrative des chambres de commerce et d'industrie et du ou des ministres chargés des ports et des aéroports détermine les conditions de l'approbation des budgets, notamment en ce qui concerne la présentation des documents et les délais.

52 Les crédits inscrits au budget des compagnies consulaires ont un caractère limitatif, sous réserve des aménagements à cette règle résultant d'un arrêté du ministre chargé de la tutelle administrative des chambres de commerce et d'industrie pour tenir compte de leurs besoins spécifiques, notamment en matière industrielle et commerciale, ou pour faire face à des dépenses obligatoires.

53 1° Les règles essentielles de l'organisation et des procédures financières, budgétaires et comptables applicables aux compagnies consulaires doivent être conformes aux prescriptions fixées par arrêté du ministre chargé de la tutelle administrative des chambres de commerce et d'industrie.

2° Le président de la compagnie consulaire est chargé de l'exécution du budget. Il émet, à destination du trésorier, les titres de perception des recettes et des produits, ainsi que les mandats des dépenses et des charges, préalablement à leur encaissement ou à leur paiement.

3° Le trésorier est chargé de la tenue de la comptabilité, de l'exécution des opérations de dépenses et de recettes, ainsi que de la gestion de la trésorerie ; *(Décr. n° 2004-576 du 21 juin 2004, art. 4)* « il est assisté en tant que de besoin par les services comptables » et les régies mentionnées au 5°.

4° Les délégations de signature du président et du trésorier doivent respecter la règle de séparation de leurs compétences respectives.

5° Des régies, limitées dans leur objet et leur montant, peuvent être instituées par le président, avec l'accord du trésorier, en ce qui concerne les recettes et les dépenses de faible importance, urgentes ou répétitives.

54 Les fonctions des membres des compagnies consulaires sont gratuites.

(Décr. n° 2004-576 du 21 juin 2004, art. 4) « Toutefois, cette gratuité ne fait pas obstacle à l'attribution, le cas échéant, d'indemnités ou de remboursements de frais dont la liste et le montant sont fixés par arrêté du ministre chargé de la tutelle des chambres de commerce et d'industrie. » *– V. Arr. 30 juill. 2004 (JO 12 août).*

Une indemnité globale pour frais de mandat peut, en outre, être attribuée au bureau par l'assemblée générale, selon un barème fixé par arrêté du ministre chargé de la tutelle administrative des chambres de commerce et d'industrie, compte tenu de l'importance des compagnies consulaires, déterminée selon le nombre de leurs ressortissants, et de la valeur du point d'indice prévu par le statut du personnel administratif des chambres de commerce et d'industrie. *– V. Arr. 11 juin 1992 (JO 20 juin).*

TITRE V Dispositions diverses et finales

(Décr. n° 2004-576 du 21 juin 2004, art. 5)

55 Les dispositions du décret n° 61-923 du 3 août 1961 visées par le décret n° 83-473 du 9 juin 1983 relatif à la composition, à l'organisation et à l'élection des membres de la chambre d'agriculture, de commerce, d'industrie et des métiers de Saint-Pierre-et-Miquelon demeurent applicables à cet établissement. En outre, lui sont applicables les articles 51 à 54 du présent décret.

56 Pour les personnes physiques exerçant l'activité commerciale de pêche visée à l'article 14 de la loi n° 97-1051 du 18 novembre 1997 modifiée, la durée d'ancienneté de deux ans prévue à l'article L. 713-4 du code de commerce commence à courir à compter de la date à laquelle l'intéressé a exploité son premier navire.

57 Les deux premiers alinéas de l'article 26 de la loi du 9 avril 1898 relative aux chambres de commerce et d'industrie sont abrogés.

58 *(Décr. n° 2006-379 du 17 mars 2006, art. 4)* Les dispositions du présent décret, à l'exception des sections IV et V du chapitre II du titre Ier et de l'article 56, s'appliquent à la chambre de commerce et d'industrie de Mayotte sous réserve des adaptations prévues aux articles 59 et 60.

59 *(Décr. n° 2006-379 du 17 mars 2006, art. 4)* I. — Pour l'application à Mayotte de l'article 2, les deuxième à sixième alinéas sont remplacés par les dispositions suivantes :

L'étude décrit la répartition des membres entre catégories professionnelles et, le cas échéant, entre sous-catégories professionnelles. Elle est élaborée à partir des données suivantes :

1° Chiffres d'affaires, par catégorie ou sous-catégorie, des entreprises soumises au paiement de l'impôt sur les sociétés ;

2° Effectifs, par catégorie ou sous-catégorie, des entreprises à jour du paiement de la patente ;

3° Répartition, par catégorie ou sous-catégorie, des entreprises inscrites au registre du commerce.

II. — Pour l'application à Mayotte du premier alinéa de l'article 51, les mots : « par le ministre chargé de la tutelle administrative des chambres de commerce et d'industrie après avis du préfet territorialement compétent » sont remplacés par les mots : « par le représentant de l'État à Mayotte ou, s'agissant des budgets des services relatifs aux concessions portuaires et aéroportuaires qui seraient confiées par l'État à la chambre de commerce et d'industrie de Mayotte, par le ministre chargé de la tutelle des chambres de commerce et d'industrie, après avis du ministre chargé, selon le cas, des ports maritimes ou des aéroports ».

60 *(Décr. n° 2006-379 du 17 mars 2006, art. 4)* Le vote à l'urne prévu à l'article 16 de l'ordonnance n° 2005-43 du 20 janvier 2005 est organisé pour l'élection des membres de la chambre de commerce et d'industrie de Mayotte dans les conditions suivantes :

I. — La commission d'établissement des listes électorales prévue à l'article 15 de l'ordonnance n° 2005-43 du 20 janvier 2005 fait établir par le préfet les cartes électorales et les remet aux maires qui les adressent aux électeurs au plus tard dans la troisième semaine qui précède la date du scrutin. La carte d'électeur qui n'a pu être remise à son titulaire est transmise par le maire au bureau de vote où elle demeure à la disposition de l'électeur jusqu'au jour du scrutin. Un arrêté du préfet fixe le format, les mentions et les modalités d'impression des cartes électorales.

II. — L'électeur peut donner procuration à un autre électeur inscrit dans la même catégorie et sous-catégorie professionnelle, si elle existe.

La procuration mentionne l'identité du mandant et du mandataire ainsi que la catégorie, et la sous-catégorie professionnelle, si elle existe, de chacun d'eux.

Chaque électeur ne peut disposer que d'une seule procuration. Si plusieurs procurations sont établies au nom du même électeur, celle qui lui a été adressée en premier lieu est seule valable.

Les articles L. 71, L. 72, L. 74 à L. 77, R. 73 (premier, deuxième, troisième et quatrième alinéas), R. 74 (premier alinéa), R. 75 (premier et deuxième alinéas), R. 76 (troisième, quatrième et cinquième alinéas), R. 78 (premier alinéa) et R. 79 du code électoral s'appliquent au vote par procuration.

III. — Le représentant de l'État à Mayotte fixe le siège et les heures d'ouverture des bureaux de vote.

Les bureaux de vote sont constitués du maire ou de son délégué, président, et de deux conseillers municipaux ou, à défaut, électeurs consulaires qu'il désigne.

Si un électeur ne peut présenter au bureau de vote sa carte électorale, il est autorisé à voter au vu de la liste électorale en produisant un des titres d'identité prévus par l'article R. 60 du code électoral.

IV. — Il est procédé au dépouillement le jour même du scrutin.

Est nul tout bulletin distinct du modèle validé dans les conditions prévues à l'article 21, tout bulletin portant un nombre de noms supérieur à celui des sièges à pourvoir dans la catégorie ou, le cas échéant, la sous-catégorie professionnelle concernée et tout bulletin entaché d'une des irrégularités mentionnées à l'article L. 66 du code électoral.

Seuls les suffrages en faveur des candidats déclarés sont pris en compte.

V. — A l'issue du dépouillement, le président du bureau de vote dresse le procès-verbal des opérations électorales et le remet dans les vingt-quatre heures à la commission des opérations électorales prévue à l'article 21.

VI. — Par dérogation aux dispositions du deuxième alinéa de l'article 33, la commission dispose d'un délai de quatre jours suivant celui du scrutin pour proclamer les résultats.

V. Circ. 7 oct. 1988 relative... à l'interprétation de certaines dispositions du décret n° 88-291 du 28 mars 1988 (abrogé par le décret du 18 juill. 1991 ci-dessus), applicables aux chambres de commerce et d'industrie (D. et ALD 1988. 439).

Décret n° 2004-799 du 29 juillet 2004,

Relatif à l'élection des délégués consulaires.

CHAPITRE PREMIER *Dispositions générales*

Art. 1er Les délégués consulaires sont élus dans la circonscription définie à l'article L. 713-6 du code de commerce conformément aux dispositions du présent décret.

2 Le nombre des délégués consulaires est fixé, dans les conditions prévues à l'article L. 713-12 du code de commerce, par arrêté préfectoral.

La répartition des délégués entre les catégories correspondant respectivement aux activités commerciales, industrielles ou de services et éventuellement les sous-catégories prévues par l'article L. 713-11 du code de commerce se fait dans les mêmes conditions que celles qui sont fixées pour les membres des chambres de commerce et d'industrie par les articles 1er à 3 du décret du 18 juillet 1991 susvisé.

3 Le délégué consulaire qui souhaite démissionner ou qui perd la qualité au titre de laquelle il a été élu adresse sa démission au préfet. Toutefois, conservent leur mandat jusqu'aux prochaines élections les délégués consulaires qui changent de catégorie ou de sous-catégorie professionnelle et les délégués consulaires qui remplissent les conditions d'éligibilité dans une autre circonscription.

CHAPITRE II *Établissement des listes électorales*

Pour les mentions devant être portées sur les listes électorales, V. Arr. 7 sept. 2004, art. 1er (JO 9 sept.).

4 La commission mentionnée à l'article L. 713-14 du code de commerce, ci-après dénommée « commission d'établissement des listes électorales », est composée, outre son président, d'un représentant du préfet et d'un membre de la chambre de commerce et d'industrie désigné par l'assemblée générale de la chambre.

La commission se réunit, sur convocation de son président, à compter du 1er janvier de l'année de chaque renouvellement.

Le secrétariat de la commission est assuré conjointement par le greffier de la juridiction de première instance compétente en matière commerciale comportant des juges élus et par le directeur général de la chambre de commerce et d'industrie ou leur représentant.

Les services de la chambre de commerce et d'industrie doivent fournir toute assistance technique au secrétariat de la commission.

5 Pour l'application de l'article L. 713-7 du code de commerce, la chambre de commerce et d'industrie demande aux entreprises inscrites au registre du commerce et des sociétés de lui communiquer la liste des personnes mentionnées aux 2° et 3° de cet article.

Les personnes désignées au *d* du 1° du même article demandent à s'inscrire sur la liste auprès de la commission mentionnée à l'article 4 avant la date du 30 juin. Il en est de même des anciens membres des tribunaux de commerce mentionnés au *e* de la même disposition.

La commission d'établissement des listes électorales procède à l'établissement et à la révision des listes électorales qui sont arrêtées au plus tard le 30 juin.

Les listes électorales, établies par catégorie et, le cas échéant, sous-catégorie professionnelles, sont transmises au préfet au plus tard le 31 juillet.

Lorsque la circonscription d'une chambre de commerce et d'industrie comprend plusieurs départements le préfet compétent est celui du département où est situé le siège de la chambre de commerce et d'industrie (Arr. 7 sept. 2004, art. 12, JO 9 sept.).

6 Le préfet met à la disposition du public, du 1er août au 1er septembre inclus, dans le greffe de chaque juridiction de première instance compétente en matière commerciale et comportant des juges élus, à la chambre de commerce et d'industrie ainsi qu'à la préfecture, un exemplaire des listes électorales.

Le préfet informe les électeurs du dépôt des listes électorales et des lieux et modalités de leur consultation, par voie d'affiches apposées à la préfecture du siège du tribunal de commerce, au siège de la chambre et, le cas échéant, par tout autre moyen. – *Sur le préfet compétent, V. note ss. art. 5, supra.*

La consultation des listes électorales par voie électronique doit s'effectuer dans le respect des dispositions législatives et réglementaires assurant la sécurité et la confidentialité des données.

Tout électeur est autorisé à prendre communication des listes électorales et à en prendre copie à ses frais auprès du greffe de la juridiction mentionnée au premier alinéa du présent article.

7 Tout électeur peut présenter, durant la période de publicité des listes électorales prévue à l'article 6, une réclamation à la commission d'établissement des listes électorales.

Les réclamations sont déposées au secrétariat de la commission.

La commission d'établissement des listes électorales statue sur les réclamations ainsi que sur les éléments nouveaux apparus entre le 30 juin et le 31 juillet qui lui sont signalés par le préfet, le juge commis à la surveillance du registre du commerce et des sociétés ou le greffier de la juridiction mentionnée au premier alinéa de l'article 6, au plus tard dans les soixante-douze heures suivant la fin de la mise à disposition du public des listes électorales.

8 Les décisions de la commission peuvent faire l'objet d'une contestation formée dans les conditions prévues aux articles L. 25, L. 27 et R. 13 à R. 15-7 du code électoral. – *V. Arr. 7 sept. 2004 (JO 9 sept.).*

Les recours prévus aux premier et deuxième alinéas de l'article L. 25 doivent être formés dans les dix jours à compter de la notification de la décision de la commission.

Le tribunal d'instance territorialement compétent est celui dans la juridiction duquel la juridiction intéressée par l'élection a son siège.

9 Lorsque des élections sont organisées dans une juridiction de première instance compétente en matière commerciale comportant des juges élus au cours des quatre années suivant celle du renouvellement quinquennal des délégués consulaires, la commission d'établissement des listes électorales se réunit sur convocation de son président pour examiner les demandes d'inscription sur la liste électorale des délégués consulaires présentées par les électeurs justifiant qu'ils remplissent les conditions d'éligibilité aux fonctions de délégué consulaire fixées à l'article L. 713-10 du code de commerce.

Cette demande doit être présentée au plus tard sept jours après la date de l'arrêté préfectoral convoquant le collège électoral des juges consulaires.

La commission d'établissement des listes électorales statue au plus tard quinze jours après la date de l'arrêté préfectoral convoquant le collège électoral des juges consulaires.

Les décisions de la commission peuvent faire l'objet d'un recours dans un délai de quinze jours. Ce recours et le pourvoi en cassation sont formés dans les conditions prévues aux articles R. 13 à R. 15-7 du code électoral.

CHAPITRE III *Candidatures*

10 Tout électeur qui remplit les conditions fixées à l'article L. 713-10 du code de commerce peut se porter candidat dans sa sous-catégorie ou, à défaut, dans sa catégorie professionnelle. Nul ne peut être candidat dans plus d'une catégorie et sous-catégorie.

L'âge d'éligibilité s'apprécie à la date de clôture du scrutin.

11 Les candidatures sont déclarées à la préfecture.

Les déclarations de candidature doivent être faites par écrit et signées par les candidats. Elles peuvent être présentées sous une forme individuelle ou collective par catégorie ou sous-catégorie soit par les candidats eux-mêmes, soit par un mandataire. Dans ce cas, les déclarations doivent être accompagnées du mandat signé par les mandants et par le mandataire.

La déclaration de candidature doit indiquer le nom, le ou les prénoms, le sexe, la date et le lieu de naissance du candidat, sa nationalité, la raison sociale et l'adresse de l'entreprise dans laquelle il exerce ses fonctions, la catégorie professionnelle ou la sous-catégorie dans laquelle il se présente ainsi que son numéro d'inscription sur la liste électorale.

Chaque candidat est tenu de joindre à sa candidature une déclaration sur l'honneur attestant qu'il remplit les conditions d'éligibilité fixées à l'article L. 713-10 du code de commerce et qu'il n'est frappé d'aucune des incapacités prévues à l'article L. 713-9 du même code. — *V. Arr. 7 sept. 2004 (JO 9 sept.).*

12 Les déclarations de candidature qui remplissent les conditions fixées par l'article L. 713-10 du code de commerce et par le présent décret sont enregistrées et donnent lieu à la délivrance d'un récépissé.

13 Le lendemain de la date limite de dépôt des candidatures, le préfet publie la liste des candidats par voie d'affichage à la préfecture, au greffe de la juridiction mentionnée au premier alinéa de l'article 6 et à la chambre de commerce et d'industrie ainsi que, le cas échéant, par tout autre moyen. — *Sur le préfet compétent, V. note ss. art. 5, supra.*

La campagne électorale débute le jour de l'affichage de la liste des candidats en préfecture et prend fin la veille du jour d'ouverture du scrutin à zéro heure.

14 Aucun retrait ou remplacement d'une candidature n'est accepté après son enregistrement.

Le refus d'enregistrement d'une candidature peut être contesté par le candidat ou son mandataire qui disposent d'un délai de vingt-quatre heures pour saisir le tribunal administratif lequel statue, en premier et dernier ressort, dans les trois jours du dépôt de la requête.

La candidature est enregistrée si le tribunal administratif n'a pas statué dans ce délai.

CHAPITRE IV *Opérations préalables au scrutin*

15 La commission prévue à l'article L. 713-17 du code de commerce, ci-après dénommée « commission d'organisation des élections » comprend, outre son président :

Le président de la juridiction de première instance compétente en matière commerciale comportant des juges élus dans le ressort de laquelle est situé le siège de la chambre de commerce et d'industrie ou son représentant ;

Le président de la chambre de commerce et d'industrie ou un membre désigné par ses soins.

La commission est assistée, pour les tâches mentionnées aux 2° et 3° de l'article 16, d'un représentant de chaque entreprise assurant l'acheminement du courrier.

Elle peut faire appel, sur décision de son président, à des collaborateurs désignés par le président de la chambre de commerce et d'industrie.

Le secrétariat de la commission est assuré par le greffier de la juridiction mentionnée au deuxième alinéa du présent article et par le directeur général de la chambre de commerce et d'industrie ou un représentant désigné par ses soins au sein de la chambre de commerce et d'industrie.

Le préfet installe la commission au plus tard le 15 septembre précédant le jour d'ouverture du scrutin. – *Sur le préfet compétent, V. note ss. art. 5, supra.*

16 La commission est chargée :

1° De vérifier la conformité des bulletins de vote et des circulaires aux dispositions de l'arrêté prévu à l'article 17 ;

2° D'expédier aux électeurs, vingt et un jours avant la date d'ouverture du scrutin, les circulaires et bulletins de vote des candidats de chaque catégorie ou sous-catégorie ainsi que les instruments nécessaires au vote ;

3° D'organiser la réception des votes ;

4° D'organiser le dépouillement et le recensement des votes ;

5° De proclamer les résultats.

Pour assurer ces opérations, le président de la commission peut solliciter le concours de la chambre de commerce et d'industrie.

Les envois mentionnés au 2° du présent article qui ne sont pas parvenus à leur destinataire sont retournés par les entreprises assurant l'acheminement du courrier à la préfecture, qui les conserve jusqu'à l'expiration des délais du recours contre les élections ou, le cas échéant, jusqu'à l'intervention d'un jugement définitif sur les contestations.

17 Un arrêté du garde des sceaux, ministre de la justice, fixe le format, le libellé et les modalités d'impression des bulletins et des circulaires, ainsi que les modalités de présentation des candidatures sur les bulletins de vote. – *V. Arr. 7 sept. 2004 (JO 9 sept.).*

18 Tout candidat qui a recueilli au moins 5 % des suffrages exprimés bénéficie du remboursement des frais de campagne mentionnés au deuxième alinéa du présent article par la chambre de commerce et d'industrie dans la circonscription de laquelle a lieu le scrutin.

Un arrêté conjoint du garde de*[s]* sceaux, ministre de la justice, et du ministre chargé de la tutelle des chambres de commerce et d'industrie définit les frais de campagne et fixe le nombre et les caractéristiques des documents admis à remboursement ainsi que les conditions de celui-ci. – *V. Arr. 7 sept. 2004 (JO 9 sept.).*

Le préfet fixe, par référence aux tarifs applicables aux élections régies par le titre Ier du livre Ier du code électoral, les tarifs maximaux d'impression et d'affichage dans les limites desquels le remboursement intervient. – *V. Arr. 7 sept. 2004 (JO 9 sept.).*

19 Le 1er septembre au plus tard, un arrêté conjoint du garde des sceaux, ministre de la justice, et du ministre chargé de la tutelle des chambres de commerce et d'industrie fixe les dates de début et de fin de la période de dépôt des candidatures et les dates d'ouverture et de clôture du scrutin. Cette dernière ne peut être postérieure au premier mercredi de novembre à minuit. Toutefois, en cas de circonstances particulières, les dates d'ouverture et de clôture du scrutin peuvent être repoussées par arrêté conjoint des mêmes autorités. – *Pour les élections 2004, V. Arr. 7 sept. 2004 (JO 9 sept.).*

CHAPITRE V *Du scrutin*

SECTION I *Du vote par correspondance*

20 Les plis contenant les votes par correspondance sont admis en franchise au sens du *b* du 2° de l'article 38 du cahier des charges de La Poste annexé au décret du 29 décembre 1990 susvisé.

Pour la prise en compte du vote, le cachet de la poste fait foi.

21 Les enveloppes d'acheminement des votes sont adressées à la préfecture, qui en dresse un état récapitulatif.

Sous peine de nullité du vote, les enveloppes d'acheminement des votes doivent comporter les mentions suivantes :

a) La dénomination de la juridiction intéressée par l'élection ;

b) La mention : « Élection des délégués consulaires » ;

c) Le nom de l'électeur ;

d) Son ou ses prénoms ;

e) Sa signature ;

f) La désignation de la catégorie professionnelle et, le cas échéant, de la sous-catégorie à laquelle il appartient.

Les enveloppes d'acheminement des votes peuvent comporter un dispositif permettant une lecture automatisée, dans les conditions de sécurité et selon des modalités définies par arrêté conjoint du garde des sceaux, ministre de la justice, et du ministre de l'intérieur pris après avis de la Commission nationale de l'informatique et des libertés.

Les autres modalités du vote par correspondance sont fixées par arrêté conjoint des mêmes autorités. – *V. Arr. 7 sept. 2004 (JO 9 sept.).*

22 Le lundi suivant la date de clôture du scrutin, la commission d'organisation des élections procède aux opérations de dépouillement des votes par correspondance en public et en présence de scrutateurs désignés par le président de la commission et par les candidats ou leurs mandataires.

Autant d'urnes qu'il y a de sous-catégories sont mises en place.

23 La commission vérifie que le nombre des enveloppes d'acheminement des votes correspond à celui qui est porté sur l'état récapitulatif mentionné à l'article 21. Si une différence est constatée, mention en est faite sur le procès-verbal paraphé par chaque membre de la commission.

La commission procède à l'ouverture des enveloppes d'acheminement des votes.

Le président ou un membre de la commission désigné par lui vérifie que le vote émis correspond à la catégorie et à la sous-catégorie et au ressort de la juridiction dont relève l'électeur et, dans le cas contraire, écarte ce vote du dépouillement.

Le président ou un membre de la commission désigné par lui constate le vote de chaque électeur en apposant sa signature, éventuellement avec l'assistance de moyens électroniques, en face du nom de l'électeur, sur la copie de la liste électorale qui constitue la liste d'émargement, dans des conditions de sécurité et d'authentification et selon des modalités définies par arrêté conjoint du garde des sceaux, ministre de la justice, et du ministre chargé de la tutelle des chambres de commerce et d'industrie pris après avis de la Commission nationale de l'informatique et des libertés.

Un membre de la commission introduit ensuite chaque enveloppe de scrutin dans l'urne correspondante.

Le recensement des votes est effectué dans les formes prévues aux deuxième et troisième alinéas de l'article L. 65 du code électoral et suivant les règles fixées à l'article L. 66 de ce code.

24 La commission totalise, dans chaque ressort, le nombre de suffrages obtenus par chaque candidat de chaque catégorie ou sous-catégorie professionnelles et attribue les sièges conformément à l'article L. 713-16 du code de commerce.

Est considéré comme nul tout bulletin présenté sous une forme autre que celle qui a été validée par la commission, tout bulletin comportant un nombre de noms supérieur à celui des sièges à pourvoir dans la catégorie et, le cas échéant, la sous-catégorie professionnelle et tout bulletin entaché d'une des irrégularités mentionnées à l'article L. 66 du code électoral.

Est considéré comme nul tout suffrage désignant une personne qui n'est pas candidate.

Les bulletins et les enveloppes entachés de nullité sont conservés, paraphés par les membres de la commission et annexés au procès-verbal dans les conditions prévues par les articles L. 66 et R. 68 du code électoral.

SECTION II *Du vote électronique*

25 La commission d'organisation des élections adresse à tous les électeurs, en même temps que les documents prévus au 2° de l'article 16, une instruction relative aux modalités d'accès au système de vote électronique auquel l'électeur doit se relier pour voter ainsi que les instruments permettant l'expression du vote selon des modalités garantissant sa confidentialité.

Ces instruments permettent l'authentification de l'électeur et la vérification de l'unicité de son vote selon des exigences de sécurité et des modalités définies par arrêté conjoint du garde des sceaux, ministre de la justice, et du ministre chargé de la tutelle des chambres de commerce et d'industrie pris après avis de la Commission nationale de l'informatique et des libertés.

26 Pour voter par voie électronique, l'électeur, après connexion au site internet ou à tout autre réseau accessible à tous les électeurs, s'identifie, exprime son vote et le valide au moyen des instruments d'authentification qui lui ont été attribués. Il vérifie l'inscription sécurisée de son vote par le système de vote électronique. La transmission du vote et l'émargement de l'électeur font l'objet d'un accusé de réception électronique sur lequel figure la date de ladite réception.

27 Le jour du dépouillement des votes, le président de la commission d'organisation des élections imprime la liste d'émargement à partir du traitement « fichier des électeurs ». Cette liste constitue la liste d'émargement pour le vote par correspondance.

Le président et l'un des membres de la commission reçoivent chacun une clé de dépouillement distincte, selon des modalités en garantissant la confidentialité, permettant d'accéder aux données du fichier dénommé « contenu de l'urne électronique ». Le président reçoit également les éléments permettant la vérification de l'intégrité du système de vote électronique.

Après clôture des opérations de vote et vérification de l'intégrité du fichier dénommé « contenu de l'urne électronique », le président de la commission d'organisation des élections et le membre de celle-ci mentionné à l'alinéa précédent procèdent publiquement au dépouillement.

Les décomptes des voix par candidat doivent apparaître lisiblement à l'écran et faire l'objet d'une édition sécurisée qui est portée au procès-verbal de l'élection.

Le système de vote électronique est verrouillé après le dépouillement de sorte qu'il soit impossible de reprendre ou de modifier le résultat après la décision de clôture du dépouillement prise par la commission.

La commission d'organisation des élections contrôle que le nombre total de votes exprimés par voie électronique correspond au nombre de votants figurant sur la liste d'émargement.

Le nombre total de suffrages exprimés par voie électronique ainsi que le nombre de voix obtenues par chaque candidat sont portés au procès-verbal.

CHAPITRE VI *Des fichiers*

28 Les données relatives aux électeurs inscrits sur les listes électorales ainsi que celles relatives à l'expression du vote font l'objet, selon des modalités fixées par arrêté conjoint du garde des sceaux, ministre de la justice, et du ministre chargé de la tutelle des chambres de commerce et d'industrie pris après avis de la Commission nationale de l'informatique et des libertés, de traitements automatisés d'information effectués sur des systèmes informatiques distincts dénommés « fichier des électeurs » et « contenu de l'urne électronique ».

Le traitement « fichier des électeurs » est établi à partir des listes électorales dressées par la commission d'établissement des listes électorales. Le fichier des électeurs permet à la commission d'organisation des élections d'adresser à chaque électeur les instruments d'authentification mentionnés à l'article 25, d'identifier les électeurs ayant pris part au vote électronique et d'éditer la liste d'émargement. L'émargement indique l'heure du vote. Les listes d'émargement doivent être enregistrées sur un support distinct de celui de l'urne électronique, scellé, non réinscriptible, rendant son contenu inaltérable et probant.

Le fichier dénommé « contenu de l'urne électronique » recense les votes exprimés par voie électronique. Les données de ce fichier font l'objet d'un chiffrement et ne doivent pas comporter de lien permettant l'identification des électeurs.

29 Jusqu'à l'expiration des délais de recours contentieux, les fichiers supports comprenant la copie des programmes sources et des programmes exécutables, les matériels de vote, les fichiers d'émargement, de résultats et de sauvegarde doivent être conservés sous scellés sous le contrôle de la commission d'organisation des élections. La procédure de décompte des votes enregistrés doit, si nécessaire, pouvoir être exécutée de nouveau.

A l'expiration des délais de recours, et si aucun recours n'a été exercé, il est procédé à la destruction des fichiers supports sous le contrôle de la commission d'organisation des élections.

CHAPITRE VII *De la proclamation des résultats et du contentieux de l'élection des délégués consulaires*

30 A l'issue du dépouillement, la commission d'organisation des élections dresse un procès-verbal signé par son président et ses membres et proclame publiquement les résultats des élections. Cette proclamation doit intervenir au plus tard soixante-douze heures après le début du dépouillement.

Le procès-verbal est transmis au préfet. — *Sur le préfet compétent, V. note ss. art. 5, supra.*

Les listes d'émargement sont transmises au préfet. Elles peuvent être consultées à la préfecture par tout électeur requérant durant un délai de dix jours suivant la proclamation des résultats.

31 L'élection des délégués consulaires peut faire l'objet d'une contestation formée par tout électeur et par le préfet dans les conditions prévues aux articles L. 248, R. 119, R. 120, R. 121 et R. 122 du code électoral.

Toutefois, le délai de cinq jours prévu au premier alinéa de l'article R. 119 de ce code court à compter de la proclamation des résultats.

L'appel est formé dans un délai d'un mois devant la cour administrative d'appel dans les conditions fixées aux articles R. 811-1 à R. 811-4 du code de justice administrative.

Les délégués élus restent en fonction jusqu'à ce qu'il ait été définitivement statué sur les réclamations.

32 En cas d'annulation partielle ou totale devenue définitive des élections des délégués consulaires et sauf si cette annulation est prononcée moins d'un an avant un renouvellement général, il est procédé, dans le délai de deux mois, à un nouveau scrutin pour pourvoir les sièges vacants.

Dans le cas prévu à l'alinéa précédent, le préfet arrête les dates et les délais des différentes opérations électorales. Il organise ces opérations dans les conditions fixées au chapitre IV.

33 Lorsque les dates fixées par le présent décret ou le dernier jour des délais qu'il impartit tombent un jour férié ou un samedi, ils sont reportés jusqu'au premier jour ouvrable qui suit. Il en est de même pour l'application de l'arrêté prévu au deuxième alinéa de l'article 32.

CHAPITRE VIII *Dispositions diverses*

SECTION I *Dispositions pénales*

34 Le fait de se livrer à un usage commercial des listes électorales établies pour les élections des délégués consulaires est puni de l'amende prévue pour les contraventions de la cinquième classe.

SECTION II *Dispositions transitoires*

35 *Élections des délégués consulaires qui se sont déroulées en 2004.*

CODE MONÉTAIRE ET FINANCIER (EXTRAITS)

Code monétaire et financier

PREMIÈRE PARTIE : ***LÉGISLATIVE***

(Ord. n° 2000-1223 du 14 déc. 2000, ratifiée par L. n° 2003-591 du 2 juill. 2003, art. 31).

Sur le régime applicable à l'outre-mer, V. C. mon. fin., livre VII (JO 16 déc. 2000 ; rect. JO 17 mars 2001) et Ord. n° 2004-823 du 19 août 2004 (JO 21 août).

RÉP. SOCIÉTÉS v° *Euro*, par FOY.

BIBL. GÉN. ▸ BONNEAU, *Bull. Joly Bourse 2001. 1* (brèves observations sur le code monétaire et financier). – LAGARDE, *JCP 2005. I. 182* (le droit des marchés financiers présente-t-il un particularisme ?). – Colloque, *Petites affiches 12 janv. 2006* (sanction en matière économique et financière).

▸ Sur les nouvelles régulations économiques, PANSIER et CHARBONNEAU, *Petites affiches 21 et 22 mai 2001, p. 3 et 4.* ▸ Sur la loi « MURCEF » du 11 déc. 2001 : PANSIER et CHARBONNEAU, *Petites affiches 17 déc. 2001, p. 5 ; ibid., 18 déc. 2001, p. 4 ; ibid., 19 déc. 2001, p. 8.* – AVENA-ROBARDET, *D. 2002, n° 2, Cah. dr. aff., p. 186* (MURCEF et autres : nouveautés dans les relations banque-client). – BONNEAU, *JCP E 2002, n° 3, 120.* – DONDERO, *Petites afiches, 17 janv. 2002, p. 4 ; ibid., 18 janv. 2002, p. 4* (apports de la loi en droit bancaire). – DAIGRE, *JCP E 2002, n° 6, 29* (mesures de droit des marchés financiers). – STOUFFLET, *RD banc. fin. janv.-févr. 2002, p. 36* (relation banques-clients). – BONHOMME, *Banque et Droit mars-avr. 2002. 3* (aspects bancaires).

▸ Sur la loi de sécurité financière, Dossier spécial : *Dr. et patr. déc. 2003. 59 ; RD banc. fin. sept.-oct. 2003, p. 299.*

LIVRE PREMIER **La monnaie**

BIBL. GÉN. ▸ BRUGUIÈRE, *JCP E 2001, n° 48, p. 1905* (qu'est-ce que la monnaie ?). – LAINE, *RTD com. 2004. 227* (la monnaie privée). – DJOUDI et LOISEAU, *RD banc. fin. 2004. 292* (l'état du paiement en ligne). – DJOUDI, *Gaz. Pal. 2005. Doctr. 805* (l'internet ou le défi au paiement sécurisé).

TITRE PREMIER **Dispositions générales**

CHAPITRE PREMIER ***L'unité monétaire***

Art. L. 111-1 La monnaie de la France est l'euro. Un euro est divisé en cent centimes. — *[Règl. CE n° 974/98 du 3 mai 1998, art. 1er, al. 1er et 6, art. 2, 3 et 6, al. 1er et 2].*

BIBL. ▸ CAGNON, *JCP E 2001, n° 43-44, p. 1733* (enjeux du passage à l'euro des prix). – MICHAUD-ETHEIMER, *ibid., p. 1727* (passage à l'euro : quand le mythe devient réalité). – AYMERIC, *RTD com. 2005. 197* (incidence de l'euro sur le traitement juridique des devises).

Continuité entre l'écu et l'euro. Jugeant que le mot « Ecu » retenu dans la version française du traité CE n'est pas la dénomination de la monnaie unique mais constitue la traduction en français d'une expression générique *[European Currency Unit]* employée pour désigner l'unité monétaire européenne, V. • CE 17 déc. 2003 : *Europe 2004, n° 92, obs. Cassia et Saulnier.*

L. 111-2 *Abrogé par Ord. n° 2005-429 du 6 mai 2005, art. 12.*

CHAPITRE II *Règles d'usage de la monnaie*

SECTION I *L'indexation*

....

L. 112-3 *(L. n° 2004-804 du 9 août 2004, art. 3)* **Par dérogation aux dispositions de l'article L. 112-1 et du premier alinéa de l'article L. 112-2 et selon des modalités définies par décret, peuvent être indexés sur le niveau général des prix :** – *V. infra, art. D. 112-1.*

1° Les titres de créance et les instruments financiers à terme mentionnés aux 2 et 4 du I de l'article L. 211-1 ; – *V. cet art., infra.*

2° Les premiers livrets de la Caisse nationale d'épargne et des caisses d'épargne et de prévoyance, ainsi que les comptes spéciaux sur livret du crédit mutuel définis à l'article L. 221-1 ;

3° Les comptes sur livret d'épargne populaire définis à l'article L. 221-13 ;

4° Les comptes pour le développement industriel définis à l'article L. 221-27 ; – *V. cet art., infra.*

5° Les comptes d'épargne-logement définis à l'article L. 315-1 du code de la construction et de l'habitation ;

6° Les livrets d'épargne-entreprise définis à l'article 1er de la loi n° 84-578 du 9 juillet 1984 sur le développement de l'initiative économique ;

7° Les livrets d'épargne institués au profit des travailleurs manuels définis à l'article 80 de la loi de finances pour 1977 (n° 76-1232 du 29 décembre 1976) ;

8° Les prêts accordés aux personnes morales ainsi qu'aux personnes physiques pour les besoins de leur activité professionnelle.

(L. n° 2005-841 du 26 juill. 2005, art. 35-I) **« 9° Les loyers prévus par les conventions portant sur un local d'habitation. »**

Le 9° entre en vigueur à compter du 1er juill. 2006 ; il est applicable aux contrats en cours à compter de cette date (L. n° 2005-841 du 26 juill. 2005, art. 35-IV).

....

SECTION II *Pouvoir libératoire*

L. 112-5 **En cas de paiement en billets et pièces, il appartient au débiteur de faire l'appoint.** – *[Décr. 22 avr. 1790, art. 7].*

V. aussi, C. civ., art. 1243 et C. pén., art. R. 642-3.

Appoint. Fait une exacte application de l'art. 7 du Décr. du 22 avr. 1790 (C. mon. fin., art. L. 112-5) et de l'art. 1243 C. civ. la cour d'appel qui énonce que l'usager d'un parcmètre est tenu de se conformer aux modalités de paiement fixées par l'autorité publique. • Crim. 27 oct. 1993 : *Bull. crim. n° 317 ; D. 1994. Somm. 263, obs. Couvrat et Massé ; RSC 1993. 99* (obligation de se munir de monnaie).

Méconnaît le sens et la portée de l'art. L. 112-5 C. mon. fin., ensemble l'art. R. 642-3 C. pén., une cour d'appel qui, pour déclarer un responsable de magasin coupable de la contravention prévue par l'art. R. 642-3, relève que le prévenu a délibérément et en connaissance de cause refusé le billet litigieux et énonce que l'art. L. 112-5 ne justifie pas le refus d'un directeur de supermarché d'accepter en paiement un billet de 500 euros présenté par une cliente et de rendre la monnaie. • Crim. 14 déc. 2005 : *Bull. crim. n° 334 ; D. 2006. AJ. 498, obs. Avena-Robardet ; Dr. pénal 2006, n° 57, obs. Véron ; RJDA 2006, n° 695.*

SECTION III *Interdiction du paiement en espèces de certaines créances*

L. 112-6 **I. – Les règlements qui excèdent la somme de** *(L. n° 2005-882 du 2 août 2005, art. 39)* **« 1 100 € » ou qui ont pour objet le paiement par fraction d'une dette**

supérieure à ce montant, portant sur les loyers, les transports, les services, fournitures et travaux ou afférents à des acquisitions d'immeubles ou d'objets mobiliers ainsi que le paiement des produits de titres nominatifs et des primes ou cotisations d'assurance doivent être effectués par chèque barré, virement ou carte de paiement ; il en est de même pour les transactions sur des animaux vivants ou sur les produits de l'abattage.

Le paiement des traitements et salaires est soumis aux mêmes conditions au-delà d'un montant fixé par décret. – *Montant fixé à 1 500 € par Décr. n° 85-1073 du 7 oct. 1985, art. 1er (D. et ALD 1985. 541), mod. par Décr. n° 2001-96 du 2 févr. 2001 (JO 3 févr.). – V. aussi C. trav., art. L. 143-1.* – ***C. trav.***

II. – Les dispositions du I ne sont pas applicables :

a) Aux règlements à la charge de personnes qui sont incapables de s'obliger par chèques ou de celles qui, ne disposant plus de compte, en ont demandé l'ouverture en application des dispositions de l'article L. 312-1.

b) Aux règlements faits directement par des particuliers non commerçants à d'autres particuliers, à des commerçants ou à des artisans ;

c) Aux règlements des transactions portant sur des animaux vivants ou sur les produits de l'abattage effectués par un particulier pour les besoins de sa consommation familiale ou par un agriculteur avec un autre agriculteur, à condition qu'aucun des deux intéressés n'exerce par ailleurs une profession non agricole impliquant de telles transactions.

d) Au règlement des dépenses de l'État et des collectivités et établissements publics.

Par dérogation aux dispositions du I ci-dessus, les dépenses des services concédés qui excèdent la somme de *(L. n° 2001-1276 du 28 déc. 2001)* **« 450 € » doivent être payées par virement.** – *[L. du 22 oct. 1940, art. 1er et 2].*

1. Dépôt d'espèces. Le versement direct d'espèces au compte bancaire ouvert au nom du créancier ne répond pas aux exigences légales. • Com. 24 juin 1977 : *Bull. civ. IV, n° 18 ; RTD com. 1977. 339, obs. Cabrillac et Rives-Lange.*

2. Lettre de crédit. L'exécution d'une lettre de crédit permettant à un tiers de retirer des fonds en espèces dans une autre banque n'est pas un des paiements prohibés par la loi du 22 août 1940. • Toulouse, 11 sept. 1989 : *D. 1991. Somm. 32, obs. Vasseur.*

3. Étranger. La circonstance que la plupart des clients auraient été des ressortissants étrangers ne disposant pas de compte bancaire et de chéquier, ou celle qu'un règlement par chèque ou par virement de leur part n'aurait donné aucune garantie au vendeur d'être payé, est indifférente. • CE 28 avr. 1993 : *RJF 1993, n° 865.* ♦ L'obligation de paiement par chèque, virement ou carte de paiement prévue par l'art. L. 112-6 n'est pas réservée aux ventes à des clients domiciliés ou ayant leur siège en France. Dès lors, elle s'applique à l'ensemble des transactions réalisées par des commerçants sur le territoire français, quelle que soit la nationalité ou le lieu d'établissement du client : Rép. min. n° 67915 : *JOAN Q 16 août 2005, p. 7818 ; BRDA 2005, n° 17, p. 5.*

L. 112-7 Les infractions aux dispositions de l'article L. 112-6 sont constatées par des agents désignés par arrêté du ministre chargé du budget. Les contrevenants sont passibles d'une amende fiscale dont le montant ne peut excéder 5 % des sommes indûment réglées en numéraire. Cette amende, qui est recouvrée comme en matière de timbre, incombe pour moitié au débiteur et au créancier ; mais chacun d'eux est solidairement tenu d'en assurer le règlement total. – *[L. du 22 oct. 1940, art. 3].*

L. 112-8 Tout règlement d'un montant supérieur à *(L. n° 2001-1276 du 28 déc. 2001)* **« 3 000 € » effectué par un particulier non commerçant, en paiement d'un bien ou d'un service, doit être opéré soit par chèque, répondant aux caractéristiques de barrement d'avance et de non-transmissibilité par voie d'endossement, mentionné à l'article L. 96 du Livre des procédures fiscales, soit par tout autre moyen inscrivant le montant réglé au débit d'un compte tenu chez un établissement de crédit, une entreprise d'investissement ou une institution mentionnée à l'article L. 518-1.** *(Ord. n° 2005-429* *du 6 mai 2005, art. 14)* **« Toutefois, les dispositions du présent alinéa ne font pas obstacle au paiement d'un acompte, réglé par tout moyen, dans la limite de 460 euros. »**

Toutefois, les particuliers non commerçants n'ayant pas leur domicile fiscal en France peuvent continuer d'effectuer le règlement de tout bien ou service d'un montant supérieur à *(L. n° 2001-1276 du 28 déc. 2001)* **« 3 000 € » en chèque de voyage ou en espèces, après relevé, par le vendeur du bien ou le prestataire de services, de leurs identité et domicile justifiés.**

Tout règlement d'un montant supérieur à *(L. n° 2001-1276 du 28 déc. 2001)* **« 3 000 € » en paiement d'un ou de plusieurs biens vendus aux enchères, à l'occasion d'une même vente, doit être opéré selon les modalités prévues au premier alinéa.**

Tout versement d'une prime ou d'une cotisation d'assurance au titre d'un contrat d'assurance vie ou d'une assurance décès doit être opéré selon les modalités prévues au premier alinéa, au-delà de *(L. n° 2001-1276 du 28 déc. 2001)* **« 3 000 € » par an et par contrat.** — *[L. n° 89-935 du 29 déc. 1989, art. 107 ; L. n° 98-1266 du 30 déc. 1998, art. 102 ; L. n° 99-1172 du 30 déc. 1999, art. 101]. — Sur la sanction pénale, V. art. L. 161-1.*

Les transactions relatives aux bons qui offrent la possibilité au porteur de demeurer anonyme peuvent être effectuées par tout moyen de paiement (L. n° 86-824 du 11 juill. 1986, art. 26). — Sur les transactions portant sur l'or, V. CGI, art. 537. - **CGI.**

L. 112-9 *(Ord. n° 2005-429 du 6 mai 2005, art. 15-I)* **Les livraisons de céréales par les producteurs aux coopératives sont réglées par chèque ou virement sur un établissement de crédit. Les coopératives autorisent ces établissements à communiquer à l'inspection générale des finances et aux agents de l'***(L. n° 2006-11 du 5 janv. 2006, art. 95-III)* **« Office national interprofessionnel des grandes cultures » les pièces justificatives de leurs comptes.**

(Abrogé par Ord. n° 2005-594 du 23 mai 2006, art. 3) ***« Les dispositions concernant les règlements des ventes de blé par les organismes stockeurs à la meunerie sont étendues aux ventes de céréales secondaires et issues au négoce, coopératives ou syndicats agricoles d'approvisionnement et industries utilisatrices. »***

Les dispositions de la L. n° 2006-11 du 5 janv. 2006 entrent en vigueur à compter de la création de l'Office mentionné (ancienne rédaction : office national interprofessionnel des céréales).

CHAPITRE III *Conversion à l'unité euro*

BIBL. GÉN. ▶ STOUFFLET, *Rev. dr. bancaire 1998. 39* (impact de l'introduction de la monnaie unique sur les contrats financiers). - DUROX, *ibid. 50* (conséquences de l'introduction de la monnaie unique sur les marchés obligataires et les instruments de taux). - DE VAUPLANE, *Bull. Joly Bourse 1998. 413* (amélioration de la compétitivité de la place de Paris à l'heure du passage à l'euro). - THÉODORE, *Administration juill. 1999. 61* (l'euro et la Place de Paris). - PORCHER-MARQUIS, *Bull. Joly Bourse 1999. 569* (continuité des contrats financiers en cours lors du passage à l'euro).

L. 113-1 *(Ord. n° 2005-429 du 6 mai 2005, art. 16)* **La modification, du fait de l'introduction de l'euro, de la composition ou de la définition d'un taux variable ou d'un indice auquel il est fait référence dans une convention est sans effet sur l'application de cette convention.**

Lorsque ce taux variable ou cet indice disparaît du fait de l'introduction de l'euro, le ministre chargé de l'économie peut désigner, par arrêté, le taux variable ou l'indice qui s'y substitue. — *V. Arr. 10 nov. 1998 (JO 11 nov.).*

Toutefois, les parties à la convention peuvent déroger, d'un commun accord, à l'application du taux ou de l'indice ainsi désigné. — *[L. n° 98-546 du 2 juill. 1998, art. 24]. — Ancien art. L. 113-7.*

TITRE II La monnaie fiduciaire

....

CHAPITRE II *Les billets de banque*

L. 122-1 **Les billets ayant cours légal sont émis dans les conditions prévues à l'article L. 141-5.**

Le cours légal d'un type déterminé de billets libellés en francs peut, sur proposition de la Banque de France, être supprimé par décret. La Banque reste tenue d'en assurer dans un délai de dix ans l'échange à ses guichets contre d'autres types de billets ayant cours légal.

Les dispositions relatives aux titres au porteur perdus ou volés ne sont pas applicables aux billets ayant cours légal. — *[L. nº 93-980 du 4 août 1993, art. 5, al. 2 et 5].*

Sur le recyclage des pièces et billets en euros, V. infra, art. R. 122-4 s., R. 123-1, R. 123-2 et R. 162-5.

BIBL. ▶ DENTAUD, *Banque, nº spéc., avr. 1975.* – SANDRIN, *ibid. 1975. 487* (nature juridique de la monnaie). – VAURENTUGHEM, *ibid. 1974. 284* (ordinateur de compensation).

CHAPITRE III *Dispositions communes*

(*Ord. nº 2005-429 du 6 mai 2005*).

L. 123-1 (*Ord. nº 2005-429 du 6 mai 2005 art. 17*) **Les billets de banque et les pièces de monnaie bénéficient de la protection instituée au profit des œuvres de l'esprit par les articles L. 122-4 et L. 335-2 du code de la propriété intellectuelle. Les autorités émettrices sont investies des droits de l'auteur.**

Contrefaçon (jurisprudence antérieure). La fonction de mode de paiement légal dévolue aux billets de banque, émis et mis en circulation à cette fin par la Banque de France, leur affectation à l'intérêt général et le caractère de service public des opérations concernées, font ressortir l'incompatibilité entre l'exercice de cette activité régalienne et la protection, par les dispositions du code de la propriété intellectuelle relatives à la contrefaçon, revendiquée par l'institution. • Civ. 1re, 5 févr. 2002 : *D. 2002. 1128, note Gridel ; JCP E 2002. 1334, nº 2, obs. Grégoire ; Comm. com. élec. 2002, nº 34, obs. Caron ; Gaz. Pal. 2003. 1. 403, concl. Sainte-Rose ; Légipresse 2002, nº 192, I, p. 70 ; Propr. intell. 2002, nº 2, p. 50, obs. Sirinelli ; RIDA juill. 2002, p. 297, obs. Kéréver* (conf. de • Paris, 10 nov. 1999 : *D. 2000. 322, note Boudry ; RIDA juill. 2000, p. 339 ; Comm. com. élec. 2000, nº 5, obs. Caron*).

TITRE III Les instruments de la monnaie scripturale

CHAPITRE PREMIER *Le chèque bancaire et postal* (*L. nº 2005-516 du 20 mai 2005, art. 16-IV*).

Sur les modalités d'application de la loi nº 91-1382 du 30 déc. 1991, modifiant Décr.-L. du 30 oct. 1935, codifié au C. mon. fin., art. L. 131-1 s., V. aussi BOMJ 1992, nº 48, p. 154.

RÉP. COM. vis *Chèque*, par CABRILLAC ; *Chèque (Régime fiscal)*, par KORNPROBST.

BIBL. GÉN. ▶ HIRSCH, *Banque 1966. 195.* – KOVARIK, *Petites affiches 4-14 août 1989.* – ARNAUD-FARAUT, *JCP E 1999, nº 12, p. 523* (prix et moyens de paiement en euro). ▶ Réforme du 30 déc. 1991 : CHAPUT, *D. 1992. Chron. 101*. – GAVALDA et STOUFFLET, *RD bancaire 1992. 84 ; ibid. 228.* – BOUILHOL, *Banque 1992. 668.* – DONSIMONI, *Gaz. Pal. 1994. 1. Doctr. 41.* – JEANDIDIER, *Mélanges Jean Larguier, p. 177* (droit pénal). – CHVIKA, *D. 2000. Chron. 615* (déclin de la négociabilité des instruments de paiement et de crédit). – JUDE, *D. 2003. 2675* (unité ou dualité du règlement par carte bancaire et par chèque ?). – NIORÉ et DROCHON, *Gaz. Pal. 2004. Doctr. 2125* (le chèque falsifié). – DJOUDI et LOISEAU, *RD banc. fin. 2004. 292* (l'état du paiement en ligne). – DJOUDI, *ibid. juill.-août 2005. 51* (règlement des risques de transfert de fonds).

SECTION I ***Dispositions générales*** (*L. nº 2005-516 du 20 mai 2005, art. 16-IV*).

L. 131-1 (*L. nº 2006-387 du 31 mars 2006, art. 26-II*) **Dans le présent chapitre, le terme : « banquier » désigne les établissements de crédit et les institutions, services ou personnes habilités à tenir des comptes sur lesquels des chèques peuvent être tirés.**

SECTION II ***Création et forme du chèque*** (*L. nº 2005-516 du 20 mai 2005, art. 16-IV*).

L. 131-2 Le chèque contient :

1. La dénomination de chèque, insérée dans le texte même du titre et exprimée dans la langue employée pour la rédaction de ce titre ;

2. Le mandat pur et simple de payer une somme déterminée ;

3. Le nom de celui qui doit payer, nommé le tiré ;

4. L'indication du lieu où le paiement doit s'effectuer ;

5. L'indication de la date et du lieu où le chèque est créé ;

6. La signature de celui qui émet le chèque, nommé le tireur. – *[Décr.-L. du 30 oct. 1935, art. 1er].*

Sur le chèque-service, soumis aux règles fixées par art. L. 131-1 s. C. mon. fin., V. C. trav., art. L. 129-2, et art. D. 129-1 s., issus du Décr. nº 96-269 du 29 mars 1996 (D. 1996. 133). – ***C. trav.***

A. FORME MATÉRIELLE

1. Chèque sur papier libre. Le chèque établi sur un papier libre et non pas sur une formule délivrée par le banquier tiré est valable. V. • Paris, 30 avr. 1931 : *DP 1932. 2. 152, note A. C.* • Aix-en-Provence, 14 nov. 1958 : *Gaz. Pal. 1959. 1. 54* • T. civ. Seine, 13 févr. 1928 : *DP 1928. 2. 81, note Chéron* • T. com. Marseille, 12 juill. 1927 : *DP 1928. 2. 81, note A. Besson ; DP 1934. 2. 12.* ♦ Comp., s'agissant d'un chèque établi sur un papier hygiénique dont la fragilité empêchait l'encaissement : • TGI Lyon, JEX, 16 avr. 1996 : *Gaz. Pal. 1996. 2. 624 ; JCP E 1997. I. 637, nº 24, obs. Gavalda et Stoufflet.* ♦ Le banquier tiré ne saurait opposer au porteur la clause de la convention qu'il a conclue avec le tireur lui interdisant d'utiliser un papier libre pour refuser le paiement. • Paris, 2 oct. 1986 : *BRDA 15 nov. 1986. 13.*

2. Utilisation par le tireur de ses propres chèques. Ayant retenu dans l'exercice de son pouvoir souverain que le choix par le tireur d'utiliser ses propres chèques au lieu de ceux de la banque et de refuser le système d'autorisation préalable qui lui était proposé constituait un risque qu'il appartenait à la banque tirée de refuser mais qu'elle a accepté d'assurer, une cour d'appel a pu décider qu'ainsi la banque ne démontre pas l'existence de la faute qui l'aurait exonérée de son obligation de restitution (à propos d'un paiement sur présentation d'un chèque falsifié). • Com. 9 févr. 1993 : *Bull. civ. IV, nº 52 ; D. 1993. Somm. 316, obs. Cabrillac ; Banque 1993. 88, obs. Guillot.* ♦ Sur les chèques en euros, V. note 7.

B. RÉDACTION

3. Rédacteur. A l'exception de la signature du tireur, les mentions obligatoires peuvent ne pas être apposées matériellement par le tireur. • Com. 11 janv. 1966 : *D. 1966. 51 ; RTD com. 1966. 628 ; ibid. 1967. 210.* ♦ Rappr. considérant qu'il n'est nullement imposé, comme condition de validité d'un chèque, que les mentions qui doivent y figurer soient de la main du tireur, seule la signature important : • Paris, 31 août 2000 : *D. 2000. AJ. 424.*

4. Procuration. Le titulaire du compte peut donner mandat à un tiers de tirer des chèques en son nom, dont la révocation doit être notifiée au tiré. • Lyon, 24 févr. 1965 : *D. 1965. Somm. 102* • Paris, 26 avr. 1977 : *RTD com. 1977. 752.*

5. Langue. Sur le défaut de validité d'un chèque libellé en breton, V. • Crim. 3 juin 1986 : *Rev. transp. 1986. 613, note Gavalda.*

6. Somme à payer. V. notes ss. art. L. 131-10. ♦ Sur la falsification du montant, V. note 13 ss. art. L. 131-38.

7. Chèques mutés en euros. Aucune règle juridique n'interdisant aujourd'hui la « mutation » des chèques, qui consiste à libeller une formule de chèque dans une unité monétaire autre que celle qui s'y trouve inscrite, les établissements de crédit ne rejettent pas les chèques mutés, mais facturent à l'émetteur du chèque des frais destinés à couvrir les coûts de traitements supplémentaires induits par ce type de chèque. L'introduction de l'euro étant sans incidence de ce point de vue, les consommateurs pourront alors choisir d'utiliser les formules de chèques en francs pour y inscrire des sommes en euros, toutefois, dans cette hypothèse, ils se verront facturer par les établissements de crédit le coût de traitement particulier, ou pourront utiliser des formules de chèques spécifiques, qui seront mises à leur disposition par les établissements de crédit, destinées à être libellées en euros, distinctes des formules ordinaires réservées au franc : Rép. min. n° 20431 : *JOAN Q, 18 janv. 1999, p. 333.* ♦ Sur la validité des chèques libellés en euros sur papier libre, V. Rép. min. n° 16268 : *JO Sénat Q, 2 sept. 1999, p. 2949.*

8. Bénéficiaire. V. art. L. 131-6.

9. Date. V. note 3 ss. art. L. 131-3.

10. Signature du tireur. V. notes ss. art. L. 131-38.

11. Numéro de compte. V. • Com. 18 mai 2005 : *cité note 3 ss. art. L. 131-4.*

L. 131-3 **Le titre dans lequel une des énonciations indiquées à l'article L. 131-2 fait défaut ne vaut pas comme chèque, sauf dans les cas déterminés par les alinéas suivants.**

A défaut d'indication spéciale, le lieu désigné à côté du nom du tiré est réputé être le lieu de paiement. Si plusieurs lieux sont indiqués à côté du nom du tiré, le chèque est payable au premier lieu indiqué.

A défaut de ces indications ou de toute autre indication, le chèque est payable au lieu où le tiré a son établissement principal.

Le chèque sans indication du lieu de sa création est considéré comme souscrit dans le lieu désigné à côté du nom du tireur. – *[Décr.-L. du 30 oct. 1935, art. 2].*

A. MENTIONS OBLIGATOIRES

1. Dénomination chèque. A défaut de la mention chèque insérée dans le texte du titre, celui-ci ne vaut pas comme chèque. • Crim. 9 oct. 1940 : *S. 1942. 1. 149 ; JCP 1941. II. 1647.*

2. Ordre de payer. Le chèque de voyage, qui constitue un engagement de payer du banquier émetteur ne comporte pas un ordre de payer qui est l'une des mentions obligatoires du chèque. • Crim. 16 janv. 1963 : *D. 1963. 517, note M. Despax.* ♦ Sur le chèque de voyage, V. note 9.

3. Date. La date d'un chèque s'entend de l'indication, non seulement de l'année, mais encore du mois et du jour où il est créé, et en l'absence de telles énonciations, un titre ne vaut pas comme chèque. • Com. 24 juin 1997 : *Bull. civ. IV, n° 199 ; D. 1997. IR. 172 ; D. Affaires 1997. 933 ; RTD com. 1997. 655, obs. Cabrillac ; Gaz. Pal. 1998. 2. 698, note Mbarga.*

4. Lieu de création. Si l'art. 2 [C. mon. fin., art. L. 131-3] précise qu'à défaut d'indication expresse de son lieu de création, le chèque est réputé créé au lieu indiqué à côté du nom du tireur, ce lieu ne peut être l'adresse du tiré, qui ne peut indiquer que le lieu du paiement, lieu qui doit également figurer obligatoirement sur le chèque et dont l'indication ne peut suppléer au défaut de mention du lieu de création (à propos d'un chèque de casino). • Versailles, 13 oct. 1989 : *D. 1990. Somm. 120, obs. Cabrillac,* conf. par • Civ. 1re, 19 mai 1992 : *D. 1992. 494, note Diener.* ♦ Sur les chèques de casino, V. notes 5 à 8 ss. art. L. 131-25.

5. Mentions complétées par un tiers. Sur la validité d'un chèque dont les mentions manquantes relatives au nom du bénéficiaire et à la somme à payer ont été complétées par un tiers, V. • Paris, 18 janv. 2002 : *BICC n° 644.*

6. Signature du tireur. En l'absence de signature du tireur ou au cas de fausseté de cette signature le chèque est nul. • Civ. 20 avr. 1939 : *Gaz. Pal. 1939. 2. 91* • Pau, 6 mars 1981 : *D. 1982. IR. 72* • Com. 24 févr. 1987 : *Petites affiches 22 janv. 1988.* ♦ Comp. : note 11 ss. art. L. 131-31, et notes ss. art. L. 131-38.

B. SANCTION DES MENTIONS OBLIGATOIRES

7. Commencement de preuve par écrit. Un chèque non daté est un mandat de payer donné par le tireur au tiré et ne constitue qu'un écrit rendant vraisemblable l'existence de la créance alléguée par le tireur contre le bénéficiaire. • Civ. 1re, 10 mars 1992 : *Bull. civ. I, n° 78 ; D. 1992. Somm. 337, obs. Cabrillac.* ♦ Dans le même sens, jugeant qu'un titre non daté ne vaut que commencement de preuve par écrit d'un prêt : • Paris, 21 nov. 1995 : *D. Affaires 1996. 152.* ♦ V. aussi, pour un chèque périmé, note 11 ss. art. L. 131-59.

8. Disqualification en reconnaissance de dette. Un titre incomplet qui n'est pas un chèque valable peut servir à prouver une reconnaissance de dette. • Crim. 9 oct. 1940 : *préc. note 3* • Soc. 8 juill. 1968 : *Bull. civ. V, n° 379* • Civ. 1re, 26 janv. 1977 : *ibid. I, n° 54. – Contra* : • Civ. 1re, 4 déc. 1973 : *Bull. civ. I, n° 336* • Paris, 28 janv. 1982 : *D. 1983. IR. 43, obs. Cabrillac.* ♦ V., pour une absence de date, • Civ. 1re, 26 janv. 1988 : *Bull. civ. I, n° 23 ; D. 1988. IR. 40 ; RTD com. 1988. 471, obs. Cabrillac et Teyssié.* ♦ Sur la responsabilité du banquier qui paye un chèque falsifié, V. note 11 ss. art. L. 131-31.

9. Chèques de voyage. BIBL. Despax, *RTD com. 1957. 323.* ♦ Sur leur nature juridique, V. notes Despax ss. • Crim. 20 janv. 1960 : *D. 1961. 56* • 16 janv. 1963 : *D. 1963. 517.* ♦ Sur la perte ou le vol d'un chèque de voyage, V. • T. com. Paris, réf., 24 juill. 1985 : *RTD com. 1986. 272, obs. Cabrillac et Teyssié.* ♦ V. aussi • Com. 6 avr. 1999 : *Bull. civ. IV, n° 77 ; D. 2000. Somm. 458, obs. Martin ; JCP E 1999, n° 23, p. 982 ; Petites affiches 15 juin 1999, p. 7* • 3 déc. 2002 : *RJDA 2003, n° 535.*

10. Chèques cadeaux. Jugeant qu'en l'absence de plusieurs mentions obligatoires (date de création, signature du tireur, nom du tiré), les chèques cadeaux ne sont pas des chèques au sens de l'art. 1er [C. mon. fin., art. L. 131-2], V. • T. com. Nanterre, 20 nov. 1998 : *D. Affaires 1999. 212, obs. X. D. et A. M.* ♦ Sur la nature juridique des chèques cadeaux, V. note ss. art. L. 311-3, *infra*.

L. 131-4 Le chèque ne peut être tiré que sur un établissement de crédit, un prestataire de services d'investissement, le Trésor public, la Caisse des dépôts et consignations, la Banque de France, ayant au moment de la création du titre, des fonds à la disposition du tireur et conformément à une convention expresse ou tacite d'après laquelle le tireur a le droit de disposer de ces fonds par chèque.

La provision doit être faite par le tireur ou par celui pour le compte de qui le chèque sera tiré, sans que le tireur pour compte d'autrui cesse d'être personnellement obligé envers les endosseurs et le porteur seulement.

Le tireur seul est tenu de prouver en cas de dénégation, que ceux sur qui le chèque était tiré avaient provision au moment de la création du titre ; sinon il est tenu de le garantir quoique le protêt ait été fait après les délais fixés.

Les titres tirés et payables en France sous forme de chèques sur toute autre personne que celles mentionnées au premier alinéa du présent article ne sont pas valables comme chèques. – *[Décr.-L. du 30 oct. 1935, art. 3].*

Sur la normalisation des formules de chèques libellés en euros, V. Arr. 5 nov. 1998 (JO 14 nov.).

BIBL. ► DEFERT, *Banque 1962. 383.* – SAFA, *RTD com. 1985. 427* (incidence de la provision en droit interne et en droit international).

A. EXISTENCE DE LA PROVISION

1. Date d'existence. Le transfert de la provision est réalisé par l'émission du chèque consistant à la fois en sa création et en sa mise en circulation. • Com. 18 déc. 1990 : *Bull. civ. IV, n° 326 ; D. 1991. Somm. 216, obs. Cabrillac* • 18 oct. 1994 : *RTD com. 1995. 165, obs. Cabrillac.* ♦ Jugeant qu'il ne convient pas, pour apprécier l'existence de la provision, de tenir compte d'une remise de fonds ultérieure à la date de présentation du chèque, V. • Com. 12 mai 2004 : *cité note 6.* ♦ Ne tire pas les conséquences légales de ses propres constatations une cour d'appel, qui, pour limiter la responsabilité de la banque du fait de l'exécution tardive du virement, retient que l'émetteur a lui-même commis une faute en émettant un chèque qu'il savait sans provision, alors qu'elle avait constaté que la provision sur le compte de celui-ci au jour de la présentation du chèque litigieux aurait été suffisante si la banque n'avait pas tardé à effectuer sur son compte les transferts demandés. • Com. 14 mars 2006 : *cité note 3 bis ss. art. L. 131-73.* ♦ V. aussi note 1 ss. art. L. 131-31.

2. Compte clôturé. En ce sens que la notion même de défaut de provision suppose l'existence d'un compte, un compte clôturé depuis plus de trois ans n'ayant plus d'existence juridique, ni financière, V. • Paris, 12 janv. 1999 : *D. 1999. Somm. 148, obs. Cabrillac ; D. Affaires 1999. 557, obs. X. D.* ♦ V. aussi, note ss. art. R. 131-18, *infra*.

3. Pluralité de comptes. Au cas de pluralité de comptes ouverts au nom du même client du banquier tireur, l'existence et la suffisance de la provision ne s'apprécient qu'à l'égard du compte sur lequel le chèque a été tiré. • Pau, 18 déc. 1967 : *RTD com. 1968. 385* • Rouen, 15 mai 1979 : *Gaz. Pal. 1980. 1. 117, note De Fontbressin ; D. 1980. IR. 200 ; RTD com. 1980. 125* • Aix-en-Provence, 6 oct. 1982 : *D. 1983. 231, note Delebecque.* – Comp. : • Com. 14 avr. 1975 : *RTD com. 1975. 881.* ♦ En l'absence d'une lettre d'unité de compte ou de compensation, l'indépendance des comptes est présumée.

• Pau, 18 déc. 1967 : *préc.* ♦ Sur la responsabilité de la banque qui avait considéré comme sans provision un chèque sur lequel le tireur avait remplacé à la main le numéro de compte par un autre numéro de compte dont la provision était suffisante, V. • Com. 18 mai 2005 : *Bull. civ. IV, n° 104 ; D. 2005. AJ. 1549, obs. Delpech ; RTD com. 2005. 572, obs. Cabrillac ; JCP E 2005, n° 47, p. 1980, obs. Stoufflet ; Banque et Droit sept.-oct. 2005. 69, obs. Bonneau ; RJDA 2005, n° 1144 (2e esp.).*

4. Affectation spéciale. En ce sens que l'affectation spéciale d'une somme inscrite au crédit d'un compte de dépôt n'est pas opposable au bénéficiaire du chèque, V. • Com. 25 mars 1991 : *RTD com. 1991. 417, obs. Cabrillac et Teyssié*. – Comp. : • Lyon, 4 mai 1983 : *D. 1984. IR. 70, obs. Cabrillac.* ♦ La banque qui accepte la remise de chèques concomitante à un courrier réclamant leur affectation spéciale accepte par là même le mandat. En utilisant les chèques ainsi déposés pour éteindre sa propre créance sur le remettant, elle contrevient à ses obligations de mandataire et commet une faute de nature à engager sa responsabilité. • Paris, 2 juin 1995 : *RJ com. 1996. 228, note Grua.*

B. SOURCES DE LA PROVISION

5. Ouverture de crédit et facilités de caisse. BIBL. Boitard, *RTD com. 1957. 553.* – Derrida, *D. 1960. Chron. 221.* – Levasseur, *Rev. dr. pén. 1968. 275.* ♦ Après avoir analysé les variations du solde d'un compte courant et recherché quels montants de débits y étaient fréquemment relevés, à l'exclusion de toute tolérance exceptionnelle pour des durées plus longues que celles de simples avances sur encaissements en cours, une cour d'appel, ayant constaté que des financements pour des montants supérieurs à ceux nécessaires au paiement des chèques litigieux ont été continûment accordés par la banque à sa cliente, caractérise, à bon droit, l'existence du découvert durable et régulier pour lequel la banque s'était tacitement engagée par sa pratique habituelle, et en estimant fautif le refus opposé par la banque de payer le montant des chèques, tire les conséquences légales de ses constatations. • Com. 29 juin 1993 : *Bull. civ. IV, n° 269 ; D. 1993. IR. 248.* – V. aussi • Com. 12 nov. 1974 : *Banque 1975. 434, obs. Martin ; RTD com. 1975. 334, obs. Rives-Lange et Cabrillac ; D. 1975. Somm. 22.* – Comp. : • Com. 26 avr. 1984 : *Bull. civ. IV, n° 133 ; D. 1985. IR. 31, obs. Cabrillac ; RTD com. 1985. 126, obs. Cabrillac et Teyssié* • 19 nov. 1985 : *Bull. civ. IV, n° 275.* ♦ Si la banque, sur laquelle un chèque a été émis, n'est pas tenue d'en payer le montant lorsque le solde du compte tiré, supérieur à la provision du chèque lors de son émission, est devenu insuffisant à la suite de retraits ordonnés par le client titulaire du compte, il en est autrement lorsque la provision était constituée lors de l'émission, grâce à une autorisation de découvert alors consentie au tireur, la révocation ultérieure de ce découvert ne pouvant préjudicier au bénéficiaire du chèque. • Com. 30 mai 2000 : *Bull. civ. IV, n° 110 ; D. 2000. AJ. 358 ; RD banc. fin. 2000, n° 183, obs. Crédot et Gérard* • Colmar, 18 juin 1996 : *JCP 1997. IV. 1109* • Grenoble, 29 mars 2001 : *JCP 2002. IV. 1553.* ♦ V. aussi C. mon. fin., art. L. 313-12.

Sur la responsabilité d'une banque ayant débité le compte d'un de ses clients du montant de chèques falsifiés, ce dont il est résulté un solde débiteur, alors qu'aucune convention de crédit par découvert, pour un montant déterminé, ni la pratique antérieure de crédit par découvert tacite n'était établie, V. • Com. 5 déc. 2000 : *Bull. civ. IV, n° 191 ; JCP E 2001, n° 13, p. 538, obs. Bouteiller et n° 31-35, p. 1335, obs. Stoufflet.*

6. Tolérance exceptionnelle. L'existence de découverts sur des comptes bancaires pendant deux mois ne constitue qu'une tolérance exceptionnelle et non une ouverture de crédit à durée indéterminée. • Com. 30 juin 1992 : *Bull. civ. IV, n° 251.* – V. aussi • Com. 4 mars 1986 : *D. 1987. 25, note Cabrillac ; Gaz. Pal. 1986. 2. Pan. 505, obs. Piedelièvre.* ♦ De même, relevant l'absence de preuve d'un engagement stable et permanent de la banque de payer à découvert jusqu'à un certain montant les chèques émis par sa cliente : • Crim. 24 avr. 1974 : *Gaz. Pal. 1974. 2. Somm. 205.* ♦ La provision d'un chèque résultant d'une autorisation tacite de découvert en compte courant n'est constituée que si, au jour de la présentation au paiement du chèque, le montant disponible de cette autorisation en permet le règlement. • Com. 12 mai 2004 : *JCP E 2004, n° 25, p. 982.*

7. Titres à l'encaissement. La seule remise d'effets de commerce à un banquier à fin d'encaissement ne saurait valoir provision, dès lors que leur paiement n'a pas encore été effectué entre les mains du banquier. • Com. 15 janv. 1968 : *D. 1968. 474* • 4 mars 1986 : *préc. note 6* • Crim. 24 avr. 1974 : *ibid.* – Comp. : • Crim. 21 févr. 1930 : *DP 1930. 1. 23.* ♦ Pour un arrêt considérant que, s'il est d'usage bancaire de porter en compte immédiatement les chèques remis par un client, commet une faute la banque qui a contrepassé un chèque remis par un client à l'encaissement, alors qu'il n'existait aucun motif légitime de procéder à cette opération. • Paris, 6 févr. 1998 : *RD bancaire et bourse 1998. 227, obs. Crédot et Gérard.* ♦ L'inscription immédiate du montant d'un chèque en l'absence de recouvrement effectif ne vaut pas provision. • Com. 4 mars 1986 : *préc.* – Comp. : • Paris, 2 juin 1980 : *RTD com. 1981. 109, obs. Cabrillac et Rives-Lange* • 19 mars 1979 : *ibid. 1979. 775, obs. Cabrillac et Rives-Lange ; JCP 1981. I. 3048, obs. Gavalda et Stoufflet.* – Comp., pour la remise de devises ou d'or : • Crim. 18 juill. 1973 : *Gaz. Pal. 1973. 2. 739 ; RTD com. 1973. 838, obs. Cabrillac et Rives-Lange.* ♦ Sur la preuve, V. note 10. ♦ La disponibilité de la provision, qui doit exister jusqu'à la présentation du paiement, ne peut résulter des seules inscriptions au crédit du compte des montants d'effets effectuées, à titre précaire, sous réserve d'encaissement, écritures pouvant ensuite être contrepassées faute de paiement. • Paris, 10 janv. 1997 : *D. 1997. IR. 43.* ♦ Une banque n'ayant mis à la disposition de son client le montant d'un chèque que sous réserve d'encaissement, c'est-à-dire sous une condition contractuellement déterminée, le client ne peut pas agir contre la banque, qui ne lui aurait indiqué que tardivement l'absence de provision du chèque, sur le fondement de l'enrichissement sans cause, dès lors que l'appauvrissement et l'enrichissement trouvent leur cause dans la convention conclue entre les parties. • Com. 29 mars 1994 : *JCP 1994. IV. 1464.*

8. Mauvaise foi du bénéficiaire. V. note 10 ss. art. L. 131-31.

9. Sanctions bancaires. V. art. 131-73 s.

C. PREUVE DE LA PROVISION

10. Charge de la preuve. La charge de la preuve de la provision, au cas de contestation, pèse sur le tireur. • Crim. 19 déc. 1957 : *Banque 1958. 178* • Com. 4 déc. 1979 : *JCP E 1980. II. 8456.* ♦ Toutefois, faute de les avoir présentés au paiement, le porteur, à qui il incombait de le prouver, n'établit pas que les chèques, dont l'encaissement différé était sollicité, n'auraient pas été payés. • Com. 3 juin 2003 : *cité note 8 ss. art. L. 131-31.*

11. Répétition de l'indu. Il appartient au tiré qui a payé par erreur un chèque sans provision et qui agit en répétition de l'indu contre le porteur d'apporter la preuve de l'absence de provision. • Req. 5 mai 1891 : *S. 1892. 1. 369, note Appert.* ♦ V. aussi note 11 ss. art. L. 131-38.

Décret nº 65-97 du 4 février 1965, *relatif aux modes et aux procédures de règlement des dépenses des organismes publics (D. 1965. 104 ; Rect. 113 ; BLD 1965. 152 ; Rect. 171).* **Art. 11** Les chèques sur le Trésor et les chèques tirés sur un compte de dépôt de fonds au Trésor sont soumis aux règles de droit commun en matière de chèque.

L. 131-5 Le chèque ne peut pas être accepté. Une mention d'acceptation portée sur le chèque est réputée non écrite.

Toutefois, le tiré a la faculté de viser le chèque ; le visa a pour effet de constater l'existence de la provision à la date à laquelle il est donné. – *[Décr.-L. du 30 oct. 1935, art. 4].*

En ce qui concerne la certification du chèque, V. art. L. 131-14.

1. Visa. L'apposition d'un visa sur le chèque n'emporte aucun devoir de blocage de la provision à la charge du banquier tiré. • Com. 11 déc. 1973 : *D. 1975. 64, note Vezian.* – V. aussi Gavalda, *D. 1975. 346.* – V., cependant, Lescot, Rapp. sur • Req. 18 juin 1946 : *JCP 1946. II. 3252.* ♦ Sur le visa pour paiement déplacé, V. Defert, *Banque 1962. 383.*

2. Notion de chèque de banque. Le fait pour un banquier de tirer sur lui-même un chèque est une certification. • Com. 10 déc. 1974 : *D. 1975. 345, note Gavalda ; RTD com. 1975. 332, obs. Cabrillac et Rives-Lange.* ♦ N'est pas un chèque de banque le chèque tiré sur la banque par un tiers. • Com. 4 juill. 1995 : *RJDA 1995, nº 1415.*

3. Émission. Une banque n'ayant qu'un seul établissement n'est pas privée de la possibilité d'émettre un chèque de banque. • Com. 26 janv. 1999 : *Bull. civ. IV, nº 21.*

4. Forme matérielle. Les organismes habilités à délivrer des chèques tirés sur leurs caisses n'ont pas l'obligation légale ou réglementaire d'utiliser un papier et une encre insusceptibles d'être altérés ou falsifiés. • Paris, 23 juin 1995 : *Rev. dr. bancaire 1996. 8, obs. Crédot et Gérard.*

5. Blocage de la provision. Le chèque de banque produisant les mêmes effets que le chèque certifié, il en résulte que, conformément à l'art. 12-1 [C. mon. fin., art. L. 131-14], la provision reste, sous la responsabilité du tiré, bloquée au profit du porteur jusqu'au terme du délai de présentation de l'art. 29 [C. mon. fin., art.

L. 131-32]. • Paris, 23 sept. 1992 : *JCP E 1992. Pan. 1289 ; RTD com. 1993. 138, obs. Cabrillac et Teyssié*. – Arrêt cassé, au motif que le chèque n'avait pas été remis au bénéficiaire : • Com. 18 oct. 1994 : *Bull. civ. IV, n° 291 ; D. 1994. IR. 251 ; RTD com. 1995. 165, obs. Cabrillac*. ♦ V. aussi note 6 ss. art. L. 131-71.

6. Responsabilité de la banque. Sur la responsabilité d'une caisse d'épargne consécutive au rejet d'un chèque de banque comme faisant partie d'un chéquier de guichet volé, V. • Paris, 19 nov. 1993 : *JCP E 1994. Pan. 498.* ♦ Une banque peut voir sa responsabilité recherchée dans le cadre de son obligation générale de prudence et de sécurité, soit pour n'avoir pas libellé le montant d'un chèque de banque en lettres, soit pour n'avoir pas utilisé un procédé de marquage ou d'impression indélébile offrant toute garantie de sécurité. • Com. 11 févr. 2003 : *Bull. civ. IV, n° 18 ; D. 2003. 2565, note Djoudi ; JCP E 2003, n° 21-22, p. 904, note Gauberti ; RTD com. 2003. 341, obs. Cabrillac ; Banque et Droit mai-juin 2003. 57, obs. Bonneau ; ibid. sept.-oct. 2004. 88, obs. Guillot ; RD banc. fin. 2003, n° 101, obs. Crédot et Gérard ; Petites affiches 7 juill. 2003, p. 7, obs. E. C. ; Gaz. Pal. 2003. Somm. 2476, obs. S. Piedelièvre ; RJDA 2003, n° 770.* ♦ Comp. jugeant que lors de l'établissement d'un chèque de banque, l'établissement de crédit n'a pas à remplir les obligations légales imposées au seul chèque certifié de l'art. 32 du Décr. du 22 mai 1992 [V. désormais art. R. 131-2] mais doit satisfaire aux obligations plus souples du Décr.-loi du 30 oct. 1935 : • Paris, 3 sept. 2002 : *Banque et Droit mars-avr. 2004. 63, obs. Guillot*. – V. cet art., *infra*.

7. Contre-passation. La banque présentatrice qui justifie d'un motif légitime tel que le rejet pour falsification du titre en cause, fût-il un chèque de banque, est fondée à se rembourser de l'avance qu'elle a consentie à son client, ce dont il résulte que la contre-passation litigieuse ne constitue pas un trouble manifestement illicite. • Com. 14 févr. 2006 : *D. 2006. AJ. 856, obs. Avena-Robardet ; JCP E 2006, n° 11, p. 515 ; RJDA 2006, n° 574 ; RLDA mai 2006, p. 38, obs. Chemin-Bomben.*

L. 131-6 **Le chèque peut être stipulé payable :**
— à une personne dénommée, avec ou sans clause expresse « à ordre » ;
— à une personne dénommée, avec la clause « non à ordre » ou une clause équivalente ;
— au porteur.

Le chèque au profit d'une personne dénommée, avec la mention « ou au porteur » ou un terme équivalent, vaut comme chèque au porteur.

Le chèque sans indication du bénéficiaire vaut comme chèque au porteur. – *[Décr.-L. du 30 oct. 1935, art. 5].*

BIBL. ► MANUEL, *Banque 1970. 68* (chèques de dépannage). – GRUA, *D. 1996. Chron. 172* (ordres de paiement). – GRILLOT et SAINT-CENE, *Banque et Droit juill.-août 2000. 551* (recours ouverts au banquier en cas de paiement erroné à un tiers). – NIORÉ et DROCHON, *Gaz. Pal. 2004. Doctr. 2125* (le chèque falsifié : responsabilités).

A. MODALITÉS DE DÉSIGNATION

1. Chèque en blanc. L'indication du bénéficiaire n'est soumise à aucun formalisme et n'est pas au nombre des énonciations exigées par l'art. 1er [C. mon. fin., art. L. 131-2] à peine de non-validité du chèque. • Paris, 14 juin 1983 : *D. 1984. IR. 69, obs. Cabrillac.* ♦ Un chèque sans indication de bénéficiaire vaut comme chèque au porteur ; il peut, dès lors, être transmis sans endossement, seule modalité de transmission soumise à des conditions restrictives, en cas d'application de l'art. 65-1 [C. mon. fin., art. L. 131-71]. • Com. 12 nov. 1996 : *Bull. civ. I, n° 265 ; D. 1996. IR. 257 ; D. Affaires 1996. 1394 ; RTD com. 1997. 121, obs. Cabrillac*. ♦ Jugeant que le paiement du prix de vente par un chèque ne comportant pas de nom du destinataire est libératoire dès lors qu'il est remis à un mandataire apparent : • Civ. 3e, 4 févr. 2004 : *RJDA 2004, n° 693.*

2. Désignation du bénéficiaire. La désignation du bénéficiaire est valablement réalisée par la mention que lui-même inscrit de son enseigne. • Paris, 14 juin 1983 : *préc. note 1.* ♦ V. aussi note 12 ss. art. L. 131-38.

3. Société en formation. Les banques ne peuvent procéder à l'encaissement de chèques qu'au profit des bénéficiaires désignés sur les titres ou d'endossataires et aucune exception n'est prévue même en présence d'une société en formation. • Com. 25 mars 2003 : *RD banc. fin. 2003, n° 130, obs. Crédot et Gérard ; RJDA 2003, n° 1108.*

B. RESPONSABILITÉ DE LA BANQUE

4. Défaut d'indication du nom du bénéficiaire. S'il est admis que la banque bénéficiaire d'un chèque pour le compte d'un de ses clients, titulaire de compte, se trouve fondée à en porter le montant au crédit de ce dernier, assimilé à un porteur, sans avoir besoin de prendre la précaution de solliciter les instructions du tireur, il reste que ledit organisme accusera une imprudence et engage sa responsabilité si ne sont pas mentionnés sur le chèque présenté le nom du bénéficiaire et le numéro du compte à créditer, de la main du débiteur. • Paris, 20 mai 1999 : *D. 1999. IR. 182.*

5. Désignation alternative de bénéficiaires. Le banquier chargé de l'encaissement d'un chèque n'engage pas sa responsabilité à l'égard du tireur en portant le montant de cet effet sur le compte d'une EURL, alors que la mention du bénéficiaire portait à la fois le patronyme de l'associé unique, libellé en lettres minuscules, et la dénomination sociale, libellée en lettres majuscules. • Paris, 18 juin 1998 : *D. 1999. Somm. 147, obs. Cabrillac.*

6. Désignation cumulative de bénéficiaires. Commet une faute au sens de l'art. 1382 C. civ. le banquier qui encaisse un chèque émis à l'ordre de deux cobénéficiaires (dont le nom était séparé par un tiret) et en verse le montant sur le compte de l'un des deux sans s'assurer du consentement de l'autre. • Com. 3 janv. 1996 : *Bull. civ. IV, n° 1 ; D. 1996. IR. 53 ; D. Affaires 1996. 238 ; JCP 1996. II. 22617, note Bonneau ; RTD com. 1996. 301, obs. Cabrillac.* ♦ Commet une faute la banque présentatrice qui accepte un chèque comportant le nom de deux bénéficiaires mais la signature d'un seul et le porte au crédit de ce dernier qui était son seul client sans recueillir l'accord de l'autre bénéficiaire alors que l'absence du terme « ou » entre les deux noms ne permettait pas d'adopter un tel procédé. • Paris, 22 avr. 1997 : *D. Affaires 1997. 670.* ♦ Le seul fait d'avoir laissé en blanc une partie de la ligne affectée à l'énonciation du nom du bénéficiaire qui n'est contraire à aucune règle ou à aucun usage constant ne constitue pas une faute. • Même arrêt. ♦ V. aussi note 19 ss. art. L. 131-38. ♦ Sur les difficultés pratiques résultant de l'emploi d'une barre oblique entre les noms, V. Rép. min. n° 59002 : *JOAN Q, 28 sept. 1992, p. 4528.*

7. Chèque émis à l'ordre d'une société en formation. En jugeant qu'une banque ne pouvait se voir reprocher d'avoir encaissé les chèques litigieux émis au nom d'une société en formation sur un compte spécial ouvert au nom du fondateur, au motif qu'une société en formation ne peut avoir de compte bancaire fonctionnant à son nom avant son immatriculation au registre du commerce, alors que, sauf pour la banque à respecter les précautions d'usage, un compte de dépôt peut être ouvert au nom d'une société en formation à la demande du ou des fondateurs et fonctionner sous leur signature, les juges ont violé l'art. 1382 C. civ. • Com. 25 mars 2003 : *préc. note 3.*

8. Chèque émis à l'ordre de deux époux. Un chèque ayant été émis à l'ordre de deux époux séparés de biens en paiement de la vente d'un bien indivis et endossé par chacun des époux, à l'égard de la banque, dont la connivence n'était pas alléguée, l'épouse avait, par application de l'art. 1321 C. civ., le pouvoir suffisant d'encaisser le montant du chèque sur son compte personnel. • Com. 21 nov. 2000 : *Bull. civ. IV, n° 177 ; D. 2001. Somm. 2932, obs. Brémond et ibid. AJ. 230 ; Petites affiches 19 déc. 2000, p. 15, obs. E.C. ; RD banc. fin. 2001, n° 2, obs. Crédot et Gérard ; RTD com. 2001. 199, obs. Cabrillac.*

9. Inscription directe au compte d'un tiers. Une cour d'appel ne peut refuser de retenir la responsabilité de la banque ayant inscrit le montant d'un chèque sur un autre compte que celui du bénéficiaire alors que ni celui-ci ni son mandataire ne peuvent ordonner que le montant en soit remis directement à un tiers. • Com. 18 sept. 2002 : *Bull. civ. IV, n° 201 ; Banque et Droit janv.-févr. 2003. 58, obs. Bonneau ; RTD com. 2003. 341, obs. Cabrillac.*

C. FORCE PROBANTE DE L'ORDRE

10. Présomption de destination. La remise d'un chèque à l'ordre d'une personne établit nécessairement qu'elle a été personnellement destinataire du transfert de fonds que ce chèque a permis de réaliser. • Com. 12 juill. 2005 : *cité note 7 ss. art. L. 131-20.*

L. 131-7 Le chèque peut être à l'ordre du tireur lui-même.

Le chèque peut être tiré pour le compte d'un tiers.

Le chèque ne peut être tiré sur le tireur lui-même, sauf dans le cas où il s'agit d'un chèque tiré entre différents établissements d'un même tireur et à condition que ce chèque ne soit pas au porteur. – *[Décr.-L. du 30 oct. 1935, art. 6].*

1. Tireur-bénéficiaire. La même personne peut valablement tirer un chèque en se désignant en qualité de bénéficiaire. • Crim. 4 nov. 1972 : *D. 1973. 224, note Crémieux ; JCP 1973. II. 17336, note Gavalda ; RTD com. 1973. 120, obs. Cabrillac et Rives-Lange.*

2. Chèque de banque. Les dispositions de l'art. 6 ne privent pas une banque n'ayant qu'un seul établissement de la possibilité d'émettre des chèques de banque. • Com. 26 janv. 1999 : *Bull. civ. IV, n° 21 ; D. 1999. Somm. 147, obs. Cabrillac ; D. Affaires 1999. 422, obs. X. D. ; RTD com. 1999. 473, obs. Cabrillac .* ♦ Il est donc vainement soutenu qu'un chèque ne peut être tiré par le tireur sur lui-même à moins qu'il ne soit tiré entre deux établissements différents de la même banque. • Même arrêt. ♦ V. notes 2 s. ss. art. L. 131-5.

L. 131-8 Toute stipulation d'intérêts insérée dans le chèque est réputée non écrite. – *[Décr.-L. du 30 oct. 1935, art. 7].*

L. 131-9 Le chèque peut être payable au domicile d'un tiers soit dans la localité où le tiré a son domicile, soit dans une autre localité, à condition toutefois que le tiers soit un banquier ou un centre de chèques postaux.

Cette domiciliation ne peut, au surplus, être faite contre la volonté du porteur, à moins que le chèque ne soit barré et que la domiciliation n'ait lieu à la Banque de France, sur la même place. – *[Décr.-L. du 30 oct. 1935, art. 8].*

L. 131-10 Le chèque dont le montant est écrit à la fois en toutes lettres et en chiffres ne vaut, en cas de différence, que pour la somme écrite en toutes lettres.

Le chèque dont le montant est écrit plusieurs fois, soit en toutes lettres, soit en chiffres, ne vaut, en cas de différence, que pour la moindre somme. – *[Décr.-L. du 30 oct. 1935, art. 9].*

1. Discordance. En cas de différence entre la somme inscrite en chiffres et en lettres, le chèque vaut pour la somme écrite en toutes lettres. • Paris, 13 févr. 1985 : *D. 1985. IR. 417, obs. Cabrillac.* ♦ V., pour une somme inscrite plusieurs fois en lettres ou en chiffres, • Paris, 30 sept. 1982 : *D. 1983. IR. 42, obs. Cabrillac.*

2. Unités monétaires. Lorsque le chèque a été libellé en francs, la somme due est celle inscrite sur le titre sans que puisse être opposée à l'exercice de l'action cambiaire une erreur sur l'unité monétaire (« anciens » et « nouveaux » francs). • Com. 17 juin 1970 : *Banque 1970. 1137, obs. Marin ; RTD com. 1971. 141, obs. Cabrillac et Rives-Lange.* – Comp. : • Paris, 30 sept. 1982 : *préc. note 1.*

3. Montant indiqué uniquement en chiffres. Une banque ne peut reprocher au tireur d'avoir émis un chèque ne comportant pas en toutes lettres l'indication de la somme à payer dès lors qu'elle a accepté elle-même de le recevoir à l'encaissement. • Com. 17 oct. 1995 : *Bull. civ. IV, n° 231 ; RTD com. 1996. 92, obs. Cabrillac ; Quot. jur. 7 déc. 1995, p. 5, note J.-P. D.*

L. 131-11 Si le chèque porte des signatures de personnes incapables de s'obliger par chèques, des signatures fausses ou des signatures de personnes imaginaires, ou des signatures qui, pour toute autre raison, ne sauraient obliger les personnes qui ont signé le chèque, ou au nom desquelles il a été signé, les obligations des autres signataires n'en sont pas moins valables. – *[Décr.-L. du 30 oct. 1935, art. 10].*

1. Capacité. Dès lors que l'insanité d'esprit du tireur est suffisamment établie à l'époque de l'émission des chèques (art. 489 C. civ.), leur nullité doit être prononcée. • Dijon, 31 mars 1998 : *BICC 1999, n° 132 ; D. Affaires 1998. 1745, obs. X. D.*

2. Signature fausse. V. *infra*, notes ss. art. L. 131-38.

L. 131-12 Quiconque appose sa signature sur un chèque, comme représentant d'une personne pour laquelle il n'avait pas le pouvoir d'agir, est obligé lui-même en vertu du chèque et, s'il a payé, a les mêmes droits qu'aurait eus le prétendu représenté. Il en est de même du représentant qui a dépassé ses pouvoirs. – *[Décr.-L. du 30 oct. 1935, art. 11].*

L. 131-13 Le tireur est garant du paiement. Toute clause par laquelle le tireur s'exonère de cette garantie est réputée non écrite. – *[Décr.-L. du 30 oct. 1935, art. 12].*

L. 131-14 **Tout chèque pour lequel la provision correspondante existe à la disposition du tireur doit être certifié par le tiré si le tireur ou le porteur le demande, sauf la faculté pour le tiré de remplacer ce chèque par un chèque émis dans les conditions prévues au troisième alinéa de l'article L. 131-7.**

La provision du chèque certifié reste, sous la responsabilité du tiré, bloquée au profit du porteur jusqu'au terme du délai de présentation fixé par l'article L. 131-32. – *[Décr.-L. du 30 oct. 1935, art. 12-1, al. 1er et 2]*. – *V. infra, art. R. 131-2.*

1. Faculté de demander un chèque certifié. N'est pas constitutive d'une voie de fait l'utilisation par l'Administration de la possibilité légale de demander au tireur de faire certifier un chèque par le tiré, préalablement à sa remise. • Civ. 1re, 27 févr. 1990 : *Bull. civ. I, n° 56 ; RTD com. 1990. 613, obs. Cabrillac et Teyssié*. ♦ Un créancier ne commet aucune faute en refusant un chèque ordinaire alors qu'il avait demandé le paiement par chèque certifié ou chèque de banque. • Com. 27 févr. 1996 : *RTD com. 1996. 304, obs. Cabrillac*.

2. Chèque de banque. V. note 5 ss. art. L. 131-5.

3. Effet de la certification. La certification de l'existence de la provision n'ayant d'effet que pour une durée de huit jours, elle ne peut constituer une garantie de paiement pour une durée supérieure. • Com. 11 juill. 2000 : *Bull. civ. IV, n° 140 ; D. 2000. AJ. 378, obs. Avena-Robardet ; Banque et Droit nov.-déc. 2000. 48, obs. Rontchevsky ; RD banc. fin. 2000, n° 184, obs. Crédot et Gérard.*

4. Chèque non certifié : défaut d'immobilisation de la provision. Aucun texte législatif ne prescrit au tiré de bloquer la provision nécessaire au paiement du chèque, après l'opposition du tireur, dès lors que le chèque n'est pas certifié. • Riom, 4 juill. 1980 : *D. 1981. IR. 303, obs. Cabrillac.* ♦ V. note 1 ss. art. L. 131-5.

L. 131-15 **Toute personne qui remet un chèque en paiement doit justifier de son identité au moyen d'un document officiel portant sa photographie.** – *[Décr.-L. du 30 oct. 1935, art. 12-2].*

1. Responsabilités en raison d'une faute dans la garde du chéquier. Sur la responsabilité délictuelle du titulaire du chéquier dont la négligence a rendu possible le vol de son chéquier à l'égard du commerçant bénéficiaire d'un chèque tiré par le voleur, V. • Bordeaux, 17 nov. 1982 : *Banque 1983. 781* • TI Bordeaux, 1er avr. 1981 : *D. 1981. IR. 301, obs. Cabrillac* • TI Paris, 2 févr. 1984 : *RTD com. 1984. 699, obs. Cabrillac et Teyssié.* ♦ Sur le lien de causalité entre l'imprudence du titulaire du chéquier et le préjudice subi par le commerçant, V. • Civ. 2e, 7 déc. 1988 : *Gaz. Pal. 1989. 1. Pan. 29 ; RTD com. 1989. 275, obs. Cabrillac et Teyssié.* – Comp. • Com. 4 nov. 1976 : *JCP 1978. II. 18750, note Stoufflet.* ♦ Sur la charge de la preuve de l'imprudence du titulaire, V. • Com. 13 déc. 1988 : *Bull. civ. IV, n° 338.* – Et, sur renvoi, • Versailles, 17 oct. 1989 : *D. 1989. IR. 318.* ♦ V. aussi note 22 ss. art. L. 131-38.

2. Responsabilité du banquier. Sur la responsabilité du banquier à l'égard de tiers victimes d'usurpations, V. notamment • Com. 28 févr. 1989 : *RTD com. 1989. 275, obs. Cabrillac et Teyssié* (chéquier envoyé sous pli postal ordinaire). ♦ Sur la responsabilité du banquier à l'égard de son client, V. notamment • Com. 4 nov. 1976 : *préc. note 1* (retenant le défaut de comparaison entre le spécimen de signature et les signatures apposées sur les chèques volés et écartant toute négligence fautive du titulaire du compte). ♦ Sur la faute du banquier, V. aussi note 11 ss. art. L. 131-31, notes ss. art. L. 131-38 et note 3 ss. art. L. 131-71.

3. Responsabilité partagée entre le titulaire du chéquier et le commerçant. Sur l'exonération partielle du titulaire en raison d'une faute du commerçant (absence de contrôle d'identité), V. • TI Versailles, 18 déc. 1980 : *D. 1981. IR. 301, obs. Cabrillac* • TGI Besançon, 5 juin 1970 : *Banque 1971. 205.* – *Contra* : • TI Saint-Denis de la Réunion, 26 juill. 1973 : *JCP 1973. IV. 433.* – Comp. : Stoufflet, note ss. • Com. 4 nov. 1976 : *préc. note 1.*

4. Présentation d'une pièce d'identité. Sur la faute du commerçant, V. note 3. ♦ Sur l'exigence d'une seconde pièce d'identité, V. Rép. min. : *JOAN Q, 4 mai 1987, p. 2560.*

SECTION III ***Transmission*** *(L. n° 2005-516 du 20 mai 2005, art. 16-IV).*

RÉP. COM. v° *Chèque*, par CABRILLAC.
BIBL. ▸ JESTAZ, *RTD com. 1966. 88.*

L. 131-16 Le chèque stipulé payable au profit d'une personne dénommée avec ou sans clause expresse « à ordre » est transmissible par la voie de l'endossement.

Le chèque stipulé payable au profit d'une personne dénommée avec la clause « non à ordre » ou une clause équivalente n'est transmissible que dans la forme et avec les effets d'une cession ordinaire. – *[Décr.-L. du 30 oct. 1935, art. 13]*.

1. Qualification de l'endossement. L'endossement non qualifié d'un chèque est réputé translatif et les tiers ne sont pas admis à démontrer que l'endossement n'est que de procuration. • Com. 9 janv. 1990 : *Bull. civ. IV, n° 3 ; D. 1990. 485, note D.-R. Martin ; RTD com. 1990. 232, obs. Cabrillac et Teyssié*. ♦ Sur l'endossement translatif, V. notes ss. art. L. 131-20.

2. Endossement pignoratif. Pour un exemple d'endossement pignoratif, V. • Com. 10 juill. 1989 : *Bull. civ. IV, n° 217 ; D. 1990. Somm. 120, obs. Cabrillac* (endossement pignoratif privé d'effet en raison de l'ouverture d'une procédure collective à l'encontre de l'endosseur commerçant).

L. 131-17 L'endossement peut être fait même au profit du tireur ou de tout autre obligé. Ces personnes peuvent endosser le chèque à nouveau. – *[Décr.-L. du 30 oct. 1935, art. 14]*.

L. 131-18 L'endossement doit être pur et simple. Toute condition à laquelle il est subordonné est réputée non écrite.

L'endossement partiel est nul.

Est également nul l'endossement du tiré.

L'endossement au porteur vaut comme un endossement en blanc.

L'endossement au tiré ne vaut que comme quittance, sauf dans le cas où le tiré a plusieurs établissements et où l'endossement est fait au bénéfice d'un établissement autre que celui sur lequel le chèque a été tiré. – *[Décr.-L. du 30 oct. 1935, art. 15]*.

Tiré endossataire. La banque tirée qui a payé à découvert un chèque sans provision est irrecevable à exercer l'action civile, n'ayant pas la qualité de porteur. • Crim. 1er févr. 1978 : *Bull. crim. n° 40 ; Gaz. Pal. 1978. 2. 453.*

L. 131-19 L'endossement doit être inscrit sur le chèque ou sur une feuille qui y est attachée, dite allonge. Il doit être signé par l'endosseur. La signature de celui-ci est apposée, soit à la main, soit par tout procédé non manuscrit.

L'endossement peut ne pas désigner le bénéficiaire ou consister simplement dans la signature de l'endosseur nommé endossement en blanc. Dans ce dernier cas, l'endossement, pour être valable, doit être inscrit au dos du chèque ou sur l'allonge. – *[Décr.-L. du 30 oct. 1935, art. 16]*.

1. Endossement par la banque. Sur la validité de la pratique qui consiste, pour une banque, à endosser un chèque non revêtu de l'endos du bénéficiaire, pour porter ce chèque au crédit du compte de l'intéressé, V. • Paris, 9 nov. 1990 : *D. 1991. Somm. 216, obs. Cabrillac*.

2. Banque désignée comme bénéficiaire. Une banque, à l'ordre de laquelle a été émis un chèque qui ne comportait aucune indication sur la volonté du tireur d'en attribuer le bénéfice au porteur, est tenue de se comporter comme étant elle-même bénéficiaire des fonds et ne peut créditer le compte de ce porteur du montant du chèque sans prendre aucune précaution pour s'assurer de l'intention du tireur. • Com. 26 janv. 1999 : *RJDA 1999, n° 325 ; RD bancaire et bourse 1999. 70, obs. Crédot et Gérard.*

3. Allonge. Sur la validité du procédé consistant à joindre au chèque une allonge, revêtue des coordonnées du chèque et au verso de laquelle est mentionnée la somme complémentaire demandée au titre des intérêts et frais, en application des art. 45 et 65-3, dernier al. [C. mon. fin., art. L. 131-52 et L. 131-73, dern. al.], afin d'en assurer le recouvrement, en même temps que celui du montant du chèque, sur seconde présentation, V. de Reguardati, *Les Annonces de la Seine, 6 mars 1995 ;* Cabrillac, *ibid. 12 déc. 1996.* ♦ Ce procédé, également connu sous le nom de « modulo-chèque », qui est susceptible de permettre au porteur du chèque de recouvrer simultanément, sur seconde présentation, le montant nominal du chèque impayé ainsi que les intérêts et frais, ne semble pas, sous réserve de l'appréciation souveraine des cours et tribunaux, se heurter aux dispositions du décret-loi du 30 oct. 1935 (Rép. min. n° 6817 : *JOAN Q, 27 avr. 1998, p. 2391*). ♦ Comp. : note 10 ss. art. L. 131-73.

L. 131-20 L'endossement transmet tous les droits résultant du chèque et notamment la propriété de la provision.

Si l'endossement est en blanc, le porteur peut :

1. Remplir le blanc, soit de son nom, soit du nom d'une autre personne ;
2. Endosser le chèque de nouveau en blanc, ou à une autre personne ;
3. Remettre le chèque à un tiers, sans remplir le blanc et sans l'endosser. – *[Décr.-L. du 30 oct. 1935, art. 17].*

A. NATURE TRANSLATIVE DE L'ENDOSSEMENT

1. *Transmission au porteur de la propriété du chèque et de la provision.* En l'absence de toute mention restrictive de la portée de l'endossement, celui-ci transmet au porteur les droits résultant du chèque, notamment la propriété de la provision. • Com. 16 mai 1977 : *D. 1977. IR. 397, obs. Vasseur* • 11 juill. 1978 : *D. 1979. IR. 359, obs. Vasseur* • 11 juill. 1988 : *D. 1988. IR. 238 ; Gaz. Pal. 1989. 1. Somm. 161, obs. Piedelièvre.* ♦ L'endos translatif transmet au porteur tous les droits et actions liés au titre ainsi que la provision. • Pau, 3 mars 1981 : *JCP 1982. II. 19706, note Vivant.* ♦ Sur le caractère translatif de l'émission du chèque, V. note 1 ss. art. L. 131-4.

2. *Saisie-arrêt ou saisie-attribution.* Une banque ayant reçu notification d'une saisie-arrêt sur un chèque de la part d'un créancier du bénéficiaire doit en réserver le paiement pour ce saisissant, sauf à tout porteur prétendant avoir droit sur la provision d'établir judiciairement que l'endossement à son profit est antérieur à la voie d'exécution. • Com. 15 févr. 1994 : *Bull. civ. IV, n° 61 ; D. 1994. Somm. 183, obs. Cabrillac* . ♦ Comp., sur les effets de la nouvelle procédure de saisie-attribution, applicable depuis le 1er janv. 1993, L. n° 91-650 du 9 juill. 1991, art. 45. – **C. pr. civ.**

B. PRÉSOMPTION D'ENDOSSEMENT TRANSLATIF

1° Rapports entre l'endosseur et l'endossataire

3. *Présomption simple.* La présomption d'endos translatif n'est pas irréfragable dans les rapports de l'endosseur et de l'endossataire. • Com. 13 mai 1981 : *Bull. civ. IV, n° 226 ; D. 1982. IR. 171, obs. Cabrillac ; ibid. 1982. 241, obs. Vasseur ; RTD com. 1981. 802, obs. Cabrillac et Teyssié* • 28 mai 1974 : *ibid. 1975. 147, obs. Cabrillac et Rives-Lange* • 23 mai 1977 : *D. 1977. IR. 397, obs. Vasseur.*

4. *Renversement de la présomption.* La preuve contraire peut être rapportée par tout moyen. • Com. 5 déc. 1955 : *JCP 1956. II. 9134, note Cabrillac* • 6 nov. 1984 : *Gaz. Pal. 1984. 1. 100 ; D. 1986. IR. 323, obs. Vasseur* • Aix-en-Provence, 9 janv. 1976 : *D. 1977. IR. 190, obs. Vasseur.* ♦ La présomption d'endossement translatif tombe devant la reconnaissance par la banque qu'elle n'a pas crédité le compte à raison d'une convention d'escompte, même tacite, mais conformément aux usages qui font accompagner la remise à l'encaissement d'une avance des fonds. • Paris, 12 juill. 1991 : *D. 1991. IR. 217.*

5. *Clause « sauf réserve de bonne fin ».* La clause « sauf réserve de bonne fin », contenue dans un bordereau de remise, s'applique aussi bien à l'escompte translatif de droits, qu'à la remise pour encaissement. • Com. 13 mai 1981 : *préc. note 3.* ♦ V. note 1 ss. art. L. 131-26.

2° Rapport entre les parties et les tiers

6. *Présomption irréfragable.* La présomption d'endos translatif est irréfragable dans les rapports des parties à l'égard des tiers. • Com. 13 mars 1979 : *Banque 1979. 1239* • 16 mai 1977 : *D. 1977. IR. 397, obs. Vasseur* • 7 avr. 1992 : *RJDA 1992, n° 733* • Paris, 1er févr. 1983 : *D. 1983. IR. 409, obs. Vasseur.* ♦ La cour d'appel, qui constate qu'une mention d'endossement portée sur un chèque résultait d'une signature apposée par le bénéficiaire au verso de cet effet, retient à bon droit que si la preuve que l'endossataire n'est qu'un simple mandataire peut être rapportée dans les relations entre l'endosseur et l'endossataire, elle ne peut être faite par un tiers. • Com. 9 janv. 1990 : *Bull. civ. IV, n° 3 ; D. 1990. 485, note D. Martin ; RTD com. 1990. 232, obs. Cabrillac et Teyssié* ; • 4 mars 1986 : *D. 1987. Somm. 71, obs. Vasseur.*

C. FORCE PROBANTE DU CHÈQUE ENDOSSÉ

7. *Commencement de preuve par écrit.* Si le chèque ne peut, en tant que tel, valoir commencement de preuve par écrit contre le bénéficiaire, il en est différemment du chèque endossé par celui-ci. • Civ. 1re, 10 mai 1995 : *Bull. civ. I, n° 201 ; D. 1996. Somm. 36, obs. Cabrillac ; D. 1995. IR. 139.* ♦ Ainsi, un *accipiens* peut être condamné, à titre de remboursement d'un prêt, à payer le montant d'un chèque établi à son ordre et qu'il a lui-même remis à la banque après l'avoir endossé. • Même arrêt. – Dans le même sens : • Civ. 1re, 18 juill. 1995 : *Bull. civ. I, n° 323 ; D. Affaires 1995. 66 ; JCP 1995. II. 22554, note S. Piedelièvre.* ♦ La remise d'un chèque à l'ordre d'une personne établit nécessairement qu'elle a été personnellement destinataire du transfert de fonds que ce chèque a permis de réaliser, ce dont il se déduit que c'est à l'intéressé d'établir qu'il peut ne pas être tenu à restitution. • Com. 12 juill. 2005 : *Bull. civ. IV, n° 159 ; D. 2005. AJ. 2069, obs. Delpech ; JCP E 2005, n° 40, p. 1633 ; Banque et Droit nov.-déc. 2005. 80, obs. Bonneau ; RJDA 2005, n° 1272.* ♦ Comp., considérant que viole l'art. 1341 C. civ., l'arrêt qui pour condamner, à titre de remboursement de prêts, un endosseur à payer à l'émetteur le montant de chèques retient que l'endossement constituait un commencement de preuve par écrit rendant vraisemblables les prêts invoqués alors que l'endossement démontre seulement la réalité de la remise de fonds, V. • Civ. 1re, 3 juin 1998 : *Bull. civ. I, n° 195 ; D. 1999. 453, note Ravignaux ; D. Affaires 1998. 1534, obs. J. F. ; JCP E 1998, n° 27, p. 1072, obs. Morvan ; JCP 1999. II. 10062, note Prieur.*

L. 131-21 L'endosseur est, sauf clause contraire, garant du paiement.

Il peut interdire un nouvel endossement ; dans ce cas, il n'est pas tenu à la garantie envers les personnes auxquelles le chèque est ultérieurement endossé. – *[Décr.-L. du 30 oct. 1935, art. 18].*

L. 131-22 Le détenteur d'un chèque endossable est considéré comme porteur légitime s'il justifie de son droit par une suite ininterrompue d'endossements, même si le dernier endossement est en blanc. Les endossements biffés sont, à cet égard, réputés non écrits. Quand un endossement en blanc est suivi d'un autre endossement, le signataire de celui-ci est réputé avoir acquis le chèque par l'endossement en blanc. – *[Décr.-L. du 30 oct. 1935, art. 19].*

Porteur légitime. Le banquier endossataire commet une faute lorsqu'il escompte un titre présentant une rupture apparente dans la chaîne des endossements. • Com. 8 févr. 1984 : *RTD com. 1984. 306, obs. Cabrillac et Teyssié ; Gaz. Pal. 1984. 2. Pan. 212* • 3 juin 1982 : *D. 1983. IR. 41* • 26 mars 1973 : *Bull. civ. IV, n° 132 ; RTD com. 1973. 839, obs. Cabrillac et Rives-Lange* • 5 mars 1975 : *Bull. civ. IV, n° 130 ; RTD com. 1976. 164, obs. Cabrillac et Rives-Lange* • Paris, 7 févr. 1966 : *ibid. 1966. 972, obs. Cabrillac et Rives-Lange* • Douai, 27 janv. 1982 : *D. 1983. IR. 466, obs. Vasseur.*

L. 131-23 Un endossement figurant sur un chèque au porteur rend l'endosseur responsable aux termes des dispositions qui régissent le recours ; il ne convertit d'ailleurs pas le titre en un chèque à ordre. – *[Décr.-L. du 30 oct. 1935, art. 20].*

L. 131-24 Lorsqu'une personne a été dépossédée d'un chèque à ordre par quelque événement que ce soit, le bénéficiaire qui justifie de son droit de la manière indiquée à l'article L. 131-22, n'est tenu de se dessaisir du chèque que s'il l'a acquis de mauvaise foi ou si, en l'acquérant, il a commis une faute lourde. – *[Décr.-L. du 30 oct. 1935, art. 21].*

1. Opposition au paiement. V. art. L. 131-35.

2. Mauvaise foi. V. note 3 ss. art. L. 131-35.

L. 131-25 Les personnes actionnées en vertu du chèque ne peuvent pas opposer au porteur les exceptions fondées sur leurs rapports personnels avec le tireur ou avec les porteurs antérieurs, à moins que le porteur, en acquérant le chèque, n'ait agi sciemment au détriment du débiteur. – *[Décr.-L. du 30 oct. 1935, art. 22].*

A. INOPPOSABILITÉ DES EXCEPTIONS

1. Banquier escompteur. Sur le recours du banquier, V. • TGI Créteil, 5 nov. 1980 : *D. 1982. IR. 172, obs. Cabrillac.*

2. Mauvaise foi. A été jugé comme étant de mauvaise foi, un banquier endossataire d'un chèque d'un montant élevé longtemps après l'émission, alors que le bénéficiaire, en difficultés financières, avait intérêt à en obtenir le paiement à bref délai. • TGI Créteil, 5 nov. 1980 : *préc. note 1.*

3. Exceptions opposables. Les juges doivent préciser quelles exceptions, dont une banque aurait eu connaissance, pouvaient être opposées par le tireur au bénéficiaire du chèque.

• Com. 24 oct. 1977 : *D. 1978. 507, note Contamine-Raynaud.*

4. Absence de cause du rapport fondamental. Une cour d'appel doit répondre aux conclusions du tireur opposant au bénéficiaire du chèque une exception tirée de l'absence de cause du rapport fondamental. • Com. 7 janv. 1997 : *Bull. civ. IV, n° 3.* ♦ Le tireur peut, en vertu de l'art. L. 131-25, opposer au bénéficiaire d'un chèque une exception tirée de l'absence de cause du rapport fondamental. • Paris, 12 mars 2003 : *RTD com. 2003. 547, obs. Cabrillac*.

B. CHÈQUE DE CASINO

5. Licéité des chèques émis au profit d'un établissement de jeu réglementé. Le client d'un casino dont l'activité est autorisée par la loi et réglementée par les pouvoirs publics ne peut pas se prévaloir de l'art. 1965 C. civ., selon lequel la loi n'accorde aucune action pour une dette de jeu. • Cass., Ch. mixte, 14 mars 1980 : *D. 1980. IR. 336, obs. Puech ; D. 1980. 434, obs. Cabrillac ; RTD com. 1980. 577, obs. Cabrillac et Rives-Lange* • Civ. 1re, 18 janv. 1984 : *Bull. civ. I, n° 26 ; Gaz. Pal. 1984. 1. 291, note Doucet ; RTD com. 1984. 493, obs. Cabrillac et Teyssié* • Crim. 21 oct. 1991 : *Bull. crim. n° 359 ; D. 1992. IR. 16 ; RTD com. 1992. 705, obs. Cabrillac et Teyssié*.

6. Exception de jeu. Si toute remise de plaques de casino contre un chèque ne constitue pas une avance et ne caractérise pas une opération de crédit, il peut en être autrement lorsque les circonstances de l'espèce démontrent que cette remise n'a pour but que de couvrir un prêt consenti par le casino pour alimenter le jeu, • Civ. 1re, 31 janv. 1984 : *D. 1985. 40, note Diener ; RTD com. 1984. 493, obs. Cabrillac et Teyssié* • 20 juill. 1988 : *Bull. civ. I, n° 257 ; D. 1989. Somm. 88, obs. Cabrillac* • 19 mai 1992 : *D. 1992. 494, note Diener* (V. déjà, dans la même affaire, • TGI Pontoise, 29 juin 1988 : *D. 1990. 42, note Diener*) • Crim. 15 nov. 1993 : *Bull. crim. n° 339 ; D. 1995. 302, note Mouralis* • TGI Paris, 20 mars 1991 : *BICC 1er août 1991.* ♦ Dans ce cas, le titre litigieux ne peut être considéré comme un instrument de paiement mais constitue un simple titre de créance. • Civ. 1re, 19 mai 1992 : *préc.* • Aix-en-Provence, 30 nov. 1994 : *D. 1996. 36, note Mouralis*.

7. Illustrations. Il y a prêt du casino pour alimenter le jeu lorsque, d'une part, le chèque litigieux a été libellé par le joueur sur une formule pré-imprimée par le casino et que d'autre part, le chèque émis n'a été remis à l'encaissement que quatre mois plus tard. • Civ. 1re, 30 juin 1998 : *Bull. civ. I, n° 229 ; D. 1999. Somm. 112, obs. Libchaber ; D. Affaires 1998. 1314, obs. J. F. ; Petites affiches 22 juin 1999, p. 28, note Massip* • 25 févr. 2003 : *RD banc. fin. 2003, n° 62, obs. Crédot et Gérard.* ♦ Le client d'un casino peut se prévaloir de l'art. 1965 C. civ. s'il est établi que la dette se rapporte à des prêts consentis par le casino ou par une société chargée par celui-ci d'encaisser les chèques gérés par lui et de recouvrer les dettes de jeu. • Civ. 1re, 3 juin 1998 : *D. 1998. IR. 172 ; D. Affaires 1998. 1253, obs. J. F.* ♦ Une société de casino, dont le personnel avait fait remplir à un joueur, lors de son arrivée, un chèque en blanc qu'il lui avait fait ultérieurement compléter en fonction du montant de ses pertes, a ainsi fait bénéficier ledit joueur d'un crédit destiné à alimenter son jeu. • Civ. 1re, 11 mai 1999 : *Bull. civ. I, n° 154 ; RJDA 1999, n° 708.*

Sur la disqualification d'un chèque incomplet, V. notes ss. art. L. 131-3.

Sur l'application de cette jurisprudence en cas de paiement par carte, V. note 5 ss. art. L. 132-2.

8. Preuve. La preuve que la société exploitant le casino ait su, à la date de son émission, qu'un chèque émis par le débiteur sur ses propres formules de chèques et comportant toutes les mentions obligatoires, était sans provision ne peut se déduire du fait que le chèque n'a été mis à l'encaissement que deux mois après sa date d'émission, et n'a pas fait l'objet d'incident de paiement dans les formes prévues par le droit bancaire. • Paris, 21 nov. 1995 : *D. Affaires 1996. 151.*

L. 131-26 Lorsque l'endossement contient la mention « valeur en recouvrement », « pour encaissement », « par procuration », ou toute autre mention impliquant un simple mandat, le porteur peut exercer tous les droits découlant du chèque, mais il ne peut endosser celui-ci qu'à titre de procuration.

Les obligés ne peuvent, dans ce cas, invoquer contre le porteur que les exceptions opposables à l'endosseur.

Le mandat renfermé dans un endossement de procuration ne prend pas fin par le décès du mandant ou la survenance de son incapacité. – *[Décr.-L. du 30 oct. 1935, art. 23].*

1. Preuve de la nature de l'endossement. V. notes ss. art. L. 131-20. ♦ La mention « sauf bonne fin » ne saurait par elle-même caractériser un endossement de procuration. • Com. 13 mai 1981 : *Bull. civ. IV, n° 226 ; D. 1982. IR. 171, obs. Cabrillac ; D. 1982. 241, obs. Vasseur ; RTD com. 1981. 802, obs. Cabrillac et Teyssié* • Paris, 12 juill. 1985 : *Banque 1985. 1177, obs. Rives-Lange* • Crim. 6 juill. 1967 : *JCP 1969. II. 15747, note Pédamon.* ♦ V., cependant, pour la mention « en compte », • Grenoble, 10 mars 1977 : *Banque 1978. 524.*

V. aussi notes ss. art. L. 131-19.

2. Qualité de porteur. En ce sens que le bénéficiaire d'un chèque qui le remet à l'encaissement conserve la qualité de porteur lorsque le banquier présentateur a la qualité de mandataire, la formule d'endos révélant un endossement de procuration, ou lorsqu'en cas d'endossement translatif, le banquier a acquis le chèque de mauvaise foi ou en commettant une faute lourde, V. • Com. 26 janv. 1999 : *Bull. civ. IV, n° 21 ; D. 1999. Somm. 147, obs. Cabrillac ; D. Affaires 1999. 422, obs. X. D. ; RD bancaire et bourse 1999. 93, obs. Crédot et Gérard.* ♦ Comp., considérant que la simple remise d'un chèque par son bénéficiaire à une banque opère mandat d'encaissement : • Paris, 5 janv. 1999 : *D. 1999. IR. 43 ; D. Affaires 1999. 378, obs. X. D. ; RTD com. 1999. 474, obs. Cabrillac.*

3. Endossement subséquent. Sur une subdélégation, V. • Grenoble, 10 mars 1977 : *préc. note 1.*

4. Responsabilité du banquier endossataire. V. notes ss. art. L. 131-38.

5. Chèque de garantie. Pour l'endossement d'un chèque de garantie à une banque alors qu'il a été consenti seulement à titre de procuration, V. • Com. 24 sept. 2003 : *RJDA 2004, n° 214.*

L. 131-27 L'endossement fait après le protêt ou après l'expiration du délai de présentation ne produit que les effets d'une cession ordinaire.

Sauf preuve contraire, l'endossement sans date est présumé avoir été fait avant le protêt ou avant l'expiration du délai de présentation.

Il est défendu d'antidater les ordres à peine de faux. – *[Décr.-L. du 30 oct. 1935, art. 24].*

1. Endossement postérieur à l'expiration du délai de présentation. Selon l'art. 24, al. 1er [C. mon. fin., art. L. 131-27], l'endossement du chèque effectué après l'expiration du délai de présentation n'a produit que les effets d'une cession ordinaire, ce dont il résulte que n'étant pas porteur, la banque endossataire ne pouvait demander la mainlevée de l'opposition pratiquée et la contestation sérieuse existant entre tireur et tiré excluait l'application de l'art. 808 NCPC (mesures ordonnées en référé). • Com. 17 oct. 1995 : *Bull. civ. IV, n° 235 ; RTD com. 1996. 93, obs. Cabrillac ; Rev. huiss. 1996. 700, note Hesbert ; Rev. dr. bancaire 1996. 8, obs. Crédot et Gérard.*

2. Absence de date. L'endos en l'absence d'indication de la date est présumé réalisé avant l'établissement du protêt, sauf preuve contraire. • Com. 13 oct. 1970 : *Bull. civ. IV, n° 265.*

SECTION IV ***Aval*** *(L. n° 2005-516 du 20 mai 2005, art. 16-IV).*

RÉP. COM. v° *Aval*, par GIBIRILA.

L. 131-28 Le paiement d'un chèque peut être garanti pour tout ou partie de son montant par un aval.

Cette garantie est fournie par un tiers, sauf le tiré, ou même par un signataire du chèque. – *[Décr.-L. du 30 oct. 1935, art. 25].*

L. 131-29 L'aval est donné soit sur le chèque ou sur une allonge, soit par un acte séparé indiquant le lieu où il est intervenu.

Il est exprimé par les mots « bon pour aval » ou par toute autre formule équivalente ; il est signé par le donneur d'aval.

Il est considéré comme résultant de la seule signature du donneur d'aval, apposée au recto du chèque, sauf quand il s'agit de la signature du tireur.

L'aval doit indiquer pour le compte de qui il est donné. A défaut de cette indication, il est réputé donné pour le tireur. – *[Décr.-L. du 30 oct. 1935, art. 26].*

L. 131-30 Le donneur d'aval est tenu de la même manière que celui dont il s'est porté garant.

Son engagement est valable, alors même que l'obligation qu'il a garantie serait nulle pour toute cause autre qu'un vice de forme.

Quand il paie le chèque, le donneur d'aval acquiert les droits résultant du chèque contre le garanti et contre ceux qui sont tenus envers ce dernier en vertu du chèque. – *[Décr.-L. du 30 oct. 1935, art. 27].*

SECTION V ***Présentation et paiement*** *(L. nº 2005-516 du 20 mai 2005, art. 16-IV).*

RÉP. COM. vº *Chèque*, par CABRILLAC.

L. 131-31 Le chèque est payable à vue. Toute mention contraire est réputée non écrite.

Le chèque présenté au paiement avant le jour indiqué comme date d'émission est payable le jour de la présentation. – *[Décr.-L. du 30 oct. 1935, art. 28].*

A. ÉMISSION DU CHÈQUE

1. Date d'émission. La date d'émission d'un chèque ne peut être présumée être celle de sa création. • Com. 31 janv. 2006 : *D. 2006. AJ. 573, obs. Avena-Robardet ; JCP E 2006, nº 9, p. 406 ; RJDA 2006, nº 573 ; RLDA avr. 2006. 34, obs. Chemin-Bomben.* ♦ Viole les art. 1er et 28 [C. mon. fin., art. L. 131-2 et L. 131-31], l'arrêt qui énonce que l'émission d'un chèque suppose non seulement qu'il ait été créé mais aussi qu'il ait été remis au bénéficiaire et retient que, en l'espèce, la réception des chèques, à laquelle elle assimile leur remise, est postérieure à la mise de leur tireur en règlement judiciaire, alors qu'un chèque est émis au moment où le tireur s'en dessaisit au profit du bénéficiaire. • Com. 3 déc. 1991 : *Bull. civ. IV, nº 371 ; D. 1992. Somm. 338, obs. Cabrillac ; Banque 1992. 645, obs. Rives-Lange* • 16 juin 1992 : *Bull. civ. IV, nº 235 ; D. 1992. IR. 223 ; RTD com. 1992. 648, obs. Cabrillac et Teyssié.*

2. Postdate. Des chèques, dont l'un était postdaté, ayant été émis antérieurement à l'ouverture de la procédure de redressement judiciaire du tireur, à des dates où leurs provisions étaient constituées, c'est à bon droit qu'une cour d'appel décide que celles-ci étaient transférées au bénéficiaire. • Com. 16 juin 1992 : *préc. note 1.* – V. aussi • Com. 4 févr. 1992 : *Bull. civ. IV, nº 54* • 17 oct. 1995 : *RJDA 1996, nº 92* • 18 juin 1996 : *Bull. civ. IV, nº 177 ; D. Affaires 1996. 899.* ♦ Un chèque postdaté peut être présenté immédiatement au paiement. • Crim. 26 nov. 1974 : *Bull. crim. nº 347.*

3. Exactitude des dates. L'exactitude des dates portées sur le chèque et la lettre d'envoi au bénéficiaire relève de l'appréciation souveraine des faits de la cause par les juges du fond. • Com. 7 juin 1994 : *RJDA 1994, nº 1174.* ♦ La date du chèque corroborée par des factures datées, qui font foi entre commerçants, ne permet pas de contester la date d'émission, cette mention faisant foi sauf preuve d'un faux en écriture. • Colmar, 18 juin 1996 : *JCP 1997. IV. 1109.* ♦ La date d'émission d'un chèque étant un fait qui peut être établi par tout moyen, c'est dans l'exercice de son pouvoir souverain qu'une cour d'appel fixe cette date, en l'absence de tout autre élément, à celle de la remise des chèques litigieux à l'encaissement. • Com. 31 janv. 2006 : *préc. note 1.*

4. Date fausse. Un chèque faussement daté est un titre valable. • Montpellier, 12 oct. 1932 : *Gaz. Pal. 1933. 1. 106.* ♦ Sur la sanction, V. art. L. 131-69.

5. Date de valeur. V. note 3 ss. art. L. 313-2 C. consom., *infra*, vº *Prêts d'argent-Intérêts.*

6. Chèque remis à un mandataire tireur. L'émission d'un chèque n'a pas été réalisée et, par conséquent, la provision n'avait pas à en rester bloquée pendant le délai de présentation, dès lors que celui qui avait la qualité de mandataire de la banque pour mettre le chèque en circulation au profit du bénéficiaire n'a pas engagé cette circulation parce qu'il ne s'est pas dessaisi du chèque. • Com. 18 oct. 1994 : *Bull. civ. IV, nº 291 ; D. 1994. IR. 251 ; Quot. jur. 13 déc. 1994, p. 5, note J.-P. B. ; JCP 1994. IV. 2538.*

B. PRÉSENTATION AU PAIEMENT

7. Dessaisissement du tireur. La présentation d'un chèque à l'encaissement implique le dessaisissement du tireur au profit du bénéficiaire. • Com. 18 juin 1996 : *préc. note 2.* ♦ Sur la preuve de la matérialité du dessaisissement opéré au moyen d'un automate bancaire, V. • T. com. Blois, 4 mars 2005 : *cité note 2 bis ss. art. L. 131-67.*

8. Paiement à vue nonobstant toute mention contraire. Les chèques, dont un encaissement différé est sollicité, non refusés lors de leur remise, sont payables à vue nonobstant toute mention contraire, réputée non écrite. • Com. 3 juin 2003 : *Bull. civ. IV, n° 90 ; D. 2003. AJ. 1836, obs. Avena-Robardet ; JCP E 2003, n° 32-35, p. 1310 ; RD banc. fin. 2003, n° 131, obs. Crédot et Gérard ; Banque et droit nov.-déc. 2003. 53, obs. Bonneau ; Dr. et patr. déc. 2003. 96, obs. Chauvel ; RTD com. 2003. 782, obs. Cabrillac ; Petites affiches 14 janv. 2004, p. 8, obs. E. C. ; RJDA 2003, n° 1166 ; Loyers et copr. 2003, n°s 219 et 240, obs. Brault.* ♦ Ainsi, une mention portée sur un chèque et soumettant son encaissement à des conditions ne peut avoir effet. • Com. 9 mars 1993 : *D. 1993. IR. 81 ; RTD com. 1993. 340, obs. Cabrillac et Teyssié .* ♦ Comp., pour une condition stipulée dans un acte séparé : • Com. 15 juill. 1986 : *Bull. civ. IV, n° 162 ; RTD com. 1986. 532, obs. Cabrillac et Teyssié* • Douai, 22 juin 1965 : *Banque 1966. 641, obs. Marin ; RTD com. 1966. 372, obs. Becqué et Cabrillac.* ♦ La convention conclue entre le maître de l'ouvrage tireur du chèque et l'entreprise de construction porteur du chèque, selon laquelle le chèque remis ne serait encaissé qu'à la levée des réserves, viole les dispositions d'ordre public établies par le code monétaire et financier en établissant une convention retardant la date de présentation du chèque. • Colmar, 29 juin 2005 : *JCP E 2006, n° 1, p. 17.*

9. Clause attributive de compétence. Une clause attributive de compétence figurant dans une lettre comportant transmission d'un chèque émis sous condition et ne pouvant être encaissé que selon certaines modalités n'est pas contraire à la règle de l'art. 28, al. 1er [C. mon. fin., art. L. 131-31, al. 1er]. • Com. 12 juin 1979 : *Bull. civ. IV, n° 196.* ♦ V. aussi, pour l'opposabilité d'une clause attributive de juridiction figurant dans un bordereau accompagnant le chèque, • Com. 20 nov. 2001 : *Bull. civ. IV, n° 181 ; D. 2002. AJ. 325, obs. Avena-Robardet et Somm. 2112, obs. Boujeka ; RD banc. fin. 2002, n° 1, obs. Crédot et Gérard.*

10. Chèque de garantie. BIBL. Aubry, *D. 2000. Chron. 555.* – Cabrillac, *Liber amicorum Calais-Auloy, Dalloz, 2004, p. 207* (protection du consommateur). ♦ Un chèque n'est pas nul par le fait que son bénéficiaire serait informé de l'absence ou de l'insuffisance de la provision lors de l'émission. • Com. 12 janv. 1993 : *Bull. civ. IV, n° 3 ; D. 1993. IR. 36 ; JCP E 1993. II. 425, note Cabrillac* • Colmar, 18 juin 1996 : *préc. note 2.* ♦ Quelle que soit la qualification de garantie donnée à des chèques, ceux-ci sont en tout état de cause payables à vue par application de l'art. 28 [C. mon. fin., art. L. 131-31], toute mention contraire étant réputée non écrite. • Paris, 12 mars 1993 : *D. 1993. Somm. 316, obs. Cabrillac .* ♦ Mais, si l'émission d'un chèque réalise le dessaisissement irrévocable du tireur au profit du bénéficiaire, qui acquiert immédiatement la propriété de la provision et est tenu de présenter l'effet au paiement dans un délai de huit jours, il résulte des art. 1235 et 1376 C. civ. que ce qui a été payé indûment est sujet à répétition. • Com. 22 juin 1993 : *Bull. civ. IV, n° 265 ; D. 1993. Somm. 315, obs. Cabrillac .* ♦ Aussi, retenant qu'un chèque a été émis, non en règlement d'une dette existante, mais à titre de « relais de garantie », dans l'attente de la régularisation de cautionnements bancaires, et que ces cautionnements ont bien été fournis au créancier, une cour d'appel décide-t-elle à bon droit, sans inverser la charge de la preuve, que ce paiement est sujet à répétition, dès lors qu'en raison de la fourniture des cautionnements bancaires, la condition à laquelle était subordonnée la dette du tireur ne s'est pas réalisée, de sorte que le bénéficiaire, qui n'était pas créancier de la société cautionnée à la date d'émission du chèque, était sans droit ni titre à conserver le paiement reçu. • Même arrêt. ♦ Le chèque étant un instrument de paiement, le bénéficiaire peut le faire encaisser, même dans le cas où il lui a été remis à titre de garantie sauf, pour lui, à en restituer le montant si le paiement reçu était indu. • Com. 17 nov. 1998 : *Bull. civ. IV, n° 269 ; D. 1999. Somm. 148, obs. Cabrillac ; ibid. 304, obs. Piedelièvre ; D. Affaires 1999. 78, obs. X. D. ; JCP 1999. II. 10226, note Gibirila ; RTD civ. 1999. 156, obs. Crocq ; RTD com. 1999. 165, obs. Cabrillac ; JCP 1999. I. 158, n° 12, obs. Simler et Delebecque.* ♦ Dans le même sens, V. • Com. 24 oct. 2000 : *Bull. civ. IV, n° 162 ; D. 2000. AJ. 417, obs. Lienhard ; RJ com. 2001. 184, note Nemedeu* • 18 févr. 2003 : *RD banc. fin. 2003, n° 61, obs. Crédot et Gérard* (chèque de garantie en blanc) • 24 sept. 2003 : *RJDA 2004, n° 214* • 21 juin 2005 : *RJDA 2005, n° 1273.*

V. aussi notes 5 et 11 ss. art. L. 131-35 et note 2 ss. art. L. 131-79.

11. Vérifications. En cas de paiement de chèque falsifié par apposition d'une signature imitée par un préposé du tireur lui-même, la responsabilité de la banque ne peut être retenue que si une faute est établie à la charge de celle-ci. • Paris, 28 mars 1990 : *D. 1990. IR. 97.* ♦ Il en va ainsi lorsque, fussent-elles semblables aux signatures récentes de l'employeur, les signatures qui figuraient sur les titres litigieux n'étaient pas conformes au spécimen déposé par celui-ci, de telle sorte qu'il appartenait à la banque, en l'absence de nouveau dépôt, de refuser le paiement sollicité du préposé, sauf instruction contraire de son client. • Com. 31 mai 2005 : *Bull. civ. IV, n° 120 ; JCP E 2005, n° 30, p. 1278 ; Banque et Droit sept.-oct. 2005. 70, obs. Bonneau ; RJDA 2005, n° 1144 (1re esp.).* ♦ V. aussi notes ss. art. L. 131-38.

L. 131-32 **Le chèque émis et payable dans la France métropolitaine doit être présenté au paiement dans le délai de huit jours.**

Le chèque émis hors de la France métropolitaine et payable dans la France métropolitaine doit être présenté dans un délai, soit de vingt jours, soit de soixante-dix jours, selon que le lieu de l'émission se trouve situé en Europe ou hors d'Europe.

Pour l'application de l'alinéa précédent, les chèques émis dans un pays riverain de la Méditerranée sont considérés comme émis en Europe.

Le point de départ des délais indiqués au deuxième alinéa est le jour porté sur le chèque comme date d'émission. – *[Décr.-L. du 30 oct. 1935, art. 29].*

A. DÉLAI DE PRÉSENTATION

1. Avis de non-paiement. V. art. L. 131-49, et sur le domaine d'application de ces textes, • Com. 6 févr. 1978 : *D. 1979. IR. 276, obs. Cabrillac ; RTD com. 1979. 279, obs. Cabrillac et Rives-Lange.*

2. Allongement du délai de présentation des effets de commerce. La loi du 29 oct. 1940 portant à 10 jours le délai de présentation des effets de commerce n'est pas applicable au chèque. • Com. 5 juill. 1961 : *Bull. civ. III, nº 311* • Limoges, 17 févr. 1958 : *JCP 1958. II. 10547.* – *Contra* : • Bordeaux, 31 juill. 1949 : *Gaz. Pal. 1955. 1. 385.*

3. Départements d'outre-mer. Le délai de présentation de huit jours applicable en France métropolitaine, lorsque le chèque y est émis et payable, l'est également dans les mêmes conditions en Martinique, l'art. 29 [C. mon. fin., art. L. 131-32] ne prévoyant un allongement de ce délai qu'au cas où le lieu de création et de paiement du chèque sont distincts. • Fort-de-France, 30 sept. 1994 : *D. 1996. 10, note Larrieu ; JCP E 1995. Pan. 488.*

B. SANCTION DE L'INOBSERVATION DU DÉLAI

4. Maintien du recours du porteur. Le porteur d'un chèque a un recours fondé sur le droit du chèque contre le tireur devant garantir la provision jusqu'à l'expiration du délai de prescription, et ce même si le titre n'a pas été présenté au paiement dans le délai énoncé à l'art. 29 [C. mon. fin., art. L. 131-32]. • Com. 7 janv. 1997 : *Bull. civ. IV, nº 4 ; D. 1997. IR. 34 ; D. Affaires 1997. 345 ; RTD com. 1997. 294, obs. Cabrillac.* ♦ Si le porteur du chèque perd ses recours contre les signataires antérieurs, pour n'avoir pas présenté le chèque au paiement dans le délai prévu par l'art. L. 131-32, il ne commet pas pour autant de faute à l'égard du tireur pour avoir différé la présentation dès lors qu'aucune circonstance particulière ne l'alertait sur l'urgence de la remise à l'encaissement. • Com. 19 juin 2001 : *Bull. civ. IV, nº 119 ; D. 2001. AJ. 2297, obs. Avena-Robardet ; RTD com. 2001. 958, obs. Cabrillac* (V. l'arrêt cassé • Paris, 16 oct. 1998 : *D. 1999. Somm. 149, obs. Cabrillac ; D. Affaires 1998. 2016, obs. X. D.).*

5. Responsabilité du banquier. Sur la responsabilité d'un banquier pour présentation tardive au paiement de chèques, bien que cette présentation soit intervenue dans le délai de prescription, dès lors que dans ce laps de temps une procédure collective a été ouverte à l'encontre de l'émetteur du chèque, V. • Paris, 5 janv. 1999 : *D. 1999. IR. 43 ; D. Affaires 1999. 378, obs. X. D.* ♦ Sur la responsabilité d'une banque qui tarde à encaisser un chèque tiré sur une banque européenne, V. • Paris, 14 nov. 2000 : *D. 2001. AJ. 231.* ♦ V. aussi notes 8 et 9 ss. art. L. 131-59 et note 48 ss. art. L. 131-67.

L. 131-33 **Lorsqu'un chèque payable en France est émis dans un pays où est en usage un calendrier autre que le calendrier grégorien, le jour de l'émission est ramené au jour correspondant du calendrier grégorien.** – *[Décr.-L. du 30 oct. 1935, art. 30].*

L. 131-34 **La présentation à une chambre de compensation équivaut à la présentation au paiement.** – *[Décr.-L. du 30 oct. 1935, art. 31].*

V. Règl. CRBF nº 2001-04 du 29 oct. 2001 relatif à la compensation des chèques (JO 20 déc.), mod. par Arr. du 26 mai 2005 (JO 31 mai).

BIBL. ▸ ROMANI, *D. 1993. Chron. 223* (recours du banquier tiré ou domiciliataire au cas de non-respect du règlement des chambres de compensation).

1. Règlement de la chambre de compensation. La cour de cassation avait considéré que le règlement de la chambre de compensation de Paris n'a valeur contractuelle qu'entre les banquiers qui y adhèrent et ne saurait s'imposer à leurs clients, ni être invoqué par eux à leur profit. • Com. 16 mai 1984 : *Bull. civ. IV, nº 165 ; D. 1985. IR. 329, obs. Vasseur.* – V. aussi • Paris,

3 nov. 1993 : *Rev. dr. bancaire 1994. 33, obs. Crédot et Gérard.* ♦ Comp., jugeant que le règlement de la chambre de compensation, bien que régissant les rapports des banques entre elles, peut néanmoins être opposé au banquier tiré par le bénéficiaire, le chèque, non rejeté dans le délai imparti par le règlement, devant être considéré comme payé à l'égard de ce dernier : • T. com. Paris, 27 févr. 1996 : *RJ com. 1998. 98, obs. Arrighi.* ♦ V. désormais note 3 ss. art. L. 511-26 C. com., *supra*.

Sur l'unité du règlement de la chambre de compensation, V. • Com. 28 avr. 2004 : *Bull. civ. IV, n° 76 ; JCP E 2004, n° 25, p. 982 ; RD banc. fin. 2004, n° 153, obs. Crédot et Gérard ; Banque et Droit juill.-août 2004. 57, obs. Bonneau ; RTD com. 2004. 578, obs. Cabrillac*.

2. *Absence de provision.* Les chèques présentés en chambre de compensation qui n'ont pas été rejetés par le banquier tiré sont considérés comme payés. • Com. 2 oct. 1978 : *D. 1979. 349.* ♦ Comp. jugeant que le bénéficiaire d'un chèque rejeté tardivement ne peut se prévaloir du règlement de la chambre de compensation pour s'opposer à la contre-passation de l'écriture à son compte, V. • T. com. Versailles, 9 mai 2003 : *RD banc. fin. 2004, n° 1, obs. Crédot et Gérard ; Banque et Droit janv.-févr. 2005. 71, obs. Guillot.*

L. 131-35 Le tiré doit payer même après l'expiration du délai de présentation. Il doit aussi payer même si le chèque a été émis en violation de l'injonction prévue à l'article L. 131-73 ou de l'interdiction prévue au deuxième alinéa de l'article L. 163-6.

Il n'est admis d'opposition au paiement par chèque qu'en cas de perte, de vol ou d'utilisation frauduleuse du chèque, de redressement ou de liquidation judiciaires du porteur. Le tireur doit immédiatement confirmer son opposition par écrit, quel que soit le support de cet écrit. — *V. art. L. 163-1.*

Tout banquier doit informer par écrit les titulaires de compte des sanctions encourues en cas d'opposition fondée sur une autre cause que celles prévues au présent article. — *Sur ces sanctions, V. art. L. 163-2. — V. Décr. n° 92-546 du 22 mai 1992, art. 41, infra.*

Si, malgré cette défense, le tireur fait une opposition pour d'autres causes, le juge des référés, même dans le cas où une instance au principal est engagée, doit, sur la demande du porteur, ordonner la mainlevée de l'opposition. — *[Décr.-L. du 30 oct. 1935, art. 32].*

BIBL. ▸ Vasseur, *JCP 1992. I. 3598* (réforme de 1991). - Diener, *D. 1984. Chron. 88.* - Romani, *D. 1985. Chron. 35.* - Safa, *RTD com. 1966. 1.* - Gamdji, *Banque et Droit juill.-août 1996. 20.* - Jude, *D. 2003. 2675* (unité ou dualité du règlement par carte bancaire et par chèque ?). - Lasserre Capdeville, *Banque et Droit nov.-déc. 2004. 3* (éclaircissements jurisprudentiels de l'opposition en matière de chèque). - Youego, *RD banc. fin. mai-juin 2005. 51* (domaine de l'opposition au paiement par chèque).

A. CAS D'OPPOSITION

1° Cas d'opposition valable

1. *Énumération limitative.* L'énumération de l'art. 32, al. 2 [C. mon. fin., art. L. 131-35], est limitative. • Versailles, 24 févr. 1989 : *Gaz. Pal. 1989. 2. Somm. 311.* ♦ L'art. L. 131-35, qui énumère limitativement les clauses d'opposition, exige du tireur qu'il confirme immédiatement son opposition par écrit ; il suffit donc, pour qu'une opposition soit valable, qu'elle soit faite par écrit et que le contenu permette à la banque d'identifier le chèque en cause. • Paris, 28 sept. 2004 : *RJDA 2005, n° 320.* ♦ Comp., jugeant abusive la clause stipulant que l'opposition au paiement d'un chèque doit identifier suffisamment le chèque concerné (n° de la vignette, compte concerné et, s'agissant d'un chèque créé ou émis, son montant, sa date d'émission, le nom du bénéficiaire), dans la mesure où elle est de nature à laisser penser au client que, s'il n'est pas en mesure de fournir l'ensemble des renseignements demandés, son opposition ne pourra pas être prise en compte, alors que, dans cette hypothèse, une opposition imprécise touchera tous les chèques en circulation : • TGI Paris, 9 nov. 2005 : *cité note 6 bis ss. art. R. 132-2 C. consom., infra, v° Ventes commerciales.*

2. *Preuve.* Il appartient à l'opposant de rapporter la preuve du cas motivant son opposition. • Crim. 10 janv. 1968 : *D. 1968. 477 ; RTD com. 1968. 737, obs. Cabrillac et Rives-Lange.* – Comp. : • Com. 12 oct. 1982 : *Bull. civ. IV, n° 314 ; RTD com. 1983. 260, obs. Cabrillac et Teyssié.*

3. *Perte du chèque.* La perte au sens de l'art. 32 [C. mon. fin., art. L. 131-35] exclut une remise volontaire du chèque. • Com. 9 févr. 1981 : *Bull. civ. IV, n° 68 ; D. 1981. IR. 303, obs. Cabrillac.* ♦ Les tireurs admettant eux-mêmes avoir remis les chèques litigieux à la personne qui en était bénéficiaire, il en résulte, indépendamment des conditions dans lesquelles le bénéficiaire effectif avait pu rentrer en possession de ces titres, indifférentes à la solution du litige, que l'opposition pratiquée par l'un d'eux, qui n'en avait pas été involontairement dépossédé, n'était pas licite. • Com. 18 févr. 2004 : *Bull. civ. IV, n° 34 ; D. 2004. AJ. 1082 ; JCP E 2004, n° 17, p. 643 ; Banque et Droit mai-juin 2004. 49, obs. Bonneau ; Petites affiches 27 juill. 2004, p. 10, obs. E. C. ; RTD com. 2004. 577, obs. Cabrillac ; RJDA 2004, n° 888.*

Sur la responsabilité du titulaire du chéquier, V. notes ss. art. L. 131-15. ♦ ... Du banquier, V. note 11 ss. art. L. 131-31 et note 3 ss. art. L. 131-71.

4. Vol du chèque. Il a été jugé que l'extorsion par violence était assimilable au vol. • Com. 26 juin 1979 : *D. 1980. IR. 134, obs. Cabrillac ; RTD com. 1979. 780, obs. Cabrillac et Rives-Lange* • Versailles, 19 juin 1991 : *D. 1991. IR. 209* • Paris, 6 mai 1994 : *D. 1994. IR. 144.* ♦ En ce sens que l'art. 380 C. pén. [art. 311-12 nouv. C. pén.], relatif à l'immunité familiale, n'interdit pas au titulaire du compte de faire opposition au paiement d'un chèque volé par son enfant, V. • Versailles, 28 mars 1990 : *RTD com. 1990. 615, obs. Cabrillac et Teyssié.*

5. Utilisation frauduleuse. Il résulte des travaux préparatoires de la loi du 30 déc. 1991, que l'utilisation frauduleuse d'un chèque, cause d'une opposition à paiement du tireur, suppose la perte ou le vol et/ou une falsification, voire une contrefaçon de celui-ci. • TGI Paris, réf., 6 mars 1992 : *BICC 1992, n° 1509* • 28 déc. 1992 : *ibid. 1993, n° 641 ; D. 1993. Somm. 315, obs. Cabrillac.*

6. Manœuvres frauduleuses. Sur l'absence de base légale, au regard de l'art. 32 [C. mon. fin., art. L. 131-35], d'un arrêt ordonnant la mainlevée de l'opposition du tireur, nonobstant l'absence de contrepartie effective au paiement du chèque remis par son bénéficiaire à sa banque et l'ouverture de ce fait d'une instruction pénale, au motif que cette remise en vue de l'encaissement ne constitue qu'une utilisation normale et ne saurait en elle-même être qualifiée de frauduleuse, les juges du fond ne s'étant pas prononcés sur les faits allégués par le tireur, selon lequel le chèque n'avait été remis qu'à la suite de manœuvres de la part du bénéficiaire, faits qui, s'ils étaient établis, constitueraient une fraude à la fois pour l'obtention et l'utilisation du chèque, V. • Com. 24 oct. 2000 : *Bull. civ. IV, n° 161 ; D. 2000. AJ. 417, obs. Lienhard.* ♦ L'utilisation frauduleuse d'un chèque pouvant justifier l'opposition à son paiement ne se limite pas seulement au cas où il y a eu contrefaçon ou falsification du titre mais peut également être retenue lorsque le chèque a été obtenu et utilisé à la suite de manœuvres frauduleuses. • Com. 19 déc. 2000 : *RJDA 2001, n° 497* • 22 oct. 2002 : *RJDA 2003, n° 182.* ♦ Tel est le cas lorsque pour obtenir le chèque, le bénéficiaire a procédé à la publicité pour une société inexistante, établi des documents descriptifs donnant faussement une apparence de sérieux à l'opération frauduleuse organisée par lui et qu'il l'a endossé au profit de la banque alors qu'il était en état de cessation des paiements, l'utilisant illicitement pour obtenir un paiement indu. • Com. 19 déc. 2000 : *préc.*

7. Redressement ou liquidation judiciaires. Jugeant que le tireur peut faire opposition au paiement du chèque qu'il a émis au profit d'un bénéficiaire soumis à une procédure collective le jour même de la remise de ces chèques au paiement, V. • Paris, 11 févr. 2005 : *RD banc. fin. 2005, n° 95, obs. Lucas.* ♦ Le fait que l'opposition ait été formée en raison du redressement judiciaire du porteur, alors que la société débitrice avait été placée en liquidation judiciaire, n'est pas de nature à affecter la validité de l'opposition, justifiée en raison de l'ouverture d'une procédure collective dessaisissant le porteur de ses biens. • Même arrêt. ♦ En cas d'opposition motivée par la liquidation des biens [liquidation judiciaire] du bénéficiaire, la demande en mainlevée ne peut être accueillie, dès lors qu'une telle demande n'est possible qu'en cas d'opposition pour une cause non prévue par l'art. 32 [C. mon. fin., art. L. 131-35]. • Com. 31 janv. 1984 : *Bull. civ. IV, n° 45 ; D. 1985. IR. 31, obs. Cabrillac.* – Comp. : • Lyon, 2 mai 1978 : *D. 1978. IR. 339* • 13 déc. 1978 : *RTD com. 1980. 118, obs. Cabrillac et Rives-Lange.*

2° Cas d'opposition illicite

8. Détournement ou contrepartie défectueuse. L'art. 32, al. 2 [C. mon. fin., art. L. 131-35], est inapplicable lorsque le chèque, remis volontairement, a été frauduleusement détourné par un représentant du bénéficiaire. • Com. 9 févr. 1981 : *préc. note 3.* ♦ V. aussi, pour l'irrégularité d'une opposition au cas d'escroquerie ou d'un abus de confiance, • Crim. 22 juill. 1980 : *JCP E 1981. II. 9211* • Com. 4 juin 1991 : *Bull. civ. IV, n° 201.* ♦ ... Pour une fausse signature, V. • Pau, 6 mars 1981 : *D. 1982. IR. 172, obs. Cabrillac.* ♦ ... Pour un chèque de « garantie » (avant la loi du 30 déc. 1991), V. • Paris, 22 juill. 1985 : *D. 1986. IR. 80.* ♦ Comp., désormais : note 4. ♦ V. aussi • T. com. Marseille, 19 avr. 1999 : *Banque et Droit sept-oct. 2000. 54, obs. Guillot.* ♦ ... Pour l'exécution défectueuse d'un marché, V. • Nancy, 28 juin 1950 : *D. 1950. 728.* ♦ ... Pour une infraction à la législation sur le démarchage à domicile, V. • Com. 21 juin 1994 : *Bull.*

civ. IV, n° 224 ; Banque nov. 1994. 98, obs. Guillot ; Rev. huiss. 1996. 53, note Hesbert. ♦ Sur les sanctions pénales, V. art. L. 163-2.

9. Plainte pénale. Une plainte pénale n'ayant pas pour objet d'établir l'une des causes d'opposition prévues par l'art. 32 [C. mon. fin., art. L. 131-35], le juge des référés ne peut refuser d'ordonner la mainlevée d'une opposition non fondée sur une de ces causes. • Com. 21 juin 1994 : *préc. note 8.*

10. Redressement judiciaire du tireur. Il n'est pas admis d'opposition en cas de redressement judiciaire du tireur. • Com. 12 mars 1996 : *D. Affaires 1996. 680 ; RTD com. 1996. 501, obs. Cabrillac* ✎.

11. Chèque de garantie. **BIBL.** Cabrillac, *Liber amicorum Calais-Auloy, Dalloz, 2004, p. 207* (protection du consommateur). ♦ Le droit d'obtenir paiement d'un chèque ne pouvant être subordonné à la réalisation d'une condition, ne constitue pas une utilisation frauduleuse justifiant l'opposition la remise de chèque à l'encaissement, même s'il a été reçu à titre de garantie. • Com. 24 oct. 2000 : *Bull. civ. IV, n° 162 ; D. 2000. AJ. 417, obs. Lienhard* ✎ *; Banque et Droit janv.-févr. 2001. 46, obs. Rontchevsky ; RJ com. 2001. 184, note Nemedeu* • 19 déc. 2000 : ⌂ *préc. note 6* • Com. 18 févr. 2003 : ⌂ *RD banc. fin. 2003, n° 61, obs. Crédot et Gérard* (chèque de garantie en blanc) • 24 sept. 2003 : *RJDA 2004, n° 214.* ♦ La notion de chèque de garantie n'existant pas en droit français, et le chèque litigieux n'ayant été ni volé, ni perdu, ni utilisé de façon manifestement frauduleuse, l'opposition faite à son paiement par le tireur est injustifiée et doit être levée. • Paris, 8 déc. 1993 : *RJ com. 1994. 113, note L. R. ; RTD com. 1994. 324, obs. Cabrillac et Teyssié* ✎. – Dans le même sens, V. • Versailles, 12 sept. 1997 : *D. 1997. IR. 227 ; D. Affaires 1997. 1288.* ♦ *Contra*, jugeant qu'il y a utilisation frauduleuse de la part du bénéficiaire d'un chèque de garantie qui aurait dû le restituer à une date déterminée et qui l'avait présenté au paiement onze mois après : • Paris, 14e ch. B, 27 mai 1994 : *RTD com. 1994. 531, obs. Cabrillac et Teyssié* ✎. ♦ Comp. aussi, jugeant que le bénéficiaire d'un chèque qui utilise celui-ci, non pas en tant qu'instrument de paiement mais à titre de garantie d'une lettre de change et comme moyen de pression, accepte de se situer en dehors des dispositions légales relatives au chèque et ne saurait se prévaloir des dispositions de l'art. 32 [C. mon. fin., art. L. 131-35] relatives à la mainlevée de l'opposition : • TGI Paris, 26 avr. 1993 : *D. 1994. 227, note Romani* ✎.

12. Saisie-arrêt ou saisie-attribution du compte. Sur l'obligation de payer un chèque émis antérieurement à la saisie-arrêt d'un compte courant, V. • Com. 8 janv. 1991 : ⌂ *D. 1991. IR. 38.* ♦ V. aussi, sur le droit du porteur sur la provision d'un chèque endossé avant la saisie-arrêt, • Com. 15 févr. 1994 : ⌂ *Bull. civ. IV, n° 61 ; D. 1994. Somm. 183, obs. Cabrillac* ✎. ♦ Comp., sur les effets de la nouvelle procédure de saisie-attribution, applicable à compter du 1er janv. 1993 : L. n° 91-650 du 9 juill. 1991, art. 47. – **C. pr. civ.** ♦ Malgré le blocage total du compte par l'effet d'une saisie-arrêt (désormais saisie-attribution), son solde créditeur reste disponible pour la liquidation des opérations en cours, si bien que les règlements faits à cette fin par la banque, dans la limite d'un tel solde, ne peuvent donner lieu à la perception d'agios. • Com. 1er juin 1999 : ⌂ *Bull. civ. IV, n° 113 ; D. 1999. IR. 194 ; D. Affaires 1999. 1076, obs. X. D. ; Petites affiches 17 juin 1999, p. 10, obs. L. C. ; RTD com. 1999. 730, obs. Cabrillac* ✎. ♦ Mais jugé que, si par application dudit art. 47, seuls peuvent affecter l'assiette de la saisie-attribution au détriment du saisissant les chèques remis par le saisi qui ont été remis à l'encaissement par leur bénéficiaire antérieurement à la saisie, le seul fait que le chèque ait été émis et remis à son bénéficiaire avant la saisie-attribution ne peut justifier le débit du solde du compte du débiteur après la saisie. • TGI Paris, JEX, 3 juill. 1995 : *D. 1996. Somm. 140, obs. Julien* ✎ *; BICC 1996, n° 347.* – V. aussi • TGI Dijon, JEX, 5 oct. 1993 : *Rev. huiss. 1994. 707, obs. Dahan.*

B. EFFETS DE L'OPPOSITION

1° Opposition valable

13. Vérification incombant au banquier. L'établissement de crédit sur lequel a été tiré un chèque frappé d'opposition n'a pas à vérifier la réalité du motif d'opposition invoqué. • Com. 8 oct. 2002 : *Bull. civ. IV, n° 135 ; D. 2002. AJ. 2940, note Avena-Robardet* ✎ *; JCP E 2003, n° 5, p. 222, note Cholet ; RD banc. fin. 2002, n° 225, obs. Crédot et Gérard ; Banque et Droit janv.-févr. 2003. 57, obs. Bonneau ; RTD com. 2003. 140, obs. Cabrillac* ✎ *; Petites affiches 9 janv. 2003, p. 9, obs. E. C. ; RJDA 2003, n° 183* (V. l'arrêt cassé • Bastia, 13 déc. 1999 : *Banque et Droit sept.-oct. 2000. 55, obs. Guillot*). ♦ Comp., art. 65-1 A nouv. [C. mon. fin., art. L. 163-1], qui prévoit des sanctions pénales pour le banquier admettant une opposition infondée au regard de l'art. L. 131-35.

14. Révocation du mandat de payer. L'opposition au paiement de chèques emporte révocation immédiate du mandat de payer confié au banquier par le titulaire du compte et s'étend à l'ensemble des agences. • Com. 20 juin 1977 : ⌂ *D. 1978. 398, note Gavalda ; D. 1977. IR. 451, obs.*

Vasseur ; JCP 1978. II. 18808, note Vézian ; RTD com. 1977. 338, obs. Cabrillac et Rives-Lange ; Banque 1978. 379, obs. Martin.

15. Durée. A défaut de mainlevée, l'opposition se poursuit jusqu'à l'expiration du délai de prescription. • Req. 18 juin 1946 : *cité note 28* • Com. 9 févr. 1982 : *ibid.* • Paris, 10 déc. 1982 : *ibid.* – V. cependant • Riom, 4 juill. 1980 : *D. 1981. IR. 303.* ♦ Le tiré d'un chèque frappé d'opposition n'est tenu d'en immobiliser la provision que jusqu'à la décision judiciaire sur la validité de l'opposition, s'il a été mis en cause dans l'instance engagée à cette fin. • Com. 26 nov. 2003 : *RD banc. fin. 2004, n° 59, obs. Crédot et Gérard.*

16. Violation de l'opposition. Le banquier qui paye le porteur au mépris d'une opposition régulière, engage sa responsabilité. • Nîmes, 20 mars 1973 : *JCP 1973. IV. 194, note J.A.* – Comp. : • Com. 20 juin 1977 : *préc. note 14.* ♦ Il ne peut agir contre le tireur en se prévalant de l'enrichissement sans cause de celui-ci. • Com. 16 juill. 1985 : *D. 1986. 393, note Aubert ; RTD com. 1986. 124, obs. Cabrillac et Teyssié.* ♦ Comp., pour une responsabilité envers le banquier chargé de l'encaissement : • Com. 4 mars 1986 : *D. 1987. Somm. 71, obs. Cabrillac. – Contra :* • Com. 23 janv. 1978 : *RTD com. 1979. 278, obs. Cabrillac et Rives-Lange ; JCP 1980. II. 19365, note Thuillier.*

17. Chèque postal. V. note 1 ss. art. R. 131-53, *infra*.

18. Prescription. V. *infra* , art. L. 131-59, al. 2, et *supra*, note 15.

19. Exclusion de la mainlevée. En présence d'une opposition régulière, le juge ne peut, sans excéder les pouvoirs qu'il tient de l'art. 32 [C. mon. fin., art. L. 131-35], en ordonner la mainlevée au seul motif que le chèque a été retrouvé. • Com. 22 nov. 1988 : *Bull. civ. IV, n° 314 ; D. 1989. Somm. 88, obs. Cabrillac.*

20. Restitution du chèque. Le porteur d'un chèque volé qui lui a été endossé ne peut être contraint de restituer le titre au cas d'opposition du tireur qu'en raison de mauvaise foi ou de fraude prouvées. • Com. 16 juin 1976 : *JCP 1976. IV. 262.*

2° Opposition illicite

21. Assimilation à un défaut de provision. Dès lors que l'opposition n'a pas été faite pour un des motifs prévus par la loi, le tireur doit être assimilé à un tireur n'ayant pas fait provision ou ayant retiré la provision avant paiement. • Com. 30 mai 1995 : *Bull. civ. IV, n° 158 ; D. 1996. Somm. 35, obs. Cabrillac.* ♦ V. note 6 ss. art. L. 131-59.

22. Saisine du juge des référés. C'est au porteur à qui le paiement est refusé en raison d'une opposition du tireur qu'il incombe de saisir le juge des référés. • Paris, 5 juill. 1977 : *D. 1978. IR. 339.* ♦ L'art. 32 [C. mon. fin., art. L. 131-35] n'ouvre le référé pour mainlevée d'une opposition illégale qu'au porteur du chèque et non pas à l'épouse titulaire avec son mari d'un compte bancaire joint. • TGI Dunkerque, 20 oct. 1977 : *D. 1978. IR. 81, obs. Cabrillac.*

23. Désignation d'un séquestre. Le juge des référés ne peut désigner un séquestre auquel le bénéficiaire remettrait le chèque, ce qui aurait pour conséquence de tourner l'interdiction de l'opposition. • Paris, 12 oct. 1988 : *D. 1988. IR. 274* • Com. 17 mai 1988 : *Bull. civ. IV, n° 161 ; RTD com. 1988. 657, obs. Cabrillac et Teyssié* • 13 nov. 1990 : *D. 1990. IR. 280.*

24. Mainlevée de l'opposition. Le banquier porteur peut solliciter, du juge des référés, la mainlevée de l'opposition et obtenir paiement du titre. • Douai, 10 oct. 2000 : *JCP E 2000, n° 49, p. 1931.* ♦ L'action en mainlevée d'opposition ne constitue pas le recours cambiaire prévu par les art. 40 et 52 [C. mon. fin., art. L. 131-47 et L. 131-59], et c'est à bon droit que le juge rejette l'exception de prescription de cette action particulière. • Paris, 25 nov. 1992 : *D. 1993. Somm. 315, obs. Cabrillac.* ♦ Lorsque l'opposition est formée par le tireur, en application de l'art. 32, al. 2 [C. mon. fin., art. L. 131-35], en raison de la faillite (en Belgique) de la société à l'ordre de laquelle le chèque est tiré, la demande de mainlevée de l'opposition ne peut être accueillie, même dans une instance au principal, dès lors qu'une telle demande n'est prévue par cet article qu'à l'égard des oppositions faites pour d'autres causes que celles visées par lui. • Com. 12 oct. 1993 : *Bull. civ. IV, n° 329 ; D. 1993. IR. 256 ; RTD com. 1994. 75, obs. Cabrillac et Teyssié.*

25. Condamnation du tireur à payer. Le juge des référés, seul compétent en application de l'art. 32 [C. mon. fin., art. L. 131-35] pour ordonner la mainlevée d'une opposition au paiement d'un chèque, disposant, en outre, de l'ensemble des pouvoirs attribués à la juridiction des référés, a le pouvoir d'accorder une provision au créancier dans le cas où l'existence de l'obligation n'est pas sérieusement contestable. • Com. 26 mars 1996 : *Quot. jur. 28 mai 1996, p. 4 ; RTD com. 1996. 503, obs. Cabrillac.* ♦ L'opposition illicite au paiement du chèque est une faute quasi délictuelle directement à l'origine du préjudice du porteur, justifiant la condamnation du tireur à payer une somme provisionnelle égale au montant du chèque avec intérêts au taux légal à compter de la citation devant le juge des référés. • Douai, 10 oct. 2000 : *préc. note 24.*

26. *Influence du redressement ou de la liquidation judiciaires.* La demande de mainlevée des oppositions irrégulièrement formées par le tireur, faite par le porteur, devenu propriétaire de la provision par l'effet de la remise de chèques avant l'ouverture de la procédure collective du tireur, est une action en revendication, qui doit être accueillie. • Paris, 20 déc. 1988 : *D. 1989. Somm. 87, obs. Cabrillac.*

C. LOI DU 30 DÉC. 1991

27. *Application dans le temps.* L'opposition intervenue irrégulièrement sous l'empire de l'ancienne loi n'a pu faire obstacle au droit du porteur à recevoir paiement immédiat de la provision, lequel était acquis définitivement à la date d'entrée en vigueur de la loi nouvelle. • Com. 15 nov. 1994 : *D. 1994. IR. 267.*

28. *Blocage de la provision.* Avant l'intervention de la loi du 30 déc. 1991, ayant ajouté l'art. 65-1 A [C. mon. fin., art. L. 163-1], au cas d'opposition, le tiré, informé du tirage, devait bloquer la provision au profit du porteur, alors même que l'opposition était faite hors des cas légaux. • Req. 18 juin 1946 : *D. 1946. 346 ; S. 1946. 1. 100 ; RTD com. 1948. 111, obs. Houin ; JCP 1946. II. 352, rapp. Lescot* • Com. 29 janv. 1979 : *RTD com. 1979. 779* • Riom, 4 juill. 1980 : *D. 1981. IR. 303, obs. Cabrillac* • Com. 9 févr. 1982 : *RTD com. 1982. 590, obs. Cabrillac et Teyssié ; Gaz. Pal. 1982. 2. Pan. 229, obs. A. P.* • 16 juin 1992 : *Bull. civ. IV, n° 235 ; D. 1992. IR. 223.* ♦ V., dans le même sens, alors même que le porteur ne pouvait demander mainlevée de l'opposition en raison du motif allégué (vol), • Paris, 10 déc. 1982 : *D. 1983. IR. 245, obs. Cabrillac.* – Comp. : • Com. 11 déc. 1973 : *D. 1975. 64, note Vézian ; JCP 1975. 64, note Moret ; RTD com. 1974. 309, obs. Cabrillac et Rives-Lange.*

La banque qui recevait une opposition n'avait pas à se faire juge de sa validité. • Com. 22 janv. 1979 : *Banque 1979. 110* • 9 févr. 1981 : *préc. note 3* • 27 oct. 1992 : *Bull. civ. IV, n° 321 ; D. 1992. IR. 26* • Paris, 5 juill. 1977 : *D. 1978. IR. 339, obs. Cabrillac* • TGI Dunkerque, 20 oct. 1977 : *D. 1978. IR. 81, obs. Cabrillac.* ♦ V. toutefois, *contra*, à propos d'une opposition de la famille du tireur invoquant l'altération de ses facultés mentales, • Com. 21 nov. 1972 : *D. 1973. 265, note Vasseur ; RTD com. 1973. 119, obs. Cabrillac et Rives-Lange ; Banque 1973. 834.*

L. 131-36 **Ni le décès du tireur ni son incapacité survenant après l'émission ne touchent aux effets du chèque.** – *[Décr.-L. du 30 oct. 1935, art. 33].*

Don manuel. V. note 1 ss. art. L. 131-67.

L. 131-37 **Le tiré peut exiger, en payant le chèque, qu'il lui soit remis acquitté par le porteur.**

Le porteur ne peut pas refuser un paiement partiel.

Si la provision est inférieure au montant du chèque, le porteur a le droit d'exiger le paiement jusqu'à concurrence de la provision.

En cas de paiement partiel, le tiré peut exiger que mention de ce paiement soit faite sur le chèque et qu'une quittance lui en soit donnée.

Cette quittance, délivrée sur titre séparé, jouit, à l'égard du droit de timbre, de la même dispense que la quittance donnée sur le chèque lui-même.

Les paiements partiels sur le montant d'un chèque sont à la décharge des tireur et endosseurs.

Le porteur est tenu de faire protester le chèque pour le surplus. – *[Décr.-L. du 30 oct. 1935, art. 34].*

1. *Présomption de libération du tiré.* La remise du chèque acquitté est une présomption de libération du tiré qui peut tomber devant la preuve contraire. • Req. 9 juill. 1924 : *DH 1924. 529.* – V. note Lacour, *DP 1914. 2. 41*, et note A.C., *DP 1924. 2. 25.* ♦ Comp., *contra*, s'agissant de la lettre de change : note 1 ss. art. L. 511-27 C. com.

2. *Provision partielle.* En n'informant pas le porteur de l'existence d'une provision partielle au jour de la présentation du chèque, la banque tirée ne l'a pas mis en mesure d'exercer son droit d'exiger le paiement jusqu'à due concurrence de cette provision, ce dont il résulte une faute qui peut être génératrice d'un préjudice pour le porteur du chèque. • Com. 8 janv. 1991 : *Bull. civ. IV, n° 7 ; D. 1991. IR. 31 ; RTD com. 1991. 264, obs. Cabrillac et Teyssié.* ♦ V. aussi, condamnant la banque à payer un montant équivalant à celui du chèque à l'endossataire, • Paris, 10 janv. 1997 : *D. 1997. IR. 43 ; D. Affaires 1997. 249.* ♦ Sur cet arrêt, V. également note 2 ss. art. L. 131-70. ♦ Faute d'avoir laissé au bénéficiaire un délai utile pour exercer son droit tiré de l'art. 34 [C. mon. fin., art. L. 131-37], la banque doit être condamnée à régler le montant de la provision existant au jour de la présentation. • Paris, 19 sept. 1995 : *D. 1995. IR. 217 ; Rev. dr. bancaire 1995. 214, obs. Crédot et Gérard.* ♦ Mais en l'absence de demande du porteur en paiement partiel, la banque n'a pas l'obligation d'honorer le chèque au moins à due concurrence de la provision partielle existante. • Com. 8 mars 2005 : *cité note 6 bis ss. art. L. 131-73.*

L. 131-38 Celui qui paie un chèque sans opposition est présumé valablement libéré.

Le tiré qui paie un chèque endossable est obligé de vérifier la régularité de la suite des endossements, mais non la signature des endosseurs. — *[Décr.-L. du 30 oct. 1935, art. 35].*

BIBL. ▶ BESSON, *JCP 1941. I. 220* (chèques falsifiés). – LEGUEVAQUES, *Gaz. Pal. 1996. 1. Doctr. 191* (même thème). – RENARD, *Banque 1959. 643.* – ROMNICIANU, *Rev. dr. bancaire 1997. 8* (ordre de paiement n'émanant pas du client). – NIORÉ et DROCHON, *Gaz. Pal. 2004. Doctr. 2125* (le chèque falsifié : le banquier, son client et le faussaire - responsabilités).

I. VÉRIFICATION DE LA RÉGULARITÉ DU CHÈQUE ET DES DROITS DU PORTEUR

1. *Vérification de la régularité formelle du chèque par le tiré.* La banque tirée est tenue de vérifier la régularité formelle du chèque et en s'abstenant de le faire, elle prend un risque dont elle doit assumer les conséquences. V. • Com. 9 juill. 2002 : *Bull. civ. IV, n° 114 ; D. 2003. Somm. 1289, obs. Boujeka ; ibid. 2002. AJ. 2676 ; Petites affiches 12 sept. 2002, p. 10, obs. E.C. ; Banque et Droit nov.-déc. 2002. 51, obs. Bonneau ; RTD com. 2002. 710, obs. Cabrillac ; RD banc. fin. 2002, n° 169, obs. Crédot et Gérard ; RJDA 2003, n° 60.* ♦ La réglementation bancaire fait obligation au banquier de vérifier la régularité des chèques qui lui sont présentés, et son contrôle doit porter en particulier sur les inscriptions qui ne doivent porter aucune surcharge et sur l'identité du remettant qui doit coïncider avec celle du bénéficiaire, sauf procuration ou mandat dans le cas de chèques non endossables ; par conséquent, les fautes réitérées qu'une banque a commises en acceptant pendant plusieurs années des chèques falsifiés ou endossés par une autre personne que le bénéficiaire sont de nature à faire déclarer irrecevable l'action civile qu'elle a formée en réparation de son préjudice moral résultant des agissements délictueux qui ont porté atteinte à sa réputation. • Fort-de-France, 30 nov. 2000 : *BICC 2001, n° 441.* ♦ Sur l'action civile du banquier contre le falsificateur, V. • Paris, 12 déc. 1977 : *D. 1978. IR. 338 ; RTD com. 1978. 142, obs. Cabrillac et Rives-Lange.* ♦ Sur l'obligation de moyens du banquier tiré, tenu d'une vérification au moins sommaire de la signature apposée sur les chèques, V. • Versailles, 2 oct. 1998 : *D. 1998. IR. 258.*

2. *Vérification de la régularité apparente du chèque par le banquier présentateur.* Au cas d'endos de procuration, le banquier endossataire doit vérifier la régularité apparente du chèque avant de prendre le titre à l'encaissement. • Com. 26 mars 1973 : *Bull. civ. IV, n° 132 ; RTD com. 1973. 839, obs. Cabrillac et Rives-Lange* • 5 mars 1975 : *Bull. civ. IV, n° 130 ; RTD com. 1976. 164, obs. Cabrillac et Rives-Lange.* ♦ V. art. L. 131-26. – V. aussi • Paris, 7 juill. 1980 : *RJ com. 1983. 185, note Delebecque* • 5 juill. 1983 : *Banque 1983. 1195 ; RTD com. 1984. 118, obs. Cabrillac et Teyssié* • 4 avr. 1997 : *D. Affaires 1997. 638* • 25 avr. 1997 : *D. 1997. IR. 205.* ♦ V. Règl. CRBF n° 2001-04 du 29 oct. 2001 relatif à la compensation des chèques, qui impose au banquier présentateur de vérifier la régularité formelle du chèque et les données transmises en vue de son paiement.

3. *Non-ingérence de la banque dans les affaires de ses clients.* Sur l'absence de responsabilité d'une banque qui, afin de couvrir l'insuffisance de provision du compte de son client résultant de l'émission de chèques, a vendu, de sa propre initiative et sur instruction écrite signée par le client, la presque totalité du portefeuille de valeurs mobilières de celui-ci dont elle assurait la gestion, dès lors que son client avait signé les chèques émis, que ni l'ancienneté des relations entretenues entre la banque et son client ni la modicité des opérations antérieures inscrites au compte ne devaient conduire la banque à s'immiscer dans les affaires de son client et à s'interroger sur la cause ou l'opportunité des chèques tirés, V. • Com. 14 juin 2000 : *RD banc. fin. 2000, n° 141, obs. Crédot et Gérard.*

4. *Vérification d'écriture par le juge des référés.* Le juge des référés peut procéder, incidemment, à une vérification d'écriture sous seing privé (vérification de la signature d'un chèque), dès lors que la contestation n'est pas sérieuse. • Civ. 1re, 27 juin 2000 : *Bull civ. I, n° 200.*

5. *Vérification des droits du porteur.* Le banquier tiré doit vérifier la qualité du porteur légitime par la régularité apparente de la chaîne des endossements et non pas la réalité des signatures des endosseurs ou des pouvoirs du remettant. • Com. 3 janv. 1977 : *Bull. civ. IV, n° 1 ; RTD com. 1977. 335, obs. Cabrillac et Rives-Lange* • 4 juill. 1978 : *D. 1978. IR. 275, obs. Cabrillac* • 13 mai 1981 : *Bull. civ. IV, n° 225 ; RTD com. 1981. 801, obs. Cabrillac et Teyssié.* ♦ Comp., pour un chèque non endossable sauf au profit d'une banque : • Paris, 25 nov. 1986 : *Rev. dr. bancaire 1987. 87, obs. Crédot et Gérard.* ♦ Jugeant que la banque a le devoir de vérifier les pouvoirs de son client avant de porter au crédit du compte qu'il venait d'ouvrir, des chèques d'un montant important ; l'erreur éventuelle de la banque quant au pouvoir de ce dernier étant inexcusable : • Com. 26 mars 2002 : *Banque et Droit mai-juin 2003. 62, obs. Guillot.*

6. *Titre au porteur.* Lorsque le titre est au porteur, le banquier peut payer tout présentateur, sans qu'il puisse lui être reproché l'absence de vérification d'identité. • Paris, 11 janv. 1952 : *Banque 1952. 308* • 6 juill. 1966 : *ibid. 1966. 799, obs. Marin.*

II. RESPONSABILITÉ

7. *Portée d'une clause limitative.* La clause par laquelle le banquier exclurait sa responsabilité ne peut l'exonérer que de ses fautes légères mais non pas de ses fautes lourdes. • Com. 5 janv. 1957 : *JCP 1957. II. 9769.*

A. RESPONSABILITÉ DU BANQUIER TIRÉ

1° CHÈQUE IRRÉGULIER DÈS L'ORIGINE

8. *Irrégularité dans la signature du tireur.* En cas de faux ordre de paiement revêtu dès l'origine d'une fausse signature et n'ayant eu à aucun moment la qualité légale de chèque, s'il n'a pas été facilité par la faute du déposant, ou d'un préposé de celui-ci, le banquier n'est pas libéré envers le client qui lui a confié des fonds quand il s'en défait sur présentation d'un tel document et ce même s'il n'a lui-même commis aucune faute. • Com. 26 nov. 1996 : *Bull. civ. IV, n° 283 ; D. 1997. IR. 9* • 16 nov. 1999 : *RD banc. fin. 2000, n° 4, obs. Crédot et Gérard ; RCA 2000, n° 52.* – V. déjà • Com. 24 févr. 1987 : *Bull. civ. IV, n° 48 ; RTD com. 1987. 545, obs. Cabrillac ; Banque 1987. 624, obs. Rives-Lange* • 18 avr. 1989 : *Bull. civ. IV, n° 117 ; D. 1989. IR. 136* • 28 janv. 1992 : *Bull. civ. IV, n° 37 ; D. 1992. IR. 81 ; RTD com. 1992. 648, obs. Cabrillac et Teyssié* ; • 9 févr. 1993 : *Bull. civ. IV, n° 52 ; D. 1993. Somm. 316, obs. Cabrillac ; Banque 1993. 88, obs. Guillot ; JCP E 1993. II. 439, note Stoufflet.* ♦ ... Quelle que soit la qualité de la signature. • Paris, 7 janv. 1992 : *D. 1992. 395, note D. Martin.* – Comp. : • Com. 5 déc. 1989 : *RTD com. 1990. 232, obs. Cabrillac et Teyssié ; Banque 1990. 310, obs. Rives-Lange.* ♦ La responsabilité de la banque est engagée lorsqu'elle a commis une négligence en ne rejetant pas des chèques qui portaient une signature dont le graphisme était très différent de celui de la signature du titulaire du compte apposée sur la fiche de signature d'ouverture des comptes de la société. • Com. 28 nov. 1995 : *Bull. civ. IV, n° 272 ; D. 1996. IR. 2 ; D. Affaires 1996. 122.* – V. aussi • Paris, 1er avr. 1923 : *DP 1924. 2. 1, note Lacour* • 8 avr. 1927 : *DH 1927. 374* • Colmar, 3 févr. 1992 : *JCP 1993. IV. 434.* ♦ V. cependant, *contra*, au cas d'imitation parfaite, en l'absence d'indice suspect, • Paris, 18 févr. 1932 : *DP 1934. 2. 9, note Besson,* et sur pourvoi, • Req. 20 juin 1934 : *DH 1934. 409* • Civ. 10 oct. 1956 : *D. 1957. 19* • Rouen, 9 mars 1971 : *RTD com. 1971. 748, obs. Cabrillac et Rives-Lange.* ♦ Les juges doivent rechercher si la contrefaçon de signature était, ou non, décelable par un employé de banque normalement diligent. • Com. 9 juill. 1996 : *Bull. civ. IV, n° 202 ; D. 1996. IR. 198 ; D. Affaires 1996. 1100.*

9. *Préjudices réparables.* En cas de paiement de chèques volés à une société et grossièrement falsifiés, le banquier est tenu de payer des dommages-intérêts tant à la société titulaire du compte qu'à son dirigeant personnellement touché, ces dommages-intérêts devant englober tant le remboursement des taxes, commissions et frais divers débités au titre du découvert créé par la faute de la banque que des montants pour réparer les interdictions bancaires d'émettre des chèques. • Colmar, 3 févr. 1992 : *préc. note 8.*

10. *Responsabilité envers le bénéficiaire d'un autre chèque.* Le banquier qui a payé un chèque irrégulier commet une faute engageant sa responsabilité à l'égard du bénéficiaire d'un autre chèque, présenté ultérieurement, et rejeté pour défaut de provision. • Com. 4 juin 1991 : *Bull. civ. IV, n° 197 ; D. 1992. 399, note D. Martin ; RTD com. 1991. 614, obs. Cabrillac et Teyssié.*

11. *Paiement de l'indu et négligence de la banque.* La répétition des sommes versées par erreur par une banque à une personne dont la procuration sur le compte débité vient d'être révoquée n'exclut pas que le bénéficiaire de cette remise soit fondé à réclamer à la banque réparation du préjudice qu'elle a pu lui causer par sa négligence. • Civ. 1re, 18 mai 1994 : *Bull. civ. I, n° 179 ; RTD com. 1994. 531, obs. Cabrillac et Teyssié.* – Dans le même sens : • Com. 19 nov. 1991 : *Bull. civ. IV, n° 354 ; RTD com. 1992. 650, obs. Cabrillac et Teyssié.* ♦ V. aussi note 9 ss. art. L. 131-67.

2° CHÈQUE FALSIFIÉ

12. Falsification de l'identité du bénéficiaire. V. note 6 ss. art. L. 131-6. ♦ En l'absence de tout élément révélateur d'agissements illicites, un établissement bancaire n'est pas fautif à considérer l'inscription, sur un chèque, du numéro d'un compte ouvert dans ses livres, à côté de son propre nom commercial, comme désignant, selon la volonté du tireur, le titulaire du compte comme bénéficiaire. • Com. 13 févr. 1996 : *Bull. civ. IV, n° 45 ; D. 1996. IR. 86 ; D. Affaires 1996. 395* • 5 nov. 2002 : *Bull. civ. IV, n° 158 ; D. 2003. AJ. 203 ; JCP E 2003, n° 1, p. 36, note Bonneau ; ibid., n° 11, p. 468, obs. Stoufflet ; Petites affiches 4 mars 2003, p. 10, note E. C. ; RTD com. 2003. 139, obs. Cabrillac ; Banque et Droit mars-avr. 2003. 58, obs. Bonneau ; ibid. mai-juin 2004. 56, obs. Guillot ; Gaz. Pal. 2003. Somm. 2473, obs. S. Piedelièvre ; RJDA 2003, n° 307.* ♦ De même, la banque tirée ne commet pas de faute engageant sa responsabilité en payant des chèques détournés et falsifiés au préjudice du bénéficiaire par un préposé de celui-ci, dès lors que la falsification, par surcharge de l'indication du bénéficiaire, n'est pas normalement décelable même pour un œil exercé, les irrégularités pouvant être attribuées à la maladresse du scripteur. • Com. 9 oct. 2001 : *RJDA 2002, n° 192* • 5 nov. 2002 : *Bull. civ. IV, n° 157 ; D. 2002. AJ. 3268, obs. Avena-Robardet ; JCP E 2003, n° 1, p. 36, note Bonneau ; Petites affiches 4 mars 2003, p. 5, note E. C. ; RD banc. fin. 2003, n° 1, obs. Crédot et Gérard ; Banque et Droit mai-juin 2004. 55, obs. Guillot ; Gaz. Pal. 2003. Somm. 2474, obs. S. Piedelièvre ; RJDA 2003, n° 306* • Paris, 7 mars 2002 : *Banque et Droit mai-juin 2003. 62, obs. Guillot.* ♦ Ni l'importance des opérations antérieurement inscrites au crédit ou au débit des comptes de la cliente ou de son employée de maison, ni les fluctuations significatives de leurs soldes respectifs, ne doivent conduire la banque à s'interroger sur la cause ou le montant des mouvements de fonds litigieux en absence de falsifications aisément décelables. • Com. 5 nov. 2002 : *préc.*

La banque tirée n'est pas tenue de vérifier l'adéquation entre le lieu de présentation du chèque et celui du domicile du bénéficiaire, tel qu'indiqué sur le chèque. • Com. 15 oct. 1996 : *D. 1997. Somm. 262, obs. Cabrillac ; RJDA 1997, n° 86.*

Pour un arrêt considérant qu'une banque ne peut, sans s'immiscer dans les affaires de son client, s'enquérir du bien-fondé de ce qui s'analysait, en raison du nom du bénéficiaire apparent, comme une opération immobilière et qu'il ne lui appartient pas de vérifier la conformité du chèque litigieux à l'objet social du tireur, du moment qu'il n'était pas fait appel à son crédit, V. • Rennes, 11 févr. 1998 : *JCP E 1999, n° 4, p. 167, obs. Belleil.*

13. Falsification du montant. Dès lors que les chèques présentés à l'encaissement par le titulaire d'un compte ont une apparence de régularité parfaite et que rien ne permet de déceler la fraude, la banque, qui est seulement tenue de surveiller la régularité des opérations, n'a pas à procéder à des investigations sur l'origine et l'importance des fonds versés, ni à considérer comme anormales les autres rentrées de fonds que le salaire de l'intéressé. • Com. 15 juin 1993 : *Bull. civ. IV, n° 239.* ♦ V. aussi • Paris, 21 avr. 1992 : *RJDA 1992, n° 856* • 12 mars 1996 : *D. Affaires 1996. 522.*

14. Anomalies apparentes. Le banquier engage sa responsabilité s'il ne relève pas des surcharges et des altérations cependant apparentes. • Req. 26 oct. 1898 : *DP 1898. 1. 560* • Paris, 16 déc. 1925 : *DH 1926. 89* • T. com. Lyon, 8 oct. 1954 : *D. 1955. 143.* ♦ En cas d'anomalies apparentes (adjonction de la mention d'un second bénéficiaire et encaissement sur le compte personnel de celui-ci), la banque engage sa responsabilité. • Com. 3 déc. 2002 : *Bull. civ. IV, n° 183 ; D. 2003. 1756, note Djoudi ; JCP E 2003, n° 5, p. 199 ; RTD com. 2003. 340, obs. Cabrillac ; Petites affiches 17 mars 2003, p. 5, obs. E. C. ; Banque et Droit mai-juin 2003. 57, obs. Bonneau ; RJDA 2003, n° 534* • Toulouse, 10 janv. 1996 : *BICC 1996, n° 479* • 13 juin 2002 : *JCP 2003. IV. 1705* • Paris, 25 sept. 2001 : *Gaz. Pal. 2003. 1. Somm. 1126, obs. Vray* (falsification grossière). ♦ Viole les art. 1147 et 1992 C. civ., l'arrêt qui déduit l'absence de responsabilité d'une banque du fait de l'inscription du montant de chèques destinés à une société au compte d'un tiers d'une faute commise par cette personne morale, l'un de ses membres ou l'un de ses employés, alors que l'organisme, pour traiter ces opérations avec un matériel informatique, a utilisé, sans les vérifier, des bordereaux falsifiés dont l'altération était apparente. • Com. 7 déc. 1993 : *Bull. civ. IV, n° 449 ; D. 1994. Somm. 182, obs. Cabrillac ; JCP 1994. IV. 391.* ♦ Pour un partage de responsabilité, la banque ayant fait preuve de négligence en ne procédant pas à une vérification au vu des anomalies apparentes (falsification grossière et immédiatement décelable), et le client ayant facilité l'encaissement du chèque falsifié en laissant en blanc la mention de l'ordre et en tardant à identifier le caractère excessif du débit de son compte, V. • Paris, 21 mai 2002 : *Banque et Droit nov.-déc. 2003. 60, obs. Guillot.* ♦ Ayant constaté que les chèques remis ne présentaient aucune anomalie apparente, ce dont il résultait que la banque avait satisfait à la seule obligation s'imposant à elle, qui était de vérifier l'authenticité des signatures figurant sur les titres dont le paiement lui était demandé, une cour d'appel a pu en déduire que la banque n'avait pas commis de faute. • Com. 22 mars 2005 : *RJDA 2005, n° 882.*

15. Perte de l'original du chèque. Sur la responsabilité du banquier tiré, pour avoir perdu l'original du chèque, empêchant de ce fait le tireur de prouver la falsification, V. • Versailles, 20 oct. 1995 : *Banque et Droit mars-avr. 1996. 35.*

B. RESPONSABILITÉ DU BANQUIER PRÉSENTATEUR

16. Défaut de vérification de la régularité apparente. Sur l'obligation de vérifier la régularité apparente du chèque avant de prendre le titre à l'encaissement, V. note 2. ♦ Le banquier présentateur de chèques grossièrement altérés ou surchargés ne saurait exciper de la responsabilité des banques tirées alors, d'une part, que le banquier présentateur est la première personne qui doit exercer un contrôle efficace des titres qui lui sont remis à l'encaissement et, d'autre part, que s'il n'est pas discutable qu'une banque tirée doit également vérifier la régularité formelle des chèques présentés, elle peut estimer inutile de recourir à de telles vérifications lorsque ces chèques lui sont présentés par la banque du bénéficiaire qui est seule en mesure de contrôler le nom de ce dernier, la falsification portant essentiellement sur la mention du bénéficiaire. • Paris, 14 avr. 1995 : *D. 1996. Somm. 35, obs. Cabrillac.* ♦ Comp., jugeant que, s'il est exact que, s'agissant d'un chèque barré, l'obligation de vérification de la qualité du bénéficiaire incombe essentiellement au banquier présentateur, le fait que le chèque lui soit présenté par une autre banque, celle du tiré, ne dispense pas cette dernière de son obligation personnelle de vérification ; que celle-ci ne peut s'abstenir au seul motif que le banquier présentateur aurait dû effectuer avant elle les vérifications nécessaires, alors qu'il existe une altération grossière par surcharge : • Toulouse, 20 mai 1996 : *BICC 1996, n° 896.*

17. Chèques détournés ou falsifiés. En ce sens que le banquier n'a pas à se préoccuper de la disproportion du montant d'un chèque par rapport à celui des chèques habituellement remis par le client, V. • Com. 30 janv. 1990 : *RTD com. 1990. 437, obs. Cabrillac et Teyssié.* ♦ Comp., condamnant un banquier en raison de son manque particulier de vigilance : • Paris, 27 mars 1997 : *D. Affaires 1997. 664* • Paris, 5 mars 2002 : *D. 2003. Somm. 337, obs. Synvet ; ibid. 2002. AJ. 1897, obs. Avena-Robardet ; JCP E 2003, n° 11, p. 465, obs. Stoufflet ; RTD com. 2002. 713, obs. Cabrillac ; RD banc. fin. 2002, n° 171, obs. Crédot et Gérard* (cassé par • Com. 28 avr. 2004 : *cité note 1 ss. art. L. 563-3 C. mon. fin.*). – V. aussi • Paris, 4 avr. 1997 : *préc. note 2* • 25 avr. 1997 : *ibid.* – V. *infra*, note ss. art. L. 563-3. ♦ Sur l'absence de responsabilité du banquier présentateur en cas de non-production de l'original du chèque usurpé, la mauvaise qualité de la photocopie versée au dossier ne permettant pas d'apprécier si la falsification était ou non aisément décelable, V. • Versailles, 17 déc. 1999 : *RTD com. 2000. 417, obs. Cabrillac.* ♦ V. aussi note 14. ♦ Pour un arrêt énonçant que la faute éventuellement commise par une banque qui a pris à l'encaissement un titre détourné par le préposé du bénéficiaire ne peut qu'ouvrir une action récursoire au profit de la banque tirée, également tenue pour fautive, mais non décharger celle-ci de sa responsabilité envers la victime pour ne pas avoir décelé une falsification grossière, V. • Com. 23 juin 1999 : *RD bancaire et bourse 1999. 96, obs. Crédot et Gérard* • 3 déc. 2002 : *préc. note 14.*

Pour un partage de responsabilité entre la banque du bénéficiaire, la banque présentatrice et les banques tirées, dans un cas où un tiers avait volé des chèques déposés dans la boîte à lettres située à l'extérieur des locaux d'une agence bancaire et avait substitué son nom à celui du bénéficiaire des chèques en vue de les encaisser, V. • Versailles, 24 févr. 1994 : *RJDA 1994, n° 1057.* ♦ Pour un partage de responsabilité entre un banquier présentateur de chèques, dont la dualité de bénéficiaires révélait une falsification grossière, et le bénéficiaire de ces chèques qui, n'ayant exercé aucun contrôle sur sa préposée, lui avait ainsi permis de détourner des fonds en se désignant sur les titres litigieux comme cobénéficiaire, V. • Paris, 12 janv. 1999 : *D. Affaires 1999. 557, obs. X. D.*

18. Obligation de signaler les anomalies. En cas de détection de falsification de chèques de la part d'un client, une banque ne peut se borner à lui refuser son concours et doit signaler les anomalies relevées aux banques tirées. • Com. 15 nov. 1994 : *Bull. civ. IV, n° 333 ; D. 1995. IR. 3 ; RTD com. 1995. 450, obs. Cabrillac.*

18 bis. Risque d'impayé. Jugeant que s'il n'appartient pas à la banque de s'immiscer dans les affaires de son client, lorsque celui-ci lui demande de façon expresse et précise son avis sur le degré de risque d'impayé d'un chèque, la banque engage sa responsabilité en fournissant une réponse de nature à induire son client en erreur : • Paris, 11 juin 2004 : *RJDA 2004, n° 1371.*

19. Encaissement du chèque sur un mau-

vais compte. BIBL. Grillot et Saint-Cene, *Banque et Droit juill.-août 2000. 551* (recours ouverts au banquier en cas de paiement erroné à un tiers). ♦ Commet une faute au sens de l'art. 1382 C. civ. le banquier qui encaisse un chèque émis à l'ordre de deux cobénéficiaires (dont le nom était séparé par un tiret) et en verse le montant sur le compte de l'un des deux sans s'assurer du consentement de l'autre. • Com 3 janv. 1996 : *Bull. civ. IV, n° 1 ; D. 1996. IR. 53 ; D. Affaires 1996. 238 ; JCP 1996. II. 22617, note Bonneau ; RTD com. 1996. 301, obs. Cabrillac*. – V. aussi • Paris, 22 avr. 1997 : *D. Affaires 1997. 670*. – V. note 6 ss. art. L. 131-6. ♦ Sur la responsabilité, pour manquement à son devoir de vigilance, d'une banque ayant encaissé sur le compte de l'un de ses clients un chèque établi à l'ordre de la société dont celui-ci était gérant, V. • Pau, 3 sept. 1998 : *Cah. jurispr. d'Aquitaine 1999, n° 1, p. 125*.

20. Conflit entre banques. Une banque, titulaire d'un mandat d'encaissement de la part du seul bénéficiaire désigné sur le titre, et tenue de respecter les instructions de sa cliente dans les affaires de laquelle elle n'avait pas à s'immiscer, peut, sans commettre de faute, porter le montant de chèques au crédit du compte ouvert dans ses livres au nom de celle-ci quand bien même saurait-elle que certaines des sommes ainsi versées à son client doivent recevoir une affectation particulière en exécution du contrat le liant à une autre banque. • Com. 8 oct. 2002 : *RJDA 2003, n° 174*.

C. RESPONSABILITÉ DU TITULAIRE DU COMPTE

21. Opposition au paiement. V. art. L. 131-35, et sur les droits du porteur de bonne foi, art. L. 131-24.

22. Exonération du banquier en cas de faute du titulaire du compte. La faute qui a pu être commise par le client et qui a, notamment, facilité le vol de son chéquier et la réalisation de la fraude peut exonérer totalement ou partiellement le banquier de sa responsabilité. • Com. 10 oct. 1956 : *D. 1957. 19* • 10 juin 1980 : *Bull. civ. IV, n° 252 ; RTD com. 1981. 110, obs. Cabrillac et Teyssié* • 27 avr. 1982 : *Gaz. Pal. 1982. 2. Pan. 280, obs. Piedelièvre ; RTD com. 1982. 589, obs. Cabrillac et Teyssié* • 3 juin 1982 : *Bull. civ. IV, n° 210 ; D. 1983. IR. 41, obs. Cabrillac* • 22 déc. 1981 : *Bull. civ. IV, n° 453 ; RTD com. 1982. 270, obs. Cabrillac et Teyssié* • 28 nov. 1995 : *préc. note 8*. ♦ Si l'établissement de ce faux ordre de paiement a été rendu possible à la suite d'une faute du titulaire du compte, ou de l'un de ses préposés, le banquier n'est tenu envers lui que s'il a lui-même commis une négligence, en ne décelant pas une signature apparemment différente de celle du titulaire du compte, et ce seulement pour la part de responsabilité en découlant. • Com. 9 juill. 1996 : *préc. note 8* • 16 nov. 1999 : *ibid.* • 10 oct. 2000 : *Banque et Droit sept.-oct. 2000. 51, obs. Guillot* • 2 juill. 2002 : *RD banc. fin. 2002, n° 224, obs. Crédot et Gérard*. ♦ Sur la prise en considération de la négligence du titulaire du compte, • Com. 4 nov. 1976 : *JCP 1977. II. 18750, note Stoufflet* • 10 juin 1980 : *préc.* • 27 févr. 1996 : *RJDA 1996, n° 666*. – V. aussi • Paris, 15 févr. 1991 : *D. 1991. IR. 112* • Dijon, 16 janv. 1992 : *BICC 1992, n° 1214* • Lyon, 25 févr. 2000 : *JCP 2001. IV. 1081* • Paris, 19 mai 2000 : *RD banc. fin. 2000, n° 185, obs. Crédot et Gérard* • Aix-en-Provence, 14 juin 2000 : *Banque et Droit sept.-oct. 2000. 51, obs. Guillot* • Paris, 8 févr. 2002 : *D. 2002. AJ. 1201*. ♦ Pour un partage de responsabilité entre le banquier et le titulaire du compte, V. • Paris, 21 mai 2002 : *préc. note 14*. ♦ ... Ce dernier ayant fait preuve d'une totale carence dans l'exercice du pouvoir inhérent à sa qualité d'employeur, de direction et de contrôle de son comptable salarié auteur de chèques falsifiés. • Com. 12 juill. 2005 : *JCP E 2005, n° 41, p. 1683*

23. Faute du titulaire du compte : illustrations. La capacité de la cliente à gérer son compte n'étant pas contestée en dépit de son grand âge et de son état de santé déficient, la victime de l'utilisation frauduleuse de ses chéquiers par son employée de maison a commis une faute en négligeant de s'inquiéter pendant plusieurs mois du fonctionnement de son compte dont les relevés, qui lui étaient subtilisés, ne lui parvenaient plus. • Com. 5 nov. 2002 : *préc. note 12*. ♦ V. aussi, laissant, malgré le caractère grossier de l'imitation de signature, la totalité du préjudice à la charge du client à compter du moment où, ayant reçu le relevé de compte faisant apparaître les paiements de chèques, il avait été mis en mesure de faire opposition, • Com. 15 janv. 2002 : *JCP E 2003, n° 11, p. 465, obs. Stoufflet*. ♦ V. aussi retenant la faute du client qui aurait dû être vigilant ayant déjà été victime d'une falsification et alors qu'il n'a pas pris les précautions indispensables pour éviter la falsification : • T. com. Paris, 10 déc. 2001 : *Banque et Droit janv.-févr. 2003. 64, obs. Guillot*. ♦ Pour l'exonération de la banque, en raison du défaut de surveillance de sa comptabilité et de son comptable par le client, V. • Com. 18 avr. 1989 : *préc. note 8* • Paris, 7 janv. 1992 : *ibid.* ♦ Comp. retenant le banquier qui paie un chèque, volé à la société déposante par l'employé d'un prestataire qui a eu pour l'accomplissement de sa tâche accès aux bureaux de la victime, n'est pas libéré de son obligation de restitution des fonds déposés : • Aix-en-

Provence, 20 sept. 2000 : *RD banc. fin. 2001, n° 4, obs. crit. Crédot et Gérard.*

24. Responsabilité du titulaire du compte du fait de son préposé. Une société est responsable à l'égard d'une banque du fait de son préposé, dès lors que l'employé, qui a falsifié des chèques, a agi dans l'exercice de ses fonctions. • Com. 7 juin 1994 : *Bull. civ. IV, n° 205 ; D. 1994. IR. 184 ; Defrénois 1995. 343, obs. Delebecque.* – V. sur renvoi, • Versailles, 21 sept. 1999 : *Banque et Droit juill.-août 2000. 61, obs. Guillot.* ♦ Toutefois, le comportement de l'interlocuteur client n'est pas négligeable et il importe d'apprécier si ce dernier est susceptible ou non de croire, de manière légitime, que le préposé agissait dans le cadre normal de ses fonctions. • Paris, 20 mai 1999 : *D. 1999. IR. 182.* ♦ Sur le cas de présentation d'un chèque falsifié par le préposé du tireur, • Civ. 2 mars 1942 : *DC 1942. 57* • Com. 5 janv. 1957 : *D. 1957. Somm. 83* • 15 juin 1976 : *RTD com. 1977. 137, obs. Cabrillac et Rives-Lange* • 23 juin 1981 : *D. 1982. IR. 173, obs. Cabrillac* • 15 juin 1993 : *D. 1993. IR. 167* • Versailles, 20 nov. 1995 : *RJDA 1996, n° 532* • Paris, 1er juill. 1997 : *D. Affaires 1997. 1081.*

25. Absence de faute du titulaire du compte : illustrations. Les banques ne peuvent procéder à l'encaissement de chèques qu'au profit des bénéficiaires désignés sur les titres ou d'endossataires et l'émetteur de ces chèques ne commet pas de faute à les confier à un mandataire pour transmission aux bénéficiaires désignés. • Com. 26 mars 1996 : *RJDA 1996, n° 952.* – V. aussi note 43 ss. art. L. 131-6. ♦ Pour l'absence de faute du client dont les chéquiers ont été dérobés au domicile d'une amie à qui il les avait confiés pendant ses vacances et qui a avisé la banque de leur vol dès son retour, V. • Com. 23 oct. 2001 : *Bull. civ. IV, n° 170 ; D. 2001. AJ. 3431 ; JCP E 2001, n° 48, p. 1886, obs. Bouteiller ; RTD com. 2002. 136, obs. Cabrillac ; RD banc. fin. 2001, n° 217, obs. Crédot et Gérard ; Banque et Droit janv.-févr. 2002. 45, obs. Bonneau.* ♦ V. aussi, écartant la faute du client en cas de falsification de chèques par une personne hébergée par celui-ci : • Com. 23 oct. 2001 : *Bull. civ. IV, n° 171 ; D. 2001. AJ. 3432 ; JCP E 2001, n° 48, p. 1886, obs. Bouteiller ; RD banc. fin. 2001, n° 217, obs. Crédot et Gérard ; Banque et Droit janv.-févr. 2002. 45, obs. Bonneau.* ♦ Aucun texte ni aucun usage ne fixent un seuil de montant au-delà duquel un chèque devrait être envoyé par lettre recommandée et en l'absence de circonstances de nature à lui imposer une vigilance particulière, le fait pour le tireur d'expédier par courrier simple un chèque n'est pas à lui seul constitutif d'une faute. • Com. 10 déc. 2003 : *Bull. civ. IV, n° 200 ; D. 2004. AJ. 208 ; JCP E 2004, n° 7, p. 250 ; Gaz. Pal. 2004. Somm. 1992, obs. S. Piedelièvre ; Banque et Droit mai-juin 2004. 50, obs. Bonneau ; RJDA 2004, n° 469.* — V. aussi • Com. 24 mars 1980 : *Bull. civ. IV, n° 111 ; RTD com. 1980. 577, obs. Cabrillac et Rives-Lange.* ♦ Pour une remise de chèque dans la boîte à lettre d'une agence bancaire, V. • Versailles, 24 févr. 1994 : *préc. note 17.* ♦ V. aussi note 4 ss. art. L. 131-71. ♦ La réception sans protestation des relevés ne vaut consentement du titulaire du compte aux opérations inscrites que sauf preuve contraire. • Com. 19 juin 2001 : *JCP E 2003, n° 11, p. 465, obs. Stoufflet.* – V. aussi notes ss. art. L. 131-15.

D. RESPONSABILITÉ DU BÉNÉFICIAIRE DU CHÈQUE

26. Partage de responsabilité avec le banquier présentateur. Pour un exemple, V. • Paris, 12 janv. 1999 : *préc. note 17.*

27. Absence de faute du bénéficiaire. Il ne peut pas être reproché à la société bénéficiaire des chèques d'avoir omis de porter sa griffe ou son numéro de compte sur les chèques qu'elle avait endossés, de telles formalités n'étant pas obligatoires, ni d'avoir eu recours à la pratique courante consistant à déposer des chèques dans la boîte à lettres de son agence bancaire dès lors que rien n'impose aux clients des banques de ne remettre les chèques qu'au guichet et qu'au cas particulier aucun avis n'appelait l'attention sur le risque de vol. • Versailles, 24 févr. 1994 : *préc. note 17.*

L. 131-39 **Lorsqu'un chèque est stipulé payable en une monnaie n'ayant pas cours en France, le montant peut en être payé, dans le délai de présentation du chèque, d'après sa valeur en** *(Ord. n° 2005-429 du 6 mai 2005, art. 18)* **« euros » au jour du paiement. Si le paiement n'a pas été effectué à la présentation, le porteur peut, à son choix, demander que le montant du chèque soit payé en monnaie ayant cours en France d'après le cours, soit du jour de la présentation, soit du jour du paiement.**

Les usages français pour la cotation des différentes monnaies étrangères dans lesquelles sont libellés les chèques doivent être suivis pour déterminer la valeur de ces monnaies, en monnaie ayant cours en France. Toutefois, le tireur peut stipuler que la somme à payer sera calculée d'après un cours déterminé dans le chèque.

Les règles ci-énoncées ne s'appliquent pas au cas où le tireur stipule une clause de paiement effectif en une monnaie étrangère.

Si le montant du chèque est indiqué dans une monnaie ayant la même dénomination, mais une valeur différente, dans le pays d'émission et dans celui du paiement, on est présumé s'être référé à la monnaie du lieu du paiement. – *[Décr.-L. du 30 oct. 1935, art. 36].*

1. Chèque muté. V. note 7 ss. art. L. 131-2.

2. Erreur du remettant sur l'unité monétaire. Pour un exemple de remise à l'encaissement d'un chèque libellé en francs CFP dont le remettant avait cru de bonne foi qu'il était libellé en francs français, V. • Paris, 30 avr. 1993 : *D. 1994. Somm. 181, obs. Cabrillac*.

L. 131-40 **En cas de perte du chèque, celui à qui il appartient peut en poursuivre le paiement sur un second, troisième, quatrième, etc.**

Si celui qui a perdu le chèque ne peut représenter le second, troisième, quatrième, etc., il peut demander le paiement du chèque perdu et l'obtenir par ordonnance du juge en justifiant de sa propriété par ses livres et en donnant caution.

Dans toutes les dispositions *(L. n° 2005-516 du 20 mai 2005, art. 16-IV)* **« du présent chapitre » relatives à la perte du chèque, le vol est assimilé à la perte.** – *[Décr.-L. du 30 oct. 1935, art. 36 a].*

L. 131-41 **En cas de refus de paiement, sur la demande formée en vertu de l'article L. 131-40, le propriétaire du chèque perdu conserve tous ses droits par un acte de protestation. Cet acte doit être fait au plus tard le premier jour ouvrable qui suit l'expiration du délai de présentation. Les avis prescrits par l'article L. 131-49 doivent être donnés au tireur et aux endosseurs dans les délais fixés par cet article.** – *[Décr.-L. du 30 oct. 1935, art. 36 b].*

L. 131-42 **Le propriétaire du chèque égaré doit, pour s'en procurer le second, s'adresser à son endosseur immédiat qui est tenu de lui prêter son nom et ses soins pour agir envers son propre endosseur et ainsi en remontant d'endosseur à endosseur jusqu'au tireur du chèque. Le propriétaire du chèque égaré supporte les frais.** – *[Décr.-L. du 30 oct. 1935, art. 36 c].*

L. 131-43 **L'engagement de la caution mentionné dans l'article L. 131-40 est éteint après six mois si, pendant ce temps, il n'y a eu ni demandes ni poursuites en justice.** – *[Décr.-L. du 30 oct. 1935, art. 36 d].*

SECTION VI *Chèque barré* *(L. n° 2005-516 du 20 mai 2005, art. 16-IV).*

RÉP. COM. v° *Chèque*, par CABRILLAC.

L. 131-44 **Le tireur ou le porteur d'un chèque peut le barrer avec les effets indiqués dans l'article suivant.**

Le barrement s'effectue au moyen de deux barres parallèles apposées au recto. Il peut être général ou spécial.

Le barrement est général s'il ne porte entre les deux barres aucune désignation ou la mention « banquier » ou un terme équivalent ; il est spécial si le nom d'un banquier est inscrit entre les deux barres.

Le barrement général peut être transformé en barrement spécial, mais le barrement spécial ne peut être transformé en barrement général.

Le biffage du barrement ou du nom du banquier désigné est réputé non avenu. – *[Décr.-L. du 30 oct. 1935, art. 37].*

Procédé. Les barres dont l'apposition est exigée par l'art. 37 [C. mon. fin., art. L. 131-44] ne peuvent s'entendre de lignes tracées en relief, dues à une machine à barrer non encrée. • Civ. 18 déc. 1961 : *D. 1962. 124.*

L. 131-45 Un chèque à barrement général ne peut être payé par le tiré qu'à un banquier, à un chef de centre de chèques postaux ou à un client du tiré.

Un chèque à barrement spécial ne peut être payé par le tiré qu'au banquier désigné, ou, si celui-ci est le tiré, qu'à son client. Toutefois, le banquier désigné peut recourir pour l'encaissement à un autre banquier.

Un banquier ne peut acquérir un chèque barré que d'un de ses clients, d'un chef de centre de chèques postaux ou d'un autre banquier. Il ne peut l'encaisser pour le compte d'autres personnes que celles-ci.

Un chèque portant plusieurs barrements spéciaux ne peut être payé par le tiré que dans le cas où il s'agit de deux barrements dont l'un pour encaissement par une chambre de compensation.

Le tiré ou le banquier qui n'observe pas les dispositions ci-dessus est responsable du préjudice jusqu'à concurrence du montant du chèque. – *[Décr.-L. du 30 oct. 1935, art. 38].*

1. Notion de client. Le présentateur du chèque aura la qualité de client du banquier dès lors que ce dernier aura procédé à la vérification de son identité et de son domicile. • Com. 7 févr. 1962 : *JCP 1962. II. 15592 ; D. 1962. 306 ; Banque 1962. 341, obs. Marin* • 25 avr. 1967 : *ibid. 1967. 564, obs. Marin.* ♦ V. *contra*, sur l'exigence de relations d'affaires antérieures et habituelles, • Paris, 26 janv. 1957 : *RTD com. 1957. 416, obs. Cabrillac ; Banque 1957. 230, obs. Marin* • 12 mai 1958 : *D. 1958. 590, note Georgiadès ; JCP 1958. II. 10711, note Cabrillac* • Versailles, 18 oct. 1979 : *Gaz. Pal. 1980. 1. 392, note Dupichot ; RTD com. 1980. 579* • Paris, 7 juill. 1980 : *D. 1981. IR. 186.*

2. Refus de l'ordre de virement donné par le bénéficiaire. Une pratique bancaire ne pouvant se transformer en une obligation pour une banque, surtout lorsqu'elle est contraire à une disposition légale, une banque peut refuser l'ordre du bénéficiaire de créditer le compte d'une personne autre que le bénéficiaire désigné par le tireur. • Paris, 16 avr. 1996 : *D. 1997. Somm. 263, obs. Cabrillac ; Rev. dr. bancaire 1996. 190, obs. Crédot et Gérard ; JCP E 1998, n° 9, p. 326, obs. Gavalda et Stoufflet.*

L. 131-46 Les chèques à porter en compte émis à l'étranger et payables sur le territoire français sont traités comme chèques barrés. – *[Décr.-L. du 30 oct. 1935, art. 39].*

SECTION VII *Recours en cas de non-paiement* (*L. n° 2005-516 du 20 mai 2005, art. 16-IV*).

RÉP. COM. v° *Chèque*, par CABRILLAC.

L. 131-47 Le porteur peut exercer ses recours contre les endosseurs, le tireur et les autres obligés, si le chèque, présenté en temps utile, n'est pas payé et si le refus de paiement est constaté par un acte authentique nommé protêt. – *[Décr.-L. du 30 oct. 1935, art. 40].*

1. Contre-passation. La contre-passation en compte courant d'un chèque impayé vaut paiement et implique renonciation à l'exercice de poursuites sur le fondement du droit du chèque contre le tireur. • Com. 5 juill. 1994 : *Bull. civ. IV, n° 252 ; RTD com. 1994. 755, obs. Cabrillac.*

2. Bénéficiaire en redressement judiciaire. Le banquier qui contrepasse un chèque impayé remis par le bénéficiaire en redressement judiciaire conserve son recours contre le tireur. V. • Com. 17 mars 1998 : *Bull. civ. IV, n° 103 ; D. Affaires 1998. 671, obs. X. D. ; RTD com. 1998. 648, obs. Cabrillac ; JCP E 1998, n° 42, p. 1642, note Mainguy ; ibid. 1999, n° 17, p. 761, obs. Gavalda et Stoufflet.*

3. Certificat de non-paiement. V. art. L. 131-73.

4. Responsabilité de la banque en cas de perte des recours. V. note 8 ss. art. L. 131-67.

L. 131-48 Le protêt doit être fait avant l'expiration du délai de présentation.

Si la présentation a lieu le dernier jour du délai, le protêt peut être établi le premier jour ouvrable suivant. – *[Décr.-L. du 30 oct. 1935, art. 41].*

Le banquier endossataire d'un chèque, qui n'a pas fait dresser protêt par acte authentique dans les délais prévus par l'art. 41 [C. mon. fin., art. L. 141-48], ne peut réclamer paiement à l'endosseur au profit de qui il avait été escompté. • Pau, 3 juin 1998 : *Cah. jurispr. d'Aquitaine 1999, n° 1, p. 125.*

L. 131-49 Le porteur doit donner avis du défaut de paiement à son endosseur et au tireur dans les quatre jours ouvrables qui suivent le jour du protêt et, en cas de clause de retour sans frais, le jour de la présentation.

Les notaires et les huissiers sont tenus à peine de dommages-intérêts, lorsque le chèque indique les nom et domicile du tireur, de prévenir celui-ci dans les quarante-huit heures qui suivent l'enregistrement, par la poste et par lettre recommandée, des motifs du refus de payer. Cette lettre donne lieu à un honoraire, au profit du notaire ou de l'huissier.

Chaque endosseur doit, dans les deux jours ouvrables qui suivent le jour où il a reçu l'avis, faire connaître à son endosseur l'avis qu'il a reçu, en indiquant les noms et adresses de ceux qui ont donné les avis précédents, et ainsi de suite, en remontant jusqu'au tireur. Les délais ci-dessus indiqués courent de la réception de l'avis précédent.

Lorsqu'en conformité de l'alinéa précédent, un avis est donné à un signataire du chèque, le même avis doit être donné dans le même délai à son avaliseur.

Dans le cas où un endosseur n'a pas indiqué son adresse ou l'a indiquée d'une façon illisible, il suffit que l'avis soit donné à l'endosseur qui le précède.

Celui qui a un avis à donner peut le faire sous une forme quelconque, même par un simple renvoi du chèque.

Il doit prouver qu'il a donné l'avis dans le délai imparti. Ce délai est considéré comme observé si une lettre-missive donnant l'avis a été mise à la poste dans ledit délai.

Celui qui ne donne pas l'avis dans le délai ci-dessus indiqué n'encourt pas la déchéance ; il est responsable, s'il y a lieu, du préjudice causé par sa négligence, sans que les dommages-intérêts puissent dépasser le montant du chèque. – *[Décr.-L. du 30 oct. 1935, art. 42].*

L. 131-50 Le tireur, un endosseur ou un avaliseur peut, par la clause « retour sans frais », « sans protêt », ou toute autre clause équivalente, inscrite sur le titre et signée, dispenser le porteur, pour exercer ses recours, de faire établir un protêt.

Cette clause ne dispense le porteur ni de la présentation du chèque dans le délai prescrit ni des avis à donner. La preuve de l'inobservation du délai incombe à celui qui s'en prévaut contre le porteur.

Si la clause est inscrite par le tireur, elle produit ses effets à l'égard de tous les signataires ; si elle est inscrite par un endosseur ou un avaliseur, elle produit ses effets seulement à l'égard de celui-ci. Si, malgré la clause inscrite par le tireur, le porteur fait établir le protêt, les frais en restent à sa charge. Quand la clause émane d'un endosseur ou d'un avaliseur, les frais du protêt, s'il en est dressé un, peuvent être recouvrés contre tous les signataires. – *[Décr.-L. du 30 oct. 1935, art. 43].*

L. 131-51 Toutes les personnes obligées en vertu d'un chèque sont tenues solidairement envers le porteur.

Le porteur a le droit d'agir contre toutes ces personnes, individuellement ou collectivement, sans être astreint à observer l'ordre dans lequel elles se sont obligées.

Le même droit appartient à tout signataire d'un chèque qui a remboursé celui-ci.

L'action intentée contre un des obligés n'empêche pas d'agir contre les autres, même postérieurs à celui qui a été d'abord poursuivi. – *[Décr.-L. du 30 oct. 1935, art. 44].*

L. 131-52 Le porteur peut réclamer à celui contre lequel il exerce son recours :

1. Le montant du chèque non payé ;

2. Les intérêts à partir du jour de la présentation, dus au taux légal applicable en France ;

3. Les frais de protêt, ceux des avis donnés, ainsi que les autres frais. – *[Décr.-L. du 30 oct. 1935, art. 45].*

1. Chèque sans provision. Le recouvrement de chèques sans provision est régi non par la loi n° 91-650 du 9 juill. 1991 portant réforme des procédures civiles d'exécution, mais par les dispositions spécifiques du décret-loi du 30 oct. 1935 [codifié], et, notamment, celles de son art. 45 [C. mon. fin., art. L. 131-52] : Rép. min. n° 1888, *JOAN Q, 16 août 1993, p. 2579.* ♦ Sur la portée de l'art. 45, V. note 10 ss. art. L. 131-73. ♦ Sur l'utilisation de l'allonge pour ce recouvrement, V. note 3 ss. art. L. 131-19.

2. Paiement partiel. En payant uniquement le montant du chèque, le tiré fait un paiement partiel car, par application de l'art. 1254 C. civ., il y a lieu d'imputer sur la somme reçue les frais et les intérêts. De la sorte, une partie du chèque restant impayée, le tiré est tenu de délivrer le certificat de non-paiement de l'art. 65-3, al. 5 [C. mon. fin., art. L. 131-73]. • T. com. Reims, 7 déc. 1993 : *RTD com. 1994. 76, obs. Cabrillac et Teyssié.*

L. 131-53 Celui qui a remboursé le chèque peut réclamer à ses garants :

1. La somme intégrale qu'il a payée ;

2. Les intérêts de ladite somme, à partir du jour où il l'a déboursée, calculés au taux légal applicable en France ;

3. Les frais qu'il a faits. – *[Décr.-L. du 30 oct. 1935, art. 46].*

L. 131-54 Tout obligé contre lequel un recours est exercé ou qui est exposé à un recours peut exiger, contre remboursement, la remise du chèque avec le protêt, et un compte acquitté.

Tout endosseur qui a remboursé le chèque peut biffer son endossement et ceux des endosseurs subséquents. – *[Décr.-L. du 30 oct. 1935, art. 47].*

L. 131-55 Quand la présentation du chèque ou la confection du protêt dans les délais prescrits est empêchée par un obstacle insurmontable comme la prescription légale ou autre cas de force majeure, ces délais sont prolongés.

Le porteur est tenu de donner, sans retard, avis du cas de force majeure à son endosseur et de mentionner cet avis, daté et signé de lui, sur le chèque ou sur une allonge ; pour le surplus, les dispositions de l'article L. 131-49 sont applicables.

Après la cessation de la force majeure, le porteur doit, sans retard, présenter le chèque au paiement et, s'il y a lieu, faire établir le protêt.

Si la force majeure persiste au-delà de quinze jours à partir de la date à laquelle le porteur a, même avant l'expiration du délai de présentation, donné avis de la force majeure à son endosseur, les recours peuvent être exercés, sans que ni la présentation ni le protêt soit nécessaire, à moins que ces recours ne se trouvent suspendus pour une période plus longue, par application de l'article L. 511-61 du code de commerce.

Ne sont pas considérés comme constituant des cas de force majeure les faits purement personnels au porteur ou à celui qu'il a chargé de la présentation du chèque ou de l'établissement du protêt. – *[Décr.-L. du 30 oct. 1935, art. 48].*

Séquestre conventionnel. Sur la responsabilité d'un séquestre conventionnel pour présentation tardive d'un chèque à l'encaissement (perte d'une chance d'obtenir paiement), V. • Civ. 1re, 21 févr. 1995 : *Bull. civ. I, n° 101 ; Defrénois 1995. 1053, obs. Delebecque ; RTD com. 1995. 816, obs. Cabrillac ; RTD civ. 1996. 175, obs. Jourdain.*

SECTION VIII *Établissement de chèques en plusieurs exemplaires* (L. n° 2005-516 du 20 mai 2005, art. 16-IV).

L. 131-56 Sauf les chèques au porteur, tout chèque émis dans un pays et payable dans un autre pays ou dans une partie d'outre-mer du même pays et vice versa, ou bien émis et payable dans la même partie ou dans diverses parties d'outre-mer du même pays, peut être tiré en plusieurs exemplaires identiques. Lorsqu'un chèque est établi en plusieurs exemplaires, ces exemplaires doivent être numérotés dans le texte

même du titre, faute de quoi chacun d'eux est considéré comme un chèque distinct. – *[Décr.-L. du 30 oct. 1935, art. 49].*

L. 131-57 **Le paiement fait sur un des exemplaires est libératoire, alors même qu'il n'est pas stipulé que ce paiement annule l'effet des autres exemplaires.**

L'endosseur qui a transmis les exemplaires à différentes personnes, ainsi que les endosseurs subséquents, sont tenus à raison de tous les exemplaires portant leur signature qui n'ont pas été restitués. – *[Décr.-L. du 30 oct. 1935, art. 50].*

SECTION IX ***Altération*** *(L. n° 2005-516 du 20 mai 2005, art. 16-IV).*

RÉP. COM. v° *Chèque*, par CABRILLAC.

L. 131-58 **En cas d'altération du texte du chèque, les signataires postérieurs à cette altération sont tenus dans les termes du texte altéré ; les signataires antérieurs le sont dans les termes du texte originaire.** – *[Décr.-L. du 30 oct. 1935, art. 51].*

V. notes ss. art. L. 131-38.

SECTION X ***Prescription*** *(L. n° 2005-516 du 20 mai 2005, art. 16-IV).*

RÉP. COM. v° *Chèque*, par CABRILLAC.

L. 131-59 **Les actions en recours du porteur contre les endosseurs, le tireur et les autres obligés se prescrivent par six mois à partir de l'expiration du délai de présentation.**

Les actions en recours des divers obligés au paiement d'un chèque les uns contre les autres se prescrivent par six mois à partir du jour où l'obligé a remboursé le chèque ou du jour où il a été lui-même actionné. L'action du porteur du chèque contre le tiré se prescrit par un an à partir de l'expiration du délai de présentation.

Toutefois, en cas de déchéance ou de prescription, il subsiste une action contre le tireur qui n'a pas fait provision ou les autres obligés qui se seraient enrichis injustement. – *[Décr.-L. du 30 oct. 1935, art. 52].*

A. ACTION CAMBIAIRE DU PORTEUR CONTRE LES SIGNATAIRES

1. Action limitée aux seuls signataires du chèque. Dès lors qu'il n'est pas le tireur du chèque, le cotitulaire d'un compte joint n'est, en cette seule qualité, ni obligé en vertu de ce chèque, ni soumis par une disposition conventionnelle ou légale à une obligation de solidarité passive envers le porteur. • Com. 8 mars 1998 : *Bull. civ. IV, n° 102.*

2. Nature de la prescription. Le délai de l'art. 52, al. 3 [4] [C. mon. fin., art. L. 131-59, al. 2, *in fine*], ne repose pas sur une présomption de paiement et ne peut être combattu par l'aveu. • Com. 20 nov. 1984 : *Bull. civ. IV, n° 312 ; Gaz. Pal. 1985. 1. Pan. 67, obs. Piedelièvre ; RTD com. 1985. 534, obs. Cabrillac et Teyssié* • Paris, 18 oct. 1952 : *JCP 1952. II. 7298, note Cabrillac.* – *Contra :* • Com. 19 févr. 1957 : *JCP 1957. II. 9917, note H. Cabrillac* • 18 mai 1966 : *Banque 1966. 574, obs. Marin.*

3. Point de départ. Le délai de prescription court à partir de l'expiration du délai de présentation et non de la date de présentation s'agissant de l'action du porteur contre le tiré. • Paris, 15 déc. 1982 : *D. 1983. IR. 246, obs. Cabrillac* • T. com. Versailles, 7 mai 1980 : *Banque 1981. 377, note Martin.*

4. Opposition illicite du tireur. Même si l'opposition du tireur a eu un caractère manifestement illicite, cette circonstance est sans incidence sur le cours du délai de prescription faute par le bénéficiaire d'avoir remis le chèque à l'encaissement avant l'acquisition de la prescription. • Paris, 12 mars 1993 : *D. 1993. Somm. 316, obs. Cabrillac.*

5. Chèque postal. V. note 1 ss. art. R. 131-53, *infra.*

6. Recours contre le tireur. La prescription laisse subsister au profit du porteur une action contre le tireur qui n'a pas fait provision ou qui a retiré la provision ou fait défense au tiré de payer hors des cas légaux. • Rouen, 28 avr. 1958 : *Gaz. Pal. 1958. 2. 8 ; RTD com. 1958. 582* • Com. 4 juin 1991 : *D. 1991. IR. 185 ; RTD* *com. 1991. 616, obs. Cabrillac et Teyssié* . – V. aussi • Com. 23 oct. 2001 : *Bull. civ. IV, n° 173 ; D. 2001. AJ. 3528, obs. Avena-Robardet* ; *RTD com. 2002. 135, obs. Cabrillac* ; *Petites affiches 4 déc. 2001, p. 10, note E. C ; RD banc. fin. 2002, n° 30, obs. Delleci.* ♦ Le délai de prescription d'un an, concernant l'action du porteur contre le tiré, laisse subsister l'action du tiré contre le tireur. • Paris, 9 nov. 1999 : *D. 2000. AJ. 68* ; *RTD com. 2000. 152, obs. crit. Cabrillac*. ♦ V. aussi note 8, *infra*, et note 21 ss. art. L. 131-35.

7. Recours contre les endosseurs. Sur les recours exercés contre les endosseurs qui se seraient injustement enrichis, V. • Com. 4 juill. 1961 : *JCP 1962. II. 12646, note Rives-Lange* • Versailles, 22 sept. 1982 : *RTD com. 1989. 259, obs. Cabrillac et Teyssié.*

B. AUTRES RECOURS

8. Rapports fondamentaux. Le porteur peut exercer contre le débiteur cambiaire, malgré la prescription, un recours fondé sur la créance fondamentale qui obéit à son propre régime juridique. • Com. 8 janv. 1958 : *Bull. civ. III, n° 15* • Paris, 16 juill. 1952 : *JCP 1952. II. 7325, note Motulsky* • Versailles, 24 avr. 1995 : *D. 1996. Somm. 35, obs. Cabrillac* ; *Rect. ibid. Somm. 88 ; Rev. huiss. 1995. 1206, note Hesbert.* – V. aussi • Versailles, 4 avr. 1996 : *Gaz. Pal. 1996. 2. somm. 492.* ♦ L'art. 52 [C. mon. fin., art. L. 131-59] ne s'applique pas au recours du tiré contre le porteur ; il en résulte que l'action du banquier tiré contre le banquier ayant présenté des chèques en chambres de compensation, et ayant refusé la restitution de ceux-ci, qu'il a portés au crédit du compte de son client, malgré leur rejet par le tiré, n'est pas atteinte par la prescription. • Com. 3 mai 2000 : *Bull. civ. IV, n° 91 ; D. 2000. AJ. 340, obs. Faddoul* ; *RD banc. fin. 2000, n° 181, obs. Crédot et Gérard ; RTD com. 2000. 988, obs. Cabrillac* . ♦ Le délai de prescription de l'art. 52 [C. mon. fin., art. L. 131-59] concernant l'action du porteur du chèque contre le tireur, laisse subsister l'action du tiré contre le tireur. • Paris, 9 nov. 1999 : *préc. note 6.*

9. Subrogation. Après la prescription des actions ouvertes sur le fondement du droit des chèques, une banque peut encore exercer l'action en recouvrement de la créance à l'égard de laquelle elle est subrogée après en avoir payé le montant au bénéficiaire qui l'a endossé à son ordre. • Com. 12 juill. 1993 : *Bull. civ. IV, n° 293 ; D. 1993. IR. 230 ; Banque nov. 1993. 100, obs. Guillot.* ♦ V. aussi note 8 ss. art. L. 131-67.

10. Actions en responsabilité. Les actions en responsabilité se prescrivent selon le droit commun, qu'il s'agisse de l'action exercée par le tireur contre le banquier qui a payé un chèque volé, apparemment irrégulier. • Rouen, 26 nov. 1976 : *D. 1978. IR. 339.* ♦ ... Ou de l'action contre le tiré fondée sur l'art. 1382 C. civ. • Riom, 4 juill. 1980 : *D. 1981. IR. 303, obs. Cabrillac.*

11. Valeur des chèques périmés. En ce sens qu'un chèque prescrit ne peut valoir comme reconnaissance de dette, mais seulement comme un simple commencement de preuve par écrit, même s'il porte, écrites de la main du tireur, les mentions requises d'une promesse de payer, V. • Com. 5 févr. 1991 : *Bull. civ. IV, n° 54 ; D. 1991. Somm. 217, obs. Cabrillac* • Paris, 12 mars 1993 : *préc. note 4.* – V. déjà • Civ. 1re, 8 juill. 1986 : *Bull. civ. I, n° 203 ; RTD com. 1987. 84, obs. Cabrillac et Teyssié.*

L. 131-60 **Les prescriptions en cas d'action exercée en justice ne courent que du jour de la dernière poursuite judiciaire. Elles ne s'appliquent pas s'il y a eu condamnation ou si la dette a été reconnue par acte séparé.**

L'interruption de la prescription n'a d'effet que contre celui à l'égard duquel l'acte interruptif a été fait.

Néanmoins, les prétendus débiteurs sont tenus, s'ils en sont requis, d'affirmer sous serment qu'ils ne sont plus redevables et leurs veuves, héritiers ou ayants cause, qu'ils estiment de bonne foi ne plus rien devoir. – *[Décr.-L. du 30 oct. 1935, art. 53].*

SECTION XI ***Protêt*** *(L. n° 2005-516 du 20 mai 2005, art. 16-IV).*

RÉP. COM. v° *Protêt*, par MASSOT-DURIN.

L. 131-61 **Le protêt doit être fait, par un notaire ou par un huissier, au domicile de celui sur qui le chèque était payable, ou à son dernier domicile connu. En cas de fausse indication de domicile, le protêt est précédé d'un acte de perquisition.** – *[Décr.-L. du 30 oct. 1935, art. 54].*

L. 131-62 L'acte de protêt contient la transcription littérale du chèque et des endossements, ainsi que la sommation de payer le montant du chèque. Il énonce la présence ou l'absence de celui qui doit payer, les motifs du refus de payer et l'impuissance ou le refus de signer et, en cas de paiement partiel, le montant de la somme qui a été payée.

Les notaires et huissiers sont tenus, à peine de dommages-intérêts, de faire, sous leur signature, mention sur le chèque du protêt avec sa date. – *[Décr.-L. du 30 oct. 1935, art. 55].*

L. 131-63 Nul acte de la part du porteur du chèque ne peut suppléer l'acte de protêt, hors le cas prévu par les articles L. 131-40 à L. 131-43 touchant la perte du chèque. – *[Décr.-L. du 30 oct. 1935, art. 56].*

L. 131-64 Les notaires et les huissiers sont tenus, à peine de destitution, dépens, dommages-intérêts envers les parties, de laisser copie exacte des protêts. Sous les mêmes sanctions, ils sont également tenus de remettre contre récépissé au greffier du tribunal de commerce ou du tribunal de grande instance statuant commercialement du domicile du débiteur, ou de lui adresser, par lettre recommandée avec demande d'avis de réception, deux copies exactes des protêts, dont l'une est destinée au parquet ; cette formalité doit être accomplie dans la quinzaine de l'acte. – *[Décr.-L. du 30 oct. 1935, art. 57].*

L. 131-65 Les dispositions des articles L. 511-56 à L. 511-61 du code de commerce sont applicables au protêt dressé faute de paiement d'un chèque. – *V. ces art., supra.*

L. 131-66 Aucune prorogation de délai, ni légale, ni judiciaire, n'est admise, sauf dans les cas prévus par l'article L. 511-61 du code de commerce. – *[Décr.-L. du 30 oct. 1935, art. 61].*

L. 131-67 La remise d'un chèque en paiement, acceptée par un créancier, n'entraîne pas novation. En conséquence, la créance originaire, avec toutes les garanties qui y sont attachées, subsiste jusqu'au paiement du chèque. – *[Décr.-L. du 30 oct. 1935, art. 62].*

BIBL. ▸ JUDE, *D. 2003. 675* (unité ou dualité du règlement par carte bancaire et par chèque ?).

A. REMISE DE CHÈQUE

1. Don manuel. **BIBL.** Arrighi, *D. 1980. Chron. 165.* – Peterka, *RD banc. fin. 2004. 298* (dons électroniques). ♦ Le don manuel d'une somme d'argent au moyen de la remise d'un chèque bancaire réalise la tradition par le désaisissement irrévocable du tireur au profit du bénéficiaire qui acquiert immédiatement la propriété de la provision, • Civ. 1re, 10 févr. 1993 : *Bull. civ. I, n° 65 ; D. 1994. Somm. 182, obs. Cabrillac* • 4 nov. 1981 : *Bull. civ. I, n° 327 ; RTD civ. 1982. 781, obs. Patarin ; Defrénois 1982. 1378, obs. Champenois.* ♦ Comp., en l'absence de provision, • Civ. 1re, 24 mai 1976 : *JCP 1978. II. 18806, note Gavalda* • Aix-en-Provence, 12 mars 1987 : *D. 1987. 167, note Beignier* • Orléans, 8 nov. 1978 : *RTD com. 1979. 286, obs. Cabrillac et Rives-Lange* • Pau, 3 mars 1981 : *JCP 1982. II. 19706, note Vivant ; RTD com. 1982. 570, obs. Cabrillac et Teyssié.* – *Contra :* • Com. 20 nov. 1985 : *Bull. civ. IV, n° 314 ; RTD com. 1986. 413, obs. Cabrillac et Teyssié.* ♦ En sens contraire, V. retenant que le don manuel d'une somme d'argent au moyen de la remise d'un chèque suppose, pour qu'il y ait dépouillement actuel et irrévocable de la part du donateur, l'existence d'une provision égale à son montant et une provision partiellement constituée étant insuffisante. • Civ. 1re, 5 févr. 2002 : *Bull. civ. I, n° 39 ; D. 2002. Somm. 2447, obs. Nicod ; ibid. 2003. Somm. 344, obs. Martin ; Banque et Droit mai-juin 2002. 48, obs. Bonneau ; Defrénois. 2003. 43, obs. Champenois ; JCP N 2003, n° 9, p. 361.* – V. aussi Boujeka, *D. 2003. 2712*. ♦ Si le don manuel peut être fait au moyen d'un chèque, encore faut-il que le donateur ait procédé à la remise matérielle de son vivant de ce chèque au bénéficiaire. • Civ. 1re, 3 avr. 2002 : *Bull. civ. I, n° 105 ; Banque et Droit juill-août 2002. 44, obs. Bonneau ; Defrénois 2003. 46, obs. Champenois ; RJDA 2003, n° 20.*

2. Testament. **BIBL.** Boujeka, *D. 2003. 2712* ♦ La remise d'un chèque ne peut constituer un testament au sens de l'art. 895 C. civ. • Civ. 1re, 5 févr. 2002 : *préc. note 1.*

2 bis. Remise dans un automate. Lorsqu'un automate répute par la délivrance d'un reçu qu'un chèque a été déposé, celui-ci doit être impérativement porté au crédit du compte client. Le fait de délivrer le reçu pour la somme déposée doit nécessairement témoigner de la matérialité mais aussi de la précision monétaire du dépôt. • T. com. Blois, 4 mars 2005 : *JCP E*

2005, n° 23, p. 958. ♦ La société cliente titulaire d'un reçu apporte la preuve de l'accomplissement de son acte ; la banque inverse la charge de la preuve en arguant péremptoirement que la preuve du dépôt ne résulterait pas de la délivrance du reçu. • Même arrêt.

B. DATE DU PAIEMENT

3. *Encaissement du chèque.* La remise d'un chèque ne vaut paiement que sous la condition de son encaissement. • Civ. 1re, 4 avr. 2001 : *Bull. civ. I, n° 102.* ♦ Dans le même sens, V. retenant que la remise d'un chèque par un débiteur à son créancier ne le libère pas immédiatement et ne réalise pas un paiement, qui ne sera effectué qu'au moment de l'encaissement du chèque. • Req. 21 mars 1932 : *DP 1933. 1. 65, note Sallé de La Marnierre* • Civ. 17 déc. 1924 : *S. 1925. 1. 19 ; JCP 1925. I. 71* • Paris, 4 nov. 1953 : *JCP 1953. II. 7881, note H. Cabrillac* • 11 mars 1994 : *RJDA 1994, n° 556.*

4. *Paiement des dettes fiscales et sociales.* S'agissant de dettes fiscales, le débiteur exécute son obligation dans les délais, s'il adresse un chèque ayant provision avant l'expiration de l'échéance, le cachet postal faisant foi. • CE 25 nov. 1968 : *JCP 1970. II. 16337.*

S'agissant de majorations de retard, le débiteur n'est réputé avoir acquitté sa dette qu'à la date à laquelle l'organisme d'assurances sociales a effectivement reçu le chèque et sous réserve qu'il soit honoré. • Soc. 17 mai 1972 : *D. 1973. 129, note Gavalda* • 3 mai 1984 : *Bull. civ. V, n° 171* • 26 oct. 1978 : *D. 1979. IR. 273* • 4 juill. 1983 : *Bull. civ. V, n° 386* • Versailles, 21 févr. 1983 : *RTD com. 1984. 307, obs. Cabrillac et Teyssié.*

5. *Autres dettes.* V., pour les primes d'assurance (date de remise du chèque), Durry, *JCP 1984. I. 3161* • Civ. 1re, 2 déc. 1968 : *JCP 1969. II. 15775, concl. Lindon, note Besson ; RTD com. 1969. 550.* ♦ ... Pour un contrat de bail, • Com. 27 févr. 1968 : *Bull. civ. IV, n° 84.* ♦ ... Pour des arrérages de rente viagère, • Paris, 13 févr. 1985 : *D. 1985. IR. 417, obs. Cabrillac.*

C. RECOURS

6. *Responsabilités diverses.* Sur la responsabilité d'un mandataire délivrant la marchandise avant encaissement, V. • Com. 21 juin 1954 : *D. 1955. 161, note Rodière ; RTD com. 1954. 700, obs. Hémard* • 10 juin 1963 : *Gaz. Pal. 1963. 2. 344.* ♦ Sur la levée d'une sûreté, V. • Lyon, 25 févr. 1982 : *D. 1983. IR. 43, obs. Cabrillac.* ♦ Sur les ventes par correspondance, V. H. Cabrillac, *JCP 1951. I. 931 et 1954. I. 1184 ;* Rodière, *D. 1952. Chron. 179 ;* Brunat, *Bull. transp. 1979. 262 ; ibid. 1987. 149.*

7. *Créance de provision.* Le créancier bénéficiaire d'un chèque n'est pas fondé à agir en paiement sur la base du rapport fondamental s'il n'a présenté préalablement le chèque au paiement qui lui a été refusé. • Req. 13 févr. 1934 : *Gaz. Pal. 1934. 1. 742.*

Le créancier conserve le droit de poursuivre l'exécution de l'obligation primitive par l'action du contrat, quand l'impossibilité du payement du chèque a eu pour cause directe, non une faute par lui commise, mais un fait imputable au débiteur endosseur du titre. • Req. 30 nov. 1938 : *DH 1939. 35* • Civ. 16 déc. 1931 : *DP 1932. 1. 38 et la note.*

Sur l'exception résultant de l'absence de cause du rapport fondamental, V. • Civ. 1re, 11 févr. 1997 : *Bull. civ. I, n° 45 ; D. 1997. Somm. 263, obs. Cabrillac ; D. Affaires 1997. 346.*

8. *Faute de la banque.* La faute commise par la banque en laissant se perdre les recours cambiaires n'a d'effet qu'envers le bénéficiaire du chèque et elle ne la prive pas, en conséquence, du droit d'exercer l'action en recouvrement de la créance contre le tireur. • Com. 12 juill. 1993 : *Bull. civ. IV, n° 293 ; D. 1993. IR. 230 ; Banque nov. 1993. 100, obs. Guillot.*

En cas de rejet, pour défaut de provision, d'un chèque endossé à son ordre, le retard d'une banque à faire dresser protêt et à aviser le client remettant de l'incident engage la responsabilité de celle-ci, mais le client remettant n'est recevable à mettre en œuvre une telle responsabilité que par une demande principale ou reconventionnelle en dommages-intérêts, à charge pour lui d'établir le lien de causalité entre la faute reprochée et le préjudice prétendu, et ne peut l'invoquer, en défense, pour prétendre la banque déchue de son droit au remboursement de l'avance consentie « sous réserve d'encaissement » sur le montant de l'effet. • Com. 30 janv. 1996 : *Bull. civ. IV, n° 27 ; D. 1996. 320, note Rives-Lange ; D. Affaires 1996. 323 ; Petites affiches 13 mai 1996, p. 10, note D. Martin ; RTD com. 1996. 302, obs. Cabrillac.* ♦ Écartant la responsabilité de la banque dès lors qu'il n'était pas établi que celle-ci aurait eu la possibilité d'aviser son client suffisamment tôt qu'un chèque remis à l'encaissement était revenu impayé pour éviter les trois dernières livraisons. V. • Com. 28 avr. 2004 : *RJDA 2004, n° 1152.* ♦ Retenant la responsabilité de la banque qui n'avait pas informé le bénéficiaire du chèque de l'incertitude qui pesait sur la provision de manière à permettre à son client de mettre en œuvre toutes mesures qu'il aurait jugé utiles à la défense de ses intérêts, V. • Paris, 1er oct. 2004 : *BRDA 2004, n° 23, p. 9.*

9. Répétition de l'indu. Le tireur d'un chèque payé par la banque peut exercer une action en répétition de l'indu s'il rapporte la preuve de son erreur et qu'aucune dette entre les deux parties ne justifiait le paiement d'un tel chèque. • Rouen, 18 août 1993 : *JCP 1994. IV. 381*, conf. par • Civ. 1re, 4 juill. 1995 : *Bull. civ. I, n° 294.*

10. Recours de droit commun : preuve. Lorsque la demande en paiement d'une somme figurant sur un chèque n'est pas fondée sur le droit cambiaire, il appartient à celui qui poursuit le paiement de prouver l'existence de l'obligation dont il réclame l'exécution. • Civ. 3e, 19 juin 2002 : *Bull. civ. III, n° 143 ; D. 2002. AJ. 2186, obs. Avena-Robardet ; Banque et Droit sept.-oct. 2002, p. 47, obs. Bonneau ; RTD com. 2002. 711, obs. Cabrillac ; RJDA 2002, n° 1348.* – Rappr. • Civ. 1re, 11 févr. 1997 : *préc. note 7* • Com. 3 juin 2003 : *D. 2003. AJ. 1836, obs. Avena-Robardet ; JCP E 2003, n° 32-35, p. 1310 ; Dr. et patr. déc. 2003. 96, obs. Chauvel ; RJDA 2003, n° 1166.*

L. 131-68 **Indépendamment des formalités prescrites pour l'exercice de l'action en garantie, le porteur d'un chèque protesté peut, en obtenant la permission du juge, saisir conservatoirement les effets mobiliers des endosseurs.** – *[Décr.-L. du 30 oct. 1935, art. 63].*

L'autorisation judiciaire préalable à la pratique d'une mesure conservatoire (saisie-conservatoire ou sûreté judiciaire) sur les biens du débiteur, exigée par la loi n° 91-650 du 9 juill. 1991, n'est pas nécessaire en cas de défaut de paiement d'un chèque (V. L. n° 91-650 du 9 juill. 1991, art. 67 s., applicables à compter du 1er janv. 1993. – ***C. pr. civ.****).*

SECTION XII *Incidents de paiement et sanctions* (*L. n° 2005-516 du 20 mai 2005, art. 16-IV*).

L. 131-69 **Le tireur qui émet un chèque ne portant pas l'indication du lieu de l'émission ou sans date, celui qui revêt un chèque d'une fausse date, celui qui tire un chèque sur une personne autre qu'un banquier, est passible d'une amende maximale de 6 % de la somme pour laquelle le chèque est tiré, sans que cette amende puisse être inférieure à 0,75 €.** – *[Décr.-L. du 30 oct. 1935, art. 64].*

Nullité du chèque. V. art. L. 131-3.

L. 131-70 **Tout banquier qui délivre à son créancier des formules de chèques en blanc, payables à sa caisse, doit, sous peine d'une amende de 7,50 € par infraction, mentionner sur chaque formule le nom de la personne à laquelle cette formule est délivrée.**

Tout banquier qui, ayant provision et en l'absence de toute opposition, refuse de payer un chèque régulièrement assigné sur ses caisses est tenu responsable du dommage résultant, pour le tireur, tant de l'inexécution de son ordre que de l'atteinte portée à son crédit. – *[Décr.-L. du 30 oct. 1935, art. 65].*

1. Chèque de dépannage. Sur les chèques dits *omnibus*, V. art. 1840 M-3 CGI – **CGI**.

2. Paiement du chèque à concurrence de la provision. Le banquier tiré ne peut, au seul prétexte que le montant cumulé des chèques créés et présentés à l'encaissement excède celui de la provision disponible inscrite au compte du tireur, bloquer celle-ci sans droit ni titre. • Paris, 10 janv. 1997 : *D. 1997. IR. 43.* ♦ S'il n'a pas à instaurer un ordre qui serait arbitraire entre les porteurs de chèque, lettres de change ou billets échus, il lui appartient de payer, dans les limites de la provision et jusqu'à épuisement de celle-ci, les effets au fur et à mesure des présentations et dans l'ordre chronologique de celles-ci. • Même arrêt. ♦ Le porteur d'un chèque dont le montant est supérieur à la provision disponible est en droit d'en exiger le paiement jusqu'à concurrence de cette provision. • Même arrêt. ♦ Sur la responsabilité à l'égard du porteur, V. aussi note 2 ss. art. L. 131-37.

3. Responsabilité du tiré à l'égard d'un tiers au rapport cambiaire. Une banque tirée, condamnée à des dommages-intérêts au profit d'une société étrangère qui a acheté des chèques émis en faveur de ses fournisseurs français par une banque tireur, chèques rejetés par négligence lors de leur présentation, ne peut opposer à ce tiers au rapport cambiaire les dispositions de l'art. 65, al. 2 [C. mon. fin., art. L. 131-70, al. 2], lesquelles ne peuvent être invoquées par le banquier qu'à l'égard du tireur. • Com. 5 nov. 1980 : *D. 1981. IR. 303, obs. Cabrillac.*

4. Responsabilité du tiré à l'égard du ti-

reur. Le banquier qui refuse le paiement d'un chèque approvisionné engage sa responsabilité à l'égard du tireur. • Grenoble, 7 juill. 1976 : *D. 1976. 489, note Derrida ; RTD com. 1976. 770, obs. Cabrillac et Rives-Lange* • T. com. Lyon, 16 août 1957 : *Banque 1958. 107 ; RTD com. 1959. 128, obs. Becqué et Cabrillac* • Paris, 12 avr. 1996 : *Gaz. Pal. 1996. 2. Somm. 483, obs. Vray* (refus de payer motivé par la clôture d'un compte courant, alors que le tireur en avait ouvert un autre).

5. Faute pénale du tiré. Sur le délit du banquier, V. art. L. 163-10 (1).

6. Faute délictuelle du tiré. Sur la faute de nature délictuelle, telle la rupture abusive de facilités de caisse consenties au tireur par le banquier, V. • Com. 26 avr. 1984 : *Bull. civ. IV, n° 133 ; D. 1985. IR. 31, obs. Cabrillac ; RTD com. 1985. 126, obs. Cabrillac et Teyssié* • 15 juill. 1992 : *RJDA 1992, n° 1160.* ♦ V. aussi note 2 ss. art. L. 313-1.

L. 131-71 Tout banquier peut, par décision motivée, refuser de délivrer au titulaire d'un compte les formules de chèques autres que celles qui sont remises pour un retrait de fonds par le tireur auprès du tiré ou pour une certification. Il peut, à tout moment, demander la restitution des formules antérieurement délivrées. Cette restitution doit être demandée lors de la clôture du compte.

Lorsqu'il en est délivré, les formules de chèques sont mises gratuitement à la disposition du titulaire du compte.

Il peut être délivré des formules de chèques barrées d'avance et rendues, par une mention expresse du banquier, non transmissibles par voie d'endossement, sauf au profit d'un établissement de crédit ou d'un établissement assimilé. L'administration des impôts peut obtenir à tout moment, sur sa demande, communication de l'identité des personnes auxquelles sont délivrées des formules ne répondant pas à ces caractéristiques ainsi que le numéro de ces formules.

Les formules de chèques mentionnent le numéro de téléphone de la succursale ou agence bancaire auprès de laquelle le chèque est payable.

Elles mentionnent également l'adresse du titulaire du compte. — *[Décr.-L. du 30 oct. 1935, art. 65-1, al. 1er, 2, 3 (1re et 2e phrases), 4 et 5]. — V. infra, art. R. 131-44, R. 131-50 et R. 312-2.*

Sur la normalisation des formules de chèques libellés en euros, V. Arr. 5 nov. 1998 (JO 14 nov.).

BIBL. ▶ GAVALDA, *D. 1979. Chron. 189* (chèque prébarré et non endossable).

A. REFUS DE DÉLIVRANCE

1. Motivation du refus de délivrance. L'art. L. 131-71 qui permet à la banque, par décision motivée, de refuser de délivrer à son client un carnet de chèques, n'impose pas un écrit préalable lorsque aucune demande écrite n'a été formulée. • Paris, 4 mars 2003 : *RJDA 2003, n° 768.* ♦ Une banque peut régulièrement donner, postérieurement à son refus, un motif en réponse à la demande écrite de son client, l'obligation de motiver le refus ayant pour objet de permettre au client d'en contester le bien-fondé et à la juridiction saisie d'en contrôler la pertinence. • Même arrêt. ♦ Antérieurement à la loi du 30 déc. 1991, le banquier avait le pouvoir discrétionnaire de refuser la délivrance d'un chéquier à un client. • Paris, 21 févr. 1977 : *D. 1977. 657* • 26 sept. 1985 : *D. 1987. Somm. 69.* ♦ Comp., désormais : art. L. 131-71, al. 1er. ♦ V. cependant, jugeant qu'une banque n'est pas tenue de délivrer des chéquiers à son client, • Paris, 18 sept. 2001 : *D. 2003. Somm. 337, obs. Synvet*. ♦ La clause d'une convention type de compte courant subordonnant la délivrance d'un chéquier à l'agrément de la banque sans préciser que sa décision doit être motivée est de nature à induire le client en erreur sur ses droits et est abusive. • TGI Paris, 9 nov. 2005 : *cité note 6 bis ss. art. R. 132-2 C. consom., infra, v° Ventes commerciales.* ♦ Mais il ne saurait être exigé de la banque qu'elle dresse la liste de tous les cas où elle est en droit de refuser la délivrance d'un chéquier, le client restant libre de contester en justice le motif de refus, qui doit figurer dans la décision, s'il le juge abusif. • Même jugement.

2. Absence de renouvellement des formules de chèque. En ce sens que l'absence de renouvellement des formules de chèques n'est pas constitutive d'une rupture de crédit, V. note 7 ss. art. L. 313-12.

Reconnaissant à une banque la possibilité de ne pas délivrer de nouveaux instruments de paiement à un titulaire manifestement négligent, V. • TGI Paris, 12 mars 1999 : *Banque et Droit mars-avr. 2000. 55, obs. Guillot.* ♦ Contestant au contraire le refus fondé sur le débit antérieur du compte alors que la banque avait toléré des découverts et que le solde du compte était constamment créditeur depuis quatre mois, V. • Paris, 4 mars 2003 : *préc. note 1.*

B. DÉLIVRANCE FAUTIVE

3. Pli d'envoi. Sur la responsabilité pour faute de la banque qui a adressé au titulaire du compte un chéquier par courrier ordinaire, V. • Com. 28 févr. 1989 : *Bull. civ. IV, n° 70.* – V. cependant, • Com. 4 mars 1980 : *ibid. IV, n° 110 ; RTD com. 1980. 577, obs. Cabrillac et Rives-Lange ; Rev. dr. bancaire 1987. 53, obs. Crédot et Gérard* • 10 déc. 2003 : *cité note 25 ss. art. L. 131-38.*

4. Délivrance d'un chéquier à un tiers non habilité. Le banquier qui délivre un chéquier à un tiers non habilité par le titulaire du compte commet une faute susceptible d'engager sa responsabilité. • TGI Nîmes, 20 mars 1973 : *RTD com. 1973. 607* • Paris, 17 oct. 1931 : *Gaz. Pal. 1932. 1. 21.* ♦ Sur la délivrance de chéquiers à une société en formation, V. note 4 ss. art. R. 312-2, *infra.*

5. Chèque sans provision. Un banquier est responsable de la délivrance de chèques alors qu'il ne pouvait ignorer qu'ils seraient émis sans provision. • Com. 18 juin 1985 : *D. 1986. IR. 47 ; RTD com. 1986. 270, obs. Cabrillac et Teyssié* • 8 oct. 1985 : *ibid. 1986. 270, obs. Cabrillac et Teyssié ; Gaz. Pal. 1986. 2. 438, note Bouloc* • Pau, 11 mai 1987 : *RTD com. 1988. 95, obs. Cabrillac et Teyssié.* – V. cependant, • Com. 15 janv. 1980 : *ibid. 1980. 123, obs. Cabrillac et Rives-Lange.* ♦ Sa responsabilité est engagée à l'égard du porteur mais pas du tireur. • Paris, 26 sept. 1985 : *D. 1987. Somm. 70, obs. Cabrillac.*

C. CHÈQUES BARRÉS

6. Encaissement. Un chèque portant la mention de sa transmissibilité au seul profit d'une banque, d'une caisse d'épargne ou d'un établissement assimilé ne peut être encaissé par celui-ci qu'en vue de la remise de son montant au bénéficiaire du chèque, sauf le cas où cet établissement l'a reçu en paiement d'une somme due à lui-même, ni le bénéficiaire du chèque, ni son mandataire ne peut ordonner que son montant soit directement remis à un tiers. • Com. 7 oct. 1997 : *Bull. civ. IV, n° 244 ; D. Affaires 1997. 1287 ; RD bancaire et bourse 1997. 234, obs. Crédot et Gérard ; RTD com. 1998. 182, obs. Cabrillac* • 23 oct. 2001 : *RD banc. fin. 2002, n° 2, obs. Crédot et Gérard* • Civ. 1re, 18 sept. 2002 : *Bull. civ. I, n° 201 ; D. 2002. AJ. 3011 ; RD banc. fin. 2002, n° 223, obs. Crédot et Gérard ; Banque et Droit janv.-févr. 2003. 58, obs. Bonneau ; RTD com. 2003. 141, obs. Cabrillac ; RJDA 2003, n° 59.*

7. Endos irrégulier. Sur la faute de la banque ayant payé, bien qu'ils fussent revêtus d'endos au profit de tiers n'ayant pas la qualité de banques, les chèques litigieux, mentionnant qu'ils étaient non endossables dans de telles conditions, V. • Com. 26 nov. 1996 : *Bull. civ. IV, n° 283 ; D. 1997. IR. 9.*

L. 131-72 Des formules de chèques autres que celles qui sont remises pour un retrait de fonds par le tireur auprès du tiré ou pour une certification ne peuvent, sous réserve des dispositions de l'article L. 131-78 et dans les conditions prévues par cet article, être délivrées au titulaire d'un compte ou à son mandataire à compter d'un incident de paiement relevé au nom du titulaire du compte pour défaut de provision suffisante lorsque celui-ci n'a pas exécuté les obligations prévues par les deuxième à sixième alinéas de l'article L. 131-73.

Les dispositions du présent article doivent être observées par le banquier qui a refusé le paiement d'un chèque pour défaut de provision suffisante et par tout banquier qui a été informé de l'incident de paiement, notamment par la Banque de France, en application de l'article L. 131-85. – *[Décr.-L. du 30 oct. 1935, art. 65-2].*

1. Représentant d'une société. Antérieurement à la loi du 30 déc. 1991, il avait été jugé que le gérant d'une SARL qui a tiré des chèques sans provision sur le compte de la société est personnellement frappé d'une interdiction. • Crim. 8 févr. 1982 : *D. 1982. 412, note Gavalda ; Rev. sociétés 1982. 554, note Bouloc* • 9 oct. 1989 : *Bull. crim. n° 343 ; D. 1990. Somm. 120, obs. Cabrillac ; Rev. sociétés 1990. 279, note Bouloc.* – *Contra* : • Nancy, 16 nov. 1979 : *D. 1980. 278, note Gavalda.* ♦ Comp., désormais : art. L. 131-80.

2. Cotitulaires. Le cotitulaire n'est pas soumis à l'interdiction, dès lors qu'il a dénoncé son engagement avant une émission fautive par un autre cotitulaire. • Paris, 19 oct. 1989 : *JCP E 1989. I. 19200 ; RTD com. 1990. 66, obs. Cabrillac et Teyssié.*

L. 131-73 Sous réserve des dispositions de l'article L. 312-1 relatives au droit au compte et aux services bancaires de base, le banquier tiré *(L. n° 2001-1168 du 11 déc. 2001)* « peut, après avoir informé par tout moyen approprié mis à disposition par lui le titulaire du compte des conséquences du défaut de provision, refuser le paiement d'un chèque pour défaut de provision suffisante. Il » doit enjoindre au titulaire du compte de restituer à tous les banquiers dont il est le client les formules en sa possession et en celle de ses mandataires et de ne plus émettre des chèques autres que ceux qui permettent exclusivement le retrait de fonds par le tireur auprès du tiré ou ceux qui sont certifiés. Le banquier tiré en informe dans le même temps les mandataires de son client.

Toutefois, le titulaire du compte recouvre la possibilité d'émettre des chèques lorsqu'il justifie avoir, à la suite de cette injonction adressée après un incident de paiement :

1. Réglé le montant du chèque impayé ou constitué une provision suffisante et disponible destinée à son règlement par les soins du tiré ;

2. Payé une pénalité libératoire dans les conditions et sous les réserves fixées par les articles L. 131-75 à L. 131-77.

Un certificat de non-paiement est délivré à la demande du porteur, au terme d'un délai de trente jours, à compter de la première présentation d'un chèque impayé dans le cas où celui-ci n'a pas été payé lors de sa seconde présentation ou si une provision n'a pas été constituée, pour en permettre le paiement dans ce même délai. Ce certificat est délivré par le tiré lorsque au-delà du délai de trente jours une nouvelle présentation s'avère infructueuse.

La notification effective ou, à défaut, la signification du certificat de non-paiement au tireur par ministère d'huissier vaut commandement de payer. *(L. n° 2001-1168 du 11 déc. 2001)* « Lorsque le montant du chèque rejeté est inférieur à 50 €, les frais perçus par le tiré ne peuvent excéder un montant fixé par décret. » — *La notification ou la signification au tireur du certificat de non-paiement valant commandement de payer doit, lorsqu'elle est faite en vue de procéder à une mesure d'exécution forcée, comporter les mentions requises par le décret n° 92-755 du 31 juill. 1992 pour la mesure envisagée (art. 298 dudit décret). — V. ce décret au* ***C. pr. civ.*** *— V. sur le plafonnement des frais bancaires, infra, art. D. 131-25.*

L'huissier de justice qui n'a pas reçu justification du paiement du montant du chèque et des frais dans un délai de quinze jours à compter de la réception de la notification ou de la signification délivre, sans autre acte de procédure ni frais, un titre exécutoire. En tout état de cause, les frais de toute nature qu'occasionne le rejet d'un chèque sans provision sont à la charge du tireur. — *[Décr.-L. du 30 oct. 1935, art. 65-3 ; L. n° 84-46 du 24 janv. 1984, art. 58, al. 7 (partie)]. — V. infra, art. R. 131-11 s. et R. 131-46 s.*

L'effacement d'une créance, dans le cadre de la procédure relative au surendettement des particuliers, en application de l'art. L. 332-1 ou de l'art. L. 332-2 C. consom., vaut régularisation de l'incident de paiement au sens de l'art. L. 131-73 (C. consom., art. L. 332-4, issu de la L. n° 98-657 du 29 juill. 1998, art. 93 et 96 (JO 31 juill.).

Sur les incidences du redressement ou de la liquidation judiciaires du débiteur sur la régularisation des incidents de paiement, V. C. com., art. L. 626-13, L. 631-12 et L. 643-12.

BIBL. ▸ Cabrillac et Teyssié, *RTD com. 1986. 268.* - Crédot, *Petites affiches 21 févr. 1986.* - Gavalda, *JCP E 1986. I. 15560.* - Maubru, *D. 1977. Chron. 279.* - Vasseur, *JCP 1992. I. 3562* (le chèque sans provision en France, 1865-1992). - Casal, *Dr. et procédures 2002. 212* (recouvrement des chèques impayés : une histoire tourmentée). - Youego, *RD banc. fin. sept.-oct. 2005. 41* (régularisation de l'incident d'émission du chèque sans provision).

A. DÉFAUT DE PROVISION

1. Notion de provision. V. notes 1 s. ss. art. L. 131-5, note 2 ss. art. L. 131-37 et note 4 ss. art. L. 131-70. – Pour la jurisprudence rendue à propos de l'ancienne infraction d'émission de chèque sans provision, V. jurisprudence ss. l'ancien art. 66 du Décr.-L. du 30 oct. 1935. – **C. com.**, édition 1991-92.

2. Découverts habituels. Les paiements de chèques effectués par une banque selon des découverts habituels ne pouvant être assimilés à des incidents de paiement au sens de l'art. 63-3 [C. mon. fin., art. L. 131-73], encourt la cassation l'ordonnance de référé qui, pour condamner une banque à verser au porteur d'un chèque rejeté pour absence de provision, un montant correspondant à cette provision, retient que malgré le découvert que présentait le compte du tireur à une période antérieure à l'émission du titre, celle-ci n'avait entrepris aucune diligence pour récupérer les formules de chèques, alors qu'il ne résulte pas de ces motifs qu'antérieurement au rejet du chèque litigieux, un précédent incident de paiement ait justifié une demande de restitution des chéquiers. • Com. 26 janv. 1999 : *RJDA 1999, n° 463*. – V. aussi note 2 ss. art. R. 131-15, *infra*. ♦ Il ne saurait être reproché à une banque d'avoir rejeté des chèques dès lors que l'entreprise ne disposait pas sur son compte d'une provision suffisante et disponible et que les dépassements antérieurement constatés sur le compte, couverts à bref délai par l'entreprise, ne constituaient qu'une simple tolérance de la banque. • Pau, 16 févr. 2004 : *RD banc. fin. 2004, n° 194, obs. Crédot et Gérard ; Banque et Droit juill.-août 2005. 72, obs. Guillot.*

3. Paiement d'un chèque sans provision. Il ne résulte d'aucun texte ni d'aucun principe qu'une banque engage sa responsabilité à l'égard des tiers en payant un chèque émis sans provision. • Amiens, 12 sept. 2002 : *RD banc. fin. 2003, n° 100, obs. Crédot et Gérard ; Banque et Droit janv.-févr. 2004. 64, obs. Guillot.*

3 bis. Obligation d'information. En toute circonstance, et quelle que soit la connaissance éventuelle par le client de l'insuffisance de provision du chèque qu'il se propose d'émettre et de ses conséquences juridiques, le banquier doit se conformer aux dispositions de l'art. L. 131-73 lui imposant, avant le rejet d'un chèque, d'adresser à son client un avertissement précis à son sujet. • Com. 14 mars 2006 : *D. 2006. AJ. 979, obs. Avena-Robardet ; JCP E 2006, n° 17, p. 765.* ♦ Ne satisfait pas à l'obligation d'information l'établissement de crédit qui adresse à son client une lettre l'informant que la position de son compte dépassait les limites de son autorisation de découvert, qu'à titre tout à fait exceptionnel un chèque dépourvu de provision avait été réglé mais que tout nouvel incident de paiement entraînerait une interdiction bancaire et l'invitant à régulariser sa situation, dès lors qu'une telle lettre se borne à délivrer une information générale sur les conséquences du défaut de provision sans adresser aucun avertissement précis au sujet des chèques litigieux. • Com. 31 mai 2005 : *Bull. civ. IV, n° 119 ; D. 2005. AJ. 1693, obs. Delpech ; RTD com. 2005. 813, obs. Cabrillac ; JCP E 2005, n° 36, p. 1412, note Krimmer ; RD banc. fin. 2005, n° 121, obs. Crédot et Gérard ; Banque et Droit sept.-oct. 2005. 68, obs. Bonneau ; RJDA 2005, n° 1145.*

4. Délai d'injonction. Les dispositions de l'art. 65-3, al. 1er [C. mon. fin., art. L. 131-73, al. 1er], ne prévoyant pas de délai, impliquent nécessairement que la lettre d'injonction doit être adressée au titulaire du compte dès que le chèque a été protesté faute de provision. • Crim. 19 mai 1980 : *D. 1980. 513, note Gavalda*, cassant • Colmar, 14 févr. 1978 : *D. 1979. 59, note Cabrillac ; RTD com. 1980. 513, obs. Bouzat ; ibid. 1981. 113, obs. Cabrillac et Rives-Lange.* ♦ Sur l'incidence d'une grève postale, V. • TGI Créteil, 15 févr. 1984 : *Banque 1984. 491.*

5. Responsabilité du banquier envers le titulaire du compte. Le banquier tiré en omettant d'adresser la lettre d'injonction à son client frappé d'interdiction commet une faute engageant sa responsabilité à l'égard de celui-ci. • Paris, 26 sept. 1985 : *D. 1985. IR. 70, obs. Cabrillac.* ♦ Le banquier qui laisse fonctionner en débit, pendant plus de dix-huit mois, un compte de dépôt et omet de se conformer aux dispositions de l'art. 65-3 [C. mon. fin., art. L. 131-73], alors qu'il lui appartient d'arrêter le compte au jour du prélèvement mettant le compte en position débitrice, commet une double faute entraînant l'annulation des opérations enregistrées sur ce compte, seul le solde débiteur antérieur à ces prélèvements restant à la charge du client. • Reims, 14 nov. 1996 : *JCP 1998. IV. 1877.* ♦ Sur la nullité de la lettre, V. • Paris, 19 juill. 1982 : *D. 1983. IR. 42, obs. Cabrillac.*

6. Responsabilité du banquier envers le remettant. Sur la responsabilité du banquier qui informe tardivement un client, qui lui a remis un chèque pour encaissement, du retour de ce titre pour défaut de provision, V., déclarant opposables à la banque des clauses figurant sur les bordereaux de remise de chèque, • Com. 21 janv. 1997 : *D. 1997. Somm. 263, obs. Cabrillac ; Quot. jur. 18 mars 1997, p. 2 ; RJDA 1997, n° 679.*

6 bis. Rejet de chèque de complaisance. Si un établissement de crédit suspecte son client de procéder à un circuit d'effets de complaisance constituant un comportement gravement répréhensible, il n'est pas tenu de lui accorder un délai avant de rejeter de nouveaux chèques litigieux, peu important l'ancienneté de ce type d'opération. • Com. 8 mars 2005 : *Bull. civ. IV, n° 45 ; D. 2005. AJ. 950, obs. Avena-Robardet ; RTD com. 2005. 571, obs. Cabrillac ; JCP E 2005, n° 18-19, p. 771 ; RD banc. fin. 2005, n° 79, obs. Crédot ; Banque et Droit sept.-oct. 2005. 70, obs. Bonneau ; RJDA 2005, n° 757.* ♦ Pour un exemple de procédé de « cavalerie », V. • Com. 4 nov. 1977 : *D. 1979. IR. 1, obs. Derrida.*

7. Remboursement d'avances et répétition de l'indu. Indépendamment de tout recours fondé sur le droit du chèque, la banque a le droit de se faire rembourser, par le bénéficiaire de chèques qui se sont révélés ensuite sans provision, le montant des avances qu'elle lui avait accordées lors de leur remise par lui en vue de leur encaissement. • Com. 30 janv. 1996 : *Bull. civ. IV, n° 27 ; D. 1996. 320, note Rives-Lange ; D. Affaires 1996. 323 ; Petites affiches 13 mai 1996, p. 10, note D. Martin ; RTD com. 1996. 302, obs. Cabrillac* ♦ Pour un autre arrêt ouvrant l'action en répétition de l'indu à la banque, V. • Com. 21 mai 1996 : *Rev. dr. bancaire 1996. 190, obs. Crédot et Gérard.*

B. RÉGULARISATION

V. notes ss. art. L. 131-75. ♦ V. aussi art. L. 626-13, L. 631-12 et L. 643-12 C. com., *supra*.

8. Procédure collective. Une procédure collective ne peut en aucun cas valoir régularisation des incidents au sens de l'art. L. 131-73 • Com. 28 mai 2002 : *Procédures 2002, n° 188, obs. Laporte ; Banque et Droit nov.-déc. 2002. 52, obs. Bonneau ; ibid. nov.-déc. 2003. 60, obs. Guillot ; RD banc. fin. 2002, n° 170, obs. Crédot et Gérard.*

9. Responsabilité du banquier. Sur la responsabilité de la banque qui n'a pas avisé la Banque de France de la régularisation dans le délai imparti, V. la note ss. art. R. 131-31, *infra*.

10. Remboursement des frais. Il ne résulte d'aucune disposition de la loi qu'une banque ait l'obligation, lors de la seconde présentation d'un chèque sans provision, de payer, outre le montant du chèque, les frais de recouvrement et des intérêts de retard, l'art. 65-3 [C. mon. fin., art. L. 131-73] ne prévoyant la délivrance d'un certificat de non-paiement qu'en cas de non-paiement du montant du chèque. • Com. 21 oct. 1997 : *Bull. civ. IV, n° 269 ; D. 1999. Somm. 148, obs. Cabrillac ; D. Affaires 1997. 1424 ; RD bancaire et bourse 1997. 233, obs. Crédot et Gérard ; RTD com. 1998. 182, obs. Cabrillac*. – V. aussi, sur la portée de cet arrêt après la réforme résultant de la loi n° 98-657 du 29 juill. 1998, relative à la lutte contre les exclusions, Cabrillac, *RTD com. 1998. 897*. ♦ D'autre part, l'art. 45 [C. mon. fin., art. L. 131-52] s'applique dans le cadre du recours exercé par le porteur du chèque, donc en cas de non-paiement à la deuxième présentation et, si rien n'interdit au porteur du chèque de requérir à l'intervention d'un huissier de justice, ou d'ailleurs d'un autre mandataire avant la phase contentieuse du recouvrement, la loi ne prévoit cependant l'intervention de l'huissier de justice, en tant que tel, qu'après la seconde présentation et la remise par la banque, sans frais, du certificat de non-paiement : • Même arrêt. ♦ Dès lors, l'établissement de crédit tiré n'est tenu de payer, si la provision existe et sous réserve d'instructions spéciales du tireur, que le montant du chèque, et les intérêts et frais ne peuvent faire l'objet d'un recouvrement forcé que dans le cadre du recours que le porteur peut exercer. • Même arrêt. – V. aussi : Rép. min. n° 6549 : *JOAN Q, 4 mai 1998, p. 2549*. – V. note 3 ss. art. L. 131-19.

C. CERTIFICAT DE NON-PAIEMENT

BIBL. Zénati, *RTD civ. 1986. 454.*

11. Irrégularité de l'attestation de non-paiement. Est nulle et de nul effet la signification d'un certificat de non-paiement, lui-même dépourvu de toute efficacité cambiaire, et le commandement de payer inséré dans cette signification visant les termes de l'art. 65-3 [C. mon. fin., art. L. 131-73], dès lors que l'attestation de non-paiement délivrée par la banque n'a pas été établie dans les conditions prescrites par l'art. 65-3 et ne vise pas les règles expressément édictées par ce texte. • Paris, 21 nov. 1995 : *D. Affaires 1996. 151.*

12. Titre exécutoire. Le délai de vingt [quinze] jours pour justifier du paiement du chèque et des frais avant délivrance d'un titre exécutoire par l'huissier de justice, ne constitue pas un délai pour agir et aucune forclusion n'est prévue par la loi. • Paris, 17 mai 1990 : *D. 1991. Somm. 217, obs. Cabrillac*. ♦ En ce sens qu'il résulte de l'art. L. 131-73 C. mon. fin. et de l'art. 298 du Décr. du 31 juill. 1992, que lorsqu'un titre exécutoire est établi pour constater qu'il n'y a pas eu régularisation d'un chèque impayé, il n'y a pas à le signifier, le débiteur ayant laissé le chèque impayé étant suffisamment averti de l'exécution qui va être entreprise contre lui. • Paris, 5 juill. 2001 : *D. 2001. AJ. 2821*

13. Débiteur autre que l'émetteur du chèque. Sur la valeur du certificat de non-paiement à l'égard du débiteur de l'obligation qui n'est pas l'émetteur du chèque sans provision, V. • Civ. 1re, 18 oct. 2005 : *Bull. civ. I, n° 368 ; D. 2005. AJ. 3011, obs. Delpech ; JCP E 2005, n° 47, p. 1982 ; RD banc. fin. 2006, n° 53, obs. Crédot et Samin ; Banque et Droit janv.-févr. 2006. 57, obs. Bonneau ; RJDA 2006, n° 576.*

L. 131-74 **Tout versement effectué par le tireur sur le compte duquel a été émis le chèque impayé est affecté en priorité à la constitution d'une provision pour paiement intégral de celui-ci.** – *[L. n° 84-46 du 24 janv. 1984, art. 58, dernière phrase].*

L. 131-75 *(L. n° 2001-1168 du 11 déc. 2001)* **La pénalité libératoire que le titulaire du compte doit verser pour recouvrer la faculté d'émettre des chèques est calculée sur la fraction non provisionnée du chèque. Elle est fixée à 22 € par tranche de 150 € ou fraction de tranche non provisionnée, et ramenée à 5 € lorque la fraction non provisionnée du chèque est inférieure à 50 €.**

Toutefois, cette pénalité n'est pas due lorsque le titulaire du compte ou son mandataire n'a pas émis un autre chèque rejeté pour défaut de provision dans les douze mois qui précèdent l'incident de paiement et qu'il justifie, dans un délai de deux mois à compter de l'injonction prévue par l'article L. 131-73, avoir réglé le montant du chèque ou constitué une provision suffisante et disponible destinée à son règlement par les soins du tiré.

Les dispositions de l'alinéa précédent s'appliquent à l'ensemble des chèques émis sur un même compte et rejetés pour défaut de provision suffisante au cours du délai de deux mois prévu au même alinéa.

Lorsque le délai prévu au deuxième alinéa expire un jour non ouvré, il est prolongé jusqu'au premier jour ouvré suivant.

Les dispositions du présent article sont applicables en Nouvelle-Calédonie, en Polynésie française, dans les îles Wallis-et-Futuna et à Mayotte (L. n° 2001-1168 du 11 déc. 2001, art. 15-III).

A titre transitoire et jusqu'au 31 déc. 2001, la pénalité libératoire est fixée à 150 F par tranche de 1 000 F ou fraction de tranche non provisionnée, et ramenée à 34 F lorsque la fraction non provisionnée du chèque est inférieure à 340 F (L. n° 2001-1168 du 11 déc. 2001, art. 15-IV).

BIBL. ▸ PANSIER et CHARBONNEAU, *Petites affiches 17 déc. 2001, p. 11.* – DONDERO, *ibid. 18 janv. 2002, p. 10.* – BONNEAU, *Banque et Droit janv.-févr. 2002. 44.*

1. Délai de justification du règlement. Le titulaire du compte qui a bien procédé au règlement des chèques sans provision, mais n'en a pas justifié à son banquier dans le délai d'un mois à compter de l'injonction, ne peut prétendre à l'exonération de la pénalité libératoire. • Paris, 9 avr. 1993 : *Banque 1993. 110, obs. Guillot ; RTD com. 1993. 546, obs. Cabrillac et Teyssié.* ♦ Comp. jugeant que si dans le délai d'un mois à compter de l'injonction du tiré, le tireur a payé directement le chèque au bénéficiaire, l'amende forfaitaire n'est pas due, quand bien même il n'aurait pas remis le chèque au tiré dans ledit délai : • TGI Paris, réf., 29 nov. 2000 : *D. 2001. 848, note Cabrillac.*

2. Calcul de la pénalité libératoire. La pénalité libératoire doit être calculée sur la seule fraction impayée du chèque émis sans provision. • Versailles, 12 janv. 1996 : *D. 1996. IR. 69.* – *Contra :* • Paris, 22 mai 1997 : *D. Affaires 1997. 833 ; JCP E 1997. Pan. 860, obs. Bouteiller ; RTD com. 1997. 486, obs. Cabrillac.* ♦ Solution confirmée par l'art. L. 131-75, dans sa rédaction issue de la loi n° 2001-1168 du 11 déc. 2001.

3. Contestation sur pénalité. Jugeant que le tireur qui conteste l'existence de la pénalité forfaitaire que lui réclame le tiré peut s'adresser au Trésor public qui est le « défendeur nécessaire », V. • TGI Paris, réf., 29 nov. 2000 : *préc. note 1.*

L. 131-76 **Le montant de la pénalité libératoire prévue à l'article L. 131-75 est porté au double lorsque le titulaire du compte ou son mandataire a déjà procédé à trois régularisations lui ayant permis de recouvrer la faculté d'émettre des chèques en application des articles L. 131-73 et L. 131-75 au cours des douze mois qui précèdent l'incident de paiement.** – *[Décr.-L. du 30 oct. 1935, art. 65-3-2].*

L. 131-77 **Les pénalités libératoires prévues par les articles L. 131-75 et L. 131-76 sont versées au Trésor public dans les conditions prévues par décret en Conseil d'État.** – *[Décr.-L. du 30 oct. 1935, art. 65-3-3].* – *V. infra, art. R. 131-16 s.*

L. 131-78 **Le titulaire d'un compte auquel a été notifiée une injonction de ne plus émettre des chèques recouvre cette faculté dès lors qu'il a procédé à la régularisation dans les conditions prévues aux articles L. 131-73, L. 131-75 à L. 131-77. S'il n'a pas procédé à cette régularisation, il ne recouvre la faculté d'émettre des chèques qu'à l'issue d'un délai de** *(L. n° 2001-420 du 15 mai 2001)* **« cinq ans » qui court à compter de l'injonction.** – *[Décr.-L. du 30 oct. 1935, art. 65-3-4].*

Les dispositions introduites par la loi n° 2001-420 du 15 mai 2001 s'appliquent aux interdictions d'émissions de chèques en cours (L. 2001-420 du 15 mai 2001, art. 23-II ; JO 16 mai). Elles sont applicables en Nouvelle-Calédonie, en Polynésie française, dans les îles Wallis-et-Futuna ainsi qu'à Mayotte (L. n° 2001-1168 du 11 déc. 2001, art. 27-IV).

L. 131-79 Les contestations relatives à l'interdiction d'émettre des chèques et aux pénalités libératoires fixées par les articles L. 131-75 et L. 131-76 sont déférées à la juridiction civile.

L'action en justice devant la juridiction civile n'a pas d'effet suspensif. Toutefois, la juridiction saisie peut, même en référé, ordonner la suspension de l'interdiction d'émettre des chèques en cas de contestation sérieuse. – *[Décr.-L. du 30 oct. 1935, art. 65-3-5].*

Sur la suspension des effets de l'interdiction d'émettre des chèques en cas d'ouverture d'une procédure de redressement judiciaire, V. C. com., art. L. 626-13.

1. Contestation sérieuse. Jugé que lorsqu'une action tendant à engager la responsabilité de la banque pour son refus d'honorer le chèque litigieux est pendante devant le tribunal de commerce, le juge des référés civils ne peut apprécier le sérieux de la contestation. • TGI Paris, réf., 2 oct. 1992 : *RJ com. 1992. 335, note Grua ; RTD com. 1993. 138, obs. Cabrillac et Teyssié* .

2. Chèque de garantie. Dès lors que le tireur soutient que le chèque dont il réclame la restitution n'était pas destiné à constituer un instrument de paiement car il l'avait seulement remis à titre de caution, il reconnaît avoir accepté de se situer en dehors des dispositions légales relatives au chèque ; il s'ensuit qu'il ne peut invoquer les dispositions de l'art. 65-3-5 [C. mon. fin., art. L. 131-78] pour obtenir la suspension de l'interdiction d'émettre des chèques qui lui a été faite. • TGI Paris, réf., 17 août 1994 : *BICC 1994, n° 1108.*

3. Chèque sans cause. La demande de mainlevée ou de suspension de l'interdiction d'émettre des chèques par l'auteur d'un chèque sans provision au motif que le chèque émis est sans cause et n'aurait pas été présenté à l'encaissement ne peut être jugée que lorsque la juridiction du fond, saisie, jugera que le chèque émis est totalement sans cause alors qu'il a été librement émis par son auteur. • TGI Clermont-Ferrand, réf., 26 mars 1996 : *Gaz. Pal. 1997. 2. Somm. 337, obs. Vray.*

4. Convention EDH. Ne justifie pas la suspension de l'interdiction d'émettre des chèques la demande fondée sur l'incompatibilité des pénalités libératoires fixées par la réglementation avec l'art. 6 de la Conv. EDH. • Aix-en-Provence, 19 févr. 2001 : *Banque et Droit mars-avr. 2002. 63, obs. Guillot.*

L. 131-80 Lorsque l'incident de paiement est le fait de l'un quelconque des titulaires d'un compte collectif, avec ou sans solidarité, les dispositions des articles L. 131-72 et L. 131-73 sont de plein droit applicables à celui des titulaires qui aura été désigné à cet effet d'un commun accord, tant en ce qui concerne ce compte qu'en ce qui concerne les autres comptes dont il pourrait être individuellement titulaire. Elles sont aussi applicables aux autres titulaires en ce qui concerne ce compte.

Si, lors du rejet d'un chèque pour défaut de provision suffisante, le tiré constate qu'aucun titulaire du compte n'est désigné dans les conditions définies à l'alinéa précédent, les dispositions des articles L. 131-72 et L. 131-73 sont de plein droit applicables à tous les titulaires du compte en ce qui concerne ce compte et les autres comptes dont ils pourraient être individuellement titulaires. – *[Décr.-L. du 30 oct. 1935, art. 65-4].*

Représentant d'une société et cotitulaires. V. notes ss. art. L. 131-72.

L. 131-81 I. – Le tiré doit payer, nonobstant l'absence, l'insuffisance ou l'indisponibilité de la provision, tout chèque ;

1. Émis au moyen d'une formule dont il n'a pas obtenu la restitution dans les conditions prévues à l'article L. 131-73, sauf s'il justifie qu'il a mis en œuvre les diligences prévues par cet article ;

2. Émis au moyen d'une formule qu'il a délivrée en violation des dispositions de l'article L. 131-72 et du troisième alinéa de l'article L. 163-6, ou au moyen d'une for-

mule qu'il a délivrée à un nouveau client alors que celui-ci faisait l'objet d'une condamnation sur le fondement du deuxième alinéa de l'article L. 163-6 ou d'une interdiction émise en application du premier alinéa de l'article L. 131-73 et dont le nom figurait pour ces motifs sur le fichier de la Banque de France centralisant les incidents de paiement de chèques.

II. — Le tiré qui refuse le paiement d'un chèque émis au moyen de l'une des formules mentionnées au I est solidairement tenu de payer, outre une somme égale au montant du chèque, les dommages-intérêts accordés au porteur en raison du non-paiement. Lorsqu'il a refusé le paiement d'un chèque, le tiré doit être en mesure de justifier qu'il a satisfait aux prescriptions légales et réglementaires relatives à l'ouverture du compte et à la délivrance des formules de chèques ainsi qu'aux obligations légales et réglementaires résultant des incidents de paiement, notamment en ce qui concerne l'injonction d'avoir à restituer les formules de chèques. — *[Décr.-L. du 30 oct. 1935, art. 73].*

BIBL. ▸ MEMMI, *Gaz. Pal. 1992. 2. Doctr. 697* (nouvelles diligences du banquier face au client interdit de chéquiers).

1. Bénéficiaire de la garantie [Jurisprudence antérieure à la loi du 30 déc. 1991]. L'obligation faite au banquier par l'art. 73 [C. mon. fin., art. L. 131-81] de payer le chèque tiré sur une formule qu'il aurait dû retirer à son client conformément à l'art. 65-2 [C. mon. fin., art. L. 131-72], ou qu'il a délivré à celui-ci sans consultation préalable de la Banque de France, après incident de paiement déclaré à celle-ci, ne profite qu'au porteur du chèque et non au tireur, lequel est lui-même en faute lorsqu'il a émis un chèque sans s'assurer au préalable que son compte disposait d'une provision suffisante. • Paris, 26 sept. 1985 : *D. 1987. Somm. 70, obs. Cabrillac.*

Le client interdit de chèque, mais continuant à bénéficier de formules remises par erreur par la banque, ne peut donc reprocher à celle-ci d'avoir refusé de payer les chèques émis sur ces formules et non provisionnés. • Même arrêt.

2. Responsabilité du tiré. Ayant constaté qu'il n'était pas contesté que, lors de l'ouverture du compte, la société, tireur, créée dix jours auparavant, n'avait fait l'objet ni d'une interdiction bancaire ni d'incidents de paiement, un cour d'appel a fait une exact application des art. L. 131-81 et 30 du Décr. n° 92-456 du 22 mai 1992 [C. mon. fin., art. R. 131-44, *infra*] en rejetant l'action du porteur en responsabilité de la banque tirée. • Com. 12 juill. 2004 : *Bull. civ. IV, n° 151 ; D. 2004. AJ. 2372 ; JCP E 2004, n° 40, p. 1515 ; RTD com. 2004. 791, obs. Cabrillac ; RD banc. fin. 2005, n° 1, obs. Crédot et Gérard ; Banque et Droit janv.-févr. 2005. 65, obs. Bonneau ; Gaz Pal. 2005. Somm. 2047, obs. S. Piedelièvre ; RJDA 2005, n° 184.*

3. Injonction de restitution. Ayant relevé que, si la banque ne produit pas le double de la lettre d'injonction, elle produit un accusé de réception visant le numéro de chèque qui en est l'objet, et constatant par ailleurs que l'existence de ce document est corroborée par les frais de commission prélevés sur le compte, relatifs à la lettre d'injonction, un cour d'appel, en l'état de ces constatations, relevant de son appréciation souveraine, peut en déduire que la banque avait effectué toutes les diligences qui lui incombaient quant à l'interdiction d'émettre des chèques et l'obligation corollaire d'avoir à remettre les formules de chèque. • Com. 12 juill. 2004 : *préc. note 2.*

L. 131-82 Le tiré doit payer, nonobstant l'absence, l'insuffisance ou l'indisponibilité de provision, tout chèque établi sur une formule délivrée par lui d'un montant égal ou inférieur à *(L. n° 2001-1276 du 28 déc. 2001)* « 15 €, le titulaire du compte et le tiré étant en ce cas réputés légalement avoir conclu lors de la délivrance de la formule une convention portant ouverture de crédit irrévocable.

L'obligation du tiré résultant des dispositions du présent article n'est pas soumise à la prescription de l'article L. 131-59 ; elle prend fin un mois après la date d'émission du chèque. Elle ne s'impose pas au tiré si celui-ci ne doit ou ne peut payer un chèque pour tout motif autre que l'absence ou l'insuffisance de provision.

Les dispositions du présent article sont d'ordre public. — *[Décr.-L. du 30 oct. 1935, art. 73-1]. — V. infra, art. R. 131-11 s.*

Pour l'absence de revalorisation du seuil de garantie prévu à l'art. L. 131-82 à l'occasion du passage à l'euro, V. Rép. min. n° 62063 : *JOAN Q, 5 nov. 2001, p. 6318.*

L. 131-83 Le tiré qui a payé un chèque en dépit de l'absence, de l'insuffisance ou de l'indisponibilité de la provision est, sauf dans le cas prévu au premier alinéa du II de l'article L. 131-81, subrogé dans les droits du porteur à concurrence de la somme dont il a fait l'avance ; il peut, à cet effet, faire constater l'absence ou l'insuffisance de la provision disponible par acte dressé en la forme du protêt.

Il peut, à défaut de prélèvement d'office sur le compte et sans préjudice de toute autre voie de droit, faire une mise en demeure par huissier de justice au titulaire du compte d'avoir à payer la somme qui lui est due en application de l'alinéa précédent. – *[Décr.-L. du 30 oct. 1935, art. 73-2, al. 1er et 2].*

L. 131-84 Le tiré qui a refusé le paiement d'un chèque pour défaut de provision suffisante ou qui a clôturé un compte sur lequel des formules de chèque ont été délivrées ou qui a enregistré une opposition pour perte ou vol de chèques ou de formules de chèque en avise la Banque de France. – *[Décr.-L. du 30 oct. 1935, art. 73-3]. – V. infra, art. R. 131-26 s. et R. 131-34 s.*

Sur la responsabilité de l'établissement de crédit pour déclaration abusive d'incident de paiement, V. • Com. 3 oct. 1995 : *Rev. huiss. 1995. 299, note Hesbert.*

L. 131-85 La Banque de France informe les établissements et les personnes sur lesquels peuvent être tirés des chèques ainsi que, sur sa demande, le procureur de la République, des incidents de paiement de chèque, des interdictions prononcées en application de l'article L. 163-6 et des levées d'interdiction d'émettre des chèques.

Seule la Banque de France assure la centralisation des informations prévues à l'alinéa précédent.

Pour l'application du premier alinéa, la Banque de France reçoit de l'administration des impôts les informations détenues par celle-ci en application de l'article 1649 A du code général des impôts, qui permettent d'identifier l'ensemble des comptes ouverts par les personnes physiques ou morales mentionnées à l'article L. 131-72 et au deuxième alinéa de l'article L. 163-6 et sur lesquels peuvent être tirés des chèques. Elle lui fournit, aux seules fins poursuivies par *(L. nº 2005-516 du 20 mai 2005, art. 16-IV)* « le présent chapitre », les renseignements permettant d'identifier les titulaires de ces comptes.

Elle communique également au procureur de la République les renseignements concernant les infractions réprimées par les troisième et quatrième alinéas de l'article L. 163-2 et par les premier et deuxième alinéas de l'article L. 163-7.

Les dispositions de l'article L. 163-11 ne font pas obstacle à ce que les établissements de crédit utilisent ces informations comme élément d'appréciation avant d'accorder un financement ou une ouverture de crédit. – *[Décr.-L. du 30 oct. 1935, art. 74, al. 1er à 4 et al. 6]. – V. infra, art. R. 131-38 s.*

L. 131-86 La Banque de France assure l'information de toute personne qui, lors de la remise d'un chèque pour le paiement d'un bien ou d'un service, souhaite vérifier la régularité, au regard *(L. nº 2005-516 du 20 mai 2005, art. 16-IV)* « du présent chapitre », de l'émission de celui-ci. L'origine de ces demandes d'information donne lieu à enregistrement. – *[Décr.-L. du 30 oct. 1935, art. 74-1, al. 1er]. – V. infra, art. R. 131-5 s. et R. 163-2.*

Sur la responsabilité de la Banque de France, V. note ss. art. L. 144-3.

L. 131-87 Les mesures d'application *(L. nº 2005-516 du 20 mai 2005, art. 16-IV)* « du présent chapitre » sont, en tant que de besoin, déterminées par décret en Conseil d'État. Ce décret fixe notamment les modalités selon lesquelles l'injonction est portée à la connaissance du titulaire du compte et précise également ses droits et obligations ainsi que les conditions dans lesquelles il peut régulariser sa situation. Il détermine également les conditions dans lesquelles la Banque de France assure les obligations qui

lui incombent en application des articles L. 131-85 et L. 131-86. – *[L. n° 91-1382 du 30 déc. 1991, art. 24].*

CHAPITRE II *La carte de paiement*

RÉP. COM. v° *Carte de paiement*, par GIBIRILA.

BIBL. GÉN. ▸ BUYLE, *Rev. dr. bancaire 1988. 15.* – CRÉDOT et BOUTEILLER, *Dr. et patr. avr. 1995. 32.* – CRÉDOT, *Banque oct. 1995. 36* (le « contrat porteur » et la loi). – DAVERAS, *Gaz. Pal. 1984. 2. Doctr. 484.* – DIDIER, *JCP 1986. I. 3229.* – DOUVEGHEANT, *Banque 1977. 150.* – GERMAIN, *ibid. 1969. 743.* – JEANDIDIER, *JCP 1986. I. 3229.* – LIABERT, *Banque 1969. 755.* – LUCAS DE LEYSSAC, *JCP E 1986, n° spéc., Entretiens de Nanterre ; Rev. dr. bancaire 1991. 2.* – MARTIN, *D. 1987. Chron. 51.* – NICOLAS, *Banque et Droit 1989. 204.* – VASSEUR, *Banque 1982. 557.* – VIVANT, *Petites affiches 15 sept. 1986.* – NICOLEAU, *ibid. 6 mai 1994.* – VAN GOETHEM-DEVOLUET, *ibid. 15 août 1994* (télépaiement). – ESPAGNON, *JCP 1999. I. 131* (paiement d'une somme d'argent sur internet). – Dossier « Les cartes bancaires », *Banque oct. 1995. 19.* – ARNAUD-FARAUT, *JCP E 1999, n° 12, p. 523* (prix et moyens de paiement en euro). – BOUTEILLER, *Banque et Droit mars-avr. 2000. 28* (relations juridiques entre banques et porteurs de cartes). – MUNOZ, *Petites affiches 28 août 2000, p. 3* (interrogations sur le paiement électronique). – LUCAS DE LEYSSAC et LACAZE, *JCP 2001. I. 302* (paiement en ligne). ▸ Réforme du 30 déc. 1991 : D. MARTIN, *D. 1992. Chron. 277.* ▸ Réforme du 15 nov. 2001 : LEPLAT, *Petites affiches 24 janv. 2002, p. 4.* – BLANCHOT, *Gaz. Pal. 23-24 janv. 2002, p. 4.* – LIKILLIMBA, *Banque et Droit janv.-févr. 2002. 19.* – BONNEAU, *ibid. 44.* – BICHOT, *RGDA 2002. 625* (vers la fin des assurances en inclusion des cartes bancaires ?). – JUDE, *D. 2003. 2675* (unité ou dualité du règlement par carte bancaire et par chèque ?). – DJOUDI et LOISEAU, *RD banc. fin. 2004. 292* (l'état du paiement en ligne). – LECLERCQ et KHALIL, *Comm. com. élec. 2004. Chron. 40* (confiance dans les moyens de paiement en ligne ?). – LASSERRE-CAPDEVILLE, *Banque et Droit mai-juin 2005. 26* (répression de la fraude à la carte bancaire). – DJOUDI, *RD banc. fin. juill.-août 2005. 51* (règlement des risques de transfert de fond) ; *Gaz. Pal. 2005. Doctr. 805* (l'internet ou le défi au paiement sécurisé). – ROCHET, *RLC 2006, n° 7, p. 96* (analyse économique de la concurrence dans les réseaux de cartes de paiement).

L. 132-1 Constitue une carte de paiement toute carte émise par un établissement de crédit ou par une institution ou un service mentionné à l'article L. 518-1 et permettant à son titulaire de retirer ou de transférer des fonds.

Constitue une carte de retrait toute carte émise par un établissement, une institution ou un service mentionné au premier alinéa et permettant, à son titulaire, exclusivement de retirer des fonds. – *[Décr.-L. du 30 oct. 1935, art. 57-1].*

Sur la carte d'achat en matière d'exécution des marchés publics, V. Décr. n° 2004-1144 du 26 oct. 2004 (JO 29 oct.).

A. DÉLIVRANCE DE LA CARTE

1. Refus de délivrance. Une banque ne commet pas de faute en refusant de délivrer une carte de crédit à son client à qui elle avait retiré une autorisation de découvert, ce client ayant fait l'objet d'une mesure d'interdiction bancaire à la suite d'incidents de paiement dans d'autres banques. • Paris, 9 sept. 1998 : *RD bancaire et bourse 1998. 227, obs. Crédot et Gérard.*

2. Capacité. La délivrance d'une carte à un majeur en curatelle ne peut être valablement décidée sans l'assistance du curateur. • Civ. 1re, 21 nov. 1984 : *D. 1985. 297, note Lucas de Leyssac ; RTD com. 1985. 544, obs. Cabrillac et Teyssié ; Gaz. Pal. 1985. 2. 473, note Massip ; JCP 1986. I. 3265, n° 151, chron. Gavalda et Stoufflet.*

3. Conclusion et modification du « contrat carte de crédit ». Le seul fait que le titulaire d'un compte n'ait pas protesté à la réception des cartes de crédit ou des mises en demeure formulées par la banque ne suffit pas à établir qu'il a entendu contracter avec la banque pour obtenir des cartes de crédit supplémentaires, dès lors qu'aucun acte positif n'est venu manifester son intention. • Rouen, 12 mai 1993 : *JCP 1994. IV. 1972.*

Sur le caractère non abusif des clauses permettant des modifications unilatérales, V. note 10 ss. art. R. 132-2 C. consom., *infra*, v° *Ventes commerciales* (Dispositions générales, ss. l'art. L. 132-1 C. consom.).

4. Retrait de la carte. Sur l'exercice du droit de retrait par l'établissement de crédit et les conventions ou stipulations réglementant ce droit, V. • Com. 26 mai 2004 : *RD banc. fin. 2004, n° 155, obs. Crédot et Gérard.*

5. Envoi de la carte. Ne commet pas de faute

la banque qui, en l'absence d'instructions contraires de son client, adresse une carte par voie postale ordinaire, le code secret ayant été envoyé séparément, V. • TI Nice, 17 févr. 1998 : *JCP E 1999, n° 17, p. 765, obs. Gavalda et Stoufflet.*

6. Découvert bancaire tacite – Carte accréditive. Considérant que la mise à disposition d'une carte accréditive à débit différé n'est pas une opération de crédit soumise au C. consom., V. • Paris, 20 oct. 2000 : *D. 2001. AJ. 229, obs. crit. Delpech* ✐. ♦ Sur l'application des règles protectrices des consommateurs, V. note 2 ss. art. L. 311-2 C. consom., *infra*, v° *Ventes commerciales, V. Crédit (ventes à).* ♦ Sur l'obligation par l'Amex de vérifier le caractère anormal ou inhabituel des dépenses du titulaire d'une carte *American express*, V. *supra*, art. L. 132-2 C. mon. fin., note 7.

B. TITULAIRE DE LA CARTE

7. Compte joint. Lorsqu'une carte est délivrée à l'un des titulaires d'un compte joint, celui-ci, en l'absence de solidarité stipulée entre les titulaires du compte, est seul tenu du remboursement des sommes dues à l'organisme émetteur. • TGI Bayonne, 5 févr. 1986 : *D. 1987. Somm. 300, obs. Vasseur ; Petites affiches 15 sept. 1986, obs. Sousi-Roubi.*

8. Carte « de société ». Au cas de délivrance d'une carte destinée à faciliter le règlement de frais de déplacement des salariés d'une personne morale, il doit être tenu compte de la stipulation par laquelle le titulaire comme l'utilisateur de la carte sont liés de manière solidaire et indivisible, à raison de son utilisation régulière. • Civ. 1re, 24 févr. 1987 : *D. 1987. Somm. 300, obs. Vasseur* • Versailles, 22 janv. 1987 : *ibid.* • Civ. 1re, 22 mai 1991 : *Bull. civ. I, n° 162 ; D. 1991. IR. 168.* – Comp. : • Civ. 1re, 22 mars 1983 : *D. 1984. IR. 90, obs. Vasseur.* ♦ V. aussi • Dijon, 13 sept. 1995 : *JCP 1996. IV. 171.* ♦ Sur les effets de la solidarité de l'utilisateur et du titulaire en cas de redressement judiciaire de ce dernier, V. note 7 ss. art. L. 621-46 ancien C. com., *supra*.

9. Procuration. Le mandat de faire fonctionner un compte chèques ne permet pas au banquier de délivrer une carte de crédit au mandataire sans que le titulaire du compte en soit avisé. • Versailles, 30 juin 1989 : *RTD com. 1990. 238, obs. Cabrillac et Teyssié* ✐.

C. DYSFONCTIONNEMENTS DE LA CARTE

10. Absence de cause apparente du dysfonctionnement. Dès lors que le dysfonctionnement n'a aucune cause apparente, il ne peut être reproché au titulaire de la carte une manipulation abusive ou aberrante. • Paris, 11 mai 2001 : *RTD com. 2001. 962, obs. Cabrillac* ✐. ♦ Il appartient au banquier d'attirer l'attention de son client sur le risque de démagnétisation de la carte et de lui proposer une protection appropriée, tel un étui. • Même arrêt.

11. Responsabilité de l'émetteur. Engage sa responsabilité la banque qui délivre à son client une carte de paiement international ne permettant pas les retraits d'argent à l'étranger. • Paris, 11 mai 2001 : *Contrats Conc. Consom. 2002, n° 66, obs. Raymond.*

L. 132-2 **L'ordre ou l'engagement de payer donné au moyen d'une carte de paiement est irrévocable.**

(L. n° 2001-1062 du 15 nov. 2001) **« Il ne peut être fait opposition au paiement qu'en cas de perte, de vol ou d'utilisation frauduleuse de la carte ou des données liées à son utilisation, de redressement ou de liquidation judiciaires du bénéficiaire. »** – *[Décr.-L. du 30 oct. 1935, art. 57-2].*

Sur la possibilité de payer par carte de paiement ou de crédit dans le cadre des dispositions prohibant le règlement en espèces au-delà d'un certain montant, V. art. L. 112-6 s.

Sur la centralisation des incidents de paiement, V. art. L. 313-6 s.

Sur le caractère d'opération de banque de la gestion des cartes de paiement, V. art. L. 311-1, L. 311-3 et L. 511-1.

V. Recommandation n° 94-02 de la Commission des clauses abusives relative aux contrats porteurs des cartes de paiement assorties ou non d'un crédit (BOCC 27 sept. 1994).

V. Recommandation de la Comm. CEE du 8 déc. 1987, portant sur un code européen de bonne conduite en matière de paiement électronique (JOCE n° L 365 du 24 déc. 1987). – ... du 17 nov. 1988, concernant les systèmes de paiement et en particulier les relations entre titulaires et émetteurs de cartes (JOCE n° L 317 du 24 nov. 1988). – V. Sousi-Roubi, Rev. dr. bancaire 1989. 87.

Sur la sécurité des cartes de paiements, V. Avis n° 11 du Conseil national de la consommation (BOCC 23 mai 2001).

Sur le porte-monnaie électronique Moneo, V. Avis n° 03-A-17 du Conseil de la concurrence (D. 2003. AJ. 2635). – *Sur la monnaie électronique, V. note et bibliographie ss. art. L. 311-3.*

I. OPÉRATIONS RÉALISÉES PAR CARTE

A. PAIEMENT PAR CARTE

BIBL. Alterman, *Petites affiches 29 mai 1996, p. 11* (cartes bancaires et preuve).

1. Nature du paiement. Le paiement par carte bancaire s'analyse comme un paiement au comptant, au même titre que le paiement en espèces ou par chèque : Rép. min. n° 2260 : *JOAN Q, 3 nov. 1997, p. 3828 ; D. Affaires 1998. 27.*

1° ORDRE DE PAIEMENT

2. Signature électronique. Sur l'assimilation conventionnelle de la composition d'un code confidentiel à un ordre de paiement, V. • Civ. 1re, 8 nov. 1989 : *Bull. civ. I, n° 342 ; D. 1990. 369, note Gavalda,* et *Somm. 327, obs. Huet ; D. 1991. Somm. 38, obs. Vasseur ; JCP 1990. II. 21576, note Virassamy ; RTD com. 1990. 78, obs. Cabrillac et Teyssié* ; • Montpellier, 9 avr. 1987 : *JCP 1988. II. 20984, note Boizard ; RTD com. 1989. 269, obs. Cabrillac et Teyssié ; RTD civ. 1988. 758, obs. Mestre.*

3. Ordre de paiement par communication du numéro de carte. Dès lors qu'il est établi que le titulaire d'une carte bancaire a passé commande verbalement et a accepté de procéder au règlement de la transaction au moyen de sa carte bancaire dont il a communiqué le numéro, l'absence de facture signée par le titulaire de la carte ou l'absence de communication du code confidentiel importe peu. • Paris, 8 juin 1999 : *D. Affaires 1999. 1287, obs. X. D ; RTD com. 1999. 939, obs. Cabrillac.* ♦ En signant le formulaire carte bancaire et en utilisant celle-ci, le titulaire a renoncé implicitement mais nécessairement au système de preuve légale institué par l'art. 1341 C. civ. selon lequel une obligation portant sur un montant supérieur à 5 000 F doit être prouvé par écrit. • Même arrêt. ♦ Sur la portée de la communication du numéro de carte bancaire en vue de la réservation d'une prestation, V. • Civ. 1re, 19 oct. 1999 : *Bull. civ. I, n° 285 ; D. 2000. Somm. 337, obs. Thullier ; JCP E 1999, n° 47, p. 1845, obs. Bouteiller ; Contrats Conc. Consom. 2000, n° 1, obs. Leveneur ; RTD civ. 2000. 116, obs. Mestre et Fages ; RTD com. 2000. 159, obs Cabrillac.* – Rappr. note 29.

4. Irrévocabilité de l'ordre de paiement. L'apposition de la signature du titulaire de la carte sur l'ordre de paiement confère à celui-ci un caractère irrévocable et abstrait ; le donneur d'ordre doit rembourser les factures réglées par l'émetteur sans pouvoir lui opposer aucune exception tirée du rapport fondamental qui a donné lieu au paiement. • Paris, 12 mai 1995 : *Rev. dr. bancaire 1995. 217, obs. Crédot et Gérard.* ♦ Sur l'irrévocabilité de l'ordre de paiement pour une commande passée à distance avec indication sur la commande du numéro de carte par le porteur en cas de contestation tardive et d'absence de justification de l'annulation de la commande, V. • Paris, 8 juin 1999 : *Banque et Droit sept.-oct. 2000. 54, obs. Guillot.*

Pour un arrêt ayant jugé, dans une hypothèse autre que le vol ou la perte de la carte bancaire, que le banquier, n'ayant pas à se faire juge de la validité de l'opposition qui emporte révocation immédiate du mandat de payer qui lui est confié par le titulaire du compte, commet une faute s'il procède au paiement malgré cette opposition et qu'il appartient au bénéficiaire de la faire lever en justice s'il l'estime injustifiée, V. • Orléans, 2 févr. 1994 : *D. 1998. 37, note Lucas de Leyssac.* ♦ Pour une appréciation de l'obligation pour l'émetteur de payer les paiements faits par la carte, V. • Versailles, 26 juin 2003 : *RJDA 2004, n° 614.* ♦ L'engagement de payer étant irrévocable, l'opposition pour motif « marchandise défectueuse » n'est donc pas valable. • T. com. Versailles, 17 déc. 2003 : *Banque et Droit sept.-oct. 2005. 75, obs. Guillot.*

5. Paiement d'une dette de jeu. Ne donne pas de base légale à sa décision, au regard de l'art. 1965 C. civ., la cour d'appel qui pour déclarer irrecevable la demande en paiement formée contre un client par une société exploitant un casino, s'attache exclusivement au mode de paiement de la dette, à savoir une carte de crédit, sans rechercher dans quelles conditions et à quelles fins elle avait été contractée. • Civ. 1re, 3 déc. 1996 : *Bull. civ. I, n° 432 ; D. Affaires 1997. 129 ; Contrats Conc. Consom. 1997, n° 43, note Leveneur.* ♦ Lorsque l'achat de plaques ou jetons est réalisé par le joueur au moyen d'une carte de crédit, il lui appartient, s'il entend invoquer contre le casino agissant en paiement contre lui l'exception de dette de jeu, d'établir que le casino, en acceptant en paiement les bordereaux de carte de crédit savait ou ne pouvait ignorer que le compte bancaire sur lequel interviendrait leur paiement différé était sans provision ou qu'il le serait à coup sûr, eu égard à l'importance et à l'accumulation des ventes successives, observation étant faite que le paiement des plaques ou jetons par « carte bleue » n'a pas pour effet d'instituer une opération de crédit et de donner à cette opération, à lui seul, les caractères d'un prêt ou d'une avance. • Bordeaux, 2 juin 1998 : *BICC 1999, n° 72.* ♦ Pour la jurisprudence relative aux « chèques de casino », V. notes 5 à 8 ss. art. L. 131-25.

2° VÉRIFICATIONS À OPÉRER

6. *Vérifications incombant à l'émetteur de la carte.* Il appartient à la banque, en toutes circonstances, d'effectuer toutes vérifications du code ou de la signature de l'utilisateur de la carte bleue avant de valider la transaction. • Versailles, 24 oct. 2001 : *Banque et Droit nov.-déc. 2002. 57, obs. Guillot.* ♦ L'émetteur qui paye une facture en l'absence de signature du titulaire ou qui n'en vérifie pas la régularité après opposition au paiement, engage sa responsabilité au cas d'irrégularité. • Paris, 16 oct. 1984 : *D. 1985. IR. 343, obs. Vasseur.* ♦ Comp., jugeant que l'établissement de crédit ne saurait se voir reprocher un quelconque défaut de vérification des signatures apocryphes, cette diligence incombant au Groupement des cartes bancaires : • Paris, 17 déc. 1992 : *Rev. huiss. 1993. 665, note Hesbert.* ♦ Sur la responsabilité du GIE émetteur, V. aussi • Com. 3 mai 1988 : *Bull. civ. IV, n° 143 ; D. 1989. Somm. 330, obs. Vasseur ; RTD com. 1988. 661, obs. Cabrillac et Teyssié.* – Comp. : notes 10 et 16. ♦ Sur la valeur probante de la facture, V. Lucas de Leyssac, *JCP E 1986, n° spéc., Entretiens de Nanterre* ; Van-Goethem-Devoluet, *Petites affiches 15 août 1994.* ♦ Sur les conséquences de l'absence de production par la banque de la facturette signée par le client sur la régularité de l'opération de paiement par carte bancaire, V. • Paris, 21 mai 2002 : *Banque et Droit mars-avr. 2004. 63, obs. Guillot.*

7. *Vérification des dépenses.* Le fait que les conditions générales d'utilisation des cartes *Américan express* réservant à l'Amex le droit de refuser l'autorisation de paiement si la dépense prescrite a un caractère anormal où inhabituel constituent une simple faculté et non une obligation dont le non-respect serait susceptible d'engager la société de crédit et qu'il ressort des conditions générales d'utilisation de la carte qu'elle n'est assortie d'aucun plafond préétabli de dépense, ne doit pas empêcher de rechercher si l'Amex n'avait pas commis une faute en ne vérifiant pas si les dépenses litigieuses, en l'absence de plafond, ne présentaient à l'examen du compte carte un caractère anormal ou inhabituel. • Com. 1er juill. 2003 : *Bull. civ. IV, n° 111 ; D. 2003. AJ. 2374, obs. Avena-Robardet ; JCP E 2003, n° 48, p. 1917, note Bernheim-Desvaux ; RD banc. fin. 2003, n° 217, obs. Crédot et Gérard ; RTD com. 2003. 795, obs. Legeais ; RJDA 2004, n° 91.* ♦ V. aussi, jugeant que la stipulation d'un plafond des achats autorisés ne signifie nullement que les paiements doivent être exécutés jusqu'à ce montant maximum, si le débit a pour effet de rendre le compte débiteur au-delà du découvert autorisé : • Com. 13 mars 2001 : *cité note 13.*

8. *Vérifications incombant au commerçant.* Si la convention-cadre le prévoit, le commerçant est en faute s'il ne recueille pas sur la facturette émise la signature de son client et n'en vérifie pas la conformité avec celle figurant sur la carte délivrée. • TI Mâcon, 8 nov. 1990 : *Rev. dr. bancaire 1991. 61, obs. Crédot et Gérard.* ♦ Dès lors que la signature apposée sur un ticket de caisse est totalement différente de celle figurant sur la carte de crédit, les juges peuvent estimer, en cas d'utilisation frauduleuse de la carte, que le commerçant, en s'abstenant de vérifier la conformité des signatures, commet une faute justifiant le partage de responsabilité avec le titulaire de la carte. • Civ. 1re, 14 juin 1988 : *Bull. civ. I, n° 189 ; D. 1989. Somm. 330, obs. Vasseur ; RTD com. 1988. 660, obs. Cabrillac et Teyssié.* ♦ V. aussi, sur la responsabilité du commerçant n'ayant pas utilisé l'imprimante manuelle (« fer à repasser »), • Lyon, 16 mai 1997 : *JCP E 1997. Pan. 1116.* ♦ Si les conditions particulières de fonctionnement du système de paiement par carte au moyen d'une imprimante manuelle précisent que le commerçant doit obtenir au moment de l'établissement de la facturette l'autorisation du centre d'autorisation requise en cas de dépassement de la garantie de base, il n'est pas expressément prévu à la convention que cette autorisation doit être concomitante à la création de la facturette ; et comme il est seulement indiqué que le client disposera d'un délai de sept jours pour transmettre la facture à son banquier, ce qui est de nature à laisser croire au commerçant qu'il dispose de ce laps de temps pour régulariser la transaction, une fois l'accord du centre d'autorisation obtenu, une banque ne saurait refuser sa garantie au motif que, pour être valable, l'autorisation doit être demandée le jour même de l'établissement de la facture. • Paris, 7 juin 1995 : *D. 1995. IR. 166.*

Les juges peuvent décider que la signature apposée sur une « facturette » est très différente de celle du titulaire d'une carte de paiement sans que la carte (d'ailleurs dérobée) soit produite aux débats. • Com. 10 juin 1997 : *D. Affaires 1997. 962.*

Le commerçant accepteur ayant l'obligation de prendre toutes précautions pour s'assurer de l'identité de l'utilisateur d'une carte bancaire, par le moyen du contrôle de la signature lorsque le code confidentiel n'est pas utilisé, il ne saurait donc être soutenu que l'obtention d'un numéro d'autorisation suffirait à le mettre à l'abri d'un risque d'impayé du fait d'une utilisation frauduleuse, la carte bancaire utilisée pouvant être présentée par une personne autre que son titulaire. • Paris, 27 mars 1998 : *D. 1998. IR. 116 ; JCP E 1999, n° 17, p. 765, obs. Gavalda et Stoufflet.* ♦ Jugé qu'un commerçant doit respecter les obligations contractuelles essentielles de sécurité mises à sa charge, à savoir l'obligation de signature lui permettant d'identifier la personne payant par carte et l'obligation de ne pas fractionner le montant d'une facture sans qu'il puisse reprocher à la banque un manque de sécurité du système général de paiement en cas de vente à distance ni un défaut de conseil. • Rennes, 18 oct. 2001 : *Banque et Droit nov.-déc. 2002. 57, obs. Guillot.* ♦ Pour un commerçant jugé fautif pour ne pas avoir respecté une procédure d'acceptation (appel téléphonique de la société émettrice si le terminal de paiement le lui demandait), V. • Com. 1er juill. 2003 : *RTD com. 2003. 797, obs. Legeais*. ♦ ... Pour avoir fractionné les encaissements et agi avec légèreté en ne prenant pas de garantie sérieuse : • T. com. Nancy, 7 avr. 2003 : *Banque et Droit nov.-déc. 2004. 61, obs. Guillot.* ♦ ... Ou pour avoir méconnu les règles de sécurité qui lui étaient opposables : • Com. 23 juin 2004 : *RJDA 2004, n° 1374.* ♦ En cas de non-respect d'une seule des mesures de sécurité prévues par le contrat, les factures et les enregistrements ne sont réglés que sous réserve de bonne fin d'encaissement. • Com. 27 sept. 2005 : *RD banc. fin. 2005, n° 198, obs. Crédot et Gérard ; ibid. 2006, n° 83, obs. Caprioli et Désideri.*

B. RETRAIT PAR CARTE

9. Retraits automatiques. Sur la valeur probante d'opérations de retrait dans les GAB, résultant d'enregistrements des appareils automatiques ou de leur reproduction sur un support automatique, V. • T. com. Paris, 2 sept. 1997 : *Banque et Droit janv.-févr. 1998. 41, obs. Guillot.*

II. UTILISATION ABUSIVE OU FRAUDULEUSE DE LA CARTE

BIBL. Jeandidier, *JCP E 1986. I. 1472.* – Larguier, *JCP 1982. I. 301.* – Corlay, *ibid. 1984. I. 3160.* – Sousi-Roubi, *Gaz. Pal. 1984. 2. Doctr. 570.* – Lasserre Capdeville, *Banque et Droit mai-juin 2005. 26* (répression de la fraude à la carte bancaire).

A. OPPOSITION ET RESPONSABILITÉS

10. Application des stipulations contractuelles relatives à l'opposition. BIBL. Crédot, *Petites affiches 15 sept. 1986.* ♦ Il résulte du contrat type conclu entre l'organisme émetteur et le titulaire de la carte que ce dernier n'est libéré de sa responsabilité au cas de vol de la carte que lorsqu'il a fait opposition régulière. • Com. 2 déc. 1980 : *Bull. civ. IV, n° 400 ; D. 1981. IR. 352, obs. Vasseur ; RTD com. 1981. 578, obs. Cabrillac et Teyssié* • Paris, 27 avr. 1982 : *D. 1982. IR. 499, obs. Vasseur ; RTD com. 1983. 107, obs. Cabrillac et Teyssié* • 16 oct. 1984 : *préc. note 6* • TGI Paris, réf., 5 mars 1980 : *JCP 1981. I. 3048, Chron. Gavalda et Stoufflet.* ♦ L'autorisation donnée par un établissement émetteur d'une carte de paiement en vue de son utilisation, avec maintien de sa garantie de l'existence de la provision en faveur du destinataire des fonds, pour un montant supérieur à celui des opérations courantes, n'emporte pas renonciation de la part de cet établissement à invoquer contre le titulaire de la carte les stipulations souscrites par lui pour le cas d'opposition tardive après perte ou vol. • Com. 9 avr. 1996 : *D. Affaires 1996. 652 ; RTD com. 1996. 510, obs. Cabrillac*. ♦ Sur l'obligation, le cas échéant, de déclarer le vol simultané de la carte et du code confidentiel, V. • Com. 18 avr. 1989 : *Bull. civ. IV, n° 111 ; D. 1991. Somm. 40, obs. Vasseur.* ♦ Pour d'autres exemples des effets de la force obligatoire des stipulations contractuelles relatives à l'utilisation frauduleuse de la carte par un tiers, V. • Com. 21 mai 1996 : *Contrats Conc. Consom. 1996, n° 163, note Leveneur ; Rev. dr. bancaire 1996. 234, obs. Crédot et Gérard* • 27 janv. 1998 : *RD bancaire et bourse 1998. 57, obs. Crédot et Gérard ; RJDA 1998, n° 791 ;* • 18 mai 2005 : *RD banc. fin. 2005, n° 119, obs. Crédot et Gérard.* • Civ. 1re, 24 juin 1997 : *Rev. dr. bancaire 1997. 164, obs. Crédot et Gérard* • Paris, 6 oct. 1998 : *D. 1998. IR. 242 ; D. Affaires 1998. 1952, obs. X. D.* • TI Arras, 5 oct. 2001 : *Banque et Droit nov.-déc. 2002. 57, obs. Guillot.* ♦ Sur les formes conventionnelles imposées, V. aussi • Com. 23 juin 1987 : *Rev. dr. bancaire 1987. 126, obs. Crédot et Gérard* • 18 mai 2005 : *RD banc. fin. 2005, n° 120, obs. Crédot et Gérard.* ♦ Mais la clause de la convention de compte bancaire qui stipule que « toute opposition qui n'a pas fait l'objet d'une déclaration écrite doit être confirmée sans délai par écrit à l'agence où est ouvert le compte sur lequel fonctionne la carte » est abusive, en ce qu'elle donne à penser que seule une déclaration écrite rend efficace l'opposition, alors qu'une opposition verbale dont il peut être justifié est suffisante. • TGI Paris, 9 nov. 2005 : *cité note 6 bis ss. art. R. 132-2 C. consom., infra, v° Ventes commerciales.*

11. Date de l'opposition. Le paiement par carte bancaire s'analysant non comme un ordre de virement mais comme un paiement comptant, le commerçant bénéficiaire acquiert un droit sur la provision dès l'inscription de celle-ci au crédit de son compte, c'est-à-dire dès le traitement de l'opération en chambre de compensation. Par conséquent, doit être déclarée comme tardive l'opposition à un ordre de paiement donné par carte bancaire en faveur d'une société en redressement judiciaire formée plusieurs jours après le traitement de l'opération en chambre de compensation, peu important le fait qu'elle soit intervenue avant l'inscription du montant du paiement au débit du titulaire de la carte. • Paris, 18 avr. 2000 : *BRDA 2000, n° 14, p. 11.* ♦ Comp., attribuant un effet immédiat à l'opposition : • Montpellier, 27 avr. 2004 : *JCP E 2005, n° 21, p. 871, obs. Stoufflet.*

12. Effets de l'opposition. Responsabilité de l'émetteur. Jugé que, l'intéressé ayant dès son opposition signalé la perte de son code confidentiel, il appartenait à la banque d'utiliser tous les moyens utiles pour éviter les retraits abusifs. • TI Dijon, 15 juin 1990 : *Rev. dr. bancaire 1991. 20, obs. crit. Crédot et Gérard.* ♦ De même, une banque, professionnelle avertie, et réceptionnaire d'un ordre d'opposition téléphonique, ne peut se borner, pour la rejeter, à un seul traitement sur la numérotation de la carte donnée par son titulaire, sans aucune vérification avec la concordance des cartes en cours de validité du titulaire du compte. • Orléans, 21 mars 2002 : *JCP E 2003, n° 38, p. 1458* (numéro erroné puisque se rapportant à une carte précédemment invalidée pour perte). ♦ Jugé que l'opposition téléphonique formulée suite au vol d'une carte de crédit et non confirmée par écrit, doit être considérée comme étant valablement formée, la confirmation écrite de l'opposition exigée aux termes des conditions générales d'utilisation contenues dans le contrat ne pouvant s'analyser comme une condition de validité de l'opposition : • Caen, 24 juin 1993 : *JCP 1993. IV. 2471 ; Rev. huiss. 1994. 64, note Hesbert.* ♦ Justifie légalement sa décision d'ordonner le remboursement par la banque des sommes retirées à un distributeur le lendemain d'un vol d'une carte bancaire, alors que le client le jour même du vol en avait informé la banque en indiquant que le code confidentiel n'était pas joint à la carte, le tribunal qui retient qu'une opposition a été portée à la connaissance de la banque et que celle-ci « n'a pas utilisé tous les moyens mis à sa disposition pour que les retraits ne soient pas effectués et n'a donc pas satisfait à l'obligation de moyens qui pèse sur elle ». • Com. 8 oct. 1991 : *D. 1991. 581 (2e esp.), concl. Jéol et note Vasseur* ; *JCP 1992. II. 21791 (2e arrêt), concl. Jéol ; JCP E 1992. II. 254 (2e arrêt), note Gavalda.* – V. aussi • Versailles, 24 oct. 2001 : *préc. note 6.* ♦ L'organisme émetteur commet une faute en réglant, après réception de l'opposition, des factures qui lui seraient parvenues même avant la déclaration de vol. • Paris, 27 avr. 1982 : *préc. note 10* • 16 oct. 1984 : *préc. note 6* • Lyon, 3 mai 1989 : *Gaz. Pal. 1992. 2. Somm. 517.* ♦ La banque engage sa responsabilité en autorisant une opération avec une carte volée à propos de laquelle elle avait reçu une opposition plus d'une demi-heure auparavant. • T. com. Strasbourg, 10 janv. 1992 : *Gaz. Pal. 1993. 1. Somm. 184.* ♦ Dès lors que le commerçant a reçu l'autorisation, il suffit qu'il ait procédé à une simple vérification de conformité des signatures. • Même jugement.

13. Opérations réalisées avant l'opposition. Le titulaire d'une carte bancaire, victime du vol de celle-ci, reste tenu (en exécution du contrat de carte bancaire) des débits frauduleux antérieurs à son opposition, même en l'absence de faute de sa part (il avait immédiatement informé par téléphone le centre spécialisé et n'avait pu s'opposer par écrit que le surlendemain du vol, l'agence bancaire gérant son compte étant fermée pour deux jours). • Com. 1er mars 1994 : *Bull. civ. IV, n° 82 ; D. 1995. 167, note Ekollo ; JCP 1994. II. 22286, note Gavalda ; RTD com. 1994. 538, obs. Cabrillac et Teyssié* . ♦ Pour des paiements effectués avant la date d'opposition, en ce sens que doit être établi que les enregistrements de débit comportaient les références du compte de l'intéressé ainsi que sa signature : • Civ. 1re, 23 mars 1994 : *Bull. civ. I, n° 102 ; Rev. dr. bancaire 1994. 233, obs. Crédot et Gérard.* ♦ Comp., sur la condamnation d'une banque à rembourser aux titulaires d'une carte bleue, victimes du vol de celle-ci, une partie des sommes frauduleusement dépensées grâce à l'usage de la carte, avant l'opposition effectuée par ses titulaires, au motif qu'elle avait laissé le découvert du compte s'accroître jusqu'à un montant important excédant le découvert contractuellement autorisé, et ce, bien que le montant des sommes contestées soit inférieur aux paiements mensuels permis par le contrat porteur : • Com. 13 mars 2001 : *Bull. civ. IV, n° 55 ; D. 2001. AJ. 1535, obs. Delpech* ; *RTD com. 2001. 750, obs. Cabrillac* ; *Petites affiches 10 mai 2001, p. 9, obs. E. C.* ♦ Sauf à apporter son concours pour permettre au titulaire de la carte l'exercice utile de ses recours contre les commerçants qui n'auraient pas rempli leurs obligations de vérification, la banque est, contractuellement, dispensée de vérifications des signatures, sauf pour elle à supporter les conséquences des faux, au-delà d'une franchise avant opposition de la part du titulaire, hors le cas d'imprudence de celui-ci. • Même arrêt. ♦ Comp., jugeant qu'il appartient à la banque, en toutes circonstances, d'effectuer toutes vérifications du code ou de la signature de l'utilisateur de la carte bleue avant de valider la transaction. • Versailles, 24 oct. 2001 : *préc. note 6.* ♦ Comp., cassant pour violation des art. 1147 et 1315, al. 2, C. civ., le jugement qui a débouté le titulaire de la carte bancaire, victime du vol de celle-ci, de sa demande en remboursement de la somme retirée le même jour dans un distributeur de billets, alors qu'il ne résulte pas du jugement qu'une présomption de faute ait été invoquée, et qu'en cet état du litige il appartenait à la banque, laquelle prétendait que sa cliente avait commis l'imprudence de ne pas tenir son code secret, de démontrer la violation, par la titulaire de la carte, de cette obligation contractuelle de moyens : • Com. 8 oct. 1991 : *ibid. (1re esp.).*

14. Utilisation abusive de la carte par un salarié. Bien qu'aux termes des conditions générales du contrat, le titulaire de la carte « *American Express* » et la personne morale qui en a sollicité l'établissement demeurent, en dehors des cas de perte et de vol, solidairement responsables du règlement de toutes les dépenses qui auraient été effectuées avec la carte, lorsque celle-ci n'a été ni perdue ni volée, mais retenue par un salarié indélicat contre le gré de son employeur, il appartient à l'établissement émetteur, après avoir reçu opposition à l'utilisation de cette carte, de mettre en œuvre tous les moyens à sa disposition pour éviter que les retraits et ordres de paiement soient effectués. • Com. 20 oct. 1998 : *Bull. civ. IV, n° 244 ; D. Affaires 1998. 1859, obs. X. D. ; RTD com. 1999. 174, obs. Cabrillac ; RD bancaire et bourse 1998. 226, obs. Crédot et Gérard ; Contrats Conc. Consom. 1999, n° 2, obs. Leveneur ; JCP E 1999, n° 17, p. 765, obs. Gavalda et Stoufflet ; ibid, n° 25, p. 1101, note Devèze ; Defrénois 1999. 370, obs. Delebecque ; RTD civ. 1999. 390, obs. Mestre* (V. l'arrêt cassé : • Versailles, 27 oct. 1995 : *RJDA 1996, n° 669*). ♦ *Contra*, considérant qu'en l'absence de perte ou de vol, une société reste tenue contractuellement à l'égard de l'*American Express* de la totalité des dépenses effectuées par un directeur commercial avec la carte de crédit qui lui avait été délivrée avec l'approbation et la signature de la gérante de cette société. Il importe peu que la cessation des règlements ait été demandée à deux reprises par fax. • Dijon, 13 sept. 1995 : *JCP 1996. IV. 171.*

Sur le caractère non abusif des clauses relatives à la responsabilité du porteur, V. note 10 ss. art. R. 132-2 C. consom., *infra*, v° *Ventes commerciales* (*dispositions générales*, ss. l'art. L. 132-1 C. consom.). ♦ Sur la responsabilité de l'organisme émetteur, V. aussi note 12.

15. Responsabilité du titulaire. Il convient de prendre en considération la responsabilité éventuelle du titulaire de la carte, s'il n'y a pas apposé sa signature. • Aix-en-Provence, 25 févr. 1980 : *D. 1981. IR. 506, obs. Vasseur.* ♦ ... Ou s'il a commis une négligence, par exemple en ne dissimulant pas suffisamment le code confidentiel. • Versailles, 17 janv. 1980 : *Banque 1980. 505, obs. Martin ; JCP 1981. I. 3048, obs. Gavalda et Stoufflet ; RTD com. 1980. 556, obs. Cabrillac et Teyssié* • Paris, 1er déc. 1980 : *D. 1981. 369, note Gavalda ; D. 1981. IR. 352, obs. Vasseur* • Chambéry, 5 mars 2002 : *JCP 2002. IV. 2639.* ♦ Pour un partage de responsabilité entre La Poste et le titulaire d'une carte « postépargne » volée : • TI Pau, 13 mars 1997 : *BICC 1997, n° 1058.* ♦ Pour un partage de responsabilité entre le client qui, en faisant opposition, communique un numéro de carte erroné à la banque, et cette dernière qui ne s'en est pas aperçue, V. • Paris, 21 mars 1990 : *D. 1990. IR. 89 ; Rev. dr. bancaire 1991. 23, obs. Crédot et Gérard.* ♦ Comp., retenant la seule responsabilité de la banque : • Orléans, 21 mars 2002 : *préc. note 12.* ♦ Pour un arrêt ayant jugé particulièrement négligent le client de la banque qui a déclaré la perte de sa carte plus de quinze jours après sa disparition, V. • Paris, 17 déc. 1992 : *JCP E 1993. Pan. 349.* ♦ Jugeant que le titulaire d'une carte de paiement qui, par contrat, a autorisé sa banque à débiter son compte pour les achats effectués sans factures signées par lui ou sans utilisation du code confidentiel par téléphone, minitel, audiotex ne peut, alors qu'il n'a que très tardivement fait opposition sur sa carte, réclamer le remboursement des sommes prélevées frauduleusement sur son compte suite à des paiements effectués sur internet au moyen de cette carte, V. • TI Épinal, 11 mai 2000 : *Banque et Droit janv.-févr. 2001. 52, obs. Guillot.* ♦ Sur le partage de responsabilité en cas de vol d'une carte bancaire déclarée défectueuse par son titulaire, mais conservée par lui dans un endroit où se trouvait aussi l'indication écrite du numéro de code confidentiel, V. • Com. 10 janv. 1995 : *Bull. civ. IV, n° 7 ; D. 1995. IR. 41.* ♦ En laissant la carte bancaire dans leur véhicule, les détenteurs de celle-ci ont manqué à leur obligation conventionnelle de surveillance, le contrat d'ouverture de compte courant stipulant que le client engage sa responsabilité « en ne conservant pas ses cartes de paiement en lieu sûr (par exemple s'il les oublie dans un véhicule même fermé à clef) ». • Lyon, 3 juin 2004 : *BICC 2004, n° 1903.* ♦ Comp., jugeant que le fait par les titulaires de cartes de crédit de les laisser dans leur véhicule fermé durant la journée en face du restaurant où ils se trouvaient n'est pas constitutif d'une faute ni d'une imprudence, car s'ils les avaient eues avec eux, ils couraient le risque d'être victime de pick-pockets, V. • Paris, 12 déc. 2002 : *Gaz. Pal. 2003. 1. 474, obs. J.-G. M.*

16. Décès du titulaire. Le banquier émetteur qui paye des factures relatives à des achats effectués après le décès du titulaire, dont il avait connaissance, commet une faute exclusive d'une action à l'égard des héritiers. • TI Toulon,

15 janv. 1981 : *RTD com. 1981. 335, obs. Cabrillac et Rives-Lange.*

17. Inopposabilité des exceptions. Le litige élevé entre le titulaire et le fournisseur ne saurait être opposé à l'émetteur qui, ayant payé, agit en remboursement à l'égard de son cocontractant. • Aix-en-Provence, 18 juin 1984 : *D. 1986. IR. 326, obs. Vasseur.* ♦ Comp., s'agissant des clauses du contrat conclu entre le titulaire et le fournisseur : • Com. 30 nov. 1982 : *Bull. civ. IV, n° 382 ; D. 1983. IR. 470, obs. Vasseur ; RTD com. 1983. 450, obs. Cabrillac et Rives-Lange.*

18. Encaissement. Sur l'inscription en compte au profit du fournisseur par le banquier de celui-ci, sous réserve de bonne fin d'encaissement, V. • Com. 30 nov. 1982 : *préc. note 17.*

B. ASPECTS DE DROIT PÉNAL

19. Retraits excessifs du titulaire de la carte. L'exécution de retraits successifs supérieurs au montant du crédit disponible au compte ouvert au titulaire ne constitue pas en soi une infraction pénale. • Crim. 24 nov. 1983 : *D. 1984. 465, note Lucas de Leyssac, et IR. 307, obs. Vasseur ; RTD com. 1984. 326, obs. Cabrillac et Teyssié ; JCP 1985. II. 20040, note Croze.* – Comp. : • Bordeaux, 25 mars 1987 : *JCP E 1987. II. 16645* • Angers, 2 déc. 1980 : *D. 1981. IR. 353, obs. Vasseur ; Gaz. Pal. 1981. 2. 7041 ; RTD com. 1981. 334, obs. Cabrillac et Rives-Lange ; Banque 1981. 511, obs. Martin* • Lyon, 9 juill. 1981 : *Gaz. Pal. 1981. 2. 704, note Sousi-Roubi ; RTD com. 1981. 816, obs. Cabrillac et Rives-Lange* • Angers, 4 févr. 1982 : *D. 1982. IR. 312, note Sousi-Roubi.* ♦ *Contra*, pour la qualification de vol : • Lyon, 20 avr. 1982 : *D. 1982. 938* • T. corr. Troyes, 27 avr. 1976 : *D. 1977. 122, note Cazals ; RTD com. 1977. 347, obs. Cabrillac et Rives-Lange* ♦ ... Pour la qualification d'escroquerie : • Douai, 10 mars 1976 : *RTD com. 1976. 584, obs. Cabrillac et Rives-Lange ; Banque 1976. 799, obs. Martin.*

20. Utilisation frauduleuse de la carte par son titulaire. Au cas de résiliation du contrat conclu avec l'émetteur, le titulaire commet une escroquerie s'il continue à utiliser la carte. • T. corr. Paris, 16 août 1974 : *Banque 1975. 324 ; RTD com. 1975. 157, obs. Cabrillac et Rives-Lange.* ♦ A été qualifié d'abus de confiance l'emploi d'une carte périmée que le titulaire s'est refusé à rendre. • T. corr. Créteil, 15 janv. 1985 : *D. 1985. IR. 344, obs. Vasseur.* ♦ ... Ou l'emploi aux fins personnelles du salarié de la carte qui lui avait été remise par son employeur. • Crim. 19 mai 2004 : *Bull. crim. n° 125 ; D. 2004. Somm. 2748, obs. de Lamy ; RTD com. 2004. 824, obs. Bouloc ; AJ Pénal 2004. 325, obs. Girault.* ♦ Mais commet une faute l'émetteur de cartes d'entreprise qui ne fait pas suite à la demande de suppression des cartes faite par le titulaire qui, premier informé de la réception des nouvelles cartes, est le maître de leur mise en service et seul à même de prendre l'initiative tendant à l'annulation des cartes anciennes. • Paris, 8 déc. 2005 : *BRDA 2006, n° 3, p. 9.*

21. Vol d'une carte. Le voleur d'une carte qui procède à des retraits commet une escroquerie dont il est civilement responsable à l'égard des victimes de ses agissements. • Crim. 19 mai 1987 : *Gaz. Pal. 1988. 1. Somm. 5* • Bordeaux, 25 mars 1987 : *JCP E 1987. II. 16645* • Paris, 28 janv. 1999 : *D. Affaires 1999. 673, obs. X. D.* ♦ Sur la complicité d'escroquerie des fournisseurs qui ont facilité l'infraction, V. • T. corr. Lyon, 29 juin 1988 : *RTD com. 1989. 548, obs. Bouzat.*

22. Constitution de partie civile. En déclarant recevables les constitutions de partie civile des établissements bancaires victimes des escroqueries, et en condamnant l'auteur à réparer le préjudice découlant directement pour elles de l'infraction commise, un arrêt fait l'exacte application des art. 405 C. pén. [art. 313-1 nouv. C. pén.] et 2 C. pr. pén. • Crim. 3 nov. 1993 : *Banque mars 1994. 97, obs. Guillot.* ♦ Le Groupement des cartes bancaires, groupement d'intérêt économique dont l'objet est notamment la promotion et la défense des intérêts liés aux cartes bancaires a, au sens de l'art. 2 C. pr. pén., souffert d'un préjudice du fait des agissements frauduleux retenus à l'encontre d'utilisateurs de cartes bancaires volées, ledit préjudice résultant notamment de l'atteinte portée à la crédibilité du système d'achat par carte. • Paris, 28 janv. 1999 : *préc. note 21.* ♦ Dans le même sens, jugeant recevable la constitution de partie civile, en retenant que le préjudice direct subi par le groupement des cartes bancaires résulte également de l'accroissement des frais de gestion pour l'organisation de la lutte contre les fraudeurs en sa qualité de responsable de la sécurité du fonctionnement de l'interbancarité qu'il coordonne, V. • Paris, 13 sept. 2000 : *JCP E 2001, n° 10, p. 394.* ♦ Rappr. : • TGI Paris, 25 févr. 2000 : *D. 2000. AJ. 219, obs. Delpech.*

23. Fausses cartes. V. *infra*, note 2 ss. art. L. 163-4.

24. Détournement d'un numéro de carte. Constitue un abus de confiance le fait de détourner le numéro de carte bancaire communiqué par un client pour un paiement déterminé, et par là même d'en faire un usage non convenu par les parties. • Crim. 14 nov. 2000 : *Bull. crim. n° 338 ; RTD com. 2001. 526, obs. Bouloc.*

C. RÉSEAUX INTERBANCAIRES

25. *Droit de la concurrence.* V., en droit interne, Nicolas, *Banque et Droit 1988. 67* ; Lucas de Leyssac, *Rev. dr. bancaire 1991. 2.* V. aussi • Paris, 16 nov. 1989 : *Gaz. Pal. 1989. 2. Somm. 514* • 26 avr. 1990 : *D. 1990. IR. 133* • Cons. conc. n° 88-D-37 du 11 oct. 1988 : *RTD com. 1989. 102, obs. Cabrillac et Teyssié ; JCP 1991. II. 21590, note Bouteiller* • n° 03-A-17 du 18 sept. 2003 : *BOCC 26 avr. 2005 ; D. 2003. AJ. 2635* (Moneo). ♦ V. aussi, notes 11 et 13 ss. art. L. 420-1 C. com., *supra.* ♦ Comp., en droit européen : Sousi-Roubi, *Rev. dr. bancaire 1989. 87.*

26. *Système « carte bancaire ».* Le GIE des cartes bancaires assure, en qualité de mandataire à titre gratuit des banques adhérentes, l'étude, la normalisation et la répression des fraudes dues au système de paiement par cartes bancaires et n'intervient pas dans les relations contractuelles des banques avec leurs clients. • Paris, 5 déc. 1997 : *cité note 28.* ♦ V. note 22. ♦ V. aussi note 10 ss. art. R. 132-2 C. consom., *infra*, v° *Ventes commerciales (dispositions générales*, ss. l'art. L. 132-1 C. consom.). ♦ Le contrat d'adhésion au système de paiement par carte bancaire faisant l'obligation au commerçant accepteur de s'équiper de matériels électroniques agréés par le groupement des cartes ne comporte aucune réserve sur un matériel non fourni par la banque, laquelle devra donner à l'accepteur toutes les informations permettant la sécurité des transactions et notamment l'accès au système d'autorisation pour que celui-ci puisse déclarer en toute connaissance de cause qu'il utilise un équipement électronique assurant automatiquement les opérations de sécurité et qui permet de détecter les contrefaçons au moment de la demande d'autorisation. • Paris, 11 déc. 1998 : *D. Affaires 1999. 217, obs. X. D.*

27. *Dénonciation du contrat-commerçant par la banque.* Sur la dénonciation par une banque du contrat-commerçant, motivée par la violation de cette convention par le commerçant, V. • Com. 27 févr. 1990 : *D. 1991. Somm. 37, obs. Vasseur,* *et Somm. 249, obs. Gavalda et Lucas de Leyssac*.

28. *Garantie de la banque.* Le commerçant qui fractionne sciemment le paiement pour échapper au contrôle, et s'abstient d'utiliser l'imprimante manuelle permettant de vérifier l'identification de la carte, ne peut pas bénéficier de la garantie contractuelle de la banque. • Paris, 21 juin 1991 : *JCP 1991. IV. 421.* ♦ Un commerçant ne peut demander à une banque de lui payer le montant d'une transaction réglée par carte bancaire à l'aide d'un sabot manuel (« fer à repasser ») et pour laquelle il avait demandé une autorisation au centre carte bleue, dans la mesure où ayant signé un contrat d'adhésion au système de paiement par carte bancaire, qui permettait à la banque d'apporter toute modification au contrat initial par lettre simple, la banque lui avait fait savoir par courrier qu'il avait dorénavant l'obligation d'utiliser un matériel propre au contrôle du code secret et qu'à défaut de respecter cette obligation le règlement des paiements par carte bleue n'était plus garanti. • Paris, 5 déc. 1997 : *D. 1998. IR. 18 ; D. Affaires 1998. 251, obs. X. D.* ♦ Sur la prédominance des conditions particulières du contrat d'adhésion sur les conditions générales, V. • Com. 6 déc. 2005 : *RTD com. 2006. 166, obs. Legeais ;* *JCP E 2006, n° 4, p. 182 ; RJDA 2006, n° 575.* ♦ Sur le partage de responsabilité entre un commerçant et son banquier en raison de l'utilisation frauduleuse d'une carte de paiement, V. retenant l'absence de faute de la banque ayant pratiqué des débits litigieux sur le compte de son cocontractant, bien qu'il n'ait jamais été avisé de l'opposition affectant la carte de crédit de son client, dans la mesure où les opérations frauduleuses ont chacune excédé le montant du plafond maximum garanti et, aux termes des conditions générales d'adhésion au système de paiement par carte, le montant des opérations non garanties pouvait être débité dans un délai de six mois à partir de la date du crédit du compte : • Com. 6 juin 2001 : *Bull. civ. IV, n° 110* (moyen non reproduit) ; *D. 2001. AJ. 2197, obs. Delpech*. ♦ Sur l'absence de responsabilité d'un commerçant ayant accepté des paiements fractionnés de l'un de ses clients, la carte s'étant avérée volée, V. • Paris, 26 févr. 2002 : *BRDA 2002, n° 8, p. 13.* – Dans le même sens, dès lors que le commerçant n'a pas été informé par l'émetteur de la carte. • Orléans, 21 mars 2002 : *RD banc. fin. 2002, n° 126, obs. Crédot et Gérard.*

29. *Achats par correspondance.* Les entreprises qui souhaitent pouvoir accepter des règlements à distance sont contractuellement tenues de prendre des engagements étendus à propos des litiges que pourraient éventuellement soulever leurs clients. De fait, elles assument la responsabilité des conséquences dommageables, directes ou indirectes, de tout débit erroné donnant lieu à contestation, et cela sans limitation de durée : Rép. min. n° 38375 : *JOAN Q, 8 juill. 1996, p. 3657* ; n° 6802 : *JOAN Q, 13 déc. 1993, p. 4490* ; n° 7768 : *JO Sénat Q, 2 févr. 1995, p. 266.* ♦ V. aussi note 3.

L. 132-3 *(L. n° 2001-1062 du 15 nov. 2001)* **Le titulaire d'une carte mentionnée à l'article L. 132-1 supporte la perte subie, en cas de perte ou de vol, avant la mise en opposition prévue à l'article L. 132-2, dans la limite d'un plafond qui ne peut dépasser 400 €. Toutefois, s'il a agi avec une négligence constituant une faute lourde ou si, après la perte ou le vol de ladite carte, il n'a pas effectué la mise en opposition dans les meilleurs délais, compte tenu de ses habitudes d'utilisation de la carte, le plafond prévu à la phrase précédente n'est pas applicable. Le contrat entre le titulaire de la carte et l'émetteur peut cependant prévoir le délai de mise en opposition au-delà duquel le titulaire de la carte est privé du bénéfice du plafond prévu au présent alinéa. Ce délai ne peut être inférieur à deux jours francs après la perte ou le vol de la carte.**

Le plafond visé à l'alinéa précédent est porté à 275 € au 1er janvier 2002 et à 150 € à compter du 1er janvier 2003.

L. 132-4 *(L. n° 2001-1062 du 15 nov. 2001)* **La responsabilité du titulaire d'une carte mentionnée à l'article L. 132-1 n'est pas engagée si le paiement contesté a été effectué frauduleusement, à distance, sans utilisation physique de sa carte.**

De même, sa responsabilité n'est pas engagée en cas de contrefaçon de sa carte au sens de l'article L. 163-4 et si, au moment de l'opération contestée, il était en possession physique de sa carte.

Dans les cas prévus aux deux alinéas précédents, si le titulaire de la carte conteste par écrit avoir effectué un paiement ou un retrait, les sommes contestées lui sont recréditées sur son compte par l'émetteur de la carte ou restituées, sans frais, au plus tard dans le délai d'un mois à compter de la réception de la contestation.

Dès lors qu'il n'était pas discuté que le paiement était intervenu à distance, sans utilisation physique de la carte ni saisie du code confidentiel, il en résulte pour la banque l'obligation d'annuler le débit constaté. • Com. 23 juin 2004 : *Bull. civ. IV, n° 131 ; D. 2004. AJ. 1972 ; JCP E 2005, n° 21, p. 872, obs. Mathey ; RD banc. fin. 2004, n° 189, obs. Crédot et Gérard ; Banque et Droit sept.-oct. 2004. 82, obs. Bonneau ; RTD com. 2004. 792, obs. Legeais ; Gaz Pal. 2005. Somm. 2046, obs. S. Piedelièvre ; Comm. com. élec. 2004, n° 161, obs. Grynbaum ; Petites affiches 10 mai 2005, p. 9, obs. E. C. ; RJDA 2005, n° 72* (décision rendue sur le fondement de l'art. 1937 C. civ.). ♦ Il incombe au titulaire de la carte de prouver qu'il était resté en possession physique de sa carte, que le paiement effectué était frauduleux ou obtenu à l'aide d'une carte contrefaite. • Paris, 9 déc. 2004 : *JCP E 2005, n° 23, p. 956, note Bouteiller ; RJDA 2006, n° 63.*

Sur l'obligation faite à un fournisseur d'accès à internet, sur le fondement de l'art. 145 NCPC, de communiquer les données permettant l'identification de l'utilisateur frauduleux d'une carte bancaire, V. • TGI Paris, réf., 1er févr. 2002 : *Comm. com. élec. 2003, n° 26, obs. Grynbaum.* ♦ Sur le paiement à distance par carte bancaire et les effets des stipulations contractuelles, V. • Com. 11 janv. 2005 : *JCP E 2005, n° 9, p. 351, obs. Bouteiller ; RD banc. fin. 2005, n° 32, obs. Crédot et Gérard.*

L. 132-5 *(L. n° 2001-1062 du 15 nov. 2001)* **En cas d'utilisation frauduleuse d'une carte mentionnée à l'article L. 132-1, l'émetteur de la carte rembourse à son titulaire la totalité des frais bancaires qu'il a supportés.**

L. 132-6 *(L. n° 2001-1062 du 15 nov. 2001)* **Le délai légal pendant lequel le titulaire d'une carte de paiement ou de retrait a la possibilité de déposer une réclamation est fixé à soixante-dix jours à compter de la date de l'opération contestée. Il peut être prolongé contractuellement, sans pouvoir dépasser cent vingt jours à compter de l'opération contestée.**

CHAPITRE III *Le virement au sein de l'Espace économique européen*

L. 133-1 Les établissements de crédit, les entreprises d'investissement, les succursales situées en France d'établissements de crédit étrangers, d'entreprises d'investissement étrangères, d'établissements financiers étrangers tels que définis à l'article L. 511-21 et, par exception à l'article L. 518-1, le Trésor public, *(Abrogé par L. n° 2005-516 du*

20 mai 2005, art. 16-IV) « *les services financiers de La Poste,* » la Banque de France, l'Institut d'émission des départements d'outre-mer, l'Institut d'émission d'outre-mer et la Caisse des dépôts et consignations respectent les dispositions suivantes lorsqu'ils effectuent des virements au sein de l'Espace économique européen libellés dans la monnaie d'un des États parties à l'accord sur l'Espace économique européen, sur ordre ou au bénéfice de leur clientèle :

1. Les retards dans l'exécution des virements effectués dont le montant est au plus égal à un seuil fixé par un *(L. n° 2003-706 du 1er août 2003, art. 46-VI)* « arrêté du ministre chargé de l'économie » donnent droit, même en l'absence de faute, sans préjudice des recours de droit commun et au plus tard quatorze jours ouvrables après l'exécution du virement, à une indemnité dont les modalités de calcul sont définies par ce même règlement ;

2. Les virements mentionnés au 1 qui ne sont pas menés à leur fin donnent lieu, même en l'absence de faute et dans un délai de quatorze jours ouvrables après réception d'une demande, à restitution au donneur d'ordre des fonds en cause, dans une limite et selon des modalités définies par un *(L. n° 2003-706 du 1er août 2003, art. 46-VI)* « arrêté du ministre chargé de l'économie ».

Cette restitution est faite sans préjudice des recours de droit commun en matière de responsabilité.

3. La restitution mentionnée au 2 n'est pas due si la non-exécution résulte soit d'une erreur ou omission du donneur d'ordre dans les instructions données à son établissement, soit du fait d'un établissement intermédiaire choisi par le donneur d'ordre.

Les établissements concernés doivent toutefois, dans ces circonstances, faire leurs meilleurs efforts pour faciliter la restitution des fonds en cause au donneur d'ordre ;

4. La restitution mentionnée au 2 est à la charge de l'établissement du bénéficiaire du virement si la non-exécution est de son fait ou de celui d'un établissement intermédiaire choisi par lui ;

5. Un *(L. n° 2003-706 du 1er août 2003, art. 46-VI)* « arrêté du ministre chargé de l'économie » précise les modalités d'application du présent article. – *[L. n° 84-46 du 24 janv. 1984, art. 93-3]. – V. infra, Règl. n° 99-09 du 9 juill. 1999, homologué par Arr. 21 juill. 1999.*

Il résulte de l'art. L. 133-1, 4, que, lorsque des virements, libellés dans la monnaie d'un des États parties à l'accord sur l'Espace économique européen, sont effectués, au sein de cet espace, par les établissements de crédit définis par ce texte, sur ordre ou au bénéfice de leur clientèle, les restitutions auxquelles peuvent donner lieu les opérations qui ne sont pas menées à bonne fin dans le délai de quatorze jours ouvrables après réception d'une demande sont à la charge de l'établissement du bénéficiaire du virement si la non-exécution est de son fait ou d'un établissement intermédiaire choisi par lui (ce qui était le cas en l'espèce). • Com. 10 mai 2006 : *D. 2006. AJ. 1524, obs. Avena-Robardet.* ♦ Sur une action en responsabilité civile engagée contre la banque par la société désignée comme bénéficiaire du transfert de fonds en raison du retard dans la réalisation dudit transfert, V. • Paris, 15 oct. 2004 : *Banque et Droit janv.-févr. 2005. 81, obs. Affaki et Stoufflet.*

Arrêté du 21 juillet 1999,

Portant homologation de règlements du Comité de la réglementation bancaire et financière.

Art. 1er Les règlements n° 99-05, n° 99-06, n° 99-07, n° 99-08, n° 99-09, n° 99-10, et n° 99-11 du Comité de la réglementation bancaire et financière en date du 9 juillet 1999 annexés au présent arrêté sont homologués.

2 Le règlement n° 99-09 est étendu, pour les dispositions qui les concernent, *(Abrogé par L. n° 2005-516 du 20 mai 2005, art. 16-IV)* « *aux services financiers de La Poste,* » à la Caisse des dépôts et consignations et aux comptables du Trésor assurant un service de dépôt de fonds de particuliers.

……………………………………………………………………………………

ANNEXE

RÈGLEMENT N° 99-09 PRIS POUR L'APPLICATION DE L'ARTICLE 93-3 DE LA LOI N° 84-46 DU 24 JANVIER 1984 MODIFIÉE *[C. MON. FIN., ART. L. 133-1]* RELATIF AUX VIREMENTS EFFECTUÉS AU SEIN DE L'ESPACE ÉCONOMIQUE EUROPÉEN

Article 1er

Les virements visés à l'article 93-3 de la loi du 24 janvier 1984 susvisée *[C. mon. fin., art. L. 133-1]* sont d'un montant au plus égal à la contrevaleur de 50 000 €.

Lorsqu'ils effectuent ces virements, les établissements de crédit, les entreprises d'investissement et les succursales d'établissements de crédit, d'entreprises d'investissement ou d'établissements financiers étrangers situés en France respectent les dispositions définies dans le présent règlement.

Article 2

Dans le présent règlement, l'expression « date d'acceptation » désigne la date de réalisation de toutes les conditions exigées par un établissement pour l'exécution d'un ordre de virement. Ces conditions sont relatives à l'existence d'une couverture financière préalable, disponible et suffisante et aux informations nécessaires pour l'exécution de cet ordre, y compris celles qu'imposent les vérifications requises par la loi.

Article 3

Les établissements assujettis doivent informer préalablement leurs clients par écrit des conditions dans lesquelles s'opèrent ces virements. Ces informations peuvent être communiquées, le cas échéant, dans le cadre des conditions générales de banque mentionnées à l'article 7 du décret n° 84-708 susvisé *[C. mon. fin., art. R. 312-1, infra]*.

Ces informations doivent en particulier mentionner les éléments suivants :

— pour les virements émis, le délai maximum entre, d'une part, la date d'acceptation du virement et, d'autre part, la date à laquelle le compte de l'établissement du bénéficiaire est crédité ;

— pour les virements reçus, le délai maximum entre, d'une part, la date de réception des fonds par l'établissement teneur du compte du bénéficiaire et, d'autre part, la date à laquelle le compte du bénéficiaire est crédité ;

— l'ensemble des modalités de détermination des commissions et frais prélevés sur le client ;

— les procédures de réclamation et les voies de recours en vigueur ;

— le cas échéant, les conditions dans lesquelles sont fixés le ou les cours de change retenus pour l'exécution de l'ordre de virement.

Article 4

Les établissements assujettis communiquent par écrit à leurs clients, postérieurement à chaque opération visée au présent règlement, les informations suivantes :

— le montant de l'opération tel qu'il ressort de l'ordre de virement passé par le client ;

— le montant de tous les frais et commissions qui ont été prélevés par l'établissement ainsi que toute autre forme de rémunération, s'il en existe, appliquée par l'établissement ;

— pour le donneur d'ordre, la date à laquelle le compte du client a été débité ;

— pour le bénéficiaire, la date à laquelle le compte du client a été crédité ;

— le cas échéant, le ou les taux de change utilisés.

Ces informations peuvent être transmises ou tenues à disposition au moyen d'un avis d'opéré spécifique ou à l'occasion de l'envoi du relevé de compte. Ces informations doivent être clairement décomposées et rattachées à chaque opération de virements concernée. Elles doivent être transmises au plus tard deux mois après l'exécution de l'opération.

Article 5

Les établissements distinguent, dans la communication des informations mentionnées aux articles 3 et 4, celles qui concernent les virements effectués en France et celles qui concernent les virements transfrontaliers effectués au sein de l'Espace économique européen.

Article 6

Les informations mentionnées aux articles 3 et 4 du présent règlement peuvent être adressées par voie électronique avec l'accord du client.

Article 7

Les informations transmises préalablement au client et mentionnées à l'article 3 du présent règlement engagent l'établissement qui les a fournies pour l'exécution des opérations visées par ce texte.

Article 8

Les établissements assujettis doivent exécuter les ordres de virements mentionnés au présent règlement qu'ils ont acceptés, pour leur montant intégral, sauf si le donneur d'ordre a spécifié que les frais relatifs au virement devaient être imputés en totalité ou en partie au bénéficiaire.

Article 9

L'indemnisation des retards dans l'exécution des virements mentionnée au 1° de l'article 93-3 de la loi du 24 janvier 1984 susvisée *[C. mon. fin., art. L. 133-1]* se calcule par l'application du taux d'intérêt légal au montant du virement, pour la période de retard définie comme suit :

1° Pour le donneur d'ordre, le retard ouvrant droit à indemnité versée par son établissement est défini comme étant la période, exprimée en jours, s'écoulant entre, d'une part, le terme du délai convenu à l'article 3 pour les virements émis, ou en l'absence d'un tel délai la fin du cinquième jour bancaire ouvrable qui suit la date d'acceptation de l'ordre de virement telle que définie à l'article 2 du présent règlement, et, d'autre part, la date à laquelle les fonds sont crédités sur le compte de l'établissement du bénéficiaire.

2° Pour le bénéficiaire, le retard ouvrant droit à indemnité versée par son établissement est défini comme étant la période, exprimée en jours, écoulant entre, d'une part, le terme du délai convenu à l'article 3 pour les virements reçus, ou en l'absence d'un tel délai la fin du jour bancaire ouvrable qui suit le jour où les fonds ont été crédités sur le compte de l'établissement du bénéficiaire, et, d'autre part, la date à laquelle les fonds sont crédités sur le compte du bénéficiaire.

Article 10

La restitution due, en cas de non-exécution du virement, mentionnée au 2° de l'article 93-3 de la loi du 24 janvier 1984 susvisée *[C. mon. fin., art. L. 133-1]*, est constituée du montant du virement non exécuté, majoré, d'une part, du montant des frais relatifs à cette opération et, d'autre part, de l'application du taux d'intérêt légal au montant du virement pour la période, exprimée en jours, s'écoulant entre la date d'acceptation de l'ordre de virement et la date de versement de ce montant.

Cette restitution est plafonnée à 12 500 €.

La restitution visée au premier alinéa du présent article n'est pas due à ce titre, sans préjudice de l'indemnisation des retards d'exécution mentionnée à l'article 9 du présent règlement, si le virement a été exécuté après la réception de la demande de restitution et avant la fin du délai de versement mentionné au 2° de l'article 93-3 de la loi du 24 janvier 1984 susvisée *[C. mon. fin., art. L. 133-1]*.

Ce règlement est entré en vigueur le 14 août 1999.

Sur les paiements transfrontaliers en euros, V. Règl n° 2560/2001 du 19 déc. 2001 (JOCE n° L 344 du 28 déc. 2001).

CHAPITRE IV *La lettre de change et le billet à ordre*

L. 134-1 La lettre de change est régie par les articles L. 511-1 à L. 511-81 du code de commerce. — *V. ces art., supra.*

L. 134-2 Le billet à ordre est régi par les articles L. 512-1 à L. 512-8 du code de commerce. — *V. ces art., supra.*

TITRE IV La Banque de France

RÉP. COM. v° *Système européen de banques centrales et Banque de France*, par MONTAGNIER.

BIBL. GÉN. ▶ NGUYEN VAN TUONG, *ALD 1994. 61.* – IACONO, *D. 1994. Chron. 89* . – DUPRAT, *Petites affiches 20 et 25 avr. 1994* (indépendance de la Banque de France, aspects constitutionnels et européens). ▶ Colloque Université Lumière Lyon II, *ibid. 20 juin 1994.* – CABANNES, *Banque et Droit janv.-févr. 2004. 15* (suppression de la situation hebdomadaire de la Banque de France).

CHAPITRE PREMIER *Missions*

SECTION I *Missions fondamentales*

L. 141-1 La Banque de France fait partie intégrante du Système européen de banques centrales, institué par l'article 8 du traité instituant la Communauté européenne, et participe à l'accomplissement des missions et au respect des objectifs qui sont assignés à celui-ci par le traité.

Dans ce cadre, et sans préjudice de l'objectif principal de stabilité des prix, la Banque de France apporte son soutien à la politique économique générale du Gouvernement.

Dans l'exercice des missions qu'elle accomplit à raison de sa participation au Système européen de banques centrales, la Banque de France, en la personne de son gouverneur, de ses sous-gouverneurs ou d'un autre membre du Conseil de la politique monétaire, ne peut ni solliciter ni accepter d'instructions du Gouvernement ou de toute personne. – *[L. n° 93-980 du 4 août 1993, art. 1er].*

Les dispositions des art. L. 141-1, al. 3 et L. 143-1, al. 2 entrent en vigueur, aux fins de la mise en place du Système européen des banques centrales, dès la date à laquelle les membres du directoire de la Banque centrale européenne sont nommés, dans les conditions prévues à l'art. 109 L § 1, devenu 123 § 1, du Traité instituant la Communauté européenne (L. n° 98-537 du 12 mai 1998, art. 13).

BIBL. ▶ DOUAT, *D. 1998. Chron. 267* (système européen de banques centrales). – RAYNAUD, *Rev. Trésor 2000. 253* (rôle des banques centrales dans la construction monétaire de l'Europe). – SOUSI, *Banque et Droit sept.-oct. 2000. 13* (codification des directives relatives aux établissements de crédit).

Actes et règlements (jurisprudence antérieure à la loi du 4 août 1993). **BIBL.** Vasseur, *D. 1981. Chron. 25.* – Gavalda et Stoufflet, *JCP 1981. I. 3048.* ♦ Sur la responsabilité des banques au cas d'inobservation de ces normes, V. • Com. 22 avr. 1980 : *D. 1981. 48 ; RTD com. 1981. 118, obs. Cabrillac et Rives-Lange ; Gaz. Pal. 1982. 1. 59, note Bonke.*

L. 141-2 Dans les conditions fixées par les statuts du Système européen de banques centrales, et notamment l'article 30 du protocole sur les statuts du Système européen de banques centrales et de la Banque centrale européenne, relatif au transfert d'avoirs de réserve de change à la Banque centrale européenne, et l'article 31 dudit protocole relatif à la gestion des avoirs de réserve de change détenus par les banques centrales nationales, la Banque de France détient et gère les réserves de change de l'État en or et en devises et les inscrit à l'actif de son bilan selon des modalités précisées dans une convention qu'elle conclut avec l'État. – *La loi n° 93-944 du 23 juill. 1993, approuvant la convention conclue le 10 juin 1993 (JO 24 juill.) cessera d'avoir effet à la date de publication au Journal officiel de la convention conclue en application de l'art. 2, al. 3 ci-dessus, tel que modifié par la loi n° 98-357 du 12 mai 1998 (L. n° 98-357 du 12 mai 1998, art. 14).*

Dans le respect des dispositions de l'article 111 du traité instituant la Communauté européenne, notamment relatives aux instances internationales dans lesquelles les États membres peuvent négocier et aux accords internationaux qu'ils peuvent conclure, ainsi que dans le respect de l'article 6, paragraphe 2, du protocole sur les statuts du Système européen de banques centrales et de la Banque centrale européenne, relatif aux

institutions monétaires internationales auxquelles la Banque centrale européenne et, sous réserve de son accord, les banques centrales nationales sont habilitées à participer, la Banque de France peut participer, avec l'autorisation du ministre chargé de l'économie, à des accords monétaires internationaux. – *[L. n° 93-980 du 4 août 1993, art. 2]. – Cette disposition est entrée en vigueur le 1er janv. 1999.*

L. 141-3 Il est interdit à la Banque de France d'autoriser des découverts ou d'accorder tout autre type de crédit au Trésor public ou à tout autre organisme ou entreprise publics. L'acquisition directe par la Banque de France de titres de leur dette est également interdite.

Des conventions établies entre l'État et la Banque de France précisent, le cas échéant, les conditions de remboursement des avances consenties au Trésor public par la Banque de France, avant le 1er janvier 1994.

Les dispositions du premier alinéa ne s'appliquent pas aux établissements de crédit publics qui, dans le cadre de la mise à disposition de liquidités par la Banque de France, bénéficient du même traitement que les établissements de crédit privés. – *[L. n° 93-980 du 4 août 1993, art. 3].*

L. 141-4 I. – La Banque de France veille au bon fonctionnement et à la sécurité des systèmes de paiement dans le cadre de la mission du Système européen de banques centrales relative à la promotion du bon fonctionnement des systèmes de paiement prévue par l'article 105, paragraphe 2 du traité instituant la Communauté européenne. – *[L. n° 93-980 du 4 août 1993, art. 4].– Entrée en vigueur le 1er janv. 1999.*

(Ord. n° 2005-171 du 24 févr. 2005, art. 3) « L'opposabilité aux tiers et la mise en œuvre des droits des banques centrales nationales membres du Système européen de banques centrales et de la Banque centrale européenne sur les instruments financiers, effets, créances ou sommes d'argent nantis, cédés en propriété ou autrement constitués en garantie à leur profit ne sont pas affectées par l'ouverture des procédures prévues au livre VI du code de commerce ou toute procédure judiciaire ou amiable équivalente sur le fondement d'un droit étranger, ni par aucune procédure civile d'exécution prise sur le fondement du droit français ou d'un droit étranger, ni par l'exercice d'un droit d'opposition. »

(L. n° 2001-1062 du 15 nov. 2001) « La Banque de France s'assure de la sécurité des moyens de paiement tels que définis à l'article L. 311-3, autres que la monnaie fiduciaire, et de la pertinence des normes applicables en la matière. Si elle estime qu'un de ces moyens de paiement présente des garanties de sécurité insuffisantes, elle peut recommander à son émetteur de prendre toutes mesures destinées à y remédier. Si ces recommandations n'ont pas été suivies d'effet, elle peut, après avoir recueilli les observations de l'émetteur, décider de formuler un avis négatif publié au *Journal officiel*.

« Pour l'exercice de ces missions, la Banque de France procède aux expertises et se fait communiquer, par l'émetteur ou par toute personne intéressée, les informations utiles concernant les moyens de paiement et les terminaux ou les dispositifs techniques qui leur sont associés.

« Il est institué un Observatoire de la sécurité des cartes de paiement, qui regroupe des parlementaires, des représentants des administrations concernées, des émetteurs de cartes de paiement et des associations de commerçants et de consommateurs. L'Observatoire de la sécurité des cartes de paiement assure, en particulier, le suivi des mesures de sécurisation entreprises par les émetteurs et les commerçants, l'établissement de statistiques de la fraude et une veille technologique en matière de cartes de paiement, avec pour objet de proposer des moyens de lutter contre les atteintes d'ordre technologique à la sécurité des cartes de paiement. Le secrétariat de l'observatoire est assuré par la Banque de France. Le président est désigné parmi ses membres. Un décret en Conseil d'État précise sa composition et ses compétences. – *V. C. mon. fin., art. R. 141-1, R. 141-2, R. 142-22 s.*

« L'observatoire établit chaque année un rapport d'activité remis au ministre chargé de l'économie, des finances et de l'industrie et transmis au Parlement. »

(L. nº 2001-1168 du 11 déc. 2001) « II. — Dans le cadre des missions du Système européen de banques centrales, et sans préjudice des compétences *(L. nº 2003-706 du 1er août 2003, art. 46-V)* « de l'Autorité des marchés financiers » et de la commission bancaire, la Banque de France veille à la sécurité des systèmes de compensation, de règlement et de livraison des instruments financiers. » *- V. infra, art. R. 330-1 s.*

BIBL. ▶ DE VAUPLANE et DAIGRE, *Banque et Droit janv.-févr. 2002. 27* (lois du 15 nov. et du 11 déc. 2001).

L. 141-5 En application de l'article 106, paragraphe I, du traité instituant la Communauté européenne, accordant à la Banque centrale européenne le monopole d'autorisation d'émission de billets de banque dans la Communauté, la Banque de France est seule habilitée, sur le territoire de la France métropolitaine et des départements d'outre-mer, à émettre les billets ayant cours légal.

Elle exerce cette compétence à Mayotte, dans la collectivité territoriale de Saint-Pierre-et-Miquelon.

La Banque de France doit verser à l'État le solde non présenté à ses guichets de types de billets libellés en francs retirés de la circulation.

La Banque de France a pour mission d'assurer l'entretien de la monnaie fiduciaire et de gérer la bonne qualité de sa circulation sur l'ensemble du territoire. — *[L. nº 93-980 du 4 août 1993, art. 5, al. 1er, 3 et 4]. — Entrée en vigueur le 1er janv. 1999.*

Sur le recyclage des pièces et billets en euros, V. infra, art. R. 122-4 s., R. 123-1, R. 123-2 et R. 162-5.

BIBL. ▶ DENTAUD, *Banque, nº spéc., avr. 1975.* - SANDRIN, *ibid. 1975. 487* (nature juridique de la monnaie). - VAURENTUGHEM, *ibid. 1974. 284* (ordinateur de compensation).

SECTION II *Autres missions d'intérêt général et autres activités*

L. 141-6 La Banque de France exerce également d'autres missions d'intérêt général.

Dans ce cadre, la Banque de France accomplit les prestations demandées par l'État ou réalisées pour des tiers avec l'accord de celui-ci.

A la demande de l'État ou avec son accord, la Banque de France peut aussi fournir des prestations pour le compte de celui-ci ou le compte de tiers. Ces prestations sont rémunérées afin de couvrir les coûts engagés par la Banque. — *Les 2 premiers al. sont entrés en vigueur le 1er janv. 1999.*

La nature des prestations mentionnées ci-dessus et les conditions de leur rémunération sont fixées par des conventions conclues entre la Banque de France et, selon le cas, l'État ou les tiers intéressés. — *[L. nº 93-980 du 4 août 1993, art. 15].*

L. 141-7 Dans les conditions définies par le dernier alinéa de l'article L. 141-6 la Banque de France établit, pour le compte de l'État, la balance des paiements et la position extérieure de la France, sur instruction du ministre chargé de l'économie qui publie ces informations. — *[L. nº 93-980 du 4 août 1993, art. 16].*

L. 141-8 Peuvent être titulaires de comptes à la Banque de France :

1. Les organismes régis par les dispositions de l'article L. 511-9 ;

2. Le Trésor public, *(Abrogé par L. nº 2005-516 du 20 mai 2005, art. 16-IV)* « *les services financiers de La Poste,* » l'institut d'émission des départements d'outre-mer, l'institut d'émission d'outre-mer et la caisse des dépôts et consignations ;

3. Les prestataires de services d'investissement régis par le titre III du livre V ;

4. Les banques centrales étrangères et les établissements de crédit étrangers ;

5. Les organismes financiers internationaux et les organisations internationales ;

6. Dans les conditions fixées par le Conseil général, les agents de la Banque de France, ainsi que toute autre personne titulaire de comptes de clientèle à la Banque de France au 6 août 1993 ;

7. Tout autre organisme ou personne expressément autorisés par décision du Conseil général à ouvrir un compte à la Banque de France. – *[L. n° 93-980 du 4 août 1993, art. 17].*

L. 141-9 La Banque de France peut faire, pour son propre compte et pour le compte de tiers, toutes opérations sur or, moyens de paiement et titres libellés en monnaies étrangères ou définis par un poids d'or.

La Banque de France peut prêter ou emprunter des sommes en euros ou en devises étrangères à des banques étrangères, institutions ou organismes monétaires étrangers ou internationaux.

A l'occasion de ces opérations, la Banque de France demande ou octroie les garanties qui lui paraissent appropriées. – *[L. n° 93-980 du 4 août 1993, art. 18].*

CHAPITRE II *Organisation de la banque*

SECTION I *Statut de la Banque de France*

L. 142-1 La Banque de France est une institution dont le capital appartient à l'État. – *[L. n° 93-980 du 4 août 1993, art. 6].*

Sur le statut juridique de la Banque de France, V. • Civ. 1re, 5 févr. 2002 : *Bull. civ. I, n° 41 ; D. 2002. 1128, note Gridel ; ibid. 2003. Somm. 336, obs. Synvet ; JCP 2002. II. 10088, note Touboul.* ♦ *Contra :* • CE 2 oct. 2002 : *RTD com. 2003. 283, obs. Orsoni ; JCP 2003. I. 119, obs. Ondoua* • Crim. 3 juin 2003 : *cité note ss. art. L. 142-9.*

SECTION II *Le Conseil de la politique monétaire*

L. 142-2 Le Conseil de la politique monétaire examine les évolutions monétaires et analyse les implications de la politique monétaire élaborée dans le cadre du Système européen de banques centrales.

Dans le cadre des orientations et instructions de la Banque centrale européenne, il précise les modalités d'achat ou de vente, de prêt ou d'emprunt, d'escompte, de prise en gage, de prise ou de mise en pension de créances et d'émission de bons portant intérêt, ainsi que la nature et l'étendue des garanties dont sont assortis les prêts consentis par la Banque de France. – *Entrée en vigueur le 1er janv. 1999.*

Il peut consentir au gouverneur des délégations temporaires de pouvoir. – *[L. n° 93-980 du 4 août 1993, art. 7].*

L. 142-3 Le Conseil de la politique monétaire comprend, outre le gouverneur et les deux sous-gouverneurs de la Banque de France, *(L. n° 2002-1576 1576 du 30 déc. 2002)* « quatre » membres.

Ces *(L. n° 2002-1576 du 30 déc. 2002)* « quatre » membres sont nommés par décret en Conseil des ministres pour une durée de *(L. n° 2002-1576 du 30 déc. 2002)* « six » ans, sous réserve des dispositions des quatrième et cinquième alinéas du présent article.

Ils sont choisis sur une liste, comprenant un nombre de noms triple de celui des membres à désigner, qui est établie d'un commun accord, ou à défaut à parts égales, par le président du Sénat, le président de l'Assemblée nationale et le président du Conseil économique et social. Celle-ci est dressée en fonction de la compétence et de l'expérience professionnelle des membres à désigner dans les domaines monétaire, financier ou économique. Préalablement à leur transmission au Gouvernement, les listes dressées pour le renouvellement des membres mentionnés au deuxième alinéa sont soumises pour avis au Conseil de la politique monétaire. – *V. C. mon. fin., art. R. 142-1.*

Les membres mentionnés au deuxième alinéa sont renouvelés par *(L. n° 2002-1576 du 30 déc. 2002)* « moitié » tous les trois ans. Il est pourvu au remplacement des membres du conseil au moins huit jours avant l'expiration de leurs fonctions. Si l'un de ces membres ne peut exercer son mandat jusqu'à son terme, il est pourvu immédiatement à son remplacement dans les conditions décrites à l'alinéa précédent. Dans ce cas, le membre nommé n'exerce ses fonctions que pour la durée restant à courir du mandat de la personne qu'il remplace.

A l'occasion de la constitution du premier Conseil de la politique monétaire, la durée du mandat des six membres du Conseil de la politique monétaire, autres que le gouverneur et les sous-gouverneurs, est fixée par tirage au sort, selon des modalités prévues par le décret en Conseil d'État mentionné à l'article L. 144-4, pour deux d'entre eux à trois ans, pour deux autres à six ans et pour les deux derniers à neuf ans.

Le mandat des membres définis au deuxième alinéa n'est pas renouvelable. Toutefois, cette règle n'est pas applicable aux membres qui ont effectué un mandat de trois ans par l'effet des mesures prévues au cinquième alinéa ou qui ont remplacé, pour une durée de trois ans au plus, un membre du conseil dans le cas prévu au quatrième alinéa. — *[L. nº 93-980 du 4 août 1993, art. 8].*

Les membres du Conseil de la politique monétaire en fonction à la date de publication de la L. nº 2002-1576 du 30 déc. 2002 (JO 31 déc.) exercent leur mandat jusqu'à son terme (L. nº 2002-1576 du 30 déc. 2002, art. 85, III).

L. 142-4 Le Conseil de la politique monétaire se réunit sur convocation de son président au moins une fois par mois. Le gouverneur est tenu de le convoquer dans les quarante-huit heures sur la demande de la majorité de ses membres.

La validité des délibérations du Conseil de la politique monétaire est subordonnée à la présence d'au moins les deux tiers des membres en fonction. Si ce quorum n'est pas atteint, le Conseil de la politique monétaire, convoqué à nouveau par le gouverneur sur le même ordre du jour, se réunit valablement sans condition de quorum. Les décisions se prennent à la majorité des membres présents. En cas de partage égal des voix, celle du président est prépondérante.

Le Premier ministre et le ministre chargé de l'économie peuvent participer sans voix délibérative aux séances du Conseil de la politique monétaire. Ils peuvent soumettre toute proposition de décision à la délibération du Conseil. En cas d'empêchement du ministre chargé de l'économie, il peut se faire représenter, en tant que de besoin, par une personne nommément désignée et spécialement habilitée à cet effet.

Le Conseil de la politique monétaire délibère dans le respect de l'indépendance de son président, membre du conseil des gouverneurs de la Banque centrale européenne, et des règles de confidentialité de celle-ci. — *[L. nº 93-980 du 4 août 1993, art. 9]. — Le dernier al. de cet art. est entré en vigueur le 1er janv. 1999.*

L. 142-5 Les membres du Conseil de la politique monétaire sont tenus au secret professionnel.

Il ne peut être mis fin, avant terme, à leurs fonctions, que s'ils deviennent incapables d'exercer celles-ci ou commettent une faute grave, par révocation sur demande motivée du Conseil de la politique monétaire statuant à la majorité des membres autres que l'intéressé.

Les fonctions du gouverneur, des sous-gouverneurs et des autres membres du Conseil de la politique monétaire sont exclusives de toute autre activité professionnelle publique ou privée, rémunérée ou non, à l'exception de l'exercice du mandat de membre du Conseil économique et social ou le cas échéant, après accord du Conseil de la politique monétaire, d'activités d'enseignement ou de fonctions exercées au sein d'organismes internationaux. Ils ne peuvent exercer de mandats électifs. S'ils ont la qualité de fonctionnaires, ils sont placés en position de détachement et ne peuvent recevoir une promotion au choix.

Le gouverneur et les sous-gouverneurs qui cessent leurs fonctions pour un motif autre que la révocation pour faute grave continuent à recevoir leur traitement d'activité pendant trois ans. Pour les autres membres du Conseil de la politique monétaire, cette période est limitée à un an. Au cours de cette période, ils ne peuvent, sauf accord du Conseil de la politique monétaire, exercer d'activités professionnelles, à l'exception de fonctions publiques électives ou de fonctions de membre du Gouvernement. Dans le cas où le Conseil de la politique monétaire a autorisé l'exercice d'activités professionnelles, ou s'ils exercent des fonctions publiques électives autres que nationales, le Conseil détermine les conditions dans lesquelles tout ou partie de leur traitement peut continuer à leur être versé. – *[L. n° 93-980 du 4 août 1993, art. 10 (I), (partie)].*

SECTION III *Le Conseil général*

L. 142-6 Le Conseil général administre la Banque de France.

Il délibère sur les questions relatives à la gestion des activités de la Banque de France autres que celles qui relèvent des missions du Système européen de banques centrales.

Il délibère des statuts du personnel. Ces statuts sont présentés à l'agrément des ministres compétents par le gouverneur de la Banque de France. – *Cet al. est entré en vigueur le 1er janv. 1999. – V. C. mon. fin., art. R. 142-7.*

Le Conseil général délibère également de l'emploi des fonds propres et établit les budgets prévisionnels et rectificatifs de dépenses, arrête le bilan et les comptes de la Banque, ainsi que le projet d'affectation du bénéfice et de fixation du dividende revenant à l'État.

Le Conseil général désigne deux commissaires aux comptes chargés de vérifier les comptes de la Banque de France. Ils sont convoqués à la réunion du Conseil général, qui arrête les comptes de l'exercice écoulé. – *[L. n° 93-980 du 4 août 1993, art. 11].*

L. 142-7 Le Conseil général de la Banque de France comprend les membres du Conseil de la politique monétaire et un représentant élu des salariés de la Banque, dont le mandat est de six ans.

La validité des délibérations est subordonnée à la présence d'au moins *(L. n° 2002-1576 du 30 déc. 2002)* « cinq » membres.

Les décisions se prennent à la majorité des membres présents. En cas de partage, la voix du président est prépondérante.

Le Conseil général peut consentir des délégations de pouvoir au gouverneur de la Banque de France, qui peut les subdéléguer dans les conditions fixées par le Conseil.

Un censeur, ou son suppléant, nommé par le ministre chargé de l'économie, assiste aux séances du Conseil général. Il peut soumettre des propositions de décision à la délibération du Conseil.

Les décisions adoptées par le Conseil général sont définitives, à moins que le censeur ou son suppléant n'y ait fait opposition. – *[L. n° 93-980 du 4 août 1993, art. 12].*

SECTION IV *Le gouverneur et les sous-gouverneurs*

L. 142-8 La direction de la Banque de France est assurée par le gouverneur de la Banque de France.

Le gouverneur préside le Conseil de la politique monétaire et le Conseil général de la Banque de France.

Il prépare et met en œuvre les décisions de ces Conseils.

Il représente la Banque vis-à-vis des tiers ; il signe seul, au nom de la Banque, toute convention.

Il nomme à tous les emplois de la Banque, sous réserve des dispositions de l'article L. 142-3.

Le gouverneur est assisté d'un premier et d'un second sous-gouverneurs. Les sous-gouverneurs exercent les fonctions qui leur sont déléguées par le gouverneur. En cas d'absence ou d'empêchement du gouverneur, le Conseil de la politique monétaire et le Conseil général sont présidés par l'un des sous-gouverneurs, désigné spécialement à cet effet par le gouverneur.

Le gouverneur et les deux sous-gouverneurs sont nommés par décret en Conseil des ministres pour une durée de six ans renouvelable une fois. La limite d'âge applicable à l'exercice de ces fonctions est fixée à soixante-cinq ans. – *[L. n° 93-980 du 4 août 1993, art. 13].*

SECTION V *Le personnel de la banque*

L. 142-9 Les agents de la Banque de France sont tenus au secret professionnel.

Ils ne peuvent prendre ou recevoir une participation ou quelque intérêt ou rémunération que ce soit par travail ou conseil dans une entreprise publique ou privée, industrielle, commerciale ou financière, sauf dérogation accordée par le gouverneur. Ces dispositions ne s'appliquent pas à la production des œuvres scientifiques, littéraires ou artistiques. – *[L. n° 93-980 du 4 août 1993, art. 14 (I)].*

Sur l'application du code du travail aux agents de la Banque de France, V. • CE 22 mars 2000 : *D. 2000. IR. 139 ; RTD com. 2000. 603, obs. Orsoni*. ♦ V. aussi sur la convocation du comité central d'entreprise de la Banque de France et la procédure d'urgence : • CAA Paris, 11 mai 2000 : *RFD adm. 2000. 870, concl. Lambert*. ♦ ... Sur la contestation par le comité d'hygiène, de sécurité et des conditions de travail d'un projet de réorganisation de la Banque. • CE 2 oct. 2002 : *RTD com. 2003. 283, obs. Orsoni ; JCP 2003. I. 119, obs. Ondoua.* ♦ ... Sur l'application des dispositions du code du travail permettant des dérogations exceptionnelles à la durée du travail quotidienne. • CE 21 févr. 2003 : *RTD com. 2003. 489, obs. Orsoni ; RFD adm. 2003. 417, obs. Terneyre.* ♦ ... Sur le temps passé par les délégués syndicaux à la participation de réunions des commissions constituées au sein des comités d'établissement. • CE 30 déc. 2003 : *JCP E 2004, n° 5, p. 160.* ♦ ... Sur le délit d'entrave. • Crim. 3 juin 2003 : *Bull. crim. n° 110.* ♦ Sur la compétence juridictionnelle, V., *infra*, art. L. 144-3 C. mon. fin.

SECTION VI *Les succursales*

L. 142-10 Les succursales de la Banque de France participent à l'exercice des missions de la banque. Elles concourent à l'entretien de la monnaie fiduciaire et à l'exécution des paiements scripturaux. Elles contribuent à la connaissance du tissu économique local et à la diffusion des informations monétaires et financières. Elles assurent la gestion et le suivi des dossiers de surendettement dans les conditions prévues à l'article L. 141-6.

Elles entretiennent des relations, pour exercer leurs missions, avec les banques, les entreprises, les organismes consulaires, les collectivités locales et les services déconcentrés de l'État de leur rayon d'action. – *[L. n° 93-980 du 4 août 1993, art. 20-1]. – Entrée en vigueur le 1er janv. 1999.*

CHAPITRE III *Rapport au Président de la République. – Contrôle du Parlement*

L. 143-1 Le gouverneur de la Banque de France adresse au Président de la République et au Parlement, au moins une fois par an, un rapport sur les opérations de la Banque de France, la politique monétaire qu'elle met en œuvre dans le cadre du Système européen de banques centrales et les perspectives de celle-ci.

Dans le respect des dispositions de l'article 108 du traité instituant la Communauté européenne et des règles de confidentialité de la Banque centrale européenne, le gouverneur de la Banque de France ou le Conseil de la politique monétaire sont entendus par les commissions des finances des deux assemblées, à l'initiative de celles-ci, et peuvent demander à être entendus par elles.

Les comptes de la Banque de France, ainsi que le rapport des commissaires aux comptes, sont transmis aux commissions des finances de l'Assemblée nationale et du Sénat. – *[L. n° 93-980 du 4 août 1993, art. 19]. – V. note ss. art. L. 141-1.*

CHAPITRE IV *Dispositions diverses*

L. 144-1 **La Banque de France est habilitée à se faire communiquer par les établissements de crédit et les établissements financiers tous documents et renseignements qui lui sont nécessaires pour exercer les missions définies à la section I du chapitre Ier du présent titre. Elle peut entrer directement en relation avec les entreprises et groupements professionnels qui seraient disposés à participer à ses enquêtes.** – *[L. nº 93-980 du 4 août 1993, art. 20].*

(L. nº 2003-706 du 1er août 2003, art. 79) **« La Banque de France peut communiquer tout ou partie des renseignements qu'elle détient sur l'endettement des entreprises aux autres banques centrales membres du système européen des banques centrales, aux autres institutions chargées dans un État membre de l'Union européenne d'une mission similaire à celles qui lui sont confiées en France et aux établissements de crédit et établissements financiers installés dans un État membre de l'Union européenne, sous condition de réciprocité. »**

Sur les échanges d'informations entre les institutions bancaires et financières, V. art. L. 631-1 C. mon. fin., infra.

Doivent communiquer à la Banque de France les informations nécessaires à l'élaboration des statistiques monétaires : les prestataires de services d'investissement, les entreprises de marché et les chambres de compensation (C. mon. fin., art. L. 533-3) ; ... les SICAV, les fonds communs de placement et les fonds communs de créances (C. mon. fin., art. L. 214-13 et L. 214-45). – Sur l'obligation d'information statistique des émetteurs de titres de créances négociables, V. infra, art. D. 213-14.

En ce qui concerne le secret professionnel, V. C. mon. fin., art. L. 511-3.

L. 144-2 **Les opérations de la Banque de France ainsi que les activités mentionnées au deuxième alinéa de l'article L. 142-6 sont régies par la législation civile et commerciale.** – *[L. nº 93-980 du 4 août 1993, art. 21].*

V. note ss. art. L. 144-3.

L. 144-2-1 *(Ord. nº 2006-460 du 21 avr. 2006, art. 3-IX)* **Les biens immobiliers appartenant à la Banque de France sont soumis aux dispositions du code général de la propriété des personnes publiques applicables aux établissements publics de l'État.** – *V. C. adm.*

Les biens mobiliers appartenant à la Banque de France sont insaisissables.

L. 144-3 **La juridiction administrative connaît des litiges se rapportant à l'administration intérieure de la Banque de France ou opposant celle-ci aux membres du Conseil de la politique monétaire, aux membres du Conseil général ou à ses agents.** – *[L. nº 93-980 du 4 août 1993, art. 22].*

La fonction de centralisation des incidents de paiement dévolue à la Banque de France par le règl. CRB nº 86-08 du 27 févr. 1986 constituant une mission de service public se rattachant à la mission générale de surveillance du crédit et de la monnaie dévolue à cette institution, comportant l'exercice de prérogatives de puissance publique, la juridiction judiciaire n'est pas compétente pour connaître de l'action en responsabilité engagée contre la Banque de France à raison du fonctionnement du fichier informatisé des incidents de paiement des effets de commerce. • Civ. 1re, 2 avr. 1996 : *Bull. civ. I, nº 167 ; D. 1996. IR. 119 ; RTD com. 1996. 505, obs. Cabrillac ; JCP E 1997. I. 635, nº 1, obs. Gavalda et Stoufflet* (cassant • Paris, 28 mars 1994 : *D. 1994. IR. 113*) (sous l'empire de la loi de 1973). – V. déjà • TGI Paris, 25 mars 1992 : *Gaz. Pal. 1994. 2. Somm. 730.* ♦ La constitution et le fonctionnement du fichier bancaire des entreprises (FIBEN) se rattachant directement à la mission du service public de surveillance du crédit et du système bancaire confié à la Banque de France et comportant l'exercice de prérogatives de puissance publique, les tribunaux administratifs sont seuls compétents pour connaître de l'action en responsabilité exercée contre la Banque de France relative au fonctionnement de ce fichier. • Civ. 1re, 21 oct. 1997 : *Bull. civ. I, nº 28 ; D. Affaires 1997. 1353 ; Gaz. Pal. 1998. 2. 661* (sous l'empire de la loi de 1973). ♦ Dans le même sens, mais au motif qu'il s'agitlà d'une mission de service public administratif n'entrant dans aucun des cas visés par l'art. 21 [C. mon. fin., art. L. 144-2], V. • T. confl., 16 juin 1997 : *RFD adm. 1997. 823, concl. Arrighi de Casanova*.

En revanche, par dérogation à la compétence de droit commun du juge administratif (C. mon. fin., art. L. 144-3), le litige qui oppose la Banque de France à ses salariés, relatif à une demande d'expertise faisant suite à une contestation par le comité d'hygiène, de sécurité et des conditions de travail d'un projet de réorganisation de la Banque, relève, en application des dispositions de l'art. L. 236-9 C. trav., de la compétence exclusive du TGI. • CE 2 oct. 2002 : *RTD com. 2003. 283, obs. Orsoni; JCP 2003. I. 119, obs. Ondoua.* ♦ *Contra,* s'agissant du litige portant sur les conditions dans lesquelles les représentants du personnel exercent leur mandat syndical ou social : • CE 30 déc. 2003 : *JCP E 2004, n° 5, p. 160.*

L. 144-4 **Un décret en Conseil d'État fixe les modalités d'application du présent titre.**

Il précise notamment le montant du capital de la Banque de France, les modalités d'établissement de son budget annuel, de financement de ses investissements, de présentation et d'arrêté des comptes, d'affectation du résultat annuel et de rémunération des membres du Conseil de la politique monétaire et du Conseil général ainsi que les modalités d'élection du représentant des salariés de la Banque de France au Conseil général. – *[L. n° 93-980 du 4 août 1993, art. 33]. – V. art. R. 142-1 s. et Décr. n° 93-1278 du 3 déc. 1993, art. 4 à 7.*

Art. L. 144-5 (Abrogé par L. n° 2003-706 du 1er août 2003, art. 76) ***La situation hebdomadaire de la Banque de France est publiée au Journal officiel de la République française.*** – [L. n° 93-980 du 4 août 1993, art. 34].

BIBL. ▶ CABANNES, *Banque et Droit janv.-févr. 2004. 15* (suppression de la situation hebdomadaire de la Banque de France).

TITRE V Les relations financières avec l'étranger

RÉP. COM. v^is *Circulation des capitaux (paiements internationaux ; investissements, blanchiment) ; Douanes,* par BERR.

CHAPITRE PREMIER *Dispositions générales*

BIBL. GÉN. ▶ TEITGEN, *JCP E 1994. I. 339* (investissements étrangers en France). – LEROUX, *Banque et Droit nov.-déc. 2003. 23* (en finir avec le contrôle des changes : retour sur vingt ans d'hésitation législative).

L. 151-1 **Les relations financières entre la France et l'étranger sont libres.**

Cette liberté s'exerce selon les modalités prévues par le présent chapitre, dans le respect des engagements internationaux souscrits par la France. – *[L. n° 66-1008 du 28 déc. 1966, art. 1er].*

1. Liberté des relations financières. **BIBL.** Juillard, *D. 1993. Chron. 281*. – De Guardia, *Gaz. Pal. 1992. 2. Doctr. 766*. – Andrieu et Teitgen, *JCP E 1993. I. 257.* ♦ Cessent d'être applicables aux poursuites en cours les dispositions des lois ou règlements, même non expressément abrogées, dans la mesure où elles sont inconciliables avec celles d'une loi nouvelle. • Crim. 21 mai 1992 : *Bull. crim. n° 203 ; D. 1993. Somm. 77, obs. Pannier ; BICC 15 oct. 1992, concl. Amiel ; JCP 1993. II. 21985, note Pannier ; JCP E 1992. II. 354, note Berr ; Gaz. Pal. 1993. 1. 1, note Bayet* • 22 juin 1992 : *ibid. 1994. 1. Somm. 34.* ♦ Il résulte des dispositions combinées des art. 98 de la loi n° 89-935 du 29 déc. 1989 [C. mon. fin., art. L. 152-1 s.] et 23 de la loi n° 90-614 du 12 juill. 1990 [C. mon. fin., art. L. 152-4], prises en conformité de la directive CEE du 24 juin 1988, qu'en soumettant désormais à une simple déclaration les transferts de sommes, titres ou valeurs vers l'étranger ou en provenance de l'étranger, la législation a rétabli la liberté des relations financières dont le principe est affirmé à l'art. 1er de la loi n° 66-1008 du 28 déc. 1966 [C. mon. fin., art. L. 151-1] demeurée en vigueur. • Mêmes arrêts. ♦ Par voie de conséquence sont devenues incompatibles avec ce principe toutes dispositions antérieures ayant édicté des restrictions, tels les décrets pris sur le fondement de l'art. 3 de ladite loi de 1966, ainsi que l'art. 24-II de la loi n° 87-502 du 8 juill. 1987 [abrogée]. • Mêmes arrêts. • Crim. 6 juin 1994 : *Bull. crim. n° 223.* – Comp. : • Crim. 13 juin 1994 : *ibid. n° 232.* – V. aussi • Crim. 12 juin 1995 : *ibid. n° 213.* – *Contra* : • Crim. 7 juin 1990 : *ibid. n° 232 ; D. 1990. 584, note Pannier.* ♦ Sur la survie dudit art. 3, compte tenu de cette jurisprudence, V. Rép. min. n° 5298, *JO Sénat Q, 13 oct. 1994, p. 2477.*

2. Transfert d'effets de commerce à l'étranger. V. note 3 ss. art. L. 511-29 C. com.

L. 151-2 **Le Gouvernement peut, pour assurer la défense des intérêts nationaux et par décret pris sur le rapport du ministre chargé de l'économie :**

1. Soumettre à déclaration, autorisation préalable ou contrôle :

a) Les opérations de change, les mouvements de capitaux et les règlements de toute nature entre la France et l'étranger ;

b) La constitution, le changement de consistance et la liquidation des avoirs français à l'étranger ;

c) La constitution et la liquidation des investissements étrangers en France ;

d) L'importation et l'exportation de l'or ainsi que tous autres mouvements matériels de valeurs entre la France et l'étranger ;

2. Prescrire le rapatriement des créances sur l'étranger hors Communauté européenne nées de l'exportation de marchandises, de la rémunération de services et, d'une manière générale, de tous revenus ou produits à l'étranger ;

3. Habiliter des intermédiaires pour réaliser les opérations mentionnées aux 1, a et d ci-dessus. — *[L. n° 66-1008 du 28 déc. 1966, art. 3].* — *V. infra, art. R. 151-1 s. ; Décr. n° 2003-196 du 7 mars 2003, ss. art. L. 151-3, infra.*

Pour une application des art. L. 151-1 et L. 151-2, V. Décr. n° 2001-875 du 25 sept. 2001 (JO 26 sept.), complété par Décr. n° 2001-934 du 12 oct. 2001 (JO 13 oct.), Décr. n° 2002-541 du 20 avr. 2002 (JO 21 avr.), Décr. n° 2002-1102 du 29 août 2002 (JO 31 août), Décr. n° 2002-1139 du 9 sept. 2002 (JO 10 sept.), Décr. n° 2002-1270 du 19 oct. 2002 (JO 20 oct.).

Défense des intérêts nationaux. Le Conseil de sécurité des Nations unies ayant décidé que tous les États doivent prendre des mesures, notamment financières, à l'égard d'Oussama ben Laden, d'Al-Qaida et de tous groupes, entreprises et entités associés figurant sur une liste qu'il a établie, le ministre de l'Economie n'a, dans ces circonstances, pas commis d'erreur d'appréciation en estimant qu'en application de l'art. L. 151-2 la défense des intérêts nationaux justifiait que les opérations de change, les mouvements de capitaux et les règlements financiers de toute nature avec l'étranger de l'association requérante, inscrite sur la liste susvisée, devaient être soumis à autorisation préalable. • CE 3 nov. 2004 : *D. 2005. 824, note Clamour.*

L. 151-3 *(L. n° 2004-1343 du 9 déc. 2004, art. 30)* **I. — Sont soumis à autorisation préalable du ministre chargé de l'économie les investissements étrangers dans une activité en France qui, même à titre occasionnel, participe à l'exercice de l'autorité publique ou relève de l'un des domaines suivants :**

a) Activités de nature à porter atteinte à l'ordre public, à la sécurité publique ou aux intérêts de la défense nationale ;

b) Activités de recherche, de production ou de commercialisation d'armes, de munitions, de poudres et substances explosives.

Un décret en Conseil d'État définit la nature des activités ci-dessus. — *V. infra, art. R. 153-1 s.*

II. — L'autorisation donnée peut être assortie le cas échéant de conditions visant à assurer que l'investissement projeté ne portera pas atteinte aux intérêts nationaux visés au I.

Le décret mentionné au I précise la nature des conditions dont peut être assortie l'autorisation.

III. — Le ministre chargé de l'économie, s'il constate qu'un investissement étranger est ou a été réalisé en méconnaissance des prescriptions du I ou du II, peut enjoindre à l'investisseur de ne pas donner suite à l'opération, de la modifier ou de faire rétablir à ses frais la situation antérieure.

Cette injonction ne peut intervenir qu'après l'envoi d'une mise en demeure à l'investisseur de faire connaître ses observations dans un délai de quinze jours.

En cas de non-respect de l'injonction précitée, le ministre chargé de l'économie peut, après avoir mis l'investisseur à même de présenter ses observations sur les faits qui lui sont reprochés dans un délai minimum de quinze jours, sans préjudice du rétablissement de la situation antérieure, lui infliger une sanction pécuniaire dont le montant maximum s'élève au double du montant de l'investissement irrégulier. Le montant de la sanction pécuniaire doit être proportionnel à la gravité des manquements commis. Le montant de la sanction est recouvré comme les créances de l'État étrangères à l'impôt et au domaine.

Ces décisions sont susceptibles d'un recours de plein contentieux.

Le décret mentionné au I détermine les modalités d'application du III.

BIBL. ▶ Loi n° 96-109 du 14 févr. 1996 : Boulanger, *JCP E 1996. I. 551.* — Jacomet et Pinault, *Bull. Joly 1996. 267.* — Carreau et Hurstel, *D. 1996. Chron. 239*. — Broussy, *D. Affaires 1996. 888.* — Lepoutre, *Dr. et patr. nov. 1996. 24.* ▶ Loi n° 2004-1343 du 9 déc. 2004 : Chvika, *D. 2006. 218* (aménagement du contrôle des investissements étrangers dans les secteurs stratégiques en France).

Atteinte à l'ordre public (législation antérieure à la loi du 14 févr. 1996). Le ministre de l'économie peut, dans son appréciation du risque que comporte un projet d'investissement étranger pour l'ordre public, tenir compte du comportement de la personne au profit de laquelle l'investissement est réalisé et de l'origine des fonds servant à financer le projet. • CE 15 avr. 1996 : *RJDA 1996, n° 1368.*

L. 151-4 Est nul tout engagement, convention ou clause contractuelle qui réalise directement ou indirectement un investissement étranger dans l'un des domaines mentionnés au I de l'article L. 151-3 lorsque cet investissement n'a pas fait l'objet de l'autorisation préalable exigée sur le fondement du c du 1 de l'article L. 151-2. — *[L. n° 66-1008 du 28 déc. 1966, art. 5-1 (II)].*

CHAPITRE II *Obligations de déclaration*

L. 152-1 Les personnes physiques qui transfèrent vers l'étranger ou en provenance de l'étranger des sommes, titres ou valeurs, sans l'intermédiaire d'un établissement de crédit, ou d'un organisme ou service mentionné à l'article L. 518-1 doivent en faire la déclaration dans des conditions fixées par décret.

Une déclaration est établie pour chaque transfert à l'exclusion des transferts dont le montant est inférieur à *(L. n° 2001-1276 du 28 déc. 2001)* « 7 600 €. — *[L. n° 89-935 du 29 déc. 1989, art. 98 (1)].*

L. 152-2 Les personnes physiques, les associations, les sociétés n'ayant pas la forme commerciale, domiciliées ou établies en France, sont soumises aux dispositions du deuxième alinéa de l'article 1649 A du code général des impôts. — *[L. n° 89-935 du 29 déc. 1989, art. 98 (2)].*

L. 152-3 Les établissements de crédit ainsi que les organismes et services mentionnés à l'article L. 518-1 doivent communiquer aux administrations fiscales et douanières, sur leur demande, la date et le montant des sommes transférées à l'étranger par les personnes visées à l'article L. 152-2, l'identification de l'auteur du transfert et du bénéficiaire ainsi que les références des comptes concernés en France et à l'étranger. Ces dispositions s'appliquent également aux opérations effectuées pour le compte de ces personnes sur des comptes de non-résidents.

Les organismes mentionnés au premier alinéa sont tenus de conserver, dans les conditions prévues à l'article L. 102 B du Livre des procédures fiscales, tout document, information, donnée ou traitement relatif aux opérations de transfert mentionnées aux alinéas précédents.

Un décret en Conseil d'État peut fixer, après avis de la commission nationale de l'informatique et des libertés, les règles particulières relatives à la conservation et à la communication des informations détenues par les organismes mentionnés au premier alinéa. – *[L. nº 89-935 du 29 déc. 1989, art. 98 (3)].*

L. 152-4 *(L. nº 2004-204 du 9 mars 2004, art. 33-V)* I. – La méconnaissance des obligations déclaratives énoncées à l'article L. 152-1 est punie d'une amende égale au quart de la somme sur laquelle a porté l'infraction ou la tentative d'infraction.

II. – En cas de constatation de l'infraction mentionnée au I par les agents des douanes, ceux-ci consignent la totalité de la somme sur laquelle a porté l'infraction ou la tentative d'infraction, pendant une durée de trois mois, renouvelable sur autorisation du procureur de la République du lieu de la direction des douanes dont dépend le service chargé de la procédure, dans la limite de six mois au total.

La somme consignée est saisie et sa confiscation peut être prononcée par la juridiction compétente si, pendant la durée de la consignation, il est établi que l'auteur de l'infraction mentionnée au I est ou a été en possession d'objets laissant présumer qu'il est ou a été l'auteur d'une ou plusieurs infractions prévues et réprimées par le code des douanes ou qu'il participe ou a participé à la commission de telles infractions ou s'il y a des raisons plausibles de penser que l'auteur de l'infraction visée au I a commis une infraction ou plusieurs infractions prévues et réprimées par le code des douanes ou qu'il a participé à la commission de telles infractions.

La décision de non-lieu ou de relaxe emporte de plein droit, aux frais du Trésor, mainlevée des mesures de consignation et saisie ordonnées. Il en est de même en cas d'extinction de l'action pour l'application des sanctions fiscales.

III. – La recherche, la constatation et la poursuite des infractions mentionnées au I sont effectuées dans les conditions fixées par le code des douanes.

Dans le cas où l'amende prévue au I est infligée, la majoration de 40 % mentionnée au premier alinéa de l'article *(Ord. nº 2005-1512 du 7 déc. 2005, art. 24-III)* « 1758 » du code général des impôts n'est pas appliquée.

Les dispositions issues de la loi nº 2004-204 du 9 mars 2004 (JO 10 mars) entrent en vigueur le 1er oct. 2004 (art. 207-I).

Jugé que le juge ne peut pas libérer le contrevenant, en tout ou partie, de la confiscation du corps du délit lorsqu'il a été saisi. • Crim. 19 nov. 2003 : *Bull. crim. nº 218 ; D. 2004. IR. 188 ; BRDA 2004, nº 1, p. 13 ; BEEI 2004, nº 2, p. 13* (jurisprudence antérieure à la loi du 9 mars 2004).

L. 152-5 Les infractions aux dispositions de l'article L. 152-2 sont passibles d'une amende de 750 € par compte non déclaré. – *[L. nº 89-935 du 29 déc. 1989, art. 98 (4)].*

L. 152-6 Les organismes qui ne se conforment pas aux obligations prévues à l'article L. 152-3 sont passibles d'une amende égale à 50 % du montant des sommes non communiquées.

Lorsque le contribuable apporte la preuve que le Trésor n'a subi aucun préjudice, le taux de l'amende est ramené à 5 % et son montant plafonné à 750 € en cas de première infraction. L'infraction est constatée et l'amende recouvrée, garantie et contestée dans les conditions prévues pour les contraventions aux dispositions relatives au droit de communication de l'administration des impôts mentionnées à l'article L. 152-3. – *[L. nº 89-935 du 29 déc. 1989, art. 98 (5)].*

CHAPITRE III *Biens des banques centrales étrangères*

L. 153-1 *(L. nº 2005-842 du 26 juill. 2005, art. 51)* Ne peuvent être saisis les biens de toute nature, notamment les avoirs de réserves de change, que les banques centrales ou les autorités monétaires étrangères détiennent ou gèrent pour leur compte ou celui de l'État ou des États étrangers dont elles relèvent.

Par exception aux dispositions du premier alinéa, le créancier muni d'un titre exécutoire constatant une créance liquide et exigible peut solliciter du juge de l'exécution l'autorisation de poursuivre l'exécution forcée dans les conditions prévues par la loi n° 91-650 du 9 juillet 1991 portant réforme des procédures civiles d'exécution s'il établit que les biens détenus ou gérés pour son propre compte par la banque centrale ou l'autorité monétaire étrangère font partie d'un patrimoine qu'elle affecte à une activité principale relevant du droit privé.

TITRE VI Dispositions pénales

CHAPITRE PREMIER *Infractions relatives à la prohibition du paiement en espèces de certaines créances*

L. 161-1 Est punie d'une amende de 15 000 € le fait de méconnaître les obligations prescrites à l'article L. 112-8. – *[L. n° 90-614 du 12 juill. 1990, art. 23 (III)]*.

CHAPITRE II *Infractions relatives à la monnaie* (*Ord. n° 2005-429 du 6 mai 2005, art. 19*).

L. 162-1 La contrefaçon et la falsification des monnaies et des billets de banque, ainsi que le transport, la mise en circulation et la détention en vue de la mise en circulation de monnaies et de billets contrefaits ou falsifiés sont réprimés par les articles 442-1 à (*Ord. n° 2005-429 du 6 mai 2005, art. 20*) « 442-15 » du code pénal. – *[C. instr. mon., art. 22 et 36]*.

L. 162-2 Toute personne qui a reçu des signes monétaires contrefaits ou falsifiés a l'obligation de les remettre ou de les faire remettre à la Banque de France ou à l'administration des monnaies et médailles, selon qu'il s'agit de billets de banque ou de monnaies métalliques.

La Banque de France et l'administration des monnaies et médailles sont habilitées à retenir et éventuellement à détruire les signes monétaires qu'elles reconnaissent comme contrefaits ou falsifiés. – *[C. instr. mon., art. 38-2]*.

CHAPITRE III *Infractions relatives aux chèques et aux cartes de paiement*

L. 163-1 Est puni d'une amende de 6 000 € le fait, pour le tiré, de refuser le paiement d'un chèque hors les cas mentionnés au deuxième alinéa de l'article L. 131-35, au motif que le tireur y a fait opposition. – *[Décr.-L. du 30 oct. 1935, art. 65-1 A]*.

L. 163-2 Est puni d'un emprisonnement de cinq ans et d'une amende de 375 000 €, le fait pour toute personne d'effectuer après l'émission d'un chèque, dans l'intention de porter atteinte aux droits d'autrui, le retrait de tout ou partie de la provision, par transfert, virement ou quelque moyen que ce soit, ou de faire dans les mêmes conditions défense au tiré de payer.

Est puni des mêmes peines le fait, pour toute personne, d'accepter de recevoir ou d'endosser en connaissance de cause un chèque émis dans les conditions définies à l'alinéa précédent.

Est puni des mêmes peines le fait, pour toute personne, d'émettre un ou plusieurs chèques au mépris de l'injonction qui lui a été adressée en application de l'article L. 131-73.

Est puni des mêmes peines le fait, pour un mandataire, d'émettre, en connaissance de cause, un ou plusieurs chèques dont l'émission était interdite à son mandant en application de l'article L. 131-73.

Pour la recherche, la poursuite, l'instruction et le jugement des infractions mentionnées aux alinéas précédents, le tribunal du lieu où le chèque est payable est compétent, sans préjudice de l'application des articles 43, 52 et 382 du code de procédure pénale. – *[Décr.-L. du 30 oct. 1935, art. 66 et 75].*

BIBL. ▸ CABRILLAC, *Mélanges Jean Larguier, p. 57* (délits de retrait et de blocage de la provision après 1991).

A. JURISPRUDENCE ANTÉRIEURE À LA LOI DU 30 DÉC. 1991

1. *Retrait ou blocage de la provision.* Commet une infraction, le tireur qui, ayant conscience de porter atteinte aux droits d'autrui, procède au retrait ou au blocage de la provision. • Crim. 13 avr. 1983 : *Bull. crim. n° 102 ; D. 1984. 461, note Bouloc ; RTD com. 1983. 439, obs. Cabrillac et Teyssié* • 5 oct. 1983 : *D. 1984. 461, note Bouloc ; RTD com. 1984. 120, obs. Cabrillac et Teyssié.*

Pour un arrêt ayant déclaré le gérant d'une société, coupable de défense au tiré de payer un chèque émis sur son compte personnel et remis, à titre de cautionnement de la société, à un créancier de celle-ci, au motif que tant la dénonciation du vol imaginaire du chèque que l'opposition subséquente, formalisées quelques jours avant la déclaration de cessation des paiements de la société, ont constitué une manœuvre du prévenu pour éluder ses engagements avec l'intention de porter atteinte aux droits du bénéficiaire du chèque, V. • Crim. 4 janv. 1996 : *Bull. crim. n° 3.*

2. *Intention dolosive.* **BIBL.** Massé, *RSC 1987. 307.* ♦ Il est nécessaire de caractériser l'élément moral de l'infraction qui ne repose pas sur la seule mauvaise foi du prévenu. • Crim. 17 juill. 1980 : *JCP 1981. II. 19589, note Gavalda.*

3. A l'intention de porter atteinte aux droits du bénéficiaire du chèque, le prévenu qui, en faisant défense au tiré de payer ce chèque, a eu conscience que celui-ci serait impayé à sa présentation, et la volonté de le laisser impayé. • Crim. 3 avr. 1979 : *D. 1979. IR. 525, obs. Puech ; D. 1980. IR. 134, obs. Cabrillac.*

4. La seule connaissance par le tireur de l'absence de provision ne dispense pas les juges du fond de rechercher si le prévenu avait l'intention de porter atteinte aux droits d'autrui et ne suffit pas à caractériser le délit dans son élément intentionnel. • Crim. 5 oct. 1983 : *préc. note 1.* ♦ V. aussi • Crim. 10 janv. 1991 : *D. 1991. IR. 64.*

5. Il est du pouvoir souverain des juges du fond d'apprécier l'existence de l'intention de porter atteinte aux droits d'autrui. • Crim. 13 avr. 1983 : *préc. note 1.*

5 bis. N'a pas eu l'intention de porter atteinte aux droits d'autrui, le tireur qui a confié en dépôt à un huissier un chèque que ce dernier ne devait remettre à son bénéficiaire qu'après apurement d'un contentieux entre eux, et qui a fait opposition au paiement dès qu'il a su que l'huissier avait donné l'effet à son adversaire en violation de ses instructions. • Douai, 16 mai 1991 : *BICC 1991, n° 1680.*

6. *Droit international.* L'émission par un étranger en France d'un chèque payable dans un pays étranger entre dans le champ d'application de la loi pénale française. • TGI Paris, 21 avr. 1987 : *D. 1988. IR. 50, obs. crit. Cabrillac.* ♦ En revanche, en application des dispositions de l'art. 689, al. 2, C. pr. pén., un citoyen français, résidant hors du territoire de la République, qui a fait opposition au paiement d'un chèque payable à l'étranger, ne peut être poursuivi, selon les termes de l'art. 66 [C. mon. fin., art. L. 163-2], dès lors que le fait reproché n'est pas puni par la législation du pays où il a été commis. • Paris, 24 oct. 1989 : *D. 1991. Somm. 218, obs. Cabrillac.*

7. *Réception illicite.* Le délit était constitué au cas de réception d'un chèque sans provision par un préposé dès lors que l'élément moral apparaissait en la personne du commettant. • Crim. 23 mars 1965 : *Bull. crim. n° 84* • 26 nov. 1974 : *Gaz. Pal. 1975. 1. Somm. 1.* ♦ Il en allait autrement, au cas de seule réception matérielle du titre. • Crim. 10 mai 1978 : *D. 1978. IR. 440, obs. Cabrillac ; Bull. crim. n° 146.* ♦ ... Ou de la simple réception pour encaissement par un banquier. • Paris, 9 juill. 1969 : *Banque 1969. 829.*

8. Sur la preuve de l'intention délictuelle, à partir de l'irrégularité de la date d'émission du chèque, V. • Crim. 16 nov. 1974 : *Bull. crim. n° 347* • 12 juill. 1961 : *Banque 1961. 823, obs. Marin ; Gaz. Pal. 1961. 2. 256.* – Comp. : • Crim. 21 oct. 1985 : *D. 1986. IR. 406, obs. Roujou de Boubée ; RTD com. 1987. 85, obs. Cabrillac et Teyssié.*

9. Sur l'infraction commise par le bénéficiaire d'un chèque « de garantie » sans provision, V. Bouteron, *Gaz. Pal. 1954. 1. Doctr. 15* • Crim. 12 juill. 1961 : *préc. note 8* • 8 déc. 1955 : *D. 1956. 698, note Derrida* • 8 déc. 1953 : *D. 1954. 437, note Vouin.*

10. *Ancien délit d'émission de chèque sans provision.* V. jurisprudence ss. l'ancien art. 66. – **C. com.**, édition 1991-92.

B. APPLICATION DANS LE TEMPS DE LA LOI DU 30 DÉC. 1991

11. Sur les effets du principe de rétroactivité de la loi pénale plus douce, s'agissant de l'abrogation de l'infraction d'émission de chèque sans provision, V. • Paris, 9 févr. 1992 : *JCP 1992. IV. 1757.*

12. Bien qu'il ait été commis avant le 1er juin 1992, le délit d'émission de chèque sans provision malgré une injonction bancaire, tel qu'il était prévu par l'art. 69 du Décr.-l. du 30 oct. 1935 dans sa rédaction antérieure à la loi du 30 déc. 1991, entre dans les prévisions de l'art. 66, al. 3, dans sa rédaction issue de ladite loi [C. mon. fin., art. L. 163-2, al. 3] et demeure punissable dans les limites des peines maximales prévues par ce texte. • Crim. 29 juin 1993 : *Bull. crim. n° 229 ; JCP E 1993. Pan. 1288.* ♦ Il n'importe que le décret n° 92-456 du 22 mai 1992 ait prévu, pour l'avenir, les modalités dans lesquelles seraient délivrées les injonctions prévues par l'art. 65-3 du Décr.-l. [C. mon. fin., art. L. 131-73], ses dispositions étant sans effet sur les poursuites régulièrement engagées avant son entrée en vigueur. • Même arrêt.

L. 163-3 **Est puni d'un emprisonnement de sept ans et d'une amende de 750 000 € le fait pour toute personne :**

1. De contrefaire ou de falsifier un chèque ;

2. De faire ou de tenter de faire usage, en connaissance de cause, d'un chèque contrefait ou falsifié ;

3. D'accepter, en connaissance de cause, de recevoir un chèque contrefait ou falsifié. – *[Décr.-L. du 30 oct. 1935, art. 67].*

1. Élément intentionnel. Sur la déduction à partir d'expertises psychiatriques de la conscience qu'a eue le prévenu de commettre les faits qui lui sont reprochés, V. • Crim. 25 nov. 1985 : *Gaz. Pal. 1986. 2. Somm. 266.*

1 bis. Préjudice. L'existence d'un préjudice n'est pas un élément constitutif de la contrefaçon de chèques et usage. • Crim. 8 janv. 2003 : *Bull. crim. n° 4 ; D. 2003. 2037, note Djoudi ; ibid. AJ. 620 ; JCP E 2003, n° 11, p. 439 ; Dr. pénal 2003, n° 48, obs. Robert ; RTD com. 2003. 580, obs. Bouloc.*

2. Signature inhabituelle. Commet le délit prévu au texte, le titulaire d'un chéquier qui, après avoir faussement prétendu avoir été volé, a apposé une signature de fantaisie sur une formule de chèque et fait opposition à son paiement. • Crim. 28 janv. 1964 : *Rev. dr. pén. 1964. 323.*

3. Fausses certifications. Jugé que la remise de chèques revêtus de fausses certifications du tiré s'analyse non pas en falsification de chèques dont les mentions ne sont pas altérées, et usage de chèques falsifiés, mais en faux en écritures de banque et usage de ces faux. • Paris, 30 juin 1989 : *D. 1990. Somm. 119, obs. crit. Cabrillac.*

L. 163-4 **Est puni des peines prévues à l'article L. 163-3 le fait pour toute personne :**

1. De contrefaire ou de falsifier une carte de paiement ou de retrait ;

2. De faire ou de tenter de faire usage, en connaissance de cause, d'une carte de paiement ou de retrait contrefaite ou falsifiée ;

3. D'accepter, en connaissance de cause, de recevoir un paiement au moyen d'une carte de paiement contrefaite ou falsifiée. – *[Décr.-L. du 30 oct. 1935, art. 67-1].*

BIBL. ▸ LASSERRE CAPDEVILLE, *Banque et Droit mai-juin 2005. 26* (répression de la fraude à la carte bancaire).

1. Contrefaçon de carte bancaire. Pour un exemple de condamnation sur le fondement de la contrefaçon d'une carte de paiement, V. • TGI Paris, 25 févr. 2000 : *D. 2000. AJ. 219, obs. Delpech,* conf. par • Paris, 6 déc. 2000 : *Comm. com. élec. 2001, n° 28, obs. Le Stanc.*

2. Fausses cartes. Sur la condamnation d'un établissement de crédit à restituer à sa cliente le retrait effectué sur son compte avec une fausse carte de crédit, retrait dont le montant dépassait le plafond journalier ce qui suffisait à prouver l'existence d'un dysfonctionnement imputable à la banque qui est tenue d'assurer à ses clients une sécurité parfaite dans le déroulement des opérations de retrait, V. • TGI Paris, 23 nov. 2000 : *D. 2001. AJ. 475, obs. Avena-Robardet.*

L. 163-4-1 *(L. n° 2001-1062 du 15 nov. 2001)* **Est puni de sept ans d'emprisonnement et de 750 000€ d'amende le fait, pour toute personne, de fabriquer, d'acquérir, de détenir, de céder, d'offrir ou de mettre à disposition des équipements, instruments, programmes informatiques ou toutes données conçus ou spécialement adaptés pour commettre les infractions prévues au 1° de l'article L. 163-3 et au 1° de l'article L. 163-4.**

L. 163-4-2 *(L. n° 2001-1062 du 15 nov. 2001)* **La tentative des délits prévus au 1° de l'article L. 163-3, au 1° de l'article L. 163-4 et à l'article L. 163-4-1 est punie des mêmes peines.**

L. 163-5 *(L. n° 2001-1062 du 15 nov. 2001)* **La confiscation, aux fins de destruction, des chèques et cartes de paiement ou de retrait contrefaits ou falsifiés est obligatoire dans les cas prévus aux articles L. 163-3 à L. 163-4-1. Est également obligatoire la confiscation des matières, machines, appareils, instruments, programmes informatiques ou de toutes données qui ont servi ou étaient destinés à servir à la fabrication desdits objets, sauf lorsqu'ils ont été utilisés à l'insu du propriétaire.**

Sur la répression des falsifications des cartes de crédit ou de paiement, V. aussi C. pén., art. 323-1 à 323-7, applicables à compter du 1er mars 1994. — ***C. pén.***

L. 163-6 *(L. n° 2001-1062 du 15 nov. 2001)* **« Dans tous les cas prévus aux articles L. 163-2 à L. 163-4-1 et L. 163-7, le tribunal peut prononcer l'interdiction des droits civiques, civils et de famille prévue par l'article 131-26 du code pénal ainsi que l'interdiction, pour une durée de cinq ans au plus, d'exercer une activité professionnelle ou sociale, en application des dispositions des articles 131-27 et 131-28 du code pénal. »**

Dans les mêmes cas, il peut interdire au condamné, pour une durée de cinq ans, d'émettre des chèques autres que ceux qui permettent exclusivement le retrait de fonds par le tireur auprès du tiré ou ceux qui sont certifiés. Cette interdiction peut être déclarée exécutoire par provision. Elle est assortie d'une injonction adressée au condamné d'avoir à restituer aux banquiers qui les avaient délivrées les formules en sa possession et en celle de ses mandataires. Le tribunal peut ordonner, aux frais du condamné, la publication par extraits de la décision portant interdiction dans les journaux qu'il désigne et selon les modalités qu'il fixe.

En conséquence de l'interdiction, tout banquier informé de celle-ci par la Banque de France doit s'abstenir de délivrer au condamné et à ses mandataires des formules de chèques autres que celles mentionnées à l'alinéa précédent. — *[Décr.-L. du 30 oct. 1935, art. 68]. — V. infra, art. R. 131-33 à R. 131-37 et R. 131-39.*

Pour les infractions pour lesquelles le nouveau code pénal prévoit l'interdiction judiciaire d'émettre des chèques ou d'utiliser des cartes de paiement, prononcée à titre de peine principale ou complémentaire, et les modalités de cette sanction, V. ce texte au ***C. pén.****, notamment les art. 131-6, 131-14, 131-17, 131-19, 131-20, 131-39, 131-42, 131-48, 132-12, 133-21, 132-32 et 132-34, applicables à compter du 1er mars 1994.*

1. Mandataire. La peine complémentaire de l'interdiction a un caractère personnel et empêche celui qui en est frappé d'émettre des chèques autres que ceux qui permettent exclusivement le retrait de fonds auprès du tiré ou ceux qui sont certifiés, soit à titre personnel, soit à titre de mandataire. • Crim. 3 juill. 1979 : *D. 1980. IR. 133, obs. Cabrillac.*

2. Effets de l'interdiction. L'interdiction bancaire ne privant pas celui qui en est frappé de la possibilité d'obtenir un prêt d'un organisme financier, un tel organisme n'a pas l'obligation de se renseigner sur une éventuelle interdiction bancaire. • Com. 15 juin 1993 : *Bull. civ. IV, n° 248 ; D. 1993. IR. 197.*

3. Escroquerie. L'établissement de multiples chèques sans provision dans un laps de temps assez court ne permettant pas au tiré de mettre en œuvre la procédure d'interdiction bancaire, ne constitue qu'une succession de mensonges écrits, qui s'avère insuffisante à caractériser le délit d'escroquerie. • Crim. 1er juin 2005 : *Bull. crim. n° 167 ; RTD com. 2006. 224, obs. Bouloc ; AJ pénal 2005. 329, obs. Redon ; Dr. pénal 2005, n° 147, obs. Véron.* ♦ *Contra*, jugeant que constitue une tentative d'escroquerie la demande d'ouverture de compte assortie de la remise, en connaissance de cause, de chèques sans provision ou frappés d'opposition : • Cass., Ass. plén., 18 janv. 2006 : *Dr. pénal 2006, n° 49, obs. Véron.*

L. 163-7 Est puni d'un emprisonnement de cinq ans et d'une amende de 375 000 € le fait, pour toute personne, d'émettre un ou plusieurs chèques en violation de l'interdiction prononcée en application de l'article L. 163-6.

Est puni des mêmes peines le fait, pour un mandataire, d'émettre, en connaissance de cause, un ou plusieurs chèques dont l'émission était interdite à son mandant en application de l'article L. 163-6.

Pour la recherche, la poursuite, l'instruction et le jugement des infractions mentionnées aux alinéas précédents, le tribunal du lieu où le chèque est payable est compétent, sans préjudice de l'application des articles 43, 52 et 382 du code de procédure pénale. — *[Décr.-L. du 30 oct. 1935, art. 69 et 75].*

L. 163-8 Tous les faits punis par les articles L. 163-2, L. 163-3 et L. 163-7 sont considérés, pour l'application des dispositions concernant la récidive, comme constituant une même infraction. — *[Décr.-L. du 30 oct. 1935, art. 70].*

L. 163-9 A l'occasion des poursuites pénales exercées contre le tireur, le porteur qui s'est constitué partie civile est recevable à demander devant les juges de la juridiction pénale une somme égale au montant du chèque, sans préjudice, le cas échéant, de tous dommages-intérêts. Il peut, néanmoins, s'il le préfère, agir en paiement de sa créance devant la juridiction civile ou commerciale.

En l'absence de constitution de partie civile et si la preuve du paiement du chèque ne résulte pas des éléments de la procédure, les juges de la juridiction pénale peuvent, même d'office, condamner le tireur à payer au bénéficiaire, outre les frais d'exécution de la décision, une somme égale au montant du chèque, majorée, le cas échéant, des intérêts à partir du jour de la présentation conformément à l'article L. 131-52 et des frais résultant du non-paiement, lorsque le chèque n'a pas été endossé si ce n'est aux fins de recouvrement et qu'il figure en original au dossier de la procédure. Lorsqu'il est fait application des dispositions du présent alinéa, le bénéficiaire peut se faire délivrer une expédition de la décision en forme exécutoire dans les mêmes conditions qu'une partie civile régulièrement constituée. — *[Décr.-L. du 30 oct. 1935, art. 71].*

BIBL. ▶ GRANIER, *JCP 1957. I. 1344.* – BOUTERON, *Gaz. Pal. 1954. 1. Doctr. 13.* – DERRIDA, *Études Cabrillac, p. 125.* – SORTAIS, *Rev. huiss. 1974. 96.*

1. Ouverture de l'action civile. Le bénéficiaire d'un chèque sans provision émis en violation d'une interdiction bancaire est recevable à se constituer partie civile contre l'auteur de l'infraction, sur le fondement de l'art. 71 [C. mon. fin., art. L. 163-9]. • Crim. 29 nov. 1993 : *Bull. crim. n° 361 ; JCP E 1994. Pan. 390.*

1 bis. Actions distributives. L'action en paiement d'une somme égale au montant du chèque prévue par l'art. 71 [C. mon. fin., art. L. 163-9] n'est ouverte que contre le débiteur personnel de l'obligation que ledit chèque prétendait éteindre. • Crim. 6 avr. 1992 : *Bull. crim. n° 142 ; D. 1992. IR. 207* • 22 févr. 1993 : *RJDA 1993, n° 425.* ♦ Si les juges du fond peuvent, en vertu de l'art. 71, condamner l'auteur du chèque sans provision à verser à la victime des dommages-intérêts en réparation du préjudice ainsi causé, ils ne peuvent, en revanche, le condamner au remboursement dudit chèque si le prévenu n'est pas lui-même personnellement débiteur de la créance que ce chèque devait éteindre. • Crim. 7 oct. 1991 : *Bull. crim. n° 333 ; D. 1992. Somm. 337, obs. Cabrillac* . ♦ Le remboursement ne peut donc être accordé à la victime lorsque le prévenu avait émis le chèque, non en règlement d'une dette personnelle, mais en paiement d'une dette sociale. • Même arrêt. • Crim. 18 oct. 1972 : *Bull. crim. n° 292.* – Comp. : • Crim. 6 oct. 1982 : *D. 1983. IR. 245, obs. Cabrillac.* ♦ C'est à bon droit que l'action en paiement d'une somme égale au montant du chèque est déclarée irrecevable contre la prévenue du délit d'opposition indue au paiement d'un chèque que celle-ci avait émis pour l'exécution d'un contrat de location-gérance de fonds de commerce, conclu par son ex-concubin avec la société partie civile, dès lors que, selon les juges du fond, il n'existe aucune preuve que la personne pénalement poursuivie ait été le débiteur de l'obligation en cause. • Crim. 6 avr. 1992 : *préc.* ♦ L'action en paiement du chèque et l'action en dommages et intérêts sont indépendantes, le succès de l'une n'étant pas lié à celui de l'autre. • Crim. 14 mars 1957 : *JCP 1957. II. 10068, note Granier ; RTD com. 1957. 687* • Paris, 21 mai 1971 : *Banque 1972. 408, obs. Martin.*

Sur l'opposabilité des exceptions, V. • Crim.

20 mars 1952 : *JCP 1952. II. 7162, note Léauté* • 12 juin 1956 : *RTD com. 1956. 704.*

Le bénéficiaire des chèques sans provision ayant, pour le remboursement de sa créance, choisi la voie ordinaire, son action au pénal ne peut s'analyser qu'en une demande de réparation du préjudice moral que les agissements du prévenu lui ont causé. • Crim. 25 nov. 1991 : *Bull. crim. n° 431 ; JCP 1992. IV. 797.*

2. Demandeur. Tout porteur légitime du chèque est recevable à se constituer partie civile. • Crim. 9 mai 1984 : *Bull. crim. n° 160 ; RTD com. 1985. 334, obs. Cabrillac et Teyssié.*

3. Mauvaise foi du porteur. Le porteur de mauvaise foi ne peut agir devant la juridiction répressive ni en paiement du chèque, ni en dommages et intérêts. • Crim. 27 mars 1968 : *D. 1968. 523, note Vouin* • 26 juin 1969 : *Gaz. Pal. 1969. 2. 177.* – Comp. : • Com. 2 mars 1971 : *D. 1974. 234, note Sortais ; RTD com. 1972. 135, obs. Becqué et Cabrillac* • Crim. 28 juin 1982 : *RTD com. 1983. 95, obs. Cabrillac et Teyssié, et 285, obs. Bouzat.* ♦ V. cependant, *contra*, s'agissant de la seule action en dommages et intérêts, • Crim. 8 déc. 1953 : *D. 1954. 437, note Vouin ; JCP 1954. II. 8005.*

4. Prescription. Le porteur négligent, au sens du droit cambiaire, pour ne pas avoir présenté le chèque au paiement dans le délai de huit jours, est recevable à se constituer partie civile. • Crim. 19 mars 1953 : *JCP 1953. II. 7713.*

5. Remboursement d'office. Le tribunal qui peut ordonner le remboursement d'office du chèque doit rechercher si la créance existe et notamment si elle a une cause licite. • Crim. 12 févr. 1975 : *D. 1975. IR. 115.*

L. 163-10 **Est puni d'une amende de 12 000 € le fait, pour le tiré :**

1. D'indiquer une provision inférieure à la provision existante et disponible ;

2. De rejeter un chèque pour insuffisance ou indisponibilité de la provision sans indiquer, lorsque tel est le cas, que le chèque a été émis au mépris d'une injonction adressée en application de l'article L. 131-73 ou en violation d'une interdiction prononcée en application de l'article L. 163-6 ;

3. De ne pas déclarer, dans les conditions prévues par décret en Conseil d'État, les incidents de paiement ainsi que les infractions prévues par le troisième alinéa de l'article L. 163-2 et les premier et deuxième alinéas de l'article L. 163-7 ;

4. De contrevenir aux dispositions des articles L. 131-72, L. 131-73 et au troisième alinéa de l'article L. 163-6. — *[Décr.-L. du 30 oct. 1935, art. 72].*

1. Directeur d'agence. Sur la responsabilité d'un directeur d'agence bancaire, V. • Crim. 17 mars 1966 : *Bull. crim. n° 102 ; RTD com. 1967. 833.*

2. Indemnisation. V. note 3 ss. art. L. 131-70 C. mon. fin.

Sur la responsabilité civile du banquier résultant d'un renseignement téléphonique erroné donné à un commerçant, quant à la solvabilité du tireur, V. • Com. 21 mai 1996 : *RJDA 1996, n° 1225.*

3. Injonction tardive. Sur l'envoi tardif de la lettre d'injonction, V. note 4 ss. art. L. 131-73 C. mon. fin.

L. 163-10-1 *(L. n° 2001-1062 du 15 nov. 2001)* **Les personnes morales peuvent être déclarées responsables pénalement dans les conditions prévues par l'article 121-2 du code pénal des infractions définies aux articles L. 163-2 à L. 163-4-1, L. 163-7 et L. 163-10.**

Les peines encourues par les personnes morales sont :

1° L'amende, suivant les modalités prévues par l'article 131-38 du code pénal ;

2° Les peines mentionnées à l'article 131-39 du code pénal.

L'interdiction mentionnée au 2° de l'article 131-39 du code pénal porte sur l'activité dans l'exercice ou à l'occasion de l'exercice de laquelle l'infraction a été commise.

L. 163-11 **Est puni des peines prévues par l'article 226-21 du code pénal le fait, pour toute personne :**

1. D'utiliser, à d'autres fins que celles poursuivies par les articles L. 131-1 à *(L. n° 2005-516 du 20 mai 2005, art. 16-IV)* **« L. 131-87 » relatifs aux chèques et par les articles L. 132-1 et L. 132-2 relatifs à la carte de paiement, les informations centralisées par la Banque de France en application du premier alinéa de l'article L. 131-85 ;**

2. D'assurer, aux *[au]* lieu et place de la Banque de France, la centralisation des informations prévues par le premier alinéa de l'article L. 131-85. – *[Décr.-L. du 30 oct. 1935, art. 74, al. 5].*

Sur l'utilisation par la Banque de France du répertoire national d'identification des personnes physiques pour la gestion du fichier central des chèques impayés, V. note ss. art. L. 313-6, infra.

L. 163-12 Est puni des peines prévues à l'article 226-21 du code pénal le fait, pour toute personne, de diffuser ou de conserver des informations obtenues en application de l'article L. 131-86. – *[Décr.-L. du 30 oct. 1935, art. 74-1, al. 2].*

CHAPITRE IV *Infractions concernant la Banque de France*

L. 164-1 Est puni des peines prévues à l'article 226-13 du code pénal, le fait, pour les membres du Conseil de la politique monétaire, de violer le secret professionnel institué au premier alinéa de l'article L. 142-5, sous réserve des dérogations prévues à l'article 226-14 du code pénal. – *[L. n° 93-980 du 4 août 1993, art. 10 (I), al. 1er].*

L. 164-2 Est puni des peines prévues à l'article 226-13 du code pénal, le fait, pour tout agent de la Banque de France, de violer le secret professionnel institué au premier alinéa de l'article L. 142-9, sous réserve des dérogations prévues à l'article 226-14 du code pénal. – *[L. n° 93-980 du 4 août 1993, art. 14 (I), al. 1er].*

CHAPITRE V *Infractions à la législation sur les relations financières avec l'étranger*

L. 165-1 Les infractions aux obligations prévues à l'article L. 151-2 sont sanctionnées conformément à l'article 459 du code des douanes. Sont également applicables les dispositions de l'article 451 du code des douanes. – *V. ce texte, infra.*

Code des douanes

(Décr. n° 48-1985 du 8 déc. 1948)

Art. 451 Les dispositions du titre XII *[relatif au contentieux]* du présent code sont applicables à la législation et à la réglementation des relations financières avec l'étranger sous réserve des articles 453 à 459 ci-dessous.

451 *bis* *(L. n° 2001-1276 du 28 déc. 2001)* Pour l'application du présent code, sont assimilées à des relations financières avec l'étranger toutes les opérations financières effectuées en France par ou pour le compte des personnes physiques et morales visées par les règlements communautaires pris en application des articles 60 et 301 du traité instituant la Communauté européenne ou par les traités et accords internationaux régulièrement approuvés et ratifiés.

459 1. Quiconque aura contrevenu ou tenté de contrevenir à la législation et à la réglementation des relations financières avec l'étranger, soit en ne respectant pas les obligations de déclaration ou de rapatriement, soit en n'observant pas les procédures prescrites ou les formalités exigées, soit en ne se munissant pas des autorisations requises ou en ne satisfaisant pas aux conditions dont ces autorisations sont assorties sera puni d'une peine d'emprisonnement de cinq ans, de la confiscation du corps du délit, de la confiscation des moyens de transport utilisés pour la fraude et d'une amende égale au *(L. n° 87-502 du 8 juill. 1987)* « maximum au double » de la somme sur laquelle a porté l'infraction ou la tentative d'infraction.

(L. n° 2001-1276 du 28 déc. 2001) « 1 *bis.* Est puni des mêmes peines le fait, pour toute personne, de contrevenir ou de tenter de contrevenir aux mesures de restriction des relations économiques et financières prévues par la réglementation communautaire prise en

application des articles 60 et 301 du traité instituant la Communauté européenne ou par les traités et accords internationaux régulièrement approuvés et ratifiés par la France.

« 1. *ter.* Les personnes morales peuvent être déclarées responsables pénalement, dans les conditions prévues par l'article 121-2 du code pénal, des infractions mentionnées au 1 et au 1 *bis*. Les peines encourues par les personnes morales sont l'amende, selon les modalités prévues par l'article 131-38 du code pénal, ainsi que les peines mentionnées par l'article 131-39 du même code. »

2. Lorsque, pour une cause quelconque, les objets passibles de confiscation n'ont pu être saisis ou ne sont pas représentés par le délinquant ou lorsque le ministre de l'économie et des finances ou son représentant en fait la demande, le tribunal doit, pour tenir lieu de la confiscation, prononcer une condamnation au paiement d'une somme égale à la valeur de ces objets.

3. Sera punie d'un emprisonnement de cinq ans et d'une amende de *(L. nº 81-1160 du 30 déc. 1981 ; Ord. nº 2000-916 du 19 sept. 2000)* « 225 000 € » toute personne qui aura incité par écrit, propagande ou publicité à commettre une des infractions visées au 1 ci-dessus, que cette incitation ait été ou non suivie d'effet.

4. Les personnes condamnées pour infractions à la législation et à la réglementation relatives aux relations financières avec l'étranger sont, en outre, déclarées incapables d'exercer les fonctions d'agents de change *[prestataires de services d'investissement]*, d'être électeurs ou élus aux chambres de commerce, tribunaux de commerce et conseils de prud'hommes, tant et aussi longtemps qu'elles n'auront pas été relevées de cette incapacité.

5. Les tribunaux ordonneront, en outre, que leurs décisions portant condamnation seront, aux frais des personnes condamnées, insérées en entier ou par extraits dans les journaux qu'ils désigneront.

LIVRE II **Les produits**

TITRE PREMIER **Les instruments financiers**

BIBL. GÉN. ▶ DE VAUPLANE et BORNET, *Bull. Joly Bourse 1996. 83 et 355.* – GERMAIN et NOURY, *JCP 1997. I. 4022.* – BOSSIN et LEFRANC, *Banque et Droit juill.-août 1997, p. 3* (maîtrise des risques juridiques des instruments financiers à terme de gré à gré). – GAUVIN, *Banque et Droit sept.-oct. 1998. 22* (brèves réflexions sur le droit financier). – Colloque du 7 avr. 1999, *Petites affiches 21 juill. 1999* (droit boursier et droit de la concurrence). – BONNEAU, *RTD com. 1999. 257* (de l'inutilité du droit contractuel pour assurer le respect des règles de marché). – REYGROBELLET, *ibid. 305* (le droit de propriété du titulaire d'instruments financiers). – CASTRES SAINT MARTIN-DRUMMOND, *in Mélanges Terré, Dalloz, PUF, Juris-Classeur, 1999, p. 661* (le contrat comme instrument financier). – SAINT-GEOURS, *Petites affiches 10 nov. 1999, p. 22* (les activités financières et internet). – FAVERO et COLOMBANI, *Bull. Joly Bourse 2000. 15* (warrants financiers et droit des marques). – PEROT-REBOUL, *D. 2000. Chron. 353* (exécution forcée des instruments financiers). – GOUTAY et DEBUSSY, *Dr. et patr. mai 2000. 68* (notion d'instrument financier). – PRIEUR et BIENVENU-PERROT, *ibid. 79* (transfert de propriété dans les cessions d'instruments financiers). – RUET, *Bull. Joly Bourse 2000. 219* (réforme du droit de la preuve opérée par la loi du 13 mars 2000 et les transactions financières). – GAUVIN, *RD banc. fin. 2004. 211* (qualification juridique des dérivés de crédit). – D. R. MARTIN, *D. 2004. 2285* (du corporel).

▶ Sur les nouvelles régulations économiques : MESTRE, SIMON et SELINSKY, *Dr. et patr. avr. 2000. 6.* – DAIGRE, *RD banc. fin. mars-avr. 2000. 67.* – GOYET, RONTCHEVSKI et STORCK, *RTD com. 2000. 683* . – PANSIER et CHARBONNEAU, *Petites affiches 21-22 mai 2001, p. 3 et 4.* ▶ Sur la loi « MURCEF » du 11 déc. 2001 : LIENHARD, *D. 2002. 59.* – DAIGRE, *JCP 2002. 29.* – BONNEAU, *JCP E 2002, nº 3, 120.*

CHAPITRE PREMIER *Définition et règles générales*

SECTION I *Définitions*

L. 211-1 I. — Les instruments financiers comprennent :

1. Les actions et autres titres donnant ou pouvant donner accès, directement ou indirectement, au capital ou aux droits de vote, transmissibles par inscription en compte ou tradition ;

2. Les titres de créance qui représentent chacun un droit de créance *(L. n° 2003-706 du 1er août 2003, art. 65)* « sur la personne morale ou le fonds commun de créances » qui les émet, transmissibles par inscription en compte ou tradition, à l'exclusion des effets de commerce et des bons de caisse ; — *Sur l'application aux titres de créance du taux de l'usure, V. infra, note 9 ss. art. L. 313-3 C. consom., v° Prêts d'argent.*

3. Les parts ou actions d'organismes de placements collectifs ;

4. Les instruments financiers à terme ;

5. Et tous instruments financiers équivalents à ceux mentionnés aux précédents alinéas, émis sur le fondement de droits étrangers.

II. — Les instruments financiers à terme sont :

1. Les contrats financiers à terme sur tous effets, valeurs mobilières, indices ou devises, y compris les instruments équivalents donnant lieu à un règlement en espèces ;

2. Les contrats à terme sur taux d'intérêt ;

3. Les contrats d'échange ;

4. *(L. n° 2003-706 du 1er août 2003, art. 91)* « Les instruments financiers à terme sur toutes marchandises, soit lorsqu'ils font l'objet, en suite de négociation, d'un enregistrement par une chambre de compensation d'instruments financiers ou d'appels de couvertures périodiques, soit lorsqu'ils offrent la possibilité que les marchandises sous-jacentes ne soient pas livrées moyennant un règlement monétaire par le vendeur ; »

5. Les contrats d'options d'achat ou de vente d'instruments financiers ;

6. Tous autres instruments de marché à terme.

III. — Les instruments financiers ne peuvent être émis que par l'État, une personne morale, un fonds commun de placement *(Ord. n° 2005-1278 du 13 oct. 2005, art. 5)* « , un fonds de placement immobilier » ou un fonds commun de créances. — *[L. n° 96-597 du 2 juill. 1996, art. 1er et 3].*

Sur la possibilité d'indexer, sur le niveau général des prix, les titres de créances et les instruments financiers à terme, V. art. L. 112-3, supra.

Sur l'utilisation d'instruments financiers à terme par les entreprises d'assurances, V. art. R. 332-45 s. C. assur tels qu'ils résultent du Décr. n° 2002-970 du 4 juill. 2002 (JO 11 juill.).

Sur l'utilisation des instruments financiers à terme par les mutuelles ou unions, V. art. R. 211-28 s. et R. 212-70 s. C. mut., tels qu'ils résultent du Décr. n° 2004-261 du 24 mars 2004 (JO 26 mars).

La Caisse des dépôts et consignations peut émettre des titres de créance visés au 2 du I de l'art. L. 211-1 (C. mon. fin., art. L. 518-2-1).

BIBL. ▸ BAUDOUIN, *Petites affiches 19 mai 2004, p. 5* (distinction entre contrats financiers à terme et contrats commerciaux à terme sur marchandises). - FAVERO, *JCP E 2005, n° 10, p. 424* (de la notion de spéculation à une réforme de l'exception de jeu).

SECTION II *Règles générales applicables aux valeurs mobilières*

BIBL. ▸ REIGNE et DELORME, *JCP E 2001, p. 214* (code monétaire et financier et valeurs mobilières). - DRUMMOND, *RD banc. fin. 2004. 361* (la liberté d'émettre « toutes valeurs mobilières »). - ALLEGAERT, *Bull. Joly 2005. 340* (de la propriété des valeurs mobilières).

L. 211-2 Constituent des valeurs mobilières, les titres émis par des personnes morales, publiques ou privées, transmissibles par inscription en compte ou tradition, qui confèrent des droits identiques par catégorie et donnent accès, directement ou indirec-

tement, à une quotité du capital de la personne morale émettrice ou à un droit de créance général sur son patrimoine.

Sont également des valeurs mobilières les parts de fonds communs de placement *(Ord. n° 2005-1278 du 13 oct. 2005, art. 5)* **« , les parts de fonds de placement immobilier » et de fonds communs de créance.** – *[L. n° 88-1201 du 23 déc. 1988, art. 1er].*

Les bons du Trésor en compte courant sont représentatifs d'une créance sur l'État ; ils peuvent faire l'objet d'une inscription en compte ; ils confèrent des droits identiques par catégorie et doivent être regardés comme des valeurs mobilières. • Rouen, 11 févr. 2003 : *RD banc. fin. 2004, n° 39, obs. Delleci.*

SOUS-SECTION 1 *Conditions d'émissions (Ord. n° 2004-604 du 24 juin 2004, art. 52-I).*

L. 211-3 *(Ord. n° 2004-604 du 24 juin 2004, art. 52-I)* **Les sociétés par actions peuvent émettre des valeurs mobilières dans les conditions prévues à l'article L. 228-1 du code de commerce.** – *V. cet art., supra, C. com.*

SOUS-SECTION 2 *Inscription en compte*

L. 211-4 Les valeurs mobilières émises en territoire français et soumises à la législation française, quelle que soit leur forme, doivent être inscrites en comptes tenus par l'émetteur ou par un intermédiaire habilité. – *V. infra, art. L. 431-1.*

(Ord. n° 2004-604 du 24 juin 2004, art. 52-II) **« Les titres des sociétés par actions qui ne sont pas admis aux négociations sur un marché réglementé, à l'exception des actions de sociétés d'investissement à capital variable « SICAV »,** *(Ord. n° 2005-1278 du 13 oct. 2005, art. 5)* **« ou de sociétés de placement à prépondérance immobilière à capital variable » doivent être inscrits à un compte tenu chez lui par l'émetteur au nom du propriétaire des titres.**

« Par dérogation aux obligations de l'alinéa précédent, lorsque les titres sont admis aux opérations d'un dépositaire central, ils peuvent être inscrits en compte chez un intermédiaire habilité si cela est prévu dans les statuts de la personne morale émettrice lorsqu'il s'agit de titres de capital, ou dans le contrat d'émission, lorsqu'il s'agit d'autres titres. Le dépositaire central est soumis aux obligations prévues par le chapitre II du titre VI du livre V. »

Ces dispositions ne concernent pas les obligations émises avant le *(Ord. n° 2004-604 du 24 juin 2004, art. 52-II)* **« 3 novembre 1984 », amortissables par tirage au sort de numéros. Elles ne concernent pas non plus les rentes perpétuelles sur l'État, détenues sous forme nominative, émises avant cette date.**

Les détenteurs de valeurs mobilières, émises avant la même date, ne peuvent exercer les droits attachés à leurs titres que si ceux-ci ont été présentés à l'émetteur ou à un intermédiaire habilité en vue de leur inscription en compte. A compter du *(Ord. n° 2004-604 du 24 juin 2004, art. 52-II)* **« 3 mai 1988 », dans des conditions définies par décret, les émetteurs doivent procéder à la vente des droits correspondant aux valeurs mobilières non présentées. Le produit de la vente est consigné jusqu'à restitution éventuelle aux ayants droit.**

Dans les sociétés mentionnées au deuxième alinéa, lorsqu'ils ne justifient pas avoir effectué toute diligence pour assurer l'application effective des présentes dispositions, les gérants, le président du conseil d'administration ou du directoire sont pour l'application des droits de mutation par décès et de l'impôt de solidarité sur la fortune présumés, sauf preuve contraire, être les propriétaires des valeurs mobilières non présentées ou qui n'auraient pas été vendues dans les conditions de l'alinéa précédent. – *[L. n° 81-1160 du 30 déc. 1981, art. 94 (II)].*

BIBL. ▸ GROSJEAN, *Petites affiches 16 févr. 2005, p. 7* (ord. du 24 juin 2004). - D. R. MARTIN, *D. 2005. 1702* (la théorie de la scripturalisation).

L. 211-4-1 *(Ord. n° 2005-429 du 6 mai 2005, art. 21-I)* **Aucune saisie, même à titre conservatoire, n'est admise sur les comptes courants de valeurs mobilières ouverts dans les écritures d'un dépositaire central.**

Aucune mesure d'exécution forcée ou conservatoire menée à l'encontre d'un intermédiaire habilité mentionné à l'article L. 542-1 n'est admise sur les instruments financiers inscrits sur un compte, ouvert à son nom dans les livres d'un autre intermédiaire habilité, lorsqu'ils sont la propriété de ses clients.

SOUS-SECTION 3 *Identification des détenteurs*

L. 211-5 Les obligations d'information concernant les détenteurs de titres sont fixées par l'article L. 228-2 du code de commerce. – *V. cet art., supra, C. com.*

SECTION III *Règles applicables en cas de redressement ou liquidation judiciaire d'un intermédiaire habilité*

(Ord. n° 2005-429 du 6 mai 2005, art. 22-I)

L. 211-6 En cas d'ouverture d'une procédure de redressement ou de liquidation judiciaires d'un établissement teneur de comptes, l'administrateur judiciaire ou le liquidateur, conjointement avec l'administrateur provisoire ou le liquidateur nommé, le cas échéant, par la commission bancaire, vérifie instrument financier par instrument financier que l'ensemble des titres détenus en compte courant chez un dépositaire central ou chez un autre intermédiaire au nom de l'intermédiaire défaillant, quelle que soit la nature des comptes ouverts chez ces derniers, sont en nombre suffisant pour que l'intermédiaire puisse remplir ses obligations vis-à-vis des *(Ord. n° 2005-429 du 6 mai 2005, art. 22-II)* « propriétaires des instruments financiers » inscrits en compte dans ses livres. En cas d'insuffisance du nombre de ces titres, il est procédé instrument financier par instrument financier à une répartition proportionnelle des titres entre les *(Ord. n° 2005-429 du 6 mai 2005, art. 22-II)* « propriétaires » ; à proportion des titres rendus disponibles, leurs propriétaires peuvent les faire virer à un compte tenu par un autre intermédiaire ou par la personne morale émettrice.

Pour la créance correspondant aux instruments financiers dont la disposition n'aura pu être rendue aux *(Ord. n° 2005-429 du 6 mai 2005, art. 22-II)* « propriétaires », faute d'une encaisse suffisante chez le dépositaire central, ceux-ci sont dispensés de la déclaration prévue à l'article L. 621-43 du code de commerce.

Le juge commissaire est informé du résultat de la vérification opérée par l'administrateur judiciaire ou le liquidateur et, le cas échéant, de la répartition proportionnelle des titres ainsi que des virements de comptes effectués à la demande des propriétaires. – *[L. n° 83-1 du 3 janv. 1983, art. 30]. – V. art. L. 613-31.*

L'art. L. 211-6 est l'ancien art. L. 431-6 modifié.

CHAPITRE II *Titres de capital et titres donnant accès au capital* *(Ord. n° 2004-604 du 24 juin 2004, art. 52-III).*

SECTION I *Les titres de capital* *(Ord. n° 2004-604 du 24 juin 2004, art. 52-IV).*

SOUS-SECTION 1 *Actions de numéraire et d'apport*

L. 212-1 Les différentes formes d'actions sont définies par l'article L. 228-7 du code de commerce reproduit ci-après : – *V. cet art., supra, C. com.*

SOUS-SECTION 2 *Actions à forme nominative obligatoire*

L. 212-2 Les actions de numéraire relèvent des dispositions de l'article L. 228-9 du code de commerce, reproduit ci-après : – *V. cet art., supra, C. com.*

L. 212-3 I. — *(Ord. nº 2004-604 du 24 juin 2004, art. 52-V)* « Sous réserve des dispositions du troisième alinéa de l'article L. 211-4, » les actions émises en territoire français et soumises à la législation française, des sociétés par actions, autres que les SICAV *(Ord. nº 2005-1278 du 13 oct. 2005, art. 5)* « ou les sociétés de placement à prépondérance immobilière à capital variable », qui ne sont pas admises aux négociations sur un marché réglementé revêtent la forme nominative.

II. — Cette obligation doit être satisfaite dans un délai de six mois à compter de la date d'émission des actions concernées ou de la date à laquelle celles-ci ont cessé d'être admises *(Ord. nº 2004-604 du 24 juin 2004, art. 52-V)* « aux opérations d'un dépositaire central. »

Passé ce délai, les détenteurs d'actions qui ne satisfont pas à l'obligation prévue au I, ne peuvent exercer les droits attachés à ces titres, que si ceux-ci ont été présentés à la société émettrice ou un intermédiaire habilité en vue de leur mise sous forme nominative.

III. — Les sociétés émettrices doivent, dans un délai d'un an, à partir de l'expiration du délai prévu au II, procéder à la vente des droits correspondant aux actions non présentées, dans des conditions fixées par décret. Le produit de la vente est consigné jusqu'à restitution éventuelle aux ayants droit. — *V. Décr. nº 82-893 du 18 oct. 1982 (D. et BLD 1982. 446), mod. par Décr. nº 83-1167 du 27 déc. 1983 (D. et ALD 1984. 57).*

IV. — Lorsqu'ils ne justifient pas avoir effectué toute diligence pour assurer l'application effective des présentes dispositions, les gérants, le président du conseil d'administration ou du directoire de la société émettrice sont, pour l'application des droits de mutation par décès et de l'impôt de solidarité sur la fortune présumés, sauf preuve contraire, être les propriétaires des actions qui ne revêtiraient pas la forme nominative ou qui n'auraient pas été vendues dans les conditions prévues au III. — *[L. nº 81-1160 du 30 déc. 1981, art. 94 (I), al. 1er, 3 (en partie) et 4 à 7].*

L. 212-4 L'obligation imposée à certaines actions de revêtir la forme nominative est réputée satisfaite lorsque sont réalisées les conditions définies à l'article L. 228-2 du code de commerce. — *V. cet art., supra, C. com.*

SOUS-SECTION 3 *Actions de préférence (Ord. nº 2004-604 du 24 juin 2004, art. 52-VI).*

L. 212-5 *(Ord. nº 2004-604 du 24 juin 2004, art. 52-VI)* Les règles relatives à la création des actions de préférence sont fixées par les articles L. 228-11 à L. 228-20 du code de commerce. — *V. ces art., supra, C. com.*

SOUS-SECTION 4 *Dispositions applicables aux catégories de titres en voie d'extinction (Ord. nº 2004-604 du 24 juin 2004, art. 52-VII).*

L. 212-6 *(Ord. nº 2004-604 du 24 juin 2004, art. 52-VII)* Les règles relatives à la création d'actions de priorité sont fixées par les articles L. 228-29-8 à L. 228-29-10 et L. 228-35-1 du code de commerce. — *V. ces art., supra, C. com.*

L. 212-6-1 *(Ord. nº 2004-604 du 24 juin 2004, art. 52-VII)* Les règles relatives à la création d'actions à dividende prioritaire sans droit de vote sont fixées par les articles L. 228-29-8 à L. 228-29-10 et L. 228-35-2 à L. 228-35-11 du code de commerce. — *V. ces art., supra, C. com.*

L. 212-6-2 *(Ord. nº 2004-604 du 24 juin 2004, art. 52-VII)* Les règles relatives aux certificats d'investissement et aux certificats de droit de vote sont fixées par les dispositions des articles L. 228-29-8 à L. 228-35 du code de commerce. — *V. ces art., supra, C. com.*

L. 212-6-3 *(Ord. nº 2004-604 du 24 juin 2004, art. 52-VII)* Afin d'assurer l'égalité des porteurs de certificats d'investissement ou de certificats de droit de vote et la transparence du marché, le règlement général de l'Autorité des marchés financiers détermine :

1° Les conditions applicables aux procédures d'offre publique et de demande de retrait portant sur des certificats d'investissement ou des certificats de droit de vote admis aux négociations sur un marché réglementé ou qui ont cessé d'être négociés sur un marché réglementé, lorsque le ou les actionnaires majoritaires de la société émettrice de ces certificats détiennent seul ou de concert au sens des dispositions de l'article L. 233-10 du code de commerce une fraction déterminée du capital et des droits de vote ;

2° Les conditions dans lesquelles, à l'issue d'une procédure d'offre publique ou de demande de retrait, les certificats d'investissement ou les certificats de droit de vote non présentés par leurs porteurs, dès lors qu'ils ne représentent pas plus de 5 % du capital ou des droits de vote, sont transférés aux actionnaires majoritaires à leur demande, et les détenteurs indemnisés. – *V. Règl. gén. AMF, livre II (Émetteurs et information financière) au* ***C. sociétés.***

Cet art. reprend une partie de l'ancien art. L. 212-12 désormais abrogé (Ord. n° 2004-604 du 24 juin 2004, art. 52-VII et VIII).

L. 212-6-4 *(Ord. n° 2004-604 du 24 juin 2004, art. 52-VII)* **En cas de mise en œuvre du 2° de l'article L. 212-6-3, l'évaluation des titres est faite selon les méthodes objectives pratiquées en cas de cession d'actifs et tient compte, selon une pondération appropriée à chaque cas, de la valeur des actifs, des bénéfices réalisés, de la valeur boursière, de l'existence de filiales et des perspectives d'activité. L'indemnisation est égale, par titre, au résultat de l'évaluation précitée ou, s'il est plus élevé, au prix proposé lors de l'offre ou de la demande de retrait. Le montant de l'indemnisation revenant aux détenteurs non identifiés est consigné.**

V. note ss art. L. 212-6-3.

SECTION II *Les titres donnant accès au capital*

Les sous-sections 1, 2, 3, 4 et 5 sont abrogées et leurs art. L. 212-7, L. 212-8, L. 212-9, L. 212-10, L. 212-11 et L. 212-12 sont remplacés par un art. L. 212-7 (Ord. n° 2004-604 du 24 juin 2004, art. 52-VIII).

L. 212-7 *(Ord. n° 2004-604 du 24 juin 2004, art. 52-VIII)* **Les règles relatives à l'émission de titres donnant accès au capital et aux titulaires de ces titres sont fixées par les articles L. 228-91 à L. 228-106 du code de commerce relatifs aux valeurs mobilières donnant accès au capital.** – *V. ces art., supra, C. com.*

L. 212-8 à L. 212-12 *Abrogés par Ord. n° 2004-604 du 24 juin 2004, art. 52-VIII.*

SECTION III *Régimes particuliers d'accès au capital en faveur du personnel salarié*

L. 212-13 à L. 212-17 – *V. C.* ***sociétés.***

CHAPITRE III *Titres de créances*

SECTION I *Les titres de créances négociables*

RÉP. SOCIÉTÉS v° *Titres de créances négociables*, par BONNEAU.

BIBL. ► D. MARTIN, *D. 1993. Chron. 20* (du titre et de la négociabilité). – GAVALDA, *Rev. sociétés 1986. 357* (billets de trésorerie). – CAUSSE, *JCP E 1992. I. 125* (loi du 26 juill. 1991). – COURET, *Bull. Joly 1992. 256* (bons à moyen terme négociables). ► Pour une bibliographie générale relative aux billets de trésorerie, *V. Bull. COB févr. 1994, p. 75.*

L. 213-1 Les titres de créances négociables sont des titres émis au gré de l'émetteur, négociables sur un marché réglementé ou de gré à gré, qui représentent chacun un droit de créance pour une durée déterminée. – *[L. n° 91-716 du 26 juill. 1991, art. 19 (I)].*

L. 213-2 Les titres de créances négociables sont stipulés au porteur.

Ils sont inscrits en comptes tenus par un intermédiaire habilité.

La constitution en gage des titres de créances négociables est réalisée conformément aux dispositions de l'article L. 431-4. – *V. cet art., infra.*

En cas de *(L. n° 2005-845 du 26 juill. 2005, art. 165-II)* « procédures de sauvegarde ou de » redressement judiciaire des biens d'un intermédiaire financier teneur de comptes, les titulaires des titres de créances négociables inscrits en compte font virer l'intégralité de leurs droits à un compte tenu par un autre intermédiaire habilité ; le juge commissaire est informé de ce virement. En cas d'insuffisance des inscriptions, ils font une déclaration au *(L. n° 2005-845 du 26 juill. 2005, art. 165-III)* « mandataire judiciaire » pour le complément de leurs droits. – *[L. n° 91-716 du 26 juill. 1991, art. 19 (II)].*

L. 213-3 Sont habilités à émettre des titres de créances négociables :

1. Les établissements de crédit, les entreprises d'investissement et la caisse des dépôts et consignations, sous réserve de respecter les conditions fixées à cet effet par le *(L. n° 2003-706 du 1er août 2003, art. 46-I)* « ministre chargé de l'économie » ;

2. Les entreprises autres que celles mentionnées au 1, sous réserve de remplir les conditions de forme juridique, de capital *(Abrogé par L. n° 2003-706 du 1er août 2003, art. 36-I)* « *, de durée d'existence* » et de contrôle des comptes requises lorsqu'elles font appel public à l'épargne, ou des conditions équivalentes pour les entreprises ayant un siège social à l'étranger ;

3. Les groupements d'intérêt économique et les sociétés en nom collectif, composés exclusivement de sociétés par actions satisfaisant aux conditions prévues au 2 ;

4. Les institutions de la Communauté européenne et les organisations internationales *(Abrogé par L. n° 2003-706 du 1er août 2003, art. 36)* « *dont la France est membre* » ;

5. La caisse d'amortissement de la dette sociale instituée par l'article 1er de l'ordonnance n° 96-50 du 24 janvier 1996 relative au remboursement de la dette sociale.

(L. n° 2001-420 du 15 mai 2001) « 6. Les collectivités locales et leurs groupements. »

(L. n° 2003-706 du 1er août 2003, art. 37) « 7. Les associations régies par la loi du 1er juillet 1901 relative au contrat d'association ou par les articles 21 à 79 du code civil local applicable dans les départements du Bas-Rhin, du Haut-Rhin et de la Moselle et répondant aux conditions prévues pour l'émission d'obligations par appel public à l'épargne ;

« 8. Les États ;

« 9. Les fonds communs de créances. »

Un décret précise les conditions que doivent remplir les émetteurs mentionnés aux 2, 3, 4, *(L. n° 2003-706 du 1er août 2003, art. 37)* « 5, 6, 7, 8 et 9 » et fixe les conditions d'émission des titres de créances négociables. – *[L. n° 91-716 du 26 juill. 1991, art. 19 (III)]. – V. infra, art. D. 213-1, D. 213-7 et D. 213-8.*

L. 213-4 *(L. n° 2003-706 du 1er août 2003, art. 36-II)* Les émetteurs de titres de créances négociables établissent préalablement à leur première émission de tels titres une documentation financière, qui porte sur leur activité, leur situation économique et financière ainsi que sur le programme d'émission. Cette documentation financière, rédigée en français, est déposée auprès de la Banque de France, qui est chargée de veiller au respect par les émetteurs des conditions d'émission prévues à l'article L. 213-3. Un décret fixe les conditions d'application du présent article ainsi que les cas et conditions dans lesquels la documentation financière peut être rédigée dans une langue usuelle en matière financière autre que le français. – *V. infra, art. D. 213-2 et D. 213-11.*

SECTION II *Les obligations*

SOUS-SECTION 1 *Règles générales*

L. 213-5 à L. 213-6 *V. ces art. reproduits supra, ss. art. L. 228-38 C. com.*

L. 213-6-1 *(L. n° 2006-387 du 31 mars 2006, art. 26-III)* Tout acte qui interrompt la prescription des intérêts à l'égard de l'un des porteurs d'obligations émises en France par toute collectivité privée ou publique, société commerciale ou civile, française ou étrangère, profite aux autres obligataires du même emprunt.

Ce même acte interrompt également au profit du Trésor la prescription des impôts et taxes qui peuvent lui être dus sur les intérêts visés au premier alinéa.

L. 213-6-2 *(L. n° 2006-387 du 31 mars 2006, art. 26-III)* La décision judiciaire définitive rendue en faveur de l'un des porteurs d'obligations émises en France par toute collectivité privée ou publique, ou par toute société commerciale ou civile, française ou étrangère, et concernant les droits communs des obligataires, peut acquérir force exécutoire au profit de tout obligataire qui n'a pas figuré dans l'instance par une ordonnance du président du tribunal de grande instance dans la circonscription duquel l'affaire a été portée en première instance.

CHAPITRE IV *Placements collectifs*

L. 214-1 à L. 214-146 *V. C. sociétés.*

TITRE II Les produits d'épargne

CHAPITRE PREMIER *Produits d'épargne générale à régime fiscal spécifique*

SECTION I *Le livret de caisse d'épargne et le compte spécial sur livret du crédit mutuel*

SOUS-SECTION 1 *Dispositions communes*

§ 1er *Dispositions communes aux caisses d'épargne et de prévoyance, à la Caisse nationale d'épargne et au Crédit mutuel*

L. 221-1 *(Ord. n° 2005-429 du 6 mai 2005, art. 29)* « Les sommes versées sur un premier livret de la Caisse nationale d'épargne ou des caisses d'épargne et de prévoyance, dénommé livret A, ou sur un compte spécial sur livret du crédit mutuel, sont soumises à plafonnement dans des conditions fixées par voie réglementaire. » – *V. infra, art. R. 221-1.*

Les sommes versées en excédent du plafond peuvent être déposées sur un ou plusieurs livrets supplémentaires. Les livrets de caisse d'épargne sont nominatifs.

Une même personne ne peut être titulaire que d'un seul *(Ord. n° 2005-429 du 6 mai 2005, art. 29)* « livret A » de caisse d'épargne ou d'un seul compte spécial sur livret du Crédit mutuel. – *[Décr. n° 65-1158 du 24 déc. 1965, art. 1er, al. 1er à 3].*

§ 2 *Dispositions communes aux caisses d'épargne et de prévoyance et à la Caisse nationale d'épargne*

L. 221-2 Les caisses d'épargne peuvent rembourser à vue les fonds déposés mais les remboursements ne sont exigibles que dans un délai de quinzaine.

Les délais supplémentaires sont fixés par décret pour les opérations nécessitant l'intervention d'un bureau ou d'une caisse situé en dehors de la France continentale.

En cas de force majeure, un décret en Conseil d'État pris sur le rapport du ministre chargé de l'économie et du ministre chargé de La Poste peut limiter les remboursements par quinzaine à 2 % du maximum autorisé des dépôts sur le *(Ord. n° 2005-429 du 6 mai 2005, art. 30)* « livret A ». Les dépôts postérieurs au décret sont libérés de la clause de sauvegarde.

Cette clause de sauvegarde n'est pas applicable aux sociétés d'assistance aux blessés, reconnues d'utilité publique. Des dérogations spéciales peuvent être accordées par le ministre chargé de l'économie aux livrets de sociétés utiles à la défense nationale ou ayant pour but la lutte contre l'exclusion.

(Ord. nº 2005-429 du 6 mai 2005, art. 30) « Les dispositions relatives au remboursement sont portées à la connaissance des déposants dans des conditions prévues par voie réglementaire. » — *[C. caisses épargne, art. 11].*

L. 221-3 *(Ord. nº 2005-429 du 6 mai 2005, art. 31)* Tout déposant peut faire transférer ses fonds d'une caisse d'épargne et de prévoyance à une autre, ou d'une caisse d'épargne et de prévoyance à la Caisse nationale d'épargne, ou de la Caisse nationale d'épargne à une caisse d'épargne et de prévoyance. - *V. infra, art. R. 221-15.*

L. 221-4 Les mineurs sont admis à se faire ouvrir des livrets sans l'intervention de leur représentant légal. Ils peuvent retirer sans cette intervention, mais seulement après l'âge de seize ans révolus, les sommes figurant sur les livrets ainsi ouverts, sauf opposition de la part de leur représentant légal. — *[C. caisses épargne, art. 13].* — *V. infra, art. R. 221-16.*

L. 221-5 Lorsqu'il s'est écoulé un délai de trente ans à partir du dernier versement ou remboursement que de tout achat de rente et de toute opération effectuée à la demande des déposants, les sommes que détiennent les caisses d'épargne au compte de ceux-ci sont prescrites à leur égard. Elles sont réparties entre les caisses d'épargne à concurrence des deux cinquièmes et, pour le surplus, versées au fonds national de solidarité et d'action mutualiste.

A l'égard des versements faits sous la condition stipulée par le donateur ou le testateur que le titulaire n'en pourra disposer qu'après une date déterminée, le délai de trente ans ne court qu'à partir de cette date. — *V. infra, art. R. 221-17 et R. 221-22.*

(Abrogé par Ord. nº 2005-429 du 6 mai 2005, art. 32) ***« Les inscriptions de rente achetées pour le compte du titulaire et non retirées sont consignées à la Caisse des dépôts et consignations. Du jour de la consignation et jusqu'à la réclamation des déposants, le service des arrérages de la rente est supendu »*** — *[C. caisses épargne, art. 18, al. 1er, 3 et 4].*

L. 221-6 Aucune saisie-attribution ou opposition, aucun transfert ou cession, aucune signification ayant pour objet d'arrêter le paiement à distance des opérations pour compte effectuées par les caisses d'épargne et de prévoyance ne peuvent avoir d'effet s'ils interviennent après que la caisse d'épargne détentrice du compte a donné son autorisation à la caisse chargée du paiement et, pour la Caisse nationale d'épargne, après que le service détenteur du compte a donné son autorisation au bureau de poste chargé du paiement. — *[C. caisses épargne, art. 26].*

SOUS-SECTION 2 *Dispositions spécifiques aux caisses d'épargne et de prévoyance*

L. 221-7 Les sommes détenues par les caisses d'épargne et de prévoyance au compte des déposants et qui sont susceptibles d'être prescrites font l'objet d'avis individuels et de mesures d'affichage selon des modalités prévues par décret en Conseil d'État. Elles ne peuvent, à partir de l'exécution de ces mesures, être réclamées par l'État en cas de déshérence ou de déclaration d'absence. Il en est de même des sommes figurant aux comptes exemptés des mesures précitées. — *[C. caisses épargne, art. 44].*

L. 221-8 Les sommes déposées sur le *(Ord. nº 2005-429 du 6 mai 2005, art. 33)* « livret A » des caisses d'épargne et de prévoyance sont centralisées à la caisse des dépôts et consignations et bénéficient de la garantie de l'État. — *[L. nº 99-532 du 25 juin 1999, art. 7].*

L. 221-8-1 *(Ord. n° 2005-429 du 6 mai 2005, art. 34-I)* Les opérations des caisses d'épargne et de prévoyance relatives aux produits d'épargne à régime fiscal spécifique ou dont l'emploi est réglementé ou qui bénéficient d'une garantie de l'État sont soumises au contrôle sur pièces et sur place de l'inspection générale des finances.

SOUS-SECTION 3 *Dispositions spécifiques à la Caisse nationale d'épargne*

L. 221-9 Tout déposant muni d'un livret de la Caisse nationale d'épargne peut effectuer ses versements et opérer ses retraits dans tous les bureaux de poste français dûment organisés en agences de cette caisse. – *[C. caisses épargne, art. 28].*

L. 221-10 *(L. n° 2005-516 du 20 mai 2005, art. 16-IV)* « L'établissement de crédit visé à l'article L. 518-26 » ouvre un compte sur livret à toute personne par laquelle *(Abrogé par L. n° 2005-516 du 20 mai 2005, art. 16-IV)* *« ou au nom de laquelle »* des fonds sont versés, à titre d'épargne, *(Abrogé par L. n° 2005-516 du 20 mai 2005, art. 16-IV)* *« dans un de ses établissements ».* – *[C. caisses épargne, art. 27].*

SOUS-SECTION 4 *Dispositions spécifiques au Crédit mutuel*

L. 221-11 Les caisses de crédit mutuel régies par les articles L. 512-55 à L. 512-59 peuvent ouvrir à leurs déposants un compte spécial sur livret dans des conditions définies par décret. – *[L. n° 75-1242 du 27 déc. 1975, art. 9 (I), 1re phrase]. – V. infra, art. D. 221-28.*

L. 221-12 Les sommes inscrites à ce compte ne peuvent excéder les montants maxima prévus pour le *(Ord. n° 2005-429 du 6 mai 2005, art. 35)* « livret A » des caisses d'épargne.

La moitié des sommes figurant sur les comptes spéciaux sur livret du crédit mutuel est affectée à des emplois d'intérêt général. La nature de ces emplois et les modalités de réalisation de cette obligation sont fixées par arrêté du ministère chargé de l'économie. – *[L. n° 75-1242 du 27 déc. 1975, art. 9 (I), 2e phrase, et (III)].*

....

SECTION IV ***Le compte pour le développement industriel***

L. 221-27 Le compte pour le développement industriel est ouvert dans les établissements et organismes autorisés à recevoir des dépôts. Les sommes déposées sur ce compte servent au financement des petites et moyennes entreprises.

(Ord. n° 2005-429 du 6 mai 2005, art. 40-I) « Les modalités d'ouverture et de fonctionnement du compte pour le développement industriel sont fixées par le 9° *quater* de l'article 157 du code général des impôts et par décret. – *V. infra, art. D. 221-103 s.*

« Les opérations relatives aux comptes pour le développement industriel sont soumises au contrôle sur pièces et sur place de l'inspection générale des finances. » – *[L. n° 83-607 du 8 juill. 1983, art. 5 et 7, al. 1er].*

L. 221-28 Les établissements recevant des dépôts sur des comptes pour le développement industriel mettent à la disposition des titulaires de ces comptes, une fois par an, une information écrite sur les concours financiers en faveur de l'équipement industriel, accordés à l'aide des fonds ainsi collectés.

La forme et le contenu de cette information écrite sont fixés par arrêté du ministre chargé de l'économie. – *[L. n° 83-607 du 8 juill. 1983, art. 8].*

....

SECTION VI ***Plan d'épargne en actions***

(Ord. n° 2005-429 du 6 mai 2005, art. 41-I)

L. 221-30 *(Ord. n° 2005-429 du 6 mai 2005, art. 41-I)* Les contribuables dont le domicile fiscal est situé en France peuvent ouvrir un plan d'épargne en actions auprès d'un établissement de crédit, de la Caisse des dépôts et consignations, de la Banque de France, de La Poste, d'une entreprise d'investissement ou d'une entreprise d'assurance relevant du code des assurances.

Chaque contribuable ou chacun des époux soumis à imposition commune ne peut être titulaire que d'un plan. Un plan ne peut avoir qu'un titulaire.

Le plan donne lieu à ouverture d'un compte de titres et d'un compte en espèces associés, ou, pour les plans ouverts auprès d'une entreprise d'assurance, à signature d'un contrat de capitalisation.

Le titulaire d'un plan effectue des versements en numéraire dans une limite de 132 000 euros. — *V. infra, art. D. 221-109 s.*

L. 221-31 *(Ord. nº 2005-429 du 6 mai 2005, art. 41-I)* I. — 1º Les sommes versées sur un plan d'épargne en actions reçoivent un ou plusieurs des emplois suivants :

a) Actions ou certificats d'investissement de sociétés et certificats coopératifs d'investissement ;

b) Parts de sociétés à responsabilité limitée ou de sociétés dotées d'un statut équivalent et titres de capital de sociétés régies par la loi nº 47-1775 du 10 septembre 1947 portant statut de la coopération ; — *V. cette loi au* ***C. sociétés.***

c) Droits ou bons de souscription ou d'attribution attachés aux actions mentionnées aux *a* et *b* ci-dessus ;

2º Les sommes versées sur un plan d'épargne en actions peuvent également être employées dans la souscription :

a) D'actions de sociétés d'investissement à capital variable qui emploient plus de 75 % de leurs actifs en titres et droits mentionnés aux *a, b* et *c* du 1º ;

b) De parts de fonds communs de placement qui emploient plus de 75 % de leurs actifs en titres et droits mentionnés aux *a, b* et *c* du 1º ;

c) De parts ou actions d'organismes de placement collectif en valeurs mobilières établis dans d'autres États membres de la Communauté européenne ou dans un État non membre de cette Communauté partie à l'accord sur l'Espace économique européen ayant conclu avec la France une convention fiscale qui contient une clause d'assistance administrative en vue de lutter contre la fraude ou l'évasion fiscale, qui bénéficient de la procédure de reconnaissance mutuelle des agréments prévue par la directive 85/611/CE du Conseil du 20 décembre 1985 portant coordination des dispositions législatives, réglementaires et administratives concernant certains organismes de placement collectif en valeurs mobilières (OPCVM) et qui emploient plus de 75 % de leurs actifs en titres et droits mentionnés aux *a, b* et *c* du 1º ; — *V. CGI, Annexe II, art. 91 quater L* — **CGI.**

3º Les sommes versées sur un plan d'épargne en actions peuvent également être employées dans un contrat de capitalisation en unités de compte régi par le code des assurances et investi dans une ou plusieurs catégories de titres mentionnés ci-dessus, sous réserve des dispositions de l'article L. 131-1 du même code ;

4º Les émetteurs des titres mentionnés au 1º doivent avoir leur siège en France ou dans un autre État membre de la Communauté européenne ou dans un État non membre de cette Communauté partie à l'accord sur l'Espace économique européen ayant conclu avec la France une convention fiscale qui contient une clause d'assistance administrative en vue de lutter contre la fraude ou l'évasion fiscale, et être soumis à l'impôt sur les sociétés dans les conditions de droit commun ou à un impôt équivalent. Pour l'application des articles L. 221-30 à L. 221-32, la condition relative au taux normal d'imposition ne s'applique pas aux entreprises nouvelles mentionnées à l'article 44 *sexies* du code général des impôts ainsi qu'aux sociétés visées aux 1º *ter* et 3º *septies* de l'article 208 et à l'article 208 C du même code.

II. — 1º Les parts des fonds mentionnés au 3 du III de l'article 150-0 A du code général des impôts ne peuvent figurer dans le plan d'épargne en actions.

Les sommes versées sur un plan d'épargne en actions ne peuvent être employées à l'acquisition de titres offerts dans les conditions mentionnées à l'article 80 *bis* du code général des impôts ;

2° Les titres ou parts dont la souscription a permis au titulaire du plan de bénéficier des avantages fiscaux résultant des dispositions des 2° *quater* et 2° *quinquies* de l'article 83, des articles 83 *ter*, 163 *septdecies*, 199 *undecies*, 199 *undecies* A et 199 *terdecies* A, du I *bis* de l'article 163 *bis* C du code général des impôts, ainsi que du deuxième alinéa du II de l'article 726 du même code ne peuvent figurer dans le plan ;

3° Le titulaire du plan, son conjoint et leurs ascendants et descendants ne doivent pas, pendant la durée du plan, détenir ensemble, directement ou indirectement, plus de 25 % des droits dans les bénéfices de sociétés dont les titres figurent au plan ou avoir détenu cette participation à un moment quelconque au cours des cinq années précédant l'acquisition de ces titres dans le cadre du plan.

III. – Les sommes ou valeurs provenant des placements effectués sur un plan d'épargne en actions sont remployées dans le plan dans les mêmes conditions que les versements.

L. 221-32 *(Ord. n° 2005-429 du 6 mai 2005, art. 41-I)* I. – Au-delà de la huitième année, les retraits partiels de sommes ou de valeurs et, s'agissant des contrats de capitalisation, les rachats partiels n'entraînent pas la clôture du plan d'épargne en actions. Toutefois, aucun versement n'est possible après le premier retrait ou le premier rachat.

II. – Avant l'expiration de la huitième année, tout retrait de sommes ou de valeurs figurant sur le plan ou tout rachat entraîne la clôture du plan.

Par dérogation à cette disposition, des retraits ou des rachats de sommes ou de valeurs figurant sur le plan peuvent être effectuées au cours des huit années suivant l'ouverture du plan sans entraîner la clôture, à la condition que ces sommes ou valeurs soient affectées, dans les trois mois suivant le retrait ou le rachat, au financement de la création ou de la reprise d'une entreprise dont le titulaire du plan, son conjoint, son ascendant ou son descendant assure personnellement l'exploitation ou la direction et lorsque ces sommes ou valeurs sont utilisées à la souscription en numéraire au capital initial d'une société, à l'achat d'une entreprise existante ou lorsqu'elles sont versées au compte de l'exploitant d'une entreprise individuelle créée depuis moins de trois mois à la date du versement. Toutefois, aucun versement n'est possible après le premier retrait ou le premier rachat.

CHAPITRE III *Bons de caisse*

L. 223-1 L'émission, l'exposition, la mise en vente ou en circulation, par voie d'offre au public, de bons à ordre ou au porteur comportant engagement par un commerçant de payer à échéance déterminée et délivrés en contrepartie d'un prêt, sont régies par les dispositions du présent chapitre.

Ces bons ne peuvent être souscrits à plus de cinq années d'échéance. – *[Décr.-L. du 25 août 1937, art. 1er].*

1. Prescription. S'agissant de bons de caisse à ordre, la prescription de l'action cambiaire en vertu de l'art. L. 511-78 C. com. laisse subsister l'action en paiement fondée sur le rapport fondamental assimilable à un prêt d'argent, et celle-ci n'est pas éteinte dès lors que la prescription décennale résultant de l'art. L. 110-4 C. com. n'est pas acquise. • Paris, 6 janv. 1993 : *Dr. sociétés 1993, n° 104, obs. Hovasse.* – V. aussi • Com. 21 mars 1995 : *cité note 1 bis ss. art. L. 110-4 C. com.* ♦ V. toutefois, retenant la prescription triennale abrégée • TGI Nantes, 21 mai 2003 : *Banque et Droit mai-juin 2005. 78, obs. Guillot.* – V. aussi • Com. 27 nov. 2005 : *RD banc. fin. 2006, n° 1, obs. Crédot et Samin.*

2. Opposition. L'opposition pratiquée sur les bons de caisse au porteur émis par un établissement de crédit est régie par les dispositions de droit commun applicables aux obligations. • Com. 14 déc. 2004 : *Bull. civ. IV, n° 220 ; D. 2005. AJ. 213, obs. Lienhard ; JCP E 2005, n° 47, p. 1972, obs. Stoufflet ; RTD com. 2005. 391, obs. Cabrillac ; RJDA 2005, n° 446.*

3. Paiement. Un bon de caisse anonyme est toujours payable en espèces, au porteur quel qu'il soit, le banquier n'ayant pas à vérifier son identité ni à exiger, au moment du paiement, la remise de l'original du certificat de dépôt puisque celui-ci ne confère aucun droit à paiement direct, ce droit étant incorporé dans le titre lui-même. • Com. 30 nov. 2004 : *RJDA 2005, n° 447.*

L. 223-2 Les titres remis aux prêteurs mentionnent, outre le nom du greffe du tribunal de commerce où l'émetteur est immatriculé, son numéro d'identification au registre du commerce et des sociétés, les nom, prénoms et adresse de l'émetteur, l'objet de son commerce, le lieu où il l'exploite et l'enseigne de l'établissement, et s'il s'agit d'une société, la forme, la dénomination, le capital et le lieu du siège social de la société émettrice.

Les titres reproduisent, en outre, le dernier bilan de l'émetteur, certifié sincère par ce dernier. — *[Décr.-L. du 25 août 1937, art. 2].*

L. 223-3 L'émission des bons mentionnés à l'article L. 223-1 est interdite aux particuliers et aux sociétés qui n'ont pas établi le bilan de leur troisième exercice commercial. — *[Décr.-L. du 25 août 1937, art. 3].*

Sur le monopole des établissements de crédit pour l'émission de bons de caisse, V. note 4 ss. art. L. 511-5 C. mon. fin.

L. 223-4 Les dispositions du présent chapitre ne sont pas applicables aux établissements de crédit ni aux sociétés dont les emprunts sont soumis à un régime légal ou réglementaire spécial ou bénéficient de la garantie de l'État, des départements, des communes ou des établissements publics. — *[Décr.-L. du 25 août 1937, art. 6].*

TITRE III Dispositions pénales

CHAPITRE PREMIER *Infractions relatives aux instruments financiers*

SECTION I *Infractions relatives aux titres*

SOUS-SECTION 1 *Obligations*

L. 231-1 *V. cet art. reproduit supra, ss. art. L. 228-38 C. com.*

SOUS-SECTION 2 *Titres émis par des associations*

....

SECTION II *Infractions relatives aux placements collectifs*

SOUS-SECTION 1 *Dispositions relatives aux organismes de placement collectif en valeurs mobilières, aux fonds communs de créances et aux organismes de placement collectif immobilier (Ord. n° 2005-1278 du 13 oct. 2005, art. 5).*

L. 231-3 Est puni d'un emprisonnement de deux ans et d'une amende de 750 000 € le fait de diriger en droit ou en fait un organisme qui procède à des placements collectifs en valeurs mobilières sans avoir été agréé ou qui poursuit son activité malgré un retrait d'agrément. — *[L. n° 88-1201 du 23 déc. 1988, art. 24, al. 4].*

L. 231-4 I. — Est puni d'un emprisonnement de deux ans et d'une amende de 15 000 € le fait, pour les dirigeants de la société de gestion d'un fonds commun de placement *(Ord. n° 2005-1278 du 13 oct. 2005, art. 5)* « , fonds de placement immobilier » ou d'un fonds commun de créances, de ne pas provoquer la désignation du commissaire aux comptes du fonds dans les conditions prévues à l'article L. 214-29.

II. — Est puni d'un emprisonnement de cinq ans et d'une amende de 18 000 € le fait, pour tout commissaire aux comptes, soit en son nom personnel, soit au titre d'associé dans une société de commissaires aux comptes, de donner ou confirmer des informations mensongères sur la situation du fonds commun de placement *(Ord. n° 2005-1278 du 13 oct. 2005, art. 5)* « , fonds de placement immobilier » ou du fonds commun de créances, ou de ne pas révéler au procureur de la République les faits délictueux dont il a eu connaissance.

III. – Est puni d'un emprisonnement de cinq ans et d'une amende de 18 000 € le fait, pour les dirigeants de la société de gestion ou de la personne morale dépositaire d'un fonds commun de placement *(Ord. n° 2005-1278 du 13 oct. 2005, art. 5)* « , fonds de placement immobilier » ou d'un fonds commun de créances, et pour toutes personnes placées sous leur autorité, de mettre obstacle aux vérifications ou contrôles des commissaires aux comptes ou de leur refuser la communication sur place de toutes les pièces utiles à l'exercice de leur mission et, notamment, de tous contrats, livres, documents comptables et registres de procès-verbaux. – *[L. n° 88-1201 du 23 déc. 1988, art. 46].*

L. 231-5 Est puni des peines prévues aux articles 313-1, 313-7 et 313-8 du code pénal, le fait, pour toute personne, de méconnaître les obligations mentionnées à l'avant-dernier alinéa de l'article L. 214-36, au dernier alinéa de l'article L. 214-42 et au dernier alinéa de l'article L. 214-44. – *[L. n° 88-1201 du 23 déc. 1988, art. 47].*

L. 231-6 Toute condamnation prononcée définitivement à l'encontre des dirigeants de la société de gestion ou de ceux du dépositaire, en application de l'article L. 231-3, du I et du III de l'article L. 231-4, des articles L. 231-5 et L. 231-7, entraîne de plein droit la cessation de leurs fonctions et l'incapacité d'exercer lesdites fonctions.

Le tribunal saisi de l'action en responsabilité prévue à l'article L. 214-28 peut prononcer à la demande de tout porteur de parts la révocation des dirigeants de la société de gestion ou de ceux du dépositaire.

En outre, le dépositaire peut demander au tribunal la révocation des dirigeants de la société de gestion ; il doit en informer le commissaire aux comptes.

Dans ces trois cas, un administrateur provisoire est nommé par le tribunal jusqu'à la désignation de nouveaux dirigeants ou, si cette désignation apparaît impossible, jusqu'à la liquidation. – *[L. n° 88-1201 du 23 déc. 1988, art. 48].*

L. 231-7 Est puni d'un emprisonnement de deux ans et d'une amende de 750 000 € le fait, pour les promoteurs d'un fonds commun de créances, de procéder au placement de parts de ce fonds sans agrément de la société de gestion du fonds ou sans visa de *(L. n° 2003-706 du 1er août 2003, art. 46-V)* « l'Autorité des marchés financiers ». – *[L. n° 88-1201 du 23 déc. 1988, art. 39].*

L. 231-7-1 *(Ord. n° 2005-1278 du 13 oct. 2005, art. 5)* Est puni d'un emprisonnement de deux ans et d'une amende de 750 000 € le fait, pour un dirigeant de fait ou de droit d'un organisme de placement collectif en immobilier, de procéder au placement de parts ou d'actions de cet organisme sans que celui-ci ait été agréé ou s'il poursuit son activité malgré un retrait d'agrément.

SOUS-SECTION 2 *Dispositions relatives aux sociétés civiles de placement immobilier*

....

CHAPITRE II *Infractions relatives aux produits d'épargne*

SECTION UNIQUE *Bons de caisse*

L. 232-1 Est puni des peines prévues par les articles 313-1, 313-7 et 313-8 du code pénal le fait, pour l'émetteur, de reproduire un bilan inexact et faussement certifié sincère dans le cas prévu par le deuxième alinéa de l'article L. 223-2. – *[Décr.-L. du 25 août 1937, art. 4].*

L. 232-2 Toute infraction aux dispositions de l'article L. 223-1, du premier alinéa de l'article L. 223-2 et de l'article L. 223-3 est punie d'une amende de 3 750 €. En cas de récidive dans un délai de cinq ans, une peine d'emprisonnement de deux ans peut être prononcée.

Les infractions mentionnées tant au présent article qu'à l'article L. 232-1 peuvent être constatées par les agents de l'enregistrement. – *[Décr.-L. du 25 août 1937, art. 5].*

LIVRE III Les services

TITRE PREMIER Les opérations de banque

CHAPITRE PREMIER *Dispositions générales*

SECTION I *Définition des opérations de banque*

L. 311-1 Les opérations de banque comprennent la réception de fonds du public, les opérations de crédit, ainsi que la mise à la disposition de la clientèle ou la gestion de moyens de paiement. – *[L. n° 84-46 du 24 janv. 1984, art. 1er, al. 2].*

V. note 1 ss. art. L. 511-4.

SECTION II *Définition des opérations connexes aux opérations de banque*

L. 311-2 *(Ord. n° 2005-429 du 6 mai 2005, art. 43)* « Les établissements de crédit peuvent aussi effectuer les opérations connexes à leur activité telles que : »

1. Les opérations de change ;
2. Les opérations sur or, métaux précieux et pièces ;
3. Le placement, la souscription, l'achat, la gestion, la garde et la vente de valeurs mobilières et de tout produit financier ;
4. Le conseil et l'assistance en matière de gestion de patrimoine ;
5. Le conseil et l'assistance en matière de gestion financière, l'ingénierie financière et d'une manière générale tous les services destinés à faciliter la création et le développement des entreprises, sous réserve des dispositions législatives relatives à l'exercice illégal de certaines professions ;
6. Les opérations de location simple de biens mobiliers ou immobiliers pour les établissements habilités à effectuer des opérations de crédit-bail.

Lorsqu'il constitue la fourniture de services d'investissement au sens de l'article L. 321-1, l'exercice des opérations connexes et de l'activité de conservation est subordonné à l'agrément préalable prévu à l'article L. 532-1. – *[L. n° 84-46 du 24 janv. 1984, art. 5].*

SECTION III *Définition des moyens de paiement*

L. 311-3 Sont considérés comme moyens de paiement tous les instruments qui permettent à toute personne de transférer des fonds, quel que soit le support ou le procédé technique utilisé. – *[L. n° 84-46 du 24 janv. 1984, art. 4].*

Sur la monnaie électronique, V. Arr. du 10 janv. 2003 (JO 1er févr.) portant homologation du Règl. CRB n° 2002-13 relatif à la monnaie électronique et aux établissements de monnaie électronique.

Sur le porte-monnaie électronique Moneo, V. Avis n° 03-A-17 du Conseil de la concurrence (D. 2003. AJ. 2635) ✎.

Sur la carte d'achat en matière d'exécution des marchés publics, V. Décr. n° 2004-1144 du 26 oct. 2004 (JO 29 oct.).

BIBL. ▶ MUNOZ, *Petites affiches 28 août 2000, p. 3* (interrogations sur le paiement électronique). – MARTIN, *RD banc. fin. 2003. 65* (de la [fausse] monnaie électronique). – GRYNBAUM, *ibid. 183 ; Comm. com. élec. 2003, n° 40* (le porte-monnaie électronique, un instrument de paiement indiscret). – SÉRIAUX, *RTD civ. 2004. 225* (conception juridique d'une opération économique : le paiement).

Chèques cadeaux. Si aux termes des art. L. 311-1 et L. 311-3 C. mon. fin., les moyens de paiement sont des instruments qui, quel que soit le support ou le procédé utilisé, permettent à toute personne de transférer des fonds, les chèques cadeaux, dans la mesure où ils sont dépourvus de tout caractère fongible et liquide et ne représentent pas une valeur monétaire, pas même après inscription en compte pour une utilisation ultérieure de leurs montants à des fins indifférenciées, ne sont pas des instruments de paiement mais des moyens de transférer des créances sur des débiteurs prédéterminés. • Com. 6 juin 2001 : *Bull. civ. IV, n° 111 ; D. 2001. AJ. 2124, obs. Delpech ; D. 2002. Somm. 635, obs. R. Martin ; RTD com. 2001. 741, obs. Cabrillac ; Gaz. Pal. 23-27 déc. 2001, p. 31, note Guével.* ♦ Cassation, mais sur un fondement procédural, de l'arrêt d'appel qui avait retenu que le chèque cadeau est un bon d'achat constatant la reconnaissance par les sociétés émettrices qu'elles ont déjà été payées par un tiers, et qu'elles s'engagent à fournir en échange des biens et des services, dans la limite de la date de validité, V. • Versailles, 10 juin 1999 : *D. 1999. IR. 223 ; D. Affaires 1999. 1248, obs. E. P. ; JCP E 2000, n° 26, p. 1039, obs. Gavalda et Stoufflet.* – Sur cet arrêt, V. Stoufflet, *RD banc. fin. 2000. 111.* ♦ V. déjà, jugeant que les chèques cadeaux ne peuvent être qualifiés de moyens de paiement, ce dont il résulte que l'intervention de la société qui les commercialise auprès d'une clientèle d'entreprises, de comités d'entreprise, de collectivités et d'associations ne constitue pas une opération de banque au sens de la loi, V. • T. com. Nanterre, 20 nov. 1998 : *D. 1999. IR. 57 ; D. Affaires 1999. 212, obs. X. D. et A. M. ; RTD com. 1999. 168, obs. Cabrillac ; JCP E 2000, n° 26, p. 1039, obs. Gavalda et Stoufflet.*

SECTION IV *Compensation*

(L. n° 2001-420 du 15 mai 2001)

L. 311-4 *Abrogé par Ord. n° 2005-171 du 24 févr. 2005, art. 5.*

CHAPITRE II *Comptes et dépôts*

RÉP. COM. v^is *Dépôt et compte en banque,* par CABRILLAC et BONHOMME ; *Virement,* par CABRILLAC et RIVES-LANGE.

BIBL. ▶ GRUA, *D. 1999. Chron. 256* (qu'est-ce qu'un compte en banque ?).

SECTION I *Droit au compte et relations avec le client* (L. n° 2001-1168 du 11 déc. 2001).

BIBL. ▶ Sur la loi « MURCEF » du 11 déc. 2001 : PANSIER et CHARBONNEAU, *Petites affiches 17 déc. 2001, p. 5.* – AVENA-ROBARDET, *D. 2002. 186.* – BONNEAU, *JCP E 2002, n° 3, 120.* – DONDERO, *Petites affiches 17 et 18 janv. 2002, p. 4.* – STOUFFLET, *RD banc. fin. 2002. 36.* – BOUTEILLER, *Contrats Conc. Consom. 2002. Chron. 5.* – BONHOMME, *Banque et Droit mars-avr. 2002. 3.* – LUCAS DE LEYSSAC, *RD banc. fin. 2002. 349.* – BOUTEILLER, *JCP E 2003, n° 9, p. 352.* – LEGUEVAQUES et SALA, *Petites affiches 3 mars 2003, p. 4.* – PRÜM, *RD banc. fin. 2003. 153* (distinction entre compte de dépôt et compte courant). – CAUSSE, *ibid. 315* (l'obligation de restitution du banquier dépositaire peut-elle être payante ?). – BOUCRIS-MAITRAL, *D. 2006. 820* (autonomie bancaire : entre protection et collusion des époux).

L. 312-1 Toute personne physique ou morale domiciliée en France, dépourvue d'un compte de dépôt, a droit à l'ouverture d'un tel compte dans l'établissement de crédit de son choix *(Abrogé par L. n° 2005-516 du 20 mai 2005, art. 16-IV) « [ou auprès des services]* ***financiers de La Poste »*** *(Abrogé par Ord. n° 2005-429 du 6 mai 2005, art. 44)* ***« ou du Trésor public ».***

L'ouverture d'un tel compte intervient après remise auprès de l'établissement de crédit d'une déclaration sur l'honneur attestant le fait que le demandeur ne dispose d'aucun compte. En cas de refus de la part de l'établissement choisi, la personne peut saisir la Banque d46e France afin qu'elle lui désigne *[soit]* **un établissement de crédit** *(Abrogé par L. n° 2005-516 du 20 mai 2005, art. 16-IV) « [, soit les services]* ***financiers de La Poste*** *»(Abrogé par Ord. n° 2005-429 du 6 mai 2005, art. 44)* ***« , soit ceux du Trésor public. »***

Les établissements de crédit *(Ord. n° 2005-429 du 6 mai 2005, art. 44 ; Abrogé par L. n° 2005-516 du 20 mai 2005, art. 16-IV) « [ou les services]* ***financiers de La Poste* », ne pourront limiter les services liés à l'ouverture d'un compte de dépôt aux services bancaires de base que dans des conditions définies par décret.**

En outre, l'organisme désigné par la Banque de France, limitant l'utilisation du compte de dépôt aux services bancaires de base, exécute sa mission dans des conditions tarifaires fixées par décret. – *V. infra, art. D. 312-5 et D. 312-6.*

Toute décision de clôture de compte à l'initiative de l'établissement de crédit désigné par la Banque de France doit faire l'objet d'une notification écrite et motivée adressée au client et à la Banque de France pour information. Un délai minimum de quarante-cinq jours doit être consenti obligatoirement au titulaire du compte.

Ces dispositions s'appliquent aux interdits bancaires. – *[L. n° 84-46 du 24 janv. 1984, art. 58, al. 1 à 6].*

Les modifications apportées par la L. n° 2005-516 du 20 mai 2005 ne tiennent pas compte de celles issues de l'Ord. n° 2005-429 du 6 mai 2005 (art. 44), puisque l'art. 16-IV de la loi précitée dispose : dans les 1er et 3e al. de l'art. L. 312-1, les mots « financiers de La Poste ou » sont supprimés ; dans le 2e al. du même article, les mots « financiers de La Poste, soit ceux » sont supprimés.

V. aussi C. mon. fin., art. R. 312-1 s., infra, et Avis du 1er août 1984 de la Banque de France (D. et ALD 1984. 495).

Sur l'institution d'un service bancaire universel au regard des règles de concurrence, V. Cons. conc., avis, n° 05-A-08 du 31 mars 2005 : BOCC 28 oct. 2005 ; D. 2005. 1077 ; AJDA 2005. 1222, obs. Jeanneney ; JCP E 2005, n° 47, p. 1972, obs. Mathey ; RDLC 2005, n° 3, p. 146, obs. Gosset-Grainville.

BIBL. ► STOUFFLET, *RD bancaire et bourse 1998. 153* (refonte de l'art. 58 par la loi du 29 juill. 1998). – SAMIN, *Banque et Droit janv.-févr. 1999, p. 3 ; ibid. sept.-oct. 1999. 26* (aspects juridiques de la tarification des services bancaires). – MINSIEUX, *JCP E 1999, n° 12, p. 521* (euro et services bancaires). – BOUILHOL, *Banque et Droit nov.-déc. 2000. 3* (aspects juridiques de l'e-banking). ► Sur le droit antérieur : HAMEL, *Banque 1959. 6.* – GAVALDA, *JCP 1962. I. 1727.*

1. Facturation des frais de conversion bancaire en euros. Sur les engagements des établissements de crédit à ne prendre aucune mesure discriminatoire vis-à-vis de l'euro, V. : Rép. min. n° 6655 : *JO Sénat Q, 27 août 1998, p. 2273 ; D. Affaires 1998. 1584.*

2. Affectation spéciale. Sur la réforme résultant de la loi n° 98-657 du 29 juill. 1998, V. Cabrillac, *RTD com. 1998. 897.*

3. Usages bancaires. En l'absence d'adhésion d'une cliente, cotitulaire avec son époux d'un compte joint, aux usages bancaires qui ne feraient aucune obligation aux banques d'informer ses clients de la décision prise par l'autre cotitulaire, de se désolidariser du fonctionnement du compte, la banque devait informer sa cliente de la décision que lui avait notifiée son époux et qui avait eu pour effet de mettre fin à la convention de compte joint dont elle était gestionnaire. • Com. 4 mai 1999 : *Bull. civ. IV, n° 90 ; D. 2000. 191, note Djoudi ; D. Affaires 1999. 939, obs. X. D. ; Petites affiches 17 juin 1999, p. 5, obs. L. C. ; JCP E 2000, n° 23, p. 895, note Neau-Leduc ; RD bancaire et bourse 1999. 121, obs. Crédot et Gérard ; RTD com. 1999. 731, obs. Cabrillac .*

4. Ordre de virement. Un établissement de crédit n'est tenu d'exécuter un ordre de virement, ne serait-ce qu'en vue de la restitution de fonds indûment perçus par son client, que si à la date de cet ordre il existe sur le compte des fonds disponibles, soit en raison de l'état créditeur du compte, soit en raison de l'existence d'un découvert autorisé. • Com. 19 déc. 2000 : *Bull. civ. IV, n° 193 ; D. 2001. AJ. 920, obs. Avena-Robardet ; D. 2002. Somm. 640, obs. R. Martin ; JCP E 2001, n° 31-35, p. 1331, obs. Stoufflet ; RTD com. 2001. 749, obs. Cabrillac ; RD banc. fin. 2001, n° 46, obs. Crédot et Gérard.* ♦ Lorsqu'elle exécute, de manière ponctuelle, un ordre de virement bien qu'il n'existe pas de provision préalable suffisante, la banque consent, à due concurrence, une simple facilité de caisse à son client, sur la demande implicite de celui-ci. • Com. 28 févr. 2006 : *D. 2006. AJ. 854, obs. Avena-Robardet ; JCP E 2006, n° 14-15, p. 666 ; RJDA 2006, n° 688 ; RLDA mai 2006, p. 37, obs. Chemin-Bomben.* ♦ Sur une action en répétition de l'indu d'une banque qui a exécuté deux fois le même ordre de virement : • Com. 24 sept. 2003 : *RJDA 2004, n° 138.* ♦ Jugeant que la banque ne peut se faire justice elle-même en débitant d'office le compte crédité par erreur, mais doit utiliser les voies de droit à sa disposition, V. • Paris, 5 janv. 2006 : *BRDA 2006, n° 9, p. 7.* ♦ Il appartient à la banque du destinataire du virement, dûment avertie du caractère indu du virement qu'elle était susceptible de recevoir, de prendre toute disposition utile pour que, dans l'hypothèse où ils lui seraient effectivement transférés, les fonds litigieux ne soient pas inscrits au crédit du compte de son client. • Com. 8 mars 2005 : *RJDA 2005, n° 868 ; Dr. et patr. déc. 2005. 102, obs. Mattout et Prüm.* ♦ Le donneur d'ordre est dessaisi de la somme objet du virement par son inscription au crédit du compte du banquier du bénéficiaire. • Com. 8 juill. 2003 : *Bull. civ. IV, n° 117 ; RD banc. fin. 2004, n° 60, obs. Crédot et Gérard ; Petites affiches 15 janv. 2004, p. 8, obs. E. C.* ♦ Viole les art. 1134 et 1937 C. civ. une cour d'appel qui rejette les demandes en restitution des sommes correspondant à vingt-quatre virements et en dommages-intérêts alors qu'elle-même a relevé qu'aucun ordre écrit relatif aux virements litigieux n'était signé des personnes ayant pouvoir de faire fonctionner les comptes des sociétés débitées et qu'à supposer qu'aucune faute ne soit imputable à la banque dans l'exécution des virements litigieux cette circonstance n'était pas de nature à la décharger de son obligation de ne restituer les fonds qu'aux déposants ou à leurs mandataires. • Com. 3 nov. 2004 : *Bull. civ. IV, n° 187 ; D. 2005. 579, note Naudin ; D. 2004. AJ. 3063, obs. Avena-Robardet ; D. 2006. Pan. 163, obs. Martin ; JCP E 2005, n° 21, p. 865, obs. Stoufflet ; Petites affiches 17 janv. 2006, p. 5, obs. E. C. ; RD banc. fin. 2005, n° 4, obs. Crédot et Gérard ; Banque et Droit mars-avr. 2005. 49, obs. Bonneau ; Gaz Pal. 2005. Somm. 2045, obs. S. Piedelièvre ; RJDA 2005, n° 311 ; RTD com. 2005. 150, obs. Cabrillac.* – Rappr. • Paris, 30 avr. 2004 : *Banque et Droit nov.-déc. 2004. 33, obs. de Vauplane et Daigre.* ♦ En l'absence de faute de la part du déposant, ou d'un préposé de celui-ci, et même s'il n'a lui-même commis aucune faute, le banquier n'est pas libéré envers le client qui lui a confié des fonds quand il se défait de ces derniers sur présentation d'un faux ordre de paiement revêtu dès l'origine d'une fausse signature. • Com. 8 nov. 2005 : *RJDA 2006, n° 315.* – V. aussi en matière de chèque, note 22 ss. art. L. 131-38.

Le silence prolongé après la réception des avis d'opération de virement fait présumer l'acceptation par le client de l'existence et l'exécution des opérations comme la régularité des écritures portées sur le relevé ; mais cette présomption n'est pas irréfragable et peut être écartée si le titulaire du compte justifie d'éléments de nature à la combattre. • Montpellier, 19 sept. 2003 : *RD banc. fin. 2004, n° 4, obs. Crédot et Gérard ; Banque et Droit mars-avr. 2005. 56, obs. Guillot.* – V. aussi • Com. 7 janv. 2004 : *ibid., n° 60, obs. Crédot et Gérard.* ♦ Si la réception sans protestation ni réserve des avis d'opéré et des relevés de compte fait présumer l'existence et l'exécution des opérations qu'ils indiquent, elle n'empêche pas le client, pendant le délai convenu ou, à défaut, pendant le délai de prescription, de reprocher à celui qui a effectué ces opérations d'avoir agi sans mandat. • Com. 10 févr. 1998 : *D. 1998. IR. 63 ; D. Affaires 1998. 424, obs. V. A.-R. ; RTD com. 1998. 394, obs. Cabrillac.* ♦ L'absence de protestation du client dans le délai d'un mois de la réception des relevés de compte n'emporte, selon la convention des parties (qui stipule que l'accord du client sur les opérations portées au compte serait présumé résulter de l'absence de réclamation de la part de celui-ci dans le délai d'un mois de la réception de son relevé de compte), qu'une présomption d'accord du client sur les opérations y figurant laquelle ne prive pas celui-ci de la faculté de rapporter, pendant la durée de prescription légale, la preuve d'éléments propres à l'écarter. • Com. 3 nov. 2004 : *préc.* ♦ V. aussi, jugeant abusive la clause qui donne à penser au client que, passé le délai de trois mois, aucune contestation ne pourrait plus être reçue, car le silence gardé par le client pendant ce délai n'emporte qu'une présomption simple d'acceptation par le client des opérations inscrites sur le relevé, susceptible d'être contredite par la preuve contraire. • TGI Paris, 9 nov. 2005 : *cité note 6 bis ss. art. R. 132-2 C. consom., infra, v° Ventes commerciales.*

4 bis. Ordre de virement électronique : vérifications. L'établissement bancaire bénéficiaire d'un ordre de virement, même électronique, ne peut se borner avant d'en affecter le montant au profit de l'un de ses clients, à un traitement automatique sur son seul numéro de compte, dès lors qu'il est inclus dans les enregistrements reçus du donneur d'ordre et qu'il n'a pas été exclu de tout contrôle avec l'assentiment de ce dernier. • Com. 29 janv. 2002 : *D. 2002. AJ. 717, obs. Lienhard ; ibid. 2003. Somm. 1289, obs. Boujeka ; RTD com. 2002. 354, obs. Cabrillac ; RD banc. fin. 2002. 66,* *n° 42, obs. Crédot et Gérard ; JCP E 2003, n° 11, p. 465, obs. Stoufflet ; Comm. com. élec. 2002, n° 85, obs. Grynbaum ; Banque et Droit mars-avr. 2003. 66, obs. Guillot.* – V. aussi • Com. 9 juill. 2002 : *D. 2003. Somm. 1289, obs. Boujeka ; ibid. 2002. AJ. 2676 ; Petites affiches 12 sept. 2002, p. 10, obs. E.C. ; Banque et Droit nov.-déc. 2002. 51, obs. Bonneau ; RTD com. 2002. 710, obs. Cabrillac ; RD banc. fin. 2002, n° 169, obs. Crédot et Gérard ; RJDA 2003, n° 60* • Lyon, 14 oct. 2004 : *BICC 2005, n° 80.*

4 ter. Forme de l'ordre de virement. Aucun texte n'impose qu'un ordre de virement, même émanant d'un non-commerçant, soit rédigé par écrit. • TGI Paris, 3 sept. 2003 : *Banque et Droit mai-juin 2005. 76, obs. Guillot.* ♦ L'utilisation d'un ordre oral (en l'espèce, par téléphone) implique l'urgence et rend difficile pour l'établissement de crédit d'assurer toutes les vérifications souhaitables et spécifiquement de demander la confirmation écrite de l'ordre. • Même décision. ♦ Pour un ordre de virement comportant à l'origine un blanc-seing, V. • Com. 28 févr. 2006 : *préc. note 4.*

5. Tenue de compte. Sur la responsabilité d'un établissement de crédit qui, après avoir crédité par erreur le compte d'un client puis contrepassé l'écriture sans l'informer, a commis un abus de droit en mettant en œuvre une interdiction bancaire pour le rejet d'un chèque et en résiliant le contrat de prêt qui les liait pour échéance impayée, V. • Com. 13 mars 2001 : *Bull. civ. IV, n° 56 ; JCP E 2001, n° 31-35, p. 1334, obs. Stoufflet ; Petites affiches 10 mai 2001, p. 11, obs. E. C.* (et sur renvoi • Paris, 5 mars 2003 : *RJDA 2003, n° 990,* qui s'en tient à la notion de faute). ♦ Commet une faute envers son client la banque qui, à la demande d'un locataire, restitue à ce dernier le montant du dernier virement de loyer effectué selon lui par erreur, alors que son client le lui avait interdit. • Paris, 20 sept. 2002 : *BRDA 2002, n° 21, p. 8.* ♦ Même sous un régime communautaire, la banque commet une faute en permettant au conjoint du titulaire d'un compte personnel de disposer des sommes figurant au crédit de ce compte, alors qu'il n'a pas reçu de procuration. • Civ. 1re, 3 juill. 2001 : *Bull. civ. I, n° 198 ; D. 2002. 1102, note Comangès ; JCP E 2003, n° 11, p. 464, obs. Stoufflet.* – V. aussi • Com. 11 mars 2003 : *D. 2004. 1479, note Laugier ; JCP N 2003, n° 48, p. 1732, obs. Casey ; Petites affiches 5 juill. 2004, p. 26, note Laugier ; RJDA 2003, n° 988* • Lyon, 20 sept. 2001 : *JCP N 2003, n° 1, p. 22.* ♦ Comp. • Civ. 1re, 18 févr. 2003 : *D. 2003. Somm. 1864, obs. Brémond ; JCP N 2003, n° 48, p. 1731, obs. Casey ; RD banc. fin. 2003, n° 60, obs. Crédot et Gérard ; RTD civ. 2003. 536, obs. Vareille (clause de prélèvement automatique).* ♦ Le banquier, dépositaire des fonds prêtés à son client par un établissement tiers en vue d'un emploi déterminé, n'engage pas sa responsabilité en procédant aux paiements ordonnés par son client à d'autres fins. • Com. 11 févr. 2003 : *RD banc. fin. 2003, n° 175, obs. Crédot et Gérard ; RJDA 2003, n° 759.* ♦ Sur la responsabilité de la banque dans la tenue d'un compte de réserve, V. • TI Paris, 5 juin 2001 : *Banque et Droit janv.-févr. 2003. 66, obs. Guillot.* ♦ Sur l'effet de la solidarité passive dans le cadre d'un compte joint, V. • Com. 8 févr. 2005 : *Bull. civ. IV, n° 20 ; D. 2005. AJ. 771, obs. Avena-Robardet ; D. 2006. Pan. 161, obs. Martin ; JCP E 2005, n°21, p. 866, obs. Stoufflet ; Contrats Conc. Consom. 2005, n° 106, obs. Leveneur ; Banque et Droit mars-avr. 2005. 42, obs. Jacob ; ibid. mai-juin 2005. 73, obs. Bonneau ; RTD com. 2005. 396, obs. Legeais ; RJDA 2005, n° 609.* ♦ Sur la responsabilité de la banque pour manquement à son obligation de surveillance lors de la réception et de l'emploi des capitaux d'un compte ouvert au nom d'un majeur en curatelle, V. • Besançon, 8 juin 2001 : *JCP N 2003, n° 10, p. 401, obs. Fossier.*

Sur l'obligation de vigilance du banquier en dépit de son devoir de non-ingérence, V. • Com. 25 mars 2003 : *RJDA 2003, n° 989.* ♦ Mais son devoir de non-ingérence interdit à la banque de s'immiscer dans les affaires de son client, comme de procéder à des investigations notamment sur la nature et la cause des encaissements, sauf anomalie manifeste qu'il lui appartient de signaler à son client conformément à l'obligation de surveillance qui lui incombe. • Paris, 14 mai 2003 : *RD banc. fin. 2004, n° 3, obs. Crédot et Gérard.* ♦ La banque dépositaire, à laquelle le déposant donne l'ordre de lui restituer tout ou partie des fonds déposés, a l'obligation de procéder à cette restitution, ni l'ancienneté des relations entretenues avec le déposant, ni les habitudes antérieures de celui-ci quant aux opérations qu'il pratiquait sur son compte ne devant conduire la banque à s'interroger sur la cause et l'opportunité des retraits ordonnés et à s'immiscer dans les affaires de l'intéressé. • Com. 21 sept. 2004 : *RD banc. fin. 2005, n° 3, obs. Crédot et Gérard ; Banque et Droit janv.-févr. 2006. 67, obs. Guillot.*

6. Clôture du compte. Jugeant que l'absence de procuration d'un époux justifiant la clôture du compte de l'autre époux (plan d'épargne logement) n'exclut pas une possibilité de ratification (même tacite) par ce dernier de la clôture de son compte : • Civ. 1re, 6 mai 2003 : *Bull. civ. I, n° 106 ; D. 2003. Somm. 1865, obs. Brémond ; JCP E 2003, n° 27, p. 1119 ; RD banc. fin. 2003, n° 174, obs. Crédot et Gérard ; RJDA 2003, n° 1107.* ♦ L'écoulement d'un délai de vingt jours entre la formalisation, par une ordre explicite, d'une demande de clôture de compte épargne et le virement du solde créditeur sur un compte courant caractérise une faute de la banque dès lors qu'en application des conditions générales du compte épargne la clôture peut intervenir à tout moment, peu important que le calcul des intérêts et des prélèvements libératoires soient effectués par quinzaine. • Versailles, 11 mai 2004 : *BICC 2005, n° 297.* ♦ Sur la prescription d'une clôture de compte, V. note ss. art. 2 de la L. n° 77-4 du 3 janv. 1977, citée ss. art. L. 110-4 C. com.

7. Droit au compte. Pour un arrêt précisant que le droit au compte ne se confond pas avec la possibilité de retrouver dans un autre établissement des comptes courants fonctionnant dans des conditions semblables, V. • Paris, 23 janv. 2002 : *Banque et Droit janv.-févr. 2004. 63, obs. Guillot.*

8. Procuration. Aucune disposition législative ou réglementaire n'exige qu'une procuration soit recueillie en la présence d'un représentant de l'établissement de crédit teneur de compte. • Com. 28 avr. 2004 : *Bull. civ. IV, n° 73 ; D. 2004. AJ. 1524 ; JCP E 2004, n° 20-21, p. 786 ; RD banc. fin. 2004, n° 156, obs. Crédot et Gérard ; Banque et Droit juill.-août 2004. 58, obs. Bonneau ; RTD com. 2004. 579, obs. Legeais ; RJDA 2004, n° 1151.* ♦ La procuration sur un compte bancaire, n'entraînant pas la renonciation du mandant à la propriété des fonds retirés à l'aide de celle-ci, n'opère pas de ce fait tradition. • Civ. 1re, 3 mai 2006 : *D. 2006. AJ. 1526, obs. Avena-Robardet.*

9. Unité du compte. L'unité d'un compte n'est incompatible ni avec l'existence de chapitres libellés en devises étrangères dès lors que, celles-ci étant convertibles, une balance peut être calculée à chaque établissement de solde, ni avec l'existence d'intérêts différenciés selon les opérations auxquelles ils se rapportent, ni avec l'établissement de relevés séparés pendant le cours du fonctionnement de ce compte. • Com. 28 sept. 2004 : *Bull. civ. IV, n° 166 ; D. 2004. AJ. 2933, obs. Delpech ; D. 2006. Pan. 162, obs. Martin ; JCP E 2004, n° 43, p. 1660 ; RD banc. fin. 2005, n° 2, obs. Crédot et Gérard ; Banque et Droit janv.-févr. 2005. 69, obs. Bonneau ; Petites affiches 11 mai 2005, p. 4, obs. E. C. ; RJDA 2005, n° 183 ; RTD com. 2005. 153, obs. Legeais.* ♦ Sur la mise en œuvre d'une convention de fusion de compte, V. • Com. 23 juin 2004 : *RJDA 2005, n° 68.* ♦ Sur les contradictions d'une banque dans la mise en œuvre d'une convention d'unité de compte, V. • Com. 8 mars 2005 : *Bull. civ. IV, n° 44 ; D. 2005. AJ. 883, obs. Delpech ; ibid. Pan. 2843, obs. Fauvarque-Cosson ; D. 2006. Pan. 163, obs. Martin ; JCP E 2005, n° 47, p. 1973, obs. Mathey ; RD banc. fin. 2005, n° 75, obs. Crédot ; Banque et Droit juill.-août 2005. 67, obs. Bonneau ; RTD com. 2005. 397, obs. Legeais ; Petites affiches 27 sept. 2005, p. 11, note Dagorne-Labbe ; RJDA 2005, n° 870 ; Dr. et patr. déc. 2005. 102, obs. Mattout et Prüm ; RDC 2005. 1015, obs. D. Mazeaud.*

10. Donation. Le virement fait sur un compte sur lequel le *solvens* a procuration ne réalise pas une dépossession irrévocable. • Civ. 1re, 14 déc. 2004 : *Bull. civ. I, n° 317 ; D. 2005. 626, note Noblot ; RTD com. 2005. 394, obs. Cabrillac.*

11. Fusion de compte. Sur les conditions de mise en œuvre d'une convention de fusion de comptes de copropriété, V. • Com. 17 janv. 2006 : *D. 2006. AJ. 440, obs. Delpech ; JCP E 2006, n° 9, p. 405 ; RJDA 2006, n° 568 ; RLDA avr. 2006. 34, obs. Chemin-Bomben ; Loyers et copr. 2006, n° 87, obs. Vigneron.*

L. 312-1-1 **I. –** *(L. n° 2004-1484 du 30 déc. 2004, art. 106)* **« Les établissements de crédit sont tenus d'informer leur clientèle et le public sur les conditions générales et tarifaires applicables aux opérations relatives à la gestion d'un compte de dépôt, selon des modalités fixées par un arrêté du ministre chargé de l'économie et des finances.** – *V. Arr. du 4 avr. 2005, infra.*

« La gestion d'un compte de dépôt des personnes physiques n'agissant pas pour des besoins professionnels est réglée par une convention écrite passée entre le client et son établissement de crédit ou les services financiers de La Poste pour tout compte ouvert à compter du 28 février 2003. L'acceptation de ce contrat est formalisée par la signature du ou des titulaires du compte.

« Pour les comptes ouverts avant cette date et n'ayant pas fait l'objet d'une convention signée ou tacitement approuvée, un projet de convention de compte de dépôt est fourni au client à sa demande. L'acceptation de ce contrat est formalisée par la signature du ou des titulaires du compte dans un délai maximal de trois mois après l'envoi.

« Jusqu'au 31 décembre 2009, les établissements de crédit et les services financiers de La Poste sont tenus d'informer au moins une fois par an les clients n'ayant pas de convention de compte de dépôt de la possibilité d'en signer une.

« Les principales stipulations que la convention de compte de dépôt doit comporter, notamment les conditions générales et tarifaires d'ouverture, de fonctionnement et de clôture, sont précisées par un arrêté du ministre chargé de l'économie et des finances. » — *V. Arr. du 8 mars 2005, infra.*

(L. n° 2001-1168 du 11 déc. 2001) **« Tout projet de modification** *(L. n° 2004-1484 du 30 déc. 2004, art. 106)* **« des conditions tarifaires applicables au »** *(L. n° 2003-706 du 1er août 2003, art. 77-I)* **« compte de dépôt » doit être communiqué par écrit au client trois mois avant la date d'application envisagée. L'absence de contestation par le client dans un délai de deux mois après cette communication vaut acceptation du nouveau tarif.**

« Aucun frais ne peut être prévu par la convention *(L. n° 2004-1484 du 30 déc. 2004, art. 106)* **« de compte de dépôt » ni mise à la charge du client au titre de la clôture ou du transfert d'un compte opéré à la demande d'un client qui conteste une proposition de modification substantielle** *(L. n° 2004-1484 du 30 déc. 2004, art. 106)* **« des conditions et tarifs applicables à son compte de dépôt ».** — *Pour la sanction, V. art. L. 351-1.*

« II. — Sauf si la convention de compte en dispose autrement, toutes les opérations en crédit et en débit d'un compte de dépôt doivent être portées à la connaissance du client à intervalle régulier n'excédant pas un mois. » — *V. aussi, infra, art. R. 312-1.*

V. la recommandation n° 2005-02 émise par la Commission des clauses abusives relative aux conventions de compte de dépôt (BOCC 20 sept. 2005).

BIBL. ▸ STOUFFLET, *RD banc. fin. 2003. 122* (la Charte relative aux conventions de compte de dépôt). – TCHOTOURIAN, *Banque et Droit mai-juin 2003. 6* (même thème). – PIEDELIÈVRE, *RTD com. 2003. 467* (même thème). – CRÉDOT et GÉRARD, *RD banc. fin. 2003, n° 212* (loi n° 2003-706 de sécurité financière). – BRUNENGO-BASSO, *Dr. et patr. janv. 2004. 73* (même thème). – REVET, *RDC 2004. 607* (droit législatif, droit réglementaire et droit néo-corporatif). – MATHEY, *Contrats Conc. Consom. 2005. Chron. 5* (les relations des banques avec leur clientèle : les conventions de compte). – ROUTIER, *D. 2006. 985* (multiplication des frais et commissions de banque).

1. Tarif bancaire. La banque est libre de fixer le prix qu'elle entend pratiquer dès lors que le client, qui bénéficiait d'un préavis d'un mois pour résilier son contrat, avait été tenu informé du changement de politique de la banque plus de six mois avant l'échéance, disposant ainsi du temps nécessaire pour s'adresser à la concurrence, de sorte qu'il n'était pas démontré en quoi il avait été contraint de se soumettre aux conditions de la banque en renouvelant un contrat qu'il restait libre de ne pas poursuivre. • Civ. 1re, 30 juin 2004 : *Bull. civ. I, n° 190 ; D. 2005. 1828, note D. Mazeaud ; D. 2004. AJ. 2150, obs. Avena-Robardet ; D. 2006. Pan. 165, obs. Martin ; JCP E 2005, n° 21, p. 864, obs. Mathey ; Contrats Conc. Consom. 2004, n° 150, obs. Leveneur ; Dr. et patr. nov. 2004. 81, obs. Chauvel ; RD banc. fin. 2004, n° 226, obs. Crédot et Gérard ; Banque et Droit nov.-déc. 2004. 58, obs. Bonneau ; RTD com. 2004. 800, obs. Legeais ; RTD civ. 2004. 749, obs. Gautier ; RJDA 2005, n° 94 ; RDC 2005. 275, note Stoffel-Munck* (location de coffre-fort), qui casse • Paris, 24 oct. 2000 : *D. 2001. AJ. 302, obs. Delpech ; ibid. Somm. 3236, obs. D. Mazeaud*. ♦ Jugeant qu'une banque est parfaitement en droit de prélever des frais et commissions dont les montants sont spécifiés dans les conditions appliquées aux opérations bancaires de particuliers, remises au titulaire du compte et acceptées lors de la souscription de la convention : • Com. 23 juin 2004 : *RD banc. fin. 2004, n° 227, obs. Crédot et Gérard.*

Dès lors que la convention de compte comportait une clause permettant à la banque de procéder à la tarification de services jusqu'alors gratuits, ainsi que relative à la manière dont ces modifications devaient être portées à la connaissance des clients, une cour d'appel a reconnu exactement que l'absence de protestation des clients équivalait à une acceptation tacite des nouveaux tarifs. • Civ. 1re, 25 nov. 2003 : *RD banc. fin. 2004, n° 190, obs. Crédot et Gérard ; Banque et Droit mai-juin 2005. 79, obs. Guillot.* ♦ Sur la multiplication des frais et commissions de banque, V. • TGI Niort, 9 janv. 2006 : *cité note 7 ss. art. R. 132-1 C. consom., infra, v° Ventes commerciales.*

2. Modification de la convention de compte. Est abusive, la clause prévoyant que chaque titulaire ne dispose que d'un délai d'un mois à compter de la notification de modifications de la convention de compte pour les refuser et dénoncer la convention et que, à défaut, la modification sera considérée à son égard comme définitivement approuvée. Ce délai apparaît nettement insuffisant et n'est de toute façon pas conforme aux délais applicables en cas de modification tarifaire, soit trois mois de prévenance avant la date d'application du changement projeté et deux mois pour refuser cette modification. • TGI Paris, 9 nov. 2005 : *cité note 6 bis ss. art. R. 132-2 C. consom., infra, v° Ventes commerciales.*

Arrêté du 8 mars 2005,

Portant application de l'article L. 312-1-1 du code monétaire et financier précisant les principales stipulations devant figurer dans les conventions de compte de dépôt.

Art. 1er La gestion d'un compte de dépôt, et notamment ses conditions d'ouverture, de fonctionnement et de clôture, est réglée par une convention écrite passée entre le client et son établissement de crédit ou organisme visé à l'article L. 518-1 du code monétaire et financier.

Au sens du présent arrêté, le terme « compte de dépôt » désigne les comptes de dépôts à vue et les comptes courants postaux ouverts par des personnes physiques n'agissant pas pour des besoins professionnels. Il a vocation à fonctionner en position créditrice.

Ne sont pas concernés par le présent arrêté les comptes soumis à une réglementation particulière, notamment les comptes sur livret, les comptes d'instruments financiers et les comptes espèces qui leur sont spécifiquement associés.

2 La convention de compte de dépôt précise :

1. La durée de la convention et, le cas échéant, ses conditions de renouvellement, ses modalités d'évolution et leur opposabilité ;

2. Les finalités des traitements mis en œuvre par l'établissement de crédit, les destinataires des informations, le droit de s'opposer à un traitement des données à des fins de prospection commerciale ainsi que les modalités d'exercice du droit d'accès aux informations concernant le client, conformément aux lois en vigueur ;

3. Les modalités d'ouverture d'un compte de dépôt ;

4. Les produits et services dont le client bénéficie ou peut bénéficier dans le cadre de la gestion du compte de dépôt. A ce titre, la convention informe le titulaire du compte :

a) Des modalités d'obtention, de fonctionnement et de retrait des moyens de paiement. La convention indique également si, à la date de sa conclusion, le titulaire du compte de dépôt dispose d'un chéquier. En cas de non-délivrance immédiate, la situation du titulaire du compte de dépôt est réexaminée périodiquement. La convention informe le titulaire du compte de dépôt sur les modalités de réexamen.

Si le titulaire du compte de dépôt dispose d'autres moyens de paiement, la convention le mentionne en renvoyant, le cas échéant, à une convention spécifique, dont elle précise l'objet et qui lui est annexée. Cette convention annexe fixe les conditions d'utilisation de ces moyens de paiement, en particulier les modalités d'obtention, de fonctionnement et de retrait de ces moyens de paiement ainsi que les tarifs applicables aux opérations correspondantes ;

b) Des procédures de traitement des incidents de fonctionnement du compte de dépôt et des moyens de paiement mentionnés au 4 *(a)* ci-dessus, ainsi que des procédures à suivre pour faire opposition à une opération. La convention de compte de dépôt rappelle la réglementation sur le chèque sans provision. La convention invite le titulaire du compte de dépôt à préciser les moyens par lesquels l'établissement peut, le cas échéant, le joindre afin de l'informer, en application de l'article L. 131-73 du code monétaire et financier, avant d'en refuser le paiement, des conséquences du défaut de provision d'un chèque qu'il aurait émis ;

c) Des modalités d'information du client sur les mouvements qui ont affecté son compte. La convention doit prévoir de rendre compte périodiquement de toutes les opérations en crédit et en débit qui ont affecté le compte de dépôt. Sauf si la convention en dispose autrement, toutes les opérations en crédit et en débit d'un compte de dépôt doivent être portées à la connaissance du client à intervalle régulier n'excédant pas un mois ;

5. Les commissions, tarifs ou principes d'indexation applicables à l'ouverture du compte de dépôt, aux produits et services visés au point 4, y compris lorsqu'ils font l'objet de conventions spécifiques annexées, à la gestion du compte de dépôt ainsi que ceux applicables aux incidents de fonctionnement du compte de dépôt ou des moyens de paiement ;

6. Les dates de valeur lorsqu'elles sont appliquées par l'établissement ;

7. Conformément à l'article L. 312-1-1 du code monétaire et financier, que tout projet de modification du tarif visé au point 5 sera communiqué par écrit au client trois mois avant la date d'application envisagée et que l'absence de contestation par le client dans un délai de deux mois après cette communication vaut acceptation du nouveau tarif ;

8. Les conséquences d'une position débitrice non autorisée, les conditions dans lesquelles le titulaire du compte de dépôt en est informé ainsi que le tarif applicable. Si l'établissement décide d'accorder à sa clientèle une position débitrice autorisée de moins de trois mois, la convention le mentionne et renvoie, le cas échéant, à une convention spécifique, dont elle précise l'objet et qui lui est annexée. Cette convention fixe les conditions d'utilisation de ce découvert autorisé, les commissions pratiquées et les principes d'indexation ;

9. Les obligations d'information à la charge du client. Le client doit notamment signaler sans délai à son établissement tout changement intervenu dans les informations qu'il a fournies lors de l'ouverture du compte de dépôt et ultérieurement ;

10. Les obligations de confidentialité à la charge du teneur de compte, sous réserve des exceptions prévues par la réglementation ou définies conventionnellement ;

11. Les modalités de procuration. La convention précise la possibilité de donner procuration, la portée d'une procuration ainsi que les conditions et les conséquences de sa révocation ;

12. Les modalités de fonctionnement d'un compte de dépôt joint, notamment au regard de l'interdiction bancaire ;

13. Les conditions de transfert, de résiliation et de clôture du compte de dépôt. La convention de compte de dépôt précise les conditions applicables en cas de clôture du compte de dépôt, notamment les délais de préavis. En cas de modification substantielle de la convention, conformément à l'article L. 312-1-1 du code monétaire et financier, la convention doit rappeler au client qu'aucuns frais ne peuvent être mis à sa charge au titre de la clôture ou du transfert d'un compte de dépôt opéré à sa demande suite à une contestation de sa part sur cette modification. La convention doit également rappeler l'article L. 312-1 du code monétaire et financier aux termes duquel toute personne dépourvue d'un compte de dépôt et qui s'est vue refuser l'ouverture d'un tel compte par l'établissement choisi peut demander à la Banque de France de lui désigner un établissement, qui sera alors tenu de fournir gratuitement l'ensemble des produits et des services énumérés par l'article 1er du décret du 17 janvier 2001 susvisé relatif aux services bancaires de base ;

14. Le sort du compte de dépôt au décès du ou de l'un des titulaires de ce compte ;

15. L'existence d'un médiateur bancaire pouvant être saisi gratuitement en cas de litige né de l'application de la convention de gestion du compte de dépôt ainsi que les modalités d'accès à ce médiateur. L'existence de la médiation et ses modalités d'accès doivent faire l'objet d'une mention sur les relevés de compte.

1. Restitution de chéquiers. La clause de la convention de compte bancaire qui stipule que l'établissement financier peut à tout moment demander au titulaire la restitution de son chéquier sans préciser les modalités de cette restitution est abusive, ces modalités ne pouvant être abandonnées à la seule discrétion du banquier. • TGI Paris, 9 nov. 2005 : *cité note 6 bis ss. art. R. 132-2 C. consom., infra, v° Ventes commerciales.*

2. Octroi et retrait de la carte bancaire. La clause qui se borne à affirmer que la délivrance d'une carte bancaire est subordonnée à l'agrément de l'établissement et à l'absence d'inscription au fichier des cartes bancaires géré par la Banque de France et que la banque peut à tout moment retirer la carte ou ne pas la renouveler, ce qui donne à l'établissement bancaire un pouvoir discrétionnaire dans l'octroi et le retrait de la carte bancaire, ne répond pas aux exigences de l'article 2, 4 a) de l'arrêté du 8 mars 2005. • TGI Paris, 9 nov. 2005 : *préc. note 1.*

3 Lorsque'un compte de dépôt est ouvert, en application de l'article L. 312-1 du code monétaire et financier, le convention de compte de dépôt correspondante doit, en outre, prévoir la fourniture gratuite de l'ensemble des produits et des services énumérés par l'article 1er du décret du 17 janvier 2001 susvisé relatif aux services bancaires.

Arrêté du 4 avril 2005,

Portant application de l'article L. 312-1-1 du code monétaire et financier fixant les modalités d'information de la clientèle et du public sur les conditions générales et tarifaires applicables aux opérations relatives à la gestion d'un compte de dépôt.

Art. 1er L'information de la clientèle et du public sur les prix des produits et services liés à la gestion d'un compte de dépôt doit se faire par voie d'affichage, de manière visible et lisible, et de dépliants tarifaires en libre-service, dans les locaux de réception du public.

Les conditions générales applicables aux produits et services liés à la gestion d'un compte de dépôt doivent être mises gratuitement à la disposition de la clientèle et du public par tout moyen approprié.

L. 312-1-2 *(L. nº 2001-1168 du 11 déc. 2001)* **I. — 1. Est interdite la vente ou offre de vente de produits ou de prestations de services groupés sauf lorsque les produits ou prestations de services inclus dans l'offre groupée peuvent être achetés individuellement ou lorsqu'ils sont indissociables.**

2. Est interdite toute vente ou offre de vente de produits ou de prestations de services faite au client et donnant droit à titre gratuit, immédiatement ou à terme, à une prime financière ou en nature de produits, biens ou services dont la valeur serait supérieure à un seuil fixé, en fonction du type de produit ou de service offert à la clientèle, par un règlement pris par arrêté du ministre chargé de l'économie, pris après avis du *(L. nº 2003-706 du 1er août 2003, art. 46-V)* **« Comité consultatif institué à l'article »** *(Ord. nº 2005-429 du 6 mai 2005, art. 45)* **« L. 614-1 ».** – *Pour la sanction, V. art. L. 351-1.*

II. — Des agents de la Banque de France commissionnés par le ministre chargé de l'économie et des fonctionnaires habilités à relever les infractions aux dispositions des articles L. 113-3, L. 121-35 et L. 122-1 du code de la consommation sont qualifiés pour procéder dans l'exercice de leurs fonctions à la recherche et à la constatation par procès-verbal des infractions aux dispositions du I de l'article L. 312-1-1 et du I du présent article.

Ces agents peuvent accéder à tous les locaux à usage professionnel et demander la communication des livres et tous autres documents professionnels et en prendre copie, recueillir sur convocation ou sur place les renseignements et justifications. Ils ne peuvent accéder à ces locaux qu'entre huit heures et vingt heures. Le secret professionnel ne peut être opposé aux agents agissant dans le cadre des pouvoirs qui leur sont conférés par le présent article.

(L. nº 2004-1484 du 30 déc. 2004, art. 106) **« Pour les infractions sanctionnées pénalement, les procès-verbaux sont transmis au procureur de la République dans les cinq jours suivant leur établissement. Dans tous les cas, une copie du procès-verbal est remise à l'intéressé. »**

Les dispositions de l'art. L. 312-1-2 entrent en vigueur un an après la publication de la loi nº 2001-1168 du 11 déc. 2001 (JO 12 déc.). Les modalités particulières d'entrée en vigueur du I de l'art. L. 312-1-2 C. mon. fin. aux ventes ou offres de vente qui trouvent leur origine dans les conventions conclues avant l'entrée en vigueur de la loi du 11 déc. 2001, prévues à l'art. 13-III-2º de la loi précitée, ont été abrogées par la L. 2003-706 du 1er août 2003, art. 77-II (JO 2 août).

BIBL. ▶ Saint-Alary, *Banque et Droit mars-avr. 2002.* 12 (le nouveau dispositif sur les ventes groupées et les ventes à prime doit-il inquiéter les banques ?). – Lucas de Leyssac, *RD banc. fin.*, *nov.-déc. 2002. 349* (de quelques aspects de l'art. 13 de la loi MURCEF). – BICHOT, *RGDA 2002, p. 625* (vers la fin des assurances en inclusion des cartes bancaires ?). – BOUTEILLER, *JCP E 2003, n° 9, p. 352* (mise en œuvre des nouvelles relations entre les banques et leurs clients). – GIRARDIN et GRISON, *Contrats Conc. Consom. 2004. Chron. 18* (techniques de vente et de promotion des produits et services bancaires).

Location de coffre-fort. **RÉP. COM.** v° *Coffre-fort*, par Gavalda. ♦ Pour un arrêt retenant le caractère « indivisible » du contrat de location de coffre-fort et d'ouverture de compte bancaire, V. • Com. 21 janv. 2004 : *RD banc. fin. 2004, n° 57, obs. Crédot et Gérard.* ♦ Sur la responsabilité du banquier loueur de coffre-fort, V. note ss. art. L. 321-2.

Arrêté du 11 août 2003,

Fixant le seuil de la valeur des primes visées au I de l'article L. 312-1-2 du code monétaire et financier.

Art. 1er La valeur maximale de la prime financière ou en nature visée au deuxième alinéa de l'article L. 312-1-2 du code monétaire et financier est déterminée en fonction du prix net, toutes taxes comprises, du produit ou de la prestation de service vendu ou offert à la vente et dont le client bénéficie ou peut bénéficier dans le cadre de la gestion d'un compte de dépôt, dans les conditions suivantes : 15 % du prix net, toutes taxes comprises, si celui-ci est inférieur ou égal à 100 € ; 15 € plus 1 % du prix net, toutes taxes comprises, si celui-ci est supérieur à 100 €. Lorsque le produit ou la prestation de service vendu ou offert à la vente ne donne pas lieu au paiement d'un prix mais expose son bénéficiaire à des frais ultérieurs, la prime ne peut excéder 80 €.

La valeur de la prime ne doit en aucun cas dépasser 80 € et s'entend du prix habituellement facturé ou, à défaut, de la valeur vénale, toutes taxes comprises pour le produit, le bien ou la prestation de service constituant la prime.

Lorsque le contrat est une prestation de service à exécution successive, la prime dont le montant est déterminé dans les conditions ci-dessus peut être offerte au client chaque année.

L. 312-1-3 *(L. n° 2001-1168 du 11 déc. 2001)* **I. — Tout établissement de crédit désigne un ou plusieurs médiateurs chargés de recommander des solutions aux litiges relatifs à l'application par les établissements de crédit des obligations figurant aux I des articles L. 312-1-1 et L. 312-1-2. Les médiateurs sont choisis en raison de leur compétence et de leur impartialité.**

Le médiateur est tenu de statuer dans un délai de deux mois à compter de sa saisine. Celle-ci suspend la prescription pendant ce délai. Les constatations et les déclarations que le médiateur recueille ne peuvent être ni produites ni invoquées dans la suite de la procédure sans l'accord des parties. Cette procédure de médiation est gratuite. L'existence de la médiation et ses modalités d'accès doivent faire l'objet d'une mention portée sur la convention visée à l'article L. 312-1-1, ainsi que sur les relevés de compte.

Le compte rendu annuel d'activité établi par chaque médiateur est transmis au gouverneur de la Banque de France et au président du *(L. n° 2003-706 du 1er août 2003, art. 46-V)* **« comité consultatif institué à l'article »** *(Ord. n° 2005-429 du 6 mai 2005, art. 45)* **« L. 614-1 ».**

II. — Il est institué un comité de la médiation bancaire chargé d'examiner les rapports des médiateurs et d'établir chaque année un bilan de la médiation bancaire qu'il transmet au *(L. n° 2003-706 du 1er août 2003, art. 46-V)* **« comité consultatif du secteur financier ». Ce comité est également chargé de préciser les modalités d'exercice de l'activité des médiateurs, en veillant notamment à garantir leur indépendance. Il est informé des modalités et du montant des indemnités et dédommagements versés aux médiateurs par les établissements de crédit. Ce comité peut adresser des recommandations aux établissements de crédit et aux médiateurs.**

Le comité de la médiation bancaire est présidé par le gouverneur de la Banque de France ou son représentant. Les autres membres sont nommés par arrêté du ministre chargé de l'économie, selon la répartition suivante : une personnalité proposée par le collège de consommateurs et usagers du Conseil national de la consommation, une personnalité proposée par l'Association française des établissements de crédit et des entreprises d'investissement et deux personnalités choisies en raison de leur compétence. – *V. C. mon. fin., art. R. 312-7 s.*

Les dispositions de l'art. L. 312-1-3 sont entrées en vigueur un an après la publication de la loi du 11 déc. 2001 (L. n° 2001-1168 du 11 déc. 2001, art. 13-III, JO 12 déc.).

L. 312-1-4 *(L. n° 2001-1168 du 11 déc. 2001)* **Les dispositions des articles L. 312-1-1 à L. 312-1-3 sont d'ordre public. Elles s'appliquent aux établissements de crédit mentionnés à l'article L. 511-1 ainsi qu'aux organismes mentionnés à l'article L. 518-1.**

Leurs conditions d'application sont précisées par un décret en Conseil d'État.

(L. n° 2004-1484 du 30 déc. 2004, art. 106) **« Les établissements de crédit et les services financiers de La Poste informent leurs clients des conditions dans lesquelles la convention de compte de dépôt peut être signée. »**

Les dispositions de l'art. L. 312-1-4 entrent en vigueur un an après la publication de la loi du 11 déc. 2001 (L. n° 2001-1168 du 11 déc. 2001, art. 13-III, JO 12 déc.).

BIBL. ▶ CRÉDOT et GÉRARD, *RD banc. fin. 2003, n° 212* (loi n° 2003-706 de sécurité financière).

SECTION II *Fonds reçus du public*

SOUS-SECTION 1 *Définition*

L. 312-2 Sont considérés comme fonds reçus du public les fonds qu'une personne recueille d'un tiers, notamment sous forme de dépôts, avec le droit d'en disposer pour son propre compte, mais à charge pour elle de les restituer. Toutefois, ne sont pas considérés comme fonds reçus du public :

1. Les fonds reçus ou laissés en compte par les associés en nom ou les commanditaires d'une société de personnes, les associés ou actionnaires détenant au moins 5 % du capital social, les administrateurs, les membres du directoire et du conseil de surveillance ou les gérants ainsi que les fonds provenant de prêts participatifs ;

2. Les fonds qu'une entreprise reçoit de ses salariés sous réserve que leur montant n'excède pas 10 % de ses capitaux propres. Pour l'appréciation de ce seuil, il n'est pas tenu compte des fonds reçus des salariés en vertu de dispositions législatives particulières. — *[L. n° 84-46 du 24 janv. 1984, art. 2].*

BIBL. ▶ CAUSSE, *RD banc. fin. 2003, p. 315* (l'obligation de restitution du banquier dépositaire peut-elle être payante ?).

1. Obligation de restitution. Il résulte de la combinaison des art. 1239 et 1937 C. civ. que le banquier ne peut être dégagé de son obligation de restitution qu'en procédant à des paiements entre les mains du véritable créancier ou de celui qui a reçu pouvoir de ce dernier. • Paris, 18 mars 1992 : *D. 1993. Somm. 57, obs. Vasseur* ⌀. ♦ Il s'ensuit que les virements ne sont opposables au titulaire du compte qu'à la condition d'avoir été exécutés sur son ordre, sauf à l'établissement de crédit, si l'ordre se révèle être un faux, à apporter la preuve de la faute de la victime. • Même arrêt. — V. déjà • Toulouse, 11 sept. 1989 : *D. 1991. Somm. 32, obs. Vasseur* ⌀.

2. Fonds laissés en compte. Sur la conformité à la loi du 24 janv. 1984 [C. mon. fin., art. L. 312-2 s.] de la situation d'une société actionnaire détenant plus de 5 % du capital d'une autre société, mais n'en détenant pas le contrôle au sens de l'art. 355-1 de la loi du 24 juill. 1966 [C. com., art. L. 233-3], qui laisse les fonds en compte courant chez la société émettrice, V. *Dossier ANSA juill.-août 1999, n° 3010.*

3. Effet d'une remise en compte. L'inscription du montant d'un prêt, ainsi que celle de l'ouverture de crédit, au crédit du compte courant de l'emprunteur n'a d'autre effet que de mettre à disposition de celui-ci les concours consentis, sans entraîner l'extinction des cautionnements souscrits pour garantir les dettes de remboursement. • Com. 13 mai 2003 : *RD banc. fin. 2003, n° 129, obs. Crédot et Gérard ; JCP E 2004, n° 3, p. 78, obs. Simler.* ♦ Comp., jugeant que dès lors qu'il n'est pas soutenu qu'une stipulation contractuelle aurait exclu la fusion de la remise litigieuse dans le compte courant, l'effet novatoire de l'inscription, au crédit de ce compte, de la somme avancée par la banque à sa cliente, a éteint, à due concurrence, la dette garantie par la caution : • Com. 1er juill. 2003 : *Bull. civ. IV, n° 113 ; D. 2004. 48, note Djoudi ; RD banc. fin. 2003, n° 223, obs. Legeais ; JCP E 2004, n° 3, p. 78, obs. Simler ; RTD com. 2003. 799, obs. Cabrillac.*

4. *Exercice illégal de l'activité bancaire.* V. note 4 ss. art. L. 511-5.

5. *Nature du droit du déposant.* Une demande de restitution de fonds ne peut être formée par voie de revendication, la seule voie ouverte au créancier d'une somme d'argent étant de déclarer sa créance à la procédure collective de son débiteur (droit de créance et non droit de propriété). • Com. 4 févr. 2003 : *cité note 23 bis ss. art. L. 621-43 ancien C. com.*

6. *Preuve du dépôt.* La preuve d'un dépôt en banque peut être faite contre le banquier par tous les moyens. • Com. 8 mars 2005 : *RD banc. fin. 2005, n° 155, obs. Crédot et Gérard.*

SOUS-SECTION 2 *Rémunération*

RÉP. COM. v^is *Intérêts des capitaux ; Usure*, par S. PIEDELIÈVRE.

L. 312-3 Nonobstant toutes dispositions contraires, il est interdit à tout établissement de crédit qui reçoit du public des fonds en compte à vue ou à moins de cinq ans, et par quelque moyen que ce soit, de verser sur ces fonds une rémunération supérieure à celle fixée *(Abrogé par L. n° 2003-706 du 1er août 2003, art. 46-III)* ***« par règlement du comité de la réglementation bancaire et financière ou »*** **par le ministre chargé de l'économie. Il lui est également interdit d'ouvrir ou de maintenir ouverts dans des conditions irrégulières des comptes bénéficiant d'une aide publique, notamment sous forme d'exonération fiscale, ou d'accepter sur ces comptes des sommes excédant les plafonds ainsi autorisés.**

Sans préjudice des sanctions disciplinaires qui peuvent être infligées par la commission bancaire, les infractions aux dispositions du présent article sont punies d'une amende fiscale dont le taux est égal au montant des intérêts payés, sans que cette amende puisse être inférieure à 75 €.

Un décret pris sur le rapport du ministre chargé de l'économie fixe les modalités d'application du présent article, et notamment les conditions dans lesquelles seront constatées et poursuivies les infractions. – *V. art. L. 351-2 et L. 351-3, infra.*

Les dispositions du présent article s'appliquent, quels que soient les entreprises, établissements ou organismes dépositaires, au régime de l'épargne populaire défini à la section II du chapitre Ier du titre II du livre II. – *[L. n° 56-760 du 2 août 1956, art. 17 et L. n° 82-357 du 27 avr. 1982, art. 7].*

Sur l'abrogation des textes réglementaires interdisant la rémunération des comptes de dépôts à vue, V. Arr. 8 mars 2005 (JO 16 mars) abrogeant le 2e al., § A, de l'art. 2 des décisions de caractère général n° 69-02, n° 69-03 et n° 69-04 et de l'art. 1er de la décision de caractère général n° 69-05, abrogeant la décision de caractère général n° 72-05 et abrogeant l'art. 2 du Règl. CRB n° 86-13 du 14 mai 1986, relatif à la rémunération des fonds reçus par les établissements de crédit.

Sur l'interdiction de la rémunération des comptes à vue par le couplage de ceux-ci avec des comptes de SICAV ou de FCP moyennant un ordre permanent d'achat et de vente, Règl. n° 92-09 du 15 oct. 1992 (D. et ALD 1992. 549). — V. sur le régime de l'épargne logement, Circ. 23 juill. 1999 (JO 24 juill.). — V. également relatif aux taux d'intérêts des dépôts et des prêts d'épargne logement, et au montant de la prime propre aux régimes des plans d'épargne logement, Arr. 29 juin 2000 (JO 30 juin). — V. aussi Circ. 4 juill. 2000 (JO 14 juill.).

1. *Rémunération des comptes à vue.* L'art. 43 CE s'oppose à la réglementation d'un État membre qui interdit à un établissement de crédit, filiale d'une société d'un autre État membre, de rémunérer les comptes de dépôts à vue libellés en euros, ouverts par les résidents du premier État membre. • CJCE 5 oct. 2004 : *D. 2005. 370, note Boujeka ; D. 2004. 2770, note S.*

Piedelièvre ; ibid. AJ. 2646 ; D. 2006. Pan. 157, obs. Synvet ; Petites affiches 15 juin 2005, p. 14, note Mercoli ; Gaz. Pal. 2005. 1178, note Van Huffel ; AJDA 2004. 2267 ; JCP E 2004, n° 43, p. 1660 ; RTD com. 2004. 792, obs. Legeais ; Banque et Droit janv.-févr. 2005. 66, obs. Bonneau ; RJDA 2004, n° 1364 ; Europe 2004, n° 402, obs. Idot. – Sur cet arrêt V. aussi Alfandari, *JCP E 2004, n° 49, p. 1897 ;* Stoufflet, *RD banc. fin. 2004. 437 ;* Zarka, *Petites affiches 14 déc. 2004, p. 3.* ♦ Répondant sur question préjudicielle à : • CE 6 nov. 2002 : *D. 2002. AJ. 3204 ; JCP 2003. I. 119, obs. Boiteau ; ibid. IV. 1716, obs. Rouault ; RTD com. 2003. 145, obs. Legeais ; Banque et Droit mars-avr. 2003. 57, obs. Bonneau ; Petites affiches 6 déc. 2002, p. 6, concl. Lamy ; RJDA 2003, n° 294 ; RFD adm. 2003. 180, obs. Terneyre.* – V. aussi Prüm, *RD banc. fin. 2003. 3 ;* Sortais, *RJ com. 2004. 331*). ♦ Comp. : • Comm. bancaire, 16 avr. 2002 : *Banque et Droit nov.-déc. 2002. 51, obs. Bonneau ; Petites affiches 23 oct. 2002, p. 11, note Idot ; RD banc. fin. 2002, n° 245, obs. Stoufflet.* ♦ La décision de la Commission bancaire a été annulée suite à l'arrêt de la CJCE du 5 oct. 2004 préc. • CE 23 févr. 2005 : *D. 2005. AJ. 639 ; D. 2006. Pan. 157, obs. Synvet ; RTD com. 2005. 709, obs. Orsoni ; AJDA 2005. 1794, note Foulquier ; JCP E 2005, n° 11, p. 452 ; Europe 2005, n° 129, obs. Saulnier-Cassia ; Banque et Droit mars-avr. 2005. 3, concl. Aguila.* – V., pris en conséquence, l'Arr. du 8 mars 2005, préc. *supra.*

2. Portée de l'interdiction. Une société est fondée à se prévaloir d'une convention de rémunération postérieure à l'ouverture du compte, nonobstant l'interdiction édictée par le règl. CRB n° 86-13 ayant valeur d'arrêté, laquelle, en l'absence de prohibition législative n'est pas susceptible d'être sanctionnée par une nullité de droit privé, V. • Com. 3 juin 2003 : *Bull. civ. IV, n° 89 ; D. 2003. AJ. 2007 ; JCP E 2004, n° 8-9, p. 324, note Forgues ; Banque et Droit nov.-déc. 2003. 53, obs. Bonneau ; RTD com. 2003. 792, obs. Legeais ; RTD civ. 2004. 287, obs. Mestre et Fages ; Petites affiches 14 janv. 2004, p. 4, obs. E. C. ; RJDA 2003, n° 1222.*

SECTION III *Garantie des déposants*

L. 312-4 Les établissements de crédit agréés en France adhèrent à un fonds de garantie des dépôts qui a pour objet d'indemniser les déposants en cas d'indisponibilité de leurs dépôts ou autres fonds remboursables.

Sont exclus de cette indemnisation les dépôts ou autres fonds des établissements de crédit, des entreprises d'assurance, des organismes de placement collectif, des organismes de retraite, des entreprises d'investissement et des personnes mentionnées à l'article L. 518-1 ou au 1 de l'article L. 312-2. Peuvent être exclus de l'indemnisation, dans des conditions prévues par un *(L. n° 2003-706 du 1er août 2003, art. 46-VI)* **« arrêté du ministre chargé de l'économie », des dépôts ou autres fonds en raison soit des informations sur la situation de l'entreprise ou des avantages particuliers dont a pu bénéficier le déposant concerné, soit de la nature spécifique de certains fonds ou dépôts, soit de l'origine illicite des fonds concernés.** – *[L. n° 84-46 du 24 janv. 1984, art. 52-1].*

V., relatif à la garantie des dépôts ou autres fonds remboursables reçus par les établissements de crédit ayant leur siège social en France ainsi que dans la principauté de Monaco : Règl. n° 99-05 du 9 juill. 1999, homologué par Arr. 21 juill. 1999, infra. – V., relatif aux ressources et au fonctionnement du fonds de garantie des dépôts : Règl. n° 99-06 du 9 juill. 1999 (JO 27 juill. ; Rect. JO 21 août), mod. par Règl. n° 2000-07 du 6 sept. 2000 (JO 1er nov.), Règl. n° 2002-04 du 15 juill. 2002 (JO 21 sept.), Règl. n° 2002-08 du 21 nov. 2002 (JO 15 févr. 2003), Règl. n° 2003-04 du 12 nov. 2003 (JO 30 déc.). – V. relatif à la garantie des dépôts ou autres fonds remboursables reçus par les succursales d'établissements de crédit : Règl. n° 99-07 du 9 juill. 1999 (JO 27 juill. ; Rect. JO 21 août), mod. par Règl. n° 2002-05 du 15 juill. 2002 (JO 21 sept.), Règl. n° 2002-08 du 21 nov. 2002 (JO 15 févr. 2003). — V, relatif au montant global des cotisations au fonds de garantie des dépôts, Règl. n° 99-08 du 9 juill. 1999 (JO 27 juill.), mod. par Règl. n° 99-18 du 23 nov. 1999 (JO 9 févr.).

V. aussi Arr. 24 sept. 1999 portant homologation de la décision CRB n° 99-01 du 23 sept. 1999 relative à l'approbation du règlement intérieur du fonds de garantie des dépôts (JO 26 sept.), mod. par Décis. CRB n° 2000-01 du 6 sept. 2000 homologuée par Arr. 18 sept. 2000 (JO 24 oct.).

BIBL. ▶ Sur la loi du 25 juin 1999 relative à l'épargne et à la sécurité financière : Bonneau, *JCP E 1999, n° 36, p. 1378.* – Stoufflet, *RD bancaire et bourse 1999. 144* (systèmes de garantie des épargnants). – Léguevaques, *Banque et Droit janv-févr. 2000. 9* (fonds de garantie des dépôts) ; *Dr. et patr. avr. 2000. 25* (égalité des créanciers et traitement des « faillites » bancaires et financières : un principe « peau de chagrin »). – Amlon, *Petites affiches 9 août 2000, p. 12.*

Arrêté du 21 juillet 1999,

Portant homologation de règlements du Comité de la réglementation bancaire et financière.

Art. 1er Les règlements n° 99-05, n° 99-06, n° 99-07, n° 99-08, n° 99-09, n° 99-10 et n° 99-11 du Comité de la réglementation bancaire et financière en date du 9 juillet 1999 annexés au présent arrêté sont homologués.

....

ANNEXE

Règlement n° 99-05 relatif à la garantie des dépôts ou autres fonds remboursables reçus par les établissements de crédit ayant leur siège social en France ainsi que dans la Principauté de Monaco

Article 1er

(Règl. n° 2002-04 du 15 juill. 2002 homologué par Arr. 22 août 2002) Le fonds de garantie des dépôts mentionné à l'article L. 312-4 du code monétaire et financier indemnise, dans les conditions fixées par le présent règlement, les dépôts et autres fonds remboursables reçus par les établissements de crédit agréés par le Comité des établissements de crédit et des entreprises d'investissement.

Article 1er– 1

(Règl. n° 2002-04 du 15 juill. 2002 homologué par Arr. 22 août 2002) Les établissements de crédit ayant leur siège social en France métropolitaine et *[ou]* dans les départements d'outre-mer adhèrent au fonds de garantie des dépôts.

Les établissements de crédit ayant leur siège social dans la collectivité territoriale de Saint-Pierre-et-Miquelon, dans la collectivité départementale de Mayotte ou dans la Principauté de Monaco adhèrent au fonds de garantie des dépôts.

Les établissements de crédit ayant leur siège social dans les territoires d'outre-mer et *[ou]* en Nouvelle-Calédonie adhèrent au fonds de garantie des dépôts.

TITRE Ier. DÉPÔTS ET AUTRES FONDS REMBOURSABLES GARANTIS

Article 2

Les dépôts et autres fonds remboursables garantis en application de l'article 52-1 de la loi du 24 janvier 1984 susvisée *[C. mon. fin., art. L. 512-4]* et du présent règlement, ci-après dénommés « les dépôts », s'entendent comme tout solde créditeur résultant de fonds laissés en compte ou de situations transitoires provenant d'opérations bancaires normales que l'établissement de crédit doit restituer conformément aux conditions légales et contractuelles applicables, notamment en matière de compensation. Les dépôts ainsi définis incluent, notamment, les dépôts de garantie lorsqu'ils deviennent exigibles et les sommes dues en représentation de bons de caisse et de moyens de paiement de toute nature émis par l'établissement *(Règl. n° 99-14 du 23 sept. 1999, homologué par Arr. 29 sept. 1999)* « , ainsi que les dépôts en espèces, y compris ceux effectués en garantie ou en couverture de positions prises sur un marché d'instruments financiers, lorsque ces dépôts sont liés à un service d'investissement, à la compensation ou à la conservation d'instruments financiers, fournis par ledit établissement. »

(Règl. n° 2002-04 du 15 juill. 2002 homologué par Arr. 22 août 2002) « Pour les établissements de crédit mentionnés au premier alinéa de l'article 1er-1, les dépôts mentionnés au premier alinéa ci-dessus incluent ceux inscrits dans les livres de leurs établissements secondaires implantés sur le territoire de la République française, de la Principauté de Monaco et dans ceux de leurs succursales établies dans les autres États parties à l'accord sur l'Espace économique européen.

« Pour les établissements de crédit mentionnés aux deuxième et troisième alinéas de l'article 1er-1, les dépôts visés au premier alinéa ci-dessus incluent ceux qui sont inscrits dans les livres de leurs établissements secondaires établis sur le territoire de la République française et dans la Principauté de Monaco. »

Article 3

Sont exclus de tout remboursement par le fonds de garantie :

1° Les dépôts effectués par les personnes suivantes :

a) Établissements de crédit et entreprises d'investissement, en leur nom et pour leur proprecompte ;

b) Entreprises d'assurance ;

c) Organismes de placement collectif ;

d) Organismes de retraite et fonds de pension ;

e) Personnes mentionnées à l'article 8 de la loi du 24 janvier 1984 susvisée *[C. mon. fin., art. L. 518-1]* ;

f) (Règl. n° 2002-04 du 15 juill. 2002 homologué par Arr. 22 août 2002) « Les dépôts libellés en devises autres que celles des États parties à l'accord sur l'Espace économique européen, à l'exception du franc CFP ; »

g) Tiers agissant pour le compte des personnes citées au point *f* ci-dessus ;

h) Sociétés ayant avec l'établissement de crédit, directement ou indirectement, des liens de capital conférant à l'une des entreprises liées un pouvoir de contrôle effectif sur les autres ;

i) Autres établissements financiers au sens de l'article 71-1 (4°) de la loi du 24 janvier 1984 susvisée *[C. mon. fin., art. L. 511-21 (4°)]* ;

2° Les dépôts découlant d'opérations pour lesquelles une condamnation pénale définitive a été prononcée à l'encontre du déposant pour un délit de blanchiment de capitaux, sur le fondement des articles 222-38, 324-1 ou 324-2 du code pénal ou de l'article 415 du code des douanes ;

3° Les dépôts pour lesquels le déposant a obtenu de l'établissement de crédit, à titre individuel, des taux et avantages financiers qui ont contribué à aggraver la situation financière de cet établissement ;

4° En raison de leur nature spécifique :

a) Les dépôts des États et administrations centrales ;

b) Les éléments de passif entrant dans la définition des fonds propres de l'établissement au sens du règlement n° 90-02 du 23 février 1990 modifié relatif aux fonds propres ;

c) Les dépôts non nominatifs autres que les sommes dues en représentation de moyens de paiement de toute nature émis par l'établissement ;

d) Les titres de créances négociables mentionnés à l'article 19 de la loi n° 91-716 du 26 juillet 1991 modifiée portant diverses dispositions d'ordre économique et financier *[C. mon. fin., art. L. 213-1 s.]* ;

e) Les autres titres de créance émis par l'établissement de crédit et les engagements découlant d'acceptations propres et de billets à ordre ;

f) Les dépôts en devises autres que celles des États parties à l'accord sur l'Espace économique européen.

Article 4

Les dépôts détenus au moment de la prise d'effet du retrait de l'agrément ou de la radiation d'un établissement de crédit restent couverts par le fonds de garantie.

TITRE II. PLAFOND D'INDEMNISATION

Article 5

(Règl. n° 2002-04 du 15 juill. 2002 homologué par Arr. 22 août 2002) 5-I. — Le plafond d'indemnisation par déposant est de 70 000 euros.

5-II. — Pour les établissements de crédit mentionnés au premier alinéa de l'article 1er-1, ce plafond s'applique à l'ensemble des dépôts d'un même déposant auprès du même établissement de crédit, quels que soient le nombre de dépôts, la localisation sur le territoire de la République française, de la Principauté de Monaco et dans l'Espace économique européen et, sous réserve du 4° (f) de l'article 3, la devise concernée.

5-III. — Pour les établissements de crédit mentionnés au deuxième alinéa de l'article 1er-1, ce plafond s'applique à l'ensemble des dépôts d'un même déposant auprès du même établissement de crédit, quels que soient le nombre de dépôts, la localisation sur le territoire de la République française ou dans la Principauté de Monaco et, sous réserve du 4° (f) de l'article 3, la devise concernée.

5-IV. — Le plafond d'indemnisation des déposants clients des établissements de crédit mentionnés au troisième alinéa de l'article 1er-1 est égal à la contre-valeur en francs CFP du montant indiqué au point 5-I, obtenue en appliquant la parité définie en application de l'article L. 712-2 du code monétaire et financier.

Ce plafond s'applique à l'ensemble des dépôts d'un même déposant auprès du même établissement de crédit, quels que soient le nombre de dépôts, la localisation sur le territoire de la République française et dans la Principauté de Monaco et, sous réserve du 4° (f) de l'article 3, la devise concernée.

Article 6

Il est tenu compte, dans le calcul du plafond mentionné à l'article précédent, de la part revenant à chaque déposant dans un compte joint. Sauf stipulation contraire, le compte est réparti de façon égale entre les déposants.

Les dépôts sur un compte sur lesquels deux personnes au moins ont des droits en leur qualité d'associé d'une société, de membre d'une association ou de tout groupement similaire, non dotés de la personnalité morale, sont, pour le calcul du même plafond, regroupés et traités comme s'ils étaient effectués par un déposant unique.

Lorsque le déposant n'est pas l'ayant droit des sommes déposées sur le compte, c'est la personne qui en est l'ayant droit qui bénéficie de la garantie du fonds, à condition cependant que cette personne ait été identifiée ou soit identifiable avant le constat de l'indisponibilité des dépôts. S'il existe plusieurs ayants droit, il est tenu compte de la part revenant à chacun d'eux, conformément aux dispositions régissant la gestion des sommes, pour le calcul du plafond mentionné à l'article ci-dessus.

TITRE III. MODALITÉS ET DÉLAIS D'INDEMNISATION

Article 7

Sans préjudice des cas d'ouverture d'une procédure de redressement ou de liquidation judiciaires, la commission bancaire, après avoir constaté l'indisponibilité des dépôts au plus tard vingt et un jours après avoir établi pour la première fois qu'un dépôt échu et exigible n'a pas été restitué par un établissement de crédit pour des raisons qui pourraient être liées à sa situation financière et qu'il ne lui apparaît pas possible que le remboursement ait lieu prochainement, demande immédiatement l'intervention du fonds de garantie des dépôts au titre du premier alinéa de l'article 52-2 de la loi du 24 janvier 1984 susvisée *[C. mon. fin., art. L. 312-5]* et notifie alors sa radiation à l'établissement de crédit.

Article 8

A partir des documents produits par l'établissement de crédit concerné, le fonds de garantie vérifie les créances des déposants se rapportant à des dépôts indisponibles et les informe sans délai, *(Règl. n° 2002-04 du 15 juill. 2002 homologué par Arr. 22 août 2002)* « par lettre recommandée avec demande d'avis de réception », de l'indisponibilité de leurs dépôts. Cette lettre indique à chacun des déposants le montant et la nature des dépôts couverts au titre de la garantie des dépôts et les créances qui sont exclues de l'indemnisation en application des articles 3 et 5 du présent règlement. Elle informe également les déposants qu'ils ont un délai de quinze jours pour formuler toutes remarques utiles à leur indemnisation ou pour contester le décompte proposé. Au terme de ce délai, le fonds de garantie engage le règlement de l'indemnisation des déposants.

(Règl. n° 2002-04 du 15 juill. 2002 homologué par Arr. 22 août 2002) « Elle informe les déposants qu'ils ont un délai de quinze jours pour formuler toutes remarques utiles à leur indemnisation ou contester le décompte proposé ainsi que pour choisir, le cas échéant, la monnaie dans laquelle l'indemnisation sera effectuée. Au terme de ce délai, le fonds de garantie engage l'indemnisation dans les conditions fixées à l'article 9. »

La lettre mentionnée *(Règl. n° 2002-04 du 15 juill. 2002 homologué par Arr. 22 août 2002)* « au premier alinéa » précise aux déposants les modalités et la procédure à suivre dans l'hypothèse de l'ouverture d'une procédure de redressement ou de liquidation judiciaires prononcée à l'encontre de l'établissement de crédit défaillant, pour déclarer auprès du *(L. n° 2005-845 du 26 juill. 2005, art. 165-III)* « mandataire judiciaire » ou du liquidateur nommé par le tribunal de commerce, les créances qui ont été exclues de l'indemnisation par le fonds de garantie des dépôts.

Le fonds indemnise dans un délai de deux mois à compter de la demande formulée par la commission bancaire les créances admises par lui au titre de la garantie. Lorsque les circonstances l'exigent, le fonds de garantie peut demander à la commission bancaire une prolongation de ce délai, laquelle ne peut dépasser deux mois. La commission bancaire peut, à la demande du fonds de garantie, accorder au maximum deux nouvelles prolongations, sans que chacune de celles-ci puisse dépasser deux mois.

Les délais prévus aux premier et troisième alinéas ci-dessus ne peuvent être invoqués par le fonds de garantie pour refuser le bénéfice de la garantie à un déposant apportant la preuve qu'il n'a pas été en mesure de faire valoir à temps son droit à un versement au titre de la garantie.

Article 9

(Règl. n° 2002-04 du 15 juill. 2002 homologué par Arr. 22 août 2002) 9-I. — L'indemnisation des déposants des établissements de crédit mentionnés aux premier et deuxième alinéas de l'article 1er-1 est effectuée en euros.

Les dépôts en francs CFP sont convertis en euros selon la parité en vigueur à la date de l'indisponibilité des dépôts.

Les dépôts en devises sont convertis en euros selon le cours observé à la date de l'indisponibilité des dépôts.

Le déposant ayant son domicile dans les zones géographiques mentionnées au troisième alinéa de l'article 1er-1 peut demander à être indemnisé en francs CFP.

9-II. — L'indemnisation des déposants des établissements de crédit mentionnés au troisième alinéa de l'article 1er-1 est effectuée en francs CFP.

Les dépôts en euros sont convertis en francs CFP selon la parité en vigueur à la date de l'indisponibilité des dépôts.

Les dépôts en devises sont convertis en francs CFP selon le cours observé à la date de l'indisponibilité des dépôts.

Le déposant ayant son domicile dans les zones géographiques mentionnées au premier alinéa de l'article 1er-1 peut demander à être indemnisé en euros.

9-III. — Nonobstant les délais prévus au cinquième alinéa de l'article 8, lorsque le déposant ou toute autre personne ayant des droits ou un intérêt sur les sommes détenues sur un compte a été mis en examen pour un délit de blanchiment de capitaux sur le fondement des articles 222-38, 324-1 ou 324-2 du code pénal ou de l'article 415 du code des douanes, le fonds de garantie suspend les paiements correspondants dans l'attente du jugement définitif.

Article 10

Dans le cadre d'une procédure de redressement ou de liquidation judiciaires prononcée à l'encontre d'un établissement de crédit auprès duquel le fonds de garantie des dépôts est intervenu, celui-ci transmet au *(L. n° 2005-845 du 26 juill. 2005, art. 165-III)* « mandataire judiciaire » ou au liquidateur nommé par la juridiction commerciale le détail par déposant des créances indemnisées par lui et de celles qui ne l'ont pas été en application des articles 3 et 5 du présent règlement.

TITRE IV. INFORMATION DES DÉPOSANTS

Article 11

Les établissements de crédit assujettis au présent règlement fournissent aux déposants, de même qu'à toute personne qui en fait la demande, toutes informations utiles sur le mécanisme de garantie de leurs dépôts, en particulier le montant et l'étendue de la couverture offerte.

Les modifications éventuelles sont portées à la connaissance des déposants.

L'usage à des fins publicitaires, par les établissements de crédit assujettis au présent règlement, de ces mêmes informations est interdit.

Article 12

Les déposants peuvent obtenir, sur simple demande auprès du fonds de garantie, des informations complémentaires sur les conditions ou délais d'indemnisation ainsi que sur les formalités à accomplir pour être indemnisés.

Article 13

Les informations destinées aux déposants ainsi que les documents relatifs aux conditions et formalités à remplir pour bénéficier d'un versement au titre de la garantie des dépôts sont rédigés en langue française, de façon détaillée et aisément compréhensible par tout déposant.

TITRE V. DISPOSITIONS DIVERSES

Article 14

Les établissements de crédit gestionnaires d'un fonds de garantie à caractère mutuel informent les personnes sollicitées de participer audit fonds des conditions de remboursement de leurs contributions. Lorsque ces sommes deviennent effectivement remboursables, en application du règlement du fonds de garantie, les établissements en informent également le déposant.

Les établissements gestionnaires précisent les conditions de couverture de ces sommes par le fonds de garantie des dépôts et, en particulier, que les contributions ne sont couvertes par le fonds précité que lorsqu'elles sont devenues effectivement remboursables.

Article 15

Jusqu'au 31 décembre 2001, le déposant peut, nonobstant les dispositions de l'article 9 du présent règlement, demander à être indemnisé en francs.

Article 16

Le présent règlement entre en vigueur *(Règl. n° 2002-04 du 15 juill. 2002 homologué par Arr. 22 août 2002)* « immédiatement ».

Jusqu'à la mise en place définitive du fonds de garantie, en cas de sinistre, la commission bancaire fait procéder par l'établissement de crédit concerné aux diligences relatives à l'identification et à la vérification des créances. Conformément à l'article 75-III de la loi du 25 juin 1999 susvisée, la commission bancaire décide de l'affectation des cotisations qu'elle a appelées ; l'indemnisation est assurée pour le compte du fonds de garantie, dans les conditions fixées par le présent règlement, par le Trésor public chargé du recouvrement et de la gestion desdites cotisations.

....

L. 312-5 **I. — Le fonds de garantie est mis en œuvre sur demande de la commission bancaire dès que celle-ci constate que l'un des établissements mentionnés à l'article L. 312-4 n'est plus en mesure de restituer, immédiatement ou à terme rapproché, les fonds qu'il a reçus du public dans les conditions législatives, réglementaires ou contractuelles applicables à leur restitution. L'intervention du fonds de garantie entraîne alors la radiation de cet établissement de la liste des établissements de crédit agréés.** – *V. infra, art. R. 613-18.*

II. — A titre préventif, sur proposition de la commission bancaire, le fonds de garantie peut également intervenir auprès d'un établissement de crédit dont la situation laisse craindre à terme une indisponibilité des dépôts ou autres fonds remboursables, compte tenu du soutien dont il peut par ailleurs bénéficier. Lorsque le fonds de garantie accepte d'intervenir à titre préventif auprès d'un établissement, il définit, après avis de la commission bancaire, les conditions de cette intervention. Il peut en particulier subordonner celle-ci à la cession totale ou partielle de l'établissement de crédit ou à l'extinction de son activité, notamment par la cession de son fonds de commerce.

(L. n° 2005-845 du 26 juill. 2005, art. 172) **« Les sommes versées par le fonds de garantie dans le cadre de l'intervention préventive bénéficient du privilège mentionné à l'article L. 611-11 du code de commerce.**

« Le fonds de garantie ne peut être tenu pour responsable des préjudices subis du fait des concours consentis, sauf dans les cas limitativement énumérés à l'article L. 650-1 du même code. »

III. — Pour l'application des présentes dispositions, le fonds de garantie peut participer, sur demande d'un organe central mentionné à l'article L. 511-30, à l'action de ce dernier en prenant en charge une partie du coût des mesures destinées à garantir la solvabilité d'un établissement de crédit affilié à cet organe central.

Pour l'application des dispositions des II et III, le fonds de garantie peut se porter acquéreur des actions ou, avec accord de l'organe central concerné, des parts sociales d'un établissement de crédit.

Les recours de pleine juridiction contre les décisions du fonds de garantie prononcées au titre du présent article relèvent de la juridiction administrative. – *[L. n° 84-46 du 24 janv. 1984, art. 52-2].*

Défaillance de la commission bancaire. Dès lors qu'est assurée l'indemnisation des déposants prévue par la directive 84/19/CE du 30 mai 1994, relative aux systèmes de garanties des dépôts, l'art. 3 § 2 à 5 de cette directive ne peut être interprété comme s'opposant à une règle nationale (allemande) selon laquelle les missions de l'autorité nationale de surveillance des établissements de crédit ne sont accomplies que dans l'intérêt général, ce qui exclut selon le droit national que les particuliers puissent demander réparation des préjudices causés par une surveillance défaillante de la part de cette autorité. • CJCE 12 oct. 2004 : *cité note 2 bis ss. art. L. 613-1, infra.*

L. 312-6 **Le fonds de garantie des dépôts est subrogé dans les droits des bénéficiaires de son intervention à concurrence des sommes qu'il a versées.**

Le fonds de garantie peut engager toute action en responsabilité à l'encontre des dirigeants de droit ou de fait des établissements pour lesquels il intervient aux fins d'obtenir le remboursement de tout ou partie des sommes versées par lui. Il en informe la commission bancaire. – *[L. n° 84-46 du 24 janv. 1984, art. 52-3 et 52-4].*

Le fonds de garantie des dépôts peut exercer à l'encontre des dirigeants de droit ou de fait des établissements pour lesquels il intervient les actions en responsabilité visées par les dispositions du second alinéa de l'art. L. 312-6 C. mon. fin., même pour des faits antérieurs à la date d'entrée en vigueur du texte précité (L. n° 2003-706 du 1er août 2003, art. 86 (JO 2 août).

BIBL. ▶ VAN DER HULST, *Petites affiches 2 août 2001, p. 4* (action du fonds de garantie des dépôts contre les dirigeants des établissements bancaires : une exégèse).

1. Prescription de l'action en responsabilité. La loi du 25 juin 1999 n'a fait que désigner en la personne du fonds de garantie des dépôts un nouveau titulaire d'une action en responsabilité déjà existante, sans avoir d'effet rétroactif. Ce défaut de rétroactivité fait que la loi nouvelle ne change pas le point de départ du délai faisant courir la prescription. • TGI Paris, 9 janv. 2002 : *JCP E 2002, n° 5, 206.* ♦ Ainsi, les anciens dirigeants d'un établissement de crédit sont fondés à invoquer la prescription de l'art. L. 225-254 C. com. dès lors que l'action du fonds de garantie des dépôts a été introduite plus de trois ans après la révélation du fait provenant du rapport de la Commission bancaire. • Même jugement.

2. Non-rétroactivité (jurispr. antérieure à la loi du 1er août 2003). Il résulte des termes même de la loi n° 99-532 du 25 juin 1999 que le législateur a entendu conférer au fonds de garantie des dépôts le pouvoir d'exercer à l'encontre des dirigeants des établissements de crédit à l'origine de la situation ayant rendu nécessaire son intervention, fût-ce à titre préventif, toutes les actions en responsabilité déjà existantes, de sorte que l'action engagée ne se heurtait pas au principe de non-rétroactivité de la loi. • Com. 6 déc. 2005 : *D. 2006. AJ. 136 ; obs. Avena-Robardet ; RTD com. 2006. 177, obs. Legeais ; JCP E 2006, n° 2, p. 67 ; RD banc. fin. 2006, n° 51, obs. Crédot et Samin ; Bull. Joly Bourse 2006. 31, note Bonneau* (cassation de • Paris, 13 déc. 2002 : *D. 2003. AJ. 203*).

L. 312-7 **I. – Les établissements adhérant au fonds de garantie lui procurent les ressources financières nécessaires à l'accomplissement de ses missions, dans des conditions fixées par le** *(L. n° 2003-706 du 1er août 2003 art. 46-VI)* **« ministre chargé de l'économie ». Le fonds de garantie peut en outre émettre des certificats d'association, nominatifs et non négociables, que souscrivent les entreprises adhérentes lors de leur adhésion.**

II. – Lorsque les pertes subies par le fonds de garantie ne peuvent être couvertes par les cotisations déjà appelées, les certificats d'association mentionnés au I ne peuvent plus faire l'objet d'une rémunération. Le nominal de chacun de ces certificats est alors réduit dans la proportion nécessaire pour absorber les pertes. Ces certificats d'association sont remboursables uniquement en cas de retrait de l'agrément de l'adhérent dans des conditions fixées par le *(L. n° 2003-706 du 1er août 2003, art. 46-VI)* **« ministre chargé de l'économie ». En cas de radiation d'un établissement adhérent, son certificat**

d'association est annulé et les sommes versées demeurent acquises au fonds de garantie. — *V. supra, note ss. art. L. 312-4.*

III. — Les cotisations dues par les établissements de crédit affiliés à un des organes centraux mentionnés à l'article **L. 511-30** sont directement versées au fonds de garantie par cet organe central.

IV. — Le fonds de garantie peut emprunter auprès de ses adhérents. Il peut à ces fins constituer ou demander à ses adhérents de constituer pour son compte les garanties requises conventionnellement. — *[L. n° 84-46 du 24 janv. 1984, art. 52-5].*

L. 312-8 Tout membre qui ne verse pas au fonds de garantie sa cotisation appelée est passible des sanctions prévues par l'article **L. 613-21** et de pénalités de retard versées directement au fonds de garantie selon des modalités définies par le règlement intérieur de celui-ci. — *[L. n° 84-46 du 24 janv. 1984, art. 52-6].*

L. 312-9 *(Ord. n° 2005-429 du 6 mai 2005, art. 5)* Le fonds de garantie des dépôts est une personne morale de droit privé. Il est géré par un directoire agissant sous le contrôle d'un conseil de surveillance. Les membres du directoire et du conseil de surveillance sont soumis aux incapacités énoncées à l'article **L. 500-1**. — *V. cet art., infra. — Sur les sanctions pénales, V. art. L. 570-1 et L. 570-2, infra.*

L. 312-10 Le conseil de surveillance exerce le contrôle permanent de la gestion du fonds de garantie des dépôts. Il élabore le règlement intérieur du fonds de garantie et les règles d'emploi de ses fonds, qui sont homologués par un arrêté du ministre chargé de l'économie *(Abrogé par L. n° 2003-706 du 1er août 2003, art. 46-III)* *« après approbation par le comité de la réglementation bancaire et financière ».* Il élit en son sein son président.

Le conseil de surveillance approuve les comptes et nomme les commissaires aux comptes. A la fin de chaque exercice, il est remis au ministre chargé de l'économie un exemplaire des comptes approuvés. Le fonds de garantie est soumis au contrôle de l'Inspection générale des finances.

Le conseil de surveillance est composé de *(L. n° 2006-387 du 31 mars 2006, art. 26-IV)* « dix » membres, représentant chacun un ou plusieurs des adhérents au fonds de garantie et répartis comme suit :

1. Quatre membres représentant respectivement les quatre établissements de crédit, ou ensembles d'établissements de crédit affiliés à un même organe central, qui sont les plus importants contributeurs, membres de droit ;

(L. n° 2006-387 du 31 mars 2006, art. 26-IV) « 2. Six représentants des autres établissements de crédit. » — *[L. n° 84-46 du 24 janv. 1984, art. 52-8].*

V. notes ss. art. L. 312-4, supra. — V. Arr. 24 sept. 1999 portant homologation de la Décis. CRB n° 99-01 du 23 sept. 1999 relative à l'approbation du règlement intérieur du fonds de garantie des dépôts (JO 26 sept.), mod. par Décis. CRB n° 2000-01 du 6 sept. 2000, homologuée par Arr. 18 sept. 2000 (JO 24 oct.).

L. 312-11 Les décisions du conseil de surveillance sont prises à la majorité simple. Chaque membre siégeant au conseil de surveillance dispose d'un nombre de voix dépendant de sa contribution financière totale au fonds de garantie et de celles des établissements qui l'ont désigné comme leur représentant. En cas de partage égal des voix, le vote du président est prépondérant.

Pour l'application de l'article **L. 312-10** et du présent article, est pris en compte le montant du versement effectué par l'organe central pour le compte des établissements qui lui sont affiliés. — *[L. n° 84-46 du 24 janv. 1984, art. 52-9].*

L. 312-12 Le directoire est composé *(L. n° 2006-387 du 31 mars 2006, art. 26-IV)* « de deux membres au moins » nommés par le conseil de surveillance, qui confère à l'un d'eux la qualité de président. Les membres du directoire ne peuvent exercer en même temps des fonctions au sein des établissements ou sociétés adhérents du fonds de garantie, ni recevoir de rétribution de l'un d'eux. Son président ne peut exercer ses fonctions qu'après agrément du ministre chargé de l'économie. *(L. n° 2006-387 du 31 mars 2006, art. 26-IV)* « Les conditions d'application des dispositions du présent article sont définies, en tant que de besoin, par arrêté du ministre chargé de l'économie. » – *[L. n° 84-46 du 24 janv. 1984, art. 52-10].*

L. 312-13 Le ministre chargé de l'économie, le gouverneur de la Banque de France, président de la commission bancaire, le président *(L. n° 2003-706 du 1er août 2003, art. 46-V)* « de l'Autorité des marchés financiers » ou leur représentant, peuvent, à leur demande, être entendus par le conseil de surveillance et le directoire. – *[L. n° 84-46 du 24 janv. 1984, art. 52-11].*

L. 312-14 Les membres du directoire et du conseil de surveillance ainsi que toute personne qui, par ses fonctions, a accès aux documents et informations détenus par le fonds de garantie sont tenus au secret professionnel. Ce secret n'est opposable ni à l'autorité judiciaire agissant dans le cadre d'une procédure pénale, ni aux juridictions administratives ou civiles statuant sur un recours formé à l'encontre d'une décision du fonds de garantie des dépôts, ni à la commission bancaire. – *[L. n° 84-46 du 24 janv. 1984, art. 52-12].*

L. 312-15 Les membres du directoire du fonds de garantie ont accès à l'ensemble des documents comptables et financiers et aux rapports des commissaires aux comptes de l'établissement pour lequel l'intervention du fonds de garantie est sollicitée par la commission bancaire conformément à l'article L. 312-5. – *[L. n° 84-46 du 24 janv. 1984, art. 52-13].*

L. 312-16 Un *(L. n° 2003-706 du 1er août 2003, art. 46-VI)* « arrêté du ministre chargé de l'économie » précise :

1. Le plafond d'indemnisation par déposant, les modalités et délais d'indemnisation ainsi que les règles relatives à l'information de la clientèle ;

2. Les caractéristiques des certificats d'association, ainsi que les conditions de leur rémunération et de leur remboursement en cas de retrait de l'agrément de leur souscripteur, après imputation, le cas échéant, des pertes subies par le fonds ;

3. Le montant global des cotisations annuelles dues par les adhérents ; – *V. Règl. n° 2002-11 du 21 nov. 2002, homologué par Arr. 26 déc. 2002 (JO 15 févr. 2003).*

4. Les conditions dans lesquelles une partie de ces contributions peut ne pas être versée au fonds de garantie moyennant la constitution de garanties appropriées ;

5. Le montant de la cotisation minimale de chacun des établissements de crédit adhérents au fonds de garantie ;

6. La formule de répartition de ces cotisations annuelles dont l'assiette est constituée du montant des dépôts et autres fonds remboursables, pondérée par les cotisations déjà versées ainsi que par des indicateurs de la situation financière de chacun des établissements de crédit concernés, et notamment du montant des fonds propres et des engagements ainsi que du ratio européen de solvabilité, reflétant les risques objectifs que l'adhérent fait courir au fonds ;

7. Les conditions et les modalités de nomination des membres du conseil de surveillance, ainsi que la durée de leur mandat.

Ce règlement ne peut être modifié qu'après avis du président du directoire du fonds de garantie des dépôts. – *[L. n° 84-46 du 24 janv. 1984, art. 52-14]. – V. supra, notes ss. art. L. 312-4.*

V. aussi art. L. 312-18.

L. 312-17 Aussi longtemps qu'elles ne sont pas couvertes par un système de garantie de leur État d'origine, les succursales d'établissements de crédit ayant leur siège dans un État membre de la Communauté européenne autre que la France sont tenues d'adhérer à un système de garantie en France dans des conditions fixées par le *(L.*

n° 2003-706 du 1er août 2003, art. 46-VI) **« ministre chargé de l'économie ».** – *[L. n° 84-46 du 24 janv. 1984, art. 100-1, al. 1er]. – V. Règl. CRB n° 99-05 du 9 juill. 1999, supra ss. art. L. 312-4. – V. Règl. n° 99-06 du 9 juill. 1999 (JO 27 juill. ; Rect. JO 21 août), mod. par Règl. n° 2000-07 du 6 sept. 2000 (JO 1er nov.), Règl. n° 2002-08 du 21 nov. 2002 (JO 15 févr. 2003) ; Règl. n° 2003-04 du 12 nov. 2003 (JO 30 déc.) ; Règl. n° 2002-04 du 15 juill. 2002 (JO 21 sept.) ; Règl. n° 99-07 du 9 juill. 1999 (JO 27 juill.), mod. par Règl. n° 2002-05 du 15 juill. 2002 (JO 21 sept.), Règl. n° 2002-08 du 21 nov. 2002 (JO 15 févr. 2003).*

L. 312-18 **Un** *(L. n° 2003-706 du 1er août 2003, art. 46-VI)* **« arrêté du ministre chargé de l'économie » pris après avis** *(L. n° 2003-706 du 1er août 2003, art. 46-V)* **« de l'Autorité des marchés financiers » fixe les conditions dans lesquelles les établissements de crédit et les entreprises d'investissement agréés dans un autre État partie à l'accord sur l'Espace économique européen peuvent adhérer au fonds de garantie.** – *[L. n° 99-532 du 25 juin 1999, art. 75 (VIII)]. – V. supra, notes ss. art. L. 312-4.*

CHAPITRE III *Crédits*

SECTION I *Dispositions générales*

SOUS-SECTION 1 *Définition*

L. 313-1 **Constitue une opération de crédit tout acte par lequel une personne agissant à titre onéreux met ou promet de mettre des fonds à la disposition d'une autre personne ou prend, dans l'intérêt de celle-ci, un engagement par signature tel qu'un aval, un cautionnement, ou une garantie.**

Sont assimilés à des opérations de crédit le crédit-bail, et, de manière générale, toute opération de location assortie d'une option d'achat. – *[L. n° 84-46 du 24 janv. 1984, art. 3].*

BIBL. ► BEY, *RJDA 1997, p. 103* (crédit-bail avec convention de trésorerie).

1. Opération de crédit. En ce sens que l'affacturage constitue une opération de crédit, V. • Versailles, 24 nov. 1989 : *JCP E 1991. I. 91, n° 36, obs. Gavalda et Stoufflet.* ♦ De même, estimant que la cession de créance par bordereau Dailly constitue une opération de crédit au sens de l'art. L. 313-1 C. mon. fin., le tranfert de créance étant l'instrument juridique d'une avance de fonds dont la créance transmise assure à la fois la garantie et le remboursement, V. Rép. min. n° 4067, *JOAN Q 27 janv. 2003, p. 600 ; JCP E 2003, n° 7-8, p. 294.* ♦ Pour un arrêt considérant que l'opération, par laquelle un fournisseur se limite à assurer, par ses ristournes, le remboursement des avances qu'il a permis à l'un de ses clients d'obtenir de sa banque, ne peut être analysée comme une opération de crédit, V. • Paris, 14 avr. 1999 : *D. 2000. Somm. 456, obs. Synvet ; RJDA 1999, n° 981.* ♦ Dans le même sens, s'agissant du cautionnement délivré par ce fournisseur, en vue de garantir lesdites avances, dès lors que cette garantie ne donnait pas lieu à la perception de commissions. • Même arrêt. ♦ V. aussi note 3 ss. art. L. 511-7.

2. Opération de crédit à titre onéreux. Sur cette notion, V. note 3 ss. art. L. 511-5.

3. Opération de banque. Sur cette notion, V. note 1 ss. art. L. 511-5.

SOUS-SECTION 2 *Taux d'intérêt*

§ 1er *Taux de l'intérêt légal*

BIBL. GÉN. ► SOLAL, *Gaz. Pal. 1975. 2. Doctr. 726.* – VION, *Defrénois 1975. 1089.*

L. 313-2 **Le taux de l'intérêt légal est, en toute matière, fixé par décret pour la durée de l'année civile.** – *Taux fixé à 7,82 % jusqu'au 31 déc. 1989 (Décr. n° 89-622 du 6 sept. 1989) ; ... 9,36 % pour l'année 1990 (Décr. du 4 janv. 1990, (JO 5 janv., avec entrée en vigueur immédiate) ; ... 10,26 % du 1er janv. au 31 déc. 1991 (Décr. n° 91-131 du 1er févr. 1991, JO 3 févr.) ; ... 9,69 %*

pour l'année 1992 (Décr. du 5 mars 1992, JO 7 mars) ; ... 10,40 % pour l'année 1993 (Décr. nº 92-1361 du 24 déc. 1992, JO 30 déc.) ; ... 8,40 % pour l'année 1994 (Décr. nº 94-179 du 23 févr. 1994, JO 2 mars) ; ... 5,82 % pour l'année 1995 (Décr. nº 95-76 du 23 janv. 1995, JO 25 janv.) ; ... 6,65 % pour l'année 1996 (Décr. nº 96-105 du 8 févr. 1996, JO 11 févr.) ; ... 3,87 % pour l'année 1997 (Décr. nº 97-115 du 10 févr. 1997, JO 11 févr.) ; ... 3,36 % pour l'année 1998 (Décr. nº 98-62 du 2 févr. 1998, JO 4 févr.) ; ... 3,47 % pour l'année 1999 (Décr. nº 99-71 du 3 févr. 1999, JO 5 févr.) ; ... 2,74 % pour l'année 2000 (Décr. nº 2000-133 du 16 févr. 2000, JO 18 févr.) ; ... 4,26 % pour les années 2001 et 2002 (Décr. nº 2001-138 du 12 févr. 2001, JO 15 févr.) ; ... 3,29 % pour l'année 2003 (Décr. nº 2003-201 du 10 mars 2003, JO 11 mars) ; ... 2,27 % pour l'année 2004 (Décr. du 13 févr. 2004, JO 15 févr.) ; ... 2,05 % pour l'année 2005 (Décr. nº 2005-130 du 10 févr. 2005, JO 17 févr.) ; ... 2,11 % pour l'année 2006 (Décr. nº 2006-117 du 31 janv. 2006, JO 7 févr.).

Il est égal, pour l'année considérée, à la moyenne arithmétique des douze dernières moyennes mensuelles des taux de rendement actuariel des adjudications de bons du Trésor à taux fixe à treize semaines. – *[L. nº 75-619 du 11 juill. 1975, art. 1er].*

L. 313-3 En cas de condamnation pécuniaire par décision de justice, le taux de l'intérêt légal est majoré de cinq points à l'expiration d'un délai de deux mois à compter du jour où la décision de justice est devenue exécutoire, fût-ce par provision. *(Ord. nº 2006-461 du 21 avr. 2006, art. 15)* **« Cet effet est attaché de plein droit au jugement d'adjudication sur saisie immobilière, quatre mois après son prononcé. »**

Toutefois, le juge de l'exécution peut, à la demande du débiteur ou du créancier, et en considération de la situation du débiteur, exonérer celui-ci de cette majoration ou en réduire le montant. – *[L. nº 75-619 du 11 juill. 1975, art. 3].*

Les dispositions issues de l'Ord. nº 2006-461 du 21 avr. 2006 entrent en vigueur à la date de l'entrée en vigueur du décret prévu à l'art. 23 de l'Ord. préc. et, au plus tard, le 1er janv. 2007 (Ord. préc., art. 25).

1. Point de départ du taux majoré. BIBL. Lobin, *D. 1978. Chron. 13.* – Latil, *Gaz. Pal. 1994. 1. Doctr. 170.* ♦ Le taux majoré d'intérêt légal ne court qu'à l'expiration d'un délai de deux mois à compter de la signification de la décision de condamnation, bien que le jugement ait été assorti de l'exécution provisoire. • Civ. 2e, 4 avr. 2002 : *Bull. civ. II, nº 69 ; D. 2002. AJ. 1484, obs. Lienhard ; Rev. huiss. 2002. 298, obs. Hoonakker.* ♦ Rappr. • Civ. 2e, 19 mai 1999 : *D. 1999. IR. 164.* ♦ Considérant que n'a pas donné de base légale à sa décision au regard de l'art. 503 NCPC, ensemble l'art. 3 [C. mon. fin., art. L. 313-3] ci-dessus, la cour d'appel qui a majoré de cinq points le montant des intérêts au taux légal de la somme allouée sans rechercher à quelle date avait été effectuée la notification de l'arrêt de condamnation, V. • Civ. 3e, 3 juin 1992 : *Bull. civ. III, nº 189 ; RTD civ. 1992. 640, obs. Perrot ; JCP 1994. II. 22221, note Enama.* ♦ Pour un jugement ne pouvant, en vertu de l'art. 503 NCPC, être exécuté qu'après avoir été notifié à ceux auxquels il est opposé, la majoration des intérêts n'est due que deux mois après la signification de l'arrêt de la cour d'appel. • Paris, 6 nov. 1992 : *BICC 1993, nº 713.*

2. Fonds de garantie contre les accidents. Viole l'art. 3 [C. mon. fin., art. L. 313-3] ci-dessus et l'art. L. 421-8-1 C. assur. (en vertu duquel les délais prévus audit art. 3 ne courent à l'encontre du Fonds de garantie contre les accidents qu'à compter du jour où celui-ci a reçu les éléments justifiant son intervention), l'arrêt qui refuse de déclarer le Fonds de garantie tenu au paiement de la majoration de cinq points au motif que l'art. 3 concerne exclusivement les parties condamnées. • Civ. 1re, 3 nov. 1993 : *Bull. civ. I, nº 310 ; D. 1994. IR. 5.*

3. Réformation partielle en appel. Au cas de réformation partielle en appel, lorsque le jugement est assorti de l'exécution provisoire, la majoration du taux s'applique à la condamnation dans la mesure où elle est confirmée. • Civ. 1re, 18 déc. 1990 : *Bull. civ. I, nº 299.* ♦ Sur les conséquences de l'annulation par la Cour de cassation d'une décision du premier président d'une cour d'appel qui, par ordonnance, avait estimé que les conséquences manifestement excessives au préjudice des banques en cause provoquées par l'application de l'exécution provisoire justifiaient l'arrêt de celle-ci, V. • Dijon, 3 sept. 2002 : *JCP E 2003, nº 10, p. 390.*

4. Exonération de la majoration. Pour une application de l'art. 3, al. 2 [C. mon. fin., art. L. 313-3, al. 2], V. • TGI Paris, 8 mars 1993 : *Rev. huiss. 1993. 682 ; D. 1993. Somm. 278, obs. Julien.* ♦ Jugeant que même si la condamnation des banques en cause au paiement de sommes considérables ne va pas les mettre définitivement en péril et entraîner leur dépôt de bilan, il existe un risque certain de perturbations graves dans l'équilibre financier de ces organismes bancaires justifiant que la majoration des intérêts soit réduite de deux points, V. • Dijon, 3 sept. 2002 : *préc. note 3.*

5. Juge de l'exécution. Aux termes de l'art. 88 de la loi du 9 juill. 1991 et par dérogation aux dispositions de l'art. L. 313-3, la demande d'exonération ou de réduction des intérêts à taux majoré, formée par le débiteur, après la publication d'un commandement aux fins de saisie immobilière, constitue un incident de saisie, relevant de la compétence de la chambre des criées du TGI et non du juge de l'exécution. • Limoges, 3 déc. 2003 : *BICC 2004, n° 354.*

§ 2 *Taux effectif global*

L. 313-4 *(L. n° 2003-721 du 1er août 2003 art. 32-II)* **Les règles relatives au taux effectif global des crédits sont fixées par les articles L. 313-1 et L. 313-2 du code de la consommation ci-après reproduits :** — *V. ces art., infra, v° Prêts d'argent — Intérêts des capitaux.*

Pour une bibl., V. infra, § 3 Taux de l'usure et v° Prêts d'argent - Intérêts des capitaux.

Sur le délit de non-mention du TEG dans un contrat de prêt tel qu'issu de la loi n° 2003-721 du 1er août 2003, V. Circ. CRIM 03-15/G3 (JUS D 03 30 212 C) du 18 déc. 2003 (D. 2004. 124 ; RD banc. fin. 2004, n° 100, obs. Portier ; BRDA 2004, n° 1, p. 13).

§ 3 *Taux de l'usure*

RÉP. COM. v° *Usure*, par S. PIEDELIÈVRE.

BIBL. ► BOULOC, *RD banc. fin. 2003. 387* (loi n° 2003-721 pour l'initiative économique). - CARAMALLI, *Petites affiches 25 août 2003, p. 4* (même thème). - ROBERT, *Dr. pénal 2004, n° 26* (même thème). - PIEDELIÈVRE, *JCP E 2003, n° 42, p. 1658* (même thème). - PORTIER, *RD banc. fin. 2004, n° 100* (circulaire du 18 déc. 2003). - STOUFFLET, *ibid., n° 101* (incidences internationales de la réforme de l'usure). - N. FERRIER, *RTD com. 2005. 219* (incertitudes du régime de l'usure liées à sa codification).

L. 313-5 La définition du taux de l'usure est fixée par l'article L. 313-3 du code de la consommation, ci-après reproduit : — *V. cet art., infra, v° Prêts d'argent — Intérêts des capitaux.*

L. 313-5-1 *(L. n° 2003-721 du 1er août 2003, art. 32-II)* **Pour les découverts en compte, constitue un prêt usuraire** *(L. n° 2005-882 du 2 août 2005, art. 7-II)* **« à une personne physique agissant pour ses besoins professionnels ou » à une personne morale se livrant à une activité industrielle, commerciale, artisanale, agricole ou professionnelle non commerciale tout prêt conventionnel consenti à un taux effectif global qui excède, au moment où il est accordé, de plus du tiers, le taux effectif moyen pratiqué au cours du trimestre précédent par les établissements de crédit pour les opérations de même nature comportant des risques analogues telles que définies par l'autorité administrative après avis du Conseil national du crédit et du titre.**

Les conditions de calcul et de publicité des taux effectifs moyens mentionnés au premier alinéa sont fixées par décret.

Absence de sanctions pénales. L'art. L. 313-5-1 ne fait aucune référence à l'art. L. 313-5 C. consom. visant les sanctions pénales. • Montpellier, 16 déc. 2003 : *cité ss. art. L. 315-5-2.*

L. 313-5-2 *(L. n° 2003-721 du 1er août 2003)* **Lorsqu'un prêt conventionnel est usuraire, les perceptions excessives au regard des articles L. 313-4 et L. 313-5-1 sont imputées de plein droit sur les intérêts normaux et subsidiairement sur le capital de la créance.**

Si la créance est éteinte en capital et intérêts, les sommes indûment perçues doivent être restituées avec intérêts légaux du jour où elles auront été payées.

Sur l'aménagement de l'usure pour les personnes morales tel qu'issu de la loi n° 2003-721 du 1er août 2003, V. Circ. CRIM 03-15/G3 (JUS D 03 30 212 C) du 18 déc. 2003 (D. 2004. 124 ; RD banc. fin. 2004, n° 100, obs. Portier ; BRDA 2004, n° 1, p. 13).

Sur les opérations de prêts d'argent, V. infra, v° Prêts d'argent - Intérêts des capitaux.

Personnes morales. Pour les découverts en compte accordés à des personnes morales, prévus par l'art. L. 313-5-1 C. mon. fin., un prêt usuraire encourt la seule sanction civile de restitution des perceptions excessives, en application de l'art. L. 313-5-2. • Crim. 3 nov. 2005 : *Bull. crim. n° 277 ; D. 2006. AJ. 138, obs. Lienhard ; AJ pénal 2006. 217, obs. Royer ; RD banc. fin. 2006, n° 54, obs. Crédot et Samin ; RJDA 2006, n° 454 ; RLDA févr. 2006. 37, obs. Chemin-Bomben.* ♦ L'art. L. 313-5-2 visant les découverts en compte précisés à l'art. L. 313-5-1, institue seulement des sanctions civiles. • Montpellier, 16 déc. 2003 : *cité note 2 ss. art. L. 313 C. consom., infra, v° Prêts d'argent – Intérêts des capitaux.*

SOUS-SECTION 3 *Fichier des incidents de paiement caractérisés*

L. 313-6 Les règles relatives au fichier des incidents de paiement caractérisés sont fixées par les articles L. 333-4 et L. 333-5 du code de la consommation, ci-après reproduits :

Art. L. 333-4 Il est institué un fichier national recensant les informations sur les incidents de paiement caractérisés liés aux crédits accordés aux personnes physiques pour des besoins non professionnels. Ce fichier est géré par la Banque de France. Il est soumis aux dispositions de la loi n° 78-17 du 6 janvier 1978 relative à l'informatique, aux fichiers et aux libertés. — *V. ce texte au **C. pén.** ou **C. adm.***

Les établissements de crédit *(Abrogé par L. n° 2005-516 du 20 mai 2005, art. 16-IV) « ainsi que les services financiers de La Poste »* sont tenus de déclarer à la Banque de France les incidents visés à l'alinéa précédent. *(L. n° 2005-32 du 18 janv. 2005, art. 126)* « Les frais afférents à cette déclaration ne peuvent être facturés aux personnes physiques concernées. »

(L. n° 2003-710 du 1er août 2003, art. 36) « Dès que la commission instituée à l'article L. 331-1 *[commission départementale de surendettement des particuliers]* est saisie par un débiteur en application du premier alinéa de l'article L. 331-3 », *(L. n° 98-567 du 29 juill. 1998)* « elle en informe la Banque de France aux fins d'inscription au fichier institué au premier alinéa du présent article. La même obligation pèse sur le greffe du juge de l'exécution lorsque, sur recours de l'intéressé en application du deuxième alinéa de l'article L. 331-3, la situation visée à l'article L. 331-2 est reconnue par ce juge » *(L. n° 2003-710 du 1er août 2003, art. 35)* « ou lorsque le débiteur a bénéficié de l'effacement des dettes résultant de la procédure de rétablissement personnel en application de l'article L. 332-9 ».

« Le fichier recense les mesures du plan conventionnel de redressement mentionnées à l'article L. 331-6. Ces mesures sont communiquées à la Banque de France par la commission. L'inscription est conservée pendant toute la durée de l'exécution du plan conventionnel, sans pouvoir excéder *(L. n° 2003-710 du 1er août 2003, art. 35)* « dix ans » *[précédente rédaction : « huit ans »]*.

« Le fichier recense également les mesures prises en vertu des articles L. 331-7 et L. 331-7-1 qui sont communiquées à la Banque de France par le greffe du juge de l'exécution. S'agissant des mesures définies à l'article L. 331-7 et au premier alinéa de l'article L. 331-7-1, l'inscription est conservée pendant toute la durée d'exécution de ces mesures, sans pouvoir excéder *(L. n° 2003-710 du 1er août 2003, art. 35)* « dix ans » *[précédente rédaction : « huit ans »]*. S'agissant des mesures définies au troisième alinéa de l'article L. 331-7-1, la durée d'inscription est fixée à *(L. n° 2003-710 du 1er août 2003, art. 35)* « dix ans » *[précédente rédaction : « huit ans »]*.

La Banque de France est seule habilitée à centraliser les informations visées aux alinéas précédents.

Les organismes professionnels ou organes centraux représentant les établissements visés au deuxième alinéa sont seuls autorisés à tenir des fichiers recensant des incidents de paiement.

La Banque de France est déliée du secret professionnel pour la diffusion, aux établissements de crédit et aux services financiers susvisés, des informations nominatives contenues dans le fichier.

Il est interdit *(L. n° 2005-516 du 20 mai 2005, art. 16-IV)* « à la Banque de France et aux établissements de crédit » de remettre à quiconque, copie, sous quelque forme que ce soit, des informations contenues dans le fichier, même à l'intéressé lorsqu'il exerce son droit d'accès conformément à l'article *(L. n° 2004-801 du 6 août 2004, art. 18-IX)* « 39 » de la loi n° 78-17 du 6 janvier 1978, sous peine des sanctions prévues aux articles 43 et 44 de la même loi. – *V. lesdits art. L. 331-2, L. 331-3, L. 331-6 à L. 331-7-1 C. consom., au* ***C. consom.***

Art. L. 333-5 *(L. n° 2003-706 du 1er août 2003)* Un arrêté du ministre, pris après avis de la Commission nationale de l'informatique et des libertés et du comité consultatif du secteur financier fixe notamment les modalités de collecte, d'enregistrement, de conservation et de consultation de ces informations. – *V. Règl. n° 90-05 du 11 avr. 1990 (D. et ALD 1990. 238), mod. par Règl. n° 93-04 du 19 mars 1993 (JO 28 avr.), Règl. n° 96-04 du 24 mai 1996 (JO 29 mai), Règl. n° 2000-04 du 6 sept. 2000 (JO 1er nov.), Règl. n° 2000-10 du 8 déc. 2000 (JO 13 mars 2001), Régl. n° 2003-02 du 16 mai 2003 (JO 29 juill.), Règl. n° 2004-01 du 15 janv. 2004 (JO 26 févr.).*

La Banque de France est autorisée à utiliser le répertoire national d'identification des personnes physiques pour la gestion du fichier bancaire des entreprises, du fichier central des chèques impayés, du fichier national des incidents de remboursement des crédits aux particuliers et pour la centralisation des décisions de retrait des cartes de paiement délivrées à leurs clients par les établissements de crédit et les organismes visés à l'art. 8 de la loi n° 84-46 du 24 janv. 1984 [C. mon. fin., art. L. 518-1], sous réserve que les numéros d'inscription au répertoire national d'identification des personnes physiques ne soient pas conservés dans ces fichiers (Décr. n° 91-188 du 21 févr. 1991, art. 1er).

Nonobstant toute disposition contraire, la commission départementale d'examen des situations de surendettement des particuliers, prévue par les art. L. 331-1 s. C. consom., peut obtenir communication, auprès... des établissements de crédit... ainsi que des services chargés de centraliser les risques bancaires et les incidents de paiement, de tout renseignement de nature à lui donner une exacte information sur la situation du débiteur, l'évolution possible de celle-ci et les procédures de conciliation amiables en cours (C. consom., art. L. 331-3, al. 8). – Sur l'inopposabilité du secret professionnel au juge de l'exécution, V. C. consom., art. L. 332-2, al. 6. – ***C. consom.***

Sur le rôle de la Banque de France en matière d'incidents de paiement de chèques, V. C. mon. fin., art. L. 131-85, L. 131-86, L. 163-11, L. 163-12, R. 131-5 s., R. 131-26 s., R. 163-2. – V. aussi Arr. 24 juill. 1992, ss. art. R. 131-5, infra.

Inscription au fichier des incidents de paiement. Sur les conséquences de l'enregistrement d'une caution défaillante au fichier des incidents de paiements des particuliers en l'absence de texte le prévoyant, V. • Paris, 8 févr. 2002 : *RTD com. 2002. 356, obs. Cabrillac*. ♦ Sur la responsabilité d'un organisme de crédit qui a fait inscrire de manière injustifiée un emprunteur au fichier des incidents de paiement, V. • Montpellier, 3 juin 2003 : *Contrats Conc. Consom. 2004, n° 29, obs. Raymond.*

SECTION II *Catégories de crédits et opérations assimilées* *(Ord. n° 2005-429 du 6 mai 2005, art. 46).*

SOUS-SECTION 1 *Crédit-bail*

RÉP. COM. v^is *Crédit-bail immobilier et Crédit-bail mobilier,* par DURANTON.

RÉP. CIV. v° *Crédit-bail,* par CABRILLAC.

BIBL. GÉN. ▶ HARRICHAUX-RAMU, *RTD com. 1978. 209.* – BEY, *RJ com. févr. 1982, n° spéc., p. 48 ; RJDA 1997. 103* (crédit-bail avec convention de trésorerie). – BOYER, *ibid. 1980. 333 et 1981. 41.* – DIEBOLT, *ibid. 1972. 71 et 103.* – GAVALDA, *Petites affiches 1988, n° 84.* – MAROIS, *Banque 1976. 288.* – FERRY, *Dr. et patr. nov. 1993. 29* (crédit-bail d'actions). – FERRY et BAUR, *Rev. dr. bancaire 1994. 57* (même sujet). – DAUPHIN, *Contrats Conc. Consom. 1997. Chron. 2* (essor de la location longue durée : un contrat de location-service). – TERNEYRE, *Dr. et patr. juin 1997. 24* (collectivités publiques crédit-bailleurs). – COHEN-STEINER, *JCP N 2001, n° 25, p. 1060* (contrat de crédit-bail immobilier et six ans d'application de la réforme de 1994). – GROS, *Dr. et patr. juill.-août 2001. 40* (cessions de contrats de crédit-bail immobilier et code des marchés publics). – LE CORRE-BROLY, *Gaz. Pal. 2005. Doctr. 1010* (déclaration de créance du bailleur financier et du crédit-bailleur).

L. 313-7 Les opérations de crédit-bail mentionnées par la présente sous-section sont :

1. Les opérations de location de biens d'équipement ou de matériel d'outillage achetés en vue de cette location par des entreprises qui en demeurent propriétaires, lors-

que ces opérations, quelle que soit leur qualification, donnent au locataire la possibilité d'acquérir tout ou partie des biens loués, moyennant un prix convenu tenant compte, au moins pour partie, des versements effectués à titre de loyers ;

2. Les opérations par lesquelles une entreprise donne en location des biens immobiliers à usage professionnel, achetés par elle ou construits pour son compte, lorsque ces opérations, quelle que soit leur qualification, permettent aux locataires de devenir propriétaires de tout ou partie des biens loués, au plus tard à l'expiration du bail, soit par cession en exécution d'une promesse unilatérale de vente, soit par acquisition directe ou indirecte des droits de propriété du terrain sur lequel ont été édifiés le ou les immeubles loués, soit par transfert de plein droit de la propriété des constructions édifiées sur le terrain appartenant audit locataire.

En cas d'opération de crédit-bail sur le droit au renouvellement d'un bail, ce droit ne peut être invoqué que par le crédit-bailleur, par dérogation aux dispositions de l'article 4 du décret n° 53-960 du 30 septembre 1953 réglant les rapports entre bailleurs et locataires en ce qui concerne le renouvellement des baux à loyer d'immeubles ou de locaux à usage commercial, industriel ou artisanal. Les autres droits et obligations que le locataire tient des dispositions du décret précité sont répartis par contrat entre le propriétaire, le crédit-bailleur et le crédit-preneur. *[;]*

3. Les opérations de location de fonds de commerce, d'établissement artisanal ou de l'un de leurs éléments incorporels, assorties d'une promesse unilatérale de vente moyennant un prix convenu tenant compte, au moins pour partie, des versements effectués à titre de loyers, à l'exclusion de toute opération de location à l'ancien propriétaire du fonds de commerce ou de l'établissement artisanal. *[;]– [L. n° 66-455 du 2 juill. 1966, art. 1er].*

(L. n° 2005-882 du 2 août 2005, art. 27-I) **« 4. Les opérations de location de parts sociales ou d'actions prévues aux articles L. 239-1 à L. 239-5 du code de commerce, assorties d'une promesse unilatérale de vente moyennant un prix convenu tenant compte, au moins pour partie, des versements effectués à titre de loyers. »** *– V. ces art., supra.*

A. NATURE JURIDIQUE DU CRÉDIT-BAIL

Sur un crédit-bail de droit commun, non soumis à la loi du 2 juill. 1966 et désormais aux art. L. 313-7 s., V. la recommandation de la commission des clauses abusives n° 86-01 du 17 janv. 1986, concernant les contrats de location avec option d'achat ou contrats de location avec promesse de vente de biens de consommation *(BOCC 11 mars).*

1. Exigence d'une promesse de vente. Pour relever de la loi du 2 juill. 1966 [C. mon. fin., art. L. 313-7 s., L. 515-2 s. et L. 571-13], les contrats de location doivent comporter une promesse unilatérale de vente de la part du bailleur donnant au locataire la possibilité d'acquérir tout ou partie des biens loués. • Com. 14 avr. 1972 : *Bull. civ. IV, n° 105 ; JCP 1972. II. 17269, note Alfandari* • 14 févr. 1979 : *D. 1979. IR. 177.* – V. aussi • Douai, 26 janv. 1995 : *Rev. proc. coll. 1995. 465, obs. Soinne* • Chambéry, 20 juin 1995 : *ibid.* ♦ Sur l'exclusion d'une location avec promesse unilatérale d'achat, V. • Com. 30 mai 1989 : *Bull. civ. IV, n° 167 ; RTD com. 1990. 93, obs. Bouloc* . ♦ ... D'une location ne contenant aucune promesse unilatérale au profit du locataire, une telle promesse n'ayant été consentie qu'après la cession du matériel et du contrat par un avenant postérieur régulièrement enregistré. • Com. 28 juin 2005 : *RJDA 2005, n° 1378.* ♦ ... D'une location sans option d'achat, V. • Civ. 1re, 11 oct. 1989 : *Bull. civ. I, n° 327 ; D. 1991. 225, note Ancel ; RTD com. 1990. 244, obs. Bouloc* . ♦ Il importe peu que l'option puisse être levée à plusieurs échéances. • Com. 8 déc. 1987 : *RTD com. 1988. 490, obs. Hémard et Bouloc ; JCP 1988. II. 21065, note Bey.* ♦ En l'absence de promesse de vente l'opération est disqualifiée en location pure et simple. • Com. 13 juin 1977 : *Bull. civ. IV, n° 164 ; D. 1977. IR. 454* • 14 avr. 1972 : *préc.*

Est un contrat de crédit-bail, au sens de l'art. 1er [C. mon. fin., art. L. 313-7], le contrat qui offre au locataire une option d'achat avec pour seule condition de faire connaître au bailleur sa décision un mois avant l'expiration du contrat, ce dont il résulte que cette option n'est pas soumise à l'agrément du bailleur, cette clause s'interprétant en une promesse unilatérale de vente. • Com. 4 juin 1996 : *D. Affaires 1996. 1165* • 13 mai 1997 : *RJDA 1997, n° 1231.* ♦ V. aussi • Versailles, 24 sept. 1998 : *Gaz. Pal. 24-26 oct. 1999, p. 24.*

1 bis. Le contrat par lequel un établissement de crédit achète à un artisan ses locaux, puis les lui donne en location avec une faculté de rachat au terme du contrat, constitue un contrat de crédit-bail, malgré la qualification de « cession-bail », retenue par les parties. • Civ. 3e, 19 mai 1999 : *Bull. civ. III, n° 117 ; D. Affaires 1999. 1078.*

2. Abus de confiance. En l'absence d'option d'achat à l'expiration du contrat, le locataire qui ne restitue pas le bien dont il a disposé est susceptible d'avoir commis un abus de confiance. • Crim. 12 nov. 1979 : *D. 1980. IR. 202* • Reims, 28 juin 1985 : *RSC 1986. 379, obs. Bouzat.* ♦ Comp. : note 4.

3. Acquisition préalable du bailleur. Le crédit-bailleur doit être un acquéreur des biens qu'il donne en location, ce qui exclut l'application de la loi du 2 juill. 1966 [C. mon. fin., art. L. 313-7 s., L. 515-2 s. et L. 571-13] au cas où un fabricant conclut une opération portant sur sa propre production. • Com. 13 avr. 1976 : *D. 1976. 695, note Lucas de Leyssac.* ♦ La condition étant remplie, il importe peu que le bien ait été acheté par son utilisateur, puis revendu au crédit-bailleur qui l'a remis à sa disposition. • Rennes, 30 nov. 1976 : *D. 1978. 302, note Parléani.* ♦ Sur le lease-back, V. note 11. ♦ En revanche, n'est pas une opération de crédit-bail au sens de la loi du 2 juill. 1966 [C. mon. fin., art. L. 313-7 s., L. 515-2 s. et L. 571-13], l'opération conclue par un locataire, tirerait-il son propre droit d'un contrat de crédit-bail, le second contrat n'étant qu'une sous-location. • Com. 14 mai 1985 : *D. 1986. IR. 324 ; Gaz. Pal. 1985. 1. 284, note Bey.* ♦ V. note 4.

Est nul comme étant dépourvu d'objet le contrat de crédit-bail dans lequel, n'étant pas propriétaire des matériels loués, le crédit-bailleur n'a pu en transmettre la jouissance et l'usage au preneur, sans qu'il y ait lieu de rechercher s'il pouvait justifier de sa bonne foi lors de l'achat de ces équipements. • Com. 10 janv. 1995 : *RJDA 1995, n° 609.*

4. Exclusion de la sous-location. La sous-location n'est pas une opération de crédit-bail. • Com. 11 mai 1982 : *D. 1983. 271, note Witz ; JCP 1983. II. 20074, note Bey.* ♦ En l'absence de convention contraire, le preneur peut commettre un abus de confiance s'il procède à une sous-location du bien sans l'accord du crédit-bailleur. • Com. 14 févr. 1979 : *D. 1979. IR. 177, obs. Roujou de Boubée ; ibid. 215, obs. Puech.* ♦ V. note 5.

5. Crédit-bail adossé. Le crédit-bail est dit adossé lorsque l'utilisateur a la faculté de sous-louer le bien. • Versailles, 14 avr. 1988 : *Gaz. Pal. 1988. 2. Somm. 462.*

6. Location à l'utilisateur. Le crédit-bail suppose nécessairement que le bien soit loué à l'utilisateur ce qui exclut que la convention puisse comporter une clause de réserve de propriété, laquelle caractérise un contrat de vente. • Com. 19 juin 1978 : *Bull. civ. IV, n° 141.*

7. Dès lors que des fournitures, pour lesquelles un acompte a été réglé, sont destinées à la vente, il ne peut y avoir, pour le paiement du solde restant, formation d'un contrat de crédit-bail ; la destination à la vente est en effet inconciliable avec l'économie du crédit-bail, et la loi du 2 juill. 1966 [C. mon. fin., art. L. 313-7 s., L. 515-2 s. et L. 571-13], manifestement détournée de son objectif, est inapplicable au litige. Il n'en résulte cependant pas que la nullité du crédit-bail puisse être demandée, une telle sanction n'ayant pas été prévue par cette loi. • Nîmes, 27 févr. 1992 : *BICC 1992, n° 1730.*

8. Sur le renting et le parenting, V. Bey, *JCP 1979. I. 3043.* ♦ Sur la différence entre renting et crédit-bail, V. • Poitiers, 24 févr. 1993 : *BICC 1994, n° 295 ; JCP E 1994. Pan. 333.*

9. Sur l'absence du privilège du bailleur, V. • Paris, 5 mars 1985 : *D. 1985. IR. 492* • 17 janv. 1985 : *JCP E 1985. II. 14551, note Bey.*

10. La prescription quinquennale de l'art. 2277 C. civ. est applicable à une action en paiement de loyers de crédit-bail, créances payables à termes périodiques, mais pas à l'action en recouvrement de l'indemnité contractuelle de résiliation. • Com. 24 nov. 1992 : *Bull. civ. IV, n° 369 ; D. 1993. IR. 12 ; JCP 1993. II. 22078, note Banial.*

10 bis. Rente viagère. Le fait que le crédit-preneur reste tenu du paiement des échéances d'une rente viagère jusqu'à la date de réalisation de la promesse de vente est sans effet sur l'objet du contrat de crédit-bail, ce mode d'acquisition n'étant pas de nature à affecter le droit de propriété du crédit-preneur en cas de levée d'option. • Civ. 3e, 4 mai 2000 : *Bull. civ. III, n° 95 ; D. 2000. AJ. 326, obs. Faddoul ; RD imm. 2000. 358, obs. Saint-Alary-Houin ; Banque et Droit 2000. 45, obs. Rontchevsky.*

11. Lease-back. V. Parléani, *RTD com. 1973. 699.* ♦ V. aussi, sur la distinction avec le crédit-bail, • Com. 14 janv. 1992 : *RJDA 1992, n° 372* • Civ. 3e, 19 mai 1999 : *préc. note 1 bis.*

12. Législation sur l'usure. Les redevances dues par l'utilisateur ont la nature d'un loyer et non pas d'intérêts et ne relèvent pas de la législation sur l'usure. • Toulouse, 8 mai 1970 : *JCP E 1970. II. 16481, note Bey* • Rouen, 3 juill. 1970 : *D. 1971. 465.*

13. Enregistrement. Pour le crédit-bail immobilier, V. note 17.

B. BIENS OBJETS DU CRÉDIT-BAIL

14. Biens d'équipement. Une voiture automobile, fût-elle de tourisme, constitue un bien d'équipement, dès lors qu'elle est utilisée pour le fonctionnement de la société locataire. • Com. 15 déc. 1975 : *D. 1976. 407, note Lucas de Leyssac*. – V. aussi • Douai, 16 juin 1994 : *Rev. proc. coll. 1995. 189, obs. Soinne*.

15. Immeubles. **BIBL.** Pédamon, *RTD com. 1979. 710*. – Rives-Lange et Contamine-Raynaud, *RD imm. 1979. 324*. – Armand-Prévost, *RJ com. 1983. 205*. – Mathely et Charrière, *Banque 1969. 443*. – Montuori et Cohen, *ibid. 1979. 488*. – Depondt, *Gaz. Pal. 1992. 2. Doctr. 899*. ♦ Excluant l'ouverture du crédit-bail immobilier aux particuliers désirant acquérir un local à usage mixte d'habitation et professionnel, V. Rép. min. n° 28538 : *JOAN Q 2 nov. 2004, p. 8634 ; BRDA 2004, n° 23, p. 10*.

16. Exclusion du statut des baux commerciaux. V. art. L. 313-9 et note 1 ss. cet art.

17. Enregistrement. L'opération de crédit-bail immobilier échappe par son essence aux dispositions de l'art. 1840 A CGI [abrogé, V. désormais art. 1589-2 C. civ., *supra*, ss. art. L. 143-23 C. com.], et n'a donc pas à être enregistrée dans les dix jours de l'acte comme une promesse unilatérale de vente. • Civ. 3e, 3 nov. 1981 : *Bull. civ. III, n° 173 ; RD imm. 1982. 272, obs. Lancereau et Stoufflet ; ibid. 274, obs. Dagot ; D. 1982. IR. 409, obs. Vasseur ; JCP 1982. II. 19867, note Bey* • 3 juin 1982 : *Gaz. Pal. 1983. 1. 83, note Bey*.

18. Publicité foncière. V. note 2 ss. art. L. 313-10.

19. Évaluation de l'immeuble. **BIBL.** Champigny, *Gaz. Pal. 1978. 1. Doctr. 74*.

20. Fonds de commerce. **BIBL.** Derruppé, *RTD com. 1986. 320*. – Zénati, *ibid. 450*. – Bey, *JCP E 1987. II. 14860*. – Daublon, *Defrénois 1986. 625*. – Guingand, *Banque 1986. 566*. – Raffray, *JCP N 1986. II. 377*.

21. Éléments incorporels. Sur les éléments incorporels du fonds de commerce, V. Derruppé, *RTD com. 1990. 24 et 187* ; Brault, *Gaz. Pal. 1989. 1. Doctr. 18*.

22. Logiciels. **BIBL.** Carneroli, *Petites affiches 3 juill. 2000, p. 4*. ♦ Pour une décision jugeant que le crédit-bail de logiciel est juridiquement impossible, au motif que le leasing nécessite que le bien ait été acheté et que le preneur ait la faculté de l'acquérir, ce qui n'est pas le cas de logiciels indépendants de leur support et qui ne sont donc pas susceptibles d'appropriation privative par le preneur, V. • Pau, 8 juin 1995 : *Juris-Data n° 045346*. ♦ V. aussi • Aix-en-Provence, 12 sept. 1986 : *Gaz. Pal. 1987. 1. 341, note Bey*.

23. Indivisibilité du contrat. Lorsqu'un contrat de crédit-bail porte sur deux appareils mais prévoit un loyer et une durée unique, il forme un tout qu'il est impossible de dissocier. • Aix-en-Provence, 1er mars 1994 : *JCP 1994. IV. 1856*. ♦ V. note 42 *ter*.

C. NULLITÉ OU RÉSILIATION DU CRÉDIT-BAIL

BIBL. Boyer, *RJ com. 1980. 333 ; ibid. 1981. 41*.

24. Vice du consentement. Le représentant du vendeur d'un matériel en crédit-bail, qui avait été chargé par l'établissement de crédit de proposer ses financements aux clients potentiels puis de les recommander à son approbation n'étant pas, pour la conclusion des contrats, un tiers, les manœuvres dolosives de ce représentant, viciant le consentement des clients, sont opposables à l'établissement de crédit. • Com. 24 mai 1994 : *Bull. civ. IV, n° 184* • 13 juin 1995 : *RJDA 1995, n° 1404*. ♦ La clause du contrat de financement selon laquelle « aucune des difficultés pouvant naître des relations de l'emprunteur avec son fournisseur de biens ne sera opposable » à l'établissement de crédit n'a pu avoir pour effet de rendre les manœuvres dolosives commises par le négociateur des financements inopposables à l'établissement de crédit. • Com. 24 mai 1994 : *préc.*

25. Dès lors qu'existe un lien étroit entre une société de crédit et un fournisseur, que ce dernier a accompli des diligences relevant normalement de la société de crédit et qu'il apparaît aux yeux des tiers comme agissant au nom de celle-ci, il en résulte que le dol commis par le fournisseur est une cause de nullité du contrat de financement, même si les manœuvres ont été exercées à l'insu de la société de crédit. • Lyon, 28 mai 1993 : *BICC 1993, n° 1044*.

25 bis. Dès lors qu'un vendeur agit en tant que mandataire apparent d'un organisme de financement, ses manœuvres dolosives, après avoir entraîné l'annulation du contrat de vente de fournitures, peuvent atteindre le contrat de crédit-bail accompagnant le contrat principal. • Agen, 5 mars 1997 : *JCP E 1997. Pan. n° 1304*.

26. Un fournisseur ayant conclu un contrat de concession avec les personnes à qui il avait livré du matériel, en vue de son exploitation, tandis que, pour assurer le financement de cette opération, une tierce société en devenait propriétaire et le donnait en location aux concessionnaires, l'annulation pour dol du contrat de location peut être prononcée, dès lors qu'est retenue l'existence de manœuvres dolosives, imputables au bailleur et déterminantes du consentement des intéressés à cette location, sans qu'une telle annulation constitue la conséquence de l'annulation du contrat de concession. • Com. 24 nov. 1992 : *Bull. civ. IV, n° 368*.

27. En revanche, doit être cassé l'arrêt qui retient que l'annulation de la vente, pour vice du consentement, prive de cause le contrat de crédit-bail, alors que, sauf cause de nullité l'affectant directement, le contrat de crédit-bail n'est que résilié en conséquence de l'annulation du contrat de vente. • Com. 15 mars 1994 : ♙ *Bull. civ. IV, n° 109 ; D. 1994. IR. 86 ; JCP 1994. II. 22339, note Labarthe ; Defrénois 1994. 1127, obs. Delebecque ; Contrats Conc. Consom. 1994, n° 135, note Leveneur.* ♦ Sur la question de l'annulation pour cause illicite d'un contrat de crédit-bail, V. • Com. 11 mars 2003 : *RJDA 2003, n° 996.* ♦ V. aussi, en ce sens que l'annulation de la vente entraîne nécessairement à la date de son prononcé la résiliation du crédit-bail, sous réserve de l'application des clauses contractuelles régissant cette résiliation, • Paris, 20 janv. 1995 : *D. 1995. IR. 41.*

27 bis. La clause du contrat de crédit-bail donnant au preneur mandat pour acheter le matériel loué et prévoyant que ce dernier serait solidairement tenu avec le fournisseur du remboursement au bailleur du prix d'acquisition du matériel dans tous les cas d'annulation judiciaire de la vente permet la condamnation solidaire au remboursement à la suite de l'annulation de la vente pour dol du fournisseur, peu important que le preneur n'ait pas manqué à ses obligations contractuelles. • Com. 27 juin 1995 : ♙ *RJDA 1995, n° 1406.*

27 ter. Le contrat de crédit-bail consacrant un rapport tripartite qui lie indissociablement le vendeur du matériel, l'acquéreur de celui-ci et son locataire, l'existence d'une procédure pénale engagé par le locataire justifie qu'il soit sursis à statuer sur la demande en résiliation de location formée par le crédit-bailleur à son encontre dès lors que l'information ouverte peut remettre en cause la validité du crédit-bail en caractérisant des manœuvres dolosives commises par le vendeur et susceptibles alors d'être opposées au bailleur. • TGI Saintes, 24 oct. 1997 : *JCP 1998. IV, n° 2452.*

28. Délivrance. Si la résolution de la vente pour non-conformité ou vice caché d'un matériel délivré entraîne la résiliation du crédit-bail, l'absence de délivrance de la chose louée prive cette convention de son objet de sorte que celle-ci est nulle, d'une nullité absolue ne pouvant être couverte, ni par une clause de non-recours, ni par l'établissement d'un procès-verbal de livraison contraire à la réalité. • Aix-en-Provence, 13 juin 1991 : *BICC 15 nov. 1991.* – V. aussi • Com. 16 juill. 1991 : ♙ *RJDA 1991, n° 940.*

28 bis. Sauf fraude de sa part, les manquements du preneur à ses obligations de mandataire du bailleur engagent sa responsabilité mais ne le privent pas du droit d'opposer au bailleur l'exception de manquement à l'obligation de délivrance incombant à celui-ci. • Com. 13 déc. 1994 : ♙ *RJDA 1995, n° 464.*

Le fait que le crédit-preneur ne prenne pas possession du matériel et ne retourne pas le procès-verbal de réception n'entraîne pas la résolution du contrat de vente et ne fait pas obstacle à l'entrée en vigueur du contrat de location. • Versailles, 6 mai 1997 : *D. Affaires 1997. 1117.*

29. Action directe du preneur. BIBL. Arbellot, *Petites affiches 10 août 1998, p. 4* (exercice de l'action en garantie des vices cachés). ♦ Par une clause du contrat de crédit-bail, les bailleur et locataire peuvent convenir avec le vendeur que le locataire agira directement en garantie contre le vendeur au cas de vice de la chose. • Com. 3 janv. 1971 : *JCP 1973. II. 17300, note Leloup* • 26 janv. 1977 : ♙ *Bull. civ. IV, n° 28.* ♦ ... Et en résolution de la vente. • Com. 2 févr. 1981 : *Gaz. Pal. 1981. 1. Pan. 198.* ♦ Cette clause vaut renonciation du locataire à la garantie légale du bailleur. • Com. 24 mai 1994 : ♙ *Contrats Conc. Consom. 1994, n° 192, note Leveneur.*

Par la clause par laquelle le crédit-bailleur délègue au locataire tous ses droits et actions contre le constructeur ou le fournisseur concerné, le crédit-bailleur a transféré au locataire ses droits contre le fournisseur relatifs à la garantie des vices cachés, et l'assignation en résolution du contrat de vente du fournisseur, par le preneur, qui invoque, avec le bailleur, la clause en question, opère signification de la cession de créance de garantie. • Com. 4 juin 1996 : ♙ *Bull. civ. IV, n° 156 ; D. 1996. 630, note Billiau* ✎ *; D. Affaires 1996. 838 ; JCP 1996. II. 22744, note Taillens-Dessalle.*

30. En revanche, le vendeur ne peut pas invoquer ce contrat entre le crédit-preneur et le crédit-bailleur, auquel il n'a pas été partie, pour prétendre être dégagé envers l'acheteur de la garantie qu'il lui doit. • Com. 7 juin 1994 : *Contrats Conc. Consom. 1994, n° 244, note Leveneur ; RJDA 1994, n° 244.*

31. Le mandat consenti au crédit-preneur par le crédit-bailleur pour l'exercice des recours contre le fournisseur ayant pour contrepartie la renonciation du preneur au bénéfice de la garantie du bailleur, il est soumis aux mêmes conditions de déchéance que l'aurait été le droit de mettre en jeu cette garantie, sauf stipulation conventionnelle la faisant renaître en contrepartie de la caducité du mandat. • Com. 8 déc. 1992 : ♙ *Bull. civ. IV, n°s 396 et 397 ; JCP 1993. II. 22045, note Béhar-Touchais ; JCP E 1993. II. 435, note Legeais (2 arrêts) ; D. 1993. IR. 3 (2 arrêts)* • 4 oct. 1994 : ♙ *RJDA 1995, n° 180.* ♦

V. aussi • Com. 15 déc. 1998 : *RJDA 1999, nº 215.* ♦ Ainsi, se trouve légalement justifié l'arrêt qui retient que le crédit-preneur a mandat du crédit-bailleur pour exercer les recours contre le fournisseur, et ce, même après la résiliation du crédit-bail. • Com. 8 déc. 1992 : *Bull. civ. IV, nº 396 ; D. et JCP E préc. (2e arrêt)* • Paris, 20 janv. 1995 : *préc. note 27.* ♦ *Contra*, jugeant que le crédit-preneur est sans qualité pour exercer l'action en résolution de la vente, dès lors que la résiliation du contrat de crédit-bail a mis fin au mandat, V. • Civ. 1re, 23 juin 1992 : *Bull. civ. I, nº 196 ; Gaz. Pal. 1993. 1. 37, note Cousin.*

Lorsqu'il n'a pas usé de la faculté, que lui ménage le contrat de crédit-bail, de devenir propriétaire du bien qui en est l'objet, le preneur, qui, en vertu du mandat reçu du crédit-bailleur pour l'exercice des recours contre le fournisseur, a demandé judiciairement l'annulation de la vente avant l'expiration du crédit-bail, est recevable à poursuivre cette action ultérieurement. • Com. 27 juin 1995 : *préc. note 27 bis.*

32. La clause par laquelle le locataire est mandaté par le bailleur pour exercer en son nom tous recours contre le constructeur ou le vendeur, à l'exclusion de l'action en résolution, est une clause léonine et doit être annulée. • Poitiers, 24 févr. 1993 : *JCP 1993. IV. 1459.*

V. note 38.

33. Le refus du bénéfice de la garantie conventionnelle opposé par l'acquéreur en crédit-bail d'une machine qui s'est révélée être atteinte de vices cachés ne lui interdit pas d'invoquer les manquements du vendeur à ses obligations légales. • Com. 28 juin 1994 : *Bull. civ. IV, nº 248.*

34. Viole les art. 1134, 1603 et 1615 C. civ., l'arrêt qui, pour rejeter l'action en résolution du contrat de vente et de crédit-bail d'un crédit-preneur de matériel, retient qu'il en est devenu propriétaire par la levée d'option d'achat à la fin du crédit-bail, alors qu'en qualité de sous-acquéreur de la chose qu'il prétendait non conforme au contrat, il jouissait de tous les droits et actions attachés à cette chose, qui appartenaient à son auteur. • Com. 4 juin 1991 : *Bull. civ. IV, nº 206.*

35. Bailleur exonéré de garantie. **BIBL.** Harichaux-Ramu, *RTD com. 1978. 209.* – Boyer, *RJ com. 1980. 333 ; ibid. 1981. 41.* ♦ Le crédit-bailleur peut, par une stipulation expresse du contrat, s'exonérer de la garantie des vices cachés de l'art. 1721 C. civ., dès lors que le locataire a un recours direct contre le vendeur du bien avec lequel il a déterminé les caractéristiques de celui-ci. • Com. 30 oct. 1973 : *Bull. civ. IV, nº 303* • 7 mai 1974 : *ibid., nº 147* • Civ. 3e, 15 janv. 2003 : *RJDA 2003, nº 628.* ♦ Comp., en ce sens qu'il ne résulte pas de l'obligation de résultat souscrite par le crédit-preneur en tant que mandataire du bailleur dans le choix du matériel que le crédit-preneur se soit porté garant de l'absence de vices cachés : • Com. 27 juin 1995 : *Quot. jur. 28 sept. 1995, p. 3 ; RJDA 1995, nº 1403.* ♦ Comp. aussi, jugeant que le mandat donné par le crédit-bailleur au preneur de discuter des caractéristiques du bien et le prix avec le vendeur soumet le preneur à la responsabilité du mandataire des art. 1991 s. C. civ. : • Com. 11 mai 1981 : *Bull. civ. IV, nº 214.* ♦ V. aussi notes 28 *bis* et 29.

36. Vérifications du preneur. Le preneur en signant un certificat de réception qu'il sait inexact commet une faute l'obligeant à réparer le préjudice subi par la société de crédit-bail qui a, en conséquence, versé le prix du matériel au fournisseur tombé ultérieurement en cessation des paiements. • Civ. 1re, 5 nov. 1980 : *Gaz. Pal. 1981. 1. Pan. 86.* ♦ Sur la portée du procès-verbal de réception, V. • Civ. 1re, 5 juill. 1989 : *Bull. civ. I, nº 273 ; RTD com. 1990. 247, obs. Bouloc.* ♦ Le preneur qui a choisi le matériel ne peut en principe reprocher au crédit-bailleur de ne pas avoir respecté un devoir de conseil. • Riom, 15 juin 1988 : *Gaz. Pal. 1989. 1. 146.* ♦ De même, le preneur qui a signé le bon attestant de la livraison du matériel loué, bien qu'il ne lui eût pas été livré, document valant contractuellement bon à payer pour le bailleur, qui a réglé le prix au fournisseur, ne peut se prévaloir de son erreur ou de sa négligence à l'encontre du crédit-bailleur, qui a exécuté son obligation. • Civ. 1re, 2 nov. 1994 : *Bull. civ. I, nº 312.* – V. aussi • Versailles, 10 nov. 1988 : *Gaz. Pal. 1989. 1. Somm. 23, note Bey.*

36 bis. Doit être cassé l'arrêt qui, après avoir constaté que le bon de livraison avait été signé par le locataire et le fournisseur, déboute le crédit-bailleur de sa demande en paiement au motif qu'il est tenu d'une obligation de délivrance, sans même rechercher si les dispositions du contrat ne mettaient pas à la charge exclusive du fournisseur l'obligation de délivrer le matériel et ne limitaient pas les obligations du crédit-bailleur au paiement du prix au seul vu du bon de livraison. • Civ. 1re, 24 févr. 1998 : *Bull. civ. I, nº 74.*

37. Sur l'obligation de conseil du professionnel, V. aussi • Com. 26 oct. 1993 : *Bull. civ. IV, nº 361.*

38. Résiliation du crédit-bail. **BIBL.** Bey, *Gaz. Pal. 1992. 2. Doctr. 568.* – Virassamy, *JCP E 1992. II. 137* (clauses contractuelles aménageant l'après-contrat). ♦ La résolution du contrat de vente entraîne nécessairement la résiliation du contrat de crédit-bail, sous réserve de l'application de clauses ayant pour objet de régler les conséquences de cette résiliation. • Cass., Ch. mixte, 23 nov. 1990 (2 arrêts) : *D. 1991. 121, note Larroumet ; JCP E 1991. II. 111, note Legeais ; Rev. dr. bancaire 1991. 21, obs. Crédot et Gérard* • Com. 22 mai 1991 : *Bull. civ. IV, n° 169.* – Comp. : • Civ. 1re, 11 avr. 1995 : *Bull. civ. I, n° 169 ; D. 1995. IR. 142 ; JCP E 1995. II. 754, note Del Sol.* ♦ ... Ces clauses elles-mêmes étant soumises à l'application éventuelle des dispositions de l'art. 1152, al. 2, C. civ. • Com. 21 mars 1995 : *Bull. civ. IV, n° 94 ; D. 1995. IR. 106.* ♦ Le juge doit rechercher, si, jusqu'à la décision prononçant la résolution, le paiement des loyers par le crédit-preneur n'avait pas eu sa contrepartie dans l'exécution de ses propres obligations par le bailleur. • Com. 22 mai 1991 : *préc.* • 6 avr. 1993 : *RJDA 1993, n° 928.* ♦ Le preneur obtenant la résiliation d'un bail ou d'un crédit-bail en conséquence de la résolution du contrat de vente est dispensé du paiement des loyers à compter du jour de sa demande judiciaire en résolution de la vente. • Com. 12 oct. 1993 : *Bull. civ. IV, n° 327 ; D. 1993. IR. 238 ; JCP E 1994. II. 548, note Legeais* • 21 févr. 1995 : *RDJA 1995, n° 869* • 12 déc. 1995 : *ibid. 1996, n° 371.* ♦ V. aussi, considérant que la demande du preneur en restitution du montant de la reprise du bien loué doit être rejetée dès lors qu'il est établi que cette somme avait été affectée au paiement des loyers, • Com. 15 déc. 1998 : *préc. note 31.* ♦ *Contra*, décidant que la résolution de la vente entraîne la résolution (et non pas la résiliation) du crédit-bail : • Paris, 5e ch. B, 15 sept. 1994 : *RJDA 1995, n° 181* • Agen, 6 avr. 1995 : *Petites affiches 19 juill. 1995, p. 18, note Mas* (arrêt de renvoi après cassation).

Le preneur doit être condamné au paiement des mensualités du crédit-bail conclu en vue du financement de l'achat d'un véhicule, dès lors qu'il n'établit pas avoir obtenu la résiliation du contrat de vente pour inexécution de l'obligation de conformité ou de délivrance du véhicule litigieux. • Civ. 1re, 28 janv. 1997 : *Bull. civ. I, n° 32 ; RJDA 1997, n° 534.*

39. La clause d'un contrat de crédit-bail qui n'a pour objet que de régler les conséquences de la résolution de la vente du matériel en mettant à la charge du crédit-preneur l'obligation de garantir les restitutions dont le vendeur était tenu envers le crédit-bailleur doit recevoir exécution. • Cass., Ch. mixte, 3 mars 1989 : *D. 1990. 301, note Dupuis-Toubol ; JCP 1989. II. 21365.*

Sont ainsi valables : la clause prévoyant qu'en cas de résiliation du crédit-bail en conséquence de la résolution de la vente, le preneur serait tenu à la fois au remboursement du prix d'achat et au versement d'une indemnité. • Com. 12 oct. 1993 : *Bull. civ. IV, n° 327 ; JCP E 1994. II. 548, note Legeais.* ♦ V. aussi • Com. 4 janv. 1994 : *Bull. civ. IV, n° 5 ; D. 1994. IR. 47* (clause visant la « non-réalisation de l'opération de crédit-bail ») ♦ ... La clause prévoyant, dans ce cas, que le preneur serait, non seulement, solidairement débiteur avec le vendeur, envers le bailleur, de la restitution du prix de vente du bien, mais encore des sommes nécessaires pour obtenir le montant total des loyers et la valeur résiduelle, c'est-à-dire représentatives de la rentabilité escomptée de l'opération. • Com. 26 oct. 1993 : *Bull. civ. IV, n° 359 ; D. 1993. IR. 249 ; JCP E 1994, préc.* ♦ En revanche, les stipulations contractuelles prévoyant l'absence de responsabilité du crédit-bailleur en cas de fonctionnement défectueux de la chose louée et celles régissant les suites de l'interruption du paiement du loyer par le crédit-preneur n'apparaissent pas avoir eu pour objet de régler les conséquences de la résolution du contrat de vente. • Com. 26 oct. 1993 : *Bull. civ. IV, n° 360 ; D. 1993. IR. 253 ; JCP E 1994, préc.*

39 bis. Comp., en ce sens que, lorsque la demande en résolution de la vente du matériel loué a été formée par le locataire hors de tout mandat de l'établissement financier propriétaire du bien loué, alors qu'aucun vice ou trouble de jouissance affectant l'utilisation du bien n'est invoqué, la résolution de la vente est inopposable au loueur et qu'il n'y a pas lieu de prononcer la résiliation du bail : • Com. 19 mai 1992 : *Bull. civ. IV, n° 199 ; JCP E 1993. II. 515, note Bey.* ♦ Comp. aussi, avant l'intervention de la chambre mixte, lorsque existait une clause de non-recours contre le crédit-bailleur ou que l'utilisateur avait reçu de l'établissement de crédit mandat d'exercer tous droits et actions contre le vendeur, ce qui le privait de la possibilité d'obtenir la résolution du contrat de crédit-bail quand le matériel choisi s'avérait impropre à l'usage auquel il était destiné : • Civ. 1re, 1er févr. 1978 : *D. 1978. IR. 394* • Com. 15 mars 1983 : *D. 1984. IR. 79, obs. Vasseur ; RTD civ. 1983. 758, obs. Rémy ; RTD com. 1984. 522, obs. Hémard et Bouloc* • 15 janv. 1985 : *D. 1986. IR. 323, obs. Vasseur* • 9 janv. 1990 : *Bull. civ. IV, n° 5 ; D. 1990. IR. 46 ; RTD com. 1990. 459, obs. Bouloc.*

40. En revanche, l'engagement, non prouvé, du vendeur de reprendre le matériel avant le terme du contrat ne peut avoir d'effet à l'égard du crédit-bailleur. • Paris, 15 déc. 1990 : *JCP E 1991. Pan. 368.* ♦ V. note 52. ♦ De même, le preneur ne peut cesser le paiement des loyers, en raison de la défaillance du vendeur du matériel loué, dès lors que le contrat de vente n'est pas résolu. • Com. 7 déc. 1993 : *RJDA 1994, n° 550.*

41. C'est seulement dans le cas de faute lourde équipollente à une fraude que le crédit-preneur cesse d'être investi du droit de demander la résiliation du crédit-bail en conséquence de la résolution de la vente, une faute simple ne justifiant éventuellement que l'allocation de dommages-intérêts. • Com. 1er juin 1993 : *Bull. civ. IV, n° 215 ; D. 1993. IR. 163.*

41 bis. Le crédit-bailleur, en imposant au locataire défaillant l'obligation de restituer le matériel loué et de régler immédiatement une indemnité égale à la totalité des loyers qui auraient dû être versés jusqu'au terme du contrat, déduction faite du prix de revente ou de replacement du matériel, contracte implicitement mais nécessairement l'obligation d'œuvrer à cette revente ou à ce replacement au mieux des intérêts économiques des deux parties. • Paris, 9 oct. 1997 : *RJDA 1998, n° 96.*

42. Sur la résiliation du contrat de crédit-bail en conséquence de l'annulation du contrat de vente, V. note 27.

42 bis. Sur les effets, sur le contrat de crédit-bail, de la résiliation d'un contrat de coopération liant le vendeur au crédit-preneur, en cas d'indivisibilité conventionnelle entre ces contrats, V. • Com. 26 nov. 1996 : *RJDA 1997, n° 300.* – V. déjà • Com. 4 avr. 1995 : *Bull. civ. IV, nos 115 et 116.* – V. rapp. Leclercq, *RJDA 1995. 414.*

42 ter. Sur la résiliation d'un contrat de crédit-bail, en cas de résiliation d'un contrat de publicité qui lui est interdépendant, et ce, malgré une stipulation contractuelle prévoyant le contraire, V. • Com. 15 févr. 2000 : *Bull. civ. IV, n° 29 ; D. 2000. Somm. 364, obs. Delebecque ; JCP 2000. I. 272, n° 9, obs. Constantin ; Banque et Droit 2000. 44, obs. Rontchevsky ; RJ com. 2000. 366, note Salvat.*

43. Sur le caractère impératif d'une clause relative à la résiliation du crédit-bail, V. note 2 ss. art. L. 313-9.

43 bis. En ce sens que la clause dite « d'apport preneur », par laquelle une certaine somme d'argent apportée par le crédit-preneur est affectée à la garantie de la parfaite exécution de toutes les obligations contractées par celui-ci et en particulier du paiement des loyers et indemnités de résiliation, n'empêche pas le crédit-bailleur de se prévaloir, en cas d'impayés, de l'application de la clause résolutoire, V. • Paris, 17 janv. 2002 : *RJDA 2002, n° 801.*

44. Assurance. Lorsque l'assureur s'est engagé à informer le bailleur au cas de défaut de paiement des primes, il peut être condamné à verser au crédit-bailleur le montant de l'indemnité d'assurance à titre de dommages et intérêts. • Paris, 6 mars 1984 : *Gaz. Pal. 1984. 1. 14, note Bey.*

45. Escroquerie. Constitue les manœuvres frauduleuses constitutives du délit d'escroquerie prévu et puni par l'art. 405 ancien C. pén. [nouv. C. pén., art. 313-1] la fourniture aux établissements de crédit et de crédit-bail, parties civiles, de fausses factures et de bons de livraisons fictifs faisant croire à l'existence de matériels inexistants ou d'équipements neufs qui sont, en vérité, d'occasion, par des individus qui n'ont eu pour but que de réapprovisionner leur trésorerie défaillante. • Paris, 1er déc. 1988 : *Gaz. Pal. 1990. 2. Somm. 599, obs. Bey.*

45 bis. Enrichissement sans cause. Dès lors que le crédit-bailleur dispose d'une action contre les cautions du crédit-preneur, dont il n'est pas établi qu'elles étaient insolvables, bien que vainement mises en demeure, l'action *de in rem verso* dirigée contre ce dernier est irrecevable. • Com. 10 oct. 2000 : *Bull. civ. IV, n° 150 ; D. 2000. AJ. 409, obs. Avena-Robardet ; Dr. et patr. févr. 2001. 111, obs. Chauvel.*

45 ter. Réserve de propriété. L'établissement de crédit qui procède au refinancement en crédit-bail d'un bien acquis par le preneur n'est pas tenu de rechercher l'existence d'une clause de réserve de propriété. • Com. 19 nov. 2002 : *RJDA 2003, n° 424.*

45 quater. Imprévision. Jugeant que le crédit-bailleur n'avait pas l'obligation de proposer un protocole modifiant le contrat initial de crédit-bail immobilier suite à l'apparition de difficultés du marché locatif de bureaux dont il ne peut être tenu pour responsable, V. • Civ. 3e, 10 déc. 2003 : *AJDI 2004. 127.*

45 quinquies. Bonne foi. Dès lors que ses constatations et appréciations font ressortir que le crédit-bailleur détenait, au moment de la conclusion du cautionnement, des informations sur la viabilité de l'opération entreprise par la société emprunteuse dirigée par les cautions, que, par suite de circonstances exceptionnelles, ces dernières ignoraient, une cour d'appel a pu en déduire que ce crédit-bailleur avait manqué à son obligation de contracter de bonne foi à l'égard de ces cautions. • Com. 20 sept. 2005 : *Bull. civ. IV, n° 176 ; D. 2005. AJ. 2588, obs. Delpech ; RTD com. 2005. 822, obs. Legeais ; JCP E 2006, n° 4, p. 180, note Legeais ; Petites affiches 23 janv. 2006, p. 10, obs. Houtcieff ; RD banc. fin. 2005, n° 207, obs. Cerles ; ibid. 2006, n° 6, obs. Crédot et Samin (3e esp.) ; Banque et Droit nov.-déc. 2005. 76, obs. Rontchevsky ; RJDA 2006, n° 65 ; Dr. et patr. janv. 2006. 87, obs. Aynès ; Bull. Joly 2006. 44, note Dumas.*

D. INDEMNITÉ DE RÉSILIATION

46. Évaluation. Est légalement justifiée la décision qui, se référant aux stipulations contractuelles, fixe la valeur des biens repris par le crédit-bailleur, à la suite de la résiliation du contrat aux torts du locataire, à celle du prix dégagé par leur revente. • Com. 26 avr. 1994 : *RJDA 1994, n° 950.*

47. Sur l'inclusion dans l'indemnité de résiliation de la TVA et des intérêts légaux, V. • Com. 11 mai 1993 : *Bull. civ. IV, n° 177* • Civ. 1re, 7 mars 1995 : *Bull. civ. I, n° 115.*

48. Clauses pénales. Constitue une clause pénale, réductible en vertu de l'art. 1152, al. 2, C. civ. en cas d'excès, la majoration des charges financières pesant sur le débiteur de loyers d'un matériel acquis en crédit-bail, résultant de l'anticipation de l'exigibilité des redevances dès la date de la résiliation éventuelle du contrat, stipulée à la fois comme un moyen de le contraindre à l'exécution et comme l'évaluation conventionnelle et forfaitaire du préjudice futur subi par le crédit-bailleur du fait de l'accroissement de ses frais ou risques à cause de l'interruption des paiements prévus. • Com. 5 juill. 1994 : *Bull. civ. IV, n° 253 ; D. 1994. IR. 214* • 18 avr. 2000 : *RJDA 2000, n° 745.* – V. aussi • Versailles, 4 avr. 1996 : *JCP E 1996. Pan. 652* • Paris, 11 mars 1987 : *D. 1987. 492, note Paisant* • Aix-en-Provence, 1er mars 1994 : *préc. note 23* • Dijon, 22 mars 1994 : *JCP 1994. IV. 1703.* ♦ Il en va de même d'une clause prévoyant, en cas de résiliation anticipée du contrat, le paiement d'une indemnité égale à la totalité des loyers restant à échoir postérieurement à la résiliation, majorée du montant de la valeur vénale du matériel en fin de location et d'une commission de 20 % du montant des sommes perçues du nouvel acquéreur du matériel. • Com. 24 mai 2005 : *BRDA 2005, n° 14, p. 7.* ♦ Sur le pouvoir de réduction du juge d'une pénalité manifestement excessive, V. • Versailles, 26 févr. 1999 : *RJDA 1999, n° 645.*

49. Prescription. V. note 10.

E. DESTRUCTION ET DÉGRADATIONS

49 bis. Destruction du matériel. Sur la validité de la clause d'un contrat de crédit-bail prévoyant, en cas de destruction du matériel même par force majeure, le paiement par le locataire des loyers restant à courir, déduction faite de l'indemnité d'assurance, V. • Civ. 1re, 17 nov. 1998 : *Bull. civ. I, n° 322 ; D. 2000. Somm. 46, obs. Pizzio ; D. Affaires 1999. 372 ; Contrats Conc. Consom. 1999, n° 21, obs. Leveneur ; Petites affiches 6 oct. 1999, p. 16, obs. Martin.*

49 ter. Entretien de l'immeuble. Les art. L. 313-7 s. C. mon. fin. régissant le crédit-bail immobilier ne contenant pas de disposition spéciale sur les obligations du crédit-preneur quant à l'entretien de l'immeuble, il peut être fait application des dispositions de l'art. 1732 C. civ. pour des dégradations survenues dans les locaux pendant leur occupation par le crédit-preneur postérieurement à la résiliation du contrat. • Civ. 3e, 2 mars 2005 : *Bull. civ. III, n° 55 ; RTD com. 2005. 580, obs. Legeais ; JCP 2006. II. 10037, note Hardouin-Le Goff ; RJDA 2005, n° 879 ; RDC 2005. 1087, obs. Seube.*

F. INFLUENCE DU REDRESSEMENT OU DE LA LIQUIDATION JUDICIAIRES

BIBL. Marion-Fondanèche, *Gaz. Pal. 1982. 2. Doctr. 571.* – Tamboise, *Defrénois 1983. 148.* – Chaput, *Dr. sociétés 1997. Chron. 3.*

50. Le fait que le crédit-bailleur d'un véhicule, qui n'était pas intervenu à l'acte de vente du fonds de commerce du preneur soumis à une procédure de liquidation judiciaire, n'avait pas été tenu au courant de la clause prévoyant la reprise du crédit-bail par le repreneur et ne l'avait pas acceptée, ait appréhendé ce véhicule dans les locaux du repreneur, où il se trouvait du seul fait de la cession, ne suffit pas à prouver la novation par changement de débiteur. • Com. 8 mars 1994 : *RJDA 1994, n° 771.*

51. V. aussi, *supra*, C. com., art. L. 624-10, L. 626-18, al. 4 et L. 642-7.

G. ENGAGEMENT DE RACHAT PAR LE FOURNISSEUR

52. V. • Com. 4 janv. 1995 : *Petites affiches 11 oct. 1995, p. 13, note Calendini* • 24 janv. 1995 : *ibid.*

L. 313-8 En cas de cession de biens compris dans une opération de crédit-bail, et pendant la durée de l'opération, le cessionnaire est tenu aux mêmes obligations que le cédant qui en reste garant. – *[L. n° 66-455 du 2 juill. 1966, art. 1er -1].*

BIBL. ▶ Bey, *RJDA 1992. 651.* – Harrichaux-Ramu, *RTD com. 1978. 209* (transfert des garanties). – Montuori et Cohen, *Banque 1979. 488* (transmission du crédit-bail immobilier).

L. 313-9 **Les dispositions des deuxième et troisième alinéas de l'article 3-1 du décret nº 53-960 du 30 septembre 1953 modifié et complété par la loi nº 65-356 du 12 mai 1965, ne sont pas applicables aux contrats de crédit-bail immobilier.**

Ces contrats prévoient, à peine de nullité, les conditions dans lesquelles leur résiliation pourra, le cas échéant, intervenir à la demande du preneur. – *[L. nº 66-455 du 2 juill. 1966, art. 1er-2].*

1. Exclusion du statut des baux commerciaux. BIBL. Hohl et Letellier, *JCP E 1999, nº 20, p. 852.* ♦ Par sa spécificité, la convention de crédit-bail, en ce qu'elle tend essentiellement à l'acquisition des murs, n'entre pas dans le champ d'application du décret du 30 sept. 1953. • Civ. 3e, 10 juin 1980 : *Bull. civ. III, nº 113 ; D. 1980. 566, note Guyon ; D. 1981. IR. 20, obs. Vasseur ; JCP 1981. II. 19655, note Bey ; RTD com. 1982. 249, obs. Pédamon* • 7 mai 1997 : *D. Affaires 1997. 723 ; Contrats Conc. Consom. 1997, nº 144, note Leveneur* • Paris, 5 janv. 1996 : *D. 1996. IR. 67.* ♦ Le contrat conclu entre le crédit-preneur et un sous-occupant titulaire du bail, par ailleurs commerçant inscrit au RCS et exploitant d'un fonds de commerce dans les lieux loués, étant un contrat distinct du contrat de crédit-bail obéissant à des règles qui lui sont propres, il faut en déduire que le contrat de location consenti par la société crédit-preneuse est un contrat de bail soumis au statut des baux commerciaux. • Civ. 3e, 10 déc. 2002 : *D. 2003. AJ. 136, obs. Rouquet ; Loyers et copr. 2003, nº 36, obs. Brault ; JCP N 2003, nº 17, p. 653, note Garçon ; Rev. loyers 2003. 84, obs. Quément ; Administrer avr. 2003. 34, obs. Boccara et Lipman-Boccara.* ♦ Ainsi, l'inapplicabilité du décret de 1953 au crédit-preneur ne saurait permettre au crédit-preneur, qui a consenti un contrat de sous-location à un tiers afin de lui permettre d'exercer des activités commerciales dans les locaux loués, d'échapper aux conséquences de son engagement en invoquant l'inopposabilité de la situation ainsi née au crédit-bailleur. • Versailles, 17 juin 1997 : *D. Affaires 1997. 994.* – V. Bac, *JCP E 1997, nº 42, p. 374.* ♦ Le contrat de sous-occupation consenti à un commerçant par un crédit-preneur est soumis au statut des baux commerciaux de telle sorte que le premier a droit, en cas de refus de renouvellement, au paiement d'une indemnité d'éviction, si les conditions de ce droit sont réunies. • Paris, 28 juin 2000 : *AJDI 2000. 1006, obs. Blatter*.

Sur la révision triennale, V. Armand-Prévost, *JCP 1980. II. 19327 ;* Calon, *ibid. 1977. I. 2842 ;* Guyon, *ibid. 1974. I. 2628 ;* Bey, *ibid. 1978. II. 18932 ; ibid. 1979. II. 19212 ;* Lefebvre, *ibid. 1982. I. 3064.*

1 bis. Sur la validité et la portée de la clause par laquelle le crédit-bailleur s'oblige envers les crédits-preneurs à leur garantir l'exclusivité de leur activité dans l'ensemble immobilier, V. • Civ. 3e, 12 avr. 1995 : *RJDA 1995, nº 870.*

1 ter. Les dispositions du décret de 1953 relatives au bail commercial permettant de suspendre éventuellement les effets de la clause résolutoire ne sont pas applicables au contrat de crédit-bail immobilier. • TGI Nîmes, (réf.), 6 mars 2002 : *Banque et Droit mai -juin 2002. 45, note Rontchevsky.*

2. Clause de résiliation impérative. BIBL. E. Cohen, *Gaz. Pal. 1996. 2. Doctr. 975.* – Cohen-Steiner, *JCP E 2001, nº 13, p. 661.* ♦ Viole l'art. 1er-2, al. 2 [C. mon. fin., art. L. 313-9, al. 2], la stipulation qui, sous le couvert d'une possibilité de résiliation anticipée à l'initiative du locataire, tend à l'exécution de toutes les clauses du contrat, supposé non résilié, dans le seul intérêt du crédit-bailleur, dès lors qu'elle prévoit que si le preneur use de la faculté qui lui est laissée, il sera redevable à son cocontractant d'une indemnité égale au cumul des loyers révisés restant à courir jusqu'au terme du bail. • Civ. 3e, 27 avr. 1988 : *Bull. civ. III, nº 81 ; JCP 1989. II. 21171, note Bey.* – V. aussi • Civ. 3e, 27 nov. 1996 : *Bull. civ. III, nº 228 ; JCP 1997. I. 4039, nº 9, obs. Virassamy* • Paris, 14 mai 1998 : *D. 1998. IR. 195 ; D. Affaires 1998. 1484, obs. X. D.* ♦ *Contra* : • Civ. 3e, 6 déc. 1978 : *JCP 1980. II. 19387, note Bey ; D. 1980. 217, note Landraud.* ♦ Comp., admettant la validité d'une clause au motif qu'elle ne met pas à la charge du preneur des obligations équivalentes à celles de l'exécution du contrat jusqu'au terme prévu, et que, égale au cumul des loyers restant à courir, l'indemnité est parfaitement déterminable : • Paris, 1er mars 1991 : *D. 1991. IR. 94.* – V. aussi • T. com. Paris, 6 mai 1996 : *Gaz. Pal 1996. 2. Somm. 514* • Paris, 9 nov. 2001 : *RJDA 2002, nº 426* • Civ. 3e, 23 juin 2004 : *JCP E 2004, nº 37, p. 1367.* ♦ Comp. aussi, retenant pour un crédit-bail consenti pour une durée de quinze ans, la validité d'une clause de résiliation anticipée prévoyant le paiement d'une indemnité égale à la totalité des loyers restant dus jusqu'à l'expiration contractuelle du bail mais sans qu'elle puisse être supérieure au montant cumulé de cinq annuités entières de loyers : • Civ. 3e, 19 avr. 2000 : *Bull. civ. III, nº 86 ; Contrats Conc. Consom. 2000, nº 121, obs. Leveneur.* ♦ N'est pas contraire aux dispositions de l'art. L. 313-9, al. 2, la clause de résiliation anticipée figurant dans un contrat de crédit-bail immobilier, mettant à la charge du preneur la seule obligation de payer le capital restant dû représentant une somme sensiblement inférieure au cumul des loyers restant à courir jusqu'au terme du contrat puisqu'elle ne comprend pas les intérêts. • Civ. 3e, 27 juin 2001 : *Bull. civ. III, n° 85 ; AJDI 2002. 699, note Cohet-Cordet ; JCP E 2001, n° 39, p. 1505 ; Banque et Droit nov.-déc. 2001. 41, obs. Rontchevsky.* ♦ V. notes 46 s. ss. art. L. 313-7.

2 bis. Est valable la clause qui prévoit que le preneur continuera à supporter les loyers et charges tant que l'immeuble ne pourra être reloué ou vendu, dès lors qu'il suffit au preneur pour ne pas être tenu de les acquitter, de faire preuve de diligences normales pour proposer la relocation ou la vente du bien, • Civ. 3e, 18 nov. 1998 : *Bull. civ. III, n° 219 ; D. 1999. IR. 12 ; D. Affaires 1999. 169, obs. J. F.* ♦ V. aussi • Civ. 3e, 5 mai 1999 : *Bull. civ. III, n° 107 ; D. 1999. IR. 149 ; D. Affaires 1999. 991.*

2 ter. Viole l'art. 1er-2, al. 2 [C. mon. fin., art. L. 313-9, al. 2], l'arrêt qui, pour rejeter l'exception de nullité du crédit-bail invoquée par le preneur poursuivi en paiement de l'indemnité de résiliation, retient que les obligations du preneur en cas de poursuite du contrat sont plus onéreuses qu'en cas de résiliation à son initiative, en prenant en compte dans le calcul du coût de l'exécution du contrat, le coût de la levée de l'option finale. • Civ. 3e, 1er juill. 1998 : *Bull. civ. III, n° 152 ; D. 1999. 327, note Schneider ; D. Affaires 1998. 1642, obs. V. A.-R. ; RJDA 1998, n° 1149 ; Banque et Droit nov.-déc. 1998. 37, obs. Rontchevsky.* ♦ Sanctionnant un arrêt pour avoir approuvé le choix de l'expert de retenir la valeur actualisée des loyers, qui vise l'effet produit par la clause de résiliation, c'est-à-dire son résultat économique concret et réel, au lieu de la valeur nominale, tout en relevant que cette actualisation n'était pas prévue au contrat : • Civ. 3e, 30 juin 2004 : *Bull. civ. III, n° 141 ; D. 2004. AJ. 2226, obs. Avena-Robardet ; JCP E 2004, n° 43, p. 1686, concl. Gariazzo ; Banque et Droit sept.-oct. 2004. 79, obs. Rontchevsky ; ibid. nov.-déc. 2004. 54, obs. Bonneau ; RTD com. 2004. 798, obs. Legeais ; AJDI 2004. 893 ; RJDA 2004, n° 1369.*

3. Régime de la nullité. La nullité édictée par l'art. 1er-2, al. 2 [C. mon. fin., art. L. 313-9, al. 2], destinée à protéger les droits du crédit-preneur, est relative et relève des dispositions de l'art. 1304 C. civ. • Civ. 3e, 15 mai 1996 : *Bull. civ. III, n° 116 ; D. 1996. IR. 153 ; D. Affaires 1996. 747 ; Defrénois 1996. 1076, obs. Bénabent ; Contrats Conc. Consom. 1996, n° 138, note Leveneur.* ♦ En ce sens que la nullité du contrat de crédit-bail ne peut être qu'étendue aux cautionnements qui en sont l'accessoire reconnu indivisible par le crédit-bailleur lui-même, V. • Paris, 14 mai 1998 : *préc. note 2.* ♦ La nullité du contrat de crédit bail-immobilier édictée par l'art. 1er-2, al. 2, de la loi de 1966 [C. mon. fin., art. L. 313-9, al. 2], étant une nullité relative, l'associé de la société civile immobilière crédit-preneur qui n'est pas poursuivi sur le fondement du contrat de crédit-bail mais sur le fondement de l'obligation résultant de sa qualité d'associé, n'est pas recevable à remettre en cause le contrat de crédit-bail immobilier. • Civ. 3e, 28 mars 2001 : *Bull. civ. III, n° 39 ; Banque et Droit juill.-août 2001. 58, obs. Rontchevsky.* ♦ La faute du crédit-bailleur consistant à avoir omis d'insérer dans le contrat une clause définissant les modalités de résiliation anticipée du crédit-bail par le preneur ne peut pas servir de fondement à la résiliation du contrat. • Civ. 3e, 25 mai 2005 : *RJDA 2006, n° 322.*

3 bis. La nullité d'un contrat de crédit-bail immobilier dont la clause de résiliation n'assurerait pas au preneur une faculté effective de résiliation doit, lorsqu'elle est invoquée, être prononcée, même si aucune des parties n'a revendiqué l'application de cette clause. • Civ. 3e, 13 juill. 1999 : *Bull. civ. III, n° 174 ; D. 1999. AJ. 18, obs. J. F. ; JCP 1999. IV. 2697.*

4. Résiliation par le crédit-bailleur. L'art. L. 313-9, al. 2, C. mon. fin., qui vise à permettre la sortie anticipée du preneur, ne s'applique pas en cas de résiliation du contrat par le crédit-bailleur consécutive au défaut de paiement des loyers par le preneur. • Paris, 9 nov. 2001 : *préc. note 2.* ♦ Comp. note 3 *bis.*

5. Indemnité de résiliation anticipée. L'indemnité de résiliation anticipée ne constitue pas une clause pénale. • Civ. 3e, 27 juin 2001 : *préc. note 2.*

6. Prescription. Le point de départ du délai de prescription de l'action en nullité prévue à l'art. 1er-2, al. 2, est la date de conclusion du contrat de crédit-bail. • Civ. 3e, 4 oct. 2000 : *Bull. civ. III, n° 157 ; D. 2000. AJ. 402 ; JCP N 2000, n° 42, p. 1504 ; Banque et Droit nov.-déc. 2000. 49, obs. Rontchevsky ; Dr. et patr. févr. 2001. 109, obs. Chauvel.* ♦ Si la caution du crédit-preneur peut assigner les crédit-bailleurs en nullité du contrat de crédit-bail, l'action introduite plus de cinq ans après la conclusion du contrat est prescrite. • Civ. 3e, 4 avr. 2001 : *Bull. civ. III, n° 46 ; Banque et Droit juill.-août 2001. 58, obs. Rontchevsky.*

7. Exception de nullité. En ce sens que l'exception de nullité du contrat de crédit-bail, au motif que la clause de résiliation anticipée n'assurerait pas une faculté effective de résiliation, ne peut plus être présentée après l'expiration du délai de prescription lorsque le contrat a déjà été exécuté, et jugeant que le délai de prescription s'applique aussi aux cautions, V. • Civ. 3e, 30 janv. 2002 : *Bull. civ. III, n° 24 ; D. 2002. AJ. 802, obs. Avena-Robardet ; JCP 2003. II. 10089, note Padé ; Banque et Droit mars-avr. 2002. 51, obs. Rontchevsky ; RD banc. fin. 2002. 74, n° 54, obs. Legeais ; Contrats Conc. Consom. 2002, n° 89, obs. Leveneur* • Aix-en-Provence, 29 mars 2001 : *JCP N 2001, n° 41, p. 1502, note Cohen-Steiner* • 2 févr. 2005 : *RJDA 2005, n° 656* • Paris, 26 mars 2004 : *AJDI 2004. 465*. – *Contra*, auparavant : • Civ. 3e, 4 oct. 2000 : *Bull. civ. III, n° 156 ; Banque et Droit nov.-déc. 2000. 49, obs. Rontchevsky ; RD banc. fin. 2001, n° 16, obs. Crédot et Gérard.*

8. Pouvoirs du juge des référés. La saisine du juge du fond par une assignation invoquant la nullité du contrat de crédit-bail au motif que la clause sur la résiliation anticipée à l'initiative du preneur serait nulle ne met pas en évidence une contestation sérieuse pouvant conduire le juge des référés à considérer que la demande en constatation de l'acquisition de la clause résolutoire pour non-paiement des loyers excède ses pouvoirs. • Civ. 3e, 13 juin 2001 : *RJDA 2001, n° 1176.*

9. Office du juge. Jugeant que la clause résolutoire est un mécanisme purement contractuel organisant la résiliation automatique des contrats en cas de manquement de l'une des parties à ses obligations, que sa mise en œuvre est régie par les seules stipulations du contrat, et qu'à défaut en ce domaine du crédit-bail d'un texte particulier lui en donnant le pouvoir, le juge ne saurait s'immiscer dans l'exécution du contrat en modifiant les effets qu'ont voulu lui donner les parties pour notamment suspendre l'application de la clause litigieuse : • Paris, 21 janv. 2004 : *AJDI 2004. 297*.

L. 313-10 Les opérations mentionnées à l'article L. 313-7 sont soumises à une publicité dont les modalités sont fixées par décret. Ce décret précise les conditions dans lesquelles le défaut de publicité entraîne l'inopposabilité aux tiers. – *[L. n° 66-455 du 2 juill. 1966, art. 1er-3]. – V. infra, art. R. 313-3 s.*

BIBL. ▶ ADELLE et BERNARD, *Dr. et patr. juin 1995. 54.* – R. MARTIN, *JCP 1998. I. 121* (location et possession : du bien loué et revendu).

1. Publicité impérative. **BIBL.** Bey, *Gaz. Pal. 1987. 2. Doctr. 650 ; JCP E 1973. II. 10869.* – La Haye, *Gaz. Pal. 1987. 1. Doctr. 7.* – Delvaille, *RF compt. 1987, n° 185.* – Sur l'application de la loi dans le temps, V. Lucas de Leyssac, *D. 1975. Chron. 23.* ♦ Le caractère occasionnel d'une opération de crédit-bail n'exclut pas la publicité, qui est obligatoire. • Com. 15 déc. 1975 : *Bull. civ. IV, n° 301 ; D. 1976. 407, note Lucas de Leyssac ; ibid. 678, note Caporale* • Rouen, 12 janv. 1995 : *RJDA 1995, n° 1126 ; JCP E 1995. Pan. 940.*

Sur la nature des opérations soumises à publicité, V. notes ss. art. L. 313-7.

2. Publicité immobilière. **BIBL.** Dagot, *JCP N 1985. Prat. 285.*

3. Publicité comptable. **BIBL.** Gavalda et Crémieux-Israël, *Gaz. Pal. 1987. 2. Doctr. 650.*

4. Nationalité des parties. L'obligation de publicité ne s'applique pas à un contrat de crédit-bail conclu entre deux sociétés étrangères, quand bien même le client aurait donné le bien en sous-location à une société française. • Com. 11 mai 1982 : *Bull. civ. IV, n° 170 ; D. 1983. 271, note Witz ; RTD com. 1983. 273, obs. Pédamon ; JCP 1983. II. 20074, note Bey.*

5. Résiliation d'un crédit-bail immobilier. Pour devenir opposable aux tiers, la résiliation d'un contrat de crédit-bail immobilier n'a pas à être soumise à la formalité préalable de la publicité foncière du décret du 4 janv. 1955, qui n'est exigée que pour les actes portant bail d'une durée de plus de douze années, s'il a une durée inférieure. • Rennes, 10 juill. 1986 : *JCP 1987. II. 20784, note Bey.*

6. Absence de publicité. V. • Civ. 2e, 15 mars 1989 : *Gaz. Pal. 1990. 2. Somm. 352, obs. Bey.*

7. Redressement et liquidation judiciaires. **BIBL.** Le Corre-Broly, *JCP E 1997. I. 621.* – Cordier, *RJDA 1999, p. 939.* – V. aussi, *supra*, § F. ss. art. L. 313-7. ♦ Le droit de propriété du crédit-bailleur sur le bien donné en location n'est opposable aux créanciers du preneur, à défaut des formalités de publicité, que si le crédit-bailleur établit qu'ils en avaient connaissance antérieurement à l'ouverture de la procédure collective. • Com. 12 avr. 1988 : *Bull. civ. IV, n° 126 ; Gaz. Pal. 1988. 1. 155* • 17 mai 1988 : *JCP 1988. II. 21117, note Bey* • Douai, 11 avr. 1991 : *D. 1993. Somm. 290, obs. Pérochon*. ♦ Jugeant que le crédit-bailleur ne doit pas se contenter de démontrer que le représentant des créanciers avait connaissance du contrat, mais qu'il doit établir cette connaissance chez chacun des créanciers avant l'ouverture de la procédure collective, V. • Com. 29 avr. 1997 : *Bull. civ. IV, n° 112 ; JCP 1997. IV. 1268* • Paris, 25 oct. 2002 : *RJDA 2003, n° 414.* ♦ Pour un arrêt ayant admis, lors de la liquidation judiciaire du cessionnaire de l'entreprise en redressement, que la publication du jugement arrêtant le plan de cession avait suffisamment informé les créanciers, V. • Com. 11 févr. 1997 : *D. Affaires 1997. 347.* ♦ Considérant que le droit de propriété du crédit-bailleur n'est opposable aux créanciers du locataire mis en redressement judiciaire que si les contrats de crédit-bail ont été publiés avant le jugement d'ouverture de la procédure collective, V. • Com. 11 mai 1999 : *Bull. civ. IV, n° 96 ; D. 2000. Somm. 95, obs. Honorat ; D. Affaires 1999. 1042, obs. A. L. ; Petites affiches 1er juin 1999, p. 5 ; JCP E 1999, n° 27-28, p. 1173, obs. Crocq ; JCP 1999. I. 177, n° 16, obs. Cabrillac ; Dr. sociétés 1999, n° 113, obs. Chaput ; Petites affiches 14 sept. 1999, p. 13, note Courtier ; Dr. et patr. nov. 1999, p. 119, obs. Monsèrié-Bon.* ♦ En cas de novation d'un contrat de crédit-bail, après homologation d'un plan de continuation ultérieurement résolu, la connaissance du droit de propriété du crédit-bailleur, sur le bien objet du contrat nové, par chacun des créanciers, ne résulte ni de la continuation par l'administrateur du contrat initial ni de la déclaration de créance du crédit-bailleur au passif du redressement judiciaire. • Com. 7 déc. 2004 : *RJDA 2005, n° 432.*

Sur la qualité pour agir du représentant des créanciers, V. note 2 *bis* ss. C. com., art. L. 621-39 ancien, *supra.*

V. aussi C. com., art. L. 624-10, *supra.*

8. Sur l'inopposabilité du crédit-bail immobilier non publié aux créanciers du crédit-preneur, représentés par un liquidateur judiciaire, V. note 5 *bis* ss. C. com. art. L. 621-43 ancien, *supra.*

L. 313-11 Pour les opérations de crédit-bail en matière mobilière, les inscriptions prises en vertu de l'article L. 313-10 se prescrivent par cinq ans, sauf renouvellement. – *[L. n° 66-455 du 2 juill. 1966, art. 1er-4].*

SOUS-SECTION 2 *Crédits aux entreprises*

§ 1 *Crédit d'exploitation*

L. 313-12 Tout concours à durée indéterminée, autre qu'occasionnel, qu'un établissement de crédit consent à une entreprise, ne peut être réduit ou interrompu que sur notification écrite et à l'expiration d'un délai de préavis fixé lors de l'octroi du concours. *(L. n° 2003-721 du 1er août 2003, art. 24)* **« Ce délai ne peut, sous peine de nullité de la rupture du concours, être inférieur à une durée fixée, par catégorie de crédits et en fonction des usages bancaires, par un décret pris après avis de la commission bancaire. L'établissement de crédit ne peut être tenu pour responsable des préjudices financiers éventuellement subis par d'autres créanciers du fait du maintien de son engagement durant ce délai. »** – *V. infra, art. D. 313-14-1.*

L'établissement de crédit n'est pas tenu de respecter un délai de préavis, que l'ouverture de crédit soit à durée indéterminée ou déterminée, en cas de comportement gravement répréhensible du bénéficiaire du crédit ou au cas où la situation de ce dernier s'avérerait irrémédiablement compromise.

Le non-respect de ces dispositions peut entraîner la responsabilité pécuniaire de l'établissement de crédit. – *[L. n° 84-46 du 24 janv. 1984, art. 60].*

Sur l'obligation d'information de la caution, V. infra, art. L. 313-22 C. mon. fin.

Sur la responsabilité des fournisseurs de crédit, V. supra, art. L. 650-1 C. com.

RÉP. COM. v° *Responsabilité du banquier*, par PASQUALINI.

BIBL. ► BOUCHERY, *Dr. et patr. févr. 1998. 53* (responsabilité des banques dans les procédures : comment prévenir le risque de rupture ou de soutien abusif ?). – BON-GARCIN, *Cah. dr. entr. 1998, n° 6, p. 4* (abus de droit dans les contrats de crédit). – R. MARTIN, *Banque et Droit nov-déc. 1999. 3* (de la causalité dans la responsabilité civile du prêteur). – PIEDELIÈVRE, *Dr. et patr., janv. 2001. 62* (responsabilité liée à une opération de crédit). – GUYON, *RD banc. fin. 2002. 369* (rupture abusive de crédit). – PORACCHIA, *Dr. et patr. sept. 2003. 94* (responsabilité des conseils et contrôleurs). – LAMONTAGNE et JULIEN, *Banque et Droit sept.-oct. 2003. 27* (*material adverse change* et financements bancaires syndiqués). – CRÉDOT et GÉRARD, *RD banc. fin. 2003, n° 211* (loi n° 2003-721 pour l'initiative économique). – Œuvre collective, *RJ com. 2003. 339, spéc. 352* (même thème). – LEGEAIS, *RTD com. 2003. 787* (même thème). – Dossier spécial, *RD banc. fin. 2004. 60* (les pools bancaires de crédit). – LASSERRE CAPDEVILLE, *Banque et Droit mars-avr. 2005. 11* (que reste-t-il du devoir de non-ingérence du banquier ?).

► Loi n° 2005-845 du 26 juill. 2005 : CARAMALLI, *Petites affiches 18 avr. 2005, p. 6* (réforme du soutien abusif de crédit dans le projet de loi de sauvegarde des entreprises). – LEGEAIS, *JCP E*

2005, n° 42, p. 1747 (les concours consentis à une entreprise en difficulté). – ROUTIER, *Gaz. Pal. 2005. Doctr. 3012* (cantonnement de la responsabilité pour soutien abusif). – STOUFFLET et MATHEY, *RD banc. fin. janv.-févr. 2006, p. 54* (dispositions applicables aux concours financiers). – GEROSA, *Petites affiches 17 févr. 2006, p. 94* (nouveau rôle pour le banquier face aux entreprises en difficulté). – HOANG, *D. 2006. 1458* (de la suppression du dispositif prétorien de la responsabilité pour soutien abusif).

I. RUPTURE DES CONCOURS BANCAIRES ACCORDÉS AUX ENTREPRISES

A. CHAMP D'APPLICATION

1. Notion d'entreprise. Pour une application du texte à une entreprise artisanale, V. • Com. 10 juin 1997 : *D. Affaires 1997. 896 ; RD bancaire et bourse 1997. 218, obs. Crédot et Gérard ; RTD com. 1997. 657, obs. Cabrillac*.

2. Concours bancaires : insuffisance d'un simple accord de principe. Dès lors qu'une banque n'avait donné à une SCI, qui sollicitait son concours, qu'un accord de principe l'obligeant seulement à poursuivre de bonne foi les négociations entreprises avec celle-ci, ce dont il se déduisait que les conditions définitives de l'octroi de son concours restaient à préciser, n'est pas abusif le refus d'accorder le prêt dès lors que la SCI n'a pas respecté les obligations convenues. • Com. 2 juill. 2002 : *RJDA 2003, n° 52 ; RTD civ. 2003. 76, obs. Mestre et Fages*. ♦ Comp., assimilant l'absence d'octroi des crédits promis à une rupture de crédit. • Paris, 6 juin 2003 : *Banque et Droit mars-avr. 2004. 51, obs. Jacob ; RTD com. 2004. 143, obs. Legeais*. ♦ Une banque sollicitée pour le financement d'une opération ne peut se voir reprocher une faute en l'absence d'accord sur le principe du financement sollicité et dès lors qu'il n'est pas démontré qu'elle ait fait preuve de mauvaise foi durant la période des pourparlers. • Montpellier, 28 sept. 2004 : *RD banc. fin. 2005, n° 159, obs. Crédot et Gérard.* ♦ Pour une rupture de pourparlers préalables à une ouverture de crédit, V. • Com. 8 nov. 2005 : *RD banc. fin. 2006, n° 7, obs. Crédot et Gérard ; RJDA 2006, n° 490.* – V. aussi • Dijon, 19 janv. 2006 : *JCP E 2006, n° 20-21, p. 924.*

3. Découvert autorisé. La permanence des soldes négatifs d'un compte courant qui fonctionne constamment en position débitrice montre l'existence d'un découvert autorisé par la banque à hauteur du solde moyen. • Paris, 31 janv. 1991 : *D. 1992. 298, note Tridi.* ♦ V. aussi, déduisant l'existence d'un découvert important habituellement consenti de la caution donnée par le président de la société à la banque. • Com. 2 juin 1992 : *Bull. civ. IV, n° 212.* ♦ Comp., déduisant de la brève durée d'un découvert (deux mois) son caractère de tolérance exceptionnelle : • Com. 30 juin 1992 : *Bull. civ. n° 251.* ♦ Comp. également : • Com. 13 mars 2001 : *Banque et Droit mars-avr. 2002. 61, obs. Guillot.* ♦ Jugeant qu'un banquier, qui a mis fin à l'autorisation de découvert octroyé à son client, n'a pas consenti un nouveau découvert en acceptant un plan d'apurement de la dette proposé par le débiteur, lequel peut être dénoncé sans que l'art. L. 313-12 ait vocation à s'appliquer : • Com. 18 juin 2002 : *Banque et Droit nov.-déc. 2002. 54, obs. Bonneau ; RJDA 2003, n° 414.*

4. Montant du découvert autorisé. Pour déterminer le montant du découvert tacitement consenti, les juges ne sont pas tenus d'adopter la méthode dite « du plus fort découvert ». • Com. 16 janv. 1990 : *Banque 1990. 538, note Rives-Lange* • T. com. Paris, 1er juill. 1992 : *ibid. 1992. 1169, obs. Rives-Lange* • Rennes, 28 mai 1997 : *JCP E 1999, n° 4, p. 167, obs. Belleil.* ♦ V. aussi, en ce sens qu'en présence de dépassements seulement ponctuels, le recours à une telle méthode est exclu, • Com. 4 mars 1997 : *Bull. civ. IV, n° 61 ; D. Affaires 1997. 473 ; RD bancaire et bourse 1997. 116, obs. Crédot et Gérard ; Rev. huiss. 1998. 669, note Courtier.* – V. également • Com. 13 janv. 1998 : *RJDA 1998, n° 637 ; RD bancaire et bourse 1998. 104, obs. Crédot et Gérard* • Aix-en-Provence, 7 mars 2001 : *RD banc. fin. 2001, n° 180, obs. Crédot et Gérard.* ♦ Dès lors que la banque a toléré avec continuité que le montant du découvert consenti à son client fût constamment supérieur au montant initialement déterminé par écrit, elle ne pouvait rompre brutalement ce crédit à une époque où le montant utilisé était en régression par rapport à ce qu'elle avait antérieurement accordé. • Com. 23 oct. 2001 : *RJDA 2002, n° 292.* – V. aussi • Versailles, 14 sept. 2000 : *JCP E 2000, n° 42, p. 1637.* ♦ Comp., en ce sens que ne constitue pas une rupture abusive de crédit le refus de paiement d'un créancier qui, s'il avait eu lieu, aurait généré un découvert supérieur au montant du découvert moyen autorisé par la banque, les dépassements ponctuels dont a pu bénéficier le client dans le passé, qui ne constituaient que des concours occasionnels laissés à la discrétion de la banque, ne pouvant être pris en compte. • Com. 17 juill. 2001 : *RJDA 2002, n° 78.* ♦ De la même façon, viole l'art. L. 313-12, la cour d'appel qui, pour retenir la responsabilité de la banque à la suite du rejet d'un chèque pour défaut de provision a pris en compte un découvert moyen tacitement autorisé et tenu compte d'un solde débiteur limité compte tenu d'un versement ultérieur, se fondant ainsi sur une remise postérieure à la date de présentation du chèque pour apprécier l'existence de la provision. • Com. 12 mai 2004 : *cité note 6 ss. art. L. 131-4.*

5. Opérations de bourse. Sur la distinction entre autorisation de découvert et opération d'achat sur le marché à règlement mensuel, V. • Paris, 11 mars 2003 : *Banque et Droit sept.-oct. 2003. 51, obs. de Vauplane et Daigre.* ♦ En laissant son client acheter des titres alors que le solde de son compte titres s'est constamment dégradé, la banque a consenti un concours dont la rupture brutale sans information est constitutive d'une faute. • Paris, 9 déc. 2003 : *Banque et Droit mai-juin 2004. 28, obs. de Vauplane et Daigre (2e esp.).*

6. Ligne de crédit. Une ligne de crédit documentaire import constitue une forme de crédit ou de concours justiciable de l'art. L. 313-12. • Lyon, 13 janv. 2005 : *JCP E 2005, n° 47, p. 1976, obs. Stoufflet.*

7. Non-renouvellement des formules de chèques. L'absence de renouvellement des formules de chèques n'est pas constitutive d'une rupture de crédit. • Com. 6 mai 1997 : *Bull. civ. IV, n° 116 ; D. Affaires 1997. 760 ; JCP E 1997. II. 996, note Legeais ; RTD com. 1997. 488, obs. Cabrillac.*

8. Non-renouvellement d'un crédit à durée déterminée. Une cour d'appel a pu considérer qu'une banque n'a pas commis de faute en ne renouvelant pas une nouvelle fois ses crédits après avoir constaté que cette banque avait refusé de les maintenir après l'expiration du terme pour lequel ils avaient été consentis et relevé que la situation du débiteur était très obérée, qu'il n'était pas parvenu à trouver les concours d'autres entreprises et que la poursuite du soutien bancaire aurait pu être tenue pour abusive. • Com. 3 déc. 1991 : *Bull. civ. IV, n° 368 ; Banque 1992. 842, obs. Rives-Lange.* ♦ V. aussi, sur la portée du droit de ne pas renouveler un crédit à durée déterminé, et jugeant qu'il appartient au juge de rechercher si les relations ayant existé entre la banque et son client étaient de nature à entraîner la croyance de celui-ci dans la reconduction du crédit : • Com. 21 sept. 2004 : *RD banc. fin. 2004, n° 229, obs. Crédot et Gérard ; Banque et Droit janv.-févr. 2006. 67, obs. Guillot.*

B. RÉDUCTION OU INTERRUPTION DES CONCOURS BANCAIRES MOYENNANT UN PRÉAVIS SUFFISANT

9. Notification écrite. Sur la nécessité d'une notification écrite, V. • Com. 22 mai 2002 : *Banque et Droit nov.-déc. 2002. 54, obs. Bonneau ; BRDA 2002, n° 12, p. 8.* ♦ De simples lettres de mise en garde au client contre les insuffisances de sa structure financière ne constituent pas une notification en des termes non équivoques de la décision de ne plus accorder de crédit. • Com. 18 mai 1993 : *Bull. civ. IV, n° 189 ; Rev. huiss. 1993. 1415, note Courtier ; Banque 1993. 100, obs. Guillot.* – Dans le même sens : • Com. 2 nov. 1994 : *RJDA 1995, n° 311.* ♦ V. aussi note 19.

10. Dispense de motivation de la rupture. L'art. L. 313-12 n'exige pas que le banquier invoque, dans la lettre de notification de la rupture, le motif de sa décision. • Com. 22 févr. 2005 : *RD banc. fin. 2005, n° 157, obs. Crédot et Gérard ; RJDA 2005, n° 744.*

11. Aménagements conventionnels de la rupture. Sur la possibilité d'aménager par une convention écrite les modalités de la dénonciation d'un découvert, V. • Com. 10 juin 1997 : *préc. note 1.*

12. Effet de la notification. La cessation de l'ouverture de crédit ne pouvant prendre effet que du jour de la réception par le crédité de la notification de la rupture, commet une faute la banque qui n'honore pas les chèques émis avant la date de réception de l'avis de rupture, dès lors que leur paiement n'entraîne pas un dépassement du montant du crédit promis. • Paris, 24 juin 1992 : *Banque 1992. 1057, obs. Rives-Lange.* ♦ Sur le respect par la banque de son obligation de notification lors de l'interruption des concours bancaires ayant entraîné la résiliation de la convention initiale sans mise en demeure préalable d'en exécuter les obligations, V. • Com. 8 oct. 2002 : *Bull. civ. IV, n° 138 ; Petites affiches 10 janv. 2003, p. 6, obs. E. C. ; RJDA 2003, n° 105.*

13. Durée et respect du préavis. En l'absence d'indication du délai de préavis lors de l'octroi d'un crédit, afin de déterminer les cas où la rupture de crédit peut être fautive, il convient de rechercher la commune intention des parties pour la fixation du délai de préavis et, en cas d'impossibilité de l'établir, quel était le délai convenable pour que le client puisse trouver un nouveau banquier. • Com. 19 juin 2001 : *Bull. civ. IV, n° 118 ; D. 2001. AJ. 2407, obs. Avena-Robardet ; JCP E 2003, n° 11, p. 467, obs. Stoufflet ; RTD com. 2001. 960, obs. Cabrillac* • 11 janv. 2005 : *RD banc. fin. 2005, n° 35, obs. Crédot et Gérard ; Dr. sociétés 2005, n° 85, obs. Trébulle.* ♦ Pour un exemple de délai déraisonnable, V. • Paris, 11 déc. 2001 : *Gaz. Pal. 2003. Somm. 1861, obs. Vray.* ♦ Une banque commet une faute en mettant fin brusquement au dépassement du découvert autorisé, dès lors qu'elle ne respecte pas le délai qu'elle avait imparti à une société pour réduire le solde débiteur de son compte et que, par ailleurs, le délai imparti était insuffisant pour permettre à celle-ci de respecter ses obligations contractuelles, d'autant plus que le dépassement était très important. • Lyon, 17 juill. 2002 : *BICC 2003, n° 113.* ♦ Dès lors qu'une banque respecte une durée de préavis suffisamment longue pour permettre au titulaire du compte de prendre ses dispositions, la rupture de l'ouverture de crédit ne peut pas être considérée comme abusive au seul motif qu'elle n'est pas justifiée, V. • Com. 27 oct. 1998 : *RJDA 1998, n° 1399.* – V. aussi • Paris, 10 oct. 2003 : *Banque et Droit mai-juin 2005. 75, obs. Guillot.* ♦ V. désormais sur le délai minimum de 60 jours de préavis, *infra*, art. D. 313-14-1 C. mon. fin.

14. Exclusion du préavis par accord de volonté des parties. Lorsque la décision de réduire le découvert n'est pas unilatérale mais résulte d'un accord de volonté des parties (accord de désengagement) la nécessité d'un préavis est exclue. • Com. 14 janv. 1992 : *Bull. civ. IV, n° 11 ; Rev. dr. bancaire 1992. 72, obs. Crédot et Gérard.* ♦ V. aussi note 11.

C. COMPORTEMENT GRAVEMENT RÉPRÉHENSIBLE OU SITUATION IRRÉMÉDIABLEMENT COMPROMISE

15. Comportement gravement répréhensible établi. Constituent des comportements gravement répréhensibles : la cession, dans le cadre de la loi Dailly du 2 janv. 1981, de créances manifestement éteintes. • Aix-en-Provence, 14 déc. 1990 : *Banque 1991. 657, obs. Rives-Lange.* ♦ ... La présentation à la banque par un dirigeant, caution de la société emprunteuse, d'une fausse attestation notariée certifiant sa solvabilité. • Poitiers, 5 déc. 1990 : *Dr. sociétés 1992, n° 112, obs. Chaput.* ♦ ... Le fonctionnement du compte sans versements au crédit, l'aggravation permanente de la situation et la carence de la société à fournir les documents et la sûreté demandés. • Com. 2 juin 1992 : *Bull. civ. IV, n° 213 ; Defrénois 1992. 1577, obs. J. Honorat.* ♦ ... Des dépassements importants et répétés des autorisations de trésorerie consenties nonobstant les rappels et mises en garde répétés du banquier. • Com. 2 nov. 1994 : *RJDA 1995, n° 310.* ♦ ... Le refus de remédier aux dysfonctionnements dans la mobilisation des créances « Dailly », de se conformer aux modalités de suivi de ces créances fixées par les parties et de fournir les documents comptables indispensables à l'examen des concours à court terme réclamés par la banque. • Com. 26 nov. 2002 : *RJDA 2003, n° 422, (2e esp.)* • Paris, 1er oct. 2002 : *ibid. (3e esp.).* ♦ ... L'ouverture auprès d'un établissement bancaire tiers d'un compte destiné à recevoir la dotation mensuelle que le client s'était engagé à céder à la banque en contrepartie de divers concours. • Com. 5 nov. 2002 : *ibid. (1re esp.).* ♦ ... La participation à un circuit d'effets de complaisance. • Com. 14 févr. 2006 : *RJDA 2006, n° 689.*

16. Comportement gravement répréhensible non établi. Ne constituent pas le comportement gravement répréhensible prévu à l'art. 60, al. 2 [C. mon. fin., art. L. 313-12, al. 2] : ... la mise en examen de l'emprunteur pour faux et escroquerie, une mise en examen ne suffisant pas, en raison de la présomption d'innocence, à établir sa culpabilité. • Rouen, 6 mai 1999 : *JCP E 2000, n° 26, p. 1014.* ♦ ... La perte de confiance des banquiers, qu'elle soit fondée ou pas. • Même arrêt. ♦ ... Le comportement d'une société, qui n'avait pas laissé s'aggraver la situation de son compte et avait commencé à apurer sa dette de façon significative. • Com. 8 mars 2005 : *RJDA 2005, n° 875.*

17. Situation irrémédiablement compromise établie. L'impossibilité de l'entreprise de faire face à la poursuite de son exploitation caractérise suffisamment la situation irrémédiablement compromise visée par l'art. 60, al. 2 [C. mon. fin., art. L. 313-12, al. 2]. • Douai, 17 janv. 1991 : *Banque 1991. 657, obs. Rives-Lange.* ♦ La légitimité d'une brusque rupture d'une ouverture de crédit peut résulter des termes de la requête tendant à la désignation d'un mandataire *ad hoc* pour aider au redressement de l'entreprise, ainsi que de la situation irrémédiablement compromise d'autres sociétés du groupe. • Paris, 24 juin 1992 : *préc. note 12.* – V. aussi • Com. 28 mars 1995 : *Banque 1995. 91, obs. Guillot.* ♦ Dès lors que la situation du bénéficiaire de l'autorisation de découvert en compte courant était irrémédiablement compromise, il importe peu que le montant du solde débiteur de ce compte ait été, au moment de la dénonciation par la banque, inférieur à celui du découvert autorisé. • Com. 8 juill. 1997 : *D. Affaires 1997. 1077.*

18. Situation irrémédiablement compromise et procédure collective. Ne donne pas de base légale à sa décision la cour d'appel qui, pour rejeter le moyen de défense d'une banque tendant à la constatation de la situation irrémédiablement compromise de la société débitrice, retient qu'une telle prétention se heurte au fait que la société après avoir été admise au redressement judiciaire a été en mesure de bénéficier d'un plan de continuation, l'adoption d'un tel plan, assorti d'un report de l'exigibilité des créances, et de diverses mesures de restructuration, étant impropre à exclure que l'entreprise ait été en situation irrémédiablement compromise, avant l'ouverture de la procédure de redressement judiciaire, lors de la rupture de ses crédits par la banque. • Com. 19 oct. 1999 : *Bull. civ. IV, n° 167 ; D. 1999. AJ. 74, obs. J.F. ; RTD com. 2000. 155. obs. Cabrillac ; RD banc. fin. 2000, n° 6, obs. Crédot et Gérard.* ♦ V. aussi jugeant que la situation d'une société peut apparaître comme irrémédiablement compromise indépendamment des mesures de continuation susceptibles de bénéficier à la société dans le cadre d'un redressement judiciaire : • Com. 23 oct. 2001 : *Banque et Droit nov.-déc. 2002. 56, obs. Guillot.* ♦ Mais la notion de situation irrémédiablement compromise, dispensant de préavis l'établissement de crédit qui souhaite interrompre une ouverture de crédit ne saurait se confondre avec celle de cessation des paiements ou avec l'état de redressement judiciaire, V. • Paris, 28 oct. 1998 : *RD bancaire et bourse 1999. 30, obs. crit. Crédot et Gérard.* ♦ Sur la non-assimilation de l'état de cessation des paiements aux circonstances légalement prévues comme justificatives de la rupture sans préavis, V. aussi • Com. 25 mars 2003 : *RJDA 2003, n° 994.* ♦ En écartant l'existence d'une situation irrémédiablement compromise, un arrêt antérieur n'a pas statué sur l'état de cessation des paiements. • Com. 31 mars 2004 : *Bull. civ. IV, n° 64 ; D. 2004. AJ. 1231, obs. Avena-Robardet ; RTD com. 2004. 582, obs. Legeais ; JCP E 2004, n° 23, p. 887 ; RD banc. fin. 2004, n° 195, obs. Crédot et Gérard ; Banque et Droit juill.-août 2004. 59, obs. Bonneau ; RJDA 2004, n° 1347.*

19. Notification obligatoire de la rupture. Si, en raison de la situation irrémédiablement compromise d'une société cliente, la banque est dispensée de respecter un délai de préavis, elle n'en est pas moins tenue de lui notifier l'interruption de son concours. • Com. 19 févr. 1991 : *D. 1992. Somm. 27, obs. Vasseur ; RTD com. 1991. 421, obs. Cabrillac et Teyssié ; Banque 1991. 431, obs. Rives-Lange.*

20. Situation irrémédiablement compromise non établie. Si des informations précises concernant des dangers croissants justifiaient des inquiétudes de la part de la banque, celle-ci ne pouvait pour autant considérer la situation de sa cliente comme étant prochainement et irrémédiablement compromise. • Com. 2 nov. 1994 : *RJDA 1995, n° 311.* ♦ Ayant relevé l'importance des capitaux propres et des réserves, l'existence d'apports en compte courant faits par le dirigeant, le fait que ce dernier ait pris diverses mesures, notamment de délocalisation de la fabrication et de diversification de la production, ainsi que l'absence d'inscription de privilège du Trésor et de l'Urssaf, les juges ont pu retenir que la situation de l'entreprise n'était pas irrémédiablement compromise au moment de la rupture de crédit. • Com. 17 juill. 2001 : *RJDA 2002, n° 79.* ♦ Il appartient à la banque de démontrer en quoi la situation de son client était irrémédiablement compromise, sachant que cette preuve ne peut résulter de la seule apparition d'un résultat déficitaire, d'autant qu'il ressort des documents comptables fournis par le client que ce dernier a procédé à d'importantes modifications des conditions de son exploitation. • Grenoble, 29 mars 2001 : *JCP E 2002, n° 14, 553.* ♦ Commet une faute la banque qui dénonce à son client ses concours sans préavis, au motif que l'exercice clos de l'année fait apparaître un déficit de l'ordre de 350 000 F, soit 15 % du chiffre d'affaires, alors que les deux exercices précédents ont été bénéficiaires et qu'un chèque remis par le client a été impayé. • Même arrêt.

D. SANCTION DE LA RUPTURE ABUSIVE DES CONCOURS BANCAIRES

21. Intervention du juge des référés. Le juge des référés, par application de l'art. 873 NCPC, peut, devant le péril imminent que provoque la brusque cessation, par une banque, de la garantie financière qu'elle accordait depuis plusieurs années à une agence immobilière, prendre la mesure conservatoire de prolonger la garantie financière. • Aix-en-Provence, 23 févr. 1996 : *Gaz. Pal. 1996. 2. 367.*

22. Réparation du dommage causé au client. BIBL. Poitrinal, *Dr. et patr. sept. 1994. 41.* ♦ Le banquier qui interrompt brusquement le crédit ouvert à un client sans que les conditions légales soient réunies commet un abus de droit l'obligeant à réparer le dommage causé à son client. • Com. 13 janv. 1987 : *D. 1987. IR. 17 ; Rev. dr. bancaire 1987. 53, obs. Crédot et Gérard.* ♦ V. aussi • Com. 2 oct. 1990 : *Bull. civ. IV, n° 221* • 3 déc. 1991 : *Banque 1992. 734, obs. Rives-Lange* • 5 mars 1996 : *D. 1996. IR. 97 ; D. Affaires 1996. 485.* ♦ la banque qui, en dehors des cas prévus par l'al. 2 de l'art. L. 313-22, interrompt un crédit sans préavis engage sa responsabilité pour rupture abusive, V. • Com. 10 oct. 2000 : *Dr. sociétés 2001, n° 3, obs. Bonneau.* ♦ Pour la brutale limitation du montant d'un découvert toléré, • Paris, 31 janv. 1991 : *préc. note 3.* ♦ Sur la responsabilité d'une banque ayant rétracté sa décision de rupture immédiate du crédit, cette rupture étant finalement intervenue après un délai de préavis de deux mois, V. • Com. 4 juill. 1995 : *RJDA 1995, n° 1402.* ♦ Est responsable une banque qui, connaissant la situation difficile d'une société, a pourtant diminué puis interrompu soudainement son concours dans des circonstances anormales en utilisant, pour justifier son comportement, des lettres qui n'ont pas été expédiées aux dates indiquées parmi lesquelles figurait celle dénonçant le concours adressée non aux dirigeants, mais au seul directeur administratif, le retrait brusque du concours ayant entraîné inéluctablement la déclaration de cessation des paiements, V. • Com. 5 janv. 1999 : *Bull. civ. IV, n° 3 ; JCP E 1999, n° 7, p. 297 ; RTD com. 1999. 476, obs. Cabrillac*.

23. Procédure collective. Sur l'exercice de l'action en responsabilité en cas de redressement et de liquidation judiciaires de la victime de la rupture abusive de crédit, V. note 8 ss. art. L. 621-68 ancien C. com., *supra*.

24. Exigence d'un lien de causalité. Une rupture fautive de crédit étant intervenue après la date de l'état de cessation des paiements fixée par le jugement d'ouverture de la procédure collective, c'est à bon droit qu'une cour d'appel, se fondant sur la date de survenance de cet état et non sur celle de sa constatation, en déduit que la faute du banquier était sans relations de cause à effet avec la cessation d'activité de la société débitrice. • Com. 3 nov. 1992 : *JCP 1993. II. 21993, note Vidal.* ♦ En revanche, pour une brusque rupture fautive de crédit ayant compromis les chances de poursuite de l'exploitation, V. • Paris, 30 oct. 1992 : *Dr. sociétés 1993, n° 35, obs. Chaput.* ♦ Pour la rupture fautive d'une convention de prorogation de crédits, signée dans le cadre de négociations conclues par un mandataire *ad hoc*, puis un conciliateur, V. • Paris, 5 juill. 1996 : *Dr. sociétés 1996, n° 233, obs. Chaput.* ♦ Pour un arrêt établissant un lien de causalité entre une rupture de crédit et la liquidation judiciaire de la société débitrice, dès lors qu'une corrélation avait pu être établie entre la rupture, la connaissance qu'en ont eue les fournisseurs, les autres banquiers, et une baisse importante du chiffre d'affaires, V. • Com. 14 déc. 1999 : *Bull. civ. IV, n° 230 ; D. 2000. AJ. 90, obs. Faddoul ; RTD com. 2000. 157, obs. Cabrillac ; JCP E 2000, n° 27, p. 1087, obs. Gavalda et Stoufflet ; RD banc. fin. 2000, n° 8, obs. Crédot et Gérard.* ♦ Pour l'absence de responsabilité d'une banque dans le suicide de son client, qui imputait son geste au comportement de la banque, en l'absence de lien de causalité entre la faute de cette dernière, résultant d'une rupture de crédit sans préavis, et le geste du client, V. • Com. 4 déc. 2001 : *D. 2002. AJ. 719 ; RD banc. fin. 2002, n° 5, obs. Crédot et Gérard ; Banque et Droit mars-avr. 2002. 56, obs. Bonneau.*

25. Incidence à l'égard de la caution. La caution du débiteur peut être indemnisée de la perte d'une chance de ne pas être poursuivie. • Paris, 27 janv. 1995 : *JCP 1995. IV. 1420.* ♦ La caution peut obtenir réparation du préjudice subi en cas de rupture abusive des crédits consentis au débiteur principal dès lors que la rupture a aggravé la dette de ce dernier. • Com. 21 juin 2005 : *RD banc. fin. 2005, n° 169, obs. Legeais.* ♦ Jugeant que le retrait brutal de tout concours par la banque créancière, sans raisons suffisantes, après qu'elle a obtenu d'être garantie par un cautionnement, entraîne la nullité de celui-ci pour absence de cause, V. • Paris, 6 juin 2003 : *préc. note 2.*

26. Responsabilité délictuelle de la banque à l'égard des tiers. Sur la responsabilité délictuelle d'une banque à l'égard des tirés ayant subi un dommage du fait de l'inexécution de la convention initiale, constitutive d'une rupture abusive de crédit, V. • Paris, 28 sept. 1998 : *Gaz. Pal. 11-12 déc. 1998, p. 31.*

27. Responsabilité des fournisseurs de crédits non banquiers. V. note 31 *ter* ss. art. L. 330-2 C. com., *supra*.

II. RESPONSABILITÉ BANCAIRE EN MATIÈRE D'OCTROI DE CRÉDIT

Jurisprudence antérieure à la L. n° 2005-845 du 26 juill. 2005. – V. désormais, supra, art. L. 650-1 C. com.

BIBL. Crédot, *Dr. et patr. janv. 1994. 34* (obligation de conseil du banquier). – P. Leclercq, *RJDA 1995, p. 322* (même thème). – Vidal, *Rev. huiss. 1995. 2* (responsabilité civile des partenaires de l'entreprise en difficulté face au nouveau règlement amiable). – Gourio, *RD banc. fin. 2001. 50* (responsabilité civile du prêteur au titre de l'octroi d'un crédit à un particulier). – Urbain-Parléani, *ibid. 2002. 365* (octroi abusif de crédit). – F.-X. Lucas, *ibid. 2004. 271* (responsabilité bancaire : le banquier, administrateur de fait). – Teboul, *RJ com. 2005. 114* (financement des entreprises en difficulté pendant la période de prévention). – Caramalli, *Petites affiches 18 avr. 2005, p. 6* (réforme du soutien abusif de crédit dans le projet de loi de sauvegarde des entreprises). – Legeais, *JCP E 2005, n° 42, p. 1747* (les concours consentis à une entreprise en difficulté). – Routier, *Gaz. Pal. 2005. Doctr. 3012* (cantonnement de la responsabilité pour soutien abusif). – Bonneau, *Banque et Droit janv.-févr. 2006. 61* (loi n° 2005-845 du 26 juill. 2005). – Stoufflet et Mathey, *RD banc. fin. janv.-févr. 2006, p. 54* (dispositions applicables aux concours financiers). – Hoang, *D. 2006. 1458* (de la suppression du dispositif prétorien de la responsabilité pour soutien abusif).

A. PRINCIPE DE NON-IMMIXTION ET DEVOIR DE VIGILANCE DU BANQUIER

28. *Principe de non-immixtion.* Le banquier n'a pas à s'immiscer dans les affaires de son client. • Com. 11 mai 1999 : *Bull. civ. IV, n° 95 ; D. 1999. IR. 155 ; D. Affaires 1999. 990, obs. J. F. ; JCP E 1999, n° 29, p. 1218, obs. Bouteiller ; ibid., n° 43, p. 1730, note Legeais ; Petites affiches 15 juin 1999, p. 13, obs. L. C. ; RJDA 1999. 495, concl. Piniot ; Defrénois 1999. 997, obs. Delebecque ; RD bancaire et bourse 1999. 184, obs. Crédot et Gérard.* ♦ Un établissement de crédit, qui n'a pas, en sa qualité de prêteur ou de garant, à s'immiscer dans les affaires de son client, ne commet pas de faute du seul fait de l'octroi d'un concours à une entreprise concurrente. • Com. 19 nov. 2002 : *Bull. civ. IV, n° 167 ; D. 2003. AJ. 420 ; JCP E 2003, n° 3, p. 105 ; RTD com. 2003. 150, obs. Legeais ; Banque et Droit mars-avr. 2003. 61, obs. Bonneau ; RJDA 2003, n° 421* • Riom, 5 déc. 2001 : *JCP 2003. IV. 1535.* – V. aussi Gibirila, *RLDA févr. 2000, p. 8.* ♦ Une banque n'est tenue que d'une obligation de moyens lors de la recherche de renseignements commerciaux et elle n'a pas à se substituer à son client dans la prise de décision. • Com. 25 mars 2003 : *RJDA 2003, n° 1117.* ♦ Une banque, n'ayant pas mission d'effectuer une étude de marché ni à s'immiscer dans la gestion de son client, professionnel averti, et qui a procédé aux diligences normales à partir du compte prévisionnel et d'éléments fournis par ce dernier, ne méconnaît pas son devoir de renseignement. • Com. 26 mars 2002 : *Banque et Droit 2003. 64, obs. Guillot.* ♦ Considérant que le banquier n'a pas à se substituer à son client pour apprécier la rentabilité de l'usage auquel ce professionnel destine les fonds qu'il met à sa disposition, sauf dans l'hypothèse où le client aurait expressément sollicité son avis ou bien dans le cas où ce dernier disposerait d'éléments d'information, inconnus de l'emprunteur, faisant apparaître de façon évidente les conséquences néfastes du projet qu'il finance. • Paris, 8 mars 2002 : *D. 2003. Somm. 345, obs. Martin ; ibid. 2002. AJ. 2049.*

29. *Devoir de vigilance et droit d'information du banquier.* Il est de la plus élémentaire prudence que les banques, dans le souci de ne pas compromettre les relations commerciales en accordant inconsidérément des crédits à un client dont la situation aurait été désespérée, exigent d'une société anonyme qui sollicite des concours très importants, la présentation de bilans dont la régularité et la sincérité se trouvent certifiées par des commissaires aux comptes. • Com. 22 mai 1985 : *Bull. civ. IV, n° 165.* ♦ Sur le devoir de vigilance, V. aussi • Com. 18 janv. 1994 : *Bull. joly 1994. 323.* ♦ Sur le droit d'information de la banque sur la situation de la société, V., considérant comme non fautif le fait de se renseigner auprès des clients, • Com. 31 mai 1994 : *Bull. Joly 1994. 967, note Bonneau ; Rev. sociétés 1995. 496, note Stoufflet ; Rev. dr. bancaire 1994. 236, obs. Crédot et Gérard.* ♦ Pour la réticence dolosive d'une banque résultant d'un défaut d'information des cautions sur l'état du fonds de commerce acquis au moyen du prêt cautionné et sur le caractère illusoire des engagements de remboursement pris par l'emprunteur, V. • Paris, 12 oct. 2001 : *BRDA 2001, n° 22, p. 6.* ♦ Pour une solution inverse dès lors que l'opération financée l'était sur la base d'un prévisionnel sérieux, • Com. 11 juin 2003 : *RD banc. fin. 2003, n° 225, obs. Legeais.* ♦ Sur l'obligation de conseil du banquier envers les associés mineurs d'une société civile emprunteuse, V. • Civ. 3e, 28 sept. 2005 : *Rev. sociétés 2006. 103, note Dom.* ♦ V. et comp. notes 39 s.

A privé sa décision de base légale au regard de l'art. 1147 C. civ. une cour d'appel qui a accueilli la demande de dommages-intérêts des emprunteurs, alors qu'à la date de leur octroi, les prêts litigieux auraient été excessifs au regard des facultés de remboursement des emprunteurs, compte tenu des revenus produits par les locations escomptées des biens acquis au moyen de ces prêts, ce dont elle aurait pu déduire que l'établissement de crédit avait manqué à son devoir de mise en garde. • Com. 3 mai 2006 : *D. 2006. AJ. 1445, obs. Delpech (1re esp.).* ♦ Une cour d'appel, qui retient que des époux se sont engagés dans une opération commerciale importante à laquelle ils sont directement impliqués et qu'ils ne démontrent pas que la crédit-bailleresse ait eu sur leur situation et leurs facultés de remboursement raisonnablement prévisibles en l'état du succès escompté de l'opération entreprise par la SCI des informations qu'eux-mêmes auraient ignorées, constatations dont il se déduit que les intéressés détenaient toutes les informations utiles pour leur permettre d'apprécier la portée des engagements qu'ils souscrivaient, a pu décider que la crédit-bailleresse n'était tenue d'aucun devoir de mise en garde à l'égard de ces cautions. • Com. 3 mai 2006 : *eod. loc. (3e esp.).*

B. FAUTES DU BANQUIER

1° OCTROI DE CRÉDIT AUX ENTREPRISES

30. *Crédit ruineux ou soutien artificiel d'une entreprise en situation irrémédiablement compromise.* Une cour d'appel ne peut retenir la responsabilité d'une banque par des motifs impropres à caractériser que celle-ci avait soit pratiqué une politique de crédit ruineux, soit apporté un soutien artificiel à des entreprises dont elle connaissait ou aurait dû connaître, si elle s'était informée, la situation irrémédiablement compromise. V. • Com. 26 mars 2002 : *Banque et Droit sept.-oct. 2002, p. 47, obs. Bonneau.* ♦ Une cour d'appel a légalement justifié sa décision de rejeter l'action en responsabilité contre une banque en constatant qu'à aucun moment elle n'avait accordé ou maintenu un crédit à une entreprise dont elle savait ou aurait dû savoir, en faisant preuve d'une diligence normale, que la situation était irrémédiablement compromise, ou octroyé, en connaissance de cause, un crédit dont le coût était insupportable pour l'équilibre de la trésorerie de la société et incompatible pour elle avec toute rentabilité, V. • Com. 24 sept. 2003 : *Bull. civ. IV, n° 136 ; D. 2003. AJ. 2568 ; JCP E 2004, n° 6, p. 231, note Lamoril ; Banque et Droit nov.-déc. 2003. 50, obs. Rontchevsky ; ibid. janv.-févr. 2004. 56, obs. Bonneau ; RJDA 2004, n° 227 ; Dr. sociétés 2004, n° 52, obs. Trébulle ; Bull. Joly 2003. 1260, note Barbièri.*

31. Crédit ruineux ou financement d'une opération dépourvue de viabilité. Pour engager la responsabilité de la banque les juges doivent constater qu'au moment de son octroi, le crédit était destiné à financer une opération dépourvue de viabilité : • Com. 7 janv. 2004 : *Bull. civ. IV, n° 2 ; D. 2004. AJ. 345 ; JCP E 2004, n° 10, p. 346 ; RTD com. 2004. 354, obs. Legeais ; RD banc. fin. 2004, n° 110, obs. Crédot et Gérard ; RJDA 2004, n° 622* (crédit-relais). ♦ Commet une faute le créancier qui consent un prêt en vue d'une opération immobilière qu'il sait non viable (crédit-bail immobilier). • Com. 23 juin 1998 : *Bull. civ. IV, n° 208.* – V. aussi • Com. 20 sept. 2005 : *Bull. civ. IV, n° 177 ; Banque et Droit nov.-déc. 2005. 76, obs. Rontchevsky* (crédit-bail mobilier). ♦ Dès lors qu'il appartient à un établissement de crédit, avant d'octroyer un prêt, d'effectuer un minimum de vérifications sur la situation de l'emprunteur afin de s'assurer que le montant des remboursements proposés est compatible avec sa situation, engage sa responsabilité à l'égard de crédit-preneurs le crédit-bailleur n'ayant pas vérifié si le prévisionnel annoncé était réaliste ou fantaisiste et si le crédit était adapté à la situation financière de l'entreprise. • Dijon, 18 sept. 1997 : *D. Affaires 1998. 1086, obs. X. D.* ♦ V. aussi, pour la responsabilité d'une banque qui avait consenti aux acquéreurs d'un fonds de commerce un prêt disproportionné avec leurs facultés de remboursement, • Caen, 11 oct. 2001 : *D. 2002. AJ. 87* • Amiens, 19 déc. 1997 : *Gaz. Pal. 27-29 janv. 2002, p. 30, note Bouriez-Brunet.* – Comp. • Paris, 8 mars 2002 : *préc. note 28.* ♦ Mais l'action en responsabilité dirigée contre une banque sur le fondement de l'octroi de crédits excessifs doit être rejetée dès lors que l'analyse de la situation financière de l'emprunteur, telle que pouvait la connaître cet établissement de crédit, permet de déduire qu'eu égard aux finalités des emprunts contractés (acquisition et rénovation d'immeubles), dont le montant devait être couvert par le prix de revente d'immeubles, ceux-ci n'étaient pas disproportionnés par rapport aux capacités de remboursement de l'emprunteur. • Com. 11 mai 1999 : *JCP E 1999, n° 43, p. 1730, note Legeais.* ♦ Retenant la responsabilité de la banque au motif que, s'il appartient aux banques de prendre des risques pour accompagner le développement économique, ces risques ne doivent pas être déraisonnables, les banques devant vérifier les possibilités de réalisation des projets qu'elles financent : • Paris, 26 nov. 2002 : *RTD com. 2003. 348, obs. Legeais .* – V. aussi • Paris, 14 mai 2003 : *Bull. Joly 2003. 1015 ; RJDA 2004, n° 881.* ♦ Comp., jugeant qu'il n'appartient pas à la banque, qui elle-même prend un risque, de se substituer à son client pour apprécier les risques de l'entreprise envisagée : • Grenoble, 16 avr. 2003 : *JCP E 2004, n° 15-16, p. 593.* ♦ Sur la responsabilité d'une banque pour le crédit octroyé pour financer un plan de cession, V. • Com. 27 sept. 2005 : *RJDA 2005, n° 1376.* ♦ Sur la responsabilité de la banque en cas de disproportion de la garantie demandée, V. *infra* note 52 et note 4 ss. art. L. 313-10 C. consom., v° *Ventes commerciales. V. – Crédit (ventes à), infra.*

32. Crédit consenti à une société en formation. La circonstance que le crédit de trésorerie ait été accordé à une entreprise, avant toute activité et pour en permettre le démarrage, afin de financer l'activité d'achat et de revente de produits, n'est pas de nature à elle seule à caractériser un comportement fautif de la banque. • Com. 22 mars 2005 : *Bull. civ. IV, n° 68 ; D. 2005. AJ. 1020, obs. Lienhard* (2e *esp.) ; JCP E 2005, n° 47, p. 1975, obs. Dumoulin ; RD banc. fin. 2005, n° 86, obs. Legeais ; Banque et Droit mai-juin 2005. 62, obs. Rontchevsky ; ibid. juill.-août 2005. 71, obs. Bonneau ; RTD com. 2005. 402, obs. Legeais ; RJDA 2005, n° 874 ; Dr. et patr. déc. 2005. 98, obs. Mattout et Prüm ; RDC 2005. 838, obs. Houtcieff ; Bull. Joly 2005. 1213, obs. Lucas.* ♦ V. aussi écartant la responsabilité de banques qui avaient accordé des concours à une société en vue de la création d'un restaurant au motif qu'au vu des éléments dont elles disposaient, les banques pouvaient raisonnablement escompter le succès de l'entreprise. • Com.12 juill. 2005 : *RJDA 2006, n° 60.*

33. Soutien abusif : illustrations. A commis une faute entraînant sa responsabilité dans l'aggravation du passif de la société à l'encontre de laquelle a été ouverte une procédure collective, une banque qui a continué d'accorder à une société, dont il importe peu que la situation n'ait pas alors été irrémédiablement compromise, des crédits considérables, et les a même accrus à certains moments, en méconnaissance des résultats d'une étude à laquelle elle avait elle-même fait procéder, et alors que n'apparaissait aucune contrepartie dans la gestion de l'entreprise. • Com. 2 mai 1983 : *Bull. civ. IV, n° 127 ; D. 1984. IR. 12, obs. Derrida ; ibid. 89, obs. Vasseur.* – V. aussi • Com. 26 janv. 1993 : *RTD com. 1993. 345, obs. Cabrillac et Teyssié*. ♦ Et, pour une banque associée de SCI, V. • Com. 8 oct. 1991 : *D. 1993. Somm. 357, obs. Magnin*. ♦ Sur la responsabilité d'un banquier pour soutien ruineux, dès lors qu'en participant à des financements par crédits de « cavalerie » il avait permis à un emprunteur, alors même que sa situation n'était pas irrémédiablement compromise, de se constituer une trésorerie fictive et ce, à un coût excessif, V. • Com. 6 oct. 1998 : *D. Affaires 1998. 1904.* ♦ Comp., pour des exemples de financements jugés non abusifs, • Com. 15 juin 1993 : *Bull. civ. IV, n° 240* • 10 oct. 2000 : *RD banc. fin. 2001, n° 7, obs. Crédot et Gérard* • 9 mai 2001 : *RJDA 2001, n° 1019* (et sur renvoi : • Versailles, 22 avr. 2003 : *RJDA 2003, n° 993)* • 22 mai 2001 : *RD banc. fin. 2001, n° 179, obs. Crédot et Gérard ; JCP E 2003, n° 11, p. 466, obs. Stoufflet* • 6 juin 2001 : *RJDA 2001, n° 1242* • 20 nov. 2001 : *JCP E 2002, n° 1, p. 2* • Riom, 5 déc. 2001 : *préc. note 28* • Paris, 25 oct. 2002 : *RJDA 2003, n° 419.* ♦ Commet une faute de nature à engager sa responsabilité la banque qui, bien que disposant d'informations qui auraient dû alerter sa vigilance et lui faire renforcer ses contrôles, maintient, sans garanties sérieuses, des facilités de caisse, créant ainsi, par un concours financier abusif, une apparence trompeuse de solvabilité de l'entreprise, mise en liquidation judiciaire, au détriment de ceux qui avaient contracté avec elle. • Com. 18 janv. 1994 : *Bull. Joly 1994. 323.* ♦ Pour une banque n'ayant pas tenu compte d'un rapport d'audit, • Com. 26 mars 1996 : *Bull. civ. IV, n° 95 ; D. Affaires 1996. 580.* – V. aussi • Montpellier, 30 oct. 1997 : *Act. proc. coll. 1998, n° 58* • Versailles, 17 sept. 1998 : *RJDA 1998, n° 1397 ; Bull. Joly 1999, note Couret.* ♦ Pour un exemple de soutien abusif à un groupe de sociétés, V. • Dijon, 18 juill. 2000 : *RD banc. fin. 2000, n° 188, obs. crit. Crédot et Gérard* (partiellement censurée par • Com. 19 nov. 2003 : *RTD com. 2004. 145, obs. Legeais ; RD banc. fin. 2004, n° 192, obs. Crédot et Gérard*). ♦ Sur la condamnation d'un établissement de crédit alors même que le crédit en cause ayant aggravé le passif de la société irrémédiablement conduite au redressement judiciaire avait été octroyé, non à celle-ci, mais à sa société-mère, V. • Com. 25 mars 2003 : *Bull. civ. IV, n° 50 ; D. 2003. AJ. 1291 ; JCP E 2004, n° 25, p. 1007, note Croze ; Banque et Droit sept.-oct. 2003. 65, obs. Urban ; ibid. nov.-déc. 2003. 55, obs. Bonneau ; RD banc. fin. 2003, n° 177, obs. Crédot et Gérard ; RTD com. 2003. 557, obs. Legeais ; ibid. 748, obs. Champaud et Danet ; Rev. sociétés 2003. 859, note Daigre ; Dr. sociétés 2003, n° 186, obs. Trébulle ; Bull. Joly 2003. 765, note Dom ; RJDA 2003, n° 982.*

34. Connaissance de la situation irrémédiablement compromise. Ne donne pas de base légale à sa décision, au regard de l'art. 1147 C. civ., l'arrêt qui, pour retenir la responsabilité d'une banque dans l'octroi d'un découvert excessif en compte courant, retient que le banquier ne pouvait ignorer, à la date de cet octroi, que la situation du chef d'entreprise était "très obérée", sans relever que la banque savait que la situation de l'entreprise était irrémédiablement compromise, et, sans rechercher, dans le cas où elle l'aurait été, si par suite de circonstances exceptionnelles, le chef d'entreprise l'ignorait. • Com. 11 mai 1999 : *préc. note 28.* ♦ Une cour d'appel a pu exclure la responsabilité civile d'une banque dans l'octroi de crédits en relevant que la preuve n'est pas rapportée de ce que au moment de l'octroi des crédits, la situation du fonds de commerce était irrémédiablement compromise. • 18 févr. 1997 : *Bull. civ. IV, n° 53.* ♦ Rappr., s'agissant d'un créancier fournisseur qui a reporté les échéances de lettres de change : • Com. 30 oct. 2000 : *Bull. civ. IV, n° 170 ; D. 2001. AJ. 231*. ♦ Dès lors que la connaissance de la situation irrémédiablement compromise par la banque n'est pas établie, il ne saurait lui être reproché d'avoir participé à la survie artificielle d'une entreprise en lui consentant des facilités de trésorerie sans commune mesure avec l'importance du passif généré hors du concours bancaire. • Orléans, 31 mai 2001 : *RD banc. fin. 2002, n° 78, obs. Crédot et Gérard.* ♦ Sur les investigations qu'est tenue de pratiquer la banque, V. • Paris, 26 janv. 1996 : *Dr. sociétés 1996, n° 191, obs. Chaput.* ♦ Il ne peut être fait grief à une banque, même si elle n'ignorait rien de la situation compromise d'une personne morale, d'avoir, aux côtés des pouvoirs publics dans le cadre d'un projet de restructuration approuvé par le trésorier-payeur général, accordé un concours bancaire que sollicitait lui-même le chef d'entreprise désireux de maintenir l'activité de sa société. • Com. 9 nov. 1993 : *Bull. civ. IV, n° 384 ; Gaz. Pal. 1994. 2. 638, note J.-P.M. ; Dr. sociétés 1994, n° 30, obs. Chaput.* – V. aussi • Com. 26 avr. 1994 : *Rev. huiss. 1996. 328, note Vidal.*

Le caractère abusif du soutien bancaire accordé au débiteur principal s'apprécie à la date des concours pour lesquels la caution a fourni sa garantie. • Rennes, 24 févr. 2004 : *JCP E 2004, n° 49, p. 1904.* ♦ Pour rechercher l'éventuelle faute de la banque, il convient de se situer à la date de l'octroi du crédit pour apprécier si la situation de l'entreprise était irrémédiablement compromise, une insuffisance de trésorerie, même grave, ne suffisant pas à caractériser une situation sans issue. • Paris, 15 déc. 1995 : *D. 1996. IR. 65 ; RJDA 1996, n° 656.* – V. aussi • Rouen, 13 sept. 2001 : *RJDA 2002, n° 542.* ♦ Sur la notion de situation irrémédiablement compromise, en cas d'octroi de crédit à une société ayant été mise en liquidation judiciaire trois mois après cet octroi, V. • Paris, 1er déc. 1998 : *RD bancaire et bourse 1999. 30, obs. crit. Crédot et Gérard.* ♦ L'existence d'un soutien abusif est établie lorsqu'il est prouvé qu'une banque, au jour de l'ouverture d'un crédit consenti à une société, mise par la suite en redressement judiciaire, aurait pu ou dû prévoir l'aggravation de la situation financière de cette société ou que cet octroi y a contribué substantiellement, ce qui n'est pas le cas, lorsqu'au jour de l'octroi du crédit, une assemblée générale a décidé la continuation de la société malgré un actif net devenu inférieur à la moitié du capital social. • Paris, 11 déc. 2001 : *BICC 2002, n° 839.*

35. Appréciation du soutien abusif. Jugeant que l'appréciation du soutien abusif doit être faite en considération de la situation de la société emprunteuse mais aussi de celles auxquelles elle est liée, et plus précisément celles dont elle est associée et donc solidairement et indéfiniment responsable : • Paris, 14 mai 2003 : *préc. note 31.* ♦ L'appréciation de la gravité de la situation de l'entreprise soutenue par la banque ressortit à l'appréciation souveraine des juges du fond. • Com. 1er févr. 1994 : *RJDA 1994, n° 683.*

36. Soutien abusif de fournisseurs de crédit non banquiers. Une caisse de mutualité sociale agricole engage sa responsabilité à l'égard des créanciers de l'entreprise à laquelle elle a conféré une apparence trompeuse de solvabilité en accordant des délais de paiement à un de ses ressortissants dont elle savait ou aurait dû savoir la situation irrémédiablement compromise. • Com. 10 déc. 2003 : *D. 2004. AJ. 136, obs. Delpech ; JCP E 2004, n° 7, p. 282, note Legeais ; JCP 2004. II. 10057, note Bugada ; Gaz. Pal. 2004. 434, avis Lafortune ; RTD com. 2004. 139, obs. Legeais ; RD banc. fin. 2004, n° 109, obs. Crédot et Gérard ; Banque et Droit nov.-déc. 2004. 19, note Likillimba ; Bull. Joly 2004. 491, note Lucas ; RJDA 2004, n° 595.* – Comp. • Com. 30 oct. 2000 : *préc. note 34* (connaissance de la situation irrémédiablement compromise du bénéficiaire du crédit non établie). ♦ Pour des concédants fournissant à leur concessionnaire une trésorerie fictive, V. note 26 ss. art. L. 330-2 C. com., *supra.* ♦ Pour une illustration de la mise en cause de la responsabilité d'un fournisseur de crédit occasionnel pour octroi de crédit abusif, V. • Versailles, 11 sept. 2003 : *RJDA 2004, n° 64.*

37. Défaut de contrôle de l'affectation des fonds. Une banque ne peut favoriser, sciemment ou imprudemment, au mépris des termes des contrats de mandat et de prêt, l'utilisation du montant de ce prêt pour d'autres fins que le financement des travaux auquel il est destiné. • Com. 18 mai 1993 : *Bull. civ. IV, n° 190 ; D. 1993. 609, note Bénabent ; RTD com. 1994. 84, obs. Cabrillac et Teyssié.* ♦ Comp., jugeant, à propos d'un prêt contractuellement soumis à l'ord. n° 67-838 du 28 sept. 1967 [C. mon. fin., art. L. 313-36 s.], qu'aucune disposition ne prévoit la nullité d'un contrat de prêt qui a financé un objet différent de celui apparemment prévu mais entrant cependant dans le champ de l'activité économique de l'emprunteur : • Paris, 19 sept. 1995 : *D. Affaires 1995. 110.* ♦ V. aussi, refusant la condamnation pour soutien abusif, dès lors que le prêt a été consenti à titre personnel aux associés, qui ont seuls pris l'initiative d'injecter les capitaux obtenus dans la société, • Com. 12 nov. 1996 : *RJDA 1997, n° 236.* ♦ Jugeant que le gérant est tenu de rembourser le prêt dès lors que l'acte de prêt avait été conclu par lui et que le prêteur avait remis les fonds au notaire pour être affectés par celui-ci selon les instructions de l'emprunteur (affectation à la société) • Civ. 1re, 22 juin 2004 : *Bull. civ. I, n° 175 ; D. 2004. IR. 2477 ; JCP E 2004, n° 50, p. 1984, note S. Piedelièvre ; Contrats. Conc. Consom. 2004, n° 153 ; BRDA 2004, n° 13, p. 9.* ♦ Pour l'absence de responsabilité d'une banque à l'égard d'entrepreneurs qui n'avaient pas été payés des travaux faits pour le compte de la SCI emprunteuse, aux motifs que cette dernière avait la libre disposition des fonds empruntés et que la clause contractuelle prévoyant l'exigibilité anticipée des sommes empruntées en cas d'emploi à un autre objet que celui indiqué avait été stipulée dans le seul intérêt du prêteur, V. • Com. 27 mars 2001 : *Banque et Droit mars-avr. 2002. 61, obs. Guillot.* – Et sur renvoi • Paris, 23 oct. 2002 : *RD banc. fin. 2003, n° 103, obs. Crédot et Gérard ; Banque et Droit mai-juin 2004. 54, obs. Guillot.* – V. l'arrêt cassé, qui avait retenu la responsabilité de la banque : • Paris, 27 janv. 1998 : *Banque et Droit mai-juin 1998. 35, obs. Guillot.* ♦ V. aussi, écartant la responsabilité de la banque, en l'absence d'engagement de celle-ci d'opérer un contrôle *a posteriori* de l'utilisation effective des fonds : • Com. 3 juill. 2001 : *RJDA 2001, n° 1243.* ♦ ... Et jugeant que la clause contractuelle faisant référence à l'emploi des fonds n'est stipulée que dans le seul intérêt du prêteur : • Com. 8 juill. 2003 : *RJDA 2004, n° 86.* ♦ Sur la responsabilité à l'égard de la caution, V. note 51.

38. Délégation. Sur la responsabilité d'une banque délégataire de créance qui, tenue d'une obligation d'information et de conseil vis-à-vis de l'emprunteur délégant, commet une faute en versant les fonds prêtés à la société déléguée alors qu'elle connaissait la situation irrémédiablement compromise de cette société, et en n'alertant pas l'emprunteur du risque qu'il encourt dans ces conditions à donner son accord pour une telle réalisation du prêt bancaire. • Dijon, 30 janv. 1998 : *JCP E 1998, n° 51, p. 1997.*

2° OCTROI DE CRÉDIT AUX PARTICULIERS

39. Devoir de conseil et de mise en garde. La présentation d'une offre préalable conforme à la législation sur les prêts immobiliers aux consommateurs ne dispense pas l'établissement de crédit de son devoir de conseil à l'égard de l'emprunteur, en particulier lorsqu'il apparaît que les charges du prêt sont excessives par rapport à la modicité des ressources du consommateur. • Civ. 1re, 27 juin 1995 : *Bull. civ. I, n° 288 ; D. 1995. IR. 178 ; JCP E 1996. II. 772, note Legeais.* – Sur cet arrêt, V. Scholastique, *Defrénois 1996. 689.* – Dans le même sens : • Versailles, 5 avr. 1996 : *BICC 1996, n° 1190.* ♦ V. aussi, pour un exemple de réduction de la créance d'un établissement financier, justifiée par la « légèreté blâmable » avec laquelle le prêt avait été consenti, • Civ. 1re, 8 juin 1994 : *Bull. civ. I, n° 206 ; JCP E 1995. II. 652, note Legeais.* – Comp. : • Paris, 9 nov. 1995 : *RJDA 1996, n° 655* • Versailles, 27 mai 2003 : *RJDA 2003, n° 1225.* – V. également • Civ. 1re, 22 juin 1999 : *RD bancaire et bourse 1999. 184, obs. Crédot et Gérard ; JCP E 2000, n° 27, p. 1086, obs. Gavalda et Stoufflet.* ♦ Manque à son devoir de mise en garde, la banque qui, n'ayant pas vérifié les capacités financières d'emprunteurs profanes, accorde à ceux-ci un prêt excessif au regard de leurs capacités financières. • Civ. 1re, 12 juill. 2005 : *Bull. civ. I, n° 327 ; D. 2005. 3084, note Parance (3e esp.) ; ibid. AJ. 2276, obs. Delpech (2e esp.) ; D. 2006. Pan. 167, obs. Martin ; RTD com. 2005. 820, obs. Legeais ; JCP E 2005, n° 38, p. 1521, note Legeais (1re esp.) ; JCP 2005. II. 10140, note Gourio (2e esp.) ; RD banc. fin. 2005, n° 168, obs. Legeais ; ibid., n° 203, obs. Crédot et Gérard ; Banque et Droit nov.-déc. 2005. 80, obs. Bonneau ; Dr. et patr. déc. 2005. 99, obs. Mattout et Prüm ; RJDA 2006, n° 319 ; RD imm. 2006. 123, obs. Heugas-Darraspen (1re esp.)* • 2 nov. 2005 : *D. 2005. AJ. 3084, obs. Avena-Robardet ; RTD com. 2006. 171, obs. Legeais ; JCP E 2005, n° 50, p. 2147 ; RJDA 2006, n° 452.* ♦ Jugeant que la mise en garde faite par une banque à deux époux quant à leurs facultés de remboursement (prévisibilité d'un endettement excessif) ne peut bénéficier à l'établissement de crédit qui a finalement octroyé le prêt : • Civ. 1re, 8 juin 2004 : *Bull. civ. I, n° 166 ; D. 2004. AJ. 1897 ; JCP E 2004, n° 40, p. 1543, note Legeais ; JCP 2004. II. 10142, note Dagorne-Labbe ; Gaz. Pal. 2005. 1183, note Boucard ; RD banc. fin. 2004, n° 158, obs. Crédot et Gérard ; Banque et Droit nov.-déc. 2004. 56, obs. Bonneau ; RTD com. 2004. 581, obs. Legeais ; RJDA 2004, n° 1367.*

Sur la position de la Chambre commerciale, V. • Com. 3 mai 2006 : *préc. note 29.*

40. Devoir d'éclairer le choix de l'emprunteur. La banque auprès de laquelle un client a ouvert un compte de dépôt, un compte d'épargne logement et un plan d'épargne populaire, est tenue, en tant que gestionnaire de ces comptes, d'éclairer son client sur les avantages et inconvénients du choix qui s'offre à celui-ci, pour couvrir le solde débiteur de son compte de dépôt, entre le recours au crédit et la mobilisation de l'épargne figurant sur ses autres comptes. • Civ. 1re, 12 juill. 2005 : *Bull. civ. I, n° 326 ; D. 2005. 3094, note Parance (4e esp.) ;ibid. AJ. 2276, obs. Delpech (4e esp.) ; D. 2006. Pan. 167, obs. Martin ; RTD com. 2005. 820, obs. Legeais ; JCP E 2005, n° 38, p. 1521, note Legeais (2e esp.) ; JCP 2005. II. 10140, note Gourio (3e esp.) ; Banque et Droit nov.-déc. 2005. 83, obs. Bonneau ; RD imm. 2006. 123, obs. Heugas-Darraspen (4e esp.).*

41. Emprunteur averti. Une cour d'appel, qui a relevé que des époux, cadres supérieurs clients d'une banque, ayant créé une société qui avait pour objet la réalisation d'opérations immobilières, étaient des emprunteurs avertis, qu'aux revenus certains dont ils faisaient état en 1990 au titre de leurs emplois, devaient être ajoutés les revenus allant raisonnablement leur échoir au titre de leurs activités professionnelles secondaires, qu'il y avait lieu ainsi de prendre en compte les dividendes et la rémunération que l'un des époux entendait percevoir au titre de la société créée dont ils étaient les seuls actionnaires, ainsi que ses prévisions de résultats et ses perspectives, celle-ci ayant démarré sous les meilleurs auspices, et qu'en outre les époux percevaient d'autres revenus tirés de diverses activités, a pu en déduire que l'établissement de crédit n'avait pas commis de faute en consentant aux emprunteurs un prêt dont les échéances étaient supérieures à leur revenus. • Civ. 1re, 12 juill. 2005 : Bull. civ. no 324 ; D. 2005. 3094, note Parance (2e esp.) ; ibid. AJ. 2276, obs. Delpech (1re esp.) ; D. 2006. Pan. 167, obs. Martin ; RTD com. 2005. 820, obs. Legeais ; JCP E 2005, no 38, p. 1521, note Legeais (4e esp.) ; JCP 2005. II. 10140, note Gourio (1re esp.) ; Banque et Droit nov.-déc. 2005. 82, obs. Bonneau ; RD imm. 2006. 123, obs. Heugas-Darraspe n (2e esp.). ♦ C'est à bon droit qu'une cour d'appel énonce que, ne prétendant pas que l'établissement de crédit prêteur aurait eu sur sa situation financière des renseignements que lui-même aurait ignorés, un emprunteur averti ne peut faire grief à cette banque de lui avoir accordé un prêt qu'il avait lui-même sollicité. • Civ. 1re, 12 juill. 2005 : *Bull. civ. no 325 ; D. 2005. 3094, note Parance (1re esp.) ; ibid. AJ. 2276, obs. Delpech (3e esp.) ; D. 2006. Pan. 167, obs. Martin ; RTD com. 2005. 820, obs. Legeais ; JCP E 2005, no 38, p. 1521, note Legeais (3eesp.) ; JCP 2005. II. 10140, note Gourio (4e esp.) ; Banque et Droit nov.-déc. 2005. 81, obs. Bonneau ; RD imm. 2006. 123, obs. Heugas-Darraspen (3e esp.).* – V. aussi • Civ. 1re, 21 févr. 2006 : *JCP E 2006, no 13, p. 611, note Legeais ; RLDA mai 2006, p. 33, obs. Chemin-Bomben.* ♦ Une cour d'appel, relevant que les prêts litigieux avaient été souscrits par une personne, pour financer les travaux d'aménagement et d'extension d'une villa lui appartenant et que, pour cette opération, elle avait été assistée de son conjoint, présent lors de la signature des actes, lequel exerçait alors des fonctions de cadre supérieur au sein même de l'établissement prêteur et présentait, de ce fait, toute compétence pour apprécier la portée des obligations ainsi contractées par rapport aux capacités pécuniaires du ménage a pu décider, en l'état de ces constatations et appréciations, dont il se déduisait que l'intéressée avait été en mesure d'obtenir de son conjoint toutes les informations utiles pour lui permettre d'apprécier l'opportunité des engagements qu'elle souscrivait pour l'amélioration de son propre patrimoine, que la banque, qui n'avait dès lors aucun devoir de mise en garde, n'avait pas commis de faute. • Com. 3 mai 2006 : *D. 2006. AJ. 1445, obs. Delpech (2e esp.).*

C. MISE EN JEU DE LA RESPONSABILITÉ DU BANQUIER

42. *Prescription.* Sur l'application à l'action en responsabilité contre la banque de la prescription décennale de l'art. L. 110-4 C. com., V. note 3 *bis* ss. l'art. préc., *supra*.

43. *Opposabilité du secret bancaire.* Sur l'opposabilité du secret bancaire par le banquier partie au procès, *infra*, V. note 15 ss. art. L. 511-33 C. mon. fin. ♦ Pour un arrêt refusant d'ordonner la communication du dossier de l'analyse faite par la banque lors de la mise en place du financement, au motif que la charge de la preuve incombait à la caution, V. • Versailles, 19 févr. 1998 : *Banque et Droit sept.-oct. 1998. 34, obs. Guillot.*

1o ACTION EN RESPONSABILITÉ DES CRÉANCIERS DU BÉNÉFICIAIRE DU CRÉDIT

44. *Apparence trompeuse de solvabilité.* Sur la prise en compte de la création, par la banque, d'une apparence trompeuse de solvabilité à l'égard des tiers, V. • Com. 18 juin 1996 : *Bull. civ. IV, no 174 ; D. Affaires 1996. 1059 ; JCP E 1996. II. 896, note Legeais* • 9 juill. 2002 : *RJDA 2003, no 53.*

45. *Étendue de la réparation du préjudice.* L'établissement de crédit qui a fautivement retardé l'ouverture de la procédure collective de son client n'est tenu de réparer que l'aggravation de l'insuffisance d'actif qu'il a ainsi contribué à créer. • Com. 22 mars 2005 : *Bull. civ. IV, no 67 ; D. 2005. AJ. 1020, obs. Lienhard (1re esp.) ; RTD com. 2005. 578, obs. Legeais ; JCP E 2005, no 47, p. 1975, obs. Dumoulin ; Banque et Droit juill.-août 2005. 71, obs. Bonneau ; RJDA 2005, no 873 (1re esp.) ; Dr. et patr. déc. 2005. 97, obs. Mattout et Prüm ; Bull. Joly 2005. 1212, obs. Lucas.* ♦ Comp., *supra*, note 5 *quater* ss. art. L. 621-39 ancien C. com.

46. *Procédure collective.* Sur l'exercice de l'action en responsabilité en cas de redressement et de liquidation judiciaires, V. *supra*, note 1 ss. art. L. 621-39 ancien et 4 *bis* ss. art. L. 624-3 ancien C. com.

47. *Compétence territoriale.* V. *supra*, note 5 *ter* ss. art. L. 621-39 ancien C. com.

2o ACTION EN RESPONSABILITÉ DU BÉNÉFICIAIRE DU CRÉDIT

48. *Vice du consentement.* Sur la nécessité, lorsque la faute de la banque est invoquée par le bénéficiaire du crédit, d'apporter la preuve d'un vice du consentement, V. • Com. 24 janv. 1995 : *RJDA 1995, no 605.* – V. aussi • Versailles, 18 déc. 1998 : *RJDA 1998, no 320.*

49. *Emprunteur averti.* Un emprunteur ne saurait invoquer le manquement à son obligation de conseil de la banque qui lui avait octroyé un crédit, dès lors que, homme d'affaires expérimenté, il connaissait les risques inhérents aux opérations dont il avait pris l'initiative. • Com. 11 mai 1999 : *JCP E 1999, no 43, p. 1730, note Legeais.* ♦ Rejetant la responsabilité de la banque dès lors qu'il n'est pas démontré qu'elle aurait eu des informations sur les capacités de remboursement de l'emprunteur ou sur les risques de l'opération financée que, par suite de circonstances exceptionnelles, celui-ci aurait pu ignorer : • Com. 1er juill. 2003 : *RJDA 2004, n° 82 (2 arrêts).* ♦ V. aussi, sur la prise en compte de la connaissance par l'emprunteur des risques encourus, s'agissant d'un prêt contracté par des parents pour aider leur enfant à rembourser un prêt destiné à financer l'acquisition d'un fonds de commerce, • Com. 9 oct. 2001 : *RJDA 2002, n° 345.* ♦ Sur l'absence de responsabilité d'une banque dans l'octroi d'un prêt à l'épouse du dirigeant d'une société se trouvant dans une situation irrémédiablement compromise au su de la banque, la bénéficiaire du prêt l'ayant demandé en toute connaissance de ses difficultés, V. • Com. 9 avr. 2002 : *RJDA 2002, n° 795.* – V. aussi • Civ. 1re, 12 juill. 2005 : *préc. note 41 (2 arrêts).* ♦ Mais jugeant qu'une banque a manqué à son devoir de conseil envers la femme qui a souscrit, en qualité de co-emprunteur, un prêt destiné aux besoins de l'activité professionnelle de son mari, alors que la banque ne justifie pas s'être informée de l'adéquation entre le crédit et les biens et revenus de la femme, assistante maternelle, ni avoir expressément mis en garde la femme sur la nature et l'étendue de son engagement au regard de la destination du prêt et des règles relatives aux régimes matrimoniaux : • Nancy, 13 févr. 2003 : *JCP E 2004, n° 43, p. 1661.*

3° ACTION EN RESPONSABILITÉ DE LA CAUTION

BIBL. Legeais, *Petites affiches 5 mars 1997, p. 4 ; RD bancaire et bourse 1998. 193 ; Banque et Droit janv.-févr. 2000. 38.* – Paul, *Dr. et patr. juin 2002. 40* (ampleur de la décharge directe de la caution en raison de la faute du créancier) – Arlie, *Petites affiches 24 sept. 2002, p. 4* (responsabilité civile du banquier : une voie étroite de libération pour la caution). – Farge, *D. 2003. 892* (recours personnel de la caution : la voie possible d'un renouveau du cautionnement). – Roman, *ibid. 2156* (la caution et l'action paulienne) ; *Dr. et patr. mars 2004. 50* (les moyens de défense de la caution : l'importance accrue des aspects procéduraux).

50. Défaut d'information de la caution. Manque à son obligation de renseignement l'établissement de crédit qui omet d'informer les cautions de l'arrêt par le débiteur principal du paiement des cotisations du contrat d'assurance de groupe couvrant les risques invalidité-décès souscrits par ce dernier en même temps que l'emprunt, et les met dans l'impossibilité de se substituer au débiteur principal dans le paiement de cotisations et donc de maintenir le contrat. • Civ. 1re, 27 juin 1995 : *Bull. civ. I, n° 281.*

51. Absence de contrôle de l'affectation des fonds. Sur la responsabilité d'une banque à l'égard de la caution d'un prêt affecté, l'établissement de crédit n'ayant effectué aucun contrôle quant à l'affectation des fonds, V. • Com. 26 avr. 2000 : *BRDA 2000, n° 11, p. 8* • 10 juill. 2001 : *RD banc. fin. 2001, n° 221, obs. Legeais.* ♦ V., au contraire, écartant la responsabilité de la banque à l'égard de la caution en l'absence de clause d'affectation dans l'acte de prêt, • Com. 17 juill. 2001 : *RD banc. fin. 2001, n° 220, obs. Legeais.* ♦ Sur l'effet relatif de la convention d'affectation, V. • Com. 8 oct. 2002 : *Bull. civ. IV, n° 137 ; RTD com. 2003. 144, obs. Cabrillac ; Petites affiches 10 janv. 2003, p. 4, obs. E. C.* ♦ V. aussi note 37.

52. Cautionnement disproportionné. La sanction de la disproportion entre la situation de la caution et le montant de son engagement souscrit envers un établissement de crédit ne peut être recherchée que sur le terrain de la responsabilité civile du banquier et ne saurait consister en l'annulation du cautionnement. • Civ. 1re, 29 juin 2004 : *Bull. civ. I, n° 185.* ♦ Mais des cautions dirigeantes, n'ayant jamais prétendu ni démontré que la banque envers laquelle ils avaient souscrit un cautionnement auraient eu sur leurs revenus, leurs patrimoines et leurs facultés de remboursement raisonnablement prévisibles en l'état du succès escompté de l'opération immobilière entreprise par la société, des informations qu'eux-mêmes auraient ignorées, ne sont pas fondées à rechercher la responsabilité civile de cette banque en raison d'une disproportion entre le montant de leur engagement et leur capacité financière. • Com. 8 oct. 2002 : *Bull. civ. IV, n° 136 ; D. 2003. 414, note Koering ; JCP 2003. II. 10017, note Picod ; RTD civ. 2003. 125, obs. Crocq.* ♦ Sur la responsabilité de la banque en cas de disproportion de la garantie demandée, V. aussi note 4 ss. art. L. 313-10 C. consom., *infra*, v° *Ventes commerciales. V. – Crédit (ventes à).*

53. Caution avertie. Lorsqu'en qualité de dirigeant de la société cautionnée la caution avait une parfaite connaissance de la situation de l'entreprise, elle ne peut reprocher à la banque d'avoir accordé des crédits inconsidérés. • Com. 15 févr. 1994 : *Bull. civ. IV, n° 60 ; Rev. dr. bancaire 1994. 236, obs. Crédot et Gérard* • 21 févr. 1995 : *RJDA 1995, n° 868* • 18 mars 2003 : *RJDA 2003, n° 1109.* ♦ Ainsi, le gérant de société, caution solidaire des dettes sociales et assigné en exécution de ses engagements par la banque, ne peut, à défaut de circonstances exceptionnelles, mettre en œuvre la responsabilité de cette dernière pour soutien abusif de crédit. • Com. 12 nov. 1997 : *Bull. civ. IV, n° 284 ; D. Affaires 1998. 22, obs. X. D. ; JCP E 1998, n° 5, p. 182, note Legeais ; Bull. Joly 1998. 105, note Delebecque ; RTD com. 1999. 683, obs. Champaud et Danet*. – V. Niki, *Petites affiches 8 mars 1996, p. 6*. – V. aussi • Com. 6 févr. 2001 : *D. 2001. AJ. 1024* • 9 juill. 2002 : *RJDA 2002, n° 1309* • Versailles, 8 mars 2001 : *Banque et Droit mars-avr. 2002. 59, obs. Guillot.* ♦ Le fait, pour un président-directeur général, de diriger la société qu'il cautionne, et ce, jusqu'à son dépôt de bilan, laisse nécessairement supposer qu'il est informé quotidiennement de la situation de ladite société, et qu'il est à même de percevoir la portée et l'étendue de l'engagement souscrit. • Versailles, 24 sept. 1998 : *Gaz. Pal. 1999. 2. Somm. 543.* ♦ Dans le même sens s'agissant d'associés fondateurs et bailleurs de fonds de la société, V. • Com. 15 oct. 2002 : *RJDA 2003, n° 190.* ♦ Pour un arrêt ayant en revanche admis la responsabilité d'un établissement de crédit-bail envers des cautions dirigeantes en présence de circonstances exceptionnelles (connaissance par la banque d'informations sur la non-viabilité de l'opération non transmises aux cautions), V. • Com. 20 sept. 2005 : *préc. note 31.* ♦ Jugeant qu'une caution dirigeante peut se prévaloir du dol commis par un établissement de crédit dans l'octroi d'un prêt, V. • Com. 23 juin 1998 : *JCP E 1998, n° 47, p. 1831, note Legeais ; ibid. 1999, n° 17, obs. Gavalda et Stoufflet* • 3 mai 2000 : *Dr. et patr. 2001. 92, obs. Saint-Alary.* – V. aussi Legeais, *RD bancaire et bourse 1998. 193.* ♦ Pour un arrêt écartant le dol, la situation du débiteur n'étant pas irrémédiablement compromise à la date de signature de l'acte de caution, V. • Civ. 1re, 30 janv. 2001 : *Banque et Droit janv.-févr. 2002. 49, obs. Guillot.* ♦ V. aussi note 4 ss. art. L. 313-10 C. consom., *infra*, v° *Ventes commerciales. V. – Crédit (ventes à).*

54. *Préjudice de la caution.* En dehors des cas visés par l'art. 2037 [2314] C. civ., la faute du créancier ne peut donner lieu qu'à l'allocation de dommages et intérêts à la mesure du préjudice subi. • Civ. 1re, 17 mars 1998 : *Bull. civ. I, n° 114 ; D. Affaires 1998. 668, obs. J. F. ; Dr. sociétés 1998, n° 84, note Bonneau.*

55. *Défense au fond ou demande reconventionnelle de la caution.* La caution qui, poursuivie en paiement par le créancier, demande à être déchargée de son obligation en raison de la faute commise par celui-ci à l'encontre du débiteur principal, sans prétendre obtenir un avantage autre que le simple rejet de la prétention de son adversaire, peut procéder par voie de défense au fond ; elle peut aussi, par voie de demande reconventionnelle, demander à être déchargée indirectement en sollicitant des dommages et intérêts puis la compensation entre le montant de sa dette et celui des dommages et intérêts. • Com. 26 oct. 1999 : *Bull. civ. IV, n° 182 ; D. 2000. Somm. 340, obs. Jobard-Bachellier ; JCP 1999. II. 10262, note Legeais ; Procédures 2000, n° 36, obs. H. C. ; RTD com. 2000. 157, obs. Cabrillac* • 26 avr. 2000 : *Bull. civ. IV, n° 80 ; D. 2000. 665, note Grimaldi ; RD banc. fin. 2000, n° 151, obs. Legeais* • Civ. 1re, 4 oct. 2000 : *Bull. civ. I, n° 233 ; D. 2000. AJ. 401, obs. Avena-Robardet ; RD banc. fin. 2000, n° 223, obs. Legeais ; Banque et Droit mars-avr. 2001. 45, obs. Jacob.* – V. aussi Legeais, *RD bancaire et bourse 1999. 196.* ♦ Comp. en ce sens que lorsqu'elle se situe en dehors du cadre de l'art. 2037 [2314] C. civ., la caution ne peut agir en responsabilité à l'encontre de la banque pour faute de cette dernière envers la société, que par voie de demande reconventionnelle et non pas par voie d'exception. • Com. 22 avr. 1997 : *Bull. civ. IV, n° 96 ; D. Affaires 1997. 666 ; Petites affiches 4 mars 1998, p. 25, note D. Boccara* • Civ. 1re, 24 juin 1997 : *Bull. civ. I, n° 211 ; D. Affaires 1997. 958.* – V. déjà • Com. 16 mars 1993 : *Bull. civ. IV, n° 102 ; D. 1993. Somm. 314, obs. Aynès* • 3 mai 1994 : *Contrats Conc. Consom. 1994, n° 160, note Leveneur* • 25 juin 1996 : *Bull. civ. IV, n° 193 ; D. Affaires 1996. 1091 ; JCP 1996. II. 22687, rapp. Rémery* (donneur d'aval). – V. aussi Haehl, *RTD com. 1990. 275.* ♦ Les demandes reconventionnelles et les moyens de défense étant formés de la même manière à l'encontre des parties à l'instance, la cour d'appel doit répondre à la demande de la caution qui invoque la faute du créancier pour s'opposer au paiement, quelle qu'en soit la qualification procédurale. • Cass., Ch. mixte, 21 févr. 2003 : *Bull. civ., n° 3 ; D. 2003. AJ. 829, obs. Avena-Robardet ; JCP E 2003, n° 28-29, p. 1194, note Legeais ; RJDA 2003, p. 495, concl. de Gouttes ; JCP 2003. I. 128, n° 19, obs. Cadiet ; ibid. II. 10103, note Boucard ; RTD com. 2003. 353, obs. Legeais ; RD banc. fin. 2003, n° 69, obs. Legeais ; Banque et Droit juill.-août 2003. 60, obs. Jacob ; Gaz. Pal. 2003. Somm. 2482, obs. S. Piedelièvre ; Procédures 2003, n° 118, obs. Croze.*

La caution qui demande reconventionnellement des dommages-intérêts à une banque, en raison du préjudice personnel qu'elle allègue contre cette dernière, n'est pas tenue de mettre en cause le débiteur principal ou les organes de la procédure collective de celui-ci. • Com. 25 juin 1996 : *D. Affaires 1996. 1068 ; JCP E 1997. II. 900, note Legeais.*

56. *Défense de la caution à une action*

paulienne de la banque. Dès lors que la banque justifie d'un principe certain de créance, la faute de cette dernière ne peut être invoquée par voie d'exception dans le cadre d'une défense à une action paulienne. • Cass., Ch. mixte, 21 févr. 2003 : *Bull. civ. n° 2 ; D. 2003. AJ. 829, obs. Avena-Robardet ; RJDA 2003, p. 495, concl. de Gouttes ; RD banc. fin. 2003, n° 70, obs. Legeais ; Dr. et patr. juill.-août 2003. 81, obs. Chauvel ; JCP E 2004, n° 3, p. 77, obs. Simler.*

57. Autres recours de la caution. Avant même d'avoir payé, la caution qui dispose contre le débiteur d'une créance personnelle d'indemnité, peut agir contre celui-ci, bien qu'il soit lui-même poursuivi en paiement par le créancier. • Com. 21 janv. 2003 : *Bull. civ. IV, n° 8 ; D. 2003. AJ. 620 ; JCP E 2003, n° 11, p. 438 ; RD banc. fin. 2003, n° 71, obs. Legeais ; RDC 2003. 177, obs. Houtcieff ; RJDA 2003, n° 642.* ♦ La caution, poursuivie en paiement par le créancier, dispose, avant même d'avoir payé, d'une créance personnelle d'indemnité contre les héritiers de l'emprunteur, de sorte que du chef de cette créance, elle était recevable à agir, par voie oblique, contre la compagnie d'assurance en exécution du contrat d'assurance. • Civ. 1re, 25 mai 2005 : *JCP E 2005, n° 29, p. 1220 ; RD banc. fin. 2005, n° 122, obs. Legeais ; Banque et Droit juill.-août 2005. 62, obs. Rontchevsky ; RJDA 2005, n° 1151.*

§ 2 *Prêts participatifs*

RÉP. SOCIÉTÉS v° *Prêts participatifs*, par CRÉMIEUX-ISRAËL.

BIBL. GÉN. ▸ L. FAUGÉROLAS, *JCP E 1991. I. 84* (subordination des créances). – BACHELOT, *Dr. sociétés 1995. Chron. 6* (problèmes posés par la pratique). – HAMOU, *Dr. et patr. juill.-août 2004. 26* (les titres super-subordonnés dans les LBO). ▸ Loi n° 2005-882 du 2 août 2005 : LÉCUYER, *Dr. sociétés 2005. Chron. 12* (aspects de droit commun des sociétés).

L. 313-13 L'État, sous réserve des articles L. 313-18 à L. 313-20 les établissements de crédit, les sociétés commerciales, *(L. n° 2005-882 du 2 août 2005, art. 11-I)* **« les établissements publics dont la liste est fixée par décret en Conseil d'État, »** *(Ord. n° 2001-350 du 19 avr. 2001)* **« les sociétés et mutuelles d'assurances,** *(L. n° 2005-882 du 2 août 2005, art. 11-I)* **« les associations sans but lucratif mentionnées au 5 de l'article L. 511-6, » les mutuelles et unions régies par le code de la mutualité » et les institutions relevant du titre II et du titre III du livre IX du code de la sécurité sociale peuvent consentir sur leurs ressources disponibles à long terme des concours aux entreprises** *(L. n° 2005-882 du 2 août 2005, art. 11-I)* **« artisanales, industrielles ou commerciales » sous forme de prêts participatifs régis par les articles L. 313-14 à L. 313-20. Les dispositions du présent article ne font pas obstacle à l'application des dispositions pénales du titre IV du livre II du code de commerce.** – *[L. n° 78-741 du 13 juill. 1978, art. 24]. – V. infra, art. R. 313-14-1.*

(L. n° 2005-882 du 2 août 2005, art. 11-I) **« L'attribution d'un prêt participatif à une entreprise individuelle n'emporte pas, par elle-même, constitution d'une société entre les parties au contrat. »**

1. Les prêts participatifs n'étant consentis qu'aux entreprises industrielles et commerciales, les personnes physiques non commerçantes, seraient-elles les dirigeants sociaux de ces entreprises, ne peuvent contracter de tels prêts. • Com. 7 mars 1995 : *Bull. civ. IV, n° 72 ; D. 1995. IR. 88 ; Bull. Joly 1995. 519, note Couret ; Rev. sociétés 1995. 703, note J.-F. Barbièri ; Dr. sociétés 1995, n° 130, note Bonneau.* ♦ Sur la qualification de prêt participatif dans l'hypothèse d'une société en formation, peu important à cet égard que le prêt n'ait pas été repris ultérieurement par la société, V. • Com. 18 juin 2002 : *RJDA 2002, n° 1310 ; Banque et Droit nov.-déc. 2002. 54, obs. Bonneau.* ♦ Jugeant que pour qualifier le prêt litigieux il convient de ne pas s'arrêter au sens littéral des termes de la convention mais de rechercher quelle avait été la commune intention des parties, V. • Même arrêt.

2. L'établissement de crédit qui accorde un prêt participatif garanti par la Société française d'assurance du capital-risques des petites et moyennes entreprises (SOFARIS), accepte par là même les modalités et conditions de cette garantie qui sont définies par une convention passée le 2 déc. 1982 entre l'État et la SOFARIS et par une note d'instruction de cette dernière. • Civ. 1re, 19 avr. 1988 : *Bull. civ. I, n° 109 ; JCP 1989. II. 21176, note Delebecque.* ♦ Mais, ni la loi du 13 juill. 1978 [C. mon. fin., art. L. 313-13 s.], ni la convention du 2 déc. 1982, ni les conditions d'intervention de la SOFARIS n'excluent la possibilité pour un créancier de recueillir un cautionnement dès lors que celui-ci est conforme aux conditions particulières retenues par la SOFARIS. • Metz, 17 juin 1993 : *Dr. sociétés 1993, n° 220, note Bonneau.* ♦ Dans le cadre d'une opération de prêt participatif, la SOFARIS, qui ne remboursera les établissements prêteurs qu'après épuisement des poursuites contre l'emprunteur et ses garants, n'a ni la qualité de coobligé ni celle de cofidéjusseur à l'égard de la caution : elle a la qualité de créancier en raison de la part de risque qu'elle assume dans l'opération de crédit. • Même arrêt. ♦ V. aussi, sur les conditions de l'intervention de la SOFARIS dans l'octroi d'un prêt participatif, • Com. 17 oct. 1995 : *RJDA 1996, n° 87.*

Sur la validité du cautionnement consenti par un tiers, antérieurement à la convention conclue (en 1982) entre l'État et la Caisse nationale des marchés de l'État (CNME) et sa circulaire d'application, excluant un tel cautionnement, V. • Com. 11 juin 1996 : *Bull. civ. IV, n° 171 ; D. Affaires 1996. 897.*

V. note 2 ss. art. L. 313-16.

Sous-§ 1 Régime général

L. 313-14 **Les prêts participatifs sont inscrits sur une ligne particulière du bilan de l'organisme qui les consent et de l'entreprise qui les reçoit** *(L. n° 2005-882 du 2 août 2005, art. 11-II)* **« et qui, en outre, les mentionne dans l'annexe prévue à l'article L. 123-12 du code de commerce ».** – *V. cet art., supra.*

Ils sont, au regard de l'appréciation de la situation financière des entreprises qui en bénéficient, assimilés à des fonds propres. — *[L. n° 78-741 du 13 juill. 1978, art. 25].*

Assimilation à des fonds propres. BIBL. Crémieux-Israël, *Rev. sociétés 1983. 751.* ♦ V. aussi : Rép. min. n° 30623 : *JOAN Q, 8 août 1983, p. 3488.*

L. 313-15 **En cas de liquidation amiable, de liquidation judiciaire ou de redressement judiciaire par cession de l'entreprise débitrice, les prêts participatifs ne sont remboursés qu'après désintéressement complet de tous les autres créanciers privilégiés ou chirographaires.** *(L. n° 2005-882 du 2 août 2005, art. 11-III)* **« Sauf stipulations contractuelles contraires ayant requis l'accord global de l'ensemble des titulaires de prêts participatifs ceux-ci sont, pour les répartitions à intervenir, placés sur le même rang. »** — *[L. n° 78-741 du 13 juill. 1978, art. 26]. — V. supra, C. com., art. L. 228-36, al. 4.*

L. 313-16 **En cas** *(L. n° 2005-845 du 26 juill. 2005, art. 165-II)* **« de sauvegarde ou » de redressement judiciaire par continuation de l'entreprise débitrice, le remboursement des prêts participatifs et le paiement des rémunérations prévues sont suspendus pendant toute la durée de l'exécution** *(L. n° 2005-845 du 26 juill. 2005, art. 165-II)* **« du plan de sauvegarde ou de redressement judiciaire ».** — *[L. n° 78-741 du 13 juill. 1978, art. 27, al. 1er].*

1. Applicabilité au redressement judiciaire. Jugé que les dispositions de l'art. 27 [C. mon. fin., art. L. 313-16] ne peuvent être étendues aux plans de redressement par continuation prévus par la loi du 25 janv. 1985 [C. com., art. L. 621-62 s. anciens], dès lors qu'un tel plan ne peut être assimilé ni à un concordat, ni à une suspension provisoire des poursuites. • Lyon, 26 juill. 1991 : *RJDA 1992, n° 90. – Contra* : Rép. min. : *JOAN Q, 31 août 1987, p. 4922 ; Rev. sociétés 1987. 637.*

2. Cautionnement spécial. Le caractère des prêts participatifs et le régime auquel, en vertu des art. 26 et 27 de la loi du 13 juill. 1978 [C. mon. fin., art. L. 313-15 et L. 313-16], ils sont soumis en cas d'ouverture d'une procédure collective, ne permettent pas de faire entrer pareils prêts dans le champ des cautionnements qui n'ont pas été consentis spécialement pour leur garantie, même si ces cautionnements ont été stipulés sans limitation quant à la nature et au montant des engagements du débiteur. • Com. 9 juin 1992 : *Bull. civ. IV, n° 233 ; D. 1992. IR. 198 ; Rev. sociétés 1993. 93, note Delebecque ; Banque 1992. 1167, obs. Rives-Lange ; Rev. proc. coll. 1992. 404, obs. Soinne* • 23 mars 1993 : *Bull. Joly 1993. 734, note Couret* • 24 oct. 1995 : *ibid. 1996. 149, note Couret.* ♦ L'établissement de crédit qui accorde un prêt participatif garanti par SOFARIS accepte les modalités et conditions limitatives des sûretés prévues par la convention du 2 déc. 1982 entre l'État et SOFARIS, laquelle ne prévoit pas l'éventualité du cautionnement consenti par le dirigeant de l'entreprise emprunteuse. • Civ. 1re, 8 juill. 1997 : *Bull. civ. I, n° 237 ; D. Affaires 1997. 1003* • Versailles, 7 avr. 1994 : *Bull. Joly 1994. 1082, note Couret.* – Dans le même sens, V. • Com. 27 oct. 1998 : *Bull. civ. IV, n° 267 ; D. Affaires 1999. 207, obs. X. D. ; Dr. sociétés 1999, n° 50, obs. Bonneau.* ♦ Comp., ayant jugé que ni les dispositions du code civil, ni celles de la loi du 13 juill. 1978 [C. mon. fin., art. L. 313-13 s.] ne faisaient obstacle à ce que le remboursement d'un prêt participatif soit garanti par un cautionnement, sous réserve que celui-ci soit consenti spécialement à cette fin et qu'une restriction au champ d'application du contrat de cautionnement, fixé par la loi, ne pouvait résulter d'une instruction ministérielle, • Com. 31 mai 1994 : *D. 1994. IR. 172 ; Dr. sociétés 1994, n° 150, note Bonneau.* ♦ Comp. aussi • Com. 20 mai 1997 : *Bull. civ. IV, n° 152 ; D. Affaires 1997. 830 ; Bull. Joly 1997. 808, note J.-F. Barbièri ; Dr. sociétés 1997, n° 140, note Bonneau ; RTD com. 1997. 492, obs. Cabrillac ; JCP E 1997. Pan. 668, obs. Bouteiller.*

3. La circonstance que l'action récursoire du cautionné à l'encontre du débiteur principal soit limitée, puisque le créancier participatif ne bénéficie que d'une créance de dernier rang, n'a pas pour autant pour effet de priver le cautionné de toute action récursoire au sens de l'art. 2028 [2305] C. civ., pas plus que le créancier participatif n'est privé d'action contre le débiteur principal. • Com. 20 mai 1997 : *préc. note 2.*

4. Le sous-cautionnement souscrit au profit des cautions d'un prêt participatif doit être spécialement consenti à cette fin. • Com. 20 mai 1997 : *préc. note 2.*

L. 313-17 **Sans préjudice des articles L. 313-1 à L. 313-6 du code de la consommation** *[relatifs à l'usure]*, **l'intérêt fixe du prêt participatif peut être majoré dans les conditions qui sont déterminées par le contrat, notamment par le jeu d'une clause de participation au bénéfice net de l'emprunteur** *(L. n° 2005-882 du 2 août 2005, art. 11-IV)* **« ou au bénéfice réalisé par l'emprunteur lors de l'utilisation des biens dont l'acquisition a été financée totalement ou partiellement par ce prêt ou à la plus-value réalisée lors de leur cession ou sous forme de rétrocession de la marge réalisée ».** – *V. ces art. infra, v° Prêts d'argent – Intérêts des capitaux.*

(L. n° 2005-882 du 2 août 2005, art. 11-IV) **« Lorsqu'une clause de participation au bénéfice net de l'entreprise est prévue, elle s'exerce sous la forme d'un prélèvement prioritaire, pour les personnes physiques, sur le bénéfice comptable et, pour les sociétés, sur le bénéfice distribuable avant toute autre affectation.**

« Dans les cas où l'approbation des assemblées spéciales mentionnées aux articles L. 225-99 et L. 228-35-6 du code de commerce ou des assemblées générales des masses constituées en application de l'article L. 228-103 du même code est nécessaire, cette clause est approuvée par l'assemblée générale extraordinaire. Dans les autres cas, elle est approuvée par les associés statuant selon les conditions requises pour l'approbation des comptes. »

Sous-§ 2 Prêts participatifs accordés par l'État

L. 313-18 **L'octroi de prêts participatifs par l'État est subordonné à des engagements précis et datés de la part de l'emprunteur en matière industrielle ou commerciale ainsi qu'en matière financière.**

Si le contenu ou l'échéancier des engagements ne sont pas respectés, le remboursement du prêt devient exigible, sauf dans le cas prévu à l'article L. 313-16. – *[L. n° 78-741 du 13 juill. 1978, art. 31].*

L. 313-19 **L'intérêt fixe du prêt participatif est majoré, dans les conditions qui sont déterminées par le contrat, par le jeu d'une clause de participation, notamment au bénéfice net de l'emprunteur.**

Cette participation constitue une charge de l'exercice.

Le taux effectif global de la rémunération versée par l'emprunteur à l'État ne peut être inférieur au taux moyen des intérêts rémunérant les comptes courants des associés de la société emprunteuse. – *[L. n° 78-741 du 13 juill. 1978, art. 32].*

L. 313-20 **Le montant de chaque prêt participatif accordé par l'État est rendu public chaque année.** – *[L. n° 78-741 du 13 juill. 1978, art. 33, al. 1er].*

§ 3 *Garanties des crédits aux entrepreneurs individuels*

L. 313-21 A l'occasion de tout concours financier qu'il envisage de consentir à un entrepreneur individuel pour les besoins de son activité professionnelle, l'établissement de crédit qui a l'intention de demander une sûreté réelle sur un bien non nécessaire à l'exploitation ou une sûreté personnelle consentie par une personne physique doit informer par écrit l'entrepreneur de la possibilité qui lui est offerte de proposer une garantie sur les biens nécessaires à l'exploitation de l'entreprise et indique, compte tenu du montant du concours financier sollicité, le montant de la garantie qu'il souhaite obtenir.

A défaut de réponse de l'entrepreneur individuel dans un délai de quinze jours ou en cas de refus par l'établissement de crédit de la garantie proposée par l'entrepreneur individuel, l'établissement de crédit fait connaître à ce dernier le montant chiffré des garanties qu'il souhaite prendre sur les biens non nécessaires à l'exploitation de l'entreprise ou auprès de tout autre garant. En cas de désaccord de l'entrepreneur, l'établissement de crédit peut renoncer à consentir le concours financier sans que sa responsabilité puisse être mise en cause.

L'établissement de crédit qui n'a pas respecté les formalités prévues aux premier et deuxième alinéas ne peut dans ses relations avec l'entrepreneur individuel se prévaloir des garanties qu'il aurait prises. En cas de garantie constituée par une sûreté immobilière ou mobilière donnant lieu à publicité, l'établissement de crédit ne peut plus s'en prévaloir à compter de la radiation de l'inscription de la sûreté. – *[L. n° 84-46 du 24 janv. 1984, art. 60-1]*.

BIBL. ► RUBELLIN, *JCP 1995. I. 3856.*

Dès lors que la sûreté réelle prise sur un bien non nécessaire à l'exploitation n'a pas été demandée par la banque, mais offerte par l'entrepreneur individuel, il ne peut être reproché à la banque de ne pas avoir respecté les dispositions de l'art. 60-1 [C. mon. et fin., art. L. 313-21]. • Bordeaux, 4 avr. 2001 : *Banque et Droit mars-avr. 2002. 62, obs. Guillot.*

L. 313-21-1 *(L. n° 2005-842 du 26 juill. 2005, art. 18-I)* Les sociétés retenues pour contribuer à la création d'activités ou au développement des emplois dans le cadre d'une convention passée avec l'État en application de l'article L. 321-17 du code du travail ainsi que les sociétés agréées par le ministre chargé de l'économie sont autorisées à consentir des garanties partielles au profit d'établissements de crédit octroyant des prêts pour des projets de développement d'entreprises situées dans des bassins d'emploi connaissant des difficultés économiques ou révélant une fragilité économique, ainsi qu'aux sociétés de caution mutuelle artisanales qui cautionnent de tels projets.

Les conditions d'application de ces dispositions, notamment en ce qui concerne l'agrément et l'étendue des garanties, sont fixées par décret en Conseil d'État.

§ 4 *Information des cautions*

L. 313-22 Les établissements de crédit ayant accordé un concours financier à une entreprise, sous la condition du cautionnement par une personne physique ou une personne morale, sont tenus au plus tard avant le 31 mars de chaque année de faire connaître à la caution le montant du principal et des intérêts, commissions, frais et accessoires restant à courir au 31 décembre de l'année précédente au titre de l'obligation bénéficiant de la caution, ainsi que le terme de cet engagement. Si l'engagement est à durée indéterminée, ils rappellent la faculté de révocation à tout moment et les conditions dans lesquelles celle-ci est exercée.

Le défaut d'accomplissement de la formalité prévue à l'alinéa précédent emporte, dans les rapports entre la caution et l'établissement tenu à cette formalité, déchéance des intérêts échus depuis la précédente information jusqu'à la date de communication de la nouvelle information. Les paiements effectués par le débiteur principal sont réputés, dans les rapports entre la caution et l'établissement, affectés prioritairement au règlement du principal de la dette. – *[L. n° 84-148 du 1er mars 1984, art. 48]*.

Sur l'extension du domaine d'application de l'art. L. 313-22 à compter du 1er sept. 1994, V. L. n° 94-126 du 11 févr. 1994, art. 47, II, al. 2, infra.

Sur l'extension de la compétence de la commission de surendettement des particuliers désormais habilitée à traiter la situation de surendettement des personnes physiques caractérisée par l'impossibilité manifeste pour le débiteur de bonne foi de faire face à l'engagement qu'il a donné de cautionner ou d'acquitter solidairement la dette d'un entrepreneur individuel ou d'une société dès lors qu'il n'a pas été, en droit ou en fait, dirigeant de celle-ci, V. art. L. 330-1 C. consom. issu de la L. n° 2003-710 du 1er août 2003, art. 35 (JO 2 août). – ***C. consom.***

BIBL. ► LE CORRE-BROLY, *Petites affiches 17 août 1998, p. 3* (faculté de résiliation de la caution). – CERLES, *Banque et Droit mars-avr. 1999. 3* (incidences sur les cautionnements de personnes physiques de la loi relative à la lutte contre les exclusions). – BRÉMONT et JOBARD-BACHELLIER, *RTD com. 1999. 327* (cautionnement d'activités professionnelles : de l'utilité du droit de la responsabilité pour assurer l'équilibre des intérêts des contractants). – MEYER, *Dr. sociétés 2001. Chron. 26* (information des cautions et mise en jeu des garanties en cas de redressement ou de liquidation judiciaires du débiteur principal et/ou du garant). – VUILLEMIN-GONZALEZ, *D. 2001. 3338* (la réticence dolosive des établissements bancaires à l'égard des cautions). – PICOD, *D. 2002. 1971* (réflexions sur la sanction de l'obligation d'information bénéficiant aux cautions d'entreprises). – MIGNOT, *Dr. et patr. déc. 2002. 30* (nature du cautionnement réel à la lumière de la pratique contractuelle bancaire). – HOUTCIEFF, *RTD civ. 2003. 3* (remarques sur la considération de la personne du créancier par la caution). – CERLES, *Dr. et patr. juill.-août 2003. 54* (protection de la caution personnelle). – ROUTIER, *Petites affiches 29 mars 2006, p. 15* (défaut d'information justifiant le non-paiement du banquier).

► Sur la loi n° 99-532 du 25 juin 1999 : COUDERT, *Petites affiches 21 mars 2000, p. 12* (comment s'applique l'imputation au principal ?). – RODIÈRE-GRANGER, *ibid. 17 févr. 2003, p. 8* (à propos de l'art. 114 de la loi n° 99-532).

► Sur la loi n° 2003-721 du 1er août 2003 : V. bibl. à l'art. L. 341-1 C. consom., *infra* ss. les notes de jurisprudence suivantes.

1. Ordre public. Les parties ne peuvent déroger aux dispositions d'ordre public de l'art. 48 [C. mon. fin., art. L. 313-22]. • Com. 14 déc. 1993 : *Bull. civ. IV, n° 467* • Paris, 25 avr. 2003 : *RD banc. fin. 2003, n° 188, obs. Cerles.* ♦ Comp., sur la possibilité, pour la caution, de renoncer à sa faculté de révocation : • Versailles, 9 nov. 1995 : *D. 1996. IR. 17.*

2. Application dans le temps. **BIBL.** Elie, *Petites affiches 17 oct. 2003, p. 8.* ♦ L'art. 48 [C. mon. fin., art. L. 313-22] est applicable aux effets des cautionnements souscrits antérieurement à l'entrée en vigueur de la loi du 1er mars 1984. • Com. 18 févr. 1992 : *Contrats Conc. Consom. 1992, n° 114, note Leveneur ; JCP 1992. I. 3623, n° 5, obs. Simler et Delebecque* • 8 juin 1993 : *Bull. civ. IV, n° 226* • Civ. 1re, 27 juin 1995 : *Bull. civ. I, n° 282 ; Dr. sociétés 1995, n° 180, note Bonneau ; RJDA 1996, n° 105* • Paris, 3 mars 1995 : *D. 1995. IR. 142.* – *Contra* : • Com. 17 janv. 1989 : *BRDA 1989, n° 4, p. 21* • Douai, 18 janv. 1990 : *Banque 1991. 867, obs. crit. Rives-Lange.* ♦ Cependant, la loi de 1984 [C. mon. fin., art. L. 313-22], qui ne présente aucun caractère interprétatif, ne peut entraîner la déchéance du droit aux intérêts conventionnels qu'à compter de son entrée en vigueur (V. art. 62). • Civ. 1re, 10 juin 1992 : *Bull. civ. I, n° 175.* – V. aussi • Com. 27 oct. 1998 : *Bull. civ. IV, n° 255 ; D. 1998. IR. 251 ; D. Affaires 1999. 794, obs. J. F. ; Dr. sociétés 1999, n° 33, obs. Bonneau.* ♦ Pour la consécration du caractère non interprétatif des dispositions introduites dans l'art. 48 de la loi de 1984 [C. mon. fin., art. L. 313-22] par l'art. 114 de la loi du 25 juin 1999, de sorte qu'à défaut de disposition expresse de la loi de 1999, celle-ci n'est pas applicable à des situations consommées avant la date de son entrée en vigueur, V. • Civ. 1re, 18 mars 2003 : *Bull. civ. I, n° 81 ; D. 2003. AJ. 1035, obs. Lienhard ; JCP E 2004, n° 3, p. 76, obs. Simler ; Petites affiches 25 avr. 2003, p. 9, note Coudert ; RD banc. fin. 2003, n° 107, obs. Legeais ; Gaz. Pal. 2003. 2337, note Sainte-Rose ; RJDA 2003, n° 1014 (2e esp.)* • Com. 29 avr. 2003 : *Bull. civ. IV, n° 62 ; D. 2003. AJ. 1562 ; JCP E 2004, n° 3, p. 76, obs. Simler ; RD banc. fin. 2003, n° 186, obs. Legeais ; Petites affiches 14 déc. 2004, p. 6, note Rodière-Granger ; RJDA 2003, n° 1016* • 14 janv. 2004 : *RD banc. fin. 2004, n° 205, obs. Cerles* • Civ. 1re, 2 juin 2004 : *Bull. civ. I, n° 156 ; D. 2004. AJ. 1807 ; JCP E 2004, n° 31, p. 1222 ; RJDA 2004, n° 1383* • Paris, 15 juin 2004 : *RJDA 2004, n° 1381 (2e esp.).*

3. Application dans le temps : règlements effectués par les cautions. Même si, eu égard au caractère d'ordre public des dispositions de la loi de 1984, les dispositions de l'art. 48 telles que modifiées par la loi du 25 juin 1999 [C. mon. fin., art. L. 313-22], aux termes desquelles les paiements effectués par le débiteur principal sont réputés dans les rapports entre la caution et l'établissement financier affectés prioritairement au règlement du principal, sont applicables aux cautionnements antérieurs, celles-ci ne sont pas applicables aux règlements effectués par les cautions. • Paris, 16 juin 2000 : *D. 2000. AJ. 347, obs. Lienhard* ; *JCP 2001. I. 315, n° 5, obs. Simler et Delebecque.* ♦ Considérant que le nouvel art. 48 [C. mon. fin., art. L. 313-22] ne s'applique qu'aux règlements intervenus postérieurement à son entrée en vigueur, V. • Versailles, 31 mars 2000 : *RD banc. fin. 2001, n° 12, obs. Crédot et Gérard.* – V. aussi • Paris, 11 sept. 2001 : *Banque et Droit sept.-oct. 2002. 52, obs. Guillot* • Riom, 18 oct. 2000 : *ibid. 2001. 48, obs. Guillot.* ♦ Pour des décisions reconnaissant à l'art. 114 de la loi du 25 juin 1999 une valeur de texte interprétatif, V. • Pau, 8 févr. 2001 : *RJDA 2002, n° 201* • TGI Versailles, 17 déc. 1999 : *Banque et Droit nov.-déc. 2000. 53, obs. crit. Guillot ; JCP 2001. I. 315, n° 5, obs. Simler et Delebecque* • Rennes, 20 déc. 2002 : *JCP E 2003, n° 43, p. 1694* • Colmar, 12 déc. 2002 : *JCP E 2003, n° 49, p. 1339.*

I. CHAMP D'APPLICATION

BIBL. Piotraut, *JCP N 1992. I. 243.* – J.-M. Fernandez, *Petites affiches 27 févr. 1998, p. 9.* – Schiller, *RD banc. fin. 2002. 154* (la définition de l'entreprise au secours de la caution).

♦ Sur l'extension du domaine d'application de l'art. L. 313-22 C. mon. fin., à compter du 1er sept. 1994, V. L. n° 94-126 du 11 févr. 1994, art. 47, II, al. 2, *infra*.

A. ÉTABLISSEMENT DE CRÉDIT

4. Société d'affacturage. Une société d'affacturage qui bénéficie du cautionnement d'une personne physique garantissant le solde débiteur du compte courant de l'adhérent, est soumise à l'obligation prévue par l'art. 48 [C. mon. fin., art. L. 313-22]. • Versailles, 24 nov. 1989 : *JCP 1990. II. 21498, note Estoup.* ♦ V. aussi note 6. ♦ Tel n'est pas le cas, en revanche, d'un organisme de caution mutuelle. • Paris, 4 mars 1992 : *JCP E 1992. Pan. 463.*

5. Créanciers n'ayant pas la qualité d'établissement de crédit. L'art. 48 [C. mon. fin., art. L. 313-22] ne s'applique qu'au cas de concours financier consenti par un établissement de crédit ; V., excluant ce texte quand le prêteur est un mandataire d'une banque, • Paris, 15 déc. 1994 : *Rev. dr. bancaire 1995. 151, obs. Contamine-Raynaud.* ♦ ... Lorsque la société intimée n'est pas « l'établissement de crédit ayant accordé le concours financier » mais un organisme de caution mutuelle venant aux droits du garant de deuxième rang, sans autres obligations envers les cofidéjusseurs que celles prévues aux art. 2025 s. [2302 s.] C. civ., • Toulouse, 6 oct. 1997 : *JCP E 1998, n° 7-8, p. 246.* ♦ ... Les compagnies d'assurances qui ne sont pas habilitées à pratiquer des opérations de crédit et ne peuvent consentir des prêts aux collectivités locales que par une dérogation légale particulière, • Com. 26 oct. 1999 : *Bull. civ. IV, n° 183 ; D. 1999. AJ. 88, obs. V. A.-R.* ; *JCP E 2001, n° 27, p. 1088, obs. Gavalda et Stoufflet ; Contrats Conc. Consom. 2000, n° 20, obs. Leveneur ; RTD com. 2000. 158, obs. Cabrillac.* ♦ ... La Caisse des dépôts et consignations, • Rouen, 30 mai 2001 : *RD banc. fin. 2001, n° 227, obs. Cerles ; RJDA 2002, n° 99.* ♦ ... L'État, même lorsqu'il consent un prêt par l'intermédiaire d'un établissement habilité comme tel dans le cadre du décret du 15 juill. 1960 portant organisation du compte spécial « prêts du fonds de développement économique et social ». • Com. 23 nov. 2004 : *RJDA 2005, n° 462.*

B. CONCOURS FINANCIER

6. Découvert en compte. Etant de principe admis qu'un découvert de compte s'analyse en un concours financier, les cessions Dailly, tout comme l'affacturage, sont soumises aux dispositions de l'art. 48 [C. mon. fin., art. L. 313-22], alors même que ces opérations sont gérées en compte courant. • Paris, 31 oct. 1997 : *D. Affaires. 1997. 1420.*

7. Exclusion du cautionnement bancaire. Les dispositions de l'art. 48 [C. mon. fin., art. L. 313-22] ne sont applicables qu'aux seuls « concours financiers » ; n'entre pas dans cette catégorie le cautionnement accordé par un établissement de crédit, qui constitue une garantie et non une opération de crédit. • Com. 3 déc. 2003 : *Bull. civ. IV, n° 188 ; D. 2004. AJ. 206, obs. Avena-Robardet* ; *JCP E 2004, n° 6, p. 200 ; RD banc. fin. 2004, n° 61, obs. Legeais ; ibid., n° 121, obs. Cerles ; Banque et droit mars-avr. 2004. 61, obs. Bonneau ; RJDA 2004, n° 476.* ♦ V. aussi, jugeant que l'art. 48 [C. mon. fin., art. L. 313-22] ne s'applique pas au cautionnement en contrepartie d'une garantie bancaire. • Paris, 29 avr. 1997 : *D. Affaires 1997. 761 ; RTD civ. 1997. 704, obs. Bandrac et Crocq.*

8. Exclusion du crédit-bail. Les dispositions de l'art. 48 [C. mon. fin., art. L. 313-22] ne sont pas applicables en faveur de la caution du crédit-preneur qui s'acquitte de loyers. • Com. 30 nov. 1993 : *Bull. civ. IV, n° 435 ; Banque juin 1994. 91, obs. Guillot ; Defrénois 1994. 1173, obs. Aynès ; Rev. dr. bancaire 1994. 130, obs. Contamine-Raynaud ; Petites affiches 12 mai 1995, p. 9, note Courtier* • 23 janv. 1996 : *RJDA 1996, n° 383* • Civ. 1re, 12 déc. 1995 :

Bull. civ. I, n° 457 ; D. Affaires 1996. 176 ; Dr. sociétés 1996, n° 52, obs. Bonneau. ♦ V. aussi, à propos d'une location avec promesse d'achat • Versailles, 19 déc. 1996 : *D. Affaires 1997. 274 ; RD bancaire et bourse 1997, p. 222, obs. Contamine-Raynaud. – Contra* : • Riom, 15 juin 1988 : *Gaz. Pal. 1989. 1. 147, note crit. Bey.* ♦ Comp. : L. n° 94-126 du 11 févr. 1994, art. 47, II, al. 2, applicable à compter du 1er sept. 1994, *infra.* ♦ Malgré l'extension des dispositions de l'art. 48 de la loi de 1984, devenu l'art. L. 313-22 C. mon. fin., par l'art. 47 (II) de la loi de du 1er mars 1994, au cautionnement à durée indéterminée, consenti par une personne physique pour garantir une dette professionnelle d'un entrepreneur individuel, le gérant qui s'est porté caution de sa société, dans le cadre d'un contrat de crédit-bail, ne peut invoquer les dispositions de l'art. précité. • Com. 29 mai 2001 : *Bull. civ. IV, n° 106 ; D. 2001. AJ. 2122, obs. Avena-Robardet.* ♦ V. aussi, jugeant que le crédit-bail ne constituant pas un concours financier, l'art. 48 [C. mon. fin., art. L. 313-22] n'est pas applicable : • Civ. 3e, 23 juin 2004 : *JCP E 2004, n° 37, p. 1367 ; Banque et Droit sept.-oct. 2004. 86, obs. Bonneau ; RJDA 2004, n° 1382.*

C. ENTREPRISE

9. Exercice d'une activité économique. L'exercice d'une activité économique libérale constitue, au sens de l'art. L. 313-22, une entreprise, peu important qu'elle soit en voie de création. • Civ. 1re, 12 mars 2002 : *Bull. civ. I, n° 86 ; D. 2002. AJ. 1199, obs. Lienhard ; JCP 2002. I. 162, n° 2, obs. Simler et Delebecque ; Banque et Droit juill.-août 2002, p. 40, obs. Rontchevsky ; Dr. sociétés 2002, n° 126, obs. Bonneau ; Petites affiches 17 janv. 2003, p. 15, note Marmayou ; RJ com. 2003. 276, note Courtier.* (agent d'assurance) • 23 mars 2004 : *Bull. civ. I, n° 94 ; JCP E 2005, n° 5, p. 177, obs. Simler ; RD banc. fin. 2004, n° 119, obs. Legeais ; ibid., n° 163, obs. Cerles ; RJDA 2004, n° 902* (notaire) • Versailles, 24 mars 2005 : *RD banc. fin. 2005, n° 165, obs. Cerles* (médecin). ♦ En effet, l'entreprise, au sens de la loi, ne se réduit pas aux seules sociétés commerciales, mais englobe également : ... les personnes physiques ou morales ayant une activité artisanale, agricole ou libérale. • Fort-de-France, 13 déc. 1996 : *BICC 1997, n° 546.* ♦ ... Les personnes physiques ayant contracté un prêt destiné à permettre l'acquisition d'un fonds de commerce ou des parts de la société propriétaire du fonds. • Com. 20 févr. 2001 : *Rev. proc. coll. 2002. 1988, obs. Léguevaques.* ♦ Mais les dispositions de l'art. 48 [C. mon. fin., art. L. 313-22] ne s'appliquent qu'aux prêts consentis à des entreprises ou à des commerçants. • Paris, 29 mai 1990 : *Rev. dr. bancaire 1990. 242, obs. Contamine-Raynaud.*

10. Société civile immobilière. Pour l'application de l'art. L. 313-22 aux sociétés civiles immobilières ayant une activité économique, V. • Civ. 1re, 12 mars 2002 : *préc. note 9* • 15 mars 2005 : *Bull. civ. I, n° 130 ; D. 2005. AJ. 1080, obs. Chevrier ; JCP E 2005, n° 23, p. 1003, obs. Simler ; RD banc. fin. 2005, n° 85, obs. Legeais ; AJDI 2005. 489, obs. Cohet-Cordey ; RJDA 2005, n° 1043 ; RDC 2005. 841, obs. Houtcieff ; Bull. Joly 2005. 1220* • 28 juin 2005 : *AJDI 2005. 747* • Paris, 28 janv. 2003 : *Rev. sociétés 2003. 377, obs. Guyon.* ♦ Jugé que constitue une entreprise au sens de l'art. 48 [C. mon. fin., art. L. 313-22] une SCI ayant pour objet l'acquisition d'un immeuble, sa location et la souscription d'un emprunt pour y procéder. • Paris, 2 avr. 1999 : *RJDA 1999, n° 1004* • Civ. 1re, 5 mai 2004 : *JCP E 2005, n° 24, p. 1003, obs. Simler ; RJDA 2004, n° 1163* • Paris, 2 juill. 2004 : *ibid., n° 1381 (1re esp.).* ♦ *Contra*, considérant que la notion d'entreprise, au sens de l'art. L. 313-22, étant caractérisée par la réunion des moyens matériels et humains mis en œuvre dans une organisation spécifique afin de produire, de façon répétée, des biens ou des services, tel n'est pas le cas d'une SCI, dont la seule activité a consisté en l'achat d'un logement déjà loué et à emprunter pour financer cette unique acquisition : • Paris, 7 juin 2002 : *D. 2002. AJ. 2677 ; RJDA 2003, n° 319.* ♦ En sens contraire, V. également : • Rouen, 14 sept. 1994 : *RJDA 1994, n° 1345* • 18 déc. 1996 : *RJDA 1997, n° 1083.* — V. aussi, appliquant l'art. 48 [C. mon. fin., art. L. 313-22] à une association ayant une activité économique (édition d'une revue), • Paris, 11 févr. 1997 : *JCP 1997. I. 4033, n° 6, obs. Simler.* – Dans le même sens, V. • Civ. 1re, 12 mars 2002 : *préc. note 9* • Paris, 13 mars 2001 : *D. 2001. AJ. 1796.* • Civ. 1re, 16 janv. 2001 : *Bull. civ. IV, n° 3* • Bordeaux, 25 mars 1997 : *RJDA 1998, n° 1156.* ♦ En revanche, l'art. 48 [C. mon. fin., art. L. 313-22] ne concerne pas une ouverture de crédit en compte courant octroyé à titre personnel à un entrepreneur individuel. • Civ. 1re, 9 mai 1996 : *Bull. civ. I, n° 192 ; D. 1996. IR. 157 ; D. Affaires 1996. 775.*

11. Concours financiers à une entreprise : illustrations. Le fait que la banque ait consenti des crédits à un commerçant pour les besoins de son exploitation suffit à caractériser l'octroi de concours financiers à une entreprise. • Com. 18 févr. 1997 : *Bull. civ. IV, n° 53 ; Bull. Joly 1997. 414, note Delebecque.* ♦ Caractérise l'octroi de concours financiers à une entreprise au sens de l'art. L. 313-22 le prêt qui, bien que soumis aux dispositions des art. L. 312-1 s. C. consom., est assorti d'un nantissement sur fonds de commerce et de la caution d'un distributeur de boissons, de telle sorte qu'il a été consenti pour les besoins de l'exploitation d'un fonds de commerce de bar-débit de boissons. • Civ. 1re, 4 févr. 2003 : *Bull. civ. I, n° 34 ; D. 2003. AJ. 689 ; JCP E 2003, n° 13, p. 538 ; RJDA 2003, n° 882.* ♦ Dès lors qu'il est relevé que le contrat constatant le prêt consenti par la banque aux emprunteurs stipulait que celui-ci était « destiné à être incorporé dans la SARL par voie d'augmentation de capital », il en résulte qu'au regard de sa destination, expressément entrée dans le champ contractuel, un tel prêt, fût-il qualifié de personnel, s'analysait en un concours financier à une entreprise. • Civ. 1re, 29 juin 2004 : *Bull. civ. I, n° 186 ; D. 2004. AJ. 2498 ; JCP E 2005, n° 5, p. 176, obs. Simler ; RD banc. fin. 2004, n° 199, obs. Legeais ; Banque et Droit nov.-déc. 2004. 55, obs. Bonneau ; RTD com. 2004. 748, obs. Champaud et Danet ; ibid. 801, obs. Legeais ; RJDA 2005, n° 78.*

D. CAUTIONNEMENT

12. Subordination du concours financier au cautionnement. C'est dans l'exercice de son pouvoir souverain d'appréciation qu'une cour d'appel a retenu qu'en raison de leur montant et de leur date de régularisation, des cautionnements étaient la condition d'un prêt au sens de l'art. 48 de la loi du 1er mars 1984 [C. mon. fin., art. L. 313-22]. • Civ. 1re, 10 déc. 2002 : *Bull. civ. I, n° 303 ; JCP E 2003, n° 6, p. 246 ; RDC 2003. 179, obs. Houtcieff ; BRDA 2003, n° 1, p. 9.* ♦ L'application de l'art. 48 [C. mon. fin., art. L. 313-22] ne suppose pas nécessairement que la garantie de la caution ait été donnée à l'occasion d'une obligation déterminée souscrite par le débiteur cautionné ; l'information prescrite par ce texte doit être donnée à la caution pour toute dette du débiteur principal qu'elle garantit par son engagement. Il importe peu que les cautions aient déclaré que leurs engagements avaient été signés « indépendamment du contrat de prêt ou de découvert autorisé » consenti par la banque. • Paris, 12 juin 1992 : *JCP 1993. II. 21988, note Croze.* ♦ De même, l'obligation d'information édictée par l'art. 48 [C. mon. fin., art. L. 313-22] est applicable aux établissements de crédit qui ont demandé un cautionnement en vue de maintenir une ouverture de crédit. • Com. 11 avr. 1995 : *Bull. civ. IV, n° 119 ; D. 1995. 588, note Picod ; Dr. sociétés 1995, n° 126, note Leveneur ; ibid. 1995, n° 159, note Bonneau ; Banque nov. 1995. 89, obs. Guillot ; Rev. dr. bancaire 1996. 59, obs. Contamine-Raynaud.* – *Contra* : • Paris, 3e ch. B, 5 févr. 1987 : *BRDA 1987, n° 8, p. 22.* ♦ Sur la nécessité de caractériser la subordination du prêt au cautionnement donné antérieurement, V. • Civ. 1re, 1er déc. 1998 : *Bull. civ. I, n° 337 ; JCP 1999. IV. 1119 ; Dr. sociétés 1999, n° 33, obs. Bonneau.*

13. Cautionnement donné par acte authentique. Considérant que les dispositions de l'art. 48 [C. mon. fin., art. L. 313-22] s'appliquent aux contrats de cautionnement conclus sous forme d'un acte authentique, V. • Versailles, 22 juin 1995 : *RJDA 1995, n° 1423.*

14. Cautionnement réel. Une sûreté réelle consentie pour garantir la dette d'un tiers n'impliquant aucun engagement personnel à satisfaire à l'obligation d'autrui et n'étant pas dès lors un cautionnement, les dispositions de l'art. L. 313-22 ne sont pas applicables à l'hypothèque consentie par le garant. • Civ. 1re, 7 févr. 2006 : *D. 2006. 1543, note Bonnet (1re esp.) ; ibid. AJ. 574, obs. Avena-Robardet ; JCP 2006. I. 131, n° 1, obs. Simler ; RD banc. fin. 2006, n° 66, obs. Legeais ; AJDI 2006. 290 ; RLDA avr. 2006. 33, obs. Chemin-Bomben* • Com. 7 mars 2006 : *D. 2006. AJ. 782, obs. Lienhard ; JCP 2006. IV. 1761.* ♦ Le cautionnement réel, fourni par celui qui consent la constitution d'une hypothèque pour garantir le remboursement de la dette d'un tiers, est une sûreté réelle et non un cautionnement personnel, de sorte que les dispositions de l'art. 48 [C. mon. fin., art. L. 313-22] ne lui sont pas applicables. • Civ. 1re, 1er févr. 2000 : *Bull. civ. I, n° 33 ; D. 2001. Somm. 694, obs. Aynès ; JCP 2000. I. 257, n° 9, obs. Simler et Delebecque ; Banque et Droit mars-avr. 2000. 52, obs. Guillot ; RD banc. fin. 2000, n° 59, obs. Legeais ; Defrénois 2000. 831, note Piedelièvre.* ♦ Dans le même sens, V. • Civ. 1re, 29 févr. 2000 : *Bull. civ. I, n° 69 ; D. 2000. 829, note Bonnet ; ibid. Somm. 394, obs. Piedelièvre ; ibid. 2001. Somm. 694, obs. Aynès ; RD banc. fin. 2000, n° 60, obs. Legeais* • Paris, 13 mars 2001 : *cité note 10* • Rennes, 6 déc. 2002 : *JCP E 2003, n° 43, p. 1694.* – Rappr. • Civ. 1re, 4 mai 1999 : *Bull. civ. I, n° 144 ; D. 2000. 302, note Bonnet ; D. Affaires 1999. 899, obs. A. L.* – V. aussi Tacchini Laforest, *Petites affiches 10 avr. 2000, p. 4 ;* Likillimba, *JCP E 2001, n° 10, p. 406 ;* Mignot, *Dr. et patr. déc. 2002. 30.* ♦ Dans le même sens, V. déjà • TGI Paris, 22 sept. 1995 : *Banque et Droit juill.-août 1996. 37.* ♦ Comp. • Com. 18 juin 2002 : *RTD civ. 2003. 128, obs. Crocq.* ♦ Comp., retenant le caractère mixte du cautionnement réel, • Civ. 1re, 15 mai 2002 : *Bull. civ. I, n° 129 ; D. 2002. 1780, note Barberot et Somm. 3337, obs. Aynès ; JCP 2002. II. 10109, concl. Petit et note Piedelièvre ; RD banc. fin. 2002, n° 129, obs. Legeais et Cerles ; Petites affiches 27 mars 2003, p. 17, note Arlie ; Defrénois 2003. 413, obs. Théry ; Banque et Droit nov.-déc. 2002. 46, obs. Jacob ; JCP N 2002, n° 50, p. 1737, concl. Petit, note Piedelièvre.* – Sur cet arrêt, V. François, *Defrénois 2002. 1208 ;* Brémond, *JCP N 2002, n° 47, p. 1623 ;* Savouré, *Dr. et patr. juill.-août 2003. 72 ;* Sauvage, *RD banc. fin. 2003. 253.* – V. aussi • Civ. 1re, 18 sept. 2002 :

RTD civ. 2003. 128, obs. Crocq • Com. 13 nov. 2002 : *Bull. civ. IV, n° 161 ; D. 2003. 684, note Roman ; RJDA 2003, n° 445 ; RD banc. fin. 2003, n° 10, obs. Legeais ; RDC 2003. 170, obs. Grimaldi.* ♦ Comp., jugeant qu'une sûreté consentie pour garantir la dette d'un tiers n'impliquant aucun engagement personnel à satisfaire l'obligation d'autrui, n'est pas un cautionnement et échappe à l'emprise de l'art. 1415 C. civ. • Cass., Ch. mixte, 2 déc. 2005 : *D. 2006. 729, avis Sainte-Rose, note Aynès ; ibid. AJ. 61, obs. Avena-Robardet ; AJ famille 2006. 113, obs. Hilt ; JCP 2005. II. 10183, note Simler ; Petites affiches 23 janv. 2006, p. 7, obs. Houtcieff ; ibid. 10 févr. 2006, p. 8, note Prigent ; Contrats Conc. Consom. 2006, n° 62, obs. Leveneur ; Defrénois 2006. 586, obs. Libchaber ; RD banc. fin. 2006, n° 15, obs. Cerles ;Dr. et patr. févr. 2006. 128, obs. Dupichot ; Dr. et procédures 2006. 113, obs. Picod ; RJDA 2006, n° 197, et p. 91, avis Sainte-Rose ; RLDA janv. 2006. 34, obs. Chemin-Bomben ; RDC 2006. 454, obs. Grimaldi ; ibid. 458, obs. Houcieff* • Com. 21 févr. 2006 : *D. 2006. 1543, note Bonnet (2e esp.) ; ibid. AJ. 716, obs. Avena-Robardet (2e esp.) ; JCP E 2006, n° 13, p. 612 ; BRDA 2006, n° 5, p. 8 (4e esp.)* • Civ. 3e, 15 févr. 2006 : *D. 2006. AJ. 716, obs. Avena-Robardet (1re esp.) ; JCP E 2006, n° 13, p. 613 ; RJDA 2006, n° 588.* ♦ Pour la non-application de l'art. 48 [C. mon. fin., art. L. 313-22] à un nantissement de titres constitué au profit d'une banque par le gérant d'une société, V. • Paris, 17 févr. 1998 : *RTD com. 1998. 397, obs. Cabrillac.*

Mais ne donne pas de base légale à sa décision une cour d'appel qui, pour rejeter la demande des cautions sur le fondement de l'art. L. 313-22, se borne à affirmer que le cautionnement solidaire fourni par les cautions qui ont consenti à la banque la constitution d'une hypothèque conventionnelle pour garantir le remboursement de la dette d'une société est une sûreté réelle et non pas un cautionnement personnel, de sorte que les dispositions de l'art. L. 313-22 ne sont pas applicables, sans rechercher si les cautions, tout en constituant l'un de leurs biens en garantie des dettes de la société, n'avaient pas en outre voulu se porter cautions personnelles de ces dettes. • Com. 21 mars 2006 : *D. 2006. AJ. 913, obs. Avena-Robardet ; JCP E 2006, n° 18, p. 811 ; BRDA 2006, n° 8, p. 8 ; RLDA mai 2006, p. 35, obs. Chemin-Bomben.* ♦ Sur la possibilité de consentir à la fois un cautionnement et une sûreté réelle, V. • Civ. 1re, 7 févr. 2006 : *RD banc. fin. 2006, n° 61, obs. Legeais.*

15. Signataire d'un billet à ordre. L'art. 48 [C. mon. fin., art. L. 313-22] ne s'applique pas au signataire d'un billet à ordre qui est tenu sur le fondement du droit cambiaire. • Paris, 31 mars 1992 : *JCP E 1992. Pan. 598.*

16. Garantie du remboursement d'obligations à terme. Dès lors qu'elle garantissait le remboursement d'obligations à terme, la caution ne disposait pas de la faculté de révocation de son engagement ; ainsi les dispositions de l'art. 48 [C. mon. fin., art. L. 313-22] portant sur cette faculté n'étaient pas applicables. • Com. 28 juin 2004 : *RJDA 2004, n° 755.*

E. BÉNÉFICIAIRES DE L'INFORMATION

17. Caution dirigeant de la société garantie. L'obligation d'information prévue par l'art. 48 [C. mon. fin., art. L. 313-22] doit être respectée, même lorsque le cautionnement a été souscrit par un dirigeant de la société cautionnée en connaissant exactement la situation. • Com. 25 mai 1993 : *Bull. civ. IV, n° 203 ; D. 1994. 177, note Ngafaounain ; Bull. Joly 1993. 759 ; JCP 1993. II. 22147, note Croze ; Dr. sociétés 1993, n° 155, note Bonneau* • 5 oct. 1993 : *D. 1993. IR. 230 ; Dr. sociétés 1994, n° 3, note Bonneau* • 14 déc. 1993 : *Bull. Joly 1994. 159, note Delebecque ;* • 20 juin 1995 : *ibid. 1995. 957, note Delebecque* • 13 oct. 1998 : *RTD com. 1999. 173, obs. Cabrillac* • Civ. 1re, 27 févr. 1996 : *Bull. civ. I, n° 109 ; Dr. sociétés 1996, n° 143, note Bonneau* • 12 mars 2002 : *préc. note 10.* – Comp. : • Paris, 21 janv. 1992 : *Dr. sociétés 1992, n° 105, note Bonneau.* ♦ *Contra*, jugeant que l'art. 48 [C. mon. fin., art. L. 313-22] n'a pas à s'appliquer lorsque la caution, dirigeant de la société cautionnée, ne pouvait ignorer le montant des engagements de la société puisque sa qualité le rendait destinataire des relevés de compte et lui permettait de connaître la position du débiteur principal : • Montpellier, 3 mai 1990 : *Banque 1991. 92, obs. Rives-Lange* • Toulouse, 9 oct. 1990 : *ibid.* • Rennes, 10 avr. 1991 : *Rev. dr. bancaire 1992. 80, obs. Contamine-Raynaud* • Paris, 12 juin 1992 : *préc. note 12* • Dijon, 11 févr. 1993 : *Gaz. Pal. 1994. 1. Somm. 196* • Com. 26 nov. 2002 : *Bull. Joly 2003. 140, obs. Scholer.* – V. Villani, *RTD com. 1995. 291.* ♦ Sur l'assimilation d'une caution dirigeante, ex-salariée et expérimentée, à une caution non dirigeante, V. • Caen, 20 juin 2002 : *RD banc. fin. 2002, n° 178, obs. Legeais.* – V. aussi : • Com. 9 juill. 2002 : *Bull. Joly 2002. 1168, note Constantin.* ♦ V. aussi note 24.

18. Pluralité de cautions. Si l'emprunteur a plusieurs cautions solidaires pour le même prêt, l'établissement de crédit a l'obligation d'informer personnellement chacune d'elles, sans que la circonstance que l'une des cautions ne puisse se prévaloir de ce texte soit opposable aux autres en raison de la représentation mutuelle des codébiteurs. • Com. 17 mai 1994 : *Bull. civ. IV n° 176 ; Dr. sociétés 1994, n° 164, note Bonneau.* ♦ V. aussi en matière de cautionnement solidaire, note 40.

19. Héritiers de la caution. Les prescriptions de l'art. 48 [C. mon. fin., art. L. 313-22], devant être respectées jusqu'à l'extinction de la dette, sont applicables à l'égard des héritiers de la caution. • Com. 9 déc. 1997 : *Bull. civ. IV, n° 323 ; D. Affaires 1998. 245, obs. X. D. ; RD bancaire et bourse 1998. 102, obs. Crédot et Gérard* • 27 oct. 1998 : *préc. note 2.* – V. aussi • Civ. 1re, 6 nov. 2001 : *Bull. civ. I, n° 264 ; D. 2001. AJ. 3615 ; D. 2003. Somm. 342, obs. Martin ; RTD com. 2002. 143, obs. Cabrillac et 320, obs. Champaud et Danet ; JCP E 2002, n° 16-17, p. 679, note Legeais ; Banque et Droit janv.-févr. 2002. 38, obs. Rontchevsky ; RD banc. fin. 2002, n° 8, obs. Legeais ; Defrénois 2002. 540, note Brémond ; Dr. sociétés 2002, n° 20, note Bonneau.*

20. Cautions ayant la qualité d'établissement financier. Dès lors que l'acte de caution ne prévoit aucune obligation d'information de la caution sur l'évolution de la situation financière de la société cautionnée, la seule obligation légale à cet égard résulte de l'art. 48 [C. mon. fin., art. L. 313-22], dont la jurisprudence considère qu'il n'a pas vocation à s'appliquer aux établissements financiers s'étant portés cautions, ceux-ci étant particulièrement bien placés pour connaître et apprécier l'état de leur caution et client. • T. com. Paris, 1er avr. 1997 : *Gaz. Pal. 12-13 août 1997, p. 14.*

II. OBLIGATION D'INFORMATION

A. CONTENU

21. Intégralité des mentions exigées par le texte. Une cour d'appel ne donne pas de base légale à sa décision considérant qu'une banque avait rempli son obligation d'information envers la caution en retenant que les notifications adressées à celle-ci détaillent son engagement et le montant des concours utilisés par la société cautionnée, sans rechercher si les notifications contenaient les autres mentions exigées par l'art. 48 [C. mon. fin., art. L. 313-22]. • Com. 22 juin 1993 : *Bull. civ. IV, n° 257.* – V. aussi notes 31 s.

22. Intérêts échus. L'obligation d'information prévue par l'art. 48 [C. mon. fin., art. L. 313-22] n'a trait qu'aux intérêts échus postérieurement à l'engagement de la caution. • Com. 6 déc. 1994 : *RJDA 1995, n° 489.*

23. Cessation du paiement de primes d'assurances. Le principe selon lequel l'établissement de crédit doit informer la caution de l'emprunteur adhérent à l'assurance de la cessation du paiement des primes n'est pas applicable lorsque, l'emprunteur n'étant pas adhérent, la gérante de la société emprunteuse a souscrit l'assurance en sa seule qualité de caution. • Riom, 20 févr. 2002 : *JCP 2003. IV. 1534.*

24. Obligation de conseil à l'égard du dirigeant-caution. BIBL. Buy, *Dr. et patr. juill.-août 2003. 58* (cautionnement et cession de contrôle). ♦ La banque n'est tenue ni d'une obligation d'information ni d'une obligation de conseil sur la persistance, faute de novation, des engagements de la caution du dirigeant de la société à la suite de la cession de ses actions au nouveau dirigeant qui s'est porté caution solidaire de toutes sommes que cette société pourrait devoir à la banque, avec substitution de garantie. • Com. 29 janv. 2002 : *Bull. civ. IV, n° 21 ; D. 2002. Somm. 3335, obs. Aynès et AJ. 716, obs. Lienhard ; JCP 2002. I. 184, p. 2117, obs. Barthez ; Banque et Droit mars-avr. 2002. 50, obs. Rontchevsky ; RTD civ. 2003. 124, obs. Crocq.* ♦ V. aussi note 17.

25. Information sur les effets de la prescription. Jugeant que l'art. L. 312-22 ne prévoit pas d'information portant sur les effets de la prescription, V. • Com. 25 févr. 2004 : *JCP E 2004, n° 18, p. 691 ; RD banc. fin. 2004, n° 117, obs. Legeais* (substitution de la prescription trentenaire à la prescription décennale, consécutive à l'admission de la créance, dans les rapports entre le créancier et le débiteur en liquidation judiciaire).

26. Information sur l'évolution du risque. Les banques ne sont pas tenues d'une obligation contractuelle d'information sur l'évolution du risque, en dehors du cadre légal fixé par la loi du 1er mars 1984. • Toulouse, 22 juin 1994 : *JCP 1995. IV. 224.* ♦ Jugeant que l'envoi de la lettre d'information prévue par l'art. L. 313-22 est la seule obligation d'information dont la banque est redevable envers la caution : • Com. 26 mai 2004 : *RD banc. fin. 2004, n° 235, obs. Legeais ; ibid. 2005, n° 10, obs. Legeais ; RJDA 2004, n° 1265.* ♦ Sur l'absence d'obligation de la banque de renseigner les cautions sur l'évolution de la solvabilité du débiteur principal, V. • Com. 7 avr. 1992 : *Bull. civ. IV, n° 148 ; Rev. sociétés 1992. 722, note Legeais ; JCP 1993. II. 22009, note Picod ; Bull. Joly 1992. 679, note Delebecque.*

B. DURÉE

27. Extinction de la dette. Une caution, tenue à titre personnel, en vertu de l'art. 1153, al. 3, C. civ., des intérêts au taux légal à compter de la première mise en demeure qu'elle a reçue, bénéficie néanmoins des dispositions de l'art. 48 [C. mon. fin., art. L. 313-22], jusqu'à l'extinction de la dette, ce dont il résulte que l'établissement de crédit, qui a omis de lui fournir les informations requises, est déchu, pour cette période, des intérêts au taux conventionnel. • Com. 2 nov. 1993 : *Bull. civ. IV, n° 370.* ♦ V. aussi note 42. ♦ Les prescriptions de l'art. 48 [C. mon. fin., art. L. 313-22] étant applicables jusqu'à l'extinction de la dette garantie par le cautionnement, doit être déboutée de sa demande en paiement d'intérêts au taux conventionnel afférents à une période postérieure à l'introduction de l'instance dirigée contre la caution de son cocontractant, la société d'affacturage qui ne s'est pas conformée aux exigences légales. • Com. 30 nov. 1993 : *Bull. civ. IV, n° 434 ; Banque mars 1994. 98, obs. Guillot ; Rev. dr. bancaire 1994. 131, obs. Contamine-Raynaud* • 20 juin 1995 : *Bull. Joly 1995. 957, note Delebecque* • Civ. 1re, 30 mars 1994 : *Bull. civ. I, n° 123 ; Rev. dr. bancaire 1994. 238, obs. Contamine-Raynaud ; Defrénois 1994. 1172, obs. Aynès* • 27 juin 1995 : *préc. note 2.* – V. aussi, • Com. 25 avr. 2001 : *Bull. civ. IV, n° 76 ; D. 2001. AJ. 1793, obs. Avena-Robardet (2e esp.) ; RTD com. 2001. 752, obs. Bouloc ; Dr. sociétés 2001, n° 125, obs. Bonneau* • Civ. 1re, 6 nov. 2001 : *Bull. civ. I, n° 265 ; D. 2001. AJ. 3615, obs. Avena-Robardet ; ibid. 2003. Somm. 342, obs. Martin ; Dr. sociétés 2002, n° 20, note Bonneau ; RD banc. fin. 2002, n° 9, obs. Legeais ; RTD com. 2002. 143, obs. Cabrillac* • 12 mars 2002 (2e esp.) : *préc. note 10.* ♦ Dans le même sens, lorsque le cautionnement a été souscrit par un dirigeant de la société cautionnée connaissant exactement la situation, la décision d'admission de la créance, passée en force de chose jugée, ne lui interdisant pas d'invoquer l'exception personnelle tirée de l'inobservation par l'établissement de crédit des obligations dont il était tenu à son égard, V. • Com. 25 juin 2002 : *Bull. Joly 2002. 1166, note Constantin ; D. 2002. AJ. 2676 ; RJDA 2002, n° 1319.* ♦ En revanche, en cas de condamnation de la caution à payer la banque bénéficiaire de la garantie, l'obligation contractuelle initiale de la caution est remplacée par celle résultant de la condamnation irrévocable à payer les dettes garanties, de sorte que, pour ces dettes, la banque n'est plus tenue, à compter de la condamnation, de se conformer à l'obligation d'information. • Civ. 1re, 13 déc. 2005 : *JCP E 2006, n° 18, p. 855, n° 6, obs. Simler ; RD banc. fin. 2006, n° 58, obs. Cerles ; RJDA 2006, n° 702.* ♦ V. jugeant que l'obligation d'information pèse sur l'établissement de crédit jusqu'à l'extinction de la dette garantie par le cautionnement, peu important la mise en redressement judiciaire du débiteur principal. • Com. 21 janv. 2003 : *RJDA 2003, n° 641.* ♦ Auparavant, la chambre commerciale comme la 1re chambre civile avaient jugé que les formalités de l'art. 48 [C. mon. fin., art. L. 313-22] n'ont pas lieu d'être accomplies, et que la déchéance des intérêts n'est plus applicable, pendant la période du déroulement de l'instance introduite par l'établissement financier à l'encontre de la caution. • Com. 18 avr. 1989 : *Bull. civ. IV, n° 114* • Civ. 1re, 17 nov. 1993 : *ibid. I, n° 328 ; Banque mars 1994. 98, obs. Guillot.* – V., maintenant cette position, • Nancy, 12 oct. 1995 : *JCP 1996. IV. 2186.*

28. *Absorption de la banque bénéficiaire.* Sur le sort de l'obligation d'information de la caution en cas d'absorption de la banque bénéficiaire de cette garantie lors d'une opération d'apport partiel d'actif, V., déclarant la société absorbante déchue du droit aux intérêts contractuels, les lettres d'informations adressées à la caution ne contenant pas les informations prescrites par l'art. 48 [C. mon. fin., art. L. 313-22] : • Versailles, 17 sept. 1998 : *JCP E 1999, n° 14, p. 624, note Varin.*

C. MODALITÉS ET PREUVE DE L'INFORMATION

29. *Forme de l'information.* L'art. 48 [C. mon. fin., art. L. 313-22] n'impose aux établissements de crédit aucune forme particulière pour porter à la connaissance de la caution les informations mentionnées à cet article. • Com. 25 avr. 2001 : *Bull. civ. IV, n° 73 ; D. 2001. AJ. 1793, obs. Avena-Robardet (1re esp.) ; Procédures 2001, n° 124, obs. Croze.*

30. *Formules bancaires.* Sur la validité de formules bancaires précisant qu'en cas de révocation de l'engagement, le concours pourrait être réduit ou supprimé, V. : Rép. min. n° 21791 : *JO Sénat Q, 24 sept. 1992, p. 2181.*

31. *Exigence d'une information complète.* Une banque ne peut s'affranchir de son obligation d'information en adressant des relevés de compte ne portant pas l'intégralité des informations dues. • Com. 5 oct. 1993 : *préc. note 17.* ♦ L'information doit comporter une ventilation de la dette entre principal et accessoires, sans qu'il y ait lieu d'opérer une distinction selon la nature du concours financier, compte courant ou prêt amortissable, de façon à fournir à la caution, aux fins de sa protection, une information utile sur le montant de ses engagements. • Versailles, 14 oct. 1999 : *D. 2000. AJ. 6.* ♦ V. aussi note 21.

32. *Exemples d'information insuffisante.* Les lettres d'information sur lesquelles ne sont mentionnés que la date d'échéance finale et le montant restant dû en capital ne constituent pas une information conforme aux dispositions de l'art. L. 313-22 C. mon. fin. • Pau, 8 févr. 2001 : *préc. note 3.*

N'est pas valable l'information adressée par simple lettre indiquant que la banque tient à la disposition de la caution, « sur simple demande écrite de sa part », le montant de l'exercice écoulé des différents engagements garantis. • Paris, 2 févr. 1996 : *D. 1996. IR. 78.* ♦ Pour d'autres exemples d'information insuffisante, V. • Paris, 31 oct. 1997 : *préc. note 6* (mise en demeure ou assignation) • 12 févr. 1998 : *Gaz. Pal. 1999. 1. Somm. 262* (même motif) • 2 oct. 1990 : *D. 1990. IR. 240* (relevés de compte imprécis) • Metz, 15 mars 1991 : *Rev. dr. bancaire 1992. 80, obs. Contamine-Raynaud* (tableau d'amortissement) • Paris, 28 juin 1988 : *D. 1988. IR. 202* (listing informatique à date incertaine) • 20 mars 1997 : *Banque et Droit juill.-août 1997. 43, obs. Guillot* (même motif) • 27 janv. 1998 : *Gaz. Pal. 1999. 1. Somm. 263* • Limoges, 25 mars 1996 : *BICC 1996, n° 726* (même motif) • Paris, 19 nov. 1992 : *RJDA 1993, n° 1069* (listing envoyé par courrier simple, auquel se réfère une attestation d'un commissaire aux comptes), conf. par • Com. 11 avr. 1995 : *préc. note 12* • Nancy, 15 sept. 1997 : *JCP 1998. I. 149, n° 4, obs. Simler et Delebecque* (listing et procès-verbal de constat de l'envoi des courriers) • Paris, 27 juin 1997 : *JCP E 1997. Pan. 1085* (relevés habituels, ne précisant pas la période) • Chambéry, 4 mars 1997 : *JCP 1997. IV. 2494* (relevés sur lesquels les opérations ne figurent qu'avec des numéros de code) • Paris, 24 avr. 1998 : *Gaz. Pal. 1998. 2. Somm. 618* (listing informatique sans indication sur l'envoi, sa forme, sur le destinataire et sans ventilation entre principal et intérêts).

33. Exemples d'information suffisante. Pour des décisions jugeant l'information suffisante, V. • Paris, 19 nov. 1987 : *D. 1988. Somm. 278* (sommations chiffrées) • Rouen, 9 nov. 1994 : *RJDA 1995, n° 1137 ; JCP 1995. IV. 300* (relevé de compte détaillé, rappelant les informations données et leur date). ♦ Jugeant suffisant l'envoi de tickets informatiques, s'agissant d'une caution dirigeant : • Paris, 21 janv. 1992 : *préc. note 7* • 17 avr. 1992 : *Banque 1993. 100, obs. Guillot* • Versailles, 4 déc. 1998 : *RJDA 1999, n° 339.* ♦ V. également, considérant comme suffisante la production d'une liste informatique sur laquelle figurent les éléments requis par la loi, • Versailles, 14 mai 1998 : *Banque et Droit janv.-févr. 1999. 53, obs. Guillot.* ♦ Dans le même sens, considérant qu'une banque, en produisant la photocopie des listes d'informations sur lesquelles figurent les nom et adresse de la caution, les indications afférentes au montant restant dû sur le principal et les intérêts du prêt, apporte la preuve qu'elle a accompli son obligation d'information sans qu'il lui incombe de prouver que la caution a effectivement reçu l'information, V. • Douai, 27 avr. 2000 : *JCP E 2001, n° 39, p. 1501.*

34. Charge et objet de la preuve. Il appartient à la banque d'établir la preuve du contenu et de la date des informations données aux cautions (insuffisance d'une attestation d'un huissier). • Com. 11 avr. 1995 : *préc. note 12.* ♦ En revanche, il n'incombe pas à l'établissement de crédit d'apporter la preuve que la caution a effectivement reçu l'information envoyée. • Civ. 1re, 2 oct. 2002 : *Bull. civ. I, n° 225 ; D. 2002. AJ. 3011 ; Contrats Conc. Consom. 2003, n° 21, obs. Leveneur ; RJDA 2003, n° 189* • 25 nov. 1997 : *Bull. civ. I, n° 326 ; D. 1998. IR. 2 ; D. Affaires 1998. 23, obs. X. D. ; RD bancaire et bourse 1998. 9, obs. Crédot et Gérard ; RTD com. 1998. 185, obs. Cabrillac ; RTD civ. 1998. 154, obs. Crocq ; Gaz. Pal. 20-22 déc. 1998, p. 11, obs. Piedelièvre* • 26 avr. 2000 : *JCP 2000. I. 257, n° 8, obs. Simler et Delebecque ; Dr. sociétés 2000, n° 115, obs. Bonneau ; RD banc. fin. 2000, n° 148, obs. Legeais* • Com. 17 oct. 2000 : *Bull. civ. IV, n° 154 ; D. 2001. Somm. 698, obs. Aynès ; JCP E 2001, n° 47, p. 1834, obs. Bouteiller* • 26 juin 2001 : *JCP 2002. II. 10043, note Licari ; ibid. I. 120, n° 4, obs. Simler.* ♦ C'est à la caution qui prétend ne pas avoir reçu la lettre d'information dont la copie est produite par la banque, qu'il incombe d'établir ce fait. • Paris, 16 déc. 1998 : *RJDA 1999, n° 339 (3e esp.).*

35. Moyens de preuve. L'information prévue par l'art. 48 [C. mon. fin., art. L. 313-22] constitue un fait qui peut être prouvé par tous moyens et notamment par une lettre simple. • Com. 17 juin 1997 : *Bull. civ. IV, n° 188 ; D. 1997. IR. 165 ; D. Affaires 1997. 929 ; Bull. Joly 1997. 866, note Le Cannu ; JCP E 1997. II. 1007, note Legeais* • 5 janv. 1999 : *RJDA 1999, n° 470.* ♦ Un acte de cautionnement ayant prévu que l'information serait donnée à la caution par lettre simple et que la caution devrait aviser la banque avant le 31 mars au cas où elle ne l'aurait pas reçue, jugé que la banque n'était pas tenue de se préconstituer la preuve de l'envoi de l'information et que sa carence ne saurait être déduite de la simple affirmation de la caution. • Limoges, 18 déc. 1995 : *BICC 1996, n° 677.* ♦ Comp., en ce sens que l'organisme doit justifier d'un accusé de réception postal : • Paris, 27 juin 1997 : *préc. note 32* • 7 avr. 1999 : *Banque et Droit nov.-déc. 1999. 59, obs. Guillot.* ♦ Comp. aussi, considérant qu'une banque qui produit seulement le double des lettres qu'elle soutient avoir envoyées à la caution mais qui ne remet aucun justificatif de cet envoi n'apporte pas la preuve de son obligation d'information : • Paris, 6 nov. 1998 : *RJDA 1999, n° 339 (1re esp.)* • 2 avr. 1999 : *préc. note 10.* ♦ Pour un arrêt ayant jugé qu'une banque justifie avoir informé la caution dès lors qu'il résulte des relevés du compte de la société, débitrice principale, que cette société a payé, par prélèvement effectué sur son compte, des frais d'information de la caution et qu'elle n'a pas protesté contre cette opération de débit, V. • Rouen, 9 nov. 1994 : *préc. note 33.* – V. aussi • Besançon, 11 sept. 1998 : *RTD com. 1998. 904, obs. Cabrillac ; JCP E 1998, n° 41, p. 1569, obs. Bouteiller.* ♦ *Contra,* jugeant que l'allégation de la banque selon laquelle l'imputation des frais d'information sur le compte courant de la société n'a fait l'objet d'aucune contestation de la part de cette dernière, n'est pas suffisante pour démontrer l'information effective des cautions, la banque ne justifiant par ailleurs pas de l'envoi de lettres personnalisées et encore moins du contenu de l'information. • Colmar, 12 déc. 2002 : *préc. note 3.*

36. Appréciation des juges du fond. Les juges du fond disposent d'un pouvoir souverain pour apprécier si la caution a été informée. • Com. 27 nov. 1991 : *Gaz. Pal. 1992. 2. Pan. 212* (information par lettre simple jugée probante) • 11 avr. 1995 : *préc. note 12.* ♦ Mais manque de base légale l'arrêt qui estime qu'une banque a respecté son obligation d'information dès lors que les notifications qu'elle a adressées à la caution détaillent « son engagement et le montant des concours utilisés par la société cautionnée », sans rechercher si les notifications contiennent les autres mentions exigées par le texte. • Com. 22 juin 1993 : *Bull. civ. IV, n° 257 ; D. 1993. IR. 210 ; Dr. sociétés 1993, n° 197, note Bonneau* • 14 juin 2005 : *RD banc. fin. 2005, n° 166, obs. Cerles ; Gaz. Pal. 2005. 3443, note Daussy-Roman* (absence de mention de la faculté de révocation).

III. SANCTIONS DU DÉFAUT D'INFORMATION

A. DÉCHÉANCE DU DROIT AUX INTÉRÊTS

37. Déchéance des seuls intérêts. Sauf dol ou faute lourde du dispensateur de crédit, l'omission des informations prévues par l'art. L. 313-22 est sanctionnée par la seule déchéance des intérêts, mais le prêteur ne saurait être débouté de sa demande de paiement. • Com. 25 avr. 2001 (3e esp.) : *Bull. civ. IV, n° 75 ; D. 2001. AJ. 1795, obs. Avena-Robardet ; ibid. 2003. Somm. 342, obs. Martin ; RTD com. 2001. 751, obs. Bouloc ; Defrénois 2001. 1407, note Brémond ; RTD civ. 2001. 922, obs. Crocq.* – V. aussi • Civ. 1re, 6 nov. 2001 : *préc. note 19* • Com. 11 juin 2002 : *D. 2002. Somm. 3335, obs. Aynès* • Civ. 1re, 10 déc. 2002 : *préc. note 12* • 4 févr. 2003 : *Bull. civ. I, n° 35 ; JCP E 2003, n° 42, p. 1672, note Gentili-Picard ; Contrats Conc. Consom. 2003, n° 83, obs. Leveneur.* ♦ En condamnant la caution pour une somme correspondant aux échéances impayées, en l'absence d'accomplissement par la banque de l'obligation d'information prévue par l'art. L. 313-22, une cour d'appel, qui s'est déterminée sans rechercher si les échéances impayées ne comprenaient pas pour partie des intérêts contractuels, dont elle avait prononcé la déchéance, n'a pas donné de base légale à sa décision. • Com. 4 oct. 2005 : *Bull. civ. IV, n° 201 ; D. 2005. AJ. 2804, obs. Delpech.* ♦ En ce sens que l'art. 48 [C. mon. fin., art. L. 313-22] instaurant une sanction autonome quasi délictuelle applicable en déduction du montant de la seule créance encore due par la caution, cette sanction ne peut être invoquée par la caution qui a déjà réglé l'intégralité de la créance garantie, V. • Versailles, 17 sept. 1998 : *RJDA 1998, n° 1416.*

38. Intérêts inscrits en compte courant. La déchéance des intérêts s'applique même lorsque ceux-ci ont été inscrits en compte courant. • Com. 25 mai 1993 : *préc. note 17* • 27 oct. 1998 : *préc. note 2* • Versailles, 14 sept. 1995 : *JCP 1997. I. 3991, n° 4, obs. Simler et Delebecque.* ♦ ... Peu importent la position du compte pendant la période au cours de laquelle l'obligation n'a pas été respectée. • Com. 28 janv. 2004 : *RJDA 2004, n° 756.* ♦ Ainsi, la caution ne saurait être condamnée au paiement du solde débiteur du compte courant cautionné, alors que le relevé de compte fait mention d'« agios ». • Com. 12 juin 2001 : *RJDA 2001, n° 1260.* ♦ Toutefois, si, au cours de la période litigieuse, le solde du compte est redevenu créditeur, la déchéance des intérêts ne saurait avoir pour conséquence la répétition de sommes antérieurement payées par le débiteur. • Versailles, 23 janv. 1997 : *JCP 1997. I. 4033, n° 6, obs. Simler.*

39. Apurement partiel de la dette. Lorsqu'une partie de la dette en principal et intérêts se trouve éteinte par suite d'une collocation d'ordre amiable, les cautions recherchées postérieurement à cette opération pour le paiement du reliquat de la dette en principal et intérêts ne peuvent opposer à l'établissement de crédit créancier la déchéance d'intérêts visée par l'art. 48 [C. mon. fin., art. L. 313-22] que pour ceux échus après la date de cet apurement partiel de la dette. • Bordeaux, 13 févr. 1996 : *BICC 1996, n° 676.*

40. Exception personnelle à la caution. S'agissant d'une exception personnelle la déchéance du droit aux intérêts peut être opposée par la caution solidaire, nonobstant la chose jugée par l'admission définitive de la créance à la procédure collective du débiteur. • Com. 22 avr. 1997 : *Bull. civ. IV, n° 97 ; D. Affaires 1997. 671 ; RTD com. 1997. 489, obs. Cabrillac* • 8 juin 1999 : *Banque et Droit juill.-août 2000. 57, obs. Guillot* • 4 mars 2003 : *BRDA 2003, n° 7, p. 6.* – V. déjà • T. com. Paris, 27 févr. 1995 : *Gaz. Pal. 1996. 1. Somm. 32.* ♦ L'exception tirée de l'inobservation par la banque de l'obligation d'information prescrite par l'art. L. 313-22 est personnelle à la caution qui l'invoque et ne profite pas aux autres cautions, fussent-elles solidaires. • Civ. 1re, 9 nov. 2004 : *Bull. civ. I, n° 252 ; D. 2004. AJ. 3135 ; JCP E 2005, n° 25, p. 1004, obs. Simler ; Petites affiches 28-29 mars 2005, p. 12, obs. D.H. ; Gaz. Pal. 2005. Somm. 2058, obs. S. Piedelièvre ; RJDA 2005, n° 463.*

41. *Recevabilité en appel.* La demande d'une caution visant à obtenir la déchéance des intérêts, faute de respect de l'art. L. 313-22, tend à faire écarter la prétention articulée par la banque relativement aux intérêts litigieux ; par suite elle est recevable pour la première fois en appel. • Civ. 1re, 12 avr. 2005 : *Procédures 2005, n° 186, obs. Croze.*

42. *Absence de déchéance des intérêts moratoires dus par la caution.* Les dispositions de l'art. 48 [C. mon. fin., art. L. 313-22] concernent les intérêts dus par la caution en cette dernière qualité et non ceux dus par la caution par application de l'art. 1153, al. 3, C. civ., après qu'elle eut été mise en demeure d'exécuter son engagement. • Com. 25 juin 1991 : *Bull. civ. IV, n° 233* • 17 mai 1994 : *préc. note 18.* ♦ De même, la première chambre civile a jugé que la déchéance des intérêts prévue à l'art. 48 [C. mon. fin., art. L. 313-22] ne peut être étendue aux intérêts au taux légal auxquels, en vertu de l'art. 1153, al. 3, C. civ., la caution est tenue à titre personnel, à compter de la première mise en demeure qu'elle reçoit. • Civ. 1re, 9 déc. 1997 : *D. 1998. IR. 27 ; D. Affaires 1998. 148, obs. X. D.* • 12 mars 2002 : *D. 2002. AJ. 1342* . ♦ Le défaut d'accomplissement de la formalité prévue à l'art. 48 [C. mon. fin., art. L. 313-22] ne fait pas obstacle à l'action en paiement exercée par l'établissement contre la caution pour les autres sommes dues en vertu du cautionnement. • Com. 25 mai 1993 : *Bull. civ. IV, n° 205 ; Dr. sociétés 1993, n° 197, note Bonneau* • 11 juin 1996 : *Bull. civ. IV, n° 164 ; D. 1996. IR. 170* • Civ. 1re, 31 mars 1998 : *Bull. civ. I, n° 134 ; D. 1998. IR. 116 ; D. Affaires 1998. 799, obs. S. P. ; JCP 1999. I. 116, obs. Simler ; RD bancaire et bourse 1998. 102, obs. Crédot et Gérard ; ibid. 109, obs. Contamine-Raynaud.* – V. aussi Bonneau, *Dr. sociétés 1998. Chron. 8.* ♦ Dans le même sens, V. • Civ. 1re, 17 nov. 1998 : *Bull. civ. I, n° 321 ; D. 1999. IR. 51 ; D. Affaires 1999. 30, obs. X. D. ; JCP 1999. I. 116, obs. Simler ; Dr. sociétés 1999, n° 33, obs. Bonneau.* ♦ V. aussi note 27.

B. AUTRES SANCTIONS

43. *Responsabilité du banquier.* L'omission des informations prévues par l'art. L. 313-22 ne peut à elle seule être sanctionnée que par la déchéance des intérêts, et une cour d'appel, sans constater le caractère dolosif de l'omission d'information imputée à la banque, ou un manquement distinct de celle-ci, ne peut allouer à la caution une indemnité du montant égal à celui de son engagement de caution. • Civ. 1re, 10 déc. 2002 : *préc. note 12.* ♦ L'art. L. 313-22 ne saurait être invoqué pour fonder la recherche en responsabilité du banquier. • Com. 17 juin 2001 : *Rev. proc. coll. 2002. 199, obs. Léguevaques.* ♦ Comp. antérieurement : jugeant que la sanction de l'art. 48 [C. mon. fin., art. L. 313-22], en ce qui concerne l'obligation d'information de la banque, s'ajoute à la sanction de droit commun, et la négligence de la caution à révoquer son engagement ne supprime pas la négligence de la banque dans son obligation d'information. • Com. 20 oct. 1992 : *Bull. civ. IV, n° 311 ; Rev. sociétés 1993. 415, note Delebecque ; D. 1994. Jur. 177, note Ngafaounain ; JCP E 1993. II. 390, note Legeais ; Dr. sociétés 1993, n° 1, note Bonneau* • 8 déc. 1998 : *Dr. et patr. sept. 1999. 102, obs. Saint-Alary.* ♦ V. aussi, accordant des dommages-intérêts à la caution, • Com. 8 déc. 1998 : *préc.* • Paris, 25 oct. 1996 : *Dr. sociétés 1997, n° 458, obs. Chaput* • 19 mars 1997 : *ibid.* ♦ Comp., dans le cas d'un cautionnement limité dans le temps et à une opération précise : • Civ. 1re, 16 janv. 2001 : *Dr. sociétés 2001, n° 57, obs. Bonneau.* ♦ Comp., ne sanctionnant que de la seule déchéance d'intérêts prévue par l'art. 48 [C. mon. fin., art. L. 313-22], l'omission d'informer la caution, dès lors que les juges ont relevé que la banque n'était pas tenue contractuellement de renseigner la caution sur l'évolution de la solvabilité de son client, et retenu l'absence de mauvaise foi de la banque : • Com. 7 avr. 1992 : *préc. note 26.* ♦ Pour un cas de mauvaise foi de la caution, V. • Versailles, 9 nov. 1995 : *RJDA 1997, n° 548.* ♦ Comp. aussi, jugeant que l'omission par la banque de rappeler à la caution qu'elle dispose d'une faculté de dénonciation n'est susceptible que d'ouvrir droit à des dommages-intérêts, si un préjudice est établi : • Paris, 28 févr. 1991 : *Banque 1991. 867, obs. crit. Rives-Lange.*

44. *Nullité ou révocation du cautionnement.* La sanction prévue par l'art. 48 [C. mon.

fin., art. L. 313-22] est la privation du droit à percevoir des intérêts au taux contractuel échus depuis la dernière information et non la nullité de l'acte de cautionnement. • Paris, 6 nov. 1998 : *RJDA 1999, n° 339.* ♦ L'absence d'information ne permet pas à la caution de révoquer unilatéralement son engagement. • Même arrêt. ♦ Même si elle avait révoqué l'engagement de caution litigieux avant les premiers incidents de paiement, la caution était néanmoins tenue de garantir, dans la limite du montant de cet engagement, le remboursement du prêt consenti antérieurement à une telle révocation par la banque au débiteur principal, de sorte que la caution ne pouvait être regardée comme ayant perdu une chance d'échapper à cette obligation. • Civ. 1re, 10 déc. 2002 : *préc. note 12.* ♦ Sur la nullité du cautionnement en cas d'erreur de la caution sur la solvabilité du débiteur principal ou de dol du créancier, V. *infra*, v° *Contrats d'affaires (généralités)*, notes 45 et 61.

Loi n° 94-126 du 11 février 1994, *relative à l'initiative et à l'entreprise individuelle.* **Art. 47** II. — Les stipulations de solidarité et de renonciation au bénéfice de discussion figurant dans un contrat de cautionnement d'une dette contractuelle professionnelle consenti par une personne physique au bénéfice d'un entrepreneur individuel sont réputées non écrites si l'engagement de la caution n'est pas limité à un montant global, expressément et contractuellement déterminé, incluant le principal, les intérêts, les frais et accessoires.

En cas de cautionnement à durée indéterminée consenti par une personne physique pour garantir une dette professionnelle d'un entrepreneur individuel, le créancier doit respecter les dispositions prévues à l'article 48 de la loi n° 84-148 du 1er mars 1984 relative à la prévention et au règlement amiable des difficultés des entreprises *[C. mon. fin., art. L. 313-22]. — V. ce texte, supra.*

(L. n° 98-657 du 29 juill. 1998) « Lorsque le cautionnement est consenti par une personne physique pour garantir une dette professionnelle d'un entrepreneur individuel ou d'une entreprise constituée sous forme de société, le créancier informe la caution de la défaillance du débiteur principal dès le premier incident de paiement non régularisé dans le mois de l'exigibilité de ce paiement. A défaut, la caution ne saurait être tenue au paiement des pénalités ou intérêts de retard échus entre la date de ce premier incident et celle à laquelle elle en a été informée. »

Les dispositions du premier alinéa seront applicables aux contrats conclus après l'entrée en vigueur de la présente loi *[publiée au JO 13 févr.]* et celles du second alinéa aux créanciers mentionnés à cet alinéa à compter du 1er septembre 1994.

BIBL. ▸ D. MARTIN, *Rev. dr. bancaire 1994. 50.* – LEGEAIS, *JCP E 1998, n° 44, p. 1724* (réforme du cautionnement par la loi du 29 juill. 1998 relative à la lutte contre les exclusions). – PIEDELIÈVRE, *JCP 1998. I. 170* (même thème). – CRÉDOT, *Banque et Droit nov.-déc. 1998, p. 3 ; Petites affiches 21 mai 1999, p. 27* (même thème). – SEIGNEUR, *ibid. 7 mai 1999, p. 12.* – CERLES, *Banque et Droit mars-avr. 1999. 3.* – B. AUBERT, *Contrats Conc. Consom. 1999. Chron. 7.*

Code de la consommation

(L. n° 93-949 du 26 juill. 1993)

BIBL. ▸ S. PIEDELIÈVRE, *JCP 1998. I. 170* (cautionnement et loi relative à la lutte contre les exclusions). ▸ Loi du 1er août 2003 pour l'initiative économique : AVENA-ROBARDET, *D. 2003. 2083.* – HOUTCIEFF, *JCP 2003. I. 161.* – TRÉBULLE, *Dr. sociétés 2003, n° 157.* – AYNÈS, *Dr. et patr. nov. 2003. 28.* – PRÜM, *RD banc. fin. 2003. 269.* – LEGEAIS, *ibid., n° 178.* – Œuvre collective, *RJ com. 2003. 339, spéc. 350.* – LEGEAIS, *JCP E 2003, n° 41, p. 1610* (le code de la consommation siège d'un nouveau droit commun du cautionnement). – ROMAN, *Gaz. Pal. 2003. Doctr. 3435* (une réforme malvenue). – PASQUALINI, *Petites affiches 3 févr. 2004, p. 3* (l'imparfait nouveau droit du cautionnement). – PICOD, *Dr. et procédures 2004. 4* (obligation de vigilance des créanciers professionnels) ; *ibid. 255* (mention manuscrite). – Bakouche, *Contrats Conc. Consom. 2004. Chron. 5* (proportionnalité dans le cautionnement à l'épreuve de la loi et de la jurisprudence). – Tricot-Chamard, *JCP 2004. I. 112* (vicissitudes de la mention manuscrite). – Moreau, *Gaz. Pal. 2004. Doctr. 1829*. – Fenouillet, *RDC 2004. 304*. – Houtcieff, *ibid. 408*. – Delebecque, *RJ com. 2004. 226* (existe-t-il encore un droit du cautionnement ?). – Cuperlier et Gorny, *JCP E 2004, n° 41, p. 1576* (réflexions et statistiques). – Raby, *JCP N 2004, n° 52-53, p. 1940* (la mention manuscrite et le cautionnement notarié).

TITRE IV (du Livre III). CAUTIONNEMENT

Art. L. 341-1 *(L. n° 98-657 du 29 juill. 1998)* Sans préjudice des dispositions particulières, toute personne physique qui s'est portée caution est informée par le créancier professionnel de la défaillance du débiteur principal dès le premier incident de paiement non régularisé dans le mois de l'exigibilité de ce paiement. Si le créancier ne se conforme pas à cette obligation, la caution ne saurait être tenue au paiement des pénalités ou intérêts de retards échus entre la date de ce premier incident et celle à laquelle elle en a été informée.

V. aussi, s'agissant des opérations de crédit à la consommation et de crédit immobilier, C. consom., art. L. 313-9, infra, v° Ventes commerciales.

L. 341-2 *(L. n° 2003-721 du 1er août 2003, art. 11-II)* Toute personne physique qui s'engage par acte sous seing privé en qualité de caution envers un créancier professionnel doit, à peine de nullité de son engagement, faire précéder sa signature de la mention manuscrite suivante, et uniquement de celle-ci : « En me portant caution de X..., dans la limite de la somme de... couvrant le paiement du principal, des intérêts et, le cas échéant, des pénalités ou intérêts de retard et pour la durée de..., je m'engage à rembourser au prêteur les sommes dues sur mes revenus et mes biens si X... n'y satisfait pas lui-même. »

Les dispositions de l'art. L. 341-2 entrent en vigueur six mois après la publication de la loi n° 2003-721 du 1er août 2003 (JO 5 août).

V. aussi, s'agissant des opérations de crédit à la consommation et de crédit immobilier, C. consom., art. L. 313-7, infra, v° Ventes commerciales.

Application dans le temps. Les dispositions des art. L. 341-2 et L. 341-3, qui ne sont entrées en vigueur que six mois après la promulgation de la loi, soit le 6 févr. 2004, n'ont pas vocation à régir les contrats souscrits antérieurement à leur entrée en vigueur. • Rennes, 19 déc. 2003 : *JCP E 2004, n° 36, p. 1339, obs. Simler ; RD banc. fin. 2004, n° 115, obs. Legeais ; Bull. Joly 2004. 1218, note Routier ; RJDA 2005, n° 326.* – V. aussi • Paris, 22 oct. 2004 : *D. 2004. AJ. 2994 (2 arrêts)* ; *JCP E 2005, n° 1-2, p. 8 ; Gaz. Pal. 2005. 1105, note de Granvilliers.*

L. 341-3 *(L. n° 2003-721 du 1er août 2003, art. 11-II)* Lorsque le créancier professionnel demande un cautionnement solidaire, la personne physique qui se porte caution doit, à peine de nullité de son engagement, faire précéder sa signature de la mention manuscrite suivante : « En renonçant au bénéfice de discussion défini à l'article *(Ord. n° 2006-346 du 23 mars 2006, art. 54)* « 2298 » du code civil et en m'obligeant solidairement avec X..., je m'engage à rembourser le créancier sans pouvoir exiger qu'il poursuive préalablement X... ».

Les dispositions de l'art. L. 341-3 entrent en vigueur six mois après la publication de la loi n° 2003-721 du 1er août 2003 (JO 5 août). — V. note de jurispr. ss. art. L. 341-2, supra.

V. aussi, s'agissant des opérations de crédit à la consommation et de crédit immobilier, C. consom., art. L. 313-8, infra, v° Ventes commerciales.

L. 341-4 *(L. n° 2003-721 du 1er août 2003, art. 11-II)* Un créancier professionnel ne peut se prévaloir d'un contrat de cautionnement conclu par une personne physique dont l'engagement était, lors de sa conclusion, manifestement disproportionné à ses biens et revenus, à moins que le patrimoine de cette caution, au moment où celle-ci est appelée, ne lui permette de faire face à son obligation.

V. aussi, s'agissant des opérations de crédit à la consommation et de crédit immobilier, C. consom., art. L. 313-10, infra, v° Ventes commerciales. – Sur le principe de proportionnalité, V. note 4 ss. art. L. 313-10 précité.

BIBL. ▶ Atias, *D. 2003. 2620* (impossibilité de se prévaloir d'un engagement valable). – Bakouche, *Contrats Conc. Consom. 2004, Chron. 5* (proportionnalité dans le cautionnement à l'épreuve de la loi et de la jurisprudence). – Piette, *Dr. et patr. juin 2004. 44* (sanction du cautionnement disproportionné).

1. Application dans le temps. Le législateur n'a pas disposé expressément que l'art. L. 341-4 s'appliquait aux cautionnements souscrits avant son entrée en vigueur ; et en l'absence de tout élément probant porté à la connaissance de la cour, il n'est pas établi l'intention non équivoque du législateur d'appliquer le nouveau texte aux engagements de caution souscrits antérieurement à son entrée en vigueur. • Caen, 10 juin 2004 : *D. 2004. AJ. 2437, obs. Avena-Robardet ; JCP E 2004, n° 40, p. 1515 ; RD banc. fin. 2004, n° 198, obs. Legeais ; ibid., n° 237, obs. Cerles ; Banque et Droit nov.-déc. 2004. 48, obs. Rontchevsky ; RTD civ. 2004. 757, obs. Crocq ; RJDA 2004, n° 1387* • Montpellier, 19 mai 2004 : *Banque et Droit nov.-déc. 2005. 85, obs. Guillot* • Caen, 13 janv. 2005 : *JCP E 2005, n° 36, p. 1416* • Versailles, 24 mai 2005 : *ibid., n° 38, p. 1528 ; RJDA 2005, n° 1153.* – V. aussi • Paris, 22 oct. 2004 : *préc. note ss. art. L. 341-2* • 28 oct. 2004 : *JCP E 2005, n° 24, p. 1003, obs. Simler.* ♦ *Contra*, jugeant que l'art. L. 341-4 est d'application immédiate, y compris au contrat en cours, sans distinction selon la personne physique et le crédit en cause, privé ou professionnel, ni selon que le cautionnement résulte d'un acte authentique ou sous seing privé. • Rennes, 19 déc. 2003 : *préc. ss. art. L. 341-2* • 18 févr. 2005 : *Contrats Conc. Consom. 2005, n° 155, obs. Raymond ; RD banc. fin. 2005, n° 129, obs. Legeais ; RJDA 2006, n° 332.* ♦ Dans le même sens, mais qui subordonne l'application de la loi nouvelle à la condition que l'instance ait été engagée après la promulgation de la loi du 1er août 2003, V. • Paris, 2 déc. 2005 : *D. 2006. AJ. 295, obs. Avena-Robardet ; JCP E 2006, n° 19, p. 854, n° 5, obs. Simler.*

2. Forme du cautionnement. L'art. L. 341-4 pose un principe général de proportionnalité et s'applique, que le cautionnement ait été recueilli sous la forme authentique ou sous seing privé. • Rennes, 18 févr. 2005 : *préc. note 1.*

L. 341-5 *(L. n° 2003-721 du 1er août 2003, art. 11-II)* Les stipulations de solidarité et de renonciation au bénéfice de discussion figurant dans un contrat de cautionnement consenti par une personne physique au bénéfice d'un créancier professionnel sont réputées non écrites si l'engagement de la caution n'est pas limité à un montant global, expressément et contractuellement déterminé, incluant le principal, les intérêts, les frais et accessoires.

Les dispositions de l'art. L. 341-5 entrent en vigueur six mois après la publication de la loi n° 2003-721 du 1er août 2003 (JO 5 août).

L. 341-6 *(L. n° 2003-721 du 1er août 2003, art. 11-II)* Le créancier professionnel est tenu de faire connaître à la caution personne physique, au plus tard avant le 31 mars de chaque année, le montant du principal et des intérêts, commissions, frais et accessoires restant à courir au 31 décembre de l'année précédente au titre de l'obligation garantie, ainsi que le terme de cet engagement. Si l'engagement est à durée indéterminée, il rappelle la faculté de révocation à tout moment et les conditions dans lesquelles celle-ci est exercée. A défaut, la caution ne saurait être tenue au paiement des pénalités ou intérêts de retard échus depuis la précédente information jusqu'à la date de communication de la nouvelle information.

Les dispositions de l'art. L. 341-6 entrent en vigueur six mois après la publication de la loi n° 2003-721 du 1er août 2003 (JO 5 août).

SECTION III *Procédures de mobilisation des créances professionnelles*

SOUS-SECTION 1 *Cession et nantissement des créances professionnelles*

RÉP. COM. v° *Cession et nantissement de créances professionnelles*, par Dumas et Cohen-Branche.

BIBL. GÉN. ▶ Chaput et Stoufflet, *JCP E 1981. II. 13603*. – Gavalda, *D. 1981. Chron. 200* ; *JCP E 1989. II. 15374*. – Genty, *Banque* et *Droit 1989. 47*. – Hemmele, *Gaz. Pal. 1984. 1. Doctr. 79*. – Hemmele et Vangasse, *Banque 1984. 291*. – Ledouble, *Petites affiches 7 nov. 1986*. – Martin, *RJ com. 1983. 81*. – Schmidt et Gramling, *D. 1981. Chron. 218*. – Dumas, *D. Affaires 1996. 251* (interprétation de la loi par la jurisprudence). – Chvika, *D. 2000. Chron. 615* (déclin de la négociabilité des instruments de paiement et de crédit). – Le Maigat, *RD banc. fin. 2002. 92* (la protection du débiteur cédé face au caractère occulte de la cession Dailly). – Malaurie et Aynès, *Defrénois 2002. 915* (cessions de créances simplifiées). – Crocq, *Dr. et patr. juill.-août 2002. 80* (efficacité incertaine de la cession Dailly). – Malecki, *Mélanges Guyon, Dalloz, 2003, p. 767* (bordereau Dailly et droit des procédures collectives). – Legeais, *Mélanges AEDBF III, 2003, p. 219* (avenir du « Dailly »). – Stoufflet, *RD banc. fin. 2003. 67* (financements par cession de créances futures). – Bazinas, *ibid. 2003. 70* (contribution de la CNUDCI à l'unification du droit du financement par cession de créances). – Adelle, *Banque et Droit mai-juin 2003. 3* (la cession Dailly est-elle réservée aux banques communautaires ?). – Affaki, *ibid. juill.-août 2003. 3* (apport de la CNUDCI sur la cession de créances aux opérations de banque). – Stoufflet, *ibid. 37* (même thème) ; *RD banc. fin. 2004, n° 102* (même thème). – Jeanneney et Ayache, *Banque et Droit nov.-déc. 2004. 26* (cessions Dailly et créances publiques). – Attal, *Dr. et patr. mai 2005. 34* (validité et utilités de la cession de créance future à titre de garantie). – Lasbordes - de Virville, *RD banc. fin. mars-avr. 2006. 54* (risques encourus par le banquier cessionnaire).

L. 313-23 **Tout crédit qu'un établissement de crédit consent à une personne morale de droit privé ou de droit public, ou à une personne physique dans l'exercice par celle-ci de son activité professionnelle, peut donner lieu au profit de cet établissement, par la seule remise d'un bordereau, à la cession ou au nantissement par le bénéficiaire du crédit, de toute créance que celui-ci peut détenir sur un tiers, personne morale de droit public ou de droit privé ou personne physique dans l'exercice par celle-ci de son activité professionnelle.**

Peuvent être cédées ou données en nantissement les créances liquides et exigibles, même à terme. Peuvent également être cédées ou données en nantissement les créances résultant d'un acte déjà intervenu ou à intervenir mais dont le montant et l'exigibilité ne sont pas encore déterminés.

Le bordereau doit comporter les énonciations suivantes :

1. La dénomination, selon le cas, « acte de cession de créances professionnelles » ou « acte de nantissement de créances professionnelles » ;
2. La mention que l'acte est soumis aux dispositions des articles L. 313-23 à L. 313-34 ;
3. Le nom ou la dénomination sociale de l'établissement de crédit bénéficiaire ;
4. La désignation ou l'individualisation des créances cédées ou données en nantissement ou des éléments susceptibles d'effectuer cette désignation ou cette individualisation, notamment par l'indication du débiteur, du lieu de paiement, du montant des créances ou de leur évaluation et, s'il y a lieu, de leur échéance.

Toutefois, lorsque la transmission des créances cédées ou données en nantissement est effectuée par un procédé informatique permettant de les identifier, le bordereau peut se borner à indiquer, outre les mentions indiquées aux 1, 2 et 3 ci-dessus, le moyen par lequel elles sont transmises, leur nombre et leur montant global.

En cas de contestation portant sur l'existence ou sur la transmission d'une de ces créances, le cessionnaire pourra prouver, par tous moyens, que la créance objet de la contestation est comprise dans le montant global porté sur le bordereau.

Le titre dans lequel une des mentions indiquées ci-dessus fait défaut ne vaut pas comme acte de cession ou de nantissement de créances professionnelles au sens des articles L. 313-23 à L. 313-34. – *[L. n° 81-1 du 2 janv. 1981, art. 1er].*

Sur la mobilisation des créances par les sociétés de crédit foncier, V. art. L. 515-13, III et D. 515-10, infra.

BIBL. ▶ Cerles, *Rev. dr. bancaire 1993. 200* (cession de flux de créances).

I. CONDITIONS DE FOND DE LA CESSION DE CRÉANCES PROFESSIONNELLES

A. QUANT AUX PARTIES À LA CESSION

1. Qualité du cédant. Pour l'application de la loi du 2 janv. 1981 [C. mon. fin., art. L. 313-23 s.], dès lors que tant le cédant que le débiteur sont des personnes morales, peu important qu'elles soient soumises au droit public, ou au droit privé, l'opération de crédit est valable sans qu'il y ait lieu de vérifier que la créance est née dans l'exercice de leurs activités professionnelles, une telle condition ne s'imposant que lorsque soit le cédant soit le débiteur est une personne physique. • Com. 3 janv. 1996 : *Bull. civ. IV, n° 3 ; D. 1996. IR. 46 ; D. Affaires 1996. 231.*

2. Qualité du cessionnaire : un établissement de crédit. La cession de créances par bordereau Dailly constitue une opération de crédit au sens de l'art. L. 313-1 C. mon. fin. ; à ce titre le cessionnaire doit obligatoirement être un établissement de crédit tel que défini par l'art. L. 511-1 C. mon. fin., ou un des services ou institutions énumérés à l'art. L. 518-1, qui peuvent effectuer des opérations de banque dans la mesure où ils y sont autorisés par leur statut : Rép. min. n° 4067 : *JOAN Q 27 janv. 2003, p. 600 ; JCP E 2003, n° 7-8, p. 294.*

B. QUANT AU DÉBITEUR

3. Exercice d'une activité professionnelle. La vérification que la créance est née dans l'exercice d'une activité professionnelle ne s'impose que lorsque soit le cédant soit le débiteur est une personne physique. • Com. 3 janv. 1996 : *préc. note 1.*

C. QUANT AUX CRÉANCES CÉDÉES

1° NATURE DES CRÉANCES CÉDÉES

4. Indifférence de la nature de la créance. Les dispositions de la loi du 2 janv. 1981 [C. mon. fin., art. L. 313-23 s.] concernent la cession à un établissement de crédit de toute créance détenue par une personne morale de droit public, quelle que soit la nature de cette créance, et non seulement les cessions de créances de nature contractuelle. • CAA Nantes, 29 juin 2001 : *JCP E 2002, n° 2, 43.* ♦ Solution confirmée par : • CE 7 avr. 2004 : *JCP E 2004, n° 18, p. 690 ; RJDA 2004, n° 1114 ; Petites affiches 12 juill. 2004, p. 5, obs. Vidal ; RDC 2005. 843, note Brunet,* qui reconnaît au cessionnaire la possibilité de se prévaloir de la créance qu'il avait acquise pour en poursuivre le recouvrement sur la base du nouveau fondement juridique né de la constatation de la nullité du contrat à l'origine de ladite créance. ♦ Sur la cession d'une subvention ministérielle, V. • T. com. Paris, 24 mai 1988 : *Banque 1988. 1057.* ♦ ... D'une créance sur l'État, résultant de crédits de TVA, V. • CAA Paris,12 nov. 1993 : *Petites affiches 29 août 1994, p. 3, concl. Mendras.* ♦ ... D'une créance déterminable, V. • T. com. Saint-Étienne, 7 oct. 1986 : *Banque 1987. 91.*

5. Subvention. L'engagement pris par une collectivité locale de verser une subvention annuelle à un organisme de droit public ou de droit privé constituant une base suffisante pour que le bénéficiaire d'un tel engagement puisse se considérer comme titulaire d'une créance sur ladite collectivité locale, résultant d'un acte à intervenir au montant et à l'exigibilité non encore déterminés, comme prévu à l'art. 1er [C. mon. fin., art. L. 313-23], est légale la cession à un établissement de crédit d'une telle créance. • TA Strasbourg, 28 sept. 1993 : *JCP E 1994. Pan. 4 ; RJDA 1994, n° 318 ; RTD com. 1994. 333, obs. Cabrillac et Teyssié.*

6. Cession en garantie. La cession de créance professionnelle peut être utilisée afin de garantir le remboursement d'un crédit accordé antérieurement par le cessionnaire au cédant. • Com. 24 avr. 1990 : *Bull. civ. IV, n° 118 ; D. 1990. IR. 118 ; RTD com. 1990. 442, obs. Cabrillac et Teyssié.* – Comp. : • Besançon, 12 juin 1991 : *Rev. dr. bancaire 1991. 229, obs. crit. Crédot et Gérard ; RTD com. 1991. 623, obs. crit. Cabrillac et Teyssié.*

6 bis. Opération dite de « défaisance ». Le rachat par une société des créances impayées détenues par une autre en vue de les recouvrer pour son propre compte s'analyse en une opération assimilable à l'escompte de titre de créance et, par conséquent, à une opération de crédit consentie à la société cédante pour les besoins de son exploitation et l'exercice de son activité professionnelle. • Versailles, 24 mai 2005 : *JCP E 2005, n° 38, p. 1527.*

2° CARACTÈRES DES CRÉANCES CÉDÉES

7. Créances éteintes. Des créances éteintes, du fait de leur paiement antérieur au bordereau les visant, ne peuvent faire l'objet d'aucune cession. • Com. 20 févr. 1996 : *D. Affaires 1996. 455 ; RTD com. 1996. 309, obs. Cabrillac.*

8. Créances échues. Les cessions de créances échues sont, en principe, autorisées, même à titre de garantie. • Com. 8 janv. 1991 : *Bull. civ. IV, n° 8 ; D. 1991. IR. 44 ; RJ com. 1993. 190, note Fenouillet ; Rev. dr. bancaire 1991. 96, obs. Crédot et Gérard ; RTD com. 1991. 271, obs. Cabrillac et Teyssié.*

9. Créances futures. Bien que n'étant pas encore exigible, est parfaitement cessible une créance résultant d'un contrat d'affacturage, alors qu'après le dénouement de la totalité des opérations d'affacturage, cette créance deviendra exigible. • Paris, 26 mai 1994 : *D. 1994. IR. 207.* ♦ De même, les opérations liées à un dépôt-vente peuvent être cédées. • Versailles, 14 déc. 1995 : *D. Affaires 1996. 264.*

10. Créances éventuelles. Le bénéficiaire d'une cession de créance ne peut exiger le paiement de celle-ci que si le cédant possède un droit né et actuel sur le débiteur cédé et, s'agissant d'une créance reposant sur un acte non encore intervenu, lorsque la créance est devenue exigible. Lorsqu'une telle créance éventuelle s'éteint, la cession de créance devient dépourvue d'effet juridique. Il en irait ainsi, selon ce jugement, même dans le cas d'acceptation de la créance par le débiteur cédé selon la procédure prévue à l'art. 6 [C. mon. fin., art. L. 313-29], une telle acceptation ne pouvant pas avoir pour effet de transformer en droits acquis au bénéfice du cessionnaire les droits seulement éventuels initialement détenus par le cédant sur le débiteur et qui ne se sont pas réalisés. • TA Strasbourg, 28 sept. 1993 : *préc. note 5.* ♦ V. aussi, sur l'inefficacité d'une acceptation portant sur une créance éventuelle, V. • Com. 1er déc. 1998 : *D. Affaires 1999. 376, obs. J. F.* ♦ Comp., considérant qu'en cas de cession de créance à terme, le cessionnaire ne devient propriétaire de la créance qu'à concurrence des droits conférés à l'échéance par le cédant au débiteur ; que les exceptions liées à l'existence de malfaçons et pénalités de retard sont opposables au cessionnaire à défaut d'acceptation, • Colmar, 25 mars 1994 : *RJ com. 1994. 255, note L. R.* ♦ En ce sens qu'il ne peut y avoir deux cessions successives d'une même créance lorsque la première cession portait sur une créance éventuelle demeurée à l'état de virtualité, V. • Paris, 15 févr. 1999 : *JCP E 1999, no 14, p. 597, obs. Bouteiller.*

3o CONVENTIONS PRÉALABLES

11. Sélection des créances. L'établissement de crédit, alors même qu'existe une « convention-cadre », conserve le droit de refuser la transmission des créances présentées. • Com. 8 déc. 1987 : *Bull. civ. IV, no 264 ; Rev. dr. bancaire 1988. 90.* ♦ Son refus ne saurait, toutefois, être exercé de manière intempestive, sous peine de dégénérer en abus. • Paris, 3 mars 1992 : *Gaz. Pal. 1994. 2. Somm. 729.* ♦ Encourt la cassation l'arrêt qui condamne une banque à « traiter » des actes de cessions de créances sans rechercher si la convention d'escompte de créances professionnelles permettait à l'établissement de crédit de rejeter ou de refuser certaines des créances présentées par son client. • Com. 26 janv. 1999 : *RJDA 1999, no 323.* ♦ Sur l'exercice par la banque de sa faculté, contractuellement prévue, de refuser, après examen, la mobilisation de créances Dailly, V. • Com. 20 nov. 2001 : *Banque et Droit mars-avr. 2003. 64, obs. Guillot.* ♦ Lorsque le cédant s'est engagé dans la convention à ne céder que des créances résultant d'actes déjà intervenus, la violation par lui de cet engagement ne saurait être retenue à faute contre la banque cessionnaire qui en est la victime, dont il n'est pas établi qu'elle se soit montrée négligente ou imprudente dans ses relations avec le cédant. • Versailles, 14 déc. 1995 : *préc. note 9.*

11 bis. Clause interdisant la cession de la créance. V. *infra*, note 10 ss. art. L. 313-28 C. mon. fin. et *supra* art. L. 442-6, II, C. com. déclarant nuls les clauses ou contrats prévoyant pour un producteur, un commerçant, un distributeur, un industriel ou un artisan la possibilité d'interdire au cocontractant la cession à des tiers des créances qu'il détient sur lui.

II. CONDITIONS DE FORME DE LA CESSION DE CRÉANCES PROFESSIONNELLES

A. MENTIONS OBLIGATOIRES

12. Dénomination de l'acte. A défaut d'être expressément dénommés « Acte de cession de créances professionnelles », des bordereaux ne valent pas comme tels. • Com. 8 nov. 1994 : *RJDA 1995, no 320* (pour des bordereaux ne précisant pas s'il s'agit d'« actes de cessions de créances professionnelles » ou d'« actes de nantissement de créances professionnelles »). ♦ Ainsi, ne vaut pas comme acte de cession de créances professionnelles, le bordereau intitulé « bordereau de cession de créances », dans lequel l'adjectif « professionnelles » a été omis. • Lyon, 7 mai 1992 : *BICC 1993, no 157.* ♦ Pour un bordereau de cession comportant la dénomination « acte de cession de créance de la loi Dailly » et comportant la mention qu'il est soumis à la loi du 2 janv. 1984, V. • Com. 11 juill. 2000 : *Bull. civ. IV, no 141 ; D. 2000. AJ. 339, obs. Lienhard ; JCP E 2001, no 31-35, p. 1331, obs. Stoufflet ; RTD com. 2000. 992, obs. Cabrillac.*

13. Nom ou dénomination sociale du bénéficiaire. N'est pas conforme au texte, l'acte de cession comportant la mention « Agence République du Groupe X » comme énonciation de la dénomination sociale de l'établissement de crédit bénéficiaire, V. • Com. 23 oct. 2001 : *Bull. civ. IV, no 172 ; D. 2001. AJ. 3430, obs. Lienhard ; ibid. 2002. Somm. 2046, obs. Lemée ; Ban-*

que et Droit janv.-févr. 2002. 47, obs. Bonneau ; RD banc. fin. 2002. 75, n° 56, obs. Cerles ; RTD com. 2002. 141, obs. Cabrillac.

14. Désignation ou individualisation des créances. Pour valoir acte de cession, le bordereau doit comporter les éléments permettant d'individualiser les créances cédées ; cette condition n'est pas remplie lorsque la différenciation entre les créances effectivement cessibles et les autres se révèle impossible à l'examen du bordereau. • Com. 13 oct. 1992 : *Bull. civ. IV, n° 301 ; JCP E 1993. II. 395, note Stoufflet.* ♦ La cession de créance est nulle faute de désignation certaine de celle-ci, dès lors que le bordereau comporte plusieurs mentions erronées et que les autres mentions sont insuffisantes pour permettre l'identification de la créance par le cessionnaire ainsi que par le débiteur désigné, même après comparaison avec divers autres documents contractuels ou comptables aisément disponibles. • Com. 21 juin 1994 : *Bull. civ. IV, n° 223 ; JCP 1994. IV. 2100.* ♦ V. aussi, considérant comme insuffisamment individualisées les créances de primes d'État à la culture, dès lors que n'étaient données aucune précision particulière, ni aucune distinction des montants pour chacun des postes génériquement exprimés : • Paris, 30 oct. 1998 : *Gaz. Pal. 12-14 déc. 1999, Somm., p. 29, obs. Vray.* ♦ Lorsque c'est l'option « énonciation incluse » qui est cochée, l'espace destiné à l'individualisation des créances à l'aide de mentions pré imprimées doit être dûment rempli de sorte que sont irréguliers les bordereaux dont les espaces dévolus à l'individualisation sont vierges ou ne comportent que la mention « listing joint » ou « listing » et qui ne mentionnent pas le nombre de créances cédées. • Rouen, 11 oct. 2005 : *Banque et Droit janv.-févr. 2006. 59, obs. Bonneau.*

En revanche, le défaut d'indication de la raison sociale du débiteur cédé ne suffit pas à invalider le bordereau qui permet l'individualisation de la créance par la mention de ses éléments essentiels et du numéro d'adhérent du cédé au sein d'une société coopérative créancière. • Paris, 17 nov. 1992 : *JCP E 1993. II. 428, note Larroumet.* – V. aussi • Com. 21 sept. 2004 : *RD banc. fin. 2005, n° 12, obs. Cerles.* ♦ En ce sens que la mention de l'adresse du débiteur n'est pas obligatoire, • Com. 3 déc. 1996 : *Rev. dr. bancaire 1997. 73, obs. Campana et Calendini.* ♦ Le nom du cédé ne constitue pas, en effet, une mention déterminant la validité du bordereau, mais seulement l'un des éléments permettant d'individualiser la créance. • Paris, 10 mai 1994 : *RJ com. 1994. 251, note X. Vincent.*

15. Cession par un procédé informatique. N'est pas valable le bordereau qui, lorsque la transmission des créances cédées est effectuée par un procédé informatique permettant de les identifier, n'indique pas, notamment, le moyen par lequel ces créances sont transmises. • Com. 21 mars 1995 : *RJDA 1995, n° 1013.*

16. Effets de l'individualisation des créances. Un acte de cession de créances comportant toutes les mentions exigées par l'art. 1er, § 4 [C. mon. fin., art. L. 313-23, § 4], c'est au débiteur cédé, demandeur à l'exception, d'établir l'inexistence des créances ainsi individualisées. • Com. 13 déc. 1994 : *Bull. civ. IV, n° 373 ; D. 1995. IR. 10 ; JCP E 1995. II. 733, note Virassamy ; RJ com. 1995. 316, note Malecky.* – Comp. : • Com. 18 oct. 1994 : *cité note 13 ss. art. L. 313-28* • 18 févr. 1997 : *ibid. note 14.*

B. SANCTION DE L'OMISSION DES MENTIONS OBLIGATOIRES

17. Inopposabilité de la cession au débiteur. Le titre dans lequel l'une des mentions exigées par l'art. L. 313-23 fait défaut ne vaut pas comme acte de cession au sens de ses dispositions. • Com. 13 nov. 2003 : *RD banc. fin. 2004, n° 165, obs. Cerles ; RJDA 2004, n° 466.* – V. aussi • Com. 9 avr. 1991 : *Bull. civ. IV, n° 121 ; D. 1991. IR. 124 ; RTD com. 1991. 421, obs. Cabrillac et Teyssié*. ♦ En l'absence de production des bordereaux de cession de créances revêtus de toutes les mentions exigées par l'art. L. 313-23, fût-elle justifiée par une impossibilité matérielle, les cessions litigieuses, à les supposer même établies, n'étaient pas opposables aux tiers, ce dont il résultait que le cessionnaire ne pouvait demander le paiement au débiteur cédé sur le fondement de documents qu'il ne présentait pas. • Com. 25 févr. 2003 : *Bull. civ. IV, n° 27 ; JCP E 2003, n° 16, p. 681 ; RD banc. fin. 2003, n° 112, obs. Cerles ; Banque et Droit nov.-déc. 2003. 55, obs. Bonneau ; RTD com. 2003. 555, obs. Cabrillac ; Petites affiches 7 juill. 2003, p. 7, obs. E. C. ; ibid. 22 déc. 2004, p. 14, note Lasbordes de Virville ; RJDA 2003, n° 765.* ♦ La sanction prévue par le dernier al. de l'art. L. 313-23 n'est pas la nullité des actes, mais leur inopposabilité aux tiers. • Rouen, 11 oct. 2005 : *préc. note 14.*

18. Validité de la cession entre les parties. Si au cas où l'une des énonciations exigées a été omise, la cession est inopposable aux tiers, elle reste valable entre les parties. • Rouen, 6 mars 1986 : *D. 1988. Somm. 279, obs. Vasseur.* – V. note 1 ss. art. L. 313-27.

III. INFRACTIONS PÉNALES

19. Fausses factures. BIBL. Dekeuwer, *JCP E 1995. I. 451.* ♦ Constitue un faux en écriture de commerce pénalement punissable l'altération de la vérité dans un document valant titre ; constituent des titres les factures jointes à l'appui des bordereaux de cession de créances prévus par l'art. 1er [C. mon. fin., art. L. 313-23]. • Crim. 30 mars 1992 : *Bull. crim. n° 132 ; D. 1994. Somm. 157, obs. Roujou de Boubée ; JCP E 1992. Pan. 1355, obs. Véron ; Banque 1992. 951, obs. Rives-Lange.*

20. Escroquerie. BIBL. Dekeuwer, *JCP E 1995. I. 451.* ♦ Les documents produits à l'appui de bordereaux prévus par l'article 1er [C. mon. fin., art. L. 313-23] peuvent servir de base à des poursuites du chef d'escroquerie lorsqu'ils affirment l'existence de créances fictives ou devenues sans valeur. • Crim. 22 févr. 1993 : *Bull. crim. n° 84.* ♦ Dans le même sens, pour un bordereau faisant état de créances inexistantes ou sorties du patrimoine du cédant, V. • Crim. 22 févr. 1993 : *Bull. crim. n° 83 ; RTD com. 1993. 695, obs. Cabrillac et Teyssié ; JCP E 1994. II. 530, note Véron.* ♦ La remise d'un bordereau faisant état de créances fictives en vue d'obtenir des fonds d'un établissement de crédit constitue une escroquerie. • Crim. 5 déc. 2001 : *RJDA 2002, n° 800.* ♦ Les factures jointes à l'appui des bordereaux étant des titres, l'utilisation, en connaissance de cause, de factures fictives pour obtenir par leur escompte une ouverture de crédit, constitue une escroquerie. • Crim. 6 avr. 1994 : *Bull. crim. n° 134 ; D. 1994. IR. 54.* ♦ L'utilisation de factures fictives ou inexistantes à l'appui de bordereaux de cession de créances dans le but d'obtenir une ouverture de crédit est de nature à matérialiser des manœuvres frauduleuses constitutives du délit d'escroquerie. • Versailles, 30 mai 2001 : *Banque et Droit juill.-août 2002. 49, obs. Guillot.* ♦ Dans le même sens, s'agissant de la remise à l'établissement bancaire de bordereaux de créances, comme ayant été payées, sur lesquels sont inscrites des créances ne faisant plus partie au jour de la remise du patrimoine du cédant. • Même arrêt.

L. 313-24 Même lorsqu'elle est effectuée à titre de garantie et sans stipulation d'un prix, la cession de créance transfère au cessionnaire la propriété de la créance cédée.

Sauf convention contraire, le signataire de l'acte de cession ou de nantissement est garant solidaire du paiement des créances cédées ou données en nantissement. – *[L. n° 81-1 du 2 janv. 1981, art. 1er-1].*

Les dispositions du 1er al. de l'art. 1er-1 de la loi n° 81-1 du 2 janv. 1981 facilitant le crédit aux entreprises [C. mon. fin., art. L. 313-24, al. 1er] sont de caractère interprétatif (L. n° 84-46 du 24 janv. 1984, art. 62).

I. CESSION EN GARANTIE

1. Cession en garantie d'un crédit antérieur. La cession de créance professionnelle peut être utilisée afin de garantir le remboursement d'un crédit accordé antérieurement par le cessionnaire au cédant. • Com. 24 avr. 1990 : *Bull. civ. IV, n° 118 ; D. 1990. IR. 118 ; RTD com. 1990. 442, obs. Cabrillac et Teyssié.* – Comp. : • Besançon, 12 juin 1991 : *Rev. dr. bancaire 1991. 229, obs. crit. Crédot et Gérard ; RTD com. 1991. 623, obs. crit. Cabrillac et Teyssié.* ♦ Sur la validité de la cession de créances échues à titre de garantie V. • Com. 8 janv. 1991 : *préc. note 8 ss. art. L. 313-23.*

2. Nantissement temporaire. Il ne résulte pas des art. 1-1 et 4 [C. mon. fin., art. L. 313-24 et L. 313-27], qu'un nantissement de créance ne puisse être constitué à titre temporaire par une mention portée sur le bordereau. • Com. 16 mai 2000 : *Bull. civ. IV, n° 106 ; D. 2000. AJ. 296, obs. Faddoul ; ibid. Somm. 392, obs. Piedelièvre ; JCP 2000. I. 259, n° 18, obs. Simler et Delebecque ; ibid. 2001. II. 10517, note Favier ; RTD com. 2000. 993, obs. Cabrillac.*

3. Rétrocession de créances cédées en garantie. Sur la nécessité, pour le banquier cessionnaire, de respecter les formalités de l'art. 1690 C. civ. lors de la rétrocession de créances au cédant, V. • Versailles, 1er mars 2001 : *RTD com. 2001. 960, obs. Cabrillac.*

3 bis. Restitution de la créance. Si la cession de créance faite à titre de garantie, qui implique la restitution du droit cédé au cas où la créance garantie viendrait à être payée, n'opère qu'un transfert provisoire de la titularité de ce droit, l'éventualité de la restitution de la créance au cédant reste subordonnée à l'épuisement de l'objet de la garantie consentie. • Com. 22 nov. 2005 : *D. 2005. AJ. 3081, obs. Delpech ; RTD com. 2006. 169, obs. Legeais ; JCP E 2006, n° 14-15, p. 673, obs. Cabrillac ; Defrénois 2006. 601, obs. Savaux ; RD banc. fin. 2006, n° 16, obs. Cerles (2e esp.) ; Banque et Droit mars-avr. 2006. 67, obs. Bonneau ; RJDA 2006, n° 325 ; RLDA févr. 2006. 38, obs. Chemin-Bomben.* – Sur cet arrêt, V. aussi Tchotourian, *RJDA 2006. 331* (la cession à titre de garantie, entre cession et garantie fiduciaire).

II. GARANTIE SOLIDAIRE DU CÉDANT

4. Recours en garantie du cessionnaire contre le cédant. Le cédant d'une créance professionnelle, en sa qualité de garant solidaire du paiement des créances cédées à l'égard du banquier cessionnaire, de même que les cautions du cédant, sont tenus des mêmes obligations que le débiteur cédé. • Com. 26 mars 2002 : *RD banc. fin. 2003, n° 20, obs. Cerles.* ♦ Il n'y a pas lieu de déduire du montant de la déclaration de créance du banquier cessionnaire de créances professionnelles à titre de garantie au redressement judiciaire du cédant, les créances pour lesquelles il ne justifie pas qu'elles n'ont pas été recouvrées depuis l'ouverture de la procédure collective, dès lors que le cédant, en sa qualité de garant solidaire des créances cédées à l'égard du banquier cessionnaire, est tenu des mêmes obligations que le débiteur cédé, V. • Com. 4 déc. 2001 : *Bull. civ. IV, n° 192 ; D. 2002. AJ. 210, obs. Lienhard ; Banque et Droit mars-avr. 2002. 56, obs. Bonneau.* ♦ En ce sens que le non-respect, par le cessionnaire, des formes dans le recouvrement de la créance acquise ne le prive pas du droit, reconnu par la loi, d'agir contre le cédant et la caution, V. • Com. 17 déc. 1996 : *Bull. civ. IV, n° 312 ; Quot. jur. 23 janv. 1997, p. 6, note P.M. ; RTD com. 1997. 301, obs Cabrillac ; RJDA 1997, n° 550.*

5. Indifférence d'une compensation entre le cédant et le débiteur cédé. L'extinction de la créance par compensation ne fait pas disparaître l'obligation de garantie. • Com. 26 avr. 1994 : *RJDA 1994, n° 952 ; JCP 1994. IV. 1582.*

6. Option du cessionnaire. La solidarité existant entre le cédant et le débiteur cédé confère au cessionnaire le droit d'exercer son recours contre le cédant ou le cédé sans avoir à justifier de son choix. • Paris, 17 avr. 1992 : *JCP 1992. II. 22019, note Legeais* • Chambéry, 27 oct. 1993 : *BICC 1993, n° 1363.* ♦ Le cessionnaire, qui a notifié la cession au débiteur cédé, bénéficie du recours en garantie contre le cédant et sa caution, sans avoir à justifier préalablement d'une poursuite judiciaire à l'encontre du débiteur cédé. • Com. 14 mars 2000 : *Bull. civ. IV, n° 55 ; D. 2000. AJ. 236, obs. Faddoul ; JCP E 2000, n° 20, p. 774 ; RTD com. 2000. 996, obs. Cabrillac.* – Dans le même sens, en l'absence de notification des cessions de créances, V. • Com. 11 déc. 2001 : *Bull. civ. IV, n° 196 ; D. 2003. Somm. 342, obs. Martin ; RD banc. fin. 2002, n° 92, obs. Cerles* • 26 nov. 2003 : *RD banc. fin. 2004, n° 123.* ♦ Comp., retenant que lorsque le cessionnaire a notifié la cession conformément à l'art. 5, le recours en garantie contre le cédant ne doit lui être ouvert qu'après demande amiable de paiement à l'échéance au débiteur cédé, son exercice n'est nullement subordonné à l'engagement simultané de poursuites contre ce dernier : • Paris, 22 janv. 1993 : *D. 1993. IR. 106.* – En ce sens déjà, • Paris, 29 sept. 1989 : *D. 1990. Somm. 230, obs. Vasseur ; RTD com. 1990. 76, obs. Cabrillac et Teyssié.* – V. aussi • Pau, 25 nov. 1991 : *JCP 1992. IV. 1918.*

7. Nature de la dette de garantie du cédant. Selon les dispositions de l'art. L. 313-24, al. 2, sauf convention contraire, le signataire de l'acte de cession est garant solidaire du paiement des créances cédées, ce dont il résulte qu'en l'absence de collusion frauduleuse entre le cessionnaire et le cédant, la dette n'a pas une nature délictuelle (recevabilité de l'action en paiement du banquier cessionnaire contre la caution du cédant, dans l'hypothèse où l'une des créances cédées avait déjà été payée et l'autre cédée précédemment à un autre établissement bancaire). • Com. 22 janv. 2002 : *Bull. civ. IV, n° 16 ; D. 2002. AJ. 954, obs. Avena-Robardet ; RTD com. 2002. 357, obs. Cabrillac ; Banque et Droit mai-juin 2002. 50, obs. Bonneau ; ibid. mars-avr. 2003. 65, obs. Guillot.*

8. Assignation du débiteur cédé en redressement judiciaire. Le cédant, bien qu'il demeure garant du paiement de la créance, ne peut se substituer au cessionnaire pour assigner le débiteur en redressement judiciaire, et les délais accordés par le cessionnaire lui sont opposables. • Com. 8 janv. 1991 : *Bull. civ. IV, n° 8 ; D. 1991. IR. 44 ; RJ com. 1993. 190, note Fenouillet ; RTD com. 1991. 271, obs. Cabrillac et Teyssié.*

9. Procédure collective contre le débiteur cédé. Le cessionnaire qui n'a pas déclaré sa créance à la procédure collective du débiteur cédé n'est pas privé de son recours en garantie contre le cédant et sa caution. • Com. 14 mars 2000 : *préc. note 6.* ♦ La cession de créance, même effectuée à titre de garantie, transférant au cessionnaire la propriété de la créance cédée, le cédant n'a plus qualité pour déclarer cette créance à la procédure collective ouverte contre le débiteur cédé. • Com. 1er mars 2005 : *RJDA 2005, n° 881.*

10. Redressement ou liquidation judiciaires du cédant. BIBL. D. Schmidt, *Rev. dr. bancaire 1987. 83.* – Malecki, *Mélanges Guyon, Dalloz, 2003, p. 767.* ♦ Il résulte de la solidarité instituée à l'al. 2 de l'art. L. 313-24, que l'admission des créances cédées au passif de la procédure collective du créancier cédant est opposable au débiteur cédé. • Com. 28 avr. 2004 : *RJDA 2004, n° 1143.* V. déjà • Versailles, 4 avr. 1996 : *JCP E 1996. Pan. 715.* ♦ Sur les nullités de la période suspecte, V., *supra*, art. L. 632-1 et L. 632-2 C. com., et sur les droits du cessionnaire en cas de procédure collective du cédant, V. note 17 *bis* ss. art. L. 621-40 ancien C. com. ♦ Sur l'effet à l'égard du débiteur cédé de l'extinction de la créance, faute de déclaration à la procédure collective du cédant, V. note 6 ss. art. L. 621-46 ancien C. com., *supra*.

L. 313-25 Le bordereau est signé par le cédant. La signature est apposée soit à la main, soit par tout procédé non manuscrit. Le bordereau peut être stipulé à ordre.

La date est apposée par le cessionnaire. — *[L. n° 81-1 du 2 janv. 1981, art. 2]. — V. infra, art. R. 313-19.*

1. Absence de signature. **BIBL.** Gavalda, *JCP E 1989. II. 15374.* ♦ Si l'irrégularité formelle d'un bordereau, qui porte un cachet humide et une signature dont il n'est pas possible de dire si elle a été apposée à la main ou incorporée au cachet, peut avoir des incidences quant à l'opposabilité de la cession aux tiers, elle n'affecte en rien l'efficacité de la cession entre les parties. • TGI Colmar, 13 mars 1987 : *D. 1988. Somm. 279, obs. Vasseur ; RTD com. 1988. 100, obs. Cabrillac et Teyssié.*

2. Délégation de signature. Sur la validité du bordereau Dailly signé par un préposé disposant d'une délégation de signature *ad hoc* et informelle, V. • Paris, 12 sept. 2000 : *D. 2000. AJ. 410 ; RTD com. 2001. 204, obs. Cabrillac.*

L. 313-26 Le bordereau n'est transmissible qu'à un autre établissement de crédit. — *[L. n° 81-1 du 2 janv. 1981, art. 3].*

L. 313-27 *(L. n° 2003-706 du 1er août 2003, art. 67)* « La cession ou le nantissement prend effet entre les parties et devient opposable aux tiers à la date apposée sur le bordereau lors de sa remise, quelle que soit la date de naissance, d'échéance ou d'exigibilité des créances, sans qu'il soit besoin d'autre formalité, et ce quelle que soit la loi applicable aux créances et la loi du pays de résidence des débiteurs. »

A compter de cette date, le client de l'établissement de crédit bénéficiaire du bordereau ne peut, sans l'accord de cet établissement, modifier l'étendue des droits attachés aux créances représentées par ce bordereau.

(L. n° 2003-706 du 1er août 2003, art. 67) « La remise du bordereau entraîne de plein droit le transfert des sûretés, des garanties et des accessoires attachés à chaque créance, y compris les sûretés hypothécaires, et son opposabilité aux tiers sans qu'il soit besoin d'autre formalité. »

En cas de contestation de la date portée sur le bordereau, l'établissement de crédit rapporte, par tous moyens, l'exactitude de celle-ci. — *[L. n° 81-1 du 2 janv. 1981, art. 4].*

BIBL. ▸ D'Ambra, *RJ com. 1993. 45* (notion de tiers). – Le Maigat, *RD banc. fin. 2002. 92* (protection du débiteur cédé face au caractère occulte de la cession Dailly). – Bonneau, *Banque et Droit sept.-oct. 2003. 74* (loi de sécurité financière du 1er août 2003). – Cabrillac, *RTD com. 2003. 784* (même thème). – Bureau, *RDC 2004. 445* (conflits de lois relatifs à l'opposabilité des transferts de créance par bordereau). – Deckon, *RTD com. 2005. 649* (notification de la cession de créances professionnelles).

I. PRISE D'EFFET DE LA CESSION DES CRÉANCES ET OPPOSABILITÉ AUX TIERS

1. Date portée sur le bordereau. L'opération ne produit ses effets, tant à l'égard des parties qu'à l'égard des tiers, qu'avec l'apposition de la date sur le bordereau, conformément au texte. • Com. 28 oct. 1986 : *D. 1986. 592, note Vasseur ; RTD com. 1987. 89, obs. Cabrillac et Teyssié ; JCP 1987. II. 20735, note Stoufflet ; Rev. dr. bancaire 1987. 8, obs. Crédot et Gérard* (conf. • Pau, 25 mai 1985 : *Banque 1985. 1071, obs. Rives-Lange*) • Com. 12 oct. 1993 : *Bull. civ. IV, n° 328 ; D. 1993. IR. 237 ; Rev. dr. bancaire 1993. 247, obs. crit. Crédot et Gérard ; Banque déc. 1993. 92, obs. Guillot* • 7 mars 1995 : *Bull. civ. IV, n° 66* • 6 mai 1996 : *RJDA 1996, n° 1224* • 14 juin 2000 : *Bull. civ. IV, n° 121 ; D. 2000. AJ. 372 ; JCP E 2001, p. 518, note Virassamy ; RTD com. 2000. 992, obs. Cabrillac ; RD banc. fin. 2000, n° 186, obs. Crédot et Gérard.* ♦ La qualité de cessionnaire, au sens de la loi de 1981 [C. mon. fin., art. L. 313-23 s.], ne pouvant être opposée par un établissement de crédit, vis-à-vis d'un tiers, qu'à compter de la date portée par lui sur le bordereau de cession, l'établissement ne peut, avant la date du bordereau, notifier la cession et utilement inviter en cette qualité, le débiteur à l'accepter. • Com. 8 févr. 2000 : *Bull. civ. IV, n° 27 ; D. 2000. 567, note Chazal, et AJ. 131, obs. Faddoul ; RTD civ. 2000. 877, obs. Crocq ; RD banc. fin. 2000, n° 50, obs. Crédot et Gérard.*

2. Contestation de la date. En cas de contestation de la date qu'il a apposée sur le bordereau (afin de rendre inopérante une saisie-arrêt), l'établissement de crédit doit en établir, par tout moyen, l'exactitude. • TGI Paris, réf., 11 août 1988 : *Banque 1988. 1056, obs. Rives-Lange.* – V. aussi • Paris, 16 nov. 1988 : *D. 1990. Somm. 227, obs. Vasseur* • CAA Paris, 26 sept. 1991 : *RJDA 1992, n° 375.*

3. Pluralité de dates. Lorsque le bordereau porte plusieurs dates, il y a lieu de lui donner effet à celle dont l'établissement de crédit démontre qu'elle correspond au jour où il a accepté la cession. • Com. 7 déc. 1993 : *Bull. civ. IV, n° 448 ; D. 1994. IR. 13 ; RTD com. 1994. 535, obs. Cabrillac et Teyssié* .

4. Sanction de l'absence de date. Malgré le silence de la loi, qui n'a pas prévu de sanction en cas d'absence de date, cette irrégularité doit priver de tout effet un bordereau qui en est dépourvu. Il importe peu que la date manquante puisse être établie par d'autres éléments de preuve, et la date de notification ne saurait suppléer la date du bordereau, V. • Com. 14 juin 2000 : *préc. note 1* • Nîmes, 23 mai 1991 : *JCP 1991. IV. 421 ; RTD com. 1992. 430, obs. Cabrillac et Teyssié* . – *Contra* : • T. com. Lyon, 19 juin 1991 : *RTD com., préc.*

II. TRANSMISSION DES CRÉANCES CÉDÉES AVEC LEURS SÛRETÉS ET ACCESSOIRES

A. TRANSMISSION DES CRÉANCES CÉDÉES

5. Inefficacité d'une opposition ultérieure. En application de l'art. 4, al. 1er [C. mon. fin., art. L. 313-27, al. 1er], la créance détenue sur un centre hospitalier en exécution d'un marché de travaux étant sortie du patrimoine de l'entrepreneur principal à la date portée sur le bordereau, l'opposition ultérieure, en vertu de l'art. 9 du Décr. du 18 août 1807 [abrogé par Décr. n° 93-977 du 31 juill. 1993], était sans effet. • CE 17 févr. 1993 : *D. 1993. IR. 73 ; RTD com. 1993. 348, obs. Cabrillac et Teyssié* . – Rappr. : • CAA Nantes, 27 déc. 2002 : *RJDA 2003, n° 766.* ♦ V. aussi *infra*, note 12.

6. Cession de créances nées d'un contrat à exécution successive. Il résulte des art. L. 313-23, L. 313-24 et L. 313-27 C. mon. fin. que, même si son exigibilité n'est pas encore déterminée, la créance peut être cédée et que, sortie du patrimoine du cédant, son paiement n'est pas affecté par l'ouverture de la procédure collective de ce dernier postérieurement à cette date. • Com. 7 déc. 2004 : *Bull. civ. IV, n° 213 ; D. 2005. 230, note Larroumet,* *ibid. Pan. 2014, obs. Lucas ; ibid. AJ. 77, obs. Lienhard ; JCP E 2005, n° 6, p. 231, note Raby ; RD banc. fin. 2005, n° 49, obs. Lucas ; ibid., n° 77, obs. Crédot ; Banque et Droit mars-avr. 2005. 50, obs. Bonneau ; RJDA 2005, n° 441 ; RTD com. 2005. 155, obs. Cabrillac* *; ibid. 415, obs. Martin-Serf ;* *Defrénois 2005. 997, obs. Gibirila.* ♦ V. aussi, jugeant opposable la cession à la date mentionnée sur le bordereau : • Metz, 12 sept. 2001 : *Banque et Droit nov.-déc. 2002. 58, obs. Guillot ; RD banc. fin. 2003, n° 2, obs. Crédot et Gérard.* ♦ Rappr. • Cass., Ch. mixte, 22 nov. 2002 : *cité note 39 ss. ancien art. L. 621-40 C. com.* • Com. 8 juill. 2003 : *D. 2003. AJ. 2094, obs. Lienhard* *; JCP E 2004, n° 6, p. 229, obs. Cabrillac ; RTD civ. 2003. 708, obs. Mestre et Fages* *; RJDA 2003, n° 1123* • 5 nov. 2003 : *Bull. civ. IV, n° 165 ; D. 2003. AJ. 2964* *; RD banc. fin. 2004, n° 37, obs. Delleci ; RTD com. 2004. 371, obs. Martin-Serf* *; RJDA 2004, n° 455.* – V. *supra*, note 39 ss. ancien art. L. 621-40 C. com. ♦ Même lorsqu'elle est effectuée à titre de garantie et sans stipulation d'un prix, la cession de créance transfère au cessionnaire la propriété de la créance cédée et prend effet entre les parties et devient opposable aux tiers à la date apposée sur le bordereau et, étant sortie du patrimoine du cédant, son paiement n'est pas affecté par l'ouverture de la procédure collective de celui-ci postérieurement à cette date. • Com. 22 nov. 2005 : *cité note 3 bis ss. art. L. 313-24.* ♦ *Contra*, jugeant que le jugement d'ouverture de la procédure collective à l'égard du cédant de créances professionnelles fait obstacle aux droits de la banque cessionnaire sur les créances nées de la poursuite d'un contrat à exécution successive postérieurement à ce jugement. • Com. 26 avr. 2000 : *Bull. civ. IV, n° 84.* – V. *supra*, note 17 *bis* ss. art. L. 621-40 ancien C. com.

7. Subrogation du cessionnaire dans les droits du cédant. Le cessionnaire de la créance, qui peut se prévaloir de l'ensemble des droits du cédant dans lesquels il a été subrogé, est fondé, en cas de nullité d'un marché public [en exécution duquel les créances ont été cédées], à demander à la collectivité publique le paiement du montant des dépenses qui ont été utiles à la collectivité envers laquelle il s'était engagé. • CAA Nantes, 29 juin 2001 : *préc. note 4 ss. art. L. 313-23.*

8. Compensation. La caution solidaire, également créancière du cédant, ne peut se soustraire à l'action en paiement diligentée contre elle par le banquier cessionnaire, en invoquant une compensation entre la dette de garantie de la caution et la créance acquise par elle. • Com. 14 janv. 2004 : *Petites affiches 29 déc. 2004, p. 8, note Loyer.*

9. Modification de l'étendue des droits attachés aux créances. L'avoir établi au débiteur cédé pour annuler la facture cédée dans les formes prévues par la loi du 2 janv. 1981 [C. mon. fin., art. L. 313-23 s.] est inopposable à la banque cessionnaire dans la mesure où il n'est pas la conséquence directe d'un défaut, allégué seulement comme partiel, de fourniture des matériels vendus par le cédant. • Com. 8 nov. 1994 : *D. 1995. IR. 10.* ♦ Comp., en ce sens qu'en accordant un avoir sur la facture après signature du bordereau de cession, le cédant n'a fait que prendre acte d'une erreur de facturation sans modifier l'étendue des droits effectivement attachés à la créance cédée, puisque aussi bien le débiteur de la facture qui n'avait pas accepté la cession pouvait, même en l'absence de l'avoir consenti, opposer à la banque l'existence d'une facturation erronée : • Paris, 29 mars 1994 : *D. 1994. IR. 112 ; RJDA 1994, n° 1055.* ♦ Le cédant, ainsi que le prescrit l'art. 4, ne pouvant modifier l'étendue des droits cédés, il en résulte que n'est pas opposable à la banque cessionnaire l'avoir établi sans son accord, annulant une deuxième facture postérieurement à la cession de créance, V. • Rennes, 3 sept. 1997 : *JCP E 1999, n° 4, p. 166, obs. Belleil.*

B. TRANSMISSION DES ACCESSOIRES DES CRÉANCES CÉDÉES

10. Action directe et responsabilité à l'égard d'une caution. En s'abstenant d'exercer l'action directe du sous-traitant, cédant, à l'encontre du maître de l'ouvrage, la banque créancière a perdu un droit dans lequel la caution avait vocation à être subrogée au sens de l'art. 2037 [2314] C. civ. • Com. 14 janv. 2004 : *JCP E 2005, n° 5, p. 179, obs. Simler ; RD banc. fin. 2004, n° 122, obs. Cerles ; Gaz. Pal. 2004. 555, note Raby ; ibid. Somm. 1258, obs. S. Piedelièvre.*

11. Clause d'arbitrage. La clause d'arbitrage international, valable par le seul effet de la volonté des cocontractants, est transmise au cessionnaire avec la créance, telle que cette créance existe dans les rapports entre le cédant et le débiteur cédé. • Civ. 1re, 5 janv. 1999 : *Bull. civ. I, n° 1 ; D. 1999. IR. 31 ; D. Affaires 1999. 291, obs. X. D. ; Cah. dr. entr. 1999, n° 2, p. 28, obs. Raynard ; Defrénois 1999. 752, obs. Delebecque.* V. aussi, • Paris, 17 nov. 1998 : *RTD com. 1999. 377, obs. Dubarry et Loquin* • Civ. 2e, 20 déc. 2001 : *Bull. civ. II, n° 198 ; D. 2002. IR. 251 ; RTD com. 2002. 279, obs. Loquin*. – V. Pradel, *D. 2003. 569*.

III. CONFLITS ENTRE LE CESSIONNAIRE ET UN TIERS INVOQUANT UN DROIT SUR LES CRÉANCES CÉDÉES

A. CONFLIT ENTRE CESSIONNAIRE ET CRÉANCIER SAISISSANT OU BÉNÉFICIAIRE D'UN AVIS À TIERS DÉTENTEUR

12. Conflits entre un cessionnaire de créance et un créancier saisissant. Indépendamment de sa notification au débiteur cédé, la cession prend effet entre les parties et devient opposable aux tiers à la date portée sur le bordereau, ce dont il résulte que les créances cédées étant sorties, à cette date, du patrimoine du cédant par un acte opposable au créancier saisissant, elles n'étaient plus susceptibles d'être appréhendées par ce dernier. • Com. 26 nov. 2003 : *Bull. civ. IV, n° 176 ; D. 2004. Somm. 1485, obs. Taormina ; ibid. AJ. 133 ; JCP E 2004, n° 4, p. 104 ; RD banc. fin. 2004, n° 85, obs. S. Piedelièvre ; Banque et Droit mars-avr. 2004. 58, obs. Bonneau ; RTD com. 2004. 138, obs. Cabrillac ; RJDA 2004, n° 467.*

13. Conflit entre cessionnaire et bénéficiaire d'un avis à tiers détenteur. Dans le cas de la cession, par un sous-traitant, de créances détenues sur l'entrepreneur principal, que celui-ci, débiteur cédé, n'a pas à obtempérer à un avis à tiers détenteur, dès lors que ce dernier ne peut avoir d'effet que sur les sommes appartenant ou devant appartenir au redevable de l'impôt et que ledit entrepreneur principal avait reçu les notifications des cessions de créances antérieurement à la notification de l'avis à tiers détenteur ; ... que, d'autre part, cet avis ne peut porter sur des créances n'existant pas au jour de la notification : • Com. 13 févr. 1996 : *Banque avr. 1996. 91, obs. Guillot* (V. l'arrêt confirmé : • Paris, 15 oct. 1993 : *Banque 1994. 92, obs. Guillot*). ♦ Ne saurait produire le moindre effet l'avis à tiers détenteur reçu par le débiteur cédé à une date postérieure à celle figurant sur les bordereaux de cession de créances. • T. com. Paris, 10 nov. 1999 : *Banque et Droit juill.-août 2000. 61, obs. Guillot ; RD banc. fin. 2000, n° 77, obs. Delleci.*

B. CONFLIT ENTRE CESSIONNAIRES SUCCESSIFS DES CRÉANCES

14. Bordereaux successifs : primauté du premier cessionnaire. BIBL. Cabrillac, *D. 1990. Chron. 127.* – Larroumet, *JCP E 1990. II. 15877.* ♦ A compter de la date portée sur le bordereau, la créance est passée du patrimoine du cédant à celui du cessionnaire, de sorte que le cédant ne pouvait plus transmettre une seconde fois une créance qu'il ne détenait plus. • Paris, 4 janv. 1990 : *D. 1990. Somm. 233, obs. Vasseur.* ♦ Le second cessionnaire qui a reçu le paiement indu doit donc répétition. • Même arrêt. ♦ Du fait de la première cession, le deuxième cessionnaire, ne pouvant avoir la qualité de créancier du débiteur de la créance cédée et recevoir paiement de celui-ci en cette qualité, doit, malgré sa bonne foi, rembourser au débiteur la somme indûment reçue. • Com. 5 juill. 1994 : *Bull. civ. IV, n° 251.*

15. Situation du débiteur cédé. Le débiteur ayant reçu notification d'une cession de créance de la part d'une banque doit lui en payer le montant sans avoir à chercher si un autre établissement n'a pas bénéficié d'une cession de créance antérieure. Mais, si avant d'en exécuter le paiement, il a reçu, pour une même dette, notification de deux cessions de créances concurrentes de la part de deux banques, il ne peut en payer le montant qu'à l'établissement dont le titre est le plus ancien. • Com. 12 janv. 1999 : *Bull. civ. IV, n° 8 ; D. Affaires 1999. 336, obs. X. D. ; RJDA 1999, n° 216 ; RTD com. 1999. 479, obs. Cabrillac ; RD bancaire et bourse 1999. 95, obs. Crédot et Gérard ; ibid. 102, obs. Contamine-Raynaud.* ♦ Comp., lorsque la créance cédée a fait l'objet d'une fraction, de telle sorte que la cession portait sur deux créances distinctes, V. • CE 9 mai 2005 : *RJDA 2006, n° 324.*

16. Fraude du cédant. La cession de la même créance professionnelle à deux établissements bancaires dans le cadre de la loi du 2 janv. 1981 [C. mon. fin., art. L. 313-23 s.] peut constituer une manœuvre frauduleuse constitutive du délit d'escroquerie. • Paris, 12 nov. 1990 : *Gaz. Pal. 1991. 2. 595, note Marchi ; JCP E 1992. I. 154, n° 9, obs. Gavalda et Stoufflet.*

C. CONFLIT ENTRE CESSIONNAIRE ET AFFACTUREUR (FACTOR)

17. Primauté du premier cessionnaire des créances. Est justifiée la demande d'une banque, cessionnaire de créances professionnelles selon les modalités prévues par la loi du 2 janv. 1981 [C. mon. fin., art. L. 313-23 s.], qui réclame à une société d'affacturage à qui ces mêmes créances avaient été cédées ultérieurement, le montant des sommes que cette dernière avait perçues du débiteur. • Com. 19 mai 1992 : *Bull. civ. IV, n° 190 ; RTD com. 1992. 655, obs. Cabrillac et Teyssié.* – V. aussi • Paris, 21 févr. 1990 : *JCP E 1991. I. 91, n° 35, obs. Gavalda et Stoufflet* • T. com. Paris, 5 juin 1987 : *Rev. dr. bancaire 1988. 127, obs. Crédot et Gérard.* ♦ V. également, s'agissant d'une société d'affacturage ayant encaissé, en vertu du mandat accessoire prévu au contrat d'affacturage, des créances antérieurement cédées à une banque par bordereau, • Paris, 30 mai 1997 : *RTD com. 1997. 661, obs. Cabrillac ; JCP. E 1997. Pan. 1243.*

Une créance cédée à un factor dans le cadre d'un contrat d'affacturage ne prenant naissance qu'à l'exécution de la commande qui lui sert de cause, il en résulte que cette cession est inopposable au bénéficiaire d'une cession de la même créance, postérieure au contrat d'affacturage, mais réalisée antérieurement à l'exécution de la commande, dans le cadre de la loi du 2 janv. 1981 [C. mon. fin., art. L. 313-23 s.]. • Versailles, 14 mars 1991 : *BICC 1991, n° 1268.* ♦ Un arrêt ne peut rejeter la demande en paiement du cessionnaire de créances, faisant par ailleurs l'objet d'une convention d'affacturage, sans rechercher si, pour chacune d'entre elles, la date du bordereau était antérieure à la cession au profit du factor. • Com. 3 janv. 1996 : *Bull. civ. IV, n° 2 ; D. 1996. IR. 69 ; D. Affaires 1996. 265 ; JCP 1996. II. 22682, note Stoufflet ; RTD com. 1996. 311, obs. Cabrillac.* ♦ Si la cession qui transfère au cessionnaire la propriété des créances professionnelles cédées prend effet entre les parties et devient opposable aux tiers aux dates portées sur les bordereaux, la subrogation par laquelle l'affactureur acquiert la propriété de créances transférées est également opposable aux tiers sans autre formalité. Le conflit créé par le double transfert des mêmes créances ne peut être réglé que par l'antériorité des droits, et l'affactureur, qui a été subrogé en premier lieu, doit l'emporter sur le cessionnaire des créances professionnelles. • Paris, 1er juill. 1993 :*JCP E 1993. Pan. 1254.* – V. déjà • Paris, 25 sept. 1989 : *D. 1990. Somm. 234, obs. Vasseur.*

18. Connaissance par le cessionnaire d'une convention d'affacturage conclue par le cédant. En l'absence de fraude, il ne saurait être fait grief au cessionnaire Dailly de ne pas avoir refusé d'acquérir les créances litigieuses au motif qu'il connaissait l'existence d'une convention générale d'affacturage, comportant une clause d'exclusivité, conclue entre le cédant et un tiers. • Com. 3 janv. 1996 : *préc. note 17* (V. l'arrêt cassé : • Versailles, 14 oct. 1993 : *RJDA 1994, n° 317*). ♦ V. déjà, approuvant un arrêt ayant décidé que, même parfaitement informée de l'existence du contrat d'affacturage, la banque n'était pas tenue, au regard des règles de prudence ordinaires, d'aviser la société d'affacturage de toute cession de créance opérée à son profit, • Com. 19 mai 1992 : *RJDA 1992, n° 855.*

19. Mobilisation de créances distinctes. N'a pas fait une double cession de factures et doit donc être relaxé du chef d'escroquerie le prévenu, président du conseil d'administration d'une société mise en redressement judiciaire, qui n'a fait qu'utiliser les possibilités offertes par la loi du 2 janv. 1981 [C. mon. fin., art. L. 313-23 s.] en mobilisant auprès d'une banque des créances qui faisaient l'objet d'un contrat d'affacturage passé avec une autre société, dès lors que les obligations attachées aux créances étaient successives, distinctes et avaient des causes juridiques différentes, ce qui lui permettait de les mobiliser en deux temps. • Paris, 20 juin 1994 : *JCP E 1994. Pan. 1360.* ♦ Comp., *supra*, note 19 ss. art. L. 313-23.

D. CONFLIT ENTRE CESSIONNAIRE ET PORTEUR D'UN EFFET DE COMMERCE

20. *Conflit entre cessionnaire et porteur d'une traite acceptée.* BIBL. Cabrillac, *Rev. dr. bancaire 1987. 75.* – Martin et Synvet, *JCP E 1987. II. 14940.* – Guillot et Vaugasse, *Banque 1991. 267.* ♦ Dans le conflit qui oppose le banquier escompteur d'une lettre de change acceptée par le tiré et le banquier cessionnaire de la même créance par bordereau Dailly, le banquier escompteur est, en sa qualité de porteur de bonne foi, en droit d'en percevoir le montant sans qu'il y ait lieu de tenir compte de l'antériorité de l'acquisition de la créance. • Com. 19 déc. 2000 : *Bull. civ. IV, n° 200 ; D. 2001. AJ. 1022, obs. Delpech ; RTD com. 2001. 737, obs. Cabrillac ; Petites affiches 1er févr. 2001, p. 13, obs. E. C.* ♦ V. aussi considérant que lorsqu'une même créance professionnelle a donné lieu à une cession en application de la loi du 2 janv. 1981 [C. mon. fin., art. L. 313-23 s.] et au tirage d'une traite qui a été acceptée et escomptée, le cessionnaire ne peut émettre aucune revendication entre les mains du banquier escompteur qui, conformément à l'art. 121 [C. com., art. L. 511-12], bénéficie, en tant que porteur de bonne foi de l'effet, de l'inopposabilité des exceptions. • Paris, 9 mai 1997 : *RD bancaire et bourse 1997, p. 217, obs. Crédot et Gérard.* ♦ V. déjà, jugeant que le tiré, par son acceptation, est engagé à l'égard du porteur de bonne foi d'une lettre de change, malgré la transmission de la créance de provision au porteur d'un bordereau, • T. com. Bordeaux, 9 févr. 1987 : *D. 1988. Somm. 280, obs. Vasseur.* – Comp. : • Versailles, 1er oct. 1986 : *D. 1987. Somm. 145, obs. Vasseur ; RTD com. 1987. 222, obs. Cabrillac* • T. com. Paris, 18 oct. 1988 : *D. 1989. Somm. 193 ; RTD com. 1989. 499, obs. Cabrillac et Teyssié* • 2 mai 1995 : *Gaz. Pal. 1996. 2. Somm. 491.*

21. *Conflit entre cessionnaire et porteur d'une lettre de change-relevé.* S'agissant de lettres de change-relevé, qui ne sont pas soumises à acceptation, les droits du tiers-porteur d'une lettre de change non acceptée n'étant définitivement acquis qu'à l'arrivée de l'échéance si la provision est alors constituée, le conflit doit se régler en faveur du cessionnaire du bordereau, dès lors que l'échéance de la traite est postérieure à la date portée sur le bordereau. • Paris, 2 juin 1995 : *Rev. dr. bancaire 1996. 9, obs. Crédot et Gérard.* ♦ V., confirmant cette solution, tout en excluant qu'une lettre de change-relevé-papier ne puisse par nature être acceptée, • Com. 30 juin 1998 : *Bull. civ. IV, n° 212 ; D. Affaires 1998. 1448, obs. X. D.* ♦ Pour le cas de la cession d'une créance doublée de l'émission d'une traite sur le débiteur cédé, V. notes 12 et 13 ss. art. L. 511-7 C. com., *supra*.

22. *Conflit entre cessionnaire et porteur de billet à ordre.* Un souscripteur de billets à ordre qui n'a pas encore payé les montants de ces billets, avant d'avoir reçu notification de cession de créances pour les mêmes contreparties, doit opposer au bénéficiaire de ces billets, qui en est resté porteur, l'exception tenant à cette notification et l'obligeant à payer le cessionnaire. • Com. 10 mars 1998 : *D. 1998. 620, note Goyet ; RTD com. 1998. 648, obs. Cabrillac ; RJDA 1998, n° 906.* ♦ La souscription de billets à ordre antérieure à la notification de la cession de créance n'est pas libératoire vis-à-vis du cessionnaire de la créance. • Même arrêt.

E. CONFLIT ENTRE CESSIONNAIRE ET BANQUIER RÉCEPTIONNAIRE DES FONDS

23. *Absence d'obligation de restitution du banquier réceptionnaire.* BIBL. Calendini, *Rev. dr. bancaire 1996. 218.* ♦ Le banquier réceptionnaire (c'est-à-dire le banquier du cédant) ne peut être condamné à verser au banquier cessionnaire le montant des paiements reçus, inscrits en compte courant, alors qu'il avait reçu les paiements au nom et pour le compte de son client, qui en était destinataire, de sorte qu'il n'était pas tenu à restitution envers le tiers qu'est le cessionnaire (cassation de l'arrêt pour violation des art. 1937 et 1993 C. civ.). • Com. 4 juill. 1995 : *Bull. civ. IV, n° 203 ; D. 1996. Somm. 208, obs. S. Piedelièvre ; D. Affaires 1995. 79, chron. Bonneau ; JCP 1995. II. 22553, note Legeais ; JCP E 1995. II. 738, note Stoufflet ; Banque sept. 1995. 91, obs. Guillot ; Rev. dr. bancaire 1995. 143, obs. Crédot et Gérard ; RTD civ. 1996. 192, obs. Gautier* • 28 nov. 1995 : *RJDA 1996, n° 528* (conf. • Pau, 29 juin 1993 : *D. 1994. 256, note Luby ; RTD com. 1994. 537, obs. Cabrillac et Teyssié*). – Dans le même sens : • Com. 19 déc. 2000 : *Bull. civ. IV, n° 195 ; D. 2001. AJ. 375 ; Petites affiches 1er févr. 2001, p. 17, obs. E.C. ; JCP 2002. II. 10013, note Verges* • Paris, 17 nov. 1995 : *D. Affaires 1996. 15* • 25 oct. 1996 : *ibid. 1997. 53.* – V. aussi • Com. 23 avr. 2003 : *Bull. civ. IV, n° 56 ; JCP E 2003, n° 24, p. 976 ; Banque et Droit juill.-août 2003. 67, obs. Bonneau ; RTD com. 2003. 556, obs. Cabrillac ; Petites affiches 7 juill. 2003, p. 12, obs. E. C. ; RJDA 2003, n° 1005.* ♦ Le banquier réceptionnaire de paiements litigieux au nom et pour le compte de ses clients, qui en étaient destinataires, pour les porter au crédit de leur compte courant n'est pas tenu à restitution envers le cessionnaire Dailly auquel les créances ont été précédemment cédées. • Com. 30 janv. 2001 : *Bull. civ. IV, n° 26 ; D. 2001. AJ. 1238, obs. Delpech.* ♦ La cause du contrat de dépôt étant la remise de la chose qui en est l'objet, la cession antérieure des créances litigieuses ne saurait priver de cause le contrat de dépôt au titre duquel leur encaissement pouvait être envisagé par le banquier réceptionnaire. • Même arrêt. ♦ Le banquier cessionnaire est sans droit à réclamer au banquier réceptionnaire restitution de sommes correspondant à des créances, dès lors que le règlement de celles-ci par le débiteur cédé est intervenu avant la date de leur cession. • Com. 20 févr. 1996 : *D. Affaires 1996. 455 ; RTD com. 1996. 309, obs. Cabrillac* ✎. ♦ Comp., réservant l'hypothèse où la somme n'a pas été confondue : • Com. 25 mars 1997 : *Bull. civ. IV, n° 84 ; D. 1997. 481, note crit. D. Martin ; JCP E 1997. 991, note Pétel.*

23 bis. En ce sens que, lorsque les fonds ont été encaissés par le cédant en qualité de mandataire de la banque cessionnaire, les actes de disposition de ces sommes sont opposables à celle-ci et que le cédant ne doit reverser le montant en cause qu'à concurrence du solde disponible à la date de la réclamation : • Paris, 10 juin 1994 : *Banque mars 1995. 88, note Guillot ; Rev. dr. bancaire 1995. 78, obs. Campana et Calendini ; RJ com. 1995. 329, note Grua.* ♦ ... Sauf faute démontrée de l'établissement réceptionnaire : • Paris, 19 mai 1995 : *BICC 1995, n° 1306.* ♦ Comp. aussi, subordonnant la restitution à la mauvaise foi ou la faute du banquier réceptionnaire : • Rennes, 18 janv. 1995 : *Rev. dr. bancaire 1995. 78, obs. Campana et Calendini.*

F. CONFLIT ENTRE CESSIONNAIRE ET SOUS-TRAITANT DU CÉDANT

24. Inopposabilité au sous-traitant de la cession de créances consentie par l'entrepreneur principal. BIBL. Bachelot, *Banque et Droit 1989. 155.* – Chaput, *Rev. proc. coll. 1989. 363.* – Peisse, *Gaz. Pal. 1989. 1. Doctr. 146.*– Synvet, *JCP 1990. I. 3425.* – Hauptmann, *RJ com. 1992. 45 et 106.* ♦ En application des dispositions de l'art. 13-1, al. 2, de la loi du 31 déc. 1975 (V. ce texte, *infra*, v° *Sous-traitance*), l'entrepreneur principal ne peut céder à un banquier les créances résultant du contrat avec le maître de l'ouvrage au-delà des sommes qui lui sont dues au titre des travaux qu'il effectue personnellement, sauf obtention préalable par écrit d'un cautionnement, à défaut de quoi la cession, par l'entrepreneur principal, de la part de la créance correspondant à sa dette envers le sous-traitant est inopposable au sous-traitant, et dès lors la date du bordereau, de la notification ou de l'exercice de l'action directe est sans incidence. • Com. 22 nov. 1988 : *Bull. civ. IV, n° 317 ; D. 1989. 212, note Bénabent ; ibid. Somm. 189, obs. Vasseur ; RTD com. 1989. 281, obs. Martin-Serf ; JCP E 1989. II. 15574, note Dubois ; RJ com. 1988. 252, note Gavalda* • 13 oct. 1992 : *RJDA 1993, n° 25* • 26 avr. 1994 : *Bull. civ. IV, n° 152 ; D. 1994. IR. 128 ; Banque déc. 1994. 92, obs. Guillot* • 16 mai 1995 : *Bull. civ. IV, n° 141.*– V. aussi • Com.1er déc. 1992 : *Bull. civ. IV, n° 380* • Civ. 3e, 18 mars 1992 : *Bull. civ. III, n° 97 ; D. 1992. IR. 135* • Com. 3 déc. 2002 : *RTD civ. 2003. 130, obs. Crocq* ✎ *; RJDA 2003, n° 533.*

Que le maître de l'ouvrage soit, ou non, une entreprise publique, les établissements de crédit, porteurs des créances cédées par les entreprises principales, que leur antériorité ait été établie, ou non, ne disposent pas, du fait de cette subrogation, de plus de droits que leurs cédants et ne peuvent donc pas s'opposer au paiement du sous-traitant agissant pour obtenir le paiement direct du maître de l'ouvrage qui ne s'y oppose pas. • Com. 20 juin 1989 : *Bull. civ. IV, n° 195 ; D. 1990. 246, note Virassamy, et Somm. 236, obs. Vasseur ; Banque 1989. 859, obs. Rives-Lange.* – V. aussi • Paris, 25 mai 1990 : *D. 1990. IR. 163* • 8 févr. 1991 : *JCP E 1991. Pan. 816* • Civ. 3e, 12 mai 1993 : *Bull. civ. III, n° 64 ; D. 1993. IR. 159.* ♦ *Contra*, décidant du malfondé de l'action directe du sous-traitant après la cession par bordereau : • Versailles, 1er juill. 1987 : *D. 1987. IR. 219.* ♦ Cependant, la conclusion postérieure du sous-marché ne peut engendrer une indisponibilité rétroactive de la créance du prix des travaux sous-traités. • Paris, 10 avr. 1991 : *Banque 1991. 656, obs. Rives-Lange* • 19 mars 1993 : *ibid. nov. 1993. 98, obs. Guillot.*

Dans la mesure où la cession de créance litigieuse intervenue sans l'obtention du cautionnement exigé par l'art. 13-1 de la loi du 31 déc. 1975 est inopposable au sous-traitant et que le cessionnaire ne pouvait alors lui opposer aucun droit sur les sommes payées par le maître de l'ouvrage au titre des prestations sous-traitées, cette cession ne pouvait, par elle-même, avoir été source d'aucun préjudice pour le sous-traitant, ce dont il résultait que les conditions de mise en œuvre de la responsabilité délictuelle de la banque ne se trouvaient pas réunies. • Com. 26 mai 2004 : ⚖ *Bull. civ. IV, n° 102 ; D. 2004. AJ. 2040, obs. Chevrier* ✎ *; JCP E 2004, n° 30, p. 1176 ; Gaz. Pal. 2005. Somm. 2132, obs. Peisse ; Banque et Droit nov.-déc. 2004. 55, obs. Bonneau ; Petites affiches 10 mai 2005, p. 4, obs. E. C. ; RJDA 2004, n° 1212.* – V. aussi note 8 ss art. L. 313-28, et note 3 ss. art. 8, notes ss. art. 13-1 et note ss. art. 15 de la loi n° 75-1334 du 31 déc. 1975, *infra*, v° *Sous-traitance.* ♦ Sur la responsabilité d'une banque cessionnaire Dailly à l'égard d'une caution garantissant ses avances à un sous-traitant, V. *supra* note 10.

25. Preuve de l'antériorité du sous-traité. L'antériorité d'un sous-traité conclu dans le cadre d'un marché public ne peut être appréciée au regard de la notification prévue à l'art. 5 [C.

mon. fin., art. L. 313-28], mais en considération de la date figurant sur le bordereau, date à laquelle la cession devient opposable aux tiers. • CAA Paris, 22 nov. 1994 : *JCP E 1995. Pan. 189.*

26. Preuve de la régularité de la cession de créances consentie par l'entrepreneur principal. C'est à la banque cessionnaire qu'il appartient de démontrer que la créance qui lui a été cédée l'a été dans le respect des dispositions de l'art. 13-1 de la loi du 31 déc. 1975, et qu'elle correspond à des sommes dues au titre des travaux que l'entrepreneur principal a effectués personnellement. • Versailles, 22 sept. 1994 : *JCP E 1995. Pan. 486.*

G. CONFLIT ENTRE CESSIONNAIRE ET FOURNISSEUR INVOQUANT UNE CLAUSE DE RÉSERVE DE PROPRIÉTÉ

27. Droit propre du vendeur sur la créance du prix de revente. BIBL. Cabrillac, *D. 1988. Chron. 255.* – Chaput, *Rev. proc. coll. 1989. 363.* – Genty, *Banque et Droit 1988. 97.* – Martin, *D. 1986. Chron. 323.* – Hauptmann, *RJ com. 1992. 45.* La cession de créance effectuée en application de l'art. L. 313-27 C. mon. fin. ne peut pas faire échec à l'action en revendication du vendeur initial sur des marchandises pour lesquelles il dispose d'une réserve de propriété. • CE 25 juin 2003 : *RJDA 2003, n° 1234.* ♦ L'action en revendication ne peut être exercée par l'établissement cessionnaire à l'égard du sous-acquéreur, le vendeur initial, bénéficiaire de la clause de réserve de propriété, pouvant se prévaloir d'un droit propre sur la créance du prix de revente dès le jour de la revente. • Com. 20 juin 1989 : *Bull. civ. IV, n° 197 ; D. 1989. 431, note Pérochon ; RTD com. 1989. 702, obs. Martin-Serf ; Banque 1989. 760, obs. Rives-Lange ; RJ com. 1989. 364, note Gallet.*

28. Exclusion de la revendication en cas de règlement du prix des marchandises. Dès lors qu'en paiement du prix de marchandises vendues avec une clause de réserve de propriété, l'acheteur remet à son vendeur des lettres de change acceptées, le règlement en valeur du prix desdites marchandises fait obstacle à l'action en revendication du prix. • Com. 9 janv. 1990 : *Bull. civ. IV, n° 9 ; D. 1990. Somm. 121, obs. Cabrillac.* ♦ V. aussi notes ss. art. L. 621-124 ancien C. com., *supra.*

H. CONFLIT ENTRE CESSIONNAIRE ET TITULAIRE DU PRIVILÈGE DE PLUVIÔSE

29. Créance de travaux publics (C. trav. art. L. 143-6). Les droits des bénéficiaires d'une cession de créance professionnelle sur le titulaire d'un marché public ne sont primés par le privilège résultant, au profit des fournisseurs des entrepreneurs de travaux publics, de l'art. L. 143-6 C. trav., que si le fournisseur justifie d'un agrément exprès donné par l'autorité compétente aux fournitures dont le privilège garantit le paiement, porté sur le registre des agréments antérieurement à la date de la signification de la cession de créance au comptable public assignataire désigné dans le marché. • Com. 5 avr. 2005 : *Bull. civ. IV, n° 78 ; D. 2005. 2090, note Barthez ; ibid. AJ. 1079, obs. Lienhard ; RTD com. 2005. 570, obs. Cabrillac ; JCP E 2005, n° 47, p. 1976, obs. Mathey ; RD banc. fin. 2005, n° 208, obs. Cerles ; Banque et Droit juill.-août 2005. 69, obs. Bonneau ; RJDA 2005, n° 1037.*

L. 313-28 L'établissement de crédit peut, à tout moment, interdire au débiteur de la créance cédée ou nantie de payer entre les mains du signataire du bordereau. A compter de cette notification, dont les formes sont fixées par le décret en Conseil d'État prévu à l'article L. 313-35, le débiteur ne se libère valablement qu'auprès de l'établissement de crédit. — *[L. n° 81-1 du 2 janv. 1981, art. 5].* — *V. infra, art. R. 313-15 s.*

I. ABSENCE DE NOTIFICATION DE LA CESSION

1. Notification facultative. La notification de la cession de créances étant, au regard de l'art. 5 [C. mon. fin., art. L. 313-28], une faculté pour la banque cessionnaire, le non accomplissement de cette formalité n'est pas constitutif de faute à l'égard des cautions du cédant. • Com. 18 nov. 1997 : *Bull. civ. IV, n° 293 ; D. 1998. Somm. 140, obs. Bénabent ; D. Affaires 1998. 72, obs. X. D. ; JCP E 1998, n° 4, p. 97, obs. Bouteiller ; ibid. 1999, n° 17, p. 764, obs. Cabrillac et Stoufflet* • 12 janv. 1999 : *RJDA 1999, n° 462 ; RD bancaire et bourse 1999. 95, obs. Crédot et Gérard* • 11 déc. 2001 : *D. 2003. Somm. 342, obs. Martin ; JCP 2002. IV. 1166 ; Banque et Droit mars-avr. 2002. 55, obs. Bonneau.* ♦ ... Ou du débiteur cédé. • Com. 26 mai 2004 : *RJDA 2004, n° 1258.* ♦ Sur le caractère facultatif de la notification, V. aussi • Reims, 4 mars 1991 : *JCP 1992. IV. 1212* • Com. 24 sept. 2002 : *Petites affiches 11 févr. 2003, p. 16, note Tchotourian.*

Sur les conséquences de l'absence de notification d'une cession de créances consentie au profit des membres d'un pool bancaire, V. • Com. 5 oct. 2004 : *RD banc. fin. 2005, n° 45, obs. Cerles ; ibid., n° 78, obs. Crédot ; RJDA 2005, n° 1141* (qui casse • Paris, 2 oct. 2001 : *RJDA*

2002, n° 85) • 6 sept. 2002 : *RTD com. 2003. 349, obs. Legeais* ; *JCP E 2003, n° 5, p. 199.*

2. Refus du bénéfice de cession d'actions. En ce sens que l'art. 2037 [2314] C. civ. n'étant applicable qu'en présence de droits qui comportent un droit préférentiel conférant un avantage particulier au créancier pour le recouvrement de sa créance, la caution d'un compte courant de société ne peut en bénéficier lorsque ladite société a cédé par bordereau Dailly, à une banque créancière, une créance sur un tiers qui, faute d'avoir reçu notification de cette cession, a payé sa dette au tiers créancier, V. • Civ. 1re, 30 sept. 1997 : *JCP 1998. I. 103, n° 15, obs. Simler.*

II. FORME ET DESTINATAIRE DE LA NOTIFICATION

3. Notification par tout moyen. La lettre recommandée ne constitue pas un élément de validité de la notification mais un simple élément de preuve. La notification peut être valablement adressée à l'établissement secondaire du débiteur qui a bénéficié de la prestation ayant donné naissance à la créance cédée. • Paris, 15 oct. 1993 : *Banque janv. 1994. 92, obs. Guillot ; RTD com. 1994. 82, obs. Cabrillac et Teyssié* . ♦ Sur la possibilité de notifier oralement la cession en s'en faisant donner acte par le débiteur, V. Cabrillac et Teyssié, obs. préc.

4. Mentions de la notification. V., *infra*, note 3 ss. art. R. 313-15 C. mon. fin. ♦ Une demande en paiement formée par une banque à l'encontre du débiteur de la créance cédée ne vaut pas notification si elle omet les mentions nécessaires. • Com. 7 janv. 1997 : *Bull. civ. IV, n° 2 ; RTD civ. 1997. 474, obs. Crocq* .

5. Marchés publics. Lorsque la créance résulte d'un marché public, la notification doit être adressée au comptable public assignataire désigné dans le marché public et non au maire. • CAA Paris, 23 mai 1995 : *JCP 1995. II. 22552, note crit. Eckert.*

III. EFFETS DE LA NOTIFICATION

A. ABSENCE D'OBLIGATION D'INFORMATION À LA CHARGE DU DÉBITEUR CÉDÉ

6. Silence du débiteur cédé. La notification prévue à l'art. 5 [C. mon. fin., art. L. 313-28] n'entraînant pas, à la charge du débiteur cédé, une obligation d'information, au profit du cessionnaire, sur l'existence et la valeur des créances cédées, viole ledit art. 5 [C. mon. fin., art. L. 313-28] et l'art. 1382 C. civ. l'arrêt qui condamne, en raison de son silence, un débiteur à payer à une banque une partie des créances cédées, alors qu'il n'a été constaté aucun comportement frauduleux du débiteur au préjudice de la banque cessionnaire. • Com. 24 mars 1992 : *Bull. civ. IV, n° 128 ; D. 1992. IR. 130 ; JCP 1992. II. 21938, note Legeais* • 23 mars 1993 : *Bull. civ. IV, n° 112 ; D. 1993. IR. 93* • 29 nov. 1994 : *Bull. civ. IV, n° 352 ; D. 1995. IR. 3 ; Banque févr. 1995. 91, obs. Guillot ; RJ com. 1995. 315, note Malecki* • 9 févr. 1999 : *RJDA 1999, n° 324* • Paris, 15 janv. 1993 : *JCP E 1993. Pan. 658.* ♦ Il en va ainsi alors même que la notification invitait le destinataire à préciser les raisons qu'il pourrait avoir de ne pas payer. • Com. 24 mai 1994 : *RTD com. 1994. 761, obs. Cabrillac* ; *Banque oct. 1994. 94, obs. Guillot.* ♦ En l'absence d'acceptation de la cession de créance dans les formes prévues par l'art. 6 [C. mon. fin., art. L. 313-29], le fait par un professionnel de ne pas émettre de réserves à la suite de la notification du bordereau ne peut avoir pour effet de le priver du droit d'opposer à la demande en paiement de l'établissement de crédit les exceptions fondées sur ses rapports personnels avec le signataire du bordereau. • Com. 3 nov. 1992 : *Bull. civ. IV, n° 337 ; D. 1992. IR. 275.* ♦ ... Même si l'inexécution du contrat, sur lequel est fondée la créance litigieuse, est apparue postérieurement à la notification de la cession. • Com. 9 févr. 1993 : *Bull. civ. IV, n° 51 ; D. 1993. IR. 58* • 15 juin 1993 : *cité note 9* • 9 nov. 1993 : *Bull. civ. IV, n° 385* • 8 févr. 1994 : *ibid., n° 55* • 28 janv. 2003 : *RJDA 2003, n° 873.* ♦ V. aussi • Com. 29 mai 2001 : *JCP E 2001, n° 31-35, p. 1305.* ♦ Même si la preuve est libre en matière commerciale, le seul silence du débiteur cédé dans les semaines qui ont suivi la notification de la cession ne peut pas suffire à établir l'existence de la créance du cédant dès lors qu'il n'est produit ni bon de commande ni bon de livraison des marchandises litigieuses et que, par lettre, le gérant de la société a affirmé que la facture en question avait été établie par erreur. • Paris, 8 mars 2002 : *RJDA 2003, n° 57.*

7. Faute ou légèreté du débiteur cédé. Pour un arrêt retenant la responsabilité : d'une compagnie d'assurance, débiteur cédé, qui avait, antérieurement à la notification, pris l'initiative de faire connaître à la banque cessionnaire son engagement à payer une somme complémentaire à l'assurée, et ce sans formuler les réserves adéquates eu égard aux possibilités d'évolution du dossier après enquête, et qui s'était, ensuite, abstenue de l'avertir de la survenance de faits nouveaux de nature à justifier la dénégation de sa dette : • Com. 13 févr. 1996 : *JCP 1996. II. 22725, note Routier ; Banque avr. 1996. 92, obs. Guillot ; RJDA 1996, n° 664.* ♦ ... D'un entrepreneur principal, débiteur cédé auquel la cession de créances afférentes à des travaux sous-traités avait été notifiée, qui avait reconnu sans réserve l'existence des créances cédées alors qu'il avait connaissance du paiement d'une de ces créances par le maître de l'ouvrage directement entre les mains du sous-traitant et du défaut d'exécution des travaux correspondant aux autres créances : • Com. 2 déc. 1997 : *D. 1998. IR. 79 ; D. Affaires 1998. 470, obs. X. D. ; RTD com. 1998. 395, obs. Cabrillac* . ♦ V. aussi, en ce sens que le cédé commet une faute en ne signalant pas, dans un délai raisonnable, à l'auteur de la notification son absence de dette, spécialement lorsque le cessionnaire lui a exprimé son intention d'être informé, • Aix-en-Provence, 9 nov. 1988 : *Banque 1989. 340, obs. Rives-Lange* • Paris, 26 oct. 1988 : *D. 1989. Somm. 187, obs. Vasseur ; RTD com. 1989. 282, obs. Cabrillac et Teyssié* • 17 févr. 1989 : *D. 1990. Somm. 229, obs. Vasseur* • 29 janv. 1991 : *D. 1991. IR. 79* • 14 mars 1991 : *RTD com. 1991. 423, obs. Cabrillac et Teyssié* • 10 avr. 1992 : *JCP E 1992. Pan. 1082* • Bourges, 2 sept. 1993 : *JCP 1994. IV. 1212* • Versailles, 19 oct. 1995 : *JCP 1995. IV. 2773* • 26 oct. 1995 : *ibid. 2772.* ♦ Retenant la responsabilité du maître de l'ouvrage qui avait fait croire à l'établissement cessionnaire qu'il se considérait comme débiteur du cédant alors que la créance se trouvait éteinte par l'ordre de paiement qu'il avait préalablement donné : • Com. 28 avr. 2004 : *RJDA 2004, n° 1159.* ♦ En revanche, un débiteur cédé ne peut refuser de payer alors qu'il a reconnu dans un courrier produit aux débats le bien-fondé de la créance cédée. • Com. 18 mars 1997 : *Banque et Droit juill.-août 1997. 48, obs. Guillot.*

B. INTERDICTION DE PAYER ENTRE LES MAINS DU SIGNATAIRE DU BORDEREAU

8. *Portée de l'interdiction faite au débiteur cédé.* Le paiement direct du sous-traitant (qui avait cédé sa créance sur l'entrepreneur principal) par le maître de l'ouvrage, sur présentation par l'entrepreneur principal, après réception par celui-ci de la notification de la cession, d'une situation mensuelle de travaux, ne saurait constituer un paiement effectué par le débiteur cédé en violation de l'art. 5 [C. mon. fin., art. L. 313-28]. • Com. 4 avr. 1995 : *Bull. civ. IV, n° 112 ; RJDA 1995, n° 1131.* ♦ Le paiement effectué par le débiteur cédé au cédant postérieurement à la notification n'a aucun caractère libératoire. • Com. 17 mars 2004 : *Petites affiches 17 déc. 2004, p. 18, note Tchotourian.* ♦ Le débiteur cédé, qui en dépit des notifications de cessions de créances, a effectué le paiement entre les mains du cédant, et a, par là même, renoncé à faire valoir la moindre exception fondée sur ses rapports avec ledit cédant, ne peut faire valoir, à l'encontre du cessionnaire, des exceptions résultant d'événements survenus postérieurement au paiement qui aurait dû être fait entre ses mains. • Paris, 23 févr. 2000 : *D. 2000. AJ. 178, obs. Faddoul* .

C. OPPOSABILITÉ DES EXCEPTIONS

9. *Opposabilité au cessionnaire des exceptions inhérentes à la créance cédée.* Sur les conditions de l'exception de compensation, V. notes 13 à 15. ♦ La notification de la cession d'une créance professionnelle, dès lors que cette cession n'a pas été acceptée par le débiteur, ne fait pas obstacle à l'exercice ultérieur par lui des exceptions fondées sur ses rapports personnels avec le cédant, en particulier sur la compensation entre créances connexes dont ils seraient réciproquement titulaires. • Com. 15 juin 1993 : *Bull. civ. IV, n° 242 ; D. 1993. 495, note Larroumet.* ♦ En cas de cession de créance, en la forme prévue par la loi n° 81-1 du 2 janv. 1981 [C. mon. fin., art. L. 313-23 s.], non acceptée par le débiteur, celui-ci peut invoquer contre la banque cessionnaire l'exception d'inexécution des obligations du cédant ou la compensation de sa créance avec la créance connexe cédée, même si l'exception ou la compensation sont apparues postérieurement à la notification de la cession. • Com. 8 févr. 1994 : *Bull. civ. IV, n° 55 ; D. 1994. IR. 64 ; JCP 1995. II. 22455, note Ammar* • 29 nov. 1994 : *Bull. civ. IV, n° 352 ; D. 1995. IR. 3 ; Banque févr. 1995. 91, obs. Guillot ; RJ com. 1995. 315, note Malecki.* ♦ Il en est ainsi, par exemple, en cas de résolution amiable du contrat de vente, quand bien même le matériel objet de la vente aurait été livré et sans que le débiteur ait à en établir la non-conformité, dès lors qu'il n'est pas allégué que la résolution de la vente a été conclue en fraude des droits de la banque. • Com. 30 mai 1995 : *Bull. civ. IV, n° 157.* ♦ A défaut de signature d'un acte d'acceptation de la cession de la créance professionnelle, le débiteur cédé peut opposer au cessionnaire les exceptions qu'il pouvait invoquer à l'égard du cédant. • Poitiers, 30 avr. 1986 : *D. 1987. Somm. 144, obs. Vasseur ; Defrénois 1986. 1354, obs. J. Honorat* • Versailles, 10 nov. 1987 : *D. 1988. Somm. 281, obs. Vasseur* • 15 déc. 1989 : *D. 1990. IR. 36* • Paris, 10 oct. 1991 : *D. 1992. IR. 49* • 25 juin 1993 : *JCP E 1993. Pan. 999.* ♦ ... Même s'il connaissait l'existence de la cession. • Com. 30 juin 1992 : *Bull. civ IV, n° 252.* ♦ ... A charge pour lui de rapporter la preuve de l'exception invoquée. • Com. 3 janv. 1991 : *ibid., n° 2.* – V. aussi note 13. ♦ ... Sous réserve de la fraude aux droits du cessionnaire (à propos d'un accord amiable entre le cédant et le débiteur cédé, reconnaissant l'inexécution). • Com. 7 févr. 1995 : *Quot. jur. 6 avr. 1995, p. 3.*

Le débiteur cédé, qui est informé de la création d'un groupement d'entreprises, constitutif d'une société en participation, et de la désignation, au sein de ce groupement, d'un mandataire commun, peut, lorsque les créances ont été cédées par un membre du groupement n'ayant pas la qualité de gérant, opposer au cessionnaire lui réclamant paiement de la créance commune la non-conformité de cette prétention au pacte social, et ce jusqu'à dissolution du groupement, V. • Com. 20 nov. 2001 : *Bull. civ. IV, n° 180 ; D. 2002. AJ. 96 ; Rev. sociétés 2002. 316, note Daigre ; RD banc. fin. 2002, n° 3, obs. Crédot et Gérard ; Banque et Droit mars-avr. 2002. 54, obs. Bonneau.*

10. Clause interdisant la cession de créance. Le débiteur cédé, qui n'a pas accepté la cession de créance, peut opposer à l'établissement de crédit cessionnaire les exceptions fondées sur ses rapports personnels avec le cédant (et notamment la clause interdisant au cédant de céder la créance sans le consentement du cédé) : • Com. 22 oct. 2002 : *RD banc. fin. 2003, n° 3, obs. Crédot et Gérard ; RTD civ. 2003. 129, obs. Crocq*. ♦ *Contra*, considérant que la banque cessionnaire d'une créance née d'un contrat souscrit entre le cédé et le cédant n'est pas engagée par la clause d'agrément figurant dans ledit contrat, par laquelle il est interdit au cocontractant du cédé de céder ses créances sans le consentement écrit et préalable de ce dernier, sauf si elle l'avait acceptée, ce que le cédé n'établissait pas. • Com. 21 nov. 2000 : *Bull. civ. IV, n° 180 ; D. 2001. AJ. 123, obs. Avena-Robardet ; ibid. 2003. Somm. 343, obs. Martin ; RD banc. fin. 2001, n° 3, obs. Crédot et Gérard ; ibid., n° 189, obs. Cerles ; JCP E 2001, n° 31-35, p. 1332, obs. Stoufflet ; RTD civ. 2001. 933, obs. Crocq ; Defrénois 2001. 635, note Billiau.* – V. Licari, *RJ com. 2002. 66.*

V., *supra*, art. L. 442-6-II C. com. déclarant nuls les clauses ou contrats prévoyant pour un producteur, un commerçant, un distributeur, un industriel ou un artisan la possibilité d'interdire au cocontractant la cession à des tiers des créances qu'il détient sur lui.

11. Clause de substitution. L'exception de substitution est opposable aux banques cessionnaires, même si cette substitution est intervenue postérieurement aux cessions, dès lors que la clause de substitution de débiteur était antérieure auxdites cessions. • Paris, 26 janv. 1996 : *D. Affaires 1996, p. 352 ; RJ com. 1996. 188, note Grua ; RTD com. 1996. 310, obs. Cabrillac*.

12. Compte courant. Le débiteur cédé ne peut opposer au cessionnaire l'existence d'une convention de compte courant conclue avec le cédant et faisant obstacle à ce que les créances soient cédées à un tiers, en l'absence de véritable compte courant, V. • Com. 9 oct. 2001 : *Bull. civ. IV, n° 159 ; D. 2001. AJ. 3191, obs. Delpech ; Petites affiches 14 nov. 2001, p. 7, note E. C. ; Banque et Droit janv.-févr. 2002. 46, obs. Bonneau ; RD banc. fin. 2004, n° 107, obs. Crédot et Gérard.*

13. Charge de la preuve. Sauf acceptation de la cession par le prétendu débiteur, il incombe à celui qui invoque contre lui la créance de la prouver. • Com. 18 oct. 1994 : *Bull. civ. IV, n° 290 ; D. 1994. IR. 247* • 18 févr. 1997 : *Bull. civ. IV, n° 54 ; D. Affaires 1997. 377 ; RTD com. 1997. 299, obs. Cabrillac* • 24 févr. 1998 : *D. Affaires 1998. 621.* – Comp. : • Com. 13 déc. 1994 : *cité note 16 ss. art. L. 313-23.* ♦ Si l'existence même de la créance cédée et non acceptée est contestée, c'est à celui qui l'invoque de la prouver. • Com. 14 juin 2000 : *Bull. civ. IV, n° 122 ; D. 2000. AJ. 366 ; RTD com. 2000. 994, obs. Cabrillac ; JCP E 2001, n° 31-35, p. 1334, obs. Stoufflet ; RD banc. fin. 2000, n° 187, obs. Crédot et Gérard.* ♦ Si son existence est reconnue par le débiteur prétendu ou tenue pour établie par la juridiction saisie, la contestation ne portant plus que sur le montant de la dette, il incombe au débiteur d'apporter la preuve de l'inexécution incomplète ou défectueuse de la contrepartie contractuellement prévue. • Même arrêt. – V. aussi • Com. 3 janv. 1991 : *préc. note 9.* ♦ La banque cessionnaire n'est pas tenue de justifier du non-paiement des créances litigieuses. • Com. 4 déc. 2001 : *préc. note 4 ss art. L. 313-24.*

14. Exception de compensation : règles générales. BIBL. Neveu, *Banque et Droit 1989. 139.* – Ammar, *ibid. janv.-févr. 1996, p. 9.* ♦ Le débiteur est en droit d'opposer l'exception de compensation au cessionnaire lorsque les créances dont il invoque la compensation sont connexes avec ses dettes litigieuses ou, sinon, lorsque ses créances sont, antérieurement à la notification de la cession, devenues certaines, liquides et exigibles, ces dernières conditions étant nécessaires pour qu'il y ait compensation légale. • Com. 14 déc. 1993 : *Bull. civ. IV, n° 469 ; D. 1994. 269, note Larroumet* • 6 oct. 1998 : *Bull. civ. IV, n° 225 ; D. 1998. IR. 243 ; D. Affaires 1998. 1903, obs. X. D. ; JCP E 1998, n° 47, p. 1806, obs. Morvan ; Rev. huiss. 1999. 467, obs. Herbert ; RTD com. 1999. 163, obs. Cabrillac*. – V. aussi • Com. 15 juin 1993 : *préc. note 9.* ♦ Si la compensation conventionnelle n'est pas opposable au cessionnaire Dailly, tiers au contrat, le débiteur cédé peut néanmoins lui opposer la compensation légale dès lors que sa créance sur le cédant est devenue certaine, liquide et exigible avant la notification de la cession. • Com. 29 oct. 2003 : *cité note 3 ss. art. L. 313-29, infra.* ♦ L'émission d'effets de commerce et leur remise à l'escompte n'impliquent pas renonciation à la compensation légale. • Com. 21 mars 1995 : *Bull. civ. IV, n° 95 ; D. 1996. Somm. 34, obs. Cabrillac ; Rev. huiss. 1995. 1082, note Hesbert.* ♦ En revanche, en cas d'émission de lettre de change pour le recouvrement de l'une des créances, si le tiré peut bénéficier de la compensation légale indépendamment de toute considération du terme indiqué sur l'effet lorsqu'il ne l'a pas accepté, en cas d'acceptation la compensation légale ne peut intervenir entre lui et le porteur qu'à compter de l'échéance mentionnée sur le titre cambiaire, ou de l'accord par lequel ils ont tous deux renoncé à ce terme. • Com. 6 oct. 1998 : *préc.*

15. Compensation de créances connexes. En matière de compensation pour créances connexes, les juges ne sont pas obligés de vérifier la liquidité et l'exigibilité des créances. • Com. 12 nov. 1996 : *JCP 1997. IV. 24.* – V. aussi • Com. 24 juin 1997 : *RJDA 1997, n° 1515* • Civ. 3e, 30 mars 1989 : *RTD com. 1990. 77, obs. Cabrillac et Teyssié* ✎. ♦ Sur cette condition de connexité, V. • Paris, 17 nov. 1992 : *JCP E 1993. II. 428, note Larroumet.*

16. Compensation de créances non connexes. Une cession de créance, qui n'a pas été acceptée par le débiteur, empêche seulement la compensation des créances non connexes postérieures à la notification. • Com. 26 avr. 1994 : *RJDA 1994, n° 952 ; Banque déc. 1994. 91, obs. Guillot.* ♦ V. déjà, admettant la compensation jusqu'à la notification, • Paris, 28 sept. 1990 : *D. 1990. IR. 232 ; RTD com. 1991. 80, obs. Cabrillac et Teyssié* ✎ ; • 25 nov. 1986 : *D. 1986. IR. 485 ; RTD com. 1987. 92, obs. Cabrillac et Teyssié ; Banque 1987. 196, obs. Rives-Lange ; Rev. dr. bancaire 1987. 51, obs. Crédot et Gérard* • T. com. Versailles, 27 févr. 1986 : *Banque 1986. 609.* ♦ Comp., prenant en compte la date de la cession : • Com. 21 nov. 1989 : *D. 1990. Somm. 231, obs. Vasseur ; RTD com. 1990. 236, obs. Cabrillac et Teyssié* ✎ ; • Paris, 13 mai 1986 : *D. 1987. Somm. 143, obs. Vasseur ; RTD com. 1987. 553, obs. Cabrillac et Teyssié* • 28 juin 1988 : *D. 1989. Somm. 185, obs. Vasseur ; RTD com. 1989. 508, obs. Cabrillac et Teyssié* • 14 avr. 1992 : *JCP E 1992. Pan. 1082.* – V. encore • Com. 18 juill. 1989 : *Bull. civ. IV, n° 227 ; D. 1990, préc. ; JCP E 1991. II. 108, note M. Goré.* ♦ Sur le rejet de l'exception de compensation légale, dès lors que la créance alléguée par le débiteur n'a été établie que postérieurement à la notification, V. • Com. 4 avr. 1995 : *Bull. civ. IV, n° 112.*

17. Défaut de recouvrement des créances cédées. Une banque bénéficiaire d'un cautionnement omnibus garantissant les dettes d'une entreprise n'engage pas sa responsabilité à l'égard de la caution en s'abstenant de poursuivre le recouvrement d'hypothétiques créances cédées après que les débiteurs eurent refusé de payer les factures au motif que celles-ci n'avaient pas été acceptées et que les travaux correspondants n'avaient pas été réalisés ou achevés, V. • Com. 10 oct. 1995 : *D. 1995. IR. 256 ; Rev. huiss. 1996. 311, note Courtier ; RTD com. 1996. 100, obs. Cabrillac* ✎.

18. Délégation. BIBL. Grimonet et Fayner, *Banque et Droit 1989. 55* (cession de créance professionnelle et délégation imparfaite : efficacité respective).

L. 313-29 Sur la demande du bénéficiaire du bordereau, le débiteur peut s'engager à le payer directement : cet engagement est constaté, à peine de nullité, par un écrit intitulé : « Acte d'acceptation de la cession ou du nantissement d'une créance professionnelle ».

Dans ce cas, le débiteur ne peut opposer à l'établissement de crédit les exceptions fondées sur ses rapports personnels avec le signataire du bordereau, à moins que l'établissement de crédit, en acquérant ou en recevant la créance, n'ait agi sciemment au détriment du débiteur. — *[L. n° 81-1 du 2 janv. 1981, art. 6]. — V. infra, art. R. 313-19.*

Sur la possibilité d'utiliser la procédure d'injonction de payer lorsque l'engagement résulte de l'acceptation d'une cession de créance conformément à la loi du 2 janv. 1981, V. NCPC, art. 1405 s., infra, v° Injonction de payer.

BIBL. ▶ HOCQUET DE LAJARTRE, *RTD com. 1996. 211* ✎ (protection des droits du débiteur cédé). – LE MAIGAT, *RD banc. fin. 2002. 92* (protection du débiteur cédé face au caractère occulte de la cession Dailly).

I. ACCEPTATION DU DÉBITEUR

1. Domaine de l'acceptation. BIBL. Jeanneney et Ayache, *Banque et Droit nov.-déc. 2004. 26* (cessions Dailly et créances publiques). ♦ Pour des arrêts appliquant l'art. L. 313-29 à une créance née d'un acte de droit public, V. • CE 25 juin 2003 : *AJDA 2003. 1729, concl. Le Chatelier* ✎ ; *JCP E 2003, n° 30, p. 1214 ; RTD com. 2003. 792, obs. Cabrillac* ✎ ; *RD banc. fin. 2004, n° 124, obs. Cerles ; RJDA 2003, n° 1235 ; RTD civ. 2004. 330, obs. Crocq* ✎ ; *RFD adm. 2003.*

829 • 19 nov. 2004 : *JCP E 2004, n° 51, p. 1998* (société d'économie mixte) • CAA Paris, 23 mai 1995 : *JCP 1995. II. 22552, note crit. Eckert.*

2. Demande de l'acceptation. La demande d'acceptation prévue à l'art. 6 de la loi du 2 janv. 1981 [C. mon. fin., art. L. 313-29] n'entraîne pas, à la charge du débiteur cédé, une obligation d'information au profit du cessionnaire, sur l'existence et la valeur des créances cédées. • Com. 23 mars 1993 : *Bull. civ. IV, n° 112.*

3. Formalisme légal de l'acte d'acceptation. L'engagement direct du débiteur doit être constaté dans un écrit signé de celui-ci, intitulé « acte d'acceptation de la cession ou du nantissement d'une créance professionnelle ». • Versailles, 28 janv. 1987 : *D. 1988. Somm. 280, obs. Vasseur ; RTD com. 1987. 554, obs. Cabrillac et Teyssié ; Banque 1987. 726, obs. Rives-Lange* • Rouen, 6 mars 1986 : *D. 1988. Somm. 279, obs. Vasseur.* ♦ Les actes d'acceptation ne sont valables que s'ils sont exactement rédigés dans les termes énoncés par la loi (à propos d'un acte intitulé « acte(s) d'acceptation d'une créance cédée »). • Com. 5 nov. 1991 : *Bull. civ. IV, n° 329 ; D. 1991. IR. 270.* ♦ A défaut, et en dépit de l'engagement de payer qu'il comporte, l'acte ne vaut pas acceptation de la cession par le débiteur cédé. • Com. 29 oct. 2003 : *Bull. civ. IV, n° 157 ; D. 2004. Somm. 1969, obs. Boujeka ; JCP E 2004, n° 22, p. 864, note Malecki ; ibid. n° 20-21, p. 816, obs. Stoufflet ; RD banc. fin. 2004, n° 6, obs. Crédot et Gérard ; ibid. n° 69, obs. Cerles ; Banque et Droit mars-avr. 2004. 60, obs. Bonneau ; RTD com. 2004. 137, obs. Cabrillac ; Petites affiches 11 mars 2004, p. 10, obs. E. C. ; RJDA 2004, n° 360.* – *Contra* : • Pau, 19 déc. 1984 : *D. 1986. IR. 322, obs. Vasseur ; RJ com. 1985. 260, note Le Cannu.* ♦ En revanche, est conforme aux prescriptions de l'art. 6 [C. mon. fin., art. L. 313-29] la mention qui n'indique que l'acceptation d'une « cession » dès lors qu'elle correspond à la nature de l'opération en cause et que, par conséquent, il ne s'agit pas d'un nantissement. • Com. 22 févr. 1994 : *Bull. civ. IV, n° 69.* ♦ Le débiteur cédé qui n'a pas accepté la cession de créance ne peut être condamné au paiement au motif qu'il avait connaissance de la cession. • Com. 30 juin 1992 : *ibid., n° 252.*

4. Acceptation par le débiteur cédé d'une lettre de change. L'acceptation d'une lettre de change par le tiré n'entre pas dans les prévisions de l'art. 6 [C. mon. fin., art. L. 313-29] relatif à l'acceptation de la créance par le débiteur cédé. En conséquence, le tiré accepteur d'une lettre de change émise en règlement d'une créance elle-même cédée dans les formes prévues par la loi du 2 janv. 1981 peut opposer au bénéficiaire les exceptions fondées sur ses rapports personnels avec le tireur dès lors que celui-ci n'a émis l'effet que pour le compte de celui-là. • Com. 29 nov. 1994 : *Bull. civ. IV, n° 353 ; RTD com. 1995. 172, obs. Cabrillac.*

5. Preuve de l'acceptation. L'écrit, constituant aux termes de l'art. 6 [C. mon. fin., art. L. 313-29] l'acte d'acceptation d'une cession ou d'un nantissement de créance professionnelle, peut, dès lors que son intégrité et l'imputabilité de son contenu à l'auteur désigné ont été vérifiées ou ne sont pas contestées, être établi et conservé sur tout support, y compris par télécopies. • Com. 2 déc. 1997 : *Bull. civ. IV, n° 315 ; D. 1998. 192, note Martin ; D. Affaires 1998. 149, obs. X. D. ; JCP 1998. II. 10097, obs. Grynbaum ; JCP E 1998, n° 5, p. 178, note Bonneau ; ibid., n° 3, p. 55, obs. Bouteiller ; Quot. jur. 3 févr. 1998, note L. C. ; RD bancaire et bourse 1998. 9, obs. Crédot et Gérard ; RTD com. 1998. 187, obs. Cabrillac.* – V. aussi Catala et Gautier, *JCP 1998, n° 21-22, p. 905.* ♦ Sur l'applicabilité de l'art. 1326 C. civ. à l'acceptation, V. • Paris, 13 févr. 1991 : *RTD com. 1991. 272, obs. crit. Cabrillac et Teyssié.*

6. Dol. A défaut de caractériser des manœuvres frauduleuses auxquelles le cessionnaire aurait eu recours pour faire signer l'acceptation, le débiteur de la créance cédée, pour échapper au paiement, ne peut prétendre avoir été victime d'un dol. • Paris, 13 nov. 1990 : *D. 1991. 594, note D. Martin.*

7. Acceptation conditionnelle. Dès lors que l'exigibilité de la créance est subordonnée à la livraison d'un bien déterminé et que le débiteur cédé ne s'est engagé à payer le cessionnaire que sous la même condition, l'exception d'inexécution est opposable dans les rapports entre l'établissement acceptant et le cessionnaire. • Com. 2 juin 1992 : *Bull. civ. IV, n° 215.* – V. déjà • Com. 14 nov. 1989 : *D. 1990. Somm. 227, obs. Vasseur.* – Comp., sur renvoi : • Versailles, 11 avr. 1991 : *RTD com. 1991. 624, obs. Cabrillac et Teyssié.* ♦ V. aussi, appliquant l'art. 6, al. 2 [C. mon. fin., art. L. 313-29, al. 2], après avoir constaté que le débiteur cédé avait donné son acceptation à la cession de créance d'un montant déterminé et non subordonné à l'exécution de travaux, • Com. 3 déc. 1991 : *Bull. civ. IV, n° 370 ; Banque 1992. 644, obs. Rives-Lange.* ♦ S'il est admis que le débiteur acceptant une cession de créances professionnelles peut valablement opposer au cessionnaire l'exception d'inexécution résultant de ses rapports avec le créancier cédant, c'est à la condition que son acceptation de la cession ait été assortie de condition ou réserve ; ne constitue pas une telle condition une clause s'analysant en un terme incertain ayant pour seul effet de suspendre l'exigibilité de la créance jusqu'à l'arrivée du terme, sans affecter l'existence même de la créance. • Versailles, 17 juin 2004 : *BICC 2004, n° 1832 ; JCP E 2004, n° 41, p. 1563.*

II. EFFETS DE L'ACCEPTATION

8. *Inopposabilité des exceptions.* Le débiteur cédé ayant donné son acceptation à la cession de créance d'un montant déterminé, il doit payer à l'échéance la somme prévue sans pouvoir opposer à l'établissement de crédit cessionnaire des exceptions fondées sur ses rapports personnels avec le cédant. • Com. 3 déc. 1991 : *préc. note 7.* ♦ Il résulte de l'art. 1165 C. civ. que le débiteur cédé, qui a accepté la cession de la créance effectuée selon les modalités prévues par la loi du 2 janv. 1981 [C. mon. fin., art. L. 313-23 s.], ne peut, pour échapper au paiement de la dette, se prévaloir du non-respect par le cédant ou le cessionnaire des conventions intervenues entre eux. • Com. 19 mai 1992 : *Bull. civ. IV, n° 189 ; JCP 1992. IV. 2039.* ♦ Comp., jugeant que doit être considérée comme une exception opposable l'irrégularité de la cession en contradiction avec la clause exigeant l'agrément préalable à toute cession de créance stipulée dans les conditions générales du débiteur cédé. • Metz, 23 mars 2005 : *JCP 2005. II. 10172, note Dannenberger.*

9. *Mauvaise foi du cessionnaire.* Il résulte de l'art. 6 [C. mon. fin., art. L. 313-29] que la bonne ou mauvaise foi de l'établissement de crédit cessionnaire doit s'apprécier au moment de la cession de créance. • Com. 1er déc. 1998 : *D. Affaires 1999. 376, obs. J. F.* ♦ ... Indépendamment de toute référence à la convention-cadre. • Com. 6 juin 2001 : *RJDA 2001, n° 1250.* – V. aussi • Com. 4 janv. 1994 : *RTD com. 1994. 334, obs. Cabrillac* . ♦ La mauvaise foi de l'établissement de crédit cessionnaire doit s'apprécier de la même manière que pour l'application de l'art. L. 511-1 C. com., V. • Com. 24 avr. 1990 : *Bull. civ. IV, n° 118 ; D. 1990. Somm. 228, obs. Vasseur* • 2 déc. 1997 : *préc. note 5* (connaissance par la banque de la situation irrémédiablement compromise de son client, non établie en l'espèce). ♦ Le débiteur cédé, qui accepte une cession Dailly, peut opposer les exceptions inhérentes à la créance litigieuse au banquier cessionnaire dont la mauvaise foi résultait, entre autres indices, de sa connaissance certaine de l'imminence du prononcé du jugement d'ouverture de la procédure collective du cédant. • Versailles, 11 sept. 1997 : *D. Affaires 1997. 1462.*

10. *Référé provision.* Le juge des référés qui constate que la bonne foi du cessionnaire au jour de la cession ne peut pas être sérieusement contestée peut lui accorder une provision. • Com. 4 janv. 1994 : *préc. note 9.*

11. *Effets d'une acceptation irrégulière.* Sur une éventuelle opposition au paiement du cédant par le cédé, V. Cabrillac, *D. 1985. 328, II* ; Vasseur, *D. 1988. Somm. 280* ; Rives-Lange, *Banque 1987. 727.* ♦ La responsabilité du débiteur cédé peut être engagée s'il a donné sans aucune réserve une acceptation irrégulière. • Com. 2 déc. 1997 : *D. Affaires 1998. 472.*

L. 313-29-1 *(Ord. n° 2004-559 du 17 juin 2004, art. 28)* **En cas de cession d'une créance détenue sur une personne publique par le titulaire d'un contrat de partenariat, ce contrat peut prévoir que, pour une part de la créance cédée représentant une fraction du coût des investissements, les dispositions des articles L. 313-28 et L. 313-29 ne sont pas applicables. Dans ce cas, le contrat prévoit que la part de la créance mentionnée ci-dessus est, après constatation par la personne publique contractante que les investissements ont été réalisés, définitivement acquise au cessionnaire, sans pouvoir être affectée par aucune compensation. Le titulaire du contrat est tenu de se libérer auprès de la personne publique contractante des dettes dont il peut être redevable à son égard du fait de manquements à ses obligations contractuelles et, notamment, du fait des pénalités qui ont pu lui être infligées ; l'opposition à l'état exécutoire émis par la personne publique n'a pas d'effet suspensif dans la limite du montant ayant fait l'objet de la garantie au profit du cessionnaire.**

L'art. L. 313-29-1 est applicable aux établissements publics de santé, aux structures de coopération sanitaire dotées de la personnalité morale publique et aux groupements d'intérêt public (Ord. n° 2004-559 du 17 juin 2004, art. 19 et 25).). L'ord. précitée a été ratifiée par l'art. 78-XXII de la L. n° 2004-1343 du 9 déc. 2004 (JO 10 déc.).

Pour une définition des contrats de partenariat, V. art. L. 1414-1 CGCT. - **CGCT**.

BIBL. ► Ménéménis, *AJDA 2004. 1737, spéc. 1752* (réforme du partenariat public-privé). – BRACONNIER, *JCP 2004. I. 181, spéc. n° 23* (apparition des contrats de partenariat dans le champ de la commande publique). – TOLEDO-WOLFSOHN, *RD banc. fin. mars-avr. 2005, Dossier, p. 73, spéc. n° 13 s.* (garanties des partenariats publics-privés). — NOGUELLOU, *Dr. et patr. oct. 2005. 44* (cession de créance et partenariats public-privé).

SOUS-SECTION 2 *Mobilisation des crédits par le cessionnaire ou le nanti*

§ 1er *Dispositions générales*

L. 313-30 L'établissement de crédit cessionnaire ou nanti de créances professionnelles dans les conditions prévues à l'article L. 313-23 peut, à tout moment, émettre des titres destinés à la mobilisation de tout ou partie des crédits consentis.

Les porteurs successifs de ces titres bénéficient des droits énumérés aux articles L. 313-31 à L. 313-33 sous la condition que les bordereaux aient été mis à la disposition de l'organisme qui assure le financement conformément aux conventions intervenues entre celui-ci et l'établissement prêteur. – *[L. n° 81-1 du 2 janv. 1981, art. 8].*

L. 313-31 Les opérations de crédit à court terme n'ayant pas entraîné une cession ou un nantissement de créances professionnelles en faveur de l'établissement de crédit prêteur peuvent donner lieu à l'émission par celui-ci de titres destinés à la mobilisation de tout ou partie des crédits consentis.

Les porteurs successifs de ces titres bénéficient des droits énumérés aux articles L. 313-32 et L. 313-33 sous la condition que les bordereaux constatant ces crédits aient été mis à la disposition de l'organisme qui assure le financement, conformément aux conventions intervenues entre celui-ci et l'établissement prêteur ; ces bordereaux qui sont dénommés « actes de cession de créances financières » sont soumis, en tant que de besoin, aux dispositions des articles L. 313-23 à L. 313-29. – *[L. n° 81-1 du 2 janv. 1981, art. 9].*

L. 313-32 Les porteurs successifs des titres créés par un établissement de crédit en application des articles L. 313-30 et L. 313-31 bénéficient des droits prévus en matière d'endossement par les articles L. 511-8 à L. 511-14 du code de commerce. – *[L. n° 81-1 du 2 janv. 1981, art. 10].*

Les créances professionnelles visées par la loi du 2 janv. 1981 [C. mon. fin., art. L. 313-23 s.] ne sont pas assimilables à des effets de commerce. V. • Com. 15 déc. 1992 : *Bull. civ. IV, n° 408* • 8 nov. 1994 : *D. 1994. IR. 267.*

L. 313-33 Les droits attachés aux titres de mobilisation portent sur l'intégralité des créances désignées sur les bordereaux ; ils portent également sur tous intérêts et frais accessoires ainsi que sur les garanties assortissant ces créances. – *[L. n° 81-1 du 2 janv. 1981, art. 11].*

Sauf stipulation contractuelle contraire dont il appartient au cédant d'établir l'existence, les droits attachés aux titres de mobilisation portent sur l'intégralité des créances désignées sur les bordereaux et aussi sur tous intérêts frais accessoires ainsi que sur les garanties assortissant ces créances. • Com. 24 sept. 2002 : *Petites affiches 11 févr. 2003, p. 16, note Tchotourian.*

L. 313-34 A compter de la mise à la disposition de l'organisme de financement des bordereaux et pendant la durée de celle-ci, l'établissement de crédit ne peut, sauf stipulation contraire, transmettre les créances représentées par les bordereaux, sous quelque forme que ce soit. – *[L. n° 81-1 du 2 janv. 1981, art. 12].*

L. 313-35 Un décret en Conseil d'État fixe les modalités d'application des articles L. 313-23 à L. 313-34. – *[L. n° 81-1 du 2 janv. 1981, art. 13, 2e phrase]. – V. infra, art. R. 313-15 s.*

La créance sur le Trésor détenue par une entreprise qui a procédé au report en arrière de ses déficits est inaliénable et incessible, sauf dans les conditions prévues par la loi n° 81-1 du 2 janv. 1981 modifiée C. mon. fin., art. L. 313-23 s.] ... (L. n° 84-1208 du 29 déc. 1984, art. 19-I, al. 5, devenu art. 220 quinquies, I, al. 5, CGI).

Sur l'affacturage international, V. Décr. n° 95-846 du 18 juill. 1995 (JO 25 juill.), portant publication de la Convention d'Ottawa du 28 mai 1988 (entrée en vigueur le 1er mai 1995).

§ 2 *Mobilisation des crédits à moyen terme*

L. 313-36 Les avances à moyen terme consenties par un établissement de crédit et faisant l'objet, au moins pour partie, d'un accord de réescompte de l'institut d'émission peuvent donner lieu à la signature, par l'emprunteur, de contrats fixant le montant des avances et les conditions de leur utilisation et de leur amortissement, ainsi que, le cas échéant, à la signature d'effets à échéances diverses. – *[Ord. n° 67-838 du 28 sept. 1967, art. 25].*

Lorsqu'un contrat de prêt précise qu'il est soumis aux prescriptions de l'ordonnance n° 67-838 du 28 sept. 1967 portant réforme du crédit aux entreprises [C. mon. fin., art. L. 313-36 s.], cette seule mention n'emporte aucune conséquence quant au caractère spécifique du crédit susceptible d'être accordé par la banque, dès lors qu'aucune référence à des prêts bonifiés, avec la garantie ou l'aide de l'État relatifs à des prêts à l'artisanat ou au crédit des petites et moyennes entreprises, n'y est mentionnée. • Paris, 19 sept. 1995 : *D. Affaires 1995. 110.*

L. 313-37 Lorsque les établissements de crédit qui ont accordé des avances mentionnées à l'article L. 313-36 émettent des titres destinés à la mobilisation de tout ou partie de ces avances, les porteurs de ces titres bénéficient des droits énumérés à l'article L. 313-38 à condition que les contrats ou effets aient été mis à la disposition de l'organisme qui assure le réescompte, conformément aux conventions intervenues entre celui-ci et l'établissement prêteur. – *[Ord. n° 67-838 du 28 sept. 1967, art. 26].*

L. 313-38 Les porteurs de titres créés par les établissements de crédit bénéficient des droits prévus par les articles L. 511-8 à L. 511-14 du code de commerce en matière d'endossement.

Leur droit porte sur l'intégralité des créances nées au profit de l'établissement de crédit du fait des contrats passés ou des effets souscrits pour la réalisation des avances ; il porte également sur tous intérêts et frais accessoires ainsi que sur les garanties assortissant ces avances, même s'ils résultent d'actes distincts des contrats ou effets.

Ce droit est exercé par préférence et à égalité de rang par les porteurs des titres de mobilisation créés au profit de l'organisme qui assure le réescompte des avances consenties. – *[Ord. n° 67-838 du 28 sept. 1967, art. 27].*

L. 313-39 Les contrats prévus à l'article L. 313-36, qui bénéficient des mêmes avantages cambiaires que les effets auxquels ils se substituent, ne peuvent ouvrir droit à opposition. – *[Ord. n° 67-838 du 28 sept. 1967, art. 28].*

L. 313-40 A compter de la mise à la disposition de l'organisme réescompteur des contrats ou effets et pendant la durée de celle-ci, l'établissement de crédit titulaire des créances mentionnées à l'article L. 313-38 ne peut, sauf clause contraire des conventions prévues à l'article L. 313-37, transmettre ces créances sous quelque forme que ce soit. – *[Ord. n° 67-838 du 28 sept. 1967, art. 29].*

L. 313-41 Doivent faire référence aux articles L. 313-36 à L. 313-41 les contrats ou effets représentatifs des avances ainsi que, sous peine pour le porteur de se voir privé du droit mentionné à l'article L. 313-38, les titres de mobilisation. – *[Ord. n° 67-838 du 28 sept. 1967, art. 30].*

§ 3 *Mobilisation des créances hypothécaires et assimilées*

L. 313-42 Sont soumis aux dispositions du présent paragraphe les billets à ordre émis par les établissements de crédit pour mobiliser des créances à long terme destinées au financement d'un bien immobilier situé en France ou dans les autres États de l'Espace économique européen et garanties :

– par une hypothèque de premier rang ou une sûreté immobilière conférant une garantie au moins équivalente ;

– ou par un cautionnement consenti par un établissement de crédit ou une entreprise d'assurance n'entrant pas dans le périmètre de consolidation défini à l'article L. 233-16 du code de commerce dont relève l'établissement de crédit émetteur du billet à ordre.

(Ord. n° 2005-429 du 6 mai 2005, art. 47) « Sont assimilées *[assimilés]* aux créances mentionnées ci-dessus les parts ou titres de créances émis par des fonds communs de créances, dès lors que l'actif de ces fonds est composé, à hauteur de 90 % au moins, de créances de même nature, à l'exclusion des parts spécifiques ou titres de créances supportant le risque de défaillance des débiteurs des créances. »

Les créances mobilisées par des billets à ordre doivent respecter, à compter du 1er janvier 2002, les conditions prévues au I de l'article L. 515-14 selon des modalités déterminées par un décret en Conseil d'État. Ce décret précise les conditions dans lesquelles la quotité peut être dépassée si le montant desdites créances excède celui des billets à ordre qu'elles garantissent. – *[L. n° 69-1263 du 31 déc. 1969, art. 16 (I)]. – V. infra, art. R. 313-20 s.*

L. 313-43 Les contrats constituant ces créances avec leurs garanties, les avenants à ces contrats qui ont pu être passés pour fournir au prêteur des garanties supplémentaires et les effets signés par l'emprunteur pour assurer le respect de ses obligations, s'il existe de tels effets, doivent être mis par l'établissement prêteur à la disposition du porteur du billet à ordre, si celui-ci en fait la demande, pour un montant en capital égal au montant en capital du billet à ordre.

L'établissement prêteur assume la garde des contrats et effets mis à la disposition du porteur du billet à ordre et réalise cette mise à disposition en conservant, sous un dossier au nom de ce dernier, une liste nominative, visant les articles L. 313-42 à L. 313-49, de chacune des créances correspondant aux contrats et effets ci-dessus, avec indication, tenue à jour, de leur montant. – *[L. n° 69-1263 du 31 déc. 1969, art. 16 (II)].*

L. 313-44 I. – Sauf application de l'article L. 313-46, l'organisme prêteur recouvre, à due concurrence, la libre disposition des créances mentionnées à l'article L. 313-43 au fur et à mesure de leur exigibilité ou de leur remboursement, ou à son initiative. Il est tenu, tant que le billet à ordre demeure en circulation, de remplacer sans discontinuité les contrats et effets dont il recouvre la libre disposition par un égal montant en capital d'autres titres de créances mis à la disposition du porteur du billet à ordre dans les conditions prévues à l'article L. 313-43.

II. – Les titres de créances mis à la disposition du porteur du billet à ordre conformément au I sont substitués de plein droit, par voie de subrogation réelle, aux titres de créances dont l'organisme prêteur recouvre la libre disposition. Cette substitution préserve les droits du porteur du billet à ordre et notamment emporte les effets prévus à l'article L. 313-45, même si la signature des nouveaux titres de créances mis à la disposition de ce porteur est postérieure à la signature du billet à ordre. – *[L. n° 69-1263 du 31 déc. 1969, art. 16 (III)].*

L. 313-45 La mise à la disposition au profit du porteur du billet à ordre de créances ou d'effets emporte, sans autre formalité, constitution de gage au profit des porteurs successifs.

Le droit du porteur du billet à ordre s'exerce sur l'intégralité des créances nées au profit de l'organisme prêteur du fait des contrats et des effets qui ont été mis à la disposition de ce porteur en application du présent paragraphe, sans autre formalité. Il porte également sur tous intérêts et frais accessoires ainsi que sur les garanties hypothécaires ou autres assortissant les prêts, même si ces garanties résultent d'actes distincts des contrats ou des effets.

Ce droit est exercé par le porteur du billet à ordre par préférence à l'organisme prêteur et, au cas où une même créance serait partagée entre plusieurs porteurs de billets à ordre, à égalité de rang entre ces porteurs.

Pendant la mise à disposition au profit du porteur du billet à ordre, l'organisme prêteur ne peut transmettre ces créances ou ces effets sous quelque forme que ce soit. – *[L. n° 69-1263 du 31 déc. 1969, art. 16 (IV)].*

L. 313-46 A défaut de paiement à l'échéance soit du montant du billet à ordre, soit du montant des intérêts attachés à ce billet, et indépendamment des recours qu'il peut exercer contre l'organisme prêteur, le porteur du billet à ordre obtient, sur sa demande et contre restitution de ce billet, la remise de la liste nominative prévue à l'article L. 313-43 et, le cas échéant, des effets mis à sa disposition en exécution du présent paragraphe. Cette remise lui transfère, sans autre formalité, la propriété des créances avec les intérêts, les avantages et les garanties qui y sont attachés dans la limite des droits qu'il tient du billet à ordre qu'il a détenu. – *[L. n° 69-1263 du 31 déc. 1969, art. 16 (V)].*

L. 313-47 Pour la radiation des inscriptions, aucune pièce justificative n'est exigée à l'appui des énonciations de l'acte de mainlevée établissant qu'il y a eu mise à la disposition ou remise en propriété si lesdites énonciations sont certifiées exactes dans cet acte. Les bénéficiaires de la mise à la disposition ou de la remise en propriété ne sont pas considérés comme parties intéressées, au sens de l'article *(Ord. n° 2006-346 du 23 mars 2006, art. 54)* « 2440 » du code civil, si l'acte de mainlevée ne fait pas état de l'opération intervenue à leur profit. – *[L. n° 69-1263 du 31 déc. 1969, art. 16 (VI)].*

L. 313-48 En garantie du paiement à l'échéance, soit du montant du billet à ordre mentionné à l'article L. 313-42, soit du montant des intérêts attachés à ce billet, le porteur de ce billet peut demander à l'organisme prêteur de mettre à sa disposition des contrats constituant des créances à long terme, avec leurs garanties, s'ajoutant à ceux déjà mis à disposition en vertu de l'article L. 313-43, pour un montant convenu, dès lors que ces contrats peuvent donner lieu à la création de billets à ordre ayant les caractéristiques de ceux mentionnées à l'article L. 313-42.

Les contrats ainsi mis à titre de garantie à disposition du porteur d'un billet mentionné à l'article L. 313-42, sont indiqués à ce porteur, en même temps que la mise à disposition des contrats, selon la procédure décrite aux articles L. 313-43 et L. 313-44.

Les effets de cette mise à disposition à titre de garantie sont ceux précisés aux articles L. 313-45 à L. 313-47.

Les articles L. 313-44 à L. 313-46 sont applicables nonobstant toutes dispositions contraires, et notamment celles du livre VI du code de commerce. Ces dispositions s'appliquent aux mobilisations effectuées avant le 29 juin 1999 en application des dispositions du présent paragraphe. – *[L. n° 69-1263 du 31 déc. 1969, art. 16 (VI bis et VII)].*

L. 313-49 La commission bancaire est chargée de veiller au respect par les établissements de crédit des dispositions des articles L. 313-42 à L. 313-48. – *[L. n° 69-1263 du 31 déc. 1969, art. 16 (VIII)].*

SECTION IV *Garantie des cautions*

L. 313-50 I. – Il est institué un mécanisme de garantie des cautions qui a pour objet d'honorer, en cas de défaillance d'un établissement de crédit, les engagements de caution, exigés par un texte législatif ou réglementaire, pris par cet établissement au profit de personnes physiques ou morales de droit privé. Les établissements de crédit dont l'agrément en France permet de délivrer de telles cautions adhèrent à ce mécanisme.

II. – Le fonds de garantie des dépôts gère le mécanisme de garantie des cautions. Les articles L. 312-5 à L. 312-15, L. 312-17 et L. 312-18 s'appliquent à ce mécanisme. En outre, le fonds de garantie des dépôts est subrogé dans les droits et obligations résultant des engagements pris par l'établissement de crédit et honorés par le fonds à concurrence des montants versés à ce titre. – *V. infra, art. R. 613-18.*

III. – Le mécanisme de garantie des cautions est mis en œuvre sur demande de la commission bancaire, dès que celle-ci constate qu'un établissement de crédit n'est plus

en mesure d'honorer, immédiatement ou à terme rapproché, les engagements de caution, mentionnés au I, qu'il a accordés. Le cas échéant, le mécanisme de garantie des cautions intervient conjointement avec le fonds de garantie des dépôts, lorsque celui-ci est appelé au titre du premier alinéa de l'article L. 312-5.

IV. — A titre préventif et sur proposition de la commission bancaire, le mécanisme de garantie des cautions peut également intervenir, indépendamment ou conjointement avec le fonds de garantie des dépôts, dans les conditions prévues à l'article L. 312-5.

Un décret fixe la liste des cautions obligatoires couvertes par le mécanisme de garantie des cautions et définit les modalités d'information du public sur la garantie accordée. — *[L. n° 84-46 du 24 janv. 1984, art. 52-15]. — Pour l'entrée en vigueur, V. art. L. 313-51. — V. infra, art. D. 313-26 s.*

BIBL. ▸ Sur la loi du 25 juin 1999 relative à l'épargne et à la sécurité financière : BONNEAU, *JCP E 1999, n° 36, p. 1378.* - STOUFFLET, *RD bancaire et bourse 1999. 144* (systèmes de garantie des épargnants). - BERLY, *RD imm. 2006. 51* (application du mécanisme de garantie des cautions en matière immobilière).

L. 313-51 **Un** *(L. n° 2003-706 du 1er août 2003, art. 46-VI)* **« arrêté du ministre chargé de l'économie » précise notamment :**

1. Les modalités d'indemnisation ;

2. Le montant global et la formule de répartition des cotisations annuelles dues par les établissements adhérents au mécanisme, en tenant compte notamment d'indicateurs objectifs de la situation financière de chacun des établissements concernés ;

3. Les conditions dans lesquelles une partie de ces contributions peut ne pas être versée au mécanisme de garantie moyennant la constitution de garanties appropriées. *— V. relatif aux adhérents et aux ressources du mécanisme de garantie des cautions, Règl. CRB n° 2000-06 du 6 sept. 2000 (JO 1er nov.), mod. par Règl. n° 2002-06 du 15 juill. 2002, homologué par Arr. 22 août 2002 (JO 21 sept.), Règl. n° 2002-10 du 21 nov. 2002, homologué par Arr. 26 déc. 2002 (JO 15 févr. 2003).*

Les cotisations dues par les établissements affiliés à un des organes centraux mentionnés à l'article L. 511-30 sont directement versées au fonds de garantie par cet organe central.

Dans les conditions et selon les modalités prescrites à l'article L. 313-50 et au présent article, le mécanisme de garantie des cautions prend en charge rétroactivement les engagements de caution exigés par un texte législatif ou réglementaire octroyés par tout établissement de crédit ayant fait l'objet d'une procédure de redressement judiciaire ouverte après le 1er janvier 1996 et qui n'a pu intégralement honorer ces engagements.

Pour l'application de ces dispositions, le fonds de garantie des dépôts assume, dès l'agrément du président de son directoire, la charge financière de ces engagements de caution pour le compte du mécanisme de garantie des cautions jusqu'au premier appel des cotisations affectées à ce mécanisme. La charge supportée du fait de cette intervention par le fonds de garantie des dépôts est alors imputée sur le mécanisme de garantie des cautions.

Nonobstant les dispositions de l'article L. 621-46 *[L. 622-26]* **du code de commerce, les sommes versées par le mécanisme de garantie à ce titre confèrent au fonds de garantie un droit à répartition de dividende identique à celui des autres créanciers chirographaires admis à cette répartition.** — *[L. n° 84-46 du 24 janv. 1984, art. 52-16 et L. n° 99-532 du 25 juin 1999, art. 72 (II)].*

BIBL. ▸ V. bibl. ss. art. L. 511-42 C. mon. fin.

TITRE II Les services d'investissement et leurs services connexes

Pour des annotations de jurisprudence, V. ***C. sociétés.***

CHAPITRE PREMIER *Dispositions générales*

L. 321-1 **Les services d'investissement portent sur les instruments financiers énumérés à l'article L. 211-1 et comprennent :**

1. La réception et la transmission d'ordres pour le compte de tiers ;

2. L'exécution d'ordres pour le compte de tiers ;

3. La négociation pour compte propre ;

4. La gestion de portefeuille pour le compte de tiers ; — *Sur l'agrément, V. art. L. 532-1 et L. 532-4, infra.*

5. La prise ferme ;

6. Le placement.

Les services rendus à l'État et à la Banque de France, dans le cadre des politiques de gestion de la monnaie, des taux de change, de la dette publique et des réserves de l'État ne sont pas soumis aux dispositions du présent code applicables aux services d'investissement mentionnés au présent article. — *[L. nº 96-597 du 2 juill. 1996, art. 4].*

L. 321-2 **Les services connexes aux services d'investissement comprennent :**

1. La conservation ou l'administration d'instruments financiers ;

2. L'octroi de crédits ou de prêts à un investisseur pour lui permettre d'effectuer une transaction qui porte sur un instrument financier et dans laquelle intervient l'entreprise qui octroie le crédit ou le prêt ;

3. Le conseil en gestion de patrimoine ;

4. La fourniture de conseil aux entreprises en matière de structure de capital, de stratégie industrielle et de questions connexes ainsi que de services concernant les fusions et le rachat d'entreprises ;

5. Les services liés à la prise ferme ;

6. Les services de change lorsque ceux-ci sont liés à la fourniture de services d'investissement ;

7. La location de coffres-forts.

(L. nº 2003-706 du 1er août 2003, art. 91) **« 8. La négociation de marchandises sous-jacentes aux instruments mentionnés au 4 du II de l'article L. 211-1, lorsqu'elle est liée à l'exécution de ces contrats. »** — *V. cet art., supra.*

Les conditions dans lesquelles les opérations prévues au 2 sont effectuées par les entreprises d'investissement sont fixées par le *(L. nº 2003-706 du 1er août 2003, art. 46-VI)* **« ministre chargé de l'économie ».** — *[L. nº 96-597 du 2 juill. 1996, art. 5]. — V. Règl. CRB nº 98-05 du 7 déc. 1998 homologué par Arr. du 24 déc. 1998 (JO 6 janv. 1999).*

REP. COM. v^is *Coffre-fort*, par GAVALDA ; *Saisie de biens placés dans un coffre-fort*, par FRICERO.

BIBL. ▶ GAUVIN, *D. Affaires 1998. 1470* (désuétude ou renaissance du contrat de dépôt en matière financière). – LIBCHABER, *Dr. et patr. mai 2000. 89* (dépôt d'instruments financiers). – BRUNENGO-BASSO, *Dr. et patr. janv. 2004. 73, spéc. 76* (loi nº 2003-706 de sécurité financière). – GAUBERTI, *JCP E 2004, nº 1-2, p. 20* (supermarchés de fonds). – BAUDOUIN, *Petites affiches 19 mai 2004, p. 5* (distinction entre contrats financiers à terme et contrats commerciaux à terme sur marchandises).

Location de coffre-fort. L'art. 1722 C. civ. n'est pas applicable au contrat par lequel la banque loue à un client un compartiment ou un coffre-fort dont elle assume la surveillance et auquel le client ne peut accéder qu'avec le concours du banquier. • Com. 11 oct. 2005 : *Bull. civ. IV, nº 206 ; D. 2005. AJ. 2869, obs. Delpech ; RTD com. 2006. 177, obs. Legeais ; JCP E 2005, nº 46, p. 1915 ; Petites affiches 23 déc. 2005, p. 13, note Rouvière ; RD banc. fin. 2005, nº 197, obs. Crédot et Gérard ; Banque et Droit janv.-févr. 2006. 62, obs. Bonneau ; Contrats Conc. Consom. 2006, nº 19, obs. Leveneur ; RJDA 2006, nº 183 ; RDC 2006. 335, obs. Bénabent ; ibid. 402, obs. Seube ; ibid. 422, obs. Puig ; AJDI 2006. 118 ; Loyers et copr. 2006, nº 28, obs. Vial-Pedroletti.* ♦ Sur l'indivisibilité du contrat de location avec l'ouverture d'un compte bancaire, V. note ss. art. L. 312-1-2.

L. 321-3 Les services énumérés aux articles L. 321-1 et L. 321-2 sont fournis selon les modalités et aux conditions définies aux livres V et VI.

CHAPITRE II *Garantie des investisseurs*

L. 322-1 *(Abrogé par L. n° 2003-706, art. 69) « Lorsqu'ils sont conservateurs d'instruments financiers confiés par des tiers, » (L. n° 2003-706 du 1er août 2003, art. 69)* « les *[Les]* prestataires de services d'investissement, à l'exception des sociétés de gestion de portefeuille, » agréés en France, les intermédiaires habilités par *(Ord. n° 2004-482 du 3 juin 2004, art. 1er)* « le Comité des établissements de crédit et des entreprises d'investissement » au titre de la *(Ord. n° 2004-482 du 3 juin 2004, art. 1er)* « compensation ou pour leur activité d'administration ou de conservation d' » instruments financiers *(Abrogé par Ord. n° 2004-482 du 3 juin 2004, art. 1er) « et les adhérents des chambres de compensation »* adhèrent à un mécanisme de garantie des titres. Ce mécanisme a pour objet d'indemniser les investisseurs en cas d'indisponibilité de leurs instruments financiers ainsi que de leurs dépôts en espèces lorsqu'ils sont liés à un service d'investissement, à la compensation ou à la conservation d'instruments financiers et qu'ils n'entrent pas dans le champ d'application du fonds de garantie des dépôts institué par l'article L. 312-4. Ne peuvent bénéficier du mécanisme de garantie les personnes et les fonds exclus de l'indemnisation par l'article L. 312-4. – *[L. n° 96-597 du 2 juill. 1996, art. 62]*.

BIBL. ▶ STOUFFLET, *RD bancaire et bourse 1999. 144* (systèmes de garantie des épargnants). – LÉGUEVAQUES, *Dr. et patr. avr. 2000. 25* (égalité des créanciers et traitement des « faillites » bancaires et financières : un principe « peau de chagrin »).

L. 322-2 Sous réserve des dispositions ci-après, le fonds de garantie des dépôts gère le mécanisme de garantie des titres. Les articles L. 312-5 à L. 312-15, L. 312-17 et L. 312-18 s'appliquent à ce mécanisme. Pour l'application du premier alinéa de l'article L. 312-5, le mécanisme de garantie des titres est mis en œuvre sur demande de la commission bancaire après avis *(L. n° 2003-706 du 1er août 2003, art. 46-V)* « de l'Autorité des marchés financiers », dès que celle-ci constate que l'un des établissements mentionnés à l'article L. 322-1 n'est plus en mesure de restituer, immédiatement ou à terme rapproché, les instruments financiers ou les dépôts qu'il a reçus du public dans les conditions législatives, réglementaires ou contractuelles applicables à leur restitution. L'intervention du fonds de garantie entraîne alors la radiation de cet adhérent. Pour les personnes mentionnées à l'article L. 532-18 et aux articles L. 511-22 et L. 511-23, cette radiation s'entend comme se traduisant par une interdiction faite à cet adhérent de continuer à fournir ses services sur le territoire de la République française. – *V. infra, art. R. 613-18.*

Sur proposition de la commission bancaire et après avis *(L. n° 2003-706 du 1er août 2003, art. 46-V)* « de l'Autorité des marchés financiers », le mécanisme de garantie des titres peut également intervenir à titre préventif lorsque la situation d'un adhérent laisse craindre à terme une indisponibilité des dépôts ou instruments financiers qu'il a reçus du public, compte tenu du soutien dont il peut par ailleurs bénéficier. Lorsque le fonds de garantie accepte cette mise en œuvre à titre préventif, il définit, après avis de la commission bancaire et *(L. n° 2003-706 du 1er août 2003, art. 46-V)* « de l'Autorité des marchés financiers », les conditions de cette intervention. Il peut en particulier subordonner celle-ci à la cession totale ou partielle de l'entreprise concernée ou à l'extinction de son activité, notamment par la cession de son fonds de commerce. Il peut également se porter acquéreur des actions d'un établissement adhérent. – *[L. n° 96-597 du 2 juill. 1996, art. 62-1]*.

L. 322-3 Un *(L. n° 2003-706 du 1er août 2003, art. 46-VI)* « arrêté du ministre chargé de l'économie », pris sur avis conforme *(L. n° 2003-706 du 1er août 2003, art. 46-V)* « de l'Autorité des marchés financiers » détermine notamment :

1. Le plafond d'indemnisation par investisseur, les modalités et délais d'indemnisation ainsi que les règles relatives à l'information de la clientèle ; – *V. Règl. CRB n° 99-14, homologué par Arr. 29 sept. 1999, infra.*

2. Les caractéristiques des certificats d'association, ainsi que les conditions de leur rémunération et de leur remboursement en cas de retrait de l'agrément, après imputation, le cas échéant, des pertes subies par le mécanisme ;

3. Le montant global et la formule de répartition des cotisations annuelles dues par les établissements mentionnés à l'article L. 322-1 dont l'assiette est constituée de la valeur des dépôts et des instruments financiers qui sont couverts par la garantie en vertu de l'article L. 322-1 pondérée par les cotisations déjà versées ainsi que par des indicateurs de la situation financière de chacun des établissements concernés, reflétant les risques objectifs que l'adhérent fait courir au fonds ; - *V. Règl. CRB n° 2002-12, homologué par Arr. 26 déc. 2002 (JO 15 févr. 2003).*

4. Les conditions dans lesquelles une partie de ces contributions peut ne pas être versée au fonds de garantie moyennant la constitution de garanties appropriées.

Les cotisations dues par les établissements affiliés à un des organes centraux mentionnés à l'article L. 511-30 sont directement versées au fonds de garantie par cet organe central. — *[L. n° 96-597 du 2 juill. 1996, art. 62-2].*

V. relatif aux ressources et au fonctionnement du mécanisme de garantie des titres : Règl. n° 99-15 du 23 sept. 1999, homologué par Arr. 29 sept. 1999 (JO 22 oct.), mod. par Règl. n° 2000-08 du 6 sept. 2000 (JO 1er nov.), Règl. nos 2002-07 et 2002-09 du 21 nov. 2002 (JO 15 févr. 2003) ; Règl. n° 2003-05 du 12 nov. 2003 (JO 30 déc.) ; Règl. n° 2004-03 du 15 janv. 2004 (JO 26 févr.). — ... Relatif à la garantie des titres détenus pour le compte d'investisseurs, par une succursale en France d'un établissement de crédit ou d'une entreprise d'investissement, ayant son siège social à l'étranger : Règl. n° 99-16 du 23 sept. 1999, homologué par Arr. 29 sept. 1999 (JO 22 oct.), mod. par Règl. n° 2002-07 du 21 nov. 2002 (JO 15 févr. 2003). — ... Relatif au montant global des cotisations au mécanisme de garantie des titres : Règl. n° 99-17 du 23 sept. 1999, homologué par Arr. 29 sept. 1999 (JO 22 oct.).

Dans toutes les dispositions législatives et réglementaires, la référence au Conseil des marchés financiers est remplacée par la référence à l'Autorité des marchés financiers (L. n° 2003-706 du 1er août 2003, art. 46-V).

Arrêté du 29 septembre 1999,

Portant homologation des règlements n° 99-14, n° 99-15, n° 99-16 et n° 99-17 du Comité de la réglementation bancaire et financière.

Art. 1er Les règlements du Comité de la réglementation bancaire et financière du 23 septembre 1999 n° 99-14 relatif à la garantie des titres détenus, pour le compte d'investisseurs, par les établissements de crédit et les entreprises d'investissement, les intermédiaires habilités par le Conseil des marchés financiers et les adhérents des chambres de compensation, ayant leur siège social *(Règl. n° 2002-07 du 21 nov. 2002, homologué par Arr. 26 déc. 2002)* « sur le territoire de la République française », n° 99-15 relatif aux ressources et au fonctionnement du mécanisme de garantie des titres, n° 99-16 relatif à la garantie des titres détenus, pour le compte d'investisseurs, par une succursale *(Règl. n° 2002-07 du 21 nov. 2002 homologué par Arr. 26 déc. 2002)* « établies sur le territoire de la République française » d'un établissement de crédit ou d'une entreprise d'investissement, ayant son siège social à l'étranger, et n° 99-17 relatif au montant global des cotisations au mécanisme de garantie des titres, qui sont annexés au présent arrêté, sont homologués.

....

ANNEXE

Règlement n° 99-14 du 23 septembre 1999 relatif à la garantie des titres détenus pour le compte d'investisseurs, par les établissements de crédit et les entreprises d'investissement, les intermédiaires habilités par le Conseil des marchés financiers et les adhérents des chambres de compensation, ayant leur siège social sur le territoire de la République française

Article 1er

(Règl. n° 2002-07 du 21 nov. 2002, homologué par Arr. 26 déc. 2002) Le mécanisme de garantie des titres mentionné à l'article L. 322-1 du code monétaire et financier indemnise, dans les conditions fixées par le présent règlement, les créances résultant de l'incapacité d'un de ses adhérents, de restituer aux investisseurs les instruments financiers détenus pour leur compte, ainsi que leurs dépôts en espèces lorsqu'ils sont liés à un service d'investissement, à la compensation ou à la conservation d'instruments financiers, fournis par l'adhérent et qu'ils n'entrent pas dans le champ d'application du fonds de garantie des dépôts institué par l'article L. 312-4 du code monétaire et financier. — *V. cet art., supra, v° Banques et crédit.*

Article 1-1

(Règl. n° 2002-07 du 21 nov. 2002, homologué par Arr. 26 déc. 2002) (Arr. du 15 mai 2006, art. 19) « Les prestataires de services d'investissement autres que les sociétés de gestion de portefeuille, ainsi que les intermédiaires habilités par le Comité des établissements de crédit et des entreprises d'investissement au titre de la conservation ou de l'administration d'instruments financiers ou au titre de l'activité de compensation d'instruments financiers en qualité d'adhérent d'une chambre de compensation », ayant leur siège social en France métropolitaine et dans les départements d'outre-mer adhèrent au mécanisme de garantie des titres.

(Arr. du 15 mai 2006, art. 19) « Les prestataires de services d'investissement autres que les sociétés de gestion de portefeuille, ainsi que les intermédiaires habilités par le Comité des établissements de crédit et des entreprises d'investissement au titre de la conservation ou de l'administration d'instruments financiers ou au titre de l'activité de compensation d'instruments financiers en qualité d'adhérent d'une chambre de compensation », ayant leur siège social dans la collectivité territoriale de Saint-Pierre-et-Miquelon ou dans la collectivité départementale de Mayotte adhèrent au mécanisme de garantie des titres.

(Arr. du 15 mai 2006, art. 19) « Les prestataires de services d'investissement autres que les sociétés de gestion de portefeuille, ainsi que les intermédiaires habilités par le Comité des établissements de crédit et des entreprises d'investissement au titre de la conservation ou de l'administration d'instruments financiers ou au titre de l'activité de compensation d'instruments financiers en qualité d'adhérent d'une chambre de compensation », ayant leur siège social dans les territoires d'outre-mer et en Nouvelle-Calédonie adhèrent au mécanisme de garantie des titres.

(Arr. du 15 mai 2006, art. 19) « Les prestataires de services d'investissement autres que les sociétés de gestion de portefeuille, ainsi que les intermédiaires habilités par le Comité des établissements de crédit et des entreprises d'investissement au titre de la conservation ou de l'administration d'instruments financiers ou au titre de l'activité de compensation d'instruments financiers en qualité d'adhérent d'une chambre de compensation », mentionnés aux alinéas précédents, sont dénommés ci-après « établissements adhérents ».

TITRE Ier ÉTENDUE DE LA GARANTIE

Article 2

Les créances des investisseurs garanties en application de l'article 62 de la loi du 2 juillet 1996 susvisée *[C. mon. fin., art. L. 322-1]* et du présent règlement, ci-après dénommées « les titres », sont celles qui portent sur tout instrument financier mentionné à l'article 1er de la même loi détenu pour le compte d'un investisseur, que l'établissement adhérent doit restituer conformément aux conditions légales et contractuelles applicables, notamment en matière de compensation.

Sous réserve des dispositions du 4° *(b)* de l'article 3 du présent règlement, les titres ainsi définis incluent les dépôts en espèces auprès d'un établissement adhérent autre qu'un établissement de crédit, y compris ceux effectués en garantie ou en couverture de positions prises sur un marché d'instruments financiers, lorsque ces dépôts sont liés à un service d'investissement, à la conservation ou à la compensation d'instruments financiers, fournis par ledit établissement.

(Règl. n° 2002-07 du 21 nov. 2002, homologué par Arr. 26 déc. 2002) « Pour les établissements de crédit, les entreprises d'investissement et les établissements financiers mentionnés à l'article L. 511-28 du code monétaire et financier *(Arr. du 15 mai 2006, art. 20)* « ainsi que pour les personnes mentionnées au point 4 de l'article L. 442-2 du même code et les personnes mentionnées au point 5 de l'article L. 542-1 du même code », figurant au premier alinéa de l'article 1-1, les titres ainsi définis incluent ceux inscrits dans les livres de leurs établissements secondaires implantés sur le territoire de la République française et dans ceux de leurs succursales établies dans les autres États parties à l'accord sur l'Espace économique européen. *— V. cet art., infra.*

« Pour les établissements adhérents mentionnés aux deuxième et troisième alinéas de l'article 1-1, les titres ainsi définis incluent ceux inscrits dans les livres de leurs établissements secondaires implantés sur le territoire de la République française. »

Article 3

Sont exclus du bénéfice de la garantie :

1° Les titres déposés par les personnes suivantes :

a) Établissements de crédit, entreprises d'investissement, *(Arr. du 15 mai 2006, art. 20)* « personnes mentionnées aux points 3 et 4 de l'article L. 442-2 du code monétaire et financier et personnes mentionnées aux points 4 et 5 de l'article L. 542-1 du même code » ;

b) Entreprises d'assurance ;

c) Organismes de placement collectif ;

d) Organismes de retraite et fonds de pension ;

e) Personnes mentionnées à l'article 8 de la loi *[84-46]* du 24 janvier 1984 susvisée *[C. mon. fin., art. L. 518-1]* ; *— V. cet art., infra.*

f) Associés personnellement responsables et commanditaires, détenteurs d'au moins 5 % du capital de l'établissement adhérent, administrateurs, membres du directoire et du conseil de surveillance, dirigeants et commissaires aux comptes de l'établissement, ainsi que tout investisseur ayant les mêmes qualités dans d'autres sociétés du groupe ;

g) Tiers agissant pour le compte des personnes citées au point *f* ci-dessus ;

h) Sociétés ayant avec l'établissement adhérent, directement ou indirectement, des liens de capital conférant à l'une des entreprises liées un pouvoir de contrôle effectif sur les autres ;

i) Autres établissements financiers au sens de l'article 71-1 (4°) de la loi *[84-46]* du 24 janvier 1984 susvisée *[C. mon. fin., art. L. 511-21 (4)]* ;

2° Les titres découlant d'opérations pour lesquelles une condamnation pénale définitive a été prononcée à l'encontre de l'investisseur pour un délit de blanchiment de capitaux, sur le fondement des articles 222-38, 324-1 ou 324-2 du code pénal ou de l'article 415 du code des douanes ;

3° Les titres détenus pour le compte d'un investisseur qui, à titre individuel, a tiré avantage de faits concernant l'établissement adhérent, qui sont à l'origine des difficultés financières de celui-ci ou qui ont contribué à aggraver sa situation financière ;

4° En raison de leur nature spécifique :

a) Les titres détenus pour le compte des institutions supranationales, des États et administrations centrales ;

(Règl. n° 2002-07 du 21 nov. 2002, homologué par Arr. 26 déc. 2002) « *b)* Les dépôts en espèces libellés en devises autres que celles des États parties à l'accord sur l'Espace économique européen, à l'exception du franc CFP ; *[.]* ».

Article 4

Les titres détenus au moment de la prise d'effet du retrait de l'agrément, de la radiation d'un prestataire de services d'investissement *(Arr. du 15 mai 2006, art. 22)* « ou de la perte de l'habilitation au titre de la conservation ou de l'administration d'instruments financiers ou au titre de l'activité de compensation d'instruments financiers » restent couverts par le mécanisme de garantie des titres.

TITRE II. PLAFOND D'INDEMNISATION

Article 5

(Règl. n° 2002-07 du 21 nov. 2002, homologué par Arr. 26 déc. 2002) 5-I. - Le plafond d'indemnisation par investisseur est de 70 000 €en ce qui concerne les instruments financiers mentionnés au

premier alinéa de l'article 2 et de 70 000 € en ce qui concerne les dépôts mentionnés au deuxième alinéa de ce même article.

5-II. - Pour les établissements adhérents mentionnés au premier alinéa de l'article 1-1, chacun de ces plafonds s'applique à l'ensemble des actifs d'un même investisseur auprès du même établissement adhérent, quels que soient le nombre de comptes, leur localisation sur le territoire de la République française et dans l'Espace économique européen et, sous réserve du 4° *(b)* de l'article 3, la devise concernée.

5-III. - Pour les établissements adhérents mentionnés au deuxième alinéa de l'article 1-1, chacun de ces plafonds s'applique à l'ensemble des actifs d'un même investisseur auprès du même établissement adhérent, quels que soient le nombre de comptes, leur localisation sur le territoire de la République française et, sous réserve du 4° *(b)* de l'article 3, la devise concernée.

5-IV. - Les plafonds d'indemnisation des investisseurs clients des établissements adhérents mentionnés au quatrième alinéa de l'article 1-1 sont égaux à la contre-valeur en francs CFP des montants indiqués au point 5-I, obtenue en appliquant la parité définie en application de l'article L. 712-2 du code monétaire et financier.

Chacun de ces plafonds s'applique à l'ensemble des actifs d'un même investisseur auprès du même établissement adhérent, quels que soient le nombre de comptes, leur localisation sur le territoire de la République française et, sous réserve du 4° *(b)* de l'article 3, la devise concernée.

Article 6

Il est tenu compte, dans le calcul du plafond mentionné à l'article précédent, de la part revenant à chaque investisseur dans une opération d'investissement jointe. Sauf stipulation contraire, le compte est réparti de façon égale entre les investisseurs.

Les créances sur une opération d'investissement jointe sur lesquelles deux personnes au moins ont des droits en leur qualité d'associé d'une société, de membre d'une association ou de tout groupement similaire, non dotés de la personnalité morale, sont, pour le calcul du même plafond, regroupées et traitées comme si elle était effectuée par un investisseur unique.

Lorsque l'investisseur au nom duquel est ouvert le compte n'est pas l'ayant droit des titres détenus par un établissement adhérent, c'est la personne qui en est l'ayant droit qui bénéficie de l'indemnisation, à condition cependant que cette personne ait été identifiée ou soit identifiable avant le constat de l'indisponibilité des titres. S'il existe plusieurs ayants droit, il est tenu compte de la part revenant à chacun d'eux, conformément aux dispositions régissant la gestion des titres, pour le calcul du plafond mentionné à l'article ci-dessus.

TITRE III. MODALITÉS ET DÉLAIS D'INDEMNISATION

Article 7

Sans préjudice des cas d'ouverture d'une procédure de redressement ou de liquidation judiciaires, la commission bancaire, après avoir constaté l'indisponibilité des titres consécutive à l'incapacité d'un établissement adhérent de restituer les titres détenus pour des raisons qui pourraient être liées à sa situation financière et qu'il ne lui apparaît pas possible que la restitution ait lieu prochainement, demande, après avis du Conseil des marchés financiers, l'intervention du fonds de garantie des dépôts au titre du premier alinéa de l'article 62-1 de la loi du 2 juillet 1996 susvisée *[C. mon. fin., art. L. 322-2]* et notifie alors sa radiation à l'établissement adhérent concerné.

Article 8

A partir des documents produits par l'établissement adhérent concerné ou, en cas d'ouverture d'une procédure de redressement ou de liquidation judiciaires, de ceux produits pour l'application de l'article 30 de la loi *[83-1]* du 3 janvier 1983 susvisée *[C. mon. fin., art. L. 211-6]*, le fonds de garantie des dépôts vérifie les créances des investisseurs se rapportant à des titres indisponibles et les informe sans délai, par lettre recommandée *(Règl. n° 2002-07 du 21 nov. 2002, homologué par Arr. 26 déc. 2002)* « avec demande d'avis de réception », du montant et de la nature des titres couverts au titre du mécanisme de la garantie des titres et des créances qui en sont exclues en application des articles 3 et 5 du présent règlement. *(Abrogé par Règl. n° 2002-07 du 21 nov. 2002, homologué par Arr. 26 déc. 2002)* *« Cette lettre indique également aux investisseurs qu'ils ont un délai de quinze jours pour formuler toutes remarques utiles à leur indemnisation ou pour contester le décompte proposé, établi sur la base de la valeur vénale des instruments financiers couverts observée à la date de leur indisponibilité. Au terme de ce délai, le fonds de garantie engage le règlement de l'indemnisation des investisseurs.* »

(Règl. n° 2002-07 du 21 nov. 2002, homologué par Arr. 26 déc. 2002) « Elle informe les investisseurs qu'ils ont un délai de 15 jours pour formuler toutes remarques utiles à leur indemnisation ou contester le décompte proposé, établi sur la base de la valeur vénale des instruments financiers couverts observée à la date de leur indisponibilité, ainsi que pour choisir, le cas échéant, la monnaie dans laquelle l'indemnisation sera effectuée. Au terme de ce délai, le fonds de garantie engage, au titre du mécanisme de garantie des titres, l'indemnisation dans les conditions fixées à l'article 9. »

La lettre mentionnée *(Règl. n° 2002-07 du 21 nov. 2002, homologué par Arr. 26 déc. 2002)* « au premier alinéa » précise aux investisseurs les modalités et la procédure à suivre, dans l'hypothèse de l'ouverture d'une procédure de redressement ou de liquidation judiciaires prononcée à l'encontre de l'établissement adhérent défaillant, pour déclarer auprès du *(L. n° 2005-845 du 26 juill. 2005, art. 165-III)* « mandataire judiciaire » ou du liquidateur nommé par le tribunal de commerce les créances qui ont été exclues de l'indemnisation au titre de la garantie des titres.

Le fonds indemnise dans un délai de trois mois à compter de la demande formulée par la commission bancaire les créances admises par lui au titre du mécanisme de la garantie des titres. Lorsque les circonstances l'exigent, le fonds de garantie des dépôts peut demander à la commission bancaire une prolongation de ce délai, laquelle ne peut dépasser trois mois.

Les délais prévus aux alinéas précédents ne peuvent être invoqués par le fonds de garantie des dépôts pour refuser le bénéfice du mécanisme de la garantie des titres à un investisseur apportant la preuve qu'il n'a pas été en mesure de faire valoir à temps son droit à un versement au titre de la garantie.

Article 9

(Règl. n° 2002-07 du 21 nov. 2002, homologué par Arr. 26 déc. 2002) « 9-I. – L'indemnisation des investisseurs clients des établissements adhérents mentionnés aux premier et deuxième alinéas de l'article 1-1 est effectuée en euros.

« Les titres libellés en francs CFP sont convertis en euros selon la parité en vigueur à la date de l'indisponibilité des titres.

« Les titres libellés en devises sont convertis en euros selon le cours observé à la date de l'indisponibilité des titres.

« L'investisseur ayant son domicile dans les zones géographiques mentionnées au troisième alinéa de l'article 1-1 peut demander à être indemnisé en francs CFP.

« 9-II. – L'indemnisation des investisseurs clients des établissements adhérents mentionnés au troisième alinéa de l'article 1-1 est effectuée en francs CFP.

« Les dépôts en euros sont convertis en francs CFP selon la parité en vigueur à la date de l'indisponibilité des dépôts.

« Les titres libellés en devises sont convertis en francs CFP selon le cours observé à la date de l'indisponibilité des titres.

« L'investisseur ayant son domicile dans les zones géographiques mentionnées au premier alinéa de l'article 1-1 peut demander à être indemnisé en euros. »

9-III. – Le fonds de garantie des dépôts peut également proposer à tous les investisseurs une indemnisation en titres identiques à ceux dont l'indisponibilité a été constatée dans les conditions prévues par l'article 30 de la loi *[83-1]* du 3 janvier 1983 susvisée *[C. mon. fin., art. L. 211-6]*, dans la limite du plafond prévu à l'article 5 ci-dessus et sur la base de leur valeur vénale à la date de leur indisponibilité. Dans le délai de quinze jours mentionné à l'article 8 ci-dessus, l'investisseur fait connaître au fonds s'il accepte ou non cette proposition. A défaut de réponse à l'expiration de ce délai, il est réputé l'avoir refusée, sans préjudice des dispositions du dernier alinéa dudit article 8.

9-IV. – Nonobstant les délais prévus au troisième alinéa de l'article 8, lorsque l'investisseur ou toute autre personne ayant des droits ou un intérêt sur les titres détenus sur un compte a été mis en examen pour un délit de blanchiment de capitaux sur le fondement des articles 222-38, 324-1 ou 324-2 du code pénal ou de l'article 415 du code des douanes, le fonds de garantie suspend les paiements correspondants dans l'attente du jugement définitif.

Article 10

Dans le cadre d'une procédure de redressement ou de liquidation judiciaires prononcée à l'encontre d'un établissement adhérent auprès duquel le fonds de garantie des dépôts est intervenu au titre du mécanisme de garantie des titres, celui-ci transmet au *(L. n° 2005-845 du 26 juill. 2005, art. 165-III)* « mandataire judiciaire » ou au liquidateur nommé par la juridiction commerciale le détail par investisseur des créances indemnisées par lui et de celles qui ne l'ont pas été en application des articles 3 et 5 du présent règlement.

TITRE IV. INFORMATION DES INVESTISSEURS

Article 11

Les établissements adhérents fournissent aux investisseurs, de même qu'à toute personne qui en fait la demande, toutes informations utiles sur le mécanisme de garantie des titres, en particulier le montant et l'étendue de la couverture offerte. Ils précisent, en outre, que le mécanisme de garantie des titres a pour objet d'indemniser la créance résultant de l'indisponibilité des instruments financiers déposés auprès d'un établissement adhérent et non de garantir la valeur de ces instruments.

Les modifications éventuelles sont portées à la connaissance des investisseurs.

L'usage à des fins publicitaires, par les établissements assujettis au présent règlement, de ces mêmes informations est interdit.

Article 12

Les investisseurs peuvent obtenir, sur simple demande auprès du fonds de garantie des dépôts, des informations complémentaires sur les conditions ou délais d'indemnisation ainsi que sur les formalités à accomplir pour être indemnisés.

Article 13

Les informations destinées aux investisseurs ainsi que les documents relatifs aux conditions et formalités à remplir pour bénéficier d'un versement au titre du mécanisme de la garantie des titres sont rédigés en langue française, de façon détaillée et aisément compréhensible par tout investisseur.

TITRE V. DISPOSITIONS DIVERSES

Article 14

Modification de l'art. 2 du Règl. CRB n° 99-05, homologué par Arr. 21 juill. 1999. — V. art. mod. ss. C. mon. fin., art. L. 312-4, supra.

Article 15

Jusqu'au 31 décembre 2001, l'investisseur peut, nonobstant les dispositions du premier alinéa de l'article 9 du présent règlement, demander à être indemnisé en francs.

Article 16

(Abrogé par Règl. n° 2002-07 du 21 nov. 2002, homologué par Arr. 26 déc. 2002) *« Le présent règlement n'est pas applicable dans les territoires d'outre-mer et à Mayotte. »* – Le chapitre IV du titre Ier du règlement général du Conseil des bourses de valeurs est abrogé.

Jusqu'à la mise en place définitive du fonds de garantie des dépôts, en cas de sinistre, la commission bancaire fait procéder par l'établissement adhérent concerné aux diligences relatives à l'identification et à la vérification des créances. Conformément à l'article 75-III de la loi du 25 juin 1999 susvisée, la commission bancaire décide de l'affectation des cotisations qu'elle a appelées ; l'indemnisation est assurée au titre du mécanisme de garantie des titres, dans les conditions fixées par le présent règlement, par le Trésor public chargé du recouvrement et de la gestion desdites cotisations.

....

L. 322-4 Deux membres représentant les adhérents au mécanisme de garantie des titres qui ne sont pas établissements de crédit participent avec voix délibérative au conseil de surveillance du fonds de garantie des dépôts, sauf lorsque ce dernier prend des décisions concernant la garantie des dépôts. Dans ce cas, les contributions finan-

cières utilisées pour le décompte des voix en application de l'article L. 312-11 sont celles appelées au titre de l'article L. 322-3. Le *[L']* *(L. n° 2003-706 du 1er août 2003 art. 46-VI)* **« arrêté du ministre chargé de l'économie » mentionné à l'article L. 322-3 détermine les conditions et les modalités de nomination de ces deux représentants ainsi que la durée de leur mandat.** – *[L. n° 96-597 du 2 juill. 1996, art. 62-3]. – V. Règl. n° 99-15 du 23 sept. 1999, homologué par Arr. 29 sept. 1999 (JO 22 oct.), mod. par Règl. n° 2000-08 du 6 sept. 2000 (JO 1er nov.), Règl. nos 2002-07 et 2002-09 du 21 nov. 2002 (JO 15 févr. 2003), Règl. n° 2003-05 du 12 nov. 2003 (JO 30 déc.) ; Règl. n° 2004-03 du 15 janv. 2004 (JO 26 févr.).*

(Ord. n° 2005-429 du 6 mai 2005, art. 6) **« Les deux représentants mentionnés à l'alinéa précédent sont soumis aux incapacités énoncées à l'article L. 500-1. »** – *V. cet art., infra. – Sur les sanctions pénales, V. art. L. 570-1 et L. 570-2, infra.*

TITRE III Systèmes de règlements interbancaires et systèmes de règlement et de livraison d'instruments financiers

L. 330-1 **I. – Un système de règlements interbancaires ou de règlement et de livraison d'instruments financiers s'entend, d'une procédure nationale ou internationale organisant les relations entre deux parties au moins, ayant la qualité d'établissement de crédit, d'institution ou d'entreprise mentionnés à l'article L. 518-1, d'entreprise d'investissement ou d'adhérent à une chambre de compensation ou d'établissement non résident ayant un statut comparable, permettant l'exécution à titre habituel, par compensation ou non, de paiements ainsi que, pour ce qui concerne les systèmes de règlement et de livraison d'instruments financiers, la livraison de titres entre lesdits participants.**

(L. n° 2001-420 du 15 mai 2001) **« Sans préjudice des dispositions du 4 du IV de l'article L. 622-7, le système doit soit avoir été institué par une autorité publique, soit être régi par une convention-cadre respectant les principes généraux d'une convention-cadre de place ou par une convention type. Le ministre chargé de l'économie notifie à la Commission européenne la liste des systèmes bénéficiant des dispositions du présent titre.** – *V. infra, art. R. 330-1 s.*

« Lorsqu'une procédure *(L. n° 2005-845 du 26 juill. 2005, art. 165-II)* **« de sauvegarde, » de redressement ou de liquidation judiciaires est ouverte à l'encontre d'un participant à un système de règlement interbancaire ou de règlement et de livraison d'instruments financiers de l'Espace économique européen, les droits et obligations découlant de sa participation ou liés à cette participation audit système sont déterminés par la loi qui régit le système, sous réserve que cette loi soit celle d'un État partie à l'accord sur l'Espace économique européen. »** – *V. art. préc., infra.*

II. – Nonobstant toute disposition législative contraire, les paiements et les livraisons d'instruments financiers effectués dans le cadre de systèmes de règlements interbancaires ou dans le cadre de systèmes de règlement et de livraison d'instruments financiers, jusqu'à l'expiration du jour où est rendu un jugement d'ouverture *(L. n° 2005-845 du 26 juill. 2005, art. 165-II)* **« de sauvegarde, » de redressement ou de liquidation judiciaires à l'encontre d'un établissement participant, directement ou indirectement, à un tel système, ne peuvent être annulés, même au motif qu'est intervenu ce jugement.**

III. – Ces dispositions sont également applicables aux instructions de paiement ainsi qu'aux instructions de livraison d'instruments financiers, dès lors qu'elles ont acquis un caractère irrévocable dans l'un des systèmes mentionnés au II. Le moment et les modalités selon lesquels une instruction est considérée comme irrévocable dans un système sont définis par les règles de fonctionnement de ce système. – *[L. n° 84-46 du 24 janv. 1984, art. 93-1].*

BIBL. ▶ Canu et de Saint Mars, *RD bancaire et bourse 1998. 119* (intermédiation financière et droit des procédures collectives). - Goutay, *Banque et Droit mars-avr. 2000. 8* (responsabilité des intermédiaires : compensation et règlement-livraison). - Boillot, *D. 2003. 2741* (droit bancaire et financier et droit des procédures collectives).

L. 330-2 *(Ord. n° 2005-171 du 24 févr. 2005, art. 4)* « I. – Les règles de fonctionnement, la convention-cadre ou la convention type régissant tout système mentionné à l'article L. 330-1 peuvent, lorsqu'ils organisent les relations entre plus de deux parties, exiger des établissements participant, directement ou indirectement, à un tel système des garanties constituées et susceptibles de réalisation conformément aux dispositions de l'article L. 431-7-3 ou l'affectation spéciale des valeurs, titres, effets, créances ou sommes d'argent pour satisfaire aux obligations de paiement découlant de la participation à un tel système.

« II. – Les règles de fonctionnement, la convention-cadre ou la convention type précisent les modalités de constitution, d'affectation, de réalisation ou d'utilisation des biens ou droits constitués en garantie.

« III. – Les dispositions du livre VI du code de commerce ou celles équivalentes régissant toutes procédures judiciaires ou amiables ouvertes hors de France ainsi que toutes procédures civiles d'exécution ou tout exercice d'un droit d'opposition ne font pas obstacle à l'application du présent titre.

« Aucun créancier d'un établissement participant, directement ou indirectement, à un tel système, ou selon le cas, du système lui-même, ne peut se prévaloir d'un droit quelconque sur ces garanties, même sur le fondement des dispositions susmentionnées. »

(L. n° 2001-420 du 15 mai 2001) « IV. – Lorsque les instruments financiers, effets, créances, sommes d'argent ou tout instrument similaire émis sur le fondement d'un droit étranger sont inscrits dans un registre, un compte ou auprès d'un dépositaire central ou d'un système, régi par un droit étranger, de dépôt centralisé situés dans un État partie à l'accord sur l'Espace économique européen, et remis ou constitués en garantie pour satisfaire aux obligations de paiement découlant de la participation à un système de règlement interbancaire ou de règlement et de livraison d'instruments financiers tel que défini à l'article L. 330-1, les droits du bénéficiaire de ladite garantie sont déterminés par la loi applicable au lieu de ladite inscription. »

BIBL. ▶ PELTIER, *Rev. dr. bancaire 1994. 53.* – VASSEUR, *D. 1994. Somm. 332* (obs. ss. Mons, 18 mars 1992).

TITRE IV **Démarchage, colportage et fourniture à distance de services financiers** *(Ord. n° 2005-648 du 6 juin 2005, art. 5)*.

BIBL. GÉN. ▶ Loi n° 2003-706 du 1er août 2003 de sécurité financière : GRANIER, *Bull. Joly Bourse 2003. 115* (projet). – BERTIN-MOUROT et FATIER, *Petites affiches 14 août 2003, p. 4.* – PORTIER, *RD banc. fin. 2003, n° 205.* – S. PIEDELIÈVRE, *Gaz. Pal. 2003. Doctr. 2705.* – MARMAYOU, *Dr. et patr. déc. 2003. 70.* – MATSOPOULOU, *RD banc. fin. 2003. 379.* – PORTIER et PARTOUCHE, *ibid. 390* (intermédiaire en opérations de banque). – LUCAS DE LEYSSAC et G. PARLÉANI, *Rev. sociétés 2003. 719.* – BONNEAU, *Banque et Droit janv.-févr. 2004. 10* (définition et produits concernés). – RONTCHEVSKY et STORCK, *RTD com. 2003. 767* (réforme du démarchage). – DONDERO, *Petites affiches 14 nov. 2003, p. 39.* – TORCK, *Dr. sociétés 2004. Chron. 1.* – GRANIER, *Bull. Joly Bourse 2004. 551* (mises en garde de l'AMF). – BÉDARIDE, *Dr. et patr. sept. 2004. 36* (crédit immobilier et démarchage). – GIRARDIN et GRISON, *Contrats Conc. Consom. 2004. Chron. 18* (techniques de vente et de promotion des produits et services bancaires). – GOURISSE, *Dr. sociétés 2004. Chron. 18* (publicité et démarchage financiers). – PRAICHEUX, *Banque et Droit janv.-févr. 2005. 15* (caractéristiques juridiques). – NEAU-LEDUC, *RD banc. fin. nov.-déc. 2005, p. 75* (gestion de portefeuille : recherche du client). – ARESTAN, *Banque et Droit mars-avr. 2006. 3* (actualité du démarchage bancaire et financier). – JOUFFRIN, *D. 2006. 1534* (principes généraux).

CHAPITRE PREMIER ***Démarchage bancaire ou financier***

(L. n° 2003-706 du 1er août 2003, art. 50-I)

BIBL. GÉN. ▶ Sur le démarchage bancaire : HUSSET, *D. 1977. Chron. 131.* – RIVES-LANGE, *D. 1975. Chron. 31.* – GAVALDA et STOUFFLET, *JCP 1968. I. 2171.* – VASSEUR, *Banque 1967. 457.* – BLIN, *JCP 1967. I. 2084.* – DOLL, *Gaz. Pal. 1967. 1. Doctr. 99.* – MALAURIE et AYNÈS, *Defrénois 1991. 466.* –

R. Martin, *D. 1991. Chron. 125*. – D. Schmidt, *RJ com. 1990. 385*. – Vion, *Defrénois 1990. 922* (réforme du 31 déc. 1989). – Davo, *RJ com. 1994. 278* (plafond de l'intérêt par l'État).

▸ Sur le démarchage financier : Boulat, *ALD 1985. 89*. – Buisson, *Banque 1949. 775*. – De Vauplane, *Bull. Joly Bourse 1993. 126* (différence de conception des réglementations du CBV et du CMT) ; *ibid. 1994. 358* (concept de chambre de compensation en bourse) ; *Rev. dr. bancaire 1995. 202* (sécurité et responsabilité des opérations sur produits dérivés). – Bornet et De Vauplane, *Rev. dr. bancaire 1994. 248* (approche globale des opérations de marché). ▸ Sur le MATIF : Bossin, *Rev. dr. bancaire 1989. 4*. – Chavalier, *Petites affiches 3 août 1987*. – Lachat, *ibid. 21 juill. 1986*. – Lafarge et Simon, *Banque 1988. 124*. – Macko, *ibid. 1985. 1034*. – Macko et Charlet, *ibid. 1988. 273*. – Peltier et Brochard, *Banque et Droit 1989. 26*. – Py, *Banque 1988. 43*. – Werren, *ibid. 641*. ▸ Sur les marchés conditionnels : Solnik et Stevin, *Banque 1981. 561*. ▸ Sur le marché des options négociables (MONEP) : Augros et Navalta : *Bull. Joly 1987. 669*. – Couret, *ibid*. – Poncet, *Banque 1989. 176*. ▸ Sur les warrants financiers : Hovasse, *Rev. dr. bancaire 1996. 40*. – Favero et Colombani, *Bull. Joly Bourse 2000. 15*. ▸ Sur les modifications apportées par la loi n° 93-1444 du 31 déc. 1993 : Hovasse, *Dr. sociétés 1994, n° 37*. – Stephan, *Bull. Joly Bourse 1994. 5*.

▸ Sur la dir. CE n° 2002-65 du 23 sept. 2002 relative à la commercialisation à distance des services financiers auprès des consommateurs *(JOCE n° L 271 du 9 oct. 2002 ; D. 2002. 2742 ; BEEI 2002, n° 6, p. 11)* : Parleani, *RD banc. et fin. 2002, n° 247*. – Portier, *ibid., n° 236*. – Parléani, *JCP E 2003, n° 28-29, p. 1190*.

SECTION I *Définition*

L. 341-1 *(L. n° 2003-706 du 1er août 2003, art. 50-I)* **Constitue un acte de démarchage bancaire ou financier toute prise de contact non sollicitée, par quelque moyen que ce soit, avec une personne physique ou une personne morale déterminée, en vue d'obtenir, de sa part, un accord sur :**

1° La réalisation par une des personnes mentionnées au 1° de l'article L. 341-3 d'une opération sur un des instruments financiers énumérés à l'article L. 211-1 ;

2° La réalisation par une des personnes mentionnées au 1° de l'article L. 341-3 d'une opération de banque ou d'une opération connexe définie aux articles L. 311-1 et L. 311-2 ;

3° La fourniture par une des personnes mentionnées au 1° de l'article L. 341-3 d'un service d'investissement ou d'un service connexe définis aux articles L. 321-1 et L. 321-2 ;

4° La réalisation d'une opération sur biens divers mentionnée à l'article L. 550-1 ;

5° La fourniture par une des personnes mentionnées au 3° de l'article L. 341-3 d'une prestation de conseil en investissement prévu au I de l'article L. 541-1.

Constitue également un acte de démarchage bancaire ou financier, quelle que soit la personne à l'initiative de la démarche, le fait de se rendre physiquement au domicile des personnes, sur leur lieu de travail ou dans les lieux non destinés à la commercialisation de produits, instruments et services financiers, en vue des mêmes fins.

L'activité de démarchage bancaire ou financier est exercée sans préjudice de l'application des dispositions particulières relatives à la prestation de services d'investissement, à la réalisation d'opérations de banque et à la réalisation d'opérations sur biens divers, ainsi que des dispositions de l'article 66-4 de la loi n° 71-1130 du 31 décembre 1971 portant réforme de certaines professions judiciaires et juridiques. – *V. Circ. CRIM 04-14/G3, NOR JUS D04-30 188 C, 14 sept. 2004 (D. 2004. 2484 ; Rev. sociétés 2005. 579).*

BIBL. ▸ Bouteiller, *JCP E 2004, n° 23, p. 897* (éléments constitutifs et premières réflexions quant aux situations concrètes).

Jurisprudence antérieure. La seule circonstance que, dans le cadre des pourparlers préalables à la finalisation de l'opération d'investissement immobilier locatif, un conseiller en gestion du patrimoine se soit rendu au domicile des souscripteurs ne peut suffire à caractériser un acte de démarchage prohibé au sens de l'art. 9 de la loi du 29 déc. 1966, modifié par la loi du 3 janv. 1972, alors applicable. • Besançon, 1er févr. 2005 : *Contrats Conc. Consom. 2005, n° 178, obs. Raymond.*

L. 341-2 *(L. nº 2003-706 du 1er août 2003, art. 50-I)* Les règles concernant le démarchage bancaire ou financier ne s'appliquent pas :

1° Aux prises de contact avec les investisseurs qualifiés définis à l'article L. 411-2 et avec les personnes morales dont le total du bilan, le chiffre d'affaires, le montant des actifs gérés, les recettes ou les effectifs sont supérieurs à un seuil fixé par décret ; *– V. infra, art. D. 341-1.*

2° Aux prises de contact dans les locaux des personnes mentionnées à l'article L. 341-3, sauf lorsque ces personnes sont contractuellement liées, en vue de la commercialisation d'instruments financiers et de produits d'épargne, *(Ord. nº 2005-1527 du 8 déc. 2005, art. 37)* « aux sociétés exploitant des magasins de grande surface visées par l'article L. 752-1 du code de commerce et l'article 36-1 de la loi nº 73-1193 du 27 décembre 1973 d'orientation du commerce et de l'artisanat », et que leurs locaux sont implantés dans les locaux de ces magasins ; *– V. art. L. 752-1, supra, et art. 36-1 préc., infra, vº Commerce (organisation).*

3° Aux démarches dans les locaux professionnels d'une personne morale à la demande de cette dernière ;

4 °Aux prises de contact avec des personnes morales, lorsqu'elles portent exclusivement sur les services visés au 4 de l'article L. 321-2 ;

5° Lorsque la personne visée est déjà cliente de la personne pour le compte de laquelle la prise de contact a lieu, dès lors que l'opération proposée correspond, à raison de ses caractéristiques, des risques ou des montants en cause, à des opérations habituellement réalisées par cette personne ;

6° Aux démarches effectuées, pour le compte d'un établissement de crédit, en vue de proposer un contrat de financement de biens ou de prestations de services répondant aux conditions prévues à la section 5 du chapitre Ier du titre Ier du livre III du code de la consommation, ou constituant une location-vente ou une location avec option d'achat visées à l'article L. 311-2 dudit code. Il en va de même lorsque ces contrats sont destinés aux besoins d'une activité professionnelle ;

(L. nº 2004-804 du 9 août 2004, art. 4) « 7° Sans préjudice des dispositions prévues au 6°, aux démarches effectuées pour le compte d'un établissement de crédit en vue de proposer des contrats de financement de ventes à tempérament ou de location aux personnes, physiques ou morales, autres que celles visées au 1°, à la condition que le nom de l'établissement prêteur et le coût du crédit ou de la location soient mentionnés, sous peine de nullité ; »

8° Aux démarches effectuées sur le lieu de vente, pour le compte d'un établissement de crédit, en vue de proposer des crédits visés au titre Ier du livre III du code de la consommation.

Les dispositions issues de l'Ord. nº 2005-1527 du 8 déc. 2005 entrent en vigueur à des dates fixées par décret en Conseil d'État et au plus tard le 1er juill. 2007 (art. 41 de l'ord. préc.). — Ancienne version du 2° : « Aux prises de contact dans les locaux des personnes mentionnées à l'art. L. 341-3, sauf lorsque ces personnes sont contractuellement liées, en vue de la commercialisation d'instruments financiers et de produits d'épargne, aux sociétés exploitant des magasins de grande surface visées à la section 3 du chapitre Ier du titre V du livre IV du code de l'urbanisme, et que leurs locaux sont implantés dans les locaux de ces magasins. »

SECTION II *Personnes habilitées à procéder au démarchage*

L. 341-3 *(L. nº 2003-706 du 1er août 2003, art. 50-I)* Ne peuvent recourir ou se livrer à l'activité de démarchage bancaire ou financier, dans la limite des dispositions particulières qui les régissent, que :

1° Les établissements de crédit définis à l'article L. 511-1, les organismes mentionnés à l'article L. 518-1, les entreprises d'investissement et les entreprises d'assurance définies respectivement à l'article L. 531-4 du présent code et à l'article L. 310-1 du code des assurances, les sociétés de capital-risque mentionnées à l'article 1er-1 de la loi nº 85-695 du 11 juillet 1985 portant diverses dispositions d'ordre économique et financier, en vue de la souscription des titres qu'elles émettent, ainsi que les établissements et entreprises équivalents agréés dans un autre État membre de la Communauté européenne et habilités à intervenir sur le territoire français ;

2° Les entreprises, dans le cadre des dispositifs relevant du titre IV du livre IV du code du travail qu'elles proposent à leurs bénéficiaires, ainsi que les personnes morales qu'elles mandatent pour proposer un de ces dispositifs conclus par l'entreprise. Dans ce cas, et sans préjudice des règles d'information et de commercialisation auxquelles elles sont soumises, seules sont applicables à ces activités de démarchage les dispositions de l'article L. 341-9, du 3° de l'article L. 353-2 et de l'article L. 353-4 du présent code ;

3° Les conseillers en investissements financiers définis à l'article L. 541-1, exclusivement pour les opérations prévues au 5° de l'article L. 341-1. – *Sur les sanctions pénales, V. art. L. 353-2, infra.*

L. 341-4 *(L. n° 2003-706 du 1er août 2003, art. 50-I)* I. – Les personnes mentionnées à l'article L. 341-3 peuvent mandater des personnes physiques afin d'exercer pour leur compte une activité de démarchage bancaire ou financier. Les établissements et entreprises ou institutions mentionnés au 1° de cet article peuvent également mandater des personnes morales à cet effet. Dans ce cas, celles-ci peuvent à leur tour mandater des personnes physiques afin d'exercer cette activité pour leur compte.

II. – Dans tous les cas, le mandat est nominatif. Il mentionne la nature des produits et services qui en sont l'objet ainsi que les conditions dans lesquelles l'activité de démarchage peut être exercée. Sa durée est limitée à deux ans. Il peut être renouvelé. – *V. infra, art. D. 341-13.*

Une même personne physique ou morale peut recevoir des mandats émanant de plusieurs entreprises, institutions ou établissements mentionnés au 1° de l'article L. 341-3. Cette personne informe alors l'ensemble de ses mandants *(Ord. n° 2005-429 du 6 mai 2005, art. 48)* « des mandats » ainsi détenus.

III. – Les personnes morales mentionnées à l'article L. 341-3 et celles mandatées en application du I du présent article sont civilement responsables du fait des démarcheurs, agissant en cette qualité, auxquels elles ont délivré un mandat. Les personnes morales mentionnées à l'article L. 341-3 demeurent responsables du fait des salariés des personnes morales qu'elles ont mandatées, dans la limite du mandat.

IV. – Les démarcheurs personnes physiques et les personnes physiques ayant le pouvoir de gérer ou d'administrer les personnes morales mandatées en application du I doivent remplir des conditions d'âge, d'honorabilité et de compétence professionnelle fixées par décret. Il en va de même des salariés ou employés des personnes mentionnées à l'article L. 341-3, lorsqu'ils exercent des activités de démarchage, et de ceux des personnes morales mandatées en application du I du présent article. – *V. infra, art. D. 341-2.*

V. – Les règles fixées aux II et IV ne s'appliquent pas aux personnes physiques participant à l'envoi de documents nominatifs, sous réserve qu'elles n'aient aucun contact personnalisé permettant d'influencer le choix de la personne démarchée. Dans ce cas, les personnes morales mentionnées à l'article L. 341-3 ou mandatées en application du I sont considérées comme exerçant directement l'activité de démarchage et sont tenues d'en appliquer les règles. – *Sur les sanctions pénales, V. art. L. 353-2, infra.*

Mandataire exclusif. Le manque de diligence dans l'appréciation des compétences professionnelles d'un mandataire exclusif d'un prestataire de services d'investissement et un dispositif de contrôle interne trop faible notamment par l'octroi d'une faible autonomie au responsable de ce contrôle sont suffisants à caractériser l'insuffisance du contrôle interne. • CE 2 nov. 2005 : *RTD com. 2006. 160, obs. Rontchevsky ; Banque et Droit nov.-déc. 2005. 58, obs. de Vauplane et Daigre ; Bull. Joly Bourse 2006. 62, note Guyomar.*

L. 341-5 *(L. n° 2003-706 du 1er août 2003, art. 50-I)* Toute personne physique ou morale mandatée pour exercer des activités de démarchage bancaire ou financier doit être en mesure de justifier à tout moment de l'existence d'un contrat d'assurance la couvrant contre les conséquences pécuniaires de sa responsabilité civile professionnelle, en cas de manquement à ses obligations professionnelles telles que définies au présent chapitre.

Le niveau minimal des garanties qui doivent être apportées par l'assurance de responsabilité civile professionnelle est fixé par décret en fonction des conditions dans lesquelles l'activité est exercée, notamment de l'existence d'un seul ou de plusieurs mandats, et des produits et services faisant l'objet du démarchage. *- V. infra, art. D. 341-3.*

L. 341-6 *(L. n° 2003-706 du 1er août 2003, art. 50-I)* Les personnes mentionnées à l'article L. 341-3 et celles mandatées en application du I de l'article L. 341-4, selon respectivement, leur nature ou la nature de leur mandant, font enregistrer en tant que démarcheurs, auprès de l'Autorité des marchés financiers, du Comité des établissements de crédit et des entreprises d'investissement et du Comité des entreprises d'assurance les personnes salariées, employées ou mandataires à qui elles confient le soin de se livrer pour leur compte à des actes de démarchage bancaire ou financier. Ces dispositions sont applicables aux conseillers en investissements financiers personnes physiques lorsqu'ils sont mandatés par l'une des personnes mentionnées à l'article L. 341-3 et par celles mandatées en application du I de l'article L. 341-4. *- V. infra, art. D. 341-4.*

Ne sont pas soumises aux dispositions de l'alinéa précédent les personnes morales mentionnées au 1° de l'article L. 341-3 pour ceux de leurs salariés ou employés qui ne se livrent à aucun acte de démarchage impliquant un déplacement physique du démarcheur au domicile des personnes démarchées, sur leur lieu de travail ou dans les lieux non destinés à la commercialisation de produits, instruments et services financiers. Ces personnes morales doivent à tout moment être en mesure de justifier, à la demande des personnes démarchées, de la qualité de salarié ou d'employé des personnes qui se livrent pour leur compte à un acte de démarchage.

Lorsqu'une personne physique, salariée, employée ou mandataire exerce une activité de démarchage pour le compte de plusieurs personnes morales mentionnées à l'article L. 341-3, chacune de ces personnes morales est tenue de faire enregistrer ce démarcheur auprès des autorités mentionnées au premier alinéa. *- V. infra, art. D. 341-5.*

L'autorité saisie aux fins d'enregistrement dans les conditions prévues aux premier et troisième alinéas attribue à chaque démarcheur un numéro d'enregistrement. Ce numéro d'enregistrement doit obligatoirement être communiqué par le démarcheur à toute personne démarchée et doit figurer sur tous les documents émanant des démarcheurs.

Les personnes morales mentionnées à l'article L. 341-3 et les personnes mandatées en application du I de l'article L. 341-4 sont tenues de s'assurer auprès de toutes les personnes salariées, employées ou mandataires à qui elles confient le soin de se livrer pour leur compte à des actes de démarchage bancaire ou financier, sur la base des informations que celles-ci fournissent, qu'elles remplissent les conditions exigées à l'article L. 341-9 et, s'agissant des mandataires, aux articles L. 341-4 et L. 341-5. — *Sur les sanctions pénales, V. art. L. 353-1, infra.*

Les personnes morales ayant fait enregistrer en tant que démarcheurs les personnes salariées, employées ou mandataires à qui elles confient pour leur compte des activités de démarchage bancaire ou financier doivent, lorsque les personnes enregistrées ne remplissent plus les conditions d'enregistrement, en informer l'autorité auprès de laquelle l'enregistrement a été effectué.

L'enregistrement des démarcheurs intervient au plus tard le 31 mars 2005 (Décr. n° 2004-1019 du 28 sept. 2004, art. 8).

L. 341-7 *(L. n° 2003-706 du 1er août 2003 art. 50-I)* Un fichier des personnes habilitées à procéder au démarchage bancaire ou financier est tenu conjointement par l'Autorité des marchés financiers, le Comité des établissements de crédit et des entreprises d'investissement et le Comité des entreprises d'assurance, selon des modalités

fixées par décret, pris après avis de la Commission nationale de l'informatique et des libertés. Il est librement consultable par le public. – *V. infra, art. D. 341-9 s.*

L. 341-8 *(L. nº 2003-706 du 1er août 2003, art. 50-I)* **Toute personne se livrant à une activité de démarchage bancaire ou financier en se rendant physiquement au domicile des personnes démarchées, sur leur lieu de travail ou dans les lieux non destinés à la commercialisation de produits, instruments et services financiers, doit être titulaire d'une carte de démarchage délivrée par la personne pour le compte de laquelle elle agit, selon un modèle fixé par arrêté du ministre chargé de l'économie.** – *V. Arr. du 28 sept. 2004 (JO 29 sept.) et Arr. du 3 août 2005 (JO 18 août).*

Cette carte doit être présentée à toute personne ainsi démarchée. — *V. infra, art. D. 341-6 et D. 341-7.*

Sur les sanctions pénales, V. art. L. 353-1, infra.

La Chancellerie estime que le simple fait de ne pas présenter la carte aux personnes démarchées ne peut entraîner qu'une sanction disciplinaire (Circ. CRIM 04-14/G3, NOR JUS D04-30 188 C, 14 sept. 2004, D. 2004. 2484 ; Rev. sociétés 2005. 579).

BIBL. ▶ GAUVIN et NOËL, *D. 2005. 2586* (ineptie réglementaire et démarchage financier).

L. 341-9 *(Ord. nº 2005-429 du 6 mai 2005, art. 7-I)* **Les personnes exerçant l'activité de démarchage bancaire et financier sont soumis** *[soumises]* **aux incapacités énoncées à l'article L. 500-1.** — *V. cet art., infra. — Sur les sanctions pénales, V. art. L. 570-1 et L. 570-2, infra.*

SECTION III *Produits ne pouvant pas faire l'objet de démarchage*

L. 341-10 *(L. nº 2003-706 du 1er août 2003, art. 50-I)* **Sans préjudice des règles particulières applicables au démarchage de certains produits, ne peuvent pas faire l'objet de démarchage :**

1º Les produits dont le risque maximum n'est pas connu au moment de la souscription ou pour lesquels le risque de perte est supérieur au montant de l'apport financier initial, à l'exception :

— des parts de sociétés civiles de placement immobilier. A l'issue d'un délai de deux ans à compter de la promulgation de la loi nº 2003-706 du 1er août 2003 *[JO 2 août]*, **seules pourront faire l'objet de démarchage les parts de sociétés civiles de placement immobilier dont les statuts prévoient la limitation de la responsabilité de chaque associé au montant de sa part au capital ;**

— des produits entrant dans le cadre d'une opération normale de couverture, sous réserve que ces produits soient proposés exclusivement à des personnes morales ;

2º Les produits non autorisés à la commercialisation sur le territoire français en application de l'article L. 151-2 ;

3º Les produits relevant des articles L. 214-42 et L. 214-43 ;

4º Les instruments financiers qui ne sont pas admis aux négociations sur les marchés réglementés définis aux articles L. 421-1 et L. 422-1 ou sur les marchés étrangers reconnus définis à l'article L. 423-1, à l'exception des parts ou actions d'organismes de placement collectif en valeurs mobilières, des instruments financiers qui font l'objet d'une opération d'appel public à l'épargne dans les conditions du titre Ier du livre IV du présent code, des titres émis par les sociétés de capital-risque mentionnées à l'article 1er-1 de la loi nº 85-695 du 11 juillet 1985 précitée et des produits proposés dans le cadre d'un dispositif relevant du titre IV du livre IV du code du travail. — *Sur les sanctions pénales, V. art. L. 353-2, infra.*

BIBL. ▶ BONNEAU, *Banque et Droit janv.-févr. 2004. 10* (démarchage : définition et produits concernés). – ARMAND, *D. 2004. 1075* (instruments financiers à terme).

Ancien art. L. 341-2 *I. — Il est interdit à toute personne de se livrer au démarchage :*

1. En vue de conseiller ou d'offrir des prêts d'argent ;

2. En vue de recueillir sous forme de dépôts ou autrement des fonds du public ;

3. En vue de conseiller la souscription de plans d'épargne prévoyant, même pour partie, l'acquisition de parts de sociétés civiles immobilières ;

4. En vue de proposer tous autres placements de fonds.

Sont notamment considérées comme placement de fonds les opérations mentionnées à l'article L. 550-1.

II. — Toutefois, n'est pas soumis à cette interdiction et reste régi par la réglementation qui lui est propre, le démarchage en vue de la souscription ou de l'achat de valeurs mobilières, de la souscription de contrats d'assurance ou de capitalisation, de l'achat de fonds de commerce ou d'immeubles, ou de parts de sociétés immobilières donnant droit à la jouissance d'un immeuble ou d'une fraction d'immeuble déterminée, ou en vue d'opérations sur les marchés à terme réglementés de marchandises.

Se livre au démarchage au sens du présent article celui qui, à l'une des fins mentionnées à l'alinéa premier, se rend habituellement soit au domicile ou à la résidence des personnes, soit sur leurs lieux de travail, soit dans des lieux ouverts au public et non réservés à de telles fins.

Sont également considérés comme actes de démarchage les offres de services faites ou les conseils donnés de façon habituelle en vue des mêmes opérations au domicile ou à la résidence des personnes, ou sur leurs lieux de travail, par l'envoi de lettres ou circulaires ou par communications téléphoniques. — [L. n° 66-1010 du 28 déc. 1966, art. 9].

1. Ordre public. En ce sens que les art. L. 341-2 et L. 341-4 [anciens] C. mon. fin. ne concernent pas seulement la protection des épargnants mais également celle des établissements financiers, ils relèvent donc de l'ordre public de direction lorsqu'ils dressent la liste des établissements financiers pouvant recourir au démarchage. • Civ. 1re, 15 mai 2001 : *Bull. civ. I, n° 139 ; D. 2001. AJ. 1880, obs. Lienhard.*

2. Parts de SCPI. Les parts de société civile de placement immobilier ne constituant pas des valeurs mobilières, le démarchage auquel leur placement est susceptible de donner lieu, ne relève pas de la loi du 3 janv. 1972 [C. mon. fin., art. L. 342-1 s. anciens] mais de la loi du 28 déc. 1966 [C. mon. fin., art. L. 314-1 s.]. • Com. 21 oct. 1997 : *Bull. civ. IV, n° 283 ; D. 1997. IR. 251 ; RD bancaire et bourse 1997. 232, obs. Crédot et Gérard ; Bull. Joly 1998. 137, note Peltier ; Rev. sociétés 1998. 117, note F. X. Lucas* (V. l'arrêt d'appel • Versailles, 13 avr. 1995 : *Bull. Joly bourse 1995.402, note Le Cannu).*

3. Parts de SARL. Les parts de SARL ou de société en participation ne constituant pas des valeurs mobilières, le démarchage en vue de leur souscription n'est pas soumis à la loi de 1972 [C. mon. fin., art. L. 342-1 s. anciens]. • Paris, 19 déc. 1997 : *Rev. sociétés 1998. 161, obs. Guyon.* ♦ Sur la distinction entre les notions de placement et d'investissement, V. • Même arrêt.

4. V. aussi note ss. art. L. 353-1, *infra.*

SECTION IV *Règles de bonne conduite*

L. 341-11 *(Ord. n° 2005-648 du 6 juin 2005, art. 5)* **« Avant de formuler une offre portant sur des instruments financiers, un service d'investissement ou un service connexe »** *(L. n° 2003-706 du 1er août 2003, 50-I)* **« , les démarcheurs s'enquièrent de la situation financière de la personne démarchée, de son expérience et de ses objectifs en matière de placement ou de financement. Ces dispositions ne s'appliquent pas dans le cas des envois effectués dans les conditions prévues au V de l'article L. 341-4, sans préjudice du respect des obligations d'information et de conseil dues aux souscripteurs et aux clients en application des articles L. 214-12, L. 214-83-1 et L. 533-4.**

« Les démarcheurs communiquent à la personne démarchée, d'une manière claire et compréhensible, les informations qui lui sont utiles pour prendre sa décision. »

Les dispositions issues de l'Ord. n° 2005-648 du 6 juin 2005 entrent en vigueur le 1er déc. 2005 (Ord. préc., art. 6, JO 7 juin).

L. 341-12 *(Ord. n° 2005-648 du 6 juin 2005, art. 5)* **En temps utile, avant qu'elle ne soit liée par un contrat, la personne démarchée reçoit des informations fixées par décret en Conseil d'État, portant notamment sur :** — *V. art. R. 341-16, infra.*

1° Le nom, l'adresse professionnelle et, le cas échéant, le numéro d'enregistrement de la personne physique procédant au démarchage ;

2° Le nom et l'adresse de la ou des personnes morales pour le compte de laquelle ou desquelles le démarchage est effectué ;

3° Le numéro d'enregistrement de la personne morale mandatée en application du I de l'article L. 341-4 si le démarchage est effectué pour le compte d'une telle personne ;

4° Les documents d'information particuliers relatifs aux produits, instruments financiers et services proposés requis par les dispositions législatives et réglementaires en vigueur ou, en l'absence de tels documents, une note d'information sur chacun des produits, instruments financiers et services proposés, élaborée sous la responsabilité de la personne ou de l'établissement qui a recours au démarchage et indiquant, s'il y a lieu, les risques particuliers que peuvent comporter les produits proposés ;

5° Les conditions de l'offre contractuelle, notamment le prix total effectivement dû par la personne démarchée ou, lorsqu'un prix exact ne peut être indiqué, la base de calcul du prix, permettant à la personne démarchée de vérifier ce dernier, les modalités selon lesquelles sera conclu le contrat, en particulier le lieu et la date de signature de celui-ci ;

6° L'existence ou l'absence du droit de rétractation, prévu selon les cas, à l'article L. 121-20-15 du code de la consommation ou à l'article **L. 341-16** du présent code, ainsi que ses modalités d'exercice ;

7° La loi applicable aux relations précontractuelles ainsi qu'au contrat, et l'existence de toute clause concernant le choix d'une juridiction. – *Sur les sanctions pénales, V. art. R. 353-1, infra.*

Les informations communiquées par le fournisseur à la personne démarchée sur les obligations contractuelles sont conformes à la loi applicable au contrat en cas de conclusion de celui-ci.

Ces informations, dont le caractère commercial doit apparaître sans équivoque, sont fournies de manière claire et compréhensible par tout moyen adapté à la technique de communication à distance utilisée.

Le décret en Conseil d'État mentionné au premier alinéa fixe également les modalités particulières applicables en cas de communication par téléphonie vocale.

Ces dispositions sont applicables sans préjudice de l'application des obligations législatives et réglementaires spécifiques à chaque produit, instrument financier ou service proposé. – *Sur les sanctions pénales, V. art. L. 353-1, infra.*

Les dispositions issues de l'Ord. n° 2005-648 du 6 juin 2005 entrent en vigueur le premier jour du sixième mois suivant celui de la publication de l'Ord. précitée au Journal officiel (Ord. préc., art. 6, JO 7 juin).

L. 341-13 *(L. n° 2003-706 du 1er août 2003, art. 50-I)* Il est interdit au démarcheur de proposer des produits, instruments financiers et services autres que ceux pour lesquels il a reçu des instructions expresses de la ou des personnes pour le compte desquelles il agit.

L. 341-14 *(L. n° 2003-706 du 1er août 2003, art. 50-I)* Le contrat portant sur la fourniture d'un service d'investissement ou d'un service connexe, sur la réalisation d'une opération sur instruments financiers, d'une opération de banque ou d'une opération connexe ou d'une opération sur biens divers est conclu entre la personne démarchée et l'établissement, l'entreprise ou la personne morale habilitée à exercer ces activités, sans que le démarcheur puisse le signer au nom et pour le compte de la personne pour le compte de laquelle il agit. – *Sur les sanctions pénales, V. art. L. 353-1, infra.*

L. 341-15 *(L. n° 2003-706 du 1er août 2003, art. 50-I)* Il est interdit à tout démarcheur de recevoir des personnes démarchées des espèces, des effets de commerce, des valeurs ou chèques au porteur ou à son nom ou tout paiement par un autre moyen *(L. n° 2006-387 du 31 mars 2006, art. 25-VIII)* « , sous réserve des modalités d'exercice du droit de rétractation prévues au II de l'article **L. 341-16** ».

Les dispositions issues de la L. n° 2006-387 du 31 mars 2006 sont entrées en vigueur le 1er déc. 2005 (L. préc., art. 25-XII).

Ancien art. L. 341-1 ***Il est interdit à toute personne physique ou morale qui apporte son concours, à quelque titre et de quelque manière que ce soit, directement ou indirectement, à l'obtention ou à l'octroi d'un prêt d'argent, de percevoir une somme représentative de provision, de commission, de frais de recherche, de démarches, de constitution de dossier ou d'entremise quelconque, avant le versement effectif des fonds prêtés et avant la constatation de la réalisation de l'opération par un acte écrit dont une copie est remise à l'emprunteur.***

Il lui est également interdit, avant la remise des fonds et de la copie de l'acte, de présenter à l'acceptation de l'emprunteur des lettres de change, ou de lui faire souscrire des billets à ordre, en recouvrement des frais d'entremise ou des commissions mentionnés à l'alinéa précédent. — [L. n° 66-1010 du 28 déc. 1966, art. 8].

1. Personnes visées. L'art. 8 de la loi de 1966, devenu l'art. L. 341-1 [ancien] C. mon. fin., définissant le délit de rémunération anticipée d'intermédiaire en prêt d'argent était applicable aux conseils juridiques. • Crim. 27 mars 2002 : *Bull. crim. n° 70 ; D. 2002. AJ. 1751 ; RTD com. 2002. 522, obs. Cabrillac.*

2. Éléments constitutifs de l'infraction. Le délit de rémunération anticipée d'intermédiaire en prêt d'argent n'est pas constitué lorsque le versement des sommes perçues par l'intermédiaire n'est destiné qu'à l'obtention d'une caution. • Crim. 10 nov. 1999 : *Bull. crim. n° 253 ; D. 2000. AJ. 102 ; RD banc. fin. 2000, n° 48, obs. Crédot et Gérard.*

L. 341-16 *(L. n° 2006-387 du 31 mars 2006, art. 25-IX)* **« I. — La personne démarchée dispose d'un délai de quatorze jours calendaires révolus pour exercer son droit de rétractation, sans avoir à justifier de motifs ni à supporter de pénalités.**

« Le délai pendant lequel peut s'exercer le droit de rétractation commence à courir :

« 1° Soit à compter du jour où le contrat est conclu ;

« 2° Soit à compter du jour où la personne démarchée reçoit les conditions contractuelles et les informations, si cette dernière date est postérieure à celle mentionnée au 1°. »

II. — *(L. n° 2006-387 du 31 mars 2006, art. 25-IX)* **« Lorsque la personne démarchée exerce son droit de rétractation, elle ne peut être tenue qu'au paiement du prix correspondant à l'utilisation du produit ou du service financier effectivement fourni entre la date de conclusion du contrat et celle de l'exercice du droit de rétractation, à l'exclusion de toute pénalité.**

« Le démarcheur ne peut exiger de la personne démarchée le paiement du produit ou du service mentionné au premier alinéa que s'il peut prouver que la personne démarchée a été informée du montant dû, conformément au 5° de l'article L. 341-12.

« Toutefois, il ne peut exiger ce paiement s'il a commencé à exécuter le contrat avant l'expiration du délai de rétractation sans demande préalable de la personne démarchée.

« Le démarcheur est tenu de rembourser à la personne démarchée, dans les meilleurs délais et au plus tard dans les trente jours, toutes les sommes qu'il a perçues de celle-ci en application du contrat, à l'exception du montant mentionné au premier alinéa. Ce délai commence à courir le jour où le démarcheur reçoit notification par la personne démarchée de sa volonté de se rétracter. »

« La personne démarchée restitue au démarcheur, dans les meilleurs délais et au plus tard dans les trente jours, toute somme et tout bien qu'elle a reçus de ce dernier. Ce délai commence à courir à compter du jour où la personne démarchée notifie au démarcheur sa volonté de se rétracter. »

(L. n° 2003-706 du 1er août 2003, art. 50-I) **« L'exécution des contrats portant sur les services de conservation ou d'administration d'instruments financiers et de gestion de portefeuille pour le compte de tiers est différée pendant la durée du droit de rétractation.**

« III. – Le délai de rétractation prévu au premier alinéa du I ne s'applique pas :

« 1° Aux services de réception-transmission et exécution d'ordres pour le compte de tiers mentionnés à l'article L. 321-1, ainsi qu'à la fourniture d'instruments financiers mentionnés à l'article L. 211-1 ;

« 2° Lorsque des dispositions spécifiques à certains produits et services prévoient un délai de réflexion ou un délai de rétractation d'une durée différente, auquel cas ce sont ces délais qui s'appliquent en matière de démarchage. »

(L. n° 2006-387 du 31 mars 2006, art. 25-IX) « 3° Aux contrats exécutés intégralement par les deux parties à la demande expresse de la personne démarchée avant que cette dernière n'exerce son droit de rétractation. »

(L. n° 2003-706 du 1er août 2003, art. 50-I) « IV. – En cas de démarchage effectué selon les modalités prévues au septième alinéa de l'article L. 341-1, les personnes mentionnées aux articles L. 341-3 et L. 341-4 ne peuvent recueillir ni ordres ni fonds de la part des personnes démarchées en vue de la fourniture de services de réception-transmission et exécution d'ordres pour le compte de tiers mentionnés à l'article L. 321-1 ou d'instruments financiers mentionnés à l'article L. 211-1, avant l'expiration d'un délai de réflexion de quarante-huit heures.

« Ce délai de réflexion court à compter du lendemain de la remise d'un récépissé établissant la communication à la personne démarchée, par écrit sur support papier, des informations et documents prévus à l'article L. 341-12.

« Le silence de la personne démarchée à l'issue de l'expiration du délai de réflexion ne peut être considéré comme signifiant le consentement de celle-ci. »

(Abrogé par L. n° 2006-387 du 31 mars 2006, art. 25-IX) ***« V. – Les délais fixés à la présente section qui expireraient normalement un samedi, un dimanche ou un jour férié ou chômé sont prorogés jusqu'au premier jour ouvrable suivant. »*** *– Sur les sanctions pénales, V. art. L. 353-1, infra.*

Le I de l'art. L. 341-16 issu de la L. n° 2003-706 du 1er août 2003 comportait un second alinéa ainsi rédigé : « Le contrat doit comporter un formulaire destiné à faciliter l'exercice de la faculté de rétractation. Les mentions devant figurer sur ce formulaire ainsi que les conditions d'exercice du droit de rétractation sont fixées par décret [V. infra, art. D. 341-8]. » La référence à ce formulaire a aujourd'hui disparu.

Les dispositions issue de la L. n° 2006-387 du 31 mars 2006 sont entrées en vigueur le 1er déc. 2005 (L. préc., art. 25-XII).

Pour une non-application de la faculté de renonciation prévue à l'ancien art. L. 342-13 C. mon. fin. qui ne concernait que les opérations de démarchage faites en vue de proposer la souscription de plans d'épargne en valeurs mobilières, V. • Paris, 15 sept. 2003 : *RD banc. fin. 2003, n° 243, obs. Portier.*

Loi n° 72-6 du 3 janvier 1972, *relative au démarchage financier et à des opérations de placement et d'assurance.* **Art. 23** Le ministre de l'économie et des finances peut, après avis de la commission des opérations de bourse, déterminer les catégories de frais et commissions que sont autorisés à percevoir les établissements chargés de la gestion de plans d'épargne en valeurs mobilières.

Il peut également, après avis de la commission des opérations de bourse, fixer des maximums et, éventuellement, des minimums au montant total des frais et commissions perçus à l'occasion des versements effectués au titre des plans d'épargne visés à l'alinéa précédent ou au montant des frais et commissions versés au cours d'un ou de plusieurs exercices déterminés.

Sur l'interdiction du démarchage en matière de fonds communs de placement à risques, de fonds communs d'intervention sur les marchés à terme et de fonds communs de créances, V. art. L. 214-12, L. 214-38, L. 214-44, al. 2, au **C. sociétés**, *et art. L. 231-5, supra.*

Sur le démarchage en matière de prêts d'argent et de certains placements de fonds et financements de ventes à tempérament, V. art. L. 341-2 s., supra.

Sur la protection des consommateurs en matière de démarchage et de vente à domicile, V. C. consom., art. L. 121-21 s., infra, v° Ventes commerciales, VIII – Domicile (Ventes à).

Sur le démarchage en matière de propriété industrielle, V. CPI, art. L. 423-1, R. 422-53 et R. 422-55. – **CPI.**

Sur l'interdiction du démarchage en vue de la vente de produits pharmaceutiques, V. CSP, art. L. 5125-25 codifié par Ord. n° 2000-548 du 15 juin 2000 (JO 22 juin). – ... En vue de donner des consultations ou de rédiger des actes en matière juridique, V. L. n° 71-1130 du 31 déc. 1971, art. 66-4 ; Décr. n° 72-785 du 25 août 1972. – **C. pr. civ.**

SECTION V *Sanctions disciplinaires*

L. 341-17 *(L. n° 2003-706 du 1er août 2003, art. 50-I)* **Tout manquement aux lois, règlements et obligations professionnelles applicables au démarchage bancaire ou financier commis par les personnes mentionnées aux 1° et 3° de l'article L. 341-3 et à l'article L. 341-4 est sanctionné dans les conditions prévues, selon leur nature ou leurs activités, aux articles L. 613-21, L. 621-15 et L. 621-17 du présent code et à l'article L. 310-18 du code des assurances.**

BIBL. ▶ HASCHKE-DOURNAUX, *Petites affiches 14 nov. 2003, p. 110, spéc. p. 114* (sanctions dans la loi de sécurité financière).

CHAPITRE II *Démarchage et colportage concernant les opérations sur les matières précieuses et les billets de banque étrangers*

SECTION I *Opérations sur matières précieuses*

L. 342-1 Sont interdits le colportage et le démarchage en vue de la vente, de l'achat ou de l'échange de l'or en lingots, barres, monnaies étrangères et pièces d'or démonétisées.

Se livre au colportage de ces matières celui qui se rend au domicile des particuliers, autres que les banquiers, agents de change et négociants en métaux précieux, ou dans les lieux publics non réservés à cet effet, pour offrir ou se procurer les matières ci-dessus désignées, avec livraison et paiement immédiats, en totalité ou en partie, soit en numéraire, soit en valeurs. – *[Décr.-L. du 12 nov. 1938, art. 4, al. 1er et 2].*

L. 342-2 I. – Se livre au démarchage des matières mentionnées au premier alinéa de l'article *(L. n° 2003-706 du 1er août 2003, art. 50-II)* **« L. 342-1 » celui qui se rend habituellement au domicile des particuliers, autres que les banquiers, agents de change, négociants en métaux précieux, ou dans les lieux publics non réservés à cet effet, pour conseiller l'achat, la vente ou l'échange de ces matières, ou pour offrir de participer soit à des opérations à terme sur les mêmes matières, soit à des syndicats ayant pour objet des opérations fondées sur des différences de cours et portant sur les mêmes matières.**

II. – Sont également considérées comme actes de démarchage interdits par l'article *(L. n° 2003-706 du 1er août 2003, art. 50-II)* **« L. 342-1 », les offres de service faites de façon habituelle, par lettres, circulaires, communications téléphoniques ou tout autre moyen, au domicile des personnes autres que les banquiers, agents de change, négociants en métaux précieux ou dans les lieux publics non réservés à cet effet en vue des opérations mentionnées au I.** – *[Décr.-L. du 12 nov. 1938, art. 4, al. 3 et 4].*

SECTION II *Opérations sur les billets de banque étrangers*

L. 342-3 Sont interdits le colportage et le démarchage en vue de la vente ou de l'échange des billets de banque étrangers.

Se livre au colportage des billets de banque étrangers celui qui se rend au domicile des particuliers, autres que les banquiers et agents de change, ou dans les lieux publics, pour offrir ou se procurer ces billets avec livraison et paiement immédiats, en totalité ou en partie, soit en numéraire, soit en valeurs.

Se livre au démarchage des billets de banque étrangers celui qui se rend habituellement au domicile des particuliers, autres que les banquiers et agents de change, ou dans les lieux publics, pour conseiller l'achat, la vente ou l'échange de ces billets, la participation à des opérations sur ces billets, ou pour offrir de participer, soit à des opérations à terme sur les mêmes billets, soit à des syndicats ayant pour objet des opérations fondées sur des différences de cours et portant sur les mêmes billets.

Sont également considérées comme actes de démarchage interdits par le présent article les offres de service faites de façon habituelle (par lettres, circulaires, communications téléphoniques ou tout autre moyen) au domicile des personnes, autres que les banquiers et agents de change, ou dans les lieux publics, en vue des opérations mentionnées à l'alinéa précédent. – *[Décr.-L. du 12 nov. 1938, art. 5].*

L. 342-4 à L. 342-21 *Abrogés par L. n° 2003-706 du 1er août 2003, art. 50.*

CHAPITRE III *Fourniture à distance de services financiers à un consommateur*

(Ord. n° 2005-648 du 6 juin 2005, art. 5)

L. 343-1 *(Ord. n° 2005-648 du 6 juin 2005, art. 5)* La fourniture à distance de services financiers à un consommateur, telle que définie à l'article L. 121-20-8 du code de la consommation, est régie par les dispositions de la sous-section 2 et de la sous-section 3 de la section II du chapitre Ier du titre II du livre Ier du même code, ci-après reproduites :

V. ces art., infra, v° Ventes commerciales - VII Distance (ventes à).

L. 343-2 *(Ord. n° 2005-648 du 6 juin 2005, art. 5)* Lorsque la fourniture à distance de services financiers à un consommateur est précédée d'un démarchage au sens de l'article L. 341-1, *(Abrogé par L. n° 2006-387 du 31 mars 2006, art. 25-X) « sont en outre applicables les dispositions du chapitre Ier du titre IV du livre III, à l'exception de l'article L. 341-16 » [l']* article L. 341-12 s'applique à la place de l'article L. 121-20-10 du code de la consommation et les références qui sont faites à ce dernier article sont remplacées par des références faites à l'article L. 341-12.

Les dispositions issues de l'Ord. n° 2005-648 du 6 juin 2005 et de la L. n° 2006-387 du 31 mars 2006 sont entrées en vigueur le 1er déc. 2005 (Ord. préc., art. 6 ; L. préc., art. 25-XII).

L. 343-3 à L. 343-6 *Abrogés par L. n° 2003-706 du 1er août 2003, art. 50.*

TITRE V Dispositions pénales

CHAPITRE PREMIER *Infractions relatives au droit au compte et aux relations avec le client* (L. n° 2001-1168 du 11 déc. 2001, art. 13-II).

L. 351-1 *(L. n° 2004-1484 du 30 déc. 2004, art. 106)* « Est puni d'une amende fiscale de 75 € le fait de méconnaître l'une des obligations mentionnées aux deuxième, troisième, quatrième et cinquième alinéas du I de l'article L. 312-1-1. Cette amende est prononcée et recouvrée suivant les règles applicables à la taxe sur la valeur ajoutée. Le contentieux est suivi par l'administration qui a constaté l'infraction.

« Est puni de la peine d'amende prévue pour les contraventions de la cinquième classe le fait de méconnaître l'une des obligations mentionnées aux premier, sixième et septième alinéas du I de l'article L. 312-1-1 ou l'une des interdictions édictées au I de l'article L. 312-1-2. »

(L. n° 2001-1168 du 11 déc. 2001) « Les personnes morales peuvent être déclarées responsables pénalement dans les conditions prévues par l'article 121-2 du code pénal des infractions définies à l'alinéa précédent. Les peines encourues par les personnes morales sont l'amende, suivant les modalités prévues par l'article 131-38 du code pénal.

« Avant d'engager l'action publique tendant à l'application de la sanction pénale prévue au présent article, le parquet peut saisir pour avis le comité de la médiation bancaire s'il l'estime nécessaire, mentionné au II de l'article L. 312-1-3. En cas de dépôt d'une plainte avec constitution de partie civile portant sur des infractions aux dispositions mentionnées au premier alinéa, le procureur de la République peut, avant de prendre ses réquisitions, saisir pour avis le comité de la médiation bancaire. Les réquisitions sont transmises au juge d'instruction après avis du comité.

« En cas de citation directe à l'audience du tribunal correctionnel par la victime pour les infractions visées à l'alinéa précédent, le président peut, avant tout examen au fond, saisir le comité de la médiation bancaire pour avis. Cet avis est transmis aux parties et au tribunal par le comité et versé au dossier.

« Le comité de la médiation bancaire se prononce dans un délai de six semaines au plus tard après la réception de la demande d'avis. Dans son avis, il apprécie notamment la gravité des faits ainsi que leur éventuel caractère répétitif. » – *V. C. mon. fin., art. R. 312-7 s.*

Les dispositions de l'art. L. 351-1 sont entrées en vigueur un an après la publication de la loi n° 2001-1168 du 11 déc. 2001 (loi préc., art. 13-III).

BIBL. ▶ Pansier et Charbonneau, *Petites affiches 17 déc. 2001, p. 9.*

L. 351-2 *(Ord. n° 2005-429 du 6 mai 2005, art. 49-I)* Les infractions aux dispositions de l'article L. 312-3 sont constatées comme en matière de timbre :

– par les comptables du Trésor ;

– par les agents des administrations financières.

Les procès-verbaux sont dressés à la requête du ministre chargé de l'économie. – *V. infra, art. D. 351-1 s.*

L. 351-3 *(Ord. n° 2005-429 du 6 mai 2005, art. 49-I)* En ce qui concerne les établissements de crédit, les infractions aux dispositions de l'article L. 312-3 peuvent également être constatées dans les formes prévues à l'article L. 351-2 par les inspecteurs de la Banque de France spécialement habilités à cet effet par le gouverneur de la Banque de France.

CHAPITRE II *Infractions relatives au fonds de garantie des déposants*

L. 352-1 Est puni des peines prévues à l'article 226-13 du code pénal, le fait pour les membres du directoire ou du conseil de surveillance du fonds de garantie des déposants ainsi que toute personne qui, par ses fonctions, a accès aux documents et informations détenus par ce fonds, de violer le secret professionnel institué à l'article L. 312-14. – *[L. n° 84-46 du 24 janv. 1984, art. 52-12].*

CHAPITRE III *Infractions relatives au démarchage*

SECTION I *Démarchage en matière bancaire ou financière*

(L. n° 2003-706 du 1er août 2003, art. 53-I)

BIBL. ▶ HASCHKE-DOURNAUX, *Petites affiches 14 nov. 2003, p. 110, spéc. p. 114* (sanctions dans la loi de sécurité financière).

L. 353-1 *(L. n° 2003-706 du 1er août 2003, art. 53-I)* **Est puni de six mois d'emprisonnement et de 7 500 € d'amende :**

1° Le fait, pour toute personne, de se livrer à l'activité de démarchage bancaire ou financier définie à l'article L. 341-1 sans avoir obtenu une carte de démarchage en cas d'activité réalisée dans les conditions de l'article L. 341-8 ; – *V. note ss. cet art.*

2° Le fait, pour toute personne se livrant à l'activité de démarchage bancaire ou financier *(L. n° 2006-387 du 31 mars 2006, art. 25-XI)* **« dans les conditions définies au septième alinéa de l'article L. 341-1 », de ne pas communiquer à la personne démarchée les informations et documents mentionnés à l'article L. 341-12 et à l'avant-dernier alinéa de l'article L. 341-6 ;**

3° Le fait, pour toute personne se livrant à l'activité de démarchage bancaire ou financier définie à l'article L. 341-1, de ne pas respecter les règles relatives à la signature du contrat prévues à l'article L. 341-14 ;

4° Le fait, pour toute personne se livrant à l'activité de démarchage bancaire ou financier définie à l'article L. 341-1, de ne pas permettre à la personne démarchée de bénéficier du délai de rétractation mentionné à l'article L. 341-16 sous réserve des dérogations prévues à cet article ;

5° Le fait, pour toute personne se livrant à l'activité de démarchage bancaire ou financier définie au deuxième alinéa de l'article L. 341-1, de recevoir des personnes démarchées des ordres ou des fonds en vue de la fourniture de services de réception-transmission et exécutions d'ordres pour le compte de tiers mentionnés à l'article L. 321-1, ou d'instruments financiers mentionnés à l'article L. 221-1, avant l'expiration du délai de quarante-huit heures mentionné au IV de l'article L. 341-16.

Les dispositions issues de la L. n° 2006-387 du 31 mars 2006 sont entrées en vigueur le 1er déc. 2005 (L. préc., art. 25-XII).

Ancien art. L. 353-1 ***Est puni d'un emprisonnement de deux ans et d'une amende de 45 000 €, le fait, pour toute personne, de méconnaître les obligations prévues aux articles L. 341-1 et L. 341-2 portant sur des opérations de banque.***

Le tribunal peut, en outre, prononcer la fermeture, provisoire ou définitive, de l'entreprise dont l'une des personnes chargées de l'administration ou de la direction est condamnée en application du premier alinéa et assortir éventuellement sa décision de la nomination d'un administrateur ou d'un liquidateur. En cas de fermeture, les dispositions de l'avant-dernier alinéa de l'article L. 313-5 du code de la consommation sont applicables. – [L. n° 66-1010 du 28 déc. 1966, art. 15].

Les conventions conclues à la suite de démarchages prohibés et sanctionnés pénalement sont illicites comme contraires à l'ordre public, alors même que la loi du 28 déc. 1966 ne prévoit pas expressément leur nullité. • Civ. 1re, 20 juill. 1994 : *Bull. civ. I, n° 261 ; D. 1995. Somm. 276, obs. Magnin ; ibid. 312, obs. Pizzio ; Dr. sociétés 1994, n° 166, note Bonneau.* – Dans le même sens : • Civ. 1re, 4 févr. 1997 : *D. Affaires 1997. 308 ; Contrats Conc. Consom. 1997, n° 107, note Raymond.* ♦ V. aussi • TGI Créteil, 27 mai 1997 : *Gaz. Pal. 15-16 janv. 1999, p. 11.* ♦ En ce sens que la nullité des conventions conclues à la suite d'un démarchage prohibé est une nullité relative relevant de la prescription quinquennale de l'art. 1304 C. civ., V. • Paris, 26 nov. 1998 : *RD bancaire et bourse sept.-oct. 1999, suppl. Ingénierie patrimoniale, p. 11.*

L. 353-2 *(L. n° 2003-706 du 1er août 2003, art. 53-I)* **Est puni des peines prévues à l'article 313-1 du code pénal :**

1° Le fait, pour toute personne, de recourir à l'activité de démarchage bancaire ou financier définie à l'article L. 341-1 sans remplir les conditions prévues aux articles L. 341-3 et L. 341-4 ;

2° Le fait, pour toute personne se livrant à l'activité de démarchage bancaire ou financier définie à l'article L. 341-1, de proposer des produits interdits de démarchage mentionnés à l'article L. 341-10 ;

3° *Abrogé par Ord. n° 2005-429 du 6 mai 2005, art. 7-II.*

4° Le fait, pour toute personne se livrant à l'activité de démarchage bancaire ou financier, de proposer aux personnes démarchées des produits, instruments financiers et services autres que ceux pour lesquels elle a reçu des instructions expresses de la ou des personnes pour le compte de laquelle ou desquelles elle agit ;

5° Le fait, pour toute personne se livrant à l'activité de démarchage bancaire ou financier, de recevoir des personnes démarchées des espèces, des effets de commerce, des valeurs ou chèques au porteur ou à son nom ou tout *(Ord. n° 2005-429 du 6 mai 2005, art. 50)* « paiement » par un autre moyen.

L. 353-3 *(L. n° 2003-706 du 1er août 2003, art. 53-I)* Les personnes physiques coupables de l'un des délits mentionnés aux articles L. 353-1 et L. 353-2 encourent également les peines complémentaires suivantes :

1° L'interdiction des droits civiques, civils et de famille, suivant les modalités prévues par l'article 131-26 du code pénal ;

2° L'interdiction, suivant les modalités prévues par l'article 131-27 du code pénal, d'exercer une fonction publique ou d'exercer une activité professionnelle ou sociale dans l'exercice ou à l'occasion de laquelle l'infraction a été commise, pour une durée de cinq ans au plus ;

3° L'affichage ou la diffusion de la décision prononcée, dans les conditions prévues par l'article 131-35 du code pénal.

L. 353-4 *(L. n° 2003-706 du 1er août 2003, art. 53-I)* Les personnes morales peuvent être déclarées responsables pénalement, dans les conditions prévues par l'article 121-2 du code pénal, des infractions définies aux articles L. 353-1 et L. 353-2.

Les peines encourues par les personnes morales sont :

1° L'amende, suivant les modalités prévues par l'article 131-38 du code pénal ;

2° Les peines mentionnées à l'article 131-39 du même code.

L'interdiction mentionnée au 2° de ce même article porte sur l'activité dans l'exercice ou à l'occasion de l'exercice de laquelle l'infraction a été commise.

L. 353-5 *(L. n° 2003-706 du 1er août 2003, art. 53-I)* Les agents mentionnés à l'article L. 450-1 du code de commerce sont qualifiés pour procéder à la recherche et à la constatation des infractions prévues aux articles L. 353-1 et L. 353-2 du présent code dans les conditions fixées par les articles L. 450-2 à L. 450-4, L. 450-7 et L. 450-8 du code de commerce.

SECTION II *Opérations sur matières précieuses et billets de banque étrangers*

L. 353-6 Est puni d'un emprisonnement de six mois et d'une amende de 9 000 €, le fait, pour toute personne, de méconnaître les obligations prescrites au titre des opérations sur matières précieuses et des billets de banque, par les articles *(L. n° 2003-706 du 1er août 2003, art. 50-II)* « L. 342-1 à L. 342-3 ».

La saisie et la confiscation des matières mentionnées aux articles *(L. n° 2003-706 du 1er août 2003)* « L. 342-1 à L. 342-3 » sont obligatoires. – *[Décr.-L. du 12 nov. 1938, art. 6].*

LIVRE IV **Les marchés**

V. Règl. gén. AMF, notamment ses livres II (Émetteurs et information financière), V (Infrastructures de marché) et VI (Abus de marché : opération d'initiés et manipulation de marché) au ***C. sociétés.***

TITRE PREMIER L'appel public à l'épargne

CHAPITRE PREMIER *Définition*

L. 411-1 L'appel public à l'épargne est constitué par l'une des opérations suivantes :

1. L'admission d'un instrument financier aux négociations sur un marché réglementé ;

2. L'émission ou la cession d'instruments financiers dans le public en ayant recours soit à la publicité, soit au démarchage, soit à des établissements de crédit ou à des prestataires de services d'investissement. – *[Ord. n° 67-833 du 28 sept. 1967, art. 6 (I), 1er et 2e tirets].*

L. 411-2 *(L. n° 2005-842 du 26 juill. 2005, art. 25-I)* I. – Ne constitue pas une opération par appel public à l'épargne l'admission aux négociations sur un marché réglementé, l'émission ou la cession d'instruments financiers :

1° Inconditionnellement et irrévocablement garantis ou émis par un État partie à l'accord sur l'Espace économique européen ;

2° Émis par un organisme international à caractère public dont la France fait partie ;

3° Émis par la Banque centrale européenne ou la banque centrale d'un État partie à l'accord sur l'Espace économique européen ;

4° Émis par un organisme mentionné au 1 du I de l'article L. 214-1.

II. – Ne constitue pas une opération par appel public à l'épargne l'émission ou la cession d'instruments financiers lorsque :

1° L'offre porte sur des instruments financiers mentionnés au 1 ou au 2 du I de l'article L. 211-1 émis par une société anonyme ou une société en commandite par actions et que le montant total de l'offre est inférieur à un montant fixé par le règlement général de l'Autorité des marchés financiers ou à un montant et une quotité du capital de l'émetteur fixés par le règlement général.

Le montant total de l'offre est calculé sur une période de douze mois dans des conditions fixées par le règlement général ;

2° L'offre porte sur des instruments financiers mentionnés au 1 ou au 2 du I de l'article L. 211-1 émis par une société anonyme ou une société en commandite par actions et que les bénéficiaires de l'offre acquièrent ces instruments financiers pour un montant total par investisseur et par offre distincte supérieur à un montant fixé par le règlement général de l'Autorité des marchés financiers ;

3° L'offre porte sur des instruments financiers mentionnés au 1 ou au 2 du I de l'article L. 211-1 émis par une société anonyme ou une société en commandite par actions et que la valeur nominale de chacun de ces instruments financiers est supérieure à un montant fixé par le règlement général de l'Autorité des marchés financiers ;

4° Nonobstant le recours au démarchage, à la publicité ou à un prestataire de services d'investissement, l'offre s'adresse exclusivement :

a) Aux personnes fournissant le service d'investissement de gestion de portefeuille pour compte de tiers ;

b) A des investisseurs qualifiés ou à un cercle restreint d'investisseurs, sous réserve que ces investisseurs agissent pour compte propre.

Un investisseur qualifié est une personne ou une entité disposant des compétences et des moyens nécessaires pour appréhender les risques inhérents aux opérations sur instruments financiers. La liste des catégories d'investisseurs reconnus comme qualifiés est fixée par décret. – *V. infra, art. D. 411-1 s.*

Un cercle restreint d'investisseurs est composé de personnes, autres que des investisseurs qualifiés, dont le nombre est inférieur à un seuil fixé par décret. – *V. infra, art. D. 411-4.*

III. – Pour l'application des dispositions du code pénal et de l'ordonnance n° 45-2138 du 19 septembre 1945 portant institution de l'ordre des experts-comptables et

réglementant le titre et la profession d'expert-comptable, les personnes morales ou les sociétés procédant à des opérations mentionnées aux 1° à 3° du II sont réputées faire appel public à l'épargne.

BIBL. ▶ BERNARD et PELTIER, *RD bancaire et bourse 1998. 156* (investisseur qualifié). – EXPERTON, *Bull. Joly Bourse 1999. 140* (même thème). – CLERMONTEL et DORNIC, *JCP E 1998, n° 48, p. 1868* (émergence d'une notion autonome de placement privé). – HOVASSE, *RD bancaire et bourse 1998. 190* (investisseurs qualifiés et cercle restreint d'investisseurs). – CAFRITZ et TENE, *Bull. Joly Bourse 2003. 126* (réglementation des placements privés). – FRANÇOIS, *D. 2004. 1652* (vers une nouvelle définition de l'appel public à l'épargne). ▶ Loi du 26 juill. 2005 : DAIGRE, *Rev. sociétés 2005. 560*. – RONTCHEVSKY, *RTD com. 2005. 790*.

CHAPITRE II *Conditions de l'appel public à l'épargne*

SECTION I *Obligations générales de publicité*

L. 412-1 *(L. n° 2005-842 du 26 juill. 2005, art. 26-I)* **I. — Sans préjudice des autres dispositions qui leur sont applicables, les personnes ou les entités qui procèdent à une opération par appel public à l'épargne doivent, au préalable, publier et tenir à la disposition de toute personne intéressée un document destiné à l'information du public, portant sur le contenu et les modalités de l'opération qui en fait l'objet, ainsi que sur l'organisation, la situation financière et l'évolution de l'activité de l'émetteur et des garants éventuels des instruments financiers qui font l'objet de l'opération, dans des conditions prévues par le règlement général de l'Autorité des marchés financiers. Ce document est rédigé en français ou, dans les cas définis par le même règlement général, dans une autre langue usuelle en matière financière. Il comprend un résumé et doit être accompagné, le cas échéant, d'une traduction du résumé en français.** — *Sur le visa de l'Autorité des marchés financiers, V. art. L. 621-8 s.*

Aucune action en responsabilité civile ne peut être intentée sur le fondement du seul résumé ou de sa traduction, sauf si le contenu du résumé ou de sa traduction est trompeur, inexact ou contradictoire par rapport aux informations contenues dans les autres parties du document mentionné au premier alinéa.

Le règlement général de l'Autorité des marchés financiers fixe les conditions dans lesquelles les opérations par appel public à l'épargne qui ne justifient pas une information du public à raison soit de leur nature ou de leur volume, soit de la nature de l'émetteur ou des investisseurs visés, soit de la nature ou de la valeur nominale des instruments financiers concernés, sont dispensées de l'établissement de tout ou partie du document mentionné au premier alinéa.

II. — Le règlement général fixe également les conditions dans lesquelles il est procédé à l'information du public lorsque des instruments financiers ont été soit émis ou cédés dans le cadre d'un appel public à l'épargne, soit admis aux négociations sur un marché d'instruments financiers.

Le règlement général peut tenir compte du fait que les instruments financiers sont négociés ou non sur un marché d'instruments financiers autre qu'un marché réglementé et, le cas échéant, des caractéristiques de celui-ci. Il peut prévoir que certaines règles ne sont applicables qu'à certains marchés d'instruments financiers, à la demande de la personne qui les gère.

III. — Le règlement général précise, par ailleurs, les modalités et les conditions dans lesquelles une personne ou une entité peut cesser de faire appel public à l'épargne.

V. Règl. gén. AMF, livre II (Émetteurs et information financière) au ***C. sociétés.***

V. Décr. n° 67-236 du 23 mars 1967, art. 57, infra, v° Sociétés commerciales.

BIBL. ▶ RONTCHEVSKY, *RJ com. nov. 2003. 103* (information du marché par les émetteurs). – SCHMIDT, *JCP E 2004, n° 15-16, p. 604* (procédures dites de « data-room »). – Dossier spécial, *RD banc. fin. nov.-déc. 2004. 448* (information financière et responsabilité). ▶ Loi n° 2005-842 du 26 juill. 2005 : SÉBIRE, DU VIGNAUX et SÉBASTIEN, *Banque et Droit sept.-oct. 2005. 26* (transposition de la directive « prospectus »). – BONNEAU, *RD banc. fin. 2005. Chron. 21* (réforme 2005 du prospectus).

SECTION II *Interdictions et sanctions*

L. 412-2 Les interdictions d'émettre des valeurs mobilières ou de faire appel public à l'épargne sont édictées par les articles L. 223-11, L. 227-2 et le premier alinéa de l'article L. 228-39 du code de commerce, reproduits ci-après : — *V. ces art., supra, C. com.*

L. 412-3 Les manquements aux interdictions édictées aux articles précités du code de commerce sont sanctionnés par l'article 1841 du code civil, reproduit ci-après :

Art. 1841 Il est interdit aux sociétés n'y ayant pas été autorisées par la loi de faire publiquement appel à l'épargne ou d'émettre des titres négociables, à peine de nullité des contrats conclus ou des titres émis.

L. 412-4 Les règles relatives aux groupements européens d'intérêt économique en matière d'appel public à l'épargne sont fixées par le premier alinéa de l'article L. 252-10 du code de commerce, reproduit ci-après : — *V. cet art., supra, C. com.*

TITRE II Les catégories de marchés

Dans les textes législatifs en vigueur et les textes réglementaires, les dispositions applicables de manière identique à la cote officielle ou au second marché d'une bourse de valeurs s'appliquent aux marchés réglementés (L. n° 96-597 du 2 juill. 1996, art. 96, III).

Dans tous les textes législatifs et réglementaires en vigueur, les mots : « sociétés de bourse » sont remplacés par les mots : « les prestataires de services d'investissement » (L. n° 96-597 du 2 juill. 1996, art. 94, II).

V. Règl. gén. AMF, notamment son livre V (Infrastructures de marché) au ***C. sociétés.***

BIBL. GÉN. ▸ PELTIER, *RD banc. fin. janv.-févr. 2000, p. 40* (règles fondamentales du droit financier et l'internationalisation de la bourse). – MARINI, *RJ com. 2000. 955* (arbitrage, médiation et marchés financiers). – A. MORIN, *RTD com. 2000. 299* (*intuitus personae* et sociétés cotées). – HOVASSE, *Dr. sociétés 2000. Chron. 15* (aspects juridiques et fiscaux de la globalisation des marchés financiers). – PERDRIAU, *Rev. Trésor 2001. 75* (actualités boursières). – DE BROUWER et MARTY, *Banque et Droit mars-avr. 2001. 8* (commerce électronique et services financiers). – BONNEAU, *RJ com. nov. 2003. 9* (typologie des marchés boursiers). – PELTIER, *ibid. 189* (droit boursier et droit commun des contrats).

▸ Sur les nouvelles régulations économiques : PANSIER et CHARBONNEAU, *Petites affiches 21-22 mai 2001, p. 3 et 4.*

▸ Sur la loi MURCEF : GOUBAND et MENJUCQ, *Banque et Droit, juill.-août 2002, p. 14.*

Pour une bibliographie et des annotations jurisprudentielles approfondies, V. ***C. sociétés.***

CHAPITRE PREMIER *Marchés réglementés français*

RÉP. SOCIÉTÉS v° *Marchés réglementés*, par DUCOULOUX-FAVARD et ROBERT.

SECTION I *Reconnaissance et retrait de la qualité de marché réglementé*

L. 421-1 La reconnaissance de la qualité de marché réglementé d'instruments financiers est décidée par arrêté du ministre chargé de l'économie *(L. n° 2003-706 du 1er août 2003, art. 46-III)* **« sur la proposition de l'Autorité des marchés financiers ».** *(Abrogé par L. n° 2001-1168 du 11 déc. 2001)* ***« Le retrait de la qualité de marché réglementé s'effectue dans les mêmes conditions. »*** **Cet arrêté est publié au *Journal officiel* de la République française. Les règles du marché sont publiées dans des conditions fixées par** *(L. n° 2003-706 du 1er août 2003, art. 46-V)* **« l'Autorité des marchés financiers ».**

(L. nº 2001-1168 du 11 déc. 2001) **« Le retrait de la qualité de marché réglementé est prononcé soit à la demande de l'entreprise de marché, soit d'office lorsque les conditions ayant justifié la reconnaissance ne sont plus remplies ou lorsque le marché ne fonctionne plus depuis au moins six mois. Ce retrait est décidé selon la procédure prévue au premier alinéa. »** – *[L. nº 96-597 du 2 juill. 1996, art. 41].*

V. Arr. 24 févr. 2005 (JO 27 févr.) relatif au retrait de la qualité de marché réglementé d'instruments financiers du Nouveau Marché.

BIBL. ▶ Frison-Roche et Nussenbaum, *RJDA 1997, p. 679* (marchés financiers de gré à gré). – Daigre, *Bull. Joly Bourse 2005. 83* (restructuration des marchés financiers français).

L. 421-2 Les marchés de valeurs mobilières et les marchés à terme fonctionnant régulièrement à la date du 4 juillet 1996 sont reconnus comme des marchés réglementés au sens de l'article L. 421-1. – *[L. nº 96-597 du 2 juill. 1996, art. 97 (VII)].*

SECTION II *Conditions de fonctionnement des marchés réglementés*

L. 421-3 Pour être reconnu comme marché réglementé, un marché d'instruments financiers doit garantir un fonctionnement régulier des négociations. Doivent notamment être fixées par les règles de ce marché, établies par l'entreprise de marché définie à l'article L. 441-1, les conditions d'accès au marché et d'admission à la cotation, les dispositions d'organisation des transactions, les conditions de suspension des négociations d'un ou plusieurs instruments financiers, les règles relatives à l'enregistrement et à la publicité des négociations.

Ces règles sont approuvées par *(L. nº 2003-706 du 1er août 2003, art. 46-V)* **« l'Autorité des marchés financiers ».** – *Sur les nouvelles règles de marché de la Bourse de Paris et du Nouveau marché, V. Décis. CMF du 25 avr. 2001 au **C. sociétés**.*

Les modifications de ces règles sont notifiées *(L. nº 2003-706 du 1er août 2003, art. 46-III)* **« à l'Autorité des marchés financiers » et à la Banque de France. Le conseil se prononce sur leur compatibilité avec la reconnaissance mentionnée à l'article L. 421-1, informe** *(Abrogé par L. nº 2003-706 du 1er août 2003, art. 46-III)* ***« la commission des opérations de bourse et »*** **la Banque de France de sa décision, et saisit le ministre chargé de l'économie en cas de constat d'une incompatibilité de ces modifications avec la décision de reconnaissance.** *(Abrogé par L. nº 2003-706 du 1er août 2003, art. 46-III)* ***« En cas de désaccord avec la décision prise par le conseil des marchés financiers, la commission des opérations de bourse ou la Banque de France peuvent saisir le ministre chargé de l'économie dans un délai de quinze jours après la transmission de la décision du conseil des marchés financiers. »*** – *[L. nº 96-597 du 2 juill. 1996, art. 42 (I)].*

L. 421-4 I. – L'admission d'instruments financiers aux négociations sur un marché réglementé est décidée par l'entreprise de marché, sous réserve du droit d'opposition de *(L. nº 2003-706 du 1er août 2003, art. 46-V)* **« l'Autorité des marchés financiers ».**

L'accord exprès de l'émetteur de l'instrument financier est requis.

(Abrogé par L. nº 2001-1168 du 11 déc. 2001, art. 27-I) ***« Lorsque l'instrument financier comporte un élément sous-jacent, l'émetteur de celui-ci dispose d'un droit d'opposition dans les cas et selon les modalités prévus par le règlement général du conseil des marchés financiers. Toutefois, ce droit d'opposition n'existe pas lorsque l'élément sous-jacent est une devise, un titre de dette publique, un contrat financier à terme ou un indice. »***

II. – Après en avoir informé l'émetteur, l'entreprise de marché peut suspendre, pour une durée déterminée et dans le cadre des règles du marché réglementé dont elle a la charge, la négociation d'un instrument financier admis aux négociations sur ce marché. Elle informe également de cette suspension *(L. nº 2003-706 du 1er août 2003)* **« le président de l'Autorité des marchés financiers ». La suspension de la négociation d'un instrument financier peut être requise à titre exceptionnel, auprès de l'entreprise de marché,** *(L. nº 2003-706 du 1er août 2003, art. 46-III)* **« par le président de l'Autorité des marchés financiers dans le cadre des compétences confiées à cette autorité ».**

L'émetteur d'un instrument financier admis sur un marché réglementé peut demander, à l'entreprise de marché, la suspension de cet instrument afin de permettre l'information du public dans des conditions satisfaisantes.

III. – La radiation d'un instrument financier est décidée par l'entreprise de marché, sous réserve du droit d'opposition de *(L. n° 2003-706 du 1er août 2003, art. 46-V)* **« l'Autorité des marchés financiers ».** – *[L. n° 96-597 du 2 juill. 1996, art. 42 (II)].*

L. 421-5 Lorsqu'un événement exceptionnel perturbe le fonctionnement régulier d'un marché réglementé, le président *(L. n° 2003-706 du 1er août 2003, art. 46-V)* **« de l'Autorité des marchés financiers » ou, en cas d'empêchement, son représentant désigné à cet effet par lui peut suspendre tout ou partie des négociations, pour une durée n'excédant pas deux jours de négociations consécutifs. Au-delà de cette durée, la suspension est prononcée par arrêté du ministre chargé de l'économie pris sur proposition du président** *(L. n° 2003-706 du 1er août 2003, art. 46-V)* **« de l'Autorité des marchés financiers ».**

Si la suspension sur un marché réglementé a duré plus de deux jours de négociations consécutifs, les opérations en cours à la date de suspension peuvent être compensées et liquidées dans les conditions définies par les règles du marché. – *[L. n° 96-597 du 2 juill. 1996, art. 42 (III)].*

BIBL. ▶ Quéré et Gauvin, *D. Affaires 1999. 194* (émissions transfrontières d'obligations indexées et risque juridique). - Bonneau, *RTD com. 1999. 257* (inutilité du droit contractuel pour assurer le respect des règles du marché).

SECTION III *Obligation d'intermédiation et monopole de négociation*

L. 421-6 Les négociations et cessions réalisées sur le territoire français et portant sur des instruments financiers admis aux négociations sur un marché réglementé ne peuvent être effectuées, à peine de nullité, que par un prestataire de services d'investissement ou, lorsque elles sont effectuées sur un marché réglementé, par tout membre de ce marché. – *[L. n° 96-597 du 2 juill. 1996, art. 43 (I)].*

L. 421-7 Ne sont pas soumises à l'obligation définie à l'article L. 421-6 les cessions effectuées entre :

1. Deux personnes physiques, lorsqu'elles portent sur des valeurs mobilières ;

2. Deux sociétés lorsque l'une d'elles possède directement ou indirectement au moins 20 % du capital de l'autre ;

3. Une personne morale autre qu'une société et une société lorsque la personne morale possède directement ou indirectement au moins 20 % du capital de la société ;

4. Deux sociétés contrôlées au sens de l'article L. 233-3 du code de commerce par une même entreprise ;

5. Les sociétés d'assurances appartenant au même groupe ;

6. Les personnes morales et les organismes de retraite ou de prévoyance dont elles assurent la gestion. – *[L. n° 96-597 du 2 juill. 1996, art. 43 (II)]. – Pour les sanctions pénales, V. art. L. 573-1.*

BIBL. ▶ De Vauplane, *Banque et Droit mars-avr. 1998. 3* (monopole d'intermédiation et obligation de concentration sur marchés réglementés). - Auckenthaler, *JCP E 1998, n° 49, p. 1914* (obligations d'intermédiation et de concentration des opérations sur instruments financiers admis aux négociations d'un marché réglementé).

SECTION IV *Régime des membres d'un marché réglementé*

L. 421-8 Outre les prestataires de services d'investissement dûment agréés, sont autorisées, par dérogation à l'article L. 531-10, à être membre d'un marché réglementé d'instruments financiers :

1. Les personnes physiques ou morales habilitées par *(L. nº 2003-706 du 1er août 2003, art. 46-V)* « l'Autorité des marchés financiers » à fournir des services mentionnés aux 2 et 3 de l'article L. 321-1 ;

2. Les personnes morales dont les membres ou associés sont indéfiniment et solidairement responsables des dettes et engagements de celles-ci, à condition que ces membres ou associés soient habilités à fournir les services mentionnés au 2 et au 3 de l'article L. 321-1 ;

3. Les personnes physiques ou morales déjà habilitées au 4 juillet 1996 à fournir les services mentionnés du 2 et 3 de l'article L. 321-1 sur des bourses de valeur, en fonctionnement régulier, placées sous le contrôle du conseil des bourses de valeur ainsi que sur les marchés à terme placés sous le contrôle du conseil du marché à terme.

L'habilitation mentionnée aux 1 et 2 ci-dessus est délivrée au vu de conditions de compétence, d'honorabilité, de solvabilité et, en tant que de besoin, de capitaux propres et de garanties, définies par le *(L. nº 2003-706 du 1er août 2003, art. 46-V)* « règlement général de l'Autorité des marchés financiers ». – *[L. nº 96-597 du 2 juill. 1996, art. 44 (I)]. – V. Règl. gén. AMF au* ***C. sociétés.***

L. 421-9 L'admission et le maintien comme membre d'un marché réglementé, prononcés par l'entreprise de marché organisant les transactions sur ce marché, sont conditionnés au respect des règles de ce marché.

Les relations entre une entreprise de marché et une personne mentionnée à l'article L. 421-8 sont de nature contractuelle. – *[L. nº 96-597 du 2 juill. 1996, art. 44 (II)].*

L. 421-10 Les entreprises de marché ne peuvent limiter le nombre de prestataires de services d'investissement sur le marché dont elles ont la charge. *(L. nº 2003-706 du 1er août 2003, art. 46-V)* « L'Autorité des marchés financiers » veille à ce que les entreprises de marché adaptent, en tant que de besoin, leur capacité technique aux demandes d'accès dont elles font l'objet. – *[L. nº 96-597 du 2 juill. 1996, art. 44 (III)].*

L. 421-11 Les membres négociateurs d'un marché réglementé sont responsables de l'exécution des ordres qu'ils reçoivent, que ces ordres soient recueillis par eux-mêmes, par leurs agents ou par leurs employés et sous quelque forme que ce soit. – *[L. nº 96-597 du 2 juill. 1996, art. 44 (IV)].*

SECTION V *Centralisation des ordres sur les marchés réglementés*

L. 421-12 Les transactions sur un instrument financier admis aux négociations sur un marché réglementé, réalisées au profit d'un investisseur résidant habituellement ou établi en France, par un prestataire de services d'investissement agréé ou exerçant en France par voie de libre prestation de services ou de libre établissement, sont nulles si elles ne sont pas effectuées sur un marché réglementé d'un État partie à l'accord sur l'Espace économique européen.

Par dérogation aux dispositions de l'alinéa précédent, les transactions qui y sont mentionnées peuvent être effectuées en dehors d'un marché réglementé si la demande en est faite par des investisseurs résidant habituellement ou établis sur le territoire français et si la transaction remplit les conditions définies par *(L. nº 2003-706 du 1er août 2003, art. 46-V)* « le règlement général de l'Autorité des marchés financiers » concernant son volume, le statut de l'investisseur, la nature de l'instrument financier négocié et l'information du marché réglementé sur lequel cet instrument est admis. Cette dérogation est accordée de plein droit pour toutes les transactions qui, incluses dans une convention autre qu'une vente pure et simple, en constituent un élément nécessaire. – *[L. nº 96-597 du 2 juill. 1996, art. 45]. – V. Règl. gén. AMF au* ***C. sociétés.***

Cette disposition sera abrogée à la date d'entrée en vigueur de l'ordonnance chargée de prendre les mesures nécessaires pour transposer la Dir. 2004/39/CE du Parlement européen et du Conseil du 21 avr. 2004 concernant les marchés financiers, et notamment celles tendant à la protection des inves-

tisseurs, par le renforcement de la transparence et de l'intégrité des marchés financiers (L. n° 2005-811 du 20 juill. 2005, art. 5). Cette ordonnance doit être prise dans un délai de 18 mois à compter de la publication de la L. n° 2005-811 du 20 juill. 2005 (JO 21 juill.).

BIBL. ▸ Dossier ANSA *mai-juin 1997, n° 2898* (convention complexe). – DE VAUPLANE, *Banque et Droit mars-avr. 1998. 5* (monopole d'intermédiation et obligation de concentration sur marchés réglementés). – AUCKENTHALER, *JCP E 1998, n° 49, p. 1914* (obligations d'intermédiation et de concentration des opérations sur instruments financiers admis aux négociations d'un marché réglementé). – CAILLEMER DU FERRAGE et GOUTAY, *Banque et Droit janv.-févr. 2000. 3* (obligation de concentration et produits dérivés).

L. 421-13 *(L. n° 2001-420 du 15 mai 2001)* **Les transactions sur instruments financiers faisant l'objet d'une offre publique ne peuvent être réalisées que sur un marché réglementé d'un État partie à l'accord sur l'Espace économique européen ou sur un marché reconnu en application de l'article L. 423-1, sur lequel ces instruments financiers sont admis aux négociations. Sans préjudice de la sanction prévue à l'article L. 421-12, les détenteurs d'instruments financiers acquis en violation des dispositions précédentes sont privés du droit de vote pour toute assemblée d'actionnaires qui se tiendrait avant l'expiration d'un délai de deux ans suivant la date de l'acquisition.**

Cette disposition sera abrogée à la date d'entrée en vigueur de l'ordonnance chargée de prendre les mesures nécessaires pour transposer la Dir. 2004/39/CE du Parlement européen et du Conseil du 21 avr. 2004 concernant les marchés financiers, et notamment celles tendant à la protection des investisseurs, par le renforcement de la transparence et de l'intégrité des marchés financiers (L. n° 2005-811 du 20 juill. 2005, art. 5). Cette ordonnance doit être prise dans un délai de 18 mois à compter de la publication de la L. n° 2005-811 du 20 juill. 2005 (JO 21 juill.).

CHAPITRE II *Marchés réglementés européens*

L. 422-1 Les dispositions de l'article L. 423-1, à l'exception de celles relatives à la protection de l'épargne publique, ne s'appliquent pas aux marchés réglementés dont le siège est fixé dans un État partie à l'accord sur l'Espace économique européen.

Sous réserve des dispositions relatives à la protection de l'épargne publique, tout marché réglementé d'un État partie à l'accord sur l'Espace économique européen qui fonctionne sans requérir la présence effective de personnes physiques peut offrir, sur le territoire de la France métropolitaine et des départements d'outre-mer, les moyens d'accès à ce marché. – *[L. du 28 mars 1885, art. 18, al. 2, 2e phrase, et L. n° 96-597 du 2 juill. 1996, art. 78].*

Sur la portée de cet art., V. Bull. COB avr. 1995, p. 11.

CHAPITRE III *Marchés étrangers reconnus*

L. 423-1 Le public ne peut être sollicité, sous quelque forme que ce soit et par quelque moyen que ce soit, directement ou indirectement, en vue d'opérations sur un marché étranger de valeurs mobilières autre qu'un marché réglementé d'un État partie à l'accord sur l'Espace économique européen, de contrats à terme négociables ou de tous produits financiers que lorsque le marché a été reconnu dans des conditions fixées par décret et sous réserve de réciprocité. – *[L. du 28 mars 1885, art. 18, al. 2, 1re phrase].* – *V. C. mon. fin., art. D. 432-1 s. au* ***C. sociétés.***

Sur la portée de cet art., V. Bull. COB avr. 1995, p. 11.

CHAPITRE IV *Marché de l'or*

....

TITRE III Les négociations sur instruments financiers

CHAPITRE PREMIER *Dispositions générales*

SECTION I *Transfert de propriété des titres et mise en gage*

SOUS-SECTION 1 *Transfert de propriété des titres*

L. 431-1 *(L. n° 2001-1168 du 11 déc. 2001)* **Pour chaque ordre de négociation, cession ou mutation d'un instrument financier revêtant la forme nominative en application de la loi ou des statuts de la personne morale émettrice et admis aux opérations d'un dépositaire central, ou pour toute autre modification affectant l'inscription en compte dudit instrument financier, l'intermédiaire habilité mentionné au premier alinéa de l'article L. 211-4 établit un bordereau de références nominatives. Ce bordereau indique les éléments d'identification du donneur d'ordre, la nature juridique de ses droits et les restrictions dont l'instrument financier peut être frappé et porte un code permettant de déterminer l'opération à laquelle il se rattache.**

Le *(L. n° 2003-706 du 1er août 2003, art. 46-V)* **« règlement général de l'Autorité des marchés financiers » détermine les modalités et les délais de circulation du bordereau de références nominatives entre l'intermédiaire habilité, le dépositaire central et la personne morale émettrice.** — *V. Règl. gén. AMF au* ***C. sociétés.***

L. 431-2 *(Ord. n° 2005-303 du 31 mars 2005, art. 1er ; L. n° 2005-811 du 20 juill. 2005, art. 7-II)* **« Le transfert de propriété d'instruments financiers mentionnés aux 1, 2 et 3 du I de l'article L. 211-1 et de tous les instruments financiers équivalents émis sur le fondement de droits étrangers, lorsqu'ils sont admis aux opérations d'un dépositaire central ou livrés dans un système de règlement et de livraison d'instruments financiers, mentionné à l'article L. 330-1, résulte de leur inscription au compte de l'acheteur, à la date et dans les conditions définies par le règlement général de l'Autorité des marchés financiers. »**

Si le compte de l'intermédiaire habilité de l'acheteur n'a pas été crédité des instruments financiers dont il s'agit à la date et dans les conditions *(Ord. n° 2005-303 du 31 mars 2005, art. 1er)* **« définies dans le règlement général de l'Autorité des marchés financiers », le transfert est résolu de plein droit, nonobstant toute disposition législative contraire, sans préjudice des recours de l'acheteur.**

Quand plusieurs acheteurs sont affectés par cette résolution, celle-ci est effectuée au prorata des droits de chacun.

(Ord. n° 2005-303 du 31 mars 2005, art. 1er) **« Par dérogation aux alinéas précédents, lorsque le système de règlement et de livraison assure la livraison des instruments financiers en prévoyant un dénouement irrévocable en continu, le règlement général de l'Autorité des marchés financiers fixe des conditions particulières de transfert de propriété. Ce transfert n'intervient au profit de l'acheteur que lorsque celui-ci a réglé le prix de la transaction. Tant que l'acheteur n'a pas réglé le prix, l'intermédiaire qui a reçu les instruments financiers en est le propriétaire. »**

Les modifications apportées par l'Ord. n° 2005-303 du 31 mars 2005 entrent en vigueur à compter de la publication au Journal officiel des dispositions du Règl. gén. AMF auxquelles l'art. L. 431-2 modifié renvoie (Ord. n° 2005-303, 31 mars 2005, art. 4). Ces dispositions (art. 560-1 s.) ont été homologuées par l'Arr. du 30 déc. 2005 (JO 18 janv. 2006), mais qui fixe au 1er avr. 2006 leur date d'entrée en vigueur (art. 2 de l'Arr. préc.). — ***C. sociétés.***

BIBL. ▶ HOVASSE, *Dr. sociétés 1994, n° 38.* – MERKIN et SAINT MARS, *Rev. dr. bancaire 1994. 2 ; ibid. 163.* – GERMAIN et FRISON-ROCHE, *ibid. 38.* – DELLECI, *JCP E 1994. I. 368.* – DE LAPASSE, *Cah. dr. entr. 1995, n° 5, p. 18.* – REYGROBELLET, *RTD com. 1999. 305* (le droit de propriété du titulaire d'instruments financiers). – GAUVIN et GISSINGER, *RD bancaire et bourse 1999. 132* (bréviaire sur le régime juridique du transfert de propriété d'instruments financiers). – PRIEUR et BIENVENU-

Perrot, *Dr. et patr. 2000. 79* (transfert de propriété dans les cessions d'instruments financiers). ▶ Ord. n° 2005-303 du 31 mars 2005 : Bonneau, *Dr. sociétés 2005, n° 142*. – Goutay, *RD banc. fin. sept.-oct. 2005. 47.*

L. 431-3 **En cas de livraison d'instruments financiers mentionnés aux 1, 2 et 3 du I de l'article L. 211-1 contre règlement d'espèces, le défaut de livraison ou de règlement constaté à la date et dans les conditions** *(Ord. n° 2005-303 du 31 mars 2005, art. 2)* **« définies dans le règlement général de l'Autorité des marchés financiers » ou, à défaut,** *(Ord. n° 2005-303 du 31 mars 2005, art. 2)* **« par une convention » entre les parties délie de plein droit de toute obligation la partie non défaillante vis-à-vis de la partie défaillante, nonobstant toute disposition législative contraire.**

Lorsqu'un intermédiaire teneur de compte ou conservateur procède au dénouement d'une opération, par livraison d'instruments financiers contre règlement d'espèces, en se substituant à son client défaillant, il peut se prévaloir des dispositions du présent article : il acquiert alors la pleine propriété des instruments financiers ou des espèces reçus de la contrepartie. Les dispositions *(Abrogé par Ord. n° 2005-303 du 31 mars 2005, art. 2)* ***« du titre II »*** **du livre VI du code de commerce ne font pas obstacle à l'application du présent article. Aucun créancier du client défaillant ne peut opposer un droit quelconque sur ces instruments financiers ou espèces.** — *[L. n° 83-1 du 3 janv. 1983, art. 47 ter].*

Les modifications apportées par l'Ord. n° 2005-303 du 31 mars 2005 entrent en vigueur à compter de la publication au Journal officiel des dispositions du règl. gén. AMF auxquelles l'art. L. 431-3 modifié renvoie (Ord. n° 2005-303, 31 mars 2005, art. 4). Ces dispositions (art. 560-1 s.) ont été homologuées par l'Arr. du 30 déc. 2005 (JO 18 janv. 2006), mais qui fixe au 1er avr. 2006 leur date d'entrée en vigueur (art. 2 de l'Arr. préc.). — ***C. sociétés.***

Pour l'application dans les territoires d'outre-mer, à la Nouvelle-Calédonie et à Mayotte des art. 29, 47 bis et 47 ter de la loi n° 83-1 du 3 janv. 1983, V. Ord. n° 98-775 du 2 sept. 1998, art. 5 (JO 4 sept.), mod. par L. n° 99-1122 du 28 déc. 1999, art. 2 et 5 (JO 29 déc.). - Les modifications apportées par l'Ord. n° 2005-303 du 31 mars 2005 s'appliquent à Mayotte, en Nouvelle-Calédonie, en Polynésie française et dans les îles Wallis et Futuna (Ord. préc., art. 3).

BIBL. ▶ Delleci, *JCP E 1994. I. 368.*

SOUS-SECTION 2 *Mise en gage*

L. 431-4 **I. — La constitution en gage d'un compte d'instruments financiers mentionnés aux 1, 2 et 3 du I de l'article L. 211-1 et d'instruments financiers équivalents émis sur le fondement de droits étrangers est réalisée, tant entre les parties qu'à l'égard de la personne morale émettrice et des tiers, par une déclaration signée par le titulaire du compte. Cette déclaration comporte les énonciations fixées par décret. Les instruments financiers figurant** *(Ord. n° 2005-171 du 24 févr. 2005, art. 1er-I)* **« initialement » dans le compte gagé, ceux qui leur sont substitués ou les complètent** *[,] (Ord. n° 2005-171 du 24 févr. 2005, art. 1er-I)* **« en garantie de la créance initiale du créancier gagiste », de quelque manière que ce soit, ainsi que leurs fruits et produits en toute monnaie, sont compris dans l'assiette du gage.** *(Ord. n° 2005-171 du 24 févr. 2005, art. 1er-I)* **« Les instruments financiers et les sommes en toute monnaie postérieurement inscrits au crédit du compte gagé, en garantie de la créance initiale du créancier gagiste, sont soumis aux mêmes conditions que ceux y figurant initialement et sont considérés comme ayant été remis à la date de déclaration de gage initiale. » Le créancier gagiste peut obtenir, sur simple demande au teneur de compte, une attestation de nantissement de compte d'instruments financiers, comportant l'inventaire des instruments financiers et sommes en toute monnaie, inscrits en compte gagé à la date de délivrance de cette attestation.**

II. — Le compte gagé prend la forme d'un compte spécial ouvert au nom du titulaire et tenu par un intermédiaire habilité, un dépositaire central ou, le cas échéant, la personne morale émettrice.

A défaut d'un compte spécial, sont réputés constituer le compte gagé les instruments financiers mentionnés au premier alinéa, ainsi que les sommes en toute monnaie ayant fait l'objet d'une identification à cet effet par un procédé informatique.

(Ord. n° 2005-171 du 24 févr. 2005, art. 1er-I) **« III. — Lorsque les instruments financiers figurant dans le compte gagé sont en forme nominative et que le teneur du compte n'est pas une personne autorisée à recevoir des fonds du public au sens de l'article L. 312-2, les fruits et produits mentionnés au I versés en toute monnaie doivent être inscrits au crédit d'un compte spécial ouvert au nom du titulaire du compte gagé dans les livres d'un intermédiaire habilité ou d'un établissement de crédit. Ce compte spécial est réputé faire partie intégrante du compte gagé à la date de signature de la déclaration de gage. Le créancier gagiste peut obtenir, sur simple demande au teneur du compte spécial, une attestation comportant l'inventaire des sommes en toute monnaie inscrites au crédit de ce compte à la date de la délivrance de cette attestation.**

« IV. » — Le créancier gagiste définit avec le titulaire du compte les conditions dans lesquelles ce dernier peut disposer des instruments financiers et des sommes en toute monnaie figurant dans le compte gagé. Le créancier gagiste bénéficie en toute hypothèse d'un droit de rétention sur les instruments financiers et sommes en toute monnaie figurant au compte gagé.

(Ord. n° 2005-171 du 24 févr. 2005, art. 1er-I) **« V. » — Le créancier gagiste titulaire d'une créance certaine, liquide et exigible peut, pour les** *(Ord. n° 2005-171 du 24 févr. 2005, art. 1er-I)* **« instruments financiers, français ou étrangers, négociés » sur un marché réglementé, les parts ou actions d'organismes de placement collectif, ainsi que pour les sommes en toute monnaie, réaliser le gage, civil ou commercial, huit jours – ou à l'échéance de tout autre délai préalablement convenu avec le titulaire du compte après mise en demeure du débiteur remise en mains propres ou adressée par courrier recommandé. Cette mise en demeure du débiteur est également notifiée au constituant du gage lorsqu'il n'est pas le débiteur ainsi qu'au teneur de compte lorsque ce dernier n'est pas le créancier gagiste. La réalisation du gage intervient selon des modalités fixées par décret.**

Pour les instruments financiers autres que ceux mentionnés à l'alinéa précédent, la réalisation du gage intervient conformément aux dispositions de l'article L. 521-3 du code de commerce. — *[L. n° 83-1 du 3 janv. 1983, art. 29]. — V. ce texte supra, C. com. — V. infra, art. D. 431-1 s.*

Les dispositions introduites au I de l'art. L. 431-4 par l'ord. n° 2005-171 du 24 févr. 2005 ont un caractère interprétatif (art. 1er-I-1° in fine de l'ord. préc.).

BIBL. ▶ D. MARTIN, *D. 1996. Chron. 263* ; *D. Affaires 1996. 986.* – DE VAUPLANE et MOUY, *Banque sept. 1996. 54 ; Banque et Droit juill.-août 1996. 3.* – BILLIAU, *JCP E 1996. I. 596 ; Dr. et patr. mai 2000. 100* (aliénation des instruments financiers inscrits dans un compte nanti). – BUREAU, *D. 1997. Chron. 73.* – SEXER, *Bull. Joly 1997. 285* (procédure collective du débiteur). – LEGEAIS, *RD bancaire et bourse 1997. 225.* – Dossier ANSA, *sept.-oct. 1997, n° 2932* (possibilité pour la société émettrice de tenir un compte de titres et d'espèces). – BLANLUET, *D. 1999. Chron. 109* (cession d'actions nanties). – DELEBECQUE, *Rev. sociétés 1999. 599.* – BOUTEILLER, *JCP E 2000, n° 9, p. 352* (remise en garantie de l'épargne salariale). – ROBINE, *Dr. et patr. juill.-août 2002. 71* (gage de compte d'instruments financiers). – PLAIS, *Banque et Droit janv.-févr. 2003. 3* (gage de compte d'instruments financiers en couverture d'opérations de dérivés de gré à gré). – FERREIRA, *JCP E 2005, n° 3, p. 76* (nantissement de second rang sur compte d'instruments financiers). – D. MARTIN, *RD banc. fin. mai-juin 2005. 72* (projet de rapatriement dans le code civil de la matière de l'actuel art. L. 431-4). – SYNVET, *Dr. et patr. sept. 2005. 64* (même thème). ▶ Ord. n° 2005-171 du 24 févr. 2005 : LIENHARD, *D. 2005. 634* . – ROBINE, *Bull. Joly Bourse 2005. 400.* – MARLY, *Banque et Droit sept.-oct. 2005. 32.* – AUCKENTHALER, *JCP E 2005, n° 48, p. 2028.* – PAROLAI, STOFFEL-MUNCK et ARMAND, *Banque et Droit nov.-déc. 2005. 3.*

Pour des notes de jurisprudence, V. ***C. sociétés.***

L. 431-5 **Les dispositions du** *(Ord. n° 2005-171 du 24 févr. 2005, art. 1er-II)* **« V » de l'article L. 431-4 relatives à la réalisation du gage s'appliquent aux nantissements d'instruments financiers inscrits en compte, français ou étrangers, constitués antérieurement au 4 juillet 1996.** — *[L. n° 83-1 du 3 janv. 1983, art. 29-1].*

BIBL. ▶ DAIGRE, *Dr. sociétés 1997. Chron. 9.* – CRÉDOT et GÉRARD, *Rev. dr. bancaire 1997. 160.* – BILLIAU, *JCP E 1997. I. 677.*

L. 431-6 *Dispositions transférées à l'art. L. 211-6 par Ord. n° 2005-429 du 6 mai 2005, art. 22-II.*

Sur la constitution en gage de titres de créances négociables inscrits en compte, V. C. mon. fin., art. L. 213-2.

SECTION II **Compensation et cession de créances**
(Ord. n° 2005-171 du 24 févr. 2005, art. 2)

BIBL. ▶ Eliet et Gauvin, *RD banc. fin. 2005, n° 74* (transposition de la directive « collatérale »). – Praicheux, *ibid. mai-juin 2005. 56* (transposition de la directive sur les contrats de garantie financière). – Storck, *RTD com. 2005. 375*. – Daigre et Roussille, *Dr. et patr. sept. 2005. 24*. – Marly, *Banque et Droit sept.-oct. 2005. 32* (de quelques avatars du gage de compte d'instruments financiers). – Robine, *Bull. Joly Bourse 2005. 521* (réforme du droit spécial des garanties financières). – Auckenthaler, *JCP E 2005, n° 43, p. 1800* (le nouveau régime des obligations financières). – Parolai, Stoffel-Munck et Armand, *Banque et Droit nov.-déc. 2005. 3*. – Moreau, *RD banc. fin. nov.-déc. 2005, p. 79* (la cession de créance en garantie).

L. 431-7 *(Ord. n° 2005-171 du 24 févr. 2005, art. 2)* **I. — Les dispositions de la présente section sont applicables :**

1° Aux obligations financières résultant d'opérations sur instruments financiers *(L. n° 2005-842 du 26 juill. 2005, art. 31-II)* **« lorsque l'une au moins » des parties à l'opération est un établissement de crédit, un prestataire de services d'investissement, un établissement public, une collectivité territoriale, une institution, une personne ou entité bénéficiaire des dispositions de l'article L. 531-2, une chambre de compensation, un établissement non résident ayant un statut comparable, une organisation ou organisme financier international dont la France ou l'Union européenne est membre ;**

2° Aux obligations financières résultant de tout contrat donnant lieu à un règlement en espèces ou à une livraison d'instruments financiers lorsque toutes les parties appartiennent à l'une des catégories de personnes mentionnées à l'alinéa précédent, à l'exception des personnes mentionnées aux alinéas *c* à *i* du 2° de l'article L. 531-2 ;

3° Aux obligations financières résultant de tout contrat conclu dans le cadre d'un système mentionné à l'article L. 330-1.

II. — Les conventions relatives aux obligations financières mentionnées au I sont résiliables, et les dettes et les créances y afférentes sont compensables. Les parties peuvent prévoir l'établissement d'un solde unique, que ces obligations financières soient régies par une ou plusieurs conventions ou conventions-cadres.

III. — Les modalités de résiliation, d'évaluation et de compensation des opérations et obligations mentionnées aux I et II sont opposables aux tiers. Ces modalités peuvent être notamment prévues par des conventions ou conventions-cadres. Toute opération de résiliation, d'évaluation ou de compensation faite en raison d'une procédure civile d'exécution ou de l'exercice d'un droit d'opposition est réputée être intervenue avant cette procédure.

L. 431-7-1 *(Ord. n° 2005-171 du 24 févr. 2005, art. 2)* **La cession de créances afférentes aux obligations financières mentionnées au I de l'article L. 431-7 est opposable aux tiers du fait de la notification de la cession au débiteur. La cession de contrats afférents aux obligations financières mentionnées au I de l'article L. 431-7 est opposable aux tiers du fait de l'accord écrit des parties.**

L. 431-7-2 *(Ord. n° 2005-171 du 24 févr. 2005, art. 2)* **Les dispositions du livre VI du code de commerce, ou celles régissant toutes procédures judiciaires ou amiables équivalentes ouvertes sur le fondement de droits étrangers, ne font pas obstacle à l'application des dispositions de la présente section.**

SECTION III *Garanties*

(Ord. n° 2005-171 du 24 févr. 2005, art. 2)

L. 431-7-3 *(Ord. n° 2005-171 du 24 févr. 2005, art. 2)* **I. — A titre de garantie des obligations financières présentes ou futures mentionnées au I de l'article L. 431-7, les parties peuvent prévoir des remises en pleine propriété, opposables aux tiers sans formalités, de valeurs, instruments financiers, effets, créances, contrats ou sommes d'argent, ou la constitution de sûretés sur de tels biens ou droits, réalisables, même lorsque l'une des parties fait l'objet d'une des procédures prévues par le livre VI du code de commerce, ou d'une procédure judiciaire ou amiable équivalente sur le fondement d'un droit étranger, ou d'une procédure civile d'exécution ou de l'exercice d'un droit d'opposition.**

Les dettes et créances relatives à ces garanties et celles afférentes à ces obligations sont alors compensables conformément au II de l'article L. 431-7.

II. — Lorsque les garanties mentionnées au I sont relatives aux obligations financières mentionnées aux 2° et 3° du I de l'article L. 431-7 :

1° La constitution de telles garanties et leur opposabilité ne sont subordonnées à aucune formalité. Elles résultent du transfert des biens et droits en cause, de la dépossession du constituant ou de leur contrôle par le bénéficiaire ou par une personne agissant pour son compte ;

2° L'identification des biens et droits en cause, leur transfert, la dépossession du constituant ou le contrôle par le bénéficiaire doivent pouvoir être attestés par écrit ;

3° La réalisation de telles garanties intervient à des conditions normales de marché, par compensation, appropriation ou vente, sans mise en demeure préalable, selon les modalités d'évaluation prévues par les parties dès lors que les obligations financières couvertes sont devenues exigibles.

III. — L'acte prévoyant la constitution des sûretés mentionnées au I peut définir les conditions dans lesquelles le bénéficiaire de ces sûretés peut utiliser ou aliéner les biens ou droits en cause, à charge pour lui de restituer au constituant des biens ou droits équivalents. Les sûretés concernées portent alors sur les biens ou droits équivalents ainsi restitués comme si elles avaient été constituées dès l'origine sur ces biens ou droits équivalents. Cet acte peut permettre au bénéficiaire de compenser sa dette de restitution des biens ou droits équivalents avec les obligations financières au titre desquelles les sûretés ont été constituées, lorsqu'elles sont devenues exigibles.

Par biens ou droits équivalents on entend :

1° Lorsqu'il s'agit d'espèces, une somme de même montant et dans la même monnaie ;

2° Lorsqu'il s'agit d'instruments financiers, des instruments financiers ayant le même émetteur ou débiteur, faisant partie de la même émission ou de la même catégorie, ayant la même valeur nominale, libellés dans la même monnaie et ayant la même désignation ou, d'autres actifs, lorsque les parties le prévoient, en cas de survenance d'un fait concernant ou affectant les instruments financiers constitués en sûreté.

Lorsqu'il s'agit d'autres biens ou droits que ceux mentionnés aux 1° et 2°, la restitution porte sur ces mêmes biens ou droits.

IV. — Les modalités de réalisation et de compensation des garanties mentionnées au I et des obligations mentionnées au I de l'article L. 431-7 sont opposables aux tiers. Toute réalisation ou compensation effectuée en raison d'une procédure civile d'exécution ou de l'exercice d'un droit d'opposition est réputée être intervenue avant cette procédure.

L. 431-7-4 *(Ord. n° 2005-171 du 24 févr. 2005, art. 2)* **Les droits ou obligations du constituant, du bénéficiaire ou de tout tiers relatifs aux garanties mentionnées au I de l'article L. 431-7-3 portant sur des instruments financiers représentés par une inscription en compte sont déterminés par la loi de l'État où est situé le compte sur lequel les instruments financiers sont remis ou constitués en garantie.**

L. 431-7-5 *(Ord. nº 2005-171 du 24 févr. 2005, art. 2)* **Les dispositions du livre VI du code de commerce, ou celles régissant toutes les procédures judiciaires ou amiables équivalentes ouvertes sur le fondement de droits étrangers, ne font pas obstacle à l'application de la présente section.**

L'ord. nº 2005-171 du 24 févr. 2005 a été ratifiée par la L. nº 2005-842 du 26 juill. 2005, art. 31-I.

BIBL. ▸ AUCKENTHALER, *JCP E 1996. I. 594 ; JCP E 2001, nº 42, p. 1669* (le global-netting et la loi NRE) ; *Banque et Droit mai-juin 2002. 13* (pensions et prêts de titres : quelques incidences de la loi NRE). – KOLIFRATH, *Rev. dr. bancaire 1997. 143* (annexe AFB remise en garantie) ; *Banque et Droit janv.-févr. 1999. 13* (dérivés de crédit : vers une approche juridique). – BOSSIN et LUCAS DE LEYSSAC, *D. Affaires 1998. 1568* (sort des produits dérivés en cas de redressement judiciaire d'une société). – AYNÈS et KOLIFRATH, *ibid. 1573* (remises en pleine propriété à titre de garantie : confirmation de la licéité des cessions fiduciaires en droit français). – CANU et DE SAINT MARS, *RD bancaire et bourse 1998. 119* (intermédiation financière et droit des procédures collectives). – BESSE et GAUVIN, *ibid. 1999. 45* (licéité des dérivés de crédit en droit français). – GISSINGER et GAUVIN, *ibid. 1999. 236* (risques inhérents à l'utilisation des dérivés de crédit). – DE LUMMEN, *Banque et Droit janv.-févr. 2001. 15* (étude des dérivés de crédit). – DE VAUPLANE et BOHM, *ibid. juill.-août 2001. 3* (nouveautés en droit boursier et des marchés financiers apportées par la loi NRE). – CAILLEMER DU FERRAGE, *ibid. sept.-oct. 2001. 3* (rêve familier du global-netting à la française). – BENSOUSSAN et LE HIR, *ibid. nov.-déc. 2002. 3* (contrat de regroupement de convention cadre OPCVM). – PLAIS, *ibid janv.-févr. 2003. 3* (gage de compte d'instruments financiers en couverture d'opérations de dérivés de gré à gré). – DE VAUPLANE et DAIGRE, *ibid. mai-juin 2003. 38* (directive contrats de garantie financière du 6 juin 2002). – DAIGRE, *Mélanges Guyon, Dalloz, 2003, p. 271* (domaine matériel de l'art. L. 431-7, al. 1er). – CHVIKA, *Bull. Joly Bourse 2003. 16 (security interest)*. – BOILLOT, *D. 2003. 2741* (droit bancaire et financier et droit des procédures collectives). – PAROLAI et LEWIS, *Banque et Droit sept.-oct. 2003. 43* (convention-cadre ISDA 2002 : nouveau support juridique des opérations internationales de produits dérivés). – FAVERO, *RTD com. 2003. 429* (standardisation contractuelle : l'exemple du contrat du *Loan Market Association*). – LEPLAT, *Petites affiches 14 nov. 2003, p. 28* (compensation consécutive aux opérations sur instruments financiers). – DANIS-FATÔME, *ibid. 5 mai 2004, p. 4* (efficacité des sûretés consenties dans le cadre d'opérations de syndication). – DAMMANN, *Banque et Droit mai-juin 2005. 36* (droit européen des faillites : source d'incertitudes et d'opportunités pour les banques).

CHAPITRE II *Formes particulières de cessions d'instruments financiers*

SECTION I *Vente à crédit*

L. 432-1 à L. 432-4 *Abrogés par L. nº 2006-387 du 31 mars 2006, art. 26-XIII.*

SECTION II *Adjudication*

L. 432-5 Les adjudications publiques volontaires ou forcées de valeurs mobilières négociables sont faites, si les titres sont admis aux négociations sur un marché réglementé, par les prestataires de services d'investissement membres du marché réglementé où ces titres sont négociés, et, dans le cas contraire, par un prestataire de services d'investissement ou par un notaire.

Même en cas de dispositions statutaires contraires, les dispositions du présent article s'appliquent aux adjudications pour défaut de libération d'actions. — *[L. nº 290 du 14 févr. 1942, art. 20 bis].*

BIBL. ▸ DAIGRE, *Rev. huiss. 1993. 1201.*

SECTION III *Cessions temporaires*

*V. C. **sociétés**.*

....

SECTION IV ***Opérations à terme***

L. 432-20 **Les instruments financiers à terme mentionnés au II de l'article L. 211-1 sont valides, alors même qu'ils feraient l'objet de dispositions législatives spéciales, pour autant que leur cause et leur objet sont licites. Nul ne peut, pour se soustraire aux obligations qui résultent d'opérations à terme, se prévaloir de l'article 1965 du code civil, lors même que ces opérations se résoudraient par le paiement d'une simple différence.** – *[L. n° 96-597 du 2 juill. 1996, art. 46 (I)].*

L. 432-21 (Abrogé par L. n° 2003-706 du 1er août 2003, art. 91) ***Les contrats à terme sur toutes marchandises et denrées qui ne donnent pas lieu à livraison sont passés entre deux ou plusieurs parties dont l'une au moins est un prestataire de services d'investissement, ou une institution, entreprise ou établissement mentionnés à l'article L. 531-2 ou un établissement non-résident ayant un statut comparable.*** – [L. n° 96-597 du 2 juill. 1996, art. 46 (II)].

Sur la réglementation du démarchage en vue d'opérations sur le marché à terme, V. art. L. 341-1 s. C. mon. fin., supra.

BIBL. ▸ AMADOU, *Bull. Joly Bourse 1997. 547* (légalité des marchés dérivés). - KOLIFRATH, *Banque et Droit janv.-févr. 1999. 13* (dérivés de crédit : vers une approche juridique). - BESSE et GAUVIN, *RD bancaire et bourse 1999. 45* (licéité des dérivés de crédit en droit français). - GISSINGER et GAUVIN, *ibid. 236* (risques inhérents à l'utilisation des dérivés de crédit). - DE LUMMEN, *Banque et Droit janv.-févr. 2001. 15* (étude des dérivés de crédit).

CHAPITRE III ***Opérations spécifiques aux marchés réglementés***

SECTION I ***Offres publiques d'achat et d'échange***

L. 433-1 *(L. n° 2006-387 du 31 mars 2006, art. 1er)* **I. – Afin d'assurer l'égalité des actionnaires et la transparence des marchés, le règlement général de l'Autorité des marchés financiers fixe les règles relatives aux offres publiques portant sur des instruments financiers émis par une société dont le siège social est établi en France et qui sont admis aux négociations sur un marché réglementé français.** – *V. Règl. gén. AMF au* ***C. sociétés.***

II. – Ces règles s'appliquent également aux offres publiques visant des instruments financiers émis par une société dont le siège statutaire est établi sur le territoire d'un État membre de la Communauté européenne ou d'un autre État partie à l'accord sur l'Espace économique européen autre que la France lorsque les titres de capital de cette société auxquels sont attachés des droits de vote :

1° Ne sont pas admis aux négociations sur un marché réglementé de l'État sur le territoire duquel la société a son siège statutaire et

2° Ont été admis aux négociations sur un marché réglementé d'un État membre de la Communauté européenne ou d'un autre État partie à l'Espace économique européen pour la première fois en France.

Lorsque la première admission mentionnée au 2° est intervenue simultanément dans plusieurs États membres de la Communauté européenne ou d'autres États parties à l'accord sur l'Espace économique européen avant le 20 mai 2006, l'Autorité des marchés financiers fixe les règles mentionnées au I lorsqu'elle a été déclarée autorité compétente pour le contrôle de l'offre par les autorités de contrôle des autres États membres de la Communauté européenne concernés. A défaut, lorsque cette déclaration n'est pas intervenue dans les quatre semaines suivant le 20 mai 2006, l'Autorité des marchés financiers fixe les règles mentionnées au I lorsqu'elle a été déclarée autorité compétente pour le contrôle de l'offre par la société qui fait l'objet de l'offre.

Lorsque la première admission mentionnée au 2° intervient simultanément dans plusieurs États membres de la Communauté européenne ou d'autres États parties à l'accord sur l'Espace économique européen après le 20 mai 2006, l'Autorité des mar-

chés financiers fixe les règles lorsqu'elle a été déclarée compétente pour le contrôle de l'offre par la société qui fait l'objet de l'offre.

Dans les conditions et selon les modalités fixées par le règlement général de l'Autorité des marchés financiers, la société qui fait l'objet de l'offre et qui déclare l'Autorité des marchés financiers autorité compétente pour le contrôle de l'offre en informe cette dernière, qui rend cette décision publique.

III. – Le règlement général de l'Autorité des marchés financiers fixe les conditions dans lesquelles les règles mentionnées au I s'appliquent aux offres publiques visant des instruments financiers émis par des sociétés dont le siège statutaire est établi hors d'un État membre de la Communauté européenne ou d'un autre État partie à l'accord sur l'Espace économique européen et qui sont admis aux négociations sur un marché réglementé français.

IV. – Le règlement général de l'Autorité des marchés financiers peut également fixer les conditions dans lesquelles les règles prévues au I s'appliquent aux offres publiques visant des instruments financiers qui sont admis aux négociations sur un marché d'instruments financiers autre qu'un marché réglementé, à la demande de la personne qui le gère.

V. – Toute personne, dont il y a des motifs raisonnables de penser qu'elle prépare une offre publique, peut être tenue de déclarer ses intentions à l'Autorité des marchés financiers, dans des conditions et selon des formes fixées par le règlement général de celle-ci. Il en est ainsi, en particulier, quand des instruments financiers admis aux négociations sur un marché réglementé français font l'objet d'un mouvement significatif.

Une information concernant cette déclaration est portée à la connaissance du public dans les conditions fixées par le règlement général de l'Autorité des marchés financiers.

Le règlement général détermine les conséquences qui résultent de cette déclaration d'intention. Il précise notamment les conditions dans lesquelles le dépôt d'un projet d'offre publique par toute personne qui aurait, dans un délai fixé par le règlement général de l'Autorité des marchés financiers, démenti avoir l'intention de déposer une telle offre peut être refusé. – *V. Règl. gén. AMF au* ***C. sociétés****.*

L. 433-1-1 *(L. nº 2001-420 du 15 mai 2001)* Le *(L. nº 2003-706 du 1er août 2003, art. 46-V)* « règlement général de l'Autorité des marchés financiers » fixe également les conditions dans lesquelles, lorsque plus de trois mois se sont écoulés depuis le dépôt d'un projet d'offre publique sur les titres d'une société, le conseil peut fixer, après avoir préalablement demandé aux parties de présenter leurs observations, une date de clôture définitive de toutes les offres publiques portant sur les titres de ladite société. - *V. Règl. gén. AMF au* ***C. sociétés****.*

L. 433-2 *(L. nº 2006-387 du 31 mars 2006, art. 22-III)* En période d'offre publique, les mesures dont la mise en œuvre est susceptible de faire échouer l'offre et les restrictions au transfert d'actions et au droit de vote sont régies par les articles L. 233-32 à L. 233-40 du code de commerce. – *V. ces art., supra.*

SECTION II *Obligation de déposer un projet d'offre publique*

L. 433-3 I. – Le *(L. nº 2003-706 du 1er août 2003, art. 46-V)* « règlement général de l'Autorité des marchés financiers » fixe les conditions dans lesquelles toute personne physique ou morale agissant seule ou de concert au sens des dispositions de l'article L. 233-10 du code de commerce et venant à détenir, directement ou indirectement, une fraction du capital ou des droits de vote d' *(L. nº 2006-387 du 31 mars 2006,* *art. 2-II)* « une société dont le siège social est établi en France et dont les actions » sont admises aux négociations sur un marché réglementé *(L. n° 2006-387 du 31 mars 2006, art. 2-III)* « d'un État membre de la Communauté européenne ou d'un autre État partie à l'accord sur l'Espace économique européen », est tenue d'en informer immédiatement le conseil et de déposer un projet d'offre publique en vue d'acquérir une quantité déterminée des titres de la société ; à défaut d'avoir procédé à ce dépôt, les titres qu'elle détient au-delà de la fraction du capital ou des droits de vote sont privés du droit de vote. – *V. Règl. gén. AMF au* ***C. sociétés.***

(L. n° 2006-387 du 31 mars 2006, art. 2-I) « Le prix proposé doit être au moins équivalent au prix le plus élevé payé par l'auteur de l'offre, agissant seul ou de concert au sens des dispositions de l'article L. 233-10 du code de commerce, sur une période de douze mois précédant le dépôt de l'offre. L'Autorité des marchés financiers peut demander ou autoriser la modification du prix proposé dans les circonstances et selon les critères fixés dans son règlement général.

« Le règlement général de l'Autorité des marchés financiers fixe également les conditions dans lesquelles l'autorité peut accorder une dérogation à l'obligation de déposer un projet d'offre publique portant sur des instruments financiers émis par une société dont le siège social est établi en France et dont les instruments financiers sont admis aux négociations sur un marché réglementé d'un État membre de la Communauté européenne ou d'un autre État partie à l'accord sur l'Espace économique européen. »

II. – Le *(L. n° 2003-706 du 1er août 2003, art. 46-V)* « règlement général de l'Autorité des marchés financiers » fixe également les conditions dans lesquelles le projet d'acquisition d'un bloc de titres conférant la majorité du capital ou des droits de vote d' *(L. n° 2006-387 du 31 mars 2006, art. 2-II)* « une société dont le siège social est établi en France et dont les actions » sont admises aux négociations sur un marché réglementé *(L. n° 2006-387 du 31 mars 2006, art. 2-III)* « d'un État membre de la Communauté européenne ou d'un autre État partie à l'accord sur l'Espace économique européen » oblige le ou les acquéreurs à acheter les titres qui leur sont alors présentés au cours ou au prix auquel la cession du bloc est réalisée. – *[L. n° 96-597 du 2 juill. 1996, art. 33, 1° et 2°]. – V. note ss. art. L. 621-6.*

(L. n° 2005-842 du 26 juill. 2005, art. 34) « III. – L'Autorité des marchés financiers peut prévoir que les règles mentionnées au II sont également applicables, dans des conditions et selon des modalités fixées par son règlement général, aux instruments financiers négociés sur tout marché d'instruments financiers ne constituant pas un marché réglementé, lorsque la personne qui gère ce marché en fait la demande. »

(L. n° 2006-387 du 31 mars 2006, art. 2-III) « IV. – Le règlement général de l'Autorité des marchés financiers fixe également les conditions dans lesquelles tout projet d'offre publique déposé conformément aux dispositions de la section 1 du présent chapitre ou de la présente section doit, lorsque l'offre porte sur une société qui détient plus du tiers du capital ou des droits de vote d'une société française ou étrangère dont des titres de capital sont admis aux négociations sur un marché réglementé d'un État partie à l'accord sur l'Espace économique européen ou sur un marché équivalent régi par un droit étranger et qui constitue un actif essentiel de la société détentrice, être accompagné des documents permettant de prouver qu'un projet d'offre publique irrévocable et loyale est ou sera déposé sur l'ensemble du capital de ladite société française ou étrangère, au plus tard à la date d'ouverture de la première offre publique. »

SECTION III *Offres publiques de retrait et retrait obligatoire*

L. 433-4 I. – Le *(L. n° 2003-706 du 1er août 2003, art. 46-V)* « règlement général de l'Autorité des marchés financiers » fixe les conditions applicables aux procédures d'offre et de demande de retrait, lorsque le ou les actionnaires majoritaires d' *(L. n° 2006-387 du 31 mars 2006, art. 2-II)* « une société dont le siège social est établi en France et dont les actions » sont admises aux négociations sur un marché réglementé *(L. n° 2006-387 du 31 mars 2006, art. 2-III)* « d'un État membre de la Communauté

européenne ou d'un autre État partie à l'accord sur l'Espace économique européen » ou dont les titres ont cessé d'être négociés sur un marché réglementé *(L. n° 2006-387 du 31 mars 2006, art. 2-III)* **« d'un État membre de la Communauté européenne ou d'un autre État partie à l'accord sur l'Espace économique européen » détiennent de concert, au sens des dispositions de l'article L. 233-10 du code de commerce, une fraction déterminée des droits de vote ou lorsqu'** *(L. n° 2006-387 du 31 mars 2006, art. 2-II)* **« une société dont le siège social est établi en France et dont les actions » sont admises aux négociations sur un marché réglementé** *(L. n° 2006-387 du 31 mars 2006, art. 2-III)* **« d'un État membre de la Communauté européenne ou d'un autre État partie à l'accord sur l'Espace économique européen » prend la forme d'une société en commandite par actions.** — *V. Règl. gén. AMF au* ***C. sociétés.***

II. — Le *(L. n° 2003-706 du 1er août 2003, art. 46-V)* **« règlement général de l'Autorité des marchés financiers » fixe également les conditions dans lesquelles, à l'issue d'une procédure d'offre ou de demande de retrait, les titres non présentés par les actionnaires minoritaires, dès lors qu'ils ne représentent pas plus de 5 % du capital ou des droits de vote, sont transférés aux actionnaires majoritaires à leur demande, et les détenteurs indemnisés ; l'évaluation des titres, effectuée selon les méthodes objectives pratiquées en cas de cession d'actifs tient compte, selon une pondération appropriée à chaque cas, de la valeur des actifs, des bénéfices réalisés, de la valeur boursière, de l'existence de filiales et des perspectives d'activité. L'indemnisation est égale, par titre, au résultat de l'évaluation précitée ou, s'il est plus élevé, au prix proposé lors de l'offre ou la demande de retrait. Le montant de l'indemnisation revenant aux détenteurs non identifiés est consigné.** — *[L. n° 96-597 du 2 juill. 1996, art. 33, 3° et 4°]. — V. note ss. art. L. 621-6.*

(L. n° 2006-387 du 31 mars 2006, art. 5) **« III. — Sans préjudice des dispositions du II, le règlement général de l'Autorité des marchés financiers fixe également les conditions dans lesquelles, à l'issue de toute offre publique et dans un délai de trois mois à l'issue de la clôture de cette offre, les titres non présentés par les actionnaires minoritaires, dès lors qu'ils ne représentent pas plus de 5 % du capital ou des droits de vote, sont transférés aux actionnaires majoritaires à leur demande, et les détenteurs indemnisés. Dans les conditions et selon les modalités fixées par le règlement général de l'Autorité des marchés financiers, l'indemnisation est égale, par titre, au prix proposé lors de la dernière offre ou, le cas échéant, au résultat de l'évaluation mentionnée au II. Lorsque la première offre publique a eu lieu en tout ou partie sous forme d'échange de titres, l'indemnisation peut consister en un règlement en titres, à condition qu'un règlement en numéraire soit proposé à titre d'option, dans les conditions et selon les modalités fixées par le règlement général de l'Autorité des marchés financiers. Lorsque les titulaires de titres ne sont pas identifiés, dans les conditions mentionnées à l'article L. 228-6-3 du code de commerce, l'indemnisation est effectuée en numéraire et son montant consigné.**

« IV. — Le règlement général de l'Autorité des marchés financiers fixe également les conditions dans lesquelles la procédure mentionnée aux II et III porte sur les titres donnant ou pouvant donner accès au capital, dès lors que les titres de capital susceptibles d'être créés par conversion, souscription, échange, remboursement, ou de toute autre manière, des titres donnant ou pouvant donner accès au capital non présentés, une fois additionnés avec les titres de capital existants non présentés, ne représentent pas plus de 5 % de la somme des titres de capital existants et susceptibles d'être créés. »

La procédure de retrait obligatoire, dont les conditions sont fixées par l'art. L. 433-4, et qui a pour objet l'expropriation des minoritaires, ne porte pas atteinte à la Conv. EDH et à l'art. 1er du Protocole additionnel bien qu'elle ne soit pas justifiée par une cause d'utilité publique comme le prévoit la Convention. • Paris, 16 sept. 2003 : *JCP E 2003, n° 49, p. 1966, note Viandier ; ibid. 2004, n° 27, p. 1102, obs. Deprez-Graff ; Bull. Joly Bourse 2003. 749, note Bucher ; RJDA 2004, n° 837.*

TITRE IV Les entreprises de marché et les chambres de compensation

CHAPITRE PREMIER *Entreprises de marché*

L. 441-1 Les entreprises de marché sont des sociétés commerciales qui ont pour activité principale d'assurer le fonctionnement d'un marché réglementé d'instruments financiers. – *[L. n° 96-597 du 2 juill. 1996, art. 40, al. 1er].*

(L. n° 2001-1168 du 11 déc. 2001) « Toute personne qui vient à posséder, directement ou indirectement, une fraction du capital ou des droits de vote d'une entreprise de marché représentant plus du dixième, du cinquième, du tiers, de la moitié ou des deux tiers est tenue d'en informer *(L. n° 2003-706 du 1er août 2003, art. 46-V)* « l'Autorité des marchés financiers », dans des conditions et selon des modalités prévues par décret. En cas de manquement à cette obligation déclarative et sans préjudice des dispositions de l'article L. 233-14 du code de commerce, *(L. n° 2003-706 du 1er août 2003, art. 46-V)* « l'Autorité des marchés financiers » ou tout actionnaire peut demander au juge de suspendre, jusqu'à régularisation de la situation, l'exercice des droits de vote attachés aux actions de l'entreprise de marché qui n'ont pas été régulièrement déclarées. – *V. infra, art. D. 441-1 s.*

« A la suite d'une prise ou d'une extension de participation, le ministre chargé de l'économie peut, dans l'intérêt du bon fonctionnement d'un marché réglementé et sans préjudice des dispositions de l'article L. 233-14 du code de commerce, demander au juge de suspendre, jusqu'à régularisation de la situation, l'exercice des droits de vote attachés aux actions de l'entreprise de marché détenues directement ou indirectement. Sur proposition *(L. n° 2003-706 du 1er août 2003, art. 46-V)* « de l'Autorité des marchés financiers » et *(Ord. n° 2005-429 du 6 mai 2005, art. 51)* « après avis » de la Banque de France, le ministre peut également procéder à une révision de la reconnaissance du marché réglementé ou à son retrait, dans les conditions prévues à l'article L. 421-1. »

Art. L. 441-2 (Abrogé par L. n° 2001-1168 du 11 déc. 2001, art. 27-I) *« Sous réserve des dispositions de l'article L. 442-1, les entreprises de marché peuvent également gérer une ou plusieurs chambres de compensation. »*

(Abrogé par L. n° 2003-706 du 1er août 2003, art. 92) (L. n° 2001-1168 du 11 déc. 2001) *« Les entreprises de marché » délivrent les cartes professionnelles mentionnées au 3 du II de l'article L. 622-7 pour ce qui concerne l'accès au marché réglementé dont elles ont la charge.* – [L. n° 96-597 du 2 juill. 1996, art. 40, al. 2 et 3].

L. 441-3 *(L. n° 2001-1168 du 11 déc. 2001)* Les dirigeants, salariés et préposés des entreprises de marché sont tenus au secret professionnel.

CHAPITRE II *Chambres de compensation*

L. 442-1 Les chambres de compensation assurent la surveillance des positions, l'appel des marges et, le cas échéant, la liquidation d'office des positions. Elles doivent avoir la qualité d'établissement de crédit *(Abrogé par L. n° 2001-1168 du 11 déc. 2001, art. 27-I) « ou être gérées par un établissement de crédit. »* Leurs règles de fonctionnement doivent avoir été approuvées par *(L. n° 2003-706 du 1er août 2003, art. 46-V)* « l'Autorité des marchés financiers ».

Les relations entre une chambre de compensation et une personne mentionnée à l'article L. 442-2 sont de nature contractuelle. – *[L. n° 96-597 du 2 juill. 1996, art. 47 (I)].*

V. Règl. gén. AMF, livre V, titre III (Chambres de compensation) au ***C. sociétés.***

L. 442-2 *(L. nº 2001-1168 du 11 déc. 2001)* Seuls peuvent adhérer aux chambres de compensation :

1. Les établissements de crédit établis en France ;
2. Les entreprises d'investissement établies en France ;
3. Les personnes morales dont les membres ou associés sont indéfiniment et solidairement responsables des dettes et engagements, à condition que ces membres ou associés soient des établissements ou entreprises mentionnés aux 1 et 2 ci-dessus ;
4. Les personnes morales établies en France et ayant pour objet principal ou unique l'activité de compensation d'instruments financiers ;
5. Dans des conditions fixées par le *(L. nº 2003-706 du 1er août 2003, art. 46-V)* « règlement général de l'Autorité des marchés financiers », les établissements de crédit, les entreprises d'investissement et les personnes morales ayant pour objet principal ou unique l'activité de compensation d'instruments financiers, qui ne sont pas établis en France. – *V. Règl. gén. AMF, art. 531-13 et 531-14 au* ***C. sociétés.***

(Ord. nº 2004-482 du 3 juin 2004, art. 2) « Les organismes mentionnés aux 1° à 4° sont soumis, pour leur activité de compensation d'instruments financiers, aux obligations législatives et réglementaires et aux règles de contrôle et de sanction fixées par le présent code pour les prestataires de services d'investissement. Les personnes morales mentionnées aux 1° et 2° font l'objet d'une habilitation délivrée dans le cadre de leur agrément. Les personnes morales mentionnées aux 3° et 4° sont soumises aux règles d'agrément fixées par le présent code pour les entreprises d'investissement. »

Les organismes mentionnés au 5 doivent être soumis dans leur État d'origine à des règles d'exercice de l'activité de compensation et de contrôle équivalentes à celles en vigueur en France. *(L. nº 2003-706 du 1er août 2003, art. 46-V)* « L'Autorité des marchés financiers » exerce à l'égard de ces organismes les pouvoirs de contrôle et de sanction prévus par le présent code pour les prestataires de services d'investissement, en tenant compte de la surveillance exercée par les autorités compétentes de chaque État concerné.

BIBL. ▶ BOUCHETA et TIMON, *Banque et Droit nov.-déc. 2005. 9* (adhésion aux chambres de compensation face à l'internationalisation des marchés financiers).

L. 442-3 Les dirigeants, salariés et préposés des chambres de compensation sont tenus au secret professionnel. – *[L. nº 96-597 du 2 juill. 1996, art. 47 (III)].*

L. 442-4 Les chambres de compensation peuvent décider, de façon non discriminatoire, que leurs adhérents sont commissionnaires ducroire à l'égard des donneurs d'ordre dont ils tiennent les comptes. Cette qualité de ducroire est nécessaire pour que les marchés d'instruments financiers puissent être reconnus marchés réglementés au sens de l'article L. 421-1. – *[L. nº 96-597 du 2 juill. 1996, art. 48 (I)].*

L. 442-5 Dans tous les cas, les membres adhérents d'une chambre de compensation s'engagent à remplir, vis à vis de la chambre de compensation, l'intégralité des obligations découlant des transactions inscrites au nom des tiers dans leurs comptes. Le paiement des sommes dues à ce titre ne peut être différé. Toute clause contraire est réputée non écrite. – *[L. nº 96-597 du 2 juill. 1996, art. 48 (II)].*

L. 442-6 Quelle que soit leur nature, les dépôts effectués par les donneurs d'ordre auprès des prestataires de service d'investissement, des adhérents d'une chambre de compensation, ou effectués par ces adhérents auprès d'une telle chambre en couverture ou garantie des positions prises sur un marché d'instruments financiers, sont transférés en pleine propriété soit au prestataire ou à l'adhérent, soit à la chambre concernée dès leur constitution aux fins de règlement, d'une part, du solde débiteur constaté lors de la liquidation d'office des positions et, d'autre part, de toute autre somme due soit au prestataire ou à l'adhérent, soit à cette chambre.

Aucun créancier d'un adhérent d'une chambre de compensation, d'un prestataire mentionné à l'alinéa précédent, ou selon le cas, de la chambre elle-même, ne peut se

prévaloir d'un droit quelconque sur ces dépôts même sur le fondement du titre Ier ou du titre II *[titres I à IV]* **du livre VI du code de commerce.** – *[L. n° 96-597 du 2 juill. 1996, art. 49].*

V. Arr. du 17 juin 2005 relatif au cantonnement des fonds de la clientèle des entreprises d'investissement (JO 25 juin).

BIBL. ▸ AGBAYISSAH, *JCP E 1996. I. 603* (transfert de propriété à fin de garantie sur les marchés réglementés). – DE VAUPLANE, *RD bancaire et bourse 1998. 197* (couverture des opérations en bourse ; sûreté hybride). – GOUTAY, *Banque et Droit mars-avr. 2000. 8* (responsabilité des intermédiaires : compensation et règlement-livraison).

La possibilité de bénéficier du transfert en pleine propriété des dépôts effectués par les donneurs d'ordre est réservée aux adhérents d'une chambre de compensation. • Com. 5 avr. 2005 : *Bull. Joly Bourse 2005. 557, note Bonneau.*

L. 442-7 Les dispositions du second alinéa de l'article L. 442-6 s'appliquent également à tout créancier d'un donneur d'ordre, à tout représentant d'un donneur d'ordre ou d'un adhérent à une chambre de compensation, ainsi qu'à tout mandataire judiciaire désigné dans le cadre du titre Ier ou du titre II *[titres I à IV]* **du livre VI du code de commerce.**

Les interdictions mentionnées au premier alinéa du présent article et au second alinéa de l'article L. 442-6 sont également applicables aux procédures judiciaires ou amiables ouvertes hors de France, équivalentes ou similaires à celles prévues par le titre Ier ou le titre II *[titres I à IV]* **du livre VI du code de commerce.** – *[L. n° 96-597 du 2 juill. 1996, art. 50].*

L. 442-8 En cas d'ouverture d'une procédure collective à l'encontre d'un adhérent d'une chambre de compensation ou de tout autre cas de défaillance de cet adhérent :

1. La chambre peut faire transférer chez un autre adhérent les couvertures et dépôts de garantie effectués auprès de cet adhérent et afférents aux positions prises par les donneurs d'ordres non défaillants ;

2. La chambre peut transférer chez un autre adhérent les positions enregistrées chez elle pour le compte des donneurs d'ordres de cet adhérent, et les couvertures et dépôts de garantie y afférents. – *[L. n° 96-597 du 2 juill. 1996, art. 51 (I), 1° et 2°].*

L. 442-9 Les adhérents des chambres de compensation ne peuvent opposer le secret professionnel aux demandes formulées par celles-ci aux fins d'assurer la surveillance des positions et, concernant l'identité, les positions et la solvabilité des donneurs d'ordres dont ils tiennent les comptes. – *[L. n° 96-597 du 2 juill. 1996, art. 51 (II)].*

TITRE V La protection des investisseurs

CHAPITRE PREMIER *La transparence des marchés*

SECTION I *Les obligations d'information relative aux comptes*

L. 451-1 Sans préjudice des dispositions relatives à l'appel public à l'épargne, les obligations d'information des sociétés dont les actions sont admises aux négociations sur un marché réglementé sont fixées par les articles L. 232-7 et L. 232-8 du code de commerce, reproduits ci-après : – *V. ces art., supra, C. com.*

L. 451-1-1 *(L. n° 2005-842 du 26 juill. 2005, art. 32-I)* **Les émetteurs dont des instruments financiers autres que des titres de créance d'une valeur nominale supérieure à 50 000 € ou des instruments du marché monétaire, au sens de la directive 2004/39/CE du Parlement et du Conseil, du 21 avril 2004, concernant les marchés**

d'instruments financiers, dont l'échéance est inférieure à douze mois sont admis aux négociations sur un marché réglementé d'un État partie à l'accord sur l'Espace économique européen, relevant de la compétence de l'Autorité des marchés financiers pour le visa mentionné à l'article L. 621-8, doivent déposer auprès de l'Autorité des marchés financiers, dans les conditions fixées par son règlement général, après la publication de leurs comptes annuels, un document qui contient ou mentionne toutes les informations qu'ils ont publiées ou rendues publiques au cours des douze derniers mois dans l'Espace économique européen ou un pays tiers pour satisfaire à leurs obligations législatives ou réglementaires en matière d'instruments financiers, d'émetteurs d'instruments financiers et de marchés d'instruments financiers.

L'art. L. 451-1-1 entre en vigueur à compter de la publication (JO 26 juill.) de la L. n° 2005-842 du 26 juill. 2005 (L. préc., art. 32-V).

L. 451-1-2 *(L. n° 2005-842 du 26 juill. 2005, art. 32-I)* I. — Les émetteurs français dont des titres de capital, ou des titres de créance dont la valeur nominale est inférieure à 1 000 € et qui ne sont pas des instruments du marché monétaire, au sens de la directive 2004/39/CE du Parlement et du Conseil, du 21 avril 2004, précitée, dont l'échéance est inférieure à douze mois, sont admis aux négociations sur un marché réglementé d'un État partie à l'accord sur l'Espace économique européen, publient et déposent auprès de l'Autorité des marchés financiers un rapport financier annuel dans les quatre mois qui suivent la clôture de leur exercice.

Ce rapport financier annuel est tenu à la disposition du public pendant cinq ans, selon des modalités prévues par le règlement général de l'Autorité des marchés financiers. Il comprend les comptes annuels, les comptes consolidés le cas échéant, un rapport de gestion, une déclaration des personnes physiques qui assument la responsabilité de ces documents et le rapport des commissaires aux comptes ou des contrôleurs légaux ou statutaires sur les comptes précités.

II. — Le règlement général de l'Autorité des marchés financiers précise également les cas dans lesquels les émetteurs autres que ceux mentionnés au I sont soumis à l'obligation prévue au I. Ces émetteurs sont :

1° Les émetteurs français dont des titres donnant accès au capital au sens de l'article L. 212-7, des titres de créance donnant le droit d'acquérir ou de vendre tout autre titre ou donnant lieu à un règlement en espèces, notamment des warrants ou des titres de créance dont la valeur nominale est supérieure ou égale à 1 000 € et qui ne sont pas des instruments du marché monétaire, au sens de la directive 2004/39/CE du Parlement et du Conseil, du 21 avril 2004, précitée, dont l'échéance est inférieure à douze mois sont admis aux négociations sur un marché réglementé d'un État partie à l'accord sur l'Espace économique européen ;

2° Les émetteurs dont le siège est établi hors de France dont des titres mentionnés au 1° sont admis aux négociations sur un marché réglementé français ;

3° Les émetteurs dont le siège est établi hors de l'Espace économique européen dont des titres mentionnés au I sont admis aux négociations sur un marché réglementé d'un État partie à l'accord sur l'Espace économique européen.

III. — Les émetteurs mentionnés aux I et II et soumis aux obligations définies au I, dont des titres de capital ou des titres de créance sont admis aux négociations sur un marché réglementé d'un État partie à l'accord sur l'Espace économique européen, publient également et déposent auprès de l'Autorité des marchés financiers un rapport financier semestriel dans les deux mois qui suivent la fin du premier semestre de leur exercice.

Ce rapport financier semestriel comprend des comptes condensés pour le semestre écoulé, présentés sous forme consolidée le cas échéant, un rapport semestriel d'activité, une déclaration des personnes physiques qui assument la responsabilité de ces documents et le rapport des commissaires aux comptes ou des contrôleurs légaux ou statutaires sur l'examen limité des comptes précités.

IV. — Les émetteurs mentionnés aux I et II et soumis aux obligations définies au I, dont des titres de capital sont admis aux négociations sur un marché réglementé d'un

État partie à l'accord sur l'Espace économique européen, publient également et déposent auprès de l'Autorité des marchés financiers une information financière trimestrielle dans les quarante-cinq jours qui suivent la fin des premier et troisième trimestres de leur exercice.

Cette information financière comprend :

1° Une explication des opérations et événements importants qui ont eu lieu pendant la période considérée et une explication de leur incidence sur la situation financière de l'émetteur et des entités qu'il contrôle ;

2° Une description générale de la situation financière et des résultats de l'émetteur et des entités qu'il contrôle pendant la période considérée ;

3° Le montant net par branche d'activité du chiffre d'affaires du trimestre écoulé et, le cas échéant, de chacun des trimestres précédents de l'exercice en cours et de l'ensemble de cet exercice, ainsi que l'indication des chiffres d'affaires correspondants de l'exercice précédent. Ce montant est établi individuellement ou, le cas échéant, de façon consolidée.

V. — Sans préjudice des règles du code de commerce applicables aux comptes annuels, aux comptes consolidés, au rapport de gestion et au rapport semestriel d'activité ainsi qu'aux rapports des commissaires aux comptes, le règlement général de l'Autorité des marchés financiers précise le contenu des documents mentionnés aux I, III et IV.

VI. — Les émetteurs mentionnés aux I et II et soumis aux obligations définies au I communiquent à l'Autorité des marchés financiers, ainsi qu'aux personnes qui gèrent des marchés réglementés de l'Espace économique européen sur lesquels leurs titres sont admis aux négociations, tout projet de modification de leurs statuts, dans un délai fixé par le règlement général de l'Autorité des marchés financiers.

VII. — Sans préjudice des obligations prévues par le code de commerce, le règlement général de l'Autorité des marchés financiers fixe les modalités de publication, de dépôt et de conservation des documents et informations mentionnés au présent article.

VIII. — L'Autorité des marchés financiers peut dispenser les émetteurs dont le siège est établi hors de l'Espace économique européen des obligations définies au présent article si elle estime équivalentes les obligations auxquelles ceux-ci sont soumis. L'Autorité des marchés financiers arrête et publie régulièrement la liste des États tiers dont les dispositions législatives ou réglementaires sont estimées équivalentes.

L'art. L. 451-1-2 entre en vigueur à compter du 20 janv. 2007 (L. n° 2005-842 du 26 juill. 2005, art. 32-V).

L. 451-1-3 *(L. n° 2005-842 du 26 juill. 2005, art. 32-I)* L'Autorité des marchés financiers veille à ce que les émetteurs dont le siège est établi hors de France, qui ne sont pas soumis aux obligations définies à l'article L. 451-1-2, et dont des titres mentionnés aux I et II du même article sont admis aux négociations uniquement sur un marché réglementé français publient l'information réglementée au sens de la directive 2004/109/CE du Parlement européen et du Conseil, du 15 décembre 2004, sur l'harmonisation des obligations de transparence concernant l'information sur les émetteurs dont les valeurs mobilières sont admises à la négociation sur un marché réglementé et modifiant la directive 2001/34/ CE, dans les conditions et selon les modalités prévues par le règlement général de l'Autorité des marchés financiers.

L'art. L. 451-1-3 entre en vigueur à compter du 20 janv. 2007 (L. n° 2005-842 du 26 juill. 2005, art. 32-V).

L. 451-1-4 *(L. n° 2005-842 du 26 juill. 2005, art. 32-I)* Les obligations prévues à l'article L. 451-1-2 ne s'appliquent pas aux émetteurs suivants :

1° Les États parties à l'accord sur l'Espace économique européen et leurs collectivités territoriales ;

2° La Banque centrale européenne et les banques centrales des États mentionnés au 1° ;

3° Les organismes internationaux à caractère public dont l'un des États mentionnés au 1° fait partie ;

4° Les émetteurs de titres de créance inconditionnellement et irrévocablement garantis par l'État ou par une collectivité territoriale française ;

5° Les émetteurs dont des titres de créance ont une valeur nominale supérieure ou égale à 50 000 € et dont aucun autre instrument financier mentionné aux I et II de l'article L. 451-1-2 n'est admis aux négociations sur un marché réglementé.

L'art. L. 451-1-4 entre en vigueur à compter du 20 janv. 2007 (L. n° 2005-842 du 26 juill. 2005, art. 32-V).

L. 451-1-5 *(L. n° 2005-842 du 26 juill. 2005, art. 32-I)* **Lorsque l'Autorité des marchés financiers n'est pas l'autorité compétente pour contrôler le respect des obligations d'information prévues aux articles L. 451-1-1 et L. 451-1-2 et qu'elle établit qu'il y a eu violation par l'émetteur de ses obligations d'information, elle en informe l'autorité de contrôle de l'État partie à l'Espace économique européen compétente pour le contrôle de ces obligations d'information.**

Si en dépit des mesures prises par cette dernière ou en raison de leur inadéquation l'émetteur ou les établissements financiers chargés du placement persistent à violer les dispositions législatives ou réglementaires qui leur sont applicables, l'Autorité des marchés financiers peut, après avoir informé l'autorité de contrôle compétente pour contrôler les obligations d'information périodique, prendre toutes les mesures qui s'imposent pour protéger les investisseurs.

L'Autorité des marchés financiers informe la Commission européenne de ces mesures.

L'art. L. 451-1-5 entre en vigueur à compter du 20 janv. 2007 (L. n° 2005-842 du 26 juill. 2005, art. 32-V).

SECTION II *Obligation d'information sur les prises de participations*

L. 451-2 Les règles relatives à l'information sur les prises de participations significatives sont fixées par les articles L. 233-7 à L. 233-14 du code de commerce, reproduits ci-après : — *V. ces art., supra, C. com.*

SECTION III *Obligation d'information sur le rachat d'actions*

(L. n° 2005-842 du 26 juill. 2005, art. 26-II)

L. 451-3 *(L. n° 2005-842 du 26 juill. 2005, art. 26-II)* **Les opérations de rachat d'actions prévues par l'article L. 225-209 du code de commerce ne sont pas soumises aux dispositions du VII de l'article L. 621-8 du présent code.**

Dans les conditions et selon les modalités fixées par le règlement général de l'Autorité des marchés financiers, toute société dont des actions sont admises aux négociations sur un marché réglementé qui souhaite procéder au rachat de ses propres titres de capital informe préalablement le marché.

CHAPITRE II *Associations de défense des investisseurs*

BIBL. GÉN. ▸ Colloque Dalloz avr. 1995 (rapports Guyon, Urbain-Parléani et Boizard, Le Cannu et Bouloc), *Rev. sociétés 1995. 207.* — De Vauplane, *Bull. Joly Bourse, n° spéc., avr. 1994. 35* (*class actions*). — L'Hélias, Matthias et Neuville, *ibid. avr. 1994. 51* (associations de défense d'actionnaires). – Lucas, *Dr. et patr. janv. 2004. 54, spéc. 60* (loi n° 2003-706 de sécurité financière). – Le Bars, *Petites affiches 14 nov. 2003, p. 102* (même thème). – Pour une bibliographie thématique, V. *Rev. sociétés 1995. 405.* ▸ Class action : Magnier, *D. 2004. 554* (opportunité d'une *class action* en droit des sociétés) ; *Petites affiches 10 juin 2005, p. 33* (*class actions* d'investisseurs en produits financiers). – Mainguy, *D. 2005. 1282* (même thème). – Lipskier, *JCP E 2005, n° 18-19, p. 746* (les entreprises peuvent-elles profiter de l'introduction des *class actions* ?). – Temple, *ibid., n° 22, p. 992* (*class action* et économie de marché).

L. 452-1 Les associations régulièrement déclarées ayant pour objet statutaire explicite la défense des investisseurs en valeurs mobilières ou en produits financiers peuvent

(Abrogé par L. nº 2003-706 du 1er août 2003) « *, si elles ont été agréées à cette fin,* » agir en justice devant toutes les juridictions même par voie de constitution de partie civile, relativement aux faits portant un préjudice direct ou indirect à l'intérêt collectif des investisseurs ou de certaines catégories d'entre eux.

(L. nº 2003-706 du 1er août 2003) « Ces associations sont :

« – les associations agréées, *(L. nº 2006-387 du 31 mars 2006, art. 26-IV)* « dans des conditions fixées par décret, » après avis du ministère public et de l'Autorité des marchés financiers, lorsqu'elles justifient de six mois d'existence et, pendant cette même période, d'au moins deux cents membres cotisant individuellement et lorsque leurs dirigeants remplissent des conditions d'honorabilité et de compétence fixées par décret ; *– V. infra, art. D. 452-1 s.*

« – les associations qui répondent aux critères de détention de droits de vote définis par l'article L. 225-120 du code de commerce si elles ont communiqué leurs statuts à l'Autorité des marchés financiers. »

Lorsqu'une pratique contraire aux dispositions législatives ou réglementaires est de nature à porter atteinte aux droits des épargnants, les associations d'actionnaires *(L. nº 2003-706 du 1er août 2003)* « mentionnées au premier alinéa » peuvent demander en justice qu'il soit ordonné à la personne qui en est responsable de se conformer à ces dispositions, de mettre fin à l'irrégularité ou d'en supprimer les effets.

La demande est portée devant le président du tribunal de grande instance du siège social de la société en cause, qui statue en la forme des référés et dont la décision est exécutoire par provision. Le président du tribunal est compétent pour connaître des exceptions d'illégalité. Il peut prendre, même d'office, toute mesure conservatoire et prononcer, pour l'exécution de son ordonnance, une astreinte versée au Trésor public. *– [L. nº 88-14 du 5 janv. 1988, art. 12].*

L. 452-2 Lorsque plusieurs personnes physiques, identifiées en leur qualité d'investisseur, ont subi des préjudices individuels qui ont été causés par le fait d'une même personne et qui ont une origine commune, toute association mentionnée à l'article L. 452-1 peut, si elle a été mandatée par au moins deux des investisseurs concernés, agir en réparation devant toute juridiction, au nom de ces investisseurs.

Le mandat ne peut être sollicité par voie d'appel public télévisé ou radiophonique, ni par voie d'affichage, de tract ou de lettre personnalisée. Il doit être donné par écrit par chaque investisseur.

(L. nº 2003-706 du 1er août 2003) « Toutefois, lorsqu'une association agréée en application du troisième alinéa de l'article L. 452-1 agit en réparation devant les juridictions civiles ou commerciales, le président du tribunal de grande instance ou le président du tribunal de commerce selon le cas peut, par ordonnance de référé, l'autoriser à solliciter des actionnaires un mandat pour agir en leur nom en ayant recours, à ses frais, aux moyens de publicité mentionnés à l'alinéa précédent.

« Sans préjudice des dispositions des articles L. 612-1 à L. 612-5 du code de commerce, les associations visées à l'alinéa précédent établissent chaque année un bilan, un compte de résultat et une annexe, dont les modalités d'établissement sont précisées par décret et qui sont approuvés par l'assemblée des adhérents. Lorsque l'association introduit une demande en application de l'alinéa précédent, elle transmet ces documents au président du tribunal. » *– [L. nº 88-14 du 5 janv. 1988, art. 13].*

L. 452-3 Tout investisseur ayant donné son accord, dans les conditions prévues à l'article L. 452-2, à l'exercice d'une action devant une juridiction pénale est considéré en ce cas comme exerçant les droits reconnus à la partie civile en application du code de procédure pénale. Toutefois, les significations et notifications qui concernent l'investisseur sont adressées à l'association. *– [L. nº 88-14 du 5 janv. 1988, art. 14].*

L. 452-4 L'association qui exerce une action en justice en application des articles L. 452-2 et L. 452-3 peut se constituer partie civile devant le juge d'instruction ou la juridiction de jugement du siège social ou du lieu d'habitation de la personne mise en cause ou, à défaut, du lieu de la première infraction. *– [L. nº 88-14 du 5 janv. 1988, art. 15].*

TITRE VI Dispositions pénales

CHAPITRE PREMIER *Infractions relatives à l'appel public à l'épargne*

L. 461-1 Les infractions à l'interdiction faite aux groupements européens d'intérêt économique de recourir à l'appel public à l'épargne, sont sanctionnées dans les conditions prévues par l'article L. 252-10 du code de commerce. – *V. cet art., supra, C. com.*

CHAPITRE II *Infractions relatives aux marchés réglementés*

L. 462-1 Est puni d'un emprisonnement de 2 ans et d'une amende de 6 000 €, le fait, pour toute personne, de porter à la connaissance du public, par voie de publication, communication de circulaires ou autrement, tout cours qui ne serait pas extrait de la cote ou d'un relevé de cours établi dans les conditions fixées par décret.

Est puni des mêmes peines, le fait, pour toute personne, de procéder à une communication de cours, sans mentionner expressément, avec indication de la date, la référence à la cote ou au relevé d'où ledit cours est extrait. – *[L. n° 290 du 14 févr. 1942, art. 22].*

L. 462-2 Les sanctions relatives à la publicité pour la souscription de valeurs mobilières sont fixées par l'article L. 245-2 du code de commerce. – *V. cet art., supra, C. com.*

Loi du 14 février 1942,

Tendant à l'organisation et au fonctionnement des bourses de valeurs. – Validée et modifiée par Ord. n° 45-2440 du 18 oct. 1945.

Art. 23 *(Ord. n° 45-2440 du 18 oct. 1945)* « Sera puni d'une peine de deux ans de prison et d'une amende de 22 500 € quiconque aura, en dehors des bourses de valeurs, provoqué la réunion de plusieurs personnes en vue de négocier ou de coter des valeurs mobilières, ou aura participé sciemment à une telle réunion, ou sera intervenu comme intermédiaire dans des négociations clandestines de titres de valeurs mobilières. »

Les opérations des commissions de cotation fonctionnant dans les places où n'existe pas de bourse de valeurs ne tombent pas sous le coup du présent article.

24 *(Décr. n° 61-1168 du 30 oct. 1961)* Il est interdit aux mandataires que les agents de change *[prestataires de services d'investissement]* désignent pour effectuer des négociations en bourse au nom et sous la responsabilité desdits agents de change *[prestataires de services d'investissement]* d'intervenir pour leur propre compte dans les négociations dont ils sont chargés.

(Décr. n° 67-264 du 30 mars 1967) Toute infraction à la présente disposition expose le contrevenant, sans préjudice des sanctions disciplinaires prévues par les règlements de la chambre syndicale des agents de change *[de l'Autorité des marchés financiers]*, à l'amende correctionnelle prévue à l'article 87 du code de commerce *[nouvel art. L. 131-8]*.

CHAPITRE III *Infractions relatives aux négociations sur instruments financiers*

L. 463-1 et L. 463-2 *Abrogés par L. n° 2006-387 du 31 mars 2006, art. 26-XIII.*

CHAPITRE IV *Infractions relatives aux entreprises de marché et aux chambres de compensation*

L. 464-1 Est puni des peines prévues à l'article 226-13 du code pénal, le fait, pour tout dirigeant, salarié ou préposé des chambres de compensation, de violer le secret professionnel institué à l'article L. 442-3, sous réserve des dispositions de l'article 226-14 du code pénal. – *[L. n° 96-597 du 2 juill. 1996, art. 47 (III)].*

L. 464-2 *(L. n° 2001-1168 du 11 déc. 2001)* Est puni des peines prévues à l'article 226-13 du code pénal le fait, pour tout dirigeant, salarié ou préposé des entreprises de marché, de violer le secret professionnel institué à l'article L. 441-3, sous réserve des dispositions de l'article 226-14 du code pénal.

CHAPITRE V *Infractions relatives à la protection des investisseurs*

SECTION I *Atteintes à la transparence des marchés*

L. 465-1 Est puni de deux ans d'emprisonnement et d'une amende de 1 500 000 € dont le montant peut être porté au-delà de ce chiffre, jusqu'au décuple du montant du profit éventuellement réalisé, sans que l'amende puisse être inférieure à ce même profit, le fait, pour les dirigeants d'une société mentionnée à l'article L. 225-109 du code de commerce, et pour les personnes disposant, à l'occasion de l'exercice de leur profession ou de leurs fonctions, d'informations privilégiées sur les perspectives ou la situation d'un émetteur dont les titres sont négociés sur un marché réglementé ou sur les perspectives d'évolution d'un instrument financier admis sur un marché réglementé, de réaliser ou de permettre de réaliser, soit directement, soit par personne interposée, une ou plusieurs opérations avant que le public ait connaissance de ces informations.

Est puni *(L. n° 2001-1062 du 15 nov. 2001)* « d'un an d'emprisonnement et de 150 000 € d'amende » le fait, pour toute personne disposant dans l'exercice de sa profession ou de ses fonctions d'une information privilégiée sur les perspectives ou la situation d'un émetteur dont les titres sont négociés sur un marché réglementé ou sur les perspectives d'évolution d'un instrument financier admis sur un marché réglementé, de la communiquer à un tiers en dehors du cadre normal de sa profession ou de ses fonctions.

(L. n° 2001-1062 du 15 nov. 2001) « Est puni d'un an d'emprisonnement et d'une amende de 150 000 € dont le montant peut être porté au-delà de ce chiffre, jusqu'au décuple du montant du profit réalisé, sans que l'amende puisse être inférieure à ce même profit, le fait pour toute personne autre que celles visées aux deux alinéas précédents, possédant en connaissance de cause des informations privilégiées sur la situation ou les perspectives d'un émetteur dont les titres sont négociés sur un marché réglementé ou sur les perspectives d'évolution d'un instrument financier admis sur un marché réglementé, de réaliser ou de permettre de réaliser, directement ou indirectement, une opération ou de communiquer à un tiers ces informations, avant que le public en ait connaissance. Lorsque les informations en cause concernent la commission d'un crime ou d'un délit, les peines encourues sont portées à sept ans d'emprisonnement et à 1 500 000 € si le montant des profits réalisés est inférieur à ce chiffre. »

(Abrogé par L. n° 2005-842 du 26 juill. 2005, art. 30-III) ***« Est puni des peines prévues au premier alinéa le fait, pour toute personne, de répandre dans le public par des voies et moyens quelconques des informations fausses ou trompeuses sur les perspectives ou la situation d'un émetteur dont les titres sont négociés sur un marché réglementé ou sur les perspectives d'évolution d'un instrument financier admis sur un marché réglementé, de nature à agir sur les cours. »*** – [Ord. n° 67-833 du 28 sept. 1967, art. 10-1].

Sur la qualification d'actes de terrorisme pouvant être retenue à l'encontre des délits d'initiés prévus à l'art. L. 465-1 C. mon. fin., V. art. 421-1 C. pén. tel que modifié par L. n° 2001-1062 du 15 nov. 2001, art. 33-I (JO 16 nov.).

Sur la compétence du TGI de Paris pour la poursuite, l'instruction et le jugement des délits prévus aux art. L. 465-1 et L. 465-2, V. art. 704-1 C. pr. pén. – ***C. pr. pén.***

Sur l'exercice par l'AMF des droits de la partie civile, V. art. L. 621-16-1, infra.

V. Recommandation COB n° 2003-01 relative à la transmission d'informations privilégiées préalablement à des opérations de cession de participations significatives dans des sociétés cotées sur un marché réglementé (data-rooms). — Sur cette recommandation, V. JCP E 2004, n° 1-2, p. 1818 ; de Vauplane et Daigre, Banque et Droit nov.-déc. 2003. 35 ; Rontchevsky, RTD com. 2004. 128 ; Moulin, Petites affiches 24 juin 2004, p. 13.

Sur l'affaire LVMH c/ Morgan Stanley, V. note ss. art. L. 544-2, infra.

Pour une bibl. détaillée et des annotations de jurisprudence, V. cet art. au ***C. sociétés.***

L. 465-2 Est puni des peines prévues au premier alinéa de l'article L. 465-1 le fait, pour toute personne, d'exercer ou de tenter d'exercer, directement ou par personne interposée, une manœuvre ayant pour objet d'entraver le fonctionnement régulier d'un marché *(L. n° 2005-842 du 26 juill. 2005, art. 30-IV)* **« réglementé » en induisant autrui en erreur.** – *[Ord. n° 67-833 du 28 sept. 1967, art. 10-3].*

(L. n° 2005-842 du 26 juill. 2005, art. 30-IV) **« Est puni des peines prévues au premier alinéa de l'article L. 465-1 le fait, pour toute personne, de répandre dans le public par des voies et moyens quelconques des informations fausses ou trompeuses sur les perspectives ou la situation d'un émetteur dont les titres sont négociés sur un marché réglementé ou sur les perspectives d'évolution d'un instrument financier admis sur un marché réglementé, de nature à agir sur les cours. »**

BIBL. ▶ PEYRAMAURE, *RJ com. nov. 2003. 147* (diffusion de fausses informations et manipulation de cours). – LOYRETTE, *JCP E 2004, n° 3, p. 68* (scalping : délit d'initié ou manipulation de cours ?). – Dossier spécial, *RD banc. fin. nov.-déc. 2004. 448* (information financière et responsabilité). – SALOMON, *Cah. dr. entr. 2006, n° 1, p. 56* (le risque boursier).

L. 465-3 Les personnes morales peuvent être déclarées responsables pénalement dans les conditions prévues par l'article 121-2 du code pénal, des infractions définies aux articles L. 465-1 et L. 465-2.

Les peines encourues par les personnes morales sont :

1. L'amende suivant les modalités prévues par l'article 131-38 du code pénal ;

2. Les peines mentionnées à l'article 131-39 du code pénal.

L'interdiction mentionnée au 2° de l'article 131-39 du code pénal porte sur l'activité dans l'exercice ou à l'occasion de l'exercice de laquelle l'infraction a été commise. – *[Ord. n° 67-833 du 28 sept. 1967, art. 10-4].*

BIBL. ▶ SALOMON, *Dr. pénal 2003. Chron. 1 et 4* (particularisme des infractions boursières).

SECTION II *Prises de participations*

L. 465-4 Les sanctions applicables aux infractions relatives à l'obligation d'information sur les prises de participations significatives sont fixées par le 1° et le 2° du I et le III de l'article L. 247-1 et par l'article L. 247-2 du code de commerce, reproduits ci-après : – *V. C. com., supra.*

CHAPITRE VI *Dispositions communes*

L. 466-1 Les autorités judiciaires compétentes, saisies de poursuites relatives à des infractions mettant en cause les sociétés qui font appel public à l'épargne ou à des infractions commises à l'occasion d'opérations de bourse, peuvent, en tout état de la

procédure, demander l'avis de *(L. nº 2003-706 du 1er août 2003, art. 46-V)* « l'Autorité des marchés financiers ». Cet avis est obligatoirement demandé lorsque les poursuites sont engagées en exécution de l'article L. 465-1. – *[Ord. nº 67-833 du 28 sept. 1967, art. 12-1, al. 1er].*

LIVRE V **Les prestataires de services**

L. 500-1 *(Ord. nº 2005-429 du 6 mai 2005, art. 1er)* I. – Nul ne peut, directement ou indirectement, pour son propre compte ou pour le compte d'autrui s'il a fait l'objet depuis moins de dix ans d'une condamnation définitive mentionnée au II :

1º Diriger, gérer, administrer ni être membre d'un organe collégial de contrôle d'un organisme mentionné aux articles L. 213-8, L. 511-9, L. 517-1, L. 517-4, L. 531-1, L. 542-1 et L. 543-1, ni disposer du pouvoir de signer pour le compte de cet organisme ;

2º Exercer l'une des professions ou activités mentionnées aux articles L. 341-1, L. 519-1, L. 520-1, L. 541-1 et L. 550-1.

II. – Les condamnations mentionnées au I sont celles :

1º Pour crime ;

2º A une peine d'emprisonnement ferme ou d'au moins six mois avec sursis pour :

a) L'une des infractions prévues au titre Ier du livre III du code pénal et pour les délits prévus par des lois spéciales et punis des peines prévues pour l'escroquerie et l'abus de confiance ;

b) Recel ou l'une des infractions assimilées au recel ou voisines de celui-ci prévues à la section 2 du chapitre Ier du titre II du livre III du code pénal ;

c) Blanchiment ;

d) Corruption active ou passive, trafic d'influence, soustraction et détournement de biens ;

e) Faux, falsification de titres ou autres valeurs fiduciaires émises par l'autorité publique, falsification des marques de l'autorité ;

f) Participation à une association de malfaiteurs ;

g) Trafic de stupéfiants ;

h) Proxénétisme ou l'une des infractions prévues par les sections 2 et 2 *bis* du chapitre V du titre II du livre II du code pénal ;

i) L'une des infractions prévues à la section 3 du chapitre V du titre II du livre II du code pénal ;

j) L'une des infractions à la législation sur les sociétés commerciales prévues au titre IV du livre II du code de commerce ;

k) Banqueroute ;

l) Pratique de prêt usuraire ;

m) L'une des infractions prévues par la loi du 21 mai 1836 portant prohibition des loteries, par la loi du 15 juin 1907 *(L. nº 2006-437 du 14 avr. 2006, art. 7-IV)* « relative aux casinos » et par la loi nº 83-628 du 12 juillet 1983 relative aux jeux de hasard ;

n) L'une des infractions à la législation et à la réglementation des relations financières avec l'étranger ;

o) Fraude fiscale ;

p) L'une des infractions prévues aux articles L. 121-6, L. 121-28, L. 122-8 à L. 122-10 et L. 213-1 à L. 213-5, L. 217-1 à L. 217-3, L. 217-6 et L. 217-10 du code de la consommation ;

q) L'une des infractions prévues au présent code ;

r) L'une des infractions prévues aux articles L. 324-9, L. 324-10 et L. 362-3 du code du travail ;

s) Les atteintes aux systèmes de traitement automatisé prévues par le chapitre III du titre II du livre III du code pénal ;

t) L'une des infractions à la législation ou la réglementation des assurances ;

3° A la destitution des fonctions d'officier public ou ministériel.

III. — L'incapacité prévue au premier alinéa du I s'applique à toute personne à l'égard de laquelle a été prononcée une mesure définitive de faillite personnelle ou une autre mesure définitive d'interdiction dans les conditions prévues par le livre VI du code de commerce.

IV. — Sans préjudice des dispositions du deuxième alinéa de l'article 132-21 du code pénal, la juridiction prononçant la décision qui entraîne cette incapacité peut en réduire la durée.

V. — Les personnes exerçant une fonction, une activité ou une profession mentionnée au I qui font l'objet de l'une des condamnations prévues au II et au III doivent cesser leur activité dans un délai d'un mois à compter de la date à laquelle la décision de justice est devenue définitive. Ce délai peut être réduit ou supprimé par la juridiction qui a rendu cette décision.

VI. — En cas de condamnation prononcée par une juridiction étrangère et passée en force de chose jugée pour une infraction constituant, selon la loi française, un crime ou l'un des délits mentionnés au II, le tribunal correctionnel du domicile du condamné déclare, à la requête du ministère public, après constatation de la régularité et de la légalité de la condamnation et l'intéressé dûment appelé en chambre du conseil, qu'il y a lieu à l'application de l'incapacité prévue au I.

Cette incapacité s'applique également à toute personne non réhabilitée ayant fait l'objet d'une faillite personnelle prononcée par une juridiction étrangère quand le jugement déclaratif a été déclaré exécutoire en France. La demande d'exequatur peut être, à cette fin seulement, formée par le ministère public devant le tribunal de grande instance du domicile du condamné.

VII. — Le fait pour une personne de ne pas faire l'objet de l'incapacité prévue au présent article ne préjuge pas de l'appréciation, par l'autorité compétente, du respect des conditions nécessaires à l'agrément ou à l'autorisation d'exercice. — *Sur les sanctions pénales, V. art. L. 570-1 et L. 570-2, infra.*

Les personnes qui dirigent, gèrent, administrent ou sont membres d'un organe collégial de contrôle d'un organisme mentionné au I de l'art. L. 500-1, ou qui exercent une profession mentionnée au même I qui, antérieurement à l'entrée en vigueur de l'Ord. n° 2005-429 du 6 mai 2005, ont été condamnées pour des faits énoncés par les I, II, III et VI de l'art. L. 500-1, sont frappées, à compter de la date de publication de cette dernière (JO 7 mai), d'une incapacité d'exercer. Toutefois, ces personnes peuvent, dans un délai de trois mois suivant la date de publication de l'ordonnance, demander à la juridiction qui les a condamnées ou, en cas de pluralité de condamnations, à la dernière juridiction qui a statué, soit de les relever de l'incapacité dont elles sont frappées, soit d'en déterminer la durée. Les personnes qui font usage de ce droit peuvent exercer leur profession ou activité jusqu'à ce qu'il ait été statué sur leur demande. Si la juridiction qui a statué n'existe plus ou s'il s'agit d'une juridiction étrangère, la chambre de l'instruction de la cour d'appel dans le ressort de laquelle le requérant a sa résidence est compétente (Ord. préc., art. 9).

*Les modifications apportées par la L. n° 2006-437 du 14 avr. 2006 entrent en vigueur à l'expiration du délai de six mois à compter de la publication du décret mentionné à l'art. L. 133-18 du code du tourisme (L. préc., art. 7-VII). - **C. tourisme**.*

BIBL. ► LÉGUEVAQUES et PATUREAU, *Petites affiches 25 juill. 2005, p. 4* (l'effet rétroactif de l'art. L. 500-1 C. mon. fin.).

TITRE PREMIER Établissements du secteur bancaire

CHAPITRE PREMIER *Règles générales applicables aux établissements de crédit*

RÉP. COM. v° *Banques et établissements de crédit,* par MICHELLE.

RÉP. PÉN. v° *Banques et établissements financiers,* par GHELFI-TASTEVIN.

BIBL. GÉN. ► CREDOT, *ALD 1984. 65.* - CABRILLAC et TEYSSIÉ, *RTD com. 1984. 307.* - GAVALDA et STOUFFLET, *JCP 1985. I. 3176.* - DUPRAT, *JCP E 1984. II. 13622.* - Dossier 10 ans de loi bancaire,

Banque juill.-août 1994. 21. – Clément, *RTD com. 1997. 203* (le banquier, vecteur d'informations). – Lutz, *Banque et Droit nov.-déc. 1997. 18* (la législation française sur le crédit à l'épreuve du droit communautaire). – Arnaud-Faraut, *JCP E 1999, n° 12, p. 523* (prix et moyens de paiement en euros). – Sousi, *Banque et Droit sept.-oct. 2000. 13* (codification des directives relatives aux établissements de crédit). – Trébulle, *RD banc. fin. 2000. 114* (incidence de la réforme de la preuve sur le droit bancaire). – Moreiro Gonzalez, *RTD eur. 2001. 529* (codification de la réglementation communautaire relative à l'activité des établissements de crédit).

▸ Sur la loi du 25 juin 1999 relative à l'épargne et à la sécurité financière : Bonneau, *JCP E 1999, n° 36, p. 1378.* – Decoopman, *RD bancaire et bourse 1999. 138* (renforcement des pouvoirs et coordination des autorités de contrôle du secteur financier). – Piam, *D. 2000. Chron. 71* (toilettage juridique au service de l'intérêt général).

SECTION I *Définitions et activités*

L. 511-1 Les établissements de crédit sont des personnes morales qui effectuent à titre de profession habituelle des opérations de banque au sens de l'article L. 311-1. Ils peuvent aussi effectuer des opérations connexes à leurs activités, au sens de l'article L. 311-2. — *[L. n° 84-46 du 24 janv. 1984, art. 1er, al. 1er].*

Opérations connexes. Jugeant que la recherche d'un acquéreur pour les actions d'une société ou d'un groupe de sociétés fait partie des opérations connexes qui entrent dans le secteur d'activité librement accessible aux établissements de crédit, V. • Paris, 13 juin 2003 : *JCP E 2004, n° 20-21, p. 811, obs. Stoufflet.*

L. 511-2 Les établissements de crédit peuvent, en outre, dans des conditions définies par le *(L. n° 2003-706 du 1er août 2003, art. 46-VI)* **« ministre chargé de l'économie », prendre et détenir des participations dans des entreprises existantes ou en création.** — *[L. n° 84-46 du 24 janv. 1984, art. 6]. — V. Règl. n° 90-06 du 20 juin 1990 (D. et ALD 1990. 308), mod. par Règl. n° 94-03 du 8 déc. 1994 (JO 21 janv. 1995), Règl. n° 96-06 du 24 mai 1996 (JO 29 mai), Règl. n° 98-03 du 7 déc. 1998 (JO 6 janv. 1999), Règl. n° 98-04 du 7 déc. 1998 (JO 6 janv. 1999 ; Rect. JO 13 févr.), Règl. n° 2000-03 du 6 sept. 2000 (JO 1er nov.) ; Arr. du 19 sept. 2005 (JO 21 sept.).*

BIBL. ▸ Samin, *Banque et Droit janv.-févr. 2001. 3* (réglementation applicable aux établissements de crédit lors des prises de participation dans les entreprises non financières).

L. 511-3 Les établissements de crédit ne peuvent exercer à titre habituel une activité autre que celles mentionnées aux articles L. 311-1, L. 311-2 et L. 511-2 que dans des conditions définies par le *(L. n° 2003-706 du 1er août 2003, art. 46-VI)* **« ministre chargé de l'économie ».** — *V. Règl. n° 86-21 du 24 nov. 1986 (D. et ALD 1987. 22), mod. par Règl. n° 2000-03 du 6 sept. 2000 (JO 1er nov.).*

Ces opérations doivent, en tout état de cause, demeurer d'une importance limitée par rapport à l'ensemble des activités habituelles de l'établissement et ne pas empêcher, restreindre ou fausser le jeu de la concurrence sur le marché considéré. — *[L. n° 84-46 du 24 janv. 1984, art. 7].*

L. 511-4 *(L. n° 2003-706 du 1er août 2003, art. 24-I)* **« Lorsque le Conseil de la concurrence est saisi, en application de l'article L. 430-5 du code de commerce, de concentrations ou de projets de concentration concernant, directement ou indirectement, un établissement de crédit ou une entreprise d'investissement, il recueille l'avis du Comité des établissements de crédit et des entreprises d'investissement. Le Conseil de la concurrence communique, à cet effet, au Comité des établissements de crédit et des entreprises d'investissement toute saisine relative à de telles opérations. Le Comité des établissements de crédit et des entreprises d'investissement transmet son avis au Conseil de la concurrence dans le délai d'un mois suivant la réception de cette communication. L'avis du Comité des établissements de crédit et des entreprises d'investis-**

sement est rendu public dans les conditions fixées par l'article L. 430-10 du code de commerce. » – *V. C. com., supra.* – *V. aussi art. L. 511-12-1, al. 2, infra.*

Les articles L. 420-1 à L. 420-4 du code de commerce s'appliquent aux établissements de crédit pour leurs opérations de banque et leurs opérations connexes définies à l'article L. 311-2. Les infractions à ces dispositions sont poursuivies dans les conditions fixées par les articles L. 442-5, L. 443-2, L. 443-3, L. 462-5 à L. 462-8, L. 463-1 à L. 463-7, L. 464-1 à L. 464-8, L. 470-1 à L. 470-8 du code de commerce. La notification de griefs prévue à l'article L. 463-2 du même code est communiquée à la commission bancaire qui rend son avis dans un délai de deux mois. Dans l'hypothèse où le conseil de la concurrence prononce une sanction à l'issue de la procédure prévue aux articles L. 463-2, L. 463-3 et L. 463-5 du code de commerce, il indique, le cas échéant, les raisons pour lesquelles il s'écarte de l'avis de la commission bancaire. – *[L. nº 84-46 du 24 janv. 1984, art. 89].*

BIBL. ▶ GAVALDA, *D. 1985. Chron. 265* (soumission des ententes interbancaires à la commission de la concurrence). – CRUT, *Vie judiciaire, 26 oct. 1981* (banques et règles de concurrence dans le marché commun). – *Rev. Conc. consom. juill.-août 1997, p. 50* (banque et concurrence). – DAMY, *D. 2003. 1828* (concentrations bancaires : compétence controversée des autorités). – PARLÉANI, *RD banc. fin. 2003-239* (affaire Crédit Agricole/Crédit Lyonnais). – L. et V. VOGEL, *JCP E 2003, nº 28-29, p. 1179* (même thème). – DAMY, *Contrats Conc. Consom. 2003. Chron. 12* (dispositions concurrentielles dans la loi de sécurité financière). – CLAUDEL, *RTD com. 2003. 718* (même thème). – KRIMMER, *Petites affiches 7 nov. 2003, p. 3* (soumission des concentrations bancaires au droit commun). – PARLÉANI, *RD banc. fin. 2004, nº 103* (règl. CE 139/2004 et concentration bancaire). – GUNTHER, *RLC 2006, nº 7, p. 98* (ententes et accords interbancaires).

1. Refus de vente. Il résulte du rapprochement des al. 1 et 2 de l'art. 89 [C. mon. fin., art. L. 511-4] ci-dessus que les dispositions des art. 30 [C. consom., art. L. 122-1] et 36 [dans sa rédaction antérieure à la loi du 1er juill. 1996] de l'ord. nº 86-1243 du 1er déc. 1986, relatives au refus de vente, ne sont pas applicables aux opérations de banque prévues à l'art. 1er de la loi du 24 janv. 1984 [C. mon. fin., art. L. 311-1], lesquelles comprennent les opérations de crédit. • Civ. 1re, 11 oct. 1994 : *Bull. civ. I, nº 289 ; D. 1994. IR. 241.* ♦ L'offre de crédit présentée parmi d'autres (offres d'assurance) ne constitue pas un refus de vente ou une vente subordonnée, mais une opération particulière de banque relevant de la loi de 1984 [C. mon. fin., art. L. 311-1] et qui, comme telle, échappe aux art. 30 et 36 préc. • Paris, 12 nov. 1996 : *D. Affaires 1996. 1369.* ♦ Pour la reconnaissance du caractère indivisible du contrat de location de coffre-fort et d'ouverture de compte bancaire alors même que les opérations de location de coffre-fort ne sont pas mentionnées au nombre des opérations connexes aux opérations de banque dans l'art. L. 311-1 C. mon. fin., V. • Com. 21 janv. 2004 : *RD banc. fin. 2004, nº 57, obs. Crédot et Gérard.*

2. Pratique anticoncurrentielle. Il résulte du rapprochement et de la combinaison des art. L. 410-1 C. com. et L. 511-1 C. mon. fin., que, comme l'exprime l'art. L. 511-4, al. 1er, l'ensemble des dispositions du livre IV du code de commerce ne s'appliquent qu'aux activités annexes des établissements de crédit telles qu'elles sont définies à l'art. L. 511-3 C. mon. fin., et que, comme l'exprime l'art. 511-4, al. 2, seules les dispositions du titre deuxième du livre IV du code de commerce, relatives aux pratiques anticoncurrentielles, et non celles du titre troisième du même livre, relatives aux concentrations, sont applicables aux opérations de banque et aux opérations connexes des établissement de crédit. • CE 16 mai 2003 : *D. 2003. AJ. 1433 ; JCP 2003. II. 10126, note Touboul ; RFD adm. 2004. 109, concl. Goulard ; RD banc. fin. 2003. 239, note Parléani ; Banque et Droit sept.-oct. 2003. 72, obs. Bonneau ; Contrats Conc. Consom. 2003, nº 125, obs. Malaurie-Vignal ; RJDA 2003, nº 1256 ; Europe 2003, nº 248, obs. Pietri.* – Sur cet arrêt, V. Vilmart, *JCP E 2003, nº 25, p. 1017.* ♦ V. aussi note 16 ss. art. L. 420-1 C. com., *supra.*

V. désormais la nouvelle rédaction de l'al. 1er de l'art. L. 511-4 issue de la loi nº 2003-706 du 1er août 2003, art. 24-I *(JO 2 août).*

3. Concentration. Les opérations de concentration portant sur des activités bancaires ne sont pas soumises à l'autorisation préalable du ministre chargé de l'économie, donnée le cas échéant après avis du Conseil de la concurrence. • CE 16 mai 2003 : *préc. note 2.* ♦ L'obligation, pour le Comité des établissements de crédit et des entreprises d'investissement (CECEI), de rechercher, dans l'exercice des pouvoirs d'agrément que lui confère le code monétaire et financier, si une opération soumise à son autorisation conduit nécessairement à l'exploitation abusive d'une position dominante, prohibée par l'art. L. 420-2 C. com., dans l'affirmative d'interdire cette opération, ne l'investit pas d'une compétence générale pour contrôler à titre préventif les opérations de concentration. • Même décision. ♦ *Contra*, estimant que le CECEI est compétent pour se prononcer sur les aspects prudentiels des opérations de concentration menées entre deux établissements de crédit, V. : Rép. min. n° 10037 : *JOAN Q, 17 mars 2003, p. 2026 ; D. 2003. 1148.*

V. désormais la nouvelle rédaction de l'al. 1er de l'art. L. 511-4 issue de la loi n° 2003-706 du 1er août 2003.

4. Droit communautaire. Le fait que les banques interviennent dans les transferts internationaux de capitaux ne suffit pas pour les faire reconnaître comme des entreprises chargées de la gestion de services d'intérêt économique général, au sens de l'art. 90-2 [désormais 86-2] du Traité de Rome ; il en résulte qu'elles entrent dans le champ d'application des art. 85 et 86 [désormais 81 et 82] du Traité ; il pourrait en être différemment dans la mesure où elles établiraient qu'elles gèrent, ce faisant, un service d'intérêt économique général dont elles seraient chargées en vertu d'un acte de la puissance publique. • CJCE 14 juill. 1981 : *D. 1982. IR. 122, obs. Vasseur ; RTD eur. 1982. 740, obs. Gavalda.*

SECTION II *Interdictions*

L. 511-5 **Il est interdit à toute personne autre qu'un établissement de crédit d'effectuer des opérations de banque à titre habituel.**

Il est, en outre, interdit à toute entreprise autre qu'un établissement de crédit de recevoir du public des fonds à vue ou à moins de deux ans de terme. – *[L. n° 84-46 du 24 janv. 1984, art. 10]. – V. art. L. 571-3, infra.*

BIBL. ▸ Adelle, *RD banc. fin. 2005. Chron. 6* (le monopole bancaire constitue-t-il une restriction excessive aux crédits syndiqués en France ?).

1. Nécessité de caractériser des opérations de banque. Le fait d'avoir consenti plusieurs prêts successifs à une société ne peut suffire à qualifier l'exercice illégal de la profession de banquier ; encore faut-il rechercher si de tels prêts constituent des opérations de banque au sens des art. 1 à 4 [C. mon. fin., art. L. 311-1, L. 311-3, L. 312-2 et L. 313-1] et s'ils sont effectués à titre habituel. • Crim. 2 mai 1994 : *Bull. crim. n° 158.* ♦ Sur la nécessité, pour établir le délit d'exercice illégal, de caractériser l'existence d'opérations passées au débit ou au crédit de comptes ouverts à des tiers permettant le transfert de fonds au sens des art. 1er et 4 de la loi du 24 janv. 1984 [C. mon. fin., art. L. 311-1 et L. 311-3], V. • Crim. 26 févr. 1998 : *Bull. crim. n° 77 ; D. Affaires 1998. 1045, obs. V. A.-R. ; Rev. huiss. 1999. 415, obs. Bazin ; RTD com. 1998. 958, obs. Bouloc ; RD bancaire et bourse 1999. 67, obs. Crédot et Gérard ; JCP E 1999, n° 17, p. 759, obs. Gavalda et Stoufflet.* ♦ V. sur renvoi, considérant que la gestion des moyens de paiement doit s'entendre de tous actes matériels et juridiques d'administration destinés à la conservation des effets, à la sauvegarde et à l'exercice des droits qui y sont attachés, de l'émission au paiement : • Paris, 13 sept. 1999 : *D. 1999. AJ. 60, obs. X.D. ; ibid. 2000. Somm. 455, obs. Martin ; JCP E 2000, n° 26, p. 1039, obs. Gavalda et Stoufflet.* ♦ Comp., dans la même affaire : • Crim. 21 sept. 1994 : *cité note 4.* ♦ Il résulte des art. 1er, 10, 11 et 15 [C. mon. fin., art. L. 511-1, L. 511-5, L. 511-6 et L. 511-10], que les organismes collecteurs de la participation des employeurs à l'effort de construction ne sont pas des établissements de crédit. • Civ. 1re, 15 juin 1999 : *Bull. civ. I, n° 204 ; D. 1999. IR. 196 ; D. Affaires 1999. 1208, obs. C. R.* ♦ Jugeant que si les entreprises régies par le code des assurances peuvent, en application de l'art. L. 511-6 C. mon. fin., effectuer des opérations de banque, elles ne constituent pas pour autant des établissements de crédit en application des art. L. 511-1, L. 311-1, L. 511-5 et L. 511-6 du même code : • Com. 24 mars 2004 : *Banque et Droit juill.-août 2004. 55, obs. Rontchevsky ; RD banc. fin. 2004, n° 162, obs. Cerles ; RJDA 2004, n° 846.*

2. Indifférence d'un préjudice pour le client. L'exercice illégal de la profession de banquier ne suppose pas nécessairement pour les clients créanciers une perte financière ni un détournement punissable. • Crim. 3 nov. 1994 : *Bull. crim. n° 345 ; D. 1995. IR. 25 ; JCP 1995. II. 22445, note Pollaud-Dulian ; JCP E 1996. I. 525, n° 1, obs. Gavalda et Stoufflet.*

3. Caractère habituel des opérations de banque. Le caractère habituel des opérations de banque effectuées par des personnes non agréées suppose la recherche de clientèle, et l'incrimination prévue par la loi du 24 janv. 1984 [C. mon. fin., art. L. 511-5 s.] a pour objet de réprimer les prêteurs d'habitude se présentant comme des professionnels auprès de plusieurs emprunteurs éventuels. • Paris, 26 juin 1995 : *Rev. dr. bancaire 1996. 233, obs. Crédot et Gérard.* ♦ Sur la caractérisation du caractère habituel, V., considérant comme insuffisante la seule constatation que le prévenu a consenti plusieurs prêts successifs à une même société, • Crim. 5 févr. 1995 : *ibid. 1995. 77, obs. Cam-*

pana et Calendini. ♦ Est coupable d'opération de banque effectuée à titre habituel le prévenu qui prête régulièrement des sommes d'argent à des particuliers sur une période brève dont il obtenait remboursement en se faisant remettre au moment de la mise à disposition des fonds des chèques qu'il disposait au fur et à mesure en vue de leur encaissement, ce qui lui permet de percevoir une rémunération sur les sommes prêtées, le fait de ne pas effectuer de démarchage étant indifférent quant à la constitution de l'infraction. • Pau, 8 juill. 2004 : *JCP 2004. IV. 3543.*

Le fait pour toute personne non agréée de consentir à titre habituel sur neuf années, neuf prêts successifs contenant la remise de fonds à titre onéreux à la disposition d'un même client, en des termes révélant chez le prêteur la connaissance des règles de droit applicables aux contrats, est insuffisant à caractériser le caractère habituel des opérations de banque effectuées. • Com. 3 déc. 2002 : *Bull. civ. IV, n° 182 ; D. 2003. AJ. 202 ; JCP E 2003, n° 23, p. 953, note Dondero ; RTD com. 2003. 344, obs. Legeais ; Petites affiches 4 mars 2003, p. 12, note E. C. ; RD banc. fin. 2003, n° 58, obs. Crédot et Gérard ; Banque et Droit mai-juin 2003. 55, obs. Bonneau ; Gaz. Pal. 2003. Somm. 2475, obs. S. Piedelièvre ; RJDA 2003, n° 532 ; RD imm. 2003. 255, obs. Heugas-Darraspen.* ♦ Pour la condamnation du dirigeant d'une société de distribution de bières et d'un de ses salariés pour avoir effectué des opérations de banque en recevant des fonds d'anciens exploitants de débits de boissons ou de particuliers disposant de liquidités qu'ils désiraient placer et pour avoir accordé des prêts à de futurs exploitants pour leur permettre de financer l'acquisition de leur fonds de commerce, V. • Crim. 3 juin 2004 : *Bull. crim. n° 147 ; D. 2004. 2782, note Dondero ; JCP E 2004, n° 32-35, p. 1271 ; Banque et Droit sept.-oct. 2004. 81, obs. Bonneau ; RD banc. fin. 2004, n° 225, obs. Crédot et Gérard ; Gaz. Pal. 2005. 421, note Monnet ; RTD com. 2004. 795, obs. Legeais.*

Sur la cassation, pour absence de base légale au regard des art. L. 312-2, L. 313-1 et L. 511-5 C. mon. fin., d'un arrêt qui, pour rejeter l'exception de nullité d'un prêt, consenti par une personne exerçant à titre habituel des opérations de crédit sans avoir la qualité d'établissement de crédit, retient que la condamnation pénale du prêteur pour avoir effectué des opérations de banque à titre habituel n'était pas établie et qu'il résultait des pièces produites que celui-ci ne prêtait que des fonds provenant de son « patrimoine privé personnel » ce qui ne pouvait constituer un exercice illégal de la profession de banquier, sans rechercher si le prêteur ne se livrait pas habituellement à des opérations de crédit à titre onéreux, V. • Com. 27 févr. 2001 : *Bull. civ. IV, n° 46 ; D. 2001. AJ. 1097, obs. Lienhard ; D. 2002. Somm. 636, obs. Synvet ; JCP E 2001, n° 17, p. 682 ; Petites affiches 10 mai 2001, p. 5, note E. C.*

4. Illustrations. Constituent le délit, lorsqu'elles sont exercées à titre habituel : des opérations d'achats de créances à terme par un non-banquier. • Crim. 20 févr. 1984 : *Bull. crim. n° 62 ; RTD com. 1984. 316, obs. Cabrillac et Teyssié ; D. 1985. IR. 327, obs. Vasseur* (jurisprudence antérieure à la loi de 1984). ♦ ... L'émission de bons de caisse et de l'ouverture de comptes à court terme. • Paris, 12 mars 1992 : *Dr. sociétés 1992, n° 193, obs. Hovasse.* ♦ ... La pratique du versement d'espèces contre la remise de chèques au porteur, qui caractérise la gestion de moyens de paiement. • Crim. 21 sept. 1994 : *Bull. crim. n° 301 ; Rev. dr. bancaire 1995. 77, obs. Campana et Calendini.* ♦ Comp., dans la même affaire : • Crim. 26 févr. 1998 : *préc. note 1.* ♦ Sont à bon droit condamnés pour complicité d'exercice illégal de la profession de banquier les prévenus qui ont recueilli diverses sommes d'argent en espèces auprès de particuliers, les ont transmises à un coprévenu en sachant que celui-ci avait pour activité habituelle de recevoir des fonds du public, sous forme de dépôts, à charge de placer les capitaux ainsi recueillis. • Crim. 21 mars 1996 : *Bull. crim. n° 126.* ♦ Comp., considérant que dès lors que la prévenue, qui proposait à ses clients des placements à haut rendement sur un marché international de garanties interbancaires, ne pouvait pas librement disposer des fonds à elle versés par ses victimes, dans la mesure où elle avait fait signer à ses clients une convention de fiducie l'habilitant à ouvrir des sous-comptes au nom de chacun des investisseurs et à affecter les sommes qui lui étaient confiées aux seuls placements prévus par la convention, elle n'a donc pas « reçu des fonds du public », ce qui fait obstacle à sa condamnation pour exercice illégal d'une activité bancaire : • Paris, 25 févr. 1999 : *D. 2000. Somm. 455, obs. Synvet.* ♦ Sur l'exercice de la profession de banquier par un notaire, V. note 13 ss. art. L. 110-1 C. com., *supra.*

5. Chèques cadeaux. Sur la commercialisation de chèques cadeaux, V. note ss. art. L. 311-3.

6. Sanction civile. L'interdiction pesant sur toute personne autre qu'un établissement de crédit d'effectuer à titre habituel des opérations de crédit-bail protégeant, non seulement l'intérêt général et celui des établissements de crédit, mais aussi celui des crédits-preneurs, sont dès lors recevables les actions engagées par ceux-ci en annulation des conventions conclues en infraction à la règle précitée. • Com. 19 nov. 1991 : *Bull. civ. IV, n° 347 ; D. 1993. Somm. 53, obs.*

Rives-Lange ; *Banque 1992. 427, obs. Rives-Lange* ; *JCP E 1992. I. 154, n° 5, obs. Gavalda et Stoufflet.* – Dans le même sens : • Com. 27 févr. 1996 : *D. Affaires 1996. 552* • Paris, 24 sept. 1992 : *RJDA 1992, n° 1043.* – V. aussi • Aix-en-Provence, 27 oct. 1994 : *JCP 1995. IV. 712.* – *Contra* : • Civ. 1re, 13 oct. 1982 : *D. 1983. IR. 186, obs. Vasseur* • 24 févr. 1993 : *JCP E 1993. I. 302, n° 2, obs. Gavalda et Stoufflet* (espèce soumise à la loi abrogée du 13 juin 1941). – V. aussi • Crim. 3 nov. 1994 : *préc. note 2.* ♦ Mais compte tenu de la transparence des opérations de banque et de l'ancienneté des relations professionnelles unissant les prévenus aux prêteurs, ces derniers n'ont pu se méprendre sur la qualité des prévenus, brasseurs et non banquiers, et se sont ainsi délibérément affranchis des garanties que pouvaient leur offrir un véritable établissement de crédit. • Crim. 3 juin 2004 : *préc. note 3.*

Sur l'absence de nullité des opérations de banque effectuées par des établissements non agréés, V. note 2 ss. art. L. 511-10.

7. Sanctions pénales. V. art. L. 571-3.

L. 511-6 Sans préjudice des dispositions particulières qui leur sont applicables, les interdictions définies à l'article L. 511-5 ne concernent ni les institutions et services énumérés à l'article L. 518-1, ni les entreprises régies par le code des assurances, ni les sociétés de réassurance, *(L. n° 2003-706 du 1er août 2003, art. 35)* « ni les organismes agréés soumis aux dispositions du livre II du code de la mutualité pour les opérations visées au *e* du 1° de l'article L. 111-1 dudit code, » ni les entreprises d'investissement, ni les organismes collecteurs de la participation des employeurs à l'effort de construction pour les opérations prévues par le code de la construction et de l'habitation, ni les fonds communs de créances *(L. n° 2003-706 du 1er août 2003, art. 58)* « , ni les organismes de placement collectif en valeurs mobilières » *(Ord. n° 2005-1278 du 13 oct. 2005, art. 5)* « ni les organismes de placement collectif immobilier ».

L'interdiction relative aux opérations de crédit ne s'applique pas :

1. Aux organismes sans but lucratif qui, dans le cadre de leur mission et pour des motifs d'ordre social, accordent, sur leur ressources propres, des prêts à conditions préférentielles à certains de leurs ressortissants ;

2. Aux organismes qui, pour des opérations définies à l'article L. 411-1 du code de la construction et de l'habitation, et exclusivement à titre accessoire à leur activité de constructeur ou de prestataire de services, consentent aux personnes physiques accédant à la propriété le paiement différé du prix des logements acquis ou souscrits par elles ;

3. Aux entreprises qui consentent des avances sur salaires ou des prêts de caractère exceptionnel consentis pour des motifs d'ordre social à leurs salariés ;

4. Aux fonds communs de placement à risque qui, dans les conditions prévues à l'article L. 214-36, consentent des avances en compte courant aux sociétés dans lesquelles ils détiennent une participation ; – *[L. n° 84-46 du 24 janv. 1984, art. 11].*

(L. n° 2001-420 du 15 mai 2001) « 5. Aux associations sans but lucratif faisant des prêts pour la création et le développement d'entreprises par des chômeurs ou titulaires des minima sociaux sur ressources propres et sur emprunts contractés auprès d'établissements de crédit ou des institutions ou services mentionnés à l'article L. 518-1, habilitées et contrôlées dans des conditions définies par décret en Conseil d'État ; » – *V. pour application, C. mon. fin., art. R. 518-57 s. ; Arr. 3 juill. 2002 (JO 12 juill.).*

(L. n° 2005-842 du 26 juill. 2005, art. 18-II) « 6. Aux personnes morales pour les prêts participatifs qu'elles consentent en vertu des articles L. 313-13 à L. 313-17 et aux personnes morales mentionnées à l'article L. 313-21-1 pour la délivrance des garanties prévues par cet article. »

L. 511-7 *(L. n° 2003-706 du 1er août 2003, art. 70)* « I. — » Les interdictions définies à l'article L. 511-5 ne font pas obstacle à ce qu'une entreprise, quelle que soit sa nature, puisse :

1. Dans l'exercice de son activité professionnelle consentir à ses contractants des délais ou avances de paiement ;

2. Conclure des contrats de location de logements assortis d'une option d'achat ;

3. Procéder à des opérations de trésorerie avec des sociétés ayant avec elle, directement ou indirectement, des liens de capital conférant à l'une des entreprises liées un pouvoir de contrôle effectif sur les autres ;

4. Émettre des valeurs mobilières ainsi que des titres de créances négociables ;

5. Émettre des bons et cartes délivrés pour l'achat auprès d'elle, d'un bien ou d'un service déterminé ;

6. *(L. n° 2001-420 du 15 mai 2001)* **« Remettre des espèces en garantie d'une opération sur instruments financiers ou d'une opération de prêt de titres régies par les dispositions de l'article L. 431-7 ; »** – *V. ce texte infra.*

7. *(L. n° 2001-420 du 15 mai 2001)* **« Prendre ou mettre en pension des instruments financiers et effets publics visés à l'article L. 432-12. »** – *Sur les opérations de pension, V. art. L. 432-12 s., C. mon. fin., au* ***C. sociétés.***

(L. n° 2003-706 du 1er août 2003, art. 70) **« II. — Le Comité des établissements de crédit et des entreprises d'investissement peut exempter d'agrément une entreprise exerçant toute activité de mise à disposition ou de gestion de moyens de paiement lorsque ceux-ci ne sont acceptés que par des sociétés qui sont liées à cette entreprise au sens du 3 du I ou par un nombre limité d'entreprises qui se distinguent clairement par le fait qu'elles se trouvent dans les mêmes locaux ou dans une zone géographique restreinte ou par leur étroite relation financière ou commerciale avec l'établissement émetteur, notamment sous la forme d'un dispositif de commercialisation ou de distribution commun.**

« Pour accorder l'exemption, le Comité des établissements de crédit et des entreprises d'investissement doit notamment prendre en compte la sécurité des moyens de paiement, les modalités retenues pour assurer la protection des utilisateurs, le montant unitaire et les modalités de chaque transaction.

« Lorsque l'entreprise bénéficiaire de l'exemption gère ou met à disposition des moyens de paiement sous forme de monnaie électronique :

« 1° La capacité maximale de chargement du support électronique mis à la disposition des porteurs à des fins de paiement ne peut excéder un montant fixé par arrêté du ministre chargé de l'économie ;

« 2° Un rapport d'activité, dont le contenu est fixé par arrêté du ministre chargé de l'économie, est fourni annuellement à la Banque de France. »

BIBL. ▶ Rives-Lange et Ohl, *Banque 1985. 439* (monopole bancaire et liberté). – Ohl, *RJ com. nov. 1989. 33* (opérations de trésorerie de l'art. 12 (3°)). – Toussaint, Duval et Simons, *Petites affiches 14-16 déc. 1988* (prêts intra-groupes). – Kolifrath, *Banque et Droit mai-juin 1996. 3* . – Teboul, *RJ com. 2005. 114* (financement des entreprises en difficulté pendant la période de prévention).

1. Lien de capital. Sur les opérations autorisées entre des sociétés unies, directement ou indirectement, par des liens de capital conférant à l'une d'elles un pouvoir de contrôle effectif sur les autres, V. • Paris, 29 mai 1986 : *Gaz. Pal. 1986. 2. 479 ; Rev. dr. bancaire 1987. 93, obs. Jeantin et Viandier.* ♦ V. aussi, en ce sens que la condition de l'art. 12 (3°) [C. mon. fin., art. L. 511-7 (3)] est réalisée, dès lors que la société gérante détient plus de 40 % du capital de la société détentrice du compte, • Paris, 12 juin 1996 : *Rev. dr. bancaire 1996. 234, obs. Crédot et Gérard.* ♦ Dès lors que la personne physique, qui dirigeait les deux sociétés, détenait une participation majoritaire dans le capital de l'une et une participation à égalité dans le capital de l'autre, il en résulte que les conditions du contrôle effectif prévues par l'art. L. 511-7 (3) étaient remplies entre ces deux sociétés sœurs, peu important que ce contrôle soit assuré par une personne physique en qualité d'entrepreneur individuel ou de dirigeant de société. • Com. 10 déc. 2003 : *D. 2004. Somm. 2930, obs. Hallouin ; RD banc. fin. 2004, n° 55, obs. Crédot et Gérard ; Rev. sociétés 2004. 669, note Daigre ; Bull. Joly 2004. 503, note Moulin ; Banque et Droit juill.-août 2004. 47, obs. Urban.*

2. Bons et cartes. Il ne résulte pas des dispositions de l'art. L. 511-7 qui autorise l'émission par les entreprises de bons et cartes délivrés pour l'achat auprès d'elles-mêmes d'un bien ou d'un service déterminé, que la diffusion de chèques-cadeaux multi-enseignes permettant d'acquérir un bien ou un service auprès de l'un quelconque des distributeurs partenaires est une opération de banque. • Com. 6 juin 2001 : *Bull. civ. IV, n° 111 ; D. 2001. AJ. 2124, obs. Delpech ; Gaz. Pal. 23-27 déc. 2001, p. 31, note Guével.* ♦

Sur l'application de l'art. 12 (5°) [C. mon. fin., art. L. 511-7 (5)] à des chèques-cadeaux, V. • T. com. Nanterre, 20 nov. 1998 : *D. 1999. IR. 57 ; D. Affaires 1999. 212, obs. X. D. et A. M.* ♦ V. aussi note ss. art. L. 311-3.

3. Avances ou délais de paiement. L'art. 12 (1°) [C. mon. fin., art. L. 511-7 (1)], en couvrant de façon large les crédits consentis par un fournisseur à sa clientèle même s'ils sont stipulés remboursables avec intérêts ou s'ils ne sont pas directement liés au règlement d'une vente déterminée, tels les prêts consentis pour l'installation d'un équipement d'un détaillant en contrepartie d'un accord d'approvisionnement, autorise les fournisseurs à accorder à leur clientèle des avances sur ristournes. • Paris, 14 avr. 1999 : *RJDA 1999, n° 981.* ♦ V. aussi, jugeant que l'engagement pris par un fournisseur de cautionner, sans perception d'une commission, à concurrence de 50 %, le prêt consenti par une banque à un distributeur pour financer l'acquisition ou les besoins du fonds de commerce ne constitue pas une opération prohibée par l'art. L. 511-5 C. mon. fin. lorsqu'elle est pratiquée à titre habituel dès lors que, non purement financière, elle n'est que le complément indissociable d'un contrat d'approvisionnement exclusif, entrant dans l'activité commerciale ordinaire du distributeur et se trouve par là permise par l'art. L. 511-7 • Paris, 22 mai 2003 : *RJDA 2004, n° 604 ; Lettre distrib. oct. 2003, p. 1, obs. Ferrier.* ♦ De même, doit être considéré licite et comme entrant dans l'activité commerciale ordinaire du distributeur le prêt consenti par le brasseur créancier et destiné à l'acquisition du fonds de commerce exploité par la société débitrice principale en contrepartie de l'accord d'approvisionnement exclusif dont il est le complément indissociable. • Colmar, 29 juin 2005 : *JCP E 2006, n° 1, p. 17 ; RD banc. fin. 2006, n° 52, obs. Crédot et Samin.*

L. 511-8 **Il est interdit à toute entreprise autre qu'un établissement de crédit d'utiliser une dénomination, une raison sociale, une publicité ou, d'une façon générale, des expressions faisant croire qu'elle est agréée en tant qu'établissement de crédit, ou de créer une confusion en cette matière.**

Il est interdit à un établissement de crédit de laisser entendre qu'il appartient à une catégorie autre que celle au titre de laquelle il a obtenu son agrément ou de créer une confusion sur ce point. – *[L. n° 84-46 du 24 janv. 1984, art. 14]. – Pour les sanctions pénales, V. art. L. 571-3.*

Sur les interdictions pesant sur les membres du Conseil d'administration et du Conseil de surveillance d'un établissement de crédit, V. art. L. 500-1, supra.

SECTION III *Conditions d'accès à la profession*

SOUS-SECTION 1 *Agrément*

L. 511-9 **Les établissements de crédit sont agréés en qualité de banque, de banque mutualiste ou coopérative, de caisse de crédit municipal, de société financière ou d'institution financière spécialisée.**

Sont seules habilitées d'une façon générale à recevoir du public des fonds à vue ou à moins de deux ans de terme : les banques, les banques mutualistes ou coopératives et les caisses de crédit municipal.

Les banques peuvent effectuer toutes les opérations de banque.

Les banques mutualistes ou coopératives et les caisses de crédit municipal peuvent effectuer toutes les opérations de banque dans le respect des limitations qui résultent des textes législatifs et réglementaires qui les régissent. – *[L. n° 84-46 du 24 janv. 1984, art. 18, al. 1er à 4].*

1. Banques étrangères. BIBL. Sousi-Roubi, *Rev. dr. bancaire 1987. 47.* – London, *RTD eur. 1987. 593.* – Jeantin, *Cah. dr. entr. 1991, n ° 2.* – V. aussi bibl. précédant l'art. L. 511-21.

2. Crédit municipal. Bien qu'elles aient le caractère d'établissements publics administratifs à vocation sociale, les caisses de crédit municipal constituent des établissements du secteur bancaire soumis aux règles générales des établissements de crédit et au contrôle de la commission bancaire. • CE 28 juill. 2004 : *cité note 1 bis ss. art. L. 613-16 C. mon. fin.*

L. 511-10 Avant d'exercer leur activité, les établissements de crédit doivent obtenir l'agrément délivré par le comité des établissements de crédit et des entreprises d'investissement mentionné à l'article L. 612-1.

Le comité des établissements de crédit et des entreprises d'investissement vérifie si l'entreprise satisfait aux obligations prévues aux articles L. 511-11, L. 511-13 et L. 511-40 et l'adéquation de la forme juridique de l'entreprise à l'activité d'établissement de crédit. Il prend en compte le programme d'activités de cette entreprise, les moyens techniques et financiers qu'elle prévoit de mettre en œuvre ainsi que la qualité des apporteurs de capitaux et, le cas échéant, de leurs garants.

Le comité apprécie également l'aptitude de l'entreprise requérante à réaliser ses objectifs de développement dans des conditions compatibles avec le bon fonctionnement du système bancaire et qui assurent à la clientèle une sécurité satisfaisante.

(L. n° 2001-420 du 15 mai 2001) « Pour fixer les conditions de son agrément, le Comité des établissements de crédit et des entreprises d'investissement peut prendre en compte la spécificité de certains établissements de crédit appartenant au secteur de l'économie sociale et solidaire. Il apprécie notamment l'intérêt de leur action au regard des missions d'intérêt général relevant de la lutte contre les exclusions ou de la reconnaissance effective d'un droit au crédit. »

Le comité peut limiter l'agrément qu'il délivre à l'exercice de certaines opérations définies par l'objet social du demandeur.

(L. n° 2001-420 du 15 mai 2001) « Enfin, le comité peut assortir l'agrément délivré de conditions particulières visant à préserver l'équilibre de la structure financière de l'établissement et le bon fonctionnement du système bancaire *(Ord. n° 2004-1201 du 12 nov. 2004, art. 5)* « en tenant compte, le cas échéant, des objectifs de la surveillance complémentaire prévue par le chapitre VII du titre Ier du livre V du présent code ». Il peut aussi subordonner l'octroi de l'agrément au respect d'engagements souscrits par l'établissement requérant. »

Le comité peut refuser l'agrément lorsque l'exercice de la mission de surveillance de l'entreprise requérante est susceptible d'être entravé soit par l'existence de liens de capital ou de contrôle directs ou indirects entre l'entreprise et d'autres personnes physiques ou morales, soit par l'existence de dispositions législatives ou réglementaires d'un État qui n'est pas partie à l'accord sur l'Espace économique européen et dont relèvent une ou plusieurs de ces personnes.

Le comité peut, en outre, refuser l'agrément si les personnes mentionnées à l'article L. 511-13 ne possèdent pas *(L. n° 2001-420 du 15 mai 2001)* « l'honorabilité et la compétence nécessaires ainsi que l'expérience » adéquate à leur fonction. – *[L. n° 84-46 du 24 janv. 1984, art. 15, al. 1er à 6].*

(L. n° 2001-420 du 15 mai 2001) « Toute personne physique ou morale envisageant de déposer un projet d'offre publique *(L. n° 2003-706 du 1er août 2003, art. 46-V)* « à l'Autorité des marchés financiers » en application du chapitre III du titre III du livre IV du présent code, en vue d'acquérir une quantité déterminée de titres d'un établissement de crédit agréé en France, est tenue d'en informer le gouverneur de la Banque de France, président du Comité des établissements de crédit et des entreprises d'investissement, huit jours ouvrés avant le dépôt de ce projet d'offre ou son annonce publique si elle est antérieure. »

BIBL. ▶ Sur la loi du 25 juin 1999 relative à l'épargne et à la sécurité financière : DECOOPMAN, *RD bancaire et bourse 1999. 138* (renforcement des pouvoirs de coordination des autorités de contrôle du secteur financier).

1. Refus d'agrément. Sur un refus d'agrément pour défaut d'honorabilité et d'expérience, V. • CE 9 nov. 1990 : *D. 1992. Somm. 19, obs. Vasseur ; Rev. dr. bancaire 1991. 64, obs. Crédot et Gérard.* ♦ Si le conseil des marchés financiers, lorsqu'il vérifie que la condition tenant à l'honorabilité des dirigeants de la société qui présente son programme d'activité est remplie, peut prendre en compte l'existence ou l'absence d'une condamnation pénale ou d'une sanction disciplinaire, il n'est pas lié par ces éléments (refus d'approbation du CMF ayant entraîné un refus d'agrément du CECEI). • CE 16 févr. 2005 : *D. 2005. Pan. 2604, obs. Rein-*

hard et Thomasset-Pierre ; JCP E 2006, n° 16, p. 716, obs. Deprez-Graff ; RD banc. fin. 2005, n° 117, obs. Crédot et Gérard.

2. Portée de l'absence d'agrément. La seule méconnaissance par un établissement de crédit de l'exigence d'agrément, au respect de laquelle l'art. 15 de la L. n° 84-46 du 24 janv. 1984, devenu les art. L. 511-10, L. 511-14 et L. 612-2 C. mon. fin., subordonne l'exercice de son activité, n'est pas de nature à entraîner la nullité des contrats qu'il a conclus. • Cass., Ass. plén., 4 mars 2005 : *Bull. civ. n° 2 ; BICC 15 juin 2005, p. 5, rapp. Paloque, concl. de Gouttes ; D. 2005. 785, obs. Sousi , et AJ. 836, obs. Delpech ; D. 2006. Pan. 156, obs. Synvet ; JCP 2005. II. 10062, concl. de Gouttes ; JCP E 2005, n° 18-19, p. 766, note Bonneau ; Petites affiches 8 juin 2005, p. 15, note Veverka ; RD banc. fin. mai-juin 2005. 48, note Stoufflet ; Banque et Droit mai-juin 2005. 69, obs. Bonneau ; RTD com. 2005. 400, obs. Legeais ; RJDA 2005, n° 743 ; Dr. et patr. déc. 2005. 97, obs. Mattout et Prüm ; RDC 2005. 1046, obs. Frison-Roche* • Com. 7 juin 2005 : *Bull. civ. IV, n° 125 ; D. 2005. AJ. 1694 ; RTD com. 2005. 574, obs. Legeais ; JCP E 2005, n° 38, p. 1527 ; RD banc. fin. 2005, n° 118, obs. Crédot et Gérard ; Banque et Droit sept.-oct. 2005. 68, obs. Bonneau ; RJDA 2005, n° 1138.*

Contra, antérieurement, sur la nullité de prêts hypothécaires consentis par des établissements de crédit n'ayant pas été agréés, au sens de l'art. 15 [C. mon. fin., art. L. 511-10], par les autorités françaises, V. • Com. 20 oct. 1998 (1er arrêt) : *Bull. civ. IV, n° 246 ; D. 1999. 10, note crit. Sousi ; D. Affaires 1999. 69, obs. X. D. ; RD bancaire et bourse 1998. 224, obs. Crédot et Gérard ; RTD com. 1999. 166, obs. Cabrillac* . – Dans le même sens, V. • Com. 9 oct. 2001 : *RD banc. fin. 2001, n° 216, obs. Crédot et Gérard.* – Comp., sur renvoi de l'arrêt du 20 oct. 1998 : • Paris, 14 juin 2000 : *cité note 3.* – Comp. également : • Paris, 8 déc. 2000 : *D. 2002. Somm. 633, obs. Synvet* • 9 mai 2001 : *ibid.* ♦ Sur les conséquences du caractère d'ordre public que revêtait cette nullité, V. • Com. 20 oct. 1998 (2e arrêt) : *Bull. civ. IV, n° 243 ; D. Affaires 1999. 69, obs. X. D. ; RTD com. 1999. 166, obs. Cabrillac* . ♦ Un établissement de crédit de l'Espace économique européen doit obtenir l'agrément imposé pour exercer en France son activité, fût-ce à titre occasionnel et sous forme de libres prestations de services. • Com. 4 juin 2002 : *JCP E 2003, n° 11, p. 463, obs. Stoufflet ; RD banc. fin. 2002, n° 123, obs. Crédot et Gérard.* – V. aussi • Reims, 3 nov. 2004 : *JCP E 2005, n° 26, p. 1111.* ♦ Comp., jugeant qu'une banque, qui était un établissement de crédit au sens commun des législations belge et française, devait obtenir l'agrément imposé par les textes pour exercer en France son activité, fût-ce sous forme de libres prestations de services. • Com. 2 juill. 2002 : *JCP E 2003, n° 11, p. 463, obs. Stoufflet* • 7 janv. 2004 : *RD banc. fin. 2004, n° 54, obs. Crédot et Gérard.* ♦ Sur l'annulation du crédit consenti par un tel établissement, et sur le maintien de la garantie en considération de laquelle le crédit a été consenti, tant que l'obligation de restitution inhérente au contrat de prêt n'est pas éteinte, V. • Com. 4 juin 2002 : *préc.*

3. Libre prestation de services. La libre prestation de services, en tant que principe fondamental du Traité CE, ne peut être limitée que par des réglementations justifiées par des raisons impérieuses d'intérêt général, et s'appliquant à toute personne ou entreprise exerçant une activité sur le territoire de l'État destinataire, dans la mesure où cet intérêt n'est pas sauvegardé par les règles auxquelles le prestataire est soumis dans l'État membre où il est établi, de telles exigences devant, d'une part, être objectivement nécessaires pour assurer le respect des règles applicables dans le secteur considéré et pour protéger les intérêts que ces règles ont pour but de sauvegarder et ne devant pas, d'autre part, aller au-delà de ce qui est nécessaire pour atteindre ces objectifs. • Paris, 14 juin 2000 : *D. 2000. 614, note Sousi ; ibid., Somm. 451, obs. Synvet ; RTD com. 2000. 988, obs. Cabrillac* . ♦ Si l'exigence d'un agrément constitue une restriction à la libre prestation de services, celle d'un établissement stable est en fait la négation même de cette liberté dès lors qu'elle a pour conséquence d'enlever tout effet utile à l'art. 49 du Traité dont l'objet est précisément d'éliminer les restrictions à la libre prestation de services de la part des personnes non établies dans l'État sur le territoire duquel la prestation doit être fournie. Pour qu'une telle exigence soit admise, il faut qu'elle constitue une condition indispensable pour atteindre l'objectif recherché. • Même arrêt.

L. 511-11 Les établissements de crédit doivent disposer d'un capital libéré ou d'une dotation versée d'un montant au moins égal à une somme fixée par le *(L. n° 2003-706 du 1er août 2003, art. 46-VI)* **« ministre chargé de l'économie ».** – *[L. n° 84-46 du 24 janv. 1984, art. 16, al. 1er]. – V. Règl. n° 92-14 du 23 déc. 1992 (JO 9 janv. 1993), mod. par Règl. n° 94-04 du 8 déc. 1994 (JO 21 janv. 1995), Règl. n° 98-06 du 7 déc. 1998 (JO 6 janv. 1999), Règl. n° 2000-10 du 8 déc. 2000 (JO 13 mars 2001), Arr. du 9 févr. 2006 (JO 15 févr.).*

L. 511-12 Lorsqu'une entreprise relevant du droit d'un État qui n'est pas membre de la Communauté européenne demande, en application du 1 de l'article *(Ord. n° 2005-429 du 6 mai 2005, art. 52)* « L. 611-1 », à prendre dans un établissement de crédit ou une entreprise d'investissement une participation ayant pour effet de faire de celui-ci ou celle-ci sa filiale, ou lorsqu'une filiale directe ou indirecte d'une telle entreprise sollicite son agrément auprès du comité des établissements de crédit et des entreprises d'investissement, celui-ci limite ou suspend sa décision sur demande du Conseil ou de la Commission de la Communauté européenne, si ces autorités le lui demandent après avoir constaté que les établissements de crédit ou entreprises d'investissement ayant leur siège social dans un État membre n'ont pas accès au marché de cet État tiers ou n'y bénéficient pas du même traitement que les établissements de crédit qui y ont leur siège.

Lorsque le comité limite ou suspend sa décision dans les conditions prévues à l'alinéa précédent, l'agrément accordé par l'autorité compétente d'un État partie à l'accord sur l'Espace économique européen non membre de la Communauté européenne n'emporte, pendant la période de limitation ou de suspension, aucun effet juridique sur le territoire de la République française ; en particulier les dispositions des articles L. 511-21 à L. 511-28 ne s'appliquent pas aux établissements concernés. – *[L. n° 84-46 du 24 janv. 1984, art. 15-1]. – Cet alinéa est entré en vigueur à la date d'entrée en vigueur de l'accord sur l'Espace économique européen [1er janv. 1994] (L. n° 93-1420 du 31 déc. 1993, art. 10).*

L. 511-12-1 *(L. n° 2001-420 du 15 mai 2001)* Toute modification des conditions auxquelles était subordonné l'agrément délivré à un établissement de crédit doit faire l'objet, selon les cas, d'une autorisation préalable du Comité des établissements de crédit et des entreprises d'investissement, d'une déclaration ou d'une notification, dans les conditions fixées par un *(L. n° 2003-706 du 1er août 2003, art. 46-VI)* « arrêté du ministre chargé de l'économie ».

Dans les cas où une autorisation doit être délivrée, elle peut, elle-même, être assortie de conditions particulières répondant aux finalités mentionnées au sixième alinéa de l'article L. 511-10 ou subordonnée au respect d'engagements pris par l'établissement.

(L. n° 2003-706 du 1er août 2003, 25-I) « Dans le cadre d'une opération de concentration concernant, directement ou non, un établissement de crédit ou une entreprise d'investissement, le Comité des établissements de crédit et des entreprises d'investissement peut, s'il l'estime nécessaire à sa complète information, rendre sa décision sur le fondement du présent article après la décision rendue par le ministre chargé de l'économie en application des articles L. 430-1 et suivants du code de commerce ou celle rendue par la Commission européenne en application du règlement (CEE) n° 4064/89 du Conseil, du 21 décembre 1989, relatif au contrôle des opérations de concentration entre entreprises. » – *Ce règlement a été remplacé par le règl. CE n° 139-2004 du 20 janv. 2004, V. infra, v° Concurrence (II - Droit communautaire). – V. art. L. 511-4, supra.*

L. 511-13 L'administration centrale de tout établissement de crédit soumis au présent agrément doit être située sur le même territoire national que son siège statutaire.

La détermination effective de l'orientation de l'activité des établissements de crédit doit être assurée par deux personnes au moins *(L. n° 2001-420 du 15 mai 2001)* « qui doivent satisfaire à tout moment aux conditions prévues à l'article L. 511-10 ».

Les établissements de crédit dont le siège social est à l'étranger désignent deux personnes au moins auxquelles ils confient la détermination effective de l'activité de leur succursale en France. – *[L. n° 84-46 du 24 janv. 1984, art. 17].*

BIBL. ▸ SAMIN, *Banque et Droit mars-avr. 2000. 22* (dirigeants responsables).

L. 511-13-1 *(L. n° 2005-842 du 26 juill. 2005, art. 13-I)* Sans préjudice des dispositions de l'article L. 229-4 du code de commerce, le Comité des établissements de crédit et des entreprises d'investissement est également compétent pour s'opposer, conformément aux dispositions du 14 de l'article 8 et de l'article 19 du règlement (CE) n° 2157/2001 du Conseil du 8 octobre 2001 relatif au statut de la société européenne (SE), au transfert de siège social d'un établissement de crédit constitué sous forme de société européenne immatriculée en France et dont résulterait un changement du droit applicable ainsi qu'à la constitution d'une société européenne par voie de fusion impliquant un établissement de crédit agréé en France. Cette décision est susceptible de recours devant le Conseil d'État. – *V. le règl. préc. au* **C. sociétés**.

Sur la société européenne, V. C. com., art. L. 229-1 s. supra.

L. 511-14 Le comité statue dans un délai de douze mois à compter de la réception de la demande d'agrément. Tout refus d'agrément est notifié au demandeur.

Le comité des établissements de crédit et des entreprises d'investissement établit et tient à jour la liste des établissements de crédit qui est publiée au Journal officiel de la République française. – *[L. n° 84-46 du 24 janv. 1984, art. 15, al. 7 et 8].*

L. 511-15 *(L. n° 2001-420 du 15 mai 2001)* « Le retrait d'agrément est prononcé par le Comité des établissements de crédit et des entreprises d'investissement à la demande de l'établissement. Il peut aussi être décidé d'office par le comité si l'établissement ne remplit plus les conditions ou les engagements auxquels était subordonné son agrément ou une autorisation ultérieure, ou si l'établissement n'a pas fait usage de son agrément dans un délai de douze mois ou lorsqu'il n'exerce plus son activité depuis au moins six mois. »

Le retrait d'agrément prend effet à l'expiration d'une période dont la durée est déterminée par le comité des établissements de crédit et des entreprises d'investissement.

Pendant cette période :

1. L'établissement de crédit demeure soumis au contrôle de la commission bancaire et, le cas échéant, *(L. n° 2003-706 du 1er août 2003, art. 46-V)* « de l'Autorité des marchés financiers ». La commission bancaire peut prononcer à son encontre les sanctions disciplinaires prévues à l'article L. 613-21, y compris la radiation ;

2. L'établissement ne peut effectuer que les opérations de banque et de services d'investissement strictement nécessaires à l'apurement de sa situation et doit limiter les autres activités mentionnées aux articles L. 311-2, L. 511-2 et L. 511-3 ;

3. Il ne peut faire état de sa qualité d'établissement de crédit qu'en précisant que son agrément est en cours de retrait. – *[L. n° 84-46 du 24 janv. 1984, art. 19 (I, II et III)].*

BIBL. ▸ DJOUDI, *JCP 1996. I. 3936.* – LADOUCE, *RD banc. fin. 2003. 186* (du non-usage par le CECEI du retrait d'office de l'agrément bancaire).

1. Commission bancaire. Sur les pouvoirs de la commission bancaire, V. art. L. 613-21 C. mon. fin.

2. Opération de virement (jurisprudence antérieure à la L. n° 96-597 du 2 juill. 1996). Sur l'incidence du retrait d'agrément sur une opération de virement, V. • Paris, 21 juin 1991 : *D. 1992. Somm. 23, obs. Vasseur ; JCP E 1992. I. 154, n° 6, obs. Gavalda et Stoufflet.*

3. Responsabilité de l'État. Sur la responsabilité de l'État dans l'accomplissement de sa mission administrative de surveillance et de contrôle des établissements de crédit, V. note 2 ss. art. L. 613-1 C. mon. fin.

L. 511-16 Dans le cas prévu à l'article L. 511-15 les fonds reçus du public mentionnés à l'article L. 312-2, dans la mesure où ils ne peuvent être reçus à titre habituel que par un établissement de crédit, ainsi que les titres émis par cet établissement qui ne sont pas négociables sur un marché réglementé, sont remboursés par l'établissement à leur échéance ou, si cette échéance est postérieure à l'expiration de la période mentionnée au deuxième alinéa de l'article L. 511-15, à la date fixée par le comité des établissements de crédit et des entreprises d'investissement. Au terme de cette période, l'entreprise perd la qualité d'établissement de crédit et doit avoir changé sa dénomination sociale. Les opérations de banque autres que la réception de fonds du public que l'entreprise a conclues ou s'est engagée à conclure avant la décision de retrait d'agrément peuvent être menées à leur terme.

(L. n° 2003-706 du 1er août 2003, art. 74) **« Par dérogation aux dispositions des 4° et 5° de l'article 1844-7 du code civil, la dissolution anticipée d'un établissement de crédit ne peut être prononcée qu'après obtention du retrait de son agrément par le Comité des établissements de crédit et des entreprises d'investissement. Par dérogation aux articles L. 123-1 et L. 237-3 du code de commerce, la publication et l'inscription modificative au registre du commerce et des sociétés concernant le prononcé de cette dissolution doivent mentionner la date de la décision de retrait d'agrément par le Comité des établissements de crédit et des entreprises d'investissement. Jusqu'à la clôture de sa liquidation, l'établissement reste soumis au contrôle de la Commission bancaire, qui peut prononcer l'ensemble des sanctions prévues à l'article L. 613-21 du présent code. Il ne peut faire état de sa qualité d'établissement de crédit sans préciser qu'il est en liquidation. »** – *[L. n° 84-46 du 24 janv. 1984, art. 19 (IV et V)].*

Jurisprudence antérieure à la loi du 2 juill. 1996

Liquidation suite au retrait d'agrément. La liquidation d'un établissement de crédit par décision de la commission bancaire, après retrait de l'agrément, excluant toute solution de redressement par cession ou continuation d'une activité bancaire qui n'existe plus, la liquidation judiciaire s'impose, peu important une jonction de procédures de redressement judiciaire antérieurement ouvertes et la mise sous patrimoine commun de l'établissement de crédit avec d'autres sociétés, en l'espèce les filiales de la banque. • Paris, 4 avr. 1997 : *D. Affaires 1997. 609.* ♦ Comp., jugeant que la liquidation d'un établissement de crédit, à qui l'agrément a été retiré, est une institution spécifique qui obéit à des règles propres et qui n'atteint pas l'être moral, puisque le retrait d'agrément ne constitue pas en lui-même une cause de dissolution de la personne morale ; que la liquidation bancaire d'un établissement de crédit, dont l'activité est exercée par une société commerciale dont l'objet n'est pas exclusivement l'exercice d'une activité d'établissement de crédit, n'apparaît pas incompatible avec l'application, au profit de cette société, des solutions de redressement instituées par la loi du 25 janv. 1985 [C. com., art. L. 620-1 s. anciens], mais seulement en ce qui concerne ses activités autres que celles définies aux art. 1er à 6 de la loi du 24 janv. 1984 [C. mon. fin., art. L. 311-1 à L. 311-3, L. 312-2, L. 313 et L. 511-2], en l'espèce, une activité de location de biens d'équipement : • Aix-en-Provence, 21 juill. 1993 : *D. 1994. 201, note Vasseur.* ♦ Comp. aussi, jugeant qu'une banque à qui l'agrément a été retiré et qui a été déclarée en redressement judiciaire n'est plus qu'un organisme de recouvrement de créances, pouvant faire l'objet d'un plan de cession : • T. com. Paris, 22 janv. 1991 : *D. 1992. Somm. 355, obs. Vasseur ; JCP E 1991. II. 207, note Peltier.* – V. également • T. com. Paris, 7 juill. 1994 : *D. 1995. Somm. 392, obs. Vasseur.*

L. 511-17 La radiation d'un établissement de crédit de la liste des établissements de crédit agréés peut être prononcée à titre de sanction disciplinaire par la commission bancaire.

La radiation entraîne la liquidation de la personne morale, lorsque celle-ci a son siège social en France. Dans le cas des succursales d'établissements ayant leur siège hors de l'Espace économique européen, la radiation entraîne la liquidation des éléments du bilan et du hors-bilan de la succursale. Afin de préserver les intérêts de la clientèle, la commission bancaire peut reporter la liquidation au terme d'un délai qu'elle fixe.

Tout établissement qui a fait l'objet d'une radiation demeure soumis au contrôle de la commission bancaire jusqu'à la clôture de la liquidation. Il ne peut effectuer que les opérations strictement nécessaires à l'apurement de sa situation. Il ne peut faire état de sa qualité d'établissement de crédit qu'en précisant qu'il a fait l'objet d'une mesure de radiation. – *[L. n° 84-46 du 24 janv. 1984, art. 19-1].*

Nature juridique des décisions. Sur la nature juridique des décisions de la commission faisant suite à la décision de radiation et fixant la date d'entrée en liquidation et nommant le liquidateur, V. note 1 ss. art. L. 613-23 C. mon. fin.

L. 511-18 Le *(L. nº 2003-706 du 1er août 2003, art. 46-VI)* « ministre chargé de l'économie » précise les conditions d'application des articles L. 511-15 à L. 511-17. Il fixe notamment les modalités selon lesquelles :

1. Les décisions de retrait d'agrément et de radiation sont portées à la connaissance du public ;

2. Outre la faculté de recourir aux autres modes légaux de cession et d'opposabilité aux tiers, la cession de créances résultant des opérations de crédit mentionnées à l'article L. 313-1 peut être rendue opposable aux tiers par accord écrit du débiteur ou par décision de la commission bancaire ;

3. Les plans et comptes d'épargne logement, les livrets d'épargne d'entreprise, les plans et livrets d'épargne populaire, les plans d'épargne en actions, ainsi que les engagements par signature peuvent être transférés, sans préjudice des droits des titulaires ou bénéficiaires, à un ou plusieurs autres établissements de crédit ;

4. Les instruments financiers inscrits en compte auprès de l'établissement peuvent être transférés chez un autre prestataire de services d'investissement ou chez l'émetteur ;

5. Les opérations prévues aux articles L. 311-2, L. 511-2 et L. 511-3 sont limitées. – *[L. nº 84-46 du 24 janv. 1984, art. 19-2]. – V. Règl. nº 96-13 du 20 déc. 1996 (JO 29 janv. 1997), mod. par Règl. nº 2000-05 du 6 sept. 2000 (JO 1er nov.).*

Cession de créance. Sur le sort de la cession de créances en cas de retrait d'agrément d'un établissement de crédit, V., rendu avant la modification de l'al. 3 de l'art. L. 511-18 (anc. art. 19-2 de la loi de 1984), par la loi nº 99-532 du 25 juin 1999 : • Paris, 12 févr. 1999 : *D. 2000. Somm. 453, obs. Synvet*.

L. 511-19 Lorsque des établissements de crédit ayant leur siège social à l'étranger ouvrent des bureaux ayant une activité d'information, de liaison ou de représentation, l'ouverture de ces bureaux doit être préalablement notifiée au comité des établissements de crédit et des entreprises d'investissement.

Ces bureaux peuvent faire état de la dénomination ou de la raison sociale de l'établissement de crédit qu'ils représentent. – *[L. nº 84-46 du 24 janv. 1984, art. 9].*

BIBL. ▶ STOUFFLET et GAUVIN, *RD banc. fin. 2005. Chron. 19* (le bureau de représentation, bras séculier des banques étrangères en France).

L. 511-20 *(Ord. nº 2004-1201 du 12 nov. 2004, art. 5)* I. – Est une filiale d'un établissement de crédit, d'une entreprise d'investissement, d'une compagnie financière ou d'une compagnie financière holding mixte l'entreprise sur laquelle est exercé un contrôle exclusif au sens de l'article L. 233-16 du code de commerce, ou une influence dominante en raison de l'existence de liens de solidarité importants et durables résultant d'engagements financiers, de dirigeants ou de services communs.

II. – Constitue une participation le fait de détenir, directement ou indirectement, au moins 20 % des droits de vote ou du capital d'une entreprise, ou un ensemble de droits dans le capital d'une entreprise qui, en créant un lien durable avec celle-ci, est destiné à contribuer à l'activité de la société.

III. – Est un groupe l'ensemble d'entreprises composé d'une entreprise mère, de ses filiales et des entités dans lesquelles l'entreprise mère ou ses filiales détiennent des participations, ainsi que des entités liées de telle sorte que leurs organes d'administration, de direction ou de surveillance sont composés en majorité des mêmes personnes ou qu'elles sont placées sous une direction unique en vertu d'un contrat ou de clauses statutaires. Les établissements affiliés à un réseau et l'organe central au sens de l'article L. 511-31 sont considérés comme faisant partie d'un même groupe pour l'application du présent code. Il en est de même pour les entités appartenant à des groupes coopératifs régis par les dispositions similaires dans la législation qui leur est applicable.

IV. – L'expression : « groupe financier » désigne l'ensemble ne constituant pas un conglomérat financier formé par les filiales, directes ou indirectes, d'un établissement de crédit, d'une entreprise d'investissement, ou d'une compagnie financière, et par les

entreprises à caractère financier sur lesquelles l'entreprise mère exerce un contrôle conjoint au sens de l'article L. 233-16 du code de commerce.

Les entreprises à caractère financier mentionnées à l'alinéa précédent sont définies par voie réglementaire.

V. — L'expression : « groupe mixte » désigne l'ensemble formé par les filiales, directes ou indirectes, d'une entreprise mère qui n'est pas une compagnie financière, un établissement de crédit, une entreprise d'investissement ou une compagnie financière holding mixte au sens de l'article L. 517-4 mais dont l'une au moins des filiales est un établissement de crédit ou une entreprise d'investissement. L'entreprise mère d'un groupe mixte est une compagnie mixte.

SOUS-SECTION 2 *Libre établissement et libre prestation de services sur le territoire des États partie à l'accord sur l'Espace économique européen*

BIBL. ▶ DESCHANEL et FERNANDEZ-BOLLO, *D. 1993. Chron. 125.* — BLOCH, *JCP E 1992. I. 175.* — CRÉDOT et GÉRARD, *Rev. dr. bancaire 1992. 201.* — PERROT, *ibid. 1995. 164* (agrément unique et contrôle des établissements de crédit dans l'espace communautaire). — TISON, *ibid. 1995. 171* (libre prestation de services et nullité d'opérations bancaires pour défaut d'agrément).

L. 511-21 Dans la présente sous-section :

1. L'expression : « service bancaire » désigne une opération de banque au sens de l'article L. 311-1 ou l'une des activités connexes au sens de l'article L. 311-2 ;

2. L'expression : « autorités compétentes » désigne la ou les autorités d'un État membre chargées, conformément à la législation de cet État, d'agréer ou de contrôler les établissements de crédit qui y ont leur siège social ;

3. L'expression : « opération réalisée en libre prestation de services » désigne l'opération par laquelle un établissement de crédit ou un établissement financier fournit, dans un État membre autre que celui où se trouve son siège social, un service bancaire autrement que par une présence permanente dans cet État membre ;

4. L'expression « établissement financier » désigne l'entreprise qui ne relève pas de l'agrément en qualité d'établissement de crédit dans un État où il a son siège social et qui, à titre d'activité principale, cumulativement ou non :

***a)* Exerce une ou plusieurs activités mentionnées aux 1, 3, 4 et 5 de l'article L. 311-2 ;**

***b)* Prend des participations dans des entreprises qui, à titre de profession habituelle, effectuent des opérations de banque ou exercent l'une des activités susmentionnées ;**

***c)* Pour celle qui a son siège social dans un État membre de *[l']* Espace économique européen autre que la France, effectue des opérations de banque au sens de l'article L. 311-1 à l'exception de la réception de fonds du public.**

5. Sont assimilés aux États membres de la communauté européenne autres que la France les États partie à l'accord sur l'Espace économique européen. — *[L. n° 84-46 du 24 janv. 1984, art. 71-1, 1° à 4° et 71-9].* — *Cette disposition est entrée en vigueur à la date d'entrée en vigueur de l'accord sur l'Espace économique européen [1er janv. 1994] (L. n° 93-1420 du 31 déc. 1993, art. 10 ; L. n° 94-679 du 8 août 1994, art. 9, al. 1er).*

V. infra, art. R. 511-4 et R. 511-5.

L. 511-22 Dans la limite des services qu'il est habilité à fournir sur le territoire d'un État membre autre que la France où il a son siège social et en fonction de l'agrément qu'il y a reçu, tout établissement de crédit peut, sur le territoire de la France métropolitaine et des départements d'outre-mer, établir des succursales pour fournir des services bancaires et intervenir en libre prestation de services dans les conditions définies à l'article L. 511-24, sous réserve que le comité des établissements de crédit et des entreprises d'investissement ait préalablement été informé par l'autorité compétente de l'État membre, dans des conditions fixées par le *(L. n° 2003-706 du 1er août 2003, art. 46-VI)* **« ministre chargé de l'économie ».** — *[L. n° 84-46 du 24 janv. 1984, art. 71-2].* — *V. Règl. n° 92-13 du 23 déc. 1992 (JO 9 janv. 1993), mod. par Règl. n° 93-03 du 19 mars 1993*

(D. et ALD 1993. 365 ; JO 28 avr.), Règl. n° 94-02 du 27 juill. 1994 (JO 17 août), Règl. n° 94-04 du 8 déc. 1994 (JO 21 janv. 1995), Règl. n° 95-01 du 21 juill. 1995 (JO 28 sept.), Règl. n° 99-07 du 9 juill. 1999 (JO 27 juill.), Règl. n° 2002-03 du 15 juill. 2002 (JO 21 sept.).

1. Libre prestation de services. A supposer que le non-respect de l'obligation de notification de l'art. 71-2 [C. mon. fin., art. L. 511-22] nécessaire à l'exercice d'une activité bancaire en libre prestation de services puisse être sanctionné par les autorités prudentielles du pays d'origine, dans le cadre de leur mission de surveillance et de contrôle des établissements de crédit, le défaut de cette notification à visée purement informative ne peut entraîner la nullité du contrat de prêt consenti par la banque étrangère à un emprunteur français, puisqu'une telle mesure, qui n'est pas justifiée par l'intérêt général ni la protection des consommateurs et n'est pas objectivement nécessaire pour assurer le respect des règles prudentielles applicables en matière d'octroi de crédit, restreindrait de manière disproportionnée la liberté fondamentale de libre circulation des services à l'intérieur du marché bancaire unique. • Paris, 17 juin 1999 : *D. 2000. Somm. 451, obs. Synvet* . ♦ V. aussi, notes 2 et 3 ss. art. L. 511-10 C. mon. fin.

2. Cession de créances. La cession de créances non échues est réservée aux établissements de crédit dûment agréés par le CECEI ou habilités à exercer leur activité en France, en application du droit communautaire : Rép. min. n° 4067, *JOAN Q 27 janv. 2003, p. 600 ; JCP E 2003, n° 7-8, p. 294.*

L. 511-23 Dans la limite des services qu'il est habilité à fournir sur le territoire d'un État membre autre que la France où il a son siège social, tout établissement financier ayant obtenu des autorités compétentes de cet État membre une attestation certifiant qu'il remplit les conditions requises à cet effet par ces autorités peut, sur le territoire de la France métropolitaine et des départements d'outre-mer, établir des succursales pour fournir des services bancaires et intervenir en libre prestation de services dans les conditions définies à l'article L. 511-24, sous réserve que le comité des établissements de crédit et des entreprises d'investissement ait préalablement été informé par l'autorité compétente de l'État membre, dans des conditions fixées par le *(L. n° 2003-706 du 1er août 2003, art. 46-VI)* « ministre chargé de l'économie ». — *[L. n° 84-46 du 24 janv. 1984, art. 71-3].*

L. 511-24 Les établissements mentionnés aux articles L. 511-22 et L. 511-23 et leurs succursales établies en France ne sont pas soumis aux dispositions des articles L. 511-10, L. 511-11, L. 511-14, L. 511-35, L. 511-38, L. 511-39 et L. 511-40.

Ils ne sont pas soumis aux *(L. n° 2003-706 du 1er août 2003, art. 46-VI)* « arrêté *[s]* du ministre chargé de l'économie », sauf pour celles des dispositions de ces règlements qui n'ont pas fait l'objet de coordination entre les États membres, lorsqu'elles présentent un caractère d'intérêt général ou lorsqu'elles sont relatives à la politique monétaire ou à la liquidité des établissements.

Le *(L. n° 2003-706 du 1er août 2003)* « ministre chargé de l'économie » détermine les dispositions de ses règlements qui *(Ord. n° 2005-429 du 6 mai 2005, art. 53)* « leur sont » applicables en vertu du présent article. — *[L. n° 84-46 du 24 janv. 1984, art. 71-4]. — V. Règl. n° 92-13 du 23 déc. 1992 (JO 9 janv. 1993), préc. à la suite de l'art. L. 511-22. — Entrée en vigueur le 1er janv. 1993.*

L. 511-25 En vue d'exercer la surveillance d'un établissement bénéficiant du régime prévu à l'article L. 511-24 et par dérogation aux dispositions de l'article 1er *bis* de la loi n° 68-678 du 26 juillet 1968, les autorités compétentes dont relève cet établissement peuvent exiger de lui et de ses succursales établies en France communication de toutes informations utiles à l'exercice de cette surveillance et, sous la seule réserve d'en avoir informé préalablement la commission bancaire, procéder, par elles-mêmes ou par l'intermédiaire de personnes qu'elles mandatent à cet effet, à des contrôles sur place des succursales de cet établissement sur le territoire de la République française. — *[L. n° 84-46 du 24 janv. 1984, art. 71-5]. — V. ladite loi de 1968, infra, v° Étrangers.*

L. 511-26 Les établissements mentionnés aux articles L. 511-22 et L. 511-23 sont soumis au contrôle de la commission bancaire dans les conditions prévues à l'article L. 613-33. — *[L. n° 84-46 du 24 janv. 1984, art. 71-6, al. 1er].*

L. 511-27 Tout établissement de crédit ayant son siège social en France et désirant établir une succursale dans un autre État membre notifie son projet au comité des établissements de crédit et des entreprises d'investissement, assorti d'informations dont la nature est déterminée par le *(L. n° 2003-706 du 1er août 2003, art. 46-VI)* « ministre chargé de l'économie ».

A moins que le comité des établissements de crédit et des entreprises d'investissement n'ait des raisons de douter, compte tenu de ce projet, de l'adéquation des structures administratives ou de la situation financière de l'établissement de crédit, il communique ces informations, dans les trois mois à compter de leur réception régulière, à l'autorité compétente de l'État membre d'accueil et en avise l'établissement concerné.

Lorsque le comité des établissements de crédit et des entreprises d'investissement refuse de communiquer les informations mentionnées au premier alinéa à l'autorité compétente de l'État membre d'accueil, il fait connaître les raisons de ce refus à l'établissement concerné dans les trois mois suivant la réception régulière de ces informations.

Les établissements de crédit ayant leur siège social en France qui désirent exercer pour la première fois leurs activités sur le territoire d'un autre État membre en libre prestation de services sont tenus d'en faire la déclaration au comité des établissements de crédit et des entreprises d'investissement. Cette déclaration est assortie d'informations dont la nature est déterminée par le *(L. n° 2003-706 du 1er août 2003, art. 46-VI)* « ministre chargé de l'économie ».

Le *(L. n° 2003-706 du 1er août 2003, art. 46-VI)* « ministre chargé de l'économie » détermine les conditions dans lesquelles les informations mentionnées aux alinéas précédents sont communiquées à l'autorité compétente de l'autre État membre. — *[L. n° 84-46 du 24 janv. 1984, art. 71-7]. — V. Règl. n° 92-12 du 25 déc. 1992 (JO 9 janv. 1993), cité à la suite de l'art. L. 511-28.*

L. 511-28 Tout établissement financier ayant son siège social en France et désirant implanter une succursale sur le territoire d'un autre État membre pour offrir des services bancaires en libre établissement notifie son projet au comité des établissements de crédit et des entreprises d'investissement, assorti d'informations dont la nature est déterminée par le *(L. n° 2003-706 du 1er août 2003, art. 46-VI)* « ministre chargé de l'économie ».

L'établissement financier doit également justifier, auprès du comité des établissements de crédit et des entreprises d'investissement, qu'il remplit les conditions fixées par le *(L. n° 2003-706 du 1er août 2003, art. 46-VI)* « ministre chargé de l'économie ». Ces conditions portent sur les activités exercées en France par ces établissements, les modalités selon lesquelles ils sont placés sous le contrôle d'établissements de crédit et les règles applicables pour assurer la qualité et le contrôle de leur gestion ainsi que pour la garantie de leurs engagements par les entreprises mères.

Si l'établissement remplit les conditions mentionnées au précédent alinéa, le comité des établissements de crédit et des entreprises d'investissement, à moins qu'il n'ait des raisons de douter, compte tenu de ce projet, de l'adéquation des structures administratives ou de la situation financière de l'établissement financier, communique les informations concernant le projet dans les trois mois à compter de leur réception à l'autorité compétente de l'État membre d'accueil et en avise l'établissement concerné.

Les établissements financiers désirant exercer pour la première fois leurs activités sur le territoire d'un autre État membre, en libre prestation de services, sont tenus d'en faire la déclaration au comité des établissements de crédit et des entreprises d'investissement.

Ils doivent également justifier qu'ils remplissent les conditions mentionnées au deuxième alinéa du présent article.

L'établissement financier exerçant ses activités dans un autre État membre dans le cadre des dispositions du présent article est soumis aux dispositions des articles L. 511-13, L. 511-33 et L. 511-39, et, ainsi qu'aux *(L. n° 2003-706 du 1er août 2003)* « arrê-

tés adoptés par le ministre chargé de l'économie, pour ceux d'entre eux » qui prévoient que leur champ d'application comprend cette catégorie d'établissements. Il est contrôlé par la commission bancaire dans les conditions fixées par les articles L. 613-1, L. 613-6 à L. 613-8, L. 613-10 et L. 613-11 ; il peut faire l'objet des mesures et sanctions prévues aux articles L. 613-15, L. 613-16, L. 613-18 et L. 613-21. La radiation prévue au 6 de l'article L. 613-21 doit être comprise comme le retrait du bénéfice du régime défini au présent article.

Un décret en Conseil d'État fixe, en tant que de besoin, les conditions d'application du présent article et de l'article L. 511-27. – *[L. n° 84-46 du 24 janv. 1984, art. 71-8]. – V. infra, art. R. 511-4. – V. Règl. n° 92-12 du 23 déc. 1992 (JO 9 janv. 1993), mod. par Règl. n° 94-04 du 8 déc. 1994 (JO 21 janv. 1995), Règl. n° 96-16 du 20 déc. 1996 (JO 29 janv. 1997), Règl. n° 2002-03 du 15 juill. 2002 (JO 21 sept.).*

SECTION IV *Organes de la profession*

SOUS-SECTION 1 *L'association française des établissements de crédit et des entreprises d'investissement et les autres organismes professionnels*

L. 511-29 Tout établissement de crédit est tenu d'adhérer à un organisme professionnel ou à un organe central affilié à l'association française des établissements de crédit et des entreprises d'investissement.

Toutefois, le ministre chargé de l'économie peut autoriser certaines institutions financières spécialisées à adhérer directement à cette association.

L'association française des établissements de crédit et des entreprises d'investissement a pour objet la représentation des intérêts collectifs des établissements de crédit et des entreprises d'investissement, notamment auprès des pouvoirs publics, l'information de ses adhérents et du public, l'étude de toute question d'intérêt commun et l'élaboration des recommandations s'y rapportant en vue, le cas échéant, de favoriser la coopération entre réseaux, ainsi que l'organisation et la gestion de services d'intérêt commun.

L'association française des établissements de crédit et des entreprises d'investissement a également la possibilité d'engager un dialogue social sur les questions d'ordre général concernant l'ensemble des établissements de crédit et des entreprises d'investissement avec les organisations syndicales représentatives de ce secteur.

Ses statuts sont soumis à l'approbation ministérielle. – *[L. n° 84-46 du 24 janv. 1984, art. 23]. – Approbation par Arr. 4 août 1997 (JO 13 août).*

1. Prérogatives de l'Association française des banques. V. note 3 *quater* ss. art. L. 621-62 ancien C. com. et notes 23 et 23 *ter* ss. art. L. 623-6 ancien C. com.

2. Parères de l'Association française des banques. En raison de leur objet, les parères dont chaque terme est soigneusement pesé par l'Association professionnelle des banques ne peuvent donner lieu qu'à une interprétation stricte. • Paris, 12 nov. 1992 : *D. 1994. Somm. 321, obs. Vasseur* . ♦ S'il paraît accepté que l'usage peut écarter une règle de droit supplétive, ayant la valeur et la portée d'une convention tacite, il ne peut déroger aux règles posées de façon impérative par la loi. • Même arrêt.

Sur la possibilité, pour les organismes professionnels ou organes centraux, de tenir des fichiers recensant des incidents de paiement, V. art. L. 313-6 C. mon. fin., supra.

SOUS-SECTION 2 *Les organes centraux*

L. 511-30 Pour l'application des dispositions du présent code relatives aux établissements de crédit, sont considérées comme organes centraux : *[le] (Ord. n° 2005-429 du 6 mai 2005, art. 54)* **« Crédit agricole S.A. », la Banque fédérale des banques populaires, la Confédération nationale du crédit mutuel,** *(Abrogé par L. n° 2003-706 du 1er août 2003, art. 93-III) « la Caisse centrale de crédit coopératif, »* **la Caisse nationale**

des caisses d'épargne et de prévoyance ainsi que la Chambre syndicale des sociétés anonymes de crédit immobilier. – *[L. n° 84-46 du 24 janv. 1984, art. 20].*

Sur le fonctionnement et les modalités de substitution de la Caisse nationale des caisses d'épargne et de prévoyance au Centre national des caisses d'épargne et de prévoyance et l'entrée en vigueur de cette substitution, V. L. n° 99-532 du 25 juin 1999, art. 29 (JO 29 juin).

Dans un délai de trois mois à compter de la publication de la L. n° 2001-420 du 15 mai 2001 (JO 16 mai), la Banque fédérale des banques populaires modifie ses statuts en vue de sa transformation en société anonyme régie par les titres I à IV du Livre II du C. com. Cette société est substituée à la Chambre syndicale des banques populaires comme organe central, au sens des art. L. 511-30, L. 511-31 et L. 511-32 C. mon. fin. La Chambre syndicale des banques populaires est dissoute. Ses biens, droits et obligations sont intégralement transférés à la Banque fédérale des banques populaires.

L. 511-31 Les organes centraux représentent les établissements de crédit qui leur sont affiliés auprès de la Banque de France, du comité des établissements de crédit et des entreprises d'investissement et, sous réserve des règles propres à la procédure disciplinaire, de la commission bancaire.

Ils sont chargés de veiller à la cohésion de leur réseau et de s'assurer du bon fonctionnement des établissements qui leur sont affiliés. A cette fin, ils prennent toutes mesures nécessaires, notamment pour garantir la liquidité et la solvabilité de chacun de ces établissements comme de l'ensemble du réseau. Ils peuvent également décider d'interdire ou de limiter la distribution d'un dividende aux actionnaires ou d'une rémunération des parts sociales aux sociétaires des établissements de crédit ou des entreprises d'investissement qui leur sont affiliés.

(L. n° 2001-420 du 15 mai 2001) « Les titres visés au dernier alinéa de l'article 19 *(Ord. n° 2005-429 du 6 mai 2005, art. 55)* « ***tervicies*** » de la loi n° 47-1775 du 10 septembre 1947 portant statut de la coopération, détenus directement ou indirectement par un organe central au sens de l'article L. 511-30, ne sont pas pris en compte pour le calcul de la limitation à 50 % du capital des établissements de crédit qui leur sont affiliés, visée à l'article 19 *(Ord. n° 2005-429 du 6 mai 2005, art. 55)* « ***tervicies*** » précité. » – *V. L. n° 47-1775 du 10 sept. 1947 au* ***C. sociétés.***

Ils veillent à l'application des dispositions législatives et réglementaires propres à ces établissements et exercent un contrôle administratif, technique et financier sur leur organisation et leur gestion. Les contrôles sur place des organes centraux peuvent être étendus à leurs filiales directes ou indirectes, ainsi qu'à celles des établissements qui leur sont affiliés.

Dans le cadre de ces compétences, ils peuvent prendre les sanctions prévues par les textes législatifs et réglementaires qui leur sont propres.

La perte de la qualité d'établissement affilié doit être notifiée par l'organe central au comité des établissements de crédit et des entreprises d'investissement, qui se prononce sur l'agrément de l'établissement en cause.

(L. n° 2002-1303 du 29 oct. 2002) « Pour l'application des dispositions de la section 2 du chapitre V du titre II du livre II du code de commerce, les mandats sociaux détenus au sein de l'organe central, au sens de l'article L. 511-30 du présent code, ou des établissements de crédit qui lui sont affiliés doivent être décomptés pour un seul mandat. »

Après en avoir informé la commission bancaire et sous réserve des compétences du comité des établissements de crédit et des entreprises d'investissement, les organes centraux peuvent, lorsque la situation financière des établissements concernés le justifie, et nonobstant toutes dispositions ou stipulations contraires, décider la fusion de deux ou plusieurs personnes morales qui leur sont affiliées, la cession totale ou partielle de leur fonds de commerce ainsi que leur dissolution. Les organes dirigeants des personnes morales concernées doivent au préalable avoir été consultés par les organes centraux. Ces derniers sont chargés de la liquidation des établissements de crédit qui leur sont affiliés ou de la cession totale ou partielle de leur fonds de commerce. – *[L. n° 84-46 du 24 janv. 1984, art. 21].*

BIBL. ▶ DECOOPMAN, *RD bancaire et bourse 1999. 138* (renforcement des pouvoirs et coordination des autorités de contrôle du secteur financier).

L. 511-32 *(Abrogé par L. nº 2006-378 du 31 mars 2006, art. 26-X) « I. – »* **Sans préjudice des pouvoirs de contrôle sur pièces et sur place conférés à la commission bancaire sur les établissements qui leur sont affiliés, les organes centraux concourent, chacun pour ce qui le concerne, à l'application des dispositions législatives et réglementaires régissant les établissements de crédit.**

A ce titre, ils saisissent la commission bancaire des infractions à ces dispositions. – *[L. nº 84-46 du 24 janv. 1984, art. 22].*

II.– V. infra, art. L. 615-1.

SECTION V *Le secret professionnel*

L. 511-33 Tout membre d'un conseil d'administration et, selon le cas, d'un conseil de surveillance et toute personne qui à un titre quelconque participe à la direction ou à la gestion d'un établissement de crédit ou qui est employée par celui-ci, est tenu au secret professionnel, dans les conditions et sous les peines prévues à l'article L. 571-4.

Outre les cas où la loi le prévoit, le secret professionnel ne peut être opposé ni à la commission bancaire, ni à la Banque de France, ni à l'autorité judiciaire agissant dans le cadre d'une procédure pénale. – *[L. nº 84-46 du 24 janv. 1984, art. 57].*

Le procureur de la République, le juge d'instruction ou le tribunal saisi peuvent obtenir des parties, de toute administration, de tout établissement financier, ou de toute personne détenant des fonds du prévenu, la communication des renseignements utiles de nature financière ou fiscale, sans que puisse être opposée l'obligation au secret (C. pén., art. 132-22, applicable à compter du 1er mars 1994).

Sur l'inopposabilité du secret professionnel : ... au juge-commissaire et au tribunal, dans le cadre d'une procédure de redressement ou de liquidation judiciaires, V. C. com., art. L. 623-2 et L. 651-4, supra. – ... au président du TGI, dans le cadre d'une procédure de conciliation, V. C. com., art. L. 611-2 et L. 611-6, supra. — ... à la commission départementale d'examen des situations de surendettement des particuliers, V. 2e note ss. art. L. 313-6, C. mon. fin., supra. — ... au juge, dans le cadre d'une procédure de divorce, s'agissant de fixer une prestation compensatoire, une pension alimentaire ou de liquider un régime matrimonial, V. C. civ., art. 259-3. — **C. civ.**

Sur la levée du secret professionnel dans le cadre de la lutte contre le blanchiment des capitaux provenant du trafic des stupéfiants, V. art. L. 562-8, infra.

Sur le droit de communication de l'administration fiscale, V. LPF, art. L. 83. — **C. pr. fisc.**

Sur la possibilité pour le procureur de la République, dans le cadre de la procédure de recherche d'informations organisée par la loi relative aux procédures civiles d'exécution, d'obtenir de la part des établissements de crédit des renseignements sur les débiteurs, V. L. nº 91-650 du 9 juill. 1991, art. 40. — V. aussi, sur l'obligation de renseignement du tiers saisi dans le cadre de la procédure de saisie-attribution, L. nº 91-650 du 9 juill. 1991, art. 24, 44 et 47. — **C. pr. civ.**

RÉP. COM. vº *Responsabilité du banquier,* par PASQUALINI.

BIBL. ▸ GULPHE, *RTD com. 1948. 8.* – CRÉDOT, *Petites affiches 17 févr. 1993.* – LOMBARDINI et PONCET, *Banque et Droit mars-avr. 1998. 16* (secret bancaire et obligation de dénoncer en droit suisse). – MATSOPOULOU, *RD banc. fin. 2004. 50* (le banquier face au juge pénal français). – CHEMLA et BOURETZ, *ibid. 205* (référé probatoire et secret bancaire). – BOULOC, *Gaz. Pal. 2004. Doctr. 1813* (principe et limite du secret professionnel du banquier). – MOREAU, *ibid. 1817* (secret bancaire et communication de pièces). – DELLECI, *ibid. 1819* (... et procédures civiles d'exécution). – BAILLOT, *Petites affiches 3 févr. 2005, p. 34* (secret professionnel opposé aux notaires : l'hypothèse des services financiers). – LEGRAND, *JCP E 2005, nº 26, p. 1105* (le secret bancaire ou la théorie de la relativité). – LASSERRE-CAPDEVILLE, *RSC 2005. 231* (secret bancaire et obligation de dénonciation du banquier en droits français et suisse). – STOUFFLET, *Gaz. Pal. 2005. Doctr. 1661* (application du secret bancaire dans les relations intracommunautaires et internationales). – PARTSCH, *ibid. 1686* (le secret bancaire et le droit communautaire).

I. DOMAINE DU SECRET BANCAIRE

1. Personnes tenues. L'art. L. 511-33 soumet au secret professionnel toute personne employée dans un établissement de crédit auquel est assimilée une personne morale intervenant sur le marché monétaire interbancaire. • Paris, 15 nov. 2002 : *JCP E 2003, nº 11, p. 438.* ♦ En communiquant des éléments sensibles et confidentiels propriétés de la banque à une salariée d'un concurrent direct, un salarié a manifestement violé le secret bancaire qui s'imposait à lui en vertu des art. L. 511-33 et L. 571-4 C. mon. fin. • Cons. prud'h. Nanterre, 15 sept. 2005 : *RD banc. fin. 2006, n° 82, obs. Caprioli.*

A. INFORMATIONS COUVERTES

2. *Informations confidentielles.* Commet les délits de violation du secret bancaire, de manquement à la sécurité informatique, de divulgation d'informations nominatives susceptibles de porter atteinte à la réputation des personnes le directeur d'un établissement de crédit qui communique à des commerçants, qui ont reçu délégation afin de remettre au nom de ce dernier l'offre préalable de crédit, une liste informatique de personnes, clients de l'établissement de crédit supposés présenter un risque quant à l'octroi d'un éventuel crédit. • Rennes, 13 janv. 1992 : *D. 1993. Somm. 54, obs. Vasseur ; D. 1994. Somm. 287, obs. Maisl ; JCP E 1993. II. 432, note Gavalda.*

3. *Verso de chèques.* En divulguant les informations figurant au verso des chèques litigieux, une banque porte atteinte au secret professionnel dont bénéficient le ou les tiers bénéficiaires des titres. • Com. 8 juill. 2003 : *Bull. civ. IV, n° 119 ; D. 2003. AJ. 2170, obs. Avena-Robardet ; RTD com. 2003. 783, obs. Cabrillac ; JCP E 2004, n° 27, p. 1109, note Gibirila ; RD banc. fin. 2004, n° 5, obs. Crédot et Gérard ; Banque et Droit janv.-févr. 2004. 54, obs. Bonneau ; Petites affiches 15 janv. 2004, p. 9, obs. E. C. ; RJDA 2004, n° 210 ; Dr. et procédures 2004. 22, obs. Salati* • 9 juin 2004 : *Banque et Droit sept.-oct. 2004. 82, obs. Bonneau ; RJDA 2004, n° 1363.* ♦ Le secret professionnel autorise l'établissement de crédit à refuser la communication du verso d'un chèque demandée par les héritiers du tireur. • Com. 13 juin 1995 : *Bull. civ. IV, n° 172 ; D. 1995. IR. 166 ; Banque oct. 1995. 93, obs. Guillot* (cassant • Reims, 25 févr. 1993 : *Rev. dr. bancaire 1993. 226, obs. Crédot et Gérard*) • TGI Paris, 21 mars 1991 : *D. 1992. Somm. 30, obs. Vasseur ; Banque 1991. 984, obs. Rives-Lange.* – V. aussi • Nancy, 23 avr. 1998 : *JCP E 1999, n° 17, p. 759, obs. Gavalda et Stoufflet ; Banque et Droit sept.-oct. 1998. 38, obs. Guillot ; RD bancaire et bourse 1998. 142, obs. Crédot et Gérard* • Com. 5 oct. 2004 : *RTD civ. 2005. 135, obs. Mestre et Fages ; RJDA 2005, n° 67* • 28 févr. 2006 : *BRDA 2006, n° 7, p. 8.* – *Contra* : • T. com. Paris, 16 mai 1994 : *JCP E 1995. I. 465, n° 8, obs. Gavalda et Stoufflet.* – V. aussi note 13. ♦ Pour l'impossibilité d'enjoindre à une banque d'identifier le bénéficiaire d'un chèque de banque ou de fournir les clés d'identification de ce bénéficiaire, alors que celle-ci fait valoir que ces renseignements sont détenus par un autre établissement de crédit, V. • Com. 26 févr. 2002 : *Bull. civ. IV, n° 40 ; RD banc. fin. 2002, n° 75, obs. Crédot et Gérard ; Banque et Droit sept.-oct. 2002, p. 45, obs. Bonneau.* ♦ Comp., jugeant que, lorsque les bénéficiaires de la communication sont également clients de la banque, ils peuvent disposer des informations qui les concernent directement, à savoir des extraits de comptes faisant apparaître les virements opérés en faveur d'un autre client de la banque et les titres de paiement sur lesquels ce dernier est mentionné en qualité de bénéficiaire, sans pour autant que soient communiqués des renseignements confidentiels sur cette personne • Lyon, 29 nov. 1995 : *JCP 1997. IV. 168.* ♦ Le banquier ne peut se prévaloir du secret professionnel à l'encontre de son client émetteur d'un chèque acquitté, qui se prétend victime d'un détournement, pour lui refuser la communication de la copie du chèque recto verso, sauf à priver le client de la possibilité de vérifier les conditions dans lesquelles son ordre a été exécuté par son mandataire. • Paris 17 oct. 1995 : *Rev. dr. bancaire 1997. 68, obs. Crédot et Gérard.*

4. *Permanence du secret.* L'obligation au secret à laquelle est tenu le banquier ne cesse pas avec la résiliation du contrat de garde conclu avec son client. • Civ. 1re, 2 juin 1993 : *Bull. civ. I, n° 197.* ♦ Le secret bancaire ne cesse pas avec la disparition de la personne qui en bénéficie et s'étend aux personnes qui ont eu le pouvoir de faire fonctionner le compte, et constitue un empêchement légitime opposable au juge civil. • Com. 25 févr. 2003 : *Bull. civ. IV, n° 26 ; D. 2003. AJ. 1162, obs. Avena-Robardet ; RTD com. 2003. 343, obs. Legeais ; RTD civ. 2003. 477, obs. Hauser ; JCP 2003. II. 10195, note Ayissi Manga ; RD banc. fin. 2003, n° 59, obs. Crédot et Gérard ; Banque et Droit mai-juin 2003. 56, obs. Bonneau ; RJDA 2003, n° 756 ; Procédures 2003, n° 135, obs. Perrot* • 9 juin 2004 : *préc. note 3.*

5. *Croyance légitime du banquier.* Les banquiers qui communiquent sur la demande du frère du titulaire d'un compte ouvert chez eux des relevés de comptes en croyant légitimement qu'il s'agissait d'une demande du titulaire lui-même ne se rendent pas coupables de violation de secret professionnel dans la mesure où ils n'avaient pas conscience de communiquer des informations couvertes par le secret. • Grenoble, 9 févr. 2000 : *JCP E 2001, n° 11, p. 444.*

6. *Secret bancaire et secret de l'instruction.* Le banquier n'a pas à révéler à son client une information parvenue à sa connaissance dans l'exercice de sa profession à laquelle la loi a conféré un caractère confidentiel ; il en est ainsi des informations couvertes par le secret de l'instruction. • Com. 10 déc. 2003 : *Bull. civ. IV, n° 201 ; D. 2004. AJ. 209, obs. Delpech ; RTD com. 2004. 351, obs. Legeais ; JCP E 2004, n° 20-21, p. 812, obs. Stoufflet ; Gaz. Pal. 2004. Somm. 1995, obs. S. Piedelièvre ; RD banc. fin. 2004, n° 56, obs. Crédot et Gérard ; RJDA 2004, n° 461.* ♦ Commet le délit de violation du secret professionnel le banquier qui informe son client d'une réquisition adressée par un officier de police judiciaire à l'établissement bancaire. • Crim. 30 janv. 2001 : *Bull. crim. n° 29 ; RTD com. 2001. 787, obs. Bouloc ; JCP E 2001, n° 31-35, p. 1328, obs. Stoufflet ; Banque et Droit janv.-févr. 2002. 52, obs. Guillot* (conf. • Toulouse, 2 déc. 1999 : *JCP 2000. IV. 2369*).

B. INFORMATIONS NON COUVERTES

7. Informations à caractère factuel. Si le secret bancaire couvre tous les renseignements d'ordre privé, notamment la situation médicale des clients, dans le cadre d'une demande de prêt, il ne s'étend pas aux éléments purement factuels relatifs à la demande de prêt, ses modalités précises et la réponse motivée donnée par la banque. • Versailles, 23 mars 1994 : *D. 1994. Somm. 328, obs. crit. Vasseur ; Banque févr. 1995. 89, obs. Guillot.* ♦ Comp., pour un arrêt ayant jugé qu'était constitutif d'une violation de l'art. 57 [C. mon. fin., art. L. 511-33], le fait, pour un banquier, d'avoir révélé les difficultés qu'il avait eues à joindre son client en vue d'une régularisation de situation, • Paris, 24 sept. 1996 : *Rev. dr. bancaire 1997. 67, obs. Crédot et Gérard.* ♦ Si, dans le cadre d'une procédure civile, le secret bancaire s'oppose à ce que le banquier communique des informations confidentielles d'ordre privé relatives aux clients de l'établissement, il n'en va pas de même d'informations qui n'auraient pas ce caractère, et qui ne présenteraient qu'un caractère factuel. En effet, l'intérêt supérieur de la justice exprimé par l'art. 10 C. civ. limite la portée du secret bancaire qui ne revêt pas un caractère absolu, et commande que dans une circonstance qui ne se heurte à aucun obstacle légitime, les renseignements sollicités puissent être fournis à un expert lui-même astreint au secret. • TGI Carpentras, réf., 17 sept. 1997 : *BICC 1998, n° 263 ; D. 1998. 625, note Staes.* ♦ En ce sens que l'état civil d'un client ne constitue pas une information confidentielle couverte par le secret professionnel du banquier, V. • Paris, 6 févr. 1998 : *RD bancaire et bourse 1998. 175, obs. Crédot et Gérard.*

8. Renseignements entre banquiers. BIBL. Piot, *RJ com. 1977. 349.* – Vasseur, *Banque 1983. 443.* ♦ L'usage permet à un banquier d'obtenir des renseignements d'un autre banquier sur la « position générale » de l'un de ses clients, mais ce dernier engagerait sa responsabilité éventuelle si les informations étaient erronées. • Com. 9 janv. 1978 : *D. 1978. IR. 308, obs. Vasseur* (cassant • Paris, 23 avr. 1976 : *RTD com. 1977. 346, obs. Cabrillac et Rives-Lange*) • 9 juin 1980 : *D. 1981. IR. 192, obs. Vasseur* • 24 nov. 1983 : *D. 1984. IR. 707, obs. Vasseur ; RTD com. 1984. 321, obs. Cabrillac et Teyssié.* ♦ Ne seraient pas couvertes par le secret des indications objectives d'ordre général. • Com. 5 févr. 1962 : *Banque 1962. 169.* – Conf. • Paris, 6 févr. 1975 : *D. 1975. 318, note Vezian.* ♦ En revanche, les conditions à la clôture d'un compte et la révélation du découvert subsistant sont des renseignements couverts par le secret, qui ne peuvent être divulgués. • Toulouse, 6 févr. 1980 : *D. 1981. IR. 18, obs. Vasseur.* ♦ Sur l'obligation d'information du banquier, V. • Com. 9 avr. 1973 : *JCP 1973. II. 17555, note Gavalda.* – V. aussi Gavalda et Stoufflet, *JCP 1981. I. 3048.*

9. Responsabilité civile du fait des renseignements bancaires. Engage sa responsabilité envers son client le banquier qui, par courrier adressé au président du conseil d'administration de la société avec laquelle ce client se trouvait en relations d'affaires, fait part des difficultés qu'il rencontre pour joindre ce dernier aux fins de régularisation de sa situation avant toute instance judiciaire. • Paris, 24 sept. 1996 : *Rev. dr. bancaire 1996. 235, obs. Crédot et Gérard.* ♦ Par ailleurs, le banquier qui donne des renseignements inexacts sur la solvabilité d'un de ses clients engage sa responsabilité, peu important – dès lors qu'il a accepté de répondre à la demande dont il était saisi – que les renseignements aient été donnés à titre gratuit ou onéreux. • Rouen, 20 déc. 1995 : *RJDA 1996, n° 531 ; Rev. dr. bancaire 1997. 67, obs. Crédot et Gérard.* ♦ Engage sa responsabilité la banque qui a fourni aux créanciers des renseignements inexacts voire frauduleux en déclarant une somme rendue indisponible diminuée de chèques litigieux inscrits au débit du compte. • Civ. 2e, 13 févr. 2003 : *Bull. civ. II, n° 40 ; JCP E 2003, n° 14, p. 585 ; RD banc. fin. 2003, n° 87, obs. Delleci ; Banque et Droit juill.-août 2003. 64, obs. Bonneau ; Gaz. Pal. 2003. Somm. 3248, obs. Brenner ; RJDA 2003, n° 774.* ♦ La banque a commis une faute engageant sa responsabilité délictuelle lors de la fourniture de renseignements à un candidat prêteur dès lors que son interprétation a conclu à une situation financière excellente alors que la régularité des paiements par la société cliente n'était permise que par l'augmentation du découvert à un rythme plus rapide que celle du chiffre d'affaires. • T. com. Paris, 11 janv. 1994 : *Dr. sociétés 1994, n° 204, obs. Chaput.* ♦ On ne saurait reprocher à un établissement financier d'avoir dissimulé aux repreneurs la situation de la société dont elle était l'unique banquier et de leur avoir sciemment consenti un prêt en vue de la prise de contrôle, dès lors que les parties avaient, dès le début des pourparlers, évoqué le risque de dépôt de bilan. • T. com. Paris, 14 juin 1994 : *eod. loc.*

V. aussi note 2 ss. art. L. 163-10 C. mon. fin.

II. OPPOSABILITÉ DU SECRET BANCAIRE

A. OPPOSABILITÉ AUX TIERS

10. *Associés d'une société.* Le secret professionnel est opposable à l'associé d'une SARL demandant communication de documents relatifs à la société. • Paris, 20 mars 1990 : *D. 1992. Somm. 31, obs. Vasseur* • TGI Paris, 20 nov. 1990 : *ibid.* ♦ Comp., jugeant que le secret professionnel ne peut être opposé à l'associé d'une SCP, fondé, en application de l'art. 1855 C. civ., à obtenir communication de tout document intéressant la société, • TGI La Rochelle, ord., 15 juin 1993 : *JCP 1994. IV. 1686.*

11. *Ancien dirigeant d'une société.* Sur l'opposabilité du secret bancaire dans le cadre d'une expertise *in futurum* à l'ancienne dirigeante d'une SARL ayant fait l'objet d'une procédure de liquidation judiciaire, V. • Com. 16 janv. 2001 : *Bull. civ. IV, n° 12 ; D. 2001. AJ. 545, obs. Lienhard ; ibid. 2003. Somm. 340, obs. Synvet ; JCP E 2003, n° 11, p. 463, obs. Stoufflet ; Dr. sociétés 2001, n° 55, obs. Bonneau ; RJ com. 2001. 133, note Moulin.*

12. *Commissaire à l'exécution du plan.* Un établissement de crédit est tenu d'opposer le secret bancaire au commissaire à l'exécution du plan agissant dans l'intérêt collectif des créanciers : • Com. 10 déc. 2002 : *Bull. civ. IV, n° 194 ; D. 2003. AJ. 134 ; RTD com. 2003. 147, obs. Legeais ; Petites affiches 17 déc. 2002, p. 10, concl. Lafortune ; ibid. 17 mars 2003, p. 7, obs. E. C. ; JCP E 2003, n° 20, p. 849, obs. Cabrillac ; RD banc. fin. 2003, n° 36, obs. Lucas ; Banque et Droit mars-avr. 2003. 58, obs. Bonneau ; RJDA 2003, n° 531.* – V. art. L. 626-25 C. com. ♦ Comp. note 1 ss. art. L. 621-55 ancien C. com. s'agissant de la situation du juge-commissaire.

13. *Inopposabilité aux héritiers d'une personne physique.* Jugé que le secret bancaire ne peut être opposé aux héritiers car ceux-ci continuent la personne du défunt et disposent des mêmes droits à l'encontre du banquier. • TGI Paris, 10 juill. 1991 : *D. 1993. Somm. 55, obs. Vasseur ; JCP E 1992. I. 154, n° 14, obs. Gavalda et Stoufflet* • TGI Bressuire, JME, 6 mai 1993 : *JCP 1993. IV. 2691* • Paris, 1er juill. 2003 : *RTD com. 2004. 136, obs. Legeais*. ♦ V. déjà, jugeant, sous l'empire de la loi ancienne, que l'obligation au secret, étant fondée sur le seul intérêt du client, pouvait être levée sur son autorisation ou celle de ses héritiers, • TGI Marseille, 26 févr. 1973 : *Gaz. Pal. 1973. 1. 348.* – Comp. : • TGI Monaco, 3 mai 1973 : *RTD com. 1973. 610, obs. Cabrillac et Rives-Lange.*

B. OPPOSABILITÉ AU JUGE CIVIL

14. *Motif ou empêchement légitime.* Il résulte de la combinaison de l'art. L. 511-33 C. mon. fin. et de l'art. 10 C. civ. que le pouvoir du juge civil d'ordonner à une partie ou à un tiers de produire tout document qu'il estime utile à la manifestation de la vérité est limité par l'exigence d'un motif légitime tenant notamment au secret professionnel. • Com. 25 févr. 2003 : *préc. note 4* • 8 juill. 2003 : *préc. note 3* • 13 nov. 2003 : *RJDA 2004, n° 460.* ♦ V. aussi, infirmant une ordonnance enjoignant à une banque, dans le cadre de la liquidation du régime matrimonial d'époux divorcés, de communiquer l'identité et les coordonnées de la personne ayant encaissé, sur un compte ouvert dans ses livres, un chèque débité du compte joint ouvert au nom des époux dans une autre banque : • Com. 18 févr. 2004 : *Bull. civ. IV, n° 33 ; JCP E 2004, n° 17, p. 642 ; Banque et Droit mai-juin 2004. 49, obs. Bonneau ; Petites affiches 27 juill. 2004, p. 6, obs. E. C. ; RJDA 2004, n° 878.* ♦ Sur la protection du secret bancaire, dans le cadre d'une procédure de référé, V. • T. com. Paris, 7 sept. 1999 : *JCP E 2000, n° 26, p. 1040, obs. Gavalda et Stoufflet ; Banque et Droit mai-juin 2000. 54, obs. Guillot.* ♦ L'exception à la règle du secret bancaire résultant des dispositions de l'art. 259-3 C. civ. ne pouvant être étendue à des cas non prévus par la loi, V. infirmant un jugement qui autorisait, dans le cadre d'une procédure de divorce, des recherches auprès d'une banque sur le compte d'une société dont l'un des époux était porteur de parts : • Aix-en-Provence, 20 mars 2000 : *Banque et Droit janv.-févr. 2001. 53, obs. Guillot.* – Dans cette même affaire, V. • TGI Tarascon, 25 août 1998 : *RD bancaire et bourse 1998. 116, obs. crit. Crédot et Gérard.* ♦ Le secret bancaire constitue un motif légitime, au sens de l'art. 10, al. 2, C. civ., et opposable au juge, permettant à la banque de se soustraire à l'obligation édictée par l'al. 1er de ce texte ainsi que par l'art. 11 NCPC. • Paris, 13 sept. 1996 : *Rev. dr. bancaire 1996. 235, obs. Crédot et Gérard.* ♦ *Contra*, considérant que le secret bancaire ne constitue pas un motif légitime permettant au sens de l'art. 10 C. civ., à un justiciable, de ne pas apporter son concours à la justice : • Paris, 21 avr. 2000 : *Banque et Droit janv.-févr. 2001. 53, obs. Guillot.* ♦ Le secret professionnel ne pouvant être levé, en matière civile ou commerciale, que dans les cas où la loi le prévoit, et notamment en cas de redressement [ou liquidation] judiciaire ou de surendettement, les dispositions des art. 138 et 139 NCPC, relatives à la production des pièces détenues par un tiers, ne peuvent déroger à l'art. 57 [C. mon. fin., art. L. 511-33]. • Toulouse, 8 févr. 1993 : *D. 1994. Somm. 328*. – Comp. : note 15. ♦ Comp., aussi, jugeant que l'art. 57 [C. mon. fin., art. L. 511-33] ne fait pas obstacle au pouvoir reconnu au juge par l'art. 243 NCPC d'ordonner communication de tous documents : • TGI La Rochelle, ord., 15 juin 1993 : *préc. note 10.* ♦ Dans le même sens, en faveur de l'application des art. 138 s. NCPC : • TGI La Roche-sur-Yon, 13 déc. 1995 : *D. 1996. Somm. 350, obs. Julien*.

15. Banquier partie au procès. S'il est légitime d'exiger de la banque qu'elle démontre avoir délivré le crédit confirmé conformément aux engagements bénéficiant aux acquéreurs, en revanche, en tant qu'ils étaient relatifs au fonctionnement d'un compte bancaire ou susceptibles de comporter des informations dont la banque avait eu connaissance dans l'exercice de son activité professionnelle, les documents réclamés pour permettre d'établir la destination donnée aux fonds perçus par le promoteur pour construire la résidence inachevée étaient couverts par le secret bancaire dont le requérant n'était pas bénéficiaire et ce secret constituait un empêchement légitime opposable au juge civil hors les cas, qui n'étaient pas réalisés en l'espèce, prévus par la loi, ce dont il se déduisait que bien qu'ayant la qualité de partie au litige, la banque était fondée à l'opposer pour refuser la communication sollicitée. • Com. 25 janv. 2005 : *Bull. civ. IV, n° 13 ; D. 2005. AJ. 485, obs. Avena-Robardet ; RTD com. 2005. 395, obs. Legeais ; RTD civ. 2005. 384, obs. Mestre et Fages ; JCP E 2005, n° 47, p. 1971, obs. Salgueiro ; Petites affiches 16 janv. 2006, p. 5, obs. E. C. ; RD banc. fin. 2005, n° 31, obs. Crédot et Gérard ; Banque et Droit mai-juin 2005. 70, obs. Bonneau ; RJDA 2005, n° 607.* ♦ V. aussi jugeant que la production, à la demande du débiteur cédé, de documents concernant les relations du banquier cessionnaire avec la société cédante et une autre société se heurte au secret bancaire auquel est tenu un établissement de crédit envers son client, qui ne cesse pas du seul fait que cet établissement est partie à un procès, dès lors que son contradicteur n'est pas le bénéficiaire du secret auquel le client n'a lui-même pas renoncé. • Com. 13 nov. 2003 : *JCP E 2004, n° 20-21, p. 812, obs. Stoufflet ; Banque et Droit mars-avr. 2004. 57, obs. Bonneau ; RD banc. fin. 2004, n° 152, obs. Crédot et Gérard.* ♦ Comp., jugeant que le secret professionnel n'est pas opposable lorsque la demande est dirigée contre la banque, non pas en sa qualité de tiers confident, mais en celle de partie au procès en responsabilité intenté contre elle par les créanciers de la société soumise à une procédure collective. • Com. 19 juin 1990 : *Bull. civ. IV, n° 179 ; D. 1992. Somm. 32, obs. Vasseur ; RD bancaire et bourse 1991, n° 27, obs. Crédot et Gérard.* ♦ Le secret professionnel ne peut être invoqué qu'au bénéfice du client de l'établissement, puisqu'il est institué pour sa protection ; dès lors le détenteur du secret bancaire ne peut opposer les obligations qui s'imposent à lui à ce titre lorsqu'il est partie au procès. • Paris, 15 nov. 2002 : *préc. note 1.* ♦ Le secret bancaire ne revêt pas un caractère absolu et ne dispense pas les parties à un litige de l'obligation d'apporter leur concours à la justice en vue de la manifestation de la vérité. • Paris, 26 sept. 2001 : *D. 2003. Somm. 340, obs. Synvet*. ♦ V. aussi, ordonnant la communication à l'administrateur et au représentant des créanciers, sur le fondement de l'art. 145 NCPC, du dossier interne de la banque concernant les concours consentis à l'entreprise en redressement judiciaire, • Bordeaux, 9 oct. 1992 : *D. 1994. Somm. 327, obs. crit. Vasseur,* conf. par • Com. 11 avr. 1995 : *préc. note 16.* ♦ Pour un autre exemple de mesure d'instruction ordonnée sur le fondement de l'art. 145, V. • Paris, 23 févr. 1996 : *Banque et Droit juill.-août 1996. 44, obs. Guillot ; Rev. dr. bancaire 1996. 235, obs. Crédot et Gérard.* – V. aussi • Paris, 26 sept. 2001 : *préc.* ♦ Comp., à défaut de motif légitime : • Bordeaux, 11 mars 1993 : *D. 1994. Somm. 329, obs. Vasseur* • Paris, 31 oct. 2003 : *cité note 8 bis, ss. art. 145 NCPC, V., infra, v° Tribunaux de commerce.* – *Contra* : • T. com. Paris, réf., 20 sept. 1995 : *Banque et Droit janv.-févr. 1996. 34, obs. Guillot.*

III. EXCEPTIONS AU SECRET BANCAIRE

16. Renonciation du client. BIBL. Bonneau, *Rev. dr. bancaire 1995. 94.* ♦ Le secret professionnel du banquier est de simple protection de son client et celui-ci peut y renoncer. • Com. 11 avr. 1995 : *Bull. civ. IV, n° 121 ; D. 1996. 573, note Matsopoulou.* ♦ V. aussi les décisions citées notes 13 et 15.

A. DÉROGATIONS LÉGALES DIVERSES

17. Procédure pénale. Il résulte de l'art. 57, al. 2 [C. mon. fin., art. L. 511-33, al. 2], que les officiers de police judiciaire agissant sur réquisitions du procureur de la République dans le cadre d'une enquête préliminaire ne peuvent se voir opposer le secret bancaire ; en toute hypothèse, la violation éventuelle d'un tel secret serait sans incidence sur la régularité de la procédure. • Crim. 27 avr. 1994 : *Bull. crim.*

n° 152 ; D. 1994. 402, note Gavalda ; *Bull. Joly Bourse 1994. 469, note Bonneau.* ♦ Jugeant que l'art. 57 [C. mon. fin., art. L. 511-33] ne dispense pas le banquier de répondre aux demandes d'informations des services de police agissant sur commission rogatoire, V. • T. corr. Tarbes, 7 oct. 1997 : *JCP E 1999, n° 17, p. 760, obs. Gavalda et Stoufflet.* ♦ Le législateur ne visant que le cadre d'une procédure pénale, le secret est maintenu dans les autres procédures. • TGI Arras, 9 avr. 1987 : *Rev. dr. bancaire 1987. 91, obs. Crédot et Gérard* • TGI Paris, 20 nov. 1990 : *D. 1992. Somm. 31, obs. Vasseur* • Limoges, 27 déc. 1995 : *BICC 1996, n° 564.*

18. Droit de communication des douanes. V. art. 65 et 455 C. douanes. – **C. pén.** ♦ Le secret professionnel des établissements de crédit prévu par l'art. 57 [C. mon. fin., art. 511-33] n'est pas opposable aux agents des douanes exerçant le droit de communication prévu par l'art. 65 C. douanes. • Crim. 3 mai 2001 : *Bull. crim. n° 107 ; D. 2001. IR. 2875.* ♦ Le droit de communication des douanes ne peut s'exercer qu'à la condition que les documents demandés se rapportent à des opérations régulières ou irrégulières relevant de la compétence du service des douanes ; tel n'est pas le cas d'une étude faite à la demande d'une banque par l'un de ses agents sur la situation financière d'un client, document dont le prévenu, se prévalant du secret professionnel, a refusé la communication. • Crim. 25 janv. 1977 : *D. 1977. 666, note Vasseur ; RTD com. 1977. 770, obs. Cabrillac et Rives-Lange ; JCP 1977. II. 18651, note Gavalda.* ♦ Sur le droit de communication dans le cadre de la réglementation financière avec l'étranger, V. • Crim. 30 janv. 1975 : *RTD com. 1975. 346, obs. Cabrillac et Rives-Lange ; JCP 1975. II. 18137, note Gavalda.*

19. Droit de communication du juge-commissaire. V. note 1 ss. art. L. 621-55 ancien C. com.

B. PROCÉDURES CIVILES D'EXÉCUTION

20. Saisie conservatoire. L'art. L. 145-6 C. trav. n'est pas applicable aux sommes versées sur un compte bancaire, même si elles proviennent des rémunérations du travail ; la saisie de ces sommes est réglementée par l'art. 44 du Décr. n° 92-755 du 31 juill. 1992. • Civ. 2e, 24 juin 2004 : *Bull. civ. II, n° 323 ; D. 2004. IR. 2088 ; RTD civ. 2004. 780, obs. Perrot* ; *JCP E 2004, n° 37, p. 1370 ; RD banc. fin. 2004, n° 258, obs. S. Piedelièvre ; Gaz. Pal. 2005. Somm. 1419, obs. Brenner ; RJDA 2004, n° 1261 ; Procédures 2004, n° 207, obs. Perrot.* ♦ Les renseignements auxquels le tiers saisi est tenu sont mentionnés sur l'acte de saisie, ce qui implique que, sauf motif légitime, ils soient donnés sur-le-champ. • Civ. 2e, 7 nov. 2002 : *Bull. civ. II, n° 249 ; D. 2002. IR. 3189 ; RD banc. fin. 2003, n° 39, obs. Delleci.* – *Contra* : • Paris, 7 sept. 2000 : *D. 2000. IR. 270.* ♦ Le tiers saisi qui n'a pas eu connaissance de la saisie conservatoire, la signification de celle-ci ayant été faite en mairie, ne peut ni encourir la sanction prévue par l'art. 238, al. 1er, du Décr. du 31 juill. 1992, ni avoir commis une négligence fautive au sens du 2e al. du même texte. • Civ. 2e, 13 juin 2002 : *Bull. civ. II, n° 128 ; D. 2002. IR. 2102.* ♦ Sur la validité d'une saisie conservatoire alors que la notification n'a pas été faite au siège social de la banque mais au lieu de son établissement gestionnaire du financement de la société débitrice, V. • Civ. 2e, 7 nov. 2002 : *Bull. civ. II, n° 248 ; D. 2003. Somm. 1474, obs. Taormina* ; *Gaz. Pal. 2003. Somm. 3248, obs. Brenner ; RJDA 2003, n° 773.* ♦ Mais ayant relevé que la fonction du service était cantonnée à la gestion d'une catégorie précise et limitée d'opérations parmi lesquelles ne figurait pas la tenue des comptes, l'arrêt retient exactement que ce dernier ne pouvait recevoir un procès-verbal de saisie conservatoire sur les comptes de la débitrice saisie, de sorte que la saisie n'avait pas été valablement faite entre ses mains. • Civ. 2e, 22 mars 2006 : *D. 2006. IR. 1189 ; JCP E 2006, n° 18, p. 830.* ♦ Sur l'opposabilité au créancier saisissant d'une centralisation de trésorerie entraînant la remontée quotidienne du solde sur un compte pivot, V. • TGI Évreux, 7 janv. 2003 : *Banque et Droit juill.-août 2004. 63, obs. Guillot.* ♦ Sur la responsabilité de la banque qui a procédé à une saisie conservatoire sur le compte titres de son débiteur, au-delà des sommes garanties, V. • Civ. 2e, 29 janv. 2004 : *RTD com. 2004. 780, obs. Storck* .

21. Saisie-attribution : obligation de renseignement. Sur l'obligation du tiers saisi de déclarer au créancier l'étendue de ses obligations à l'égard du débiteur, ainsi que, lorsqu'il s'agit d'un établissement habilité par la loi à tenir des comptes de dépôt, le solde du ou des comptes du débiteur au jour de la saisie, V. art. 44 et 47 de la loi n° 91-650 du 9 juill. 1991 et art. 59 du Décr. n° 92-755 du 31 juill. 1992, applicables à compter du 1er janv. 1993. – Sur la responsabilité civile du tiers saisi pour non-fourniture de renseignements, sans motif légitime, négligence fautive ou déclaration inexacte ou mensongère, V. art. 60 dudit décret. – **C. pr. civ.**

Si l'art. 57 de la loi du 24 janv. 1984 [C. mon. fin., art. L. 511-33] impose aux établissements de crédit une obligation de secret, en revanche, l'art. 24, al. 2, de la loi du 9 juill. 1991 a mis à la charge du tiers saisi une obligation de concours loyal à la mesure d'exécution et les sanctions de non-respect de cette obligation relèvent du JEX par application de l'art. L. 311-12-1 COJ. • Versailles, 9 oct. 1996 : *BICC 1997, n° 325.* ♦ Dès lors le secret bancaire ne saurait être opposé au créancier poursuivant et le JEX peut ordonner la production de l'historique des opérations effectuées sur les comptes dont le débiteur est titulaire pour vérifier la réalité et la cause de leur position débitrice au jour de la saisie-attribution. • Même arrêt. – V. aussi • TGI Draguignan, 20 févr. 2001 : *Banque et Droit janv.-févr. 2002. 51, obs. Guillot.* ♦ Justifie légalement sa décision au regard de l'art. 47 de la loi n° 91-650 du 9 juill. 1991, la cour d'appel qui pour condamner une banque à fournir les relevés du ou des comptes détenus par elle, au nom du débiteur, au jour de la saisie, retient que l'obligation de renseignement de l'établissement de crédit ne porte pas sur les seuls comptes de dépôts enregistrant des créances de sommes d'argent et que cette obligation découlant de la loi, la banque n'est pas fondée à opposer le secret bancaire à la demande du créancier tendant à connaître la nature et la position des comptes ouverts dans ses livres au nom du débiteur. • Civ. 2e, 1er juill. 1999 : *D. 1999. IR. 210 ; D. Affaires 1999. 1362, obs. J. F. ; Gaz. Pal. 6-8 févr. 2000, p. 11, obs. Véron ; Banque et Droit mai-juin 2000. 50, obs. Guillot ; RD banc. fin. 2000, n° 24, obs. Delleci.* ♦ V. déjà retenant que l'obligation de renseignement s'étend à tous les comptes ouverts au nom du débiteur et, même si l'huissier qui procède à la saisie ne connaît pas le numéro et la nature de ces comptes, il appartient au tiers saisi de les identifier. • Caen, 21 févr. 1995 : *BRDA 1995, n° 21, p. 13.* ♦ C'est sans excéder ses pouvoirs ni violer le principe de territorialité des procédures d'exécution qu'une cour d'appel a retenu que la banque, tiers saisi, devait déclarer l'ensemble des sommes dues au débiteur dès lors que celles-ci sont dues par la personne morale elle-même, peu important la localisation en France ou à l'étranger des succursales, elles-mêmes non constituées en sociétés distinctes, dans lesquelles les comptes sont tenus. • Civ. 2e, 30 janv. 2002 : *JCP E 2003, n° 15, p. 663, note Cuniberti.* – V. aussi Delleci, *RD banc. fin. 2003, n° 179.* ♦ Jugeant que la saisie attribution pratiquée entre les mains d'un établissement habilité à tenir des comptes de dépôt peut porter sur des créances conditionnelles ou à terme dès lors que la créance du débiteur existe au jour de la saisie, V. • Civ. 2e, 28 mai 2003 : *Bull. civ. II, n° 166 ; D. 2004. Somm. 1490, obs. Taormina ; JCP E 2003, n° 31, p. 1262 ; RD banc. fin. 2003, n° 237, obs. Delleci ; Gaz. Pal. 2004. Somm. 1384, obs. Brenner ; RJDA 2003, n° 1010 ; Procédures 2003, n° 169, obs. Perrot* (pour un virement effectué au bénéfice de la société débitrice avant la saisie mais non encore inscrite au compte au moment de celle-ci). – Comp. • TGI Versailles, 26 mai 1998 : *Banque et Droit nov.-déc. 1998. 45, obs. Guillot.* ♦ Ayant constaté que des chèques dont l'origine n'était pas précisée étaient versés régulièrement sur le compte saisi, une cour d'appel peut retenir que l'insaisissabilité ne portait pas sur la totalité du solde créditeur. • Civ. 2e, 14 oct. 2004 : *D. 2004. IR. 2894 ; JCP E 2004, n° 48, p. 1858.* ♦ La fraction inutilisée de l'ouverture de crédit n'est pas saisissable (à propos d'une saisie-arrêt, régime antérieur à la L. n° 91-650 du 9 juill. 1991). • Civ. 2e, 18 nov. 2004 : *Bull. civ. II, n° 501 ; D. 2005. Pan. 1604, obs. Taormina ; ibid. AJ. 213, obs. Avena-Robardet ; D. 2006. Pan. 166, obs. Martin ; RTD com. 2005. 154, obs. Legeais ; JCP E 2005, n° 21, p. 867, obs. Salgueiro ; RD banc. fin. 2005, n° 5, obs. Crédot et Gérard ; ibid., n° 23, obs. S. Piedelièvre ; Banque et Droit mai-juin 2005. 70, obs. Bonneau ; RJDA 2005, n° 1277.* ♦ Jugeant que l'insaisissabilité de l'intégralité d'un solde de compte bancaire nécessite la preuve qu'il soit uniquement alimenté par des créances insaisissables. • Civ. 2e, 24 mars 2005 : *Bull. civ. II, n° 80 ; RD banc. fin. 2005, n° 107, obs. S. Piedelièvre ; RJDA 2005, n° 886.*

22. Tiers saisi. Seule la signification du procès-verbal de saisie-attribution matérialisée par la remise du procès-verbal à une personne habilitée à le recevoir, et non la simple présentation de l'acte par l'huissier, constitue la banque tiers saisie et contraint le banquier à son obligation de renseignement. • Limoges, 28 sept. 2000 : *D. 2000. IR. 264 ; RD banc. fin. 2000, n° 74, obs. Delleci.* – V. aussi • Civ. 2e, 13 juin 2002 : *préc. note 20* • 23 sept. 2004 : *D. 2004. IR. 2765* (annulation d'une saisie-attribution dès lors que le tiers saisi n'avait pas été en mesure de remplir son obligation de renseignement). ♦ Mais l'absence d'habilitation de l'employé préposé à recevoir les huissiers de justice constitue une faute caractérisée établissant la violation volontaire des dispositions légales par l'établissement bancaire. • Lyon, 17 févr. 2005 : *Droit et procédures 2006. 100, obs. Bourdillat.* ♦ Sur la pluralité d'une saisie de compte bancaire et l'effet attributif, V. • Paris, 18 nov. 2004 : *RD banc. fin. 2005, n° 104, obs. S. Piedelièvre ; Dr. et procédures 2004. 106, obs. Bourdillat.* ♦ Jugeant que le tiers saisi n'a pas qualité pour apprécier la validité d'un acte de mainlevée émanant d'un huissier, V. • TI Cholet, 25 janv. 2002 : *Banque et Droit mai-juin 2003. 65, obs. Guillot.* ♦ Jugeant que lorsque la saisie-attribution porte sur un compte de mandataire, la banque est le tiers juridiquement saisi qui doit par suite l'information prévue par la loi, V. • Paris, 14 nov. 2002 : *RD banc. fin. 2003, n° 85, obs. Delleci ; Banque et Droit juill.-août 2004. 62, obs.*

Guillot. ♦ Comp., jugeant qu'en cas de saisie d'un compte CARPA, seule la CARPA a la qualité de tiers saisi et non la banque auprès de laquelle a été ouvert le compte de cette dernière : • Civ. 2e, 9 janv. 2003 : *Bull. civ. II, n° 4 ; D. 2004. Somm. 1495, obs. Taormina ; ibid. 2825, obs. Blanchard ; RD banc. fin. 2003, n° 84, obs. Delleci ; Gaz. Pal. 2003. 1. 467, note Bonnet ; RJDA 2003, n° 637.*

23. Limites de l'obligation de renseignement. Sur les motifs légitimes du tiers saisi à ne pas répondre ou à répondre en retard, V. • Civ. 2e, 17 oct. 2002 : *Bull. civ. II, n° 231 ; D. 2003. Somm. 1470, obs. Taormina ; RD banc. fin. 2003, n° 38, obs. Delleci ; Banque et Droit janv.-févr. 2004. 61, obs. Guillot.* ♦ Ainsi le tiers saisi est fondé à se prévaloir des causes d'inefficacité de la saisie et, notamment, de l'inexistence de la dette. • Civ. 2e, 10 mars 2004 : *RD banc. fin. 2004, n° 180, obs. S. Piedelièvre ; RJDA 2004, n° 895.* ♦ Sur l'impossibilité pour le JEX, d'enjoindre à un établissement de crédit, tiers saisi, de produire à titre de mesure d'instruction avant tout procès, les relevés de comptes dont le débiteur saisi est titulaire dans ses livres et le détail des opérations effectuées sur ces comptes, V. • Civ. 2e, 11 mars 1999 : *Bull. civ. II, n° 49 ; Gaz. Pal. 11-12 févr. 2000, p. 33, obs. Véron.* ♦ La demande de communication des relevés d'opérations bancaires pour une période de plus de quatre ans avant la saisie-attribution excède les obligations du tiers saisi et ne saurait être accueillie par le JEX. • Civ. 2e, 28 sept. 2000 : *RD banc. fin. 2001, n° 25, obs Delleci.*

24. Condamnation au paiement des causes de la saisie. Le tiers saisi qui ne satisfait pas à l'obligation légale de renseignement n'encourt pas, s'il n'est tenu, au jour de la saisie, à aucune obligation envers le débiteur, de condamnation au paiement des causes de la saisie, sur le fondement de l'al. 1er de l'art. 60 du Décr. du 31 juill. 1992. • Civ. 2e, 3 oct. 2002 : *Bull. civ. II, n° 207 ; D. 2003. Somm. 1471, obs. Taormina ; RD banc. fin. 2003, n° 38, obs. Delleci* • TGI Bourges, 13 oct. 2003 : *Banque et Droit juill.-août 2005. 75, obs. Guillot.* ♦ Sur la condamnation d'une banque, tiers saisi, ayant déclaré tardivement l'étendue de ses obligations à l'égard du débiteur, V. • Civ. 2e, 5 juill. 2001 : *Procédures 2001, n° 169, obs. Perrot.* ♦ Jugeant que seule une absence de déclaration ou une déclaration mensongère peut entraîner la condamnation du tiers saisi au paiement des retenues qui auraient dû être opérées dans le cadre d'une saisie des rémunérations (art. L. 145-8 et L. 145-9 C. trav.), V. • Civ. 2e, 11 juill. 2002 : *Bull. civ. II, n° 173 ; D. 2002. IR. 2382.* ♦ ... Le tiers saisi ne pouvant s'y soustraire en invoquant le défaut de déclaration de sa créance par le saisissant au passif de la procédure collective du débiteur, ouverte entre-temps. • Com. 23 nov. 2004 : *D. 2004. AJ. 3222 ; Gaz. Pal. 2005. Somm. 1424, obs. Brenner ; RJDA 2005, n° 452.* ♦ Sur la sanction de l'obligation de renseignement du tiers saisi et sur le défaut de communication des pièces justificatives, V. • Civ. 2e, 5 juill. 2000 : *Bull. civ. II, n° 116* (condamnation à des dommages et intérêts pour fourniture de renseignements incomplets) • 5 juill. 2000 : *Bull. civ. II, n° 115* (même sanction pour une déclaration inexacte ou mensongère) • 20 déc. 2001 : *Bull. civ. II, n° 205 ; RTD civ. 2002. 363, obs. Perrot ; Banque et Droit mars-avr. 2003. 67, obs. Guillot* (même sanction en cas de refus de fourniture des pièces justificatives) • 6 mai 2004 : *Bull. civ. II, n° 218 ; D. 2004. IR. 1866 ; RTD civ. 2004. 560, obs. Perrot ; JCP E 2004, n° 26, p. 1032 ; RD banc. fin. 2004, n° 181, obs. S. Piedelièvre ; Gaz. Pal. 2005. Somm. 1422, obs. Brenner ; Defrénois 2004. 1549, note Lefort ;* (absence de sanction). ♦ Jugeant qu'il appartient au créancier saisissant d'établir que la déclaration du tiers saisi est inexacte, mensongère ou emprunt d'une négligence fautive, et non au JEX de procéder par injonction à l'encontre du tiers saisi. • Paris, 20 mars 2003 : *D. 2003. IR 1268.* ♦ Sur l'obligation du tiers saisi de respecter les obligations issues de l'art. 48 du Décr. du 31 juill. 1992 imposant de laisser à la disposition de l'époux commun en biens une somme équivalant au montant des gains et salaires versés au cours du mois précédant la saisie, V. • Civ. 2e, 27 mai 2004 : *Bull. civ. II, n° 252 ; RD banc. fin. 2004, n° 218, obs. S. Piedelièvre ; Gaz. Pal. 2005. Somm. 1418, obs. Brenner* (retard de mise à disposition du salaire).

L. 511-34 *(L. n° 2003-706 du 1er août 2003, art. 72)* **« Les entreprises établies en France et qui font partie d'un groupe financier ou d'un groupe mixte** *(Ord. n° 2004-1201 du 12 nov. 2004, art. 5)* **« ou d'un conglomérat financier » auquel appartiennent des établissements de crédit ou entreprises d'investissement ayant leur siège social dans un État membre de la Communauté européenne ou État partie à l'accord sur l'Espace économique européen ou dans un État où sont applicables les accords prévus à l'article L. 613-13 sont tenues, nonobstant toutes dispositions contraires, de transmettre à des entreprises du même groupe ayant leur siège social dans l'un de ces États :**

« 1° Les renseignements relatifs à leur situation financière nécessaires à l'organisation de la surveillance sur base consolidée *(Ord. n° 2004-1201 du 12 nov. 2004, art. 5)* « et de la surveillance complémentaire » de ces établissements de crédit ou entreprises d'investissement ;

« 2° Les informations nécessaires à l'organisation de la lutte contre le blanchiment des capitaux et contre le financement du terrorisme.

« Ces dernières informations ne peuvent être communiquées à des personnes extérieures au groupe, à l'exception des autorités compétentes des États visés au premier alinéa. Cette exception ne s'étend pas aux autorités des États ou territoires dont la législation est reconnue insuffisante ou dont les pratiques sont considérées comme faisant obstacle à la lutte contre le blanchiment des capitaux ou le financement du terrorisme par l'instance internationale de concertation et de coordination en matière de lutte contre le blanchiment d'argent dont la liste est mise à jour par arrêté du ministre chargé de l'économie. » *— V. aussi art. L. 533-3-1, infra.*

Les personnes recevant ces informations sont tenues au secret professionnel dans les conditions et sous les peines mentionnées à l'article L. 511-33, pour tous renseignements ou documents qu'elles seraient ainsi amenées à recevoir ou à détenir.

Les dispositions du présent article ne font pas obstacle à l'application de la loi n° 78-17 du 6 janvier 1978 relative à l'informatique, aux fichiers et aux libertés. *— [L. n° 84-46 du 24 janv. 1984, art. 57-1].*

SECTION VI *Dispositions comptables*

SOUS-SECTION 1 *Comptes sociaux et documents comptables*

L. 511-35 Les dispositions des articles L. 232-1 et L. 232-6 du code de commerce sont applicables à tous les établissements de crédit et entreprises d'investissement dans des conditions fixées par le comité de la réglementation comptable *(L. n° 2003-706 du 1er août 2003)* « après avis du comité consultatif de la législation et de la réglementation financières ». *— [L. n° 84-46 du 24 janv. 1984, art. 53, al. 1er].*

L. 511-36 *(Ord. n° 2005-861 du 28 juill. 2005, art. 2-I)* Lorsqu'ils établissent leurs comptes sous une forme consolidée, les établissements de crédit le font selon les règles définies par règlement du Comité de la réglementation comptable pris après avis du Comité consultatif de la législation et de la réglementation financières. Toutefois, ils sont dispensés de se conformer à ces règles lorsqu'ils utilisent les normes comptables internationales adoptées par règlement de la Commission européenne. *— V. Règl. CRB n° 2000-03 du 6 sept. 2000 (JO 1er nov.), mod. par Règl. CRB n° 2001-03 du 26 juin 2001 (JO 29 août). — Sur les sanctions pénales, V. art. L. 571-9.*

Lorsque seuls leurs titres de créances sont admis aux négociations sur un marché réglementé, les établissements de crédit n'entrant pas dans le champ d'application de l'art. 7 de l'ord. 2004-1382 du 20 déc. 2004 peuvent n'établir et ne publier leurs comptes consolidés selon les normes comptables internationales adoptées par règlement de la Commission européenne qu'à partir du premier exercice ouvert à compter du 1er janv. 2007 (Ord. n° 2005-861 du 28 juill. 2005, art. 2-II). — V. C. com., art. L. 233-24.

L. 511-37 Tout établissement de crédit, entreprise d'investissement, autre qu'une société de gestion de portefeuille, ou adhérent aux chambres de compensation mentionné au 3 de l'article L. 442-2 doit publier ses comptes annuels dans des conditions fixées par le comité de la réglementation comptable *(L. n° 2003-706 du 1er août 2003)* « après avis du Comité consultatif de la législation et de la réglementation financières ». *— V. Règl. CRB n° 91-01 du 16 janv. 1991 (JO 22 févr.), mod. par Règl. n° 92-05 du 17 juill. 1992 (JO 5 août), Règl. n° 93-06 du 21 déc. 1993 (JO 1er janv. 1994 ; Rect. JO 29 janv.), Règl. nos 94-03 et 94-05 du 8 déc. 1994 (JO 21 janv. 1995), Règl. CRC n° 99-04 du 23 juin 1999 (JO 30 déc.), Règl. CRC n° 99-07 du 24 nov. 1999 (JO 31 déc.), Règl. CRC nos 2000-02 et 2000-03 du*

4 juill. 2000 homologués par Arr. 10 nov. 2000 (JO 11-12 déc.) mod. par Arr. 3 sept. 2001 (JO 11 sept.), Règl. CRC n° 2004-16, homologué par Arr. 24 déc. 2004 (JO 1er janv. 2005), Règl. n° 2005-04 du 3 nov. 2005, homologué par Arr. 26 déc. 2005 (JO 3 janv. 2006). — V. aussi sur les règles de consolidation des entreprises relevant du CRB, Règl. CRC n° 99-07 du 24 nov. 1999 (JO 31 déc.), mod. par Règl. CRC n° 2000-04 du 4 juill. 2000 (JO 11-12 déc.), Règl. CRC n° 2002-05, homologué par Arr. 27 déc. 2002 (JO 31 déc.), Règl. CRC n° 2004-04, homologué par Arr. 7 juin 2004 (JO 8 juin), Règl. CRC n° 2005-02, homologué par Arr. 26 déc. 2005 (JO 3 janv. 2006).

La commission bancaire s'assure que les publications prévues au présent article sont régulièrement effectuées. Elle peut ordonner aux personnes mentionnées à l'alinéa précédent de procéder à des publications rectificatives dans le cas où des inexactitudes ou des omissions auraient été relevées dans les documents publiés.

Elle peut porter à la connaissance du public toutes informations qu'elle estime nécessaires. — *[L. n° 84-46 du 24 janv. 1984, art. 55]. — V. art. L. 571-8.*

SOUS-SECTION 2 *Commissaires aux comptes*

L. 511-38 Le contrôle est exercé dans chaque établissement de crédit ou entreprise d'investissement par au moins deux commissaires aux comptes *(Ord. n° 2005-1126 du 8 sept. 2005, art. 21)* « , dans les conditions définies au livre VIII du code de commerce ». Ces commissaires sont désignés après avis de la commission bancaire, dans des conditions fixées par décret. La commission bancaire peut en outre, lorsque la situation le justifie, procéder à la désignation d'un commissaire aux comptes supplémentaire. Ces commissaires aux comptes ne doivent pas représenter ou appartenir à des cabinets ayant entre eux des liens de nature juridique, professionnelle, de capital ou organisationnelle. Ils exercent leur activité dans des conditions prévues *(Ord. n° 2005-1126 du 8 sept. 2005, art. 21)* « par le livre VIII » du code de commerce et procèdent à la certification des comptes annuels. Ils vérifient la sincérité des informations destinées au public, et leur concordance avec lesdits comptes. — *V. infra, art. D. 511-8 s. et D. 533-3 s.*

Toutefois, lorsque le total du bilan d'un établissement de crédit ou d'une entreprise d'investissement est inférieur à un seuil fixé par le comité de la réglementation comptable *(L. n° 2003-706 du 1er août 2003)* « après avis du comité consultatif de la législation et de la réglementation financières », la certification mentionnée à l'alinéa précédent peut être exercée par un seul commissaire aux comptes. Lorsque cette condition est remplie, et que l'établissement est soumis soit aux règles de la comptabilité publique, soit à un régime spécifique d'approbation de ses comptes présentant des garanties jugées suffisantes par la commission bancaire, celle-ci peut décider de lever l'obligation de certification mentionnée à l'alinéa précédent. — *V. Règl. CRB n° 84-09 du 28 sept. 1984 (D. et ALD 1984. 552), mod. par Arr. 3 sept. 2001 (JO 11 sept.). — Sur les sanctions pénales, V. art. L. 571-6 et L. 571-7.*

Les commissaires aux comptes doivent présenter toutes les garanties d'indépendance à l'égard des établissements de crédit, des entreprises d'investissement ou des compagnies financières contrôlés. Les *(Ord. n° 2005-1126 du 8 sept. 2005, art. 21)* « dispositions du livre VIII » du code de commerce sont applicables aux commissaires aux comptes de tout établissement de crédit, entreprise d'investissement ou compagnie financière. — *[L. n° 84-46 du 24 janv. 1984, art. 53, al. 2 à 4].*

BIBL. ▶ DECOOPMAN, *RD bancaire et bourse 1999. 138* (renforcement des pouvoirs et coordination des autorités de contrôle du secteur financier).

L. 511-39 Les dispositions des articles L. 225-38 à L. 225-43 du code de commerce sont applicables à tous les établissements de crédit.

Pour l'application de l'article L. 225-40 du même code, lorsque ces établissements de crédit ne comportent pas d'assemblée générale, le rapport spécial des commissaires aux comptes est soumis à l'approbation définitive du conseil d'administration.

Lorsque ces établissements de crédit sont dispensés, dans les conditions prévues par les dispositions du deuxième alinéa de l'article L. 511-38 du présent code, de l'obliga-

tion de certification, le rapport spécial est établi, selon le cas, par le comptable public ou par l'organisme chargé de l'approbation des comptes. – *[L. n° 84-46 du 24 janv. 1984, art. 56].*

BIBL. ▶ SAMIN, *Banque et Droit sept.-oct. 2005. 3* (conventions entre un établissement de crédit et ses dirigeants ou actionnaires principaux).

SECTION VII *Dispositions prudentielles*

L. 511-40 Tout établissement de crédit doit justifier à tout moment que son actif excède effectivement d'un montant au moins égal au capital minimum mentionné à l'article L. 511-11 le passif dont il est tenu envers les tiers.

Toutefois, le *(L. n° 2003-706 du 1er août 2003, art. 46-VI)* **« ministre chargé de l'économie » fixe les conditions dans lesquelles des établissements résultant de la fusion de deux ou plusieurs établissements de crédit, et qui ne satisfont pas aux dispositions du précédent alinéa, peuvent poursuivre leurs activités. –** *[L. n° 84-46 du 24 janv. 1984, art. 16, al. 2 et 3].*

L. 511-41 Les établissements de crédit sont tenus, dans des conditions définies par le *(L. n° 2003-706 du 1er août 2003, art. 46-VI)* **« ministre chargé de l'économie », de respecter des normes de gestion destinées à garantir leur liquidité et leur solvabilité à l'égard des déposants et, plus généralement, des tiers, ainsi que l'équilibre de leur structure financière.**

Ils doivent en particulier respecter des ratios de couverture et de division de risques. – *V., relatif au* contrôle des grands risques : *Règl. CRB n° 93-05 du 21 déc. 1993 (JO 1er janv. 1994 ; Rect. JO 29 janv.), mod. par Règl. n° 94-03 du 8 déc. 1994 (JO 21 janv. 1995), Règl. n° 96-06 du 24 mai 1996 (JO 29 mai), Règl. n° 97-04 du 21 févr. 1997 (JO 25 mars), Règl. n° 98-03 du 7 déc. 1998 (JO 6 janv. 1999), Règl. n° 99-03 du 21 juin 1999 (JO 4 août), Règl. n° 2000-03 du 6 sept. 2000 (JO 1er nov.) ; Arr. du 15 mai 2006 (JO 27 mai). – V., relatif au* ratio de solvabilité : *Règl. n° 91-05 du 15 févr. 1991 (JO 7 mars), mod. par Règl. n° 93-05 du 21 déc. 1993 (JO 1er janv. 1994), Règl. n° 94-03 du 8 déc. 1994 (JO 21 janv. 1995), Règl. n° 95-05 du 21 juill. 1995 (JO 28 sept.), Règl. n° 96-06, n° 96-07 et n° 96-09 du 24 mai 1996 (JO 29 mai), Règl. n° 97-04 du 21 févr. 1997 (JO 25 mars), Règl. n° 98-03 du 7 déc. 1998 (JO 6 janv. 1999), Règl. n° 99-02 du 21 juin 1999 (JO 4 août), Règl. n° 99-11 du 9 juill. 1999 (JO 27 juill.), Règl. n° 2000-03 du 6 sept. 2000 (JO 1er nov.), Règl. n° 2000-09 du 8 déc. 2000 (JO 13 mars 2001), Arr. du 18 févr. 2005 (JO 26 févr.), Arr. du 24 mai 2005 (JO 28 mai), Arr. du 19 sept. 2005 (JO 21 sept.), Arr. du 15 mai 2006 (JO 27 mai). – V., relatif à la* liquidité : *Règl. n° 85-14 du 27 nov. 1985 (D. et ALD 1986. 51), mod. par Règl. n° 87-03 du 23 févr. 1987 (D. et ALD 1987. 143), Règl. n° 92-07 du 17 juill. 1992 (JO 5 août) ; ... Règl. n° 88-01 du 22 févr. 1988 (D. et ALD 1988. 216), mod. par Règl. n° 88-10 du 29 juill. 1988 (JO 26 oct.), Règl. nos 90-02 et 90-04 du 23 févr. 1990 (JO 1er avr.), Règl. n° 92-06 du 17 juill. 1992 (JO 5 août), Règl. n° 94-03 du 8 déc. 1994 (JO 21 janv. 1995), Règl. n° 96-10 du 24 mai 1996 (JO 29 mai), Règl. n° 98-03 du 7 déc. 1998 (JO 6 janv. 1999), Règl. n° 2000-03 du 6 sept. 2000 (JO 1er nov.), Règl. n° 2000-10 du 8 déc. 2000 (JO 13 mars 2001). – V., relatif à la* surveillance des positions de change : *Règl. n° 89-02 du 22 juin 1989 (D. et ALD 1989. 285), mod. par Règl. n° 90-02 du 23 févr. 1990 (JO 1er avr.), Règl. n° 92-08 du 17 juill. 1992 (JO 5 août), Règl. n° 94-03 du 8 déc. 1994 (JO 21 janv. 1995). – V., relatif aux* fonds propres : *Règl. n° 90-02 du 23 févr. 1990 (JO 1er avr.), mod. par Règl. n° 91-05 du 15 févr. 1991 (JO 7 mars), Règl. n° 92-02 du 27 janv. 1992 (JO 1er mars), Règl. n° 93-07 du 21 déc. 1993 (JO 1er janv. 1994), Règl. n° 94-03 du 8 déc. 1994 (JO 21 janv. 1995), Règl. n° 98-03 du 7 déc. 1998 (JO 6 janv. 1999), Règl. n° 2000-03 du 6 sept. 2000 (JO 1er nov.), Règl. n° 2000-09 du 8 déc. 2000 (JO 13 mars 2001), Arr. du 24 mai 2005 (JO 28 mai), Arr. du 19 sept. 2005 (JO 21 sept.), Arr. 3 mars 2006 (JO 10 mars). – V., relatif à la* surveillance prudentielle des risques de marché : *Règl. n° 95-02 du 21 juill. 1995 (JO 28 sept.), mod. par Règl. n° 96-06, n° 96-08 et n° 96-09 du 24 mai 1996 (JO 29 mai), Règl. n° 97-02 et n° 97-04 du 21 févr. 1997 (JO 25 mars), Règl. n° 98-03 du 7 déc. 1998 (JO 6 janv. 1999), Règl. n° 99-01 du 21 juin 1999 (JO 4 août ; Rect. JO 11 sept.), Règl. n° 2000-03 du 6 sept. 2000 (JO 1er nov.), Règl. n° 2000-09 du 8 déc. 2000 (JO*

13 mars 2001), Règl. n° 2001-05 du 29 oct. 2001 (JO 20 déc.), Arr. du 24 mai 2005 (JO 28 mai) ; Arr. du 15 mai 2006 (JO 27 mai). – V., relatif à la surveillance prudentielle sur base consolidée : *Règl. n° 2000-03 du 6 sept. 2000 (JO 1er nov.), mod. par Règl. n° 2001-03 du 26 juin 2001 (JO 29 août), Règl. n° 2001-05 du 29 oct. 2001 (JO 20 déc.), Arr. du 24 mai 2005 (JO 28 mai), Arr. du 19 sept. 2005 (JO 21 sept.), Arr. du 15 mai 2006 (JO 27 mai). - V. relatif au* régime prudentiel des établissements de monnaie électronique : *Règl. n° 2002-13 du 21 nov. 2002 (JO 1er févr. 2003).*

Les établissements de crédit doivent également disposer d'un système adéquat de contrôle interne leur permettant notamment de mesurer les risques et la rentabilité de leurs activités. Lorsque la surveillance est exercée sur la base de la situation financière consolidée, les groupes financiers *(Ord. n° 2004-1201 du 12 nov. 2004, art. 5)* **« ou mixtes » doivent adopter des procédures de contrôle interne adéquates pour la production des informations et renseignements utiles aux fins de l'exercice de cette surveillance.** *(Ord. n° 2004-1201 du 12 nov. 2004, art. 5)* **« Les établissements de crédit notifient à la commission bancaire les transactions importantes entre les établissements de crédit d'un groupe mixte et la compagnie mixte ou ses filiales, dans les conditions définies à l'article L. 613-8. » Un** *(L. n° 2003-706 du 1er août 2003, art. 46-VI)* **« arrêté du ministre chargé de l'économie » définit les conditions d'application du présent alinéa.** – *[L. n° 84-46 du 24 janv. 1984, art. 51, al. 1er à 3].*

BIBL. ► LHOMME, *Banque 1988. 941* (ratio cooke). – FORT, *Rev. dr. bancaire 1996. 76* (règles prudentielles).

L. 511-41-1 *(Ord. n° 2004-1201 du 12 nov. 2004, art. 5)* **Lorsqu'un établissement de crédit a pour entreprise mère un établissement de crédit, une entreprise d'investissement ou une compagnie financière qui a son siège social dans un État qui n'est pas partie à l'accord sur l'Espace économique européen, la commission bancaire vérifie, de sa propre initiative ou à la demande de l'entreprise mère ou d'une entité réglementée agréée dans un État membre ou un autre État partie à l'accord sur l'Espace économique européen, que ledit établissement de crédit fait l'objet, de la part d'une autorité compétente du pays tiers, d'une surveillance consolidée équivalente à celle applicable en France. A défaut d'équivalence, il est appliqué à l'établissement de crédit les dispositions relatives à la surveillance consolidée applicable en France.**

La commission bancaire peut aussi recourir à d'autres méthodes garantissant une surveillance consolidée équivalente, après approbation de l'autorité compétente susceptible d'être chargée de la surveillance consolidée pour l'Espace économique européen et consultation des autres autorités compétentes concernées d'un État membre ou d'un autre État partie à l'accord sur l'Espace économique européen. Elle peut notamment exiger la constitution d'une compagnie financière ayant son siège social dans un État membre ou dans un autre État partie à l'Espace économique européen.

L. 511-42 Lorsqu'il apparaît que la situation d'un établissement de crédit le justifie, le gouverneur de la Banque de France, président de la commission bancaire, invite, après avoir, sauf en cas d'urgence, pris l'avis de la commission bancaire, les actionnaires ou les sociétaires de cet établissement à fournir à celui-ci le soutien qui lui est nécessaire. – *[L. n° 84-46 du 24 janv. 1984, art. 52].*

BIBL. ► Colloque des 21-22 mai 1996 relatif aux rôles respectifs des droits et autorités bancaires et judiciaires en cas d'établissement de crédit en difficulté, *Rev. dr. bancaire 1996. 76.* – Colloque de Deauville des 8-9 juin 1996, *RJ com. nov. 1996* (défaillance d'une banque). – ALFANDARI, *D. 1996. Chron. 277.* – GRELON, *D. 1997. Chron. 197* (banques en difficulté).

► Sur la loi du 25 juin 1999 relative à l'épargne et à la sécurité financière : BONNEAU, *JCP 1999. I. 168.* – LÉGUEVAQUES, *Dr. et patr., avr. 2000. 25* (égalité des créanciers et traitement des « faillites » bancaires et financières : un principe « peau de chagrin »).

1. Mécanisme de solidarité. **BIBL.** D'Ornano, *Gaz. Pal. 1993. 2. Doctr. 907.* – Gavalda, *Rev. dr. bancaire 1993. 109.* ♦ Sur le mécanisme de solidarité mis en place par l'Association française des banques en cas de retrait d'agrément par la Commission bancaire ou de nomination d'un administrateur provisoire, V. • TGI Paris, 30 juin 1992 : *D. 1992. Somm. 354, obs. Vasseur*

• 6 janv. 1993 : *JCP 1993. I. 3686, n° 10, obs. Gavalda et Stoufflet ; Rev. dr. bancaire 1993. 109, chron. Gavalda* • Paris, 24 sept. 1993 : *D. 1995. 1, note Gavalda* • 13 déc. 1993 : *ibid ; Banque févr. 1994. 91 ; JCP E 1994. II. 566, note Stoufflet ; Rev. huiss. 1994. 440, note Hesbert ; Rev. dr. bancaire 1994. 4, chron. Stoufflet.*

2. Absence d'obligation légale de garantie (jurisprudence antérieure à la loi n° 94-679 du 8 août 1994). Il ne résulte pas de l'art. 52, al. 2 [C. mon. fin., art. L. 511-42, al. 2], que les organismes professionnels, auxquels les établissements de crédit sont tenus d'adhérer, soient obligés de garantir, en tout ou en partie, la restitution des sommes déposées dans un de ces établissements. Aucune disposition légale ne met donc à la charge de l'Association française des banques, en cas de cessation de paiement d'une banque, le remboursement aux déposants des sommes déposées sur leur compte. • Com. 16 janv. 1996 : *Bull. civ. IV, n° 15 ; D. 1996. IR. 45 ; D. Affaires 1996. 240 ; Quot. jur. 6 févr. 1996, p. 5, note J.-P. D. ; Rev. huiss. 1997. 253, note Courtier.* ♦ En effet, aux termes de l'art. 52, al. 1er [C. mon. fin., art. L. 511-42, al. 1er], la prérogative reconnue au gouverneur de la Banque de France, d'inviter les actionnaires ou sociétaires à fournir à l'établissement de crédit le soutien financier qui lui est nécessaire, n'est pas juridiquement contraignante, ce texte ne prévoyant aucune sanction à l'égard de l'actionnaire qui ne répondrait pas positivement à cette « invitation » et les engagements d'un associé ne pouvant être augmentés sans son consentement. • Paris, 13 janv. 1998 : *JCP E 1998, n° 13, p. 508, obs. Viandier et Caussain ; ibid. n° 14, p. 559, note Bonneau et Billot ; ibid. 1999, n° 17, p. 758, obs. Gavalda et Stoufflet ; Bull. Joly 1998. 321, note Daigre ; Petites affiches 13 juill. 1998, p. 20, note J. Crédot ; RTD com. 1998. 390, obs. Cabrillac ; RD bancaire et bourse 1998. 145, obs. Germain et Frison-Roche.* ♦ V. désormais art. L. 312-4.

Pour un arrêt retenant l'absence de lien de causalité entre l'inaction du gouverneur et le préjudice subi par les déposants, V. • CAA Paris, 30 mars 1999 : *D. 1999. IR. 172 ; D. Affaires 1999. 1211, obs. X. D. ; JCP E 2000, n° 26, p. 1040, obs. Gavalda et Stoufflet.*

L. 511-43 **Les établissements de crédit agréés en France adhèrent au fond de garantie prévu aux articles L. 312-4 à L. 312-16.**

CHAPITRE II *Les banques mutualistes ou coopératives*

SECTION I *Dispositions générales*

L. 512-1 *V. supra, C. com., note ss. art. L. 236-24.*

SECTION II *Les banques populaires*

SOUS-SECTION 1 *Dispositions générales*

L. 512-2 **Les banques populaires ne peuvent faire d'opérations qu'avec des commerçants, industriels, fabricants, artisans, patrons bateliers, sociétés commerciales et les membres des professions libérales pour l'exercice normal de leur industrie, de leur commerce, de leur métier ou de leur profession.**

Elles sont toutefois habilitées à prêter leurs concours à leurs sociétaires et à participer à la réalisation de toutes opérations garanties par une société de caution mutuelle.

Elles peuvent également recevoir des dépôts de toute personne ou société.

La caisse centrale des banques populaires est habilitée à consentir des prêts aux fonctionnaires, salariés et travailleurs indépendants. — *[L. du 13 mars 1917, art. 10, 3°].*

L. 512-3 **I. — Le capital des banques populaires doit être constitué par sept souscripteurs au moins. Les parts souscrites peuvent être inégales. Peuvent également souscrire des membres qui, sans participer aux avantages de la banque populaire, n'ont droit qu'à la rémunération de leurs apports. Leurs statuts règlent l'étendue et les conditions de la responsabilité qui incombent à chacun des sociétaires dans les engagements de la société.**

II. — Les capitaux souscrits ne peuvent recevoir un intérêt supérieur à celui mentionné à l'article 14 de la loi *[47-1775]* du 10 septembre 1947 portant statut de la coopération. Le surplus des bénéfices, après attribution aux réserves, doit être réparti entre les clients sociétaires de la banque au prorata des prélèvements de toutes sortes qu'ils ont subis. — *V. ce texte au* ***C. sociétés.***

III. — Les associations fondées par des commerçants, industriels, fabricants, artisans, sous le régime de la loi du 3 *[1er]* juillet 1901, les syndicats professionnels, les sociétés de caution mutuelle et les caisses d'épargne sont autorisés à concourir à la formation du capital des banques populaires. — *[L. du 13 mars 1917, art. 10, 1o, 2o, 4o, al. 2].*

L. 512-4 Les banques populaires sont soumises aux obligations de publicité prévues à l'article L. 515-10. — *[L. du 13 mars 1917, art. 7 (partie)].*

L. 512-5 Les statuts de chaque banque populaire déterminent le siège, la circonscription territoriale et la durée de la société. Ils fixent la composition du capital, la proportion dans laquelle chacun des membres contribue à sa constitution, le mode d'administration de la société, le nombre de voix dont dispose chaque sociétaire dans les assemblées générales, eu égard au nombre de parts dont il est titulaire, et le nombre maximum de voix qu'il peut avoir quel que soit ce nombre de parts.

Les statuts de chaque banque populaire indiquent si la société étend à d'autres personnes que ses sociétaires le bénéfice de ses opérations.

Ils stipulent que les ouvertures de crédit sont accordées dans les limites déterminées pour la banque par la Banque fédérale des banques populaires *(Abrogé par L. no 2006-387 du 31 mars 2006, art. 26-VI)* ***« en exécution des prescriptions du deuxième alinéa de l'article 10 de la loi du 24 juillet 1929 ».***

Ils fixent les conditions nécessaires à la modification des statuts et à la dissolution de la société. Ils sont modifiés après agrément de la Banque fédérale des banques populaires. — *[Décr. du 21 déc. 1936, art. 1er]. - V. 2e note ss. art. L. 511-30 C. mon. fin., supra.*

L. 512-6 Les parts des sociétaires sont toujours nominatives.

Lorsqu'elles sont négociables, elles sont transférées avec l'agrément du conseil d'administration.

Lorsque la banque populaire est constituée sous la forme de société à capital variable, les statuts déterminent sous quelles conditions les sociétaires peuvent se retirer de la société, obtenir le remboursement de leurs parts et être libérés de leurs engagements. — *[Décr. du 21 déc. 1936, art. 2].*

L. 512-7 Les sociétaires d'une banque populaire ne peuvent, en aucun cas, à aucun moment et sous quelque forme que ce soit, recevoir en remboursement de leur apport une somme excédant la fraction libérée des parts sociales dont ils sont titulaires. En particulier, les réserves et provisions constituées par la société ne peuvent donner lieu à une répartition entre ses membres. — *[L. no 785 du 18 août 1942, art. 1er, al. 1er].*

L. 512-8 Lorsque, après remboursement des dettes sociales, y compris les avances de toute nature consenties par la Banque fédérale des banques populaires, des frais de liquidation et de la fraction libérée des parts sociales, la dissolution ou la liquidation d'une banque populaire fait apparaître un excédent d'actif, le montant de cet excédent est versé au fonds collectif de garantie institué par l'article L. 512-16. Toutefois, la Banque fédérale des banques populaires peut lui donner pour tout ou partie une autre affectation conforme aux intérêts des banques populaires. — *[L. no 785 du 18 août 1942, art. 2]. - V. 2e note ss. art. L. 511-30 C. mon. fin., supra.*

L. 512-9 Les dispositions de l'article L. 512-8 sont applicables, après reversement des avances de toute nature reçues de la Banque fédérale des banques populaires, à l'excédent d'actif d'une société qui a perdu, pour quelque cause que ce soit, son titre de banque populaire. Le montant de cet excédent est déterminé, à défaut d'entente amia-

ble, par un expert choisi par l'assemblée générale extraordinaire de la société et agréé par la chambre syndicale. Il est immédiatement exigible à l'encontre de la société intéressée. — *[L. n° 785 du 18 août 1942, art. 3]. - V. 2e note ss. art. L. 511-30 C. mon. fin., supra.*

Loi du 18 août 1942,

Relative aux banques populaires. — V. infra, Ord. n° 45-1355 du 20 juin 1945, art. 7.

Art. 1er *Al. 1er, abrogé et codifié ss. C. mon. fin., art. L. 512-7. — V. cet art. supra.*

Al. 2 et 3, abrogés et codifiés ss. C. mon. fin., art. R. 512-1. - V. cet art. infra.

2 Lorsque après remboursement des dettes sociales, y compris les avances de toute nature consenties par l'État et la Banque fédérale des banques populaires, des frais de liquidation et de la fraction libérée des parts sociales, la dissolution ou la liquidation d'une banque populaire fait apparaître un excédent d'actif, le montant de cet excédent est versé au fonds collectif de garantie institué par l'article 6 de la loi du 13 août 1936. Toutefois, la chambre syndicale peut, avec l'agrément du secrétaire d'État aux finances, lui donner pour tout ou partie une autre affectation conforme aux intérêts du crédit populaire. — *V. 2e note ss. art. L. 511-30 C. mon. fin., supra.*

3 Les dispositions de l'article précédent sont applicables, après reversement des avances de toute nature reçues de l'État et de la Banque fédérale des banques populaires, à l'excédent d'actif d'une société qui a perdu, pour quelque cause que ce soit, son titre de banque populaire. Le montant de cet excédent est déterminé, à défaut d'entente amiable, par un expert choisi par l'assemblée générale extraordinaire de la société et agréé par la chambre syndicale. Il est immédiatement exigible à l'encontre de la société intéressée. — *Les art. 2 et 3 ont été abrogés, sauf en tant qu'ils concernent les avances de toute nature consenties ou reçues par l'État, et codifiés ss. C. mon. fin., art. L. 512-8 et L. 512-9, reproduits supra.*

SOUS-SECTION 2 *Banque fédérale des banques populaires (L. n° 2001-420 du 15 mai 2001).*

L. 512-10 *(L. n° 2001-420 du 15 mai 2001)* **La Banque fédérale des banques populaires, constituée selon les modalités définies au I de l'article 27 de la loi n° 2001-420 du 15 mai 2001 relative aux nouvelles régulations économiques, est un établissement de crédit au sens du chapitre Ier du titre Ier du livre V. Elle est autorisée à fournir les services d'investissement prévus aux articles L. 321-1 et L. 321-2. Ses statuts prévoient que les banques populaires détiennent au moins la majorité absolue du capital et des droits de vote.** — *V. 2e note ss. art. L. 511-30, supra.*

L. 512-11 *(L. n° 2001-420 du 15 mai 2001)* **Le réseau des banques populaires comprend les banques populaires, les sociétés de caution mutuelle leur accordant statutairement l'exclusivité de leur cautionnement et la Banque fédérale des banques populaires. La Banque fédérale des banques populaires est chargée de :**

1° Définir la politique et les orientations stratégiques du réseau des banques populaires ;

2° Négocier et conclure au nom du réseau des banques populaires les accords nationaux et internationaux ;

3° Agréer les dirigeants des banques populaires et définir les conditions de cet agrément ;

4° Approuver les statuts des banques populaires et leurs modifications ;

5° Assurer la centralisation des excédents de trésorerie des banques populaires et leur refinancement ;

6° Prendre toute mesure utile à l'organisation, au bon fonctionnement et au développement du réseau des banques populaires et appeler les cotisations nécessaires à l'accomplissement de ses missions d'organe central.

L. 512-12 *(L. nº 2001-420 du 15 mai 2001)* La Banque fédérale des banques populaires prend toutes mesures nécessaires pour garantir la liquidité et la solvabilité du réseau des banques populaires en définissant et en mettant en œuvre les mécanismes de solidarité financière interne nécessaires. En particulier, elle dispose, à cet effet, des fonds provenant de la dévolution du fonds de garantie de la Chambre syndicale des banques populaires et inscrits au fonds pour risques bancaires généraux dont, en cas d'utilisation, elle peut décider la reconstitution en appelant auprès des banques populaires les cotisations nécessaires.

SOUS-SECTION 3 *Dispositions diverses*

(L. nº 2001-420 du 15 mai 2001)

L. 512-13 *(L. nº 2001-420 du 15 mai 2001)* L'usage comme titre ou qualificatif des mots : « banque populaire » est interdit à toute entreprise autre que celles mentionnées à la présente section.

Le fonds de garantie des banques populaires est supprimé à compter de la publication de la loi nº 2001-420 du 15 mai 2001 [JO 16 mai]. Les obligations couvertes par ce fonds et les droits y afférents sont intégralement transférés à la banque fédérale des banques populaires (L. nº 2001-420 du 15 mai 2001, art. 27 (IV)).

SECTION III *Le crédit agricole*

L. 512-20 à L. 512-54 *V. C. **rur. et for.***

....

SECTION IV *Le crédit mutuel*

L. 512-55 Les caisses de crédit mutuel *(Abrogé par L. nº 2006-387 du 31 mars 2006, art. 26-VI) **« qui ne sont pas régies par la section III ou par les lois particulières comportant un contrôle de l'État »*** sont soumises aux dispositions de la loi nº 47-1775 du 10 septembre 1947 portant statut de la coopération et à celles de la présente section. – *V. L. nº 47-1775 du 10 sept. 1947, au **C. sociétés.***

Elles ont exclusivement pour objet le crédit mutuel.

Elles peuvent recevoir des dépôts de toute personne physique ou morale et admettre des tiers non sociétaires à bénéficier de leurs concours ou de leurs services dans les conditions fixées par leurs statuts.

Les caisses locales de crédit mutuel doivent constituer entre elles des caisses départementales ou interdépartementales.

Toutes les caisses départementales ou interdépartementales de crédit mutuel soumises à la présente section doivent constituer entre elles la caisse centrale du crédit mutuel. – *[Ord. nº 58-966 du 16 oct. 1958, art. 5, 1º].*

L. 512-56 Chaque caisse de crédit mutuel doit adhérer à une fédération régionale et chaque fédération régionale doit adhérer à la confédération nationale du crédit mutuel dont les statuts sont approuvés par le ministre chargé de l'économie.

La confédération nationale du crédit mutuel est chargée :

1. De représenter collectivement les caisses de crédit mutuel pour faire valoir leurs droits et intérêts communs ;

2. D'exercer un contrôle administratif, technique et financier sur l'organisation et la gestion de chaque caisse de crédit mutuel ;

3. De prendre toutes mesures nécessaires au bon fonctionnement du crédit mutuel, notamment en favorisant la création de nouvelles caisses ou en provoquant la suppression de caisses existantes, soit par voie de fusion avec une ou plusieurs caisses, soit par voie de liquidation amiable. – *[Ord. nº 58-966 du 16 oct. 1958, art. 5, 2º].*

L. 512-57 Le ministre chargé de l'économie désigne auprès de la confédération nationale du crédit mutuel un commissaire du Gouvernement. Ce dernier exerce également ses pouvoirs auprès de la caisse centrale du crédit mutuel, des fédérations régionales et des caisses départementales ou interdépartementales du crédit mutuel. A cet effet, il est convoqué à leurs assemblées générales et peut assister aux réunions de leurs conseils d'administration.

Les caisses de crédit mutuel sont soumises aux vérifications de l'inspection générale des finances. – *[Ord. n° 58-966 du 16 oct. 1958, art. 5, 3° et L. n° 67-1172 du 22 déc. 1967, art. 22].*

L. 512-58 Les dispositions des articles L. 512-55 à L. 512-57 sont applicables aux caisses de crédit mutuel du Bas-Rhin, du Haut-Rhin et la Moselle, régies par la loi locale du 1er mai 1889 modifiée sur les associations coopératives, validée par l'article 5 de la loi du 1er juin 1924. – *[Ord. n° 58-966 du 16 oct. 1958, art. 5, 5°, al. 2].*

L. 512-59 Un décret en Conseil d'État détermine, en tant que de besoin, les mesures nécessaires à l'application de la présente section. – *[Ord. n° 58-966 du 16 oct. 1958, art. 5, 5°, al. 1er]. – V. infra, art. R. 512-19 s.*

SECTION V *Le crédit mutuel agricole et rural* (*Ord. n° 2005-429 du 6 mai 2005, art. 59*).

L. 512-60 *V. C. rur. et for.*

SECTION VI *Les sociétés coopératives de banque*

SOUS-SECTION 1 *Dispositions générales*

L. 512-61 Les sociétés coopératives de banque sont des sociétés à capital fixe ayant la forme d'union de coopératives soumises aux dispositions de la présente section et, en ce qu'elles ne sont pas contraires à celles-ci, aux dispositions de la loi n° 47-1775 du 10 septembre 1947 portant statut de la coopération. – *V. ce texte au* ***C. sociétés.***

Sans préjudice de l'application des dispositions de l'article 3 *bis* de la loi n° 47-1775 du 10 septembre 1947 portant statut de la coopération, seules peuvent être sociétaires des sociétés coopératives de banque, les sociétés coopératives, les sociétés mutualistes et les sociétés d'assurance à forme mutuelle régies par le code des assurances, ainsi que, dans la limite de 30 % du capital et des droits de vote, les associations sans but lucratif régies par la loi du 1er juillet 1901 ou par les dispositions applicables dans les départements du Bas-Rhin, du Haut-Rhin et de la Moselle. – *[L. n° 82-409 du 17 mai 1982, art. 1er].*

La souscription par un organe central au sens de l'art. L. 511-30 C. mon. fin. de titres visés aux titres II quater [certificats coopératifs d'investissement] et II quinquies [certificats coopératifs d'associés] de la loi n° 47-1775 du 10 sept. 1947 portant statut de la coopération, émis par les banques coopératives de son réseau, ne peut excéder 30 % du capital de celles-ci (L. n° 2003-1311 du 30 déc. 2003, art. 60-I).

L. 512-62 Les sociétés coopératives de banque sont autorisées à augmenter leur capital par incorporation de réserves.

Elles sont autorisées à verser à leur capital un intérêt assurant un rendement au plus égal au taux moyen des obligations à taux fixe et d'échéance finale supérieure à sept ans, dont le capital ou les intérêts ne sont pas indexés, émises ou garanties par l'État, ce taux étant constaté sur le marché secondaire de Paris par la Caisse des dépôts et consignations, durant l'année au titre de laquelle cet intérêt est versé. – *[L. n° 82-409 du 17 mai 1982, art. 2].*

L. 512-63 Les sociétés coopératives de banque sont des établissements de crédit.

Elles peuvent recevoir des dépôts de toute personne physique ou morale.

Elles doivent accorder 80 % au moins de leurs concours à leurs sociétaires, aux membres de ceux-ci, à des sociétés coopératives, à des sociétés mutualistes ou des sociétés à forme mutuelle régies par le code des assurances, à des associations sans but lucratif régies par la loi du 1er juillet 1901 ou la loi locale applicable dans les départements du Bas-Rhin, du Haut-Rhin et de la Moselle ainsi qu'à des collectivités ou établissements publics et des sociétés d'économie mixte en application de l'article L. 221-12. – *[L. n° 82-409 du 17 mai 1982, art. 4].*

SOUS-SECTION 2 *Conseil d'administration*

L. 512-64 Le conseil d'administration ou le conseil de surveillance comprend, outre dix représentants des sociétaires, cinq représentants du personnel de la société coopérative de banque, dont au moins un cadre, élus par l'ensemble des salariés de la banque au scrutin de liste à la proportionnelle et à la plus forte moyenne.

Le président est élu par le conseil d'administration ; le président du directoire est élu par le conseil de surveillance. Leur nomination est soumise à l'agrément du comité des établissements de crédit et des entreprises d'investissement. – *[L. n° 82-409 du 17 mai 1982, art. 3].*

SOUS-SECTION 3 *Commissaire du Gouvernement*

L. 512-65 Un commissaire du Gouvernement est désigné par le ministre chargé de l'économie auprès de chaque société coopérative de banque.

Il assiste à toutes les séances du conseil d'administration ou du conseil de surveillance et du directoire et des comités constitués au sein des conseils ainsi qu'à toutes les séances de l'assemblée générale des sociétaires. Il peut demander communication de tous les documents de la société. Il oppose son veto à toute décision qui serait contraire aux statuts de la société ou aux lois et règlements en vigueur. La société peut, dans un délai de huit jours, faire appel de la décision du commissaire du Gouvernement devant le ministre chargé de l'économie qui est tenu de se prononcer dans les quinze jours. A défaut, le veto est levé.

Le commissaire du Gouvernement dispose des mêmes pouvoirs auprès des sociétés dont la société coopérative de banque détient le contrôle. – *[L. n° 82-409 du 17 mai 1982, art. 5].*

SOUS-SECTION 4 *Statuts*

L. 512-66 Les statuts des sociétés coopératives de banque sont agréés par le ministre chargé de l'économie. – *[L. n° 82-409 du 17 mai 1982, art. 6].*

L. 512-67 Les établissements de crédit qui transforment leur statut pour adopter celui de société coopérative de banque doivent, dans le délai d'un an à compter de leur agrément, se conformer aux dispositions des articles L. 512-61 à L. 512-64, sous peine de retrait d'agrément ou de radiation de la liste des établissements agréés. – *[L. n° 82-409 du 17 mai 1982, art. 7].*

SECTION VII ***Le crédit maritime mutuel***

SOUS-SECTION 1 *Dispositions générales*

L. 512-68 Conformément aux orientations définies par le ministre chargé des pêches maritimes, le crédit maritime mutuel a pour objet de faciliter le financement des opérations et des investissements relatifs aux pêches maritimes, aux cultures marines et

aux activités qui s'y rattachent, ainsi qu'à l'extraction des sables, graviers et amendements marins et à la récolte des végétaux provenant de la mer ou du domaine maritime.

Les établissements de crédit maritime mutuel peuvent également effectuer toute opération de banque en faveur de leurs sociétaires et de ceux de la *(L. n° 2003-706 du 1er août 2003, art. 93-IV)* **« banque fédérale des banques populaires » et recevoir de toute personne des dépôts de fonds et de titres.** – *[L. n° 75-628 du 11 juill. 1975, art. 1er].*

L. 512-69 Le crédit maritime mutuel est pratiqué par trois catégories d'établissements de crédit affiliés à la *(L. n° 2003-706 du 1er août 2003, art. 93-IV)* **« banque fédérale des banques populaires » :**

1. Des caisses régionales de crédit maritime mutuel ;

2. Des unions de crédit maritime mutuel que des caisses régionales peuvent former entre elles avec, éventuellement, des groupements tels que ceux qui sont définis à l'article L. 512-74 ;

3. Une société centrale de crédit maritime mutuel.

La composition et la répartition du capital social de la société centrale de crédit maritime mutuel sont régies par l'article 19 *bis* de la loi n° 47-1775 du 10 septembre 1947 portant statut de la coopération. Les caisses régionales et les unions de crédit maritime mutuel doivent détenir la majorité du capital et des droits de vote de cette société, dont les statuts sont soumis à approbation ministérielle. – *[L. n° 75-628 du 11 juill. 1975, art. 2]. – V. L. n° 47-1775 du 10 sept. 1947 au* ***C. sociétés.***

L. 512-70 Les formalités de publicité exigées lors de la création des établissements mentionnés à l'article L. 512-69 ou en cas d'actes ou délibérations postérieurs sont déterminées par le décret prévu à l'article L. 512-84. – *V. infra, art. R. 512-30.*

Ces établissements jouissent de la personnalité morale à compter de leur immatriculation au registre du commerce. – *[L. n° 75-628 du 11 juill. 1975, art. 3].*

L. 512-71 La Commission supérieure du crédit maritime mutuel est consultée sur les projets de textes réglementaires concernant le crédit maritime mutuel ainsi que sur la répartition des avances de l'État. Elle peut se saisir de toute question intéressant le crédit maritime mutuel et donner un avis au Gouvernement sur ces questions. Elle entend chaque année un rapport d'activité sur la situation du crédit maritime mutuel. La composition de cette commission, qui comporte six députés et trois sénateurs, est fixée par le décret prévu à l'article L. 512-84. – *[L. n° 75-628 du 11 juill. 1975, art. 4].*

L. 512-72 La *(L. n° 2003-706 du 1er août 2003, art. 93-IV)* **« banque fédérale des banques populaires » assure le contrôle de la régularité des opérations financières et comptables des établissements affiliés mentionnés à l'article L. 512-69 ; elle effectue à leur bénéfice toutes opérations financières ; elle leur apporte ses services dans le respect de leur autonomie juridique et financière.**

Le décret prévu à l'article L. 512-84 détermine les conditions dans lesquelles la caisse centrale exerce ces attributions. – *[L. n° 75-628 du 11 juill. 1975, art. 7]. – V. infra, art. R. 512-32 s. et R. 512-38.*

L. 512-73 Les caisses régionales et les unions constituent une catégorie particulière de sociétés commerciales régies par la présente section et par les dispositions non contraires de la loi n° 47-1775 du 10 septembre 1947 portant statut de la coopération par les dispositions du code de commerce relatives aux sociétés à capital variable, des articles L. 231-1 à L. 231-8 et L. 247-10 du code de commerce. Les caisses régionales et, le cas échéant, les unions sont en outre régies par les dispositions du présent code applicables aux établissements de crédit. Leurs statuts doivent être conformes à des statuts types approuvés dans des conditions déterminées par le décret prévu à l'article L. 512-84. – *[L. n° 75-628 du 11 juill. 1975, art. 8]. – V. infra, art. R. 512-29.*

L. 512-74 Sans préjudice de l'application des dispositions de l'article 3 *bis* de la loi n° 47-1775 du 10 septembre 1947 portant statut de la coopération, peuvent être

sociétaires d'une caisse régionale de crédit maritime mutuel ou d'une union : – *V. ce texte au* ***C. sociétés.***

1. Dans les conditions déterminées par le décret prévu à l'article L. 512-84, les personnes physiques qui, à titre principal, exercent ou ont exercé l'une des activités professionnelles mentionnées au premier alinéa de l'article L. 512-68 ainsi que les ascendants, veuves et orphelins de ces personnes ; – *V. infra, art. R. 512-27.*

2. Les groupements qui, se rattachant par leur objet à l'une des activités mentionnées au premier alinéa de l'article L. 512-68 appartiennent à l'une des catégories déterminées par le décret prévu à l'article L. 512-84 ; – *V. infra, art. R. 512-28.*

3. La *(L. n° 2003-706 du 1er août 2003, art. 93-IV)* « banque fédérale des banques populaires » et les organismes dont elle centralise ou contrôle la gestion financière et comptable ;

4. Les autres personnes physiques ou morales qui exercent leur activité ou qui ont une résidence dans les départements côtiers. – *[L. n° 75-628 du 11 juill. 1975, art. 9].*

L. 512-75 Les caisses régionales de crédit maritime mutuel et les unions sont constituées pour une durée limitée.

Leur capital social est variable. Il est représenté par des parts nominatives. Il ne peut être réduit à un montant inférieur à celui du capital de fondation, fixé par les statuts à un montant au moins égal au minimum auquel les caisses régionales de crédit maritime mutuel et, le cas échéant, les unions sont astreintes en leur qualité d'établissement de crédit.

La valeur nominale des parts *(L. n° 2006-387 du 31 mars 2006, art. 26-VI)* « est fixée par les statuts prévus à l'article L. 512-73 ».

Le montant des parts souscrites par les sociétaires mentionnés aux 3 et 4 de l'article L. 512-74 ne peut dépasser la moitié du capital social. Les statuts peuvent fixer une proportion inférieure.

Une caisse régionale ou une union n'est définitivement constituée qu'après versement du quart du capital souscrit.

Les sociétaires ne supportent les pertes qu'à concurrence du montant de leurs parts dans le capital social. – *[L. n° 75-628 du 11 juill. 1975, art. 10].*

SOUS-SECTION 2 *Administration*

L. 512-76 Chaque caisse régionale ou union est administrée par un conseil composé de six administrateurs au moins et de douze au plus, élus parmi les sociétaires par l'assemblée générale pour une durée de trois ans et renouvelable par tiers tous les ans. Toutefois, si un siège d'administrateur devient vacant dans l'intervalle de deux assemblées générales ordinaires, le conseil d'administration peut procéder à une nomination à titre provisoire dans les conditions fixées par les statuts.

Deux tiers au moins des membres du conseil d'administration doivent avoir la qualité de marin de la marine marchande ou de concessionnaire d'établissement de pêche sur le domaine public maritime.

Les administrateurs personnes morales doivent, lors de leur élection, désigner un représentant permanent. Celui-ci est soumis aux mêmes conditions et obligations et encourt les mêmes responsabilités que s'il était administrateur en son nom propre, sans préjudice de la responsabilité solidaire de la personne morale représentée.

Les administrateurs sont rééligibles et révocables par l'assemblée générale. Leurs fonctions sont gratuites. Toutefois, une indemnité forfaitaire compensatrice du temps passé à l'exercice de leurs fonctions peut leur être attribuée par l'assemblée générale. – *[L. n° 75-628 du 11 juill. 1975, art. 11].*

L. 512-77 La responsabilité civile des administrateurs envers la caisse régionale ou l'union et envers les tiers n'est engagée qu'en cas de violation des statuts, d'infraction pénale ou d'infraction aux dispositions de la présente section et à ses textes d'application. – *[L. n° 75-628 du 11 juill. 1975, art. 12].*

L. 512-78 Le conseil d'administration élit parmi ses membres, après chacun de ses renouvellements partiels, son président et son ou ses vice-présidents.

Sous réserve des compétences de l'assemblée générale telles qu'elles résultent des dispositions législatives en vigueur et des statuts et dans la limite de l'objet social, le conseil dispose des pouvoirs les plus étendus pour administrer la caisse ou l'union. Il prend notamment les décisions d'octroi des crédits. Il peut consentir des délégations de pouvoir.

Il arrête les comptes de chaque exercice en vue de les soumettre à l'assemblée générale et il établit un rapport sur la situation et l'activité de la société.

Il admet les nouveaux sociétaires.

Il nomme et révoque le directeur dans des conditions déterminées par le décret prévu à l'article L. 512-84. – *[L. n° 75-628 du 11 juill. 1975, art. 13]. – V. infra, art. R. 512-32 et R. 512-33.*

L. 512-79 Le directeur exécute les décisions du conseil d'administration ; il est investi des pouvoirs nécessaires pour assurer, dans le cadre de ces décisions, la gestion de la caisse régionale ou de l'union.

Il représente la caisse régionale ou l'union dans ses rapports avec les tiers. – *[L. n° 75-628 du 11 juill. 1975, art. 14].*

L. 512-80 Si le conseil d'administration prend des décisions contraires aux dispositions législatives ou réglementaires particulières régissant le crédit maritime mutuel ou aux orientations prévues à l'article L. 512-68, ou s'il s'abstient d'exercer ses fonctions, la *(L. n° 2003-706 du 1er août 2003, art. 93-IV)* « banque fédérale des banques populaires » peut, sans préjudice des dispositions de l'article L. 613-19, après mise en demeure restée vaine et dans des conditions définies par le décret prévu à l'article L. 512-84, proposer au ministre chargé de l'économie, de dissoudre le conseil d'administration et de désigner un administrateur ou un comité provisoire, chargé de l'administration de la caisse ou de l'union.

La mission de l'administrateur ou du comité provisoire ainsi nommé prend fin dès l'élection, à sa diligence, d'un nouveau conseil d'administration qui doit intervenir dans un délai maximum de six mois. – *[L. n° 75-628 du 11 juill. 1975, art. 16]. – V. infra, art. R. 512-35.*

L. 512-81 Les sociétaires sont réunis au moins une fois par an en assemblée générale.

Chaque sociétaire dispose d'autant de voix qu'il possède de parts dans les limites fixées par les statuts.

Dans les conditions et limites fixées par les statuts, tout sociétaire personne physique a la possibilité de recevoir pouvoir de représenter d'autres sociétaires.

L'assemblée générale ordinaire statue sur les comptes de l'exercice écoulé et exerce les pouvoirs qui lui sont attribués notamment par les articles L. 512-76 et L. 512-82.

L'assemblée générale extraordinaire est seule habilitée à modifier les statuts.

Les statuts fixent les conditions dans lesquelles les assemblées générales sont convoquées et l'ordre du jour arrêté. Ils fixent également les conditions de quorum et de majorité requises pour la validité de ces assemblées. – *[L. n° 75-628 du 11 juill. 1975, art. 17].*

SOUS-SECTION 3 *Commissaires aux comptes*

L. 512-82 Dans chaque caisse régionale ou union, un commissaire aux comptes est élu par l'assemblée générale pour une durée de trois exercices. Il doit être choisi *(Abrogé par Ord. n° 2005-1126 du 8 sept. 2005, art. 21) « sur la liste des commissaires de sociétés prévue à l'article* (L. n° 2003-706 du 1er août 2003, art. 93-IV) *« L. 822-1 » du code de commerce [et] »* conformément aux dispositions de l'article L. 511-38. Son mandat est renouvelable.

Le commissaire aux comptes certifie, sous sa responsabilité, la régularité et la sincérité du compte d'exploitation générale, du compte de pertes et profits et du bilan.

(Abrogé par Ord. n° 2005-1126 du 8 sept. 2005, art. 21) ***« Il a pour mission permanente de vérifier les livres et de contrôler la régularité et la sincérité des informations données aux sociétaires. Il dresse un rapport annuel qui est porté à la connaissance du conseil d'administration et du directeur avant d'être présenté à l'assemblée générale. Il est convoqué à la réunion du conseil d'administration, qui arrête les comptes de l'exercice écoulé, ainsi qu'à toutes les assemblées générales. »*** *– [L. n° 75-628 du 11 juill. 1975, art. 18].*

SOUS-SECTION 4 *Dispositions diverses*

L. 512-83 En cas de dissolution d'une caisse régionale ou d'une union, le reliquat de l'actif, après paiement des dettes sociales et remboursement du capital effectivement versé, est affecté, sur proposition de l'assemblée générale et par décision du ministre chargé des pêches maritimes dans des conditions déterminées par le décret prévu à l'article L. 512-84, à d'autres établissements de crédit maritime mutuel, à des organismes de coopération maritime ou à des œuvres d'intérêt social maritime agréées à cet effet. *– [L. n° 75-628 du 11 juill. 1975, art. 19].*

L. 512-83-1 *(Ord. n° 2005-429 du 6 mai 2005, art. 60-I)* Les caisses régionales et les unions de crédit maritime mutuel sont soumises au contrôle sur pièces et sur place de l'inspection générale des finances.

L. 512-84 Un décret en Conseil d'État détermine, en tant que de besoin, les conditions d'application de la présente section. *– [L. n° 75-628 du 11 juill. 1975, art. 20]. – V. infra, art. R. 512-27 s.*

SECTION VIII *Le réseau des caisses d'épargne*

SOUS-SECTION 1 *Missions*

L. 512-85 Le réseau des caisses d'épargne remplit des missions d'intérêt général. Il participe à la mise en œuvre des principes de solidarité et de lutte contre les exclusions. Il a en particulier pour objet la promotion et la collecte de l'épargne ainsi que le développement de la prévoyance, pour satisfaire notamment les besoins collectifs et familiaux. Il contribue à la protection de l'épargne populaire, à la collecte des fonds destinés au financement du logement social, à l'amélioration du développement économique local et régional, particulièrement dans le domaine de l'emploi et de la formation, et à la lutte contre l'exclusion bancaire et financière de tous les acteurs de la vie économique, sociale et environnementale grâce en particulier aux fonds collectés sur le livret A dont la spécificité est maintenue.

Dans les conditions fixées par l'article L. 512-91, les caisses d'épargne et de prévoyance utilisent une partie de leurs excédents d'exploitation pour le financement de projets d'économie locale et sociale.

Elles présentent une utilité économique et sociale spécifique au sens du présent article. *– [L. n° 99-532 du 25 juin 1999, art. 1er].*

SOUS-SECTION 2 *Le réseau*

L. 512-86 Le réseau des caisses d'épargne comprend les caisses d'épargne et de prévoyance, les sociétés locales d'épargne, la Caisse nationale des caisses d'épargne et de prévoyance et la fédération nationale des caisses d'épargne et de prévoyance. *– [L. n° 99-532 du 25 juin 1999, art. 2].*

SOUS-SECTION 3 *Les caisses d'épargne et de prévoyance*

L. 512-87 Les caisses d'épargne et de prévoyance sont des sociétés coopératives, soumises, sous réserve des dispositions de la présente section, aux dispositions de la loi n° 47-1775 du 10 septembre 1947 portant statut de la coopération et du livre II du code de commerce. – *[L. n° 99-532 du 25 juin 1999, art. 3, al. 1er]. – V. L. n° 47-1775 du 10 sept. 1947, au* **C. *sociétés*.**

L. 512-88 Les caisses d'épargne et de prévoyance sont des établissements de crédit et peuvent, nonobstant les dispositions de l'article 3 de la loi n° 47-1775 du 10 septembre 1947 portant statut de la coopération, exercer toutes opérations de banque. – *[L. n° 99-532 du 25 juin 1999, art. 3, al. 2]. – V. ce texte au* **C. *sociétés*.**

L. 512-89 Les parts sociales des caisses d'épargne et de prévoyance ne peuvent être détenues que par les sociétés locales d'épargne.

Les statuts des caisses d'épargne et de prévoyance peuvent prévoir que le nombre de voix dont dispose chaque société locale est fonction du nombre de parts dont elle est titulaire. Lorsque la part de capital que détient une société locale d'épargne dans la caisse d'épargne et de prévoyance à laquelle elle est affiliée excède 30 % du total des droits de vote, le nombre de voix qui lui est attribué est réduit à due concurrence. Le pourcentage des voix pouvant globalement être détenues par les sociétés locales d'épargne composées majoritairement de personnes morales ne peut dépasser 49 %. – *[L. n° 99-532 du 25 juin 1999, art. 4].*

L. 512-90 Les caisses d'épargne et de prévoyance sont dirigées par un directoire sous le contrôle d'un conseil de surveillance. Ce dernier prend le nom de conseil d'orientation et de surveillance.

Le conseil d'orientation et de surveillance est composé de dix-sept membres.

Il comprend, dans des conditions prévues par les statuts :

1. Des membres élus directement par les salariés sociétaires de la caisse d'épargne et de prévoyance ;

2. Des membres élus directement par les collectivités territoriales, sociétaires des sociétés locales d'épargne affiliées à la caisse d'épargne et de prévoyance ;

3. Des membres élus par l'assemblée générale des sociétaires de la caisse d'épargne et de prévoyance. Ne sont pas éligibles à ce titre les collectivités territoriales ni les salariés de la caisse d'épargne et de prévoyance.

Dans chaque conseil d'orientation et de surveillance, le nombre des membres élus par les salariés est identique à celui des membres élus par les collectivités territoriales et ne peut être supérieur à trois.

(L. n° 2001-1168 du 11 déc. 2001) « En cas de fusion de caisses d'épargne et de prévoyance soit par absorption, soit par création d'une personne morale nouvelle, le nombre de membres du conseil d'orientation et de surveillance de la caisse issue de la fusion peut être supérieur à dix-sept, tout en respectant la répartition entre les différentes catégories de membres prévue aux quatrième à septième alinéas ci-dessus, pendant un délai maximum de trois ans à compter de la date de la fusion. Dans ce cas, le conseil d'administration et de surveillance ne peut être composé de plus de trente-quatre membres et le nombre de membres élus par les salariés et celui des membres élus par les collectivités territoriales ne peuvent être supérieurs à six.

« A défaut d'accord entre les caisses concernées, le nombre total des membres du conseil d'orientation et de surveillance, ainsi que la répartition de ces derniers par caisse et par catégorie, peuvent être fixés par la Caisse nationale des caisses d'épargne et de prévoyance. »

Les membres du directoire sont proposés par le conseil d'orientation et de surveillance. Le directoire de la Caisse nationale des caisses d'épargne et de prévoyance s'assure qu'ils présentent l'honorabilité nécessaire et l'expérience adéquate pour cette fonction et propose leur agrément au conseil de surveillance de la Caisse nationale des caisses d'épargne et de prévoyance. Lorsque celui-ci a délivré l'agrément, le conseil d'orientation et de surveillance de la caisse d'épargne et de prévoyance procède à la nomination des membres du directoire.

Sans préjudice de l'application des dispositions de l'article L. 613-21, l'agrément peut être retiré par le conseil de surveillance de la Caisse nationale des caisses d'épargne et de prévoyance, sur proposition de son directoire et après consultation du conseil d'orientation et de surveillance de la caisse d'épargne et de prévoyance concernée. Le retrait d'agrément emporte révocation du mandat de l'intéressé. – *[L. nº 99-532 du 25 juin 1999, art. 5].*

L. 512-91 Les sommes disponibles après imputation sur le résultat net comptable des versements aux réserves légales et statutaires sont réparties par l'assemblée générale entre l'intérêt servi aux parts sociales, les distributions opérées conformément aux articles 11 *bis*, 18 et *(Ord. nº 2005-429 du 6 mai 2005, art. 61)* « 19 *vicies* » de la loi du 10 septembre 1947 portant statut de la coopération, les mises en réserve et les affectations au financement de projets d'économie locale et sociale. Les sommes mises en réserve doivent représenter au minimum le tiers des sommes disponibles telles que définies au présent article. Cette proportion peut toutefois être augmentée sur décision de la Caisse nationale des caisses d'épargne et de prévoyance, au vu de la situation financière de la caisse d'épargne et de prévoyance dont il s'agit.

Les sommes affectées au financement des projets d'économie locale et sociale ne peuvent excéder, pour chaque caisse d'épargne et de prévoyance, le montant total de l'intérêt servi aux parts sociales et des distributions effectuées conformément aux articles 11 *bis*, 18 et *(Ord. nº 2005-429 du 6 mai 2005, art. 61)* « 19 *vicies* » de la loi nº 47-1775 du 10 septembre 1947 susmentionnée, ni être inférieures au tiers des sommes disponibles après la *(Ord. nº 2005-429 du 6 mai 2005, art. 61)* « mise en réserve ». – *V. ce texte au* ***C. sociétés.***

(L. nº 2003-1311 du 30 déc. 2003, art. 60-II) « La rémunération des titres visés aux titres II *quater* et II *quinquies* de la loi nº 47-1775 du 10 septembre 1947 précitée n'est pas retenue pour le calcul du montant total *(Abrogé par Ord. nº 2005-429 du 6 mai 2005, art. 61)* ***« maximum »*** des sommes affectées au financement des projets d'économie locale et sociale visé à l'alinéa précédent lorsque ces titres sont détenus directement ou indirectement par la Caisse nationale des caisses d'épargne et de prévoyance ou par une caisse d'épargne ou de prévoyance. »

Les missions définies à l'article L. 512-85 ainsi que les projets d'économie locale et sociale doivent présenter à la fois un intérêt en termes de développement local ou d'aménagement du territoire ou de protection de l'environnement et un intérêt en termes de développement social ou d'emploi. Chaque caisse d'épargne et de prévoyance tient compte des orientations définies par la fédération nationale des caisses d'épargne et de prévoyance pour le choix des projets d'économie locale et sociale sur son ressort territorial ou pour apporter sa contribution à des actions régionales ou nationales entreprises par le réseau. Les projets d'économie locale et sociale financés par les caisses d'épargne et de prévoyance font l'objet d'une annexe détaillée au rapport annuel de la Caisse nationale des caisses d'épargne et de prévoyance. – *[L. nº 99-532 du 25 juin 1999, art. 6].*

SOUS-SECTION 4 *Les sociétés locales d'épargne*

L. 512-92 Les sociétés locales d'épargne sont des sociétés coopératives, soumises aux dispositions de la loi nº 47-1775 du 10 septembre 1947 portant statut de la coopération sous réserve des dispositions de la présente section. – *V. ce texte au* ***C. sociétés.***

Elles contribuent à l'élaboration, dans le cadre des missions d'intérêt général qui leur sont confiées, des orientations générales de la caisse d'épargne et de prévoyance à laquelle elles sont affiliées. Elles ont également pour objet, dans le cadre de ces orientations générales, de favoriser la détention la plus large du capital de cette caisse d'épargne et de prévoyance en animant le sociétariat.

Pour faciliter cette détention, les sociétés locales d'épargne sont habilitées à proposer aux sociétaires définis à l'article L. 512-93 une première part sociale à un prix préférentiel.

Les sociétés locales d'épargne ne peuvent faire d'opérations de banque. Elles sont dispensées de l'immatriculation au registre du commerce et des sociétés. Elles sont affiliées à la caisse d'épargne et de prévoyance dans la circonscription territoriale de laquelle elles exercent leur activité.

Le niveau de la rémunération des parts sociales détenues par les sociétaires des sociétés locales d'épargne est fixé par l'assemblée générale de la caisse d'épargne et de prévoyance à laquelle ces sociétés locales d'épargne sont affiliées.

La création d'une société locale d'épargne doit être préalablement approuvée par la caisse d'épargne et de prévoyance à laquelle la société locale d'épargne est affiliée, ainsi que par la Caisse nationale des caisses d'épargne et de prévoyance.

L'ensemble des sociétés locales d'épargne affiliées à chaque caisse d'épargne et de prévoyance constitue une seule entité pour l'application de l'article 145 du code général des impôts. – *[L. n° 99-532 du 25 juin 1999, art. 8].*

(L. n° 2001-1168 du 11 déc. 2001) « Les dispositions de l'article 16 de la loi n° 47-1775 du 10 septembre 1947 précitée ne s'appliquent pas aux sociétés locales d'épargne. »

L. 512-93 Peuvent être sociétaires d'une société locale d'épargne, dans les conditions prévues par les statuts, les personnes physiques ou personnes morales ayant effectué avec la caisse d'épargne et de prévoyance une des opérations prévues aux articles L. 311-1, L. 311-2, L. 511-2 et L. 511-3, les salariés de cette caisse d'épargne et de prévoyance, les collectivités territoriales et, dans les conditions définies par l'article 3 *bis* de la loi n° 47-1775 du 10 septembre 1947 portant statut de la coopération, les autres personnes physiques ou personnes morales mentionnées à cet article. Les collectivités territoriales ne peuvent toutefois pas détenir ensemble plus de 20 % du capital de chacune des sociétés locales d'épargne.

Tout sociétaire d'une société locale d'épargne désirant liquider tout ou partie de ses parts sociales dans le cadre des dispositions de l'article 18 de la loi n° 47-1775 du 10 septembre 1947 susmentionnée ne peut les revendre qu'à leur valeur nominale à la société locale d'épargne dont il relève.

Chaque société locale d'épargne ne peut revendre qu'à leur valeur nominale les parts sociales qui lui sont cédées par les sociétaires. – *[L. n° 99-532 du 25 juin 1999, art. 9].*

SOUS-SECTION 5 *La Caisse nationale des caisses d'épargne et de prévoyance*

L. 512-94 La Caisse nationale des caisses d'épargne et de prévoyance est une société anonyme à directoire et conseil de surveillance régie par les articles L. 225-57 à L. 225-93 du code de commerce, dont les caisses d'épargne et de prévoyance détiennent ensemble au moins la majorité absolue du capital et des droits de vote. Elle est un établissement de crédit. Elle est autorisée à fournir les services d'investissement prévus aux articles L. 321-1 et L. 321-2.

Le conseil de surveillance de la Caisse nationale des caisses d'épargne et de prévoyance comprend notamment des membres élus par les salariés du réseau des caisses d'épargne dans les conditions prévues par ses statuts. La nomination du président du directoire de la Caisse nationale des caisses d'épargne et de prévoyance est soumise à un agrément du ministre chargé de l'économie. – *[L. n° 99-532 du 25 juin 1999, art. 10].*

(L. n° 2003-1312 du 30 déc. 2003, art. 100) « I. – *[Dispositions déclarées non conformes à la Constitution par décision du Conseil constitutionnel n° 2003-488 DC du 29 déc. 2003.] – Dispositions définissant les règles de représentation des caisses d'épargne et de prévoyance régionales au conseil de surveillance de la Caisse nationale des caisses d'épargne et de prévoyance.*

« II. – La commission de surveillance de la Caisse des dépôts et consignations est saisie pour avis préalablement à toute opération portant sur le capital de la Caisse nationale des caisses d'épargne et de prévoyance et affectant la participation de la Caisse des dépôts et consignations. Elle en informe les commissions chargées des finances de l'Assemblée nationale et du Sénat. »

L. 512-95 I. – La Caisse nationale des caisses d'épargne et de prévoyance est l'organe central du réseau des caisses d'épargne. *(Ord. n° 2005-429 du 6 mai 2005, art. 62-I)*

« Elle propose à l'agrément du comité des établissements de crédit et des entreprises d'investissement la création des caisses d'épargne et de prévoyance. Elle est de plus chargée : »

1. De représenter le réseau des caisses d'épargne, y compris en qualité d'employeur, pour faire valoir ses droits et intérêts communs ;

2. De négocier et de conclure, au nom du réseau des caisses d'épargne, les accords nationaux et internationaux ;

3. D'établir les statuts types des caisses d'épargne et de prévoyance et des sociétés locales d'épargne ;

4. De créer ou d'acquérir toute société ou tout organisme utile au développement des activités du réseau des caisses d'épargne et d'en assurer le contrôle, ou de prendre des participations dans de tels sociétés ou organismes ;

5. De prendre toute disposition administrative, financière et technique sur l'organisation et la gestion des caisses d'épargne et de prévoyance, leurs filiales et organismes communs, notamment en ce qui concerne les moyens informatiques ;

6. De prendre toute mesure visant à la création de nouvelles caisses d'épargne et de prévoyance ou à la suppression de caisses d'épargne et de prévoyance existantes, soit par voie de liquidation amiable, soit par voie de fusion ;

7. De définir les produits et services offerts à la clientèle et de coordonner la politique commerciale ;

8. D'assurer la centralisation des excédents de ressources des caisses d'épargne et de prévoyance ;

9. De réaliser toutes les opérations financières utiles au développement et au refinancement du réseau, notamment en ce qui concerne la gestion de sa liquidité et son exposition aux risques de marché ;

10. De prendre toute mesure utile à l'organisation, au bon fonctionnement et au développement du réseau des caisses d'épargne, et d'appeler les cotisations nécessaires à l'accomplissement de ses missions d'organe central du réseau des caisses d'épargne ;

11. De veiller à l'application, par les caisses d'épargne et de prévoyance, des missions d'intérêt général énoncées à l'article L. 512-85.

II. – Les caisses d'épargne et de prévoyance sont affiliées de plein droit à la Caisse nationale des caisses d'épargne et de prévoyance. Un décret en Conseil d'État détermine les cas et conditions dans lesquels les établissements de crédit contrôlés par les caisses d'épargne et de prévoyance ou les établissements dont l'activité est nécessaire au fonctionnement du réseau des caisses d'épargne peuvent être affiliés à la Caisse nationale des caisses d'épargne et de prévoyance en vue de l'exercice par celle-ci des missions définies à l'article L. 511-31. – *[L. n° 99-532 du 25 juin 1999, art. 11].*

L. 512-96 La Caisse nationale des caisses d'épargne et de prévoyance assure la garantie des déposants et des souscripteurs. Elle prend toutes mesures nécessaires pour garantir la liquidité et la solvabilité des caisses d'épargne et de prévoyance et pour organiser la solidarité financière au sein du réseau des caisses d'épargne, notamment par la création d'un fonds commun de garantie et de solidarité du réseau.

La définition des règles d'organisation, de fonctionnement et de gestion de ce fonds relève de la compétence exclusive de la Caisse nationale des caisses d'épargne et de prévoyance. La Caisse nationale des caisses d'épargne et de prévoyance peut notamment appeler en tant que de besoin des cotisations auprès des caisses d'épargne et de prévoyance afin de doter ou de reconstituer le fonds commun de garantie et de solidarité du réseau. – *[L. n° 99-532 du 25 juin 1999, art. 12].*

L. 512-97 Le directoire de la Caisse nationale des caisses d'épargne et de prévoyance désigne un censeur auprès de chaque caisse d'épargne et de prévoyance. Il peut en désigner un auprès de tout autre établissement affilié au sens du II de l'article L. 512-95.

Le censeur est chargé de veiller au respect, par la caisse d'épargne et de prévoyance ou l'établissement auprès duquel il est nommé, des dispositions législatives et réglementaires en vigueur ainsi que des règles et orientations définies par la Caisse nationale des caisses d'épargne et de prévoyance dans le cadre de ses attributions.

Le censeur participe, sans droit de vote, aux réunions du conseil d'orientation et de surveillance des caisses d'épargne et de prévoyance ou, pour les autres établissements, du conseil d'administration ou du conseil de surveillance. Il peut demander l'inscription de tout sujet à l'ordre du jour ainsi qu'une seconde délibération sur toute question relevant de ses attributions. En ce cas, il saisit sans délai la Caisse nationale des caisses d'épargne et de prévoyance de cette question. Il est avisé des décisions de l'établissement et est entendu, à sa demande, par le directoire de la caisse d'épargne et de prévoyance ou par les instances dirigeantes de l'établissement. – *[L. n° 99-532 du 25 juin 1999, art. 13].*

L. 512-98 La Caisse nationale des caisses d'épargne et de prévoyance peut procéder, notamment sur proposition du censeur, à la révocation collective du directoire ou du conseil d'orientation et de surveillance d'une caisse d'épargne et de prévoyance dans les cas où il cesserait d'exercer ses fonctions ou prendrait des décisions non conformes aux dispositions législatives ou réglementaires ou aux instructions émises dans le cadre de ses compétences par la Caisse nationale des caisses d'épargne et de prévoyance. Dans ce cas, celle-ci nomme une commission qui assume provisoirement les missions du directoire ou du conseil d'orientation et de surveillance de la caisse d'épargne et de prévoyance en attendant la désignation d'un nouveau directoire ou conseil d'orientation et de surveillance. – *[L. n° 99-532 du 25 juin 1999, art. 14].*

SOUS-SECTION 6 *La Fédération nationale des caisses d'épargne et de prévoyance*

L. 512-99 La Fédération nationale des caisses d'épargne et de prévoyance est constituée selon les modalités prévues par la loi du 1er juillet 1901 relative au contrat d'association. Elle regroupe l'ensemble des caisses d'épargne et de prévoyance représentées par deux membres de leur conseil d'orientation et de surveillance, dont le président, et par le président de leur directoire.

La Fédération nationale des caisses d'épargne et de prévoyance est chargée :

1. De coordonner les relations des caisses d'épargne et de prévoyance avec le sociétariat et représenter leurs intérêts communs, notamment auprès des pouvoir *[s]* publics ;

2. De participer à la définition des orientations stratégiques du réseau ;

3. De définir les orientations nationales de financement par les caisses d'épargne et de prévoyance des projets d'économie locale et sociale et des missions d'intérêt général telles que définies à l'article L. 512-85 ;

4. De contribuer à la définition, par la Caisse nationale des caisses d'épargne et de prévoyance, des orientations nationales en matière de relations sociales dans le réseau ;

5. D'organiser, en liaison avec la Caisse nationale des caisses d'épargne et de prévoyance, la formation des dirigeants et des sociétaires par l'organisation régulière de séances d'information gratuites dans le domaine économique entendu au sens large ;

6. De veiller au respect des règles déontologiques au sein du réseau des caisses d'épargne ;

7. De contribuer à l'implication du réseau des caisses d'épargne français au sein des établissements européens de même nature.

La Fédération nationale des caisses d'épargne et de prévoyance est consultée par la Caisse nationale des caisses d'épargne et de prévoyance sur tout projet de réforme concernant les caisses d'épargne et de prévoyance.

La Fédération nationale des caisses d'épargne et de prévoyance appelle, pour le financement de son budget de fonctionnement, des cotisations auprès des caisses d'épargne et de prévoyance. – *[L. n° 99-532 du 25 juin 1999, art. 15].*

L. 512-100 Les caisses d'épargne peuvent, dans les formes et selon les règles prescrites pour les établissements d'utilité publique, recevoir les dons et legs qui seraient faits en leur faveur. – *[C. caisses épargne, art. 57].*

SOUS-SECTION 7 *Fonds de réserve et de garantie*

L. 512-101 Il existe un fonds de réserve et de garantie des caisses d'épargne et de prévoyance auprès de la caisse des dépôts et consignations.

Les modalités d'affectation à cette réserve sont déterminées par voie réglementaire.

Le fonds de réserve et de garantie des caisses d'épargne et de prévoyance est géré par la Caisse des dépôts et consignations sous le contrôle de la commission de surveillance dans les conditions prévues à l'article L. 518-7.

Il est rendu compte de ces opérations dans un chapitre spécial du rapport annuel présenté au Parlement par la commission de surveillance conformément à l'article L. 518-10. – *[C. caisses épargne, art. 52, 1re phrase, et 54].*

SOUS-SECTION 8 *Dispositions générales*

L. 512-102 Il est interdit aux organismes qui n'entrent pas dans le champ d'application de la présente section d'utiliser l'une des dénominations suivantes : « Caisse nationale des caisses d'épargne et de prévoyance », « caisse d'épargne et de prévoyance », « caisse d'épargne », « société locale d'épargne ». – *[L. n° 99-532 du 25 juin 1999, art. 18, début de phrase].*

Loi du 12 mars 1900, *ayant pour objet de réprimer les abus commis en matière de vente à crédit des valeurs mobilières.* **Art. 6** Il est interdit aux établissements qui se livrent à la vente à crédit des valeurs de bourse de faire entrer dans leur dénomination les mots « caisse d'épargne ». Leurs directeurs sont, en cas de contravention à cette défense, passibles d'une amende de 3 750 €.

L. 512-103 Il est également interdit d'user de procédés quelconques, contrefaçon de livrets, prospectus, affiches ou autres susceptibles de créer une confusion avec les caisses d'épargne et d'induire en erreur sur la nature des opérations effectuées. – *[C. caisses épargne, art. 4, al. 1er].*

L. 512-104 Un décret en Conseil d'État précise les modalités d'application de la présente section. – *[L. n° 99-532 du 25 juin 1999, art. 21].*

L. 512-105 *(L. n° 2005-842 du 26 juill. 2005, art. 25-II)* Les banques coopératives, pour l'application du dernier alinéa de l'article L. 512-1, sont, pour le réseau des caisses d'épargne, les caisses d'épargne et de prévoyance et les sociétés locales d'épargne qui leur sont affiliées.

....

CHAPITRE V *Les sociétés financières*

SECTION I *Dispositions communes*

L. 515-1 Les sociétés financières mentionnées à l'article L. 511-9 ne peuvent recevoir du public des fonds à vue ou à moins de deux ans de terme, sauf si elles y sont autorisées à titre accessoire dans les conditions définies par le *(L. n° 2003-706 du 1er août 2003, art. 46-VI)* « ministre chargé de l'économie ».

Les sociétés financières ne peuvent effectuer que les opérations de banque résultant soit de la décision d'agrément qui les concerne, soit des dispositions législatives et réglementaires qui leur sont propres. – *[L. n° 84-46 du 24 janv. 1984, art. 18, al. 5 et 6].*

Pour la validité d'une garantie à première demande souscrite par une société agréée pour réaliser des opérations de crédit-bail immobilier, la société ne pouvant utilement exciper de la nullité de l'engagement souscrit dès lors qu'elle n'effectuait pas cette opération de crédit à titre habituel, V. • Com. 20 nov. 2001 : *Petites affiches 25-26 déc. 2001, p. 14 ; RJDA 2002, n° 431.*

SECTION II *Les sociétés de crédit-bail mobilier et immobilier*

V. bibl. supra, reproduite avant art. L. 313-7.

L. 515-2 Les opérations de crédit-bail mentionnées à l'article L. 313-7 ne peuvent être faites à titre habituel que par des entreprises commerciales agréées en qualité d'établissement de crédit.

Les entreprises de crédit-bail immobilier sont des entreprises qui gèrent à titre de profession habituelle des sociétés créées en vue de la réalisation non habituelle des opérations mentionnées à l'article L. 313-7. Elles sont soumises aux dispositions de l'alinéa précédent. – *[L. n° 66-455 du 2 juill. 1966, art. 2, al. 1er et 3].*

BIBL. ▸ SAINT-ALARY, *RTD com. 1967. 1103.* – TIXIER, *D. 1968. Chron. 137.* – THANH, *JCP E 1970. II. 8137.* ▸ Sur le redressement judiciaire et les SICOMI : SENTEX, *RJ com. 1986. 121.*

1. Opérations sur fonds de commerce. Sur la possibilité, pour un particulier, de conclure une location de fonds de commerce assortie d'une promesse de vente, V.: Rép. min. n° 47605 : *JOAN Q, 9 déc. 1991, p. 5098 ; RTD com. 1992. 161, obs. Derruppé.*

2. Sanctions. L'interdiction pesant sur toute personne autre qu'un établissement de crédit d'effectuer à titre habituel des opérations de crédit-bail protégeant non seulement l'intérêt général et celui des établissements de crédit, mais aussi celui des crédits-preneurs, sont recevables les actions engagées par ces derniers et tendant à l'annulation des conventions conclues en infraction à cette règle. • Com. 19 nov. 1991 : *Bull. civ. IV, n° 347 ; D. 1993. Somm. 53, obs. Vasseur ; Banque 1992. 427, obs. Rives-Lange ; JCP E 1992. I. 154, n° 5, obs. Gavalda et Stoufflet.* – Dans le même sens : • Com. 27 févr. 1996 : *D. Affaires 1996. 552* • Paris, 24 sept. 1992 : *RJDA 1992, n° 1043* • Aix-en-Provence, 11 juin 1992 : *ibid. 1993, n° 334* • 27 oct. 1994 : *JCP 1995. IV. 712. – Contra :* • Civ. 1re, 13 oct. 1982 : *D. 1983. IR. 186, obs. Vasseur* • 24 févr. 1993 : *JCP E 1993. I. 302, n° 2, obs. Gavalda et Stoufflet* (espèce soumise à la loi abrogée du 13 juin 1941).

3. Opérations occasionnelles. Une société coopérative dont l'objet est d'apporter une aide technique et matérielle à ses adhérents en leur louant des matériels nécessaires à leur exploitation ne peut valablement soutenir qu'elle n'est pas habilitée à conclure des contrats de crédit-bail, alors que toute entreprise sans statut particulier peut valablement effectuer de telles opérations à titre occasionnel. • Rouen, 12 janv. 1995 : *JCP E 1995. Pan. 940 ; RJDA 1995, n° 1126.* ♦ V. note 1 ss. art. L. 313-10.

L. 515-3 Les personnes ou entreprises mentionnées à l'article L. 515-2 qui contreviennent aux dispositions du présent code ou des règlements pris pour leur application sont passibles des sanctions disciplinaires prévues par l'article L. 613-21. – *[L. n° 66-455 du 2 juill. 1966, art. 5].*

Sur le crédit-bail international, V. Décr. n° 95-879 du 28 juill. 1995 portant publication de la convention sur le crédit-bail international, faite à Ottawa le 28 mai 1988 (JO 4 août).

BIBL. ▸ BÉRAUDO, *JCP E 1995. I. 458.* — SCHÜTZ, *Contrats Conc. Consom. 1996. Chron. 3.*

SECTION III *Les sociétés de caution mutuelle*

SOUS-SECTION 1 *Objet*

L. 515-4 Des sociétés de caution mutuelle peuvent être constituées entre commerçants, industriels, fabricants, artisans, sociétés commerciales et membres des professions libérales. Elles ont pour objet de cautionner leurs membres à raison de leurs opérations professionnelles.

En outre, des sociétés de caution mutuelle peuvent être constituées entre propriétaires d'immeubles ou de droits immobiliers. Elles ont pour objet de cautionner leurs membres à raison de prêts contractés pour l'accession à la propriété ou l'aménagement et la réparation de leurs immeubles.

Les sociétés mentionnées aux premier et deuxième alinéas sont autorisées à effectuer au profit de leurs membres, à l'occasion d'une opération de cautionnement et en relation directe avec celle-ci, les opérations de conseil mentionnées au 5 de l'article L. 311-2, sans toutefois qu'il puisse y avoir obligation pour le demandeur d'une caution d'accepter un service de conseil.

La caution peut être donnée par l'aval ou l'endos des effets de commerce et billets créés, souscrits ou endossés par les membres des sociétés ou sous toute autre forme.

Le capital des sociétés de caution mutuelle est formé de parts nominatives qui peuvent être de valeur inégale sans cependant qu'aucune d'entre elles puisse être inférieure à *(L. n° 2001-1276 du 28 déc. 2001)* « 1,5 € », et à la souscription desquelles peuvent concourir, en dehors des membres qui participent aux avantages de la société, des membres non participants qui n'ont droit qu'à la rémunération de leurs apports.

Les sociétés ne sont constituées qu'après versement du quart du capital souscrit. Par dérogation aux dispositions de l'article 12 de la loi n° 47-1775 du 10 septembre 1947 portant statut de la coopération, la libération du surplus se fait par appels successifs des quarts non encore versés au fur et à mesure de l'accroissement des opérations de cautionnement mutuel de manière à permettre à la société de proportionner le montant du fonds social au volume des opérations traitées. – *[L. du 13 mars 1917, art. 1er]. – V. L. n° 47-1775 du 10 sept. 1947, au* ***C. sociétés.***

Aucune des dispositions de la loi du 13 mars 1917, de la loi du 10 sept. 1947, de la loi du 24 juill. 1966, de la loi du 24 janv. 1984 ne réserve le monopole de l'activité de garantie mutuelle aux sociétés de caution mutuelle soumises à la loi du 13 mars 1917 et à la loi du 10 sept. 1947 portant statut de la coopération. • Paris, 7 nov. 2003 : *JCP E 2004, n° 1-2, p. 6.*

SOUS-SECTION 2 *Statuts*

L. 515-5 Les sociétés de caution mutuelle sont des sociétés commerciales. – *[L. du 13 mars 1917, art. 6 (partie)].*

Les dispositions non codifiées de l'art. 6 de la loi du 13 mars 1917 prévoyaient que les sociétés de caution mutuelle devaient tenir des livres conformément aux prescriptions du code de commerce. Cette mention ne figure plus dans l'art. codifié.

L. 515-6 Les statuts déterminent le siège et le mode d'administration de la société, les conditions nécessaires à la modification de ces statuts et à la dissolution de la société, la composition du capital et la proportion dans laquelle chacun des membres contribue à sa constitution.

Ils règlent l'étendue et les conditions de la responsabilité qui incombe à chacun des sociétaires dans des engagements de la société.

Les statuts réservent aux sociétaires le droit de se retirer et de réclamer le remboursement des parts leur appartenant. Toutefois, il ne pourra être fait usage de ce droit qu'en fin d'exercice, moyennant un préavis de trois mois et sous réserve que le remboursement de ces parts n'ait pas pour effet de réduire le capital de la société à un montant inférieur à celui du capital minimum auquel elle est astreinte en sa qualité d'établissement de crédit.

Le remboursement ne peut excéder ni la valeur, à cette époque, des parts du membre démissionnaire, ni leur valeur nominale. La plus-value, s'il y en a, reste acquise au fonds de réserve, sur lequel le membre remboursé n'a aucun droit. – *[L. du 13 mars 1917, art. 2].*

L. 515-7 Les statuts prévoient que le conseil d'administration détermine pour chaque sociétaire le montant maximum des cautions qui peuvent être accordées et limitent la durée pour laquelle ces cautions sont données.

Ils stipulent expressément que le conseil d'administration peut refuser la caution demandée, ou ne l'accorder qu'en prenant les garanties qu'il juge utiles. – *[L. du 13 mars 1917, art. 3].*

Le texte de l'art. 3 [C. mon. fin., art. L. 515-7], spécial aux sociétés de caution mutuelle, est impératif ; sa portée ne peut être limitée au fonctionnement interne de la société de caution mutuelle et la loi du 13 mars 1917 [C. mon. fin., art. L. 512-2 s. et L. 515-4 s.] ne peut être ignorée d'une banque. • Com. 18 oct. 1994 : *Bull. civ. IV, n° 307 ; D. 1994. IR. 248 ; Dr. sociétés 1995, n° 5, note Bonneau.*

SOUS-SECTION 3 *Emploi des fonds*

L. 515-8 Le capital, les fonds de réserve et le fonds de garantie sont affectés à la garantie des cautions données par la société de manière à servir de provision pour les effets, billets et engagements, à défaut de règlement. Les administrateurs sont tenus, avant de commencer à donner aucune caution, d'énoncer, dans une déclaration déposée en double au greffe du tribunal d'instance du siège de la société, l'emploi qu'ils ont fait du capital (placements en valeurs ou dépôts en banque). Il est donné récépissé de cette déclaration. L'un des exemplaires est transmis par les soins du juge du tribunal d'instance au greffe du tribunal de commerce de l'arrondissement.

Chaque année, une déclaration dans les mêmes formes doit faire connaître l'emploi du capital et du fonds de réserve.

Les statuts déterminent les modalités de constitution, de fonctionnement et de restitution du fonds de garantie. — *[L. du 13 mars 1917, art. 4]. — V. infra, art. R. 571-2.*

L. 515-9 Les statuts déterminent les prélèvements et commissions perçus au profit de la société sur les opérations faites par elle.

Il est constitué, selon les modalités prévues au premier alinéa de l'article L. 232-10 du code de commerce, un fonds de réserve dit « réserve légale », égal à la moitié du capital social.

Sous réserve de la possibilité de servir au capital effectivement versé un intérêt fixé par les statuts, les excédents d'exploitation sont mis en réserve ou ristournés aux sociétaires au prorata des opérations effectuées avec eux.

A la dissolution de la société, le fonds de réserve et le reste de l'actif net sont partagés entre les sociétaires, proportionnellement à leurs souscriptions, à moins que les statuts n'en aient affecté l'emploi à une œuvre de crédit. — *[L. du 13 mars 1917, art. 5].*

SOUS-SECTION 4 *Publicité*

L. 515-10 Les conditions de publicité prescrites pour les sociétés commerciales ordinaires sont remplacées, à l'égard des sociétés de caution mutuelle, par les dispositions suivantes :

1. Avant toute opération, les statuts, avec la liste complète des administrateurs ou directeurs et des sociétaires, indiquant leurs nom, profession, domicile et le montant de chaque souscription, sont déposés en trois exemplaires au greffe du tribunal d'instance dans le ressort duquel la société a son siège. Il en est donné récépissé ;

2. Chaque année, dans la première quinzaine de février, le directeur ou un administrateur de la société dépose de même, en trois exemplaires, un état mentionnant le nombre des membres de la société à cette date et la liste des mutations intervenues parmi les administrateurs ou directeurs et les sociétaires depuis le dernier dépôt effectué, et, en outre, un tableau sommaire des recettes et des dépenses ainsi que des opérations réalisées au cours de l'année précédente ;

3. Un exemplaire de ces documents est, par les soins du juge du tribunal d'instance, déposé au greffe du tribunal de commerce de l'arrondissement ;

4. Les documents déposés au greffe du tribunal d'instance et du tribunal de commerce, par application du présent article et de l'article L. 515-8, sont communiqués à tout requérant. — *[L. du 13 mars 1917, art. 7]. — V. infra, art. R. 571-2.*

V. note 4 ss. art. L. 123-9 C. com., *supra.*

L. 515-11 Les administrateurs d'une société de caution mutuelle sont personnellement responsables du préjudice résultant de la violation des statuts ou des dispositions de la présente section. – *[L. du 13 mars 1917, art. 9, al. 1er].*

L. 515-12 Les modalités d'application de la présente section sont fixées par décret en Conseil d'État. – *[L. du 13 mars 1917, art. 15].*

SECTION IV *Les sociétés de crédit foncier*

BIBL. ▸ Fuzier, *RD banc. fin. 2003. 396* (loi sécurité financière du 1er août 2003).

SOUS-SECTION 1 *Statut et objet*

L. 515-13 I. – Les sociétés de crédit foncier sont des établissements de crédit, agréés en qualité de société financière par le comité des établissements de crédit et des entreprises d'investissement, qui ont pour objet exclusif :

1. De consentir ou d'acquérir des prêts garantis, des prêts à des personnes publiques et des titres et valeurs, mentionnés aux articles L. 515-14 à L. 515-17 ;

2. Pour le financement de ces catégories de prêts ou de titres et valeurs, d'émettre des obligations appelées obligations foncières bénéficiant du privilège défini à l'article L. 515-19 et de recueillir d'autres ressources, dont le contrat d'émission ou de souscription mentionne ce privilège.

II. – Les sociétés de crédit foncier peuvent également assurer le financement des activités mentionnées ci-dessus par l'émission d'emprunts ou de ressources ne bénéficiant pas de ce privilège. Elles ne peuvent émettre de billets à ordre mentionnés aux articles L. 313-42 à L. 313-48.

III. – Nonobstant toutes dispositions ou stipulations contraires, les sociétés de crédit foncier peuvent mobiliser, conformément aux articles L. 313-23 à L. 313-34, l'ensemble des créances qu'elles détiennent, quelle que soit la nature, professionnelle ou non, de ces créances. Dans ce cas, les énonciations figurant au bordereau mentionné à l'article L. 313-23 sont déterminées par décret. *(L. no 2003-706 du 1er août 2003, art. 94)* « Les sociétés de crédit foncier peuvent également procéder à des cessions temporaires de leurs titres dans les conditions fixées aux articles L. 432-6 à L. 432-19. Les créances ou titres ainsi mobilisés ou cédés ne sont pas comptabilisés » par ces sociétés au titre de l'article L. 515-20.

IV. – Les sociétés de crédit foncier peuvent acquérir et posséder tous biens immeubles ou meubles nécessaires à l'accomplissement de leur objet ou provenant du recouvrement de leurs créances. – *[L. no 99-532 du 25 juin 1999, art. 93].*

SOUS-SECTION 2 *Opérations*

L. 515-14 I. – Les prêts garantis sont des prêts assortis :

1. D'une hypothèque de premier rang ou d'une sûreté immobilière conférant une garantie au moins équivalente ;

2. Ou, dans des limites et des conditions déterminées par décret en Conseil d'État, imposant notamment un apport personnel minimal de l'emprunteur et le respect d'une quotité de la valeur du bien financé et sous réserve que le prêt garanti soit exclusivement affecté au financement d'un bien immobilier, d'un cautionnement d'un établissement de crédit ou d'une entreprise d'assurance n'entrant pas dans le périmètre de consolidation défini à l'article L. 233-16 du code de commerce dont relève la société de crédit foncier.

II. – Les prêts garantis par une sûreté immobilière mentionnée au 1 du I ci-dessus ne peuvent excéder une quotité de la valeur du bien sur lequel porte la garantie. Cette quotité est fixée dans des conditions déterminées par décret en Conseil d'État. Elle peut toutefois être dépassée lorsque ces prêts bénéficient de la garantie du fonds de garantie de l'accession sociale à la propriété mentionné à l'article L. 312-1 du code de la construction et de l'habitation ou lorsque ces prêts sont couverts, pour la partie excédant la quotité fixée et dans la limite de la valeur du bien sur lequel porte la garantie, par un cautionnement répondant aux conditions mentionnées au 2 du I ci-dessus ou par la garantie d'une ou plusieurs des personnes morales de droit public mentionnées à l'article L. 515-15.

Cette quotité peut, le cas échéant, être dépassée lorsque ces prêts sont financés, pour la partie excédant la quotité fixée et dans une limite déterminée par décret en Conseil d'État, par les ressources non privilégiées mentionnées au II de l'article L. 515-13.

III. — *(L. n° 2001-1168 du 11 déc. 2001)* « Le bien apporté en garantie ou le bien financé par un prêt cautionné doit être situé dans l'Espace économique européen, *(Ord. n° 2005-429 du 6 mai 2005, art. 63)* « dans les collectivités d'outre-mer régies par l'article 74 de la Constitution, en Nouvelle-Calédonie, » en Suisse, aux États-Unis d'Amérique, au Canada ou au Japon. » Sa valeur est déterminée de manière prudente et exclut tout élément d'ordre spéculatif. Les modalités d'évaluation sont fixées par un *(L. n° 2003-706 du 1er août 2003, art. 46-VI)* « arrêté du ministre chargé de l'économie », qui prévoit notamment dans quels cas il doit être recouru à une expertise. – *[L. n° 99-532 du 25 juin 1999, art. 94 (I)]. - V. infra, art. R. 515-2 s.*

L. 515-15 *(L. n° 2001-1168 du 11 déc. 2001)* Les prêts aux personnes publiques sont des prêts accordés aux États, aux collectivités territoriales ou à leurs groupements et aux établissements publics de l'Espace économique européen, de Suisse, des États-Unis d'Amérique, du Canada ou du Japon, ou *(L. n° 2003-706 du 1er août 2003 art. 95)* « totalement garantis par un ou plusieurs de ces États ou collectivités territoriales ou groupements de celles-ci ».

Sont assimilés aux prêts aux personnes publiques les titres de créances émis par les États, les collectivités territoriales ou leurs groupements et les établissements publics de l'Espace économique européen, de Suisse, des États-Unis d'Amérique, du Canada ou du Japon, ou *(L. n° 2003-706 du 1er août 2003, art. 95)* « totalement garantis par un ou plusieurs de ces États ou collectivités territoriales ou groupements de celles-ci ». Ces titres doivent être acquis avec une intention de conservation durable jusqu'à leur échéance et, en conséquence, être traités sur le plan comptable conformément à un règlement du comité de la réglementation comptable.

(L. n° 2003-706 du 1er août 2003, art. 96-I) « Sont assimilées aux prêts aux personnes publiques les créances de sommes d'argent, y compris celles résultant d'un contrat à exécution successive, sur des personnes publiques mentionnées *(Ord. n° 2005-429 du 6 mai 2005, art. 64-I)* « au premier alinéa » et figurant sur une liste fixée par décret en Conseil d'État *(Ord. n° 2005-429 du 6 mai 2005, art. 64-I)* « ou totalement garanties par une ou plusieurs de ces personnes publiques ». – *V. infra, art. R. 515-6-1.*

« Sont assimilées aux prêts à des personnes publiques les créances nées de contrats de crédit-bail auxquels *(Ord. n° 2005-429 du 6 mai 2005, art. 64-II)* « des personnes publiques françaises mentionnées au premier alinéa sont parties » en qualité de crédit-preneur *(Ord. n° 2005-429 du 6 mai 2005, art. 64-II)* « ou les créances nées de contrat de crédit-bail totalement garanties par une ou plusieurs de ces personnes publiques ». Les sociétés de crédit foncier acquérant les créances résultant d'un contrat de crédit-bail peuvent également acquérir tout ou partie de la créance qui résultera de la vente du bien loué. »

L. 515-16 *(L. n° 2001-1168 du 11 déc. 2001)* Sont assimilés aux prêts mentionnés aux articles L. 515-14 et L. 515-15 *(Ord. n° 2005-429 du 6 mai 2005, art. 65)* « les parts et titres de créances émis par des fonds communs de créances ainsi que » les parts ou titres de créances émis par des entités similaires soumises au droit d'un État appartenant à l'Espace économique européen, de la Suisse, des États-Unis d'Amérique, du Canada ou du Japon, dès lors que l'actif de ces fonds communs de créances ou entités similaires est composé, *(L. n° 2003-706 du 1er août 2003, art. 95)* « à l'exclusion des sommes momentanément disponibles et en instance d'affectation, des garanties, sûretés ou autres privilèges dont ils bénéficient, » à hauteur de 90 % au moins, de créan-

ces de même nature que les prêts répondant aux caractéristiques *(Ord. nº 2005-429 du 6 mai 2005, art. 65)* **« définies au I de l'article L. 515-14 » ainsi qu'à l'article L. 515-15 ou, dans des conditions fixées par décret en Conseil d'État, de créances assorties de garanties équivalentes à celles** *(L. nº 2003-706 du 1er août 2003, art. 95)* **« des prêts mentionnés aux articles L. 515-14 et L. 515-15 » et à l'exclusion des parts spécifiques** *(Ord. nº 2005-429 du 6 mai 2005, art. 65)* **« ou titres de créances » supportant le risque de défaillance des débiteurs de créances.** – *V. infra, art. R. 515-2 s.*

L. 515-17 **Les sociétés de crédit foncier ne peuvent détenir de participations.**

Un décret en Conseil d'État détermine les conditions dans lesquelles des titres et valeurs, parmi lesquels les obligations foncières émises par d'autres sociétés de crédit foncier, sont suffisamment sûrs et liquides pour être détenus comme valeurs de remplacement par les sociétés de crédit foncier. Ce décret fixe la part maximale que ces valeurs de remplacement peuvent représenter dans l'actif de ces sociétés. – *[L. nº 99-532 du 25 juin 1999, art. 94 (IV)]. – V. infra, art. R. 515-7.*

L. 515-18 **Afin d'assurer la couverture des opérations de gestion des prêts mentionnés aux articles L. 515-14 à L. 515-17, des obligations foncières ou des autres ressources bénéficiant du privilège défini à l'article L. 515-19, les sociétés de crédit foncier peuvent recourir à des instruments financiers à terme, tels que définis à l'article L. 211-1.**

(L. nº 2003-706 du 1er août 2003, art. 94) **« Les sommes dues au titre des instruments financiers à terme conclus par les sociétés de crédit foncier pour la couverture de leurs éléments d'actif et de passif, le cas échéant après compensation, bénéficient du privilège mentionné à l'article L. 515-19 de même que les sommes dues au titre des instruments financiers à terme conclus par les sociétés de crédit foncier pour la gestion ou la couverture du risque global sur l'actif, le passif et le hors-bilan de ces sociétés. »**

Les sommes dues au titre des instruments financiers à terme utilisés pour la couverture des opérations mentionnées au II de l'article L. 515-13 ne bénéficient pas de ce privilège. – *[L. nº 99-532 du 25 juin 1999, art. 95].*

SOUS-SECTION 3 *Privilège des créances nées des opérations*

L. 515-19 **Nonobstant toutes dispositions législatives contraires, et notamment celles du titre Ier et du titre II du livre VI** *[des titres II à IV]* **du code de commerce :**

1. Les sommes provenant de prêts *(L. nº 2003-706 du 1er août 2003, art. 96-II)* **« ou créances assimilées », titres et valeurs mentionnés aux articles L. 515-14 à L. 515-17 des instruments financiers mentionnés à l'article L. 515-18, le cas échéant après compensation, ainsi que les créances résultant des dépôts effectués par la société de crédit foncier auprès d'établissements de crédit, sont affectées par priorité au service du paiement des obligations foncières et des autres ressources privilégiées mentionnées au 2 du I de l'article L. 515-13 ;**

2. Lorsqu'une société de crédit foncier fait l'objet d'une procédure *(L. nº 2005-845 du 26 juill. 2005, art. 165-II)* **« de sauvegarde, » de redressement ou de liquidation judiciaires, ou** *(L. nº 2005-845 du 26 juill. 2005, art. 165-I)* **« d'une procédure de conciliation », les créances nées régulièrement des opérations mentionnées au 2 du I de l'article L. 515-13 sont payées à leur échéance contractuelle et par priorité à toutes les autres créances, assorties ou non de privilèges ou de sûretés, y compris les intérêts résultant de contrats, quelle qu'en soit la durée. Jusqu'à l'entier désintéressement des titulaires des créances privilégiées au sens du présent article, nul autre créancier de la société de crédit foncier ne peut se prévaloir d'un droit quelconque sur les biens et droits de cette société ;**

3. La liquidation judiciaire d'une société de crédit foncier n'a pas pour effet de rendre exigibles les obligations et autres dettes bénéficiant du privilège mentionné au 1 du présent article.

Les règles définies aux 1 et 2 ci-dessus s'appliquent aux frais annexes aux opérations mentionnées aux 1 et 2 du I de l'article L. 515-13 ainsi qu'aux sommes dues, le cas échéant, au titre du contrat prévu à l'article L. 515-22. – *[L. nº 99-532 du 25 juin 1999, art. 98]. – V. infra, art. R. 515-8 et R. 515-9.*

SOUS-SECTION 4 *Règles régissant les opérations des sociétés de crédit foncier*

L. 515-20 Le montant total des éléments d'actif des sociétés de crédit foncier doit être supérieur au montant des éléments de passif bénéficiant du privilège mentionné à l'article L. 515-19. Le *(L. nº 2003-706 du 1er août 2003, art. 46-VI)* **« ministre chargé de l'économie » détermine les modalités d'évaluation de ces éléments d'actif et de passif.** – *[L. nº 99-532 du 25 juin 1999, art. 96].*

L. 515-21 *(L. nº 2003-706 du 1er août 2003, art. 96-III)* **La cession à une société de crédit foncier des prêts mentionnés à l'article L. 515-13 et des créances assimilées s'effectue par la seule remise d'un bordereau au cessionnaire, dont les énonciations sont fixées par décret. Nonobstant l'ouverture éventuelle de toute procédure de redressement ou de liquidation judiciaires à l'encontre du cédant postérieurement à la cession, la cession prend effet entre les parties et devient opposable aux tiers à la date apposée sur le bordereau lors de sa remise, quelle que soit la date de naissance, d'échéance ou d'exigibilité des créances, sans qu'il soit besoin d'autre formalité, et ce quelle que soit la loi applicable aux créances et la loi du pays de résidence des débiteurs. La remise du bordereau entraîne de plein droit le transfert des sûretés, des garanties et des accessoires attachés à chaque prêt, y compris les sûretés hypothécaires, ainsi que son opposabilité aux tiers sans qu'il soit besoin d'autre formalité.** – *V. infra, art. D. 515-11.*

Lorsque les créances résultent d'un contrat de crédit-bail, la survenance *(L. nº 2005-845 du 26 juill. 2005, art. 165-II)* **« d'une sauvegarde, » d'un redressement ou d'une liquidation judiciaires du crédit-bailleur cédant en cours de contrat ne peut remettre en cause la poursuite du contrat de crédit-bail.**

BIBL. ▶ BUREAU, *RDC 2004. 445* (conflits de lois relatifs à l'opposabilité des transferts de créance par bordereau).

L. 515-22 La gestion ou le recouvrement des prêts, *(L. nº 2003-706 du 1er août 2003, art. 96-II)* **« créances assimilées, titres et valeurs, » des obligations ou des autres ressources prévus à l'article L. 515-13 ne peuvent être assurés que par un établissement de crédit lié à la société de crédit foncier par contrat.** – *[L. nº 99-532 du 25 juin 1999, art. 99].*

L. 515-23 L'établissement de crédit chargé de la gestion des prêts, *(L. nº 2003-706 du 1er août 2003, art. 96-II)* **« créances assimilées, titres et valeurs, » est habilité à agir en justice tant en demande qu'en défense et à exercer toutes voies d'exécution au nom et pour le compte de la société de crédit foncier.** – *[L. nº 99-532 du 25 juin 1999, art. 100].*

L. 515-24 En cas de changement de l'entité juridique chargée de gérer ou de procéder au recouvrement des prêts *(L. nº 2003-706 du 1er août 2003, art. 96-II)* **« ou créances assimilées », les débiteurs en sont informés par simple lettre.** – *[L. nº 99-532 du 25 juin 1999, art. 106].*

SOUS-SECTION 5 *Redressement et liquidation judiciaires*

L. 515-25 Les dispositions de l'article L. 632-2 du code de commerce ne sont pas applicables aux contrats conclus par ou avec une société de crédit foncier, ni aux actes juridiques accomplis par une société de crédit foncier ou à son profit, dès lors que ces contrats ou ces actes sont directement relatifs aux opérations prévues à l'article L. 515-13. – *[L. nº 99-532 du 25 juin 1999, art. 101].*

L. 515-26 Lorsqu'un administrateur provisoire ou un liquidateur a été nommé auprès d'une société de crédit foncier, conformément aux articles L. 613-18 et L. 613-22, les dispositions de l'article L. 613-25 sont applicables. – *[L. n° 99-532 du 25 juin 1999, art. 102].*

L. 515-27 Nonobstant toutes dispositions contraires, et notamment du titre II *[des titres II à IV]* du livre VI du code de commerce, *(L. n° 2005-845 du 26 juill. 2005, art. 165-II)* « la sauvegarde, » le redressement ou la liquidation judiciaires d'une société détenant des actions d'une société de crédit foncier ne peut être étendue à la société de crédit foncier. – *[L. n° 99-532 du 25 juin 1999, art. 103].*

L. 515-28 En cas *(L. n° 2005-845 du 26 juill. 2005, art. 165-II)* « de sauvegarde, » de redressement ou de liquidation judiciaires d'une société chargée de la gestion ou du recouvrement, pour le compte d'une société de crédit foncier, des prêts, *(L. n° 2003-706 du 1er août 2003, art. 96-III)* « créances assimilées, titres et valeurs, » des obligations ou des autres ressources prévus à l'article L. 515-13, les contrats qui prévoient cette gestion ou ce recouvrement peuvent être immédiatement résiliés, nonobstant toutes dispositions contraires et notamment celles du titre II *[des titres II à IV]* du livre VI du code de commerce. – *[L. n° 99-532 du 25 juin 1999, art. 104].*

SOUS-SECTION 6 *Contrôles*

L. 515-29 La commission bancaire veille au respect par les sociétés de crédit foncier des obligations leur incombant en application de la présente section et sanctionne, dans les conditions prévues par les articles L. 613-1 à L. 613-8, L. 613-10 à L. 613-23, L. 613-25 à L. 613-30, les manquements constatés. – *[L. n° 99-532 du 25 juin 1999, art. 107, al. 1er].*

L. 515-30 Dans chaque société de crédit foncier, un contrôleur spécifique et un contrôleur spécifique suppléant choisis parmi les personnes inscrites sur la liste des commissaires aux comptes sont nommés pour une durée de quatre ans par les dirigeants de la société, sur avis conforme de la commission bancaire.

Le contrôleur spécifique suppléant est appelé à remplacer le titulaire en cas de refus, d'empêchement, de démission ou de décès. Ses fonctions prennent fin à la date d'expiration du mandat confié à ce dernier, sauf si l'empêchement n'a qu'un caractère temporaire. Dans ce dernier cas, lorsque l'empêchement a cessé, le titulaire reprend ses fonctions après l'établissement du rapport prévu au cinquième alinéa du présent article.

Ne peut être nommé contrôleur spécifique ou contrôleur spécifique suppléant le commissaire aux comptes de la société de crédit foncier, le commissaire aux comptes de toute société contrôlant, au sens de l'article L. 233-3 du code de commerce, la société de crédit foncier, ou encore le commissaire aux comptes d'une société contrôlée directement ou indirectement par une société contrôlant la société de crédit foncier.

Le contrôleur veille au respect par la société des articles L. 515-13 à L. 515-20. Il vérifie que les apports faits à une société de crédit foncier sont conformes à l'objet défini à l'article L. 515-13 et répondent aux conditions prévues aux articles L. 515-14 à L. 515-17.

Le contrôleur certifie les documents adressés à la commission bancaire au titre du respect des dispositions précédentes. Il établit un rapport annuel sur l'accomplissement de sa mission destiné aux dirigeants et aux instances délibérantes de la société et dont une copie est transmise à la commission bancaire.

Il assiste à toute assemblée d'actionnaires et est entendu à sa demande par le conseil d'administration ou le directoire.

Le contrôleur, ainsi que ses collaborateurs et experts, est astreint au secret professionnel pour les faits, actes et renseignements dont il a pu avoir connaissance à raison de ses fonctions. Il est toutefois délié du secret professionnel à l'égard de la commission bancaire à laquelle il est tenu de signaler immédiatement tout fait ou

toute décision dont il a eu connaissance dans l'exercice de sa mission et qui est de nature à porter atteinte aux conditions ou à la continuité d'exploitation de la société de crédit foncier. *(L. n° 2003-706 du 1er août 2003, art. 95)* **« Le secret professionnel est également levé, dans le cadre de leurs missions respectives, entre le contrôleur spécifique et les commissaires aux comptes de la société de crédit foncier et de toute société contrôlant, au sens de l'article L. 233-3 du code de commerce, la société de crédit foncier. Le contrôleur spécifique » révèle au procureur de la République les faits délictueux dont il a eu connaissance, sans que sa responsabilité soit engagée par cette révélation.**

Il est responsable, tant à l'égard de la société que des tiers, des conséquences dommageables des fautes et négligences par lui commises dans l'exercice de ses fonctions. – *[L. n° 99-532 du 25 juin 1999, art. 107, al. 2 à 9].*

L. 515-31 Lorsque la société de crédit foncier fait l'objet d'une procédure *(L. n° 2005-845 du 26 juill. 2005, art. 165-II)* **« de sauvegarde, » de redressement ou de liquidation judiciaires, le contrôleur spécifique procède à la déclaration prévue à l'article L. 622-24 du code de commerce au nom et pour le compte des titulaires des créances bénéficiant du privilège défini à l'article L. 515-19.**

(Ord. n° 2005-429 du 6 mai 2005, art. 66) **« Les dispositions des articles** *(Ord. n° 2005-1126 du 8 sept. 2005, art. 22)* **« L. 823-7, L. 823-13, L. 823-14, L. 823-18, L. 822-18 », L. 820-4 à L. 820-7, L. 822-6, L. 822-7 et L. 822-10 à L. 822-13 du code de commerce et l'article L. 613-9 du présent code sont applicables au contrôleur. » La commission bancaire peut exercer l'action prévue à l'article** *(Ord. n° 2005-1126 du 8 sept. 2005, art. 22)* **« L. 823-7 » du code de commerce.**

Par dérogation aux dispositions de l'article L. 823-14 du code de commerce, le droit d'information du contrôleur peut s'étendre à la communication des pièces, contrats et documents détenus par la société chargée de la gestion ou du recouvrement des prêts, *(L. n° 2003-706 du 1er août 2003, art. 96-II)* **« créances assimilées, titres et valeurs, » des obligations et autres ressources, en application de l'article L. 515-22, à condition que ces pièces, contrats et documents soient directement en rapport avec les opérations réalisées par cette société pour le compte de la société de crédit foncier.** – *[L. n° 99-532 du 25 juin 1999, art. 107, al. 10 à 12].*

SOUS-SECTION 7 *Dispositions diverses*

L. 515-32 *(Ord. n° 2004-1382 du 20 déc. 2004, art. 8)* **L'article L. 228-39 du code de commerce n'est pas applicable aux sociétés de crédit foncier.**

L. 515-33 Les modalités d'application de la présente section sont définies par décret en Conseil d'État. – *[L. n° 99-532 du 25 juin 1999, art. 109].*

....

CHAPITRE VI *Les institutions financières spécialisées*

L. 516-1 Les institutions financières spécialisées sont des établissements de crédit auxquels l'État a confié une mission permanente d'intérêt public. Elles ne peuvent effectuer d'autres opérations de banque que celles afférentes à cette mission, sauf à titre accessoire. – *[L. n° 84-46 du 24 janv. 1984, art. 18, al. 8].*

L. 516-2 Les institutions financières spécialisées ne peuvent recevoir du public des fonds à vue ou à moins de deux ans de terme, sauf si elles y sont autorisées à titre accessoire dans les conditions définies par le *(L. n° 2003-706 du 1er août 2003)* **« ministre chargé de l'économie ».** – *[L. n° 84-46 du 24 janv. 1984, art. 18, al. 5].*

CHAPITRE VII *Compagnies financières et conglomérats financiers*

(Ord. n° 2004-1201 du 12 nov. 2004, art. 6)

BIBL. ▶ LADOUCE et DAMY, *JCP E 2006, n° 11, p. 506.*

SECTION I *Définitions*

SOUS-SECTION 1 *Compagnies financières*

L. 517-1 Une compagnie financière est un établissement financier, au sens de l'article L. 511-21, qui a pour filiales, exclusivement ou principalement, un ou plusieurs établissements de crédit ou entreprises d'investissement ou établissements financiers et qui n'est pas une compagnie financière holding mixte au sens de l'article L. 517-4 du présent code. L'une au moins de ces filiales est un établissement de crédit ou une entreprise d'investissement.

SOUS-SECTION 2 *Conglomérats financiers*

L. 517-2 I. – Pour l'application de la surveillance complémentaire prévue au chapitre III du titre III du livre VI, on entend par :

1° « Entité réglementée » : un établissement de crédit, un organisme d'assurance ou une entreprise d'investissement ayant son siège social dans un État membre ou dans un autre État partie à l'accord sur l'Espace économique européen ;

2° « Règles sectorielles » : les règles concernant la surveillance prudentielle des entités réglementées ;

3° « Secteur financier » : un secteur composé d'une ou plusieurs entités appartenant aux secteurs suivants :

a) Le secteur bancaire et des services d'investissement, qui comprend les établissements de crédit, les entreprises d'investissement, les établissements financiers ou les entreprises à caractère financier dont le siège social est situé dans un État membre ou dans un autre État partie à l'accord sur l'Espace économique européen ;

b) Le secteur des assurances, qui comprend les entreprises d'assurance, les sociétés de groupe d'assurance, les mutuelles, les unions de mutuelles, les institutions de prévoyance, les unions d'institutions de prévoyance, les groupements paritaires de prévoyance, ou les sociétés de réassurance dont le siège social est situé dans un État membre ou dans un autre État partie à l'accord sur l'Espace économique européen.

Le secteur financier comprend également, le cas échéant, une ou plusieurs compagnies financières holding mixtes ;

4° « Autorité compétente » : toute autorité nationale d'un État membre ou d'un autre État partie à l'accord sur l'Espace économique européen dotée, par une disposition législative ou réglementaire, du pouvoir de surveiller, individuellement ou à l'échelle d'un groupe, l'une ou plusieurs des catégories d'entités réglementées suivantes :

a) Les établissements de crédit ;

b) Les entreprises d'assurance ;

c) Les mutuelles ;

d) Les institutions de prévoyances ;

e) Les entreprises d'investissement ;

5° « Autorité compétente concernée » :

a) Toute autorité compétente responsable de la surveillance sectorielle consolidée des entités réglementées appartenant à un conglomérat financier ;

b) Le coordonnateur désigné conformément à l'article L. 633-2 du présent code, s'il est différent des autorités mentionnées au *a* ;

c) Les autres autorités compétentes, lorsque les autorités visées aux *a* et *b* le jugent opportun.

L. 517-3 I. – Un groupe au sens de l'article L. 511-20 constitue un conglomérat financier lorsque les conditions suivantes sont remplies :

1° Une entité réglementée est à la tête du groupe ou l'une des filiales du groupe au moins est une entité réglementée et :

a) Dans le cas où une entité réglementée est à la tête du groupe, il s'agit soit de l'entreprise mère d'une entité du secteur financier, soit d'une entité qui détient une participation dans une entité du secteur financier, soit d'une entité liée à une entité du secteur financier au sens du 3° de l'article L. 511-20 ;

b) Dans le cas où il n'y a pas d'entité réglementée à la tête du groupe, les activités de ce dernier s'exercent principalement dans le secteur financier ;

2° L'une au moins des entités du groupe appartient au secteur de l'assurance et l'une au moins appartient au secteur bancaire et des services d'investissement ;

3° Les activités consolidées ou agrégées des entités du groupe dans le secteur de l'assurance et les activités consolidées ou agrégées des entités dans le secteur bancaire et des services d'investissement sont importantes ;

II. — Sont fixés par voie réglementaire :

1° Les seuils à partir desquels les activités d'un groupe sont considérées comme s'exerçant principalement dans le secteur financier ;

2° Les seuils à partir desquels l'activité dans chaque secteur est considérée comme importante ;

3° Les seuils, critères ou conditions en fonction desquels les autorités compétentes concernées peuvent décider d'un commun accord de ne pas considérer le groupe comme un conglomérat financier ou de ne pas lui appliquer les dispositions relatives à la surveillance complémentaire.

III. — Tout sous-groupe d'un groupe qui remplit les critères figurant au I du présent article est exempté du régime de la surveillance complémentaire lorsqu'il appartient à un groupe identifié comme conglomérat financier soumis, à ce titre, à une surveillance complémentaire. Néanmoins, le coordonnateur du conglomérat ou le coordonnateur susceptible d'être désigné conformément à l'article L. 633-2 pour la surveillance complémentaire du sous-groupe peut, par une décision motivée, soumettre le sous-groupe à la surveillance complémentaire dans des conditions fixées par voie réglementaire.

L. 517-4 Une compagnie financière holding mixte est une entreprise mère autre qu'une entité réglementée, ayant son siège dans un État membre ou dans un autre État partie à l'accord sur l'Espace économique européen, qui, avec ses filiales, dont l'une au moins est une entité réglementée, constitue un conglomérat financier.

SECTION II *Dispositions générales*

SOUS-SECTION 1 *Compagnies financières*

L. 517-5 Les compagnies financières sont soumises aux dispositions prévues au deuxième alinéa de l'article L. 511-13, à l'article L. 511-21, aux articles L. 511-35 à L. 511-38, L. 511-41, L. 571-3, L. 571-4, L. 613-8 à L. 613-11, L. 613-16, L. 613-18, L. 613-21 et L. 613-22 dans des conditions précisées par voie réglementaire. — *V. Règl. n° 2000-03 du 6 sept. 2000 (JO 1er nov.), mod. par Règl. n° 2001-03 du 26 juin 2001 (JO 29 août), Arr. du 19 sept. 2005 (JO 21 sept.) ; Règl. n° 94-03 du 8 déc. 1994 (JO 21 janv. 1995), mod. par Règl. n° 2000-03 du 6 sept. 2000, préc. — Sur les sanctions pénales, V. art. L. 571-14.*

Les commissaires aux comptes de ces entreprises sont également soumis à l'ensemble des dispositions applicables aux commissaires aux comptes des établissements de crédit et des entreprises d'investissement.

SOUS-SECTION 2 *Conglomérats financiers*

L. 517-6 Les entités réglementées appartenant à un conglomérat financier sont soumises à la surveillance complémentaire prévue par la présente sous-section et par les articles L. 633-1 à L. 633-14, sans préjudice des règles sectorielles qui leur sont applicables.

L. 517-7 I. – La surveillance complémentaire exercée au niveau d'un conglomérat s'applique aux entités réglementées répondant à l'un des critères suivants :
1° Elle constitue la tête du conglomérat ;
2° Elle a pour entreprise mère une compagnie financière holding mixte ayant son siège social dans un État membre ou dans un autre État partie à l'accord sur l'Espace économique européen ;
3° Elle est liée à une autre entité du secteur financier au sens du 3° de l'article L. 511-20.

II. – Dans des cas autres que ceux mentionnés au I et à l'article L. 633-14, lorsque des personnes détiennent une participation dans une ou plusieurs entités réglementées, ou ont un lien de participation avec ces entités ou exercent sur elles une influence notable qui ne résulte ni d'une participation ni d'un lien de participation, les autorités compétentes concernées déterminent, d'un commun accord, au regard des objectifs de la surveillance complémentaire, si, et dans quelle mesure, une surveillance complémentaire des entités réglementées comprises dans cet ensemble doit être effectuée comme s'il constituait un conglomérat financier.

Pour appliquer cette surveillance complémentaire, les conditions énoncées aux 2° et 3° du I de l'article L. 517-3 doivent être remplies.

L. 517-8 Les entités réglementées appartenant à un conglomérat financier sont soumises, dans des conditions précisées par voie réglementaire, à des exigences complémentaires en matière d'adéquation des fonds propres, de transactions entre les différentes entités du conglomérat, de concentration et de gestion des risques et de contrôle interne.

L. 517-9 Les compagnies financières holding mixtes dont le coordinateur est la commission bancaire sont soumises aux dispositions du deuxième alinéa de l'article L. 511-13, aux dispositions des articles L. 511-35 à L. 511-38 ainsi qu'à la surveillance complémentaire prévue à l'article L. 517-8.

CHAPITRE VIII *Les établissements et services autorisés à effectuer des opérations de banque*

SECTION I *Dispositions générales*

L. 518-1 Ne sont pas soumis aux dispositions des chapitres Ier à VII du présent titre : le Trésor public, la Banque de France, *(L. n° 2005-516 du 20 mai 2005, art. 16-IV)* « La Poste, dans les conditions définies à l'article L. 518-25 », l'institut d'émission des départements d'outre-mer, l'institut d'émission d'outre-mer et la Caisse des dépôts et consignations.

(L. n° 2001-420 du 15 mai 2001) « La Caisse des dépôts et consignations et ses filiales constituent un groupe public au service de l'intérêt général et du développement économique du pays. Ce groupe remplit des missions d'intérêt général en appui des politiques publiques conduites par l'État et les collectivités locales et peut exercer des activités concurrentielles.

« Dans ce cadre, la Caisse des dépôts et consignations est plus particulièrement chargée de la gestion des dépôts réglementés et des consignations, de la protection de l'épargne populaire, du financement du logement social et de la gestion d'organismes de retraite. Elle contribue également au développement économique local et national, particulièrement dans les domaines de l'emploi, de la politique de la ville, de la lutte contre l'exclusion bancaire et financière, de la création d'entreprise et du développement durable. »

Ces institutions et services peuvent effectuer les opérations de banque prévues par les dispositions législatives et réglementaires qui les régissent.

(L. n° 2003-706 du 1er août 2003, art. 46-III) **« Les arrêtés du ministre chargé de l'économie pris en application des articles L. 611-1, L. 611-3 et L. 611-4 » ainsi que les règlements du comité de la réglementation comptable peuvent, sous réserve des adaptations nécessaires et dans des conditions fixées par décret en Conseil d'État, être étendus** *(L. n° 2005-516 du 20 mai 2005, art. 16-IV)* **« à La Poste, dans les conditions définies à l'article L. 518-25 », à la caisse des dépôts et consignations et aux comptables du Trésor** *(Abrogé par Ord. n° 2005-429 du 6 mai 2005, art. 68)* ***« assurant un service de dépôts de fonds de particuliers ».*** — *[L. n° 84-46 du 24 janv. 1984, art. 8]. — V. infra, art. R. 611-1 s. et Décr. n° 84-708 du 24 juill. 1984, art. 1er.*

1. Trésor public. L'art. 8 [C. mon. fin., art. L. 518-1], étendant aux comptables du Trésor assurant un service de dépôt de fonds de particuliers les règlements du comité de la réglementation bancaire [désormais les arrêtés du ministre de l'économie], sous réserve des adaptations nécessaires, n'a pas fait l'objet de décret en Conseil d'État devant en fixer les conditions. • Paris, 10 févr. 1995 : *Gaz. Pal. 1995. 2. Somm. 597,* conf. par • Com. 24 févr. 1998 : *D. 1998. IR. 87.*

2. Sur la prohibition de la pratique d'aval de lettres de change, V. note 2 *bis* ss. art. L. 511-21 C. com., *supra.*

.....

SECTION III *La Poste*

L. 518-25 *(L. n° 2005-516 du 20 mai 2005, art. 16-I)* **Dans les domaines bancaire, financier et des assurances, La Poste propose des produits et services au plus grand nombre, notamment le Livret A.**

A cette fin, et sous réserve, le cas échéant, des activités qu'elle exerce directement en application des textes qui la régissent, La Poste crée, dans les conditions définies par la législation applicable, toute filiale ayant le statut d'établissement de crédit, d'entreprise d'investissement ou d'entreprise d'assurance et prend directement ou indirectement toute participation dans de tels établissements ou entreprises. Elle peut conclure avec ces établissements ou entreprises toute convention en vue d'offrir, en leur nom et pour leur compte et dans le respect des règles de concurrence, toute prestation concourant à la réalisation de leur objet, notamment toute prestation relative aux opérations prévues aux articles L. 311-1, L. 311-2, L. 321-1 et L. 321-2 ou à tous produits d'assurance.

La Poste transfère à une filiale agréée en qualité d'établissement de crédit dans les conditions définies à l'art. L. 511-10 C. mon. fin. et soumis aux dispositions du titre Ier du livre V du même code, l'ensemble des biens, droits et obligations de toute nature liés à ses services financiers, y compris les participations, à l'exception, le cas échéant, de ceux nécessaires aux activités qu'elle exerce directement. La Poste détient la majorité du capital de cet établissement de crédit (L. n° 2005-516 du 20 mai 2005, art. 16-II). — Sur les modalités de ce transfert, devant intervenir au plus tard le 1er janv. 2006, V. la loi préc., art. 16-II et III et art. 28. — V. aussi Décr. n° 2005-1068 du 30 août 2005, infra, ss. art. L. 518-26.

SECTION IV *La Caisse nationale d'épargne*

L. 518-26 **La Caisse nationale d'épargne est une caisse d'épargne publique instituée sous la garantie de l'État** *(L. n° 2005-516 du 20 mai 2005, art. 16-I)* **« pour recevoir les dépôts du Livret A dans les conditions définies aux articles L. 221-1 et suivants, sans préjudice des dispositions propres aux caisses d'épargne ordinaires » ; elle est placée sous l'autorité du ministre chargé de l'économie** *(Abrogé par L. n° 2005-516 du 20 mai 2005, art. 16-I)* ***« dans le cadre des missions définies à l'article L. 518-25 ».***

La Caisse nationale d'épargne peut recevoir des dons et legs dans les formes et selon les règles prévues pour les établissements d'utilité publique. — *[C. caisses épargne, art. 3 et 39].*

(L. n° 2005-516 du 20 mai 2005, art. 16-I) **« La Caisse nationale d'épargne est gérée, pour le compte de l'État, par un établissement de crédit dont La Poste détient la majo-**

rité du capital, dans des conditions déterminées par une convention conclue entre l'État, La Poste et cet établissement. »

Décret n° 2005-1068 du 30 août 2005,

Pris pour l'application de l'article 16 de la loi n° 2005-516 du 20 mai 2005 relative à la régulation des activités postales.

TITRE PREMIER. TRANSFERT DES BIENS, DROITS ET OBLIGATIONS LIÉS AUX COMPTES, LIVRETS ET CONTRATS DE TOUTE NATURE OUVERTS OU CONCLUS PAR LA POSTE AU TITRE DE LA CAISSE NATIONALE D'ÉPARGNE

Art. 1er Sous réserve des règles propres au livret A, les biens, droits et obligations liés aux comptes, livrets et contrats de toute nature ouverts ou conclus par La Poste au titre de la Caisse nationale d'épargne, notamment ceux nécessaires au respect des règles de couverture des risques et des obligations prudentielles des établissements de crédit, sont transférés, par l'intermédiaire de La Poste, à l'établissement de crédit mentionné au 1 du II de l'article 16 de la loi du 20 mai 2005 susvisée, dans les conditions définies aux articles 2 à 6. Ce transfert prend effet à la date mentionnée à l'article 5. — *V. Arr. du 21 déc. 2005 (JO 28 déc.).*

2 Sont transférés à La Poste l'ensemble des biens, droits et obligations enregistrés à l'actif et au passif du bilan des sections « épargne-logement de la Caisse nationale d'épargne » et « plans d'épargne populaire de la Caisse nationale d'épargne » des fonds propres centralisés à la Caisse des dépôts et consignations. *– V. Arr. du 21 déc. 2005, art. 2 (JO 28 déc.).*

Sont également transférés à La Poste les engagements hors bilan se rapportant à ces sections.

Les biens, droits et obligations mentionnés au premier alinéa et les engagements mentionnés au deuxième alinéa sont transférés à La Poste, à la date du transfert, à leur valeur nette comptable en ce qui concerne les biens, droits et obligations mentionnés au premier alinéa, et à la valeur comptable en ce qui concerne les engagements mentionnés au deuxième alinéa. Ils sont repris, à la même date, dans les écritures comptables de La Poste conformément aux règles qui lui sont applicables. En particulier, les montants inscrits aux postes « fonds pour risques bancaires généraux » sont inscrits dans le bilan de La Poste au poste intitulé « complément d'apport ».

La gestion et le traitement des litiges en cours, assurés par la Caisse des dépôts et consignations, se rapportant aux éléments de passif et d'actif transférés au titre du présent article, nés antérieurement à la date dudit transfert, sont repris par La Poste à compter de la date de ce transfert.

3 Sont transférés à La Poste l'ensemble des biens, droits et obligations relatifs aux livrets supplémentaires et aux livrets d'épargne populaire de la Caisse nationale d'épargne centralisés à la Caisse des dépôts et consignations.

A cette fin, la Caisse des dépôts et consignations verse à La Poste une somme égale au total des dépôts qui, à la date du transfert, sont centralisés au titre de ces livrets, augmentée des intérêts courus et non échus à la date du transfert calculés selon les règles propres auxdits livrets, et diminuée de la fraction des dépôts sur livrets d'épargne populaire et des intérêts courus et non échus y afférents à la date du transfert, qui reste centralisée à la Caisse des dépôts et consignations en application de l'article R. 221-58 du code monétaire et financier. La Poste inscrit dans ses comptes, à la date du transfert, une créance sur la Caisse des dépôts et consignations d'un montant correspondant à cette fraction.

4 Sont transférés à La Poste l'ensemble des biens, droits et obligations relatifs aux comptes pour le développement industriel (Codevi) de la Caisse nationale d'épargne centralisés à la Caisse des dépôts et consignations.

A cette fin, La Poste inscrit dans ses comptes, à la date du transfert, une créance sur la Caisse des dépôts et consignations, dont le montant est égal à la somme des dépôts reçus au titre de ces comptes, augmentée du montant des intérêts courus non échus calculés selon les règles propres au Codevi. Cette créance est représentée par des titres pour le développement industriel qui sont émis par la Caisse des dépôts et consignations.

5 La Poste transfère, avec effet au 31 décembre 2005, à l'établissement de crédit mentionné au 1 du II de l'article 16 de la loi du 20 mai 2005 susvisée l'ensemble des biens, droits et obligations liés à ses services financiers, y compris l'ensemble des biens, droits et obligations reçus en application des articles 1er à 4. – *V. Arr. du 21 déc. 2005, art. 5 (JO 28 déc.).*

Cet établissement de crédit reprend dans ses comptes, conformément aux règles comptables qui lui sont applicables, aux postes de « capitaux propres » et de « provisions pour risques », les montants inscrits au bilan de La Poste respectivement aux postes « complément d'apport » et « provisions pour risques ».

6 A compter de la date mentionnée à l'article 5, la Caisse nationale d'épargne ne reçoit plus aucun dépôt, à l'exception des dépôts sur les livrets A.

7 Les modalités d'application des articles 1er à 5 sont précisées par arrêté conjoint du ministre chargé de l'économie et du ministre chargé des postes et sont complétées, en tant que de besoin, par une ou plusieurs conventions conclues entre la Caisse des dépôts et consignations et La Poste. — *V. Arr. du 1er mars 2006 (JO 11 mars).*

TITRE II. DISPOSITIONS TRANSITOIRES

8 Les fonds déposés sur les comptes, livrets et contrats mentionnés aux articles 2 à 4 antérieurement à la date mentionnée à l'article 5 continuent à bénéficier de la garantie de l'État pendant une durée de un an à compter de cette date.

Les modalités de rémunération de cette garantie par l'établissement de crédit mentionné au 1 du II de l'article 16 de la loi du 20 mai 2005 susvisée sont fixées par une convention conclue entre l'État et cet établissement.

9 Sous réserve des dispositions du premier alinéa de l'article 8, l'ensemble des opérations réalisées antérieurement au transfert prévu au 1 du II de l'article 16 de la loi du 20 mai 2005 susvisée au titre des services financiers de La Poste demeurent régies par les dispositions qui leur étaient applicables à la date de leur réalisation.

En particulier, les chèques postaux et les mandats émis antérieurement à la date de ce transfert demeurent régis respectivement par les dispositions du titre Ier et du titre II du livre III du code des postes et des communications électroniques dans leur rédaction à la date d'émission.

10 Les formules de chèques postaux remises aux clients des services financiers de La Poste antérieurement à la date du transfert prévu au 1 du II de l'article 16 de la loi du 20 mai 2005 susvisée peuvent continuer à être émises pendant une durée maximale de deux ans à compter de ce transfert. Pendant cette période, les chèques émis à partir de ces formules sont réputés tirés sur l'établissement de crédit mentionné au 1 du II de l'article 16 de la loi du 20 mai 2005 susvisée et sont régis par les dispositions du code monétaire et financier.

11 A compter de la date mentionnée à l'article 5, les livrets supplémentaires ouverts par La Poste au titre de la Caisse nationale d'épargne antérieurement au transfert mentionné au II de l'article 16 de la loi du 20 mai 2005 suvisée sont soumis aux dispositions de l'article R. 221-27-1 du code monétaire et financier.

TITRE III. DISPOSITIONS DIVERSES

12 Les actes relatifs aux cessions, aux saisies-conservatoires et aux saisies-attributions pratiquées à l'encontre des titulaires de comptes ouverts auprès d'un établissement de crédit ayant conclu avec La Poste une convention au sens de l'article L. 518-25 du code monétaire et financier ne sont valablement notifiés qu'au siège social de cet établissement ou au lieu de domiciliation du compte du titulaire. Ils ne peuvent être notifiés dans un bureau de poste.

....

L. 518-27 Le mode de contrôle de la Caisse nationale d'épargne est déterminé par un décret en Conseil d'État. – *[C. caisses épargne, art. 40]. – V. infra, art. R. 518-46 s.*

L. 518-28 Il existe un fonds de réserve et de garantie de la Caisse nationale d'épargne dont les règles d'organisation et de fonctionnement sont définies par décret en Conseil d'État. – *[C. caisses épargne, art. 34]. – V. infra, art. R. 518-52 s.*

SECTION V *Les associations sans but lucratif habilitées à faire certains prêts*

(L. n° 2006-387 du 31 mars 2006, art. 26-VI)

Néant.

CHAPITRE IX *Les intermédiaires en opérations de banque*

BIBL. ▶ SAMIN, *Banque et Droit sept.-oct. 2003, p. 3* (statut d'intermédiaire en opération de banque). – PORTIER et PARTOUCHE, *RD banc. fin. 2003. 390* (l'intermédiation en opérations de banque a-t-elle été bouleversée par la loi de sécurité financière ?). – JULIEN, *Banque et Droit mars-avr. 2004. 18 ; ibid. mai-juin. 2004. 19* (arrangeur, agent : devoirs et responsabilités).

L. 519-1 Est intermédiaire en opérations de banque toute personne qui, à titre de profession habituelle, met en rapport les parties intéressées à la conclusion d'une opération de banque, sans se porter ducroire. – *[L. n° 84-46 du 24 janv. 1984, art. 65, al. 1er]. – V. infra, art. L. 571-15.*

Interdiction de se porter ducroire. La loi du 24 janv. 1984 [C. mon. fin., art. L. 519-1], faisant interdiction aux intermédiaires en opérations de banque de se porter ducroire, est une loi d'ordre public d'application immédiate aux contrats en cours d'exécution, mais non rétroactive. • Paris, 14 juin 1995 : *JCP E 1996. I. 525, n° 3, obs. Gavalda et Stoufflet ; Rev. dr. bancaire 1995. 215, obs. crit. Crédot et Gérard.* ♦ L'engagement de caution pris par un auxiliaire de banque qui s'est également porté ducroire dans le cadre d'une convention de courtage, laquelle a été poursuivie après l'entrée en vigueur de la loi, est donc devenu illicite, puisque contraire à un ordre public de protection. L'auxiliaire est fondé à soulever la nullité de ses engagements et à solliciter le remboursement des sommes versées à la banque au titre du cautionnement, cette dernière étant en droit d'obtenir à son tour remboursement de la rémunération versée à l'auxiliaire à ce même titre. • Même arrêt.

L. 519-2 L'activité d'intermédiaire en opérations de banque ne peut s'exercer qu'entre deux personnes dont l'une au moins est un établissement de crédit. L'intermédiaire en opérations de banque agit en vertu d'un mandat délivré par cet établissement. Ce mandat mentionne la nature et les conditions des opérations que l'intermédiaire est habilité à accomplir. – *[L. n° 84-46 du 24 janv. 1984, art. 65, al. 2, et 68]. – V. infra, art. L. 571-15.*

1. Établissement de crédit partie à l'opération. Pour des applications des art. 65, al. 2, et 77 [C. mon. fin., art. L. 519-2 et L. 571-15], V. • Crim. 22 févr. 1990 : *Bull. crim. n° 88 ; D. 1991. Somm. 35, obs. Vasseur ; RTD com. 1990. 439, obs. Cabrillac et Teyssié ;* • 30 mars 1992 : *Bull. crim., n° 131* • 12 nov. 1998 : *Bull. crim., n° 297 ; D. Affaires 1999. 257, obs. X. D.*

2. L'interdiction d'exercer une activité d'intermédiaire en opérations de banque entre deux personnes dont l'une au moins n'est pas un établissement de crédit est sanctionnée par les peines prévues à l'art. 77 [C. mon. fin., art. L. 571-

15] et non par la nullité des actes conclus à la suite d'une telle entremise. • Com. 15 oct. 1996 : *Bull. civ. IV, n° 232 ; D. 1996. IR. 237 ; D. Affaires 1996. 1320 ; JCP E 1997. II. 921, note Pollaud-Dulian.*

L. 519-3 Les dispositions du présent chapitre ne s'appliquent pas aux notaires, qui demeurent soumis aux dispositions législatives et réglementaires qui leur sont propres.

Elles ne visent pas non plus le conseil et l'assistance en matière financière. — *[L. n° 84-46 du 24 janv. 1984, art. 66].*

Jugeant qu'une cour d'appel, qui relève qu'une personne, qui met habituellement en rapport des parties intéressées à la conclusion d'une opération de banque, exerce l'activité d'intermédiaire en opération de banque, retient à bon droit que cette profession, réglementée par les art. L. 519-1 s., C. mon. fin. et soumise aux art. L. 341-1 à L. 341-6 et L. 353-1 et L. 353-2 du même code, est régie par des dispositions législatives particulières et se trouve de ce fait exclue du champ d'application de la loi du 25 juin 1991 [C. com., art. L. 134-1 s.] relative au statut des agents commerciaux : • Com. 18 févr. 2004 : *cité note 3 ss. art. L. 134-1 C. com.* (confirmant • Agen, 11 mars 2002 : *BICC n° 838*).

L. 519-4 Tout intermédiaire en opérations de banque, qui, même à titre occasionnel, se voit confier des fonds en tant que mandataire des parties, est tenu à tout moment de justifier d'une garantie financière spécialement affectée au remboursement de ces fonds.

Cette garantie ne peut résulter que d'un engagement de caution pris par un établissement de crédit habilité à cet effet ou une entreprise d'assurance ou de capitalisation régie par le code des assurances. — *[L. n° 84-46 du 24 janv. 1984, art. 67]. — V. infra, art. L. 571-16.*

L. 519-5 *(L. n° 2003-706 du 1er août 2003, art. 54-I)* Lorsque les intermédiaires en opérations de banque se livrent à une activité de démarchage au sens de l'article L. 341-1, ils sont soumis aux dispositions des articles L. 341-4 à L. 341-17 et L. 353-1 à L. 353-5.

L'appellation d'« agent des marchés interbancaires » ne peut être utilisée que par les personnes agréées en cette qualité à la date de publication de la loi n° 96-597 du 2 juill. 1996 (L. n° 96-597 du 2 juill. 1996, art. 97-VIII).

TITRE II Les changeurs manuels

L. 520-1 Les personnes physiques ou morales autres que les établissements de crédit et les institutions et services mentionnés à l'article L. 518-1, qui font profession habituelle d'effectuer des opérations de change manuel, adressent, avant de commencer leurs opérations, une déclaration d'activité à la Banque de France. Elles sont inscrites au registre du commerce et des sociétés, quelle que soit leur nature juridique.

Constitue une opération de change manuel, au sens du présent titre, l'échange immédiat de billets ou monnaies libellés en devises différentes. En outre, les changeurs manuels peuvent accepter en échange des espèces qu'ils délivrent aux clients un règlement par un autre moyen de paiement, sous réserve que celui-ci soit libellé dans une devise différente. Par dérogation à l'interdiction édictée à l'article L. 511-5, ils peuvent également remettre des *(Ord. n° 2005-429 du 6 mai 2005, art. 69)* « euros » en espèces en contrepartie de chèques de voyage libellés en *(Ord. n° 2005-429 du 6 mai 2005, art. 69)* « euros ».

L'exercice de la profession de changeur manuel *(L. n° 2003-706 du 1er août 2003, art. 71)* « , ou de fonctions de dirigeant de droit ou de fait dans une personne morale exerçant cette profession, » est interdit à toute personne qui n'a pas souscrit la déclaration d'activité à la Banque de France *(L. n° 2003-706 du 1er août 2003, art. 71)* « ou qui a fait l'objet de la sanction prévue au 3 de l'article L. 520-3 ».

Les changeurs manuels sont tenus à tout moment de justifier soit d'un capital libéré, soit d'une caution d'un établissement de crédit ou d'une entreprise d'assurances, d'un montant au moins égal à une somme fixée par un *(L. n° 2003-706 du 1er août 2003, art. 46-I)* **« arrêté du ministre chargé de l'économie ».**

Les changeurs manuels tiennent un registre des transactions. — *[L. n° 90-614 du 12 juill. 1990, art. 25 (I)]. — V. Arr. 26 juill. 1991 relatif aux obligations de déclarations statistiques des changeurs manuels (JO 3 août). — Sur les incapacités, V. art. L. 500-1, supra.*

L. 520-2 Pour l'application du présent titre :

(L. n° 2003-706 du 1er août 2003, art. 46-III) **« Le ministre chargé de l'économie peut, par voie d'arrêté », soumettre les changeurs manuels à des règles particulières.** — *V. Règl. n° 91-11 du 1er juill. 1991 (JO 9 août), mod. par Règl. n° 96-11 du 26 juill. 1996 (JO 22 oct.), Règl. n° 96-12 du 20 déc. 1996 (JO 29 janv. 1997), Règl. n° 2000-10 du 8 déc. 2000 (JO 13 mars 2001).*

La commission bancaire exerce le pouvoir disciplinaire sur les changeurs manuels dans les conditions prévues à l'article L. 520-3.

Le secrétariat général de la commission bancaire exerce le contrôle, notamment sur place, des changeurs manuels dans les conditions prévues aux articles L. 613-6 à L. 613-8, L. 613-10 et L. 613-11. Les agents chargés du contrôle sur place peuvent procéder au contrôle de caisse.

Les agents des douanes ayant au moins le grade de contrôleur peuvent également exercer, pour le compte de la commission bancaire, le contrôle sur place des changeurs manuels dans les conditions prévues à l'article L. 520-4.

Nonobstant toute disposition législative contraire, la commission bancaire et l'administration des douanes peuvent, pour l'application des dispositions du présent titre et du titre VI du présent livre, se communiquer les informations nécessaires. — *[L. n° 90-614 du 12 juill. 1990, art. 25 (II)].*

L. 520-3 Si un changeur manuel a enfreint une disposition du présent titre ou du titre VI du présent livre ou des textes réglementaires pris pour son application, la commission bancaire peut prononcer l'une des sanctions disciplinaires suivantes :

1. L'avertissement ;

2. Le blâme ;

3. L'interdiction d'exercer la profession de changeur manuel. *(L. n° 2003-706 du 1er août 2003, art. 71)* **« La Commission bancaire peut, en outre, interdire aux dirigeants de droit ou de fait des personnes morales mentionnées à l'article L. 520-1 d'exercer, directement ou indirectement, l'activité de change manuel définie au même article. »**

En outre, la commission bancaire peut prononcer soit à la place, soit en sus de ces sanctions, une sanction pécuniaire au plus égale à *(L. n° 2003-706 du 1er août 2003, art. 71)* **« un million d'euros ». Lorsque le changeur manuel est une personne morale, la Commission bancaire peut décider que ses dirigeants de droit ou de fait seront tenus solidairement au paiement de la sanction pécuniaire prononcée. »**

Les sommes correspondantes sont recouvrées par le Trésor public et versées au budget de l'État. — *[L. n° 90-614 du 12 juill. 1990, art. 25 (III)]. — V. infra, art. R. 613-8.*

Il résulte des termes des art. L. 520-2 et L. 520-3 C. mon. fin. que les sanctions prononcées par la Commission bancaire à l'encontre des changeurs manuels sur le fondement de ces dispositions ont le caractère de décisions juridictionnelles. • CE 30 juill. 2003 : *JCP E 2003, n° 39, p. 1508.*

Les sanctions prononcées par la Commission bancaire sur le fondement de l'art. 25 [C. mon. fin., art. L. 520-3] doivent respecter le principe de publicité des audiences posé par l'art. 6 § 1 de la Conv. EDH, lequel implique que le jugement soit rendu publiquement. • CE 29 nov. 1999 : *D. 2000. AJ. 52, obs. V. A.-R. ; RTD com. 2000. 155, obs. Cabrillac ; RD banc. fin. 2000, n° 35, obs. Frison-Roche, Germain, Marin et Pénichon.*

L. 520-4 I. – Les agents des douanes ayant au moins le grade de contrôleur sont habilités à rechercher et constater les manquements aux règles applicables aux changeurs manuels prévues par le présent titre et par le titre VI du présent livre ou les textes réglementaires pris pour leur application.

II. – A cette fin, les agents des douanes mentionnés au I ci-dessus ont accès, durant les heures d'activité professionnelle des changeurs manuels, aux locaux à usage professionnel à l'exclusion des parties de ces locaux affectées au domicile privé.

Ils peuvent se faire communiquer les registres et les documents professionnels que les changeurs manuels sont tenus d'établir en application des articles L. 520-1 à L. 520-3, et L. 563-2 à L. 563-4.

Ils peuvent se faire délivrer copie des documents susmentionnés.

Ils peuvent procéder au contrôle de caisse.

Ils peuvent recueillir sur place ou sur convocation des renseignements et justifications. Les auditions auxquelles l'application des dispositions qui précèdent peuvent donner lieu font l'objet de comptes rendus écrits.

III. – Lorsqu'il est fait application des dispositions du II ci-dessus en vue de rechercher et constater les infractions pénales prévues à l'article L. 572-1, le procureur de la République est préalablement informé des opérations envisagées ; il peut s'y opposer.

IV. – A l'issue des contrôles, les agents des douanes établissent un procès-verbal.

La liste des documents dont une copie a été délivrée lui est annexée.

Le procès-verbal est signé par les agents des douanes ayant procédé au contrôle ainsi que par le changeur manuel personne physique ou son représentant s'il s'agit d'une personne morale, qui peut faire valoir ses observations dans un délai de trente jours. Celles-ci seront annexées au dossier par procès-verbal. En cas de refus de signer, mention en est faite au procès-verbal. Copie de celui-ci est remise à l'intéressé.

V. – Le procès-verbal ainsi que le ou les comptes rendus d'audition et les observations du changeur manuel le cas échéant sont transmis à toutes fins utiles et dans les meilleurs délais à la commission bancaire. – *[L. n° 90-614 du 12 juill. 1990, art. 25 bis (I à IV)]. – V. infra, art. L. 572-4.*

TITRE III Les prestataires de services d'investissement

V. Règl. gén. AMF, livre III, titre II (Prestataires de services d'investissement) au **C. sociétés.**

CHAPITRE PREMIER *Définitions*

SECTION I *Dispositions générales*

L. 531-1 Les prestataires de services d'investissement sont les entreprises d'investissement et les établissements de crédit ayant reçu un agrément pour fournir des services d'investissement au sens de l'article L. 321-1.

La prestation de services connexes au sens de l'article L. 321-2 est libre, dans le respect des dispositions législatives et réglementaires en vigueur applicables à chacun de ces services. Elle ne permet pas, à elle seule, de prétendre à la qualité d'entreprise d'investissement. – *[L. n° 96-597 du 2 juill. 1996, art. 6].*

BIBL. ▶ Caillemer du Ferrage et Duhamel, *Banque et Droit mars-avr. 2001. 3* (monopole des prestataires de services d'investissement et produits dérivés négociés de gré à gré).

L. 531-2 Peuvent fournir les services d'investissement dans les limites des dispositions législatives qui, le cas échéant, les régissent, sans être soumis à la procédure d'agrément prévue à l'article L. 532-1 mais sans pouvoir prétendre au bénéfice des dispositions des articles L. 422-1, L. 532-16 à L. 532-27 et des deuxième et troisième alinéas de l'article L. 612-2 :

1° *a)* Le Trésor public ;

b) La Banque de France ;

c) L'Institut d'émission des départements d'outre-mer et l'Institut d'émission d'outre-mer ;

d) La Poste ;

2° *a)* Les entreprises d'assurance et de réassurance régies par le code des assurances ;

b) Les organismes de placement collectif en valeurs mobilières, les fonds communs de créances et les sociétés civiles de placement immobilier ainsi que les sociétés chargées de leur gestion ;

c) Les entreprises qui ne fournissent des services d'investissement qu'aux personnes morales qui les contrôlent directement ou indirectement au sens de l'article L. 233-3 du code de commerce et aux personnes morales que ces dernières contrôlent au sens du même article ;

d) Les entreprises dont les activités de services d'investissement se limitent à la gestion d'un système d'épargne salariale ;

e) Les entreprises dont les activités se limitent à celles mentionnées aux *c* et *d* ci-dessus ;

f) Les personnes qui fournissent un service d'investissement, de manière accessoire à une activité professionnelle et dans la mesure où celle-ci est régie par des règles qui ne l'interdisent pas formellement ;

g) *(L. nº 2003-706 du 1er août 2003, art. 54-I)* « Les personnes dont l'activité est régie par le chapitre Ier du titre IV du livre III à la condition qu'elles soient mandatées, conformément à l'article L. 341-4, par des personnes habilitées à fournir les mêmes services d'investissement ; »

h) *(L. nº 2003-706 du 1er août 2003, art. 91)* « Les intermédiaires en marchandises qui ne fournissent un service d'investissement qu'à leurs clients et dans la mesure nécessaire à l'exercice de leur activité principale ;

« *i)* Les entreprises qui, ayant pour activité principale la production, la transformation, la distribution ou la vente de marchandises, négocient les instruments mentionnés au 4 du II de l'article L. 211-1 pour les besoins normaux de leurs activités et dans la mesure où celles-ci sont régies par des règles qui ne l'interdisent pas formellement. » — *[L. nº 96-597 du 2 juill. 1996, art. 25]. — Pour les sanctions pénales, V. art. L. 573-1.*

BIBL. ▶ BAUDOUIN, *Petites affiches 19 mai 2004, p. 5* (distinction entre contrats financiers à terme et contrats commerciaux à terme sur marchandises).

L. 531-3 Ne peuvent prétendre au bénéfice des dispositions des articles L. 422-1, L. 532-16 à L. 532-27 et L. 612-2, les prestataires de services d'investissement dont l'unique activité :

1. Est de fournir les services d'investissement mentionnés au 1° de l'article L. 321-1 ;
2. Ou porte sur les instruments financiers mentionnés au 4 du II de l'article L. 211-1. — *[L. nº 96-597 du 2 juill. 1996, art. 26].*

SECTION II *Les entreprises d'investissement*

L. 531-4 Les entreprises d'investissement sont des personnes morales, autres que les établissements de crédit, *(L. nº 2001-420 du 15 mai 2001)* « qui fournissent des services d'investissement à titre de profession habituelle ». — *[L. nº 96-597 du 2 juill. 1996, art. 7].*

L. 531-5 Les entreprises d'investissement peuvent, dans des conditions définies par le *(L. nº 2003-706 du 1er août 2003, art. 46-VI)* « ministre chargé de l'économie », prendre et détenir des participations dans des entreprises existantes ou en création. — *[L. nº 96-597 du 2 juill. 1996, art. 8 (I)].*

L. 531-6 Toute modification dans la structure du capital d'une entreprise d'investissement doit être effectuée dans des conditions définies par le règlement *[un arrêté]* du *(L.*

n° 2003-706 du 1er août 2003, art. 46-VI) **« ministre chargé de l'économie ». Elle doit être notifiée au comité des établissements de crédit et des entreprises d'investissement et** *(L. n° 2003-706 du 1er août 2003, art. 46-V)* **« à l'Autorité des marchés financiers ». Le cas échéant, elle doit être autorisée par le comité des établissements de crédit et des entreprises d'investissement.** – *[L. n° 96-597 du 2 juill. 1996, art. 8 (II)].*

(L. n° 2003-706 du 1er août 2003, art. 73) **« En cas de manquement aux règles fixées au premier alinéa et sans préjudice des dispositions de l'article L. 233-14 du code de commerce, le procureur de la République, le Comité des établissements de crédit et des entreprises d'investissement, la Commission bancaire ou tout actionnaire ou détenteur de parts sociales peut demander au juge de suspendre, jusqu'à régularisation de la situation, l'exercice des droits de vote attachés aux actions et parts sociales d'entreprise d'investissement autre que les sociétés de gestion de portefeuille détenues irrégulièrement, directement ou indirectement. »**

Selon l'art. 70 de l'Ord. n° 2005-429 du 6 mai 2005, au premier al. de l'art. L. 531-6, les mots « l'arrêté » sont remplacés par les mots « un arrêté ». Il faut sans doute lire à la place des mots « l'arrêté » les mots « le règlement ».

L. 531-7 *(L. n° 2001-420 du 15 mai 2001)* **Le** *(L. n° 2003-706 du 1er août 2003, art. 46-VI)* **« ministre chargé de l'économie » fixe les conditions dans lesquelles les entreprises d'investissement peuvent exercer, à titre professionnel, une activité autre que celles prévues à l'article L. 321-1.**

L. 531-8 **Chaque entreprise d'investissement, chaque entreprise de marché et chaque chambre de compensation adhère à une association de son choix, chargée de la représentation collective et de la défense des droits et intérêts de ses membres. Toute association ainsi constituée est affiliée à l'association prévue à l'article L. 511-29.** – *[L. n° 96-597 du 2 juill. 1996, art. 24 (I)].*

L. 531-9 **Pour l'application des articles L. 531-5, L. 531-6 et L. 531-7 aux sociétés de gestion de portefeuille, les compétences des autorités définies à ces articles sont exercées par** *(L. n° 2003-706 du 1er août 2003, art. 46-V)* **« l'Autorité des marchés financiers ».**

SECTION III *Interdictions*

L. 531-10 **Sous réserve des dispositions de l'article L. 421-8, il est interdit à toute personne autre qu'un prestataire de services d'investissement de fournir à des tiers des services d'investissement, à titre de profession habituelle.** – *[L. n° 96-597 du 2 juill. 1996, art. 21].*

L. 531-11 **Il est interdit à toute entreprise autre qu'une entreprise d'investissement d'utiliser une dénomination, une raison sociale, une publicité ou, d'une façon générale, des expressions faisant croire qu'elle est agréée en tant qu'entreprise d'investissement, ou de créer une confusion en cette matière.**

Il est interdit à une entreprise d'investissement de laisser entendre qu'elle appartient à une catégorie autre que celle au titre de laquelle elle a obtenu son agrément ou de créer une confusion sur ce point. – *[L. n° 96-597 du 2 juill. 1996, art. 23]. – Pour les sanctions pénales, V. art. L. 573-2.*

Sur les incapacités, V. art. L. 500-1, supra.

Les personnes condamnées pour infractions à la législation et à la réglementation relatives aux relations financières avec l'étranger sont déclarées incapables d'exercer les fonctions d'agent de change [de prestataires de services d'investissement] tant et aussi longtemps qu'elles n'auront pas été relevées de cette incapacité. — V. C. douanes, art. 459 au ***C. pén.***

CHAPITRE II *Conditions d'exercice de la profession*

V. Règl. gén. AMF, livre III, titre II (Prestataires de services d'investissement) au ***C. sociétés****.*

SECTION I *Agrément*

SOUS-SECTION 1 *Conditions et procédures d'agrément*

L. 532-1 **Pour fournir des services d'investissement, les entreprises d'investissement et les établissements de crédit doivent obtenir un agrément. Sous réserve des dispositions du troisième alinéa ci-dessous, cet agrément est délivré par le comité des établissements de crédit et des entreprises d'investissement. Il n'est pas requis pour le seul exercice d'un ou plusieurs des services mentionnés à l'article L. 321-2.**

(L. n° 2003-706 du 1er août 2003, art. 40-I) **« Préalablement à la délivrance d'un agrément portant sur le service mentionné au 4 de l'article L. 321-1, les entreprises d'investissement et les établissements de crédit doivent obtenir l'approbation par l'Autorité des marchés financiers de leur programme d'activité. »**

(Abrogé par L. n° 2003-706 du 1er août 2003, art. 40-I) ***« L'approbation du programme d'activité portant sur le service mentionné au 4 de l'article L. 321-1 est délivrée par la commission des opérations de bourse. »*** **Lorsque ce service a vocation à être exercé à titre principal, l'agrément de l'entreprise d'investissement est délivré par** *(L. n° 2003-706 du 1er août 2003, art. 46-V)* **« l'Autorité des marchés financiers ».**

Un décret en Conseil d'État détermine les modalités d'application du présent article. Il précise, notamment, les conditions dans lesquelles les décisions sont prises et notifiées ainsi que les dispositions particulières applicables aux entreprises d'investissement constituant des filiales directes ou indirectes d'entreprises d'investissement ou d'établissement de crédit qui soit ont été agréés dans un autre État membre de la Communauté européenne, soit ne relèvent pas du droit de l'un de ces États. — *[L. n° 96-597 du 2 juill. 1996, art. 11]. — V. infra, art. R. 532-1 s. — Pour les sanctions pénales, V. art. L. 573-1.*

L. 532-2 **Pour délivrer l'agrément à une entreprise d'investissement, le comité des établissements de crédit et des entreprises d'investissement vérifie si celle-ci :**

1. A son siège social et son administration centrale en France ;

2. Dispose, compte tenu de la nature du service qu'elle souhaite fournir, d'un capital initial suffisant déterminé par le *(L. n° 2003-706 du 1er août 2003, art. 46-VI)* **« ministre chargé de l'économie »** *(Ord. n° 2004-482 du 3 juin 2004, art. 3-I)* **« ainsi que des moyens financiers adaptés et suffisants » ;**

3. Fournit l'identité de ses actionnaires, directs ou indirects, personnes physiques ou morales, qui détiennent une participation qualifiée, ainsi que le montant de leur participation ; le comité apprécie la qualité de ces actionnaires au regard de la nécessité de garantir une gestion saine et prudente de l'entreprise d'investissement ;

4. Voit son orientation déterminée par deux personnes au moins *(Ord. n° 2004-482 du 3 juin 2004, art. 3-I)* **« possédant l'honorabilité et la compétence nécessaires ainsi que l'expérience adéquate à leur fonction » ;**

5. Dispose d'une forme juridique adéquate à l'activité d'entreprise d'investissement ;

6. *(Ord. n° 2004-482 du 3 juin 2004, art. 3-I)* **« Dispose d'un programme d'activité pour chacun des services qu'elle entend exercer qui précise les conditions dans lesquelles elle envisage de fournir les services d'investissement concernés et indique le type d'opérations envisagées et la structure de son organisation. Pour le service mentionné au 4 de l'article L. 321-1, le programme d'activité doit avoir été approuvé par l'Autorité des marchés financiers dans les conditions fixées à l'article L. 532-4. »**

(L. n° 2001-420 du 15 mai 2001) **« Le comité peut assortir l'agrément de conditions particulières visant à préserver l'équilibre de la structure financière de l'entreprise. Le comité peut également subordonner l'octroi de l'agrément au respect d'engagements souscrits par l'entreprise requérante. »**

Le comité peut refuser l'agrément lorsque l'exercice de la mission de surveillance de l'entreprise requérante est susceptible d'être entravé soit par l'existence de liens de capital ou de contrôle directs ou indirects entre l'entreprise et d'autres personnes physiques ou morales, soit par l'existence de dispositions législatives ou réglementaires d'un État qui n'est pas partie à l'accord sur l'Espace économique européen et dont relèvent une ou plusieurs de ces personnes. – *[L. n° 96-597 du 2 juill. 1996, art. 12].*

(Abrogé par L. n° 2003-706 du 1er août 2003, art. 40-II) « Le comité des établissements de crédit et des entreprises d'investissement statue dans un délai de trois mois à compter de la transmission de la requête par le conseil des marchés financiers. Sa décision est motivée et notifiée au demandeur. »

(Ord. n° 2004-482 du 3 juin 2004, art. 3-I) « L'entreprise d'investissement doit satisfaire à tout moment aux conditions de son agrément. »

L. 532-3 Pour délivrer l'agrément autorisant la fourniture d'un ou plusieurs services d'investissement à un établissement de crédit, le comité des établissements de crédit et des entreprises d'investissement vérifie, outre les conditions posées à l'article L. 511-10, si celui-ci dispose :

1. D'un capital initial suffisant déterminé par le *(L. n° 2003-706 du 1er août 2003, art. 46-VI)* « ministre chargé de l'économie », compte tenu de la nature du service qu'il entend fournir ;

2. D'une forme juridique adéquate à la fourniture de services d'investissement ;

3. *(Ord. n° 2004-482 du 3 juin 2004, art. 3-II)* « D'un programme d'activité pour chacun des services qu'il entend fournir qui précise les conditions dans lesquelles il envisage de fournir les services d'investissement concernés et indique le type d'opérations envisagées et la structure de son organisation. Pour le service mentionné au 4 de l'article L. 321-1, le programme d'activité doit avoir été approuvé par l'Autorité des marchés financiers dans les conditions fixées à l'article L. 532-4 ».

(L. n° 2001-420 du 15 mai 2001) « Le comité peut assortir l'agrément de conditions particulières visant à préserver l'équilibre de la structure financière de l'établissement. Le comité peut également subordonner l'octroi de l'agrément au respect d'engagements souscrits par l'établissement requérant. » – *[L. n° 96-597 du 2 juill. 1996, art. 13].*

(Abrogé par L. n° 2003-706 du 1er août 2003, art. 40-II) « Le comité des établissements de crédit et des entreprises d'investissement statue dans un délai de trois mois à compter de la transmission de la requête par le conseil des marchés financiers. Sa décision est motivée et notifiée au demandeur. »

(Ord. n° 2004-482 du 3 juin 2004, art. 3-II) « L'établissement de crédit doit satisfaire à tout moment aux conditions de cet agrément. »

L. 532-3-1 *(L. n° 2001-420 du 15 mai 2001)* Toute modification des conditions auxquelles était subordonné l'agrément délivré à une entreprise d'investissement ou à un établissement de crédit fournissant un ou plusieurs services d'investissement doit faire l'objet, selon les cas, d'une autorisation préalable du Comité des établissements de crédit et des entreprises d'investissement, d'une déclaration ou d'une notification, dans les conditions fixées par un *(L. n° 2003-706 du 1er août 2003, art. 46-VI)* « arrêté du ministre chargé de l'économie ».

Dans les cas où une autorisation doit être délivrée, elle peut, elle-même, être assortie de conditions particulières répondant à la finalité mentionnée au huitième alinéa de l'article L. 532-2 et au cinquième alinéa de l'article L. 532-3 ou subordonnée au respect d'engagements pris par l'entreprise ou l'établissement.

L. 532-3-2 *(L. n° 2005-842 du 26 juill. 2005, art. 13-II)* Sans préjudice des dispositions de l'article L. 229-4 du code de commerce, le Comité des établissements de crédit et des entreprises d'investissement est également compétent pour s'opposer, conformément aux dispositions du 14 de l'article 8 et de l'article 19 du règlement (CE) n° 2157/2001 du Conseil du 8 octobre 2001 relatif au statut de la société européenne (SE), au transfert de siège social d'une entreprise d'investissement constituée sous forme de société européenne immatriculée en France et dont résulterait un changement du droit applicable ainsi qu'à la constitution d'une société européenne par voie de fusion impliquant une entreprise d'investissement agréée en France. Cette décision est susceptible de recours devant le Conseil d'État. – *V. le règl. préc. au* ***C. sociétés.***

Sur la société européenne, V. C. com., art. L. 229-1 s. supra.

L. 532-4 Pour délivrer l'approbation du programme d'activité *(L. n° 2003-706 du 1er août 2003, art. 40-III)* « portant sur le service d'investissement mentionné au 4 de l'article L. 321-1, l'Autorité des marchés financiers » *(L. n° 2001-420 du 15 mai 2001)* « apprécie la qualité de ce programme au regard de l'honorabilité et de la compétence des dirigeants et de l'adéquation de leur expérience à leurs fonctions » *(L. n° 2001-1168 du 11 déc. 2001)* « ainsi que les conditions dans lesquelles le prestataire envisage de fournir les services d'investissement concernés ». Ce programme indique le type d'opérations envisagées et la structure de l'organisation de l'entreprise ou de l'établissement prestataire de services d'investissement. – *[L. n° 96-597 du 2 juill. 1996, art. 14].*

(Abrogé par L. n° 2003-706 du 1er août 2003, art. 40-III) ***« Le conseil des marchés financiers statue dans un délai de trois mois à compter du dépôt de la demande. Sa décision est motivée et notifiée au demandeur.***

« La commission des opérations de bourse prend un règlement précisant les conditions d'approbation du programme d'activité lorsqu'il porte sur un service d'investissement mentionné au 4 de l'article L. 321-1 et statue sur la demande d'approbation des programmes d'activité qui portent sur un tel service d'investissement. »

L. 532-5 I. – Les personnes morales autorisées à fournir, au 5 juillet 1996, un service d'investissement mentionné à l'article L. 321-1 sont dispensées, pour l'exercice de ce service, des procédures prévues à l'article L. 532-1 et bénéficient des dispositions des articles L. 422-1 et L. 532-23 à L. 532-26.

Ces personnes morales doivent figurer sur les listes établies par le comité des établissements de crédit et des entreprises d'investissement et par *(L. n° 2003-706 du 1er août 2003, art. 46-V)* « l'Autorité des marchés financiers ». Elles sont alors réputées avoir obtenu l'agrément mentionné à l'article L. 532-1 pour les services concernés.

II. – Les prestataires de services d'investissement qui exerçaient leur activité avant le 4 juillet 1996 sont dispensés de la procédure d'agrément prévue à l'article L. 532-9. – *[L. n° 96-597 du 2 juill. 1996, art. 97 (I), al. 1er et 3].*

SOUS-SECTION 2 *Retrait d'agrément et radiation*

L. 532-6 *(L. n° 2001-420 du 15 mai 2001)* « Le retrait d'agrément d'une entreprise d'investissement autre qu'une société de gestion de portefeuille est prononcé par le Comité des établissements de crédit et des entreprises d'investissement à la demande de l'entreprise d'investissement. Il peut aussi être décidé d'office par le comité si l'entreprise d'investissement ne remplit plus les conditions ou les engagements auxquels étaient subordonnés son agrément ou une autorisation ultérieure, ou si l'entreprise d'investissement n'a pas fait usage de son agrément dans un délai de douze mois ou lorsqu'elle n'exerce plus son activité depuis au moins six mois. »

Le retrait d'agrément prend effet à l'expiration d'une période dont la durée est déterminée par le comité des établissements de crédit et des entreprises d'investissement.

Pendant cette période :

1. L'entreprise d'investissement demeure soumise au contrôle de la commission bancaire et *(L. n° 2003-706 du 1er août 2003, art. 46-V)* « de l'Autorité des marchés financiers ». La commission bancaire et *(L. n° 2003-706 du 1er août 2003, art. 46-III)* « l'Autorité des marchés financiers » peuvent prononcer *(L. n° 2003-706 du 1er août 2003, art. 46-III)* « les sanctions disciplinaires prévues à l'article L. 613-21 et les sanctions prévues à l'article L. 621-15 » à l'encontre de toute entreprise d'investissement ayant fait l'objet d'un retrait d'agrément ;

2. Elle ne peut effectuer que des opérations strictement nécessaires à l'apurement de ses services d'investissements ;

3. L'entreprise ne peut faire état de sa qualité d'entreprise d'investissement qu'en précisant que son agrément est en cours de retrait.

Les titres émis par cette entreprise qui ne sont pas négociables sur un marché réglementé sont remboursés par l'entreprise à leur échéance ou, si cette échéance est postérieure à l'expiration de la période mentionnée ci-dessus, à la date fixée par le comité des établissements de crédit et des entreprises d'investissement.

Au terme de cette période, l'entreprise perd la qualité d'entreprise d'investissement et doit avoir changé sa dénomination sociale.

(L. n° 2003-706 du 1er août 2003, art. 74) « Par dérogation aux dispositions des 4° et 5° de l'article 1844-7 du code civil, la dissolution anticipée d'une entreprise d'investissement ne peut être prononcée qu'après obtention du retrait de son agrément par le Comité des établissements de crédit et des entreprises d'investissement ou, lorsque l'entreprise est agréée en tant que société de gestion de portefeuille, de l'Autorité des marchés financiers. Par dérogation aux articles L. 123-1 et L. 237-3 du code de commerce, la publication et l'inscription modificative au registre du commerce et des sociétés concernant le prononcé de cette dissolution doivent mentionner la date de la décision de retrait d'agrément prononcée par le Comité des établissements de crédit et des entreprises d'investissement ou par l'Autorité des marchés financiers. Jusqu'à la clôture de sa liquidation, l'entreprise reste soumise au contrôle de la Commission bancaire ou de l'Autorité des marchés financiers, qui peuvent prononcer l'ensemble des sanctions prévues, selon les cas, aux articles L. 613-21 et L. 621-15 du présent code. L'entreprise ne peut faire état de sa qualité d'entreprise d'investissement sans préciser qu'elle est en liquidation. » – *[L. n° 96-597 du 2 juill. 1996, art. 18 (I)].*

L. 532-7 La radiation de la liste des entreprises d'investissement agréées d'une entreprise d'investissement autre qu'une société de gestion de portefeuille peut être prononcée à titre de sanction disciplinaire par la commission bancaire.

La radiation entraîne la liquidation de la personne morale, lorsque celle-ci a son siège social en France. Dans le cas des succursales des entreprises d'investissement ayant leur siège hors de l'Espace économique européen, cette radiation entraîne la liquidation du bilan et du hors bilan de la succursale.

Toute entreprise qui a fait l'objet d'une radiation demeure soumise au contrôle de la commission bancaire jusqu'à la clôture de la liquidation. Elle ne peut effectuer que des opérations strictement nécessaires à l'apurement de sa situation. Elle ne peut faire état de sa qualité d'entreprise d'investissement qu'en précisant qu'elle a fait l'objet d'une mesure de radiation. – *[L. n° 96-597 du 2 juill. 1996, art. 18 (II)].*

L. 532-8 Le *(L. n° 2003-706 du 1er août 2003, art. 46-VI)* « ministre chargé de l'économie » précise les conditions d'application des articles L. 532-6 et L. 532-7. Il fixe notamment les modalités selon lesquelles :

a) Les décisions de retrait d'agrément et de radiation sont portées à la connaissance du public ;

b) Les instruments financiers inscrits en compte auprès de l'entreprise peuvent être transférés chez un autre prestataire de services d'investissement ou chez la personne morale émettrice. – *[L. n° 96-597 du 2 juill. 1996, art. 18 (III)]. – V. Règl. n° 96-14 du 20 déc. 1996 (JO 29 janv. 1997).*

SOUS-SECTION 3 *Dispositions relatives aux sociétés de gestion de portefeuille*

BIBL. GÉN. ▶ DUMOULIN, *Dr. et patr. déc. 2003. 81, spéc. 85* (loi de sécurité financière).

§ 1er *Agrément*

L. 532-9 L'entreprise d'investissement qui exerce, à titre principal, le service mentionné au 4 de l'article L. 321-1, est agréée par *(L. n° 2003-706 du 1er août 2003, art. 46-V)* « l'Autorité des marchés financiers » et prend le nom de société de gestion de portefeuille.

Pour délivrer l'agrément à une société de gestion de portefeuille, la commission *[l'autorité]* vérifie si celle-ci :

1. A son siège social et son administration centrale en France ;
2. Dispose d'un capital initial suffisant *(Ord. n° 2004-482 du 3 juin 2004, art. 3-III)* « ainsi que des moyens financiers adaptés et suffisants » ;
3. Fournit l'identité de ses actionnaires, directs ou indirects, personnes physiques ou morales, qui détiennent une participation qualifiée, ainsi que le montant de leur participation ; la commission apprécie la qualité de ces actionnaires au regard de la nécessité de garantir une gestion saine et prudente ;
4. *(L. n° 2001-420 du 15 mai 2001)* « Est dirigée effectivement par des personnes possédant l'honorabilité et la compétence nécessaires ainsi que l'expérience adéquate à leur fonction ; »
5. Voit son orientation déterminée par deux personnes au moins *(Ord. n° 2004-482 du 3 juin 2004, art. 3-III)* « remplissant les conditions fixées au 4 » ;
6. Dispose d'une forme juridique adéquate à la fourniture du service mentionné au 4 de l'article L. 321-1 ;
7. *(Ord. n° 2004-482 du 3 juin 2004, art. 3-III)* « Dispose d'un programme d'activité pour chacun des services qu'elle entend exercer qui précise les conditions dans lesquelles elle envisage de fournir les services d'investissement concernés et indique le type d'opérations envisagées et la structure de son organisation. »

(L. n° 2003-706 du 1er août 2003, art. 46-V) « L'Autorité des marchés financiers » peut refuser l'agrément lorsque l'exercice de la mission de surveillance de la société de gestion de portefeuille est susceptible d'être entravé soit par l'existence d'un lien de capital ou de contrôle direct ou indirect entre l'entreprise requérante et d'autres personnes physiques ou morales, soit par l'existence de dispositions législatives ou réglementaires d'un État qui n'est pas partie à l'accord sur l'Espace économique européen et dont relèvent une ou plusieurs de ces personnes.

(L. n° 2003-706 du 1er août 2003, art. 46-V) « L'Autorité des marchés financiers » statue *(Abrogé par L. n° 2003-706 du 1er août 2003, art. 46-III)* « *, après l'avis prévu à l'article L. 621-29,* » dans un délai de trois mois à compter de la présentation de la demande. Sa décision est motivée et notifiée au demandeur.

(L. n° 2001-420 du 15 mai 2001) « La commission *[l'autorité]* peut assortir l'agrément de conditions particulières visant à préserver l'équilibre de la structure financière de la société de gestion. Elle peut également subordonner l'octroi de l'agrément au respect d'engagements souscrits par la société requérante. »

(L. n° 2003-706 du 1er août 2003, art. 46-V) « Le règlement général de l'Autorité des marchés financiers » *(Abrogé par L. n° 2003-706 du 1er août 2003, art. 46-III)* « *pris conformément aux dispositions de l'article L. 621-29* » précise les conditions d'agrément des sociétés de gestion de portefeuille. — *[L. n° 96-597 du 2 juill. 1996, art. 15]. — V. infra, art. R. 532-10 s. — V. Règl. gén. AMF, art. 322-22 au* ***C. sociétés*** *; Instr. COB, prise en application du Règl. COB n° 96-02 [abrogé par Arr. 12 nov. 2004, art. 2, JO 24 nov.] (Bull. COB janv. 1997. 35), mod. par Instr. COB (Bull. COB mai 2000, p. 21).*

(Ord. n° 2004-482 du 3 juin 2004, art. 3-III) « L'entreprise d'investissement qui exerce à titre principal le service mentionné au 4 de l'article L. 321-1 doit satisfaire à tout moment aux conditions de son agrément. »

BIBL. ► DELLEA, *Banque et Droit mars-avr. 1996. 8* (risques juridiques de la gestion de patrimoine).

L. 532-9-1 *(L. n° 2001-420 du 15 mai 2001)* Toute modification apportée aux conditions auxquelles était subordonné l'agrément délivré à une société de gestion de portefeuille doit faire l'objet, selon les cas, d'une autorisation préalable de *(L. n° 2003-706 du 1er août 2003, art. 46-V)* « l'Autorité des marchés financiers », d'une déclaration ou d'une notification, dans les conditions fixées par un règlement de la commission *[le règlement général de l'autorité]. — V. Règl. gén. AMF, art. 322-22 au* ***C. sociétés.***

(L. n° 2003-706 du 1er août 2003, art. 73) « En cas de défaut d'information préalable concernant toute modification dans la structure de l'actionnariat d'une société de ges-

tion de portefeuille et sans préjudice des dispositions de l'article L. 233-14 du code de commerce, l'Autorité des marchés financiers, le procureur de la République ou tout actionnaire ou détenteur de parts sociales peut demander au juge de suspendre, jusqu'à régularisation de la situation, l'exercice des droits de vote attachés aux actions et parts sociales de la société de gestion détenues irrégulièrement, directement ou indirectement. »

Dans les cas où une autorisation doit être délivrée, elle peut, elle-même, être assortie de conditions particulières répondant à la finalité mentionnée à l'avant-dernier alinéa de l'article L. 532-9 ou subordonnée au respect d'engagements pris par la société de gestion.

L. 532-9-2 *(L. nº 2005-842 du 26 juill. 2005, art. 13-III)* Sans préjudice des dispositions de l'article L. 229-4 du code de commerce, l'Autorité des marchés financiers est également compétente pour s'opposer, conformément aux dispositions du 14 de l'article 8 et de l'article 19 du règlement (CE) nº 2157/2001 du Conseil du 8 octobre 2001 relatif au statut de la société européenne (SE), au transfert de siège social d'une société de gestion de portefeuille constituée sous forme de société européenne immatriculée en France et dont résulterait un changement du droit applicable ainsi qu'à la constitution d'une société européenne par voie de fusion impliquant une société de gestion de portefeuille agréée en France. Cette décision est susceptible de recours devant le Conseil d'État.– *V. règl. préc. au* ***C. sociétés.***

Sur la société européenne, V. C. com., art. L. 229-1 s. supra.

§ 2 *Retrait d'agrément et radiation*

L. 532-10 *(L. nº 2001-420 du 15 mai 2001)* « Le retrait d'agrément d'une société de gestion de portefeuille est prononcé par *(L. nº 2003-706 du 1er août 2003, art. 46-V)* « l'Autorité des marchés financiers » à la demande de la société. Il peut aussi être décidé d'office par la commission *[l'autorité]* si la société ne remplit plus les conditions ou les engagements auxquels étaient subordonnés son agrément ou une autorisation ultérieure, ou si la société n'a pas fait usage de son agrément dans un délai de douze mois ou lorsqu'elle n'exerce plus son activité depuis au moins six mois. »

Le retrait d'agrément prend effet à l'expiration d'une période dont la durée est déterminée par *(L. nº 2003-706 du 1er août 2003, art. 46-V)* « l'Autorité des marchés financiers ».

Pendant cette période :

1. La société de gestion de portefeuille est soumise au contrôle de *(L. nº 2003-706 du 1er août 2003, art. 46-V)* « l'Autorité des marchés financiers. L'Autorité des marchés financiers » peut prononcer *(L. nº 2003-706 du 1er août 2003, art. 46-III)* « les sanctions prévues à l'article L. 621-15 » à l'encontre de toute société ayant fait l'objet d'un retrait d'agrément, y compris la radiation ;
2. Elle ne peut effectuer que des opérations strictement nécessaires à la préservation des intérêts des clients.
3. Elle ne peut faire état de sa qualité de société de gestion de portefeuille qu'en précisant que son agrément est en cours de retrait.

Au terme de cette période, la société perd la qualité de société de gestion de portefeuille et doit avoir changé sa dénomination sociale. – *[L. nº 96-597 du 2 juill. 1996, art. 19 (I), al. 1er à 4].*

L. 532-11 Toute société de gestion de portefeuille ayant décidé sa dissolution anticipée avant le terme de cette période demeure soumise, jusqu'à la clôture de sa liquidation, au contrôle de *(L. nº 2003-706 du 1er août 2003, art. 46-V)* « l'Autorité des marchés financiers » qui peut prononcer les sanctions prévues *(L. nº 2003-706 du 1er août 2003, art. 46-III)* « à l'article L. 621-15 », y compris la radiation. Elle ne peut faire état de sa qualité de société de gestion de portefeuille qu'en précisant qu'elle est en liquidation. – *[L. nº 96-597 du 2 juill. 1996, art. 19 (I), al. 5].*

L. 532-12 La radiation d'une société de gestion de portefeuille de la liste des sociétés de gestion de portefeuille agréées peut être prononcée à titre de sanction *(Abrogé par L. n° 2003-706 du 1er août 2003, art. 46-III)* ***« disciplinaire »*** par *(L. n° 2003-706 du 1er août 2003, art. 46-V)* « l'Autorité des marchés financiers ».

La radiation entraîne la liquidation de la personne morale, lorsque celle-ci a son siège social en France. Dans le cas des succursales de sociétés ayant leur siège hors de l'Espace économique européen, cette radiation entraîne la liquidation du bilan et du hors bilan de la succursale.

Toute société qui a fait l'objet d'une radiation demeure soumise au contrôle de *(L. n° 2003-706 du 1er août 2003, art. 46-V)* « l'Autorité des marchés financiers » jusqu'à la clôture de la liquidation. Elle ne peut effectuer que des opérations strictement nécessaires à la préservation des intérêts des clients. Elle ne peut faire état de sa qualité de société de gestion de portefeuille qu'en précisant qu'elle a fait l'objet d'une mesure de radiation. – *[L. n° 96-597 du 2 juill. 1996, art. 19 (II)].*

L. 532-13 *(L. n° 2003-706 du 1er août 2003, art. 46-V)* « L'Autorité des marchés financiers » précise les conditions d'application des articles L. 532-10 à L. 532-12. Elle fixe notamment les modalités selon lesquelles les décisions de retrait d'agrément ou de radiation sont portées à la connaissance du public.

Les sociétés de gestion de portefeuille exercent leur activité dans les conditions fixées notamment par les articles L. 533-10 et L. 533-13.

(Abrogé par L. n° 2003-706 du 1er août 2003, art. 46-III) ***« Le contrôle de ces sociétés est assuré dans les conditions prévues aux articles L. 621-7 et L. 621-22.***

« Lorsqu'une société de gestion de portefeuille a manqué à ses obligations professionnelles définies par les lois et règlements dont elle relève, elle est passible des mesures et sanctions disciplinaires prévues par les articles L. 621-24 à L. 621-27. » – *[L. n° 96-597 du 2 juill. 1996, art. 19 (III)].*

SOUS-SECTION 4 *Bureaux de représentation*

L. 532-14 Lorsque des entreprises d'investissement ouvrent en France des bureaux ayant une activité d'information, de liaison ou de représentation, l'ouverture de ces bureaux doit être préalablement notifiée au comité des établissements de crédit et des entreprises d'investissement, qui en informe *(L. n° 2003-706 du 1er août 2003, art. 46-V)* « l'Autorité des marchés financiers ».

Ces bureaux font état de la dénomination ou de la raison sociale de l'établissement qu'ils représentent. – *[L. n° 96-597 du 2 juill. 1996, art. 81 (I)].*

L. 532-15 Lorsque les bureaux sont ouverts par des sociétés de gestion de portefeuille, la notification prévue à l'article L. 532-14 est adressée à *(L. n° 2003-706 du 1er août 2003, art. 46-V)* « l'Autorité des marchés financiers ». Celle-ci en informe le comité des établissements de crédit et des entreprises d'investissement *(Abrogé par L. n° 2003-706 du 1er août 2003, art. 46-III)* ***« et le Conseil des marchés financiers »***. – *[L. n° 96-597 du 2 juill. 1996, art. 81 (II)].*

SECTION II *Libre établissement et libre prestation de services sur le territoire des États parties à l'accord sur l'Espace économique européen*

SOUS-SECTION 1 *Dispositions générales*

L. 532-16 Dans la présente section et pour l'application des dispositions relatives au libre établissement et à la libre prestation de services :

1. L'expression : « autorités compétentes » désigne les autorités d'un État membre de la Communauté européenne habilitées conformément à la législation de cet État à agréer ou à contrôler les entreprises d'investissement qui y ont leur siège social ;

2. L'expression : « État d'origine » désigne, pour une entreprise d'investissement, l'État membre où elle a son siège social ou si, conformément à son droit national, elle en est dépourvue, l'État membre dans lequel s'exerce sa direction effective et, s'il s'agit d'un marché, l'État où est situé le siège social ou, à défaut, la direction effective de l'organisme qui assure les transactions ;

3. L'expression : « État d'accueil » désigne tout État membre dans lequel l'entreprise d'investissement exerce son activité par le biais d'une succursale ou de la libre prestation de services ;

4. L'expression : « succursale » désigne une ou plusieurs parties, dépourvues de la personnalité morale, d'une entreprise d'investissement et dont l'objet est de fournir des services d'investissement ;

5. L'expression : « opération réalisée en libre prestation de services » désigne l'opération par laquelle une entreprise d'investissement fournit dans un État d'accueil un service d'investissement autrement que par une présence permanente dans cet État. – *[L. n° 96-597 du 2 juill. 1996, art. 73 (I)].*

L. 532-17 Pour l'application de la présente section, les entreprises d'investissement dont le siège social ou la direction effective est établi dans un autre État partie à l'accord sur l'Espace économique européen sont assimilées aux entreprises d'investissement qui ont leur siège social ou leur direction effective dans un des États membres de la Communauté européenne autres que la France. – *[L. n° 96-597 du 2 juill. 1996, art. 73 (II)].*

SOUS-SECTION 2 *Libre prestation de services et liberté d'établissement en France*

L. 532-18 Dans la limite des services qu'elle est autorisée à fournir sur le territoire de son État d'origine, et en fonction de l'agrément qu'elle y a reçu, toute personne morale ou physique agréée pour fournir des services d'investissement peut, sans préjudice des dispositions des articles L. 511-21 à L. 511-28, sur le territoire de la France métropolitaine et des départements d'outre-mer, établir des succursales pour fournir des services d'investissement et des services connexes, et intervenir en libre prestation de services dans des conditions fixées par *(L. n° 2003-706 du 1er août 2003, art. 46-V)* « l'Autorité des marchés financiers », notamment en ce qui concerne la protection des fonds des clients.

Pour l'application des articles L. 213-3, L. 322-1 à L. 322-4, L. 421-6, L. 421-7, L. 421-8 à L. 421-11, L. 432-20 *(Abrogé par L. n° 2003-706 du 1er août 2003, art. 91)* « *, L. 432-21* », L. 431-7, L. 531-10, L. 533-3, L. 533-4, L. 533-6 à L. 533-11, L. 533-13 *(L. n° 2005-811 du 20 juill. 2005, art. 2)* « , L. 621-17-2 à L. 621-17-7 » et *(L. n° 2003-706 du 1er août 2003, art. 46-III)* « L. 621-18-1 », les personnes mentionnées à l'alinéa précédent sont assimilées à des prestataires de services d'investissement. – *[L. n° 96-597 du 2 juill. 1996, art. 74]. – V. infra, art. R. 532-17 s. et R. 612-1.*

L. 532-19 En vue d'exercer la surveillance d'un prestataire de services d'investissement bénéficiant du régime prévu à l'article L. 532-18, les autorités compétentes de l'État d'origine dont il relève peuvent exiger de lui et de ses succursales établies en France communication de toutes informations utiles à l'exercice de cette surveillance.

Après information préalable de la commission bancaire ou, lorsqu'il s'agit du service mentionné au 4 de l'article L. 321-1, de *(L. n° 2003-706 du 1er août 2003, art. 46-V)* « l'Autorité des marchés financiers », les succursales de ce prestataire situées sur le territoire de la France métropolitaine et des départements d'outre-mer peuvent être contrôlées sur place, par les autorités compétentes de leur État d'origine, directement ou par l'intermédiaire de personnes que ces autorités mandatent spécialement à cet effet. Les résultats de ces contrôles sont communiqués à la commission bancaire sans que les règles relatives au secret professionnel puissent être opposées. La commission bancaire informe, le cas échéant, *(L. n° 2003-706 du 1er août 2003, art. 46-III)* « l'Autorité des marchés financiers » des contrôles ci-mentionnés et de leurs résultats.

En outre, la commission bancaire *(L. n° 2003-706 du 1er août 2003, art. 46-III)* « et l'Autorité des marchés financiers » procèdent, le cas échéant, aux vérifications sollicitées par les autorités compétentes de l'État d'origine. – *[L. n° 96-597 du 2 juill. 1996, art. 79 (I)].*

L. 532-20 Sous réserve du contrôle exercé par la commission bancaire en application de l'article L. 613-2 *(Abrogé par L. n° 2003-706 du 1er août 2003, art. 46-III) « et par la commission des opérations de bourse en application de l'article L. 621-7 »*, les prestataires de services d'investissement mentionnés à l'article L. 532-18 sont soumis au contrôle *(L. n° 2003-706 du 1er août 2003, art. 46-V)* « de l'Autorité des marchés financiers ».

L'autorité examine les conditions d'exercice de leurs activités et les résultats de celles-ci en tenant compte de la surveillance exercée par les autorités compétentes de l'État d'origine. – *[L. n° 96-597 du 2 juill. 1996, art. 79 (II)].*

L. 532-21 Lorsque la commission bancaire ou, lorsqu'il s'agit du service mentionné au 4 de l'article L. 321-1, *(L. n° 2003-706 du 1er août 2003, art. 46-V)* « l'Autorité des marchés financiers » constate qu'un prestataire de services d'investissement bénéficiant du régime prévu à l'article L. 532-18 ne respecte pas les dispositions législatives ou réglementaires en matière de règles prudentielles ou de règles d'agrément, ces autorités peuvent exiger que le prestataire mette fin à cette situation irrégulière et en informent les autorités compétentes de l'État membre d'origine.

Si, en dépit des mesures prises par l'État membre d'origine ou parce que ces mesures se révèlent inadéquates ou font défaut dans cet État, le prestataire de services d'investissement persiste à enfreindre les dispositions législatives ou réglementaires mentionnées à l'alinéa précédent, la commission bancaire, *(Ord. n° 2005-429 du 6 mai 2005, art. 71)* « ou, lorsque cela relève de sa compétence, » *(L. n° 2003-706 du 1er août 2003, art. 46-III)* « l'Autorité des marchés financiers prend » les mesures appropriées pour prévenir ou sanctionner de nouvelles irrégularités et, au besoin, empêcher ce prestataire d'effectuer de nouvelles opérations sur le territoire de la France métropolitaine et des départements d'outre-mer. Ces autorités en informent, sans délai, les autorités de l'État membre d'origine. – *[L. n° 96-597 du 2 juill. 1996, art. 79 (III)].*

L. 532-22 Un décret en Conseil d'État détermine les procédures que suivent la commission bancaire *(L. n° 2003-706 du 1er août 2003, art. 46-III)* « et l'Autorité des marchés financiers » dans l'exercice des compétences qui leur sont dévolues aux articles L. 532-19 à L. 532-21. Ce décret détermine, en particulier, les modalités d'information des autorités compétentes des autres États membres. – *[L. n° 96-597 du 2 juill. 1996, art. 79 (IV)].*

SOUS-SECTION 3 *Libre prestation de services et liberté d'établissement sur le territoire des États parties à l'accord sur l'Espace économique européen*

L. 532-23 Tout prestataire de services d'investissement ayant son siège social sur le territoire de la France métropolitaine et des départements d'outre mer et autorisé à fournir des services d'investissement en application de l'article L. 532-1 qui veut établir une succursale dans un autre État membre notifie son projet au Comité des établissements de crédit et des entreprises d'investissement et *(L. n° 2003-706 du 1er août 2003, art. 46-V)* « à l'Autorité des marchés financiers » selon des règles fixées par décret en Conseil d'État.

Ce projet ainsi que les informations prévues à l'article L. 533-13 assurant la protection des clients de la succursale sont transmis, dans les trois mois de leur réception, aux autorités compétentes de l'État membre d'accueil dans les conditions et selon les modalités fixées par le décret en Conseil d'État prévu au précédent alinéa. Le refus de transmission ne peut intervenir que si le comité des établissements de crédit et des entreprises d'investissement et *(L. n° 2003-706 du 1er août 2003, art. 46-V)* « l'Autorité des marchés financiers » établissent que les structures administratives ou la situation financière de l'entreprise d'investissement ou de l'établissement de crédit fournissant des services d'investissement ne permettent pas l'établissement d'une succursale.

Le prestataire de services d'investissement concerné est avisé de cette transmission.

Si le comité des établissements de crédit et des entreprises d'investissement et *(L. n° 2003-706 du 1er août 2003, art. 46-V)* « l'Autorité des marchés financiers » refusent de communiquer les informations mentionnées au premier alinéa aux autorités compétentes de l'État membre d'accueil, ils font connaître les motifs de ce refus à l'entreprise d'investissement ou à l'établissement de crédit concerné dans les trois mois suivant la réception de ces informations.

Dès réception de la réponse des autorités compétentes de l'État membre d'accueil ou, en cas d'absence de réponse de leur part, à l'expiration d'un délai de deux mois à compter de la réception, par ces autorités, des informations communiquées par le comité des établissements de crédit et des entreprises d'investissement et *(L. n° 2003-706 du 1er août 2003, art. 46-V)* « l'Autorité des marchés financiers », la succursale de l'entreprise ou de l'établissement pétitionnaire peut être établie et commencer à exercer ses activités sous réserve, le cas échéant, de remplir les conditions spécifiques nécessaires pour négocier sur un marché réglementé. – *[L. n° 96-597 du 2 juill. 1996, art. 75 (I), 1°].*

L. 532-24 Tout prestataire de services d'investissement ayant son siège social sur le territoire de la France métropolitaine et des départements d'outre-mer et autorisé à fournir des services d'investissement en application de l'article L. 532-1, qui veut exercer ses activités sur le territoire d'un autre État membre en libre prestation de services, le déclare au comité des établissements de crédit et des entreprises d'investissement et *(L. n° 2003-706 du 1er août 2003, art. 46-V)* « à l'Autorité des marchés financiers » dans les conditions et selon des modalités fixées par décret en Conseil d'État.

Le comité des établissements de crédit et des entreprises d'investissement et *(L. n° 2003-706 du 1er août 2003, art. 46-V)* « l'Autorité des marchés financiers » communiquent cette déclaration à l'autorité compétente de l'État membre d'accueil dans un délai d'un mois à compter de sa réception régulière. Le prestataire de services d'investissement peut alors commencer à fournir dans l'État membre d'accueil les services d'investissement déclarés. – *[L. n° 96-597 du 2 juill. 1996, art. 75 (I), 2°, al. 1er et 2].*

L. 532-25 Les dispositions des articles L. 532-23, L. 532-24 et L. 532-26 s'appliquent de plein droit pour la fourniture des services d'investissement mentionnés à l'article L. 321-1. Elles peuvent s'appliquer également aux services connexes prévus à l'article L. 321-2 si le prestataire de services d'investissement pétitionnaire est autorisé à fournir tout ou partie des services énumérés à l'article L. 321-1. – *[L. n° 96-597 du 2 juill. 1996, art. 75 (I), 2°, al. 3].*

L. 532-26 *(L. n° 2003-706 du 1er août 2003, art. 46-V)* « L'Autorité des marchés financiers » exerce les attributions définies aux articles L. 532-18, L. 532-23 à L. 532-27 et L. 612-2 à l'égard des sociétés de gestion de portefeuille et des entreprises relevant de l'article L. 532-18 exerçant, à titre principal, le service défini au 4 de l'article L. 321-1. – *[L. n° 96-597 du 2 juill. 1996, art. 75 (II)]. – V. infra, art. R. 532-26 s.*

L. 532-27 Un décret en Conseil d'État détermine les conditions dans lesquelles les informations prévues aux articles L. 532-23 à L. 532-26 sont communiquées aux autorités compétentes de l'État membre concerné. – *[L. n° 96-597 du 2 juill. 1996, art. 77].*

CHAPITRE III *Obligations des prestataires de services d'investissement*

SECTION I *Normes de gestion*

L. 533-1 Les prestataires de services d'investissement sont tenus, pour ce qui concerne leurs activités de services d'investissement, de respecter les normes de gestion destinées à garantir leur liquidité, leur solvabilité et l'équilibre de leur structure financière définies par le *(L. n° 2003-706 du 1er août 2003, art. 46-VI)* « ministre chargé de l'économie » en application de l'article L. 611-3.

Ils doivent en particulier respecter des ratios de couverture et de division des risques.

Le non-respect de ces obligations entraîne l'application de la procédure prévue aux articles L. 613-21 et *(L. n° 2003-706 du 1er août 2003, art. 46-III)* « L. 621-15 ». – *[L. n° 96-597 du 2 juill. 1996, art. 54]. – V. art. L. 613-21, infra.*

L. 533-1-1 *(Ord. n° 2004-1201 du 12 nov. 2004, art. 8)* Les prestataires de services d'investissement notifient à la commission bancaire les transactions intragroupe importantes, dans les conditions définies à l'article L. 613-8.

L. 533-1-2 *(Ord. n° 2004-1201 du 12 nov. 2004, art. 8)* Lorsqu'un prestataire de services d'investissement autre qu'une société de gestion de portefeuille a pour entreprise mère un établissement de crédit, une entreprise d'investissement ou une compagnie financière qui a son siège social dans un État non membre ni partie à l'accord sur l'Espace économique européen, la commission bancaire vérifie, de sa propre initiative ou à la demande de l'entreprise mère ou d'une entité réglementée agréée dans un État membre ou dans un autre État partie à l'accord sur l'Espace économique européen, que ledit prestataire de services d'investissement fait l'objet, de la part d'une autorité compétente du pays tiers, d'une surveillance consolidée équivalente à celle applicable en France.

En l'absence d'une surveillance consolidée équivalente, il est appliqué par analogie au prestataire de services d'investissement les dispositions relatives à la surveillance consolidée applicable en France.

La commission bancaire peut aussi recourir à d'autres méthodes garantissant une surveillance consolidée équivalente, après approbation de l'autorité compétente susceptible d'être chargée de la surveillance consolidée pour l'Espace économique européen et consultation des autres autorités compétentes concernées d'un État membre ou d'un autre État partie à l'accord sur l'Espace économique européen. Elle peut notamment exiger la constitution d'une compagnie financière ayant son siège social dans un État membre ou dans un autre État partie à l'accord sur l'Espace économique européen.

SECTION II *Obligations comptables et déclaratives*

L. 533-2 Les entreprises d'investissement sont tenues aux obligations des articles L. 511-33, L. 511-36, L. 511-37 et L. 511-39. – *[L. n° 96-597 du 2 juill. 1996, art. 57]. – V. ces art., supra. – Pour les sanctions pénales, V. infra, art. L. 573-3, L. 573-5 et L. 573-6.*

L. 533-3 Les prestataires de services d'investissement, les entreprises de marché et les chambres de compensation doivent communiquer à la Banque de France les informations nécessaires à l'élaboration des statistiques monétaires. – *[L. n° 96-597 du 2 juill. 1996, art. 66].*

L. 533-3-1 *(L. n° 2003-706 du 1er août 2003, art. 72)* Les entreprises établies en France et qui font partie d'un groupe auquel appartiennent une ou plusieurs sociétés de gestion de portefeuille ayant leur siège social dans un État membre de la Communauté européenne ou dans un autre État partie à l'accord sur l'Espace économique européen ou dans un État où sont applicables les accords prévus par l'article L. 621-21, sont tenues, nonobstant toutes dispositions contraires, de transmettre à des entreprises du même groupe les informations nécessaires à l'organisation de la lutte contre le blanchiment de capitaux et contre le financement du terrorisme. Les dispositions du quatrième alinéa de l'article L. 511-34 sont applicables à ces informations.

SECTION III *Règles de bonne conduite*

L. 533-4 Les prestataires de services d'investissement et les personnes mentionnées à l'article L. 421-8 *(L. n° 2001-602 du 9 juill. 2001)* « ainsi que les personnes mention-

nées à l'article L. 214-83-1 », sont tenus de respecter des règles de bonne conduite destinées à garantir la protection des investisseurs et la régularité des opérations.

Ces règles sont établies *(L. n° 2003-706 du 1er août 2003, art. 46-VI)* « par l'Autorité des marchés financiers ».

Elles portent, le cas échéant, sur les services connexes que ces prestataires sont susceptibles de fournir.

Elles obligent notamment à :

1. Se comporter avec loyauté et agir avec équité au mieux des intérêts de leurs clients et de l'intégrité du marché ;

2. Exercer leur activité avec la compétence, le soin et la diligence qui s'imposent, au mieux des intérêts de leurs clients et de l'intégrité du marché ;

3. Etre doté des ressources et des procédures nécessaires pour mener à bien leurs activités et mettre en œuvre ces ressources et procédures avec un souci d'efficacité ;

4. S'enquérir de la situation financière de leurs clients, de leur expérience en matière d'investissement et de leurs objectifs en ce qui concerne les services demandés ;

5. Communiquer, d'une manière appropriée, les informations utiles dans le cadre des négociations avec leurs clients ;

6. S'efforcer d'éviter les conflits d'intérêts et, lorsque ces derniers ne peuvent être évités, veiller à ce que leurs clients soient traités équitablement ;

7. Se conformer à toutes les réglementations applicables à l'exercice de leurs activités de manière à promouvoir au mieux les intérêts de leurs clients et l'intégrité du marché.

(L. n° 2003-706 du 1er août 2003, art. 66) **« 8. Pour les sociétés de gestion de portefeuille, exercer les droits attachés aux titres détenus par les organismes de placement collectif en valeurs mobilières qu'elles gèrent, dans l'intérêt exclusif des actionnaires ou des porteurs de parts de ces organismes de placement collectif en valeurs mobilières et rendre compte de leurs pratiques en matière d'exercice des droits de vote dans des conditions fixées par le règlement général de l'Autorité des marchés financiers. En particulier, lorsqu'elles n'exercent pas ces droits de vote, elles expliquent leurs motifs aux porteurs de parts ou actionnaires des organismes de placement collectif en valeurs mobilières. »**

Les règles énoncées au présent article doivent être appliquées en tenant compte de la compétence professionnelle, en matière de services d'investissement, de la personne à laquelle le service d'investissement est rendu. – *[L. n° 96-597 du 2 juill. 1996, art. 58].* – *V. Règl. gén. AMF, art. 321-5 s. et 332-29 s., au* **C. sociétés**.

Sur les prescriptions et recommandations pour les prestataires de services d'investissement offrant un service de réception-transmission ou d'exécution d'ordre de bourse comportant une réception des ordres via internet, V. Décis. CMF n° 99-07 du 15 sept. 1999 : (BALO 27 sept.). - V. sur cette décis., Ruet, Dr. sociétés 2000, n° 12. — V. aussi sur la diffusion d'information financière sur internet, Recommandation COB n° 2000-02 (Bull. COB, n° 351, p. 53).

Sur l'application des règles de bonne conduite à l'occasion de l'introduction de sociétés en bourse, V. Décis. CMF n° 2000-01 du 17 mars 2000 (BALO 24 mars). - Sur les prescriptions applicables aux prestataires de services d'investissement produisant et diffusant des analyses financières, V. Décis. CMF n° 2002-01 du 27 mars 2002 (BALO 10 avr.).

BIBL. ▶ D'Hérouville, *Banque et Droit janv.-févr. 1998. 20* (notion d'investisseur averti). - Bossin et de Lambilly, *ibid. mai-juin 1998. 3* (mandat de gestion de portefeuille individuel et responsabilité des intermédiaires). - Mousoulas, *Bull. Joly Bourse 1998. 217* (autorégulation, déontologie professionnelle et éducation de l'investisseur). - Bossin, Faugérolas, Fernandez-Bollo et Taufflieb, *D. Affaires 1998. 1578* (devoir de conseil du banquier en matière de produits dérivés). - Rousset et Taufflieb, *Banque et Droit mars-avr. 1999. 20* (code de bonne conduite AFTB-AFTE). - Tandeau de Marsac, *Gaz. Pal. 30-31 juill. 1999, p. 2* (déontologie des entreprises d'investissement). - Bouteiller, *RD bancaire et bourse sept.-oct. 1999, suppl. Ingénierie patrimoniale, p. 4* (responsabilité du banquier dépositaire de titres). - Goix et Favéro, *Dr. et patr. oct. 1999. 33* (obligation de conseil du banquier prestataire de services d'investissement face à l'euro). - De Vauplane, *Dr. sociétés 1999. Chron. 21* (responsabilité civile des intermédiaires). - Germain, *Banque et Droit mars-avr. 2000. 14* (responsabilité en matière de gestion individuelle sous mandat). - De Raucourt, *ibid. 17* (responsabilité et gestion collective). - Schwerer, *ibid. sept.-oct. 2001. 16* (établissements de crédit, éthique et nouvelles technologies). – Daigre, *RD banc. fin. 2002. 352* (information de l'investisseur sur les marchés spéculatifs). – Penichon, *RJ com. nov. 2003. 48* (obligations et responsabilité des prestataires de services d'investissement). – Kaddouch, *D. 2004. 796* (l'obligation de vote du gérant d'OPCVM dans la loi de sécurité financière).

L. 533-5 **Les prestataires de services d'investissement agréés pour fournir des services d'investissement mentionnés aux 1 et 2 de l'article L. 321-1 sont responsables à l'égard de leurs donneurs d'ordres de la livraison et du paiement de ce qu'ils vendent ou achètent.**

Sous réserve des dispositions de l'article L. 442-4, le *(L. n° 2003-706 du 1er août 2003, art. 46-V)* **« règlement général de l'Autorité des marchés financiers » définit les conditions dans lesquelles des dérogations à l'alinéa précédent peuvent être accordées.** – *[L. n° 96-597 du 2 juill. 1996, art. 59]. – V. Règl. gén. AMF, livre III, titre II (Prestataires de services d'investissement) au* ***C. sociétés.***

Sur les ordres, V. Décis CMF du 19 mars 2003 relative aux règles de marché de la Bourse de Paris, du Nouveau marché, du MATIF et du MONEP (BALO 11 avr. 2003, p. 4853). – ***C. sociétés.***

Pour des annotations de jurisprudence, V. ***C. sociétés.***

L. 533-6 **Tout prestataire de services d'investissement et toute personne mentionnés à l'article L. 421-8 énonce dans son règlement intérieur :**

1. Les conditions dans lesquelles les salariés peuvent effectuer, pour leur propre compte, des négociations sur instruments financiers ;

2. Les conditions dans lesquelles les salariés doivent, dans ce cas, en informer leur employeur ;

3. Les obligations qui s'imposent à eux en vue d'éviter la circulation indue d'informations confidentielles.

Les dispositions du règlement intérieur énonçant ces conditions et obligations sont intégrées au programme d'activité présenté *(L. n° 2003-706 du 1er août 2003, art. 46-V)* **« à l'Autorité des marchés financiers » en application de l'article L. 532-1** *(Ord. n° 2004-482 du 3 juin 2004, art. 4)* **« préalablement à la délivrance d'un agrément portant sur le service mentionné au 4 de l'article L. 321-1 ou au comité des établissements de crédit et des entreprises d'investissement en application des articles L. 532-2 et L. 532-3 ».** – *[L. n° 96-597 du 2 juill. 1996, art. 60].*

L. 533-7 **Les prestataires de services d'investissement et, le cas échéant, les personnes mentionnés à l'article L. 421-8, protègent les droits de propriété des investisseurs sur les instruments financiers dont ils assurent la tenue de compte. Ils ne peuvent utiliser ces titres pour leur propre compte qu'avec le consentement explicite de l'investisseur.** – *[L. n° 96-597 du 2 juill. 1996, art. 63 (I)].*

L. 533-8 **Les entreprises d'investissement ne peuvent en aucun cas utiliser pour leur propre compte les fonds déposés auprès d'elles par leurs clients sous réserve des dispositions des articles L. 442-6 à L. 442-9.** – *[L. n° 96-597 du 2 juill. 1996, art. 63 (II)].*

V. Arr. du 17 juin 2005 relatif au cantonnement des fonds de la clientèle des entreprises d'investissement (JO 25 juin).

L. 533-9 **Les prestataires de services d'investissement et les membres d'un marché réglementé assurent l'enregistrement de leurs ordres dans des conditions fixées par le** *(L. n° 2003-706 du 1er août 2003, art. 46-V)* **« règlement général de l'Autorité des marchés financiers ».** – *[L. n° 96-597 du 2 juill. 1996, art. 63 (III)]. – V. Règl. gén. AMF, livre III, titre II (Prestataires de services d'investissement) au* ***C. sociétés.***

L. 533-10 **Les prestataires de services d'investissement ne peuvent fournir le service défini au 4 de l'article L. 321-1 qu'en vertu d'une convention écrite.** – *[L. n° 96-597 du 2 juill. 1996, art. 64 (I)].*

Pour des annotations de jurisprudence, V. ***C. sociétés.***

L. 533-11 Les actionnaires, sociétaires ou propriétaires d'une entreprise ou d'un établissement prestataire de services d'investissement habilité à gérer des instruments financiers pour le compte de tiers doivent s'abstenir de toute initiative qui aurait pour objet ou pour effet de privilégier leurs intérêts propres au détriment des intérêts des investisseurs qui sont les clients de l'entreprise.

Les dirigeants des entreprises et établissements mentionnés à l'alinéa précédent doivent, dans l'exercice de leur activité de gestion pour le compte de tiers, conserver leur autonomie de décision afin de faire prévaloir dans tous les cas l'intérêt de leurs clients. — *[L. n° 96-597 du 2 juill. 1996, art. 64 (II)].*

V. Règl. COB n° 90-06 relatif à la gestion individuelle ou collective de portefeuilles, homologué par Arr. 5 juill. 1990.

L. 533-12 Il est interdit aux sociétés de gestion de portefeuille de recevoir de leurs clients des dépôts de fonds, de titres ou d'or et d'effectuer des opérations entre le compte d'un client et leur propre compte ou des opérations directes entre les comptes de leurs clients. — *[L. n° 96-597 du 2 juill. 1996, art. 65].*

Pour des annotations de jurisprudence, V. ***C. sociétés.***

SECTION IV *Garantie des investisseurs*

L. 533-13 Les prestataires de services d'investissement et les personnes mentionnés à l'article L. 421-8, sont tenus d'informer les investisseurs, avant d'entrer en relations d'affaires avec eux, de l'existence d'un régime d'indemnisation applicable en ce qui concerne l'opération ou les opérations envisagées, du montant et de l'étendue de la couverture offerte et, s'il y a lieu, de l'identité du fonds d'indemnisation.

Le régime d'indemnisation des investisseurs est défini aux articles L. 322-1 à L. 322-4. — *[L. n° 96-597 du 2 juill. 1996, art. 61].*

TITRE IV **Autres prestataires de services**

CHAPITRE PREMIER *Les conseillers en investissements financiers*

(L. n° 2003-706 du 1er août 2003, art. 55)

V. Règl. gén. AMF, livre III, titre III, homologué par Arr. 15 avr. 2005 (JO 22 avr.).

BIBL. GÉN. ▶ Poracchia, *Dr. et patr. sept. 2003. 94* (responsabilité des conseils et contrôleurs). - Bonneau, *JCP E 2003, n° 38, p. 1470, spéc. p. 1475*. - Portier, *RD banc. fin. 2003, n° 203*. - Dumoulin, *Dr. et patr. déc. 2003. 75*. - Rontchevsky et Storck, *RTD com. 2003. 758* (statut de conseiller en investissements financiers). - Dondero, *Petites affiches 14 nov. 2003, p. 58*. - Laclau, Nadaud et Attal, *Dr. et patr. janv. 2006. 26* (le point sur la profession de CIF).

L. 541-1 *(L. n° 2003-706 du 1er août 2003, art. 55)* I. — Les conseillers en investissements financiers sont les personnes exerçant à titre de profession habituelle une activité de conseil portant sur :

1° La réalisation d'opérations sur les instruments financiers définis à l'article L. 211-1 ;

2° La réalisation d'opérations de banque ou d'opérations connexes définies aux articles L. 311-1 et L. 311-2 ;

3° La fourniture de services d'investissement ou de services connexes définis aux articles L. 321-1 et L. 321-2 ;

4° La réalisation d'opérations sur biens divers définis à l'article L. 550-1.

II. — Ne sont pas soumis aux dispositions du présent chapitre :

1° Les établissements de crédit et les organismes mentionnés à l'article L. 518-1, les entreprises d'investissement et les entreprises d'assurance ;

2° Les professionnels soumis à une réglementation spécifique qui exercent une activité de conseil en investissements financiers dans les limites de cette réglementation.

III. – Les conseillers en investissements financiers ne peuvent à titre habituel et rémunéré donner de consultations juridiques ou rédiger des actes sous seing privé pour autrui que dans les conditions et limites des articles 54, 55 et 60 de la loi n° 71-1130 du 31 décembre 1971 portant réforme de certaines professions judiciaires et juridiques.

Pour l'application aux cabinets de conseil en création, développement et transmission d'entreprises, V. Rép. min. n° 51663 : JOAN Q 1er nov. 2005, p. 10193 ; D. 2005. 2939 ; RD banc. fin. 2006, n° 44, obs. Portier.

L. 541-2 *(L. n° 2003-706 du 1er août 2003, art. 55)* Les conseillers en investissements financiers personnes physiques, ainsi que les personnes physiques ayant le pouvoir de gérer ou d'administrer les personnes morales habilitées en tant que conseillers en investissements financiers doivent obligatoirement remplir des conditions d'âge et d'honorabilité fixées par décret, ainsi que des conditions de compétence professionnelle fixées par le règlement général de l'Autorité des marchés financiers. – *V. infra, art. D. 541-2.*

Sur les sanctions pénales, V. art. L. 573-9, infra.

L. 541-3 *(L. n° 2003-706 du 1er août 2003, art. 55)* Tout conseiller en investissements financiers doit être en mesure de justifier à tout moment de l'existence d'un contrat d'assurance le couvrant contre les conséquences pécuniaires de sa responsabilité civile professionnelle, en cas de manquement à ses obligations professionnelles telles que définies au présent chapitre.

Le niveau minimal des garanties qui doivent être apportées par l'assurance en responsabilité civile professionnelle est fixé par décret, en fonction de la forme juridique sous laquelle l'activité de conseil est exercée et des produits et services susceptibles d'être conseillés. – *V. infra, art. D. 541-9.*

Sur les sanctions pénales, V. art. L. 573-9, infra.

L. 541-4 *(L. n° 2003-706 du 1er août 2003, art. 55)* Tout conseiller en investissements financiers doit adhérer à une association chargée de la représentation collective et de la défense des droits et intérêts de ses membres. Ces associations sont agréées par l'Autorité des marchés financiers en considération, notamment, de leur représentativité et de leur aptitude à remplir leurs missions. Elles doivent avoir fait approuver par l'Autorité des marchés financiers les conditions de compétence et le code de bonne conduite auxquels sont soumis leurs membres. Ce code doit respecter un minimum de prescriptions fixées par le règlement général de l'Autorité des marchés financiers obligeant notamment les conseillers en investissements financiers à :

1° Se comporter avec loyauté et agir avec équité au mieux des intérêts de leurs clients ;

2° Exercer leur activité, dans les limites autorisées par leur statut, avec la compétence, le soin et la diligence qui s'imposent au mieux des intérêts de leurs clients, afin de leur proposer une offre de services adaptée et proportionnée à leurs besoins et à leurs objectifs ;

3° Etre dotés des ressources et procédures nécessaires pour mener à bien leurs activités et mettre en œuvre ces ressources et procédures avec un souci d'efficacité ;

4° S'enquérir, avant de formuler un conseil, de la situation financière de leurs clients, de leur expérience et de leurs objectifs en matière d'investissement ;

5° Communiquer aux clients, d'une manière appropriée, la nature juridique et l'étendue des éventuelles relations entretenues avec les établissements promoteurs de produits mentionnés au 1° de l'article L. 341-3, les informations utiles à la prise de décisions par ces clients, ainsi que celles concernant les modalités de leur rémunération, notamment la tarification de leurs prestations. – *Sur les sanctions pénales, V. art. L. 573-9, infra.*

L. 541-5 *(L. n° 2003-706 du 1er août 2003, art. 55)* Tout conseiller en investissements financiers qui souhaite exercer ses activités en France doit, après vérification qu'il remplit les conditions posées aux articles L. 541-2 à L. 541-4, être enregistré sur une liste tenue et régulièrement mise à jour par chaque association professionnelle mentionnée à l'article L. 541-4 selon des modalités fixées par décret pris après avis de la Commission nationale de l'informatique et des libertés. Cette liste est transmise à l'Autorité des marchés financiers, selon des modalités fixées par son règlement général, et auprès de laquelle elle est librement consultable par le public. *— V. infra, art. D. 541-1 s.*

Il est attribué au conseiller en investissements financiers un numéro d'enregistrement délivré par l'association professionnelle auprès de laquelle il est enregistré. Ce numéro doit être communiqué à toute personne entrant en relation avec lui et doit figurer sur tous les documents émanant des conseillers en investissements financiers. *— Sur les sanctions pénales, V. art. L. 573-9, infra.*

L. 541-6 *(L. n° 2003-706 du 1er août 2003, art. 55)* Il est interdit à tout conseiller en investissements financiers de recevoir de ses clients des fonds autres que ceux destinés à rémunérer son activité de conseil en investissements financiers. *— Sur les sanctions pénales, V. art. L. 573-9, infra.*

L. 541-7 *(Ord. n° 2005-429 du 6 mai 2005, art. 8-I)* Les conseillers en investissements financiers sont soumis aux incapacités énoncées à l'article L. 500-1. *— V. cet art., supra. — Sur les sanctions pénales, V. art. L. 570-1 et L. 570-2, infra.*

CHAPITRE II ***Les intermédiaires et les personnes faisant appel public à l'épargne habilités en vue de l'administration ou de la conservation d'instruments financiers*** *(Ord. n° 2005-429 du 6 mai 2005, art. 72).*

(L. n° 2003-706 du 1er août 2003, art. 41-II)

L. 542-1 *(L. n° 2003-706 du 1er août 2003, art. 41-II)* Seuls peuvent exercer les activités de conservation ou d'administration d'instruments financiers :

1° Les personnes morales au titre des instruments financiers qu'elles émettent par appel public à l'épargne ;

2° Les établissements de crédit établis en France ;

3° Les entreprises d'investissement établies en France ;

4° Les personnes morales dont les membres ou associés sont indéfiniment et solidairement responsables des dettes et engagements, à condition que ces membres ou associés soient des établissements ou entreprises mentionnées aux 2° et 3° *(Ord. n° 2004-482 du 3 juin 2004, art. 5)* « habilités en vue de l'administration ou de la conservation d'instruments financiers » ;

(Ord. n° 2006-344 du 23 mars 2006, art. 10) « 5° Les personnes morales établies en France exerçant le service de conservation ou d'administration d'instruments financiers, y compris dans le cadre des plans mentionnés aux articles L. 443-1, L. 443-1-1 et L. 443-1-2 du code du travail et des accords mentionnés aux articles L. 442-5 du code du travail *[;]* »

6° Les institutions mentionnées à l'article L. 518-1 ;

7° Dans des conditions fixées par le règlement général de l'Autorité des marchés financiers, les établissements de crédit, les entreprises d'investissement et les personnes morales ayant pour objet principal ou unique l'activité de conservation ou d'administration d'instruments financiers qui ne sont pas établis en France.

(Ord. n° 2004-482 du 3 juin 2004, art. 5) « Les personnes mentionnées au 1° sont soumises, pour leur activité d'administration ou de conservation d'instruments financiers, au pouvoir de contrôle et de sanction de l'Autorité des marchés financiers. Les personnes mentionnées aux 2° à 5° sont soumises, pour leur activité d'administration

ou de conservation d'instruments financiers, aux obligations législatives et réglementaires et aux règles de contrôle et de sanction fixées par le présent code pour les prestataires de services d'investissement. Les personnes mentionnées aux 2° et 3° font l'objet, pour leur activité d'administration ou de conservation d'instruments financiers, d'une habilitation délivrée dans le cadre de leur agrément. Les personnes mentionnées au 5° sont soumises aux règles d'agrément fixées par le présent code pour les entreprises d'investissement. »

Les personnes mentionnées au 7° doivent être soumises dans leur État d'origine à des règles d'exercice de l'activité de conservation ou d'administration d'instruments financiers et de contrôle équivalentes à celles en vigueur en France. L'Autorité des marchés financiers exerce à l'égard de ces personnes les pouvoirs de contrôle et de sanction prévus par le présent code pour les prestataires de services d'investissement, en tenant compte de la surveillance exercée par les autorités compétentes de chaque État.

Sans préjudice des règles applicables pour l'exercice de l'activité au titre du 5° de l'art. L. 542-1 C. mon. fin., un décret en Conseil d'État détermine les règles de fonctionnement de la personne morale d'administration des institutions de retraite professionnelle collectives, les règles financières qui leur sont applicables, les règles de placement applicables aux actifs de l'institution, ainsi que les informations qui doivent être fournies sur demande au ministre chargé du travail (Ord. n° 2006-344 du 23 mars 2006, art. 8-V).

Sur la saisie des instruments financiers inscrits sur un compte ouvert dans les livres d'un intermédiaire habilité mentionné à l'art. L. 542-1, V. art. L. 211-4-1, supra.

Sur les teneurs de compte conservateurs, V. Règl. gén. AMF, art. 332-1 s., au ***C. sociétés.***

BIBL. ▶ Brunengo-Basso, *Dr. et patr. janv. 2004. 73, spéc. 76* (loi n° 2003-706 de sécurité financière). – Dondero et Robine, *JCP E 2004, n° 27, p. 1098.*

CHAPITRE III *Les sociétés de gestion d'organismes de placement collectif* *(Ord. n° 2005-429 du 6 mai 2005, art. 73-I).*

....

CHAPITRE IV *Services d'analyse financière et agences de notation*

(L. n° 2003-706 du 1er août 2003, art. 42)

BIBL. GÉN. ▶ Portier, *RD banc. fin. 2003, n° 204.* – Bonneau, *JCP E 2003, n° 38, p. 1470, spéc. p. 1475.* – Kling, *RJ com. nov. 2003. 124.* – Le Bars, *Petites affiches 14 nov. 2003, p. 63.* – Zimmermann, *Rev. sociétés 2003. 741* . – Couret, *ibid. 765* (agence de notation). – Vignal, *Dr. et patr. janv. 2004. 69* (transparence de l'information financière). – Bissara, *Bull. Joly Bourse 2004. 11.* – Couret, *D. 2004. Chron. 335* (banques d'affaires, analystes financiers et conflits d'intérêts) ; *RD banc. fin. 2004, nos 52 et 53* (principes de l'OICV-IOSCO). – Moulin, *RD banc. fin. 2004. 141.* – Quentin, *ibid. 465* (information financière et responsabilité). – Rontchevsky, *RTD com. 2004. 778* (code de bonne conduite).

Sur les analystes financiers ne relevant pas d'un prestataire de services d'investissement, V. Règl. gén. AMF, art. 337-1 s., au ***C. sociétés.***

L. 544-1 *(L. n° 2003-706 du 1er août 2003, art. 42)* **Exerce une activité d'analyse financière toute personne qui, à titre de profession habituelle, produit et diffuse des études sur les personnes morales faisant appel public à l'épargne, en vue de formuler et de diffuser une opinion sur l'évolution prévisible desdites personnes morales et, le cas échéant, sur l'évolution prévisible du prix des instruments financiers qu'elles émettent.**

L. 544-2 *(L. n° 2003-706 du 1er août 2003, art. 42)* **Les dirigeants d'une entreprise doivent s'abstenir de toute initiative auprès des analystes financiers dont ils rémunèrent les services qui aurait pour objet ou pour effet de privilégier leurs intérêts propres, ou ceux de leurs actionnaires, au détriment d'une information sincère.**

Sur l'affaire *LVMH c/ Morgan Stanley* à propos de la prise de contrôle de Gucci, V. • T. com. Paris, 12 janv. 2004 : *D. 2004. 335, note Couret* ; *Banque et Droit janv.-févr. 2004. 31, obs. de Vauplane et Daigre ; RD banc. fin. 2004, n° 104, obs. Crédot et Gérard ; Dr. sociétés 2004, n° 66, obs. Bonneau ; Petites affiches 28 avr. 2004, p. 8, obs. Le Bars ; Rev. sociétés 2004. 297, note F.-L. Simon* ; *Bull. Joly 2004. 388, note Schmidt ; RTD com. 2004. 337, obs. Rontchevsky* ; *RJDA 2004, n° 424 ; Bull. Joly Bourse 2004. 185, note Schmidt ; RSC 2005. 97, obs. Riffault-Silk*. – V. aussi Daigre, *JCP E 2004, n° 7, p. 245 ; RD banc. fin. 2004. 81* ; Pietrancosta, *ibid. 131* ; Fanto et Milgrom, *RD banc. fin. 2004. 226* (opinion d'Outre-Atlantique). ♦ Jugeant que la communication d'informations non publiques à un analyste financier, qui ne font que corroborer les conclusions auxquelles celui-ci était parvenu par lui-même, ne constitue pas un manquement : • Paris, 24 févr. 2004 : *JCP E 2004, n° 19, p. 741 ; Banque et Droit mai-juin 2004. 30, obs. de Vauplane et Daigre ; Dr. sociétés 2004, n° 109, note Bonneau ; RTD com. 2004. 569, obs. Rontchevsky* ; *RJDA 2004, n° 993 ; Bull. Joly Bourse 2004. 775, note Torck* (affaire *Grandvision*). – Comp. • TGI Paris, 16 nov. 2004 : *Bull. Joly Bourse 2005. 27, note Ducouloux-Favard.*

L. 544-3 *(L. n° 2003-706 du 1er août 2003, art. 42)* **Tous les documents préparatoires à l'élaboration des publications diffusées sous la responsabilité d'un service d'analyse financière ou d'une agence de notation doivent être conservés pendant un délai de trois ans et tenus à disposition de l'Autorité des marchés financiers dans le cadre de sa mission définie au II de l'article L. 621-9.**

L. 544-4 *(L. n° 2003-706 du 1er août 2003, art. 42)* **L'Autorité des marchés financiers publie chaque année un rapport sur le rôle des agences de notation, leurs règles déontologiques, la transparence de leurs méthodes et l'impact de leur activité sur les émetteurs et les marchés financiers.**

TITRE V **Intermédiaires en biens divers**

L. 550-1 Est soumise aux dispositions des articles L. 550-2, L. 550-3, L. 550-4, L. 550-5 et L. 573-8 :

1. Toute personne qui, directement ou indirectement, par voie de publicité ou de démarchage, propose à titre habituel à des tiers de souscrire des rentes viagères ou d'acquérir des droits sur des biens mobiliers ou immobiliers lorsque les acquéreurs n'en n'assurent pas eux-mêmes la gestion ou lorsque le contrat offre une faculté de reprise ou d'échange et la revalorisation du capital investi ;
2. Toute personne qui recueille des fonds à cette fin ;
3. Toute personne chargée de la gestion desdits biens.

Ces articles ne s'appliquent pas aux opérations déjà régies par des dispositions particulières et notamment aux opérations d'assurance et de capitalisation régies par le code des assurances, aux opérations de crédit différé, aux opérations régies par le code de la mutualité et par le code de la sécurité sociale, aux opérations donnant normalement droit à l'attribution en propriété ou en jouissance de parties déterminées d'un ou plusieurs immeubles bâtis. – *[L. n° 83-1 du 3 janv. 1983, art. 36].*

(L. n° 2003-706 du 1er août 2003, art. 54-1) **« Les personnes mentionnées au présent article sont soumises aux dispositions des articles L. 341-1 à L. 341-17 et L. 353-1 à L. 353-5 lorsqu'elles agissent par voie de démarchage. »**

L. 550-2 Seules des sociétés par actions peuvent, à l'occasion des opérations mentionnées à l'article L. 550-1, recevoir des sommes correspondant aux souscriptions des acquéreurs ou aux versements des produits de leurs placements. Ces sociétés doivent justifier, avant toute publicité ou démarchage, qu'elles disposent d'un capital intégralement libéré d'un montant au moins égal à celui exigé des sociétés faisant publiquement appel à l'épargne par l'article L. 224-2 du code de commerce. – *[L. n° 83-1 du 3 janv. 1983, art. 36-1].*

L. 550-3 Préalablement à toute publicité ou à tout démarchage, un document destiné à donner toute information utile au public sur l'opération proposée, sur la personne qui en a pris l'initiative et sur le gestionnaire, doit être établi dans des conditions déterminées par décret. – *V. infra, art. R. 550-1.*

Lorsque l'épargnant n'a pas reçu le document d'information préalablement à la conclusion du contrat, ou lorsque les clauses de ce contrat ne sont pas conformes au contenu du document d'information, le juge peut lui accorder des dommages-intérêts ou prononcer la résolution du contrat.

Les projets de documents d'information et les projets de contrat type sont déposés auprès de *(L. n° 2003-706 du 1er août 2003, art. 46-V)* « l'Autorité des marchés financiers » qui exerce, dans les conditions fixées par le présent code, son contrôle auprès de l'ensemble des entreprises qui participent à l'opération et détermine si celle-ci présente le minimum de garanties exigé d'un placement destiné au public.

La commission *[L'autorité]* peut limiter ou préciser les conditions de la publicité pour tenir compte de la nature des produits et des garanties offertes.

Elle dispose d'un délai de trente jours, qu'elle peut porter à soixante jours par décision motivée, à compter du dépôt, pour formuler ses observations. La publicité ou le démarchage ne peuvent être entrepris que si les observations de la commission *[l'autorité]* ont été respectées ou, à défaut d'observation, lorsque le délai ci-dessus est écoulé. Une copie des documents diffusés est remise à *(L. n° 2003-706 du 1er août 2003, art. 46-V)* « l'Autorité des marchés financiers ».

Toute personne qui propose de se substituer au gestionnaire des biens ou à la personne tenue à l'exécution des engagements mentionnés au 1 de l'article L. 550-1 doit déposer un projet de document d'information et un projet de contrat type à *(L. n° 2003-706 du 1er août 2003, art. 46-V)* « l'Autorité des marchés financiers » qui exerce son contrôle dans les conditions prévues au troisième alinéa ci-dessus.

En cas de modification des conditions dans lesquelles est assurée la gestion des biens ou l'exécution des engagements, l'accord des titulaires de droits sur ces modifications n'est valablement donné qu'après que ceux-ci ont été spécialement informés des changements proposés, de leur portée et de leur justification, dans un document déposé à *(L. n° 2003-706 du 1er août 2003, art. 46-V)* « l'Autorité des marchés financiers ». Celle-ci peut demander que ce document soit mis en conformité avec ses observations.

Lorsque *(L. n° 2003-706 du 1er août 2003, art. 46-V)* « l'Autorité des marchés financiers » constate que l'opération proposée au public n'est plus conforme au contenu du document d'information et du contrat type ou ne présente plus les garanties prévues au présent article, elle peut ordonner, par une décision motivée, qu'il soit mis fin à tout démarchage ou publicité concernant l'opération. – *[L. n° 83-1 du 3 janv. 1983, art. 37].*

Le dirigeant d'une société agréée comme intermédiaire en biens divers qui se substitue à une autre société pour réaliser une partie de l'activité de celle-ci sans en informer la COB commet une infraction à l'art. L. 550-3 C. mon. fin. • Crim. 4 sept. 2002 : *Banque et Droit mars-avr. 2003. 35, obs. Vauplane et Daigre.*

L. 550-4 A la clôture de chaque exercice annuel, le gestionnaire établit, outre ses propres comptes, l'inventaire des biens dont il assure la gestion, et dresse l'état des sommes perçues au cours de l'exercice pour le compte des titulaires de droits. Il établit un rapport sur son activité et sur la gestion des biens.

Il dresse le bilan et le compte de résultat et l'annexe. Les comptes sont contrôlés par un commissaire aux comptes qui en certifie la sincérité et la régularité.

Les documents mentionnés au deux premiers alinéas sont transmis aux détenteurs des droits et à *(L. n° 2003-706 du 1er août 2003, art. 46-V)* « l'Autorité des marchés financiers » dans les trois mois suivant la clôture de l'exercice. – *[L. n° 83-1 du 3 janv. 1983, art. 38]. – V. infra, art. R. 550-2.*

L. 550-5 Le commissaire aux comptes est désigné pour six exercices à la demande du gestionnaire par décision de justice prise après avis de *(L. n° 2003-706 du 1er août 2003, art. 46-V)* « l'Autorité des marchés financiers ». En cas de faute ou d'empêchement, le commissaire aux comptes peut être relevé de ses fonctions par décision de

justice à la demande du gestionnaire ou de tout titulaire des droits. *(Abrogé par Ord. n° 2005-1126 du 8 sept. 2005, art. 21)* ***« Les articles L. 225-218 à L. 225-225 du code de commerce sont applicables.***

« Le commissaire aux comptes révèle au procureur de la République les faits délictueux dont il a eu connaissance sans que sa responsabilité puisse être engagée par cette révélation.

« Les travaux accomplis dans l'exercice de sa mission sont rémunérés dans des conditions fixées par décret. » — *[L. n° 83-1 du 3 janv. 1983, art. 39]. — V. infra, art. R. 550-3.*

TITRE VI Obligations relatives à la lutte contre le blanchiment des capitaux et le financement des activités terroristes *(L. n° 2006-64 du 23 janv. 2006, art. 23-I).*

BIBL. GÉN. ► Crédot et Bouteiller, *ALD 1990. 157.* – Dossier spécial, *Petites affiches 20 juin 2001, p. 37* (secret et lutte contre le blanchiment). – Jeandidier, *Dr. et patr. déc. 2001. 58* (apports de la loi NRE à la lutte contre le blanchiment). – Fulgéras, *D. 2002. 789* (lutte contre le blanchiment dans les banques). – Barbe, *D. 2002. 1922* (protocole (anti-blanchiment) à la Convention d'entraide judiciaire en matière pénale de l'Union européenne). – Bouloc, *RD banc. fin. 2002. 151* (de quelques aspects du délit de blanchiment) ; *ibid. 2002. 359* (prévention du blanchiment d'argent). – Matsopoulou, *ibid. 2002. 362* (répression du blanchiment d'argent). – Barbièri, *Petites affiches 4 mars 2003, p. 14* (mission du commissaire aux comptes en matière de blanchiment). – Dossier spécial, *Banque et Droit mars-avr. 2003. 3* (lutte contre le blanchiment des capitaux). – Dossier spécial, *Cah. dr. entr. 2003, n° 4.* – Raynaud, *Gaz. Pal. 2003. Doctr. 3398* (application des règles de prévention du blanchiment aux professions juridiques et aux professions du chiffre). – Vignal, *Dr. et patr. janv. 2004. 69* (loi n° 2003-706 de sécurité financière). – Colloque ACE, *Gaz. Pal. 2004. Doctr. 105* (l'avocat conseil d'entreprises et le blanchiment). – Desgens-Pasanau, *ibid. 222* (enjeux pour la vie privée de la clientèle bancaire). – Matsopoulou, *RD banc. fin. 2004. 50* (le banquier face au juge pénal français). – Leverbe, *Dr. pénal 2004. Chron. 4* (le banquier et l'art. 324-1 C. pén.). – Cutajar, *Bull. Joly Bourse 2004. 563* (bilan et préconisation à l'aube de la 3e directive). – Jasson, *Bull. Joly 2005. 162* (nécessité d'une adaptation conjointe de la législation et du comportement du commissaire aux comptes). – Bonneau, *RD banc. fin. 2005. 41* (responsabilité du banquier : panorama de jurisprudence). – Conte, *JCP 2005. I. 126* (aspect pénal des obligations de vigilance tendant à prévenir le blanchiment). – Juncu, *Petites affiches 14 juin 2005, p. 4* (la lutte contre le blanchiment des capitaux confrontée au secret professionnel de l'avocat et du notaire). – Malabat, *RD banc. fin. juill.-août 2005. 41* (aspects internationaux du blanchiment). – Zein, *ibid. 46* (secret bancaire au Liban et lutte contre le blanchiment). – Baillet, *Gaz. Pal. 2005. Doctr. 3187* (blanchiment : l'état de la législation). – Gastebled, *Banque et Droit janv.-févr. 2006. 3* (état du dispositif juridique préventif de lutte contre le blanchiment au lendemain de l'adoption de la 3e directive européenne). – Chatain, *JCP E 2006, n° 9, p. 398* (à la recherche du bénéficiaire effectif). – Bollé, *RLDA avr. 2006. 53* (responsabilité et évolution de l'infraction de blanchiment de capitaux). – Bègue, *ibid. 56* (extension des obligations de déclaration de soupçon et de contrôle). – Mascala, *Europe 2006. Chron. 5* (une nouvelle directive en attente de transposition).

CHAPITRE PREMIER *Déclaration de certaines sommes ou opérations*

L. 561-1 Les personnes autres que celles mentionnées à l'article L. 562-1 qui, dans l'exercice de leur profession, réalisent, contrôlent ou conseillent des opérations entraînant des mouvements de capitaux, sont tenues de déclarer au procureur de la République les opérations dont elles ont connaissance et qui portent sur des sommes qu'elles savent provenir de l'une des infractions mentionnées à l'article L. 562-2.

Lorsqu'elles ont fait de bonne foi une telle déclaration, ces personnes bénéficient des dispositions de l'article L. 562-8. Elles sont tenues de respecter les obligations définies à l'article L. 574-1. Le procureur de la République informe le service mentionné à l'article L. 562-4 qui lui fournit tous renseignements utiles. — *[L. n° 90-614 du 12 juill. 1990, art. 2].*

BIBL. ► P. Mousseron, *Cah. dr. entr. 2003, n° 4, p. 3* (les professionnels du droit face au blanchiment de capitaux).

Commet le délit de blanchiment de capitaux provenant d'un trafic de stupéfiants (C. pén., art. 222-38) le notaire qui favorise l'achat d'un immeuble au moyen de fonds qu'il sait provenir d'un tel trafic, alors qu'il lui incombait de porter cette acquisition à la connaissance du procureur de la République. • Crim. 7 déc. 1995 : *Bull. crim. n° 375.* – V. Rouzet, *Dr. et patr. nov. 1996. 20.*

CHAPITRE II *Déclaration de sommes ou d'opérations soupçonnées d'être d'origine illicite*

L. 562-1 **Les dispositions du présent chapitre sont applicables :**

1. Aux organismes, institutions et services régis par les dispositions du titre Ier du présent livre ;

2. A la Banque de France, à l'institut d'émission des départements d'outre-mer et à l'institut d'émission d'outre-mer ;

3. Aux entreprises et services mentionnés à l'article L. 310-1 du code des assurances et aux courtiers d'assurance et de réassurance ; – *V. cet art. au* **C. *sociétés*** *ou* **C. *assur.***

(L. n° 2004-804 du 9 août 2004, art. 23) **« 3 *bis.* Aux institutions ou unions régies par les titres III et IV du livre IX du code de la sécurité sociale ou relevant du II de l'article L. 727-2 du code rural ; »**

4. Aux organismes entrant dans le champ de l'article L. 111-1 du code de la mutualité ; – *V. cet art. au* **CSS.**

5. Aux entreprises d'investissement, aux membres des marchés réglementés d'instruments financiers et aux personnes morales mentionnées aux articles L. 421-8 et L. 442-2 *(L. n° 2003-706 du 1er août 2003, art. 43-I)* **« , ainsi qu'aux organismes de placement collectif en valeurs mobilières mentionnés au 1 du I de l'article L. 214-1, aux sociétés de gestion d'organismes de placements collectifs mentionnées au II de l'article L. 214-1, aux intermédiaires en biens divers mentionnés au titre V du présent livre, aux personnes habilitées à procéder au démarchage mentionnées aux articles L. 341-3 et L. 341-4 et aux conseillers en investissements financiers » ;**

6. Aux changeurs manuels ;

7. Aux personnes qui réalisent, contrôlent, ou conseillent des opérations portant sur l'acquisition, la vente, la cession ou la location de biens immobiliers. *[;]*

(L. n° 2001-420 du 15 mai 2001) **« 8. Aux représentants légaux et aux directeurs responsables de casinos** *(L. n° 2004-204 du 9 mars 2004, art. 33-VI)* **« et aux groupements, cercles et sociétés organisant des jeux de hasard, des loteries, des paris, des pronostics sportifs ou hippiques » ;**

« 9. Aux personnes se livrant habituellement au commerce ou organisant la vente de pierres précieuses, de matériaux précieux, d'antiquités et d'œuvres d'art ; »

(L. n° 2003-706 du 1er août 2003, art. 70) **« 10. Aux entreprises bénéficiant de l'exemption prévue par le II de l'article L. 511-7 ; »**

(L. n° 2004-130 du 11 févr. 2004, art. 70-I) **« 11. Aux experts comptables et aux commissaires aux comptes ;**

« 12. Aux notaires, huissiers de justice, administrateurs judiciaires et *(L. n° 2005-845 du 26 juill. 2005, art. 165-III)* **« mandataires judiciaires » ainsi qu'aux avocats au Conseil d'État et à la Cour de cassation, aux avocats et aux avoués près les cours d'appel, dans les conditions prévues à l'article L. 562-2-1 ;**

« 13. Aux commissaires-priseurs judiciaires et aux sociétés de ventes volontaires de meubles aux enchères publiques ; »

(Ord. n° 2004-604 du 24 juin 2004, art. 52-XI) **« 14. Aux intermédiaires habilités mentionnés à l'article L. 211-4 ».**

Pour l'application du présent titre, les personnes mentionnées aux 1 à 6 sont désignées sous le nom d'organismes financiers. – *[L. n° 90-614 du 12 juill. 1990, art. 1er].*

Les dispositions issues de la L. n° 2004-204 du 9 mars 2004 (JO 10 mars) sont entrées en vigueur le 1er oct. 2004 (art. 207-I).

BIBL. ► MATSOPOULOU, *Gaz. Pal. 2004. Doctr. 1825* (obligation de déclaration : du secret à la révélation).

L. 562-2 Les organismes financiers et les personnes mentionnés à l'article L. 562-1 sont tenus, dans les conditions fixées par le présent titre, de déclarer au service institué à l'article L. 562-4 :

1. Les sommes inscrites dans leurs livres *(L. n° 2001-420 du 15 mai 2001)* « qui pourraient provenir du trafic de stupéfiants » *(L. n° 2004-130 du 11 févr. 2004, art. 70-III)* « , de la fraude aux intérêts financiers des Communautés européennes, de la corruption » *(L. n° 2001-420 du 15 mai 2001)* « ou d'activités criminelles organisées » *(L. n° 2004-204 du 9 mars 2004, art. 33-VII)* « ou qui pourraient participer au financement du terrorisme » ;

2. Les opérations qui portent sur des sommes *(L. n° 2001-420 du 15 mai 2001)* « qui pourraient provenir du trafic de stupéfiants » *(L. n° 2004-130 du 11 févr. 2004, art. 70-III)* « , de la fraude aux intérêts financiers des Communautés européennes, de la corruption » *(L. n° 2001-420 du 15 mai 2001)* « ou d'activités criminelles organisées » *(L. n° 2004-204 du 9 mars 2004, art. 33-VII)* « ou qui pourraient participer au financement du terrorisme ». – *[L. n° 90-614 du 12 juill. 1990, art. 3].*

(L. n° 2001-420 du 15 mai 2001) « Les organismes financiers sont également tenus de déclarer à ce service :

« 1. Toute opération dont l'identité du donneur d'ordre ou du bénéficiaire reste douteuse malgré les diligences effectuées conformément à l'article L. 563-1 ;

« 2. Les opérations effectuées par les organismes financiers pour compte propre ou pour compte de tiers avec des personnes physiques ou morales, y compris leurs filiales ou établissements, agissant sous forme ou pour le compte de fonds fiduciaires ou de tout autre instrument de gestion d'un patrimoine d'affectation dont l'identité des constituants ou des bénéficiaires n'est pas connue.

« Un décret pourra étendre l'obligation de déclaration mentionnée au premier alinéa aux opérations pour compte propre ou pour compte de tiers effectuées par les organismes financiers avec des personnes physiques ou morales, y compris leurs filiales ou établissements, domiciliées, enregistrées ou établies dans l'ensemble des États ou territoires dont la législation est reconnue insuffisante ou dont les pratiques sont considérées comme faisant obstacle à la lutte contre le blanchiment des capitaux par l'instance internationale de concertation et de coordination en matière de lutte contre le blanchiment d'argent. Ce décret fixera le montant minimum des opérations soumises à déclaration. » – *V. art. R. 562-1 s., infra.*

Les dispositions issues de la loi n° 2004-204 du 9 mars 2004 (JO 10 mars) sont entrées en vigueur le 1er oct. 2004 (art. 207-I).

V. note 2 ss. art. L. 563-3, *infra*.

L. 562-2-1 *(L. n° 2004-130 du 11 févr. 2004, art. 70-II)* Les personnes mentionnées au 12 de l'article L. 562-1 sont tenues de procéder à la déclaration prévue à l'article L. 562-2 lorsque, dans le cadre de leur activité professionnelle, elles réalisent au nom et pour le compte de leur client toute transaction financière ou immobilière ou lorsqu'elles participent en assistant leur client à la préparation ou à la réalisation des transactions concernant :

1° L'achat et la vente de biens immeubles ou de fonds de commerce ;

2° La gestion de fonds, titres ou autres actifs appartenant au client ;

3° L'ouverture de comptes bancaires, d'épargne ou de titres ;

4° L'organisation des apports nécessaires à la création de sociétés ;

5° La constitution, la gestion ou la direction des sociétés ;

6° La constitution, la gestion ou la direction de fiducies de droit étranger ou de toute autre structure similaire.

Les personnes mentionnées au 12 de l'article L. 562-1 dans l'exercice des activités relatives aux transactions visées ci-dessus et les experts-comptables lorsqu'ils effectuent des consultations juridiques conformément aux dispositions de l'article 22 de l'ordonnance n° 45-2138 du 19 septembre 1945 portant institution de l'ordre des experts-comptables et réglementant le titre et la profession d'expert-comptable ne sont pas tenus de procéder à la déclaration prévue à l'article L. 562-2 lorsque les informations ont été reçues d'un de leurs clients ou obtenues sur l'un d'eux, soit dans le cadre d'une consultation juridique sauf si celle-ci est fournie aux fins de blanchiment de capitaux ou si ces personnes y procèdent en sachant que leur client souhaite obtenir des conseils juridiques aux fins de blanchiment de capitaux, soit dans l'exercice de leur activité dans l'intérêt de ce client lorsque cette activité se rattache à une procédure juridictionnelle, que ces informations soient reçues ou obtenues avant, pendant ou après cette procédure, y compris dans le cadre de conseils relatifs à la manière d'engager ou d'éviter une telle procédure.

Par dérogation à l'article L. 562-2, l'avocat au Conseil d'État et à la Cour de cassation, l'avocat ou l'avoué près la cour d'appel communique la déclaration, selon le cas, au président de l'ordre des avocats au Conseil d'État et à la Cour de cassation, au bâtonnier de l'ordre auprès duquel l'avocat est inscrit ou au président de la compagnie dont relève l'avoué. Ces autorités transmettent, dans les délais et selon les modalités procédurales définis par décret en Conseil d'État, la déclaration qui leur a été remise par l'avocat ou l'avoué au service institué à l'article L. 562-4, sauf si elles considèrent qu'il n'existe pas de soupçon de blanchiment de capitaux. – *V. art. R. 562-2-2, infra.*

Dans ce cas, le président de l'ordre des avocats au Conseil d'État et à la Cour de cassation, le bâtonnier de l'ordre auprès duquel l'avocat est inscrit ou le président de la compagnie dont relève l'avoué informe l'avocat ou l'avoué des raisons pour lesquelles il a estimé ne pas devoir transmettre les informations qui lui avaient été communiquées par celui-ci. Le bâtonnier de l'ordre ou le président de la compagnie destinataire d'une déclaration qu'il n'a pas transmise au service institué à l'article L. 562-4 transmet les informations contenues dans cette déclaration au président du Conseil national des barreaux ou au président de la Chambre nationale des avoués. Cette transmission ne contient pas d'éléments relatifs à l'identification des personnes. Dans les mêmes conditions, le président de l'ordre des avocats au Conseil d'État et à la Cour de cassation, le président du Conseil national des barreaux et le président de la Chambre nationale des avoués font rapport au garde des sceaux, ministre de la justice, selon une périodicité définie par décret en Conseil d'État, sur les situations n'ayant pas donné lieu à communication des déclarations. – *V. infra, art. R. 562-2-3.*

Le service institué à l'article L. 562-4 est rendu destinataire de ces informations par le garde des sceaux, ministre de la justice.

Dern. al. abrogé par Ord. n° 2006-60 du 19 janv. 2006, art. 6-IV.

BIBL. ▶ P. MOUSSERON, *JCP E 2004, n° 24, p. 948* (le blanchiment sociétaire).

L. 562-3 Toute information de nature à modifier l'appréciation portée par l'organisme financier *(L. n° 2001-420 du 15 mai 2001)* « ou la personne visés à l'article L. 562-1 » lors de la déclaration prévue à l'article L. 562-2 doit être immédiatement portée à la connaissance du service institué à l'article L. 562-4. – *[L. n° 90-614 du 12 juill. 1990, art. 4].*

L. 562-4 Un service, placé sous l'autorité du ministre chargé de l'économie, reçoit la déclaration prévue à l'article L. 562-2. Ce service est composé d'agents publics de l'État spécialement habilités par le ministre, dans les conditions fixées par décret en Conseil d'État. Ce service recueille et rassemble tous renseignements propres à établir l'origine des sommes ou la nature des opérations *(L. n° 2004-204 du 9 mars 2004, art. 33-VIII)* « ayant fait l'objet d'une déclaration mentionnée à l'article L. 562-2, de l'examen particulier prévu à l'article L. 563-3 ou d'une information mentionnée à l'article L. 563-5 ». Dès que les informations recueillies mettent en évidence des faits susceptibles de relever du trafic de stupéfiants ou *(L. n° 2001-420 du 15 mai 2001)* « d'activités criminelles organisées » *(L. n° 2004-204 du 9 mars 2004, art. 33-VII)* « ou du financement du terrorisme », il en réfère au procureur de la République en lui précisant, le cas échéant, que l'administration des douanes a été saisie en vue de procéder

à des investigations pour la recherche et la constatation de l'infraction prévue à l'article 415 du code des douanes. – *[L. n° 90-614 du 12 juill. 1990, art. 5].*

(L. n° 2001-420 du 15 mai 2001) **« Le procureur de la République transmet au service mentionné ci-dessus toutes les décisions définitives prononcées dans les affaires ayant fait l'objet d'une déclaration de soupçon, en application du présent titre. »**

Les dispositions issues de la loi n° 2004-204 du 9 mars 2004 (JO 10 mars) entrent en vigueur le 1er oct. 2004 (art. 207-I).

En matière de monnaie électronique, V. le Règl. CRBF n° 2002-13, homologué par Arr. du 10 janv. 2003 (JO 1er févr.).

L. 562-5 Sous réserve des dispositions de l'article L. 562-6, le service institué à l'article L. 562-4 accuse réception de la déclaration dans le délai d'exécution de l'opération. Il peut former opposition à l'exécution de l'opération. Celle-ci est alors reportée pour une durée n'excédant pas douze heures.

Si l'accusé de réception n'est pas assorti d'une opposition, ou si, au terme du délai ouvert par l'opposition, aucune décision du président du tribunal de grande instance de Paris ou, le cas échéant, du juge d'instruction, n'est parvenue à l'organisme financier ou à la personne *(L. n° 2001-420 du 15 mai 2001)* **« visés à l'article L. 562-1 » qui a effectué la déclaration, l'opération peut être exécutée.**

La déclaration porte sur des opérations déjà exécutées lorsqu'il a été impossible de surseoir à leur exécution. Il en est de même lorsqu'il est apparu postérieurement à la réalisation de l'opération que *(L. n° 2001-420 du 15 mai 2001)* **« les sommes pourraient provenir du trafic de stupéfiants ou d'activités criminelles organisées »** *(L. n° 2004-204 du 9 mars 2004, art. 33-VII)* **« ou du financement du terrorisme ». Le service institué à l'article L. 562-4 accuse réception de ces déclarations.**

Le président du tribunal de grande instance de Paris peut, sur requête du service institué à l'article L. 562-4 après avis du procureur de la République près le tribunal de grande instance de Paris, proroger le délai prévu au premier alinéa du présent article ou ordonner le séquestre provisoire des fonds, comptes ou titres concernés par la déclaration. Le procureur de la République près le tribunal de grande instance de Paris peut présenter une requête ayant le même objet. L'ordonnance qui fait droit à la requête est exécutoire sur minute avant toute notification à la personne concernée par la déclaration. – *[L. n° 90-614 du 12 juill. 1990, art. 6].*

Les dispositions issues de la loi n° 2004-204 du 9 mars 2004 (JO 10 mars) entrent en vigueur le 1er oct. 2004 (art. 207-I).

L. 562-6 La déclaration peut être verbale ou écrite. *(L. n° 2001-420 du 15 mai 2001)* **« L'organisme financier ou la personne visés à l'article L. 562-1 peuvent » demander que le service institué à l'article L. 562-4 n'accuse pas réception de la déclaration. Dans le cas où ce service saisit le procureur de la République, la déclaration, dont ce dernier est avisé, ne figure pas au dossier de la procédure.** – *[L. n° 90-614 du 12 juill. 1990, art. 6 bis].*

(L. n° 2004-204 du 9 mars 2004, art. 33-IX) **« Lorsque, sur le fondement d'une déclaration faite conformément aux articles L. 562-2, L. 563-1, L. 563-1-1 et L. 563-3 à L. 563-5, le service institué à l'article L. 562-4 a saisi le procureur de la République, il en informe, selon des modalités fixées par décret en Conseil d'État, l'organisme financier ou la personne qui a effectué la déclaration. »** – *V. infra, art. R. 564-4.*

Les dispositions issues de la loi n° 2004-204 du 9 mars 2004 (JO 10 mars) entrent en vigueur le 1er oct. 2004 (art. 207-I).

L. 562-7 Lorsque, par suite soit d'un grave défaut de vigilance, soit d'une carence dans l'organisation de ses procédures internes de contrôle, un organisme financier *(L. n° 2001-420 du 15 mai 2001)* **« ou une personne visés à l'article L. 562-1 » a omis de faire** *(L. n° 2001-420 du 15 mai 2001)* **« les obligations découlant du présent titre », l'autorité ayant pouvoir disciplinaire engage une procédure sur le fondement des règle-**

ments professionnels ou administratifs et en avise le procureur de la République. – *[L. nº 90-614 du 12 juill. 1990, art. 7].*

L. 562-8 Pour les sommes ou les opérations ayant fait l'objet de la déclaration mentionnée à l'article L. 562-2, aucune poursuite fondée sur les articles 226-13 et 226-14 du code pénal *[secret professionnel]* ne peut être intentée contre les dirigeants et les préposés de l'organisme financier *(L. nº 2001-420 du 15 mai 2001)* « ou contre les autres personnes visés à l'article L. 562-1 » qui, de bonne foi, ont effectué cette déclaration.

Aucune action en responsabilité civile ne peut être intentée ni aucune sanction professionnelle prononcée contre un organisme financier, ses dirigeants ou ses préposés *(L. nº 2001-420 du 15 mai 2001)* « ou contre une autre personne visés à l'article L. 562-1 » qui ont fait de bonne foi la déclaration mentionnée à l'article L. 562-2. En cas de préjudice résultant directement d'une telle déclaration, l'État répond du dommage subi.

Les dispositions du présent article s'appliquent même si la preuve du caractère délictueux des faits à l'origine de la déclaration n'est pas rapportée ou si ces faits ont fait l'objet d'une décision de non-lieu, de relaxe ou d'acquittement.

Lorsque l'opération a été exécutée comme il est prévu à l'article L. 562-5 et sauf concertation frauduleuse avec le propriétaire des sommes ou l'auteur de l'opération, l'organisme financier est dégagé de toute responsabilité, et aucune poursuite pénale ne peut être engagée de ce fait contre ses dirigeants ou ses préposés par application des articles 222-34 à 222-41, 321-1, 321-2, 321-3 et 324-1 du code pénal ou de l'article 415 du code des douanes. *(L. nº 2001-420 du 15 mai 2001)* « Les autres personnes visées à l'article L. 562-1 sont également dégagées de toutes responsabilités. » – *[L. nº 90-614 du 12 juill. 1990, art. 8 et 9].*

1. Une banque, ayant refusé d'accepter un virement et dont la responsabilité a été mise en cause par le donneur d'ordre, ne peut pas utilement invoquer les dispositions du 2e al. de l'art. L. 562-8 exonérant de toute responsabilité civile les banques qui ont, de bonne foi, fait une déclaration de soupçon, dans la mesure où, si les dispositions du code monétaire et financier donnent le pouvoir à Tracfin de s'opposer à l'exécution d'une opération, elles ne prévoient pas la possibilité pour une banque de refuser de sa propre initiative une telle exécution. • Paris, 9 avr. 2004 : *JCP E 2005, nº 21, p. 864, obs. Coudert ; RD banc. fin. 2004, nº 187, obs. Crédot et Gérard ; RJDA 2004, nº 1028 ; Bull. Joly Bourse 2004. 477, note Ducouloux-Favard.*

2. Pour une application de l'al. 4 de l'art. L. 562-8, V. • Crim. 3 déc. 2003 : *Bull. crim. nº 234 ; AJ Pénal 2004. 116, obs. Girault ; JCP 2004. II. 10066, note Cutajar ; ibid. I. 157, obs. Véron ; Dr. et patr. avr. 2004, p. 129, obs. P. Mousseron ; RSC 2004. 636, obs. Fortis .*

L. 562-9 *Abrogé par L. nº 2001-420 du 15 mai 2001, art. 33-III.*

L. 562-10 *(L. nº 2001-420 du 15 mai 2001)* Le service institué à l'article L. 562-4 anime un comité de liaison de la lutte contre le blanchiment des produits des crimes et des délits *(L. nº 2006-64 du 23 janv. 2006, art. 23-I)* « et de la lutte contre le financement des activités terroristes » qui réunit, dans des conditions fixées par décret, les professions mentionnées à l'article L. 562-1, les autorités de contrôle et les services de l'État concernés. – *V. C. mon. fin., art. D. 562-12 s.*

CHAPITRE III *Autres obligations de vigilance*

L. 563-1 Les organismes financiers *(L. nº 2004-130 du 11 févr. 2004, art. 70-IV)* « ou les personnes visées à l'article L. 562-1 doivent, avant de nouer une relation contractuelle ou d'assister leur client dans la préparation ou la réalisation d'une transaction, » s'assurer de l'identité de leur cocontractant par la présentation de tout document écrit probant. Ils s'assurent dans les mêmes conditions de l'identité de leur client occasionnel qui leur demande de faire des opérations dont la nature et le montant sont fixés par décret en Conseil d'État. *(L. nº 2004-130 du 11 févr. 2004, art. 70-IV)* « Les per-

sonnes visées au 8 de l'article L. 562-1 satisfont à cette obligation en appliquant les mesures prévues à l'article *(L. nº 2006-64 du 23 janv. 2006, art. 23-III)* **« L. 565-1 ».** – *V. infra, art. R. 563-1.*

(L. nº 2004-130 du 11 févr. 2004, art. 70-IV) **« Ils se renseignent sur l'identité véritable des personnes avec lesquelles ils nouent une relation contractuelle ou qui demandent leur assistance dans la préparation ou la réalisation d'une transaction lorsqu'il leur apparaît que ces personnes pourraient ne pas agir pour leur propre compte.**

« Les organismes financiers et les personnes mentionnés à l'article L. 562-1 prennent les dispositions spécifiques et adéquates, dans les conditions définies par un décret, nécessaires pour faire face au risque accru de blanchiment de capitaux qui existe lorsqu'elles nouent des relations contractuelles avec un client qui n'est pas physiquement présent aux fins de l'identification ou lorsqu'elles l'assistent dans la préparation ou la réalisation d'une transaction. »

BIBL. ▸ LASSERRE CAPDEVILLE, *Banque et Droit mars-avr. 2005. 11* (que reste-t-il du devoir de non-ingérence du banquier ?).

Un émetteur d'un bon au porteur ne peut s'exonérer de son obligation de remboursement, en l'absence de toute opposition régulière, que dans l'hypothèse d'un détournement de propriété du bon litigieux, la seule circonstance que le porteur n'agit pas pour son compte et refuse de fournir les renseignements requis par l'art. 12 de la loi nº 90-614 du 12 juill. 1990 [C. mon. fin., art. L. 563-1] étant insuffisante pour caractériser un tel risque et rendre l'obligation sérieusement contestable. • Com. 21 janv. 2004 : *D. 2004. IR. 609 ; JCP E 2004, nº 12, p. 443 ; Dr. sociétés 2004, nº 88, obs. Bonneau* (violation de l'art. 873, al. 2 NCPC). – V. cet art., *infra*, vº *Tribunaux de commerce*.

L. 563-1-1 *(L. nº 2001-420 du 15 mai 2001)* **Pour assurer l'application des recommandations émises par l'instance internationale de concertation et de coordination en matière de lutte contre le blanchiment d'argent, le Gouvernement peut, pour des raisons d'ordre public et par décret en Conseil d'État, soumettre à des conditions spécifiques, restreindre ou interdire tout ou partie des opérations réalisées pour leur propre compte ou pour compte de tiers par les organismes financiers établis en France avec des personnes physiques ou morales mentionnées au sixième alinéa de l'article L. 562-2 ou domiciliées, enregistrées ou ayant un compte auprès d'un établissement situé dans un État ou territoire mentionné au septième alinéa du même article.**

L. 563-2 **Les dispositions de l'article L. 563-1 s'appliquent aux bons et titres mentionnés à l'article 990 A du code général des impôts.**

Le régime fiscal de ces bons et titres est maintenu.

Les dispositions du deuxième alinéa de l'article 537 du code général des impôts ne font pas obstacle à l'application de l'article L. 563-1. Toutefois les informations mentionnées à cet article sont portées sur un registre distinct du registre institué par l'article 537 du code général des impôts. Dès lors que le client n'a pas autorisé l'organisme financier à communiquer son identité et son domicile fiscal à l'administration fiscale, le droit de communication prévu aux articles L. 83, L. 85, L. 87 et L. 89 du Livre des procédures fiscales ne s'applique ni au registre ainsi institué par le présent article ni aux documents justificatifs mentionnés au premier alinéa de l'article L. 563-1 établis à raison des transactions sur les bons, titres et valeurs mentionnés à l'article 990 A et au deuxième alinéa de l'article 537 du code général des impôts. – *[L. nº 90-614 du 12 juill. 1990, art. 13, al. 1er à 3].*

L. 563-3 **Toute opération importante portant sur des sommes dont le montant unitaire ou total est supérieur à une somme fixée par décret en Conseil d'État et qui, sans entrer dans le champ d'application de l'article L. 562-2, se présente dans des conditions inhabituelles de complexité et ne paraît pas avoir de justification économique ou d'objet licite, doit faire l'objet de la part de l'organisme financier** *(L. nº 2004-130 du 11 févr. 2004, art. 70-V)* **« ou de la personne mentionnés à l'article L. 562-1 » d'un examen particulier. En ce cas, l'organisme financier** *(L. nº 2004-130 du 11 févr. 2004,* *art. 70-V)* « **ou la personne mentionnés à l'article L. 562-1** » **se renseigne auprès du client sur l'origine et la destination de ces sommes ainsi que sur l'objet de la transaction et l'identité de la personne qui en bénéficie.** – *V. infra, art. R. 563-2.*

Les caractéristiques de l'opération sont consignées par écrit et conservées par l'organisme financier *(L. n° 2004-130 du 11 févr. 2004, art. 70-V)* « **ou la personne mentionnés à l'article L. 562-1** » **dans les conditions prévues à l'article L. 563-4. Le service institué à l'article L. 562-4 et l'autorité de contrôle peuvent seuls obtenir communication de ce document et des pièces qui s'y rattachent.**

L'organisme financier *(L. n° 2004-130 du 11 févr. 2004, art. 70-V)* « **ou la personne mentionnés à l'article L. 562-1** » **doit s'assurer que les obligations définies par l'alinéa précédent sont appliquées par ses succursales ou sociétés filiales dont le siège est à l'étranger, à moins que la législation locale y fasse obstacle, auquel cas** *(L. n° 2004-130 du 11 févr. 2004, art. 70-V)* « **ils en informent** » **le service institué à l'article L. 562-4.** – *[L. n° 90-614 du 12 juill. 1990, art. 14].*

1. L'obligation de vigilance imposée aux organismes financiers en application de l'art. L. 563-3 n'a pour seule finalité que la détection de transaction portant sur des sommes en provenance du trafic de stupéfiants ou d'activités criminelles organisées. Par ailleurs, aux termes des art. L. 563-5 et L. 563-6 C. mon. fin., la méconnaissance de l'obligation de l'examen particulier de certaines opérations importantes est sanctionnée disciplinairement ou administrativement par l'autorité ayant pouvoir disciplinaire. Enfin, seuls le service institué à l'art. L. 562-4 C. mon. fin., et l'autorité de contrôle peuvent obtenir communication des pièces qui se rattachent à ces opérations et ces informations ne peuvent être recueillies à d'autres fins que celles prévues au titre de la lutte contre le blanchiment des capitaux. Il en résulte que la victime d'agissements frauduleux (chèque falsifié) ne peut se prévaloir de l'inobservation résultant de ces textes pour réclamer des dommages-intérêts à l'établissement financier. • Com. 28 avr. 2004 : *Bull. civ. IV, n° 72 ; D. 2004. AJ. 1380, obs. Avena-Robardet ; D. 2006. Pan. 159, obs. Synvet ; Petites affiches 28 mai 2004, p. 5, rapp. Cohen-Branche ; ibid. 20 juill. 2004, p. 19, note Tchotourian ; JCP E 2004, n° 23, p. 913, note Stoufflet ; JCP 2004. II. 10105, note Cutajar ; RD banc. fin. 2004, n° 154, obs. Crédot et Gérard ; Banque et Droit juill.-août 2004. 56, obs. Bonneau ; RTD com. 2004. 577, obs. Cabrillac ; RJDA 2004, n° 1150.* – V. aussi Boucard, *RD banc. fin. 2004. 273.* ♦ ... Cassation de l'arrêt qui avait jugé que l'opération qui a consisté à remettre un chèque d'un montant (supérieur à un million de francs) sans commune mesure avec ceux habituellement déposés puis à effectuer des décaissements en un seul jour, pour des montants supérieurs à ceux pratiqués habituellement à l'aide d'un mode de paiement jamais utilisé auparavant, se présentant pour le client dans des conditions inhabituelles de complexité et ne paraissant pas avoir de justification économique, nécessite les vérifications imposées par l'art. L. 563-3. • Paris, 5 mars 2002 : *D. 2003. Somm. 337, obs. Synvet ; ibid. 2002. AJ. 1897, obs. Avena-Robardet ; Banque et Droit juill.-août 2002. 53, obs. Guillot ; Bull. Joly bourse 2002. 333, note Cutajar ; RTD com. 2002. 713, obs. Cabrillac ; RD banc. fin. 2002, n° 171, obs. Crédot et Gérard.*

En revanche, s'agissant d'une série d'opérations ne présentant pas un caractère de complexité inhabituel, les dépôts de chèque constituant des opérations simples et banales de la pratique bancaire, et dont aucune n'atteignait le montant d'un million de francs fixé par le Décr. du 13 févr. 1991 [C. mon. fin., art. R. 563-2], la banque n'avait pas à procéder à un examen particulier tel que prescrit plus particulièrement par l'art. L. 563-3. • Versailles, 3 avr. 2003 : *RD banc. fin. 2004, n° 2, obs. Crédot et Gérard ; Banque et Droit sept.-oct. 2004. 89, obs. Guillot.*

2. Si les vérifications imposées par l'art. L. 563-3 ne permettent pas d'établir l'origine licite des sommes, l'organisme financier, qui ne peut alors exclure que ces sommes puissent provenir du trafic de stupéfiants ou de l'activité d'organisations criminelles, doit procéder à la déclaration exigée par l'art. L. 562-2 C. mon. fin., alors même que ce dernier ne gérait pas les comptes de ses clients et agissait principalement pour le compte d'autre organisme financier également soumis aux mêmes dispositions. • CE 31 mars 2004 : *JCP E 2004, n° 18, p. 690 ; RD banc. fin. 2004, n° 188, obs. Crédot et Gérard ; Bull. Joly Bourse 2004. 627, note Cutajar.*

L. 563-4 Sans préjudice des dispositions édictant des obligations plus contraignantes, les organismes financiers *(L. n° 2004-130 du 11 févr. 2004, art. 70-VI)* « **et les personnes mentionnés à l'article L. 562-1** » **conservent pendant cinq ans à compter de la**

clôture de leurs comptes ou de la cessation de leurs relations avec eux les documents relatifs à l'identité de leurs clients habituels ou occasionnels. Ils conservent également les documents relatifs aux opérations faites par ceux-ci pendant cinq ans à compter de leur exécution.

Pour l'application du présent titre, le service institué à l'article L. 562-4 et l'autorité de contrôle peuvent demander que ces pièces leur soient communiquées, dans le but de reconstituer l'ensemble des transactions faites par une personne physique ou morale et liées à une opération ayant fait l'objet d'une déclaration mentionnée à l'article L. 562-2 *(L. n° 2001-420 du 15 mai 2001)* « , de l'examen particulier prévu à l'article L. 563-3 ou d'une information mentionnée à l'article L. 563-5, ainsi que dans le but de renseigner, dans les conditions prévues à l'article *(L. n° 2006-64 du 23 janv. 2006, art. 23-III)* « L. 562-2 », les services des autres États exerçant des compétences analogues. – *[L. n° 90-614 du 12 juill. 1990, art. 15].*

L. 563-5 Sans préjudice de l'application de l'article 40 du code de procédure pénale, les informations recueillies par le service institué à l'article L. 562-4 et les autorités de contrôle en application des articles L. 562-2, L. 563-2 à L. 563-4 ne peuvent être utilisées à d'autre fins que celles prévues par le présent titre.

Leur divulgation est interdite. Sous réserve que ces informations soient en relation avec les faits mentionnés à l'article L. 562-2, le service institué à l'article L. 562-4 est toutefois autorisé à communiquer les informations recueillies à des officiers de police judiciaire désignés par le ministre de l'intérieur dans les conditions fixées par décret en Conseil d'État, ainsi qu'aux autorités de contrôle. Il peut également communiquer ces informations au service des douanes. *(L. n° 2001-420 du 15 mai 2001)* « Il peut recevoir des officiers de police judiciaire et des autorités de contrôle, ainsi que des administrations de l'État, des collectivités territoriales » *(L. n° 2004-204 du 9 mars 2004, art. 33-X)* « , des établissements publics et des organismes visés à l'article L. 134-1 du code des juridictions financières » *(L. n° 2001-420 du 15 mai 2001)* « , toutes les informations nécessaires à l'accomplissement de sa mission. » – *[L. n° 90-614 du 12 juill. 1990, art. 16].*

Les dispositions issues de la loi n° 2004-204 du 9 mars 2004 (JO 10 mars) entrent en vigueur le 1er oct. 2004 (art. 207-I).

L. 563-6 Lorsque par suite soit d'un grave défaut de vigilance, soit d'une carence dans l'organisation de ses procédures internes de contrôle, un organisme financier *(L. n° 2004-130 du 11 févr. 2004, art. 70-VII)* « ou une personne mentionnés à l'article L. 562-1 » a méconnu les obligations que lui impose le présent chapitre, l'autorité ayant pouvoir disciplinaire peut agir d'office dans les conditions prévues par les règlements professionnels ou administratifs. – *[L. n° 90-614 du 12 juill. 1990, art. 17].*

CHAPITRE IV *Obligations relatives à la lutte contre le financement des activités terroristes*

(L. n° 2006-64 du 23 janv. 2006, art. 23)

BIBL. ▶ BOUTEILLER, *RLDA mars 2006. 29* (procédure administrative de gel des avoirs bancaires).

L. 564-1 *(L. n° 2006-64 du 23 janv. 2006, art. 23-I)* Les organismes financiers et personnes mentionnés aux 1 à 5 et au 7 de l'article L. 562-1, qui détiennent ou reçoivent des fonds, instruments financiers et ressources économiques, sont tenus d'appliquer les mesures de gel ou d'interdiction prises en vertu du présent chapitre.

Pour l'application du présent chapitre, on entend par fonds, instruments financiers et ressources économiques les avoirs de toute nature, corporels ou incorporels, mobiliers ou immobiliers, acquis par quelque moyen que ce soit, et les documents ou instruments légaux sous quelque forme que ce soit, y compris sous forme électronique ou numérique, qui prouvent un droit de propriété ou un intérêt sur ces avoirs, incluant, notamment, les crédits bancaires, les chèques de voyage, les chèques bancaires, les mandats, les actions, les titres, les obligations, les traites et les lettres de crédit. – *Sur les sanctions, V. art. L. 574-3, infra.*

L. 564-2 *(L. n° 2006-64 du 23 janv. 2006, art. 23-I)* Sans préjudice des mesures restrictives spécifiques prises en application de règlements du Conseil de l'Union européenne et des mesures prononcées par l'autorité judiciaire, le ministre chargé de l'économie peut décider le gel, pour une durée de six mois, renouvelable, de tout ou partie des fonds, instruments financiers et ressources économiques détenus auprès des organismes et personnes mentionnés à l'article L. 564-1 qui appartiennent à des personnes physiques ou morales qui commettent, ou tentent de commettre, des actes de terrorisme, définis comme il est dit au 4 de l'article 1er du règlement (CE) n° 2580/2001 du Conseil, du 27 décembre 2001, concernant l'adoption de mesures restrictives spécifiques à l'encontre de certaines personnes et entités dans le cadre de la lutte contre le terrorisme, les facilitent ou y participent et à des personnes morales détenues par ces personnes physiques ou contrôlées, directement ou indirectement, par elles au sens des 5 et 6 de l'article 1er du règlement (CE) n° 2580/2001 du Conseil, du 27 décembre 2001, précité. Les fruits produits par les fonds, instruments et ressources précités sont également gelés.

Le gel des fonds, instruments financiers et ressources économiques détenus auprès des organismes et personnes mentionnés à l'article L. 564-1 s'entend comme toute action visant à empêcher tout mouvement, transfert ou utilisation de fonds, instruments financiers et ressources économiques qui auraient pour conséquence un changement de leur montant, de leur localisation, de leur propriété, de leur nature ou toute autre modification qui pourrait en permettre l'utilisation par les personnes faisant l'objet de la mesure de gel.

Le ministre chargé de l'économie peut également décider d'interdire, pour une durée de six mois renouvelable, tout mouvement ou transfert de fonds, instruments financiers et ressources économiques au bénéfice des personnes physiques ou morales mentionnées au premier alinéa.

Les décisions du ministre arrêtées en application du présent article sont publiées au *Journal officiel* et exécutoires à compter de la date de cette publication.

L. 564-3 *(L. n° 2006-64 du 23 janv. 2006, art. 23-I)* Les mesures de gel ou d'interdiction prises en vertu du présent chapitre s'imposent à toute personne copropriétaire des fonds, instruments et ressources précités, ainsi qu'à toute personne titulaire d'un compte joint dont l'autre titulaire est une personne propriétaire, nue-propriétaire ou usufruitière mentionnée au premier alinéa de l'article L. 564-2.

Ces mesures sont opposables à tout créancier et à tout tiers pouvant invoquer des droits sur les fonds, instruments financiers et ressources économiques considérés même si l'origine de ces créances ou autres droits est antérieure à la publication de l'arrêté.

Les mesures mentionnées au troisième alinéa de l'article L. 564-2 s'appliquent aux mouvements ou transferts de fonds, instruments financiers et ressources économiques dont l'ordre d'exécution a été émis antérieurement à la date de publication de la décision d'interdiction.

L. 564-4 *(L. n° 2006-64 du 23 janv. 2006, art. 23-I)* Le secret bancaire ou professionnel ne fait pas obstacle à l'échange d'informations entre les organismes et personnes mentionnés à l'article L. 564-1 et les services de l'État chargés de mettre en œuvre une mesure de gel ou d'interdiction de mouvement ou de transfert des fonds, des instruments financiers et des ressources économiques lorsque ces informations visent à vérifier l'identité des personnes concernées directement ou indirectement par cette mesure. Les informations fournies ou échangées ne peuvent être utilisées qu'à ces fins.

Les services de l'État chargés de mettre en œuvre une mesure de gel ou d'interdiction de mouvement ou de transfert des fonds, des instruments financiers et ressources éco-

nomiques et les autorités d'agrément et de contrôle des organismes et personnes mentionnés à l'article L. 564-1 sont autorisés à échanger les informations nécessaires à l'exercice de leurs missions respectives.

L. 564-5 *(L. n° 2006-64 du 23 janv. 2006, art. 23-I)* **L'État est responsable des conséquences dommageables de la mise en œuvre de bonne foi, par les organismes financiers et les personnes mentionnés à l'article L. 564-1, leurs dirigeants ou leurs préposés, des mesures de gel ou d'interdiction mentionnées à l'article L. 564-2. Aucune sanction professionnelle ne peut être prononcée à l'encontre de ces organismes et ces personnes, leurs dirigeants ou leurs préposés.**

L. 564-6 *(L. n° 2006-64 du 23 janv. 2006, art. 23-I)* **Un décret en Conseil d'État fixe les conditions d'application des dispositions du présent chapitre, notamment les conditions dans lesquelles les organismes et les personnes mentionnés à l'article L. 564-1 sont tenus d'appliquer les mesures de gel ou d'interdiction de mouvement ou de transfert des fonds, instruments financiers et ressources économiques prises en vertu du présent chapitre.**

CHAPITRE V ***Dispositions diverses*** *(L. n° 2006-64 du 23 janv. 2006, art. 23-I).*

L. 565-1 **Les casinos qui échangent des moyens de paiement, des jetons ou plaques ou qui acceptent les jetons ou plaques d'autres casinos sont tenus d'enregistrer les noms et adresses des joueurs qui échangent ou apportent des jetons et plaques pour une somme supérieure à un montant fixé par décret.** *— [L. n° 90-614 du 12 juill. 1990, art. 18]. — V. infra, art. D. 564-2.*

(L. n° 2004-204 du 9 mars 2004, art. 33-VI) **« Les groupements, cercles et sociétés organisant des jeux de hasard, des loteries, des paris, des pronostics sportifs ou hippiques sont tenus de s'assurer, par la présentation de tout document écrit probant, de l'identité des joueurs gagnant des sommes supérieures à un montant fixé par décret et d'enregistrer les noms et adresses de ces joueurs, ainsi que le montant des sommes qu'ils ont gagnées. Ces données doivent être conservées pendant cinq ans. »** *— V. infra, art. D. 564-3.*

L'art. L. 565-1 est l'ancien art. L. 564-1 (L. n° 2006-64 du 23 janv. 2006, art. 23-I).

Le 2e alinéa de l'art. L. 565-1 est entré en vigueur le 1er oct. 2004 (L. n° 2004-204 du 9 mars 2004, art. 207-I).

L. 565-2 **Dans le respect des dispositions législatives et des conventions internationales applicables en matière de protection de la vie privée et de communication des données à caractère nominatif, le service institué à l'article L. 562-4 peut communiquer, aux autorités des autres États exerçant des compétences analogues, les informations qu'il détient sur des opérations qui paraissent avoir pour objet le placement, la dissimulation, la conversion ou le transfert de sommes provenant de l'une des infractions prévues aux articles 222-34 à 222-39 et 324-1 du code pénal ou à l'article 415 du code des douanes, sous réserve de réciprocité et à condition que les autorités étrangères compétentes soient soumises aux mêmes obligations de secret professionnel que le service susmentionné.**

Cette communication ne peut être accordée si une procédure pénale a déjà été engagée en France sur la base des mêmes faits ou si cette communication porte atteinte à la souveraineté, à la sécurité, aux intérêts essentiels de la France ou à l'ordre public. *— [L. n° 90-614 du 12 juill. 1990, art. 22].*

L'art. L. 565-2 est l'ancien art. L. 564-2 (L. n° 2006-64 du 23 janv. 2006, art. 23-I).

L. 565-3 **Un décret en Conseil d'État fixe les conditions d'application du présent titre, sans préjudice des règlements professionnels ou administratifs prévus par les législa-**

tions applicables aux organismes financiers *(L. n° 2004-130 du 11 févr. 2004, art. 70-VIII)* **« et aux personnes » mentionnés à l'article L. 562-1.** – *V. infra, art. R. 562-1.*

(L. n° 2003-706 du 1er août 2003, art. 43) **« Pour l'application du présent titre :**

« 1° La Commission bancaire » exerce le contrôle et le pouvoir disciplinaire sur les entreprises mentionnées au 5 de l'article L. 562-1. Elle peut prononcer les sanctions prévues à l'article L. 613-21.

(L. n° 2003-706 du 1er août 2003, art. 43) **« 2° » L'inspection générale des finances exerce le contrôle sur la caisse des dépôts et consignations et** *(L. n° 2005-516 du 20 mai 2005, art. 16-IV)* **« La Poste ». Le résultat des investigations de l'inspection générale des finances est porté à la connaissance, selon le cas, de la commission de surveillance de la caisse des dépôts et consignations ou de la commission supérieure prévue** *(Ord. n° 2005-429 du 6 mai 2005, art. 74)* **« à l'article L. 125 du code des postes et des communications électroniques ».** – *[L. n° 90-614 du 12 juill. 1990, art. 24]. – V. infra, art. R. 564-1.*

(L. n° 2003-706 du 1er août 2003, art. 43) **« 3° L'Autorité des marchés financiers exerce le contrôle et le pouvoir de sanction sur les organismes de placement collectif en valeurs mobilières mentionnés au 1 du I de l'article L. 214-1, sur les sociétés de gestion d'organismes de placements collectifs mentionnées au II de l'article L. 214-1, sur les intermédiaires en biens divers mentionnés au titre V du présent livre, sur les personnes habilitées à procéder au démarchage mentionnées aux articles L. 341-3 et L. 341-4 et sur les conseillers en investissements financiers. »**

L'art. L. 565-3 est l'ancien art. L. 564-3 (L. n° 2006-64 du 23 janv. 2006, art. 23-I).

TITRE VII Dispositions pénales

L. 570-1 *(Ord. n° 2005-429 du 6 mai 2005, art. 2)* **Le fait, pour toute personne physique, de méconnaître l'une des incapacités prescrites par l'article L. 500-1 est puni de trois ans d'emprisonnement et de trois cent soixante quinze mille euros d'amende.**

L. 570-2 *(Ord. n° 2005-429 du 6 mai 2005, art. 3)* **Quiconque est condamné en application de l'article L. 570-1 ne peut plus être employé, à quelque titre que ce soit, dans l'organisme dans lequel il exerçait des fonctions de direction, de gestion, d'administration ou de membre d'un organe collégial de contrôle ou dont il avait la signature, ainsi que dans toute filiale de cet organisme.**

Le fait, pour toute personne physique, de méconnaître l'incapacité prescrite au présent article est puni des peines prévues à l'article L. 570-1. Est puni des mêmes peines l'employeur ayant agi en connaissance de cause.

CHAPITRE PREMIER *Dispositions relatives aux établissements du secteur bancaire*

SECTION I *Dispositions générales*

L. 571-1 Les personnes morales peuvent être déclarées pénalement responsables, dans les conditions prévues par l'article 121-2 du code pénal, des infractions définies aux articles L. 571-3, L. 571-4, L. 571-6 à L. 571-9, L. 571-14 et L. 571-16.

Les peines encourues par les personnes morales sont :

1. L'amende suivant les modalités prévues par l'article 131-38 du code pénal ;

2. Les peines mentionnées à l'article 131-39 du code pénal.

L'interdiction mentionnée au 2° de l'article 131-39 du code pénal porte sur l'activité dans l'exercice ou à l'occasion de l'exercice de laquelle l'infraction a été commise. – *[L. n° 84-46 du 24 janv. 1984, art. 84-1].*

L. 571-2 Les autorités judiciaires saisies de poursuites relatives à des infractions prévues aux articles L. 571-3 à L. 571-9 et L. 571-14 à L. 571-16 peuvent, en tout état

de la procédure, demander à la commission bancaire tous avis et informations utiles. – *[L. n° 84-46 du 24 janv. 1984, art. 85, al. 1er].*

1. Partie civile. V. note 3 ss. art. L. 571-4.

2. Intervention accessoire du ministre. L'art. 85 [C. mon. fin., art. L. 571-2] ne prévoyant pas une action devant la juridiction civile aux fins d'annulation d'opérations de banque pratiquées par d'autres que les établissements de crédit, l'intervention du ministre de l'économie au soutien d'un pourvoi visant une opération financière pratiquée par une société est irrecevable. • Com. 1er oct. 1996 : *Bull. civ. IV, n° 218 ; D. 1997. 225, note D. Martin ; D. Affaires 1996. 1325 ; JCP E 1996. II. 892, note Bonneau ; ibid. 1998, n° 9, p. 319, obs. Gavalda et Stoufflet ; RTD com. 1997. 124, obs. Cabrillac.*

L. 571-3 Le fait, pour toute personne, de méconnaître l'une des interdictions prescrites par les articles L. 511-5 et L. 511-8 est puni de trois ans d'emprisonnement et de 375 000 € d'amende.

Le tribunal peut ordonner l'affichage ou la diffusion de la décision prononcée dans les conditions prévues par l'article 131-35 du code pénal. – *[L. n° 84-46 du 24 janv. 1984, art. 75].*

1. Exercice illégal. V. notes ss. art. L. 511-5.

2. Droit transitoire. V. • Crim. 16 déc. 1985 : *D. 1986. IR. 314, obs. Vasseur.*

L. 571-4 Le fait, pour tout dirigeant d'un établissement de crédit ou d'une des personnes morales ou filiales mentionnées à l'article L. 613-10, de ne pas répondre, après mise en demeure, aux demandes d'informations de la commission bancaire, de mettre obstacle de quelque manière que ce soit à l'exercice par celle-ci de sa mission de contrôle ou de lui communiquer des renseignements inexacts est puni d'un an d'emprisonnement et de 15 000 € d'amende.

Le fait pour les personnes mentionnées aux articles L. 511-33 et L. 511-34 de méconnaître le secret professionnel est sanctionné par les peines prévues aux articles 226-13 et 226-14 du code pénal. – *[L. n° 84-46 du 24 janv. 1984, art. 57 et 79].*

1. Caractère intentionnel. Si le délit de transmission de renseignements inexacts à la commission bancaire est un délit intentionnel, on ne saurait pour autant exiger du dirigeant un dol spécial. • Paris, 7 juin 1993 : *RTD com. 1994. 331, obs. Cabrillac et Teyssié.*

1 bis. Délégation de pouvoirs. BIBL. Dreyer, *D. 2004. 937* (les pouvoirs délégués afin d'exonérer pénalement le chef d'entreprise). ♦ Dès lors qu'est caractérisée une participation directe du directeur général adjoint d'un établissement de crédit à l'infraction de l'art. 79 [C. mon. fin., art. L. 571-4], les juges ne sont pas tenus de se prononcer sur les effets d'une délégation de pouvoirs invoquée, nécessairement inopérante. • Crim. 20 mars 1995 : *Bull. crim. n° 114 ; D. 1995. IR. 117.* ♦ Pour une violation du secret bancaire par un employé de banque, V. • Com. 5 oct. 2004 : *cité note 3 ss. art. L. 511-33.*

2. Montage frauduleux. Constituent les délits d'obstacle au contrôle de la commission bancaire et de communication à cet organisme de renseignements inexacts les agissements de dirigeants d'une banque consistant, après avertissement de cette commission relatif à une insuffisance des fonds propres nets au regard de la réglementation applicable à la division des risques notamment au sujet d'un groupe, à avoir organisé la création de quatre sociétés sans activité réelle contrôlées par les dirigeants de ce groupe, afin de donner l'apparence d'une conformité avec les impératifs de ratios. • Paris, 22 sept. 1993 : *D. 1994. Somm. 321, obs. Vasseur ; JCP E 1994. Pan. 38.* ♦ La complicité d'un des salariés de la banque est établie dès lors que par ses conseils techniques, il a sciemment aidé au montage des sociétés fictives et a participé à l'établissement des états trimestriels concernant les ratios de division des risques. • Même arrêt. ♦ Dans la même affaire, V., en première instance, • T. corr. Paris, 4 juill. 1991 : *D. 1992. Somm. 359, obs. Vasseur ; RTD com. 1991. 620, obs. Cabrillac et Teyssié.*

3. Constitution de partie civile de l'AFB. Est recevable la constitution de partie civile de l'Association Française des Banques s'il lui apparaît que les intérêts généraux ou collectifs de la profession bancaire se trouvent atteints directement, en l'occurrence par des agissements frauduleux pénalement répréhensibles sur le fondement de la loi du 24 janv. 1984 [C. mon. fin., art. L. 571-4]. • Paris, 22 sept. 1993 : *préc. note 2* (infirmant, sur ce point, • T. corr. Paris, 4 juill. 1991 : *préc. note 2*).

L. 571-5 Les dispositions des articles *(Ord. nº 2005-429 du 6 mai 2005, art. 75)* **« L. 820-5, L. 820-6 et L. 820-7 » du code de commerce sont applicables aux commissaires aux comptes de tous les établissements de crédit, des entreprises d'investissement et des compagnies financières, quelle que soit leur forme juridique.** – *[L. nº 84-46 du 24 janv. 1984, art. 79-1].*

L. 571-6 **Le fait, pour les dirigeants d'un établissement de crédit, de ne pas, pour chaque exercice, dresser l'inventaire, établir des comptes annuels et un rapport de gestion dans les conditions prévues à l'article L. 511-35 est puni de 15 000 € d'amende.** – *[L. nº 84-46 du 24 janv. 1984, art. 80].*

L. 571-7 **Le fait, pour les dirigeants d'un établissement de crédit, de ne pas provoquer la désignation des commissaires aux comptes de l'établissement ou de ne pas les convoquer à toute assemblée générale est puni de deux ans d'emprisonnement et de 30 000 € d'amende.**

Est puni de cinq ans d'emprisonnement et de 75 000 € d'amende, le fait, pour tout dirigeant d'un établissement de crédit ou pour toute personne au service de l'établissement, de mettre obstacle aux vérifications ou contrôles des commissaires aux comptes ou de leur refuser la communication sur place de toutes les pièces utiles à l'exercice de leur mission, et notamment de tous contrats, livres, documents comptables et registres de procès-verbaux. – *[L. nº 84-46 du 24 janv. 1984, art. 81].*

L. 571-8 **Le fait, pour les dirigeants d'un établissement de crédit, de ne pas publier les comptes annuels dans les conditions prévues à l'article L. 511-37 est puni d'une amende de 15 000 €.** – *[L. nº 84-46 du 24 janv. 1984, art. 82].*

L. 571-9 **Le fait, pour les dirigeants d'un établissement de crédit, de ne pas établir les comptes sous forme consolidée, conformément à l'article L. 511-36, est puni de 15 000 € d'amende.** – *[L. nº 84-46 du 24 janv. 1984, art. 83].*

SECTION II *Banques mutualistes ou coopératives*

SOUS-SECTION 1 *Les banques populaires*

L. 571-10 **Est puni des peines prévues par l'article 313-1 du code pénal le fait, pour toute entreprise autre que celles mentionnées à l'article L. 512-2, de faire usage, sous quelque forme que ce soit, du titre ou du qualificatif de « banque populaire ».** – *[L. du 7 août 1920, art. 3].*

SOUS-SECTION 2 *Le réseau des caisses d'épargne*

L. 571-11 **Est puni des peines prévues aux articles 313-1 et 313-2 du code pénal, le fait, pour toute personne, de méconnaître les interdictions prescrites à l'article L. 512-102.** – *[L. nº 99-532 du 25 juin 1999, art. 18 et C. caisses épargne, art. 4, al. 2 et 3].*

SECTION III *Caisses de crédit municipal*

L. 571-12 **Est puni de six mois d'emprisonnement et de 9 000 € d'amende le fait, pour toute personne, d'ouvrir ou de tenir une maison de prêts sur gages ou nantissement sans autorisation légale.**

Est puni des mêmes peines le fait, pour une personne ayant une autorisation, de ne pas tenir un registre conforme aux règlements, contenant de suite, sans aucun blanc ni

interligne, les sommes ou les objets prêtés, les noms, domicile et profession des emprunteurs, la nature, la qualité et la valeur des objets mis en nantissement.

Est puni des mêmes peines le fait d'acheter ou de vendre de façon habituelle des récépissés de nantissement de caisses de crédit municipal. – *[L. n° 66-1010 du 28 déc. 1966, art. 16-1]. – Pour le régime applicable avant le 1er mars 1994, V. anc. C. pén., art. 411.* – ***C. pén.***

L'art. 411 C. pén. (désormais abrogé) ne vise que ceux qui prêtent habituellement sur effets mobiliers, et ne saurait être étendu aux avances sur titres ou autres objets incorporels. • Crim. 15 avr. 1876 : *S. 1876. 1. 234, obs. Dupré-Lasale.*

Sur la qualification d'établissements publics de caractère administratif des caisses de crédit municipal, V. • T. confl. 22 sept. 2003 : *Bull. civ., n° 30 ; JCP E 2003, n° 47, p. 1838.* ♦ Sur les conditions d'expérience du directeur d'une caisse de crédit municipal, V. • CE 2 juill. 2004 : *RTD com. 2005. 57, obs. Orsoni ; RFD adm. 2004. 1036* • 7 juill. 2004 : *RTD com. 2005. 58, obs. Orsoni ; RFD adm. 2004. 1037 ; JCP E 2004, n° 37, p. 1367.*

SECTION IV *Sociétés de crédit-bail*

L. 571-13 **Est puni des peines prévues par l'article L. 571-3 le fait, pour toute personne, soit directement soit pour le compte d'une société, d'exercer les activités définies à l'article L. 515-2 sans se conformer aux dispositions du titre Ier du présent livre ou des règlements pris pour leur application.** – *[L. n° 66-455 du 2 juill. 1966, art. 4].*

SECTION V *Compagnies financières et compagnies financières holding mixtes (Ord. n° 2004-1201 du 12 nov. 2004, art. 7).*

L. 571-14 **Le fait, pour les dirigeants d'une compagnie financière** *(Ord. n° 2004-1201 du 12 nov. 2004, art. 7)* **« ou d'une compagnie financière holding mixte », de ne pas établir les comptes sous une forme consolidée,** *(Ord. n° 2004-1201 du 12 nov. 2004, art. 7)* **« conformément à l'article L. 517-5 ou L. 517-9 », est puni de 15 000 € d'amende.** – *[L. n° 84-46 du 24 janv. 1984, art. 84].*

SECTION VI *Intermédiaires en opérations de banque*

L. 571-15 **Le fait, pour toute personne physique, d'enfreindre l'une des** *(Ord. n° 2005-429 du 6 mai 2005, art. 76)* **« interdictions prévues à l'article L. 519-1 et à la première phrase de l'article L. 519-2 » est puni de deux ans d'emprisonnement et de 30 000 € d'amende.** – *[L. n° 84-46 du 24 janv. 1984, art. 77].*

L. 571-16 **Le fait, pour tout intermédiaire en opérations de banque, de ne pas satisfaire à l'obligation instituée à l'article L. 519-4 est puni d'un an d'emprisonnement et de 15 000 € d'amende.** – *[L. n° 84-46 du 24 janv. 1984, art. 78].*

CHAPITRE II *Changeurs manuels*

L. 572-1 **Est puni des peines prévues à l'article L. 571-15, le fait, pour toute personne, agissant soit pour son propre compte soit pour le compte d'une personne morale, de méconnaître l'une des interdictions prévues aux articles L. 520-1 à L. 520-3.** – *[L. n° 90-614 du 12 juill. 1990, art. 25 (IV), al. 1er].*

L. 572-2 **Est puni des peines prévues à l'article L. 571-4, le fait, pour toute personne, agissant soit pour son propre compte, soit pour le compte d'une personne morale et faisant profession habituelle d'effectuer des opérations de change manuel, de ne pas répondre, après mise en demeure, aux demandes d'informations de la commission bancaire, de mettre obstacle de quelque manière que ce soit à l'exercice de sa mission**

de contrôle ou de lui communiquer des renseignements inexacts. – *[L. n° 90-614 du 12 juill. 1990, art. 25 (IV), al. 2]*.

L. 572-3 Les dispositions de l'article L. 571-2 sont applicables aux procédures relatives aux infractions prévues aux articles L. 572-1 et L. 572-2. – *[L. n° 90-614 du 12 juill. 1990, art. 25 (IV), al. 3]*.

L. 572-4 Est puni d'un emprisonnement de six mois et d'une amende de 7 500 €, le fait, pour toute personne, de s'opposer à l'exercice par les agents des douanes des pouvoirs qu'ils tiennent de l'article L. 520-4. – *[L. n° 90-614 du 12 juill. 1990, art. 25 bis (V, en partie)]*.

CHAPITRE III *Dispositions relatives aux prestataires de services d'investissement et aux conseillers en investissements financiers* (L. n° 2003-706 du 1er août 2003, art. 57-I).

SECTION I *Dispositions relatives aux prestataires de services d'investissement* (L. n° 2003-706 du 1er août 2003, art. 57-I).

L. 573-1 I. – Est puni de trois ans d'emprisonnement et de 375 000 € d'amende le fait, pour toute personne physique ;

1. De fournir des services d'investissement à des tiers à titre de profession habituelle sans y avoir été autorisée dans les conditions prévues à l'article L. 532-1 ou sans figurer au nombre des personnes mentionnées à l'article L. 531-2 ;

2. D'effectuer des négociations ou des cessions autres que celles mentionnées aux six derniers alinéas de l'article L. 421-7, sur le territoire national, et portant sur des instruments financiers admis aux négociations sur un marché réglementé sans recourir à un prestataire de service d'investissement, ou lorsque ces opérations sont effectuées sur un marché réglementé, à un membre de ce marché.

II. – Les personnes physiques coupables de l'une des infractions prévues aux 1 et 2 ci-dessus encourent également les peines complémentaires suivantes :

1. L'interdiction des droits civiques, civils et de famille, suivant les modalités prévues par l'article 131-26 du code pénal ;

2. L'interdiction suivant les modalités prévues par l'article 131-27 du code pénal d'exercer une fonction publique ou d'exercer l'activité professionnelle ou sociale dans l'exercice ou à l'occasion de laquelle l'infraction a été commise, pour une durée de cinq ans au plus ;

3. La fermeture, pour une durée de cinq ans au plus, des établissements ou de l'un ou plusieurs établissements de l'entreprise ayant servi à commettre les faits incriminés ;

4. La confiscation de la chose qui a servi ou était destinée à commettre l'infraction ou de la chose qui en est le produit, à l'exception des objets susceptibles de restitution ;

5. L'affichage ou la diffusion de la décision prononcée dans les conditions prévues par l'article 131-39 du code pénal. – *[L. n° 96-597 du 2 juill. 1996, art. 82]*.

L. 573-2 Le fait, pour toute personne physique, de méconnaître l'une des interdictions prescrites par l'article L. 531-11 est puni de trois ans d'emprisonnement et de 375 000 € d'amende.

Le tribunal peut également ordonner l'affichage ou la diffusion de la décision prononcée dans les conditions prévues à l'article 131-39 du code pénal. – *[L. n° 96-597 du 2 juill. 1996, art. 83]*.

L. 573-3 Le fait, pour les dirigeants d'une entreprise d'investissement, de ne pas, pour chaque exercice, dresser l'inventaire et établir les comptes annuels et un rapport de gestion dans les conditions prévues à l'article L. 533-2 est puni de 15 000 € d'amende. – *[L. n° 96-597 du 2 juill. 1996, art. 84]*.

L. 573-4 Le fait, pour les dirigeants d'une entreprise d'investissement, de ne pas provoquer la désignation des commissaires aux comptes de l'entreprise ou de ne pas les convoquer à l'assemblée générale est puni de deux ans d'emprisonnement et de 30 000 € d'amende.

Le fait, pour les dirigeants d'une entreprise d'investissement, ou pour toute personne au service de cette entreprise, de mettre obstacle aux vérifications ou aux contrôles des commissaires aux comptes ou de refuser la communication sur place de toutes les pièces utiles à l'exercice de leur mission et notamment tous contrats, livres, documents comptables et registres de procès-verbaux est puni de cinq ans d'emprisonnement et de 75 000 €. – *[L. n° 96-597 du 2 juill. 1996, art. 85].*

L. 573-5 Le fait, pour les dirigeants d'une entreprise d'investissement, de ne pas publier les comptes annuels de l'entreprise dans les conditions prévues à l'article L. 533-2 est puni d'une amende de 15 000 €. – *[L. n° 96-597 du 2 juill. 1996, art. 86].*

L. 573-6 Le fait, pour les dirigeants d'une entreprise d'investissement, de ne pas établir, conformément à l'article L. 533-2, les comptes de l'entreprise sous une forme consolidée est puni de 15 000 € d'amende. – *[L. n° 96-597 du 2 juill. 1996, art. 87].*

L. 573-7 Les personnes morales peuvent être déclarées responsables pénalement dans les conditions prévues par l'article 121-2 du code pénal, des infractions définies aux articles L. 573-1 à L. 573-6.

Les peines encourues par les personnes morales sont :

1. L'amende suivant les modalités prévues par l'article 131-38 du code pénal ;
2. Les peines mentionnées à l'article 131-39 du code pénal.

L'interdiction mentionnée au 2° de l'article 131-39 du code pénal porte sur l'activité dans l'exercice ou à l'occasion de l'exercice de laquelle l'infraction a été commise. – *[L. n° 96-597 du 2 juill. 1996, art. 88].*

L. 573-8 Est puni d'un emprisonnement de cinq ans et d'une amende de 18 000 €, le fait, pour toute personne de méconnaître les obligations prescrites aux articles L. 550-3 et L. 550-4.

Est puni d'un emprisonnement de deux ans et d'une amende de 9 000 € le fait, pour le gestionnaire, de ne pas se conformer aux dispositions de l'article L. 550-5.

Est puni d'un emprisonnement de cinq ans et d'une amende de 18 000 € le fait, pour le commissaire aux comptes, soit en son nom personnel, soit au titre d'associé dans une société de commissaires aux comptes, de donner ou confirmer des informations mensongères sur les documents mentionnés à l'article L. 550-4 ou de ne pas révéler au procureur de la République les faits délictueux dont il a eu connaissance. – *[L. n° 83-1 du 3 janv. 1983, art. 40].*

Sur les fonds de placement quirataires, V. L. n° 96-607 du 5 juill. 1996, art. 2 (JO 9 juill.).

SECTION II *Dispositions relatives aux conseillers en investissements financiers*

(L. n° 2003-706 du 1er août 2003, art. 57-II)

BIBL. ► HASCHKE-DOURNAUX, *Petites affiches 14 nov. 2003, p. 110, spéc. p. 116* (sanctions dans la loi de sécurité financière).

L. 573-9 *(L. n° 2003-706 du 1er août 2003, art. 57-II)* **Est puni des peines prévues à l'article 313-1 du code pénal :**

1° Le fait, pour toute personne, d'exercer l'activité de conseil en investissements financiers définie à l'article L. 541-1 sans remplir les conditions prévues par les articles L. 541-2 à L. 541-5 ;

2° *Abrogé par Ord. n° 2005-429 du 6 mai 2005, art. 8-II.*

3° Le fait, pour toute personne se livrant à l'activité de conseil en investissements financiers, de recevoir de ses clients des fonds en violation de l'interdiction prévue à l'article L. 541-6.

L. 573-10 *(L. n° 2003-706 du 1er août 2003, art. 57-II)* Les personnes physiques coupables de l'un des délits mentionnés à l'article L. 573-9 encourent également les peines complémentaires suivantes :

1° L'interdiction des droits civiques, civils et de famille, suivant les modalités prévues par l'article 131-26 du code pénal ;

2° L'interdiction, suivant les modalités prévues par l'article 131-27 du même code, d'exercer une fonction publique ou d'exercer une activité professionnelle ou sociale dans l'exercice ou à l'occasion de laquelle l'infraction a été commise, pour une durée de cinq ans au plus ;

3° L'affichage ou la diffusion de la décision prononcée dans les conditions prévues par l'article 131-35 du même code.

L. 573-11 *(L. n° 2003-706 du 1er août 2003, art. 57-II)* Les personnes morales peuvent être déclarées responsables pénalement, dans les conditions prévues par l'article 121-2 du code pénal, des infractions définies à l'article L. 573-9.

Les peines encourues par les personnes morales sont :

1° L'amende, suivant les modalités prévues par l'article 131-38 du code pénal ;

2° Les peines mentionnées à l'article 131-39 du même code.

L'interdiction mentionnée au 2° de ce même article porte sur l'activité dans l'exercice ou à l'occasion de l'exercice de laquelle l'infraction a été commise.

CHAPITRE IV *Dispositions relatives à la lutte contre le blanchiment de capitaux et le financement des activités terroristes* (L. n° 2006-64 du 23 janv. 2006, art. 23-II).

L. 574-1 Est puni d'une amende de 22 500 €, sans préjudice de l'application des peines prévues pour l'une des infractions réprimées par les articles 222-34 à 222-41 du code pénal et 415 du code des douanes, le fait, pour les dirigeants ou les agents d'organismes financiers *(L. n° 2001-420 du 15 mai 2001)* « ou les autres personnes visés à l'article L. 562-1 » *(L. n° 2004-130 du 11 févr. 2004, art. 70-IX)* « , à l'exception des avocats, des avoués et des avocats au Conseil d'État et à la Cour de cassation » de porter à la connaissance du propriétaire des sommes ou de l'auteur de l'une des opérations mentionnées à l'article L. 562-2 l'existence de la déclaration faite auprès du service institué à l'article L. 562-4 ou de donner des informations sur les suites qui lui ont été réservées. – *[L. n° 90-614 du 12 juill. 1990, art. 10].*

L. 574-2 Est puni des peines prévues à l'article 226-13 du code pénal, le fait, pour toute personne, de méconnaître l'interdiction prescrite au deuxième alinéa de l'article L. 563-5, sous réserve des dispositions de l'article 226-14 du code pénal. – *[L. n° 90-614 du 12 juill. 1990, art. 16, al. 2].*

L. 574-3 *(L. n° 2006-64 du 23 janv. 2006, art. 23-II)* Est puni des peines prévues au 1 de l'article 459 du code des douanes le fait, pour les dirigeants ou les préposés des organismes financiers et personnes mentionnés à l'article L. 564-1 et, pour les personnes faisant l'objet d'une mesure de gel ou d'interdiction prise en application du chapitre IV du titre VI du présent livre, de se soustraire aux obligations en résultant ou de faire obstacle à sa mise en œuvre.

Sont également applicables les dispositions relatives à la constatation des infractions, aux poursuites, au contentieux et à la répression des infractions des titres II et XII du code des douanes sous réserve des articles 453 à 459 du même code.

LIVRE VI Les institutions en matière bancaire et financière

TITRE PREMIER Les institutions communes aux établissements de crédit et aux entreprises d'investissement

CHAPITRE PREMIER *Réglementation* (*L. n° 2003-706 du 1er août 2003, art. 28-II*).

L. 611-1 (*L. n° 2003-706 du 1er août 2003, art. 28-II*) **Le ministre chargé de l'économie arrête les règles concernant notamment :**

1. Le montant du capital des établissements de crédit et les conditions dans lesquelles des participations directes ou indirectes peuvent être prises, étendues ou cédées dans ces établissements ainsi que dans les établissements financiers, définis à l'article L. 511-21, détenant directement ou indirectement un pouvoir de contrôle effectif sur un ou plusieurs établissements de crédit ;

2. Les conditions d'implantation des réseaux ;

3. Les conditions dans lesquelles ces établissements peuvent prendre des participations ;

4. Les conditions des opérations que peuvent effectuer les établissements de crédit, en particulier dans leurs relations avec la clientèle, ainsi que les conditions de la concurrence ;

5. L'organisation des services communs ;

6. Les normes de gestion que les établissements de crédit doivent respecter en vue notamment de garantir leur liquidité, leur solvabilité et l'équilibre de leur structure financière (*Ord. n° 2004-1201 du 12 nov. 2004, art. 9*) **« ainsi que les conditions dans lesquelles ces normes sont respectées sur une base consolidée, y compris en l'absence d'une entreprise mère ayant son siège social en France » ;**

7. La publicité des informations destinées aux autorités compétentes ;

8. Les instruments et les règles du crédit, sous réserve des missions confiées au Système européen de banques centrales par l'article (*Ord. n° 2005-429 du 6 mai 2005, art. 77*) **« 105 », paragraphe 2, du traité instituant la Communauté européenne ;**

9. Les règles relatives à la protection des déposants mentionnées à l'article L. 312-4 ;

10. Les règles applicables à l'organisation comptable, aux mécanismes de contrôle et de sécurité dans le domaine informatique ainsi que les procédures de contrôle interne. – *[L. n° 84-46 du 24 janv. 1984, art. 33, al. 1er à 11].*

V. infra, art. L. 611-7.

Pour les règl. de l'ancien CRB, V. notamment : Règl. n° 85-13 du 27 nov. 1985 [publication au BALO d'un tableau d'activité et de résultats] (D. et ALD 1986. 50) ; Règl. n° 86-13 du 14 mai 1986 [rémunération des fonds reçus] (D. et ALD 1986. 369), mod. par Règl. n° 87-12 du 22 juill. 1987 (D. et ALD 1987. 346), Règl. nos 89-03 et 89-04 du 22 juin 1989 (D. et ALD 1989. 286), Règl. n° 89-12 du 22 déc. 1989 (D. et ALD 1990. 18), Règl. n° 92-03 du 17 févr. 1992 (D. et ALD 1992. 223), Règl. n° 94-01 du 4 févr. 1994 (JO 5 févr.), Règl. n° 96-01 du 23 févr. 1996 (JO 28 févr.), Règl. n° 96-02 du 13 mars 1996 (JO 15 mars), Règl. n° 97-01 du 20 janv. 1997 (JO 21 janv.), Règl. n° 98-01 du 6 juin 1998 (JO 7 juin), Règl. n° 99-13 du 22 juill. 1999 (JO 24 juill.), Règl. n° 2000-01 du 15 janv. 2000 (JO 16 janv.), Règl. n° 2000-02 du 29 juin 2000 (JO 30 juin), Règl. n° 2003-03 du 24 juill. 2003 (JO 30 juill.) étendu par Arr. 14 août 2003 (JO 15 août) ; Règl. n° 2004-04 du 15 janv. 2004 (JO 26 févr.) ; Règl. n° 86-14 du 24 nov. 1986 [régime des réserves obligatoires] (D. et ALD 1987. 21), mod. par Règl. n° 87-01 du 9 janv. 1987 (D. et ALD 1987. 114), Règl. n° 88-11 du 29 juill. 1988 (D. et ALD 1988. 453), Règl. n° 89-09 du 22 déc. 1989 (D. et ALD 1990. 17), Règl. n° 90-14 du 16 oct. 1990 (D. et ALD 1990. 430), Règl. n° 93-01 du 19 mars 1993 (JO 28 avr.) ; Règl. n° 88-02 du 22 févr. 1988 [comptabilisation des opérations sur instruments financiers à terme de taux d'intérêt] (D. et ALD 1988. 218), mod. par Règl. n° 95-04 du 21 juill. 1995 (JO 28 sept.) ; Règl. n° 89-01 du 22 juin 1989 [comptabilisation des opérations en devises] (D. et ALD 1989. 284), mod. par Règl. n° 90-01 du 23 févr. 1990 (JO 1er avr.), mod. par Règl. n° 95-04 du 21 juill. 1995 (JO 28 sept.), Règl. CRC n° 2000-02 du 4 juill. 2000, homologué par Arr. 4 juill. 2000 (JO 11-12 déc.) ; Règl. n° 89-03 du 22 juin 1989 [certificats de dépôt] (D. et ALD 1989. 286) ; Règl. n° 89-07 du 26 juill. 1989 [comptabilisation des opérations de cession d'éléments d'actif] (D. et ALD 1989. 288), mod. par Règl. n° 93-06 du 21 déc. 1993 (JO 1er janv. 1994), Règl. n° 94-05 du 8 déc. 1994 (JO 21 janv. 1995), Règl. CRC n° 99-07 du 24 nov. 1999 (JO 31 déc.) ; Règl. n° 93-06 du 21 déc. 1993 [comptabilisation des opérations de titrisation] (JO 1er janv. 1994 ; Rect. JO 29 janv. 1994), mod. par Règl. CRC n° 99-07 du 24 nov. 1999 (JO 31 déc.), Règl. CRC n° 2000-03 du 4 juill. 2000 (JO 11-12 déc.), lui-même mod. par Règl. CRC n° 2004-16, homologué par Arr. 24 déc. 2004 (JO 1er janv. 2005) ; Règl. n° 90-01 du 23 févr. 1990 [comptabilisation des opérations sur titres] (JO 1er avr.), mod. par Règl. n° 95-04 du 21 juill. 1995 (JO 28 sept.), Règl. CRC nos 2000-02 et 2000-03 du 4 juill. 2000 homologués par Arr. 10 nov. 2000 (JO 11-12 déc.) ; Règl. CRC n° 2005-01 du 3 nov. 2005 (JO 3 janv. 2006) ; Règl. n° 90-03 du 23 févr. 1990 [comptabilisation des opérations relatives aux plans d'épargne populaire] (JO 1er avr.), mod. par Règl. n° 95-04 du 21 juill. 1995 (JO 28 sept.) ; Règl. n° 90-07 du 20 juin 1990 [surveillance des risques interbancaires] (D. et ALD 1990. 308), mod. par Règl. n° 94-03 du 8 déc. 1994 (JO 21 janv. 1995), Règl. n° 97-02 du 21 févr. 1997 (JO 25 mars) lui-même mod. par Règl. n° 2004-02 du 15 janv. 2004 (JO 26 févr.) ; Règl. n° 2000-03 du 6 sept. 2000 (JO 1er nov.), mod. par Règl. 2005-04 du 3 nov. 2005 (JO 3 janv. 2006) ; Règl. n° 90-12 du 25 juill. 1990 [horodatage des ordres] (D. et ALD 1990. 383) ; Règl. n° 90-13 du 25 juill. 1990 [réception et exécution des ordres de la clientèle transmis par des intermédiaires professionnels] (D. et ALD 1990. 383) ; Règl. n° 90-15 du 18 déc. 1990 [comptabilisation des contrats d'échange de taux d'intérêt ou de devises] (JO 29 déc.), mod. par Règl. n° 92-04 du 17 juill. 1992 (JO 5 août ; Rect. JO 29 août), Règl. n° 95-04 du 21 juill. 1995 (JO 28 sept.), Règl. n° 97-02 du 21 févr. 1997 (JO 25 mars), Règl. n° 91-03 du 16 janv. 1991 [situations trimestrielles, tableau d'activité et des résultats semestriels individuels et consolidés] (JO 22 févr.), mod. par Règl. n° 93-08 du 21 déc. 1993 (JO 1er janv. 1994), Règl. n° 95-04 du 21 juill. 1995 (JO 28 sept.), Règl. n° 96-05 du 24 mai 1996 (JO 29 mai), Règl. CRC n° 2000-03 du 4 juill. 2000 (JO 11-12 déc.), et mod. par Arr. 3 sept. 2001 (JO 11 sept.) ; Règl. n° 93-03 du 19 mars 1993 [conventions de comptes de titres entre les établissementsdecréditetleurs clients] (JO 28 avr.), mod. par Règl. n° 93-10 du 21 déc. 1993 (JO 1er janv. 1994) ; Règl. n° 94-02 du 27 juill. 1994 [inscription en compte des titres de la clientèle] (D. et ALD 1994. 480) ; Règl. n° 96-16 du 20 déc. 1996 [modifications de situation des établissements de crédit et des entreprises d'investissement autres que les sociétés de gestion de portefeuille] (JO 29 janv. 1997), mod. par Règl. n° 2001-05 du 29 oct. 2001 (JO 20 déc.) ; Règl. n° 97-02 du 21 févr. 1997 [contrôle interne des établissements de crédit et des entreprises d'investissements] (JO 25 mars), lui-même mod. par Règl. n° 2004-02 du 15 janv. 2004 (JO 26 févr.), mod. par Règl. n° 2000-03 du 6 sept. 2000 (JO 1er nov.), Règl. n° 2000-09 du 8 déc. 2000 (JO 13 mars 2001) ; Arr. 31 mars 2005 (JO 9 avr.) ; Règl. n° 2001-01 du 26 juin 2001 (JO 29 août) ; Règl. n° 98-02 du 7 déc. 1998 [information des organes délibérants sur l'état de préparation au passage à l'an 2000] (JO 6 janv. 1999), mod. par Règl. n° 2000-10 du 8 déc. 2000 (JO 13 mars 2001) ; Règl. n° 98-05 du 7 déc. 1998 [opérations de crédit des entreprises d'investissement] (JO 6 janv. 1999), mod. par Règl. n° 2000-10 du 8 déc. 2000 (JO 13 mars 2001), Règl. n° 2000-03 du 6 sept. 2000 [surveillance prudentielle sur base consolidée] (JO 1er nov.), mod. par Règl. n° 2001-03 du 26 juin 2001 (JO 29 août), Règl. n° 2001-05 du 29 oct. 2001 (JO 20 déc.) ; Règl. n° 2000-10 du 8 déc. 2000 [montants en euros] (JO 13 mars 2001) ; Règl. n° 2001-04 du 29 oct. 2001 [compensation des chèques] (JO 20 déc.) ; Règl. n° 2002-01 du 18 avr. 2002 [obligations de vigilance en matière de chèques aux fins de lutte contre le blanchiment des capitaux et le financement du terrorisme] (JO 4 mai), mod. par Arr. 18 juill. 2002 (JO 27 août), Arr. 20 déc. 2002 (JO 29 janv. 2003), Arr. 14 mars 2003 (JO 26 mars), Arr. 22 mai 2003 (JO 29 juill.), Arr. 9 juill. 2003 (JO 29 juill.), Arr. 15 mars 2004 (JO 24 mars), Arr. 23 sept. 2004 (JO 6 oct.) ; Arr. 27 mai 2005 (JO 31 mai), Arr. 31 mai 2005 (JO 1er juin) ; Règl. n° 2002-13 du 21 nov. 2002 [monnaie électronique et établissements de monnaie électronique] ; Règl. n° 2003-06 du 20 nov. 2003 [enregistrement des opérations avec service de règlement/livraison différés portant sur des titres] (JO 30 déc.).

Sur la création du comité consultatif des taux réglementés, V. Décr. n° 98-1086 du 2 déc. 1998 (JO 3 déc.).

BIBL. ▶ Samin, *Banque et Droit sept.-oct. 1999. 26* (aspects juridiques de la tarification des services bancaires). – Schwerer, *ibid. 2001. 16* (établissements de crédit, éthique et nouvelles technologies). – Samin et Schricke, *ibid. 2002. 3* (la réglementation relative aux modifications de situation des établissements bancaires et financiers). – Damy, *ibid. nov.-déc. 2005. 29* (étude sur la régulation bancaire).

Réglementation des prises de participation. **BIBL.** Vasseur, *D. 1989. Chron. 209.* ♦ Le comité des établissements de crédit doit, lorsqu'il examine une demande d'autorisation de prendre le contrôle d'un établissement de crédit, s'assurer qu'une telle opération ne remet pas en cause les conditions qui ont permis la délivrance de l'agrément audit établissement. • CE 16 déc. 1994 : *D. 1995. IR. 34 ; JCP E 1995. Pan. 3.* ♦ Il résulte des dispositions de la loi du 24 janv. 1984 que l'aptitude de l'entreprise à assurer son développement sans mettre en cause le bon fonctionnement du système bancaire ni la sécurité de la clientèle fait partie des conditions dont le comité des établissements de crédit doit vérifier le respect. • Même arrêt.

L. 611-2 *(L. n° 2003-706 du 1er août 2003, art. 28-II)* En cas de manquement aux prescriptions édictées par le ministre pour l'application des dispositions du 1 de l'article L. 611-1 et sans préjudice des dispositions de l'article L. 233-14 du code de commerce, le procureur de la République, la commission bancaire ou le Comité des établissements de crédit et des entreprises d'investissement ou tout actionnaire peut demander au juge de suspendre, jusqu'à régularisation de la situation, l'exercice des droits de vote attachés aux actions ou parts sociales d'établissements de crédit ou d'établissements financiers détenues irrégulièrement, directement ou indirectement. – *[L. n° 84-46 du 24 janv. 1984, art. 33, al. 12].*

L. 611-3 *(L. n° 2003-706 du 1er août 2003, art. 28-II)* « Le ministre chargé de l'économie arrête, après avis de l'Autorité des marchés financiers et du Comité consultatif de la législation et de la réglementation financières, et sous réserve des attributions exercées par l'Autorité des marchés financiers à l'égard des sociétés de gestion de portefeuille définies à l'article L. 532-9, la réglementation applicable aux prestataires de services d'investissement définis à l'article L. 531-1 et, en tant que de besoin, aux membres des marchés réglementés non prestataires de services d'investissement, aux personnes morales ayant pour activité principale ou unique la compensation d'instruments financiers et aux personnes morales ayant pour activité principale ou unique la conservation et l'administration d'instruments financiers et concernant : »

1. Le montant du capital exigé en fonction des services qu'entend exercer le prestataire de services d'investissement ;

2. Les normes mentionnées aux 5, 6, 7 et 10 et, le cas échéant, 8 de l'article *(Ord. n° 2005-429 du 6 mai 2005, art. 78)* « L. 611-1 ». – *[L. n° 84-46 du 24 janv. 1984, art. 33-1].*

V. Règl. n° 96-15 du 20 déc. 1996 (JO 29 janv. 1997), mod. par Règl. n° 2000-10 du 8 déc. 2000 (JO 13 mars 2001), Arr. du 15 mai 2006 (JO 27 mai) ; Règl. n° 97-03 du 21 févr. 1997 (JO 25 mars), mod. par Règl. CRC n° 99-07 du 24 nov. 1999 (JO 31 déc.) ; Règl. n° 97-04 du 21 févr. 1997 (JO 25 mars), mod. par Règl. n° 2001-01 du 26 juin 2001 (JO 29 août) ; Arr. du 15 mai 2006 (JO 27 mai) ; Règl. n° 98-02 du 7 déc. 1998 (JO 6 janv. 1999) ; Règl. n° 98-04 du 7 déc. 1998 (JO 6 janv. 1999 ; Rect. JO 13 févr.), mod. par Arr. du 15 mai 2006 (JO 27 mai) ; Règl. n° 2000-03 du 6 sept 2000 (JO 1er nov.), mod. par Règl. n° 2001-03 du 26 juin 2001 (JO 29 août), Règl. n° 2001-05 du 29 oct. 2001 (JO 20 déc.), Règl. n° 2005-04 du 3 nov. 2005 (JO 3 janv. 2006). — Sur les règles de consolidation des entreprises relevant du CRB, V. Règl. CRC n° 99-07 du 24 nov. 1999 (JO 31 déc.), mod. par Règl. CRC n° 2000-04 du 4 juill. 2000 (JO 11-12 déc.), Règl. CRC n° 2002-05, homologué par Arr. 27 déc. 2002 (JO 31 déc.), Règl. CRC n° 2004-04, homologué par Arr. 7 juin 2004 (JO 8 juin), Règl. CRC n° 2005-02, homologué par Arr. 26 déc. 2005 (JO 3 janv. 2006).

L. 611-4 Le *(L. n° 2003-706 du 1er août 2003, art. 46-VI)* « ministre chargé de l'économie » précise également :

1. Les conditions dans lesquelles les entreprises d'investissement peuvent effectuer les opérations mentionnées au 2 de l'article L. 321-2 ; – *V. Règl. CRB n° 98-05 du 7 déc. 1998, homologué par Arr. du 24 déc. 1998 (JO 6 janv. 1999), mod. par Règl. n° 2000-10 du 8 déc. 2000 (JO 13 mars 2001), Arr. du 19 sept. 2005 (JO 21 sept.).*

2. Les conditions dans lesquelles les entreprises d'investissement autres que les sociétés de gestion de portefeuille peuvent effectuer les opérations mentionnées à l'article L. 531-5 ;

3. Les conditions dans lesquelles la structure du capital des entreprises d'investissement autres que les sociétés de gestion de portefeuille peut être modifiée, conformément à l'article L. 531-6. – *[L. n° 96-597 du 2 juill. 1996, art. 5, al. 2, et art. 8 (partie)]. – V. Règl. CRB n° 98-04 du 7 déc. 1998, homologué par Arr. du 24 déc. 1998 (JO 6 janv. 1999 ; Rect. JO 13 févr.), mod. par Règl. n° 2000-03 du 6 sept. 2000 (JO 1er nov.), Arr. du 19 sept. 2005 (JO 21 sept.).*

L. 611-5 *(L. n° 2003-706 du 1er août 2003, art. 28-II)* « Les arrêtés du ministre chargé de l'économie ainsi que les règlements » du Comité de la réglementation comptable

peuvent être différents selon le statut juridique des établissements de crédit ou des entreprises d'investissement, l'étendue de leurs réseaux ou les caractéristiques de leur activité.

Ils peuvent, en tant que de besoin, prévoir les conditions d'octroi de dérogations individuelles à titre exceptionnel et temporaire. – *[L. n° 84-46 du 24 janv. 1984, art. 35].*

L. 611-6 *(L. n° 2003-706 du 1er août 2003, art. 28-II)* **« Ne sont pas soumis à l'avis du Comité consultatif de la législation et de la réglementation financières, les arrêtés pris dans les matières suivantes : »**

1. En ce qui concerne les banques mutualistes ou coopératives, la définition des conditions d'accès au sociétariat ainsi que les limitations du champ d'activité qui en résultent pour ces établissements ;

2. La définition des compétences des institutions financières spécialisées, des caisses d'épargne et de prévoyance et des caisses de crédit municipal ;

3. Les principes applicables aux opérations de banque assorties d'une aide publique ;

4. Les règles applicables à la fourniture des services d'investissement par les entreprises d'investissement et les établissements de crédit. – *[L. n° 84-46 du 24 janv. 1984, art. 34].*

L. 611-7 *(L. n° 2006-387 du 31 mars 2006, art. 26-VII)* **Les règlements du Comité de la réglementation bancaire et financière en vigueur antérieurement à la loi n° 2003-706 du 1er août 2003 de sécurité financière peuvent être modifiés ou abrogés par arrêté du ministre chargé de l'économie pris dans les conditions prévues à l'article L. 611-1.**

L. 611-8 et L. 611-9 *Abrogés par L. n° 2003-706 du 1er août 2003, art. 48-I.*

CHAPITRE II *Comité des établissements de crédit et des entreprises d'investissement*

BIBL. ► DAMY, *JCP 2005. I. 188* (le contrôle du CECEI : une légitimité critiquée) ; *Banque et Droit nov.-déc. 2005. 29, spéc. 34* (étude sur la régulation bancaire).

SECTION I *Missions*

L. 612-1 Le comité des établissements de crédit et des entreprises d'investissement est chargé de prendre les décisions ou d'accorder les autorisations ou dérogations individuelles prévues par les dispositions législatives et réglementaires applicables aux établissements de crédit et aux entreprises d'investissement, à l'exception de celles relevant de la commission bancaire. – *[L. n° 84-46 du 24 janv. 1984, art. 31, al. 1er].*

L. 612-2 Le comité des établissements de crédit et des entreprises d'investissement établit et tient à jour la liste des établissements de crédit ainsi que la liste des prestataires de services d'investissement exerçant en France, en précisant pour ces derniers, l'activité exercée. Ces listes sont publiées au *Journal officiel* de la République française.
– V. avis relatif à la liste des établissements de crédit, à celle des prestataires de services d'investissements habilités à exercer en France et à celle des établissements habilités à exercer le service de tenue de compte-conservation en France, établies au 31 déc. 2005, publié en annexe au JO du 20 juin 2006.

Le comité des établissements de crédit et des entreprises d'investissement communique la liste des prestataires de services d'investissement qui fournissent des services d'investissement dans les autres États membres de la Communauté européenne en libre établissement ou en libre prestation de services aux autorités compétentes de chacun de ces autres États.

Le comité des établissements de crédit et des entreprises d'investissement est destinataire des informations données par les autorités compétentes des autres États membres

sur des prestataires de services d'investissement qui fournissernt des services d'investissement en France en libre établissement ou en libre prestation de services conformément aux dispositions du présent code.

Le comité des établissements de crédit et des entreprises d'investissement communique, sans délai, l'ensemble de ces listes *(L. n° 2003-706 du 1er août 2003, art. 46-III)* **« à l'Autorité des marchés financiers ».** – *[L. n° 84-46 du 24 janv. 1984, art. 15, al. 8 et L. n° 96-597 du 2 juill. 1996, art. 76]. – V. Décr. n° 96-980 du 8 oct. 1996, art. 18, infra.*

SECTION II *Composition*

L. 612-3 Le comité des établissements de crédit et des entreprises d'investissement est présidé par le gouverneur de la Banque de France, président de la commission bancaire, ou son représentant à cette commission. Il comprend, en outre, le directeur du Trésor ou son représentant, le président *(L. n° 2003-706 du 1er août 2003, art. 46-V)* **« de l'Autorité des marchés financiers » ou son représentant, le président du directoire du fonds de garantie mentionné aux articles L. 312-4 à L. 312-18, ou un membre du directoire le représentant, ainsi que** *(L. n° 2001-420 du 15 mai 2001)* **« huit membres ou leurs suppléants », nommés par arrêté du ministre chargé de l'économie pour une durée de trois ans, à savoir : un conseiller d'État,** *(L. n° 2001-420 du 15 mai 2001)* **« un conseiller à la Cour de cassation, »** *(L. n° 2003-706 du 1er août 2003, art. 23)* **« deux représentants de l'Association française des établissements de crédit et des entreprises d'investissement exerçant ou ayant exercé des fonctions de direction, dont un au titre des établissements de crédit et un au titre des entreprises d'investissement »,** *(L. n° 2001-420 du 15 mai 2001)* **« deux représentants des organisations syndicales représentatives du personnel » des entreprises ou établissements soumis à l'agrément du comité et deux personnalités choisies en raison de leur compétence.**

(L. n° 2003-706 du 1er août 2003, art. 46-III) **« Les représentants des organisations syndicales et leurs suppléants disposent du temps nécessaire pour assurer la préparation des réunions, et pour s'y rendre et y participer. Ce temps est assimilé à du travail effectif pour la détermination des droits aux prestations d'assurances sociales. Les salariés concernés doivent informer leur employeur lors de leur désignation et, pour chaque réunion, dès réception de la convocation. »**

SECTION III *Règles de fonctionnement*

L. 612-4 En cas de partage égal des voix, la voix du président est prépondérante.

En cas d'urgence constatée par son président, le Comité peut statuer par voie de consultation écrite sur une proposition de *(L. n° 2001-420 du 15 mai 2001)* **« décision ».**

Le comité peut déléguer à son président le pouvoir de prendre des décisions ou d'accorder des autorisations ou dérogations individuelles. Toutefois, en matière d'agrément, de retrait d'agrément ou de changement de contrôle effectif d'un établissement assujetti, la délégation ne peut être consentie que pour les opérations soumises au comité entrant dans le champ des dispositions prévues au dernier alinéa de l'article L. 511-31 et à l'article L. 613-25. – *[L. n° 84-46 du 24 janv. 1984, art. 31, al. 3 et 4].*

(L. n° 2001-420 du 15 mai 2001) **« Un décret en Conseil d'État précise les conditions d'application du présent article, notamment les règles de majorité et de quorum qui régissent les délibérations du comité et les modalités de la consultation écrite prévue au deuxième alinéa.** – *V. infra, art. R. 612-2 et R. 612-3.*

« Le comité arrête son règlement intérieur, qui est publié au *Journal officiel*. Ce texte fixe les modalités d'instruction et d'examen des dossiers présentés à la délibération du comité, et notamment les conditions dans lesquelles il peut entendre toute personne intéressée pouvant éclairer sa décision. »

V. note ss. art. L. 611-1.

L. 612-5 Le directeur du Trésor peut demander l'ajournement de toute décision du comité. Dans ce cas, le président provoque, en temps utile, une seconde délibération. – *[L. nº 84-46 du 24 janv. 1984, art. 31, al. 5].*

L. 612-6 Toute personne qui participe ou a participé aux délibérations ou aux activités du comité des établissements de crédit et des entreprises d'investissement est tenue au secret professionnel. Ce secret n'est pas opposable à l'autorité judiciaire agissant dans le cadre soit d'une procédure de liquidation judiciaire ouverte à l'égard d'un établissement de crédit, d'une entreprise d'investissement ou d'une compagnie financière, soit d'une procédure pénale.

Ce secret n'est pas opposable aux juridictions administratives saisies d'un contentieux relatif à l'activité du comité des établissements de crédit et des entreprises d'investissement.

Par dérogation aux dispositions de la loi nº 68-678 du 26 juillet 1968 relative à la communication des documents et renseignements d'ordre économique, commercial, industriel, financier ou technique à des personnes physiques ou morales, le comité des établissements de crédit et des entreprises d'investissement peut transmettre des informations aux autorités chargées, dans d'autres États, de l'agrément ou *(Ord. nº 2004-1201 du 12 nov. 2004, art. 10)* « de la surveillance des établissements de crédit, des entreprises d'investissement, des établissements financiers et des organismes d'assurance » sous réserve de réciprocité et à condition que ces autorités soient elles-mêmes soumises au secret professionnel avec les mêmes garanties qu'en France. *(Ord. nº 2004-1201 du 12 nov. 2004, art. 10)* « Ces autorités, lorsque ce sont celles d'un État membre ou d'un autre État partie à l'accord sur l'Espace économique européen, sont réputées satisfaire à ces conditions. » La Commission des communautés européennes peut également être destinataire de ces informations, dans la limite de ce qui est nécessaire à l'exercice des missions qui lui sont confiées, et sous réserve que les personnes destinataires soient soumises au secret professionnel avec les mêmes garanties qu'en France. – *[L. nº 84-46 du 24 janv. 1984, art. 31-1]. – V. ladite loi de 1968, infra, vº Étrangers.*

(L. nº 2001-420 du 15 mai 2001) « Par dérogation aux dispositions législatives et réglementaires régissant le secret professionnel, le Comité des établissements de crédit et des entreprises d'investissement peut, avec l'accord préalable de la personne physique ou morale lui ayant transmis des documents en vue de l'instruction du dossier la concernant, communiquer certains desdits documents à toute personne physique ou morale intéressée qui le demande. »

Sur la communication de renseignements entre le Comité des établissements de crédit et des entreprises d'investissement et d'autres organismes, V. C. mon. fin., art. L. 631-1.

L. 612-7 Les décisions du comité des établissements de crédit et des entreprises d'investissement doivent être motivées. – *[L. nº 84-46 du 24 janv. 1984, art. 32, al. 1er (partie)].*

CHAPITRE III *Commission bancaire*

SECTION I *Missions*

L. 613-1 La commission bancaire est chargée de contrôler le respect par les établissements de crédit des dispositions législatives et réglementaires qui leur sont applicables et de sanctionner les manquements constatés.

Elle examine les conditions de leur exploitation et veille à la qualité de leur situation financière.

Elle veille au respect des règles de bonne conduite de la profession.

Elle propose et demande la mise en œuvre du fonds de garantie des dépôts dans les conditions prévues par les articles L. 312-5 et L. 613-34. – *[L. nº 84-46 du 24 janv. 1984, art. 37, 38-1 (partie) et 52-2 (partie)].*

Sur le contrôle de la Commission bancaire sur les sociétés de crédit foncier, V. C. mon. fin., art. L. 515-29 s.

BIBL. ▸ BUTSCH, *Banque 1985. 783.* – SALOMON, *Dr. sociétés 2000. Chron. 17* (pouvoir de sanction des autorités administratives indépendantes en matière économique et financière et les garanties fondamentales). – SCHWERER, *Banque et Droit sept.-oct. 2001. 16* (établissements de crédit, éthique et nouvelles technologies). – DAMY, *ibid. nov.-déc. 2005. 29, spéc. 42* (étude sur la régulation bancaire). – NAUGES, *ibid. mars-avr. 2006. 31* (accès aux informations financières détenues par les autorités administratives de régulation).

1. Personnalité morale. Sur l'absence de personnalité morale de la Commission de contrôle des banques, sous l'empire de la législation antérieure, V. • CE 12 févr. 1960 : *Banque 1960. 321.* ♦ V. cep. art. L. 613-24.

2. Responsabilité de l'État. La responsabilité de l'État pour les fautes commises par la Commission bancaire dans l'exercice de sa mission de surveillance et de contrôle des établissements de crédit ne se substitue pas à celle de ces établissements vis-à-vis, notamment, de leurs déposants ; dès lors, et eu égard à la nature des pouvoirs qui sont dévolus à la Commission bancaire, la responsabilité que peut encourir l'État pour les dommages causés par les insuffisances ou carences de celle-ci dans l'exercice de sa mission ne peut être engagée qu'en cas de faute lourde. • CE 30 nov. 2001 : *D. 2003. Somm. 338, obs. Synvet ; RFDA 2002. 742, concl. Seban ; JCP 2002. II. 10042, note Menuret ; Petites affiches 8 nov. 2002, p. 11, note Bourrel ; Banque et Droit mars-avr. 2002. 56, obs. Bonneau ; RTD com. 2002. 353, obs. Cabrillac ; JCP E 2003, n° 11, p. 462, obs. Stoufflet.* ♦ V., déjà, sous l'empire du droit antérieur à la loi du 24 janv. 1984, • CE 29 déc. 1978 : *D. 1979. IR. 155, obs. Moderne ; ibid. 278, obs. Vasseur* • 10 mai 1985 : *RTD com. 1985. 541, obs. Cabrillac et Teyssié ; D. 1986. IR. 313, obs. Vasseur* • 12 oct. 1983 : *D. 1984. IR. 77, obs. Vasseur ; D. 1985. IR. 203, obs. Moderne* • CAA Lyon, 28 déc. 1990 : *RTD com. 1991. 76, obs. Cabrillac et Teyssié ; JCP E 1992. I. 154, n° 7, obs. Gavalda et Stoufflet.* ♦ *Contra*, ayant jugé que dans l'accomplissement de sa mission administrative, de surveillance et de contrôle des établissements de crédit, la responsabilité de l'État est susceptible d'être engagée pour faute simple, et que dans l'exercice par la Commission bancaire de sa fonction disciplinaire de caractère juridictionnel, la responsabilité de l'État ne peut être engagée que pour faute lourde, V. • CAA Paris, 30 mars 1999 : *D. 1999. IR. 172 ; D. Affaires 1999. 1211, obs. X. D. ; JCP E 2000, n° 26, p. 1040, obs. Gavalda et Stoufflet.*

2 bis. Droit communautaire. La première directive 77/780/CEE du 12 déc. 1977, la directive 89/299/CEE du 17 avr. 1989, ainsi que la deuxième directive 89/646/CEE du 15 déc. 1989, ne s'opposent pas à une règle nationale (allemande) selon laquelle les missions de l'autorité nationale de surveillance des établissements de crédit ne sont accomplies que dans l'intérêt général, ce qui exclut selon le droit national que les particuliers puissent demander réparation des préjudices causés par une surveillance défaillante de la part de cette autorité. • CJCE 12 oct. 2004 : *D. 2006. Pan. 160, obs. Synvet ; BICC 2004, n° 1664 ; JCP E 2004, n° 44, p. 1707.*

3. Compétence. La Commission bancaire n'a commis ni d'erreur de droit ni d'erreur manifeste d'appréciation en refusant de donner suite aux faits dénoncés par la requérante dès lors qu'il est constaté que les faits reprochés aux établissements bancaires en cause étaient relatifs à des infractions de droit commun et ne présentaient pas de lien direct avec la législation ou la réglementation qu'elle est chargée de faire appliquer. • CE 30 déc. 2002 : *AJDA 2003. 902, note Blanc ; Petites affiches 24 mars 2003, p. 7, concl. Guyomar ; JCP E 2003, n° 6, p. 246.*

L. 613-2 La commission bancaire veille également au respect des dispositions législatives et réglementaires prévues par le présent code ou qui prévoient expressément son contrôle par les prestataires de services d'investissement autres que les sociétés de gestion de portefeuille, par les membres des marchés réglementés ainsi que par les adhérents aux chambres de compensation *(L. n° 2003-706 du 1er août 2003, art. 41-V)* **« et par les personnes habilitées à exercer les activités de conservation ou d'administration d'instruments financiers ». Elle sanctionne les manquements constatés dans les conditions prévues à l'article L. 613-21.**

Elle examine les conditions de leur exploitation et veille à la qualité de leur situation financière.

Ce contrôle s'exerce sous réserve de la compétence *(L. n° 2003-706 du 1er août 2003, art. 46-V)* **« de l'Autorité des marchés financiers » en matière de contrôle des règles de bonne conduite.** – *[L. n° 84-46 du 24 janv. 1984, art. 37-1].*

Sur les personnes habilitées à exercer les activités de conservation ou d'administration d'instruments financiers, mentionnées à l'al. 1er de l'art. L. 613-2, V. art. L. 542-1, supra.

SECTION II *Composition*

L. 613-3 **La commission bancaire comprend le gouverneur de la Banque de France ou son représentant, président, le directeur du Trésor ou son représentant** *(L. n° 2003-706 du 1er août 2003, art. 34)* **« , le président de** *(L. n° 2005-1564 du 15 déc. 2005, art. 14-II)* **« l'Autorité de contrôle des assurances et des mutuelles » ou son représentant » et quatre membres ou leurs suppléants nommés par arrêté du ministre chargé de l'économie pour une durée de** *(L. n° 2003-706 du 1er août 2003, art. 34)* **« cinq ans et dont le mandat est renouvelable une fois » :**

1. Un conseiller d'État proposé par le vice-président du Conseil d'État ;

2. Un conseiller à la Cour de cassation proposé par le premier président de la Cour de cassation ;

3. Deux membres choisis en raison de leur compétence en matière bancaire et financière. — *[L. n° 84-46 du 24 janv. 1984, art. 38, al. 1er].*

(L. n° 2003-706 du 1er août 2003, art. 34) **« La Commission bancaire et** *(L. n° 2005-1564 du 15 déc. 2005, art. 14-II)* **« l'Autorité de contrôle des assurances et des mutuelles » se réunissent conjointement au moins deux fois par an et en tant que de besoin sur des sujets d'intérêt commun. »**

SECTION III *Règles de fonctionnement*

L. 613-4 **La commission bancaire délibère valablement lorsque la majorité absolue des membres qui la composent sont présents ou représentés. Sauf s'il y a urgence, elle ne délibère valablement en qualité de juridiction administrative que lorsque la totalité de ses membres sont présents ou représentés.** — *[L. n° 84-46 du 24 janv. 1984, art. 48 (III)].*

L. 613-5 **En cas de partage égal des voix, la voix du président est prépondérante.** — *[L. n° 84-46 du 24 janv. 1984, art. 38, al. 2].*

SECTION IV *Exercice du contrôle*

L. 613-6 **Le secrétariat général de la commission bancaire, sur instruction de la commission bancaire, effectue des contrôles sur pièces et sur place. La commission délibère périodiquement du programme des contrôles sur place.** — *[L. n° 84-46 du 24 janv. 1984, art. 39, al. 1er]. — V. infra, art. R. 613-1.*

L. 613-7 **La Banque de France met à la disposition du secrétariat général de la commission bancaire, dans des conditions fixées par convention, des agents et des moyens pour l'exercice des contrôles mentionnés à l'article précédent.**

En outre, pour l'exercice de ces contrôles, le secrétariat général de la commission bancaire peut faire appel à toute personne compétente dans le cadre de conventions qu'il passe à cet effet. — *[L. n° 84-46 du 24 janv. 1984, art. 39, al. 2].*

L. 613-8 **La commission bancaire détermine la liste, le modèle et les délais de transmission des documents et informations qui doivent lui être remis.**

Elle peut, en outre, demander aux personnes soumises à son contrôle en application des articles L. 613-1, L. 613-2 et L. 613-10 tous renseignements, documents, éclaircissements ou justifications nécessaires à l'exercice de sa mission.

Elle peut demander la communication des rapports des commissaires aux comptes et, d'une manière générale, de tous documents comptables dont elle peut, en tant que de besoin, demander la certification ainsi que tous renseignements et informations utiles. — *[L. n° 84-46 du 24 janv. 1984, art. 40].*

En exigeant de l'entreprise, en raison du manque de liquidités disponibles qui avait été constaté, que les états de trésorerie lui soient adressés chaque jour, la Commission bancaire n'a pas excédé ses pouvoirs. • CE 30 juill. 2003 : *RJDA 2004, n° 876.*

L. 613-9 I. — La commission bancaire peut demander aux commissaires aux comptes des personnes soumises à son contrôle en application des articles L. 613-1 et L. 613-2 et des personnes morales définies au 4 de l'article L. 511-21 tout renseignement sur l'activité et sur la situation financière de l'entité qu'ils contrôlent ainsi que sur les diligences qu'ils y ont effectuées dans le cadre de leur mission.

La commission bancaire peut également transmettre aux commissaires aux comptes des personnes mentionnées au précédent alinéa, des organismes de placement collectif en valeurs mobilières et des sociétés de gestion mentionnées à l'article L. 214-25 les informations nécessaires à l'accomplissement de leur mission.

Les informations ainsi transmises sont couvertes par la règle du secret professionnel.

La commission bancaire peut, en outre, transmettre des observations écrites aux commissaires aux comptes qui sont alors tenus d'apporter des réponses en cette forme.

II. — Les commissaires aux comptes sont tenus de signaler dans les meilleurs délais à la commission bancaire tout fait ou décision concernant les personnes mentionnées au premier alinéa du I du présent article dont ils ont eu connaissance dans l'exercice de leur mission, de nature :

1. A constituer une violation des dispositions législatives ou réglementaires qui leur sont applicables et susceptibles d'avoir des effets significatifs sur la situation financière, le résultat ou le patrimoine ;

2. A porter atteinte à la continuité d'exploitation ;

3. A entraîner l'émission de réserves ou le refus de la certification des comptes.

La même obligation s'applique aux faits et aux décisions mentionnés ci-dessus dont les commissaires aux comptes viendraient à avoir connaissance dans l'exercice de leur mission auprès d'une société mère ou filiale d'un établissement, compagnie ou entreprise.

Lorsque les commissaires aux comptes exercent leur mission dans un établissement de crédit affilié à l'un des organes centraux mentionnés à l'article L. 511-30, les faits et décisions mentionnés aux alinéas précédents sont transmis simultanément à cet organe central et à la commission bancaire.

Les commissaires aux comptes mentionnés au premier alinéa du I du présent article sont déliés du secret professionnel à l'égard de la commission bancaire et le cas échéant des organes centraux mentionnés à l'article L. 511-30 pour les obligations ci-dessus énumérées, et leur responsabilité ne peut être engagée pour les informations ou divulgations de faits auxquelles ils procèdent en exécution de ces mêmes obligations.

Lorsqu'elle a connaissance d'une infraction aux dispositions du présent code commise par un commissaire aux comptes d'une personne mentionnée au premier alinéa du I du présent article, ou lorsqu'elle considère que les conditions d'indépendance nécessaires au bon déroulement de la mission de ce commissaire aux comptes ne sont pas remplies, la commission bancaire peut demander au tribunal compétent de relever celui-ci de ses fonctions selon les modalités prévues à l'article *(Ord. n° 2005-1126 du 8 sept. 2005, art. 22)* « L. 823-7 » du code de commerce.

La commission bancaire peut également dénoncer cette infraction à l'autorité disciplinaire compétente. A cette fin, la commission bancaire peut communiquer tous les renseignements nécessaires à la bonne information de cette autorité. — *[L. n° 84-46 du 24 janv. 1984, art. 53-1 et 53-2].*

L. 613-10 Les contrôles sur place peuvent être étendus aux filiales d'un établissement de crédit ou d'une entreprise d'investissement. Ils peuvent également l'être aux personnes morales qui contrôlent directement ou indirectement, au sens de l'article L. 233-3 du code de commerce, un établissement de crédit *(Ord. n° 2004-1201 du 12 nov. 2004, art. 11)* « ou une entreprise d'investissement, aux filiales de ces personnes morales ainsi qu'à toute autre entreprise ou personne morale appartenant au même groupe ». — *[L. n° 84-46 du 24 janv. 1984, art. 41, al. 2].*

L. 613-11 Les résultats des contrôles sur place sont communiqués, soit au conseil d'administration, soit au directoire et au conseil de surveillance, soit à l'organe délibérant en tenant lieu, de la personne morale contrôlée. Ils sont également transmis aux commissaires aux comptes.

Lorsque la commission bancaire décide d'un contrôle sur place dans un établissement affilié à un organe central, elle en informe ce dernier.

Elle communique à l'organe central les résultats de ce contrôle. – *[L. nº 84-46 du 24 janv. 1984, art. 41, al. 1er et 47, al. 1er et 2].*

Sur la non-communicabilité des rapports établis par la Commission bancaire à la suite des contrôles effectués sur les activités d'une banque, au regard de la loi nº 78-753 du 17 juill. 1978, V. • CE 30 nov. 1994 : *RTD com. 1995. 408, obs. Orsoni,* infirmant • TA Paris, 23 oct. 1991 : *D. 1992. Somm. 360, obs. Vasseur*.

L. 613-12 Lorsque les autorités d'un État partie à l'accord sur l'Espace économique européen, compétentes pour la surveillance d'un établissement de crédit ou d'une entreprise d'investissement souhaitent, dans des cas déterminés, vérifier des informations portant sur l'une des personnes morales mentionnées à l'article L. 613-10 et dont le siège social est situé en France, la commission bancaire doit, par dérogation aux dispositions de la loi nº 68-678 du 26 juillet 1968 relative à la communication de documents et renseignements d'ordre économique, commercial, industriel, financier ou technique à des personnes physiques ou morales étrangères, répondre à leur demande soit en procédant elle-même à la vérification, soit en permettant à des représentants de ces autorités d'y procéder. *(Ord. nº 2004-1201 du 12 nov. 2004, art. 11)* « Lorsqu'elles ne procèdent pas elles-mêmes à la vérification, les autorités compétentes qui ont présenté cette demande peuvent, si elles le souhaitent, y être associées ».

Les contrôles sur place de la commission bancaire peuvent être étendus aux personnes morales mentionnées à l'article L. 613-10 et dont le siège est situé dans un autre État partie à l'accord sur l'Espace économique européen. La commission demande aux autorités compétentes de l'autre État partie à l'accord sur l'Espace économique européen qu'elles procèdent à cette vérification. Avec l'autorisation de ces autorités, elle peut désigner des représentants pour procéder aux contrôles. *(Ord. nº 2004-1201 du 12 nov. 2004, art. 11)* « Lorsqu'elle ne procède pas elle-même à la vérification, la commission bancaire peut, si elle le souhaite, y être associée. »

Pour assurer la surveillance d'un établissement soumis à son contrôle, la commission bancaire peut exiger des succursales établies dans un autre État partie à l'accord sur l'Espace économique européen, communication de toutes informations utiles à l'exercice de cette surveillance et, après en avoir informé l'autorité de cet État compétente pour assurer la surveillance des établissements de crédit ou des entreprises d'investissement, faire procéder par ses représentants à un contrôle sur place des succursales de cet établissement.

Par dérogation aux dispositions de la loi nº 68-678 du 26 juillet 1968 précitée, la commission bancaire peut en outre échanger toute information utile à l'exercice de leurs contrôles avec les autorités des autres États parties à l'accord sur l'Espace économique européen, chargées de la surveillance des établissements de crédit, des entreprises d'investissement, des autres institutions financières, des sociétés d'assurance. – *[L. nº 84-46 du 24 janv. 1984, art. 41-1].*

BIBL. ▶ Loi du 25 juin 1999 relative à l'épargne et à la sécurité financière : BONNEAU, *JCP E 1999, nº 36, p. 1378.* – DECOOPMAN, *RD bancaire et bourse 1999. 138* (renforcement des pouvoirs et coordination des autorités de contrôle). – PIAM, *D. 2000. Chron. 71* (toilettage juridique au service de l'intérêt général).

L. 613-13 La commission bancaire peut, par dérogation aux dispositions de la loi nº 68-678 du 26 juillet 1968 précitée, conclure avec les autorités d'un État non partie à l'accord sur l'Espace économique européen et chargées d'une mission similaire à celle confiée en France à la commission bancaire, à condition que ces autorités soient elles-mêmes soumises au secret professionnel, des conventions bilatérales, ayant pour objet, cumulativement ou non :

1. L'extension des contrôles sur place aux succursales ou filiales implantées à l'étranger d'un établissement de crédit, d'une entreprise d'investissement ou d'une compagnie financière de droit français ;

2. La réalisation par la commission bancaire, à la demande de ces autorités étrangères, de contrôles sur place sur des établissements soumis à sa surveillance en France et qui sont des succursales ou des filiales d'établissements soumis au contrôle de ces autorités. Ces contrôles peuvent être effectués conjointement avec ces autorités étrangères ;

3. La définition des conditions dans lesquelles la commission bancaire peut transmettre, recevoir ou échanger des informations utiles à l'exercice de ses compétences et de celles des autorités étrangères chargées de la surveillance des établissements de crédit, des entreprises d'investissement, des autres institutions financières, des sociétés d'assurance ou des marchés financiers. – *[L. n° 84-46 du 24 janv. 1984, art. 41-2].*

Sur la publicité des conventions, V. infra, art. D. 613-3.

L. 613-14 Les contrôles effectués dans le cadre des articles L. 613-12 et L. 613-13 par les représentants d'une autorité étrangère compétente pour la surveillance des établissements de crédit ne peuvent porter que sur le respect des normes prudentielles de gestion de l'État concerné afin de permettre un contrôle de la situation financière des groupes bancaires ou financiers. Ils doivent faire l'objet d'un compte rendu à la commission bancaire. Seule celle-ci peut prononcer des sanctions à l'égard de la filiale ou de la succursale contrôlée en France.

Pour permettre l'exercice des contrôles prévus par les articles L. 613-12 et L. 613-13 et par dérogation aux dispositions de la loi n° 68-678 du 26 juillet 1968 précitée, les personnes qui participent à la direction ou à la gestion des établissements de crédit mentionnés à l'alinéa précédent ou qui sont employées par celui-ci devront donner suite aux demandes des représentants des autorités de contrôle bancaire étrangères, sans pouvoir opposer le secret professionnel.

L'assistance demandée par une autorité étrangère à la commission bancaire est refusée par celle-ci lorsque l'exécution de la demande est de nature à porter atteinte à la souveraineté, à la sécurité, aux intérêts économiques essentiels ou à l'ordre public français ou lorsqu'une procédure pénale quelconque a déjà été engagée en France sur la base des mêmes faits et contre les mêmes personnes, ou bien lorsque celles-ci ont déjà été sanctionnées par une décision définitive pour les mêmes faits.

Sous réserve des attributions *(L. n° 2003-706 du 1er août 2003, art. 46-III)* « de l'Autorité des marchés financiers », les dispositions du présent article et des articles L. 613-12 et L. 613-13 s'appliquent aux entreprises d'investissement et aux activités de services d'investissement des établissements de crédit. – *[L. n° 84-46 du 24 janv. 1984, art. 41-3].*

L. 613-15 Lorsqu'un établissement de crédit a manqué aux règles de bonne conduite de la profession, la commission bancaire, après avoir mis ses dirigeants en mesure de présenter leurs explications, peut leur adresser une mise en garde. – *[L. n° 84-46 du 24 janv. 1984, art. 42].*

L. 613-16 La commission bancaire peut adresser à un établissement de crédit et aux personnes mentionnées à l'article L. 613-2 une recommandation de prendre les mesures appropriées pour restaurer ou renforcer leur situation financière, améliorer leurs méthodes de gestion ou assurer l'adéquation de leur organisation à leurs activités ou à leurs objectifs de développement. L'établissement concerné est tenu de répondre dans un délai de deux mois en détaillant les mesures prises à la suite de cette recommandation.

La commission bancaire peut, indépendamment des dispositions prévues à l'alinéa précédent, adresser à tout établissement de crédit, toute entreprise ou toute personne soumise à son contrôle en application de l'article L. 613-2 une injonction à l'effet notamment de prendre dans un délai déterminé toutes mesures destinées à restaurer ou renforcer sa situation financière, à améliorer ses méthodes de gestion ou à assurer l'adéquation de son organisation à ses activités ou à ses objectifs de développement. – *[L. n° 84-46 du 24 janv. 1984, art. 43].*

1. Appréciation des risques. Il résulte des dispositions de l'art. 43 [C. mon. fin., art. L. 613-16] qu'il appartient à la commission bancaire d'apprécier, sous le contrôle du juge de l'excès de pouvoir, l'importance des risques encourus par un établissement de crédit. • CE 14 juin 1999 : *D. 1999. IR. 223.* ♦ Il ne saurait donc lui être reproché d'adresser une injonction à un établissement de crédit à l'effet pour lui de conforter sa situation de trésorerie dès lors qu'elle n'a commis d'erreur ni dans l'appréciation des risques encourus par l'établissement, ni dans la définition des mesures à prendre pour renforcer son équilibre financier. • Même décision.

Lorsqu'elle est saisie par un tiers de faits de nature à motiver l'une des sanctions ou mesures prévues notamment par les art. L. 613-15, L. 613-16 et L. 613-21 C. mon. fin., il appartient à la commission bancaire, après avoir procédé à leur examen, de décider des suites à donner à la plainte ; elle dispose, à cet effet d'un large pouvoir d'appréciation et peut tenir compte de la gravité des manquements allégués, du sérieux des indices relatifs à ces faits, de la date à laquelle ils ont été commis, du contexte dans lequel ils l'ont été et, plus généralement, de l'ensemble des intérêts généraux dont elle a la charge. • CE 30 déc. 2002 : *AJDA 2003. 902, note Blanc ; Petites affiches 24 mars 2003, p. 7, concl. Guyomar ; JCP E 2003, n° 6, p. 246.*

1 bis. Crédit municipal. Il appartient à la commission bancaire, dans l'exercice des pouvoirs qu'elle tient de l'art. L. 613-16, de tenir compte des particularités du statut des caisses de crédit municipal et notamment, lorsque celles-ci ont une activité de prêt sur gage, de leur vocation sociale. • CE 28 juill. 2004 : *JCP E 2004, n° 38, p. 1416.* ♦ La commission bancaire peut ne pas intégrer, dans le calcul des produits d'exploitation de la caisse, la subvention de fonctionnement versée par la ville et apprécier globalement, et toutes activités confondues, la situation financière de l'établissement sans distinguer, pour le calcul du coefficient d'exploitation, entre les activités de prêt sur gage et les activités concurrentielles de crédit bancaire. • Même arrêt. – V. aussi • CE 28 déc. 2005 : *AJDA 2006. 621 ; RFD adm. 2006. 201 ; JCP E 2006, n° 4, p. 183.*

2. Champ d'application. La combinaison des dispositions des art. 37 et 43 [C. mon. fin., art. L. 613-1 et L. 613-16] ne limitant pas la mise en œuvre de la procédure d'injonction au seul cas où un établissement de crédit n'a pas respecté une norme de gestion obligatoire établie par le Comité de la réglementation bancaire et financière, une injonction peut être adressée à un établissement de crédit dès lors que les informations dont dispose la commission bancaire font apparaître que l'équilibre financier de l'établissement est compromis ou que ces normes de gestion ne sont pas satisfaisantes (la dégradation du coefficient d'exploitation net global). • CE 8 déc. 2000 : *RTD com. 2001. 197, obs. Cabrillac ; JCP E 2001, n° 3, p. 102* • 30 déc. 2003 : *JCP E 2004, n° 6, p. 199 ; Banque et Droit mai-juin 2004. 3, concl. Guyomar.*

3. Succursale française d'une banque étrangère. La Commission bancaire, lorsqu'elle se fonde, pour adresser une injonction à la succursale d'un tel établissement en vue de restaurer ou renforcer la situation financière, sur le critère du coefficient d'exploitation, ne doit prendre en considération que le seul coefficient d'exploitation de la succursale agréée, et non le coefficient d'exploitation consolidé de l'établissement. • CE 30 déc. 2003 : *préc. note 2.* ♦ Si la Commission bancaire peut toutefois tenir compte, le cas échéant, dans le cadre de la situation globale de la situation financière de la succursale, des garanties qu'est susceptible de lui fournir l'établissement dont elle dépend, ces éléments doivent être suffisamment précis et fiables. • Même arrêt. ♦ Rappr., concernant un établissement régional du Crédit immobilier de France affilié à un organe central, la Chambre syndicale des sociétés anonymes de crédit immobilier : • CE 31 mars 2004 : *JCP E 2004, n° 19, p. 738 ; Banque et Droit mai-juin 2004. 8, concl. Guyomar.*

4. Recours. Sur la distinction entre une injonction et une simple lettre du président de la Commission bancaire formulée en réponse à une démarche faite par la requérante, qui ne peut, faute de faire grief, faire l'objet d'un recours pour excès de pouvoir, V. • CE 30 déc. 2003 : *Petites affiches 16 nov. 2004, p. 11, concl. Guyomar ; JCP E 2004, n° 6, p. 199 ; RFD adm. 2004. 193.*

L. 613-17 **Les mises en garde et les injonctions que la commission bancaire adresse à un établissement de crédit affilié à un organe central sont communiquées à cet organe central.** – *[L. n° 84-46 du 24 janv. 1984, art. 47, al. 1er et 2].*

L. 613-18 **La commission bancaire peut désigner un administrateur provisoire auprès d'un établissement de crédit, ou d'une des personnes mentionnées au premier alinéa de l'article L. 613-2, auquel sont transférés tous les pouvoirs d'administration, de direction et de représentation de la personne morale.**

Cette désignation est faite soit à la demande des dirigeants lorsqu'ils estiment ne plus être en mesure d'exercer normalement leurs fonctions, soit à l'initiative de la commission lorsque la gestion de l'établissement ou de l'entreprise ne peut plus être assurée dans des conditions normales, ou lorsque a été prise l'une des sanctions mentionnées aux 4 et 5 du I de l'article L. 613-21. – *[L. n° 84-46 du 24 janv. 1984, art. 44].* – *V. infra, art. R. 613-10 s.*

(L. n° 2003-706 du 1er août 2003, art. 75) **« Lorsque la situation laisse craindre à terme une incapacité de l'établissement ou de l'entreprise à assurer la rémunération de l'administrateur provisoire, le fonds de garantie des dépôts peut, sur proposition de la Commission bancaire, décider d'en garantir le paiement. La charge correspondante est imputée au mécanisme de garantie des titres pour les personnes mentionnées au premier alinéa de l'article L. 613-2 autres que les établissements de crédit. Elle est imputée au fonds de garantie des cautions pour les établissements pour lesquels ce mécanisme est mis en œuvre. En cas de mise en œuvre conjointe, la charge est imputée à parts égales sur les différents mécanismes de garanties mis en œuvre. »**

BIBL. ► Peltier, *Rev. dr. bancaire 1991. 175* (sort des déposants en cas de faillite de la banque dépositaire). – Cornut et Crédot, *RJ com. nov. 1996. 70* (même thème). – Djoudi, *JCP 1996. I. 3936.* – Bonneau, *Rev. dr. bancaire 1997. 2* (droit des faillites bancaires et financières).

1. Administrateur provisoire. Jugé, sous l'empire de la législation antérieure, que les administrateurs provisoires désignés par la Commission de contrôle exerçaient une activité privée, ressortissant à la compétence judiciaire. • Pau, 30 mars 1982 : *D. 1982. IR. 332, obs. Vasseur.* ♦ Aucun texte, ni aucun principe général, n'impose à la Commission bancaire, lorsqu'elle décide de nommer un administrateur provisoire ou un liquidateur, de siéger dans une formation comportant un nombre impair de membres. • CE 17 mai 2002 : *cité note 2 bis.*

2. L'administrateur provisoire tient de l'art. 44 [C. mon. fin., art. L. 613-18] le pouvoir de procéder à la déclaration de la cessation des paiements, dès lors que la décision de la Commission bancaire le nommant liquidateur a été notifiée à la banque postérieurement. • Paris, 2 mars 1990 : *D. 1990. 569, note Vasseur.* ♦ V. note 2 ss. art. L. 613-22.

2 bis. Lorsqu'un administrateur provisoire est nommé, il a seul le pouvoir de représenter la banque et est donc le seul entendu par la Commission avant que ne soit prise la décision relative à la liquidation de l'établissement. • CE 21 mars 2001 : *Rec. CE, p. 146 ; JCP E 2001, n° 15-16, p. 636.* ♦ La Commission bancaire n'est tenue de notifier la décision motivée fixant la date d'entrée en liquidation et nommant le liquidateur qu'à l'administrateur provisoire de la banque concernée. • Même arrêt. ♦ Après la nomination de l'administrateur provisoire, c'est à bon droit que la Commission n'a pas mis à même les actionnaires majoritaires de présenter leurs observations avant de nommer un liquidateur. • CE 17 mai 2002 : *D. 2003. Somm. 339, obs. Synvet ; Banque et Droit sept.-oct. 2002, p. 44, obs. Bonneau ; RTD com. 2002. 712, obs. Cabrillac.* ♦ Jugeant que les intérêts des actionnaires d'une banque sont concordants avec ceux de la banque elle-même dans le cadre de l'instance disciplinaire ouverte à son encontre devant la Commission bancaire et qu'ils doivent ainsi être regardés comme ayant été représentés, dans le cadre de cette instance, par l'administrateur provisoire de la banque qui a seul qualité, en application de l'art. L. 613-18, pour la représenter devant la Commission bancaire. • CE 14 mai 2003 : *JCP E 2003, n° 25, p. 1024 ; Banque et Droit sept.-oct. 2003. 20, concl. Guyomar ; RFD adm. 2003. 835.* ♦ Dès lors, ces actionnaires ne sont pas recevables, alors même qu'ils n'ont pas été appelés à l'instance, à former tierce opposition contre la sanction de radiation infligée par la Commission bancaire à la banque. • Même arrêt.

3. La désignation d'un administrateur provisoire dessaisit l'établissement de crédit de l'administration et de la disposition de ses biens situés en France. • Paris, 8 juill. 1992 : *D. 1992. 476, note Vasseur,* conf. par • Com. 11 avr. 1995 : *Bull. civ. IV, n° 126 ; Bull. Joly 1995. 696,* *note Martin-Serf ; D. 1995. IR. 113.* ♦ Il appartient donc à l'administrateur provisoire d'une banque étrangère de procéder à la déclaration de cessation des paiements de cette banque et de comparaître en chambre du conseil. • Com. 11 avr. 1995 : *préc.*

4. Par suite de la désignation par la Commission bancaire d'un administrateur provisoire à un établissement de crédit et de la démission d'office du gérant de la société, celui-ci était privé de tous ses pouvoirs à l'égard de l'établissement de crédit, c'est-à-dire de la personne morale débitrice elle-même aux termes de l'art. 1er, al. 1er [C. mon. fin., art. L. 511-1], et se trouvait ainsi sans qualité pour exercer en son nom personnel un appel-nullité. • Com. 26 avr. 1994 : *Bull. civ. IV, no 154 ; D. 1994. 542, note Derrida* . – V. les concl. de l'avocat général Raynaud, *RJDA 1994, p. 498.* – V. aussi Vasseur, *D. 1994. Chron. 317.* – Comp. : • T. com. Paris, 7 juill. 1994 : *D. 1995. Somm. 392, obs. Vasseur* . ♦ De même, est irrecevable le pourvoi formé au nom de l'établissement de crédit par les représentants statutaires de la société. • Com. 19 nov. 1996 : *Bull. civ. IV, no 274 ; D. Affaires 1997. 132.* ♦ Pour un autre exemple, V. • Paris, 4 avr. 1997 : *D. Affaires 1997. 609.* ♦ Solution confirmée par l'art. L. 613-18 C. mon. fin.

5. Mécanisme de solidarité. V. art. L. 511-42.

L. 613-19 **Dans le cas d'un établissement de crédit affilié à un organe central, l'organe central peut demander à la commission bancaire de désigner un administrateur provisoire dans l'établissement de crédit qui lui est affilié.** – *[L. no 84-46 du 24 janv. 1984, art. 47, al. 3].*

L. 613-20 **I. – Toute personne qui participe ou a participé au contrôle des personnes mentionnées aux articles L. 613-1, L. 613-2 et L. 613-10, dans les conditions prévues au présent chapitre, est tenue au secret professionnel. Ce secret n'est pas opposable à l'autorité judiciaire agissant dans le cadre soit d'une procédure de liquidation judiciaire ouverte à l'égard d'un établissement de crédit, d'une entreprise d'investissement ou d'une compagnie financière, soit d'une procédure pénale.**

II. – Ce secret n'est pas opposable aux juridictions administratives saisies d'un contentieux relatif à l'activité de la commission bancaire.

(L. no 2001-420 du 15 mai 2001) **« Ce secret n'est pas opposable en cas d'audition par une commission d'enquête dans les conditions prévues au quatrième alinéa du II de l'article 6 de l'ordonnance no 58-1100 du 17 novembre 1958 relative au fonctionnement des assemblées parlementaires. »** – *V. cet art. au* ***C. adm.***.

III. – Par dérogation aux dispositions de la loi no 68-678 du 26 juillet 1968 précitée, la commission bancaire peut transmettre des informations aux autorités chargées de la surveillance des personnes mentionnées au I dans d'autres pays, sous réserve de réciprocité et à condition que ces autorités soient elles-mêmes soumises au secret professionnel avec les mêmes garanties qu'en France. – *[L. no 84-46 du 24 janv. 1984, art. 49, al. 1er à 3].*

Sur la communication d'informations entre la commission bancaire et différents autres organismes, V. C. mon. fin., art. L. 442-4, supra ; 1re note ss. C. mon. fin., art. L. 144-1.

Sur le rôle dévolu à la commission bancaire dans le cadre de la participation des organismes financiers à la lutte contre le blanchiment des capitaux provenant du trafic des stupéfiants, V. C. mon. fin., art. L. 562-7, L. 563-4, L. 563-6, L. 565-3, L. 520-1 s. et L. 572-1 s.

Pour la procédure devant la commission bancaire statuant en matière disciplinaire, V. infra, C. mon. fin., art. R. 613-4 s.

SECTION V *Exercice du pouvoir disciplinaire*

L. 613-21 **I. – Si un établissement de crédit, ou une des personnes mentionnées au premier alinéa de l'article L. 613-2 a enfreint une disposition législative ou réglementaire afférente à son activité, n'a pas répondu à une recommandation ou n'a pas tenu compte d'une mise en garde ou encore** *(L. no 2001-420 du 15 mai 2001)* **« n'a pas respecté les conditions particulières posées ou les engagements pris » à l'occasion d'une demande d'agrément ou d'une autorisation ou dérogation prévue par les dispositions législatives ou réglementaires applicables aux établissements de crédit et aux entre-**

prises d'investissement, la commission bancaire, sous réserve des compétences *(L. n° 2003-706 du 1er août 2003, art. 46-V)* « de l'Autorité des marchés financiers », peut prononcer l'une des sanctions disciplinaires suivantes :

1. L'avertissement ;
2. Le blâme ;
3. L'interdiction d'effectuer certaines opérations et toutes autres limitations dans l'exercice de l'activité ;
4. La suspension temporaire de l'une ou de plusieurs des personnes mentionnées à l'article L. 511-13 et à l'article L. 532-2 avec ou sans nomination d'administrateur provisoire ;
5. La démission d'office de l'une ou de plusieurs de ces mêmes personnes avec ou sans nomination d'administrateur provisoire ;
6. La radiation de l'établissement de crédit ou de l'entreprise d'investissement de la liste des établissements de crédit ou des entreprises d'investissement agréés avec ou sans nomination d'un liquidateur.

Il en va de même s'il n'a pas été déféré à l'injonction prévue à l'article L. 613-16.

En outre, la commission bancaire peut prononcer, soit à la place, soit en sus de ces sanctions, une sanction pécuniaire au plus égale au capital minimum auquel est astreinte la personne morale sanctionnée. Les sommes correspondantes sont recouvrées par le Trésor public et versées au budget de l'État.

II. — La commission bancaire peut également décider, soit à la place, soit en sus de ces sanctions, d'interdire ou de limiter la distribution d'un dividende aux actionnaires ou d'une rémunération des parts sociales aux sociétaires des personnes mentionnées au I.

Lorsqu'elle prononce une des sanctions disciplinaires ci-dessus énumérées à l'encontre d'un prestataire de services d'investissement, la commission bancaire en informe *(L. n° 2003-706 du 1er août 2003, art. 46-V)* « l'Autorité des marchés financiers ». — *V. infra, art. R. 613-6 et R. 613-18.*

III. — La commission bancaire peut décider que les sanctions prises dans le cadre du présent article feront l'objet d'une publication aux frais de la personne morale sanctionnée dans les journaux ou publications que la commission désigne. — *[L. n° 84-46 du 24 janv. 1984, art. 45].*

BIBL. ▸ MANCEAU, *Rev. dr. bancaire 1996. 91* (sort de l'agrément).

1. Démission d'office. Dès lors qu'il résulte de l'art. 45 [C. mon. fin., art. L. 613-21] que les sanctions qu'il édicte sont prononcées à l'encontre de l'établissement, la sanction de la démission d'office ne peut concerner que les personnes qui ont la qualité de dirigeants dudit établissement à la date à laquelle est prononcée cette sanction. • CE 29 juill. 1994 : *D. 1994. 540, note Laurin*.

2. Retrait d'agrément (jurisprudence antérieure à la loi du 2 juill. 1996). Si le retrait d'agrément pouvait être décidé par le comité des établissements de crédit en cas de disparition des conditions mises à son octroi, cette circonstance ne faisait pas obstacle à ce que ledit retrait fût prononcé par la Commission bancaire à titre disciplinaire par application de l'ancien art. 45 (6°). • CE 26 mai 1995 : *JCP E 1995. Pan. 735.*

V. note 1 ss. art. L. 613-22 C. mon. fin.

2 bis. Radiation. Sur la nature juridique de la décision par laquelle la Commission prononce une radiation et celle des décisions s'inférant de la dite sanction, V. *infra*, note 1 ss. art. L. 613-23 C. mon. fin.

3. Recours. Les actionnaires d'une banque radiée qui n'ont été ni parties ni représentés dans l'instance ayant conduit à la radiation, alors même qu'ils ne peuvent utilement se pourvoir en cassation contre cette décision, peuvent, le cas échéant former une tierce-opposition. • CE 9 juin 2000, *Sté verveine et autres : req. n° 2049-13.*

4. Principe d'impartialité. Sur les conditions dans lesquelles la Commission bancaire investie d'un pouvoir de sanction peut régulièrement s'autosaisir dans le respect du principe d'impartialité, V. • CE 20 oct. 2000 : *D. 2001. 2665, note Louvaris ; ibid. Somm. 1072, obs. Sousse ; D. 2002. Somm. 634, obs. Synvet ; JCP 2001. II. 10459, concl. Lamy ; JCP E 2001, n° 6, p. 273, note Salomon ; Bull. Joly Bourse 2001. 39, note Moulin ; AJDA 2000. 1001, obs. Guyomar et Collin ; Banque et Droit nov.-déc. 2000. 31, obs. de Vauplane et Daigre.* ♦ La Commission bancaire qui intervient en qualité de juridiction disciplinaire, en adressant une lettre d'ouverture de poursuites à une entreprise d'investissement, doit respecter le principe d'impartialité, ce qui implique de ne pas présenter pour établis les faits qu'elle retient et de ne pas prendre parti sur leur qualification. • CE 27 juill. 2001 : *Banque et Droit sept.-oct. 2001. 31, obs. de Vauplane et Daigre* • 2 avr. 2003 : *RJDA 2003, n° 1220.* ♦ Toutefois, il est nécessaire que l'acte par lequel la Commission bancaire décide de se saisir de certains faits doit – afin que la ou les personnes mises en cause puissent utilement présenter leurs observations – faire apparaître avec précision ces faits, ainsi que, le cas échéant, la qualification qu'ils pourraient éventuellement recevoir au regard des lois et règlements qu'elle est chargé d'appliquer. • CE 30 juill. 2003 : *RJDA 2003, n° 1220.* ♦ V. aussi note 1, *infra*, ss. art. L. 613-23.

5. Convention EDH. L'attribution par la loi à une autorité administrative du pouvoir de fixer les règles dans un domaine déterminé et d'en assurer elle-même le respect, par l'exercice d'un pouvoir de contrôle des activités exercées et de sanction des manquements constatés, ne contrevient pas aux exigences rappelées par l'art. 6, § 1er, Conv. EDH dès lors que ce pouvoir de sanction est aménagé de telle façon que soient assurés le respect des droits de la défense, le caractère contradictoire de la procédure et l'impartialité de la décision. • CE 30 juill. 2003 : *D. 2003. AJ. 2501 ; Petites affiches 20 févr. 2004, p. 3, concl. Guyomar ; AJDA 2004. 26, note Laget-Annamayer ; JCP E 2004, n° 51, p. 2027, obs. Raynaud ; RJDA 2003, n° 1219 (2 arrêts).* ♦ Il résulte des dispositions de l'art. 10-2-1 du Décr. n° 84-708 du 24 juill. 1984 [C. mon. fin., art. R. 613-6, *infra*] que les personnes à l'encontre desquelles une procédure disciplinaire est engagée devant la Commission bancaire ont droit, dès lors qu'elles en font la demande, à ce que leur cause soit entendue publiquement ; en conséquence, ces dispositions ne sont pas contraire aux stipulations de l'art. 6, § 1er Conv. EDH. • CE 2 avr. 2003 : *préc. note 4.*

L. 613-22 Lorsqu'un établissement de crédit ou une des personnes mentionnées au premier alinéa de l'article L. 613-2 a fait l'objet d'une mesure de radiation ou lorsqu'une entreprise exerce irrégulièrement l'activité définie aux articles L. 311-1 et L. 511-1 ou enfreint l'une des interdictions définies à l'article L. 511-5, la commission bancaire peut nommer un liquidateur, auquel sont transférés tous les pouvoirs d'administration, de direction et de représentation de la personne morale. – *[L. n° 84-46 du 24 janv. 1984, art. 46]. – V. infra, art. R. 613-10.*

(L. n° 2003-706 du 1er août 2003, art. 75) **« Lorsque la situation laisse craindre à terme une incapacité de l'établissement ou de l'entreprise à assurer la rémunération du liquidateur, le fonds de garantie des dépôts peut, dans les conditions et selon les modalités prévues à l'article L. 613-18, décider d'en garantir le paiement. »**

BIBL. ▶ SEBAN, *RFD adm. 2003. 74* (désignation d'un administrateur provisoire liquidateur par la Commission bancaire).

1. Retrait d'agrément. V. art. L. 511-15 et L. 511-16.

2. Rôle du liquidateur. Il résulte de l'art. 46 de la loi du 24 janv. 1984, dans sa rédaction antérieure à la loi du 8 août 1994, que lorsque la commission bancaire ne nomme pas de liquidateur à un établissement de crédit auquel l'agrément est retiré, les représentants statutaires de cet établissement qui n'est ni en procédure collective ni dissous, conservent leur pouvoir de direction, d'administration et de représentation. • Com. 25 avr. 2001 : *Bull. civ. IV, n° 73 ; D. 2002. Somm. 637, obs. Synvet.* ♦ L'art. 46 de la loi de 1984, dans sa version originelle, ne prévoyait pas que le liquidateur représente la personne morale et ne pouvait donc avoir pour effet de priver les organes sociaux de leur pouvoir d'exercer les droits du « débiteur » au sens de la loi n° 85-98 du 25 janv. 1985 [C. com., art. L. 620-1 s. anciens]. • Paris, 2 mars 1990 : *D. 1990. 569, note Vasseur.* ♦ Était donc recevable l'appel du jugement d'ouverture interjeté par le président du conseil d'administration de la banque mise en redressement judiciaire malgré la présence d'un liquidateur. • Même arrêt. – V., dans le même sens, • T. prem. inst. Monaco, 14 févr. 1991 : *D. 1992. Somm. 359, obs. Vasseur ; JCP E 1991. II. 171, note Peltier.*

3. L'ouverture d'une procédure de redressement judiciaire à l'égard de la société commerciale qui exerçait une activité d'établissement de crédit implique la désignation d'organes divers et notamment, le cas échéant, d'un administrateur judiciaire ; mais cette procédure ne peut avoir pour conséquence de soustraire la liquidation de l'établissement de crédit au contrôle de la Commission bancaire et du liquidateur qu'elle a nommé. • Aix-en-Provence, 21 juill. 1993 : *D. 1994. 201, note Vasseur.* ♦ Ce dernier, avant l'intervention de la loi du 8 août 1994, n'étant investi d'aucun pouvoir de représentation de la personne morale et le redressement judiciaire de celle-ci n'emportant son dessaisissement qu'en fonction de la mission conférée par le juge à l'administrateur judiciaire éventuellement désigné, l'apurement de la situation de l'établissement de crédit devait être conduit conformément aux dispositions d'ordre public de la loi n° 85-98 du 25 janv. 1985 [C. com., art. L. 620-1 s. anciens] qui régissent la réalisation des actifs de l'entreprise et le règlement collectif de son passif, que celui-ci intervînt dans le cadre d'une solution de redressement ou en conséquence de la liquidation judiciaire. • Même arrêt. ♦ Comp., désormais : art. 46, dans sa rédaction résultant de la loi n° 94-679 du 8 août 1994 et art. 46-1 s. résultant de la L. n° 99-532 du 25 juin 1999 codifiés respectivement aux art. L. 613-22 et L. 613-25 C. mon. fin.

L. 613-23 **I. — Lorsque la commission bancaire statue en application de l'article L. 613-21, elle est une juridiction administrative.**

II. — Lorsque des circonstances particulières d'urgence le justifient, la commission peut prononcer à titre provisoire les mesures prévues aux articles L. 613-18 et L. 613-22 sans procédure contradictoire.

Les mesures mentionnées à l'alinéa précédent sont levées ou confirmées par la commission, après procédure contradictoire, dans un délai prévu par décret en Conseil d'État. — *[L. n° 84-46 du 24 janv. 1984, art. 48 (I et II)].*

BIBL. ▶ FONDRAZ, *Gaz. Pal. 1997. 1. Doctr. 420* (principe du contradictoire). — BOUCHARD, *Banque et Droit nov.-déc. 2003. 9* (droits de la défense devant la Commission bancaire).

1. Absence de caractère juridictionnel des décisions. Lorsque la Commission bancaire désigne, en application de l'art. 44 (rédaction issue de la loi du 8 août 1994 [C. mon. fin., art. L. 613-18]), un administrateur provisoire elle ne prend pas une décision de caractère juridictionnel, mais statue comme autorité administrative. En conséquence, elle n'est pas soumise aux dispositions de l'art. 6-1 de la Convention européenne de sauvegarde des droits de l'homme et des libertés fondamentales. • CE 21 févr. 1997 : *RJDA 1997, n° 669. – Contra,* auparavant : • CE 30 nov. 1994 : *RTD com. 1995. 408, obs. Orsoni*. ♦ Il résulte des dispositions combinées des art. 19-1, 45, 46 et 48 de la loi de 1984 [C. mon. fin., art. L. 511-17, L. 613-21, L. 613-22 et L. 613-23] que si la décision par laquelle la Commision bancaire prononce la radiation, à titre de sanction disciplinaire, d'un établissement de crédit présente un caractère juridictionnel, celle par laquelle en application des art. 19-1, al. 2 et 46 [C. mon. fin., art. L. 511-17, al. 2 et L. 613-22], elle tire les conséquences de cette radiation en fixant la date d'entrée en liquidation et en nommant un liquidateur a, en revanche, un caractère administratif et peut à ce titre faire l'objet d'un recours pour excès de pouvoir. • CE 21 mars 2001, n° 207877 : *Rec. CE, p. 146 ; JCP E 2001, n° 15-16, p. 636.* ♦ V. aussi • CE 27 juill. 2001 : *préc. note 4 ss. art. L. 613-21 C. mon. fin.*

La décision prise par la Commission bancaire, lorsqu'elle refuse de donner suite à une plainte, a le caractère d'une décision administrative qui peut être déférée au juge de l'excès de pouvoir, et il appartient alors au juge de censurer une telle décision en cas d'erreur de droit ou de fait, d'erreur manifeste d'appréciation ou de détournement de pouvoir. • CE 30 déc. 2002 : *AJDA 2003. 902, note Blanc ; Petites affiches 24 mars 2003, p. 7, concl. Guyomar ; JCP E 2003, n° 6, p. 246 ; RJDA 2003, n° 1221.*

2. Procédure contradictoire. **BIBL.** Fondraz, *Petites affiches 25 mars 1996, p. 9.* ♦ Avant l'intervention de la loi du 8 août 1994, en l'absence de toute disposition dans la loi lui permettant d'y déroger, la Commission bancaire était tenue de respecter le principe du contradictoire avant de procéder à la désignation d'un administrateur provisoire en application de l'art. 44 de la loi du 24 janv. 1984, dès lors que cette nomination était une décision juridictionnelle et que, même si elle présentait un caractère d'urgence, elle ne constituait pas une simple mesure conservatoire. • CE 29 juill. 1994 : *D. 1994. 540, note Laurin*. ♦ Comp., désormais : art. L. 613-23 (II) comprenant les dispositions de l'art. 48-II, résultant de la loi n° 94-679 du 8 août 1994.

3. Compte tenu de l'impossibilité pour une banque de rembourser les concours accordés par un autre établissement de crédit à leur date d'exigibilité et de l'absence de mesure prise par les dirigeants susceptible de remédier à la situation, au regard des risques pouvant découler d'une telle situation, la Commission bancaire a pu légalement estimer, en application de l'art. 48-II [C. mon. fin., art. L. 613-23 (II)], que des circonstances particulières justifiaient que la décision de désignation d'un administrateur provisoire pour une durée de six mois renouvelable soit prise sans procédure contradictoire. • CE 21 févr. 1997 : *préc. note 1.*

4. Responsabilité de l'État. Sur la responsabilité de l'État, dans l'exercice par la Commission bancaire de sa fonction disciplinaire de caractère juridictionnel, V., exigeant l'existence d'une faute lourde : • CAA Paris, 30 mars 1999 : *D. 1999. IR. 172 ; D. Affaires 1999. 1211, obs. X. D. ; JCP E 2000, n° 26, p. 1040, obs. Gavalda et Stoufflet.*

L. 613-24 **Pour l'application des dispositions des articles L. 571-3 à L. 571-11, L. 571-14 à L. 571-16, la commission bancaire peut se constituer partie civile à tous les stades de la procédure pénale.** – *[L. n° 84-46 du 24 janv. 1984, art. 85, al. 2].*

Bien que non abrogé par l'Ord. n° 2000-1223 du 14 déc. 2000, l'art. 85, al. 2, de la L. n° 84-46 du 24 janv. 1984, a été codifié.

SECTION VI *Dispositions relatives au traitement des établissements de crédit et des entreprises d'investissement en difficulté* (*Ord. n° 2004-1127 du 21 oct. 2004, art. 1er-I*).

SOUS-SECTION 1 *Mesures spécifiques au redressement et à la liquidation judiciaires des établissements de crédit et des entreprises d'investissement* (*Ord. n° 2004-1127 du 21 oct. 2004, art. 1er-II*).

L. 613-25 **Lorsqu'un administrateur provisoire ou un liquidateur a été nommé auprès d'un établissement de crédit conformément aux articles L. 613-18 et L. 613-22, la commission bancaire peut, après avoir recueilli l'avis du fonds de garantie sollicité au titre de l'article L. 312-5, saisir le tribunal de grande instance afin que lorsqu'elle estime que l'intérêt des déposants le justifie, soit ordonnée la cession des actions détenues par un ou plusieurs dirigeants de droit ou de fait rémunérés ou non, de cet établissement. Le prix de cession est fixé après expertise judiciaire. Il est procédé à l'évaluation des actions selon les méthodes pratiquées en cas de cession d'actifs selon les pondérations appropriées à chaque cas, en fonction de la valeur des actifs, des bénéfices réalisés, de l'existence de filiales et des perspectives d'activité et, pour les sociétés dont les titres sont admis aux négociations sur un marché réglementé, de la valeur boursière. L'action est introduite par voie d'assignation délivrée aux actionnaires concernés. Le tribunal de grande instance compétent est celui dans le ressort duquel se situe le siège de l'établissement de crédit.**

Dans les mêmes conditions, le tribunal de grande instance peut décider que le droit de vote attaché à des actions ou certificats de droit de vote détenus par un ou plusieurs dirigeants de droit ou de fait, rémunérés ou non, sera exercé, pour une durée qu'il fixe, par un mandataire de justice désigné à cet effet.

Dans les mêmes conditions, le tribunal de grande instance peut également ordonner la cession de la totalité des actions de l'établissement, ou des actions et parts sociales qui n'ont pas été cédées en application des dispositions prévues au premier alinéa du présent article. Lorsque les actions sont admises aux négociations sur un marché réglementé, les modalités de la cession sont précisées par le (*L. n° 2003-706 du 1er août 2003, art. 46-V*) **« règlement général de l'Autorité des marchés financiers ».** – *V. Règl. gén. AMF au **C. sociétés**.*

Le montant de l'indemnisation revenant aux détenteurs non identifiés est consigné. – *[L. n° 84-46 du 24 janv. 1984, art. 46-1].*

Sur l'application de l'art. L. 613-25, lorsqu'un administrateur provisoire ou un liquidateur a été nommé auprès d'une société de crédit foncier, V. art. L. 515-26.

BIBL. ► Sur la loi du 25 juin 1999 relative à l'épargne et à la sécurité financière : BONNEAU, *JCP E 1999, n° 36, p. 1378.* – LE NABASQUE, *RD bancaire et bourse 1999. 148* (adaptation du droit des procédures collectives à la situation des établissements financiers). – BOILLOT, *D. 2003. 2741* (droit bancaire et financier et droit des procédures collectives).

L. 613-26 **Par dérogation aux dispositions de l'article** (*L. n° 2005-845 du 26 juill. 2005, art. 173-III*) **« L. 631-1 » du code de commerce, sont en état de cessation des paiements les établissements de crédit qui ne sont pas en mesure d'assurer leurs paiements, immédiatement ou à terme rapproché.**

La procédure de liquidation judiciaire peut être ouverte à l'égard des établissements de crédit qui ont fait l'objet d'une mesure de radiation prononcée par la commission bancaire et dont le passif, dont ils sont tenus envers les tiers, à l'exception des dettes qui ne sont remboursables qu'après désintéressement complet des créanciers chirographaires, est effectivement supérieur à l'actif diminué des provisions devant être constituées. — *[L. n° 84-46 du 24 janv. 1984, art. 46-2].*

L. 613-27 Les procédures *(L. n° 2005-845 du 26 juill. 2005, art. 165-II)* « de sauvegarde, » de redressement et de liquidation judiciaires instituées par le titre II *[les titres II à IV]* du livre VI du code de commerce ne peuvent être ouvertes à l'égard d'un établissement de crédit ou d'une entreprise d'investissement qu'après avis de la commission bancaire.

Le président du tribunal ne peut être saisi d'une demande d'ouverture *(L. n° 2005-845 du 26 juill. 2005, art. 165-I)* « de la procédure de conciliation » institué*[e]* par le titre Ier du livre VI du code de commerce à l'égard d'un établissement de crédit ou d'une entreprise d'investissement qu'après avis de la commission bancaire.

Un décret en Conseil d'État précise les modalités selon lesquelles sont donnés les avis prévus aux premier et deuxième alinéas ci-dessus. — *[L. n° 84-46 du 24 janv. 1984, art. 46-3].*

L. 613-28 Lorsqu'un administrateur provisoire a été désigné par la commission bancaire en application de l'article L. 613-18, le tribunal ne peut charger l'administrateur judiciaire que de la surveillance des opérations de gestion, telle qu'elle est prévue au II de l'article L. 622-1 du code de commerce. — *[L. n° 84-46 du 24 janv. 1984, art. 46-4].*

L. 613-29 En cas d'ouverture ou de prononcé d'une procédure de liquidation judiciaire à l'égard d'un établissement de crédit ou d'une entreprise d'investissement, la commission bancaire nomme un liquidateur qui procède à l'inventaire des actifs, aux opérations de liquidation ainsi qu'aux licenciements, dans les conditions et selon les modalités prévues au *(L. n° 2005-845 du 26 juill. 2005, art. 173-III)* « titre IV » du livre VI du code de commerce.

Le liquidateur judiciaire désigné par le tribunal procède, en application des articles *(L. n° 2005-845 du 26 juill. 2005, art. 173-III)* « L. 641-1 » ou L. 641-5 du code de commerce, aux opérations prévues respectivement aux *(L. n° 2005-845 du 26 juill. 2005, art. 173-III)* « trois premiers alinéas de l'article L. 641-4 » ou *(L. n° 2005-845 du 26 juill. 2005, art. 173-III)* « à » l'article L. 641-5 du même code, à l'exclusion de l'inventaire des biens de l'entreprise et des opérations de liquidation. — *[L. n° 84-46 du 24 janv. 1984, art. 46-5].*

L. 613-30 En cas d'ouverture d'une procédure *(L. n° 2005-845 du 26 juill. 2005, art. 165-II)* « de sauvegarde, » de redressement ou de liquidation judiciaires à l'égard d'un établissement de crédit ou d'une entreprise d'investissement, sont dispensés de la déclaration prévue à l'article L. 622-24 du code de commerce, le fonds de garantie et les déposants pour leurs créances entrant pour tout ou partie dans le champ d'intervention du fonds.

Le fonds informe les déposants du montant des créances exclues du champ d'intervention et précise les modalités de déclaration desdites créances auprès du *(L. n° 2005-845 du 26 juill. 2005, art. 165-III)* « mandataire judiciaire ».

Le *(L. n° 2005-845 du 26 juill. 2005, art. 165-III)* « mandataire judiciaire » établit les relevés de toutes les créances. Ces relevés doivent être mentionnés par le juge commissaire, déposés au greffe du tribunal de commerce et faire l'objet d'une mesure de publicité. En cas de contestation, le déposant saisit à peine de forclusion le tribunal dans un délai de deux mois à compter de l'accomplissement de la mesure de publicité.

Un décret en Conseil d'État fixe les conditions d'application du présent article. — *[L. n° 84-46 du 24 janv. 1984, art. 46-6].*

L. 613-31 Les dispositions relatives au redressement et à la liquidation des établissements de crédit et des entreprises d'investissement prévues aux articles L. 613-25 à

L. 613-30 et *(Ord. n° 2005-429 du 6 mai 2005, art. 79)* « **L. 211-6** » **ne sont pas applicables aux procédures judiciaires ouvertes avant le 29 juin 1999.** – *[L. n° 99-532 du 25 juin 1999, art. 92 (I)].*

SOUS-SECTION 2 *Mesures d'assainissement et de liquidation des établissements de crédit communautaires*

(Ord. n° 2004-1127 du 21 oct. 2004, art. 1er-II)

L'ord. n° 2004-1127 du 21 oct. 2004, portant transposition de la dir. 2001/24/CE du 4 avr. 2001 concernant l'assainissement et la liquidation des établissements de crédit, a été ratifiée par l'art. 80-XXI de la L. n° 2004-1343 du 9 déc. 2004 (JO 10 déc.).

BIBL. ▶ ROBINE, *D. 2004. 3202* .

L. 613-31-1 La présente sous-section s'applique aux mesures d'assainissement et aux procédures de liquidation des établissements de crédit et de leurs succursales établies sur le territoire d'un État membre de la Communauté européenne autre que celui du siège social. Sont assimilés aux États membres de la Communauté européenne les États parties à l'accord sur l'Espace économique européen.

Elle s'applique également aux succursales d'un établissement de crédit ayant son siège hors de l'Espace économique européen, à la condition qu'il dispose de succursales établies dans au moins deux États membres.

L. 613-31-2 I. – **Les mesures d'assainissement mentionnées à la présente sous-section sont les mesures prises en France ou dans tout autre État membre par les autorités administratives ou judiciaires, destinées à préserver ou rétablir la situation financière d'un établissement de crédit et qui affectent les droits préexistants des tiers.**

Lorsqu'elles sont prises en France et qu'elles affectent ces droits, ces mesures sont :

1° Les mesures mentionnées au 3° du I de l'article L. 613-21 ;

(Abrogé par L. n° 2005-845 du 26 juill. 2005, art. 174-I) « ***2° La procédure de règlement amiable mentionnée au titre Ier du livre VI du code de commerce lorsque la suspension provisoire des poursuites a été prononcée ;*** »

3° *(L. n° 2005-845 du 26 juill. 2005, art. 165-II)* « **Les procédures de sauvegarde ou de redressement judiciaire** » **mentionnée***[s]* **au** *(Abrogé par L. n° 2005-845 du 26 juill. 2005, art. 174-I)* « ***titre II du*** » **livre VI du code de commerce.**

II. – Les mesures de liquidation mentionnées à la présente sous-section sont les procédures collectives ouvertes et contrôlées en France ou dans tout autre État membre par les autorités administratives ou judiciaires, destinées à réaliser le patrimoine sous la surveillance de ces autorités.

Lorsqu'elles sont prises en France, ces mesures sont celles qui font l'objet du *(L. n° 2005-845 du 26 juill. 2005, art. 174-I)* « **titre IV** » **du livre VI du code de commerce.**

L. 613-31-3 Sous réserve des dispositions des articles L. 613-31-5 et L. 613-31-6 :

1° Les mesures d'assainissement et de liquidation décidées par les autorités compétentes d'un État membre autre que la France à l'égard d'un établissement de crédit ayant son siège sur le territoire de cet État produisent tous leurs effets en France métropolitaine et dans les départements d'outre-mer sans aucune autre formalité, y compris à l'égard des tiers, dès qu'elles produisent leurs effets dans cet État. Il en va de même lorsque ces mesures sont prises à l'égard d'une succursale d'un établissement de crédit ayant son siège social hors de l'Espace économique européen ;

2° Lorsqu'elles sont prises par l'autorité publique française compétente à l'égard d'un établissement de crédit agréé en France ou d'une succursale en France d'un établissement ayant son siège social hors de l'Espace économique européen, ces mesures produisent tous leurs effets sur le territoire des autres États membres, y compris à l'égard des tiers situés dans d'autres États membres.

L. 613-31-4 L'ouverture d'une procédure de liquidation judiciaire à l'encontre d'un établissement de crédit entraîne sa radiation de la liste des établissements de crédit.

L. 613-31-5 Par dérogation aux dispositions de l'article L. 613-31-3, les effets d'une mesure d'assainissement ou d'une procédure de liquidation définies à l'article L. 613-31-2 sur les contrats, droits et instances énumérés ci-après sont déterminés par les règles suivantes :

1° Les contrats de travail et les relations de travail sont exclusivement régis par la loi de l'État membre applicable à ce contrat ou à cette relation ;

2° Les contrats donnant le droit de jouir d'un bien immobilier ou de l'acquérir sont exclusivement régis par la loi de l'État membre sur le territoire duquel ce bien est situé. Cette loi détermine également si ce bien est meuble ou immeuble ;

3° Les droits sur un bien immobilier, un navire ou un aéronef qui sont soumis à inscription sur un registre public sont exclusivement régis par la loi de l'État membre sous l'autorité duquel ce registre est tenu ;

4° Les conventions de compensation, celles portant cession temporaire d'instruments financiers et celles régissant les transactions effectuées dans le cadre d'un marché réglementé demeurent exclusivement régies par la loi applicable à ces conventions ;

5° Les droits sur des instruments financiers supposant l'inscription dans un registre, sur un compte ou auprès d'un système de dépôt centralisé détenus ou situés dans un État membre sont exclusivement régis par la loi de cet État membre ;

6° Les instances en cours à la date de la mesure d'assainissement ou de l'ouverture de la procédure de liquidation concernant un bien ou un droit dont l'établissement de crédit est dessaisi sont exclusivement régies par la loi de l'État membre sur le territoire duquel l'instance se déroule.

L. 613-31-6 I. – Par dérogation aux dispositions de l'article L. 613-31-3, la décision d'adopter une mesure d'assainissement ou d'ouvrir une procédure de liquidation n'affecte pas :

1° Les droits réels, au sens du droit applicable, d'un créancier ou d'un tiers sur des biens corporels ou incorporels, meubles ou immeubles, appartenant à l'établissement de crédit et qui se trouvent sur le territoire d'un autre État membre à la date de la décision ;

2° Les droits du vendeur fondés sur une réserve de propriété, lorsque ce bien se trouvait sur le territoire d'un autre État membre à la date de la décision ;

3° Le droit de l'acheteur d'acquérir un bien vendu par l'établissement de crédit, lorsque ce bien se trouvait sur le territoire d'un autre État membre à la date de la décision et une fois la livraison effectuée ;

4° Le droit d'un créancier d'invoquer la compensation de sa créance avec celle de l'établissement de crédit, lorsque la loi applicable à la créance de l'établissement de crédit le permet.

II. – Les dispositions qui précèdent ne font pas obstacle aux actions en nullité, en annulation ou en inopposabilité des actes préjudiciables à l'ensemble des créanciers, prévues par la loi de l'État membre sur le territoire duquel se trouve le siège de l'établissement de crédit.

L. 613-31-7 Par dérogation aux dispositions de l'article L. 613-31-3 et du II de l'article L. 613-31-6, les dispositions de la loi de l'État membre dans lequel la procédure de liquidation a été ouverte à l'égard d'un établissement de crédit communautaire relatives à la nullité, à l'annulation ou à l'inopposabilité des actes préjudiciables à l'ensemble des créanciers ne sont pas applicables si le bénéficiaire d'un tel acte apporte la preuve que ce dernier est soumis à la loi d'un autre État membre et que cette loi ne permet par aucun moyen d'attaquer cet acte dans l'affaire en cause.

S'agissant des mesures d'assainissement, la règle prévue à l'alinéa précédent ne s'applique qu'aux actes préjudiciables aux créanciers réalisés avant l'adoption d'une telle mesure.

L. 613-31-8 Lorsque, par un acte conclu après l'adoption d'une mesure d'assainissement ou l'ouverture d'une procédure de liquidation, l'établissement de crédit aliène à titre onéreux :

1° Un bien immobilier ;

2° Un navire ou d'un aéronef soumis à inscription dans un registre public ;

3° Des instruments ou des droits sur de tels instruments dont l'existence ou le transfert suppose une inscription dans un registre, un compte ou auprès d'un système de dépôts centralisés tenus ou situés dans un État membre.

La validité de cet acte est régie par la loi de l'État membre sur le territoire duquel ce bien immobilier est situé ou sous l'autorité duquel ce registre, ce compte ou ce système de dépôts est tenu.

L. 613-31-9 L'administrateur ou liquidateur désigné par l'autorité compétente d'un autre État membre est habilité à exercer en France métropolitaine et dans les départements d'outre-mer tous les pouvoirs qu'il est habilité à exercer sur le territoire de cet État.

Dans l'exercice de ces pouvoirs, l'administrateur ou le liquidateur respecte la loi française, en particulier pour ce qui concerne les modalités de réalisation des biens ou l'information des salariés. Ces pouvoirs ne peuvent pas inclure des mesures d'exécution nécessitant l'emploi de la force ou le droit de statuer sur un litige ou un différend.

L'administrateur ou le liquidateur peuvent désigner des personnes chargées de les assister ou de les représenter, notamment dans les États membres sur lesquels sont établies les succursales de l'établissement de crédit.

L. 613-31-10 Un décret en Conseil d'État fixe, en tant que de besoin, les modalités d'application de la présente sous-section et notamment celles relatives à la publicité à l'étranger des mesures mentionnées à l'article L. 613-31-3, ainsi que les informations adressées aux créanciers. — *V. infra, art. R. 613-24 s.*

SECTION VII *Régime de contrôle spécifique*

L. 613-32 La commission bancaire veille à ce que les compagnies financières respectent les obligations instituées par le deuxième alinéa de l'article L. 517-1.

S'il apparaît qu'une compagnie financière a enfreint les dispositions du deuxième alinéa de l'article L. 517-1, la commission bancaire peut prononcer à l'encontre de celle-ci l'une des sanctions prévues aux 1 et 2 du I de l'article L. 613-21.

La commission bancaire peut prononcer soit à la place, soit en sus de ces sanctions disciplinaires, une sanction pécuniaire dont le montant est au plus égal au capital minimum auquel est astreint l'établissement de crédit ou l'entreprise d'investissement qui est la filiale de la compagnie financière. Lorsque la compagnie financière détient plusieurs filiales qui sont des établissements de crédit ou des entreprises d'investissement, le plafond de l'amende est déterminé par référence au capital de l'établissement de crédit ou de l'entreprise d'investissement qui est astreint au capital minimum le plus élevé. — *[L. n° 84-46 du 24 janv. 1984, art. 74]. — V. infra, art. R. 613-2 et R. 613-8.*

L. 613-33 La commission bancaire est chargée de contrôler le respect, par les établissements mentionnées aux articles L. 511-22 et L. 511-23, des dispositions législatives et réglementaires qui leur sont applicables aux termes de l'article L. 511-24. Elle peut examiner les conditions de leur exploitation et la qualité de leur situation financière en tenant compte de la surveillance exercée par les autorités compétentes mentionnées au 2 de l'article L. 511-21.

Elle veille également au respect des règles de bonne conduite de la profession bancaire.

Elle exerce sur ces établissements les pouvoirs de contrôle et de sanction définis aux sections 4 et 5 du présent chapitre. La radiation prévue au 6 du I de l'article L. 613-21 et au premier alinéa de l'article L. 312-5 s'entend comme se traduisant par une interdiction faite à l'établissement de continuer à fournir des services bancaires sur le territoire de la République française.

Lorsqu'un établissement mentionné aux articles L. 511-22 et L. 511-23 fait l'objet d'un retrait d'agrément ou d'une mesure de liquidation ou, s'agissant d'un établissement financier, lorsqu'il ne remplit plus les conditions requises *(Ord. n° 2005-429 du 6 mai 2005, art. 80)* « au sens de l'article L. 511-23 », la commission bancaire prend les mesures nécessaires pour l'empêcher de commencer de nouvelles opérations sur le territoire de la République française et pour assurer la protection des intérêts des déposants.

Un décret en Conseil d'État détermine les procédures que suit la commission bancaire dans l'exercice des responsabilités et des pouvoirs qui lui sont conférés par les alinéas précédents. Il détermine en particulier les modalités de l'information des autorités compétentes mentionnées à l'article L. 511-21. – *[L. n° 84-46 du 24 janv. 1984, art. 37, al. 3, et art. 71-6].*

L. 613-33-1 *(L. n° 2001-1168 du 11 déc. 2001, art. 27-I)* Pour l'application des dispositions de l'article L. 613-2 aux adhérents établis hors de France d'une chambre de compensation établie en France, la commission bancaire prend en compte la surveillance exercée par les autorités compétentes de chaque État concerné et, à cet effet, peut conclure avec elles une convention bilatérale, dans les conditions prévues à l'article L. 613-13.

Pour l'exercice de son pouvoir de sanction, la radiation prévue au 6 du I de l'article L. 613-21 et au premier alinéa de l'article L. 312-5 s'entend comme se traduisant par une interdiction faite à l'établissement de continuer à adhérer à une chambre de compensation établie sur le territoire de la République française.

SECTION VIII *Mise en œuvre du fonds de garantie des dépôts*

L. 613-34 La commission bancaire entend le président du directoire du fonds de garantie des dépôts pour toute question concernant un établissement pour lequel elle envisage de provoquer la mise en œuvre du fonds de garantie ou pour lequel elle envisage de proposer à celui-ci d'intervenir à titre préventif.

Le président du directoire est également entendu, à sa demande, par la commission bancaire. – *[L. n° 84-46 du 24 janv. 1984, art. 38-1].*

CHAPITRE IV *Institutions consultatives*

BIBL. ► Bonneau, *JCP E 2003, n° 38, p. 1473* (loi n° 2003-706 de sécurité financière).

SECTION I *Comité consultatif du secteur financier et comité consultatif de la législation et de la réglementation financières* *(L. n° 2003-706 du 1er août 2003, art. 22-I).*

L. 614-1 *(L. n° 2003-706 du 1er août 2003, art. 22-II)* Le Comité consultatif du secteur financier est chargé d'étudier les questions liées aux relations entre, d'une part, les établissements de crédit, les entreprises d'investissement et les entreprises d'assurance et, d'autre part, leurs clientèles respectives, et de proposer toutes mesures appropriées dans ce domaine, notamment sous forme d'avis ou de recommandations d'ordre général.

Le comité peut être saisi par le ministre chargé de l'économie, par les organisations représentant les clientèles et par les organisations professionnelles dont ses membres sont issus. Il peut également se saisir de sa propre initiative à la demande de la majorité de ses membres.

Le comité est composé en majorité, et en nombre égal, de représentants des établissements de crédit, des entreprises d'investissement, des entreprises d'assurance, des agents généraux et courtiers d'assurance, d'une part, et de représentants des clientèles, d'autre part.

La composition du comité, les conditions de désignation de ses membres et de son président ainsi que ses règles d'organisation et de fonctionnement sont fixées par décret. – *V. C. mon. fin., art. D. 614-1 s.*

L. 614-2 *(L. n° 2003-706 du 1er août 2003, art. 26-I)* Le Comité consultatif de la législation et de la réglementation financières est saisi pour avis par le ministre chargé de l'économie de tout projet de loi ou d'ordonnance et de toute proposition de règlement ou de directive communautaires avant son examen par le Conseil des Communautés européennes, traitant de questions relatives au secteur de l'assurance, au secteur bancaire et aux entreprises d'investissement, à l'exception des textes portant sur l'Autorité des marchés financiers ou entrant dans les compétences de celle-ci.

Les projets de décret ou d'arrêté, autres que les mesures individuelles, intervenant dans les mêmes domaines ne peuvent être adoptés qu'après l'avis du Comité consultatif de la législation et de la réglementation financières. Il ne peut être passé outre à un avis défavorable du comité sur ces projets qu'après que le ministre chargé de l'économie a demandé une deuxième délibération de ce comité.

La composition du comité, les conditions de désignation de ses membres et de son président ainsi que ses règles d'organisation et de fonctionnement sont fixées par décret. – *V. C. mon. fin., art. D. 614-2 et D. 614-3.*

L. 614-3 *(L. n° 2003-706 du 1er août 2003, art. 27-I)* Les salariés membres du Comité consultatif du secteur financier ou du Comité consultatif de la législation et de la réglementation financières disposent du temps nécessaire pour assurer la préparation des réunions, et pour s'y rendre et y participer. Ce temps est assimilé à du travail effectif pour la détermination des droits aux prestations d'assurances sociales. Les salariés concernés doivent informer leur employeur lors de leur désignation et, pour chaque réunion, dès réception de la convocation.

L. 614-4 à L. 614-6 *Abrogés par L. n° 2003-706 du 1er août 2003.*

SECTION II *Haut conseil du secteur financier public et semi-public*

L. 614-7 ....

CHAPITRE V *Autres institutions*

(L. n° 2006-387 du 31 mars 2006, art. 26-VII)

SECTION UNIQUE *Commissaires du Gouvernement et mission de contrôle des activités financières*

L. 615-1 *(L. n° 2006-387 du 31 mars 2006, art. 26-VII)* Le ministre chargé de l'économie nomme un commissaire du Gouvernement auprès de tout organe central mentionné à l'article L. 511-30 ou établissement de crédit lorsque l'État leur a confié des prérogatives de puissance publique ou une mission d'intérêt public.

Un décret définit les modalités d'application du présent article. Il précise notamment les conditions dans lesquelles le commissaire du Gouvernement peut s'opposer aux décisions des organes délibérants de l'organe central ou de l'établissement de crédit relatives à la mise en œuvre des prérogatives de puissance publique ou de la mission d'intérêt public qui lui ont été confiées. – *[L. n° 84-46 du 24 janv. 1984, art. 50]. – V. infra, art. D. 615-1 s.*

Cet art. reprend les dispositions du II de l'art. L. 511-32, supra.

TITRE II L'autorité des marchés financiers *(L. n° 2003-706 du 1er août 2003, art. 1er).*

CHAPITRE UNIQUE *L'autorité des marchés financiers*

BIBL. GÉN. ► DUFOUR, *Petites affiches 26 sept. 2002, p. 3* (Bercy prépare la fusion de la COB et du CMF). – PELTIER, *RD banc. fin. 2003. 184* (le risque hégémonique de la protection de l'épargne dans la fusion COB-CMF). – DAIGRE, *ibid. 197* (recours contre les décisions de la future AMF). – THOMASSET-PIERRE, *D. 2003. 2951* (création de l'AMF). – BONNEAU, *JCP E 2003, n° 38, p. 1470.* – CONAC, *RD banc. fin. 2003, n° 201.* – DECOOPMAN, *JCP 2003. I. 169* (nouvelle architecture des autorités financières). – DAIGRE, *Dr. et patr. déc. 2003. 60* (complexité de l'architecture institutionnelle du secteur financier). – CONAC, *ibid. 63* (la nouvelle AMF). – DAIGRE, *RD banc. fin. 2003. 347* (de l'AMF à une autorité financière unique ?). – ROUSSEL, *RJ com. nov. 2003. 25* (colloque Chantilly, 14-15 juin). – RONTCHEVSKY et STORCK, *RTD com. 2003. 759* (modernisation du contrôle des marchés financiers). – COQUELET, *Petites affiches 14 nov. 2003, p. 6.* – RAMEIX, *ibid., p. 12.* – DAIGRE, *Rev. sociétés 2003. 823* (création de l'AMF). – KLEIMAN et BOUTHINON-DUMAS, *Gaz. Pal. 2004. Doctr. 1821* (secret bancaire et transparence des opérations boursières : rôle et pouvoirs de l'AMF). – ROUSSEL, *Bull. Joly Bourse 2004. 139* (organisation et missions de l'AMF). – DUCOULOUX-FAVARD, *ibid. 14-15 juill. 2004, p. 8* (où va le contentieux boursier ?). – PELTIER, *D. 2005. 958* (ne pas transiger sur la transaction). – RONTCHEVSKY, *RTD com. 2005. 379* (faut-il donner à l'AMF le pouvoir de transiger ?).

► Décr. n° 2003-1109 du 21 nov. 2003 : DECOOPMAN, *JCP E 2004, n° 4, p. 97.* – RONTCHEVSKY, *RTD com. 2004. 122* ; *Bull. Joly Bourse 2004. 147.* – COQUELET, *Petites affiches 26 avr. 2004, p. 11.*

Pour une plus ample bibliographie et des annotations de jurisprudence, V. **C. sociétés***.*

V. aussi C. mon. fin., art. R. 621-1 s. au **C. sociétés***.*

SECTION I *Missions*

L. 621-1 *(L. n° 2003-706 du 1er août 2003, art. 2)* **L'Autorité des marchés financiers, autorité publique indépendante dotée de la personnalité morale, veille à la protection de l'épargne investie dans les instruments financiers et tous autres placements donnant lieu à appel public à l'épargne, à l'information des investisseurs et au bon fonctionnement des marchés d'instruments financiers. Elle apporte son concours à la régulation de ces marchés aux échelons européen et international.**

Sur l'application des dispositions des art. L. 621-1 s. aux sociétés civiles de placement immobilier et aux sociétés de gestion de sociétés civiles de placement immobilier, V. C. mon. fin., art. L. 214-67 s. et L. 231-21. — **C. sociétés***.*

SECTION II *Composition*

L. 621-2 *[Composition]. — V. au* **C. sociétés***.*

SECTION III *Règles de fonctionnement*

L. 621-3 *(L. n° 2003-706 du 1er août 2003, art. 4)* **I. — Le commissaire du Gouvernement auprès de l'Autorité des marchés financiers est désigné par le ministre chargé de l'économie. Il siège auprès de toutes les formations sans voix délibérative. Les décisions de la commission des sanctions sont prises hors de sa présence. Il peut, sauf en matière de sanctions, demander une deuxième délibération dans des conditions fixées par décret en Conseil d'État.** *— V. C. mon. fin., art. R. 621-8 au* **C. sociétés***.*

II. — Les décisions de chaque formation de l'Autorité des marchés financiers sont prises à la majorité des voix. En cas de partage égal des voix, sauf en matière de sanctions, la voix du président est prépondérante.

En cas d'urgence constatée par son président, le collège peut, sauf en matière de sanctions, statuer par voie de consultation écrite. – *V. C. mon. fin., art. R. 621-2 au* ***C. sociétés.***

Un décret en Conseil d'État fixe les règles applicables à la procédure et aux délibérations des formations de l'Autorité des marchés financiers. – *V. C. mon. fin., art. R. 621-1 s. au* ***C. sociétés.***

L'Autorité des marchés financiers détermine dans son règlement général les modalités de mise en œuvre de ces règles.

L. 621-4 *[Information ; incompatibilité ; secret professionnel]. – V. au* ***C. sociétés.***

L. 621-5 *[Délégation]. – V. au* ***C. sociétés.***

L. 621-5-1 *[Personnel]. – V. au* ***C. sociétés.***

L. 621-5-2 *[Budget]. – V. au* ***C. sociétés.***

L. 621-5-3 *(L. n° 2003-706 du 1er août 2003, art. 7-I)* I. – Il est institué un droit fixe dû par les personnes soumises au contrôle de l'Autorité des marchés financiers, lorsque la législation ou la réglementation le prévoit, dans les cas suivants :

1° A l'occasion de la publication par l'Autorité des marchés financiers d'une déclaration faite par une personne agissant seule ou de concert en application des articles L. 233-7 ou L. 233-11 du code de commerce, le droit dû, fixé par décret, est supérieur à 500 € et inférieur ou égal à 1 000 €. Il est exigible le jour du dépôt du document ;

2° A l'occasion de l'examen de l'obligation de dépôt d'une offre publique, le droit dû, fixé par décret, est supérieur à 2 000 € et inférieur ou égal à 4 000 €. Il est exigible le jour de la décision de l'Autorité des marchés financiers ;

3° A l'occasion du contrôle d'un document de référence annuel ou du document de base soumis par une société dont les actions sont admises aux négociations sur un marché réglementé en application de l'article L. 621-18, le droit dû, fixé par décret, est supérieur à 500 € et inférieur ou égal à 1 000 €. Il est exigible le jour du dépôt du document ;

4° A l'occasion d'une autorisation de commercialisation en France d'un organisme de placements collectifs soumis à la législation d'un État étranger ou d'un compartiment d'un tel organisme, le droit dû, fixé par décret, est supérieur à 1 000 € et inférieur ou égal à 2 000 €. Il est exigible le jour du dépôt de la demande d'autorisation la première année et le 30 avril les années suivantes ;

5° A l'occasion de la soumission par un émetteur d'un document d'information sur un programme d'émission de titres de créances à l'enregistrement préalable de l'Autorité des marchés financiers en application de l'article L. 621-8 ou portant sur des contrats financiers à terme mentionnés au 1 du II de l'article L. 211-1, le droit dû, fixé par décret, est supérieur à 1 000 € et inférieur ou égal à 2 000 €. Il est exigible le jour du dépôt du document ;

6° A l'occasion de l'émission de chaque tranche de warrants sur le fondement d'un document d'information soumis au visa préalable de l'Autorité des marchés financiers en application de l'article L. 621-8, le droit dû est fixé à 150 € par tranche. Il est exigible le jour de l'émission ;

7° A l'occasion du dépôt auprès de l'Autorité des marchés financiers d'un document d'information ou d'un projet de contrat type relatif à un projet de placement en biens divers régi par les articles L. 550-1 à L. 550-5, le droit dû, fixé par décret, est supérieur à 6 000 € et inférieur ou égal à 8 000 €. Il est exigible le jour dudit dépôt.

II. – Il est institué une contribution due par les personnes soumises au contrôle de l'Autorité des marchés financiers, lorsque la législation ou la réglementation le prévoit, dans les cas suivants :

1° A l'occasion d'une procédure d'offre publique d'acquisition, d'offre publique de retrait ou de garantie de cours, la contribution est la somme, d'une part, d'un droit fixé à 10 000 €, et, d'autre part, d'un montant égal à la valeur des instruments financiers achetés, échangés, présentés ou indemnisés, multipliée par un taux, fixé par décret, qui ne peut être supérieur à 0,30 ‰ lorsque l'opération est réalisée sur des titres donnant ou pouvant donner accès directement ou indirectement au capital ou aux droits de vote, et à 0,15 ‰ dans les autres cas.

Cette contribution est exigible de tout initiateur d'une offre, quel qu'en soit le résultat, le jour de la publication des résultats de l'opération ;

2° A l'occasion de la soumission par un émetteur d'un document d'information sur une émission, une cession dans le public, une admission aux négociations sur un marché réglementé ou un rachat de titres au visa préalable de l'Autorité des marchés financiers en application de l'article L. 621-8, cette contribution est assise sur la valeur des instruments financiers lors de l'opération. Son taux, fixé par décret, ne peut être supérieur à 0,20 ‰ lorsque l'opération porte sur des titres donnant accès ou pouvant donner accès au capital et à 0,05 ‰ lorsque l'opération est réalisée sur des titres de créance.

Cette contribution est exigible le jour de la clôture de l'opération ou, dans le cas d'un rachat de titres, le jour de la publication du résultat de l'opération. Son montant ne peut être inférieur à 1 000 € lorsque l'opération porte sur des titres donnant accès ou pouvant donner accès au capital, et ne peut être supérieur à 5 000 € dans les autres cas ;

3° Dans le cadre du contrôle des personnes mentionnées aux 1° à 8° du II de l'article L. 621-9, cette contribution est calculée comme suit :

a) Pour les personnes mentionnées aux 1° et 2° du II de l'article L. 621-9, la contribution est fixée à un montant par service d'investissement pour lequel elles sont agréées autre que le service d'investissement mentionné au 4 de l'article L. 321-1, et par service connexe pour lequel elles sont habilitées fixé par décret et supérieur à 2 000 € et inférieur ou égal à 3 000 €. Ce montant est multiplié par deux si les fonds propres de la personne concernée sont supérieurs à 45 millions d'euros et inférieurs ou égaux à 75 millions d'euros, par trois s'ils sont supérieurs à 75 millions d'euros et inférieurs ou égaux à 150 millions d'euros, par quatre s'ils sont supérieurs à 150 millions d'euros et inférieurs ou égaux à 750 millions d'euros, par six s'ils sont supérieurs à 750 millions d'euros et inférieurs ou égaux à 1,5 milliard d'euros et par huit s'ils sont supérieurs à 1,5 milliard d'euros ; la contribution due par l'ensemble des personnes relevant d'un même groupe ou par l'ensemble constitué par les personnes affiliées à un organe central au sens de l'article L. 511-30 et par cet organe ne peut excéder 250 000 € ;

b) Pour les personnes mentionnées au 4° du II de l'article L. 621-9, la contribution est égale à un montant fixé par décret et supérieur à 500 € et inférieur ou égal à 1 000 € ;

c) Pour les personnes mentionnées aux 3°, 5° et 6° du II de l'article L. 621-9, la contribution est fixée à un montant égal à leur produit d'exploitation réalisé au cours de l'exercice précédent et déclaré au plus tard dans les trois mois suivant sa clôture, multiplié par un taux fixé par décret qui ne peut dépasser 0,3 % ;

d) Pour les prestataires de services d'investissement habilités à exercer le service d'investissement mentionné au 4 de l'article L. 321-1 ainsi que pour les personnes mentionnées aux 7° et 8° du II de l'article L. 621-9, la contribution est fixée à un montant égal à l'encours des parts ou actions des organismes de placements collectifs et des entités d'investissement de droit étranger, et des actifs gérés sous mandat, quel que soit le pays où les actifs sont conservés ou inscrits en compte, multiplié par un taux fixé par décret qui ne peut excéder 0,015 ‰ sans pouvoir être inférieur à 1 500 €. Les encours sont calculés au 31 décembre de l'année précédente et déclarés au plus tard le 30 avril ;

4° Dans le cadre du contrôle des personnes mentionnées au 10° du II de l'article L. 621-9, cette contribution est égale à un montant fixé par décret et supérieur à 500 € et inférieur ou égal à 1 000 €. — *Les dispositions du 4° du II de l'art. L. 621-5-3 entrent en vigueur le 1er janv. 2005 (L. nº 2003-706 du 1er août 2003, art. 7-II).*

III. – Les décrets prévus par le présent article sont pris après avis du collège de l'Autorité des marchés financiers. – *V. C. mon. fin., art. D. 621-27 s. au* **C. *sociétés*.**

Jusqu'à la publication des décrets prévus par l'art. L. 621-5-3, l'Autorité des marchés financiers perçoit les redevances et les cotisations qui seraient dues à la Commission des opérations de bourse et au conseil des marchés financiers au titre des dispositions législatives et réglementaires en vigueur avant la publication de la L. nº 2003-706 du 1er août 2003 (JO 2 août).

L. 621-5-4 *(L. nº 2003-706 du 1er août 2003, art. 7-I)* Les droits et contributions mentionnés à l'article L. 621-5-3 sont liquidés, ordonnancés et recouvrés selon les modalités prévues pour les recettes des établissements publics administratifs de l'État. Les contestations relatives à ces droits et contributions sont portées devant le tribunal administratif.

Ils sont acquittés dans des conditions et à une date fixées par décret.

Le délai de paiement est de trente jours à compter de la date de réception de l'avis de paiement. Le montant est majoré du taux d'intérêt légal mensualisé par mois de retard à compter du trente et unième jour suivant la date de réception de l'avis de paiement, tout mois entamé étant compté en entier.

Lorsqu'un redevable ne donne pas les renseignements demandés nécessaires à la détermination de l'assiette de la contribution et de sa mise en recouvrement, le montant de la contribution est majoré de 10 %.

La majoration peut être portée à 40 % lorsque le document contenant les renseignements n'a pas été déposé dans les trente jours suivant la réception d'une mise en demeure notifiée par pli recommandé d'avoir à le produire dans ce délai, et à 80 % lorsque ce document n'a pas été déposé dans les trente jours suivant la réception d'une deuxième mise en demeure notifiée dans les mêmes formes que la première.

Les majorations prévues aux deux alinéas précédents ne peuvent être prononcées avant l'expiration d'un délai de trente jours à compter de la notification du document indiquant au redevable la majoration qu'il est envisagé de lui appliquer, les motifs de celle-ci et la possibilité dont dispose l'intéressé de présenter dans ce délai ses observations.

Les enquêteurs de l'Autorité des marchés financiers habilités dans les conditions prévues à l'article L. 621-9-1 contrôlent les déclarations. A cette fin, ils peuvent demander aux redevables tous renseignements, justifications ou éclaircissements relatifs aux déclarations souscrites.

SECTION IV *Pouvoirs*

BIBL. ▶ THOMASSET-PIERRE, *D. 2003. 2951* (création de l'AMF). – CONAC, *RD banc. fin. 2003, nº 201* (même thème).

SOUS-SECTION 1 *Réglementation et décisions (L. nº 2003-706 du 1er août 2003, art. 8-I).*

L. 621-6 *(L. nº 2003-706 du 1er août 2003, art. 8-II)* Pour l'exécution de ses missions, l'Autorité des marchés financiers prend un règlement général qui est publié au *Journal officiel* de la République française, après homologation par arrêté du ministre chargé de l'économie.

L'Autorité des marchés financiers peut, pour l'application de son règlement général et l'exercice de ses autres compétences, prendre des décisions de portée individuelle. Elle peut également publier des instructions et des recommandations aux fins de préciser l'interprétation du règlement général.

V. Arr. 12 oct. 2004 (JO 29 oct.) portant homologation du livre Ier du règl. gén. AMF (notamment le titre II relatif à la procédure de rescrit) ; Arr. 12 nov. 2004 (JO 24 nov.) portant homologation des livres II à VI du règl. gén. AMF.

L. 621-7 *(L. nº 2003-706 du 1er août 2003, art. 8-III)* Le règlement général de l'Autorité des marchés financiers détermine notamment :

I. – Les règles de pratique professionnelle qui s'imposent aux émetteurs faisant appel public à l'épargne, ainsi que les règles qui doivent être respectées dans les opérations sur des instruments financiers placés par appel public à l'épargne.

II. – Les règles relatives aux offres publiques d'acquisition portant sur des instruments financiers émis par appel public à l'épargne.

III. – Les règles de bonne conduite et les autres obligations professionnelles que doivent respecter à tout moment les personnes mentionnées au II de l'article L. 621-9, et qui doivent tenir compte de la compétence financière de la personne à laquelle le service est rendu.

IV. – Concernant les prestataires de services d'investissement, les entreprises de marché et les membres des marchés réglementés, les chambres de compensation et leurs adhérents :

1° Les conditions d'exercice, par les prestataires de services d'investissement, des services définis à l'article L. 321-2 ;

2° Les conditions d'exercice des activités des adhérents des chambres de compensation mentionnées à l'article L. 442-2 ;

3° Les conditions dans lesquelles peut être délivrée ou retirée une carte professionnelle aux personnes physiques placées sous l'autorité ou agissant pour le compte des prestataires de services d'investissement, des entreprises de marché, des membres des marchés réglementés, des chambres de compensation et de leurs adhérents ;

4° Les règles applicables aux personnes mentionnées à l'article L. 532-18 ;

5° Les conditions dans lesquelles certains prestataires de services d'investissement peuvent intervenir en qualité de non-ducroire ;

6° Les conditions dans lesquelles certaines personnes physiques ou morales peuvent être habilitées à fournir des services mentionnés aux 2 et 3 de l'article L. 321-1 sur un marché réglementé sans avoir la qualité de prestataire de services d'investissement ;

7° Les conditions dans lesquelles, en application de l'article L. 442-1, l'Autorité des marchés financiers approuve les règles des chambres de compensation, sans préjudice des compétences conférées à la Banque de France par l'article L. 141-4.

V. – Concernant les activités de gestion pour le compte de tiers et les placements collectifs :

1° Les conditions d'exercice de l'activité des prestataires de services d'investissement qui fournissent, à titre exclusif ou principal, le service de gestion de portefeuille pour le compte de tiers et les conditions d'agrément des sociétés de gestion de portefeuille ;

2° Les conditions d'agrément et d'exercice de l'activité des sociétés de gestion d'organismes de placements collectifs ;

3° Les conditions d'agrément des organismes de placements collectifs ;

4° Les conditions d'exercice de l'activité de dépositaire d'organismes de placements collectifs.

VI. – Concernant la conservation et l'administration d'instruments financiers, les dépositaires centraux et les systèmes de règlement et de livraison d'instruments financiers :

1° Les conditions d'exercice des activités de conservation ou d'administration d'instruments financiers par les personnes morales qui effectuent des opérations par appel public à l'épargne et les intermédiaires habilités à ce titre dans les conditions fixées à l'article L. 542-1 ;

2° Les conditions d'habilitation, par l'Autorité des marchés financiers, des dépositaires centraux ainsi que les conditions dans lesquelles l'autorité approuve leurs règles de fonctionnement ;

3° Les principes généraux d'organisation et de fonctionnement des systèmes de règlement et de livraison d'instruments financiers et les conditions dans lesquelles l'Autorité des marchés financiers approuve les règles de fonctionnement de ces systèmes, sans préjudice des compétences conférées à la Banque de France par l'article L. 141-4.

VII. – Concernant les marchés réglementés d'instruments financiers :

1° Les principes généraux d'organisation et de fonctionnement que doivent respecter les marchés réglementés, ainsi que les règles relatives à l'exécution des transactions sur instruments financiers admis sur ces marchés ;

2° Les conditions dans lesquelles l'Autorité des marchés financiers, en application des articles L. 421-1 et L. 421-3, propose la reconnaissance ou le retrait de la qualité de marché réglementé d'instruments financiers ;

3° Les conditions de dérogation à l'obligation prévue à l'article L. 421-12 ; – *Le 3° du VII de l'art. L. 621-7 sera abrogé à la date d'entrée en vigueur de l'ordonnance chargée de prendre les mesures nécessaires pour transposer la Dir. 2004/39/CE du Parlement européen et du Conseil du 21 avr. 2004 concernant les marchés financiers, et notamment celles tendant à la protection des investisseurs, par le renforcement de la transparence et de l'intégrité des marchés financiers (L. n° 2005-811 du 20 juill. 2005, art. 5). Cette ordonnance doit être prise dans un délai de 18 mois à compter de la publication de la L. n° 2005-811 du 20 juill. 2005 (JO 21 juill.).*

4° Les règles relatives à l'information de l'Autorité des marchés financiers et du public concernant les ordres et les transactions sur instruments financiers admis sur un marché réglementé.

Le règlement général peut également fixer des règles de fonctionnement applicables aux marchés d'instruments financiers autres que les marchés réglementés.

VIII. – Concernant les personnes, autres que celles mentionnées aux 1° et 7° du II de l'article L. 621-9, qui produisent et diffusent des analyses financières :

1° Les conditions d'exercice de l'activité des personnes visées à l'article L. 544-1 ;

2° Les règles de bonne conduite s'appliquant aux personnes physiques placées sous l'autorité ou agissant pour le compte des personnes qui produisent et diffusent des analyses financières, à titre de profession habituelle, et les dispositions propres à assurer leur indépendance d'appréciation et la prévention des conflits d'intérêts.

(L. n° 2005-842 du 26 juill. 2005, art. 29-I) **« IX. – Les règles relatives aux recommandations d'investissement destinées au public et portant sur tout émetteur dont les instruments financiers sont admis aux négociations sur un marché réglementé ou sur un instrument financier qu'il émet, lorsqu'elles sont produites ou diffusées par toute personne dans le cadre de ses activités professionnelles.**

« Un décret en Conseil d'État précise les cas dans lesquels une information financière donnée au public constitue la production ou la diffusion d'une recommandation d'investissement telle que mentionnée à l'alinéa précédent. » – *V. C. mon. fin., art. R. 621-30-1 s. au* ***C. sociétés****.*

(L. n° 2005-842 du 26 juill. 2005, art. 26-IV) **« X. – Les modalités d'exécution, par dépôt ou par diffusion par voie de presse écrite et par voie électronique ou par la mise à disposition gratuite d'imprimés, des obligations de publicité et d'information édictées par le présent code au titre de la transparence des marchés financiers et dans le cadre des opérations par appel public à l'épargne. »**

V. Règl. gén. AMF au ***C. sociétés****.*

Les règlements de la COB et le règlement général du CMF peuvent être modifiés ou abrogés par l'AMF dans les conditions prévues à l'art. L. 621-6 C. mon. fin. (L. n° 2003-706 du 1er août 2003, art. 47 ; L. n° 2006-387 du 31 mars 2006, art. 26-VIII).

BIBL. ▶ BUSSIÈRE, *Banque et Droit nov.-déc. 1998. 12* (activités financières et cartes professionnelles). – LESGUILLIER, *Bull. Joly Bourse 1997. 365.*

L. 621-7-1 *(L. n° 2003-706 du 1er août 2003, art. 8-IV)* **En cas de carence de l'Autorité des marchés financiers malgré une mise en demeure adressée par le ministre chargé de l'économie, les mesures urgentes nécessitées par les circonstances sont prises par décret.**

SOUS-SECTION 2 *Autorisation de certaines opérations portant sur des instruments financiers*

(L. n° 2005-842 du 26 juill. 2005, art. 26-III)

L. 621-8 *(L. n° 2005-842 du 26 juill. 2005, art. 26-III)* **I. – Le projet de document mentionné à l'article L. 412-1, ou tout document équivalent requis par la législation**

d'un autre État partie à l'accord sur l'Espace économique européen, est soumis au visa préalable de l'Autorité des marchés financiers pour toute opération réalisée sur le territoire de l'Espace économique européen lorsque l'émetteur des titres qui font l'objet de l'opération a son siège statutaire en France et que l'opération porte sur des titres de capital ou des titres donnant accès au capital au sens de l'article L. 212-7 ou sur des titres de créance dont la valeur nominale est inférieure à 1 000 € et qui ne sont pas des instruments du marché monétaire au sens de la directive 2004/39/CE du Parlement européen et du Conseil du 21 avril 2004 concernant les marchés d'instruments financiers, dont l'échéance est inférieure à douze mois.

II. — Le projet de document mentionné au I est également soumis au visa préalable de l'Autorité des marchés financiers dans les cas fixés par son règlement général pour toute opération réalisée sur le territoire de l'Espace économique européen lorsque l'opération est réalisée en France ou que l'émetteur des titres objets de l'opération y a son siège social et que l'opération porte sur des titres de créance, autres que des titres donnant accès au capital au sens de l'article L. 212-7, donnant le droit d'acquérir ou de vendre tout autre titre ou donnant lieu à un règlement en espèces, notamment des warrants, ou sur des titres de créance dont la valeur nominale est supérieure ou égale à 1 000 € et qui ne sont pas des instruments du marché monétaire, au sens de la directive 2004/39/CE du Parlement européen et du Conseil du 21 avril 2004 précitée, dont l'échéance est inférieure à douze mois.

III. — Le projet de document mentionné au I est également soumis au visa préalable de l'Autorité des marchés financiers dans les cas fixés par son règlement général pour toute opération réalisée sur le territoire de l'Espace économique européen lorsque l'émetteur des titres qui font l'objet de l'opération a son siège statutaire hors du territoire de l'Espace économique européen et que l'opération porte sur des instruments financiers dont la première émission ou cession dans le public sur le territoire de l'Espace économique européen ou la première admission sur un marché réglementé d'un État partie à l'accord sur l'Espace économique européen a eu lieu en France.

IV. — Le projet de document mentionné au I est également soumis au visa préalable de l'Autorité des marchés financiers pour toute opération réalisée en France et portant sur des instruments financiers autres que ceux mentionnés aux I et II.

V. — Lorsque l'Autorité des marchés financiers n'est pas l'autorité compétente pour viser le projet de document mentionné au I, elle peut, dans les conditions fixées par son règlement général et à la demande de l'autorité de contrôle d'un autre État partie à l'accord sur l'Espace économique européen, viser le projet de document susmentionné.

VI. — Dans les cas mentionnés aux I à III, l'Autorité des marchés financiers peut demander à l'autorité de contrôle d'un autre État partie à l'accord sur l'Espace économique européen de viser le projet de document mentionné au I.

Lorsque l'autorité de contrôle de l'autre État partie à l'accord sur l'Espace économique européen accepte la demande, l'Autorité des marchés financiers en informe la personne qui réalise l'opération dans un délai de trois jours ouvrables.

VII. — Hors les cas prévus à l'article L. 412-1, le projet de document soumis au visa de l'Autorité des marchés financiers est établi et publié dans les conditions prévues par son règlement général.

VIII. — Tout fait nouveau ou toute erreur ou inexactitude concernant les informations contenues dans le document mentionné au I et visé par l'Autorité des marchés financiers, qui est susceptible d'avoir une influence significative sur l'évaluation des instruments financiers et survient ou est constaté entre l'obtention du visa et la clôture de l'opération, est mentionné dans une note complémentaire au document mentionné au I. Cette note fait l'objet d'un visa dans des conditions fixées par le règlement général de l'Autorité des marchés financiers.

IX. — Dans des conditions et selon des modalités fixées par son règlement général, l'Autorité des marchés financiers appose également un visa préalable quand une personne physique ou morale fait une offre publique d'acquisition *(L. n° 2006-387 du 31 mars 2006, art. 3)* « d'instruments financiers dans les conditions prévues par l'article L. 433-1 ». La note sur laquelle la commission appose un visa préalable contient les orientations en matière d'emploi de la personne physique ou morale qui effectue l'offre publique.

V. Règl. gén. AMF, livre II (Émetteurs et information financière) au **C. sociétés**.

Sur l'application des art. L. 411-1, L. 411-2, L. 412-1 et L. 621-8 aux sociétés de gestion de fonds communs de créances, V. art. L. 214-47 au ***C. sociétés***.

L. 621-8-1 *(L. n° 2005-842 du 26 juill. 2005, art. 26-III)* **I. — Pour délivrer le visa mentionné à l'article L. 621-8, l'Autorité des marchés financiers vérifie si le document est complet et compréhensible, et si les informations qu'il contient sont cohérentes. L'Autorité des marchés financiers indique, le cas échéant, les énonciations à modifier ou les informations complémentaires à insérer.**

L'Autorité des marchés financiers peut également demander toutes explications ou justifications, notamment au sujet de la situation, de l'activité et des résultats de l'émetteur ainsi que des garants éventuels des instruments financiers objets de l'opération.

II. — L'Autorité des marchés financiers peut suspendre l'opération pour une durée qui ne peut excéder une limite fixée par son règlement général lorsqu'elle a des motifs raisonnables de soupçonner qu'elle est contraire aux dispositions législatives ou réglementaires qui lui sont applicables.

L'Autorité des marchés financiers peut interdire l'opération :

1° Lorsqu'elle a des motifs raisonnables de soupçonner qu'une émission ou une cession est contraire aux dispositions législatives et réglementaires qui lui sont applicables ;

2° Lorsqu'elle constate qu'un projet d'admission aux négociations sur un marché réglementé est contraire aux dispositions législatives ou réglementaires qui lui sont applicables.

L. 621-8-2 *(L. n° 2005-842 du 26 juill. 2005, art. 26-III)* **Le règlement général de l'Autorité des marchés financiers définit les conditions et les modalités selon lesquelles les opérations par appel public à l'épargne peuvent faire l'objet de communications à caractère promotionnel.**

L'autorité peut interdire ou suspendre pendant dix jours de bourse les communications à caractère promotionnel lorsqu'elle a des motifs raisonnables de soupçonner qu'elles sont contraires aux dispositions du présent article.

L. 621-8-3 *(L. n° 2005-842 du 26 juill. 2005, art. 26-III)* **Lorsque l'Autorité des marchés financiers n'est pas l'autorité compétente pour viser le projet de document mentionné au I de l'article L. 621-8 et qu'elle établit, à l'occasion d'une opération par appel public à l'épargne réalisée sur le territoire français, que des irrégularités ont été commises par la personne qui réalise l'opération ou par les établissements chargés du placement, elle en informe l'autorité de contrôle de l'État partie à l'accord sur l'Espace économique européen ayant approuvé ce document.**

Si, en dépit des mesures prises par cette dernière ou en raison de leur inadéquation, l'émetteur ou les établissements chargés du placement persistent à violer les dispositions législatives ou réglementaires qui leur sont applicables, l'Autorité des marchés financiers peut, après en avoir informé l'autorité de contrôle ayant approuvé le document, prendre toutes les mesures qui s'imposent pour protéger les investisseurs.

L'Autorité des marchés financiers informe la Commission européenne de ces mesures dans les meilleurs délais.

SOUS-SECTION 3 *Contrôles et enquêtes (L. n° 2003-706 du 1er août 2003, art. 9).*

L. 621-9 *(L. n° 2003-706 du 1er août 2003, art. 10)* **I. — Afin d'assurer l'exécution de sa mission, l'Autorité des marchés financiers effectue des contrôles et des enquêtes.**

Elle veille à la régularité des opérations effectuées sur des titres faisant l'objet d'appel public à l'épargne. Ne sont pas soumis au contrôle de l'Autorité des marchés finan-

ciers les marchés d'instruments créés en représentation des opérations de banque qui, en application de l'article L. 214-4, ne peuvent pas être détenus par des organismes de placement collectif en valeurs mobilières.

II. – L'Autorité des marchés financiers veille également au respect des obligations professionnelles auxquelles sont astreintes, en vertu des dispositions législatives et réglementaires, les entités ou personnes suivantes ainsi que les personnes physiques placées sous leur autorité ou agissant pour leur compte :

1° Les prestataires de services d'investissement agréés ou exerçant leur activité en libre établissement en France ;

2° Les personnes autorisées à exercer l'activité de conservation ou d'administration d'instruments financiers mentionnées à l'article L. 542-1 *(Abrogé par Ord. n° 2005-429 du 6 mai 2005, art. 81)* « ***, y compris les dépositaires d'organismes de placement collectif en valeurs mobilières*** » ;

3° Les dépositaires centraux et les gestionnaires de système de règlement et de livraison d'instruments financiers ;

4° Les membres des marchés réglementés mentionnés à l'article L. 421-8 ;

5° Les entreprises de marché ;

6° Les chambres de compensation d'instruments financiers ;

7° Les organismes de placements collectifs et leurs sociétés de gestion ;

8° Les intermédiaires en biens divers ;

9° Les personnes habilitées à procéder au démarchage mentionnées aux articles L. 341-3 et L. 341-4 ;

10° Les conseillers en investissements financiers ;

11° Les personnes, autres que celles mentionnées aux 1° et 7°, produisant et diffusant des analyses financières *[;]– V. art. L. 544-2, supra.*

(Ord. n° 2005-429 du 6 mai 2005, art. 81) « 12° Les dépositaires d'organismes de placement collectif *[;]* »

(Ord. n° 2005-1278 du 13 oct. 2005, art. 5) « 13° Les évaluateurs immobiliers *[;]* »

(Ord. n° 2006-344 du 23 mars 2006, art. 10) « *[14°]* Les personnes morales administrant des institutions de retraite professionnelle collectives mentionnées au I de l'article 8 de l'ordonnance n° 2006-344 du 23 mars 2006 ou des plans d'épargne pour la retraite collectifs mentionnés à l'article L. 443-1-2 du code du travail. »

Pour les personnes ou entités autres que celles fournissant des services mentionnés au 4 de l'article L. 321-1 ou que les personnes ou entités mentionnées aux 7°, 8°, 10° et 11° ci-dessus, pour lesquelles l'Autorité des marchés financiers est seule compétente, le contrôle s'exerce sous réserve des compétences de la Commission bancaire et, pour celles mentionnées aux 3° et 6°, sans préjudice des compétences conférées à la Banque de France par l'article L. 141-4.

L'Autorité des marchés financiers est également chargée d'assurer le respect, par les prestataires de services d'investissement mentionnés à l'article L. 532-18, des dispositions législatives et réglementaires qui leur sont applicables, dans les conditions prévues aux articles L. 532-19 à L. 532-21. – *Sur les sanctions pénales, V. art. L. 642-2, infra.*

L'art. 10 de l'Ord. n° 2006-344 insère en réalité un « 12° » mais semble ne pas tenir compte des ordonnances précédentes de mai et d'octobre 2005 (V. aussi note ss. art. L. 621-15). Nous avons pris le parti de créer un 14° qui reprend les dispositions du "12°" inséré par l'Ord.).

V. Arr. 12 oct. 2004 (JO 29 oct.) portant homologation du livre Ier du règl. gén. AMF (notamment le titre III relatif aux contrôles et enquêtes) ; ce titre est devenu le titre IV suite aux modifications apportées au livre I par l'Arr. 12 nov. 2004, art. 4 (JO 24 nov.).

L. 621-9-1 *(L. n° 2003-706 du 1er août 2003, art. 11-I)* Lorsque le secrétaire général de l'Autorité des marchés financiers décide de procéder à des enquêtes, il habilite les enquêteurs selon des modalités fixées par le règlement général.

Les personnes susceptibles d'être habilitées répondent à des conditions d'exercice définies par décret en Conseil d'État. – *V. C. mon. fin., art. R. 621-33 au* ***C. sociétés.***

V. note ss. art. L. 621-9.

Sur les sanctions pénales, V.art. L. 642-2, infra.

L. 621-9-2 *(L. n° 2003-706 du 1er août 2003, art. 11-I)* Dans les conditions fixées par un décret en Conseil d'État, l'Autorité des marchés financiers peut :

1° Déléguer aux entreprises de marché et, le cas échéant, aux chambres de compensation le contrôle de l'activité et des opérations effectuées par les membres d'un marché réglementé ainsi que par les prestataires de services d'investissement ayant transmis des ordres sur ce marché. Cette délégation fait l'objet d'un protocole d'accord. Elle peut être retirée à tout moment ;

2° Recourir, pour ses contrôles et enquêtes, à des corps de contrôle extérieurs, à des commissaires aux comptes, à des experts inscrits sur une liste d'experts judiciaires ou à des personnes ou autorités compétentes. Ces personnes peuvent recevoir une rémunération de l'Autorité des marchés financiers à ce titre. — *V. C. mon. fin., art. R. 621-31 au* ***C. sociétés.***

Le collège ou le secrétaire général de l'Autorité des marchés financiers peuvent demander aux commissaires aux comptes des sociétés faisant appel public à l'épargne ou à un expert inscrit sur une liste d'experts judiciaires de procéder auprès des personnes ou entités faisant appel public à l'épargne et des personnes mentionnées au II de l'article L. 621-9 à toute analyse complémentaire ou vérification qui leur paraît nécessaire. Les frais et honoraires sont à la charge de l'Autorité des marchés financiers. — *Sur les sanctions pénales, V. art. L. 642-2, infra.*

L. 621-9-3 *(L. n° 2003-706 du 1er août 2003, art. 11-I)* Dans le cadre des contrôles et enquêtes mentionnés aux articles L. 621-9 et L. 621-9-1, le secret professionnel ne peut être opposé à l'Autorité des marchés financiers ni, le cas échéant, aux entreprises de marché ou aux chambres de compensation, corps de contrôle, personnes ou autorités mentionnés à l'article L. 621-9-2, lorsqu'ils assistent l'Autorité des marchés financiers, sauf par les auxiliaires de justice.

Pour l'application de la présente sous-section, les commissaires aux comptes sont déliés du secret professionnel à l'égard de l'Autorité des marchés financiers.

L. 621-10 *(Abrogé par L. n° 2003-706 du 1er août 2003, art. 11-II)* ***« Afin d'assurer l'exécution de sa mission, la Commission des opérations de bourse dispose d'enquêteurs habilités par le président selon des modalités fixées par décret en Conseil d'État. »***

Les enquêteurs peuvent, pour les nécessités de l'enquête, se faire communiquer tous documents, quel qu'en soit le support, *(L. n° 2001-1276 du 28 déc. 2001)* « , y compris les données conservées et traitées par les opérateurs de télécommunications *(L. n° 2004-669 du 9 juill. 2004, art. 119)* « dans le cadre de l'article L. 34-1 » du code des postes et télécommunications *[code des postes et des communications électroniques]* et les prestataires mentionnés » *(L. n° 2004-575 du 21 juin 2004, art. 56-II)* « aux 1 et 2 du I de l'article 6 de la loi n° 2004-575 du 21 juin 2004 pour la confiance dans l'économie numérique », et en obtenir la copie. Ils peuvent convoquer et entendre toute personne susceptible de leur fournir des informations. Ils peuvent accéder aux locaux à usage professionnel. — *[Ord. n° 67-833 du 28 sept. 1967, art. 5-B]. — Pour les sanctions pénales, V. art. L. 642-3, infra.*

L'art. L. 32-3-1 C. P et T est devenu l'art. L. 34-1 CPCE, lequel art. a été modifié par la L. n° 2004-669 du 9 juill. 2004, art. 1er et 10 (JO 10 juill.).

BIBL. ▸ SALOMON, *Dr. pénal 2003. Chron. 1 et 4* (particularisme des infractions boursières).

L. 621-11 Toute personne convoquée a le droit de se faire assister d'un conseil de son choix. Les modalités de cette convocation et les conditions dans lesquelles est assuré l'exercice de ce droit sont déterminées par décret *(L. n° 2003-706 du 1er août 2003, art. 11-III)* « en Conseil d'État ». — *V. C. mon. fin., art. R. 621-35 au* ***C. sociétés.***

(Abrogé par L. n° 2003-706 du 1er août 2003, art. 11-III) ***« Le secret professionnel ne peut être opposé aux agents de la commission, sauf par les auxiliaires de justice.***

« Les membres et les agents de la commission sont astreints au secret professionnel pour les faits, actes et renseignements dont ils ont pu avoir connaissance en raison de leurs fonctions. » — *[Ord. n° 67-833 du 28 sept. 1967, art. 5].*

Sur la communication d'informations entre le président de l'Autorité des marchés financiers et divers autres organismes, V. art. L. 631-1, infra.

Sur le secret professionnel auquel sont tenus les membres, personnels et préposés de l'Autorité des marchés financiers, V. désormais art. L. 621-4-II.

Pour une application de l'art. L. 621-11, dans sa rédaction antérieure à la L. n° 2003-706 du 1er août 2003, s'agissant des dispositions relatives au secret professionnel auquel sont astreints les membres et agents de l'ancienne COB, V. • Paris, 1er juill. 2003 : *JCP E 2003, n° 43, p. 1698.*

L. 621-12 Pour la recherche des infractions définies aux articles L. 465-1 et L. 465-2, le président du tribunal de grande instance dans le ressort duquel sont situés les locaux à visiter peut, sur demande motivée du *(L. n° 2003-706 du 1er août 2003, art. 11-IV)* « secrétaire général de l'Autorité des marchés financiers », autoriser les enquêteurs de la commission à effectuer des visites en tous lieux ainsi qu'à procéder à la saisie de documents. L'ordonnance n'est susceptible que d'un pourvoi en cassation selon les règles prévues par le code de procédure pénale ; ce pourvoi n'est pas suspensif.

Le juge doit vérifier que la demande d'autorisation qui lui est soumise est fondée ; cette demande doit comporter tous les éléments d'information en possession de la commission de nature à justifier la visite. Il désigne l'officier de police judiciaire chargé d'assister à ces opérations et de le tenir informé de leur déroulement.

La visite s'effectue sous l'autorité et le contrôle du juge qui l'a autorisée. Il peut se rendre dans les locaux pendant l'intervention. A tout moment, il peut décider la suspension ou l'arrêt de la visite.

La visite ne peut être commencée avant six heures ou après vingt et une heures ; dans les lieux ouverts au public, elle peut également être commencée pendant les heures d'ouverture de l'établissement. Elle est effectuée en présence de l'occupant des lieux ou de son représentant ; en cas d'impossibilité, l'officier de police judiciaire requiert deux témoins choisis en dehors des personnes relevant de son autorité ou de celle de la commission.

Les enquêteurs de la commission, l'occupant des lieux ou son représentant et l'officier de police judiciaire peuvent seuls prendre connaissance des pièces avant leur saisie.

L'officier de police judiciaire veille au respect du secret professionnel et des droits de la défense conformément aux dispositions du troisième alinéa de l'article 56 du code de procédure pénale. L'article 58 de ce code est applicable.

Le procès-verbal de visite relatant les modalités et le déroulement de l'opération est dressé sur-le-champ par les enquêteurs de la commission. Un inventaire des pièces et documents saisis lui est annexé. Le procès-verbal et l'inventaire sont signés par les enquêteurs de la commission et par l'officier de police judiciaire ainsi que les personnes mentionnées au cinquième alinéa du présent article ; en cas de refus de signer, mention en est faite au procès-verbal. Si l'inventaire sur place présente des difficultés, les pièces et documents saisis sont placés sous scellés. L'occupant des lieux ou son représentant est avisé qu'il peut assister à l'ouverture des scellés qui a lieu en présence de l'officier de police judiciaire ; l'inventaire est alors établi.

Les originaux du procès-verbal de visite et de l'inventaire sont, dès qu'ils ont été établis, adressés au juge qui a délivré l'ordonnance ; une copie de ces mêmes documents est remise à l'occupant des lieux ou à son représentant.

Les pièces et documents qui ne sont plus utiles à la manifestation de la vérité sont restitués à l'occupant des lieux. – *[Ord. n° 67-833 du 28 sept. 1967, art. 5 ter].*

SOUS-SECTION 4 *Injonctions et mesures d'urgence (L. n° 2003-706 du 1er août 2003, art. 12-I).*

L. 621-13 Le président du tribunal de grande instance peut, sur demande motivée *(L. n° 2003-706 du 1er août 2003, art. 12-II)* « du président ou du secrétaire général de l'Autorité des marchés financiers », prononcer la mise sous séquestre, en quelque main qu'ils se trouvent, des fonds, valeurs, titres ou droits appartenant aux personnes mises en cause par elle. Il statue par ordonnance sur requête, à charge pour tout intéressé de lui en référer. Il peut prononcer dans les mêmes conditions l'interdiction temporaire de l'activité professionnelle.

Le président du tribunal de grande instance, sur demande motivée *(L. n° 2003-706 du 1er août 2003, art. 12-II)* « du président ou du secrétaire général de l'Autorité des marchés financiers », peut ordonner, en la forme des référés, qu'une personne mise en cause soit astreinte à consigner une somme d'argent.

Il fixe le montant de la somme à consigner, le délai pour consigner et son affectation.

En cas de mise en examen de la personne consignataire, le juge d'instruction saisi statue pour donner mainlevée, totale ou partielle, de la consignation ou pour la maintenir ou l'augmenter par décision rendue en application du 11° de l'article 138 du code de procédure pénale. – *[Ord. n° 67-833 du 28 sept. 1967, art. 8-1]. – Pour les sanctions pénales, V. art. L. 642-3.*

Sur les conditions d'application de l'art. L. 621-13 par le président du TGI, V. TGI Paris, 8 nov. 2004, RTD com. 2005. 144, obs. Rontchevsky.

L. 621-14 *(L. n° 2003-706 du 1er août 2003, art. 13)* I. – *(L. n° 2005-842 du 26 juill. 2005, art. 30-I)* « Le collège peut, après avoir mis la personne concernée en mesure de présenter ses explications, ordonner qu'il soit mis fin, en France et à l'étranger, aux manquements aux obligations résultant des dispositions législatives ou réglementaires ou des règles professionnelles visant à protéger les investisseurs contre les opérations d'initiés, les manipulations de cours et la diffusion de fausses informations, ou à tout autre manquement de nature à porter atteinte à la protection des investisseurs ou au bon fonctionnement du marché. » Ces décisions peuvent être rendues publiques. – *V. C. mon. fin., art. R. 621-37 au **C. sociétés**.*

(L. n° 2005-842 du 26 juill. 2005, art. 30-I) « Le collège dispose des mêmes pouvoirs que ceux mentionnés à l'alinéa précédent à l'encontre des manquements aux obligations résultant des dispositions législatives ou réglementaires visant à protéger les investisseurs et le marché contre les opérations d'initié, les manipulations de cours ou la diffusion de fausses informations, commis sur le territoire français et concernant des instruments financiers admis aux négociations sur un marché réglementé d'un autre État membre de la Communauté européenne ou partie à l'accord sur l'Espace économique européen ou pour lesquels une demande d'admission aux négociations sur un tel marché a été présentée. »

II. – Le président de l'Autorité des marchés financiers peut demander en justice qu'il soit ordonné à la personne qui est responsable de la pratique relevée de se conformer aux dispositions législatives ou réglementaires, de mettre fin à l'irrégularité ou d'en supprimer les effets.

La demande est portée devant le président du tribunal de grande instance de Paris qui statue en la forme des référés et dont la décision est exécutoire par provision. Il peut prendre, même d'office, toute mesure conservatoire et prononcer pour l'exécution de son ordonnance une astreinte versée au Trésor public.

En cas de poursuites pénales, l'astreinte, si elle a été prononcée, n'est liquidée qu'après que la décision sur l'action publique est devenue définitive.

BIBL. ► SALOMON, *Dr. pénal 2003. Chron. 1 et 4* (particularisme des infractions boursières). – THOMASSET-PIERRE, *D. 2003. 2951* (création de l'AMF).

SOUS-SECTION 5 *Sanctions (Ord. n° 2005-429 du 6 mai 2005, art. 82).*
(L. n° 2003-706 du 1er août 2003, art. 14-I)

BIBL. ► PACLOT, *JCP E 2003, n° 24, p. 971* (sanctions administratives). – THOMASSET-PIERRE, *D. 2003. 2951* (création de l'AMF). – HASCHKE-DOURNAUX, *Petites affiches 14 nov. 2003, p. 110* (sanctions dans la loi de sécurité financière). – RONTCHEVSKY, *Bull. Joly Bourse 2004. 1* (sanctions administratives : régime et recours).

L. 621-15 *(L. n° 2003-706 du 1er août 2003, art. 14-II)* I. — Le collège examine le rapport d'enquête ou de contrôle établi par les services de l'Autorité des marchés financiers, ou la demande formulée par le gouverneur de la Banque de France, président de la Commission bancaire, ou par le président de *(L. 2005-1564 du 15 déc. 2005, art. 14-II)* « l'Autorité de contrôle des assurances et des mutuelles ». — *V. C. mon. fin., art. R. 621-36 au* ***C. sociétés.***

S'il décide l'ouverture d'une procédure de sanction, il notifie les griefs aux personnes concernées. Il transmet la notification des griefs à la commission des sanctions, qui désigne un rapporteur parmi ses membres. La commission des sanctions ne peut être saisie de faits remontant à plus de trois ans s'il n'a été fait pendant ce délai aucun acte tendant à leur recherche, à leur constatation ou à leur sanction. — *V. C. mon. fin., art. R. 621-38 au* ***C. sociétés.***

En cas d'urgence, le collège peut suspendre d'activité les personnes mentionnées aux a et b du II contre lesquelles des procédures de sanction sont engagées.

Si le collège transmet au procureur de la République le rapport mentionné au premier alinéa, le collège peut décider de rendre publique la transmission.

II. — La commission des sanctions peut, après une procédure contradictoire, prononcer une sanction à l'encontre des personnes suivantes :

a) Les *(Ord. n° 2005-429 du 6 mai 2005, art. 83)* « personnes mentionnées aux 1° à 8°, 11° et 12° » du II de l'article L. 621-9, au titre de tout manquement à leurs obligations professionnelles définies par les lois, règlements et règles professionnelles approuvées par l'Autorité des marchés financiers en vigueur, sous réserve des dispositions de l'article L. 613-21 ;

b) Les personnes physiques placées sous l'autorité ou agissant pour le compte de l'une des *(Ord. n° 2005-429 du 6 mai 2005, art. 83)* « personnes mentionnées aux 1° à 8°, 11° et 12° » du II de l'article L. 621-9 au titre de tout manquement à leurs obligations professionnelles définies par les lois, règlements et règles professionnelles approuvées par l'Autorité des marchés financiers en vigueur, sous réserve des dispositions de l'article L. 613-21 ;

(L. n° 2005-842 du 26 juill. 2005, art. 30-II) « *c)* Toute personne qui, sur le territoire français ou à l'étranger, s'est livrée ou a tenté de se livrer à une opération d'initié ou s'est livrée à une manipulation de cours, à la diffusion d'une fausse information ou à tout autre manquement mentionné au premier alinéa du I de l'article L. 621-14, dès lors que ces actes concernent un instrument financier émis par une personne ou une entité faisant appel public à l'épargne ou admis aux négociations sur un marché d'instruments financiers ou pour lequel une demande d'admission aux négociations sur un tel marché a été présentée, dans les conditions déterminées par le règlement général de l'Autorité des marchés financiers ;

« *d)* Toute personne qui, sur le territoire français, s'est livrée ou a tenté de se livrer à une opération d'initié ou s'est livrée à une manipulation de cours, à la diffusion d'une fausse information ou à tout autre manquement mentionné au dernier alinéa du I de l'article L. 621-14, dès lors que ces actes concernent un instrument financier admis aux négociations sur un marché réglementé d'un autre État membre de la Communauté européenne ou partie à l'accord sur l'Espace économique européen ou pour lequel une demande d'admission aux négociations sur un tel marché a été présentée. »

III. — Les sanctions applicables sont :

a) (L. n° 2005-842 du 26 juill. 2005, art. 30-II) « Pour les personnes mentionnées aux 1° à 8°, 11° et 12° du II de l'article L. 621-9 », l'avertissement, le blâme, l'interdiction à titre temporaire ou définitif de l'exercice de tout ou partie des services fournis ; la commission des sanctions peut prononcer soit à la place, soit en sus de ces sanctions une sanction pécuniaire dont le montant ne peut être supérieur à 1,5 million d'euros ou au décuple du montant des profits éventuellement réalisés ; les sommes sont versées au fonds de garantie auquel est affiliée la personne sanctionnée ou, à défaut, au Trésor public ;

b) (L. n° 2005-842 du 26 juill. 2005, art. 30-II) « Pour les personnes physiques placées sous l'autorité ou agissant pour le compte de l'une des personnes mentionnées

aux l° à 8°, 11° et 12° du II de l'article L. 621-9 », l'avertissement, le blâme, le retrait temporaire ou définitif de la carte professionnelle, l'interdiction à titre temporaire ou définitif de l'exercice de tout ou partie des activités ; la commission des sanctions peut prononcer soit à la place, soit en sus de ces sanctions une sanction pécuniaire dont le montant ne peut être supérieur à 1,5 million d'euros ou au décuple du montant des profits éventuellement réalisés en cas de pratiques mentionnées *(L. n° 2005-842 du 26 juill. 2005, art. 30-II)* **« aux *c* et *d* du II » ou à 300 000 € ou au quintuple des profits éventuellement réalisés dans les autres cas ; les sommes sont versées au fonds de garantie auquel est affiliée la personne morale sous l'autorité ou pour le compte de qui agit la personne sanctionnée ou, à défaut, au Trésor public ;**

c) *(L. n° 2005-842 du 26 juill. 2005, art. 30-II)* **« Pour les personnes autres que l'une des personnes mentionnées au II de l'article L. 621-9, auteurs des faits mentionnés aux *c* et *d* du II », une sanction pécuniaire dont le montant ne peut être supérieur à 1,5 million d'euros ou au décuple du montant des profits éventuellement réalisés ; les sommes sont versées au Trésor public.**

Le montant de la sanction doit être fixé en fonction de la gravité des manquements commis et en relation avec les avantages ou les profits éventuellement tirés de ces manquements.

IV. — La commission des sanctions statue par décision motivée, hors la présence du rapporteur. Aucune sanction ne peut être prononcée sans que la personne concernée ou son représentant ait été entendu ou, à défaut, dûment appelé.

V. — La commission des sanctions peut rendre publique sa décision dans les publications, journaux ou supports qu'elle désigne. Les frais sont supportés par les personnes sanctionnées. — *V. C. mon. fin., art. R. 621-38 s. au* **C. sociétés**.

Comme pour l'art. L. 621-9 C. mon. fin. (V. 1re note rédactionnelle ss. cet art.) l'art. 10 de l'Ord. n° 2006-344 du 23 mars 2006 (JO 24 mars), qui modifie les a et b du II de l'art. L. 621-15, semble ne pas tenir compte des modifications apportées à ce texte par l'Ord. n° 2005-429 du 6 mai 2005 qui fait déjà mention des mots « , 11° et 12° ». Nous avons pris le parti de ne pas insérer le mot « 14° » que nous avons pourtant créé à l'art. L. 621-9 préc.

La validité des actes de constatation et de procédure accomplis antérieurement à la première réunion de la commission des sanctions de l'Autorité des marchés financiers s'apprécie au regard des dispositions législatives et réglementaires en vigueur à la date à laquelle ils ont été pris ou accomplis (L. n° 2003-706 du 1er août 2003, art. 49-IV).

Les procédures de sanction devant la Commission des opérations de bourse, le Conseil des marchés financiers et le Conseil de discipline de la gestion financière en cours à la date de la première réunion du collège de l'Autorité des marchés financiers sont poursuivies de plein droit par celui-ci devant la commission des sanctions dans les conditions prévues au nouvel art. L. 621-15. Lorsque les griefs ont été notifiés par la Commission des opérations de bourse, le Conseil des marchés financiers et le Conseil de discipline de la gestion financière, la Commission des sanctions est saisie du dossier en l'état.

Sur la validité de la procédure de sanction de l'AMF, V. • CE 4 févr. 2005 : *D. 2005. Pan. 2603, obs. Reinhard et Thomasset-Pierre ; ibid. AJ. 717, obs. Lienhard ; Petites affiches 26 avr. 2005, p. 5, concl. Guyomar ; JCP E 2006, n° 16, p. 718, obs. Deprez-Graff ; Banque et Droit mai-juin 2005. 44, obs. de Vauplane et Daigre ; RTD com. 2005. 384, obs. Rontchevsky ; Dr. sociétés 2005, n° 197, obs. Bonneau ; RJDA 2005, n° 570 ; Bull. Joly Bourse 2005. 227, note Decoopman ; RFD adm. 2005. 1174, note Costa* . — V. aussi : • Paris, 28 juin 2005 : *D. 2005. AJ. 1940, obs. Lienhard ; RTD com. 2005. 807, obs. Rontchevsky ; RD banc. fin. 2005, n° 151, obs. Couret ; Banque et Droit sept.-oct. 2005. 47, obs. Daigre et de Vauplane ; RJDA 2005, n° 1234 ; Bull. Joly Bourse 2005. 592, note Ducouloux-Favard ; ibid. 2006. 39, note Roch.*

L. 621-15-1 *(L. n° 2003-706 du 1er août 2003, art. 14-III)* **Si l'un des griefs notifiés conformément au deuxième alinéa du I de l'article L. 621-15 est susceptible de constituer un des délits mentionnés aux articles L. 465-1 et L. 465-2, le collège transmet immédiatement le rapport d'enquête ou de contrôle au procureur de la République près le tribunal de grande instance de Paris.**

Lorsque le procureur de la République près le tribunal de grande instance de Paris décide de mettre en mouvement l'action publique sur les faits, objets de la transmission, il en informe sans délai l'Autorité des marchés financiers.

Le procureur de la République près le tribunal de grande instance de Paris peut transmettre à l'Autorité des marchés financiers, d'office ou à la demande de cette dernière, la copie de toute pièce d'une procédure relative aux faits, objets de la transmission. — *V. Circ. CRIM 04-14/G3, NOR JUS D04-30 188 C, 14 sept. 2004 (D. 2004. 2484 ; Rev. sociétés 2005. 579).*

Sur la compétence du tribunal de grande instance de Paris pour la poursuite, l'instruction et le jugement des délits prévus aux art. L. 465-1 et L. 465-2, V. art. 704-1 C. pr. pén. - ***C. pr. pén.***

L. 621-15-2 *(Ord. n° 2006-344 du 23 mars 2006, art. 10)* Lorsqu'une institution mentionnée à l'article L. 370-1 du code des assurances et proposant les opérations mentionnées à l'article L. 443-1-2 du code du travail a enfreint l'une des dispositions mentionnées au deuxième alinéa de l'article L. 370-2 du code des assurances, l'Autorité des marchés financiers, de sa propre initiative ou sur saisine des autorités compétentes, notifie cette infraction sans délai à l'autorité compétente de l'État dans lequel est agréée l'institution, et lui demande, en coopération avec cette autorité de contrôle, de prendre les mesures nécessaires pour mettre un terme à l'infraction.

Si, passé un délai de deux mois après cette notification, l'infraction persiste, l'Autorité des marchés financiers peut ouvrir une procédure de sanction à l'encontre de l'institution selon les modalités prévues à l'article L. 621-15. Les sanctions applicables sont celles mentionnées à l'article L. 621-15 (III, *a*).

L'Autorité des marchés financiers peut décider de reporter sa décision d'ouvrir une procédure de sanction à l'issue d'un délai qu'elle impartit à l'institution pour prendre toute mesure de nature à mettre fin à l'infraction.

L. 621-16 Lorsque *(L. n° 2003-706 du 1er août 2003, art. 46-III)* « la commission des sanctions de l'Autorité des marchés financiers » a prononcé une sanction pécuniaire devenue définitive avant que le juge pénal ait statué définitivement sur les mêmes faits ou des faits connexes, celui-ci peut ordonner que la sanction pécuniaire s'impute sur l'amende qu'il prononce. — *[Ord. n° 67-833 du 28 sept. 1967, art. 9-3].*

L. 621-16-1 *(L. n° 2003-706 du 1er août 2003, art. 16)* Lorsque des poursuites sont engagées en application des articles L. 465-1 et L. 465-2, l'Autorité des marchés financiers peut exercer les droits de la partie civile. Toutefois, elle ne peut à l'égard d'une même personne et s'agissant des mêmes faits concurremment exercer les pouvoirs de sanction qu'elle tient du présent code et les droits de la partie civile. — *V. Circ. CRIM 04-14/G3, NOR JUS D04-30 188 C, 14 sept. 2004 (D. 2004. 2484 ; Rev. sociétés 2005. 579).*

L. 621-17 *(L. n° 2003-706 du 1er août 2003, art. 56)* Tout manquement par les conseillers en investissements financiers définis à l'article L. 541-1 aux lois, règlements et obligations professionnelles les concernant est passible des sanctions prononcées par la commission des sanctions selon les modalités prévues aux I, *a* et *b* du III, IV et V de l'article L. 621-15.

Le montant de la sanction doit être fixé en fonction de la gravité des manquements commis et en relation avec les avantages ou les profits éventuellement tirés de ces manquements.

BIBL. ► HASCHKE-DOURNAUX, *Petites affiches 14 nov. 2003, p. 110, spéc. p. 116* (sanctions dans la loi de sécurité financière).

Sur l'action en justice des associations de défense des investisseurs en valeurs mobilières ou en produits financiers, V. art. L. 452-1.

L. 621-17-1 *(L. n° 2005-842 du 26 juill. 2005, art. 29-II)* Tout manquement, par les personnes produisant ou diffusant des recommandations d'investissement destinées au public dans le cadre de leurs activités professionnelles, aux règles prévues au IX de l'article L. 621-7 est passible des sanctions prononcées par la commission des sanctions selon les modalités prévues à l'article L. 621-15.

SOUS-SECTION 6 *Déclaration d'opérations suspectes*

(L. n° 2005-811 du 20 juill. 2005, art. 1er-II ; Rect. L. n° 2005-1564 du 15 déc. 2005, art. 17)

L. 621-17-2 *(L. n° 2005-811 du 20 juill. 2005, art. 1er-II)* Les établissements de crédit, les entreprises d'investissement et les personnes mentionnées à l'article L. 421-8 sont tenus de déclarer sans délai à l'Autorité des marchés financiers toute opération sur des instruments financiers admis aux négociations sur un marché réglementé, ou pour lesquels une demande d'admission aux négociations sur un tel marché a été présentée, effectuée pour compte propre ou pour compte de tiers, dont ils ont des raisons de suspecter qu'elle pourrait constituer une opération d'initié ou une manipulation de cours au sens des dispositions du règlement général de l'Autorité des marchés financiers.

L. 621-17-3 *(L. n° 2005-811 du 20 juill. 2005, art. 1er-II)* Lorsque l'Autorité des marchés financiers transmet, conformément aux articles L. 621-15-1 et L. 621-20-1, certains faits ou informations au procureur de la République près le tribunal de grande instance de Paris, la déclaration prévue à l'article L. 621-17-2, dont le procureur de la République est avisé, ne figure pas au dossier de la procédure.

L. 621-17-4 *(L. n° 2005-811 du 20 juill. 2005, art. 1er-II)* Le règlement général de l'Autorité des marchés financiers précise les conditions dans lesquelles est faite la déclaration prévue à l'article L. 621-17-2.

La déclaration peut être écrite ou verbale. Dans ce dernier cas, l'Autorité des marchés financiers en demande une confirmation par écrit.

La déclaration doit contenir :

1° Une description des opérations, en particulier du type d'ordre et du mode de négociation utilisés ;

2° Les raisons conduisant à soupçonner que les opérations déclarées constituent une opération d'initié ou une manipulation de cours ;

3° Les moyens d'identification des personnes pour le compte de qui les opérations ont été réalisées et de toute autre personne impliquée dans ces opérations ;

4° L'indication que les opérations ont été effectuées pour compte propre ou pour compte de tiers ;

5° Toute autre information pertinente concernant les opérations déclarées.

Lorsque certains de ces éléments ne sont pas disponibles au moment de la déclaration, celle-ci doit au moins indiquer les raisons mentionnées au 2°. Les informations complémentaires sont communiquées à l'Autorité des marchés financiers dès qu'elles deviennent disponibles.

L. 621-17-5 *(L. n° 2005-811 du 20 juill. 2005, art. 1er-II)* Est puni des peines prévues à l'article 226-13 du code pénal le fait, pour les dirigeants ou les préposés des personnes mentionnées à l'article L. 621-17-2 du présent code, de porter à la connaissance de quiconque, et en particulier des personnes ou des parties liées aux personnes pour le compte desquelles les opérations déclarées ont été effectuées, l'existence de la déclaration mentionnée au même article ou de donner des informations sur les suites réservées à celle-ci.

L. 621-17-6 *(L. n° 2005-811 du 20 juill. 2005, art. 1er-II)* Sans préjudice de l'article 40 du code de procédure pénale, des articles L. 621-15-1, L. 621-17-3, L. 621-20-1 du présent code et de l'exercice de ses pouvoirs par l'Autorité des marchés financiers, il est interdit à cette dernière, ainsi qu'à chacun de ses membres, experts nommés dans les commissions consultatives mentionnées au III de l'article L. 621-2, membres de son personnel et préposés, de révéler les informations recueillies en application de l'article L. 621-17-2. Si l'Autorité des marchés financiers utilise le concours des personnes mentionnées à l'article L. 621-9-2, cette interdiction s'applique également à ces personnes, ainsi qu'à leurs dirigeants et préposés.

Le fait pour un membre de l'Autorité des marchés financiers, un expert nommé dans les commissions consultatives mentionnées au III de l'article L. 621-2, un membre de son personnel ou un préposé, de révéler le contenu de la déclaration ou l'identité des personnes qu'elle concerne, est puni des peines prévues à l'article L. 642-1. Si l'Autorité des marchés financiers utilise le concours des personnes mentionnées à l'article L. 621-9-2, ces peines s'appliquent également à ces personnes, ainsi qu'à leurs dirigeants et préposés.

Lorsque des opérations ayant fait l'objet de la déclaration relèvent de la compétence d'une autorité compétente d'un autre État membre de la Communauté européenne ou partie à l'accord sur l'Espace économique européen, l'Autorité des marchés financiers transmet sans délai la déclaration à cette autorité, ainsi que les éventuels compléments d'information fournis par le déclarant à la demande de cette dernière, dans les conditions prévues à l'article L. 621-21.

L. 621-17-7 *(L. n° 2005-811 du 20 juill. 2005, art. 1er-II)* Concernant les opérations ayant fait l'objet de la déclaration mentionnée à l'article L. 621-17-2, aucune poursuite fondée sur l'article 226-13 du code pénal ne peut être intentée contre les dirigeants et les préposés des personnes mentionnées à l'article L. 621-17-2 qui, de bonne foi, ont effectué cette déclaration.

Aucune action en responsabilité civile ne peut être intentée contre une personne mentionnée à l'article L. 621-17-2, ses dirigeants ou ses préposés qui ont effectué de bonne foi cette déclaration.

Sauf concertation frauduleuse avec l'auteur de l'opération ayant fait l'objet de la déclaration, le déclarant est dégagé de toute responsabilité : aucune poursuite pénale ne peut être engagée contre ses dirigeants ou ses préposés par application de l'article L. 465-1 et du premier alinéa de l'article L. 465-2 du présent code et des articles 321-1 à 321-3 du code pénal, et aucune procédure de sanction administrative ne peut être engagée à leur encontre pour des faits liés à une opération d'initié ou à une manipulation de cours.

Les dispositions du présent article s'appliquent même si la preuve du caractère fautif ou délictueux des faits à l'origine de la déclaration n'est pas rapportée ou si ces faits font l'objet d'une décision de non-lieu ou de relaxe et n'ont donné lieu à aucune sanction de la part de l'Autorité des marchés financiers ou de l'autorité compétente mentionnée au troisième alinéa de l'article L. 621-17-6.

SOUS-SECTION 7 *Autres compétences (Ord. n° 2005-429 du 6 mai 2005, art. 82 ; Rect. L. n° 2005-1564 du 15 déc. 2005, art. 17).*

L. 621-18 *(L. n° 2005-842 du 26 juill. 2005, art. 32-II)* L'Autorité des marchés financiers s'assure que les publications prévues par les dispositions législatives ou réglementaires sont régulièrement effectuées par les émetteurs mentionnés à l'article L. 451-1-2.

Elle vérifie les informations que ces émetteurs publient. A cette fin, elle peut exiger des émetteurs, des personnes qui les contrôlent ou sont contrôlées par eux et de leurs commissaires aux comptes ou contrôleurs légaux ou statutaires qu'ils fournissent tous documents et informations utiles.

Elle peut ordonner à ces émetteurs de procéder à des publications rectificatives ou complémentaires dans le cas où des inexactitudes ou des omissions auraient été relevées dans les documents publiés. Faute pour les émetteurs concernés de déférer à cette injonction, l'Autorité des marchés financiers peut, après avoir entendu l'émetteur, procéder elle-même à ces publications rectificatives ou complémentaires.

L'Autorité des marchés financiers peut porter à la connaissance du public les observations qu'elle a été amenée à faire à un émetteur ou les informations qu'elle estime nécessaires.

Les frais occasionnés par les publications mentionnées aux deux alinéas précédents sont à la charge des émetteurs concernés.

L'art. L. 621-18, issu de la L. n° 2005-842 du 26 juill. 2005, entre en vigueur à compter du 20 janv. 2007 (L. préc., art. 32-V).

Ancien art. L. 621-18 ***La commission*** [L'autorité] ***s'assure que les publications prévues par les dispositions législatives ou réglementaires sont régulièrement effectuées par les sociétés dont les actions sont admises aux négociations sur un marché réglementé.***

Elle vérifie les informations que ces sociétés fournissent aux actionnaires ou publient.

Elle peut ordonner à ces sociétés de procéder à des publications rectificatives dans le cas où des inexactitudes ou des omissions auraient été relevées dans les documents publiés. (L. n° 2001-420 du 15 mai 2001) ***« Faute pour les sociétés intéressées de déférer à cette injonction*** (L. n° 2003-706 du 1er août 2003, art. 46-V) ***« l'Autorité des marchés financiers » peut procéder elle-même à ces publications rectificatives. »***

La commission [l'autorité] ***peut porter à la connaissance du public les observations qu'elle a été amenée à faire à une société ou les informations qu'elle estime nécessaires.*** – [Ord. n° 67-833 du 28 sept. 1967, art. 3].

(L. n° 2001-420 du 15 mai 2001) ***« Les frais occasionnés par les publications mentionnées aux deux alinéas précédents sont à la charge des sociétés intéressées. »***

L. 621-18-1 **A la demande d'un ou plusieurs prestataires de services d'investissement ou d'une association professionnelle de prestataires de services d'investissement,** *(L. n° 2003-706 du 1er août 2003, art. 46-V)* **« l'Autorité des marchés financiers » peut, après avis de la Banque de France** *(Abrogé par L. n° 2003-706 du 1er août 2003, art. 46-III) « et de la Commission des opérations de bourse »*, **certifier des contrats types d'opérations sur instruments financiers.** – *[L. n° 96-597 du 2 juill. 1996, art. 37]. – Cet art. reprend, en le modifiant, l'ancien art. L. 622-21.*

V. Règl. gén. AMF, livre I, titre III relatif à la certification de contrats types d'instruments financiers (Arr. 12 nov. 2004, art. 4-I, JO 24 nov. 2004).

L. 621-18-2 *(L. n° 2005-811 du 20 juill. 2005, art. 3)* **Sont communiqués par les personnes mentionnées aux *a* à *c* à l'Autorité des marchés financiers, et rendus publics par cette dernière dans le délai déterminé par son règlement général, les acquisitions, cessions, souscriptions ou échanges de titres d'une personne faisant appel public à l'épargne ainsi que les transactions opérées sur des instruments financiers qui leur sont liées, lorsque ces opérations sont réalisées par :**

a) **Les membres du conseil d'administration, du directoire, du conseil de surveillance, le directeur général, le directeur général unique, le directeur général délégué ou le gérant de cette personne ;**

b) **Toute autre personne qui, dans les conditions définies par le règlement général de l'Autorité des marchés financiers a, d'une part, au sein de l'émetteur, le pouvoir de prendre des décisions de gestion concernant son évolution et sa stratégie, et a, d'autre part, un accès régulier à des informations privilégiées concernant directement ou indirectement cet émetteur ;**

c) **Des personnes ayant, dans des conditions définies par décret en Conseil d'État, des liens personnels étroits avec les personnes mentionnées aux *a* et *b*.** – *V. C. mon. fin., art. R. 621-43-1 au* ***C. sociétés.***

Les personnes mentionnées aux *a* à *c* sont tenues de communiquer à l'émetteur, lors de la communication à l'Autorité des marchés financiers prévue au premier alinéa, une copie de cette communication. Le règlement général de l'Autorité des marchés financiers définit les modalités de la communication à celle-ci ainsi que les conditions

dans lesquelles l'assemblée générale des actionnaires est informée des opérations mentionnées au présent article.

V. Règl. gén. AMF, livre II (Emetteurs et information financière) au **C. sociétés.**

BIBL. ▶ Couret, *RD banc. fin. 2003, n° 206.* – Le Nabasque, *ibid., n° 209.*

L. 621-18-3 *(L. n° 2003-706 du 1er août 2003, art. 122)* **Les personnes morales faisant appel public à l'épargne rendent publiques les informations relevant des matières mentionnées au dernier alinéa des articles L. 225-37 et L. 225-68 du code de commerce dans des conditions fixées par le règlement général de l'Autorité des marchés financiers. Celle-ci établit chaque année un rapport sur la base de ces informations.**

V. Règl. gén. AMF, livre II (Émetteurs et information financière) au **C. sociétés.**

BIBL. ▶ Couret, *RD banc. fin. 2003, n° 206.* – Salin et Laine, *JCP E 2003, n° 45-46, p. 1800* (le mythe de la transparence imposée). – Boizard, *Rev. sociétés 2003. 795* (obligations d'information des dirigeants vers le marché). – Navarro, *JCP E 2004, n° 40, p. 1540.*

L. 621-18-4 *(L. n° 2005-811 du 20 juill. 2005, art. 4)* **Tout émetteur dont les instruments financiers sont admis aux négociations sur un marché réglementé, ou pour lesquels une demande d'admission aux négociations sur un tel marché a été présentée, établit, met à jour et tient à la disposition de l'Autorité des marchés financiers, dans les conditions prévues par le règlement général de cette dernière, une liste des personnes travaillant en son sein et ayant accès aux informations privilégiées concernant directement ou indirectement cet émetteur ainsi que des tiers ayant accès à ces informations dans le cadre de leurs relations professionnelles avec ce dernier.**

Dans les mêmes conditions, ces tiers établissent, mettent à jour et tiennent à la disposition de l'Autorité des marchés financiers une liste des personnes travaillant en leur sein et ayant accès aux informations privilégiées concernant directement ou indirectement l'émetteur, ainsi que des tiers ayant accès aux mêmes informations dans le cadre de leurs relations professionnelles avec eux.

L. 621-19 **La commission** *[L'autorité]* **est habilitée à recevoir de tout intéressé les réclamations** *(Abrogé par L. n° 2003-706 du 1er août 2003, art. 17)* **«** ***, pétitions, plaintes*** **» qui entrent par leur objet dans sa compétence et à leur donner la suite qu'elles appellent.** *(L. n° 2003-706 du 1er août 2003, art. 17)* **« Elle propose, en tant que de besoin, la résolution amiable des différends portés à sa connaissance par voie de conciliation ou de médiation. »**

Elle peut formuler des propositions de modifications des lois et règlements concernant l'information des porteurs d'instruments financiers et du public, les marchés d'instruments financiers et le statut des prestataires de services d'investissement.

Elle établit chaque année un rapport au Président de la République et au Parlement, qui est publié au ***Journal officiel*** **de la République française.**

Le président de *(L. n° 2003-706 du 1er août 2003, art. 46-V)* **« l'Autorité des marchés financiers » est entendu, sur leur demande, par les commissions des finances des deux assemblées et peut demander à être entendu par elles.** – *[Ord. n° 67-833 du 28 sept. 1967, art. 4].*

L. 621-20 *(L. n° 2003-706 du 1er août 2003, art. 18-I)* **Pour l'application des dispositions entrant dans le champ de compétence de l'Autorité des marchés financiers, les juridictions civiles, pénales ou administratives peuvent appeler le président de celle-ci ou son représentant à déposer des conclusions et à les développer oralement à l'audience sans préjudice des dispositions de l'article L. 466-1.**

L. 621-20-1 *(L. n° 2003-706 du 1er août 2003, art. 18-II)* **Si, dans le cadre de ses attributions, l'Autorité des marchés financiers acquiert la connaissance d'un crime ou d'un délit, elle est tenue d'en donner avis sans délai au procureur de la République et de transmettre à ce magistrat tous les renseignements, procès-verbaux et actes qui y sont relatifs.**

Sous réserve des dispositions du quatrième alinéa de l'article L. 621-21, le procureur de la République peut obtenir de l'Autorité des marchés financiers la communication de tous les renseignements détenus par celle-ci dans le cadre de l'exercice de ses missions, sans que puisse lui être opposée l'obligation au secret.

L. 621-21 La commission *[L'autorité]* peut, dans les mêmes conditions, selon les mêmes procédures et sous les mêmes sanctions que celles prévues par le présent code pour l'exécution de sa mission, conduire des enquêtes à la demande d'autorités étrangères exerçant des compétences analogues, sous réserve de réciprocité, sauf s'il s'agit d'une demande émanant d'une autorité d'un autre État membre de la Communauté européenne ou d'un autre État partie à l'accord sur l'Espace économique européen. – *V. C. mon. fin., art. R. 621-43 au* ***C. sociétés.***

L'obligation de secret professionnel prévue *(Ord. n° 2005-429 du 6 mai 2005, art. 84)* « au II de l'article L. 621-4 » ne fait pas obstacle à la communication par *(L. n° 2003-706 du 1er août 2003, art. 46-VI et 19-I)* « l'Autorité des marchés financiers, par dérogation aux dispositions de la loi n° 68-678 du 26 juillet 1968 relative à la communication de documents et renseignements d'ordre économique, commercial, industriel, financier ou technique à des personnes physiques ou morales étrangères » des informations qu'elle détient ou qu'elle recueille à leur demande aux autorités des autres États membres de la communauté européenne ou des autres États parties à l'accord sur l'Espace économique européen exerçant des compétences analogues et astreintes aux mêmes obligations de secret professionnel. *(L. n° 2005-842 du 26 juill. 2005, art. 32-III)* « L'Autorité des marchés financiers et ses agents peuvent également échanger des informations confidentielles relatives aux obligations mentionnées aux articles L. 412-1, L. 451-1-2 et L. 451-1-3 avec les entités auxquelles ces autorités ont délégué le contrôle de ces obligations, dès lors que ces entités sont astreintes aux mêmes obligations de secret professionnel. A cette fin, l'Autorité des marchés financiers peut signer des conventions organisant ses relations avec ces entités déléguées. »

(L. n° 2003-706 du 1er août 2003, art. 46-V) « L'Autorité des marchés financiers » peut également communiquer *(L. n° 2003-706 du 1er août 2003, art. 19-I)* « , par dérogation aux dispositions de la loi n° 68-678 du 26 juillet 1968 relative à la communication de documents et renseignements d'ordre économique, commercial, industriel, financier ou technique à des personnes physiques ou morales étrangères » les informations qu'elle détient ou qu'elle recueille à leur demande aux autorités des autres États exerçant des compétences analogues, sous réserve de réciprocité et à condition que l'autorité étrangère compétente soit soumise au secret professionnel avec les mêmes garanties qu'en France.

(L. n° 2003-706 du 1er août 2003, art. 19-I) « Les informations recueillies par l'Autorité des marchés financiers ne peuvent être divulguées qu'avec l'accord explicite des autorités compétentes qui les ont transmises et, le cas échéant, exclusivement aux fins pour lesquelles ces autorités ont donné leur accord. »

L'assistance demandée par une autorité étrangère exerçant des compétences analogues pour la conduite d'enquêtes ou la transmission d'informations détenues ou recueillies par la commission *[l'autorité]* est refusée par celle-ci lorsque l'exécution de la demande est de nature à porter atteinte à la souveraineté, à la sécurité, *(Abrogé par L. n° 2003-706 du 1er août 2003, art. 19-I) « aux intérêts économiques essentiels »* ou à l'ordre public français ou lorsqu'une procédure pénale quelconque a déjà été engagée en France sur la base des mêmes faits et contre les mêmes personnes, ou bien lorsque celles-ci ont déjà été sanctionnées par une décision définitive pour les mêmes faits.

La commission *[L'autorité]* peut, pour la mise en œuvre des alinéas précédents, conclure des conventions organisant ses relations avec les autorités étrangères exerçant des compétences analogues aux siennes. Ces conventions sont approuvées par la commission *[l'autorité]* dans les conditions prévues à l'article L. 621-3. Elles sont publiées au *Journal officiel* de la République française. – *[Ord. n° 67-833 du 28 sept. 1967, art. 5 bis].*

Les dispositions issues de la L. n° 2005-842 du 26 juill. 2005 entrent en vigueur à compter de sa publication (L. préc., art. 32-V, JO 26 juill.).

SECTION V ***Relations avec les commissaires aux comptes*** *(L. nº 2003-706 du 1er août 2003).*

L. 621-22 *L. nº 2003-706 du 1er août 2003, art. 113)* I. — L'Autorité des marchés financiers est informée des propositions de nomination ou de renouvellement des commissaires aux comptes de personnes faisant appel public à l'épargne et peut faire toute observation qu'elle juge nécessaire sur ces propositions. Ces observations sont portées à la connaissance de l'assemblée générale ou de l'organe chargé de la désignation ainsi que du professionnel intéressé.

II. — Elle peut demander aux commissaires aux comptes de personnes faisant appel public à l'épargne tous renseignements sur les personnes qu'ils contrôlent.

Les commissaires aux comptes des personnes mentionnées à l'alinéa précédent informent l'autorité de tout fait ou décision justifiant leur intention de refuser la certification des comptes.

III. — Les commissaires aux comptes de personnes faisant appel public à l'épargne peuvent interroger l'Autorité des marchés financiers sur toute question rencontrée dans l'exercice de leur mission et susceptible d'avoir un effet sur l'information financière de la personne.

IV. — Les commissaires aux comptes de sociétés faisant appel public à l'épargne communiquent à l'Autorité des marchés financiers copie de l'écrit transmis au président du conseil d'administration ou au directoire en application du deuxième alinéa de l'article L. 234-1 du code de commerce. Ils transmettent également à l'autorité les conclusions du rapport qu'ils envisagent de présenter à l'assemblée générale en application de l'article *(Ord. nº 2005-1126 du 8 sept. 2005, art. 22)* « L. 823-12 » du même code.

V. — Les commissaires aux comptes sont déliés du secret professionnel et leur responsabilité ne peut de ce seul fait être engagée pour les informations données en exécution des obligations *(L. nº 2005-842 du 26 juill. 2005, art. 32-IV)* « et démarches prévues au présent article et à l'article L. 621-18. »

Les dispositions issues de la L. nº 2005-842 du 26 juill. 2005 entrent en vigueur à compter du 20 janv. 2007 (L. préc., art. 32-V).

L. 621-23 Les commissaires aux comptes des sociétés de gestion de portefeuille sont déliés du secret professionnel à l'égard de *(L. nº 2003-706 du 1er août 2003, art. 46-V)* « l'Autorité des marchés financiers ».

Les commissaires aux comptes sont tenus de signaler dans les meilleurs délais à *(L. nº 2003-706 du 1er août 2003, art. 46-V)* « l'Autorité des marchés financiers » tout fait ou décision concernant une société de gestion de portefeuille, dont ils ont eu connaissance dans l'exercice de leur mission, de nature :

1. A constituer une violation des dispositions législatives ou réglementaires applicables à cette société et susceptible d'avoir des effets significatifs sur la situation financière, le résultat ou le patrimoine ;
2. A porter atteinte à la continuité de son exploitation ;
3. A entraîner l'émission de réserves ou le refus de la certification des comptes.

La même obligation s'applique aux faits et aux décisions dont ils viendraient à avoir connaissance dans l'exercice de leur mission auprès d'une entreprise mère ou filiale d'une société ci-dessus mentionnée.

La responsabilité des commissaires aux comptes ne peut être engagée pour les informations ou divulgations de faits auxquelles ils procèdent en exécution de leur mission ou des obligations imposées par le présent article.

(L. nº 2003-706 du 1er août 2003, art. 46-V) « L'Autorité des marchés financiers » peut également transmettre aux commissaires aux comptes des sociétés de gestion de portefeuille les informations nécessaires à l'accomplissement de leur mission. Les informations transmises sont couvertes par la règle du secret professionnel. — *[L. nº 96-597 du 2 juill. 1996, art. 71-1].*

L. 621-24 *(L. nº 2003-706 du 1er août 2003)* Les commissaires aux comptes sont tenus de signaler dans les meilleurs délais à l'Autorité des marchés financiers tout fait ou décision concernant un prestataire de services d'investissement ou un intermédiaire habilité en vue de la conservation ou de l'administration d'instruments financiers, dont ils ont eu connaissance dans l'exercice de leur mission et de nature à constituer une violation des dispositions du règlement général de l'Autorité des marchés financiers relatives aux règles de bonne conduite ou aux conditions d'exercice des activités de conservation ou d'administration d'instruments financiers. L'Autorité des marchés financiers peut également transmettre aux commissaires aux comptes des prestataires de services d'investissement les informations nécessaires à l'accomplissement de leur mission. Les informations ainsi transmises sont couvertes par la règle du secret professionnel. – *Cet art. reprend les dispositions de l'ancien art. 622-11.*

L. 621-25 *(L. nº 2003-706 du 1er août 2003)* L'Autorité des marchés financiers peut demander aux commissaires aux comptes d'un prestataire de services d'investissement ou d'un intermédiaire habilité en vue de la conservation ou de l'administration d'instruments financiers tout renseignement concernant l'application par ce prestataire ou cet intermédiaire des dispositions du titre III du livre V du présent code ou du règlement général de l'Autorité des marchés financiers relatives aux règles de bonne conduite ou aux conditions d'exercice des activités de conservation ou d'administration d'instruments financiers. – *Cet art. reprend les dispositions de l'ancien art. L. 622-12.*

*V. Règl. gén. AMF, livre III (Prestataires) au **C. sociétés**.*

L. 621-26 à L. 621-29 *Abrogés par L. nº 2003-706 du 1er août 2003, art. 48-I.*

SECTION VI *Voies de recours*

BIBL. ▶ DAIGRE, *RD banc. fin. 2003. 197* (recours contre les décisions de la futur AMF). – THOMASSET-PIERRE, *D. 2003. 2951* (création de l'AMF). – DE WATRIGANT, *JCP E 2006, nº 5, p. 262* (recours contre une décision de recevabilité d'un projet d'OPR).

L. 621-30 *(L. nº 2003-706 du 1er août 2003, art. 20)* L'examen des recours formés contre les décisions individuelles de l'Autorité des marchés financiers autres que celles, y compris les sanctions prononcées à leur encontre, relatives aux personnes et entités mentionnées au II de l'article L. 621-9 est de la compétence du juge judiciaire. Ces recours n'ont pas d'effet suspensif sauf si la juridiction en décide autrement. Dans ce cas, la juridiction saisie peut ordonner qu'il soit sursis à l'exécution de la décision contestée si celle-ci est susceptible d'entraîner des conséquences manifestement excessives.

Un décret en Conseil d'État précise les modalités d'application du présent article. – *V. C. mon. fin., art. R. 621-44 à R. 621-46 au **C. sociétés**.*

SECTION VII *Recommandations d'investissement produites ou diffusées dans le cadre d'une activité journalistique*

(L. nº 2005-842 du 26 juill. 2005, art. 29-III)

BIBL. ▶ BONNEAU, *Dr. sociétés 2005, nº 141* (journalistes financiers).

L. 621-31 *(L. nº 2005-842 du 26 juill. 2005, art. 29-III)* Ne sont pas soumis aux règles prévues au premier alinéa du IX de l'article L. 621-7 ni aux sanctions prévues à l'article L. 621-17-1 :

1º Les entreprises suivantes, au titre de leurs activités journalistiques, lorsqu'elles adhèrent à l'association constituée dans les conditions et selon les modalités prévues à l'article L. 621-32 :

– les éditeurs de publications de presse au sens de la loi nº 86-897 du 1er août 1986 portant réforme du régime juridique de la presse ;

– les éditeurs de services de radio ou de télévision au sens de la loi n° 86-1067 du 30 septembre 1986 relative à la liberté de communication ;

– les éditeurs de services de communication au public en ligne au sens de la loi n° 2004-575 du 21 juin 2004 pour la confiance dans l'économie numérique ;

– les agences de presse au sens de l'ordonnance n° 45-2646 du 2 novembre 1945 portant réglementation provisoire des agences de presse ;

2° Les journalistes, au sens de l'article L. 761-2 du code du travail, lorsqu'ils exercent leur profession dans une ou plusieurs des entreprises mentionnées au 1°.

L. 621-32 *(L. n° 2005-842 du 26 juill. 2005, art. 29-III)* L'association mentionnée au 1° de l'article L. 621-31 est constituée par les personnes énumérées à ce même 1°, conformément à la loi du 1er juillet 1901 relative au contrat d'association. Seules peuvent y adhérer les personnes relevant des catégories énumérées au même 1°.

L'association établit un code de bonne conduite. Ce code définit les règles spécifiques destinées à garantir le respect par les adhérents de l'association, lorsqu'ils produisent ou diffusent des recommandations d'investissement destinées au public et portant sur les instruments financiers admis aux négociations sur un marché réglementé ou sur leur émetteur, des obligations de présentation équitable et de mention des conflits d'intérêts, conformément à la directive 2003/125/CE de la Commission, du 22 décembre 2003, portant modalités d'application de la directive 2003/6/CE du Parlement européen et du Conseil en ce qui concerne la présentation équitable des recommandations d'investissement et la mention des conflits d'intérêts.

Le directeur de la publication ou, à défaut, le représentant légal de l'entreprise adhérente s'assure de la bonne application des règles définies dans le code de bonne conduite par les journalistes qui exercent leur profession sous sa responsabilité.

L. 621-33 *(L. n° 2005-842 du 26 juill. 2005, art. 29-III)* L'association mentionnée à l'article L. 621-32 soit se saisit d'office, soit est saisie par l'Autorité des marchés financiers de faits susceptibles de constituer un manquement d'un adhérent aux règles du code de bonne conduite mentionné au même article.

Par dérogation aux articles 42 et suivants de la loi n° 86-1067 du 30 septembre 1986 relative à la liberté de communication, lorsqu'il a connaissance d'un fait susceptible de constituer un manquement imputable à une entreprise éditrice de services de radio ou de télévision, le Conseil supérieur de l'audiovisuel en avertit immédiatement l'Autorité des marchés financiers aux fins d'enquête.

Lorsqu'elle se saisit ou qu'elle est saisie de tout fait mentionné au premier alinéa, l'association invite les entreprises adhérentes intéressées, leur directeur de la publication ou, à défaut, leur représentant légal à présenter leurs observations. Elle peut, à l'issue de cette procédure contradictoire, prononcer une sanction à l'encontre de ces personnes pour tout manquement aux règles définies dans le code de bonne conduite.

L. 621-34 *(L. n° 2005-842 du 26 juill. 2005, art. 29-III)* L'association peut prononcer à l'égard des entreprises adhérentes, de leur directeur de la publication ou, à défaut, de leur représentant légal, en fonction de la gravité du manquement, l'une des sanctions suivantes :

1° L'avertissement ;

2° Le blâme ;

3° L'insertion obligatoire d'un avis ou d'un communiqué dans le support concerné ;

4° La diffusion d'un communiqué à l'antenne.

L'association peut également exclure temporairement ou définitivement l'un de ses adhérents. Cette mesure ne peut être prononcée que dans les cas où l'adhérent concerné n'exécute pas une sanction prononcée à son encontre ou lorsqu'il a été sanctionné de façon répétée pour des manquements aux règles définies dans le code de bonne conduite.

Aucune sanction ne peut être prononcée sans que la personne poursuivie ou son représentant ait été entendu ou, à défaut, dûment appelé.

L'association se prononce au plus tard dans les trois mois qui suivent sa saisine. Elle informe, dans le mois suivant sa décision, l'Autorité des marchés financiers de cette dernière. En l'absence de décision à l'expiration de ce délai de trois mois, l'association est réputée avoir décidé qu'il n'y avait pas lieu à sanction.

L'association peut rendre publique sa décision dans les publications, journaux ou supports qu'elle désigne. Les frais y afférents sont supportés par l'adhérent sanctionné.

Les statuts de l'association prévoient les modalités de déclenchement et de déroulement de la procédure de sanction prévue aux alinéas précédents.

L. 621-35 *(L. n° 2005-842 du 26 juill. 2005, art. 29-III)* L'association établit chaque année un rapport faisant le bilan de son activité. Elle transmet ce rapport à l'Autorité des marchés financiers qui fournit, dans son rapport annuel, ses observations et recommandations sur l'activité de l'association.

L. 622-1 à L. 622-10 *Abrogés par L. n° 2003-706 du 1er août 2003.*

L. 622-11 et L. 622-12 *V. supra, art. L. 621-24 et L. 621-25.*

L. 622-13 à L. 622-20-1 *Abrogés par L. n° 2003-706 du 1er août 2003.*

L. 622-21 *V. supra, art. L. 621-18-1.*

L. 622-22 à L. 623-4 *Abrogés par L. n° 2003-706 du 1er août 2003.*

TITRE III Échange d'informations et surveillance complémentaire des conglomérats financiers *(Ord. n° 2004-1201 du 12 nov. 2004, art. 12).*

CHAPITRE PREMIER *Échanges d'informations sur le territoire national*

SECTION I *Échange d'informations entre les autorités*

L. 631-1 Les échanges d'informations entre autorités de surveillance sont régis par les dispositions ci-après :

Sont autorisés à se communiquer les renseignements nécessaires à l'accomplissement de leurs missions respectives la Banque de France, le comité des établissements de crédit et des entreprises d'investissement, la commission bancaire, *(L. n° 2005-1564 du 15 déc. 2005, art. 14-II)* « l'Autorité de contrôle des assurances et des mutuelles » *(L. n° 2003-706 du 1er août 2003, art. 29-III et 46-III)* « , le Comité des entreprises d'assurance, l'Autorité des marchés financiers », le fonds de garantie des dépôts institué par l'article L. 312-4, le fonds de garantie institué par l'article L. 423-1 du code des assurances, *(Abrogé par L. n° 2003-706 du 1er août 2003, art. 46-III)* *« le Conseil des marchés financiers, le conseil de discipline de la gestion financière, »* les entreprises de marché et les chambres de compensation. – *V. art. L. 312-4 C. mon. fin., supra.*

Les renseignements ainsi recueillis sont couverts par le secret professionnel en vigueur dans les conditions applicables à l'organisme qui les a communiqués et à l'organisme destinataire. – *[L. n° 96-597 du 2 juill. 1996, art. 68, et L. n° 92-665 du 16 juill. 1992, art. 45].*

BIBL. ▸ DECOOPMAN, *RD bancaire et bourse 1999. 138* (renforcement des pouvoirs et coordination des autorités de contrôle du secteur financier).

SECTION II *Le collège des autorités de contrôle des entreprises du secteur financier*

L. 631-2 Il est institué un collège des autorités de contrôle des entreprises du secteur financier. Ce collège est composé du gouverneur de la Banque de France, président de la commission bancaire, du président de *(L. n° 2005-1564 du 15 déc. 2005, art. 14-II)* « l'Autorité de contrôle des assurances et des mutuelles » *(L. n° 2003-706 du 1er août 2003, art. 46-III et VII)* « , du président de l'Autorité des marchés financiers » ou de leurs représentants. *(L. n° 2001-420 du 15 mai 2001)* « Il est présidé par » le ministre chargé de l'économie ou son représentant.

Le collège des autorités de contrôle a pour mission de faciliter les échanges d'information entre les autorités de contrôle des groupes financiers ayant à la fois des activités de crédit, d'investissement ou d'assurance ainsi que d'évoquer toute question d'intérêt commun relative à la coordination du contrôle desdits groupes.

Le collège se réunit au minimum trois fois par *(L. n° 2001-420 du 15 mai 2001)* « an ». Il peut également être consulté pour avis par le ministre chargé de l'économie, le gouverneur de la Banque de France, président de la commission bancaire, *(Abrogé par L. n° 2003-706 du 1er août 2003, art. 46-III)* « *le président de la Commission des opérations de bourse,* » le président de *(L. n° 2005-1564 du 15 déc. 2005, art. 14-II)* « l'Autorité de contrôle des assurances et des mutuelles » *(L. n° 2003-706 du 1er août 2003, 46-III et VII)* « , le président de l'Autorité des marchés financiers » sur toute question relevant de sa compétence. — *[L. n° 92-655 du 16 juill. 1992, art. 45-1].*

CHAPITRE II *Échanges d'informations avec l'étranger*

L. 632-1 *(Abrogé par L. n° 2003-706 du 1er août 2003, art. 19-II)* « *Le Conseil des marchés financiers,* » Les entreprises de marché et les chambres de compensation des marchés réglementés peuvent communiquer à leurs homologues étrangers *(L. n° 2003-706 du 1er août 2003, art. 19-II)* « ainsi qu'aux autorités homologues de l'Autorité des marchés financiers » les informations nécessaires à l'accomplissement de leurs missions respectives relatives à l'accès, à l'organisation et à la sécurité des marchés, à condition que ces organismes homologues soient eux-mêmes soumis au secret professionnel dans un cadre législatif offrant des garanties équivalentes à celles applicables en France et sous réserve de réciprocité.

Pour les entreprises de marché qui organisent des transactions et les chambres de compensation des marchés réglementés, dans le cadre de la surveillance des risques encourus par les membres, ces informations recouvrent les positions prises sur le marché, les dépôts de garantie ou de couverture et leur composition ainsi que les appels de marge.

Les informations recueillies par les organismes mentionnés au présent article ne peuvent être utilisées que conformément aux indications de l'autorité compétente qui les a transmises. — *[L. n° 96-597 du 2 juill. 1996, art. 80].*

CHAPITRE III *Surveillance complémentaire des conglomérats financiers*

(Ord. n° 2004-1201 du 12 nov. 2004, art. 12)

SECTION I *Identification des conglomérats financiers*

BIBL. ► Ladouce et Damy, *JCP E 2006, n° 11, p. 506.*

L. 633-1 La commission bancaire, *(L. n° 2005-1564 du 15 déc. 2005, art. 14-II)* « l'Autorité de contrôle des assurances et des mutuelles », l'Autorité des marchés financiers, en liaison, le cas échéant, avec les autorités de surveillance des entités réglementées des États membres ou autres États parties à l'accord sur l'Espace économique européen, identifient les groupes entrant dans le champ de la surveillance complémentaire des conglomérats financiers et échangent à cet effet toute information utile à l'accomplissement de leurs missions respectives.

Lorsque un groupe a été identifié comme un conglomérat financier et que la commission bancaire est désignée, conformément aux dispositions de l'article L. 633-2, comme le coordonnateur de la surveillance complémentaire, elle en informe l'entité tête de groupe ou, à défaut, l'entité réglementée qui affiche le total du bilan le plus élevé dans le secteur financier le plus important du groupe. Elle en informe également les autorités compétentes qui ont agréé les entités réglementées du groupe et les autorités compétentes de l'État membre ou autre État partie à l'accord sur l'Espace économique européen dans lequel la compagnie financière holding mixte a son siège social, ainsi que la Commission européenne.

SECTION II *Désignation du coordonnateur*

L. 633-2 I. – Le coordonnateur est l'autorité compétente responsable de la coordination et de l'exercice de la surveillance complémentaire. Il peut décider, après consultation des autorités compétentes concernées et du conglomérat financier, quelle méthode de calcul des exigences complémentaires en matière d'adéquation des fonds propres est appliquée, et décider de ne pas inclure une entité particulière dans le périmètre de calcul des exigences complémentaires en matière d'adéquation des fonds propres dans des cas précisés par voie réglementaire.

II. – Le coordonnateur est l'autorité compétente d'un des États parties à l'accord sur l'Espace économique européen qui remplit des critères définis par voie réglementaire.

SECTION III *Mission du coordonnateur*

L. 633-3 Lorsqu'elle est désignée comme coordonnateur, la commission bancaire assure, au titre de la surveillance complémentaire :

a) La coordination de la collecte et de la diffusion de toute information utile dans la marche normale des affaires comme dans les situations d'urgence, et en particulier de toute information importante intéressant la surveillance prudentielle exercée par une autorité compétente en vertu des règles sectorielles ;

b) Le contrôle prudentiel et l'évaluation de la situation financière d'un conglomérat financier ;

c) L'évaluation de l'application des règles relatives à l'adéquation des fonds propres, à la concentration de risques et aux transactions entre les différentes entités du conglomérat conformément aux dispositions de l'article L. 517-8 ;

d) L'évaluation de la structure, de l'organisation et des dispositifs de contrôle interne du conglomérat financier ;

e) La planification et la coordination des activités prudentielles, en coopération avec les autorités compétentes concernées.

SECTION IV *Coopération et échanges d'informations aux fins de la surveillance complémentaire*

L. 633-4 Lorsque le coordonnateur d'un conglomérat financier est une autorité d'un autre État membre ou partie à l'accord sur l'Espace économique européen, il assure, à l'égard des entités établies en France, les missions définies à l'article L. 633-3.

L. 633-5 Afin de faciliter l'exercice de la surveillance complémentaire, la commission bancaire conclut avec les autorités compétentes concernées, et, en tant que de besoin, toute autre autorité compétente intéressée, des accords de coordination. Ces accords sont publiés au *Journal officiel* de la République française. Ils peuvent confier des missions supplémentaires au coordonnateur et préciser les procédures à suivre dans le cadre de la surveillance complémentaire. Ils peuvent également préciser les modalités de coordination avec d'autres autorités compétentes.

L. 633-6 La commission bancaire et, le cas échéant, l'Autorité des marchés financiers coopèrent avec les autorités compétentes chargées de la surveillance des entités régle-

mentées appartenant à un conglomérat financier et, lorsqu'elles n'exercent pas ce rôle, avec le coordonnateur. Les conditions d'application du présent article sont fixées par voie réglementaire.

L. 633-7 Pour les besoins de l'exercice de leurs fonctions respectives, les autorités compétentes peuvent échanger des informations relatives aux entités réglementées appartenant à un conglomérat financier avec les banques centrales des États membres ou autres États parties à l'accord sur l'Espace économique européen, le Système européen des banques centrales et la Banque centrale européenne.

SECTION V *Exercice du contrôle*

L. 633-8 Les articles L. 613-8 à L. 613-10 sont applicables à l'ensemble des entités situées dans un État membre ou un autre État partie à l'accord sur l'Espace économique européen, réglementées ou non, appartenant à un conglomérat financier dont la commission bancaire est le coordonnateur.

L. 633-9 Par dérogation à la loi n° 68-678 du 26 juillet 1968 relative à la communication de documents et renseignements d'ordre économique, commercial, industriel, financier ou technique à des personnes physiques ou morales étrangères, toute entité établie en France, appartenant à un conglomérat financier dont le coordonnateur est une autorité d'un État membre ou d'un autre État partie à l'accord sur l'Espace économique européen est tenue de transmettre au coordinateur, à sa demande, toute information pouvant intéresser la surveillance complémentaire.

L. 633-10 Lorsque les autorités compétentes d'un État membre ou d'un autre État partie à l'accord sur l'Espace économique européen souhaitent, dans des cas déterminés, vérifier les informations relatives à une entité établie en France, réglementée ou non, appartenant à un conglomérat financier et mentionnée à l'article L. 613-10, elles demandent à la commission bancaire ou, le cas échéant, à l'Autorité des marchés financiers de faire procéder à cette vérification.

La commission bancaire ou, le cas échéant, l'Autorité des marchés financiers y donne suite, dans le cadre de ses compétences, soit en procédant elle-même à cette vérification, soit en permettant à l'autorité qui a présenté la demande d'y procéder elle-même, soit en permettant qu'un commissaire aux comptes ou un expert y procède.

Lorsqu'elle ne procède pas elle-même à la vérification, l'autorité compétente qui a présenté la demande peut, si elle le souhaite, y être associée.

L. 633-11 Aux fins de la surveillance complémentaire prévue par le présent chapitre, la commission bancaire peut conclure les accords prévus à l'article L. 613-13 avec les autorités compétentes d'un État non partie à l'accord sur Espace économique européen en vue du contrôle de toute entité appartenant à un conglomérat financier.

SECTION VI *Mesures d'exécution*

L. 633-12 I. — Si la commission bancaire, lorsqu'elle est désignée en tant que coordonnateur, constate que les entités réglementées d'un conglomérat financier respectent les exigences visées à l'article L. 517-8 mais que leur solvabilité risque néanmoins d'être compromise, ou que les transactions entre les entités du groupe ou les concentrations de risques menacent la situation financière desdites entités réglementées, elle peut mettre en œuvre à l'encontre de la compagnie financière holding mixte les pouvoirs dont elle dispose au titre de la section IV du chapitre III du titre Ier du livre VI du présent code.

II. — Si la commission bancaire, lorsqu'elle est désignée en tant que coordonnateur, constate qu'une ou plusieurs entités réglementées ou qu'une compagnie financière hol-

ding mixte d'un conglomérat financier ne se conforment pas aux exigences visées à l'article L. 517-8 ou à l'article L. 517-9, ou n'ont pas répondu à une recommandation, ou n'ont pas tenu compte d'une mise en garde, ou n'ont pas respecté les conditions particulières posées ou les engagements pris au titre de la surveillance complémentaire, ou n'ont pas déféré à une injonction, elle peut, à l'encontre de la compagnie financière holding mixte :

1° Prononcer les sanctions prévues aux 1, 2, 4 et 5 de l'article L. 613-21, I ;

2° Prononcer, soit à la place, soit en sus de ces sanctions, une sanction pécuniaire dont le montant doit être fonction de la gravité des manquements commis et ne peut excéder le plus élevé des deux montants suivants :

3 % du chiffre d'affaires hors taxes réalisé, au cours du dernier exercice clos calculé sur une période de douze mois, par l'entité réglementée du secteur de l'assurance filiale de la compagnie financière holding mixte ayant réalisé le chiffre d'affaires le plus important. Ce maximum est porté à 5 % en cas de nouvelle violation de la même obligation ;

Le capital minimum auquel est astreinte l'entité réglementée filiale de la compagnie financière holding mixte relevant du secteur bancaire et des services d'investissement. Lorsque celle-ci comprend plusieurs filiales qui sont des entités réglementées, le plafond de l'amende est déterminé par référence au capital de l'entité réglementée relevant de ce secteur qui est astreinte au capital minimum le plus élevé ;

3° La commission bancaire peut décider que les sanctions prises dans le cadre du présent article feront l'objet d'une publication aux frais de la personne morale sanctionnée dans les journaux ou publications que la commission désigne.

La commission bancaire informe de ces constatations les autorités compétentes sectorielles des entités réglementées du conglomérat financier.

III. – Les autorités compétentes sectorielles, y compris la commission bancaire, peuvent faire usage, aux fins de la surveillance complémentaire, des pouvoirs de sanctions dont elles disposent au titre de la surveillance sectorielle à l'égard des entités réglementées soumises à leur contrôle.

IV. – Lorsque le coordonnateur est une autorité compétente d'un autre État membre ou partie à l'accord sur l'Espace économique européen, il peut prononcer à l'encontre d'une compagnie financière holding mixte ayant son siège en France les sanctions prévues au présent article ou prendre les mesures prévues par son droit national.

L. 633-13 Lorsqu'une entité réglementée utilise son appartenance à un conglomérat financier pour se soustraire, totalement ou partiellement, à l'application des règles sectorielles dont elle relève, la commission bancaire peut faire usage des pouvoirs prévus aux sections IV et V du chapitre III du titre Ier du livre VI.

Lorsque l'entité réglementée mentionnée à l'alinéa précédent est une entreprise d'investissement, l'Autorité des marchés financiers peut faire usage, sous réserve des compétences de la commission bancaire, des pouvoirs prévus aux sous-sections 3, 4 et 4 *bis* de la section IV du chapitre unique du titre II du livre VI.

SECTION VII *Entreprises mères ayant leur siège en dehors de l'Espace économique européen*

L. 633-14 Lorsque des entités réglementées appartenant à un groupe exerçant des activités à la fois dans le secteur de la banque et des services d'investissement et dans le secteur de l'assurance ont pour entreprise mère une société dont le siège social se situe dans un État non membre ni partie à l'accord sur l'Espace économique européen, la commission bancaire, lorsqu'elle remplit les conditions fixées par l'article L. 334-9 pour être coordonnateur, vérifie, de sa propre initiative ou à la demande de l'entreprise mère ou d'une entité réglementée agréée dans un État membre ou un autre État partie à l'accord sur l'Espace économique européen, que ces entités réglementées sont soumises, par une autorité compétente du pays tiers, à une surveillance complémentaire équivalente à celle prévue à la présente sous-section. Cette autorité consulte les autorités compétentes concernées.

En l'absence d'une surveillance complémentaire équivalente, les autorités compétentes concernées désignent un coordonnateur et appliquent par analogie à ces entités réglementées les dispositions relatives à la surveillance complémentaire.

Afin d'assurer la surveillance complémentaire des entités réglementées appartenant à un conglomérat financier dont l'entreprise mère a son siège social dans un État qui n'est pas partie à l'accord sur l'Espace économique européen, les autorités compétentes concernées peuvent également appliquer d'autres méthodes qu'elles jugent appropriées. Ces méthodes doivent avoir été validées par la commission bancaire, lorsqu'elle remplit les conditions fixées par l'article L. 334-9 pour être coordonnateur, après consultation des autres autorités compétentes concernées. Les autorités compétentes concernées peuvent notamment exiger la constitution d'une compagnie financière holding mixte ayant son siège social dans un État membre ou dans un autre État partie à l'accord sur l'Espace économique européen et appliquer les dispositions relatives à la surveillance complémentaire aux entités réglementées du conglomérat financier coiffées par cette compagnie financière holding mixte. Les méthodes mentionnées au présent alinéa sont notifiées aux autorités compétentes concernées et à la commission européenne.

TITRE IV Dispositions pénales

CHAPITRE PREMIER *Dispositions relatives aux institutions communes aux établissements de crédit et aux entreprises d'investissement*

SECTION I *Comité des établissements de crédit et des entreprises d'investissement*

L. 641-1 Est puni des peines prévues à l'article 226-13 du code pénal, le fait, pour toute personne participant aux délibérations ou aux activités du comité des établissements de crédit et des entreprises d'investissement, de violer le secret professionnel institué à l'article L. 612-6, sous réserve des dispositions de l'article 226-14 du code pénal.

SECTION II *Commission bancaire*

L. 641-2 Est puni des peines prévues à l'article 226-13 du code pénal, le fait, pour toute personne participant au contrôle des établissements de crédit ou des entreprises d'investissement, dans les conditions prévues par le chapitre III du titre Ier du présent livre, de violer le secret professionnel institué à l'article L. 613-20, sous réserve des dispositions de l'article 226-14 du code pénal.

CHAPITRE II *Dispositions relatives à l'Autorité des marchés financiers* *(L. n° 2003-706 du 1er août 2003, art. 21-I).*

L. 642-1 *(L. n° 2003-706 du 1er août 2003, art. 21-II)* Est puni des peines prévues à l'article 226-13 du code pénal le fait, pour tout membre, tout membre du personnel ou préposé de l'Autorité des marchés financiers, ainsi que pour tout expert nommé dans une commission consultative mentionnée au III de l'article L. 621-2, de violer le secret professionnel institué par l'article L. 621-4, sous réserve des dispositions de l'article 226-14 du code pénal.

L. 642-2 *(L. n° 2003-706 du 1er août 2003, art. 21-III)* Est puni d'un emprisonnement de deux ans et d'une amende de 300 000 euros le fait, pour toute personne, de mettre obstacle à une mission de contrôle ou d'enquête de l'Autorité des marchés financiers effectuée dans les conditions prévues aux articles L. 621-9 à L. 621-9-2 ou de lui communiquer des renseignements inexacts.

L. 642-3 *(Abrogé par L. n° 2003-706 du 1er août 2003, art. 21-IV) « Est puni d'un emprisonnement de deux ans et d'une amende de 300 000 € le fait, pour toute personne, de mettre obstacle à une mission des enquêteurs de la Commission des opérations de bourse effectuée dans les conditions prévues à l'article L. 621-10. »*

(L. n° 2003-706 du 1er août 2003, art. 21-IV) « Est puni d'un emprisonnement de deux ans et d'une amende de 300 000 euros » le fait, pour toute personne, de mettre obstacle aux mesures de séquestre ou de ne pas respecter l'interdiction temporaire d'activité professionnelle prononcées en application de l'article L. 621-13.

Est puni d'un emprisonnement de deux ans et d'une amende de 75 000 € le fait, pour toute personne, de ne pas consigner la somme fixée par le juge, en application de l'article L. 621-13, dans le délai de quarante-huit heures suivant la date à laquelle la décision est devenue exécutoire. – *[Ord. n° 67-833 du 28 sept. 1967, art. 10].*

L. 642-4 à L. 642-7 *Abrogés par L. n° 2003-706 du 1er août 2003.*

DEUXIÈME PARTIE : *RÉGLEMENTAIRE*

(Décr. n° 2005-1007 du 2 août 2005)

LIVRE PREMIER La monnaie

TITRE PREMIER Dispositions générales

CHAPITRE PREMIER *L'unité monétaire*

Le présent chapitre ne comprend pas de dispositions réglementaires.

CHAPITRE II *Règles d'usage de la monnaie*

SECTION I *L'indexation*

D. 112-1 L'indexation sur le niveau général des prix autorisée pour certains produits et prêts par l'article L. 112-3 est mise en œuvre en utilisant l'indice des prix à la consommation pour l'ensemble des ménages, hors tabac, publié mensuellement par l'Institut national de la statistique et des études économiques.

Peut être également utilisé l'indice harmonisé des prix à la consommation, hors tabac, de la zone euro calculé mensuellement par l'office statistique des Communautés européennes à Luxembourg (EUROSTAT) et publié par l'agence France Trésor. - *[Décr. n° 98-816 du 11 sept. 1998, art. 1er].*

....

TITRE II La monnaie fiduciaire

....

CHAPITRE II *Les billets de banque*

....

R. 122-4 Lorsqu'ils retirent de la circulation pour les verser à la Banque de France les billets en euros reçus du public, les établissements de crédit, La Poste et les prestataires qui effectuent, au nom et pour le compte de ceux-ci, des opérations de traitement des billets en euros à titre professionnel, notamment les sociétés de transport de fonds, satisfont aux obligations mises à leur charge par l'article 6 du règlement du Conseil (CE) n° 1338/2001 du 28 juin 2001 définissant des mesures nécessaires à la protection de l'euro contre le faux monnayage.

Dans ce cas, ils respectent les dispositions fixées par la Banque de France, notamment les normes de conditionnement et de versement édictées par cette dernière conformément aux règles fixées par la Banque centrale européenne. – *[Décr. n° 2005-487 du 18 mai 2005, art. 1er].*

R. 122-5 Préalablement à toute délivrance à leurs guichets des billets en euros qu'ils ont reçus du public, les établissements de crédit, La Poste et les changeurs manuels procèdent à leur contrôle et retirent de la circulation ceux dont ils ont des raisons suffisantes de penser qu'ils sont faux. – *[Décr. n° 2005-487 du 18 mai 2005, art. 2].*

R. 122-6 Pour l'application de l'article R. 122-5, les établissements de crédit, La Poste et les changeurs manuels mettent en œuvre les procédures et les moyens nécessaires leur permettant de retirer de la circulation, préalablement à toute délivrance aux guichets de billets en euros reçus du public, les billets dont ils ont des raisons suffisantes de penser qu'ils sont faux.

A cet effet, ils établissent des règles écrites internes, dont ils contrôlent la mise en œuvre. Ces règles prévoient les contrôles à effectuer par leurs employés préalablement à toute délivrance au guichet de billets en euros reçus du public, ainsi que les procédures qui organisent le retrait de la circulation des bil ets dont ils ont des raisons suffisantes de penser qu'ils sont faux.

Ces contrôles et ces procédures sont définis à partir des informations sur les billets en euros que la Banque centrale européenne a décidé de rendre publiques et qui sont publiées par la Banque de France. Ils tiennent compte des recommandations faites par le Comité français d'organisation et de normalisation bancaire.

Les contrôles doivent être effectués par des employés ayant reçu une formation adaptée. La Banque de France apporte son concours aux personnes mentionnées à l'article R. 122-5 pour la formation des employés chargés des contrôles des billets en euros aux guichets. – *[Décr. n° 2005-487 du 18 mai 2005, art. 3].*

R. 122-7 Lorsqu'ils délivrent des billets en euros au public au moyen d'automates en libre service, les établissements de crédit et La Poste utilisent pour leur alimentation, sous réserve des dispositions prévues à l'article R. 122-8, des billets prélevés directement auprès de la Banque de France ou d'une autre banque centrale appartenant à l'Eurosystème. – *[Décr. n° 2005-487 du 18 mai 2005, art. 4].*

R. 122-8 Lorsque les établissements de crédit et La Poste souhaitent alimenter les automates mentionnés à l'article R. 122-7 avec des billets en euros qui n'ont pas été prélevés directement auprès d'une banque centrale appartenant à l'Eurosystème, ils passent au préalable une convention avec la Banque de France, dans les conditions prévues à l'article R. 122-11.

Les établissements de crédit et La Poste passent, dans les mêmes conditions, une convention avec la Banque de France lorsqu'ils utilisent des automates recyclant en libre service remplissant les fonctions de réception des billets en euros du public, de tri, d'authentification et de délivrance des billets en euros au public. – *[Décr. n° 2005-487 du 18 mai 2005, art. 5].*

R. 122-9 Les changeurs manuels qui utilisent des automates de change en libre service les alimentent avec des billets en euros directement prélevés auprès d'un établissement de crédit ou de La Poste. Les établissements de crédit et La Poste ne leur délivrent à cet effet que des billets en euros répondant aux exigences de l'article R. 122-7 ou de l'article R. 122-8. – *[Décr. n° 2005-487 du 18 mai 2005, art. 6].*

R. 122-10 Les établissements de crédit, La Poste ou leurs prestataires remettent à la Banque de France les billets que leur état physique rend impropres à la délivrance au public au moyen d'automates en libre service.

A cette fin, la Banque de France adopte des normes relatives aux billets qui peuvent faire l'objet d'une remise en circulation. Ces normes sont conformes aux normes communes adoptées par la Banque centrale européenne et sont portées à la connaissance des personnes concernées, par la Banque de France, selon les modalités prévues par les conventions mentionnées à l'article R. 122-11.

Les établissements de crédit, La Poste et les changeurs manuels ne délivrent pas au public, à leurs guichets, de billets que leur état physique rend impropres à la circulation. La Banque de France publie un document précisant les caractéristiques physiques qui rendent les billets impropres à la circulation. Ces caractéristiques sont conformes aux normes communes adoptées par la Banque centrale européenne. – *[Décr. n° 2005-487 du 18 mai 2005, art. 7].*

R. 122-11 I. – Les conventions prévues à l'article R. 122-8 précisent les moyens, notamment les équipements, ainsi que les procédures dont les établissements de crédit et La Poste se dotent et qu'ils mettent en œuvre afin de prévenir la délivrance au public de billets contrefaits ou dans un état physique les rendant impropres à la circulation. Elles prévoient également les conditions dans lesquelles la Banque de France contrôle, y compris sur place, l'application de leurs stipulations.

II. – Lorsque les établissements de crédit et La Poste confient à des prestataires une partie ou l'ensemble de leurs opérations de traitement des billets en euros, ils en informent la Banque de France. Ces prestataires passent au préalable une convention avec la Banque de France, dans les conditions prévues au I.

III. – Les conventions prévoient les conditions de leur suspension ou de leur résiliation par la Banque de France en cas de non-respect de leurs stipulations par les signataires.

IV. – Des conventions types sont approuvées par arrêté du ministre chargé de l'économie. – *[Décr. n° 2005-487 du 18 mai 2005, art. 8]. – V. Arr. du 20 juin 2005 (JO 16 juill.).*

Les art. R. 122-4 à R. 122-10 et le II de l'art. R. 122-11 sont entrés en vigueur le 1er déc. 2005 (Décr. n° 2005-1007 du 2 août 2005, art. 6).

CHAPITRE III *Dispositions communes*

R. 123-1 Les établissements de crédit, La Poste, les prestataires effectuant au nom et pour le compte de ceux-ci des opérations de traitement des billets et des pièces en euros, ainsi que les changeurs manuels remettent sans délai à la Banque de France ou à l'administration des Monnaies et médailles, respectivement les billets et pièces en euros dont ils ont des raisons suffisantes de penser qu'ils sont faux.

A cet effet, ils établissent des règles écrites internes, dont ils contrôlent la mise en œuvre, qui organisent les procédures de remise sans délai à la Banque de France et à l'administration des Monnaies et médailles des billets et pièces mentionnés à l'alinéa précédent. Ces procédures tiennent compte des recommandations faites par le Comité français d'organisation et de normalisation bancaire.

La Banque de France et l'administration des Monnaies et médailles authentifient les billets et les pièces qui leur sont remis en application du premier alinéa. Elles retiennent les signes monétaires qu'elles reconnaissent comme contrefaits ou falsifiés. – *[Décr. n° 2005-487 du 18 mai 2005, art. 11].*

R. 123-2 Les établissements de crédit, La Poste et les prestataires effectuant au nom et pour le compte de ceux-ci des opérations de traitement des billets et des pièces

en euros informent la Banque de France de tout projet de création, transfert ou suppression d'un centre de conservation et de traitement de billets ou des pièces en euros en vue de leur versement à la Banque de France. Ces projets ne peuvent être mis en œuvre avant que la Banque de France ait communiqué les observations qu'ils appellent de sa part aux personnes intéressées, dans un délai qui ne peut excéder deux mois à compter de leur réception. – *[Décr. n° 2005-487 du 18 mai 2005, art. 12].*

Les art. R. 123-1 et R. 123-2 sont entrés en vigueur le 1er déc. 2005 (Décr. n° 2005-1007 du 2 août 2005, art. 6).

TITRE III Les instruments de la monnaie scripturale

CHAPITRE PREMIER *Le chèque*

SECTION I *Le chèque bancaire*

SOUS-SECTION I *Dispositions générales*

R. 131-1 Au sens du présent chapitre, le terme « banquier » désigne les établissements de crédit et les institutions, services ou personnes habilités à tenir des comptes sur lesquels des chèques peuvent être tirés.– *[Décr. n° 92-456 du 22 mai 1992, art. 1er].*

SOUS-SECTION II *Création et forme du chèque*

R. 131-2 La certification résulte de l'apposition sur le chèque par le tiré d'une formule comportant, outre sa signature, les mentions relatives à la certification et à la date de celle-ci, au montant pour lequel le chèque a été établi et à la désignation de l'établissement tiré. Ces mentions doivent être apposées au moyen d'un procédé de marquage ou d'impression indélébile offrant toute garantie de sécurité.

Dans tous les cas où la remise d'un chèque certifié est exigée, il peut être valablement satisfait à cette exigence par la remise d'un chèque émis dans les conditions prévues par le troisième alinéa de l'article L. 131-7 ou d'un chèque émis sur le compte courant postal d'un chef de centre de chèques postaux. – *[Décr. n° 92-456 du 22 mai 1992, art. 32].*

Jugeant que lors de l'établissement d'un chèque de banque, l'établissement de crédit n'a pas à remplir les obligations légales imposées au seul chèque certifié de l'art. 32 du Décr. du 22 mai 1992 [C. mon. fin., art. R. 131-2] mais doit satisfaire aux obligations plus souples du Décr.-loi du 30 oct. 1935 : • Paris, 3 sept. 2002 : *Banque et Droit mars-avr. 2004, 63. obs. Guillot.*

SOUS-SECTION III *Transmission*

La présente sous-section ne comprend pas de dispositions réglementaires.

SOUS-SECTION IV *Aval*

La présente sous-section ne comprend pas de dispositions réglementaires.

SOUS-SECTION V *Présentation et paiement*

§ 1er *Délais de présentation et échéances de paiement*

R. 131-3 Les délais prévus par le présent chapitre ne comprennent pas le jour qui leur sert de point de départ. – *[Décr.-L. du 30 oct. 1935, art. 60].*

Sur l'application de l'art. 60 du Décr.-L. du 30 oct. 1935 [C. mon. fin., art. R. 131-3] au délai conventionnel interbancaire de rejet en compensation, V. • Com. 3 mai 2000 : *cité note 8 ss. art. L. 131-59, C. mon. fin., supra.*

R. 131-4 **La présentation et le protêt d'un chèque ne peuvent être faits qu'un jour ouvrable.**

Lorsque le dernier jour du délai fixé pour l'accomplissement des actes relatifs au chèque, et notamment pour la présentation ou pour l'établissement du protêt, est un jour férié légal, ce délai est prorogé jusqu'au premier jour ouvrable qui en suit l'expiration. Les jours fériés intermédiaires sont compris dans la computation du délai.

Aux jours fériés légaux sont assimilés les jours où, aux termes des dispositions en vigueur, aucun paiement ne peut être exigé ni aucun protêt dressé. – *[Décr.-L du 30 oct. 1935, art. 59].*

§ 2 *Procédures de vérification auprès de la Banque de France*

R. 131-5 **Toute personne à laquelle est remis un chèque pour le paiement d'un bien ou d'un service peut, directement ou par l'intermédiaire d'un mandataire, vérifier auprès de la Banque de France si ce chèque n'a pas été déclaré comme volé ou perdu, n'a pas été tiré sur un compte clôturé ou émis par une personne frappée d'une interdiction judiciaire ou bancaire.**

Le service ainsi rendu donne lieu à rémunération. – *[Décr. n° 92-467 du 26 mai 1992, art. 1er].*

Arrêté du 24 juillet 1992

Relatif au traitement automatisé des informations sur la régularité des chèques mis en œuvre par la Banque de France.

Art. 1er Aux fins prévues à l'article 74-1 du décret *[décret-loi]* du 30 octobre 1935 *[C. mon. fin., art. L. 131-86]* susvisé et à l'article 1er du décret du 26 mai 1992 *[C. mon. fin., art. R. 131-5]* susvisé, la centralisation des informations mentionnée à l'article 74 du même décret *[décret-loi]* du 30 octobre 1935 *[C. mon. fin., art. L. 131-85]* susvisé est assurée dans un fichier de base recensant les coordonnées bancaires des titulaires frappés d'une interdiction bancaire ou judiciaire d'émettre des chèques. Ce fichier centralise en outre des éléments d'identification sur les faux chèques ainsi que les coordonnées bancaires des comptes clôturés et des comptes pour lesquels une déclaration de perte ou de vol a été enregistrée auprès des services de police et de gendarmerie ou de l'établissement tiré. Dans cette dernière hypothèse, les coordonnées bancaires sont complétées, lorsqu'ils sont connus, par les numéros de formule des chèques ayant fait l'objet d'une opposition à paiement.

2 Le fichier de base alimente un fichier de consultation contenant uniquement les informations indispensables à l'identification des chèques déclarés volés ou perdus, des faux chèques, des chèques tirés sur des comptes clos ou par une personne physique ou morale frappée d'une interdiction d'émettre des chèques.

Les coordonnées bancaires du titulaire du compte sont exprimées sous la forme codée figurant sur la ligne d'identification située au bas du chèque. A cette fin, les établissements tirés communiquent à la Banque de France les règles de codage qui leur sont propres.

3 Les personnes visées à l'article 1er du décret du 26 mai 1992 *[C. mon. fin., art. R. 131-5]* susvisé n'ont pas d'accès direct aux informations du fichier de base. Il leur est délivré uniquement un message réponse indiquant, le cas échéant, que l'émission du chèque est irrégulière. En même temps qu'elle leur communique leur code d'accès, la Banque de France informe ces personnes de la signification des différents codes réponses utilisés.

Seuls les établissements teneurs de comptes, pour l'ensemble des informations enregistrées sous les comptes de leurs clients, et les services de police et de gendarmerie, pour les seules informations sur chèques perdus ou volés, ont accès aux informations recensées dans le fichier de base.

4 La Banque de France assure directement la gestion du fichier de base. Elle peut déléguer par contrat la gestion du fichier de consultation ainsi que la promotion du service auprès des utilisateurs.

5 La Banque de France attribue un code d'accès spécifique aux mandataires habilités à interroger le fichier de consultation en application du décret du 26 mai 1992 *[C. mon. fin., art. R. 131- 5 s.]* susvisé.

Tout mandataire peut interroger le fichier de consultation en vertu d'un contrat reçu d'un mandant. Le mandataire est tenu de présenter copie du mandat à la demande de la Banque de France.

Le mandataire informe sans délai son mandant de la réponse de la Banque de France aux interrogations du fichier de consultation. Il peut prendre, le cas échéant, connaissance de cette réponse.

6 L'interrogation du fichier de consultation s'effectue par lecture automatique ou saisie manuelle des caractères figurant sur la ligne codée située au bas du chèque.

7 Les modalités techniques d'accès au fichier de consultation répondent aux standards du marché.

8 Toute personne désireuse de connaître, de contester et, le cas échéant, de faire rectifier les informations que la Banque de France détient à son nom dans le Fichier national des chèques irréguliers, peut transmettre sa demande au service gestionnaire du fichier (Banque de France, 39 rue Croix-des-Petits-Champs, 75001 Paris) ou à la succursale de la Banque de France la plus proche du domicile du demandeur par simple lettre accompagnée :

— d'une part, de la photocopie d'une pièce d'identité officielle ;

— d'autre part, d'un document comportant l'identité et les coordonnées bancaires du titulaire du compte.

Les personnes physiques — ou les mandataires sociaux des personnes morales — peuvent ainsi obtenir communication de l'ensemble des informations recensées sous leur dossier et toutes explications sur le fonctionnement de la centralisation correspondante.

Dans tous les cas, la totalité des informations recensées dans le fichier sont communiquées en clair.

L'identité des déclarants (établissements teneurs de comptes, services de police et de gendarmerie) est indiquée aux demandeurs ; les rectifications éventuelles d'informations recensées sont effectuées soit par les établissements teneurs de comptes, soit par la Banque de France lorsque les données figurant dans le fichier émanent exclusivement des services de police et de gendarmerie. La modification est portée immédiatement à la connaissance du demandeur.

L'absence de réponse de la part des établissements teneurs de comptes, dans le délai de dix jours ouvrés à compter de la réception d'une demande de rectification, vaut refus.

9 Lorsqu'elle indique que l'émission d'un chèque est irrégulière, la Banque de France conserve durant une période minimale de deux mois, associées à l'origine de l'appel, les caractéristiques du chèque testé : numéro des formules, identification de l'établissement tiré, coordonnées bancaires du tireur.

R. 131-6 La Banque de France attribue à chaque personne souhaitant procéder ou faire procéder par un mandataire aux vérifications mentionnées à l'article R. 131-5 un code d'accès au fichier constitué à cet effet. – *[Décr. n° 92-467 du 26 mai 1992, art. 2].*

R. 131-7 La personne qui consulte le fichier indique le code d'accès qui lui est attribué. S'il s'agit d'un mandataire, celui-ci mentionne son propre code d'accès et celui du bénéficiaire du chèque.

L'interrogation comporte les renseignements suivants tels qu'ils figurent sur le chèque présenté :

a) Le numéro de la formule ;

b) L'identification précise du tiré ;

c) Les coordonnées bancaires du tireur. – *[Décr. n° 92-467 du 26 mai 1992, art. 3].*

R. 131-8 La réponse de la Banque de France est transmise sans délai à la personne qui consulte le fichier. S'il s'agit d'un mandataire, celui-ci en informe sans délai son mandant.

Lorsque la Banque de France constate que l'émission d'un chèque n'est pas régulière pour une des causes mentionnées au premier alinéa de l'article R. 131-5, elle en informe la personne qui a consulté le fichier sans indiquer la nature de l'irrégularité, enregistre l'ensemble des éléments d'identification mentionnés à l'article R. 131-7 et les conserve pendant une durée minimale de deux mois. - – *[Décr. n° 92-467 du 26 mai 1992, art. 4].*

R. 131-9 La Banque de France précise à toute personne qui effectue les vérifications prévues par la présente sous-section que la diffusion et la conservation, par quiconque, des informations obtenues sont interdites sous peine des sanctions prévues par l'article 226-21 du code pénal. – *[Décr. n° 92-467 du 26 mai 1992, art. 5].*

SOUS-SECTION VI *Chèque barré*

La présente sous-section ne comprend pas de dispositions réglementaires.

SOUS-SECTION VII *Recours en cas de non-paiement*

La présente sous-section ne comprend pas de dispositions réglementaires.

SOUS-SECTION VIII *Établissement de chèques en plusieurs exemplaires*

La présente sous-section ne comprend pas de dispositions réglementaires.

SOUS-SECTION IX *Altération*

La présente sous-section ne comprend pas de dispositions réglementaires.

SOUS-SECTION X *Prescription*

La présente sous-section ne comprend pas de dispositions réglementaires.

SOUS-SECTION XI *Protêt*

R. 131-10 Les dispositions de l'article 3 de la loi n° 49-1093 du 2 août 1949 relative à la publicité des protêts et celles du décret n° 50-737 du 24 juin 1950 pris pour son application sont applicables au protêt dressé faute de paiement d'un chèque. – *V. ces textes ss. art. L. 511-56 et L. 511-60 C. com., supra.*

SOUS-SECTION XII *Incidents de paiement et sanctions*

§ 1er *Enregistrement par les banquiers des incidents de paiement de chèques tenant à un défaut de provision suffisante*

R. 131-11 Le tiré qui refuse en tout ou en partie le paiement d'un chèque pour défaut de provision suffisante enregistre l'incident au plus tard le deuxième jour ouvré suivant le refus de paiement. Lorsque le titulaire a émis le chèque au mépris d'une interdiction toujours en vigueur, ce délai expire au plus tard le cinquième jour ouvré suivant le refus de paiement.

Le tiré procède dans les mêmes conditions à un enregistrement lorsque le paiement du chèque est refusé pour un autre motif si la provision est, par ailleurs, insuffisante pour en permettre le paiement.

Le nouveau refus de paiement d'un chèque ayant déjà fait l'objet d'un enregistrement n'est pas enregistré. – *[Décr. nº 92-456 du 22 mai 1992, art. 2].*

R. 131-12 L'enregistrement par le banquier tiré des incidents de paiement de chèques tenant à un défaut de provision suffisante comporte, pour chaque incident, les renseignements suivants :

1º Le numéro du compte, l'indication qu'il s'agit d'un compte individuel ou d'un compte collectif ainsi que les éléments permettant l'identification précise du tiré ;

2º Le nom ou la dénomination ou raison sociale du titulaire du compte, son adresse ainsi que :

a) S'il s'agit d'une personne physique, ses prénoms, date et lieu de naissance et, le cas échéant, le nom d'usage, lorsqu'il est connu du tiré ;

b) S'il s'agit d'une personne morale, sa forme juridique ;

c) En outre, le numéro national d'identification des entreprises prévu par les dispositions réglementaires en vigueur, s'il s'agit d'une entreprise individuelle ou d'une personne morale qui en est pourvue ;

3º Le numéro du chèque ;

4º Le montant du chèque exprimé en euros et, le cas échéant, sa date de création lorsque le titulaire du compte a émis le chèque au mépris d'une interdiction d'émettre toujours en vigueur lors du refus de paiement ;

5º La date du refus de paiement du chèque ;

6º La cause du refus de paiement et le montant de l'insuffisance de la provision ;

7º L'indication, s'il y a lieu, que le chèque a été émis au mépris d'une injonction faite en application de l'article L. 131-73, ou en violation d'une interdiction prononcée en application de l'article L. 163-6 ;

8º L'indication, s'il y a lieu, que le compte sur lequel le chèque a été émis était clôturé lors du refus de paiement.

L'enregistrement est complété par la date de régularisation de l'incident dès que celle-ci intervient.– *[Décr. nº 92-456 du 22 mai 1992, art. 3].*

Sur la déclaration à la Banque de France des violations des interdictions d'émettre des chèques, V. infra, art. R. 131-36.

R. 131-13 Tout banquier qui reçoit de la Banque de France, en application de l'article R. 131-42, avis d'une interdiction d'émettre des chèques concernant une personne titulaire de compte dans son établissement enregistre cet avis au plus tard le troisième jour ouvré suivant cette réception. Il mentionne également la date à laquelle cette interdiction lui a été notifiée. Il enregistre dans les mêmes conditions les levées d'interdiction. – *[Décr. nº 92-456 du 22 mai 1992, art. 4].*

R. 131-14 Les incidents sont enregistrés dans l'ordre chronologique, chacun étant affecté d'un numéro pris dans une série annuelle ininterrompue. Les enregistrements prévus par les articles R. 131-12 et R. 131-13 sont conservés et doivent pouvoir être justifiés pendant un an à compter de la date de régularisation ou, à défaut, pendant cinq ans à compter de l'injonction. – *[Décr. nº 92-456 du 22 mai 1992, art. 5].*

§ 2 *Injonction, régularisation et pénalité libératoire*

R. 131-15 Le tiré qui a refusé en tout ou en partie le paiement d'un chèque pour défaut de provision suffisante adresse au titulaire du compte l'injonction prévue par l'article L. 131-73 par lettre recommandée avec demande d'avis de réception.

Il lui précise le numéro et le montant du chèque dont le règlement n'a pu être assuré, ainsi que la situation du compte à la date du refus de paiement.

Il lui enjoint de restituer à tous les banquiers dont il est le client les formules de chèques en sa possession et en celle de ses mandataires. Il lui interdit d'émettre à l'avenir des chèques, sauf des chèques de retrait ou certifiés, jusqu'à la régularisation effectuée dans les conditions prévues par les articles R. 131-20 à R. 131-22 ou, à défaut, pendant cinq ans à compter de l'injonction.

Il informe par tout moyen tout mandataire que le titulaire, à sa demande, lui aura fait connaître comme étant en possession de chèques utilisables sur le compte qu'il ne lui est plus possible, jusqu'à régularisation, d'émettre des chèques sur ce compte.

En cas de refus de paiement du même chèque lors d'une nouvelle présentation, le tiré n'adresse pas de lettre d'injonction. – *[Décr. n° 92-456 du 22 mai 1992, art. 6]. – V. Arr. 29 mai 1992 (D. et ALD 1992. 310), mod. par Arr. 12 août 1992 (JO 19 août ; Rect. JO 22 août), Arr. 3 sept. 2001 (JO 11 sept.).*

1. Délai d'injonction. V. note 4 ss. art. L. 131-73 C. mon. fin., *supra*.

2. Obligations du banquier. En vertu des dispositions des art. 6 s. du décret de 1992 [C. mon. fin., art. R. 131-15 s.], le tiré qui a refusé le paiement d'un chèque pour défaut de provision suffisante n'a d'autre obligation que d'adresser au titulaire du compte, par lettre recommandée avec demande d'avis de réception, l'injonction prévue par l'art. L. 131-73 C. mon. fin., ce qui a été fait à la suite de l'émission de chèques sans provision ayant ultérieurement donné lieu à régularisation. • Com. 6 mai 2002 : *Banque et Droit sept.-oct. 2002, p. 47, obs. Bonneau.* ♦ En ce sens que, sauf circonstances particulières, l'établissement de crédit ne commet pas de faute en ne retirant pas les formules de chèques à l'auteur de chèques sans provision qui avaient donné lieu à régularisation, V. • Même arrêt.

R. 131-16 La lettre d'injonction précise les moyens par lesquels la faculté de régularisation peut être exercée.

Si le tiré n'a pas, au cours des douze mois précédents, rejeté un chèque émis par le même titulaire de compte, il lui indique qu'il ne sera pas soumis au paiement de la pénalité libératoire prévue par l'article L. 131-75 s'il procède à la régularisation dans un délai de deux mois à compter de la date d'envoi de la lettre d'injonction.

Lorsque le titulaire du compte est tenu au paiement de la pénalité libératoire, le tiré lui en précise le montant pour chaque chèque, calculé conformément aux dispositions des articles L. 131-75 et L. 131-76, ainsi que les modalités du versement de cette pénalité. – *[Décr. n° 92-456 du 22 mai 1992, art. 7].*

R. 131-17 Lorsqu'un incident de paiement survient sur le même compte après un précédent incident non régularisé, une nouvelle injonction est adressée au moyen d'une lettre simple. Il est précisé au titulaire que l'interdiction en cours continuera de s'exécuter jusqu'à régularisation de tous les chèques impayés et paiement, le cas échéant, de la ou des pénalités libératoires afférentes à chaque chèque rejeté et dont le montant est indiqué. – *[Décr. n° 92-456 du 22 mai 1992, art. 8].*

R. 131-18 Les injonctions prévues par le présent paragraphe sont adressées par le tiré au titulaire de compte alors même que le compte sur lequel le chèque ou les chèques ont été tirés a été clôturé. Cette obligation cesse à l'issue d'un délai d'un an à compter de la date de clôture de compte. - *[Décr. n° 92-456 du 22 mai 1992, art. 9].*

Compte clôturé. Si, aux termes de l'art. 9 du décret de 1992 [C. mon. fin., art. R. 131-18], l'obligation pour la banque d'émettre des injonctions en application de la loi cesse à l'issue d'un délai d'un an à compter de la date de clôture du compte, cette disposition, qui ne saurait être interprétée comme offrant à la banque, à compter de ce délai, une faculté perpétuelle de déclencher une procédure d'interdiction bancaire, signifie seulement qu'un an après la clôture du compte, la procédure prévue par la loi et le décret cesse d'être applicable, les titres émis sur le compte clôturé n'ayant plus la valeur de chèques et ne pouvant être traités comme tels. • Paris, 12 janv. 1999 : *D. 1999. Somm. 148, obs. Cabrillac* ✎ ; *D. Affaires 1999. 557, obs. X. D.* ♦ V. *supra*, note 2 ss. art. L. 131-4 C. mon. fin.

R. 131-19 La pénalité libératoire prévue par les articles L. 131-75 et L. 131-76 est réglée au moyen d'un ou plusieurs timbres fiscaux apposés sur la lettre d'injonction qui est retournée par tout moyen au banquier.

Toutefois, à partir d'un montant de 3 600 euros, la pénalité libératoire peut être versée à la recette des impôts ou au comptable du Trésor.

Le règlement s'effectue alors par versement d'espèces ou remise au comptable public d'un chèque certifié émis dans les conditions prévues à l'article R. 131-2. – *[Décr. nº 92-456 du 22 mai 1992, art. 10].*

R. 131-20 Lorsque le titulaire du compte a réglé entre les mains du bénéficiaire le montant du chèque impayé, il doit justifier du règlement par la remise de ce chèque au tiré, ainsi que, le cas échéant, du paiement de la pénalité libératoire. – *[Décr. nº 92-456 du 22 mai 1992, art. 11].*

R. 131-21 Dans le cas où le chèque rejeté a été payé lors d'une nouvelle présentation, le tireur en fait état auprès du tiré. Il justifie aussi, le cas échéant, du paiement de la pénalité libératoire. – *[Décr. nº 92-456 du 22 mai 1992, art. 12].*

R. 131-22 Dans les cas autres que ceux prévus par les articles R. 131-20 et R. 131-21, la régularisation de l'incident est acquise lorsqu'est constituée, à la demande du tireur, une provision bloquée affectée au paiement effectif du chèque et que le tireur justifie auprès du tiré du paiement de la pénalité libératoire s'il en est redevable.

La provision mentionnée au premier alinéa redevient disponible à l'issue d'un délai d'un an, si elle n'a pas été utilisée par l'effet d'une nouvelle présentation du chèque impayé, ou immédiatement lorsque le titulaire du compte justifie du règlement par la remise du chèque au tiré.

Lorsque la régularisation concerne un incident survenu sur un compte clôturé, le tiré demeure seul compétent pour la constater et pour accomplir les formalités prévues par les articles R. 131-23 et R. 131-31.

Les justifications des régularisations effectuées en application des articles R. 131-20 et R. 131-21 et du présent article sont conservées pendant un an par le tiré. – *[Décr. nº 92-456 du 22 mai 1992, art. 13].*

BIBL. ▶ YOUEGO, *RD banc. fin. sept.-août 2005. 41* (régularisation de l'incident d'émission du chèque sans provision).

Il résulte de la combinaison des art. L. 131-73, L. 131-74 C. mon. fin. et de l'art. 13 du décret de 1992 [C. mon. fin., art. R. 131-22] que l'affectation d'un versement du tireur en priorité à la constitution d'une provision pour paiement d'un chèque impayé suppose que le tireur ait opté pour cette modalité de régularisation en demandant à cet effet que la provision soit bloquée. • Com. 22 févr. 2005 : *Bull. civ. IV, nº 30 ; D. 2005. AJ. 708, obs. Avena-Robardet ; JCP E 2005, nº 21, p. 865, obs. Stoufflet ; Petites affiches 25 mars 2005, p. 17, rapp. Cohen-Branche ; RD banc. fin. 2005, nº 31, obs. Crédot et Gérard ; Banque et Droit juill.-août 2005. 67, obs. Bonneau ; RTD com. 2005. 393, obs. Cabrillac ; RJDA 2005, nº 756 ; Dr. et procédures 2005. 183.*

♦ Aux termes des art. 11 s. du décret de 1992 [C. mon. fin., art. R. 131-20 s.], faute de constitution d'une provision bloquée affectée au paiement effectif du chèque, ou faute de diligence de la part du tireur pour qu'intervienne le paiement, il n'y a pas régularisation de l'incident de paiement, le simple crédit du compte étant insuffisant ; il en résulte que le simple virement sur un compte débiteur d'une somme suffisante pour couvrir le solde débiteur, alors que préalablement la banque a procédé au rejet du chèque en raison de ce solde, ne vaut pas régularisation. • Toulouse, 6 avr. 1999 : *JCP E 1999, nº 40, p. 1557 ; RTD com. 1999. 932, obs. Cabrillac.*

R. 131-23 Lorsqu'il a été procédé, selon les modalités prévues par le présent paragraphe, à la régularisation de tous les incidents survenus sur le compte, une attestation est remise ou adressée par le tiré au titulaire. Dans cette attestation sont mentionnés la régularisation et, le cas échéant, le montant des pénalités libératoires payées.

Le titulaire du compte est également informé de la situation dans laquelle il se trouve au regard des dispositions applicables en matière de prévention et de répression des infractions en matière de chèques.

Il est précisé au titulaire du compte qu'il ne recouvre la faculté d'émettre des chèques qu'à la condition qu'il ne soit pas sous le coup d'une interdiction judiciaire ou d'une injonction qui lui aurait été notifiée par un banquier à la suite d'un incident qui aurait été constaté sur un autre compte. – *[Décr. n° 92-456 du 22 mai 1992, art. 14]. – V. Arr. 29 mai 1992 (D. et ALD 1992. 310), mod. par Arr. 12 août 1992 (JO 19 août, Rect. JO 22 août), Arr. 3 sept. 2001 (JO 11 sept.).*

R. 131-24 Un arrêté conjoint du garde des sceaux, ministre de la justice, et du ministre chargé de l'économie précise les mentions que doivent comporter les injonctions, avis et autres documents prévus par le présent paragraphe. – *V. Arr. 29 mai 1992 (D. et ALD 1992. 310), mod. par Arr. 12 août 1992 (JO 19 août ; Rect. JO 22 août), Arr. 3 sept. 2001 (JO 11 sept.).*

Les dispositions du présent paragraphe reçoivent une application distincte pour chacun des comptes dont l'intéressé est titulaire. – *[Décr. n° 92-456 du 22 mai 1992, art. 15].*

D. 131-25 Lorsque le montant d'un chèque rejeté pour défaut ou insuffisance de provision est inférieur à 50 euros, l'ensemble des frais de toute nature perçus au titre de son rejet par le tiré ne peut excéder un montant de 30 euros. Ce plafonnement des frais concerne notamment la facturation de l'envoi d'une lettre d'injonction ou d'une commission d'incident ou de rejet d'un chèque. Cette règle s'applique quelle que soit la dénomination et la justification des frais facturés par l'établissement concerné à l'occasion du rejet d'un chèque. – *[Décr. n° 2002-694 du 30 avr. 2002, art. 1er].*

§ 3 *Déclaration à la Banque de France des incidents de paiement et des régularisations*

R. 131-26 L'avis de non-paiement pour défaut de provision suffisante établi en application de l'article L. 131-84 doit comporter tous les renseignements prévus aux 1°, 2°, 4°, 5°, 6° et 8° de l'article R. 131-12, ainsi que le numéro d'enregistrement de l'incident chez le tiré.

Cet avis est transmis à la Banque de France au plus tard le deuxième jour ouvré suivant le refus de paiement du chèque. Lorsque le titulaire du compte a émis le chèque au mépris d'une interdiction toujours en vigueur, ce délai expire au plus tard le cinquième jour ouvré suivant le refus de paiement.

Lorsque le titulaire du compte bénéficie de la dispense de pénalité libératoire, seul l'incident qui a entraîné l'interdiction d'émettre est déclaré à la Banque de France. Les incidents constatés ultérieurement pendant le délai de dispense de pénalité et non régularisés sont déclarés à la Banque de France au plus tard le deuxième jour ouvré suivant l'expiration de ce délai. – *[Décr. n° 92-456 du 22 mai 1992, art. 16].*

R. 131-27 La Banque de France annule la déclaration d'incident de paiement sur la demande du tiré dans les cas suivants :

1° Lorsque le refus de paiement ou l'établissement de l'avis de non-paiement résulte d'une erreur du tiré ;

2° Lorsqu'il est établi par le titulaire du compte qu'un événement qui n'est pas imputable à l'une des personnes habilitées à tirer des chèques sur le compte a entraîné la disparition de la provision.

La mesure d'interdiction d'émettre des chèques mise en œuvre par le tiré cesse alors d'avoir effet.

La Banque de France avise le tiré qu'elle a procédé à l'annulation. Le tiré doit en informer son client et compléter l'enregistrement prévu par l'article R. 131-12 par la mention de l'annulation et de sa cause.

Lorsque le titulaire du compte lui demande de faire application de la procédure prévue par le présent article, le tiré, s'il donne suite, saisit la Banque de France au plus

tard le dixième jour ouvré suivant cette demande. Il en avise son client dans le même délai. Son silence à l'issue du délai vaut refus. – *[Décr. n° 92-456 du 22 mai 1992, art. 17].*

1. Annulation de la déclaration. L'interdiction faite par l'art. 33 de la loi n° 85-98 du 25 janv. 1985 [C. com., art. L. 622-7], à un débiteur mis en redressement judiciaire, de payer toute créance née antérieurement au jugement d'ouverture ne peut être considérée comme un cas d'annulation de déclaration d'incident de paiement par chèque au sens de l'art. 17 (2°) [C. mon. fin., art. R. 131-27, 2°], dès lors qu'elle n'est pas une cause de disparition de la provision du chèque émis avant ce jugement, mais constitue seulement un obstacle à l'exercice par le tireur de sa faculté de régularisation. • Paris, 24 avr. 1998 : *D. Affaires 1998. 1002, obs. X. D.* ♦ Pour un exemple de demande d'annulation, V. • Com. 27 mars 2001 : *BRDA 2001, n° 7, p. 9.*

2. Déclaration erronée. Le banquier qui a antérieurement adressé une déclaration d'incident erronée à la Banque de France a l'obligation d'en aviser celle-ci afin d'annulation dans les meilleurs délais (à propos du décret du 3 oct. 1975). • Paris, 30 mars 1977 : *D. 1978. IR. 81.*

R. 131-28 **Les décisions mentionnées à l'article 103-1 du décret n° 85-1388 du 27 décembre 1985 relatif au redressement et à la liquidation judiciaires des entreprises** *[abrogé]* **sont, dans les deux jours ouvrés de leur notification à la Banque de France, transmises par celle-ci à chaque banquier ayant déclaré des incidents de paiement de chèques.** – *V., désormais, Décr. n° 2005-1677 du 28 déc. 2005, art. 140, infra, v° Difficultés des entreprises.*

En cas de suspension des effets d'une mesure d'interdiction d'émettre des chèques, le tiré transmet à la Banque de France, au plus tard le deuxième jour ouvré suivant la réception de la décision du tribunal, les demandes d'annulation de chacune des déclarations des incidents mentionnés par cette décision.

En cas de résolution du plan prononcée en application de l'article L. 621-82 *[L. 626-27]* **du code de commerce, le tiré, dans les mêmes délais, procède selon les modalités fixées par l'article R. 131-12 du présent code à un nouvel enregistrement des incidents de paiement dont il a demandé l'annulation dans les conditions prévues au deuxième alinéa ci-dessus. Il transmet les nouvelles déclarations de chacun de ces incidents à la Banque de France. La mesure d'interdiction d'émettre des chèques reprend effet à compter de sa date initiale.** – *[Décr. n° 92-456 du 22 mai 1992, art. 17-1].*

R. 131-29 **En cas de suspension des effets d'une mesure d'interdiction d'émettre des chèques en application de l'article L. 643-12 du code de commerce, le tiré transmet à la Banque de France, au plus tard le deuxième jour ouvré suivant la remise par le débiteur de l'expédition du jugement de clôture accompagnée du relevé des incidents de paiement, les demandes d'annulation de chacune des déclarations d'incidents concernant les chèques émis avant le jugement d'ouverture de la procédure.** – *[Décr. n° 92-456 du 22 mai 1992, art. 17-2].*

R. 131-30 **Si la mesure d'interdiction d'émettre des chèques ayant fait l'objet d'une suspension en application de l'article L. 643-12 du code de commerce reprend ses effets, l'ordonnance mentionnée à l'article 154-2 du décret n° 85-1388 du 27 décembre 1985 relatif au redressement et à la liquidation judiciaires des entreprises est, dans les deux jours ouvrés de sa notification à la Banque de France, transmise par celle-ci à chaque banquier ayant déclaré un ou des incidents de paiement, accompagnée du relevé d'incidents communiqué par le greffier.**

Le tiré procède, au plus tard le deuxième jour ouvré suivant la réception de l'ordonnance et du relevé d'incidents, à un nouvel enregistrement des incidents de paiement dont il avait demandé l'annulation dans les conditions prévues à l'article R. 131-29. Il transmet les nouvelles déclarations de chacun de ces incidents à la Banque de France. La mesure d'interdiction d'émettre des chèques reprend effet, pour la durée restant à courir, à compter de la délivrance du titre exécutoire mentionné au IV de l'article L. 622-32 du code de commerce *[désormais : au V de l'art. L. 643-11].* – *[Décr. n° 92-456 du 22 mai 1992, art. 17-3].*

R. 131-31 Le tiré avise la Banque de France de la régularisation au plus tard le deuxième jour ouvré suivant la justification.

Lorsque le titulaire du compte a fait l'objet de plusieurs avis de non-paiement, le tiré informe la Banque de France par un seul avis de la régularisation de tous les incidents. – *[Décr. n° 92-456 du 22 mai 1992, art. 18].*

En n'avisant la Banque de France de la régularisation opérée par la société émettrice du chèque sans provision que quatre mois plus tard, la banque tirée a commis une faute ayant causé un préjudice à la société dans la mesure où celle-ci était toujours inscrite sur le fichier national des chèques irréguliers accessible aux tiers, ce qui pouvait faire naître un doute sur sa solvabilité. • Versailles, 5 déc. 2002 : *RJDA 2003, n° 760.*

§ 4 *Déclaration à la Banque de France des comptes clôturés et des vols ou pertes de formules de chèques*

R. 131-32 Le banquier avise la Banque de France des clôtures de comptes autres que celles qui résultent d'un transfert dans son établissement et des oppositions à paiement mentionnées à l'article L. 131-84 dans le meilleur délai et au plus tard le premier jour ouvré suivant la clôture du compte ou l'opposition à paiement. A cette fin, il communique les renseignements prévus au 1° de l'article R. 131-12, ainsi que, s'il en a connaissance, les numéros des formules de chèque volées ou perdues.

Le banquier enregistre les faits et les renseignements mentionnés ci-dessus. Il conserve cet enregistrement pendant un délai d'un an à compter de l'avis. – *[Décr. n° 92-456 du 22 mai 1992, art. 19].*

§ 5 *Interdiction d'émettre des chèques prononcée par le juge pénal*

R. 131-33 Lorsque l'interdiction prévue par l'article L. 163-6 a été prononcée, le ministère public notifie sans délai la décision exécutoire à la Banque de France qui en accuse réception. Cette notification comporte les renseignements suivants :

1° La référence du parquet ;

2° L'état civil complet du condamné, sa dernière adresse connue et, le cas échéant, le nom d'usage ;

3° L'indication de la juridiction qui a prononcé l'interdiction et la date de la décision ;

4° La durée de la mesure, sa date de prise d'effet ainsi que sa date d'expiration. – *[Décr. n° 92-456 du 22 mai 1992, art. 20].*

§ 6 *Déclaration à la Banque de France des violations des interdictions d'émettre des chèques*

R. 131-34 Le tiré à qui est présenté au paiement un chèque émis sur un compte dont le titulaire est sous le coup d'une interdiction mise en œuvre à l'occasion d'un précédent incident doit en faire la déclaration à la Banque de France au plus tard le cinquième jour ouvré suivant la présentation.

Toutefois, les violations d'interdiction constatées pendant le délai de dispense de pénalité prévu par l'article L. 131-75 ne sont déclarées qu'à défaut d'une régularisation globale des incidents au cours de ce délai. La déclaration est alors effectuée au plus tard le deuxième jour ouvré suivant l'expiration de ce délai. – *[Décr. n° 92-456 du 22 mai 1992, art. 21].*

R. 131-35 Le tiré à qui est présenté au paiement un chèque émis sur un compte dont le titulaire est sous le coup d'une interdiction prononcée en application de l'article L. 163-6 doit, lorsque la date de présentation du chèque est comprise dans la période d'application de cette mesure, en faire la déclaration à la Banque de France au plus tard le cinquième jour ouvré suivant la présentation. – *[Décr. n° 92-456 du 22 mai 1992, art. 22].*

R. 131-36 Les déclarations prescrites par les articles R. 131-34 et R. 131-35 doivent comporter tous les renseignements prévus aux 1°, 2°, 4°, 6° et 8° de l'article R. 131-12. – *[Décr. nº 92-456 du 22 mai 1992, art. 23].*

R. 131-37 Lorsque le chèque présenté au paiement doit être déclaré à la Banque de France en application des dispositions des articles R. 131-34 et R. 131-35 et que son paiement est refusé pour défaut de provision suffisante, la déclaration résulte d'une mention spéciale sur l'avis de non-paiement prévu par l'article R. 131-26, signalant que le chèque a été émis en infraction aux dispositions des articles L. 131-73 ou L. 163-6. – *[Décr. nº 92-456 du 22 mai 1992, art. 24].*

§ 7 *Information de l'autorité judiciaire par la Banque de France*

R. 131-38 La Banque de France peut communiquer au procureur de la République et, s'il en fait la demande, lui communique les renseignements relatifs aux émissions de chèques qui lui ont été déclarées comme constituant une infraction à une interdiction résultant de l'application des articles L. 131-73 ou L. 163-6. – *[Décr. nº 92-456 du 22 mai 1992, art. 25].*

R. 131-39 Lorsque la Banque de France reçoit du ministère public notification d'une interdiction prononcée en application de l'article L. 163-6 concernant une personne qui se trouve déjà sous le coup de la même mesure en cours d'exécution, elle en avise le parquet qui l'a saisie en dernier lieu en faisant retour de la notification et en donnant tous renseignements utiles, sauf si la date de prise d'effet de la deuxième interdiction suit immédiatement la date d'expiration de la première. – *[Décr. nº 92-456 du 22 mai 1992, art. 38].*

R. 131-40 La Banque de France communique à tout magistrat et à tout officier de police judiciaire agissant sur instructions du procureur de la République ou sur commission rogatoire le relevé des incidents de paiement enregistrés au nom d'un titulaire de compte. – *[Décr. nº 92-456 du 22 mai 1992, art. 26].*

R. 131-41 La demande présentée en application de l'article R. 131-40 doit préciser :

1° Lorsqu'elle concerne une personne physique, son nom patronymique, ses prénoms, date et lieu de naissance et, le cas échéant, le nom d'usage ;

2° Lorsqu'elle concerne une personne morale, sa dénomination ou raison sociale, son numéro national d'entreprise si elle en est pourvue, l'adresse de son siège et sa forme juridique.

Dans sa réponse, la Banque de France indique, s'il y a lieu, que les chèques impayés lui ont été signalés comme ayant été émis en infraction aux dispositions des articles L. 131-73 ou L. 163-6. Elle indique également, s'il y a lieu, que la personne qui fait l'objet de la demande est frappée d'une interdiction d'émettre des chèques en application de l'un de ces articles et précise les caractéristiques de cette interdiction. – *[Décr. nº 92-456 du 22 mai 1992, art. 27].*

§ 8 *Information des banquiers par la Banque de France*

R. 131-42 La Banque de France informe tout banquier intéressé des interdictions d'émettre des chèques résultant de l'application des articles L. 131-73 ou L. 163-6, au plus tard le deuxième jour ouvré suivant la réception de l'avis envoyé par l'administration des impôts en application de l'article L. 131-85.

Dans les mêmes délais, la Banque de France informe tout banquier intéressé des levées des interdictions résultant de l'application de l'article L. 131-73, des annulations et des nouvelles déclarations d'incidents effectuées en application des articles R. 131-27 et R. 131-28, et des annulations effectuées en application de l'article R. 131-27.

Les banquiers sont réputés avoir connaissance des informations mentionnées aux alinéas ci-dessus au plus tard le troisième jour suivant leur réception.

Préalablement à l'enregistrement des informations mentionnées aux deux premiers alinéas, le banquier s'assure de la concordance entre ces informations et les éléments d'identification dont il dispose, notamment le numéro du compte, le nom, les prénoms, les date et lieu de naissance pour les personnes physiques, la désignation, la forme juridique, le numéro national d'entreprise si elle en est pourvue et l'adresse pour les personnes morales. Le banquier avise la Banque de France de l'enregistrement ou du défaut de concordance dans un délai maximum de trois jours ouvrés à compter de l'expiration du délai prévu au troisième alinéa. – *[Décr. n° 92-456 du 22 mai 1992, art. 28].*

R. 131-43 La Banque de France communique aux banquiers, sur leur demande, les renseignements relatifs aux incidents de paiement de chèques enregistrés dans son fichier central au nom de toute personne désignée par le demandeur. – *[Décr. n° 92-456 du 22 mai 1992, art. 29].*

R. 131-44 Tout banquier doit interroger la Banque de France avant de procéder à la première délivrance de formules de chèques à un nouveau titulaire de compte.

Les réponses doivent être conservées pendant deux ans. – *[Décr. n° 92-456 du 22 mai 1992, art. 30].*

R. 131-45 La Banque de France diffuse à tous les banquiers, une fois par mois au moins, les renseignements sur les levées d'interdiction résultant de nouvelles décisions judiciaires.

Les destinataires sont réputés avoir connaissance des levées d'interdiction au plus tard le seizième jour suivant la diffusion par la Banque de France. – *[Décr. n° 92-456 du 22 mai 1992, art. 31].*

§ 9 *Dispositions diverses*

R. 131-46 Le tiré qui a refusé en tout ou en partie le paiement d'un chèque pour défaut de provision suffisante doit établir à l'intention du bénéficiaire une attestation de rejet de ce chèque.

Cette attestation indique que le tireur est privé de la faculté d'émettre des chèques et qu'il ne la recouvrera qu'à l'issue d'un délai de cinq ans si le montant du chèque n'est pas payé et, le cas échéant, la pénalité libératoire acquittée.

Elle précise que le tiré n'est pas tenu de payer le chèque en application des 1 et 2 du I de l'article L. 131-81 et de l'article L. 131-82. Si le chèque a été émis au mépris d'une injonction adressée en application de l'article L. 131-73 ou en violation d'une interdiction prononcée en application de l'article L. 163-6, le tiré indique qu'il est en mesure de fournir les justifications prévues par le 1 du I de l'article L. 131-81.

L'attestation indique enfin qu'à défaut de paiement ou de constitution de la provision à l'issue du délai de trente jours à compter de la première présentation un certificat de non-paiement pourra être, sur demande du bénéficiaire, délivré dans les conditions de l'article L. 131-73. L'attestation est annexée au chèque lors de sa restitution au présentateur.

Les documents remis au bénéficiaire comportent les renseignements énumérés à l'article R. 131-12. – *[Décr. n° 92-456 du 22 mai 1992, art. 34].*

Aucune disposition légale ou réglementaire ne s'oppose à ce que les griffes d'endos mais également les griffes de compensation soient apposées au verso du chèque. Cette pratique doit s'effectuer conformément aux recommandations de la profession bancaire en la matière et ne pas altérer la validité du chèque en tant qu'instrument de paiement (Rép. min. n° 11810 *JOAN Q, 8 août 1994, p. 4062*).

R. 131-47 **Lorsque le tiré a refusé le paiement d'un chèque pour un motif autre que l'absence ou l'insuffisance de la provision et que celle-ci est par ailleurs insuffisante pour en permettre le paiement, il doit établir à l'intention du bénéficiaire un avis indiquant le motif précis du rejet et mentionnant l'insuffisance de la provision.**

L'avis est annexé au chèque lors de la restitution de celui-ci au présentateur. – *[Décr. n° 92-456 du 22 mai 1992, art. 35].*

Sur l'absence de responsabilité du banquier tiré, à l'égard du bénéficiaire, qui avait indiqué comme motif du rejet la non-conformité de la signature du tireur, V. • Com. 27 févr. 1996 : *RTD com. 1996. 302, obs. Cabrillac*. ♦ Le tiré est tenu d'informer le bénéficiaire du chèque du motif précis du rejet mentionnant l'insuffisance de provision de façon à le mettre en mesure d'engager une action en mainlevée dont l'issue favorable permettrait à son tour au porteur du chèque de représenter celui-ci au paiement. • Com. 21 janv. 2004 : *RD banc. fin. 2004, n° 59, obs. Crédot et Gérard.* ♦ Faute d'être représenté, aucun lien de causalité ne peut être établi entre le préjudice du porteur et une quelconque faute du tiré. • Même arrêt. ♦ V. note ss. art. R. 131-46.

R. 131-48 **Le certificat de non-paiement prévu par l'article L. 131-73 doit être conforme à un modèle fixé par arrêté conjoint du garde des sceaux, ministre de la justice, et du ministre chargé de l'économie. Il doit comporter tous renseignements permettant d'identifier le tireur et le tiré, ainsi que les numéro et montant du chèque dont le paiement a été refusé. Ce certificat est délivré par le tiré au plus tard quinze jours après la demande du porteur.** – *V. Arr. 29 mai 1992 (D. et ALD 1992. 310), mod. par Arr. 12 août 1992 (JO 19 août ; Rect. JO 22 août), Arr. 3 sept. 2001 (JO 11 sept.).*

Dans le cas d'une nouvelle présentation infructueuse et passé le délai de trente jours prévu à l'article L. 131-73, le banquier tiré délivre d'office le certificat de non-paiement au porteur du chèque, le cas échéant par l'intermédiaire du banquier de celui-ci. Cette délivrance se fera sans frais pour le porteur. – *[Décr. n° 92-456 du 22 mai 1992, art. 36].*

Le certificat de non-paiement qui ne porterait pas la signature manuscrite du représentant de la banque ne serait pas établi conformément aux dispositions législatives et réglementaires qui lui sont applicables, et c'est alors aux tribunaux qu'il appartiendrait de tirer les conséquences de cette irrégularité (Rép. min. n° 6488 : *JOAN Q, 6 déc. 1993, p. 4832*). ♦ V., dans le même sens, pour d'autres défauts de conformité au modèle réglementaire (Rép. min. n° 12273 : *JOAN Q, 20 juin 1994, p. 3173*).

R. 131-49 **Lorsque le titulaire du compte est soumis à l'obligation d'immatriculation au registre du commerce et des sociétés ou au répertoire des métiers et que le montant du chèque impayé est supérieur à un montant déterminé par arrêté conjoint du garde des sceaux, ministre de la justice, et du ministre chargé de l'économie, le tiré dénonce au greffier du tribunal de commerce ou, le cas échéant, du tribunal de grande instance statuant en matière commerciale dans le ressort duquel se trouve le domicile du titulaire du compte, le certificat de non-paiement établi en application de l'article L. 131-73.**

Le certificat de non-paiement fait l'objet d'une publicité par le greffier dans les conditions fixées par les articles L. 511-56 à L. 511-60 du code de commerce et les dispositions réglementaires prises pour leur application et par le décret n° 50-737 du 24 juin 1950 pris pour l'application de la loi n° 49-1093 du 2 août 1949 relative à la publicité des protêts. – *[Décr. n° 92-456 du 22 mai 1992, art. 37]. – V. ces textes ss. art. L. 511-56 et L. 511-60 C. com., supra.*

R. 131-50 **Le tiré doit être en mesure de justifier, pendant deux ans, de la date à laquelle il a remis ou adressé les formules de chèque au titulaire du compte.** – *[Décr. n° 92-456 du 22 mai 1992, art. 39].*

R. 131-51 **Lorsque le tiré reçoit une opposition qui n'est pas fondée sur l'un des motifs prévus par le deuxième alinéa de l'article L. 131-35 ou la confirmation écrite d'une telle opposition, il adresse au titulaire du compte une lettre lui indiquant la raison pour laquelle cette opposition ne peut être admise.** – *[Décr. n° 92-456 du 22 mai 1992, art. 41].*

SECTION II *Le chèque postal*

R. 131-52 **La Banque de France et les autorités de contrôle propres à chaque catégorie d'établissements tirés veillent, conformément aux dispositions législatives en vigueur, au respect par les banquiers des dispositions de la section première du chapitre Ier du titre III du livre Ier du présent code.** – *[Décr. n° 92-456 du 22 mai 1992, art. 42].*

R. 131-53 **Les règles spécifiques au chèque postal sont fixées par les articles R. 52-10, R. 52-11 et D. 488 à D. 520** *[abrogés]* **du code des postes et des communications électroniques.**

Les art. R. 52-10, R. 52-11 et D. 488 à D. 520 CPCE ont été abrogés par le Décr. n° 2005-1068 du 30 août 2005 (art. 14) qui a abrogé le livre III de la partie réglementaire du code des postes et des communications électroniques à compter du 31 déc. 2005 (JO 31 août).

1. Art. D. 512 CPCE. Le tiré d'un chèque postal frappé d'opposition n'est tenu d'en immobiliser la provision que jusqu'à la décision judiciaire sur la validité de l'opposition, s'il a été mis en cause dans l'instance engagée à cette fin, ou pendant une année suivant l'émission du chèque, s'il s'agit d'un chèque postal, ou suivant l'expiration d'un délai de présentation s'il s'agit d'un chèque bancaire. • Com. 18 avr. 2000 : *Bull. civ. IV, n° 79 ; D. 2000. AJ. 245, obs. Daleau ; RTD com. 2000. 987, obs. Cabrillac ; RD banc. fin. 2000, n° 140, obs. Crédot et Gérard.*

2. Art. D. 513 CPCE. Sur l'obligation faite à La Poste d'adresser au titulaire d'un compte postal un relevé des diverses inscriptions effectuées à l'issue de chaque journée au cours de laquelle ces inscriptions ont été effectuées sur le compte et non un relevé faisant seulement apparaître le nouveau solde du compte, V. • Com. 18 déc. 2001 : *Contrats Conc. Consom. 2002, n° 101, obs. Raymond.*

CHAPITRE II *La carte de paiement*

R. 132-1 **La Banque de France et les autorités de contrôle propres à chaque catégorie d'établissements émetteurs de cartes de paiement veillent, conformément aux dispositions législatives en vigueur, au respect par les banquiers des dispositions de la section première du chapitre Ier du titre III du livre Ier du présent code.** – *[Décr. n° 92-456 du 22 mai 1992, art. 42].*

CHAPITRE III *Le virement au sein de l'Espace économique européen*

Le présent chapitre ne comprend pas de dispositions réglementaires.

CHAPITRE IV *La lettre de change et le billet à ordre*

Le présent chapitre ne comprend pas de dispositions réglementaires.

TITRE V Les relations financières avec l'étranger

BIBL. ▶ BOULANGER, *JCP E 2003, n° 17-18, p. 749.* – BUSSIÈRE, *Banque et Droit mai-juin 2003. 42.* – PORTIER, *RD banc. fin. 2003, n° 241.* – MONTFORT, *JCP E 2004, n° 8-9, p. 310.*

CHAPITRE PREMIER *Dispositions générales*

R. 151-1 **Pour l'application du présent titre :**

1° Le territoire dénommé « France » s'entend : de la France métropolitaine, de la Guadeloupe, de la Guyane, de la Martinique, de la Réunion, de Mayotte, de Saint-Pierre-et-Miquelon et des îles Wallis et Futuna ainsi que la Principauté de Monaco.

Toutefois, pour les besoins statistiques liés à l'établissement de la balance des paiements, les îles Wallis et Futuna sont considérées comme l'étranger ;

2° Sont considérés comme résidents : les personnes physiques ayant leur principal centre d'intérêt en France, les fonctionnaires et autres agents publics français en poste à l'étranger dès leur prise de fonctions, ainsi que les personnes morales françaises ou étrangères pour leurs établissements en France ;

3° Sont considérés comme non-résidents : les personnes physiques ayant leur principal centre d'intérêt à l'étranger, les fonctionnaires et autres agents publics étrangers en poste en France dès leur prise de fonctions, et les personnes morales françaises ou étrangères pour leurs établissements à l'étranger ;

4° Pour les besoins statistiques mentionnés aux articles R. 152-1, R. 152-2, R. 152-3 et R. 152-4, sont considérées comme des investissements directs étrangers en France ou français à l'étranger les opérations par lesquelles des non-résidents ou des résidents acquièrent au moins 10 % du capital ou des droits de vote, ou franchissent le seuil de 10 %, d'une entreprise résidente ou non résidente respectivement. Relèvent aussi de la définition statistique des investissements directs toutes les opérations entre entreprises apparentées, de quelque nature qu'elles soient, telles que prêts, emprunts ou dépôts, ainsi que les investissements immobiliers ;

5° Sont qualifiées d'investissements directs étrangers, pour l'application de l'article R. 152-5 :

a) La création d'une entreprise nouvelle par une entreprise de droit étranger ou une personne physique non résidente ;

b) L'acquisition de tout ou partie d'une branche d'activité d'une entreprise de droit français par une entreprise de droit étranger ou une personne physique non résidente ;

c) Toutes opérations effectuées dans le capital d'une entreprise de droit français par une entreprise de droit étranger ou une personne physique non résidente dès lors que, après l'opération, la somme cumulée du capital ou des droits de vote détenus par des entreprises étrangères ou des personnes physiques non résidentes excède 33,33 % du capital ou des droits de vote de l'entreprise française ;

d) Les mêmes opérations effectuées par une entreprise de droit français dont le capital ou les droits de vote sont détenus à plus de 33,33 % par une ou des entreprises de droit étranger ou une ou des personnes physiques non résidentes ;

6° Sont également qualifiées d'investissements étrangers, pour l'application de l'article R. 152-5, des opérations telles que l'octroi de prêts ou de garanties substantielles ou l'achat de brevets ou de licences, l'acquisition de contrats commerciaux ou l'apport d'assistance technique qui entraînent la prise de contrôle de fait d'une entreprise de droit français par une entreprise de droit étranger ou une personne physique non résidente ;

7° Sont qualifiées d'investissements indirects étrangers, pour l'application de l'article R. 152-5, les opérations effectuées à l'étranger ayant pour effet de modifier le contrôle d'une entreprise non résidente, elle-même détentrice d'une participation ou de droits de vote dans une entreprise de droit français dont le capital ou les droits de vote sont détenus à plus de 33,33 % par une ou des entreprises de droit étranger ou des personnes physiques non résidentes.– *[Décr. nº 2003-196 du 7 mars 2003, art. 1er].*

CHAPITRE II *Obligations de déclaration*

SECTION I *Déclarations statistiques en vue de l'établissement de la balance des paiements et de la position extérieure de la France*

R. 152-1 I. – Les établissements de crédit, les entreprises d'investissement, les organismes de placement collectif et les institutions et services mentionnés à l'article L. 518-1 sont tenus d'établir les déclarations statistiques mensuelles relatives aux règlements entre résidents et non-résidents, effectués en France et qui dépassent

12 500 euros, sur la base des éléments que leur communiquent les résidents auteurs ou bénéficiaires de ces règlements. — *Sur les sanctions pénales, V. art. R. 165-1, infra.*

II. — Les entreprises ou groupes d'entreprises dont le montant des opérations avec l'étranger, quelles que soient leur nature ou leurs modalités, excède au cours d'une année civile, pour au moins une rubrique de services ou de revenus de la balance des paiements, un montant fixé par arrêté du ministre chargé de l'économie doivent déclarer chaque mois directement à la Banque de France l'ensemble de leurs opérations réalisées avec l'étranger ou en France avec des non-résidents. La liste des rubriques de services et de revenus de la balance des paiements mentionnées ci-dessus est fixée par cet arrêté.

III. — Les résidents qui réalisent directement des opérations à l'étranger, notamment à partir de comptes ouverts à l'étranger, ou par compensation de créances et de dettes, doivent déclarer chaque mois directement à la Banque de France les opérations de cette nature lorsque leur montant total dépasse un seuil fixé par arrêté du ministre chargé de l'économie. — *[Décr. n° 2003-196 du 7 mars 2003, art. 2].*

R. 152-2 Les résidents déclarent à la Banque de France les éléments statistiques nécessaires à la connaissance de la position extérieure de la France, lorsque l'encours de leurs biens et créances à l'étranger ou de leurs dettes envers l'étranger excède un montant fixé par arrêté du ministre chargé de l'économie. — *[Décr. n° 2003-196 du 7 mars 2003, art. 3]. — Sur les sanctions pénales, V. art. R. 165-1, infra.*

R. 152-3 Doivent faire l'objet auprès de la Banque de France d'informations complémentaires à des fins statistiques, dans des conditions et délais fixés par arrêté du ministre chargé de l'économie, lorsque leur montant dépasse 15 millions d'euros :

1° Les investissements directs étrangers en France et leur liquidation tels que définis au 4° de l'article R. 151-1 et leur liquidation ;

2° L'acquisition ou la cession d'entreprises non résidentes par des résidents ;

3° L'acquisition ou la cession de biens immobiliers à l'étranger par des résidents et en France par des non-résidents. — *[Décr. n° 2003-196 du 7 mars 2003, art. 4]. — Sur les sanctions pénales, V. art. R. 165-1, infra.*

R. 152-4 Les créations d'entreprises et les achats de biens immobiliers par des investisseurs étrangers en France et la liquidation d'investissements étrangers en France donnent lieu à déclaration dans des conditions fixées par arrêté du ministre chargé de l'économie. — *[Décr. n° 2003-196 du 7 mars 2003, art. 5]. — Sur les sanctions pénales, V. art. R. 165-1, infra.*

SECTION II *Investissements étrangers*

R. 152-5 Les investissements étrangers réalisés en France mentionnés aux 5°, 6° et 7° de l'article R. 151-1 font l'objet, lors de leur réalisation, d'une déclaration administrative. — *Sur les sanctions pénales, V. art. R. 165-2, infra.*

Sont toutefois dispensées de ces formalités les opérations ci-après :

1° La création ou l'extension d'activité d'une entreprise de droit français existante détenue directement ou indirectement par des entreprises de droit étranger ou des personnes physiques non résidentes ;

2° Les accroissements de participation dans une entreprise de droit français détenue directement ou indirectement par des entreprises de droit étranger ou des personnes physiques non résidentes lorsqu'ils sont effectués par un investisseur détenant déjà plus de 50 % du capital ou des droits de vote de la société ;

3° La souscription à une augmentation de capital d'une entreprise de droit français détenue directement ou indirectement par des entreprises de droit étranger ou des personnes physiques non résidentes, sous réserve qu'elles n'accroissent pas à cette occasion leur participation ;

4° Les opérations d'investissements directs réalisés entre des sociétés appartenant toutes au même groupe, c'est-à-dire étant détenues à plus de 50 % directement ou indirectement, par les mêmes actionnaires ;

5° Les opérations relatives à des prêts, avances, garanties, consolidations ou abandons de créances, subventions ou dotations de succursales, accordés à une entreprise de droit français détenue directement ou indirectement par des entreprises de droit étranger ou des personnes physiques non résidentes qui la détiennent ;

6° Les opérations d'investissements directs réalisés dans des entreprises de droit français exerçant une activité immobilière autre que la construction d'immeubles destinés à la vente ou à la location ;

7° Les opérations d'investissements directs réalisés, dans la limite de 1,5 million d'euros, dans des entreprises de droit français artisanales, de commerce de détail, d'hôtellerie, de restauration, de services de proximité ou ayant pour objet exclusif l'exploitation de carrières ou gravières ;

8° Les acquisitions de terres agricoles. – *[Décr. n° 2003-196 du 7 mars 2003, art. 6]. – V. Arr. 7 mars 2003 (JO 9 mars).*

SECTION III *Transferts de sommes, titres ou valeurs*

R. 152-6 La déclaration des sommes, titres ou valeurs prévue à l'article L. 152-1 est déposée par les personnes physiques, pour leur compte ou pour celui d'autrui, auprès de l'administration des douanes.

Par dérogation aux dispositions du 1° de l'article R. 151-1, font également l'objet de cette déclaration les transferts de sommes, titres ou valeurs en provenance ou à destination de la Principauté de Monaco. – *[Décr. n° 90-1119 du 18 déc. 1990, art. 1er].*

R. 152-7 Les dispositions de l'article R. 152-6 sont applicables aux envois postaux. – *[Décr. n° 90-1119 du 18 déc. 1990, art. 3].*

R. 152-8 Les sommes, titres ou valeurs mentionnés à l'article R. 152-6 sont définis par arrêté pris par le ministre chargé du budget. – *[Décr. n° 90-1119 du 18 déc. 1990, art. 4].*

CHAPITRE III *Investissements étrangers soumis à autorisation préalable*

(Décr. n° 2005-1739 du 30 déc. 2005)

SECTION I *Dispositions relatives aux investissements étrangers en provenance de pays tiers*

BIBL. ▶ Chvika, *D. 2006. 218* (aménagement du contrôle des investissements étrangers dans les secteurs stratégiques en France). – Note de la rédaction, *BRDA 2006, n° 1, p. 21* (investissements étrangers soumis à autorisation administrative). – Caprioli, *Comm. com. élec. 2006, n° 55* (de l'intelligence ou patriotisme économique) ; *RD banc. fin. mars-avr. 2006. 38* (vers l'émergence de l'intelligence juridique).

R. 153-1 *(Décr. n° 2005-1739 du 30 déc. 2005, art. 2)* Constitue un investissement au sens de la présente section le fait pour un investisseur :

1° Soit d'acquérir le contrôle, au sens de l'article L. 233-3 du code de commerce, d'une entreprise dont le siège social est établi en France ; – *V. ce texte, supra.*

2° Soit d'acquérir directement ou indirectement tout ou partie d'une branche d'activité d'une entreprise dont le siège social est établi en France ;

3° Soit de franchir le seuil de 33,33 % de détention directe ou indirecte du capital ou des droits de vote d'une entreprise dont le siège social est établi en France.

R. 153-2 *(Décr. n° 2005-1739 du 30 déc. 2005, art. 2 ; rect. JO 4 janv.)* Relèvent d'une procédure d'autorisation au sens du I de l'article L. 151-3 les investissements étrangers mentionnés à l'article R. 153-1 réalisés par une personne physique qui n'est pas ressortissante d'un État membre de la Communauté européenne ou d'un État partie à l'accord sur l'Espace économique européen ayant conclu une convention d'assistance administrative avec la France, par une entreprise dont le siège social ne se situe pas dans l'un de ces mêmes États ou par une personne physique de nationalité française qui n'y est pas résidente, dans les activités suivantes :

1° Activités dans les secteurs des jeux d'argent ;

2° Activités réglementées de sécurité privée ;

3° Activités de recherche, de développement ou de production relatives aux moyens destinés à faire face à l'utilisation illicite, dans le cadre d'activités terroristes, d'agents pathogènes ou toxiques et à prévenir les conséquences sanitaires d'une telle utilisation ;

4° Activités portant sur les matériels conçus pour l'interception des correspondances et la détection à distance des conversations, autorisés au titre de l'article 226-3 du code pénal ;

5° Activités de services dans le cadre de centres d'évaluation agréés dans les conditions prévues au décret n° 2002-535 du 18 avril 2002 relatif à l'évaluation et à la certification de la sécurité offerte par les produits et les systèmes des technologies de l'information ;

6° Activités de production de biens ou de prestation de services de sécurité dans le secteur de la sécurité des systèmes d'information d'une entreprise liée par contrat passé avec un opérateur public ou privé gérant des installations au sens des articles L. 1332-1 à L. 1332-7 du code de la défense ;

7° Activités relatives aux biens et technologies à double usage énumérés à l'annexe IV du règlement (CE) n° 1334/2000 du Conseil du 22 juin 2000 modifié instituant un régime communautaire de contrôle des exportations de biens et technologies à double usage ;

8° Activités relatives aux moyens de cryptologie et les prestations de cryptologie mentionnés aux paragraphes III, IV de l'article 30 et I de l'article 31 de la loi n° 2004-575 du 21 juin 2004 pour la confiance dans l'économie numérique ;

9° Activités exercées par les entreprises dépositaires de secrets de la défense nationale notamment au titre des marchés classés de défense nationale ou à clauses de sécurité conformément au décret n° 98-608 du 17 juillet 1998 relatif à la protection des secrets de la défense nationale ;

10° Activités de recherche, de production ou de commerce d'armes, de munitions, de poudres et substances explosives destinées à des fins militaires ou de matériels de guerre et assimilés réglementés par le titre III ou le titre V du livre III de la deuxième partie du code de la défense ;

11° Activités exercées par les entreprises ayant conclu un contrat d'étude ou de fourniture d'équipements au profit du ministère de la défense, soit directement, soit par sous-traitance, pour la réalisation d'un bien ou d'un service relevant d'un secteur mentionné aux points 7° à 10° ci-dessus

SECTION II *Dispositions relatives aux investissements en provenance des États membres de la Communauté européenne*

R. 153-3 *(Décr. n° 2005-1739 du 30 déc. 2005, art. 3)* Constitue un investissement au sens de la présente section le fait pour un investisseur :

1° Soit d'acquérir le contrôle, au sens de l'article L. 233-3 du code de commerce, d'une entreprise dont le siège social est établi en France. — *V. ce texte, supra.*

2° Soit d'acquérir directement ou indirectement tout ou partie d'une branche d'activité d'une entreprise dont le siège social est établi en France.

R. 153-4 *(Décr. n° 2005-1739 du 30 déc. 2005, art. 3 ; rect. JO 4 janv.)* Sont soumis à une procédure d'autorisation au sens de l'article L. 151-3, s'ils relèvent de l'article R. 153-3, les investissements réalisés dans les activités énumérées du 8° au 11° de l'article R. 153-2 par une personne physique ressortissante d'un État membre de la Communauté européenne ou d'un autre État partie à l'accord sur l'Espace économique européen ayant conclu une convention d'assistance administrative avec la France, par une entreprise dont le siège social se situe dans l'un de ces mêmes États ou par une personne physique de nationalité française qui y est résidente.

R. 153-5 *(Décr. nº 2005-1739 du 30 déc. 2005, art. 3 ; rect. JO 4 janv.)* Sont soumis à une procédure d'autorisation au sens de l'article L. 151-3, s'ils relèvent du 2° de l'article R. 153-3, les investissements réalisés par une personne physique ressortissante d'un État membre de la Communauté européenne ou d'un autre État partie à l'accord sur l'Espace économique européen ayant conclu une convention d'assistance administrative avec la France, par une entreprise dont le siège social se situe dans l'un de ces mêmes États ou par une personne physique de nationalité française qui y est résidente, dans les activités suivantes :

1° Activités de casinos, au sens de la loi du 15 juin 1907 modifiée réglementant les jeux dans les casinos des stations balnéaires, thermales et climatiques, dans la mesure où le contrôle de l'investissement est exigé par les nécessités de la lutte contre le blanchiment de capitaux ;

2° Activités de sécurité privée, au sens de la loi nº 83-629 du 12 juillet 1983 modifiée réglementant les activités privées de sécurité, lorsque les entreprises qui les exercent :

a) Fournissent une prestation à un opérateur public ou privé d'importance vitale, au sens de l'article L. 1332-1 du code de la défense ;

b) Ou participent directement et spécifiquement à des missions de sécurité définies aux articles L. 282-8 du code de l'aviation civile et L. 324-5 du code des ports maritimes ;

c) Ou interviennent dans les zones protégées ou réservées, au sens de l'article 413-7 du code pénal et des textes pris en application du décret nº 98-608 du 17 juillet 1998 relatif à la protection des secrets de la défense nationale ;

3° Activités de recherche, de développement ou de production, lorsqu'elles intéressent exclusivement :

a) Les agents pathogènes, les zoonoses, les toxines et leurs éléments génétiques ainsi que leurs produits de traduction mentionnés aux alinéas 1C351 et 1C352a.2 de l'annexe I du règlement (CE) nº 1334/2000 du Conseil du 22 juin 2000 modifié instituant un régime communautaire de contrôle des exportations de biens et technologies à double usage ;

b) Les moyens de lutte contre les agents prohibés au titre de la convention sur l'interdiction de la mise au point, de la fabrication, du stockage et de l'emploi des armes chimiques et de leur destruction, faite à Paris le 13 janvier 1993,

et que le contrôle de l'investissement est exigé par les nécessités de la lutte contre le terrorisme et de la prévention des conséquences sanitaires de celui-ci ;

4° Activités de recherche, développement, production ou commercialisation portant sur les matériels conçus pour l'interception des correspondances et la détection à distance des conversations définis à l'article 226-3 du code pénal, dans la mesure où le contrôle de l'investissement est exigé par les nécessités de la lutte contre le terrorisme et la criminalité ;

5° Activités de services dans le cadre de centres d'évaluation agréés dans les conditions prévues au décret nº 2002-535 du 18 avril 2002 relatif à l'évaluation et à la certification de la sécurité offerte par les produits et les systèmes des technologies de l'information, lorsque les entreprises qui les exercent fournissent ces prestations au profit de services de l'État, dans la mesure où le contrôle de l'investissement est exigé par les nécessités de la lutte contre le terrorisme et la criminalité ;

6° Activités de production de biens ou de prestations de services dans le secteur de la sécurité des systèmes d'information exercées par une entreprise liée par un contrat passé avec un opérateur public ou privé d'installation d'importance vitale au sens des articles L. 1332-1 à L. 1332-7 du code de la défense pour protéger cette installation ;

7° Activités relatives aux biens et technologies à double usage énumérés à l'annexe IV du règlement du 22 juin 2000 précité exercées au profit d'entreprises intéressant la défense nationale.

SECTION III *Dispositions communes*

R. 153-6 *(Décr. n° 2005-1739 du 30 déc. 2005, art. 4)* I. — L'autorisation prévue au présent chapitre est réputée acquise lorsque l'investissement est réalisé entre des entreprises appartenant toutes au même groupe, c'est-à-dire étant détenues à plus de 50 % du capital ou des droits de vote, directement ou indirectement par le même actionnaire.

L'autorisation n'est toutefois pas réputée acquise lorsque l'investissement a pour objet de transférer à l'étranger tout ou partie d'une branche d'une des activités énumérées respectivement aux articles R. 153-2 et R. 153-4.

II. — Dans le cas des investissements mentionnés au 3° de l'article R. 153-1 et énumérés à l'article R. 153-2, l'autorisation est également acquise avec dispense de demande préalable lorsque l'investisseur qui franchit le seuil de 33,33 % de détention directe ou indirecte du capital ou des droits de vote d'une entreprise ayant son siège social en France a déjà été autorisé au titre du présent chapitre à acquérir le contrôle de celle-ci au sens de l'article L. 233-3 du code de commerce. — *V. ce texte, supra.*

III. — Si une demande préalable d'autorisation a néanmoins été présentée dans les hypothèses prévues au présent article, l'accusé de réception qui en est délivré mentionne que la demande est sans objet.

R. 153-7 *(Décr. n° 2005-1739 du 30 déc. 2005, art. 4)* Avant la réalisation d'un investissement, l'investisseur peut saisir le ministre chargé de l'économie d'une demande écrite aux fins de savoir si cet investissement est soumis à une procédure d'autorisation. Le ministre répond dans un délai de deux mois. L'absence de réponse ne vaut pas dispense de demande d'autorisation.

R. 153-8 *(Décr. n° 2005-1739 du 30 déc. 2005, art. 4)* Le ministre chargé de l'économie se prononce dans un délai de deux mois à compter de la date de réception de la demande d'autorisation. A défaut, l'autorisation est réputée acquise.

Un arrêté du ministre chargé de l'économie fixe la composition du dossier de demande d'autorisation.

R. 153-9 *(Décr. n° 2005-1739 du 30 déc. 2005, art. 4)* Le ministre chargé de l'économie examine si la préservation des intérêts nationaux tels que définis par l'article L. 151-3 peut être obtenue en assortissant l'autorisation d'une ou plusieurs conditions.

Ces conditions portent principalement sur la préservation par l'investisseur de la pérennité des activités, des capacités industrielles, des capacités de recherche et de développement ou des savoir-faire associés, la sécurité d'approvisionnement ou l'exécution des obligations contractuelles de l'entreprise dont le siège social est établi en France, comme titulaire ou sous-traitant dans le cadre de marchés publics ou de contrats intéressant la sécurité publique, les intérêts de la défense nationale ou la recherche, la production ou le commerce en matière d'armes, de munitions, de poudres ou de substances explosives.

Dans le cas où l'activité au titre de laquelle l'autorisation est requise n'est exercée qu'à titre accessoire, le ministre chargé de l'économie peut subordonner l'octroi de l'autorisation à la cession de cette activité à une entreprise indépendante de l'investisseur étranger.

Les conditions prévues au présent article sont fixées dans le respect du principe de proportionnalité.

R. 153-10 *(Décr. n° 2005-1739 du 30 déc. 2005, art. 4 ; rect. JO 4 janv.)* Le ministre chargé de l'économie refuse par décision motivée l'autorisation de l'investissement projeté, s'il estime, après examen de la demande :

1° Qu'il existe une présomption sérieuse que l'investisseur est susceptible de commettre l'une des infractions visées par les articles 222-34 à 222-39, 223-15-2, 225-5, 225-6, 225-10, 324-1, 421-1 à 421-2-2, 433-1, 450-1 et 450-2-1 du code pénal ;

2° Ou que la mise en œuvre des conditions mentionnées à l'article R. 153-9 ne suffit pas à elle seule à assurer la préservation des intérêts nationaux définis par l'article L. 151-3 dès lors que :

a) La pérennité des activités, des capacités industrielles, des capacités de recherche et développement et des savoir-faire associés ne serait pas préservée ;

b) Ou la sécurité d'approvisionnement ne serait pas garantie ;

c) Ou serait compromise l'exécution des obligations contractuelles de l'entreprise dont le siège social est établi en France comme titulaire ou sous-traitant dans le cadre de marchés publics ou de contrats intéressant la sécurité publique, les intérêts de la défense nationale ou la recherche, la production ou le commerce en matière d'armes, de munitions, de poudres et substances explosives.

R. 153-11 *(Décr. n° 2005-1739 du 30 déc. 2005, art. 4)* Le délai imparti à l'investisseur pour rétablir la situation antérieure en application du III de l'article L. 151-3 est notifié par le ministre chargé de l'économie. Il ne peut excéder douze mois.

R. 153-12 *(Décr. n° 2005-1739 du 30 déc. 2005, art. 4)* Les autorités administratives compétentes pour instruire l'autorisation prévue au présent chapitre peuvent recourir à la coopération internationale pour vérifier l'exactitude des informations qui leur sont fournies par les investisseurs étrangers, notamment celles relatives à l'origine des fonds.

TITRE VI Dispositions pénales

CHAPITRE PREMIER *Infractions relatives à la prohibition du paiement en espèces de certaines créances*

Le présent chapitre ne comprend pas de dispositions réglementaires.

CHAPITRE II *Infractions relatives à la monnaie*

R. 162-1 Le fait d'accepter, de détenir ou d'utiliser tout signe monétaire non autorisé ayant pour objet de remplacer les pièces de monnaie ou les billets de banque ayant cours légal en France est réprimé conformément à l'article R. 642-2 du code pénal.

R. 162-2 Le fait de refuser de recevoir des pièces de monnaie ou des billets de banque ayant cours légal en France selon la valeur pour laquelle ils ont cours est réprimé conformément à l'article R. 642-3 du code pénal.

R. 162-3 Le fait d'utiliser comme support d'une publicité quelconque des pièces de monnaie ou des billets de banque ayant cours légal en France ou émis par les institutions étrangères ou internationales habilitées à cette fin est réprimé conformément à l'article R. 642-4 du code pénal.

R. 162-4 Le fait, pour une personne ayant reçu des pièces de monnaie ou billets de banque ayant cours légal en France contrefaits ou falsifiés, de refuser de les remettre ou de les faire remettre à la Banque de France ou à l'administration des monnaies et médailles est réprimé conformément à l'article R. 645-9 du code pénal.

R. 162-5 I. — Est puni de l'amende prévue pour les contraventions de la 5e classe le fait, pour tout employé :

1° D'un établissement de crédit, de La Poste ou d'un changeur manuel, de ne pas retirer de la circulation, préalablement à toute délivrance au guichet des billets en euros reçus du public, les billets dont il a des raisons suffisantes de penser qu'ils sont faux ;

N'est pas pénalement responsable de l'infraction définie au 1° l'employé qui justifie avoir effectué les contrôles et respecté les procédures de retrait de la circulation prévus à l'article R. 122-5, de façon conforme aux règles écrites internes adoptées par l'établissement dont il relève, ou celui dont l'établissement n'a pas établi de telles règles ;

2° D'un établissement de crédit ou de La Poste, sachant que son employeur n'a pas signé de convention avec la Banque de France, d'utiliser, pour l'alimentation d'un automate en libre-service, des billets en euros qui n'ont pas été prélevés directement auprès d'une banque centrale de l'Eurosystème ;

3° D'un établissement de crédit ou de La Poste, sachant que son employeur n'a pas signé de convention avec la Banque de France, d'utiliser un automate recyclant en libre service remplissant les fonctions mentionnées à l'article R. 122-7 ;

4° D'un changeur manuel, d'alimenter un automate de change en libre service avec des billets en euros qui n'ont pas été prélevés auprès d'un établissement de crédit ou de La Poste ;

5° D'un établissement de crédit, de La Poste ou d'un prestataire effectuant au nom et pour le compte de ceux-ci des opérations de traitement des pièces en euros à titre professionnel, de livrer à l'une des personnes précitées des pièces en euros en sachant qu'elles n'ont pas été préalablement triées et contrôlées au moyen d'un équipement mentionné à l'article R. 121-3 ;

6° D'un établissement de crédit, de La Poste, d'un prestataire effectuant au nom et pour le compte de ceux-ci des opérations de traitement des billets ou de pièces en euros à titre professionnel ou d'un changeur manuel, de ne pas remettre sans délai à la Banque de France ou à l'administration des Monnaies et médailles les pièces de monnaie ou les billets en euros dont il a des raisons suffisantes de penser qu'ils sont faux ;

N'est pas pénalement responsable de l'infraction définie au 6° l'employé qui justifie avoir effectué les contrôles et respecté les procédures de remise sans délai prévues à l'article R. 123-1, de façon conforme aux règles écrites internes adoptées par l'établissement dont il relève, ou celui dont l'établissement n'a pas établi de telles règles.

II. — Les dispositions du 1°, du 4° et du 6° du I sont applicables à toute personne, chargée à un titre quelconque de la direction ou de l'administration d'une entreprise de change manuel, qui commet, par un acte personnel, l'une des infractions prévues à ces articles.

III. — Est puni des mêmes peines le fait, pour toute personne chargée à un titre quelconque de la direction ou de l'administration :

1° D'un établissement de crédit, de La Poste ou d'une entreprise de change manuel, de ne pas établir les règles écrites internes et les procédures prévues à l'article R. 122-5 ;

2° D'un établissement de crédit, de La Poste, d'un prestataire effectuant au nom et pour le compte de ceux-ci des opérations de traitement des billets et des pièces en euros ou d'une entreprise de change manuel, de ne pas établir les règles écrites internes et les procédures prévues à l'article R. 123-1 ;

3° D'un établissement de crédit ou de La Poste, de ne pas avoir informé ses employés de l'absence de convention conclue avec la Banque de France conformément au I de l'article R. 122-10 ;

4° D'une entreprise de change manuel, de laisser alimenter des automates de change en libre service avec des billets en euros qui n'ont pas été prélevés auprès d'un établissement de crédit ou de La Poste ;

5° D'un établissement de crédit, de La Poste ou d'un prestataire mentionné à l'article R. 121-3, de ne pas avoir informé ses employés de l'absence d'équipement mentionné à l'article R. 121-3, au sein de l'entité où ils exercent leurs fonctions lorsque celle-ci livre à d'autres établissements des pièces en euros en vue de leur délivrance au public ;

IV. — Les personnes morales peuvent être déclarées responsables pénalement dans les conditions prévues à l'article 121-2 du code pénal des infractions définies aux I, II et III du présent article. Elles encourent alors les peines suivantes :

1° L'amende, suivant les modalités prévues par l'article 131-41 du code pénal ;

2° La confiscation de la chose qui a servi à commettre l'infraction ou de la chose qui en est le produit.

V. — La récidive des contraventions prévues au présent article est réprimée conformément aux articles 132-11 et 132-15 du code pénal.

VI.— Les dispositions du troisième alinéa de l'article 442-13 du code pénal sont applicables. — *[Décr. nº 2005-487 du 18 mai 2005, art. 13].*

L'art. R. 162-5 est entré en vigueur le 1er déc. 2005 (Décr. nº 2005-1007 du 2 août 2005, art. 6).

CHAPITRE III ***Infractions relatives aux chèques, aux cartes de paiement et aux virements*** *(Décr. nº 2005-1738 du 30 déc. 2005, art. 1er-I).*

R. 163-1 Le fait d'exiger ou de provoquer, par quelque moyen que ce soit, directement ou indirectement, pour le paiement d'une somme supérieure à 15 euros, la remise d'un ou plusieurs chèques d'un montant inférieur ou égal à 15 euros est puni de l'amende prévue pour les contraventions de la 5e classe. La récidive de la contravention prévue au présent article est réprimée conformément à l'article 132-11 du code pénal. — *[Décr. nº 92-456 du 22 mai 1992, art. 40].*

R. 163-2 Le fait, pour toute personne, d'interroger la Banque de France sur la régularité d'un chèque en méconnaissance des conditions fixées par le premier alinéa de l'article R. 131-5 est puni de l'amende prévue par les contraventions de la 5e classe. La récidive de la contravention prévue au présent article est réprimée conformément à l'article 132-11 du code pénal.

La même peine est applicable au mandataire qui ne se conforme pas aux dispositions du premier alinéa de l'article R. 131-8. — *[Décr. nº 92-467 du 26 mai 1992, art. 6].*

R. 163-3 *(Décr. nº 2005-1738 du 30 déc. 2005, art. 1er-II)* Le fait, pour toute personne chargée à un titre quelconque de la direction ou de l'administration d'un des établissements ou services mentionnés à l'article L. 518-1 du code monétaire et financier, à l'exception du Trésor public, de facturer à un client pour ses opérations de paiement électronique en euros ou ses virements en euros d'un montant maximum de 50 000 euros opérés entre deux États membres des frais différents de ceux que l'établissement ou le service en cause lui facture pour des opérations nationales en euros à l'intérieur du territoire de l'État membre, de même nature et de même montant, pour lesquelles il dispose des mêmes renseignements, est puni de l'amende prévue pour les contraventions de 1re classe.

Le Décr. nº 2005-1738 est entré en vigueur le 1er janv. 2006.

CHAPITRE IV ***Infractions concernant la Banque de France***

Le présent chapitre ne comprend pas de dispositions réglementaires.

CHAPITRE V ***Infractions à la législation sur les relations financières avec l'étranger***

R. 165-1 *(Décr. nº 2005-1739 du 30 déc. 2005, art. 5)* Toute infraction aux obligations de déclaration statistique mentionnées aux articles R. 152-1 à R. 152-4 est sanctionnée conformément à l'article L. 165-1.

R. 165-2 *(Décr. nº 2005-1739 du 30 déc. 2005, art. 5)* Quiconque aura contrevenu à l'obligation de déclaration administrative prévue au premier alinéa de l'article R. 152-5 est passible d'une amende égale au montant maximum applicable aux contraventions de 4ᵉ classe.

LIVRE II Les produits

TITRE PREMIER Les instruments financiers

CHAPITRE PREMIER *Définition et règles générales*

SECTION I *Définitions*

La présente section ne comprend pas de dispositions réglementaires.

SECTION II *Règles générales applicables aux valeurs mobilières*

SOUS-SECTION 1 *Conditions d'émission*

La présente sous-section ne comprend pas de dispositions réglementaires.

SOUS-SECTION 2 *Inscription en compte*

R. 211-1 Les titres constituant des valeurs mobilières ne sont matérialisés que par une inscription au compte de leur propriétaire.

Le compte est tenu par l'émetteur si les titres sont demandés sous la forme nominative, par un intermédiaire financier habilité mentionné à l'article L. 562-1 s'ils sont demandés sous la forme au porteur. – *[Décr. nº 83-359 du 2 mai 1983, art. 1ᵉʳ].*

R. 211-2 Les titres inscrits en compte se transmettent par virement de compte à compte. – *[Décr. nº 83-359 du 2 mai 1983, art. 2].*

R. 211-3 Lorsque les émetteurs désignent un mandataire pour la tenue des comptes qui leur incombe, ils sont tenus de publier au *Bulletin des annonces légales obligatoires* la dénomination et l'adresse de leur mandataire. – *[Décr. nº 83-359 du 2 mai 1983, art. 3].*

R. 211-4 Un propriétaire de titres nominatifs peut charger un intermédiaire habilité de gérer son compte ouvert chez un émetteur. En ce cas, les inscriptions figurant sur ce compte figurent également dans un compte d'administration tenu par un intermédiaire habilité et le titulaire du compte s'oblige à ne plus donner d'ordre qu'à ce dernier. – *[Décr. nº 83-359 du 2 mai 1983, art. 4].*

R. 211-5 Les valeurs mobilières à forme obligatoirement nominatives ne peuvent être négociées en bourse qu'après avoir été placées en compte d'administration.

Les valeurs mobilières qui ne revêtent pas la forme obligatoirement nominative ne peuvent être négociées en bourse que sous la forme au porteur. – *[Décr. nº 83-359 du 2 mai 1983, art. 5].*

R. 211-6 Un dépositaire central ouvre des comptes courants aux émetteurs de valeurs admises à ses opérations et aux intermédiaires habilités à exercer l'activité de tenue de compte qui acquièrent de ce fait la qualité d'adhérent.

Il assure, pour les valeurs admises à ses opérations, la livraison par débit et crédit des comptes ouverts à ses adhérents. – *[Décr. nº 83-359 du 2 mai 1983, art. 6].*

R. 211-7 Un dépositaire central peut créer des certificats représentatifs de valeurs françaises ne pouvant circuler qu'à l'étranger.

Il peut déléguer ce droit à un adhérent pour une émission déterminée. – *[Décr. n° 83-359 du 2 mai 1983, art. 7].*

R. 211-8 Lorsqu'un dépositaire central s'est affilié à un organisme étranger de même nature, il a la faculté, d'une part, de prévoir que les inscriptions nominatives de valeurs mobilières étrangères se font sous le nom de son homologue étranger, d'autre part, de laisser les titres au porteur ou assimilés en dépôt auprès de celui-ci. – *[Décr. n° 83-359 du 2 mai 1983, art. 8].*

SOUS-SECTION 3 *Identification des détenteurs*

R. 211-9 Les règles relatives à l'identification des détenteurs de titres sont définies par les articles 151-3 et 151-4 du décret n° 67-236 du 23 mars 1967 sur les sociétés commerciales. – *V. ces art., infra, v° Sociétés commerciales.*

CHAPITRE II *Titres de capital et titres donnant accès au capital*

SECTION I *Les titres de capital*

SOUS-SECTION 1 *Actions de numéraire et d'apport*

La présente sous-section ne comprend pas de dispositions réglementaires.

SOUS-SECTION 2 *Actions à forme nominative obligatoire*

La présente sous-section ne comprend pas de dispositions réglementaires.

SOUS-SECTION 3 *Actions de préférence*

R. 212-1 Les règles relatives aux actions de préférence sont définies par les articles 206 à 206-7 du décret n° 67-236 du 23 mars 1967 sur les sociétés commerciales. – *V. ces art., infra, v° Sociétés commerciales.*

SOUS-SECTION 4 *Dispositions applicables aux catégories de titres en voie d'extinction*

R. 212-2 Les règles relatives aux actions à dividende prioritaire sans droit de vote sont définies par les articles 153-4 à 153-11 du décret n° 67-236 du 23 mars 1967 sur les sociétés commerciales. – *V. ces art., infra, v° Sociétés commerciales.*

R. 212-3 Les règles relatives aux certificats d'investissements sont définies par les articles 169-2 à 169-8 du décret n° 67-236 du 23 mars 1967 sur les sociétés commerciales. – *V. ces art., infra, v° Sociétés commerciales.*

SECTION II *Les titres donnant accès au capital*

R. 212-4 Les règles relatives aux titres donnant accès au capital sont définies par les articles 242-8 à 242-16 du décret n° 67-236 du 23 mars 1967 sur les sociétés commerciales. – *V. ces art., infra, v° Sociétés commerciales.*

....

CHAPITRE III *Titres de créance*

SECTION I *Les titres de créance négociables*

BIBL. ▸ LEPLAT, *Petites affiches 7 févr. 2005, p. 10* (Décr. n° 2004-865 du 24 août 2004, ayant modifié le Décr. n° 92-137 du 13 févr. 1992).

SOUS-SECTION I *Conditions d'émission des titres de créance négociables*

D. 213-1 I. – Les titres de créance négociables définis à l'article L. 213-1 comprennent :

1° Les certificats de dépôt, d'une durée initiale inférieure ou égale à un an, émis par les établissements de crédit ainsi que par la Caisse des dépôts et consignations ;

2° Les billets de trésorerie, d'une durée initiale inférieure ou égale à un an, émis par des entreprises d'investissement et par les émetteurs mentionnés aux 2, 3, 4, 5, 6, 7, 8 et 9 de l'article L. 213-3 ;

3° Les bons à moyen terme négociables, d'une durée initiale supérieure à un an, émis par l'ensemble des émetteurs mentionnés à l'article L. 213-3.

II. - La rémunération des titres de créance négociables est libre. Lorsque la rémunération varie en application d'une clause d'indexation qui ne porte pas sur un taux usuel du marché interbancaire, du marché monétaire ou du marché obligataire, cette clause doit être au préalable portée à la connaissance de la Banque de France.

Les émetteurs doivent faire connaître, le cas échéant, lors de l'émission, le taux de rendement actuariel annuel. – *[Décr. n° 92-137 du 13 févr. 1992, art. 1er, I et II].*

Il apparaît, sous réserve de l'appréciation souveraine des tribunaux, que les dispositions législatives et réglementaires applicables à l'ensemble des valeurs mobilières ne sont pas transposables aux billets de trésorerie (Rép. min. *JOAN Q, 27 oct. 1986, p. 3942*).

D. 213-2 La Banque de France veille au respect par les émetteurs de titres de créance négociables des conditions d'émission prévues par les articles L. 213-1 à L. 213-4, par la présente sous-section et par les arrêtés mentionnés *(Décr. n° 2006-817 du 7 juill. 2006, art. 1er)* « à l'article D. 213-7 ».

Pour l'exercice de cette mission, elle est informée de l'entrée de nouveaux émetteurs sur ce marché dans les conditions prévues *(Décr. n° 2006-817 du 7 juill. 2006, art. 1er)* « à l'article D. 213-3 » et elle reçoit communication immédiate par les émetteurs des documents établis en application de leurs obligations d'information conformément à l'article L. 213-4 et prévus par les *(Décr. n° 2006-817 du 7 juill. 2006, art. 1er)* « articles D. 213-9 à D. 213-12 ».

Elle peut suspendre ou interdire d'émission un émetteur qui manque au respect de ces dispositions. – *[Décr. n° 92-137 du 13 févr. 1992, art. 4].*

D. 213-3 Les émetteurs doivent rendre publique une notation de leur programme d'émission, obtenue auprès d'une agence spécialisée figurant sur une liste arrêtée par l'autorité administrative compétente ou, le cas échéant, disposer d'un garant bénéficiant d'une telle notation.

Sont exemptés de cette obligation :

1° Les établissements de crédit et les entreprises d'investissement établis dans l'Espace économique européen ;

2° La Caisse des dépôts et consignations ;

3° Les émetteurs dont des titres sont admis aux négociations sur un marché réglementé de l'Espace économique européen ;

4° Les autres émetteurs bénéficiant d'un visa de l'Autorité des marchés financiers portant sur leur programme d'émission à la date d'entrée en vigueur de cette obligation, à condition de communiquer à la Banque de France les mises à jour périodiques de leur situation trimestrielle de trésorerie et de leur rapport semestriel sur leur activité et leur résultat.

Les émetteurs mentionnés au 4° bénéficient de cette exemption pour une durée d'un an à compter de l'entrée en vigueur de cette obligation.

L'ensemble des émetteurs informent la Banque de France, deux semaines au moins avant leur première émission, de leur intention d'entrer sur ce marché, par envoi de la documentation financière établie selon les modalités définies aux *(Décr. n° 2006-817 du 7 juill. 2006, art. 2)* « articles D. 213-9 à D. 213-12 ». – *[Décr. n° 92-137 du 13 févr. 1992, art. 6].*

D.* 213-4 L'autorité administrative compétente mentionnée à l'article D. 213-3 est le ministre chargé de l'économie. – *[Décr. n° 92-137 du 13 févr. 1992, art. 6].*

D. 213-5 Les titres de créance négociables peuvent bénéficier d'une garantie inconditionnelle à première demande dans les conditions fixées par les arrêtés mentionnés à l'article D. 213-7.

Lorsque les titres de créance négociables bénéficient d'une garantie, la documentation financière en fait mention et fournit, pour le garant, les mêmes renseignements que pour l'émetteur. – *[Décr. nº 92-137 du 13 févr. 1992, art. 10].*

D. 213-6 Les titres de créance négociables peuvent être émis en toute devise étrangère. La Banque de France peut toutefois décider de la suspension temporaire des émissions de titres libellés dans une devise déterminée si les circonstances le justifient. – *[Décr. nº 92-137 du 13 févr. 1992, art. 15].*

D. 213-7 Les conditions d'émission des titres de créances négociables prévues aux articles L. 213-1 à L. 213-4 et à la présente sous-section sont précisées, pour les entreprises d'investissement, les établissements de crédit et la Caisse des dépôts et consignations et pour les émetteurs mentionnés aux 2, 3, 4, 5, 6, 7, 8 et 9 de l'article L. 213-3, par arrêtés du ministre chargé de l'économie. – *V. Arr. 16 févr. 2005 (JO 24 févr.), Arr. 3 août 2005 (JO 18 août).*

L'arrêté du ministre chargé de l'économie précisant les conditions d'émission des titres de créances négociables par les entreprises d'investissement, les établissements de crédit et la Caisse des dépôts et consignations est pris dans les conditions prévues à l'article L. 614-2. – *[Décr. nº 92-137 du 13 févr. 1992, art. 1er, III et IV]. – V. Arr. 31 déc. 1998 (JO 3 janv. 1999), mod. par Arr. 3 sept. 2001 (JO 11 sept.), Arr. 9 oct. 2001 (JO 12 oct.), Arr. 16 févr. 2005 (JO 24 févr.), Arr. 3 août 2005 (JO 18 août).*

SOUS-SECTION 2 *Règles applicables à certains émetteurs*

D. 213-8 Pour être habilitées à émettre des titres de créance négociables, les entreprises mentionnées au 2 de l'article L. 213-3 doivent appartenir à l'une des catégories suivantes :

1º Les entreprises revêtant la forme de sociétés par actions ou, pour celles dont le siège social est situé à l'étranger, une forme reconnue comme équivalente par l'autorité chargée par le présent décret de veiller au respect des conditions d'émission et disposant d'un capital dont la partie libérée est au moins égale à 225 000 euros ;

2º Les entreprises du secteur public faisant appel public à l'épargne ;

3º Les sociétés coopératives agricoles et leurs unions disposant d'un capital dont la partie libérée est au moins égale à 225 000 euros ;

4º Les sociétés coopératives par actions disposant d'un capital dont la partie libérée est au moins égale à 225 000 euros. – *[Décr. nº 92-137 du 13 févr. 1992, art. 2].*

SOUS-SECTION 3 *Documentation financière et informations statistiques*

D. 213-9 I. – Préalablement à l'émission, les émetteurs de titres de créance négociables déposent auprès de la Banque de France une documentation financière comprenant un dossier de présentation financière qui porte sur leur activité, leur situation financière ainsi que sur leur programme d'émission et les éléments prévus au III de cet article.

II. – Le dossier de présentation financière comprend :

1º Une présentation du programme d'émission avec, le cas échéant, la fiche de notation obtenue auprès d'une agence spécialisée figurant sur une liste arrêtée par le ministre chargé de l'économie ; – *V. Arr. 13 févr. 1992 (D. et ALD 1992. 199), mod. par Arr. 27 sept. 1994 (D. et ALD 1994. 522), Arr. 9 oct. 2001 (JO 12 oct.), Arr. 19 oct. 2004 (JO 4 nov.), Arr. 3 août 2005 (JO 18 août).*

2º Une fiche de renseignements sur la situation juridique et financière de l'émetteur ;

3º Une attestation des personnes physiques, avec indication de leur identité et de leur fonction dans la société, ou des personnes morales, avec indication de leur dénomination et de leur siège, qui assurent la responsabilité de la documentation financière et certifient qu'à leur connaissance son contenu est conforme à la réalité et ne comporte pas d'omission de nature à en altérer la portée.

III. — Outre le dossier de présentation financière, la documentation financière comprend les documents relatifs, s'il y a lieu, aux deux derniers exercices, mis à la disposition des actionnaires, incluant notamment les comptes annuels et, le cas échéant, les comptes consolidés, les rapports du conseil d'administration ou du directoire et du conseil de surveillance, selon le cas, et les rapports des commissaires aux comptes.

Les données comptables sont accompagnées de l'attestation des commissaires aux comptes, ou des personnes qui en tiennent lieu, sur la sincérité des informations données.

Lorsque l'émetteur est une société chargée, au sein d'un groupe, de gérer la trésorerie, ces mêmes renseignements sont fournis pour l'ensemble du groupe sur la base des comptes consolidés de la société consolidante.

Les données comptables consolidées sont établies dans des normes comptables internationalement reconnues ou dans les normes comptables françaises. Les émetteurs ayant leur siège social hors de France doivent fournir des informations équivalentes.

La Banque de France peut demander toute information complémentaire à l'émetteur, lorsque sa situation particulière le justifie. — *[Décr. nº 92-137 du 13 févr. 1992, art. 8].*

D. 213-10 Un arrêté du ministre chargé de l'économie précise les mentions obligatoires du dossier de présentation financière. Il peut prévoir des modalités spécifiques adaptées aux différentes catégories d'émetteurs. — *[Décr. nº 92-137 du 13 févr. 1992, art. 11]. — V. Arr. 13 févr. 1992 (D. et ALD 1992. 199), mod. par Arr. 27 sept. 1994, art. 1er à 3 (D. et ALD 1994. 522), Arr. 9 oct. 2001 (JO 12 oct.), Arr. 19 oct. 2004 (JO 4 nov.), Arr. 3 août 2005 (JO 18 août).*

D. 213-11 La documentation financière remise à la Banque de France, et mise à jour annuellement, est rédigée en français. La documentation financière peut être rédigée dans une langue usuelle en matière financière autre que le français, à condition qu'elle soit accompagnée d'un résumé en français, dans l'un ou l'autre des cas suivants :

1° Lorsque les titres de créance négociables sont placés exclusivement auprès d'investisseurs qualifiés au sens du deuxième alinéa de l'article L. 411-2 et des articles D. 411-1 et D. 411-2 ;

2° Lorsque les titres ne peuvent être souscrits ou acquis que pour un montant au moins équivalent à 200 000 euros ou à la contre-valeur de ce montant en devises.

Le résumé en français est établi sous la responsabilité de l'émetteur. Il comprend toutes les informations essentielles du dossier de présentation financière relatives notamment à l'activité, à la situation financière de l'émetteur et au programme d'émission ainsi que toute autre information essentielle figurant dans la documentation financière. — *[Décr. nº 92-137 du 13 févr. 1992, art. 12].*

D. 213-12 Les émetteurs mettent à jour chaque année leur documentation financière dans un délai de quarante-cinq jours après la tenue de l'assemblée générale des actionnaires, ou de l'organe qui en tient lieu, statuant sur les comptes du dernier exercice.

Toutefois, les émetteurs mettent immédiatement à jour leur documentation financière sur toute modification relative au plafond de leur encours, à leur notation, à l'identité du garant ou aux modalités de la garantie ainsi que sur tout fait nouveau susceptible d'avoir une incidence significative sur l'évolution des titres émis ou sur la bonne fin du programme d'émission. — *[Décr. nº 92-137 du 13 févr. 1992, art. 13].*

D. 213-13 Les émetteurs de titres de créance négociables communiquent sans délai et sans frais leur documentation financière et ses mises à jour aux établissements domiciliataires de leurs titres, à ceux qui assurent le rôle d'intermédiaires pour l'achat et la vente de ces titres, et à toute personne qui en fait la demande.

La Banque de France met en ligne sur son site internet les dossiers de présentation financière, leur mise à jour et, le cas échéant, le résumé mentionné *(Décr. n° 2006-817 du 7 juill. 2006, art. 3)* « à l'article D. 213-11 ». – *[Décr. n° 92-137 du 13 févr. 1992, art. 14].*

D. 213-14 Les émetteurs de titres de créance négociables communiquent à la Banque de France des informations statistiques sur leurs titres, dans les conditions définies par les arrêtés mentionnés *(Décr. n° 2006-817 du 7 juill. 2006, art. 4)* « à l'article D. 213-7 ».

La Banque de France assure régulièrement la diffusion de ces informations.

Les émetteurs de titres de créance négociables rendent compte à la Banque de France des remboursements anticipés de leurs titres. La Banque de France fixe la fréquence de la fourniture de ces informations. – *[Décr. n° 92-137 du 13 févr. 1992, art. 16].*

SECTION II *Les obligations*

SOUS-SECTION 1 *Règles générales*

R. 213-15 Les règles relatives aux obligations émises par les sociétés commerciales sont définies par les articles 211 à 241 du décret n° 67-236 du 23 mars 1967 sur les sociétés commerciales. – *V. ces art., infra, v° Sociétés commerciales. – V. infra, art. R. 231-1.*

R. 213-16 Lorsqu'une émission obligataire est amortie selon un tableau qui indique le nombre de titres à amortir à chaque période et que les titres ne sont pas groupés en séries identifiées, le choix des titres amortis s'opère comme suit :

1° A une date de référence précédant le remboursement et fixée par le contrat d'émission, le teneur de comptes établit la liste des titulaires des comptes où figurent les titres. Les titulaires y sont classés dans l'ordre croissant de leur numéro de compte, ou dans tout autre ordre préalablement établi par le teneur de compte et notifié au dépositaire central chez qui l'émission a été déposée, et le nombre de leurs titres y est indiqué. La liste est datée et certifiée le jour même par la personne habilitée à cet effet par l'adhérent ;

2° Le lendemain de la date de référence, l'émetteur communique au dépositaire central le nombre de titres à amortir. Le dépositaire central calcule alors, jusqu'à la cinquième décimale, le rapport, dit d'amortissement, qui est le rapport du nombre de titres à amortir au nombre de titres en circulation. Pour déterminer le nombre de titres amortis à attribuer à chaque adhérent, il applique le rapport d'amortissement au nombre de titres inscrits au compte de chaque adhérent en arrondissant le résultat à l'unité inférieure et en répartissant le solde éventuel selon la règle du plus fort reste. Il notifie alors à chaque adhérent le rapport d'amortissement et le nombre de titres amortis qui lui est attribué ;

3° Au reçu de cette notification, l'adhérent procède à une première répartition des titres à amortir. Il applique le rapport d'amortissement au nombre de titres figurant dans chaque compte. Le résultat arrondi à l'unité inférieure est le nombre de titres amortis affecté au compte considéré au cours de cette première répartition ;

4° L'adhérent procède ensuite à une deuxième répartition. Il détermine sur la liste des titulaires de comptes un point de départ en multipliant le nombre total des titres de la liste par le nombre de cent-millièmes formé par la suite des cinq décimales du rapport d'amortissement et en l'arrondissant au nombre entier immédiatement supérieur. A partir du rang du titre correspondant à ce point de départ, l'adhérent affecte les titres à répartir aux titulaires figurant sur la liste dans l'ordre d'inscription, abstraction faite de ceux qui ont bénéficié de la première répartition ;

5° L'adhérent affecte le solde éventuel aux titulaires ayant bénéficié de la première répartition en suivant la règle du plus fort reste ;

6° L'adhérent conserve pendant dix ans la liste visée au 1° et l'indication du nombre de titres amortis au compte des titulaires y figurant. – *[Décr. n° 83-359 du 2 mai 1983, art. 9].*

....

CHAPITRE IV *Placements collectifs*

V. C. sociétés.

....

TITRE II Les produits d'épargne

CHAPITRE PREMIER *Produits d'épargne générale à régime fiscal spécifique*

SECTION I *Le livret de caisse d'épargne et le compte spécial sur livret du Crédit mutuel*

SOUS-SECTION 1 *Dispositions communes*

§ 1er *Dispositions communes aux caisses d'épargne et de prévoyance, à la Caisse nationale d'épargne et au Crédit mutuel*

R. 221-1 Le plafond des sommes qui peuvent être déposées sur un livret A de la Caisse nationale d'épargne ou un livret A des caisses d'épargne et de prévoyance ou sur un compte spécial sur livret du Crédit mutuel est fixé par décret. – *[C. caisses d'épargne, art. 5, al. 1er, 1re phrase ; Décr. n° 84-411 du 13 juin 1984, art. 1er et 3]. – V. infra, art. D. 221-3.*

R. 221-2 La capitalisation des intérêts peut porter le solde du livret A ou du compte spécial sur livret du Crédit mutuel au-delà du plafond mentionné à l'article R. 221-1. – *[C. caisses d'épargne, art. 6, al. 2, 2e phrase ; Décr. n° 84-411 du 13 juin 1984, art. 1er, 2e phrase].*

D. 221-3 Le plafond prévu à l'article R. 221-1 est fixé à 15 300 euros, sauf s'il en est disposé autrement. – *[C. caisses d'épargne, art. 5, al. 1er, 1re phrase ; Décr. n° 84-411 du 13 juin 1984, art. 1er, 1re phrase].*

R. 221-4 Aucune opération de retrait ne peut avoir pour effet de rendre le compte débiteur.

R. 221-5 L'intérêt servi aux déposants part du 1er ou du 16 de chaque mois après le jour du versement. Il cesse de courir à la fin de la quinzaine qui précède le jour du remboursement.

Au 31 décembre de chaque année, l'intérêt acquis s'ajoute au capital et devient lui-même productif d'intérêts.– *[C. caisses d'épargne, art. 6, al. 1er et al. 2, 1re phrase ; Décr. n° 76-19 du 26 janv. 1976, art. 3, al. 2 ; Décr. n° 84-411 du 13 juin 1984, art. 2].*

R. 221-6 Sur décision de l'autorité administrative compétente, les contrevenants aux dispositions du troisième alinéa de l'article L. 221-1 sont frappés d'une pénalité qui peut aller jusqu'à la perte des intérêts de la totalité des sommes déposées pendant la période de coexistence d'un livret A de la Caisse nationale d'épargne et d'un livret A des caisses d'épargne et de prévoyance, ou d'un livret A et d'un compte spécial sur livret du Crédit mutuel, sans que cette retenue puisse remonter à plus d'une année à compter du jour de la constatation de cette coexistence. – *V. infra, art. R.* 221-7.*

Toutefois, si le montant cumulé ne dépasse pas le plafond du livret A, la retenue d'intérêts ne porte que sur le livret le plus récemment ouvert. – *[C. caisses d'épargne, art. 17, al. 1er et 2 ; Décr. n° 76-19 du 26 janv. 1976, art. 2, al. 1er et 2].*

R.* 221-7 L'autorité administrative compétente mentionnée à l'article R. 221-6 est le ministre chargé de l'économie. – *[C. caisses d'épargne, art. 17 ; Décr. n° 76-19 du 26 janv. 1976, art. 2, al. 1er et 2].*

R. 221-8 Les retenues d'intérêt faites en application des dispositions de l'article R. 221-6 sont affectées au fonds de réserve et de garantie mentionné à l'article L. 512-101 ou à celui mentionné à l'article L. 518-28, ou à un fonds spécial ouvert dans les écritures du Crédit mutuel. – *[C. caisses d'épargne, art. 17, al. 3 ; Décr. n° 76-19 du 26 janv. 1976, art. 2, al. 3].*

§ 2 *Dispositions communes aux caisses d'épargne et de prévoyance et à la Caisse nationale d'épargne*

R. 221-9 Les organismes d'habitations à loyer modéré et de crédit immobilier sont autorisés à effectuer des dépôts sur leur livret A sans être soumis à un plafond. – *[C. caisses d'épargne, art. 10, al. 3].*

R. 221-10 Un plafond particulier pour le livret A est fixé par décret pour les sociétés mutualistes et les institutions de coopération, de bienfaisance et d'autres sociétés de même nature relevant de catégories définies par arrêté du ministre chargé de l'économie. – *[C. caisses d'épargne, art. 10, al. 1er]. – V. infra, art. D. 221-11.*

D. 221-11 Le plafond prévu à l'article R. 221-10 est fixé à 76 500 euros.

R. 221-12 La capitalisation des intérêts peut porter le solde du livret A des sociétés et institutions mentionnées à l'article R. 221-10 au-delà du plafond mentionné à l'article D. 221-11. – *[C. caisses d'épargne, art. 10, al. 2].*

R. 221-13 Aucun versement dans les caisses d'épargne ne peut être inférieur à 1,5 euro. – *[Décr. n° 74-304 du 10 avr. 1974, art. 10, al. 2].*

R. 221-14 Les déposants sont informés des conditions de remboursement par affichage dans le local des caisses d'épargne ou par une inscription placée en tête du livret.

R. 221-15 Les formalités relatives au transfert de fonds d'une caisse à une autre prévu par l'article L. 221-3 sont prévues par un arrêté des ministres intéressés. – *[C. caisses d'épargne, art. 12].*

R. 221-16 L'opposition, mentionnée à l'article L. 221-4, du représentant légal au retrait par le mineur des sommes inscrites au crédit du livret A dont le mineur est titulaire, est notifiée à l'établissement dépositaire par lettre recommandée avec demande d'avis de réception. – *[C. caisses d'épargne, art. 15].*

R. 221-17 Les caisses d'épargne sont tenues d'adresser six mois avant l'expiration du délai de trente ans prévu à l'article L. 221-5, aux fins de remboursement, un avis au titulaire de tout compte atteint par la prescription et dont l'avoir en capital et intérêts est égal ou supérieur à 75 euros. Si l'ayant droit ne peut être connu, ou si le remboursement ne peut être opéré pour une autre cause, la somme inscrite à son crédit est répartie dans les conditions fixées à l'article L. 221-5. – *[Décr. n° 74-304 du 10 avr. 1974, art. 3].*

R. 221-18 Les caisses d'épargne ne sont pas tenues de conserver les archives relatives aux comptes courants ou demandes de livrets ayant plus de trente ans de date. Ce délai est réduit à dix ans pour les autres registres, pour les quittances de remboursement et pièces diverses. Toutefois ce délai est de deux ans pour les bordereaux de contrôle et les bordereaux d'opérations ainsi que pour les livrets soldés ou remplacés. – *[C. caisses d'épargne, art. 23].*

R. 221-19 Sous la réserve des fonds jugés nécessaires pour assurer le service des remboursements, les sommes que la Caisse nationale d'épargne reçoit des déposants ainsi que celles déposées par les caisses d'épargne et de prévoyance sont employées par la Caisse des dépôts et consignations :

1° En valeurs émises par l'État français et en valeurs ou prêts jouissant de sa garantie ;

2° En prêts aux communes, établissements publics de coopération intercommunale, départements, collectivités régies par les articles 73 et 74 de la Constitution et Nouvelle-Calédonie, régions, chambres de commerce et d'industrie, chambres de métiers et leurs assemblées permanentes ainsi qu'en prêts ou valeurs bénéficiant de la garantie de ces collectivités ou établissements ;

3° En obligations émises par les sociétés de crédit foncier définies aux articles L. 515-13 à L. 515-33 ;

4° En instruments financiers admis aux négociations sur les marchés réglementés ;

5° En billets à ordre régis par les articles L. 313-42 à L. 313-48 ;

6° Au financement des prêts consentis par les caisses d'épargne, conformément aux dispositions des articles L. 315-1 à L. 315-3 du code de la construction et de l'habitation dans les cas où les fonds recueillis au titre de l'épargne-logement seraient insuffisants ;

7° Au financement de prêts complémentaires aux prêts d'épargne-logement ;

8° Au financement des prêts personnels consentis par les caisses d'épargne et de prévoyance habilitées à consentir de tels prêts ;

9° En autres valeurs ou emplois autorisés par le ministre chargé de l'économie. – *[C. caisses d'épargne, art. 19].*

R. 221-20 Toute somme versée à une caisse d'épargne est au regard de la caisse la propriété du titulaire du livret. – *[C. caisses d'épargne, art. 5, al. 2].*

SOUS-SECTION 2 *Dispositions spécifiques aux caisses d'épargne et de prévoyance*

R. 221-21 Les caisses d'épargne et de prévoyance délivrent à chaque bénéficiaire, s'il en fait la demande, un ou plusieurs livrets sur lesquels sont inscrits les versements, les remboursements et les intérêts acquis. – *[C. caisses d'épargne, art. 42].*

R. 221-22 Durant les six mois qui précèdent l'expiration du délai de trente ans fixé à l'article L. 221-5, la liste des déposants titulaires de comptes atteints par la prescription est affichée dans les locaux accessibles au public de la caisse d'épargne et des succursales ou, pour les caisses ayant plus de cinq cents comptes abandonnés, tenue à la disposition des intéressés au siège de la caisse d'épargne. – *[C. caisses d'épargne, art. 44].* – *V. infra, art. R. 221-23.*

R. 221-23 Sont exemptés de l'affichage prescrit à l'article R. 221-22 les comptes dont le montant en capital et intérêts est inférieur à 7,5 euros. – *[Décr. n° 74-304 du 10 avr. 1974, art. 4].*

R. 221-24 Le taux de l'intérêt servi par la Caisse des dépôts et consignations aux caisses d'épargne et de prévoyance sur les fonds provenant du livret A est supérieur de *(Décr. n° 2005-1335 du 28 oct. 2005, art. 1er)* « 1,00 % » à celui qui est servi aux déposants.

La rémunération définie à l'alinéa précédent, versée par la Caisse des dépôts et consignations, est majorée d'un intéressement ou diminuée d'une réfaction dont le montant est calculé en fonction des variations d'encours moyens annuels des dépôts des livrets A. Cette majoration ou cette réfaction sont fixées par le ministre chargé de l'économie par rapport à un taux d'évolution des dépôts qu'il détermine chaque année après consultation de la Caisse nationale des caisses d'épargne et de prévoyance, sans que la différence entre le taux de l'intérêt servi par la Caisse des dépôts et consignations et celui qui est servi aux déposants puisse excéder *(Décr. n° 2005-1335 du 28 oct. 2005, art. 1er)* « 1,05 % » ni être inférieure à *(Décr. n° 2005-1335 du 28 oct. 2005, art. 1er)* « 0,95 % ». – *[C. caisses d'épargne, art. 51].*

Les dispositions issues du Décr. n° 2005-1335 du 28 oct. 2005 sont entrées en vigueur le 1er nov. 2005 (Décr. préc., art. 2).

SOUS-SECTION 3 *Dispositions spécifiques à la Caisse nationale d'épargne*

R. 221-25 Les taux des intérêts servis par la Caisse nationale d'épargne à ses déposants ne peuvent être supérieurs à ceux servis par les caisses d'épargne et de prévoyance pour les livrets de même catégorie, à l'exception des livrets supplémentaire et livret jeune. – *[C. caisses d'épargne, art. 30, al. 2].*

R. 221-26 *(Décr. n° 2005-1068 du 30 août 2005)* L'établissement de crédit mentionné à l'article L. 518-26 du code monétaire et financier ouvre gratuitement un livret A à toute personne en faisant la demande. – *V. art. préc., supra.*

Ancien art. R. 221-26 (Décr. n° 2005-1007 du 2 août 2005) *La Poste délivre gratuitement à chaque bénéficiaire, s'il en fait la demande, un ou plusieurs livrets sur lesquels sont inscrits les versements, les remboursements et les intérêts acquis.* – [C. caisses d'épargne, art. 29].

R. 221-27 Le service des succursales militaires de la Caisse nationale d'épargne est prévu par le décret n° 55-1638 du 20 novembre 1955.

R. 221-27-1 *(Décr. n° 2005-1068 du 30 août 2005, art. 15)* Les sommes versées en excédent du plafond mentionné à l'article R. 221-1 par tout titulaire d'un livret A de la Caisse nationale d'épargne sont portées sur un compte sur livret ouvert auprès de l'établissement de crédit mentionné à l'article L. 518-26 du code monétaire et financier. – *V. cet art., supra.*

Les articles R. 221-5 et R. 221-13 sont applicables aux comptes sur livret ouverts pour recevoir les sommes versées en excédent du plafond du livret A.

SOUS-SECTION 4 *Dispositions spécifiques au Crédit mutuel*

D. 221-28 Un plafond particulier peut être institué par décret pour les comptes spéciaux sur livrets des caisses de crédit mutuel des personnes morales suivantes : – *V. infra, art. D. 221-29 et D. 221-30.*

1° Les associations à but non lucratif régies par la loi du 1er juillet 1901 ou régies par la loi locale maintenue en vigueur dans les départements du Bas-Rhin, du Haut-Rhin et de la Moselle ;

2° Les organismes sans but lucratif à caractère cultuel ;

3° Les syndicats professionnels et leurs unions visés au chapitre Ier du titre Ier du livre IV du code du travail ;

4° Les comités d'entreprise. – *[Décr. n° 84-441 du 13 juin 1984, art. 1er, sauf 2e phrase].*

D. 221-29 Le plafond prévu à l'article D. 221-28 est fixé à 76 500 euros. – *[Décr. n° 84-441 du 13 juin 1984, art. 1er, 2e phrase].*

D. 221-30 Le solde du compte spécial sur livret des personnes morales mentionnées à l'article D. 221-28 peut dépasser le plafond prévu à l'article D. 221-29 par capitalisation des intérêts. – *[Décr. n° 84-441 du 13 juin 1984, art. 1er, 2e phrase].*

D. 221-31 Le taux d'intérêt servi aux titulaires d'un compte spécial sur livret du Crédit mutuel est celui qui est fixé pour le livret A, après tous prélèvements fiscaux et sociaux auxquels les produits du compte spécial sur livret du Crédit mutuel sont assujettis. – *[Décr. n° 76-79 du 26 janv. 1976, art. 3, al. 1er].*

....

SECTION IV *Le compte pour le développement industriel*

D. 221-103 Le plafond prévu au 9° *quater* de l'article 157 du code général des impôts est fixé à 4 600 euros par compte pour le développement industriel (Codevi). – *[Décr. n° 83-872 du 30 sept. 1983, art. 1er, al. 1er].*

D. 221-104 La capitalisation des intérêts peut porter les sommes inscrites au crédit d'un Codevi au-delà de ce plafond. – *[Décr. n° 83-872 du 30 sept. 1983, art. 1er, al. 2e].*

D. 221-105 Les sommes inscrites au crédit des Codevi doivent être placées :

1° En obligations émises, individuellement ou par l'intermédiaire de groupements, par des établissements ou organismes autorisés à recevoir des dépôts et ayant passé avec la Caisse des dépôts et consignations, agissant tant pour le compte de l'État qu'en son nom propre, une convention conforme à l'un des modèles types approuvés par le ministre chargé de l'économie ;

2° En titres pour le développement industriel émis par la Caisse des dépôts et consignations dans des conditions fixées par arrêté du ministre chargé de l'économie.

La répartition entre ces catégories de valeurs et les règles relatives aux fonds en instance d'emploi sont fixées par arrêté du ministre chargé de l'économie. – *[Décr. n° 83-872 du 30 sept. 1983, art. 2].*

D. 221-106 Les valeurs acquises en application de l'article D. 221-105 et les fonds en instance d'emploi font l'objet d'une gestion collective par l'établissement où les Codevi ont été ouverts, dans les conditions fixées par un règlement de gestion collective conforme à l'un des modèles types approuvés par arrêté du ministre chargé de l'économie. – *[Décr. n° 83-872 du 30 sept. 1983, art. 3].*

D. 221-107 L'ouverture d'un Codevi doit faire l'objet d'une convention entre l'établissement et son client. Cette convention doit reproduire le règlement mentionné à l'article précédent.

Dans cette convention, le client doit déclarer sur l'honneur qu'il a la qualité de contribuable ayant son domicile fiscal en France ou de conjoint d'un tel contribuable et qu'il ne détient aucun autre Codevi dans quelque établissement que ce soit. – *[Décr. n° 83-872 du 30 sept. 1983, art. 4].*

....

SECTION VI *Le plan d'épargne en actions*

D. 221-109 L'ouverture d'un plan d'épargne en actions fait l'objet d'un contrat écrit conclu entre le souscripteur et un des organismes mentionnés à l'article L. 221-30.

Ce contrat informe le souscripteur qu'il ne peut être ouvert qu'un plan par contribuable ou par chacun des époux soumis à une imposition commune et que le montant des versements sur le plan d'épargne en actions est limité à 132 000 euros. Il indique, en outre, les conséquences du non-respect de l'une de ces conditions.

Le texte des articles L. 221-30 à L. 221-32 du présent code et des articles 150-0A, 150-0D, 157, 200A et 1740 *septies* du code général des impôts est annexé à ce contrat.

Le contrat prévoit les conditions dans lesquelles le titulaire peut obtenir le transfert de son plan vers un autre organisme, notamment les frais encourus. – *[Décr. n° 92-797 du 17 août 1992, art. 1er].*

D. 221-110 Les opérations autorisées dans le cadre du plan d'épargne en actions au titre du code des assurances sont les opérations qui relèvent de la branche d'activité 24 de l'article R. 321-1 de ce code. – *[Décr. n° 92-797 du 17 août 1992, art. 3].* – *V.* **C. *assur.***

R. 221-111 I. – La date d'ouverture du plan d'épargne en actions est celle du premier versement.

II. – Lorsque le plan d'épargne en actions est ouvert auprès d'un organisme autre qu'une entreprise d'assurance, l'organisme gestionnaire du plan porte au crédit du compte en espèces les versements effectués par le titulaire, le montant des produits en espèces que procurent les valeurs inscrites au compte de titres associé et des avoirs fiscaux ou crédits d'impôt restitués par l'administration, les remboursements ainsi que le montant des ventes de ces valeurs. Il porte au débit du compte le montant des souscriptions ou acquisitions des valeurs inscrites au compte de titres associé et le montant des retraits en espèces. Les frais de gestion peuvent également être portés au débit du compte en espèces. Ce compte ne peut pas présenter un solde débiteur.

III. — Lorsque le plan est ouvert auprès d'une entreprise d'assurance, l'organisme gestionnaire enregistre dans le cadre du plan les versements en numéraire et les rachats du souscripteur. — *[CGI, art. 91 quater E de l'annexe II]*.

D. 221-112 L'organisme gestionnaire d'un plan d'épargne en actions adresse chaque année à l'organisme professionnel dont il relève un état détaillant pour l'année civile précédente :

1° Le nombre de plans ouverts et clos au cours de l'année, ainsi que le nombre de plans en cours à la fin de l'année ;

2° Le montant des versements effectués au cours de l'année ;

3° Le montant des retraits effectués au cours de l'année ;

4° L'encours des plans d'épargne en actions en fin d'année.

Ces informations sont communiquées au ministère de l'économie et des finances par l'organisme professionnel mentionné au premier alinéa avant la fin du mois de mars. — *[Décr. nº 92-797 du 17 août 1992, art. 7]*.

R. 221-113 Les dispositions relatives au transfert d'un plan d'épargne en actions d'un organisme gestionnaire à un autre sont prévues par l'article 91 *quater* I de l'annexe II au code général des impôts.

....

CHAPITRE III *Bons de caisse*

Le présent chapitre ne comprend pas de dispositions réglementaires.

TITRE III Dispositions pénales

CHAPITRE PREMIER *Infractions relatives aux instruments financiers*

SECTION I *Infractions relatives aux titres*

SOUS-SECTION 1 *Obligations*

R. 231-1 Les règles relatives aux infractions aux dispositions de l'article R. 213-13 *[R. 213-15]* sont définies à l'article 242 du décret nº 67-236 du 23 mars 1967 sur les sociétés commerciales. — *V. cet art., infra, vº Sociétés commerciales.*

....

CHAPITRE II *Infractions relatives aux produits d'épargne*

Le présent chapitre ne comprend pas de dispositions réglementaires.

LIVRE III **Les services**

TITRE PREMIER Les opérations de banque

CHAPITRE PREMIER *Dispositions générales*

Le présent chapitre ne comprend pas de dispositions réglementaires.

CHAPITRE II *Comptes et dépôts*

SECTION I *Droit au compte et relations avec le client*

SOUS-SECTION 1 *Dispositions de droit commun*

R. 312-1 **Les établissements de crédit sont tenus de porter à la connaissance de leur clientèle et du public les conditions générales de banque qu'ils pratiquent pour les opérations qu'ils effectuent.**

Lorsqu'ils ouvrent un compte, les établissements de crédit doivent informer leurs clients sur les conditions d'utilisation du compte, le prix des différents services auxquels il donne accès et les engagements réciproques de l'établissement et du client. – *[Décr. n° 84-708 du 24 juill. 1984, art. 7].*

V. aussi, supra, C. mon. fin., art. L. 312-1-1, et, infra, C. consom., L. 111-1 et L. 122-3, v° Ventes commerciales (dispositions générales).

BIBL. ▶ FERNANDEZ, *Petites affiches 9 mai 1997, p. 11* (application de l'art. L. 122-3 C. consom.). – SAMIN, *Banque et Droit sept.-oct. 1999. 26* (aspects juridiques de la tarification des services bancaires).

1. Modalité d'information. Un établissement de crédit ayant omis de porter à la connaissance d'un nouveau client auquel il ouvre un compte les conditions d'utilisation de ce compte et le prix de ses différents services n'est pas déchu du droit de percevoir le prix de ses prestations de services et les frais y afférents, dès lors qu'il a, *a posteriori*, recueilli l'accord de son client sur son droit à leur perception et sur leur montant, accord pouvant résulter, pour l'avenir, de leur inscription sur un relevé d'opération dont la réception par le client n'a été suivie d'aucune protestation ou réserve de sa part. • Com. 13 mars 2001 : *Bull. civ. IV, n° 55 ; RTD com. 2001. 743, obs. Cabrillac ; JCP E 2001, n° 31-35, p. 1329, obs Stoufflet* • 19 juin 2001 : *JCP E 2003, n° 11, p. 464, obs. Stoufflet.* ♦ Comp. : art. L. 312-1-1 C. mon. fin.

2. Acceptation tacite. Pour un exemple d'acceptation tacite des conditions tarifaires (affichage dans l'agence, messages sur les relevés bancaires), V. • Paris, 16 oct. 1996 : *Rev. dr. bancaire 1997. 65, obs. Crédot et Gérard.*

R. 312-2 **Le banquier doit, préalablement à l'ouverture d'un compte, vérifier le domicile et l'identité du postulant, qui est tenu de présenter un document officiel portant sa photographie. Les caractéristiques et les références de ce document sont enregistrées par le banquier.**

Pour l'application des dispositions qui précèdent, l'adresse de l'organisme d'accueil figurant sur la carte nationale d'identité en application des dispositions du cinquième alinéa de l'article 2 du décret n° 55-1397 du 22 octobre 1955 instituant la carte nationale d'identité vaut justification du domicile. – *[Décr. n° 92-456 du 22 mai 1992, art. 33].*

V. aussi C. mon. fin., art. L. 563-1, L. 563-4, R. 562-1, R. 562-2, R. 563-1 s.

BIBL. ► RENUCCI, *RTD com. 1993. 441* (identité du cocontractant).

1. Vérification du domicile. V. pour une absence fautive de vérification du domicile, en raison de l'apparence douteuse de la pièce d'identité produite, • Com. 9 oct. 1985 : *Bull. civ. IV, n° 233.* ♦ Sur l'insuffisance de la seule présentation d'une carte de séjour, V. • Com. 3 avr. 1990 : *Bull. civ. IV, n° 105* • Paris, 25 avr. 1997 : *D. Affaires 1997. 1154.* ♦ ... D'une quittance de loyers, V. • Com. 17 oct. 1995 : *Bull. civ. IV, n° 231 ; D. 1995. IR. 239 ; RTD com. 1996. 92, obs. Cabrillac ; Quot. jur. 7 déc. 1995, p. 5, note J.-P. D.* ♦ ... D'une attestation d'EDF-GDF, V. • Com. 12 mars 1996 : *D. Affaires 1996. 615.* ♦ ... D'un permis de conduire vieux de 14 ans et de la production d'un contrat établi par un opérateur téléphonique qui, à défaut de mentionner aucun numéro de téléphone, ne pouvait valoir justificatif sérieux de l'adresse du souscripteur. • Versailles, 4 déc. 2003 : *BICC 2004, n° 710 ; JCP E 2004, n° 11, p. 394.* ♦ La banque doit, à tout le moins, adresser au postulant une lettre dite « d'accueil ». • Com. 12 mars 1996 : *préc.* – V. aussi • Com. 21 janv. 1997 : *RJDA 1997, n° 670* • Limoges, 4 mars 1996 : *Gaz. Pal. 1996. 2. 437, note Talon.* ♦ Cependant, lorsqu'aucune circonstance particulière ne justifie que la vérification du domicile soit faite au moyen d'une lettre recommandée AR, l'envoi d'une lettre simple est suffisant. • Com. 6 avr. 1993 : *RJDA 1993, n° 533.* – V. aussi • Paris, 4 avr. 1997 : *Bull. Joly 1997. 681, note Garaud* (lettre simple confortée par un déplacement sur les lieux). ♦ Une banque ne peut se contenter, comme justification du domicile, d'une simple photocopie aisément falsifiable d'une facture d'électricité, d'autant que ce document, qui révélait une différence surprenante entre le siège de la société et le domicile de l'escroc et était libellé au nom d'une entité commerciale aurait dû éveiller à lui seul les soupçons. • Paris, 11 mars 1994 : *RJDA 1994, n° 546.* ♦ Pour de multiples négligences, V. • Com. 18 mai 1999 : *RD bancaire et bourse 1999. 120, obs. Crédot et Gérard ; JCP E 2000, n° 26, p. 1041, obs. Gavalda et Stoufflet* • T. com. Paris, 4 avr. 1995 : *Gaz. Pal. 1996. 1. Somm. 27.*

2. En ce sens que la vérification de domicile n'est pas obligatoire, s'agissant d'un compte ne permettant aucune autre opération de débit que le simple retrait au guichet, à l'exclusion de tout prélèvement effectué au moyen d'un chèque tiré sur ce compte, V. • Rouen, 29 juin 1997 : *BRDA 1997, n° 14, p. 7.*

2 bis. Titre de séjour. Sur le fondement de l'art. L. 312-1 C. mon. fin., qui institue la procédure du droit au compte applicable à « toute personne physique ou morale domiciliée en France », le Tribunal administratif de Paris a considéré, le 16 mars 2005, que la désignation d'un établissement de crédit n'était pas subordonnée à la régularité du séjour du demandeur en France et que la Banque de France ne pouvait donc pas opposer un refus à une demande de bénéfice du droit au compte au motif que le demandeur ne disposait pas d'un titre de séjour en cours de validité. * Rép. min. n° 65599, *JOAN Q 22 nov. 2005, p. 10839 ; JCP E 2005, n° 50, p. 2147.*

3. Vérification de l'identité. L'obligation de vérifier l'identité est d'autant plus impérieuse si le client est nouveau, si la somme versée à l'ouverture du compte est d'un montant anormalement important et, plus encore, si la banque est l'objet de demandes pressantes de retraits de fonds en espèces. • Paris, 11 mars 1994 : *préc. note 1.* ♦ Pour une absence de responsabilité de la banque dès lors qu'il est constaté que les pièces d'identité produites (carte d'identité et permis de conduire volés et falsifiés) avaient l'apparence de la sincérité, que l'escroc avait justifié de l'adresse indiquée en fournissant un abonnement souscrit à l'EDF et que les signatures apposées sur la carte d'identité et déposées à la banque présentaient une certaine similitude, une signature pouvant évoluer dans le temps alors que celle figurant sur la carte d'identité remontait à sept ans. V. • Nîmes, 25 nov. 2003 : *Banque et Droit mai-juin 2005. 77, obs. Guillot.* ♦ En revanche, engage sa responsabilité une banque qui, pour l'ouverture du compte litigieux où le client avait présenté une carte d'identité périmée portant une adresse différente de celle qu'il déclarait être la sienne, ne justifiait pas avoir vérifié l'exactitude de cette indication, ce dont il résultait qu'il lui incombait de faire preuve d'une vigilance particulière relativement au fonctionnement du compte. • Civ. 1re, 2 nov. 2005 : *D. 2006. AJ. 62, obs. Avena-Robardet ; Banque et Droit mars-avr.*

2006. 66, obs. Bonneau ; RJDA 2006, n° 231 ; RLDA janv. 2006. 36, obs. Chemin-Bomben.

4. *Société en formation.* BIBL. Garaud, *Bull. Joly 1992. 728.* ♦ En ce sens que, pour engager la responsabilité du banquier qui ouvre un compte et remet un chéquier à une société en formation, il convient de rechercher si le banquier a manqué aux obligations qui lui incombent lors de l'ouverture du compte, dont seules peuvent être titulaires les personnes agissant au nom de la société en formation, V. • Com. 6 févr. 1990 : *Bull. civ. IV, n° 34 ; D. 1990. IR. 49 ; Rev. sociétés 1990. 237, note Stoufflet ; Bull. Joly 1990. 352, note P.L.C.* ♦ Pour des exemples d'imprudence du banquier, V. • Com. 31 mai 1988 : *Rev. sociétés 1989. 39, note Stoufflet* (société dépourvue de toute trésorerie) • Paris, 29 janv. 1992 : *D. 1992. IR. 121* (acceptation d'un projet de statuts sans valeur) • Com. 24 mars 1992 : *Bull. civ. IV, n° 124* (vérification limitée à l'identité de l'un des deux titulaires du compte), cassant • Paris, 5 oct. 1989 : *D. 1990. Somm. 119, obs. Cabrillac.* ♦ V., sur renvoi, considérant qu'il incombe au banquier d'apporter la preuve de l'exécution par lui des exigences légales et réglementaires sur la vérification de l'identité de tout nouveau client, ainsi que sur celle des indications le concernant dans les fichiers de la banque de France, avant la première délivrance de formules de chèques : • Com. 11 janv. 2000 : *Bull. civ. IV, n° 7 ; D. 2000. AJ. 101, obs. Faddoul ; Banque et Droit mars-avr. 2000. 47, obs. M. Storck ; JCP E 2000, n° 26, p. 1041, obs. Gavalda et Stoufflet ; RD banc. fin. 2000, n° 49, obs. Crédot et Gérard* (conf. • Versailles, 19 déc. 1996 : *D. Affaires 1997. 220 ; Bull. Joly 1997. 461, note Routier ; Petites affiches 20 juin 1997, p. 26, note Gibirila)* ♦ En l'absence de toute circonstance particulière, il n'y a aucun motif de procéder à des recherches plus approfondies sur le compte du fondateur que la simple interrogation de la Banque de France. • Com. 6 mai 2002 : *RD banc. fin. 2002, n° 125, obs. Crédot et Gérard.* ♦ Sur l'obligation de vérifier la pertinence des mentions figurant sur l'extrait K *bis*, V. • Com. 19 juin 1990 : *Bull. civ. IV, n° 177 ; RTD com. 1991. 74, obs. Cabrillac et Teyssié.* ♦ Sur le refus non fautif d'une banque d'ouvrir un compte courant à une société qui venait de s'immatriculer alors qu'elle avait accepté d'ouvrir un compte dépôts à la même société en formation., V. • Versailles, 27 juin 2002 : *RTD com. 2003. 307, obs. Champaud et Danet ; RJDA 2002, n° 1308 ; Dr. sociétés 2003, n° 35, obs. Monnet.* ♦ Pour une société étrangère, V. • Com. 26 mai 2004 : *RJDA 2004, n° 1253.*

5. *Société en participation.* S'agissant d'une société non immatriculée, la banque remplit ses obligations en vérifiant l'identité des deux associés par la remise de leur carte nationale d'identité. • Paris, 4 avr. 1997 : *préc. note 1.*

6. *Modification de l'intitulé du compte.* Jugeant que les obligations prescrites par l'art. 33 du décret de 1992 (C. mon. fin., art. R. 312-2) doivent également être respectées lors de la modification de l'intitulé du compte (modification du statut du titulaire du compte déjà ouvert), V. • T. com. Nantes, 15 sept. 1997 : *JCP E 1999, n° 4, p. 167, obs. Belleil.*

7. *Compte sur livret.* L'obligation prévue à l'art. 30 [art. 33] du décret de 1992 (C. mon. fin., art. R. 312-2) est applicable à tout compte pouvant servir à l'encaissement d'un chèque, et, dès lors, à l'ouverture d'un compte sur livret. • Paris, 17 févr. 1989 : *RTD com. 1989. 700, obs. Cabrillac et Teyssié ; Gaz. Pal. 1989. 2. 521, note Piedelièvre* • T. com. Paris, 18 oct. 1990 : *Gaz. Pal. 1992. 2. Somm. 392.*

8. *Compte chèques postaux.* Sur la portée des obligations de vigilance de la Poste, antérieurement au décret du 22 mai 1992, harmonisant sur ce point, les obligations de la Poste et des banques, V. • Com. 3 juin 1998 : *Bull. civ. IV, n° 175 ; D. 1998. IR. 169 ; D. Affaires 1998. 1258, obs. V. A.-R. ; RTD com. 1998. 902, obs. Cabrillac.* ♦ V. aussi • T. com. Nanterre, 26 févr. 1999 : *Annonces de la Seine, 31 mai 1999, p. 14.*

9. *Comptes professionnels.* Sur l'absence de responsabilité d'une banque pour avoir omis de vérifier la capacité d'un inspecteur d'assurance à ouvrir un compte professionnel ayant servi à réaliser des détournements, V. • Toulouse, 6 mai 1992 : *D. 1993. 555, note Le Tourneau.* ♦ En sa qualité de professionnelle, une banque doit s'assurer, lors de l'ouverture du compte, de la régularité de la situation d'une société au regard des dispositions légales régissant la profession d'agent immobilier (détention d'une carte professionnelle) et lui faire ouvrir un compte affecté à la réception des fonds. • Paris, 6 nov. 2001 : *Banque et Droit janv.-févr. 2003. 66, obs. Guillot.*

10. *Responsabilité civile du banquier.* A supposer même qu'elle n'ait pas été la cause exclusive du dommage subi par l'émetteur (qui aurait insuffisamment libellé l'ordre), la négligence imputable à la banque pour avoir ouvert sans précaution suffisante le compte sur lequel l'auteur du détournement avait encaissé le chèque litigieux avait concouru au succès de la fraude commise par celui-ci. • Com. 23 juin 2004 : *D. 2004. AJ. 2373 ; RD banc. fin. 2004, n° 228, obs. Crédot et Gérard.* ♦ Pour un exemple de condamnation d'un banquier en raison du préjudice subi par le tireur d'un chèque payé une deuxième fois à son bénéficiaire à la suite d'une falsification, sa faute ayant permis à l'auteur de la falsification d'en obtenir le paiement, V. • Paris, 23 mars 1997 : *Gaz. Pal. 1997. 2. Somm. 334, obs. Vray.* – V. aussi • Paris, 25 avr. 1997 : *préc. note 1.* ♦ Retenant la responsabilité de la banque qui, en qualité de commettante, est civilement responsable de la faute de son agent dans l'exercice de ses fonctions (falsification de l'identité du titulaire du compte avec pour objectif de contourner son interdiction bancaire), V. • Nîmes, 16 mai 2002 : *JCP 2003. IV. 1264.*

R. 312-3 **Lorsqu'un établissement de crédit, l'une des institutions ou l'un des services mentionnés à l'article L. 518-1 oppose un refus à une demande écrite d'ouverture de compte de dépôt, ce refus doit être formulé par écrit. L'avis de refus doit être remis à l'intéressé ou lui être adressé par lettre recommandée avec demande d'avis de réception.** – *[Décr. n° 84-708 du 24 juill. 1984, art. 5].*

R. 312-4 **Les règles relatives au solde bancaire insaisissable sont prévues aux articles 44 à 47-4 du décret n° 92-755 du 31 juillet 1992 instituant de nouvelles règles relatives aux procédures civiles d'exécution pour l'application de la loi n° 91-650 du 9 juillet 1991 portant réforme des procédures civiles d'exécution ci-après reproduits :** – *V.* **NCPC.**

SOUS-SECTION 2 *Services bancaires de base*

BIBL. ▶ STOUFFLET, *RD banc. fin. 2001. 116* (service bancaire de base).

D. 312-5 **Les services bancaires de base mentionnés aux troisième et quatrième alinéas de l'article L. 312-1 comprennent :**

1° L'ouverture, la tenue et la clôture du compte ;

2° Un changement d'adresse par an ;

3° La délivrance à la demande de relevés d'identité bancaire *(Abrogé par Décr. n° 2006-384 du 27 mars 2006, art. 1er)* ***« ou postale »*** **;**

4° La domiciliation de virements bancaires *(Abrogé par Décr. n° 2006-384 du 27 mars 2006, art. 1er)* ***« ou postaux »*** **;**

5° L'envoi mensuel d'un relevé des opérations effectuées sur le compte ;

6° La réalisation des opérations de caisse ;

7° L'encaissement de chèques et de virements bancaires *(Abrogé par Décr. n° 2006-384 du 27 mars 2006, art. 1er)* ***« ou postaux »*** **;**

8° Les dépôts et les retraits d'espèces au guichet de l'organisme teneur de compte ;

9° Les paiements par prélèvement, titre interbancaire de paiement ou virement bancaire *(Abrogé par Décr. n° 2006-384 du 27 mars 2006, art. 1er)* ***« ou postal »*** **;**

10° Des moyens de consultation à distance du solde du compte ;

(Décr. n° 2006-384 du 27 mars 2006, art. 1er) **« 11° Une carte de paiement dont chaque utilisation est autorisée par l'établissement de crédit qui l'a émise ; »**

12° Deux formules de chèques de banque par mois ou moyens de paiement équivalents offrant les mêmes services. – *[Décr. n° 2001-45 du 17 janv. 2001, art. 1er].*

Les dispositions issues du Décr. n° 2006-384 du 27 mars 2006 sont entrées en vigueur le 1er avr. 2006. Pour les établissements de crédit qui n'ont pas, à cette date, été en mesure d'émettre des cartes de paiement dont chaque utilisation est autorisée, le 11° est entré en vigueur à compter du 1er juill. 2006 (Décr. préc., art. 3).

A compter du 1er juill. 2006, si une personne titulaire d'une carte de retrait émise, en application des art. D. 312-5 et D. 312-6, par un établissement de crédit mentionné précédemment en fait la demande, l'établissement remplace la carte de retrait par une carte de paiement dont chaque utilisation est autorisée (Décr. préc., art. 3).

D. 312-6 **Toute personne physique ou morale domiciliée en France ayant ouvert un compte de dépôt auprès d'un établissement désigné selon la procédure définie au**

deuxième alinéa de l'article L. 312-1 peut bénéficier des services bancaires mentionnés à l'article D. 312-5 sans contrepartie contributive de sa part. – *[Décr. n° 2001-45 du 17 janv. 2001, art. 2].*

V. 2e note ss art. D. 312-5.

....

SECTION II *Fonds reçus du public*

La présente section ne comprend pas de dispositions réglementaires.

SECTION III *Garantie des déposants*

La présente section ne comprend pas de dispositions réglementaires.

CHAPITRE III *Crédits*

SECTION I *Dispositions générales*

SOUS-SECTION 1 *Définition*

La présente sous-section ne comprend pas de dispositions réglementaires.

SOUS-SECTION 2 *Taux d'intérêt*

§ 1er *Taux de l'intérêt légal*

Le présent paragraphe ne comprend pas de dispositions réglementaires.

§ 2 *Taux effectif global*

R. 313-1 Les règles relatives au taux effectif global sont fixées par les articles R. 313-1 à R. 313-5 du code de la consommation ci-après reproduits : – *V. infra, v° Prêts d'argent - Intérêt des capitaux.*

§ 3 *Taux de l'usure*

D. 313-2 Les règles relatives au taux de l'usure sont prévues par les articles D. 313-6 à D. 313-8 du code de la consommation ci-après reproduits : – *V. infra, v° Prêts d'argent - Intérêt des capitaux.*

SOUS-SECTION 3 *Fichier des incidents de paiement caractérisés*

La présente sous-section ne comprend pas de dispositions réglementaires.

SECTION II *Catégories de crédits et opérations assimilées*

SOUS-SECTION 1 *Crédit-bail*

RÉP. COM. vis *Crédit-bail immobilier et Crédit-bail mobilier,* par DURANTON.

RÉP. CIV. v° *Crédit-bail,* par CABRILLAC.

R. 313-3 Les opérations de crédit-bail, mentionnées à l'article L. 313-7, sont soumises à une publicité. Celle-ci doit permettre l'identification des parties et des biens faisant l'objet de ces opérations. – *[Décr. n° 72-665 du 4 juill. 1972, art. 1er].*

BIBL. ▸ V. *supra,* ss. art. L. 313-10 C. mon. fin.

1. Identification des biens. Pour un exemple de publicité insuffisante, V. • Com. 5 déc. 1989 : *Gaz. Pal. 1990. 1. 160, note Bey.*

2. Portée des erreurs. N'empêchent pas l'identification du crédit-preneur des discordances dans l'orthographe de son nom et dans celle de la voie où est situé son domicile. • Com. 16 mai 1995 : *RJDA 1995, n° 1254 ; Rev. proc. coll. 1995. 467, obs. Soinne.* ♦ En revanche, la demande en revendication d'un crédit-bailleur a été rejetée, la publication portant sur un bien acquis par une personne physique indiquant, au titre de l'identité du crédit-preneur, l'enseigne sous laquelle il exerçait. • Com. 29 avr. 1997 : *Bull. civ. IV, n° 112 ; D. Affaires 1997. 835.*

3. Office du juge. Le juge, avant d'accueillir la demande en revendication de matériel ayant fait l'objet d'un contrat crédit-bail, doit rechercher si la publication de ce contrat au registre prévue à l'art. 2 du décret de 1972 [C. mon. fin., art. R. 313-4] a réellement été effectuée (en l'occurrence, le requérant avait produit le bordereau de sa demande). • Com. 13 janv. 1998 : *Bull. civ. IV, n° 15 ; D. Affaires 1998. 299, obs. V. A.-R.*

§ 1er *Publicité des opérations de crédit-bail en matière mobilière*

R. 313-4 Pour les opérations de crédit-bail en matière mobilière, l'entreprise de crédit-bail demande la publication, au registre ouvert à cet effet au greffe du tribunal de commerce ou du tribunal de grande instance statuant commercialement, des renseignements prévus à l'article R. 313-3. – *[Décr. n° 72-665 du 4 juill. 1972, art. 2].*

R. 313-5 Lorsque le client de l'entreprise de crédit-bail est immatriculé au registre du commerce et des sociétés, la publication s'effectue auprès du greffe du tribunal dans le ressort duquel ce client est immatriculé à titre principal.

Lorsque le client n'est pas immatriculé au registre du commerce et des sociétés, la publication s'effectue auprès du greffe du tribunal de commerce ou du tribunal de grande instance statuant commercialement dans le ressort duquel est situé l'établissement de ce client bénéficiaire du crédit-bail. – *[Décr. n° 72-665 du 4 juill. 1972, art. 3].*

R. 313-6 Toute modification affectant les renseignements mentionnés à l'article R. 313-3 est publiée en marge de l'inscription existante au registre mentionné à l'article R. 313-4.

Dans le cas où cette modification implique un changement du tribunal territorialement compétent, l'entreprise de crédit-bail doit en outre faire reporter l'inscription modifiée sur le registre du greffe du nouveau tribunal. – *[Décr. n° 72-665 du 4 juill. 1972, art. 4].*

R. 313-7 Les inscriptions régulièrement faites en application des articles R. 313-4 et R. 313-6 prennent effet à leur date. – *[Décr. n° 72-665 du 4 juill. 1972, art. 5].*

R. 313-8 Les inscriptions sont radiées, soit sur justification de l'accord des parties, soit en vertu d'une décision juridictionnelle passée en force de chose jugée. – *[Décr. n° 72-665 du 4 juill. 1972, art. 6].*

R. 313-9 Le greffier délivre à tout demandeur une copie de l'état intégral ou des extraits des inscriptions modificatives. – *[Décr. n° 72-665 du 4 juill. 1972, art. 7].*

R. 313-10 Si les formalités de publicité n'ont pas été accomplies dans les conditions fixées aux articles R. 313-4 à R. 313-6, l'entreprise de crédit-bail ne peut opposer aux créanciers ou ayants cause à titre onéreux de son client, ses droits sur les biens dont elle a conservé la propriété, sauf si elle établit que les intéressés avaient eu connaissance de l'existence de ces droits. – *[Décr. n° 72-665 du 4 juill. 1972, art. 8].*

1. Légalité du décret. En faisant dépendre l'opposabilité aux tiers des droits du bailleur sur le bien loué de formalités de publicité les auteurs du décret (n° 72-665 du 4 juill. 1972) n'ont ni méconnu les termes de la loi, ni excédé les limites de l'habilitation qui leur avait été consentie. • CE 29 mars 1985 : *JCP 1986. II. 20608, note Bey.* – Comp. : • Com. 23 févr. 1982 :

D. 1982. 623, note Derrida ; RTD com. 1982. 615, obs. Bouloc et Hémard ; D. 1983. IR. 187, obs. Vasseur ; JCP 1983. II. 19975, note Bey.

1 bis. Crédit-bail occasionnel. L'art. 8 du décret de 1972 [C. mon. fin., art. R. 313-10] est applicable au contrat de crédit-bail consenti à titre occasionnel par une entreprise sans statut particulier. • Rouen, 12 janv. 1995 : *RJDA 1995, n° 1126 ; JCP E 1995. Pan. 940.* – V. note 1 ss. art. L. 515-2 et note 2 ss. art. L. 313-10, *supra.*

2. Crédit-bail aéronautique. V. • Civ. 2e, 15 mars 1989 : *Gaz. Pal. 1990. 2. Somm. 352, obs. Bey.*

2 bis. Sous-acquéreur. BIBL. Rolland, *Rev. huiss. 1998. 581.* ♦ Si la publicité prévue par le décret du 4 juill. 1972 [C. mon. fin., art. R. 313-3 s.] permet l'identification des parties au contrat et des biens objets de l'opération par les créanciers ou ayants cause à titre onéreux du client de l'entreprise de crédit-bail, il n'en est pas de même pour le sous-acquéreur, possesseur de bonne foi du bien mobilier, dont le droit de propriété demeure opposable au crédit-bailleur en dépit de l'accomplissement des formalités de publicité. • Com. 14 oct. 1997 : *Bull. civ. IV, n° 257 ; D. 2000. Somm. 74, obs. Pérochon et Mainguy ; D. Affaires 1997. 1322 ; JCP E 1998, n° 9, p. 327, note Leveneur.*

3. Portée de la sanction. Le crédit-preneur n'a pas qualité pour se prévaloir de l'éventuelle inobservation des mesures de publicité mises en place par le décret du 4 juill. 1972 [C. mon. fin., art. R. 313-3 s.] en vue de la protection des tiers au contrat. • Com. 16 mai 1995 : *Bull. civ. IV, n° 143 ; JCP 1995. II. 22497, note Clément ; Rev. proc. coll. 1995. 468, obs. Soinne.*

4. Redressement et liquidation judiciaires. V. *supra*, note 7 ss. art. L. 313-10.

R. 313-11 **Les pièces justificatives qui doivent être présentées au greffier, ainsi que les modalités de publication ou de radiation et les modèles de bordereaux d'inscription, copies ou extraits sont fixés par arrêté conjoint du garde des sceaux, ministre de la justice, et du ministre chargé de l'économie.** – *[Décr. n° 72-665 du 4 juill. 1972, art. 9]. – V. Arr. 4 juill. 1972 (D. et BLD 1972. 415).*

Production de l'extrait. A défaut de production de l'extrait du registre des publicités délivré par le greffe du tribunal de commerce, le droit du crédit-bailleur ne peut être opposable aux tiers sur la seule production du bordereau d'inscription remis par le greffe. • Com. 27 févr. 1990 : *Bull. civ. IV, n° 55 ; Gaz. Pal. 1990. 2. 547, note Cordier ; RTD com. 1990. 630, obs. Bouloc* • Douai, 28 avr. 1988 : *Gaz. Pal. 1989. 1. Somm. 18* ♦ Sur le défaut de responsabilité du greffier, V. • TGI Paris, 14 oct. 1992 : *Gaz. Pal. 1993. 1. 160.*

§ 2 *Publicité des opérations de crédit-bail en matière immobilière*

R. 313-12 **Les contrats mentionnés au 2 de l'article L. 313-7 donnent lieu, selon les stipulations qu'ils comportent, à publicité obligatoire ou facultative, auprès du bureau des hypothèques suivant les modalités fixées pour les contrats de même nature régis par les articles 28 et 37 du décret n° 55-22 du 4 janvier 1955 modifié portant réforme de la publicité foncière.** – *[Décr. n° 72-665 du 4 juill. 1972, art. 10]. – V. ce texte au* **C. civ.**

Publicité foncière. La demande en résiliation d'un contrat de crédit-bail immobilier n'est pas soumise à la publicité foncière. • Civ. 3e, 21 févr. 1996 : *Bull. civ. III, n° 55 ; D. 1996. Somm. 391, obs. S. Piedelièvre* • 27 mai 1998 : *RJDA 1998, n° 935 ; Banque et Droit janv.-févr. 1999. 50, obs. Rontchevsky.* – V. Frémont, *JCP N 1997. I. 861.*

R. 313-13 **Le défaut de publicité entraîne l'inopposabilité aux tiers dans les conditions prévues à l'article 30 du décret du 4 janvier 1955 précité.** – *[Décr. n° 72-665 du 4 juill. 1972, art. 11]. – V. ce texte au* **C. civ.**

Inopposabilité. Sur l'inopposabilité aux créanciers du crédit-preneur mis en liquidation judiciaire, d'un contrat de crédit-bail immobilier non publié, V. note 5 *bis* ss. ancien art. L. 621-43 C. com., *supra.*

§ 3 *Publicité comptable des opérations de crédit-bail*

R. 313-14 I. — **Les sociétés commerciales qui recourent à des opérations de crédit-bail pour se procurer des biens d'équipement, des matériels ou des immeubles à usage professionnel et qui ne bénéficient pas du régime de présentation simplifiée, tel qu'il est prévu à l'article L. 123-16 du code de commerce et à l'article 17 du décret n° 83-1020 du 29 novembre 1983 pris en application de la loi n° 83-353 du 30 avril 1983 et relatif aux obligations comptables des commerçants, mentionnent dans l'annexe prévue à l'article L. 123-12 du même code les informations suivantes :**

1° La valeur de ces biens au moment de la signature du contrat ;

2° Le montant des redevances afférentes à l'exercice ainsi que le montant cumulé des redevances des exercices précédents ;

3° Les dotations aux amortissements qui auraient été enregistrées pour ces biens au titre de l'exercice clos s'ils avaient été acquis par l'entreprise ainsi que le montant cumulé des amortissements qui auraient été effectués au titre des exercices précédents ;

4° L'évaluation à la date de clôture du bilan des redevances restant à payer ainsi que du prix d'achat résiduel de ces biens stipulé aux contrats.

Les informations prévues aux 1° à 4° sont ventilées selon les postes du bilan dont auraient relevé les biens en cause ; les informations prévues au 4° sont ventilées selon les échéances à un an au plus, à plus d'un an et cinq ans au plus et à plus de cinq ans. — *Sur les sanctions pénales, V. infra, art. R. 351-5.*

II. — Les autres personnes morales et les personnes physiques ayant la qualité de commerçants doivent, en distinguant les opérations de crédit-bail mobilier et les opérations de crédit-bail immobilier :

1° Faire apparaître séparément, dans leur compte de résultat, les loyers correspondant à l'exécution des contrats relatifs aux opérations précitées ;

2° Evaluer dans l'annexe et à la date de clôture du bilan le montant total des redevances leur restant à supporter en exécution des obligations stipulées dans un ou plusieurs contrats de crédit-bail. — *[Décr. n° 72-665 du 4 juill. 1972, art. 12].*

Sur les sociétés autorisées à prendre la dénomination de « sociétés immobilières pour le commerce et l'industrie », V. Ord. n° 67-837 du 28 sept. 1967, art. 5 (D. 1967. 378 ; BLD 1967. 670), mod. par L. n° 88-1149 du 23 déc. 1988, art. 74-I (D. et ALD 1989. 19). – ***C. sociétés.***

SOUS-SECTION 2 *Crédits aux entreprises*

R. 313-14-1 *(Décr. n° 2006-697 du 14 juin 2006)* **Les établissements publics mentionnés à l'article L. 313-13 sont les établissements publics de l'État à caractère industriel et commercial dont l'objet les autorise à participer au financement de l'activité économique.**

D. 313-14-1 *(Décr. n° 2005-1743 du 30 déc. 2005, art. 1er)* **Le délai de préavis minimal mentionné à la deuxième phrase du premier alinéa de l'article L. 313-12 est de soixante jours pour toutes les catégories de crédits.**

Le Décr. n° 2005-1743 est entré en vigueur le 1er juin 2006 (art. 2 du décret).

BIBL. ► S. Piedelièvre, *D. 2006. 434* (préavis en cas de rupture de crédit à durée indéterminée).

SECTION III ***Procédures de mobilisation des créances professionnelles***

SOUS-SECTION 1 *Cession et nantissement des créances professionnelles*

R. 313-15 **La notification prévue à l'article L. 313-28 peut être faite par tout moyen.**

La notification au débiteur d'une créance cédée ou nantie, en application des articles L. 313-23 à L. 313-35, comporte les mentions obligatoires suivantes :

1° Dans les conditions prévues par les articles L. 313-23 à L. 313-35 du code monétaire et financier, le nom du cédant ou de la personne qui consent le nantissement, comme suit :

« Nous a cédé/nanti la/les créance(s) » ;

2° La désignation de la (ou les) créance(s) cédée(s) ou nantie(s), comme suit :

« Dont vous êtes débiteur envers lui/elle.

Conformément aux dispositions de l'article L. 313-28, nous vous demandons de cesser, à compter de la présente notification, tout paiement au titre de cette/ces créance(s) à... » ;

3° Le mode de règlement et l'indication de la personne à l'ordre de laquelle ce règlement doit être effectué, comme suit :

« En conséquence, le règlement de votre dette (indication du mode de règlement) devra être effectué à l'ordre de... (indication de la personne à l'ordre de laquelle le règlement doit être effectué). » – *[Décr. nº 81-862 du 9 sept. 1981, art. 2, al. 1er et annexe I].*

1. Forme de la notification. La notification par lettre recommandée ne constitue pas un élément de validité de la notification, mais un simple élément de preuve. • Paris, 15 oct. 1993 : *Banque janv. 1994. 92, obs. Guillot ; RTD com. 1994. 82, obs. Cabrillac et Teyssié.* ♦ Pour une notification résultant de l'apposition, par le cessionnaire, d'un « papillon jaune » sur la facture émise par le cédant, V. • Paris, 15 déc. 1994 : *RJDA 1995, nº 471.* ♦ V. note ss. art. R. 313-18, *infra.* ♦ Sur l'absence d'effets d'une notification faite en langue étrangère, V. • T. com. Paris, 15 sept. 1993 :*RTD com. 1994. 536, obs. Cabrillac et Teyssié.*

2. Destinataire. Est valable la notification adressée à l'établissement destinataire des factures correspondant aux créances cédées et non au siège social de l'entreprise. • Paris, 15 oct. 1993 : *préc. note 1.* De même est valable la notification faite à un service de la SNCF autre que celui chargé du paiement. • Paris, 17 févr. 1995 : *Banque juin 1995. 94, obs. Guillot.*

2 bis. La cession, par une entreprise à une banque, d'une créance correspondant à un crédit de TVA dont l'entreprise est titulaire, doit faire l'objet d'une notification au comptable assignataire de la dépense, et non au receveur des impôts. • TA Lille, 10 déc. 1998 : *JCP E 1999, nº 30-34, p. 1301, note D. F.*

3. Mentions obligatoires. Les documents adressés par une banque cessionnaire à une société débitrice doivent, pour valoir notification et interdiction de payer au cédant signataire du bordereau, mentionner expressément, outre la référence à la loi nº 81-1 du 2 janv. 1981 [C. mon. fin., art. L. 313-23 s.], la désignation du créancier cédant, celle de la créance ou des créances cédées, une interdiction de payer ces créances entre les mains du créancier signataire du bordereau de cession. • Com. 7 janv. 1997 : *Bull. civ. IV, nº 2 ; D. Affaires 1997. 183 ; RTD com. 1997. 300, obs. Cabrillac.* ♦ En revanche, l'annexe I du décret de 1981 [C. mon. fin., art. R. 313-15, al. 2 s.] n'oblige pas le bénéficiaire du bordereau qui adresse un acte d'acceptation à rappeler les dispositions de l'art. 6 de la loi relatives aux effets de l'acceptation et notamment à l'impossibilité pour le débiteur qui accepte d'opposer au cessionnaire les exceptions fondées sur ses rapports avec le cédant. • Paris, 13 nov. 1990 : *D. 1991. 594, note D. Martin.*

R. 313-16 **Lorsque la créance est cédée en vertu d'un contrat d'affacturage, la société d'affacturage doit, dans le cadre de la notification au débiteur cédé de cette cession de créance, en application des articles L. 313-23 à L. 313-35, faire figurer sur la facture afférente à la créance qui lui a été cédée, les mentions obligatoires suivantes :**

1° Le nom de la société d'affacturage, comme suit :

« La créance relative à la présente facture a été cédée à... dans le cadre des articles L. 313-23 à L. 313-35 du code monétaire et financier » ;

2° Le mode de règlement, comme suit :

« Le paiement doit être effectué par chèque, traite, billets, etc., établi à l'ordre de (nom de la société d'affacturage ou de son mandataire)... et adressé à... ou par virement au compte nº ... chez... ou au CCP nº ... » – *[Décr. nº 81-862 du 9 sept. 1981, art. 2, al. 2 et annexe II].*

R. 313-17 **Lorsque la créance est cédée ou nantie au titre d'un marché public, la notification doit être faite entre les mains du comptable assignataire désigné dans les documents contractuels. Elle doit comporter les mentions obligatoires suivantes,**

conformément aux articles L. 313-23 à L. 313-35 : — *La notification prévue à l'art. L. 313-28 C. mon. fin. est adressée au comptable public assignataire désigné dans le marché. - V. art. 106 nouveau C. marchés publics (Décr. n° 2004-15 du 7 janv. 2004 ; JO 8 janv.).*

1° Dans les conditions prévues par les articles L. 313-23 à L. 313-35 du code monétaire et financier, le titulaire du marché/le sous-traitant/le bénéficiaire de la facture ci-dessous désigné comme suit (raison sociale et adresse de l'entreprise cédante) :

« Nous a cédé/nanti en totalité/en partie par bordereau en date du... la (les) créance(s) suivante(s) :

Marché n°... »

2° L'indication de la commande, comme suit :

« Bon de commande n°...

« Ordre de service n°... (préciser en cas de marché à commandes ou marchés de clientèle).

« Acompte ou facture...

« Sous-traité n° (1)...

« Lieu d'exécution...

« Administration contractante... »

3° Le montant ou l'évaluation de la créance cédée ou nantie, comme suit :

« En cas de cession ou de nantissement total : montant ou évaluation :

« En cas de cession ou de nantissement partiel, désignation de la part du marché ou du sous-traité : montant ou évaluation :

« Conformément aux dispositions de l'article L. 313-28, nous vous demandons de cesser, à compter de la réception de la présente notification, tout paiement au titre de cette (ces) créance(s) à... (raison sociale et adresse de l'entreprise cédante). »

4° Le mode de règlement, comme suit :

« En conséquence, le règlement des sommes revenant à l'entreprise ci-dessus devra être effectué à... (indication de la personne à l'ordre de laquelle il doit être effectué et du mode de règlement). » — *[Décr. n° 81-862 du 9 sept. 1981, art. 2, al. 3 et annexe III].*

1. Défaut de notification. A défaut de notification de la cession au comptable assignataire, la demande en paiement de la banque cessionnaire d'un bordereau Dailly doit être déclarée irrecevable, l'acceptation de la cession par le débiteur n'ayant aucune influence sur les droits du porteur et les obligations du comptable. • Riom, 27 sept. 1994 : *JCP 1995. IV. 94 ; RJDA 1995, n° 472.*

2. Destinataire de la notification. Un établissement public, débiteur d'une créance professionnelle cédée, n'ayant pas transmis à son comptable les notifications de créances adressées par la banque cessionnaire et s'étant acquitté de sa dette en réglant le cédant, alors même qu'il avait déjà connaissance de la cession, la banque est fondée à se prévaloir de fautes de nature à engager la responsabilité pécuniaire de l'établissement public à son égard. • CAA Paris, 9 juill. 1992 : *JCP E 1992. Pan. 1317.* ♦ Toutefois, la banque ayant elle-même commis une faute en adressant la notification à l'établissement public et non à son comptable assignataire, la responsabilité doit être partagée. • Même arrêt. - Sur cet arrêt, V. Blais, *Dr. adm. avr. 1995, p. 1.* — V. aussi • TGI Paris, 12 mai 1993 : *BICC 1993, n° 1166.* ♦ Comp., jugeant que le maire de la commune, à qui les notifications avait été adressées, n'était pas tenu de les transmettre au comptable : • CAA Paris, 23 mai 1995 : *JCP 1995. II. 22552, note Eckert.* ♦ La notification ayant été effectuée auprès d'une autorité administrative incompétente, l'acquéreur de la créance cédée ne peut s'en prévaloir à l'encontre de l'exception de compensation qui a éteint la créance sur l'État. • CAA Paris, 12 nov. 1993 : *JCP E 1994. Pan. 134 ; Petites affiches 29 août 1994, p. 3, concl. Mendras.* ♦ L'action en répétition de l'indu n'est pas recevable : V. • Com. 21 oct. 1997 : *RD bancaire et bourse 1998. 10, obs. Crédot et Gérard.* ♦ S'il résulte de l'art. 189 C. marchés publics [abrogé] que la notification de la cession de créances doit être adressée par le cessionnaire au comptable public assignataire désigné dans le marché et que celui-ci doit en conséquence payer à l'établissement de crédit le montant de la créance cédée telle qu'elle résulte de l'exécution du contrat de marché public, l'engagement facultatif prévu par l'art. 6 de la loi du 2 janv. 1981 [C. mon. fin., art. L. 313-29], laquelle ne modifie pas les règles de répartition de compétences entre les ordonnateurs et les comptables publics, qui a pour effet la renonciation du maître de l'ouvrage à certaines garanties qu'il tient du marché, ne peut pas être souscrit par le comptable public mais par le représentant qualifié de l'administration contractante. • CAA Bordeaux, 28 déc. 1995 :

JCP E 1996. II. 818, concl. Bousquet ; RJDA 1996, n° 1080. — V. C. marchés publics, art. 106-II (Décr. n° 2004-15 du 7 janv. 2004 ; *JO 8 janv.*).

3. Forme de la notification. La notification à la personne publique de la cession d'une créance née de l'exécution d'un marché public qui est entaché de nullité doit être effectuée dans les conditions de droit commun prévues par l'art. 2 du Décr. du 9 sept. 1981, et non dans les formes propres aux marchés publics, prévues par l'art. 189 C. marchés publics [abrogé]. • CAA Nantes, 29 juin 2001 : *JCP E 2002, n° 2, 43.* ♦ Comp., jugeant que les dispositions de l'art. 2 du Décr. du 9 sept. 1981, qui ne concernent que la forme de la notification, ne dispensent pas de l'obligation de l'adresser à son destinataire selon les règles applicables, notamment en matière de comptabilité publique : • CAA Douai, 29 avr. 2003 : *JCP E 2003, n° 39, p. 1516.*

R. 313-17-1 *(Décr. n° 2006-22 du 5 janv. 2006, art. 1er)* **Lorsque la créance est cédée ou nantie au titre d'un contrat de partenariat ou d'un contrat mentionné au premier alinéa de l'article L. 6148-5 du code de la santé publique, la notification est faite entre les mains du comptable public assignataire désigné dans les documents contractuels. Elle comporte les mentions obligatoires suivantes :**

« 1° Dans les conditions prévues par les articles L. 313-23 à L. 313-35 du code monétaire et financier, le titulaire du contrat de partenariat ou d'un contrat mentionné au premier alinéa de l'article L. 6148-5 du code de la santé publique (raison sociale et adresse du titulaire du contrat de partenariat ou du contrat mentionné au premier alinéa de l'article L. 6148-5 du code de la santé publique, le cédant) nous a cédé / a nanti, en totalité / en partie, par bordereau en date du ...., la créance relative au contrat de partenariat ou au contrat mentionné au premier alinéa de l'article L. 6148-5 du code de la santé publique signé le .... par (nom de la collectivité publique contractante) » ;

« 2° Le montant de la créance cédée ou nantie est de .... » ;

« 3° Conformément aux dispositions de l'article L. 313-28 du code monétaire et financier, nous vous demandons de cesser, à compter de la réception de la présente notification, tout paiement au titre de cette créance, à (raison sociale et adresse du cédant) » ;

« 4° En conséquence, le règlement des sommes revenant à l'entreprise désignée ci-dessus devra être effectué à (désignation de l'établissement cessionnaire et du mode de règlement). »

R. 313-17-2 *(Décr. n° 2006-22 du 5 janv. 2006, art. 1er)* **Si la créance cédée comporte une part représentant une fraction du coût des investissements, définie en application de l'article L. 313-29-1 du code monétaire et financier, la notification mentionnée à l'article R. 313-17-1 comporte, outre les mentions prévues à cet article, la mention obligatoire suivante :**

« La part fixée contractuellement à l'article n° ..... du contrat de partenariat ou du contrat mentionné au premier alinéa de l'article L. 6148-5 du code de la santé publique, en application de l'article L. 313-29-1 du code monétaire et financier, est cédée en totalité / en partie pour un montant de .... ».

R. 313-18 **En cas de litige, l'établissement qui a notifié doit apporter la preuve de la connaissance par le débiteur de la notification. Cette preuve est établie selon les règles de preuve applicables au débiteur de la créance cédée ou nantie.** – *[Décr. n° 81-862 du 9 sept. 1981, art. 2, al. 4].*

Preuve de la notification. La preuve de la notification peut être faite par tout moyen, et résulter notamment : du fait que le cédé a reconnu avoir reçu du cessionnaire le pli contenant la notification. • Paris, 15 sept. 1992 : *RJ com. 1994. 248, note X. Vincent.* ♦ ... D'une lettre recommandée avec accusé de réception ou de tout autre moyen permettant de donner date certaine. • CAA Paris, 23 mai 1995 : *cité note 2 ss. art. R. 313-17.* ♦ Mais la preuve que la notification comportait les mentions obligatoires ne résulte pas de la seule production de l'accusé de réception de la lettre recommandée. • Versailles, 31 oct. 1996 : *RJDA 1997, n° 538.*

SOUS-SECTION 2 *Mobilisation des crédits par le cessionnaire ou le nanti*

§ 1er *Dispositions générales*

R. 313-19 La disposition du deuxième alinéa de l'article L. 313-25, selon laquelle la date de cession ou de nantissement est apposée par le cessionnaire, peut ne pas s'appliquer aux cessions de créances financières prévues à l'article L. 313-31.

L'engagement pris par le débiteur de payer directement le cessionnaire de créances financières selon les règles posées par l'article L. 313-29 est constaté par un écrit intitulé :

« Acte d'acceptation de la cession d'une créance financière ». — *[Décr. n° 81-862 du 9 sept. 1981, art. 3].*

Sur le recouvrement des créances par la procédure d'injonction de payer, V. NCPC, art. 1405, infra, v° Injonction de payer.

§ 2 *Mobilisation des crédits à moyen terme*

Le présent paragraphe ne comprend pas de dispositions réglementaires.

§ 3 *Mobilisation des créances hypothécaires et assimilées*

R. 313-20 La quotité prévue au dernier alinéa de l'article L. 313-42 est définie, lorsqu'elle est appréciée au moment de la conclusion du contrat de prêt, par le rapport entre le capital dû et la valeur du bien et, lorsqu'elle est appréciée au moment de la mise à disposition au profit du porteur du billet, par le rapport entre le capital restant dû et la valeur du bien.

Elle est fixée à 60 % de la valeur du bien financé pour les créances cautionnées ou du bien apporté en garantie pour les créances hypothécaires.

Elle peut être portée à 80 % de la valeur du bien si les prêts mis à la disposition du porteur du billet à ordre par la société émettrice de ce billet ont été consentis à des personnes physiques pour financer la construction ou l'acquisition de logements ou pour financer à la fois l'acquisition d'un terrain à bâtir et le coût des travaux de construction de logements. Sont assimilés à la construction les travaux ayant pour objet la création ou la transformation d'une surface habitable, par agrandissement ou par remise en état. Pour les créances hypothécaires, il faut également que le bien apporté en garantie soit un logement.

L'évaluation des biens financés ou apportés en garantie correspondant aux créances mobilisées est effectuée par les émetteurs de billets à ordre selon les modalités prévues par un arrêté du ministre chargé de l'économie, pris après avis du Comité consultatif de la législation et de la réglementation financières. — *[Décr. n° 2000-664 du 17 juill. 2000, art. 1er].*

R. 313-21 La quotité de financement mentionnée à l'avant-dernier alinéa de l'article R. 313-20 peut être dépassée :

1° Dans la limite de 90 % de la valeur du bien lorsque le montant des créances mobilisées excède de 25 % au moins celui des billets à ordre qu'elles garantissent ;

2° Dans la limite de 100 % de la valeur du bien apporté en garantie, pour les prêts bénéficiant de la garantie du fonds de garantie à l'accession sociale à la propriété mentionné à l'article L. 312-1 du code de la construction et de l'habitation ou les prêts couverts, pour la partie excédant la quotité fixée, par un cautionnement répondant aux conditions posées à l'article L. 313-42 du présent code ou par la garantie d'une ou plusieurs personnes morales de droit public mentionnées à l'article L. 515-15 du même code. — *[Décr. n° 2000-664 du 17 juill. 2000, art. 2].*

R. 313-22 Une sûreté immobilière, conférant une garantie équivalente à une hypothèque de 1er rang au sens de l'article L. 313-42, est celle qui confère au créancier, quelle que soit la situation juridique du débiteur, le droit de faire procéder à la vente de l'immeuble grevé par cette sûreté dans quelques mains qu'il se trouve et de se faire payer sur le prix de vente par préférence aux autres créanciers. – *[Décr. n° 2000-664 du 17 juill. 2000, art. 3].*

R. 313-23 Pour les créances cautionnées, l'apport personnel ne peut être inférieur :

1° A 10 % du prix d'achat du bien immobilier hors frais et taxes s'il s'agit d'un logement ;

2° A 5 % du prix du bien immobilier hors frais et taxes s'il s'agit d'un logement et si l'apport est constitué à partir de dépôts sur un plan contractuel d'épargne logement.

L'apport personnel ne peut être constitué par emprunt. – *[Décr. n° 2000-664 du 17 juill. 2000, art. 4].*

R. 313-24 Pour l'application du 2° du I de l'article L. 515-14, les créances cautionnées éligibles sont celles dont un établissement de crédit ou une entreprise d'assurances détenant des capitaux propres d'au moins 12 millions d'euros est caution solidaire.

Le montant total des créances cautionnées mobilisées ne peut dépasser 20 % du montant total des créances mises à disposition au profit de l'établissement détenteur des billets à ordre émis en application des articles L. 313-42 à L. 313-48. – *[Décr. n° 2000-664 du 17 juill. 2000, art. 5]. – V. C. mon. fin., art. L. 515-14, supra.*

R. 313-25 Le contrat d'émission des obligations émises en application de l'article L. 313-42 mentionne explicitement :

1° La finalité de la mobilisation ;

2° L'objet exclusif de l'établissement de crédit émetteur ;

3° La dérogation prévue à l'article R. 214-8 ;

4° Le privilège dont bénéficie l'établissement de crédit émetteur conformément aux dispositions des articles L. 313-42 à L. 313-49. – *[Décr. n° 2000-664 du 17 juill. 2000, art. 7].*

SECTION IV *Garantie des cautions*

SOUS-SECTION 1 *Cautions obligatoires couvertes par le mécanisme de garantie des cautions*

D. 313-26 En application de l'article L. 313-50, sont couverts par le mécanisme de garantie des cautions les engagements de caution octroyés par un établissement de crédit agréé en France au titre :

1° De l'article 1799-1 du code civil, de l'article 1er de la loi n° 71-584 du 16 juillet 1971 modifiée tendant à réglementer les retenues de garantie en matière de marchés de travaux définis par le 3° de l'article 1779 du code civil et des articles 13-1 et 14 de la loi n° 75-1334 du 31 décembre 1975 modifiée relative à la sous-traitance ; – *V. art. 1799-1 C. civ. et L. n° 71-584 du 16 juill. 1971, art. 1er,* **C. civ.** *– V. L. n° 75-1334 du 31 déc. 1975, art. 13-1 et 14, infra, v° Sous-traitance.*

2° De l'article L. 124-8 et de l'article L. 763-9 du code du travail ;

3° De l'article L. 530-1 du code des assurances ;

4° Du *h* de l'article L. 222-3, du *k* de l'article L. 231-2, du g de l'article L. 232-1 et des articles R. 222-9 et R. 222-11 du code de la construction et de l'habitation ;

5° Du *d* de l'article L. 261-11 et des articles R. 261-17 à R. 261-24 du code de la construction et de l'habitation et des articles 6 et 15 de la loi n° 84-595 du 12 juillet 1984 définissant la location-accession à la propriété immobilière ; – *V. texte préc.,* **C. civ.**

6° De l'article R. 141-2 du code rural ;

7° De l'article 3 (2°) de la loi n° 70-9 du 2 janvier 1970 réglementant les conditions d'exercice des activités relatives à certaines opérations portant sur les immeubles et les fonds de commerce ; – *Disposition modifiée par Ord. n° 2004-634 du 1er juill. 2004, art. 5 (JO 2 juill.). – V. note ss. le texte préc. ss. C. com., art. L. 525-20, supra.*

8° Du deuxième alinéa de l'article 27 de la loi n° 71-1130 du 31 décembre 1971 portant réforme de certaines professions judiciaires et juridiques ; – *V. C.* ***pr. civ.***

9° Du I de l'article 7-1 de la loi n° 82-1153 du 30 décembre 1982 d'orientation des transports intérieurs ;

10° De l'article L. 519-4 ;

11° Du *c* de l'article L. 212-2 du code du tourisme, du b de l'article L. 213-3 du même code jusqu'à la date prévue au premier alinéa de l'article 4 de l'ordonnance n° 2005-174 du 24 février 2005, puis, à compter de cette date, du d de l'article L. 213-3 et des articles L. 213-5 et L. 213-7 du même code jusqu'à la date prévue au premier alinéa de l'article 4 de l'ordonnance n° 2005-174 du 24 février 2005 ;

12° Des articles L. 522-11 et L. 522-12 du code de commerce ;

13° De l'article 3 du décret n° 99-752 du 30 août 1999 relatif au transport routier de marchandises ; – *V. ce texte, supra, ss. art. L. 133-7 C. com.*

14° Des articles 7 et 14 du décret n° 90-200 du 5 mars 1990 relatif à l'exercice de la profession de commissionnaire de transport ;

15° Du 2° de l'article 3 du décret n° 89-273 du 26 avril 1989 portant application du décret du 9 janvier 1852 modifié sur l'exercice de la pêche maritime en ce qui concerne la première mise en marché des produits de la pêche maritime et les règles relatives aux communications d'informations statistiques ;

16° Du 2° de l'article 9 du décret n° 98-58 du 28 janvier 1998 relatif aux conditions d'attribution de la carte d'identité de commerçant étranger ; – *V. art. préc., infra, v° Etrangers.*

17° De l'article 331-5 du Règlement général de l'Autorité des marchés financiers ;

18° De l'article 16 de l'arrêté du 6 mai 1995 relatif aux aérodromes et autres emplacements utilisés par les hélicoptères. – *[Décr. n° 99-776 du 8 sept. 1999, art. 1er].*

Arrêté du 8 septembre 1999,

Portant homologation d'un règlement du Comité de la réglementation bancaire et financière.

Art. 1er Le règlement n° 99-12 du 9 juillet 1999 du Comité de la réglementation bancaire et financière annexé au présent arrêté est homologué.

ANNEXE

Règlement n° 99-12 du 9 juillet 1999 relatif aux modalités et aux délais d'indemnisation par le mécanisme de garantie des cautions

Art. 1er Nonobstant les cas d'ouverture d'une procédure de redressement et de liquidation judiciaires, la Commission bancaire, après avoir constaté qu'un établissement de crédit n'est plus en mesure d'honorer, immédiatement ou à terme rapproché, les engagements de caution énumérés par le décret *[C. mon. fin., art. D. 313-26]* prévu au cinquième alinéa de l'article 52-15 de la loi *[n° 84-46]* du 24 janvier 1984 susvisée *[C. mon. fin., art. L. 313-50]*, demande immédiatement au fonds de garantie des dépôts l'intervention du mécanisme de garantie des cautions au titre du troisième alinéa de l'article 52-15 précité *[C. mon. fin., art. L. 313-50]*.

2 Dès la notification de la décision de la Commission bancaire, le fonds de garantie des dépôts ouvre, au titre du mécanisme de garantie des cautions, la procédure d'indemnisation, de reprise ou de transfert des engagements de l'établissement de crédit défaillant.

Dans un délai de deux mois courant à compter de cette notification, le fonds de garantie des dépôts recense l'ensemble des bénéficiaires des engagements de caution octroyés par l'établissement de crédit défaillant et les informe, par lettre recommandée *(Règl. n° 2002-06 du 15 juill. 2002 homologué par Arr. 22 août 2002)* « avec demande d'avis de réception », de la reprise de ces engagements. Cette lettre indique également à ces bénéficiaires les démarches qu'ils doivent accomplir et les pièces justificatives qu'ils doivent fournir pour être indemnisés ou permettre la reprise de ces engagements par le mécanisme de garantie des cautions. *(Règl. n° 2002-06 du 15 juill. 2002 homologué par Arr. 22 août 2002)* « Elle précise aussi la possibilité pour le bénéficiaire de choisir entre une indemnisation en euros ou en francs CFP et les modalités à suivre à cet effet. »

Lorsque les circonstances l'exigent, le fonds de garantie peut demander à la Commission bancaire une prolongation du délai prévu au deuxième alinéa ci-dessus. Cette prolongation ne peut dépasser deux mois. La Commission bancaire peut, à la demande du fonds de garantie, accorder au maximum deux nouvelles prolongations, sans que chacune de celles-ci puisse dépasser deux mois.

3 L'indemnisation ou la reprise de l'engagement par le mécanisme de garantie des cautions est effectuée en euros et est limitée à 90 % du coût qui aurait dû être supporté par l'établissement défaillant au titre de l'exécution de ses engagements, sans que la fraction non indemnisée puisse être inférieure à 3 000 €.

(Règl. nº 2002-06 du 15 juill. 2002 homologué par Arr. 22 août 2002) « L'indemnisation ou la reprise de l'engagement est, le cas échéant, effectuée en francs CFP. Dans ce cas, le montant mentionné à l'alinéa précédent est égal à la contre-valeur en francs CFP obtenue en appliquant la parité définie en application de l'article L. 712-2 du code monétaire et financier. »

4 Les dispositions prévues à l'article précédent ne sont pas applicables aux interventions effectuées par le mécanisme de garantie des cautions dans le cadre du II de l'article 72 de la loi *[nº 99-532]* du 25 juin 1999 susvisée *[C. mon. fin., art. L. 313-51]*.

D. 313-27 Sont exclus de toute indemnisation ou de reprise d'engagement par le mécanisme de garantie des cautions :

1° Les engagements de caution effectués au profit des personnes suivantes :

a) Etablissements de crédit et entreprises d'investissement, en leur nom et pour leur propre compte ;

b) Entreprises d'assurance ;

c) Organismes de placement collectif en valeurs mobilières ;

d) Organismes de retraite et fonds de pension ;

e) Personnes mentionnées à l'article L. 518-1 ;

f) Associés personnellement responsables et commanditaires, détenteurs d'au moins 5 % du capital de l'établissement de crédit, administrateurs, membres du directoire et du conseil de surveillance, dirigeants et commissaires aux comptes de l'établissement, ainsi que tout bénéficiaire ayant les mêmes qualités dans d'autres sociétés du groupe ;

g) Sociétés ayant avec l'établissement de crédit, directement ou indirectement, des liens de capital conférant à l'une des entreprises liées un pouvoir de contrôle effectif sur les autres ;

h) Autres établissements financiers au sens du 4 de l'article L. 511-21 ;

i) Tiers agissant pour le compte des personnes citées ci-dessus ;

2° Les engagements de caution garantissant des opérations pour lesquelles une condamnation pénale définitive a été prononcée à l'encontre du bénéficiaire pour un délit de blanchiment de capitaux, sur le fondement des articles 222-38, 324-1 et 324-2 du code pénal ou de l'article 415 du code des douanes ;

3° Les engagements de caution pour lesquels le bénéficiaire a obtenu de l'établissement de crédit, à titre individuel, des avantages financiers qui ont contribué à aggraver la situation financière de cet établissement. – *[Décr. nº 99-776 du 8 sept. 1999, art. 2]*.

SOUS-SECTION 2 *Modalités d'information du public sur la garantie accordée*

D. 313-28 Les établissements de crédit fournissent aux bénéficiaires des engagements de caution mentionnés à l'article D. 313-26, de même qu'à toute personne qui en a fait la demande, toutes informations utiles sur le mécanisme de garantie des cautions, en particulier la nature et l'étendue de la couverture offerte. – *[Décr. nº 99-776 du 8 sept. 1999, art. 3]*.

D. 313-29 Les établissements de crédit adhérant au mécanisme de garantie des cautions doivent insérer dans leurs contrats de cautionnement entrant dans le champ d'application des articles D. 313-26 à D. 313-31 la mention suivante : « Cet engagement est couvert par le mécanisme de garantie des cautions mentionné à l'article L. 313-50 du code monétaire et financier. » – *[Décr. nº 99-776 du 8 sept. 1999, art. 4].*

D. 313-30 Les bénéficiaires des engagements de caution mentionnés à l'article D. 313-26 peuvent obtenir, sur simple demande auprès du fonds de garantie des dépôts, des informations complémentaires sur les conditions ou délais d'indemnisation ainsi que sur les formalités à accomplir pour être indemnisés. – *[Décr. nº 99-776 du 8 sept. 1999, art. 5].*

D. 313-31 Les informations destinées aux bénéficiaires ainsi que les documents relatifs aux conditions et formalités à remplir pour bénéficier d'un versement au titre du mécanisme de garantie des cautions sont rédigés en langue française, de façon détaillée et aisément compréhensible. – *[Décr. nº 99-776 du 8 sept. 1999, art. 6].*

TITRE II Les services d'investissement et leurs services connexes

Le présent titre ne comprend pas de dispositions réglementaires.

TITRE III Systèmes de règlements interbancaires et systèmes de règlement et de livraison d'instruments financiers

R. 330-1 La liste des systèmes de règlements interbancaires et des systèmes de règlement et de livraison d'instruments financiers notifiés à la Commission européenne par le ministre chargé de l'économie, en application du I de l'article L. 330-1, est publiée au *Journal officiel* de la République française. – *[Décr. nº 2003-195 du 7 mars 2003, art. 1er].*

R. 330-2 Les gestionnaires des systèmes mentionnés à l'article R. 330-1 communiquent à la Banque de France ainsi que, concernant les systèmes de règlement et de livraison d'instruments financiers, à l'Autorité des marchés financiers la liste des personnes qui y participent directement ou indirectement et les informent sans délai de toute modification de cette liste.

La Banque de France et l'Autorité des marchés financiers tiennent ces informations, ainsi que l'identité et l'adresse des gestionnaires des systèmes, à la disposition de toute personne qui en fait la demande. – *[Décr. nº 2003-195 du 7 mars 2003, art. 2].*

R. 330-3 Toute personne participant à un des systèmes mentionnés à l'article R. 330-1 est tenue de fournir à tout demandeur, y ayant un intérêt légitime, des informations sur ce système et sur ses règles de fonctionnement. Ces informations sont relatives aux conditions et modalités d'adhésion, aux devises ou aux instruments financiers traités, aux opérations effectuées, au statut de l'agent de règlement, aux mécanismes de gestion des risques, aux modalités propres à assurer le caractère irrévocable des instructions de paiement et de livraison d'instruments financiers, ainsi que des paiements et des livraisons d'instruments financiers.

Il peut, le cas échéant, être satisfait à cette obligation par un renvoi aux règles de fonctionnement publiées par l'Autorité des marchés financiers. – *[Décr. nº 2003-195 du 7 mars 2003, art. 3].*

TITRE IV Démarchage, colportage et fourniture à distance de services financiers *(Décr. nº 2005-1540 du 25 nov. 2005, art. 5).*

CHAPITRE PREMIER *Démarchage bancaire ou financier*

BIBL. ▶ PORTIER, *RD banc. fin. 2004, nº 266.* – DONDERO, *JCP E 2005, nº 9, p. 374.*

SECTION I *Définition*

D. 341-1 Les seuils prévus au 1° de l'article L. 341-2 sont fixés à :

1° 5 millions d'euros pour le total de bilan ;

2° 5 millions d'euros pour le chiffre d'affaires ou à défaut pour le montant des recettes ;

3° 5 millions d'euros pour le montant des actifs gérés ;

4° 50 personnes pour les effectifs annuels moyens.

Ces seuils ne sont pas cumulatifs. Ils sont appréciés au vu des derniers comptes consolidés ou à défaut des comptes sociaux, tels que publiés et, le cas échéant, certifiés par les commissaires aux comptes. – *[Décr. n° 2004-1019 du 28 sept. 2004, art. 1er]*.

SECTION II *Personnes habilitées à procéder au démarchage*

D. 341-2 Les démarcheurs personnes physiques et les personnes physiques ayant le pouvoir de gérer ou d'administrer les personnes morales mandatées en application du I de l'article L. 341-4 doivent remplir les conditions suivantes :

1° Avoir la majorité légale ;

2° Justifier préalablement à leur entrée en fonctions soit du baccalauréat ou équivalent, soit d'une formation professionnelle adaptée à la réalisation des opérations mentionnées aux 1° à 5° de l'article L. 341-1.

A défaut des diplômes ou niveaux de formation prévus au 2° ci-dessus, ils doivent justifier d'une expérience professionnelle d'une durée minimale de deux ans dans des fonctions liées à la réalisation d'opérations relevant des catégories énumérées aux 1° à 5° de l'article L. 341-1. Cette expérience doit avoir été acquise au cours des cinq années précédant la désignation des intéressés en qualité de démarcheurs ou de dirigeants de personnes morales mandatées en application du I de l'article L. 341-4 ;

3° Ne faire l'objet, ni d'une interdiction d'exercer à titre temporaire ou définitif une activité ou un service, en application des dispositions de l'article L. 621-15 ou au titre d'une sanction prononcée avant le 24 novembre 2003 par la Commission des opérations de bourse, le Conseil des marchés financiers ou le Conseil de discipline de la gestion financière, ni des sanctions prévues aux 4 et 5 de l'article L. 613-21 du présent code ou aux 3° à 5° de l'article L. 310-18 du code des assurances.

Une déclaration sur l'honneur est produite à cet effet par les personnes mentionnées au premier alinéa du présent article. – *[Décr. n° 2004-1019 du 28 sept. 2004, art. 2]*.

D. 341-3 Les niveaux minimaux de garantie du contrat d'assurance de responsabilité civile professionnelle prévus à l'article L. 341-5 sont fixés comme suit :

1° 75 000 euros par sinistre et 75 000 euros par année d'assurance pour les personnes physiques se livrant à une activité de démarchage au titre des opérations mentionnées au 2° de l'article L. 341-1 ;

2° 150 000 euros par sinistre et 300 000 euros par année d'assurance pour les personnes morales se livrant à une activité de démarchage au titre des opérations mentionnées au 2° de l'article L. 341-1 ;

3° 150 000 euros par sinistre et 150 000 euros par année d'assurance pour les personnes physiques se livrant à une activité de démarchage au titre des opérations mentionnées aux 1°, 3°, 4° et 5° de l'article L. 341-1 ;

4° 300 000 euros par sinistre et 600 000 euros par année d'assurance pour les personnes morales se livrant à une activité de démarchage au titre des opérations mentionnées aux 1°, 3°, 4° et 5° de l'article L. 341-1. – *[Décr. n° 2004-1019 du 28 sept. 2004, art. 3]*.

D. 341-4 Pour l'application de l'article L. 341-6, La Poste, la Caisse des dépôts et consignations et les sociétés de capital-risque font enregistrer auprès du Comité des établissements de crédit et des entreprises d'investissement les personnes salariées, employées ou mandataires qui exercent pour leur compte une activité de démarchage.

Les sociétés de capital-risque qui ont recours à des démarcheurs produisent au Comité des établissements de crédit et des entreprises d'investissement une copie de la lettre d'option adressée au service des impôts conformément à l'article 171 AR de l'annexe II au code général des impôts. – *[Décr. n° 2004-1019 du 28 sept. 2004, art. 4].*

D. 341-5 Lorsqu'une personne physique ou une personne morale mandatée en application du I de l'article L. 341-4 exerce une activité de démarchage pour le compte de plusieurs employeurs ou mandants, un seul numéro d'enregistrement lui est attribué. – *[Décr. n° 2004-1019 du 28 sept. 2004, art. 5].*

D. 341-6 Lorsqu'une personne physique se livre à une activité de démarchage pour le compte d'une personne morale mandatée dans les conditions prévues au I de l'article L. 341-4, la carte de démarchage prévue à l'article L. 341-8 lui est délivrée par cette personne morale. – *[Décr. n° 2004-1019 du 28 sept. 2004, art. 6]. – Sur la carte de démarchage, V. aussi Arr. 28 sept. 2004 (JO 29 sept.).*

D. 341-7 En cas de cessation de l'activité de démarchage pour quelque motif que ce soit, le titulaire de la carte délivrée en application de l'article L. 341-8 restitue cette carte sans délai. – *[Décr. n° 2004-1019 du 28 sept. 2004, art. 7]. – Sur la carte de démarchage, V. aussi Arr. 28 sept. 2004 (JO 29 sept.).*

D. 341-8 Le formulaire mentionné au deuxième alinéa du I de l'article L. 341-16, qui est intitulé « Formulaire relatif au délai de rétractation prévue par l'article L. 341-16 du code monétaire et financier », comporte les mentions suivantes :

1° La mention que ce formulaire doit être renvoyé au plus tard 14 jours à compter de la conclusion du contrat par lettre recommandée avec avis de réception ;

2° L'identité de l'organisme avec lequel le contrat a été conclu, son adresse et la désignation du contrat, parmi les catégories mentionnées à l'article L. 341-1 du code monétaire et financier, sous réserve des interdictions prévues à l'article L. 341-10 et des exceptions prévues au III de l'article L. 341-16 ;

3° L'indication selon laquelle cette rétractation n'est valable que si elle est adressée avant l'expiration du délai de 14 jours prévu à l'article L. 341-16, lisiblement et dûment remplie ;

4° L'indication selon laquelle la personne démarchée déclare renoncer au contrat, avec la description du produit ou service proposé pour lequel elle a signé le contrat ;

5° Le nom de l'organisme ayant commercialisé le produit ou le service et avec lequel la personne démarchée a conclu le contrat ;

6° La date, la signature du client et, le cas échéant, des autres cocontractants. – *[Décr. n° 2004-1019 du 28 sept. 2004, art. 9 et annexe].*

D. 341-9 Le fichier institué à l'article L. 341-7 est intitulé : « le fichier des démarcheurs ». Il permet notamment aux personnes démarchées dans les conditions définies à l'article L. 341-1 de s'assurer de l'habilitation, en qualité de démarcheurs, des personnes qui les sollicitent. – *[Décr. n° 2004-1018 du 28 sept. 2004, art. 1er].*

D. 341-10 *Les personnes mentionnées aux 1° et 3° de l'article L. 341-3 communiquent aux autorités dont elles relèvent les informations prévues à l'article D. 341-12, à l'exception du numéro d'enregistrement du démarcheur. Les établissements ou entreprises agréés dans un autre État membre de la Communauté européenne habilités à intervenir sur le territoire français communiquent ces informations à l'autorité qui, en France, a reçu, de l'autorité du pays d'origine compétente pour ces établissements ou entreprises, la déclaration d'intervention en France.*

Les informations communiquées en application de l'alinéa précédent concernent :

1° Lorsqu'ils sont soumis aux obligations d'enregistrement prévues à l'article L. 341-6, les démarcheurs, personnes physiques, exerçant une activité de démarchage directement pour le compte des personnes mentionnées aux 1° et 3° de l'article L. 341-3 ;

2° Les démarcheurs, personnes morales, mandatés en application du I de l'article L. 341-4 ;
3° Les démarcheurs, personnes physiques, relevant des personnes morales mandatées conformément au I de l'article L. 341-4. – [Décr. n° 2004-1018 du 28 sept. 2004, art. 2].

L'art. D. 341-10 a été annulé par le Conseil d'État, V. infra.

Il ressort des dispositions de l'art. L. 341-6 C. mon. fin. (V. *supra*) qu'il incombe aux personnes morales mandatées de communiquer elles-mêmes les informations requises pour la tenue du fichier des personnes habilitées prévu par l'art. L. 341-7 du même code ; dès lors, en mettant cette obligation à la charge des personnes morales habilitées à consentir un mandat à ces personnes morales, l'art. 2 du Décr. du 28 sept. 2004, devenu l'art. D. 341-10, a méconnu les prescription de la loi ; par suite, cette disposition doit être annulée. • CE 16 janv. 2006 : *JCP E 2006, n° 19, p. 848 ; Banque et Droit mars-avr. 2006. 20, concl. Guyomar ; RD banc. fin. 2006, n° 50, obs. Crédot et Samin.*

D. 341-11 **Le fichier des démarcheurs est tenu par la Banque de France, pour le compte des autorités mentionnées à l'article L. 341-7.**

Les modalités de gestion du fichier et les relations entre la Banque de France et les autorités concernées sont fixées dans le cadre d'une convention. Celle-ci prévoit notamment les modalités selon lesquelles les informations, prévues à l'article D. 341-13, peuvent être communiquées directement à la Banque de France. Elle peut également prévoir l'attribution directe par la Banque de France du numéro d'enregistrement prévu au quatrième alinéa de l'article L. 341-6.

Cette convention fixe également les conditions financières auxquelles la Banque de France réalise les prestations de mise en place et de fonctionnement du fichier. – *[Décr. n° 2004-1018 du 28 sept. 2004, art. 3].*

D. 341-12 Les informations contenues dans le fichier des démarcheurs sont les suivantes :

1° Le numéro d'enregistrement du démarcheur ;

2° Les nom, nom d'usage, prénoms, date et lieu de naissance du démarcheur, personne physique ;

3° L'adresse professionnelle du démarcheur ;

4° Les nom, adresse et, s'il y a lieu, numéro SIREN de la personne morale ou des personnes morales relevant de l'une des catégories mentionnées aux 1° et 3° de l'article L. 341-3, pour le compte de laquelle ou desquelles le démarcheur exerce une activité de démarchage bancaire ou financier ;

5° La nature des opérations, services ou prestations, définis du 1° au 5° de l'article L. 341-1, pour lesquels le démarcheur a reçu des instructions de son employeur ou de son mandant ;

6° Dans le cas où le démarcheur exerce cette activité pour le compte d'une ou plusieurs personnes morales, elles-mêmes mandatées dans les conditions prévues au I de l'article L. 341-4 : les dénominations, adresses et, s'il y a lieu, numéros SIREN de ces personnes morales et de leurs mandants ;

7° Le cas échéant, le numéro ou les numéros d'enregistrement de la personne morale ou des personnes morales mandatées dans les conditions prévues au I de l'article L. 341-4 ainsi que la nature des opérations pour lesquelles elles ont été mandatées ;

8° La date d'expiration du mandat.

Les informations mentionnées ci-dessus sont mises à la disposition du public, à l'exception des dates et lieux de naissance des démarcheurs. – *[Décr. n° 2004-1018 du 28 sept. 2004, art. 4].*

D. 341-13 En application du II de l'article L. 341-4, le renouvellement du mandat est déclaré au plus tard cinq jours avant la date d'expiration de ce dernier.

Le défaut de déclaration, dans les délais impartis, du renouvellement d'un mandat de démarcheur par les personnes mentionnées aux 1° et 3° de l'article L. 341-3 auprès des autorités dont elles relèvent, a pour effet la suppression automatique du fichier des informations relatives au mandat concerné, à l'issue du délai de deux ans prévu au II de l'article L. 341-4. Le cas échéant, la suppression des informations relatives à l'ensemble des mandats dont est titulaire un même démarcheur entraîne la radiation automatique du démarcheur du fichier.

En cas de cessation de l'activité de démarchage, pour quelque motif que ce soit, les personnes mentionnées aux 1° et 3° de l'article L. 341-3 demandent aux autorités dont elles relèvent de procéder à la radiation du fichier de leurs mandataires, personnes physiques et morales, de leurs salariés ou employés ainsi que des salariés ou employés des personnes morales mandatées dans les conditions prévues au I de l'article L. 341-4. Ces radiations sont demandées dès la cessation de l'activité de démarchage des personnes concernées.

Les informations supprimées du fichier des démarcheurs en application des deux alinéas précédents ou qui ont été modifiées en raison de modifications affectant les conditions d'exercice de l'activité de démarchage sont conservées pendant une durée de dix ans. — *[Décr. nº 2004-1018 du 28 sept. 2004, art. 5].*

D. 341-14 En application du troisième alinéa de l'article 38 de la loi nº 78-17 du 6 janvier 1978 relative à l'informatique, aux fichiers et aux libertés, le droit d'opposition n'est pas applicable au fichier prévu à l'article D. 341-9. — *[Décr. nº 2004-1018 du 28 sept. 2004, art. 6]. — V. le texte préc. au* ***C. pén.*** *ou* ***C. communic.***

D. 341-15 Les droits d'accès et de rectification prévus respectivement aux articles 39 et 40 de la loi du 6 janvier 1978 précitée s'exercent auprès de la Banque de France et des personnes ayant désigné ou mandaté les démarcheurs. — *[Décr. nº 2004-1018 du 28 sept. 2004, art. 7]. — V. le texte préc. au* ***C. pén.*** *ou* ***C. communic.***

SECTION III *Produits ne pouvant pas faire l'objet de démarchage*

La présente section ne comprend pas de dispositions réglementaires.

SECTION IV *Règles de bonne conduite*

R. 341-16 *(Décr. nº 2005-1450 du 25 nov. 2005, art. 5)* Pour l'application de l'article L. 341-12, le démarcheur communique à la personne démarchée des informations concernant : — *V. cet art. supra.*

1° L'identité, l'activité principale, l'adresse géographique à laquelle le fournisseur de services financiers est établi, ainsi que toute autre adresse nécessaire au suivi des relations entre la personne démarchée et le fournisseur. Le démarcheur communique également à la personne démarchée son identité ainsi que celle de ses adresses devant être prise en compte pour ses relations avec lui.

Lorsque le fournisseur est inscrit au registre du commerce et des sociétés, il communique à la personne démarchée son numéro d'immatriculation. En outre, les personnes soumises à agrément communiquent à la personne démarchée les coordonnées des autorités chargées de leur contrôle. — *Sur les sanctions pénales, V. art. R. 353-1, infra.*

2° Le service financier : le démarcheur informe la personne démarchée du prix total dû, y compris l'ensemble des commissions, charges et dépenses y afférentes et toutes les taxes acquittées par lui. Le démarcheur informe également la personne démarchée de l'existence de toute autre taxe ou frais qui ne sont pas acquittés ou facturés par lui.

Le cas échéant, le démarcheur précise à la personne démarchée, d'une part, que le service financier est lié à des instruments qui impliquent des risques particuliers du fait de leurs spécificités ou des opérations à exécuter ou dont le prix dépend de fluctuations des marchés financiers sur lesquelles le fournisseur n'a aucune influence et, d'autre part, que les performances passées ne laissent pas présager des performances futures.

Le démarcheur informe la personne démarchée de toute limitation de la durée pendant laquelle les informations fournies sont valables, des modes de paiement et d'exécution et enfin, s'il y a lieu, de l'existence de tout coût supplémentaire spécifique pour la personne démarchée afférent à l'utilisation de la technique de communication à distance. - *Sur les sanctions pénales, V. art. R. 353-1, infra.*

3° Le contrat à distance : le démarcheur informe la personne démarchée de l'existence du droit de rétractation mentionné à l'article L. 121-20-12 du code de la consommation, de sa durée, des conséquences pécuniaires éventuelles de sa mise en œuvre, ainsi que de l'adresse à laquelle la personne démarchée doit notifier sa décision de se rétracter. En cas d'absence d'un tel droit, le démarcheur en informe la personne démarchée ainsi que des conséquences de cette absence. - *V. art. préc., infra, v° Ventes commerciales.*

Pour les contrats pour lesquels s'applique le délai de rétractation mentionné au même article L. 121-20-12, le démarcheur informe la personne démarchée du fait que, sauf accord exprès de celle-ci, le contrat ne peut commencer à être exécuté qu'à l'expiration du délai de rétractation. Pour les contrats de crédit à la consommation prévus au chapitre Ier du titre Ier du livre III du code de la consommation, le démarcheur informe la personne démarchée du fait que, même avec son accord, le contrat ne peut commencer à être exécuté durant les sept premiers jours, sauf s'agissant des contrats de crédit affecté, qui ne peuvent commencer à être exécutés durant les trois premiers jours.

Le démarcheur informe la personne démarchée des droits contractuels que peuvent avoir les parties de résilier le contrat, sans omettre les éventuelles pénalités imposées par le contrat dans ce cas.

Lorsque le contrat est à exécution successive, le démarcheur porte à la connaissance de la personne démarchée sa durée minimale.

La personne démarchée est informée de la langue ou des langues qui seront utilisées entre les parties durant la relation précontractuelle, ainsi que de la langue ou des langues dans lesquelles le contrat sera rédigé. La langue utilisée durant la relation contractuelle est choisie en accord avec la personne démarchée. - *Sur les sanctions pénales, V. art. R. 353-1, infra.*

4° Les recours : le démarcheur informe la personne démarchée de l'existence ou de l'absence de procédures extrajudiciaires de réclamation et de recours accessibles et, si de telles procédures existent, de leurs modalités d'exercice. La personne démarchée est également informée de l'existence de fonds de garantie ou d'autres mécanismes d'indemnisation, tels que les mécanismes d'indemnisation des déposants, des investisseurs et des cautions respectivement mentionnés aux articles L. 312-4, L. 313-50 et L. 322-1 du code monétaire et financier. – *V. ces art. supra.*

5° En cas de communication par téléphonie vocale, l'identité du démarcheur et le caractère commercial de l'appel dont le démarcheur a pris l'initiative sont indiqués sans équivoque au début de toute conversation avec la personne démarchée.

Sous réserve de l'accord formel de la personne démarchée, seules les informations ci-après doivent être fournies :

a) L'identité du démarcheur et le lien de cette personne avec le fournisseur ;

b) Une description des principales caractéristiques du service financier ;

c) Le prix total dû par la personne démarchée au fournisseur pour le service financier, qui comprend toutes les taxes acquittées par le démarcheur ou, lorsqu'un prix exact ne peut être indiqué, la base de calcul du prix permettant à la personne démarchée de vérifier ce dernier ;

d) L'indication de l'existence éventuelle d'autres taxes ou frais qui ne sont pas acquittés par le démarcheur ou facturés par lui ;

e) L'existence ou l'absence du droit de rétractation mentionné à l'article L. 121-20-12 du code de la consommation et, si ce droit existe, sa durée et les modalités de son exercice, y compris des informations sur le montant que la personne démarchée peut être tenue de payer en vertu de l'article L. 121-20-13 du même code. - *V. ces art., infra, v° Ventes commerciales.*

Le fournisseur informe le consommateur sur, d'une part, le fait que d'autres informations peuvent être fournies sur demande et, d'autre part, la nature de ces informations. — *Sur les sanctions pénales, V. art. R. 353-1, infra.*

SECTION V *Sanctions disciplinaires*

La présente section ne comprend pas de dispositions réglementaires.

CHAPITRE II *Démarchage et colportage concernant les opérations sur les matières précieuses et les billets de banque étrangers*

Le présent chapitre ne comprend pas de dispositions réglementaires.

TITRE V Dispositions pénales

CHAPITRE PREMIER *Infractions relatives au droit au compte et aux relations avec le client*

D. 351-1 **Les amendes fiscales sanctionnant les infractions mentionnées aux articles L. 351-2 et L. 351-3 sont recouvrées comme en matière de timbre et, notamment, suivant les dispositions prévues au titre IV du livre des procédures fiscales.** — *[Décr. n° 56-1071 du 23 oct. 1956, art. 4].*

D. 351-2 **L'action du Trésor pour la constatation des infractions mentionnées aux articles L. 351-2 et L. 351-3 est prescrite à l'expiration du délai prévu au deuxième alinéa de l'article L. 188 du livre des procédures fiscales.** — *[Décr. n° 56-1071 du 23 oct. 1956, art. 5].*

R. 351-3 **Le pouvoir de statuer sur les demandes formées par les contrevenants à l'effet d'obtenir la remise des amendes encourues est réservé à l'autorité administrative compétente. Cette dernière statue sur demande transmise conjointement par le directeur général des impôts et le directeur général du Trésor et de la politique économique.** — *[Décr. n° 56-1071 du 23 oct. 1956, art. 6].*

Les tables de concordance fournies par le ministère de l'Économie et l'art. D. 351-4 mentionnent un art. D. 351-3 en lieu et place de l'art. R. 351-3 prévu par le Décr. n° 2005-1007 du 2 août 2005 (JO 25 août, annexe, p. 34062).*

D.* 351-4 **L'autorité administrative compétente mentionnée à l'article D. 351-3 est le ministre chargé de l'économie.** — *[Décr. n° 56-1071 du 23 oct. 1956, art. 6].*

R. 351-4 **Le fait, pour tout dirigeant de droit ou de fait, d'une société commerciale mentionnée à l'article R. 313-14 de contrevenir aux obligations mentionnées au I de cet article, ou pour toute autre personne morale ou personne physique ayant la qualité de commerçant, de contrevenir aux obligations mentionnées au II dudit article est puni de l'amende prévue pour les contraventions de la 5e classe.**

La récidive de la contravention au présent article est réprimée conformément à l'article 132-11 du code pénal. — *[Décr. n° 72-665 du 4 juill. 1972, art. 13].*

Les tables de concordance fournis par le ministère de l'Économie mentionne un art. R. 351-4 en lieu et place de l'art. R. 351-4 prévu par le Décr. n° 2005-1007 du 2 août 2005 (JO 25 août, annexe, p. 34062).

R. 351-5 *(Décr. n° 2005-1738 du 30 déc. 2005, art. 2)* **Le fait, pour toute personne chargée à un titre quelconque de la direction ou de l'administration d'un établissement**

de crédit, ou d'un des établissements ou services mentionnés à l'article L. 518-1 du code monétaire et financier, à l'exception du Trésor public, de méconnaître l'obligation consistant, pour tout compte ayant vocation à recevoir des opérations initiées par des tiers, à indiquer sur le relevé de compte adressé au client, ou en annexe à celui-ci, le numéro international de compte bancaire (IBAN) du client et le code d'identification de banque (BIC) de l'établissement est puni de l'amende prévue par les contraventions de 1re classe.

Le Décr. nº 2005-1738 est entré en vigueur le 1er janv. 2006.

CHAPITRE II *Infractions relatives au fonds de garantie des déposants*

Le présent chapitre ne comprend pas de dispositions réglementaires.

CHAPITRE III *Infractions relatives au démarchage et à la fourniture à distance de services financiers* (*Décr. nº 2005-1450 du 25 nov. 2005*).

R. 353-1 (*Décr. nº 2005-1450 du 25 nov. 2005, art. 5*) **Est puni de la peine d'amende prévue pour les contraventions de la cinquième classe le fait pour toute personne se livrant à l'activité de démarchage bancaire et financier telle que définie à l'article L. 341-1, à l'exception des cas mentionnés au septième alinéa de cet article, de ne pas communiquer à la personne démarchée les informations mentionnées aux 1º, 2º, 3º et 5º de l'article R. 341-16 et celles mentionnées au 7º de l'article L. 341-12, ou de les lui communiquer sans faire apparaître de manière claire le caractère commercial de sa démarche.**

LIVRE IV **Les marchés**

TITRE PREMIER **L'appel public à l'épargne**

CHAPITRE PREMIER *Définition*

D. 411-1 (*Décr. nº 2006-557 du 16 mai 2006, art. 1er*) **I. — Ont la qualité d'investisseurs qualifiés au sens de l'article L. 411-2 lorsqu'ils agissent pour compte propre :**

1º Les établissements de crédit et les compagnies financières mentionnés respectivement à l'article L. 511-9 et à l'article L. 517-1 ; — *V. ces art. supra.*

2º Les institutions et services mentionnés à l'article L. 518-1 ; — *V. cet art. supra.*

3º Les entreprises d'investissement mentionnées à l'article L. 531-4 ; — *V. cet art. supra.*

4º Les sociétés d'investissement mentionnées à l'article 6 de l'ordonnance du 2 novembre 1945 susvisée [*relative aux sociétés d'investissement*] ; — *V. ce texte au* ***C. sociétés.***

5º Les organismes de placement collectif mentionnés à l'article L. 214-1 et les sociétés de gestion d'organisme de placement collectif mentionnées à l'article L. 543-1 ;

6º Les sociétés d'assurance et les sociétés de réassurance mentionnées, respectivement, au premier alinéa de l'article L. 310-1 et à l'article L. 310-1-1 du code des assurances ;

7º Les sociétés de groupe d'assurance mentionnées à l'article L. 322-1-2 du code des assurances ;

8º Les institutions de prévoyance mentionnées à l'article L. 931-1 du code de la sécurité sociale ;

9º Le fonds de réserve pour les retraites mentionné à l'article L. 135-6 du code de la sécurité sociale ;

10° Les mutuelles et unions de mutuelles relevant du livre II du code de la mutualité autres que celles mentionnées à l'article L. 510-2 du même code ;

11° Les compagnies financières holdings mixtes mentionnées à l'article L. 517-4 et au 9° de l'article L. 334-2 du code des assurances ;

12° Les États membres de l'Organisation de coopération et de développement économiques ;

13° La Banque centrale européenne et les banques centrales des États membres de l'Organisation de coopération et de développement économiques ;

14° Les organismes financiers internationaux à caractère public auxquels la France ou tout autre État membre de l'Organisation de coopération et de développement économiques fait partie ;

15° La Caisse d'amortissement de la dette sociale instituée par l'article 1er de l'ordonnance du 24 janvier 1996 susvisée *[relative au remboursement de la dette sociale]* ;

16° Les sociétés de capital-risque mentionnées à l'article 1er de la loi du 11 juillet 1985 susvisée *[portant diverses dispositions d'ordre économique et financier]* ;

17° Les sociétés financières d'innovation mentionnées au III de l'article 4 de la loi du 11 juillet 1972 susvisée *[portant diverses dispositions d'ordre économique et financier]* ;

18° Les intermédiaires en marchandises ;

19° Les entités remplissant au moins deux des trois critères suivants :

– effectifs annuels moyens supérieurs à 250 personnes ;

– total du bilan supérieur à 43 millions d'euros ;

– chiffre d'affaires ou montant des recettes supérieur à 50 millions d'euros.

Ces critères sont appréciés au vu des derniers comptes consolidés ou, à défaut, des comptes sociaux, tels que publiés et, le cas échéant, certifiés par les commissaires aux comptes.

II. – Ont également la qualité d'investisseurs qualifiés, lorsqu'ils agissent pour compte propre et à partir du jour de réception de l'accusé de réception attestant de leur inscription sur le fichier mentionné à l'article D. 411-3 :

1° Les entités qui remplissent au moins deux des trois critères suivants :

– effectifs annuels moyens inférieurs à 250 personnes ;

– total du bilan inférieur à 43 millions d'euros ;

– chiffre d'affaires ou montant des recettes inférieur à 50 millions d'euros.

Ces critères sont appréciés au vu des derniers comptes consolidés ou, à défaut, des comptes sociaux, tels que publiés et, le cas échéant, certifiés par les commissaires aux comptes. La décision d'inscription sur le fichier mentionné à l'article D. 411-3 est prise, selon le cas, par le conseil d'administration, par le directoire, par le ou les gérants, ou par l'organe de gestion de l'entité ;

2° Les personnes physiques remplissant au moins deux des trois critères suivants :

– la détention d'un portefeuille d'instruments financiers d'une valeur supérieure à 500 000 € ;

– la réalisation d'opérations d'un montant supérieur à 600 € par opération sur des instruments financiers, à raison d'au moins dix par trimestre en moyenne sur les quatre trimestres précédents ;

– l'occupation pendant au moins un an, dans le secteur financier, d'une position professionnelle exigeant une connaissance de l'investissement en instruments financiers.

III. – Ont également la qualité d'investisseur qualifié :

1° Les entités mentionnées au I lorsqu'elles agissent pour le compte d'un organisme de placement collectif ou d'un investisseur qualifié appartenant à l'une des catégories mentionnées au I ou au II ;

2° Les prestataires de services d'investissement lorsqu'ils agissent dans le cadre d'une activité de gestion de portefeuille pour le compte de leur mandant.

D. 411-2 *(Décr. n° 2006-557 du 16 mai 2006, art. 1er)*) Ont également la qualité d'investisseurs qualifiés les personnes physiques ou entités reconnues investisseurs qualifiés dans les États parties à l'accord sur l'Espace économique européen, conformément aux dispositions de la directive 2003/71/CE du 4 novembre 2003.

D. 411-3 *(Décr. n° 2006-557 du 16 mai 2006, art. 1er)* Les personnes ou entités mentionnées au II de l'article D. 411-1 qui en font la demande et déclarent sous leur responsabilité réunir les critères mentionnés au II de l'article D. 411-1 sont inscrites dans un fichier tenu par l'Autorité des marchés financiers selon les modalités fixées par son règlement général. Ces personnes ou entités peuvent renoncer à tout moment à leur qualité d'investisseur qualifié en accomplissant les formalités fixées par le règlement général de l'Autorité des marchés financiers.

D. 411-4 *(Décr. n° 2006-557 du 16 mai 2006, art. 1er)* Le seuil mentionné au dernier alinéa du II de l'article L. 411-2 est fixé à 100.

CHAPITRE II *Conditions de l'appel public à l'épargne*

Le présent chapitre ne comprend pas de dispositions réglementaires.

TITRE II Les catégories de marchés

CHAPITRE PREMIER *Marchés réglementés français*

Le présent chapitre ne comprend pas de dispositions réglementaires.

CHAPITRE II *Marchés réglementés européens*

Le présent chapitre ne comprend pas de dispositions réglementaires.

CHAPITRE III *Marchés étrangers reconnus*

D. 423-1 Un marché étranger de valeurs mobilières, de contrats à terme ou de tous produits financiers ne peut être reconnu que lorsque les règles de protection des investisseurs, de sécurité, de surveillance et de contrôle de ce marché sont équivalentes à celles qui existent sur les marchés placés sous l'autorité de l'Autorité des marchés financiers et à condition que les personnes autorisées à intervenir sur ces marchés et les produits qui peuvent y faire l'objet de transactions bénéficient d'un traitement équivalent dans le pays concerné. – *[Décr. n° 90-948 du 25 oct. 1990, art. 1er].*

D. 423-2 La liste des marchés reconnus est arrêtée par le ministre chargé de l'économie, après avis de l'Autorité des marchés financiers. – *[Décr. n° 90-948 du 25 oct. 1990, art. 2].*

D. 423-3 Les personnes domiciliées ou ayant leur siège social hors du territoire de la République sont autorisées à solliciter le public en France en vue d'opérations sur un marché étranger reconnu de valeurs mobilières, de contrats à terme ou de tous produits financiers, lorsqu'elles ont été agréées par l'autorité de contrôle compétente dans leur pays d'origine et après que les autorités compétentes françaises se sont assurées que les règles de compétence, d'honorabilité et de solvabilité auxquelles sont soumises ces personnes sont équivalentes à celles qui sont applicables en France. – *[Décr. n° 90-948 du 25 oct. 1990, art. 3].*

D. 423-4 Le règlement général de l'Autorité des marchés financiers détermine, en tant que de besoin, les modalités d'application des articles D. 423-1 à D. 423-3. – *[Décr. n° 90-948 du 25 oct. 1990, art. 4].*

....

TITRE III Les négociations sur instruments financiers

CHAPITRE PREMIER *Dispositions générales*

SECTION I *Transfert de propriété des titres et mise en gage*

SOUS-SECTION 1 *Transfert de propriété des titres*

La présente sous-section ne comprend pas de dispositions réglementaires.

SOUS-SECTION 2 *Mise en gage*

D. 431-1 La déclaration de gage d'un compte d'instruments financiers inscrits en compte auprès d'un intermédiaire habilité, un dépositaire central ou, le cas échéant, la personne morale émettrice doit être datée et contenir :

1° La dénomination « Déclaration de gage de compte d'instruments financiers » ;

2° La mention que la déclaration est soumise aux dispositions de l'article L. 431-4 ;

3° Le nom ou la dénomination sociale ainsi que l'adresse du constituant et du créancier gagiste ou de leur siège social s'il s'agit de personnes morales ;

4° Le montant de la créance garantie ou, à défaut, les éléments permettant d'assurer l'identification de cette créance ;

5° Les éléments d'identification du compte spécial prévu au II de l'article L. 431-4 lorsqu'un tel compte existe ;

6° La nature et le nombre des instruments financiers inscrits initialement au compte gagé. — *[Décr. n° 97-509 du 21 mai 1997, art. 1er].*

D. 431-2 La mise en demeure prévue au V de l'article L. 431-4 contient, à peine de nullité, les indications suivantes :

1° Faute de paiement, le gage pourra être réalisé par le créancier dans les huit jours ou à l'échéance de tout autre délai préalablement convenu avec le titulaire du compte gagé ;

2° Le titulaire du compte gagé peut, jusqu'à l'expiration du délai mentionné ci-dessus, faire connaître au teneur de compte l'ordre dans lequel les sommes ou valeurs devront être attribuées en pleine propriété ou vendues, au choix du créancier. — *[Décr. n° 97-509 du 21 mai 1997, art. 2].*

Une cour d'appel qui retient que l'art. 2 du Décr. n° 97-509 du 21 mai 1997 [C. mon. fin., art. D. 431-2] prévoit expressément la nullité de la mise en demeure en cas d'omission des indications qui doivent y être portées et relève que les mentions exigées par ce texte ne concernent pas les modalités de l'envoi de la lettre de mise en demeure mais son contenu même, ayant caractérisé l'existence d'une cause de nullité affectant la mise en demeure et non la notification de celle-ci, décide exactement que cette nullité n'est pas soumise au régime applicable à la nullité des notifications. • Com. 28 mars 2006 : *D. 2006. AJ. 1046, obs. Lienhard ; JCP E 2006, n° 18, p. 811.*

D. 431-3 Dans la limite du montant de la créance garantie et, le cas échéant, dans le respect de l'ordre indiqué par le titulaire du compte, la réalisation du gage d'un compte d'instruments financiers prévue aux IV et V de l'article L. 431-4 intervient :

1° Pour les sommes en toute monnaie figurant dans le compte gagé, directement par transfert en pleine propriété au créancier gagiste ;

2° Pour les valeurs mobilières, françaises ou étrangères admises aux négociations sur un marché réglementé que le titulaire du compte gagé ou, à défaut, le créancier gagiste a désignées, par vente sur un marché réglementé ou attribution en propriété de la quantité déterminée par le créancier gagiste. Cette quantité est établie, par le créancier gagiste, sur la base du dernier cours de clôture disponible sur un marché réglementé ;

3° Pour les parts ou actions d'organisme de placement collectif au sens du I de l'article L. 211-1, que le titulaire du compte gagé ou, à défaut, le créancier gagiste a désignées, par présentation au rachat ou attribution en propriété de la quantité qu'il détermine. Cette quantité est établie, par le créancier gagiste, sur la base de la dernière valorisation disponible desdites parts ou actions.

Le titulaire du compte gagé supporte tous les frais résultant de la réalisation du gage. Ces frais sont imputés sur le montant résultant de cette réalisation. – *[Décr. n° 97-509 du 21 mai 1997, art. 3].*

D. 431-4 Lorsque, n'étant pas le teneur de compte mentionné au II de l'article L. 431-4, le créancier gagiste a autorisé le titulaire du compte à disposer des instruments financiers et des sommes en toute monnaie figurant dans le compte gagé, le titulaire du compte et le créancier gagiste informent par écrit le teneur de compte des conditions de cette doui isposition. Le teneur de compte ne peut déroger aux instructions reçues sans l'accord du créancier gagiste.

Lorsque, n'étant pas le teneur de compte mentionné au II de l'article L. 431-4, le créancier gagiste estime les conditions de la réalisation du gage réunies, il demande par écrit au teneur de compte de procéder à cette réalisation dans les conditions prévues à l'article D. 431-3. Aux frais du créancier gagiste, le teneur de compte exécute les instructions reçues. – *[Décr. n° 97-509 du 21 mai 1997, art. 4].*

D. 431-5 Les dispositions des articles D. 431-1 à D. 431-4 ne s'appliquent pas aux nantissements portant sur des instruments financiers qui ne donnent pas lieu à une inscription en compte auprès d'un intermédiaire habilité, d'un dépositaire central ou, le cas échéant, de la personne morale émettrice. Ces nantissements demeurent soumis aux dispositions, selon le cas, des articles 2071 et suivants du code civil ou L. 521-1 et suivants du code de commerce. – *[Décr. n° 97-509 du 21 mai 1997, art. 5].*

SECTION II *Compensation et cessions de créances*

La présente section ne comprend pas de dispositions réglementaires.

SECTION III *Garanties*

La présente section ne comprend pas de dispositions réglementaires.

CHAPITRE II *Formes particulières de cessions d'instruments financiers*

SECTION I *Vente à crédit*

La présente section ne comprend pas de dispositions réglementaires.

SECTION II *Adjudication*

La présente section ne comprend pas de dispositions réglementaires.

....

SECTION IV *Opérations à terme*

La présente section ne comprend pas de dispositions réglementaires.

CHAPITRE III *Opérations spécifiques aux marchés réglementés*

Le présent chapitre ne comprend pas de dispositions réglementaires.

TITRE IV Les entreprises de marché et les chambres de compensation

D. 441-1 *(Décr. nº 2005-1744 du 30 déc. 2005, art. 1er)* **Les déclarations de franchissement de seuil prévues au second alinéa de l'article L. 441-1 indiquent, de façon séparée, le nombre d'actions et le nombre de droits de vote détenus dans l'entreprise de marché, calculés dans les conditions prévues à l'article D. 441-2.**

D. 441-2 *(Décr. nº 2005-1744 du 30 déc. 2005, art. 1er)* **Les déclarants, soumis à l'obligation prévue au second alinéa de l'article L. 441-1, sont les personnes, agissant seules ou de concert à l'égard de l'entreprise de marché :**

1° Qui viennent à posséder directement plus du dixième, du cinquième, du tiers, de la moitié ou des deux tiers des actions ou des droits de vote de l'entreprise de marché, ou

2° Qui contrôlent, au sens de l'article L. 233-3 du code de commerce, une ou plusieurs sociétés venant à posséder ensemble plus du dixième, du cinquième, du tiers, de la moitié ou des deux tiers des actions ou des droits de vote de l'entreprise de marché, ou

3° Qui viennent à contrôler, au sens de l'article L. 233-3 du code de commerce, une ou plusieurs sociétés possédant ensemble plus du dixième, du cinquième, du tiers, de la moitié ou des deux tiers des actions ou des droits de vote de l'entreprise de marché, ou

4° Qui viennent à posséder directement plus du dixième, du cinquième, du tiers, de la moitié ou des deux tiers des actions ou des droits de vote d'une société qui contrôle, au sens de l'article L. 233-3 du code de commerce, l'entreprise de marché, ou

5° Qui possèdent directement plus du dixième, du cinquième, du tiers, de la moitié ou des deux tiers des actions ou des droits de vote d'une société qui vient à contrôler, au sens de l'article L. 233-3 du code de commerce, l'entreprise de marché, ou encore

6° Qui atteignent, en cumulant les actions ou des droits de vote possédés dans les conditions des 1° à 5°, l'un des seuils du dixième, du cinquième, du tiers, de la moitié ou des deux tiers.

Les déclarations mentionnées à l'article D. 441-1 précisent le nombre d'actions et le nombre de droits de vote de l'entreprise de marché détenus directement ou indirectement et leurs modalités de calcul.

D. 441-3 *(Décr. nº 2005-1744 du 30 déc. 2005, art. 1er)* **Les déclarations mentionnées à l'article D. 441-1 sont effectuées dans un délai de sept jours à compter du franchissement de seuil.**

TITRE V La protection des investisseurs

CHAPITRE PREMIER *La transparence des marchés* (Décr. nº 2005-1211 du 21 sept. 2005).

Le présent chapitre ne comprend pas de dispositions réglementaires.

CHAPITRE II *Associations de défense des investisseurs*

(Décr. nº 2005-1211 du 21 sept. 2005)

D. 452-1 *(Décr. nº 2005-1211 du 21 sept. 2005, art. 1er)* **L'agrément des associations ayant pour objet statutaire explicite la défense des investisseurs en valeurs mobilières ou en produits financiers prévu au troisième alinéa de l'article L. 452-1 peut être accordé à toute association justifiant, à la date de la demande d'agrément, de six mois d'existence à compter de sa déclaration.** – *V. art. préc., supra.*

Cette association doit également justifier, pendant les six mois précédant la date de la demande, d'au moins 200 membres cotisant individuellement ainsi que d'une activité effective et publique en vue de la défense des intérêts des investisseurs en valeurs mobilières ou en produits financiers appréciée, notamment, en fonction de la réalisation et de la diffusion de publications, de la tenue de réunions d'information et de la participation à des travaux de réflexion.

D. 452-2 *(Décr. n° 2005-1211 du 21 sept. 2005, art. 1er)* Pour que l'association puisse obtenir l'agrément, ses membres dirigeants, au sens de l'article 5 de la loi du 1er juillet 1901 susvisée, doivent remplir les conditions suivantes :

1° Avoir la majorité légale ;

2° Justifier :

a) Soit du baccalauréat ou un diplôme équivalent ;

b) Soit d'une formation professionnelle adaptée dans le domaine économique, juridique et financier ;

c) Soit d'une expérience professionnelle d'une durée minimale de deux ans dans le domaine économique, juridique et financier. Cette expérience doit avoir été acquise au cours des cinq années précédant la désignation des intéressés comme dirigeants de l'association ;

3° Ne pas avoir fait l'objet d'une condamnation définitive mentionnée au II de l'article L. 500-1 depuis moins de dix ans ou de la durée prévue en application du III de cet article ;

4° Ne pas faire l'objet :

a) D'une interdiction d'exercer à titre temporaire ou définitif une activité ou un service, en application des dispositions de l'article L. 621-15 ou au titre d'une sanction prononcée avant le 24 novembre 2003 par la Commission des opérations de bourse, le conseil des marchés financiers ou le conseil de discipline de la gestion financière ;

b) Des sanctions prévues aux 4 et 5 de l'article L. 613-21 ou aux 3° à 5° de l'article L. 310-18 du code des assurances ;

c) D'une mesure de faillite personnelle ou une autre mesure d'interdiction dans les conditions prévues par le livre VI du code de commerce ou, dans le régime antérieur, à l'article 108 de la loi n° 67-563 du 13 juillet 1967 sur le règlement judiciaire, la liquidation des biens, la faillite personnelle et les banqueroutes, pendant la durée de celle-ci ;

Une déclaration sur l'honneur est produite à cet effet par les personnes mentionnées au premier alinéa du présent article.

D. 452-3 *(Décr. n° 2005-1211 du 21 sept. 2005, art. 1er)* L'agrément est accordé par le préfet du département dans lequel l'association a son siège, après avis du ministère public et de l'Autorité des marchés financiers. Il est publié au *Journal officiel* de la République française.

L'avis du ministère public est donné par le procureur général près la cour d'appel dans le ressort de laquelle l'association a son siège.

L'agrément est accordé pour trois années. Il est renouvelable dans les mêmes conditions que l'agrément initial.

D. 452-4 *(Décr. n° 2005-1211 du 21 sept. 2005, art. 1er)* Lorsque plusieurs associations, dont l'une au moins est agréée, se transforment en une seule, l'agrément doit être à nouveau sollicité. Dans ce cas, le critère d'ancienneté mentionné à l'article L. 452-1 s'apprécie à compter de la date de création de la plus ancienne des associations parmi celles qui bénéficiaient déjà d'un agrément.

Lorsque l'agrément est demandé par une fédération d'associations, le critère du nombre de membres cotisants s'apprécie à partir du nombre des membres cotisants des associations adhérentes de la fédération.

D. 452-5 *(Décr. n° 2005-1211 du 21 sept. 2005, art. 1er)* Les demandes d'agrément et de renouvellement sont adressées à la direction départementale de la concurrence, de la consommation et de la répression des fraudes dans le ressort de laquelle l'association a son siège social.

La composition du dossier et les modalités d'instruction sont fixées par arrêté conjoint du ministre chargé de l'économie, du ministre chargé de la consommation et du garde des sceaux.

Lorsque le dossier remis à l'administration est complet, il en est délivré récépissé.

D. 452-6 *(Décr. nº 2005-1211 du 21 sept. 2005, art. 1er)* La décision d'agrément ou de refus est notifiée dans un délai de six mois à compter de la délivrance du récépissé. Les décisions de refus doivent être motivées.

D. 452-7 *(Décr. nº 2005-1211 du 21 sept. 2005, art. 1er)* Les associations rendent compte annuellement de leur activité selon des modalités fixées par arrêté pris dans les formes prévues à l'article D. 452-5.

Les associations établissent des comptes annuels. Ces comptes annuels comportent un bilan, un compte de résultat et une annexe selon les principes et méthodes comptables définis au code de commerce et dans les textes pris pour son application, sous réserve des adaptations que rend nécessaires leur forme juridique ou la nature de leur activité. Le plan comptable applicable à ces associations est approuvé par arrêté du garde des sceaux, ministre de la justice, et des ministres chargés de l'économie et du budget, après avis du Conseil national de la comptabilité. Si des particularités d'activité, de structure ou d'opérations le justifient, des adaptations pourront être apportées, dans les mêmes formes, aux dispositions de ce plan comptable.

Les comptes annuels sont soumis, en même temps que le rapport de gestion, à l'approbation de l'organe délibérant au plus tard dans les six mois de la clôture de l'exercice, et le cas échéant, transmis aux commissaires aux comptes quarante-cinq jours au moins avant la réunion à laquelle ils doivent être approuvés. Ce délai peut être prorogé à la demande du représentant légal de la personne morale, par ordonnance du président du tribunal de grande instance, statuant sur requête.

D. 452-8 *(Décr. nº 2005-1211 du 21 sept. 2005, art. 1er)* L'agrément peut être retiré, après avis du procureur général et de l'Autorité des marchés financiers, lorsque l'association ne remplit plus l'une des conditions d'agrément. L'association doit être au préalable mise en demeure de présenter ses observations. La décision de retrait d'agrément est publiée au *Journal officiel* de la République française.

TITRE VI Dispositions pénales

Le présent titre ne comprend pas de dispositions réglementaires.

LIVRE V Les prestataires de services

TITRE PREMIER Établissement du secteur bancaire

CHAPITRE PREMIER *Règles générales applicables aux établissements de crédit*

SECTION I *Définitions et activités*

La présente section ne comprend pas de dispositions réglementaires.

SECTION II *Interdictions*

SOUS-SECTION UNIQUE *Personnel*

R. 511-1 Les membres du personnel d'un établissement de crédit, lorsqu'ils ont reçu le pouvoir de signer pour le compte de cet établissement, ne peuvent occuper un autre

emploi ni effectuer un travail rétribué en dehors de cet établissement sans en avoir, au préalable, informé la direction de l'établissement.

Cette disposition ne s'applique pas à la production des œuvres scientifiques, littéraires ou artistiques. — *[Décr. nº 84-708 du 24 juill. 1984, art. 16].*

BIBL. ▶ SAMIN, *Banque et Droit juill.-août 2004. 3* (commentaire des art. 16 et 17 du décret de 1984).

R. 511-2 Lorsqu'ils ont reçu le pouvoir de signer pour le compte d'un établissement de crédit, les membres du personnel de cet établissement de crédit ne peuvent, sauf autorisation de la direction générale, exercer des fonctions d'administration, de gestion ou de direction ni dans un autre établissement de crédit, ni dans une entreprise d'investissement, ni dans une société commerciale régie par le livre II du code de commerce. — *[Décr. nº 84-708 du 24 juill. 1984, art. 17]. — V. ces dispositions supra.*

SECTION III *Conditions d'accès à la profession*

SOUS-SECTION 1 *Agrément*

R. 511-3 Outre l'agrément collectif mentionné à l'article R. 515-1, le Comité des établissements de crédit peut, pour les réseaux mutualistes et coopératifs, après avis de l'organe central, délivrer un agrément collectif à une caisse régionale ou fédérale pour elle-même et pour les caisses locales qui lui sont affiliées ou qui sont affiliées comme elle à une même fédération régionale, lorsque la liquidité et la solvabilité des caisses locales sont garanties du fait de cette affiliation.

Dans ce cas, le respect des règles arrêtées par le ministre chargé de l'économie prises pour l'application de l'article L. 611-1 est apprécié collectivement. — *[Décr. nº 84-708 du 24 juill. 1984, art. 14].*

R. 511-3-1 *(Décr. nº 2005-1186 du 19 sept. 2005, art. 3)* **Avant d'assortir de conditions particulières une autorisation, de délivrer une autorisation de prise de participation ou de prise de contrôle ou d'octroyer un agrément à un établissement de crédit qui est :**

1° Soit une filiale d'une entreprise d'assurance, d'un établissement de crédit ou d'une entreprise d'investissement agréés dans un État membre ou partie à l'accord sur l'Espace économique européen ;

2° Soit une filiale de l'entreprise mère d'une entreprise d'assurance, d'un établissement de crédit ou d'une entreprise d'investissement agréés dans un État membre ou partie à l'accord sur l'Espace économique européen ;

3° Soit un établissement contrôlé par une personne, physique ou morale, qui contrôle également une entreprise d'assurance, un établissement de crédit ou une entreprise d'investissement agréés dans un État membre ou partie à l'accord sur l'Espace économique européen,

le Comité des établissements de crédit et des entreprises d'investissement consulte l'autorité compétente, au sens du 4° du I de l'article L. 517-2, afin d'évaluer notamment la qualité des actionnaires ainsi que l'honorabilité et la compétence des dirigeants associés à la gestion d'une autre entité du même groupe. — *V. cet art., supra.*

Cette autorité dispose d'un délai d'un mois pour formuler ses observations. Ce délai peut être prorogé d'un mois, à sa demande.

SOUS-SECTION 2 *Libre établissement et libre prestation de services sur le territoire des États partie à l'accord sur l'Espace économique européen*

R. 511-4 Lorsqu'un établissement financier a justifié auprès du comité des établissements de crédit et des entreprises d'investissement qu'il remplit les conditions mentionnées au deuxième alinéa de l'article L. 511-28, le comité lui délivre une attestation.

Le comité transmet également une attestation aux autorités compétentes de l'État membre d'accueil, en même temps que la notification mentionnée au premier alinéa de l'article L. 511-28, ou que la déclaration mentionnée au quatrième alinéa du même article.

Lorsque le Comité des établissements de crédit et des entreprises d'investissement est saisi par un établissement financier de la notification prévue au premier alinéa de l'article L. 511-28 et décide de ne pas transmettre cette notification à l'autorité compétente de l'État membre d'accueil, il fait connaître les raisons de sa décision à l'établissement dans les trois mois suivant la réception régulière de la notification.

En cas de modification de la situation d'un établissement financier, qui affecte les conditions mentionnées au deuxième alinéa de l'article L. 511-28, l'établissement en informe sans délai le Comité des établissements de crédit et des entreprises d'investissement. Si celui-ci estime que l'établissement ne peut désormais bénéficier du régime prévu au premier alinéa et au quatrième alinéa de l'article L. 511-28, il en informe les autorités compétentes de l'État membre d'accueil. – *[Décr. n° 93-381 du 15 mars 1993, art. 3].*

R. 511-5 Lorsque la Commission bancaire ouvre une procédure disciplinaire à l'encontre d'un établissement de crédit ou d'un établissement financier d'un autre État membre de la Communauté européenne ou d'un autre État partie à l'accord sur l'Espace économique européen opérant sur le territoire de la République française, elle communique à l'autorité compétente de l'État membre d'origine de l'établissement en cause la lettre mentionnée à l'article R. 613-4.

Elle communique également à ladite autorité les observations en réponse éventuellement adressées par l'établissement et l'informe de la convocation prévue au deuxième alinéa de l'article R. 613-5.

Elle verse à la procédure toutes les informations fournies par cette autorité sur les mesures qu'elle peut avoir adoptées.

Sauf cas d'urgence, un délai d'au moins 30 jours francs doit être respecté entre la communication à l'autorité de l'État membre d'origine et l'audition prévue respectivement au deuxième alinéa de l'article R. 613-5.

Avant de suivre la procédure prévue aux alinéas précédents, la Commission bancaire peut prendre, en cas d'urgence, toute mesure conservatoire propre à assurer la protection des intérêts des déposants.

En cas d'infraction à des dispositions d'intérêt général, la Commission bancaire peut, sans suivre la procédure prévue aux alinéas précédents, prononcer l'une des sanctions disciplinaires énumérées à l'article L. 613-21. – *[Décr. n° 93-381 du 15 mars 1993, art. 2].*

SECTION IV *Organes de la profession*

La présente section ne comprend pas de dispositions réglementaires.

SECTION V *Le secret professionnel*

La présente section ne comprend pas de dispositions réglementaires

SECTION VI *Dispositions comptables*

SOUS-SECTION 1 Comptes sociaux et documents comptables

R. 511-6 Les établissements de crédit sont tenus de clore leur exercice social au 31 décembre. Toutefois, la Commission bancaire peut autoriser les établissements de crédit à déroger à cette règle pour l'exercice au cours duquel ils ont reçu leur agrément.

Sauf dérogation accordée par la Commission bancaire, les établissements de crédit doivent soumettre avant le 31 mai leurs comptes annuels à l'organe compétent pour approuver ces comptes. – *[Décr. n° 84-708 du 24 juill. 1984, art. 8, al. 1er et 2].*

R. 511-7 L'article R. 511-6 n'est pas applicable aux établissements mentionnés aux articles L. 511-22 et L. 511-23. – *[Décr. n° 93-381 du 15 mars 1993, art. 1er].*

SOUS-SECTION 2 *Commissaires aux comptes*

D. 511-8 Pour l'accomplissement de la mission qui leur est dévolue dans les établissements de crédit, les commissaires aux comptes mentionnés à l'article L. 511-38 sont désignés par l'organe de ces établissements compétent pour approuver les comptes.

Ils sont désignés pour six exercices. Leurs fonctions expirent après que l'organe compétent pour approuver les comptes a statué sur les comptes du sixième exercice. Leur mandat est renouvelable. – *[Décr. n° 84-709 du 24 juill. 1984, art. 27, al. 1er et 2].*

D. 511-9 Dans les succursales en France des établissements de crédit n'ayant pas leur siège social dans un État partie à l'accord sur l'Espace économique européen, les commissaires aux comptes sont désignés par les personnes assurant la direction de ces succursales. – *[Décr. n° 84-709 du 24 juill. 1984, art. 28].*

D. 511-10 Tout établissement de crédit soumis au contrôle de la Commission bancaire fait connaître à la Commission bancaire le nom des commissaires aux comptes qu'il se propose de désigner.

Lorsque le commissaire aux comptes proposé est une société de commissaires aux comptes constituée selon les modalités de l'article L. 822-9 du code de commerce et inscrite sur la liste prévue à l'article L. 822-1 du même code, l'établissement de crédit précise le nom du commissaire aux comptes associé, actionnaire ou dirigeant, responsable de la mission au nom de cette société. Il informe la Commission bancaire de toute modification ultérieure de cette situation.

Si la Commission bancaire l'estime nécessaire, elle peut demander des informations complémentaires par lettre recommandée avec demande d'avis de réception adressée soit à l'établissement concerné, soit au commissaire aux comptes proposé. Dans ce dernier cas, elle en informe l'établissement de crédit. Elle fixe dans sa demande d'informations complémentaires un délai de réponse, lequel ne peut être inférieur à un mois.

La Commission bancaire peut également recueillir auprès de l'Autorité des marchés financiers en application de l'article L. 631-1 des informations relatives au commissaire aux comptes proposé ou, le cas échéant, à la personne responsable de la mission. – *[Décr. n° 84-709 du 24 juill. 1984, art. 29, al. 1er, 2, 4 et 5].*

D. 511-11 La Commission bancaire dispose d'un délai de deux mois pour faire connaître à l'établissement de crédit son avis sur la proposition de désignation du commissaire aux comptes. En l'absence de réponse de la Commission bancaire dans le délai imparti, son avis est réputé favorable.

Lorsque la Commission bancaire recourt au complément d'information prévu au troisième alinéa de l'article D. 511-10, le délai de deux mois prévu ci-dessus est suspendu jusqu'à la réception des informations complémentaires.

La Commission bancaire ne peut émettre un avis défavorable ou assorti de réserves sans avoir mis le commissaire aux comptes proposé en mesure de faire connaître ses observations écrites. L'avis défavorable ou assorti de réserves est motivé. Il peut être fondé notamment sur le fait que le commissaire aux comptes proposé ne présente pas toutes les garanties d'expérience, de compétence ou d'indépendance nécessaires à l'exercice de ses fonctions compte tenu de la personne responsable de la mission ou de la nature et des caractéristiques de l'activité de l'établissement de crédit.

Il est notifié par lettre recommandée avec demande d'avis de réception à l'établissement de crédit concerné et au commissaire aux comptes proposé. Une copie de cette notification est adressée à la compagnie régionale dont est membre le commissaire aux comptes.

Les dirigeants de l'établissement de crédit communiquent l'avis de la Commission bancaire à l'organe compétent pour désigner les commissaires aux comptes. – *[Décr. n° 84-709 du 24 juill. 1984, art. 29, al. 3, 4, 6, 7 et art. 30].*

D. 511-12 Les dispositions des articles D. 511-10 et D. 511-11 sont applicables à la désignation et au renouvellement des commissaires aux comptes titulaires ainsi que des commissaires aux comptes suppléants. – *[Décr. n° 84-709 du 24 juill. 1984, art. 31].*

R. 511-13 Lorsque la Commission bancaire envisage de procéder, en application du premier alinéa de l'article L. 511-38, à la désignation d'un commissaire aux comptes supplémentaire dans un établissement de crédit, elle en informe les dirigeants et les commissaires aux comptes en fonctions par lettre recommandée avec demande d'avis de réception. Elle les invite à présenter leurs observations écrites en leur fixant un délai qui ne peut être inférieur à un mois. – *[Décr. n° 84-709 du 24 juill. 1984, art. 32].*

R. 511-14 Lorsqu'une demande de récusation présentée en application de l'article L. 225-230 du code de commerce concerne un commissaire aux comptes d'un établissement de crédit soumis au contrôle de la Commission bancaire, le tribunal statue en la forme des référés après consultation du gouverneur de la Banque de France, président de la Commission bancaire. – *[Décr. n° 84-708 du 24 juill. 1984, art. 17-3].*

SECTION VII *Dispositions prudentielles*

La présente section ne comprend pas de dispositions réglementaires.

CHAPITRE II *Les banques mutualistes ou coopératives*

SECTION I *Dispositions générales*

La présente section ne comprend pas de dispositions réglementaires.

SECTION II *Les banques populaires*

SOUS-SECTION 1 *Dispositions générales*

La présente sous-section ne comprend pas de dispositions réglementaires.

SOUS-SECTION 2 *La Banque fédérale des banques populaires*

R. 512-1 La Banque fédérale des banques populaires peut autoriser les banques populaires à incorporer à leur capital social une fraction de leurs réserves. Cette incorporation ne peut intervenir qu'à l'occasion d'une augmentation de capital réalisée pour moitié au plus par ladite incorporation et, pour le reste, par une souscription en numéraire. En outre, la fraction de réserves ainsi incorporée ne saurait dépasser la moitié desdites réserves.

En cas d'incorporations successives, la fraction de réserves incorporables ne peut excéder la moitié de l'accroissement de réserves constaté depuis la précédente incorporation.

L'augmentation de capital réalisée au moyen de souscriptions en numéraire doit être au moins égale au montant du prélèvement opéré sur les réserves. – *[L. n° 42-785 du 18 août 1942, art. 1er]. – V. 2e note ss. art. L 511-30, supra.*

SOUS-SECTION 3 *Dispositions diverses*

La présente sous-section ne comprend pas de dispositions réglementaires.

....

SECTION IV *Le Crédit mutuel*

R. 512-19 La Confédération nationale du crédit mutuel établit et tient à jour la liste des caisses de crédit mutuel soumises aux dispositions des articles L. 512-55 à L. 512-58. – *[Décr. n° 67-1035 du 25 nov. 1967, art. 1er]. – V. ces art. supra.*

R. 512-20 Pour pouvoir être inscrites sur la liste mentionnée à l'article R. 512-19, les caisses de crédit mutuel doivent justifier d'objectifs conformes aux principes généraux du crédit mutuel et notamment présenter un caractère non lucratif, limiter leur activité à une circonscription territoriale déterminée ou à un groupe homogène de sociétaires, et établir la responsabilité des sociétaires.

Elles doivent s'engager à respecter les statuts, règlements intérieurs, instructions et décisions de la Confédération nationale du crédit mutuel et de la fédération régionale à laquelle elles doivent adhérer conformément aux dispositions de l'article L. 512-56. – *[Décr. n° 67-1035 du 25 nov. 1967, art. 2]. – V. cet art. supra.*

R. 512-21 L'inscription sur la liste prévue à l'article R. 512-19 est prononcée par le conseil d'administration de la Confédération nationale du crédit mutuel, lorsque les conditions prévues à l'article R. 512-20 se trouvent remplies et lorsque l'inscription demandée est compatible avec la bonne organisation générale du Crédit mutuel et sa place dans l'organisation financière du pays.

La décision du conseil d'administration est notifiée à la caisse de crédit mutuel dans un délai de huit jours. – *[Décr. n° 67-1035 du 25 nov. 1967, art. 3].*

R. 512-22 Les décisions du conseil d'administration de la Confédération nationale du crédit mutuel sont motivées et précisent, le cas échéant, les conditions et délais d'application. Elles sont susceptibles de recours contentieux. – *[Décr. n° 67-1035 du 25 nov. 1967, art. 4, al. 3].*

R. 512-23 Seules les caisses inscrites sur la liste prévue à l'article R. 512-19 peuvent se prévaloir de l'appellation de Caisse de crédit mutuel et faire figurer cette appellation dans leur dénomination, leur raison sociale ou leur publicité, et l'utiliser d'une manière quelconque dans leur activité. – *[Décr. n° 67-1035 du 25 nov. 1967, art. 5].*

R. 512-24 Le conseil d'administration de la Confédération nationale du crédit mutuel peut prendre à l'égard d'une caisse qui enfreindrait la réglementation en vigueur l'une des sanctions suivantes :

1° L'avertissement ;

2° Le blâme ;

3° La radiation de la liste des caisses de crédit mutuel. – *[Décr. n° 67-1035 du 25 nov. 1967, art. 8].*

R. 512-25 Les caisses de crédit mutuel sont avisées des sanctions qu'elles encourent et invitées à exprimer leurs observations ou à se faire représenter à la séance de la Confédération nationale à laquelle leur cas sera examiné.

Le conseil d'administration de la confédération prononce les sanctions à la majorité des deux tiers des membres présents.

Les décisions de sanctions sont motivées, elles sont portées à la connaissance du Gouvernement et notifiées à la caisse intéressée.

La radiation de la liste des caisses de crédit mutuel peut être déférée dans les deux mois, par la caisse intéressée ou par la fédération à laquelle elle est rattachée, à l'assemblée générale de la confédération, qui statue dans un délai de trois mois à la majorité de ses membres présents ou représentés.

Si la radiation est confirmée, la caisse intéressée peut se pourvoir devant la juridiction compétente. – *[Décr. n° 67-1035 du 25 nov. 1967, art. 10].*

....

SECTION VI *Les sociétés coopératives de banque*

La présente section ne comprend pas de dispositions réglementaires.

SECTION VII *Le Crédit maritime mutuel*

SOUS-SECTION 1 *Dispositions générales*

R. 512-27 Les personnes physiques pouvant être sociétaires des caisses régionales de crédit maritime mutuel ou des unions en application du 1° de l'article L. 512-74 sont les suivantes :

1° Les marins pêcheurs pratiquant la pêche maritime à titre d'activité professionnelle principale ;

2° Les anciens marins pêcheurs ayant pratiqué la pêche maritime à titre d'activité professionnelle principale pendant cinq ans au moins, ou ayant cessé de la pratiquer pour cause d'incapacité physique, ou ayant la qualité de pensionnés de la caisse générale de prévoyance des marins français ;

3° Les autres personnes qui, à titre principal, procèdent par elles-mêmes aux opérations et activités mentionnées au premier alinéa de l'article L. 512-68, et notamment les concessionnaires d'établissements de pêche sur le domaine public maritime et les personnes pratiquant les cultures marines, ainsi que les personnes qui pour cause d'incapacité physique ont cessé d'exercer une telle profession ;

4° Les ascendants, les veuves et, jusqu'à la majorité du plus jeune, les orphelins des personnes mentionnées ci-dessus. – *[Décr. n° 76-1011 du 19 oct. 1976, art. 2].*

R. 512-28 Les groupements pouvant être sociétaires des caisses et des unions en application de l'article L. 512-74 sont ceux dont l'objet se rattache à l'une des activités énumérées à l'article L. 512-68 et qui sont constitués sous l'une des formes suivantes :

1° Organismes professionnels maritimes ;

2° Syndicats professionnels maritimes ;

3° Sociétés coopératives maritimes et unions de coopératives maritimes ;

4° Sociétés d'assurance mutuelle maritimes ;

5° Prud'homies de pêche ;

6° Organisations de producteurs reconnues par le ministre chargé des pêches maritimes ;

7° Associations régies par la loi du 1er juillet 1901 ;

8° Groupements d'intérêt économique ;

9° Société à forme civile ou commerciale, et notamment les sociétés de pêche artisanale. – *[Décr. n° 76-1011 du 19 oct. 1976, art. 3].*

R. 512-29 Les statuts types prévus à l'article L. 512-73 sont approuvés par un arrêté conjoint des ministres chargés des pêches maritimes et de l'économie.

Les statuts des caisses régionales de crédit maritime mutuel et de leurs unions ainsi que leurs modifications sont soumis à la Banque fédérale des banques populaires, qui vérifie qu'ils sont conformes à ces statuts types. – *[Décr. n° 76-1011 du 19 oct. 1976, art. 4].*

R. 512-30 Les établissements de crédit maritime mutuel sont soumis aux formalités de publicité auxquelles sont assujetties les sociétés commerciales par le décret n° 84-406 du 30 mai 1984 relatif au registre du commerce et des sociétés. – *[Décr. n° 76-1011 du 19 oct. 1976, art. 6]. – V. supra, C. com., art. L. 123-1 à L. 123-9 et Décr. n° 84-406 du 30 mai 1984, infra, v° Registre du commerce et des sociétés.*

R. 512-31 Le ministre chargé des pêches maritimes définit les conditions d'octroi des prêts consentis aux sociétaires du crédit maritime mutuel en application du premier alinéa de l'article L. 512-68.

Les représentants du ministre chargé des pêches maritimes assistent aux séances du conseil d'administration et aux assemblées des caisses régionales et des unions. – *[Décr. n° 76-1011 du 19 oct. 1976, art. 7].*

R. 512-32 En cas de vacance d'un poste de directeur de caisse régionale ou d'union, les candidatures font l'objet d'une première sélection organisée par le conseil d'administration de la Société centrale de crédit maritime mutuel qui transmet à la caisse régionale ou à l'union les dossiers des candidats retenus.

La nomination d'un directeur est prononcée par le conseil d'administration de la caisse régionale ou de l'union, pour une période probatoire d'un an éventuellement renouvelable une fois. A l'issue de cette période probatoire, le conseil d'administration décide s'il y a lieu de confirmer cette nomination sous réserve d'obtenir l'agrément du conseil d'administration de la Banque fédérale des banques populaires, après avis conforme du conseil d'administration de la Société centrale de crédit maritime mutuel. Le directeur général de la Société centrale est nommé par le conseil d'administration de cette dernière. Sa nomination est soumise à l'agrément du conseil d'administration de la Banque fédérale des banques populaires. – *[Décr. n° 76-1011 du 19 oct. 1976, art. 9].*

R. 512-33 Le retrait d'agrément du directeur d'une caisse régionale ou d'une union est prononcé par le conseil d'administration de la Banque fédérale des banques populaires, après avis du conseil d'administration de la Société centrale de crédit maritime mutuel. Le conseil d'administration de la Banque fédérale des banques populaires est saisi par le conseil d'administration de la caisse régionale ou de l'union concernée, par le directeur général de la banque fédérale ou par celui de la Société centrale de crédit maritime mutuel. Dans ces deux derniers cas, le conseil d'administration de la caisse régionale ou de l'union concernée est préalablement consulté.

Le retrait d'agrément du directeur général de la Société centrale de crédit maritime mutuel est prononcé par le conseil d'administration de la Banque fédérale des banques populaires après consultation du conseil d'administration de la Société centrale de crédit maritime mutuel.

Le retrait d'agrément entraîne la démission d'office de l'intéressé. Préalablement à toute décision, les motifs du retrait sont communiqués à l'intéressé et ses observations sont recueillies. – *[Décr. n° 76-1011 du 19 oct. 1976, art. 10].*

R. 512-34 En cas d'urgence, la suspension du directeur général de la Société centrale du crédit maritime mutuel et celle d'un directeur de caisse régionale ou d'union sont prononcées par le directeur général de la Banque fédérale des banques populaires, qui saisit immédiatement le conseil d'administration de cet établissement.

Aucune suspension ne peut excéder six mois. – *[Décr. n° 76-1011 du 19 oct. 1976, art. 11].*

R. 512-35 Dans les cas prévus à l'article L. 512-80, la Banque fédérale des banques populaires ne peut proposer la dissolution du conseil d'administration qu'après avis de la Société centrale de crédit maritime mutuel. – *[Décr. n° 76-1011 du 19 oct. 1976, art. 12].*

SOUS-SECTION 2 *Administration*

R. 512-36 La Banque fédérale des banques populaires, organe central du crédit maritime mutuel, peut effectuer au bénéfice du crédit maritime mutuel toutes opérations financières et lui apporter ses services.

Elle consulte la Société centrale de crédit maritime mutuel sur les projets de décisions qu'elle établit dans le cadre de sa mission d'organe central. Elle l'informe des conclusions des inspections effectuées dans les caisses régionales et les unions.

Elle définit les conditions dans lesquelles la Société centrale de crédit maritime mutuel autorise l'octroi de crédits par les caisses régionales et les unions de crédit maritime mutuel. – *[Décr. n° 76-1011 du 19 oct. 1976, art. 13].*

R. 512-37 En cas d'échec de la procédure de conciliation définie au règlement général prévu à l'article R. 512-39, tout litige est porté devant une commission spéciale composée de deux représentants de la Banque fédérale des banques populaires, de deux représentants de la Société centrale du crédit maritime mutuel, d'un représentant du ministre chargé des pêches maritimes et du commissaire du Gouvernement auprès de l'organe central du crédit maritime mutuel. Cette commission élabore un protocole d'accord soumis à l'approbation des organes délibérants des établissements concernés. – *[Décr. n° 76-1011 du 19 oct. 1976, art. 13 bis].*

R. 512-38 Pour l'exercice du contrôle prévu à l'article L. 511-31 et à l'article L. 512-72, la Banque fédérale des banques populaires procède sur place à toutes investigations et se fait communiquer tous documents qu'elle juge utiles. – *[Décr. n° 76-1011 du 19 oct. 1976, art. 14].*

R. 512-39 La Société centrale de crédit maritime mutuel peut effectuer au bénéfice des autres établissements de crédit maritime mutuel toutes opérations financières et leur apporter ses services. Elle centralise tous les excédents de ressources des caisses régionales et des unions et assure la coordination des méthodes financières et comptables de leurs opérations. Elle assure le contrôle des engagements selon les règles définies par la Banque fédérale des banques populaires.

Elle soumet à l'approbation de la Banque fédérale des banques populaires un règlement général qui énonce les règles relatives aux opérations des caisses régionales et de leurs unions. Ce règlement fixe également les principes de la politique commune de développement du crédit maritime mutuel et peut définir un dispositif de solidarité financière entre les établissements de crédit maritime mutuel.

Le règlement général institue une procédure de conciliation tendant à régler les difficultés qui peuvent survenir dans les rapports entre la Banque fédérale des banques populaires, lorsqu'elle n'agit pas en tant qu'organe central, et un établissement de crédit maritime mutuel.

Le règlement général doit être agréé par le ministre chargé de l'économie et par le ministre chargé des pêches maritimes. – *[Décr. n° 76-1011 du 19 oct. 1976, art. 15].*

R. 512-40 Le comité des établissements de crédit et des entreprises d'investissement mentionné à l'article L. 612-1 peut, après avis de la Banque fédérale des banques populaires, délivrer un agrément collectif à la Société centrale de crédit maritime mutuel pour elle-même et pour celles des caisses régionales ou des unions de crédit maritime mutuel ayant conclu avec cette société une convention de nature à garantir leur liquidité et leur solvabilité.

Pour l'application de la réglementation mentionnée à l'article L. 611-1, la Société centrale de crédit maritime mutuel et les caisses régionales et unions qui ont conclu avec celle-ci la convention mentionnée à l'alinéa ci-dessus sont regardées comme un seul établissement de crédit. – *[Décr. n° 76-1011 du 19 oct. 1976, art. 16].*

R. 512-41 Le total des fonds correspondant à des avances de l'État détenues par une caisse régionale ou une union ne peut excéder dix fois le total de son capital versé et, le cas échéant, du fonds de garantie ouvert dans ses livres. – *[Décr. n° 76-1011 du 19 oct. 1976, art. 17].*

R. 512-42 Il est créé dans les livres de la Société centrale de crédit maritime mutuel un fonds pour risques bancaires généraux spécifique, dénommé « fonds central de solidarité du crédit maritime mutuel », constitué en vue de garantir la solvabilité et la liquidité des établissements mentionnés à l'article L. 512-69. Les modalités d'organisation et les conditions de fonctionnement du fonds central de solidarité sont fixées par le règlement général prévu à l'article R. 512-39. – *[Décr. n° 76-1011 du 19 oct. 1976, art. 20].*

R. 512-43 *(Composition). – [Décr. n° 76-1011 du 19 oct. 1976, art. 21].*

R. 512-44 *(Formation restreinte). — [Décr. n° 76-1011 du 19 oct. 1976, art. 22].*

SOUS-SECTION 3 *Commissaires aux comptes*

La présente sous-section ne comprend pas de dispositions réglementaires.

SOUS-SECTION 4 *Dispositions diverses*

R. 512-45 La dénomination de crédit maritime mutuel ne peut être utilisée que par les sociétés soumises aux dispositions des articles L. 512-68 à L. 512-84. — *[Décr. n° 76-1011 du 19 oct. 1976, art. 24, al. 1er]. — Sur les sanctions pénales, V. art. R. 571-1-1*

R. 512-46 En cas de dissolution d'un établissement de crédit maritime mutuel, l'affectation du reliquat de l'actif à un organisme d'intérêt maritime est décidé par le ministre chargé des pêches maritimes après avis de la Commission supérieure du crédit maritime mutuel. — *[Décr. n° 76-1011 du 19 oct. 1976, art. 26].*

Pour le statut des coopératives maritimes, des coopératives d'intérêt maritime et de leurs unions, V. L. n° 83-657 du 20 juill. 1983, art. 37 à 63. — C. ***sociétés.***

SECTION VIII *Le réseau des caisses d'épargne*

SOUS-SECTION 1 *Missions*

La présente sous-section ne comprend pas de dispositions réglementaires.

SOUS-SECTION 2 *Le réseau*

R. 512-47 Les ressorts géographiques des caisses d'épargne et de prévoyance et des autres établissements de crédits affiliés à la Caisse nationale des caisses d'épargne et de prévoyance sont fixés, en application de l'article L. 512-95, par la Caisse nationale des caisses d'épargne et de prévoyance. Les caisses d'épargne et de prévoyance ainsi que les établissements de crédit susmentionnés peuvent ouvrir des succursales après autorisation de la Caisse nationale des caisses d'épargne et de prévoyance.

SOUS-SECTION 3 *Les caisses d'épargne et de prévoyance*

§ 1er *Dispositions générales*

R. 512-48 Les conseils d'orientation et de surveillance et les directoires des caisses d'épargne et de prévoyance sont tenus de se conformer aux décisions prises par la caisse nationale en application des dispositions de l'article L. 512-95. — *[Décr. n° 91-1101 du 23 oct. 1991, art. 4].*

§ 2 *Autres dispositions*

Le présent paragraphe ne comprend pas de dispositions réglementaires.

....

SOUS-SECTION 5 *La Caisse nationale des caisses d'épargne et de prévoyance*

R. 512-56 Les établissements de crédit contrôlés dont il est fait mention au II de l'article L. 512-95 s'entendent de ceux qui sont sous le contrôle direct ou indirect de manière exclusive ou conjointe, au sens de l'article L. 233-16 du code de commerce, soit de la Caisse nationale des caisses d'épargne et de prévoyance avec un ou plusieurs établissements qui lui sont affiliés, soit d'un ou plusieurs établissements affiliés à la Caisse nationale des caisses d'épargne et de prévoyance. — *[Décr. n° 2000-123 du 9 févr. 2000, art. 1er].*

R. 512-57 La décision d'affiliation ou de retrait d'affiliation d'un établissement prise par la Caisse nationale des caisses d'épargne et de prévoyance fait l'objet d'une notification à l'établissement de crédit concerné et au comité des établissements de crédit et des entreprises d'investissement.

Les établissements de crédit affiliés à la Caisse nationale des caisses d'épargne et de prévoyance le 17 février 2000 le demeurent, sauf décision expresse de retrait de la Caisse nationale des caisses d'épargne et de prévoyance. – *[Décr. n° 2000-123 du 9 févr. 2000, art. 2].*

R. 512-58 L'affiliation mentionnée à l'article R. 512-57 est subordonnée à l'agrément des dirigeants par la Caisse nationale des caisses d'épargne et de prévoyance. – *[Décr. n° 2000-123 du 9 févr. 2000, art. 3].*

SOUS-SECTION 6 *La Fédération nationale des caisses d'épargne et de prévoyance*

La présente sous-section ne comprend pas de dispositions réglementaires.

SOUS-SECTION 7 *Fonds de réserve et de garantie*

R. 512-59 Sont affectés au fonds de réserve et de garantie mentionné au premier alinéa de l'article L. 512-101 :

1° Le fonds de réserve actuel ;

2° Les intérêts et les primes d'amortissements provenant de ce fonds lui-même ;

3° La différence entre, d'une part, le revenu des valeurs du portefeuille et du compte courant avec le Trésor et, d'autre part, le montant des intérêts, des ristournes et de la part des primes de fidélité servies chaque année aux caisses d'épargne au titre du livret A ;

4° Les retenues d'intérêts imposées aux titulaires de plusieurs livrets A conformément à l'article R. 221-8. – *[C. caisses d'épargne, art. 52].*

R. 512-60 Peuvent seules être imputées sur le fonds de réserve et de garantie mentionné à l'article L. 512-101 :

1° Les pertes qui viendraient à résulter soit de différences d'intérêts, soit d'opérations ayant pour but d'assurer le service des remboursements au titre du livret A ;

2° Les sommes à prélever soit à titre définitif, soit à titre d'avance en cas d'insuffisance de la fortune personnelle d'une caisse d'épargne pour faire face aux pertes déjà constatées ou qui seraient ultérieurement reconnues dans sa gestion dans la mesure où ces pertes sont rattachées à la gestion des fonds déposés par les caisses d'épargne et de prévoyance au titre du livret A ;

3° La rémunération de la garantie de l'État mentionnée à l'article R. 512-62. Le montant de cette rémunération est fixé par décret, après avis de la commission de surveillance de la Caisse des dépôts et consignations ;

4° Sur décision du ministre chargé de l'économie, les dépenses exceptionnelles dont la nature intéresse l'ensemble des caisses d'épargne. – *[C. caisses d'épargne, art. 53].*

R. 512-61 Lorsque le montant du fonds de réserve et de garantie excède 8 % du montant des fonds versés à la Caisse des dépôts et consignations par les caisses d'épargne et de prévoyance au titre du livret A, le montant de cet excédent est versé au fonds de réserve du financement du logement institué par le décret n° 93-735 du 29 mars 1993. – *[C. caisses d'épargne, art. 53-1].*

R. 512-62 Chaque année sont prélevés sur le fonds de réserve et de garantie les crédits nécessaires à la rémunération de la garantie accordée par l'État aux fonds collectés par les caisses d'épargne et de prévoyance. Le montant de cette rémunération est fixé par décret, après avis de la commission de surveillance de la Caisse des dépôts et consignations. – *Montant fixé à 525 millions d'euros par Décr. n° 2006-680 du 9 juin 2006.*

Peuvent également être prélevées sur le fonds de réserve et de garantie les dépenses exposées par les caisses d'épargne et de prévoyance à l'occasion de la confrontation de leurs écritures avec les renseignements recueillis auprès des déposants à la demande de l'autorité de tutelle. – *[C. caisses d'épargne, art. 67]*.

R. 512-63 Le montant de la rémunération prévue à l'article R. 512-62 ne peut avoir pour effet de ramener le montant du fonds de réserve et de garantie prévu à l'article R. 512-59 à une somme inférieure à 2 % des fonds versés par les caisses d'épargne et de prévoyance à la Caisse des dépôts et consignations. – *[Décr. n° 83-1189 du 30 déc. 1983, art. 3]*.

SOUS-SECTION 8 *Dispositions générales*

La présente sous-section ne comprend pas de dispositions réglementaires.

CHAPITRE IV *Les caisses de crédit municipal*

Le présent chapitre ne comprend pas de dispositions réglementaires.

CHAPITRE V *Les sociétés financières*

SECTION I *Dispositions communes*

La présente section ne comprend pas de dispositions réglementaires.

SECTION II *Les sociétés de crédit-bail mobilier et immobilier*

La présente section ne comprend pas de dispositions réglementaires.

SOUS-SECTION 1 *Objet*

La présente sous-section ne comprend pas de dispositions réglementaires.

SOUS-SECTION 2 *Statuts*

La présente sous-section ne comprend pas de dispositions réglementaires.

SECTION III *Les sociétés de caution mutuelle*

R. 515-1 Le comité des établissements de crédit et des entreprises d'investissement peut, après avis de l'organe central, délivrer un agrément collectif à une banque mutualiste et coopérative pour elle-même et pour les sociétés de caution mutuelle lui accordant statutairement l'exclusivité de leur cautionnement, si ces sociétés ont conclu avec cette banque mutualiste et coopérative une convention de nature à garantir leur liquidité et leur solvabilité.

Dans ce cas, le respect des règles arrêtées par le ministre chargé de l'économie prises pour l'application de l'article L. 611-1 est apprécié collectivement. – *[Décr. n° 84-708 du 24 juill. 1984, art. 14]*.

SOUS-SECTION 3 *Emploi des fonds*

La présente sous-section ne comprend pas de dispositions réglementaires.

SOUS-SECTION 4 *Publicité*

La présente sous-section ne comprend pas de dispositions réglementaires.

SECTION IV *Les sociétés de crédit foncier*

SOUS-SECTION 1 *Statut et objet*

La présente sous-section ne comprend pas de dispositions réglementaires.

SOUS-SECTION 2 *Opérations*

R. 515-2 Les quotités prévues à l'article L. 515-14 sont définies, lorsqu'elles sont appréciées au moment de la conclusion du contrat de prêt, par le rapport entre le capital dû et la valeur du bien, lorsqu'elles sont appréciées au moment de l'acquisition de la créance si le prêt a été consenti par un tiers, par le rapport entre le capital restant dû et la valeur du bien.

Elles sont fixées à 60 % de la valeur du bien financé pour les prêts cautionnés ou du bien apporté en garantie pour les prêts hypothécaires.

Elles peuvent être portées à 80 % de la valeur du bien lorsque tous les prêts garantis figurant à l'actif de la société de crédit foncier ont été consentis à des personnes physiques pour financer la construction ou l'acquisition de logements ou pour financer à la fois l'acquisition d'un terrain à bâtir et le coût des travaux de construction de logements. Sont assimilés à la construction les travaux ayant pour objet la création ou la transformation d'une surface habitable, par agrandissement ou par remise en état. Pour les prêts hypothécaires, il faut également que le bien apporté en garantie soit un logement. — *[Décr. n° 99-710 du 3 août 1999, art. 2].*

R. 515-3 Les prêts garantis assortis d'une sûreté immobilière conférant une garantie équivalente au sens du 1° du I de l'article L. 515-14 sont des prêts assortis d'une sûreté qui confère au créancier, quelle que soit la situation juridique du débiteur, le droit de faire procéder à la vente de l'immeuble grevé par cette sûreté dans quelques mains qu'il se trouve et de se faire payer sur le prix de vente par préférence aux autres créanciers.

Les garanties équivalentes au sens de l'article L. 515-16 sont celles qui, selon le droit qui leur est applicable, confèrent aux titulaires des créances qui en sont assorties le droit de percevoir, directement ou indirectement, le remboursement d'un prêt sous-jacent ou d'un ensemble de prêts sous-jacents répondant aux caractéristiques définies au I de l'article L. 515-14 ou à l'article L. 515-15 et le produit de l'exécution des garanties attachées à ces prêts, dans les conditions contractuelles prévues lors de l'octroi de ces prêts. Ce droit doit pouvoir être exercé, même en cas de défaillance du débiteur du prêt sous-jacent ou d'une entité interposée, sans subir le concours d'un autre créancier à l'exception de ceux qui tirent leurs droits de la gestion des créances cédées et des garanties. — *[Décr. n° 99-710 du 3 août 1999, art. 3].*

R. 515-4 La quotité de financement mentionnée au II de l'article L. 515-14 peut être dépassée :

1° Dans la limite de 100 % de la valeur du bien apporté en garantie, pour les prêts bénéficiant de la garantie du fonds de garantie à l'accession sociale à la propriété mentionné à l'article L. 312-1 du code de la construction et de l'habitation, ou les prêts couverts, pour la partie excédant la quotité fixée, par un cautionnement d'un établissement de crédit ou d'une entreprise d'assurance mentionnés à l'article L. 515-14 ou par la garantie d'une ou plusieurs des personnes morales de droit public mentionnées à l'article L. 515-15 ;

2° Dans la limite de 80 % de la valeur du bien apporté en garantie, lorsque ces prêts, pour la partie excédant la quotité fixée, sont financés par des ressources non privilégiées. Les sociétés de crédit foncier calculent le montant du dépassement sur l'ensemble des prêts qu'elles détiennent et pour chaque prêt ayant fait l'objet d'un dépassement au moment de l'octroi ou de l'acquisition de ce prêt. La somme arithmétique des dépassements calculés sur l'ensemble des prêts doit être en permanence inférieure ou égale à l'encours des ressources non privilégiées de la société de crédit foncier. – *[Décr. n° 99-710 du 3 août 1999, art. 4].*

R. 515-5 L'apport personnel mentionné au 2° du I de l'article L. 515-14 ne peut être inférieur à :

1° 20 % du prix d'achat du bien immobilier hors frais et taxes s'il s'agit d'un bien à usage professionnel ;

2° 10 % du prix d'achat du bien immobilier hors frais et taxes s'il s'agit d'un logement ;

3° 5 % du prix d'achat du bien immobilier hors frais et taxes s'il s'agit d'un logement et si l'apport est constitué à partir de dépôts sur un plan contractuel d'épargne logement.

L'apport personnel ne peut être constitué par emprunt. – *[Décr. n° 99-710 du 3 août 1999, art. 5].*

R. 515-6 Pour l'application du 2° du I de l'article L. 515-14, les prêts cautionnés éligibles à l'actif des sociétés de crédit foncier sont les prêts dont un établissement de crédit ou une entreprise d'assurances détenant des capitaux propres d'au moins 12 millions d'euros est caution solidaire.

Le montant total des prêts cautionnés ne peut dépasser 20 % du montant total de l'actif des sociétés de crédit foncier. – *[Décr. n° 99-710 du 3 août 1999, art. 6].*

R. 515-6-1 *(Décr. n° 2005-1400 du 10 nov. 2005, art. 1er)* La liste prévue au troisième alinéa de l'article L. 515-15 comprend les personnes publiques suivantes : – *V. cet art., supra.*

1° Les États mentionnés au premier alinéa du même article ;

2° Les collectivités territoriales mentionnées audit alinéa, dès lors qu'elles ont plus de 5 000 habitants ;

3° Les groupements de collectivités territoriales mentionnés à ce même alinéa, dès lors qu'ils réunissent plus de 10 000 habitants ;

4° Les établissements publics ou organismes de droit public assimilés rattachés aux personnes publiques mentionnées aux 1°, 2° et 3°.

R. 515-7 Pour l'application de l'article L. 515-17, les titres et valeurs suffisamment sûrs et liquides sont les actifs susceptibles d'être mobilisés auprès du Système européen de banques centrales ainsi que les créances à moins d'un an sur des établissements de crédit. La part de ces actifs sûrs et liquides ne peut excéder 20 % du total de l'actif des sociétés de crédit foncier. Sur autorisation de la commission bancaire, cette part peut être temporairement portée à 30 %.– *[Décr. n° 99-710 du 3 août 1999, art. 7].*

SOUS-SECTION 3 *Privilège des créances nées des opérations*

R. 515-8 Lorsqu'un contrat est conclu en vue de l'obtention de ressources bénéficiant du privilège défini à l'article L. 515-19, il y est expressément mentionné que celles-ci bénéficient de ce privilège. Il doit également y être fait mention de l'attestation prévue au IV de l'article R. 515-13. – *[Décr. n° 99-710 du 3 août 1999, art. 1er].*

R. 515-9 Les frais annexes mentionnés au dernier alinéa de l'article L. 515-19 comprennent les frais d'assurance et de cautionnement, les sommes dues au fonds de garantie à l'accession sociale et la propriété mentionné à l'article L. 312-1 du code de la construction et de l'habitation, les sommes dues au dépositaire de l'émission ainsi que celles afférentes à l'expertise des créances, à l'entretien et la réparation des immeubles devenus propriété de la société de crédit foncier à la suite de la réalisation de sûretés dont celle-ci disposait, ainsi que tous autres frais engagés pour assurer la conservation des actifs et des garanties reçues, et pour préserver les droits des créanciers privilégiés. – *[Décr. n° 99-710 du 3 août 1999, art. 11].*

SOUS-SECTION 4 *Règles régissant les opérations des sociétés de crédit foncier*

D. 515-10 Le bordereau, mentionné à l'article L. 313-23, par lequel s'effectue la cession des créances détenues par une société de crédit foncier, doit comporter les énonciations suivantes : — *V. cet art., supra.*

1° La dénomination acte de cession de créances ;

2° La mention que l'acte est soumis aux dispositions des articles L. 313-23 à L. 313-35 et des articles L. 515-13 à L. 515-33 ;

3° Le nom ou la dénomination sociale de l'établissement de crédit bénéficiaire ;

4° La désignation ou l'individualisation des créances cédées ou des éléments susceptibles d'effectuer cette désignation ou cette individualisation, notamment par l'indication du débiteur, du lieu de paiement, du montant des créances ou de leur évaluation et, s'il y a lieu, de leur échéance.

Toutefois, lorsque la transmission des créances cédées est effectuée par un procédé informatique permettant de les identifier, le bordereau peut se borner à indiquer, outre les mentions mentionnées aux 1°, 2° et 3° ci-dessus, le moyen par lequel elles sont transmises, leur nombre et leur montant global. — *[Décr. n° 99-655 du 29 juill. 1999, art. 1er].*

D. 515-11 Le bordereau par lequel s'effectue, en application de l'article L. 515-21, la cession à une société de crédit foncier des prêts mentionnés à l'article L. 515-13 doit comporter les énonciations suivantes :

1° La dénomination acte de cession de créances ;

2° La mention que l'acte est soumis aux dispositions des articles L. 515-13 à L. 515-33 ;

3° Le nom ou la dénomination sociale de l'établissement de crédit bénéficiaire ;

4° La désignation ou l'individualisation des créances cédées ou des éléments susceptibles d'effectuer cette désignation ou cette individualisation, notamment par l'indication du débiteur, du lieu de paiement, du montant des créances ou de leur évaluation et, s'il y a lieu, de leur échéance.

Toutefois, lorsque la transmission des créances cédées est effectuée par un procédé informatique permettant de les identifier, le bordereau peut se borner à indiquer, outre les mentions mentionnées aux 1°, 2° et 3° ci-dessus, le moyen par lequel elles sont transmises, leur nombre et leur montant global. — *[Décr. n° 99-655 du 29 juill. 1999, art. 2].*

SOUS-SECTION 5 *Redressement et liquidation judiciaires*

La présente sous-section ne comprend pas de dispositions réglementaires.

SOUS-SECTION 6 *Contrôles*

R. 515-12 Lorsque, en application de l'article L. 511-10, une société sollicite du Comité des établissements de crédit et des entreprises d'investissement l'agrément nécessaire à l'obtention de la qualité de société de crédit foncier, elle indique au comité le nom des contrôleurs spécifiques, titulaire et suppléant, qu'elle propose de nommer. Le Comité des établissements de crédit et des entreprises d'investissement recueille l'avis de la Commission bancaire sur ces nominations, après que celle-ci a été préalablement saisie de leur proposition par les dirigeants de la société de crédit foncier.

En cas d'avis non conforme de la Commission bancaire, les dirigeants de la société de crédit foncier doivent immédiatement lui proposer un autre nom. — *[Décr. n° 99-710 du 3 août 1999, art. 8].*

R. 515-13 I. — Les fonctions des contrôleurs spécifiques, titulaire et suppléant, expirent après la remise du rapport et des états certifiés arrêtés à la fin du quatrième exercice suivant leur nomination. Leur mandat est renouvelable. Lorsqu'ils souhaitent renouveler le mandat desdits contrôleurs, les dirigeants de la société de crédit foncier adressent leur proposition à la Commission bancaire au moins trois mois avant la fin du quatrième exercice qui suit la nomination de ces contrôleurs.

II. — Le contrôleur spécifique désigné en remplacement de celui dont les fonctions ont pris fin avant leur terme normal achève le mandat de celui qu'il remplace.

III. — Les dispositions de l'article 188 du décret du 23 mars 1967 sur les sociétés commerciales sont applicables au contrôleur spécifique. La demande de récusation du contrôleur spécifique est faite par lettre recommandée avec demande d'avis de réception lorsqu'elle émane de la commission bancaire. — *V. cet art. infra, vº Sociétés commerciales.*

IV. — Le contrôleur spécifique atteste du respect de la règle prévue à l'article L. 515-20 sur la base d'un programme trimestriel d'émissions de ressources bénéficiant du privilège mentionné à l'article L. 515-19. Il atteste du respect de cette même règle pour toute émission de ressources bénéficiant de ce privilège et dont la valeur unitaire est supérieure ou égale à 500 millions d'euros, ou son équivalent dans l'unité monétaire de l'émission. — *[Décr. nº 99-710 du 3 août 1999, art. 9].*

R. 515-14 Toute société de crédit foncier tient à jour un état spécifique des prêts qu'elle a accordés ou acquis. Cet état fait également apparaître la nature et la valeur des garanties y afférentes ainsi que la nature et le montant des créances privilégiées. — *[Décr. nº 99-710 du 3 août 1999, art. 10].*

SOUS-SECTION 7 *Dispositions diverses*

La présente sous-section ne comprend pas de dispositions réglementaires.

....

CHAPITRE VII *Compagnies financières et conglomérats financiers*

SECTION I *Définitions*

La présente section ne comprend pas de dispositions réglementaires.

SECTION II *Dispositions générales*

SOUS-SECTION 1 *Compagnies financières*

D. 517-1 Pour l'accomplissement de la mission qui leur est dévolue dans les compagnies financières, les commissaires aux comptes mentionnés par l'article L. 511-38 sont désignés par l'organe de ces établissements compétent pour approuver les comptes.

Ils sont désignés pour six exercices. Leurs fonctions expirent après que l'organe compétent pour approuver les comptes a statué sur les comptes du sixième exercice. Leur mandat est renouvelable. — *[Décr. nº 84-709 du 24 juill. 1984, art. 27, al. 1er et 2].*

D. 517-2 Toute compagnie financière soumise au contrôle de la Commission bancaire fait connaître à la Commission bancaire le nom des commissaires aux comptes qu'elle se propose de désigner.

Lorsque le commissaire aux comptes proposé est une société de commissaires aux comptes constituée et inscrite selon les modalités prévues à l'article L. 225-218 du code de commerce, la compagnie financière précise le nom du commissaire aux comptes associé, actionnaire ou dirigeant, responsable de la mission au nom de cette société. Elle informe la Commission bancaire de toute modification ultérieure de cette situation.

Si la Commission bancaire l'estime nécessaire, elle peut demander des informations complémentaires par lettre recommandée avec demande d'avis de réception adressée soit à la compagnie concernée, soit au commissaire aux comptes proposé. Dans ce dernier cas, elle en informe la compagnie financière. Elle fixe dans sa demande d'informations complémentaires un délai de réponse, lequel ne peut être inférieur à un mois.

La Commission bancaire peut également recueillir auprès de l'Autorité des marchés financiers en application de l'article L. 631-1 des informations relatives au commissaire aux comptes proposé ou, le cas échéant, à la personne responsable de la mission. — *[Décr. n° 84-709 du 24 juill. 1984, art. 29, al. 1er 2, 4 et 5].*

D. 517-3 La Commission bancaire dispose d'un délai de deux mois pour faire connaître à la compagnie financière son avis sur la proposition de désignation du commissaire aux comptes. En l'absence de réponse de la Commission bancaire dans le délai imparti, son avis est réputé favorable.

Lorsque la Commission bancaire recourt au complément d'information prévu au troisième alinéa de l'article D. 517-2, le délai de deux mois prévu ci-dessus est suspendu jusqu'à réception des informations complémentaires.

La Commission bancaire ne peut émettre un avis défavorable ou assorti de réserves sans avoir mis le commissaire aux comptes proposé en mesure de faire connaître ses observations écrites. L'avis défavorable ou assorti de réserves est motivé. Il peut notamment être fondé sur le fait que le commissaire aux comptes proposé ne présente pas toutes les garanties d'expérience, de compétence ou d'indépendance nécessaires à l'exercice de ses fonctions compte tenu de la personne responsable de la mission ou de la nature et des caractéristiques de l'activité de la compagnie financière.

Il est notifié par lettre recommandée avec demande d'avis de réception à la compagnie financière concernée et au commissaire aux comptes proposé. Une copie de cette notification est adressée à la compagnie régionale dont est membre le commissaire aux comptes.

Les dirigeants de la compagnie financière communiquent l'avis de la Commission bancaire à l'organe compétent pour désigner les commissaires aux comptes. — *[Décr. n° 84-709 du 24 juill. 1984, art. 29, al. 3, 4, 6 et 7].*

R. 517-4 Lorsqu'une demande de récusation présentée en application de l'article L. 225-230 du code de commerce concerne un commissaire aux comptes d'une compagnie financière *(Décr. n° 2005-1186 du 19 sept. 2005, art. 4)* « ou d'une compagnie financière holding mixte » soumise au contrôle de la Commission bancaire, le tribunal statue en la forme des référés après consultation du gouverneur de la Banque de France, président de la Commission bancaire. — *[Décr. n° 84-708 du 24 juill. 1984, art. 17-3]. — V. cet art., supra.*

D. 517-5 Les dispositions des articles D. 517-1, D. 517-2 et D. 517-3 sont applicables à la désignation et au renouvellement des commissaires aux comptes titulaires ainsi que des commissaires aux comptes suppléants. — *[Décr. n° 84-709 du 24 juill. 1984, art. 31].*

D. 517-6 Lorsque la Commission bancaire envisage de procéder, en application du premier alinéa de l'article L. 511-38, à la désignation d'un commissaire aux comptes supplémentaire dans une compagnie financière, elle en informe les dirigeants et les commissaires aux comptes en fonctions par lettre recommandée avec demande d'avis de réception. La Commission bancaire met les dirigeants et les commissaires aux comptes en fonctions en demeure de présenter leurs observations écrites, dans un délai qui ne peut être inférieur à un mois, avant de décider de la désignation d'un commissaire aux comptes supplémentaire. — *[Décr. n° 84-709 du 24 juill. 1984, art. 32].*

D. 517-7 Les dispositions des articles D. 517-2, D. 517-5 et D. 517-6 sont applicables aux compagnies financières soumises au contrôle de la Commission bancaire ayant leur siège social dans un État partie à l'accord sur l'Espace économique européen, pour les personnes chargées du contrôle légal des comptes consolidés et compte tenu de la législation étrangère applicable. — *[Décr. n° 84-709 du 24 juill. 1984, art. 27, al. 3].*

SOUS-SECTION 2 *Conglomérats financiers*

(Décr. n° 2005-1187 du 19 sept. 2005)

D. 517-8 *(Décr. n° 2005-1187 du 19 sept. 2005, art. 1er)* **Les dispositions des articles D. 517-1 à D. 517-7 sont également applicables aux compagnies financières holding mixte dont le coordonnateur est la Commission bancaire.**

CHAPITRE VIII ***Les établissements et services autorisés à effectuer des opérations de banque***

SECTION I ***Dispositions générales***

La présente section ne comprend pas de dispositions réglementaires.

....

SECTION III ***La Poste***

R. 518-43 (Abrogé par Décr. n° 2005-1068 du 30 août 2005, art. 15 ; Décr. n° 2005-1007 du 2 août 2005) ***La Poste peut distribuer librement des produits d'épargne pour le compte de ses filiales ou de tout autre tiers dans le respect de la législation et de la réglementation bancaire. Elle pourra notamment contracter avec d'autres établissements que la Caisse des dépôts et consignations. Elle en informe le ministre chargé des postes et télécommunications et le ministre chargé de l'économie, un mois au moins avant d'offrir ces produits à sa clientèle.***

La Poste peut offrir pour son compte propre de nouveaux produits d'épargne et de placements financiers. Afin de vérifier que La Poste demeure dans le domaine d'activités défini à l'article 8 du cahier des charges annexé au décret n° 90-1214 du 29 décembre 1990 relatif au cahier des charges de La Poste et au code des postes et télécommunications, ces décisions de La Poste sont soumises à l'accord préalable et à l'agrément de deux autorités administratives compétentes. Ces dernières vérifient également que la protection des épargnants est convenablement assurée. – [Décr. n° 90-1214 du 29 déc. 1990, annexe, art. 12, al. 2 et 3].

R.* 518-44 (Abrogé par Décr. n° 2005-1068 du 30 août 2005, art. 15 ; Décr. n° 2005-1007 du 2 août 2005) ***Les autorités administratives compétentes sont respectivement le ministre chargé des postes et télécommunications et le ministre chargé de l'économie pour l'accord et pour l'agrément mentionnés à l'article R. 518-43.*** – [Décr. n° 90-1214 du 29 déc. 1990, annexe, art. 12].

R. 518-45 (Abrogé par Décr. n° 2005-1068 du 30 août 2005, art. 15 ; Décr. n° 2005-1007 du 2 août 2005) ***L'accord ou l'agrément des autorités administratives compétentes mentionnés à l'article R.* 518-44 sont réputés tacitement accordés à l'expiration d'un délai de trois mois à compter de la transmission du projet.*** – [Décr. n° 90-1214 du 29 déc. 1990, annexe, art. 12, al. 4].

SECTION IV ***La Caisse nationale d'épargne***

R. 518-46 *(Décr. n° 2005-1068 du 30 août 2005, art. 15)* **« I. – L'établissement de crédit mentionné à l'article L. 518-26 du code monétaire et financier assure la gestion administrative et commerciale de la Caisse nationale d'épargne pour le compte de l'État dans des conditions déterminées par une convention conclue entre l'État, La Poste et cet établissement. »** – *V. art. préc., supra.*

II. – *(Décr. n° 2005-1068 du 30 août 2005, art. 15)* **« L'établissement de crédit mentionné à l'article L. 518-26 « procède à la centralisation intégrale des fonds reçus au**

titre des livrets A *(Abrogé par Décr. n° 2005-1068 du 30 août 2005, art. 15.)* *« et livret supplémentaire »* de la Caisse nationale d'épargne à la Caisse des dépôts et consignations selon des modalités précisées par une convention conclue avec la Caisse des dépôts et consignations. Cette convention, qui est approuvée par le ministre chargé des postes et télécommunications et par le ministre chargé de l'économie, précise les conditions de tenue des comptes.

(Abrogé par Décr. n° 2005-1068 du 30 août 2005, art. 15) ***« III. — La Poste procède à la centralisation intégrale des fonds reçus au titre des autres produits cités ci-dessus à la Caisse des dépôts et consignations selon des modalités précisées par des conventions conclues avec la Caisse des dépôts et consignations. Ces conventions, qui sont approuvées par le ministre chargé des postes et télécommunications et par le ministre chargé de l'économie, précisent notamment les conditions de tenue des comptes et les modalités selon lesquelles le ministre des postes et télécommunications et La Poste sont informés par la Caisse des dépôts et consignations de la gestion des fonds collectés.***

« La convention relative à l'épargne-logement précise également les conditions dans lesquelles La Poste offre des prêts principaux et complémentaires d'épargne logement. » — *[Décr. n° 90-1214 du 29 déc. 1990, annexe, art. 11].*

R. 518-47 La gestion administrative et commerciale du livret A, assurée par *(Décr. n° 2005-1068 du 30 août 2005, art. 15)* « *[l]*'établissement de crédit mentionné à l'article L. 518-26 » pour le compte de l'État, dans les conditions prévues par l'article R. 518-46, fait l'objet d'une commission prenant en compte le coût de collecte, les gains de productivité et une incitation à la collecte, selon des modalités fixées par le contrat de plan. Cette commission est due à *(Décr. n° 2005-1068 du 30 août 2005, art. 15)* « *[l]*'établissement de crédit mentionné à l'article L. 518-26 » quel que soit le rendement du portefeuille géré par la Caisse des dépôts et consignations. — *[Décr. n° 90-1214 du 29 déc. 1990, annexe, art. 38, 6°, a), al. 1er].*

R. 518-48 (Abrogé par Décr. n° 2005-1068 du 30 août 2005, art. 15 ; Décr. n° 2005-1007 du 2 août 2005) ***La gestion administrative et commerciale des autres produits d'épargne de la Caisse nationale d'épargne est rémunérée par des commissions, dont les modalités de calcul sont fixées par les conventions passées entre La Poste et la Caisse des dépôts et consignations, qui sont mentionnées au III de l'article R. 518-46.*** — [Décr. n° 90-1214 du 29 déc. 1990, annexe, art. 38, 6°, b)].

R. 518-49 La Caisse nationale d'épargne est tenue de verser à la Caisse des dépôts et consignations toutes les sommes qu'elle reçoit des déposants. — *[C. caisses d'épargne, art. 19, 1re phrase].*

R. 518-50 Les dispositions du présent code ne font pas obstacle à l'emploi d'une partie des fonds déposés à la Caisse nationale d'épargne prévu par la loi du 5 décembre 1922 sur les habitations à loyer modéré et par les lois postérieures. — *[C. caisses d'épargne, art. 21].*

R. 518-51 Les actes relatifs aux cessions, aux saisies conservatoires et aux saisies-attribution pratiquées à l'encontre des titulaires de compte de la Caisse nationale d'épargne sont notifiés *(Décr. n° 2005-1068 du 30 août 2005, art. 15)* « au siège de l'établissement de crédit mentionné à l'article L. 518-26 ». — *[C. caisses d'épargne, art. 31].* — *V. cet art. supra.*

R. 518-52 I. — Sont affectés chaque année au fonds de réserve et de garantie de la Caisse nationale d'épargne :

1° Le résultat bénéficiaire de la gestion du fonds lui-même au titre de l'exercice précédent ;

2° Le résultat bénéficiaire de la gestion des fonds du livret A *(Abrogé par Décr. n° 2005-1068 du 30 août 2005, art. 15)* ***« ou du livret supplémentaire »*** de la Caisse nationale d'épargne, après paiement par la Caisse des dépôts et consignations des intérêts dus aux déposants et de la commission qui rémunère *(Abrogé par Décr. n° 2005-1068 du 30 août 2005, art. 15)* ***« l'établissement de crédit mentionné à l'article L. 518-26 du code monétaire et financier »*** ; *— V. cet art., supra.*

3° Les retenues d'intérêt effectuées en application des dispositions de l'article R. 221-6 ; *— V. cet art., supra.*

4° Les sommes acquises à la Caisse nationale d'épargne en application des dispositions de l'article L. 221-5. *— V. cet art., supra.*

II. — Peuvent seules être imputées sur le fonds de réserve et de garantie de la Caisse nationale d'épargne :

1° Les pertes qui viendraient à résulter soit de différences d'intérêts, soit d'opérations destinées à assurer le service des remboursements de leurs fonds aux déposants sur les livrets A *(Abrogé par Décr. n° 2005-1068 du 30 août 2005, art. 15)* ***« et supplémentaire »*** de la Caisse nationale d'épargne ;

2° Les sommes à prélever à titre définitif ou à titre d'avance à la Caisse nationale d'épargne pour faire face aux pertes déjà constatées ou qui seraient ultérieurement reconnues dans sa gestion au titre *(Abrogé par Décr. n° 2005-1068 du 30 août 2005, art. 15)* « du livret A ».

III. — Sous réserve des dispositions du II ci-dessus, les dispositions de l'article L. 512-101 sont applicables au fonds de réserve et de garantie de la Caisse nationale d'épargne. *— [C. caisses d'épargne, art. 35, II, III et IV]. — V. cet art., supra.*

R. 518-53 Chaque année sont prélevés sur le fonds de réserve et de garantie de la Caisse nationale d'épargne et affectés au budget général des crédits nécessaires à la rémunération de la garantie accordée par l'État aux fonds des livrets A *(Abrogé par Décr. n° 2005-1068 du 30 août 2005, art. 15)* ***« et livrets supplémentaires »*** de la Caisse nationale d'épargne. Le montant de cette rémunération est fixé par décret après avis de la commission de surveillance de la Caisse des dépôts et consignations. *— [C. caisses d'épargne, art. 35-1]. — Montant fixé à 223 millions d'euros par Décr. n° 2006-680 du 9 juin 2006.*

R. 518-54 Le montant de la rémunération prévue à l'article R. 518-53 ne peut avoir pour effet de ramener le montant du fonds de réserve et de garantie de la Caisse nationale d'épargne institué par l'article L. 518-28 à une somme inférieure à 2 % de l'encours annuel moyen des fonds reçus par *(Abrogé par Décr. n° 2005-1068 du 30 août 2005, art. 15)* ***« l'établissement de crédit mentionné à l'article L. 518-26 »*** au titre des livrets A *(Abrogé par Décr. n° 2005-1068 du 30 août 2005, art. 15)* ***« et livrets supplémentaires »*** et versés à la Caisse des dépôts et consignations. *— [C. caisses d'épargne, art. 35-2].*

R. 518-55 Lorsque le montant du fonds de réserve et de garantie de la Caisse nationale d'épargne excède 8 % du montant des fonds versés par *(Décr. n° 2005-1068 du 30 août 2005, art. 15)* « l'établissement de crédit mentionné à l'article L. 518-26 » à la Caisse des dépôts et consignations au titre des livrets A *(Abrogé par Décr. n° 2005-1068 du 30 août 2005, art. 15)* ***« et livrets supplémentaires »***, le montant de cet excédent est versé au fonds de réserve du financement du logement prévu par le décret n° 93-735 du 29 mars 1993 relatif au fonds de réserve du financement du logement. *— [C. caisses d'épargne, art. 35-3].*

R. 518-56 Abrogé par Décr. n° 2005-1068 du 30 août 2005, art. 15 ; Décr. n° 2005-1007du 2 août 2005) ***La Caisse nationale d'épargne peut obtenir qu'une partie de ses fonds soit employée chaque année au financement de prêts complémentaires des prêts d'épargne logement consentis à ses déposants.***

Le montant de ces placements est fixé chaque année par décision du ministre chargé de l'économie après consultation du ministre chargé de la poste, en tenant compte notamment de l'évolution de l'encours des fonds utilisables par le financement de ces prêts. — [Décr. n° 66-1067 du 31 déc. 1966, art. 4].

....

CHAPITRE IX *Les intermédiaires en opérations de banque*

Le présent chapitre ne comprend pas de dispositions réglementaires.

TITRE II Les changeurs manuels

Le présent titre ne comprend pas de dispositions réglementaires.

TITRE III Les prestataires de services d'investissement

CHAPITRE PREMIER *Définitions*

Le présent chapitre ne comprend pas de dispositions réglementaires.

CHAPITRE II *Conditions d'exercice de la profession*

SECTION I *Agrément*

SOUS-SECTION 1 *Conditions et procédures d'agrément*

R. 532-1 Pour obtenir l'agrément de prestataire de services d'investissement autre que celui de société de gestion de portefeuille, les requérants adressent leur demande au Comité des établissements de crédit et des entreprises d'investissement.

La demande d'agrément, établie sur papier libre, doit être accompagnée d'un dossier conforme au dossier type établi conjointement par le Comité des établissements de crédit et des entreprises d'investissement et l'Autorité des marchés financiers et publié au Journal officiel. – *V. Avis relatif au dossier type d'agrément des prestataires de services d'investissement (JO 4 août 2004).*

Le dossier type prévu à l'alinéa précédent comporte les informations à fournir pour l'application des procédures d'agrément et d'approbation de programme d'activité prévues aux articles L. 532-1 à L. 532-5 et, le cas échéant, pour l'application des procédures prévues aux articles R. 532-20, R. 532-21, R. 532-22, R. 532-23, R. 532-26 et R. 532-27. – *[Décr. nº 96-880 du 8 oct. 1996, art. 1er, I].*

R. 532-2 Lorsque le requérant demande un agrément comportant le droit d'exercer le service de tenue de compte conservation ou l'activité de compensation d'instruments financiers, cet agrément est délivré dans le cadre de la procédure d'agrément comme prestataire de services d'investissement.

Lorsque le requérant a été agréé en qualité de prestataire de services d'investissement et qu'il demande une habilitation pour le service de tenue de compte conservation ou l'activité de compensation d'instruments financiers, cette habilitation est délivrée dans le cadre de la modification de son agrément conformément à la procédure prévue aux articles L. 532-3-1 et R. 532-6. – *[Décr. nº 96-880 du 8 oct. 1996, art. 1er, II].*

R. 532-3 Dès réception d'une demande, le Comité des établissements de crédit et des entreprises d'investissement vérifie qu'elle est conforme au dossier type prévu au deuxième alinéa de l'article R. 532-1 et, dans l'affirmative, procède à son instruction.

Le Comité des établissements de crédit et des entreprises d'investissement communique à l'Autorité des marchés financiers le dossier dans un délai de cinq jours ouvrés à compter de la date de réception de la demande. Le Comité des établissements de crédit et des entreprises d'investissement peut, à sa propre initiative ou sur demande de l'Autorité des marchés financiers, demander au requérant tous éléments d'information complémentaires nécessaires pour l'instruction du dossier. Le délai imparti à ces autorités est suspendu jusqu'à réception des éléments complémentaires.

Dans le cas où la demande comprend le service mentionné au 4° de l'article L. 321-1, l'Autorité des marchés financiers peut également demander au requérant tous éléments d'information complémentaires nécessaires pour l'instruction du programme d'activité. Le délai qui lui est imparti est suspendu jusqu'à réception des éléments complémentaires. – *[Décr. n° 96-880 du 8 oct. 1996, art. 2, I].*

R. 532-4 Quand la demande ne comprend pas le service mentionné au 4° de l'article L. 321-1, l'Autorité des marchés financiers transmet ses observations au Comité des établissements de crédit et des entreprises d'investissement dans un délai de deux mois à compter de la réception du dossier prévu à l'article R. 532-1. Ces observations portent sur la compétence et l'honorabilité des dirigeants, l'adéquation de leur expérience à leurs fonctions ainsi que les conditions dans lesquelles l'entreprise envisage de fournir des services d'investissement ou de tenue de compte conservation.

Le Comité des établissements de crédit et des entreprises d'investissement notifie sa décision au requérant dans un délai de quatre mois à compter de la date de réception du dossier conforme au dossier type. Il en informe l'Autorité des marchés financiers. – *[Décr. n° 96-880 du 8 oct. 1996, art. 3, II].*

R. 532-5 Quand la demande comprend le service mentionné au 4° de l'article L. 321-1, l'Autorité des marchés financiers approuve le programme d'activité y afférent. – *V. cet art., supra.*

L'Autorité des marchés financiers notifie sa décision au requérant par lettre recommandée avec demande d'avis de réception ou remise en main propre contre récépissé dans un délai de trois mois au plus après réception du dossier. Elle en informe le Comité des établissements de crédit et des entreprises d'investissement et lui transmet ses observations relatives à l'exercice des autres services.

Le Comité des établissements de crédit et des entreprises d'investissement notifie sa décision au requérant dans un délai de deux mois au plus après réception, par lui, de la décision d'approbation du programme d'activité et des observations de l'Autorité des marchés financiers. Il en informe cette dernière. – *[Décr. n° 96-880 du 8 oct. 1996, art. 3, II I].*

R. 532-6 I. – Sans préjudice des dispositions des articles L. 531-6 et L. 532-3-1, le Comité des établissements de crédit et des entreprises d'investissement est préalablement informé de tout projet de modification portant sur des éléments pris en compte lors de l'agrément d'un prestataire autre que les sociétés de gestion de portefeuille.

Le Comité des établissements de crédit et des entreprises d'investissement en informe l'Autorité des marchés financiers dans un délai de cinq jours ouvrés.

Lorsque le projet de modification concerne le service mentionné au 4° de l'article L. 321-1, l'Autorité des marchés financiers dispose de deux mois pour se prononcer sur cette modification. Le Comité des établissements de crédit et des entreprises d'investissement notifie sa décision au requérant dans un délai de deux mois à compter de la date de réception de la décision de l'Autorité des marchés financiers.

Dans les autres cas, l'Autorité des marchés financiers transmet ses observations sous un délai d'un mois au Comité des établissements de crédit et des entreprises d'investissement qui dispose d'un délai de trois mois à compter de la date de réception de la demande pour se prononcer sur la modification envisagée.

II. – Le Comité des établissements de crédit et des entreprises d'investissement peut se faire communiquer tous éléments d'information complémentaires. Le délai imparti à cette autorité pour se prononcer sur la modification envisagée est alors suspendu jusqu'à réception des éléments complémentaires. – *[Décr. n° 96-880 du 8 oct. 1996, art. 5, I et III].*

R. 532-7 Lorsque le requérant est une filiale directe ou indirecte d'une entreprise d'investissement ou d'un établissement de crédit n'ayant pas son siège en France, il est tenu de fournir, en outre, des informations précises sur la surveillance s'exerçant sur lui et sur la structure du groupe auquel il appartient ainsi que, le cas échéant, sur la nature et l'étendue de l'habilitation de son entreprise mère à fournir des prestations de services d'investissement. — *[Décr. n° 96-880 du 8 oct. 1996, art. 1er, I, al. 6].*

R. 532-8 *(Décr. n° 2005-1186 du 19 sept. 2005, art. 6)* « Avant d'assortir de conditions particulières une autorisation, de délivrer une autorisation de prise de participation ou de prise de contrôle, ou d'octroyer un agrément à une entreprise d'investissement qui est :

« 1° Soit une filiale d'une entreprise d'assurance, d'un établissement de crédit ou d'une entreprise d'investissement agréés dans un État membre ou partie à l'accord sur l'Espace économique européen ;

« 2° Soit une filiale de l'entreprise mère d'une entreprise d'assurance, d'un établissement de crédit ou d'une entreprise d'investissement agréés dans un État membre ou partie à l'accord sur l'Espace économique européen ;

« 3° Soit une entreprise contrôlée par une personne, physique, ou morale, qui contrôle également une entreprise d'assurance, un établissement de crédit ou une entreprise d'investissement agréés dans un État membre ou partie à l'accord sur l'Espace économique européen,

« le Comité des établissements de crédit et des entreprises d'investissement consulte, de sa propre initiative ou à la demande de l'Autorité des marchés financiers, l'autorité compétente, au sens du 4° du I de l'article L. 517-2, afin d'évaluer notamment la qualité des actionnaires ainsi que l'honorabilité et la compétence des dirigeants associés à la gestion d'une autre entité du même groupe. — *V. cet art., supra.*

« Cette autorité dispose d'un délai d'un mois pour formuler ses observations. Ce délai peut être prorogé d'un mois, à sa demande. »

Lorsque le requérant est une filiale directe ou indirecte d'une entreprise d'investissement ou d'un établissement de crédit ayant son siège dans un État qui n'est pas membre de la Communauté européenne ni partie à l'accord sur l'Espace économique européen, le Comité des établissements de crédit et des entreprises d'investissement peut, de sa propre initiative ou à la demande de l'autorité chargée de l'approbation du programme d'activité, demander toute information complémentaire à l'autorité chargée de l'agrément de l'État dans lequel l'entreprise d'investissement ou l'établissement de crédit dont le requérant est la filiale a son siège social. — *[Décr. n° 96-880 du 8 oct. 1996, art. 2, II].*

R. 532-9 Le Comité des établissements de crédit et des entreprises d'investissement informe la Commission européenne de l'agrément des prestataires de services d'investissement ayant la qualité de filiales directes ou indirectes d'entreprises d'investissement ou d'établissements de crédit ayant leur siège dans un État qui n'est pas membre de la Communauté européenne ni partie à l'accord sur l'Espace économique européen. — *[Décr. n° 96-880 du 8 oct. 1996, art. 4].*

SOUS-SECTION 2 *Retrait d'agrément et radiation*

La présente sous-section ne comprend pas de dispositions réglementaires.

SOUS-SECTION 3 *Dispositions relatives aux sociétés de gestion de portefeuille*

§ 1er *Agrément*

R. 532-10 Pour obtenir leur agrément de société de gestion de portefeuille, les requérants adressent leur demande à l'Autorité des marchés financiers.

La demande d'agrément, établie sur papier libre, doit être accompagnée d'un dossier conforme au dossier type établi par l'Autorité des marchés financiers et publié au *Journal officiel*. — *V. avis relatif au dossier type d'agrément des prestataires de services d'investissement (JO 4 août 2004).*

Ce dossier type comporte les informations à fournir pour l'application des procédures d'agrément et d'approbation de programme d'activité prévues à l'article L. 532-1 et, le cas échéant, pour l'application des procédures prévues aux articles R. 532-25, R. 532-26, R. 532-28 et R. 532-29. – *[Décr. n° 96-880 du 8 oct. 1996, art. 1er, I].*

R. 532-11 Dès réception d'une demande d'agrément, l'Autorité des marchés financiers vérifie qu'elle est conforme au dossier type prévu au deuxième alinéa de l'article R. 532-10 et, dans l'affirmative, procède à son instruction.

L'Autorité peut demander au requérant tous éléments d'information complémentaires nécessaires pour l'instruction du dossier. Le délai imparti à cette autorité est suspendu jusqu'à réception des éléments complémentaires. – *[Décr. n° 96-880 du 8 oct. 1996, art. 2, I].*

R. 532-12 L'Autorité des marchés financiers notifie sa décision au requérant dans un délai de trois mois à compter de la date de réception du dossier conforme au dossier type. – *[Décr. n° 96-880 du 8 oct. 1996, art. 3, I].*

R. 532-13 L'Autorité des marchés financiers est préalablement informée de tout projet de modification portant sur des éléments pris en compte lors de l'agrément d'une société de gestion de portefeuille. Elle informe le déclarant des conséquences éventuelles sur l'agrément de la modification envisagée dans un délai de trois mois à compter de la date de réception de la demande.

L'Autorité des marchés financiers peut se faire communiquer tous éléments d'information complémentaires. Le délai imparti à cette autorité pour se prononcer sur la modification envisagée est alors suspendu jusqu'à réception des éléments complémentaires. – *[Décr. n° 96-880 du 8 oct. 1996, art. 5, II et III].*

R. 532-14 Lorsque le requérant est une filiale directe ou indirecte d'une entreprise d'investissement ou d'un établissement de crédit n'ayant pas son siège en France, il est tenu de fournir, en outre, des informations précises sur la surveillance s'exerçant sur lui et sur la structure du groupe auquel il appartient ainsi que, le cas échéant, sur la nature et l'étendue de l'habilitation de son entreprise mère à fournir des prestations de services d'investissement. – *[Décr. n° 96-880 du 8 oct. 1996, art. 1er, I, al. 6].*

R. 532-15 *(Décr. n° 2005-1186 du 19 sept. 2005, art. 7)* « Avant d'assortir de conditions particulières une autorisation, de délivrer une autorisation de prise de participation ou de prise de contrôle, ou d'octroyer un agrément à une entreprise d'investissement qui est :

« 1° Soit une filiale d'une entreprise d'assurance, d'un établissement de crédit ou d'une entreprise d'investissement agréés dans un État membre ou partie à l'accord sur l'Espace économique européen ;

« 2° Soit une filiale de l'entreprise mère d'une entreprise d'assurance, d'un établissement de crédit ou d'une entreprise d'investissement agréés dans un État membre ou partie à l'accord sur l'Espace économique européen ;

« 3° Soit une entreprise contrôlée par une personne, physique ou morale, qui contrôle également une entreprise d'assurance, un établissement de crédit ou une entreprise d'investissement agréés dans un État membre ou partie à l'accord sur l'Espace économique européen,

« l'Autorité des marchés financiers consulte l'autorité compétente, au sens du 4° du I de l'article L. 517-2, afin d'évaluer notamment la qualité des actionnaires ainsi que l'honorabilité et la compétence des dirigeants associés à la gestion d'une autre entité du même groupe. – *V. cet art., supra.*

« Cette autorité dispose d'un délai d'un mois pour formuler ses observations. Ce délai peut être prorogé d'un mois, à sa demande. »

Lorsque le requérant est une filiale directe ou indirecte d'une entreprise d'investissement ou d'un établissement de crédit ayant son siège dans un État qui n'est pas membre de la Communauté européenne ni partie à l'accord sur l'Espace économique européen, l'Autorité des marchés financiers peut demander toute information complémentaire à l'autorité chargée de l'agrément de l'État dans lequel l'entreprise d'investissement ou l'établissement de crédit dont le requérant est la filiale a son siège social. – *[Décr. nº 96-880 du 8 oct. 1996, art. 2, II]*.

R. 532-16 L'Autorité des marchés financiers informe la Commission européenne de l'agrément des sociétés de gestion de portefeuille ayant la qualité de filiales directes ou indirectes d'entreprises d'investissement ou d'établissements de crédit ayant leur siège dans un État qui n'est pas membre de la Communauté européenne ni partie à l'accord sur l'Espace économique européen. – *[Décr. nº 96-880 du 8 oct. 1996, art. 4]*.

§ 2 *Retrait d'agrément et radiation*

Le présent paragraphe ne comprend pas de dispositions réglementaires.

SOUS-SECTION 4 *Bureaux de représentation*

La présente sous-section ne comprend pas de dispositions réglementaires.

SECTION II *Libre établissement et libre prestation de services sur le territoire des États parties à l'accord sur l'Espace économique européen*

SOUS-SECTION 1 *Dispositions générales*

La présente sous-section ne comprend pas de dispositions réglementaires.

SOUS-SECTION 2 *Libre prestation de services et liberté d'établissement en France*

R. 532-17 Le Comité des établissements de crédit et des entreprises d'investissement est destinataire des notifications de libre établissement et de libre prestation de services des prestataires de services d'investissement mentionnés à l'article L. 532-18. Le comité transmet à l'Autorité des marchés financiers copie des notifications reçues dans un délai de cinq jours ouvrés à compter de leur réception. – *[Décr. nº 96-880 du 8 oct. 1996, art. 15]. – V. cet art., supra.*

R. 532-18 L'Autorité des marchés financiers informe les prestataires de services d'investissement bénéficiant des dispositions de l'article L. 532-18 des règles de bonne conduite et des autres dispositions d'intérêt général qu'ils sont tenus de respecter pour garantir la protection des investisseurs et la régularité des opérations.

Le Comité des établissements de crédit et des entreprises d'investissement informe, le cas échéant, les prestataires mentionnés à l'alinéa précédent des dispositions d'intérêt général qu'ils sont tenus de respecter pour la fourniture de services bancaires. – *[Décr. nº 96-880 du 8 oct. 1996, art. 16]*.

R. 532-19 I. – Lorsque la Commission bancaire ouvre une procédure disciplinaire à l'encontre d'un prestataire de services d'investissement d'un autre État membre de la Communauté européenne ou d'un autre État partie à l'accord sur l'Espace économique européen opérant sur le territoire de la République française, elle communique à l'autorité compétente de l'État membre d'origine de l'établissement en cause la lettre mentionnée à l'article R. 613-4.

Elle communique également à ladite autorité les observations en réponse éventuellement adressées par l'établissement et l'informe de la convocation prévue au deuxième alinéa de l'article R. 613-5.

Elle verse à la procédure toutes les informations fournies par cette autorité sur les mesures qu'elle peut avoir adoptées.

Sauf cas d'urgence, un délai d'au moins 30 jours francs doit être respecté entre la communication à l'autorité de l'État membre d'origine et l'audition prévue respectivement au deuxième alinéa de l'article R. 613-5.

Avant de suivre la procédure prévue aux alinéas précédents, la Commission bancaire peut prendre, en cas d'urgence, toute mesure conservatoire propre à assurer la protection des personnes auxquelles sont fournis en France des services d'investissement ou des services connexes.

En cas d'infraction à des dispositions d'intérêt général, la Commission bancaire peut, sans suivre la procédure prévue aux alinéas précédents, prononcer l'une des sanctions disciplinaires énumérées à l'article L. 613-21.

II. — L'Autorité des marchés financiers peut sanctionner tous manquements aux règles dont elle est chargée d'assurer le respect, commis en France par un prestataire de services d'investissement y ayant une succursale ou y opérant en libre prestation de services.

Lorsque l'Autorité des marchés financiers constate qu'un prestataire de services d'investissement ayant une succursale ou opérant en libre prestation de services sur son territoire ne respecte pas les règles dont elle est chargée d'assurer le respect, elle peut adresser à l'établissement concerné une injonction à l'effet de mettre fin, dans un délai déterminé, à la situation irrégulière constatée. Elle en informe l'autorité compétente de l'État d'origine du prestataire concerné et lui demande de prendre des mesures appropriées pour que ce denier mette fin aux irrégularités concernées et protéger les intérêts des investisseurs. Elle verse à la procédure toutes les informations fournies par cette autorité sur les mesures qu'elle peut avoir adoptées.

Si malgré l'injonction et les mesures prises par l'État membre d'origine le prestataire continue à enfreindre les règles qui s'imposent à lui, l'Autorité des marchés financiers, après en avoir informé l'autorité compétente de l'État d'origine, prend les mesures appropriées pour prévenir ou sanctionner de nouvelles irrégularités et, au besoin, pour empêcher le prestataire concerné d'effectuer de nouvelles opérations en France. Elle en informe l'autorité de l'État membre d'origine.

En cas d'urgence l'Autorité des marchés financiers peut suspendre provisoirement d'activité en France le prestataire concerné et prendre toute mesure conservatoire propre à assurer la protection des personnes auxquelles sont fournies en France des services d'investissement. Elle en informe l'autorité compétente de l'État membre d'origine ainsi que la Commission européenne. — *[Décr. nº 96-880 du 8 oct. 1996, art. 17].*

SOUS-SECTION 3 *Libre prestation de services et liberté d'établissement sur le territoire des États parties à l'accord sur l'Espace économique européen*

§ 1er *Dispositions communes*

Le présent paragraphe ne comprend pas de dispositions réglementaires.

§ 2 *Libre établissement*

Sous-§ 1er Libre établissement des prestataires de services d'investissement autres que les sociétés de gestion de portefeuille

R. 532-20 Tous les prestataires de services d'investissement autres que les sociétés de gestion de portefeuille régies par l'article L. 532-9 qui, ayant leur siège social sur le territoire de la France métropolitaine et des collectivités régies par l'article 73 de la Constitution, souhaitent établir une succursale dans un autre État de la Communauté européenne ou d'un autre État partie à l'accord sur l'Espace économique européen pour y fournir des services d'investissement doivent notifier, au préalable, leur projet au Comité des établissements de crédit et des entreprises d'investissement qui en informe l'Autorité des marchés financiers dans un délai de cinq jours ouvrés. L'Autorité des marchés financiers produit ses observations sur ce projet au Comité des établissements de crédit et des entreprises d'investissement dans un délai d'un mois.

La notification de libre établissement prévue à l'alinéa précédent est accompagnée des éléments d'information suivants :

1° Le nom de l'État sur le territoire duquel le prestataire envisage d'établir une succursale ;

2° Le programme d'activité dans lequel sont, notamment, indiqués les services d'investissement et les services connexes envisagés, ainsi que la structure de l'organisation de la succursale ;

3° L'adresse de la succursale à laquelle les autorités de l'État mentionné au 1° peuvent demander des informations en vue de l'exercice de leurs compétences ;

4° Le nom des dirigeants de la succursale.

Le prestataire de services d'investissement intéressé doit communiquer en outre, à la demande du Comité des établissements de crédit et des entreprises d'investissement ou de l'Autorité des marchés financiers, tous les éléments d'appréciation propres à éclairer ces autorités sur l'adéquation de ses structures administratives ou de sa situation financière au projet envisagé ainsi que toutes précisions utiles sur le dispositif d'indemnisation, ou de protection équivalente, des clients de la succursale.

La notification de libre établissement prévue au premier alinéa peut être adressée, par le prestataire intéressé, au Comité des établissements de crédit et des entreprises d'investissement en même temps que sa demande d'agrément. – *[Décr. n° 96-880 du 8 oct. 1996, art. 6, I].*

R. 532-21 Sauf dans le cas où le Comité des établissements de crédit et des entreprises d'investissement ou l'Autorité des marchés financiers établissent, le cas échéant compte tenu des informations fournies par la Commission bancaire, que les structures administratives ou la situation financière du prestataire de services d'investissement ne permettent pas l'établissement d'une succursale, le Comité des établissements de crédit et des entreprises d'investissement transmet la notification et les éléments d'information mentionnés aux 2°, 3° et 4° de l'article R. 532-20 aux autorités compétentes de l'État d'accueil visé au 1° du même article R. 532-20 dans les trois mois suivant leur réception. Le comité transmet également à ces autorités compétentes des précisions sur le dispositif d'indemnisation, ou de protection équivalente, des clients de la succursale. Il en avise l'Autorité des marchés financiers ainsi que l'entreprise concernée.

Lorsqu'un prestataire de services d'investissement souhaite exercer le service de tenue de compte conservation en libre établissement dans un État membre de la Communauté européenne ou dans un autre État partie à l'accord sur l'Espace économique européen il doit, sans préjudice des conditions requises par l'autorité compétente de l'État d'accueil, avoir été préalablement agréé à exercer ce service en France. – *[Décr. n° 96-880 du 8 oct. 1996, art. 6, II].*

R. 532-22 Lorsque l'Autorité des marchés financiers, s'agissant de l'exercice du service mentionné au 4° de l'article L. 321-1, refuse que soient transmises aux autorités compétentes de l'État d'accueil visé au 1° de l'article R. 532-20 les éléments d'information mentionnés à l'article R. 532-21, elle doit faire connaître les raisons de ce refus au Comité des établissements de crédit et des entreprises d'investissement ainsi qu'à l'entreprise concernée dans le délai de trois mois prévu à l'article R. 532-21.

Lorsque le Comité des établissements de crédit et des entreprises d'investissement refuse de transmettre les informations mentionnées à l'article R. 532-21, il doit en informer l'Autorité des marchés financiers ainsi que l'entreprise concernée dans les conditions et le délai mentionnés à l'alinéa précédent. – *[Décr. n° 96-880 du 8 oct. 1996, art. 6, III].*

R. 532-23 Lorsqu'une modification de l'un des éléments mentionnés aux 2°, 3° et 4° de l'article R. 532-20 ou de l'un des éléments d'appréciation communiqués au Comité des établissements de crédit et des entreprises d'investissement est envisagée, l'entreprise concernée doit notifier cette modification au Comité des établissements de crédit et des entreprises d'investissement et aux autorités des États d'accueil un mois au moins avant qu'elle n'intervienne. Le Comité des établissements de crédit et des entreprises d'investissement en informe l'Autorité des marchés financiers dans un délai de cinq jours ouvrés.

Lorsque le Comité des établissements de crédit et des entreprises d'investissement ou, s'agissant de l'exercice du service mentionné au 4° de l'article L. 321-1, l'Autorité des marchés financiers estiment que des mesures doivent être prises par l'entreprise pour adapter ses structures administratives ou sa situation financière aux activités exercées ou qu'elle envisage d'exercer, ces autorités demandent à l'entreprise, par lettre recommandée avec demande d'avis de réception ou remise contre récépissé, de prendre de telles mesures. – *[Décr. nº 96-880 du 8 oct. 1996, art. 7]*.

Sous-§ 2 Libre établissement des sociétés de gestion de portefeuille

R. 532-24 I. – Toute société de gestion de portefeuille régie par l'article L. 532-9 qui, ayant son siège social sur le territoire de la France métropolitaine et des collectivités régies par les articles 73 de la Constitution, souhaite établir une succursale dans un autre État membre de la Communauté européenne ou un autre État partie à l'accord sur l'Espace économique européen pour y fournir des services d'investissement doit notifier, au préalable, son projet à l'Autorité des marchés financiers.

La notification de libre établissement prévue à l'alinéa précédent est accompagnée des éléments d'information prévus au deuxième alinéa de l'article R. 532-20. La société de gestion de portefeuille doit communiquer en outre, à la demande de l'Autorité des marchés financiers, tous les éléments d'appréciation et les précisions mentionnées au septième alinéa du même article.

La notification de libre établissement prévue au premier alinéa peut être adressée, par la société de gestion de portefeuille intéressée, à l'Autorité des marchés financiers en même temps que sa demande d'agrément.

II. – Sauf dans le cas où l'Autorité des marchés financiers établit que les structures administratives ou la situation financière de la société de gestion de portefeuille ne permettent pas l'établissement d'une succursale, elle transmet la notification et les éléments d'information mentionnés aux 2°, 3° et 4° de cet article R. 532-20 aux autorités compétentes de l'État d'accueil mentionné au 1° du même article dans les trois mois suivant leur réception.

L'Autorité des marchés financiers transmet également, le cas échéant, des précisions sur le dispositif d'indemnisation ou de protection équivalente des clients de la succursale et en avise l'entreprise concernée.

III. – Lorsque l'Autorité des marchés financiers refuse de transmettre aux autorités compétentes de l'État d'accueil mentionné au 1° du de l'article R. 532-20 les éléments d'information mentionnés à l'article R. 532-21, elle doit faire connaître les raisons de ce refus à l'entreprise concernée dans le délai de trois mois prévu à cet article R. 532-21. – *[Décr. nº 96-880 du 8 oct. 1996, art. 10]*.

R. 532-25 Lorsqu'une modification de l'un des éléments mentionnés aux 2°, 3° et 4° de l'article R. 532-20 ou de l'un des éléments d'appréciation communiqués à l'Autorité des marchés financiers est envisagée par une société de gestion de portefeuille, celle-ci la notifie un mois au moins avant qu'elle n'intervienne à l'Autorité des marchés financiers et aux autorités compétentes de l'autre État membre de la Communauté européenne ou partie à l'accord sur l'Espace économique européen qui se trouve concerné.

Lorsque l'Autorité des marchés financiers estime que des mesures doivent être prises par la société de gestion de portefeuille pour adapter ses structures administratives ou sa situation financière aux activités exercées ou qu'elle envisage d'exercer, elle demande à la société, par lettre recommandée avec demande d'avis de réception ou remise contre récépissé, de prendre de telles mesures. – *[Décr. nº 96-880 du 8 oct. 1996, art. 11]*.

§ 3 *Libre prestation de services*

Sous-§ 1er Libre prestation de services des prestataires de services d'investissement autres que les sociétés de gestion de portefeuille

R. 532-26 Tout prestataire de services d'investissement qui, ayant son siège social sur le territoire de la France métropolitaine et des collectivités régies par l'article 73 de la Constitution, souhaite pour la première fois fournir des services d'investissement en libre prestation de services dans un autre État membre de la Communauté européenne ou dans un autre État partie à l'accord sur l'Espace économique européen doit notifier son projet au Comité des établissements de crédit et des entreprises d'investissement en indiquant le nom de l'État concerné et en précisant la nature des services d'investissement qu'il envisage de fournir.

Le Comité des établissements de crédit et des entreprises d'investissement communique cette notification à l'Autorité des marchés financiers dans un délai de cinq jours ouvrés.

Le Comité des établissements de crédit et des entreprises d'investissement ou l'Autorité des marchés financiers peuvent demander au prestataire de services d'investissement mentionné au premier alinéa tous renseignements sur les modalités d'exercice des activités qu'il projette d'entreprendre en libre prestation de services.

La notification de libre prestation de services prévue au premier alinéa peut être adressée, par le prestataire intéressé, au Comité des établissements de crédit et des entreprises d'investissement en même temps que sa demande d'agrément.

II. – Le Comité des établissements de crédit et des entreprises d'investissement transmet aux autorités compétentes de l'État concerné la notification de libre prestation de services prévue au premier alinéa du I dans un délai d'un mois après sa réception. Ce délai est toutefois suspendu, lorsque des renseignements complémentaires ont été demandés au prestataire, jusqu'à réception de ces renseignements.

Lorsqu'un prestataire de services d'investissement souhaite exercer le service de tenue de compte conservation en libre prestation de services dans un État de la Communauté européenne ou un État partie à l'accord sur l'Espace économique européen il doit, sans préjudice des conditions requises par l'autorité compétente de l'État d'accueil, avoir été préalablement agréé à exercer ce service en France. – *[Décr. n° 96-880 du 8 oct. 1996, art. 8]*.

R. 532-27 Toute modification envisagée en ce qui concerne les éléments notifiés en application des dispositions du premier alinéa du I de l'article R. 532-26 est communiquée au Comité des établissements de crédit et des entreprises d'investissement et aux autorités des États membres d'accueil avant que cette modification n'intervienne. Le Comité des établissements de crédit et des entreprises d'investissement en informe l'Autorité des marchés financiers dans un délai de cinq jours ouvrés. – *[Décr. n° 96-880 du 8 oct. 1996, art. 9]*.

Sous-§ 2 Libre prestation de services des sociétés de gestion de portefeuille

R. 532-28 I. – Toute société de gestion de portefeuille qui, ayant son siège social sur le territoire de la France métropolitaine et des collectivités régies par l'article 73 de la Constitution, souhaite pour la première fois fournir des services d'investissement en libre prestation de services dans un autre État membre de la Communauté européenne ou un autre État partie à l'accord sur l'Espace économique européen doit notifier son projet à l'Autorité des marchés financiers en indiquant le nom de l'État concerné et en précisant la nature des services qu'elle envisage de fournir.

La société de gestion de portefeuille communique, à la demande de l'Autorité des marchés financiers, tous renseignements sur les modalités d'exercice de ses activités en libre prestation de services.

La notification de libre prestation de services prévue au premier alinéa peut être adressée, par la société de gestion de portefeuille intéressée, à l'Autorité des marchés financiers en même temps que sa demande d'agrément.

II. – L'Autorité des marchés financiers transmet à l'État concerné la déclaration de libre prestation prévue au I du présent article dans un délai d'un mois après sa réception. Ce délai est toutefois suspendu lorsque des renseignements complémentaires ont été demandés au prestataire, jusqu'à réception de ces renseignements. – *[Décr. n° 96-880 du 8 oct. 1996, art. 8, al. 4 et art. 12]*.

R. 532-29 Toute modification relative aux éléments notifiés en application des dispositions du premier alinéa du I de l'article R. 532-28 est communiquée préalablement à l'Autorité des marchés financiers et aux autorités de l'État membre de la Communauté européenne ou partie à l'accord sur l'Espace économique européen qui se trouve concerné. – *[Décr. n° 96-880 du 8 oct. 1996, art. 13].*

CHAPITRE III *Obligations des prestataires de services d'investissement*

SECTION I *Normes de gestion*

La présente section ne comprend pas de dispositions réglementaires.

SECTION II *Obligations comptables et déclaratives*

SOUS-SECTION 1 *Comptes sociaux et documents comptables*

R. 533-1 Les entreprises d'investissement sont tenues de clore leur exercice social au 31 décembre. Toutefois, la Commission bancaire peut autoriser les entreprises d'investissement à déroger à cette règle pour l'exercice au cours duquel elles ont reçu leur agrément.

Sauf dérogation accordée par la Commission bancaire, les entreprises d'investissement doivent soumettre avant le 31 mai leurs comptes annuels à l'organe compétent pour approuver ces comptes. – *[Décr. n° 84-708 du 24 juill. 1984, art. 8, al. 1er et 2].*

R. 533-2 Les dispositions des articles R. 533-1, R. 613-2, R. 613-4 à R. 613-6 et R. 613-9 à R. 613-23 s'appliquent également aux personnes mentionnées à l'article L. 421-8 et au 4 de l'article L. 442-2 autorisées à être, par dérogation, membre d'un marché réglementé d'instruments financiers, à l'exception des personnes physiques habilitées à adhérer à un marché réglementé exclusivement pour négocier pour leur propre compte.

La Commission bancaire peut autoriser les personnes mentionnées à l'alinéa précédent ainsi que les entreprises d'investissement dont l'activité porte exclusivement sur les instruments financiers mentionnés au 4° du II de l'article L. 211-1 à clore leur exercice social à une date différente du 31 décembre lorsque leur activité le justifie. Les bénéficiaires de cette dérogation doivent soumettre leurs comptes annuels à l'organe compétent pour les approuver au plus tard cinq mois après la date de clôture de l'exercice. – *[Décr. n° 84-708 du 24 juill. 1984, art. 17-1].*

SOUS-SECTION 2 *Commissaires aux comptes*

D. 533-3 Pour l'accomplissement de la mission qui leur est dévolue dans les entreprises d'investissement, les commissaires aux comptes mentionnés à l'article L. 511-38 sont désignés par l'organe de ces établissements compétent pour approuver les comptes. – *V. cet art., supra.*

Ils sont désignés pour six exercices. Leurs fonctions expirent après que l'organe compétent pour approuver les comptes ait statué sur les comptes du sixième exercice. Leur mandat est renouvelable. – *[Décr. n° 84-709 du 24 juill. 1984, art. 27, al. 1er et 2].*

D. 533-4 Toute entreprise d'investissement soumise au contrôle de la Commission bancaire fait connaître à la Commission bancaire le nom des commissaires aux comptes qu'elle se propose de désigner.

Lorsque le commissaire aux comptes proposé est une société de commissaires aux comptes constituée selon les modalités de l'article L. 822-9 du code de commerce et inscrite sur la liste prévue à l'article L. 822-1 du même code, l'entreprise d'investissement précise le nom du commissaire aux comptes associé, actionnaire ou dirigeant, responsable de la mission au nom de cette société. Elle informe la Commission bancaire de toute modification ultérieure de cette situation.

Si la Commission bancaire l'estime nécessaire, elle peut demander des informations complémentaires par lettre recommandée avec demande d'avis de réception adressée soit à l'entreprise concernée soit au commissaire aux comptes proposé. Dans ce dernier cas, elle en informe l'établissement de crédit. Elle fixe dans sa demande d'informations complémentaires un délai de réponse, lequel ne peut être inférieur à un mois.

La Commission bancaire peut également recueillir auprès de l'Autorité des marchés financiers en application de l'article L. 631-1 des informations relatives au commissaire aux comptes proposé ou, le cas échéant, à la personne responsable de la mission. – *[Décr. n° 84-709 du 24 juill. 1984, art. 29, al. 1er, 2, 4 et 5].*

D. 533-5 La Commission bancaire dispose d'un délai de deux mois pour faire connaître à l'entreprise d'investissement son avis sur la proposition de désignation du commissaire aux comptes. En l'absence de réponse de la Commission bancaire dans le délai imparti, son avis est réputé favorable.

Lorsque la Commission bancaire recourt au complément d'information prévu au troisième alinéa de l'article D. 533-4, le délai de deux mois prévu ci-dessus est suspendu jusqu'à réception des informations complémentaires.

La Commission bancaire ne peut émettre un avis défavorable ou assorti de réserves sans avoir mis le commissaire aux comptes proposé en mesure de faire connaître ses observations écrites. L'avis défavorable ou assorti de réserves est motivé. Il peut notamment être fondé sur le fait que le commissaire aux comptes proposé ne présente pas toutes les garanties d'expérience, de compétence ou d'indépendance nécessaires à l'exercice de ses fonctions compte tenu de la personne responsable de la mission ou de la nature et des caractéristiques de l'activité de l'entreprise d'investissement concernée.

Il est notifié par lettre recommandée avec demande d'avis de réception à l'entreprise d'investissement concernée et au commissaire aux comptes proposé. Une copie de cette notification est adressée à la compagnie régionale dont est membre le commissaire aux comptes.

Les dirigeants de l'entreprise d'investissement communiquent l'avis de la Commission bancaire à l'organe compétent pour désigner les commissaires aux comptes. – *[Décr. n° 84-709 du 24 juill. 1984, art. 27, al. 3, 4, 6 et 7 et art. 30].*

D. 533-6 Les dispositions des articles D. 533-3, D. 533-4 et D. 533-5 sont applicables à la désignation et au renouvellement des commissaires aux comptes titulaires ainsi que des commissaires aux comptes suppléants. – *[Décr. n° 84-709 du 24 juill. 1984, art. 31].*

D. 533-7 Lorsque la Commission bancaire envisage de procéder, en application du premier alinéa de l'article L. 511-38 à la désignation d'un commissaire aux comptes supplémentaire dans une entreprise d'investissement, elle en informe les dirigeants et les commissaires aux comptes en fonctions par lettre recommandée avec demande d'avis de réception. La Commission bancaire met les dirigeants et les commissaires aux comptes en fonctions en demeure de présenter leurs observations écrites, dans un délai qui ne peut être inférieur à un mois, avant de décider de la désignation d'un commissaire aux comptes supplémentaire. – *[Décr. n° 84-709 du 24 juill. 1984, art. 32].*

R. 533-8 Lorsqu'une demande de récusation présentée en application de l'article L. 225-230 du code de commerce concerne un commissaire aux comptes d'une entreprise d'investissement soumise au contrôle de la Commission bancaire, le tribunal statue en la forme des référés après consultation du gouverneur de la Banque de France, président de la Commission bancaire. – *[Décr. n° 84-708 du 24 juill. 1984, art. 17-3].* – *V. cet art., supra.*

SECTION III *Règles de bonne conduite*

R. 533-9 Les membres du personnel d'une entreprise d'investissement, lorsqu'ils ont reçu le pouvoir de signer pour le compte de cette entreprise, ne peuvent occuper un autre emploi ni effectuer un travail rétribué en dehors de cette entreprise sans en avoir, au préalable, informé la direction de l'entreprise.

Cette disposition ne s'applique pas à la production des œuvres scientifiques, littéraires ou artistiques. – *[Décr. nº 84-708 du 24 juill. 1984, art. 16]*.

BIBL. ▶ SAMIN, *Banque et Droit juill.-août 2004. 3* (commentaire des art. 16 et 17 du décret).

R. 533-10 Lorsqu'ils ont reçu le pouvoir de signer pour le compte d'une entreprise d'investissement, les membres du personnel de cette entreprise d'investissement ne peuvent, sauf autorisation de la direction générale, exercer des fonctions d'administration, de gestion ou de direction ni dans un établissement de crédit, ni dans une autre entreprise d'investissement, ni dans une société commerciale régie par le livre II du code de commerce. – *[Décr. nº 84-708 du 24 juill. 1984, art. 17]*.

SECTION IV *Garantie des investisseurs*

La présente section ne comprend pas de dispositions réglementaires.

TITRE IV Autres prestataires de services

CHAPITRE PREMIER *Les conseillers en investissements financiers*

BIBL. ▶ DONDERO, *JCP E 2005, nº 9, p. 374*

D. 541-1 La liste instituée à l'article L. 541-5 et tenue par chacune des associations agréées, conformément à l'article L. 541-4, regroupe les informations prévues à l'article D. 541-2 relatives aux conseillers en investissements financiers, personnes physiques et personnes morales. – *[Décr. nº 2004-1023 du 29 sept. 2004, art. 1er]*.

D. 541-2 Les informations figurant sur la liste des conseillers en investissements financiers de chaque association sont les suivantes :

1° Le numéro d'enregistrement du conseiller en investissements financiers et la date d'attribution de ce numéro ;

2° Les nom, prénoms, date de naissance, lieu de naissance et adresse professionnelle du conseiller en investissements financiers, personne physique ;

3° Lorsque l'activité de conseil en investissements financiers est exercée par une personne morale ;

a) Les nom, adresse et, s'il y a lieu, numéro SIREN de cette personne morale ;

b) Les nom, prénoms, date de naissance, lieu de naissance et adresse personnelle des personnes physiques ayant le pouvoir de gérer ou d'administrer cette personne morale ;

c) Les nom, prénoms, date et lieu de naissance des personnes physiques employées par cette personne morale pour exercer des activités de conseil en investissements financiers.

4° La nature des opérations, telles que définies aux 1° à 4° de l'article L. 541-1, au titre desquelles le conseiller en investissements financiers exerce son activité de conseil. – *[Décr. nº 2004-1023 du 29 sept. 2004, art. 2]*.

D. 541-3 Les informations mentionnées à l'article D. 541-2 sont mises à la disposition du public, à l'exception des date et lieu de naissance du conseiller en investissements financiers, personne physique, des dates de naissance, lieux de naissance et adresses personnelles des dirigeants et personnes ayant le pouvoir de gérer ou d'administrer la personne morale mentionnée au 3° de l'article D. 541-2 ainsi que des dates et lieux de naissance des personnes employées par cette dernière. – *[Décr. nº 2004-1023 du 29 sept. 2004, art. 3]*.

D. 541-4 Les modifications relatives aux informations mentionnées à l'article D. 541-2 sont communiquées par chaque conseiller en investissements financiers à l'association dont il relève par lettre recommandée avec avis de réception. L'association procède à la mise à jour de la liste qu'elle est chargée de tenir dans un délai de cinq jours à compter de la date de réception de cette lettre.

En cas de cessation de l'activité d'un conseiller en investissements financiers, pour quelque motif que ce soit, l'association concernée procède, dans le même délai, à sa radiation de la liste.

Les informations modifiées ou supprimées selon les modalités prévues aux deux alinéas précédents sont conservées pendant une durée de dix ans. – *[Décr. n° 2004-1023 du 29 sept. 2004, art. 4].*

D. 541-5 En application du troisième alinéa de l'article 38 de la loi n° 78-17 du 6 janvier 1978 relative à l'informatique, aux fichiers et aux libertés, le droit d'opposition n'est pas applicable à la liste prévue à l'article D. 541-1. – *[Décr. n° 2004-1023 du 29 sept. 2004, art. 5].*

D. 541-6 Les droits d'accès et de rectification prévus respectivement aux articles 39 et 40 de la loi du 6 janvier 1978 mentionnée à l'article D. 541-5 s'exercent auprès des associations agréées conformément à l'article L. 541-4. – *[Décr. n° 2004-1023 du 29 sept. 2004, art. 6].*

D. 541-7 La mise en place, par chaque association, de la liste des conseillers en investissements financiers intervient au cours du mois suivant la notification de l'agrément par l'Autorité des marchés financiers. – *[Décr. n° 2004-1023 du 29 sept. 2004, art. 7].*

D. 541-8 Pour l'application de l'article L. 541-2, les conseillers en investissements financiers, personnes physiques, et les personnes physiques ayant le pouvoir de gérer ou d'administrer les personnes morales habilitées en tant que conseillers en investissements financiers doivent remplir les conditions suivantes : – *V. cet art., supra.*

1° Avoir la majorité légale ;

2° Ne pas faire l'objet :

a) D'une interdiction d'exercer à titre temporaire ou définitif une activité ou un service, en application des dispositions de l'article L. 621-15 ou au titre d'une sanction prononcée, avant le 24 novembre 2003, par la Commission des opérations de bourse, le Conseil des marchés financiers ou le Conseil de discipline de la gestion financière ;

b) Des sanctions prévues aux 4 et 5 de l'article L. 613-21 du présent code ou aux 3° à 5° de l'article L. 310-18 du code des assurances. – *[Décr. n° 2004-1023 du 29 sept. 2004, art. 8].*

D. 541-9 Les niveaux minimaux de garantie du contrat d'assurance de responsabilité civile professionnelle prévus à l'article L. 541-3 sont fixés comme suit :

1° 150 000 euros par sinistre et 150 000 euros par année d'assurance pour les personnes physiques et les personnes morales employant moins de deux salariés exerçant une activité de conseiller en investissements financiers conformément aux dispositions de l'article L. 541-1 ;

2° 300 000 euros par sinistre et 600 000 euros par année d'assurance pour les personnes morales employant deux salariés au minimum exerçant une activité de conseiller en investissements financiers conformément aux dispositions de l'article L. 541-1.

Les montants mentionnés ci-dessus ne s'appliquent pas aux conseillers en investissements financiers exerçant une activité de conseil portant exclusivement sur les services mentionnés au 4 de l'article L. 321-2. – *[Décr. n° 2004-1023 du 29 sept. 2004, art. 9].*

CHAPITRE II *Les intermédiaires et les personnes faisant appel public à l'épargne habilités en vue de l'administration ou de la conservation d'instruments financiers*

R. 542-1 Pour obtenir l'habilitation de teneur de compte conservateur mentionnée à l'article L. 542-1, les requérants adressent leur demande au Comité des établissements de crédit et des entreprises d'investissement.

La demande d'habilitation et les modifications ultérieures, sont soumises aux conditions et procédures prévues aux articles L. 532-1 à L. 532-5 et R. 532-1 à R. 532-9. – *[Décr. n° 96-880 du 8 oct. 1996, art. 1er, I].*

....

CHAPITRE IV *Services d'analyse financière et agences de notation*

Le présent chapitre ne comprend pas de dispositions réglementaires.

TITRE V Intermédiaires en biens divers

R. 550-1 Le document d'information qui doit être déposé par tout intermédiaire en biens divers préalablement à tout appel public à l'épargne ou à tout démarchage pour proposer l'acquisition de droits ou de biens dans les conditions prévues à l'article L. 550-3 doit comporter toutes les indications utiles à l'information des épargnants.

Il décrit notamment la nature et l'objet de l'opération proposée. Il donne l'identité de son initiateur et des personnes qui seront chargées de la gestion des biens.

Il indique le montant des frais de toute nature qui seront supportés directement ou indirectement par l'épargnant. Il précise les modalités de revente des droits et des biens acquis. – *[Décr. n° 83-358 du 2 mai 1983, art. 1er].*

R. 550-2 Pour l'application de l'article L. 550-4, le gestionnaire doit présenter des comptes en distinguant selon la nature, la catégorie ou le mode de gestion des biens. Ces documents sont adressés, avec les observations des commissaires aux comptes, aux détenteurs des droits. – *[Décr. n° 83-358 du 2 mai 1983, art. 3].*

R. 550-3 Le commissaire aux comptes mentionné à l'article L. 550-2 est désigné par ordonnance sur requête du président du tribunal de commerce du lieu du domicile ou du siège social du gestionnaire, après avis de l'Autorité des marchés financiers. Ce tribunal est compétent pour relever les commissaires aux comptes de leurs fonctions dans les cas prévus à l'article L. 550-5. – *V. cet art., supra.*

Pour l'exercice de sa mission, le commissaire aux comptes est soumis aux dispositions du décret n° 69-810 du 12 août 1969 relatif à l'organisation et au statut professionnel des commissaires aux comptes de sociétés. – *[Décr. n° 83-358 du 2 mai 1983, art. 2]. – V. ce texte au* ***C. sociétés.***

TITRE VI Obligations relatives à la lutte contre le blanchiment de capitaux

CHAPITRE PREMIER *Déclaration de certaines sommes ou opérations*

Le présent chapitre ne comprend pas de dispositions réglementaires.

CHAPITRE II *Déclaration de sommes ou d'opérations soupçonnées d'être d'origine illicite*

SECTION I *Communication et déclaration*

(*Décr. n° 2006-736 du 26 juin 2006*)

R. 562-1 (*Décr. n° 2006-736 du 26 juin 2006, art. 1er*) Tout organisme financier mentionné à l'article L. 562-1 communique à la cellule TRACFIN et à l'autorité de contrôle l'identité de ses dirigeants ou préposés normalement habilités à faire la déclaration prévue à l'article L. 562-2. – *V. ces art., supra.*

Pour les autres personnes relevant de l'article L. 562-1, la communication de l'identité et de la qualité de la personne normalement habilitée à faire cette déclaration est effectuée par document distinct, joint à l'appui de la première déclaration de soupçon transmise à la cellule TRACFIN.

Tout changement concernant les dirigeants, préposés et personnes normalement habilités, mentionnés aux deux alinéas précédents, doit être porté, sans délai, à la connaissance de la cellule TRACFIN et, le cas échéant, de l'autorité de contrôle.

Tout dirigeant ou préposé d'un organisme financier ou de toute autre personne morale relevant de l'article L. 562-1, même s'il n'est pas normalement habilité par application des deux premiers alinéas, peut prendre l'initiative de déclarer lui-même à la cellule TRACFIN, dans des cas exceptionnels et en raison notamment de l'urgence, une opération lui paraissant relever de l'article L. 562-2. Il en rend compte dans les meilleurs délais à l'une des personnes normalement habilitées qui confirme la déclaration.

Les commissaires aux comptes, les notaires, les huissiers de justice, les administrateurs judiciaires et mandataires judiciaires, les avocats au Conseil d'État et à la Cour de cassation, les avocats, les avoués près les cours d'appel et les commissaires-priseurs judiciaires sont seuls habilités à faire la déclaration mentionnée à l'article L. 562-2, quelles que soient les modalités de leur exercice professionnel. Pour les avocats au Conseil d'État et à la Cour de cassation, les avocats ou les avoués près les cours d'appel, cette déclaration est faite selon les modalités prévues aux huitième et neuvième alinéas de l'article L. 562-2-1. – *V. cet art., supra.*

Lorsque la déclaration porte sur une opération qui n'a pas encore été exécutée, elle est assortie de l'indication de son délai d'exécution chaque fois que cela est possible.

Le ministre chargé de l'économie définit par arrêté la forme de la déclaration mentionnée à l'article L. 562-2.

R. 562-2 (*Décr. n° 2006-736 du 26 juin 2006, art. 1er*) Chaque organisme financier communique à la cellule TRACFIN et à l'autorité de contrôle l'identité de ses dirigeants ou préposés chargés de répondre à toute demande, y compris celle mentionnée à l'article R. 563-2, émanant de cette cellule ou de l'autorité de contrôle, de recevoir les accusés de réception des déclarations faites par l'organisme en application des dispositions de l'article L. 562-2 et d'assurer la diffusion aux membres concernés du personnel des informations, avis ou recommandations de caractère général en provenance de la cellule TRACFIN ou de l'autorité de contrôle.

Les autres personnes relevant de l'article L. 562-1 communiquent à la cellule TRACFIN l'identité et la qualité de la personne chargée de répondre à toute demande, y compris celle mentionnée à l'article R. 563-2, de recevoir les accusés de réception des déclarations faites au titre de l'article L. 562-2 et d'assurer la diffusion aux membres concernés du personnel des informations, avis ou recommandations de caractère général émanant de cette cellule ou de l'instance de régulation si cette dernière existe pour la profession. Ces éléments d'information sont transmis dans le document mentionné à l'article R. 562-1, accompagnant la première déclaration mentionnée à l'article L. 562-2.

Sous réserve des dispositions du deuxième alinéa de l'article R. 562-2-2, les commissaires aux comptes, les notaires, les huissiers de justice, les administrateurs judiciaires et mandataires judiciaires, les avocats au Conseil d'État et à la Cour de cassation, les avocats et les avoués près les cours d'appel et les commissaires-priseurs judiciaires sont chargés, à titre individuel, de répondre aux demandes de la cellule TRACFIN et de recevoir les accusés de réception, quelles que soient les modalités de leur exercice professionnel.

R. 562-2-1 *(Décr. n° 2006-736 du 26 juin 2006, art. 1er)* Les organismes financiers établis en France appartenant à un groupe mentionné notamment à l'article L. 511-34 peuvent désigner, pour l'application des articles R. 562-1 et R. 562-2, des personnes spécialement habilitées à cet effet d'un autre organisme financier établi en France et appartenant au même groupe, après accord de cet organisme et de la société mère. Dans ce cas, le groupe communique l'identité de ces personnes à la cellule TRACFIN et à chaque autorité de contrôle concernée.

Les personnes désignées en application des articles R. 562-1 et R. 562-2 au sein des organismes financiers mentionnés à l'alinéa précédent assurent l'organisation de la lutte contre le blanchiment et le financement du terrorisme dans les organismes financiers filiales établis en France et, si le droit qui leur est applicable le permet, dans les entités étrangères. L'organisation de la lutte contre le blanchiment et le financement du terrorisme mentionnée à l'article L. 511-34 comprend l'échange des informations nécessaires à la vigilance dans le groupe, y compris des informations relatives à la clientèle dans les conditions prévues par ce texte. Elle comprend également la définition des procédures coordonnées permettant d'assurer dans les entités étrangères du groupe un niveau de vigilance au moins égal à celui imposé en France, sauf si le droit de l'État où ces entités sont implantées y fait obstacle. Dans ce cas, l'organisme financier en informe la cellule TRACFIN et l'autorité de contrôle.

R. 562-2-2 *(Décr. n° 2006-736 du 26 juin 2006, art. 1er)* Dans les cas prévus au neuvième alinéa de l'article L. 562-2-1, la déclaration mentionnée à l'article L. 562-2 est transmise à la cellule TRACFIN dans un délai maximum de huit jours francs à compter de sa réception par l'autorité destinataire.

La cellule TRACFIN accuse réception de la déclaration auprès de l'avocat ou de l'avoué ou de l'avocat au Conseil d'État et à la Cour de cassation à l'origine de la déclaration ainsi qu'auprès de l'autorité qui le lui a transmise. Si le déclarant a indiqué, conformément à l'article L. 562-6, ne pas souhaiter recevoir d'accusé de réception, la cellule TRACFIN n'accuse pas non plus réception auprès de l'autorité ayant transmis la déclaration.

R. 562-2-3 *(Décr. n° 2006-736 du 26 juin 2006, art. 1er)* Les rapports établis par le président de l'ordre des avocats au Conseil d'État et à la Cour de cassation, le président du Conseil national des barreaux et le président de la Chambre nationale des avoués sont transmis chaque semestre au garde des sceaux, ministre de la justice, en application du dixième alinéa de l'article L. 562-2-1. Ce dernier en rend destinataire la cellule TRACFIN dans le mois suivant sa réception en application du onzième alinéa de l'article L. 562-2-1.

....

CHAPITRE III *Autres obligations de vigilance* *(Décr. n° 2006-736 du 26 juin 2006)*.

R. 563-1 *(Décr. n° 2006-736 du 26 juin 2006, art. 2)* I. — Est considérée comme client occasionnel pour l'application de l'article L. 563-1 la personne qui s'adresse à un organisme financier ou à une personne mentionnés à l'article L. 562-1 dans le but exclusif de réaliser une opération ponctuelle. Ces organismes financiers et ces personnes vérifient l'identité de leur client occasionnel avant de réaliser une opération ponctuelle lorsque son montant excède 8 000 euros, qu'elle soit effectuée en une seule ou en plusieurs opérations entre lesquelles un lien semble exister.

Cependant, lorsqu'ils réalisent une opération de transfert de fonds pour un client occasionnel, lorsqu'ils ouvrent un compte ou un livret ou offrent des services de garde des avoirs ou lorsqu'ils concluent tout contrat d'assurance ou de capitalisation donnant lieu à la constitution d'une provision mathématique, les organismes financiers procèdent à la vérification d'identité quel que soit le montant.

Les personnes mentionnées au 9 et au 13 de l'article L. 562-1 ne procèdent à l'identification qu'en cas de règlement en espèces d'un montant supérieur à 3 000 euros.

Pour les sommes ou opérations mentionnées à l'article L. 562-2, la vérification d'identité a lieu même si le montant de l'opération ponctuelle est inférieur au seuil.

II. — Pour l'application de l'article L. 563-1, les organismes financiers et les personnes mentionnés à l'article L. 562-1 vérifient l'identité d'une personne physique par la présentation d'un document officiel en cours de validité portant sa photographie. Ils conservent la copie de ce document ou ses références. Les mentions relatives à l'identité à vérifier comprennent les nom, prénoms ainsi que les date et lieu de naissance. Outre ces mentions, les références à conserver incluent la nature, le numéro, les date et lieu de délivrance du document ainsi que le nom de l'autorité ou personne qui l'a délivré ou authentifié.

Pour les personnes morales, les organismes financiers et les personnes mentionnés à l'article L. 562-1 demandent la présentation de l'original ou l'expédition ou la copie certifiée conforme de tout acte ou extrait de registre officiel constatant la dénomination, la forme juridique et le siège social. Ils en conservent les références ou la copie.

Les organismes financiers et les personnes mentionnés à l'article L. 562-1 s'assurent, selon les modalités prévues aux deux alinéas précédents, de l'identité et des pouvoirs des personnes agissant au nom de leur cocontractant avec lesquelles ils sont en relation. Ils conservent les références ou la copie des documents obtenus.

III. — La vérification de l'identité des personnes physiques peut ne pas avoir lieu en présence de la personne à identifier. Dans ce cas, outre l'obtention d'une copie du document exigé au II, les organismes financiers et les personnes mentionnés à l'article L. 562-1 prennent les dispositions spécifiques et adéquates nécessaires, en adoptant des mesures parmi l'une au moins des quatre catégories de mesures suivantes :

1° Obtenir des pièces justificatives supplémentaires permettant d'établir l'identité du cocontractant ;

2° Mettre en œuvre des mesures de vérification et de certification de la copie de la pièce officielle d'identité mentionnée au II par un tiers indépendant de la personne à identifier ;

3° Exiger que le premier paiement des opérations soit effectué par un compte ouvert au nom du client auprès d'un organisme financier établi dans un État membre de la Communauté européenne ou dans un autre État partie à l'accord sur l'Espace économique européen ;

4° Obtenir une attestation de confirmation de l'identité d'un client de la part d'un organisme financier établi dans un État membre de la Communauté européenne ou dans un autre État partie à l'accord sur l'Espace économique européen. L'attestation mentionne les éléments d'identification cités au II, est adressée directement par cet organisme à la personne demandant l'identification et précise le nom et les coordonnées du représentant de l'organisme l'ayant délivrée. Cette attestation peut également être obtenue d'un organisme financier établi sur le territoire d'un État figurant sur la liste établie conformément aux dispositions du quatrième alinéa du IV, qui est en relation d'affaires suivie avec l'organisme financier ou la personne mentionnés à l'article L. 562-1 établis en France et qui déclare avoir procédé à des mesures d'identification équivalentes à celles applicables en France.

Les organismes financiers et les personnes mentionnés à l'article L. 562-1 conservent les documents et les résultats obtenus à la suite des vérifications.

Pour l'ouverture d'un compte, la mesure prévue au 3° ne constitue pas une disposition suffisante et doit être accompagnée d'une autre mesure parmi celles énumérées ci-dessus. Les règlements professionnels ou administratifs prévus à l'article L. 565-3 précisent en tant que de besoin quelles mesures ou combinaison de mesures parmi celles prévues ci-dessus sont spécifiquement nécessaires pour certaines catégories d'opérations.

IV. – Lorsqu'il apparaît aux organismes financiers et aux personnes mentionnés à l'article L. 562-1 que leur cocontractant pourrait ne pas agir pour son propre compte, ils se renseignent sur l'identité du bénéficiaire effectif des transactions réalisées ou envisagées. Au sens de ce chapitre, est considérée comme bénéficiaire effectif la personne pour le compte de laquelle l'opération est en réalité effectuée ou demandée.

Ils demandent à cet effet la présentation de tout document ou justificatif qu'ils estiment nécessaires et en conservent les références ou la copie.

Pour les fiducies et les autres structures similaires de gestion d'un patrimoine d'affectation, les bénéficiaires effectifs sont les constituants, les fiduciaires et les bénéficiaires de la structure ainsi que toute personne exerçant un pouvoir de décision sur le fonctionnement de cette structure.

Les organismes financiers et les personnes mentionnés à l'article L. 562-1 n'ont pas à identifier le bénéficiaire effectif lorsque le cocontractant est un organisme financier établi dans un État membre de la Communauté européenne, dans un autre État partie à l'accord sur l'Espace économique européen ou dans un État qui impose des obligations équivalentes à celles qui s'appliquent aux organismes financiers français en matière de lutte contre le blanchiment et contre le financement du terrorisme. Le ministre chargé de l'économie détermine par arrêté la liste de ces derniers États. Les États membres de l'instance internationale de concertation et de coordination en matière de lutte contre le blanchiment d'argent figurent sur cette liste à moins que le ministre constate que l'équivalence n'est pas satisfaite.

Lorsque le cocontractant est un organisme financier établi dans un État non mentionné à l'alinéa précédent, l'obligation d'identification du bénéficiaire effectif est réputée satisfaite si l'organisme financier étranger est la filiale d'un organisme financier ayant son siège social dans l'un des États mentionnés à l'alinéa précédent et que la société mère atteste à l'organisme financier français ou à la personne française mentionné à l'article L. 562-1, d'une part, qu'elle vérifie l'application par sa filiale de l'identification du bénéficiaire effectif et, d'autre part, qu'elle a la possibilité d'accéder aux éléments d'identification.

Lorsque le cocontractant est un organisme financier qui ne répond pas aux conditions fixées aux deux alinéas précédents, l'obligation d'identification du bénéficiaire effectif est réputée satisfaite si l'organisme financier français ou la personne française mentionnés à l'article L. 562-1 s'assure que l'organisme financier étranger applique des procédures d'identification équivalentes à celles des États membres et si l'organisme financier français ou la personne française mentionnés à l'article L. 562-1 a accès à l'identité des bénéficiaires effectifs. Toutefois, l'organisme financier français ou la personne française mentionnés à l'article L. 562-1 ne peut pas bénéficier de cette présomption si l'organisme financier étranger est établi dans un pays tiers :

1° Soit qui a fait l'objet d'une décision de la Commission européenne constatant qu'il n'impose pas d'obligations équivalentes à celles des États membres ;

2° Soit dont l'instance internationale mentionnée au quatrième alinéa a considéré la législation comme insuffisante ou les pratiques comme faisant obstacle à la lutte contre le blanchiment des capitaux.

Les exceptions et présomptions prévues aux cinq alinéas précédents ne s'appliquent pas lorsque le cocontractant est un changeur manuel, un intermédiaire en biens divers, un démarcheur, un conseiller en investissements financiers ou relève d'une profession étrangère équivalente.

R. 563-2 *(Décr. n° 2006-736 du 26 juin 2006, art. 2)* La somme prévue à l'article L. 563-3 est de 150 000 euros.

L'organisme financier ou la personne mentionnés à l'article L. 562-1 prend les mesures d'organisation nécessaires pour être à même de communiquer dans les meilleurs délais à la cellule TRACFIN ou à l'autorité de contrôle si cette dernière existe pour la profession, sur leur demande, les documents écrits mentionnés au deuxième alinéa de l'article L. 563-3. – *V. cet art., supra.*

R. 563-3 *(Décr. n° 2006-736 du 26 juin 2006, art. 2)* Les organismes financiers et les personnes mentionnés à l'article L. 562-1 adoptent des procédures internes adaptées à leurs activités destinées à mettre en oeuvre les obligations de lutte contre le blanchiment des capitaux et le financement du terrorisme prévues par le présent titre VI, ainsi qu'un dispositif de contrôle interne destiné à assurer le respect des procédures. Ces procédures, qui sont consignées par écrit, organisent une vigilance constante destinée à permettre la détection des opérations devant faire l'objet d'un examen particulier ou d'une déclaration.

Les procédures mentionnées au premier alinéa sont définies le cas échéant soit par arrêté du ministre compétent, soit par des règlements professionnels homologués par le ministre compétent, soit par le règlement général de l'Autorité des marchés financiers. Les organismes financiers et les personnes mentionnés à l'article L. 562-1 assurent la formation et l'information de tous les membres concernés de leur personnel.

Lorsqu'une personne physique relevant de l'article L. 562-1 exerce son activité professionnelle au sein d'une structure dotée de la personnalité morale, les obligations fixées par le présent article s'imposent exclusivement à la personne morale.

R. 563-4 *(Décr. n° 2006-736 du 26 juin 2006, art. 2)* Les personnes mentionnées au 12 de l'article L. 562-1 n'appliquent les dispositions du présent chapitre que lorsque, dans le cadre de leur activité non juridictionnelle, elles réalisent au nom et pour le compte de leur client toute transaction financière ou immobilière ou lorsqu'elles participent en assistant leur client à la préparation ou à la réalisation des transactions concernant :

1° L'achat et la vente de biens immeubles ou de fonds de commerce ;
2° La gestion de fonds, titres ou autres actifs appartenant au client ;
3° L'ouverture de comptes bancaires, d'épargne ou de titres ;
4° L'organisation des apports nécessaires à la création de sociétés ;
5° La constitution, la gestion ou la direction de sociétés ;
6° La constitution, la gestion ou la direction de fiducies de droit étranger ou de toute autre structure similaire.

V. aussi Règl. CRB n° 91-07 du 15 févr. 1991 (D. et ALD 1991. 177), mod. par Règl. n° 2000-03 du 6 sept. 2000 (JO 1er nov.) et Règl. n° 2002-01 du 18 avr. 2002, relatif aux obligations de vigilance en matière de chèques aux fins de lutte contre le blanchiment des capitaux et le financement du terrorisme (JO 4 mai), mod. par Arr. du 18 juill. 2002 (JO 27 août), Arr. du 20 déc. 2002 (JO 29 janv. 2003), Arr. du 14 mars 2003 (JO 26 mars), Arr. du 22 mai 2003 (JO 29 juill.), Arr. du 9 juill. 2003 (JO 29 juill.), Arr. du 15 mars 2004 (JO 24 mars), Arr. du 23 sept. 2004 (JO 6 oct.), Arr. du 27 mai 2005 (JO 31 mai), Arr. du 31 mai 2005 (JO 1er juin). – V. sur ce dernier règl. : Bonneau, Banque et Droit mars-avr. 2003. 26.

V. aussi, supra, art. R. 312-2 et les notes.

CHAPITRE IV *Dispositions diverses*

R. 564-1 *(Décr. n° 2006-736 du 26 juin 2006, art. 3)* Les arrêtés ministériels ou les règlements professionnels homologués par le ministre compétent ou les dispositions du règlement général de l'Autorité des marchés financiers pris pour l'application du titre VI du livre V tiennent compte de la situation particulière de chaque catégorie d'organismes financiers ou de personnes mentionnés à l'article L. 562-1 ainsi que de la nature de leur activité.

Le ministre chargé de l'économie arrête les modalités d'application des obligations de vigilance des organismes financiers mentionnés aux 1 et 6 de l'article L. 562-1 et à l'article L. 611-3 dans les conditions prévues aux articles L. 520-2, L. 611-1 et L. 611-3.

Le contrôle de l'inspection générale des finances sur La Poste prévu à l'article L. 565-3 est exercé en liaison avec l'inspection générale des postes et télécommunications.

Les changeurs manuels résidant dans les départements d'outre-mer adressent leur déclaration d'activité à l'Institut d'émission des départements d'outre-mer.

D. 564-2 Pour l'application du premier alinéa de l'article L. 564-1 *[L. 565-1]*, les casinos doivent enregistrer les noms et adresses des joueurs qui remettent ou qui reçoivent des moyens de paiement en échange de jetons ou de plaques, ainsi que la référence du document probant d'identité produit, dès lors que les sommes en cause excèdent 1 000 euros par séance.

Le registre doit être conservé pendant dix ans. – *[Décr. n° 92-362 du 1er avr. 1992, art. 1er ; Décr. n° 91-160 du 13 févr. 1991, art. 8].*

R. 564-2-1 *(Décr. n° 2006-736 du 26 juin 2006, art. 3)* Les informations portées sur le registre prévu à l'article L. 565-1 ne peuvent être utilisées qu'à des fins de lutte contre le blanchiment et le financement du terrorisme. Ces informations font mention des sommes apportées ou échangées par le joueur.

D. 564-3 Les dispositions du deuxième alinéa de l'article L. 564-1 *[L. 565-1]*s'appliquent à partir d'un montant de 5 000 euros. Ce montant s'apprécie par référence au gain produit pour chaque type de jeu, par prise de jeu, ou pour chaque type de pari, par unité de mise. – *[Décr. du 12 mai 2005, art. 1er].*

R. 564-4 *(Décr. n° 2006-736 du 26 juin 2006, art. 3)* Pour l'application du deuxième alinéa de l'article L. 562-6, la cellule TRACFIN informe les personnes habilitées, mentionnées à l'article R. 562-2, de la saisine du procureur de la République dans un délai de deux semaines après cette saisine. L'information est effectuée par envoi recommandé avec accusé de réception ou par tout autre moyen sécurisé accepté par les deux parties.

TITRE VII Dispositions pénales

CHAPITRE PREMIER *Dispositions relatives aux établissements du secteur bancaire*

SECTION I *Dispositions générales*

La présente section ne comprend pas de dispositions réglementaires.

SECTION II *Banques mutualistes ou coopératives*

R. 571-1 Le fait de faire usage de façon illicite de la dénomination de Crédit maritime mutuel ou de toute expression de nature à prêter à confusion avec celle-ci est puni de l'amende prévue pour les contraventions de la 5e classe. – *[Décr. n° 76-1011 du 19 oct. 1976, art. 24, al. 2].*

Jugeant que l'utilisation d'un nom de domaine de nature à prêter à confusion avec la dénomination de crédit maritime mutuel, légalement et réglementairement protégé, constitue un trouble manifestement illicite, au surplus pénalement répréhensible, qu'il convient de faire cesser : • Rennes, 10 févr. 2004 : *D. 2004. AJ. 1808, obs. Manara.*

SOUS-SECTION 1 *Les banques populaires*

La présente sous-section ne comprend pas de dispositions réglementaires.

SOUS-SECTION 2 *Le Crédit agricole*

La présente sous-section ne comprend pas de dispositions réglementaires.

SOUS-SECTION 3 *Le réseau des caisses d'épargne*

La présente sous-section ne comprend pas de dispositions réglementaires.

SECTION III *Caisses de crédit municipal*

La présente section ne comprend pas de dispositions réglementaires.

SECTION IV *Sociétés financières*

R. 571-2 Le fait, pour les administrateurs d'une société de caution mutuelle, de ne pas procéder aux déclarations et au dépôt de documents prescrits par les articles L. 515-8 et L. 515-10 ou d'effectuer une fausse déclaration est puni d'une amende de 3 750 euros. – *[L. du 13 mars 1917, art. 9].*

SECTION V *Compagnies financières*

La présente section ne comprend pas de dispositions réglementaires

SECTION VI *Intermédiaires en opérations de banque*

La présente section ne comprend pas de dispositions réglementaires

CHAPITRE II *Changeurs manuels*

Le présent chapitre ne comprend pas de dispositions réglementaires.

CHAPITRE III *Dispositions relatives aux prestataires de services d'investissement et aux conseillers en investissements financiers*

Le présent chapitre ne comprend pas de dispositions réglementaires.

CHAPITRE IV *Dispositions relatives au blanchiment de capitaux*

Le présent chapitre ne comprend pas de dispositions réglementaires.

LIVRE VI **Les institutions en matière bancaire et financière**

TITRE PREMIER **Les institutions communes aux établissements de crédit et aux entreprises d'investissement**

CHAPITRE PREMIER *Réglementation*

R. 611-1 Le ministre chargé de l'économie peut étendre *(Abrogé par Décr. n° 2005-1068 du 30 août 2005, art. 15) « aux services financiers de La Poste, »* à la Caisse des dépôts et consignations et aux comptables du Trésor les dispositions relatives aux conditions des opérations de banque effectuées par les établissements de crédit prises en application du présent chapitre.

Toutefois, les dispositions mentionnées à l'alinéa précédent ne peuvent être rendues applicables ni aux consignations, ni au régime des fonds dont des dispositions législatives ou réglementaires propres à ces fonds confient la gestion à la Caisse des dépôts et consignations en raison du statut de cet établissement. – *[Décr. nº 84-708 du 24 juill. 1984, art. 2].*

R. 611-2 Le ministre chargé de l'économie peut étendre *(Abrogé par Décr. nº 2005-1068 du 30 août 2005, art. 15) « aux services financiers de La Poste, »* à la Caisse des dépôts et consignations et aux comptables du Trésor les dispositions relatives à l'organisation des services communs aux établissements de crédit prises en application du présent chapitre. – *[Décr. nº 84-708 du 24 juill. 1984, art. 3].*

R. 611-3 Le ministre chargé de l'économie peut étendre *(Abrogé par Décr. nº 2005-1068 du 30 août 2005, art. 15) « aux services financiers de La Poste et »* aux comptables du Trésor les dispositions comptables prises en application du présent chapitre. Toutefois, cette extension ne peut aller au-delà de l'établissement de tableaux de correspondance permettant de fournir sur les opérations de banque qu'ils effectuent des informations comptables identiques à celles des établissements de crédit.

Le ministre chargé de l'économie peut étendre à la Caisse des dépôts et consignations les dispositions comptables prises en application du présent chapitre. – *[Décr. nº 84-708 du 24 juill. 1984, art. 4].*

CHAPITRE II *Comité des établissements de crédit et des entreprises d'investissement*

SECTION I *Missions*

R. 612-1 Pour l'application de l'article L. 612-2, le Comité des établissements de crédit et des entreprises d'investissement arrête chaque année au 31 décembre la liste des établissements de crédit et, après communication par l'Autorité des marchés financiers des agréments qu'elle a délivrés, celle des prestataires de services d'investissement exerçant en France et autorisés à y fournir des services d'investissement ainsi que la liste des établissements teneurs de compte-conservateur. – *[Décr. nº 96-880 du 8 oct. 1996, art. 18].*

SECTION II *Composition*

La présente section ne comprend pas de dispositions réglementaires.

SECTION III *Règles de fonctionnement*

R. 612-2 Lorsque le Comité des établissements de crédit et des entreprises d'investissement statue par voie de consultation écrite en application du deuxième alinéa de l'article L. 612-4, son président recueille, dans un délai qu'il fixe, mais qui ne peut être inférieur à deux jours ouvrables, les votes des membres du comité sur une proposition de décision.

Pour que ses résultats puissent être pris en compte, la consultation doit avoir permis de recueillir la moitié au moins des votes des membres du comité dans le délai fixé par le président.

Le président informe, dans les meilleurs délais, les membres du comité de la décision résultant de cette consultation. Toutefois, si un membre en fait la demande écrite dans le délai fixé au premier alinéa, le président met fin à la procédure de consultation écrite et convoque une réunion du comité. – *[Décr. nº 99-1113 du 21 déc. 1999, art. 1er].*

R. 612-3 Les décisions prises par voie de consultation écrite sont annexées au procès-verbal de la séance suivante. Mention y est faite du nom des membres ayant voté et des membres n'ayant pas pris part à la consultation. – *[Décr. n° 99-1113 du 21 déc. 1999, art. 1er].*

R. 612-4 Les membres du Comité des établissements de crédit et des entreprises d'investissement font annuellement rapport remis au ministre chargé de l'économie et au comité consultatif du secteur financier. Ce rapport est rendu public.

R. 612-5 La juridiction compétente pour connaître des décisions du Comité des établissements de crédit et des entreprises d'investissement est le Conseil d'État. – *[Décr. n° 84-46 du 24 janv. 1984, art. 32].*

CHAPITRE III *Commission bancaire*

SECTION I *Missions*

La présente section ne comprend pas de dispositions réglementaires.

SECTION II *Composition*

La présente section ne comprend pas de dispositions réglementaires.

SECTION III *Règles de fonctionnement*

R. 613-1 Le secrétariat général de la Commission bancaire est placé sous l'autorité d'un secrétaire général désigné par arrêté du ministre chargé de l'économie, sur proposition du gouverneur de la Banque de France, président de la Commission bancaire. – *[Décr. 96-582 du 28 juin 1996, art. 1er].*

R. 613-2 Lorsqu'une décision de la Commission bancaire intervient en application des articles L. 613-18, L. 613-21, L. 613-22 et L. 613-32 ou des articles L. 520-2 et L. 520-3, la Commission bancaire peut ordonner toutes mesures de publicité qui lui paraissent nécessaires. – *[Décr. n° 84-708 du 24 juill. 1984, art. 11].*

SECTION IV *Exercice du contrôle*

D. 613-3 Les conventions conclues par la Commission bancaire en vertu de l'article L. 613-13 avec des autorités chargées d'une mission similaire à celle confiée en France à la Commission bancaire sont publiées au *Journal officiel*. – *[Décr. n° 84-709 du 24 juill. 1984, art. 38-1].*

SECTION V *Exercice du pouvoir disciplinaire*

R. 613-4 Lorsque la Commission bancaire décide l'ouverture d'une procédure disciplinaire, elle porte à la connaissance de l'établissement de crédit ou de l'entreprise d'investissement, par lettre recommandée avec demande d'avis de réception adressée au représentant légal de l'établissement ou de l'entreprise ou par tout autre moyen permettant de s'assurer de sa réception par ce représentant, les faits qui seraient susceptibles de constituer des infractions. Elle informe également le représentant de l'établissement ou de l'entreprise qu'il peut prendre connaissance et copie, au secrétariat général de la commission, des pièces du dossier relatives aux faits susceptibles de constituer des infractions.

Lorsque l'établissement est affilié à un organe central, la Commission bancaire informe ce dernier de l'ouverture de cette procédure. – *[Décr. n° 84-708 du 24 juill. 1984, art. 9].*

R. 613-5 Le représentant de l'établissement de crédit ou de l'entreprise d'investissement doit adresser ses observations au président de la Commission bancaire dans un délai fixé par la lettre mentionnée à l'article R. 613-4. Ce délai ne peut être inférieur à huit jours.

Le représentant de l'établissement ou de l'entreprise est convoqué, selon les modalités prévues à l'article R. 613-4, pour être entendu par la Commission bancaire. Cette convocation doit lui parvenir huit jours au moins avant la date de la réunion de la commission.

Il peut se faire assister par un avocat et un représentant de l'organe central auquel l'établissement ou l'entreprise est affilié ou de l'association professionnelle à laquelle il adhère. – *[Décr. n° 84-708 du 24 juill. 1984, art. 10].*

R. 613-6 Lorsque la Commission bancaire statue en application de l'article L. 613-21, l'audience est publique à la demande des personnes concernées. Toutefois, le président de la commission peut interdire au public l'accès de la salle pendant tout ou partie de l'audience dans l'intérêt de l'ordre public ou lorsque la publicité est susceptible de porter atteinte au secret des affaires ou à tout autre secret protégé par la loi. – *[Décr. n° 84-708 du 24 juill. 1984, art. 10-2-1].*

R. 613-7 Lorsque la Commission bancaire décide de se saisir de certains faits susceptibles de donner lieu à l'application des sanctions prévues à l'article L. 520-3 à l'encontre d'un changeur manuel, les procédures prévues au premier alinéa de l'article R. 613-4, aux deux premiers alinéas de l'article R. 613-5 et à l'article R. 613-6 sont applicables.

Le changeur manuel peut se faire assister par un avocat. – *[Décr. n° 84-708 du 24 juill. 1984, art. 10-1].*

R. 613-8 Lorsque la Commission bancaire décide de se saisir de certains faits susceptibles de donner lieu à l'application des sanctions prévues à l'article L. 613-32 *(Décr. n° 2005-1186 du 19 sept. 2005, art. 1er)* « et à l'article L. 633-12-II », les procédures prévues au premier alinéa de l'article R. 613-4 et aux deux premiers alinéas de l'article R. 613-5 sont applicables. – *[Décr. n° 84-708 du 24 juill. 1984, art. 10-2].*

(Décr. n° 2005-1186 du 19 sept. 2005, art. 1er) « Le représentant de la compagnie financière ou de la compagnie financière holding mixte peut se faire assister par un avocat ».

R. 613-9 Les décisions de la Commission bancaire sont notifiées à la personne concernée.

Lorsque cette personne est un établissement de crédit et que la décision est prise en application des sections V ou VI du présent chapitre, la décision de la Commission bancaire est notifiée au Comité des établissements de crédit et des entreprises d'investissement, à l'organisme professionnel auquel cet établissement adhère ou à l'organe central auquel il est affilié. Lorsque cette personne est un prestataire de services d'investissement, la Commission bancaire en informe également l'Autorité des marchés financiers. – *[Décr. n° 84-708 du 24 juill. 1984, art. 12].*

SECTION VI *Dispositions relatives au traitement des établissements de crédit et des entreprises d'investissement en difficulté*

SOUS-SECTION 1 *Mesures spécifiques au redressement et à la liquidation judiciaires des établissements de crédit et des entreprises d'investissement*

§ 1er *Procédure de désignation des administrateurs provisoires et liquidateurs*

R. 613-10 Lorsque la Commission bancaire estime qu'il y a lieu de désigner un administrateur provisoire ou un liquidateur en application respectivement des articles L. 613-18, L. 613-19 ou L. 613-22, elle porte à la connaissance de l'établissement de crédit ou de l'entreprise concerné, par une lettre recommandée avec demande d'avis de réception adressée à son représentant légal ou par tout autre moyen permettant de s'assurer de sa réception par ledit représentant, les motifs pour lesquels elle envisage de procéder à une telle désignation. Le représentant de l'établissement ou de l'entreprise est convoqué, selon les modalités prévues à l'article R. 613-4, pour être entendu par la Commission bancaire. — *V. cet art., supra.*

Lorsque l'établissement est affilié à un organe central, la Commission bancaire informe ce dernier de l'ouverture de cette procédure. — *[Décr. n° 84-708 du 24 juill. 1984, art. 10-3].*

R. 613-11 Le représentant de l'établissement de crédit ou de l'entreprise d'investissement doit adresser ses observations au président de la Commission bancaire dans un délai fixé par la lettre mentionnée à l'article R. 613-10. Ce délai ne peut être inférieur à trois jours.

Le représentant de l'établissement ou de l'entreprise est convoqué, selon les modalités prévues à l'article R. 613-4, pour être entendu par la Commission bancaire. Cette convocation doit lui parvenir trois jours au moins avant la date de la réunion de la commission. — *V. cet art., supra.*

Il peut se faire assister par un avocat et un représentant de l'organe central auquel l'établissement est affilié ou de l'association professionnelle à laquelle l'établissement de crédit ou l'entreprise adhère. — *[Décr. n° 84-708 du 24 juill. 1984, art. 10-4].*

R. 613-12 Lorsqu'elle a prononcé les mesures prévues aux articles L. 613-18 et L. 613-22 sans procédure contradictoire, conformément au II de l'article L. 613-23, la Commission bancaire en avertit immédiatement l'établissement de crédit ou l'entreprise concerné et dispose dès lors d'un délai de trois mois pour faire connaître sa décision de lever ou confirmer ces mêmes mesures en suivant la procédure prévue aux articles R. 613-10 et R. 613-11.

Les délais prévus par ces articles sont dans ce cas portés à huit jours.

La mesure provisoire cesse de produire ses effets, si elle n'a pas été confirmée dans le délai de trois mois. — *[Décr. n° 84-708 du 24 juill. 1984, art. 10-5].*

R. 613-13 Les décisions de nomination d'un administrateur provisoire ou d'un liquidateur précisent la durée prévisible des missions confiées ainsi que les conditions de la rémunération mensuelle, qui tiennent compte notamment de la nature et du volume de l'activité ainsi que de la situation de l'établissement de crédit ou de l'entreprise concerné.

Les administrateurs provisoires sont nommés pour une mission d'une durée d'un an renouvelable pour la même durée, si les circonstances le justifient, par décision de la Commission bancaire prise à la majorité des membres composant celle-ci.

Les liquidateurs sont nommés pour une mission d'une durée au plus égale à trois ans renouvelable, si les circonstances le justifient, par décision de la Commission bancaire prise à la majorité des membres composant celle-ci. — *[Décr. n° 84-708 du 24 juill. 1984, art. 10-6].*

R. 613-13-1 *(Décr. n° 2005-1186 du 19 sept. 2005, art. 2)* Les procédures prévues à l'article R. 613-10, aux deux premiers alinéas de l'article R. 613-11 et à l'article R. 613-12 s'appliquent dans le cas où la Commission bancaire estime, conformément à l'article L. 613-18, qu'il y a lieu de désigner un administrateur provisoire dans une compagnie financière ou une compagnie financière mixte.

Le représentant de la compagnie financière ou de la compagnie financière holding mixte peut se faire assister par un avocat.

§ 2 *Dispositions relatives aux procédures de redressement et liquidation judiciaires et de conciliation applicables aux établissements de crédit et aux entreprises d'investissement*

R. 613-14 Avant qu'il ne soit statué sur l'ouverture d'une procédure *(L. n° 2005-845 du 26 juill. 2005, art. 165-II)* « de sauvegarde, » de redressement ou de liquidation judiciaires à l'égard d'un établissement de crédit, d'une entreprise d'investissement ou d'un adhérent d'une chambre de compensation, le président du tribunal saisit la Commission bancaire d'une demande d'avis. Le greffier transmet cette demande sans délai. Il en informe le procureur de la République.

La saisine de la Commission bancaire est écrite. Elle est accompagnée des pièces nécessaires à son information. Cette saisine est, à la diligence de la Commission bancaire, portée sans délai à la connaissance du président du directoire du fonds de garantie des dépôts lorsque la personne concernée est un adhérent du fonds.

La Commission bancaire rend son avis dans un délai de vingt et un jours francs à compter de la réception de la demande d'avis. En cas d'urgence, le délai peut être abrégé par le président du tribunal, sans pouvoir toutefois être inférieur à cinq jours francs ouvrables. En l'absence de réponse de la Commission bancaire dans le délai imparti, son avis est réputé favorable à l'ouverture de la procédure.

L'avis de la Commission bancaire est écrit. Il précise si la personne participe à un système et, dans ce cas, rappelle les dispositions du troisième alinéa du I de l'article L. 330-1. Il est transmis par tout moyen au greffier, qui le remet au président du tribunal et au procureur de la République. L'avis est versé au dossier. – *[Décr. n° 84-708 du 24 juill. 1984, art. 12-1]*.

R. 613-15 Lorsque le tribunal décide de l'ouverture d'une procédure *(L. n° 2005-845 du 26 juill. 2005, art. 165-II)* « de sauvegarde, » de redressement ou de liquidation judiciaires à l'encontre d'une des personnes mentionnées à l'article R. 613-14, le greffier transmet cette information, par écrit et sans délai, à la Commission bancaire. – *[Décr. n° 84-708 du 24 juill. 1984, art. 12-1-1]*.

R. 613-16 Le représentant légal d'un établissement de crédit ou d'une entreprise d'investissement qui envisage de déposer une requête tendant à l'ouverture d'une *(L. n° 2005-845 du 26 juill. 2005, art. 165-I)* « procédure de conciliation » doit, par lettre recommandée avec accusé de réception ou lettre remise contre récépissé, saisir la Commission bancaire d'une demande d'avis préalablement à la saisine du président du tribunal. Cette demande comporte les pièces nécessaires à l'information de la Commission bancaire. La demande d'avis est, à la diligence de la Commission bancaire, portée sans délai à la connaissance du président du directoire du fonds de garantie.

La Commission bancaire rend son avis dans un délai d'un mois à compter de la réception de la demande d'avis. En l'absence de réponse de la Commission bancaire dans le délai imparti, son avis est réputé favorable à l'ouverture de la procédure.

L'avis de la Commission bancaire est écrit et transmis par tout moyen au demandeur. Celui-ci joint cet avis, ou à défaut le récépissé de sa demande, à sa requête selon les modalités prévues aux deuxième et troisième alinéas de l'article 36 du décret n° 85-295 du 1er mars 1985 pris pour l'application de la loi n° 84-148 du 1er mars 1984 relative à la prévention et au règlement amiable des difficultés des entreprises *[désormais, art. 15 du Décr. n° 2005-1677 du 28 déc. 2005]*. – *[Décr. n° 84-708 du 24 juill. 1984, art. 12-2]*. – *V. Décr. n° 2005-1677 du 28 déc. 2005, infra, v° Difficultés des entreprises.*

R. 613-17 Lorsque le président du tribunal rend une ordonnance prononçant la suspension provisoire des poursuites à l'encontre d'une des personnes mentionnées à l'article R. 613-16, le greffier transmet cette information, par écrit et sans délai, à la Commission bancaire. – *[Décr. n° 84-708 du 24 juill. 1984, art. 12-2-1].*

R. 613-18 I. – La Commission bancaire est tenue :

1° Lorsqu'elle est informée dans le cadre des articles R. 613-15 et R. 613-17 ;

2° Lorsqu'un participant à un système est radié en application du I de l'article L. 312-5, de l'article L. 322-2, du II de l'article L. 313-50 et de l'article L. 613-21 ; – *V. ces art., supra.*

3° Lorsqu'elle est informée par une autorité d'un État membre ou d'un pays tiers compétente pour la surveillance d'un établissement de crédit ou d'une entreprise d'investissement de l'ouverture d'une procédure ayant un effet comparable à celui des procédures mentionnées dans le présent paragraphe pour un participant à un système,

d'en informer, sans délai et par tout moyen, le gestionnaire des systèmes auxquels la personne concernée participe et la Banque de France, ainsi que, lorsqu'il s'agit d'un système de règlement et de livraison d'instruments financiers, l'Autorité des marchés financiers.

II. – La Commission bancaire informe, dans les mêmes conditions, les autorités désignées à cette fin par les États membres de la Communauté européenne des mesures mentionnées au 1° et au 2° du I prises à l'encontre d'un établissement de crédit, d'une entreprise d'investissement ou d'un adhérent d'une chambre de compensation qui participe à un système de règlement interbancaire ou de règlement et de livraison d'instruments financiers, qui a établi une succursale dans un autre État membre ou qui y exerce ses activités en libre prestation de services. – *[Décr. n° 84-708 du 24 juill. 1984, art. 12-4].*

R. 613-19 En cas d'ouverture d'une procédure *(L. n° 2005-845 du 26 juill. 2005, art. 165-II)* « de sauvegarde, » de redressement ou de liquidation judiciaires à l'égard d'un établissement de crédit ou d'une entreprise d'investissement, le fonds de garantie des dépôts mentionné à l'article L. 312-4, s'il intervient, informe chaque déposant du montant des créances exclues de son champ d'intervention dans le même temps qu'il lui indique le montant et la nature des créances couvertes par le mécanisme de garantie des dépôts ou par le mécanisme de garantie des titres prévu par le présent code.

Il lui indique également que le montant des créances entrant en tout ou partie dans son champ d'intervention, y compris la partie excédant le plafond d'indemnisation relatif au mécanisme de garantie applicable, n'a pas à être déclaré au *(L. n° 2005-845 du 26 juill. 2005, art. 165-III)* « mandataire judiciaire ». Le fonds précise au déposant, en ce qui concerne les créances totalement exclues de son champ d'intervention, les modalités de déclaration prévues par l'article L. 622-24 du code de commerce et le décret n° 85-1388 du 27 décembre 1985 relatif au redressement et à la liquidation judiciaires des entreprises *[Décr. n° 2005-1677 du 28 déc. 2005]* ainsi que par les articles R. 613-21 et R. 613-22. – *V. Décr. préc., infra, v° Difficultés des entreprises.*

Le fonds de garantie informe le *(L. n° 2005-845 du 26 juill. 2005, art. 165-III)* « mandataire judiciaire » ou le liquidateur judiciaire des éventuelles prolongations de délais accordées par la Commission bancaire en vue de l'indemnisation des déposants. – *[Décr. n° 84-708 du 24 juill. 1984, art. 12-3, I].*

R. 613-20 Au vu des documents et à partir des informations fournis par le débiteur, les déposants, le fonds de garantie, les administrateurs désignés par la Commission bancaire et par le tribunal, ainsi que par le liquidateur nommé par la Commission bancaire, le *(L. n° 2005-845 du 26 juill. 2005, art. 165-III)* « mandataire judiciaire » ou le liquidateur judiciaire vérifie les créances mentionnées au premier alinéa de l'article L. 613-30. – *V. cet art., supra.*

Les relevés de ces créances sont établis par le *(L. n° 2005-845 du 26 juill. 2005, art. 165-III)* « mandataire judiciaire » ou le liquidateur judiciaire au plus tard neuf mois après le prononcé du jugement d'ouverture. Ils mentionnent l'identité de chacun des déposants, le nombre, la nature et le montant des dépôts en précisant le montant non couvert par les mécanismes de garantie des dépôts ou des titres. Les relevés sont, à la diligence du *(L. nº 2005-845 du 26 juill. 2005, art. 165-III)* « mandataire judiciaire » ou du liquidateur judiciaire, remis au fonds de garantie après avoir été mentionnés par le juge commissaire et déposés au greffe du tribunal de commerce. – *[Décr. nº 84-708 du 24 juill. 1984, art. 12-3, II].*

R. 613-21 Les créances mentionnées à l'article R. 613-20 font l'objet, à la diligence du *(L. nº 2005-845 du 26 juill. 2005, art. 165-III)* « mandataire judiciaire » ou du liquidateur judiciaire, de la publication, au *Bulletin officiel des annonces civiles et commerciales* et dans un journal habilité à recevoir des annonces légales dans le département du siège du débiteur, d'un avis indiquant que les relevés de ces créances sont déposés au greffe du tribunal de commerce. Cet avis est signé par le *(L. nº 2005-845 du 26 juill. 2005, art. 165-III)* « mandataire judiciaire » ou le liquidateur judiciaire et daté du jour de la publication au *Bulletin officiel* susmentionné. Cette date fait courir le délai de forclusion fixé au troisième alinéa de l'article L. 613-30. – *V. cet art., supra.*

Parallèlement, le *(L. nº 2005-845 du 26 juill. 2005, art. 165-III)* « mandataire judiciaire » ou le liquidateur judiciaire informe par tout moyen chaque déposant et le fonds de garantie de la nature et du montant de leurs créances en précisant celles qui ont été admises ou rejetées et lui indique la date du dépôt au greffe du relevé les concernant. Il lui rappelle que le délai de forclusion prévu au troisième alinéa de l'article L. 613-30 court à compter de la publication mentionnée au précédent alinéa.

Les déposants peuvent être relevés de leur forclusion dans les conditions prévues à l'art. L. 622-26 du code de commerce et dans le délai d'un an à compter de la mesure de publicité prévue au premier alinéa. – *V. cet art., supra.*

Le fonds de garantie des dépôts, les administrateurs désignés par la Commission bancaire et par le tribunal, ainsi que le liquidateur nommé par la Commission bancaire, fournissent au *(L. nº 2005-845 du 26 juill. 2005, art. 165-III)* « mandataire judiciaire » ou au liquidateur judiciaire toutes les informations utiles sur les contestations ou instances en cours relatives à ces créances. – *[Décr. nº 84-708 du 24 juill. 1984, art. 12-3, III].*

R. 613-22 Les créances qui ne sont pas mentionnées à l'article R. 613-20 peuvent, par dérogation aux dispositions de l'article 66 du décret nº 85-1388 du 27 décembre 1985 susmentionné *[art. 99 du Décr. nº 2005-1677 du 28 déc. 2005]*, être déclarées jusqu'à l'expiration d'un délai de deux mois à compter de la mesure de publicité prévue à l'article R. 613-21.

Ces créances font ensuite l'objet, à la diligence du *(L. nº 2005-845 du 26 juill. 2005, art. 165-III)* « mandataire judiciaire » ou du liquidateur judiciaire, d'une publication d'un avis au *Bulletin officiel des annonces civiles et commerciales* et dans un journal habilité à recevoir des annonces légales dans le département du siège du débiteur. Cet avis indique que les relevés de ces créances sont déposés au greffe du tribunal de commerce. Il est signé par le *(L. nº 2005-845 du 26 juill. 2005, art. 165-III)* « mandataire judiciaire » ou le liquidateur judiciaire et daté du jour de la publication au *Bulletin officiel* susmentionné. Cette date fait courir le délai de forclusion fixé au troisième alinéa de l'article L. 613-30. – *V. cet art., supra.*

Les créanciers dont la créance n'a pas été déclarée peuvent être relevés de leur forclusion dans les conditions prévues à l'art. L. 622-26 *[L. 622-26]* du code de commerce et dans le délai d'un an à compter de la mesure de publicité prévue à l'alinéa précédent. – *[Décr. nº 84-708 du 24 juill. 1984, art. 12-3, IV]. – V. art. préc., supra.*

R. 613-23 Par dérogation aux dispositions du décret nº 85-1390 du 27 décembre 1985 fixant le tarif des administrateurs judiciaires en matière commerciale et des mandataires judiciaires, la rémunération de l'administrateur judiciaire, du *(L. nº 2005-845 du 26 juill. 2005, art. 165-III)* « mandataire judiciaire » et du liquidateur judiciaire d'un établissement de crédit ou d'une entreprise d'investissement est, au vu d'un état

de frais et sur justifications, arrêtée par le président du tribunal, après avis du juge commissaire et du procureur de la République. – *[Décr. n° 84-708 du 24 juill. 1984, art. 12-3, V]. – V. Décr. préc., infra, v° Difficultés des entreprises.*

SOUS-SECTION 2 *Mesures d'assainissement et de liquidation des établissements de crédit communautaires*

R. 613-24 I. – **Lorsque le tribunal compétent ou la Commission bancaire décide de prendre une mesure d'assainissement ou de liquidation à l'égard d'un établissement de crédit ayant une ou plusieurs succursales dans un autre État membre au sens de l'article L. 613-31-1, la Commission bancaire en informe sans délai l'autorité compétente pour la surveillance des établissements de crédit de chaque État membre concerné.**

Lorsque le tribunal compétent ou la Commission bancaire décide de prendre une mesure d'assainissement ou de liquidation à l'égard d'une succursale en France d'un établissement de crédit ayant son siège hors de l'Espace économique européen, la Commission bancaire en informe sans délai l'autorité compétente pour la surveillance des établissements de crédit de chaque État membre dans lequel cet établissement dispose d'une succursale.

Cette information précise les effets que cette décision peut emporter.

II. – L'administrateur ou le liquidateur, désigné dans le cadre d'une procédure ouverte à l'égard d'une succursale d'établissement ayant son siège hors de l'Espace économique européen, s'efforce de coordonner ses actions avec ses homologues désignés, le cas échéant, dans les autres États membres où l'établissement a créé des succursales.

III. – Lorsque le tribunal compétent ou la Commission bancaire estime nécessaire de mettre en œuvre une mesure d'assainissement à l'égard d'une succursale en France d'un établissement de crédit ayant son siège dans un autre État membre, la Commission bancaire en informe sans délai l'autorité compétente pour la surveillance des établissements de crédit de cet autre État membre.

IV. – Les informations relatives aux mesures d'assainissement prises par les autorités compétentes d'un État membre accueillant une succursale d'un établissement de crédit ayant son siège en France sont communiquées à la Commission bancaire. – *[Décr. n° 2005-468 du 12 mai 2005, art. 1er].*

R. 613-25 I. – **L'administrateur ou le liquidateur, désigné dans le cadre d'une procédure ouverte à l'égard d'un établissement de crédit ayant son siège en France, fait procéder à la publication dans les meilleurs délais au *Journal officiel de l'Union européenne* et dans deux journaux à diffusion nationale de chaque État membre dans lequel l'établissement a une succursale d'un extrait des mesures suivantes :**

1° Les mesures mentionnées au 3 du I de l'article L. 613-21 ;

2° Le jugement ouvrant *(L. n° 2005-845 du 26 juill. 2005, art. 165)* **« une procédure de conciliation ou une procédure de sauvegarde ou de redressement judiciaire » ;**

3° Le jugement arrêtant *(L. n° 2005-845 du 26 juill. 2005, art. 165-II)* **« un plan de sauvegarde ou de redressement » ou de cession ;**

4° Le jugement ouvrant ou prononçant une liquidation judiciaire ;

5° La *(L. n° 2005-845 du 26 juill. 2005, art. 165-IV)* **« cession de l'entreprise ordonnée en application de l'article L. 642-5 » du code de commerce.**

L'extrait prévu au premier alinéa doit mentionner, dans la langue ou les langues officielles des États membres concernés, notamment l'objet et le fondement juridique de la mesure adoptée, les délais de recours et la date d'expiration de ces derniers ainsi que l'adresse de la juridiction compétente pour connaître d'un recours.

II. – S'agissant des décisions mentionnées aux 4° et 5° du I, l'extrait doit préciser en outre que tout créancier peut prendre connaissance du rapport de liquidation auprès du greffe du tribunal compétent, conformément à l'article 123 du décret n° 85-1388 du 27 décembre 1985 relatif au redressement et à la liquidation judiciaires des entreprises *[abrogé et remplacé par le Décr. n° 2005-1677 du 28 déc. 2005]. – [Décr. n° 2005-468 du 12 mai 2005, art. 2].*

R. 613-26 I. – En application de l'article 66 du décret n° 85-1388 du 27 décembre 1985 *[art. 96 du Décr. n° 2005-1677 du 28 déc. 2005]* mentionné au II de l'article R. 613-25, le *(L. n° 2005-845 du 26 juill. 2005, art. 165-III)* « mandataire judiciaire » avertit les créanciers connus d'avoir à lui déclarer leurs créances. Cet avertissement est intitulé : « Invitation à produire une créance. Délais à respecter ». Cet intitulé est rédigé dans toutes les langues officielles de l'Union européenne. – *V. art. du Décr. préc., infra, v° Difficultés des entreprises.*

Le *(L. n° 2005-845 du 26 juill. 2005, art. 165-III)* « mandataire judiciaire » adresse en outre aux créanciers connus un formulaire intitulé : « Production de créance ». Cet intitulé est également rédigé dans toutes les langues officielles de l'Union européenne.

Le créancier connu peut remplir le formulaire mentionné à l'alinéa précédent en recourant à la ou à l'une des langues officielles de l'État membre dans lequel il a son domicile, sa résidence habituelle ou son siège statutaire.

II. – Pour l'application de l'article 72 du décret du 27 décembre 1985 *[art. 103 du Décr. n° 2005-1677 du 28 déc. 2005]* mentionné au II de l'article R. 613-25, le *(L. n° 2005-845 du 26 juill. 2005, art. 165-III)* « mandataire judiciaire » avise le créancier de la possibilité de présenter des observations relatives à sa créance. Cet avis est intitulé : « Invitation à présenter les observations relatives à une créance. Délais à respecter ». Cet intitulé est rédigé dans toutes les langues officielles de l'Union européenne.

Le *(L. n° 2005-845 du 26 juill. 2005, art. 165-III)* « mandataire judiciaire » joint à cet avis un formulaire intitulé : « Présentation des observations relatives aux créances ». Cet intitulé est rédigé dans toutes les langues officielles de l'Union européenne.

Le créancier peut remplir le formulaire mentionné à l'alinéa précédent en recourant à la ou à l'une des langues officielles de l'État membre dans lequel il a son domicile, sa résidence habituelle ou son siège statutaire.

III. – Dans tous les cas, le *(L. n° 2005-845 du 26 juill. 2005, art. 165-III)* « mandataire judiciaire » peut exiger d'un créancier une traduction en langue française de la production de la créance et des observations y afférentes. – *[Décr. n° 2005-468 du 12 mai 2005, art. 3].*

R. 613-27 En cas de mise en œuvre d'une mesure d'assainissement ou d'ouverture d'une procédure de liquidation d'un établissement de crédit, la preuve de la nomination d'un administrateur ou d'un liquidateur par l'État membre sur le territoire duquel est situé le siège de cet établissement est établie par la présentation d'une copie certifiée conforme à l'original de l'acte qui le nomme ou de tout autre certificat délivré par les autorités compétentes de cet État.

Pour pouvoir agir sur le territoire français, l'administrateur ou le liquidateur désigné dans un État membre autre que la France doit également produire la traduction en français de la copie certifiée conforme de l'acte ou du certificat délivré par les autorités compétentes de son pays. – *[Décr. n° 2005-468 du 12 mai 2005, art. 4].*

SECTION VII *Régime de contrôle spécifique*

La présente section ne comprend pas de dispositions réglementaires.

SECTION VIII *Mise en œuvre du fonds de garantie des dépôts*

La présente section ne comprend pas de dispositions réglementaires.

………………………………………………………………………………………

CHAPITRE VI *Incompatibilités*

R. 616-1 Les personnes assurant le secrétariat du comité consultatif du secteur financier, du comité consultatif de la législation et de la réglementation financières, du Comité des établissements de crédit et des entreprises d'investissement et de la Commission bancaire ainsi que les agents de la Banque de France et les personnes chargés d'effectuer les contrôles sur pièces et sur place ne peuvent exercer aucune fonction rétribuée dans un établissement de crédit ou une entreprise d'investissement. – *[Décr. n° 84-708 du 24 juill. 1984, art. 15].*

....

TITRE III Coopération et échange d'informations aux fins de la surveillance complémentaire

(Décr. n° 2005-1186 du 19 sept. 2005, art. 5)

R. 631-1 *(Décr. n° 2005-1186 du 19 sept. 2005, art. 5)* Lorsque l'entité de tête d'un conglomérat financier, dont la Commission bancaire est le coordonnateur, a son siège social dans un autre État membre ou un autre État partie à l'accord sur l'Espace économique européen, la Commission bancaire peut inviter les autorités compétentes de cet État, d'une part, à demander à cette entité de leur fournir toutes informations utiles à l'accomplissement de sa mission de coordination, telle qu'elle est définie à l'article L. 633-3, d'autre part, à lui communiquer les informations ainsi collectées.

La Commission bancaire communique, à la demande d'un coordonnateur d'un autre État membre ou d'un autre État partie à l'accord sur l'Espace économique européen, toutes informations utiles à l'accomplissement de la mission de ce coordonnateur mentionnée à l'article L. 633-4. – *V. cet art., supra.*

R. 631-2 *(Décr. n° 2005-1186 du 19 sept. 2005, art. 5)* La Commission bancaire coopère étroitement avec les autres autorités compétentes en vue de s'assurer de l'effectivité des sanctions ou mesures qu'elle a adoptées en application des articles L. 633-12 et L. 633-13.

R. 631-3 *(Décr. n° 2005-1186 du 19 sept. 2005, art. 5)* Lorsque la Commission bancaire est l'autorité en charge de la vérification mentionnée à l'article L. 633-14, elle consulte les autres autorités compétentes concernées. Elle consulte également, avant de prendre une décision, le comité des conglomérats financiers prévu à l'article 21 de la directive 2002/87/CE du Parlement européen et du Conseil du 16 décembre 2002, pour tenir compte des lignes directrices élaborées par ce comité.

R. 631-4 *(Décr. n° 2005-1186 du 19 sept. 2005, art. 5)* La coopération entre autorités compétentes prévue à l'article L. 633-5 s'exerce dans les conditions suivantes :

1° Sans préjudice de leurs responsabilités respectives, toute autorité compétente communique, de sa propre initiative ou à la demande d'une autre autorité compétente, toute information utile permettant à cette dernière d'exercer ses fonctions prudentielles, au titre de la surveillance complémentaire des conglomérats financiers.

Les autorités compétentes collectent et s'échangent des informations concourant à l'exercice de cette surveillance complémentaire. Ces informations portent notamment sur la structure du groupe, les principales entités faisant partie du conglomérat financier et les autorités compétentes de ces entités réglementées, la stratégie du conglomérat financier et sa situation financière ainsi que ses principaux actionnaires et dirigeants, le dispositif de gestion des risques et le système de contrôle interne. Elles concernent également les procédures de collecte et de vérification d'informations auprès des entités du conglomérat financier, les difficultés éventuellement rencontrées par ces dernières ainsi que les principales sanctions et mesures exceptionnelles prises à leur encontre par les autorités compétentes.

2° Sans préjudice de leurs responsabilités respectives, avant de prendre une décision susceptible de relever des fonctions prudentielles exercées par d'autres autorités compétentes, les autorités compétentes intéressées se consultent et échangent des informations sur la modification structurelle de l'actionnariat, sur l'organisation ou la direction

des entités réglementées d'un conglomérat financier requérant l'approbation ou l'autorisation des autorités compétentes, ainsi que sur les principales sanctions et mesures exceptionnelles envisagées par les autorités compétentes.

En cas d'urgence, ou lorsque cette consultation risquerait de compromettre l'efficacité de la décision, une autorité compétente peut décider de ne pas consulter ses homologues, sous réserve de les informer sans délai de cette décision.

....

Code général des impôts

(Décr. n° 50-478 du 6 avr. 1950)

Impôt sur les opérations de bourse

Art. 978 Toute opération de bourse ayant pour objet l'achat ou la vente, au comptant ou à terme, de valeurs de toute nature donne lieu à la rédaction d'un bordereau soumis à un droit de timbre... — *Sur les exonérations de droit de timbre, V. art. 980 et 980 bis.* — ***CGI.***

BIBL. ▸ PIERRE, *Rev. dr. bancaire 1995. 160* (droit de timbre).

979 *Abrogé par L. n° 98-1267 du 30 déc. 1998, art. 27-XIV.*

....

981 *(Rédaction des bordereaux).*

982 *(Décr. n° 72-685 du 4 juill. 1972)* **Les personnes qui font commerce habituel de recueillir des offres et des demandes de valeurs de bourse sont tenues de faire une déclaration préalable** *(Décr. n° 81-866 du 15 sept. 1981)* **« à l'administration ».**

(L. n° 2004-1484 du 30 déc. 2004, art. 38-II) **« Les mêmes personnes doivent tenir un répertoire sur lequel elles inscrivent chronologiquement chaque opérations »** — *Sur la communication du répertoire à l'administration, V. LPF, art. L. 94 et R. 94-1.* — ***C. pr. fisc.***

Les dispositions issues de l'art. 38 de la L. n° 2004-1484 du 30 déc. 2004 s'appliquent aux opérations mentionnées à l'art. 978 CGI qui sont réalisées à compter du 25 déc. 2004 (art. 38-V de la loi précitée).

....

985 Il n'est apporté par les articles précédents de la présente section aucune dérogation aux dispositions de *(Décr. n° 2001-435 du 21 mai 2001)* **« l'article L. 131-5 du code de commerce ».**

....

Taxes sur certaines opérations de crédit

990 J *Abrogé par L. n° 2005-1720 du 30 déc. 2005, art. 73-I.*

Code général de la propriété des personnes publiques

PREMIÈRE PARTIE : ***LÉGISLATIVE***

(Ord. n° 2006-460 du 21 avr. 2006)

Art. L. 1126-1 Sont acquis à l'État, à moins qu'il ne soit disposé de ces biens par des lois particulières :

1° Le montant des coupons, intérêts ou dividendes, atteints par la prescription quinquennale ou conventionnelle et afférents à des actions, parts de fondateur, obligations ou autres valeurs mobilières négociables, émises par toute société commerciale ou civile ou par toute collectivité privée ou publique.

2° Les actions, parts de fondateur, obligations et autres valeurs mobilières des mêmes collectivités, lorsqu'elles sont atteintes par la prescription trentenaire ou conventionnelle ;

3° Les dépôts de sommes d'argent et, d'une manière générale, tous avoirs en espèces dans les banques, les établissements de crédit et tous autres établissements qui reçoivent des fonds en dépôt ou en compte courant, lorsque ces dépôts ou avoirs n'ont fait l'objet de la part des ayants droit d'aucune opération ou réclamation depuis trente années ;

4° Les dépôts de titres et, d'une manière générale, tous avoirs en titres dans les banques et autres établissements qui reçoivent des titres en dépôt ou pour tout autre cause lorsque ces dépôts ou avoirs n'ont fait l'objet, de la part des ayants droit, d'aucune opération ou réclamation depuis trente années. *[C. dom. Ét, art. L. 27].*

L'ord. n° 2006-460 du 21 avr. 2006, dont les dispositions sont applicables depuis le 1er juill. 2006 (art. 13), abroge les dispositions de la partie législative du code du domaine de l'État (art. 7-I). Toutefois, s'agissant de l'art. L. 27, al. 6 (reproduit ci-dessous), cette abrogation ne prendra effet qu'à compter de la publication des dispositions réglementaires correspondantes du CGPPP (art. 8-I).

Code du domaine de l'État

PREMIÈRE PARTIE : **LÉGISLATIVE**

(Décr. n° 62-298 du 14 mars 1962)

Art. L. 27 (al. 6) *(Décr. n° 70-1159 du 11 déc. 1970)* Les transferts des titres nominatifs acquis à l'État dans les conditions prévues au présent article sont effectués sur la production de ces titres et d'une attestation du directeur des services fiscaux certifiant le droit de l'État.

L. 1126-2 *V. au* **C. *sociétés.***

L. 1126-3 Les banques, les établissements de crédit et tous autres établissements qui reçoivent soit des fonds en dépôt ou en compte courant, soit des titres en dépôt ou pour tout autre cause sont tenus de remettre à l'administration des impôts tous les dépôts ou avoirs en espèces ou en titres, qui n'ont fait l'objet, de la part des ayants droit, d'aucune opération ou réclamation depuis trente ans et qui n'ont pas été déposés dans un établissement habilité à cet effet par décret. *[C. dom. Ét, art. R. 47, al. 1er].*

L. 1126-4 Les sommes déposées, à quelque titre que ce soit, à la Caisse des dépôts et consignations sont acquises par l'État selon les règles fixées au premier alinéa de l'article L. 518-24 du code monétaire et financier.

....

L. 2222-21 Les agents désignés par l'autorité administrative compétente ont droit de prendre communication au siège des banques, établissements ou collectivités mentionnés aux 1°, 2°, 3° et 4° de l'article L. 1126-1, ou dans leurs agences ou succursales, de tous registres, délibérations et documents quelconques pouvant servir au contrôle des sommes ou titres à remettre à l'État.

L. 2222-22 Toute contravention aux dispositions des articles L. 1126-2 et L. 1126-3, et tout refus de communication dans le cadre des dispositions de l'article L. 2222-21 sont punis de l'amende prévue à l'article 1734 du code général des impôts.

Les règles applicables en matière domaniale régissent le recouvrement de l'amende ainsi que la présentation, l'instruction et le jugement des réclamations.

V. aussi code du domaine de l'État, art. R. 47 à R. 51 au ***C. sociétés.***

Loi du 30 janvier 1907,

Portant fixation du budget général de l'exercice 1907.

[L'art. 3 de la loi du 30 janv. 1907 est abrogé par l'art. 505 de la loi n° 66-537 du 24 juill. 1966, en tant qu'il concerne les émissions de titres faites par des sociétés régies par ladite loi. Cet art. avait été codifié au CGI, art. 250, disjoint depuis lors. Les mots figurant en italique dans le texte de l'art. 3 ci-dessous reproduit sont ceux qu'avait supprimés le décret n° 69-350 du 15 avr. 1969 dudit art. 250 à raison des termes de l'art. 505 de la loi du 24 juill. 1966. – L'art. 3 avait été abrogé par l'art. 25 de la loi n° 79-12 du 3 janv. 1979, en tant qu'il concerne les émissions de titres faites par les SICAV.]

Art. 3 *(Décr. n° 69-350 du 15 avr. 1969)* **L'émission, l'exposition, la mise en vente, l'introduction sur le marché, en France, d'actions, d'obligations ou de titres de quelque nature qu'ils soient, de sociétés** ***françaises ou étrangères,*** **sont, en ce qui concerne ceux de ces titres offerts au public, assujetties aux formalités ci-après :**

Préalablement à toute mesure de publicité, les émetteurs, exposants, metteurs en vente et introducteurs doivent faire insérer *(Décr. n° 2005-582 du 27 mai 2005, art. 1er-I)* **« dans le** ***Bulletin des annonces légales obligatoires*** **», une notice contenant les énonciations suivantes :**

1° La dénomination de la société ou la raison sociale ;

2° L'indication de la législation (***française ou étrangère*****) sous le régime de laquelle fonctionne la société ;**

3° Le siège social ;

4° L'objet de l'entreprise ;

5° La durée de la société ;

6° Le montant du capital social, le taux de chaque catégorie d'actions et le capital non libéré ;

7° Le dernier bilan certifié pour copie conforme ou la mention qu'il n'en a pas été dressé encore.

Doivent être également indiqués le montant des obligations qui auraient déjà été émises par la société, avec énumération des garanties qui y sont attachées et, s'il s'agit d'une nouvelle émission d'obligations, le nombre ainsi que la valeur des titres à émettre, l'intérêt à payer pour chacun d'eux, l'époque et les conditions de remboursement et les garanties sur lesquelles repose la nouvelle émission. *(Décr. n° 62-1060 du 11 sept. 1962)* **« Si les obligations sont convertibles en actions, le ou les délais dans lesquels devra être exercée l'option accordée aux porteurs d'obligations pour convertir leurs titres en actions devront être mentionnés, ainsi que les bases de cette conversion. L'émission des actions provenant des obligations donnera lieu à l'insertion de la notice prévue à l'alinéa 2. »**

Il doit, en outre, être fait mention des avantages stipulés au profit des fondateurs et des administrateurs, du gérant ou de toute autre personne, des apports en nature et de leur mode de rémunération, des modalités de convocation aux assemblées générales et de leur lieu de réunion.

Les émetteurs, exposants, metteurs en vente et introducteurs doivent être domiciliés en France ; ils sont tenus de revêtir la notice ci-dessus de leur signature et de leur adresse.

Les affiches, prospectus et circulaires doivent reproduire les énonciations de la notice et contenir la mention de l'insertion de ladite notice au *(Décr. n° 2005-582 du 27 mai 2005, art. 1er-II)* **«** ***Bulletin des annonces légales obligatoires*** **», avec référence au numéro dans lequel elle a été publiée.**

Les annonces dans les journaux doivent reproduire les mêmes énonciations ou, tout au moins, un extrait de ces énonciations avec référence à ladite notice et indication du

numéro du *(Décr. n° 2005-582 du 27 mai 2005, art. 1er-II)* **« *Bulletin des annonces légales obligatoires* », dans lequel elle a été publiée.**

(Décr. n° 62-1060 du 11 sept. 1962) **« Avant toute émission publique ou introduction en France d'actions, d'obligations ou de titres de quelque nature qu'ils soient, *de sociétés étrangères*, les émetteurs ou introducteurs doivent, en outre, publier au même** *(Décr. n° 2005-582 du 27 mai 2005, art. 1er-II)* **« *Bulletin des annonces légales obligatoires* », l'indication du greffe du tribunal de commerce où a été effectué le dépôt des actes constitutifs ainsi que la date de ce dépôt.**

« Les infractions aux dispositions édictées ci-dessus seront constatées par les agents de l'enregistrement ; elles seront punies d'une amende de 18 000 €.

(Abrogé, à compter du 1er mars 1994, par L. n° 92-1336 du 16 déc. 1992) ***« L'article 463 du code pénal est applicable aux peines prévues par le présent article. »***

BIBL. ▶ Barrière, *Bull. Joly Bourse 2006. 125* (codification, disjonction et imprécision : l'exemple de la notice BALO).

Loi du 10 juillet 1928,

Autorisant les banques populaires à faire apporter à leurs statuts, par une assemblée générale ayant pouvoir d'approuver les comptes, les modifications nécessaires pour effectuer des avances aux artisans dans les termes de la loi du 27 décembre 1923.

Art. unique Les modifications à apporter aux statuts des banques populaires constituées conformément à la loi du 13 mars 1917 *[abrogée ; V. C. mon. fin., art. L. 512-2 s., supra]* **en vue de leur permettre d'effectuer des avances aux artisans dans les conditions prévues par la loi du 27 décembre 1923 pourront être valablement adoptées par des assemblées réunissant les conditions fixées par les statuts pour la validité des assemblées ayant pouvoir d'approuver les comptes de la banque.**

Décret du 9 mars 1938,

Relatif à l'organisation de la caisse centrale de crédit hôtelier, commercial et industriel (ancien crédit national hôtelier) [crédit d'équipement des petites et moyennes entreprises] (BLD 1938. 149 ; JO 11 mars). — Mod. par Décr. n° 47-1175 du 25 juin 1947 (BLD 1947. 533 ; JO 29 juin), Décr. n° 47-2154 du 12 nov. 1947 (D. 1947. 436 ; BLD 1947. 985), Décr. n° 66-7 du 3 janv. 1966, art. 2 (D. 1966. 40 ; BLD 1966. 39). — V. Décr. n° 81-73 du 30 janv. 1981 (D. et BLD 1981. 79) portant substitution du crédit d'équipement des petites et moyennes entreprises à la caisse centrale de crédit hôtelier, commercial et industriel. — V. infra, Ord. n° 45-1355 du 20 juin 1945, art. 4.

Sous réserve des décisions de justice passées en force de chose jugée, les créances transférées au crédit d'équipement des petites et moyennes entreprises lors de sa création par la caisse centrale de crédit hôtelier, commercial et industriel, la Caisse nationale des marchés de l'État et le groupement interprofessionnel des petites et moyennes entreprises, sont valablement dévolues au crédit d'équipement et à l'égard des tiers à la date de leur transfert, avec les privilèges et hypothèques dont elles étaient éventuellement assorties sans qu'il y ait lieu de procéder aux formalités des art. 1690 et 2149 [2430] C. civ. (L. n° 85-1321 du 14 déc. 1985, art. 4).

Ordonnance n° 45-1355 du 20 juin 1945,

Relative aux sociétés de caution mutuelle, aux banques populaires et à la caisse centrale de crédit hôtelier, commercial et industriel [crédit d'équipement des petites et moyennes entreprises].

Art. 1er *Abrogé par L. n° 88-15 du 5 janv. 1988, art. 40. — Cette abrogation n'est pas applicable aux territoires d'outre-mer et à Mayotte (art. 52-II de la loi).*

....

4 L'organisme institué par l'article 172 de la loi du 30 juin 1923 et par l'article 65 de la loi du 31 décembre 1937, sous la dénomination de Caisse centrale de crédit hôte-

lier, commercial et industriel *[crédit d'équipement des petites et moyennes entreprises]*, **relève de l'autorité de la chambre syndicale des banques populaires** *[Banque fédérale des banques populaires]* **dans les conditions qui sont fixées par un décret rendu sur la proposition du ministre de l'économie nationale et des finances.** – *V. Décr. 9 mars 1938 (BLD 1938. 149 ; JO 11 mars), mod. par Décr. n° 47-1175 du 25 juin 1947 (BLD 1947. 533 ; JO 29 juin), Décr. n° 47-2154 du 12 nov. 1947 (D. 1947. 436 ; BLD 1947. 985), Décr. n° 66-7 du 3 janv. 1966, art. 2 (D. 1966. 40 ; BLD 1966. 39). – V. aussi supra, 2e note ss. art. L. 511-30 C. mon. fin.*

5 *Abrogé, à compter du 25 juillet 1984, par L. n° 84-46 du 24 janv. 1984, art. 94-X et 105.*

....

7 Sont validés les actes de l'autorité de fait se disant gouvernement de l'État français, dits loi n° 785 du 18 août 1942 relative aux banques populaires, n° 134 du 2 mars 1943 relative au même objet, et arrêté du 26 janvier 1944 déterminant les opérations permises à ces établissements.

En ce qui concerne les dispositions applicables à la Banque de développement des PME, V. L. n° 97-1026 du 10 nov. 1997, art. 7 (JO 11 nov.).

Loi n° 45-015 du 2 décembre 1945,

Relative à la nationalisation de la Banque de France et des grandes banques et à l'organisation du crédit.

TITRE II Des organismes de crédit

Art. 4 et 5 *Abrogés par L. n° 84-46 du 24 janv. 1984, art. 94-I.*

6 Sont nationalisées *[nationalisés]* **dans les conditions fixées par les articles 7 à 10 ci-après : le *Crédit lyonnais*, la *Société générale pour favoriser le développement du commerce et de l'industrie en France*, le *Comptoir national d'escompte de Paris*, la *Banque nationale pour le commerce et l'industrie*.** – *Ces deux dernières banques ont fusionné pour former la Banque nationale de Paris (Décr. 26 mai 1966).*

V. infra, L. n° 82-155 du 11 févr. 1982, art. 12, fixant la liste des banques nationalisées par cette loi.

TITRE III Nationalisation des grandes banques de dépôts

7 A compter du 1er janvier 1946, les entreprises de banques visées à l'article 6 de la présente loi sont transférées en toute propriété avec l'ensemble de leur patrimoine à l'État, qui se libère, à l'égard des actionnaires, dans les conditions fixées à l'article 8 ci-après.

....

9 à 22 *Abrogés par L. n° 84-46 du 24 janv. 1984, art. 94-I.*

Décret n° 48-1683 du 30 octobre 1948,

Fixant certaines caractéristiques des valeurs mobilières(D. 1948. 397 ; BLD 1948. 1001). – Mod. par Décr. n° 49-631 du 4 mai 1949 (D. 1949. 250 ; BLD 1949. 562), Décr. n° 50-562 du 18 mai 1950 (D. 1950. 116 ; BLD 1950. 283), Décr. n° 51-391 du 31 mars 1951 (D. 1951. 95 ; BLD 1951. 227), Décr. n° 54-207 du 23 févr. 1954 (D. 1954. 110 ; BLD 1954. 252), Décr. n° 83-598 du

*4 juill. 1983 (D. et ALD 1983. 346), Décr. n° 88-418 du 22 avr. 1988 (D. et ALD 1988. 258), Décr. n° 99-257 du 1er avr. 1999 (JO 3 avr.). – V. Arr. 6 déc. 1948 (D. 1948. 449 ; BLD 1948. 1131). – V. **C. sociétés**.*

Décret n° 49-1470 du 10 novembre 1949,

Relatif à la forme des valeurs mobilières.

Art. 1er Les titres ou certificats d'actions émis par une société, compagnie ou entreprise quelconque, financière, commerciale, industrielle ou civile, sont tirés d'un registre à souche.

2 Toute société, compagnie ou entreprise qui est convaincue d'avoir émis une action en contravention de l'article 1er est passible d'une amende égale à 10 p. 100 du montant de cette action.

3 Les titres d'obligations souscrits par les départements, communes, établissements publics et sociétés, sous quelque dénomination que ce soit, dont la cession, pour être parfaite à l'égard des tiers, n'est pas soumise aux dispositions de l'article 1690 du code civil, sont tirés d'un registre à souche.

4 Toute contravention à l'article 3 ci-dessus est passible, contre les départements, communes, établissements publics et sociétés, d'une amende égale à 10 p. 100 du montant du titre.

Décret n° 55-1595 du 7 décembre 1955,

Relatif au régime des titres nominatifs.

Art. 1er *Abrogé par Décr. n° 83-359 du 2 mai 1983, art. 21.*

2 Tout propriétaire de titres faisant partie d'une émission qui comprend des titres au porteur a la faculté, nonobstant toute convention contraire, de convertir ses titres au porteur en titres nominatifs et réciproquement.

Al. 2 abrogé par Décr. n° 2005-1007 du 2 août 2005, art. 5-I.

3 et 4 *Abrogés par Décr. n° 2005-1007 du 2 août 2005, art. 5-I.*

TITRE PREMIER Payement des produits

5 Sauf disposition réglementaire ou convention contraire, les produits des titres nominatifs sont payables aux guichets de la personne morale émettrice sur présentation du certificat, qui est revêtu d'une estampille constatant le payement et restitué immédiatement au porteur. Nonobstant toute stipulation contraire, ce dernier ne peut être tenu de justifier qu'il est le titulaire du titre.

Les conventions que passent les personnes morales émettrices avec les établissements visés à l'article 38 doivent habiliter également les établissements désignés à payer les produits des titres nominatifs dans les conditions prévues à l'alinéa précédent.

En cas d'opposition, la responsabilité de la personne morale émettrice n'est engagée, à l'égard de l'opposant, en ce qui concerne les payements de produits effectués par l'intermédiaire de l'un des établissements visés à l'alinéa qui précède, que si le payement est intervenu plus de cinq jours après la signification de l'opposition au siège de la personne morale. – *V. note ss. art. 59.*

6 à 9 *Abrogés par Décr. nº 2005-1007 du 2 août 2005, art. 5-I.*

TITRE II Mutation des titres nominatifs

10 à 22 *Abrogés par Décr. nº 83-359 du 2 mai 1983, art. 21.*

TITRE III Transfert, conversion et remboursement des titres nominatifs

CHAPITRE PREMIER *Transfert et conversion intervenant à la suite d'une négociation*

SECTION I *Titres non essentiellement nominatifs*

23 Les titres autres que ceux visés à l'article 28 ci-après se négocient en Bourse en titres au porteur et se livrent entre *agents de change* soit sous cette forme, soit sous forme de virements.

Pour les rentes sur l'État, la livraison peut se faire :

1º Par le moyen des comptes courants collectifs ouverts en application de l'article 8 de la loi du 23 décembre 1946 ou, à défaut, par tradition de titres au porteur ou de coupures inscrites au nom de la *Compagnie des agents de change* ;

2º Par transfert direct au nom de l'acquéreur lorsque la vente et l'achat sont poursuivis par le même *agent de change* ou qu'il a été convenu entre l'*agent de change* vendeur et l'*agent de change* acheteur que la livraison aurait lieu sous cette forme.

L'*agent de change* vendeur est chargé de poursuivre la conversion au porteur ou le transfert des titres visés aux précédents alinéas. — *V. note ss. art. 59.*

24 L'*agent de change* vendeur doit, dans un délai de cinq jours à compter de la date de la négociation en Bourse, remettre à la personne morale émettrice ou à l'établissement chargé par elle du service des transferts les titres nominatifs accompagnés de la demande de conversion au porteur, revêtue de la signature, certifiée par lui, du vendeur ou de son mandataire.

Pour les transferts et les conversions au porteur de rentes sur l'État, l'*agent de change* vendeur doit dans le délai prévu à l'alinéa précédent, déposer au fonctionnaire compétent les extraits d'inscription et les pièces justificatives utiles accompagnés d'une déclaration et d'un certificat dressés dans les conditions fixées par la loi du 11 juin 1909 et le décret du 10 novembre 1949. — *V. note ss. art. 59.*

25 Les personnes morales émettrices ou les établissements chargés par elles du service des transferts sont tenus de délivrer à l'*agent de change* dans un délai de six jours à partir du dépôt de la demande de conversion, les titres au porteur ou les virements correspondants.

Le Trésor public est tenu, dans le même délai de six jours, de procéder aux écritures requises sur les comptes courants collectifs ou de remettre les valeurs provenant de l'opération.

L'*agent de change* vendeur doit, le lendemain du jour où les titres, coupures ou virements peuvent être retirés, mettre le prix de vente soit à la disposition du vendeur dans le cas où l'ordre a été donné directement par ce dernier à l'*agent de change*, soit, dans le cas contraire, à la disposition du transmetteur d'ordre, ou du vendeur si le transmetteur d'ordre y consent. Quand la livraison des rentes sur l'État est faite par le moyen des comptes courants collectifs, ce délai court du jour où la situation de compte constatant l'opération peut être retirée. — *V. note ss. art. 59.*

26 Dans le cas de transmission par la poste, l'*agent de change* est déchargé, au point de vue des délais, par la remise du récépissé postal constatant l'envoi recommandé.

L'acquit donné au service postal lors de la réception constitue la prise en charge par la personne morale émettrice ou l'établissement chargé par elle du service des transferts. — *V. note ss. art. 59.*

27 *Abrogé par Décr. nº 68-336 du 5 avr. 1968, art. 5.*

SECTION II *Titres essentiellement nominatifs*

28 Les titres essentiellement nominatifs, c'est-à-dire ceux qui ne peuvent, d'après la loi ou d'après les statuts de la personne morale émettrice, exister que sous la forme nominative, se livrent entre *agents de change* sous la forme nominative.

L'*agent de change* vendeur est chargé de poursuivre le transfert de ces titres. Il doit, dans un délai de cinq jours à compter de la date de la négociation en Bourse, remettre à la personne morale émettrice ou à l'établissement chargé par elle du service des transferts les certificats accompagnés de la demande de transfert revêtue de la signature, certifiée par lui, du vendeur ou de son mandataire. Il doit indiquer les noms des *agents de change* acheteurs et la quantité de titres achetés par chacun d'eux. Ces titres font obligatoirement l'objet d'un transfert d'ordre au nom de chacun des *agents de change* acheteurs, sous réserve de ce qui sera dit aux articles 31 et 32.

Le transfert d'ordre est constaté par la remise à l'*agent de change* vendeur d'une déclaration d'inscription au nom de l'*agent de change* acheteur sur les registres de la personne morale émettrice, délivrée par un représentant qualifié de celle-ci.

Les personnes morales émettrices ou les établissements chargés par elles du service des transferts sont tenus de délivrer à l'*agent de change*, dans un délai de six jours à partir du dépôt de la demande de transfert, les déclarations d'inscription.

L'*agent de change* vendeur doit, le lendemain du jour où les déclarations d'inscription peuvent être retirées, mettre le prix de vente soit à la disposition du vendeur, dans le cas où l'ordre a été remis directement par ce dernier à l'*agent de change*, soit, dans le cas contraire, à la disposition du transmetteur d'ordre, ou du vendeur si le transmetteur d'ordre y consent. — *V. note ss. art. 59.*

29 Les transferts d'ordre ont un caractère provisoire.

Dans les dix jours du transfert d'ordre, l'*agent de change* acheteur doit notifier à la personne morale émettrice ou à l'établissement chargé par elle du service des transferts le nom de son donneur d'ordre et lui remettre, pour les titres non libérés, l'acceptation de celui-ci.

Il est procédé au transfert définitif au nom du donneur d'ordre sur la simple réquisition de l'*agent de change* bénéficiaire dudit transfert d'ordre et les nouveaux certificats doivent être tenus à la disposition de ce dernier dans un délai de dix jours à compter du dépôt de la demande. — *V. note ss. art. 59.*

30 Lorsque les nouveaux titulaires de titres essentiellement nominatifs doivent, aux termes des statuts, être agréés par le conseil d'administration, le transfert d'ordre, la remise du prix de vente et de dépôt de la demande de transfert définitif sont opérés comme il est prévu aux articles précédents. La société doit exercer son droit d'agrément dans le délai prévu par les statuts qui ne peut excéder trente jours.

En cas d'agrément, elle doit procéder au transfert définitif et aviser l'*agent de change* du jour où les nouveaux certificats pourront être retirés, cette mise à disposition devant intervenir dans un délai de cinq jours après la décision d'agrément.

En cas de refus d'agrément, elle peut indiquer dans la notification de refus le nom d'un acquéreur agréé par elle qui est substitué à l'acquéreur refusé. A défaut, les titres sont revendus par l'*agent de change* acheteur aux risques et périls de l'acheteur non agréé, dès réception par ledit *agent de change* de la notification de non-agrément. — *V. note ss. art. 59.*

31 Lorsque la vente et l'achat des titres essentiellement nominatifs sont poursuivis par le même *agent de change*, celui-ci peut en requérir le transfert direct en indiquant le nom de l'acheteur.

Dans ce cas, les personnes morales émettrices sont tenues de délivrer à l'*agent de change*, dans un délai de dix jours à compter du dépôt de la demande, les nouveaux certificats immatriculés au nom de l'acheteur.

Les dispositions du présent article ne sont pas applicables aux titres essentiellement nominatifs dont le nouveau titulaire doit être agréé par le conseil d'administration. – *V. note ss. art. 59.*

32 Lorsque la vente et l'achat ne sont pas poursuivis par le même *agent de change*, l'*agent de change* vendeur a le droit, par dérogation aux dispositions du deuxième alinéa de l'article 28, pour les titres dont le nouveau titulaire n'est pas soumis à l'agrément du conseil d'administration, de les faire transférer directement au nom du bénéficiaire définitif sans opérer un transfert d'ordre.

L'*agent de change* vendeur doit alors remettre à l'*agent de change* acheteur, dans un délai de cinq jours à compter de la date de la négociation en Bourse, les certificats accompagnés de la demande de transfert revêtue de la signature, certifiée par lui, du vendeur ou de son mandataire.

Dès le jour de cette remise, le prix de vente est mis par l'*agent de change* acheteur à la disposition de l'*agent de change* vendeur, qui doit en tenir compte le lendemain au vendeur dans le cas où l'ordre a été donné directement par ce dernier à l'*agent de change*, ou, dans le cas contraire, au transmetteur d'ordre, ou au vendeur si le transmetteur d'ordre y consent.

La réquisition de transfert au nom de son client ou, à défaut, la réquisition d'un transfert provisoire à son propre nom, doit être déposée par l'*agent de change* acheteur à la personne morale émettrice ou à l'établissement chargé par elle du service des transferts dans le délai de cinq jours à compter du versement des fonds à l'*agent de change* vendeur, sous peine de perdre tout recours contre ce dernier.

La personne morale émettrice ou l'établissement chargé par elle du service des transferts doit, dans le délai de dix jours à compter du dépôt de cette réquisition procéder au transfert et tenir le nouveau certificat à la disposition de l'*agent de change* acheteur ou faire connaître à celui-ci son refus de procéder au transfert, sous peine d'être garant à l'égard de l'acheteur de la bonne fin de l'opération demandée.

En cas de refus de transfert, l'*agent de change* acheteur doit en informer l'*agent de change* vendeur dès le lendemain du jour où il a été lui-même avisé de ce refus, faute de quoi l'*agent de change* vendeur est définitivement déchargé de toute responsabilité. – *V. note ss. art. 59.*

33 Les dispositions des articles 26 et 27 sont applicables en cas de négociation de titres essentiellement nominatifs. – *V. note ss. art. 59.*

CHAPITRE II *Opérations sur titres nominatifs ne résultant pas d'une négociation*

34 En cas de demande de conversion du porteur au nominatif, les personnes morales émettrices ou les établissements chargés par elles du service des transferts doivent procéder à l'opération sur la production des titres et la seule réquisition du déposant, dans un délai de dix jours à compter de la date du dépôt de la réquisition. Aucune justification ne peut être demandée à l'appui des opérations de cette nature. La production des titres est remplacée soit par un virement, lorsque les titres sont déposés à la « Société interprofessionnelle pour la compensation des valeurs mobilières », soit par un ordre de débit, quand il s'agit de rentes sur l'État inscrites en comptes courants collectifs. – *V. note ss. art. 59.*

35 En cas de demande de transfert direct sans négociation en Bourse, du nom du titulaire cédant au nom du cessionnaire, l'opération est effectuée dans un délai de dix jours à compter du dépôt de la demande, ou, éventuellement, de cinq jours au plus après l'expiration du délai prévu par les statuts pour l'agrément du cessionnaire par le conseil d'administration, délai qui ne peut excéder trente jours.

En cas de demande de conversion du nominatif au porteur, les titres convertis doivent être remis au déposant dans le délai de six jours.

En cas de transfert de garantie prévu à l'article 91, alinéa 3, du code de commerce *[C. com., art. L. 521-1, al. 3]*, les personnes morales émettrices doivent, dans un délai de dix jours à compter du dépôt des dossiers, soit procéder au transfert, soit tenir à la disposition du déposant une note motivée de rejet. Ces dispositions s'appliquent également aux opérations d'annulation du transfert de garantie.

En cas de remboursement total ou partiel, les fonds et, s'il y a lieu, les certificats, doivent être tenus à la disposition des requérants dans un délai de dix jours à compter du dépôt de la demande. Les personnes morales émettrices ne peuvent exiger que les certificats nominatifs remboursés soient revêtus de l'acquit du titulaire ou de ses ayants droit. — *V. note ss. art. 59.*

36 *(Décr. nº 59-296 du 13 févr. 1959)* « En cas de transfert direct sans négociation en bourse, de transfert de garantie prévu par l'article 91, alinéa 3, du code de commerce *[C. com., art. L. 521-1, al. 3]* ou d'annulation d'un tel transfert, de conversion au porteur, de remboursement d'un titre nominatif, la certification de la signature du requérant peut, sous réserve des articles suivants, être exigée nonobstant toute disposition ou convention contraires. Cette certification est valablement délivrée, au choix du requérant, soit par un *agent de change*, soit par un notaire, soit par le maire ou le commissaire de police du domicile du requérant nonobstant toute disposition ou convention contraire. »

Toutefois, pour opérer le transfert direct sans négociation en Bourse, ou la conversion au porteur de rentes nominatives sur l'État, le Trésor peut exiger l'accomplissement des formalités prévues par la loi du 11 juin 1909. — *V. note ss. art. 59.*

37 *(Décr. nº 59-296 du 13 févr. 1959)* « Lorsque les opérations visées à l'alinéa 1er de l'article précédent sont demandées au guichet de la personne morale émettrice par le titulaire ou son représentant qualifié justifiant de son identité, la certification de la signature du requérant ne peut être exigée si cette signature est apposée par lui en présence du représentant de la personne morale. L'identité est suffisamment établie par la présentation de la carte nationale d'identité du requérant ou de toute autre pièce régulièrement délivrée par l'autorité administrative et portant l'indication des nom et prénoms de l'intéressé, de ses qualités, nationalité, date de naissance, domicile et revêtue du spécimen de sa signature et de sa photographie régulièrement oblitérée. »

En l'absence de mutation, le remboursement total ou partiel d'un titre nominatif peut être effectué par chèque barré, virement en banque ou virement postal, à la demande du titulaire ou de son représentant qualifié, à condition que le chèque soit établi ou que le compte à créditer soit ouvert au nom du titulaire du certificat, sans que la signature du requérant ait à être certifiée. Pour les certificats collectifs, la demande n'a pas à être renouvelée. L'avis d'inscription au compte ou l'avis de débit délivré soit par le service postal, soit par la banque *[l'établissement de crédit]* intéressée, constitue la décharge de la personne morale émettrice. Les frais de virement sont à la charge de cette dernière.

En ce qui concerne les titres émis par l'État, les départements et les communes, les conditions et modalités d'application du précédent alinéa sont fixées par décision du ministre des finances et des affaires économiques. — *V. Décis. 28 mars 1956 (D. 1956. 152 ; BLD 1956. 297). — V. note ss. art. 59.*

38 Toute société dont les titres sont inscrits à la cote officielle des bourses de valeurs doit s'assurer le concours d'une ou de plusieurs *banques* ou *établissements financiers* auprès desquels les opérations énumérées à l'article 36, alinéa 1er, peuvent être demandées par les titulaires ou leurs représentants qualifiés. Les autres personnes morales ont la faculté de s'assurer le même concours. Seules peuvent être exigées par les *banques* ou *établissements financiers* ainsi désignés les formalités prévues aux articles 36 et 37.

Les dossiers doivent être transmis par ces établissements aux personnes morales émettrices dans un délai de trois ou six jours, suivant que l'opération est demandée au siège de l'établissement ou dans l'une de ses agences ou succursales.

Cette transmission emporte l'attestation par les *banques* et *établissements financiers* de l'identité des requérants. A cet égard, la responsabilité de l'établissement intermédiaire est substituée à celle de la personne morale émettrice. Mais cette dernière répond de la solvabilité des établissements désignés par elle. — *V. note ss. art. 59.*

39 *(Décr. n° 59-296 du 13 févr. 1959)* « Les transferts de garantie de rentes nominatives sur l'État visés par l'alinéa 3 de l'article 91 du code de commerce *[C. com., art. L. 521-1, al. 3]* peuvent être réalisés de la façon suivante lorsqu'ils doivent être effectués au profit de la Banque de France, conformément à l'article 12 du décret du 16 janvier 1808 et à l'article 2 de l'ordonnance du 15 juin 1834 : il est déposé au Trésor une déclaration écrite aux termes de laquelle le rentier ou son représentant légal ou conventionnel affecte, à titre de gage au profit de la Banque de France, des rentes nominatives sur l'État dont il peut disposer régulièrement. Cette déclaration, certifiée par le gouverneur de la Banque de France ou son délégué, vaut transfert de garantie » à l'égard de tous intéressés à compter de son acceptation par le fonctionnaire compétent. Cette acceptation est notifiée à la Banque de France par l'envoi d'une lettre annexe à l'extrait d'inscription faisant l'objet de la déclaration susvisée.

Du fait de la certification prévue à l'alinéa précédent, la Banque de France est exclusivement responsable, tant à l'égard du Trésor que de tous tiers, de la régularité du nantissement ainsi constitué.

En cas de remboursement, de transfert ou de conversion au porteur de rentes nominatives sur l'État affectées à titre de gage au profit de la Banque de France, la signature, par le gouverneur de cet établissement ou son délégué, de la demande de remboursement ou des déclarations et certificats de transfert, dégage entièrement la responsabilité du Trésor et de l'*agent de change* négociateur quant aux pouvoirs de ladite banque d'encaisser le montant du remboursement ou de disposer des titres en question sans le concours de leurs propriétaires et sans autorisation judiciaire. — *V. note ss. art. 59.*

40 Nonobstant toutes dispositions contraires, en l'absence d'opposition ou de déclaration de perte régulièrement notifiée, les titres non essentiellement nominatifs, dont la valeur nominale *(Décr. n° 75-340 du 5 mai 1975)* « n'excède pas 152,45 € » par certificat, peuvent, sauf l'exception prévue au troisième alinéa ci-après, être échangés contre des titres au porteur sans autre formalité que la remise des certificats nominatifs correspondants. La responsabilité de la personne morale ne peut en aucun cas se trouver engagée du fait de cet échange, quels que soient la capacité du titulaire et le libellé des titres.

La personne morale émettrice doit, avant d'opérer la remise des titres au porteur provenant de l'échange, s'assurer de l'identité du requérant dans les conditions prévues à l'article 37, 1er alinéa, ci-dessus. Dans le cas où il lui serait notifié ultérieurement une opposition ou une déclaration de perte concernant un titre nominatif ayant fait l'objet d'échange, elle ne serait tenue que d'indiquer à l'opposant ou à l'auteur de la déclaration de perte le nom et l'adresse du requérant.

Les dispositions du présent article ne sont pas applicables aux titres nominatifs émis en représentation d'actions ou de parts bénéficiaires. — *V. note ss. art. 59.*

41 Dans le cas où le capital à rembourser sur un certificat nominatif non frappé d'opposition n'excède pas la somme de *(Décr. n° 75-340 du 5 mai 1975)* « 152,45 € », le remboursement est libératoire pour la personne morale émettrice lorsqu'il est fait au présentateur du certificat nominatif ou du certificat de remboursement.

La personne morale émettrice doit, avant d'opérer le remboursement, s'assurer de l'identité du présentateur dans les conditions prévues à l'article 37, alinéa 1er, ci-dessus, sans que la signature de celui-ci ait à être certifiée. — *V. note ss. art. 59.*

42 Toute demande de conversion de titres au porteur en titres nominatifs, de transfert direct sans négociation en Bourse ou de garantie, ou de remboursement partiel ou total des titres, donne lieu, sauf dans les cas de remboursement immédiat sur simple présentation du titre, à la délivrance d'un récépissé par la personne morale émettrice ou par l'établissement chargé par elle du service des transferts.

Ce récépissé détaché d'un carnet à souche ou établi en double exemplaire doit contenir :

1° L'indication du jour de la remise des titres accompagnés de la demande ;

2° La désignation de ces titres. Toutefois, l'énonciation des numéros des titres compris dans un certificat nominatif n'est pas obligatoire. Pour les titres représentés par un virement, il suffit d'indiquer les références permettant l'identification de celui-ci ;

3° La date à laquelle aura lieu la remise des fonds ou des titres entre les mains du demandeur.

Ledit récépissé doit être revêtu de la signature d'un représentant qualifié de la personne morale émettrice ou de l'établissement.

Au lieu et place de ce récépissé, la personne morale émettrice peut remettre, en représentation du titre déposé, un extrait de ce titre daté du jour de la remise et signé. *— V. note ss. art. 59.*

CHAPITRE III *Acceptation du transfert — Signification — Examen des dossiers*

43 Nonobstant toute clause ou disposition contraire, sauf en ce qui concerne les titres non libérés, les personnes morales émettrices ne peuvent exiger l'acceptation du transfert par le cessionnaire.

En ce qui concerne les titres non libérés, l'acceptation du transfert par le cessionnaire doit être établie dans la forme fixée par arrêté du ministre des finances et des affaires économiques. *— V. Arr. 19 déc. 1955 (JO 23 déc.). — V. note ss. art. 59.*

44 Toute signification affectant des titres nominatifs émis par des sociétés doit, à peine de nullité, être faite au siège des sociétés émettrices à l'exclusion de leurs succursales.

Les significations sont sans effet si elles sont faites à une date postérieure soit à l'inscription du nouveau titulaire sur les registres de la société, soit après l'expiration des délais impartis aux articles 25, alinéa 1er, 28, alinéa 4, 30, 31, 32 et 35, pour réaliser l'opération demandée. *— V. note ss. art. 59.*

45 *Abrogé par Décr. n° 83-359 du 2 mai 1983, art. 21.*

V. Décr. n° 76-261 du 19 mars 1976 (D. et BLD 1976. 158) relatif à la forme des procurations fournies à l'appui des transferts, conversions au porteur et remboursements des titres nominatifs d'emprunts d'État.

TITRE IV Responsabilité des personnes morales émettrices et des intermédiaires

46 à 48 *Abrogés par Décr. n° 83-359 du 2 mai 1983, art. 21.*

49 Lorsqu'une demande de transfert, de conversion, de remboursement ou de retrait de droits concernant des titres nominatifs est transmise à une personne morale émettrice, ou à l'établissement chargé par elle du service des transferts, par un *agent de change*, la certification de la signature du requérant donnée par l'*agent de change* implique de sa part la vérification de l'identité, de la capacité et de la qualité dudit requérant ainsi que de la régularité de l'opération. Dans ce cas, la personne morale émettrice est dégagée de toute responsabilité à cet égard, nonobstant toutes disposi-

tions ou conventions contraires et elle doit effectuer l'opération demandée sans pouvoir exiger aucune autre justification ni se prévaloir du délai accordé par l'article 45.

Ces dispositions ne s'appliquent pas aux rentes sur l'État. – *V. note ss. art. 59.*

TITRE V Computation des délais et indemnités

50 Tous les délais prévus par le présent décret sont francs et ne comprennent pas les jours où la Bourse est fermée. – *Comp. : NCPC, art. 640 à 642-1 concernant la computation des délais.* – ***C. pr. civ.***

Le défaut d'accomplissement dans lesdits délais des opérations prévues au présent décret donne lieu, au bénéfice du titulaire, à une indemnité exigible de plein droit, fixée à 1 p. 1 000 par jour de la valeur des titres au jour de l'expiration des délais, sans qu'elle puisse excéder ladite valeur, mais sans préjudice, s'il y a lieu, de tous dommages-intérêts. La valeur des titres négociables est déterminée par le cours moyen de ce jour ou du dernier jour où les titres ont été cotés, ainsi qu'il est prévu à l'article suivant.

Al. 3 abrogé par Décr. n° 67-264 du 30 mars 1967, art. 10.

Les délais sont comptés de minuit à minuit et non d'heure à heure. Dans le cas de vente, les délais sont comptés à partir du jour de la négociation qui est notifiée à l'intéressé par lettre d'avis ou bordereau de vente. Dans les autres cas visés aux articles 24 et 25, 28 à 32, 34 et 35, 38 et 45, ils sont comptés du jour de la remise des titres et de la demande faite contre récépissé à la personne morale émettrice. Si le service des transferts n'est pas assuré au siège de la personne morale émettrice, les délais sont comptés du jour de la remise des titres et de la demande faite à l'établissement chargé de ce service.

Toute transmission par les comptables du Trésor, succursales, agences des personnes morales émettrices, ou par d'autres intermédiaires, n'entre pas dans le calcul des délais. – *V. note ss. art. 59.*

51 Si les fonds ou les titres ne sont pas mis à la disposition de l'ayant droit à l'expiration du délai total prévu pour chacune des opérations visées aux articles 24 et 25, 28 à 32, 34 et 35, 38 et 45, le retard est constaté dans les formes suivantes :

L'ayant droit requiert, par lettre recommandée ou par sommation d'huissier, soit l'*agent de change* dans le cas des articles 24 et 25 et 28 à 32, soit la personne morale émettrice ou l'établissement chargé par elle du service des transferts dans le cas des articles 34 et 35, soit l'établissement désigné pour la transmission des dossiers dans le cas de l'article 38, soit l'*agent de change* ou la personne morale émettrice ou l'établissement chargé par elle du service des transferts dans le cas de l'article 45, de lui délivrer une reconnaissance, dûment datée et signée, constatant que les fonds ou les titres ne sont pas mis à sa disposition et indiquant le jour où le retrait pourra en être effectué. L'*agent de change* est tenu de transmettre immédiatement cette réquisition à la personne morale émettrice ou à l'établissement chargé par elle du service des transferts, lorsque ladite personne morale ou ledit établissement aura dépassé les délais.

La reconnaissance est due par toute personne ou établissement ayant dépassé les délais. Chacun d'eux, mis en demeure par la réquisition, est tenu, sous réserve de son droit d'établir que le dépassement des délais ne lui est pas imputable en tout ou en partie, de payer le montant de l'indemnité prévue au second alinéa du précédent article.

Le cours moyen servant de base au calcul de l'indemnité est établi en prenant la moyenne entre le cours le plus haut et le cours le plus bas cotés à la Bourse où a été effectuée la négociation.

(Décr. n° 68-336 du 5 avr. 1968) **« S'il s'agit de transfert direct sans négociation en Bourse, de conversion au nominatif ou de conversion au porteur, le cours moyen est celui de la Bourse où la valeur est cotée. »**

En cas de remboursement, l'indemnité est fixée d'après le montant du remboursement. – *V. note ss. art. 59.*

TITRE VI Dispositions diverses

52 Les demandes de conversion, de transfert ou de remboursement doivent être établies en simple original dans la forme du modèle homologué par arrêté du ministre des finances et des affaires économiques. – *V. Arr. 19 déc. 1955 (D. 1956. 26 ; BLD 1956. 47). – V. note ss. art. 59.*

53 Les personnes morales émettrices et les établissements chargés par elles du service de conversion et de transfert de leurs titres ne peuvent exiger, nonobstant toute convention contraire, aucune formalité ou production de pièce autre que celles prévues par les dispositions du présent décret. – *V. note ss. art. 59.*

54 Toute personne morale émettrice, dont le service des transferts n'est pas assuré au siège même, est tenue de publier au *Bulletin des annonces légales obligatoires* la dénomination et l'adresse de l'établissement chargé par elle de ce service.

Elle doit publier dans les mêmes conditions la liste des *banques* ou *établissements financiers* désignés par elle en exécution des dispositions des articles 5 et 38. – *V. note ss. art. 59.*

55 Pour l'application des dispositions du présent décret, indépendamment des grosses et expéditions complètes, le notaire, détenteur de la minute d'un contrat de mariage, est autorisé à délivrer sous sa responsabilité des attestations de régime matrimonial dans les conditions fixées par un arrêté du garde des sceaux. – *V. Arr. 20 déc. 1955 (D. 1956. 25 ; BLD 1956. 45).*

Dans ce cas, ni les intermédiaires, ni les personnes morales émettrices, ni les établissements chargés par elles du service des transferts ne peuvent exiger la production des grosses ou expéditions et leur responsabilité est entièrement dégagée du chef des attestations fournies par le notaire. – *V. note ss. art. 59.*

56 Le présent décret est applicable aux personnes morales émettrices ayant leur siège dans les départements du Bas-Rhin, du Haut-Rhin et de la Moselle sans qu'il soit dérogé aux dispositions du titre II de la loi civile du 1er juin 1924 relative au certificat d'héritier. – *V. note ss. art. 59.*

57 Dans le présent décret, le terme « rentes sur l'État » désigne non seulement les rentes perpétuelles et amortissables inscrites au grand-livre de la dette publique, mais, quelle qu'en soit la dénomination, toute valeur que la réglementation en vigueur assimile à ces rentes. – *V. note ss. art. 59.*

58 Sont abrogés les articles 36 à 53 de la loi du 26 mars 1927, le décret du 9 mai 1928, le décret modifié du 25 octobre 1934, le décret modifié du 26 octobre 1934, ainsi que toutes dispositions contraires au présent décret. – *V. note ss. art. 59.*

59 Les dispositions du présent décret seront applicables à compter du 1er janvier 1956. – *V. ci-dessous, la note.*

Dix-huit mois à dater de la publication du décret n° 83-359 du 2 mai 1983, c'est-à-dire le 3 nov. 1984, les art. 3 à 9, 23 à 44, 49 à 61 [59] du décret n° 55-1595 du 7 déc. 1955 ne seront plus applicables qu'aux obligations françaises amortissables par tirage au sort de numéros de titres ou assimilées (Décr. n° 83-359 du 2 mai 1983, art. 21, al. 2).

Décret n° 59-1053 du 7 septembre 1959,

Portant simplification de la gestion des titres nominatifs d'emprunts.

Art. 1er *(Décr. n° 70-145 du 17 févr. 1970)* « Lorsque l'amortissement d'un emprunt est réalisé par séries désignées à l'aide de lettres ou de numéros de séries ou par tirage de nombres de un ou plusieurs chiffres formant la terminaison des numéros des titres, la personne morale émettrice a la faculté de ne plus faire figurer sur les certificats nominatifs les numéros individuels ; dans ce cas les lettres ou numéros de séries ou terminaisons sont seuls mentionnés. »

(Décr. n° 63-1166 du 21 nov. 1963) « Cette faculté est également offerte lorsque l'amortissement est réalisé par réduction uniforme de la valeur nominale de chaque titre ou par remboursement, en une fois, de la totalité de l'emprunt à l'expiration de sa durée. »

2 *(Décr. n° 70-145 du 17 févr. 1970)* « Lors de toute conversion au porteur de certificats nominatifs, y compris ceux déjà émis, comportant l'indication de numéros individuels, les titres au porteur délivrés peuvent comporter des numéros individuels différents de ceux des titres déposés lors de la conversion au nominatif sous condition, s'il y a lieu, du maintien des lettres, des numéros de séries ou des terminaisons des titres. »

(Décr. n° 63-1166 du 21 nov. 1963) « De même, et sous les mêmes conditions, les certificats nominatifs qui sont délivrés à la suite d'une opération quelconque peuvent ne plus comporter l'indication des numéros individuels des titres. »

3 *(Décr. n° 64-970 du 14 sept. 1964)* Lors de toute opération de conversion au nominatif, les déposants sont tenus, néanmoins, d'inscrire sur le bordereau de conversion prévu à l'article 52 du décret n° 55-1595 du 7 décembre 1955, outre les lettres ou numéros de série s'il y a lieu, les numéros individuels des titres classés par séries et dans l'ordre numérique, sauf s'il s'agit de titres précédemment remis avec fongibilité à l'un des organismes ou établissements visés à l'article 5 du décret susvisé du 4 août 1949.

4 Lors du dépôt pour conversion au nominatif d'un titre appartenant à un emprunt de la catégorie prévue à l'article 1er, la personne morale émettrice est tenue de vérifier que ce titre ne fait l'objet d'aucune opposition encore valable. Au cas où elle aurait accepté ou livré un titre frappé d'opposition, elle serait responsable dans les conditions du droit commun.

Toute publication d'opposition postérieure au dépôt d'un titre est sans effet et l'opposant qui en a été antérieurement dépossédé ne pourra exercer aucune action en revendication.

5 Les dispositions du présent décret sont applicables *dans les départements algériens*.

6 Lorsque la personne morale émettrice entendra user de la faculté prévue au présent décret, il devra être fait mention de son intention soit dans l'arrêté d'autorisation pour les emprunts soumis à l'autorisation du ministre des finances et des affaires économiques *ou du délégué général du Gouvernement en Algérie*, soit dans la notice publiée au *Bulletin des annonces légales obligatoires* pour les emprunts des sociétés.

7 La liste des emprunts émis antérieurement à l'entrée en vigueur du présent décret auxquels ses dispositions seront applicables fera l'objet d'une publication, par arrêté du ministre des finances et des affaires économiques *ou du délégué général du Gouvernement en Algérie*, inséré au *Journal officiel* de la République française *et au Recueil des actes administratifs de la délégation générale du Gouvernement en Algérie*.

Pour les emprunts émis par des sociétés, mention de chaque emprunt compris dans l'arrêté prévu ci-dessus sera faite, en outre, à la diligence de la société intéressée, au *Bulletin des annonces légales obligatoires*.

Décret n° 65-961 du 5 novembre 1965,

Pris pour l'application de certains articles du code civil et relatif au dépôt et à la gestion des fonds et des valeurs mobilières des mineurs (D. 1965. 334 ; BLD 1965. 639). — Mod. par Décr. n° 84-1152 du 21 déc. 1984, art. 1er (D. et ALD 1985. 26), Décr. n° 85-371 du 27 mars 1985, art. 1er (D.

et ALD 1985. 247), Décr. n° 86-913 du 30 juill. 1986, art. 1er (D. et ALD 1986. 433). – V. le texte de ce décret dans le **C. civ.** *– Pour l'application de ce décret dans les territoires d'outre-mer, V. Décr. n° 72-303 du 19 avr. 1972 (JO 22 avr.).*

Loi n° 75-4 du 3 janvier 1975,

Modifiant la loi n° 72-10 du 3 janvier 1972 relative à la prévention et à la répression des infractions en matière de chèques.

Art. 12 Dans toutes les dispositions du décret-loi du 30 octobre 1935 unifiant le droit en matière de chèques *[C. mon. fin., art. L. 131-2 s.]* qui mentionnent la perte du chèque, le vol est assimilé à la perte.

Loi n° 76-519 du 15 juin 1976,

Relative à certaines formes de transmission des créances (D. et BLD 1976. 271. – **C. civ.,** *ss. art. 1701).*

Loi de finances pour 1980 n° 80-30 du 18 janvier 1980,

Art. 67 ... II. – Dans les publicités relatives à l'émission, à la souscription ou au remboursement des bons ou titres mentionnés à l'article 125 A *[bons du Trésor, bons de caisse et autres titres assimilés]* du code général des impôts ou de titres analogues, il ne peut en aucun cas et sous aucune forme être indiqué que l'émission, la souscription, le remboursement de tels titres ou le paiement des intérêts peuvent s'effectuer de manière anonyme. Il en est de même lors du démarchage pour de tels titres.

Toute personne qui contrevient à cette interdiction est punie d'une amende de 45 000 € par infraction.

Un décret précise, en tant que de besoin, les conditions d'application du présent article et notamment les obligations des établissements payeurs.

Décret n° 80-268 du 10 avril 1980,

Relatif aux prêts aux artisans mis en place par les banques populaires.

Art. 1er Les opérations de crédit artisanal faites en application de la loi du 27 décembre 1923 ne font plus l'objet d'une comptabilité spéciale et les bénéfices nets qui en découlent ne sont plus employés à la constitution d'un fonds de réserve spécial. Les règles de droit commun applicables aux sociétés coopératives de crédit, en vertu de la loi du 10 septembre 1947, régissent l'ensemble des activités des banques populaires.

2 Sont abrogés les articles 18, 19 et 20 du décret susvisé du 27 juillet 1924 ainsi que l'article 59 du code de l'artisanat.

Loi de nationalisation n° 82-155 du 11 février 1982,

TITRE II Nationalisation de banques

BIBL. ▸ Vasseur, *AJDA 1982. 220.* ▸ Sur la décision du Conseil constitutionnel (JO 12 févr.) : Rivero, *AJDA 1982. 206.*

Art. 12 I. – Sont nationalisées les banques inscrites sur la liste du conseil national du crédit en application de l'article 9 de la loi du 13 juin 1941, dont le siège social est situé en France, dès lors qu'elles détenaient, à la date du 2 janvier 1981, un milliard de francs ou plus sous forme de dépôts à vue ou de placements liquides ou à court terme en francs et en devises au nom de résidents, selon les définitions adoptées par le conseil national du crédit.

Toutefois, ne sont pas nationalisées :

Les banques ayant le statut de sociétés immobilières pour le commerce et l'industrie fixé par l'ordonnance n° 67-837 du 28 septembre 1967 ou le statut de maison de réescompte fixé par le décret n° 60-439 du 12 février 1960 ;

Les banques dont la majorité du capital social appartient directement ou indirectement à des personnes physiques ne résidant pas en France ou à des personnes morales n'ayant pas leur siège social en France.

II. – Sont nationalisées, dans les conditions prévues à l'article 13, les banques suivantes :

a) Banques inscrites à la cote officielle :

Banque de Bretagne ;
Crédit commercial de France ;
Crédit industriel d'Alsace et de Lorraine (CIAL) ;
Crédit industriel et commercial (CIC) ;
Crédit industriel de Normandie ;
Crédit industriel de l'Ouest ;
Crédit du Nord ;
Hervet (Banque) ;
Rothschild (Banque) ;
Scalbert Dupont (Banque) ;
Société bordelaise de crédit industriel et commercial ;
Société centrale de banque ;
Société générale alsacienne de banque (Sogénal) ;
Société lyonnaise de dépôts et de crédit industriel ;
Société marseillaise de crédit ;
Société nancéienne de crédit industriel et Varin-Bernier ;
Société séquanaise de banque ;
Worms (Banque).

b) Banques non inscrites à la cote officielle :

Banque centrale des coopératives et des mutuelles ;
Banque corporative du bâtiment et des travaux publics ;
Banque fédérative du crédit mutuel ;
Banque française de crédit coopératif ;
Banque de La Hénin ;
Banque de l'Indochine et de Suez ;
Banque industrielle et mobilière privée (BIMP) ;
Banque de Paris et des Pays-Bas ;
Banque parisienne de crédit au commerce et à l'industrie ;
Banque régionale de l'Ain ;
Banque régionale de l'Ouest ;
Banque de l'union européenne ;
Chaix (Banque) ;
Crédit chimique ;
Laydernier (Banque) ;
Monod-Française de banque ;
Odier Bungener Courvoisier (Banque) ;

Sofinco La Hénin ;
Tarneaud (Banque) ;
Vernes et commerciale de Paris (Banque) ;
Union de banques à Paris.

III. — Les actions de la Banque nationale de Paris, du Crédit lyonnais et de la Société générale détenues par des actionnaires autres que l'État ou des personnes morales du secteur public à la date de publication de la présente loi sont également transférées à l'État dans les conditions prévues à l'article 13.

13 La nationalisation des banques mentionnées au paragraphe II de l'article 12 est assurée par le transfert à l'État en toute propriété des actions représentant leur capital à la date de jouissance des obligations prévues aux articles 15 et 16 *[obligations émises par la caisse nationale des banques créée par l'art. 26 de la présente loi]*. Toutefois, les personnes morales appartenant déjà au secteur public ou qui sont destinées à y entrer par l'effet de la présente loi peuvent conserver les actions qu'elles détiennent dans les banques mentionnées aux paragraphes II et III de l'article 12. Ces actions ne peuvent être cédées qu'à d'autres personnes morales appartenant également au secteur public ; elles peuvent aussi être échangées dans l'année qui suit la publication de la présente loi contre des obligations dans les conditions prévues aux articles 15 et 16.

14 La législation commerciale, notamment les dispositions relatives aux sociétés anonymes de la loi n° 66-537 du 24 juillet 1966 modifiée *[C. com., art. L. 225-1 s.]*, est applicable aux banques mentionnées aux paragraphes II et III de l'article 12 pour autant qu'elle est compatible avec les dispositions de la présente loi.

A compter de l'entrée en vigueur de la loi de privatisation n° 93-923 du 19 juill. 1993, les présidents des conseils d'administration des banques nationalisées par la loi de nationalisation n° 82-155 du 11 févr. 1982 et dont la majorité du capital n'est pas détenue directement par l'État ne sont désignés que conformément aux dispositions de la loi n° 66-537 du 24 juill. 1966 sur les sociétés commerciales [C. com., art. L. 225-47 s.] (L. n° 93-923 du 19 juill. 1993, art. 19-II).

....

25 La société continue entre l'État et les seules personnes morales détentrices d'actions en vertu de l'article 13.

Lorsque les actions des banques nationalisées sont détenues en totalité par l'État, les pouvoirs de l'assemblée générale sont exercés par les administrateurs représentant l'État.

....

27 Les dispositions de la loi n° 73-8 du 4 janvier 1973 sont abrogées en ce qui concerne les banques nationalisées, à l'exception de son article 16 en tant qu'il abroge les dispositions de l'article 9, alinéa 1er, de l'article 10, alinéa 3, et de l'article 15, alinéa 7, de la loi n° 45-15 du 2 décembre 1945.

28 L'État peut apporter à une banque nationalisée ou à une autre entreprise publique les actions des banques dont il a acquis la propriété en vertu de la présente loi.

....

TITRE III Nationalisation de deux compagnies financières

29 à 38 *(Nationalisation de la Compagnie financière de Paris et des Pays-Bas et de la Compagnie financière de Suez. — V. le texte de ces articles D. et BLD 1982. 91).*

TITRE IV Dispositions diverses

....

40 **Dans les sociétés mentionnées aux articles** *[...]* **12 et 29, toute modification du contrat de travail d'un membre du conseil d'administration représentant les salariés doit être préalablement soumise au conseil d'administration.**

....

50 **Les obligations de la** *[...]* **caisse nationale des banques attribuées aux détenteurs d'actions transférées à l'État sont subrogées de plein droit à ces actions dans tous les cas où la loi, le règlement ou les contrats ont, soit prévu un emploi ou un remploi de fonds en actions, soit créé ou modifié les droits portant sur ces actions ; les opérations ainsi intervenues sur ces actions sont réputées avoir été effectuées avec les mêmes effets sur les obligations de la ... caisse nationale des banques. Ces obligations sont également subrogées de plein droit aux actions détenues en application des dispositions relatives à l'actionnariat et à la participation des salariés. Elles n'ont alors pas à revêtir la forme nominative si elles sont déposées pendant la période d'incessibilité auprès d'un intermédiaire agréé choisi sur une liste fixée par décret.** *– Comp. : CGI, art. 248 C. – V. Décr. n° 82-401 du 13 mai 1982 (D. et BLD 1982. 244).*

....

52 **Une loi précisera, en tenant compte de leur caractère spécifique, les conditions dans lesquelles les établissements de crédit à statut mutualiste ou coopératif seront dotés des instruments bancaires nécessaires à l'exercice de leur activité.** *– V. sur les sociétés coopératives de banque, C. mon. fin. art. L. 512-61 s., infra.*

V. L. n° 86-912 du 6 août 1986 relative aux modalités d'application des privatisations, et, pour application, Décr. n° 86-1140 du 24 oct. 1986, Décr. n° 86-1141 du 25 oct. 1986, et Décr. n° 2001-631 du 16 juill. 2001 (JO 19 juill.) ; L. n° 93-923 du 19 juill. 1993 de privatisation, art. 2. – ***C. sociétés.***

V. L. n° 95-1251 du 28 nov. 1995 relative à l'action de l'État dans les plans de redressement du Crédit lyonnais et du Comptoir des entrepreneurs (JO 30 nov.).

Décret n° 83-359 du 2 mai 1983,

Pris pour l'application de l'article 94, II, de la loi de finances pour 1982 (n° 81-1160 du 30 décembre 1981) et relatif au régime des valeurs mobilières [C. mon. fin., art. L. 211-4].

Art. 20 **Les emprunts d'État amortissables par tirage de tranches et les emprunts des PTT amortissables par tirage de finales de numéros sont assimilés à des obligations amortissables par tirage au sort de numéros de titres.**

Dix-huit mois à dater de la publication du présent décret, les dispositions du décret susvisé du 21 février 1948 ne seront plus applicables qu'à ces emprunts.

21 **Les articles 1er, 10 à 22, 45 à 48 du décret susvisé du 7 décembre 1955 sont abrogés.**

Dix-huit mois à dater de la publication du présent décret *[JO 3 mai]*, **les articles 3 à 9, 23 à 44, 49 à 61 du même décret ne seront plus applicables qu'aux obligations françaises amortissables par tirage au sort de numéros de titres ou assimilées.**

22 **Dix-huit mois à dater de la publication du présent décret** *[JO 3 mai]*, **les articles 5, alinéas 2 et 3, 7, 9 à 13, 15, 16, 17, alinéa 2, 18 à 35 du décret susvisé du 4 août 1949 ne seront plus applicables qu'aux obligations amortissables par tirage au sort de numéros de titres ou assimilées et aux valeurs étrangères admises aux opérations de la Sicovam.**

L'article 4 de ce même décret est remplacé par les dispositions suivantes :

23 Cinq ans après la publication du présent décret *[JO 3 mai]*, les dispositions du décret susvisé du 11 janvier 1956 ne seront plus applicables qu'aux obligations françaises amortissables par tirage au sort de numéros de titres et aux valeurs mobilières étrangères.

A l'expiration de ce même délai, les dispositions du décret susvisé du 27 novembre 1964 ne seront plus applicables qu'aux emprunts d'État et des PTT non soumis aux dispositions du présent décret.

V. Circ. 8 août 1983 (D. et ALD 1983. 441) relative à l'application des dispositions de l'art. 94-II de la loi de finances pour 1982 (nº 81-1160 du 30 déc. 1981 ; C. mon. fin., art. L. 211-4) et du décret nº 83-359 du 2 mai 1983 relatif au régime des valeurs mobilières.

Sur l'émission de valeurs mobilières par certaines associations, V. C. mon. fin., art. L. 213-8 s., D. 213-17 s. — Arr. 27 janv. 1986 (D. et ALD 1986. 236). — **C. sociétés.**

Décret nº 84-708 du 24 juillet 1984,

Pris pour l'application de la loi nº 84-46 du 24 janvier 1984 relative à l'activité et au contrôle des établissements de crédit [C. mon. fin., art. L. 311-1 s., L. 313-1 s., L. 511-1 s. et L. 611-1 s.].

Art. 1er Le ministre chargé de l'économie et des finances peut étendre *(Abrogé par L. nº 2005-516 du 20 mai 2005, art. 16-IV ; Décr. nº 2005-1068 du 30 août 2005, art. 17) « aux services financiers de la poste et »* aux comptables du Trésor les règlements du Comité de la réglementation bancaire et financière relatifs aux conditions d'implantation des réseaux.

(Décr. nº 2005-1068 du 30 août 2005, art. 17) « Lorsque La Poste procède à l'ouverture de nouveaux bureaux proposant, dans le cadre des dispositions de l'article L. 518-25 du code monétaire et financier, les opérations de banque définies à l'article L. 312-1 de ce code et » lorsque le Trésor public procède à l'ouverture de nouveaux postes comptables, ces mesures ne peuvent être subordonnées à une autorisation du Comité des établissements de crédit et des entreprises d'investissement, mais celui-ci doit en être informé avant qu'elles prennent effet.

Loi nº 85-695 du 11 juillet 1985,

Portant diverses dispositions d'ordre économique et financier.

Art. 13 II. — La garantie de l'État peut être accordée à des emprunts obligataires émis par le détenteur de billets à ordre représentatifs de prêts consentis pour le financement d'opérations immobilières, garantis par une hypothèque ou par un privilège immobilier de premier rang, dès lors que ces prêts représentent une quotité de financement maximale fixée par décret ou que le montant des contrats constituant les créances mises à disposition en garantie du paiement de l'échéance de ces billets excède le montant de ces mêmes billets dans une proportion minimale fixée par décret. — *V. Décr. nº 85-854 du 7 août 1985 (D. et ALD 1985. 474).*

Les billets à ordre visés à l'alinéa précédent sont créés à des conditions fixées conformément aux dispositions de l'article 16 de la loi nº 69-1263 du 31 décembre 1969 précitée.

III. — Les emprunts obligataires visés au paragraphe II ci-dessus peuvent être émis par une société ou par un groupement d'intérêt économique ayant reçu un agrément spécial par arrêté du ministre chargé de l'économie, des finances et du budget.

Loi nº 91-650 du 9 juillet 1991,

Portant réforme des procédures civiles d'exécution. — ***C. pr. civ.***

BIBL. GÉN. ▶ LE CANNU, *RTD civ. 1993, n° spéc. : p. 88 ; Bull. Joly 1992. 1169 ; ibid. 1992. 1275* (droits d'associé et valeurs mobilières non cotées) ; *ibid. 1993. 16* (mesures conservatoires) ; *Petites affiches 22 déc. 1999, p. 23* (saisie des valeurs mobilières). – THÉRY, *JCP E 1993. I. 239.* – PUTMAN, *ibid. 1993. I. 305.* – BARADERIE, *Gaz. Pal. 1992. 2. Doctr. 910* (nantissement judiciaire). – R. MARTIN, *D. 1994. Chron. 322* (lieu de l'adjudication forcée des droits d'associés). – THOMASSET-PIERRE, *JCP E 1995. I. 467* (articulation avec le droit des sociétés). – DELEBECQUE, *Rev. sociétés 1999. 599* (nantissement et saisie). – PERROT-REBOUL, *D. 2000. Chron. 353* (saisissabilité des instruments financiers).

La saisie des droits incorporels

Art. 59 Tout créancier muni d'un titre exécutoire constatant une créance liquide et exigible peut faire procéder à la saisie et à la vente des droits incorporels, autres que les créances de sommes d'argent, dont son débiteur est titulaire.

60 Seuls sont admis à faire valoir leurs droits sur le prix de la vente les créanciers saisissants ou opposants qui se sont manifestés avant la vente.

V. infra, Décr. n° 92-755 du 31 juill. 1992, art. 178 à 193.

Les saisies conservatoires

74 La saisie conservatoire peut porter sur tous les biens mobiliers, corporels ou incorporels, appartenant au débiteur. Elle les rend indisponibles.

1. La saisie conservatoire de valeurs mobilières ne peut être ordonnée qu'en garantie d'une créance chiffrée et non pour sauvegarder l'intérêt des parties jusqu'à la solution du litige. • Versailles, 6 août 1999 : *Bull. Joly 2000. 452, note F.X. Lucas.*

2. L'art. 14 de la loi du 9 juill. 1991, qui précise les biens revêtant un caractère insaisissable, ne mentionne pas les parts sociales d'une société civile professionnelle de notaires. • TGI Perpignan, JEX, 27 févr. 1995 : *Rev. huiss. 1995. 1142.*

75 (al. 2) Sous réserve des dispositions de l'alinéa précédent *[relatif aux saisies portant sur une créance ayant pour objet une somme d'argent]*, **un bien peut faire l'objet de plusieurs saisies conservatoires.**

76 (al. 1er) Le créancier qui a obtenu ou possède un titre exécutoire constatant une créance liquide et exigible peut faire procéder à la vente des biens qui ont été rendus indisponibles jusqu'à concurrence du montant de sa créance.

V. infra, Décr. n° 92-755 du 31 juill. 1992, art. 220 et 244 à 249.

Les sûretés judiciaires

77 Une sûreté judiciaire peut être constituée à titre conservatoire sur les immeubles, les fonds de commerce, les actions, parts sociales et valeurs mobilières.

78 Les sûretés judiciaires sont opposables aux tiers du jour de l'accomplissement des formalités de publicité prescrites par décret en Conseil d'État.

Cette publicité cesse de produire effet si, dans un délai fixé par le même décret, elle n'a pas été confirmée par une publicité définitive. – *V. infra, Décr. n° 92-755 du 31 juill. 1992, art. 251 à 265.*

79 Les biens grevés d'une sûreté judiciaire demeurent aliénables. Le prix en est payé et distribué dans les conditions fixées par décret en Conseil d'État. – *V. Décr. n° 92-755 du 31 juill. 1992, art. 283 s.,* ***C. pr. civ.***

Toutefois, en cas de vente de valeurs mobilières inscrites sur un compte tenu et géré par un intermédiaire habilité, le prix peut être utilisé pour acquérir d'autres valeurs qui sont alors subrogées aux valeurs vendues.

V. infra, Décr. n° 92-755 du 31 juill. 1992, art. 250 à 265.

Dispositions transitoires

97 La présente loi entrera en vigueur *(L. n° 92-644 du 13 juill. 1992)* **« le 1er janvier 1993 ». Elle ne sera pas applicable aux mesures d'exécution forcée et aux mesures conservatoires engagées avant son entrée en vigueur.**

Décret n° 92-755 du 31 juillet 1992,

Instituant de nouvelles règles relatives aux procédures civiles d'exécution pour l'application de la loi n° 91-650 du 9 juillet 1991 portant réforme des procédures civiles d'exécution. — **C. pr. civ.**

TITRE VIII La saisie des droits d'associé et des valeurs mobilières

RÉP. SOCIÉTÉS v° *Saisie de droits sociaux et de valeurs mobilières*, par JEANTIN et THÉRY.

CHAPITRE PREMIER *Les opérations de saisie*

Art. 178 Les droits d'associé et les valeurs mobilières dont le débiteur est titulaire sont saisis auprès de la société ou de la personne morale émettrice.

179 Les valeurs mobilières nominatives dont les comptes sont tenus par un mandataire de la société sont saisies auprès de ce mandataire.

La société est tenue de faire connaître à l'huissier de justice le nom du mandataire chargé de la tenue de ses comptes.

180 Les valeurs mobilières au porteur sont saisies auprès de l'intermédiaire habilité chez qui l'inscription a été prise.

Si le titulaire de valeurs nominatives a chargé un intermédiaire habilité de gérer son compte, la saisie doit être opérée auprès de ce dernier.

181 La saisie peut aussi être opérée auprès d'un intermédiaire habilité pour l'ensemble des valeurs mobilières inscrites en compte au nom du débiteur.

182 Le créancier procède à la saisie par la signification d'un acte qui contient, à peine de nullité ;

1° Les nom et domicile du débiteur ou, s'il s'agit d'une personne morale, sa dénomination et son siège social ;

2° L'indication du titre exécutoire en vertu duquel la saisie est pratiquée ;

3° Le décompte des sommes réclamées en principal, frais et intérêts échus, ainsi que l'indication du taux des intérêts ;

4° L'indication que la saisie rend indisponibles les droits pécuniaires attachés à l'intégralité des parts ou valeurs mobilières dont le débiteur est titulaire ;

5° La sommation de faire connaître l'existence d'éventuels nantissements ou saisies.

183 Dans un délai de huit jours, à peine de caducité, la saisie est portée à la connaissance du débiteur par acte d'huissier de justice.

Cet acte contient, à peine de nullité :

1° Une copie du procès-verbal de saisie ;

2° En caractères très apparents, l'indication que les contestations doivent être soulevées, à peine d'irrecevabilité, dans le délai d'un mois qui suit la signification de l'acte avec la date à laquelle expire ce délai ;

3° La désignation du juge de l'exécution compétent, qui est celui du domicile du débiteur ;

4° En caractères très apparents, l'indication que le débiteur dispose d'un délai d'un mois pour procéder à la vente amiable des valeurs saisies dans les conditions prescrites, soit à l'article 187, soit, s'il s'agit de droits d'associés ou de valeurs mobilières non admises à la cote officielle ou à celle du second marché, aux articles 107 à 109 ;

5° Si la saisie porte sur des valeurs mobilières cotées, l'indication qu'il peut, en cas de vente forcée et jusqu'à la réalisation de celle-ci, faire connaître au tiers saisi l'ordre dans lequel elles devront être vendues ;

6° La reproduction des articles 107 à 109 et 187.

L'art. 183, 2°, n'impose, dans le délai requis, que la délivrance d'une assignation au créancier saisissant pour porter à sa connaissance l'existence de la contestation. Toutefois, si le placement de l'assignation dans le délai d'un mois n'est pas nécessaire, encore faut-il que cette assignation ne soit pas par la suite frappée de caducité, pour ne pas avoir été placée dans le délai de quatre mois prévu par l'art. 757 NCPC. • Paris, 14 nov. 2002 : *D. 2003. IR. 468.* ♦ Les dispositions de l'art. 183, 2°, ne sont opposables qu'au débiteur saisi, destinataire de la dénonciation de la saisie, sans que les tiers, non visés à la saisie, ou même la personne qui reçoit effectivement l'acte dans le cadre d'une signification de la dénonciation à domicile, puissent être concernés. • Même arrêt. ♦ Du rapprochement des dispositions du 2° et 4°, il ressort qu'à peine d'irrecevabilité le débiteur doit dans le même délai et faire son offre amiable et former sa contestation, ne serait-ce qu'à titre conservatoire pour le cas où l'offre serait refusée. • Même arrêt. ♦ Pour d'autres applications du 2°, V. • Civ. 2e, 31 mai 2000 : *RD banc. fin. 2001, n° 2000, obs. Delleci* • TGI Montauban, JEX, 4 mars 1993 : *Gaz. Pal. 1993. 1. Somm. 287.*

183-1 *(Décr. n° 2005-1678 du 28 déc. 2005, art. 82)* A peine d'irrecevabilité, la contestation est dénoncée le même jour, par lettre recommandée avec demande d'avis de réception, à l'huissier de justice qui a procédé à la saisie.

L'auteur de la contestation en informe le tiers saisi par lettre simple.

Le Décr. n° 2005-1678 est entré en vigueur le 1er mars 2006 ; il est applicable aux procédures en cours (art. 87 du décret).

184 L'acte de saisie rend indisponibles les droits pécuniaires du débiteur.

Celui-ci peut en obtenir la mainlevée en consignant une somme suffisante pour désintéresser le créancier. Cette somme est spécialement affectée au profit du créancier saisissant.

CHAPITRE II *Les opérations de vente*

SECTION I *Dispositions générales*

185 La vente forcée est effectuée à la demande du créancier sur la présentation d'un certificat délivré par le *(Décr. n° 2005-1678 du 28 déc. 2005, art. 82)* « greffe ou établi par l'huissier de justice qui a procédé à la saisie » attestant qu'aucune contestation n'a été formée dans le mois suivant la dénonciation de la saisie ou, le cas échéant, d'un jugement rejetant la contestation soulevée par le débiteur.

Le Décr. n° 2005-1678 du 28 déc. 2005 est entré en vigueur le 1er mars 2006 ; il est applicable aux procédures en cours (art. 87 du décret).

186 En cas de pluralité de saisies, le produit de la vente est réparti entre les créanciers qui ont procédé à une saisie avant la vente.

Toutefois, si une saisie conservatoire a été pratiquée avant la saisie qui a conduit à la vente, le créancier prend part à la distribution du prix mais les sommes qui lui reviennent sont consignées jusqu'à ce qu'il ait obtenu un titre exécutoire.

SECTION II *Les modalités de la vente*

SOUS-SECTION 1 *Les valeurs mobilières admises à la cote officielle ou à celle du second marché*

Dans les textes législatifs ... et les textes réglementaires, les dispositions applicables de manière identique à la cote officielle ou au second marché d'une bourse de valeurs s'appliquent aux marchés réglementés régis par la L. n° 96-597 du 2 juill. 1996 [C. mon. fin., art. L. 421-1 s.] (L. n° 96-597 du 2 juill. 1996, art. 96, III).

187 Le débiteur peut, dans le mois de la signification qui lui a été faite, donner l'ordre de vendre les valeurs mobilières saisies. Le produit de la vente est indisponible entre les mains de l'intermédiaire habilité pour être affecté spécialement au paiement du créancier.

Si les sommes provenant de la vente suffisent à désintéresser le ou les créanciers, l'indisponibilité cesse pour le surplus des valeurs mobilières saisies.

188 Jusqu'à la réalisation de la vente forcée, le débiteur peut indiquer au tiers saisi l'ordre dans lequel les valeurs mobilières seront vendues. A défaut, aucune contestation n'est recevable sur leur choix.

SOUS-SECTION 2 *Les droits d'associé et valeurs mobilières non admises à la cote officielle ou à celle du second marché*

189 A défaut de vente amiable comme il est dit aux articles 107 à 109, la vente est faite sous forme d'adjudication.

190 Le cahier des charges établi en vue de la vente contient, outre le rappel de la procédure antérieure :

1° Les statuts de la société ;

2° Tout document nécessaire à l'appréciation de la consistance et de la valeur des droits mis en vente.

Les conventions instituant un agrément ou créant un droit de préférence au profit des associés ne s'imposent à l'adjudicataire que si elles figurent dans le cahier des charges.

191 Une copie du cahier des charges est notifiée à la société qui en informe les associés.

Le même jour, une sommation est notifiée, s'il y a lieu, aux autres créanciers opposants d'avoir à prendre connaissance du cahier des charges chez la personne chargée de la vente.

Tout intéressé peut formuler auprès de cette dernière des observations sur le contenu du cahier des charges. Ces observations ne sont plus recevables à l'expiration d'un délai de deux mois courant à compter de la notification prévue au premier alinéa.

La société qui entend se prévaloir des dispositions du deuxième alinéa de l'article 1868 du code civil en informe la personne chargée de la vente.

192 La publicité indiquant les jour, heure et lieu de la vente est effectuée par voie de presse et, si nécessaire, par voie d'affiches.

Cette publicité doit être effectuée un mois au plus et quinze jours au moins avant la date fixée pour la vente.

Le débiteur, la société et, s'il y a lieu, les autres créanciers opposants sont informés de la date de la vente par voie de notification.

193 Les procédures légales et conventionnelles d'agrément, de préemption ou de substitution sont mises en œuvre conformément aux dispositions propres à chacune d'elles.

....

TITRE X Les mesures conservatoires et les sûretés judiciaires

CHAPITRE PREMIER *Dispositions communes*

210 à 216 *(Conditions de validité).*

217 à 219 *(Contestations).*

CHAPITRE II *Les saisies conservatoires*

220 Sur présentation, selon le cas, de l'autorisation du juge ou du titre en vertu duquel la loi permet une mesure conservatoire, une saisie peut être pratiquée sur les biens meubles corporels ou incorporels appartenant au débiteur, même s'ils sont détenus par un tiers ou s'ils ont fait l'objet d'une saisie conservatoire antérieure.

....

SECTION III *La saisie conservatoire des droits d'associé et des valeurs mobilières*

SOUS-SECTION 1 *Opérations de saisie*

244 Le créancier procède à la saisie par la signification d'un acte à l'une des personnes mentionnées aux articles 178 à 181 selon le cas.

Cet acte contient, à peine de nullité :

1° Les nom et domicile du débiteur ou, s'il s'agit d'une personne morale, sa dénomination et son siège social ;

2° L'indication de l'autorisation ou du titre en vertu duquel la saisie est pratiquée ;

3° Le décompte des sommes pour lesquelles la saisie est pratiquée ;

4° L'indication que la saisie rend indisponibles les droits pécuniaires attachés à l'intégralité des parts ou valeurs mobilières dont le débiteur est titulaire ;

5° La sommation de faire connaître l'existence d'éventuels nantissements ou saisies.

245 Dans un délai de huit jours, à peine de caducité, la saisie conservatoire est portée à la connaissance du débiteur par acte d'huissier de justice.

Cet acte contient, à peine de nullité :

1° Une copie de l'autorisation du juge ou du titre en vertu duquel la saisie a été pratiquée ; toutefois, s'il s'agit d'une obligation notariée ou d'une créance de l'État, des collectivités territoriales ou de leurs établissements publics, il est seulement fait mention de la date, de la nature du titre, ainsi que du montant de la dette ;

2° Une copie du procès-verbal de saisie ;

3° La mention, en caractères très apparents, du droit qui appartient au débiteur, si les conditions de validité de la saisie ne sont pas réunies, d'en demander la mainlevée au juge de l'exécution du lieu de son domicile ;

4° La désignation de la juridiction devant laquelle seront portées les autres contestations, notamment celles relatives à l'exécution de la saisie ;

5° La reproduction des articles 210 à 219.

246 Les dispositions de l'article 184 sont applicables.

SOUS-SECTION 2 *Conversion en saisie-vente*

247 Le créancier qui obtient un titre exécutoire constatant l'existence de sa créance signifie au débiteur un acte de conversion qui contient à peine de nullité :

1° La référence au procès-verbal de saisie conservatoire ;

2° L'énonciation du titre exécutoire ;

3° Le décompte distinct des sommes à payer en principal, frais et intérêts échus, ainsi que l'indication du taux des intérêts ;

4° Un commandement d'avoir à payer cette somme, faute de quoi il sera procédé à la vente des biens saisis ;

5° L'indication, en caractères très apparents, que le débiteur dispose d'un délai d'un mois pour procéder à la vente amiable des valeurs saisies dans les conditions prescrites soit à l'article 187, soit, s'il s'agit de droits d'associés ou de valeurs mobilières non admises à la cote officielle ou celle du second marché, aux articles 107 à 109 ;

6° Si la saisie porte sur des valeurs mobilières cotées, l'indication qu'il peut, en cas de vente forcée et jusqu'à la réalisation de celle-ci, faire connaître au tiers saisi l'ordre dans lequel elles devront être vendues ;

7° La reproduction des articles 107 à 109 et 187.

248 Une copie de l'acte de conversion est signifiée au tiers saisi.

249 La vente est effectuée selon les modalités fixées aux articles 187 à 193.

CHAPITRE III *Les sûretés judiciaires*

250 Sur présentation de l'autorisation du juge ou du titre en vertu duquel la loi permet qu'une mesure conservatoire soit pratiquée, une sûreté peut être prise sur un immeuble, un fonds de commerce, des parts sociales ou des valeurs mobilières appartenant au débiteur.

SECTION I *La publicité provisoire*

SOUS-SECTION 1 *Les formalités*

251 L'inscription provisoire d'hypothèque est opérée par le dépôt à la conservation des hypothèques de deux bordereaux contenant exclusivement :

1° La désignation du créancier, l'élection de domicile et la désignation du débiteur, conformément aux dispositions du troisième alinéa (1° et 2°) de l'article *(Ord. n° 2006-346 du 23 mars 2006, art. 54)* « 2428 » du code civil ;

2° L'indication de l'autorisation ou du titre en vertu duquel l'inscription est requise ;

3° L'indication du capital de la créance et de ses accessoires ;

4° La désignation, conformément aux premier et troisième alinéas de l'article 7 du décret n° 55-22 du 4 janvier 1955 portant réforme de la publicité foncière, de l'immeuble sur lequel l'inscription est requise. — *V. ce texte au* ***C. civ.***

Les dispositions des quatrième à septième alinéas de l'article *(Ord. n° 2006-346 du 23 mars 2006, art. 54)* « 2428 » du code civil sont applicables. — *Pour l'Alsace-Moselle, V. art. 300 du décret.* — ***C. pr. civ.***

252 L'inscription provisoire de nantissement sur un fonds de commerce est opérée par le dépôt au greffe du tribunal de commerce de deux bordereaux sur papier libre contenant :

1° La désignation du créancier, son élection de domicile dans le ressort du tribunal de commerce où se trouve situé le fonds et la désignation du débiteur ;

2° L'indication de l'autorisation ou du titre en vertu duquel l'inscription est requise ;

3° L'indication du capital de la créance et de ses accessoires.

253 Le nantissement des parts sociales est opéré par la signification à la société d'un acte contenant :

1° La désignation du créancier et celle du débiteur ;

2° L'indication de l'autorisation ou du titre en vertu duquel la sûreté est requise ;

3° L'indication du capital de la créance et de ses accessoires.

En outre, s'il s'agit d'une société civile immatriculée, l'acte de nantissement est publié au registre du commerce et des sociétés.

Le nantissement grève l'ensemble des parts à moins qu'il ne soit autrement précisé dans l'acte.

254 Le nantissement des valeurs mobilières est opéré par la signification d'une déclaration à l'une des personnes mentionnées aux articles 178 à 181 selon le cas.

Cette déclaration contient :

1° La désignation du créancier et du débiteur ;

2° L'indication de l'autorisation ou du titre en vertu duquel la sûreté est requise ;

3° L'indication du capital de la créance et de ses accessoires.

Le nantissement grève l'ensemble des valeurs mobilières à moins qu'il ne soit autrement précisé dans l'acte.

SOUS-SECTION 2 *Dispositions communes*

255 A peine de caducité, huit jours au plus tard après le dépôt des bordereaux d'inscription ou la signification du nantissement, le débiteur en est informé par acte d'huissier de justice.

Cet acte contient, à peine de nullité :

1° Une copie de l'ordonnance du juge ou du titre en vertu duquel la sûreté a été prise ; toutefois, s'il s'agit d'une obligation notariée ou d'une créance de l'État, des collectivités territoriales ou de leurs établissements publics, il n'est fait mention que de la date, de la nature du titre et du montant de la dette ;

2° L'indication, en caractères très apparents, que le débiteur peut demander la mainlevée de la sûreté comme il est dit à l'article 217 ;

3° La reproduction des articles 210 à 219 et 256.

256 Lorsque le créancier est déjà titulaire d'un titre exécutoire, la mainlevée de la publicité provisoire peut être demandée jusqu'à la publicité définitive, laquelle ne peut intervenir moins d'un mois après la signification de l'acte prévu à l'article 255.

257 *(Décr. n° 96-1130 du 18 déc. 1996)* La publicité provisoire conserve la sûreté pendant trois ans. Elle peut être renouvelée pour la même durée.

Le renouvellement est effectué dans les conditions prévues aux articles 61 et suivants du décret du 14 octobre 1955 modifié portant application du décret n° 55-22 du 4 janvier 1955 portant réforme de la publicité foncière, pour l'inscription provisoire d'hypothèque, et dans les mêmes formes que la publicité initiale pour les autres sûretés judiciaires. — *V. Décr. n° 55-1350 du 14 oct. 1955.* — **C. civ.**

258 Si le bien est vendu avant que la publicité définitive ait été accomplie, le créancier titulaire de la sûreté judiciaire jouit des mêmes droits que le titulaire d'une sûreté conventionnelle ou légale. Toutefois, la part qui lui revient dans la distribution du prix est consignée.

Cette part lui est remise s'il justifie de l'accomplissement de la publicité définitive dans le délai prévu. A défaut, elle est remise aux créanciers en ordre de la recevoir ou au débiteur.

259 Lorsque la valeur des biens grevés est manifestement supérieure au montant des sommes garanties, le débiteur peut faire limiter par le juge les effets de la sûreté provisoire s'il justifie que les biens demeurant grevés ont une valeur double du montant de ces sommes.

SECTION II *La publicité définitive*

260 La publicité provisoire doit être confirmée par une publicité définitive. Cette publicité donne rang à la sûreté à la date de la formalité initiale, dans la limite des sommes conservées par cette dernière.

261 La publicité définitive est opérée, pour l'hypothèque, conformément à l'article *(Ord. n° 2006-346 du 23 mars 2006, art. 54)* « 2428 » du code civil et, pour le nantissement du fonds de commerce, conformément à l'article 24 de la loi du 17 mars 1909 relative à la vente et au nantissement du fonds de commerce *[C. com., art. L. 143-17]. — V. ce texte, supra, C. com.*

Il n'est dû qu'un seul salaire ou émolument pour les deux inscriptions. — *Pour l'Alsace-Moselle, V. art. 300 du décret.* — ***C. pr. civ.***

262 La publicité définitive du nantissement des parts sociales et valeurs mobilières est opérée dans les mêmes formes que la publicité provisoire.

Après avoir accompli cette formalité, le créancier peut demander l'agrément du nantissement, s'il y a lieu.

263 La publicité définitive doit être effectuée dans un délai de deux mois courant selon le cas :

1° Du jour où le titre constatant les droits du créancier est passé en force de chose jugée ;

2° Si la procédure a été mise en œuvre avec un titre exécutoire, du jour de l'expiration du délai d'un mois visé à l'article 256 ou, si une demande de mainlevée a été formée, du jour de la décision rejetant cette contestation ; toutefois, si le titre n'était exécutoire qu'à titre provisoire, le délai court comme il est dit au 1° ;

3° Si le caractère exécutoire du titre est subordonné à une procédure d'exéquatur, du jour où la décision qui l'accorde est passée en force de chose jugée.

Le créancier présente tout document attestant que les conditions prévues ci-dessus sont remplies.

264 Si après la vente du bien, le prix en a été régulièrement consigné pour être distribué, la publicité définitive est remplacée par la signification du titre du créancier à la personne chargée de la répartition du prix, dans le délai de deux mois prévu à l'article 263.

265 A défaut de confirmation dans le délai, la publicité provisoire est caduque et sa radiation peut être demandée au juge de l'exécution.

En cas d'extinction de l'instance introduite par le créancier ou si sa demande est rejetée, la radiation est demandée au juge saisi du fond ; à défaut, elle est ordonnée par le juge de l'exécution.

La radiation est effectuée sur présentation de la décision passée en force de chose jugée.

Les frais sont supportés par le créancier.

Si la part du créancier titulaire de la sûreté provisoire a été consignée, elle est remise, selon le cas, aux créanciers en ordre de la recevoir ou au débiteur.

....

COMMERCE (ORGANISATION)

RÉP. COM. v° *Commerce et industrie,* par GUIBAL.

Loi du 2-17 mars 1791,

Portant suspension de tous les droits d'aides, de toutes les maîtrises et jurandes et établissement des droits de patente.

Art. 7 **A compter du 1er avril prochain, il sera libre à toute personne de faire tel négoce ou d'exercer telle profession, art ou métier qu'elle trouvera bon ; mais elle sera tenue de se pourvoir auparavant d'une patente, d'en acquitter le prix, et de se conformer aux règlements de police qui sont ou pourront être faits.**

Sur l'impossibilité d'installer des distributeurs automatiques de boissons et de produits alimentaires payants dans les établissements scolaires à compter du 1er sept. 2005, V. L. n° 2004-806 du 9 août 2004, art. 30 (JO 11 août).

BIBL. ▶ KDHIR, *D. 1994. Chron.* 30. – LOMBARD, *ibid. 163* (liberté de concurrence entre opérateurs publics et privés). – TRUCHET, *D. Affaires 1996. 731* (liberté d'entreprendre des personnes publiques).

C'est à bon droit qu'un tribunal de police énonce que l'arrêté du préfet de police du 26 juin 1933 qui interdit sur la voie publique l'offre d'opérations commerciales et notamment le racolage des clients éventuels aux abords des lieux et des immeubles destinés à l'exploitation d'un commerce, comportement de nature à troubler l'ordre, la tranquillité publique ainsi que la liberté et la commodité de la circulation, n'entrave en rien le principe de la liberté du commerce et de l'industrie. • Crim. 8 avr. 1992 : *D. 1992. IR. 217 ; Gaz. Pal. 1993. 1. 8, note Doucet.*

Sur des manœuvres de racolage ou de drainage de la clientèle d'un opticien bénéficiant d'un agrément de la Sécurité sociale pour la fourniture d'articles d'optique-lunetterie, V. • Metz, 7 oct. 2002 : *JCP E 2003, n° 9, p. 343.*

Décret du 30 septembre 1928,

Portant institution d'une carte d'identité spéciale pour les personnes se livrant à des transactions dans les foires et marchés de bétail, à l'exception des producteurs et de leurs représentants.

Art. 1er **Toute personne se livrant à des transactions commerciales, achats ou ventes, dans les foires et marchés de bétail, à l'exception des producteurs et de leurs représentants, est tenue de présenter, à toute réquisition des magistrats et fonctionnaires visés à l'article 3 ci-après, et à défaut des justifications et carte de commerce prévue par l'article 7 de la loi de finances du 31 décembre 1921, une carte d'identité spéciale, dont le modèle est annexé au présent décret, et qui sera délivrée au requérant sur sa demande et à ses frais par le préfet ou le sous-préfet de son domicile.**

2 **La carte d'identité spéciale sera valable pour un an sur toute l'étendue du territoire et renouvelable chaque année.**

Elle est passible, au moment de sa délivrance et de son renouvellement, du droit de timbre prévu par l'article 6 du décret du 3 août 1926.

3 **Le droit de réquisition prévu à l'article 1er est exercé par les maires, adjoints et tous officiers ou agents de police municipale ou judiciaire, et tous agents chargés de la surveillance des foires et marchés.**

4 **A défaut de la remise immédiate de la carte d'identité, un récépissé provisoire tenant lieu de carte devra être remis au requérant contre consignation du droit de timbre auquel est soumise la délivrance de la carte.**

Ce récépissé, établi sur papier libre, devra comporter toutes les indications prévues pour la carte elle-même par le présent décret.

Le récépissé provisoire devra être échangé sans frais, auprès de l'autorité qui l'a délivré, contre une carte d'identité réglementaire.

Sur la carte d'identité professionnelle des voyageurs et représentants de commerce, V. C. trav., art. L. 751-13, supra, ss. art. L. 134-17 C. com.

Sur la carte professionnelle délivrée aux personnes exerçant des activités relatives à certaines opérations portant sur les immeubles et les fonds de commerce, V. L. n° 70-9 du 2 janv. 1970, art. 3 (D. et BLD 1970. 37), mod. par Ord. n° 2004-634 du 1er juill. 2004, art. 5 (JO 2 juill.). — Décr. n° 72-678 du 20 juill. 1972, art. 1er à 10, 80 s. (D. et BLD 1972. 429), mod. par Décr. n° 80-571 du 21 juill. 1980, art. 8 (D. et BLD 1980. 319), Décr. n° 95-818 du 29 juin 1995, art. 1er, 2, 27 et 28 (D. et ALD 1995. 385), Décr. n° 2005-1315 du 21 oct. 2005, art. 2 à 9 et 53 (JO 23 oct.). — Arr. du 16 mars 2006 (JO 22 mars) établissant le modèle des cartes professionnelles, de la déclaration d'activité et de l'attestation prévues par le Décr. de 1972. — ***C. pén.*** *ou* ***C. baux.***

En ce qui concerne les cartes d'identité pour les étrangers, V. infra, v° Étrangers.

Loi du 10 septembre 1940,

Prévoyant la nomination d'administrateurs provisoires des entreprises privées de leurs dirigeants.

Art. 1er *(L. 14 août 1941)* **Un arrêté du secrétaire d'État à la production industrielle peut nommer un administrateur provisoire de toute entreprise industrielle ou commerciale dont les dirigeants qualifiés sont, pour quelque motif que ce soit, placés dans l'impossibilité d'exercer leurs fonctions.**

La même mesure peut être prise en ce qui concerne tout immeuble principalement affecté à la location dont le propriétaire est, pour quelque motif que ce soit, dans l'impossibilité d'exercer ses droits.

L'administrateur gère l'entreprise ou l'immeuble pour le compte des ayants droit avec tous les pouvoirs du propriétaire ou des dirigeants de la société propriétaire ou exploitante.

L'administrateur provisoire est nommé par arrêté du ministre secrétaire d'État à l'économie nationale et aux finances, quand il s'agit d'une entreprise de banque *[un établissement de crédit]* **ou d'assurance.**

La nomination d'un administrateur provisoire ne peut se justifier que dans les cas prévus à l'art. 1er ou par suite de circonstances exceptionnelles. • Paris, 5 sept. 1997 : *JCP E 1997. Pan. 1155.* ♦ La simple opposition d'associés minoritaires à certaines décisions des administrateurs ne peut à l'évidence être assimilée à de telles circonstances dès lors qu'il n'est pas établi que les intérêts sociaux soient en péril ou que la gestion de la société soit devenue impossible. • Même arrêt.

2 Le ministre secrétaire d'État à la production industrielle et au travail peut provoquer la nomination, par le président du tribunal de grande instance, d'un administrateur provisoire des biens de toute personne absente ou défaillante, lorsqu'il y a un intérêt économique à ne pas laisser ces biens à l'abandon.

3 Un décret, pris sous le contreseing du garde des sceaux, ministre secrétaire d'État à la justice, du ministre secrétaire d'État aux finances et du ministre secrétaire d'État à la production industrielle et au travail, déterminera les conditions d'application de la présente loi. *— V. Décr. 16 janv. 1941 (BLD 1941. 29 ; JO 17 janv. 1941), mod. par Décr. 18 août 1941 (BLD 1941. 942 ; JO 21 août 1941) ; Arr. 25 août 1941 (DA 1941. L. 460 ; BLD 1941. 1050). — V. infra, L. 2 févr. 1941.*

Loi du 2 février 1941,

Relative aux pouvoirs des administrateurs provisoires des entreprises privées de leurs dirigeants.

Art. 1er Les administrateurs provisoires nommés, conformément à la loi du 10 septembre 1940, dans les entreprises industrielles ou commerciales dont les dirigeants qualifiés sont, pour quelque motif que ce soit, placés dans l'impossibilité d'exercer leurs fonctions, ont pouvoir notamment pour procéder, en tout ou partie, et dans la limite de leurs attributions telle qu'elle se trouve définie par leur arrêté de nomination, soit à la cession du capital desdites entreprises, soit à la vente de leurs éléments d'actif.

2 En cas de cession du capital, le prix de vente des actions ou des parts sociales sera versé à leurs propriétaires.

En cas de vente des éléments de l'actif, le produit de cette vente sera encaissé par l'entreprise et réparti entre ses propriétaires au prorata de leurs droits, si la vente est suivie de la liquidation totale ou partielle de ladite entreprise.

3 Les administrateurs provisoires rendront compte, dans les conditions prévues par le décret du 16 janvier 1941, des mesures prises en application de l'article 1er ci-dessus.

Loi du 17 novembre 1943,

Sur la gestion des intérêts professionnels (DA 1944. 5 ; BLD 1943. 440).

Loi n° 45-0195 du 31 décembre 1945,

Portant fixation du budget général de l'exercice 1946.

....

Art. 42 *(L. n° 51-592 du 24 mai 1951)* « Sont abrogées les dispositions du décret du 9 septembre 1939 concernant la création ou l'extension des établissements commerciaux, industriels ou artisanaux, ainsi que celles de l'article 1er de la loi provisoirement applicable du 17 juillet 1941 aggravant les sanctions prévues par l'article 2 du décret susvisé, sauf à l'égard des magasins dits « à prix unique » et des camions-bazars ».

....

43 Néanmoins toutes les personnes condamnées par les cours de justice et les chambres civiques pour collaboration avec l'ennemi, ainsi que les personnes frappées, par les comités de confiscation des profits illicites, d'amendes dont le montant dépasse le chiffre d'affaires mensuel, ne peuvent bénéficier des nouvelles dispositions de l'article 42.

Ces personnes ne peuvent, de même que leur conjoint, faire partie d'aucune société constituée pour bénéficier de l'article 42.

L'application de ces articles a été étendue aux départements de la Guadeloupe, de la Guyane française, de la Martinique et de la Réunion par Décr. n° 47-2450 du 31 déc. 1947 (JO 15 févr. 1948).

Le Décr. du 9 sept. 1939 a été abrogé par l'ord. n° 2004-1374 du 20 déc. 2004 relative à la partie législative du code de la défense nationale (JO 21 déc.).

Code général des impôts

(Décr. n° 50-478 du 6 avr. 1950)

Art. 302 *octies* *(L. n° 85-1403 du 30 déc. 1985)* Quiconque exerce une activité lucrative sur la voie ou dans un lieu public sans avoir en France de domicile ou de

résidence fixe depuis plus de six mois est tenu de se faire connaître à l'administration fiscale et de déposer une somme en garantie du recouvrement des impôts et taxes dont il est redevable. Le récépissé qui lui est délivré en contrepartie doit être produit à toute réquisition des fonctionnaires et magistrats désignés à l'article L. 225 du Livre des procédures fiscales. – *V., pour application, CGI, Ann. III, art. 111 quaterdecies s.* – ***CGI.***

....

1788 *(Ord. nº 2005-1512 du 7 déc. 2005, art. 18)* **Les infractions à l'article 302 *octies* sont passibles d'une amende de 750 €.**

Décret nº 53-744 du 15 août 1953,

Portant création d'un conseil supérieur du commerce (D. 1953. 295 ; BLD 1953. 625).

Décret nº 53-933 du 30 septembre 1953,

Relatif au statut, à l'organisation et au fonctionnement des organismes d'intervention économique de caractère privé.

Art. 1er *(Décr. nº 59-1221 du 23 oct. 1959)* **Lorsqu'elles ne sont pas exécutées par l'État ou par des établissements publics nationaux, les opérations destinées :**

Soit à assurer, faciliter ou régulariser sous le contrôle de l'État l'approvisionnement, l'acquisition, le stockage, la répartition ou la vente de matières premières, de produits industriels ou agricoles ;

Soit à réaliser les compensations et péréquations de prix instituées dans un secteur d'activité en application de la réglementation des prix, ne peuvent être faites par des entreprises ou organismes privés qu'en vertu de conventions conclues avec le ministre des finances et des affaires économiques sur avis conforme du ou des ministres responsables.

TITRE PREMIER Des conventions

2 Les entreprises ou organismes privés habilités à passer les conventions prévues à l'article 1er sont :

Soit des sociétés professionnelles ou interprofessionnelles dont le régime est défini au titre II du présent décret ;

Soit des entreprises ou organismes agréés par le ministre des finances en raison des garanties de solvabilité qu'ils présentent et qui acceptent de se soumettre aux obligations et responsabilités prévues aux articles 5, 6, 7 et 8 ci-dessous.

3 *(Décr. nº 59-1221 du 23 oct. 1959)* **« Les conventions sont conclues pour une durée limitée ne pouvant en aucun cas excéder cinq années. Elles stipulent notamment :**

« 1º La nature des matières ou produits qui font l'objet de la convention, les opérations qui peuvent être exécutées et, le cas échéant, les conditions de cession de ces marchandises ;

« 2º Les conditions générales de financement.

« La garantie de l'État ne peut être accordée, dans le cadre des lois en vigueur, qu'avec l'agrément du ministre des finances et des affaires économiques. »

En ce qui concerne les opérations traitées par les sociétés professionnelles ou interprofessionnelles pour le compte et sur l'ordre de personnes privées, les fonds sociaux ne peuvent en aucun cas être engagés ;

3º Les modalités de rémunération des entreprises destinées à couvrir les frais de fonctionnement et l'intérêt du capital engagé ;

4° Les modalités de résiliation des conventions ; cette résiliation peut toujours, avant l'échéance du terme et après préavis, être demandée par l'État.

4 Les fonds dont l'entreprise dispose pour l'exécution des opérations prévues par la convention sont placés au Trésor, sauf dérogation expresse prévue par le ministre des finances et le ministre chargé des affaires économiques. Toutefois, le placement des fonds disponibles en bons à court terme émis par le Trésor ou émis avec la garantie de l'État peut être autorisé par le contrôleur d'État prévu à l'article 6 ci-après.

5 Le personnel des entreprises et organismes visés par l'article 2 du présent décret est régi par les lois, règlements et conventions applicables au personnel des branches d'activité intéressées.

6 Auprès des entreprises et organismes visés à l'article 2 sont nommés :

1° Un commissaire du Gouvernement désigné par le ou les ministres responsables parmi les fonctionnaires et agents placés sous leurs ordres. Le commissaire du Gouvernement transmet les instructions du ou des ministres responsables et s'assure de l'exécution des opérations confiées à la société. Il dispose des mêmes pouvoirs d'investigation sur pièces et sur place que le contrôleur d'État ;

2° Un contrôleur d'État exerçant le contrôle économique et financier dans les conditions fixées par l'ordonnance du 23 novembre 1944 et les textes qui l'ont complétée ou modifiée.

Sont obligatoirement communiquées au commissaire du Gouvernement et au contrôleur d'État, trois jours au moins avant leur exécution :

1° Les décisions se rapportant aux opérations prévues par la convention, prises par l'assemblée générale des actionnaires ou par le conseil d'administration si l'entreprise est une société anonyme ;

2° Les décisions de toute nature se rapportant à l'objet de la convention et dont le commissaire du Gouvernement ou le contrôleur d'État ont préalablement demandé la communication.

Le contrôleur d'État et le commissaire du Gouvernement peuvent opposer leur veto à l'exécution des décisions qui leur sont notifiées. Il ne peut être passé outre à cette opposition, tant qu'elle n'a pas été levée par le ou les ministres intéressés.

7 Les opérations sont décrites en comptabilité selon les prescriptions du plan comptable général, compte tenu des instructions données à cet effet par le contrôleur d'État. Chaque convention fait l'objet d'une comptabilité distincte.

Les opérations de compensation et de péréquation de prix sont suivies distinctement.

Les opérations se rapportant à chaque convention sont vérifiées chaque année sur place par une commission présidée par un magistrat de la cour des comptes et dont la composition est fixée par arrêté concerté du ministre des finances et du ministre chargé des affaires économiques.

Cette commission dispose des pouvoirs d'investigation les plus étendus, notamment sur tous les registres et documents de toute nature de l'entreprise. Elle établit annuellement un rapport transmis aux ministres intéressés ainsi qu'aux commissions des finances de l'Assemblée nationale et du *Conseil de la République.*

8 *(Décr. n° 59-1221 du 23 oct. 1959)* Les conventions précisent dans quelles conditions est assuré l'équilibre financier des opérations qu'elles ont pour objet de définir. A défaut de stipulation contraire, à l'expiration de chaque convention, les bonis ou les pertes éventuels sont répartis entre le budget de l'État *et celui de l'Algérie* suivant l'origine des opérations.

TITRE II Des sociétés professionnelles et interprofessionnelles

9 Les sociétés professionnelles et interprofessionnelles visées par l'article 2 du présent décret sont constituées sous forme de sociétés anonymes à capital fixe ou variable.

L'objet de ces sociétés est limité à la réalisation des opérations qui leur sont confiées, dans le cadre des conventions visées au titre Ier du présent décret, par le ou les ministres responsables.

Les statuts de ces sociétés sont approuvés dans chaque cas particulier par arrêté concerté du ministre des finances, du ministre chargé des affaires économiques et du ou des ministres intéressés.

10 **Les actions, obligatoirement nominatives, ne peuvent être souscrites que par des personnes physiques ou morales de nationalité française, intervenant réellement et directement dans la production, l'achat, le stockage, la transformation ou la vente des produits sur lesquels porte l'activité de la société, ainsi que par les organismes professionnels correspondants.**

Les statuts fixent la répartition du capital de la société entre les différentes catégories d'actionnaires, sans que cette disposition puisse faire obstacle à l'admission de nouveaux membres.

11 **Les statuts précisent les règles de cession ou de transmission des actions, parmi lesquelles figurent obligatoirement l'autorisation expresse du conseil d'administration et la possibilité pour ce dernier d'imposer la cession d'une partie des actions détenues par certains actionnaires.**

Le ministre des finances, le ministre chargé des affaires économiques et le ou les ministres responsables requièrent conjointement l'application des clauses des statuts prévoyant l'exclusion de membres de la société.

12 **La nomination du président du conseil d'administration, des administrateurs et du directeur général n'est définitive qu'après approbation du ministre des finances, du ministre chargé des affaires économiques et du ou des ministres responsables. Cette approbation peut être retirée à tout moment ; le conseil d'administration est tenu de procéder à une nouvelle nomination, dans un délai de huit jours et sous la même condition d'approbation.**

13 **Les opérations financières des sociétés professionnelles sont exécutées par les soins d'un agent comptable, chef de la comptabilité générale, nommé par le président de la société, sur agrément du ministre des finances.**

L'agent comptable exécute les ordres et instructions qui lui sont donnés par le président de la société. Toutefois, il est personnellement et pécuniairement responsable de la justification de ses opérations, conformément aux usages du commerce ; il peut être déclaré pécuniairement responsable par la commission prévue à l'article 7 s'il n'a pas obtenu le visa préalable du commissaire du Gouvernement ou du contrôleur d'État avant d'exécuter toute décision devant être soumise à l'examen préalable de l'un de ces deux fonctionnaires.

La rémunération de l'agent comptable est fixée par la convention.

14 **Les décisions portant dissolution anticipée des sociétés professionnelles ou interprofessionnelles et fixant les modalités de leur liquidation doivent être approuvées par le ministre des finances, par le ministre chargé des affaires économiques et par le ou les ministres responsables. Ceux-ci peuvent provoquer conjointement cette dissolution après préavis de trois mois et sous réserve des droits des tiers.**

(Décr. nº 59-1221 du 23 oct. 1959) **« Lors de la liquidation, l'actif et le passif des sociétés professionnelles ou interprofessionnelles sont pris en charge par le Trésor dans les conditions prévues à l'article 36 de la loi du 6 février 1953 relative aux comptes spéciaux du Trésor. Toutefois, en ce qui concerne les sociétés ayant exercé une partie de leur activité *en Algérie*, le ministre des finances et des affaires économiques et *le ministre chargé de l'Algérie* peuvent convenir d'une répartition de leur actif et de leur passif entre le budget de l'État *et celui de l'Algérie*. »**

TITRE III Dispositions transitoires et dispositions diverses

15 Tout organisme, toute entreprise privée qui effectue actuellement des opérations visées à l'article 1er du présent décret devra, avant le 31 mars 1954, conclure avec l'État une ou plusieurs conventions conformes aux dispositions du présent décret. Toutefois ces conventions pourront, à titre exceptionnel, pour une période limitée au maximum à deux années et pour tenir compte des engagements contractuels existants, admettre des dérogations aux dispositions du présent décret. Ces dérogations devront être expressément stipulées et approuvées par le ministre des finances, le ministre chargé des affaires économiques et le ou les ministres responsables.

Tout organisme, toute entreprise privée qui effectuerait à compter du 1er avril 1954 des opérations prévues à l'article 1er, sans avoir passé des conventions avec l'État, serait réputé le faire à titre privé. Il ne pourrait, en aucun cas, recevoir de produits d'aucune taxe parafiscale, ni percevoir à titre obligatoire aucune cotisation, ni exécuter aucune opération de compensation ou de péréquation de prix faite en application de la réglementation des prix, ni prétendre représenter, en quelque manière que ce soit, les pouvoirs publics dans l'organisation des marchés.

Décret n° 53-962 du 30 septembre 1953,

Tendant à soumettre à certaines conditions techniques et financières la création, l'extension et le transfert d'établissements commerciaux.

Art. 1er En vue d'assurer la protection de la santé publique et la bonne conservation des marchandises, la création, l'extension et le transfert des fonds de commerce ayant pour objet, en tout ou en partie, la vente des produits alimentaires, pourront être assujettis à des conditions techniques d'installation ou d'équipement.

Ces conditions seront fixées par décret pris sur rapport du ministre des finances et des affaires économiques, du ministre de l'industrie et du commerce, du ministre de la santé publique et de la population, du ministre de l'agriculture et du secrétaire d'État au commerce, après consultation du conseil supérieur du commerce et du conseil supérieur d'hygiène publique de France.

2 L'immatriculation ou, le cas échéant, la déclaration modificative au registre du commerce et des sociétés, ne pourront être effectuées que sur présentation d'une justification attestant qu'il a été satisfait aux conditions fixées par l'article 1er ci-dessus.

3 Les dispositions de l'article 1er pourront être étendues, suivant la même procédure, et après consultation des organisations professionnelles intéressées, à tous les fonds de commerce de produits alimentaires.

4 Toute infraction aux dispositions précédentes sera constatée et réprimée conformément à la législation sur la répression des fraudes.

5 Des décrets en Conseil d'État pourront éventuellement assujettir l'exercice de certaines professions commerciales ou certaines formes d'entreprises commerciales à la constitution de sûretés personnelles ou réelles, en vue de garantir l'exécution des obligations fiscales, sociales ou professionnelles inhérentes à l'activité considérée.

Les modalités d'application du présent article seront déterminées par un décret qui fixera notamment les conditions suivant lesquelles les intéressés devront justifier avoir satisfait à l'obligation prévue ci-dessus.

Décret n° 55-36 du 5 janvier 1955,

Tendant à favoriser une meilleure répartition des industries sur l'ensemble du territoire (D. 1955. 53 ; BLD 1955. 115).

Décret n° 73-314 du 14 mars 1973,

Portant création d'un système national d'identification et d'un répertoire des entreprises et de leurs établissements (JO 21 mars). – Mod. par Décr. n° 83-121 du 17 févr. 1983 (JO 20 févr.), Décr. n° 92-1129 du 2 oct. 1992 (JO 11 oct. ; Rect. 31 oct.). – V. Arr. 2 mai 1983 (JO 4 mai NC) fixant la liste des administrations ou organismes habilités à demander l'inscription au répertoire des entreprises et de leurs établissements, mod. par Arr. 15 oct. 1985 (JO 17 oct.), Arr. 18 juill. 1995 (JO 25 juill.). – V. Arr. 3 avr. 1984 (JO 13 avr. NC) fixant des modalités particulières pour l'inscription des établissements relevant du ministère de la défense, mod. par Arr. 6 oct. 1988 (JO 28 oct.). – En ce qui concerne la liste des personnes physiques ou morales susceptibles d'être inscrites sur le répertoire, V. Arr. 6 nov. 1974 (JO 14 nov.), Arr. 17 déc. 1974 (JO 29 déc.). – Texte applicable dans les départements de la Guadeloupe, de la Guyane, de la Martinique et de la Réunion à compter du 1er janv. 1979 (Décr. n° 78-1254 du 28 déc. 1978), et dans la collectivité territoriale de Saint-Pierre-et-Miquelon à compter du 1er nov. 1985 (Décr. n° 85-1106 du 15 oct. 1985). – A compter du 1er janv. 1982, la date et le lieu de naissance des personnes physiques sont portés au répertoire (Arr. 3 févr. 1982, JO 21 févr.). – L'Institut national de la statistique et des études économiques est autorisé à utiliser le répertoire national d'identification des personnes physiques en vue de vérifier l'état civil des personnes physiques inscrites au répertoire national d'identification des entreprises et de leurs établissements (Décr. n° 84-394 du 23 mai 1984, art. 1er). – V. Arr. 13 mai 1987 (JO 19 mai) relatif au traitement informatisé du système national d'identification et du répertoire des entreprises et établissements créé par le décret n° 73-314 du 14 mars 1973 modifié.

Sur le numéro unique d'identification des entreprises, V. Décr. n° 97-497 du 16 mai 1997, art. 1er, infra, v° Registre du commerce et des sociétés.

V. aussi Décr. n° 84-966 du 22 oct. 1984 (D. et ALD 1984. 571) instituant le répertoire des entreprises contrôlées majoritairement par l'État.

Code du travail

(Décr. nos 73-1046 et 73-1047 du 15 nov. 1973)

PREMIÈRE PARTIE : ***LÉGISLATIVE***

Travail dissimulé

Art. L. 120-3 *(L. n° 2003-721 du 1er août 2003, art. 23)* **Les personnes physiques immatriculées au registre du commerce et des sociétés, au répertoire des métiers, au registre des agents commerciaux ou auprès des unions de recouvrement des cotisations de sécurité sociale et d'allocations familiales pour le recouvrement des cotisations d'allocations familiales** *(L. n° 2005-157 du 23 févr. 2005, art. 63)* **« ou inscrites au registre des entreprises de transport routier de personnes, qui effectuent du transport scolaire prévu par l'article L. 213-11 du code de l'éducation, ou du transport à la demande conformément à l'article 29 de la loi n° 82-1153 du 30 décembre 1982 d'orientation des transports intérieurs », ainsi que les dirigeants des personnes morales immatriculées au registre du commerce et des sociétés et leurs salariés sont présumées ne pas être liées avec le donneur d'ouvrage par un contrat de travail dans l'exécution de l'activité donnant lieu à cette immatriculation.**

Toutefois, l'existence d'un contrat de travail peut être établie lorsque les personnes citées au premier alinéa fournissent directement ou par une personne interposée des prestations à un donneur d'ouvrage dans des conditions qui les placent dans un lien de subordination juridique permanente à l'égard de celui-ci. Dans un tel cas, il n'y a dissimulation d'emploi salarié que s'il est établi que le donneur d'ouvrage s'est soustrait intentionnellement à l'accomplissement de l'une des formalités prévues aux articles L. 143-3 et L. 320.

Les dispositions issues de la L. n° 2005-157 du 23 févr. 2005 s'appliquent à compter du 1er janv. 2005. Sous réserve des décisions juridictionnelles passées en force de chose jugée, les cotisations dues au titre des rémunérations versées avant cette date aux personnes mentionnées ci-dessus ne peuvent donner lieu à recouvrement forcé (loi préc., art. 63-II).

....

L. 324-9 *(L. n° 97-210 du 11 mars 1997)* **« Le travail totalement ou partiellement dissimulé, défini et exercé dans les conditions prévues par l'article L. 324-10, est interdit ainsi que la publicité, par quelque moyen que ce soit, tendant à favoriser, en toute connaissance de cause, le travail dissimulé. Il est également interdit d'avoir recours sciemment, directement ou par personne interposée, aux services de celui qui exerce un travail dissimulé. »**

Toutefois, sont exclus des interdictions ci-dessus les travaux d'urgence dont l'exécution immédiate est nécessaire pour prévenir les accidents imminents ou organiser les mesures de sauvetage.

*Sur la procédure à suivre dans le cadre des enquêtes préliminaires diligentées pour la recherche et la constatation des infractions prévues par l'art. L. 324-9, V. C. trav., art. L. 611-13. — **C. trav.** — V. aussi, dans le cadre des procédures fiscales, LPF, art. L. 10 A, aj. par L. n° 97-210 du 11 mars 1997, art. 11 (D. 1997. 178). — Sur la répression du travail illégal, V. C. trav., art. L. 325-1 s.*

L. 324-10 *(L. n° 97-210 du 11 mars 1997)* **Est réputé travail dissimulé par dissimulation d'activité l'exercice à but lucratif d'une activité de production, de transformation, de réparation ou de prestation de services ou l'accomplissement d'actes de commerce par toute personne physique ou morale qui, se soustrayant intentionnellement à ses obligations :**

***a)* N'a pas requis son immatriculation au répertoire des métiers ou, dans les départements de la Moselle, du Bas-Rhin et du Haut-Rhin, au registre des entreprises ou au registre du commerce et des sociétés, lorsque celle-ci est obligatoire, ou a poursuivi son activité après refus d'immatriculation, ou postérieurement à une radiation ;**

***b)* Ou n'a pas procédé aux déclarations qui doivent être faites aux organismes de protection sociale ou à l'administration fiscale en vertu des dispositions législatives et réglementaires en vigueur.**

Est réputé travail dissimulé par dissimulation d'emploi salarié le fait, pour tout employeur, de se soustraire intentionnellement à l'accomplissement de l'une des formalités prévues aux articles L. 143-3 et L. 320.

La mention sur le bulletin de paie d'un nombre d'heures de travail inférieur à celui réellement effectué constitue, si cette mention ne résulte pas d'une convention ou d'un accord conclu en application du chapitre II du titre Ier du livre II du présent code, une dissimulation d'emploi salarié.

*Sur l'habilitation des officiers et agents de police judiciaire, sur réquisitions du procureur de la République, à entrer dans les lieux à usage professionnel pour s'assurer que les activités visées à l'art. L. 324-10 ont donné lieu à l'immatriculation au répertoire des métiers ou au registre du commerce et des sociétés, V. C. pr. pén., art. 78-2, issu de L. n° 97-396 du 24 avr. 1997. - **C. pr. pén.** — Sur la répression du travail illégal, V. C. trav., art. L. 325-1 s. - **C. trav.***

L. 324-11 *(L. n° 85-10 du 3 janv. 1985 ; L. n° 87-39 du 27 janv. 1987)* **Les activités mentionnées à l'article précédent sont présumées, sauf preuve contraire, accomplies à titre lucratif lorsque leur réalisation a lieu avec recours à la publicité sous une forme quelconque en vue de la recherche de la clientèle ou lorsque leur fréquence ou leur importance est établie ou, s'il s'agit d'activités artisanales, lorsqu'elles sont effectuées avec un matériel ou un outillage présentant par sa nature ou son importance un caractère professionnel ou lorsque la facturation est absente ou frauduleuse.**

L. 324-11-1 *(L. n° 91-1383 du 31 déc. 1991)* **Le salarié auquel un employeur a eu recours en violation des dispositions de l'article L. 324-10 a droit en cas de rupture de la relation de travail à une indemnité forfaitaire égale à** *(L. n° 97-210 du 11 mars 1997)* **« six mois » de salaire, à moins que l'application d'autres règles légales ou de stipulations conventionnelles ne conduise à une solution plus favorable.**

(L. n° 97-210 du 11 mars 1997) « Dans des conditions définies par décret, le salarié obtient des agents de contrôle mentionnés à l'article L. 324-12 les informations relatives à l'accomplissement par son employeur de la déclaration préalable à l'embauche le concernant. Dans le cas où cette formalité n'est pas accomplie par l'employeur, ces agents sont habilités à communiquer au salarié les informations relatives à son inscription sur le registre unique du personnel. »

L. 324-11-2 *(L. n° 96-603 du 5 juill. 1996)* I. – Toute personne qui diffuse ou fait diffuser dans toute publication, sur tout service télématique ou par voie d'affiche ou de prospectus, une offre de service ou de vente ou une annonce destinée à faire connaître son activité professionnelle au public est tenue :

1° Lorsqu'elle est soumise au respect des formalités prévues à l'article L. 324-10 :

– de mentionner un numéro d'identification prévu par décret en Conseil d'État, ou pour l'entreprise en cours de création, son nom ou sa dénomination sociale et son adresse professionnelle ; *– V. Décr. n° 97-497 du 16 mai 1997 (D. 1997. 266 ; JO 18 mai).*

– de communiquer au responsable de la publication ou du service télématique son nom ou sa dénomination sociale et son adresse professionnelle ;

2° Lorsqu'elle n'est pas soumise au respect des formalités prévues à l'article L. 324-10 :

– de mentionner son nom et son adresse sur toute annonce faite par voie d'affiche ou de prospectus ;

– de communiquer son nom et son adresse au responsable de la publication ou du service télématique.

Le responsable de la publication ou du service télématique tient ces informations à la disposition des agents de contrôle mentionnés à l'article L. 324-12 pendant un délai de six mois à compter de la cessation de l'annonce.

II. – Le fait, pour toute personne soumise aux obligations énoncées au I du présent article, de diffuser ou de faire diffuser, ou de communiquer au responsable de la publication ou du service télématique des informations mensongères relatives à son identification est puni de 7 500 € d'amende.

Les personnes morales peuvent être déclarées responsables pénalement, dans les conditions prévues à l'article 121-2 du code pénal, des infractions définies au présent article.

La peine encourue par les personnes morales est l'amende, suivant les modalités prévues par l'article 131-38 du code pénal.

III. – Le présent article entre en vigueur trois mois après la publication du décret prévu au I du présent article.

L. 324-11-3 *(L. n° 2001-602 du 9 juill. 2001)* Les chefs d'établissements ou d'entreprises mentionnés à l'article L. 722-3 du code rural doivent, avant le début de chantiers de coupes ou de débardage excédant un volume fixé par décret ou de chantiers de boisement, de reboisement ou de travaux sylvicoles portant sur une surface supérieure à un seuil fixé par décret, adresser au service de l'inspection du travail, de l'emploi et de la politique sociale agricoles du département dans lequel est prévu le chantier une déclaration écrite comportant le nom, la dénomination sociale de l'entreprise, son adresse, la situation géographique exacte du chantier, la date du début et la date de fin prévisible des travaux et le nombre de salariés qui seront occupés, le cas échéant, sur ce chantier.

Ils doivent également signaler ce chantier par affichage en bordure de coupe sur un panneau comportant les mentions indiquées ci-dessus ; ces mêmes informations sont également transmises à la mairie de la ou des communes sur le territoire desquelles est situé le chantier de coupe. *– V. art. L. 722 C. rur. au* ***C. rur.***

L. 324-12 *(L. n° 97-210 du 11 mars 1997)* « Les infractions aux interdictions mentionnées à l'article L. 324-9 sont recherchées par les officiers et agents de police judiciaire, les agents de la direction générale des impôts et de la direction générale des douanes, les agents agréés à cet effet et assermentés des organismes de sécurité sociale et des caisses de mutualité sociale agricole, les inspecteurs du travail, les contrôleurs du travail et fonctionnaires de contrôle assimilés au sens de l'article L. 611-10, *(L. n° 2006-10 du 5 janv. 2006, art. 46-V)* « les inspecteurs et les contrôleurs du travail maritime, » les officiers et les agents assermentés des affaires maritimes, les fonctionnaires des corps techniques de l'aviation civile commissionnés à cet effet et assermentés ainsi que les contrôleurs et les adjoints de contrôle des transports terrestres, et constatées par ces agents au moyen des procès-verbaux transmis directement au parquet. Ces procès-verbaux font foi jusqu'à preuve contraire.

« Pour la recherche et la constatation de ces infractions », les agents précités disposent des pouvoirs d'investigation accordés par les textes particuliers qui leur sont applicables.

« A l'occasion de la mise en œuvre de ces pouvoirs, ils peuvent se faire présenter :

« *a)* Les documents justifiant que l'immatriculation, les déclarations et les formalités mentionnées à l'article L. 324-10 ont été effectuées ainsi que ceux relatifs à l'autorisation d'exercice de la profession ou à l'agrément lorsqu'une disposition particulière l'a prévu ;

« *b)* Les documents justifiant que l'entreprise s'est assurée, conformément aux dispositions des articles L. 324-14 ou L. 324-14-2, que son ou ses cocontractants se sont acquittés de leurs obligations au regard de l'article L. 324-10 ou, le cas échéant, des réglementations d'effet équivalent de leur pays d'origine ;

« *c)* Les devis, les bons de commande ou de travaux, les factures et les contrats ou documents commerciaux relatifs aux prestations exécutées en violation des dispositions de l'article L. 324-9. »

(L. n° 2005-882 du 2 août 2005, art. 88) « Les agents mentionnés au premier alinéa peuvent, sur demande écrite, obtenir des services préfectoraux tous renseignements ou tous documents relatifs à l'autorisation d'exercice ou à l'agrément d'une profession réglementée. »

(L. n° 97-210 du 11 mars 1997) « Les agents agréés susmentionnés des organismes de sécurité sociale et des caisses de mutualité sociale agricole et les agents de la direction générale des impôts sont en outre habilités à entendre, en quelque lieu que ce soit et avec son consentement, toute personne rémunérée par l'employeur ou par un travailleur indépendant afin de connaître la nature de ses activités, ses conditions d'emploi et le montant des rémunérations s'y rapportant, y compris les avantages en nature. »

L. 324-13 *Al. 1er et 2 abrogés par L. n° 2005-882 du 2 août 2005, art. 86-II.*

(L. n° 97-210 du 11 mars 1997) Les fonctionnaires et agents de contrôle mentionnés *(L. n° 2005-882 du 2 août 2005, art. 86-II)* « à l'article L. 324-12 » sont habilités, lorsque le siège de l'entreprise est domicilié dans des locaux occupés en commun en application de l'article 1er *bis* de l'ordonnance n° 58-1352 du 27 décembre 1958 réprimant certaines infractions en matière de registre du commerce et des sociétés *[C. com., art. L. 123-10]*, à se faire communiquer par l'entreprise domiciliataire tous documents détenus dans ses locaux nécessaires à l'accomplissement de leur mission de lutte contre le travail dissimulé.

L. 324-13-1 *(L. n° 91-1383 du 31 déc. 1991)* Toute personne condamnée pour avoir recouru directement ou par personne interposée aux services de celui qui exerce un travail *(L. n° 97-210 du 11 mars 1997)* « dissimulé » est tenue solidairement avec ce dernier :

1° Au paiement des impôts, taxes et cotisations obligatoires *(L. n° 97-210 du 11 mars 1997)* « ainsi que des pénalités et majorations » dus par celui-ci au Trésor et aux organismes de protection sociale ;

2° Le cas échéant, au remboursement des sommes correspondant au montant des aides publiques dont il a bénéficié ;

3° Au paiement des rémunérations *(L. n° 97-210 du 11 mars 1997)* « , indemnités » et charges dues par celui-ci à raison de l'emploi de salariés n'ayant pas fait l'objet *(L. n° 97-210 du 11 mars 1997)* « de l'une des formalités prévues aux articles L. 143-3 *[remise d'un bulletin de paie]* et L. 320 *[déclaration préalable à l'embauche]* ».

Les sommes dont le paiement est exigible en application des alinéas précédents sont déterminées au prorata de la valeur des travaux réalisés, des services fournis, du bien vendu et de la rémunération en vigueur dans la profession.

L. 324-13-2 *Abrogé par L. n° 2005-882 du 2 août 2005, art. 86-II.*

L. 324-14 *(L. n° 91-1383 du 31 déc. 1991)* Toute personne qui ne s'est pas assurée, lors de la conclusion d'un contrat dont l'objet porte sur une obligation d'un montant au moins égal à 3 048,98 € en vue de l'exécution d'un travail, de la fourniture d'une prestation de services ou de l'accomplissement d'un acte de commerce, que son cocontractant s'acquitte de ses obligations au regard de l'article L. 324-10, ou de l'une d'entre elles seulement, dans le cas d'un contrat conclu par un particulier pour son usage personnel, celui de son conjoint ou de ses ascendants ou descendants, sera tenue solidairement avec *(L. n° 97-210 du 11 mars 1997)* « celui qui exerce un travail dissimulé » :

1° Au paiement des impôts, taxes et cotisations obligatoires *(L. n° 97-210 du 11 mars 1997)* « ainsi que des pénalités et majorations » dus par celui-ci au Trésor ou aux organismes de protection sociale ;

2° Le cas échéant, au remboursement des sommes correspondant au montant des aides publiques dont il a bénéficié ;

3° Au paiement des rémunérations *(L. n° 97-210 du 11 mars 1997)* « , indemnités » et charges dues par lui à raison de l'emploi de salariés n'ayant pas fait l'objet *(L. n° 97-210 du 11 mars 1997)* « de l'une des formalités prévues aux articles L. 143-3 et L. 320 ».

Les sommes dont le paiement est exigible en application des alinéas précédents sont déterminées au prorata de la valeur des travaux réalisés, des services fournis, du bien vendu et de la rémunération en vigueur dans la profession.

Les modalités selon lesquelles sont effectuées les vérifications imposées dans le présent article sont précisées par décret.

L. 324-14-1 *(L. n° 91-1383 du 31 déc. 1991)* Le maître de l'ouvrage ou le donneur d'ouvrage, informé par écrit par un agent mentionné à l'article L. 324-12 ou par un syndicat ou une association professionnels ou une institution représentative du personnel visés au Livre IV, de l'intervention d'un sous-traitant *(L. n° 97-210 du 11 mars 1997)* « ou d'un subdélégataire » en situation irrégulière au regard des obligations fixées par l'article L. 324-10, enjoint aussitôt par lettre recommandée avec demande d'avis de réception à la personne avec laquelle il a contracté de faire cesser sans délai la situation. A défaut, il est tenu solidairement avec son cocontractant au paiement des impôts, taxes, cotisations, rémunérations et charges mentionnés aux 1°, 2° et 3° de l'article L. 324-14, dans les conditions fixées au cinquième alinéa de cet article.

Les dispositions du présent article ne s'appliquent pas au particulier qui contracte pour son usage personnel, celui de son conjoint, de ses ascendants ou descendants.

(L. n° 97-210 du 11 mars 1997) « Sans préjudice des dispositions de l'article L. 324-14, toute personne morale de droit public ayant contracté avec une entreprise, informée par écrit par un agent mentionné à l'article L. 324-12 de la situation irrégulière de cette entreprise au regard des obligations fixées par l'article L. 324-10, l'enjoint aussitôt par lettre recommandée avec demande d'avis de réception de faire cesser sans délai cette situation.

« L'entreprise mise ainsi en demeure doit, dans un délai de quinze jours, apporter à la personne publique la preuve qu'elle a mis fin à la situation délictuelle. A défaut, le contrat peut être résilié sans indemnité, aux frais et risques de l'entrepreneur.

« La personne publique informe l'agent auteur du signalement des suites données par l'entreprise à son injonction. »

L. 324-14-2 *(L. n° 91-1383 du 31 déc. 1991)* Lorsque le cocontractant intervenant sur le territoire national est établi ou domicilié à l'étranger, les obligations dont le respect doit être vérifié sont celles qui résultent de la réglementation d'effet équivalent de son pays d'origine et celles qui lui sont applicables au titre de son activité en France.

L. 324-15 Un décret en Conseil d'État détermine les conditions d'application des dispositions de la présente section. – *V. C. trav., art. R. 324-1 s.* – ***C. trav.***

V. Circ. 30 déc. 1994 relative à la solidarité financière des donneurs d'ordres et des maîtres d'ouvrage (BOMT n° 95/5, p. 21).

....

L. 362-3 *(L. n° 93-1313 du 20 déc. 1993)* Toute infraction aux interdictions définies à l'article L. 324-9 est punie de deux ans d'emprisonnement et de 30 000 € d'amende. – *Entrée en vigueur le 1er mars 1994 (L. n° 93-1313 du 20 déc. 1993, art. 33 ; L. n° 92-1336 du 16 déc. 1992, art. 373).*

(L. n° 2004-1 du 2 janv. 2004, art. 8-I) « Toutefois, en cas d'emploi dissimulé d'un mineur soumis à l'obligation scolaire, les peines encourues sont de cinq ans d'emprisonnement et de 75 000 € d'amende. »

L. 362-4 *(L. n° 93-1313 du 20 déc. 1993)* Les personnes physiques coupables de l'infraction prévue à l'article L. 362-3 encourent également les peines complémentaires suivantes :

1° L'interdiction, pour une durée de cinq ans au plus, d'exercer, directement ou par personne interposée, l'activité professionnelle dans l'exercice ou à l'occasion de l'exercice de laquelle l'infraction a été commise selon les modalités prévues par l'article 131-27 du code pénal ;

2° L'exclusion des marchés publics pour une durée de cinq ans au plus ;

3° La confiscation des objets ayant servi directement ou indirectement à commettre l'infraction ou qui ont été utilisés à cette occasion, ainsi que de ceux qui en sont le produit et qui appartiennent au condamné ;

4° L'affichage ou la diffusion de la décision prononcée, dans les conditions prévues par l'article 131-35 du code pénal ; – *Entrée en vigueur le 1er mars 1994 (L. n° 93-1313 du 20 déc. 1993, art. 33 ; L. n° 92-1336 du 16 déc. 1992, art. 373).*

(L. n° 97-210 du 11 mars 1997) « 5° L'interdiction, suivant les modalités prévues par l'article 131-26 du code pénal, des droits civiques, civils et de famille. »

L. 362-5 *(L. n° 93-1313 du 20 déc. 1993)* L'interdiction du territoire français peut être prononcée dans les conditions prévues par l'article 131-30 du code pénal pour une durée de cinq ans au plus à l'encontre de tout étranger coupable de l'infraction définie à l'article L. 362-3. – *Entrée en vigueur le 1er mars 1994 (L. n° 93-1313 du 20 déc. 1993 ; L. n° 92-1336 du 16 déc. 1992, art. 373).*

L. 362-6 *(L. n° 93-1313 du 20 déc. 1993)* Les personnes morales peuvent être déclarées responsables pénalement, dans les conditions prévues par l'article 121-2 du code pénal, de l'infraction définie à l'article L. 362-3.

Les peines encourues par les personnes morales sont :

1° L'amende, suivant les modalités prévues par l'article 131-38 du code pénal ;

2° Les peines mentionnées aux 1° à 5°, 8° et 9° de l'article 131-39 du même code.

L'interdiction visée au 2° de l'article 131-39 porte sur l'activité dans l'exercice ou à l'occasion de l'exercice de laquelle l'infraction a été commise. – *Entrée en vigueur le 1er mars 1994 (L. n° 93-1313 du 20 déc. 1993 ; L. n° 92-1336 du 16 déc. 1992, art. 373).*

Loi n° 73-1193 du 27 décembre 1973,

D'orientation du commerce et de l'artisanat.

CHAPITRE II *bis* *Les équipements cinématographiques*

(L. n° 96-603 du 5 juill. 1996)

Art. 36-1 *(L. n° 96-603 du 5 juill. 1996)* I. – Il est créé une commission départementale d'équipement cinématographique. La commission statue sur les demandes d'autorisation qui lui sont présentées en vertu des dispositions du II ci-après.

Sont soumis pour autorisation à la commission départementale d'équipement cinématographique, préalablement à la délivrance du permis de construire s'il y a lieu, et avant réalisation si le permis de construire n'est pas exigé, les projets ayant pour objet :

1° La création d'un ensemble de salles de spectacles cinématographiques comportant plus de *(L. n° 2003-590 du 2 juill. 2003, art. 71)* « 300 places » résultant soit d'une construction nouvelle, soit de la transformation d'un immeuble existant ;

2° *(L. n° 2003-590 du 2 juill. 2003, art. 71)* « L'extension d'un ensemble de salles de spectacles cinématographiques ayant déjà atteint le seuil de 300 places ou devant le dépasser par la réalisation du projet à l'exception des extensions représentant moins de 30 % des places existantes et s'effectuant plus de cinq ans après la mise en exploitation ou la dernière extension ;

« 3° L'extension d'un ensemble de salles de spectacles cinématographiques ayant déjà atteint le seuil de 1 500 places ou devant le dépasser par la réalisation du projet ».

II. – Dans le cadre des principes définis aux articles 1er, 3 et 4, la commission statue en prenant en considération les critères suivants :

– l'offre et la demande globales de spectacles cinématographiques en salle dans la zone d'attraction concernée : fréquentation cinématographique observée dans la zone par comparaison à la moyenne nationale de fréquentation, situation de la concurrence, accès des films en salles, accès des salles aux films ;

– la densité d'équipement en salles de spectacles cinématographiques dans cette zone ; nature et composition du parc des salles ;

– la densité d'équipement en salles de spectacles cinématographiques dans cette zone ; nature et composition du parc des salles ;

– l'effet potentiel du projet sur la fréquentation cinématographique, sur les salles de spectacles de la zone d'attraction et sur l'équilibre souhaitable entre les différentes formes d'offre de spectacles cinématographiques en salles ;

– la préservation d'une animation culturelle et économique suffisante de la vie urbaine et l'équilibre des agglomérations ;

– les efforts d'équipement et de modernisation effectués dans la zone d'attraction et leur évolution récente, ainsi que les investissements de modernisation en cours de développement et l'impact du projet sur ces investissements.

(L. n° 2001-420 du 15 mai 2001) « – le respect des engagements de programmation éventuellement contractés en application de l'article 90 de la loi n° 82-652 du 29 juillet 1982 sur la communication audiovisuelle ;

« – le projet de programmation envisagé pour l'établissement, objet de la demande d'autorisation ;

« – les relations avec les établissements de spectacles cinématographiques de la zone d'attraction concernée ;

« – la qualité architecturale du projet. »

(L. n° 98-546 du 2 juill. 1998 ; L. n° 2001-420 du 15 mai 2001) « Pour la détermination des seuils de *(L. n° 2003-590 du 2 juill. 2003, art. 71)* « 300 et 1 500 places », il est fait application des dispositions prévues à l'article 29-1 *[C. com., art. L. 752-3]*, à l'exception du dernier alinéa. »

(L. nº 2001-420 du 15 mai 2001) « Lorsque l'autorisation de la commission départementale d'équipement cinématographique s'appuie notamment sur le projet de programmation présenté par le demandeur, ce projet fait l'objet d'un engagement de programmation soumis aux dispositions de l'article 90 mentionné ci-dessus. »

Sur la compatibilité des autorisations prévues à l'art. 36-1 avec les schémas de cohérence territoriale, V. C. urb., art. L. 122-1 au **C. urb.** *— Sur les aires de stationnement, V. art. L. 111-6-1 C. urb., supra, ss. art. L. 752-1. — Sur le permis de construire, V. art. L. 425-8 C. urb., supra, ss. art. L. 752-17.*

36-2 *(Composition de la commission départementale d'équipement cinématographique).*

36-3 *(L. nº 96-603 du 5 juill. 1996)* La commission départementale d'équipement cinématographique, suivant une procédure fixée par décret, autorise les projets par un vote favorable de quatre de ses membres. Le procès-verbal indique le sens du vote émis par chacun des membres. — *V. Décr. nº 96-1119 du 20 déc. 1996 (JO 21 déc.).*

Les autorisations sollicitées sont accordées par place de spectateur.

36-4 *(L. nº 96-603 du 5 juill. 1996)* La commission départementale d'équipement cinématographique doit statuer sur les demandes d'autorisation visées au I de l'article 36-1 ci-dessus dans un délai de quatre mois à compter du dépôt de chaque demande, et ses décisions doivent être motivées en se référant notamment aux dispositions du II du même article. Passé ce délai, l'autorisation est réputée accordée. Les commissaires ont connaissance des demandes déposées au moins un mois avant d'avoir à statuer.

A l'initiative du préfet *(L. nº 2001-420 du 15 mai 2001)* « ou du médiateur du cinéma », de trois membres de la commission ou du demandeur, la décision de la commission départementale peut, dans un délai de deux mois à compter de sa notification ou de son intervention implicite, faire l'objet d'un recours auprès de la Commission nationale d'équipement commercial prévue à l'article 33 ci-dessus *[C. com., art. L. 751-5]*, qui se prononce dans un délai de quatre mois.

Les commissions autorisent ou refusent les projets dans leur totalité.

Avant l'expiration du délai de recours ou, en cas de recours, avant la décision en appel de la commission nationale, le permis de construire ne peut être accordé ni la réalisation entreprise et aucune nouvelle demande ne peut être déposée pour le même terrain d'assiette auprès de la commission départementale d'équipement cinématographique.

(L. nº 2001-420 du 15 mai 2001) « En cas de rejet pour un motif de fond de la demande d'autorisation par la commission nationale susmentionnée, il ne peut être déposé de nouvelle demande par le même pétitionnaire, pour un même projet, sur le même terrain pendant une période d'un an à compter de la date de la décision de la commission nationale. »

36-5 *(L. nº 96-603 du 5 juill. 1996)* Lorsqu'une décision d'une Commission départementale d'équipement cinématographique fait l'objet d'un recours devant la Commission nationale d'équipement commercial, la composition de celle-ci est modifiée de la manière suivante :

— un membre du corps des inspecteurs généraux du ministère chargé de la culture, désigné par le ministre, remplace le membre du corps des inspecteurs généraux de l'équipement mentionné au sixième alinéa de l'article 33 *[C. com., art. L. 751-6, 4º]* ;

— une personnalité, compétente en matière de distribution cinématographique, de consommation ou d'aménagement du territoire, désignée par le ministre chargé de la culture, remplace la personnalité désignée par le ministre chargé du commerce, en vertu du septième alinéa de l'article 33 *[C. com., art. L. 751-6, 5º]*.

En outre, la commission est complétée par le président du comité consultatif de la diffusion cinématographique.

Le commissaire du Gouvernement prévu à l'article 33 ci-dessus *[C. com., art. L. 752-19]* est nommé par le ministre chargé de la culture. Il rapporte les dossiers.

Les modalités de fonctionnement de la commission sont fixées par décret en Conseil d'État. – *V. Décr. n° 96-1119 du 20 déc. 1996 (JO 21 déc.), mod. par Décr. n° 2002-1268 du 11 oct. 2002 (JO 18 oct.) ; Arr. 20 déc. 1996 (JO 21 déc.).*

....

CHAPITRE IV *Adaptation et modernisation des entreprises*

47 Des dispositions particulières sont prises pour faire bénéficier de conditions privilégiées de crédit les commerçants qui veulent reconvertir leur activité ou s'intégrer à une des formes du commerce indépendant associé, ainsi que les jeunes qui veulent s'installer en tant que chef d'entreprise commerciale et justifient de leur qualification dans la profession.

Ils pourront, en particulier, percevoir des prêts du fonds de développement économique et social et des sociétés de développement régional.

Un arrêté des ministres intéressés précise, en tant que de besoin, les conditions d'application du présent article.

....

52 Les commerçants et artisans dont la situation est compromise de façon irrémédiable du fait d'une opération d'équipement collectif engagée par une collectivité publique ou un organisme en dépendant, et en priorité, du fait d'une opération de rénovation urbaine, peuvent recevoir une aide pour leur reconversion lorsqu'ils ne bénéficient pas d'une indemnisation directe. – *Comp. : C. urb., art. L. 318-8 reprenant l'alinéa ci-dessus.* – ***C. urb.***

Un décret détermine les conditions, notamment de ressources et d'ancienneté d'établissement, que devront remplir les demandeurs pour avoir vocation à l'aide ; il fixe la composition des commissions qui statueront sur les demandes. – *V. Décr. n° 74-64 du 28 janv. 1974 (D. et BLD 1974. 84).*

....

Loi n° 2000-1208 du 13 décembre 2000,

Relative à la solidarité et au renouvellement urbains.

Art. 88 Un fonds de revitalisation économique est créé afin de soutenir et développer l'activité économique dans les zones urbaines sensibles définies à l'article 42-3 de la loi n° 95-115 du 4 février 1995 d'orientation pour l'aménagement et le développement du territoire.

Les aides octroyées ont pour objet, d'une part, la compensation de charges particulières des entreprises déjà implantées dans les zones urbaines sensibles, d'autre part, l'aide à la réalisation d'investissements dans les zones urbaines sensibles et à titre dérogatoire pour des projets menés dans les autres territoires prioritaires des contrats de ville.

Les modalités de mise en œuvre de ce fonds sont précisées par décret.

89 I. – Les sociétés d'investissement régional revêtent la forme de société anonyme régie par le livre II du code de commerce.

Une ou plusieurs régions peuvent participer au capital de sociétés d'investissement régional en association avec une ou plusieurs personnes morales de droit public ou privé pour assurer tout ou partie du financement d'opérations de restructuration, d'aménagement et de développement de sites urbains en difficulté.

La région peut également verser des subventions aux sociétés d'investissement régional même si elle ne participe pas au capital de ces sociétés. Dans ce cadre, la région

passe une convention avec la société d'investissement régional déterminant notamment l'affectation et le montant de la subvention ainsi que les conditions et les modalités de restitution des subventions versées notamment en cas de modification de l'objet social ou de cessation d'activité de la société d'investissement régional.

II. — Les sociétés d'investissement régional interviennent pour :

....

3° Favoriser l'investissement en immobilier d'entreprise et accompagner la restructuration de surfaces commerciales existantes, en complément notamment des actions conduites par l'Établissement public national d'aménagement et de restructuration des espaces commerciaux et artisanaux, ou la réalisation d'opérations d'immobilier commercial neuf.

Sous réserve des dispositions du I, les sociétés d'investissement régional interviennent par la prise de participation dans le capital de sociétés réalisant des opérations de renouvellement urbain et par l'octroi de garanties sur prêts ou la dotation de fonds de garantie en fonds propres ou quasi fonds propres notamment par la prise de participation dans le capital de sociétés ou l'attribution de prêts participatifs.

Elles peuvent par ailleurs, dans les conditions prévues par la loi n° 84-46 du 24 janvier 1984 relative à l'activité et au contrôle des établissements de crédit, intervenir par l'octroi de prêts et la mise en place de crédit-bail immobilier.

....

Loi n° 2004-575 du 21 juin 2004,

Pour la confiance dans l'économie numérique.

RÉP. COM. v° *Internet et commerce électronique (Droit de la concurrence)*, par ARHEL.

BIBL. GÉN. ▶ AYMA, *Petites affiches 3 juill. 2003, p. 5* (la revente sur le web). – Colloque, *Petites affiches 6 févr. 2004* (internet, commerce et droit). – PENNEAU, *ibid. 13 mai 2004, p. 3* (contrat électronique et protection du cybercontractant). – GRIMAUX, *Comm. com. élec. 2004. Chron. 10* (détermination de la date de conclusion du contrat par voie électronique). – GRYNBAUM, *ibid., n° 78* (projet de loi) ; *D. 2004. 2213* (loi économie numérique). – DJOUDI (ss. la dir.), *RD banc. fin. 2004. 282* (commerce électronique et opérations bancaires). – DJOUDI et LOISEAU, *ibid. 292* (l'état du paiement en ligne). – Numéro spécial, *Comm. com. élec. sept. 2004*. – STOFFEL-MUNCK, *ibid. Chron. 30* (réforme des contrats du commerce électronique). – CACHARD, *ibid. Chron. 31* (définition et loi applicable). – STOFFEL-MUNCK, *JCP E 2004, n° 38, p. 1428* (réforme des contrats du commerce électronique). – MATHEY, *Contrats Conc. Consom. 2004. Chron. 13*. – VERBIEST et WÉRY, *D. 2004. 2981* (commerce électronique par téléphonie mobile : m-commerce). – HUET, *JCP 2004. I. 178* (modification du code civil). – HUGON, *Contrats Conc. Consom. 2004. Chron. 15* (responsabilité des acteurs de l'internet). – FENOUILLET, *RDC 2004. 955* (commerce électronique et droit de la consommation). – CAPRIOLI, *Comm. com. élec. 2005. Chron. 7* (commerce à distance sur l'internet et protection des données à caractère personnel). – POILLOT-PERUZZETTO, *RJ com. 2005. 36* (dispositions de droit international privé relatives au commerce électronique). – PASSA, *Comm. com. élec. 2005. Chron. 17* (le contrat électronique international). – BUREAU, *RDC 2005. 450*. – DÉBATS, *RDC 2005. 533* (le contrat selon la LCEN du 21 juin 2004). – CAPRIOLI et AGOSTI, *Petites affiches 3 juin 2005, p. 4* (confiance dans l'économie numérique). – MANARA, *D. 2005. 2867* (de quelques recommandations quant au commerce électronique entre particuliers).

Art. 14 **Le commerce électronique est l'activité économique par laquelle une personne propose ou assure à distance et par voie électronique la fourniture de biens ou de services.**

Entrent également dans le champ du commerce électronique les services tels que ceux consistant à fournir des informations en ligne, des communications commerciales et des outils de recherche, d'accès et de récupération de données, d'accès à un réseau de communication ou d'hébergement d'informations, y compris lorsqu'ils ne sont pas rémunérés par ceux qui les reçoivent.

Une personne est regardée comme étant établie en France au sens du présent chapitre lorsqu'elle s'y est installée d'une manière stable et durable pour exercer effective-

ment son activité, quel que soit, s'agissant d'une personne morale, le lieu d'implantation de son siège social.

Pour l'achat et la revente par un site web de produits destinés à être commercialisés en dehors de l'Union européenne, V. • Paris, 19 janv. 2005 : *D. 2005. AJ. 1221, obs. Manara* ; *JCP 2005. II. 10105, note Chabert ; Comm. com. élec. 2005, n° 157, obs. Chabert ; Lettre distrib. mai 2005, p. 1, obs. Raynard.*

15 **I — Toute personne physique ou morale exerçant l'activité définie au premier alinéa de l'article 14 est responsable de plein droit à l'égard de l'acheteur de la bonne exécution des obligations résultant du contrat, que ces obligations soient à exécuter par elle-même ou par d'autres prestataires de services, sans préjudice de son droit de recours contre ceux-ci.**

Toutefois, elle peut s'exonérer de tout ou partie de sa responsabilité en apportant la preuve que l'inexécution ou la mauvaise exécution du contrat est imputable soit à l'acheteur, soit au fait, imprévisible et insurmontable, d'un tiers étranger à la fourniture des prestations prévues au contrat, soit à un cas de force majeure.

II. — *V. art. L. 121-20-3 C. consom., infra, v° Ventes commerciales - VII Distance (ventes à).*

16 **I — L'activité définie à l'article 14 s'exerce librement sur le territoire national à l'exclusion des domaines suivants :**

1° Les jeux d'argent, y compris sous forme de paris et de loteries, légalement autorisés ;

2° Les activités de représentation et d'assistance en justice ;

3° Les activités exercées par les notaires en application des dispositions de l'article 1er de l'ordonnance n° 45-2590 du 2 novembre 1945 relative au statut du notariat.

II. — En outre, lorsqu'elle est exercée par des personnes établies dans un État membre de la Communauté européenne autre que la France, l'activité définie à l'article 14 est soumise au respect :

1° Des dispositions relatives au libre établissement et à la libre prestation des services à l'intérieur de la Communauté européenne dans le domaine de l'assurance, prévues aux articles L. 361-1 à L. 364-1 du code des assurances ;

2° Des dispositions relatives à la publicité et au démarchage des organismes de placement collectif en valeurs mobilières, prévues à l'article L. 214-12 du code monétaire et financier ; — *V. cet art. au* ***C. sociétés.***

3° Des dispositions relatives aux pratiques anticoncurrentielles et à la concentration économique, prévues aux titres II et III du livre IV du code de commerce ;

4° Des dispositions relatives à l'interdiction ou à l'autorisation de la publicité non sollicitée envoyée par courrier électronique ;

5° Des dispositions du code général des impôts ;

6° Des droits protégés par le code de la propriété intellectuelle.

17 **L'activité définie à l'article 14 est soumise à la loi de l'État membre sur le territoire duquel la personne qui l'exerce est établie, sous réserve de la commune intention de cette personne et de celle à qui sont destinés les biens ou services.**

L'application de l'alinéa précédent ne peut avoir pour effet :

1° De priver un consommateur ayant sa résidence habituelle sur le territoire national de la protection que lui assurent les dispositions impératives de la loi française relatives aux obligations contractuelles, conformément aux engagements internationaux souscrits par la France. Au sens du présent article, les dispositions relatives aux obligations contractuelles comprennent les dispositions applicables aux éléments du contrat, y compris celles qui définissent les droits du consommateur, qui ont une influence déterminante sur la décision de contracter ;

2° De déroger aux règles de forme impératives prévues par la loi française pour les contrats créant ou transférant des droits sur un bien immobilier situé sur le territoire national ;

3° De déroger aux règles déterminant la loi applicable aux contrats d'assurance pour les risques situés sur le territoire d'un ou plusieurs États parties à l'accord sur l'Espace économique européen et pour les engagements qui y sont pris, prévues aux articles L. 181-1 à L. 183-2 du code des assurances.

18 Dans les conditions prévues par décret en Conseil d'État, des mesures restreignant, au cas par cas, le libre exercice de leur activité par les personnes mentionnées à l'article 16 peuvent être prises par l'autorité administrative lorsqu'il est porté atteinte ou qu'il existe un risque sérieux et grave d'atteinte au maintien de l'ordre et de la sécurité publics, à la protection des mineurs, à la protection de la santé publique, à la préservation des intérêts de la défense nationale ou à la protection des personnes physiques qui sont des consommateurs ou des investisseurs autres que les investisseurs appartenant à un cercle restreint définis à l'article L. 411-2 du code monétaire et financier. – *V. cet art., supra, v° Code monétaire et financier (extraits).*

19 Sans préjudice des autres obligations d'information prévues par les textes législatifs et réglementaires en vigueur, toute personne qui exerce l'activité définie à l'article 14 est tenue d'assurer à ceux à qui est destinée la fourniture de biens ou la prestation de services un accès facile, direct et permanent utilisant un standard ouvert aux informations suivantes :

1° S'il s'agit d'une personne physique, ses nom et prénoms et, s'il s'agit d'une personne morale, sa raison sociale ;

2° L'adresse où elle est établie, son adresse de courrier électronique, ainsi que son numéro de téléphone ;

3° Si elle est assujettie aux formalités d'inscription au registre du commerce et des sociétés ou au répertoire des métiers, le numéro de son inscription, son capital social et l'adresse de son siège social ;

4° Si elle est assujettie à la taxe sur la valeur ajoutée et identifiée par un numéro individuel en application de l'article 286 *ter* du code général des impôts, son numéro individuel d'identification ;

5° Si son activité est soumise à un régime d'autorisation, le nom et l'adresse de l'autorité ayant délivré celle-ci ;

6° Si elle est membre d'une profession réglementée, la référence aux règles professionnelles applicables, son titre professionnel, l'État membre dans lequel il a été octroyé ainsi que le nom de l'ordre ou de l'organisme professionnel auprès duquel elle est inscrite.

Toute personne qui exerce l'activité définie à l'article 14 doit, même en l'absence d'offre de contrat, dès lors qu'elle mentionne un prix, indiquer celui-ci de manière claire et non ambiguë, et notamment si les taxes et les frais de livraison sont inclus. Le présent alinéa s'applique sans préjudice des dispositions régissant la publicité trompeuse prévues à l'article L. 121-1 du code de la consommation, ni des obligations d'information sur les prix prévues par les textes législatifs et réglementaires en vigueur.

Les infractions aux dispositions du présent article sont recherchées et constatées dans les conditions fixées par les premier, troisième et quatrième alinéas de l'article L. 450-1 et les articles L. 450-2, L. 450-3, L. 450-4, L. 450-7, L. 450-8, L. 470-1 et L. 470-5 du code de commerce. – *V. ces art., supra.*

....

28 Les obligations d'information et de transmission des conditions contractuelles visées aux articles 19 et 25 sont satisfaites sur les équipements terminaux de radiocommunication mobile selon des modalités précisées par décret.

Sur les contrats sous forme électronique, V. art. 1369-1 à 1369-11 et 1325, al. 5, C. civ. – **C. civ.**

Loi n° 2005-882 du 2 août 2005,

En faveur des petites et moyennes entreprises.

Art. 60 I. — Le commerce équitable s'inscrit dans la stratégie nationale de développement durable.

II. — Au sein des activités du commerce, de l'artisanat et des services, le commerce équitable organise des échanges de biens et de services entre des pays développés et des producteurs désavantagés situés dans des pays en développement. Ce commerce vise à l'établissement de relations durables ayant pour effet d'assurer le progrès économique et social de ces producteurs.

III. — Les personnes physiques ou morales qui veillent au respect des conditions définies ci-dessus sont reconnues par une commission dont la composition, les compétences et les critères de reconnaissance des personnes précitées sont définis par décret en Conseil d'État.

V., relatif à l'examen, au regard des règles de concurrence, des modalités de fonctionnement de la filière du commerce équitable en France, Cons. conc., avis, n° 06-A-07 du 22 mars 2006 : RLDA mai 2006. 48, obs. Méar.

Décret n° 2005-1595 du 19 décembre 2005,

Relatif aux marchés d'intérêt national.

TITRE Ier Classement et mode de gestion des marchés d'intérêt national

Art. 1er Le conseil régional délibère sur la demande de classement ou de déclassement d'un marché d'intérêt national après avoir recueilli, dans les conditions prévues à l'article 2, l'avis de la ou des communes ou du ou des établissements publics de coopération intercommunale sur lesquels le marché est implanté.

L'autorité compétente en application de l'article L. 761-1 du code de commerce se prononce dans un délai de six mois à compter de la date de réception du dossier de demande. — *V. cet art., supra.*

Le contenu des dossiers types de demande ainsi que les modalités de leur transmission et de leur instruction sont définis par arrêté des ministres chargés du commerce et de l'agriculture. — *V. Arr. 13 janv. 2006, art. 1er et 2 (JO 4 févr.).*

2 Les communes ou les établissements publics de coopération intercommunale sur le territoire desquels le marché est implanté déterminent eux-mêmes, ou délèguent à la région le pouvoir de déterminer les modalités d'aménagement et de gestion du marché. Chacune de ces missions peut être assurée en régie ou déléguée.

3 Le gestionnaire du marché établit un rapport annuel dans les conditions prévues à l'article L. 1411-3 du code général des collectivités territoriales et le transmet aux communes et aux établissements publics de coopération intercommunale sur le territoire desquels est implanté le marché, au conseil régional et au préfet.

Le compte de résultat prévisionnel, prévu à l'article L. 761-3 du code de commerce, est produit selon les mêmes modalités.— *V. cet art., supra.*

Lorsque le gestionnaire exerce d'autres activités que l'exploitation du marché d'intérêt national, il tient des comptes séparés relatifs, d'une part, à ladite exploitation, d'autre part, à ses autres activités.

Le ministre chargé de l'agriculture fixe par arrêté les conditions dans lesquelles les producteurs, les opérateurs du marché et, le cas échéant, les gestionnaires lui fournissent des informations économiques et statistiques relatives aux transactions sur les produits commercialisés sur le marché. — *V. Arr. 13 janv. 2006, art. 8 (JO 4 févr.).*

4 Si l'exploitation financière du marché présente ou laisse prévoir un déséquilibre grave, le préfet chargé de la police du marché peut mettre le gestionnaire en demeure de prendre les mesures nécessaires au rétablissement de l'équilibre. Il en informe les collectivités publiques délégantes ou leurs groupements et, le cas échéant, les collectivités ayant garanti les emprunts contractés par le gestionnaire, ainsi que le conseil régional.

Lorsque, à l'expiration d'un délai de trois mois à compter de la date de réception de la mise en demeure, le gestionnaire n'a pas pris les mesures nécessaires au rétablissement de l'équilibre financier du marché, les ministres chargés du commerce et de l'agriculture peuvent faire usage des pouvoirs prévus à l'alinéa 3 de l'article L. 761-3 du code de commerce. – *V. cet art., supra.*

TITRE II Le périmètre de référence

5 Le projet de création d'un périmètre de référence est arrêté par le préfet de région ou, sur délégation du préfet de région, par le préfet de département lorsque toutes les communes du périmètre sont dans le même département. Il est ensuite soumis pour avis au gestionnaire, aux communes ou établissements publics de coopération intercommunale, aux chambres de commerce et d'industrie, aux chambres des métiers et de l'artisanat et aux chambres d'agriculture sur le territoire ou dans le ressort desquels il est situé, selon des modalités qui sont fixées par arrêté des ministres chargés du commerce et de l'agriculture. – *V. Arr. 13 janv. 2006, art. 3 (JO 4 févr.).*

Le décret mentionné au premier alinéa de l'article L. 761-4 du code de commerce fixe les limites et la durée du périmètre de référence. Cette durée est au maximum de trente ans. – *V. cet art., supra.*

6 Le périmètre de référence peut être étendu au territoire de nouvelles communes selon les modalités prévues à l'article 5. Seuls sont alors recueillis les avis du gestionnaire et des communes ou établissements publics de coopération intercommunale faisant l'objet de l'extension, ainsi que des organismes consulaires dans le ressort desquels le territoire adjoint au périmètre de référence est situé.

7 La réduction du périmètre de référence excluant certaines communes et la suppression anticipée de celui-ci sont prononcées par arrêté des ministres chargés du commerce et de l'agriculture. – *V. Arr. 13 janv. 2006, art. 4 (JO 4 févr.).*

8 Les interdictions prévues aux articles L. 761-4, L. 761-5 et L. 761-7 du code de commerce s'appliquent aux ventes des produits matériellement présents à l'intérieur du périmètre de référence. – *V. ces art., supra.*

9 Une dérogation aux interdictions prévues aux articles L. 761-4, L. 761-5 et L. 761-7 du code de commerce peut être accordée à titre individuel pour la création, l'extension ou le déplacement à l'intérieur du périmètre de référence d'un établissement, si cette création, cette extension ou ce déplacement est de nature à améliorer la productivité de la distribution ou à animer la concurrence. La dérogation peut prendre fin à une date antérieure à l'expiration du périmètre de référence.

10 La demande de dérogation est accompagnée d'un dossier justificatif dont le contenu est fixé par arrêté des ministres chargés du commerce et de l'agriculture. Elle est adressée au préfet chargé de la police du marché, qui statue dans un délai de trois mois à compter de la réception du dossier complet de la demande, selon des modalités fixées par arrêté des ministres chargés du commerce et de l'agriculture. A l'expiration de ce délai, l'autorisation est réputée acquise. Une copie de la décision est adressée au gestionnaire du marché. – *V. Arr. 13 janv. 2006, art. 5 (JO 4 févr.).*

Pour les demandes relatives au Marché d'intérêt national de Paris-Rungis, le préfet de la région Île-de-France statue après avis du comité consultatif du Marché d'intérêt national de Paris-Rungis, dont la composition et les règles de fonctionnement sont fixées par arrêté conjoint des ministres de tutelle.

TITRE III Organisation générale des marchés d'intérêts national

SECTION I *Dispositions communes à tous les marchés d'intérêt national*

11 Le marché est clos.

12 En l'absence de périmètre de référence, l'extension ou la réduction de l'enceinte du marché ainsi que son transfert à l'intérieur d'un même département sont décidés par le gestionnaire.

Si un tel périmètre a été créé :

1° L'extension ou la réduction de l'enceinte du marché est approuvée par arrêté du préfet chargé de la police du marché ;

2° A la demande du gestionnaire, de la collectivité délégante ou, de sa propre initiative, pour des raisons d'ordre public, le préfet chargé de la police du marché peut décider du transfert de celui-ci à l'intérieur du périmètre de référence. Les frais de déménagement des vendeurs professionnels et courtiers sont pris en charge par l'autorité qui a demandé le transfert.

13 Les usagers du marché d'intérêt national ou de ses établissements annexes sont :

1° Les vendeurs professionnels et courtiers ;

2° Les producteurs, leurs groupements et leurs organisations, qui ne peuvent vendre que leur propre production ;

3° Les acheteurs professionnels ;

4° Les autres usagers admis par le gestionnaire, notamment les exploitants et utilisateurs des services, aménagements, installations appartenant au marché ou établis dans son enceinte.

14 Les usagers mentionnés au 1° de l'article 13 font la preuve de leur immatriculation en France au registre du commerce et des sociétés ou d'une inscription équivalente dans un pays étranger garantissant la licéité de leur activité.

Les usagers mentionnés au 2° de l'article 13 justifient par tout moyen de leur qualité auprès du gestionnaire du marché.

Les acheteurs sur le marché font la preuve de leur immatriculation en France au registre du commerce et des sociétés ou au répertoire des métiers ou d'une inscription équivalente dans un pays étranger garantissant la licéité de leur activité.

Le demandeur fournit une traduction en français des documents établis dans une langue étrangère.

15 Les usagers du marché sont notamment tenus aux obligations suivantes :

1° Se conformer aux dispositions du règlement intérieur du marché ainsi qu'aux textes législatifs et réglementaires applicables à leurs activités ;

2° Ne pas nuire à l'image et à la notoriété du marché ;

3° Respecter leurs obligations contractuelles envers le gestionnaire ;

4° Acquitter les redevances et contributions de toute nature perçues par le gestionnaire.

16 Chaque marché dispose d'un règlement intérieur établi par le gestionnaire et approuvé par le préfet chargé de la police du marché.

Le règlement intérieur prévoit notamment :

1° Les heures de vente pour chaque produit et selon chaque pratique de vente ainsi que les heures d'accès aux installations et activités accessoires du marché ;

2° Les modalités d'accès des usagers au marché et celles selon lesquelles le gestionnaire peut autoriser d'autres personnes à y pénétrer ;

3° Les obligations des usagers, et notamment, pour les vendeurs, l'obligation de déclarer au gestionnaire du marché les tonnages reçus, le volume des ventes, les entrées en entrepôt, les mouvements de stocks, et de tenir une comptabilité appropriée aux activités autorisées sur le marché ;

4° Les conditions d'utilisation des services, installations ou moyens communs mis à la disposition des usagers par le gestionnaire du marché ;

5° Les modalités de contrôle, par le gestionnaire, des installations et des opérations faites sur le marché ;

6° Les conditions dans lesquelles les autorisations et titres d'occupation sont attribués et, le cas échéant, retirés ou abrogés ;

7° Les conditions dans lesquelles le gestionnaire peut, soit à la demande du titulaire du titre d'occupation, soit de sa propre initiative, dans l'intérêt de l'hygiène ou de la salubrité du marché ou du bon fonctionnement du service, modifier l'emplacement donnant lieu au titre d'occupation ; les frais afférents au transfert sont mis à la charge du titulaire, si le transfert est opéré à sa demande, et à la charge du gestionnaire, s'il est accompli à l'initiative de ce dernier.

Toute modification du règlement intérieur est approuvée par le préfet chargé de la police du marché.

17 Un conseil de discipline est institué dans chaque marché. Sauf en cas d'avertissement, il est saisi par l'autorité compétente, en application de l'article 18, pour infliger la sanction envisagée.

Sa composition et son fonctionnement sont fixés par arrêté des ministres chargés du commerce et de l'agriculture. — *V. Arr. 13 janv. 2006, art. 6 (JO 4 févr.).*

18 Les usagers peuvent faire l'objet de sanctions disciplinaires pour infraction aux règles qui régissent le marché. L'intéressé doit être mis à même de présenter ses observations, dans les conditions prévues à l'article 24 de la loi *[nº 2000-321]* du 12 avril 2000 susvisée *[relative aux droits des citoyens dans leurs relations avec les administrations]*.

Ces sanctions sont :

1° L'avertissement ;

2° L'avertissement comportant une sanction pécuniaire d'un montant égal à l'amende pour contravention de 3e classe ;

3° Le blâme comportant une sanction pécuniaire d'un montant égal à l'amende pour contravention de 4e classe ;

4° La suspension pour une durée qui ne peut dépasser trois mois ;

5° L'exclusion comportant, s'il y a lieu, retrait du contrat d'occupation.

L'avertissement et le blâme sont prononcés par le gestionnaire.

La suspension et l'exclusion sont prononcées par le préfet chargé de la police du marché, après avis du conseil de discipline.

19 Un comité technique consultatif est institué auprès du gestionnaire du marché.

Il débat de toutes questions relatives au fonctionnement du marché.

Sa composition et son fonctionnement sont fixés par arrêté des ministres chargés du commerce et de l'agriculture. — *V. Arr. 13 janv. 2006, art. 7 (JO 4 févr.).*

20 Le tarif des redevances ou contributions de toute nature perçues par le gestionnaire est établi soit par le conseil d'administration, soit par l'organe délibérant qui en tient lieu.

Le gestionnaire porte ce tarif à la connaissance des usagers.

SECTION II *Dispositions particulières aux marchés d'intérêt national installés sur le domaine public*

21 L'autorisation de s'établir sur le marché d'intérêt national est donnée par son gestionnaire. Elle est précédée d'une publicité appropriée.

Il peut s'agir :

1° Soit d'une autorisation d'occupation exclusive d'un emplacement aménagé ou d'un terrain ;

2° Soit d'une autorisation d'occupation non exclusive d'un emplacement dans une installation aménagée : carreau, salle, surface couverte ou quai affectés à l'utilisation commune de certaines catégories ou de l'ensemble des vendeurs, conformément aux conditions spéciales définies par le règlement intérieur.

L'autorisation d'occupation impose au bénéficiaire l'obligation d'exploiter sous sa responsabilité personnelle.

La décision d'autorisation d'occupation est notifiée à l'intéressé par le gestionnaire. Elle fixe la nature et les caractéristiques des installations autorisées et des activités que le titulaire s'engage à y exercer, la date de son entrée en vigueur et sa durée, qui ne peut excéder la date de mise à disposition du terrain par la personne publique propriétaire.

22 L'attribution d'une autorisation d'occupation exclusive peut être subordonnée à l'acquittement, par le demandeur, d'un droit de première accession fixé dans les conditions prévues à l'article L. 761-3 du code de commerce. — *V. cet art., supra.*

Sans préjudice de l'application de l'article 23, le titulaire de cette autorisation ne peut disposer de tout ou partie de son emplacement au profit d'un tiers.

Le gestionnaire peut, sur demande individuelle, autoriser le titulaire d'une autorisation d'occupation exclusive à opérer, dans son emplacement, des aménagements conformes à la destination de celui-ci. Il ne peut refuser cette autorisation si les services généraux ou les moyens communs du marché ne satisfont pas le besoin invoqué.

23 Le titulaire d'une autorisation d'occupation exclusive peut, lorsqu'il exerce son activité sur le marché depuis trois ans au moins, présenter au gestionnaire un successeur qui sera subrogé dans ses droits et ses obligations. Lorsque le titulaire vient à décéder, le même droit de présentation appartient à ses ayants droit qui peuvent en faire usage au bénéfice de l'un d'eux.

Le gestionnaire ne peut refuser à la personne présentée comme successeur l'autorisation de s'établir à titre exclusif dans un emplacement du marché si elle remplit les conditions prévues à l'article 14 et si elle exerce les mêmes activités que son prédécesseur.

SECTION III *Dispositions particulières aux marchés d'intérêt national installés sur le domaine privé d'une collectivité territoriale*

24 Les occupants des marchés d'intérêt national installés sur une dépendance du domaine privé d'une collectivité territoriale ne peuvent être que des preneurs à bail.

En cas de gestion déléguée du marché d'intérêt national, la ou les collectivités délégantes habilitent, dans le contrat de délégation de service public, le gestionnaire à conclure des baux avec les occupants du marché.

L'occupant, quelle que soit la nature de son bail, ne peut exercer sous forme de location-gérance, ni sous-louer son emplacement à un tiers.

SECTION IV *Dispositions particulières aux marchés d'intérêt national installés sur des immeubles appartenant à des personnes privées*

25 Lorsqu'un marché d'intérêt national est installé pour tout ou partie sur des immeubles privés, l'organisme gestionnaire est soit propriétaire desdits immeubles, soit preneur à bail pendant toute la durée de sa mission d'exploitation du marché.

TITRE IV Mesures transitoires et finales

26 Les gestionnaires des marchés d'intérêt national classés à la date de l'entrée en vigueur du présent décret disposent d'un délai d'un an à compter de cette date pour mettre le règlement intérieur du marché ainsi que les autres règles applicables en conformité avec ses dispositions.

27 A l'article 3 du décret du 7 novembre 1962 susvisé portant classement du marché-gare de Strasbourg comme marché d'intérêt national, les mots : « pour une durée de quinze ans » sont remplacés par les mots : « pour une durée de trente ans à compter de la date de publication de l'ordonnance n° 2004-274 du 25 mars 2004 portant simplification du droit et des formalités pour les entreprises ».

Code de la propriété intellectuelle

PARTIE LÉGISLATIVE

(L. n° 92-597 du 1er juill. 1992)

Secret de fabrique

Art. L. 621-1 *(L. n° 92-1336 du 16 déc. 1992)* Les peines frappant la violation des secrets de fabrique sont prévues à l'article L. 152-7 du code du travail ci-après reproduit :

Art. L. 152-7 Le fait, par tout directeur ou salarié d'une entreprise où il est employé, de révéler ou de tenter de révéler un secret de fabrique est puni de deux ans d'emprisonnement et de 30 000 € d'amende.

Le tribunal peut également prononcer, à titre de peine complémentaire, pour une durée de cinq ans au plus, l'interdiction des droits civiques, civils et de famille prévue par l'article 131-26 du code pénal. – *La loi n° 92-1336 du 16 déc. 1992 est entrée en vigueur le 1er mars 1994.*

Code de l'environnement

PARTIE LÉGISLATIVE

(Ord. n° 2000-314 du 18 sept. 2000)

Production et distribution de produits générateurs de déchets

....

Art. L. 541-10-2 *(L. n° 2005-1720 du 30 déc. 2005, art. 87)* A compter du 1er janvier 2006, toute personne qui fabrique, importe ou introduit sur le marché national à titre professionnel des équipements électriques et électroniques ménagers relevant des catégories mentionnées à l'annexe I A et à l'annexe I B de la directive 2002/96/CE du Parlement européen et du Conseil, du 27 janvier 2003, relative aux déchets d'équipements électriques et électroniques est tenue de pourvoir ou contribuer à la collecte, à l'enlèvement et au traitement des déchets d'équipements électriques et électroniques ménagers indépendamment de leur date de mise sur le marché. Dans le cas où les équipements sont vendus sous la seule marque d'un revendeur, ce dernier est tenu de pourvoir ou contribuer à la collecte, à l'enlèvement et au traitement des déchets d'équipements électriques et électroniques en substitution de la personne qui fabrique, importe ou introduit sur le marché national ces équipements.

Les coûts de collecte sélective des déchets d'équipements électriques et électroniques ménagers supportés par les collectivités territoriales sont compensés par un organisme coordonnateur agréé qui leur reverse la fraction équivalente de la contribution financière qu'il reçoit des personnes mentionnées au premier alinéa.

Pendant une période transitoire courant à compter du 1er janvier 2006 et jusqu'au 13 février 2011, et au 13 février 2013 pour certains de ces équipements figurant sur une liste fixée par arrêté des ministres chargés de l'écologie, de l'économie, de l'industrie et de la consommation, les personnes mentionnées au premier alinéa ainsi que leurs acheteurs font apparaître, en sus du prix hors taxe, en pied de factures de vente de tout nouvel équipement électrique et électronique ménager, les coûts unitaires supportés pour l'élimination de ces déchets.

L'élimination de ces déchets issus des collectes sélectives est accomplie par des systèmes auxquels ces personnes contribuent financièrement de manière proportionnée et qui sont agréés ou approuvés par arrêtés conjoints des ministres chargés de l'économie, de l'industrie, de l'écologie et des collectivités territoriales.

Ces coûts unitaires n'excédent pas les coûts réellement supportés et ne peuvent faire l'objet de réfaction. Les acheteurs répercutent à l'identique ces coûts unitaires jusqu'au consommateur final et l'informent par tout moyen prévu à l'article L. 113-3 du code de la consommation. – *V. cet art., infra, vo Ventes commerciales (Dispositions générales).*

Loi n° 2006-11 du 5 janvier 2006,

D'orientation agricole (JO 6 janv.).

Art. 47 Afin de protéger l'environnement et d'encourager le développement des produits biodégradables, un décret détermine les conditions de l'interdiction, à compter du 1er janvier 2010, de la distribution au consommateur final, à titre gratuit ou onéreux, de sacs de caisse à usage unique en plastique non biodégradable.

Il détermine également les conditions de vérification de la biodégradabilité des sacs susceptibles d'être commercialisés ou distribués.

Un décret, pris dans les douze mois suivant la publication de la présente loi, détermine, dans le respect des règles définies dans le cadre de l'Union européenne, les usages du plastique pour lesquels l'incorporation dans celui-ci de matières d'origine végétale est rendue obligatoire. Il précise les taux d'incorporation croissants imposés.

COMMERCE MARITIME

Dispositions générales

Code du travail maritime

(L. 13 déc. 1926). – V. C. trav. 🏛

Décret-loi du 17 juin 1938,

Relatif à la modification des limites des affaires maritimes (DP 1938. 4. 381 ; BLD 1938. 544) 🏛.

Décret n° 46-2583 du 21 novembre 1946,

Relatif aux attributions des consuls dans leurs rapports avec la marine marchande (D. 1946. 456 ; BLD 1946. 781) 🏛.

Loi n° 48-340 du 28 février 1948,

Portant organisation de la marine marchande. 🏛.

Loi n° 68-1181 du 30 décembre 1968,

Relative à l'exploration du plateau continental et à l'exploitation de ses ressources naturelles (D. et BLD 1969. 29). 🏛.

Loi n° 71-1060 du 24 décembre 1971,

Relative à la délimitation des eaux territoriales françaises (D. et BLD 1972. 18). 🏛.

Loi n° 2005-412 du 3 mai 2005,

Relative à la création du registre international français. 🏛.

I Affrètement et transports maritimes

RÉP. COM. v^is *Affrètement maritime*, par CONFAVREUX ; *Navigation maritime*, par TOURET.

Loi n° 66-420 du 18 juin 1966,

Sur les contrats d'affrètement et de transport maritimes. 🏛.

Décret n° 66-1078 du 31 décembre 1966,

Sur les contrats d'affrètement et de transport maritimes. 🏛.

Décret du 25 mars 1937,

Portant promulgation de la convention internationale pour l'unification de certaines règles en matière de connaissement, signée à Bruxelles, le 25 août 1924 (DP 1937. 4. 16, commentaire H. Aubrun ; BLD 1937. 329 ; Add. 544). 🏛.

Arrêté du 20 juillet 1960,

Relatif au connaissement fluvial. 🏛.

Décret n° 65-612 du 22 juillet 1965,

Relatif aux transports maritimes. 🏛.

Code de la défense

(*Ord. n° 2004-1374 du 20 déc. 2004*).

Art. L. 2213-5 *à* L. 2213-8

Loi n° 83-1119 du 23 décembre 1983,

Relative aux mesures pouvant être prises en cas d'atteinte aux intérêts maritimes et commerciaux de la France. .

Code du domaine public fluvial et de la navigation intérieure

Art. 189 *à* 189-10

II Armement

RÉP. COM. v^is *Armateur,* par CORBIER ; *Navire, (copropriété de)* par PASQUALINI et LE JOUBIOU.

Loi n° 69-8 du 3 janvier 1969,

Relative à l'armement et aux ventes maritimes. .

Décret n° 69-679 du 19 juin 1969,

Relatif à l'armement et aux ventes maritimes. .

Loi du 28 mars 1928,

Sur le régime du pilotage dans les eaux maritimes (DP 1928. 4. 248 ; BLD 1928. 191). .

III Assurances maritimes

RÉP. COM. v° *Assurances maritimes,* par NICOLAS.

Code des assurances

(*L. n° 67-522 du 3 juill. 1967 ; Décr. n° 76-666 du 16 juill. 1976) (Décr. n° 76-667 du 16 juill. 1976).*

IV Événements de mer

RÉP. COM. v° *Événements de mer,* par TOURET.

Loi n° 67-545 du 7 juillet 1967,

Relative aux événements de mer. .

Décret n° 68-65 du 19 janvier 1968,

Relatif aux événements de mer. 🏛.

Loi du 5 juillet 1934,

Relative à l'abordage en navigation intérieure. 🏛.

Loi n° 61-1262 du 24 novembre 1961,

Relative à la police des épaves maritimes (D. 1961. 352 ; BLD 1961. 706). 🏛.

Décret n° 61-1547 du 26 décembre 1961,

Fixant le régime des épaves maritimes (D. 1962. 41 ; BLD 1962. 55). 🏛.

Loi n° 85-662 du 3 juillet 1985,

Relative aux mesures concernant, dans les eaux territoriales et les eaux intérieures, les navires et engins flottants abandonnés (D. et ALD 1985. 363). 🏛.

V Infractions maritimes — Tribunaux maritimes

RÉP. COM. v° *Tribunaux maritimes commerciaux*, par NDENDE et DAOULAS.

RÉP. PÉN. v° *Marine marchande*, par TOURET.

Loi du 30 mai 1923,

Relative à la répression du délit d'embarquement clandestin à bord des navires de commerce (DP 1924. 4. 168 ; BLD 1923. 328). 🏛.

Code disciplinaire et pénal de la marine marchande

(L. 17 déc. 1926 ; DP 1927. 4. 270). 🏛

Décret n° 56-1219 du 26 novembre 1956,

Sur les tribunaux maritimes commerciaux et la forme de procéder devant ces tribunaux. 🏛.

Décret n° 60-799 du 2 août 1960,

Modifiant diverses dispositions de la loi du 17 décembre 1926 portant code disciplinaire et pénal de la marine marchande. 🏛.

VI Navires (statut)

RÉP. COM. v^{is} *Navire*, par CHAO ; *Navire (Saisie et vente publique)*, par RACINE ; *Hypothèque et privilèges maritimes*, par DELEBECQUE.

Loi n° 67-5 du 3 janvier 1967,

Portant statut des navires et autres bâtiments de mer. 🏛.

Décret n° 67-967 du 27 octobre 1967,

Portant statut des navires et autres bâtiments de mer. 🏛.

Loi du 1er avril 1942,

Relative aux titres de navigation maritime. 🏛.

Code des douanes

(Décr. n° 48-1985 du 8 déc. 1948). 🏛

Code du domaine public fluvial et de la navigation intérieure

(Décr. n° 56-1033 du 13 oct. 1956, D. 1956. 427 ; Rect. 1957. 13 ; BLD 1956. 868 ; Rect. 1957. 13). 🏛

Loi n° 65-956 du 12 novembre 1965,

Sur la responsabilité civile des exploitants de navires nucléaires. 🏛.

Loi n° 83-581 du 5 juillet 1983,

Sur la sauvegarde de la vie humaine en mer, l'habitabilité à bord des navires et la prévention de la pollution (D. et ALD 1983. 334). 🏛.

VII Ventes maritimes

Loi n° 69-8 du 3 janvier 1969,

Relative à l'armement et aux ventes maritimes. 🏛.

Décret n° 69-679 du 19 juin 1969,

Relatif à l'armement et aux ventes maritimes. 🏛.

CONCURRENCE

Les dispositions de l'Ord. n° 86-1243 du 1er déc. 1986, ont été abrogées et codifiées par Ord. n° 2000-912 du 18 sept. 2000 au C. com., art. L. 410-1 s. reproduits, supra.

I Droit interne

Sur la liberté des prix et de la concurrence, V. supra, C. com., livre IV.

Loi de finances n° 63-628 du 2 juillet 1963,

Rectificative pour 1963 portant maintien de la stabilité économique et financière (D. 1963. 195 ; BLD 1963. 326).

Art. 2 I. — Tout commerçant, industriel ou artisan qui introduit une action en réparation du préjudice subi du fait d'actes de concurrence déloyale ou illicite, peut, en outre, demander suivant une procédure qui sera fixée par décret en Conseil d'État que, en attendant qu'il soit définitivement statué au fond, la cessation des agissements reprochés au défendeur soit ordonnée à titre provisoire et sous astreinte comminatoire.

Les dispositions qui précèdent ne sont pas applicables en matière de propriété industrielle.

II. — Les juridictions ayant statué sur les actions visées au paragraphe précédent pourront en outre ordonner la publication de leurs décisions, soit par affichage en certains lieux qu'elles fixeront, soit par insertion intégrale ou par extraits dans les journaux qu'elles désigneront. — *Sur l'applicabilité de ce texte, V. infra, note 38.*

RÉP. COM. v° *Concurrence déloyale*, par SERRA.

BIBL. ▶ GERNEZ-RYSSEN, *Defrénois 1993. 1161* (légitimité des restrictions à la concurrence en droit commercial et social). – PICOD, *JCP E 1994. I. 349* (obligation de non-concurrence de plein droit et contrats n'emportant pas transfert de clientèle). – FRISON-ROCHE, *RJDA 1994, p. 483* (principes originels du droit de la concurrence déloyale et du parasitisme). – MACCIONI, *JCP 1996. I. 3934* (l'image de marque). – MALAURIE-VIGNAL, *D. 1997. Chron. 207* (protection des informations privilégiées et du savoir-faire). – IZORCHE, *RTD com. 1998. 17* (fondements de la sanction de la concurrence déloyale et du parasitisme). – LE TOURNEAU, *ibid. 83* (de la spécificité du préjudice concurrentiel). – BERGE, *Cah. dr. entr. 2000, n° 3, p. 5* (droit communautaire de la concurrence et concurrence déloyale). – Colloque du 6 déc. 2000, *Gaz. Pal. 9-10 nov. 2001* (concurrence déloyale : amendes civiles ou « dommages punitifs » ?). – SCHMIDT-SZALEWSKI, *Mélanges Guyon, Dalloz, 2003, p. 993* (développements de l'action en concurrence déloyale). – CONDOMINES, *D. 2004. 2842* (contester en justice la publicité d'un concurrent : une arme à double tranchant). – ALTERMAN et ZIMMERMANN, *RJ com. 2004. 345* (concurrence déloyale sur internet). – BECKER, *Gaz. Pal. 2005. Doctr. 1561* (nouvelle loi allemande du 7 juill. 2004 contre la concurrence déloyale). – FASQUELLE et MÉSA, *D. 2005. 2666* (projet de nouvel art. 1371 C. civ. dans le rapport Catala). – BÉLOT, *Petites affiches 28 déc. 2005, p. 8* (pour une reconnaissance de la notion de préjudice économique en droit français).

V. C. civ., art. 1382 et 1383. — ***C. civ.***

I. PRINCIPE DE LIBERTÉ DU COMMERCE ET DES PRIX

1. Démarchage de la clientèle d'autrui. Le démarchage de la clientèle d'autrui qui ne s'accompagne pas d'un acte déloyal est par application du principe de la liberté du commerce libre. • Com. 24 oct. 2000 : *BRDA 2000, n° 21, p. 12.* ♦ V. déjà considérant qu'une entreprise ne bénéficie d'aucun droit privatif sur sa clientèle et que la simple démarche de la clientèle d'un concurrent est licite dès lors qu'elle ne s'accompagne d'aucun acte déloyal. • Paris, 26 févr. 1991 : *D. 1991. IR. 101* • 27 mai 1992 : *D. 1993. Somm. 155, obs. Izorche* • 27 mars 1996 : *RJDA 1996, n° 999.* ♦ Le principe fondamental de la liberté du commerce permet de s'attacher les clients d'un concurrent sans que puisse être engagée la responsabilité de l'instigateur du déplacement ainsi opéré, dans la mesure où aucune clientèle ne peut faire l'objet d'un droit privatif. L'application de ce principe n'est limité que par l'obligation de respecter les usages loyaux du commerce, dont la preuve de la violation incombe à l'ancien employeur, V. • Paris, 9 juin 1999 : *Petites affiches 20 mars 2000, p. 14, obs. Reboul.* ♦ Le fait pour un ancien employé ayant créé sa propre entreprise d'avoir conservé un carnet sur lequel étaient consignés les noms des clients de son employeur n'est pas susceptible à lui seul de constituer un procédé de désorganisation constitutif de concurrence déloyale. • Même arrêt.

2. Reproduction des produits d'autrui. En vertu du principe de la liberté du commerce et de l'industrie, la copie, même servile, d'un modèle non protégeable à raison de sa banalité, de son caractère exclusivement utilitaire ou de son appartenance au domaine public n'est pas en elle-même un fait de concurrence déloyale. • Paris, 15 janv. 1997 : *D. 1999. Somm. 99, obs. Izorche* ; *RJDA 1997, n° 982.* – V. aussi • Com. 29 nov. 1994 : *RJDA 1995, n° 791.* ♦ V. encore note 36.

3. Création d'une entreprise concurrente. La concomitance de la démission de plusieurs salariés, qui ont créé une entreprise concurrente, ne caractérise pas la faute de concurrence déloyale dès lors qu'ils n'avaient pas accompli de démarches de nature à nuire à l'entreprise, ni d'actes effectifs de concurrence alors qu'ils étaient encore liés par leur contrat de travail. • Com. 24 mars 1998 : *Bull. civ. IV, n° 112 ; D. 1999. Somm. 113, obs. Libchaber* ; *Petites affiches 19 août 1998, p. 13, obs. Malaurie-Vignal.* ♦ La création d'une société concurrente par des salariés encore liés à leur employeur par un contrat de travail, ne constitue, en soi, un acte de concurrence déloyale qu'autant que cette création a pour effet de concurrencer dans des conditions déloyales l'activité de l'entreprise de l'employeur. • Paris, 25 sept. 2000 : *D. 2001. Somm. 1313, obs. Serra* . ♦ V. aussi notes 38 s.

4. Liberté des prix. La liberté des prix est la règle et un fabricant ne commet pas un acte de concurrence déloyale en vendant des produits à un prix inférieur à ceux de l'un de ses concurrents, sacrifiant ainsi la séduction de la clientèle par la présentation pour préférer une séduction par le prix. • Versailles, 20 oct. 1993 : *RJDA 1994, n° 751.* ♦ La seule pratique d'un prix inférieur ne constitue pas en soi un acte de concurrence déloyale, dès lors qu'il n'est pas démontré que ce prix soit dérisoire ou excéderait les usages du commerce soumis au principe de l'économie libérale. • Paris, 3 juill. 1996 : *RJDA 1996, n° 1422* • 25 sept. 1996 : *D. Affaires 1996. 1218.* ♦ V. désormais, sur la prohibition des prix de vente abusivement bas, C. com., art. L. 420-5, *supra*.

Sur la condamnation d'un parfumeur, ayant mis en place un système de cartes de fidélité conduisant à des rabais permanents, V. • Dijon, 11 févr. 1997 : *JCP 1997. IV. 1981.*

II. CONDAMNATION DE LA CONCURRENCE DÉLOYALE

A. THÉORIE GÉNÉRALE DE LA CONCURRENCE DÉLOYALE

5. Fondement juridique. L'action en concurrence déloyale trouve son fondement dans les art. 1382 et 1383 C. civ., lesquels impliquent l'existence d'une faute commise par le défendeur et également celle d'un préjudice souffert par le demandeur. • Versailles, 8 déc. 1994 : *D. 1995. Somm. 261, obs. Serra* . – V. déjà • Com. 29 mai 1967 : *Bull. civ. III, n° 209.*

L'action en concurrence déloyale est fondée non sur une présomption de responsabilité au sens de l'art. 1384 C. civ., mais sur les art. 1382 et 1383 du même code. • Paris, 29 janv. 2003 : *D. 2004. Somm. 1157, obs. Picod* . ♦ La circonstance que la publicité mensongère soit érigée en délit par les dispositions des art. L. 121-1 s. C. consom. ne fait pas obstacle à une action fondée uniquement sur l'art. 1382 C. civ. • Versailles, 10 févr. 2004 : *Contrats Conc. Consom. 2004, n° 145, obs. Raymond.*

6. Auteur de l'acte. L'action en concurrence déloyale pouvant être mise en œuvre quel que soit le statut juridique de l'auteur de la faute alléguée, une telle action peut valablement être engagée à l'encontre d'une association soumise à la loi du 1er juill. 1901. • Com. 30 mai 2000 : *D. 2001. 2587, note Serra* ; *Contrats Conc. Consom. 2000, n° 161, obs. Malaurie-Vignal.* – V. aussi • Versailles, 16 déc. 2004 : *BICC 2005, n° 980 ; D. 2005. Pan. 2465, obs. Dorandeu* . ♦ Une mutuelle d'assurance qui fait croire que les seuls barèmes de réparation automobile sérieux sont publiés dans une revue déterminée, et que l'agrément peut être retiré si on ne se réfère pas à ces barèmes, commet une faute en contribuant par cette fausse information à détourner au bénéfice de cette revue la clientèle d'une revue concurrente. • Paris, 20 sept. 1996 : *D. 1997. Somm. 238, obs. Izorche* . ♦ Pour un arrêt retenant un acte de concurrence déloyale à l'encontre d'un agent d'assurance ayant détourné la clientèle d'un autre agent, alors même que cette faute ne profitait pas à celui qui l'avait commise, V. • Com. 21 mars 2000 : *Bull. civ. IV, n° 65 ; D. 2000. 625, note Serra* ; *Contrats Conc. Consom. 2000, n° 127, obs. Malaurie-*

Vignal. ♦ Le refus de France Télécom d'attribuer à une société le code télématique « vacances », est déloyal dès lors que des codes génériques avaient été consentis, au mépris de ses propres règles, à d'autres entreprises. • Com. 25 janv. 2000 : *Contrats Conc. Consom. 2000, n° 63, obs. Malaurie-Vignal.*

7. Rapport de concurrence et clientèle commune. L'existence d'un lien entre une association et ses adhérents auquel toute notion de clientèle est étrangère est impropre à écarter l'existence d'actes de concurrence déloyale d'un ancien salarié de l'association. • Com. 8 nov. 1994 : *Bull. civ. IV, n° 325 ; Contrats Conc. Consom. 1995, n° 6, obs. Vogel.* ♦ La circonstance que la clientèle que se disputent les opérateurs soit réputée être celle d'un tiers est indifférente pour accueillir une action en concurrence déloyale, laquelle suppose seulement que soit établie l'existence de faits fautifs générateurs d'un préjudice. • Com. 30 mai 2000 : *Contrats Conc. Consom. 2000, n° 161, obs. Malaurie-Vignal.* ♦ V. aussi, jugeant que l'entreprise visée par un dénigrement peut être concurrente ou non de celle qui en est l'auteur : • Versailles, 9 sept. 1999 : *D. 2000. Somm. 311, obs. Serra* . ♦ Comp., jugeant que faute de clientèle commune, les sociétés en cause n'étaient pas en situation de concurrence et qu'en conséquence l'une ne peut reprocher à l'autre de s'être livrée à des actes de concurrence déloyale à son égard. • Com. 19 nov. 2002 : *Bull. civ. IV, n° 171 ; JCP E 2003, n° 3, p. 107 ; RJDA 2003, n° 211.* ♦ Sur la nécessité d'une situation de concurrence pour que puisse prospérer l'action en concurrence déloyale, V. aussi : • Paris, 10 sept. 1997 : *D. 1997. IR. 215* (à propos de la mise à disposition par France Télécom de codes d'accès Télétel). ♦ V. aussi les décisions citées notes 23 et 57.

B. ÉLÉMENTS CONSTITUTIFS DE LA CONCURRENCE DÉLOYALE

1° FAUTE

8. Absence d'élément intentionnel. La caractérisation de la faute de concurrence déloyale n'exige pas la constatation d'un élément intentionnel. • Com. 12 mai 2004 : *Bull. civ. IV, n° 88 ; JCP E 2004, n° 27, p. 1082 ; Gaz. Pal. 2005. Somm. 571, obs. Guével ; RDLC déc. 2004. 69, obs. Fasquelle ; RJDA 2004, n° 1279 (1re esp.) ; Bull. Joly 2004. 1103, note Larrieu.* ♦ L'action en concurrence déloyale suppose seulement l'existence d'une faute, sans requérir un élément intentionnel. • Com. 26 avr. 1994 : *Bull. civ. IV, n° 151* • 3 mai 2000 : *RCA 2000, n° 212.* – V. déjà • Civ. 18 avr. 1958 : *D. 1959. 87, note Derrida* • Com. 17 oct. 1984 : *D. 1985. IR. 384, obs. Serra* • 6 nov. 1990 : *Bull. civ. IV, n° 262 ; D. 1992. Somm. 49, obs. Serra* • 3 juill. 2001 : *RJDA 2002, n° 113.* ♦ Dans le même sens, retenant la responsabilité d'une entreprise au motif qu'elle pratiquait des prix inférieurs à ses prix de revient, V. • Com. 3 mai 2000 : *Bull. civ. IV, n° 93 ; D. 2001. Somm. 1312, obs. Serra ; Contrats Conc. Consom. 2000, n° 111, obs. Malaurie-Vignal.* ♦ Les actes de concurrence déloyale peuvent aussi résulter d'une simple faute d'imprudence ou de négligence. • Dijon, 25 mars 1994 : *JCP 1994. IV. 1702.* – V. aussi • Civ. 2e, 2 avr. 1997 : *cité note 16* • Paris, 21 oct. 1998 : *RJDA 1999, n° 110* • 8 oct. 1992 : *D. 1994. Somm. 223, obs. Serra* . ♦ Pour un comportement de mauvaise foi caractérisant la faute constitutive d'actes de concurrence déloyale, V. • Com. 7 avr. 1998 : *D. 1999. Somm. 128, obs. Schmidt-Szalewski* .

9. Faisceau de présomptions. L'action en concurrence déloyale n'étant pas fondée sur une présomption de responsabilité, une cour d'appel ne peut, en se déterminant sur un faisceau de présomptions de fautes, condamner un comptable démissionnaire engagé par un concurrent. • Com. 13 mai 1997 : *JCP E 1998, n° 3, p. 79, note Fourgoux.* ♦ Mais pour retenir l'existence d'actes de concurrence déloyale, les juges du fond apprécient souverainement la valeur des présomptions qui leur sont soumises. • Civ. 1re, 23 janv. 2001 : *Bull. civ. I, n° 6.*

10. Charge de la preuve. Il appartient au demandeur d'apporter la preuve positive des agissements déloyaux et non à l'intimé de rapporter la preuve négative de l'absence de telles pratiques. • Amiens, 29 janv. 2004 : *BICC 2004, n° 1834.*

2° PRÉJUDICE

11. Spécificité du préjudice. Il s'infère nécessairement des actes déloyaux constatés l'existence d'un préjudice, fût-il seulement moral. • Com. 9 févr. 1993 : *Bull. civ. IV, n° 53 ; JCP E 1994. II. 545, note Danglehant ; Contrats Conc. Consom. 1993, n° 49, note Vogel* • 27 févr. 1996 : *D. 1997. Somm. 104, obs. Serra ; RJDA 1996, n° 732.* – V. aussi • Com. 1er avr. 1997 : *D. Affaires 1997. 598* • Paris, 29 avr. 1998 : *D. 1999. Somm. 99, obs. Izorche* • 22 févr. 2000 : *Contrats Conc. Consom. 2000, n° 81, obs. Malaurie-Vignal* • Com. 9 oct. 2001 : *RTD civ. 2002. 304, obs. Jourdain ; Contrats Conc. Consom. 2002, n° 6, obs. Malaurie-Vignal* (pour une clause de non-concurrence). ♦ V. également, dans le cas d'une publicité comparative illicite, considérant que le dénigrement commis, générateur d'un trouble commercial, entraîne nécessairement un préjudice. • Com. 14 juin

2000 : *Bull. civ. IV, n° 126 ; BRDA 2000, n° 15-16, p. 9.* ♦ ... Sauf pour l'auteur de tels actes, à établir que ces faits n'ont pas généré de dommages. • Com. 8 juill. 1997 : *BRDA 1997, n° 23, p. 11.* ♦ Comp. sur la nécessité pour le demandeur de prouver l'existence d'un préjudice : V. • Com. 19 juill. 1976 : *JCP 1976. II. 18507, note R. D. M.* • 25 févr. 1992 : *Bull. civ. IV, n° 88.*

A été jugée recevable la demande d'une société dénigrée qui ne fonde son action en réparation ni sur la baisse de son chiffre d'affaires, ni sur la perte de clientèle, mais sur l'atteinte portée à son enseigne par la campagne de dénigrement entreprise par un groupe commercial et qui la visait nommément, car tendant à l'indemnisation d'un dommage effectif causé à un bien incorporel compris dans ses éléments d'actif, valorisé par ses investissements et sa politique commerciale. • Paris, 29 mars 1993 : *D. 1994. Somm. 223, obs. Serra*. – V. aussi • Paris, 3 avr. 1995 : *D. 1996. Somm. 254, obs. Picod ; Gaz. Pal. 1996. 1. Somm. 145.*

12. Nature du préjudice. L'effet relatif des contrats n'interdit pas aux tiers d'invoquer la situation de fait créée par les conventions auxquelles ils n'ont pas été parties, si cette situation de fait leur cause un préjudice de nature à fonder une action en responsabilité délictuelle (préjudice résultant du non-respect par un distributeur agréé des exigences de la distribution sélective) : • Com. 1er juill. 2003 : *cité note 43 ter ss. art. L. 330-2 C. com., supra.* – V. aussi • Com. 11 janv. 2005 : *D. 2006. Pan. 516, obs. Ferrier ; JCP E 2005, n° 31-34, p. 1327, obs. Mainguy ; Contrats Conc. Consom. 2005, n° 89, obs. Malaurie-Vignal ; Dr. et patr. juin 2005. 114, obs. P. Mousseron ; RDC 2005. 768, obs. Béhar-Touchais* • 5 avr. 2005 : *cité note 170, v° Contrats d'affaires, infra* (absence de préjudice du fait de la violation d'une clause de non-concurrence). ♦ En revanche, la concurrence déloyale par détournement de clientèle reprochée aux dirigeants ayant fait l'objet d'une action de la société elle-même, les actionnaires, n'ayant aucun droit personnel sur la clientèle qui constitue l'actif de la société, doivent être déboutés dès lors qu'ils ne justifient pas d'un préjudice distinct. • Paris, 6 déc. 2002 : *Bull. Joly 2003. 474, obs. Barbièri.*

13. Entreprise en difficulté. Jugeant qu'une entreprise en difficulté bénéficie de la protection offerte par le droit de la concurrence déloyale, V. • Com. 12 oct. 2004 : *RDLC 2005, n° 1, p. 75, obs. Fasquelle et Morel.*

3° LIEN DE CAUSALITÉ

14. Exigence et appréciation du lien de causalité. Le lien de causalité entre des agissements fautifs (parasitisme) et les difficultés financières de la société victime doit être établi. • Com. 30 janv. 2001 : *Bull. civ. IV, n° 27 ; D. 2001. 1939, note Le Tourneau ; Contrats Conc. Consom. 2001, n° 58, obs. Malaurie-Vignal ; JCP 2001. I. 340, n° 29, obs. Viney.* ♦ Les juges du fond établissent l'existence d'un lien de causalité entre la faute et le préjudice dès lors qu'ils constatent la corrélation entre l'installation concurrente et la diminution du chiffre d'affaires du commerçant et écartent formellement d'autres causes de cette baisse. • Com. 29 nov. 1976 : *Bull. civ. IV. n° 300,* ♦ Comp. : • Com. 30 nov. 1976 : *ibid., n° 303* • 11 févr. 1980 : *D. 1980. IR. 441* • 29 juin 1993 : *Bull. civ. IV, n° 270.*

III. ACTES DE CONCURRENCE DÉLOYALE

A. DÉNIGREMENT

1° NOTION DE DÉNIGREMENT

15. Définition. Le dénigrement consiste à porter atteinte à l'image de marque d'une entreprise ou d'un produit désigné ou identifiable afin de détourner la clientèle, en usant de propos et d'arguments répréhensibles ayant ou non une base exacte, diffusés ou émis de manière à toucher les clients de l'entreprise visée, concurrente ou non de celle qui en est l'auteur. • Versailles, 9 sept. 1999 : *préc. note 7.* ♦ La diffusion par un laboratoire pharmaceutique d'un article paru dans la presse et critiquant un produit parapharmaceutique concurrent auprès de pharmacies distribuant ledit produit avec un marque-page mentionnant en gros caractères « cet article vous concerne... » constitue un acte de dénigrement dans la mesure où il n'a pas pour finalité l'information des consommateurs, mais traduit une intention de dénigrer le laboratoire concurrent. • Com. 23 mars 1999 : *Contrats Conc. Consom. 1999, n° 91, obs. Malaurie-Vignal ; Petites affiches 8 nov. 1999, p. 10, obs. Reboul ; Gaz. Pal. 19-20 mai 2000, p. 26, obs. Grelier-Lenain.* ♦ Mais ne constituent pas un dénigrement les propos tenus dans la presse faisant état, pour les comparer, des méthodes de vente, des choix stratégiques et d'implantation de deux sociétés, alors que ces propos s'analysent en une appréciation critique de la politique commerciale d'un concurrent et que les termes employés ne sont pas outranciers et qu'aucune critique n'est portée sur les produits. • Paris, 24 nov. 2004 : *JCP E 2005, n° 10, p. 405 ; Gaz. Pal. 2005. Somm. 2183, obs. Roiland ; BRDA 2005, n° 10, p. 11.* ♦ De la même façon, la publication de critiques, même sévères, concernant du vin ne peut constituer une faute caractérisant un dénigrement dans le contexte d'un débat public. • Civ. 2e, 16 juin 2005 : *Bull. civ.*

II, n° 156 ; D. 2005. 2916, note Agostini ; *JCP 2005. IV. 2744* (cassation de • Lyon, 13 août 2003 : *Gaz. Pal. 2005. 346, note Goni*).

16. Dénigrement et liberté d'expression. BIBL. Derieux, *Petites affiches 28 mai 2003, p. 19* (libre critique et dénigrement fautif). ♦ V. aussi *infra*, note 33. ♦ Les propos, mettant en cause les véhicules d'une marque automobile, qui s'inscrivaient dans le cadre d'une émission satirique diffusée par une entreprise de communication audiovisuelle et ne pouvaient être dissociés de la caricature faite de son P-DG, relèvent de la liberté d'expression sans créer aucun risque de confusion entre la réalité et l'œuvre satirique de sorte que l'entreprise de communication audiovisuelle n'a commis aucune faute. • Cass., Ass. plén., 12 juill. 2000 : *Bull. civ. n° 7 ; JCP 2000. II. 10439, note Lepage ; Petites affiches 14 août 2000, p. 4, note Derieux ; RTD civ. 2000. 842, obs. Jourdain* ; *Defrénois 2002. 602, note Brun et Piedelièvre.* – V. l'arrêt de renvoi : • Reims, 9 févr. 1999 : *D. 1999. 449, note Edelman ; JCP 1999. II. 10144, note Bigot.* – V. aussi dans la même affaire : • Civ. 2e, 2 avr. 1997 : *Bull. civ. II, n° 113 ; D. 1997. 411, note crit. Edelman* ; *D. Affaires 1997. 570*, cassant • Paris, 14 mars 1995 : *BICC 1995, n° 971 ; D. 1996. Somm. 252, obs Izorche* (caricatures dans une émission télévisée quotidienne, pouvant jeter le discrédit sur une marque d'automobiles). – V. concl. Kessous, *RJDA 1997, p. 398.* – V. aussi Gridel, *D. 1998. Chron. 183* ; Sabireau-Perez, *D. Affaires 1998. 1683* (liberté de la presse et liberté de la concurrence).

De même, l'information sur les propriétés objectives que le consommateur peut attendre d'un produit, dont le caractère mensonger n'est pas soulevé, dès lors qu'elle est donnée en termes mesurés, fussent-elles destinées à remédier aux conséquences de l'usage d'un autre produit non concurrent, ne constitue pas un dénigrement caractérisant un trouble manifestement illicite. • Com. 15 janv. 2002 : *Bull. civ. IV, n° 9 ; JCP 2002. I. 186, n° 3, obs. Viney ; Gaz. Pal. 2003. Somm. 1896, obs. Roiland ; RJDA 2002, n° 709* (référence au pouvoir tachant du café dans les publicités d'un dentifrice). – Sur cet arrêt, V. Champalaune, *RJDA 2002. 495.* ♦ Les annonces publiées dans un journal sur le thème de « l'excès d'énergie peut être dangereux » n'ont pas un caractère dénigrant dans la mesure où elles ne mettent pas en cause les services offerts par le groupe NRJ tant aux auditeurs qu'aux annonceurs publicitaires, mais expriment seulement l'hostilité à la concentration en cours dans le secteur radiophonique de la bande FM. • Paris, 26 janv. 2001 : *Gaz. Pal. 21-22 nov. 2001. Somm. 42.* ♦ Mais l'utilisation d'une marque réputée dans le domaine du sport sur un site internet dénigrant cette activité montre l'intention de dénigrer une entité déterminée et non pas seulement l'activité sportive en soi. • TGI Paris, 8 sept. 2003 : *Petites affiches 23 mai 2005, p. 17, obs. P. M.* ♦ Pour une hypothèse où l'auteur d'un propos dénigrant tentait de se retrancher derrière la liberté d'expression et la responsabilité d'un journaliste pour échapper à sa propre responsabilité, V. • Paris, 20 nov. 2003 : *Gaz. Pal. 2004. Somm. 1273, obs. Roiland.*

17. Distinction entre dénigrement et diffamation. Les appréciations, mêmes excessives, touchant les produits, les services ou les prestations d'une entreprise industrielle n'entrent pas dans les prévisions de la diffamation mais du dénigrement dès lors qu'elles ne concernent pas la personne physique ou morale. • Civ. 2e, 5 juill. 2000 : *Bull. civ. II, n° 109 ; D. 2000. AJ. 359, obs. Marmontel* . ♦ Ayant retenu qu'un article portait sur un produit une appréciation générale très négative, dépassant les limites du billet d'humeur et faisant référence à une enquête qui ne concernait pas le produit en cause, que les propos dénigrants et l'amalgame erroné avec cette enquête avaient jeté le discrédit sur ce produit, que l'éditeur de cet article avait manqué à son devoir de prudence et d'objectivité, une cour d'appel a décidé à bon droit que cette société avait commis une faute de nature à engager sa responsabilité. • Civ. 2e, 8 avr. 2004 : *Bull. civ. II, n° 182 ; RJDA 2004, n° 914* • 7 oct. 2004 : *Bull. civ. II, n° 445 ; JCP 2004. IV. 3157.* ♦ L'art. 29 de la loi du 29 juill. 1881 sur la liberté de la presse dispose que toute allégation ou imputation d'un fait qui porte atteinte à l'honneur ou à la considération de la personne ou du corps auquel le fait est imputé est une diffamation. Par suite, la courte prescription prévue par l'art. 65 de cette loi ne peut être écartée au motif que les propos litigieux tenus par une société dans une revue qu'elle édite visaient uniquement une autre revue en tant que produit concurrentiel de nature commerciale, à l'exclusion de toute mise en cause personnelle des responsables de cette revue, alors que les allégations de vol et de spoliation portaient atteinte à l'honneur et à la considération de la société à laquelle elles étaient imputées. • Civ. 2e, 19 juin 1996 : *Bull. civ. II, n° 153 ; D. Affaires 1996. 1056.* – V. aussi • Cass., Ass. plén., 12 juill. 2000 : *préc. note 16.* ♦ V. la loi du 29 juill. 1881 au **C. pén.**

18. Dénigrement et publicité comparative. V. *infra*, v° *Publicité commerciale*, C. consom., art. L. 121-8 s.

2° ÉLÉMENTS CONSTITUTIFS DU DÉNIGREMENT

19. Informations péjoratives ou malveillantes. Se rend coupable de concurrence déloyale le responsable d'une société qui, dans une interview publiée par une revue, dénigre un concurrent alors que ce dénigrement n'émane pas d'une personne étrangère au milieu professionnel qui n'aurait en vue que d'informer le plus exactement possible le public des avantages et des inconvénients respectifs de chacun des modes de distribution, mais d'un concurrent qui se garde d'émettre la moindre réserve sur les méthodes de sa propre société. • Paris, 20 févr. 1992 : *D. 1993. Somm. 155, obs. Izorche*. ♦ De même, se rend coupable de concurrence déloyale la société qui, dans sa publicité commerciale effectuée par lettre circulaire, donne des informations malveillantes de nature à jeter le discrédit sur un concurrent en le dénigrant et en faisant référence aux termes de sa publicité, ce qui permet d'identifier parfaitement la personne morale visée et cela d'autant plus facilement que son nom est cité dans cette même lettre. • Paris, 15 déc. 1994 : *D. 1995. Somm. 261, obs. Serra*. – V. aussi • Dijon, 12 sept. 1995 : *JCP 1996. IV. 630* • Paris, 5 juin 1996 : *Contrats Conc. Consom. 1997, n° 16, obs. Raymond* (identification par les prénoms utilisés). ♦ L'utilisation dans un catalogue de noms ayant un rapport direct et certain avec une entreprise concurrente, pour désigner des produits, constitue une action positive de dénigrement destinée à nuire à ce concurrent en faisant croire qu'il s'agit de produits qu'il fabrique, afin d'en détourner la clientèle, V. • Paris, 1er oct. 1997 : *D. Affaires 1997. 1348.*

Sur le caractère déloyal de l'emploi du qualificatif « véritable » pour désigner un produit, tendant à jeter le discrédit sur les produits concurrents, V. • Paris, 10 avr. 1996 : *Gaz. Pal. 1996. 2. Somm. 495.* ♦ Pour un exemple de dénigrement indirect (message se présentant comme la critique du discours d'un tiers à la fois défavorable à l'auteur du message et favorable à un concurrent de celui-ci), V. • T. com. Paris, 14 févr. 1996 : *D. 1997. Somm. 234, obs. Izorche*. ♦ Pour un exemple de dénigrement direct et indirect au moyen de slogans publicitaires portant à la fois sur une société, sur les prix et les services de celle-ci, V. • Paris, 5 mars 1999 : *Petites affiches 8 nov. 1999, p. 6, obs. Reboul.* ♦ Pour un exemple de dénigrement d'une société cotée par des analyses financières, diffusées pendant de nombreuses années par une banque d'affaires, qui comportaient de nombreuses inexactitudes ou omissions, V. • T. com. Paris, 12 janv. 2004 : *cité ss. art. L. 544-2 C. mon. fin., V., supra, v° Code monétaire et financier (extraits).*

La forme humoristique d'un spot publicitaire n'excuse en rien l'appréciation péjorative portée sur un produit dès lors qu'elle n'apporte rien à la force du message, V. • Versailles, 2 juin 2004 : *RJDA 2004, n° 1405* (dénigrement du sucre incarné par un personnage lui donnant une image caricaturale et dévalorisante).

20. Atteinte à l'image ou à la réputation d'autrui. V., pour des agissements condamnables : • Paris, 9 déc. 1992 : *D. 1994. Somm. 223, obs. Serra* ; *Gaz. Pal. 1994. 1. Somm. 58* (dénigrement des professionnels de l'immobilier) • Versailles, 17 mai 1994 : *D. 1995. 539* ; *Gaz. Pal. 1995. 1. 49, note Junqua-Lamarque* (dénigrement de producteurs de programmes par la société FR 3), conf. par • Com. 21 mai 1996 : *D. 1997. Somm. 85, obs. Hassler et Lapp* ; *D. Affaires 1996. 871* • Versailles, 1er juill. 2004 : *D. 2004. IR. 2764* (atteinte à l'image d'une compagnie aérienne par le photomontage d'un de ses avions en train de s'écraser).

21. Critique de produits ou services. Pour des exemples : • Douai, 26 sept. 1956 : *RTD com. 1959. 108, obs. Roubier et Chavanne* (le vrai cinémascope) • Paris, 17 nov. 1970 : *D. 1972. 73, note Guinchard* (le seul apéritif naturel) • 4 nov. 1976 : *D. 1977. 405, note Vuitton* ; *RTD com. 1977. 319, obs. Chavanne et Azéma* (produits qualifiés d'invendables) • Versailles, 12 févr. 1990 : *D. 1990. 264, note Serra* (dénigrement des lessives sans phosphates dans une campagne publicitaire lancée par un producteur de phosphates). – V. aussi Biolay, *Gaz. Pal. 1991. 2. Doctr. 716* • Paris, 24 sept. 1996 : *D. 1997. Somm. 235, obs. Izorche* ; *D. Affaires 1996. 1189* (comparaison, par un fabricant de cigarettes, en termes de risques pour la santé, entre la consommation de biscuits et l'inhalation passive de tabac) • Com. 1er déc. 1998 : *RJDA 1999, n° 112*, conf. de • Paris, 28 oct. 1996 : *D. 1996. IR. 258* (dénigrement du port de manteaux de fourrure au profit de produits de substitution) • Versailles, 30 janv. 1997 : *D. 1999. Somm. 93, obs. Izorche* ; *D. Affaires 1997. 436* (dénigrement par l'utilisation, par un fabricant, de l'appellation « compote fraîche »), conf. sur ce point par • Com. 12 janv. 1999 : *D. 1999. IR. 114* ; *Gaz. Pal. 17-18 nov. 1999, p. 36, obs. Staeffen et Veyssières* • Paris, 21 sept. 1998 : *Petites affiches 18 juin 1999, p. 24, obs. Petitier* (dénigrement par un concessionnaire de pompes funèbres résultant de l'apposition sur sa vitrine d'une affiche portant la mention « stop aux mensonges »).

22. Publicité d'une action ou d'une décision de justice. BIBL. Bout, *RLC 2005, n° 1, p. 152* (action en justice, instrument de concurrence déloyale). ♦ Est fautive la dénonciation faite à la clientèle d'une action judiciaire n'ayant pas donné lieu à une décision de justice. • Com. 12 mai 2004 : *Bull. civ. IV, n° 87* ; *D. 2004. AJ. 1524* ; *JCP E 2004, n° 48, p. 1877, obs. Caron* ; *Contrats Conc. Consom. 2004, n° 112, obs.*

Malaurie-Vignal ; RDLC déc. 2004. 69, obs. Fasquelle ; RJDA 2004, n° 1279 ; RLC 2005, n° 1, p. 110, obs. Chagny. ♦ Le simple fait de dénoncer à la clientèle les agissements d'un concurrent nommément désigné comme contrefacteur, alors qu'aucune décision de justice ne vient en établir la réalité, constitue un « dénigrement » contraire aux usages loyaux du commerce engageant la responsabilité de celui qui y procède. • Paris, 3 avr. 1995 : *préc. note 11.* ♦ Le fait de donner une publicité à une décision de justice non définitive relative à une contrefaçon de marque constitue un dénigrement ouvrant droit à réparation. • Bastia, 6 déc. 1999 : *BICC n° 1298.* ♦ Est constitutif d'un acte de concurrence déloyale, l'utilisation, par l'un des adversaires, de l'existence d'une instance judiciaire en cours, dans la concurrence qui oppose les deux entreprises en cause pour l'obtention d'un marché à l'étranger, afin d'introduire un doute dans l'esprit d'un client dans un pays dans lequel les questions de responsabilité sont particulièrement sensibles et sont susceptibles d'engendrer des frais exorbitants. • T. com. Paris, 2 févr. 1998 : *Gaz. Pal. 15-16 oct. 1999, p. 4.*

Un fournisseur ne peut user de manière excessive du droit de faire publier la condamnation d'un des membres de son réseau de distribution exclusive. Tel est le cas, lorsqu'il est établi que l'importance de l'encart réservé à cette publication ainsi que la mention très apparente de la marque du commerçant condamné constituent un détournement de l'information tant à des fins publicitaires que de dénigrement. • Aix-en-Provence, 13 mars 1997 : *JCP 1997. IV. 2305.* ♦ Comp. les décisions citées notes 23, 77 et 79.

23. Site internet. BIBL. Thoré, *Gaz. Pal. 2003. 1. Doctr. 53* (indemnisation du préjudice de l'entreprise victime de dénigrement sur internet). – Alterman et Zimmermann, *RJ com. 2004. 345* (concurrence déloyale sur internet). ♦ Si la création au sein d'un site d'un lien hypertexte permettant l'accès direct à d'autres sites n'est pas, en soi, de nature à engager la responsabilité de l'exploitant du site d'origine à raison du contenu du site auquel il renvoie, il en est toutefois autrement lorsque la création de ce lien procède d'une démarche délibérée et malicieuse, entreprise en toute connaissance de cause par l'exploitant du site d'origine, lequel doit alors répondre du contenu dénigrant du site auquel il s'est, en créant ce lien, volontairement et délibérément associé. • Paris, 19 sept. 2001 : *D. 2002. AJ. 643, obs. Manara* ; *JCP E 2003, n° 4, p. 172, obs. S. P.-N.* ♦ Pour un site dont le contenu a été jugé dénigrant pour un distributeur de cycles, V. • TGI Paris, 9 juill. 2002 : *Comm. com. élec. 2003, Actualités, p. 4.*

La diffusion sur un site internet d'une décision de justice rendue entre les parties ne constitue pas un acte de concurrence déloyale dès lors qu'il n'est pas démontré que les parties ont la même activité et s'adressent à la même clientèle et qu'aucune atteinte n'a été portée à l'honneur et à la considération par la diffusion d'une décision de justice défavorable. • Colmar, 3 sept. 2002 : *JCP E 2002, n° 50, p. 1987 et 1990 ; ibid. 2003, n° 4, p. 175, obs. S. C. ; Comm. com. élec. 2002, n° 143, obs. Grynbaum ; Gaz. Pal. 2003. 2367, note Pradère.* ♦ Pour le dénigrement d'une société concurrente dans des publications et sur un site internet, pouvant constituer le délit de diffusion de fausses informations (C. mon. fin., art. L. 465-1) : • T. corr. Paris, 9 janv. 2004 : *RTD com. 2004. 782, obs. Rontchevsky* ; *Bull. Joly Bourse 2004. 255, note Ducouloux-Favard.* – V. cet art., *supra*, v° *Code monétaire et financier (extraits).*). ♦ Pour la responsabilité de l'entreprise dont le salarié crée un site web personnel illicite, V. • Aix-en-Provence, 13 mars 2006 : *D. 2006. AJ. 1284, obs. Manara ; Comm. com. élec. 2006, n° 81, obs. Grynbaum.*

24. Dénigrement de personnes identifiables. Une cour d'appel ne peut décider que deux sociétés étaient la cible d'une campagne publicitaire de dénigrement réalisée par voie d'annonces parues dans des magazines sans établir que les annonces litigieuses permettaient l'identification, par les consommateurs, des sociétés s'estimant victimes. • Com. 19 juin 2001 : *Bull. civ. IV, n° 121* (cassation de • Paris, 12 févr. 1999 : *D. 2000. Somm. 311, obs. Serra* ; *Gaz. Pal. 23-27 mai 1999, p. 32, obs. Grelier-Lenain ; Petites affiches 5 nov. 1999, p. 18, obs. Etner)* (dénigrement des aspirateurs à sac). ♦ Mais la victime du dénigrement peut être suffisamment désignée malgré le caractère générique de la campagne publicitaire. • Versailles, 12 févr. 1990 : *préc. note 21.* – V. aussi : • TGI Paris, 9 mai 2001 : *RJDA 2002, n° 112* (propos agressifs tant à l'égard de son ancien supérieur hiérarchique que d'autres cadres de la société, celle-ci n'étant pas expressément citée mais aisément identifiable) • T. com. Paris, 22 oct. 1999 : *Gaz. Pal. 17-18 nov. 1999, p. 26* (dénigrement des hamburgers et plus généralement de la restauration rapide).

Il appartient au juge de rechercher si les propos tenus à la clientèle, même exacts, qui n'étaient pas donnés en termes généraux mais visaient l'intervention des salariés d'une société concurrente, n'étaient pas de nature à jeter le discrédit sur cette société : • Com. 12 mai 2004 : *Bull. civ. IV, n° 88 ; D. 2004. AJ. 1810* ; *JCP E 2004, n° 27, p. 1082 ; Gaz. Pal. 2005. Somm. 571, obs. Guével ; RJDA 2004, n° 1279 (1re esp.) ; Bull. Joly 2004. 1103, note Larrieu.* ♦ La référence à une marque spécifique de cigarettes même sur un mode parodique, dans le cadre d'une campagne anti-tabac, a pour conséquence de porter le discrédit sur un fabricant au détriment des autres dont l'image n'a pas été utilisée. • Paris, 14 janv. 2005 : *D. 2005. Pan. 2463, obs. Auguet* (éléments du décor du paquet de cigarettes *Camel*).

25. Diffusion des propos dénigrants. Le dénigrement suppose une diffusion des informations à la clientèle ; dès lors une documentation interne à l'entreprise ne saurait en constituer le support. • Paris, 27 févr. 1984 : *Ann. propr. ind. 1984. 209* • 1er juill. 1991 : *D. 1992. Somm. 341, obs. Izorche* • 3 juill. 1991 : *ibid.* • 1er déc. 2004 : *D. 2005. Pan. 2463, obs. Auguet.* ♦ Comp., en ce sens qu'un document ne peut être considéré comme interne, dès lors qu'il est adressé aux salariés de l'entreprise : • Versailles, 17 oct. 1996 : *BRDA 1996, n° 21, p. 16*, conf. par • Com. 17 nov. 1998 : *RJDA 1999, n° 358.* – Comp. aussi • Versailles, 3 juill. 1991 : *BRDA 1996, n° 21, p. 16.*

B. CONFUSION

1° NOTION DE CONFUSION

26. Imitation. Une société qui commercialise un produit de même nature ayant la même finalité et dans un même conditionnement que celui d'un concurrent, alors que cette reprise n'est nullement justifiée par des nécessités techniques, commet à tout le moins une faute de négligence en imitant plusieurs caractéristiques d'un produit qui venait d'être lancé par une autre société. • Paris, 3 avr. 1998 : *D. 1999. Somm. 95, obs. Izorche*.

27. Licéité d'une simple similitude avec les produits d'un concurrent. La concurrence exercée par une société qui commercialise des pièces de rechange, non protégées par un droit privatif, adaptables au produit d'un concurrent est licite et, en l'absence de possibilité de confusion dans l'esprit de la clientèle, la correspondance existant entre les références des produits des deux sociétés qui se justifie par le caractère interchangeable de la production litigieuse appelant une certaine équivalence dans l'identification des composants ne présente pas un caractère déloyal. • Com. 16 mai 2000 : *Bull. civ. IV, n° 103.* ♦ Le simple fait de copier la prestation d'autrui ne constitue pas comme tel un acte de concurrence fautif, le principe étant qu'une prestation qui ne fait pas ou ne fait plus l'objet de droits de propriété intellectuelle peut être librement reproduite. • Paris, 18 oct. 2000 : *D. 2001. 850, note Passa* . ♦ Un fabricant ne peut valablement incriminer la reproduction à l'identique de ses produits si cet agissement n'a pas été commis dans le seul but de tromper le public sur l'origine de la marchandise et de détourner ainsi sa clientèle ou de profiter indûment de ses investissements. • Paris, 15 janv. 1997 : *préc. note 2.* ♦ N'est pas fautif en soi, au regard du principe de la liberté du commerce et de l'industrie, le fait de commercialiser à un prix moindre et dans un environnement différent, des produits identiques à ceux d'un concurrent, s'agirait-il de copies serviles, dès lors qu'il n'existe aucun droit privatif. • Orléans, 12 mai 2005 : *RJDA 2005, n° 1401.*

28. Exigence d'une clientèle commune. La confusion n'existe pas lorsque la clientèle est distincte. • Civ. 1re, 3 mars 1982 : *D. 1983. IR. 98, obs. Colombet.* ♦ L'existence de circuits de distribution différents pour des produits de beauté n'exclut pas l'existence d'une clientèle commune. • Paris, 3 avr. 1998 : *préc. note 26.* ♦ En ce sens que le risque de confusion peut être caractérisé alors même que les entreprises concurrentes ayant une dénomination identique ont des clientèles nationale pour l'une et locale pour l'autre, V. • Com. 16 janv. 2001 : *Contrats Conc. Consom. 2001, n° 60, obs. Malaurie-Vignal.* ♦ Considérant qu'aucune confusion n'est possible dans l'esprit du public entre l'activité de deux entreprises lorsque celles-ci n'exercent pas dans le même secteur géographique, V. • Com. 19 déc. 2000 : *Bull. civ. IV, n° 205.*

2° ILLUSTRATION DE LA CONFUSION

a. Imitation des signes de ralliement de la clientèle ou de la publicité

29. Nom commercial. Le nom commercial n'est protégé que s'il est connu ou utilisé sur le territoire français. • Com. 17 juill. 1984 : *Bull. civ. IV, n° 239.* ♦ Un groupe de lettres sans signification, présentant un caractère arbitraire, est protégeable en cas de risque de confusion phonétique avec un autre sigle (SAPRA et CEEPRA). • Com. 16 juill. 1991 : *Bull. civ. IV, n° 266 ; RJDA 1991, n° 922.* ♦ La protection dont bénéficie le nom commercial contre tout risque de confusion avec une dénomination voisine s'étend à toutes les utilisations qui peuvent en être faites et sur tous les supports où il est susceptible d'être utilisé (utilisation d'un nom commercial pour désigner un service Minitel). • Paris, 7 avr. 1995 : *RJDA 1995, n° 1312.* ♦ Sur la condamnation de l'utilisation d'un nom de domaine imitant le nom commercial et l'enseigne d'un concurrent bénéficiant d'une antériorité d'usage de ces signes, V. • Com. 7 juill. 2004 : *cité note 34.*

30. Dénomination sociale. Une société ayant pris pour dénomination, en lui adjoignant un préfixe, un vocable de notoriété industrielle, qui constitue l'élément essentiel, dominant et caractéristique du groupe de deux mots employés par une autre société pour son appellation, les juges du fond peuvent admettre que cette dernière société est fondée à s'opposer à l'usage de la dénomination adoptée sciemment par l'autre société, dès lors qu'ils ont également relevé que cette dernière appellation était propre à créer une confusion préjudiciable aux intérêts de la société demanderesse, contraire à la sécurité des relations commerciales, le vocable notoire (Nobel) inclus dans la dénomination de chacune de ces sociétés créant une similitude sur la foi de laquelle le public est fondé à croire à une parenté entre celles-ci. • Com. 6 janv. 1969 : *D. 1969. 454.* ♦ L'atteinte au nom commercial ou à la dénomination de fantaisie d'une personne morale nom commercial découle aussi bien d'une faute caractérisée par une intention de nuire ou une imitation consciente de la dénomination d'une autre société que d'une négligence fautive caractérisée par un défaut de recherche d'une antériorité éventuelle. • TGI Strasbourg, 12 avr. 1989 : *D. 1993. Somm. 117, obs. Burst*.

Pour un exemple de concurrence déloyale résultant de l'utilisation par une société de la dénomination sociale d'une autre société comme code d'accès de son service de messagerie, V. • Paris, 29 mars 2000 : *Petites affiches 23 mars 2001, p. 5, obs. Fraudin.* ♦ Sur un risque de confusion entre deux sociétés ayant la même dénomination à la suite de l'extension de son activité par l'une d'elles, V. • Com. 12 mai 2004 : *Rev. sociétés 2004. 904, note Passa* ; *RJDA 2004, n° 1119.* ♦ Comp., refusant de retenir l'existence d'un acte de concurrence déloyale à l'encontre d'une société faisant usage de la même dénomination sociale qu'une autre société, dans la mesure où elles sont localisées dans des secteurs géographiques éloignés et où leurs activités respectives s'exercent dans des secteurs différents, aucun élément ne permettant de dire qu'elles recouvrent une clientèle commune. • Besançon, 11 déc. 2001 : *JCP 2002. IV. 1800.*

31. Nom patronymique. Le fait de se servir de son nom patronymique dans l'exercice d'un commerce similaire à celui d'un homonyme constitue, en l'absence de mesures distinctives propres à éviter la confusion, un acte de concurrence déloyale. • Com. 6 avr. 1954 : *D. 1954. 386.* ♦ Justifie sa décision la cour d'appel qui, ayant constaté l'antériorité et la notoriété d'un nom commercial et ayant souverainement retenu le risque de confusion existant entre l'utilisation de ce nom commercial et le commerce d'une société, a décidé, sans prononcer d'interdiction, de réglementer par l'adjonction du prénom l'usage du nom patronymique dans les activités professionnelles de l'intéressé. • Com. 5 nov. 1985 : *Bull. civ. IV, n° 261 ; D. 1987. Jur. 22, note Burst (1re esp.).* – V. aussi • TGI Paris, 4 juill. 1984 : *D. 1985. 293, note S. M.-P. ; D. 1986. IR. 86, obs. Burst* • Com. 12 févr. 2002 : *Bull. civ. IV, n° 32 ; D. 2003. Somm. 1032, obs. Picod* ; *JCP E 2002, n° 12, p. 478.* – Comp. : Colombet, *D. 1989. Chron. 31* ; Agostini, *JCP 1987. I. 3284.* ♦ Sur le dépôt d'un nom commercial à titre de marque, V. • Com. 1er déc. 1987 : *JCP 1988. II. 21081, note Agostini.* ♦ Sur l'usage d'un nom patronymique dans une dénomination sociale, V. • Dijon, 28 févr. 2002 : *RJDA 2003, n° 261.*

32. Enseigne. RÉP. COM. *v° Enseigne*, par Olszak. ♦ Pour être valable sur le plan juridique et susceptible de protection, l'enseigne doit, comme la marque, être distinctive et non générique, ni nécessaire. Mais l'association de termes génériques ou banaux (Hôtel résidence Saint-Honoré) peut constituer une dénomination distinctive susceptible d'être à ce titre l'objet d'un droit privatif. • Paris, 20 déc. 1989 : *D. 1993. Somm. 115, obs. Burst*. ♦ V. aussi, pour la protection d'une enseigne de restaurant notoire (La Tour d'Argent) : • Com., 16 juin 1992 : *Bull. civ. IV, n° 241 ; RJDA 1992, n° 965.*

Le terme téléachat qui désigne une technique commerciale d'achat à distance à l'aide de différents moyens de communication (radio ou télévision) est à disposition de tous et il ne peut donc figurer seul à peine d'entretenir la confusion d'où pourrait naître une concurrence déloyale. • T. com. Nanterre, 13 avr. 1995 : *D. 1996. Somm. 180, obs. Gavalda et Lucas de Leyssac*. ♦ De même, une société de grande distribution peut ouvrir un magasin portant l'enseigne « parapharmacie », dès lors que la notion de parapharmacie vise l'ensemble des produits dont la vente n'est pas réservée aux pharmaciens d'officine et qui sont, par le choix des fabricants, vendus dans le circuit de la distribution pharmaceutique. • Versailles, 2 mai 1996 : *BRDA 1996, n° 19, p. 15.* ♦ V. aussi note 23 ss. art. L. 442-6, *supra*.

33. Marque notoire et liberté d'expression. BIBL. Brunet-Stoclet, *Gaz. Pal. 2003. Doctr. 2133* (délicat équilibre entre liberté d'expression et droit des marques). – Brunot et Walon, *ibid. 2157* (même thème). – Geiger, *JCP 2004. I. 150* (les droits fondamentaux, garanties de la cohérence du droit de la propriété intellectuelle ?).♦ La représentation caricaturale ou parodique d'une marque figurative notoire (Monsieur Propre) ne relève pas de la contrefaçon mais elle ne doit pas être spécialement destinée à susciter une réaction commerciale positive des clients en faveur d'une autre société. • Paris, 9 sept. 1998 : *D. Affaires 1998,*

960. ♦ Sur l'imitation de marque notoire à des fins polémiques, V. • TGI Paris, 30 janv. 2004 : *D. 2004. AJ. 879* ; *Comm. com. élec. 2004, n° 39, obs. Caron* (conf. par • Paris, 16 nov. 2005 : *D. 2006. Pan. 787, obs. Tréfigny*) • 9 juill. 2004 : *JCP E 2004, n° 47, p. 1835, note Leroux ; Comm. com. élec. 2004, n° 110, obs. Caron ; Gaz. Pal. 2004. Somm. 3928, obs. Staeffen* • Paris, 26 févr. 2003 : *D. 2003. 1831, note Edelman,* et *Somm. 2685, obs. Durrande ; Comm. com. élec. 2003, n° 38, obs. Caron (2 arrêts)* • 30 avr. 2003 : *D. 2003. AJ. 1760, obs. Manara* ; *JCP E 2003, n° 42, p. 1665, obs. Boespflug, Greffer et Barthelemy ; Defrénois 2004. 49, obs. Raynouard ; RJDA 2003, n° 892* • TGI Paris, réf., 2 août 2002 : *JCP E 2003, n° 4, p. 172, obs. Vivant ; Comm. com. élec. 2002, n° 141, obs. Caron ; Petites affiches 28 janv. 2003, p. 16, obs. Amouzou ; RJDA 2003, n° 203* • 8 juill. 2002 : *D. 2002. AJ. 2801, obs. Manara* ; *JCP E 2003, n° 4, p. 172, obs. Vivant ; Comm. com. élec. 2002, n° 141, obs. Caron ; RJDA 2003, n° 203.* – V. aussi Schahl et Bresson, *D. 2004. 556.*

Sur le choix d'une marque et sur la protection des marques enregistrées, V. CPI, art. L. 711-3, L. 711-4 et L. 713-1 s. – **CPI.**

34. Noms de domaine (internet). **RÉP. COM.** v° *Nom de domaine,* par Manara. **Bibl.** Alterman et Zimmermann, *RJ com. 2004. 345* (concurrence déloyale sur internet). – Tardieu-Guigues, *Cah. dr. entr. 2003, n° 3, p. 14* (protection des noms de domaine). ♦ Un nom de domaine est susceptible de protection par application de l'art. 1382 C. civ. et ce pour éviter le risque de confusion. • Paris, 25 mai 2005 : *D. 2005. AJ. 1846, obs. Manara* ; *JCP E 2006, n° 5, p. 234, obs. Tardieu-Guigues ; RJDA 2006, n° 722 ; RLC 2005, n° 5, p. 78, obs. Bouvel ; Comm. com. élec. 2005, n° 181, obs. Caron.* ♦ L'utilisation d'un nom commercial dans un nom de domaine, qui porte atteinte à la fonction d'identification ou de publicité du nom commercial antérieurement utilisé par un concurrent exerçant dans un même secteur d'activité et sur une même zone géographique, constitue un acte de concurrence déloyale. • Com. 7 juill. 2004 : *Bull. civ. IV, n° 149 ; D. 2004. AJ. 2151, obs. Manara* ; *JCP E 2005, n° 8, p. 333, note Duard-Berton ; Comm. com. élec. 2004, n° 111, obs. Caron ; RDLC déc. 2004. 68, obs. Fasquelle ; RJDA 2004, n° 1274 ; RLC 2005, n° 1, p. 115, obs. Sélinsky.* – V. aussi : • Com. 22 févr. 2005 : *D. 2005. AJ. 885, obs. Manara* ; *RLC 2005, n° 3, p. 91, obs. Delord.* ♦ Le simple enregistrement en « .com » d'un nom de domaine préalablement enregistré en « .fr » ne constitue pas une atteinte aux droits du titulaire de ce nom de domaine dès lors qu'il n'est pas constaté que les sociétés en litige exerçaient des activités identiques ou concurrentes et qu'il en résultait un risque de confusion. • Com. 13 déc. 2005 : *D. 2006. AJ. 63, obs. Manara* ; *JCP E 2006, n° 6-7, p. 289, note Caron ; Contrats Conc. Consom. 2006, n° 26, obs. Malaurie-Vignal ; Comm. com. élec. 2006, n° 21, obs. Caron ; RJDA 2006, n° 472 ; RLDA févr. 2006. 20, note Azéma.* ♦ Retenant comme un acte de contrefaçon l'utilisation, par un distributeur exclusif, de la marque de son fournisseur en tant que nom de domaine sur le Web, V. • TGI Nanterre, 20 mars 2000 : *D. 2000. AJ. 287, obs. Manara* . ♦ Comp., jugeant qu'un distributeur a le droit d'enregistrer et d'utiliser un nom de domaine incorporant la marque de son fournisseur dès lors que le site web utilisant ce nom promeut et vend des produits revêtus de cette marque et que ce site n'est pas source de confusion, • Centre d'arbitrage et de médiation de l'OMPI, 20 déc. 2001 : *D. 2002. AJ. 1275, obs. Manara* . ♦ Les noms de domaine pouvant avoir ou non une fonction distinctive, l'action en concurrence déloyale ne peut protéger contre le risque de confusion qu'en cas de signe présentant un caractère d'originalité suffisant. • Douai, 9 sept. 2002 : *D. 2003. AJ. 62, obs. Manara* ; *Comm. com. élec. 2002, n° 141, obs. Caron.* ♦ *Contra :* • TGI Lille, 10 juill. 2001 :*D. 2001. AJ. 2410, obs. Manara* . ♦ A propos d'un conflit entre un nom commercial antérieur et un nom de domaine constitué par un même terme générique, V. • T. com. Paris, 25 avr. 2003 : *Petites affiches 9 août 2004, p. 14, note Mendoza-Caminade.* ♦ Pour un exemple de conflit entre noms de domaine, V. • Paris, 8 oct. 2003 : *D. 2004. Somm. 1157, obs. Auguet* . ♦ La simple reproduction du terme « plagne » dans le nom de domaine d'un site web privé est insuffisant pour établir un risque de confusion avec la marque « La Plagne, toute la montagne en 10 stations » déposée par l'Office du tourisme de La Plagne, dès lors que de nombreux sites l'incluant l'utilisent comme nom commun pour désigner une petite plaine en pays de montagne ou comme nom géographique. • Paris, 28 janv. 2003 : *D. 2003. AJ. 690, obs. Manara* ; *JCP E 2004, n° 4, p. 125, obs. E. T.-G. ; RJDA 2003, n° 550.* ♦ Sur le classement d'un professionnel dans un annuaire directement à la lettre initiale de la marque distribuée et non à celle de sa propre dénomination, V. • Paris, 15 mai 1998 : *RJDA 1999, n° 107* • TGI Paris, 22 févr. 2001 : *Gaz. Pal. 21-22 nov. 2001, p. 68.* ♦ Comp., pour l'utilisation publicitaire d'une marque comme référence nécessaire • CJCE 23 févr. 1999 : *D. Affaires 1999. 901, obs. E. C.*

En ce sens que constitue un agissement déloyal l'utilisation du procédé de « métaname » ou « métatag », consistant à enregistrer dans le code source d'un site le nom d'un concurrent de manière à ce que les moteurs de recherches orientent les internautes sur les deux sites, V. • Paris, 13 mars 2002 : *D. 2002. AJ. 1752, obs. Manara* ; *ibid. 2003. Somm. 1030, obs. Auguet ; JCP 2003, n° 4, p. 172, obs. S. A.-D. ; Comm. com. élec. 2002, n° 99, obs. Grynbaum* • 12 janv. 2005 : *RLC 2005, n° 3, p. 90, obs. A. B.* ♦ Comp., jugeant que l'utilisation de la dénomination d'un concurrent à titre de méta-balise d'un site n'emporte pas détournement de clientèle : • Paris, 9 mars 2005 : *D. 2005. AJ. 1021, obs. Manara* ; *JCP E 2006, n° 1, p. 26, obs. Caron.* — V. aussi Schahl et Bresson, *D. 2004. 556* ; Sardain, *Comm. com. élec. 2005. Chron. 21* (contrefaçon du fait des liens hypertextes).

35. Publicité. La reprise d'une idée publicitaire par un concurrent n'est constitutive de concurrence déloyale que s'il y a, d'une part, un risque de confusion et, d'autre part, une faute. • Paris, 17 nov. 1992 : *JCP E 1993. II. 418, note Greffe ; RJ com. 1993. 369, note Hassler* • Versailles, 24 nov. 1994 : *D. 1995. Somm. 262, obs. Serra* ; *RJDA 1995, n° 386.* ♦ Prétendre être le numéro un dans son secteur d'activité n'est pas en soi déloyal, et il appartient à celui qui le conteste de démontrer que ce slogan est emprunt de fausseté. • Paris, 1er oct. 1997 : *préc. note 19.* ♦ Pour des exemples de condamnations en raison de publicités exploitant le même concept ou le même slogan publicitaire qu'un concurrent, V. • T. com. Paris, 5 juill. 1995 : *Gaz. Pal. 1995. 2. Somm. 591* • 1er mars 1996 : *ibid. 1996. 2. Somm. 533* • TGI Meaux, 16 sept. 1995 : *D. Affaires 1996. 128* • Paris, 9 mai 2001 : *Gaz. Pal. 15-16 mai 2002, p. 22* • Versailles, 15 févr. 2001 : *ibid. 21-22 nov. 2001, p. 38, obs. Roiland* • Com. 17 juill. 2001 : *ibid., p. 49.* ♦ V. refusant de retenir un acte de concurrence déloyale en cas d'imitation partielle d'un slogan publicitaire : • Paris, 2 juin 2000 : *Comm. com. élec. 2001, n° 18, obs. Decocq.* ♦ Pour des cas de parasitisme, V. note 60.

b. Imitation des produits ou de leur conditionnement

36. Imitation des produits. Si le seul fait de proposer à la vente des produits imités constitue une concurrence déloyale prohibée, c'est à la condition que l'imitation ait pour effet de créer une confusion, V. • Versailles, 27 juin 1996 : *D. 1997. Somm. 237, obs. Izorche*. ♦ ... Ou s'accompagne d'actes de parasitisme caractérisés. • Com. 8 juill. 2003 : *Contrats Conc. Consom. 2003, n° 161, note Malaurie-Vignal.* ♦ Sur cette question, V. Toporkoff, *D. Affaires 1997. 949.* ♦ Commet un acte déloyal le concurrent qui imite ou reproduit un aspect distinctif, non compris dans le dépôt de la marque, d'un produit marqué ou d'un élément extérieur du produit marqué, par exemple les documents commerciaux, ce dont il résulte un risque de confusion visuelle. • Colmar, 20 févr. 2002 : *JCP E 2002, n° 49, p. 1942.* ♦ Sur le risque de confusion semblant être délibérément recherché par une société ayant commercialisé une compilation d'œuvres musicales sans indiquer de manière suffisamment apparente que les morceaux reproduits n'étaient pas des originaux, V. • Paris, 21 juin 2000 : *D. 2001. Somm. 1231, obs. Izorche*. ♦ Sur l'absence de confusion entre un médicament générique et son « princeps », V. • Paris, 29 mars 2001 : *D. 2002. Somm. 1259, obs. Serra*. ♦ Sur la confusion créée par la présentation d'un guide local comme une nouvelle formule d'un guide existant, V. • Paris, 6 mai 1987 : *D. 1987. IR. 40.* ♦ ... Celle résultant de la présentation d'un whisky, laissant croire à l'achat d'un produit écossais, V. • Versailles, 4 nov. 1993 : *BICC 1994, n° 159 ; Gaz. Pal. 1994. 2. Somm. 746* • Dijon, 12 janv. 1995 : *JCP E 1995. Pan. 808.* ♦ ... De bonbons jaunes, commercialisés sous l'appellation « Cachou », V. • Com. 24 janv. 1995 : *Bull. civ. IV, n° 25.* ♦ Sur l'absence de confusion entre les films « Tarzan » et leur parodie en dessin animé « Tarzoon la honte de la jungle », V. • TGI Paris, 3 janv. 1978 : *D. 1979. 99, note Desbois.* ♦ Sur une confusion dans le secteur de la bande dessinée, V. • Paris, 1er juill. 2005 : *JCP E 2006, n° 1, p. 26, obs. Caron ; RDLC 2005, n° 4, p. 89, obs. Fasquelle et Morel.* – Comp. • Paris, 14 avr. 1999 : *cité note 61.*

37. Imitation du conditionnement. Le bien-fondé d'une action en concurrence déloyale engagée en raison de la similitude du conditionnement de produits concurrents s'apprécie d'après les ressemblances et non d'après les différences, le juge devant rechercher si l'impression d'ensemble est de nature à établir une confusion dans l'esprit de la clientèle. • Com. 21 juin 1994 : *RJDA 1994, n° 1401* • 17 mars 2004 : *JCP E 2004, n° 48, p. 1877, obs. Caron ; Petites affiches 27 juin 2005, p. 19, obs. Bacchichetti et Dom ; Lettre distrib. mai 2004, p. 4* (reprise d'éléments caractéristiques du conditionnement) • Versailles, 8 nov. 2001 : *D. 2003. Somm. 1032, obs. Dorandeu*. ♦ Comp., appréciant la faute au regard de chacun des éléments de similitude : • Versailles, 20 oct. 1993 : *préc. note 4.* ♦ V. aussi, jugeant que ne constituent pas des actes de concurrence déloyale les emballage et présentation de produits similaires à ceux d'un concurrent, dès lors que les étiquettes sont bien différentes. • Grenoble, 12 sept. 2002 : *JCP 2002. IV. 3085.* ♦ Précisant que le risque de confusion s'apprécie pour un consommateur d'attention moyenne qui ne dispose pas en même temps des produits litigieux : • Com. 3 juill. 2001 : *RJDA 2002, n° 113.* ♦ ... Sauf lorsque le produit en cause est destiné à une clientèle déterminée, auquel cas l'existence du risque de confusion doit s'apprécier en fonction de la clientèle visée. • Com. 24 mai 1994 : *RJDA 1994, n° 988* • 8 oct. 2002 : *RJDA 2003, n° 451.*

C. DÉSORGANISATION

1° CRÉATION D'UNE ENTREPRISE CONCURRENTE

38. Liberté du travail et de la création d'entreprise. Le droit d'exercer une activité professionnelle est une liberté fondamentale. • Soc. 17 déc. 2004 : *cité note 84.* ♦ Un ancien employeur ne saurait faire échec au droit qu'a tout salarié qui n'est plus lié à lui, et qui n'est débiteur d'aucune clause de non-concurrence, de passer au service de tel de ses concurrents de son choix, quelle que puisse être la répercussion de ce changement d'employeur sur une clientèle dont la liberté reste entière, sauf à démontrer l'existence de manœuvres déloyales. • Paris, 8 nov. 1996 : *D. 1997. Somm. 241, obs. Serra* • Com. 11 févr. 2003 : *Bull. civ. IV, n° 45 ; D. 2003. AJ. 692 ; JCP E 2003, n° 14, p. 588 ; BRDA 2003, n° 5, p. 11.* ♦ L'employeur ne saurait se plaindre d'une concurrence déloyale de la part d'une société créée par son ancien salarié, alors qu'il ne démontre pas la faute qu'aurait commise ce dernier qui, alors qu'il était dégagé de son obligation de fidélité, s'est vu confier la commercialisation de produits antérieurement accordés à son ancien employeur sans que soient démontrées des manœuvres déloyales de sa part. • Versailles, 29 juin 1993 : *D. 1994. Somm. 217, obs. Serra*. ♦ Il ne saurait être interdit au salarié d'une société de se porter acquéreur d'actions d'une autre société, fût-il porteur majoritaire. • Soc. 8 nov. 1989 : *D. 1990, Somm. 333, obs. Serra*. – V. aussi • Versailles, 22 mars 2001 : *BRDA 2001, n° 9, p. 8.*

39. Restrictions résultant des clauses de non-concurrence. Sur les limites apportées à la liberté d'entreprendre par les clauses de non-concurrence, V. notes 83 s.

39 bis. Restrictions résultant d'une clause de non-sollicitation. V. note 94.

40. Agissements d'anciens salariés. BIBL. Serret, *Dr. soc. 1994. 759.* ♦ Si le fait pour un salarié de préparer l'exercice d'une activité concurrente de celle de son employeur n'est pas fautif, c'est à la condition qu'il n'accomplisse aucun acte effectif de concurrence avant le terme de son contrat de travail. • Com. 9 oct. 2001 : *Contrats Conc. Consom. 2002, n° 7, obs. Malaurie-Vignal* • 13 mars 2001 : *D. 2002. Somm. 1264, obs. Picod*. ♦ Sur la concurrence déloyale d'un ancien comptable salarié d'une association s'étant établi à son compte après avoir démissionné, V. • Com. 8 nov. 1994 : *Bull. civ. IV, n° 325 ; D. 1995. Somm. 209, obs. Serra ; Contrats Conc. Consom. 1995, n° 6, note Vogel.* ♦ V. aussi, jugeant, à propos d'experts-comptables, que des transferts de dossiers de clients de l'ancien employeur au nouveau, effectués en méconnaissance des règles déontologiques de la profession, suffisent à établir l'acte de concurrence déloyale, • Com. 29 avr. 1997 : *Bull. civ. IV, n° 111 ; D. 1997. 459, note Serra ; D. Affaires 1997. 695 ; Petites affiches 22 juill. 1998, p. 26, note Goffaux* • 18 avr. 2000 : *BRDA 2000, n° 14, p. 10.* ♦ V. aussi, pour un ancien salarié d'une banque qui avait systématiquement démarché ses anciens clients en utilisant notamment son ancien code d'accès minitel au fichier clients, • Com. 19 déc. 2000 : *Banque et Droit nov.-déc. 2001. 46, obs. Guillot.* ♦ Pour l'utilisation des programmes sources d'un logiciel de comptabilité enregistrés sur disquette, V. • Crim. 9 sept. 2003 : *Gaz. Pal. 2004. Somm. 1338, obs. Delvoie.* ♦ Sur la concurrence déloyale d'anciens salariés ayant créé leur propre société, V. aussi • Com. 13 févr. 1990 : *RTD com. 1990. 207* • 5 févr. 1991 : *Bull. Joly 1991. 631, note Le Cannu* • 24 mars 1998 : *Bull. civ. IV, n° 111 ; D. 1999. Somm. 105, obs. Serra ; Petites affiches 19 août 1998, p. 11, obs. Malaurie-Vignal et Etner* • Paris, 24 févr. 1994 : *JCP E 1994. Pan. 539* • Versailles, 24 nov. 1994 : *Bull. Joly 1995. 186.* ♦ Sur les effets d'une clause de confidentialité, V. • Dijon, 6 avr. 2000 : *D. 2002. Somm. 1271, obs. Robinne*. ♦ Le « directeur de magasin » salarié qui, après l'expiration d'un contrat de travail ne contenant aucune clause de non-concurrence, installe un commerce concurrent à une centaine de mètres dans la même rue, manque à la plus élémentaire des obligations de loyauté. • Paris, 7 mars 1995 : *RJ com. 1996. 147, note Guével.* ♦ *Contra,* jugeant licite l'installation d'un franchiseur à proximité immédiate du fonds de son ancien franchisé, • Paris, 21 avr. 2000 : *D. 2002. Somm. 1264, obs. Auguet*.

41. Agissements d'anciens dirigeants. BIBL. Daille-Duclos, *JCP E 1998, n° 39, p. 1486.* ♦ Sur le devoir de l'ancien dirigeant (mandataire social) à l'égard de l'entreprise qu'il a quittée (à propos de démissions massives des salariés de cette société pour rejoindre la société créée par l'ex-dirigeant, dont certains avaient été déliés de leur clause de non-concurrence durant le mandat de l'ex-dirigeant), V. • Com. 24 févr. 1998 : *Bull. civ. IV, n° 86 ; D. Affaires 1998. 850, obs. M. B. ; RTD com. 1998. 612, obs. Champaud et Danet ; JCP 1998. II. 10003, note Kéita ; Bull.*

Joly 1998. 813, note Petit • Aix-en-Provence, 4 mars 2005 : *JCP E 2006, n° 9, p. 429.* ♦ Pour un arrêt considérant qu'un gérant de SARL manque à son obligation de loyauté s'il crée une société concurrente de celle dans laquelle il exerçait les fonctions de directeur général et d'administrateur, V. • Com. 6 juin 2001 : *Contrats Conc. Consom. 2001, n° 158, note Malaurie-Vignal.* – V. aussi : • Com. 12 févr. 2002 : *préc. note 31.*

42. Responsabilité de l'entreprise concurrente. Si la responsabilité des anciens salariés est de nature contractuelle, celle de la société elle-même ne peut être recherchée que sur le fondement des art. 1382 et 1383 C. civ. • Com. 18 janv. 1994 : *D. 1996. Somm. 253, obs. Picod ; Contrats Conc. Consom. 1994, n° 112, note Leveneur.* – V. aussi • Limoges, 21 oct. 1996 : *BICC 1997, n° 315.* ♦ Sur la responsabilité de la société dont le gérant a commis des actes de concurrence déloyale, V. • Com. 4 mai 1999 : *BRDA 1999, n° 14, p. 3.* ♦ Même solution pour avoir laissé un de ses salariés se servir des renseignements qu'il détenait de son ancien employeur. • Paris, 24 oct. 2002 : *RJDA 2003, n° 555.* ♦ Mais, jugeant qu'une société n'est pas fautive du seul fait qu'elle a été fondée par l'associé d'une société concurrente, faute de démontrer l'existence d'une faute qui lui est personnellement imputable, distincte de celle retenue à la charge de l'associé : • Com. 3 déc. 2002 : *Dr. sociétés 2003, n° 84, obs. Trébulle.* ♦ Sur la concurrence déloyale d'une société ayant désigné comme PDG le responsable démissionnaire d'un département d'une entreprise concurrente qui n'était pas encore dégagé de tout lien contractuel avec son ancien employeur dans la mesure où aucune dispense de préavis n'était établie, V. • Paris, 28 févr. 2001 : *BRDA 2001, n° 9, p. 8.* ♦ Dans le même sens, pour un gérant démissionnaire devant respecter un préavis, V. • Com. 12 févr. 2002 : *préc. note 31.*

Constitue un acte de concurrence déloyale le fait, pour une société, de détourner la clientèle d'une autre société en utilisant frauduleusement le fichier de celle-ci copié par d'anciens employés. • Versailles, 19 févr. 1998 : *RJDA 1998, n° 811* • Paris, 24 oct. 2002 : *préc.* ♦ Dans le même sens, s'agissant d'anciens actionnaires d'une SA ayant constitué leur propre société en s'appropriant la clientèle de la SA par détournement de fichiers : • Com. 20 oct. 1998 : *RJDA 1999, n° 109.* ♦ En revanche, ne donne pas de base légale à sa décision condamnant un employeur pour concurrence déloyale une cour d'appel qui, sans établir le caractère confidentiel des informations qui auraient été détenues par la salariée et qui auraient relevé d'un savoir-faire propre à l'employeur qu'elle avait quitté, n'a fait que constater le démarchage non fautif de la clientèle et des prestataires de services d'un concurrent. • Com. 11 févr. 2003 : *préc. note 38.*

43. Responsabilité d'un tiers. Sur l'action en responsabilité d'une société à l'encontre de l'un de ses client qui avait confié son projet à deux ex-salariés qui venaient de créer une société exerçant une activité concurrente de celle de leur ancien employeur, V. • Com. 26 mars 2002 : *Bull. civ. IV, n° 60 ; BRDA 2002, n° 8, p. 12.*

2° DÉBAUCHAGE

BIBL. Labarthette, *D. 2005. 1231* (le débauchage du personnel, parent pauvre de l'action en concurrence déloyale).

44. Liberté du travail et liberté d'embauche. L'existence de manœuvres déloyales ne peut résulter de la seule constatation de l'embauche par un concurrent des représentants démissionnaires, de l'attribution à ce personnel de fonctions identiques et du transfert d'une partie importante de la clientèle dans les mois ayant suivi l'embauche dès lors qu'il n'est pas démontré de façon concrète que ces faits ont entraîné la désorganisation du fonctionnement de l'entreprise concurrente, V. • Com. 9 mars 1999 : *D. 2000. Somm. 321, obs. Picod ; Contrats Conc. Consom. 1999, n° 73, obs. Malaurie-Vignal.* ♦ V. aussi • Com. 21 janv. 1997 : *RJDA 1997, n° 738* • Paris, 22 oct. 1997 : *Gaz. Pal. 1998. 2. Somm. 510* • 19 févr. 1999 : *Petites affiches 5 nov. 1999, p. 14, obs. Reboul* • 6 oct. 1999 : *ibid. 18 juill. 2000, p. 22* • 25 janv. 2000 : *Contrats Conc. Consom. 2000, n° 62, obs. Malaurie-Vignal* • 2 mai 2001 : *D. 2002. Somm. 1272, obs. Robinne* • 3 avr. 2002 : *D. 2003. Somm. 1031, obs. Robinne*. ♦ Il n'est pas interdit de discuter et d'arrêter les clauses d'un contrat de travail et de s'engager à embaucher le salarié d'une entreprise concurrente avant même que ce salarié ait manifesté à cette dernière son intention de la quitter. • Paris, 17 avr. 1996 : *Gaz. Pal. 1996. 2. Somm. 495.* ♦ De la même façon, le départ de deux salariés occupant des postes subalternes et embauchés depuis moins de deux ans, suite à une offre d'emploi publiée, ne caractérise pas une manœuvre tendant à désorganiser l'entreprise concurrente. • Colmar, 20 févr. 2002 : *préc. note 36.* ♦ Le fait que le nouveau titulaire d'un marché de nettoyage ait repris le personnel de l'ancien ne saurait être constitutif d'un acte de débauchage, dès lors que cette reprise s'est faite en application de la convention collective nationale des entreprises de propreté. • Colmar, 7 févr. 2006 : *JCP E 2006, n° 20-21, p. 923.*

45. Débauchage fautif. Est fautive l'embauche massive de salariés désorganisant une entreprise concurrente. • Com. 18 déc. 2001 : *RJDA 2002, n° 578.* ♦ L'embauche simultanée de plusieurs salariés d'une même entreprise par une entreprise concurrente pour y remplir les mêmes fonctions et ce après avoir offert des conditions de rémunération plus favorables constitue, indépendamment de toute clause de non-concurrence, un acte de concurrence déloyale. • Paris, 17 févr. 1993 : *D. 1994. Somm. 223, obs. Serra* ✎. – Comp. • Amiens, 22 mars 2004 : *JCP E 2005, n° 13, p. 551.* ♦ ... A moins que ce soit l'ancien employeur qui soit à l'origine du départ des salariés consécutivement à la réorganisation de son entreprise. • Com. 2 juill. 2002 : *Lettre distrib. nov. 2002, p. 4.* ♦ ... Ou en raison d'un mauvais fonctionnement de l'entreprise antérieur au départ de salariés. • Com. 9 févr. 1999 : *cité note 88.* ♦ En embauchant uniquement les salariés de son concurrent dans un moment crucial, un entrepreneur désorganise nécessairement de façon importante ledit concurrent, en le mettant dans l'obligation de recruter de nouveaux salariés qui n'ont ni la connaissance des produits ni celles des territoires ou clients. • Douai, 29 sept. 2005 : *BICC 2005, n° 2332 ; RJDA 2006, n° 463.* ♦ Sur la condamnation sur le fondement de la concurrence déloyale d'un ancien salarié qui, ayant créé sa propre société, a détourné la clientèle de son ancien employeur et débauché plusieurs de ses anciens collègues, V. • Paris, 2 déc. 1998 : *Petites affiches 5 nov. 1999, p. 10, obs. Reboul* • Colmar, 14 déc. 2004 : *JCP E 2005, n° 35, p. 1380.*

Sur la désorganisation de l'entreprise d'un concurrent par les débauchages de son personnel, V. aussi, • Com. 8 nov. 1988 : *Gaz. Pal. 1989. 1. Pan. 7* • 12 déc. 1995 : *Quot. jur. 7 mars 1996, p. 2* • Paris, 20 nov. 1984 : *D. 1984. IR. 444, obs. Serra* • 11 janv. 1989 : *D. 1989. IR. 53* • 10 avr. 1995 : *D. 1996. Somm. 248, obs. Serra* ✎ • 29 mai 1998 : *Petites affiches 18 juin 1999, p. 20, obs. Reboul* • 22 sept. 2000 : *D. 2002. AJ. 1271, obs. Robinne* ✎. ♦ Comp. : art. L. 122-15 C. trav. ♦ Sur la compétence, V. notes 69 et 70.

3° AUTRES AGISSEMENTS DÉSORGANISANT L'ENTREPRISE OU SON ACTIVITÉ

46. Reprise massive des produits. La reprise massive des produits d'un concurrent peut être constitutive d'un acte de concurrence déloyale. • Com. 5 oct. 1976 : ⚖ *D. 1977. IR. 5 ; RTD com. 1977. 150, obs. Hémard.*

47. Rabais et prix d'appel. Constituent des actes de concurrence déloyale les pratiques d'un client détaillant qui a effectué des soldes sans autorisation avec des rabais importants à un endroit précis, alors que le distributeur en gros commercialisait les vêtements de la même marque à proximité et qu'une telle circonstance incitait la clientèle à se diriger de préférence vers le premier magasin, la distance séparant les deux boutiques étant relativement faible. • Com. 18 oct. 1994 : ⚖ *Bull. civ. IV, n° 299 ; D. 1995. IR. 12 ; JCP 1994. IV. 2582.* ♦ En revanche, n'est pas déloyale à l'égard des boulangers la distribution gratuite mais exceptionnelle de pains par un grand magasin. • Riom, 6 juin 1990 : *JCP E 1991. I. 31, n° 4, obs. Azéma.* ♦ Pour un acte de concurrence déloyale résultant de la commercialisation par une entreprise de la copie servile d'un produit à un prix inférieur à celui proposé par un concurrent, ce qui lui a permis de remporter le marché, causant ainsi à l'autre entreprise un préjudice constitué par la privation des gains résultant desdits marchés, V. • Com. 16 janv. 2001 : ⚖ *Contrats Conc. Consom. 2001, n° 59, obs. Malaurie-Vignal.* ♦ V. aussi, sur la diffusion, à proximité immédiate des boutiques du concurrent, de copies serviles à prix inférieurs, • Paris, 19 janv. 1996 : *D. Affaires 1996. 348.* ♦ Ne donne pas de base légale à sa décision, au regard de l'art. 1382 C. civ., la cour d'appel qui n'avait pas à prendre en considération les sujétions imposées à une société de télévision en raison de ses missions spécifiques pour justifier les prix anormalement bas qu'elle pratiquait dans le domaine de la production audiovisuelle au profit de tiers, et ne recherche pas si de tels agissements pouvaient constituer une faute à l'égard de ses concurrents. • Com. 28 janv. 1992 : *Bull. civ. IV, n° 50 ; D. 1995. 538* ✎. – V., sur renvoi, • Versailles, 17 mai 1994 : *D. 1995. 539* ✎ *; Gaz. Pal. 1995. 1. 49, note Junqua-Lamarque.* ♦ Le fait de vendre un produit contrefait à seulement la moitié du prix publié de son modèle ne caractérise aucune faute constitutive de concurrence déloyale. • Civ. 1re, 3 avr. 2001 : *Bull. civ. I, n° 95.*

Après avoir constaté qu'une société reproche sur le fondement de l'art. 1382 C. civ. à une autre société de consentir à ses filiales des prix anormalement bas ayant pour conséquence de la désavantager et que ce grief n'est pas différent de celui soumis à l'avis du Conseil de la concurrence et écarté par le tribunal sur le fondement des dispositions du code de commerce, une cour d'appel, qui a relevé que la société plaignante ne conteste plus que les pratiques qu'elle incrimine ne contreviennent pas aux dispositions des art. L. 420-1, L. 420-2 et L. 420-5 C. com., et qui a retenu que cette société n'invoque aucun fait déloyal autre qu'une pratique de prix, qualifié d'« anormalement bas », désorganisant le marché, a pu statuer comme elle l'a fait en rejetant la demande en responsabilité pour concurrence déloyale. • Com. 6 déc. 2005 : ⚖ *D. 2006. AJ. 138, obs. Chevrier* ✎ *; JCP 2006. II. 10048, note*

Reifegerste ; Contrats Conc. Consom. 2006, n° 48, obs. Malaurie-Vignal ; RJDA 2006, n° 599 ; RDLC 2006, n° 1, p. 150, obs. Fasquelle et Morel ; RLDA janv. 2006. 48, obs. Marchand ; Lettre distrib. févr. 2006, p. 3. ♦ Sur la sanction civile des prix de vente abusivement bas, V. désormais, *supra*, C. com., art. L. 420-5.

48. Marque d'appel. Pour apprécier si la société, qui a fait distribuer un catalogue publicitaire comportant une page dans laquelle était annoncée la vente de montres de marque dans divers magasins portant son enseigne, s'est rendue coupable de la pratique de marque d'appel, il convient de rechercher si l'état des stocks détenus par le distributeur dans l'ensemble de ses locaux est suffisant pour assurer la disponibilité à bref délai de tous les produits faisant l'objet de la publicité. • Com. 30 janv. 2001 : *Bull. civ. IV, n° 28 ; D. 2002. Somm. 1262, obs. Picod*. – V. aussi • Com. 19 mai 1998 : *Bull. civ. IV, n° 157* (parfumeur non agréé n'ayant en stock que deux flacons de parfum). ♦ Sur la condamnation pour concurrence déloyale d'une grande surface ayant utilisé dans sa campagne promotionnelle une marque d'appel, V. • Paris, 3 sept. 1999 : *D. 1999. AJ. 30 ; Petites affiches 18 juill. 2000, p. 20, obs. Etner.*

49. Captation ou détournement de la clientèle. Constitue un acte de concurrence déloyale le démarchage systématique de la clientèle d'une entreprise, accompagné d'un débauchage massif et sélectif du personnel, de la création d'une confusion entre les marchandises et services produits et de la similitude du catalogue et des tarifs. • Com. 19 nov. 1991 :*RJDA 1992, n° 213.* ♦ Suffit à caractériser une manœuvre déloyale engageant la responsabilité de son auteur, le fait d'annoncer dans un document publicitaire, de manière manifestement mensongère, la cessation des activités d'une société concurrente dans l'intention manifeste de récupérer sa clientèle. • Paris, 21 oct. 1998 : *RJDA 1999, n° 110.* ♦ ... De même que le fait de procéder à l'installation de panneaux publicitaires susceptibles de masquer la visibilité de ceux d'une entreprise concurrente. • Com. 29 mai 1967 : *D. 1967, Somm. 110.* ♦ Une compagnie d'assurance commet un acte de concurrence déloyale en favorisant les garagistes agréés par l'envoi systématique à ses adhérents de courriers et de notes indiquant les noms de ces garagistes et en prenant en charge leurs factures. • Paris, 29 sept. 1998 : *D. 1998. IR. 243 ; Contrats Conc. Consom. 1999, n° 6, obs. Malaurie-Vignal.* ♦ Pour une condamnation en référé pour acte de concurrence déloyale, en raison d'une publicité trompeuse sur les conditions d'octroi d'un crédit, V. • Versailles, 10 avr. 1996 : *Contrats Conc. Consom. 1996, n° 81, note Vogel.* ♦ Sur un détournement de clientèle consécutif à la vente par un boucher d'articles de triperie, qui ne peut être légitimé par un arrêté de despécialisation, dont l'objet est de surmonter la crise de la « vache folle », V. • Paris, 17 févr. 1999 : *JCP 1999. IV. 2518 ; Petites affiches 20 mars 2000, p. 16, obs. Etner.*

La foire internationale d'une grande agglomération, qui ne pouvait ignorer les dates de la foire d'une ville moyenne voisine a franchi les limites de la concurrence déloyale et a fait preuve, à tout le moins, d'une désinvolture fautive en modifiant l'époque de sa manifestation la plaçant à l'intérieur des dates de la petite ville. • Rennes, 14 déc. 1993 : *JCP 1994. IV. 2588.* ♦ Pour un arrêt condamnant un établissement de crédit pour avoir incité les clients d'un autre établissement de crédit, encore tenus à l'égard de celui-ci, à se dégager par anticipation de leurs prêts et à conclure de nouveaux contrats avec lui, V. • Com. 15 févr. 1994 : *D. 1994. Somm. 323, obs. Vasseur*.

50. Couponnage croisé. Est déloyale la pratique dite du « couponnage croisé » (délivrance de bons de réduction à valoir sur des produits directement concurrents de ceux achetés par le consommateur, identifiés au passage à la caisse par la lecture des codes-barres). • Com. 18 nov. 1997 : *Bull. civ. IV, n° 294 ; D. 1998. 260, note Bout ; ibid. Somm. 224, obs. Serra ; D. Affaires 1998. 192, obs. E. P. ; JCP 1998. II. 10026, note Gautier ; Contrats Conc. Consom. 1998, n° 6, obs. Vogel ; ibid., n° 15, obs. Raymond* (V. l'arrêt cassé : • Aix-en-Provence, 30 juin 1995 : *D. 1997. 39, note Parléani ; D. 1996. Somm. 178, obs. Gavalda et Lucas de Leyssac ; Contrats Conc. Consom. 1995, n° 145, note Vogel ; Bull. Aix 1995, n° 2, p. 7, note Mouralis et Stoffel-Munck* ; et le jugement infirmé : • T. com. Marseille, 2 févr. 1995 : *BRDA 1995, n° 5, p. 12*). – V. sur renvoi : • Lyon, 5 nov. 2001 : *RJDA 2002, n° 329.* – Dans le même sens : Rép. min. n° 28423 : *JOAN Q 4 sept. 1995, p. 3813.* – V. Cas, *D. 1996. Chron. 59* ; Toporkoff, *D. Affaires 1995. 167* (arguments échangés par les parties) ; Gautier, *JCP 1995. I. 3860* ; E. Petit, *Bull. act. Lamy droit économique, juill. 1995, p. 3* ; Fabre, *Cah. dr. entr. 1998, n° 2, p. 36* (le couponning). ♦ Sur l'absence de règles expresses autorisant un distributeur à pratiquer des relevés de prix pratiqués par un concurrent à l'aide d'un lecteur optique de codes-barres, V. • Com. 16 juill. 1991 : *BID 1995, n° 12, p. 18.*

51. Inobservation d'une réglementation. BIBL. Clamour, *RLC 2006, n° 7, p. 30* (principe de libre concurrence dans l'octroi des dérogations individuelles à la règle du repos dominical). ♦ Une cour d'appel peut condamner pour concurrence déloyale des sociétés qui n'ont pas respecté la réglementation fixant le prix du livre et ont ainsi causé un préjudice à une autre société commercialisant des ouvrages de même nature. • Com. 1er avr. 1997 : *Bull. civ. IV, n° 87 ; RJDA 1997, n° 862.* ♦ V. aussi pour la vente en ligne de support d'enregistrement par des sociétés étrangères qui, bien que non tenues d'acquitter la rémunération pour copie privée, doivent exercer leur commerce d'une façon saine et honnête : • T. com. Bobigny, 15 sept. 2005 : *D. 2005. AJ. 2674, obs. Manara ; Comm. com. élec. 2005, n° 168, obs. Caron.* ♦ Pour une condamnation sur le fondement de la concurrence déloyale, d'une société en cas de non-respect du repos dominical, V. • Com. 26 janv. 1999 : *Petites affiches 4 nov. 1999, p. 11, obs. Reboul* • Nîmes, 28 févr. 2002 : *BICC 2004, n° 530.* ♦ ... De la réglementation sur l'équipement commercial. • Com. 19 juin 2001 : *Bull. civ. IV, n° 123 ; Gaz. Pal. 2003. 1. Somm. 1154, obs. Guével ; Cah. dr. entr. 2002, n° 5, p. 34, obs. Destours.* – V. aussi • Civ. 1re, 22 févr. 2005 : *cité note 76.* ♦ ... Ou d'un concurrent du concessionnaire exclusif du service extérieur des pompes funèbres pour méconnaissance du monopole concédé, V. • Com. 23 oct. 2001 : *JCP E 2001, n° 48, p. 1890 ; RJDA 2002, n° 243.* ♦ Mais le seul fait de ne pas se conformer à une norme que certains professionnels ont librement décidé d'instaurer entre eux sans qu'elle s'impose en droit à tous les opérateurs du marché ne peut être constitutif de concurrence déloyale. • Com. 23 avr. 2003 : *RJDA 2003, n° 1137.*

52. Violation d'un réseau de distribution sélective. V. notes 44 s. ss. C. com., art. L. 330-2.

53. Concurrence déloyale de l'Administration et d'opérateurs publics. BIBL. Lucas de Leyssac, *D. 1995. Chron. 288.* – Junqua-Lamarque, *Gaz. Pal. 1995. 2. Doctr. 981.* ♦ Constitue un acte de concurrence déloyale la commercialisation par l'Administration, en faisant largement état de sa qualité dans les plaquettes publicitaires, d'un logiciel élaboré par ses soins et contrefaisant le logiciel d'une entreprise privée. En effet, la mission de service public dont est investie l'Administration n'a pas pour effet de la dispenser de respecter les règles du marché dès lors qu'en commercialisant ce logiciel elle exerce une activité de droit privé. • Paris, 31 mai 1995 : *JCP E 1995. Pan. 1219.* ♦ En revanche, une activité qui s'exerce en application d'un arrêté municipal dont la légalité n'a pas été remise en cause, ne peut être considérée comme illicite et constituer de ce seul fait une concurrence déloyale. • Com. 13 nov. 2003 : *RJDA 2004, n° 494.* ♦ N'est pas fautif le prêt gratuit de matériel médical à ses assurés, pratiqué par une caisse primaire d'assurance maladie, organisme privé chargé de la gestion d'un service public, dès lors qu'il est conforme à son objet social, et que cette activité licite est exercée en dehors de tout agissement déloyal de la part dudit organisme, au seul bénéfice des assurés du régime général de la sécurité sociale qui s'adressent à lui, en sorte qu'est exclu l'exercice d'un monopole par la caisse. • Soc. 13 janv. 1994 : *Bull. civ. V, n° 7.*

D. PARASITISME

BIBL. Saint-Gall, *Rev. int. propr. ind. 1956. 19.* – Dupichot, *Gaz. Pal. 1987. 1. Doctr. 637.* – Korman, *ibid. 1988. 2. Doctr. 703.* – Le Tourneau, *D. 1993. Chron. 310 ; D. 2000. Chron. 403* (retour sur le parasitisme) ; *Contrats Conc. Consom. 2001. Chron. 1.* – Véron, *Cah. dr. entr. 1988, n° 1.* – Mousseron, *Entretiens de Nanterre, ibid. 1992, n° 6.* – Malaurie-Vignal, *JCP 1995. I. 3888* (parasitisme et notoriété d'autrui) ; *D. 1996. Chron. 177* (parasitisme des investissements et du travail d'autrui). – Le Tourneau, *Dr. et patr. oct. 1999. 97* (contribution du parasitisme à la défense de la marque). – Passa, *D. 2000. Chron. 297* (propos dissidents sur la sanction du parasitisme économique). – Binn et Hueber, *Contrats Conc. Consom. 2000. Chron. 13* (comment sauver la théorie du parasitisme ?). – Bonnefond, *Contrats Conc. Consom. 2001. Chron. 4* (parasitisme et concurrence déloyale : il faut garder le cap). – Malaurie-Vignal, *Contrats Conc. Consom. 2001. Chron. 15* (réflexions sur la théorie du parasitisme économique). – Huillier, *Gaz. Pal. 7-8 nov. 2001, p. 6* (le parasitisme parasite-t-il la propriété intellectuelle ?). – Frion, *Contrats Conc. Consom. 2002. Chron. 15.* – Poumarède, *Petites affiches 28 oct. 2005, p. 14* (sanction du « pillage » de travaux universitaires par la théorie du parasitisme).

1° NOTION DE PARASITISME

54. Exploitation du travail, des investissements ou de la notoriété d'autrui. Le parasitisme économique se définit comme l'ensemble des comportements par lesquels un agent économique s'immisce dans le sillage d'un autre afin de tirer profit, sans rien dépenser, de ses efforts et de son savoir-faire. • Com. 26 janv. 1999 : *D. 2000. 87, note Serra ; D. Affaires 1999. 508, obs. Emery ; Petites affiches 4 nov. 1999, p. 19, obs. Petitier.* ♦ Le parasitisme est caractérisé par la circonstance selon laquelle une personne, à titre lucratif et de façon injustifiée, s'inspire ou copie la valeur économique d'autrui, individualisée et procurant un avantage concurrentiel fruit d'un savoir-faire, d'un travail intellectuel et d'investissements. • Paris, 18 mai 2005 : *JCP E 2006, n° 1, p. 27, obs. Caron ; RJDA 2005, n° 1296 ; Let-*

tre distrib. juill.-août 2005, p. 2. ♦ Constitue un agissement parasitaire le fait, pour un agent économique, de s'introduire sur un marché, avec ou sans risque de confusion, mais en utilisant une valeur économique d'autrui, fruit d'un investissement en argent ou en travail. • Versailles, 20 oct. 1993 : *préc. note 4.* ♦ Bien que la revente hors réseau de produits acquis régulièrement par une personne physique ou morale, en dépit des droits d'exclusivité dont bénéficie à sa connaissance un concessionnaire déterminé, ne constitue pas en soi un acte de concurrence déloyale, un tel comportement est en revanche entaché de parasitisme économique s'il est établi que la personne visée s'appuie sans contrepartie sur les initiatives, efforts et renom légitimes d'un concurrent en vue d'entamer les positions commerciales de celui-ci. • Paris, 14 janv. 1998 : *Gaz. Pal. 1998. 2. Somm. 510.* ♦ Constitue une faute au sens de l'art. 1382 C. civ., engageant la responsabilité de son auteur, le simple fait de s'appuyer sur les initiatives et les efforts d'un concurrent pour entamer ses positions commerciales. Tel est le cas, lorsque, dans la réalisation d'un objet, l'auteur met en sommeil ses facultés créatrices et conduit un processus d'élaboration asservi à l'imitation de l'œuvre d'autrui, cette démarche fournissant l'impulsion au travail créateur et lui servant de guide. • Paris, 18 mai 1989 : *D. 1990. 340, note Cadiet* ; *ibid. Somm. 75, obs. Serra.* – V. la solution contraire en présence d'un réel effort d'innovation : • Com. 18 juin 2002 : *Lettre distrib. févr. 2003, p. 4.*

55. *Reproduction non fautive de la prestation d'autrui.* Si le fait de copier la prestation d'autrui procure nécessairement à celui qui le pratique des économies, il ne saurait à lui seul être tenu pour fautif sauf à vider de toute substance le principe selon lequel toute prestation qui ne fait pas ou ne fait plus l'objet de droits de propriété intellectuelle peut être librement reproduite, lui-même étroitement lié à la règle fondamentale de la liberté de la concurrence. • Paris, 18 oct. 2000 : *préc. note 27.* ♦ N'est pas fautif le seul fait de commercialiser des produits identiques à ceux distribués par un concurrent. • Com. 9 juill. 2002 : *Contrats Conc. Consom. 2003, n° 7, obs. Malaurie-Vignal.* – V. aussi Le Tourneau, *D. 2001. Chron. 1226*. ♦ Une entreprise ne peut se plaindre d'un comportement parasitaire d'un concurrent dans la mesure où elle ne dispose pas d'un positionnement particulier sur le marché par rapport à ces concurrences et qu'aucun investissement intellectuel particulier n'a été fourni pour la mise au point des modèles litigieux somme toute banal et standard. • Dijon, 15 sept. 2005 : *JCP E 2005, n° 47, p. 2004.* – V. aussi • Riom, 16 févr. 2005 : *JCP E 2005, n° 49, p. 2095.* ♦ Une entreprise ne saurait être admise à incriminer le simple fait de la commercialisation par l'un de ses concurrents de produits appartenant au même genre que ceux qu'elle distribue dans la mesure où elle ne justifie pas de la notoriété dont elle se prévaut et qu'il n'existe pas de risque de confusion entre les produits. • Paris, 27 avril 2001 : *Propr. ind. 2002, n° 10, obs. Greffe.* ♦ Un concept consistant en une méthode de commercialisation doit être apprécié dans son ensemble et l'usurpation d'un seul des trois éléments de ce concept, au demeurant d'utilisation courante, ne suffit pas à caractériser un acte de parasitisme économique. • Com. 26 janv. 1999 : *préc. note 54.* ♦ Sur cette distinction, V. aussi • Paris, 24 mars 1999 : *Petites affiches 4 nov. 1999, p. 17, obs. Etner.* – Comp. • Paris, 8 sept. 2004 : *RDLC déc. 2004. 71, obs. Mitchell.*

56. *Absence de droit privatif.* L'action en concurrence déloyale peut être intentée même par celui qui ne peut se prévaloir d'un droit privatif. • Com. 22 oct. 2002 : *Bull. civ. IV, n° 149* ; *D. 2002. AJ. 3142, obs. Chevrier* ; *ibid. 2003. Somm. 1031, obs. Serra* ; *JCP E 2003, n° 13, p. 563, note Mainguy* ; *Contrats Conc. Consom. 2003, n° 6, obs. Malaurie-Vignal* ; *RJDA 2003, n° 209.* ♦ V. aussi • Com. 8 juill. 2003 : *RJDA 2004, n° 108* • 26 mai 2004 : *JCP E 2004, n° 48, p. 1877, obs. Caron* • T. com. Nancy, 9 déc. 2002 : *Lettre distrib. avr. 2003, p. 3* • T. com. Lyon, 6 sept. 2002 : *ibid.* ♦ L'offre d'une copie servile d'une célèbre montre porte manifestement atteinte à l'image de marque de cette montre qu'elle vulgarise et déprécie de telle sorte que cet usage, en ce qu'il affecte l'image, qualifiée de prestigieuse, d'un produit notoire, ne fût-il plus couvert par un droit privatif, est fautif. • Com. 22 oct. 2002 : *Bull. civ. IV, n° 152* ; *D. 2002. AJ. 3142, obs. Chevrier* ; *JCP E 2003, n° 13, p. 563, note Mainguy* ; *Contrats Conc. Consom. 2003, n° 8, obs. Malaurie-Vignal* ; *RJDA 2003, n° 210.* – Sur cet arrêt, V. aussi Bonnefont, *Contrats Conc. Consom. 2004. Chron. 3.* ♦ L'action en contrefaçon et l'action en concurrence déloyale ne constituent pas, sous des formes différentes, l'exercice d'un même droit et ne tendent pas aux mêmes fins, la première a pour fondement l'atteinte à un droit privatif tandis que la seconde sanctionne une faute commise à l'encontre d'une personne qui ne peut justifier d'un droit privatif ou en tout cas qui peut justifier d'une faute distincte de l'atteinte portée à un tel droit. • Paris, 14 mai 2003 : *JCP E 2003, n° 47, p. 1863, obs. Caron.* ♦ Le licencié d'une marque, qui ne dispose pas personnellement d'un droit privatif sur le titre de propriété industrielle, est recevable à agir en concurrence déloyale et parasitaire, peu important que les éléments sur lesquels il fonde sa demande soient les mêmes que ceux que le titulaire de la marque aurait pu opposer. • Com. 22 mars 2005 : *D. 2005. Pan. 2462, obs. Auguet ; Contrats Conc. Consom. 2005, n° 132, obs. Malaurie-Vignal ; RDLC 2005, n° 2, p. 67, obs. Fasquelle et Mésa ; Comm. com. élec. 2005, n° 101, obs. Caron.*

57. Absence de situation concurrentielle. Les agissements parasitaires d'une société peuvent être constitutifs d'une faute au sens de l'art. 1382 C. civ., même en l'absence de toute situation de concurrence. Ainsi, caractérise une faute l'imitation d'une formule publicitaire utilisée depuis plusieurs années, indéniablement réalisée par la mise en œuvre d'un slogan publicitaire qui n'est que l'adaptation du précédent aux produits commercialisés par la société parasite, pour les besoins d'une publicité, dans le but évident de profiter à moindre coût de l'impact des campagnes promotionnelles du parasité, même si les protagonistes ne sont pas en situation de concurrence. • Com. 30 janv. 1996 : *Bull. civ. IV, n° 32 ; D. 1997. 232, note Serra ; D. Affaires 1996. 257 ; Contrats Conc. Consom. 1996, n° 41, note Vogel.* ♦ Les juges peuvent, dans ce cas, accorder des dommages-intérêts en raison de la banalisation du slogan et de la perte de rentabilité des investissements publicitaires, sans rechercher l'existence d'un préjudice commercial résultant de la perte de clientèle. • Même arrêt. ♦ V. aussi • Paris, 29 sept. 1995 : *cité note 60* • 11 mars 1998 : *cité note 61.*

2° ILLUSTRATION DU PARASITISME

58. Reproduction des produits d'autrui. La fabrication de produits ayant des caractéristiques techniques identiques et leur vente dans une présentation extérieure semblable sans que cela soit justifié par aucune nécessité constitue un acte de concurrence déloyale. • Com. 14 déc. 1999 : *Propr. ind. 2002, n° 11, obs. Schmidt-Szalewski.* ♦ Constituent des actes de parasitisme, les agissements d'un grossiste consistant en l'importation et la commercialisation de copies serviles de thermostats d'ambiance portant son nom dans le but de détourner la clientèle de la société adverse qui avait commercialisé avant lui les mêmes produits, tout en profitant des efforts mis en œuvre par cette dernière pour mettre au point les produits concernés. • Rennes, 28 janv. 1998 : *JCP E 1998, n° 50, p. 1252.* ♦ Sur la condamnation pour parasitisme d'une société alors qu'il est constaté à la fois une fabrication à l'identique et une commercialisation à un prix nettement inférieur, ce dont il résulte qu'elle s'est placée dans le sillage de son concurrent et avait profité de ses investissements. • Com. 8 juill. 2003 : *préc. note 36.* ♦ Si la vente de produits adaptables sur des machines concurrentes n'est pas en soi interdite, il est toutefois nécessaire, pour le commerçant qui entend fabriquer ou distribuer de tels produits, d'informer le client sur leur origine différente. • Paris, 17 sept. 1999 : *Contrats Conc. Consom. 1999, n° 176, obs. Malaurie-Vignal.* ♦ La fabrication de pièces de rechange identiques à celles fabriquées par un concurrent et adaptables aux produits qu'il fabrique n'est ni déloyale ni parasitaire dès lors que la preuve d'une appropriation déloyale du travail d'autrui n'est pas rapportée. • Com. 6 mai 2000 : *Bull. civ. IV, n° 103 ; D. 2001. Somm. 1309, obs. Auguet ; Contrats Conc. Consom. 2000, n° 160, obs. Malaurie-Vignal ; JCP E 2001, n° 28, p. 1189, note Ambroise-Castérot.* – V. aussi Lambert, *RJ com. 2002. 4* (la pièce détachée en droit économique). ♦ Le fait de reproduire le modèle d'une société concurrente n'est répréhensible que s'il est démontré que cette reproduction n'a été faite que dans le but de tromper le public sur l'origine d'une marchandise et de détourner ainsi la clientèle d'un concurrent ou de profiter indûment des investissements, des efforts de recherche et de création de celui-ci. • Paris, 15 janv. 1997 : *préc. note 2.* ♦ Sur la licéité d'une similitude justifiée par un souci de normalisation, V. aussi • Com. 7 mars 1989 : *Bull. civ. IV, n° 77 ; D. 1990. Somm. 76, obs. Serra* • 29 mars 1994 : *Bull. civ. IV, n° 125 ; D. 1995. Somm. 209, obs. Serra.* – Comp. : • Paris, 7 nov. 1994 : *BRDA 1995, n° 10, p. 13.*

59. Exploitation du travail ou des investissements d'autrui. Pour l'utilisation d'un code d'accès à un service télématique, similaire au code d'accès d'un autre service, • Paris, 20 sept. 1991 : *D. 1993. Somm. 153, obs. Izorche.* ♦ ... Pour une émission de télévision similaire à une autre émission diffusée par une chaîne concurrente, • Versailles, 11 mars 1993 : *D. 1993. Somm. 244, obs. Hassler,* conf. par • Com. 7 févr. 1995 : *D. 1997. Somm. 105, obs. Picod ; JCP 1995. II. 22411, note Le Tourneau.* ♦ ... Pour la publication parasitaire d'études statistiques, • Paris, 22 mai 1990 : *D. 1990. IR. 175.* ♦ ... Pour des actes de parasitisme dans le domaine de la joaillerie, • Paris, 12 mars 1992 : *JCP E 1992. Pan. 565.* ♦ ... Dans le secteur de la presse, • Paris, 23 juin 2004 : *RTD com. 2004. 731, obs. Pollaud-Dulian.* ♦ ... Ou des agences immobilières, • TGI Paris, 3 oct. 2003 : *Comm. com. élec. 2004, n° 28, obs. Grynbaum.* ♦ Sur les actes de concurrence parasitaire d'une société qui a non seulement repris à son compte les concepts pédagogiques et commerciaux d'une autre société mais également démarqué, ligne par ligne, dans sa brochure de présentation celle diffusée par sa concurrente, cherchant ainsi à se placer dans le sillage de celle-ci pour profiter de ses efforts d'innovation et des investissements par elle consacrés à la mise au point de nouvelles prestations, V. • Paris, 20 nov. 1996 : *D. 1999. Somm. 94, obs. Izorche* . ♦ De même, si une société ne peut revendiquer un monopole sur la couleur rouge et des lettres blanches, il n'en subsiste pas moins qu'il est incontestable que cette société, par l'effet d'investissements publicitaires substantiels, distingue ses produits, de manière intensive et depuis de nombreuses années par un cartouche rouge sur lequel est inscrite sa dénomination en lettres blanches ; cette assemblage de couleurs constitue donc un élément d'identification des produits aux yeux de la clientèle, sa reprise ne saurait être fortuite et procède de la volonté délibérée de se placer dans le sillage du concurrent. • Paris, 18 mai 2005 : *préc. note 54.* ♦ Sur un détournement de savoir-faire et de documentation technique constitutif d'actes de concurrence parasitaire, V. • Paris, 16 juin 1999 : *Petites affiches 20 mars 2000, p. 11, obs. Reboul.* ♦ Sur l'imitation du style d'un artiste, V. • Paris, 10 sept. 2004 : *RTD com. 2004. 734, obs. Pollaud-Dulian* . ♦ Pour une absence de parasitisme dans la seule citation de titres dans une revue de presse, V. • T. com. Paris, 28 févr. 1980 : *D. 1982. IR. 43, obs. Colombet.* ♦ Comp., pour une banque de données de titres de journaux ou d'articles, valide au regard de la loi du 11 mars 1957 [désormais codifiée au CPI] : • Cass., Ass. plén., 30 oct. 1987 : *D. 1988. 21, concl. Cabannes, et Somm. 206, obs. Colombet.* ♦ Les emprunts faits par une société à la liste d'adresses d'un annuaire, dès lors qu'ils ne constituent pas une reprise systématique de cette liste, ne caractérisent pas un comportement parasitaire. • Civ. 1re, 5 mai 1998 : *D. 1999. Somm. 98, obs. Izorche ; Petites affiches 18 juin 1999, p. 22, obs. Reboul.* ♦ La mise en vente de produits obtenus par un tel canal (distributeur non agréé) et commercialisés dans de telles conditions (entrepôt) est constitutive de parasitisme dès lors que le distributeur s'est affranchi des contraintes pesant sur les membres du réseau de distribution sélective, tout en bénéficiant de leurs investissements et de leurs efforts pour assurer le renom de la marque. • Paris, 8 juin 2005 : *RLC 2005, n° 4, p. 88, obs. André.*

60. Exploitation de la publicité d'autrui. Pour la reprise d'un concept publicitaire, • Paris, 3 mai 2000 : *BRDA 2000, n° 19, p. 10.* ♦ Comp. : • Versailles, 27 sept. 1995 : *D. 1997. Somm. 83, obs. Hassler et Lapp.* ♦ ... Pour l'imitation du concept publicitaire d'un concurrent, V. • Paris, 10 mars 2000 : *Gaz. Pal. 21-22 nov. 2001, p. 40* (films faisant appel à des ressorts différents). ♦ ... Pour la reprise dans un slogan publicitaire de la marque « Dessine-moi... », V. • Paris, 2 avr. 2003 : *Gaz. Pal. 2004. Somm. 1352, obs. Saya-Salvador.* ♦ ... Pour un film publicitaire contrefaisant une vidéo-musique, • T. com. Nanterre, 25 juin 1996 : *D. 1998. Somm. 127, obs. Hassler et Lapp* . ♦ ... Ou un film de cinéma, • Paris, 8 sept. 2004 : *D. 2004. AJ. 2574* ; *Petites affiches 23 mai 2005, p. 3, note Daverat ; ibid. 12 sept. 2005, p. 6, note Poumarède ; Gaz. Pal. 2004. Somm. 4011, obs. Greffe ; RTD com. 2004. 732, obs. Pollaud-Dulian* ; *RJDA 2005, n° 475.* ♦ ... Pour une idée publicitaire reprise par une agence concurrente pour le compte du même annonceur, • Paris, 30 avr. 1997 : *Gaz. Pal. 1998. 1. Somm. 320.* ♦ ... Pour l'utilisation du jeu de mots ou d'images précédemment utilisé par un concurrent dans le cadre de la même activité, V. • Versailles, 15 févr. 2001 : *Gaz. Pal. 21-22 nov. 2001, p. 38, obs. Roiland.* ♦ ... Pour des agissements parasitaires résultant, en dehors de toute situation de concurrence entre les produits, du plagiat d'une publicité, V. • Paris, 29 sept. 1995 : *D. 1996. Somm. 251, obs. Izorche* . ♦ ... Pour l'implantation de panneaux publicitaires masquant ceux d'un concurrent, • Paris, 28 janv. 1998 : *Gaz. Pal. 25-26 nov. 1998, p. 30* • Versailles, 12 mars 1998 : *ibid., p. 31.* ♦ ... Pour l'utilisation de la photographie du dépliant publicitaire d'un concurrent pour une publicité dans les pages jaunes de l'annuaire téléphonique, • Versailles, 26 sept. 1991 : *D. 1992. Somm. 344, obs. Izorche* . ♦ Comp., pour l'utilisation dans un catalogue de photographies publiées dans les catalogues d'un concurrent : • Versailles, 11 févr. 1987 : *D. 1988. Somm. 201, obs. Colombet.* ♦ ... Pour un catalogue d'accessoires et de mobilier de maison utilisant une présentation et des slogans voisins de ceux d'un concurrent : • Versailles, 16 janv. 1997 : *D. Affaires 1997. 565.*

61. Exploitation de la notoriété d'autrui. Pour des actes de parasitisme commis par une cristallerie qui s'est installée à Baccarat à côté de l'usine concurrente afin de profiter de sa renommée, • Nancy, 21 févr. 1980 : *D. 1980. IR. 556 ; RTD com. 1981. 79, obs. Chavanne et Azéma* et sur pourvoi, • Com. 17 mai 1982 : *ibid. 1982. 553.* ♦ ... Sur l'interdiction de l'exploitation par un fabricant de parfums de luxe de la notoriété et de l'effet attractif de l'appellation champagne, • Paris, 15 déc. 1993 : *D. 1994. 145, note Bout* ; *JCP 1994. II. 22229, note Pollaud-Dulian* ♦ ... Pour la distribution de produits de luxe par un distributeur non agréé, • Paris, 22 sept. 2004 : *D. 2005. Pan. 149, obs. Ferrier* . ♦ ... Pour l'usage illicite d'une marque désignant des produits similaires, • Paris, 18 juin 1992 : *JCP E 1992. Pan. 1020.*

Manifeste une volonté de parasitisme et constitue donc une faute de concurrence déloyale le fait de vendre des produits revêtus illicitement d'une marque à des prix très inférieurs à ceux pratiqués pour les produits revêtus licitement de la marque, en faisant une promotion dans une vitrine située à proximité d'un magasin vendant dans des conditions normales les produits revêtus de la marque litigieuse. • Com. 21 juin 1994 : *Bull. civ. IV, n° 229 ; D. 1994. IR. 201.* ♦ Est un agissement parasitaire le fait, pour un ancien commercial, de se présenter comme un spécialiste de la marque. • Com. 29 juin 1993 : *D. 1995. Somm. 211, obs. Picod* . – Comp. : • Com. 25 avr. 1983 : *D. 1984. 449, note Daverat ; JCP 1983. II. 20090, note Chavanne.* ♦ S'il n'est pas interdit de fabriquer et de commercialiser des produits compatibles avec ceux d'un concurrent, l'utilisation abusive de cet argument comme moyen de vente constitue, à l'évidence, un comportement parasitaire fautif, puisque en agissant ainsi, les sociétés en cause ont utilisé la notoriété et les efforts techniques et commerciaux de l'entreprise concurrente et ont cherché à accaparer la clientèle de celle-ci. • Versailles, 26 sept. 1996 : *D. 1999. Somm. 99, obs. Izorche* • 14 janv. 1999 : *RJDA 1999, n° 492* • TGI Lyon, 17 mars 2005 : *Lettre distrib. avr. 2005, p. 3.* ♦ V. aussi, pour des lames de rasoir, détachables du rasoir, vendues séparément et exclusivement adaptables sur ces rasoirs, mais dont le conditionnement reprend la combinaison de couleurs utilisée par des rasoirs d'une marque donnée : • Com. 3 juill. 2001 : *Bull. civ. IV, n° 132 ; D. 2001. AJ. 2892, obs. Chevrier* . ♦ ... Pour le dépôt, par le bénéficiaire d'un contrat de licence d'exploitation d'une marque pour des produits et services limitativement énumérés, de la même marque pour des services et produits non protégés, • Com. 4 juill. 1995 : *Bull. civ. IV, n° 205.*

Pour l'imitation des étiquettes d'un concurrent, • Colmar, 13 mai 1994 : *D. 1995. 96, note Burst* . ♦ ... L'imitation d'un conditionnement de chocolat, • Com. 27 juin 1995 : *Bull. civ. IV, n° 193.* ♦ ... Pour l'utilisation ostensible par une société de pompes funèbres du nom de son directeur commercial Michel Leclerc, • Paris, 12 juill. 1993 : *D. 1993. IR. 192* • Aix-en-Provence, 19 mai 1994 : *D. 1995. Somm. 212, obs. Izorche* . ♦ ... Pour l'utilisation, dans une brochure, de la référence aux championnats internationaux de France de tennis pour se placer dans le sillage de la Fédération française de tennis, • Paris, 20 nov. 1995 : *D. 1996. IR. 6* . ♦ ... Pour une utilisation commerciale d'une contrefaçon du Petit Larousse Illustré et du Dictionnaire Le Petit Robert (l'ouvrage Maxidico), constitutive d'un agissement parasitaire, V. • T. com. Paris, 5 janv. 1998 : *D. Affaires 1998. 162, obs. E. P. ; Petites affiches 19 août 1998, p. 14, obs. Malaurie-Vignal et Etner.* ♦ ... Pour l'utilisation, par une entreprise de vente par correspondance, de produits authentiques d'une marque notoirement connue, comme lot dans une loterie publicitaire. • Versailles, 19 nov. 1998 : *D. Affaires 1999. 381, obs. C. R. ; Gaz. Pal. 23-27 mai 1999, p. 26, obs. Staeffen ; Petites affiches 4 nov. 1999, p. 12, obs. Reboul.* ♦ ... Pour l'emploi, par un constructeur automobile, d'un slogan publicitaire le faisant bénéficier de l'impact de la marque concurrente, V. • Versailles, 10 mars 1995 : *D. 1996. 489, note Picod* . - V. aussi • Paris, 24 mai 1995 : *D. 1996. Somm. 252, obs. Izorche* • 26 juin 1996 : *D. 1997. Somm. 236, obs. Izorche* ; *D. Affaires 1996. 1157.* ♦ ... Pour la condamnation de la volonté parasitaire d'une société qui, en vue de vendre ses propres produits, a associé ceux-ci à l'imagerie, notoirement connue du grand public, d'un personnage de bande dessinée et à son univers spécifique tel que voulu par ses auteurs : • Paris, 14 avr. 1999 : *D. 2000. Somm. 314, obs. Izorche* . ♦ ... Pour des agissements parasitaires résultant de l'utilisation d'une référence, implicite mais non équivoque, à une autre entreprise notoirement connue, mais non concurrente en raison de l'absence d'une clientèle commune, en vue de bénéficier indûment des efforts réalisés par celle-ci et notamment de la réputation attachée à son image, V. • Paris, 11 mars 1998 : *D. 1999. Somm. 97, obs. Izorche* . ♦ Dans le même sens, V. • Paris, 10 mars 1999 : *Petites affiches 21 mars 2000, p. 18, obs. Reboul et Fraudin.*

Mais l'utilisation, par un constructeur automobile, de la dénomination « caisse d'épargne » dans une publicité ne constitue pas un acte de parasitisme, cette expression, mentionnée dans des caractères totalement identiques au reste de la phrase publicitaire, étant entendue dans le sens commun en dehors de toute référence à un établissement précis dès lors que le vocabulaire employé, s'il rappelle les valeurs auxquelles peut être attachée la clientèle du demandeur, correspond tout aussi parfaitement aux priorités définies par le constructeur lors de la conception et la réalisation de son véhicule. • TGI Paris, 16 nov. 1998 : *D. 1999. IR. 59 ; D. Affaires 1999. 328, obs. A. M. ; Petites affiches 4 nov. 1999, p. 21, obs. Etner.* ♦ Sous réserve des droits à l'image personnels du compétiteur et en l'absence de restrictions particulières convenues entre les organisateurs et les participants de la course ou les sponsors, en ce qui concerne l'utilisation du nom et de l'image du vainqueur, la publicité d'une entreprise qui se présente comme partenaire officiel d'une compétition sportive et salue la victoire du vainqueur en occultant le nom des sponsors ne constitue pas un détournement des efforts consentis par ceux-ci, V. • Paris, 17 mars 2000 : *D. 2001. Somm. 1232, obs. Izorche* .

62. Aménagement intérieur d'un magasin. Pour une condamnation en raison de la reproduction de l'architecture intérieure d'un concurrent : • Paris, 25 juin 1997 : *D. 1999. Somm. 96, obs. Izorche* ; *D. Affaires 1997. 926* • T. com. Nancy, 9 déc. 2002 : *préc. note 56* • T. com. Lyon, 6 sept. 2002 : *ibid.* – Comp., refusant de déduire la qualification de parasitisme de la seule similitude de l'architecture d'intérieur de l'espace culturel d'une grande surface, • TGI Paris, 21 févr. 1996 : *D. 1997. Somm. 107, obs. Picod* ; *D. Affaires 1996. 383* ; *Contrats Conc. Consom. 1996, n° 42, note Vogel.* ♦ Aucun acte de parasitisme ne peut être retenu à l'encontre d'un commerçant ayant installé dans la galerie marchande d'un hypermarché un espace de vente de produits cosmétiques, d'hygiène et de diététique, signalé par des enseignes portant en lettres blanches sur fond vert le terme « parapharmacie », et composé d'un mobilier où prédominent ces mêmes couleurs, magasin fonctionnant de manière autonome par rapport à l'hypermarché et à l'entrée duquel est apposé un panneau portant l'inscription « pharmacien conseil », dès lors que la mise en place de cet espace répond au caractère spécifique des produits offerts à la vente et aux exigences imposées par les fabricants, et que le logo en forme de L de couleur blanche sur fond vert, qui évoque pour le consommateur l'appartenance à un circuit de grande distribution, ne présente aucune similitude avec la croix verte, marque collective dont est titulaire le Conseil national de l'ordre des pharmaciens. • Paris, 27 nov. 1998 : *D. 1999. 661, note Fallet et Fouassier* ; *Petites affiches 4 nov. 1999, p. 15, obs. Etner,* conf. par • Com. 16 janv. 2001 : *Bull. civ. IV, n° 13* ; *D. 2001. AJ. 777, obs. Rondey* ; *JCP N 2001, n° 19, p. 903, obs. Hugot* ; *Contrats Conc. Consom. 2001, n° 43, obs. Malaurie-Vignal* ; *Petites affiches 16 mai 2001, p. 12, note Fouassier.* ♦ Sur la question du droit d'auteur portant sur l'aménagement intérieur d'un magasin, V. • Civ. 1re, 17 juin 2003 : *Bull. civ. I, n° 149* ; *D. 2003. AJ. 2014* ; *JCP E 2004, n° 26, p. 1049, obs. Greffe* ; *RTD com. 2004. 271, obs. Pollaud-Dulian* ; *Petites affiches 15 juin 2004, p. 15, obs. Bacchichetti* • Paris, 26 oct. 2005 : *RTD com. 2006. 80, obs. Pollaud-Dulian* ; *Lettre distrib. févr. 2006, p. 3.*

63. *Agissement parasitaire sur Internet.* BIBL. Alterman et Zimmermann, *RJ com. 2004. 345* (concurrence déloyale sur internet). ♦ Pour un cas particulier de concurrence parasitaire sur internet, V. • TGI Versailles, 22 oct. 1998 : *D. 1999. Somm. 118, obs. Hassler et Lapp* . ♦ Pour une décision retenant que la mise en vente aux enchères sur internet de noms de domaine reproduisant des marques notoires révèle une volonté de parasitisme, ces agissements à des fins de pur commerce au détriment des sociétés titulaires de marques renommées leur occasionnant un trouble manifestement illicite en leur causant un préjudice d'image, V. • TGI Nanterre, réf., 31 janv. 2000 : *D. 2001. 292, note Gallot le Lorier et Varet* . ♦ Sur l'action en parasitisme exercée contre un huissier ayant créé son propre site internet de dépôt en ligne de règlements de jeux et concours en reprenant une page du site concurrent, V. • Aix-en-Provence, 17 avr. 2002 : *JCP 2003. II. 10095, note Bosco* ; *Comm. com. élec. 2002, n° 116, obs. Grynbaum* ; *Dr. et patr. déc. 2003. 99, obs. Caprioli* ; *Gaz. Pal. 2003. 1. Somm. 1155, obs. Guével.* ♦ Sur la condamnation pour concurrence déloyale du moteur de recherche Google pour avoir proposé aux internautes ayant saisi le terme « Vuitton », sous l'appellation liens commerciaux, des annonces publicitaires pour des sites commercialisant des produits contrefaisant la marque de maroquinerie, V. • TGI Paris, 4 févr. 2005 : *D. 2005. 1037, note Hugon* ; *Comm. com. élec. 2005, n° 117, obs. Stoffel-Munck* ; *Lettre distrib. févr. 2005, p. 4.* – Sur cette question, Manara, *D. 2005. 2066.* ♦ Sur l'extraction d'une partie substantielle de la base de données d'un concurrent, V. • Versailles, 11 avr. 2002 : *Dr. et patr. juin 2003. 92, obs. Caprioli.* ♦ Sur les sanctions du détournement d'une adresse électronique, V. • Paris, 15 déc. 2004 : *D. 2005. AJ. 709, obs. Manara* ; *JCP E 2005, n° 11, p. 458.* ♦ V. aussi, note 34.

IV. EXERCICE DE L'ACTION EN CONCURRENCE DÉLOYALE

BIBL. Doucet, *Gaz. Pal. 1964. 2. Doctr. 105* (prescription et nature juridique de l'action).

64. *Droit international privé.* L'action en concurrence déloyale fondée sur la diffusion en France de journaux étrangers est soumise au droit français. • Paris, 21 juin 2000 : *D. 2002. Somm. 1389, obs. Audit* . ♦ Sur l'application de l'art. 1382 C. civ. à des analyses financières d'une banque étrangère visant une société cotée française, V. • T. com. Paris, 12 janv. 2004 : *préc. note 19.* ♦ Sur la compétence française pour une action d'une société danoise reprochant à des sociétés française et anglaise des actes de concurrence déloyale, V. • Civ. 1re, 6 mai 2003 : *Bull. civ. I, n° 101* ; *Gaz. Pal. 2004. 405, concl. Sainte-Rose* ; *ibid. 2003. Somm. p. 4013, obs. Niboyet.*

65. *Abus.* Une entreprise en position dominante n'abuse pas de sa domination au sens de l'art. L. 420-2 C. com. en agissant en concurrence déloyale contre son concurrent. • Cons. conc. n° 02-D-35 du 13 juin 2002 : *BOCC 30 sept. 2002* ; *Contrats Conc. Consom. 2002, n° 174, obs. Malaurie-Vignal.* – V. aussi note 12 ss. art. L. 420-2. ♦ V., retenant que l'action en concurrence déloyale et parasitaire intentée par le demandeur procède d'une intention de nuire et peut être assimilée à une tentative de déstabilisation d'un concurrent : • T. com. Roubaix, 14 oct. 2004 : *RLC 2005, n° 2, p. 87, obs. André ; Lettre distrib. nov. 2004, p. 3.*

A. SPÉCIFICITÉ DE L'ACTION EN CONCURRENCE DÉLOYALE

66. *Subsidiarité de l'action.* Une cour d'appel, ayant relevé les ressemblances existant entre les produits offerts à la vente, leur emballage et l'étiquette les présentant et ayant retenu que la société en cause avait, par cette ressemblance volontairement créée, voulu tirer bénéfice d'une assimilation erronée, par la clientèle, entre les produits d'une société concurrente et les siens, alors qu'elle n'avait pas à appliquer le droit des marques pour statuer sur la demande de réparation du préjudice causé par une faute, a pu déduire de ces constatations et appréciations que le comportement de la société en cause permettait, notamment par l'imitation de la marque, la présentation de son produit dans des conditions créant une confusion sur son origine dans l'esprit de la clientèle et caractérisait une concurrence déloyale. • Com. 12 juill. 1993 : *Bull. civ. IV, n° 294 ; RJDA 1993, n° 1107.*

67. *Distinction entre l'action en concurrence déloyale et l'action en contrefaçon.* BIBL. Durrande, *D. 1984. Chron. 187.* – Schmidt-Szalewski, *RTD com. 1994. 455*. – Roubin-Devrieudt, *Petites affiches 6 janv. 1997, p. 4.* ♦ L'action en concurrence déloyale et l'action en contrefaçon procèdent de causes différentes et ne tendent pas aux mêmes fins ; la seconde n'est pas l'accessoire, la conséquence ou le complément de la première. • Com. 22 sept. 1983 : *Bull. civ. IV, n° 236* • Paris, 18 avr. 1989 : *D. 1990. Somm. 77, obs. Serra*. ♦ Comp., en ce sens qu'à l'expiration de la protection attachée à un certificat d'utilité publique, seule l'action en concurrence déloyale pour copie servile du produit est possible ; que cette action tend aux mêmes fins que l'action initiale en contrefaçon et qu'elle est donc virtuellement comprise dans la demande initiale : • Com. 24 nov. 1987 : *Bull. civ. IV, n° 245 ; D. 1987. IR. 257.* ♦ L'art. 716-6 CPI, qui déroge aux règles de droit commun applicables en matière de référé, ne concerne que les actions en contrefaçon de marques introduites selon les règles particulières et ne saurait être appliqué à des actes de concurrence déloyale fussent-ils connexes à des actes de contrefaçon. • Com. 3 déc. 2002 : *Bull. civ. IV, n° 189 ; D. 2003. Somm. 2690, obs. Durrande ; ibid. AJ. 72 ; JCP 2003. IV. 1182 ; Comm. com. élec. 2003, n° 24, obs. Caron.* ♦ Sur le droit privatif, V. note 56.

68. *Cumul des actions en concurrence déloyale et en contrefaçon.* Il peut être décidé que des faits de vente d'un produit portant une marque contrefaite constituent une concurrence déloyale distincte de la contrefaçon résultant de l'usage pendant la même période de documents portant ladite marque. • Com. 18 oct. 1994 : *Bull. civ. IV, n° 298 ; JCP 1994. IV. 2557.* ♦ Ainsi, en vendant, en vue de leur commercialisation à l'étranger, des bouteilles de vin portant une marque contrefaite, cette vente étant un fait distinct de la contrefaçon, une société a commis des actes de concurrence déloyale envers une autre personne morale qui, en sa qualité de licenciée de la marque litigieuse en France pour les vins et sirops, était seule habilitée à vendre ces produits portant la marque. • Même arrêt. ♦ Caractérise une faute distincte de la contrefaçon la cour d'appel qui relève qu'au-delà des actes de contrefaçon retenus à l'encontre d'une société celle-ci avait voulu tirer parti de la réputation d'une entreprise et perturber ainsi l'organisation et les sources de revenus de cette dernière. • Civ. 1re, 25 mai 2004 : *Bull. civ. I, n° 154 ; D. 2004. 1893, note crit. Bouche ; D. 2005. Pan. 2462, obs. Auguet ; JCP 2004. II. 10170, note Lucas.*

En ce sens qu'une action en concurrence déloyale peut être le complément d'une demande initiale en contrefaçon, si le demandeur rapporte la preuve de faits distincts, V. • Com. 6 déc. 1984 : *Bull. civ. IV, n° 335* • 3 juin 2003 : *JCP E 2003, n° 32-35, p. 1315.* – V. aussi • Paris, 22 févr. 1995 : *D. 1996. Somm. 250, obs. Izorche* • Versailles, 4 mai 1995 : *D. 1996. Somm. 248, obs. Serra* • Paris, 3 oct. 1997 : *D. Affaires 1997. 1364* • Versailles, 4 mars 1999 : *D. 2001. Somm. 1314, obs. Izorche*. ♦ Tel n'est pas le cas, par exemple, de la seule copie servile d'un vêtement. • Paris, 3 juill. 1996 : *préc. note 4.* ♦ ... Ni de la reprise du titre d'une émission dans un journal. • TGI Paris, 16 mars 1999 : *Petites affiches 21 mars 2000, p. 16, obs. Reboul et Fraudin.* ♦ ... Ni de celle du climat et de l'esprit d'un thème musical. • TGI Paris, 1er juin 2004 : *JCP E 2005, n° 51-52, p. 2215, obs. Ratovo ;Petites affiches 18 août 2005, p. 9, note Poumarède.* ♦ L'imitation d'une marque notoirement connue ne constituant pas le même fait que son emploi, seul visé par l'art. L. 713-5 CPI, le dépositaire d'une telle marque est recevable à agir, quant à une telle imitation, dans les termes du droit commun. • Com. 11 mars 2003 : *D. 2003. Somm. 2688, obs. Durrande ; JCP E 2003, n° 47, p. 1863, obs. Caron ; JCP 2004. II. 10034, note Debat ; Contrats Conc. Consom. 2003, n° 126, obs. Malaurie-Vignal ; Rev. sociétés 2003. 557, note Pollaud-Dulian ; RJDA 2003, n° 891 ; Comm. com. élec. 2003, n° 105, obs. Caron* (et sur renvoi • Orléans, 2 juill. 2004 :

Comm. com. élec. 2004, n° 101, obs. Caron ; RJDA 2005, n° 206 ; Petites affiches 16 mars 2005, p. 9, note Larère et Koné-Loumeau ; ibid. 20 oct. 2005, p. 13, note Poumarède). ♦ Comp., toutefois, jugeant qu'indépendamment de la contrefaçon de l'image publicitaire, un contrefacteur s'était aussi rendu coupable de parasitisme en profitant à moindre coût des efforts de conception et de réalisation publicitaire de la victime et les avait ainsi dévalorisés, V. • Civ. 1re, 19 oct. 2004 : *Petites affiches 31 août 2005, p. 10, note Poumarède.* ♦ L'exploitant d'une marque, qui ne dispose pas d'un droit privatif sur le titre de propriété industrielle, est recevable à agir en concurrence déloyale, peu important que les éléments sur lesquels il fonde sa demande soient les mêmes que ceux que le titulaire de la marque a opposés au titre de la contrefaçon. • Com. 13 déc. 2005 : *RJDA 2006, n° 473.*

B. PROCÉDURE

1° COMPÉTENCE

69. Compétence des juridictions civiles et commerciales. Les actions en matière de concurrence déloyale ne relèvent pas de la compétence du Conseil de la concurrence, mais de celle des juridictions civiles et commerciales. • T. com. Nanterre, réf., 6 mars 1991 : *Gaz. Pal. 1991. 2. 639, note Guyot-Sionnest.* ♦ ... Sauf si les pratiques se rattachent à une action concertée de caractère anticoncurrentiel ou à l'exploitation abusive d'une position dominante ou d'un état de dépendance économique. • Cons. conc. n° 93-D-05 du 27 avr. 1993 : *BOCC 5 juin 1993.* ♦ ... Il en va ainsi lorsque l'acte déloyal a contribué à aggraver les effets perturbateurs d'un abus de position dominante. • Cons. conc. n° 04-D-09 du 31 mars 2004 : *BOCC 6 sept. 2004 ; D. 2004. AJ. 1232.* ♦ Les actes de concurrence déloyale peuvent être appréciés par la juridiction civile lorsque le défendeur n'est pas commerçant. • Paris, 12 sept. 1991 : *D. 1992. Somm. 352, obs. Serra.* ♦ Le juge des référés commerciaux n'est pas compétent pour statuer sur une demande d'interdiction de l'usage d'une dénomination commerciale fondée sur la concurrence déloyale, dès lors que le défendeur se prévaut d'une marque ressemblante enregistrée et publiée avant l'introduction de l'instance (compétence du TGI en application de l'art. L. 716-3 CPI). • Paris, 27 nov. 2002 : *BICC 2003, n° 937.* ♦ Dans un litige où il est reproché au concédant d'une marque « à titre d'enseigne » d'avoir enfreint l'interdiction contractuelle d'exploiter la marque sur le territoire concédé avec la complicité d'une société tierce dont la responsabilité quasi-délictuelle est recherchée, l'exploitation litigieuse doit s'apprécier exclusivement au regard de la commune intention des parties lors de la conclusion du contrat de licence ; une telle appréciation demeurant exclusive de toute question de marque, au sens de l'art. L. 716-3 CPI, c'est à bon droit que le tribunal de commerce saisi s'est déclaré compétent. • Versailles, 25 mars 2004 : *BICC 2004, n° 1648.*

Il appartient à la juridiction judiciaire de déterminer si les pratiques incriminées (activités commerciales étrangères aux missions statutaires) se détachent de la mission de service public conférée à une fédération sportive et constituent des actes de concurrence illicite ou déloyale. • Civ. 1re, 11 févr. 2003 : *D. 2003. IR. 665 ; JCP E 2003, n° 14, p. 588 ; RJDA 2003, n° 667.* – V. aussi : • Com. 11 févr. 2003 : *Bull. civ. IV, n° 20 ; D. 2003. IR. 864 ; JCP E 2003, n° 14, p. 589 ; RJDA 2003, n° 799* (maison funéraire) • Nîmes, 23 janv. 2003 : *JCP E 2004, n° 26, p. 1032* (laboratoire départemental vétérinaire). ♦ V. *supra*, note 25 ss. C. com., art. L. 410-1.

70. Compétence de la juridiction prud'homale. L'action dirigée contre la société créée par l'ancien salarié, fondée sur la complicité de celle-ci dans la violation de la clause de non-concurrence relève de la compétence du tribunal de commerce et suppose que soit tranchée la question préalable de la violation de la clause de non-concurrence laquelle relève de la compétence exclusive de la juridiction prud'homale. • Com. 6 mai 2003 : *Bull. civ. IV, n° 67 ; D. 2004. Somm. 1154, obs. Bugada ; Dr. sociétés 2004, n° 18, obs. Trébulle ; Procédures 2003, n° 258, obs. Croze.* ♦ Sur la compétence du conseil de prud'hommes en cas d'action en concurrence déloyale formée contre un représentant de commerce par son employeur, V. • Com. 24 janv. 1977 : *D. 1977. IR. 174.* ♦ Sur la compétence du conseil de prud'hommes, s'agissant de demandes de dommages et intérêts intentées par l'ancien employeur contre ses salariés, V. • Soc. 15 mai 1974 : *D. 1974. 702, note Serra.* ♦ En revanche, sur l'incompétence du conseil de prud'hommes à connaître de l'action engagée contre le nouvel employeur, V. • Soc. 3 juill. 1968 : *Cah. prud'h. 1968. 219* • Com. 27 mars 2001 : *D. 2002. Somm. 1258, obs. Serra* • Paris, 13 nov. 1991 : *JCP E 1992. Pan. 56.*

2° RECEVABILITÉ DE L'ACTION

71. Intérêt à agir. L'action en concurrence déloyale suppose que les parties en cause s'adressent à une clientèle, au moins potentielle, en proposant des produits ou des services suffisamment identifiés. • Paris, 13 avr. 2005 : *D. 2005. Pan. 2465, obs. Dorandeu.* ♦ Sur l'existence du préjudice, V. notes 11 s. ♦ Sur le rapport de concurrence, V. notes 7 et 57.

72. Qualité pour agir. La société mère d'un groupe n'a pas qualité pour agir sur le fondement d'une action en concurrence déloyale contre une société directement concurrente d'une de ses filiales, dès lors qu'elle n'est susceptible de subir qu'un préjudice par ricochet. *A fortiori*, elle ne peut pas agir pour le compte de sa filiale qui est dotée de la personnalité morale et est juridiquement indépendante. • Versailles, 19 févr. 1998 : *préc. note 42.* ♦ La situation donnant lieu à fin de non-recevoir se trouve toutefois régularisée et l'action doit être déclarée recevable, car la filiale, dont la qualité et l'intérêt à agir ne sont pas contestables, est intervenue aux débats avant qu'une décision définitive ne soit rendue et a déclaré faire siennes les écritures prises jusque-là par la société mère. • Même arrêt.

73. Syndicat professionnel. Des syndicats professionnels des métiers de la fourrure sont fondés à demander l'interdiction de la diffusion d'un film publicitaire réalisé par une société de vente de vêtements par correspondance qui présente un mannequin dont le manteau de fourrure se transforme en une quinzaine de visons qui sautent à terre, pour entourer le catalogue de vente de la société. • Paris, 28 oct. 1996 : *RJDA 1997, n° 739.* ♦ Sur l'action des organismes interprofessionnels, V. *supra*, C. com., art. L. 470-7.

73 bis. Association. V. note 6.

3° MESURES PROVISOIRES

74. Saisine du juge des référés. Bien que l'art. 2 de la loi du 2 juill. 1963 ne soit pas en vigueur en l'absence de décrets pris pour son application, la victime de pratiques déloyales est recevable à saisir le juge des référés, selon le droit commun. V., par exemple, • Com. 24 mars 1981 : *Bull. civ. IV, n° 161.* ♦ Le fait que les dispositions de l'arr. du 2 sept. 1977 relatif à la publicité des prix et de l'art. L. 121-1 C. consom. sur la publicité mensongère soient sanctionnées pénalement ne fait pas obstacle à ce que le juge des référés puisse prescrire en la matière les mesures qui s'imposent pour faire cesser un trouble manifestement illicite. • Com. 19 oct. 1999 : *Bull. civ. IV, n° 175.*

75. Mesures conservatoires ou de remise en état. Il appartient au juge des référés commerciaux de prendre, sur le fondement de l'art. 873 NCPC, toutes les mesures nécessaires pour faire cesser toute action de nature à jeter le discrédit sur un concurrent ou sur les produits qu'il fabrique. Par suite, le juge des référés peut valablement enjoindre à une société de cesser sous astreinte toute diffusion d'un spot publicitaire dont le scénario est de nature à jeter le doute dans l'esprit du public sur les qualités d'une voiture. • Paris, 25 sept. 1991 : *RJDA 1992, n° 793.* ♦ Le risque indéniable de confusion entre deux émissions de télévision justifie de faire droit à la demande d'interdiction de diffusion sollicitée en référé. • T. com. Nanterre, 27 août 1992 : *D. 1993. Somm., 245, obs. Hassler* • 25 sept. 1992 : *ibid.* • Versailles, 11 mars 1993 : *ibid.* et sur pourvoi • Com. 7 févr. 1995 : *préc. note 59.* ♦ Pour d'autres illustrations, V. notamment : • Com. 19 oct. 1999 : *préc. note 74* • Douai, 2 oct. 1995 : *RJDA 1996, n° 301* • Paris, 28 oct. 1996 : *préc. note 73.*

Mais la saisie d'objets litigieux chez des clients de la société défenderesse à une action en concurrence déloyale ayant été diligentée par le demandeur à ses risques et périls, ce dernier doit réparation du préjudice commercial résultant de l'atteinte portée à l'image de marque. • Limoges, 14 juin 2004 : *JCP 2005. IV. 2597 ; RD banc. fin. 2005, n° 26, obs. S. Piedelièvre.*

76. Mesures d'instruction in futurum. La simple éventualité d'une action en concurrence déloyale autorise le juge judiciaire à ordonner des mesures d'instruction afin de conserver des éléments de preuve. • Civ. 1re, 22 févr. 2005 : *D. 2005. Pan. 2465, obs. Dorandeu ; RLC 2005, n° 3, p. 89, note André ; RJDA 2005, n° 910.* ♦ Pour un refus d'expertise motivé par la nécessité de préserver la liberté d'entreprendre et le secret de la correspondance professionnelle, V. • Pau, 15 févr. 2005 : *JCP 2005. IV. 3039.* ♦ V. aussi l'art. 145 NCPC, *infra*, v° *Tribunaux de commerce.*

D. EFFETS DE L'ACTION EN CONCURRENCE DÉLOYALE

77. Prévention et réparation du préjudice. L'action en concurrence déloyale, action en responsabilité civile, autorise celui qui l'exerce à solliciter tant une condamnation à des dommages et intérêts qu'une injonction à l'encontre de l'auteur du comportement incriminé et une publication de la décision sanctionnant celui-ci. • Paris, 10 avr. 1995 : *préc. note 45.* ♦ Comp. note 22. ♦ Jugeant qu'une cour d'appel peut ordonner qu'il soit mis fin à des manœuvres de concurrence déloyale sans rechercher si les clients se sont définitivement détournés de l'entreprise victime de ces manœuvres. • Com. 19 nov. 1991 : *préc. note 49.* ♦ Pour une condamnation à restituer, sous astreinte, le courrier électronique reçu sur le site parasitaire ainsi que les recettes afférentes à son exploitation, V. • TGI Grasse, 2 nov. 2005 : *D. 2005. AJ. 3011, obs. Manara* ;

78. Injonction de cesser les agissements déloyaux. Les juges du fond peuvent faire défense à l'auteur d'actes de concurrence déloyale de continuer à fabriquer, vendre ou faire vendre des modèles de meubles. • Com. 21 nov. 1972 : *cité note 81.* ♦ Une cour d'appel peut interdire à l'auteur d'agissements parasitaires de faire usage d'une marque de quelque façon que ce soit. • Com. 29 juin 1993 : *D. 1995, Somm. 211, obs. Picod.* ♦ L'interdiction de faire usage d'une marque, tendant à faire cesser un comportement parasitaire, ne s'applique que dans les conditions de vente constituant ce comportement. • Com. 26 mars 1996 : *D. Affaires 1996. 672.*

79. Mesures de publicité. La victime d'actes de concurrence déloyale peut obtenir la publication, dans une ou plusieurs publications, de la décision de condamnation de leur auteur aux frais de celui-ci. • TGI Paris, 18 nov. 1987 : *Gaz. Pal. 1989, 1, Somm. 14* • 9 mai 2001 : *RJDA 2002, n° 112* (condamnation de l'auteur d'un dénigrement fautif à publier le dispositif du jugement dans deux journaux et à l'afficher pendant un mois sur la page d'accueil de son site internet). – V. aussi • Paris, 26 janv. 2005 : *D. 2005. Pan. 2466, obs. Dorandeu.* ♦ La réparation du préjudice subi par la victime d'actes de concurrence déloyale peut consister en une diffusion d'extraits d'une décision de justice sur les ondes de radios périphériques. • Paris, 17 nov. 1970 : *D. 1972. 78, note Guinchard.* — V. aussi notes 22 et 77.

80. Préjudice matériel et moral. Pour un exemple de réparation du préjudice matériel (perte de recettes publicitaires évaluées à 50 millions de francs) et du préjudice moral (évalué à 5 millions de francs) résultant du plagiat d'une émission de télévision, V. • Com. 7 févr. 1995 : *préc. note 59.*

81. Évaluation du préjudice. Il appartient aux juridictions du fond de réparer, dans les limites des conclusions des parties, le préjudice économique dont elles reconnaissent le principe. • Crim. 8 mars 2005 : *Bull. crim. n° 76 ; D. 2005. IR. 1050 ; RDLC 2005, n° 3, p. 88, obs. Fasquelle et Mésa.* ♦ Les juges du fond apprécient souverainement le préjudice, tant matériel que moral, subi par le créateur de modèles de meubles du fait des agissements de concurrence déloyale d'un fabricant. • Com. 21 nov. 1972 : *D. 1973. Somm. 55.* ♦ Les juges du fond ne sont pas tenus de confier à un expert le soin d'évaluer le préjudice. • Com. 6 déc. 1967 : *Bull. civ. III, n° 408.* ♦ Le fait que des comportements constitutifs de concurrence déloyale portent atteinte à l'image de marque et entraînent quasi mécaniquement des transferts d'achats et un manque à gagner tangible peut être établi par des études économiques. • Colmar, 13 mai 1994 : *D. 1995. 96, note Burst.* ♦ Sur l'évaluation du préjudice résultant de l'usurpation frauduleuse du savoir-faire d'une entreprise concurrente, V. • Paris, 27 sept. 2000 : *D. 2001. Somm. 1309, obs. Auguet.* ♦ Pour la prise en compte de la baisse du chiffre d'affaires, de la marge réalisée habituellement par la société et les investissements publicitaires déployés pour contrecarrer les effets de la concurrence déloyale, V. • Paris, 16 déc. 2004 : *D. 2005. Pan. 2466, obs. Dorandeu.*

82. Appel en garantie. Le fournisseur de produits dont l'étiquette a été considérée comme constitutive de concurrence déloyale doit décharger le revendeur des condamnations prononcées à son encontre. • Colmar, 13 mai 1994 : *préc. note 81.*

V. CLAUSE DE NON-CONCURRENCE

RÉP. COM. v° *Concurrence (obligation de non-concurrence)*, par Serra.

BIBL. Serra, *D. 1983. Chron. 51 ; D. 1987. Chron. 113 ; D. 1996. Chron. 245 ; RTD com. 1998. 7* (fondements et régime de l'obligation de non-concurrence). – Champaud, *RJ com. 1986. 161.* – Amiel-Donat, *Contrats Conc. Consom. juill. 1992. 1.* – Youego, *JCP N 1998. p. 202* (transmissibilité d'une clause de non-concurrence). – Gavalda, *Dr. soc. 1999. 582* (critères de validité des clauses de non-concurrence en droit du travail). – Stulz, *Petites affiches 24 oct. 2003, p. 9* (deux années de jurisprudence évolutive). – Trébulle, *Dr. sociétés 2003. Chron. 6* (clause de non-concurrence dans un acte de cession de droits sociaux). – Reynès, *D. 2004. 1543* (renonciation à la clause de non-concurrence : portée des arrêts du 10 juill. 2002). – Mémeteau, *D. 2005. 899* (société de médecins et non-concurrence). – Méar, *RLDA mars 2006. 38* (renforcement jurisprudentiel en faveur des clauses de non-concurrence).

A. VALIDITÉ DES CLAUSES DE NON-CONCURRENCE

83. Exigence de proportionnalité. Une clause de non-concurrence ne saurait être déclarée licite aux motifs qu'elle est limitée dans le temps et dans l'espace et que la licéité des restrictions aux libertés individuelles qu'elle stipule est reconnue, sans que soit recherché si cette clause, même avec ces caractéristiques, n'est pas disproportionnée au regard de l'objet du contrat. • Com. 4 janv. 1994 : *Bull. civ. IV, n° 4 ; D. 1995. 205, note Serra,* • 16 déc. 1997 : *JCP E 1998, n° 7-8, p. 252 ; Contrats Conc.*

Consom. 1998, n° 39, obs. Leveneur ; Bull. Joly 1998. 351, note Granier • 9 juill. 2002 : *D. 2003. Somm. 902, obs. Auguet ; Contrats Conc. Consom. 2003, n° 5, obs. Malaurie-Vignal ; RJDA 2002, n° 1228* • 12 mars 2002 : *D. 2003. Somm. 903, obs. Dorandeu* • 17 déc. 2002 : *D. 2004. Somm. 1156, obs. Auguet ; JCP E 2003, n° 28-29, p. 1196, note Moracchini-Zeidenberg.* ♦ ... Et elle ne doit pas apporter une restriction excessive à la liberté d'exercice de l'ex-collaborateur. • Com. 4 juin 2002 : *D. 2003. Somm. 902, obs. Auguet ; Contrats Conc. Consom. 2002, n° 140, obs. Malaurie-Vignal ; RJDA 2002, n° 1228.* ♦ V. aussi considérant que ne donne pas de base légale à sa décision au regard de l'art. 1131 C. civ., la cour d'appel qui décide qu'une clause de non-concurrence est licite sans rechercher si cette clause était proportionnée aux intérêts légitimes à protéger, • Civ. 1re, 11 mai 1999 : *D. 2000. Somm. 312, obs. Serra ; Defrénois 1999. 992, obs. Mazeaud* • Paris, 26 avr. 2000 : *D. 2002. Somm. 1262, obs. Gomy*. ♦ Sur l'illicéité d'une clause de non-concurrence souscrite par un sous-traitant qui, par sa généralité, est susceptible d'entraver la liberté du commerce et de la concurrence, V. • Paris, 7 févr. 2001 : *D. 2002. Somm. 1266, obs. Auguet*. ♦ Jugeant que le montant de l'indemnité de non-concurrence versée ne constitue pas un critère permettant d'apprécier la proportionnalité de la clause de non-concurrence. • Com. 21 sept. 2004 : *RDLC 2005, n° 1, p. 77, obs. Fasquelle et Charrière.* ♦ Comp., estimant que le montant de la contrepartie financière doit être déterminé proportionnellement à la durée et à l'intensité de l'atteinte portée à la liberté professionnelle du salarié au regard de ses revenus professionnels antérieurs : • Versailles, 20 févr. 2003 : *BICC 2003, n° 819.* ♦ Sur l'application du critère de proportionnalité aux clauses de non-concurrence des agents commerciaux, V. *supra*, note 1 ss. art. L. 134-14 C. com.

84. Contrat de travail. Conformément au principe fondamental de libre exercice d'une activité professionnelle et à l'art. L. 120-2 C. trav., une clause de non-concurrence n'est licite que si elle est indispensable à la protection des intérêts légitimes de l'entreprise, limitée dans le temps et dans l'espace, qu'elle tient compte des spécificités de l'emploi du salarié et comporte l'obligation pour l'employeur de verser au salarié une contrepartie financière ces conditions étant cumulatives. • Soc. 10 juill. 2002 : *Bull. civ. V, n° 239 ; D. 2002. 2491, note Serra,* et *Somm. 3111, obs. Pélissier ; Contrats Conc. Consom. 2002, n° 141, obs. Malaurie-Vignal ; JCP E 2003, n° 12, p. 508, obs. Morvan ; ibid. n° 15, p. 654, obs. Masquefa ; Petites affiches 22 août 2002, p. 10, note Picca et Sauret ; ibid. 31 janv. 2003, p. 16, note Damas ; Defrénois 2002. 1619, obs. Libchaber ; RDC 2003. 17, obs. Rochfeld* • 18 sept. 2002 : *Bull. civ. V, n° 273* • 29 janv. 2003 : *Bull. civ. V, n° 27 ; D. 2003. IR. 531 ; JCP E 2003, n° 12, p. 497.* – V. aussi Chautard et Le Berre, *JCP E 2002, n° 51-52, p. 2046.* ♦ ... Y compris pour les contrats conclus avant ce revirement : • Soc. 17 déc. 2004 : *Bull. civ. V, n° 346 ; D. 2005. Pan. 2457, obs. Bugada ; ibid. IR. 110, obs. Guiomard ; RTD civ. 2005. 625, obs. Thery ; JCP E 2005, n°29, p. 1239, obs. Morvan ; Contrats Conc. Consom. 2005, n° 44, obs. Malaurie-Vignal ; Petites affiches 16 mai 2005, p. 14, obs. Pignarre ; RDC 2005. 871, note Debet ; Lettre distrib. févr. 2005, p. 1, obs. P.-H. Mousseron ; RTD civ. 2005. 159, obs. Gautier ; Procédures 2005, n° 70, obs. Croze* • 30 mars 2005 : *RDLC 2005, n° 4, p. 92, obs. Fasquelle et Charrière* • 25 févr. 2004 : *BRDA 2004, n° 10, p. 6* • 7 janv. 2003 : *RDC 2003. 145, obs. Radé.* – V., sur la problématique de la rétroactivité de ce revirement de jurisprudence, Radé, *D. 2005. 988*. ♦ ... Sachant que le montant contractuel de la contrepartie financière fait la loi des parties. • Com. 21 sept. 2004 : *RJDA 2005, n° 97.* ♦ *Contra,* lorsque la clause de non-concurrence est insérée dans une convention distincte du contrat de travail, V. • Soc. 30 nov. 2005 : *RDLC 2006, n° 1, p. 153, obs. Fasquelle et Charrière.* ♦ Pour une clause de non-concurrence sans contrepartie financière « rattrapée » par la convention collective des VRP qui, elle, en prévoit une, V. • Soc. 10 mars 2004 : *Bull. civ. V, n° 83 ; JCP E 2004, n° 20-21, p. 794 ; RDC 2004. 725, obs. Radé ; Cah. dr. entr. 2004, n° 3, p. 34, obs. Grignon.* ♦ La cour d'appel qui constate qu'une clause de non-concurrence n'était assortie d'aucune contrepartie financière, en déduit exactement que son exécution était de nature à caractériser un trouble manifestement illicite, et peut la déclarer inopposable au salarié. • Soc. 25 mai 2005 : *Bull. civ. V, n° 180 ; D. 2005. Pan. 2456, obs. Robinne ; ibid. IR. 1586, obs. Chevrier ; JCP E 2005, n° 29, p. 1244 ; Contrats Conc. Consom. 2005, n° 168, obs. Malaurie-Vignal ; Petites affiches 8 juill. 2005, p. 11, note Touchent ; RDLC 2005, n° 3, p. 90, obs. Fasquelle et Charrière ; RDC 2005. 1108, obs. Radé.* ♦ Seul le salarié peut se prévaloir de la nullité de la clause de non-concurrence ne comportant pas de contrepartie financière. • Soc. 25 janv. 2006 : *JCP E 2006, n° 9, p. 433 ; RLC 2006, n° 7, p. 60, obs. Chagny.* ♦ ... Il s'ensuit qu'un nouvel employeur ne peut former, en invoquant une telle nullité, tierce opposition au jugement qui a statué sur cette action. • Soc. 2 févr. 2006 : *D. 2006. IR. 471 ; JCP E 2006, n° 10, p. 484.* — V. en matière de clause de non-sollicitation, note 94.

Sur la qualification juridique de la contrepartie financière en indemnité compensatrice de salaire dont l'action en paiement se prescrit par cinq ans, V. • Soc. 26 sept. 2002 : *Bull. civ. V, n° 283 ; D. 2003. Somm. 905, obs. Fadeuilhe*. ♦ Sur l'obligation de payer la contrepartie financière de la clause de non-concurrence d'un salarié mis à la retraite, V. • Angers, 20 avr. 2004 : *JCP 2004. IV. 3276.* ♦ ... Ou qui a retrouvé un emploi, V. • Soc. 10 mars 2004 : *D. 2005. Pan. 2456, obs. Gomy*. ♦ Le respect par un salarié d'une clause de non-concurrence illicite lui cause « nécessairement » un préjudice dont il appartient au juge d'apprécier l'étendue. • Soc. 11 janv. 2006 : *D. 2006. IR. 249 ; JCP E 2006, n° 10, p. 482, note Grosser ; Petites affiches 13 mars 2006, p. 11, obs. Picca et Sauret ; Contrats Conc. Consom. 2006, n° 74, obs. Malaurie-Vignal ; RLDA mars 2006. 54, obs. Neau-Leduc ; RLC 2006, n° 7, p. 60, obs. Chagny* • 15 mars 2006 : *JCP 2006. IV. 1842 ; RLDA mai 2006. 46, obs. Méar* • 22 mars 2006 : *D. 2006. IR. 1063 ; JCP E 2006, n° 17, p. 791 ; Lettre distrib. avr. 2006, p. 3.* ♦ Comp., jugeant seulement qu'il « peut » prétendre à des dommages-intérêts. • Soc. 18 mars 2003 : *Bull. civ. V, n° 98 ; D. 2003. IR. 1007 ; JCP E 2003, n° 21-22, p. 883 ; Dr. et patr. juin 2003. 105, obs. Antonmattei* • 19 oct. 2005 : *RDLC 2006, n° 1, p. 152, obs. Fasquelle et Charrière* • Lyon, 2 mai 2005 : *BICC 2005, n° 1368* • Paris, 6 avr. 2005 : *JCP 2005. IV. 3214.* ♦ Le salarié ne peut prétendre au paiement de l'indemnité de non-concurrence que pour la période pendant laquelle il a respecté son obligation, et, le cas échéant, au versement de dommages-intérêts en réparation du préjudice que lui a causé l'inexécution par l'employeur de son obligation de verser la contrepartie financière à laquelle il était tenu. • Soc. 25 févr. 2003 : *Bull. civ. V, n° 65 ; D. 2003. IR. 738 ; JCP E 2003, n° 23, p. 958, note Corrignan-Carsin ; Petites affiches 28 juill. 2003, p. 4, obs. Picca et Sauret ; Gaz. Pal. 2003. Somm. 2007, obs. Boubli.* – V. aussi • Soc. 5 mai 2004 : *Bull. civ. V, n° 124 ; Petites affiches 26 juill. 2004, p. 4, obs. Picca et Sauret ; JCP 2004. IV. 2324 ; Lettre distrib. nov. 2004, p. 4* • Com. 21 sept. 2004 : *Bull. Joly 2004. 1494, note Favario* • Soc. 2 mars 2005 : *JCP E 2005, n° 26, p. 1125, note Béal et Giroud.* ♦ Si la dispense tardive de l'obligation de non-concurrence ne décharge pas l'employeur de son obligation d'en verser au salarié la contrepartie pécuniaire, celle-ci ne lui est due que pour la période pendant laquelle il a respecté ladite clause. • Soc. 13 sept. 2005 : *Bull. civ. V, n° 251 ; D. 2006. 1357, note Séchier-Dechevrens ; ibid. Pan. 414, obs. Leclerc ; D. 2005. IR. 2546, obs. Chevrier.*

La nullité de la clause de non-concurrence ne fait pas obstacle à l'action en responsabilité engagée par l'employeur contre son ancien salarié dès lors qu'il démontre que ce dernier s'est livré à des actes de concurrence déloyale illicite. • Soc. 14 déc. 2005 : *D. 2006. IR. 98 ; JCP E 2006, n° 4, p. 212 ; RJDA 2006, n° 502 ; RLDA févr. 2006. 46, obs. Méar ; ibid. 57, obs. Darmaisin ; RLC 2006, n° 7, p. 60, obs. Chagny.*

85. Attestation de non-concurrence. N'est pas licite la disposition contractuelle qui subordonne l'obligation pour l'employeur de verser au salarié une contrepartie pécuniaire de la clause de non-concurrence à la condition préalable que le salarié lui fournisse pour chaque trimestre une attestation de présence de son nouvel employeur ou une attestation de non-emploi, dès lors que cette obligation naît de l'existence même d'une obligation de non-concurrence et qu'une telle condition a pour conséquence de faire présumer que la clause de non-concurrence n'est pas respectée jusqu'à ce que le salarié rapporte la preuve contraire. • Poitiers, 15 juin 2004 : *BICC 2004, n° 1836.*

86. Contrat de franchise. Justifie légalement sa décision par laquelle elle déclare valide une clause de non-concurrence stipulée dans un contrat de franchise, la cour d'appel qui, d'une part, a recherché à juste titre si cette clause était nécessaire pour maintenir l'identité commune ou la réputation du réseau et, d'autre part, a retenu que la clause litigieuse n'interdisait nullement la poursuite d'une activité identique sous une autre enseigne et procurait seulement au franchiseur un délai d'un an pendant lequel l'implantation par l'ancien franchisé d'une enseigne renommée concurrente ne serait pas possible, de sorte qu'il pourrait reconstituer son réseau localement. • Com. 22 févr. 2000 : *Contrats Conc. Consom. 2000, n° 92, obs. Leveneur.* ♦ V. aussi note 10 ss. art. 2 de l'Arr. du 21 févr. 1991, reproduit ss. art. L. 330-3 C. com.

87. Vente de lot d'un centre commercial. Dès lors que la répartition des commerces dans le centre commercial d'un ensemble immobilier en copropriété n'est pas le fait du règlement de copropriété, la clause de non-concurrence insérée dans l'acte de vente d'un lot ne peut être annulée sur le fondement des dispositions de l'art. 8, al. 2 et 9, de la loi du 10 juill. 1965 qui sont inapplicables. • Civ. 3e, 9 nov. 1982 : *Bull. civ. III, n° 215.*

VI. EFFETS DES CLAUSES DE NON-CONCURRENCE

88. Portée d'une clause de non-concurrence. Une clause de non-concurrence interdisant à un salarié d'une entreprise, après son départ, de travailler dans un secteur géographique déterminé pendant une période limitée, fait obstacle à ce que ce dernier, même s'il est employé dans une entreprise située en dehors de la zone d'interdiction, effectue des travaux commandés par des clients de son ancienne société résidant dans le secteur géographique visé par la clause de non-concurrence. • Com. 9 févr. 1999 : *Bull. civ. IV, n° 42 ; D. 2000. Somm. 323, obs. Auguet ; Petites affiches 11 nov. 1999, p. 15, obs. Etner.* ♦ Une clause de non-concurrence qui interdit seulement à des salariés de détourner ou de tenter de détourner la clientèle, les fournisseurs ou d'autres salariés de leur ancienne société, ne pose en revanche aucune interdiction de se faire embaucher par une société concurrente dès lors que c'est pour y exercer de nouvelles activités. • Paris, 2 févr. 2000 : *D. 2002. Somm. 1260, obs. Serra*. – Rappr. • Paris, 1er juill. 2004 : *JCP 2004. IV. 3370.* ♦ La clause de non-concurrence ne peut concerner que la société cocontractante de l'intéressé et non les autres sociétés du groupe. • Soc. 22 mai 1995 : *Bull. civ. V, n° 162 ; JCP 1995. II. 22544, note Adour ; Bull. Joly 1995. 749, note Arseguel et Fadeuilhe.* ♦ Comp., jugeant que des filiales ayant violé la clause de non-concurrence au su de la société mère et avec son accord, si ce n'était à son instigation, celle-ci, qui s'était engagée à ne pas s'intéresser directement ou indirectement à un fonds concurrent, devait répondre de ces agissements. • Com. 11 mars 2003 : *RJDA 2003, n° 595.*

Un gérant, cédant de parts sociales, viole l'obligation de non-concurrence qu'il a souscrite en exerçant les fonctions de gérant dans une société sous-traitante de celle dont il a cédé les parts et qui a modifié postérieurement à la cession son activité pour créer des activités concurrentielles de celles de la première société. • Com. 17 déc. 2002 : *Bull. Joly 2003. 302, obs. Couret ; RJDA 2003, n° 601.* ♦ Jugeant que l'obligation de non-concurrence ne s'étend pas à l'épouse d'un ex-salarié d'une société lié par une clause de non-concurrence : • Paris, 1er oct. 2003 : *Contrats Conc. Consom. 2004, n° 22, obs. Malaurie-Vignal.* ♦ Pour un sort différent réservé aux cédants d'un fonds de commerce selon qu'ils exercent, dans un fonds concurrent, une activité de salarié ou qu'ils en sont associés majoritaires, même non gérants, V. • Com. 21 janv. 2004 : *RJDA 2004, n° 522 ; Lettre distrib. mars 2004, p. 3.* ♦ Dès lors que la clause de non-concurrence interdit au cédant de s'intéresser « directement ou indirectement » à tout établissement concurrent, la clause doit être interprétée comme assujettissant non seulement la société, cédant les parts sociales, expressément mentionnée dans l'acte de cession, mais également le gérant de la société. • Nancy, 18 févr. 2004 : *D. 2005. Pan. 2455, obs. Picod ; Contrats Conc. Consom. 2005, n° 27, obs. Malaurie-Vignal.*

89. Réduction proportionnelle. En présence d'une clause de non-concurrence insérée dans un contrat de travail, même indispensable à la protection des intérêts légitimes de l'entreprise, le juge peut, lorsque cette clause ne permet pas au salarié d'exercer une activité conforme à sa formation et à son expérience professionnelle, en restreindre l'application en en limitant l'effet dans le temps, l'espace ou ses autres modalités. • Soc. 18 sept. 2002 : *Bull. civ. V, n° 272 ; D. 2002. 3229, note Serra ; ibid. Somm. 3111, obs. Pélissier ; JCP E 2003, n° 12, p. 509, obs. Morvan ; RDC 2003. 150, obs. Radé.*

90. Cessation d'activité du créancier de l'obligation. La cessation volontaire d'activité de l'entreprise n'a pas pour effet de décharger de plein droit le salarié de son obligation de non concurrence. • Soc. 5 avr. 2005 : *Bull. civ. V, n° 118 ; D. 2005. Pan. 2456, obs. Gomy ; JCP E 2005, n° 23, p. 984 ; Gaz. Pal. 2005. Somm. 2254, obs. Boubli ; RDC 2005. 765, obs. Radé ; RDLC 2005, n° 3, p. 91, obs. Fasquelle et Charrière ; RJDA 2005, n° 1066.* ♦ Rappr., sanctionnant la violation de la clause de non-concurrence même si le bénéficiaire n'a pas subi de préjudice : • Civ. 1re, 10 mai 2005 : *Bull. civ. I, n° 201 ; RTD civ. 2005. 594, obs. Mestre et Fages ; ibid. 600, obs. Jourdain ; Contrats Conc. Consom. 2005, n° 184, obs. Leveneur ; RJDA 2005, n° 930 ; RDC 2006. 326, obs. D. Mazeaud.*

91. Transmission de la clause de non-concurrence. La clause de non-concurrence souscrite par un membre d'une profession libérale au profit d'un confrère à l'occasion de la cession des éléments constitutifs de son cabinet doit être, sauf clause contraire, présumée comprise parmi les droits transmis par le cessionnaire lorsqu'il vient à son tour à procéder à la même opération au profit d'un tiers. • Civ. 1re, 3 déc. 1996 : *Bull. civ. I, n° 436 ; D. 1997. 131, rapp. Chartier, note Serra.* ♦ Jugeant que la clause de non-concurrence convenue à l'occasion de la vente d'un fonds de commerce se transmet de plein droit, sauf clause contraire, aux acquéreurs successifs de ce fonds, V. • Lyon, 6 nov. 1998 : *RJDA 2000, n° 7.* ♦ Comp., sur l'absence de transmission d'une clause de non-concurrence à l'acquéreur ou au locataire-gérant du fonds de commerce, V. note 14 *quater* ss. C. com., art. L. 141-5. ♦ L'interdiction faite à l'acquéreur d'un fonds de l'affecter à un usage déterminé peut revêtir le caractère d'une servitude établie par le fait de l'homme attachée au fonds dans l'intérêt d'un autre fonds et est valable pourvu que ce service ne soit pas contraire à l'ordre public. • Com. 15 juill. 1987 : *Bull. civ. IV, n° 184.* ♦ Sur le sort d'une clause de non-concurrence en cas de cession d'actions, V. • Com. 11 mars 2003 : *Bull. Joly 2003. 666, note Massart.*

92. Responsabilité du tiers complice.

Toute personne qui emploie sciemment un salarié en violation d'une clause de non-concurrence souscrite par ce dernier commet une faute délictuelle à l'égard de la victime de l'infraction et doit être condamnée à réparer le préjudice subi, indépendamment d'un détournement effectif de la clientèle. • Com. 5 févr. 1991 : *préc. note 40* • 21 mars 1995 : *RJDA 1995, n° 926.* – Rappr., sur la responsabilité d'un employeur ayant été négligent en recrutant comme directeur commercial, l'ancien gérant d'une société avec laquelle il était précédemment lié par un accord de distribution, sans vérifier que la résiliation amiable du contrat de travail du nouvel embauché, notamment quant à la renonciation à la clause de non-concurrence dont il avait connaissance, avait été effective. • Versailles, 29 juin 2000 : *D. 2001. Somm. 1234, obs. Picod*. ♦ Sur la responsabilité d'un franchiseur ayant eu connaissance de l'embauche par un de ses distributeurs d'un salarié lié par une clause de non-concurrence, V. • Com. 22 févr. 2000 : *Contrats Conc. Consom. 2000, n° 81, obs. Malaurie-Vignal.* ♦ Sur la responsabilité de sociétés s'étant abstenues de vérifier si les personnes nouvellement recrutées étaient libres de tout engagement à l'égard de leur précédent employeur et notamment, si elles n'étaient pas liées par une clause de non-concurrence, V. • Paris, 10 janv. 2001 : *D. 2001. Somm. 1311, obs. Serra* • 25 oct. 2000 : *ibid.* ♦ Sur la preuve de la connaissance par le nouvel employeur de la clause de non-concurrence et son obligation de vérifier la liberté du salarié embauché, V. • Com. 18 déc. 2001 : *D. 2002. AJ. 644, obs. Chevrier ; ibid. 2003. Somm. 1029, obs. Picod ; Contrats Conc. Consom. 2002, n° 59, obs. Malaurie-Vignal.*

93. Cumul d'actions en responsabilité. L'action en concurrence déloyale dirigée contre l'employeur ayant embauché un salarié lié par une clause de non-concurrence est recevable nonobstant l'existence d'une action contractuelle de l'ancien employeur contre le salarié, ces deux actions, l'une délictuelle, l'autre contractuelle, qui tendent à la réparation d'un préjudice différent pouvant se cumuler. • Com. 24 mars 1998 : *Bull. civ. IV, n° 112 ; D. 1999. Somm. 113, obs. Libchaber ; Petites affiches 19 août 1998, p. 13, obs. Malaurie-Vignal.* ♦ L'action en concurrence déloyale engagée contre le nouvel employeur du salarié devant la juridiction commerciale, qui n'a ni le même objet, ni la même cause et qui n'oppose pas les mêmes parties, ne fait pas obstacle à ce que l'ancien employeur agisse contre son ancien salarié en réparation du préjudice qu'il lui a causé par sa faute. • Soc. 28 janv. 2005 : *Bull. civ. V, n° 36 ; D. 2005. Pan. 2462, obs. Auguet ; JCP E 2005, n° 40, p. 1661, note Depingé ; ibid. n° 26, p. 114, obs. Caron ; Contrats Conc. Consom. 2005, n° 65, obs. Malaurie-Vignal ; Petites affiches 8 mars 2005, p. 8, obs. Picca et Sauret ; RJDA 2005, n° 635 ; RDLC 2005, n° 2, p. 68, obs. Fasquelle et Mésa* • 24 mai 2005 : *Contrats Conc. Consom. 2005, n° 167, obs. Malaurie-Vignal ; RDLC 2005, n° 3, p. 89, obs. Fasquelle et Mésa.* ♦ Mais la responsabilité pour concurrence déloyale suppose une faute caractérisée par des agissements distincts de la seule violation d'une éventuelle obligation de non-concurrence sanctionnée par la perte de l'indemnité compensatrice. • Civ. 1re, 18 janv. 2005 : *D. 2005. Pan. 2462, obs. Auguet ; JCP E 2005, n° 26, p. 1114, obs. Caron ; Contrats Conc. Consom. 2005, n° 88, obs. Malaurie-Vignal ; Petites affiches 15 mai 2006, p. 6, obs. Baccichetti.*

94. Clause de non-sollicitation. Une clause de non-sollicitation, par laquelle les clients de l'employeur s'engagent pour une durée déterminée à ne pas recourir aux services de ses salariés ou collaborateurs quand bien même ceux-ci auraient quitté l'entreprise, ne constitue pas une clause de non-concurrence. • Lyon, 12 juill. 2005 : *JCP E 2006, n° 16, p. 726, note Stoffel-Munck ; Comm. com. élec. 2006, n° 26, obs. Stoffel-Munck.* ♦ Seul le salarié peut se prévaloir du trouble qu'est susceptible de lui causer une clause de non-sollicitation ne comportant pas de contrepartie financière. • Com. 10 mai 2006 : *D. 2006. AJ. 1526, obs. Chevrier*. – V. en matière de clause de non-concurrence, note 84.

Loi n° 81-766 du 10 août 1981,

Relative au prix du livre.

Art. 1er Toute personne physique ou morale qui édite ou importe des livres est tenue de fixer, pour les livres qu'elle édite ou importe, un prix de vente au public.

Ce prix est porté à la connaissance du public. Un décret précisera, notamment, les conditions dans lesquelles il sera indiqué sur le livre et déterminera également les obligations de l'éditeur ou de l'importateur en ce qui concerne les mentions permettant l'identification du livre et le calcul des délais prévus par la présente loi. – *V. Décr. n° 81-1068 du 3 déc. 1981 (D. et BLD 1981. 387), mod. par Décr. n° 85-272 du 26 févr. 1985 (D.*

et ALD 1985. 211), Décr. n° 90-73 du 10 janv. 1990 (D. et ALD 1990. 105), Décr. n° 93-1429 du 31 déc. 1993, art. 47 (D. et ALD 1994. 80).

Tout détaillant doit offrir le service gratuit de commande à l'unité. Toutefois, et dans ce seul cas, le détaillant peut ajouter au prix effectif de vente au public qu'il pratique les frais ou rémunérations correspondant à des prestations supplémentaires exceptionnelles expressément réclamées par l'acheteur et dont le coût a fait l'objet d'un accord préalable.

Les détaillants doivent pratiquer un prix effectif de vente au public compris entre 95 p. 100 et 100 p. 100 du prix fixé par l'éditeur ou l'importateur.

Dans le cas où l'importation concerne des livres édités en France, le prix de vente au public fixé par l'importateur est au moins égal à celui qui a été fixé par l'éditeur.

(L. n° 85-500 du 13 mai 1985) **« Les dispositions de l'alinéa précédent ne sont pas applicables aux livres importés en provenance d'un État membre de la Communauté européenne** *(L. n° 93-1420 du 31 déc. 1993)* **« ou d'un autre État partie à l'accord sur l'Espace économique européen », sauf si des éléments objectifs, notamment l'absence de commercialisation effective dans cet État, établissent que l'opération a eu pour objet de soustraire la vente au public aux dispositions du quatrième alinéa du présent article. »** — *La disposition ajoutée par la loi n° 93-1420 du 31 déc. 1993 entre en vigueur à la date d'entrée en vigueur de l'accord sur l'Espace économique européen [1er janv. 1994] (art. 10 de la loi). — V. Circ. 10 janv. 1990 (D. et ALD 1990. 105).*

1. Droit communautaire. BIBL. Focsaneanu, *JCP E 1985. II. 14498.* – Grelon, *RTD eur. 1987. 405.* ♦ Sur la conformité de la loi du 10 août 1981 au Traité de Rome, V. • CJCE 3 oct. 2000 : *JCP 2000, n° 45, Actualités, p. 2007* • 10 janv. 1985 : *JCP 1985. II. 20395, note Develleunes* • Com. 5 mai 1987 : *Bull. civ. IV, nos 108 et 109* • Crim. 19 déc. 1988 : *Bull. crim. n° 435* • Paris, 11 avr. 1988 : *D. 1988. IR. 126.* ♦ V. aussi • CE 22 nov. 1991 : *D. 1992. IR. 11.*

1 bis. Internet. Les dispositions de la loi relative au prix du livre sont applicables à une société qui a pour objet la commercialisation de livres via internet. • TGI Versailles, réf., 5 juill. 2001 : *Gaz. Pal. 2003. 1. Somm. 587, obs. Noguier.* ♦ V. aussi Rép. min. n° 39991 : *JOAN Q 10 avr. 2000, p. 2321.*

2. Vente par les adhérents d'une association. Une campagne publicitaire contraire à la loi du 10 août 1981 et génératrice d'un trouble manifestement illicite, décidée et coordonnée par une association regroupant les exploitants de magasins distribuant leurs produits sous une même enseigne, peut être interdite par voie de référé. • Com. 2 oct. 1990 : *Bull. civ. IV, n° 225 ; RTD com. 1991. 429, obs. Bouloc.* ♦ En revanche, viole l'art. 1er de la loi du 1er juill. 1901, l'arrêt qui fait défense à une association, sous astreinte, de laisser vendre ou exposer des livres édités en France à un prix non conforme à la loi de 1981, alors qu'une association a une personnalité distincte de celle de ses membres et que les agissements visés étaient imputables aux sociétés adhérentes de l'association. • Même arrêt.

2 bis. Notion de prix effectif. La notion de prix effectif s'entend d'une contrepartie monétaire de la fourniture d'un livre, indépendamment de tout amalgame avec la fourniture d'une autre marchandise ou d'un service que sa remise viserait à promouvoir, la somme à payer pour l'obtenir étant précisément minorée à cette fin. • Versailles, 2 févr. 1996 : *D. 1996. IR. 142 ; Contrats Conc. Consom. 1996, n° 179, obs. Raymond.* ♦ Pour les faits, V. note 2 ss. art. 8. ♦ V. aussi, dans la même affaire, jugeant que faute d'avoir fourni à la cour d'appel des éléments de nature à apprécier différemment le prix retenu, le vendeur ne pouvait utilement lui reprocher d'avoir retenu le prix apparent que l'acheteur devait acquitter au titre de la prime, et non le prix effectif du livre vendu. • Com. 29 janv. 2002 : *Bull. civ. IV, n° 23 ; D. 2002. AJ. 885, obs. Chevrier ; Lettre distrib. mars 2002, p. 4 ; Légipresse 2002, p. 67, note Pollaud-Dulian.*

2 ter. Le détaillant pratiquant un prix effectif de vente au public non compris entre 95 % et 100 % du prix fixé par l'éditeur ou l'importateur doit être puni d'une peine d'amende, hypothèse dans laquelle se situe celui qui vend des livres à un prix supérieur à 100 % du prix fixé par l'éditeur ou l'importateur. • Crim. 3 avr. 2001 : *Bull. crim. n° 91 ; Dr. pénal 2001, n° 104, obs. Robert ; RTD com. 2001. 793, obs. Bouloc ; RJDA 2001, n° 1268.*

3. Remises supérieures à 5 %. Est illicite la mise sur le marché d'un ouvrage au prix fixé par l'éditeur, mais accompagné d'un livre, offert en prime, en ramenant le prix réel à un montant inférieur à 95 p. 100 du prix fixé par l'éditeur. • Paris, 4e ch. A, 25 oct. 1994 : *Gaz. Pal. 1995. 2. Somm. 492.* ♦ Le pourvoi contre cet arrêt, qui invoquait que l'art. 1er, al. 3, ne s'applique qu'aux détaillants, a été rejeté, au motif que l'éditeur n'avait pas fixé le prix de vente des dictionnaires diffusés ou les avait commercialisés sans respecter le prix de vente indiqué. • Com. 1er avr. 1997 : *Bull. civ. IV, n° 87 ; D. 1998. Somm. 218, obs. Serra ; D. Affaires 1997. 598.*

4. En ce sens que la loi du 10 août 1981, ne faisant aucune distinction entre les différentes catégories de détaillants, que la vente de livres soit leur activité principale, accessoire ou occasionnelle, et ne permettant pas que ces dispositions soient écartées lors d'opérations promotionnelles, est donc applicable à l'opération consistant en la remise d'un livre moyennant le versement d'une somme d'argent, à des automobilistes ayant fait un plein d'essence, cette opération devant s'analyser, quelle que soit la qualification qu'en donnent les parties, en un contrat de vente et ce, peu important que cette vente soit consécutive à la conclusion préalable d'un autre contrat, V. • Versailles, 28 janv. 1999 : *D. 1999. IR. 71 ; D. Affaires 1999. 449, obs. E. P. ; Petites affiches 8 nov. 1999, p. 12, obs. Etner,* – conf. par • Com. 29 janv. 2002 : *préc. note 2 bis.*

5. La remise de 25 albums de bandes dessinées à celui qui n'en a payé que 20 au prix public ne constitue pas une vente avec prime mais une vente avec rabais, en violation des dispositions de l'art. 1er, al. 4, dès lors que cette vente ne remplit pas les conditions de l'art. 6, dans la mesures où l'auteur de l'offre n'est pas, au sens de ce texte l'éditeur ou l'importateur et que ces ventes ne portent pas sur des livres faisant l'objet d'une édition exclusivement réservée à la vente par courtage. • Paris, 10 mai 2000 : *D. 2000. AJ. 372, obs. Petit ; JCP 2001. II. 10471, note Pollaud-Dulian ; Gaz. Pal. 11-12 août 2000, p. 20, obs. Vray.* – Conf. par • Com. 13 mars 2001 : *Bull. civ. IV, n° 59 ; D. 2001. AJ. 1241, obs. Chevrier ; RTD com. 2001. 756, obs. Bouloc ; Gaz. Pal. 21-22 nov. 2001, p. 77 ; Contrats Conc. Consom. 2001, n° 152, obs.Raymond.*

6. Obligation de l'éditeur. L'éditeur ne peut se prévaloir des dispositions de la loi du 10 août 1981 qu'autant qu'il s'y est lui-même conformé, la démonstration que le détaillant n'a pas pratiqué « un prix effectif de vente au public compris entre 95 % et 100 % du prix fixé par l'éditeur » étant à sa charge et supposant que puisse être déterminé avec certitude et précision, dans les conditions prévues par la loi et les textes pris pour son application, le prix de vente au public fixé par l'éditeur. • Paris, 8 déc. 2000 : *Gaz. Pal. 21-22 nov. 2001, p. 50, note Pezé.*

2 Par dérogation aux dispositions de l'article 37 (1°) *[abrogé par L. n° 85-1408 du 30 déc. 1985 ; V., désormais, C. com., art. L. 442-6]* **de la loi n° 73-1193 du 27 décembre 1973 modifiée, les conditions de vente établies par l'éditeur ou l'importateur, en appliquant un barème d'écart sur le prix de vente au public hors taxes, prennent en compte la qualité des services rendus par les détaillants en faveur de la diffusion du livre. Les remises correspondantes doivent être supérieures à celles résultant de l'importance des quantités acquises par les détaillants.**

3 *(L. n° 2003-517 du 18 juin 2003)* **Par dérogation aux dispositions du quatrième alinéa de l'article 1er et sous réserve des dispositions du dernier alinéa, le prix effectif de vente des livres peut être compris entre 91 % et 100 % du prix de vente au public lorsque l'achat est réalisé :**

1° Pour leurs besoins propres, excluant la revente, par l'État, les collectivités territoriales, les établissements d'enseignement, de formation professionnelle ou de recherche, les syndicats représentatifs ou les comités d'entreprise ;

2° Pour l'enrichissement des collections des bibliothèques accueillant du public, par les personnes morales gérant ces bibliothèques. Le prix effectif inclut le montant de la rémunération au titre du prêt en bibliothèque assise sur le prix public de vente des livres prévue à l'article L. 133-3 du code de la propriété intellectuelle. – *V. art. L. 133-1 à L. 133-4 CPI.*

Le prix effectif de vente des livres scolaires peut être fixé librement dès lors que l'achat est effectué par une association facilitant l'acquisition de livres scolaires par ses membres ou, pour leurs besoins propres, excluant la revente, par l'État, une collectivité territoriale ou un établissement d'enseignement.– *V. Décr. n° 85-862 du 8 août 1985 (D. et ALD 1985. 477), mod. par. Décr. n° 2004-922 du 31 août 2004 (JO 2 sept.).*

Jusqu'à l'expiration d'un délai d'un an à compter de la date d'entrée en vigueur de la loi du 18 juin 2003 (premier jour du deuxième mois suivant sa publication au Journal officiel [JO 19 juin 2003]), le prix effectif de vente mentionné au premier alinéa de l'art. 3 de la loi n° 81-766 du 10 août 1981 peut être compris entre 88 % et 100 % du prix de vente au public fixé par l'éditeur ou l'importateur (L. n° 2003-517 du 18 juin 2003, art. 6, al. 2).

Les dispositions prévues aux trois premiers alinéas de l'art. 3 précité ne s'appliquent pas aux marchés publics dont l'avis d'appel public à la concurrence a été envoyé à la publication avant la date d'entrée en vigueur de la loi du 18 juin 2003 (premier jour du deuxième mois suivant sa publication au Journal officiel [JO 19 juin 2003]). Les marchés publics en cours d'exécution à la date d'entrée en vigueur de la loi précitée et les marchés publics dont l'avis d'appel public à la concurrence a été envoyé à la publication avant cette même date doivent être résiliés au plus tard un an après l'entrée en vigueur de la loi du 18 juin 2003 dès lors qu'ils comportent des dispositions non conformes aux trois premiers alinéas de l'art. 3 de la loi n° 81-766 du 10 août 1981 (L. n° 2003-517 du 18 juin 2003, art. 6, al. 3 et 4).

Associations. L'art. 3, al. 1er [désormais al. 4], qui prévoit une exception à l'art. 1er au bénéfice des associations, facilitant l'acquisition des livres scolaires pour leurs membres, ne vise nullement les membres de ces associations pris individuellement. • Paris, 24 sept. 1997 : *D. 1997. IR. 225 ; D. Affaires 1997. 1246.*

4 Toute personne qui publie un livre en vue de sa diffusion par courtage, abonnement ou par correspondance moins de neuf mois après la mise en vente de la première édition fixe, pour ce livre, un prix de vente au public au moins égal à celui de cette première édition.

1. Si la loi confie à l'éditeur le soin de fixer le prix de vente au public du livre qu'il publie, elle ne laisse nullement entendre qu'il peut modifier à son gré et à son seul bénéfice le prix de vente au détail d'une même édition. • T. com. Paris, 1er oct. 1997 : *Gaz. Pal. 12-13 août 1998, p. 6.*

2. Les dispositions de l'art. 4 ne s'appliquent pas aux publications successives de deux ouvrages distincts (à propos d'ouvrages différenciés, malgré l'accord de partenariat entre l'éditeur et France Loisirs et l'identité du thème, par leur titre, leur couverture et une partie de leur contenu). • Paris, 20 janv. 1999 : *D. Affaires 1999. 327, obs. E. P. ; JCP 1999. II. 10149, note E. D.*

3. Les livres ne peuvent être vendus à des prix réduits au-delà des limites légalement autorisées, sous couvert de ventes à primes par courtage, abonnement ou correspondance, et de telles ventes ne peuvent intervenir, avant l'expiration du délai de neuf mois, que pour des livres édités exclusivement en vue d'une telle diffusion hors librairie. • Com. 13 mars 2001 : *Bull. civ. IV, n° 59 ; D. 2001. AJ. 1241, obs. Chevrier ; RTD com. 2001. 756, obs. Bouloc.* ♦ V. l'arrêt confirmé, qui avait retenu la violation de l'art. 4 par un club de livres également éditeur d'ouvrages ayant offert à ses acquéreurs, sous le couvert de « points cadeaux », la possibilité d'acquérir un autre exemplaire du même titre ou un ouvrage comparable, à un prix qui serait payé par l'addition des réductions de 20 à 25 % ainsi consenties sur le prix public de vente de la première édition : • Paris, 10 mai 2000 : *D. 2000. AJ. 372, obs. Petit ; JCP 2001. II. 10471, note Pollaud-Dulian ; Gaz. Pal. 11-12 août 2000, p. 20, obs. Vray.*

5 Les détaillants peuvent pratiquer des prix inférieurs au prix de vente au public mentionné à l'article 1er sur les livres édités ou importés depuis plus de deux ans, et dont le dernier approvisionnement remonte à plus de six mois.

Le délai de deux ans prévu à l'art. 5 est calculé en se référant à la date du dépôt légal mentionné sur les ouvrages (Rép. min. : *JOAN Q, 4 mars 1996, p. 1784*).

6 Les ventes à prime ne sont autorisées, sous réserve des dispositions de la loi n° 51-356 du 20 mars 1951 modifiée et de la loi n° 73-1193 du 27 décembre 1973 modifiée *[abrogée par Ord. n° 86-1243 du 1er déc. 1986 ; V. désormais C. consom., art. L. 121-35, infra, v° Ventes commerciales, XI - Primes ou cadeaux (ventes avec)]*, **que si elles sont proposées, par l'éditeur ou l'importateur, simultanément et dans les mêmes conditions à l'ensemble des détaillants ou si elles portent sur des livres faisant l'objet d'une édition exclusivement réservée à la vente par courtage, par abonnement ou par correspondance.**

Sur la distinction entre vente à prime et vente à rabais, V. note 5 ss. art. 1er, et note 3 ss. art. 4, *supra.*

7 Toute publicité annonçant des prix inférieurs au prix de vente au public mentionné à l'article 1er (alinéa 1er) est interdite hors des lieux de vente.

8 En cas d'infraction aux dispositions de la présente loi, les actions en cessation ou en réparation peuvent être engagées, notamment par tout concurrent, association agréée de défense des consommateurs ou syndicat des professionnels de l'édition ou de la diffusion de livres ainsi que par l'auteur ou toute organisation de défense des auteurs.

1. Notion de concurrent. Un concurrent est, vis-à-vis d'un agent économique offrant sur un marché un bien donné, celui, qui, s'adressant à la même demande, offre un bien susceptible d'être comparé au premier ou d'en être rapproché par une démarche analogique ou de substitution déclenchant chez l'acheteur potentiel un arbitrage ou un choix, et la situation de concurrence s'entend de deux offreurs proposant des biens assez similaires ou rapprochables pour prétendre à la satisfaction du même intérêt ou du même besoin ; il en est ainsi de l'intérêt ou du besoin qui peut s'attacher à la lecture d'une bande dessinée ayant un thème assez notoire pour être attractif indépendamment des titres ou scénarios adoptés. • Versailles, 2 févr. 1996 : *D. 1998. Somm. 222, obs. Serra ; Contrats Conc. Consom. 1996, n° 179, obs. Raymond.*

1 bis. L'adverbe « notamment » indiquant sans ambiguïté que l'énumération de l'art. 8 n'est pas limitative, un éditeur, directement intéressé à la distribution des ouvrages de librairie et en particulier des dictionnaires, dont il justifie être un des éditeurs les plus connus, peut être considéré comme un concurrent, au sens de ce texte, d'un autre éditeur mettant en vente des dictionnaires. • Paris, 25 oct. 1994 : *D. 1995. IR. 22 ; Gaz. Pal. 1995. 2. Somm. 492.*

2. Est recevable l'action d'un éditeur de bandes dessinées contre une compagnie pétrolière offrant aux automobilistes faisant, dans ses stations-services, un plein de carburant d'au moins 30 litres, la faculté d'acquérir pour la somme de 6 F des bandes dessinées d'une série vendue chez les détaillants au prix de 53 F. • Versailles, 2 févr. 1996 : *préc. note 1.*

9 Les dispositions de la présente loi ne font pas obstacle à l'application, le cas échéant, de l'ordonnance n° 45-1483 du 30 juin 1945 modifiée relative aux prix *[abrogée par Ord. n° 86-1243 du 1er déc. 1986 ; V., désormais, C. com., art. L. 442-6]*, **à l'exception toutefois des premier et deuxième alinéas du 4° de l'article 37 de ladite ordonnance.**

10 Un décret détermine les modalités d'application de la présente loi aux départements d'outre-mer, compte tenu des sujétions dues à l'éloignement de ces départements.

(L. n° 2002-1575 du 30 déc. 2002) **« Le prix des livres scolaires est identique en métropole et dans les départements d'outre-mer. »**

10 *bis* *(L. n° 85-500 du 13 mai 1985)* **Un décret en Conseil d'État détermine les peines d'amendes contraventionnelles applicables en cas d'infraction aux dispositions de la présente loi.** — *V. Décr. n° 85-556 du 29 mai 1985 (D. et ALD 1985. 317), partiellement annulé par décision du Conseil d'État du 22 nov. 1991 (Contrats Conc. Consom. 1992, n° 15, note Raymond ; RFD adm. 1992. 489, concl. Hubert).*

11 (al. 1er) La présente loi entrera en vigueur à la date du 1er janvier 1982, y compris pour l'ensemble des livres édités ou importés antérieurement à cette date.

V. Circ. 30 déc. 1981 (D. et BLD 1982. 65), partiellement annulée par décision du Conseil d'État n° 40531 du 8 févr. 1985 (D. et ALD 1985. 462).

Le Conseil supérieur de l'audiovisuel adresse des recommandations au Gouvernement pour le développement de la concurrence dans les activités de radio et de télévision. — Il est habilité à saisir les autorités administratives ou judiciaires compétentes pour connaître des pratiques restrictives de la concurrence et des concentrations économiques. Ces mêmes autorités peuvent le saisir pour avis (L. n° 86-1067 du 30 sept. 1986, art. 17, mod. par L. n° 89-25 du 17 janv. 1989, art. 29 et par L. n° 2004-669 du 9 juill. 2004, art. 34-I).

Sur le contrôle de la concentration économique et des abus de position dominante dans les secteurs de l'audiovisuel, de l'édition, de la presse, de la publicité ou des télécommunications, V. L. n° 86-1067 du

30 sept. 1986, art. 41-4, mod. en dernier lieu par L. n° 89-25 du 17 janv. 1989, art. 18-I (D. et ALD 1989. 96) et par L. n° 2000-719 du 1er août 2000, art. 37 (JO 2 août).

II Droit communautaire

Traité de Rome du 25 mars 1957,

Instituant la Communauté économique européenne. — Publié par Décr. n° 58-84 du 28 janv. 1958 (D. 1958. 73 ; BLD 1958. 121).

Règles de concurrence applicables aux entreprises

RÉP. COMMUNAUTAIRE v^is *Abus de position dominante*, par BOLZE ; *Concurrence*, par KOVAR ; *Ententes*, par BLAISE.

RÉP. COM. v° *Accords de distribution (droit de la concurrence)*, par ARHEL.

BIBL. GÉN. ▶ LOY, *RTD eur. 1980. 438*. – LAURENT, *Contrats Conc. Consom. 1993. Chron. 6* (nouveau régime des plaintes fondées sur les art. 85 et 86). – IDOT, *D. 1994. Chron. 37* (principe de subsidiarité). – TROCHU, *D. 1995. Chron. 179* (incidence du droit communautaire sur la rédaction des contrats de distribution). – ARHEL, *Petites affiches 30 nov. 2001, p. 23* (influence de la réforme communautaire des restrictions verticales sur le droit national). – DEVELLENNES et KIRIAZIS, *ibid. 18 déc. 2001, p. 20* (vers un réseau international de la concurrence). – VIENNOIS, *RTD com. 2002. 1* (portée du droit communautaire de la concurrence et le mythe du champ d'application exclusif du droit national). – BRIAND-MÉLÉDO, *ibid. 2004. 205* (droit de la concurrence, droit constitutionnel substantiel de l'UE). – COURIVAUD, *Contrats Conc. Consom. 2005. Chron. 1* (la PAC est-elle soluble dans la concurrence ?). – PRIÉTO, *RDLC 2005, n° 1, p. 20* (quelle concurrence face à la mondialisation économique ?). – DEJOIE, *JCP N 2005, n° 41, p. 1652* (application du droit communautaire de la concurrence aux réglementations notariales). – DURANDE et MONTESA LLOREDA, *RDLC 2005, n° 4, p. 34* (les droits des tiers dans les procédures concurrences devant la Commission européenne). – FASQUELLE et MÉSA, *RDLC 2006, n° 1, p. 33* (livre vert de la Commission sur les actions en dommages et intérêts pour infraction aux règles communautaires sur les ententes et les abus de position dominante).

Art. 81 ***(ancien art. 85)*** **1. Sont incompatibles avec le marché commun et interdits tous accords entre entreprises, toutes décisions d'associations d'entreprises, et toutes pratiques concertées, qui sont susceptibles d'affecter le commerce entre États membres et qui ont pour objet ou pour effet d'empêcher, de restreindre ou de fausser le jeu de la concurrence à l'intérieur du marché commun, et notamment ceux qui consistent à :**

***a*) Fixer de façon directe ou indirecte les prix d'achat ou de vente ou d'autres conditions de transaction ;**

***b*) Limiter ou contrôler la production, les débouchés, le développement technique ou les investissements ;**

***c*) Répartir les marchés ou les sources d'approvisionnement ;**

***d*) Appliquer, à l'égard de partenaires commerciaux, des conditions inégales à des prestations équivalentes en leur infligeant de ce fait un désavantage dans la concurrence ;**

***e*) Subordonner la conclusion de contrats à l'acceptation, par les partenaires, de prestations supplémentaires qui, par leur nature ou selon les usages commerciaux, n'ont pas de lien avec l'objet de ces contrats.**

2. Les accords ou décisions interdits en vertu du présent article sont nuls de plein droit.

3. Toutefois, les dispositions du paragraphe 1 peuvent être déclarées inapplicables :

— à tout accord ou catégorie d'accords entre entreprises,

— à toute décision ou catégorie de décisions d'associations d'entreprises et
— à toute pratique concertée ou catégorie de pratiques concertées,
qui contribuent à améliorer la production ou la distribution des produits ou à promouvoir le progrès technique ou économique, tout en réservant aux utilisateurs une partie équitable du profit qui en résulte, et sans :

***a*) Imposer aux entreprises intéressées des restrictions qui ne sont pas indispensables pour atteindre ces objectifs ;**

***b*) Donner à ces entreprises la possibilité, pour une partie substantielle des produits en cause, d'éliminer la concurrence.**

Le Traité d'Amsterdam du 2 oct. 1997 ayant opéré une renumérotation du Traité de Rome, les art. 85, 86 et 177 sont devenus respectivement les art. 81, 82 et 234. — V. Traité d'Amsterdam du 2 oct. 1997, art. 12 (JOCE, n° C 340 du 10 nov. 1997).

V. note ss. art. 82 (anc. art. 86).

*Pour l'application de l'art. 81, § 3 [anc. art. 85 § 3], V. notamment, Règl. CE n° 2790/1999 du 22 déc. 1999 concernant l'application de l'art. 81 § 3 à des catégories d'accords verticaux et de pratiques concertées (JOCE n° L 336 du 29 déc.), entré en vigueur le 1er juin 2000. — V. les lignes directrices sur les restrictions verticales, Communication Comm. CE, 24 mai 2000 (JOCE 13 oct. 2000, n° C 291, p. 1). — V. également Règl. CEE n° 1983/83 du 22 juin 1983 relatif à des catégories d'accords de distribution exclusive (JOCE n° L 173 du 30 juin), prorogé par Règl. CE n° 1582/97 du 30 juill. 1997 (JOCE n° L 214 du 6 août), applicable jusqu'au 31 mai 2000 (V. Règl. CE n° 2790/1999 du 22 déc. 1999, art. 12, préc.). — ... Règl. CEE n° 1984/83 du 22 juin 1983 relatif à des catégories d'accords d'achat exclusif (JOCE n° L 173 du 30 juin), prorogé par Règl. CE n° 1582/97, préc. applicable jusqu'au 31 mai 2000 (Règl. CE n° 2790/1999, préc.). — ... Règl. CE n° 1400/2002 du 31 juill. 2002 concernant l'application de l'art. 81 § 3, du traité à des catégories d'accords verticaux et de pratiques concertées dans le secteur de l'automobile (JOCE n° L 203 du 1er août) en vigueur à compter du 1er oct. 2002 et Règl. CE n° 1475/95 du 28 juin 1995 relatif à des catégories d'accords de distribution et de service de vente et d'après-vente de véhicules automobiles (JOCE n° L 145 du 29 juin 1995) qui expirait le 30 sept. 2002. — ... Règl. CEE n° 4087/88 du 30 nov. 1988 relatif à certaines catégories d'accords de franchise (JOCE n° L 359 du 28 déc.), applicable jusqu'au 31 mai 2000 (Règl. CE n° 2790/1999, préc.). — ... Règl. CE n° 240/96 du 31 janv. 1996 relatif à des catégories d'accords de transfert de technologie (JOCE n° L 31 du 9 févr.). — **C. eur. concurrence.** — Sur la distribution de véhicules automobiles, V. aussi, supra, note 50 ss. art. L. 330-2 C. com. — Sur le règlement n° 4087/88 du 30 nov. 1988, préc., V., eod. loc., note 17 ss. l'arrêté du 21 févr. 1991.*

S'agissant des accords verticaux déjà en vigueur le 1er juin 2000, qui ne remplissent pas les conditions d'exemption prévues par le Règl. CE n° 2790/1999, mais qui satisfont aux conditions d'exemption des Règl. n° 1983/83 (préc.), 1984/83 (préc.) et 4087/88, ils peuvent continuer à bénéficier des dispositions de ces règlements jusqu'au 31 déc. 2001 (Règl. n° 2790/1999, art. 12-2).

Sur certains aspects du traitement des affaires de concurrence résultant de l'expiration du traité CECA (23 juill. 2002) qui sont désormais soumis aux règles du Traité CE ainsi qu'aux règles de procédure et au droit dérivé du Traité CE, V. Communication Comm. CE, 26 juin 2002 (JOCE 26 juin, n° C 152, p. 5).

BIBL. ▶ GASTINEL, *D. 1996. Chron. 53* (plaidoyer pour la reconnaissance de l'effet direct à l'art. 85, § 3). – FERRIER, *Cah. dr. entr. 1999, n° 5, p. 7* (effets cumulatifs de réseaux au regard des restrictions verticales). – ARHEL, *Petites affiches 7 janv. 2000, p. 7* (restrictions verticales : une réforme en profondeur) ; *JCP E 2000, n° 29, p. 1174* (lignes directrices sur les restrictions verticales) ; *Petites affiches 6 oct. 2000, p. 6* (restrictions verticales : le marché pertinent) ; *ibid. 4 déc. 2000, p. 7* (modernisation des règles relatives aux ententes et abus de position dominante). – HALIMI-DECHELETTE, *Contrats Conc. Consom. 2000. Chron. 6* (même thème). – HÉNIN et DELESALLE, *Petites affiches 22 mars 2000, p. 6* (modernisation des règles communautaires : les accords verticaux). – IDOT, *D. 2001. 1370* (futur « règlement d'application des art. 81 et 82 CE » : chronique d'une révolution annoncée). – FOURGOUX, *JCP E 2001, n° 20-21, p. 821* (modernisation du droit communautaire de la concurrence). – BRETZNER, *D. 2001. 1603* (application rétroactive du règl. CE n° 2790/1999 du 22 déc. 1999). – ARHEL, *Petites affiches 29 janv. 2002, p. 16* (activité des juridictions communautaires en droit de la concurrence – 4e trimestre 2001) ; *ibid. 22 févr. 2002, p. 6* (procédures de clémence dans les droits européens de la concurrence). – POILLOT-PERUZZETTO, *Contrats Conc. Consom. 2002. Chron. 32* (nouvelle communication sur les accords d'importance mineure), *ibid., n° 160* (soumission des secteurs du charbon et de l'acier aux règles du traité CE). – COT, *RJDA 2004, p. 603* (notion d'entente dans la jurisprudence communautaire récente). – IDOT, *Petites affiches 1er févr. 2005, p. 5* (les nouveaux règlements d'exemption). – Atelier de la concurrence, *Rev. Conc. consom. janv.-mars 2005, Débats* (nouvelle approche des restrictions verticales : évolution ou révolution ?). – PRIETO, RODA, GAUER, LEMAIRE, GIRARD et IDOT, *RDLC 2005, nº 3, p. 12* (politiques de clémence en Europe).

82 *(ancien art. 86)* **Est incompatible avec le marché commun et interdit, dans la mesure où le commerce entre États membres est susceptible d'en être affecté, le fait pour une ou plusieurs entreprises d'exploiter de façon abusive une position dominante sur le marché commun ou dans une partie substantielle de celui-ci.**

Ces pratiques abusives peuvent, notamment, consister à :

***a*) Imposer de façon directe ou indirecte des prix d'achat ou de vente ou d'autres conditions de transaction non équitables ;**

***b*) Limiter la production, les débouchés ou le développement technique au préjudice des consommateurs ;**

***c*) Appliquer à l'égard de partenaires commerciaux des conditions inégales à des prestations équivalentes, en leur infligeant de ce fait un désavantage dans la concurrence ;**

***d*) Subordonner la conclusion de contrats à l'acceptation, par les partenaires, de prestations supplémentaires, qui, par leur nature ou selon les usages commerciaux, n'ont pas de lien avec l'objet de ces contrats.**

V. note ss. art. 81 (anc. art. 85).

Sur les pouvoirs dont disposent le ministre chargé de l'économie, les fonctionnaires qu'il a désignés et habilités et le Conseil de la concurrence, pour l'application des art. 81 à 83 (anc. art. 85 à 87) du Traité de Rome, et sur les règles de procédure applicables, V. C. com., art. L. 470-6, supra.

BIBL. ► HAWK, *RDLC 2005, nº 3, p. 33* (regards croisés sur l'art. 82 CE et la section 2 du Sherman Act). – CALVET, *RLC 2005, nº 4, p. 131* (abus de position dominante : plaidoyer pour le bien-être du consommateur). – WACHSMANN, SARRAZIN, WEZENBEEK, PAULIS, GÉRADIN et WHISH, *RDLC 2005, nº 4, p. 10* (quelle réforme pour l'art. 82 CE ?).

……………………………………………………………………

La cour de justice

……………………………………………………………………

234 *(ancien art. 177)* **La cour de justice est compétente pour statuer, à titre préjudiciel :**

***a*) Sur l'interprétation du présent traité ;**

***b*) Sur la validité et l'interprétation des actes pris par les institutions de la Communauté ;**

***c*) Sur l'interprétation des statuts des organismes créés par un acte de conseil, lorsque ces statuts le prévoient.**

Lorsqu'une telle question est soulevée devant une juridiction d'un des États membres, cette juridiction peut, si elle estime qu'une décision sur ce point est nécessaire pour rendre son jugement, demander à la cour de justice de statuer sur cette question.

Lorsqu'une telle question est soulevée dans une affaire pendante devant une juridiction nationale dont les décisions ne sont pas susceptibles d'un recours juridictionnel de droit interne, cette juridiction est tenue de saisir la Cour de justice.

V. note ss. art. 81 (anc. art. 85).

BIBL. ► BERGERÈS, *D. 1994. Chron. 181* ✐. – CHAUVET, *Gaz. Pal. 1994. 2. Doctr. 844* (pratique de la CJCE). – LENZ, *JCP 1995. I. 3834*. – BARAV, *Justices avr.-juin 1997. 1*. – ROUHETTE, *ibid. avr.-juin 1997. 15*.

Règlement CE nº 1-2003 du 16 décembre 2002,

Relatif à la mise en œuvre des règles de concurrence prévues aux articles 81 et 82 du traité de Rome du 25 mars 1957.

RÉP. COMMUNAUTAIRE vº *Concurrence (régime de la procédure)*, par COLLIN et COMBALDIEU.

BIBL. ▶ Arhel, *Petites affiches 4 déc. 2000, p. 7* (modernisation des règles relatives aux ententes et abus de position dominante). – J.-C. Fourgoux, *RJ com. 2002. 51* (nouvel antitrust européen : espoirs et craintes). – Idot, *Europe 2003. Chron. 2* (premières vues sur le nouveau règlement antitrust). – Kovar, *D. 2003. 478.* – Idot, *JCP E 2003, n° 4, p. 145.* – David, *Bull. act. Lamy droit économique, janv. 2003, p. 1.* – Ferrier, *Lettre distrib. janv. 2003, p. 1.* – Poillot-Peruzzetto, *Contrats Conc. Consom. 2003, n° 45.* – Nourissat, *Procédures 2003, n° 64.* – Arhel, *Petites affiches 2 avr. 2003, p. 6.* – Reifegerste, *JCP 2003. I. 125* (articulation du droit communautaire et du droit national de la concurrence). – Derains, *Gaz. Pal. 2003. Doctr. 1520* (l'arbitre, la commission et la Cour : questions de procédure). – Rincazaux, *Bull. act. Lamy droit économique, mai et juin 2003, p. 1* (même thème). – Poillot-Peruzzetto, *RTD com. 2003. 397.* – Parléani, *JCP E 2003, n° 28-29, p. 1192.* – Cascales, *Petites affiches 3 juill. 2003, p. 14.* –Viennois, *Cah. dr. entr. 2003, n° 5, p. 1* (rapports entre droit communautaire de la concurrence et droit national). – Arhel, *ibid. 30 déc. 2003, p. 4* (réseau européen de la concurrence). – Favret, *AJDA 2004. 177* (renforcement du rôle des autorités nationales). – Riou, *Cah. dr. entr. 2004, n° 2, p. 28* (mise en œuvre par les autorités nationales de concurrence, révolution ou évolution ?). – Meffre et Lamy, *D. 2004. 1295* (réflexions du praticien). – Poillot-Peruzzetto, *Contrats Conc. Consom. 2004. Chron. 8* (les réformes de fond à l'occasion des réformes de procédure en droit communautaire de la concurrence). – Decocq, *RJ com. 2004. 274* (réforme du droit processuel européen des pratiques anticoncurrentielles). – Riffault-Silk, *Cah. dr. entr. 2004, n° 3, p. 1* (quel modèle pour l'application des nouvelles règles communautaires ?). – Nourissat et Witerwulghe (ss. la dir.), *Thèmes & commentaires, Dalloz 2004* (actes du colloque du 4 mars 2004 de l'Université de Lyon 3). – Béhar-Touchais, *Petites affiches 5 oct. 2004, p. 58* (internormativité et droit de la concurrence). – Canivet, *RDLC déc. 2004. 21* (organisation des juridictions nationales pour l'application du droit communautaire de la concurrence). – Lasserre, *ibid. 29* (les adaptations nécessaires du Conseil de la concurrence). – Arhel, *JCP E 2004, n° 51, p. 2010* (adaptation du droit national au droit communautaire de la concurrence). – Meffre et Guet, *D. 2005. 361* (contrôle *a posteriori* de la licéité des accords par le juge national : questions de procédure). – Paulis et Gauer, *RDLC 2005, n° 1, p. 32* (principe du *ne bis in idem*). – Idot, *Europe 2005. Chron. 4* (réforme du droit antitrust en Europe : un an de pratique). – Lasserre, *RDLC 2005, n° 3, p. 42* (le Conseil de la concurrence dans le réseau communautaire). – J.-C. Fourgoux, *RLC 2005, n° 4, p. 123* (quel rôle désormais pour les juridictions nationales ?). – Riffault-Silk, *RLC 2006, n° 6, p. 84* (les actions privées en droit de la concurrence).

V. aussi Règl. CE n° 773/2004 du 7 avr. 2004, relatif aux procédures mises en œuvre par la Commission en application des art. 81 et 82 du traité CE (JOUE n° L 123 du 27 avr.). — Communication de la Commission sur la coopération entre la Commission et les juridictions nationales pour l'application des art. 81 et 82 du traité CE ; Projet de Communication de la Commission relative au traitement par la Commission des plaintes déposées au titre des art. 81 et 82 du traité CE ; Communication de la Commission relative à des orientations informelles sur des questions nouvelles qui se posent dans des affaires individuelles au regard des art. 81 et 82 du traité CE (lettres d'orientation) ; Lignes directrices relatives à la notion d'affectation du commerce figurant aux art. 81 et 82 du traité CE ; Lignes directrices concernant l'application de l'art. 81, § 3, du traité CE (JOUE, n° C 101 du 27 avr.). — Sur ces textes, V. Poillot-Peruzzetto, Contrats Conc. Consom. 2004, n° 98 ; Idot, Europe 2004. Chron. 6 et Procédures 2004. Chron. 10 ; L et J. Vogel, JCP E 2004, n° 39, p. 1474 ; Viennois, Petites affiches 22 sept. 2004, p. 9 ; Van der Woude, RDLC déc. 2004. 54. — V. aussi BEEI 2004, n° 3, p. 2, 10 et 12 s.

CHAPITRE PREMIER *Principes*

Art. 1er ***Application des articles 81 et 82 du traité.*** **1. Les accords, décisions et pratiques concertées visés à l'article 81, paragraphe 1, du traité qui ne remplissent pas les conditions de l'article 81, paragraphe 3, du traité sont interdits, sans qu'une décision préalable soit nécessaire à cet effet.**

2. Les accords, décisions et pratiques concertées visés à l'article 81, paragraphe 1, du traité qui remplissent les conditions de l'article 81, paragraphe 3, du traité ne sont pas interdits, sans qu'une décision préalable soit nécessaire à cet effet.

3. L'exploitation abusive d'une position dominante visée à l'article 82 du traité est interdite, sans qu'une décision préalable soit nécessaire à cet effet.

2 ***Charge de la preuve.*** **Dans toutes les procédures nationales et communautaires d'application des articles 81 et 82 du traité, la charge de la preuve d'une violation de**

l'article 81, paragraphe 1, ou de l'article 82 du traité incombe à la partie ou à l'autorité qui l'allègue. En revanche, il incombe à l'entreprise ou à l'association d'entreprises qui invoque le bénéfice des dispositions de l'article 81, paragraphe 3, du traité d'apporter la preuve que les conditions de ce paragraphe sont remplies.

3 *Rapport entre les articles 81 et 82 du traité et les droits nationaux de la concurrence.* 1. Lorsque les autorités de concurrence des États membres ou les juridictions nationales appliquent le droit national de la concurrence à des accords, des décisions d'associations d'entreprises ou des pratiques concertées au sens de l'article 81, paragraphe 1, du traité susceptibles d'affecter le commerce entre États membres au sens de cette disposition, elles appliquent également l'article 81 du traité à ces accords, décisions ou pratiques concertées. Lorsque les autorités de concurrence des États membres ou les juridictions nationales appliquent le droit national de la concurrence à une pratique abusive interdite par l'article 82 du traité, elles appliquent également l'article 82 du traité.

2. L'application du droit national de la concurrence ne peut pas entraîner l'interdiction d'accords, de décisions d'associations d'entreprises ou de pratiques concertées qui sont susceptibles d'affecter le commerce entre États membres, mais qui n'ont pas pour effet de restreindre la concurrence au sens de l'article 81, paragraphe 1, du traité, ou qui satisfont aux conditions énoncées à l'article 81, paragraphe 3, du traité ou qui sont couverts par un règlement ayant pour objet l'application de l'article 81, paragraphe 3, du traité. Le présent règlement n'empêche pas les États membres d'adopter et de mettre en œuvre sur leur territoire des lois nationales plus strictes qui interdisent ou sanctionnent un comportement unilatéral d'une entreprise.

3. Sans préjudice des principes généraux et des autres dispositions du droit communautaire, les paragraphes 1 et 2 ne s'appliquent pas lorsque les autorités de concurrence et les juridictions des États membres appliquent la législation nationale relative au contrôle des concentrations, et ils n'interdisent pas l'application de dispositions de droit national qui visent à titre principal un objectif différent de celui visé par les articles 81 et 82 du traité.

Affectation du commerce communautaire. Il appartient à la défenderesse de faire la démonstration que l'accord est susceptible d'affecter le commerce entre États membres et a pour objet ou pour effet d'empêcher, de restreindre ou de fausser le jeu de la concurrence à l'intérieur du marché commun. • TGI Strasbourg, 3 févr. 2005 : *Contrats Conc. Consom. 2005, n° 139, obs. crit. Poillot-Peruzzetto ; RDC 2005. 1033, obs. Idot.*

CHAPITRE II *Compétences*

……………………………………………………………………………………

5 *Compétence des autorités de concurrence des États membres.* Les autorités de concurrence des États membres sont compétentes pour appliquer les articles 81 et 82 du traité dans des cas individuels. À cette fin, elles peuvent, agissant d'office ou saisies d'une plainte, adopter les décisions suivantes :

– ordonner la cessation d'une infraction,

– ordonner des mesures provisoires,

– accepter des engagements,

– infliger des amendes, astreintes ou toute autre sanction prévue par leur droit national.

Lorsqu'elles considèrent, sur la base des informations dont elles disposent, que les conditions d'une interdiction ne sont pas réunies, elles peuvent également décider qu'il n'y a pas lieu pour elles d'intervenir.

6 *Compétence des juridictions nationales.* Les juridictions nationales sont compétentes pour appliquer les articles 81 et 82 du traité.

CHAPITRE III *Décisions de la Commission*

....

CHAPITRE IV *Coopération*

11 *Coopération entre la Commission et les autorités de concurrence des États membres.* 1. La Commission et les autorités de concurrence des États membres appliquent les règles communautaires de concurrence en étroite collaboration.

2. La Commission transmet aux autorités de concurrence des États membres une copie des pièces les plus importantes qu'elle a recueillies en vue de l'application des articles 7, 8, 9 et 10 et de l'article 29, paragraphe 1. Si l'autorité de concurrence d'un État membre en fait la demande, la Commission lui fournit une copie des autres documents existants qui sont nécessaires à l'appréciation de l'affaire.

3. Lorsqu'elles agissent en vertu de l'article 81 ou 82 du traité, les autorités de concurrence des États membres informent la Commission par écrit avant ou sans délai après avoir initié la première mesure formelle d'enquête. Cette information peut également être mise à la disposition des autorités de concurrence des autres États membres.

4. Au plus tard trente jours avant l'adoption d'une décision ordonnant la cessation d'une infraction, acceptant des engagements ou retirant le bénéfice d'un règlement d'exemption par catégorie, les autorités de concurrence des États membres informent la Commission. À cet effet, elles communiquent à la Commission un résumé de l'affaire, la décision envisagée ou, en l'absence de celle-ci, tout autre document exposant l'orientation envisagée. Ces informations peuvent aussi être mises à la disposition des autorités de concurrence des autres États membres. Sur demande de la Commission, l'autorité de concurrence concernée met à la disposition de la Commission d'autres documents en sa possession nécessaires à l'appréciation de l'affaire. Les informations fournies à la Commission peuvent être mises à la disposition des autorités de concurrence des autres États membres. Les autorités nationales de concurrence peuvent également échanger entre elles les informations nécessaires à l'appréciation d'une affaire qu'elles traitent en vertu de l'article 81 ou 82 du traité.

5. Les autorités de concurrence des États membres peuvent consulter la Commission sur tout cas impliquant l'application du droit communautaire.

6. L'ouverture par la Commission d'une procédure en vue de l'adoption d'une décision en application du chapitre III dessaisit les autorités de concurrence des États membres de leur compétence pour appliquer les articles 81 et 82 du traité. Si une autorité de concurrence d'un État membre traite déjà une affaire, la Commission n'intente la procédure qu'après avoir consulté cette autorité nationale de concurrence.

12 *Échanges d'informations.* 1. Aux fins de l'application des articles 81 et 82 du traité, la Commission et les autorités de concurrence des États membres ont le pouvoir de se communiquer et d'utiliser comme moyen de preuve tout élément de fait ou de droit, y compris des informations confidentielles.

2. Les informations échangées ne peuvent être utilisées comme moyen de preuve qu'aux fins de l'application de l'article 81 ou 82 du traité et pour l'objet pour lequel elles ont été recueillies par l'autorité qui transmet l'information. Toutefois, lorsque le droit national de la concurrence est appliqué dans la même affaire et parallèlement au droit communautaire de la concurrence, et qu'il aboutit au même résultat, les informations échangées en vertu du présent article peuvent également être utilisées aux fins de l'application du droit national de la concurrence.

3. Les informations transmises en vertu du paragraphe 1 ne peuvent être utilisées comme moyen de preuve pour infliger une sanction à une personne physique que lorsque :

– la loi de l'autorité qui transmet l'information prévoit des sanctions similaires en cas de violation de l'article 81 ou 82 du traité ou, si tel n'est pas le cas, lorsque

– les informations ont été recueillies d'une manière qui assure le même niveau de protection des droits de la défense des personnes physiques que celui qui est reconnu par les règles nationales de l'autorité destinataire. Dans ce cas, cependant, les informations échangées ne peuvent être utilisées par l'autorité destinataire pour infliger des peines privatives de liberté.

13 *Suspension ou clôture de la procédure.* 1. Lorsque les autorités de concurrence de plusieurs États membres sont saisies d'une plainte ou agissent d'office au titre de l'article 81 ou 82 du traité à l'encontre d'un même accord, d'une même décision d'association ou d'une même pratique, le fait qu'une autorité traite l'affaire constitue pour les autres autorités un motif suffisant pour suspendre leur procédure ou rejeter la plainte. La Commission peut également rejeter une plainte au motif qu'une autorité de concurrence d'un État membre la traite.

2. Lorsqu'une autorité de concurrence d'un État membre ou la Commission est saisie d'une plainte contre un accord, une décision d'association ou une pratique qui a déjà été traitée par une autre autorité de concurrence, elle peut la rejeter.

…………………………………………………………

15 *Coopération avec les juridictions nationales.* 1. Dans les procédures d'application de l'article 81 ou 82 du traité, les juridictions des États membres peuvent demander à la Commission de leur communiquer des informations en sa possession ou un avis au sujet de questions relatives à l'application des règles communautaires de concurrence.

2. Les États membres transmettent à la Commission copie de tout jugement écrit rendu par des juridictions nationales statuant sur l'application de l'article 81 ou 82 du traité. Cette copie est transmise sans délai lorsque le jugement complet est notifié par écrit aux parties.

3. Les autorités de concurrence des États membres, agissant d'office, peuvent soumettre des observations écrites aux juridictions de leur État membre respectif au sujet de l'application de l'article 81 ou 82 du traité. Avec l'autorisation de la juridiction en question, elles peuvent aussi présenter des observations orales. Lorsque l'application cohérente de l'article 81 ou 82 du traité l'exige, la Commission, agissant d'office, peut soumettre des observations écrites aux juridictions des États membres. Avec l'autorisation de la juridiction en question, elle peut aussi présenter des observations orales.

Afin de leur permettre de préparer leurs observations, et à cette fin uniquement, les autorités de concurrence des États membres et la Commission peuvent solliciter la juridiction compétente de l'État membre afin qu'elle leur transmette ou leur fasse transmettre tout document nécessaire à l'appréciation de l'affaire.

4. Le présent article est sans préjudice des pouvoirs plus étendus que le droit national confère aux autorités de concurrence des États membres de présenter des observations aux juridictions.

16 *Application uniforme du droit communautaire de la concurrence.* 1. Lorsque les juridictions nationales statuent sur des accords, des décisions ou des pratiques relevant de l'article 81 ou 82 du traité qui font déjà l'objet d'une décision de la Commission, elles ne peuvent prendre de décisions qui iraient à l'encontre de la décision adoptée par la Commission. Elles doivent également éviter de prendre des décisions qui iraient à l'encontre de la décision envisagée dans une procédure intentée par la Commission. À cette fin, la juridiction nationale peut évaluer s'il est nécessaire de suspendre sa procédure. Cette obligation est sans préjudice des droits et obligations découlant de l'article 234 du traité.

2. Lorsque les autorités de concurrence des États membres statuent sur des accords, des décisions ou des pratiques relevant de l'article 81 ou 82 du traité qui font déjà l'objet d'une décision de la Commission, elles ne peuvent prendre de décisions qui iraient à l'encontre de la décision adoptée par la Commission.

CHAPITRE V *Pouvoirs d'enquête*

....

22 *Enquêtes par les autorités de concurrence des États membres.* 1. Une autorité de concurrence d'un État membre peut exécuter sur son territoire toute inspection ou autre mesure d'enquête en application de son droit national au nom et pour le compte de l'autorité de concurrence d'un autre État membre afin d'établir une infraction aux dispositions de l'article 81 ou 82 du traité. Le cas échéant, les informations recueillies sont communiquées et utilisées conformément à l'article 12.

2. Sur demande de la Commission, les autorités de concurrence des États membres procèdent aux inspections que la Commission juge indiquées au titre de l'article 20, paragraphe 1, ou qu'elle a ordonnées par voie de décision prise en application de l'article 20, paragraphe 4. Les agents des autorités de concurrence des États membres chargés de procéder aux inspections, ainsi que les agents mandatés ou désignés par celles-ci, exercent leurs pouvoirs conformément à leur législation nationale.

Les agents et les autres personnes les accompagnant mandatés par la Commission peuvent, sur sa demande ou sur celle de l'autorité de concurrence de l'État membre sur le territoire duquel l'inspection doit être effectuée, prêter assistance aux agents de l'autorité concernée.

....

CHAPITRE XI *Dispositions transitoires, modificatives et finales*

34 *Dispositions transitoires.* 1. Les demandes présentées à la Commission en application de l'article 2 du règlement n° 17 et les notifications faites en application des articles 4 et 5 dudit règlement, ainsi que les demandes et notifications correspondantes faites en application des règlements (CEE) n° 1017/68, (CEE) n° 4056/86 et (CEE) n° 3975/87, sont caduques à compter de la date d'application du présent règlement.

2. Les actes de procédure accomplis en application du règlement n° 17 et des règlements (CEE) n° 1017/68, (CEE) n° 4056/86 et (CEE) n° 3975/87 conservent leurs effets pour l'application du présent règlement.

35 *Désignation des autorités de concurrence des États membres.* 1. Les États membres désignent l'autorité ou les autorités de concurrence compétentes pour appliquer les articles 81 et 82 du traité de telle sorte que les dispositions du présent règlement soient effectivement respectées. Les mesures nécessaires pour doter ces autorités du pouvoir d'appliquer lesdits articles sont prises avant le 1er mai 2004. Des juridictions peuvent figurer parmi les autorités désignées.

2. Lorsque l'application du droit communautaire en matière de concurrence est confiée à des autorités administratives et judiciaires nationales, les États membres peuvent assigner différentes compétences et fonctions à ces différentes autorités nationales, qu'elles soient administratives ou judiciaires.

3. Les effets de l'article 11, paragraphe 6, s'appliquent aux autorités désignées par les États membres, y compris aux juridictions qui exercent des fonctions portant sur la préparation et l'adoption des types de décisions prévus à l'article 5. Les effets de l'article 11, paragraphe 6 ne s'appliquent pas aux juridictions lorsqu'elles statuent en qualité d'instances de recours contre les types de décisions visés à l'article 5.

4. Nonobstant le paragraphe 3, dans les États membres où, en vue de l'adoption de certains types de décisions visés à l'article 5, une autorité saisit une autorité judiciaire distincte et différente de l'autorité chargée des poursuites, et pour autant que les conditions énoncées au présent paragraphe soient remplies, les effets de l'article 11, paragraphe 6, sont limités à l'autorité chargée des poursuites en question, qui doit retirer sa demande auprès de l'autorité judiciaire lorsque la Commission ouvre une procédure. Ce retrait doit effectivement mettre fin à la procédure nationale.

....

45 *Entrée en vigueur.* Le présent règlement entre en vigueur le vingtième jour suivant celui de sa publication au *Journal officiel des Communautés européennes [JOCE L 1 du 4 janv. 2003].*

Il est applicable à partir du 1er mai 2004.

Règlement CEE n° 17-62 du 6 février 1962,

Premier règlement d'application des articles 85 et 86 [désormais art. 81 et 82] du Traité.

Art. 9 *Compétence.* 1. Sous réserve du contrôle de la décision par la Cour de justice, la Commission a compétence exclusive pour déclarer les dispositions de l'article 85 *[devenu art. 81]*, paragraphe 1, inapplicables conformément à l'article 85 *[81]*, paragraphe 3, du traité.

2. La Commission est compétente pour appliquer les dispositions de l'article 85 *[désormais 81]*, paragraphe 1, et de l'article 86 *[devenu art. 82]* du traité, même si les délais prévus à l'article 5, paragraphe 1, et à l'article 7, paragraphe 2, pour procéder à la notification ne sont pas expirés.

3. Aussi longtemps que la Commission n'a engagé aucune procédure en application des articles 2, 3 ou 6, les autorités des États membres restent compétentes pour appliquer les dispositions de l'article 85 *[81]*, paragraphe 1, et de l'article 86 *[82]* conformément à l'article 88 *[84]* du traité, même si les délais prévus à l'article 5, paragraphe 1, et à l'article 7, paragraphe 2, pour procéder à la notification ne sont pas expirés.

Le Traité d'Amsterdam du 2 oct. 1997 (JOCE, n° C 340 du 10 nov. 1997) a opéré une renumérotation des articles du Traité de Rome du 25 mars 1957.

1. Primauté communautaire. **BIBL.** Guérin et Decocq, *JCP 1983. I. 3108.* – Fourgoux, *RJ com. 1989. 145* (inutilité du droit interne ?). – Idot, *Cah. dr. entr. 1991, n° 2.* ♦ Au cas de conflit entre les règles communautaires et les législations nationales, la solution repose sur l'application du principe de la primauté de la règle communautaire. • CJCE 15 juill. 1964, *Costa c/ Enel : Rec. CJCE, p. 1141* • 13 févr. 1969 : *ibid., p. 1* • Crim. 14 janv. 1980 : *RTD com. 1982. 288, obs. Hémard et Bouloc.* ♦ En vertu du principe de primauté, une décision de la CJCE s'impose au juge national sans que puisse être opposé un principe général du droit, tel que le principe de la confiance légitime. • Com. 22 oct. 2002 : *Bull. civ. IV, n° 147 ; RJDA 2003, n° 100.* ♦ V. aussi, consacrant l'existence d'une « légalité d'urgence » destinée à assurer la primauté du droit communautaire : • CE 18 juin 2003 : *Europe 2003, n° 288, obs. Cassia.* ♦ ... Mais affirmant la primauté des dispositions constitutionnelles sur le droit communautaire : • CE 30 juill. 2003 : *Europe 2004, n° 30, obs. Cassia et Saulnier.* ♦ La primauté communautaire sur le droit national, indiquée à l'art. 3 du règl. n° 1/2003, s'applique à la répression des pratiques anticoncurrentielles pour laquelle les autorités communautaires et les autorités nationales de concurrence ont une compétence parallèle. Ce principe n'inclut pas les décisions rendues en matière de contrôle des concentrations qui relèvent de la compétence exclusive et alternative des autorités nationales ou communautaires, selon la dimension des opérations de concentration. • Cons. conc. n° 05-D-32 du 22 juin 2005 : *BOCC 14 mars 2006.*

En présence de comportements d'entreprises contraires à l'art. 81, § 1, CE, qui sont imposés ou favorisés par une législation nationale qui en légitime ou en renforce les effets, une autorité nationale de la concurrence : a l'obligation de laisser inappliquée cette législation nationale ; ne peut infliger de sanctions aux entreprises concernées pour des comportements passés lorsque ceux-ci leur ont été imposés par cette législation nationale ; peut infliger des sanctions aux entreprises concernées pour leurs comportements ultérieurs à la décision de laisser inappliquée cette législation nationale, une fois que cette décision est devenue définitive à leur égard ; peut infliger des sanctions aux entreprises concernées pour leurs comportements passés lorsqu'ils ont été simplement facilités ou encouragés par cette législation nationale, tout en tenant dûment compte des spécificités du cadre normatif dans lequel les entreprises ont agi. • CJCE 9 sept. 2003 : *JCP E 2003, n° 40, p. 1554 ; Contrats Conc. Consom. 2003, n° 188, obs. Poillot-Peruzzetto ; Petites affiches 29 janv. 2004, p. 6, obs. Arhel ; AJDA 2004. 75, obs. Charbit ; RJDA 2003, n° 1132 ; Europe 2003, n° 366, obs. Idot.*

La primauté du Traité communautaire ne s'exerce que dans la mesure où la loi nationale édicte des règles incompatibles avec celui-ci, ce qui n'est pas le cas de l'ord. du 1er déc. 1986. • Paris, 10 mai 1990 : *D. 1991. Somm. 252, obs. Gavalda et Lucas de Leyssac*.

Sur la légitimité d'un refus de vente justifié par un accord type conforme à l'art. 85 § 1 et 3 [art. 81, § 1 et 3], V. *supra*, note 16 ss. C. com., art. L. 442-6.

1 bis. Caractère de loi de police économique. Les dispositions de l'art. 85 [désormais art. 81] ont le caractère de loi de police économique prescrites pour mettre en œuvre un ordre économique communautaire de la concurrence impératif, sans se limiter à la seule protection d'un intérêt particulier ; en conséquence, l'action en nullité du contrat de concession automobile, au regard de l'art. 1129 C. civ. (avant les arrêts d'Assemblée plénière du 1er déc. 1995 : V. note 7 ss. art. L. 330-2 C. com., *supra*) et du règl. n° 123/85 du 12 déc. 1984 [abrogé], intentée par le concessionnaire, se prescrivait par trente ans. • Paris, 4 févr. 1994 : *D. 1994. IR. 92.*

2. Autorités des États membres. **BIBL.** Berlin, *RTD eur. 1991. 1.* ♦ Les autorités des États membres, y compris dans certains États membres les juridictions spécialement chargées d'appliquer la législation nationale sur la concurrence ou de contrôler la légalité de cette application par les autorités administratives, sont également compétentes pour appliquer les dispositions des art. 85 et 86 [art. 81 et 82] du Traité. • CJCE 30 janv. 1974, *BRT c/ Sabam : Rec. CJCE, p. 51.* – Comp. : • Com. 22 mars 1979 : *JCP E 1980. II. 13212, note Jeantet.* ♦ Sur la compétence pour appliquer l'art. 85, § 3 [81, § 3], V. art. 9, § 1 du règl. du 6 févr. 1962, *supra*.

2 bis. La Direction générale de la concurrence est en France au nombre des autorités visées par l'art. 9 § 3. • Com. 16 mai 1995 : *Bull. civ. IV, n° 148.*

En revanche, la restriction prévue à l'art. 9, § 3 du règlement du 6 févr. 1962 ne s'applique pas à la cour d'appel, statuant sur un recours formé contre le jugement d'un tribunal de commerce, qui ne constitue pas « une autorité d'un État membre » au sens dudit règlement. • Com. 18 févr. 1992 : *Bull. civ. IV, n° 78.* ♦ Dès lors, aucune règle communautaire ne s'oppose à ce qu'une juridiction judiciaire nationale statue sur la validité d'un accord au regard des dispositions de l'art. 81, § 1er du Traité, lorsque cet accord a fait l'objet d'une notification en vertu de l'art. 81, § 3, ni même lorsqu'une procédure a été engagée par la Commission. • Com. 1er juill. 2003 : *Bull. civ. IV, n° 114 ; Contrats Conc. Consom. 2004, n° 12, obs. Poillot-Peruzzetto ; RJDA 2003, n° 1131.* ♦ V., excluant aussi les juridictions nationales des « autorités des États membres » visées à l'art. 9, § 3. • Crim. 16 mai 1991 : *Bull. crim. n° 211.*

En ce sens que le juge des référés est compétent pour appliquer l'art. 86 [art. 82], V. • Com. 13 oct. 1993 : *Contrats Conc. Consom. 1993, n° 220, note Vogel.*

Sur le rôle des juridictions nationales dans l'application des art. 85 et 86 [81 et 82], V. Comm. CEE n° 93/C 39/05 du 13 févr. 1993, *JOCE n° C 39 du 13 févr. 1993 ; Contrats Conc. Consom. 1993, n° 57.*

Sur la coopération entre la Commission et les autorités de la concurrence d'un État membre pour le traitement d'affaires relevant des art. 85 et 86 [81 et 82], V. Comm. CEE n° 97/C 313/03 du 15 oct. 1997, *JOCE n° C 313 du 15 oct. 1997 ; Contrats Conc. Consom. 1997, n° 179, obs. Vogel.*

Lorsqu'une juridiction nationale se prononce sur un accord ou une pratique dont la compatibilité avec les art. 85, § 1 et 86 du Traité (art. 81, § 1 et 82) font l'objet d'une décision de la Commission, elle ne peut pas prendre une décision allant à l'encontre de celle de la Commission, même si cette dernière est en contradiction avec la décision rendue par une juridiction nationale de première instance. • CJCE 14 déc. 2000 : *D. 2001. 1863, note Fourgoux ; Gaz. Pal. 3-5 févr. 2002. Somm. 28, note Vialens.* ♦ Il résulte de l'obligation de coopération loyale qu'il appartient à la juridiction nationale d'apprécier, en cas de recours en annulation formé par le destinataire d'une décision de la Commission, s'il y a lieu de surseoir à statuer jusqu'à ce qu'une décision définitive soit rendue sur ledit recours ou de déférer une question préjudicielle à la Cour. • Même arrêt.

3. Application conjointe des législations nationale et communautaire. Le conseil de la concurrence étant une autorité nationale de concurrence au sens de l'art. 9 du règl. CEE du 6 févr. 1962, et donc compétent pour appliquer les art. 85-1 et 86 [art. 81-1 et 82] du Traité de Rome, il doit, lorsqu'il est saisi de comportements anticoncurrentiels susceptibles d'affecter le commerce entre États membres, se prononcer sur la base des droits national et communautaire qui définissent des infractions distinctes, dont les fondements et la qualification sont différents ; dès lors, la règle *non bis in idem* ne peut trouver application. • Cons. conc. n° 95-D-76 du 29 nov. 1995 : *BOCC 15 mai 1996 ; Contrats Conc. Consom. 1996, n° 111, obs. Vogel.*

Sur la référence faite par le Conseil de la concurrence au Règl. CE n° 2790/99 pour l'examen d'un contrat de distribution sélective dont l'application est limitée au territoire national, V. • Cons. conc. n° 01-D-45 du 19 juill. 2001 : *BOCC 24 sept. 2001 ; RJDA 2002, n° 103 ; Europe 2002, n° 59, obs. Idot* • n° 03-D-53 du

26 nov. 2003 : *BOCC 13 févr. 2004 ; D. 2004. 1441, note Sabirau-Perez* • n° 03-D-60 du 17 déc. 2003 : *BOCC 13 févr. 2004 ; JCP E 2004, n° 13, p. 520, note Arhel* • n° 03-D-69 du 26 déc. 2003 : *BOCC 13 févr. 2004 ; JCP E 2004, n° 22, p. 867, note Arhel ; Contrats Conc. Consom. 2004, n° 43, obs. Malaurie-Vignal.* – V. aussi, Idot, *Europe 2004, n° 260.*

3 bis. Engagement d'une procédure. La compétence des autorités nationales cesse, pour l'application des art. 85, § 1 et 86 [art. 81, (§ 1) et 82], lors de l'engagement d'une procédure par la Commission, lequel ne saurait résulter d'un simple envoi d'une demande d'attestation négative. • CJCE 6 févr. 1973, *Haecht : Gaz. Pal. 1973. 2. 651.* ♦ Comp., pour le dépôt d'une plainte : • Com. 26 mars 1979 : *JCP 1979. II. 19249, note Jeantet.* ♦ ... Ou d'une information : • Paris, 26 janv. 1963 : *D. 1963. 189, note Robert ; JCP 1963. II. 13103, concl. Desangles.*

Mais, si l'ouverture d'une procédure par la Commission des Communautés européennes met fin à la compétence des autorités nationales pour apprécier les faits au regard du droit communautaire, celles-ci demeurent en revanche compétentes pour apprécier les faits qui leur sont soumis au regard du droit national en veillant à ce que cette appréciation ne puisse porter préjudice à l'application pleine et uniforme du droit communautaire et à l'effet des actes d'exécution de celui-ci. • Cons. conc. n° 96-D-57 du 1er oct. 1996 : *BOCC 11 févr. 1997 ; Contrats Conc. Consom. 1997, n° 46, obs. Vogel.*

4. Question préjudicielle. Pour des applications de l'art. 177 [art. 234] du Traité, V. • Com. 22 mars 1979 : *JCP E 1980. II. 13212, note Jeantet* • TGI Alençon, 5 août 1987 : *D. 1988. Somm. 291, obs. Gavalda et Lucas de Leyssac.* ♦ S'il appartient au seul juge national d'apprécier la nécessité et la pertinence des questions préjudicielles qu'il pose à la Cour de justice, cette dernière doit cependant être informée de manière circonstanciée des raisons qui amènent le juge national à considérer que la réponse à ces questions est nécessaire pour lui permettre de rendre sa décision. • CJCE 21 janv. 2003 : *Europe 2003, n° 89, obs. Gautier ; Procédures 2003, n° 66, obs. Nourissat.* ♦ Sur l'impossibilité pour les autorités nationales de concurrence de poser des questions préjudicielles, V. • CJCE 31 mai 2005 : *Contrats Conc. Consom. 2005, n° 152, obs. Poillot-Peruzzetto ; RDLC 2005, n° 3, p. 116, obs. Momège ; Europe 2005, n° 256, obs. Idot ; RJ com. 2005. 516, obs. Decocq ; BEEI 2005, n° 4, p. 10.* – Sur cet arrêt, V. aussi, Barbier de la Serre, *RLC 2005, n° 4, p. 59 ;* Grall et Grass, *Bull. act. Lamy droit économique nov. 2005, p. 1.*

5. Utilisation des informations recueillies par les autorités communautaires. En ce sens que les juges nationaux ont la possibilité d'utiliser les informations recueillies par les autorités communautaires, au titre des moyens de preuve, dans le cadre d'une procédure judiciaire nationale, mais que cette possibilité n'est pas ouverte aux autorités administratives nationales de concurrence, V. • TPICE 18 sept. 1996 : *Contrats Conc. Consom. 1996, n° 189, note Vogel.* – V. déjà • CJCE 16 juill. 1992 : *Contrats Conc. Consom. 1992, n° 185.*

Règlement CE n° 2790-1999 du 22 décembre 1999,

Concernant l'application de l'article 81, paragraphe 3, du traité à des catégories d'accords verticaux et de pratiques concertées (JOCE n° L 336 du 29 déc.).

Règlement CE n° 1400-2002 du 31 juillet 2002,

Concernant l'application de l'article 81, paragraphe 3, du traité à des catégories d'accords verticaux et de pratiques concertées dans le secteur automobile (JOCE n° L 203 du 1er août).

BIBL. ▶ Sur le règl. n° 1475/95 : Trochu, *D. 1995. Chron. 179 ; D. 1997. Chron. 31.* – de Contes, *D. Affaires 1995. 35 ; ibid. 1996. 1275.* – Deniel, *Petites affiches 29 sept. 1995, p. 10* (arbitrage). – Brochure explicative de la Commission (extraits), *Contrats Conc. Consom. 1995, n° 9.* – Actes du Colloque du 14 nov. 1995, *Cah. dr. entr. 1996, n° 1, p. 4.* – J.-C. Fourgoux, *JCP E 1996. I. 550.* – Charbit, *Cah. dr. entr. 1997, n° 1, p. 15* (contrats de financement). – Goyer, *ibid. 1998, n° 5, p. 1* (vente des automobiles après 2002). – Fourgoux, *Gaz. Pal. 23-27 déc. 2001, p. 3* (l'après-règlement CE 1475/95). ▶ Sur le règl. n° 1400/2002 : L. et J. Vogel, *ibid. 786.* – Ferrier, *Lettre distrib. févr. 2002, p. 1.* – Hermel, *Petites affiches 22 mars 2002, p. 6.* – Arhel, *ibid. 29 mars 2002, p. 7 ; Contrats Conc. Consom. 2002. Chron. 18.* – Moreau et Sergant, *D. 2002. 2725.* – Actes du Colloque du 8 mars 2002, *Cah. dr. entr. 2002, n° 5, p. 7.* – Poillot-Peruzzetto, *RTD com. 2002. 750.* – Idot, *JCP E 2002, n° 50, p. 2000.* – Arhel, *Petites affiches 27 nov. 2002, p. 7* (brochure explicative). – Van Ginderachter, *Gaz. Pal. 2003. Doctr. 651* (réforme audacieuse mais équilibrée). L. Vogel, *ibid. 658* (de quelques questions juridiques). – Bourgeon, *ibid. 674* (quel avenir pour les réseaux de marque automobiles ?). – Benteyn et

Carli, *JCP E 2003, n° 28-29, p. 1182* (rupture par le concédant). – Parléani, *ibid., p. 1191.* – Fourgoux et Vilmart, *Gaz. Pal. 2003. 1515* (l'arbitrage et le règlement amiable des différends dans le règl. CE 1400/2002). – Dossier spécial, *Petites affiches 29 nov. 2003, p. 3* (même thème). – Champalaune, *Cah. dr. entr. 2003, n° 5, p. 15* (réforme de l'exemption des « accords automobiles » au regard du droit des contrats). – Goyer, *ibid., p. 20* (... au regard du droit de la concurrence). – Ferré, *ibid., p. 23* (... au regard de la propriété intellectuelle). – Idot, *RDC 2003. 65* (nouveau règlement automobile). – Barbet, *Rev. Conc. consom. janv.-mars 2005, Débats, p. 12* (point de vue d'un économiste). – Bourgeon, *ibid., p. 16* (impact sur les structures de la distribution). – Ereseo, *Lettre distrib. oct. 2005, p. 1* (désorganisation en marche des réseaux de distribution automobile).

Règlement CE n° 139-2004 du 20 janvier 2004,

Relatif au contrôle des opérations de concentration entre entreprises (JOUE n° L 24 du 29 janv.).

RÉP. COMMUNAUTAIRE v° *Concentrations*, par Peruzzetto-Poillot.

RÉP. COM. v° *Concentrations*, par Bolze et Arhel.

BIBL. GÉN. ▶ De La Laurencie, *D. 1990. 141*. – Bolze, *Rev. sociétés 1990. 207*. – Gaillard, *Gaz. Pal. 1990. 1. Doctr. 126.* – Jeantet, *D. 1991. Chron. 4*. – Vogel, *JCP E 1990. II. 15914.* – Idot, *Cah. dr. entr. 1991, n°s 1-2.* – Gyselen, *RTD com. 1992. 5*. – Dewost, *RJ com. 1993. 353.* – Poillot-Peruzzetto, *RTD com. 1992. 49* (bilan sur la pratique décisionnelle de la commission). – Siragusa et Subiotto, *RTD eur. 1992. 51* (analyse pratique). – Gunther et Griffith, *RJDA 1992. 551* (OPA). – Gunther et A. Wachsmann, *JCP E 1995. I. 462* (pouvoir de « nuisance » et voies de recours des tiers ; actions précontentieuses) ; *ibid. 464* (même thème ; actions contentieuses). – Laurent, *Contrats Conc. Consom. 1996. Chron. 10* (place réservée aux représentants du personnel). – Atelier de la concurrence, *Rev. Conc. consom. nov.-déc. 1998, p. 5* (rôle des engagements dans les décisions des autorités de la concurrence). – Fontaine, *Dr. et patr. nov. 2000. 26* (procédure d'examen des concentrations de dimension communautaire). – Numéro spécial « Dossiers de l'Europe », *Petites affiches 5 nov. 2001*, (la concurrence). – Belmont, *Contrats Conc. Consom. 2002. Chron. 3* (incitation à la prudence avant et après les opérations de concentration sur les marchés nouvellement ouverts à la concurrence). – Berlin, *RTD eur. 2001. 639* (détermination de la compétence de la merger's task force). – Jalabert-Doury, *Cah. dr. entr. 2002, n° 5, p. 1* (concentrations et position dominante collective après l'arrêt Airtours). – Leygonie et Condomines, *Petites affiches 19 mars 2003, p. 4* (prise en considération des gains d'efficience dans le contrôle des concentrations). – Idot, *Europe 2003. Chron. 7* (comment le TPICE exerce son contrôle sur les décisions de renvoi et les décisions relatives aux engagements). – Bidaud, *Contrats Conc. Consom. 2004. Chron. 6* (concentration Schneider/Legrand). ▶ Pour une bibliographie thématique, V. aussi *Rev. sociétés 1992. 819.* ▶ Modifications apportées par le règlement du 30 juin 1997 : Idot, *JCP E 1997. I. 686.* – Vogel, *Contrats Conc. Consom. 1997, n° 132.* – de La Serre et Peyre, *Cah. dr. entr. 2003, n° 3, p. 1* (contrôle du juge communautaire sur les décisions d'incompatibilité en matière de contrôle des concentrations). – Fléchеux et Scaranrozzino, *Gaz. Pal. 1998. 2. Doctr. 838.* – Pappalardo, *RID éco. 1998. 177.* ▶ Règl. CE n° 139-2004 du 20 janv. 2004 : L. et J. Vogel, *JCP E 2002, n° 6, p. 271* (réforme du contrôle communautaire des concentrations). – Meddeb, *Contrats Conc. Consom. 2002. Chron. 6* (contrôle communautaire des concentrations : aperçu des dernières évolutions et des réformes actuelles). – Brault et Buhart, *Petites affiches 6 sept. 2002, p. 9.* – Arhel, *JCP E 2003, n° 3, p. 15* (proposition de nouveau règlement) ; *Petites affiches 31 janv. 2003, p. 3* (même thème). – Idot, *Europe 2004. Chron. 3.* – L. et J. Vogel, *JCP E 2004, n° 10, p. 357.* – Forest, *BEEI 2004, n° 2, p. 7.* – Decocq, *RJ com. 2004. 270* (refonte du contrôle des concentrations). – Lowe, *Petites affiches 13 juill. 2004, p. 4* (principes et perspectives du contrôle communautaire des concentrations). – Guersent et Winckler, *RLC 2005, n° 1, p. 12.* – Jorda, *AJDA 2005. 179* (modernisation du droit communautaire des concentrations). – Lévêque, *RDLC 2005, n° 4, p. 20* (analyse statistique du contrôle européen des concentrations). – Barbier de la Serre, *RLC 2006, n° 6, p. 56* (contrôle des concentrations et procédure accélérée). – Oster, *JCP E 2006, n° 11, p. 517* (la menace du recours à l'art. 22 du règlement communautaire sur les concentrations).

V. aussi règl. CE n° 802/2004 du 7 avr. 2004, concernant la mise en œuvre du règl. CE n° 139/2004 relatif au contrôle des concentrations entre entreprises (JOUE n° L 133 du 30 avr. ; rect. JOUE n° L 172 du 6 mai). — Sur ce texte, V. BEEI 2004, n° 3, p. 14. V. aussi note 2 ss. art. L. 430-3 C. com., supra.

CONTRATS D'AFFAIRES (GÉNÉRALITÉS)

Plan des annotations

1. Les contrats d'affaires ne sont plus aujourd'hui exclusivement ceux passés entre commerçants, mais plus généralement tous ceux qui sont conclus à raison de l'activité professionnelle de chacune des parties.

Le droit de la consommation, et en particulier la prohibition des clauses abusives, n'est pas applicable à ces contrats où le principe de la liberté contractuelle peut donner sa pleine mesure et où les prévisions et attentes légitimes des parties ne doivent pas être remises en cause.

I. PRINCIPES ESSENTIELS DU DROIT DES CONTRATS D'AFFAIRES

A. PRINCIPE DE LA LIBERTÉ CONTRACTUELLE

1° FONDEMENT

1 bis. Principe : tout ce qui n'est pas contraire à une règle d'ordre public (art. 6 C. civ.) est permis. Le principe de la liberté contractuelle (liberté de conclure ou de ne pas conclure le contrat, liberté du choix du cocontractant, liberté quant au contenu du contrat) est habituellement déduit des art. 6 (*a contrario* : tout ce qui n'est pas interdit par une règle d'ordre public est permis) et 1134 C. civ. En ce sens, V. : J.-M. Mousseron, Un principe de départ, la liberté contractuelle, *Cah. dr. entr. 1995, n° 2, p. 6.* ♦ Ainsi, un concédant a le droit de traiter avec le cocontractant de son choix et n'est pas tenu de motiver sa décision, ni de communiquer les critères selon lesquels le choix de son concessionnaire est exercé. • Com. 7 avr. 1998 : *Bull. civ. IV, n° 126 ; RTD civ. 1999. 79, obs. J. Mestre.* – *Contra* : • Com. 5 oct. 2004 : *cité note 26 bis ss. art. L. 330-2 C. com.*

2° VALEUR

2. *Valeur constitutionnelle ?* Le principe de la liberté contractuelle n'a pas en lui-même valeur constitutionnelle. • Cons. const. 20 mars 1997 : *JCP 1997. I. 4039, n° 1, obs. M. Fabre-Magnan.* ♦ Aucune norme de valeur constitutionnelle ne garantit le principe de la liberté contractuelle. • Décis. COB, 11 avr. 1995 : *Bull. Joly Bourse 1995. 386 et 365, Chron. Rontchevsky ; RTD civ. 1996. 151, obs. J. Mestre.* ♦ Mais le législateur ne saurait porter atteinte à l'économie des conventions et contrats légalement conclus, une atteinte d'une gravité telle qu'elle méconnaisse manifestement la liberté découlant de l'art. 4 de la Déclaration des droits de l'homme et du citoyen de 1789 (liberté de pouvoir faire tout ce qui ne nuit pas à autrui). • Cons. const. 10 juin 1998 : *JCP 1998. I. 179, n° 14, obs. B. Mathieu et M. Verpaux, RTD civ. 1999. 78, obs. J. Mestre.* ♦ Le législateur ne saurait, sans méconnaître les exigences résultant des art. 4 et 16 de la Déclaration des droits de l'homme et du citoyen de 1789, porter aux contrats légalement conclus une atteinte qui ne soit justifiée par un motif d'intérêt général suffisant. • Cons. const. 13 janv. 2003 : *JO 18 janv. 2003 ; D. 2003. 638, note Mathieu ; RDC 2003. 9, note Revet.* ♦ V. aussi Molfessis, Les sources constitutionnelles du droit des obligations *in* Le renouvellement des sources du droit des obligations, *Travaux de l'association H. Capitant, LGDJ 1996. 65.*

3. *Dérogations au principe de la liberté contractuelle.* Des obligations dérogatoires au principe de la liberté contractuelle (en l'espèce obligation d'achat de titres cotés) ne peuvent résulter que de prescriptions législatives expresses et impératives. • Paris, 25 juin 1998 : *JCP E 1998. 1307, n° 12, obs. A. Viandier et J.-J. Caussain ; RTD com. 1998. 890, obs. Rontchevsky* (à propos de l'offre publique de retrait prévue par la réglementation boursière édictée par le Conseil des bourses de valeurs).

4. *Refus de vente.* Sur la sanction du refus de vente entre professionnels, V. *supra*, art. L. 420-2 C. com. et entre un professionnel et un consommateur, V. art. L. 122-1 C. consom., *infra*, v° Ventes commerciales (dispositions générales). ♦ Le refus de vente allégué par une société à l'encontre d'une société constitue un fait de nature à engager la responsabilité délictuelle de cette dernière. • Com. 9 avr. 1996 : *Bull. civ. IV, n° 116 ; Defrénois 1997. 329, obs. Delebecque ; RTD civ. 1997. 118, obs. J. Mestre.*

B. PRINCIPE DE SÉCURITÉ DES TRANSACTIONS JURIDIQUES

1° FONDEMENT

5. *Jurisprudence communautaire.* D'une manière générale, pour être bien acceptées et efficaces, les règles de droit doivent présenter une certaine sécurité, par leur accessibilité et leur cohérence et ne doivent pas surprendre les sujets de droit dans leurs pratiques, leurs prévisions et leurs attentes (V. notamment J. Carbonnier, La part du droit dans l'angoisse contemporaine, *Flexible droit, LGDJ 9e éd., 1998, p. 193* ; F. Pollaud-Dullian, A propos de la sécurité juridique, *RTD civ. 2001. 487).* ♦ Le principe de sécurité juridique n'est visé expressément par aucun texte à valeur constitutionnelle ou législative mais la jurisprudence communautaire s'y réfère comme à un principe général. V. en ce sens • CJCE 21 juin 1988, Aff. 257/86 : *Rec., p. 3249* • 28 avr. 1993, Aff. C 306/91 : *Rec., p. 2151.*

2° ILLUSTRATIONS EN MATIÈRE CONTRACTUELLE

6. *Application jurisprudentielle de la loi dans le temps.* Les effets d'un contrat sont régis, en principe, par la loi en vigueur à l'époque à laquelle il a été conclu. • Com. 15 juin 1962 : *Bull. civ. III, n° 313 ; GAJC 11e éd., 2000. I, n° 3-6, p. 25.* ♦ Les juges du fond ne peuvent appliquer une loi nouvelle aux effets à venir de contrats conclus antérieurement, sans caractériser les raisons d'une application immédiate de la loi que sa nature d'ordre public ne peut à elle seule justifier. • Civ. 1re, 17 mars 1998 : *Bull. civ. I, n° 115 ; RTD civ. 1999. 378, obs. J. Mestre.* ♦ En l'absence de volonté contraire du législateur, les contrats demeurent soumis à la loi en vigueur lors de leur conclusion, sous réserve d'impératives considérations d'ordre public, absentes en ce qui concerne le contrat d'édition. • Civ. 1re, 4 déc. 2001 : *Bull. civ. I, n° 307.* – Comp. • Cass., Ch. mixte, 13 mars 1981 : *D. 1981. 309, note A. Bénabent ; GAJC II, n° 261,* jugeant que l'action directe instituée en faveur des sous-traitants par la loi du 31 déc. 1975 trouve son fondement dans la volonté législative et non dans les contrats conclus entre les parties, de sorte qu'elle est ouverte aux sous-traitants, même si leur contrat a été conclu avant l'entrée en vigueur de ladite loi. ♦ V. texte préc., *infra*, v° *Sous-traitance*. ♦ S'agissant de l'art. 26 de la loi n° 2001-1168 du 11 déc. 2001, qui a modifié le 3e al. de l'art. L. 145-38 C. com., V. *supra*, la note ss. cet art.

7. Travaux législatifs préparatoires. Sur le refus du législateur d'appliquer rétroactivement la prohibition de la clause minière, en vertu du principe de sécurité juridique, V. Travaux préparatoires de la L. n° 99-245 du 30 mars 1999 relative à la responsabilité en matière de dommages consécutifs à l'exploitation minière et à la prévention des risques miniers après la fin de l'exploitation : *JO Sénat CR, 28 janv. 1999, p. 428 ; RTD civ. 1999. 483, obs. Ch. Jamin.*

3° LIMITES

8. Absence de valeur constitutionnelle. Aucune norme constitutionnelle ne garantit un principe dit de « confiance légitime ». • Cons. const. 30 déc. 1996 : *RTD civ. 1997. 416, obs. Mestre*. ♦ La sécurité juridique ne saurait consacrer un droit acquis à une jurisprudence figée, l'évolution de la jurisprudence relevant de l'office du juge dans l'application du droit. • Civ. 1re, 21 mars 2000 : *Bull. civ. I, n° 97 ; D. 2000. 593, note crit. Atias ; RTD civ. 2000. 592, obs. approb. Gautier* (à propos de la garantie des vices cachés dans la vente). ♦ L'exigence d'une contrepartie financière à la clause de non-concurrence répond à l'impérieuse nécessité d'assurer la sauvegarde et l'effectivité de la liberté fondamentale d'exercer une activité professionnelle ; cette exigence est d'application immédiate et la clause de non-concurrence qui ne comporte pas une telle contrepartie doit être annulée. • Soc., 17 déc. 2004 : *cité note 84 ss. L. n° 63-628 du 2 juill. 1963, v° Concurrence, supra.* ♦ Sur l'aménagement des revirements de jurisprudence, V. Mouly, *JCP 1994. I. 3776, n° 11* (le revirement pour l'avenir) ; Heuzé, *JCP 2005. I. 130* (à propos du rapport sur les revirements de jurisprudence) ; Radé, *D. 2005. 988* (de la rétroactivité des revirements de jurisprudence).

II. DROIT INTERNATIONAL PRIVÉ : LOI APPLICABLE AU CONTRAT

9. Contrat international. Tout contrat international est nécessairement rattaché à la loi d'un État. • Civ. 21 juin 1950 : *D. 1951. 749, note J. Hamel ; JCP 1950. II. 5812, note J.-P. Lévy.* ♦ Un contrat passé entre des Français domiciliés en France, qui soumet au droit français les rapports des parties entre elles, n'a pas, même si l'un des contractants est appelé à s'expatrier, le caractère d'un contrat international. • Civ. 1re, 7 oct. 1980 : *Bull. civ. I, n° 242.*

10. Loi d'autonomie. La loi applicable aux contrats, soit en ce qui concerne leur formation, soit quant à leurs effets et conditions, est celle que les parties ont adoptée. • Civ. 31 mai 1932 : *DP 1933. I. 169, note Crémieu.* ♦ Entre personnes de nationalités différentes, la loi du lieu où le contrat est intervenu et doit être exécuté est, en principe, celle à laquelle il faut s'attacher, à moins que ne se dégage une intention contraire soit de la convention, soit des circonstances de la cause. • Même arrêt.

11. Localisation par le juge. Les juges du fond apprécient souverainement la localisation du rapport contractuel. • Com. 8 juill. 1981 : *Bull. civ. IV, n° 311.* ♦ V. aussi note 35 ss. art. L. 330-2 C. com.

12. Domaine de la loi du contrat. La mise en œuvre de la loi d'autonomie de la volonté étant exclusive de tout renvoi, la prescription extinctive de l'action fondée sur le contrat est soumise à la loi désignée par les parties. • Civ. 1re, 11 mars 1997 : *Bull. civ. I, n° 84 ; D. 1998. 406, note E. Agostini ; Rev. crit. DIP 1997. 702, note B. Ancel.*

13. Règles de forme. Les dispositions de la loi française qui constituent des règles de forme sont applicables à tout contrat passé en France lorsque n'est pas établie la volonté des parties de soumettre la forme de leur contrat à la loi qui régit au fond celui-ci ou à leur loi nationale. • Civ. 1re, 10 déc. 1974 : *Bull. civ. I, n° 339 ; D. 1975. 480 ; Rev. crit. DIP 1975. 474, note A. P.* (règles applicables aux cessions amiables de fonds de commerce).

14. Loi applicable et compétence juridictionnelle. La détermination de la loi applicable au contrat et celle de la juridiction compétente ne sont pas liées. • Soc. 29 nov. 1978 : *Bull. civ. V, n° 804.* ♦ Pour la compétence des juridictions italiennes alors que la loi française est applicable, V. • Civ. 1re, 17 juin 2003 : *Bull. civ. I, n° 144 ; JCP E 2003, n° 36, p. 1358 ; RTD com. 2004. 396, obs. Delebecque* (contrat d'agence commerciale).

14 bis. Loi étrangère et office du juge. Il appartient au juge saisi de l'application d'un droit étranger de procéder à sa mise en œuvre et, spécialement, d'en rechercher la teneur, afin de trancher le litige selon ce droit. • Civ. 1re, 18 sept. 2002 : *Bull. civ. I, n° 202 ; D. 2002. IR. 2716 ; Petites affiches 6 févr. 2003, p. 15, note Mélin ; Banque et Droit nov.-déc. 2003. 65, obs. Affaki et Stoufflet.* – Sur cet arrêt, V. aussi Lardieux, *D. 2003. Chron. 1513.*

15. Conventions internationales. V. notamment Convention de Rome du 19 juin 1980 relative à la loi applicable aux obligations contractuelles (sur cette convention V. H. Gaudemet-Tallon, *RTD eur. 1981. 215* ; P. Lagarde, *Rev. crit. DIP 1991. 287*), *infra*, v° *Ventes commerciales – XII. Ventes internationales de marchandises.*

III. FORMATION DU CONTRAT : CONDITIONS

A. CAPACITÉ DE CONTRACTER

16. Exigence de la personnalité juridique. Un groupe de sociétés, dépourvu de la personnalité morale, et donc de la capacité de contracter, ne peut ouvrir un compte bancaire. Par conséquent, l'administrateur judiciaire d'un groupe de sociétés à l'encontre duquel a été ouverte une procédure collective n'a pas la capacité d'ouvrir un compte bancaire au nom du redressement judiciaire du groupe. • Com. 2 avr. 1996 : *Bull. civ. IV, n° 113 ; Bull. Joly 1996. 510, note P. Le Cannu.*

17. Principe de spécialité des personnes morales. La capacité de toute personne morale est limitée par le principe de la spécialité selon lequel elle ne peut accomplir valablement les actes qui ne correspondent pas à son objet, tel qu'il est défini par ses statuts. Il en résulte qu'une organisation syndicale, qui ne peut assurer la défense d'intérêts purement privés, ne peut valablement se porter caution du remboursement d'un prêt contracté par une société commerciale. • Paris, 25 oct. 1994 : *D. 1995. IR. 8.* ♦ Dès lors qu'il est établi que des banques créancières avaient souhaité obtenir une décision de cautionnement à l'unanimité des associés d'une société civile immobilière et que la volonté d'engager celle-ci résultait de 75 % des associés, ce qui correspondait au montant des parts détenues par un seul associé, une cour d'appel en a déduit à bon droit que la société civile immobilière n'était pas engagée dans un acte conforme à son objet social (nullité du cautionnement hypothécaire donné par la société civile immobilière). • Civ. 3e, 25 mars 1998 : *Bull. civ. III, n° 74 ; Bull. Joly 1998. 635, note A. Couret ; Banque et Droit janv.-févr. 1999. 47, obs. N. Rontchevsky.*

B. VOLONTÉ D'ÊTRE JURIDIQUEMENT LIÉ

BIBL. Albertini, *D. 2004. 230* (les mots qui vous engagent...). – Revet, *RDC 2004. 29* (prise d'effets du contrat).

18. Engagement d'honneur : un engagement plus ou moins obligatoire. L'engagement d'honneur peut être considéré comme obligatoire. V. en ce sens • Com. 23 déc. 1968 : *Bull. civ. IV, n° 374 ; D. 1969. Somm. 71* (engagement pris « sur l'honneur » de rembourser le solde débiteur d'un compte bancaire). – Comp. • Com. 28 févr. 1983 : *Bull. civ. IV, n° 86* (nullité de l'engagement de « faire un geste » dont l'objet n'est ni déterminé, ni déterminable).

19. Engagement unilatéral : un engagement obligatoire. L'engagement pris par une entreprise de vente par correspondance organisatrice d'une loterie de verser une somme d'argent correspondant à un numéro gagnant certifié justifie sa condamnation à payer cette somme. • Civ. 1re, 28 mars 1995 : *Bull. civ. I, n° 149 ; D. 1995. Somm. 227, obs. Ph. Delebecque.*

C. ACCORD DES VOLONTÉS

1° PRINCIPE DU CONSENSUALISME

20. Fondements et illustrations. Le contrat est formé en principe, en droit français, par le seul consentement des parties sans qu'aucune formalité ne soit nécessaire. Ce principe est déduit de l'art. 1108 C. civ. qui n'impose pas de forme pour la conclusion d'un contrat. En application de ce principe, V. considérant que le consentement des parties à une vente n'est soumis à aucune condition de forme : • Civ. 3e, 27 mai 1990 : *Bull. civ. III, n° 225.* ♦ Si le contrat d'assurance doit, dans un but probatoire, être rédigé par écrit, il constitue un contrat consensuel qui est parfait dès la rencontre des volontés de l'assureur et de l'assuré. • Civ. 1re, 9 mars 1999 : *Bull. civ. I, n° 80 ; RCA 1999, n° 163, note H. Groutel.* ♦ Le prêt consenti par un professionnel du crédit n'est pas un contrat réel. • Civ. 1re, 28 mars 2000 : *Bull. civ. I, n° 105 ; D. 2000. 482, note S. Piedelièvre.* – V. aussi Grua, *D. 2003. 1492* ; Sabathier, *RTD com. 2005. 29* (espoirs suscités par la remise en cause du caractère réel du contrat de prêt). ♦ Comp., jugeant que l'ouverture de crédit, qui constitue une promesse de prêt, donne naissance à un prêt, à concurrence des fonds utilisés par le client : • Com. 21 janv. 2004 : *cité note 1 ss. art. L. 311-16 C. consom., infra, v° Ventes commerciales (V. Crédit [ventes à]).*

2° POURPARLERS

21. Principe : liberté de rupture des pourparlers. Le principe dicté par la liberté contractuelle est la liberté de rompre les négociations préparatoires à la conclusion ou au renouvellement d'un contrat. Pour un cas de rupture de pourparlers jugée non fautive, V. • Com. 9 mars 1999 : *Bull. civ. IV, n° 54 ; D. Affaires 1999. 757, obs. X. D.* (rupture par une banque de pourparlers en vue du renouvellement d'une ouverture de crédit, les propositions non excessives de la banque ayant été refusées et celle-ci ayant laissé un délai de préavis raisonnable).

22. Tempérament : sanction de la rupture abusive de pourparlers. BIBL. Deshayes, *RTD com. 2004. 187* (dommage précontractuel). – Menu, *Petites affiches 1er févr. 2006, p. 6* (réflexions sur le préjudice précontractuel). ♦ La jurisprudence contemporaine admet cependant que la rupture des pourparlers peut engager la responsabilité délictuelle de son auteur (art. 1382 C. civ.) dans certaines circonstances. V. par exemple • Com. 22 févr. 1994 : *Bull. civ. IV, n° 72 ; RTD civ. 1994. 850, obs. Mestre* (prolongation fautive des pourparlers) • Civ. 1re, 6 janv. 1998 : *Bull. civ. I, n° 7 ; JCP 1998. II. 10066, note Fages* (brutalité de la rupture de pourparlers brefs en vue de la cession d'actions intervenue la veille de la date fixée pour la signature de l'acte) • Com. 15 oct. 2002 : *RJDA 2003, n° 218 ; RTD civ. 2003. 282, obs. Mestre et Fages* (partage de responsabilité) • Agen, 21 août 2002 : *JCP 2003. II. 10162, note Lecourt* (rupture de pourparlers sur le point d'aboutir). ♦ Considérant qu'une rupture de pourparlers peut être considérée comme fautive dès lors qu'elle se trouve dépourvue de motif légitime, sans qu'il soit nécessaire de rapporter la preuve d'une volonté de nuire : • Com. 11 juill. 2000 : *Contrats Conc. Consom. 2000, n° 174, note Leveneur.* ♦ Pour une rupture fautive de pourparlers préalables à une cession d'actions, V. • Com. 21 janv. 2004 : *RJDA 2004, n° 565.*

Mais les circonstances constitutives d'une faute commise dans l'exercice du droit de rupture unilatérale des pourparlers précontractuels n'étant pas la cause du préjudice consistant dans la perte de chance de réaliser les gains que permettait d'espérer la conclusion du contrat, aucune indemnité n'est due à ce titre. • Com. 26 nov. 2003 : *Bull. civ. IV, n° 186 ; D. 2004. 869, note Dupré-Dallemagne ; ibid. Somm. 2922, obs. Lamazerolles ; JCP E 2004, n° 20-21, p. 818, note Stoffel-Munck ; Rev. sociétés 2004. 325, note Mathey ; Dr. et patr. mars 2004. 102, obs. Poracchia ; Dr. sociétés 2004, n° 37, obs. Trébulle ; RTD civ. 2004. 80, obs. Mestre et Fages ; RJDA 2004, n° 511 ; RDC 2004. 257, obs. D. Mazeaud ; Bull. Joly 2004. 849, note Daigre.* ♦ Sur le préjudice indemnisable, V. aussi • Paris, 7 mai 2004 : *RJDA 2004, n° 1078.*

3° CONTRATS PRÉPARATOIRES (ACCORD DE PRINCIPE, LETTRE D'INTENTION, PROMESSE DE CONTRAT, PACTE DE PRÉFÉRENCE)

BIBL. D. Mazeaud, *RDC 2005. 61* (exécution des contrats préparatoires).

a. Accord de principe

23. Accord non obligatoire. Un accord de principe, ne comportant pas d'engagement ferme, n'oblige pas à conclure le contrat. • Soc. 24 mars 1958 : *JCP 1958. II. 10868, note Carbonnier* (engagement de réintégration dans une entreprise). ♦ Dans le même sens, • Civ. 1re, 3 juill. 1996 : *Bull. civ. I, n° 287 ; RTD civ. 1997. 659, obs. Mestre* (engagement d'une réduction de prix dont le montant n'était pas déterminé).

b. Lettre d'intention

24. Engagement contractuel obligatoire. V. art. 2322 C. civ., *infra*, v° *Garantie autonome (ou indépendante).* ♦ Malgré son caractère unilatéral, une lettre d'intention peut, selon ses termes, lorsqu'elle a été acceptée par son destinataire, et eu égard à la commune intention des parties, constituer à la charge de celui qui l'a souscrite, un engagement contractuel de faire ou de ne pas faire pouvant aller jusqu'à l'obligation d'assurer un résultat, si même elle ne constitue pas un cautionnement. • Com. 21 déc. 1987 : *Bull. civ. IV, n° 281 ; D. 1989. 112, note J.-P. Brill.*

c. Promesse unilatérale ou promesse synallagmatique de contrat

25. Distinction entre promesse unilatérale et promesse synallagmatique. La promesse de contrat constitue un véritable contrat qui peut être, selon les cas, unilatéral ou synallagmatique. La promesse de contrat vaut contrat en principe lorsqu'il y a accord complet des parties sur les éléments essentiels. • Com. 17 févr. 1982 : *Bull. civ. IV, n° 64 ; D. 1983. 484, note J. Schmidt* (la promesse de concession d'une licence de brevet d'invention vaut licence de brevet d'invention). ♦ La promesse de vente ne contenant pas en contrepartie de l'engagement de vendre un engagement corrélatif d'acheter à la charge du bénéficiaire, nécessaire pour constituer une promesse synallagmatique, ne peut être considérée comme une telle promesse. • Com. 25 avr. 1989 : *Bull. civ. IV, n° 136* (promesse de vente d'un fonds de commerce). – V. aussi • Civ. 3e, 26 juin 2002 : *RTD civ. 2003. 77, obs. Mestre et Fages.* ♦ L'engagement de vendre qui figure dans un accord constituant une transaction comportant des concessions réciproques des parties ne constitue pas une promesse unilatérale de vente. • Civ. 3e, 26 mars 2003 : *cité ss. art. 1589-2 C. civ., ss. art. L. 143-23.* – V. aussi • Cass., Ass. plén., 24 févr. 2006 : *ibid.* ♦ L'échange d'une promesse unilatérale d'achat et d'une promesse unilatérale de vente réalise une promesse synallagmatique de vente valant vente définitive dès lors que les deux promesses réciproques ont le même objet et qu'elles sont stipulées dans les mêmes termes. • Com. 22 nov. 2005 : *D. 2006. AJ. 149, obs. Lienhard ; JCP E 2006, n° 11, p. 529, note Constantin ; Defrénois 2006. 605, obs. Libchaber ; RJDA 2006. 339, rapp. Betch, avis Main ; Bull. Joly 2006. 377, avis Betch, note Couret et Cesbron ; RLDA févr. 2006. 17, obs. Alves ; RDC 2006. 383, obs. Brun.*

26. Sanction de la rupture d'une promesse unilatérale de contrat. **BIBL.** Mainguy, *RTD civ. 2004. 1* (efficacité de la rétractation de la promesse). – Collart-Dutilleul, *RDC 2004. 15* (durée des promesses de contrat). ♦ Le manquement du promettant à son obligation de maintenir son offre pendant toute la durée contractuelle s'analyse en la violation d'une obligation de faire qui ne peut se résoudre qu'en dommages-intérêts. • Civ. 3e, 28 oct. 2003 : *RDC 2004. 270, obs. D. Mazeaud.* ♦ Dans le cadre d'une promesse unilatérale de vente, la levée de l'option par le bénéficiaire postérieurement à la rétractation du promettant exclut toute rencontre des volontés de vendre et d'acquérir et la demande en réalisation forcée de la vente doit en conséquence être rejetée. • Civ. 3e, 15 déc. 1993 : *Bull. civ. III, n° 174 ; D. 1994. 507, note Bénac-Schmidt ; RTD civ. 1994. 584, obs. Mestre ; JCP 1995. II. 22366, note crit. D. Mazeaud.* ♦ Jugeant que la faculté de substitution stipulée dans une promesse unilatérale de vente ne peut plus être exercée après la levée de l'option : • Civ. 3e, 19 déc. 2001 : *RDC 2004. 683, obs. Collart-Dutilleul.* ♦ Justifie sa décision une cour d'appel qui, après avoir constaté que les parties avaient renoncé d'un commun accord à leur projet initial, déduit du seul fait que le bénéficiaire de la promesse avait occupé les locaux que celui-ci est redevable d'une indemnité d'occupation indépendamment de toute faute de sa part. • Civ. 3e, 3 juill. 2002 : *D. 2002. IR. 2518 ; JCP E 2003, n° 14, p. 605, obs. Raynard ; RTD civ. 2002. 804, obs. Mestre et Fages ; RJDA 2002, n° 971 ; Defrénois 2002. 1532, obs. Dagorne-Labbe ; Administrer juin 2003. 69, obs. Le Fichant.* ♦ Sur la durée de validité d'une promesse unilatérale de vente et la distinction entre le délai de réalisation des conditions suspensives et le délai de levée de l'option, V. • Civ. 3e, 8 oct. 2003 : *Bull. civ. III, n° 176 ; D. 2004. 2002, note Dupichot ; JCP E 2003, n° 48, p. 1893 ; JCP N 2005, n° 21, p. 961, note Dagot ; Contrats Conc. Consom. 2004, n° 3, obs. Leveneur ; RTD civ. 2003. 697, obs. Mestre et Fages ; RJDA 2004, n° 145.* – V. aussi • Civ. 1re, 13 juill. 2004 : *Bull. civ. I, n° 204 ; D. 2005. 1009, note Bories ; JCP E 2004, n° 50, p. 1979, concl. Sainte-Rose ; ibid. 2005, n° 11, p. 470, obs. Bories ; Contrats Conc. Consom. 2004, n° 172, obs. Leveneur ; RTD civ. 2004. 734, obs. Mestre et Fages ; RJDA 2004, n° 1186 ; Defrénois 2004. 1396, obs. Aubert ; Rev. sociétés 2005. 378, note Bonnet* (événement incertain). ♦ Sur l'exigence de bonne foi du promettant invoquant la défaillance de l'acheteur pour réclamer la caducité de la promesse, V. • Civ. 3e, 23 juin 2004 : *Bull. civ. III, n° 132 ; RTD civ. 2005. 776, obs. Mestre et Fages (1re esp.) ; Contrats Conc. Consom. 2004, n° 154, obs. Leveneur ; RJDA 2005, n° 16.* ♦ L'obligation de bonne foi suppose l'existence de liens contractuels, ceux-ci cessant lorsque la condition suspensive auxquels ils étaient soumis a défailli. • Civ. 3e, 14 sept. 2005 : *Bull. civ. III, n° 166 ; D. 2006. 761, note D. Mazeaud ; RTD civ. 2005. 776, obs. Mestre et Fages (2e esp.) ; JCP E 2005, n° 51-52, p. 2218, note Binctin ; JCP 2005. II. 10173, note Loiseau ; Contrats Conc. Consom. 2006, n° 1, obs. Leveneur ; Petites affiches 1er déc. 2005, p. 16, note Messai-Bahri ; RJDA 2006, n° 124 ; Defrénois 2005. 1912, obs. Dagorne-Labbe ; ibid. 2006. 249, note Tchendjou ; Dr. et patr. janv. 2006. 87, obs. Aynès ; Administrer mars 2006. 41, obs. Canu ; RDC 2006. 314, obs. Laithier.*

26 bis. Liquidation judiciaire du promettant. La liquidation judiciaire du promettant est sans effet sur la promesse de vente qu'il a consentie alors qu'il était maître de ses biens et ne prive pas le bénéficiaire de son droit de lever l'option d'achat. • Com. 7 mars 2006 : *D. 2006. AJ. 859, obs. Lienhard ; RLDA avr. 2006. 21, obs. Lefèvre et Vasa.*

d. Pacte de préférence

BIBL. Dossier, *Dr. et patr. janv. 2006. 35* (pacte de préférence : liberté ou contrainte ?).

27. Éléments constitutifs. Il n'est pas dans la nature du pacte de préférence de prédéterminer le prix du contrat envisagé et qui ne sera conclu, ultérieurement, que s'il advient que le promettant en décide ainsi, et la stipulation d'un délai n'est pas davantage une condition de validité du pacte de préférence. • Civ. 1re, 6 juin 2001 : *Bull. civ. I, n° 166 ; RTD civ. 2001. 587, obs. Mestre et Fages.* ♦ La condition potestative doit émaner de celui qui s'oblige et la prédétermination du prix du contrat envisagé et la stipulation d'un délai ne sont pas des conditions de validité du pacte de préférence. • Civ. 3e, 15 janv. 2003 : *Bull. civ. III, n° 9 ; D. 2003. 1190, note Kenfack ; JCP E 2004, n° 11, p. 418, obs. P. Mousseron ; JCP 2003. II. 10129, note Fischer-Achoura ; Contrats Conc. Consom. 2003, n° 71, obs. Leveneur ; Dr. et patr. mai 2003, p. 11, obs.*

Chauvel ; Petites affiches 1er sept. 2003, p. 3, obs. Breluque ; RDC 2003. 45, obs. D. Mazeaud ; Defrénois 2003. 852, obs. Libchaber ; RJDA 2003, n° 371 ; Administrer mai 2004. 53, obs. Le Fichant. ♦ Pour des solutions en matière de purge d'un pacte de préférence, V. • Civ. 3e, 29 janv. 2003 : *JCP E 2004, n° 11, p. 418, obs. P. Mousseron ; Defrénois 2003. 1267, obs. Aubert ; RJDA 2003, n° 372 ; Dr. et patr. mai 2003, p. 113, obs. Chauvel ; Petites affiches 1er oct. 2003, p. 11, note Dagorne-Labbe ; ibid. 20 sept. 2004, p. 6, note Rakotovahiny ; RTD civ. 2003. 497, obs. Mestre et Fages,* et 517, *obs. Gautier* • 12 mai 2004 : *RJDA 2004, n° 1102.*

28. Droits du bénéficiaire. L'acceptation de l'offre de vente formulée en exécution d'un pacte de préférence vaut vente. • Civ. 3e, 22 sept. 2004 : *Bull. civ. III, n° 157 ; JCP E 2005, n° 11, p. 468, obs. Raynard ; Contrats Conc. Consom. 2005, n° 3, obs. Leveneur ; Petites affiches 31 janv. 2006, p. 13, note Martin (2e esp.) ; Dr. et patr. déc. 2004. 85, obs. Chauvel ; Defrénois 2004. 1725, obs. Libchaber ; JCP N 2006, n° 14, p. 711, note Dagot ; RJDA 2005, n° 15 ; RTD civ. 2005. 122, obs. Mestre et Fages ; Administrer nov. 2005. 46, obs. Le Fichant.* ♦ Le pacte de préférence ne confère aucun moyen de contrainte au bénéficiaire, hormis le droit de répondre en priorité à l'offre de contracter formulée par le promettant aux conditions fixées par ce dernier. • Civ. 1re, 6 juin 2001 : *préc. note 27.*

Si le bénéficiaire d'un pacte de préférence est en droit d'exiger l'annulation du contrat passé avec un tiers en méconnaissance de ses droits et d'obtenir sa substitution à l'acquéreur, c'est à la condition que ce tiers ait eu connaissance, lorsqu'il a contracté, de l'existence du pacte de préférence et de l'intention du bénéficiaire de s'en prévaloir. • Cass., Ch. mixte, 26 mai 2006 : *pourvoi n° 03-19.376* ♦ Comp., antérieurement, la violation d'un pacte de préférence, générateur d'obligations de faire et de ne pas faire, se résout en dommages-intérêts en cas d'inexécution de la part du débiteur. • Com. 7 mars 1989 : *Bull. civ. IV, n° 79 ; D. 1989. 231, concl. Jéol ; JCP 1989. II. 21316, concl. Jéol, note Reinhard ; RTD civ. 1990. 70, obs. Mestre* (pacte de préemption entre actionnaires). ♦ ... Aux termes de l'art. 1142 C. civ., toute obligation de faire ou de ne pas faire se résout en dommages-intérêts en cas d'inexécution de la part du débiteur, de sorte que viole ce texte la cour d'appel qui, pour dire que le bénéficiaire d'un pacte de préférence était substitué à l'acquéreur, retient que les droits de ce bénéficiaire sont opposables au tiers acquéreur dans la mesure où celui-ci a commis une fraude. • Civ. 3e, 30 avr. 1997 : *Bull. civ. III, n° 96 ; D. 1997. 475, note crit. D. Mazeaud.*

♦ ... L'art. 1143 C. civ. [réparation en nature] n'est pas applicable à la violation d'un pacte de préférence. • Civ. 1re, 10 juill. 2002 : *Bull. civ. I, n° 192 ; RTD civ. 2003. 107, obs. Gautier ; Petites affiches 1er avr. 2003, p. 10, note Bernheim-Desvaux ; JCP 2002. IV. 2523 ; RJDA 2003, n° 14.*

4° RENCONTRE DES VOLONTÉS

a. Offre et acceptation

1. Offre de contracter

29. Notion et caractères. Une offre est une proposition de contracter ferme et précise. C'est par une appréciation souveraine qu'une cour d'appel décide que la lettre d'une société, accompagnée d'un document contractuel, adressée à un commerçant, constituait une offre précise, complète et ferme, dont l'acceptation par le commerçant était établie par la signature qu'il avait apposée sous ce contrat sans aucune réserve et avant toute rétractation de l'offre. • Com. 29 juin 1993 : *Bull. civ. IV, n° 271* (contrat de distribution sélective). ♦ Entre commerçants, une proposition de contracter ne constitue une offre que si elle indique la volonté de son auteur d'être lié en cas d'acceptation. • Com. 6 mars 1990 : *Bull. civ. IV, n° 74 ; JCP 1990. II. 21583, note B. Gross ; RTD civ. 1990. 463, obs. J. Mestre.* ♦ Jugeant qu'une proposition de contracter ne constitue une offre que si elle exprime la volonté de son auteur de s'engager en cas d'acceptation de son destinataire, V. • Com. 3 juin 2003 : *RDC 2004. 633, obs. Mazeaud.* ♦ En vertu de la clause de confirmation figurant dans les conditions générales de vente du vendeur, l'acheteur n'a formulé qu'une offre d'achat, révocable comme telle jusqu'à ce que la vente devienne parfaite par l'acceptation du vendeur. • Même arrêt. ♦ L'envoi par télécopie d'un projet d'accord assorti de la mention « pour commentaire avant édition des originaux » ne constitue pas une offre ferme mais qu'une étape de la négociation visant à la conclusion du contrat. • Versailles, 25 sept. 2003 : *JCP E 2003, n° 47, p. 1840.* ♦ Les mentions « sous réserve de contrat », « sous réserve d'audit » et « offre indicative » témoignent, en l'espèce, de l'absence de proposition ferme. • Paris, 9 mars 2004 : *RJDA 2004, n° 1331.* ♦ Les dispositions du règlement général du Conseil des marchés financiers concernant les offres publiques d'acquisition intègrent les exigences du droit civil relatives à la détermination de l'offre. • Paris, 17 juin 1999 : *Dr. sociétés 1999, n° 153, note H. Hovasse ; Banque et Droit nov.-déc. 1999. 38, obs. T. Bonneau ; Rev. sociétés 1999. 629, note F. Bucher ; RTD com. 1999. 710, obs. N. Rontchevsky.*

30. Révocation. L'offre est librement révocable, tant qu'elle n'a pas été acceptée valablement. • Civ. 3e, 3 févr. 1919 : *DP 1923. I. 126.* ♦ ... Sauf si celui de qui elle émane s'est expressément ou implicitement engagé à ne pas la retirer avant un certain délai. • Civ. 1re, 17 déc. 1958 : *Bull. civ. I, n° 579 ; RTD civ. 1959. 336, obs. J. Carbonnier.* ♦ La révocation abusive de l'offre peut être sanctionnée par la condamnation de l'offrant à payer des dommages-intérêts au destinataire de l'offre. • Soc. 22 mars 1972 : *D. 1972. 468.* ♦ Une cour d'appel ne peut condamner un fournisseur au paiement de dommages-intérêts pour refus de livraison en retenant qu'il a publié une offre de vente dénuée de toutes réserves et que le contrat s'est formé valablement par l'acceptation, sans répondre aux conclusions de l'auteur de l'offre qui soutenait être en droit de refuser une commande provenant d'un professionnel. • Com. 3 déc. 2003 : *JCP E 2005, n° 3, p. 82, note Serna.* ♦ En l'état d'une offre mentionnant « réponse immédiate souhaitée », une cour d'appel, par une interprétation souveraine que l'imprécision de ces stipulations rendait nécessaire, en a déduit que l'offre avait été faite sans stipulation de terme et qu'elle devait être acceptée dans un délai raisonnable, apprécié compte tenu de la nature du bien et de la qualité de l'acquéreur. • Civ. 3e, 25 mai 2005 : *Bull. civ. III, n° 117 ; D. 2005. Pan. 2837, obs. Amrani Mekki ; RTD civ. 2005. 772, obs. Mestre et Fages ; JCP E 2005, n° 49, p. 2093, note Grosser ; Petites affiches 31 janv. 2006, p. 13, note Martin (1re esp.) ; RJDA 2005, n° 1335 ; RDC 2005. 1071, obs. Collart Dutilleul ; ibid. 2006. 311, obs. D. Mazeaud.*

2. Acceptation

31. Notion. L'acceptation est l'agrément pur et simple de l'offre. Toute réponse différente de l'offre est une contre-proposition qui ne forme pas le contrat. • Civ. 1re, 12 mars 1985 : *Bull. civ. I, n° 89* (contre-proposition faite par le client d'une agence de publicité pour une publicité différente de celle figurant dans l'offre) • Civ. 3e, 16 sept. 2003 : *RJDA 2004, n° 29.* ♦ Faute de signature par le bénéficiaire d'une proposition d'achat d'un acte tenu par les parties pour obligatoire, celui-ci n'a pas exprimé son consentement à la vente par la simple acceptation de la proposition d'achat et n'est pas engagé envers le vendeur. • Civ. 3e, 6 mai 2003 : *RJDA 2003, n° 822.* ♦ Dès lors qu'aucun accord n'intervient entre les parties sur un contrat essentiel à la réalisation de leur projet, les réserves initialement émises par l'une des parties ne peuvent être levées ; en conséquence, le contrat initial n'est pas valablement formé. • Poitiers, 14 mai 2003 : *Gaz. Pal. 2004. Somm. 626, obs. Paillard.* ♦ Mais lorsque le vendeur renvoie à l'acheteur un courrier annonçant qu'il n'acceptait pas trois des clauses figurant dans les conditions générales d'achat, il faut considérer que le vendeur a, implicitement mais nécessairement, accepté les autres conditions générales d'achat, d'autant que le vendeur avait retourné parafé un exemplaire de ces conditions en ne biffant que les trois clauses litigieuses. • Nancy, 12 juill. 2005 : *JCP 2006. IV. 1262.* ♦ Sur la vente à l'agréage, V. • Bordeaux, 27 avr. 2004 : *D. 2005. 155, note Bahans et Monjucq ; RJDA 2005, n° 531,* et l'art. 1587 **C. civ.**

32. Silence. En principe, le silence ne vaut pas acceptation. • Civ. 25 mai 1870 : *DP 1870. I. 257 ; GAJC II, n° 147.* ♦ Le fait qu'une société ait accordé sa franchise à un certain nombre de commerçants ne la rend pas redevable des factures de marchandises livrées à ces derniers, même si elle a reçu sans protester les factures litigieuses, dès lors qu'elle n'a pas manifesté la volonté de les régler. • Com. 3 juill. 1990 : *Bull. civ. IV, n° 201.* ♦ Mais le silence peut valoir acceptation dans certaines circonstances : notamment lorsque les parties étaient en relations d'affaires antérieures. V. par exemple • Com. 23 nov. 1999 : *Bull. civ. IV, n° 210 ; Contrats Conc. Consom. 2000, n° 40, note L. Leveneur ; JCP 2000. I. 10326, note J.-P. Chazal* (clause de non-responsabilité figurant sur toutes les factures d'une société, celle-ci et son contractant se trouvant dans le cadre de relations professionnelles habituelles). • Civ. 1re, 24 mai 2005 : *Bull. civ. I, n° 223 ; D. 2006. 1025, note Bensamoun ; JCP 2005. I. 194, n° 1, obs. Pérès-Dourdou ; Contrats Conc. Consom. 2005, n° 165, obs. Leveneur ; RDC 2005. 1007, obs. D. Mazeaud.* ♦ ... Ou lorsqu'un usage oblige le destinataire de l'offre à exprimer un refus. V. par exemple • Req. 22 mars 1920 : *S. 1920. 1. 208.* ♦ Une cour d'appel a ainsi condamné une personne morale à régler une facture, qui tenait compte du rabais habituellement consenti, qu'elle n'avait pas contesté et dont elle s'était bornée à invoquer un prix excessif seulement plusieurs mois après la cessation des relations entre les parties. • Com. 26 mai 1987 : *Bull. civ. IV, n° 128.* ♦ Considérant également que le silence observé au terme d'une période d'essai sur le sort du contrat rend celui-ci parfait, V. • Civ. 1re, 13 oct. 1998 : *Bull. civ. I, n° 304 ; Contrats Conc. Consom. 1998, n° 161, note L. Leveneur ; RTD civ. 1999. 376, obs. J. Mestre* (à propos de la vente d'un animal). ♦ Mais le fait qu'une offre n'ait pas été acceptée pendant un délai de 32 mois peut légitimement faire croire à l'offreur qu'elle ne valait plus, n'ayant pas été acceptée dans un délai raisonnable. • Paris, 25 nov. 2005 : *RJDA 2006, n° 331.*

3. Contrats entre absents

33. Formation du contrat au moment de l'émission de l'acceptation. Dans un contrat conclu par correspondance, la formation de la promesse est réalisée et le contrat rendu parfait par l'acceptation des propositions faites, dès l'instant où cette acceptation a lieu. Ainsi, le tribunal compétent *ratione loci* pour connaître d'un litige relatif au contrat de louage de services conclu par correspondance entre une société et un de ses agents est le tribunal du lieu où les propositions de contrat de la société ont été acceptées par l'agent et où ce dernier a rempli ses fonctions. • Req. 21 mars 1932 : *DP 1933. I. 65, note E. Sallé de la Marnierre ; GAJC II, n° 144-145.* ♦ Faute de stipulation contraire, un contrat devient parfait non par la réception de l'acceptation par le pollicitant, mais par l'émission de l'acceptation. • Com. 7 janv. 1981 : *Bull. civ. IV, n° 14 ; RTD civ. 1981. 849, obs. F. Chabas ; GAJC II, n° 144-145.*

b. Accord des parties sur les éléments essentiels

34. Indifférence du défaut d'accord sur les modalités accessoires du contrat. L'accord des volontés des parties sur les éléments essentiels du contrat entraîne la conclusion de celui-ci. La vente est parfaite entre le vendeur et l'acheteur dès qu'ils sont convenus de la chose et du prix, le défaut d'accord sur les éléments accessoires du contrat ne pouvant empêcher sa formation, à moins que les parties n'aient entendu reporter celle-ci jusqu'à la fixation de ces modalités. • Req. 1er déc. 1885 : *S. 1887. 1. 167 ; GAJC II, n° 146.* ♦ V. dans le même sens • Civ. 1re, 26 nov. 1962 : *Bull. civ. I, n° 504* (à propos d'une vente) • Civ. 3e, 22 févr. 1982 : *Gaz. Pal. 1982. 2. Pan. 219* (accord des parties sur la durée et le montant du loyer d'un bail). ♦ Mais, en vertu de leur pouvoir souverain d'appréciation, les juges du fond peuvent estimer que certaines modalités, ordinairement accessoires, ont été tenues par l'une des parties comme des éléments constitutifs de son consentement et qu'à défaut d'accord sur ces points, le contrat ne s'est pas formé. • Civ. 3e, 2 mai 1978 : *D. 1979. 317, note J. Schmidt.*

c. Étendue de l'accord

35. Inopposabilité des clauses et réserves non acceptées. Les parties ne sont pas liées par les clauses dont elles n'ont pas eu connaissance et qu'elles n'ont pas acceptées. Un contractant n'est pas lié par une clause d'intérêts de retard stipulée dans une facture adressée après la conclusion du contrat. • Com. 14 janv. 1975 : *Bull. civ. IV, n° 11.* ♦ Une société ayant acheté des extincteurs n'est pas liée par un contrat d'entretien du matériel figurant dans une facture adressée après la conclusion du contrat de vente. • Com. 26 févr. 1991 : *Contrats Conc. Consom. 1991, n° 105, note Leveneur ; RTD civ. 1992. 78, obs. Mestre.* ♦ Une réserve non incluse dans une offre publique de vente d'un terrain à bâtir publiée dans un journal à l'initiative d'une commune est inopposable au destinataire de l'offre. • Civ. 3e, 1er juill. 1998 : *D. Affaires 1998. 1528, obs. J. F.* ♦ Ne donne pas de base légale à sa décision, au regard des art. 1108, 1134 et 1341 C. civ., la cour qui rejette la demande en garantie formée par un éleveur en se fondant exclusivement, pour faire application d'une clause limitative de garantie, sur les relations d'affaires suivies, sans constater que la vente au titre de laquelle la garantie avait été sollicitée se serait référée, de façon directe ou indirecte, à cette clause limitative de garantie. • Civ. 1re, 18 oct. 2005 : *Bull. civ. I, n° 377 ; RTD civ. 2006. 107, obs. Mestre et Fages.*

d. Documents publicitaires

36. Valeur contractuelle. Les documents publicitaires ont en principe une valeur contractuelle. Il a ainsi été jugé qu'une société est engagée par ses documents publicitaires garantissant que les chèques libellés au moyen de la machine qu'elle vend sont infalsifiables, alors que, malgré l'utilisation de cette machine, deux chèques ont pu être falsifiés. • Com. 17 juin 1997 : *Bull. civ. IV, n° 195 ; D. 1998. 248, note G. Pignarre et G. Paisant ; Contrats Conc. Consom. 1997, n° 177, note L. Leveneur ; RTD civ. 1998. 363, obs. J. Mestre.* ♦ V. encore • Civ. 1re, 27 févr. 1996 : *RTD civ. 1997. 118, obs. J. Mestre* (inopposabilité d'une clause contractuelle contredisant un engagement figurant dans un document publicitaire). – Comp. • Civ. 1re, 19 oct. 1999 : *Bull. civ. I, n° 289 ; D. 2000. Somm. 357, obs. D. Mazeaud* (une société n'est pas engagée par ses documents publicitaires équivoques).

e. Conditions générales

37. Adhésion du cocontractant. Une cour d'appel a pu déduire qu'un acquéreur avait adhéré aux conditions générales de vente d'une société, dès lors qu'il avait, sur un bon de commande, apposé sa signature sous une mention imprimée précisant qu'il reconnaissait en avoir pris connaissance et les accepter. • Civ. 1re, 3 déc. 1991 : *Bull. civ. I, n° 342.*

38. Contradiction entre conditions géné-

rales des contractants. Deux clauses attributives de juridictions figurant sur des documents contractuels étant inconciliables, une cour d'appel ne pouvait rejeter l'exception d'incompétence territoriale soulevée par une partie prétendant que la clause attributive de juridiction qui lui était opposée n'avait pas été acceptée par elle. • Com. 20 nov. 1984 : *Bull. civ. IV, n° 313.* ♦ La contradiction entre les conditions générales de vente et les conditions générales d'achat des parties exclut l'existence de tout accord sur la clause de réserve de propriété invoquée par le vendeur, de sorte que ce dernier ne peut se prévaloir du silence opposé par l'acheteur au reçu des factures et des accusés de réception de commandes comportant la clause. • Com. 3 déc. 1996 : *Bull. civ. IV, n° 299.* ♦ Il appartient aux juges du fond de rechercher si les conditions d'achat de l'acheteur avaient été connues et acceptées par le vendeur lorsque la vente était devenue parfaite. • Com. 28 avr. 1998 : *RJDA 1998, n° 938.*

39. *Primauté des conditions particulières sur les conditions générales.* En présence de différences entre les conditions particulières et les conditions générales d'un contrat d'assurance, les conditions particulières prévalent sur les conditions générales. • Civ. 1re, 9 févr. 1999 : *Bull. civ. I, n° 44 ; RTD civ. 1999. 836, obs. J. Mestre.*

f. Renouvellement du contrat

40. *Conditions.* Une simple demande d'information sur les intentions d'une société quant au renouvellement d'un contrat ne constitue pas, faute de préciser les éléments essentiels de celui-ci, une offre susceptible d'acceptation. • Civ. 1re, 24 nov. 1998 : *Bull. civ. I, n° 328 ; D. 1999. Somm. 110, obs. Ph. Delebecque.*

41. *Tacite reconduction.* La tacite reconduction d'un contrat n'entraîne pas la prorogation du contrat primitif, mais donne naissance à une convention nouvelle. • Civ. 3e, 10 juin 1998 : *Bull. civ. III, n° 119 ; RTD civ. 1999. 94, obs. Mestre* (à propos d'un bail). ♦ Celle-ci, sauf clauses contraires, est à durée indéterminée. • Com. 18 févr. 1992 : *Gaz. Pal. 1992. 2. Pan. 170.* ♦ ... Et elle comporte les mêmes stipulations que le contrat originaire • Soc. 27 avr. 1964 : *D. 1965. 213, note A. Rouast.* ♦ V. aussi : • Civ. 1re, 15 nov. 2005 : *cité note 141.*

42. *Absence de motivation du non-renouvellement du contrat.* S'agissant d'un contrat à durée déterminée, la société défenderesse n'a pas à donner de motifs au non-renouvellement du contrat passé avec la société demanderesse, qu'ils soient fallacieux ou non sérieux, ils ne sauraient constituer un abus, l'examen des motifs de rupture invoqués étant inutile. • Com. 25 avr. 2001 : *D. 2002. Somm. 3237, obs. D. Mazeaud ; RTD civ. 2002. 99, obs. J. Mestre et B. Fages.*

D. VICES DU CONSENTEMENT

1° ERREUR (art. 1110 C. civ.)

a. Erreurs sanctionnées

1. Erreur obstacle

43. *Erreur matérielle.* L'erreur matérielle empêchant la rencontre des volontés entraîne la nullité du contrat. V. par exemple • Com. 15 févr. 1961 : *Bull. civ. III, n° 91* (erreur matérielle sur le montant d'une ristourne dans une vente de fuel) • 14 janv. 1969 : *Bull. civ. IV, n° 13 ; D. 1970. 458, note M. Pédamon* (confusion entre nouveaux et anciens francs) • Orléans, 13 mai 2004 : *RTD civ. 2005. 589, obs. Mestre et Fages ; JCP E 2005, n° 25, p. 1060 ; Comm. com. élec. 2004, n° 144, obs. Stoffel-Munck* • Pau, 6 juin 2005 : *JCP 2005. IV. 3420* (confusion entre euros et francs) ♦ N'exprime pas le consentement du vendeur un prix résultant d'une erreur purement matérielle d'étiquetage informatique prouvée par le prix proposé par ses concurrents. • TI Strasbourg, 24 juill. 2002 : *D. 2003. AJ. 2434, obs. Manara ; Comm. com. élec. 2004, n° 7, obs. Grynbaum ; ibid. n° 30, obs. Thioye* (vente sur internet).

2. Erreur sur les qualités substantielles

44. *Notion.* L'erreur sur la qualité substantielle s'entend non seulement de celle qui porte sur la matière même dont la chose est composée, mais aussi et plus généralement de celle qui a trait aux qualités substantielles en considération desquelles les parties ont contracté. La jurisprudence est constante en ce sens : V. par exemple, en matière de vente • Com. 20 oct. 1970 : *JCP 1971. II. 16916, note J. Ghestin.*

45. *Illustration.* Annulation, pour erreur sur la substance de la chose, de la cession de la quasi-totalité des actions représentant le capital d'une société ayant pour objet l'exploitation de carrières qui, après avoir cédé à une autre personne morale la quasi-totalité de ses actifs, dans l'ignorance de l'acquéreur, se trouvait privée de la possibilité de réaliser l'objet social, d'avoir une activité économique et donc de toute rentabilité. • Com. 1er oct. 1991 : *Bull. civ. IV, n° 277 ; D. 1992. 190, note Virassamy ; JCP 1992. II. 21860, note Viandier.* ♦ V. aussi dans le même sens, • Com. 17 oct. 1995 : *Bull. civ. IV, n° 244 ; RTD civ. 1996. 148, obs. Mestre.* ♦ Sur l'annulation d'un cautionnement pour erreur de la caution sur la viabilité de l'entreprise, celle-ci ayant été présentée comme une société en difficulté alors qu'elle se trouvait dans une situation irrémédiablement compromise, V. • Com. 1er oct. 2002 : *Bull. civ. IV, n° 131 ; D. 2003. Jur. 1617, note Picod ; JCP 2003. I. 124, n° 3, obs. Simler ; ibid. II. 10072, note Buy ; Banque et Droit janv.-févr. 2003. 49, obs. Rontchevsky ; RD banc. fin. 2003, n° 13, obs. Legeais ; Bull. Joly 2002. 1306, note Constantin ; Defrénois. 2003. 410, obs. Théry.* – V. sur cet arrêt Tanger, *Banque et Droit mai-juin 2004. 13.* – V. aussi • Com. 10 déc. 2002 : *Bull. Joly 2003. 411, obs. Scholer ; RJDA 2003, n° 539* • 1er oct. 2002 : *Bull. Joly 2002. 1304, note Constantin.* ♦ Même solution en présence d'une clause énonçant pourtant que la caution ne fait pas de la solvabilité du débiteur cautionné la condition déterminante de son engagement. • Civ. 1re, 13 mai 2003 : *Bull. civ. I, n° 114 ; D. 2004. 262, note Mazuyer ; ibid. 2003. AJ. 2308, obs. Avena-Robardet ; JCP 2003. II. 10144, note Desgorces ; Banque et Droit sept.-oct. 2003. 68, obs. Rontchevsky ; RD banc. fin. 2003, n° 179, obs. Legeais ; Dr. et patr. févr. 2004. 125, obs. Chauvel ; Defrénois 2003. 1568, obs. Libchaber ; RJDA 2003, n° 1243* (application combinée de l'erreur et du dol).

46. Erreur sur la qualité substantielle et garantie des vices cachés. L'action en nullité pour erreur sur la qualité substantielle n'est pas soumise aux dispositions spéciales de l'art. 1648 C. civ. (action à intenter dans un bref délai), peu important que l'erreur invoquée fût la conséquence d'un vice caché rendant la chose impropre à l'usage auquel elle était destinée. • Civ. 1re, 28 juin 1988 : *D. 1989. 450, note Lapoyade-Deschamps ; GAJC I, n° 253-254.* ♦ L'erreur sur une qualité substantielle, lorsqu'elle ne s'analyse pas en une défectuosité intrinsèque compromettant l'usage normal de la chose ou son bon fonctionnement, n'est pas un vice caché. • Civ. 1re, 14 déc. 2004 : *Bull. civ. I, n° 326 ; RTD com. 2005. 586, obs. Bouloc.* ♦ Mais il a été jugé que la garantie des vices cachés constituant l'unique fondement de l'action exercée pour défaut de la chose vendue la rendant impropre à sa destination normale, la responsabilité du vendeur ne pouvait être recherchée sur le fondement de l'erreur. • Civ. 3e, 7 juin 2000 : *Contrats Conc. Consom. 2000, n° 159, note Leveneur ; GAJC II, n° 253-254.*

3. Erreur de droit

47. Notion. Il y a erreur sur la substance lorsque le consentement d'une partie a été déterminé par l'idée fausse que cette partie avait de la nature des droits dont elle croyait se dépouiller ou qu'elle croyait acquérir par l'effet du contrat. La jurisprudence est constante en ce sens. V. par exemple • Civ. 17 déc. 1930 : *DP 1932. 1. 161, note Laurent.* ♦ Mais l'erreur de droit n'est pas sanctionnée en matière de transaction (art. 2052, al. 2, C. civ.) et une cour d'appel considère à juste titre que l'ignorance de la caution condamnée à paiement par jugement définitif, de ce que la créance, non déclarée au passif de la procédure collective du débiteur principal était éteinte, est une erreur de droit. • Civ. 1re, 19 déc. 2000 : *Bull. civ. I, n° 334 ; D. 2001. AJ. 629, obs. V. Avena-Robardet.*

48. Illustration. Il y a erreur de droit lorsqu'une offre d'indemnité d'éviction a été formulée par le propriétaire d'un immeuble dans la croyance erronée que le statut des baux commerciaux était applicable à la location. • Com. 28 nov. 1968 : *D. 1968. 177.*

4. Erreur sur la cause

49. Illustration. Justifie l'annulation de l'acte pour vice du consentement l'erreur commise sur la cause de son engagement par une société qui avait accepté de régler la dette d'un tiers en ignorant que celui-ci n'était pas susceptible d'être poursuivi. • Civ. 1re, 2 avr. 1996 : *Bull. civ. I, n° 159 ; RTD civ. 1996. 909, obs. J. Mestre.*

5. Erreur sur la personne

50. Domaine. L'erreur sur la personne est prise en considération dans les contrats conclus *intuitu personae*. • Civ. 2e, 13 avr. 1972 : *Bull. civ. II, n° 91 ; D. 1973. 2, note J. Robert* (nullité de la convention d'arbitrage conclue par une partie dans l'ignorance que l'arbitre désigné avait été le conseil de l'adversaire). ♦ Pour une erreur sur l'identité professionnelle, V. • Saint-Denis de la Réunion, 6 oct. 1989 : *JCP 1990. II. 21504, note Putman ; RTD civ. 1990. 647, obs. Mestre.* ♦ Pour l'annulation d'un cautionnement pour erreur sur la personne du débiteur, V. • Com. 19 nov. 2003 : *Bull. civ. IV, n° 172 ; D. 2004. Somm. 2037, obs. Jobart-Bachellier ; ibid. AJ. 60, obs. Avena-Robardet ; Banque et Droit janv.-févr. 2004. 50, obs. Rontchevsky ; RD banc. fin. 2004, n° 63, obs. Legeais ; JCP E 2004, n° 36, p. 1340, obs. Simler ; RTD civ. 2004. 80, obs. Mestre et Fages ; RJDA 2004, n° 937.*

b. Erreurs indifférentes

1. Erreur sur le motif

51. Indifférence du motif non érigé en condition du contrat. L'erreur sur un motif du contrat extérieur à l'objet de celui-ci n'est pas une cause de nullité de la convention, quand bien même ce motif aurait été déterminant, alors même que ce motif était connu de l'autre partie, faute d'une stipulation expresse qui aurait fait entrer ce motif dans le champ contractuel en l'érigeant en condition de ce contrat. • Civ. 1re, 13 févr. 2001 : *Bull. civ. I, no 31 ; RTD civ. 2001. 352, obs. Mestre et Fages* • Civ. 3e, 24 avr. 2003 : *Bull. civ. III, no 82 ; D. 2004. 450, note Chassagnard ; JCP E 2003, no 41, p. 1626, note Wintgen ; Petites affiches 4 juin 2004, p. 9, note D. R. Martin ; Dr. et patr. sept. 2003. 116, obs. Chauvel ; RTD civ. 2003. 699, obs. Mestre et Fages,* et *723, obs. Gautier ; RDC 2003. 42, obs. D. Mazeaud ; RJDA 2003, no 805 ; Administrer févr. 2005. 55, obs. Garcia* (achat immobilier réalisé dans un but manqué de défiscalisation). ♦ Comp. • Com. 1er oct. 2002 : *préc. note 45.*

2. Erreur inexcusable

52. Principe. L'erreur n'est cause de nullité que dans la mesure où elle est excusable. La jurisprudence prend à cet égard en considération les compétences de la victime. Ainsi a été jugé inexcusable l'erreur commise par une société qui avait engagé un directeur alors qu'elle pouvait aisément découvrir que la société qu'il dirigeait antérieurement avait déposé son bilan. • Soc. 3 juill. 1990 : *Bull. civ. V, no 329 ; D. 1991. 507, note J. Mouly ; RTD civ. 1991. 315, obs. J. Mestre.* ♦ Commet une erreur inexcusable le tailleur qui achète du velours d'ameublement pour confectionner des vêtements. • Com. 4 juill. 1973 : *D. 1974. 538, note J. Ghestin.*

53. Tempéraments. L'erreur sur l'existence de la cause, fût-elle inexcusable, justifie l'annulation de l'engagement pour défaut de cause. • Civ. 1re, 10 mai 1995 : *Bull. civ. I, no 194 ; RTD civ. 1995. 880, obs. J. Mestre.* ♦ Considérant également que le dol rend toujours excusable l'erreur provoquée. • Civ. 3e, 21 févr. 2001 : *Bull. civ. III, no 20 ; D. 2001. 2702, note D. Mazeaud ; ibid. Somm. 3236, obs. L. Aynès ; Defrénois 2001. 703, obs. R. Libchaber ; RTD civ. 2001. 353, obs. J. Mestre* et *B. Fages.* – Sur cet arrêt, V. aussi Mouly, *D. 2003. 2023.* ♦ Dans le même sens : • Com. 29 oct. 2003 : *Dr. sociétés 2004, no 36, obs. Trébulle.*

3. Erreur sur la valeur

54. Illustration. L'erreur qui ne porte pas sur les qualités substantielles de l'objet du contrat mais seulement sur sa valeur, ne constitue pas une cause de nullité de la convention. • Com. 26 mars 1974 : *Bull. civ. IV, no 108* (à propos d'une cession d'actions). ♦ Une cour d'appel a retenu, à bon droit, que l'appréciation erronée de la rentabilité économique de l'opération n'était pas constitutive d'une erreur sur la substance de nature à vicier le consentement de la SCI à qui il appartenait d'apprécier la valeur économique et les obligations qu'elle souscrivait. • Civ. 3e, 31 mars 2005 : *Bull. civ. III, no 81 ; Dr. et patr. oct. 2005. 40, obs. Stoffel-Munck.*

2o *DOL (art. 1116 C. civ.)*

55. Notion. Le dol est une erreur provoquée par une malhonnêteté (manœuvres, mensonges, réticence). Il doit émaner du cocontractant ou de son représentant : pour un dol commis par le représentant d'une personne morale, V. • Com. 13 juin 1995 : *Bull. civ. IV, no 175* • 13 nov. 2002 : *Banque et Droit mars-avr. 2003. 52, obs. Jacob ; RTD civ. 2003. 322, obs. Crocq* (dol du débiteur principal vis-à-vis de la caution et non du créancier). ♦ De plus, le dol doit avoir été déterminant du consentement. • Civ. 1re, 13 févr. 1967 : *Bull. civ. I, no 58.* ♦ Sur le dol incident, V. • Civ. 3e, 22 juin 2005 : *Bull. civ. III, no 137 ; JCP N 2006, no 13, p. 661, note Kenfack ; Petites affiches 24 janv. 2006, p. 9, note Théron ; RDC 2005. 1025, obs. Stoffel-Munck ; RJDA 2006, no 15.*

55 bis. Dol et garantie des vices cachés. L'action en garantie des vices cachés n'est pas exclusive de l'action en nullité pour dol. • Civ. 1re, 6 nov. 2002 : *Bull. civ. I, no 260 ; Contrats Conc. Consom. 2003 no 38, obs. Leveneur ; Petites affiches 28 juill. 2003, p. 15, note Staeger.*

a. Comportements non sanctionnés

56. Exagérations habituelles en matière commerciale. Les exagérations ne dépassant pas ce qui est habituel dans les relations commerciales ne constituent pas un dol. • Com. 13 déc. 1994 : *Contrats Conc. Consom. 1995, no 48, note L. Leveneur.*

57. Insistance. En l'absence d'artifice, de fraude, de mensonge ou de tromperie, la seule insistance manifestée par une partie pour convaincre l'autre de lui vendre un fonds de commerce n'est pas constitutive d'une manœuvre dolosive. • Com. 2 juin 1981 : *Bull. civ. IV, no 259.* ♦ Jugeant qu'il n'y a pas dol lorsque des époux, de santé fragile, démarchés à domicile, s'estiment victimes d'un harcèlement de plusieurs heures de la part des démarcheurs avant de conclure le contrat, ceci d'autant moins que les acheteurs n'ont pas fait usage de la faculté de rétractation : • Montpellier, 17 déc. 2002 : *Contrats Conc. Consom. 2003, no 147, obs. Raymond ; JCP 2004. IV. 2345.*

58. Information couverte par un secret légitime. Ne constitue pas un dol la non-révélation à une assemblée générale d'actionnaires, délibérant sur un projet de fusion, d'une information couverte par le secret défense (négociation d'un contrat en matière d'armement) alors que le dirigeant de la société concernée, interrogé sur ce point, avait répondu qu'il lui était impossible de s'exprimer. • Com. 3 juin 1998 : *Bull. civ. IV, n° 178.*

59. Silence de l'acheteur. Aucune obligation d'information ne pesant sur l'acheteur, sa réticence dolosive ne saurait être retenue, lorsque celui-ci n'a pas fait connaître à son vendeur la grande valeur des photographies achetées. • Civ. 1re, 3 mai 2000 : *Bull. civ. I, n° 131 ; Contrats Conc. Consom. 2000, n° 140, note Leveneur ; RTD civ. 2000. 566, obs. Mestre et Fages.* ♦ Aucun texte n'oblige une entreprise à informer son cocontractant du fait qu'elle fait l'objet d'un redressement judiciaire. • Com. 24 sept. 2003 : *RDC 2004. 260, obs. D. Mazeaud ; RJDA 2004, n° 189.* ♦ Mais une cour d'appel a pu retenir l'existence d'une réticence dolosive d'un dirigeant de société, à l'égard d'un associé qui lui avait confié le reclassement de ses titres, en relevant qu'il avait caché à celui-ci qu'il avait engagé des négociations pour la revente des mêmes titres à un prix supérieur, ce qui constituait un manquement au devoir de loyauté qui s'impose au dirigeant d'une société à l'égard de tout associé, en particulier lorsqu'il en est intermédiaire, pour le reclassement de sa participation. • Com. 27 févr. 1996 : *Bull. civ. IV, n° 65 ; D. 1996. 518, note Ph. Malaurie ; JCP 1996. II. 22 665, note Ghestin.* – Rappr. • Paris, 30 sept. 2005 : *D. 2005. 2945, note Lagarde ; ibid. AJ. 2740, obs. Delpech ; RTD com. 2006. 175, obs. Legeais ; JCP E 2005, n° 46, p. 1908, note Viandier ; RJDA 2006, n° 135* (affaire Crédit Lyonnais/Bernard Tapie). ♦ Le cessionnaire de titres d'une société n'est tenu d'informer le cédant, ni des négociations tendant à l'acquisition par un tiers d'autres titres de la même société, ni de celles qu'il conduit lui-même avec ce tiers en vue de lui céder ou de lui apporter les titres faisant l'objet de la cession. • Com. 12 mai 2004 : *Bull. civ. IV, n° 94 ; D. 2004. AJ. 1599 ; Bull. Joly 2004. 1114, note Schmidt.* ♦ Le contrat ne se référant pas au critère du taux de fréquentation d'un site internet pour déterminer le prix de cession, l'acheteur ne peut reprocher un dol au vendeur sur le seul constat de l'effondrement rapide de la fréquentation du site. • Paris, 20 nov. 2003 : *Comm. com. élec. 2004, n° 159, obs. Stoffel-Munck.* ♦ Jugé également que la réticence dolosive rend toujours excusable l'erreur provoquée. • Civ. 3e, 21 févr. 2001 : *préc. note 53.*

b. Comportements sanctionnés

1. Manœuvres ou mensonges

60. Illustrations. Les juges du fond peuvent prononcer la nullité d'un contrat de vente, alors même que l'erreur commise par l'acquéreur ne portait pas sur les qualités substantielles de la chose, dès lors qu'il est constaté que la plaque du constructeur apposée sur une remorque a été remplacée par une plaque en laiton sur laquelle ont été frappés des numéros ne correspondant pas à un matériel construit par le fabricant et que la carte grise de la remorque correspond à celle portée sur la fausse plaque, de tels artifices ayant surpris par dol le consentement de l'acquéreur. • Com. 19 déc. 1961 : *D. 1962. 240.* ♦ Pour la sanction d'un mensonge, V., par exemple • Com. 29 mai 1973 : *D. 1973. IR. 180.*

2. Réticence dolosive et manquement à l'obligation de contracter de bonne foi

61. Illustrations. Constitue une réticence dolosive la non-révélation à l'acquéreur d'un fonds de commerce de parfumerie des clauses dites d'environnement de marques stipulées dans les contrats de distribution passés par le cédant avec des producteurs de parfums en vertu desquelles la résiliation de l'un de ces contrats entraîne celle des autres. • Com. 4 mai 1993 : *Bull. civ. IV, n° 163 ; RTD civ. 1994. 93, obs. Mestre.* ♦ Le dirigeant d'une société commerciale commet une réticence dolosive en cachant à un associé, dont il achète les titres, qu'il avait engagé des négociations pour la vente des mêmes titres à un prix supérieur. • Com. 27 févr. 1996 : *préc. note 59.* ♦ Manque à son obligation de contracter de bonne foi et commet ainsi un dol par réticence la banque qui, sachant que la situation de son débiteur est irrémédiablement compromise ou à tout le moins lourdement obérée, omet de porter cette information à la connaissance de la caution, l'incitant ainsi à s'engager. • Civ. 1re, 18 févr. 1997 : *Bull. civ. I, n° 61 ; Bull. Joly 1997. 411, note Delebecque.* ♦ Sur la nullité d'une cession de parts sociales pour dol, V. • Com. 17 juin 2003 : *RJDA 2003, n° 1078 (1re esp.)* • 8 juill. 2003 : *RJDA 2004, n° 51* • Amiens, 28 janv. 2003 : *JCP E 2003, n° 40, p. 1556 ; RJDA 2003, n° 1078 (2e esp.)* • Paris, 14 févr. 2003 : *RJDA 2003, n° 965* (rejet) • 4 juill. 2003 : *JCP E 2004, n° 17, p. 675, note Constantin ; RTD com. 2004. 326 ; RJDA 2004, n° 315.*

61 bis. Manquement à l'obligation de renseignement du vendeur professionnel. Le vendeur professionnel est tenu d'une obligation de renseignement à l'égard de l'acheteur et il lui incombe de prouver qu'il a exécuté cette obligation. • Civ. 1re, 15 mai 2002 : *Bull. civ. I, n° 132 ; Contrats Conc. Consom. 2002, n° 135, obs. Leveneur.*

62. Manquement à une obligation légale d'information. Une cour d'appel ne peut annuler des contrats de location-gérance en raison d'un manquement à l'obligation précontractuelle d'information prévue par l'art. 1er de la loi du 31 déc. 1989 (codifié à l'art. L. 330-3 C. com.) sans rechercher si le défaut d'information a eu pour effet de vicier le consentement du cocontractant. • Com. 10 févr. 1998 : *Bull. civ. IV, n° 71 ; D. 1998. Somm. 334, obs. Ferrier ; Contrats Conc. Consom. 1998, n° 55, note Leveneur.* ♦ Dans le même sens, V. • Com. 21 nov. 2000 : *Contrats Conc. Consom. 2001, n° 20, note Leveneur.* ♦ Le manquement à une obligation précontractuelle d'information, à le supposer établi, ne peut suffire à caractériser le dol par réticence, si ne s'y ajoutent la constatation du caractère intentionnel de ce manquement et une erreur déterminante provoquée par celui-ci. En conséquence, ne peut être accueilli le moyen qui se borne à invoquer des manquements d'une banque à son obligation précontractuelle d'information, sans alléguer que ces manquements auraient été commis sciemment dans l'intention de provoquer dans l'esprit de son cocontractant une erreur déterminante de son consentement. • Com. 28 juin 2005 : *Bull. civ. IV, n° 140 ; D. 2005. Pan. 2837, obs. Amrani Mekki et Fauvarque-Cosson ; RTD civ. 2005. 591, obs. Mestre et Fages.*

c. Sanctions du dol

63. Nullité du contrat. Le dol constitue un vice du consentement dont la sanction n'est pas la résolution mais l'annulation du contrat. • Civ. 1re, 22 avr. 1997 : *Bull. civ. I, n° 129* (annulation de la vente d'un véhicule de collection pour dol). ♦ L'acheteur qui invoque la nullité de la vente fondée sur les manœuvres dolosives du vendeur ne peut se voir opposer sa propre turpitude. • Civ. 1re, 22 juin 2004 : *Bull. civ. I, n° 182 ; JCP 2005. II. 10006, note Eyraud ; Petites affiches 22 juin 2005, p. 16, note Chardeaux ; Dr. et patr. janv. 2005. 52, note Sauvat.* ♦ La prescription extinctive trentenaire de l'art. 2262 C. civ. n'est pas applicable à l'action en nullité pour dol régie par le seul art. 1304 du même code, sauf à priver d'effectivité l'exercice de l'action prévue par ce texte. • Civ. 1re, 24 janv. 2006 : *D. 2006. 626, note Wintgen ; ibid. IR. 395, obs. Gallmeister ; JCP 2006. II. 10036, note Mekki ; Defrénois 2006. 583, obs. Savaux ; BRDA 2006, n° 6, p. 6.*

64. Réduction du prix. L'acquéreur d'un fonds de commerce pouvant invoquer le dol pour conclure seulement à une réduction de prix, son action intentée sur ce fondement ne peut être déclarée irrecevable au motif qu'elle ne tendait pas à l'annulation de la vente. • Com. 14 mars 1972 : *D. 1972. 653, note J. Ghestin.*

65. Action en responsabilité délictuelle. La victime du dol peut exercer une action en responsabilité délictuelle pour obtenir des dommages-intérêts en réparation de son préjudice, plutôt que la nullité du contrat. • Com. 18 oct. 1994 : *Bull. civ. IV, n° 293 ; D. 1995. 180, note C. Atias.* ♦ La victime d'un dol dans une cession d'actions peut demander des dommages-intérêts sur le fondement de l'art. 1382 C. civ. • Com. 5 déc. 2000 : *RJDA. 2001, n° 323.* ♦ L'action en dommages-intérêts, fondée sur l'art. 1382 C. civ., est soumise à la prescription décennale de l'art. 2270-1 du même code. • Com. 27 janv. 1998 : *RTD civ. 1998. 904, obs. J. Mestre.*

66. Cumul de sanctions. La victime d'un dol peut obtenir la nullité du contrat et des dommages-intérêts pour réparer le préjudice résultant du comportement de son cocontractant. • Com. 4 janv. 2000 : *Contrats Conc. Consom. 2000, n° 79, note L. Leveneur.*

3° VIOLENCE (art. 1112-1115 C. civ.)

a. Exigence d'une contrainte illégitime

1. Contrainte économique

67. Abus de puissance économique. BIBL. Laithier, *Petites affiches 22 et 23 nov. 2004, p. 6 et 5* (conditions de la violence économique). ♦ Les juges du fond ne peuvent annuler un contrat de concession exclusive de vente sans préciser en quoi les agissements du concédant, en position de force économique, sont illégitimes. • Com. 20 mai 1980 : *Bull. civ. IV, n° 212.* ♦ La cessation de la fabrication d'un produit pour obtenir la régularisation par contrat des relations entre un fabricant et un distributeur n'est pas une menace illégitime, dès lors que le fabricant n'a pas refusé pendant cette période de satisfaire les commandes et que la cessation des relations envisagée présentait pour lui un risque économique. • Com. 21 févr. 1995 : *Bull. civ. IV, n° 50 ; JCP E 1996. I. 523, n° 2, obs. M. Mousseron.* ♦ Constitue une violence caractérisée le fait de provoquer les difficultés financières d'une société pour en prendre le contrôle au moyen d'une augmentation de capital imposée aux actionnaires par la menace d'une ruine de la société. • Com. 18 févr. 1997 : *Bull. civ. IV, n° 59.* ♦ La contrainte économique se rattache à la violence et non à la lésion. • Civ. 1re, 30 mai

2000 : *Bull. civ. I, nº 169 ; D. 2000. 879, note Chazal ; Defrénois 2000. 1124, obs. Delebecque.* ♦ Seule l'exploitation abusive d'une situation de dépendance économique, faite pour tirer profit de la crainte d'un mal menaçant directement les intérêts légitimes de la personne, peut vicier de violence son consentement. • Civ. 1re, 3 avr. 2002 : *Bull. civ. I, nº 108 ; D. 2002. 1860, note Gridel ; ibid. 1862, note Chazal ; ibid Somm. 2844, obs. Mazeaud ; Contrats Conc. Consom. 2002, nº 121, obs. Leveneur ; Gaz. Pal. 2003. 1. 444, note Rovinski.*

68. Sanction de l'abus de position dominante et de l'abus de dépendance économique. Sur la nullité des actes passés sur l'emprise d'un abus de position dominante ou d'un abus de dépendance économique, V. art. L. 420-2 et L. 420-3 C. com. *supra.*

2. Menace de l'exercice d'une action en justice

69. Principe. La menace de l'exercice d'une action en justice ne constitue pas en principe une violence. Ainsi doit être validée la convention passée par une ancienne directrice de magasin, placée dans l'alternative de régler une dette ou de faire l'objet d'actions civiles et pénales à la suite d'irrégularités constatées dans sa gestion • Com. 30 janv. 1974 : *D. 1974. 382.*

70. Tempérament : sanction de l'abus d'une voie de droit. L'exercice d'une voie de droit ne constitue une violence que s'il y a abus de cette voie de droit, soit en la détournant de son but, soit en l'usant pour obtenir une promesse ou un avantage sans rapport ou hors de proportion avec l'engagement primitif. • Civ. 3e, 17 janv. 1984 : *Bull. civ. III, nº 13* (violence écartée en l'espèce).

b. Prise en considération de la personnalité de la victime

71. Illustrations : personnes ayant l'expérience des affaires. La violence n'est pas caractérisée à l'égard d'une ancienne directrice de magasin ayant l'expérience des affaires et l'âge suffisant pour résister à une intimidation et ne pas succomber à la crainte irraisonnée de subir des poursuites pénales. • Com. 30 janv. 1974 : *préc. note 69.* ♦ Un homme d'affaires avisé, assisté de son conseiller financier lors de la signature de billets à ordre, tant comme dirigeant social qu'à titre d'avaliste, n'apporte pas la preuve que son consentement ait été vicié par une assignation de sa société en liquidation des biens alors qu'elle n'était pourtant pas en état de cessation des paiements. • Soc. 20 janv. 1994 : *Bull. civ. V, nº 17.*

c. Sanctions de la violence

72. Nullité du contrat ou action en responsabilité civile. La violence peut non seulement être sanctionnée par la nullité de la convention, mais aussi par la condamnation de son auteur à payer des dommages-intérêts à la victime sur le fondement de la responsabilité délictuelle. Sur le principe de la recevabilité d'une telle action en dommages-intérêts de la victime de la violence, V. • Com. 18 févr. 1997 : *Bull. civ. IV, nº 59.*

E. CONTENU DU CONTRAT

1º OBJET DES OBLIGATIONS CONTRACTUELLES (art. 1128-1130 C. civ.)

a. Règles générales

1. Détermination de l'objet

73. Caractère déterminable de la quotité de l'objet. La quotité de l'objet de l'obligation issue d'un contrat doit pouvoir être déterminée en vertu des clauses de celui-ci par voie de relation avec des éléments qui ne dépendent plus ni de l'une, ni de l'autre des parties. • Com. 12 déc. 1989 : *Bull. civ. IV, nº 318.* ♦ Est nul le contrat de création d'un point de location et de vente de cassettes vidéo qui laisse au loueur la possibilité discrétionnaire de fixer l'objet de la convention. • Com. 19 nov. 1996 : *Bull. civ. IV, nº 275 ; D. 1997. 609, note M. Zelveci-Duhamel.* ♦ En revanche, est valide la clause d'une cession d'actions stipulant que les acquéreurs s'engagent à se substituer dans les cautionnements personnels des vendeurs, dès lors que l'obligation conjointement souscrite par les cessionnaires, portant sur l'ensemble des contrats, a un objet déterminé. • Com. 1er avr. 1997 : *Bull. civ. IV, nº 90 ; D. Affaires 1997. 633 ; Defrénois 1997. 1437, note A. Bénabent.*

73 bis. Absence d'objet – Appréciation. Dès lors que l'objet de la promesse réside dans la délivrance des actions et que celles-ci existent toujours à l'époque de la levée de l'option, il importe peu qu'elles aient perdu toute leur valeur à la suite du prononcé du redressement judiciaire de la société. • Versailles, 13 nov. 2003 : *RJDA 2004, nº 990.*

2. Licéité de l'objet

74. Biens hors du commerce. La concession d'un emplacement sur un marché est un bien hors du commerce qui n'est ni cessible, ni saisissable. • Com. 7 mars 1978 : *Bull. civ. IV, nº 84.* ♦ Mais le contrat de cession d'étals sur un marché, qui s'analyse comme une présentation d'un successeur par le bénéficiaire d'un droit de place à l'autorité municipale octroyante, ne contrevient en rien à l'inaliénabilité du domaine public. • Civ. 1re, 5 déc. 1995 : *Bull. civ. I, n° 445 ; RTD civ. 1996. 603, obs. Mestre ; Defrénois 1996. 643, obs. Delebecque.*

La marchandise contrefaite ne peut faire l'objet d'une vente. • Com. 24 sept. 2003 : *Bull. civ. IV, n° 147 ; D. 2003. 2683, note Caron ; JCP E 2004, n° 4, p. 136, note Castets-Renard ; RTD com. 2004. 284, obs. Pollaud-Dulian ; RTD civ. 2003. 703, obs. Mestre et Fages ; ibid. 2004. 117, obs. Revet ; Petites affiches 28 mai 2004, p. 13, note Tricoire, et p. 15, note Parance ; Comm. com. élec. 2004, n° 32, obs. Stoffel-Munck ; RDC 2004. 263, obs. Stoffel-Munck, et 337, obs. Brun.* ♦ La vente est dépourvue d'objet lorsqu'elle porte sur des choses hors du commerce telles que des produits périmés. • Com. 16 mai 2006 : *pourvoi n° 04-19.785.* ♦ Jugeant que l'investiture d'un candidat politique et l'exercice des fonctions électives sont des choses hors du commerce, V. • Civ. 1re, 3 nov. 2004 : *Bull. civ. I, n° 237 ; D. 2004. IR. 3037 ; JCP 2004. IV. 3384 ; Defrénois 2004. 1730, obs. J.-L. Aubert ; Contrats Conc. Consom. 2005, n° 39, obs. Leveneur ; RTD civ. 2005. 125, obs. Mestre et Fages ; RDC 2005. 263, obs. Mazeaud.*

75. Licéité de la cession de clientèle civile. Si la cession de la clientèle médicale, à l'occasion de la constitution ou de la cession d'un fonds libéral d'exercice de la profession n'est pas illicite, c'est à la condition que soit sauvegardée la liberté de choix du patient, condition souverainement appréciée par les juges du fond. • Civ. 1re, 7 nov. 2000 : *Bull. civ. I, n° 283 ; Contrats Conc. Consom. 2001, n° 18, note L. Leveneur ; RTD civ. 2001. 130, obs. J. Mestre et B. Fages* • 19 nov. 2002 : *D. 2003. IR. 43 et les obs. ; RJDA 2003, n° 376.*

76. Exigence de proportionnalité de la clause de non-concurrence. Est illicite et nulle la clause de non-concurrence interdisant à un salarié d'exercer en métropole et dans les territoires d'outre-mer une activité identique à celle qui avait été la sienne pendant une vingtaine d'années, cette clause étant disproportionnée par rapport à l'objet du contrat liant ce salarié à la société. • Com. 4 janv. 1994 : *Bull. civ. IV, n° 338.*

b. Règles particulières concernant la fixation du prix

BIBL. Ruet, *Petites affiches 21 juill. 2005, p. 4* (les quatre fonctions du prix).

77. Unité monétaire et réglementation de l'indexation. Sur l'unité monétaire : l'euro dans les contrats internes, V. art. L. 111-1 C. mon. fin., *supra*, v° *Code monétaire et financier (extraits).* ♦ Sur la réglementation de l'indexation (prohibition de principe de toute indexation dont l'indice n'est pas en relation directe avec l'objet du contrat ou avec l'activité de l'une des parties), V. art. L. 112-1 à L. 112-3 C. mon. fin., *eod. loc.* ♦ Il a ainsi été jugé qu'un prêt consenti en France ne peut valablement porter sur une somme d'argent exprimée en francs suisses, le prêt étant alors illicite par son objet et frappé de nullité. • Civ. 1re, 12 janv. 1988 : *RTD civ. 1988. 740, obs. J. Mestre ; GAJC II, n° 230-232.* ♦ Toutefois, considérant que la fixation d'une créance en monnaie étrangère est en relation directe avec l'activité de banquier, alors même que le contrat est purement interne, V. • Com. 22 mai 2001 : *Bull. civ. IV, n° 98.* ♦ Jugeant qu'il n'y a pas eu d'échange de consentement sur la prestation monétaire, l'acheteur entendant donner une somme en francs et le vendeur recevoir une somme en euros pour le même produit : • Orléans, 13 mai 2004 : *préc. note 43.* ♦ Viole l'art. 1134 C. civ., la cour d'appel qui, s'agissant de contrats de change à terme de roubles contre des dollars US dont l'indice de référence avait disparu au moment du dénouement de l'opération, s'est substituée aux parties pour leur imposer l'application d'un taux de change de référence non prévu par les contrats et qui n'avait pas fait l'objet d'un accord entre elles. • Com. 16 nov. 2004 : *RTD civ. 2006. 117, obs. Mestre et Fages (1re esp.) ; JCP E 2005, n° 40, p. 1630, note Stoufflet et Durox.* ♦ Comp., recherchant la commune intention des parties : • Civ. 3e, 12 janv. 2005 : *Bull. civ. III, n° 4 ; D. 2005. Pan. 2836, obs. Fauvarque-Cosson ; RTD civ. 2006. 117, obs. Mestre et Fages (2e esp.).*

78. Inapplicabilité de l'art. 1129 C. civ. au prix. L'art. 1129 C. civ. n'est pas applicable à la détermination du prix. • Cass., Ass. plén., 1er déc. 1995 : *Bull. civ. n° 9, D. 1996. 13, concl. M. Jéol et note L. Aynès ; JCP 1996. II. 22565, note J. Ghestin ; Defrénois 1996. 747, obs. Ph. Delebecque ; RTD civ. 1996. 153, obs. J. Mestre ; GAJC II, n° 151-154.* ♦ Viole l'art. 1129 C. civ. par fausse application la cour d'appel qui annule la conclusion d'un prêt prévoyant le paiement d'une indemnité de remboursement anticipé aux motifs que l'objet de cette indemnité est indéterminé et que le taux d'amortissement ne mentionnait pas de façon claire et précise ses modalités de calcul. • Civ. 1re, 6 mars 2001 : *Bull. civ. I, n° 54 ; Defrénois 2001. 696, obs. E. Savaux.* – V. aussi • Civ. 1re, 12 mai 2004 : *RDC 2004. 925, obs. D. Mazeaud.* ♦ Pour une critique de la solution retenue par l'assemblée plénière, V. notamment : A. Brunet et A. Ghozi, *D. 1998. Chron. 1* (la jurisprudence de l'assemblée plénière sur le prix du point de vue de la théorie du contrat).

79. Contrat-cadre et indétermination du prix des contrats d'application. Lorsqu'une convention prévoit la conclusion de contrats ultérieurs, l'indétermination du prix de ces contrats dans la convention initiale n'affecte pas, sauf dispositions légales particulières, la validité de celle-ci, l'abus dans la fixation du prix ne donnant lieu qu'à résiliation ou indemnisation (à propos de contrats de location-entretien d'installations téléphoniques). • Cass., Ass. plén., 1er déc. 1995 : *Bull. civ., n° 7 (2 arrêts) ; D. 1996. 13, concl. M. Jéol et note L. Aynès ; JCP 1996. II. 22565, concl. M. Jéol, note J. Ghestin ; Defrénois 1996. 747, obs. Ph. Delebecque.* ♦ V. ultérieurement dans le même sens, • Com. 11 juin 1996 : *Bull. civ. IV, n° 165 ; D. 1996. Somm. 323, obs. L. Aynès .* ♦ La conclusion d'un contrat de franchisage faisant référence au tarif en vigueur au jour des commandes d'approvisionnement à venir n'affecte pas la validité du contrat, l'abus dans la fixation du prix ne donnant lieu qu'à résiliation ou indemnisation. • Cass., Ass. plén., 1er déc. 1995 : *Bull. civ., n° 8 ; D. 1996. 13, concl. M. Jéol, note L. Aynès ; JCP 1996. II. 22565, note J. Ghestin ; Defrénois 1996. 747, obs. Ph. Delebecque.* ♦ V. encore dans le même sens, • Com. 21 janv. 1997 : *D. 1997. 414, note C. Jamin,* écartant l'abus du franchiseur qui a laissé au franchisé la liberté de négocier le prix selon la loi du marché, en choisissant parmi une liste élargie de fournisseurs.

80. Abus dans la fixation du prix : illustrations. Pour des exemples de résiliation du contrat, assortie de dommages-intérêts en raison d'un abus caractérisé dans la fixation du prix, V. • Versailles, 27 janv. 2000 : *RTD civ. 2000. 570, obs. Mestre et Fages* • Paris, 19 mai 2000 : *ibid.* qui se fondent sur une pluralité d'indices pour retenir l'abus tels que des données juridiques (longue durée des contrats, clauses d'exclusivité), le comportement du cocontractant (pratiques de majoration arbitraire de prix) et données économiques (état du marché et existence d'offres concurrentes). ♦ Pour les tarifs bancaires, V. note ss. art. L. 312-1-1 C. mon. fin., *supra,* v° *Code monétaire et financier (extraits).*

81. Exigence de détermination du prix dans certains contrats. L'indétermination du prix entraîne la nullité du contrat lorsqu'un texte particulier, autre que l'art. 1129 C. civ. exige la fixation du prix au moment de la conclusion du contrat. V. notamment pour la vente (art. 1591 C. civ.) • Com. 14 déc. 1999 : *Bull. civ. IV, n° 234 ; Contrats Conc. Consom. 2000, n° 60, note Leveneur* (annulation d'une cession de parts sociales dont la fixation du prix définitif nécessitait l'établissement d'un bilan contradictoire sans que les parties aient prévu la désignation d'un expert pour faire l'estimation en cas de désaccord). ♦ Il ne peut être fait grief à une cour d'appel d'avoir débouté une partie de sa demande en annulation d'un contrat de vente pour indétermination du prix, dès lors qu'elle a constaté que le prix était déterminable en fonction d'éléments ne dépendant pas de la seule volonté de l'une des parties, mais par référence à un prix du marché dont elle a souverainement estimé qu'il s'entendait, dans l'intention des parties, des cotations officielles significatives du marché considéré. • Civ. 1re, 14 déc. 2004 : *Bull. civ. I, n° 327 ; RTD com. 2005. 586, obs. Bouloc ; RJDA 2006, n° 247.* ♦ Pour la rémunération due à l'agent immobilier en exécution d'un mandat soumis aux art. 1er et 6 de la L. n° 70-9 du 2 janv. 1970 et aux art. 72 et 73 du Décr. n° 72-678 du 20 juill. 1972, V. • Civ. 1re, 9 nov. 1999 : *Bull. civ. I, n° 292 ; RTD civ. 2000. 320, obs. Mestre et Fages .* – V. textes préc. au C. civ.

82. Illicéité de la fixation d'un prix minimum de vente d'un produit. Justifie sa décision d'annulation d'un contrat de franchise la cour d'appel qui relève que, par l'effet d'une clause d'approvisionnement exclusif, les prix étaient déterminés par le franchisé dans des conditions contraires à l'art. 34 de l'ord. du 1er déc. 1986 sur la concurrence [codifié à l'art. L. 442-5 C. com.] prohibant le fait d'imposer, directement ou indirectement, un caractère minimal au prix de revente d'un produit ou au prix d'une prestation de services. • Com. 7 oct. 1997 : *JCP 1998. II. 10110, note Mainguy ; Contrats Conc. Consom. 1998, n° 2, note Leveneur.*

82 bis. Fixation du prix par un tiers. BIBL. Moury, *Rev. sociétés 2005. 513* (détermination du prix par les tiers estimateurs des art. 1592 et 1843-4 C. civ.). ♦ Le tiers expert chargé de déterminer le prix d'une cession d'actions agit comme mandataire commun dans le strict respect de la mission qui lui est confiée. La nature de cette mission, qui tend à obtenir dans les meilleurs délais la détermination d'un prix conditionnant la validité même de la vente, emporte pouvoir de ce tiers expert d'appliquer le contrat et, sauf exclusion claire et précise, de donner, nonobstant toute saisine du juge judiciaire, leur sens aux clauses de ce dernier dans la mesure où elles se rattachent à la mission confiée, sauf à priver celle-ci de tout intérêt. • Paris, 17 sept. 2004 : *D. 2005. Pan. 3051, obs. Clay ; JCP E 2005, n° 4, p. 134, note Bonneau ; RTD com. 2005. 260, obs. Loquin ; Bull. Joly 2005. 49, note Rontchevsky ; RTD civ. 2005. 154, obs. Gautier ; RJDA 2005, n° 564.*

Le prix fixé par un tiers désigné en application de l'art. 1592 C. civ. s'impose aux parties et ne peut être remis en cause par celles-ci qu'en cas d'erreur grossière. • Com. 6 juin 1950 : *Bull. civ. III, n° 205* • Paris, 22 mars 2002 : *RJDA 2004, n° 567.* ♦ Solution identique à l'égard du juge : • Com. 19 avr. 2005 : *Bull. civ. IV, n° 95 ; D. 2005. Pan. 2953, obs. Hallouin et Lamazerolles ; ibid. AJ. 1289, obs. Lienhard ; RTD civ. 2005. 613, obs. Gautier ; JCP E 2005, n° 38, p. 1551, note Lécuyer ; Banque et Droit mai-juin 2005. 56, obs. Storck ; RJDA 2005, n° 986 ; Dr. et patr. déc. 2005. 93, obs. Poracchia ; Bull. Joly 2005. 1392, obs. Le Nabasque ; Defrénois 2005. 1497, note Gibirila ; Procédures 2005, n° 118, obs. Hovasse.* ♦ Mais si l'erreur grossière est une condition de la remise en cause de la détermination du prix, elle n'en est pas une de la mise en cause de la responsabilité du mandataire chargé de celle-ci. • Com. 4 févr. 2004 : *D. 2004. 2330, note Bloud-Rey ; JCP E 2004, n° 17, p. 660, obs. Caussain, Deboissy et Wicker ; JCP 2004. II. 10087, note Castets-Renard ; Petites affiches 21 déc. 2004, p. 26, note Fischer-Achoura ; Rev. sociétés 2004. 863, note Moury ; Contrats Conc. Consom. 2004, n° 56, obs. Leveneur ; RTD civ. 2004. 310, obs. Gautier ; Dr. sociétés 2004, n° 63, obs. Hovasse ; RJ com. 2004. 174, obs. Monsérié-Bon ; RJDA 2004, n° 688 ; Bull. Joly 2004. 814, note Le Nabasque.* ♦ Le vendeur est alors en droit d'obtenir réparation du préjudice que lui cause la sous-évaluation fautive du bien vendu. • Même arrêt. ♦ Il s'infère du caractère définitif de l'évaluation effectuée par le tiers expert que l'obligation incombant au tiers arbitre est une obligation de moyens et que celle-ci ne peut porter que sur la diligence de l'exécution de sa mission à l'exclusion de son résultat. • Versailles, 27 sept. 2005 : *D. 2005. AJ. 2942, obs. Delpech ; RJDA 2006, n° 123.*

L'erreur grossière commise par l'expert conduit à écarter son rapport mais ne permet pas au juge de nommer un nouvel expert, ni de fixer le prix des parts sociales (s'agissant de l'application de l'art. 1843-4 C. civ.). • Civ. 1re, 25 nov. 2003 : *Bull. civ. I, n° 243 ; D. 2004. AJ. 3053, obs. Lienhard ; Dr. et patr. mars 2004. 106, obs. Poracchia ; JCP E 2004, n° 17, p. 661, obs. Caussain, Deboissy et Wicker ; Gaz. Pal. 2004. 1088, note Nurit ; RTD com. 2004. 116, obs. Monsérié-Bon ; RTD civ. 2004. 308, obs. Gautier ; RJDA 2004, n° 568 ; Defrénois 2004. 1152, note Gibirila ; RDC 2004. 750, obs. Cadiet ; Rev. sociétés 2004. 93, note Chartier ; Dr. sociétés 2004, n° 95, obs. Trébulle ; Procédures 2004, n° 8, obs. Croze* • Com. 30 nov. 2004 : *Bull. civ. IV, nos 210 et 211 ; D. 2005. AJ. 81 ; JCP E 2005, n° 4, p. 139, obs. Hovasse ; RTD com. 2005. 124, obs. Monsérié-Bon ; RJDA 2005, n° 270 ; RJ com. 2005. 30, obs. Monsérié-Bon ; Bull. Joly 2005. 383, note Le Nabasque ; Procédures 2005, n° 15, obs. Croze ; Defrénois 2005. 890, obs. Hovasse.* – V. cet art., *infra*, v° *Sociétés commerciales*, et, pour des annotations, V. **C. sociétés.** ♦ Sur l'indépendance du tiers par rapport aux parties, V. • Com. 5 oct. 2004 : *RJDA 2004, n° 1307 ; Bull. Joly 2005. 262, note Giorgini.* ♦ Sur le respect du principe de la contradiction, V. • Com. 19 avr. 2005 : *préc.*

2° CAUSE DE L'OBLIGATION ET CAUSE DU CONTRAT (art. 1131 à 1133 C. civ.)

a. Généralités

83. Notion fonctionnelle. La cause est à la fois un instrument de protection des contractants (cause de l'obligation) et un instrument de protection de l'ordre public (cause du contrat). Il a ainsi été jugé que si la cause de l'obligation de l'acheteur réside bien dans le transfert de propriété et dans la livraison de la chose vendue, en revanche la cause du contrat de vente consiste dans le mobile déterminant, c'est-à-dire celui en l'absence duquel l'acquéreur ne se serait pas engagé. • Civ. 1re, 12 juill. 1989 : *Bull. civ. I, n° 293 ; JCP 1990. II. 21546, note Y. Dagorne-Labbe ; Defrénois 1990. 358, obs. J.-L. Aubert ; RTD civ. 1990. 468, obs. J. Mestre ; GAJC II, n° 155.* ♦ La cause permet aussi parfois de justifier l'indivisibilité de deux contrats. V. par exemple • Com. 15 févr. 2000 : *Bull. civ. IV, n° 29 ; D. 2000. Somm. 364, obs. Ph. Delebecque ; JCP 2000. I. 272, n° 9, obs. A. Constantin ; Banque et Droit sept.-oct. 2000. 44, obs. N. Rontchevsky* (anéantissement de la clause excluant l'indivisibilité entre un contrat de prestations de publicité et un contrat de financement alors que le premier était la seule cause du second). – V. aussi *infra*, Groupes de contrats et ensembles contractuels.

84. Présomption d'existence et de licéité de la cause. En vertu de l'art. 1132 C. civ. qui constitue une présomption que la cause de l'obligation invoquée existe et n'est pas illicite, c'est au souscripteur d'un engagement non causé qu'il appartient d'établir l'absence ou l'illicéité de la cause. • Com. 13 oct. 1975 : *Bull. civ. IV, n° 231.* ♦ Une convention étant valable, quoique la cause n'en soit pas exprimée, c'est au souscripteur qu'il appartient d'établir l'absence ou l'illicéité de la cause. • Civ. 1re, 21 juin 2005 : *Bull. civ. I, n° 270 ; D. 2005. IR. 1960 ; Defrénois 2005. 1998, obs. Libchaber ; RDC 2005. 1013, obs. D. Mazeaud ; RJDA 2006, n° 497.*

85. Fausse cause. BIBL. Binet, *RTD civ. 2004. 655*. ♦ Il résulte des art. 1315, al. 1er, et 1132 C. civ., que lorsque la cause de l'obligation est démontrée fausse, il incombe au bénéficiaire de prouver que sa créance repose sur une autre créance licite et que, à défaut de faire cette preuve, il doit succomber dans ses prétentions. • Civ. 1re, 20 déc. 1988 : *Bull. civ. I, n° 369 ; D. 1990. 241, note Marguénaud*. ♦ La fausseté partielle de la cause n'entraîne pas l'annulation de l'obligation, mais sa réduction à la mesure de la fraction subsistante. • Civ. 1re, 11 mars 2003 : *Bull. civ. I, n° 67 ; JCP E 2003, n° 28-29, p. 1200, note Rochfeld ; RTD civ. 2003. 287, obs. Mestre et Fages ; RDC 2003. 39, obs. D. Mazeaud.*

b. Contrôle de l'existence de la cause de l'obligation

1. Moment où s'apprécie l'existence de la cause

86. Date où l'obligation est souscrite. L'existence de la cause d'une obligation doit s'apprécier à la date à laquelle elle est souscrite. • Civ. 3e, 17 juill. 1996 : *Bull. civ. III, n° 193 ; Defrénois 1996. 1357, obs. Ph. Delebecque.* ♦ La cause de l'engagement de la caution est fixée au moment de la conclusion du contrat. • Com. 8 nov. 1972 : *D. 1973. 753, note Ph. Malaurie.*

2. Contrats synallagmatiques

87. Obligation réciproque non dérisoire du cocontractant. Dans les contrats synallagmatiques, l'obligation de chaque contractant trouve sa cause dans l'obligation, envisagée par lui comme devant être effectivement exécutée de l'autre contractant ; cette cause fait défaut quand la promesse de l'une des parties n'est pas exécutée ou s'avère nulle, ou de réalisation impossible. • Civ. 30 déc. 1941 : *D. 1942. 98* • Com. 11 janv. 2005 : *Dr. sociétés 2005, n° 126, obs. Trébulle.* ♦ Est nul pour absence de cause le contrat par lequel un distributeur souscrit envers un fournisseur un engagement d'approvisionnement exclusif pendant cinq ans et pour une quantité minimale déterminée en contrepartie d'un engagement dérisoire (engagement d'obtenir un prêt et de le cautionner). • Com. 14 oct. 1997 : *D. 1998. Somm. 333, obs. Ferrier (2e esp.) ; Defrénois 1998. 1040, obs. D. Mazeaud ; RJDA 1998, n° 164.* ♦ L'acquisition par le bailleur du droit au bail mis en vente par son locataire, laquelle permet au premier de recouvrer la jouissance matérielle des lieux loués, a une cause. • Civ. 3e, 13 oct. 2004 : *D. 2005. 1617, note Monteiro ; ibid. Pan. 1092, obs. Rozès ; D. 2004. AJ. 3140, obs. Rouquet ; JCP E 2005, n° 11, p. 473, obs. Dumont-Lefrand ; Contrats Conc. Consom. 2005, n° 22, obs. Leveneur ; RJDA 2005, n° 12 ; AJDI 2005. 302, obs. Dumont ; Rev. loyers 2004. 688, obs. Vaissié ; RJ com. 2005. 143, obs. Auque ; Loyers et copr. 2005, n° 31, obs. Brault ; RDC 2005. 356, obs. Seube ; ibid. 1009, obs. D. Mazeaud.*

3. Contrats réels

88. Prêt. La cause de l'obligation de l'emprunteur réside dans la mise à sa disposition du montant du prêt, quand bien même celui-ci aurait été affecté à l'achat d'un bien déterminé, et qu'il n'était pas prétendu, en l'espèce, que le vendeur et le prêteur avaient agit de concert. • Com. 5 mars 1996 : *Bull. civ. IV, n° 75 ; D. 1996. Somm. 327, obs. R. Libchaber.*

89. Dépôt. La cause du contrat de dépôt est la remise de la chose qui en est l'objet. • Com. 30 janv. 2001 : *D. 2001. AJ. 1238, obs. X. Delpech.*

4. Contrats aléatoires

90. Aléa couru par chacune des parties. Est nulle pour absence de cause la convention aléatoire, dès lors que l'une des parties n'a couru aucun aléa. • Civ. 1re, 18 oct. 1953 : *JCP 1953. II. 7761* (contrat de généalogiste). ♦ V. aussi • Civ. 1re, 9 nov. 1999 : *Bull. civ. I, n° 293* (nullité d'un contrat d'assurance pour absence d'aléa).

5. Cause et économie du contrat

91. Absence de cause résultant de l'impossibilité d'exécuter le contrat selon l'économie voulue par les parties. Est nul pour absence de cause le contrat de location de cassettes vidéo pour l'exploitation d'un commerce, dès lors que l'exécution du contrat selon l'économie voulue par les parties était impossible, situation démontrant l'absence de contrepartie réelle. • Civ. 1re, 3 juill. 1996 : *Bull. civ. I, n° 286 ; D. 1997. 500, note Ph. Reigné ; Defrénois 1996. 1015, obs. Ph. Delebecque ; JCP 1997. I. 4015, n° 4, obs. F. Labarthe.* ♦ Est sans portée la clause contractuelle stipulée en contradiction avec l'économie générale d'une convention. • Com. 15 févr. 2000 : *Bull. civ. IV, n° 29 ; D. 2000. Somm. 364, obs. Ph. Delebecque ; JCP 2000. I. 272, n° 9, obs. A. Constantin ; Banque et Droit sept.-oct. 2000. 44, obs. N. Rontchevsky* (clause écartant l'indivisibilité entre un contrat de prestations de publicité et un contrat de financement, le premier étant la seule cause du second).

6. Sanction des clauses conférant à un contractant un avantage dépourvu de contrepartie

92. Clause dite « réclamation de la victime » dans le contrat d'assurance. Le versement des primes pour la période qui se situe entre la prise d'effet du contrat d'assurance et son expiration a pour contrepartie nécessaire la garantie des dommages qui trouvent leur origine dans un fait qui s'est produit pendant cette période. Il s'ensuit qu'aboutissant à priver l'assuré du bénéfice de l'assurance en raison d'un fait qui ne lui est pas imputable et à créer un avantage illicite, comme dépourvu de cause, au profit du seul assureur ayant perçu sans contrepartie les primes, doit être réputée non écrite la stipulation de la police selon laquelle le dommage est garanti seulement si la réclamation de la victime a été formulée pendant la période de validité du contrat. • Civ. 1re, 19 déc. 1990 : *Bull. civ. I, n° 303 ; JCP 1991 II. 21656, note J. Bigot.* ♦ V. aussi • Civ. 1re, 16 déc. 1997 : *Bull. civ. I, n° 370 ; D. 1998. 287, note Y. Lambert-Faivre ; JCP 1998. I. 144, n° 26, obs. G. Viney.*

93. Dates de valeur dans une convention de compte bancaire. Est sans cause la perception par le banquier d'intérêts par le jeu des dates de valeur sur les remises et retraits d'espèces, sur un compte bancaire, ces opérations n'impliquant pas que, même pour le calcul des intérêts, les dates de crédit ou de débit soient différées ou avancées. • Com. 6 mars 1993 : *Bull. civ. IV, n° 138 ; D. 1993. 310, note Ch. Gavalda.* ♦ V. aussi • Com. 10 janv. 1995 : *Bull. civ. IV, n° 8.*

7. Sanction de l'absence de cause

94. Caractère relatif de la nullité pour absence de cause. La demande en nullité du contrat pour défaut de cause ne vise que la protection des intérêts de la partie demanderesse, de sorte que cette nullité relative est soumise à la prescription de cinq ans. • Civ. 1re, 20 févr. 2001 : *Bull. civ. I, n° 39.* ♦ V. déjà en ce sens • Civ. 1re, 9 nov. 1999 : *Bull. civ. I, n° 293* (nullité relative du contrat d'assurance en cas d'absence d'aléa).

Sur la sanction de la fausse cause, V. • Civ. 1re, 11 mars 2003 : *préc. note 85.*

c. Sanction des clauses contredisant une obligation essentielle du contrat

95. Clause limitative de responsabilité contredisant la portée d'une obligation essentielle. Viole l'art. 1131 C. civ., la cour d'appel qui fait application d'une clause limitative de responsabilité, alors qu'en raison du manquement du débiteur à une obligation essentielle (en l'occurrence obligation de célérité), cette stipulation, qui contredit la portée de l'engagement pris, doit être réputée non écrite. • Com. 22 oct. 1996, *Affaire Chronopost : Bull. civ. IV, n° 261 ; D. 1997. 121, note A. Sériaux ; D. 1997. Somm. 175, obs. Ph. Delebecque ; JCP 1997. II. 22881, note D. Cohen ; GAJC II, n° 156* (V. sur renvoi, • Caen, 5 janv. 1999 : *D. 2000. Somm. 294, obs. B. Mercadal ; JCP 2000. I. 1999, n° 14, obs. G. Viney).*

d. Contrôle de la licéité de la cause

96. Notion de cause illicite. La cause est illicite quand elle est contraire à l'ordre public, sans qu'il soit nécessaire qu'elle soit prohibée par la loi. • Civ. 4 déc. 1929 : *DH 1930. 50 ; GAJC II, n° 8* (nullité d'un contrat tentant à l'exploitation des malades au moyen d'une publicité intense et par l'emploi de qualificatifs destinés à impressionner le public).

97. Cause illicite et réglementation particulière. Les dispositions du code de commerce (art. L. 223-19, al. 4) mettant à la charge du gérant d'une SARL les conséquences préjudiciables d'une convention non autorisée par l'assemblée des associés, ne font pas obstacle à la poursuite de la nullité pour illicéité de la cause d'un contrat conclu par la société. • Com. 22 mai 2001 : *Bull. Joly 2001. 988, note F.-X. Lucas ; RTD civ. 2002. 90, obs. J. Mestre et B. Fages.*

98. Sanction. Un contrat peut être annulé pour cause illicite ou immorale lorsque l'une des parties n'a pas eu connaissance du caractère illicite ou immoral du motif déterminant de la conclusion du contrat. • Civ. 1re, 7 oct. 1998 : *Bull. civ. I, n° 285 ; D. 1999. Somm. 110, obs. Delebecque ; Contrats Conc. Consom. 1999, n° 1, note Leveneur ; GAJC II, n° 157* • 1er mars 2005 : *Contrats Conc. Consom. 2005, n° 124, obs. Leveneur ; RJDA 2005, n° 785.* ♦ Mais en cas d'accord concerté, la cause illicite ne permet pas de se soustraire à la restitution (consécutive à la caducité d'une promesse de vente sous seing privé). • Civ. 3e, 25 févr. 2004 : *D. 2005. 2205, note Tchendjou ; RDC 2004. 635, obs. Mazeaud, et 689, obs. Brun ; RTD civ. 2004. 279, obs. Mestre et Fages ; RJDA 2004, n° 799.*

99. Illustrations. Il résulte des dispositions de l'art. 1133 C. civ., déclarant que la cause est illicite quand elle est prohibée par la loi ou contraire à l'ordre public, et des dispositions de la réglementation boursière, qu'une société ne peut, par un procédé quelconque, faire échec, ou tenter de faire échec à l'offre publique qu'elle a été tenue d'initier. • Décis. COB, 11 avr. 1995 : *Bull. Joly Bourse 1995. 386* et *365. chron. Rontchevsky ; RTD civ. 1996. 151, obs. Mestre.* ♦ Est illicite la cause d'une convention tendant à l'exercice d'un trafic d'influence. • Paris, 30 sept. 1993 : *RTD civ. 1994. 96, obs. Mestre.* ♦ Toute clause qui tend à réduire la durée de la garantie de l'assureur à un temps inférieur à la durée de la responsabilité de l'assuré est génératrice d'une obligation sans cause, comme telle illicite et réputée non écrite. • Civ. 1re, 2 juin 2004 : *Bull. civ. I, n° 155 ; D. 2004. IR. 1708 ; RDC 2004. 927, obs. D. Mazeaud.* ♦ En revanche, n'est pas nulle comme ayant une cause contraire aux bonnes mœurs la libéralité consentie à l'occasion d'une relation adultère. • Cass., Ass. plén., 29 oct. 2004 : *Bull. civ., n° 12 ; D. 2004. 3175, note Vigneau ; AJ famille 2005. 23, obs. Bicheron ; JCP 2004. II. 10011, note Chabas ; Defrénois 2004. 1732, note Libchaber ; ibid. 2005. 234, obs. S. Piedelièvre ; Contrats Conc. Consom. 2005, n° 40, obs. Leveneur ; RTD civ. 2005. 104, obs. Hauser ; Petites affiches 7 juin 2005, p. 17, note Pimont ; Gaz. Pal. 2004. 3786, avis Allix.* – V. sur la question, *RDC 2005. 1273* (que reste-t-il des bonnes mœurs en droit des contrats ?).

3° PROHIBITION DES CLAUSES ABUSIVES (art. L. 132-1 C. consom.)

100. V. *infra*, v° *Ventes commerciales (Dispositions générales).*

101. Exclusion des contrats en rapport direct avec l'activité professionnelle. Un contractant ne peut se prévaloir des dispositions relatives aux clauses abusives (art. L. 132-1 C. consom.) lorsque le contrat qu'il a conclu a un rapport direct avec son activité professionnelle. Jurisprudence constante depuis • Civ. 1re, 24 janv. 1995 : *D. 1995. 327, note G. Paisant* (contrat de fourniture d'électricité passé entre un imprimeur et EDF). ♦ V. aussi • Civ. 1re, 17 nov. 1998 : *Bull. civ. I, n° 322 ; D. Affaires 1999. 372 ; Contrats Conc. Consom. 1999, n° 21, note L. Leveneur* (contrat de crédit-bail conclu par le crédit-preneur dans le cadre de son activité professionnelle). ♦ L'existence d'un rapport direct entre le contrat conclu et l'activité professionnelle d'un contractant relève de l'appréciation souveraine des juges du fond. • Civ. 1re, 1er déc. 1998 : *Bull. civ. I, n° 339 ; D. 2000. Somm. 39, obs. J.P. Pizzio.*

102. Exclusion des contrats conclus entre commerçants. La réglementation sur les clauses abusives ne trouve pas à s'appliquer lorsque la clause litigieuse figure dans un contrat conclu entre deux commerçants dans le cadre de leurs relations professionnelles habituelles. • Com. 23 nov. 1999 : *Bull. civ. IV, n° 210 ; Contrats Conc. Consom. 2000, n° 40, note L. Leveneur ; JCP 2000. II. 10326, note J.-P. Chazal.*

103. Sanction. Sur la prohibition dans les contrats conclus entre professionnels des clauses contredisant une obligation essentielle ou procurant un avantage illicite comme dépourvu de cause, V. *supra*, notes 92 et 93.

4° CONFORMITÉ DU CONTRAT À L'ORDRE PUBLIC

104. Interdiction de déroger aux règles d'ordre public. Il ne peut être dérogé ni par voie d'usage, ni par des conventions particulières aux règles qui intéressent l'ordre public. • Com. 17 oct. 1995 : *Bull. civ. IV, n° 245* (cassation de la décision ayant écarté l'application d'un texte d'ordre public, imposant un prix minimum, en se fondant sur l'existence d'un usage en vigueur dans une branche d'activité selon lequel les rapports entre les parties sont régies sur la base d'accords de gré à gré).

105. Nullité du contrat contraire à une règle d'ordre public. La violation d'une règle intéressant l'ordre public entraîne la nullité du contrat en application de l'art. 6 C. civ. Viole ce texte et les dispositions d'ordre public relatives à la vente à crédit, dont l'application peut être demandée par toute personne y ayant intérêt, la cour d'appel qui déboute un établissement de crédit de sa demande en nullité des contrats de vente et de financement aux motifs qu'il était étranger au contrat de vente, de même que le vendeur était étranger au contrat de financement. • Com. 1er mars 1983 : *Bull. civ. IV, n° 93.* ♦ La seule méconnaissance par un établissement de crédit de l'exigence d'agrément, au respect de laquelle l'art. 15 de la L. n° 84-46 du 24 janv. 1984, devenu les art. L. 511-10, L. 511-14 et L. 612-2 C. mon. fin., subordonne l'exercice de son activité, n'est pas de nature à entraîner la nullité des contrats qu'il a conclus. • Cass., Ass. plén., 4 mars 2005 : *cité note 2 ss. art. L. 511-10 C. mon. fin., supra, v° Code monétaire et financier (extraits).*

106. Renonciation à des dispositions d'ordre public de protection. S'il est interdit de renoncer par avance aux règles de protection établies par la loi sous le sceau de l'ordre public, il est en revanche permis de renoncer aux effets acquis de telles règles. • Civ. 1re, 17 mars 1998 : *Bull. civ. I, n° 120 ; JCP 1998. II. 10 148, note S. Piedelièvre* (à propos de la violation des dispositions du code de la consommation).

107. Prohibition des pratiques anticoncurrentielles. Sur la prohibition des conventions et clauses constitutives d'une entente ou d'un abus de puissance économique ou de dépendance économique, V. art. L. 420-1 à L. 420-3 C. com., *supra.* ♦ Pour une illustration, V. • Com. 18 févr. 1992 : *Bull. civ. IV, n° 78 ; JCP E 1992. II. 344, note M. Béhar-Touchais ; RTD civ. 1992. 759, obs. J. Mestre* (nullité de la clause de restitution en nature de cuves, prêtées par une société pétrolière à un pompiste, en raison de son effet anticoncurrentiel).

108. Exercice illégal d'une activité régle-

mentée. Lorsqu'un contrat de crédit-bail a été conclu en infraction à l'interdiction pesant sur toute personne autre qu'un établissement de crédit d'effectuer à titre habituel des opérations de crédit-bail, le crédit-preneur est recevable à exercer l'action en nullité dans la mesure où la règle violée protège non seulement l'intérêt général et celui des établissements de crédit, mais aussi celui du crédit-preneur. • Com. 19 nov. 1991 : *Bull. civ. IV, n° 347 ; RTD civ. 1992. 381, obs. J. Mestre* ✎.

109. Manquement aux exigences d'un texte assorti d'une sanction pénale. La nullité d'un contrat ne saurait résulter du seul manquement aux exigences d'un texte assorti d'une infraction pénale. • Civ. 1re, 15 déc. 1998 : *Bull. civ. I, n° 366 ; RTD civ. 1999. 383, obs. J. Mestre* ✎.

110. Contrôle de la conformité du contenu du contrat aux dispositions de la Conv. EDH. En vertu des dispositions de l'art. 8 Conv. EDH, toute personne a droit au respect de son domicile, et le libre choix du domicile personnel et familial est l'un des attributs de ce droit, de sorte qu'une restriction à cette liberté par l'employeur n'est valable qu'à la condition d'être indispensable à la protection des intérêts légitimes de l'entreprise et proportionnée, compte tenu de l'emploi occupé et du travail demandé, au but recherché. • Soc. 12 janv. 1999 : *Bull. civ. V, n° 7 ; RTD civ. 1999. 395, obs. J. Mestre* ✎.

111. Violation de règles déontologiques. Les règles de déontologie, dont l'objet est de fixer les devoirs des membres de la profession, ne sont assorties que de sanctions disciplinaires et n'entraînent pas à elles seules la nullité des contrats conclus en infraction à leurs dispositions. • Civ. 1re, 5 nov. 1991 : *Bull. civ. I, n° 297 ; JCP E 1992. II. 255, note A. Viandier ; RTD civ. 1992. 383, obs. J. Mestre* ✎ (manquement déontologique d'un expert comptable). ♦ V. aussi • Civ. 1re, 30 mars 1994 : *Bull. civ. I, n° 125 ; RTD civ. 1995. 100, obs. J. Mestre* ✎ (manquement au statut du notariat).

112. Fraude à la loi. En vertu du principe *fraus omnia corrumpit*, une cour d'appel doit rechercher, lorsqu'elle y est invitée, si les actes incriminés (contrats de société et bail) ne procédaient pas d'une collusion entre ceux qui les avaient souscrits en vue de porter frauduleusement atteinte aux droits successoraux d'une personne. • Civ. 1re, 17 mars 1992 : *Bull. civ. I, n° 86 ; D. 1992. Somm. 401, obs. Ph. Delebecque* ✎. ♦ Mais une cour d'appel ne peut annuler un contrat en raison d'une fraude à la loi sans constater que tous les contractants ont concouru à la fraude. • Com. 28 janv. 1998 : *Bull. civ. IV, n° 36* (demande de nullité d'un contrat de société en raison d'une fraude aux droits de l'épouse d'un associé). ♦ Une stipulation imposée par le bailleur à son locataire, faisant dépendre la validité d'un bail du maintien d'une clause d'indexation illicite, peut être considérée comme une fraude à la loi. Les juges peuvent dans ces conditions, estimer que l'annulation de la clause d'indexation n'entraîne pas la nullité du bail, même si les parties l'ont qualifiée de déterminante. • Civ. 3e, 6 juin 1972 : *D. 1973. 151, note Ph. Malaurie.*

IV. SANCTIONS DES CONDITIONS DE VALIDITÉ DU CONTRAT

A. INEXISTENCE DU CONTRAT

113. Absence d'un élément essentiel du contrat. Une vente nulle pour défaut de prix sérieux, qui serait dépourvue d'existence légale, n'est susceptible ni de prescription, ni de confirmation. • Civ. 16 nov. 1932 : *DH 1933. 4 ; S. 1934. 1. 1, note P. Esmein.* ♦ Le prix stipulé n'étant pas sérieux, l'acte était inexistant, ce qui pouvait être invoqué par tous ceux qui y avaient intérêt. • Civ. 1re, 20 oct. 1981 : *Bull. civ. I, n° 301 ; D. 1983. 73, note Ch. Larroumet.* ♦ L'existence, dans une vente, d'un prix qui n'est pas dérisoire, n'exclut pas l'existence d'une donation déguisée susceptible d'entraîner la nullité de la vente consentie. • Civ. 1re, 29 janv. 2002 : *Bull. civ. I, n° 31 ; D. 2003. 2591, note Najjar* ✎. ♦ Retenant exactement qu'aucun échange de consentement n'étant intervenu entre un établissement de crédit et un incapable majeur, il n'y a pas eu de contrat de prêt entre eux, le prêteur ne pouvait inscrire un gage sur l'automobile acquise avec les fonds qu'il avait versés, du chef d'un contrat inexistant. • Civ. 1re, 5 mars 1991 (1re esp.) : *D. 1993. 508, note L. Collet* ✎. ♦ Mais il a été jugé qu'une société fictive est une société nulle et non inexistante. • Com. 16 juin 1992 (2e esp.) : *Bull. civ. IV, n° 243 ; D. 1993. 508, note L. Collet* ✎. ♦ Jugé également qu'un bail entaché du vice de perpétuité ne peut être considéré comme inexistant. • Civ. 3e, 15 déc. 1999 : *Bull. civ. III, n° 242 ; Contrats Conc. Consom. 2000, n° 77, note L. Leveneur.*

B. NULLITÉ DU CONTRAT

1° DISTINCTION ENTRE NULLITÉ RELATIVE ET NULLITÉ ABSOLUE

a. Nullité relative

114. Protection d'un intérêt particulier. La nullité est relative lorsque la règle transgressée protège un intérêt individuel (incapacité, vice du consentement, absence de cause, règle d'ordre public de protection). La nullité ne peut alors être invoquée que par la personne protégée par la loi et est susceptible de disparaître en cas de confirmation. ♦ Ainsi, la nullité édictée par l'art. 1-2, al. 2 de la loi du 2 juill. 1966 (codifié à l'art. L. 313-9, al. 2, C. mon. fin., sanctionnant l'absence d'une faculté effective de résiliation anticipée dans les contrats de crédit-bail immobilier) destinée à protéger les droits du crédit-preneur est relative et relève des dispositions de l'art. 1304 C. civ. • Civ. 3e,15 mai 1996 : *Bull. civ. III, n° 116* • 4 oct. 2000 : *Bull. civ. III, n° 157 ; Banque et Droit nov.-déc. 2000. 45, obs. N. Rontchevsky.* ♦ Considérant que les dispositions d'ordre public relatives à l'usure et celles de l'art. 1907 C. civ. qui imposent respectivement la mention ou la fixation écrite du taux effectif global ou du taux de l'intérêt conventionnel ont été édictées dans le seul intérêt de l'emprunteur, de sorte que leur violation est sanctionnée par la nullité relative de la reconnaissance de l'obligation de payer des intérêts conventionnels, V. • Com. 29 mars 1994 : *Bull. civ. IV, n° 134 ; RJ com. 1994. 234, note F. Grua.*

115. Titulaire de l'action en nullité relative. La nullité relative ne peut être invoquée que par la personne que la loi a entendu protéger. La nullité édictée par l'art. 1-2, al. 2 de la loi du 2 juill. 1966, en matière de crédit-bail immobilier (aujourd'hui art. L. 313-9, al. 2, C. mon. fin.) est une nullité relative, de sorte qu'un tiers n'est pas recevable à remettre en cause le contrat. • Civ. 3e, 28 mars 2001 : *Bull. civ. III, n° 39 ; Banque et Droit juill.-août 2001. 58, obs. N. Rontchevsky* (irrecevabilité de l'action en nullité engagée par l'associé de la société civile immobilière ayant conclu le contrat de crédit-bail immobilier).

116. Prescription de l'action en nullité relative. Dès lors qu'une nullité est relative et relève des dispositions de l'art. 1304 C. civ., le point de départ de la prescription quinquennale ne peut être fixé (en l'absence d'une disposition particulière) à une date différente de celle de la conclusion de l'acte. • Civ. 3e, 4 oct. 2000 : *Bull. civ. III, n° 157 ; Banque et Droit nov.-déc. 2000. 45, obs. N. Rontchevsky.*

b. Nullité absolue

117. Protection de l'intérêt général. La nullité est absolue lorsque la règle transgressée protège l'intérêt général. ♦ Tel est le cas d'une indexation prohibée par la loi, qui, atteinte d'une nullité absolue, n'est susceptible ni de confirmation, ni de ratification : • Com. 3 nov. 1988 : *Bull. civ. IV, n° 287 ; D. 1989. 93, note Malaurie.*

118. Titulaire de l'action en nullité absolue. La nullité d'un contrat peut être demandée par toute personne invoquant un droit contraire à celui né du contrat irrégulier. • Com. 1er mars 1983 : *Bull. civ. IV, n° 93* (nullité d'un contrat de vente conclu en infraction à la réglementation du crédit demandée par l'établissement de crédit).

119. Prescription de l'action en nullité absolue. L'action en nullité absolue d'un contrat se prescrit par 30 ans. • Civ. 3e, 15 déc. 1999 : *Bull. civ. III, n° 242 ; Contrats Conc. Consom. 2000, n° 77, note L. Leveneur* (contrat de bail entaché d'un vice de perpétuité).

2° EXCEPTION DE NULLITÉ

120. Domaine. Si l'exception de nullité est en principe perpétuelle, elle peut seulement jouer pour faire échec à la demande d'exécution d'un contrat qui n'a pas été exécuté. • Civ. 1re, 1er déc. 1998 : *Bull. civ. I, n° 338* (prêt) • Com. 6 juin 2001 : *Bull. civ. IV, n° 113* (prêt) • Civ. 3e, 30 janv. 2002 : *cité note 7 ss. art. L. 313-9 C. mon. fin., supra, v° Code monétaire et financier (extraits)* • Civ. 1re, 25 mars 2003 : *Bull. civ. I, n° 88 ; D. 2003. IR. 1077 ; JCP E 2003, n° 23, p. 930 ; Banque et Droit juill.-août 2003. 66, obs. Bonneau ; RJDA 2004, n° 212* (prêt) • Civ. 3e, 9 juill. 2003 : *Bull. civ. III, n° 149 ; RJDA 2003, n° 923* (bail). ♦ Mais il a été jugé que le principe selon lequel la prescription d'une action en nullité n'éteint pas le droit d'opposer celle-ci comme exception en défense à une action principale permet à un preneur d'opposer au bailleur la nullité d'un bail signé en violation de dispositions d'ordre public du droit des sociétés, alors même que l'action en nullité n'aurait pas été exercée dans le délai de prescription. • Civ. 3e, 2 déc. 1998 : *Bull. civ. III, n° 226 ; RTD civ. 1999. 617, obs. Mestre.*

3° EFFETS DE LA NULLITÉ

a. Étendue de la nullité

121. Nullité intégrale ou partielle du contrat comportant une clause irrégulière. Critère. La jurisprudence prononce la nullité intégrale du contrat comportant une clause irrégulière lorsque celle-ci a été la condition impulsive et déterminante de l'acte. Il a ainsi été jugé qu'une vente dont le prix payable à terme était indexé sur l'or devait être intégralement annulée, dès lors qu'aux termes de l'art. 1172 C. civ., toute condition prohibée par la loi est nulle et rend nulle la convention qui en dépend, et qu'il en est ainsi, au moins, lorsque la clause illicite a été, dans l'esprit des parties, une condition essentielle de leur accord de volonté et que sa suppression aurait pour conséquence de bouleverser l'économie du contrat, la cour d'appel relevant que dans la commune intention des parties, la clause illicite présentait bien un caractère impulsif et déterminant. • Civ. 1re, 24 juin 1971 : *Bull. civ. I, n° 405 ; JCP 1972. II. 17191, note J. Ghestin.* ♦ Considérant que doit être censuré l'arrêt qui décide que la nullité d'une clause d'indexation contenue dans un contrat de location-gérance d'un fonds de commerce ne s'étend pas à ce dernier, alors qu'une de ses stipulations précisait que chacune de ses clauses constituait une condition déterminante du contrat sans laquelle les parties n'auraient pas contracté, V. • Com. 27 mars 1990 : *Bull. civ. IV, n° 93 ; D. 1991. 289, note F.-X. Testu ; RTD civ. 1991. 112, note J. Mestre .* ♦ La jurisprudence décide cependant souvent que la clause selon laquelle l'annulation d'une stipulation devra entraîner l'annulation de l'intégralité du contrat est frauduleuse ou illicite et doit être réputée non écrite. Il a ainsi été jugé qu'une stipulation, imposée par le bailleur à son locataire, faisant dépendre la validité d'un bail du maintien d'une clause d'indexation illicite, peut être considérée comme une fraude à la loi, et les juges du fond peuvent, dans ces conditions, estimer que l'annulation de la clause d'indexation n'entraîne pas la nullité du bail, même si les parties l'ont qualifiée de déterminante. • Civ. 3e, 6 juin 1972 : *D. 1973. 151, note Ph. Malaurie.* ♦ De même, après avoir relevé que la clause de fourniture exclusive de bière, générale et absolue stipulée dans un bail, portait atteinte au droit au renouvellement en assurant au bailleur, en raison de la menace d'annulation du bail tout entier, la pérennité d'une stipulation interdite par une disposition d'ordre public, une cour d'appel a décidé, à bon droit, nonobstant le fait que les parties étaient convenues que cette clause était essentielle, que son annulation ne devait pas entraîner celle du bail. • Civ. 3e, 31 janv. 2001 : *RJDA 2001, n° 428 ; JCP 2001. I. 354, n° 1, obs. Y.-M. Serinet.*

122. Substitution d'une clause licite à une clause illicite. Une cour d'appel, recherchant la commune intention des parties, a souverainement retenu que leur volonté a essentiellement porté sur le principe de l'indexation et que la stipulation du choix de l'indice en constituant une application, il y avait lieu de substituer à l'indice annulé, un indice admis par la loi. • Civ. 3e, 22 juill. 1987 : *Bull. civ. III, n° 151.* ♦ V. aussi • Lyon, 9 juill. 1990 : *D. 1991. 47, note Ph. Malaurie .*

123. Clause réputée non écrite. La jurisprudence déclare non écrites les clauses contractuelles donnant à l'une des parties un avantage illicite, tel qu'un avantage dépourvu de contrepartie ou qui sont contraires à l'économie ou à une obligation essentielle du contrat. Jugé que doit être réputée non écrite la stipulation d'une police d'assurance aboutissant à priver l'assuré du bénéfice de l'assurance en raison d'un fait qui ne lui est pas imputable et à créer un avantage illicite, comme dépourvu de cause, au profit du seul assureur ayant perçu sans contrepartie les primes. • Civ. 1re, 19 déc. 1990 : *Bull. civ. I, n° 303 ; JCP 1991. II. 21656, note J. Bigot.* ♦ La clause limitative de responsabilité qui contredit l'obligation essentielle du contrat doit être réputée non écrite par application de l'art. 1131 C. civ. • Com. 22 oct. 1996 : *Bull. civ. IV, n° 261 ; D. 1997. 121, note A. Sériaux ; D. 1997. Somm. 175, obs. Ph. Delebecque ; JCP 1997. II. 22881, note D. Cohen ; GAJC II, n° 156.* ♦ Est sans portée la clause contractuelle stipulée en contradiction avec l'économie générale d'une convention. • Com. 15 févr. 2000 : *Bull. civ. IV, n° 29 ; Banque et Droit sept.-oct. 2000. 44, obs. N. Rontchevsky.*

b. Rétroactivité de la nullité

124. Effacement rétroactif du contrat. La nullité, qu'elle soit invoquée par voie d'action ou par voie d'exception, emporte, en principe, l'effacement rétroactif du contrat. • Civ. 1re, 16 juill. 1998 : *Bull. civ. I, n° 251 ; D. 1999. 361, note P. Fronton .* ♦ Il est de principe que l'annulation d'un contrat qui a investi une personne de la propriété d'un immeuble entraîne l'annulation de tous les droits réels que cette même personne a concédés sur ledit immeuble. • Req. 13 févr. 1900 : *S. 1900. 1. 449, note Tissier* (nullité de l'hypothèque consentie par le propriétaire dont le titre a été ultérieurement annulé).

c. Restitutions

125. Principe : remise en état en nature ou par équivalent. Dans le cas où un contrat nul a cependant été exécuté, les parties doivent être remises dans l'état dans lequel elles se trouvaient avant cette exécution, et lorsque cette remise en état se révèle impossible, la partie qui a bénéficié d'une prestation qu'elle ne peut restituer doit s'acquitter du prix correspondant à cette prestation. Une cour d'appel qui, après avoir retenu la vileté d'un prix de la vente d'arbres plantés, constate que l'acheteur en a pris livraison et qu'ainsi la restitution en nature est impossible, décide exactement que le vendeur est en droit d'obtenir paiement de la valeur réelle des arbres livrés. • Civ. 1re, 16 mars 1999 : *Bull. civ. I, n° 95.* ♦ Les restitutions réciproques, conséquences nécessaires de la nullité d'un contrat de vente, peuvent être exécutées en nature ou en valeur, de sorte qu'en l'état de ventes successives, encourt la cassation l'arrêt qui, après avoir prononcé la nullité de la dernière vente, décide que le dernier vendeur était irrecevable à demander à son tour la nullité de la vente, au motif que celui-ci, qui avait repris possession du véhicule, l'avait revendu à un tiers et qu'il était désormais dans l'impossibilité d'en assurer la restitution à son vendeur. • Civ. 1re, 11 juin 2002 : *Bull. civ. I, n° 163 ; D. 2002. 3108, note Rakotovahiny ; Contrats Conc. Consom. 2002, n° 156, obs. Leveneur ; RTD civ. 2003. 284, obs. Mestre et Fages*. ♦ En cas d'annulation d'un bail pour un motif étranger au comportement du preneur, l'indemnité d'occupation due représente la contrepartie de la jouissance des lieux. • Civ. 3e, 1er juill. 1987 : *Bull. civ. III, n° 134.* ♦ En cas d'exécution de contrats nuls, les parties doivent être remises dans l'état où elles étaient auparavant par restitution des prestations réciproquement exécutées. Dans une telle situation, une société pétrolière qui avait conclu un contrat de fournitures de carburants et lubrifiants et deux contrats de prêt ne peut être tenue de verser à la partie qui avait contracté avec elle une rémunération ou une indemnisation de pertes d'exploitation sans lien avec la fourniture des produits livrés. • Com. 24 sept. 2003 : *Bull. civ. IV, n° 138 ; JCP 2004. II. 10026, note Kéita.* ♦ L'annulation d'une cession d'actions confère au vendeur, dans la mesure où la remise des actions en nature n'est plus possible, le droit d'en obtenir la remise en valeur au jour de l'acte annulé. • Com. 14 juin 2005 : *Bull. civ. IV, n° 130 ; D. 2005. AJ. 1775, obs. Lienhard ; RTD civ. 2005. 778, obs. Mestre et Fages ; Rev. sociétés 2006. 66, note Mathey ; JCP E 2005, n° 50, p. 2159, obs. Caussain, Deboissy et Wicker ; JCP E 2006, n° 9, p. 427, note Wintgen ; Dr. sociétés 2005, n° 158, obs. Hovasse ; Bull. Joly 2005. 1400, obs. Le Cannu ; RJDA 2006, n° 279.*

126. *Particularisme du contrat réel.* Tant que les parties n'ont pas été remises en l'état antérieur à la conclusion de leur convention annulée, l'obligation de restituer inhérente au contrat de prêt demeure valable, et le cautionnement en considération duquel le prêt a été consenti subsiste tant que cette obligation valable n'est pas éteinte. • Com. 17 nov. 1982 : *Bull. civ. IV, n° 357 ; D. 1983. 572, note M. Contamine-Raynaud.*

127. *Tempéraments.* Viole l'art. 1371 C. civ. la cour d'appel qui, ayant constaté qu'une partie s'était rendue coupable d'un dol, n'en déduit pas que cette faute la prive de l'action *de in rem verso*. • Com. 19 mai 1998 : *Bull. civ. IV, n° 160.* ♦ En présence des turpitudes réciproques des deux parties (vendeur d'un fonds de commerce poursuivi pour proxénétisme et acquéreur connaissant cette situation), il y a lieu de déclarer d'office irrecevable la demande en garantie de l'une dirigée contre l'autre. • Com. 27 avr. 1981 : *Bull. civ. IV, n° 187 ; D. 1982. 51, note Ph. le Tourneau ; RTD civ. 1982. 418, obs. F. Chabas.*

128. *Responsabilité civile délictuelle du cocontractant qui avait connaissance de la cause de nullité.* Celui qui contracte en connaissant les vices du contrat peut engager sa responsabilité délictuelle sur le fondement de l'art. 1382 C. civ. et peut être tenu de payer des dommages-intérêts à son cocontractant si celui-ci ignorait la cause de nullité du contrat et si l'annulation lui a causé un préjudice. ♦ Il a ainsi été jugé qu'un franchiseur doit payer des dommages-intérêts à un franchisé en raison de l'annulation du contrat qui comportait des engagements manifestement potestatifs de la part du franchiseur. • Paris, 1er déc. 1989 : *D. 1990. IR. 19.* ♦ Jugeant que la nullité d'un contrat pour insanité d'esprit n'exclut pas l'action en responsabilité contre le contractant dont la faute a été caractérisée : • Civ. 1re, 28 janv. 2003 : *Dr. et patr. janv. 2004. 84, obs. Chabas.*

V. EFFETS DU CONTRAT ENTRE LES PARTIES

A. DÉTERMINATION DU CONTENU DU CONTRAT

1° INTERPRÉTATION DU CONTRAT (art. 1135 et 1156 à 1164 C. civ.)

a. Pouvoirs des juges du fond

129. *Pouvoir souverain d'interprétation des juges du fond.* Les juges du fond ont un pouvoir souverain pour apprécier les clauses d'un contrat. • Cass., Sect. réun., 2 févr. 1808 : *arrêt Lubert : GAJC II, n° 159* (à propos d'un contrat de société). ♦ La méconnaissance par les juges du fond d'une directive d'interprétation des contrats (art. 1156 à 1164 C. civ.) ne saurait à elle seule donner ouverture à cassation. • Com. 19 janv. 1981 : *Bull. civ. IV, n° 34.*

130. *Réserve de la dénaturation.* Il n'est pas permis aux juges du fond, lorsque les termes d'une convention sont clairs et précis, de dénaturer les obligations qui en résultent et de modifier les stipulations qu'elle renferme. • Civ. 15 avr. 1872 : *S. 1872. 1. 232 ; GAJC II, n° 160.* ♦ V. aussi • Civ. 1re, 19 juin 2001 : *Bull. civ. I, n° 172 ; Banque et Droit sept.-oct. 2001. 43, obs. N. Rontchevsky* (cassation d'un arrêt pour dénaturation de la clause d'un cautionnement relative à sa durée).

b. Obligations d'origine prétorienne

131. *Obligations de renseignement et de conseil.* Manque à son obligation de renseignement le professionnel qui vend à un bijoutier un système d'alarme non conforme aux prescriptions des compagnies d'assurance, sans informer son client sur les conséquences de son achat au regard de la couverture du risque de vol. • Com. 25 mai 1993 : *Bull. civ. IV, n° 211 ; D. 1994. Somm. 10, obs. J. Kullmann*. ♦ Mais une banque ne manque pas à son devoir d'information à l'égard d'une société importante, habituée au négoce international, qui était apte à mesurer les conséquences d'une garantie autonome. • Com. 3 mai 2000 : *Bull. civ. IV, n° 90 ; Banque et Droit juill.-août 2000. 55, obs. A. Prüm et N. Rontchevsky.* ♦ V. également considérant qu'une banque n'a pas d'obligation de conseil à l'égard d'un client averti ayant une grande maîtrise des opérations boursières. • Com. 18 févr. 1997 : *Bull. civ. IV, n° 51.* ♦ A l'égard d'un acheteur professionnel, l'obligation d'information du fabricant n'existe que dans la mesure où la compétence de cet acheteur ne lui donne pas les moyens d'apprécier la portée exacte des caractéristiques techniques des biens qui lui sont livrés. • Civ. 1re, 3 juin 1998 : *Bull. civ. I, n° 198 ; D. Affaires 1998. 1172, obs. J. F.*

132. Obligation de sécurité juridique. Considérant qu'une agence de publicité doit conseiller utilement son client sur le plan de la sécurité juridique et qu'elle doit, en conséquence, obtenir de l'auteur du modèle choisi pour une maquette publicitaire, l'autorisation nécessaire pour permettre une exploitation sans risque de celle-ci par son client, V. • Com. 30 nov. 1993 : *Bull. civ. IV, n° 445.*

c. Usages

133. Reconnaissance d'un usage. Les juges du fond apprécient souverainement l'existence et la portée d'un usage professionnel général s'imposant aux parties à un contrat à défaut de conventions contraires. • Com. 25 janv. 1972 : *D. 1972. 423.*

134. Usage général commun à tous les commerçants. Justifie légalement sa décision, la cour d'appel qui, procédant à l'interprétation d'une offre de cession d'entreprise, laquelle ne portait pas la mention hors taxes ou toutes taxes comprises, retient que, selon un usage constant entre commerçants, les prix s'entendent hors taxes, sauf convention contraire. • Com. 9 janv. 2001 : *Bull. civ. IV, n° 8 ; Contrats Conc. Consom. 2001, n° 70, (1re esp.), note Leveneur.*

135. Usage particulier. En l'état de ses constatations selon lesquelles les parties à un contrat étaient des professionnels exerçant dans le même secteur d'activité, justifie légalement sa décision au regard des art. 1134 et 1135 C. civ. la cour d'appel qui, après avoir relevé qu'un usage, établi par les attestations d'une chambre des métiers, laisse la propriété d'un outil conçu spécialement à son fabricant, retient que le maître de l'ouvrage ne peut se prévaloir de sa propriété. • Com. 9 janv. 2001 : *Bull. civ. IV, n° 9 ; Contrats Conc. Consom. 2001, n° 70 (2e esp.), note Leveneur.* ♦ Mais les juges du fond ne sauraient faire application d'un usage prévu par le contrat type applicable aux professionnels de la publicité et à leurs partenaires habituels sans vérifier que l'annonceur était informé de cet usage et que son comportement indiquait qu'il y avait adhéré. • Com. 16 déc. 1997 : *Bull. civ. IV, n° 339 ; D. Affaires 1998. 146, obs. J. F.* • Versailles, 6 mai 2003 : *RJDA 2003, n° 1133* (partenaire occasionnel). ♦ L'envoi par le courtier au vendeur et à l'acheteur de la « lettre de confirmation » sans qu'il y ait de leur part un accord formel équivaut, suivant l'usage ancien et constant en Bordelais, à une vente parfaite, sauf protestation dans un bref délai fixé par les usages loyaux et constants de la profession à 48 heures de la réception de cette lettre. • Com. 13 mai 2003 : *Bull. civ. IV, n° 82 ; D. 2004. 414, note Bahans et Menjucq ; JCP E 2004, n° 11, p. 421, obs. Masquefa-Neazu-Leduc ; Contrats Conc. Consom. 2003, n° 124, obs. Leveneur ; RTD civ. 2003. 727, obs. Gautier ; RJDA 2003, n° 1038.* ♦ Sur les usages en matière de calcul de l'indemnité d'éviction, V. • Civ. 3e, 17 déc. 2003 : *Bull. civ. III, n° 237 ; D. 2004. AJ. 213, obs. Rouquet ; JCP E 2004, n° 8-9, p. 299 ; RJDA 2004, n° 280.* — V. aussi note ss. art. L. 145-14 C. com. au **C. baux**.

136. Valeur d'un usage. Un usage bancaire ne saurait prévaloir contre des dispositions d'ordre public. • Com. 18 mars 1997 : *Contrats Conc. Consom. 1997, n° 124, note G. Raymond* (calcul du taux effectif global).

2° QUALIFICATION DU CONTRAT

137. Contrôle de la Cour de cassation. La qualification du contrat est une opération de droit sur laquelle la Cour de cassation exerce son contrôle. ♦ Il appartient aux juges du fond de donner ou restituer son exacte qualification à un acte sans s'arrêter à la dénomination que les parties en auraient proposée. • Com. 14 mai 1985 : *Bull. civ. IV, n° 153* (promesse de vente) • 21 déc. 1987 : *Bull. civ. IV, n° 281 ; D. 1989. 112, note J.-P. Brill* (lettre de confort).

138. Double qualification. Le contrat qui transfère la propriété de films à l'acheteur avant que ces films soient soumis au travail du professionnel présente pour partie le caractère d'une vente et ne peut être, dans son ensemble, qualifié de contrat de louage d'ouvrage.

• Civ. 1re, 6 juin 1990 : *Bull. civ. I, n° 145* (application de la prohibition des clauses abusives au contrat de vente). ♦ V. dans le même sens, • Civ. 1re, 25 janv. 1989 : *Bull. civ. I, n° 43.*

139. Qualification globale. Dans le cadre d'un mandat, le fait que le mandataire reçoive des fonds pour le compte de son mandant, ne constitue pas un contrat de dépôt au sein du contrat de mandat, mais l'exécution même de ce dernier. • Com. 1er juin 1993 : *Bull. civ. IV n° 221, JCP 1993 I. 3709, n° 1, obs. G. Virassamy.* ♦ Lorsqu'un transporteur assume une obligation de prendre des mesures de sécurité concernant la chose transportée, qui est distincte du transport, la qualification globale reste celle de contrat de transport. • Com. 14 mars 1995 : *Contrats Conc. Consom. 1995, n° 101, note L. Leveneur* (application de la prescription annale).

B. DURÉE DU CONTRAT

140. Principe de prohibition des engagements perpétuels. Un bail d'une durée de 99 ans, renouvelable au gré du preneur, est entaché d'un vice de perpétuité et l'action en nullité absolue de ce chef se prescrit par 30 ans. • Civ. 3e, 15 déc. 1999 : *Bull. civ. III, n° 242 ; Contrats Conc. Consom. 2000, n° 77, note Leveneur.* ♦ Est nul le contrat de location d'une installation téléphonique comportant une clause qui impose une durée illimitée aux obligations des parties. • Com. 3 janv. 1989 : *Bull. civ. IV, n° 3.* ♦ Ne constitue pas un engagement perpétuel le contrat de 25 ans entre une clinique et un médecin dès lors que cette durée est inférieure à la moyenne de la vie professionnelle et ne porte ainsi aucune atteinte à la liberté individuelle. • Civ. 1re, 20 mai 2003 : *Bull. civ. I, n° 124 ; D. 2004. Somm. 598, obs. Penneau ; JCP E 2004, n° 12, p. 463, obs. André ; Contrats Conc. Consom. 2003, n° 123, obs. Leveneur ; RJDA 2003, n° 1162 ; Cah. dr. entr. 2004, n° 1, p. 45, obs. Mouly.* ♦ Sur la limitation de durée des clauses d'approvisionnement exclusif, V. art. L. 330-1 et L. 330-2 C. com.

141. Terme et reconduction. Sur la condition et le terme, V. art. 1168 à 1188 C. civ. ♦ La tacite reconduction d'un contrat de durée déterminée, dont le terme extinctif a produit ses effets, donne naissance à un nouveau contrat, de durée indéterminée, et dont les autres éléments ne sont pas nécessairement identiques. • Civ. 1re, 15 nov. 2005 : *D. 2006. 587, note Mekki ; RTD civ. 2006. 114, obs. Mestre et Fages ; Contrats Conc. Consom. 2006, n° 43, obs. Leveneur ; RJDA 2006, n° 504 ; Defrénois 2006. 828, obs. Le Gallou.* ♦ Sur la prolongation du contrat, V. Bénabent, *RDC 2004. 117.*

C. FORCE OBLIGATOIRE DU CONTRAT (art. 1134, al. 1 et 2, C. civ.)

1° IRRÉVOCABILITÉ DU CONTRAT

a. Principe d'irrévocabilité

142. Vente. La révocation d'une vente ne peut résulter que de l'accord exprès ou tacite du vendeur et de l'acquéreur. • Civ. 3e, 22 nov. 1983 : *Bull. civ. III, n° 239 ; RTD civ. 1985. 161, obs. J. Mestre.*

143. Contrats à durée déterminée. Un contrat à exécution successive et à durée déterminée doit être exécuté jusqu'à son terme, de sorte qu'un franchiseur engage sa responsabilité contractuelle en portant atteinte à la clause d'exclusivité pendant le délai de préavis prévu dans le contrat pour écarter le renouvellement de celui-ci. • Com. 12 nov. 1996 : *D. Affaires 1997. 248 ; RJDA 1997, n° 343.* – V. aussi dans le même sens • Com. 9 juill. 1996 : *RJDA 1996, n° 1438.*

143 bis. Suspension de la résiliation du contrat par le juge des référés. En adoptant comme mesure conservatoire la poursuite des effets du contrat, fût-il dénoncé, le juge des référés ne fait qu'user du pouvoir que lui confère l'art. 873, al. 1er, NCPC. Il ne peut cependant le faire qu'en fixant à sa mesure un terme certain. • Civ. 1re, 7 nov. 2000 : *Bull. civ. I, n° 286 ; D. 2001. 256, note Billiau et Jamin ; ibid. Somm. 1137, obs. Mazeaud ; Contrats Conc. Consom. 2001, n° 19, note Leveneur ; Defrénois 2001. 437, obs. Savaux.* ♦ Une cour d'appel, qui retient qu'il importe peu qu'une société qui refuse d'exécuter ses engagements contractuels ait engagé une action judiciaire en contestation de la validité de ceux-ci, dès lors qu'elle est tenue de se conformer au principe selon lequel le contrat conclu doit être exécuté par chacune des parties tant qu'il n'a pas été statué sur sa validité par les juges du fond compétents et que nul ne peut se faire justice à soi-même, caractérise l'existence d'un trouble manifestement illicite et ne fait qu'user de ses pouvoirs qui lui sont conférés par l'al. 1 de l'art. 873 du NCPC en prescrivant à cette société, à titre de mesure conservatoire ou de remise en état, l'obligation d'exécuter ses obligations contractuelles. • Civ. 1re, 15 juin 2004 : *cité note 5 ss. art. 873 NCPC, infra, v° Tribunaux de commerce.* ♦ Si l'art. 873 NCPC donne pouvoir au juge des référés d'ordonner la reprise des relations contractuelles, c'est seulement lorsque le contractant a mis en œuvre l'exécution d'inexécution dans des conditions constitutives d'un trouble manifestement illicite ou si le droit du contractant au maintien des effets du contrat n'est pas sérieusement contestable. • Paris, 2 mai 2001 : *BICC 2001, n° 1221.*

b. Tempéraments

144. Révocation conventionnelle. Un accord révocatoire n'est soumis à aucune condition de forme. Il peut être tacite et résulter des circonstances dont l'appréciation appartient aux juges du fond. • Civ. 1re, 22 nov. 1960 : *Bull. civ. I, n° 510 ; D. 1961. 89, note G. Holleaux.* ♦ Rien n'interdit qu'une personne s'engage envers une autre avec une faculté de dédit gratuite. • Com. 30 oct. 2000 : *D. 2001. Somm. 3241, obs. D. Mazeaud ; Contrats Conc. Consom. 2001, n° 21, note L. Leveneur.*

145. Contrats à durée indéterminée. Les contrats à exécution successive conclus sans détermination de durée peuvent être rompus unilatéralement par chacune des parties. Il résulte de l'art. 1134 C. civ. que, dans les contrats à exécution successive dans lesquels aucun terme n'a été prévu, la résiliation unilatérale est, sauf abus sanctionné par l'al. 3 du même texte, offerte aux deux parties. • Civ. 1re, 5 févr. 1985 : *Bull. civ. I, n° 54 ; RTD civ. 1986. 105, obs. J. Mestre.* ♦ Le caractère abusif de la rupture ne saurait résulter du fait qu'elle s'est produite hors des cas prévus au contrat. • Com. 31 mai 1994 : *Bull. civ. IV, n° 194.* ♦ Le respect du préavis contractuel n'exclut pas l'abus en raison des circonstances. • Com. 20 janv. 1998 : *Bull. civ. IV, n° 40 ; D. 1998. 413 (2e esp.) note Ch. Jamin ; Contrats Conc. Consom. 1998, n° 56, note L. Leveneur ; RTD civ. 1998. 675, obs. J. Mestre* (contrat de concession rompu par le concédant après deux ans, alors que le redressement espéré de la concession déficitaire, impliquait, compte tenu des investissements exigés, que le concessionnaire bénéficie d'une période relativement longue d'exploitation pour assurer la pérennité de son entreprise).

146. Gravité du comportement du cocontractant. BIBL. Amrani-Mekki, *Petites affiches 12 et 13 août 2002, p. 8 et 4.* ♦ La gravité du comportement d'une partie à un contrat peut justifier que l'autre partie y mette fin de façon unilatérale à ses risques et périls, peu important que le contrat soit à durée déterminée ou non. • Civ. 1re, 20 févr. 2001 : *cité note 212* (à propos de la résiliation unilatérale d'un contrat passé entre une société et une personne à laquelle elle confiait des expertises). ♦ V. déjà dans le même sens, • Civ. 1re, 13 oct. 1998 : *cité note 212,* précisant que la gravité du comportement du cocontractant n'est pas nécessairement exclusive d'un préavis (résiliation unilatérale par une clinique d'un contrat conclu avec un médecin).

2° *INTANGIBILITÉ DU CONTRAT*

a. Principe du refus de la révision pour imprévision

147. Interdiction aux juges du fond de réviser le contenu d'un contrat. BIBL. Fauvarque-Cosson, *RDC 2004. 67.* – D. Mazeaud, *Petites affiches 30 juin 2005, p. 4.* ♦ La règle que consacre l'art. 1134 C. civ. est générale et absolue et régit les contrats dont l'exécution s'étend à des époques successives, de même que ceux de toute autre nature. Dans aucun cas, il n'appartient aux tribunaux, quelque équitable que puisse leur paraître leur décision, de prendre en considération le temps et les circonstances pour modifier les conventions des parties et substituer des clauses nouvelles à celles qui ont été librement acceptées par les contractants. • Civ. 6 mars 1876, *affaire du canal de Craponne : DP 1876. 1. 193, note Giboulot ; GAJC II, n° 163.* ♦ Dans le même sens • Com. 18 déc. 1979 : *Bull. civ. IV, n° 339 ; RTD civ. 1980. 780, obs. Cornu* (cassation d'un arrêt ayant révisé le tarif d'un contrat de magasinage en raison de l'évolution des circonstances économiques). ♦ Comp., jugeant que justifie légalement sa décision la cour d'appel qui, pour juger que le sous-concessionnaire avait rompu unilatéralement le contrat, relève que ce dernier mettait en cause le déséquilibre financier existant dès la conclusion du contrat et non le refus injustifié du concédant et du concessionnaire de renégocier les modalités du sous-traité au mépris de leur obligation de loyauté et d'exécution de bonne foi : • Civ. 1re, 16 mars 2004 : *Bull. civ. I, n° 86 ; D. 2004. 1754, note D. Mazeaud ; JCP E 2004, n° 20-21, p. 817, note Renard-Payen ; JCP 2004. I. 173, n° 22, obs. Ghestin ; RTD civ. 2004. 290, obs. Mestre et Fages ; RDC 2004. 642, obs. Mazeaud ; Petites affiches 28 juin 2004, p. 18, note Gavoty et Edwards ; Comm. com. élec. 2004, n° 119, obs. Stoffel-Munck.* – V. aussi Ghestin, *D. 2004. 2239, spéc. nos 24 s.* ; Aynès, *RJ com. 2005. 397.*

b. Tempéraments

148. Tempéraments légaux. Certains textes admettent la révision du contrat (V. par exemple art. L. 131-5 CPI, concernant la cession de droits d'exploitation d'une œuvre de l'esprit) ou reconnaissent au juge le pouvoir de réviser une clause du contrat (V. notamment art. 1152 C. civ.).

149. Tempéraments jurisprudentiels. La Cour de cassation reconnaît aux juges du fond le pouvoir de réduire les honoraires des mandataires et des prestataires de services lorsqu'ils sont excessifs. Jugeant que le mandat est un contrat gratuit dans sa nature et, dans le cas de convention contraire, il appartient aux tribunaux, à la différence du contrat de louage, de réduire le salaire convenu lorsqu'il est hors de proportion avec le service rendu. • Civ. 29 janv. 1867 : *S. 1867. 1. 245 ; GAJC II, n° 266.* ♦ V. aussi • Com. 2 mars 1993 : *D. 1994. Somm. 11, obs. J. Kullmann* (contrat de conseil en organisation et en gestion) • Civ. 1re, 3 mars 1998 : *Bull. civ. I, n° 85 ; D. Affaires 1998. 576, obs. V. A.-R. ; Defrénois 1998. 134, obs. J.-L. Aubert* (honoraires d'avocat).

150. Tempéraments conventionnels. **BIBL.** Laude (ss. la dir.), *Petites affiches 11 juin 2004, p. 10* (propos sur l'avenant). ♦ La clause de sauvegarde *(hardship)* permet à l'une des parties de demander un réaménagement du contrat en cas de changement intervenu dans les données initiales sur lesquelles reposait l'équilibre du contrat. • Paris, 28 sept. 1976 : *JCP 1978. II. 18810, note J. Robert* (renégociation d'un prix). ♦ Mais la clause prévoyant l'obligation pour les parties de se rencontrer en cas d'événement affectant l'économie du contrat n'oblige aucunement le cocontractant à accepter les modifications proposées par l'autre et pas davantage les parties à réviser le contrat, mais en autorise seulement la possibilité. • Angers, 27 janv. 2004 : *RTD civ. 2006. 112, obs. Mestre et Fages ; RJDA 2005, n° 1068 ; Comm. com. élec. 2004, n° 145, obs. Stoffel-Munck.*

D. OBLIGATION DE BONNE FOI DANS L'EXÉCUTION DU CONTRAT (art. 1134, al. 3, C. civ.)

1° CARACTÈRE GÉNÉRAL DE L'OBLIGATION DE BONNE FOI

151. Obligation s'imposant à tout contractant. L'obligation de répondre avec loyauté et sincérité aux questions posées par un assureur à l'occasion de l'adhésion à une assurance relève de l'obligation de bonne foi qui s'impose en matière contractuelle et nul ne saurait voir sa responsabilité engagée pour n'avoir pas rappelé le principe ou les conséquences de sa transgression à une autre partie. • Civ. 1re, 28 mars 2000 : *Bull. civ. I, n° 101 ; D. 2000. 574, note Beignier ; RCA 2000, n° 244, note Groutel.* ♦ V. aussi : • Civ. 3e, 14 sept. 2005 : *préc. note 26.*

151 bis. Neutralisation des clauses contractuelles invoquées de mauvaise foi. La clause prévoyant un forfait de dommages-intérêts est inapplicable en cas d'inexécution délibérée de la part du débiteur. • Civ. 1re, 4 févr. 1969 : *D. 1969. 601, note J. Mazeaud.* ♦ Une clause résolutoire est inefficace lorsqu'elle est invoquée par un créancier de mauvaise foi. • Civ. 3e, 15 févr. 1976 : *Bull. civ. III, n° 465 ; RTD civ. 1977. 340, obs. G. Cornu.*

2° ILLUSTRATIONS

152. Contrats de coopération. En privant, en l'absence de tout cas de force majeure, un distributeur agréé des moyens de pratiquer des prix concurrentiels, une société pétrolière n'a pas exécuté le contrat de bonne foi et doit dédommager son cocontractant du préjudice subi. • Com. 3 nov. 1992 : *Bull. civ. IV n° 338 ; JCP 1993. II. 22164, note G. Virassamy ; Defrénois 1993. 1377, obs. J.-L. Aubert ; RTD civ. 1993. 124, obs. J. Mestre.* ♦ Manque à son obligation de loyauté et à son obligation de mettre l'agent commercial en mesure d'exécuter son mandat le mandant qui n'a pas pris des mesures concrètes pour permettre à son mandataire de pratiquer des prix concurrentiels. • Com. 24 nov. 1998 : *Bull. civ. IV, n° 277 ; JCP 1999. II. 10210, note Y. Picod ; Defrénois 1999. 371, obs. D. Mazeaud ; RTD civ. 1999. 98, obs. J. Mestre.*

Sur la distinction entre, d'une part, le déséquilibre financier existant dès la conclusion du contrat et, d'autre part, le refus injustifié d'un cocontractant de prendre en compte une modification imprévue des circonstances économiques et ainsi de renégocier les modalités du sous-traité au mépris de son obligation de loyauté et d'exécution de bonne foi, V. • Civ. 1re, 16 mars 2004 : *préc. note 147.*

153. Contrat d'édition. Le fait, pour un éditeur, de minorer, au moyen de prestations fictives, de manière illégitime, les redevances que les auteurs auraient dû percevoir caractérise un manquement à l'exécution de bonne foi du contrat d'édition. • Civ. 1re, 11 janv. 2000 : *Bull. civ. I, n° 6.*

154. Contrat de mise à disposition d'une carte de crédit. Une cour d'appel ne peut condamner une société titulaire d'une carte accréditive à payer à l'établissement financier émetteur de celle-ci des dépenses effectuées avec cette carte par un ancien salarié indélicat, sans rechercher si l'établissement émetteur, après avoir reçu une opposition à l'utilisation de la carte, avait mis en œuvre tous les moyens en sa disposition pour éviter que des retraits et ordres de paiement soient effectués. • Com. 20 oct. 1998 : *Bull. civ. IV, n° 244 ; JCP E 1999. 1101, note J. Devèze ; Defrénois 1999. 368, obs. Ph. Delebecque ; Contrats Conc. Consom. 1999, n° 2, note L. Leveneur ; RTD civ. 1999. 390, obs. J. Mestre.*

155. Contrat de travail. L'employeur, tenu d'exécuter de bonne foi le contrat de travail, a le devoir d'assurer l'adaptation des salariés à l'évolution de leurs emplois. • Soc. 25 févr. 1992 : *D. 1992. 390, note M. Défossez* et *Somm. 294, obs. A. Lyon-Caen*. ♦ Manque à son obligation d'exécuter de bonne foi le contrat de travail l'employeur qui fait un usage abusif de la clause de mobilité incluse dans ce contrat. • Soc. 18 mai 1999, *JCP E 2000. 40, note C. Puigelier ; RTD civ. 2000. 326, obs. J. Mestre et B. Fages*.

3° LIMITES

155 bis. Absence d'obligation d'assistance du concessionnaire envers un concédant. Le concédant n'est pas tenu d'une obligation d'assistance du concessionnaire en vue de sa reconversion. • Com. 6 mai 2002 : *cité note 34 ter ss. art. L. 330-2 C. com.*

155 ter. Absence de prise en compte de l'intérêt commun. L'intérêt commun à l'essor de deux entreprises non liées par un contrat de mandat est sans incidence sur les conditions de l'arrêt de leur collaboration. • Com. 8 janv. 2002 : *Bull. civ. IV, n° 1 ; Contrats Conc. Consom. 2002, n° 87, obs. Leveneur.*

VI. EFFETS DES CONTRATS À L'ÉGARD DES TIERS (art. 1165-1167 C. civ.)

A. PRINCIPE DE L'EFFET RELATIF DU CONTRAT

1° SITUATION DES TIERS ABSOLUS

156. Absence d'obligation à la charge des tiers. Une société ne peut être condamnée à payer des travaux commandés par une autre société. • Civ. 1re, 15 févr. 2000 : *Bull. civ. I, n° 47.*

157. Absence de créance au profit des tiers. Un architecte ne peut demander l'application d'une clause pénale figurant dans un contrat auquel il n'est pas partie. • Civ. 3e, 13 nov. 1974 : *Gaz. Pal. 1975. 1. 210, note A. Plancqueel.*

2° SITUATION DES AYANTS CAUSE

a. Transmission des droits et obligations aux ayants cause à titre universel

1. Principe : transmission à l'ayant cause à titre universel de l'ensemble des droits et obligations de son auteur

158. Illustration : obligation de non-concurrence. L'obligation de non-concurrence souscrite par le cédant des parts d'une société ayant pour objet l'exploitation d'un fonds de commerce est transmise à sa veuve en l'absence d'une renonciation de celle-ci à la succession. • Com. 17 mai 1971 : *Bull. civ. IV, n° 133.*

Sur la transmission universelle de patrimoine résultant d'une fusion, d'une scission ou apport partiel d'actif placé sous le régime des scissions, V. *supra*, art. L. 236-3 C. com.

2. Tempérament : contrats *intuitu personae*

159. Illustration. C'est à bon droit qu'une cour d'appel décide que la loi du 10 juill. 1965 sur la copropriété, excluant toute substitution du syndic sans un vote explicite de l'assemblée générale des copropriétaires, ne permet pas à une société titulaire d'un mandat de syndic de dessaisir les copropriétaires de leur pouvoir exclusif de désignation du syndic, par le moyen d'une opération de fusion-absorption ayant pour résultat, après disparition de sa personnalité morale, de lui substituer la société absorbante, personne morale distincte. • Com. 30 mai 2000 : *Bull. civ. IV, n° 113 ; D. 2000. AJ. 320, obs. Boizard ; JCP 2000. II. 10401, note Viandier ; Dr. sociétés 2000, n° 113, note Bonneau ; Bull. Joly 2000. 841, note Coquelet.* ♦ Après avoir précisé que le contrat d'agent revendeur prévoyait qu'il était conclu *intuitu personae* et que les droits et obligations du revendeur n'étaient pas cessibles ou transférables sans accord préalable et écrit du concessionnaire, la cour d'appel a justement décidé qu'en l'absence d'un tel accord, la société absorbante ne pouvait se prévaloir du contrat en cause. • Com. 13 déc. 2005 : *cité note 26 bis ss. art. L. 330-2, supra.*

b. Transmission des créances et dettes aux ayants cause à titre particulier

1. Créances

160. Principe : absence de transmission à l'ayant cause à titre particulier des créances de son auteur. En dehors des cas exceptionnels pour lesquels il est disposé autrement par des textes spéciaux, l'aliénation d'un bien à titre particulier n'a pas pour effet de transférer à l'acquéreur les droits déjà nés sur la tête du disposant à l'occasion de la jouissance ou de l'exploitation de ce bien, mais qui ne font pas corps avec lui et n'affectent pas sa constitution. • Civ. 12 janv. 1937 : *DH 1937. 99.* ♦ La vente d'un immeuble n'entraîne pas de plein droit transfert à l'acquéreur des droits et actions que le vendeur pouvait avoir à l'encontre d'un locataire en raison de dégradations causées à l'immeuble avant la vente. • Civ. 3e, 18 juin 1997 : *Bull. civ. III, n° 149 ; RTD civ. 1997. 964, obs. P-Y. Gautier*.

161. Tempéraments : droits et actions attachés à la chose. Le sous-acquéreur jouit de tous les droits et actions attachés à la chose qui appartenait à son auteur et dispose contre les locataires d'ouvrages d'une action contractuelle fondée sur un manquement à leurs obligations envers le maître de l'ouvrage. • Civ. 3e, 26 mai 1992 : *Bull. civ. III, n° 168.*

161 bis. Clause de non-concurrence. La clause de non-concurrence souscrite par un membre d'une profession libérale au profit d'un confrère à l'occasion de la cession des éléments constitutifs de son cabinet, doit être, sauf clause contraire, présumée comprise parmi les droits transmis par le cessionnaire lorsqu'il vient, à son tour, à procéder à la même opération au profit d'un tiers. • Civ. 1re, 3 déc. 1996 : *Bull. civ. I, n° 436 ; D. 1997. 151, rapp. Y. Chartier, note Y. Serra ; JCP 1997. II. 22799, note J.-J. Daigre ; Defrénois 1997. 327, obs. Ph. Delebecque.* ♦ La clause de non-concurrence convenue à l'occasion de la vente d'un fonds de commerce se transmet de plein droit, sauf clause contraire, aux acquéreurs successifs de ce fonds. • Lyon, 6 nov. 1998 : *RJDA 2000, n° 7.*

2. Dettes

162. Principe : absence de transmission à l'ayant cause à titre particulier des dettes de son auteur. Le successeur ou l'ayant cause à titre particulier n'est pas de plein droit et comme tel directement tenu des obligations personnelles de son auteur. • Civ. 15 janv. 1918 : *DP 1918 1. 17.* ♦ L'acquéreur d'un bien n'est pas tenu d'acquitter tout ou partie du prix de la vente précédente. • Com. 4 nov. 1965 : *Bull. civ. III, n° 556.* ♦ L'acquéreur de parts sociales ne succède pas de plein droit aux obligations personnelles de son auteur. • Com. 1er avr. 1997 : *RTD civ. 1998. 375, obs. J. Mestre*. ♦ La clause de non-concurrence à laquelle est tenu l'exploitant d'un fonds de commerce n'est pas transmise au cessionnaire du fonds, sauf si la clause est insérée dans l'acte de cession et expressément acceptée par le cessionnaire. • Com. 1er avr. 1997 : *Bull. civ. IV, n° 89 ; D. 1998. Somm. 111, obs. R. Libchaber*.

163. Tempéraments : cession de dette. Procédant à une interprétation souveraine de la volonté des parties, une cour d'appel a pu retenir que l'apport d'un fonds de commerce à une société s'était accompagné d'une cession de l'obligation de garantie dont l'apporteur était tenu à l'égard de ses clients acquéreurs. • Civ. 1re, 4 juill. 1995 : *Bull. civ. I, n° 306 ; RTD civ. 1996. 416, obs. P.-Y. Gautier*.

164. Tempéraments : obligation revêtant le caractère d'une servitude. L'interdiction faite à l'acquéreur d'un fonds de l'affecter à un usage déterminé, peut revêtir le caractère d'une servitude établie par le fait de l'homme attachée au fonds dans l'intérêt d'un autre fonds et est valable, pourvu que ce service n'ait rien de contraire à l'ordre public. • Com. 15 juill. 1987 : *Bull. civ. IV, n° 184.*

3° BÉNÉFICIAIRE D'UNE STIPULATION POUR AUTRUI

165. Action directe du bénéficiaire. Le bénéficiaire d'une stipulation pour autrui dispose d'une action directe et personnelle à l'encontre du promettant en réparation du préjudice que lui cause l'inexécution par celui-ci, de l'obligation qu'il a contractée à son égard, quand bien même la convention entre le stipulant et le promettant n'aurait prévu aucune réparation au profit du bénéficiaire. • Com. 23 mai 1989 : *Bull. civ. IV, n° 164.*

166. Obligation du bénéficiaire de la stipulation en cas d'acceptation. La stipulation pour autrui n'exclut pas, dans le cas d'acceptation par le bénéficiaire, qu'il soit tenu de certaines obligations. • Civ. 1re, 8 déc. 1987 : *Bull. civ. I, n° 343 ; D. 1989. Somm. 233, obs. J.-L. Aubert.* – V. Vacrate, *Dr. et patr. juill.-août 2003. 44.*

B. OPPOSABILITÉ DU CONTRAT

1° OPPOSABILITÉ DU CONTRAT AUX TIERS

167. Opposabilité aux tiers de la situation de fait créée par le contrat. Si, en principe, les conventions n'ont d'effet qu'à l'égard des parties, elles constituent des faits juridiques dont peuvent être déduites des conséquences en droit à l'égard des tiers. • Civ. 1re, 10 mai 2005 : *D. 2006. 1156, note Guégan-Lécuyer*. ♦ Si en principe, les conventions ne nuisent ni ne profitent à ceux qui n'y ont pas été parties, le juge peut toutefois considérer que les clauses d'un contrat ont pour effet de créer une situation de fait vis-à-vis des tiers. • Com. 19 oct. 1954 : *D. 1956. 78.* ♦ Le contractant victime de l'inexécution du contrat peut demander sur le terrain de la responsabilité délictuelle réparation de son préjudice au tiers à la faute duquel il estime que le dommage est imputable. • Civ. 1re, 26 janv. 1999 : *Bull. civ. I, n° 32 ; D. 1999. Somm. 263, obs. Ph. Delebecque*.

168. Responsabilité du tiers complice de l'inexécution. Toute personne qui, avec connaissance, aide autrui à enfreindre les obligations contractuelles (contrat de bière avec clause d'exclusivité) pesant sur lui commet une faute délictuelle à l'égard de la victime de l'infraction. • Com. 11 oct. 1971 : *D. 1972. 120, note Y. Serra.* ♦ Mais la preuve de l'existence d'une clause de non-concurrence est à la charge de celui qui l'invoque et une cour d'appel n'a pas à rechercher si un employeur pouvait légitimement ignorer l'existence d'une clause de non-concurrence qui aurait été usuelle dans le secteur d'activité concerné, dès lors que la question du caractère usuel des clauses de non-concurrence dans ce même secteur n'a pas été discutée. • Com. 18 déc. 2001 : *Bull. civ. IV, n° 200.*

2° OPPOSABILITÉ DU CONTRAT PAR LES TIERS

169. Opposabilité par les tiers de la situation créée par le contrat. Les tiers à un contrat peuvent invoquer à leur profit, comme un fait juridique, la situation créée par ce contrat. • Com. 22 oct. 1991 : *Bull. civ. IV, n° 302 ; D. 1993. 181, note J. Ghestin* (caution admise à se prévaloir d'une convention passée entre la banque créancière et une autre banque).

170. Responsabilité civile d'un contractant à l'égard des tiers en cas d'exécution défectueuse du contrat. Un tiers ne peut, sur le fondement de la responsabilité délictuelle, se prévaloir de l'inexécution du contrat qu'à la condition que cette inexécution constitue un manquement à son égard au devoir général de ne pas nuire à autrui. • Com. 5 avr. 2005 : *Bull. civ. IV, n° 81 ; D. 2005. Pan. 2848, obs. Amrani Mekki et Fauvarque-Cosson ; Contrats, Conc. Consom. 2005, n° 149, obs. Leveneur ; RTD civ. 2005. 602, obs. Jourdain ; RJDA 2005, n° 935 ; RDC 2005. 687, obs. D. Mazeaud.* ♦ Les tiers à un contrat sont fondés à invoquer l'exécution défectueuse de celui-ci lorsqu'elle leur a causé un dommage, sans avoir à rapporter d'autre preuve. • Civ. 1re, 18 juill. 2000 : *Bull. civ. I, n° 221 ; Contrats Conc. Consom. 2000, n° 175, note Leveneur ; RTD civ. 2001. 146, obs. Jourdain*. ♦ V. dans le même sens, • Civ. 1re, 13 févr. 2001 : *Bull. civ. I, n° 35.* ♦ Comp., jugeant qu'un tiers à un contrat ne peut obtenir, sur le fondement de la responsabilité délictuelle, réparation d'un des cocontractants que s'il démontre que celui-ci lui a causé un dommage en manquant à son égard au devoir général de ne pas nuire à autrui sanctionné par l'art. 1382 C. civ. : • Com. 8 oct. 2002 : *RCA 2003, n° 2.* ♦ V. pour le non-respect d'un contrat de distribution sélective par un distributeur agréé : • Com. 1er juill. 2003 : *cité note 43 ter ss. art. L. 330-2 C. com., supra.*

C. GROUPES DE CONTRATS ET ENSEMBLES CONTRACTUELS

1° INDIVISIBILITÉ DES CONTRATS APPARTENANT À UN MÊME ENSEMBLE CONTRACTUEL

a. Principes

1. Absence d'indivisibilité entre contrats économiquement liés

171. Vente et prêt. En l'absence de précision des parties, la vente n'est pas la cause du prêt contracté pour financer l'acquisition du bien. • Com. 5 mars 1996 : *Bull. civ. IV, n° 75 ; Contrats Conc. Consom. 1996, n° 135, note L. Leveneur ; D. 1996. Somm. 327, obs. R. Libchaber*.

2. Indivisibilité résultant de la volonté des parties

172. Contrats intimement liés dans l'esprit des parties. Ayant souverainement constaté que les deux actes de vente et de prêt, qui avaient été passés le même jour par-devant notaire, étaient intimement liés, les juges du fond ont retenu que les parties avaient entendu subordonner l'existence du prêt à la réalisation de la vente, en vue de laquelle il avait été conclu. Ainsi les deux contrats répondaient à une cause unique, de sorte que la cour d'appel retient à bon droit, non que l'obligation de l'emprunteur est dépourvue de cause, mais que l'annulation du contrat de vente avait entraîné la caducité du prêt. • Civ. 1re, 1er juill. 1997 : *Bull. civ. I, n° 224 ; D. 1998. 32, note L. Aynès*. ♦ L'indivisibilité entre deux contrats portant l'un sur un logiciel de base et l'autre sur un logiciel d'application peut être déduite de ce que les parties ont envisagé globalement la réalisation du système informatique et de ce que leur apport porte sur un ensemble indissociable. • Com. 8 janv. 1991 : *Bull. civ. IV, n° 20 ; RTD civ. 1991. 528*.

b. Illustrations

173. Crédit-bail. La résolution du contrat de vente entraîne nécessairement la résiliation du contrat de crédit-bail, sous réserve de l'application des clauses ayant pour objet de régler les conséquences de cette résiliation. • Cass., Ch. mixte, 23 nov. 1990 : *Bull. civ., n° 3 ; D. 1991. 121, note Ch. Larroumet ; JCP 1991. II. 21642, note D. Legeais ; GAJC II, n° 272-273.* ♦ Une cour d'appel justifie sa décision de prononcer la résiliation du contrat de financement liant une société de crédit-bail à un utilisateur d'un service de publicité télématique, dès lors qu'elle relève que la société de publicité avait cessé toute prestation et le contrat avait ainsi été résilié, que le matériel financé était destiné à être exploité par cette société, qu'il s'agissait d'un matériel très spécifique et que la seule cause du contrat de financement était constituée par le contrat de prestation de publicité télématique. • Com. 15 févr. 2000 : *Bull. civ. IV, n° 29 ; D. 2000. Somm. 364, obs. Ph. Delebecque ; RTD civ. 2000. 325, obs. J. Mestre* et *B. Fages ; Banque et Droit sept.-oct. 2000. 45, obs. N. Rontchevsky.*

174. Indivisibilité entre les statuts d'une association et un contrat de panonceau. Doit être rejetée la demande formée par un adhérent à une association de centres distributeurs ayant signé avec celle-ci un contrat lui conférant l'usage d'un panonceau et visant à faire annuler la décision de l'association de le radier, dès lors que les statuts de l'association et le contrat de panonceau forment un ensemble indivisible, la résiliation du contrat emportant radiation de l'association. • Civ. 1re, 3 déc. 1996 : *Bull. civ. I, n° 424 ; JCP 1997. II. 22815, note Ph. Reigné ; Contrats Conc. Consom. 1997, n° 42, obs. L. Leveneur.*

175. Contrat d'édition. Sur la résolution de contrats d'édition de chansons, à la demande de l'auteur des paroles, en raison de la résolution précédemment prononcée des contrats d'édition conclus par l'auteur de la musique, dès lors qu'elle relève souverainement l'interdépendance de ces contrats, conclus par chacun des coauteurs pour l'exploitation des œuvres communes, V. • Civ. 1re, 3 avr. 2001 : *Bull. civ. I, n° 94.*

2° ACTIONS DIRECTES EN PAIEMENT ET EN RESPONSABILITÉ

a. Actions directes en paiement

176. Mandataire substitué. Le mandant pouvant agir directement en vertu de l'art. 1994, al. 2, C. civ. contre la personne que le mandataire s'est substitué, le substitué jouit, par voie de conséquence, d'une action personnelle et directe contre le mandant pour obtenir le remboursement de ses avoirs et frais et le paiement de la rétribution qui lui est due. • Civ. 1re, 27 déc. 1967 : *D. 1961. 491, note J. Bigot ; GAJC II, n° 268.*

b. Actions directes en responsabilité

177. Groupes de contrats translatifs de propriété. Le maître de l'ouvrage, comme le sous-acquéreur, jouit de tous les droits et actions attachés à la chose qui appartenait à son auteur et dispose donc, à cet effet, contre le fabricant, d'une action contractuelle directe fondée sur la non-conformité de la chose livrée. • Cass., Ass. plén., 7 févr. 1986 : *Bull. civ., n° 2 ; D. 1986. 293, note A. Bénabent ; JCP 1986. II. 20616, note Ph. Malinvaud ; GAJC II, n° 252.* ♦ Même solution dans tous les groupes de contrats translatifs de propriété. V. par exemple • Civ. 1re, 27 janv. 1993 : *Bull. civ. I, n° 45 ; JCP 1993. I. 3684, n° 5, obs. J. Ghestin* (action rédhibitoire). ♦ L'action directe étant fondée sur le contrat de vente conclu entre le fabricant et le vendeur intermédiaire, la clause attributive de compétence figurant dans ce contrat est opposable au maître de l'ouvrage. • Civ. 3e, 30 oct. 1991 : *Bull. civ. III, n° 251.* ♦ Une clause de non-garantie opposable par un vendeur intermédiaire à son propre acquéreur ne peut faire obstacle à l'action directe de l'acquéreur final contre le vendeur originaire, dès lors qu'aucune clause de non-garantie n'a été stipulée lors de la première vente. • Civ. 3e, 16 nov. 2005 : *Bull. civ. III, n° 222 ; D. 2006. 971, note R. Cabrillac ; RJDA 2006, n° 528.*

178. Solutions propres aux chaînes internationales de vente. Sur l'application de la Convention de Bruxelles, relative à la compétence des juridictions, V. considérant que l'action du sous-acquéreur contre le fabricant, qui n'est pas le vendeur, n'est pas de nature contractuelle : • CJCE 17 juin 1992 : *JCP 1992. II. 21927, note Ch. Larroumet ; D. 1993. Somm. 214, obs. J. Kullmann ; Rev. crit. DIP 1992. 726, note H. Gaudemet-Tallon.* ♦ Le sous-acquéreur n'a pas d'action directe contre le vendeur initial dans le cadre d'une chaîne internationale de contrats dont la vente originaire est régie par la Convention de Vienne du 11 avr. 1980 sur la vente internationale de marchandises. • Civ. 1re, 5 janv. 1999 : *Bull. civ. I, n° 6 ; D. 1999. 383, obs. C. Witz ; JCP 2000. I. 1999, n° 19, obs. G. Viney.*

179. Groupes de contrats non translatifs de propriété. Le sous-traitant n'étant pas contractuellement lié au maître de l'ouvrage, les juges du fond ne peuvent décider que celui-ci ne dispose à l'encontre du sous-traitant que d'une action nécessairement contractuelle. • Cass., Ass. plén., 12 juill. 1991 : *Bull. civ. n° 5 ; D. 1991. 549, note J. Ghestin ; JCP 1991. II. 21743, note G. Viney ; RTD civ. 1991. 750, obs. P. Jourdain.* ♦ L'architecte lié par une convention au maître de l'ouvrage n'est pas contractuellement lié à l'entreprise qui a réalisé les travaux, de sorte que son action contre celle-ci n'a pas un fondement contractuel, même s'ils ont l'un et l'autre participé à la réalisation d'une même opération immobilière en exécution d'un groupe de contrats. • Civ. 1re, 16 févr. 1994 : *Bull. civ. I, n° 72 ; De-*

frénois 1994. 798, obs. Ph. Delebecque. ♦ Le sous-traitant engageant sa responsabilité vis-à-vis du maître de l'ouvrage sur le fondement délictuel, une cour d'appel retient à bon droit que le fournisseur de ce sous-traitant doit, à l'égard du maître de l'ouvrage, répondre de ses actes sur le même fondement. • Civ. 3e, 28 nov. 2001 : *Bull. civ. III, n° 137 ; RTD civ. 2002. 104, obs. P. Jourdain ; JCP 2002. II. 10037, note Mainguy ; ibid. I. 186, n° 1, obs. Viney.* – V. Laronde-Clerac, *Contrats Conc. Consom. 2003, Chron. 6.*

179 bis. Cession de créance. La cession de créance a pour effet d'emporter de plein droit transfert de tous les accessoires de ladite créance, notamment les actions en justice qui lui sont attachées. • Civ. 1re, 10 janv. 2006 : *D. 2006. AJ. 365, obs. Delpech ; JCP E 2006, n° 8, p. 357 ; Defrénois 2006. 597, obs. Savaux ; BRDA 2006, n° 5, p. 7 ; RLDA mars 2006. 35, obs. Chemin-Bomben.*

D. RÈGLES PROTECTRICES DES TIERS

1° FRAUDE AUX DROITS DES TIERS

a. Action paulienne (art. 1167 C. civ.)

180. Insolvabilité du débiteur. Une cour d'appel ne donne pas de base légale à sa décision au regard de l'art. 1167 C. civ. en déclarant inopposable à un créancier une donation-partage faite par une caution, en retenant que celle-ci ne pouvait ignorer qu'elle portait ainsi atteinte aux droits de son créancier en diminuant de manière notable les biens qui pouvaient répondre de ses engagements, sans rechercher en outre si, à la date d'introduction de la demande, ce donateur, disposait encore de biens suffisants pour désintéresser le créancier. • Com. 14 nov. 2000 : *Bull. civ. IV, n° 173 ; Bull. Joly 2001. 153, note Delebecque ; Defrénois 2001. 240, obs. Libchaber ; Banque et Droit mars-avr. 2001. 44, obs. Rontchevsky.* ♦ Le créancier qui n'est pas investi de droits particuliers sur certains biens de son débiteur, ne peut faire révoquer les actes accomplis en fraude de ses droits que s'il établit, au jour de l'acte litigieux, l'insolvabilité au moins apparente du débiteur, outre sa conscience de causer un préjudice au créancier en appauvrissant son patrimoine. • Civ. 1re, 6 mars 2001 : *Bull. civ. I, n° 51 ; D. 2001. Somm. 3243, obs. Delebecque.* ♦ Mais l'action paulienne est recevable même si le débiteur n'est pas insolvable, dès lors que l'acte frauduleux a eu pour effet de rendre impossible l'exercice du droit spécial dont disposait le créancier. • Civ. 1re, 18 juill. 1995 : *D. 1996. 391, note Agostini (2e esp.) ; Defrénois 1995. 1410, obs. Delebecque* • Civ. 3e, 12 oct. 2005 : *Bull. civ. III, n° 189 ; D. 2005. AJ. 2871, obs. Delpech.*

181. Fraude paulienne. La fraude paulienne n'implique pas nécessairement l'intention de nuire, mais résulte de la seule connaissance que le débiteur et son cocontractant à titre onéreux ont du préjudice causé au créancier par l'acte litigieux. • Civ. 1re, 17 oct. 1979 : *JCP 1981. II. 19627, note J. Ghestin ; GAJC II, n° 237.* ♦ Dans le même sens, • Civ. 1re, 14 févr. 1995 : *D. 1996. 391, note E. Agostini (1re esp.).*

182. Complicité du tiers. Lorsqu'il s'agit d'un acte à titre onéreux, le créancier qui exerce l'action paulienne doit prouver la complicité de fraude du tiers-acquéreur. • Civ. 1re, 27 juin 1984 : *Bull. civ. I, n° 211.*

183. Exercice de l'action. L'action paulienne peut être exercée par un créancier contre tous les actes faits en fraude de ses droits par son débiteur, même si celui-ci fait l'objet d'une procédure collective. • Com. 8 oct. 1996 : *Bull. civ. IV, n° 227 ; D. 1997. 87, note Dérrida ; JCP 1997. I. 4002, n° 11, obs. Jamin, et I. 4004, n° 10, obs. Pétel.* ♦ En application de l'art. 46 de la loi du 25 janv. 1985 (C. com., art. L. 621-39 ancien), le droit conféré aux créanciers par l'art. 1167 C. civ. peut également être exercé, en leur nom et dans leur intérêt collectif, par le représentant des créanciers. Le commissaire à l'exécution du plan trouve dans les pouvoirs qui lui sont conférés par l'art. L. 621-68 [ancien] C. com., en vue de poursuivre les actions exercées par le représentant des créanciers pour la défense de leur intérêt collectif, qualité pour engager également en leur nom une action tendant aux mêmes fins. • Com. 13 nov. 2001 : *Bull. civ. IV, n° 178 ; D. 2001. 3617, obs. Lienhard ; RTD com. 2002. 151, obs. Saint-Alary-Houin.*

184. Conséquences de l'action. L'admission de la fraude paulienne a pour effet de révoquer rétroactivement l'acte frauduleux, ce qui entraîne le retour du bien aliéné dans le patrimoine du débiteur où le créancier demandeur pourra seul éventuellement le saisir. Toutefois, la révocation ne se produisant que dans l'intérêt de ce créancier et à la mesure de cet intérêt, l'aliénation subsiste au profit du tiers acquéreur pour tout ce qui excède l'intérêt du créancier demandeur. • Civ. 1re, 1er juill. 1975 : *Bull. civ. I, n° 213.*

b. Adage Fraus omnia corrumpit

185. Inopposabilité aux tiers des conventions entachées de fraude à leurs droits. Ayant retenu que les actionnaires d'une société holding avaient entrepris de céder tous leurs titres, constitutifs d'une minorité de blocage, à un tiers, en recourant à l'interposition d'une autre société, que par le biais des deux cessions, en apparence licites, ils avaient permis à ce tiers de détenir une participation minoritaire, que l'une et l'autre des parties avaient de connivence tenté d'échapper à l'obligation d'agrément figurant dans les statuts de la société holding, obligation qui était connue par elles, une cour d'appel peut en déduire que les conventions passées entre les actionnaires et le tiers étaient entachées de fraude. • Com. 27 juin 1989 : *Bull. civ. IV, n° 209 ; D. 1990. 314, note J. Bonnard* (inopposabilité à la société holding de la cession frauduleuse de la minorité de blocage).

2° SIMULATION (art. 1321 C. civ.)

a. Notion

186. Simulation conventionnelle et prête-nom. Le terme de simulation peut s'appliquer soit à la simulation conventionnelle, soit au prête-nom. • Civ. 1re, 11 févr. 1976 : *Bull. civ. I, n° 64.*

b. Effets de la simulation entre les parties

187. Principe de validité de la simulation. La simulation n'est pas en soi une cause de nullité de l'acte qui en est l'objet. • Civ. 1re, 11 juill. 1979 : *Bull. civ. I, n° 209.* ♦ Mais, en vertu de l'art. 1840 A CGI *[abrogé, V. désormais art. 1589-2 C. civ., supra, ss. art. L. 143-23 C. com.]*, est nulle toute convention qui porte dissimulation de tout ou partie du prix de vente d'un immeuble ou d'un fonds de commerce, quels que soient les mobiles de cette dissimulation. • Civ. 3e, 18 mars 1981 : *Bull. civ. III, n° 61.*

c. Effets de la simulation à l'égard des tiers

188. Inopposabilité de la contre-lettre aux tiers. Les juges du fond violent les prescriptions de l'art. 1321 C. civ. en faisant produire effet, au détriment d'un ayant cause à titre particulier, de bonne foi, des conventions secrètes contraires à l'acte ostensible. • Civ. 15 mai 1944 : *DA 1944. 86* (cession de créance). ♦ Mais, si le tiers a sciemment participé à la simulation, il ne peut se prévaloir de l'acte ostensible contre les personnes ayant agi en qualité de prête-nom. • Civ. 3e, 8 juill. 1992 : *Bull. civ. III, n° 246 ; JCP 1993. II. 21982, note G. Wiederkehr.*

189. Faculté d'invoquer l'acte secret. Les tiers qui y ont intérêt ont le droit de se prévaloir de l'acte secret. • Com. 14 mai 1985 : *Bull. civ. IV, n° 153* (inopposabilité de l'acte apparent à l'administration fiscale).

190. Déclaration de simulation. La défense de prouver par témoin ou par présomption contre et outre le contenu à l'acte ne concerne que les parties contractantes ; l'acquéreur véritable d'un bien est admis à faire la preuve de la simulation contre l'acquéreur fictif par tous les moyens. • Com. 30 juin 1980 : *Bull. civ. IV, n° 279.*

3° ACTION OBLIQUE (art. 1166 C. civ.)

191. Principe. L'action oblique permet au créancier de faire valoir tous les droits de son débiteur lorsque ce dernier néglige de s'en prévaloir. • Civ. 1re, 14 déc. 1971 : *JCP 1972. II. 17102, note G. Goubaux.* ♦ Mais jugé que pendant toute la durée de la liquidation judiciaire, les droits et actions du débiteur concernant son patrimoine sont exercés par le liquidateur auquel aucun créancier ne peut se substituer pour recouvrer, fût-ce par voie oblique, une créance de la personne soumise à cette procédure collective. • Com. 3 avr. 2001 : *Bull. civ. IV, n° 71 ; D. 2001. AJ. 1728*.

192. Exception : droits exclusivement attachés à la personne. En vertu de l'art. 1166 C. civ., les créanciers ne peuvent exercer les droits exclusivement attachés à la personne de leur débiteur et l'exercice d'un droit de rachat d'une assurance-vie, qui constitue une révocation de bénéficiaire, est un droit exclusivement attaché à la personne. • Com. 25 oct. 1994 : *Bull. civ. IV, n° 311.*

E. PROMESSE DE PORTE-FORT (art. 1120 C. civ.)

193. Promesse d'obtenir l'engagement d'autrui. Celui qui se porte fort pour un tiers promet le fait de celui-ci et s'engage à le procurer. • Civ. 3e, 7 mars 1978 : *Bull. civ. III, n° 108.* ♦ La promesse de porte-fort est un engagement personnel autonome d'une personne qui promet à son contractant d'obtenir l'engagement d'un tiers à son égard. • Civ. 1re, 25 janv. 2005 : *Bull. civ. I, n° 43 ; D. 2005. IR. 387 ; JCP 2006. II. 10021, note Simler ; RD banc. fin. 2005, n° 92, obs. Cerles ; Banque et Droit mars-avr. 2005. 41, obs. Rontchevsky ; RTD civ. 2005. 391, obs. Mestre et Fages*. ♦ Le porte-fort contracte une obligation de résultat. • Même arrêt.

193 bis. Porte-fort de ratification. Celui qui se porte fort pour un tiers en promettant la ratification d'un engagement est tenu d'une obligation autonome dont il se trouve déchargé dès la ratification par le tiers, tandis que celui qui se porte fort de l'exécution d'un engagement par un tiers s'engage accessoirement à l'engagement principal souscrit par le tiers à y satisfaire si le tiers ne l'exécute pas lui-même. • Com. 13 déc. 2005 : *D. 2006. AJ. 298, obs. Delpech ; JCP E 2006, n° 9, p. 408, note Grosser ; ibid., n° 19, p. 858, obs. Simler ; Petites affiches 24 avr.*

2006, p. 17, note Prigent ; Contrats Conc. Consom. 2006, n° 63, obs. Leveneur ; Banque et Droit mars-avr. 2006. 60, obs. Rontchevsky ; RD banc. fin. 2006, n° 17, obs. Legeais ; RJDA 2006, n° 491 ; Defrénois 2006. 414, note Savaux ; Bull. Joly 2006. 482, obs. Barbièri ; RLDA mars 2006. 35, obs. Chemin-Bomben.

194. Porte-fort d'exécution. En l'état d'une cession d'actions, la cour d'appel qui relève que la société cessionnaire s'était portée fort pour un tiers de faire bénéficier le cédant d'un contrat de travail jusqu'à l'âge de soixante ans, et que le contrat souscrit avait été rompu par le tiers, alors que le salarié était âgé de cinquante-cinq ans, ce dont il résultait qu'il n'y avait pas eu ratification de l'engagement pris par le promettant, en déduit exactement que celui-ci n'était pas déchargé de son obligation à l'égard du bénéficiaire de la promesse. • Civ. 1re, 18 avr. 2000 : *Bull. civ. I, n° 115 ; RTD civ. 2000. 832, obs. J. Mestre et B. Fages.*

195. Situation du tiers. La personne pour qui l'on s'est porté fort est un tiers à l'acte conclu sans son consentement et n'est engagée par un tel acte qu'autant qu'elle accepte de tenir l'engagement. • Com. 25 janv. 1994 : *Bull. civ. IV, n° 32 ; Defrénois 1994. 792, obs. Ph. Delebecque.*

VII. RÈGLES PROPRES AUX CONTRATS SYNALLAGMATIQUES

A. EXCEPTION D'INEXÉCUTION

1° CONDITIONS DE MISE EN ŒUVRE

196. Obligations dérivant d'un même contrat. L'interdépendance des obligations résultant d'un contrat synallagmatique, qui donne le droit à l'une des parties de ne pas exécuter son obligation quand l'autre n'exécute pas la sienne, suppose essentiellement des obligations dérivant d'un même contrat. • Req. 14 mai 1938 : *DH 1938. 419.* ♦ Dès lors que les parties avaient passé des conventions distinctes, cession de marques et moyens de fabrication d'une part et vente de stocks d'autre part, l'inexécution par l'une des parties des obligations contractées quant à la vente du stock ne permet pas à son cocontractant de suspendre le paiement des redevances constituant la contrepartie de la cession, dûment exécutée, des marques et moyens de fabrication. • Com. 26 nov. 1973 : *Bull. civ. IV, n° 340.* ♦ Mais l'inexécution d'une convention peut être justifiée, si le cocontractant n'a lui-même pas satisfait à une obligation contractuelle, même découlant d'une convention distincte, dès lors que l'inexécution de cette dernière est liée à celle de la première. • Com. 12 juill. 2005 : *cité note 9 ter ss. Arr. 21 févr. 1991, ss. art. L. 330-3, supra.*

197. Exigence d'une créance certaine, liquide et exigible. Des preneurs ne peuvent refuser le paiement de fermages échus, qui constituent une créance certaine, liquide et exigible, en opposant au bailleur l'inexécution par lui de travaux qui représentent une créance incertaine. • Soc. 7 juill. 1955 : *D. 1957. 1, note R. Savatier.* ♦ Les juges du fond ne peuvent condamner l'acquéreur de marchandises, qui se prévaut de l'exception d'inexécution, à en payer le prix sans rechercher si le vendeur avait exécuté ses obligations et, si, le cas échéant, son inexécution était d'une gravité suffisante pour affranchir l'acheteur de ses obligations corrélatives. • Com. 16 juill. 1980 : *Bull. civ. IV, n° 297.*

198. Bonne foi. Les juges du fond qui relèvent qu'un métayer a rempli ses obligations dans toute la mesure où l'attitude de ses cocontractants lui a permis de les exécuter, en déduisent exactement que ceux-ci sont mal fondés à se prévaloir de l'exception d'inexécution. • Civ. 3e, 5 mars 1970 : *Bull. civ. III, n° 173.*

199. Absence de mise en demeure. Une société étant en droit d'opposer à une autre société l'exception d'inexécution de ses obligations corrélatives, une cour d'appel n'avait pas à exiger une mise en demeure préalable. • Com. 10 déc. 1979 : *Bull. civ. IV, n° 327.*

200. Absence de contrôle préalable du juge. L'inexécution de ses obligations par l'une des parties à un contrat est de nature à affranchir l'autre partie de ses obligations corrélatives et autorise celle-ci, non seulement à poursuivre en justice la résolution du contrat, mais aussi à refuser provisoirement de fournir les prestations qui lui incombent, sans que l'exercice de cette faculté soit subordonné à l'autorisation et au contrôle d'un juge. • Paris, 2 mai 2001 : *BICC 2001, n° 1221.*

2° EFFETS

201. Suspension de l'exécution. Sur la condamnation à des dommages-intérêts pour rupture abusive de contrat d'un fabricant qui, lié par un contrat de distribution exclusive à durée indéterminée, avait, en invoquant l'inexécution de ses obligations par le distributeur, confié à un tiers la distribution exclusive des mêmes produits dans le même territoire, alors que l'exception d'inexécution lui permettait non pas de rompre le contrat conclu avec le distributeur, mais seulement d'en suspendre l'exécution en distribuant provisoirement dans le secteur en cause, par lui-même ou par un tiers, les produits concédés. • Com. 1er déc. 1992 : *Bull. civ. IV, n° 392 ; RTD civ. 1993. 578, obs. J. Mestre.* ♦ V. Pinna, *RTD civ. 2003. 31* (exception pour risque d'inexécution) ; Cuzacq, *Petites affiches*

7 mai 2003, p. 4 (notion de riposte proportionnée).

B. RÉSOLUTION (art. 1184 C. civ.)

1° OPTION DU CRÉANCIER

202. Exécution ou résolution. En cas d'inexécution par l'une des parties, l'autre partie conserve la faculté d'option entre la résolution du contrat et son exécution supposée encore possible tant qu'elle n'a pas renoncé à l'une ou à l'autre ; des conclusions prises à fin de résolution n'impliquent pas nécessairement à elles seules, et en l'absence de toute autre circonstance révélatrice de sa volonté, une renonciation définitive de sa part au droit d'exiger la chose ou le fait promis. • Civ. 6 janv. 1932 : *DH 1932. 114.* ♦ Jugeant que l'option entre exécution forcée ou résolution du contrat est à la disposition exclusive du créancier demandeur, sans que le juge, saisi d'une demande en résolution d'une vente pour non-paiement du prix, puisse condamner l'acquéreur à payer le solde du prix de vente. • Civ. 3e, 29 oct. 2003 : *Bull. civ. III, n° 186 ; RJDA 2004, n° 271.*

2° CONDITIONS DE LA RÉSOLUTION

a. Principe de la résolution judiciaire

203. Appréciation souveraine de la gravité de l'inexécution par les juges du fond. Lorsque le contrat ne contient aucune clause expresse de résolution, il appartient aux tribunaux de rechercher, dans les termes du contrat et dans l'intention des parties, quelles sont l'étendue et la portée de l'engagement souscrit par celle d'entre elles qui y aurait manqué complètement, et, en cas d'inexécution partielle, d'apprécier, d'après les circonstances de fait, si cette inexécution a assez d'importance pour entraîner la résolution ou si elle ne sera suffisamment réparée par une condamnation à des dommages-intérêts ; et, à cet égard, le pouvoir d'appréciation des juges du fait est souverain. • Civ. 14 avr. 1891 : *DP 1891. 1. 329, note M. Planiol ; GAJC II, n° 176.* ♦ Le juge peut prononcer la résolution judiciaire en cas d'inexécution partielle d'un contrat, dès lors qu'elle porte sur une obligation déterminante de la conclusion du contrat. • Com. 2 juill. 1996 : *Bull. civ. IV, n° 198 ; JCP 1996. I. 3983, n° 14, obs. Ch. Jamin ; Defrénois 1999. 1364, obs. D. Mazeaud.*

204. Absence de prise en considération de la force majeure. L'art. 1184 C. civ. ne distingue pas entre les causes d'inexécution des conventions, et n'admet pas la force majeure comme faisant obstacle à la résolution pour le cas où l'une des deux parties ne satisfait pas à son engagement ; qu'en effet, dans un contrat synallagmatique, l'obligation de l'une des parties a pour cause l'obligation de l'autre et réciproquement, en sorte que, si l'obligation de l'une n'est pas remplie, quel qu'en soit le motif, l'obligation de l'autre devient sans cause. • Civ. 14 avr. 1891 : *préc. note 203.*

205. Action en résolution. Pour l'exercice de l'action en résolution, l'acte introductif d'instance suffit à mettre en demeure la partie qui n'a pas exécuté son engagement, sans qu'il soit nécessaire de faire précéder cet acte d'une sommation ou d'un commandement. • Civ. 1re, 23 janv. 2001 : *Contrats Conc. Consom. 2001, n° 69, note L. Leveneur.*

b. Tempéraments

1. Impossibilité d'exécution

206. Absence de nécessité d'une demande en résolution judiciaire. Une demande de résolution judiciaire du contrat n'est pas nécessaire en cas d'impossibilité d'exécution. • Com. 28 avr. 1982 : *Bull. civ. IV, n° 145 ; RTD civ. 1983. 340, obs. F. Chabas.*

2. Clause résolutoire

207. Exigence d'une clause non équivoque. La clause résolutoire de plein droit, qui permet aux parties de soustraire la résolution d'une convention à l'appréciation du juge doit être exprimée de manière non équivoque, faute de quoi les juges recouvrent leur pouvoir d'appréciation. • Civ. 1re, 25 nov. 1986 : *RTD civ. 1987. 313, obs. J. Mestre.* ♦ Pour une clause résolutoire claire et précise ne soulevant aucune contestation sérieuse, V. • Civ. 3e, 2 avr. 2003 : *Bull. civ. III, n° 78 ; Loyers et copr. 2003, n° 146, obs. Vial-Pedroletti ; Rev. loyers 2003. 347, obs. Rémy.*

208. Absence de pouvoir d'appréciation des juges du fond en présence d'une clause résolutoire de plein droit. En présence d'une clause résolutoire de plein droit, le juge n'a pas à apprécier la gravité du manquement contractuel. Sur la cassation d'un arrêt n'ayant pas appliqué une clause résolutoire stipulée dans un bail sans vérifier si le locataire avait sollicité, conformément aux clauses du bail, l'autorisation expresse et par écrit du bailleur qui était requise pour faire réaliser des travaux. • Civ. 3e, 26 sept. 2001 : *Bull. civ. III, n° 102 ; D. 2001. AJ. 3047, obs. Rouquet.* ♦ V. toutefois lorsque l'inexécution invoquée lors de la mise en œuvre de la clause résolutoire résulte d'un cas de force majeure : • Civ. 3e, 6 mai 2003 : *RJDA 2003, n° 1163* • 20 janv. 1985 : *Bull. civ. III, n° 148.*

209. Absence de contrôle de la proportionnalité de la sanction. Une clause résolutoire sanctionnant l'inexécution par une partie de ses obligations ne constitue pas une clause pénale au sens de l'art. 1152 C. civ., de sorte qu'elle doit être appliquée sans qu'il soit nécessaire de rechercher si cette sanction est proportionnée ou non à la gravité du manquement invoqué. • Civ. 3e, 20 juill. 1989 : *Bull. civ. III, n° 172.*

210. Clause résolutoire et bonne foi. Les conventions doivent être exécutées de bonne foi et une clause résolutoire n'est pas acquise si elle a été mise en œuvre de mauvaise foi par le créancier. En ce sens, V. • Civ. 1re, 31 janv. 1995 : *Bull. civ. I, n° 57 ; D. 1995. 389, note Jamin ; Defrénois 1995. 749, obs. Delebecque ; RTD civ. 1995. 623, obs. Mestre,* cassant un arrêt ayant retenu qu'un prêteur était fondé à se prévaloir de la clause résolutoire, sans rechercher s'il était de bonne foi, alors que le montant principal du prêt avait été remboursé et que le créancier avait attendu plusieurs années après que sa créance fut exigible pour délivrer un commandement aux fins de saisie immobilière. ♦ De même, un concessionnaire n'agit pas de mauvaise foi en appliquant une clause résolutoire à un distributeur agréé, dès lors que le manquement contractuel de celui-ci est avéré. • Com. 18 mars 1997 : *D. Affaires 1997. 628.*

Mais viole l'art. 1134 C. civ. la cour d'appel qui, pour débouter un bailleur de sa demande aux fins de faire constater l'acquisition de la clause résolutoire insérée au bail et visée dans un commandement de payer des loyers arriérés délivré au preneur, retient que ce dernier est un débiteur de bonne foi, alors qu'elle relève que la totalité des causes du commandement n'avait pas été réglée dans le délai d'un mois imparti par celui-ci. • Civ. 3e, 10 mars 1993 : *D. 1993. 357, note Bihr.* ♦ V. aussi, jugeant qu'en cas d'inexécution de son engagement par le débiteur sa bonne foi est sans incidence sur l'acquisition de la clause résolutoire. • Civ. 3e, 24 sept. 2003 : *Bull. civ. III, n° 161 ; JCP E 2004, n° 26, p. 1055, note Kéita ; Contrats Conc. Consom. 2003, n° 174, obs. Leveneur ; RJDA 2004, n° 10 ; Defrénois 2004. 139, note Dagorne-Labbe ; Dr. et patr. juill.-août 2004. 40, note Aynès ; RDC 2004. 644, obs. Mazeaud ; RTD civ. 2003. 707, obs. Mestre et Fages ; JCP N 2004, n° 15, p. 630, note Leveneur.*

210 bis. Suspension de la clause résolutoire et octroi de nouveaux délais. Viole l'art. L. 145-41 C. com. une cour d'appel qui, pour accorder rétroactivement à un locataire un nouveau délai pour régler l'arriéré de loyers et le loyer courant et débouter en conséquence la société bailleresse de sa demande tendant à la constatation de l'acquisition de la clause résolutoire, retient qu'en application de l'art. 488 NCPC, l'ordonnance ayant accordé des délais de paiement au débiteur et suspendu les effets de la clause, bien que passée en force de chose jugée, n'a pas au principal l'autorité de la chose jugée et ne fait donc pas obstacle à ce qu'il soit statué sur l'acquisition de la clause résolutoire par la juridiction saisie au fond du même litige, alors que, constatant que les délais octroyés par l'ordonnance de référé ayant suspendu la réalisation de la clause résolutoire n'avaient pas été respectés, cette cour, saisie au fond, ne pouvait accorder de nouveaux délais. • Civ. 3e, 2 avr. 2003 : *Bull. civ. III, n° 77 ; D. 2003. AJ. 1366, obs. Rouquet ; JCP E 2003, n° 31, p. 1289, concl. Guérin ; Petites affiches 30 déc. 2003, p. 20, note Kéita ; AJDI 2003. 583, obs. Blatter ; RJDA 2003, n° 700 ; Rev. loyers 2003. 356, obs. Quément ; Administrer juin 2003. 29, obs. Boccara et Lipman-Boccara.* ♦ Sur la valeur d'une ordonnance de référé suspendant les effets d'une clause résolutoire, V. • Civ. 3e, 25 févr. 2004 : *Bull. civ. III, n° 39 ; D. 2004. AJ. 1086 ; RJDA 2004, n° 678 ; Administrer mai 2004. 23, obs. Boccara et Lipman-Boccara.*

3. Clause de résiliation unilatérale sans motif

211. Efficacité. Après avoir constaté qu'avaient été respectées les conditions de forme de la résiliation d'un contrat conclu entre un médecin et un centre médico-chirurgical stipulant une faculté de résiliation unilatérale pour chacune des parties, viole la loi des parties et l'art. 1134 C. civ. la cour d'appel qui, retenant la compétence et la notoriété du médecin et le fait qu'aucun reproche ne lui avait été adressé pendant douze ans, en déduit que la résiliation est sans motif et caractéristique d'un abus de droit. • Civ. 1re, 3 avr. 2001 : *Bull. civ. I, n° 98 ; D. 2001. Somm. 3240, obs. D. Mazeaud ; RTD civ. 2001. 584, obs. Mestre et Fages.* ♦ Sauf dispense expresse et non équivoque, une clause résolutoire de plein droit ne peut être acquise au créancier sans la délivrance préalable, et non intervenue en l'espèce, d'une mise en demeure restée sans effet, l'assignation en justice ne palliant aucunement l'absence de sommation ainsi requise. • Civ. 1re, 3 févr. 2004 : *Bull. civ. I, n° 27 ; JCP 2004. II. 10149, note Treppoz ; Contrats Conc. Consom. 2004, n° 55, obs. Leveneur ; Petites affiches 14 oct. 2005, p. 8, note Martin (2e esp.).* ♦ Les juges du fond ont un pouvoir souverain pour décider si les manquements imputés à un contractant sont ou non d'une gravité suffisante pour justifier la résolution du contrat. • Même arrêt.

4. Rupture unilatérale

212. Rupture justifiée par la gravité du comportement du cocontractant. BIBL. Amrani-Mekki, *Petites affiches 12-13 août 2002, p. 8 et 4 ; Defrénois 2003. 369.* – Dai Do et Chang, *Petites affiches 9 avr. 2004, p. 3.* – Dossier, *Dr. et patr. mai 2004. 55.* ♦ La gravité du comportement d'une partie à un contrat peut justifier que l'autre partie y mette fin de façon unilatérale à ses risques et périls, que le contrat soit à durée déterminée ou non. • Civ. 1re, 20 févr. 2001 : *Bull. civ. I, n° 40 ; D. 2001. 1568, note Jamin,* et *Somm. 3239, obs. Mazeaud* ; *Defrénois 2001. 705, obs. Savaux* • 28 oct. 2003 : *JCP 2004. II. 10108, note Lachièze ; Contrats Conc. Consom. 2004, n° 4, obs. Leveneur ; Defrénois 2004. 378, obs. Libchaber ; RJDA 2004, n° 666 ; RDC 2004. 273, obs. Aynès, et 277, obs. D. Mazeaud.* ♦ V. déjà en ce sens • Civ. 1re, 13 oct. 1998 : *Bull. civ. I, n° 300 ; D. 1999. 197, note Jamin,* et *Somm. 115, obs. Delebecque* ; *JCP 1999. II. 10133, note Rzepecki,* précisant que la gravité du comportement du cocontractant n'est pas nécessairement exclusive d'un délai de préavis. ♦ Il a ainsi été jugé qu'est justifiée la résiliation unilatérale d'un contrat de fourniture de services en cas de refus persistant d'un abonné de régler ses factures, • Civ. 1re, 9 juill. 2002 : *Bull. civ. I, n° 187 ; JCP E 2003, n° 16, p. 717, note Lachièze ; BRDA 2002, n° 15-16, p. 7.* ♦ Comp. considérant que même en cas de manquement grave à l'exécution des obligations de son contractant, une partie ne peut être admise à rompre unilatéralement un contrat, avant d'avoir obtenu une décision de justice, que si l'urgence imposait la résolution immédiate des relations contractuelles : • Nancy, 20 nov. 2000 : *JCP 2002. II. 10113, note Jamin.*

3° EFFETS DE LA RÉSOLUTION

a. Date d'effet de la résolution

213. Date de l'inexécution des obligations contractuelles. Le contrat est résilié à la date où le débiteur a cessé d'exécuter ses obligations contractuelles. • Civ. 1re, 1er juill. 1963 : *Gaz. Pal. 1963. 2. 388.* ♦ La résolution judiciaire pour absence d'exécution ou exécution imparfaite dès l'origine entraîne l'anéantissement rétroactif du contrat. • Civ. 3e, 30 avr. 2003 : *Bull. civ. III, n° 87 ; D. 2003. IR. 1408 ; JCP E 2003, n° 48, p. 1908, obs. Monéger ; ibid. 2004, n° 1-2, p. 35, note Kéita ; Defrénois 2003. 1175, obs. Savaux ; Loyers et copr. 2003, n° 196, obs. Vial-Pedroletti ; RTD civ. 2003. 501, obs. Mestre et Fages* ; *RJDA 2003, n° 694 ; RDC 2004. 365, obs. Seube.* ♦ Les juges du fond peuvent décider que le contrat est résilié à compter de la date à partir de laquelle les deux parties avaient cessé de remplir leurs obligations. • Civ. 1re, 6 mars 1996 : *Bull. civ. I, n° 118 ; Defrénois 1996. 1025, obs. Delebecque.* ♦ Mais la résiliation d'un bail ne prend effet que du jour de la décision judiciaire qui la prononce. • Civ. 3e, 13 mai 1998 : *Bull. civ. III, n° 98 ; Contrats Conc. Consom. 1998, n° 113, note Leveneur.*

b. Appréciation de la gravité des fautes respectives des parties

214. Appréciation souveraine des juges du fond. En présence de fautes distinctes incombant tant à l'une des parties qu'à l'autre, les juges du fond fixent, dans l'exercice de leur pouvoir souverain, la proportion dans laquelle chacune est tenue d'assurer réparation à l'autre de ses fautes ou peut être déchargée partiellement de ses obligations quand son contractant n'a pas rempli totalement les siennes. • Com. 6 mars 1984 : *Bull. civ. IV, n° 92.*

215. Réfaction du contrat. Saisis d'une action en réduction de prix exercée par un commerçant ayant acquis des marchandises défectueuses, les juges du fond ont un pouvoir souverain d'appréciation pour fixer le montant de la réfaction à lui accorder, et ils ont ainsi pu, sans se contredire, constater à la fois que la marchandise livrée n'était pas conforme dans la proportion des deux tiers et que, cependant, plus de la moitié en avait été revendue dans des conditions normales. • Com. 23 mars 1971 : *D. 1974. 40, note M. Alter.* ♦ Ayant relevé qu'un rapport d'expertise avait mis en évidence la mauvaise qualité de la prestation d'une société de conseil en gestion d'entreprise et que les honoraires réclamés par celle-ci en vertu du contrat conclu avec sa cliente étaient disproportionnés au regard de la petite taille de cette entreprise, une cour d'appel a souverainement considéré, sans violer les dispositions des art. 1134 et 1184 C. civ., que les sommes déjà versées rémunéraient suffisamment les travaux effectués. • Com. 2 mars 1993 : *Bull. civ. IV, n° 83.*

c. Rétroactivité de la résolution

1. Principe

216. Anéantissement rétroactif du contrat. BIBL. Wintgen, *Defrénois 2004. 692* (indemnité de jouissance et anéantissement rétroactif). – Kessler, *JCP 2004. I. 154* (restitution en nature et indemnité de jouissance). ♦ L'assignation introduite par l'acquéreur en résolution d'une vente pour non-conformité ne peut être déclarée sans objet au motif que le contrat aurait déjà été rompu par le jeu d'une clause résolutoire de plein droit, alors que la résolution pour non-conformité tend à l'anéantissement du contrat au jour de sa conclusion et que la clause résolutoire disparaît avec lui. • Civ. 3e, 24 nov. 1999 : *Bull. civ. III, n° 228 ; D. 2000. Somm. 291, obs. C. Caron*. ♦ Dès lors qu'est résolu le contrat qui contenait une clause de non-concurrence à son profit, le demandeur ne peut prétendre qu'à des dommages-intérêts mais non à l'exécution de l'obligation de non-concurrence. • Civ. 1re, 29 nov. 1989 : *Bull. civ. I, n° 365 ; D. 1990. Somm. 335, obs. Serra*. ♦ Le paiement de l'indemnité d'éviction au locataire commercial incombant au propriétaire, cette indemnité doit être restituée à l'acquéreur et être mise à la charge du vendeur de l'immeuble occupé par le locataire dès lors que, par l'effet de l'annulation de la vente, le vendeur est censé n'avoir pas perdu sa qualité de propriétaire. • Civ. 1re, 5 mai 2004 : *Bull. civ. I, n° 127 ; AJDI 2004. 883, obs. Dumont ; RJDA 2004, n° 964.* ♦ Le vendeur n'est pas fondé, en raison de l'effet rétroactif de l'annulation de la vente, à obtenir une indemnité correspondant à la seule occupation de l'immeuble. • Cass., Ch. mixte, 9 juill. 2004 : *cité note 264 bis.* ♦ Toutefois, l'effet rétroactif de la résolution d'une vente oblige l'acheteur à indemniser le vendeur de la dépréciation subie par le bien à raison de l'utilisation qui en est faite, mais pas de celle due à la vétusté. • Civ. 1re, 8 mars 2005 : *Bull. civ. I, n° 128 ; RJDA 2006, n° 126.*

217. Restitutions réciproques. Lorsqu'un contrat synallagmatique est résolu pour inexécution de ses obligations par l'une des parties, les choses doivent être remises au même état que si les obligations nées du contrat n'avaient jamais existé. • Com. 12 oct. 1982 : *JCP 1984. II. 20166, note G. Signoret.* ♦ Mais si la résolution d'un contrat entraîne, en principe, la restitution des fournitures réciproques, celle-ci n'est obligatoire que dans la mesure où l'exécution partielle du contrat ne l'a pas rendue impossible en fait. • Civ. 1re, 1er juill. 1963, *préc. note 213.* ♦ La résiliation du contrat a pour effet, comme la résolution, d'anéantir le contrat et de remettre les parties dans l'état où elles se trouvaient antérieurement sous la seule réserve de l'impossibilité pratique (résiliation d'un contrat d'édition). • Civ. 1re, 7 juin 1995 : *Bull. civ. I, n° 244.*

2. Tempéraments

218. Maintien des actes d'administration. La résolution d'une vente opère rétroactivement et atteint les actes passés sur la chose vendue par l'acquéreur dont le droit est résolu, à la seule exception des actes d'administration. • Soc. 9 juin 1952 : *Bull. civ. IV, n° 542.*

219. Contrats successifs. La résiliation d'un contrat successif n'opère que pour l'avenir. • Civ. 1re, 1er oct. 1996 : *Bull. civ. I, n° 332* (contrat de crédit-bail). ♦ Si, dans un contrat synallagmatique à exécussion successive, la résiliation judiciaire n'opère pas pour le temps où le contrat a été régulièrement exécuté, la résolution judiciaire pour absence d'exécution ou exécution imparfaite dès l'origine entraîne l'anéantissement rétroactif du contrat. • Civ. 3e, 30 avr. 2003 : *préc. note 213.*

220. Contrats à exécution échelonnée. Dans les contrats à exécution échelonnée, la résolution pour inexécution partielle atteint l'ensemble du contrat ou certaines de ses tranches seulement, suivant que les parties ont voulu faire un marché indivisible, ou fractionné en une série de contrats. • Civ. 1re, 3 nov. 1983 : *Bull. civ. I, n° 252 ; RTD civ. 1985. 166, obs. J. Mestre.* ♦ Mais eu égard à la gravité du manquement imputable à une société de surveillance, dont l'un des agents a commis des vols dans les locaux qu'il était chargé de surveiller, il ne saurait être fait droit à la demande en paiement de la redevance pour la surveillance effectuée bien que la résiliation pour inexécution partielle atteigne, en l'espèce, l'ensemble du contrat. • Com. 11 déc. 1990 : *Bull. civ. IV, n° 316 ; RTD civ. 1991. 527, obs. J. Mestre*.

d. Extension de la résolution d'un contrat à d'autres contrats

221. Résolution des contrats indivisibles. Sur la résolution de contrats d'édition de chansons, à la demande de l'auteur des paroles, en raison de la résolution précédemment prononcée des contrats d'édition conclus par l'auteur de la musique, dès lors qu'est établie l'interdépendance de ces contrats, conclus par chacun des coauteurs pour l'exploitation des œuvres communes, V. • Civ. 1re, 3 avr. 2001 : *Bull. civ. I, n° 94.* ♦ Justifie légalement sa décision une cour d'appel qui, pour rejeter la demande formée par un adhérent à une association de centres distributeurs ayant signé avec celle-ci un contrat lui conférant l'usage d'un panonceau et visant à faire annuler la décision de l'association de le radier, retient que les statuts de l'association et le contrat de panonceau forment un ensemble indivisible, la résiliation du contrat emportant radiation de l'association. • Civ. 1re, 3 déc. 1996 : *Bull. civ. I, n° 424 ; JCP 1997. II. 22815, note Reigné ; Contrats Conc. Consom. 1997, n° 42, obs. Leveneur.*

e. Renonciation

221 bis. Absence d'équivoque. La renonciation au bénéfice d'un jugement prononçant la résolution judiciaire d'une vente à terme ne peut pas résulter de l'acceptation par le vendeur de versements sur le prix de vente effectués ultérieurement par l'acquéreur en exécution de la même décision. • Civ. 3e, 9 juill. 2003 : *RJDA 2004, no 33.* ♦ Pour la renonciation au bénéfice d'une clause résolutoire : • Civ. 3e, 4 mars 1992 : *RJDA 1992, no 319.*

C. THÉORIE DES RISQUES

222. Règle générale : les risques sont supportés par le débiteur. L'art. 1184 C. civ. ne distingue pas entre les causes d'inexécution des conventions et n'admet pas la force majeure comme faisant obstacle à la résolution pour le cas où l'une des parties ne satisfait pas à son engagement. Il a ainsi été jugé que dans un bail à complant, le bailleur était libéré de son obligation dès lors que le locataire, qui s'était engagé à planter des vignes n'avait pu exécuter son obligation en raison du phylloxera. • Civ. 14 avr. 1891 : *DP 1891. 1. 329 ; GAJC, no 176.*

223. Règle propre aux contrats emportant transfert de la propriété d'un corps certain : les risques pèsent sur le propriétaire. Dès lors qu'un éditeur justifie de l'envoi de livres à l'acquéreur par la production du bordereau d'expédition des ouvrages, la preuve de l'exécution du contrat est rapportée et les risques doivent être supportés par l'acheteur, lequel doit alors régler la somme réclamée par l'éditeur. • Civ. 1re, 19 nov. 1991 : *Bull. civ. I, no 325.* ♦ Ainsi, en dépit d'une livraison intervenue, les risques de perte d'une chose restent à la charge du vendeur, toujours propriétaire en application de la clause de réserve de propriété stipulée dans le contrat. • Com. 19 oct. 1982 : *Bull. civ. IV, no 321 ; RTD civ. 1984. 515, obs. J. Huet.* ♦ Mais si la vente d'un corps certain met la chose vendue aux risques de l'acheteur, le vendeur, qui a l'obligation de la délivrer et de la conserver jusqu'à la délivrance, est tenu de prouver, en cas de perte, le cas fortuit qu'il allègue. • Com. 19 mars 1963 : *Bull. civ. III, no 167 ; D. 1963. 345 ; RTD civ. 1963. 566, obs. G. Cornu* • 12 mai 2004 : *cité note 7 ss. art. L. 141-3 C. com.* (vente de fonds de commerce). ♦ V. aussi, dans une vente en l'état futur d'achèvement, dans laquelle le transfert de propriété, s'il s'opère le jour de la vente sur le terrain et les constructions existantes, ne s'effectue pas sur les ouvrages non encore réalisés, et dans laquelle l'obligation de construire est un élément prédominant, le transfert des risques ne s'opérant sur le bien acquis que lors de la livraison des immeubles construits et avant celle-ci, les risques pesant sur le vendeur qui en est débiteur. • Civ. 3e, 11 oct. 2000 : *Bull. civ. III, no 163 ; JCP 2001. II. 10465, note Ph. Malinvaud.*

224. Aménagements conventionnels. Justifie légalement sa décision rejetant la demande du vendeur d'un navire, qui avait péri par naufrage avant sa livraison à l'acquéreur, tendant au paiement du prix de vente, la cour d'appel qui relève que les parties avaient entendu déroger à la règle légale de transfert des risques de la chose, et retient que le transfert de propriété était soumis à la livraison du navire. • Civ. 1re, 4 juill. 1995 : *Bull. civ. I, no 305 ; D. Affaires 1995. 16.*

VIII. NOVATION ET DÉLÉGATION (art. 1271-1281 C. civ.)

A. NOVATION

1° CONDITIONS

225. Nécessité d'une obligation ancienne. La novation n'a lieu que si l'obligation ancienne à laquelle est substituée la nouvelle est valable ; si la première obligation est nulle, la seconde est dépourvue de cause et ne produit aucun effet. • Civ. 1re, 7 nov. 1995 : *Bull. civ. I, no 387 ; Defrénois 1996. 356, obs. Ph. Delebecque ; RTD civ. 1996. 619, obs. J. Mestre.*

226. Nécessité d'une obligation nouvelle. La novation n'a lieu que si une obligation valable est substituée à l'obligation ancienne. Il en résulte qu'en cas d'annulation de la convention novatoire, la première obligation retrouve son efficacité et il en est ainsi même lorsque le créancier savait que l'obligation nouvelle était annulable de son propre fait. • Com. 14 mai 1996 : *Bull. civ. IV, no 138 ; D. 1996. Somm. 334, obs. R. Libchaber ; JCP 1997. II. 22895, note F. Jacob.* ♦ Quelle que soit l'intention des parties, une modification dans le montant de la dette ne suffit pas à caractériser la novation. • Civ. 1re, 20 nov. 1967 : *Bull. civ. I, no 335 ; D. 1969. 321, note A. Gomaa.*

227. Intention de nover. La novation ne se présume pas. Elle doit résulter clairement des actes et, en cas d'emprunt, il ne suffit pas, pour l'opérer, de modifier les modalités de remboursement. • Civ. 1re, 2 déc. 1997 : *Bull. civ. I, no 345 ; D. 1998. 549, note C. Caron.* ♦ Il n'est pas nécessaire que l'intention de nover soit exprimée en termes formels, dès lors qu'elle est certaine. • Civ. 3e, 15 janv. 1975 : *Bull. civ. III, no 16* (intention de nover résultant de la correspondance échangée par les parties). ♦ Mais en l'absence d'actes positifs et non équivoques d'un assureur impliquant qu'il ait su qu'une nouvelle société se substituait à son cocontractant, la volonté de nover n'est pas établie. • Civ. 1re, 28 nov. 1995 : *Bull. civ. I, no 435 ; RTD civ. 1996. 618, obs. J. Mestre.* ♦ Dans le même sens, V. • Rennes, 24 janv. 2002 : *JCP 2002. IV. 2782.*

2° EFFETS

228. Cautionnement. La novation opérée à l'égard de l'une des cautions n'a pas pour effet de libérer le débiteur principal et, par suite, pas davantage les autres cautions solidaires, sauf convention contraire. • Com. 7 déc. 1999 : *Bull. civ. IV, n° 219 ; D. 2001. Somm. 697, obs. L. Aynès ; JCP 2000. II. 10377, note S. Piedelièvre.*

B. DÉLÉGATION

1° CONDITIONS

229. Volonté du créancier de décharger le débiteur initial de la dette. Conformément à l'art. 1275 C. civ., la novation par changement de débiteur ne peut avoir lieu qu'au moyen d'une manifestation expresse de volonté du créancier déclarant décharger de la dette le débiteur initial. Dans l'exercice de leur pouvoir souverain d'appréciation de l'intention de nover, les juges du fond peuvent estimer insuffisante une simple signature du créancier au regard d'une mention du contrat de prêt indiquant le changement de débiteur. • Civ. 1re, 4 nov. 1982 : *Bull. civ. I, n° 317.* ♦ La seule acceptation de la substitution par le créancier d'un nouveau débiteur au premier, même si elle n'est assortie d'aucune réserve, n'implique pas, en l'absence de déclaration expresse, que ce créancier ait entendu décharger le débiteur originaire de sa dette. • Civ. 3e, 12 déc. 2001 : *Bull. civ. III, n° 153 ; D. 2002. 984, note M. Billiau et Ch. Jamin .* – V. aussi : • Com. 29 janv. 2002 : *Bull. civ. IV, n° 21 ; D. 2002. AJ. 716, obs. Lienhard .*

230. Engagement du délégué. Le consentement du délégué à la délégation de créance, s'il doit être certain pour distinguer celle-ci de l'indication de paiement, peut être tacite. • Com. 16 avr. 1996 : *Bull. civ. IV, n° 120 ; D. 1996. 571, note C. Larroumet et Somm. 333, obs. L. Aynès ; JCP 1996. II. 22689, note M. Billiau.* ♦ Après avoir retenu que l'opération litigieuse était une délégation et que le délégué s'était engagé en toute connaissance de cause à l'égard du délégataire, il importe peu que le délégué ait été ou non débiteur à l'égard du délégant. • Com. 21 juin 1994 : *Bull. civ. IV, n° 225 ; D. 1995. Somm. 91, obs. L. Aynès ; RTD civ. 1995. 113, obs. J. Mestre .*

230 bis. Incidence d'un avis à tiers détenteur. En présence des créances d'une société délégataire et du Trésor public, toutes deux admises au passif de la liquidation judiciaire d'une société délégante, justifie légalement sa décision la cour d'appel qui, pour rejeter les demandes de la société délégataire tendant à obtenir la mainlevée des avis à tiers détenteurs et à l'attribution des loyers dus antérieurement à l'ouverture de la procédure collective, retient que la délégation de paiement des loyers a pris effet et était opposable aux tiers à compter de la date d'acceptation par la société délégataire du paiement fait par le preneur, mais que cette délégation imparfaite a laissé subsister la créance de la société délégante, qui n'est pas sortie de son patrimoine, ce qui a permis au Trésor public de bénéficier de l'effet attributif des avis à tiers détenteurs sur les loyers dus par le preneur. • Com. 29 avr. 2002 : *Bull. civ. IV, n° 72 ; D. 2002. AJ. 1835, obs. F. B. et 2673, note Houtcieff ; Act. proc. coll. 2002, n° 12, obs. Monsérié-Bon ; Banque et Droit juill.-août 2002, p. 41, obs. Rontchevsky.* — V. aussi : Gourio, *RD banc. fin. 2003, p. 326.*

2° EFFETS

231. Inopposabilité des exceptions tirées des rapports entre délégant et délégué. Dans la délégation de créance, le délégué ne peut opposer au délégataire les exceptions nées dans ses rapports avec le délégant ; c'est donc à bon droit qu'une cour d'appel retient que l'engagement de la société déléguée n'était pas affecté par la fraude imputée à la société délégante, dès lors qu'il n'était pas soutenu que la société délégataire avait pris part à celle-ci. • Com. 22 avr. 1997 : *Bull. civ. IV, n° 98 ; JCP 1998. II. 10050, note Ch. Lachièze.*

232. Obligation du délégué de payer la dette du délégant. Sauf convention contraire, le délégué est seulement obligé au paiement de la dette du délégant envers le délégataire, et il se trouve déchargé de son obligation lorsque la créance de ce dernier est atteinte par la prescription. • Civ. 1re, 17 mars 1992 : *Bull. civ. I, n° 84 ; D. 1992. 481, note Aynès ; JCP 1992. II. 21922, note Billiau (1re esp.) ; RTD civ. 1992. 765, obs. Mestre .* ♦ Comp., jugeant que l'obligation du délégué est une obligation personnelle, indépendante de l'obligation du délégant, de sorte que l'extinction de la créance du délégataire contre le délégant pour défaut de déclaration au passif de sa liquidation judiciaire laisse subsister l'obligation distincte du délégué : • Com., 7 déc. 2004 : *cité note 26 bis ss. art. L. 621-46 ancien C. com.*

233. Rapports entre délégataire et créanciers du délégant. Si la créance du délégant sur le délégué s'éteint, non pas du fait de l'acceptation par le délégataire de l'engagement du délégué à son égard mais seulement par le fait de l'exécution de la délégation, ni le délégant, ni ses créanciers, ne peuvent avant la défaillance du délégué envers le délégataire, exiger payement. Il en résulte que la saisie-arrêt effectuée entre les mains du délégué par les créanciers du délégant ne peut avoir pour effet de priver le délégataire, dès son acceptation, de son droit exclusif à un paiement immédiat par le délégué, sans concours avec les créanciers saisissants et que la consignation des sommes saisies-arrêtées, que le délégué prétendrait opérer, ne le libère pas envers le délégataire. • Com. 16 avr. 1996 : *Bull. civ. IV, n° 120 ; D. 1996. 571, note C. Larroumet ; D. 1996. Somm. 333, obs. L. Aynès ; JCP 1996. II. 22689, note M. Billiau.* ♦ Même solution à propos de la saisie-attribution : • Com. 14 févr. 2006 : *D. 2006. AJ. 650, obs. Delpech ; JCP E 2006, n° 20-21, p. 919, note Lachièze ; RLDA avr. 2006. 32, obs. Chemin-Bomben.*

233 bis. La délégation imparfaite ayant laissé subsister dans le patrimoine du délégant sa créance sur le délégué permet par conséquent au liquidateur du délégant de revendiquer la créance déléguée qui reste saisissable par les créanciers du délégant. • Com. 29 avr. 2002 : *Bull. civ. IV, n° 72 ; RD banc. fin. 2002, n° 135, obs. Cerles.*

IX. CESSION DE CONTRAT

234. Notion : remplacement d'un contractant par un tiers au cours de l'exécution du contrat. La substitution d'un tiers au bénéficiaire d'une promesse unilatérale de vente prévoyant cette faculté ne constitue pas une cession de créance. • Civ. 3e, 13 juill. 1999 : *Bull. civ. III, n° 180 ; D. 2000. 195, note E. Jeuland ; JCP 1999. II. 10207, note M.-C. Psaume.*

235. Conditions. Le cédé doit consentir à la substitution de son cocontractant dans le contrat lui-même ou ultérieurement. • Com. 6 mai 1997 : *Bull. civ. IV, n° 117 ; D. 1997. 588, note M. Billiau et Ch. Jamin* (cassation de l'arrêt condamnant le cédé à payer le cocontractant substitué sans rechercher si dans le contrat conclu entre les parties ou ultérieurement, le cédé avait donné son accord à la substitution). ♦ Le fait qu'un contrat ait été conclu en considération de la personne du cocontractant ne fait pas obstacle à ce que les droits et obligations de ce dernier soient transférés à un tiers, dès lors que l'autre partie y a consenti. • Com. 7 janv. 1992 : *Bull. civ. IV, n° 3 ; D. 1992. Somm. 278, note L. Aynès ; Contrats Conc. Cons. 1992, n° 110, note L. Leveneur ; RTD civ. 1992. 762, obs. J. Mestre.* ♦ Dans le même sens, • Civ. 1re, 6 juin 2000 : *Bull. civ. I, n° 173 ; Defrénois 2000. 1125, obs. Ph. Delebecque ; D. 2001. 1345, note D. Krajeski.*

236. Effets. La cession d'un contrat synallagmatique permet au cédé de poursuivre directement le cessionnaire qui est tenu envers lui en vertu du contrat transmis. • Civ. 1re, 14 déc. 1982 : *Bull. civ. I, n° 360 ; D. 1983. 416, note L. Aynès.* ♦ Les droits et obligations transférés au cessionnaire à l'occasion d'une cession de contrat à laquelle le cédant a consenti ne le sont que dans la limite de l'acte de cession. • Com. 9 juin 1998 : *RTD civ. 1999. 101, obs. J. Mestre.* ♦ En cas de cession de contrat à exécution successive, le cessionnaire est tenu des créances correspondant à la période de jouissance postérieure à la date d'effet de la cession, peu important l'exigibilité de ces créances, antérieure à cette date. • Com. 6 janv. 1998 : *Bull. civ. IV, n° 7.*

X. RESPONSABILITÉ CONTRACTUELLE (art. 1147 C. civ.)

A. PRINCIPE DU NON-CUMUL DES RESPONSABILITÉS CONTRACTUELLE ET DÉLICTUELLE

237. Dommage subi par une partie à un contrat en raison de l'inexécution de celui-ci : exclusion de la responsabilité délictuelle. Les art. 1382 s. C. civ. sont sans application lorsque la faute a été commise dans l'exécution d'une obligation résultant d'un contrat. • Civ. 11 janv. 1922 : *DP 1922. 1. 16 ; GAJC II, n° 177.* ♦ Le créancier d'une obligation contractuelle ne peut se prévaloir contre le débiteur de cette obligation, quand bien même il y aurait intérêt, des règles de la responsabilité délictuelle. • Civ. 1re, 11 janv. 1989 : *Bull. civ. I, n° 3 ; JCP 1989. II. 21326, note Ch. Larroumet (1re esp.).* ♦ Une agence immobilière est responsable du dommage subi par toutes les parties à une opération dont l'échec est imputable à ses fautes professionnelles, le fondement de cette responsabilité étant contractuel à l'égard de ses clients et délictuelle à l'égard des autres parties. • Civ. 1re, 16 déc. 1992 : *Bull. civ. I, n° 316 ; RTD civ. 1993. 362, obs. P. Jourdain.* ♦ Mais en dehors de l'exécution du contrat de transport, la responsabilité du transporteur à l'égard du voyageur est soumise aux règles de la responsabilité délictuelle. • Civ. 1re, 7 mars 1989 : *Bull. civ. I, n° 118 ; D. 1991. 1, note Ph. Malaurie.* ♦ Jugé aussi que le commerçant n'est pas tenu à l'égard des personnes se trouvant dans son magasin d'une obligation contractuelle de sécurité. • Civ. 1re, 29 mai 1996 : *Bull. civ. I, n° 227 ; RTD civ. 1997. 140, obs. P. Jourdain.*

B. CONDITIONS DE LA RESPONSABILITÉ CONTRACTUELLE

1° FAUTE CONTRACTUELLE : DISTINCTION ENTRE OBLIGATION DE MOYENS ET OBLIGATION DE RÉSULTAT

a. Obligation de moyens

238. Agence de publicité. Caractérise le manquement d'une agence de publicité à son obligation de moyens, sans contrevenir aux dispositions de la loi du 11 mars 1957 relative à la propriété littéraire et artistique, une cour d'appel qui constate qu'un film publicitaire diffusé par cette agence donnait une image peu attrayante des produits de son client et qui en déduit que l'agence n'a pas organisé avec tous les soins qu'impliquait le service des intérêts de son client la campagne publicitaire dont il lui avait confié l'organisation. • Com. 9 oct. 1990 : *Bull. civ. IV, n° 234.*

239. Expert-comptables et commissaires aux comptes. Sur la responsabilité : d'un expert-comptable, ayant inscrit au bilan, au titre des immobilisations, en ce qui concerne la valeur d'un fonds de commerce, non pas le prix déclaré lors de la cession, mais le prix fixé après le redressement opéré par l'Administration fiscale, ce qui a entraîné un redressement fiscal, V. • Com. 29 janv. 1991 : *Bull. civ. IV, n° 46.* ♦ ... D'un commissaire aux comptes à l'égard d'une société dont il avait certifié les comptes de façon hâtive et fautive, compte tenu d'une importante écriture de régularisation du compte client, dont l'anormalité aurait dû attirer son attention, alors qu'un examen sérieux, conforme aux normes professionnelles, l'aurait conduit à formuler toutes réserves, V. • Com. 19 oct. 1999 : *Bull. civ. IV, n° 176.*

240. Avocats. L'avocat, qu'il soit ou non désigné au titre de l'aide juridictionnelle, n'est tenu que d'une obligation de moyens. • Civ. 1re, 7 oct. 1998 : *Bull. civ. I, n° 282.*

b. Obligation de résultat

241. Sous-traitants. Contractuellement tenu à l'égard de l'entrepreneur principal, de l'obligation d'exécuter un ouvrage exempt de vices, le sous-traitant est responsable des malfaçons dues aux défectuosités du matériau employé à moins qu'il ne justifie d'une cause étrangère qui ne peut lui être imputée. • Civ. 3e, 23 oct. 1984 : *Bull. civ. III, n° 171 ; RTD civ. 1986. 136, obs. J. Huet.* ♦ V. dans le même sens • Civ. 3e, 15 janv. 1992 : *Bull. civ. III, n° 21* (obligation de résultat du sous-traitant d'un sous-traitant). – V. également *infra,* v° *Sous-traitance, L. n° 75-1334 du 31 déc. 1975, art. 3, notes 13 s.*

242. Lettre d'intention. V. art. 2322 C. civ., *infra,* v° *Garantie autonome (ou indépendante).* ♦ Ayant relevé qu'une lettre d'intention contenait l'intention ferme d'une société-mère de faire le nécessaire pour que sa filiale dispose d'une trésorerie suffisante lui permettant de faire face à ses engagements au titre des crédits de trésorerie et de découvert envers sa banque, ce dont elle a déduit que la société-mère s'obligeait à l'obtention du résultat, une cour d'appel, qui ne s'est pas fondée sur l'autorisation du conseil d'administration, a pu décider que le souscripteur de la lettre avait garanti à la banque le remboursement de la dette en cas de défaillance de l'emprunteur. • Com. 26 févr. 2002 : *Bull. civ. IV, n° 43 ; D. 2002. Somm. 3331, obs. Aynès ; ibid. AJ. 1273, obs. Lienhard ; JCP 2002. I. 162, obs. Simler ; RD banc. fin. 2002, n° 93, obs. Cerles. – Contra :* • Paris, 19 nov. 2002 : *RJDA 2004, n° 480 ; Dr. sociétés 2003, n° 101, obs. Trébulle.* ♦ La société-mère qui, dans une lettre d'intention, prend l'engagement de faire le nécessaire envers le bénéficiaire de ladite lettre pour mener l'opération à bonne fin, s'engage à un tel résultat. • Com. 9 juill. 2002 : *Bull. civ. IV, n° 117 ; D. 2002. Somm. 3332, obs. Aynès ; ibid. AJ. 2327, obs. Lienhard ; ibid. 2003. 545, note Dondero ; JCP E 2003, n° 6, p. 278, note Ferreira ; Rev. sociétés 2003. 124, note Brocard ; Petites affiches 11 sept. 2002, p. 9, obs. E.C. ; ibid 1er-2 janv. 2003, p. 11, obs. Gibirila ; Dr. et patr. déc. 2002. 91 ; RTD com. 2002. 714, obs. Cabrillac ; Defrénois. 2002. 1614, obs. Libchaber ; RD banc. fin. 2002, n° 181, obs. Legeais ; Dr. sociétés 2002, n° 188, obs. Bonneau ; Bull. Joly 2002. 1175, obs. Barbièri.* – V. aussi Mathieu-Bouyssou, Goetz et Partouche, *RD banc. fin. 2003. n° 60 ;* Cerles, *ibid. 126* • 17 déc. 2002 : *JCP E 2004, n° 3, p. 79, obs. Simler ; RD banc. fin. 2003, n° 73, obs. Cerles ; RJDA 2003, n° 1185.* ♦ Mais la lettre d'intention par laquelle une société-mère se contente d'affirmer la capacité de sa filiale à faire face à ses engagements envers une banque et s'oblige à surveiller la gestion de celle-ci ne constitue qu'une obligation de moyens. • Versailles, 7 mars 2002 : *Bull. Joly 2002. 784, note Le Cannu.*

c. Obligation de résultat atténuée

243. Garagistes-réparateurs. L'obligation de résultat qui pèse sur le garagiste en ce qui concerne la réparation des véhicules emporte à la fois présomption de faute et présomption de causalité entre la faute et le dommage, et il appartient au garagiste de démontrer qu'il n'a pas commis de faute. • Civ. 1re, 2 févr. 1994 : *Bull. civ. I, n° 41 ; JCP 1994. II. 22294, 2e esp., note Ph. Delebecque.* ♦ V. dans le même sens, • Civ.

1re, 8 déc. 1998 : *Bull. civ. I, n° 343 ; Contrats Conc. Consom. 1999, n° 38, note Leveneur.*

2° MISE EN DEMEURE DU DÉBITEUR

a. Principe : exigence d'une mise en demeure du débiteur

244. Retard apporté à la restitution d'une chose. Les juges du fond décident à bon droit qu'une mise en demeure par écrit est nécessaire pour faire courir les dommages-intérêts dus à raison du retard apporté à la restitution de la chose déposée. En effet, le code civil, au titre du dépôt, n'a édicté aucune disposition exceptionnelle dérogeant aux règles générales établies par ses art. 1139 et 1146. • Civ. 6 juill. 1908 : *DP 1909. 1. 510.*

245. Exécution d'une obligation requérant le concours du créancier. Les dommages-intérêts ne sont dus que lorsque le débiteur est en demeure de remplir son obligation et il en est ainsi spécialement lorsque l'exécution de l'obligation requiert le concours du créancier. • Com. 28 mai 1996 : *Bull. civ. IV, n° 145.*

b. Tempéraments

246. Obligations de ne pas faire. Une cour d'appel ne peut subordonner à une mise en demeure la résiliation d'un bail en cas d'infraction aux clauses imposant au preneur une obligation de ne pas faire. • Civ. 3e, 25 oct. 1968 : *JCP 1969. II. 16062, note J. Prieur.*

247. Refus d'exécution du débiteur. Une mise en demeure est inutile quand le débiteur prend l'initiative de déclarer à son créancier qu'il refuse d'exécuter son obligation. • Req. 4 janv. 1927 : *DH 1927. 65.*

248. Dispense conventionnelle de mise en demeure. Les juges du fond ont un pouvoir souverain pour constater, d'après les circonstances de la cause et l'intention des parties, l'existence d'une clause selon laquelle la chose que le débiteur s'était engagé à donner, ne pouvait plus l'être après l'expiration du délai imparti pour la livraison. • Civ. 18 oct. 1927 : *DH 1927. 510.*

3° CAUSES D'EXONÉRATION : FORCE MAJEURE (art. 1148 C. civ.)

a. Notion

1. Définition jurisprudentielle

249. Impossibilité d'exécution. Le cas de force majeure s'entend des événements qui rendent l'exécution de l'obligation impossible, mais non de ceux qui la rendent seulement plus onéreuse. • Civ. 4 août 1915 : *DP 1916. 1. 22.* ♦ Les difficultés financières et de fonctionnement d'une entreprise ne peuvent à elles seules caractériser la force majeure permettant de rompre un contrat de travail sans dommages-intérêts. • Soc. 20 févr. 1996 : *Bull. civ. V, n° 59 ; D. 1996. 633, note Puigelier.* ♦ La force majeure n'exonère le débiteur de ses obligations que pendant le temps où elle l'empêche de donner ou de faire ce à quoi il s'est obligé. • Civ. 3e, 22 févr. 2006 : *D. 2006. AJ. 782, obs. Rouquet ; JCP E 2006, n° 20-21, p. 899, obs. Kenfack ; RJDA 2006, n° 509.*

250. Extériorité de l'événement. Le débiteur répond des personnes auxquelles il fait appel pour exécuter sa prestation. Ainsi, une société ne peut, en raison du vol de son préposé dont elle doit contractuellement répondre envers son cocontractant, se prévaloir de la limitation contractuelle d'indemnisation prévue à son profit. • Com. 17 nov. 1981 : *Bull. civ. IV, n° 398 ; JCP 1982. II. 19811, note D. Tardieu-Naudet.* ♦ Ne constitue pas une cause étrangère justifiant l'inexécution de ses obligations par une clinique à la suite de la rupture du contrat d'exclusivité la liant à un médecin anesthésiste, le refus de deux chirurgiens de collaborer avec ce médecin, dès lors qu'ils assumaient dans la société un rôle prépondérant de direction. • Civ. 1re, 3 févr. 1993 : *Bull. civ. I, n° 61 ; D. 1994. 265, note A. Dorsner-Dolivet ; RTD civ. 1994. 873, obs. P. Jourdain.* ♦ Mais constitue un cas de force majeure un mouvement de grève de grande ampleur, affectant l'ensemble du secteur public et nationalisé et par là même, extérieur à l'entreprise, que celle-ci n'avait pu prévoir et qu'elle ne pouvait ni empêcher en satisfaisant les revendications de ses salariés, compte tenu de la maîtrise du gouvernement sur ces décisions relatives aux rémunérations, ni surmonter d'un point de vue technique. • Civ. 1re, 24 janv. 1995 : *Bull. civ. I, n° 54 ; D. 1995. 327, note G. Paisant ; JCP 1995. I. 3893, n° 1, obs. G. Viney.* ♦ Constitue une cause étrangère exonérant un port des obligations contractées à l'égard d'entreprises de manutention, la cessation du travail subite de grutiers effectuée dans des conditions illicites, qui n'a pas été qualifiée de grève par les juges du fond. • Civ. 1re, 11 juin 1996 : *Bull. civ. I, n° 242 ; Dr. soc. 1997, note P.-H. Antonmattéi.* ♦ Le débiteur répond également en principe des matériels utilisés pour exécuter son obligation. L'effondrement de la toiture d'un poulailler sous le poids de la neige, en raison d'un vice caché de conception, ne résulte pas d'un phénomène extérieur à l'activité des éleveurs propriétaires du poulailler. • Civ. 1re, 19 juill. 1988 : *Bull. civ. I, n° 249 ; RTD civ. 1989. 97, obs. P. Jourdain.* ♦ Le seul fait que le vice inhérent à une technique, qui avait fait l'objet d'un agrément et qui a été utilisée par un entrepreneur, n'était pas encore connu à l'époque de la construction, ne constitue pas une cause étrangère exonératoire de responsabilité. • Civ. 3e, 17 mai 1983 : *Bull. civ. III, n° 115.* ♦ L'existence d'un vice caché ne saurait être assimilée à un cas de force majeure, lequel a nécessairement une origine extérieure à la chose louée. • Civ. 3e, 2 avr. 2003 : *Bull. civ. III, n° 74 ; D. 2003. IR. 1135.* ♦ Sur la responsabilité du fait des produits défectueux, V. art. 1386-1 à 1386-18 C. civ au **C. civ.**

251. Imprévisibilité de l'événement. Le retard de l'Administration pour délivrer une autorisation est un événement prévisible. • Com. 26 oct. 1954 : *D. 1955. 213, note J. Radouant.* ♦ Si l'irrésistibilité de l'événement est, à elle seule, constitutive de la force majeure lorsque sa prévision ne saurait permettre d'en empêcher les effets, il n'en est plus ainsi lorsque n'ont pas été prises toutes les précautions possibles que la prévisibilité de l'événement rendait nécessaires. Il s'ensuit qu'un vol à main armée commis dans un hôtel dont le coffre a été dévalisé, ne constituait pas un cas de force majeure, dès lors que l'hôtelier ou ses préposés n'avaient pas effectué un contrôle strict des entrées. • Civ. 1re, 9 mars 1994 : *Bull. civ. I, n° 91 ; RTD civ. 1994. 871, obs. P. Jourdain.* ♦ Comp., réaffirmant l'exigence d'imprévisibilité, • Cass., Ass. plén., 14 avr. 2006 : *cité note 252.*

252. Irrésistibilité de l'événement. L'irrésistibilité de l'événement est à elle seule constitutive de la force majeure lorsque sa prévision ne saurait permettre d'en empêcher les effets, sous réserve que le débiteur ait pris toutes les mesures requises pour éviter la réalisation de cet événement. • Com. 1er oct. 1997 : *Bull. civ. IV, n° 240, RTD civ. 1998. 121, obs. P. Jourdain* (cassation d'un arrêt ayant considéré que l'agression à main armée dont avait été victime un transporteur, ne constituait pas un cas de force majeure). ♦ *Contra*, jugeant l'irrésistibilité insuffisante et réaffirmant l'exigence du critère de l'imprévisibilité, V. • Cass., Ass. plén., 14 avr. 2006 : *D. 2006. IR. 1131, obs. Gallmeister ; BRDA 2006, n° 9, p. 6.* – V. aussi • Cass., Ass. plén., 14 avr. 2006 : *cité note 3 ss. art. L. 133-1, supra.* ♦ En déduisant le caractère irrésistible de l'incendie d'un entrepôt de son imprévisibilité et en se bornant à relever que le transporteur avait pris toutes les mesures requises pour éviter la réalisation de l'événement, une cour d'appel n'a pas dit en quoi l'événement avait été irrésistible. • Com. 5 juill. 2005 : *RJDA 2005, n° 1192.* ♦ Un ouragan d'une violence exceptionnelle peut constituer un événement de force majeure exonérant un entrepreneur de charpentes de toute responsabilité à l'égard du maître de l'ouvrage. • Civ. 3e, 11 mai 1994 : *Bull. civ. III, n° 94.*

253. Fait d'un tiers ou de la victime. Le fait d'un tiers ne revêt le caractère d'un cas fortuit ou d'une force majeure que s'il n'a pu être ni prévu, ni empêché dans ses conséquences. • Req. 2 mars 1927 : *DP 1927. 1. 121, note L. Mazeaud.* ♦ La faute de la victime, si elle ne constitue pas la cause unique du dommage, ne peut totalement exonérer de sa responsabilité le fabricant d'un appareil dont le défaut de conception et de fabrication rendait l'utilisation dangereuse. • Civ. 1re, 9 oct. 1991 : *Bull. civ. I, n° 259 ; D. 1992. Somm. 403, obs. A. Penneau.* ♦ Dès lors que la faute commise par l'une des deux parties condamnées *in solidum* à réparer un dommage est entièrement absorbée par celle, plus grave, commise par l'autre partie, il n'y a pas lieu d'opérer un partage de responsabilité. • Civ. 1re, 13 janv. 2004 : *Bull. civ. I, n°16.*

2. Aménagements contractuels

254. Assimilation conventionnelle à la force majeure des obstacles rencontrés dans l'exécution. Des obstacles rencontrés par le débiteur dans l'exécution de son obligation peuvent être conventionnellement assimilés à la force majeure prévue à la convention. • Com. 8 juill. 1981 : *Bull. civ. IV, n° 312 ; RTD civ. 1982. 426, obs. G. Durry.*

b. Effets de la force majeure

255. Exonération totale du débiteur. La preuve d'un événement de force majeure entraîne l'exonération totale du débiteur. Jurisprudence constante : V. par exemple • Civ. 3e, 11 mai 1994 : *Bull. civ. III, n° 94.*

256. Suspension du contrat en cas d'impossibilité temporaire d'exécution. La force majeure ne fait obstacle à l'exécution des obligations qu'autant qu'elle empêche le débiteur de donner ou de faire ce à quoi il était obligé. Il en résulte que si l'empêchement est momentané, le débiteur n'est pas libéré et l'exécution de l'obligation est seulement suspendue jusqu'au moment où la force majeure vient à cesser. • Req. 12 déc. 1922 : *DP 1924 1. 186.*

4° EXIGENCE D'UN DOMMAGE RÉPARABLE EN RELATION DE CAUSE À EFFET AVEC LA FAUTE CONTRACTUELLE

257. Exigence d'un préjudice ayant un lien direct avec la faute contractuelle. Une faute contractuelle n'implique pas nécessairement par elle-même l'existence d'un dommage en relation de cause à effet avec cette faute. • Civ. 1re, 18 nov. 1997 : *Bull. civ. I, n° 317 ; D. Affaires 1998. 20, obs. S.P.* ♦ Des dommages-intérêts ne peuvent être alloués que si le juge, au moment où il statue, constate qu'il est résulté un préjudice de la faute contractuelle. • Civ. 3e, 3 déc. 2003 : *Bull. civ. III, n° 221 ; D. 2005. Pan. 186, obs. D. Mazeaud ; AJDI 2004. 204, obs. Beaugendre ; Contrats Conc. Consom. 2004, n° 38, obs. Leveneur ; Petites affiches 24 mai 2004, p. 16, obs. Teilliais ; RTD civ. 2004. 295, obs. Jourdain ; RDC 2004. 280, obs. Stoffel-Munck, et 359, obs. Seube.*

258. Exigence d'un préjudice juridiquement réparable. Même en présence de la faute commise par un conseil juridique qui a présenté un dossier au-delà d'une date limite, il n'y a pas de préjudice réparable dès lors qu'indemniser la victime de cette faute conduirait à tenir pour licite un régime d'aide déclaré contraire aux règles du droit communautaire. • Civ. 1re, 12 mai 1993 : *Bull. civ. I, n° 165.*

C. EFFETS DE LA RESPONSABILITÉ CONTRACTUELLE

1° PRINCIPES GÉNÉRAUX GOUVERNANT LA RÉPARATION DU DOMMAGE

a. Diversité des modes de réparation

259. Décharge de l'obligation. Poursuivi par son sous-traitant en paiement du prix de travaux sous-traités, un entrepreneur a la faculté de demander à être déchargé de cette obligation en invoquant la faute du cocontractant dans l'exécution de ses propres obligations, sans prétendre à un autre avantage que le simple rejet de la prétention adverse, sans être tenu de formuler une demande reconventionnelle en dommages-intérêts. • Civ. 3e, 3 mai 2001 : *Bull. civ. III, n° 57 ; JCP 2002. I. 122, n° 6, obs. G. Viney.*

260. Droit à des dommages-intérêts. L'inexécution donne lieu à dommages-intérêts, peu important qu'elle n'ait pas été fautive. • Com. 30 juin 1992 : *Bull. civ. IV, n° 258.*

261. Obligations de faire : réparation pécuniaire ou en nature. Le débiteur d'une obligation de faire peut échapper à l'exécution forcée dans les termes des art. 1142 s. C. civ. qui régissent ces obligations et les juges du fond énoncent à bon droit que les tribunaux peuvent d'office substituer une réparation en argent à l'exécution en nature seule demandée. • Civ. 1re, 30 juin 1965 : *Gaz. Pal. 1965. 2. 329, note E. K.* ♦ Lorsque l'exécution en nature est devenue impossible, un vendeur est à bon droit condamné à exécuter son obligation de délivrance en deniers en payant à son acheteur une indemnité équivalente à la valeur actuelle de la chose vendue. • Com. 5 oct. 1993 : *Bull. civ. IV, n° 313.* ♦ Encourt la cassation l'arrêt qui, après avoir reconnu la validité du droit de préemption conféré à des actionnaires d'une société anonyme en cas de transfert de la propriété des actions en vertu d'un pacte de préférence passé avec d'autres actionnaires, a mis à néant les conventions par lesquelles ces derniers avaient accordé à un tiers des options d'achat irrévocables lui permettant d'acquérir le contrôle de la société et a ordonné la substitution des actionnaires bénéficiaires du droit de préemption à ce tiers dans la propriété des actions, sans retenir que l'acquisition des titres de la société faite par le tiers résultait d'une collusion frauduleuse entre cédants et cessionnaires. • Com. 7 mars 1989 : *préc. note 28.* ♦ Comp. : • Cass., Ch. mixte, 26 mai 2006 : *ibid.*

262. Obligations de ne pas faire. Ne donne pas de base légale à son arrêt, la cour d'appel qui, pour réformer la décision des premiers juges, ayant interdit l'exercice d'une profession dans une zone géographique déterminée en exécution d'une clause d'un contrat, se borne à énoncer que la seule sanction de l'inexécution de l'obligation est, selon la convention, l'octroi de dommages-intérêts, sans se prononcer sur la possibilité d'exécution de l'obligation d'abstention prévue au contrat. • Com. 20 janv. 1981 : *Bull. civ. IV, n° 41.*

263. Exécution aux frais du débiteur. En l'absence de mise en demeure adressée au bailleur d'avoir à effectuer des travaux et de décisions de justice autorisant le preneur à les faire exécuter, le bailleur n'est pas tenu d'en supporter la charge. • Civ. 3e, 20 mars 1991 : *Bull. civ. III, n° 94 ; RTD civ. 1991. 735, obs. J. Mestre.*

b. Étendue de la réparation

264. Réparation du seul dommage prévisible. Les dispositions de l'art. 1150 C. civ., qui limitent la responsabilité du débiteur, concernent seulement la prévision ou la prévisibilité des éléments constitutifs du dommage et non l'équivalent monétaire destiné à le réparer. • Com. 4 mars 1965 : *D. 1965. 449 ; JCP 1965. II. 14219, note R. Rodière* (valeur du mobilier confié à un garde-meuble et détruit par un incendie supérieure à celle déclarée par le client dans le contrat).

264 bis. Réparation de la seule partie de bonne foi. La partie de bonne foi à un contrat de vente annulé peut seule demander la condamnation de la partie fautive à réparer le préjudice qu'elle a subi en raison de la conclusion du contrat annulé. • Cass., Ch. mixte, 9 juill. 2004 : *BICC 1er nov. 2004, p. 35, rapp. Pinot, avis Guérin ; D. 2004. 2175, note Tuaillon ; JCP*

E 2005, n° 1-2, p. 44, note Serinet ; JCP 2004. II. 10190, note G. François ; Contrats Conc. Consom. 2004, n° 168, obs. Leveneur ; Petites affiches 16 mai 2005, p. 5, obs. Pimont ; RJDA 2005, n° 116 ; Defrénois 2004. 1402, note Libchaber ; RTD civ. 2005. 125, obs. Mestre et Fages ; AJDI 2005. 331, note Cohet-Cordey ; RDC 2005. 280, note Stoffel-Munck (visa du seul art. 1382 C. civ.).

265. Réparation intégrale. Une fois le dommage déterminé dans sa nature et dans son étendue, il importe uniquement d'assurer à la victime une indemnisation intégrale par le versement de l'équivalent monétaire dudit dommage au jour de sa réparation. • Com. 16 févr. 1954 : *D. 1954. 534, note R. Rodière.* ♦ Assure la réparation intégrale du préjudice subi une cour d'appel qui estime ce préjudice au jour où il s'est produit, et l'actualise au jour où elle statue en fonction de l'évolution d'un indice. • Com. 2 nov. 1993 : *Bull. civ. IV, n° 380.*

266. Perte d'une chance. La réparation de la perte d'une chance doit être mesurée à la chance perdue et ne peut être égale à l'avantage qu'aurait procuré cette chance si elle s'était réalisée. • Civ. 1re, 16 juill. 1998 : *Bull. civ. I, n° 260.* ♦ Statuant sur l'action en responsabilité engagée par une société contre le commissaire aux comptes qui n'avait pas signalé d'importants détournements commis par l'un des cogérants, et ayant retenu que le préjudice de la société résultant de la perte d'une chance était distinct de celui résultant des détournements eux-mêmes, une cour d'appel justifie légalement sa décision selon laquelle le commissaire aux comptes ne saurait être tenu de rembourser les sommes détournées ou le coût global qui en est résulté pour la société. • Com. 19 oct. 1999 : *Bull. civ. IV, n° 176.*

267. Préjudice distinct du retard. Les juges du fond ne peuvent allouer des dommages-intérêts distincts des intérêts moratoires sans constater l'existence, pour le créancier, d'un préjudice indépendant du retard apporté au paiement par le débiteur et causé par sa mauvaise foi. • Civ. 1re, 21 juin 1989 : *Bull. civ. I, n° 251.*

2° AMÉNAGEMENTS CONTRACTUELS

a. Clauses allégeant ou supprimant les obligations

268. Inefficacité des clauses supprimant une obligation essentielle du contrat. Ne peuvent recevoir application les exclusions qui annulent les effets d'une garantie formellement accordée par une police d'assurance. • Civ. 1re, 21 mai 1990 : *Bull. civ. I, n° 114.* ♦ L'exploitant d'un parc de stationnement ne peut écarter par une clause contractuelle son obligation essentielle consistant à assurer la jouissance paisible d'un emplacement. • Civ. 1re, 23 févr. 1994 : *Bull. civ. I, n° 76.*

b. Clauses élusives ou limitatives de responsabilité

269. Principe de validité. Seuls le dol ou la faute lourde de la partie qui invoque, pour se soustraire à son obligation, une clause d'irresponsabilité insérée au contrat et acceptée par l'autre partie, peuvent faire échec à l'application de ladite clause. • Com. 15 juin 1959 : *Bull. civ. III, n° 265 ; D. 1960. 97, note R. Rodière ; GAJC II, n° 165.* ♦ Un contrat conclu entre deux commerçants dans le cadre de relations professionnelles habituelles n'étant pas soumis aux dispositions du code de la consommation, la clause d'irresponsabilité qui y est insérée ne revêt pas de caractère abusif sans que les juges soient tenus de rechercher si elle ne procure pas au débiteur de l'obligation un avantage excessif. • Com. 23 nov. 1999 : *Bull. civ. IV, n° 210 ; Contrats Conc. Consom. 2000, n° 40, note L. Leveneur ; JCP 2000. II. 10326, note J.-P. Chazal.*

270. Inefficacité en cas de faute dolosive. Le débiteur commet une faute dolosive lorsque, de propos délibéré, il se refuse à exécuter ses obligations contractuelles, même si ce refus n'est pas dicté par l'intention de nuire à son cocontractant. • Civ. 1re, 4 févr. 1969 : *D. 1969. 601, note J. Mazeaud* (condamnation du débiteur à payer des dommages-intérêts supérieurs au montant de la clause pénale stipulée au contrat). ♦ Le débiteur ne peut se prévaloir de la limitation contractuelle d'indemnisation prévue à son profit en cas de vol commis par son préposé. • Com. 17 nov. 1981 : *Bull. civ. IV, n° 398 ; JCP 1982. II. 19811, note D. Tardieu-Naudet.*

271. Inefficacité en cas de faute lourde. La faute lourde, assimilable au dol, empêche le contractant auquel elle est imputable, de limiter la réparation du préjudice qu'il a causé au dommage prévu ou prévisible lors du contrat et de s'en affranchir par une clause de non-responsabilité. Elle résulte d'un comportement d'une extrême gravité, confinant au dol et dénotant l'inaptitude du débiteur de l'obligation à l'accomplissement de sa mission contractuelle. • Com. 3 avr. 1990 : *Bull. civ. IV, n° 108.* ♦ Constitue une faute lourde l'omission de l'inscription du numéro de téléphone d'un annonceur dans l'édition professionnelle de l'annuaire des abonnés au téléphone, dès lors qu'il est constaté que le régisseur de la publicité ne se livrait à aucune vérification et que la mention omise était un élément essentiel de l'obligation inexécutée. • Com. 9 mai 1990 : *Bull. civ. IV, n° 142 ; RTD civ. 1990. 666, obs. P. Jourdain.*

♦ Ayant relevé que l'obligation faite à une société de télésurveillance d'appeler si possible les responsables du magasin en cas d'intervention dynamique, avait été stipulée au contrat par une clause expresse, de sorte qu'elle en constituait une des conditions substantielles, une cour d'appel peut, dès lors, décider que le manquement à cette obligation constituait une faute lourde engageant la responsabilité de la société, V. • Civ. 1re, 2 déc. 1997 : *Bull. civ. I, n° 349 ; D. 1998. Somm. 200, obs. D. Mazeaud ; JCP 1998. I. 144, n° 10, obs. G. Viney.* ♦ Les dispositions exonératoires de responsabilités prévues par l'art. L. 13 CPCE [abrogé par L. n° 2005-516 du 20 mai 2005, art. 19-V] ne s'imposent que dans le cas où La Poste, ou le transporteur que celle-ci s'est substitué, n'a commis aucune faute lourde dans l'exécution de sa mission. • Cass., Ass. plén., 30 juin 1998 : *Bull. civ. n° 2 ; JCP 1998. II. 10146, note Ph. Delebecque ; D. 1999. Somm. 262, obs. D. Mazeaud ; RTD civ. 1999. 119, obs. P. Jourdain.*

272. Inefficacité en cas de manquement à une obligation essentielle. Viole l'art. 1131 C. civ. la cour d'appel qui fait application d'une clause limitative de responsabilité, alors qu'en raison du manquement du débiteur à une obligation essentielle (en l'occurrence obligation de célérité), cette stipulation, qui contredit la portée de l'engagement pris, doit être réputée non écrite. • Com. 22 oct. 1996, *Affaire Chronopost : cité note 16 bis ss. art. L. 133-1 C. com.* ♦ V. sur renvoi, jugeant que l'effacement de la clause limitative de responsabilité du contrat pour retard de livraison entraîne l'application du plafond légal d'indemnisation que seule une faute lourde du transporteur pouvait tenir en échec : • Com. 9 juill. 2002 : *cité note 2 ss. art. 8 de la L. n° 82-1153 du 30 déc. 1982, ss. art. L. 133-7 C. com.* (cassation de • Caen, 5 janv. 1999 : *cité note 16 bis ss. art. L. 133-1 C. com.*). ♦ Doit être réputée non écrite la clause de non-responsabilité insérée dans les conditions générales d'un contrat de forage qui est en totale opposition avec l'obligation de résultat née du contrat. • Toulouse, 23 oct. 2001 : *Petites affiches 13 mai 2002, n° 95, p. 12, note Buy* (décision se référant expressément à l'arrêt Chronopost). ♦ Mais, même pour une entreprise de transport rapide, la faute lourde de nature à tenir en échec la limitation d'indemnisation prévue par le contrat-type ne saurait résulter du seul retard de livraison. • Cass., Ch. mixte, 22 avr. 2005 : *cité note 18 ss. art. L. 133-1 C. com.* ♦ ... Ni du seul fait pour le transporteur de ne pouvoir fournir d'éclaircissements sur la cause du retard. • Cass., Ch. mixte, 22 avr. 2005 : *ibid.* ♦ Dès lors, la faute lourde de nature à tenir en échec la limitation d'indemnisation prévue par le contrat-type messagerie applicable à la cause ne saurait résulter du seul manquement à une obligation contractuelle, fût-elle essentielle, mais doit se déduire de la gravité du comportement du débiteur. • Com. 21 févr. 2006 : *ibid.*

c. Clause abrégeant la prescription

272 bis. Application même en cas de faute lourde. Une disposition contractuelle abrégeant le délai de prescription reçoit application même en cas de faute lourde. • Com. 12 juill. 2004 : *cité note 14 bis ss. art. L. 133-6 C. com.*

3° CLAUSE PÉNALE

a. Notion de clause pénale susceptible de révision

273. Évaluation forfaitaire de l'indemnité due en cas d'inexécution d'une obligation contractuelle. Constitue une clause pénale la clause d'un contrat par laquelle les parties évaluent forfaitairement et d'avance l'indemnité à laquelle donnera lieu l'inexécution de l'obligation contractée. • Civ. 1re, 10 oct. 1995 : *Bull. civ. I, n° 347 ; D. 1996. Somm. 116, obs. Ph. Delebecque ; JCP 1996. II. 22580, note G. Paisant.* ♦ La stipulation selon laquelle le taux d'intérêts sera majoré en cas de défaillance de l'emprunteur constitue une clause pénale. • Com. 18 mai 2005 : *Bull. civ. IV, n° 106.*

274. Indemnités non susceptibles de révision (exemples). Ne constituent pas une clause pénale susceptible de révision : l'indemnité d'immobilisation stipulée dans une promesse unilatérale de vente. • Civ. 3e, 5 déc. 1984 : *Bull. civ. III, n° 207 ; D. 1985. 544, note Bénac-Schmidt.* ♦ ... La clause prévoyant qu'un contractant pourrait mettre fin au contrat à tout moment, moyennant le versement d'une indemnité. • Civ. 1re, 6 mars 2001 : *Bull. civ. I, n° 56 ; D. 2001. Somm. 3243, obs. Delebecque.* ♦ ... Le dépôt de garantie versé en exécution d'un contrat. • Civ. 3e, 28 mars 1990 : *D. 1991. 187, note R. Cabrillac.* ♦ ... La pénalité instituée non par une convention, mais par un texte. • Civ. 3e, 5 déc. 2001 : *Bull. civ. III, n° 146 ; RJDA 2002, n° 130* (pénalité prévue par l'art. L. 442-5 CCH). ♦ ... La clause qui stipule que l'acompte sur le prix versé par les acquéreurs restera la propriété du vendeur en cas de renonciation de leur part, ce dernier étant tenu, en cas de renonciation lui incombant, d'en payer le double. • Civ. 3e, 15 févr. 2006 : *RJDA 2006, n° 503.*

La clause d'un plan d'épargne populaire stipulant qu'en cas de retrait de fonds ou de transfert dans un autre établissement bancaire avant la fin de la 8e année, les intérêts ne seraient pas entièrement versés et qu'il serait pratiqué sur les intérêts calculés une reprise, ne sanctionne pas l'inexécution d'une obligation contractuelle dès lors que le transfert du plan d'épargne constituait une simple faculté ouverte à l'épargnant, en sorte que l'indemnité forfaitaire convenue par avance ne constitue pas une peine contractuelle. • Civ. 1re, 12 juill. 2005 : *Bull. civ. I, no 320 ; D. 2005. AJ. 2218, obs. Delpech ; RTD civ. 2005. 781, obs. Mestre et Fages.*

b. Révision de la clause pénale

275. Refus de révision. Les juges du fond n'ont pas à motiver spécialement leur décision lorsque, faisant application pure et simple des conventions, ils refusent de modifier la peine forfaitairement convenue. • Civ. 1re, 12 juill. 2001 : *Bull. civ. I, no 218 ; JCP E 2002. 459, note L. Leveneur (1re esp.).*

276. Réduction de la peine convenue. Ne donne pas de base légale à sa décision, la cour d'appel qui, sans se fonder sur la disproportion manifeste entre l'importance du préjudice effectivement subi et le montant conventionnellement fixé, réduit le montant de la clause pénale en se déterminant par des motifs tirés du comportement du débiteur de la pénalité, de tels motifs étant impropres à justifier à eux seuls le caractère manifestement excessif du montant de la clause pénale. • Com. 11 févr. 1997 : *Bull. civ. IV, no 47.* ♦ Mais le juge ne fait qu'user de son pouvoir souverain lorsqu'il fixe, fût-ce en le réduisant à un franc, le montant de la condamnation qu'il prononce au titre de la clause pénale. • Même arrêt.

277. Augmentation de la peine convenue. Le juge ne peut augmenter la peine convenue que si celle-ci est manifestement dérisoire. • Com. 10 juill. 2001 : *JCP E 2002. 459, note L. Leveneur (2e esp.).* ♦ Mais le débiteur peut être condamné à des dommages-intérêts supérieurs au montant de la clause pénale prévue au contrat lorsqu'il commet une faute dolosive, en se refusant délibérément à exécuter ses obligations contractuelles, même si ce refus n'est pas dicté par l'intention de nuire à son cocontractant. • Civ. 1re, 4 févr. 1969 : *préc. note 270.*

CRÉDIT AGRICOLE

Code monétaire et financier

Art. L. 512-20 à L. 512-54 *V. C. rur. et for.*

CRÉDIT ARTISANAL

Décret no 83-316 du 15 avril 1983,

Relatif au crédit à l'artisanat.

Art. 1er Sont abrogés les articles 53, 54, 57 à 71 du code de l'artisanat ;

Les articles 2 et 3 du décret no 72-322 du 20 avril 1972 relatif au crédit à l'artisanat ;

Le décret no 79-221 du 16 mars 1979 relatif aux prêts à moyen et long terme consentis aux artisans par le Crédit agricole mutuel.

2 Des prêts bonifiés peuvent être attribués dans les conditions prévues ci-après par les établissements ayant passé une convention à cet effet avec le ministre de l'économie, des finances et du budget aux personnes immatriculées au répertoire des métiers ainsi qu'aux groupements régulièrement constitués entre ces personnes en vue de faciliter leur activité professionnelle.

Les crédits nécessaires pour couvrir le montant des bonifications sont ouverts chaque année par la loi de finances.

Peuvent seules bénéficier de ces prêts, sous réserve des dispositions des traités et conventions internationaux interdisant une restriction d'activité fondée sur la nationalité, les personnes physiques ou morales qui sont ressortissantes de l'un des États de la Communauté européenne.

Un arrêté conjoint du ministre de l'économie, des finances et du budget et du ministre du commerce et de l'artisanat fixe les conditions techniques que doivent remplir les bénéficiaires, en particulier les conditions concernant l'expérience professionnelle, la qualification et la formation des bénéficiaires, ainsi que les modalités de tenue des comptabilités des entreprises. — *V. Arr. 15 févr. 1999 (JO 15 avr.).*

3 Ces prêts sont destinés à financer l'acquisition, l'aménagement, l'installation, la réfection totale ou partielle, la dotation en outillage ou en matériel, le besoin en fonds de roulement d'entreprises artisanales ainsi que la participation des personnes immatriculées au répertoire des métiers au capital d'un groupement régulièrement constitué entre ces personnes physiques ou morales.

4 La durée de ces prêts est au maximum de quinze ans. Leur montant maximum ainsi que les taux de bonification sont fixés par arrêté conjoint du ministre de l'économie, des finances et du budget, du ministre de l'agriculture et du ministre du commerce et de l'artisanat, en distinguant entre les prêts destinés à financer les investissements liés à la création d'une entreprise ou d'un groupement visé à l'article 2 du présent décret ainsi qu'à leur développement lorsque celui-ci s'accompagne de la création d'emplois et les autres prêts qui peuvent être affectés à toute autre opération mentionnée à l'article précédent. — *V. Arr. 15 févr. 1999 (JO 15 avr.).*

V. Circ. 15 févr. 1999 relative aux conditions d'attribution de prêts bonifiés et conventionnés aux entreprises artisanales et à certaines entreprises de l'alimentation de détail et de la restauration traditionnelle (JO 15 avr.).

Les dispositions des articles 2, 3 et 4 du décret n° 83-316 du 15 avril 1983 relatif au crédit à l'artisanat sont applicables aux patrons bateliers inscrits au registre de la chambre nationale de la batellerie artisanale. — Lorsque des prêts bonifiés sont consentis à des patrons bateliers, l'arrêté prévu à l'article 2 de ce décret est pris conjointement par le ministre chargé de l'économie, des finances et du budget, par le ministre chargé des transports et par le ministre chargé du commerce et de l'artisanat (Décr. n° 84-365 du 14 mai 1984, art. 24).

Sur les prêts spéciaux à l'artisanat, V. L. n° 73-1193 du 27 déc. 1973, art. 48 (D. et BLD 1974. 30) ; Arr. 12 déc. 1978 (D. et BLD 1979. 4), mod. par Arr. 1er oct. 1980 (D. et BLD 1980. 379).

CRÉDIT COOPÉRATIF

Code monétaire et financier

Art. L. 512-60 à L. 512-67 *V. ces art. supra, v° Code monétaire et financier (extraits).*

Pour les sociétés coopératives de production, de crédit et de consommation, V. ***C. sociétés****.*

CRÉDIT FONCIER

Code monétaire et financier

Art. L. 515-13 à L. 515-33 *V. ces art. supra, v° Code monétaire et financier (extraits).*

CRÉDIT MARITIME MUTUEL

Code monétaire et financier

Art. L. 512-68 à L. 512-84 *V. ces art. supra, v° Code monétaire et financier (extraits).*

Les dispositions de la L. n° 75-628 du 11 juill. 1975 relative au crédit maritime ont été abrogées et codifiées par Ord. n° 2000-1223 du 14 déc. 2000 dans le code monétaire et financier aux art. L. 512-68 s.

DIFFICULTÉS DES ENTREPRISES

[Sont reproduits et annotés sous cette rubrique, dans l'ordre :

– le décret nº 2005-1677 du 28 déc. 2005 pris en application de la loi nº 2005-845 du 26 juill. 2005 de sauvegarde des entreprises ;

– le décret nº 85-1388 du 27 déc. 1985 relatif au redressement et à la liquidation judiciaires des entreprises, en grande partie abrogé par le décret nº 2005-1677 du 28 déc. 2005 ;

– le décret nº 85-1389 du 27 déc. 1985 relatif aux administrateurs judiciaires, mandataires judiciaires et experts en diagnostic d'entreprise ;

– le décret nº 85-1390 du 27 déc. 1985 fixant le tarif des administrateurs judiciaires en matière commerciale et des mandaires judiciaires ;

– divers autres textes applicables en la matière.]

Décret nº 2005-1677 du 28 décembre 2005,

Pris en application de la loi nº 2005-845 du 26 juillet 2005 de sauvegarde des entreprises.

Le présent décret entre en vigueur le 1er janv. 2006 (art. 360). – Pour les dispositions applicables aux procédures en cours, V. art. 361 du décret.

BIBL. GÉN. ▶ LIENHARD, *D. 2006. Chron. 150*. – ROUSSEL GALLE et GIRARDIN, *JCP E 2006, nº 3, p. 111*. – VALLANSAN, *Act. proc. coll. 2006, nº 2 ; Rev. proc. coll. 2006. 5*. – MONTÉRAN et LE CORRE, *Gaz. Pal. 22-24 janv. 2006*. – BRDA 2006, nº 2, p. 15. – TEXIER, *RLDA 2006, nº 1, p. 21*. – VATINET, *JCP S 2006, nº 11, p. 9* (volet social). – CROZE, *Procédures 2006. Étude 4*. – CHAPUT, *JCP 2006. I. 130*. – MACORIG-VENIER, *RTD com. 2006. 189* (prévention des difficultés). – LEGROS, *Dr. sociétés 2006. Étude 9*.

Art. 1er Sans préjudice des dispositions de l'article 343, le tribunal territorialement compétent pour connaître des procédures prévues par le livre VI du code de commerce est celui dans le ressort duquel le débiteur, personne morale, a son siège ou le débiteur, personne physique, a déclaré l'adresse de son entreprise ou de son activité. A défaut de siège en territoire français, le tribunal compétent est celui dans le ressort duquel le débiteur a le centre principal de ses intérêts en France.

Toutefois, en cas de changement de siège de la personne morale dans les six mois ayant précédé la saisine du tribunal, le tribunal dans le ressort duquel se trouvait le siège initial demeure seul compétent. Ce délai court à compter de l'inscription modificative au registre du commerce et des sociétés du siège initial.

2 Les mesures prévues à l'article L. 611-2 du code de commerce relèvent de la compétence du président du tribunal du lieu du siège du débiteur, personne morale, ou, le cas échéant, du lieu où le débiteur, personne physique, a déclaré l'adresse de son entreprise ou de son activité.

La compétence territoriale du président du tribunal pour désigner un mandataire *ad hoc* est déterminée par l'article 1er.

TITRE PREMIER De la prévention des difficultés des entreprises

CHAPITRE PREMIER *De la prévention des difficultés des entreprises, du mandat ad hoc et de la procédure de conciliation*

SECTION I *De la détection des difficultés des entreprises par le président du tribunal de commerce*

3 Dans le cas prévu au premier alinéa de l'article L. 611-2 du code de commerce, le président du tribunal fait convoquer par le greffier le représentant légal de la personne morale débitrice ou le débiteur personne physique par lettre recommandée avec demande d'avis de réception et par lettre simple, reproduisant les termes du I de l'article L. 611-2 du même code ainsi que des articles 4 et 5 du présent décret. La convocation est envoyée un mois au moins à l'avance. Il est joint une note par laquelle le président du tribunal expose les faits qui ont motivé son initiative.

4 L'entretien prévu au premier alinéa de l'article L. 611-2 du code de commerce donne lieu à l'établissement par le président du tribunal d'un procès-verbal qui ne mentionne que la date et le lieu de l'entretien ainsi que l'identité des personnes présentes. Ce procès-verbal est signé par ces dernières et le président du tribunal.

Si la personne convoquée ne se rend pas à la convocation, un procès-verbal de carence est dressé le jour même par le greffier aux fins d'application des dispositions du second alinéa du I de l'article L. 611-2 du même code. A ce procès-verbal est joint l'avis de réception de la convocation. Une copie de ce procès-verbal est notifiée sans délai par le greffier à la personne convoquée par lettre recommandée avec demande d'avis de réception reproduisant les termes du second alinéa du I de l'article L. 611-2 du même code.

Le procès-verbal établi en application des deux alinéas ci-dessus est déposé au greffe.

5 La demande de renseignements prévue au deuxième alinéa de l'article L. 611-2 du code de commerce est adressée dans le délai d'un mois à compter de la date de l'entretien ou du procès-verbal de carence. Elle est accompagnée de la copie du procès-verbal d'entretien ou de carence établi en application de l'article 4.

Si la demande a été présentée dans les formes et délai prescrits au premier alinéa, les personnes et organismes interrogés communiquent les renseignements réclamés dans le délai d'un mois. Dans le cas contraire, ils ne sont pas tenus d'y répondre.

6 Pour l'application du II de l'article L. 611-2 du code de commerce, le président du tribunal rend une ordonnance faisant injonction au représentant légal de la personne morale de déposer les comptes annuels dans un délai d'un mois à compter de la notification ou de la signification de l'ordonnance, sous peine d'astreinte.

Cette ordonnance fixe le taux de l'astreinte et mentionne, en outre, les lieu, jour et heure de l'audience à laquelle l'affaire sera examinée.

Elle n'est pas susceptible de recours.

7 Le greffier notifie l'ordonnance au représentant légal de la personne morale. La lettre de notification reproduit les dispositions du second alinéa du II de l'article L. 611-2 du code de commerce ainsi que l'article 8 et le premier alinéa de l'article 9 du présent décret.

Si la lettre est retournée avec une mention précisant qu'elle n'a pas été réclamée par son destinataire, le greffier fait signifier l'ordonnance. La signification reproduit les dispositions mentionnées à l'alinéa premier.

Si la lettre est retournée avec une mention précisant que le destinataire ne se trouve plus à l'adresse indiquée, l'affaire est retirée du rôle par le président du tribunal et le greffier porte la mention de la cessation d'activité sur le registre du commerce et des sociétés.

L'ordonnance portant injonction de faire est conservée à titre de minute au greffe.

8 Lorsque l'injonction de faire a été exécutée dans les délais impartis, l'affaire est retirée du rôle par le président du tribunal.

Dans le cas contraire, le greffier constate le non-dépôt des comptes par procès-verbal.

9 En cas d'inexécution de l'injonction de faire qu'il a délivrée, le président du tribunal statue sur la liquidation de l'astreinte.

Il statue en dernier ressort lorsque le montant de l'astreinte n'excède pas le taux de compétence en dernier ressort du tribunal de commerce.

Le montant de la condamnation prononcée à l'encontre du représentant légal de la personne morale est versé au Trésor public et recouvré comme en matière de créances étrangères à l'impôt.

La décision est communiquée au Trésor public et signifiée à la diligence du greffier au représentant légal de la personne morale. L'appel est formé, instruit et jugé selon les règles applicables en matière contentieuse à la procédure sans représentation obligatoire.

10 La demande de renseignements prévue au dernier alinéa de l'article L. 611-2 du code de commerce est adressée à compter de l'expiration du délai prévu au premier alinéa de l'article 6 du présent décret. Elle est écrite et accompagnée de la copie de l'ordonnance mentionnée à l'article 6 ainsi que du procès-verbal mentionné à l'article 8.

Si la demande a été présentée dans les formes et délai prescrits au premier alinéa les personnes et organismes interrogés communiquent les renseignements réclamés dans le délai d'un mois. Dans le cas contraire, ils ne sont pas tenus d'y répondre.

SECTION II *Du mandat ad hoc*

11 La demande de désignation d'un mandataire *ad hoc* prévue à l'article L. 611-3 du code de commerce est présentée par écrit. Elle est adressée ou remise au président du tribunal de commerce ou du tribunal de grande instance selon le cas par le représentant légal de la personne morale ou par le débiteur personne physique et déposée au greffe.

Cette demande expose les raisons qui la motivent.

12 Dès réception de la demande, le président du tribunal fait convoquer, par le greffier, le représentant légal de la personne morale ou le débiteur personne physique pour recueillir ses observations.

Si la nomination du mandataire *ad hoc* n'intervient pas dans le délai d'un mois à compter de l'entretien prévu au premier alinéa, la demande est réputée non admise.

L'ordonnance qui désigne le mandataire *ad hoc* définit l'objet de sa mission et fixe les conditions de sa rémunération conformément aux dispositions de la section IV du présent chapitre.

13 La décision statuant sur la désignation du mandataire *ad hoc* est notifiée au demandeur.

La décision nommant le mandataire *ad hoc* est notifiée à ce dernier par le greffier. La lettre de notification reproduit les dispositions de l'article L. 611-13 du code de commerce.

Le mandataire *ad hoc* fait connaître sans délai au président du tribunal son acceptation ou son refus. En cas d'acceptation, il lui adresse l'attestation sur l'honneur prévue à l'article L. 611-13 du même code.

14 Lorsque le débiteur en fait la demande, le président du tribunal met fin sans délai à la mission du mandataire *ad hoc*.

SECTION III *De la procédure de conciliation*

15 La requête aux fins d'ouverture d'une procédure de conciliation adressée ou remise au président du tribunal en application de l'article L. 611-6 du code de commerce est accompagnée, sous réserve des dispositions particulières applicables au débiteur, des pièces suivantes :

1° Un extrait d'immatriculation aux registres et répertoires mentionnés à l'article 63 ou, le cas échéant, le numéro unique d'identification ;

2° L'état des créances et des dettes accompagnées d'un échéancier ainsi que la liste des principaux créanciers ;

3° L'état actif et passif des sûretés ainsi que celui des engagements hors bilan ;

4° Les comptes annuels, le tableau de financement ainsi que la situation de l'actif réalisable et disponible, valeurs d'exploitation exclues, et du passif exigible des trois derniers exercices, si ces documents ont été établis.

Le cas échéant, la requête précise la date de cessation des paiements.

Lorsque le débiteur exerce une profession libérale soumise à un statut législatif ou réglementaire ou dont le titre est protégé, elle précise l'ordre professionnel ou l'autorité dont il relève.

Lorsque le débiteur propose un conciliateur à la désignation du président du tribunal, il précise son identité et son adresse.

16 Dès réception de la demande, le président du tribunal fait convoquer, par le greffier, le représentant légal de la personne morale débitrice ou le débiteur personne physique pour recueillir ses explications.

L'ordonnance qui désigne le conciliateur définit l'objet de sa mission et fixe les conditions de sa rémunération conformément aux dispositions de la section IV du présent chapitre ainsi que la durée de la procédure conformément à l'article L. 611-6 du code de commerce.

17 Le président du tribunal peut faire usage des dispositions du deuxième alinéa de l'article L. 611-6 du code de commerce à tout moment de la procédure de conciliation.

18 L'ordonnance statuant sur la demande est notifiée par le greffier au requérant. La notification reproduit les dispositions des articles 20 et 21.

La décision ouvrant la procédure de conciliation est communiquée sans délai par le greffier au ministère public et, le cas échéant, à l'ordre professionnel ou à l'autorité dont relève le débiteur.

Elle est notifiée au conciliateur. La lettre de notification reproduit les dispositions de l'article L. 611-13 du code de commerce et des articles 20 et 21 du présent décret.

Le conciliateur fait connaître sans délai au président du tribunal son acceptation ou son refus. En cas d'acceptation, il lui adresse l'attestation sur l'honneur prévue à l'article L. 611-13 du même code.

19 S'il n'est pas fait droit à la demande de désignation d'un conciliateur ou de prorogation de la mission de celui-ci, appel peut être interjeté par le débiteur dans un délai de dix jours à compter de la notification de la décision.

L'appel est formé selon les règles applicables en matière gracieuse. Toutefois, le débiteur est dispensé du ministère de l'avocat ou de l'avoué.

Le président du tribunal peut, dans un délai de cinq jours à compter de la déclaration d'appel, modifier ou rétracter sa décision.

En cas de modification ou de rétractation, le greffier notifie la décision au débiteur.

Dans le cas contraire, le greffier du tribunal transmet sans délai au greffe de la cour le dossier de l'affaire avec la déclaration d'appel et une copie de la décision. Il avise le débiteur de cette transmission.

L'appel est instruit et jugé selon les règles applicables en matière gracieuse devant le tribunal de grande instance.

20 En application de l'article L. 611-6 du code de commerce, le débiteur peut demander la récusation du conciliateur si ce dernier se trouve dans l'une des situations suivantes :

1° Il a directement ou indirectement un intérêt personnel à la procédure ;

2° Il existe un lien direct ou indirect, quelle qu'en soit la nature, entre le conciliateur et l'un des créanciers ou l'un des dirigeants ou préposés de celui-ci ;

3° Il existe une cause de défiance entre le conciliateur et le débiteur ;

4° Il est dans l'une des situations d'incompatibilité visées à l'article L. 611-13 du même code ;

5° Il a été définitivement radié ou destitué d'une profession réglementée.

21 La demande de récusation est formée dans les quinze jours de la notification de la décision désignant le conciliateur, par acte remis au greffe ou par une déclaration consignée par le greffier dans un procès-verbal.

Elle est motivée et, le cas échéant, accompagnée des pièces propres à la justifier.

Elle suspend la procédure jusqu'à ce qu'une décision définitive statue sur la récusation.

22 Le greffier notifie la demande de récusation au conciliateur, par lettre recommandée avec demande d'avis de réception. La lettre de notification reproduit les alinéas 2 et 3 du présent article.

Dès réception de la notification de la demande, le conciliateur s'abstient jusqu'à ce qu'il ait été statué sur la récusation.

Dans les huit jours de cette réception, il fait connaître par écrit au président du tribunal, soit son acquiescement à la récusation, soit les motifs pour lesquels il s'y oppose.

23 Si le conciliateur acquiesce, il est remplacé sans délai.

24 Si le conciliateur s'oppose à la récusation ou ne répond pas, la demande est examinée par le président du tribunal, le débiteur et le conciliateur entendus ou dûment appelés.

L'ordonnance statuant sur la demande de récusation est notifiée par le greffier au débiteur.

Copie de cette décision est également remise ou adressée au conciliateur.

25 Si la récusation est admise, il est procédé au remplacement du conciliateur sans délai.

26 La décision qui rejette la demande de récusation peut être frappée de recours par le débiteur devant le premier président de la cour d'appel dans un délai de dix jours à compter de la notification.

Le recours est formé par la remise ou l'envoi au greffe de la cour d'appel d'une note en exposant les motifs.

27 Le greffier de la cour d'appel convoque le débiteur et le conciliateur par lettre recommandée avec demande d'avis de réception adressée quinze jours au moins à l'avance. La note mentionnée au second alinéa de l'article 26 est jointe à la convocation adressée au conciliateur.

Le premier président ou son délégué les entend contradictoirement.

La décision est notifiée par le greffier au débiteur. Le conciliateur en est avisé.

28 Pour l'application de l'avant-dernier alinéa de l'article L. 611-7 du code de commerce, le débiteur assigne le créancier poursuivant devant le président du tribunal qui a ouvert la procédure de conciliation. Celui-ci statue sur les délais en la forme des référés après avoir recueilli les observations du conciliateur.

La demande est portée à la connaissance de la juridiction saisie de la poursuite, qui sursoit à statuer jusqu'à la décision se prononçant sur les délais.

La décision rendue par le président du tribunal est communiquée à cette juridiction par le greffier.

29 Le conciliateur peut demander au président du tribunal de mettre fin à sa mission lorsqu'il estime indispensables les propositions faites par lui au débiteur en application du premier alinéa de l'article L. 611-7 du code de commerce et que celui-ci les a rejetées.

30 Lorsque le débiteur en fait la demande, le président du tribunal met fin sans délai à la procédure de conciliation.

31 La décision mettant fin à la procédure de conciliation n'est pas susceptible de recours.

32 En application du I de l'article L. 611-8 du code de commerce, l'accord des parties est constaté par une ordonnance du président du tribunal qui y fait apposer la formule exécutoire par le greffier. La déclaration certifiée du débiteur lui est annexée.

L'accord et ses annexes sont déposés au greffe. Des copies ne peuvent être délivrées qu'aux parties et aux personnes qui peuvent se prévaloir des dispositions de l'accord. Elles valent titre exécutoire.

33 Le tribunal statue sur l'homologation prévue au II de l'article L. 611-8 du code de commerce avant le terme de la procédure de conciliation.

Les personnes appelées à l'audience d'homologation en application du premier alinéa de l'article L. 611-9 du même code peuvent prendre connaissance de l'accord au greffe du tribunal.

Le jugement ne reprend pas les termes de l'accord. Il mentionne les garanties et privilèges constitués pour en assurer l'exécution. Il précise les montants garantis par le privilège institué par l'article L. 611-11 du même code.

34 Le jugement statuant sur l'homologation de l'accord est notifié par le greffier au débiteur et aux créanciers signataires de l'accord. Il est communiqué au conciliateur et au ministère public.

35 L'appel du jugement rejetant l'homologation est formé, instruit et jugé selon les règles propres à la procédure en matière gracieuse. Toutefois, les parties sont dispensées du ministère de l'avocat ou de l'avoué.

36 Un avis du jugement d'homologation est adressé pour insertion au *Bulletin officiel des annonces civiles et commerciales*. Cette insertion contient l'indication du nom du débiteur, de son siège ou, lorsqu'il est une personne physique, de l'adresse de son entreprise ou de son activité. Il est également mentionné son numéro unique d'identification ainsi que, le cas échéant, le nom de la ville où se trouve le greffe ou la chambre des métiers où il est immatriculé.

Le même avis est publié dans un journal d'annonces légales du lieu où le débiteur a son siège ou, lorsqu'il est une personne physique, l'adresse de son entreprise ou de son activité.

Il mentionne que le jugement est déposé au greffe où tout intéressé peut en prendre connaissance.

Ces publicités sont faites d'office par le greffier dans les huit jours de la date du jugement.

37 Sous réserve de l'instance ouverte par la tierce opposition mentionnée à l'article L. 611-10 du code de commerce, et en dehors de l'autorité judiciaire, à qui l'accord et le rapport d'expertise peuvent être communiqués en application de l'article L. 621-1 du même code, l'accord ne peut être communiqué qu'aux parties et aux personnes qui peuvent s'en prévaloir et le rapport d'expertise qu'au débiteur et au conciliateur.

L'accord homologué est transmis par le greffier au commissaire aux comptes du débiteur.

38 Pour l'application du quatrième alinéa de l'article L. 611-10 du code de commerce, le débiteur justifie de la levée de l'interdiction d'émettre des chèques auprès de l'établissement de crédit qui est à l'origine de cette mesure par la remise d'une copie du jugement homologuant l'accord, à laquelle il joint un relevé des incidents de paiement.

a) L'énumération des conventions soumises à l'approbation de l'organe délibérant ou jointes aux documents communiqués aux adhérents en l'absence d'organe délibérant ;

b) Le nom des administrateurs intéressés ou des personnes intéressées assurant un rôle de mandataire social ;

c) La désignation de la personne ayant passé une convention dans les conditions de l'alinéa 2 de l'article L. 612-5 du même code ;

d) La nature et l'objet desdites conventions ;

e) Les modalités essentielles de ces conventions notamment l'indication des prix ou tarifs pratiqués, des ristournes et commissions consenties, des délais de paiement accordés, des intérêts stipulés, des sûretés conférées et, le cas échéant, toutes autres indications permettant à l'organe délibérant ou aux adhérents d'apprécier l'intérêt qui s'attachait à la conclusion des conventions analysées.

49 Lorsque le rapport est établi par le commissaire aux comptes, le représentant légal de la personne morale avise ce dernier des conventions mentionnées à l'article L. 612-5 du code de commerce dans le délai d'un mois à compter de la conclusion desdites conventions.

TITRE II De la sauvegarde

CHAPITRE PREMIER *De l'ouverture de la procédure*

SECTION I *Saisine et décision du tribunal*

50 La demande d'ouverture de la procédure de sauvegarde est déposée par le représentant légal de la personne morale ou par le débiteur personne physique au greffe du tribunal compétent. Elle expose la nature des difficultés qu'il rencontre et les raisons pour lesquelles il n'est pas en mesure de les surmonter.

A cette demande sont jointes, outre les comptes annuels du dernier exercice, les pièces ci-après établies à la date de la déclaration :

1° Un extrait d'immatriculation aux registres et répertoires mentionnés à l'article 63 ou, le cas échéant, le numéro unique d'immatriculation ;

2° Une situation de trésorerie datant de moins de huit jours ;

3° Un compte de résultat prévisionnel ;

4° Le nombre des salariés employés à la date de la demande et le montant du chiffre d'affaires, défini conformément aux dispositions du cinquième alinéa de l'article 17 du décret *[nº 83-1020]* du 29 novembre 1983 susvisé, apprécié à la date de clôture du dernier exercice comptable ;

5° L'état chiffré des créances et des dettes avec l'indication des noms et du domicile des créanciers ;

6° L'état actif et passif des sûretés ainsi que celui des engagements hors bilan ;

7° L'inventaire sommaire des biens du débiteur ;

8° Le nom et l'adresse des représentants du comité d'entreprise ou des délégués du personnel habilités à être entendus par le tribunal s'ils ont déjà été désignés ;

9° Une attestation sur l'honneur certifiant l'absence de désignation d'un mandataire *ad hoc* ou d'ouverture d'une procédure de conciliation dans les dix-huit mois précédant la date de la demande ou, dans le cas contraire, faisant état d'une telle désignation ou de l'ouverture de la procédure et mentionnant sa date ainsi que l'autorité qui y a procédé ;

10° Lorsque le débiteur exerce une profession libérale soumise à un statut législatif ou réglementaire ou dont le titre est protégé, la désignation de l'ordre professionnel ou de l'autorité dont il relève ;

11° Lorsque le débiteur exploite une ou des installations classées au sens du titre Ier du livre V du code de l'environnement, la copie de la décision d'autorisation ou la déclaration.

Ces documents doivent être datés, signés et certifiés sincères et véritables par le débiteur.

Dans le cas où l'un ou l'autre de ces documents ne peut être fourni ou ne peut l'être qu'incomplètement, la demande indique les motifs qui empêchent cette production.

51 Avant qu'il ne soit statué sur l'ouverture de la procédure, le greffier, à la demande du président du tribunal, avise le représentant légal de la personne morale débitrice ou le débiteur personne physique qu'il doit réunir le comité d'entreprise ou, à défaut, les délégués du personnel, pour que soient désignées les personnes habilitées à être entendues par le tribunal et à exercer les voies de recours conformément à l'article L. 661-10 du code de commerce. Une copie de cet avis est adressée par le greffier au secrétaire du comité d'entreprise ou, à défaut, aux délégués du personnel. Le procès-verbal de désignation est déposé au greffe.

52 La décision du tribunal de commettre un juge, avant de statuer, en application de l'article L. 621-1 du code de commerce, pour recueillir tous les renseignements sur la situation financière, économique et sociale de l'entreprise, est rendue dans les mêmes conditions que celles prévues aux deux premiers alinéas du même article, pour l'ouverture de la procédure.

Le rapport de ce juge, auquel est annexé le rapport de l'expert, lorsqu'il en a été désigné, est déposé au greffe et communiqué par le greffier au débiteur et au ministère public.

Le greffier informe le comité d'entreprise ou, à défaut, les délégués du personnel que leurs représentants peuvent prendre connaissance du rapport au greffe et les avise en même temps de la date de l'audience.

53 Les seuils fixés en application du quatrième alinéa de l'article L. 621-4 du code de commerce sont pour le chiffre d'affaires hors taxes de 3 000 000 € et pour le nombre de salariés de vingt.

Le montant du chiffre d'affaires est défini conformément aux dispositions du cinquième alinéa de l'article 17 du décret *[nº 83-1020]* du 29 novembre 1983 susvisé. Il est apprécié à la date de clôture du dernier exercice comptable.

Le nombre de salariés à prendre en compte est le nombre des salariés employés par le débiteur à la date de la demande d'ouverture de la procédure.

54 Lorsque, en application des articles L. 811-2 ou L. 812-2 du code de commerce, le tribunal désigne pour exercer les fonctions d'administrateur judiciaire ou de mandataire judiciaire une personne physique qui n'est pas inscrite sur l'une des listes prévues par ces articles, celle-ci lui adresse sans délai l'attestation sur l'honneur prévue au quatrième alinéa de l'article L. 811-2 ou au troisième alinéa du II de l'article L. 812-2 du code de commerce, la justification de la garantie et de l'assurance prévues à l'article L. 814-5 du même code ainsi que le nom du commissaire aux comptes assurant, en application de l'article L. 811-11-1 du même code, le contrôle de sa comptabilité spéciale.

55 Le tribunal statue, le cas échéant, sur le rapport du juge commis. Si le jugement ne peut être rendu sur-le-champ, le prononcé en est renvoyé à une prochaine audience dont la date est communiquée, lors de l'audience, au débiteur.

Le jugement d'ouverture de la procédure prend effet à compter de sa date.

56 Lorsqu'il apparaît que le débiteur ne remplit pas les conditions requises pour l'ouverture d'une procédure de sauvegarde, le tribunal rejette la demande.

S'il estime devoir se saisir d'office en vue de l'ouverture d'une procédure de redressement judiciaire ou de liquidation judiciaire, il est fait application des dispositions de l'article 172.

57 Dans les dix jours du prononcé du jugement d'ouverture, le représentant légal de la personne morale débitrice ou le débiteur personne physique, assisté de l'administrateur s'il en a été désigné, réunit le comité d'entreprise, les délégués du personnel ou, à défaut, les salariés. Les salariés élisent alors leur représentant par vote secret au scrutin uninominal à un tour.

Le procès-verbal de désignation du représentant des salariés, ou le procès-verbal de carence établi dans les conditions du deuxième alinéa de l'article L. 621-4 du code de commerce, est immédiatement déposé au greffe du tribunal.

58 Le tribunal d'instance est saisi des contestations relatives à la désignation du représentant des salariés par déclaration au greffe.

Cette déclaration n'est recevable que si elle est faite dans les deux jours suivant la désignation du représentant des salariés.

Dans les cinq jours de sa saisine, le tribunal d'instance statue en dernier ressort, sans frais ni forme de procédure et sur simple avertissement qu'il donne deux jours à l'avance à toutes les parties intéressées.

La décision du tribunal d'instance est notifiée par le greffier dans les deux jours.

Le délai du pourvoi en cassation est de cinq jours. Le pourvoi est formé, instruit et jugé dans les conditions fixées par les articles 999 à 1008 du nouveau code de procédure civile.

59 Le licenciement du représentant des salariés désigné en application de l'article L. 621-4 du code de commerce est régi par les dispositions des articles R. 436-1 à R. 436-8 et de l'article R. 436-10 du code du travail.

60 Le jugement qui ouvre la procédure de sauvegarde est notifié au débiteur par le greffier dans les huit jours de la date du jugement.

61 Le greffier adresse sans délai une copie du jugement ouvrant la procédure :

1° A l'administrateur et au mandataire judiciaires désignés ;

2° Au procureur de la République ;

3° Au trésorier-payeur général du département dans lequel le débiteur a son siège et à celui du département où se trouve le principal établissement.

62 Lorsque l'administrateur judiciaire ou le mandataire judiciaire désigné n'est pas inscrit sur l'une des listes prévues aux articles L. 811-2 ou L. 812-2 du code de commerce, il est joint, par le greffier, à la copie du jugement mentionnée à l'article 61 du présent décret, un document reproduisant les termes selon le cas de l'article L. 811-2 ou de l'article L. 812-2, de l'article L. 811-11-1, de l'article L. 814-5, des articles L. 622-18, L. 626-25 et L. 641-8 du même code, de l'article 54 du présent décret ainsi que des articles 66-1 et 79 du décret n° 85-1389 du 27 décembre 1985 susvisé.

63 Le jugement d'ouverture de la procédure de sauvegarde est mentionné avec l'indication des pouvoirs conférés à l'administrateur, lorsqu'il en a été désigné, au registre du commerce et des sociétés s'il s'agit d'un commerçant ou d'une personne morale immatriculée à ce registre.

A la demande du greffier du tribunal qui a ouvert la procédure, les mêmes mentions sont portées sur le répertoire des métiers ou sur le répertoire des entreprises dans les départements du Bas-Rhin, du Haut-Rhin et de la Moselle, s'il s'agit d'une entreprise artisanale.

S'il s'agit d'une personne non immatriculée au registre du commerce et des sociétés ou aux répertoires mentionnés au deuxième alinéa, les mentions sont portées sur un registre ouvert à cet effet au greffe du tribunal de grande instance. Dans ce cas, le greffier indique, selon le cas, le siège ou l'adresse du débiteur, les nom, prénoms et adresse du représentant légal de la personne morale débitrice ou du débiteur personne physique.

Un avis du jugement est adressé pour insertion au *Bulletin officiel des annonces civiles et commerciales*. Cette insertion contient l'indication du nom du débiteur, selon le cas de son siège ou de son adresse professionnelle, de son numéro unique d'identification ainsi que, s'il y a lieu, du nom de la ville du greffe ou de la chambre des métiers où il est immatriculé, de l'activité exercée et de la date du jugement qui a ouvert la procédure. Elle précise également le nom et l'adresse du mandataire judiciaire et de l'administrateur s'il en a été désigné avec, dans ce cas, l'indication des pouvoirs qui lui sont conférés. Elle comporte enfin l'avis aux créanciers d'avoir à déclarer leurs créances entre les mains du mandataire judiciaire et le délai imparti pour cette déclaration.

Le même avis est publié dans un journal d'annonces légales du lieu où le débiteur a son siège ou son adresse professionnelle et, le cas échéant, ses établissements secondaires.

Le greffier procède d'office à ces publicités dans les quinze jours de la date du jugement.

64 La période d'observation ouverte par le jugement peut être exceptionnellement prolongée, en application de l'article L. 621-3 du code de commerce, pour une durée maximale de six mois.

Le président fixe l'affaire au rôle du tribunal au plus tard dix jours avant l'expiration de chaque période d'observation. Le greffier convoque à cette audience le débiteur, les mandataires de justice, les contrôleurs et en avise le ministère public.

Le tribunal statue sur la prolongation de la période d'observation au vu du rapport du juge-commissaire et après avis du ministère public. Il recueille préalablement les observations du débiteur, de l'administrateur, du mandataire judiciaire et des contrôleurs.

La décision prolongeant la période d'observation est communiquée aux personnes mentionnées à l'article 61 et aux contrôleurs. Elle est mentionnée aux registres ou répertoires prévus à l'article 63.

SECTION II *Des organes de la procédure et des contrôleurs*

65 Dans le jugement d'ouverture ou à tout moment de la procédure, le tribunal peut désigner un juge-commissaire suppléant qui exerce les attributions du juge-commissaire momentanément empêché.

66 Le tribunal statue, après rapport du juge-commissaire, sur toutes les contestations nées de la procédure qui sont portées devant lui. Toutefois, il n'est pas fait de rapport lorsque le tribunal statue sur un recours formé contre une ordonnance de ce juge.

67 Le juge-commissaire statue par ordonnance sur les demandes, contestations et revendications relevant de sa compétence ainsi que sur les réclamations formulées contre les actes de l'administrateur, du mandataire judiciaire et du commissaire à l'exécution du plan.

Si le juge-commissaire n'a pas statué dans un délai raisonnable, le tribunal peut être saisi à la demande d'une partie ou du ministère public.

Les ordonnances du juge-commissaire sont déposées sans délai au greffe qui les notifie aux mandataires de justice, aux parties et aux personnes dont les droits et obligations sont affectés. Sur sa demande, elles sont communiquées au ministère public.

Ces ordonnances peuvent faire l'objet d'un recours devant le tribunal dans les dix jours de la notification, par déclaration faite contre récépissé ou adressée par lettre recommandée avec demande d'avis de réception au greffe.

Le ministère public peut également saisir le tribunal par requête motivée, dans les dix jours de la communication qui lui est faite de l'ordonnance.

L'examen du recours est fixé à la première audience utile du tribunal, les intéressés et les mandataires de justice étant avisés.

68 Le juge-commissaire ne peut siéger, à peine de nullité du jugement, lorsque le tribunal statue sur un recours formé contre une de ses ordonnances.

69 Avant de désigner un technicien en application de l'article L. 621-9 du code de commerce, le juge-commissaire recueille les observations du débiteur.

Dès l'achèvement de la mission du technicien, le juge-commissaire arrête sa rémunération en fonction notamment des diligences accomplies, de la qualité du travail fourni et du respect des délais impartis.

Lorsque le juge-commissaire envisage de fixer cette rémunération à un montant inférieur au montant demandé, il doit au préalable inviter le technicien à formuler des observations.

Le juge-commissaire délivre au technicien, sur sa demande, un titre exécutoire.

70 Le mandataire judiciaire prend toute mesure pour informer et consulter les créanciers.

Les créanciers qui en font la demande par lettre recommandée avec demande d'avis de réception au mandataire judiciaire sont tenus informés par celui-ci des étapes essentielles de la procédure au fur et à mesure du déroulement de celle-ci.

71 Dans le délai de deux mois après le jugement d'ouverture, le mandataire judiciaire et l'administrateur, lorsqu'il en a été désigné, adressent un rapport au juge-commissaire et au ministère public sur le déroulement de la procédure et la situation économique et financière dans laquelle se trouve le débiteur. Ce rapport est déposé au greffe.

72 Lorsqu'une demande de remplacement de l'administrateur, de l'expert ou du mandataire judiciaire ou une demande de révocation de l'un des contrôleurs est portée devant le tribunal par le ministère public ou par le juge-commissaire ou lorsque le tribunal se saisit d'office aux mêmes fins, la convocation de la personne dont le remplacement ou la révocation est en cause est faite dans les formes et selon la procédure prévues à l'article 172 ou 173, selon le cas.

Le tribunal statue sur rapport du juge-commissaire, après avis du ministère public.

Les dispositions qui précèdent s'appliquent pour l'adjonction d'un ou de plusieurs administrateurs ou d'un ou de plusieurs mandataires judiciaires.

73 Le mandataire de justice qui cesse ses fonctions rend ses comptes à celui qui le remplace, en présence du juge-commissaire, le débiteur entendu ou appelé à la diligence du greffier du tribunal.

74 Le créancier demandant à être nommé contrôleur en application du premier alinéa de l'article L. 621-10 du code de commerce doit en faire la déclaration au greffe. Il indique le montant de sa ou de ses créances, ainsi que, le cas échéant, la nature des sûretés dont il est titulaire.

Aucun contrôleur ne peut être désigné par le juge-commissaire avant l'expiration d'un délai de vingt jours à compter du prononcé du jugement d'ouverture de la procédure.

Le cas échéant, l'ordre professionnel ou l'autorité compétente dont relève le débiteur déclare au greffe le nom de la personne qu'il a désignée pour le représenter dans sa fonction de contrôleur. En l'absence de cette déclaration, son représentant légal exerce cette fonction.

Le créancier qui demande à être désigné contrôleur atteste sur l'honneur qu'il remplit les conditions prévues au deuxième alinéa de l'article L. 621-10.

75 Les fonctions du juge-commissaire et des contrôleurs prennent fin au jour où le compte-rendu de fin de mission de l'administrateur judiciaire, du mandataire judiciaire et, le cas échéant, du commissaire à l'exécution du plan a été approuvé.

76 Pour l'application de l'article L. 621-12 du code de commerce, le tribunal est saisi par voie de requête ou, le cas échéant, dans les formes et selon la procédure prévues aux articles 172 ou 173.

Il statue après avoir entendu ou dûment appelé le mandataire judiciaire, l'administrateur lorsqu'il en a été désigné, les contrôleurs et les représentants du comité d'entreprise ou, à défaut, les délégués du personnel, et après avoir recueilli l'avis du ministère public.

Le jugement par lequel le tribunal convertit la procédure de sauvegarde en une procédure de redressement judiciaire est signifié à la diligence du greffier dans les huit jours de son prononcé aux personnes qui ont qualité pour interjeter appel, à l'exception du ministère public.

Il est communiqué aux personnes citées à l'article 61 et mentionné aux registres ou répertoires prévus à l'article 63.

CHAPITRE II *De l'entreprise au cours de la période d'observation*

77 La demande de modification de la mission de l'administrateur est adressée par requête au tribunal qui statue après avoir recueilli les observations du débiteur ainsi que celles de l'administrateur, du mandataire judiciaire et du ministère public lorsqu'ils ne sont pas demandeurs.

Toute décision modifiant la mission de l'administrateur est notifiée au débiteur et à l'administrateur. Elle est communiquée aux personnes citées à l'article 61 et mentionnée aux registres ou répertoires prévus à l'article 63.

SECTION I *Des mesures conservatoires*

78 Dès le jugement d'ouverture, le débiteur est tenu de signaler à l'administrateur ou, à défaut, au mandataire judiciaire, tous ses établissements et d'en faciliter l'accès, de communiquer la liste du personnel ainsi que tous éléments permettant de déterminer les salaires et indemnités à payer.

79 Dans le cas où des comptes annuels n'ont pas été établis ou mis à sa disposition, l'administrateur, lorsqu'il en a été désigné, dresse à l'aide de tout document ou renseignement disponible un état de la situation.

80 L'inventaire prévu à l'article L. 622-6 du code de commerce est réalisé, le débiteur ou ses ayants droit connus, présents ou appelés.

Le débiteur remet à la personne désignée pour dresser l'inventaire la liste des biens gagés, nantis ou placés sous sujétion douanière ainsi que celle des biens qu'il détient en dépôt, location ou crédit-bail, ou sous réserve de propriété ou, plus généralement, qui sont susceptibles d'être revendiqués par des tiers. Cette liste est annexée à l'inventaire.

Le cas échéant, lorsqu'il n'est pas immatriculé au registre du commerce et des sociétés ou au répertoire des métiers, il informe le mandataire judiciaire de la déclaration d'insaisissabilité à laquelle il a procédé en application de l'article L. 526-1 du même code.

L'inventaire est déposé au greffe du tribunal par celui qui l'a réalisé. Celui-ci en remet une copie au débiteur, à l'administrateur, lorsqu'il en a été désigné, et au mandataire judiciaire.

81 La liste des créanciers établie par le débiteur conformément à l'article L. 622-6 du code de commerce comporte les nom ou dénomination, siège ou domicile de chaque créancier avec l'indication du montant des sommes dues au jour du jugement d'ouverture, des sommes à échoir et de leur date d'échéance, de la nature de la créance, des sûretés et privilèges dont chaque créance est assortie. Elle comporte l'objet des principaux contrats en cours.

Dans les huit jours qui suivent le jugement d'ouverture, le débiteur remet la liste à l'administrateur et au mandataire judiciaire. Celui-ci la dépose au greffe.

SECTION II *De la gestion de l'entreprise*

82 Lorsque le juge-commissaire statue sur une demande d'autorisation présentée par le débiteur ou l'administrateur en application du deuxième alinéa de l'article L. 622-7 du code de commerce, le greffier convoque le débiteur, le mandataire judiciaire et, s'il y a lieu, les créanciers titulaires de sûretés spéciales sur les biens dont la vente est envisagée.

83 En cas de vente d'un bien visé au premier alinéa de l'article L. 622-8 du code de commerce, le prix est remis à l'administrateur ou, à défaut, au mandataire judiciaire en vue de son versement à la Caisse des dépôts et consignations. Les fonds sont indisponibles pendant la période d'observation.

Toutefois, des paiements provisionnels peuvent être effectués dans les conditions définies au deuxième alinéa de l'article L. 622-8 du même code. Sur avis de l'administrateur s'il en a été désigné, ou à défaut du débiteur et du mandataire judiciaire, le juge-commissaire saisi d'une demande d'un des créanciers statue au vu de la déclaration de créance, des documents justificatifs de la déclaration de créance et, le cas échéant, de la garantie prévue au même article. La provision est allouée à hauteur d'un montant non sérieusement contestable en fonction de ces éléments et du rang de collocation de la créance.

Sur ordonnance du juge-commissaire, les fonds indûment versés sont restitués sur première demande du mandataire de justice habilité.

84 Le juge-commissaire statue sur la requête aux fins de substitution formée conformément au troisième alinéa de l'article L. 622-8 du code de commerce après avoir entendu le débiteur, l'administrateur, le créancier en cause et le mandataire judiciaire, ou ceux-ci convoqués par le greffier.

Les radiations et inscriptions de sûretés sont requises par le demandeur ou le bénéficiaire sur injonction faite par le juge-commissaire dans son ordonnance. Les frais y afférents sont à la charge du débiteur. La radiation ne peut intervenir qu'après constitution de la garantie substituée.

SECTION III *De la poursuite de l'activité*

85 A la fin de chaque période d'observation fixée par le tribunal et, à tout moment, à la demande du ministère public ou du juge-commissaire, le débiteur informe ces derniers, l'administrateur s'il en a été désigné, le mandataire judiciaire et les contrôleurs des résultats de l'exploitation, de la situation de trésorerie et de sa capacité à faire face aux dettes mentionnées au I de l'article L. 622-17 du code de commerce.

86 I. – Le jugement qui ordonne la cessation partielle de l'activité en application du premier alinéa de l'article L. 622-10 du code de commerce est communiqué aux personnes citées à l'article 61 et mentionné aux registres ou répertoires prévus à l'article 63.

II. – Pour l'application du deuxième alinéa de l'article L. 622-10, le tribunal est saisi par voie de requête aux fins de conversion de la procédure en redressement judiciaire ou de prononcé de la liquidation judiciaire ou, le cas échéant, dans les formes et selon la procédure prévues aux articles 172 ou 173.

Le jugement qui convertit la procédure en redressement judiciaire ou prononce la liquidation judiciaire est notifié au débiteur dans les huit jours de son prononcé. Lorsqu'il n'est pas demandeur, il lui est signifié dans le même délai.

Ce jugement est, en outre, signifié à la diligence du greffier, dans le même délai, aux personnes qui ont qualité pour interjeter appel, à l'exception du ministère public.

Il est communiqué aux personnes citées à l'article 61 et mentionné aux registres ou répertoires prévus à l'article 63.

87 La décision par laquelle le tribunal met fin à la procédure en application de l'article L. 622-12 du code de commerce est sans délai suivie d'un compte rendu de fin de mission déposé par les mandataires de justice dans les conditions des articles 151 et 152. Elle est communiquée aux personnes citées à l'article 61 et fait l'objet des publicités prévues à l'article 63. L'article 153 est applicable.

88 Le greffier avise le cocontractant de la décision du juge-commissaire accordant à l'administrateur la prolongation prévue à l'alinéa premier de l'article L. 622-13 du code de commerce.

Le juge-commissaire constate, sur la demande de tout intéressé, la résiliation de plein droit des contrats dans les cas prévus aux premier et troisième alinéas de l'article L. 622-13 et à l'article L. 622-14 du même code, ainsi que la date de cette résiliation.

89 La décision du juge-commissaire qui autorise les prêts et accorde des délais de paiement conformément au 3° du III de l'article L. 622-17 du code de commerce est transcrite sur le registre tenu à cet effet au greffe du tribunal avec l'indication de l'identité du débiteur, du montant des prêts, de l'identification de l'organisme prêteur et de l'échéance des prêts ou des délais de paiement.

90 La liste des créances mentionnées au I de l'article L. 622-17 du code de commerce, portées à la connaissance du mandataire judiciaire et de l'administrateur, lorsqu'il en a été désigné, en application du IV du même article, est transmise par ceux-ci, dès la cessation de leurs fonctions, au commissaire à l'exécution du plan, ou au liquidateur, selon le cas, qui la complète.

Le commissaire à l'exécution du plan ou le liquidateur dépose cette liste au greffe du tribunal à l'issue du délai d'un an qui suit la fin de la période d'observation, où tout intéressé peut en prendre connaissance. Le greffier fait publier au *Bulletin officiel des annonces civiles et commerciales* une insertion indiquant ce dépôt.

Tout intéressé peut contester cette liste devant le juge-commissaire dans un délai d'un mois à compter de la publication.

Les créances rejetées de cette liste par le juge-commissaire sont réputées avoir été déclarées dans les conditions de l'article L. 622-24 du même code.

91 Le débiteur, l'administrateur s'il en a été désigné et, le cas échéant, le mandataire judiciaire indiquent au juge-commissaire et au ministère public, lorsqu'ils en font la demande, le solde des comptes bancaires et postaux de l'entreprise ainsi que celui des comptes ouverts à la Caisse des dépôts et consignations.

Si la poursuite de l'activité l'exige, le juge-commissaire peut modifier la répartition des sommes entre, d'une part, les comptes de l'entreprise et, d'autre part, les comptes ouverts à la Caisse des dépôts et consignations.

92 La déclaration à l'administration fiscale faite en application de l'article L. 622-19 du code de commerce incombe au débiteur.

93 En application du premier alinéa de l'article L. 622-20 du code de commerce, l'action d'un créancier nommé contrôleur, dans l'intérêt collectif des créanciers, n'est recevable qu'après une mise en demeure adressée au mandataire judiciaire par lettre recommandée avec demande d'avis de réception restée infructueuse pendant deux mois à compter de la réception de celle-ci.

94 Conformément au II de l'article L. 622-21 du code de commerce, les procédures d'ordre en cours et les procédures de distribution mobilière, en dehors de toutes procédures d'exécution ayant produit un effet attributif avant le jugement d'ouverture, en cours au jour de ce jugement sont caduques. Les fonds sont remis au mandataire judiciaire, le cas échéant par le séquestre qui par cette remise est libéré à l'égard des parties.

Si le tribunal arrête un plan, le mandataire judiciaire remet ces fonds au commissaire à l'exécution du plan aux fins de répartition.

Lorsque l'acquéreur de l'immeuble qui fait l'objet de la procédure d'ordre mentionnée au premier alinéa s'est acquitté d'un prix rendu définitif par la purge ou par la dispense d'y procéder, il peut saisir le tribunal de grande instance aux fins de faire prononcer la radiation des inscriptions.

L'acquéreur joint à sa demande un justificatif du paiement du prix, un état des inscriptions sur formalité, la justification de l'accomplissement des formalités de purge ou de l'obtention de l'accord des créanciers inscrits pour l'en dispenser et la justification du paiement des frais préalables de vente mentionnés à l'article 713 du code de procédure civile.

95 L'instance interrompue en application de l'article L. 622-22 du code de commerce est reprise à l'initiative du créancier demandeur, dès que celui-ci a produit à la juridiction saisie de l'instance une copie de la déclaration de sa créance et mis en cause le mandataire judiciaire ainsi que, le cas échéant, l'administrateur lorsqu'il a pour mission d'assister le débiteur ou le commissaire à l'exécution du plan.

Les décisions passées en force de chose jugée rendues après reprise d'instance sont à la demande du mandataire judiciaire portées sur l'état des créances par le greffier du tribunal ayant ouvert la procédure.

SECTION IV *De la déclaration des créances*

96 Le mandataire judiciaire, dans le délai de quinze jours à compter du jugement d'ouverture, avertit les créanciers connus d'avoir à lui déclarer leurs créances dans le délai mentionné à l'article 99.

Les cocontractants mentionnés aux articles L. 622-13 et L. 622-14 du code de commerce bénéficient d'un délai supplémentaire d'un mois à compter de la date de la résiliation de plein droit ou de la notification de la décision prononçant la résiliation pour déclarer au passif la créance résultant de cette résiliation. Il en est de même des créanciers d'indemnités et pénalités mentionnées au 3° du III de l'article L. 622-17 du même code en cas de résiliation d'un contrat régulièrement poursuivi.

L'avertissement du mandataire judiciaire reproduit les dispositions légales et réglementaires relatives aux délais et formalités à observer pour la déclaration des créances, pour la demande en relevé de forclusion et pour les actions en revendication et en restitution. Cet avertissement reproduit également les articles L. 621-10 du même code et 70 et 74 du présent décret. Les créanciers titulaires d'une sûreté publiée ou liés au débiteur par un contrat publié sont avertis personnellement ou, s'il y a lieu, à domicile élu, par lettre recommandée avec demande d'avis de réception.

Les institutions mentionnées à l'article L. 143-11-4 du code du travail déclarent les créances figurant sur les relevés prévus à l'article L. 625-1 du code de commerce y compris celles qu'elles refusent de régler pour quelque cause que ce soit. Le délai de déclaration prend fin quinze jours après l'expiration des délais de règlement prévus au troisième alinéa de l'article L. 143-11-7 du code du travail.

97 En application du cinquième alinéa de l'article L. 622-24 du code de commerce, les créanciers dont les créances, nées régulièrement après le jugement d'ouverture autres que celles mentionnées au I de l'article L. 622-17 du même code, résultent d'un contrat à exécution successive déclarent leurs créances, pour la totalité des sommes échues et à échoir, sur la base d'une évaluation, dans un délai de deux mois à compter de la publication du jugement d'ouverture au *Bulletin officiel des annonces civiles et commerciales*.

Lorsque le contrat est conclu postérieurement à ce jugement, les créanciers déclarent leurs créances pour la totalité des sommes échues et à échoir, sur la base d'une évaluation, dans un délai de deux mois à compter de la première échéance impayée, qu'elle ait été ou non régularisée.

98 Outre les indications prévues à l'article L. 622-25 du code de commerce, la déclaration de créance contient :

1° Les éléments de nature à prouver l'existence et le montant de la créance si elle ne résulte pas d'un titre ; à défaut, une évaluation de la créance si son montant n'a pas encore été fixé ;

2° Les modalités de calcul des intérêts dont le cours n'est pas arrêté, cette indication valant déclaration pour le montant ultérieurement arrêté ;

3° L'indication de la juridiction saisie si la créance fait l'objet d'un litige.

A cette déclaration sont joints sous bordereau les documents justificatifs ; ceux-ci peuvent être produits en copie. A tout moment, le mandataire judiciaire peut demander la production de documents qui n'auraient pas été joints.

99 Le délai de déclaration fixé en application de l'article L. 622-26 du code de commerce est de deux mois à compter de la publication du jugement d'ouverture au *Bulletin officiel des annonces civiles et commerciales.*

Lorsque la procédure est ouverte par une juridiction qui a son siège sur le territoire de la France métropolitaine, le délai est augmenté de deux mois pour les créanciers qui ne demeurent pas sur ce territoire.

Lorsque la procédure est ouverte par une juridiction qui a son siège dans un département ou une collectivité d'outre-mer, le délai est augmenté de deux mois pour les créanciers qui ne demeurent pas dans ce département ou cette collectivité.

100 Lorsque le juge-commissaire a relevé le créancier de sa forclusion après le dépôt de la liste des créances prévu à l'article L. 624-1 du code de commerce et que sa décision est devenue définitive, il statue sur la créance dans les conditions de l'article L. 624-2 du même code. Une mention est portée par le greffier sur l'état des créances.

Les frais de l'instance en relevé de forclusion sont supportés par le créancier défaillant.

101 Les instances et les procédures civiles d'exécution suspendues en application du deuxième alinéa de l'article L. 622-28 du code de commerce sont poursuivies à l'initiative des créanciers bénéficiaires de garanties mentionnés au dernier alinéa de cet article sur justification du jugement arrêtant le plan, selon les dispositions applicables à l'opposabilité de ce plan à l'égard des garants.

En application du troisième alinéa de l'article L. 622-28 du même code, ces créanciers peuvent pratiquer des mesures conservatoires dans les conditions prévues aux articles 210 et suivants du décret *[n° 92-755]* du 31 juillet 1992 susvisé.

CHAPITRE III *De l'élaboration du bilan économique, social et environnemental*

102 I. — Le débiteur ou l'administrateur, s'il en a été désigné, dépose au greffe et communique aux autorités et personnes mentionnées à l'article L. 626-8 du code de commerce, par lettre recommandée avec demande d'avis de réception, le rapport établi conformément à l'article L. 623-1 du même code. L'administrateur ou le débiteur, selon le cas, réunit le comité d'entreprise ou, à défaut, les délégués du personnel pour les consulter sur le rapport.

II. — Le bilan environnemental prévu à l'article L. 623-1 du même code est réalisé à la demande de l'administrateur par le débiteur ou par un technicien désigné par le juge-commissaire, si ce dernier estime nécessaire une telle intervention.

Ce bilan porte sur l'identification et la description du ou des sites où sont exploités la ou les installations classées et de leur environnement, l'existence de pollutions potentielles, les mesures d'urgence de mise en sécurité déjà prises, prévues ou à prendre et les mesures réalisées afin de surveiller l'impact de l'exploitation sur l'environnement.

Il est établi selon les rubriques fixées par un arrêté pris par le garde des sceaux, ministre de la justice, et par le ministre chargé des installations classées. — *V. Arr. 12 déc. 2005 (JO 16 déc. 2005).*

CHAPITRE IV *De la détermination du patrimoine du débiteur*

SECTION I *De la vérification et de l'admission des créances*

SOUS-SECTION 1 *De la vérification des créances*

103 La vérification des créances est faite par le mandataire judiciaire, le débiteur et, le cas échéant, les contrôleurs désignés, présents ou dûment appelés.

Si une créance autre que celle mentionnée à l'article L. 625-1 du code de commerce est discutée, le mandataire judiciaire en avise le créancier ou son mandataire par lettre recommandée avec demande d'avis de réception. Le délai de trente jours prévu à l'article L. 622-27 du même code court à partir de la réception de la lettre. Cette lettre précise l'objet de la discussion, indique le montant de la créance dont l'inscription est proposée et rappelle les dispositions de l'article L. 622-27.

104 La liste des créances contenant les indications prévues à l'article L. 622-25 du code de commerce et à l'article 98 du présent décret ainsi que les propositions du mandataire judiciaire et les observations du débiteur est déposée au greffe pour être sans délai remise au juge-commissaire. Elle est communiquée à l'administrateur, s'il en a été désigné, et, le cas échéant, au commissaire à l'exécution du plan.

Les créanciers dont la créance n'a pas été portée définitivement sur la liste des créances, dans le délai prévu par l'article L. 624-1 du même code, peuvent demander à être relevés de la forclusion prévue par le troisième alinéa de l'article L. 622-24 selon les modalités prévues par l'article L. 622-26 du même code.

Après le dépôt au greffe de cette liste, celle-ci est complétée par le greffier agissant à la demande du mandataire judiciaire ou du créancier intéressé, par l'inscription des créances définitivement fixées à l'issue d'une instance judiciaire ou administrative et de celles admises à la suite d'un relevé de forclusion intervenu après le dépôt de l'état des créances.

SOUS-SECTION 2 *De l'admission des créances*

105 Les décisions statuant sur la compétence ou sur la contestation d'une créance sont notifiées au débiteur et au créancier ou à son mandataire par le greffier, dans les huit jours.

Les décisions d'admission sans contestation sont notifiées par lettre simple aux créanciers ou à leur mandataire.

Ces notifications précisent le montant pour lequel la créance est admise ainsi que les sûretés et privilèges dont elle est assortie et reproduisent les dispositions des articles L. 622-27 et L. 624-3 du code de commerce.

Le mandataire judiciaire et l'administrateur, lorsqu'il en a été désigné, sont avisés contre récépissé des décisions rendues.

106 Lorsque la compétence du juge-commissaire est contestée ou que ce juge soulève d'office son incompétence, le greffier convoque par lettre recommandée avec demande d'avis de réception le débiteur, le créancier, le mandataire judiciaire et l'administrateur, lorsqu'il en a été désigné.

Ces dispositions sont applicables lorsque le juge-commissaire est appelé à statuer sur une contestation de créance.

107 La décision d'incompétence ouvre au créancier, au débiteur et au mandataire judiciaire un délai d'un mois à compter de la notification ou de la réception de l'avis délivré pour saisir la juridiction compétente à peine de forclusion, à moins de contredit.

Les tiers intéressés ne peuvent former tierce opposition contre la décision rendue par la juridiction compétente que dans le délai d'un mois à compter de sa transcription sur l'état des créances.

108 Le recours contre les décisions du juge-commissaire statuant sur l'admission des créances est formé devant la cour d'appel.

SOUS-SECTION 3 *De l'état des créances*

109 Les décisions prononcées par le juge-commissaire sont portées par le greffier sur la liste des créances mentionnée au premier alinéa de l'article 104. Cette liste ainsi complétée et les relevés des créances résultant du contrat de travail constituent l'état des créances.

Cet état est déposé au greffe du tribunal où toute personne peut en prendre connaissance.

Le greffier fait publier au *Bulletin officiel des annonces civiles et commerciales* une insertion indiquant ce dépôt et le délai pour présenter une réclamation.

Tout intéressé peut présenter une réclamation devant le juge-commissaire dans le délai d'un mois à compter de la publication.

110 L'état des créances mentionné à l'article 109 est complété par :

1° Lorsque la matière est de la compétence d'une autre juridiction, les décisions rendues par la juridiction compétente ;

2° Les décisions mentionnées au premier alinéa de l'article 112 ;

3° Les décisions rendues par la cour d'appel statuant sur les recours formés contre les décisions du juge-commissaire.

Cet état fait l'objet d'une nouvelle publication au *Bulletin officiel des annonces civiles et commerciales*.

Tout intéressé peut présenter une réclamation dans le délai d'un mois à compter de cette nouvelle publication.

111 Les réclamations des tiers mentionnées au dernier alinéa des articles 109 et 110 sont formées par déclaration faite au greffe ou remise contre récépissé ou adressée par lettre recommandée avec demande d'avis de réception. Elles sont mentionnées sur l'état des créances par le greffier.

Le greffier convoque les parties intéressées ou leur mandataire par lettre recommandée avec demande d'avis de réception et avise le mandataire judiciaire et l'administrateur, lorsqu'il en a été désigné.

112 Le créancier dont les droits ont été reconnus par une décision d'une autre juridiction passée en force de chose jugée adresse au greffier du tribunal qui a ouvert la procédure une expédition de cette décision.

Le greffier avise le mandataire judiciaire ainsi que l'administrateur et le commissaire à l'exécution du plan, s'il y a lieu, de toute modification ainsi apportée à l'état des créances.

SECTION II *Des droits du conjoint du débiteur*

113 Le conjoint du débiteur doit être entendu ou dûment convoqué avant toute décision autorisant la vente des biens de la communauté.

Lorsque, au cours de la procédure, la dissolution de la communauté existant entre le débiteur et son conjoint devient opposable aux tiers, ce conjoint doit être entendu ou dûment convoqué avant toute décision autorisant la vente des biens de l'indivision.

SECTION III *Des droits du vendeur de meubles, des revendications et des restitutions*

114 La demande en revendication d'un bien est adressée dans le délai prévu à l'article L. 624-9 du code de commerce par lettre recommandée avec demande d'avis de réception à l'administrateur s'il en a été désigné ou, à défaut, au débiteur. Le demandeur en adresse une copie au mandataire judiciaire.

A défaut d'acquiescement dans le délai d'un mois à compter de la réception de la demande, le demandeur doit, sous peine de forclusion, saisir le juge-commissaire au plus tard dans un délai d'un mois à compter de l'expiration du délai de réponse.

Avant de statuer, le juge-commissaire recueille les observations des parties intéressées.

La demande en revendication emporte de plein droit demande en restitution.

115 En cas de revendication du prix des biens en application de l'article L. 624-18 du code de commerce, les sommes correspondantes payées par le sous-acquéreur postérieurement à l'ouverture de la procédure doivent être versées par le débiteur entre les mains du mandataire judiciaire. Celui-ci les remet au créancier revendiquant à concurrence de sa créance.

116 Pour l'application de l'article L. 624-10 du code de commerce, la demande en restitution est faite par le propriétaire du bien par lettre recommandée avec demande d'avis de réception à l'administrateur, s'il en a été désigné, ou, à défaut, au débiteur. Une copie de cette demande est adressée au mandataire judiciaire.

A défaut d'accord dans le délai d'un mois à compter de la réception de la demande ou en cas de contestation, le juge-commissaire peut être saisi à la diligence du propriétaire afin qu'il soit statué sur les droits de ce dernier. Même en l'absence de demande préalable en restitution, le juge-commissaire peut également être saisi à cette même fin par l'administrateur ou par le débiteur.

117 Pour bénéficier des dispositions de l'article L. 624-10 du code de commerce, les contrats qui y sont mentionnés doivent avoir été publiés avant le jugement d'ouverture selon les modalités qui leur sont applicables.

Aux mêmes fins, en l'absence de réglementation particulière, le propriétaire du bien doit avoir fait publier le contrat avant le jugement d'ouverture, selon le cas, au registre mentionné à l'article R. 313-4 du code monétaire et financier ou au registre prévu au troisième alinéa de l'article 63 du présent décret.

CHAPITRE V *Du règlement des créances résultant du contrat de travail*

118 Au vu des documents ou à partir des informations fournies par les salariés, par le débiteur, par l'administrateur ainsi que par le représentant des salariés, le mandataire judiciaire vérifie les créances résultant d'un contrat de travail et en établit des relevés. Cette vérification a lieu même en l'absence de la vérification des créances chirographaires.

Le débiteur tient à la disposition du représentant des salariés les éléments à partir desquels le mandataire judiciaire a établi les relevés et notamment le livre de paye et le registre du personnel. Le représentant des salariés appose sa signature sur les relevés en formulant au besoin des réserves ou observations. En l'absence de signature, le juge-commissaire entend le représentant des salariés.

Les relevés sont, à la diligence du mandataire judiciaire, visés par le juge-commissaire. Ils sont remis par le mandataire judiciaire aux institutions mentionnées à l'article L. 143-11-4 du code du travail avant l'expiration des délais prévus, pour chaque catégorie de créances, à l'article L. 143-11-7 du même code.

119 Les relevés des créances résultant du contrat de travail mentionnent l'identité de chaque salarié, la nature de son contrat de travail, la date de son entrée dans l'entreprise, l'emploi occupé et sa qualification, l'exercice ou non d'un mandat social, la date de rupture du contrat de travail, les sommes déjà versées et celles qui restent à payer. Le montant de ces sommes est calculé déduction faite des prélèvements légaux et conventionnels, y compris lorsque ces sommes correspondent à des créances définitivement établies par décision de justice.

120 Le mandataire judiciaire informe par tout moyen chaque salarié de la nature et du montant des créances admises ou rejetées et lui indique la date du dépôt au greffe du relevé des créances. Il rappelle que le délai de forclusion prévu à l'article L. 625-1 du code de commerce court à compter de la publication prévue au troisième alinéa ci-après. Les salariés dont les créances sont admises sont informés au moment du paiement.

Le salarié dont la créance a été omise peut être relevé de la forclusion par le conseil de prud'hommes dans le délai prévu au deuxième alinéa de l'article L. 625-1 du même code. Le relevé de forclusion bénéficie aux institutions mentionnées à l'article L. 143-11-4 du code du travail.

La publicité mentionnée à l'article L. 625-1 du code de commerce est faite à la diligence du mandataire judiciaire par la publication, dans un journal habilité à recevoir les annonces légales dans le département du siège de la personne morale ou de l'adresse de l'entreprise et, le cas échéant, dans le département de chacun de ses établissements secondaires, d'un avis indiquant que l'ensemble des relevés des créances est déposé au greffe du tribunal. Cette publication intervient au plus tard trois mois après l'expiration de la dernière période de garantie prévue par l'article L. 143-11-1 du code du travail.

L'avis signé par le mandataire judiciaire est daté du jour de la publication prévue au troisième alinéa ci-dessus. Cette date fait courir le délai de forclusion prévu à l'article L. 625-1 du code de commerce.

121 Les institutions mentionnées à l'article L. 143-11-4 du code du travail font connaître au mandataire judiciaire leur refus de régler une créance figurant sur un relevé, dans les mêmes délais que ceux qui sont prévus à l'article L. 143-11-7 du même code, pour le versement des sommes impayées. Ces institutions indiquent la nature et le montant de la créance refusée ainsi que les motifs de leur refus.

Le mandataire judiciaire avertit le salarié du refus par les institutions mentionnées ci-dessus de régler la créance et en avise le représentant des salariés.

122 Le mandataire judiciaire ou le commissaire à l'exécution du plan restitue aux institutions mentionnées à l'article L. 143-11-4 du code du travail, les sommes avancées par elles qui n'ont pas été perçues par les salariés lorsque le délai de validité du titre de paiement est expiré. Ces institutions versent les sommes dues aux salariés qui en font la demande.

123 Le débiteur donne toutes les informations utiles au mandataire judiciaire et à l'administrateur, s'il en a été désigné, sur les instances en cours devant la juridiction prud'homale à la date du jugement d'ouverture.

124 Les recours prévus à l'article L. 625-6 du code de commerce sont exercés dans le délai d'un mois.

CHAPITRE VI *Du plan de sauvegarde*

SECTION I *Du projet de plan*

125 Pour l'application de l'article L. 626-3 du code de commerce, les assemblées sont convoquées conformément aux dispositions du décret *[n° 67-256]* du 23 mars 1967 susvisé, sous réserve des dispositions de la présente section.

126 Pour les sociétés anonymes et les sociétés en commandite par actions, outre les indications mentionnées aux articles 123 et 130 du décret *[n° 67-256]*du 23 mars 1967 susvisé, l'avis de convocation doit comporter :

1° La date à laquelle se réunira éventuellement la deuxième assemblée, à défaut pour la première d'avoir atteint le quorum requis ;

2° Le rappel du délai prévu au premier alinéa de l'article 127 du présent décret.

Le délai entre les deux assemblées est de six jours au moins.

127 Par dérogation à l'article 129 du décret *[n° 67-256]*du 23 mars 1967 susvisé, la demande d'inscription d'un projet de résolution par les actionnaires à l'ordre du jour de l'assemblée est envoyée au siège social quinze jours au moins avant la date de l'assemblée réunie sur première convocation.

128 Lorsque le ministère public demande, en application de l'article L. 626-4 du code de commerce, que l'adoption du plan soit subordonnée au remplacement d'un ou plusieurs dirigeants, il saisit le tribunal par une requête indiquant les faits de nature à motiver cette demande.

Le président du tribunal fait convoquer, par les soins du greffier, le ou les dirigeants de la personne morale dont le remplacement est demandé, quinze jours au moins avant l'audience, par acte d'huissier de justice. A cette convocation est jointe la requête du ministère public.

Le tribunal statue sur rapport du juge-commissaire après avoir entendu ou dûment appelé, le cas échéant, le débiteur, l'administrateur s'il en a été désigné, le mandataire judiciaire ainsi que les représentants du comité d'entreprise ou, à défaut, des délégués du personnel.

Le jugement est signifié à la diligence du greffier à chaque dirigeant en cause et représentant légal de la personne morale. Les personnes citées à l'article 61 ainsi que les représentants du comité d'entreprise ou, à défaut, des délégués du personnel sont avisés de ce jugement.

129 L'administrateur s'il en a été désigné ou le mandataire judiciaire convoque les organes sociaux compétents aux fins de délibérer sur la demande de remplacement.

Le tribunal statue sur le plan au vu de cette délibération.

130 Le mandataire prévu au deuxième alinéa de l'article L. 626-4 du code de commerce peut être l'administrateur judiciaire.

131 Pour l'application du second alinéa de l'article L. 626-5 du code de commerce, les propositions relatives aux délais de paiement et remises de dettes sont communiquées par lettre recommandée avec demande d'avis de réception, par le mandataire judiciaire, à chaque créancier ayant déclaré sa créance.

La lettre contient la reproduction des dispositions de la deuxième phrase du deuxième alinéa de l'article L. 626-5.

Sont joints à cette lettre :

1° Un état de la situation active et passive avec ventilation du passif privilégié et du passif chirographaire ;

2° Les propositions du débiteur et l'indication des garanties offertes ;

3° L'avis du mandataire judiciaire ainsi que des contrôleurs s'il en a été nommé.

132 Lorsque le mandataire judiciaire décide de recueillir collectivement l'accord des créanciers, ceux-ci sont convoqués à une réunion tenue sous sa présidence, aux lieu, jour et heure fixés dans la lettre mentionnée à l'article 131. Un avis de convocation peut en outre être inséré dans un journal d'annonces légales du lieu du siège de la personne morale ou de l'adresse de l'entreprise ou de l'activité du débiteur personne physique.

Les créanciers peuvent se faire représenter par une personne munie d'un pouvoir spécial.

Le mandataire judiciaire fait aux créanciers un rapport sur l'état de la procédure ainsi que sur les conditions de la poursuite de l'activité du débiteur depuis son ouverture.

L'accord de chaque créancier présent ou représenté sur les propositions de règlement du passif est recueilli par écrit.

SECTION II *Du jugement arrêtant le plan*

SOUS-SECTION 1 *De l'arrêté du plan*

133 Dès le dépôt au greffe du rapport de l'administrateur ou du projet de plan, le greffier convoque, par lettre recommandée avec demande d'avis de réception, le débiteur, les représentants du comité d'entreprise ou, à défaut, des délégués du personnel et les contrôleurs.

Le ministère public ainsi que l'administrateur et le mandataire judiciaire sont avisés de la date de l'audience.

134 Le tribunal statue avant l'expiration des délais prévus à l'article L. 621-3 du code de commerce.

Lorsqu'il n'est pas présenté de projet de plan en temps utile, le tribunal convoque le débiteur aux fins de clôture de la procédure. Il peut être saisi à cette fin par tout créancier ou par les mandataires de justice.

Le jugement de clôture est notifié au débiteur et fait l'objet des publicités prévues à l'article 63.

La clôture de la procédure est prononcée dans les conditions de l'article L. 626-9 du même code.

Les mandataires de justice déposent sans délai un compte-rendu de fin de mission dans les conditions des articles 151 et 152. L'article 153 est applicable.

135 Les seuils fixés en application de l'article L. 626-9 du code de commerce au-delà desquels les débats relatifs à l'arrêté du plan doivent avoir lieu en présence du ministère public sont ceux fixés à l'article 53.

136 Le jugement arrêtant le plan est communiqué par le greffier aux personnes citées à l'article 61 et mentionné aux registres ou répertoires prévus à l'article 63.

137 Le jugement arrêtant ou rejetant le plan est notifié au débiteur et aux représentants du comité d'entreprise ou, à défaut, des délégués du personnel et porté à la connaissance du ministère public et des mandataires de justice par le greffier, dans les huit jours de la date du jugement. Il est en outre notifié par le greffier à toute personne tenue de l'exécuter, conformément à l'article L. 626-10 du code de commerce.

138 Lorsque la décision rejetant le plan est devenue définitive et qu'il n'a pas été fait application des dispositions du deuxième alinéa de l'article L. 622-10 du code de commerce, le tribunal clôture la procédure dans les conditions de l'article L. 626-9 du même code.

Les mandataires de justice déposent sans délai un compte-rendu de fin de mission dans les conditions des articles 151 et 152. L'article 153 est applicable.

SOUS-SECTION 2 *De l'exécution du plan*

139 Le tribunal qui a arrêté le plan demeure compétent pour connaître des conditions de son exécution nonobstant le changement du lieu du siège social de la personne morale ou de l'adresse de l'entreprise ou de l'activité du débiteur personne physique.

140 Pour l'application de l'article L. 626-13 du code de commerce, le débiteur justifie de la levée de l'interdiction d'émettre des chèques auprès de l'établissement de crédit qui est à l'origine de cette mesure par la remise d'une copie du jugement arrêtant le plan, à laquelle il joint un relevé des incidents de paiement.

L'établissement de crédit qui est à l'origine de l'interdiction informe la Banque de France de la levée de cette interdiction aux fins de régularisation.

141 La mesure d'inaliénabilité prévue à l'article L. 626-14 du code de commerce est, à la diligence du commissaire à l'exécution du plan, mentionnée aux registres publics sur lesquels les biens déclarés inaliénables et les droits qui les grèvent sont inscrits ou, à défaut, aux registres mentionnés à l'article 63.

La publicité mentionne la durée de l'inaliénabilité.

142 Le tribunal statue sur l'autorisation prévue à l'article L. 626-14 du code de commerce sur requête du débiteur au vu du rapport du commissaire à l'exécution du plan.

Sa décision est notifiée au débiteur et communiquée au ministère public et au commissaire à l'exécution du plan. Elle est soumise aux recours prévus à l'encontre des décisions modifiant le plan.

143 Pour l'application de l'article L. 626-16 du code de commerce, les assemblées compétentes sont convoquées dans les formes et délais prévus aux articles 125 à 127.

144 Le délai d'un an prévu au deuxième alinéa de l'article L. 626-18 du code de commerce court à compter du jour du jugement arrêtant le plan.

145 Le montant maximal de chaque créance remboursable sans remise ni délai en application du II de l'article L. 626-20 du code de commerce est de 300,00 €.

146 La demande de substitution de garanties prévue à l'article L. 626-22 du code de commerce est faite par le débiteur au créancier en cause. A défaut d'accord de celui-ci, elle peut être demandée au tribunal par requête.

Le tribunal statue, le débiteur, le créancier et le commissaire à l'exécution du plan entendus ou dûment appelés.

Le débiteur procède à ses frais à la radiation et à l'inscription des sûretés. La radiation ne peut intervenir qu'après constitution de la garantie substituée.

147 Après le versement à la Caisse des dépôts et consignations fait en application de l'article L. 626-22 du code de commerce, des paiements provisionnels peuvent être effectués dans les conditions définies au deuxième alinéa de l'article L. 622-8 du même code. Le commissaire à l'exécution du plan répartit le prix entre les créanciers, effectue le paiement et procède à la radiation des inscriptions.

En cas de vente d'un immeuble, le prix est versé après l'accomplissement par l'acquéreur des formalités de purge des hypothèques prescrites par les articles 2181 *[2476]* et suivants du code civil et suivant la procédure d'ordre définie aux articles 290 à 301 du présent décret.

Les créanciers inscrits du chef d'un précédent propriétaire et titulaires d'un droit de suite sont avertis par le commissaire à l'exécution du plan par lettre recommandée avec demande d'avis de réception qu'ils ont l'obligation de produire leur créance à la procédure d'ordre dans le délai d'un mois à compter de l'avertissement.

La production de la créance mentionne la sûreté inscrite sur le bien. Un décompte des sommes dues en principal, intérêts et accessoires et les documents justificatifs sont joints à la production.

A défaut de production dans le délai mentionné au troisième alinéa, le créancier est déchu des droits de participer à la distribution.

En cas de réduction des dividendes, en application du deuxième alinéa de l'article L. 626-22 du code de commerce, l'état de collocation dressé par le commissaire à l'exécution du plan mentionne les modalités de calcul de cette réduction.

148 Le recours prévu à l'article 298 est ouvert au débiteur. Le greffier adresse à celui-ci une copie de l'état de collocation. Cet avis précise le délai et les modalités du recours.

149 Sans préjudice des dispositions de l'article 161, le commissaire à l'exécution du plan fait un rapport annuel sur l'exécution des engagements du débiteur et sur les paiements et répartitions auxquels il a procédé. Ce rapport est déposé au greffe, communiqué au ministère public et tenu à la disposition de tout créancier.

150 L'administrateur rend compte au juge-commissaire de l'exécution des actes permettant la mise en œuvre du plan conformément à l'article L. 626-24 du code de commerce.

Le mandataire judiciaire rend compte de sa mission au juge-commissaire qui met fin à celle-ci, après avoir constaté l'achèvement de la vérification des créances et le versement des sommes dues aux salariés en application de l'article L. 143-11-7 du code du travail.

151 Lorsque l'administrateur ou le mandataire judiciaire a accompli sa mission, il dépose au greffe un compte-rendu de fin de mission. Tout intéressé peut en prendre connaissance.

Ce compte-rendu est communiqué par le greffier au ministère public et notifié par le mandataire de justice au débiteur et aux contrôleurs. Cette notification précise qu'ils peuvent former des observations devant le juge-commissaire dans un délai de quinze jours.

Le juge-commissaire approuve le compte-rendu de fin de mission, le cas échéant au vu des observations présentées. Il peut demander au mandataire de justice de lui produire tout justificatif. Sa décision est déposée au greffe. Elle n'est pas susceptible de recours.

152 Le compte-rendu de fin de mission comporte :

1° La reddition des comptes telle qu'elle ressort de l'édition analytique du mandat dans la comptabilité spéciale de l'administrateur ou du mandataire judiciaire. Le classement analytique distingue, par nature, les opérations de recettes et dépenses ;

2° Le détail des débours et des émoluments perçus tels qu'ils ont été arrêtés, avec la référence au tarif prévu par les textes ;

3° Les rétributions que le mandataire de justice a prélevées sur sa rémunération au profit d'un intervenant extérieur au titre du mandat, en application des articles L. 811-1 et L. 812-1 du code de commerce ;

4° La rémunération des experts et des officiers publics désignés par le tribunal en application du dernier alinéa de l'article L. 621-4 du même code ainsi que des techniciens désignés par le juge-commissaire en application du deuxième alinéa de l'article L. 621-9.

153 Dès le dépôt au greffe du compte-rendu de fin de mission des mandataires de justice, le greffier adresse au débiteur, aux contrôleurs ainsi qu'au ministère public le compte détaillé de ses émoluments, de ses frais et de ses débours établi selon les dispositions du décret du *[n° 80-307]* 29 avril 1980 susvisé. Ce compte est déposé au greffe et annexé à celui des mandataires de justice. Il est complété si le greffier est appelé à régler postérieurement d'autres frais.

154 Lorsque le compte-rendu de fin de mission de l'administrateur et du mandataire judiciaire a été approuvé, la procédure fait l'objet d'une ordonnance de clôture rendue par le président du tribunal.

Cette décision est une mesure d'administration judiciaire non susceptible de recours. Elle est communiquée aux personnes citées à l'article 61 et mentionnée aux registres et répertoires prévus à l'article 63.

155 Lorsque le remplacement du commissaire à l'exécution du plan est demandé par le ministère public ou que le tribunal se saisit d'office aux mêmes fins, la convocation de l'intéressé est faite selon le cas dans les formes et selon la procédure prévues aux articles 172 ou 173.

156 La demande présentée par le débiteur en application de l'article L. 626-26 du code de commerce est faite par déclaration au greffe.

Le greffier convoque en chambre du conseil, par lettre recommandée avec demande d'avis de réception, le débiteur, les contrôleurs, les représentants du comité d'entreprise ou, à défaut, des délégués du personnel qui sont désignés conformément à l'article 51. Il avise de la date de l'audience le ministère public ainsi que le commissaire à l'exécution du plan.

Lorsque la modification porte sur les modalités d'apurement du passif, le greffier en informe les créanciers intéressés par lettre recommandée avec demande d'avis de réception. Ceux-ci disposent alors d'un délai de quinze jours pour faire valoir leurs observations par lettre recommandée avec demande d'avis de réception au commissaire à l'exécution du plan.

Le jugement est notifié conformément aux dispositions de l'article 137.

157 Une copie du jugement modifiant le plan est adressée par le greffier aux personnes mentionnées à l'article 61. Le jugement fait l'objet des publicités prévues à l'article 63.

158 Le commissaire à l'exécution du plan signale, dans un rapport adressé au président du tribunal et au ministère public, l'inexécution du plan de la part du débiteur ou de toute autre personne.

Le rapport fait état des observations du débiteur et propose éventuellement les solutions qui seraient de nature à permettre l'exécution du plan.

Le commissaire à l'exécution du plan rend compte de sa mission au président du tribunal.

Pour l'application de l'art. 158 aux procédures en cours, V. art. 361.

159 En application du I de l'article L. 626-27 du code de commerce, le tribunal est saisi aux fins de résolution du plan par voie de requête ou, le cas échéant, dans les formes et selon la procédure prévues aux articles 172 ou 173. Il statue dans les conditions de l'article L. 626-9 du même code.

Lorsque le tribunal décide la résolution du plan en application du deuxième alinéa du I de l'article L. 626-27 du même code, il prononce, dans le même jugement, la liquidation judiciaire du débiteur.

Le jugement est signifié à la diligence du greffier dans les huit jours de son prononcé aux personnes qui ont qualité pour interjeter appel, à l'exception du ministère public. Il est communiqué aux personnes mentionnées à l'article 61.

Le jugement qui décide la résolution du plan fait l'objet des publicités prévues à l'article 63.

Pour l'application de l'art. 159 aux procédures en cours, V. art. 361.

160 Lorsqu'il est saisi en application de l'article L. 626-28 du code de commerce, le tribunal statue au vu d'un rapport établi par le commissaire à l'exécution du plan.

La décision du tribunal est communiquée au ministère public.

A l'initiative du débiteur, les décisions relatives à la procédure sont radiées des registres sur lesquels elles ont été portées.

161 Dans les deux mois qui suivent l'achèvement de sa mission, le commissaire à l'exécution du plan dépose un compte-rendu de fin de mission dans les conditions des articles 151 et 152. L'article 153 est applicable.

SECTION III *Des comités de créanciers*

162 Les seuils fixés en application de l'article L. 626-29 du code de commerce sont de 150 salariés et de 20 millions d'euros de chiffre d'affaires.

Ils sont définis conformément aux dispositions du deuxième et du troisième alinéa de l'article 53.

163 Lorsque le tribunal n'a pas désigné d'administrateur et que le juge-commissaire autorise qu'il soit fait application des dispositions des articles L. 626-30 à L. 626-35 du code de commerce, le juge-commissaire désigne un administrateur aux fins d'exercer les missions qui lui sont dévolues par les articles L. 626-30, L. 626-32 et L. 626-33 du même code.

164 L'administrateur, dans le délai de trente jours après le jugement d'ouverture, avise chacun des établissements de crédit créancier du débiteur qu'il est membre de droit du comité des établissements de crédit. Ces établissements sont ceux mentionnés à l'article L. 511-1 du code monétaire et financier, les institutions mentionnées à l'article L. 518-1 du même code et les établissements intervenant en libre établissement ou en libre prestation de services sur le territoire des États parties à l'accord sur l'Espace économique européen mentionnés au livre V du même code.

165 Pour déterminer la composition du comité des principaux fournisseurs, est pris en compte le montant des créances hors taxes existant à la date du jugement d'ouverture.

A cette fin, le débiteur remet sans délai à l'administrateur la liste des créances de ses fournisseurs ainsi que le montant de chacune d'entre elles certifié par son ou ses commissaires aux comptes ou, lorsqu'il n'en a pas été désigné, établi par son expert-comptable.

L'administrateur, dans le délai de trente jours après le jugement d'ouverture, avise chaque fournisseur dont les créances représentent plus de 5 % du total des créances hors taxes des fournisseurs qu'il est membre de droit du comité des principaux fournisseurs.

166 Pour l'application de l'article L. 626-30 du code de commerce, l'administrateur peut demander dans le délai de trente jours après le jugement d'ouverture, à tout fournisseur dont les créances ne représentent pas plus de 5 % du total des créances hors taxes des fournisseurs, d'être membre du comité des principaux fournisseurs.

A défaut d'une acceptation écrite adressée à l'administrateur dans un délai de huit jours à compter de la réception de l'avis, le fournisseur sollicité est réputé avoir refusé.

167 Le montant des créances pris en compte pour déterminer la majorité des deux tiers prévue au troisième alinéa de l'article L. 626-30 du code de commerce, calculé hors taxes, est arrêté par l'administrateur au vu des indications certifiées du débiteur ou des comptes établis par l'expert-comptable, au plus tard huit jours avant la date du vote.

168 L'administrateur invite le mandataire judiciaire et les représentants du comité d'entreprise ou, à défaut, des délégués du personnel, à présenter leurs observations à chacun des comités avant que ceux-ci ne se prononcent sur le projet de plan.

CHAPITRE VII *Dispositions particulières en l'absence d'administrateur judiciaire*

169 En l'absence d'administrateur, le cocontractant adresse au débiteur la mise en demeure prévue à l'article L. 622-13 du code de commerce, par lettre recommandée avec demande d'avis de réception. Il en informe simultanément le mandataire judiciaire en lui adressant copie de cette mise en demeure par lettre recommandée avec demande d'avis de réception.

Le mandataire judiciaire doit, sans délai, faire part de son avis au débiteur et au cocontractant.

A défaut de réponse du mandataire dans le délai de quinze jours à compter de la réception par le débiteur de la mise en demeure, ce dernier peut saisir le juge-commissaire.

La saisine du juge-commissaire suspend le délai prévu au premier alinéa de l'article L. 622-13 du même code.

TITRE III Du redressement judiciaire

CHAPITRE PREMIER *De l'ouverture de la procédure*

SECTION I *Saisine et décision du tribunal*

170 La demande d'ouverture de la procédure de redressement judiciaire est déposée par le représentant légal de la personne morale ou par le débiteur personne physique au greffe du tribunal compétent.

A cette demande sont jointes, outre les comptes annuels du dernier exercice, les pièces ci-après, établies à la date de la demande :

1° L'état du passif exigible et de l'actif disponible ainsi qu'une déclaration de cessation des paiements ;

2° Un extrait d'immatriculation aux registres et répertoires mentionnés à l'article 63 ;

3° Une situation de trésorerie datant de moins d'un mois ;

4° Le nombre des salariés employés à la date de la demande, le nom et l'adresse de chacun d'entre eux et le montant du chiffre d'affaires, défini conformément aux dispositions du cinquième alinéa de l'article 17 du décret *[n° 83-1020]* du 29 novembre 1983 susvisé, apprécié à la date de clôture du dernier exercice comptable ;

5° L'état chiffré des créances et des dettes avec l'indication des noms et du domicile des créanciers et, pour les salariés, le montant global des sommes impayées ;

6° L'état actif et passif des sûretés ainsi que celui des engagements hors bilan ;

7° L'inventaire sommaire des biens du débiteur ;

8° S'il s'agit d'une personne morale comportant des membres responsables solidairement des dettes sociales, la liste de ceux-ci avec l'indication de leur nom et domicile ;

9° Le nom et l'adresse des représentants du comité d'entreprise ou des délégués du personnel habilités à être entendus par le tribunal s'ils ont déjà été désignés ;

10° Une attestation sur l'honneur certifiant l'absence de désignation d'un mandataire *ad hoc* ou d'ouverture d'une procédure de conciliation dans les dix-huit mois précédant la date de la demande ou, dans le cas contraire, faisant état d'une telle désignation ou de l'ouverture de la procédure et mentionnant sa date ainsi que l'autorité qui y a procédé ;

11° Lorsque le débiteur exerce une profession libérale soumise à un statut législatif ou réglementaire ou dont le titre est protégé, la désignation de l'ordre professionnel ou de l'autorité dont il relève ;

12° Lorsque le débiteur exploite une ou des installations classées au sens du titre Ier du livre V du code de l'environnement, la copie de la décision d'autorisation ou la déclaration.

Ces documents sont datés, signés et certifiés sincères et véritables par le demandeur.

Dans le cas où l'un ou l'autre de ces documents ne peut être fourni ou ne peut l'être qu'incomplètement, la demande indique les motifs qui empêchent cette production.

171 L'assignation d'un créancier doit préciser la nature et le montant de la créance et contenir tout élément de preuve de nature à caractériser la cessation des paiements du débiteur. Lorsqu'il s'agit d'une exploitation agricole, le créancier joint à sa demande une attestation, délivrée par le greffier, de la saisine du président du tribunal de grande instance aux fins de désignation d'un conciliateur.

La demande d'ouverture d'une procédure de redressement judiciaire est à peine d'irrecevabilité, qui doit être soulevée d'office, exclusive de toute autre demande.

172 En cas de saisine d'office, le président du tribunal fait convoquer le débiteur à la diligence du greffier, par acte d'huissier de justice, à comparaître dans le délai qu'il fixe.

A la convocation est jointe une note par laquelle le président expose les faits de nature à motiver la saisine d'office.

Le greffier adresse copie de cette note au ministère public.

173 Lorsque le ministère public demande l'ouverture de la procédure, il présente au tribunal une requête indiquant les faits de nature à motiver cette demande. Le président du tribunal, par les soins du greffier, fait convoquer le débiteur par acte d'huissier de justice à comparaître dans le délai qu'il fixe.

A cette convocation est jointe la requête du ministère public.

174 Lorsque, dans le cas prévu au deuxième alinéa de l'article L. 631-3 du code de commerce, le tribunal décide de se saisir d'office ou est saisi sur la requête du ministère public, les articles 172 et 173 du présent décret sont applicables aux héritiers du débiteur dont l'adresse est connue. S'il existe des héritiers dont l'adresse est inconnue, le président du tribunal de grande instance se saisissant d'office, ou saisi sur la requête du ministère public, de l'administrateur ou du mandataire judiciaire désigne un mandataire chargé de les représenter.

175 La cour d'appel qui annule un jugement statuant sur l'ouverture de la procédure de redressement judiciaire peut, d'office, ouvrir la procédure de redressement judiciaire.

176 Les articles 51 à 55, 57 à 59 et 61 à 64 sont applicables à la procédure de redressement judiciaire sous réserve des dispositions de la présente section.

177 Le cas échéant, le greffier avertit les créanciers poursuivants qu'ils peuvent prendre connaissance au greffe du rapport mentionné au deuxième alinéa de l'article 52 et les avise en même temps de la date de l'audience.

178 Pour l'application de l'article 53, le nombre des salariés à prendre en compte est apprécié à la date de la demande ou, en cas de saisine d'office, à la date de la convocation du débiteur.

179 Pour l'application de l'article 55, si le jugement ne peut être rendu sur-le-champ, la date de son prononcé est communiquée au débiteur et, le cas échéant, au créancier poursuivant.

180 Lorsqu'il apparaît que le débiteur ne remplit pas les conditions requises pour l'ouverture d'une procédure de redressement judiciaire, le tribunal rejette la demande.

S'il estime devoir se saisir d'office en vue de l'ouverture d'une procédure de liquidation judiciaire, il est fait application des dispositions de l'article 172.

181 Le jugement qui statue sur l'ouverture de la procédure est notifié au débiteur, lorsqu'il est demandeur, par le greffier dans les huit jours de son prononcé. Lorsque le débiteur n'est pas demandeur, le jugement lui est signifié dans le même délai.

Ce jugement est, en outre, signifié à la diligence du greffier, dans le même délai, aux personnes qui ont qualité pour interjeter appel, à l'exception du ministère public.

182 La décision par laquelle le tribunal modifie la date de cessation des paiements est notifiée au débiteur, communiquée aux personnes mentionnées à l'article 61 et fait l'objet des publicités prévues à l'article 63.

183 A leur demande, l'administrateur délivre aux dirigeants dont les parts représentatives de leurs droits sociaux sont virées au compte spécial prévu à l'article L. 631-10 du code de commerce un certificat leur permettant de participer aux assemblées de la société.

Sauf décision contraire du tribunal, il est mis fin à ce compte spécial, à la demande de la personne intéressée la plus diligente après l'adoption du plan de redressement ou après la clôture des opérations.

En cas d'incessibilité ou de cession de parts sociales, actions ou certificats d'investissement ou de droit de vote prononcée en application de l'article L. 626-4 du même code, il est mis fin au compte spécial après que la décision ordonnant la cession ou levant la mesure d'incessibilité est passée en force de chose jugée.

184 Les rémunérations ou subsides prévus à l'article L. 631-11 du code de commerce sont fixés par le juge-commissaire après avis de l'administrateur et du mandataire judiciaire.

SECTION II *Des organes de la procédure et des contrôleurs*

185 Les articles 65 à 75, à l'exclusion du premier alinéa de l'article 69, sont applicables à la procédure de redressement judiciaire.

CHAPITRE II *Du déroulement de la procédure*

SECTION PREMIÈRE *De la modification de la mission de l'administrateur*

186 L'article 77 est applicable à la procédure de redressement judiciaire.

SECTION II *Des mesures conservatoires au cours de la période d'observation*

187 Les articles 78 à 81 sont applicables à la procédure de redressement judiciaire.

SECTION III *De la gestion de l'entreprise au cours de la période d'observation*

188 Les articles 82 à 84 sont applicables à la procédure de redressement judiciaire.

SECTION IV *De la poursuite de l'activité de l'entreprise au cours de la période d'observation*

189 Les articles 85 et 88 à 95 sont applicables à la procédure de redressement judiciaire, sous réserve des dispositions de la présente section.

190 L'administrateur, lorsqu'il en a été désigné, est tenu des obligations d'information qui incombent au débiteur en application des articles 85 et 91.

191 Pour l'application de l'article 92, l'obligation de déclaration incombe à l'administrateur, lorsqu'il a pour mission d'administrer seul l'entreprise.

Pour l'application de l'article 95, l'administrateur est mis en cause quelle que soit sa mission.

192 I. – Le jugement qui ordonne la cessation partielle de l'activité en application du II de l'article L. 631-15 du code de commerce est communiqué aux personnes citées à l'article 61 et mentionné aux registres ou répertoires prévus à l'article 63.

II. – Aux fins de prononcé de la liquidation judiciaire, le tribunal est saisi par voie de requête ou, le cas échéant, dans les formes et selon la procédure prévues aux articles 172 ou 173.

Le jugement qui prononce la liquidation judiciaire est notifié au débiteur dans les huit jours de son prononcé. Lorsque le débiteur n'est pas demandeur, le jugement lui est signifié dans le même délai.

Ce jugement est, en outre, signifié à la diligence du greffier, dans le même délai, aux personnes qui ont qualité pour interjeter appel, à l'exception du ministère public.

Il est communiqué aux personnes citées à l'article 61 et mentionné aux registres ou répertoires prévus à l'article 63.

193 La décision par laquelle le tribunal met fin à la procédure en application de l'article L. 631-16 du code de commerce est suivie sans délai d'un compte-rendu de fin de mission déposé par les mandataires de justice dans les conditions des articles 151 et 152. Elle est communiquée aux personnes mentionnées à l'article 61 et fait l'objet des publicités prévues à l'article 63. L'article 153 est applicable.

SECTION V *De la situation des salariés au cours de la période d'observation*

194 L'ordonnance rendue par le juge-commissaire en application de l'article L. 631-17 du code de commerce indique le nombre des salariés dont le licenciement est autorisé ainsi que les activités et catégories professionnelles concernées.

L'ordonnance est notifiée au comité d'entreprise ou à défaut aux délégués du personnel ou, le cas échéant, au représentant des salariés. Elle est transmise au ministère public, à l'administrateur et au mandataire judiciaire.

SECTION VI *De la déclaration des créances*

195 Les articles 96 à 101 sont applicables à la procédure de redressement judiciaire.

SECTION VII *De l'élaboration du bilan économique, social et environnemental*

196 L'article 102 est applicable à la procédure de redressement judiciaire. Toutefois, l'administrateur, lorsqu'il en a été désigné, est tenu des obligations d'information qui incombent au débiteur en application de cet article.

SECTION VIII *De la vérification et de l'admission des créances*

197 Les articles 103, à l'exclusion du premier alinéa, et 104 à 112 sont applicables à la procédure de redressement judiciaire.

La vérification des créances est faite par le mandataire judiciaire en présence du débiteur ou celui-ci appelé, de l'administrateur s'il a pour mission d'assurer l'administration de l'entreprise et, le cas échéant, des contrôleurs désignés, présents ou dûment appelés.

SECTION IX *Des droits du conjoint du débiteur*

198 Le conjoint du débiteur est entendu ou dûment convoqué avant toute décision ordonnant ou autorisant la vente des biens de la communauté.

Lorsque, au cours de la procédure, la dissolution de la communauté existant entre le débiteur et son conjoint devient opposable aux tiers, ce conjoint est entendu ou dûment convoqué avant toute décision ordonnant ou autorisant la vente des biens de l'indivision.

SECTION X *Des droits du vendeur de meubles, des revendications et des restitutions*

199 Les articles 114 à 117 sont applicables à la procédure de redressement judiciaire.

SECTION XI *Du règlement des créances résultant du contrat de travail*

200 Les articles 118 à 124 sont applicables à la procédure de redressement judiciaire.

201 Lorsque des instances sont en cours devant la juridiction prud'homale à la date du jugement d'ouverture du redressement judiciaire, les informations relatives à l'objet et aux circonstances du litige ainsi que les éléments justificatifs sont transmis par le mandataire judiciaire aux institutions mentionnées à l'article L. 143-11-4 du code du travail, mises en cause devant la juridiction prud'homale conformément à l'article L. 631-18 du code de commerce.

SECTION XII *Du projet de plan*

202 Les articles 125 à 132 sont applicables à la procédure de redressement judiciaire.

Toutefois, pour l'application de l'article L. 626-3 du code de commerce, l'administrateur convoque les assemblées si les dirigeants n'y procèdent pas.

SECTION XIII *Du jugement arrêtant le plan*

203 Les articles 133 à 161, à l'exclusion de l'article 134, sont applicables à la procédure de redressement judiciaire.

204 Lorsqu'en application du II de l'article L. 631-19 du code de commerce l'administrateur ou le débiteur prévoit dans son projet de plan des licenciements pour motif économique, il joint au rapport déposé au greffe ou il produit à l'audience les documents suivants :

1° Le procès-verbal des délibérations du comité d'entreprise ou des délégués du personnel consultés en application de l'article L. 321-9 du code du travail ;

2° La copie de la lettre informant l'autorité administrative, en application de l'article L. 321-8 du code du travail, du projet de licenciement.

Le jugement arrêtant le plan indique le nombre de salariés dont le licenciement est autorisé ainsi que les activités et catégories professionnelles concernées.

SECTION XIV *Des comités de créanciers*

205 Les articles 162 à 168 sont applicables à la procédure de redressement judiciaire.

SECTION XV *Dispositions particulières en l'absence d'administrateur judiciaire*

206 L'article 169 est applicable à la procédure de redressement judiciaire. Le mandataire judiciaire exerce les fonctions dévolues à l'administrateur par l'article 183.

SECTION XVI *De la cession partielle ou totale de l'entreprise*

207 L'administrateur, s'il en a été désigné, communique au greffe les caractéristiques essentielles de l'entreprise ou de la ou des branches d'activité susceptibles d'être cédées en application de l'article L. 631-22 du code de commerce. Il fixe le délai dans lequel les offres peuvent lui être soumises en application de l'article L. 631-13 du même code. Le greffier tient cette information à la disposition du public.

L'administrateur porte le délai fixé pour le dépôt des offres à la connaissance du mandataire judiciaire et des contrôleurs.

Toute offre doit être communiquée à l'administrateur dans le délai qu'il a fixé. Sauf accord entre le débiteur, le représentant des salariés, le mandataire judiciaire et les contrôleurs, le délai entre la réception d'une offre par l'administrateur et l'audience au cours de laquelle le tribunal examine cette offre est de quinze jours au moins.

208 Les articles 252 à 267 sont applicables à la cession mentionnée à l'article L. 631-22 du code de commerce.

209 Lorsque la cession totale ou partielle de l'entreprise a été ordonnée, la procédure est poursuivie dans les limites prévues par l'article L. 621-3 du code de commerce aux fins, selon le cas, de l'arrêté d'un plan de redressement ou de la liquidation du débiteur.

210 Lorsque la cession totale ou partielle de l'entreprise a été ordonnée par le tribunal en application de l'article L. 631-22 du code de commerce, le mandataire judiciaire reçoit le prix de cession nonobstant la passation des actes par l'administrateur.

Lorsque le débiteur bénéficie d'un plan de redressement, le mandataire judiciaire remet le prix au commissaire à l'exécution du plan.

Lorsque le débiteur est soumis à une liquidation judiciaire, le mandataire judiciaire conserve le prix en sa qualité de liquidateur ou le remet au liquidateur désigné par le tribunal.

SECTION XVII *De la clôture de la procédure*

211 Lorsque le compte-rendu *[les comptes rendus]* de fin de mission de l'administrateur et du mandataire judiciaire ont été approuvés par le juge-commissaire, la procédure fait l'objet d'une ordonnance de clôture rendue par le président du tribunal.

Cette décision est une mesure d'administration judiciaire non susceptible de recours. Elle est communiquée aux personnes citées à l'article 61 et mentionnée aux registres et répertoires prévus à l'article 63.

TITRE IV De la liquidation judiciaire

CHAPITRE PRÉLIMINAIRE *Des conditions d'ouverture de la procédure de liquidation judiciaire*

212 La demande d'ouverture de la procédure de liquidation judiciaire est présentée selon les modalités prévues aux articles 170 à 174.

Les éléments de nature à établir que le redressement est manifestement impossible doivent être joints à la demande du débiteur, à l'assignation d'un créancier, à la requête du ministère public, à la note du président du tribunal en cas de saisine d'office ou au rapport du juge commis par le tribunal.

213 La cour d'appel qui annule un jugement statuant sur l'ouverture de la procédure de liquidation judiciaire ou son prononcé peut, d'office, ouvrir la procédure de liquidation judiciaire ou la prononcer.

CHAPITRE PREMIER *Du jugement de liquidation judiciaire*

SECTION I *Saisine et décision du tribunal*

214 Les dispositions des articles 51 et 52, 54 et 55, 57 à 59, 61 et 62 sont applicables à la procédure de liquidation judiciaire sous réserve des dispositions de la présente section.

215 Le cas échéant, le greffier avertit les créanciers poursuivants qu'ils peuvent prendre connaissance au greffe du rapport mentionné au second alinéa de l'article 52 et les avise en même temps de la date de l'audience.

216 Les dispositions de l'article 54 applicables au mandataire judiciaire le sont au liquidateur désigné par le tribunal lorsque celui-ci n'est pas inscrit sur la liste prévue par l'article L. 812-2 du code de commerce.

217 Pour l'application de l'article 55, si le jugement ne peut être rendu sur-le-champ, la date de son prononcé est communiquée au débiteur et, le cas échéant, au créancier poursuivant.

218 Lorsqu'il apparaît que le débiteur ne remplit pas les conditions requises pour l'ouverture d'une procédure de liquidation judiciaire, le tribunal rejette la demande.

S'il estime devoir se saisir d'office en vue de l'ouverture d'une procédure de redressement judiciaire, il est fait application des dispositions de l'article 172.

219 Le jugement statuant sur l'ouverture de la procédure de liquidation judiciaire est notifié au débiteur par le greffier dans les huit jours de son prononcé. Lorsque le débiteur n'est pas demandeur, le jugement lui est signifié dans le même délai.

Ce jugement est, en outre, signifié à la diligence du greffier, dans le même délai, aux personnes qui ont qualité pour interjeter appel, à l'exception du ministère public. Il est communiqué aux personnes mentionnées à l'article 61.

220 Le jugement ouvrant la procédure de liquidation judiciaire fait l'objet des mesures de publicité prévues à l'article 63.

Toutefois, en cas d'appel du ministère public en application de l'article L. 661-1 du code de commerce ou en cas de suspension de l'exécution provisoire ordonnée en vertu du deuxième alinéa de l'article 328, ces publicités ne sont effectuées par le greffier du tribunal qu'au vu de l'arrêt de la cour d'appel qui lui est transmis par le greffier de la cour d'appel dans les huit jours de son prononcé.

221 Les dispositions de l'article 62 applicables au mandataire judiciaire le sont au liquidateur désigné par le tribunal lorsque celui-ci n'est pas inscrit sur la liste prévue par l'article L. 812-2 du code de commerce.

222 La décision par laquelle le tribunal modifie la date de cessation des paiements est notifiée au débiteur, communiquée aux personnes mentionnées à l'article 61 et fait l'objet des publicités prévues à l'article 63.

SECTION II *Des conditions d'application de la liquidation judiciaire simplifiée*

223 Les seuils prévus par le second alinéa de l'article L. 641-2 du code de commerce, pour l'application de la procédure de liquidation judiciaire simplifiée, sont fixés, pour le chiffre d'affaires hors taxes à 750 000 € et pour le nombre de salariés à 5.

Le montant du chiffre d'affaires est défini conformément aux dispositions du cinquième alinéa de l'article 17 du décret *[83-1020]* du 29 novembre 1983 susvisé. Il est apprécié à la date de clôture du dernier exercice comptable.

Le nombre de cinq salariés ne doit pas avoir été dépassé au cours des six mois précédant l'ouverture de la procédure.

SECTION III *Des organes de la procédure et des contrôleurs*

224 A l'exception du premier alinéa de l'article 69 et de l'article 71, les dispositions des articles 65 à 74 sont applicables aux organes de la procédure et aux contrôleurs.

Le juge-commissaire statue dans les conditions de l'article 67 sur les réclamations formulées contre les actes du liquidateur.

Les obligations d'information incombant au mandataire judiciaire en application des articles 70 et 73 incombent au liquidateur.

225 Lorsqu'une demande de remplacement du liquidateur est formée devant le tribunal, en application du II de l'article L. 641-1 du code de commerce, les dispositions de l'article 72 sont applicables. Il en est de même pour une demande d'adjonction d'un ou de plusieurs liquidateurs.

226 Les fonctions du juge-commissaire et des contrôleurs prennent fin au jour où le compte-rendu de fin de mission du liquidateur a été approuvé.

Pour l'application de l'art. 226 aux procédures en cours, V. art. 361.

SECTION IV *Des mesures conservatoires*

227 Les articles 78 à 81 sont applicables à la procédure de liquidation judiciaire. Le liquidateur exerce les fonctions dévolues au mandataire judiciaire par ces dispositions.

228 Le juge-commissaire peut ordonner l'apposition des scellés sur tout ou partie des biens du débiteur. Dans ce cas, il est procédé selon les règles prévues pour les scellés après décès.

Il est donné avis de l'apposition des scellés au juge-commissaire qui l'a ordonnée.

Lorsque le débiteur exerce une profession libérale soumis *[e]* à un statut législatif ou réglementaire ou dont le titre est protégé, l'apposition des scellés a lieu en présence d'un représentant de l'ordre professionnel ou de l'autorité dont il relève.

229 Les biens, documents et effets dispensés ou extraits de scellés par décision du juge-commissaire sont inventoriés sans délai avec estimation de leur valeur par la personne chargée de réaliser l'inventaire. Leur état est décrit sommairement dans le procès-verbal d'apposition des scellés.

230 Le liquidateur ou l'administrateur, s'il en a été désigné un, requiert la levée des scellés en vue des opérations d'inventaire.

SECTION V *Du maintien de l'activité*

231 Le maintien de l'activité peut être autorisé dans les conditions prévues à l'article L. 641-10 du code de commerce pour une période qui ne peut excéder trois mois, sous réserve des dispositions applicables aux exploitations agricoles.

Cette autorisation peut être prolongée une fois, pour la même période, à la demande du ministère public.

232 Les seuils au-delà desquels le tribunal désigne un administrateur pour administrer l'entreprise sont identiques aux seuils fixés par l'article 53.

233 Le liquidateur ou l'administrateur qui assure l'administration de l'entreprise après l'ouverture ou le prononcé de la liquidation judiciaire tient informés le juge-commissaire et le ministère public des résultats de l'activité à l'issue de la période pendant laquelle elle a été poursuivie.

SECTION VI *Des instances interrompues et des procédures d'ordre en cours*

234 Les articles 94 et 95 sont applicables à la procédure de liquidation judiciaire.

235 Pour l'application de l'article 94, les fonds sont remis au liquidateur aux fins de répartition.

En cas de prononcé de la liquidation judiciaire pendant le cours d'une période d'observation, le mandataire judiciaire les remet au liquidateur à cette fin.

SECTION VII *De la déclaration des créances*

236 Les articles 96 à 100 sont applicables à la procédure de liquidation judiciaire. Le liquidateur exerce les fonctions dévolues au mandataire judiciaire par ces dispositions.

237 Les instances et les procédures civiles d'exécution suspendues en application du deuxième alinéa de l'article L. 622-28 du code de commerce sont poursuivies à l'initiative des créanciers bénéficiaires de garanties mentionnés au dernier alinéa de cet article sur justification du jugement prononçant la liquidation judiciaire.

En application du troisième alinéa de l'article L. 622-28 du même code, ces créanciers peuvent pratiquer des mesures conservatoires dans les conditions prévues aux articles 210 et suivants du décret du 31 juillet 1992 susvisé.

SECTION VIII *De la vérification et de l'admission des créances*

238 Le liquidateur, dans les deux mois de son entrée en fonctions, remet au juge-commissaire un état mentionnant l'évaluation des actifs et du passif privilégié et chirographaire.

Au vu de cet état et après avoir recueilli les observations du liquidateur, le juge-commissaire décide s'il y a lieu ou non, conformément à l'article L. 641-4 du code de commerce, d'engager ou de poursuivre la vérification des créances chirographaires.

239 Les articles 103 à 112 sont applicables à la procédure de liquidation judiciaire. Le liquidateur exerce les fonctions dévolues au mandataire judiciaire par ces dispositions.

240 Lorsque la liquidation judiciaire est prononcée au cours d'une procédure de sauvegarde ou de redressement judiciaire, le liquidateur complète la liste des créances mentionnées à l'article 104. Il dépose la liste ainsi complétée au greffe. Tout créancier peut en prendre connaissance.

SECTION IX *Des droits du conjoint du débiteur*

241 Le conjoint du débiteur doit être entendu ou dûment convoqué avant toute décision ordonnant ou autorisant la vente des biens de la communauté.

Lorsque, au cours de la procédure, la dissolution de la communauté existant entre le débiteur et son conjoint devient opposable aux tiers, ce conjoint doit être entendu ou dûment convoqué avant toute décision ordonnant ou autorisant la vente des biens de l'indivision.

SECTION X *Des droits du vendeur de meubles, des revendications et des restitutions*

242 Les articles 114 à 117 sont applicables à la procédure de liquidation judiciaire. Le liquidateur exerce les fonctions dévolues par ces dispositions au mandataire judiciaire.

Lorsqu'il n'a pas été désigné d'administrateur, le liquidateur exerce également les fonctions dévolues à l'administrateur par ces dispositions.

243 Le bien qui ne fait pas l'objet d'une demande en restitution peut être vendu selon les formes prévues au titre IV du livre VI du code de commerce à l'expiration d'un délai d'un mois après l'envoi d'une mise en demeure au propriétaire. Cette mise en demeure, qui peut être envoyée dès l'ouverture de la procédure, est adressée par le liquidateur au dernier domicile connu du propriétaire par lettre recommandée avec demande d'avis de réception.

Le prix de vente est consigné par le liquidateur à la Caisse des dépôts et consignations et, sous déduction des frais, est tenu à la disposition du créancier, qui en est averti par le liquidateur par lettre recommandée avec demande d'avis de réception. Après clôture de la procédure, le montant ainsi consigné est restitué au créancier ou à ses ayants droit par la Caisse des dépôts et consignations sur ordonnance du président.

SECTION XI *Du règlement des créances résultant du contrat de travail*

244 Les articles 118 à 124 sont applicables à la procédure de liquidation judiciaire. Le liquidateur exerce les fonctions dévolues par ces dispositions au mandataire judiciaire. Il remplit l'obligation mise à la charge du débiteur par le deuxième alinéa de l'article 118.

245 Lorsque des instances sont en cours devant la juridiction prud'homale à la date du jugement d'ouverture de la liquidation judiciaire, les informations relatives à l'objet et aux circonstances du litige ainsi que les éléments justificatifs sont transmis par le liquidateur aux institutions mentionnées à l'article L. 143-11-4 du code du travail, mises en cause devant la juridiction prud'homale conformément à l'article L. 641-14 du code de commerce.

246 Le liquidateur judiciaire déclare à l'administration fiscale toute somme versée par les institutions mentionnées à l'article L. 143-11-4 du code du travail en application des articles L. 143-11-1 à L. 143-11-3 du même code.

SECTION XII *Dispositions diverses*

247 I. — Lorsque le débiteur exerce une profession libérale soumise à un statut législatif ou réglementaire ou dont le titre est protégé, le tribunal désigne, lors de l'ouverture de la procédure, le représentant de l'ordre professionnel ou de l'autorité compétente dont, le cas échéant, il relève, aux fins d'exercer les actes de la profession.

Ce représentant peut déléguer cette mission à l'un des membres de la profession, en activité ou retraité.

II. — Les rémunérations ou subsides prévus à l'article L. 631-11 du code de commerce sont fixés par le juge-commissaire après avis du liquidateur et de l'administrateur, lorsqu'il en a été désigné.

Pour l'application du I, le juge-commissaire fixe la rémunération de la personne chargée d'exercer les actes de la profession.

248 Le liquidateur peut faire fonctionner sous sa signature les comptes bancaires ou postaux du débiteur pendant un délai de six mois à compter du jugement prononçant la liquidation ou, au-delà, pendant la durée du maintien de l'activité autorisée par le tribunal en application de l'article L. 641-10 du code de commerce. L'utilisation ultérieure de ces comptes est subordonnée à l'autorisation du juge-commissaire délivrée après avis du ministère public.

En cas de maintien de l'activité, cette disposition bénéficie à l'administrateur, lorsqu'il en a été désigné.

249 Outre les informations trimestrielles mentionnées à l'article L. 641-7 du code de commerce, le liquidateur remet à tout moment, à leur demande, et au moins le 31 décembre de chaque année, au juge-commissaire et au procureur de la République un rapport de liquidation indiquant :

1° Le montant du passif admis ou, à défaut, l'état de la vérification des créances ;
2° L'état des opérations de réalisation d'actif ;
3° L'état de répartition aux créanciers ;
4° L'état des sommes détenues à la Caisse des dépôts et consignations ;
5° Les perspectives d'évolution et de clôture de la procédure.

Le débiteur et tout créancier peuvent prendre connaissance de ce rapport au greffe.

250 La liste des créances mentionnées au I de l'article L. 641-13 du code de commerce, portées à la connaissance de l'administrateur lorsqu'il en a été désigné ou du liquidateur, en application du IV du même article, est déposée, par le liquidateur, au greffe à l'issue du délai de six mois à compter de la publication du jugement ouvrant ou prononçant la liquidation ou, le cas échéant, à l'issue du délai d'un an à compter de celle du jugement arrêtant le plan de cession de l'entreprise. Tout intéressé peut en prendre connaissance. Le greffier fait publier au *Bulletin officiel des annonces civiles et commerciales* une insertion indiquant ce dépôt.

Tout intéressé peut contester cette liste devant le juge-commissaire dans un délai d'un mois à compter de la publication.

Les créances rejetées par le juge-commissaire sont réputées avoir été déclarées dans les conditions prévues par l'article L. 622-24 du code de commerce.

251 En application de l'article L. 641-15 du code de commerce, le liquidateur peut, sur ordonnance du juge-commissaire, demander au représentant légal de la personne morale ou au débiteur personne physique ou à tout autre salarié du débiteur pouvant recevoir des informations utiles de transférer de façon automatique le courrier électronique de leurs messageries professionnelles vers l'adresse électronique qu'il leur désigne.

A cette fin, le liquidateur peut également requérir l'assistance de tout salarié du débiteur.

L'ordonnance du juge-commissaire désigne les personnes physiques dont le courrier électronique est transféré au liquidateur.

Le liquidateur détruit sans délai les messages transférés dépourvus de caractère professionnel.

A la clôture de la liquidation, le liquidateur détruit les messages transférés qu'il a pu conserver.

CHAPITRE II *De la réalisation de l'actif*

SECTION I *De la cession de l'entreprise*

252 I. – L'auteur de l'offre atteste qu'il ne tombe pas sous le coup des incapacités prévues au premier alinéa de l'article L. 642-3 du code de commerce et joint, lorsqu'il est tenu de les établir, ses comptes annuels relatifs aux trois derniers exercices et ses comptes prévisionnels. Sans préjudice du IV de l'article L. 642-2 du même code, les offres et documents qui y sont joints ne sont communiqués qu'au juge-commissaire et au procureur de la République.

II. – Les modifications des offres effectuées dans les conditions du V de l'article L. 642-2 du même code sont communiquées par le liquidateur ou l'administrateur, s'il en a été désigné, aux personnes mentionnées au IV de l'article L. 642-2.

A peine d'irrecevabilité, aucune modification ne peut être apportée à une offre postérieurement à l'audience au cours de laquelle elle a été débattue contradictoirement.

En cas de renvoi de l'affaire à une audience ultérieure, le tribunal peut fixer un nouveau délai pour la présentation de nouvelles offres.

253 Les seuils prévus par le deuxième alinéa de l'article L. 642-5 du code de commerce au-delà desquels les débats relatifs à l'arrêté du plan de cession doivent avoir lieu en présence du ministère public sont identiques aux seuils fixés par l'article 53.

254 Les personnes appelées à l'audience au cours de laquelle il est débattu de l'arrêté du plan de cession sont convoquées selon les modalités prévues à l'article 133.

255 Le jugement arrêtant le plan de cession de l'entreprise est communiqué par le greffier aux personnes mentionnées à l'article 61 et fait l'objet des publicités prévues à l'article 63.

Il est signifié à la diligence du greffier dans les huit jours de la date du jugement aux personnes, autres que le procureur de la République, le cocontractant ou le bailleur, qui ont qualité pour interjeter appel.

256 Dès l'accomplissement des actes de cession, le liquidateur ou l'administrateur, lorsqu'il en a été désigné, en fait rapport. Ce rapport est déposé au greffe du tribunal.

257 Le prix de cession de l'entreprise est réparti par le liquidateur conformément aux dispositions de la première section du chapitre III du présent titre.

Lorsque la cession porte sur un fonds de commerce, le cessionnaire peut, après avoir payé le prix, saisir le juge-commissaire pour faire prononcer la radiation des inscriptions grevant le fonds ; les dispositions de l'article 284 sont applicables. Toutefois aucune justification de la purge n'est nécessaire.

258 La demande présentée en application de l'article L. 642-6 du code de commerce est faite par déclaration au greffe du cessionnaire.

Le jugement modifiant le plan de cession est communiqué par le greffier aux personnes citées à l'article 61 et mentionné aux registres ou répertoires prévus à l'article 63.

Il est signifié à la diligence du greffier dans les huit jours de la date du jugement aux personnes, autres que le procureur de la République, qui ont qualité pour interjeter appel.

259 Les personnes appelées à l'audience au cours de laquelle il est débattu de la modification du plan de cession sont convoquées selon les modalités prévues à l'article 133.

260 Lorsque le tribunal est appelé à se prononcer sur la cession des contrats mentionnés à l'article L. 642-7 du code de commerce, ou à constater le transfert d'une sûreté mentionnée à son article L. 642-12, le ou les cocontractants ou le ou les titulaires de la sûreté sont convoqués à l'audience, quinze jours au moins avant la date d'audience, par lettre recommandée avec demande d'avis de réception, par le greffier sur les indications de l'administrateur, lorsqu'il en a été désigné, ou du liquidateur.

261 Lorsqu'en application du dernier alinéa de l'article L. 642-7 du code de commerce il y a désaccord entre les parties sur la valeur du bien objet du contrat de crédit-bail, le tribunal fixe cette valeur, au besoin après expertise, dans le plan de cession ou, à défaut, à la requête de l'une ou l'autre des parties.

Les sommes qui restent dues au sens de l'article L. 642-7 sont, à peine de nullité du paiement, versées par le cessionnaire au liquidateur qui les remet sans délai au crédit-bailleur. Ces sommes viennent en déduction de la créance admise du crédit-bailleur lorsqu'elles sont relatives à des loyers impayés au jour du jugement d'ouverture.

262 L'administrateur rend compte au juge-commissaire de l'exécution des actes permettant la mise en œuvre du plan conformément à l'article L. 642-8 du code de commerce.

Lorsqu'il a accompli sa mission, il dépose au greffe un compte-rendu de fin de mission dans les conditions des articles 151 et 152. L'article 153 est applicable.

263 La mesure d'inaliénabilité prévue à l'article L. 642-10 du code de commerce est, à la diligence du liquidateur, mentionnée aux registres publics sur lesquels les biens déclarés inaliénables et les droits qui les grèvent sont inscrits ou, à défaut, aux registres mentionnés à l'article 63.

La publicité mentionne la durée de l'inaliénabilité.

264 Le liquidateur signale, dans un rapport adressé au juge-commissaire et au procureur de la République et déposé au greffe, l'inexécution du plan par le cessionnaire.

Pour l'application du deuxième alinéa de l'article L. 642-11 du code de commerce, le cessionnaire est convoqué par le greffier par lettre recommandée avec demande d'avis de réception pour être entendu par le tribunal.

Les autres personnes appelées à l'audience sont convoquées selon les modalités prévues à l'article 133.

Le tribunal se prononce sur la résolution du plan de cession dans les conditions des deux premiers alinéas de l'article L. 642-5 du même code.

Le jugement prononçant la résolution du plan de cession est communiqué par le greffier aux personnes mentionnées à l'article 61 et fait l'objet des mesures de publicité prévues à l'article 63.

Il est signifié à la diligence du greffier dans les huit jours de la date de son prononcé aux personnes, autres que le procureur de la République, qui ont qualité pour interjeter appel.

265 Le tribunal vérifie que les conditions requises par l'article L. 642-12 du code de commerce sont remplies et constate dans le jugement arrêtant le plan les sûretés dont la charge est transmise.

Un extrait du jugement est adressé par le greffier aux personnes mentionnées à l'article 260.

266 Dans le cas prévu au troisième alinéa de l'article L. 642-12 du code de commerce, le cessionnaire informe préalablement le liquidateur de tout projet d'aliénation d'un bien cédé. Il est également tenu d'en informer le tribunal si l'aliénation n'était pas envisagée lors du dépôt de son offre dans les conditions du 7° du II de l'article L. 642-2 du même code.

Le liquidateur, informé par le cessionnaire dans les conditions du premier alinéa ou d'office, avertit sans délai le juge-commissaire et les créanciers bénéficiant d'un droit de suite s'il y en a.

267 Le liquidateur signale, dans un rapport adressé au juge-commissaire et au procureur de la République et déposé au greffe, toute atteinte aux éléments pris en location-gérance ainsi que le défaut d'exécution par le locataire-gérant de ses obligations. Ce rapport fait état des observations du locataire-gérant et propose éventuellement les solutions qui seraient de nature à permettre l'exécution du plan.

SECTION II *De la cession des actifs du débiteur*

SOUS-SECTION 1 *Vente des immeubles*

268 Le juge-commissaire qui ordonne ou autorise, en application de l'article L. 642-18 du code de commerce, la vente des immeubles par voie de saisie immobilière ou d'adjudication amiable détermine :

1° La mise à prix de chacun des biens à vendre et les conditions essentielles de la vente ;

2° Les modalités de la publicité compte tenu de la valeur, de la nature et de la situation des biens.

Lorsque la vente est poursuivie par un créancier, en application de l'article L. 643-2 du même code, la mise à prix est déterminée en accord avec le créancier poursuivant.

Le juge-commissaire peut préciser qu'à défaut d'enchères atteignant cette mise à prix la vente pourra se faire sur une mise à prix inférieure qu'il fixe.

269 L'ordonnance est notifiée à la diligence du greffier par lettre recommandée avec demande d'avis de réception au débiteur et aux créanciers inscrits à domicile élu dont les noms sont indiqués dans l'ordonnance ainsi qu'aux créanciers bénéficiant du privilège général immobilier.

L'ordonnance se substitue au commandement prévu aux articles 2217 *[ancien ; abrogé]* du code civil et 673 du code de procédure civile ; elle est publiée à la diligence du liquidateur ou du créancier poursuivant au bureau des hypothèques de la situation des biens, dans les conditions prévues pour le commandement à l'article 674 du code de procédure civile.

Le conservateur des hypothèques procède à la formalité de publicité de l'ordonnance même si des commandements ont été antérieurement publiés. Ces commandements cessent de produire effet à compter de la publication de l'ordonnance.

270 Dans le cas prévu au deuxième alinéa de l'article L. 642-18 du code de commerce, le juge-commissaire autorise le liquidateur, le débiteur entendu ou dûment appelé, à reprendre la procédure de saisie immobilière suspendue par le jugement d'ouverture de la procédure de liquidation judiciaire. Il fixe la mise à prix et, si la procédure de saisie immobilière avait été suspendue après les publicités, les nouvelles publicités qu'il y a lieu d'effectuer.

L'ordonnance du juge-commissaire est, à la requête du liquidateur, mentionnée en marge de la copie du commandement publié à la conservation des hypothèques.

Le créancier qui avait engagé la procédure de saisie immobilière remet au liquidateur, contre récépissé, les pièces de la poursuite. Ses frais de procédure lui sont restitués dans l'ordre.

271 Le poursuivant ou le notaire commis établit un cahier des charges.

Le cahier des charges indique l'ordonnance qui a ordonné ou autorisé la vente, désigne les biens à vendre, mentionne la mise à prix, les conditions de la vente et les modalités de paiement du prix selon les règles prévues à l'article 290.

272 Le liquidateur ne peut, en qualité de mandataire, être déclaré adjudicataire des immeubles du débiteur.

273 La vente sur saisie immobilière est soumise aux dispositions du titre XII du livre V du code de procédure civile, à l'exception de l'article 692 du même code et dans la mesure où il n'y est pas dérogé par les dispositions du présent décret.

274 L'ordonnance qui ordonne la vente par voie de saisie immobilière rendue à la demande du liquidateur ou d'un créancier poursuivant comporte, outre les indications mentionnées à l'article 268 du présent décret, les énonciations exigées aux 4°, 5°, 6° et 7° du deuxième alinéa de l'article 673 du code de procédure civile.

275 Le juge-commissaire peut autoriser le liquidateur ou le créancier à poursuivre simultanément la vente de plusieurs immeubles, même s'ils sont situés dans des ressorts de tribunaux de grande instance différents.

Il décide si la vente de ces biens sera poursuivie devant le tribunal de grande instance dans le ressort duquel chaque immeuble se trouve ou devant celui dans le ressort duquel est situé le domicile du débiteur ou le siège de l'entreprise.

276 L'ordonnance qui ordonne la vente par voie d'adjudication amiable comporte, outre les indications mentionnées à l'article 268 du présent décret, les énonciations exigées aux 4° et 5° du deuxième alinéa de l'article 673 du code de procédure civile. Elle désigne le notaire qui procédera à l'adjudication.

277 Le notaire informe par lettre recommandée avec demande d'avis de réception les créanciers inscrits portés sur l'état délivré après publication de l'ordonnance d'avoir à prendre communication du cahier des charges déposé en son étude deux mois au moins avant la date fixée pour l'adjudication et d'y faire inscrire leurs dires et observations un mois au moins avant cette date. Par la même lettre, le notaire convoque les créanciers à la vente.

Si un créancier formule un dire, il saisit le tribunal de grande instance dans les huit jours à peine de déchéance, par assignation du liquidateur à comparaître à la première audience éventuelle utile. Il en informe immédiatement le notaire qui invite les autres personnes sommées à contester le dire. Le jugement est communiqué par le liquidateur au notaire qui modifie s'il y a lieu le cahier des charges.

Le liquidateur, le débiteur et les créanciers inscrits sont convoqués à la vente par le notaire au moins un mois à l'avance.

278 Les enchères peuvent être faites sans ministère d'avocat. Si aucune enchère n'atteint le montant de la mise à prix, le notaire constate l'offre la plus élevée et peut adjuger le bien à titre provisoire pour le montant de cette offre. Le juge-commissaire qui a fixé la mise à prix, saisi à la requête du notaire ou de tout intéressé, peut soit déclarer l'adjudication définitive et la vente réalisée, soit ordonner qu'une nouvelle vente aura lieu suivant l'une des formes prescrites par l'article L. 642-18 du code de commerce. Si la nouvelle vente est une vente aux enchères, il fixe le délai de la nouvelle vente sans que ce délai puisse être inférieur à quinze jours, la mise à prix ainsi que les modalités de publicité.

279 Dans les dix jours qui suivent l'adjudication, toute personne peut faire surenchère du dixième par déclaration au greffe du tribunal de grande instance dans le ressort duquel réside le notaire qui a procédé à la vente.

Le surenchérisseur dénonce cette déclaration par acte d'huissier de justice à la personne ou au domicile de l'adjudicataire dans le délai de l'article 709 du code de procédure civile et informe le notaire de cette déclaration. Le tribunal, par le jugement qui valide la surenchère, renvoie la nouvelle adjudication devant le même notaire qui procède selon le cahier des charges précédemment dressé.

Lorsqu'une seconde adjudication a lieu après surenchère, aucune autre surenchère des mêmes biens ne peut avoir lieu.

280 S'il y a lieu à folle enchère, la procédure est poursuivie devant le tribunal de grande instance dans le ressort duquel réside le notaire qui a procédé à la vente. Une copie authentique du procès-verbal d'adjudication est déposée au greffe du tribunal de grande instance.

281 La vente par voie d'adjudication amiable est soumise aux dispositions des articles 701, 705 à 707, 711 à 713, 733 à 741 *(b)* et 742 du code de procédure civile.

282 L'autorisation de vente de gré à gré d'un ou plusieurs immeubles, délivrée en application de l'article L. 642-18 du code de commerce, détermine le prix de chaque immeuble et les conditions essentielles de la vente.

L'ordonnance est notifiée conformément au premier alinéa de l'article 269.

Le liquidateur passe les actes nécessaires à la réalisation de la vente. Il ne peut, en qualité de mandataire, se porter acquéreur des immeubles du débiteur.

283 La décision qui, soit dans le jugement prononçant la liquidation judiciaire, soit ultérieurement, accorde les délais mentionnés à l'avant-dernier alinéa de l'article L. 642-18 du code de commerce, fixe l'indemnité d'occupation due par le débiteur.

SOUS-SECTION 2 *Vente des autres biens*

284 En cas de cession d'un fonds de commerce, le cessionnaire peut saisir le juge-commissaire pour faire prononcer la radiation des inscriptions. Il joint à sa demande un état des inscriptions, la justification de l'accomplissement des formalités de purge ou de l'accord des créanciers inscrits pour l'en dispenser, et la justification du paiement des frais préalables de vente.

Le greffier du tribunal avise par lettre recommandée avec demande d'avis de réception les créanciers qui n'ont pas donné mainlevée de leurs inscriptions qu'ils disposent d'un délai de trente jours à compter de l'envoi de la lettre pour contester, par déclaration au greffe ou par lettre recommandée avec demande d'avis de réception, la demande de radiation pour tout motif tiré du non-paiement du prix.

285 Les ordonnances rendues en application des articles L. 642-18 et L. 642-19 du code de commerce sont notifiées par le greffier au débiteur et aux contrôleurs.

SECTION III ***Dispositions communes***

286 En application de l'article L. 642-22 du code de commerce, la publicité des cessions d'entreprises et des réalisations d'actifs est faite par les mandataires de justice au moyen d'un service informatique accessible par l'Internet.

Toute cession d'entreprise fait l'objet d'une publicité par voie de presse. Son étendue est définie par le juge-commissaire. Le juge-commissaire détermine s'il y a lieu d'effectuer une publicité par voie de presse pour les actifs de faible valeur.

287 Lorsqu'en application de l'article L. 642-24 du code de commerce, il y a lieu, pour le juge-commissaire, d'autoriser le liquidateur à compromettre ou à transiger, le greffier convoque le débiteur à l'audience quinze jours avant celle-ci en joignant à cette convocation la copie de la requête du liquidateur.

Si le compromis ou la transaction doit être soumis à l'homologation du tribunal, le débiteur est convoqué dans les mêmes conditions.

CHAPITRE III *De l'apurement du passif*

SECTION I *Du règlement des créanciers*

288 Lorsque la vente est poursuivie par un créancier en application de l'article L. 643-2 du code de commerce, la mise à prix est fixée par le juge-commissaire en accord avec le créancier poursuivant.

289 Le juge-commissaire, saisi de la demande d'un créancier sur le fondement de l'article L. 643-3 du code de commerce, statue après avis du liquidateur au vu des documents justificatifs de l'admission définitive de la créance dont il est demandé un paiement provisionnel et, le cas échéant, de la garantie prévue au second alinéa de l'article susmentionné.

La provision est allouée à hauteur d'un montant déterminé en fonction de l'existence, du montant et du rang des autres créances, dues ou susceptibles d'être ultérieurement dues.

Sur ordonnance du juge-commissaire, les fonds indûment versés sont restitués sur première demande du liquidateur.

290 L'adjudicataire fait publier au bureau des hypothèques l'acte ou le jugement d'adjudication dans les deux mois de sa date et en cas d'appel dans les deux mois de l'arrêt confirmatif, sous peine de revente sur folle enchère à la diligence du liquidateur.

Dans les trois mois de l'adjudication, l'adjudicataire verse au compte de dépôt ouvert par le liquidateur à la Caisse des dépôts et consignations la totalité du prix de l'adjudication y compris les intérêts au taux légal à compter du jour où la vente est devenue définitive jusqu'au jour du paiement. Passé ce délai, le liquidateur lui enjoint par lettre recommandée avec demande d'avis de réception de faire le versement sous peine de revente sur folle enchère.

En cas de vente de gré à gré, le notaire chargé de la vente remet le prix, dès sa perception, au liquidateur.

Le prix de vente ne peut faire l'objet d'aucun prélèvement par le liquidateur jusqu'à ce que soit justifié par l'acquéreur qu'il a conduit à son terme la procédure de purge ou qu'il a obtenu des créanciers inscrits la dispense d'y procéder.

En cas de surenchère, le prix est restitué sans délai à l'acquéreur par le liquidateur, par l'intermédiaire du notaire.

291 Dès la publication de la vente, le liquidateur requiert du conservateur des hypothèques l'état des inscriptions, conformément à l'article 2196 *[2449]* du code civil, en vue de régler l'ordre entre les créanciers et procéder à la distribution du prix.

En cas de vente de gré à gré, le liquidateur soit d'office, soit requis par l'acquéreur ou par tout intéressé procède à l'ouverture de l'ordre, après accomplissement, par l'acquéreur, des formalités de purge prescrites par les articles 2181 *[2476]* et suivants du code civil et versement du prix à la Caisse des dépôts et consignations.

292 Les créanciers inscrits du chef d'un précédent propriétaire et titulaires d'un droit de suite sont avertis par le liquidateur par lettre recommandée avec demande d'avis de réception qu'ils ont l'obligation de produire leur créance à la procédure d'ordre dans le délai de deux mois à compter de l'avertissement. Cet avis reproduit les deuxième et troisième alinéas du présent article.

La production mentionne la sûreté inscrite sur le bien. Un décompte des sommes dues en principal, intérêts et accessoires et les documents justificatifs sont joints à la production.

A défaut de production dans le délai mentionné au premier alinéa, le créancier est déchu du droit de participer à la distribution.

293 Après le versement du prix de vente en cas d'adjudication ou l'accomplissement, par l'acquéreur, des formalités de purge en cas de vente de gré à gré, le liquidateur dresse l'état de collocation au vu des inscriptions, des créances admises et de la liste des créances mentionnées à l'article L. 641-13 du code de commerce. Il peut, s'il l'estime utile, convoquer les créanciers inscrits, l'adjudicataire ou l'acquéreur. L'état est déposé par ses soins au greffe du tribunal devant lequel s'est déroulée la procédure. Toute personne peut prendre connaissance de cet état.

Le greffier avertit les créanciers et l'adjudicataire ou l'acquéreur du dépôt de l'état de collocation par une insertion dans un ou plusieurs journaux d'annonces légales et par une insertion au *Bulletin officiel des annonces civiles et commerciales* contenant l'indication du journal d'annonces légales dans lequel a été faite la première insertion et la mention du délai de recours prévu à l'article 298.

Le greffier adresse en outre, sauf dispense du juge-commissaire, à chaque créancier colloqué et à chaque créancier inscrit sur l'immeuble à domicile élu, une copie de l'état de collocation et indique le délai et les modalités du recours prévu à l'article 298.

L'état de collocation est adressé aux institutions mentionnées à l'article L. 143-11-4 du code du travail lorsqu'elles en auront fait la demande préalable.

294 S'il ne s'élève aucune contestation, le liquidateur est tenu dans les quinze jours qui suivent l'expiration du délai prévu au premier alinéa de l'article 298 de procéder à la clôture de l'ordre. Il dépose le procès-verbal de clôture de l'ordre au greffe du tribunal devant lequel s'est déroulée la procédure de liquidation judiciaire.

A compter du dépôt du procès-verbal de clôture de l'ordre, la collocation des créanciers est définitivement arrêtée en capital et intérêts. Toutefois, les intérêts de la somme ainsi liquidée continuent de courir au bénéfice des créanciers au taux servi par la Caisse des dépôts et consignations.

295 Lorsque le prix de vente a été payé selon les modalités prévues à l'article 290 et que des créanciers n'ont pas donné mainlevée de leurs inscriptions, le liquidateur fait prononcer la radiation des inscriptions. A cette fin, il saisit le juge des ordres du tribunal de grande instance devant lequel s'est déroulée la procédure de liquidation judiciaire ou dans le ressort duquel cette procédure s'est déroulée. Il joint à sa demande l'état des inscriptions, l'état de collocation et la justification du paiement des frais préalables de vente mentionnés à l'article 713 du code de procédure civile. Il transmet le procès-verbal de clôture de l'ordre lorsque celui-ci est établi.

Après l'accomplissement des formalités de purge et le versement du prix de vente, l'acquéreur peut saisir le juge des ordres du tribunal prévu à l'alinéa précédent pour faire prononcer la radiation des inscriptions. Il joint à sa demande un état des inscriptions, la justification de l'accomplissement des formalités de purge ou de l'obtention de l'accord des créanciers inscrits pour en dispenser, et la justification du paiement des frais préalables de vente mentionnés ci-dessus.

Le greffier de ce tribunal avise les créanciers qui n'ont pas donné mainlevée de leurs inscriptions, à domicile élu, par lettre recommandée avec demande d'avis de réception qu'ils disposent d'un délai de trente jours à compter de l'envoi de la lettre recommandée pour faire opposition au paiement du prix par déclaration au greffe ou par lettre recommandée avec demande d'avis de réception.

Le juge des ordres statue sur les oppositions et ordonne la radiation des inscriptions.

296 Le liquidateur remet au conservateur des hypothèques une expédition du procès-verbal de clôture de l'ordre, de l'ordonnance du juge des ordres prononçant la radiation des inscriptions ou l'acte par lequel les créanciers ont donné mainlevée de leurs inscriptions.

Le conservateur procède à la radiation des inscriptions mais reste tenu de procéder à l'inscription définitive prévue aux articles 260 et suivants du décret *[n° 92-755]* du 31 juillet 1992 susvisé.

297 Le liquidateur fixe les frais de radiation et de poursuite de l'ordre qui sont colloqués suivant les règles prévues à l'article L. 641-13 du code de commerce. Il liquide en outre les frais de chaque créancier colloqué en rang utile, détermine les sommes qui leur sont dues et en effectue le paiement.

298 Les contestations sont formées dans le délai de trente jours à compter de l'insertion au *Bulletin officiel des annonces civiles et commerciales* avisant du dépôt de l'état de collocation. Elles sont faites par déclaration au greffe du tribunal de grande instance devant lequel s'est déroulée la procédure de liquidation judiciaire ou dans le ressort duquel la procédure s'est déroulée.

La contestation est, à peine d'irrecevabilité, dénoncée, dans les dix jours de son dépôt au greffe, aux créanciers en cause et au liquidateur par acte d'huissier de justice. Cet acte indique que les créanciers et le liquidateur doivent constituer avocat dans le délai de quinze jours à compter de la dénonciation.

Les contestations sont soumises aux dispositions des articles 761 à 764, 766 et 768 du code de procédure civile.

299 En cas de contestation, le liquidateur peut néanmoins régler l'ordre et délivrer les titres de paiement pour les créances antérieures à celles qui sont contestées. Il peut même régler l'ordre pour les créances postérieures, en réservant une somme suffisante pour les créances contestées.

300 Dans les huit jours qui suivent l'expiration du délai d'appel et en cas d'appel dans les huit jours de la signification de l'arrêt, le liquidateur règle définitivement l'ordre des créances contestées et des créances postérieures conformément aux articles 294 à 297.

301 En cas d'adjudication sur folle enchère intervenant dans le cours de l'ordre et même après le règlement définitif, le liquidateur modifie l'état de collocation, le montant des sommes dues aux créanciers inscrits au procès-verbal de l'ordre suivant les résultats de l'adjudication et effectue les paiements correspondants.

302 Pour l'application de la présente section, en cas de retour au liquidateur d'une lettre de notification qui n'a pu être remise à son destinataire, le liquidateur procède par voie de signification.

SECTION II *De la clôture des opérations de liquidation judiciaire*

303 L'insuffisance d'actif est caractérisée lorsque le produit de la réalisation des actifs du débiteur et des actions et procédures engagées dans l'intérêt de l'entreprise ou des créanciers ne permet plus de désintéresser, même partiellement, les créanciers.

304 Le greffier, deux mois avant l'expiration du délai fixé par le tribunal, en application du premier alinéa de l'article L. 643-9 du code de commerce, pour l'examen de la clôture de la procédure, fait convoquer à cette fin le débiteur par acte d'huissier de justice. Il avise le liquidateur et les contrôleurs de la date de l'audience.

Lorsqu'il est fait application du troisième alinéa du même article, il est procédé aux convocations et avis mentionnés à l'alinéa précédent. Toutefois, le débiteur ou le créancier, lorsqu'il est demandeur, est convoqué à la diligence du greffier par lettre recommandée avec demande d'avis de réception.

305 Le tribunal statue sur la clôture de la procédure sur le rapport du liquidateur.

Le jugement prononçant la clôture de la procédure pour extinction du passif ou pour insuffisance d'actif fait l'objet des publicités prévues à l'article 63. Le jugement est notifié par le greffier au débiteur.

Lorsque le tribunal autorise, par ce jugement, la reprise des actions individuelles de tout créancier à l'encontre du débiteur, il en est fait mention dans ces publicités. Dans ce cas, le jugement est signifié au débiteur à la diligence du greffier dans les huit jours de son prononcé.

Lorsque cette autorisation est postérieure au jugement prononçant la clôture de la procédure, la décision du tribunal fait l'objet des mêmes publicités et est signifiée au débiteur dans les mêmes conditions.

306 Dans les deux mois qui suivent l'achèvement de sa mission, le liquidateur dépose un compte-rendu de fin de mission dans les conditions prévues par les articles 151 et 152. L'article 153 est applicable.

Pour l'application de l'art. 306 aux procédures en cours, V. art. 361.

307 Si le débiteur fait l'objet d'une mesure d'interdiction d'émettre des chèques prise en application de l'article L. 131-73 du code monétaire et financier, le liquidateur se fait remettre par la Banque de France un relevé des incidents de paiement de chèques enregistrés au nom de l'intéressé et le dépose au greffe. Le greffier conserve ce relevé pendant cinq ans à compter du jugement d'ouverture de la procédure.

308 Pour l'application de l'article L. 643-12 du code de commerce, le débiteur justifie de la suspension de l'interdiction d'émettre des chèques auprès de l'établissement de crédit qui est à l'origine de cette mesure par la remise d'une copie du jugement de clôture, à laquelle il joint un relevé des incidents de paiement.

L'établissement de crédit qui est à l'origine de l'interdiction informe la Banque de France de la suspension de cette interdiction aux fins de régularisation.

309 Le créancier dont la créance a été admise et qui recouvre son droit de poursuite individuelle conformément à l'article L. 643-11 du code de commerce peut obtenir, par ordonnance du président du tribunal rendue sur requête, le titre prévu au V du même article. La caution ou le coobligé mentionné au II du même article peut, dans les mêmes conditions, obtenir un titre exécutoire sur justification du paiement effectué.

Lorsque la créance a été admise lors de la procédure, le président du tribunal qui a ouvert celle-ci est compétent. Lorsque la créance n'a pas été vérifiée, la compétence du tribunal est déterminée selon les règles du droit commun.

L'ordonnance vise l'admission définitive du créancier et le jugement de clôture pour insuffisance d'actif. Elle contient l'injonction de payer et est revêtue par le greffier de la formule exécutoire.

Dans le cas prévu aux I, II et III de l'article L. 643-11, l'ordonnance est rendue, le débiteur entendu ou appelé.

Pour l'application de l'art. 309 aux procédures en cours, V. art. 361.

310 Si la mesure d'interdiction d'émettre des chèques ayant fait l'objet d'une suspension en application de l'article L. 643-12 du code de commerce reprend ses effets à la suite du recouvrement par les créanciers de leur droit de poursuite individuelle, l'ordonnance revêtue de la formule exécutoire visée au dernier alinéa de l'article L. 643-11 du même code est notifiée par le greffier, aux frais du créancier poursuivant, à la Banque de France, accompagnée du relevé des incidents de paiement de chèques mentionné à l'article 308.

311 Le tribunal statue sur la reprise de la procédure de liquidation judiciaire prévue à l'article L. 643-13 du code de commerce après avoir entendu ou dûment appelé le débiteur. La décision de reprise de la procédure fait l'objet des avis et publicités prévus aux articles 61 et 63. Elle est signifiée au débiteur et, le cas échéant, notifiée au créancier demandeur.

CHAPITRE IV *De la liquidation judiciaire simplifiée*

Pour l'application du présent chapitre aux procédures en cours, V. art. 361.

312 Le tribunal statue, au vu du rapport du liquidateur déposé au greffe, sur l'application à la procédure des règles de la liquidation judiciaire simplifiée, prévues au chapitre IV du titre IV du livre VI du code de commerce, après avoir entendu ou dûment appelé le débiteur.

Le jugement appliquant à la procédure les règles de la liquidation judiciaire simplifiée fait l'objet des publicités prévues à l'article 63.

313 Le projet de répartition établi par le liquidateur à l'issue de la procédure de vérification et d'admission des créances et de la réalisation des biens est déposé au greffe où tout intéressé peut en prendre connaissance. Un avis de ce dépôt est publié au *Bulletin officiel des annonces civiles et commerciales* ainsi que dans un journal d'annonces légales.

Le délai dans lequel tout intéressé peut contester le projet de répartition devant le juge-commissaire, en application de l'article L. 644-4 du code de commerce, est d'un mois à compter de la publication de cet avis.

314 La décision par laquelle le juge-commissaire statue sur les contestations formées contre le projet de répartition fait l'objet des mesures de publicité prévues à l'article 313. Elle est notifiée par le greffier aux créanciers intéressés. Ceux-ci peuvent former un recours dans les délais et selon les formes prévus à l'article 67.

315 Lorsque le tribunal envisage, en application de l'article L. 644-6 du code de commerce, de ne plus faire application des règles de la liquidation judiciaire simplifiée, il fait convoquer le débiteur à l'audience par le greffier par lettre recommandée avec demande d'avis de réception.

Il statue au vu d'un rapport du liquidateur.

Le jugement mettant fin à l'application des règles de la liquidation judiciaire simplifiée fait l'objet des publicités prévues à l'article 63.

TITRE V Des responsabilités et des sanctions

CHAPITRE PREMIER *De la responsabilité pour insuffisance d'actif*

316 Le tribunal compétent pour statuer dans le cas prévu à l'article L. 651-2 du code de commerce est celui qui a ouvert ou prononcé la sauvegarde, le redressement ou la liquidation judiciaires de la personne morale.

317 Pour l'application de l'article L. 651-3 du code de commerce, la mise en demeure faite au mandataire de justice d'engager l'action en responsabilité est délivrée par au moins deux créanciers contrôleurs. Leur action n'est recevable que si cette mise en demeure, adressée au mandataire de justice par lettre recommandée avec demande d'avis de réception, est restée infructueuse pendant deux mois à compter de la réception de la mise en demeure.

Pour l'application aux procédures en cours, V. art. 361.

318 Pour l'application de l'article L. 651-4 du code de commerce, le juge désigné par le tribunal peut se faire assister de toute personne de son choix dont les constatations sont consignées dans son rapport. Ce rapport est déposé au greffe et communiqué par le greffier au ministère public.

Le ou les dirigeants mis en cause sont avertis par le greffier qu'ils peuvent prendre connaissance du rapport et sont convoqués un mois au moins avant leur audition en chambre du conseil, par acte d'huissier de justice ou dans les formes prévues à l'article 173.

Le tribunal statue sur rapport du juge désigné après avoir entendu ou dûment appelé les contrôleurs.

Pour l'application aux procédures en cours, V. art. 361.

319 Lorsqu'un dirigeant d'une personne morale est déjà soumis à une procédure de sauvegarde, de redressement ou de liquidation judiciaires, le montant du passif mis à sa charge est déterminé après mise en cause du mandataire judiciaire ou du liquidateur désigné dans la procédure à laquelle il est soumis. La décision de condamnation est portée par le greffier sur l'état des créances de la procédure à laquelle le dirigeant est soumis ou transmise au greffier compétent pour y procéder.

Pour l'application aux procédures en cours, V. art. 361.

320 Les jugements rendus en application de l'article L. 651-2 du code de commerce sont communiqués par le greffier au procureur de la République.

Pour l'application aux procédures en cours, V. art. 361.

CHAPITRE II *De l'obligation aux dettes sociales*

321 Le tribunal compétent pour statuer dans le cas prévu à l'article L. 652-1 du code de commerce est celui qui a ouvert ou prononcé la sauvegarde, le redressement ou la liquidation judiciaires de la personne morale.

Les dispositions des articles 317 à 319 sont applicables.

Pour l'application aux procédures en cours, V. art. 361.

322 Les jugements rendus en application de l'article L. 652-1 du code de commerce sont communiqués par le greffier au procureur de la République.

Pour l'application aux procédures en cours, V. art. 361.

CHAPITRE III *De la faillite personnelle et des autres mesures d'interdiction*

323 Lorsque les mandataires de justice mentionnés à l'article L. 653-7 du code de commerce ont connaissance de faits prévus aux articles L. 653-3 à L. 653-6 du même code, ils en informent le procureur de la République et le juge-commissaire.

Pour l'application de l'article L. 653-8, la date retenue pour la cessation des paiements ne peut être différente de celle retenue en application de l'article L. 631-8.

324 Pour l'application de l'article L. 653-7 du code de commerce, le ou les dirigeants mis en cause sont convoqués dans les formes prévues au deuxième alinéa de l'article 318. Pour l'application du même article L. 653-7, la mise en demeure faite au mandataire de justice d'engager l'action en sanction est délivrée par au moins deux créanciers contrôleurs. Leur saisine n'est recevable que si cette mise en demeure, adressée au mandataire de justice par lettre recommandée avec demande d'avis de réception, est restée infructueuse pendant deux mois à compter de la réception de la mise en demeure.

Pour l'application de l'art. 324 aux procédures en cours, V. art. 361.

325 Indépendamment des mentions portées au casier judiciaire en application de l'article 768 (5°) du code de procédure pénale, les jugements prononçant la faillite personnelle ou l'interdiction prévue à l'article L. 653-8 du code de commerce font l'objet des publicités prévues à l'article 63 et sont adressés par le greffier aux personnes mentionnées à l'article 61 du présent décret.

Ces décisions sont signifiées dans les quinze jours de leur date à la diligence, selon le cas, du greffier du tribunal ou de la cour d'appel aux personnes sanctionnées.

326 Toute demande en relevé des déchéances, interdictions et incapacités est adressée par requête à la juridiction qui les a prononcées. Sont joints à la requête tous documents justifiant de la contribution au paiement du passif ou, lorsque l'intéressé a fait l'objet de l'interdiction prévue à l'article L. 653-8 du code de commerce, des garanties démontrant sa capacité à diriger ou contrôler l'une ou plusieurs des entreprises ou personnes visées par cet article. Ces garanties peuvent consister en une formation professionnelle.

La juridiction statue après avoir entendu le demandeur et recueilli l'avis du ministère public.

CHAPITRE IV *De la banqueroute et des autres infractions*

327 Pour l'application de l'article L. 654-17 du code de commerce, la mise en demeure faite au mandataire de justice de se constituer partie civile est délivrée par au moins deux créanciers contrôleurs. Leur action n'est recevable que si cette mise en demeure, adressée au mandataire de justice par lettre recommandée avec demande d'avis de réception, est restée infructueuse pendant deux mois à compter de la réception de la mise en demeure.

TITRE VI Des dispositions générales de procédure

CHAPITRE PREMIER *Des voies de recours*

328 Les jugements et ordonnances rendus en matière de sauvegarde, de redressement et de liquidation judiciaires sont exécutoires de plein droit à titre provisoire.

Toutefois, ne sont pas exécutoires de plein droit à titre provisoire les jugements et ordonnances rendus en application des articles L. 622-8, L. 626-22, du deuxième alinéa de l'article L. 642-25, des articles L. 651-2 et L. 652-1 ainsi que des articles L. 663-1 à L. 663-4 du code de commerce ainsi que les jugements qui prononcent la faillite personnelle ou l'interdiction prévue à l'article L. 653-8.

Par dérogation aux dispositions de l'article 524 du nouveau code de procédure civile, le premier président de la cour d'appel, statuant en référé, ne peut arrêter l'exécution provisoire que des jugements mentionnés au premier alinéa du I de l'article L. 661-1 du code de commerce et au deuxième alinéa de l'article L. 661-9 du même code, et lorsque les moyens invoqués à l'appui de l'appel paraissent sérieux. Dès le prononcé de la décision du premier président arrêtant l'exécution provisoire, le greffier de la cour d'appel en informe le greffier du tribunal.

En cas d'appel du ministère public d'un jugement mentionné aux articles L. 661-1, à l'exception du jugement statuant sur l'ouverture de la procédure de sauvegarde ou de redressement judiciaire, L. 661-6 et L. 661-11 du code de commerce, l'exécution provisoire est arrêtée de plein droit à compter du jour de cet appel. Le premier président de la cour d'appel peut, sur requête du procureur général, prendre toute mesure conservatoire pour la durée de l'instance d'appel.

BIBL. ▶ HOONAKKER, *D. 2006. Chron. 754* ✐.

329 L'opposition est formée contre les décisions rendues en matière de sauvegarde, de redressement et de liquidation judiciaires, de faillite personnelle ou autres sanctions, par déclaration au greffe dans le délai de dix jours à compter du prononcé de la décision.

La tierce-opposition est formée contre les décisions rendues en matière de sauvegarde, de redressement et de liquidation judiciaires selon la même modalité et dans le même délai.

Toutefois, pour les décisions soumises aux formalités d'insertion dans un journal d'annonces légales et au *Bulletin officiel des annonces civiles et commerciales*, le délai ne court que du jour de la publication au *Bulletin officiel des annonces civiles et commerciales*. Pour les décisions soumises à la formalité d'insertion dans un journal d'annonces légales, le délai ne court que du jour de la publication de l'insertion.

330 Le délai d'appel des parties est de dix jours à compter de la notification qui leur est faite des décisions.

Toutefois, le délai dans lequel le débiteur peut interjeter appel du jugement arrêtant ou rejetant le plan de cession de l'entreprise est de dix jours à compter du prononcé du jugement.

Dans les cas prévus au troisième alinéa de l'article L. 642-1 et à l'article L. 642-7 du code de commerce, le greffier notifie la décision, dans les quarante-huit heures de son prononcé, au contractant, au cessionnaire ou au bailleur. Le délai d'appel est de dix jours à compter de la notification.

Le délai d'appel du procureur de la République est de dix jours. Le délai d'appel du procureur général est de quinze jours. Ces délais sont comptés à partir de la réception par le procureur de la République de l'avis qui lui est donné de la décision selon les formes prévues à l'article 61.

331 L'appel du procureur de la République et du procureur général est fait par une déclaration d'appel remise ou adressée au greffe de la cour d'appel.

Lorsque cette déclaration est faite par voie postale, la date de l'acte d'appel est celle de l'expédition.

Lorsque l'appel du procureur de la République ou du procureur général est interjeté à l'encontre d'un jugement mentionné aux articles L. 661-6, L. 661-9 du code de commerce ou rendu en application des chapitres Ier, II et III du titre V du même code, l'appelant en informe immédiatement, par tout moyen, le greffier du tribunal et les mandataires de justice. Le greffier de la cour d'appel notifie par lettre simple cet appel au débiteur et aux personnes mentionnées au 4° de l'article 333.

332 La personne exerçant une voie de recours au nom du comité d'entreprise ou des délégués du personnel ou, le cas échéant, le représentant des salariés doit, à peine d'irrecevabilité, justifier de son habilitation.

333 L'appel des jugements rendus en application des articles L. 661-1, L. 661-6 du code de commerce et des chapitres Ier, II et III du titre V du même code est formé, instruit et jugé suivant les modalités de la procédure avec représentation obligatoire prévue par les articles 901 à 925 du nouveau code de procédure civile, sous réserve des dispositions qui suivent :

1° Les mandataires de justice qui ne sont pas appelants doivent être intimés.

Dans tous les cas, le procureur général est avisé de la date de l'audience ;

2° L'appel des jugements arrêtant ou rejetant le plan de cession est soumis à la procédure à jour fixe ;

3° Dans les cas autres que ceux qui sont mentionnés au 2° ci-dessus et sauf s'il est recouru à la procédure à jour fixe, l'affaire est instruite conformément aux dispositions du deuxième alinéa de l'article 910 du nouveau code de procédure civile. Le président de la chambre peut toutefois décider que l'affaire sera instruite selon les modalités prévues au premier alinéa du même article ;

4° Lorsqu'ils ne sont pas parties à l'instance d'appel, les représentants du comité d'entreprise ou des délégués du personnel et, le cas échéant, le représentant des salariés ainsi que, le cas échéant, le cessionnaire, le cocontractant mentionné à l'article L. 642-7 du code de commerce, les titulaires des sûretés mentionnées à l'article L. 642-12 du même code ou le bénéficiaire de la location-gérance sont convoqués pour être entendus par la cour. La convocation est faite par lettre simple du greffier ;

5° Aucune intervention n'est recevable dans les dix jours qui précèdent la date de l'audience ;

6° La cour d'appel statue au fond dans les quatre mois suivant le prononcé des jugements mentionnés à l'article L. 661-6 du code de commerce.

334 Le greffier de la cour d'appel transmet dans les huit jours du prononcé de l'arrêt une copie de celui-ci au greffier du tribunal pour l'accomplissement des mesures de publicité prévues à l'article 63 lorsque l'arrêt infirme une décision soumise à la publicité.

Il notifie l'arrêt aux parties et, par remise contre récépissé, au procureur général. Il informe les personnes mentionnées au 4° de l'article 333 du prononcé de l'arrêt.

335 Le pourvoi en cassation du ministère public est fait par une déclaration au greffe de la Cour de cassation selon les règles prévues à l'article 331.

CHAPITRE II *Autres dispositions*

336 A moins qu'il n'en soit disposé autrement par le présent décret :

1° Les règles du nouveau code de procédure civile sont applicables dans les matières régies par le livre VI du code de commerce ;

2° Les notifications des décisions auxquelles procède le greffier sont faites par lettre recommandée avec demande d'avis de réception, conformément aux dispositions de la section IV du chapitre III du titre XVII du livre Ier du nouveau code de procédure civile.

337 Les formes de procéder applicables devant le tribunal de grande instance dans les matières prévues par le livre VI du code de commerce sont déterminées par les articles 853 et suivants du nouveau code de procédure civile pour tout ce qui n'est pas réglé par ce livre et par le présent décret.

Toute partie qui ne se présente pas personnellement ne peut être représentée que par un avocat.

338 Si des fonds dus au débiteur ont été consignés à la Caisse des dépôts et consignations par des tiers, la caisse transfère ces fonds avec les droits, charges et inscriptions qui les grèvent sur le compte de dépôt ouvert par le mandataire de justice qui exerce les fonctions d'administrateur, de commissaire à l'exécution du plan ou de liquidateur. Le mandataire de justice est tenu vis-à-vis de l'acquéreur et des créanciers des obligations qui découlent de ces sûretés.

339 Sans préjudice des pouvoirs attribués en premier ressort au juge-commissaire, le tribunal saisi d'une procédure de sauvegarde, de redressement judiciaire ou de liquidation judiciaire connaît de tout ce qui concerne la sauvegarde, le redressement et la liquidation judiciaires, la faillite personnelle ou autres sanctions prévues par le livre VI du code de commerce, à l'exception des actions en responsabilité civile exercées à l'encontre de l'administrateur, du mandataire judiciaire, du commissaire à l'exécution du plan ou du liquidateur qui sont de la compétence du tribunal de grande instance.

340 Les exceptions d'incompétence sont réglées par les articles 75 à 99 du nouveau code de procédure civile sous réserve des dispositions des articles 341, 342 et 343 du présent décret.

341 Le tribunal, lorsqu'il se déclare incompétent, peut ordonner les mesures conservatoires ou provisoires mentionnées au dernier alinéa de l'article 343.

342 Lorsque sa compétence est contestée, le tribunal, s'il se déclare compétent, statue au fond dans le même jugement.

343 Lorsque les intérêts en présence justifient le renvoi de l'une des procédures prévues par le livre VI du code de commerce devant une autre juridiction en application de l'article L. 662-2 du même code, ce renvoi peut être décidé d'office par le président du tribunal saisi qui transmet sans délai le dossier par ordonnance motivée au premier président de la cour d'appel ou, s'il estime que l'affaire relève d'une juridiction du ressort d'une autre cour d'appel, au premier président de la Cour de cassation.

Ce renvoi peut également être demandé, par requête motivée du ministère public près le tribunal saisi ou près du tribunal qu'il estime devoir être compétent, au premier président de la cour d'appel ou de la Cour de cassation.

En ce cas, le greffier du tribunal saisi notifie la requête aux parties sans délai et transmet le dossier à la cour d'appel ou à la Cour de cassation. S'il n'a pas été statué sur l'ouverture de la procédure, le tribunal sursoit à statuer dans l'attente de la décision du premier président de la cour d'appel ou du premier président de la Cour de cassation.

Le premier président de la cour d'appel ou le premier président de la Cour de cassation désigne dans les dix jours de la réception du dossier, après avis du ministère public, la juridiction qui sera saisie de l'affaire. Dans les mêmes conditions, le premier président de la cour d'appel peut, s'il estime que les intérêts en présence justifient le renvoi de l'affaire devant une juridiction du ressort d'une autre cour d'appel, ordonner la transmission du dossier au premier président de la Cour de cassation.

Les décisions du président du tribunal et du premier président de la cour d'appel ou de la Cour de cassation sont notifiées aux parties sans délai par le greffier du tribunal ou de la cour.

Les décisions prises en application du présent article sont des mesures d'administration judiciaire non susceptibles de recours. Ces décisions s'imposent aux parties et à la juridiction de renvoi désignée.

Dans l'attente de la décision du premier président, le tribunal peut désigner un administrateur judiciaire, sous l'autorité d'un juge commis temporairement à cet effet, pour accomplir, notamment, les diligences prévues à l'article L. 622-4 du code de commerce. Le tribunal peut également ordonner, à titre de mesures provisoires, l'inventaire des biens et, en cas de procédure de liquidation judiciaire, l'apposition des scellés.

344 Le président du tribunal, saisi aux fins de désignation d'un mandataire *ad hoc* en application de l'article L. 611-3 du code de commerce, peut faire application, avec l'accord du débiteur, des dispositions du premier alinéa de l'article 343 du présent décret. Il le peut également pendant le cours de la mission du mandataire *ad hoc*.

Le débiteur peut également demander ce renvoi en saisissant par voie de requête le premier président de la cour d'appel ou le premier président de la Cour de cassation.

Les dispositions des troisième à sixième alinéas de l'article 343 sont alors applicables.

345 La demande, faite par le débiteur ou par le dirigeant poursuivi au président du tribunal en application du second alinéa de l'article L. 662-3 du code de commerce, tendant à ce que les débats relatifs aux mesures prises en application des chapitres I, II et III du titre V du livre VI du code de commerce aient lieu en chambre du conseil, est consignée par le greffier.

La décision rendue par le président est une mesure d'administration judiciaire non susceptible de recours.

346 Le ministère public est avisé de la date de l'audience par le greffier dans toute affaire qui doit lui être communiquée.

Lorsque les débats doivent avoir lieu en présence du ministère public, le greffier en fait mention dans cet avis.

347 Lorsque le débiteur relève d'un ordre professionnel ou d'une autorité, cet ordre ou cette autorité fait connaître au greffe et aux organes de la procédure la personne habilitée à le représenter. En l'absence d'une telle déclaration, son représentant légal exerce cette fonction.

348 Le tribunal statue sur rapport du juge-commissaire sur tout ce qui concerne la sauvegarde, le redressement et la liquidation judiciaires, la faillite personnelle ou l'interdiction prévue à l'article L. 653-8 du code de commerce.

Toutefois, il n'est pas fait de rapport lorsque le tribunal statue sur un recours formé contre une ordonnance de ce juge.

349 Les jugements rendus par le tribunal sont prononcés en audience publique à l'exception de ceux rejetant la demande d'ouverture de l'une des procédures prévues au livre VI du code de commerce et de ceux rejetant l'homologation de l'accord amiable à l'issue d'une procédure de conciliation.

350 La liste des dossiers qui ont été attribués à chacune des personnes auxquelles un mandat afférent aux procédures régies par le livre VI du code de commerce a été confié, établie en application de l'article L. 662-6 du même code, mentionne, pour chacun des débiteurs concernés, son chiffre d'affaires et le nombre de ses salariés tels qu'ils sont définis par l'article 53 du présent décret.

Ces personnes transmettent au greffier, avant le terme de chaque semestre, le montant du chiffre d'affaires qu'elles ont réalisé au cours du semestre précédent, au titre de l'ensemble des mandats prévus par le livre VI du code de commerce. Ce montant est annexé par le greffier à la liste qu'il établit.

351 Les informations prévues par l'article L. 662-6 du code de commerce sont portées, par le greffe, à la connaissance du garde des sceaux, ministre de la justice, du procureur de la République près les tribunaux qui ont désigné les personnes concernées, du magistrat inspecteur régional, du magistrat coordonnateur mentionné à l'article 55 du décret n° 85-1389 du 27 décembre 1985 susvisé ainsi qu'au Conseil national des administrateurs judiciaires et des mandataires judiciaires, dans les deux mois qui suivent le terme de chaque semestre.

TITRE VII Dispositions diverses

352 *V. Décr. n° 67-236 du 23 mars 1967, art. 251-1 et 251-2, infra, v° Sociétés commerciales.*

353 *V. Décr. n° 84-406 du 30 mai 1984, art. 36-1, 36-1-1, 37, 39, 44-1-1 et 71, infra, v° Registre du commerce.*

354 *Abroge les art. 22 à 26 et 35-1 à 39-2 du Décr. n° 85-295 du 1er mars 1985 (V. ce texte, supra, ss. ancien art. L. 612-5 C. com.), le Décr. n° 85-1387 du 27 déc. 1985, ainsi que les art. 1er à 175 du Décr. n° 85-1388 du 27 déc. 1985, à l'exception des art. 25-1 et 74 (V. ce texte, infra).*

355 *V. Décr. n° 85-1389 du 27 déc. 1985, art. 3, 13-1, 27, 45-1, 106-1 et 106-2, infra.*

356 *V. Décr. n° 2004-518 du 10 juin 2004, art. 108-V, en note ss. Décr. n° 85-1389 du 27 déc. 1985, art. 11-1, infra.*

357 *V. NCPC, art. 425 (2°), en note ss. C. com., art. L. 661-8, supra.*

358 *V. C. trav., art. R. 143-4, en note ss. C. trav., art. L. 143-11-7. — V. ce dernier art. ss. C. com., art. L. 625-9, supra.*

359 *Modifie l'art. R. 821-3 COJ.*

360 Le présent décret entre en vigueur le 1er janvier 2006.

361 Le présent décret n'est pas applicable aux procédures en cours, à l'exception des dispositions suivantes :

1° Le chapitre IV du titre IV ;
2° Les articles 158 et 159 en ce qu'ils s'appliquent au redressement judiciaire ;
3° L'article 226 et l'article 306 ;
4° L'article 309 ;
5° Les chapitres I et II du titre V, à l'exception de l'article 316 ;
6° L'article 324.

TITRE VIII Dispositions relatives à l'outre-mer

362 Les dispositions du présent décret, à l'exception de l'article 358, sont applicables à Mayotte ainsi qu'aux îles Wallis-et-Futuna.

Les références faites à des dispositions du code du travail n'y sont applicables que s'il existe une disposition applicable localement ayant le même objet.

L'article 355 n'est applicable aux îles Wallis-et-Futuna qu'en tant qu'il concerne les administrateurs judiciaires.

363 Les dispositions du chapitre II du titre Ier et l'article 352 sont applicables à la Nouvelle-Calédonie.

Décret n° 85-1388 du 27 décembre 1985,

Relatif au redressement et à la liquidation judiciaires des entreprises.

Sont abrogés les art. 1er à 175 du décret n° 85-1388 du 27 déc. 1985, à l'exception des art. 25-1 et 74. Toutefois, sous réserve de l'art. 361 du décret n° 2005-1677 du 28 déc. 2005, les procédures ouvertes avant le 1er janv. 2006 demeurent régies par ces dispositions (Décr. n° 2005-1677 du 28 déc. 2005, art. 354).

Le décret modificatif n° 94-910 du 21 oct. 1994 [JO 22 oct.], pris en application de la loi n° 94-475 du 10 juin 1994, vu l'urgence, entre immédiatement en vigueur (art. 134 du décret). — Sur l'entrée en vigueur de la loi du 10 juin 1994, V. note ss. ancien art. L. 620-1 C. com.

BIBL. GÉN. ▸ Sur le décret du 21 oct. 1994 : CHAPUT, *JCP 1995. I. 3829*. – SENTEX, *Rev. jurispr. com. 1995. 25* (crédit-bail). – ROUGER, *Petites affiches 14 juin 1995, p. 4*. – VALLENS, *ibid., 14 juin 1995, p. 16* (information des créanciers). – F. AUBERT, *ibid., 14 juin 1995, p. 25* (délais et voies de recours). – HAEHL, *ibid., 14 juin 1995, p. 37*.

▸ Régime antérieur : MASSART, *ALD 1988. 167*. – ZÉNATI, *RTD civ. 1986. 217*.

Application dans le temps du décret du 21 oct. 1994. S'agissant d'une demande d'arrêt de l'exécution provisoire d'un jugement ayant condamné un dirigeant au paiement des dettes sociales, l'action en paiement des dettes sociales découlant de la procédure collective, ouverte avant le 1er oct. 1994, la disposition de l'art. 155 du décret du 27 déc. 1985 dans sa rédaction d'origine est seule applicable. • Com. 11 déc. 2001 : *Rev. proc. coll. 2003. 110, obs. Gorrias*. – V. aussi • Montpellier, 10 août 1996 : *BICC 1997, n° 91*. ♦ Comp., en faveur de l'application immédiate de l'art. 155, quelle que soit la date d'ouverture de la procédure : • Paris, 24 mai 1996 : *RJ com. 1997. 293*. ♦ Comp. également, en ce sens que les dispositions issues du décret du 21 oct. 1994 ne sont applicables qu'aux procédures collectives ouvertes à compter de sa date d'entrée en vigueur : • Orléans, 14 déc. 1994 : *JCP 1995. IV. 1221*. ♦ Comp. aussi : note 4 ss. ancien art. L. 620-1 C. com.

Art. 1er (Abrogé par Décr. n° 2005-1677 du 28 déc. 2005, art. 354 ; Décr. n° 94-910 du 21 oct. 1994) ***« Le tribunal territorialement compétent pour connaître de la procédure de redressement ou de liquidation judiciaire est celui dans le ressort duquel le débiteur a le siège de son entreprise ou, à défaut de siège en territoire français, le centre principal de ses intérêts en France. »***

(Décr. n° 89-339 du 29 mai 1989) ***« Toutefois, en cas de changement de siège de la personne morale dans les six mois ayant précédé la saisine du tribunal, le tribunal dans le ressort duquel se trouvait le siège initial demeure seul compétent. Ce délai court à compter de l'inscription modificative au registre du commerce et des sociétés. »*** – Entrée en vigueur le 1er juin 1989.

V. aussi Règlement CE n° 1346-2000 du 29 mai 2000 relatif aux procédures d'insolvabilité, art. 3, 🏛.

Ancien art. 1er (al. 1er) [réd. antérieure au Décr. n° 94-910 du 21 oct. 1994] ***Le tribunal territorialement compétent pour connaître du régime général du redressement judiciaire ou de la procédure simplifiée applicable à certaines entreprises est celui dans le ressort duquel le débiteur a le siège de son entreprise ou, à défaut de siège en territoire français, son principal établissement.***

BIBL. ▸ MARTIN-SERF, *JDI 1995. 31* (faillite internationale).

1. Siège de l'entreprise. Est incompétent le tribunal dans le ressort duquel se trouvent des établissements secondaires d'une société dont le siège est fixé dans le ressort d'un autre tribunal. • Paris, 12 mai 1987 : *D. 1989. Somm. 5, obs. Derrida*. – V. aussi • Com. 14 déc. 1993 : ⚖ *RJDA 1994, n° 577*.

En cas d'extension de la procédure à d'autres sociétés du même groupe, V. note 2 *bis* ss. ancien art. L. 621-5 C. com.

Lorsque le débiteur est associé d'une société en nom collectif et qu'il n'exploite pas personnellement une autre entreprise que le fonds social, « le siège de son entreprise » est inexistant ; la qualité de commerçant étant liée exclusivement à celle d'associé, le tribunal compétent est le même que celui qui est compétent pour connaître du redressement judiciaire de la société. • Paris, 12 avr. 1995 : *BICC 1995, n° 786 ; JCP E 1995. Pan. 973 ; RJDA 1995, n° 888*.

S'agissant d'une personne physique (un agriculteur), le siège de l'entreprise correspond au lieu de son domicile professionnel qui peut être distinct du lieu de son habitation. • Com. 17 févr. 1998 : ⚖ *Bull. civ. IV, n° 79 ; D. 1998. IR. 82 ; D. Affaires 1998. 429*.

2. Entité économique. Pour une bonne administration de la justice, le tribunal, considérant que trois sociétés incriminées constituent une même entité économique, du fait de la même marque, de l'identité de leur activité, des relations et liens financiers très étroits existant entre elles, dira qu'il y a lieu d'ouvrir une procédure unique de redressement judiciaire. • T. com. Paris, 13 févr. 1986 : *Gaz. Pal. 1986. 1. Somm. 220*. – V. aussi • Paris, 12 mai 1987 : *préc. note 1*.

3. Transfert du siège social. Lorsqu'il apparaît qu'un transfert effectif de siège social a eu lieu depuis près de sept ans, et que c'est par la négligence d'un greffe ou d'un autre qu'une inscription modificative n'a pas été portée au registre du commerce et des sociétés mentionnant le transfert du siège social et la fermeture de l'établissement secondaire, le tribunal compétent est exclusivement celui du nouveau siège social. • Basse-Terre, 3 mai 1999 : *Dr. sociétés 2000, n° 29, obs. Chaput.*

Sur l'inopposabilité du transfert du siège social, à défaut des mesures de publicité prévues par l'art. 289 du décret n° 67-236 du 23 mars 1967, V. • Paris, 13 juin 1989 : *D. 1989. IR. 219.*

4. Siège social fictif. Sur l'inopposabilité d'un siège social fictif résultant d'un transfert précipité du siège social, en fraude des droits des créanciers, après que la société a été assignée en liquidation des biens, V. • Com. 8 mars 1988 : *D. 1988. Somm. 339, obs. Honorat ; Rev. sociétés 1988. 287, obs. Honorat ; Bull. civ. IV, n° 103.* ♦ Comp. : art. 1er, al. 2, aj. par Décr. 29 mai 1989.

Dans le cas où il s'avère que le siège social est fictif et que le véritable centre des intérêts de la personne morale est situé dans un autre lieu, il est conforme à l'intérêt des créanciers et à la réalité économique de retenir la compétence du tribunal de commerce où la personne morale a le centre principal de ses intérêts. • Versailles, 1er avr. 1996 : *BICC 1996, n° 854.* ♦ En ce sens, pour un arrêt ayant écarté la compétence du tribunal du siège social au motif que le débiteur n'était propriétaire d'aucun bien dans ce ressort et n'y disposait d'aucun bureau ni infrastructure justifiant l'exercice d'une activité réelle, V. • Com. 5 janv. 1999 : *RJDA 1999, n° 440.*

5. Il appartient au ministère public qui invoque la fictivité du siège social de la démontrer, l'indication donnée dans les statuts s'imposant s'il ne ressort ni des documents ni des circonstances de la cause que le siège social ne correspond pas à la réalité. • Amiens, 15 déc. 1989 : *Gaz. Pal. 1990. 1. Somm. 315.*

V. aussi • Paris, 26 juill. 1991 : *JCP 1991. IV. 422* (Rép. min. n° 28199 : *JOAN Q, 13 nov. 1995, p. 4821*).

5 bis. Siège social à l'étranger (décret du 21 oct. 1994). S'il n'existe aucune convention internationale donnant compétence au tribunal du lieu du siège d'une société étrangère pour ouvrir une procédure collective, les règles d'ordre public de la loi du 25 janv. 1985 [abrogée et codifiée aux art. L. 620-1 s. C. com.] doivent recevoir application. Or, aux termes de l'art. 1er, al. 1er, à défaut de siège en France, le tribunal territorialement compétent est celui dans le ressort duquel l'entreprise a le centre principal de ses intérêts. • Com. 26 oct. 1999 : *Act. proc. coll. 1999, n° 279, obs. Regnaut-Moutier ; Bull. Joly 2000. 385, note Menjucq ; RJDA 2000, n° 418.* ♦ Le centre principal des intérêts en France d'une société anglaise se trouve au lieu de situation de locaux que celle-ci a pris en crédit-bail et dans lesquels est exploitée une maison de retraite, dès lors que la prise en crédit-bail des locaux est une forme d'exploitation de ces locaux, même si la gestion de la maison de retraite est confiée à un sous-locataire, et que la seule activité en France de la société est liée au contrat de crédit-bail. • Même arrêt. – Rappr. : • Com. 1er oct. 2002 : *RJDA 2003, n° 152 ; Dr. sociétés 2003, n° 89, note Legros.*

Pour la compétence des juridictions françaises pour ouvrir une procédure de liquidation judiciaire à l'égard d'une société algérienne ayant un établissement situé en France, V. • Com. 21 mars 2006 : *cité note 38 ter ss. ancien art. L. 620-2 C. com.*

5 ter. Siège social à l'étranger (jurisprudence antérieure au décret du 21 oct. 1994). L'art. 1er donne compétence à un tribunal français pour ouvrir une procédure collective de redressement judiciaire à l'encontre de sociétés ayant leur siège à l'étranger lorsque celles-ci ont une présence commerciale réelle et une activité en France. • T. com. Paris, 23 juill. 1991 : *D. 1992. 232, note Rémery,* conf. par • Paris, 8 juill. 1992 : *D. 1992. 476, note Vasseur ; RJ com. 1993. 7, note Vallens,* puis par • Com. 11 avr. 1995 : *Bull. civ. IV, n° 126 ; D. 1995. 640, note Vasseur ; Bull. Joly 1995. 697, note Martin-Serf ; JCP E 1995. I. 487, n° 1, obs. Pétel* (précisant que le principal établissement, au sens de l'art. 1er, dans son ancienne rédaction, désigne le principal des établissements secondaires situés en France). ♦ Le principal établissement d'une banque internationale qui exploite des agences de banque à Paris, Marseille et Cannes étant situé à Paris, il s'ensuit que le tribunal de Paris est normalement compétent pour connaître d'une procédure collective ouverte à l'encontre de cette banque, en sa succursale de Paris, comme aussi à celle de Monaco en vertu de l'art. 2, 2°, de la Convention franco-monégasque du 13 sept. 1950. • Mêmes décisions. – V. aussi • Paris, 29 mars 1994 : *D. 1995. Somm. 385, obs. Vasseur,* conf. par • Com. 14 mai 1996 : *Bull. civ. IV, n° 131 ; D. 1996. 586, note Vasseur ; D. Affaires 1996. 810 ; Bull. Joly 1996. 838, note Martin-Serf* • Paris, 15 juin 1994 : *D. 1995. Somm. 391, obs. Vasseur.*

V. également, sur la compétence de la juridiction française, s'agissant d'une société de droit étranger radiée du registre du commerce et des sociétés. • Paris, 2 juin 1993 : *Dr. sociétés 1994, n° 69, obs. Chaput.*

L'art. 8, al. 1er, du Traité franco-belge du 8 juill. 1899, selon lequel le tribunal du lieu du domicile d'un commerçant français ou belge en Belgique est seul compétent pour déclarer la faillite de ce commerçant, ne s'applique pas lorsque la personne en cause n'est pas commerçante. • Civ. 1re, 24 mars 1993 : *Bull. civ. I, n° 122 ;*

Dr. sociétés 1993, n° 119, obs. Chaput. ♦ Par application de ce texte, les tribunaux français sont incompétents pour se prononcer sur l'ouverture d'une procédure collective à l'égard d'une société ayant son siège en Belgique ou de son établissement situé en France qui ne peut faire l'objet d'une procédure autonome. • Com. 16 mars 1999 : *Bull. Joly 1999. 637, note Menjucq ; RJDA 1999, n° 690.* ♦ De même, cette règle ne permet-elle pas au tribunal du siège d'une société de retenir sa compétence pour se prononcer sur la faillite d'un associé commerçant, fût-il associé commandité d'une société en commandite simple, ayant son domicile dans l'autre État contractant, dès lors que n'a pas été constatée une confusion entre le patrimoine de la personne morale et celui de l'associé commandité, d'où pourrait résulter une unité de fait de la faillite. • Nîmes, 14 sept. 1993 : *Dr. sociétés 1994, n° 113, obs. Chaput.*

Les juridictions françaises n'ont pas compétence pour ouvrir une procédure collective à l'égard d'une société suisse qui a en Suisse son siège, donc sa résidence au sens de l'art. 6, al. 1er, de la convention franco-suisse du 15 juin 1869 [applicable jusqu'au 1er janv. 1992], quand bien même cette société a participé en France à des actes constitutifs d'une société de droit français par l'intermédiaire d'un mandataire. • Com. 8 mars 1994 : *Bull. civ. IV, n° 103 ; Bull. Joly 1994. 537, note Ramackers ; D. 1994. IR. 157* (V. l'arrêt confirmé : • Paris, 28 mai 1991 : *cité note 9 ss. ancien art. L. 621-5 C. com.*).

6. Changement de siège dans les six mois avant la saisine. Le décret du 29 mai 1989, modifiant l'art. 1er et entré en vigueur le 1er juin 1989, est d'application immédiate et s'impose au juge comme comprenant des dispositions d'ordre public. • Versailles, 1er mars 1990 : *Gaz. Pal. 1990. 2. Somm. 455.*

7. Pour un exemple d'application de l'art. 1er, al. 2, V. • Paris, 21 sept. 2004 : *RTD com. 2005. 176, obs. Vallens.* ♦ Pour le refus d'appliquer cette disposition au cas de transfert ayant pour effet de ramener le siège social au lieu réel des activités de la société, V. • Paris, 21 mars 1990 : *JCP E 1991. I. 44, n° 3, obs. Pétel.*

8. L'inscription modificative visée à l'art. 1er, al. 2, est celle de la radiation de la société au registre du commerce et des sociétés tenu par le greffier du tribunal de l'ancien siège social. Il résulte, en effet, de l'art. 19 du décret n° 84-406 du 30 mai 1984 qu'en cas de transfert de son siège dans le ressort d'un autre tribunal, la personne morale immatriculée doit, dans le mois, demander une nouvelle immatriculation dans le ressort de ce tribunal et que le greffier du nouveau siège notifie dans les quinze jours la nouvelle immatriculation au greffier de l'ancien siège, qui procède d'office à la radiation et notifie l'accomplissement de la formalité à l'assujetti et au greffier du nouveau siège. • Com. 6 janv. 1998 : *Bull. civ. IV, n° 11 ; D. Affaires 1998. 205, obs. V. A.-R. ; Bull. Joly 1998. 393, note Pétel ; Defrénois 1998. 950, obs. Le Cannu.* ♦ V. aussi, *supra*, note 3.

8 bis. En ce sens qu'il convient de se référer à la date de saisine initiale du tribunal pour déterminer le tribunal compétent en cas de transfert du siège social (dans l'hypothèse d'une saisine d'office de la cour d'appel intervenue après l'écoulement du délai de six mois), V. • Com. 6 févr. 2001 : *Act. proc. coll. 2001, n° 95.*

9. Sur le respect du contradictoire, V. • Aix-en-Provence, 26 nov. 1991 : *Dr. sociétés 1992, n° 133.*

2 (Abrogé par Décr. n° 2005-1677 du 28 déc. 2005, art. 354) ***Les exceptions d'incompétence sont réglées par les articles 75 à 99 du Nouveau code de procédure civile sous réserve des dispositions des articles 3, 4 et 5 ci-après.***

V. note 9 ss. ancien art. L. 621-5 C. com.

3 (Abrogé par Décr. n° 2005-1677 du 28 déc. 2005, art. 354 ; Décr. n° 94-910 du 21 oct. 1994) ***Lorsque les intérêts en présence justifient le renvoi de l'affaire devant une autre juridiction en application du troisième alinéa de l'article 7 de la loi n° 85-98 du 25 janvier 1985 relative au redressement et à la liquidation judiciaires des entreprises, le président du tribunal transmet immédiatement le dossier par ordonnance motivée au premier président de la cour d'appel ou, s'il estime que l'affaire relève d'une juridiction du ressort d'une autre cour d'appel, au premier président de la Cour de cassation.***

Ce renvoi peut également être demandé par requête motivée du ministère public au premier président de la cour d'appel ou de la Cour de cassation. En ce cas, le greffier du tribunal notifie immédiatement aux parties la requête et transmet le dossier à la cour d'appel ou à la Cour de cassation.

Le premier président de la cour d'appel ou le premier président de la Cour de cassation saisi en application des deux alinéas précédents désigne dans les dix jours de la réception du

dossier, après avis du ministère public, la juridiction qui sera saisie de l'affaire. Dans les mêmes conditions, le premier président de la cour d'appel peut aussi, s'il estime que les intérêts en présence justifient le renvoi de l'affaire devant une juridiction du ressort d'une autre cour d'appel, ordonner la transmission du dossier au premier président de la Cour de cassation. Les décisions du président du tribunal et du premier président de la cour d'appel ou de la Cour de cassation sont immédiatement notifiées aux parties par le greffier du tribunal ou de la cour.

Les décisions prises en application du présent article sont des mesures d'administration judiciaire et ne sont susceptibles d'aucun recours. Ces décisions s'imposent aux parties et à la juridiction de renvoi désignée.

Dans l'attente de la décision du premier président, le tribunal peut désigner un administrateur judiciaire, sous l'autorité d'un juge commis temporairement à cet effet, pour accomplir, notamment, les diligences prévues à l'article L. 621-16 du code de commerce. Le tribunal peut également ordonner, à titre de mesures provisoires, l'inventaire des biens et l'apposition des scellés.

1. Interdiction des recours. Si les décisions rendues en application de l'art. 3 peuvent, en fonction d'informations nouvelles portées à sa connaissance, être librement modifiées par le premier président de la Cour de cassation, en vue d'une meilleure sauvegarde des intérêts en présence, sans qu'il en résulte que ce magistrat aurait ainsi accueilli une demande de rétractation en référé, leur nature exclut que les parties puissent exercer à leur encontre un pourvoi en cassation fût-ce en invoquant l'excès de pouvoir (application de l'art. 3, al. 4, ci-dessus et de l'art. 537 NCPC). • Com. 17 févr. 1998 : *Bull. civ. IV, n° 80 ; D. 1998. 274, note Perdriau et Derrida ; D. Affaires 1998. 675, obs. V. A.-R. ; Quot. jur. 14 avr. 1998, p. 5, note P. M. ; JCP 1998. II. 10171, note Voinot ; Rev. proc. coll. 1999. 25, obs. Cadiou.*

2. Effet de la décision. La décision s'imposant aux parties et à la juridiction de renvoi désignée, il en résulte qu'elle met fin, par elle-même, à la contrariété existant entre les différents jugements d'ouverture en emportant caducité de plein droit des décisions prononçant le redressement ou la liquidation judiciaires du même débiteur rendues par toutes juridictions autres que celle désignée par le premier président. • Com. 17 févr. 1998 : *préc. note 1.*

4 (Abrogé par Décr. n° 2005-1677 du 28 déc. 2005, art. 354) *Dans les cas autres que celui qui résulte de l'application du deuxième alinéa de l'article L. 621-5 du code de commerce, le tribunal, lorsqu'il se déclare incompétent, peut ordonner les mesures conservatoires ou provisoires mentionnées au dernier alinéa de l'article précédent.*

5 (Abrogé par Décr. n° 2005-1677 du 28 déc. 2005, art. 354) *Lorsque sa compétence est contestée, le tribunal, s'il se déclare compétent, doit, dans le même jugement, statuer sur le fond.*

TITRE PREMIER Régime général du redressement judiciaire

CHAPITRE PREMIER *Procédure d'observation*

SECTION I *Saisine et décision du tribunal*

SOUS-SECTION 1 *Saisine sur déclaration du débiteur*

6 (Abrogé par Décr. n° 2005-1677 du 28 déc. 2005, art. 354) *La déclaration de cessation des paiements ou d'inexécution des engagements financiers d'un règlement amiable est déposée par le débiteur au greffe du tribunal compétent.*

A cette déclaration sont jointes, outre les comptes annuels du dernier exercice, les pièces ci-après, établies à la date de la déclaration :

1° Un extrait d'immatriculation aux registres et répertoires mentionnés à l'article 21 ci-dessous ;

2° Une situation de trésorerie datant de moins de trois mois ;

3° Le nombre des salariés et le montant du chiffre d'affaires tels qu'ils sont définis à l'article 1er du décret n° 85-1387 du 27 décembre 1985 pris pour l'application des articles 2 et 7 de la loi n° 85-98 du 25 janvier 1985 [C. com., art. L. 620-2 et L. 621-5] *;*

4° L'état chiffré des créances et des dettes avec l'indication des noms et du domicile des créanciers et, pour les salariés, le montant global des sommes impayées ;

5° L'état actif et passif des sûretés ainsi que celui des engagements hors bilan ;

6° L'inventaire sommaire des biens du débiteur ;

(Décr. n° 94-910 du 21 oct. 1994) *« 7° » Lorsque la liquidation judiciaire est sollicitée, les éléments de nature à établir que l'entreprise a cessé toute activité ou que le redressement est manifestement impossible ;*

« 8° » S'il s'agit d'une personne morale comportant des membres responsables solidairement des dettes sociales, la liste de ceux-ci avec l'indication de leur nom et domicile ;

(Décr. n° 94-910 du 21 oct. 1994) *« 9° » Le nom et l'adresse des représentants du comité d'entreprise ou des délégués du personnel habilités à être entendus par le tribunal s'ils ont déjà été désignés.*

Ces documents doivent être datés, signés et certifiés sincères et véritables par le déclarant.

Dans le cas où l'un ou l'autre de ces documents ne peut être fourni ou ne peut l'être qu'incomplètement, la déclaration doit indiquer les motifs qui empêchent cette production.

1. Qualité pour déclarer la cessation des paiements. La déclaration de cessation des paiements, qui doit être considérée comme un acte de gestion effectué dans l'intérêt de la société, peut être accomplie par un seul gérant de SARL, sans que son cogérant ait à être appelé en la cause. • Orléans, 5 nov. 1998 : *Dr. sociétés 1999, n° 97.* ♦ Pour une déclaration de cessation des paiements déposée par un administrateur de société anonyme délégué à cet effet par le conseil d'administration, V. • Paris, 31 janv. 2002 : *Dr. sociétés 2003, n° 9, note Legros.*

N'étant personnellement créancier ni de la société, ni même de ses deux autres associés, un associé d'une société civile de moyens n'a aucune qualité à demander le redressement judiciaire de la société, l'action ne pouvant pas davantage être analysée comme une déclaration de cessation des paiements, le demandeur ayant perdu sa qualité de cogérant par suite de sa démission. • Paris, 20 oct. 1995 : *Dr. sociétés 1996, n° 31, obs. Chaput.*

2. Déclaration par avocat. La déclaration de cessation des paiements, lorsqu'elle n'émane pas du débiteur lui-même, ne peut être reçue qu'en vertu d'un pouvoir spécial, qui n'est pas inclus dans la mission de représentation et d'assistance des avocats. • Com. 19 juill. 1988 (loi de 1967) : *D. 1989. Somm. 5, obs. Derrida.*

3. Règlement amiable ou mandat ad hoc. V. note 1 *bis* ss. ancien art. L. 611-3 C. com., *supra.*

4. Déclaration abusive. En ce sens que le débiteur, en déposant son bilan alors que sa situation ne le justifie pas, engage sa responsabilité à l'égard du mandataire judiciaire qui a exposé inutilement des frais, V. • Grenoble, 23 oct. 2002 : *RD banc. fin. 2003, n° 115, obs. F.-X. Lucas.*

SOUS-SECTION 2 *Saisine sur assignation d'un créancier*

7 (Abrogé par Décr. n° 2005-1677 du 28 déc. 2005, art. 354) *L'assignation d'un créancier doit préciser la nature et le montant de la créance et contenir l'indication des procédures ou voies d'exécution* (Abrogé par Décr. n° 94-910 du 21 oct. 1994) *« éventuellement » engagées pour le recouvrement de la créance.* (Décr. n° 89-339 du 29 mai 1989) *« Lorsqu'il s'agit d'une exploitation agricole, le créancier joint à sa demande une attestation, délivrée par le greffier, de la saisine du président du tribunal de grande instance aux fins de désignation d'un conciliateur ».* — Le décret du 29 mai 1989 entre en vigueur le 1er juin 1989 (art. 17).

(Décr. n° 94-910 du 21 oct. 1994) *« La demande tendant à la liquidation judiciaire doit être accompagnée des éléments de nature à établir que l'entreprise a cessé toute activité ou que le redressement est manifestement impossible. »*

(Abrogé par Décr. n° 94-910 du 21 oct. 1994) *« Sauf dans le cas d'inexécution d'un règlement amiable, » la demande d'ouverture d'une procédure de redressement judiciaire*

(Décr. n° 94-910 du 21 oct. 1994) ***« ou de liquidation judiciaire » est à peine d'irrecevabilité qui doit être soulevée d'office, exclusive de toute autre demande.***

BIBL. ▶ CALMELS, *Gaz. Pal. 1986. 1. Doctr. 304.* – LAPORTE, *Procédures 2002, Chron. 1.*

1. Qualité de créancier. V. note 1 ss. art. 6.

1 bis. Nature et montant de la créance. En ce sens qu'est recevable une demande d'ouverture de procédure collective d'un créancier n'ayant qu'une créance à recouvrer, dès lors que l'actif disponible du débiteur ne lui permet pas de faire face à sa dette exigible envers le créancier, V. • Com. 8 mars 1994 : *Bull. civ. IV, n° 102 ; D. 1994. IR. 80 ; Dr. sociétés 1994, n° 90, obs. Chaput.*

2. Preuve à la charge du créancier. Le créancier n'a pas à prouver que le débiteur ne l'a pas payé parce qu'il ne pouvait pas le faire et pas seulement par mauvaise volonté. • Com. 8 mars 1994 : *préc. note 1 bis.*

3. Voies d'exécution engagées. L'assignation d'un créancier contient, à peine d'irrecevabilité de la demande qui doit être relevée d'office, l'indication des procédures ou voies d'exécution engagées pour le recouvrement de la créance. • Com. 1er mars 2005 : *Bull. civ. IV, n° 41 ; D. 2005. AJ. 712, obs. Lienhard ; ibid. Pan. 2012, obs. F.-X. Lucas ; Act. proc. coll. 2005, n° 63, obs. Regnaut-Moutier ; JCP E 2005, n° 24, p. 1024, note Legros ; ibid., n° 29, p. 1223, note Roussel Galle ; ibid., n° 36, p. 1422, obs. Cabrillac ; Procédures 2005, n° 157, obs. Laporte ; Dr. et procédures 2005. 219, obs. Crocq ; RTD com. 2005. 419, obs. Vallens ; Gaz. Pal. 5-7 juill. 2005, p. 13, obs. Le Corre ; Defrénois 2005. 1916, obs. Gibirila.* ♦ Viole l'art. 7, al. 1er, dans sa rédaction issue du décret du 21 oct. 1994, la cour d'appel qui retient que l'indication, dans l'assignation du créancier, des procédures ou voies d'exécution engagées pour le recouvrement de la créance, à la supposer requise par ce texte, ne constitue qu'une condition de pure forme, de sorte que la nullité n'est encourue qu'en cas de démonstration d'un grief. • Même arrêt. ♦ Au contraire, l'art. 7, al. 1er, exigeant seulement, dans sa rédaction antérieure au décret du 21 oct. 1994, l'indication, dans l'assignation du créancier, des procédures ou voies d'exécution *éventuellement* engagées pour le recouvrement de la créance, il n'était pas nécessaire qu'un créancier entreprenne des poursuites ou voies d'exécution avant d'assigner une société en ouverture de redressement judiciaire. • Com. 13 mars 1990 : *Bull. civ. IV, n° 79 ; D. 1990. IR. 86*

4. Exclusivité de la demande. Est irrecevable la demande alternative portant à la fois sur l'ouverture d'une procédure collective et le paiement de la créance. • Paris, 3 oct. 1989 : *Rev. dr. bancaire 1990. 86, obs. Campana et Calendini.* ♦ En revanche, viole l'art. 7, l'arrêt qui déclare irrecevable la demande d'un organisme de sécurité sociale en vue de l'ouverture d'une procédure de redressement judiciaire faute de paiement à l'audience d'une créance de cotisations, alors que l'assignation ne contenait aucune prétention ayant pour objet la condamnation du débiteur au paiement desdites cotisations et ne tendait qu'au redressement judiciaire. • Com. 26 mai 1992 : *Bull. civ. IV, n° 206.*

5. Est irrecevable l'assignation tendant à titre principal à ce que la procédure de redressement judiciaire ouverte à l'égard d'une société, et qui avait déjà abouti au prononcé de la liquidation judiciaire, soit étendue à d'autres débiteurs ayant encore la maîtrise de leurs biens, en raison de la confusion des patrimoines relevée, et, à titre subsidiaire, à la condamnation des défendeurs au paiement d'une certaine somme. • Com. 1er déc. 1992 : *Bull. civ. IV, n° 383 ; Dr. sociétés 1993, n° 31, obs. Chaput* • 17 févr. 1998 : *Bull. civ. IV, n° 74 ; D. Affaires 1998. 427, obs. A. L. ; Bull. Joly 1998. 656, note Le Cannu* (extension d'une SARL à une SCI).

6. Toutefois, l'art. 7 n'interdit pas les demandes reconventionnelles qui ne sont qu'une réponse à la demande principale. • Paris, 23 févr. 1988 : *Gaz. Pal. 1988. 2. Somm. 302.*

6 bis. Il n'est pas interdit au créancier qui a agi en paiement contre le débiteur de former contre celui-ci une demande distincte aux fins d'ouverture d'une procédure de redressement judiciaire. • Com. 5 déc. 1995 : *Dr. sociétés 1996, n° 32, obs. Chaput.*

6 ter. La demande d'ouverture d'une procédure de redressement judiciaire formée subsidiairement à une demande de liquidation judiciaire n'est pas une autre demande au sens de l'art. 7, dès lors qu'elle tend aussi à l'ouverture d'une procédure collective. • Com. 29 mai 2001 : *RJDA 2001, n° 1126 ; Rev. proc. coll. 2002. 58, obs. Deleneuville.*

6 quater. Les dispositions de l'art. 7, al. 3, du décret de 1985 ne s'appliquent pas lorsque le tribunal est saisi par l'administrateur, le représentant des créanciers, le commissaire à l'exécution du plan, le liquidateur ou le procureur de la République, en vertu des pouvoirs attribués à chacun d'eux par l'art. 183 de la loi du 25 janv. 1985 [C. com., ancien art. L. 624-6], d'une demande tendant à l'ouverture du redressement judiciaire du dirigeant d'une personne morale en redressement ou en liquidation judiciaires. • Com. 14 oct. 1997 : *Bull. civ. IV, n° 262 ; D. Affaires 1997. 1292 ; JCP E 1998, n° 1-2, p. 34, obs. Pétel* • 26 mai 1999 : *Dr. sociétés 1999, n° 145, obs. Chaput.* — Dans le même sens, V. • Paris, 21 sept. 2004 : *Dr. sociétés 2005, n° 47, note Legros.*

7. Demande abusive. Commet une faute et doit être condamné au paiement des frais de procédure, le créancier qui demande l'ouverture d'une procédure de redressement judiciaire à l'égard de son débiteur, dès lors qu'il ne pouvait déduire d'une lettre de ce dernier lui faisant une offre de règlement, même faible, un état de cessation des paiements caractérisé, et que, en délivrant successivement deux assignations en redressement judiciaire, il entendait exercer sur lui un moyen de pression, contrairement aux art. 3 de la loi [C. com., ancien art. L. 621-1] et 7, al. 2, du décret. • Com. 5 déc. 1989 : *Bull. civ. IV, n° 305 ; D. 1990. IR. 8 ; RTD com. 1990. 108, obs. Haehl.* ♦ De même, doit être condamnée, pour procédure abusive, une URSSAF ayant assigné en redressement judiciaire, dès lors, d'une part, que la demande de mise en redressement judiciaire ne peut être utilisée comme moyen de pression pour obtenir le règlement de dettes et qu'il existe des procédures amiables ou judiciaires adaptées à une demande de règlement, et, d'autre part, que le débiteur a établi de manière incontestable qu'il disposait et dispose d'une trésorerie suffisante pour régler immédiatement sa dette. • Com. 1er oct. 1997 : *Bull. civ. IV, n° 233 ; D. 1997. IR. 231 ; D. Affaires 1997. 1258 ; RD bancaire et bourse 1998. 20, obs. Campana et Calendini ; JCP E 1998, n° 12, p. 469, obs. F.-X. Lucas.* – V. aussi • Com. 16 mars 1993 : *Dr. sociétés 1993, n° 115, obs. Chaput* • Versailles, 13 avr. 1995 : *Rev. proc. coll. 2002. 57, obs. Deleneuville* • Paris, 18 févr. 1997 : *Rev. proc. coll. 1999. 21, obs. Cadiou* • Metz, 25 nov. 1999 : *ibid. 2002. 52, obs. Deleneuville.* ♦ Comp. : note 5 ss. art. 11.

En revanche, un créancier ne détourne pas la procédure de redressement judiciaire de sa finalité pour contraindre son débiteur à accélérer son paiement dès lors qu'il pouvait avoir une légitime croyance en l'état de cessation des paiements de son débiteur, qui ne s'était pas spontanément acquitté de sa dette après une première condamnation, était resté sans réaction après le commandement de payer qui lui avait été délivré et n'avait pas respecté le protocole relatif au rééchelonnement de sa dette. • Pau, 23 mars 2000 : *Rev. proc. coll. 2002. 57, obs. Deleneuville.*

8. Mode de saisine. La pratique consistant à saisir le tribunal de commerce par voie de requête est irrégulière. • Versailles, 6 mars 1997 : *Gaz. Pal. 1997. 2. Somm. 352 ; Rev. proc. coll. 1998. 226, obs. Cadiou.*

9. Représentation. S'agissant d'une demande de redressement judiciaire, la représentation n'est pas obligatoire. • Paris, 14 mars 1997 : *JCP E 1997. Pan. 637.* ♦ V. art. 853 NCPC.

SOUS-SECTION 3 *Saisine d'office ou à la requête du procureur de la République*

8 (Abrogé par Décr. n° 2005-1677 du 28 déc. 2005, art. 354) ***En cas de saisine d'office, le président du tribunal fait convoquer le débiteur, par les soins du greffier, par acte d'huissier de justice, à comparaître dans le délai qu'il fixe devant le tribunal siégeant en chambre du conseil.***

A la convocation est jointe une note par laquelle le président expose les faits de nature à motiver la saisine d'office.

Le greffier adresse copie de cette note au procureur de la République en l'avisant de la date d'audition du débiteur.

(Abrogé par Décr. n° 94-910 du 21 oct. 1994) ***« Le jugement est prononcé en audience publique. »***

1. Domaine d'application. L'art. 8 s'applique dans le cas où la juridiction ouvre une procédure de redressement judiciaire à l'égard des associés indéfiniment et solidairement responsables du passif social d'une personne morale. • Paris, 17 déc. 1993 : *Dr. sociétés 1994, n° 50, obs. Chaput.*

Ce texte n'est pas applicable à la procédure sur saisine d'un créancier. • Montpellier, 3 juin 1997 : *Rev. proc. coll. 1998. 42, obs. Cadiou.*

1 bis. Convocation. N'a pas excédé ses pouvoirs, un tribunal de commerce qui, après avoir mis en redressement judiciaire une société, s'est ultérieurement saisi d'office en vue d'ordonner une expertise ayant pour objet la recherche des conditions contestables de l'acquisition par la société de parts d'une autre société et, éventuellement, la mise en redressement judiciaire des vendeurs de ces parts, ceux-ci ayant été dûment convoqués par le président du tribunal conformément aux dispositions de l'art. 8. • Com. 31 mars 1992 : *Bull. civ. IV, n° 141 ; D. 1992. Somm. 376, obs. Derrida.*

2. Sur le caractère substantiel de la convocation par acte d'huissier de justice, V. • Limoges, 1er sept. 1987 : *Gaz. Pal. 1988. 2. Somm. 381.*

2 bis. La mention figurant sur la citation, invitant le débiteur à « prendre connaissance personnellement ou par son mandataire du rapport déposé à l'appui de la présente ordonnance » ne répond pas aux exigences de l'art. 8, dès lors qu'il n'est même pas précisé à l'intéressé à quel endroit est déposé ce rapport et que la citation ne lui permet pas de savoir ni sur quels faits ni sur quels fondements juridiques repose la poursuite. • Rouen, 25 févr. 1993 : *JCP 1993. IV. 1987.*

2 ter. La signification destinée à une personne morale doit être faite au lieu de son siège social. • Com. 20 janv. 1998 : *Rev. proc. coll. 1999. 21, obs. Cadiou.*

2 quater. Le pouvoir du président de convoquer le débiteur ne peut être délégué : • Com. 23 nov. 2004 : *Act. proc. coll. 2005, n° 37, obs. Cagnoli ; RJDA 2005, n° 604 ; Rev. proc. coll. 2005. 135, obs. Gorrias* (2 arrêts).

3. *Note du président.* Une ordonnance du président constitue la note visée à l'art. 8, al. 2. • Riom, 13 mars 1991 : *Gaz. Pal. 1992. 2. Somm. 537.*

La saisine est irrégulière dès lors que l'ordonnance, à laquelle n'est annexée aucune note, ne précise nullement les faits de nature à motiver la saisine sur le fondement de la qualité de commerçants des appelants. • Paris, 31 mars 1995 : *Gaz. Pal. 1995. 2. Somm. 522.*

Le président du tribunal ayant fait précéder l'ordonnance de saisine d'office de la mention des faits de nature à justifier la saisine du tribunal en se référant au rapport du liquidateur remis au juge-commissaire qu'il a annexé à l'ordonnance ainsi que l'avis du juge-commissaire transmettant le rapport en vue d'une saisine d'office pour l'éventuel prononcé d'une mesure d'interdiction sur la base des art. 185 s. de la loi du 25 janv. 1985 [C. com., ancien art. L. 625-1 s.], et plus spécialement de l'art. 187 [C. com., ancien art. L. 625-3], les exigences relatives à l'établissement de la note et à la validité de la citation à laquelle était annexé l'ensemble des documents ont été respectées. • Com. 29 févr. 2000 : *RJDA 2000, n° 703 ; Rev. proc. coll. 2001. 49, obs. Barret.* – V. aussi • Com. 1er avr. 2003 : *Act. proc. coll. 2003, n° 150, obs. Vallansan.* ♦ L'art. 8 n'exige pas que les faits soient relatés dans l'acte de citation, et si ce texte prévoit que les faits doivent être exposés dans une note du président, jointe à la convocation, rien n'interdit au président de s'approprier le rapport adressé par le mandataire-liquidateur au juge-commissaire, d'y renvoyer comme étant la note exposant les faits justifiant la saisine et de le joindre à son ordonnance. • Lyon, 11 janv. 2001 : *D. 2002. Somm. 204, obs. Derrida ; Procédures 2001, n° 59, obs. Laporte.* – V. aussi • Versailles, 12 déc. 1996 : *Rev. proc. coll. 2003. 162, obs. Martin-Serf.*

En l'absence de la note prévue par l'art. 8, al. 2, il ne peut suffire, pour satisfaire à ce texte, que la personne citée ait eu connaissance des faits de nature à motiver la saisine d'office. • Com. 26 juin 1996 : *Bull. civ. IV, n° 194.* ♦ L'irrégularité est sanctionnée par la nullité du jugement d'ouverture et du jugement ultérieur ayant prononcé la liquidation judiciaire. • Amiens, 19 janv. 1998 : *JCP 1998. IV. 3172.*

Sur le contenu de la note, V. • Com. 20 janv. 1998 : *D. Affaires 1999. 716, obs. A. L.*

4. *Impartialité du tribunal.* Viole l'art. 6 (1) de la Conv. EDH (en vertu duquel toute personne a droit à ce que sa cause soit entendue par un tribunal impartial), l'arrêt qui déclare valable la citation délivrée au dirigeant d'une société en liquidation judiciaire dans le cadre de la procédure de saisine d'office prévue aux art. 8, 164 et 169, alors que le libellé de la citation et le contenu de la note dans laquelle il tenait pour établi le comportement fautif à ses yeux de la personne visée pouvaient apparemment laisser penser que le président de la juridiction ne disposait pas de l'impartialité objective du juge. • Com. 3 nov. 1992 : *Bull. civ. IV, n° 345 ; D. 1993. 538, note Vallens* • Amiens, 18 janv. 2001 : *Rev. proc. coll. 2003. 336, obs. Barret.*

9 (Abrogé par Décr. n° 2005-1677 du 28 déc. 2005, art. 354) ***Lorsque le procureur de la République demande l'ouverture d'une procédure de redressement judiciaire*** (Décr. n° 94-910 du 21 oct. 1994) ***« ou de liquidation judiciaire », il présente au tribunal une requête indiquant les faits de nature à motiver cette demande. Le président du tribunal, par les soins du greffier, fait convoquer le débiteur par acte d'huissier de justice à comparaître dans le délai qu'il fixe, devant le tribunal siégeant en chambre du conseil.***

A cette convocation est jointe la requête du procureur de la République.

Le procureur de la République est avisé de la date d'audition du débiteur.

(Abrogé par Décr. n° 94-910 du 21 oct. 1994) ***« Le jugement est prononcé en audience publique. »***

Pour la nullité d'un jugement prononçant la liquidation judiciaire personnelle d'un dirigeant fondée sur l'absence de motivation de la requête du procureur, V. • Com. 11 févr. 2004 : *JCP E 2004, n° 26, p. 1062, note Legros ; RJDA 2004, n° 872.*

10 (Abrogé par Décr. n° 2005-1677 du 28 déc. 2005, art. 354 ; Décr. n° 94-910 du 21 oct. 1994) ***Les articles 8 et 9 ci-dessus sont applicables aux héritiers connus du débiteur lorsque, dans le cas prévu à l'article L. 621-14 du code de commerce, le tribunal décide de se saisir d'office ou est saisi à la requête du procureur de la République. S'il existe des héritiers dont l'adresse est inconnue, ceux-ci sont représentés par un mandataire commis par le président du tribunal de grande instance se saisissant d'office, ou saisi à la requête du procureur de la République, de l'administrateur, du représentant des créanciers ou du liquidateur.***

11 (Abrogé par Décr. n° 2005-1677 du 28 déc. 2005, art. 354) ***La cour d'appel qui annule ou infirme un jugement de redressement judiciaire ou prononçant la liquidation judiciaire peut d'office, soit ouvrir la procédure de redressement judiciaire, soit prononcer la liquidation judiciaire.***

1. Domaine d'application. Il résulte de la combinaison des art. 562 NCPC, 6 (1) Conv. EDH et 11 du décret du 27 déc. 1985 que lorsque l'appel tend à l'annulation du jugement pour irrégularité de la saisine de la juridiction de première instance, la cour d'appel qui annule l'acte introductif et le jugement, n'a pas le pouvoir de prononcer d'office le redressement ou la liquidation judiciaires d'un dirigeant d'une personne morale. • Com. 4 janv. 2005 : *Bull. civ. IV, n° 2 ; D. 2005. AJ. 280, obs. Lienhard ; ibid. Pan. 2012, obs. F.-X. Lucas ; JCP E 2005, n° 13, p. 583, note Cagnoli ; ibid., n° 17, p. 706, obs. Pétel ; Gaz. Pal. 2005. 1101, note Gerbay ; Dr. sociétés 2005, n° 89, note Legros ; Rev. proc. coll. 2005. 134, obs. Gorrias ; Dr. et procédures 2005. 217, obs. Gibirila* • 24 mai 2005 : *RJDA 2005, n° 1253 ; Dr. sociétés 2006, n° 22, note Legros.* ♦ *Contra*, auparavant : • Com. 13 juin 1989 : *Bull. civ. IV, n° 185 ; RTD com. 1989. 732, obs. Haehl* • 9 mai 1990 : *Bull. civ. IV, n° 135 ; D. 1990. IR. 149* • 19 janv. 1993 : *Bull. civ. IV, n° 19* • 25 janv. 1997 : *RJDA 1997, n° 847* • 26 mai 1998 : *Bull. civ. IV, n° 163 ; D. Affaires 1998. 1176 ; Quot. jur. 7 juill. 1998, p. 5, note P.M.*

1 bis. Les dispositions de l'art. 11 sont applicables en cas de rétractation par la cour d'appel d'un jugement de redressement judiciaire frappé de tierce opposition. • Com. 14 déc. 1993 : *Bull. civ. IV, n° 475 ; D. 1994. IR. 43.*

1 ter. En revanche, une cour d'appel ne peut user de la faculté ouverte par l'art. 11 du décret d'ouvrir elle-même d'office une procédure collective lorsque le délai préfix prévu à l'art. 17 de la loi [C. com., ancien art. L. 621-15] pour la mise en redressement judiciaire d'un commerçant radié du registre du commerce et des sociétés est expiré au jour de sa saisine. • Com. 10 oct. 1995 : *Bull. civ. IV, n° 228 ; D. 1996. Somm. 86, obs. Honorat ; D. Affaires 1995. 180.*

2. Nécessité d'un redressement judiciaire (jurisprudence antérieure à la loi du 10 juin 1994). Avant la loi du 10 juin 1994, la cour d'appel, après avoir annulé, à défaut de désignation du juge-commissaire et de rapport de ce dernier, le jugement qui avait, dans la même décision, prononcé le redressement et la liquidation judiciaires d'une société et de son gérant, ne pouvait prononcer d'emblée la liquidation judiciaire par application de l'art. 11. • Com. 6 mars 1990 : *Bull. civ. IV, n° 64 ; D. 1990. 321, note Derrida.* ♦ La liquidation judiciaire ne pouvait être prononcée sans une décision préalable de redressement judiciaire ouvrant une période d'observation. • Même arrêt. – *Contra* : • Paris, 13 mars 1987 : *D. 1987. IR. 93.* ♦ Comp., désormais : art. L. 620-1, al. 3, C. com., issu de la loi n° 94-475 du 10 juin 1994.

Pour un exemple, après l'entrée en vigueur de la loi du 10 juin 1994, de liquidation judiciaire prononcée d'emblée, V. • Paris, 27 janv. 1995 : *Gaz. Pal. 1995. 1. Somm. 70.*

3. Absence d'effet rétroactif. L'annulation du jugement qui a ouvert la procédure de redressement judiciaire, et qui est exécutoire par provision, ne fait pas disparaître rétroactivement les actes accomplis en vertu de cette procédure. • Paris, 30 sept. 1991 : *D. 1992. Somm. 5, obs. Derrida.* ♦ L'annulation par la cour d'appel du jugement d'ouverture ne s'étend pas aux déclarations de créances régulièrement effectuées avant cette annulation, dès lors que la cour d'appel ouvre elle-même le redressement judiciaire du débiteur. • Com. 25 mai 1993 : *Bull. civ. IV, n° 208* • 8 mars 1994 : *ibid. IV, n° 99 ; D. 1994. IR. 80.*

4. Lorsque la cour d'appel prononce le redressement judiciaire en usant des pouvoirs qu'elle tient de l'art. 11, l'annulation du jugement ayant prononcé le redressement judiciaire ne s'étend pas au plan de cession arrêté en suite de ce jugement. • Com. 14 déc. 1993 : *préc. note 1* *bis.* ♦ Il en résulte, le plan de cession de l'entreprise du débiteur arrêté par le jugement du tribunal étant ainsi maintenu, que la période d'observation ouverte, en vertu de l'art. 8, al. 1er, de la loi du 25 janv. 1985 [C. com., ancien art. L. 621-6, al. 1er], par le prononcé de l'arrêt de redressement judiciaire, a pris fin aussitôt eu égard au jugement précité. • Même arrêt. ♦ Le passif est donc exigible dès le jugement arrêtant le plan de cession. • Montpellier, 31 juill. 1991 : *D. 1991. 474, note Derrida*.

En revanche, l'annulation par la cour d'appel du jugement d'ouverture du redressement judiciaire d'une société prive de tout fondement juridique le jugement, rendu postérieurement à cette annulation, ayant arrêté le plan de cession des actifs de cette société. • Com. 29 févr. 2000 : *Bull. civ. IV, n° 43 ; D. 2000. AJ. 189*.

Lorsque la cour d'appel infirme du chef de la compétence un jugement qui a prononcé le redressement judiciaire et renvoie l'affaire devant la cour qui est juridiction d'appel relativement à la juridiction qui eût été compétente en première instance, le plan de continuation adopté en suite de ce jugement est rétroactivement privé de tout fondement juridique. • Com. 2 mai 2001 : *RJDA 2001, n° 993.*

4 bis. L'annulation du jugement d'ouverture ouvre de nouveaux délais de déclaration et de forclusion aux créanciers n'ayant pas déclaré leurs créances. • Com. 1er juill. 1997 : *Bull. civ. IV, n° 211 ; D. 1998. Somm. 98, obs. Honorat ; D. Affaires 1997. 1009 ; JCP E 1998, n° 1-2, p. 31, obs. Cabrillac ; RD bancaire et bourse 1998. 21, obs. Campana et Calendini.* (V. l'arrêt cassé : • Paris, 20 sept. 1994 : *Rev. dr. bancaire 1995. 82, obs. Campana et Calendini*).

4 ter. Sur des effets de l'annulation du jugement d'ouverture concernant une société en nom collectif quant à l'ouverture de la procédure à l'égard des associés, V. note 2 *bis* ss. ancien art. L. 624-1 C. com.

4 quater. Organes de la procédure. La Cour d'appel n'a pas l'obligation de désigner elle-même les organes de la procédure et peut charger le tribunal de procéder lui-même à cette désignation. • Com. 26 mai 1998 : *préc. note 1.*

4 quinquies. Renvoi devant le tribunal. Pour un renvoi de l'affaire devant le tribunal de la procédure collective, après annulation du jugement de liquidation judiciaire, la cour d'appel étant dans l'impossibilité de statuer sur le sort de l'entreprise, V. • Com. 6 juin 2000 : *D. 2000. AJ. 319, obs. Pisoni ; JCP E 2001, n° 4, p. 173, obs. Pétel.*

5. Frais de procédure collective. Les frais de procédure collective peuvent être laissés à la charge de la société débitrice, après annulation du jugement qui avait ouvert à son encontre, sur assignation de l'URSSAF, une procédure de redressement judiciaire, dès lors que ladite société n'avait consigné les sommes réclamées que postérieurement au jugement d'ouverture, tandis qu'elle avait été régulièrement convoquée, ainsi que sa gérante, dix mois auparavant en chambre du conseil, qu'elle n'avait pas mis à profit ce délai pour s'acquitter d'une dette modique et que seule l'ouverture de la procédure collective avait mis fin à ses atermoiements. • Com. 14 mai 1996 : *D. 1996. IR. 162.* ♦ Comp. note 7 ss. art. 7.

SOUS-SECTION 4 *Information du tribunal*

12 (Abrogé par Décr. n° 2005-1677 du 28 déc. 2005, art. 354) ***Avant qu'il ne soit statué sur l'ouverture de la procédure, le greffier, à la demande du président du tribunal, avise le chef d'entreprise qu'il doit réunir le comité d'entreprise ou, à défaut, les délégués du personnel, pour que soient désignées les personnes habilitées à être entendues par le tribunal et à exercer les voies de recours conformément à l'article L. 623-10 du code de commerce. Copie de cet avis est adressée par le greffier au secrétaire du comité d'entreprise ou, à défaut, aux délégués du personnel. Le nom des personnes désignées est communiqué au greffier.***

V. notes 2, 2 *bis* et 3 ss. ancien art. L. 621-4 C. com.

13 (Abrogé par Décr. n° 2005-1677 du 28 déc. 2005, art. 354) ***Avant qu'il ne soit statué sur l'ouverture de la procédure, le président du tribunal ou le tribunal, commet, s'il l'estime utile, un juge pour recueillir tous renseignements sur la situation financière, économique et sociale de l'entreprise ainsi que sur le nombre des salariés et le montant du chiffre d'affaires au sens de l'article 1er du décret n° 85-1387 du 27 décembre 1985 précité. Le juge commis peut se faire assister de toute personne de son choix dont les constatations sont consignées dans le rapport du juge. Ce rapport est déposé au greffe et communiqué par le greffier au procureur de la République.*** – V. supra, art. L. 620-2 C. com. (note).

Le greffier avertit le débiteur et (Décr. n° 94-910 du 21 oct. 1994) *« , s'il en existe, le ou les créanciers poursuivants » qu'ils peuvent prendre connaissance du rapport dans les délais et suivant les modalités fixées par le président du tribunal. Il informe le comité d'entreprise ou à défaut les délégués du personnel que leurs représentants peuvent prendre connaissance du rapport au greffe et les avise en même temps de la date de l'audience.*

Le président du tribunal s'assure qu'il s'est écoulé un temps suffisant entre les avis du greffier et la date de l'audience.

1. Désignation d'un juge. Il y a lieu de commettre un juge pour recueillir tous renseignements nécessaires à la procédure sur la demande d'un créancier qui a assigné son débiteur en constatation de l'état de cessation des paiements. • T. com. Versailles, 27 janv. 1986 : *Gaz. Pal. 1986. 1. 212.* ♦ Sur le caractère, obligatoire ou non, de cette désignation, V. • Paris, 24 oct. 1989 : *Rev. dr. bancaire 1990. 86, obs. Campana et Calendini.*

La décision de désigner un juge-commis, n'étant pas un jugement au sens de l'art. 455 NCPC, n'a pas a être motivée. • Paris, 15 mai 1998 : *D. Affaires 1998. 1048, obs. A. L. ; RJ com. 1999. 426, obs. Legrand.*

Les dispositions de l'art. 13 n'interdisent pas au président de se désigner pour exécuter la mesure d'information préalable. Les pouvoirs du juge commis étant circonscrits à la collecte de renseignements limitativement énumérés par ce texte, ce juge ne dispose, en tant que tel, contrairement au juge-commissaire, d'aucun pouvoir propre en cas d'ouverture d'une éventuelle procédure, de sorte que le moyen relevé de la violation des dispositions de l'art. 6, paragr. 1, de la Conv. EDH (devoir d'impartialité) est sans fondement. • Paris, 15 mai 1998 : *préc.*

1 bis. Désignation par le juge commis d'un mandataire de justice. En ce sens que les dispositions de l'art. 13 ne sont pas prescrites à peine de nullité (rapport signé par le mandataire), V. • TGI Annecy, 13 mai 1997 : *Rev. proc. coll. 1998. 59, obs. Soinne.*

2. Rapport. Le magistrat commis par le tribunal saisi d'une assignation en redressement judiciaire pour recueillir tous renseignements sur la situation financière, économique et sociale d'une entreprise, ne peut, à l'audience du jugement d'ouverture de la procédure de redressement judiciaire qui le désigne en qualité de juge-commissaire, présenter un rapport qu'en qualité de juge commis et non de juge-commissaire. • Com. 3 avr. 1990 : *Bull. civ. IV, n° 112 ; D. 1990. IR. 109.* ♦ V. aussi note 3 ss. ancien art. L. 621-136 C. com.

2 bis. Aucune disposition réglementaire ne fait obligation au juge commis par le tribunal de convoquer les représentants de l'entreprise avant de déposer son rapport au greffe. • Com. 26 janv. 1997 : *Rev. proc. coll. 1997. 408, obs. Cadiou.*

3. Procédure d'appel. Sur l'impossibilité, pour une cour d'appel, de mettre en œuvre directement les dispositions relatives à l'enquête préalable, V. • Paris, 5 févr. 1986 : *Gaz. Pal. 1988. 2. Somm. 302.*

4. Juge des référés. En ce sens qu'il n'appartient pas au juge des référés d'appliquer l'art. 13, cette attribution étant réservée au président du tribunal ou au tribunal ; qu'en tout état de cause, l'art. 13 ne lui permet pas de désigner un enquêteur ou un expert, mais seulement de commettre un juge, V. • Versailles, 26 janv. 1995 : *Gaz. Pal. 1995. 1. Somm. 71.*

5. Mesure d'expertise de droit commun. En ce sens que l'art. 13 ci-dessus n'exclut pas le recours à une mesure d'expertise du droit commun, dans les conditions des art. 265 s., NCPC, V. • Com. 31 mars 1992 : *Bull. civ. IV, n° 141 ; D. 1992. Somm. 376, obs. Honorat.*

SOUS-SECTION 5 *Ouverture de la procédure*

14 (Abrogé par Décr. n° 2005-1677 du 28 déc. 2005, art. 354) ***Le tribunal statue, sur le rapport du juge commis s'il y a lieu, dans les conditions définies à l'article L. 621-4 du code de commerce. Si le jugement ne peut être rendu sur le champ, le prononcé en est renvoyé à une prochaine audience dont la date est communiquée, lors de l'audience, au débiteur et le cas échéant au créancier poursuivant.***

(Décr. n° 94-910 du 21 oct. 1994) ***« Le jugement d'ouverture de la procédure est prononcé en audience publique ; il prend effet à compter de sa date. »***

1. Portée de l'art. 14, al. 2. L'art. 14 ci-dessus déroge aux dispositions de l'art. 66 du décret du 30 mai 1984 [C. com., art. L. 123-9] (selon lequel les personnes assujetties à l'immatriculation au RCS ne peuvent opposer aux tiers les faits ou actes sujets à mention que si ces derniers ont été publiés au registre). • Com. 11 mars 1997 : *Rev. proc. coll. 1998. 43, obs. Cadiou.*

1 bis. Effets de l'art. 14, al. 2. Les débats l'ayant précédé ayant eu lieu à une date où l'ouverture de la procédure de redressement judiciaire du défendeur n'était pas encore intervenue, un jugement (prononçant la résolution d'un contrat) est opposable aux organes de son redressement judiciaire, peu important qu'il ait été rendu le jour même du jugement prononçant l'ouverture de cette procédure. • Com. 9 juill. 1996 : *Bull. civ. IV, n° 210 ; RJDA 1996, n° 1535.*

1 ter. En ce sens que les dispositions de l'art. 21 qui organisent la publicité du jugement avec insertion au BODACC ne dérogent pas à celles de l'art. 14, qui sont d'ordre public, et n'ont donc pas pour effet de reporter au jour de la publication la date d'effet du jugement d'ouverture vis-à-vis des tiers. V. • Rennes, 19 nov. 1999 : *JCP E 2000, n° 46, p. 1812, note Humann* • Grenoble, 13 nov. 2001 : *Rev. huiss. 2002. 121, obs. Putman.*

2. Tous les effets du jugement d'ouverture devant s'appliquer à compter de sa date, laquelle est réputée se situer entre zéro et vingt-quatre heures le jour de la décision, est donc nul le virement effectué le jour du jugement, la loi interdisant à compter de ce jour le paiement de toute créance antérieure. • Limoges, 29 oct. 1991 : *Dr. sociétés oct. 1992, n° 204, obs. Chaput.* ♦ Comp., jugeant, au regard de l'art. 43 de la loi du 9 juill. 1991 (V. note 38 ss. ancien art. L. 621-40, C. com., *supra*), que la « survenance » du jugement d'ouverture, qui se situe nécessairement au moment de son prononcé et non à la date de sa prise d'effet éventuellement rétroactive, ne saurait remettre en cause l'attribution immédiate qu'emporte l'acte de saisie lorsque celui-ci est antérieur : • Caen, 29 avr. 1997 : *Rev. proc. coll. 1997. 417, obs. crit. Cadiou* • 10 oct. 1995 : *ibid. 1998. 91, obs. crit. Canet.*

V. aussi note 1 *ter* ss. ancien art. L. 621-37 C. com.

15 (Abrogé par Décr. n° 2005-1677 du 28 déc. 2005, art. 354 ; Décr. n° 94-910 du 21 oct. 1994) ***Dans les dix jours du prononcé du jugement d'ouverture, le chef d'entreprise, assisté de l'administrateur s'il en a été nommé un, ou l'administrateur, réunit le comité d'entreprise, les délégués du personnel ou à défaut les salariés pour qu'ils désignent le représentant des salariés.***

Le procès-verbal de désignation du représentant des salariés, ou le procès-verbal de carence établi dans les conditions du quatrième alinéa de l'article L. 621-8 du code de commerce, est immédiatement déposé au greffe du tribunal.

16 (Abrogé par Décr. n° 2005-1677 du 28 déc. 2005, art. 354) ***Le tribunal d'instance est saisi des contestations relatives à la désignation du représentant des salariés par déclaration au greffe.***

Cette déclaration n'est recevable que si elle est faite dans les deux jours suivant la désignation du représentant des salariés.

Dans les cinq jours de sa saisine, le tribunal d'instance statue en dernier ressort, sans frais ni forme de procédure et sur simple avertissement qu'il donne deux jours à l'avance à toutes les parties intéressées.

La décision du tribunal d'instance est notifiée par le greffe dans les deux jours par lettre recommandée avec demande d'avis de réception.

Le délai du pourvoi en cassation est de cinq jours. Le pourvoi est formé, instruit et jugé dans les conditions fixées par les articles 999 à 1008 du Nouveau code de procédure civile.

L'art. 16 ne prévoit la compétence du tribunal d'instance, qui statue en dernier ressort, qu'en ce qui concerne les contestations relatives à l'élection, prévue par l'art. 10 de la loi du 25 janv. 1985 [C. com., ancien art. L. 621-8], du représentant des salariés dans les dix jours du prononcé du jugement d'ouverture de la procédure de redressement judiciaire ; la contestation d'une élection antérieure à l'ouverture de la procédure collective, non prévue par un texte légal, relève des règles de procédure de droit commun et le jugement rendu est susceptible d'appel. • Soc. 12 nov. 1996 : *D. 1996. IR. 267.*

17 (Abrogé par Décr. n° 2005-1677 du 28 déc. 2005, art. 354) ***Le licenciement du représentant des salariés désigné en application de l'article L. 621-8 ou de l'article L. 621-135 du code de commerce est régi par les dispositions des articles R. 436-1 à R. 436-8 et de l'article R. 436-10 du code du travail.***

18 (Abrogé par Décr. n° 2005-1677 du 28 déc. 2005, art. 354) ***Le jugement qui ouvre la procédure est signifié au débiteur par les soins du greffier*** (Décr. n° 88-430 du 21 avr. 1988) ***« dans les huit jours de la date du jugement ».***

1. Lorsque le jugement de redressement judiciaire a été signifié par le demandeur, le délai d'appel court contre le débiteur, qui ne peut invoquer la signification ultérieure du jugement par le greffier pour prétendre que le délai d'appel ne court que de cette dernière. • Paris, 22 janv. 1988 : *D. 1989. Somm. 11, obs. Derrida ; Gaz. Pal. 1988. 2. Somm. 301.*

2. La signification prévue par l'art. 18 concerne le débiteur et non les tiers, qui peuvent, aux termes de l'art. 156, former un recours dans les dix jours suivant la publication de la décision au BODACC. • Com. 13 nov. 2001 : *Rev. proc. coll. 2003. 109, obs. Gorrias.*

19 (Abrogé par Décr. n° 2005-1677 du 28 déc. 2005, art. 354) ***Le greffier adresse immédiatement une copie du jugement ouvrant la procédure de redressement judiciaire*** (Décr. n° 94-910 du 21 oct. 1994) ***« ou de liquidation judiciaire » :***

1° Aux mandataires de justice désignés ;

2° Au procureur de la République ;

3° Au trésorier-payeur général du département dans lequel le débiteur a son siège et à celui du département où se trouve le principal établissement.

20 (Abrogé par Décr. n° 2005-1677 du 28 déc. 2005, art. 354 ; Décr. n° 94-910 du 21 oct. 1994) ***« La période d'observation est limitée à six mois. Elle est renouvelable une fois pour une durée égale au plus à six mois. Elle peut en outre être exceptionnellement prolongée à la demande du ministère public, pour une durée n'excédant pas huit mois.***

« Pendant cette période, l'activité est poursuivie, dans les conditions prévues au chapitre Ier du titre Ier de la loi précitée [section 1re du chapitre Ier du titre II du livre VI du code de commerce]. ***Le président fixe l'affaire au rôle du tribunal au plus tard dix jours avant l'expiration de chaque période fixée par celui-ci. Le greffier convoque à cette audience le débiteur, les mandataires, les contrôleurs et en avise le procureur de la République. Sous réserve des dispositions de l'article L. 623-9, alinéa 2, du code de commerce et de l'article 119-2 ci-dessous, la poursuite d'activité ne peut en aucun cas excéder la durée maximale fixée ci-dessus. »***

Le tribunal statue sur la prolongation de la période d'observation au vu du rapport du juge-commissaire et après avis du procureur de la République. (Décr. n° 94-910 du 21 oct. 1994) ***« Il recueille préalablement les observations du débiteur, de l'administrateur, du représentant de*** [des] ***créanciers et des contrôleurs. »***

La décision prolongeant la période d'observation est communiquée aux autorités citées à l'article 19 (Décr. n° 94-910 du 21 oct. 1994) ***« et aux contrôleurs ». Elle est mentionnée aux registres ou répertoires prévus à l'article 21.***

Si la période d'observation est prolongée, les délais prévus aux titres Ier et II du présent décret, à l'exception de ceux qui sont relatifs à la saisine des juges et aux voies de recours, peuvent être allongés par ordonnance du juge-commissaire rendue d'office ou à la demande de l'administrateur, du débiteur ou du représentant des créanciers.

20-1 (Abrogé par Décr. n° 2005-1677 du 28 déc. 2005, art. 354 ; Décr. n° 94-910 du 21 oct. 1994) ***Lorsqu'au cours d'une procédure de redressement ou de liquidation judiciaire la dissolution de la communauté existant entre le débiteur et son conjoint devient opposable aux tiers, ce conjoint doit être entendu ou dûment convoqué avant toute décision ordonnant ou autorisant la vente des biens de l'indivision.***

SOUS-SECTION 6 *Publicité du jugement*

BIBL. GÉN. ▶ Dagot, *JCP 1986. I. 3262.* – Carli, *JCP N 1993. I. 471* (pour un nouvel apport de la télématique et des banques de données). – Deleneuville, *Rev. proc. coll. 1999. 1.*

21 (Abrogé par Décr. n° 2005-1677 du 28 déc. 2005, art. 354) ***Le jugement ouvrant le redressement judiciaire d'un débiteur est mentionné avec l'indication des pouvoirs conférés à l'administrateur au registre du commerce et des sociétés s'il s'agit d'un commerçant ou d'une personne morale immatriculée à ce registre.***

A la demande du greffier du tribunal qui a ouvert la procédure, les mêmes mentions sont portées sur le répertoire des métiers ou sur le répertoire des entreprises dans les départements du Bas-Rhin, du Haut-Rhin et de la Moselle, s'il s'agit d'un artisan.

S'il s'agit d'une personne non immatriculée au registre du commerce et des sociétés, au répertoire des métiers ou au répertoire des entreprises, les mentions sont portées sur un registre ouvert à cet effet au greffe du tribunal de grande instance ; dans ce cas, le greffier indique le siège de l'entreprise, les nom, prénoms et adresse du chef d'entreprise ou des dirigeants sociaux.

Un avis du jugement est adressé pour insertion au BODACC. Cette insertion contient l'indication du nom du débiteur, du siège de l'entreprise, de son numéro d'immatriculation aux registres ou répertoires visés ci-dessus, (Décr. n° 88-430 du 21 avr. 1988) *« de l'activité exercée et » de la date du jugement qui a ouvert la procédure de redressement judiciaire. Elle précise également le nom et l'adresse du représentant des créanciers et de l'administrateur s'il en a été nommé un* (Décr. n° 94-910 du 21 oct. 1994) *« avec, dans ce cas, l'indication des pouvoirs qui lui sont conférés ». Elle comporte enfin l'avis aux créanciers de déclarer leurs créances entre les mains du représentant des créanciers.* — Dans tous les textes réglementaires, la référence aux mentions visées aux 1 et 2 de l'art. 72 du décret n° 84-406 du 30 mai 1984 relatif au registre du commerce et des sociétés est substituée à la référence au numéro d'immatriculation au registre du commerce et des sociétés (Décr. n° 98-550 du 2 juill. 1998, art. 35).

Le même avis est fait dans un journal d'annonces légales du lieu où le débiteur a le siège de son entreprise ou des établissements secondaires.

(Décr. n° 94-910 du 21 oct. 1994) *« Les publicités prévues ci-dessus sont faites d'office par le greffier dans les quinze jours de la date du jugement. Toutefois, en cas d'appel du ministère public en application des articles L. 623-1 et L. 623-6 du code de commerce, ou en cas de suspension de l'exécution provisoire ordonnée en vertu du deuxième alinéa de l'article 155 ci-dessous, ces publicités ne sont effectuées par le greffier du tribunal qu'au vu de l'arrêt de la cour d'appel qui lui est transmis par le greffier de la cour d'appel dans les huit jours de son prononcé. »*

1. Publicité foncière. Le jugement d'ouverture est soumis aux seules formalités de publicité édictées à l'art. 21 ci-dessus, à l'exclusion de celles prévues à l'art. 28-2° du décret n° 55-22 du 4 janv. 1955. • Com. 7 juill. 1992 : *Bull. civ. IV, n° 264 ; D. 1992. 433, note Derrida.*

2. Publicité irrégulière. Dès lors que l'avis relatif au jugement d'ouverture permet l'identification de la société mise en redressement judiciaire malgré l'absence d'indication du numéro d'immatriculation, il y a lieu de rejeter la demande tendant à faire constater la nullité de la publication. • Com. 5 févr. 2002 : *RJDA 2002, n° 522.* – V. aussi • Com. 9 nov. 2004 : *RJDA 2005, n° 424.* ♦ Sur la sanction de la publicité irrégulière, V. • Com. 6 juill. 1993 : *Rev. huiss. 1994. 1125, note Lièvremont.* ♦ V. aussi note 3 ss. art. 66.

2 bis. Autres publicités. Aux termes de l'art. 22 du décret n° 84-406 du 30 mai 1984, il appartient au liquidateur représentant de la personne morale de demander l'inscription modificative prévue à l'art. 15 de ce texte (domicile du gérant). • Douai, 31 oct. 1996 : *Gaz. Pal. 1997. 1. Somm. 157, obs. Vray ; Dr. sociétés 1998, n° 9 ; Rev. proc. coll. 1998. 229, obs. Cadiou.*

2 ter. Jugement d'extension de la procédure. V. note 3 *ter* ss. art. 156.

3. Identité du délai d'appel du ministère public et du délai de publication imparti au greffier. V. : Rép. min. n° 24472 : *JOAN Q, 11 sept. 1995, p. 3883.*

22 (Abrogé par Décr. n° 2005-1677 du 28 déc. 2005, art. 354) *La décision modifiant la date de cessation des paiements* (Décr. n° 94-910 du 21 oct. 1994) *« est prononcée en audience publique et » est mentionnée aux registres ou répertoires prévus à l'article 21 ci-dessus.*

Il résulte de la combinaison des art. 21, 22 et 156, al. 2, que la décision modifiant la date de cessation des paiements doit faire l'objet d'une mention au registre du commerce et des sociétés, qu'un avis du jugement doit être adressé pour insertion au *BODACC* et qu'il peut être formé tierce opposition à l'encontre de la décision dans les dix jours de sa publication au *BODACC*. • Com. 3 nov. 1992 : *Bull. civ. IV, n° 341.*

V. aussi note 2 ss. art. 156.

SECTION II ***Les organes de la procédure et les contrôleurs*** *(Décr. n° 94-910 du 21 oct. 1994).*

23 (Abrogé par Décr. n° 2005-1677 du 28 déc. 2005, art. 354) ***Dans le jugement d'ouverture ou à tout moment de la procédure, le tribunal peut désigner un juge-commissaire suppléant qui exerce les attributions du juge-commissaire momentanément empêché.***

Aucune disposition légale ou réglementaire ne prévoit la suppléance automatique d'un juge-commissaire (suppléant) empêché par le président de la juridiction consulaire. • Besançon, 19 févr. 1993 : *Rev. proc. coll. 1994. 25, obs. Dureuil.*

24 (Abrogé par Décr. n° 2005-1677 du 28 déc. 2005, art. 354) ***A l'exception du cas prévu à l'article 26, le tribunal statue, après rapport du juge-commissaire, sur toutes les contestations qui sont nées du redressement ou de la liquidation judiciaires et qui sont portées devant lui.***

1. Rapport du juge-commissaire. Lorsque le juge-commissaire ne siège pas dans la formation de jugement qui statue sur la liquidation judiciaire, le rapport qu'il doit présenter en application de l'art. 24 doit obligatoirement être écrit. • Dijon, 2 avr. 1996 : *BICC 1996, n° 1265 ; Gaz. Pal. 1998. 1. Somm. 217.* ♦ L'obligation de présenter un rapport constitue une formalité substantielle et son inobservation entraîne la nullité du jugement rendu. • Même arrêt.

2. Présence du juge-commissaire. V. note 3 ss. art. 164.

25 (Abrogé par Décr. n° 2005-1677 du 28 déc. 2005, art. 354) ***Le juge-commissaire statue par ordonnance sur les demandes, contestations et revendications relevant de sa compétence ainsi que sur les réclamations formulées contre les actes de l'administrateur, du représentant des créanciers, du commissaire à l'exécution du plan, du liquidateur et du représentant des salariés.***

Si le juge-commissaire n'a pas statué dans un délai raisonnable, le tribunal peut se saisir d'office ou être saisi à la demande d'une partie.

(Décr. n° 94-910 du 21 oct. 1994) ***« Les ordonnances du juge-commissaire sont immédiatement déposées au greffe et notifiées par le greffier aux mandataires de justice, aux parties et, le cas échéant, aux personnes désignées dans l'ordonnance, par lettre recommandée avec demande d'avis de réception. Sur sa demande, ces ordonnances sont communiquées au procureur de la République. Elles peuvent faire l'objet de recours dans les huit jours de la notification par déclaration faite contre récépissé ou adressée par lettre recommandée avec demande d'avis de réception au greffe. »***

(Décr. n° 2004-518 du 10 juin 2004, art. 3-I) ***« Dans les quinze jours du dépôt au greffe de l'ordonnance, le tribunal peut se saisir d'office, aux fins d'annulation ou de réformation de celle-ci, dans les formes prévues à l'article 8. Il peut être saisi aux mêmes fins, par le procureur de la République, dans les quinze jours de la communication qui lui est faite de l'ordonnance, dans les formes prévues à l'article 9. »***

(Décr. n° 94-910 du 21 oct. 1994) ***« L'examen du recours est fixé à la première audience utile du tribunal, les intéressés et les mandataires étant avisés. »***

25 al. 4 ancien, [réd. antérieure au Décr. n° 2004-518 du 10 juin 2004] (Décr. n° 94-910 du 21 oct. 1994) ***Dans les quinze jours du dépôt au greffe de l'ordonnance, le tribunal peut se saisir d'office, ou être saisi par le procureur de la République dans les formes des articles 8 et 9, aux fins d'annulation ou de réformation de celle-ci.***

1. Compétence du tribunal (jurisprudence antérieure à la loi du 10 juin 1994). Avant la modification de l'art. 53 de la loi du 25 janv. 1985 par la loi du 10 juin 1994, les ordonnances rendues par le juge-commissaire lorsqu'il rejetait une demande de relevé de forclusion n'étaient susceptibles que d'un recours devant le tribunal de commerce. • Com. 3 oct. 1989 : *Bull. civ. IV, n° 239 ; D. 1990. Somm. 9, obs. Derrida* • 12 juin 1990 : *Gaz. Pal. 1990. 2. Pan. 204.* ♦ Aucune disposition de la loi de 1985 ou du décret de 1985 ne donnait compétence à la cour d'appel pour statuer en matière de forclusion. • Com. 30 mars 1993 : *Bull. civ. IV, n° 131 ; D. 1993. IR. 131* • 2 nov. 1993 : *Rev. huiss. 1994. 227* • Paris, 12 sept. 1995 : *D. Affai-*

res 1995. 91. ♦ ... L'indication erronée, selon laquelle il pouvait être fait appel de l'ordonnance de refus de relevé de forclusion, contenue dans la notification du greffier, ne pouvait avoir pour effet d'ouvrir au créancier la voie de l'appel. • Com. 3 oct. 1989 : *préc.*

2. En revanche, c'était à juste titre qu'une cour d'appel déclarait recevable l'appel formé contre l'ordonnance du juge-commissaire qui, à la fois, relevait un créancier de la forclusion et admettait ses créances. • Com. 29 mai 1990 : *Bull. civ. IV, n° 155 ; D. 1991. 153, note Derrida* • 29 janv. 1991 : *Bull. civ. IV, n° 45 ; D. 1991. IR. 68* • 14 avr. 1992 : *RJDA 1992, n° 762.* – Comp. : • Rennes, 15 juill. 1987 : *Gaz. Pal. 1987. 2. 547, note Massart* • Rouen, 30 janv. 1992 : *RJDA 1992, n° 509.* ♦ ... Alors qu'à l'inverse, n'était pas recevable l'appel contre l'ordonnance rejetant la demande en relevé de forclusion et rejetant la créance, en visant les art. 101 s. de la loi du 25 janv. 1985. • Com. 22 févr. 1994 : *Dr. sociétés 1994, n° 115, obs. Chaput.* ♦ Comp., désormais : art. L. 621-46, al. 3, C. com., dans sa rédaction issue de la loi n° 94-475 du 10 juin 1994. ♦ Sur la date d'application de cette disposition, V. note 53 ss. ancien art. L. 621-46 C. com.

3. Les ordonnances rendues par le juge-commissaire lorsqu'il ordonne la continuation des contrats en cours ne sont susceptibles que d'un recours devant le tribunal de commerce. • Civ. 2e, 5 mai 1993 : *Bull. civ. II, n° 162 ; RJDA 1993, n° 949.*

4. Selon l'art. 25, le recours contre les ordonnances du juge-commissaire est porté devant le tribunal à l'exception du recours contre les ordonnances statuant sur l'admission des créances au passif qui, conformément à l'art. 102 de la loi, est porté devant la cour d'appel. • Paris, 26 oct. 1993 : *D. 1994. IR. 7 ; Petites affiches 27 juill. 1994, p. 49, note Dadouche.* ♦ Est donc irrecevable l'appel formé devant la cour contre une ordonnance par laquelle le juge-commissaire refuse l'inscription sur la liste, prévue par l'art. 40 de la loi du 25 janv. 1985 [et supprimée par le décret du 21 oct. 1994], des créances nées après le jugement d'ouverture, dès lors que, ne concernant pas le contentieux de l'admission au passif, elle doit être attaquée devant le tribunal. • Même arrêt.

Pour un arrêt ouvrant la voie du contredit, V. • Dijon, 4 juill. 1995 : *Rev. proc. coll. 1996. 330, obs. crit. Soinne.*

4 bis. Tribunal statuant à la place du juge-commissaire. Pour des applications de l'art. 25, al. 2, V. • Com. 5 juill. 2005 : *cité note 2 bis ss. ancien art. L. 621-123 C. com.* (créancier exerçant une action en restitution) • T. com. Paris, 12 juill. 1994 : *Gaz. Pal. 1994. 2. Somm. 784* (créancier sollicitant sa nomination aux fonctions de contrôleur).

4 ter. L'art. 25, al. 2, ne s'applique pas à la procédure de vérification des créances, qui échappe à la compétence du tribunal. • Com. 19 mars 2002 : *Rev. proc. coll. 2003. 23, obs. Legrand.*

4 quater. Viole les art. 25, al. 2, et 70, al. 1er, le tribunal qui, dans un jugement rendu en dernier ressort, se prononce sur la demande en relevé de forclusion soumise au juge-commissaire sans constater soit que celui-ci n'avait pas statué dans un délai raisonnable, soit qu'il n'était plus en fonctions. • Com. 5 déc. 1995 : *D. 1996. 125, note Derrida.*

5. Irrecevabilité des actions en nullité. Le tribunal qui accueille une action principale en nullité dirigée contre une décision du juge-commissaire commet un excès de pouvoir. • Com. 27 avr. 1993 : *Bull. civ. IV, n° 150 ; D. 1993. IR. 131.* – V. aussi • Com. 1er oct. 1997 : *Bull. civ. IV, n° 236 ; D. 1997. IR. 231.* ♦ Les ordonnances du juge-commissaire, même lorsque celui-ci excède ses pouvoirs, ne peuvent faire l'objet que d'un recours, conformément aux dispositions de l'art. 25, al. 3. • Com. 2 févr. 1999 : *Act. proc. coll. 1999, n° 128.*

6. Respect du contradictoire. BIBL. Soinne, *Petites affiches 27 mars 1996, p. 12.* ♦ L'exigence du respect du principe du contradictoire s'impose même dans le cadre d'une procédure orale et même devant le tribunal de commerce statuant sur le recours contre une ordonnance du juge commissaire exercé conformément à l'art. 25. • Paris, 4 juill. 1997 : *RJ com. 1998. 202, obs. Legrand.* ♦ Sur le caractère contradictoire de la procédure de revendication, V. • Grenoble, 3 févr. 1988 : *Gaz. Pal. 1988. 2. 477, note Benezera.*

7. Délai de recours (jurisprudence antérieure au décret du 21 oct. 1994). Le délai de huit jours expirant, aux termes de l'art. 642 NCPC, le huitième jour à 24 heures, jugé qu'a été enregistrée dans les délais une déclaration régularisée le lendemain du dernier jour, s'il s'agit d'un jour ouvrable. • T. com. Lyon, 3 déc. 1990 : *Rev. proc. coll. 1991. 414, obs. Dureuil.*

L'art. 669 NCPC, selon lequel la date de l'expédition de la notification est celle qui figure sur le cachet du bureau d'émission, s'applique. • Paris, 27 janv. 1995 : *Rev. proc. coll. 1995. 484, obs. Soinne* • 19 mai 1995 : *ibid.*

Sur la sanction d'une computation erronée, V. • Paris, 21 févr. 1989 : *D. 1989. IR. 91.*

7 bis. Aucune disposition de la loi du 25 janv. 1985 et du décret du 27 déc. 1985 n'excluant l'application des règles générales de l'art. 643 NCPC, le délai est augmenté de deux mois pour les personnes qui demeurent à l'étranger. • Civ. 2e, 25 févr. 1997 : *Bull. civ. I, n° 60 ; D. 1997. IR. 77 ; Dr. sociétés 1997, n° 62, obs. Chaput.*

7 ter. Le délai fixé par l'art. 25, lorsque la notification aux parties intéressées est faite par lettre recommandée avec avis de réception, court à partir du premier acte permettant la remise, soit à partir de la première présentation au destinataire. • T. com. Paris, 11 sept. 1998 : *Gaz. Pal. 1999. 2. Somm. 616 ; Rev. proc. coll. 2000. 202, obs. Soinne.*

8. Les dispositions de l'art. 25, al. 3, relatives au point de départ des recours, de portée générale, doivent recevoir application même au cas particulier où la voie de l'appel est encore ouverte. • Paris, 2 févr. 1990 : *D. 1991. Somm. 239, obs. Honorat ; Gaz. Pal. 1991. 2. Somm. 428.* ♦ Les admissions de créance sans contestation n'ayant, aux termes de l'art. 73 du décret, pas à être notifiées au débiteur, le délai de l'appel contre l'ordonnance du juge-commissaire ratifiant la liste des créances proposée par le représentant des créanciers, ouvert au débiteur qui ne l'a pas contestée, court à compter du dépôt au greffe de cette décision. • Même arrêt.

9. Dès lors que l'ordonnance n'a pas été rendue à la requête de l'auteur du recours, et qu'elle ne renfermait aucune disposition quant aux destinataires et à la forme de sa notification, le délai prévu à l'art. 25 n'a pu courir, à l'égard de l'auteur du recours, qu'à compter de la formalité du dépôt au greffe de l'ordonnance, non assimilable à son prononcé. • Com. 16 mars 1993 : *Bull. civ. IV, n° 104.*

10. Les ordonnances du juge-commissaire n'ayant pas, avant l'intervention du décret du 21 oct. 1994, à être notifiées aux mandataires de justice de la procédure collective, lesquels en recevaient communication lors de leur dépôt au greffe, il en résultait qu'à l'égard de ces derniers le délai du recours dont ces ordonnances pouvaient faire l'objet courait à compter du dépôt qui en avait été fait au greffe. Il en était ainsi même lorsque le juge-commissaire avait, de manière erronée, ordonné la notification de sa décision aux mandataires de justice et quelle que fût la qualité en laquelle ceux-ci avaient figuré à l'instance. • Com. 30 mars 1993 : *Bull. civ. IV, n° 129 ; D. 1993. IR. 102.* – Comp. : • Douai, 12 sept. 1991 : *Gaz. Pal. 1993. 2. 340.* ♦ Comp., désormais : art. 25, al. 3, dans sa rédaction issue du décret n° 94-910 du 21 oct. 1994.

11. Sous l'empire de l'ancien art. 25, al. 3, lorsque le juge ne s'était pas prononcé sur la forme de la notification, cette omission ne pouvait entraîner la modification du point de départ du recours par substitution de la date de dépôt au greffe de l'ordonnance à la date de notification. • Com. 2 nov. 1993 : *Bull. civ. IV, n° 374 ; D. 1994. IR. 8.* ♦ V. aussi • Com. 16 mars 1999 : *Bull. civ. IV, n° 63 ; D. 1999. IR. 104 ; JCP E 1999, n° 39, p. 1531, obs. Pétel.* ♦ Comp., désormais : art. 25, al. 3, dans sa rédaction issue du décret n° 94-910 du 21 oct. 1994, qui prévoit la forme de la notification.

11 bis. Lorsqu'une ordonnance doit être notifiée mais que sa notification n'a pas été faite parce que le juge-commissaire ne l'a pas prévue, l'opposition peut être présentée tant qu'il n'a pas été procédé à cette notification suivant une forme régulière. • Com. 22 oct. 1996 : *Rev. proc. coll. 1997. 420, obs. Cadiou.*

11 ter. Il résulte de l'art. 6, paragr. 1, de la Convention européenne des droits de l'homme que, lorsqu'une ordonnance du juge-commissaire n'a pas été notifiée au débiteur, le dépôt au greffe de l'ordonnance ne peut avoir pour effet de priver ce dernier de l'exercice du recours prévu par l'art. 25, et que son opposition à l'ordonnance est recevable. • Paris, 19 mai 1995 : *D. 1996. Somm. 87, obs. Honorat* • Dijon, 23 mai 1995 : *Gaz. Pal. 6-7 mai 1996.* ♦ V. déjà, sous l'empire de la loi de 1967, • Com. 17 mai 1994 : *Bull. civ. IV, n° 182 ; D. 1994. 510, note Derrida ; Petites affiches 3 févr. 1995, p. 21, note Courtier.*

De même, ne donne pas de base légale à sa décision, au regard dudit art. 6, la cour d'appel qui, pour confirmer le jugement ayant déclaré irrecevable l'opposition d'un crédit-bailleur à l'encontre d'une ordonnance du juge-commissaire ayant autorisé le liquidateur à vendre le matériel loué en crédit-bail à la société mise en liquidation judiciaire et ce, sans prévoir la notification de l'ordonnance au crédit-bailleur, retient que le recours a été formé plus de huit jours après le dépôt au greffe de l'ordonnance du juge-commissaire, sans rechercher – dès lors qu'il était soutenu par le crédit-bailleur que les dispositions de l'art. 115 de la loi du 25 janv. 1985 [C. com., ancien art. L. 621-115] ne pouvaient lui être opposées en raison de la continuation du contrat de crédit-bail par l'administrateur – si le crédit-bailleur pouvait se voir privé d'exercer un recours contre une décision rendue à son insu et concernant directement ses droits et obligations. • Com. 11 mars 1997 : *Bull. civ. IV, n° 68 ; D. 1997. IR. 87 ; D. Affaires 1997. 483 ; JCP E 1997. I. 681, n° 6, obs. Cabrillac.* ♦ En l'absence de notification au crédit-bailleur de l'ordonnance donnant acte au vendeur sous réserve de propriété de sa revendication de matériel et de sa propriété, le délai de recours prévu par l'art. 25 n'a pu courir à son égard. • Com. 30 mars 1999 : *Act. proc. coll. 1999, n° 126.* ♦ V. notes 4 s. ss. ancien art. L. 621-115 C. com. ♦ V. aussi, pour la recevabilité du recours d'un créancier formé plus de huit jours après le dépôt au greffe d'une ordonnance qui concernait directement ses droits et obligations, • Com. 26 avr. 2000 : *Act. proc. coll. 2000, n° 142.* – Rappr. : • Com. 4 janv. 2000 : *Rev. proc. coll. 2000. 202, obs. Soinne.*

Même si la procédure collective leur est commune, des époux conservent, dans les instances ayant trait à cette procédure, la qualité de parties distinctes, ce dont il résulte que l'acte de notification effectué par l'envoi d'un pli unique adressé aux deux époux est inexistant à l'égard de l'époux non signataire de l'accusé de réception, contre lequel le délai de huit jours de l'art. 25 ne court pas. • Aix-en-Provence, 29 juin 2004 : *RD banc. fin. 2005, n° 56, obs. F.-X. Lucas ; Rev. proc. coll. 2005. 130, obs. Gorrias.*

En ce sens que lorsque les cautions, engagées par contrat accessoire, n'ont pas été désignées dans l'ordonnance ayant relevé les créanciers de leur forclusion, pour recevoir notification de celle-ci, leur recours, formé plus de huit jours après le dépôt au greffe de l'ordonnance, doit être déclaré tardif par application de l'art. 25, V. • Com. 26 mai 1999 : *Bull. civ. IV, n° 111 ; JCP E 1999, n° 39, p. 1531, obs. Pétel ; Act. proc. coll. 1999, n° 177, obs. Regnaut-Moutier ; Rev. proc. coll. 2000. 201, obs. Soinne.* ♦ *Contra,* jugeant que le délai de huit jours prévu par l'art. 25 n'est pas opposable à la caution lorsque l'ordonnance relevant le créancier de sa forclusion ne lui a pas été notifiée. • T. com. Nanterre, 18 déc. 1998 : *Act. proc. coll. 1999, n° 110, obs. Regnaut-Moutier.*

Comp., décidant qu'il importe peu que l'ordonnance du juge-commissaire autorisant le licenciement pour motif économique d'un salarié d'une société faisant l'objet d'une procédure simplifiée de redressement judiciaire ait été ou non notifiée personnellement audit salarié, dès lors qu'elle a été régulièrement transmise à la société en redressement judiciaire, au représentant des salariés et à celui des créanciers conformément à l'art. 25 [ancienne rédaction] ; et que, l'ordonnance n'ayant pas été frappée de recours par le salarié, ce dernier est irrecevable à contester la cause économique du licenciement, lequel se trouve définitivement acquis : • Soc. 5 mars 1997 : *D. 1997. 522, note Bailly.* – V. aussi • Versailles, 20 févr. 2001 : *Gaz. Pal. 2001. Somm. 1728.*

11 quater. En ce sens que le destinataire de l'ordonnance, domicilié à l'étranger, doit, pour obtenir la nullité de la notification qui lui a été faite, rapporter la preuve du grief que lui a causé cette notification au lieu et place de la signification prévue à l'art. 683 NCPC, V. • Com. 16 mars 1999 : *RTD com. 1999. 762, obs. Vallens ; Rev. proc. coll. 2000. 202, obs. Soinne.*

12. Forme du recours (jurisprudence antérieure au décret du 21 oct. 1994). Une lettre missive ne répondait pas aux exigences de l'ancien art. 25, al. 3, suivant lequel les ordonnances du juge-commissaire pouvaient faire l'objet d'un recours par simple déclaration au greffe. • Com. 27 mars 1990 : *Bull. civ. IV, n° 91 ; D. 1990. IR. 102* • 5 oct. 1993 : *Rev. proc. coll. 1994. 27, obs. Dureuil* • 6 févr. 2001 : *Act. proc. coll. 2001, n° 146.* – *Contra* : • T. com. Senlis, 6 nov. 1992 : *RJDA 1993, n° 63.* ♦ Conformément à l'art. 74 NCPC, cette exception devait, à peine d'irrecevabilité, être soulevée avant toute défense au fond ou fin de non-recevoir. • Paris, 3 févr. 1995 : *Rev. proc. coll. 1995. 485, obs. Soinne.* ♦ Mais en l'absence de registre tenu au greffe du tribunal de la procédure collective pour inscrire les recours formés à l'encontre des ordonnances du juge-commissaire, et en raison du dysfonctionnement du greffe qui en résultait, le dépôt au rang des minutes du greffe d'une lettre missive pouvait valoir déclaration au greffe du recours, au sens de l'art. 25, al. 3. • Com. 13 avr. 1999 : *Bull. civ. IV, n° 86.* ♦ Comp., désormais : art. 25, al. 3, dans sa rédaction issue du décret n° 94-910 du 21 oct. 1994.

En ce sens que le nouvel al. 3 de l'art. 25 n'est pas applicable aux procédures collectives ouvertes avant la date d'entrée en vigueur du décret du 21 oct. 1994, V. • Com. 22 avr. 1997 : *Rev. proc. coll. 1998. 63, obs. Soinne* • Orléans, 14 déc. 1994 : *JCP 1995. IV. 1221* • Amiens, 27 mars 1998 : *Gaz. Pal. 2000. Somm. 2208, obs. Canet.*

Sur la validité des déclarations déposées au greffe par les avocats et sur lesquelles le greffe a apposé un cachet précisant la date, V. • Com. 28 janv. 1997 : *Bull. civ. IV, n° 34 ; D. 1997. IR. 72.*

12 bis. Forme de la procédure. La procédure applicable au recours contre l'ordonnance du juge-commissaire refusant un relevé de forclusion est la procédure sur requête qui ne met nécessairement en présence que la partie réclamante et le représentant des créanciers. L'appel-nullité fondé sur l'intervention du débiteur doit être déclaré irrecevable car si l'intervention du débiteur n'est pas prévue par les textes, elle n'est pas interdite ; il n'y a pas violation d'un principe fondamental ou d'ordre public, tel par exemple le non-respect du contradictoire. • Pau, 11 oct. 1994 : *JCP 1995. IV. 1567.* ♦ V. aussi note 8 ss. ancien art. L. 623-4 C. com.

12 ter. Motivation. Sur l'obligation de motiver l'opposition, V. • T. com. Bobigny, 4 déc. 1996 : *Rev. proc. coll. 1998. 63, obs. Soinne.*

12 quater. Qualité pour agir. En ce sens qu'est valable le recours formé par un préposé du liquidateur muni d'un pouvoir spécial, V. • Caen, 1er juill. 1997 : *Rev. proc. coll. 1998. 238, obs. Cadiou.*

13. Revendications (jurisprudence antérieure à la loi du 10 juin 1994). Avant la loi du 10 juin 1994, qui a ajouté l'art. 121-1 à la loi du 25 janv. 1985 [devenu C. com., ancien art. L. 621-123], aucune disposition de cette dernière et du décret du 27 déc. 1985 n'interdisait de soumettre une revendication au tribunal saisi de la procédure collective. • Com. 10 juill. 1990 : *Bull. civ. IV, n° 206 ; D. 1990. IR. 188 ; Gaz. Pal. 1991. 1. 322, note Benezera* • 1er oct. 1991 : *D. 1992. Somm. 6, obs. Derrida ; D. 1993. Somm. 294, obs. Pérochon*. ♦ Devait dès lors être censuré l'arrêt qui retenait que l'art. 25 du décret donnait expressément compétence au juge-commissaire pour statuer sur les revendications et que le tribunal ne pouvait être saisi en dehors de l'hypothèse où le juge-commissaire n'avait pas statué dans un délai raisonnable. • Mêmes arrêts. – *Contra* : • T. com. Nanterre, 17 mai 1991 : *Gaz. Pal. 1992. 1. Somm. 68.* ♦ Comp., désormais : art. L. 621-123 C. com., issu de la loi n° 94-475 du 10 juin 1994.

14. En revanche, la compétence du juge-commissaire est exclusive de celle du juge des référés. • Grenoble, 11 oct. 1990 : *Gaz. Pal. 1991. 1. 208, note Gallet* • Com. 9 juill. 1991 : *Bull. civ. IV, n° 252 ; D. 1993. Somm. 294, obs. Pérochon ; RTD com. 1992. 469, obs. Martin-Serf*.
V. aussi note 6.

14 bis. Signature du greffier. En ce sens que les ordonnances du juge-commissaire doivent être signées par le greffier à peine de nullité, V. • Com. 18 mars 2003 : *Bull. civ. IV, n° 48 ; Act. proc. coll. 2003, n° 135, obs. Cagnoli.*

15. Notifications aux personnes désignées. Dans le cadre de la liquidation, la désignation par le juge-commissaire des personnes auxquelles son ordonnance doit être notifiée va au-delà de la simple information et a pour objet de mettre en mouvement d'éventuels recours de la part des offrants écartés qui, en améliorant leur proposition, permettent un meilleur apurement du passif. • Paris, 22 févr. 1991 : *D. 1991. IR. 96.* ♦ Est donc recevable l'opposition faite par un acquéreur potentiel ainsi désigné. • Même arrêt.

15 bis. Cession d'actifs dans le cadre de la liquidation judiciaire. L'auteur d'une offre concurrente, en sa qualité de personne intéressée, est fondé à exercer le recours prévu à l'art. 25 contre l'ordonnance du juge-commissaire autorisant la cession de gré à gré d'un immeuble dépendant de l'actif, de sorte que la privation de cette voie de recours par le tribunal constitue un excès de pouvoir ouvrant au candidat évincé, en sa qualité de partie au jugement, la voie de l'appel-nullité. • Com. 4 mars 2003 : *RTD com. 2003. 382, obs. Vallens ; Rev. proc. coll. 2003. 136, obs. Soinne.* ♦ Dans le même sens, à propos d'une cession d'unités de production, V. • Versailles, 23 nov. 2000 : *Gaz. Pal. 2001. Somm. 605* • Rennes, 21 nov. 2001 : *BICC 2002, n° 167 ; Rev. proc. coll. 2003. 136, obs. Soinne* • TGI Béthune, 23 oct. 1998 : *Rev. proc. coll. 2000. 202, obs. Soinne. – Contra* : • Riom, 14 oct. 1998 : *JCP 1999. IV. 1496.* ♦ ... D'une cession de fonds de commerce ordonnée en application de l'art. L. 622-18 [ancien] C. com., V. • Versailles, 11 juin 2002 : *Petites affiches 11 juill. 2003, p. 17, note Sortais.* ♦ Comp. : note 4 ss. ancien art. L. 623-5.

15 ter. Pouvoirs du tribunal. Le tribunal est saisi de l'entier litige par le recours exercé en vertu de l'art. 25. • Com. 27 mai 2003 : *Bull. civ. IV, n° 85 ; D. 2003. AJ. 1693 ; JCP E 2003, n° 40, p. 1570, obs. Pétel.* ♦ Ainsi, en ordonnant la vente aux enchères publiques de l'actif du débiteur en liquidation judiciaire comme étant le mode de réalisation des actifs le plus adapté aux circonstances de l'espèce, le tribunal ne commet aucun excès de pouvoir. • Même arrêt.

15 quater. Notification des jugements rendus sur recours. Les art. 25 et 161 disposent que tant les ordonnances du juge-commissaire que les arrêts rendus par la cour d'appel, en matière de redressement ou liquidation judiciaires, sont notifiés aux parties par les soins du greffier ; il en va de même pour les jugements rendus sur recours des ordonnances du juge-commissaire. • Com. 3 déc. 2003 : *Bull. civ. IV, n°195 ; D. 2004. 1079, note Cagnoli et Le Bars ; RTD com. 2004. 160, obs. Vallens*.

16. Recours contre les jugements du tribunal. V. ancien art. L. 623-4 (2) C. com. ♦ Sur la recevabilité de l'appel contre un jugement statuant sur le recours formé contre une ordonnance rendue par le juge-commissaire, ayant fait une inexacte application de l'art. 25, V. note 6 ss. ancien art. L. 623-4 C. com. ♦ V. aussi, en cas d'excès de pouvoir du tribunal, • Com. 27 avr. 1993 : *préc. note 5.* ♦ ... Ou en cas de violation d'un principe fondamental ou d'ordre public, note 12 *bis*.

25-1 *(Décr. n° 2004-518 du 10 juin 2004, art. 3-II)* **Les ordonnances du juge-commissaire, rendues en application de l'article L. 627-3 du code de commerce, sont notifiées par le greffier aux mandataires de justice, au débiteur, au Trésor public ainsi**

qu'au procureur de la République. Elles peuvent faire l'objet d'un recours dans le mois suivant leur notification, par déclaration au greffe faite contre récépissé ou adressée par lettre recommandée avec demande d'avis de réception. Le recours est porté devant la cour d'appel.

Les dispositions de l'art. 25-1 sont applicables aux procédures en cours à la date de publication du décret n° 2004-518 du 10 juin 2004. Les recours portés devant le tribunal compétent et n'ayant pas été jugés à la date de publication de ce décret sont transmis à la cour d'appel (Décr. n° 2004-518 du 10 juin 2004, art. 108-I, JO 11 juin).

Le recours formé par le Trésor public sur le fondement de l'art. 25-1 relève de la procédure d'appel sans représentation obligatoire : • Orléans, 22 sept. 2005 : *RJDA 2006, n° 172.*

26 (Abrogé par Décr. n° 2005-1677 du 28 déc. 2005, art. 354) ***Le juge-commissaire ne peut siéger, à peine de nullité du jugement, lorsque le tribunal, en vertu des dispositions de l'article précédent, s'est saisi d'office ou statue sur un recours formé contre une de ses ordonnances.***

Est entaché de nullité le jugement rendu par le tribunal présidé par le juge-commissaire, qui a rejeté l'opposition formée contre l'ordonnance, même si la décision ne mentionne pas le juge-commissaire parmi les trois juges qui ont délibéré, le terme « siéger » s'appliquant à l'évidence à toute participation à la formation de jugement. • Paris, 9 avr. 1991 : *D. 1992. Somm. 8, obs. Derrida ; Gaz. Pal. 1992. 2. 519, note Marchi.* ♦ Cette irrégularité exceptionnelle, spécialement sanctionnée par le législateur, est d'une gravité telle qu'elle rend recevable l'appel-nullité interjeté par le débiteur. Dans ce cas, jugé qu'il convient de renvoyer la cause devant le tribunal afin qu'il soit statué dans les formes prévues aux art. 25 et 26. • Même arrêt. ♦ Dans le même sens : • Basse-Terre, 2 déc. 1996 : *Gaz. Pal. 1997. 1. Somm. 154, obs. Vray.*

27 (Abrogé par Décr. n° 2005-1677 du 28 déc. 2005, art. 354) ***Le représentant des créanciers prend toute mesure pour informer et consulter les créanciers.***

(Décr. n° 94-910 du 21 oct. 1994) ***« Les créanciers qui en font la demande par lettre recommandée avec demande d'avis de réception au représentant des créanciers doivent être tenus informés par celui-ci des étapes essentielles de la procédure au fur et à mesure du déroulement de celle-ci, et notamment des décisions prises par la juridiction en application des articles L. 621-10, L. 621-70, L. 621-83, L. 621-95, L. 622-5, L. 622-17 et L. 622-32 du code de commerce.***

28 (Abrogé par Décr. n° 2005-1677 du 28 déc. 2005, art. 354 ; Décr. n° 94-910 du 21 oct. 1994) ***Le juge-commissaire peut autoriser l'administrateur, le liquidateur ou le débiteur à remettre au greffier du tribunal ou au représentant des créanciers les sommes nécessaires à l'accomplissement de leur mission.***

29 (Abrogé par Décr. n° 2005-1677 du 28 déc. 2005, art. 354 ; Décr. n° 94-910 du 21 oct. 1994) ***« Dans le délai de deux mois après »*** [ancienne rédaction : « Un mois après »] ***le jugement d'ouverture, l'administrateur et le représentant des créanciers font rapport au juge-commissaire et au procureur de la République sur le déroulement de la procédure et la situation de l'entreprise.***

30 (Abrogé par Décr. n° 2005-1677 du 28 déc. 2005, art. 354) ***Lorsque le juge-commissaire, saisi d'une demande de remplacement en application du deuxième alinéa de l'article L. 621-10 ou du deuxième alinéa de l'article L. 622-5 du code de commerce ne s'est pas prononcé dans un délai de trois jours, la demande peut être portée directement par assignation devant le tribunal.***

Lorsque le remplacement des personnes mentionnées aux deux premiers alinéas de l'article L. 621-10 et au deuxième alinéa de l'article L. 622-5 de ce code est demandé par le procureur de la République (Décr. n° 94-910 du 21 oct. 1994) ***« ou par le juge-commissaire » ou lorsque le tribunal se saisit d'office aux mêmes fins, la convocation est faite dans les formes et selon la procédure prévues à l'article 8 ou 9, selon le cas.***

(Décr. n° 94-910 du 21 oct. 1994) *« Dans tous les cas, le tribunal statue sur rapport du juge-commissaire et après avis du procureur de la République par jugement prononcé en audience publique. »*

Les dispositions qui précèdent s'appliquent pour l'adjonction d'un ou de plusieurs administrateurs.

1. Respect des droits de la défense. Doit être annulée la mesure de remplacement décidée par un tribunal sans avoir observé toutes les formalités prévues à l'art. 30, al. 2 et 3, destinées à éviter que soit prononcée, au mépris des droits de la défense, une décision qui s'apparente à une sanction disciplinaire. • Montpellier, 10 août 1994 : *Rev. proc. coll. 1995. 289, obs. Dureuil.*

2. Le rapport du juge-commissaire étant une formalité substantielle dont l'omission entraîne la nullité du jugement relatif à la nomination ou au remplacement du liquidateur, l'appel-nullité d'un liquidateur est à la fois recevable et bien fondé. • Paris, 17 janv. 1991 : *D. 1992. Somm. 7, obs. Derrida* ✎.

31 (Abrogé par Décr. n° 2005-1677 du 28 déc. 2005, art. 354) *Le mandataire de justice qui cesse ses fonctions doit rendre ses comptes à celui qui le remplace, en présence du juge-commissaire, le débiteur entendu ou appelé* (Décr. n° 94-910 du 21 oct. 1994) *« à la diligence du greffier du tribunal ».*

31-1 (Abrogé par Décr. n° 2005-1677 du 28 déc. 2005, art. 354 ; Décr. n° 94-910 du 21 oct. 1994) *Le créancier demandant à être nommé contrôleur en application de l'alinéa 1er de l'article L. 621-13 du code de commerce doit en faire la déclaration au greffe. Il doit indiquer le montant de sa ou de ses créances, ainsi que, le cas échéant, la nature des sûretés dont il est titulaire.*

Aucun contrôleur ne peut être désigné avant l'expiration d'un délai de vingt jours à compter du prononcé du jugement d'ouverture de la procédure.

BIBL. ▶ FRISON-ROCHE, *Petites affiches 14 juin 1995, p. 8.*

V. note 2 ss. ancien art. L. 621-13 et note 3 *ter* ss. ancien art. L. 621-62 C. com.

31-2 *(Abrogé par Décr. n° 2005-1677 du 28 déc. 2005, art. 354 ;* Décr. n° 94-910 du 21 oct. 1994) *Le juge-commissaire statue sur chaque demande, soit dans les dix jours de l'expiration du délai fixé au deuxième alinéa de l'article 31-1 ci-dessus soit, pour les demandes déposées après l'expiration dudit délai, dans les dix jours du dépôt de la demande.*

Si le juge-commissaire n'a pas statué dans le délai indiqué au premier alinéa ci-dessus, le tribunal peut se saisir d'office ou être saisi par le demandeur.

31-3 (Abrogé par Décr. n° 2005-1677 du 28 déc. 2005, art. 354 ; Décr. n° 94-910 du 21 oct. 1994) *Les fonctions des contrôleurs prennent fin au jour où passent en force de chose jugée soit la décision arrêtant un plan de continuation, soit, en cas de plan de cession ou de liquidation judiciaire, la décision prononçant la clôture de la procédure. Elles peuvent également cesser par démission.*

Les contrôleurs peuvent être révoqués par décision du tribunal saisi par le juge-commissaire, le ministère public, l'administrateur, le représentant des créanciers ou le liquidateur. Le tribunal est saisi sur requête.

Si l'art. 31-3 réserve aux juge-commissaire, ministère public, administrateur et représentant des créanciers le droit de demander la révocation d'un contrôleur, cela ne signifie pas que le débiteur ne puisse faire opposition à la nomination d'un contrôleur (dans le délai de huit jours prévu à l'art. 25). • T. com. Paris, 7 nov. 1995 : *RJ com. 1996. 291, obs. Gallet.*

SECTION III *Rapport et propositions de l'administrateur*

32 (Abrogé par Décr. n° 2005-1677 du 28 déc. 2005, art. 354 ; Décr. n° 94-910 du 21 oct. 1994) *Dès que l'entreprise est susceptible de bénéficier d'un plan de redressement, l'administrateur communique au greffe les caractéristiques essentielles des éléments d'actif qui* *pourront faire l'objet du plan, ainsi que le délai pour le dépôt des offres aussitôt que celui-ci est fixé. Le greffier tient cette information à la disposition du public.*

L'offre reçue par l'administrateur en application de l'article L. 621-57 du code de commerce est déposée au greffe. L'auteur de l'offre doit attester qu'il ne tombe pas sous le coup des incapacités prévues au quatrième alinéa de l'article L. 621-57 du code de commerce et, lorsqu'il est tenu de les établir, joindre ses comptes annuels relatifs aux trois derniers exercices et ses comptes prévisionnels.

Sans préjudice des dispositions des articles L. 621-61 et L. 621-85 du code précité, et 103-2 ci-dessous, les offres et documents qui y sont joints ne sont communiqués qu'au juge-commissaire et au procureur de la République.

1. Dépôt au greffe. Pour une décision admettant la validité de courriers adressés à tous les repreneurs, V. • TGI Annecy, 4 juill. 1997 : *Rev. proc. coll. 1998. 259, obs. Soinne.*

2. Sanction. En ce sens que le non-respect de l'art. 32 n'est pas sanctionné par la nullité ou l'irrecevabilité du plan de cession, V. • TGI Annecy, 4 juill. 1997 : *préc. note 1.* ♦ V. aussi note 3 ss. ancien art. L. 621-85 C. com.

33 (Abrogé par Décr. n° 2005-1677 du 28 déc. 2005, art. 354) *Lorsqu'une assemblée générale extraordinaire ou une assemblée des associés doit être réunie en application de l'article L. 621-58 du code de commerce, l'administrateur en fait la demande par lettre recommandée avec demande d'avis de réception au conseil d'administration, au directoire ou au gérant. Cette demande fixe l'ordre du jour ; elle est accompagnée d'un projet de résolution et d'un rapport exposant les motifs de la modification de capital envisagée.*

Le conseil d'administration, le directoire ou le gérant doit, dans les trois jours de la réception de la demande de l'administrateur, faire connaître à celui-ci la date fixée pour la réunion de l'assemblée. Celle-ci doit se tenir dans le délai de trente jours de la réception de la demande de l'administrateur. A défaut de réponse, l'administrateur convoque l'assemblée.

Quel que soit l'auteur de la convocation, l'assemblée est réunie selon les formes et délais prévus par le décret n° 67-236 du 23 mars 1967 sur les sociétés commerciales, à l'exception des assemblées des sociétés anonymes et des sociétés en commandite par actions pour lesquelles les dispositions des articles 34 à 40 ci-après sont applicables.

34 (Abrogé par Décr. n° 2005-1677 du 28 déc. 2005, art. 354) *Les actionnaires dont les titres sont nominatifs et assortis d'un droit de vote sont convoqués par lettre recommandée aux frais de la société. Lorsque les actions de la société sont inscrites à une bourse de valeurs, au second marché ou répondent aux conditions prévues par l'article 163 octies du code général des impôts, la convocation est faite par un avis inséré au Bulletin des annonces légales obligatoires.*

Tous les copropriétaires d'actions ou de parts indivises sont convoqués par lettre recommandée lorsque leurs droits sont constatés par une inscription nominative. Il en est de même lorsque des actions sont grevées d'un usufruit pour le titulaire du droit de vote déterminé par l'alinéa premier de l'article L. 225-110 du code de commerce.

35 (Abrogé par Décr. n° 2005-1677 du 28 déc. 2005, art. 354) *L'avis de convocation contient les indications mentionnées à l'article 123 du décret n° 67-236 du 23 mars 1967 précité.*

Il doit comporter en outre :

1° La date à laquelle se réunira éventuellement la deuxième assemblée, à défaut pour la première d'avoir atteint le quorum requis ;

2° Le rappel du délai prévu au premier alinéa de l'article 37 ci-après.

Le délai entre les deux assemblées est de six jours au moins.

36 (Abrogé par Décr. n° 2005-1677 du 28 déc. 2005, art. 354) *Le délai entre la date soit de l'insertion contenant l'avis de convocation, soit de l'envoi des lettres de convocation et la date de la première assemblée est de quinze jours au moins.*

37 (Abrogé par Décr. n° 2005-1677 du 28 déc. 2005, art. 354) *La demande d'inscription d'un projet de résolution par les actionnaires à l'ordre du jour de l'assemblée est soumise aux* *conditions de recevabilité de l'article 128 du décret n° 67-236 du 23 mars 1967 précité et doit être envoyée au siège social par lettre recommandée avec demande d'avis de réception huit jours au moins avant la date de l'assemblée réunie sur première convocation.*

Il doit être accusé réception des projets de résolution dans les trois jours.

38 (Abrogé par Décr. n° 2005-1677 du 28 déc. 2005, art. 354) *Il peut être donné procuration pour se faire représenter à une assemblée dans les conditions mentionnées aux articles 132 et 134 du décret du 23 mars 1967 précité.*

Les formules de procuration sont adressées aux actionnaires ou porteurs de certificat de droit de vote. A cet effet elles comportent :

1° L'ordre du jour ;

2° Le texte des projets de résolution présentés par le conseil d'administration, le directoire, le gérant, l'administrateur ou les actionnaires ;

3° Le rapport des commissaires aux comptes, dans les cas où il est prescrit par la loi du 24 juillet 1966 [livre II du code de commerce] *et le décret du 23 mars 1967 précités.*

39 (Abrogé par Décr. n° 2005-1677 du 28 déc. 2005, art. 354) *Dans les huit jours qui précèdent la date de l'assemblée, tout actionnaire ou titulaire de certificat de droit de vote a le droit de prendre connaissance ou copie, au siège de la société, des rapports de l'administrateur, des commissaires aux comptes ainsi que des projets de résolution.*

40 (Abrogé par Décr. n° 2005-1677 du 28 déc. 2005, art. 354) *A compter de la convocation de l'assemblée et jusqu'au cinquième jour inclusivement avant la réunion, tout actionnaire titulaire de titres nominatifs peut demander à la société ou à l'administrateur de lui envoyer à l'adresse indiquée, les rapports de l'administrateur et des commissaires aux comptes ainsi que les projets de résolution.*

Le même droit est ouvert à tout actionnaire dont les titres sont au porteur et qui justifie d'un certificat de l'intermédiaire habilité, prévu par l'article premier du décret n° 83-359 du 2 mai 1983 pris pour l'application de l'article 94-II de la loi de finances pour 1982 [devenu C. mon. fin., art. L. 211-4] *et relatif au régime des valeurs mobilières, constatant l'indisponibilité des actions inscrites en compte jusqu'à la date de l'assemblée.* — V. l'art. L. 211-4 C. mon. fin. au **C. sociétés.**

41 (Abrogé par Décr. n° 2005-1677 du 28 déc. 2005, art. 354) *Le remplacement d'un ou plusieurs dirigeants de la personne morale peut être demandé en application de l'article L. 621-59 du code de commerce au plus tard lorsque le tribunal statue sur le plan de redressement de l'entreprise. Le ou les dirigeants sont convoqués huit jours au moins avant leur audition par acte d'huissier de justice ou dans les formes prévues aux articles 8 ou 9, selon le cas.*

L'administrateur, lorsqu'il n'est pas le demandeur, et le représentant des créanciers ainsi que les représentants du comité d'entreprise ou, à défaut, des délégués du personnel et, dans le cas du deuxième alinéa de l'article L. 621-135 du même code, le représentant des salariés, sont entendus ou convoqués par le greffier.

Les débats ont lieu en chambre du conseil : le juge-commissaire est entendu en son rapport, le procureur de la République donne son avis. Le jugement est rendu en audience publique.

Le jugement est signifié à la diligence du greffier à chaque dirigeant en cause et à l'organe représentant légalement la personne morale. Avis du jugement est donné aux autorités citées à l'article 19 ainsi qu'aux personnes mentionnées à l'alinéa 2 ci-dessus. Mention en est faite sur les registres ou répertoires mentionnés à l'article 21.

Le mandataire prévu au deuxième alinéa de l'article L. 621-59 du code de commerce peut être l'administrateur.

41-1 (Abrogé par Décr. n° 2005-1677 du 28 déc. 2005, art. 354 ; Décr. n° 2005-1469 du 29 nov. 2005) *Le bilan environnemental prévu à l'article L. 621-54 du code de commerce est réalisé, à la demande de l'administrateur, par le débiteur ou par un technicien désigné par le juge-commissaire, si ce dernier estime nécessaire une telle intervention.*

Ce bilan porte sur l'identification et la description du ou des sites où sont exploités la ou les installations classées et de leur environnement, l'existence de pollutions potentielles, les mesures d'urgence de mise en sécurité déjà prises, prévues ou à prendre et les mesures réalisées afin de surveiller l'impact de l'exploitation sur l'environnement.

Il est établi selon les rubriques fixées par un arrêté pris par le garde des sceaux, ministre de la justice, et par le ministre chargé des installations classées. — V. Arr. 12 déc. 2005 (JO 16 déc.).

Pour l'application à Mayotte, V. Décr. n° 2005-1469 du 29 nov. 2005, art. 2 (JO 30 nov.).

42 (Abrogé par Décr. n° 2005-1677 du 28 déc. 2005, art. 354) *Les propositions de l'administrateur ou du débiteur selon le cas, relatives aux délais de paiement et remises de dettes, en vue d'un plan de continuation de l'entreprise, sont communiquées par lettre recommandée avec demande d'avis de réception, par le représentant des créanciers, à chaque créancier connu ou ayant déclaré sa créance ainsi qu'aux institutions mentionnées à l'article L. 143-11-4 du code du travail.*

La lettre contient :

1° L'indication qu'une action a été introduite en application de l'article L. 621-59 du code de commerce ou, le cas échéant, le dispositif de la décision rendue ;

2° L'indication de la manière soit individuelle, soit collective, dont la réponse doit être reçue ;

3° La reproduction des dispositions de la deuxième phrase du deuxième alinéa de l'article L. 621-60 du code de commerce.

Sont joints à cette lettre :

1° Un état de la situation active et passive avec ventilation du passif privilégié et du passif chirographaire ;

2° Les propositions de l'administrateur ou du débiteur et l'indication des garanties offertes ;

3° L'avis du représentant des créanciers ainsi que des contrôleurs s'il en a été nommé.

Le représentant des créanciers informe l'administrateur des réponses au fur et à mesure qu'elles lui parviennent.

1. Consultation des créanciers. La consultation des créanciers n'étant imposée par l'art. 42 qu'en vue du plan de continuation de l'entreprise, le défaut d'observation des prescriptions afférentes à cette consultation ne vicie pas le jugement arrêtant un plan de cession. • Lyon, 4 nov. 1988 : *D. 1989. Somm. 12, obs. Derrida.* – V. aussi • Com. 20 févr. 1996 : *D. 1996. IR. 112 ; D. Affaires 1996. 491.*

2. Créancier connu. Sur cette notion, V. obs. Soinne, *Rev. proc. coll. 1998. 260.*

43 (Abrogé par Décr. n° 2005-1677 du 28 déc. 2005, art. 354) *Lorsque le représentant des créanciers décide de consulter collectivement les créanciers, ceux-ci se réunissent sous sa présidence, aux lieu, jour et heure fixés dans la lettre mentionnée à l'article précédent. Un avis de convocation peut en outre être inséré dans un journal d'annonces légales du lieu du siège du débiteur.*

La réunion doit avoir lieu entre le quinzième et le vingt et unième jour de l'envoi de la lettre.

Les créanciers peuvent se faire représenter par une personne munie d'un pouvoir spécial.

Le représentant des créanciers fait aux créanciers un rapport sur l'état du redressement judiciaire ainsi que sur la poursuite de l'activité depuis l'ouverture de la procédure.

L'accord de chaque créancier présent ou représenté sur les propositions de règlement du passif est recueilli par écrit.

Le défaut de réponse par écrit dans le délai de trente jours à compter de la réception de la lettre recommandée mentionnée à l'article précédent vaut acceptation.

44 (Abrogé par Décr. n° 2005-1677 du 28 déc. 2005, art. 354) *Au plus tard* (Décr. n° 94-910 du 21 oct. 1994) *« dix jours avant la fin »* [ancienne rédaction : « quinze jours avant l'expiration »] *de la période d'observation, l'administrateur communique aux autorités et personnes mentionnées à l'article L. 621-61 du code de commerce, par lettre recommandée*

avec demande d'avis de réception, le rapport établi conformément aux dispositions de l'article L. 621-54 et (Décr. n° 94-910 du 21 oct. 1994) ***« de l'avant-dernier » alinéa de l'article L. 621-57 du code précité. L'administrateur ou le débiteur, selon le cas, réunit le comité d'entreprise ou à défaut les délégués du personnel pour les consulter sur le rapport.***

(Abrogé par Décr. n° 94-910 du 21 oct. 1994) ***« Le débiteur et le représentant des créanciers font connaître leurs observations à l'administrateur dans un délai de huit jours à compter de la date de réception de la lettre prévue à l'alinéa précédent. »***

Le rapport ainsi que les réponses aux consultations et le procès-verbal mentionné à l'article L. 621-61 du même code sont déposés au greffe. Tout créancier peut en prendre connaissance.

1. Droits de la défense. Dans le cas où n'est pas respecté le délai prévu par les art. 25 de la loi du 25 janv. 1985 [C. com., ancien art. L. 621-61] et 44 ci-dessus, pour la communication du rapport qu'établit l'administrateur sur la situation économique et sociale de l'entreprise, il appartient à la juridiction saisie à cette fin de rechercher s'il est résulté du non-respect de ce délai une violation des droits de la défense. • Com. 9 janv. 1990 : *Bull. civ. IV, n° 6.*

2. Tel n'est pas le cas lorsque le léger retard avec lequel le débiteur a reçu communication du rapport ne lui a causé aucun préjudice, que, malgré l'absence de convocation, il a comparu en chambre du conseil avec l'assistance de son avocat et que ses prétentions ont été parfaitement examinées. • Com. 15 déc. 1992 : *Bull. civ. IV, n° 418 ; JCP 1993. IV. 546.*

3. Dépôt au greffe. L'art. 44 ne prévoit pas le dépôt au greffe des réponses des créanciers aux propositions de règlement des dettes. • Com. 26 mai 1998 : *Bull. civ. IV, n° 171 ; D. Affaires 1998. 1047, obs. A. L.*

45 (Abrogé par Décr. n° 2005-1677 du 28 déc. 2005, art. 354) ***Si le rapport n'a pas été déposé par l'administrateur ou le débiteur selon le cas, huit jours au moins avant l'expiration de la période d'observation ou s'il apparaît qu'il ne pourra l'être, le juge-commissaire en réfère au tribunal qui décide des mesures à prendre.***

SECTION IV *L'entreprise au cours de la période d'observation*

SOUS-SECTION 1 *Mesures conservatoires*

46 (Abrogé par Décr. n° 2005-1677 du 28 déc. 2005, art. 354 ; Décr. n° 94-910 du 21 oct. 1994) ***Dès le jugement d'ouverture, le chef d'entreprise est tenu de signaler à l'administrateur ou, à défaut, au représentant des créanciers, tout établissement de l'entreprise et d'en faciliter l'accès, de communiquer la liste du personnel ainsi que tous les éléments permettant de déterminer les salaires et indemnités à payer, d'établir et de déposer la liste des créanciers si elle n'avait pas été annexée à une déclaration de cessation des paiements, et, s'il y a lieu, de la compléter.***

Al. 2 abrogé par Ord. n° 2000-912 du 18 sept. 2000 et codifié ss. C. com., ancien art. L. 621-17, supra.

47 (Abrogé par Décr. n° 2005-1677 du 28 déc. 2005, art. 354) ***Dans le cas où les comptes annuels n'ont pas été établis ou mis à sa disposition, l'administrateur dresse à l'aide de tout document ou renseignement disponible un état de la situation.***

48 (Abrogé par Décr. n° 2005-1677 du 28 déc. 2005, art. 354 ; Décr. n° 94-910 du 21 oct. 1994) ***« Le juge-commissaire peut ordonner l'apposition des scellés sur tout ou partie des biens du débiteur. Dans ce cas, il est procédé selon les règles prévues pour les scellés après décès. »***

Il est donné avis de l'apposition des scellés au juge-commissaire qui l'a ordonnée.

49 (Abrogé par Décr. n° 2005-1677 du 28 déc. 2005, art. 354) ***Les biens, documents et effets dispensés ou extraits de scellés par décision du juge-commissaire sont tout de suite inventoriés avec estimation de leur valeur par l'administrateur ou, s'il n'en a pas été nommé, par le représentant des créanciers. L'état dans lequel ils ont été trouvés est décrit sommairement dans le procès-verbal d'apposition des scellés.***

L'administrateur ou le représentant des créanciers peut se faire assister par toute personne compétente pour l'estimation des biens.

50 (Abrogé par Décr. n° 2005-1677 du 28 déc. 2005, art. 354 ; Décr. n° 94-910 du 21 oct. 1994) *L'administrateur ou, s'il n'en a pas été nommé, le représentant des créanciers, requiert la levée des scellés en vue des opérations d'inventaire.*

51 (Abrogé par Décr. n° 2005-1677 du 28 déc. 2005, art. 354 ; Décr. n° 2004-518 du 10 juin 2004, art. 4-I) *« Il est procédé par un commissaire-priseur judiciaire, un huissier ou un notaire à l'inventaire précis et à l'estimation chiffrée des biens détenus par le débiteur, celui-ci ou ses ayants droit connus, présents ou appelés. »*

(Décr. n° 94-910 du 21 oct. 1994) *L'inventaire est dressé en double exemplaire. L'un est déposé au greffe du tribunal, l'autre reste entre les mains de l'administrateur ou du représentant des créanciers.*

(Abrogé par Décr. n° 2004-518 du 10 juin 2004, art. 4-II) *« L'administrateur ou le représentant des créanciers peut se faire assister par toute personne compétente pour la rédaction de l'inventaire comme pour l'estimation chiffrée des biens. » A moins que la nature ou la valeur des biens le justifie, l'inventaire est réalisé sous seing privé.*

Les biens détenus en dépôt, location ou crédit-bail, sous réserve de propriété, gagés, nantis ou placés sous sujétion douanière et plus généralement susceptibles d'être revendiqués par des tiers font l'objet d'une mention spéciale dès que le mandataire a connaissance qu'un statut particulier est invoqué à leur sujet.

Les dispositions de l'art. 4 du décret n° 2004-518 du 10 juin 2004 sont applicables aux procédures en cours à la date de publication de ce décret (texte préc., art. 108-I, JO 11 juin).

BIBL. ▶ ROUSSEL GALLE, *Dr. et procédures 2004. 308* (décret du 10 juin 2004).

1. Mentions de l'inventaire. L'administrateur [désormais, le commissaire-priseur, l'huissier ou le notaire] doit indiquer, par une mention spéciale, les biens fongibles susceptibles d'être revendiqués. • Rouen, 7 oct. 2003 : *Rev. proc. coll. 2004. 212, obs. Lebel.*

2. Inventaire dressé au moment de la cession. L'inventaire dressé au moment de la cession n'est pas soumis aux règles de l'art. 51 concernant l'inventaire dressé au moment de l'ouverture de la procédure collective. • Com. 14 mars 1995 : *Bull. civ. IV, n° 80 ; D. 1995. IR. 122 ; Quot. jur. 4 mai 1995, p. 2.*

52 (Abrogé par Décr. n° 2005-1677 du 28 déc. 2005, art. 354 ; Décr. n° 94-910 du 21 oct. 1994) *« A leur demande, » l'administrateur délivre aux dirigeants dont les parts représentatives de leurs droits sociaux sont virées au compte spécial prévu à l'article L. 621-19 du code de commerce, un certificat leur permettant de participer aux assemblées de la société.*

Sauf décision contraire du tribunal, il est mis fin à ce compte spécial, à la demande de la personne intéressée la plus diligente après l'adoption du plan de redressement ou après la clôture des opérations.

En cas d'incessibilité ou de cession de parts sociales, actions ou certificats d'investissement ou de droit de vote prononcée en application des articles L. 621-59 et L. 625-9 du code de commerce, il est mis fin au compte spécial après que la décision ordonnant la cession ou levant la mesure d'incessibilité est passée en force de chose jugée.

53 (Abrogé par Décr. n° 2005-1677 du 28 déc. 2005, art. 354) *Les rémunérations ou subsides prévus à l'article L. 621-21 du code de commerce sont fixés par le juge-commissaire après avis de l'administrateur et du représentant des créanciers.*

SOUS-SECTION 2 *Gestion de l'entreprise*

54 (Abrogé par Décr. n° 2005-1677 du 28 déc. 2005, art. 354) *La demande de modification de la mission de l'administrateur est adressée par requête au tribunal qui statue sur rapport du juge-commissaire et après avoir recueilli les observations du débiteur ainsi que des* *personnes mentionnées au quatrième alinéa* [IV] *de l'article L. 621-22 du code de commerce lorsqu'elles ne sont pas demandeurs.*

Toute décision modifiant la mission de l'administrateur est communiquée aux autorités citées à l'article 19 et mentionnée aux registres ou répertoires prévus à l'article 21.

55 (Abrogé par Décr. n° 2005-1677 du 28 déc. 2005, art. 354) *Lorsque le juge-commissaire statue sur une demande d'autorisation présentée par l'administrateur en application du deuxième alinéa de l'article L. 621-24 du code de commerce, le greffier convoque le débiteur* (Décr. n° 94-910 du 21 oct. 1994) « *, le représentant des créanciers* » *et, s'il y a lieu, les créanciers titulaires de sûretés spéciales sur les biens dont la vente est envisagée.*

La convocation du représentant des créanciers constitue une formalité substantielle. • TGI Annecy, 28 mai 1999 : *Rev. proc. coll. 2000. 204, obs. Soinne.*

55-1 (Abrogé par Décr. n° 2005-1677 du 28 déc. 2005, art. 354 ; Décr. n° 94-910 du 21 oct. 1994) *En cas de vente d'un bien visé au premier alinéa de l'article L. 621-25 du code de commerce, le prix est remis à l'administrateur ou, à défaut, au représentant des créanciers en vue de son dépôt à la Caisse des dépôts et consignations. Les fonds sont indisponibles pendant la période d'observation. Toutefois, des paiements provisionnels peuvent être effectués dans les conditions définies au deuxième alinéa de l'article L. 621-25 du code précité.*

Sur avis de l'administrateur s'il en a été nommé un, ou à défaut du débiteur et du représentant des créanciers, le juge-commissaire saisi d'une demande d'un des créanciers visés au deuxième alinéa de l'article L. 621-25 du code précité statue au vu de la déclaration de créance, des documents justificatifs de la déclaration de créance et, le cas échéant, de la garantie prévue au même article. La provision est allouée à hauteur d'un montant non sérieusement contestable en fonction de ces éléments et du rang de collocation de la créance.

Sur ordonnance du juge-commissaire, les fonds indûment versés sont restitués sur première demande du mandataire de justice habilité.

Sur la possibilité, pour les créanciers de l'art. 40 de la loi [C. com., ancien art. L. 621-32], nonobstant le nouvel art. 55-1 ci-dessus, de pratiquer une saisie-conservatoire ou une saisie-attribution sur les sommes versées à la Caisse des dépôts et consignations, et sur la légalité de cette disposition, V. Derrida, note ss. • Com. 8 févr. 1994 : *D. 1994. 609*. ♦ V. aussi note 39 ss. ancien art. L. 621-32 C. com.

56 (Abrogé par Décr. n° 2005-1677 du 28 déc. 2005, art. 354) *Le juge-commissaire statue sur la demande de substitution formée conformément au deuxième alinéa de l'article L. 621-25 du code de commerce après avoir entendu le débiteur ou l'administrateur, le créancier en cause et le représentant des créanciers, ou ceux-ci convoqués par le greffier.*

Les radiations et inscriptions de sûretés sont requises par le demandeur ou le bénéficiaire sur injonction faite par le juge-commissaire dans son ordonnance. Celle-ci précise en outre la personne à qui incombe la charge des frais. La radiation ne peut intervenir qu'après constitution de la garantie substituée.

SOUS-SECTION 3 *Poursuite de l'activité*

57 (Abrogé par Décr. n° 2005-1677 du 28 déc. 2005, art. 354 ; Décr. n° 94-910 du 21 oct. 1994) *L'administrateur, ou à défaut le débiteur, doit à la fin de chaque période de poursuite d'activité fixée par le tribunal et à tout moment à la demande du ministère public ou du juge-commissaire informer le juge-commissaire, le procureur de la République, le représentant des créanciers et les contrôleurs, des résultats de l'exploitation, de la situation de trésorerie et de la capacité prévisible du débiteur à faire face aux dettes nées après le jugement d'ouverture.*

58 (Abrogé par Décr. n° 2005-1677 du 28 déc. 2005, art. 354) *Les décisions qui autorisent la conclusion d'un contrat de location-gérance pendant la période d'observation ou qui*

ordonnent la cessation totale ou partielle de l'activité, sont communiquées aux autorités citées à l'article 19 et mentionnées aux registres ou répertoires prévus à l'article 21.

59 (Abrogé par Décr. n° 2005-1677 du 28 déc. 2005, art. 354) ***Si l'activité est continuée à la suite d'un contrat de location-gérance, l'administrateur doit rendre compte, dans les conditions prévues à l'article 57, de l'exécution par le locataire-gérant de ses engagements et des résultats de l'exploitation, en précisant le montant des sommes reçues du locataire-gérant.***

L'administrateur peut se faire communiquer par le locataire-gérant tous documents et informations et procéder aux investigations nécessaires à sa mission.

60 (Abrogé par Décr. n° 2005-1677 du 28 déc. 2005, art. 354) ***La décision du juge-commissaire qui autorise les prêts et accorde des délais de paiement conformément au 3° du deuxième alinéa*** [III] ***de l'article L. 621-32 du code de commerce*** (Décr. n° 94-910 du 21 oct. 1994) ***« est transcrite sur le registre tenu à cet effet au greffe du tribunal.***

« Sont notamment mentionnés l'identité du débiteur, le montant des prêts, l'identification de l'organisme prêteur et l'échéance des prêts ou des délais de paiement. »

61 (Abrogé par Décr. n° 2005-1677 du 28 déc. 2005, art. 354 ; Décr. n° 94-910 du 21 oct. 1994) ***Le greffier avise le cocontractant de la décision du juge-commissaire accordant à l'administrateur la prolongation prévue à l'alinéa premier de l'article L. 621-28 du code de commerce.***

61 ancien [réd. antérieure au Décr. n° 94-910 du 21 oct. 1994] ***L'administrateur ou le débiteur, selon le cas, dépose au greffe,*** (Décr. n° 89-339 du 29 mai 1989) ***« trois » mois après l'expiration de la période d'observation, la liste des créances mentionnées à l'article 40 de la loi du 25 janvier 1985 qui n'ont pas été payées.***

Le greffier communique cette liste au commissaire à l'exécution du plan, au liquidateur ainsi que, à sa demande, au mandataire pour répartir le prix de vente en application du troisième alinéa de l'article 102. Il fait publier un avis de dépôt au BODACC.

Tout créancier peut prendre connaissance de la liste de ces créances. Les contestations relatives à l'établissement de la liste sont faites par déclaration au greffe du tribunal devant lequel s'est déroulée la procédure de redressement judiciaire, l'administrateur et le débiteur étant appelés à l'audience. (Décr. n° 89-339 du 29 mai 1989) ***« Le délai de contestation est de deux mois à compter de la publication prévue au deuxième alinéa ci-dessus ; mention en est faite dans l'insertion ».*** — V. ancien art. 122. — Le décret du 29 mai 1989 entre en vigueur le 1er juin 1989 (art. 17).

Jurisprudence relative à l'ancien art. 61

1. Portée de l'ancien art. 61. La liste des créances de l'ancien art. 61 n'a qu'une valeur indicative et ne saurait faire obstacle à la décision rendue par l'autorité compétente déclarant non valable une créance inscrite ou reconnaissant valable une créance non inscrite. • Paris, 26 oct. 1993 : *Petites affiches 27 juill. 1994, p. 49, note Dadouche.*

1 bis. La cour d'appel, saisie en matière civile, n'est pas compétente pour donner des ordres au liquidateur judiciaire quant à l'inscription d'une créance sur les listes prévues aux anciens art. 61 et 122. • Paris, 27 janv. 1995 : *Rev. loyers 1995. 522, note Gallet.*

V. aussi note 37 ss. ancien art. L. 621-32 C. com. et note 2 *bis* ss. art. 106 de la loi du 25 janv. 1985, *supra*, ss. ancien art. L. 621-106 C. com.

1 ter. Le liquidateur qui conteste la décision du juge-commissaire portant sur l'admission à titre superprivilégié d'une créance salariale inscrite sur la liste des créances prioritaires ne peut se prévaloir de l'art. 103 de la loi, qui concerne la vérification des créances antérieures au jugement déclaratif. • Com. 1er oct. 1997 : *JCP 1997. IV. 2217.*

2. Déclaration au greffe. Les contestations relatives à l'établissement de la liste des créances mentionnées à l'art. 40 de la loi [C. com., ancien art. L. 621-32], qui n'ont pas été payées, devant, selon l'ancien art. 61, al. 3, ci-dessus, être faites par déclaration au greffe, une contestation formée par lettre missive adressée au greffe est irrecevable. • Com. 7 juill. 1992 : *Bull. civ. IV, n° 263 ; D. 1993. Somm. 9, obs. Derrida.*

3. Défendeurs. L'action tendant au paiement d'une créance visée à l'ancien art. 61, al. 1er, doit être dirigée à la fois contre l'administrateur et contre le débiteur. • Soc. 20 janv. 1993 : *Bull. civ. IV, n° 16 ; D. 1993. IR. 46.* ♦ En cas de contestation après la fin de la mission de l'administrateur, V. note 4 ss. ancien art. L. 621-68 C. com.

4. Délai de contestation. L'exigence, dans

l'avis publié au BODACC, du dépôt de la liste des créances prévues à l'ancien art. 40 de la loi du 25 janv. 1985 qui n'ont pas été payées, de la mention du délai pour former une contestation relative à l'établissement de cette liste, implique que soit aussi mentionné le point de départ de ce délai ; à défaut de contenir une telle mention, l'avis ne fait pas courir le délai de contestation. • Com. 4 oct. 2005 : *Bull. civ. IV, n° 202 ; D. 2005. AJ. 2678, obs. Lienhard ; Act. proc. coll. 2005, n° 227, obs. Regnaut-Moutier ; Dr. et procédures 2006. 28, obs. Le Corre ; Gaz. Pal. 10-11 févr. 2006, p. 24, obs. Henry.*

4 bis. En l'absence de contestation dans le délai de deux mois de la publication du dépôt au greffe de la liste des créances de l'art. 40, le créancier est forclos s'agissant de son inscription sur cette liste. • Com. 15 févr. 2000 : *Act. proc. coll. 2000, n° 119, obs. Regnaut-Moutier ; RJDA 2000, n° 685.* ♦ En ce sens que le délai de deux mois est un délai de forclusion, V. aussi Derrida, obs. ss. • Paris, 19 nov. 1991 : *cité note 5.*

5. La modification apportée par le décret du 29 mai 1989 ne s'applique pas à une contestation élevée avant son entrée en vigueur, et les juges ne pouvaient donc ni s'inspirer d'un texte inapplicable, ni invoquer l'intention du législateur, pour rejeter comme tardive ladite contestation, qui n'était enfermée dans aucun délai. • Paris, 19 nov. 1991 : *D. 1993. Somm. 9, obs. Derrida.*

61-1 *(Abrogé par Décr. n° 2005-1677 du 28 déc. 2005, art. 354 ;* Décr. n° 94-910 du 21 oct. 1994) ***Le juge-commissaire constate, sur la demande de tout intéressé, la résiliation de plein droit des contrats dans les cas prévus aux premier et troisième alinéas de l'article L. 621-28 et à l'article L. 621-29 du code de commerce, ainsi que la date de cette résiliation.***

BIBL. ► R. Martin, *Ann. loyers 1997. 1163 et 1165.*

1. Juridiction des référés. La compétence donnée au juge-commissaire par l'art. 61-1 ci-dessus, introduit par le décret du 21 oct. 1994, pour constater la résiliation de plein droit des contrats poursuivis après l'ouverture de la procédure collective n'exclut pas la compétence du juge des référés, appelé à statuer en application de la clause résolutoire insérée au bail et de l'art. 25 du décret du 30 sept. 1953 [C. com., art. L. 145-41], indépendamment du déroulement de la procédure collective. • Com. 10 juill. 2001 : *Bull. civ. IV, n° 133 ; D. 2001. AJ. 2830, obs. Lienhard ; Act. proc. coll. 2001, n° 177, obs. Regnaut-Moutier ; Procédures 2001, n° 215, note Laporte ; Loyers et copr. 2001, n° 260, obs. Brault et Pereira ; JCP E 2002. 175, n° 14, obs. Pétel ; Gaz. Pal. 2002. 74, note Brault.* ♦ V. également, pour un arrêt ayant jugé que, malgré l'art. 61-1, il n'en demeure pas moins qu'en l'absence de toute contestation sérieuse la cour, statuant en référé, ne peut que constater la résiliation du bail et ordonner l'expulsion, V. • Paris, 11 oct. 1996 : *Loyers et copr. 1997, n° 202, obs. Brault et Mutelet.* ♦ V. aussi note 3.

1 bis. Résiliation judiciaire. L'art. 61-1 ne vise que le cas où le bailleur demande la résiliation de plein droit du bail, et non pas le cas où il demande la résiliation judiciaire. • Pau, 26 juin 2000 : *Act. proc. coll. 2000, n° 216* • TGI Bobigny, 7 nov. 1995 : *Gaz. Pal. 1996. 1. 82.* ♦ V. aussi, jugeant qu'aucun texte relatif aux procédures collectives n'exclut la compétence du juge de droit commun (tribunal d'instance) pour prononcer, à la suite d'un manquement du preneur, la résiliation judiciaire d'un bail conclu entre un commerçant et un non commerçant, • Dijon, 4 juill. 1995 : *Rev. proc. coll. 1998. 68, obs. crit. Soinne.*

1 ter. Caractère facultatif. V. note 23 *ter* ss. ancien art. L. 621-28 C. com., *supra.*

1 quater. Délai de grâce. Jugé qu'en l'état de la délivrance par le bailleur d'un commandement de payer les loyers de locaux commerciaux échus postérieurement à la liquidation judiciaire du preneur et de l'autorisation par le juge-commissaire de vente de gré à gré du fonds de commerce exploité dans lesdits locaux, il y a lieu d'accorder au mandataire-liquidateur un délai de trois mois pour s'acquitter des causes du commandement et de suspendre les effets de la clause résolutoire durant ce délai. • TGI Paris, (réf.), 23 mai 1997 : *RJ com. 1998. 79, obs. Gallet.*

2. Notification aux créanciers inscrits. En ce sens que la demande doit être notifiée aux créanciers inscrits sur le fonds, en application de l'art. 14 de la loi du 17 mars 1909 [devenu C. com., art. L. 143-2], V., par analogie, • Civ. 3e, 22 janv. 1997 : *Rev. loyers 1997. 254, note Gallet.*

3. Expulsion. L'art. 61-1 ne fait nullement échec aux dispositions du code de procédure civile donnant compétence au président du TGI, statuant en référé, notamment en matière de locations commerciales, pour allouer au bailleur une provision et ordonner l'expulsion du preneur, mesures qui sont le corrolaire de la constatation de la résiliation du bail et échappent totalement à l'appréciation du magistrat consulaire. • Paris, 28 juin 1996 : *JCP E 1996. Pan. 1009 ; Gaz. Pal. 1997. 1. Somm. 141, obs. Brault* • 26 nov. 2003 : *Loyers et copr. 2004,* *n° 112, note Brault.* – V. aussi • Aix-en-Provence, 6 mai 1997 : *JCP E 1998, n° 10, p. 380, obs. Brault* (compétence du juge des référés du TGI pour constater la résiliation et ordonner l'expulsion, sur le fondement de l'art. 25 du décret du 30 sept. 1953). – *Contra* : • TGI La Roche-sur-Yon, (réf.), 28 oct. 1996 : *Rev. loyers 1999. 24, obs. Gallet.*

62 (Abrogé par Décr. n° 2005-1677 du 28 déc. 2005, art. 354) ***L'administrateur et le représentant des créanciers indiquent au juge-commissaire et au procureur de la République, lorsqu'ils en font la demande, le solde des comptes bancaires et postaux de l'entreprise ainsi que celui des comptes ouverts à la caisse des dépôts et consignations.***

Si la poursuite de l'activité l'exige, le juge-commissaire peut modifier la répartition des sommes entre, d'une part, les comptes de l'entreprise et, d'autre part, les comptes ouverts à la caisse des dépôts et consignations.

62-1 (Abrogé par Décr. n° 2005-1677 du 28 déc. 2005, art. 354 ; Décr. n° 98-1232 du 29 déc. 1998) ***L'administrateur ou le débiteur, selon le cas, dépose au greffe, trois mois après l'expiration de la période d'observation, la liste des créances mentionnées à l'article L. 621-32 du code de commerce qui n'ont pas été payées.***

Le greffier communique cette liste au procureur de la République et, selon les cas, au commissaire à l'exécution du plan, au liquidateur, ou, à sa demande, au mandataire désigné pour répartir le prix de vente en application du troisième alinéa de l'article 102.

Tout créancier peut prendre connaissance de cette liste. — V. art. 121-1.

BIBL. ▶ Sénéchal, *Defrénois 1999. 252.*

V., par analogie, notes 1 à 1 *ter* ss. ancien art. 61 du décret et note 37 ss. ancien art. L. 621-32 C. com., *supra.*

SOUS-SECTION 4 *Situation des salariés*

63 (Abrogé par Décr. n° 2005-1677 du 28 déc. 2005, art. 354) ***L'ordonnance rendue par le juge-commissaire en application de l'article L. 621-37 du code de commerce indique le nombre des salariés dont le licenciement est autorisé ainsi que les activités et catégories professionnelles concernées.***

L'ordonnance est notifiée au comité d'entreprise ou à défaut aux délégués du personnel et, dans le cas du deuxième alinéa de l'article L. 621-135 de ce code, au représentant des salariés.

1. Juge-commissaire. Il appartient à l'administrateur judiciaire sous le contrôle prud'homal, de désigner les salariés à licencier. L'ordonnance rendue par le juge-commissaire n'a donc pas à dresser la liste nominative des salariés licenciés. • Soc. 18 juin 1997 : *Bull. civ. V, n° 226 ; Rev. proc. coll. 1997. 357, obs. Taquet.* ♦ Une liste nominative des salariés licenciés n'a pas à être dressée et serait en toute hypothèse dépourvue d'effet. • Soc. 27 oct. 1998 : *D. 1998. IR. 247 ; JCP E 1999, n° 44-45, p. 1773, obs. Coursier* • 5 oct. 2004 : *Bull. civ. V, n° 244 ; D. 2005. 293, obs. Le Corre ; Act. proc. coll. 2004, n° 220, obs. Masquefa-Neau-Leduc.* ♦ Il ne saurait donc être reproché à une cour d'appel de décider que le licenciement du directeur général d'une société en redressement judiciaire est dépourvu de cause réelle et sérieuse, dès lors qu'elle constate que le salarié a été remplacé immédiatement après son licenciement, faisant ainsi ressortir que l'ordonnance du juge-commissaire a été obtenue par fraude. • Soc. 27 oct. 1998 : *préc.*

2. Conseil de prud'hommes. Il résulte des dispositions de l'art. L. 511-1, al. 3, C. trav. et de l'art. 45 de la loi du 25 janv. 1985 [C. com., ancien art. L. 621-37] que le conseil de prud'hommes demeure compétent pour statuer, dans le cadre de l'ordonnance rendue par le juge-commissaire tel qu'il est délimité par l'art. 63 ci-dessus et au regard de la situation individuelle des salariés licenciés, sur les demandes formées par ces derniers contre leur employeur. • Soc. 6 mars 1990 : *D. 1990. Somm. 218, obs. Honorat ; Bull. civ. V, n° 92.* – V. aussi • Versailles, 20 févr. 2001 : *Gaz. Pal. 2001. Somm. 1728.*

3. Il résulte de l'art. 45 de la loi [C. com., ancien art. L. 621-37] que l'autorité d'une ordonnance du juge-commissaire qui autorise les licenciements n'est attachée, par l'effet de l'art. 63 du décret, qui en précise le contenu, outre l'indication du nombre de salariés dont le licenciement est autorisé ainsi que des activités professionnelles concernées, qu'à l'existence d'une suppression ou transformation d'emploi ou d'une modification du contrat de travail consécutive à des difficultés économiques, à une mutation technologique ou à une réorganisation nécessaire à la sauvegarde de la compétitivité de l'entreprise. Par contre, cette autorité ne saurait s'étendre à la question de la situation individuelle des salariés au regard de l'obligation de reclassement qui pèse sur l'employeur et qui relève de la compétence du juge prud'homal. • Soc. 3 mars 1998 : *Bull. civ. V, n° 112 ; D. 1998. 418, note Bailly ; JCP E 1998, n° 36, p. 1363, note Serret* • 8 juin 1999 : *Bull. civ. V, n° 268 ; D. 2000. Somm. 6, obs. Derrida* • 1er mars 2000 : *Rev. proc. coll. 2000. 109, obs. Taquet.* ♦ ... Ni au droit individuel du salarié inclus dans un licenciement collectif de contester la régularité de la procédure prévue à l'art. L. 321-1 C. trav. et de demander, conformément à l'art. L. 122-14-4, dernier al., du même code, l'allocation d'une indemnité calculée en fonction de son préjudice. • Soc. 12 janv. 1999 : *Bull. civ. V, n° 11 ; JCP E 1999, nos 18-19, p. 812, obs. Pétel ; ibid., nos 44-45, p. 1773, obs. Coursier.*

4. Toutefois, la régularité de l'ordonnance ne saurait être remise en cause devant le juge prud'homal dès lors que cette décision n'a pas fait l'objet d'un recours et ce même si les salariés prétendent qu'ils n'ont eu connaissance de sa teneur qu'en cours d'instance. • Toulouse, 15 sept. 1995 : *BICC 1996, n° 341.*

64 (Abrogé par Décr. n° 2005-1677 du 28 déc. 2005, art. 354 ; Décr. n° 88-430 du 21 avr. 1988) ***Lorsqu'en application de l'article L. 621-64 du code de commerce, l'administrateur ou le débiteur prévoit dans son projet de plan des licenciements pour motif économique, il joint au rapport déposé au greffe ou il produit à l'audience les documents suivants :***

1° Le procès-verbal des délibérations du comité d'entreprise ou des délégués du personnel consultés en application de l'article L. 321-9 du code du travail ;

2° La copie de la lettre informant l'autorité administrative, en application de l'article L. 321-8 du code du travail, du projet de licenciement.

Le jugement arrêtant le plan indique le nombre de salariés dont le licenciement est autorisé ainsi que les activités et catégories professionnelles concernées.

L'autorité du jugement arrêtant un plan de cession qui prévoit des licenciements pour motif économique n'est attachée par l'effet de l'art. 64 qu'à l'existence d'une suppression ou transformation d'emploi ou d'une modification du contrat de travail consécutives à des difficultés économiques, à une mutation technologique ou à une réorganisation nécessaire à la sauvegarde de la compétitivité de l'entreprise et ne saurait s'étendre à la question de la situation individuelle des salariés au regard de l'obligation de reclassement qui pèse sur l'employeur. • Soc. 10 mai 1999 : *D. 1999. IR. 148 ; RTD com. 1999. 965, obs. Saint-Alary-Houin* • 20 oct. 1999 : *Act. proc. coll. 2000, n° 39.*

V. aussi notes ss. ancien art. L. 621-64 C. com.

CHAPITRE II ***Établissement du passif, revendications et restitutions*** *(Décr. n° 94-910 du 21 oct. 1994).*

SECTION I ***Déclaration des créances***

65 (Abrogé par Décr. n° 2005-1677 du 28 déc. 2005, art. 354) ***L'instance suspendue en application de l'article L. 621-41 du code de commerce est reprise à l'initiative du créancier demandeur, dès que celui-ci a produit à la juridiction saisie de l'instance, une copie de la déclaration de sa créance et mis en cause le représentant des créanciers ainsi que, le cas échéant, l'administrateur.***

Les décisions passées en force de chose jugée rendues après reprise d'instance sont à la demande de l'intéressé portées sur l'état des créances par le greffier du tribunal devant lequel s'est déroulée la procédure de redressement (Décr. n° 94-910 du 21 oct. 1994) ***« ou de liquidation judiciaire ».***

1. Aucune disposition de la loi n'impose au créancier bénéficiaire d'une décision passée en force de chose jugée rendue après reprise d'une instance en cours, de faire porter sa créance par le greffier sur l'état des créances, dans un certain délai, à peine de forclusion. • Com. 21 févr. 2006 : *D. 2006. AJ. 719, obs. Lienhard ; JCP E 2006, n° 14-15, p. 671, obs. Pétel ; Act. proc. coll. 2006, n° 58, obs. Regnaut-Moutier ; RD banc. fin. 2006, n° 70, obs. F.-X. Lucas ; Gaz.*

Pal. 30 avr.-4 mai 2006, p. 46, obs. Le Corre.

2. Il résulte de l'art. 65, al. 2, ci-dessus que les créances ayant fait l'objet des décisions visées par ce texte échappent au contrôle du juge-commissaire, qui n'a pas à se prononcer sur leur admission, non plus que sur leur caractère privilégié ou chirographaire ; c'est à la juridiction saisie de l'instance qu'il appartient de se prononcer sur le caractère privilégié ou chirographaire de la créance, malgré les termes de l'art. 48 de la loi. • Lyon, 7 mai 1992 : *BICC 1993, n° 79.*

V. également note 9 ss. ancien art. L. 621-41 C. com.

65-1 (Abrogé par Décr. n° 2005-1677 du 28 déc. 2005, art. 354 ; Décr. n° 94-910 du 21 oct. 1994) ***Les procédures d'ordre en cours lors du prononcé du jugement d'ouverture sont interrompues.***

Si le tribunal arrête un plan de redressement, ces procédures sont caduques et les fonds sont remis au commissaire à l'exécution du plan.

En cas de liquidation judiciaire, elles sont reprises à l'initiative de tout créancier intéressé, dès que celui-ci a produit à la juridiction saisie de l'instance une copie de la déclaration de sa créance et mis en cause le liquidateur.

66 (Abrogé par Décr. n° 2005-1677 du 28 déc. 2005, art. 354) ***Le représentant des créanciers, dans le délai de*** (Décr. n° 94-910 du 21 oct. 1994) ***« quinze jours »*** [ancienne rédaction : « huit jours »] ***à compter du jugement d'ouverture, avertit les créanciers connus d'avoir à lui déclarer leurs créances dans un délai de*** (Décr. n° 88-430 du 21 avr. 1988) ***« deux mois » à compter de la publication du jugement d'ouverture au BODACC. Ce dernier délai est augmenté de*** (Décr. n° 88-430 du 21 avr. 1988) ***« deux mois » pour les créanciers domiciliés hors de la France métropolitaine.***

(Décr. n° 94-910 du 21 oct. 1994) ***« Les cocontractants mentionnés aux articles L. 621-28 et L. 621-29 du code de commerce bénéficient d'un délai supplémentaire d'un mois à compter de la date de la résiliation de plein droit ou de la notification de la date de la décision prononçant la résiliation pour déclarer au passif la créance éventuelle résultant de ladite résiliation. Il en est de même des créanciers d'indemnités et pénalités mentionnées au 3°*** [du III] ***de l'article L. 621-32 du code de commerce en cas de résiliation d'un contrat régulièrement poursuivi.***

« L'avertissement du représentant des créanciers reproduit les dispositions légales et réglementaires relatives aux délais et formalités à observer pour la déclaration des créances, pour la demande en relevé de forclusion et pour les actions en revendication et en restitution. Cet avertissement reproduit également les dispositions des articles L. 621-13 du code de commerce et 31-1 du présent décret. Les créanciers titulaires d'une sûreté ayant fait l'objet d'une publication ou d'un contrat de bail [crédit-bail] ***publié sont avertis par lettre recommandée avec demande d'avis de réception. »***

Les institutions mentionnées à l'article L. 143-11-4 du code du travail déclarent les créances figurant sur les relevés prévus à l'article L. 621-125 du code de commerce y compris celles qu'elles refusent de régler pour quelque cause que ce soit. Le délai de déclaration prend fin quinze jours après l'expiration des délais de règlement prévus au troisième alinéa de l'article L. 143-11-7 du code du travail.

(Abrogé par Décr. n° 94-910 du 21 oct. 1994) ***« Pour le cocontractant mentionné à l'article 37 de la loi du 25 janvier 1985, le délai de déclaration expire quinze jours après la date à laquelle la renonciation à continuer le contrat est acquise si cette date est postérieure à celle de la publication prévue au premier alinéa ci-dessus. »***

Sur l'information des créanciers dans les procédures d'insolvabilité ayant des effets transfrontaliers, V. Règl. CE n° 1346/2000 du 29 mai 2000 relatif aux procédures d'insolvabilité, art. 40,

BIBL. ► CHAPUT, *Rev. proc. coll. 1988. 149* (responsabilité du représentant des créanciers). – LE CORRE-BROLY, *Banque et Droit janv.-févr. 1998. 3* (contenu de la déclaration de créance du crédit-bailleur) ; *ibid. mars-avr. 1998. 20* (avertissement du créancier par le représentant des créanciers). – DELENEUVILLE, *Rev. proc. coll. 2002. 34* (délai de déclaration).

1. Caractère obligatoire. L'avis au créancier d'avoir à déclarer la créance s'impose au représentant des créanciers, même si le créancier a connaissance de la procédure et si celui-ci a déjà manifesté son intention de produire sa créance. • T. com. Roubaix-Tourcoing, 2 oct. 1986 : *Gaz. Pal. 1987. 1. 27. – Contra,* • T. com. Paris, 15 oct. 1987 : *Gaz. Pal. 1987. 2. 780, note Marchi.*

1 bis. Créanciers connus. Il ne résulte d'aucune disposition de la loi ou de son décret d'application que le mandataire judiciaire aurait l'obligation de pallier la carence du débiteur dans l'établissement de la liste des créanciers en recherchant lui-même ceux des créanciers qui bénéficient d'une sûreté ayant fait l'objet d'une publication ; pas plus, il n'a l'obligation, dans le but de découvrir ou afin de rechercher d'éventuels créanciers titulaires de sûretés réelles, de vérifier la consistance passive et active du patrimoine du débiteur. • Paris, 28 nov. 1997 : *D. 1998. IR. 22.* ♦ Les créanciers connus visés par l'art. 66 sont ceux qui figurent sur la liste déposée par le débiteur à l'appui de sa déclaration de cessation de paiement (art. 6, (4°)), ceux qui figurent sur la liste officielle établie par le débiteur en application de l'art. 69, ceux dont l'existence est révélée par l'examen des livres et documents comptables remis par le débiteur en application de l'art. 46, et ceux dont l'existence s'évince de la connaissance d'un bien immobilier ou mobilier révélé à l'ouverture de la procédure. • Bordeaux, 27 nov. 1995 : *Rev. proc. coll. 1996. 57, obs. Dureuil.* ♦ S'agissant d'un bien immobilier, l'obligation d'avertir les créanciers inscrits pèse sur le représentant des créanciers dès l'instant où il connaît l'existence de ce bien, car il a alors l'obligation professionnelle d'identifier ces créanciers par tous moyens utiles, et notamment par la levée immédiate de copies, extraits, actes ou états en application des art. 38-1 s. du décret du 14 oct. 1955. Ne saurait constituer un obstacle sérieux à l'accomplissement de cette diligence le fait que l'inscription serait prise en une conservation des hypothèques éloignée du lieu d'ouverture de la procédure collective. • Même arrêt. ♦ V. Décr. n° 55-1350 du 14 oct. 1955. – **C. civ.**

1 ter. Forme de l'avertissement. L'art. 66 n'imposant pas la forme du mode d'envoi, la production de la liste des créanciers avertis par le représentant des créanciers est un justificatif suffisant de l'accomplissement de cette formalité. • Versailles, 13 nov. 1997 : *BICC 1998, n° 851.* ♦ La société débitrice justifiant de la remise de la liste des créanciers au mandataire de justice et produisant l'avis de ce dernier adressé au créancier, il ne saurait être reproché au représentant des créanciers de ne pas avoir adressé une lettre recommandée avec accusé de réception et d'avoir fait usage d'un document type stéréotypé, aucune disposition législative ou réglementaire n'imposant de faire parvenir une lettre personnalisée ou obéissant à un formalisme particulier quant aux conditions de son expédition. • Amiens, 19 févr. 1998 : *Gaz. Pal. 2000. 2205, obs. Canet.* ♦ Comp., pour les créanciers titulaires d'une sûreté publiée, note 4 *quater* ss. ancien art. L. 621-46 C. com.

1 quater. Reproduction des dispositions légales et réglementaires. Il ne résulte d'aucun texte que l'absence de reproduction des dispositions légales et réglementaires visées à l'art. 66, al. 3, affecterait la validité de l'avertissement en ce qui concerne l'opposabilité de la forclusion. • Paris, 6 févr. 1998 : *Gaz. Pal. 1998. I. Somm. 216.*

2. Défaut d'avertissement (jurisprudence partiellement antérieure à la loi du 10 juin 1994). Avant l'intervention de la loi du 10 juin 1994, le défaut de l'avertissement prévu à l'art. 66 n'avait, en aucun cas, pour effet de dispenser le créancier retardataire d'établir que sa défaillance n'était pas due à son fait. • Com. 11 oct. 1988 : *D. 1989. Somm. 13, obs. Derrida ; Bull. civ. IV, n° 267* • 29 janv. 1991 : *ibid. IV, n° 44 ; D. 1991. Somm. 239, obs. Honorat* • 6 juill. 1999 : *RJDA 1999, n° 1229* • 23 janv. 2001 : *Act. proc. coll. 2001, n° 86* • Paris, 25 juin 1993 : *D. 1993. IR. 223* • Versailles, 16 juin 1994 : *Gaz. Pal. 1994. 2. Somm. 782* • Douai, 6 oct. 1994 : *BICC 1994, n° 260* • Paris, 25 mai 1999 : *Gaz. Pal. 1999. 2. Somm. 777* • Versailles, 4 nov. 1999 : *BRDA 2000, n° 8, p. 7* • Pau, 30 août 2000 : *Cah. jurispr. Aquitaine 2001, n° 1, p. 131.* – V. aussi • Com. 11 oct. 1994 : *Bull. civ. IV, n° 288 ; Defrénois 1995. 977, obs. Sénéchal* • Caen, 11 févr. 1999 : *Rev. proc. coll. 1999. 213, obs. Larrieu* (avertissement envoyé à une adresse erronée). – Comp. : • Douai, 19 oct. 1989 : *RTD com. 1990. 262, obs. Martin-Serf* • T. com. Saumur, 24 janv. 1995 : *RJ com. 1995. 341, obs. Gallet.* ♦ V. aussi, relevant de forclusion le créancier en cas de fraude du débiteur, • T. com. Paris, 12 mai 1989 : *Rev. dr. bancaire 1990. 141, obs. Campana et Calendini* • T. com. Marseille, 12 déc. 1991 : *Rev. proc. coll. 1992. 82, obs. Dureuil.* ♦ Comp., désormais : art. L. 621-46, al. 2, C. com., issu de la loi n° 94-475 du 10 juin 1994, selon lequel la forclusion n'est pas opposable aux créanciers titulaires d'une sûreté ayant fait l'objet d'une publication ou d'un contrat de crédit-bail publié, à défaut d'avertissement personnel. ♦ Sur la date d'application de cette nouvelle disposition, V. notes 2 à 2 *ter* ss. ancien art. L. 621-46 C. com. ♦ Cette jurisprudence demeure, bien sûr, applicable en cas de défaut d'avertissement d'un créancier non visé par le nouvel art. 53, al. 2 [C. com., ancien art. L. 621-46, al. 2] : V. • Com. 7 déc. 1999 : *D. 2000. AJ. 33 ; Act. proc. coll. 2000, n° 4, obs. Vallansan* • 30 juin 2004 : *cité note 1 ss. ancien art. L. 621-45 C. com.* • Paris, 17 sept. 1999 : *D. 1999. AJ. 22*

V. aussi note 47 ss. ancien art. L. 621-46 C. com.

2 bis. Mais le représentant des créanciers pouvait être responsable à titre personnel du préjudice subi par un créancier hypothécaire, résultant de la non-déclaration de sa créance, en raison de l'absence d'avertissement. • Grenoble, 14 déc. 1992 : *Banque 1993. 94, obs. Guillot.* ♦ V. aussi, pour un liquidateur judiciaire, • Paris, 18 févr. 1994 : *D. 1994. IR. 95.* ♦ Comp., pour un partage de responsabilité entre le créancier et le mandataire : • Com. 3 juin 1997 : *Bull. civ. IV, n° 164 ; RJDA 1997, n° 1402.* ♦ V. aussi note 3 ss. ancien art. L. 621-45 C. com.

Le dirigeant d'une société débitrice n'a pas d'obligation d'informer le créancier (une entreprise d'affacturage subrogée) du prononcé du redressement judiciaire de sa société. • Com. 20 janv. 1998 : *D. Affaires 1998. 336, obs. X. D. ; JCP 1998. II. 10121, note Dagorne-Labbe ; Defrénois 1998. 952, obs. Le Cannu ; RTD com. 2000. 172, obs. Martin-Serf*. – V. aussi Pérochon, *Mélanges Alfandari, Dalloz, p. 149.* ♦ S'agissant de la mise en liquidation judiciaire d'une caution, V. • Com. 23 juin 1998 : *D. Affaires 1998. 1363, obs. J. F. ; RTD com. 2000. 172, obs. Martin-Serf*.

Sur les conséquences du défaut d'avertissement, au regard de la possibilité des créanciers de recouvrer le droit de poursuite individuelle après clôture de la liquidation judiciaire pour insuffisance d'actif, en cas de fraude du débiteur, V. note 3 ss. ancien art. L. 622-32 C. com.

3. Délai de deux mois. En vertu des dispositions de l'art. 668 NCPC, la date de notification de la déclaration de créance effectuée par voie postale est, à l'égard du créancier qui y procède, celle de l'expédition ; on ne peut donc soutenir que la date de la déclaration est celle de la réception par le représentant des créanciers. • Com. 28 janv. 1997 : *Bull. civ. IV, n° 30 ; D. 1997. Somm. 214, obs. Honorat ; JCP E 1997. I. 651, n° 13, obs. Cabrillac ; Rev. dr. bancaire 1997. 78, obs. Campana et Calendini* • 9 juill. 2002 : *Rev. proc. coll. 2003. 318, obs. Legrand* • Versailles, 30 oct. 1991 : *JCP E 1992. I. 168, n° 12, obs. Cabrillac.* ♦ Selon l'art. 669, al. 3°, NCPC, la date de réception d'une notification faite par lettre recommandée avec demande d'avis de réception est celle qui est apposée par l'Administration des postes lors de la remise de la lettre à son destinataire. • Com. 28 avr. 1998 : *Bull. civ. IV, n° 136 ; D. 1998. IR. 141 ; D. Affaires 1998. 1004, obs. V. A.-R.* ♦ V. art. 668 et 669 NCPC. – **C. pr. civ.**

L'attestation fournie dans le cadre d'une procédure de redressement judiciaire par le représentant des créanciers, selon laquelle le créancier a déclaré sa créance en « temps opportun », ne donne aucune précision sur la date à laquelle la créance a été déclarée. Dès lors, faute d'avoir été déclarée dans le délai de deux mois après la publication du jugement de redressement judiciaire, la créance est éteinte. • Com. 26 oct. 1999 : *RJDA 1999, n° 1357.* ♦ Comp. : • Com. 18 janv. 2000 : *Procédures 2000, n° 99, obs. Laporte.*

Le délai de deux mois est un délai préfix. • Paris, 6 déc. 1991 : *Rev. proc. coll. 1992. 83, obs. Dureuil* • 25 juin 1993 : *préc. note 2.* ♦ En cas d'irrégularité de la publication (erreurs portant sur le nom et le sigle, omission du numéro d'immatriculation au RCS) prévue par l'art. 21, formalité d'ordre public, l'insertion n'a pu faire courir le délai de déclaration des créances, applicable à tous les créanciers. • Com. 14 févr. 1995 : *Bull. civ. IV, n° 47 ; D. 1996. Somm. 85, obs. A. Honorat ; Defrénois 1995. 1301, obs. J. Honorat* (V. l'arrêt confirmé : • Aix-en-Provence, 29 oct. 1992 : *RJ com. 1993. 285, note Auque et Lemistre*) • Com. 5 févr. 2002 : *Act. proc. coll. 2002, n° 84* (erreur portant sur la date du jugement d'ouverture) • 4 mars 2003 : *Bull. civ. IV, n° 36 ; D. 2003. AJ. 831, obs. Lienhard ; RD banc. fin. 2003, n° 231, obs. F.-X. Lucas* • 12 avr. 2005 : *Bull. civ. IV, n° 84 ; D. 2005. AJ. 1227, obs. Lienhard ; Gaz. Pal. 6-7 juill. 2005, p. 26, obs. Le Corre ; RTD com. 2005. 601, obs. Martin-Serf* (erreur portant sur la date du jugement d'ouverture). ♦ *A fortiori*, en l'absence de publication du jugement d'ouverture au BODACC, le délai ne court pas et le créancier n'a pas à être relevé d'une forclusion inexistante. • Com. 20 juin 1995 : *Bull. civ. IV, n° 185 ; D. 1995. IR. 176.* – Rappr. : • Com. 17 mars 1998 : *Bull. civ. IV, n° 106 ; D. 1998. IR. 109 ; D. Affaires 1998. 626 ; JCP E 1998, n° 37, p. 1397, obs. Cabrillac.* ♦ ... La publication du jugement de conversion en liquidation judiciaire étant sans influence sur le délai de déclaration des créances. • Com. 9 janv. 2001 : *Bull. civ. IV, n° 5 ; D. 2001. AJ. 548, obs. Lienhard ; JCP E 2001, n° 18, p. 753, obs. Pétel ; RD banc. fin. 2001, n° 68, obs. F.-X. Lucas ; RJ com. 2001. 320, note Courtier ; RTD com. 2002. 365, obs. Martin-Serf*. ♦ Comp., jugeant que l'absence, dans la publication, de l'adresse du contribuable est sans incidence à l'égard d'une trésorerie principale, compte tenu des moyens de vérification et d'investigation à sa disposition : • Versailles, 13 nov. 1997 : *Les Annonces de la Seine, 9 févr. 1998, p. 14.* – Rappr. : • Paris, 26 sept. 1997 : *RJDA 1998, n° 469.*

Le défaut de publication du jugement d'ouverture dans un journal d'annonces légales du lieu de l'établissement secondaire du débiteur ne fait pas obstacle à l'écoulement du délai de déclaration des créances. • Com. 16 oct. 2001 : *Rev. proc. coll. 2002. 97, obs. Legrand.*

Sur le point de départ en cas d'annulation du jugement d'ouverture, V. note 4 *bis* ss. art. 11.

La déclaration de créance peut être effectuée avant la publication au BODACC du jugement ouvrant la procédure collective. • Com. 9 déc. 1997 : *RJDA 1998, n° 468.*

3 bis. Computation du délai. La disposition de l'art. 642 NCPC (selon laquelle, notamment, le délai qui expirerait normalement un samedi, un dimanche ou un jour férié ou chômé, est prorogé jusqu'au premier jour ouvrable suivant) n'est que l'expression en matière procédurale d'une règle de portée générale applicable à la notification de tous les actes juridiques ou judiciaires. Il en est ainsi quelle que soit la qualification du délai et quand bien même il s'agirait d'un délai préfix, comme le délai de déclaration. • Com. 17 févr. 1998 : *Bull. civ. IV, n° 76 ; D. 1998. IR. 78 ; D. Affaires 1998. 429 ; Procédures 1998, n° 91, obs. Croze ; JCP E 1998, n° 37, p. 1398, obs. Pétel.*

3 ter. Prolongation de deux mois. Le délai de déclaration des créances ne constitue pas un délai de comparution au sens de l'art. 644 NCPC et la prolongation prévue par l'art. 66, al. 1er, du décret ne bénéficie qu'aux seuls créanciers domiciliés hors de la France métropolitaine (et non pas aux créanciers domiciliés en France métropolitaine lorsque la procédure collective est ouverte hors de la France métropolitaine). • Com. 23 nov. 1999 : *Bull. civ. IV, n° 207 ; D. 2000. AJ. 31, obs. A.L. ; Act. proc. coll. 2000, n° 5, obs. Vallansan ; JCP E 2000, nos 18-19, p. 752, obs. Pétel ; Procédures 2000, n° 66, obs. Laporte ; RTD com. 2000. 185, obs. Vallens.* ♦ Si la convention conclue entre le créancier, domicilié à l'étranger, et le débiteur prévoit l'élection de domicile des parties à Marseille pour attribuer aux juridictions de cette ville la compétence pour toutes les contestations à naître de l'exécution du contrat, cette élection n'est pas opposable au créancier tenu de déclarer sa créance dans la procédure collective ouverte devant une autre juridiction, et celui-ci bénéficie, dès lors, d'un délai supplémentaire pour déclarer sa créance. • Com. 19 févr. 2002 : *Bull. civ. IV, n° 36 ; D. 2002. AJ. 1141 ; RTD com. 2002. 546, obs. Vallens.*

Pour l'inapplicabilité de la prorogation de délai prévue par l'art. 66 au délai de l'action en relevé de forclusion, V. note 39 *bis* ss. ancien art. L. 621-46 C. com.

3 quater. Délai supplémentaire d'un mois. Doivent être déclarées dans les deux mois à compter de la publication du jugement d'ouverture du redressement judiciaire toutes les créances, même éventuelles, dont l'origine est antérieure à ce jugement, et la faculté ouverte par l'art. 66, al. 2, n'a pour effet que d'allonger la période de déclaration de certaines créances. • Com. 24 oct. 1995 : *Rev. dr. bancaire 1996. 130, obs. Campana et Calendini.* ♦ Le délai supplémentaire, prévu par l'art. 66, pour déclarer la créance résultant de la résiliation court à compter de la réception de la réponse de l'administrateur. • Com. 18 mars 2003 : *cité note 23 ter ss. ancien art. L. 621-28 C. com.* ♦ Lorsque l'administrateur judiciaire décide de ne pas poursuivre un contrat en cours sans avoir au préalable été mis en demeure, le délai supplémentaire d'un mois pour déclarer la créance résultant de la résiliation court à compter de la date de notification de la décision prononçant cette résiliation. • Com. 16 juin 2004 : *Bull. civ. IV, n° 129 ; D. 2004. AJ. 1974 ; Rev. proc. coll. 2004. 228, obs. Roussel Galle ; RTD com. 2004. 807, obs. Martin-Serf.* ♦ Pour l'application de l'art. 644 NCPC (allongement du délai au profit des personnes résidant à l'étranger), V. • Lyon, 27 nov. 2003 : *Rev. proc. coll. 2005. 42, obs. Roussel Galle.* – Comp. : note 3 *ter.*

3 quinquies. Allongement du délai en cas de liquidation judiciaire prononcée au cours de la période d'observation. V. art. 119.

4. Créance du cocontractant (jurisprudence antérieure au décret du 21 oct. 1994). Sur la soumission à la procédure de déclaration prévue par l'art. 66, ancien al. 4 [devenu al. 5, abrogé], de la créance issue d'un prêt dont le remboursement continue après le jugement d'ouverture, V. • Versailles, 12 nov. 1991 : *RTD com. 1992. 242, obs. Martin-Serf.* ♦ V. désormais art. 66, al. 2, issu du décret n° 94-910 du 21 oct. 1994.

5. Recours. V. notes 1 s. ss. art. 25.

67 (Abrogé par Décr. n° 2005-1677 du 28 déc. 2005, art. 354) *Outre les indications prévues à l'article L. 621-44 du code de commerce, la déclaration de créance contient :*

1° Les éléments de nature à prouver l'existence et le montant de la créance si elle ne résulte pas d'un titre ; à défaut, une évaluation de la créance si son montant n'a pas encore été fixé ;

2° Les modalités de calcul des intérêts dont le cours n'est pas arrêté, cette indication valant déclaration pour le montant ultérieurement arrêté ;

3° L'indication de la juridiction saisie si la créance fait l'objet d'un litige.

A cette déclaration sont joints sous bordereau les documents justificatifs ; ceux-ci peuvent être produits en copie. A tout moment, le représentant des créanciers peut demander la production de documents qui n'auraient pas été joints.

1. Portée de l'art. 67. V. note 5 ss. ancien art. L. 621-44 C. com.

1 bis. Évaluation de la créance. En application de l'art. 50 de la loi du 25 janv. 1985 [C. com., ancien art. L. 621-43] et de l'art. 67 du décret du 27 déc. 1985, une créance dont le montant n'est pas encore fixé doit être déclarée sur la base d'une évaluation effectuée au moment de la déclaration, ce qui est distinct d'une déclaration faite à titre « provisionnel ». • Com. 15 févr. 2000 : *RJDA 2000, nº 563* • 21 janv. 2003 : *RJDA 2003, nº 620 ; Procédures 2003, nº 148, note Laporte.*

Ne contient pas l'évaluation provisoire exigée à défaut de titre, la lettre, adressée en copie au représentant des créanciers, par laquelle le locataire commercial de la société en redressement judiciaire demande des informations sur le sort du bail et sur les intentions de l'administrateur de maintenir les effets d'un congé avec offre de payer une indemnité d'éviction. • Com. 19 mars 1996 : *Bull. civ. IV, nº 90 ; D. 1996. IR. 101 ; D. Affaires 1996. 557.*

La référence faite à une assignation précédemment délivrée au débiteur se révèle insuffisante pour permettre de déterminer la somme en cause, celle-ci étant contestée. • Versailles, 21 mars 1996 : *RJDA 1996, nº 1258.*

1 ter. L'art. 67, 1°, n'impartissant aucun délai au déclarant pour confirmer son évaluation ou pour la réduire, celui-ci a le droit de le faire jusqu'à ce que le juge statue. • Com. 27 mai 2003 : *Bull. civ. IV, nº 87 ; D. 2003. AJ. 1631, obs. Lienhard ; Act. proc. coll. 2003, nº 157, obs. Regnaut-Moutier ; RD banc. fin. 2003, nº 232, obs. F.-X. Lucas ; JCP 2004. II. 10020, note Galliard (2ᵉ arrêt) ; RTD com. 2003. 817, obs. Martin-Serf.*

2. Modalités de calcul des intérêts. Si les modalités de calcul des intérêts, dont le cours n'est pas arrêté, doivent être indiquées dans la déclaration de créance, cette obligation n'existe pas à l'égard des intérêts échus. • Com. 23 nov. 1999 : *D. 2000. AJ. 15 ; Procédures 2000, nº 98, obs. Laporte.*

En ce sens que l'art. 67 n'exige l'indication des modalités de calcul des intérêts dont le cours n'est pas interrompu que dans le cas où le montant des intérêts ne peut être calculé au jour de la déclaration de la créance : • Com. 2 mars 1993 : *Bull. civ. IV, nº 89 ; D. 1993. IR. 77.* ♦ Comp. : • Com. 22 nov. 1994 : *cité note 1 ss. ancien art. L. 621-44 C. com.*

La déclaration de créances relatives à des prêts hypothécaires qui renvoie, pour les intérêts reportés capitalisés et pour les intérêts en cours, aux modalités de calcul fixées par les contrats, satisfait aux exigences de l'art. 67, al. 2, dès lors que les contrats de prêts annexés à la déclaration contiennent la mention précise des modalités de calcul des intérêts. • Com. 14 oct. 1997 : *RJDA 1998, nº 188.* ♦ En revanche, une banque ne satisfait pas au formalisme exigé par l'art. 67 en mentionnant sur sa déclaration de créance les intérêts postérieurs « pour mémoire », cette seule mention ne pouvant être considérée comme suffisante et la carence de la banque ne pouvant être suppléée par le fait que les modalités de calcul figuraient dans l'acte de prêt notarié et étaient rappelées de manière sibylline en tête du décompte certifié sincère. • Com. 21 janv. 2003 : *RJDA 2003, nº 619.* – Dans le même sens, V. • Com. 15 mars 2005 : *cité note 4 octies ss. ancien art. L. 621-44 C. com.* ♦ Comp., jugeant que répond aux exigences de l'art. 67 la déclaration de créance qui précise que le créancier a déclaré réserver expressément sa demande d'admission pour le montant des intérêts à échoir, « calculés au taux des crédits concernés » et qui comporte pour chaque prêt le taux des intérêts normaux et de retard et la mention expresse en regard des intérêts à échoir que ceux-ci sont portés « en mémoire » : • Bordeaux, 4 nov. 2002 : *JCP E 2003, nº 7-8, p. 325, note Vallansan.* ♦ En ce sens que le juge ne peut retenir le mode de calcul des intérêts échus, figurant dans la déclaration, pour le calcul des intérêts à échoir, V. • Com. 24 nov. 1998 : *D. Affaires 1999. 34, obs. V. A.-R.* ♦ V. aussi note 1 ss. ancien art. L. 621-44 C. com.

3. Documents justificatifs. Les documents justificatifs de la créance pouvant être produits en copie, la créance ne peut être rejetée d'office pour défaut de production de l'original. • Com. 9 juill. 1996 : *Bull. civ. IV, nº 206 ; D. 1996. IR. 211 ; RTD com. 1997. 121, obs. Cabrillac.*

4. Il ne peut être fait grief au représentant des créanciers de n'avoir pas fait usage de la faculté, prévue à l'art. 67, de demander la production de documents qui n'auraient pas été joints à la déclaration de créance. • Com. 26 mai 1999 : *Procédures 1999, nº 203, obs. Laporte.* ♦ Le représentant des créanciers n'a pas davantage l'obligation de rappeler les délais impartis pour produire les justificatifs. • Même arrêt.

5. Pour la possibilité de produire les justificatifs de la créance après le délai de déclaration, en réponse à la lettre de contestation du mandataire, V. • Com. 15 févr. 2005 : *Act. proc. coll. 2005, n° 53, obs. Vallansan ; Gaz. Pal. 29-30 avr. 2005, p. 37, obs. Le Corre.*

68 (Abrogé par Décr. n° 2005-1677 du 28 déc. 2005, art. 354 ; Décr. n° 94-910 du 21 oct. 1994) *Les créanciers dont la créance n'a pas été portée définitivement sur l'état dans le délai prévu par l'article L. 621-103 du code de commerce peuvent demander à être relevés de la forclusion édictée par le troisième alinéa de l'article L. 621-43 du même code selon les modalités de son article L. 621-46.*

68 ancien [réd. antérieure au Décr. n° 94-910 du 21 oct. 1994] *Le seuil à partir duquel la créance doit être certifiée en application du troisième alinéa* [ancien] *de l'article 51 de la loi du 25 janvier 1985 est fixé à la somme de dix mille francs en principal.*

Le visa du commissaire aux comptes ou, à défaut, de l'expert-comptable et, pour les organismes de sécurité sociale, celui de l'agent comptable peut être demandé par le juge-commissaire.

Jurisprudence relative à l'ancien art. 68

1. Portée de l'art. 68 (jurisprudence antérieure à la loi du 10 juin 1994). V. note 5 ss. ancien art. L. 621-44 C. com.

2. Visa tardif. V. note 45 ss. ancien art. L. 621-46 C. com.

68-1 (Abrogé par Décr. n° 2005-1677 du 28 déc. 2005, art. 354 ; Décr. n° 99-656 du 29 juill. 1999) *Lorsque l'extinction d'une créance correspondant au montant d'un chèque impayé pour absence ou insuffisance de provision vaut régularisation en application du dernier alinéa de l'article L. 621-46 du code de commerce, le débiteur demande au banquier tiré d'aviser la Banque de France de cette régularisation. Il justifie à cette fin auprès du banquier tiré de l'absence de déclaration de créance et du défaut de relevé de forclusion dans le délai prévu à l'article 621-46 précité par la remise d'une attestation émanant du représentant des créanciers, du liquidateur, du commissaire à l'exécution du plan ou du greffier.*

69 (Abrogé par Décr. n° 2005-1677 du 28 déc. 2005, art. 354) *La liste des créanciers établie par le débiteur conformément à l'article L. 621-45 du code de commerce comporte les nom ou dénomination, siège ou domicile de chaque créancier avec l'indication du montant des sommes dues au jour du jugement d'ouverture, des sommes à échoir et de leur date d'échéance, de la nature de la créance, des sûretés et privilèges dont chaque créance est assortie.*

(Décr. n° 94-910 du 21 oct. 1994) *« Dans les huit jours qui suivent le jugement d'ouverture, le débiteur remet la liste au représentant des créanciers qui la dépose au greffe. »*

70 (Abrogé par Décr. n° 2005-1677 du 28 déc. 2005, art. 354) *Lorsque le juge-commissaire n'est plus en fonctions, le tribunal statue* (Décr. n° 94-910 du 21 oct. 1994) *« selon le cas sur l'inopposabilité ou » sur le relevé de forclusion et fixe le montant de la créance admise. Mention en est portée par le greffier sur l'état des créances.*

Les frais de l'instance en relevé de forclusion sont supportés par les créanciers défaillants.

1. Juge-commissaire plus en fonctions. V. note 4 *quater* ss. art. 25.

1 bis. Distinction entre inopposabilité de la forclusion et relevé de forclusion. V.note 5 ss. ancien art. L. 621-46 C. com., *supra.*

2. Frais de l'instance. Les frais de l'instance doivent être entièrement supportés par les créanciers défaillants lorsque ceux-ci sont relevés de leur forclusion, sans qu'il y ait à distinguer entre les dépens relatifs aux deux degrés de juridiction. • Com. 29 mai 1990 : *Bull. civ. IV, n° 155 ; D. 1990. IR. 162.* ♦ Ainsi, les dépens d'appel ne peuvent être mis à la charge du débiteur, même lorsque celui-ci a été débouté de son recours contre l'ordonnance ayant relevé un créancier de la forclusion. • Même arrêt. – Dans le même sens : • Com. 2 févr. 1993 : *Bull. civ. IV, n° 37* • 12 juin 2001 : *Act. proc. coll. 2001, n° 189.* ♦ ... Ou lorsque le retard dans la déclaration de créance résulte de la fraude du débiteur. • Com. 14 mai 2002 : *Rev. proc. coll. 2003. 141, obs. Legrand.*

3. Pour l'inapplicabilité de l'art. 70 aux dépens de l'instance par laquelle le créancier titulaire d'une sûreté ayant fait l'objet d'une publication qui n'a pas été appelé, conformément aux dispositions de l'art. 66, à déclarer sa créance, demande que soit constatée l'inopposabilité à son égard de la forclusion, V. • Versailles, 4 mars 1999 : *Annonces de la Seine, supp. au n° 16 du 28 févr. 2000, p. 2.*

70-1 (*Abrogé par Décr. n° 2005-1677 du 28 déc. 2005, art. 354* ; Décr. n° 94-910 du 21 oct. 1994) ***Les instances ou les voies d'exécution suspendues en application du deuxième alinéa de l'article L. 621-48 du code de commerce sont poursuivies à l'initiative des créanciers bénéficiaires de cautionnements personnels de personnes physiques sur justification du jugement arrêtant le plan ou prononçant la liquidation judiciaire.***

En application du troisième alinéa de l'article L. 621-48 susvisé, ces créanciers peuvent pratiquer des mesures conservatoires dans les conditions prévues aux articles 210 et suivants du décret n° 92-755 du 31 juillet 1992 instituant de nouvelles règles relatives aux procédures civiles d'exécution pour l'application de la loi n° 91-650 du 9 juillet 1991 portant réforme des procédures civiles d'exécution. – V. ce texte au **C. pr. civ.**

SECTION II *Vérification des créances*

71 (Abrogé par Décr. n° 2005-1677 du 28 déc. 2005, art. 354) ***En cas de cession totale ou de liquidation judiciaire, le commissaire à l'exécution du plan ou le liquidateur, dans le mois de leur entrée en fonctions, remet au juge-commissaire un état mentionnant le prix de cession ou l'évaluation des actifs et du passif privilégié et chirographaire.***

Au vu de cet état et après avoir recueilli les observations du commissaire à l'exécution du plan, du représentant des créanciers ou du liquidateur selon le cas, le juge-commissaire décide s'il y a lieu ou non, conformément à l'article L. 621-102 du code de commerce, d'engager ou de poursuivre la vérification des créances.

V. note 13 ss. ancien art. L. 621-46 C. com., *supra*.

72 (Abrogé par Décr. n° 2005-1677 du 28 déc. 2005, art. 354) ***La vérification des créances est faite par le représentant des créanciers en présence du débiteur ou lui appelé et de l'administrateur s'il a pour mission d'assurer l'administration, avec l'assistance des contrôleurs s'il en a été nommé.***

(Décr. n° 94-910 du 21 oct. 1994) ***« Le délai prévu par l'article L. 621-103 du code de commerce ne peut être inférieur à six mois à compter du terme du délai imparti aux créanciers pour déclarer leurs créances. Un nouveau délai peut être accordé par décision spécialement motivée.***

« Si une créance autre que celle mentionnée à l'article L. 621-125 du code de commerce est contestée, le représentant des créanciers en avise le créancier ou son mandataire par lettre recommandée avec demande d'avis de réception. » Le délai de trente jours prévu à l'article L. 621-47 de ce code court à partir de la réception de la lettre. Cette lettre précise l'objet de la contestation, indique éventuellement le montant de la créance dont l'inscription est proposée et rappelle les dispositions de l'article L. 621-47 précité.

1. Participation du débiteur. Seul le débiteur a qualité pour se prévaloir de l'irrégularité de la procédure de vérification des créances, née du fait que le liquidateur n'a pas recueilli ses observations. • Com. 19 nov. 2003 : *Bull. civ. IV, n° 173 ; D. 2003. AJ. 3050* ; *Petites affiches 17 févr. 2004, p. 12, note F.-X. Lucas ; Bull. Joly 2004. 214, note Pételet ; RTD com. 2004. 593, obs. Martin-Serf* (cassant, sur ce point, • Aix-en-Provence, 30 janv. 2002 : *cité infra*).

Sur le pouvoir propre du débiteur de participer à la vérification des créances nonobstant le dessaisissement de ses pouvoirs par l'effet de la procédure de liquidation judiciaire, V. • Paris, 1er oct. 2004 : *RD banc. fin. 2004, n° 248, obs. F.-X. Lucas.*

Le dirigeant d'une société mise en liquidation judiciaire perdant par application de l'art. 1844-7 (7°) C. civ. tout pouvoir de la représenter, n'a plus qualité pour procéder en son nom à la vérification du passif. • Aix-en-Provence, 30 janv. 2002 : *BICC 2002, n° 390 ; RD banc. fin. 2002, n° 61, obs. F.-X. Lucas* • 20 mars 2002 : *RD banc. fin. 2002, n° 137, obs. F.-X. Lucas ; Dr. sociétés 2002, n° 174, note Legros.* ♦ Le liquidateur ne pouvant, dès lors, se prévaloir de la convocation adressée au dirigeant et restée sans suite, il y a lieu d'annuler la procédure de vérification des créances, qui a privé le débiteur de son droit à contestation, pour non-respect du principe de la contradiction. • Mêmes arrêts. ♦ Sur la portée de la participation du débiteur, V. note 5 *bis* ss. ancien art. L. 621-105 C. com., *supra*.

1 bis. Allongement du délai de dépôt de la liste des créances. L'art. 72 n'énumérant pas les personnes pouvant solliciter du tribunal la prorogation du délai, initialement fixé, prévu par l'art. L. 621-103 [ancien] C. com., la demande du receveur des Impôts est recevable. • Com. 18 janv. 2005 : *Bull. civ. IV, n° 12 ; D. 2005. AJ. 356, obs. Lienhard (1re esp.) ; JCP E 2005, n° 17, p. 710, obs. Cabrillac ; Gaz. Pal. 29-30 avr. 2005, p. 35, obs. Le Corre ; Rev. proc. coll. 2006. 74, obs. Neau-Leduc et Hubert.* ♦ Le Trésor public, qui tient de l'art. 72, al. 2, la faculté de solliciter du tribunal la prolongation du délai imparti au représentant des créanciers ou au liquidateur pour établir la liste des créances déclarées, doit présenter cette demande avant l'expiration du délai initialement fixé à peine d'encourir la forclusion prévue par l'art. L. 621-43 [ancien] C. com. • Com. 15 mars 2005 : *Bull. civ. IV, n° 58 ; D. 2005. AJ. 954, obs. Lienhard ; Gaz. Pal. 6-7 juill. 2005, p. 27, obs. Le Corre ; JCP E 2006, n° 13, p. 647, note D. F.*

1 ter. Contestation de créance. Aucune forme n'est exigée pour la contestation élevée auprès du représentant des créanciers au cours de la vérification des créances, à laquelle l'administrateur ayant pour mission d'assurer l'administration de l'entreprise doit être appelé. • Com. 28 janv. 2004 : *RJDA 2004, n° 863.*

1 quater. Lettre du représentant des créanciers. La lettre visée par les art. 54 de la loi du 25 janv. 1985 [C. com., ancien art. L. 621-47] et 72 du décret du 27 déc. 1985 doit indiquer l'objet de la contestation de la créance afin que le créancier puisse faire connaître ses explications sur les points contestés. • Com. 20 juin 2000 : *RD banc. fin. 2000, n° 158, obs. F.-X. Lucas ; Act. proc. coll. 2000, n° 180, obs. Vallansan* • 17 oct. 2000 : *Act. proc. coll. 2000, n° 240.* ♦ La lettre du représentant des créanciers, non conforme aux prescriptions de l'art. 72, al. 2 *[3]* ci-dessus, ne peut faire courir à l'encontre du créancier le délai prévu par l'art. 54 de la loi [C. com., ancien art. L. 621-47]. • Com. 5 déc. 1995 : *Bull. civ. IV, n° 282 ; D. Affaires 1996. 182 ; Dr. sociétés 1996, n° 35, obs. Chaput ; JCP E 1996. I. 554, n° 16, obs. Pétel.*

2. Dès lors que la lettre se borne, conformément aux dispositions de l'art. 67, à demander à la banque créancière de joindre à sa déclaration des documents justificatifs, sans lui faire connaître si la créance est discutée et, dans l'affirmative, sur quoi porte la discussion, l'absence de réponse n'empêche pas la banque d'interjeter appel de l'ordonnance du juge-commissaire de rejet de la créance. • Com. 14 mai 1996 : *Bull. civ. IV, n° 130 ; D. 1996. IR. 143 ; D. Affaires 1996. 809 ; JCP 1996. II. 22657, rapp. Rémery.*

2 bis. L'indication sur la lettre de la nécessité de prononcer la déchéance du terme alors que la déclaration de créance mentionnait la totalité des sommes dues et non pas seulement celles exigibles à la date d'ouverture du redressement judiciaire, de même que la mention relative à une proposition de réactualisation de la créance, ne peuvent être analysées comme une contestation de créance. • Dijon, 24 nov. 1998 : *BICC 1999, n° 554.*

3. Le juge doit rechercher si la lettre adressée au créancier par le représentant des créanciers précisait l'objet de la contestation élevée. • Com. 31 mars 1998 : *Act. proc. coll. 1998, n° 10.*

4. Sur la portée d'une lettre adressée à l'avocat du créancier, V. note 2 *quater* ss. ancien art. L. 621-47 C. com., *supra*.

73 (Abrogé par Décr. n° 2005-1677 du 28 déc. 2005, art. 354 ; Décr. n° 94-910 du 21 oct. 1994) « *La liste des créances contenant les indications prévues à l'article L. 621-44 du code de commerce, la nature et, le cas échéant, la date d'inscription des sûretés, la désignation succincte des biens affectés à celles-ci, ainsi que les propositions du représentant des créanciers et les observations du débiteur, est remise au juge-commissaire et est communiquée à l'administrateur et au commissaire à l'exécution du plan le cas échéant. Après le terme du délai fixé par le tribunal en application de l'article L. 621-103 du code précité, cette liste est, le cas échéant, complétée par les soins du greffier agissant à la demande du représentant des créanciers ou du créancier intéressé, par l'inscription des créances définitivement fixées à l'issue d'une instance judiciaire ou administrative.* »

Le juge-commissaire décide, le cas échéant, de l'admission des créances non échues.

(Décr. n° 94-910 du 21 oct. 1994) « *Lorsque le juge-commissaire statue sur la compétence de la juridiction à laquelle il appartient ou sur une créance contestée, le greffier convoque par lettre recommandée avec demande d'avis de réception le débiteur et, s'il a répondu dans le délai mentionné à l'article L. 621-47 du code de commerce, le créancier. Il avise le représentant des créanciers et l'administrateur s'il y a lieu. »*

Les décisions d'incompétence ou statuant sur la contestation d'une créance sont notifiées aux parties (Décr. n° 94-910 du 21 oct. 1994) *« ou à leur mandataire » par le greffier dans les huit jours par lettre recommandée avec demande d'avis de réception. Dans tous les cas, le représentant des créanciers et l'administrateur sont avisés des décisions rendues.*

Les décisions d'admission sans contestation sont notifiées par lettre simple aux créanciers (Décr. n° 94-910 du 21 oct. 1994) *« ou à leur mandataire ». La notification précise, d'une part, le montant pour lequel la créance est admise et, d'autre part, les sûretés et privilèges dont elle est assortie.*

1. Contestation de créances. Lorsque la convocation du débiteur, prévue par l'art. 73, al. 3, est dirigée vers une autre société, cette convocation est irrégulière, peu important que les deux sociétés en cause fassent l'objet d'une procédure collective commune et aient été dirigées par la même personne physique. • Paris, 19 janv. 1996 : *D. Affaires 1996. 358.*

1 bis. Le délai de notification de huit jours prévu à l'art. 73, al. 4, n'est pas prescrit à peine de nullité de celle-ci. • Com. 17 mars 1992 : *Bull. civ. IV, n° 117 ; D. 1992. Somm. 254, obs. Derrida.* ♦ Mais les notifications n'ayant pas été adressées aux sociétés créancières elles-mêmes, mais uniquement à la société qui avait procédé aux déclarations de créances pour leur compte en précisant dans les bordereaux qu'elle était leur mandataire, n'ont pas fait courir le délai d'appel [prévu à l'art. 157], peu important que les sociétés créancières aient pu, par ailleurs, avoir connaissance de la décision. • Com. 15 déc. 1992 : *Bull. civ. IV, n° 416 ; D. 1993. Somm. 192, obs. Honorat.* ♦ V. désormais la nouvelle rédaction de l'art. 73, al. 3 et 4, issue du décret n° 94-910 du 21 oct. 1994.

1 ter. Il résulte de l'art. 73 que les décisions statuant sur une contestation sont portées à la connaissance du représentant des créanciers et de l'administrateur, mandataires de la procédure, par la voie de l'avis auquel les dispositions de l'art. 680 NCPC ne sont pas applicables. • Com. 17 oct. 2000 : *Bull. civ. IV, n° 157 ; D. 2000. AJ. 412, obs. Lienhard ; ibid. 2001. Somm. 3428, obs. Honorat ; JCP E 2001, n° 5, p. 220, obs. Pétel. ♦* Dès lors, le délai d'appel court à compter de la réception de l'avis. • Même arrêt. ♦ Pour la recevabilité de l'appel du représentant des créanciers, en l'absence de date précise de l'avis, V. • Com. 16 avr. 1996 : *Bull. civ. IV, n° 121 ; D. 1996. IR. 144 ; JCP E 1996. I. 584, n° 10, obs. Cabrillac.*

2. Notification d'une décision d'admission. Les notifications adressées aux créanciers par le greffier mentionnant leur admission au passif, au vu des décisions prises par le juge-commissaire, font foi jusqu'à inscription de faux. • Com. 19 mars 2002 : *Rev. proc. coll. 2003. 23, obs. Legrand.* ♦ Si les notifications faites en application de l'art. 73 contiennent des indications erronées quant aux voies de recours susceptibles d'être exercées et aux formalités consécutives à l'insertion au BODACC du dépôt de l'état des créances, ces erreurs n'affectent en rien la validité de ces notifications au reçu desquelles les créanciers ne pouvaient pas douter de leur admission au passif. • Même arrêt.

2 bis. Lorsque plusieurs décisions sont notifiées par la voie postale par un même envoi, l'enveloppe doit contenir, outre chacune des notifications, un document récapitulatif permettant l'identification de chacune de ces décisions. • Civ. 2e, 21 juin 1995 : *Bull. civ. II, n° 193 ; D. 1995. IR. 173.*

3. Appel des décisions du juge-commissaire. V. note 2 ss. ancien art. L. 621-105 C. com. et note 8 ss. art. 25 du décret.

74 **A la requête du Trésor public, le juge-commissaire, après avoir recueilli l'avis du représentant des créanciers, prononce l'admission définitive des créances admises à titre provisionnel en application du deuxième** *[troisième]* **alinéa de l'article L. 621-43 du code de commerce et qui ont fait l'objet d'un titre exécutoire ou ne sont plus contestées. Lorsque le juge-commissaire n'est plus en fonctions, le président du tribunal, saisi par requête du représentant du Trésor public, prononce l'admission définitive. Les décisions sont portées sur l'état des créances.**

Les décisions rendues en méconnaissance des dispositions du deuxième *[troisième]* **alinéa de l'article L. 621-43 du code de commerce sont susceptibles d'appel dans le délai prévu au troisième alinéa de l'article 157 ci-après.**

1. Seuls les comptables publics étant habilités à déclarer les créances de l'État, même possédant un caractère conditionnel ou provisionnel, et le préfet n'ayant pas cette qualité, une déclaration de créance effectuée en temps et heure par lui est inopérante. • Rennes, 8 nov. 1995 : *JCP 1996. IV. 1907.* ♦ En ce sens que le comptable public peut déléguer ses pouvoirs à un subordonné, qui peut déléguer sa signature à un agent placé sous son autorité, V. • Com. 25 juin 2002 : *Act. proc. coll. 2002, n° 189, obs. Vallansan.*

V. aussi notes 35 *bis* et 35 *ter* ss. ancien art. L. 621-43 C. com.

2. L'appel du trésorier contre la décision de sursis à statuer prétendument rendue en méconnaissance des dispositions de l'art. 50, al. 3, de la loi du 25 janv. 1985, devenu l'art. L. 621-43 ancien C. com., est recevable en vertu de l'art. 74 du décret du 27 déc. 1985 et n'est pas soumis aux dispositions de l'art. 380 NCPC. • Com. 16 oct. 2001 : *Bull. civ. IV, n° 169 ; D. 2001. AJ. 3351 ; Act. proc. coll. 2001, n° 269, obs. Regnaut-Moutier ; JCP E 2002. 175, n° 12, obs. Cabrillac.* – V. Saintourens, *www.droit21.com, 2001, AJ 419.*

75 (Abrogé par Décr. n° 2005-1677 du 28 déc. 2005, art. 354) ***Toute personne peut prendre connaissance au greffe*** (Décr. n° 94-910 du 21 oct. 1994) ***« de la liste »*** [ancienne rédaction : « des listes »] ***des créances sur lesquelles sont portées les décisions du juge-commissaire et qui précisent, en cas d'admission, le montant de la créance ainsi que les sûretés et privilèges dont celle-ci est assortie.***

SECTION III *Vérification des créances résultant du contrat de travail*

76 (Abrogé par Décr. n° 2005-1677 du 28 déc. 2005, art. 354) ***Au vu des documents ou à partir des informations fournies par les salariés, par le débiteur, par l'administrateur ainsi que par le représentant des salariés, le représentant des créanciers vérifie les créances résultant d'un contrat de travail. Cette vérification a lieu même en l'absence de la vérification des créances chirographaires.***

(Abrogé par Décr. n° 94-910 du 21 oct. 1994) ***« Lorsque le représentant des salariés n'a pas assisté aux opérations de vérification, les relevés des créances prévus à l'article 123 de la loi du 25 janvier 1985 lui sont communiqués au fur et à mesure de leur établissement et, au plus tard, trois jours au moins avant l'expiration du délai fixé à l'article L. 143-11-7 du code du travail, pour les créances mentionnées aux 1 et 3 de cet article et dix jours au moins avant l'expiration du délai fixé aux 2 et 4 de ce même article, pour les créances qui y sont mentionnées. » Le représentant des créanciers tient à la disposition du représentant des salariés les éléments à partir desquels il a établi les relevés et notamment le livre de paye et le registre du personnel. Le représentant des salariés appose sa signature sur les relevés en formulant au besoin des réserves ou observations. En l'absence de signature, le juge-commissaire vérifie que le représentant des salariés a été à même d'accomplir sa mission.***

Les relevés sont, à la diligence du représentant des créanciers, visés par le juge-commissaire. Ils sont remis par le représentant des créanciers aux institutions mentionnées à l'article L. 143-11-4 du code du travail avant l'expiration des délais prévus, pour chaque catégorie de créances, à l'article L. 143-11-7 précité.

77 (Abrogé par Décr. n° 2005-1677 du 28 déc. 2005, art. 354) ***Les relevés des créances résultant du contrat de travail mentionnent l'identité de chaque salarié, la nature de son contrat de travail, la date de son entrée dans l'entreprise, l'emploi occupé et sa qualification, l'exercice ou non d'un mandat social, la date de rupture du contrat de travail, les sommes déjà versées et celles qui restent à payer. Le montant de ces sommes est calculé déduction faite des prélèvements légaux et conventionnels*** (Décr. n° 94-910 du 21 oct. 1994) ***« , y compris lorsque ces sommes correspondent à des créances définitivement établies par décision de justice ».***

Il appartient au représentant des créanciers de porter sur le relevé des créances déposé au greffe du tribunal de commerce, les créances résultant du contrat de travail, déduction faite des prélèvements légaux et conventionnels, y compris lorsque les créances ont été définitivement établies par décision de justice sans tenir compte de ces déductions. • Soc. 4 mars 1997 : *Bull. civ. V, n° 90.*

78 (Abrogé par Décr. n° 2005-1677 du 28 déc. 2005, art. 354) *Le représentant des créanciers informe par tout moyen chaque salarié de la nature et du montant des créances admises ou rejetées et lui indique la date du dépôt au greffe du relevé des créances. Il rappelle que le délai de forclusion prévu à l'article L. 621-125 du code de commerce court à compter de* (Décr. n° 94-910 du 21 oct. 1994) *« la publication prévue » au troisième alinéa ci-après. Les salariés dont les créances sont admises sont informés au moment du paiement.*

Le salarié dont la créance a été omise peut être relevé de la forclusion par le conseil de prud'hommes dans le délai prévu au deuxième [troisième] *alinéa de l'article L. 621-46 du code précité. Le relevé de forclusion bénéficie aux institutions mentionnées à l'article L. 143-11-4 du code du travail.*

(Décr. n° 94-910 du 21 oct. 1994) *« La publicité mentionnée à l'article L. 621-125 du code précité est faite à la diligence du représentant des créanciers par la publication, dans un journal habilité à recevoir les annonces légales dans le département du siège de l'entreprise, et le cas échéant, dans le département de chacun de ses établissements secondaires, d'un avis indiquant que l'ensemble des relevés des créances est déposé au greffe du tribunal. Cette publication intervient au plus tard trois mois après l'expiration de la dernière période de garantie prévue par l'article L. 143-11-1 du code du travail. »*

L'avis signé par le représentant des créanciers est daté du jour de (Décr. n° 94-910 du 21 oct. 1994) *« la publication prévue au troisième alinéa ci-dessus ». Cette date fait courir le délai de forclusion prévu à l'article L. 621-125 précité.*

Dernier al. abrogé par Décr. n° 94-910 du 21 oct. 1994.

78 al. 3 et 5 ancien [réd. antérieure au Décr. n° 94-910 du 21 oct. 1994] *La publicité mentionnée à l'article 123 de la loi précitée est faite à la diligence du représentant des créanciers par l'affichage d'un avis indiquant que l'ensemble des relevés des créances est déposé au greffe du tribunal. Cet affichage a lieu dans les locaux du siège de l'entreprise et à ses portes ainsi que dans les établissements de l'entreprise et à leurs portes. Il intervient au plus tard trois mois après l'expiration de la dernière période de garantie prévue par l'article L. 143-11-1 du code du travail.*

....

En cas d'impossibilité d'affichage au siège de l'entreprise ou dans les établissements de celle-ci, l'avis est affiché à la mairie dans le ressort de laquelle le siège ou les établissements de l'entreprise sont situés.

V. notes ss. ancien art. L. 621-125 C. com.

79 (Abrogé par Décr. n° 2005-1677 du 28 déc. 2005, art. 354) *Les institutions mentionnées à l'article L. 143-11-4 du code du travail font connaître au représentant des créanciers leur refus de régler une créance figurant sur un relevé, dans les mêmes délais que ceux qui sont prévus à l'article L. 143-11-7 de ce code, pour le versement des sommes impayées. Ces institutions indiquent la nature et le montant de la créance refusée ainsi que les motifs de leur refus.*

Le représentant des créanciers avertit le salarié du refus par l'institution ci-dessus mentionnée de régler la créance et en avise le représentant des salariés.

80 (Abrogé par Décr. n° 2005-1677 du 28 déc. 2005, art. 354) *Le représentant des créanciers, le commissaire à l'exécution du plan ou le liquidateur restitue aux institutions mentionnées à l'article L. 143-11-4 du code du travail, les sommes avancées par elles qui n'ont pas été perçues par les salariés lorsque le délai de validité du titre de paiement est expiré. Ces institutions versent les sommes dues aux salariés qui en font la demande.*

81 (Abrogé par Décr. n° 2005-1677 du 28 déc. 2005, art. 354) *L'administrateur ou le débiteur, selon le cas, donne toutes les informations utiles au représentant des créanciers sur les instances en cours devant la juridiction prud'homale à la date du jugement d'ouverture.*

(Décr. n° 94-910 du 21 oct. 1994) *« Les informations relatives à l'objet et aux circonstances du litige ainsi que les éléments justificatifs sont transmis par le représentant des créanciers aux institutions mentionnées à l'article L. 143-11-4 du code du travail, mises en cause devant la juridiction prud'homale conformément à l'article L. 621-126 du code de commerce. »*

Constitue une faute engageant sa responsabilité civile, le fait pour un débiteur de ne pas signaler au représentant des créanciers les instances en cours devant la juridiction prud'homale à la date du jugement d'ouverture du redressement judiciaire, contrairement aux dispositions de l'art. 81, mettant ainsi un salarié qui avait assigné son ancien employeur devant le conseil de prud'hommes dans l'impossibilité de déclarer sa créance. • Besançon, 29 juin 1993 : *BICC 1993, n° 1169.*

SECTION IV *État des créances*

82 (Abrogé par Décr. n° 2005-1677 du 28 déc. 2005, art. 354 ; Décr. n° 94-910 du 21 oct. 1994) ***La liste des créances visée à l'article L. 621-103 du code de commerce, sur laquelle sont portées les décisions du juge-commissaire s'il y a lieu, et le relevé des créances résultant du contrat de travail constituent l'état des créances au sens de l'article 103 de la loi du 25 janvier 1985.***

BIBL. ▶ DESPRAT, *Rev. proc. coll. 2001. 199* (notion d'état des créances).

L'état des créances, même visé par le juge-commissaire, ne confère pas à ce relevé le caractère d'un titre exécutoire au sens de l'art. R. 145-1 C. trav., qui permettrait au liquidateur judiciaire de faire procéder à la saisie des rémunérations dues au débiteur par son employeur, à concurrence du passif de sa procédure collective. • Com. 2 mai 2001 : *Bull. civ. IV, n° 82 ; D. 2001. IR. 1671 ; Act. proc. coll. 2001, n° 143, obs. Salvat ; Procédures 2001, n° 151, note Laporte ; RD banc. fin. 2001, n° 157, obs. Delleci ; RTD com. 2001. 773, obs. Vallens.*

83 (Abrogé par Décr. n° 2005-1677 du 28 déc. 2005, art. 354) ***Le greffier fait publier au BODACC une insertion indiquant que l'état des créances est constitué et déposé au greffe. Le délai pour faire réclamation est de quinze jours à compter de cette publication ; mention en est faite dans l'insertion.***

1. Aucun texte ou principe n'interdit aux tiers de former une réclamation avant la publication au BODACC de l'insertion indiquant que l'état des créances est constitué et déposé au greffe, soit entre la date de dépôt au greffe de l'état des créances et la date de cette publication. • Rennes, 12 avr. 2000 : *BICC 2001, n° 72.*

2. Le délai de réclamation court de la publication au BODACC de l'avis de dépôt de l'état des créances entendu au sens de l'art. 82 (dans l'hypothèse où un document modifiant l'état des créances avait également fait l'objet d'une insertion au BODACC). • Montpellier, 14 nov. 2000 : *Banque et Droit janv.-févr. 2002. 50, obs. Guillot.*

84 (Abrogé par Décr. n° 2005-1677 du 28 déc. 2005, art. 354 ; Décr. n° 94-910 du 21 oct. 1994) ***« Les réclamations des tiers sont formées par déclaration faite contre récépissé ou par lettre recommandée avec demande d'avis de réception au greffe et sont mentionnées sur l'état par le greffier. Le greffier convoque devant le juge-commissaire par lettre recommandée avec demande d'avis de réception les parties intéressées ou leur mandataire et avise le représentant des créanciers et l'administrateur s'il y a lieu. »***

Le greffier notifie dans les huit jours les décisions du juge-commissaire par lettre recommandée avec demande d'avis de réception. Le représentant des créanciers et l'administrateur, s'il y a lieu, en sont avisés.

84 al. 1er ancien [réd. antérieure au Décr. n° 94-910 du 21 oct. 1994] *Les réclamations des tiers sont formées par déclaration au greffe et mentionnées sur l'état par le greffier. Le greffier convoque par lettre recommandée avec demande d'avis de réception les parties intéressées et avise le représentant des créanciers et l'administrateur.*

V. notes ss. art. 83.

85 (Abrogé par Décr. n° 2005-1677 du 28 déc. 2005, art. 354) ***Le créancier dont les droits ont été reconnus par une décision passée en force de chose jugée adresse au greffier du tribunal devant lequel s'est déroulée la procédure de redressement judiciaire une expédition de cette décision. Le greffier mentionne la décision sur l'état des créances.***

(Décr. n° 94-910 du 21 oct. 1994) *« Le greffier avise le représentant des créanciers ainsi que l'administrateur et le commissaire à l'exécution du plan, s'il y a lieu, de toute modification ainsi apportée à l'état des créances. »*

SECTION V **Restitutions et revendications**

(Décr. n° 94-910 du 21 oct. 1994)

BIBL. GÉN. ▶ J.-L. BIGOT, *Gaz. Pal. 1994. 2. Doctr. 1400.* – BENEZRA, *ibid. 1995. 1. Doctr. 211.* – PÉROCHON, *Petites affiches 14 juin 1995, p. 32.* – MARTIN-SERF, *Petites affiches 28 oct. 1998, p. 23.*

85-1 (Abrogé par Décr. n° 2005-1677 du 28 déc. 2005, art. 354 ; Décr. n° 94-910 du 21 oct. 1994) ***La demande en revendication d'un bien est adressée dans le délai de l'article L. 621-115 du code de commerce par lettre recommandée avec demande d'avis de réception au mandataire de justice mentionné à l'article L. 621-123 du même code.***

A défaut d'acquiescement du mandataire dans le délai d'un mois à compter de la réception de la demande, le demandeur doit, sous peine de forclusion, saisir le juge-commissaire dans un délai identique à compter de l'expiration du délai de réponse du mandataire.

La demande en revendication emporte de plein droit demande en restitution.

BIBL. ▶ DIESBECQ et LAVERRIÈRE, *JCP E 2005, n° 25, p. 1053* (prorogation des délais de revendication à raison de la distance et computation).

1. Portée de la nouvelle procédure. V. note 1 ss. ancien art. L. 621-123 C. com.

2. Légalité de l'art. 85-1. Si les juridictions judiciaires peuvent, par exception à la règle générale, apprécier la validité d'un acte réglementaire sur le fondement duquel est intervenu l'acte contesté, c'est à la condition que ce règlement porte une atteinte grave à une liberté individuelle ou au droit de propriété. • Civ. 1re, 16 mai 2000 : *Bull. civ. I, n° 146 ; D. 2000. AJ. 291, obs. Lienhard ; JCP E 2000, n° 40, p. 1564, obs. Pétel ; Act. proc. coll. 2000, n° 124, obs. Regnaut-Moutier ; Procédures 2000, n° 218, obs. Laporte ; Rev. proc. coll. 2001. 30, obs. Soinne* • Paris, 21 mars 2003 : *D. 2003. AJ. 1294*. ♦ Le décret du 21 oct. 1994, dont est issu l'art. 85-1 ajouté au décret du 27 déc. 1985, à supposer même qu'il ait empiété sur le domaine réservé à la loi par l'art. 34 de la Constitution, ne saurait être considéré comme portant gravement atteinte au droit de propriété dans la mesure où la forclusion qu'il institue en son al. 2 n'est que la conséquence de l'inaction du revendiquant informé du défaut d'acquiescement par le mandataire de justice à sa demande conformément à l'al. 1er. • Mêmes arrêts.

2 bis. Nature de la demande en revendication adressée au mandataire. La demande en revendication d'un bien visée à l'art. 85-1, al. 1er, ne constitue pas une demande en justice. • Com. 6 mars 2001 : *Bull. civ. IV, n° 50 ; D. 2001. AJ. 1099, obs. Lienhard ; Act. proc. coll. 2001, n° 91, obs. Vallansan ; Procédures 2001, n° 128, obs. Laporte ; RTD com. 2001. 524, obs. Vallens ; JCP E 2001, n° 38, p. 1472, obs. Cabrillac et Pétel.* ♦ Dès lors, une demande en revendication ne peut être déclarée irrecevable aux motifs qu'elle est signée par un préposé pour le compte du chef du contentieux, que la société requérante n'a ni prouvé ni offert de prouver l'existence d'une délégation de pouvoir consentie à ce signataire et qu'un acte irrégulier ne peut produire effet. • Même arrêt. – Dans le même sens, V. • Com. 5 nov. 2003 : *RJDA 2004, n° 346 ; Rev. proc. coll. 2004. 379, obs. Monsèrié-Bon.*

V. aussi, sur la possibilité de compléter, dans le délai légal, la demande adressée au mandataire, • TGI Béthune, 24 nov. 1995 : *Rev. proc. coll. 1997. 325, obs. Soinne.*

3. Forme de la demande en revendication. Sur la nécessité d'une demande explicite, V. • Orléans, 16 juill. 2002 : *Rev. proc. coll. 2003. 308, obs. Monsèrié-Bon.* ♦ V. aussi note 24 ss. ancien art. L. 621-115 C. com.

4. Saisine du juge-commissaire. Seule la demande en revendication faite dans les formes prescrites par les dispositions de l'art. 85-1 permet de saisir le juge-commissaire. • Com. 10 mai 2000 : *RJDA 2000, n° 893.*

5. Le délai d'un mois pour saisir le juge-commissaire, prévu par l'art. 85-1, court à compter de l'expiration du délai imparti au mandataire de justice pour répondre à la demande en revendication qu'il a reçue. • Com. 28 sept. 2004 : *Bull. civ. IV, n° 171 ; D. 2004. AJ. 2715 ; Act. proc. coll. 2004, n° 210, obs. Le Corre ; JCP E 2005, n° 1-2, p. 31, obs. Cabrillac et Pétel ; Rev. proc. coll. 2005. 376, obs. Monsérié-Bon.* ♦ La décision expresse de l'administrateur judiciaire de rejeter la demande en revendication s'analyse en un défaut d'acquiescement au sens de l'art. 85-1, al. 2, et le délai de forclusion prévu par ce texte pour saisir le juge-commissaire, qui court à compter de l'expiration du délai imparti au mandataire de justice pour répondre à la demande en revendication qu'il a reçue, est applicable. • Com. 2 nov. 2005 : *Bull. civ. IV, n° 213 ; D. 2005. AJ. 2874, obs. Lienhard ; Act. proc. coll. 2005, n° 242, obs. Vallansan.* ♦ La lettre de l'administrateur judiciaire sollicitant du revendiquant des justificatifs n'a pas pour conséquence de différer le point de départ du délai de saisine du juge-commissaire au-delà de l'expiration du délai ouvert par la lettre initiale de revendication. • Orléans, 19 sept. 2002 : *RJDA 2002, n° 1302.* ♦ L'augmentation de délai prévue par l'art. 643 NCPC [pour les personnes demeurant à l'étranger] ne s'applique pas à l'action en revendication portée devant le juge-commissaire. • Com. 28 sept. 2004 : *préc.* ♦ Conformément à l'art. 668 NCPC, la date de notification par voie postale est, à l'égard de celui qui y procède, notamment un créancier à une procédure collective, la date de l'expédition. • Poitiers, 7 sept. 2004 : *D. 2004. AJ. 2572*. ♦ V. aussi, sur la forclusion résultant de la saisine du juge-commissaire après l'expiration du délai d'un mois visé à l'art. 85-1, al. 2, • Com. 3 avr. 2001 : *cité note 18 bis ss. ancien art. L. 621-115 C. com.*

5 bis. Dès lors que la demande en revendication a été adressée au liquidateur judiciaire dans le délai prévu par l'art. L. 621-115 C. com. [dans sa réd. antérieure à L. 26 juill. 2005] et que l'acquiescement de ce dernier a été porté à la connaissance du revendiquant dans le délai qui lui était imparti pour saisir le juge-commissaire, la forclusion attachée à l'absence de saisine de ce dernier ne peut plus être opposée au revendiquant. • Com. 7 févr. 2006 : *D. 2006. AJ. 576, obs. Lienhard (1re esp.) ; JCP E 2006, n° 14-15, p. 671, obs. Cabrillac ; Act. proc. coll. 2006, n° 51, obs. Vallansan ; Gaz. Pal. 30 avr.-4 mai 2006, p. 50, obs. Le Corre-Broly.*

6. Il résulte des art. 853 NCPC et 85-1, al. 2, du décret du 27 déc. 1985 que la personne qui saisit, pour le compte d'un tiers, le juge-commissaire d'une demande en revendication doit, si elle n'est pas avocat, être munie d'un pouvoir spécial donné par écrit (nullité de la requête en revendication présentée par un huissier de justice non investi d'un pouvoir spécial et écrit). • Com. 5 juill. 2005 : *Bull. civ. IV, n° 153 ; D. 2005. AJ. 1998, obs. Lienhard ; Act. proc. coll. 2005, n° 205, obs. Fricero ; Gaz. Pal. 4-5 nov. 2005, p. 55, obs. Pérochon ; Dr. et procédures 2005. 339, obs. Crocq ; RD banc. fin. 2005, n° 180, obs. F.-X. Lucas ; Rev. proc. coll. 2005. 375, obs. Monsèrié-Bon ; JCP E 2006, n° 2, p. 76, obs. Pétel.* ♦ Ce pouvoir doit accompagner la requête engageant l'action en revendication devant le juge-commissaire ou être produit dans le délai légal de celle-ci. • Même arrêt. ♦ V. aussi, pour l'irrecevabilité de la requête en revendication formée par un préposé du revendiquant dont le pouvoir d'agir en revendication n'était pas établi, • Orléans, 19 janv. 2006 : *RJDA 2006, n° 439.*

85-2 *(Abrogé par Décr. n° 2005-1677 du 28 déc. 2005, art. 354 ;* Décr. n° 94-910 du 21 oct. 1994) ***En cas d'action en restitution ou en revendication de biens fongibles ou incorporés à un autre bien mobilier, le créancier revendiquant doit établir que les conditions fixées par l'alinéa 3 de l'article L. 621-122 du code de commerce sont réunies.***

85-3 (Abrogé par Décr. n° 2005-1677 du 28 déc. 2005, art. 354 ; Décr. n° 94-910 du 21 oct. 1994) ***En cas de revendication du prix des biens visés à l'article L. 621-122 du code de commerce en application de l'article L. 621-124 du même code, les sommes correspondantes payées par le sous-acquéreur postérieurement à l'introduction de l'action en revendication doivent être versées par le débiteur entre les mains de l'administrateur s'il en a été nommé un ou, à défaut, du représentant des créanciers ou du mandataire judiciaire afin d'être attribuées au créancier revendiquant à concurrence de sa créance.***

Les sous-acquéreurs des biens vendus sous réserve de propriété, auxquels les biens ont été directement livrés et qui ne se sont pas acquittés du prix auprès de l'acquéreur à la date d'ouverture de la procédure collective de celui-ci, peuvent se libérer valablement entre les mains du liquidateur de la société revendiquante. • Com. 20 sept. 2005 : *Bull. civ. IV, n° 177 ; D. 2005. AJ. 2445, obs. Lienhard ; Act. proc. coll. 2005, n° 215, obs. Vallansan ; RD banc. fin. 2005, n° 211, obs. Legeais ; JCP E 2006, n° 2, p. 77, obs. Cabrillac.* ♦ Les dispositions de l'art. 85-3, selon lesquelles les sommes payées par le sous-acquéreur au débiteur postérieurement à l'introduction de l'action en revendication doivent être versées par le débiteur entre les mains du liquidateur afin d'être attribuées au créancier revendiquant à concurrence de sa créance, ne sont applicables que si les sommes ont été versées par le sous-acquéreur au débiteur avant la décision intervenue au profit du revendiquant du prix. • Même arrêt.

85-4 (Abrogé par Décr. n° 2005-1677 du 28 déc. 2005, art. 354 ; Décr. n° 94-910 du 21 oct. 1994) ***Pour l'application de l'article L. 621-116 du code de commerce, la demande en restitution est faite par le propriétaire du bien par lettre recommandée avec demande d'avis de réception au mandataire de justice mentionné à l'article L. 621-123 du même code.***

A défaut d'accord du mandataire dans le délai d'un mois à compter de la réception de la demande ou en cas de contestation, le juge-commissaire peut être saisi à la diligence du propriétaire afin qu'il soit statué sur les droits de ce dernier. Même en l'absence de demande préalable en restitution, le juge-commissaire peut également être saisi à cette même fin par le mandataire de justice.

Le bien qui ne fait pas l'objet d'une demande en restitution peut être vendu selon les formes prévues au titre III de la même loi [chapitre II du titre II du livre IV du code de commerce] ***à l'expiration d'un délai d'un mois après l'envoi d'une mise en demeure au propriétaire. Cette mise en demeure peut être envoyée dès l'ouverture de la procédure. Elle est faite par lettre recommandée avec demande d'avis de réception adressée au dernier domicile connu du propriétaire, par l'administrateur ou, à défaut, par le représentant des créanciers, ou le liquidateur.***

Le prix de vente est consigné par l'administrateur, le représentant des créanciers ou le liquidateur à la Caisse des dépôts et consignations et, sous déduction des frais, est tenu à la disposition du créancier. Après clôture de la procédure, le montant ainsi consigné est restitué au créancier ou à ses ayants droit sur ordonnance du président.

V. notes ss. ancien art. L. 621-123 C. com.

85-5 (Abrogé par Décr. n° 2005-1677 du 28 déc. 2005, art. 354 ; Décr. n° 94-910 du 21 oct. 1994) ***Pour bénéficier des dispositions de l'article L. 621-116 du code de commerce, les contrats de location ou les contrats de vente assortis d'une réserve de propriété doivent être publiés dans les conditions prévues aux articles 1er à 7 et 9 du décret n° 72-665 du 4 juillet 1972.*** — V. ce texte, au **C. com.**

Pour l'application de l'article 1er dudit décret, les renseignements doivent permettre d'identifier les parties au contrat visé à l'alinéa ci-dessus et, s'il y a lieu, le nom de la personne qui leur est subrogée, le bien vendu ou loué et, le cas échéant, l'indication de son prix et de la date d'exigibilité de celui-ci.

Pour l'application des articles 2, 3 et 4 du même décret, le loueur ou le vendeur bénéficiaire de la clause de réserve de propriété sont soumis aux conditions applicables aux entreprises de crédit-bail.

V. notes ss. ancien art. L. 621-116 C. com.

CHAPITRE III *Plan de continuation ou de cession de l'entreprise*

SECTION I *Dispositions communes aux jugements relatifs au plan*

86 (Abrogé par Décr. n° 2005-1677 du 28 déc. 2005, art. 354) ***Dès le dépôt au greffe du rapport de l'administrateur ou du projet de plan, le greffier convoque en chambre du conseil, par lettre recommandée avec demande d'avis de réception, le débiteur, les représentants du comité d'entreprise ou, à défaut, des délégués du personnel ou, dans le cas prévu au deuxième alinéa de l'article L. 621-135 du code de commerce, le représentant des salariés.***

Le procureur de la République ainsi que (Décr. n° 94-910 du 21 oct. 1994) ***« l'administrateur, le représentant des créanciers et les contrôleurs » sont avisés de la date de l'audience.***

(Abrogé par Décr. n° 94-910 du 21 oct. 1994) ***« Tout créancier ou tout groupe de créanciers représentant au moins 15 p. 100 du montant des créances déclarées est entendu par le tribunal s'il fait à cette fin une déclaration motivée au greffe. »***

Avant l'abrogation, par le décret du 21 oct. 1994, du dernier alinéa de l'art. 86, il avait été jugé qu'une association de défense des fournisseurs et sous-traitants, qui représentait plus de 25 % des créances déclarées, était en droit de demander à être entendue et à présenter ses observations et était recevable, dans cette mesure, en son intervention en appel. • Versailles, 23 avr. 1992 : *D. 1992. IR. 203 ; RJ com. 1992. 307, note Vallens.* ♦ Toutefois, le groupe de créanciers représentant au moins quinze pour cent du montant des créances déclarées, qui avait le droit d'être entendu par le tribunal en application de l'art. 86, al. 3, n'avait pas pour autant acquis la qualité de partie à l'instance et n'était donc pas recevable à former un pourvoi contre l'arrêt ayant déclaré irrecevable leur appel contre le jugement rendu sans que le tribunal eût procédé à leur audition. • Com. 23 juin 1998 : *Bull. civ. IV, n° 207 ; D. 1998. IR. 174* (V. l'arrêt confirmé : • Versailles, 16 nov. 1995 : *JCP E 1996. Pan. 181*). ♦ En effet, en application de l'art. 46, al. 1er, de la loi [C. com., ancien art. L. 621-39, al. 1er], le représentant des créanciers désigné par le tribunal a seul qualité pour agir au nom et dans l'intérêt des créanciers et l'art. 31 NCPC prive du droit d'agir ceux qui ont un intérêt légitime au succès ou au rejet d'une prétention lorsque la loi attribue ce droit aux seules personnes qu'elle qualifie pour élever ou combattre une prétention ou pour défendre un intérêt déterminé. • Com. 6 mai 1997 : *Rev. proc. coll. 1998. 78, obs. Soinne.*

V. aussi note 2 ss. art. 44.

87 (Abrogé par Décr. n° 2005-1677 du 28 déc. 2005, art. 354) ***Le jugement arrêtant ou rejetant le plan de continuation ou de cession de l'entreprise est rendu en audience publique.***

Une copie du jugement est adressée immédiatement par le greffier aux autorités citées à l'article 19 (Abrogé par Décr. n° 94-910 du 21 oct. 1994) ***« ainsi qu'au commissaire de la République » dans les conditions prévues au 3° de cet article.***

Le jugement arrêtant le plan fait l'objet des publicités prévues à l'article 21.

87-1 (Abrogé par Décr. n° 2005-1677 du 28 déc. 2005, art. 354 ; Décr. n° 94-910 du 21 oct. 1994) ***La clause d'inaliénabilité prévue aux articles L. 621-72 et L. 621-92 du code de commerce est, à la diligence du commissaire à l'exécution du plan, mentionnée aux registres publics sur lesquels les biens déclarés inaliénables et les droits qui les grèvent sont inscrits.***

88 (Abrogé par Décr. n° 2005-1677 du 28 déc. 2005, art. 354) ***L'administrateur rend compte au juge-commissaire s'il est encore en fonction ou au président du tribunal, de l'exécution des actes permettant la mise en œuvre du plan conformément à l'article L. 621-67 du code de commerce.***

Le représentant des créanciers rend compte de sa mission au juge-commissaire qui met fin à celle-ci, après avoir constaté l'achèvement de la vérification des créances et le versement des sommes dues aux salariés en application de l'article L. 143-11-7 du code du travail.

L'administrateur et le représentant des créanciers notifient au débiteur et déposent au greffe dans les deux mois qui suivent l'achèvement de leur mission, un exemplaire de leurs comptes relatifs aux opérations de recettes ou dépenses faites à la caisse des dépôts et consignations. Tout créancier peut en prendre connaissance au greffe.

Le débiteur dispose d'un délai de huit jours à compter de la notification pour contester les comptes auprès du tribunal par déclaration au greffe.

Représentant des créanciers. Sur la portée de l'absence de notification à un créancier de l'ordonnance par laquelle le juge-commissaire avait mis fin aux fonctions du représentant des créanciers, V. • Com. 16 oct. 1990 : *Bull. civ. IV, n° 238.*

Sur la portée de l'art. 88, al. 2, V. notes 6 à 8 ss. ancien art. L. 621-68 C. com.

89 (Abrogé par Décr. n° 2005-1677 du 28 déc. 2005, art. 354) ***Les fonctions du juge-commissaire prennent fin dès la reddition définitive des comptes de l'administrateur et du représentant des créanciers.***

Alors que lorsque le tribunal arrête un plan de continuation ou de cession, l'art. 89 prévoit que les fonctions de juge-commissaire prennent fin dès la reddition des comptes de l'administrateur ou du représentant des créanciers, aucune disposition de cette nature ne figure dans la loi ou le décret de 1985 en cas de clôture pour insuffisance d'actif. • Paris, 24 avr. 1992 : *D. 1992. IR. 212.*

90 (Abrogé par Décr. n° 2005-1677 du 28 déc. 2005, art. 354) ***Les instances auxquelles est partie l'administrateur ou le représentant des créanciers et qui ne sont pas terminées lorsque la mission de ces derniers a pris fin, sont poursuivies par le commissaire à l'exécution du plan ou si celui-ci n'est plus en fonction, par un*** (Décr. n° 94-910 du 21 oct. 1994) ***« mandataire de justice désigné spécialement à cet effet »*** [ancienne rédaction : « mandataire ad hoc désigné »] ***par le tribunal devant lequel s'est déroulée la procédure de redressement judiciaire.***

1. Poursuite des instances par le commissaire à l'exécution du plan. Si l'art. 90 prévoit une reprise des instances en cours par le commissaire à l'exécution du plan, c'est uniquement dans le cadre des dispositions de la loi nouvelle sans que soit prévue sa substitution au syndic encore en place, d'une liquidation des biens régie par la loi ancienne. • Com. 21 janv. 1992 : *Bull. civ. IV, n° 29 ; JCP 1992. IV. 867.*

1 bis. Il se déduit de l'art. 90 que le commissaire à l'exécution du plan n'a pas qualité pour poursuivre des instances auxquelles l'administrateur ou le représentant des créanciers n'étaient pas parties. • Paris, 29 mai 1998 : *Act. proc. coll. 1998, n° 112.*

2. Désignation d'un mandataire ad hoc. L'art. 90 n'exclut pas la possibilité de désigner un mandataire *ad hoc* pour poursuivre les actions engagées par le seul commissaire à l'exécution du plan. • Montpellier, 19 mars 1996 : *D. 1996. IR. 134 ; Rev. proc. coll. 1996. 377, obs. Soinne,* conf. par • Com. 9 juin 1998 : *Bull. civ. IV, n° 184 ; D. 1998. IR. 197 ; D. Affaires 1998. 1218 ; Quot. jur. 24 sept. 1998, p. 3, note P. M. ; RTD com. 1998. 931, obs. Saint-Alary-Houin ; Rev. proc. coll. 1999. 187, obs. Martin-Serf.*

L'art. 67 de la loi [C. com., ancien art. L. 621-68] et l'art. 90 du décret ne distinguent pas suivant que la créance objet de l'action est ou non étrangère au plan de cession. • Com. 9 janv. 1996 : *Rev. proc. coll. 1996. 377, obs. Soinne.*

Ne peut être désigné en qualité de mandataire *ad hoc* le commissaire à l'exécution du plan qui ne donne aucun élément permettant de constater que la mission du représentant des créanciers est terminée en raison de l'achèvement de la vérification des créances, ni aucun élément sur l'achèvement éventuel de sa mission d'administrateur au regard de la mise en œuvre du plan. • Douai, 18 févr. 1999 : *BICC 1999, n° 1304.*

V. aussi note 4 ss. ancien art. L. 621-68 C. com.

3. Pouvoirs du tribunal. Il n'appartient pas aux juges, à ce stade de la procédure, d'apprécier la recevabilité de l'action engagée pour se déterminer sur la désignation d'un mandataire *ad hoc*. • Montpellier, 19 mars 1996 : *préc. note 2.* ♦ La désignation par le juge, en vertu de l'art. 90, d'un mandataire *ad hoc* chargé de poursuivre les instances en cours lorsque les organes de la procédure collective ont cessé leurs fonctions relève de la juridiction gracieuse. • Com. 9 juin 1998 : *préc. note 2.*

4. Mise en cause du débiteur. Viole les art. 1844-7, 7°, C. civ., 14 NCPC, L. 621-68 [ancien] C. com. et 90 du décret la cour d'appel qui retient que l'art. 90 préc. n'impose pas, après une décision arrêtant le plan de cession, au demandeur de mettre en cause le débiteur pour obtenir le paiement d'une créance de l'art. L. 621-32 [ancien] C. com., alors que le commissaire à l'exécution du plan ne représentait pas la société débitrice contre laquelle l'action devait être dirigée. • Com. 12 juill. 2004 : *Bull. civ. IV, n° 158 ; D. 2004. AJ. 2154 ; Act. proc. coll. 2004, n° 192, obs. Vallansan ; RD banc. fin. 2004, n° 255, obs. F.-X. Lucas.*

91 (Abrogé par Décr. n° 2005-1677 du 28 déc. 2005, art. 354) ***Le juge-commissaire ou si celui-ci n'est plus en fonction, le président du tribunal, autorise le débiteur ou le cessionnaire à remettre au commissaire à l'exécution du plan les sommes nécessaires à l'accomplissement de la mission de ce dernier.***

92 (Abrogé par Décr. n° 2005-1677 du 28 déc. 2005, art. 354) ***Lorsque le remplacement du commissaire à l'exécution du plan est demandé par le procureur de la République ou que le tribunal se saisit d'office aux mêmes fins, la convocation de l'intéressé est faite selon le cas dans les formes et selon la procédure prévues aux articles 8 ou 9.***

93 (Abrogé par Décr. n° 2005-1677 du 28 déc. 2005, art. 354) ***En cas de continuation de l'entreprise, assortie de cessions partielles, le tribunal peut nommer un seul commissaire à l'exécution de l'ensemble des opérations.***

94 (Abrogé par Décr. n° 2005-1677 du 28 déc. 2005, art. 354) *Le commissaire à l'exécution du plan signale, dans un rapport adressé au président du tribunal et au procureur de la République, l'inexécution du plan de la part du débiteur, du cessionnaire ou de toute autre personne.*

Le rapport fait état des observations du chef d'entreprise et propose éventuellement les solutions qui seraient de nature à permettre l'exécution du plan.

Le commissaire à l'exécution du plan rend compte de sa mission au président du tribunal. Il remet ses comptes au greffe dans les deux mois qui suivent l'achèvement de sa mission. Le débiteur ou le cessionnaire, selon le cas, peut contester ces comptes dans les formes et délais prévus au quatrième alinéa de l'article 88. – V. art. 103.

95 (Abrogé par Décr. n° 2005-1677 du 28 déc. 2005, art. 354) *Les demandes présentées en application de l'article L. 621-69 du code de commerce sont faites par déclaration au greffe du débiteur ou du cessionnaire.*

Le greffier convoque en chambre du conseil, par lettre recommandée avec demande d'avis de réception le demandeur, les représentants du comité d'entreprise ou à défaut des délégués du personnel qui sont désignés conformément à l'article 12. Il avise de la date de l'audience le procureur de la République ainsi que le commissaire à l'exécution du plan.

(Décr. n° 94-910 du 21 oct. 1994) *« Lorsque la modification porte sur les modalités d'apurement du passif, le greffier du tribunal informe les créanciers intéressés. Ceux-ci disposent alors d'un délai de quinze jours pour faire valoir leurs observations par lettre recommandée avec demande d'avis de réception adressée au commissaire à l'exécution du plan. »*

Le tribunal statue en audience publique. Le jugement est signifié et notifié conformément aux dispositions de l'article 97 ci-après.

Sur la notion de « créanciers intéressés », V. • Paris, 21 juin 1996 : *Rev. proc. coll. 1996. 452, obs. Soinne.*

96 (Abrogé par Décr. n° 2005-1677 du 28 déc. 2005, art. 354) *Une copie du jugement modifiant le plan est adressée aux autorités mentionnées aux articles 19 et 87. Le jugement fait l'objet des publicités prévues à l'article 21.*

SECTION II *Continuation de l'entreprise*

96-1 (Abrogé par Décr. n° 2005-1677 du 28 déc. 2005, art. 354 ; Décr. n° 94-910 du 21 oct. 1994) *La durée du plan est fixée dans les limites définies par les deux dernières phrases de l'article L. 621-66 du code de commerce, sans préjudice du différé de paiement prévu au second alinéa de l'article L. 621-76 du même code.*

Le délai d'un an prévu au second alinéa de l'article L. 621-76 du code précité court à compter du jour du jugement arrêtant le plan.

97 (Abrogé par Décr. n° 2005-1677 du 28 déc. 2005, art. 354) *Le jugement arrêtant ou rejetant le plan de continuation est signifié à la diligence du greffier* (Décr. n° 88-430 du 21 avr. 1988) *« dans les huit jours de la date du jugement » aux personnes autres que le procureur de la République qui ont qualité pour interjeter appel. Il est en outre notifié par le greffier à toute personne tenue de l'exécuter, conformément à l'article L. 621-63 du code de commerce.*

98 (Abrogé par Décr. n° 2005-1677 du 28 déc. 2005, art. 354) *L'autorisation prévue à l'article L. 621-72 du code de commerce est donnée par le tribunal au vu du rapport du commissaire à l'exécution du plan.*

99 (Abrogé par Décr. n° 2005-1677 du 28 déc. 2005, art. 354) *L'assemblée des associés ou l'assemblée générale extraordinaire appelée à modifier les statuts conformément aux indications du plan est convoquée dans les formes et délais prévus aux articles 33 à 40.*

100 (Abrogé par Décr. n° 2005-1677 du 28 déc. 2005, art. 354) *La substitution de garantie, prévue à l'article L. 621-80 du code de commerce, est ordonnée par le tribunal* *devant lequel s'est déroulée la procédure de redressement judiciaire. Le débiteur, le créancier, le commissaire à l'exécution du plan sont entendus ou convoqués par le greffier.*

Les radiations et les inscriptions des sûretés sont requises par le demandeur ou le bénéficiaire, sur injonction contenue dans le jugement qui précise la personne à qui incombe la charge des frais. La radiation ne peut intervenir qu'après constitution de la garantie substituée.

La banque qui n'a pas exigé, comme le lui permet l'art. 100, al. 2, qu'il soit procédé à l'inscription de la garantie substituée avant radiation de chaque sûreté, a renoncé à la sûreté dont elle bénéficiait et ne peut plus invoquer une créance de nature privilégiée sur le prix des véhicules vendus. • Com. 20 févr. 1996 : *Rev. huiss. 1997. 511, note Courtier ; Rev. proc. coll. 1998. 367, obs. Soinne.*

101 (Abrogé par Décr. n° 2005-1677 du 28 déc. 2005, art. 354) *Le montant maximal de chaque créance remboursable sans remise ni délai en application de l'article L. 621-78 du code de commerce est de 152,45 €.*

102 (Abrogé par Décr. n° 2005-1677 du 28 déc. 2005, art. 354) *Le prix de vente ou la quote-part de ce prix, d'un bien mentionné aux articles L. 621-25 et L. 621-80 du code de commerce, est versé à la Caisse des dépôts et consignations.* (Décr. n° 94-910 du 21 oct. 1994) *« A l'issue de ce versement, des paiements provisionnels peuvent être effectués dans les conditions définies à l'alinéa 2 de l'article L. 621-25 du code de commerce ». Le commissaire à l'exécution du plan ou le liquidateur, selon le cas, répartit le prix entre les créanciers, effectue le paiement et procède à la radiation des inscriptions.*

En cas de vente d'un immeuble, le prix est versé après l'accomplissement des formalités de purge des hypothèques prescrites par les articles 2181 et suivants du code civil et suivant la procédure d'ordre définie aux articles 140 à 151 ci-après.

Si, lors de la vente d'un bien mentionné à l'article L. 621-80 du code précité, le commissaire à l'exécution du plan a cessé ses fonctions, la répartition du prix est faite par un (Décr. n° 94-910 du 21 oct. 1994) *« mandataire désigné spécialement à cet effet »* [ancienne rédaction : « mandataire ad hoc désigné »] *par le président du tribunal devant lequel s'est déroulée la procédure.*

102-1 *(Abrogé par Décr. n° 2005-1677 du 28 déc. 2005, art. 354 ;* Décr. n° 94-910 du 21 oct. 1994) *En cas d'application du dernier alinéa de l'article L. 621-76 du code de commerce, les sommes versées par le débiteur au crédit-bailleur au titre des sommes dues avant le jugement d'ouverture viennent en déduction de la créance du crédit-bailleur.*

103 *(Abrogé par Décr. n° 2005-1677 du 28 déc. 2005, art. 354 ;* Décr. n° 94-910 du 21 oct. 1994) *Sans préjudice de l'application des dispositions de l'article 94 ci-dessus, le commissaire à l'exécution du plan fait un rapport annuel sur l'exécution des engagements du débiteur. Ce rapport est déposé au greffe et est tenu à la disposition du procureur de la République et de tout créancier.*

103-1 (Abrogé par Décr. n° 2005-1677 du 28 déc. 2005, art. 354 ; Décr. n° 94-910 du 21 oct. 1994) *A la demande de l'administrateur s'il en a été désigné un, du commissaire à l'exécution du plan ou du débiteur, le tribunal peut, dans le jugement arrêtant le plan de continuation ou par décision ultérieure, prononcer la suspension des effets d'une interdiction d'émettre des chèques en application du premier alinéa de l'article L. 621-71 du code de commerce.*

Le demandeur doit joindre à sa requête le relevé de l'ensemble des incidents de paiement de chèques enregistrés au nom du débiteur à la Banque de France.

La décision de suspension prise par le tribunal doit mentionner les incidents correspondant aux chèques émis antérieurement au jugement d'ouverture de la procédure qui ont provoqué l'interdiction d'émettre des chèques. Cette décision, ainsi que celle qui prononce, en application de l'article L. 621-82 du code de commerce, la résolution du plan, est accompagnée du relevé des incidents visé à l'alinéa précédent et est notifiée par le greffier à la Banque de

France accompagnée de ce relevé. Le greffier du tribunal conserve pendant la durée de la suspension fixée par le tribunal le relevé des incidents ci-dessus mentionné.

Les décisions visées à l'art. 103-1 ci-dessus sont, dans les deux jours ouvrés de leur notification à la Banque de France, transmises par celle-ci à chaque banquier ayant déclaré des incidents de paiement de chèques. — En cas de suspension des effets d'une mesure d'interdiction d'émettre des chèques, le tiré transmet à la Banque de France, au plus tard le deuxième jour ouvré suivant la réception de la décision du tribunal, les demandes d'annulation de chacune des déclarations des incidents mentionnés par cette décision. — En cas de résolution du plan prononcée en application de l'art. L. 621-82 C. com., le tiré, dans les mêmes délais, procède selon les modalités fixées par l'art. R. 131-12 C. mon. fin., à un nouvel enregistrement des incidents de paiement dont il a demandé l'annulation dans les conditions prévues au deuxième alinéa ci-dessus. Il transmet les nouvelles déclarations de chacun de ces incidents à la Banque de France. La mesure d'interdiction d'émettre des chèques reprend effet à compter de sa date initiale (C. mon. fin., art. R. 131-28).

SECTION III *Cession de l'entreprise*

103-2 (Abrogé par Décr. n° 2005-1677 du 28 déc. 2005, art. 354 ; Décr. n° 94-910 du 21 oct. 1994) ***Le délai de l'article L. 621-85 du code de commerce ne fait pas obstacle aux modifications des offres déposées dans un sens plus favorable aux objectifs énoncés au second alinéa de l'article 621-83 dudit code. A peine d'irrecevabilité, ces modifications ne peuvent être déposées moins de deux jours ouvrés avant la date fixée pour l'audience d'examen des offres par le tribunal.***

Au terme de ce délai, aucune modification n'est recevable. L'administrateur procède alors, par tous moyens, à l'information sur le contenu définitif des offres, prévue au dernier alinéa de l'article L. 621-85 précité. Cette information est également transmise au juge-commissaire et au procureur de la République.

En cas de renvoi de l'affaire à une audience ultérieure, le tribunal fixe, conformément aux dispositions du premier alinéa de l'article L. 621-85 du code de commerce et du premier alinéa ci-dessus, un nouveau délai pour la présentation de nouvelles offres ou l'amélioration des offres préalablement déposées.

Sanction. Jugé qu'une modification de l'offre de reprise non contradictoirement débattue est recevable dès lors qu'il n'est pas contesté qu'elle est plus favorable aux objectifs poursuivis par le plan de cession sans modifier fondamentalement l'offre initiale (irrecevabilité de l'appel-nullité du débiteur). • Paris, 15 oct. 1996 : *RJ com. 1997. 37, note X. Vincent ; Rev. proc. coll. 1998. 258, obs. Soinne.* ♦ Dans le même sens, jugeant que, si la modification de l'offre est intervenue sans que soient respectées les conditions de délai de l'art. 103-2, la contestation doit être rejetée, les objectifs poursuivis par le texte ayant été dans les faits atteints, V. • Paris, 5 déc. 1997 : *RJ com. 1998. 325, note Monsérié ; Rev. proc. coll. 2001. 73, obs. Soinne.* V. aussi • Douai, 9 avr. 1998 : *Rev. proc. coll. 2001. 74, obs. Soinne.*

103-3 (Abrogé par Décr. n° 2005-1677 du 28 déc. 2005, art. 354 ; Décr. n° 94-910 du 21 oct. 1994) ***Le prix de cession de l'entreprise est réparti par le commissaire à l'exécution du plan conformément aux dispositions du deuxième alinéa de l'article L. 621-95 du code de commerce. Il établit l'ordre conformément aux articles 140 à 150 ci-après.***

Lorsque la cession porte sur un fonds de commerce, le cessionnaire peut, après avoir payé le prix, saisir le juge-commissaire pour faire prononcer la radiation des inscriptions grevant le fonds ; les dispositions de l'article 151-1 ci-après sont applicables. Toutefois aucune justification de la purge n'est nécessaire.

104 (Abrogé par Décr. n° 2005-1677 du 28 déc. 2005, art. 354) ***La vente des biens mentionnés au dernier alinéa de l'article L. 621-83 du code de commerce est faite par le commissaire à l'exécution du plan. Dans ce cas, le juge-commissaire demeure en fonction pour exercer les attributions qui lui sont conférées par les articles L. 622-16 à L. 622-18 du code précité.***

La répartition du prix de cession d'un immeuble obéit aux règles prévues par les articles 140 à 151 ci-après pour la procédure d'ordre.

(Décr. n° 94-910 du 21 oct. 1994) « *Lorsque la cession porte sur un fonds de commerce, l'acquéreur peut, après avoir payé le prix, saisir le juge-commissaire pour faire prononcer la radiation des inscriptions grevant le fonds selon la procédure prévue à l'article 151-1 ci-après.* »

Avant l'intervention du décret du 21 oct. 1994, l'art. 104, al. 2, prévoyant que la répartition du prix de cession d'un immeuble obéit aux règles prévues par les art. 140 à 151 pour la procédure d'ordre, le juge des ordres du tribunal de grande instance dans le ressort duquel se déroule la procédure collective était seul compétent, en vertu de l'art. 145, pour prononcer, en l'absence de mainlevée des créanciers, la radiation des inscriptions. • Com. 17 janv. 1995 : *Bull. civ. IV, n° 17 ; D. 1995. Somm. 216, obs. Honorat ; D. 1996. Somm. 206, obs. S. Piedelièvre ; JCP N 1995. II. 935, note Frémont ; Defrénois 1995. 967, obs. Sénéchal ; Rev. huiss. 1996. 57, note Courtier.* ♦ Comp., désormais : art. 104, al. 3, ajouté par Décr. n° 94-910 du 21 oct. 1994.

105 (Abrogé par Décr. n° 2005-1677 du 28 déc. 2005, art. 354 ; Décr. n° 94-910 du 21 oct. 1994) ***Lorsque le tribunal est appelé à se prononcer sur la cession des contrats mentionnés à l'article L. 621-88 du code de commerce, ou à constater le transfert d'une sûreté mentionnée à son article L. 621-96, le ou les co-contractants ou le ou les titulaires de la sûreté sont convoqués à l'audience, quinze jours au moins avant la date d'audience, par lettre recommandée avec demande d'avis de réception, par les soins du greffier sur les indications de l'administrateur ou du chef d'entreprise.***

1. Convocation du cocontractant. L'art. 105 ne requiert que la convocation du ou des cocontractants sans prévoir celle du cessionnaire. • Paris, 26 janv. 1996 : *D. 1997. Somm. 7, obs. Derrida.*

2. Jugé que le cocontractant ne saurait prétendre à la nullité du jugement qui emporte cession du contrat du fait qu'il n'a pas été convoqué conformément à l'art. 105, cette formalité n'étant pas prescrite à peine de nullité et son inobservation n'ayant entraîné aucun grief. • Limoges, 13 août 1986 : *D. 1987. 44, note Derrida ; JCP 1986. II. 20693, note Cabrillac ; Gaz. Pal. 1986. 2. 722, note Martin.* – Dans le même sens : • Paris, 17 mars 2000 : *D. 2000. AJ. 249, obs. Pisoni.* – *Contra* : • Agen, 15 janv. 1990 : *Rev. huiss. 1990. 115, note D. M.* – V. aussi • Com. 28 mars 1995 : *Bull. civ. IV, n° 109 ; D. 1995. IR. 208 ; Quot. jur. 13 juin 1995, p. 4, note P. B.*

3. Convocation du titulaire de la sûreté. L'art. 105 prévoit la convocation des titulaires d'une sûreté uniquement lorsque le tribunal est appelé à se prononcer sur « le transfert d'un nantissement » dans les conditions de l'art. 93 de la loi [C. com., ancien art. L. 621-96] [désormais, depuis le décret du 21 oct. 1994 : « transfert d'une sûreté »]. Dès lors, il ne peut être imputé à faute à une banque, non partie à la procédure d'affectation d'une quote-part aux biens grevés et de répartition des fonds, de ne pas être intervenue auprès du tribunal. • Com. 26 mai 1999 : *Bull. civ. IV, n° 112 ; D. 1999. IR. 161.*

105-1 (Abrogé par Décr. n° 2005-1677 du 28 déc. 2005, art. 354 ; Décr. n° 94-910 du 21 oct. 1994) ***Le tribunal vérifie que les conditions requises par l'article L. 621-96 du code de commerce sont remplies et constate dans le jugement arrêtant le plan les sûretés dont la charge est transmise.***

Un extrait du jugement est adressé par les soins du greffier aux personnes mentionnées à l'article 105 ci-dessus.

105-2 *(Abrogé par Décr. n° 2005-1677 du 28 déc. 2005, art. 354 ;* Décr. n° 94-910 du 21 oct. 1994) ***Lorsqu'en cas d'application du dernier alinéa de l'article L. 621-88 du code de commerce il y a désaccord entre les parties sur la valeur du bien objet du contrat de crédit-bail, le tribunal fixe cette valeur, au besoin après expertise, dans le plan de cession ou, à défaut, à la requête de l'une ou l'autre des parties, en tenant compte notamment de l'utilité du bien pour le cessionnaire et de son coût de remplacement.***

Les sommes restant dues au sens du dernier alinéa de l'article L. 621-88 précité sont, à peine de nullité du paiement, versées par le cessionnaire au commissaire à l'exécution du plan qui les remet immédiatement au crédit-bailleur. Ces sommes viennent en déduction de la

créance admise du crédit-bailleur lorsqu'elles sont relatives à des loyers impayés au jour du jugement d'ouverture.

BIBL. ▶ LE CORRE-BROLY, *Petites affiches 10 juin 1996, p. 4.*

La détermination de la valeur du bien peut parfaitement intervenir après le jugement arrêtant le plan puisque l'art. 86 de la loi du 25 janv. 1985 [C. com., ancien art. L. 621-88] précise que le crédit bailleur peut lever l'option jusqu'à l'extrême limite de l'expiration des contrats, et ce n'est que dans cette hypothèse qu'il y a lieu, le cas échéant, de fixer la valeur du bien loué. • TGI Annecy, 10 févr. 1998 : *Rev. proc. coll. 2001. 94, obs. Soinne.*

106 *(Abrogé par Décr. n° 2005-1677 du 28 déc. 2005, art. 354 ;* Décr. n° 94-910 du 21 oct. 1994) ***Dès l'accomplissement des actes de cession, l'achèvement de la vérification des créances, l'achèvement des opérations de réalisation des actifs non compris dans le plan et, le cas échéant, le terme des actions et procédures engagées dans l'intérêt de l'entreprise ou des créanciers, les mandataires chargés de ces missions en font rapport. Ces rapports sont déposés au greffe du tribunal pour être communiqués au juge-commissaire aux fins de saisine du tribunal afin que soit prononcée la clôture de la procédure.***

Le jugement de clôture est mentionné aux registres ou répertoires prévus à l'article 21 ci-dessus.

107 (Abrogé par Décr. n° 2005-1677 du 28 déc. 2005, art. 354) ***Pour l'application de l'article L. 621-93 du code de commerce, le cessionnaire est convoqué par le greffier pour être entendu en chambre du conseil.***

108 (Abrogé par Décr. n° 2005-1677 du 28 déc. 2005, art. 354 ; Décr. n° 94-910 du 21 oct. 1994) ***Dans le cas prévu au dernier alinéa de l'article L. 621-96 du code de commerce, le cessionnaire informe préalablement le commissaire à l'exécution du plan de tout projet d'aliénation d'un bien cédé. Il est également tenu d'en informer le tribunal si l'aliénation n'était pas envisagée lors du dépôt de son offre dans les conditions du 6°*** [du I] ***de l'article L. 621-85 du code.***

Le commissaire à l'exécution du plan, informé par le cessionnaire dans les conditions de l'alinéa précédent ou d'office, avertit immédiatement le juge-commissaire ou, à défaut, le président du tribunal et les créanciers bénéficiant d'un droit de suite s'il y en a.

Toute aliénation non autorisée par le tribunal dans les conditions de l'article L. 621-69 du code est annulée dans les conditions prévues au troisième alinéa de l'article L. 621-91 du code précité.

Le tribunal peut en outre, s'il l'estime justifiée, décider la résolution du plan dans les conditions prévues au quatrième alinéa de l'article L. 621-91 du code précité.

109 (Abrogé par Décr. n° 2005-1677 du 28 déc. 2005, art. 354) ***Le commissaire à l'exécution du plan signale, dans un rapport adressé au président du tribunal et au procureur de la République, toute atteinte aux éléments pris en location-gérance ainsi que le défaut d'exécution par le locataire-gérant de ses obligations. Ce rapport fait état des observations du locataire-gérant et propose éventuellement les solutions qui seraient de nature à permettre l'exécution du plan.***

TITRE II Procédure simplifiée

110 (Abrogé par Décr. n° 2005-1677 du 28 déc. 2005, art. 354) ***Les dispositions du titre Ier ci-dessus et des titres III et suivants ci-après sont applicables à la procédure simplifiée dans la mesure où il n'y est pas dérogé par celles du présent titre.***

111 *(Abrogé par Décr. n° 2005-1677 du 28 déc. 2005, art. 354 ;* Décr. n° 94-910 du 21 oct. 1994) ***La période d'observation est limitée à quatre mois. Elle peut être renouvelée une fois, et éventuellement prorogée lorsqu'il s'agit d'une exploitation agricole jusqu'au terme***

de l'année culturale en cours, dans les conditions fixées par l'article L. 621-136 du code de commerce.

Pendant cette période, l'activité est poursuivie, dans les conditions prévues à l'article L. 621-137 du code précité. Le président fixe l'affaire au rôle du tribunal au plus tard dix jours avant l'expiration de chaque période fixée par celui-ci. Le greffier convoque à cette audience le débiteur, les mandataires, les contrôleurs, et en avise le procureur de la République. Sous réserve des dispositions de l'article L. 623-9, alinéa 2, du code de commerce et de l'article 119-2 ci-dessous, cette poursuite d'activité ne peut en aucun cas excéder la durée maximale fixée ci-dessus.

111 ancien [réd. antérieure au Décr. n° 94-910 du 21 oct. 1994] *Après l'audition en chambre du conseil des parties et des personnes mentionnées à l'article 6 de la loi du 25 janvier 1985, le tribunal ouvre la procédure en ordonnant l'enquête prévue à l'article 140 de la loi précitée. Le tribunal peut indiquer aux parties présentes la date de l'audience à laquelle il sera statué sur le rapport d'enquête conformément à l'article 142 de cette même loi. Cette indication tient lieu de convocation. Les personnes qui ne sont pas présentes ou représentées sont averties de la date de cette audience par les soins du greffier. Le rapport d'enquête du juge-commissaire peut être présenté oralement.*

Jurisprudence relative à l'ancien art. 111

1. Représentant des salariés. Il résulte de la combinaison des dispositions des art. 6, 36, 142 de la loi [C. com., anciens art. L. 621-4, L. 621-27, L. 621-138] et 111 du décret que, dans la procédure simplifiée, la présence et l'audition d'un représentant des salariés ne sont pas indispensables, le tribunal statuant sur le seul vu du rapport d'enquête. • Versailles, 26 nov. 1986 : *Gaz. Pal. 1987. 1. 332, note de Guillenchmidt* • Com. 12 mai 1992 : ☎ *Bull. civ. IV, n° 180 ; D. 1992. IR. 195.*

2. Procédure contradictoire. Un tribunal, en prononçant la liquidation judiciaire d'une personne sans qu'elle ait été informée de l'audience des débats, a méconnu les dispositions de l'art. 111. • Paris, 23 janv. 1987 : *D. 1987. IR. 29.* – V. aussi • Montpellier, 4 oct. 1994 : *Rev. huiss. 1994. 1383, note Bourdillat* • 18 févr. 1997 : *D. 1998. 227, note Bourdillat* ✎. ♦ Mais, dès lors que toutes les convocations adressées au débiteur par le mandataire, depuis le début de la procédure, ainsi que celles du greffier, sont restées sans effet, le débiteur ne peut se prévaloir de sa propre carence, en invoquant la violation de l'art. 111 du décret, des art. 142 et 143 de la loi [C. com., art. L. 621-138 et L. 621-139] et du principe du contradictoire. • Paris, 13 janv. 1995 : *Rev. proc. coll. 1995. 437, obs. Soinne.*

V. aussi note 4 *bis* ss. ancien art. L. 621-27 C. com.

3. Rapport du juge. Aucune disposition n'impose à la juridiction de première instance de préciser la forme en laquelle le juge-commissaire a fait son rapport. • Com. 17 juin 1997 : ☎ *Bull. civ. IV, n° 189 ; D. 1997. IR. 169.* ♦ Le rapport du juge-commissaire peut n'être qu'oral. • Com. 29 mars 1989 : *RTD com. 1989. 752, obs. Grelon ; JCP 1990. II. 21464, note Beaubrun* • 16 avr. 1991 : ☎ *Bull. civ. IV, n° 145 ; D. 1991. IR. 181.* ♦ Cette disposition de l'art. 111 n'est pas contraire à l'art. 6 (1) Conv. EDH. • Com. 23 janv. 1996 : ☎ *Bull. civ. IV, n° 23.*

112 (Abrogé par Décr. n° 2005-1677 du 28 déc. 2005, art. 354 ; Décr. n° 94-910 du 21 oct. 1994) ***A tout moment, le tribunal peut désigner l'expert mentionné au premier alinéa de l'article L. 621-139 du code de commerce aux fins d'assister l'administrateur ou le débiteur dans l'élaboration d'un projet de plan de redressement.***

113 (Abrogé par Décr. n° 2005-1677 du 28 déc. 2005, art. 354 ; Décr. n° 94-910 du 21 oct. 1994) ***Le représentant des créanciers et l'administrateur, s'il en a été nommé un, tiennent informés un mois après le jugement d'ouverture de la procédure le juge-commissaire et le procureur de la République du déroulement de la procédure et de la situation de l'entreprise.***

114 (Abrogé par Décr. n° 2005-1677 du 28 déc. 2005, art. 354) ***En l'absence d'administrateur, le représentant des créanciers exerce les fonctions dévolues à l'administrateur par l'article 52.***

115 (Abrogé par Décr. n° 2005-1677 du 28 déc. 2005, art. 354) ***Le juge-commissaire fait aviser par les soins du greffier, le représentant légal de la société du montant de l'augmen-***

tation du capital qui doit être proposée à l'assemblée générale extraordinaire ou à l'assemblée des associés pour reconstituer les fonds propres.

116 (Abrogé par Décr. n° 2005-1677 du 28 déc. 2005, art. 354 ; Décr. n° 94-910 du 21 oct. 1994) *« Au plus tard dix jours avant la fin de la période d'observation, l'administrateur, ou, à défaut, le débiteur communique le projet de plan de redressement au juge-commissaire, au représentant des créanciers, au représentant des salariés et aux contrôleurs. Il réunit les délégués du personnel et le comité d'entreprise pour les consulter sur ce projet. Le projet est également communiqué, sur sa demande, au procureur de la République. »*

(Abrogé par Décr. n° 94-910 du 21 oct. 1994) *« Le débiteur si le projet a été communiqué par l'administrateur, le représentant des créanciers et le représentant des salariés dans le cas mentionné au deuxième alinéa de l'article 139 (alinéa 2) de la loi du 25 janvier 1985, font connaître leurs observations à l'administrateur ou au débiteur selon le cas ainsi qu'au juge-commissaire, dans le délai de huit jours suivant la date de réception de la lettre. »*

Le projet de plan, les réponses aux consultations ainsi que le procès-verbal des délibérations des délégués du personnel ou l'avis du représentant des salariés, sont déposés au greffe.

116 al. 1er ancien [réd. antérieure au Décr. n° 94-910 du 21 oct. 1994] *Au plus tard quinze jours avant l'expiration de la période prévue au premier alinéa de l'article 143 de la loi du 25 janvier 1985, l'administrateur ou le débiteur communique aux personnes et autorités mentionnées à l'article 25 et au deuxième alinéa de l'article 139 de cette même loi son projet de plan de redressement établi conformément aux alinéas 3 à 5 de l'article 18 et au dernier alinéa de l'article 21 de celle-ci. Il réunit les délégués du personnel pour les consulter sur le rapport.*

Jurisprudence relative à l'ancien art. 116

1. Sur la possibilité, pour le débiteur, de renoncer aux délais de quinze jours et de huit jours prévus par l'ancien art. 116, V. • Metz, 17 juill. 1991 : *Gaz. Pal. 1992. 2. Somm. 533.*

2. Sur la responsabilité du représentant des créanciers pour défaut de comparution à l'audience et défaut d'observations préalables, V. • Paris, 12 oct. 1995 : *JCP E 1995. Pan. 1299.*

117 (Abrogé par Décr. n° 2005-1677 du 28 déc. 2005, art. 354) *Si le projet de plan n'a pas été déposé au greffe cinq jours au moins avant l'expiration de la période d'observation ou s'il apparaît qu'il ne pourra l'être, le juge-commissaire en réfère au tribunal qui décide des mesures à prendre.*

118 (Abrogé par Décr. n° 2005-1677 du 28 déc. 2005, art. 354 ; Décr. n° 88-430 du 21 avr. 1988) *Lorsque le projet de plan prévoit des licenciements pour motif économique, le juge-commissaire joint à son rapport ou produit à l'audience les documents suivants :*

1° Le procès-verbal des délibérations des délégués du personnel, consultés en application de l'article L. 321-9 du code du travail ou, dans le cas prévu au deuxième alinéa de l'article L. 621-135 du code de commerce, l'avis du représentant des salariés ;

2° La copie de la lettre informant l'autorité administrative, en application de l'article L. 321-8 du code du travail, du projet de licenciement.

TITRE III Liquidation judiciaire

CHAPITRE PREMIER *Le jugement de liquidation judiciaire* (*Décr. n° 94-910 du 21 oct. 1994*).

SECTION I *Liquidation judiciaire ouverte sans période d'observation* (*Décr. n° 94-910 du 21 oct. 1994*).

118-1 (*Abrogé par Décr. n° 2005-1677 du 28 déc. 2005, art. 354* ; Décr. n° 94-910 du 21 oct. 1994) *La liquidation judiciaire peut être ouverte sans période d'observation selon les* *modalités prévues aux articles 1er à 19 ci-dessus. Les dispositions du premier alinéa de l'article 119 ci-dessous sont applicables au jugement d'ouverture de la procédure.*

Si le président ou le tribunal commet un juge dans les conditions prévues à l'article 13 ci-dessus, ce dernier doit établir de manière circonstanciée que les conditions prévues au troisième alinéa de l'article L. 620-1 et au premier alinéa de l'article L. 622-1 du code de commerce sont réunies.

118-2 (*Abrogé par Décr. n° 2005-1677 du 28 déc. 2005, art. 354* ; Décr. n° 94-910 du 21 oct. 1994) ***En cas de prononcé de liquidation judiciaire sans période d'observation, les dispositions des articles 23 et 30 à 31-3 ci-dessus sont applicables aux organes de la procédure et aux contrôleurs.***

Le liquidateur exerce les fonctions dévolues au représentant des créanciers par les articles 46, 49 à 51 et 53 et par les dispositions du chapitre II du titre Ier ci-dessus.

SECTION II *Liquidation judiciaire prononcée au cours de la période d'observation* (*Décr. n° 94-910 du 21 oct. 1994*).

119 (Abrogé par Décr. n° 2005-1677 du 28 déc. 2005, art. 354) ***Le jugement prononçant la liquidation judiciaire est rendu en audience publique. Il est signifié à la diligence du greffier aux personnes autres que le procureur de la République qui ont qualité pour en interjeter appel. Il fait l'objet des publicités prévues à l'article 21. Une copie de ce jugement est adressée immédiatement par le greffier aux autorités citées à l'article 19.***

(Décr. n° 94-910 du 21 oct. 1994) ***« Le tribunal ordonne, dans les limites compatibles avec le délai d'un an prévu à l'article L. 621-46 du code de commerce et le délai fixé par le tribunal dans les conditions de l'article L. 621-103 du même code, l'allongement du délai de déclaration des créances qui court à compter de la publication du jugement d'ouverture au BODACC. » L'insertion mentionne, dans ce cas, l'allongement du délai de déclaration des créances.***

119 al. 2 ancien [réd. antérieure au Décr. n° 94-910 du 21 oct. 1994] ***Le tribunal peut ordonner, dans des limites compatibles avec le délai de forclusion prévu à l'article 53 de la loi du 25 janvier 1985, l'allongement du délai de déclaration des créances qui court à compter de la publication du jugement de liquidation au BODACC. L'insertion mentionne, dans ce cas, l'allongement du délai de déclaration des créances.***

BIBL. ▶ BIGOT, *Gaz. Pal. 1987. 2. Doctr. 653* (créanciers retardataires). – DELENEUVILLE, *Rev. proc. coll. 2002. 34* (délai de déclaration). – LE CORRE, *D. 2004. 1002* (conséquences de l'absence d'allongement du délai de déclaration des créances).

1. Avant l'intervention du décret du 21 oct. 1994, l'allongement du délai de déclaration des créances prévu par l'ancien art. 119, al. 2, ne constituait qu'une faculté pour le tribunal. • Com. 10 janv. 1995 : *Bull. civ. IV, n° 10 ; D. 1995. IR. 66 ; JCP E 1995. I. 457, n° 11, obs. Pételr.* ♦ Comp., désormais : art. 119, al. 2, dans sa rédaction issue du décret n° 94-910 du 21 oct. 1994.

1 bis. Le créancier qui n'a pas déclaré sa créance dans le délai légal à la suite de l'ouverture du redressement judiciaire peut déclarer sa créance dans le délai imparti par le tribunal, lors du prononcé de la liquidation judiciaire, dès lors que sa créance n'est pas éteinte au jour de cette déclaration faite avant l'expiration du délai d'un an prévu à l'art. 53 de la loi du 25 janv. 1985 [C. com., ancien art. L. 621-46]. • Com. 19 févr. 2002 : *Bull. civ. IV, n° 35 ; D. 2002. AJ. 1068, obs. Lienhard ; Act. proc. coll. 2002, n° 76, obs. Regnaut-Moutier ; JCP E 2002, n° 39, p. 1524, obs. Cabrillac et Pétel ; JCP 2003. II. 10048, note Ayissi Manga ; RJ com. 2002. 279, note Courtier ; RTD com. 2002. 366, obs. Martin-Serf* • Paris, 30 mars 2004 : *D. 2004. AJ. 1165*.

2. Faute par le tribunal d'ordonner l'allongement du délai de déclaration des créances, le prononcé du jugement de liquidation judiciaire après une période d'observation est sans influence sur ce délai qui court à compter de la publication du jugement de redressement judiciaire. • Com. 29 oct. 2002 : *Bull. civ. IV, n° 155 ; D. 2002. AJ. 3078, obs. Lienhard ; Act. proc. coll. 2002, n° 246, obs. Vallansan ; JCP E 2003, n° 5, p. 219, obs. Pétel ; RTD com. 2003. 162, obs. Martin-Serf ; Dr. et patr. mars 2003. 93, obs. Monsèrié-Bon* (V. l'arrêt cassé : • Paris, 11 juin 1999 : *Act. proc. coll. 1999, n° 216, obs. Regnaut-Moutier ; RTD com. 2001. 229, obs. Martin-Serf*).

119-1 (*Abrogé par Décr. nº 2005-1677 du 28 déc. 2005, art. 354 ;* Décr. nº 94-910 du 21 oct. 1994) ***Le liquidateur désigné exerce et poursuit les fonctions dévolues au représentant des créanciers par les articles 46, 49 à 51 et 53 et par les dispositions du chapitre II du titre Ier ci-dessus.***

SECTION III *Dispositions communes* (*Décr. nº 94-910 du 21 oct. 1994*).

119-2 (*Abrogé par Décr. nº 2005-1677 du 28 déc. 2005, art. 354 ;* Décr. nº 94-910 du 21 oct. 1994) ***Le maintien de l'activité peut être autorisé dans les conditions prévues à l'article L. 622-10 du code de commerce pour une période qui ne peut excéder deux mois, éventuellement prorogée lorsqu'il s'agit d'une exploitation agricole jusqu'au terme de l'année culturale en cours, dans les conditions fixées par l'article L. 622-10 susvisé.***

Cette autorisation peut en outre être prolongée une fois, pour une période qui ne peut excéder deux mois, à la demande du ministère public.

119-3 *Abrogé par Ord. nº 2000-912 du 18 sept. 2000 et codifié ss. C. com., ancien art. L. 622-15, supra.*

120 (Abrogé par Décr. nº 2005-1677 du 28 déc. 2005, art. 354) ***Le liquidateur ou l'administrateur qui assure l'administration de l'entreprise après le prononcé de la liquidation judiciaire tient informés le juge-commissaire et le procureur de la République des résultats de l'activité à l'issue de la période pendant laquelle elle a été poursuivie.***

121 (Abrogé par Décr. nº 2005-1677 du 28 déc. 2005, art. 354) ***Le liquidateur peut faire fonctionner sous sa signature les comptes bancaires ou postaux du débiteur pendant un délai de six mois à compter du jugement prononçant la liquidation. Au-delà de ce délai, l'utilisation de ces comptes est subordonnée à l'autorisation du juge-commissaire et à l'avis du procureur de la République.***

121-1 (*Abrogé par Décr. nº 2005-1677 du 28 déc. 2005, art. 354 ;* Décr. nº 98-1232 du 29 déc. 1998) ***Le liquidateur complète la liste des créances mentionnées à l'article 62-1 du présent décret. Il dépose la liste ainsi complétée au greffe. Tout créancier peut en prendre connaissance.***

V., par analogie, notes 1 à 1 *ter* ss. ancien art. 61 du décret et note 37 ss. ancien art. L. 621-32 C. com., *supra*.

122 (*Abrogé par Décr. nº 2005-1677 du 28 déc. 2005, art. 354 ;* Décr. nº 94-910 du 21 oct. 1994) ***Le juge-commissaire, saisi de la demande d'un créancier sur le fondement de l'article L. 622-24 du code de commerce, statue après avis du liquidateur au vu des documents justificatifs de l'admission définitive de la créance dont il est demandé un paiement provisionnel et, le cas échéant, de la garantie prévue au second alinéa de l'article susvisé.***

La provision est allouée à hauteur d'un montant déterminé en fonction de l'existence, du montant et du rang des autres créances, dues ou susceptibles d'être ultérieurement dues.

Sur ordonnance du juge-commissaire, les fonds indûment versés sont restitués sur première demande du liquidateur.

122 ancien [réd. antérieure au Décr. nº 94-910 du 21 oct. 1994] ***Le liquidateur complète la liste des créances mentionnée à l'article 61*** [ancien]. ***Il dépose la liste au greffe. Le greffier fait publier un avis de dépôt au BODACC.***

L'information des créanciers et les contestations relatives à l'établissement de la liste sont régies par les dispositions du troisième alinéa de l'article 61 [ancien] ***ci-dessus. Le liquidateur est appelé à l'audience aux lieu et place de l'administrateur.***

V. note 1 *bis* ss. ancien art. 61.

123 (*Abrogé par Décr. n° 2005-1677 du 28 déc. 2005, art. 354* ; Décr. n° 98-1232 du 29 déc. 1998) ***Outre les informations trimestrielles mentionnées à l'article L. 622-7 du code de commerce, le liquidateur remet à tout moment, à leur demande, et au moins le 31 décembre de chaque année, au juge commissaire et au procureur de la République un rapport de liquidation indiquant :***

1° — Le montant du passif admis ou, à défaut, l'état de la vérification des créances ;

2° — L'état des opérations de réalisation d'actif ;

3° — L'état de répartition aux créanciers ;

4° — L'état des sommes détenues à la Caisse des dépôts et consignations ;

5° — Les perspectives d'évolution et de clôture de la procédure.

Tout créancier peut prendre connaissance de ce rapport au greffe.

124 (Abrogé par Décr. n° 2005-1677 du 28 déc. 2005, art. 354) ***Lorsqu'en application de l'article L. 622-20 du code de commerce, il y a lieu, pour le juge-commissaire, d'autoriser le liquidateur à compromettre ou à transiger, le greffier, trois jours avant la décision du juge-commissaire, convoque le débiteur à l'audience en joignant à cette convocation la copie de la requête du liquidateur.***

Si le compromis ou la transaction doit être soumis à l'homologation du tribunal, le débiteur est convoqué dans les mêmes conditions.

124-1 (*Abrogé par Décr. n° 2005-1677 du 28 déc. 2005, art. 354* ; Décr. n° 89-339 du 29 mai 1989) ***La décision qui, soit dans le jugement prononçant la liquidation judiciaire, soit ultérieurement, accorde les délais mentionnés à l'avant-dernier alinéa de l'article L. 622-16 du code de commerce, fixe l'indemnité d'occupation due par le débiteur.*** – Entrée en vigueur le 1er juin 1989.

CHAPITRE II *Réalisation de l'actif*

SECTION I *Vente des immeubles*

SOUS-SECTION 1 *Vente par voie de saisie immobilière ou d'adjudication amiable*

1 *Dispositions communes*

125 (Abrogé par Décr. n° 2005-1677 du 28 déc. 2005, art. 354) ***Le juge-commissaire qui autorise, en application de l'article L. 622-16 du code de commerce la vente des immeubles par voie de saisie immobilière ou d'adjudication amiable détermine :***

1° La mise à prix de chacun des biens à vendre et les conditions essentielles de la vente ;

2° Les modalités de la publicité compte tenu de la valeur, de la nature et de la situation des biens.

Lorsque la vente est poursuivie par un créancier, en application de l'article L. 622-23 du code précité, la mise à prix est déterminée en accord avec le créancier poursuivant.

Le juge-commissaire peut préciser qu'à défaut d'enchères atteignant cette mise à prix, la vente pourra se faire sur une mise à prix inférieure qu'il fixe. Il peut, si la valeur et la consistance des biens le justifient, faire procéder à leur estimation totale ou partielle.

126 (Abrogé par Décr. n° 2005-1677 du 28 déc. 2005, art. 354) ***L'ordonnance est notifiée à la diligence du greffier en la forme déterminée par le juge-commissaire au débiteur et aux créanciers inscrits à domicile élu dont les noms sont indiqués dans l'ordonnance.***

L'ordonnance se substitue au commandement prévu aux articles 2217 du code civil et 673 du code de procédure civile [ancien] ***; elle est publiée à la diligence du liquidateur ou du créancier poursuivant au bureau des hypothèques de la situation des biens, dans les conditions prévues pour le commandement à l'article 674 du code de procédure civile*** [ancien].

Le conservateur des hypothèques procède à la formalité de publicité de l'ordonnance même si des commandements ont été antérieurement publiés. Ces commandements cessent de produire effet à compter de la publication de l'ordonnance.

Le délai de publication de 90 jours (prévu par l'art. 674 C. pr. civ.) court à compter de la date à laquelle l'ordonnance du juge-commissaire est passée en force de chose jugée à l'égard des personnes mentionnées à l'art. 126, al. 1er. • Civ. 2e, 30 mars 2000 : *Bull. civ. II, no 59 ; D. 2000. AJ. 241 ; Procédures 2000, no 149, obs. Laporte.*

126-1 (*Abrogé par Décr. no 2005-1677 du 28 déc. 2005, art. 354* ; Décr. no 94-910 du 21 oct. 1994) ***Dans le cas prévu au deuxième alinéa de l'article L. 622-16 du code de commerce, le juge-commissaire autorise le liquidateur, le débiteur entendu ou dûment appelé, à reprendre la procédure suspendue par le jugement d'ouverture de redressement ou de liquidation judiciaire. Il fixe la mise à prix et, si la procédure avait été suspendue après les publicités, les nouvelles publicités qu'il y a lieu d'effectuer.***

L'ordonnance du juge-commissaire est, à la requête du liquidateur, mentionnée en marge de la copie du commandement publié à la conservation des hypothèques.

Le créancier qui avait engagé la procédure de saisie immobilière remet au liquidateur, contre récépissé, les pièces de la poursuite. Ses frais de procédure lui sont restitués dans l'ordre.

1. L'ordonnance du juge-commissaire qui autorise le liquidateur à reprendre la procédure de saisie immobilière suspendue par l'ouverture de la procédure collective emportant subrogation du liquidateur dans les droits du créancier saisissant pour les actes que celui-ci a effectués, le liquidateur est recevable à demander la prorogation des effets du commandement aux fins de saisie immobilière. • Civ. 2e, 19 déc. 2002 : *Act. proc. coll. 2003, no 59, obs. Salvat.*

2. Pour l'inapplicabilité de l'art. 722 C. pr. civ., qui subordonne la subrogation dans les droits du créancier saisissant à l'inaction ou à la négligence de celui-ci, V. • Civ. 2e, 29 janv. 2004 : *Bull. civ. II, no 38 ; D. 2004. AJ. 421 ; Dr. et procédures 2004. 229, note Leborgne ; RJ com. 2004. 387, note Sortais.*

127 (Abrogé par Décr. no 2005-1677 du 28 déc. 2005, art. 354) ***Le poursuivant ou le notaire commis établit un cahier des charges.***

Le cahier des charges indique l'ordonnance qui a autorisé la vente, désigne les biens à vendre, mentionne la mise à prix, les conditions de la vente et les modalités de paiement du prix selon les règles prévues à l'article 140.

128 (Abrogé par Décr. no 2005-1677 du 28 déc. 2005, art. 354) ***Le liquidateur ne peut, ni en son nom personnel, ni en qualité de représentant des créanciers, être déclaré adjudicataire des immeubles du débiteur.***

2 *Dispositions particulières à la vente sur saisie immobilière*

129 (Abrogé par Décr. no 2005-1677 du 28 déc. 2005, art. 354) ***La vente sur saisie immobilière est soumise aux dispositions du titre XII du livre V du code de procédure civile*** [ancien] (Décr. no 94-910 du 21 oct. 1994) ***« à l'exception de l'article 692 de ce code et » dans la mesure où il n'y est pas dérogé par les dispositions du présent décret.***

Il résulte de l'art. 129 que la vente sur saisie immobilière est soumise à l'art. 706, al. 2, de l'ancien code de procédure civile. • Com. 6 janv. 1998 : *Bull. civ. IV, no 2.*

130 (Abrogé par Décr. no 2005-1677 du 28 déc. 2005, art. 354) ***L'ordonnance qui autorise la vente par voie de saisie immobilière rendue à la demande du liquidateur ou d'un créancier poursuivant comporte, outre les indications mentionnées à l'article 125 ci-dessus, les énonciations exigées aux 4o, 5o, 6o et 7o du deuxième alinéa de l'article 673 du code de procédure civile*** [ancien].

131 (Abrogé par Décr. no 2005-1677 du 28 déc. 2005, art. 354) ***Le juge-commissaire peut autoriser le liquidateur ou le créancier à poursuivre simultanément la vente de plusieurs immeubles, même s'ils sont situés dans des ressorts de tribunaux de grande instance différents.***

Il décide si la vente de ces biens sera poursuivie devant le tribunal de grande instance dans le ressort duquel chaque immeuble se trouve ou devant celui dans le ressort duquel est situé le domicile du débiteur ou le siège de l'entreprise.

3 *Dispositions particulières à la vente par voie d'adjudication amiable*

132 (Abrogé par Décr. n° 2005-1677 du 28 déc. 2005, art. 354) ***L'ordonnance qui autorise la vente par voie d'adjudication amiable comporte, outre les indications mentionnées à l'article 125, les énonciations exigées aux 4° et 5° du deuxième alinéa de l'article 673 du code de procédure civile*** [ancien]. ***Elle désigne le notaire qui procédera à l'adjudication.***

133 (Abrogé par Décr. n° 2005-1677 du 28 déc. 2005, art. 354) ***Le notaire informe par lettre recommandée avec demande d'avis de réception les créanciers inscrits portés sur l'état délivré après publication de l'ordonnance d'avoir à prendre communication du cahier des charges déposé en son étude deux mois au moins avant la date fixée pour l'adjudication et d'y faire inscrire leurs dires et observations un mois au moins avant cette date. Par la même lettre, le notaire convoque les créanciers à la vente.***

(Décr. n° 94-910 du 21 oct. 1994) ***« Si un créancier formule un dire, il saisit le tribunal de grande instance dans les huit jours à peine de déchéance, par assignation du liquidateur à comparaître à la première audience éventuelle utile. Il en informe immédiatement le notaire qui invite les autres personnes sommées à contester le dire. Le jugement est communiqué par le liquidateur au notaire qui modifie s'il y a lieu le cahier des charges.***

« Le liquidateur, le débiteur et les créanciers inscrits sont convoqués à la vente par le notaire au moins un mois à l'avance. »

134 (Abrogé par Décr. n° 2005-1677 du 28 déc. 2005, art. 354) ***Les enchères peuvent être faites sans ministère d'avocat. Si aucune enchère n'atteint le montant de la mise à prix, le notaire constate l'offre la plus élevée et peut adjuger le bien à titre provisoire pour le montant de cette offre. Le juge-commissaire qui a fixé la mise à prix, saisi à la requête du notaire ou de tout intéressé peut, soit déclarer l'adjudication définitive et la vente réalisée, soit ordonner qu'une nouvelle vente aura lieu suivant l'une des formes prescrites par l'article L. 622-16 du code de commerce. Si la nouvelle vente est une vente aux enchères, il fixe le délai de la nouvelle vente sans que ce délai puisse être inférieur à quinze jours, la mise à prix ainsi que les modalités de publicité.***

135 (Abrogé par Décr. n° 2005-1677 du 28 déc. 2005, art. 354) ***Dans les dix jours qui suivent l'adjudication, toute personne peut faire surenchère du dixième par déclaration au greffe du tribunal de grande instance dans le ressort duquel réside le notaire qui a procédé à la vente.***

Le surenchérisseur dénonce cette déclaration par acte d'huissier de justice à la personne ou au domicile de l'adjudicataire dans le délai de l'article 709 du code de procédure civile [ancien] ***et informe le notaire de cette déclaration. Le tribunal, par le jugement qui valide la surenchère, renvoie la nouvelle adjudication devant le même notaire qui procède selon le cahier des charges précédemment dressé.***

Lorsqu'une seconde adjudication a lieu après surenchère, aucune autre surenchère des mêmes biens ne peut avoir lieu.

1. Délai. Le point de départ du délai de surenchère est fixé au jour où l'adjudication provisoire est déclarée définitive par le juge-commissaire, même si l'ordonnance de ce dernier a fait l'objet d'un recours en vertu de l'art. 25. • Grenoble, 30 juin 1992 : *D. 1992. Somm. 374, obs. Honorat* ✐.

2. Compétence territoriale. La règle énoncée par l'art. 135, al. 1er, étant une règle de fond d'ordre public, il s'ensuit que la surenchère formée devant le greffe d'un tribunal territorialement incompétent doit être frappée d'une nullité absolue relevée d'office. • TGI Guéret, 11 févr. 1992 : *D. 1993. Somm. 280, obs. Julien* ✐.

136 (Abrogé par Décr. n° 2005-1677 du 28 déc. 2005, art. 354) ***S'il y a lieu à folle enchère, la procédure est poursuivie devant le tribunal de grande instance dans le ressort duquel réside le notaire qui a procédé à la vente.*** (Abrogé par Décr. n° 94-910 du 21 oct. 1994) ***« Le certificat constatant que l'adjudicataire n'a pas exécuté les clauses et conditions de l'adjudication est délivré par le liquidateur ».*** (Décr. n° 94-910 du 21 oct. 1994) ***« Une copie authentique du procès-verbal d'adjudication »*** [ancienne rédaction : « Le procès-verbal d'adjudication »] ***est déposé*** [déposée] ***au greffe du tribunal de grande instance.***

137 (Abrogé par Décr. n° 2005-1677 du 28 déc. 2005, art. 354) ***La vente par voie d'adjudication amiable est soumise aux dispositions des articles 701, 705 à 707, 711 à 713, 733 à 741 b et 742 du code de procédure civile*** [ancien].

SOUS-SECTION 2 *Vente de gré à gré*

138 (Abrogé par Décr. n° 2005-1677 du 28 déc. 2005, art. 354) ***L'autorisation de vente de gré à gré d'un ou plusieurs immeubles, donnée en application de l'article L. 622-16 du code de commerce, détermine le prix de chaque immeuble et les conditions essentielles de la vente.***

L'ordonnance est notifiée conformément au premier alinéa de l'article 126.

Le liquidateur passe les actes nécessaires à la réalisation de la vente. Il ne peut, ni en son nom personnel, ni en qualité de représentant des créanciers, se porter acquéreur des immeubles du débiteur.

SECTION II *Vente des unités de production*

138-1 (Abrogé par Décr. n° 2005-1677 du 28 déc. 2005, art. 354 ; Décr. n° 94-910 du 21 oct. 1994) ***Dès qu'il apparaît au liquidateur qu'une ou plusieurs unités de production sont susceptibles de faire l'objet d'une cession globale en application de l'article L. 622-17 du code de commerce, il communique au greffe un descriptif succinct de la ou des unités de production concernées ainsi que le délai pour la réception des offres aussitôt que celui-ci est fixé. Le greffier tient cette information à la disposition du public.***

139 (Abrogé par Décr. n° 2005-1677 du 28 déc. 2005, art. 354) ***Le liquidateur recueille l'avis des personnes mentionnées au cinquième alinéa de l'article L. 622-17 du code de commerce sur les offres reçues en application de cet article. Ces avis sont joints à la demande de cession avec les observations du débiteur et des contrôleurs s'il en a été nommé ainsi que le procès-verbal des délibérations du comité d'entreprise ou, à défaut, des délégués du personnel et, dans le cas prévu au deuxième alinéa de l'article L. 621-135 de ce code, l'avis du représentant des salariés.***

(Décr. n° 94-910 du 21 oct. 1994) ***« La demande de cession, les avis mentionnés au premier alinéa ci-dessus, ainsi que le cas échéant les autres offres reçues par le liquidateur sont communiqués par le greffier au procureur de la République au plus tard lorsque celui-ci est avisé de la date d'audience fixée par le juge-commissaire.***

« A la diligence du greffier, l'ordonnance autorisant la cession est immédiatement communiquée au procureur de la République et notifiée aux autres personnes mentionnées au cinquième alinéa de l'article L. 622-17 ainsi que, sur les indications du liquidateur, aux créanciers munis de sûretés concernés par la cession. »

Le liquidateur passe les actes nécessaires à la réalisation de la cession. Il ne peut, ni en son nom personnel, ni en qualité de représentant des créanciers, se porter acquéreur des biens.

139-1 (Abrogé par Décr. n° 2005-1677 du 28 déc. 2005, art. 354 ; Décr. n° 94-910 du 21 oct. 1994) ***Lorsque l'unité de production cédée comprend un fonds de commerce, l'acquéreur peut, après avoir payé le prix, saisir le juge-commissaire pour faire prononcer la radiation des inscriptions grevant le fonds selon la procédure prévue à l'article 151-1 ci-après.***

SECTION III *Procédure d'ordre*

140 (Abrogé par Décr. n° 2005-1677 du 28 déc. 2005, art. 354) ***L'adjudicataire fait publier au bureau des hypothèques l'acte ou le jugement d'adjudication dans les deux mois de***

sa date et en cas d'appel dans les deux mois de l'arrêt confirmatif, sous peine de revente sur folle enchère à la diligence du liquidateur.

Dans les trois mois de l'adjudication, l'adjudicataire verse au compte de dépôt ouvert par le liquidateur à la Caisse des dépôts et consignations la totalité du prix de l'adjudication y compris les intérêts au taux légal à compter du jour où la vente est devenue définitive jusqu'au jour du paiement. Passé ce délai, le liquidateur lui enjoint par lettre recommandée avec demande d'avis de réception de faire le versement sous peine de revente sur folle enchère.

(Décr. n° 94-910 du 21 oct. 1994) *« En cas de vente de gré à gré, le notaire chargé de la vente remet le prix au liquidateur après l'accomplissement des formalités de purge ou l'obtention de l'accord des créanciers inscrits pour en dispenser. »*

BIBL. ▶ VAUVILLÉ, *Dr. et patr. oct. 1997. 33* (purge des inscriptions). – FERNANDEZ, *Petites affiches 17 déc. 1997, p. 9* (même thème).

1. Compétence. V. note 4 ss. ancien art. L. 622-5 C. com.

2. Crédit foncier de France. La règle de l'art. 140, al. 2, ci-dessus s'applique à l'exclusion de toute autre, et notamment de celle du bénéfice du paiement provisionnel prévu à l'art. 38 du décret du 28 févr. 1852 [désormais abrogé par l'art. 105 de la loi n° 98-657 du 29 juill. 1998] au profit du Crédit foncier et étendu aux organismes assimilés. • Com. 9 juin 1992 : *Bull. civ. IV, n° 229 ; D. 1992. 388, note Honorat* • 19 oct. 1993 : *Bull. civ. IV, n° 342 ; D. 1994. Somm. 179, obs. Honorat* • TGI Chambéry, 6 déc. 1990 : *Defrénois 1991. 1347, obs. Sénéchal.* – V. aussi : • Com. 6 janv. 1998 : *Bull. civ. IV, n° 1.* ♦ En revanche, la procédure d'adjudication n'ayant pas eu lieu dans le cadre de la réalisation des actifs immobiliers au cours de la liquidation judiciaire du débiteur mais dans celui d'une instance antérieure, les règles donnant pouvoir au liquidateur de la procédure collective d'établir l'ordre entre créanciers n'ont donc pas à s'appliquer et le juge aux ordres précédemment saisi demeure seul compétent pour y procéder. • Agen, 3 mai 1995 : *Gaz. Pal. 1998. 1. Somm. 394, obs. du Rusquec.*

3. L'ordonnance par laquelle le juge-commissaire oblige le notaire détenteur du prix d'adjudication à le verser en totalité, conformément à la règle, qui s'applique à l'exclusion de toute autre, édictée par l'art. 140, au compte de dépôt ouvert par le liquidateur à la Caisse des dépôts et consignations est rendue dans les limites des attributions de ce magistrat, le jugement, statuant sur le recours formé contre une telle décision, étant, dès lors, insusceptible d'appel. • Com. 28 juin 1994 : *Bull. civ. IV, n° 238 ; D. 1994. 477, rapp. Rémery, note Honorat ; Defrénois 1996. 273, obs. Sénéchal.*

SOUS-SECTION 1 *L'ordre*

141 (Abrogé par Décr. n° 2005-1677 du 28 déc. 2005, art. 354) *Dès la publication de la vente, le liquidateur requiert du conservateur des hypothèques, l'état des inscriptions conformément à l'article 2196 du code civil, en vue de régler l'ordre entre les créanciers et procéder à la distribution du prix.*

En cas de vente de gré à gré, le liquidateur soit d'office, soit requis par l'acquéreur ou par tout intéressé procède à l'ouverture de l'ordre, après accomplissement des formalités de purge prescrites par les articles 2181 et suivants du code civil et versement du prix à la Caisse des dépôts et consignations.

142 (Abrogé par Décr. n° 2005-1677 du 28 déc. 2005, art. 354) *Après le versement du prix de vente en cas d'adjudication ou l'accomplissement des formalités de purge en cas de vente de gré à gré, le liquidateur dresse l'état de collocation au vu des inscriptions, des créances admises et de la liste des créances mentionnées à l'article L. 621-32 du code de commerce. Il peut, s'il l'estime utile, convoquer les créanciers inscrits, l'adjudicataire ou l'acquéreur. L'état est déposé par ses soins au greffe du tribunal devant lequel s'est déroulée la procédure de redressement judiciaire. Toute personne peut prendre connaissance de cet état.*

Le greffier avertit les créanciers et l'adjudicataire ou l'acquéreur du dépôt de l'état de collocation par une insertion dans un ou plusieurs journaux d'annonces légales et par une insertion au BODACC contenant l'indication du journal d'annonces légales dans lequel a été faite la première insertion et la mention du délai de recours prévue à l'article 148.

Le greffier adresse en outre, sauf dispense du juge-commissaire, à chaque créancier colloqué et à chaque créancier inscrit sur l'immeuble à domicile élu, une copie de l'état de collocation et indique le délai et les modalités du recours prévu à l'article 148 précité.

(Décr. n° 94-910 du 21 oct. 1994) ***« En tout état de cause, l'état de collocation est notifié aux institutions mentionnées à l'article L. 143-11-4 du code du travail lorsqu'elles en auront fait la demande préalable. »***

Le créancier hypothécaire exerçant son droit de suite et de préférence doit être colloqué sans avoir à déclarer sa créance au passif de la procédure collective ouverte à l'encontre de l'adjudicataire du bien grevé. • Com. 11 juin 2002 : *Bull. civ. IV, n° 103 ; D. 2002. AJ. 2470 ; JCP E 2002, n° 38, p. 1484, note Rémery ; ibid. 2003, n° 5, p. 221, obs. Cabrillac ; RTD com. 2003. 364, obs. Martin-Serf ; Petites affiches 29 janv. 2003, p. 15, note M. Sénéchal ; Defrénois 2003. 417, obs. Théry.* – Dans le même sens, V. • Com. 10 mars 2004 : *Bull. civ. IV, n° 47 ; D. 2004. Somm. 2146, obs. Le Corre ; ibid. 2710, obs. Aynès ; Banque et Droit mai-juin 2004. 45, obs. Jacob.*

143 (Abrogé, à compter du 1er janv. 1993, par Décr. n° 92-755 du 31 juill. 1992) ***S'il y a eu inscription à titre conservatoire, le créancier ne peut obtenir le paiement que sur présentation de l'inscription définitive prévue à l'article 54 du code de procédure civile*** [ancien]. ***En cas de mainlevée, tout intéressé peut requérir la réouverture de l'ordre.***

144 (Abrogé par Décr. n° 2005-1677 du 28 déc. 2005, art. 354) ***S'il ne s'élève aucune contestation, le liquidateur est tenu dans les quinze jours qui suivent l'expiration du délai prévu au premier alinéa de l'article 148 de procéder à la clôture de l'ordre. Il dépose le procès-verbal de clôture de l'ordre au greffe du tribunal devant lequel s'est déroulée la procédure de redressement judiciaire.***

(Décr. n° 94-910 du 21 oct. 1994) ***« A compter du dépôt du procès-verbal de clôture de l'ordre, la collocation des créanciers est définitivement arrêtée en capital et intérêts. Toutefois, les intérêts de la somme ainsi liquidée continuent de courir au bénéfice des créanciers au taux servi par la Caisse des dépôts et consignations. »***

Sur le droit des créanciers inscrits aux intérêts servis par la Caisse des dépôts et consignations, V. • Com. 3 déc. 2003 : *Bull. civ. IV, n° 192 ; JCP E 2004, n° 22, p. 857, obs. Cabrillac ; Act. proc. coll. 2004, n° 51, obs. Salvat.*

SOUS-SECTION 2 *Radiation des inscriptions*

145 (Abrogé par Décr. n° 2005-1677 du 28 déc. 2005, art. 354) ***Lorsque le prix de vente a été payé selon les modalités prévues à l'article 140 et que des créanciers n'ont pas donné mainlevée de leurs inscriptions, le liquidateur fait prononcer la radiation des inscriptions. A cette fin, il saisit le juge des ordres du tribunal de grande instance devant lequel s'est déroulée la procédure de redressement judiciaire ou dans le ressort duquel cette procédure s'est déroulée. Il joint à sa demande l'état des inscriptions, l'état de collocation et la justification du paiement des frais préalables de vente mentionnés à l'article 713 du code de procédure civile*** [ancien]. ***Il transmet le procès-verbal de clôture de l'ordre lorsque celui-ci est établi.***

Après l'accomplissement des formalités de purge et le versement du prix de vente, l'acquéreur peut saisir le juge des ordres du tribunal prévu à l'alinéa précédent pour faire prononcer la radiation des inscriptions. Il joint à sa demande un état des inscriptions (Décr. n° 94-910 du 21 oct. 1994) ***« , la justification de l'accomplissement des formalités de purge ou de l'obtention de l'accord des créanciers inscrits pour en dispenser, »*** ***et la justification du paiement des frais préalables de vente mentionnés ci-dessus.***

Le greffier de ce tribunal avise les créanciers qui n'ont pas donné mainlevée de leurs inscriptions, à domicile élu, par lettre recommandée avec demande d'avis de réception qu'ils disposent d'un délai de trente jours à compter de l'envoi de la lettre recommandée pour faire

opposition (Décr. n° 94-910 du 21 oct. 1994) ***« au paiement du prix par déclaration au greffe ou par lettre recommandée avec demande d'avis de réception ».***

Le juge des ordres statue sur les oppositions et ordonne la radiation des inscriptions.

V. note ss. art. 104.

146 (Abrogé par Décr. n° 2005-1677 du 28 déc. 2005, art. 354) ***Le liquidateur remet au conservateur des hypothèques une expédition du procès-verbal de clôture de l'ordre, de l'ordonnance du juge des ordres prononçant la radiation des inscriptions ou l'acte par lequel les créanciers ont donné mainlevée de leurs inscriptions.***

Le conservateur procède à la radiation des inscriptions mais reste tenu de procéder à l'inscription définitive prévue à l'article 54 du code de procédure civile [ancien] [abrogé, à compter du 1er janv. 1993, par L. n° 91-650 du 9 juill. 1991].

147 (Abrogé par Décr. n° 2005-1677 du 28 déc. 2005, art. 354) ***Le liquidateur fixe les frais de radiation et de poursuite de l'ordre qui sont colloqués suivant les règles prévues à l'article L. 621-32 du code de commerce. Il liquide en outre les frais de chaque créancier colloqué en rang utile, détermine les sommes qui leur sont dues et en effectue le paiement.***

SOUS-SECTION 3 *Contestations*

148 (Abrogé par Décr. n° 2005-1677 du 28 déc. 2005, art. 354) ***Les contestations sont formées dans le délai de trente jours à compter de l'insertion au BODACC avisant du dépôt de l'état de collocation. Elles sont faites par déclaration au greffe du tribunal de grande instance devant lequel s'est déroulée la procédure de redressement judiciaire ou dans le ressort duquel la procédure s'est déroulée.***

La contestation est, à peine d'irrecevabilité, dénoncée, dans les dix jours de son dépôt au greffe, aux créanciers en cause et au liquidateur par acte d'huissier de justice. Cet acte indique que les créanciers et le liquidateur doivent constituer avocat dans le délai de quinze jours à compter de la dénonciation.

Les contestations sont soumises aux dispositions des articles 761 à 764, 766 et 768 du code de procédure civile [ancien].

1. Le créancier du conjoint *in bonis*, titulaire d'une sûreté inscrite sur l'immeuble commun, est recevable à élever une contestation à l'encontre de l'état de collocation dressé par le liquidateur pour répartir le prix de vente de cet immeuble dans le cadre de la procédure collective. • Com. 26 oct. 1999 : *RJDA 2000, n° 70.* – V. Robinne, *Dr. et patr. avr. 2000. 38.*

2. Les contestations à l'état de collocation, dressé en matière de distribution par voie d'ordre du prix de vente d'un immeuble, doivent, lorsqu'elles sont soumises à la cour d'appel, être jugées sur les conclusions du ministère public, cette communication étant d'ordre public. • Com. 30 mars 2005 : *Bull. civ. IV, n° 74 ; D. 2005. AJ. 1227, obs. Lienhard ; Act. proc. coll. 2005, n° 134, obs. Salvat.*

149 (Abrogé par Décr. n° 2005-1677 du 28 déc. 2005, art. 354) ***En cas de contestation, le liquidateur peut néanmoins régler l'ordre et délivrer les titres de paiement pour les créances antérieures à celles qui sont contestées. Il peut même régler l'ordre pour les créances postérieures, en réservant une somme suffisante pour les créances contestées.***

150 (Abrogé par Décr. n° 2005-1677 du 28 déc. 2005, art. 354) ***Dans les huit jours qui suivent l'expiration du délai d'appel et en cas d'appel dans les huit jours de la signification de l'arrêt, le liquidateur règle définitivement l'ordre des créances contestées et des créances postérieures conformément aux articles 144 à 147.***

151 (Abrogé par Décr. n° 2005-1677 du 28 déc. 2005, art. 354) ***En cas d'adjudication sur folle enchère intervenant dans le cours de l'ordre et même après le règlement définitif, le liquidateur modifie l'état de collocation, le montant des sommes dues aux créanciers inscrits***

au procès-verbal de l'ordre suivant les résultats de l'adjudication et effectue les paiements correspondants.

SECTION IV *Vente des autres biens* (*Décr. n° 94-910 du 21 oct. 1994*).

151-1 Abrogé par Décr. n° 2005-1677 du 28 déc. 2005, art. 354.(Décr. n° 94-910 du 21 oct. 1994) ***En cas de vente d'un fonds de commerce, l'acquéreur peut saisir le juge-commissaire pour faire prononcer la radiation des inscriptions. Il joint à sa demande un état des inscriptions, la justification de l'accomplissement des formalités de purge ou de l'accord des créanciers inscrits pour l'en dispenser, et la justification du paiement des frais préalables de vente.***

Le greffier du tribunal avise par lettre recommandée avec demande d'avis de réception les créanciers qui n'ont pas donné mainlevée de leurs inscriptions qu'ils disposent d'un délai de trente jours à compter de l'envoi de la lettre pour contester, par déclaration au greffe ou par lettre recommandée avec demande d'avis de réception, la demande de radiation pour tout motif tiré du non-paiement du prix.

151-2 (*Abrogé par Décr. n° 2005-1677 du 28 déc. 2005, art. 354* ; Décr. n° 94-910 du 21 oct. 1994) ***Les ordonnances rendues en application des articles L. 622-18 et L. 622-20 du code de commerce sont, à la diligence du greffier, notifiées au débiteur et aux contrôleurs.***

CHAPITRE III *Clôture des opérations*

152 (Abrogé par Décr. n° 2005-1677 du 28 déc. 2005, art. 354) ***Le jugement prononçant la clôture de la procédure pour extinction du passif ou pour insuffisance d'actif fait l'objet des publicités prévues à l'article 21.***

152-1 (*Abrogé par Décr. n° 2005-1677 du 28 déc. 2005, art. 354* ; Décr. n° 94-910 du 21 oct. 1994) ***L'insuffisance d'actif, au sens de l'article L. 622-30 du code de commerce, est caractérisée lorsque le produit de la réalisation des actifs du débiteur et des actions et procédures engagées dans l'intérêt de l'entreprise ou des créanciers ne permet plus de désintéresser, même partiellement, les créanciers.***

En ce sens que l'insuffisance d'actif n'est pas caractérisée lorsque, compte tenu de la rémunération du débiteur, il reste une quotité saisissable permettant de désintéresser partiellement les créanciers, V. • Com. 5 mars 2002 : *Bull. civ. IV, n° 47 ; D. 2002. AJ. 1422*.

153 (Abrogé par Décr. n° 2005-1677 du 28 déc. 2005, art. 354) ***Le liquidateur remet ses comptes au débiteur et les dépose au greffe dans les trois mois de la clôture des opérations de la liquidation judiciaire.***

Ces comptes font apparaître le détail des opérations de réalisation des actifs et de répartition du prix. Tout créancier peut en prendre connaissance au greffe.

Le débiteur peut contester ces comptes selon les modalités prévues au quatrième alinéa de l'article 88.

1. En ce sens que la constatation de la confusion des patrimoines interdit au liquidateur de distinguer dans les comptes les opérations patrimoine par patrimoine, V. • Com. 18 janv. 2005 : *Dr. sociétés 2005, n° 112, note Legros ; RJDA 2005, n° 738.*

2. V. note 7 *ter* ss. ancien art. L. 623-4 C. com., *supra.*

153-1 (*Abrogé par Décr. n° 2005-1677 du 28 déc. 2005, art. 354* ; Décr. n° 99-656 du 29 juill. 1999) ***Si le débiteur fait l'objet d'une mesure d'interdiction d'émettre des chèques prise en application de l'article 65-3 du décret-loi du 30 octobre 1935 unifiant le droit en matière de chèques et relatif aux cartes de paiement*** [C. mon. fin., art. L. 131-73], ***le liquidateur se fait remettre par la Banque de France un relevé des incidents de paiement de chèques***

enregistrés au nom de l'intéressé et le dépose au greffe dans un délai de trois mois suivant le jugement prononçant la clôture de la procédure pour insuffisance d'actif. Le greffier conserve ce relevé pendant dix ans à compter du jugement d'ouverture de la procédure.

153-2 (*Abrogé par Décr. n° 2005-1677 du 28 déc. 2005, art. 354* ; Décr. n° 99-656 du 29 juill. 1999) *En cas de suspension des effets d'une mesure d'interdiction d'émettre des chèques en application de l'article L. 622-33 du code de commerce, le débiteur justifie de cette suspension auprès du banquier tiré par la remise d'une expédition du jugement de clôture de la liquidation judiciaire, à laquelle il joint un relevé des incidents de paiement de chèques enregistrés à son nom à la Banque de France.*

154 (Abrogé par Décr. n° 2005-1677 du 28 déc. 2005, art. 354) *Le créancier dont la créance a été admise et qui recouvre son droit de poursuite individuelle conformément à l'article L. 622-32 du code de commerce peut obtenir, par ordonnance du président du tribunal rendue sur requête, le titre prévu au troisième alinéa de cet article.* (Décr. n° 94-910 du 21 oct. 1994) *« La caution ou le co-obligé mentionné au deuxième alinéa* [II] *de l'article L. 622-32 du code de commerce peut, dans les mêmes conditions, obtenir un titre exécutoire sur justification du paiement effectué. »*

Dans (Décr. n° 94-910 du 21 oct. 1994) *« les cas prévus aux premier et deuxième alinéas »* [I et II] *de l'article L. 622-32 de ce code, l'ordonnance est rendue, le débiteur entendu ou appelé.*

L'ordonnance vise l'admission définitive de ce créancier et le jugement de clôture pour insuffisance d'actif ; elle contient l'injonction de payer et est revêtue par le greffier de la formule exécutoire.

154-1 (*Abrogé par Décr. n° 2005-1677 du 28 déc. 2005, art. 354* ; Décr. n° 94-910 du 21 oct. 1994) *La reprise de la procédure de liquidation judiciaire fait l'objet des avis et publicités prévus aux articles 19 et 21 du présent décret.*

Jurisprudence antérieure. V. note 3 ss. art. 156.

154-2 (*Abrogé par Décr. n° 2005-1677 du 28 déc. 2005, art. 354* ; Décr. n° 99-656 du 29 juill. 1999) *Si la mesure d'interdiction d'émettre des chèques ayant fait l'objet d'une suspension en application de l'article L. 622-33 du code de commerce reprend ses effets à la suite du recouvrement par les créanciers de leur droit de poursuite individuelle, l'ordonnance revêtue de la formule exécutoire visée au dernier alinéa* [IV] *de l'article L. 622-32 de ce code est notifiée par le greffier, aux frais du créancier poursuivant, à la Banque de France, accompagnée du relevé des incidents de paiement de chèques mentionné à l'article 153-1.*

TITRE IV Voies de recours

155 (Abrogé par Décr. n° 2005-1677 du 28 déc. 2005, art. 354) *Les jugements et ordonnances rendus en matière de redressement et de liquidation judiciaires sont exécutoires de plein droit à titre provisoire, à l'exception de ceux qui sont mentionnés aux articles L. 621-25, L. 621-80 et au deuxième alinéa de l'article L. 622-21 du code de commerce ainsi que de ceux qui prononcent la faillite personnelle ou l'interdiction prévue à l'article L. 625-8 dudit code.*

L'exécution provisoire des jugements mentionnés au deuxième alinéa de l'article L. 623-9 (Décr. n° 94-910 du 21 oct. 1994) *« et aux articles L. 624-3 et L. 624-5 » de ce même code ne peut être arrêtée en cas d'appel que par le premier président de la cour d'appel, statuant en référé, si les moyens invoqués à l'appui de l'appel apparaissent sérieux.* (Décr. n° 88-430 du 21 avr. 1988) *« Dès le prononcé de la décision du premier président arrêtant l'exécution provisoire, le greffier de la cour d'appel en informe le greffier du tribunal ».*

(Décr. n° 94-910 du 21 oct. 1994) *« En cas d'appel du ministère public d'un jugement mentionné aux articles L. 623-1 et L. 623-6 du code de commerce, l'exécution provisoire est*

arrêtée de plein droit à compter du jour de cet appel. Le premier président de la cour d'appel peut, sur requête du procureur général, prendre toute mesure conservatoire pour la durée de l'instance d'appel. »

BIBL. ▶ VALLENS, *D. 1997. Chron. 111* ; *RTD com. 2004. 815* (sur l'application de l'art. 524 NCPC, dans sa réd. issue du décret n° 2004-836 du 20 août 2004). – DELENEUVILLE, *Rev. proc. coll. 1999. 1.*

1. Décisions exécutoires. Le jugement qui reporte la date de la cessation des paiements du débiteur, n'entrant dans aucune des exceptions énumérées par l'art. 155, est exécutoire de plein droit à titre provisoire. • Com. 3 janv. 1989 : *Bull. civ. IV, n° 6.*

2. Arrêt d'exécution provisoire. C'est par dérogation aux dispositions de l'art. 524, dernier al., NCPC [dans sa réd. antérieure au décret n° 2004-836 du 20 août 2004], qui autorise l'aménagement mais non l'arrêt de l'exécution provisoire de droit, que l'art. 155, al. 2, ci-dessus permet au premier président de la cour d'appel d'arrêter l'exécution provisoire de certains jugements rendus en matière de redressement ou de liquidation judiciaires, dont ceux arrêtant le plan de cession de l'entreprise. • Com. 22 févr. 1994 : *Bull. civ. IV, n° 74 ; JCP E 1994. I. 394, n° 2, obs. Pétel.*

3. Il suffit qu'un appel ait été formé contre un jugement visé à l'art. 155, al. 2, pour que la demande d'arrêt de l'exécution provisoire soit recevable, le premier président n'ayant pas à juger de la régularité ou de la recevabilité de l'appel, questions qui échappent manifestement à sa compétence. • Limoges, 2 juill. 1986 : *D. 1986. IR. 380.* ♦ Le pouvoir reconnu au premier président par l'art. 155 doit le conduire, par l'examen de la décision attaquée, à dire si cette décision n'est pas entachée d'irrégularités formelles tellement manifestes ou grossières, ou si elle a apprécié les faits de la cause d'une manière tellement erronée que, les moyens proposés apparaissant sérieux, l'arrêt de l'exécution provisoire s'impose. • Même arrêt.

3 bis. L'exécution provisoire des ordonnances du juge-commissaire ne peut être arrêtée. • Com. 14 janv. 2004 : *Act. proc. coll. 2004, n° 107.*

4. L'exécution provisoire du jugement d'ouverture ne peut être arrêtée. • Paris, 30 oct. 1990 : *Rev. huiss. 1991. 238.* ♦ ... Pas plus que celle du jugement qui a étendu le redressement judiciaire à une autre société. • Paris, 27 avr. 1993 : *Dr. sociétés 1993, n° 139, obs. Chaput* • Chambéry, 14 oct. 1994 : *Gaz. Pal. 1995. 1. Somm. 214* • T. com. Saint-Gaudens, 25 avr. 1997 : *Dr. sociétés 1997, n° 105, obs. Chaput.*

4 bis. En vertu des art. 177 de la loi [C. com., ancien art. L. 623-9] et 155 du décret, l'exécution provisoire de plein droit des jugements rendus en matière de redressement et de liquidation judiciaires ne peut être arrêtée qu'en cas d'appel du jugement statuant sur la liquidation judiciaire ou arrêtant ou rejetant le plan de continuation ou de cession de l'entreprise. • Com. 23 juin 1998 : *Bull. civ. IV, n° 205 ; D. 1999. Somm. 71, obs. Honorat ; D. Affaires 1998. 1535, obs. A. L. ; JCP E 1998, n° 52, p. 2063, obs. Pétel ; Quot. jur. 28 juill. 1998, p. 7, note P. M.* ♦ Le premier président d'une cour d'appel ne peut, pour arrêter l'exécution provisoire du jugement prononçant la résolution du plan de continuation et ouvrant une procédure de redressement judiciaire, considérer que ce jugement participait de la nature même des jugements ayant arrêté un plan de redressement. • Même arrêt. – Dans le même sens, V. • Paris, 12 déc. 2000 : *RJ com. 2001. 139, obs. Neveu.*

4 ter. L'art. 177, al. 2, de la loi [C. com., ancien art. L. 623-9, al. 2] auquel se réfère l'art. 155, al. 2, ci-dessus vise notamment les appels des jugements statuant sur la liquidation judiciaire, sans distinguer selon que cette liquidation est prononcée ou non après une période d'observation. • Paris, 27 janv. 1995 : *Gaz. Pal. 1995. 2. 503, note Vray.* ♦ Le jugement étendant à une personne la procédure de liquidation judiciaire d'une autre personne est un jugement statuant sur la liquidation judiciaire, peu important l'absence de période d'observation. • Com. 11 mai 1999 : *Bull. civ. IV, n° 99 ; D. 2000. Somm. 98, obs. Honorat ; JCP E 1999, n° 39, p. 1530, obs. Pétel ; Petites affiches 1er juin 1999, p. 9, note P. M. ; ibid., 28 déc. 1999, p. 15, note Courtier ; RTD com. 1999. 760, obs. Vallens* • Versailles, 21 mars 1996 : *Dr. sociétés 1996, n° 194, obs. Chaput.*

5. Il y a lieu de suspendre l'exécution provisoire du jugement arrêtant le plan de cession de l'entreprise, dès lors que les moyens avancés par le procureur apparaissent sérieux (d'une part, en écartant la solution liquidative le tribunal n'a pas fait le choix le plus judicieux s'agissant de fonds de commerce autonomes ne constituant que de manière artificielle un groupe ; d'autre part, à conditions similaires, il a choisi une entreprise moins-disante). • Paris, 9 sept. 1994 : *Dr. sociétés 1995, n° 3, obs. Chaput.*

6. Le déficit d'exploitation prévu ne s'étant pas réalisé et la société ayant poursuivi une activité bénéficiaire pendant la période d'autorisation, il y a lieu de suspendre l'exécution provisoire du jugement de liquidation judiciaire. • Paris, 22 juin 1993 : *Dr. sociétés 1993, n° 223.* ♦ Pour une autre décision de suspension, V. • Aix-en-Provence, 16 févr. 1995 : *D. 1995. IR. 90* (méconnaissance de l'art. 80 de la loi du 25 janv. 1985).

7. Il ne peut être pris en considération, pour ordonner l'arrêt de l'exécution provisoire du jugement prononçant la liquidation judiciaire, le fait que cette liquidation emporte, par application de l'art. 194 de la loi du 25 janv. 1985 [abrogé par ord. n° 2000-912 du 18 sept. 2000], l'incapacité d'exercer des fonctions publiques électives, la notion de « moyen sérieux », au sens de l'art. 155, art. 2, ci-dessus n'étant en rien assimilable à la condition prévue par l'art. 524 NCPC, qui permet au premier président de suspendre l'exécution provisoire d'un jugement ordonnée en première instance « si elle risque d'entraîner des conséquences manifestement excessives ». • Paris, 27 janv. 1995 : *préc. note 4 ter.*

7 bis. Sur l'application de l'art. 155, V. aussi • Paris, 25 août 1987 : *Gaz. Pal. 1987. 2. 735* • 1er sept. 1987 : *ibid.* • Grenoble, 13 mai 1987 : *ibid.* • Lyon, 23 sept. 1988 : *D. 1989. Somm. 13, obs. Derrida* • Angers, 17 nov. 1988 : *Gaz. Pal. 1989. 2. Somm. 305* • Paris, 27 mai 1991 : *D. 1992. Somm. 89, obs. Derrida* • Aix-en-Provence, 10 juill. 1991 : *ibid.* • Paris, 11 juin 1993 : *Dr. sociétés 1993, n° 223, obs. Chaput* • Dijon, 19 janv. 1999 : *Banque et Droit nov.-déc. 1999. 61, obs. Guillot* • Angers, 30 mars 2001 : *Act. proc. coll. 2002, n° 43* • 18 avr. 2001 : *ibid.*

7 ter. V. aussi, *supra,* note 3 *ter* ss. ancien art. L. 621-64 C. com.

8. Prolongation de la période d'observation. En dehors de circonstances exceptionnelles, il n'est pas opportun que, par le biais d'un appel et d'un arrêt de l'exécution provisoire d'un jugement de liquidation judiciaire, soit prolongée la période d'observation au-delà des limites fixées par l'art. 8 de la loi du 25 janv. 1985 [C. com., ancien art. L. 621-6]. • Lyon, 24 juill. 1987 : *JCP 1987. II. 20911, note Haehl.*

9. Pourvoi en cassation. L'ordonnance du premier président, statuant conformément à l'art. 155, al. 2, sur une demande tendant à l'arrêt de l'exécution provisoire d'un jugement ayant prononcé la liquidation judiciaire, décision qui statue sur un incident d'exécution provisoire sans mettre fin à l'instance, ne peut être frappée de pourvoi en cassation indépendamment du jugement sur le fond. • Com. 20 juin 1989 : *Gaz. Pal. 1989. 2. 602.*

10. Décisions non exécutoires de droit. V. art. 524 NCPC. – **C. pr. civ.** ♦ Lorsque, en application de l'art. 195 de la loi [C. com., ancien art. L. 625-10], le tribunal de commerce ordonne l'exécution provisoire de la disposition de son jugement prononçant la faillite personnelle, le premier président est valablement saisi d'une demande d'arrêt de l'exécution provisoire de ce chef formée en application de l'art. 524 NCPC, s'agissant d'une exécution provisoire facultative. • Agen, 15 déc. 1994 : *BICC 1995, n° 254.* ♦ Compte tenu des conséquences d'une telle décision sur l'étendue des droits civils et civiques susceptibles de ne pouvoir être réparées, en cas de réformation, l'arrêt de l'exécution provisoire peut être ordonné, les conséquences personnelles liées à la faillite ne devant résulter que d'une décision définitive. • Même arrêt. ♦ De même, il y a lieu de suspendre l'exécution provisoire de la sanction personnelle prononcée à l'encontre d'un dirigeant social, dès lors qu'une infirmation est possible et que l'exécution provisoire aurait des conséquences manifestement excessives en raison de l'activité actuelle de mandataire social d'une petite société. • Paris, 28 sept. 1993 : *Dr. sociétés 1994, n° 8, obs. Chaput.*

11. Réformation d'une décision exécutoire. La réformation d'un jugement arrêtant un plan de continuation assorti d'une cession partielle d'actifs ne porte pas en elle-même atteinte aux actes accomplis au titre de l'exécution provisoire de ce jugement, lesquels demeurent valables dans la mesure où ils sont conformes à la disposition qui les avait autorisés et où ils ne sont pas affectés d'une cause d'invalidation procédant d'un vice du consentement ou du défaut de capacité de ceux qui y ont concouru et qui justifierait leur annulation par le juge compétent. • Aix-en-Provence, 21 juill. 1993 : *Rev. proc. coll. 1996. 438, obs. Soinne.*

12. Responsabilité du mandataire. Il ne peut être reproché au liquidateur judiciaire d'avoir exécuté les jugements et ordonnances rendus en matière de redressement et de liquidation, exécutoires de plein droit à titre provisoire par application des dispositions de l'art. 155. • Douai, 30 mai 1996 : *Rev. proc. coll. 1997. 329, obs. Soinne.* ♦ De même, l'exécution par l'administrateur d'une décision exécutoire de plein droit à titre provisoire n'entraîne, sauf gestion dolosive ou action intempestive, aucune responsabilité à son encontre si la mesure qui frappe le débiteur est annulée ou rapportée en appel. • Paris, 16 déc. 1997 : *Rev. proc. coll. 2000. 82, obs. Soinne.*

13. Application dans le temps des modifications apportées par le décret du 21 oct. 1994. V. note précédant l'art. 1er.

14. Signification de l'arrêt de liquidation judiciaire. Sur la compétence du jex pour en apprécier la régularité, V. note 4 *sexies* ss. art. 174.

156 (Abrogé par Décr. n° 2005-1677 du 28 déc. 2005, art. 354) *L'opposition et la tierce opposition lorsqu'elles sont recevables, sont formées contre les décisions rendues en matière de redressement et de liquidation judiciaires, de faillite personnelle ou autres sanctions, par déclaration au greffe dans le délai de dix jours à compter du prononcé de la décision.*

Toutefois, pour les décisions soumises aux formalités d'insertion dans un journal d'annonces légales ou au BODACC, le délai ne court que du jour de la publication au BODACC.

1. Application aux tierces oppositions incidentes et principales. Le jugement qui statue sur le report de la date de cessation des paiements ressort des dispositions de l'art. 156, qui excluent la possibilité de former tierce opposition contre les décisions rendues en matière de redressement et de liquidation judiciaires selon les règles du droit commun, que la tierce opposition soit principale ou incidente. • Com. 14 mai 2002 : *Bull. civ. IV, n° 86 ; D. 2002. AJ. 1981 ; Act. proc. coll. 2002, n° 146, obs. Cagnoli.* ♦ L'art. 586 NCPC est inapplicable en matière de redressement et de liquidation judiciaires. • Paris, 29 avr. 1997 : *Rev. proc. coll. 1997. 429, obs. Cadiou.* – Dans le même sens, V. • Versailles, 7 déc. 1995 : *D. 1996. IR. 63.*

1 bis. Conditions de recevabilité. Les conditions de recevabilité de la déclaration d'opposition sont définies par le droit commun. • T. com. Paris, 30 oct. 1995 : *Gaz. Pal. 1996. 2. Somm. 542.*

L'art. 156 prévoit, en matière de redressement et liquidation judiciaires, une forme particulière de tierce opposition dérogatoire au droit commun, dont les conditions de forme s'imposent au tiers qui désire l'utiliser. • Com. 6 juill. 1999 : *Bull. civ. IV, n° 154 ; D. 2000. Somm. 329, obs. Honorat ; RJDA 1999, n° 1113 ; RTD com. 1999. 990, obs. Vallens ; JCP E 2000, n° 4, p. 124, obs. Cabrillac.* ♦ La tierce opposition faite autrement que par déclaration au greffe (en l'espèce, par des conclusions) est irrecevable et celui qui invoque l'irrecevabilité n'a pas à justifier d'un grief. • Même arrêt. – Dans le même sens, V. • Paris, 27 mars 2001 : *Rev. proc. coll. 2002. 173, obs. Gorrias.* ♦ V. aussi, pour l'irrecevabilité de tierces oppositions formées par voie d'assignation, • Com. 26 avr. 2000 : *Procédures 2000, n° 167, obs. Laporte.*

1 ter. Conformité à la Convention européenne des droits de l'homme. Les dispositions de l'art. 156 ne sont pas incompatibles avec celles de l'art. 6 de la Conv. EDH (droit au procès équitable), dès lors que les décisions concernées sont portées à la connaissance des tiers par voie de publication au BODACC et que le point de départ du délai de recours est précisément la date de cette publication. • Com. 27 oct. 1998 : *RTD com. 1999. 204, obs. Vallens.*

1 quater. A supposer que le jugement prorogeant la mission du commissaire à l'exécution du plan et, implicitement mais nécessairement, la durée du plan ne soit pas une décision modifiant le plan soumise à publication en application de l'art. 96 du décret, les dispositions de l'art. 6 (1) Conv. EDH interdisent d'objecter au tiers opposant, en vertu de l'art. 156, un délai de recours de dix jours à compter d'une décision demeurée occulte à son égard puisque aucune voie juridique ne lui permettait d'en avoir connaissance. • Paris, 18 juin 2002 : *cité note 10 bis ss. ancien art. L. 621-68 C. com.*

2. Point de départ du délai. En application de l'art. 156, le délai d'opposition et de tierce opposition est, même en cas d'excès de pouvoir les rendant recevables, de dix jours à compter du prononcé de la décision. • Com. 6 janv. 1998 : *Rev. proc. coll. 1999. 30, obs. Cadiou.*

Si le délai de dix jours pour former le recours prévu par l'art. 156 s'ouvre à compter du prononcé de la décision, il n'en est pas ainsi, en l'absence de notification, lorsque la décision rendue à l'insu de l'auteur de la tierce opposition concerne directement ses droits et obligations (à propos d'un jugement désignant un mandataire à l'effet de rechercher la responsabilité des tiers opposants). • Com. 7 févr. 2006 : *Gaz. Pal. 30 avr.-4 mai 2006, p. 23, obs. Rohart-Messager.* ♦ V. aussi • Com. 19 mai 2004 : *RD banc. fin. 2004, n° 247, obs. F.-X. Lucas.*

Viole les art. 21, 22 et 156, al. 2, du décret, l'arrêt qui, pour déclarer irrecevable la tierce opposition formée par une banque contre une décision modifiant la date de cessation des paiements, retient que les décisions de cette sorte n'étaient pas soumises à une publicité par voie d'un avis au BODACC, et que, dès lors, la tierce opposition dont elles pouvaient faire l'objet devait, conformément à l'art. 156, al. 1er, être formée dans le délai de dix jours à compter de leur prononcé. • Com. 15 mai 1990 : *D. 1990. IR. 149 ; Bull. civ. IV, n° 149.* ♦ V. aussi note ss. art. 22.

3. Dès lors qu'aucune disposition semblable à l'art. 21 du décret n'était prévue pour le jugement ordonnant la réouverture de la procédure clôturée pour insuffisance d'actif sur le fondement de l'art. 170 de la loi [C. com., ancien art. L. 622-34], avant le décret du 21 oct. 1994 (ce qui s'explique par le fait qu'il s'agit de la reprise de la procédure antérieure au point où elle s'était arrêtée, en vue de la réalisation des actifs découverts), il s'ensuivait que le délai de dix jours courait du jour du prononcé de la décision. • Paris, 5 mars 1996 : *D. 1996. IR. 101 ; RJ* *com. 1997. 21, note X. Vincent,* conf. par • Com. 27 oct. 1998 : *D. Affaires 1999. 36 ; RTD com. 1999. 204, obs. Vallens*. ♦ Comp., désormais : art. 154-1, issu du décret n° 94-910 du 21 oct. 1994.

3 bis. Dès lors qu'il n'a pour effet de modifier aucune des mentions précédemment publiées à la suite de l'ouverture des redressements de chacune des sociétés, le jugement prononçant la jonction des procédures de redressement de deux sociétés n'a pas à faire l'objet d'une publication au BODACC. Par suite, le délai pour former tierce-opposition à ce jugement court à compter de son prononcé. • T. com. Chambéry, 11 déc. 1998 : *RJ com. 2000. 34, obs. Legrand.*

3 ter. Au regard de la publicité prévue par l'art. 21 du décret, un jugement prononçant une extension de procédure collective ou décidant la poursuite sous procédure unique de plusieurs procédures collectives, doit être assimilé à un jugement ouvrant le redressement judiciaire d'un débiteur ; il s'ensuit que le délai pour former tierce opposition contre ce jugement ne court que du jour de sa publication au *BODACC*. • Com. 16 mai 2006 : *D. 2006. AJ. 1530, obs. Lienhard*. – V. déjà. • Com. 8 oct. 2003 : *D. 2003. 2817, note Le Corre ; Petites affiches 16 févr. 2004, p. 9, obs. Lécuyer.*

3 quater. En ce sens que le délai pour former tierce opposition ne court pas en cas d'erreur sur les éléments d'identification du débiteur dans la publication au BODACC, V. • Com. 17 mars 1998 : *Rev. proc. coll. 1999. 30, obs. Cadiou.* – V. aussi • Rennes, 29 mars 1995 : *ibid.*

4. Sanction. A défaut d'avoir été exercée suivant la forme prévue par l'art. 156, la tierce opposition est irrecevable et cette fin de non-recevoir peut, conformément à l'art. 123 NCPC, être proposée en tout état de cause, l'art. 112 de ce même code étant dès lors inapplicable. • Com. 9 avr. 1991 : *Bull. civ. IV, n° 129 ; D. 1991. IR. 165.*

157 (Abrogé par Décr. n° 2005-1677 du 28 déc. 2005, art. 354 ; Décr. n° 94-910 du 21 oct. 1994) ***« Le délai d'appel des parties est de dix jours à compter de la notification qui leur est faite des décisions. Toutefois, le délai d'appel du cessionnaire pour les jugements mentionnés à l'article L. 623-6 du code de commerce est de dix jours à compter du prononcé du jugement. »***

(Décr. n° 89-339 du 29 mai 1989) ***« Le greffier informe par lettre simple, au plus tard dans les quarante-huit heures du prononcé du jugement, le cocontractant dans le cas prévu à l'article L. 621-88 du code de commerce et le bailleur dans le cas prévu au troisième alinéa de l'article L. 621-84 de ce code. Le délai d'appel du cocontractant et du bailleur est de dix jours à compter du prononcé du jugement. »*** — Entrée en vigueur le 1er juin 1989.

(Décr. n° 94-910 du 21 oct. 1994) ***« Le délai d'appel du procureur de la République est de dix jours. Le délai d'appel du procureur général est de quinze jours. Ces délais sont comptés à partir de la réception par le procureur de la République de l'avis qui lui est donné de la décision selon les formes prévues à l'article 19. »***

157 al. 1er et 3 ancien [réd. antérieure au Décr. n° 94-910 du 21 oct. 1994] *Le délai d'appel pour le procureur de la République et le cessionnaire, des jugements mentionnés à l'article 174 de la loi du 25 janvier 1985 est de* (Décr. n° 88-430 du 21 avr. 1988) *« dix jours » à compter du prononcé du jugement.*

....

Le délai d'appel des autres décisions est de dix jours à compter de la notification aux parties ou de la réception de l'avis donné au procureur de la République selon les formes prévues à l'article 19.

1. Domaine d'application. Le jugement ayant condamné le créancier saisissant à rapporter à la liquidation les sommes reçues postérieurement au prononcé de la liquidation judiciaire, au titre de la saisie-attribution pratiquée antérieurement, n'est pas rendu en matière de redressement et de liquidation judiciaires ; dès lors, l'appel de ce jugement est soumis au droit commun. • Com. 5 nov. 2003 : *Bull. civ. IV, n° 165 ; D. 2003. AJ. 2964*.

V., appliquant l'ancien art. 157, al. 1er, à un appel formé par le débiteur contre le jugement arrêtant le plan de cession, • Com. 14 mars 1995 : *D. 1996. 518, note Derrida*.

1 bis. Délai de dix jours. Lorsqu'il n'est pas établi, ni par les mentions du jugement, ni par tout autre élément, que la date de la décision a été portée à la connaissance du cessionnaire, le délai de dix jours ne commence à courir qu'à compter de la signification. • Montpellier, 19 juin 1990 : *D. 1992. Somm. 93, obs. Derrida* • Paris, 11 juill. 1986 : *D. 1987. 55, note Fabiani.* ♦ Lorsque le jugement de redressement judiciaire a été signifié par le demandeur, le délai d'appel court contre le débiteur qui ne peut invoquer la signification ultérieure par le greffier pour prétendre que le délai d'appel ne court que de cette dernière. • Paris, 22 janv. 1988 : *D. 1989. Somm. 11, obs. Derrida.* ♦ Il résulte de l'art. 157, al. 2, qui fait courir le délai d'appel du cocontractant, non du jour de l'envoi de l'information donnée par lettre simple par le greffier mais du jour du jugement, que ce délai est indépendant de cette information, laquelle ne conditionne pas son point de départ. • Paris, 1er oct. 2004 : *D. 2005. Pan. 294, obs. Le Corre* . ♦ Est dès lors sans incidence au regard de ce délai le fait que le greffier aurait envoyé l'information prescrite plus de quarante-huit heures après le jugement. • Même arrêt. ♦ L'appel du repreneur évincé contre le jugement ayant rejeté sa tierce opposition au jugement ayant arrêté le plan de cession doit être formé dans les dix jours à compter de la date de la décision : • Paris, 18 févr. 2005 : *RTD com. 2005. 421, obs. Vallens* . ♦ La signification opérée entre les mains d'une personne dont l'habilitation à recevoir les actes de procédure est caduque ne saurait faire courir le délai d'appel : V. • Aix-en-Provence, 21 nov. 2001 : *Dr. sociétés 2002, n° 93, note Legros.*

2. Représentant des créanciers. L'art. 157, al. 3, ayant institué une exception unique à la notification par voie de signification, il en résulte qu'est recevable l'appel du représentant des créanciers à qui le jugement prononçant le redressement judiciaire n'a jamais été signifié. • Versailles, 3 mars 1988 : *D. 1988. IR. 103.* – V. aussi • Douai, 19 nov. 1987 : *D. 1989. Somm. 13, obs. Derrida* • Paris, 25 sept. 1998 : *D. Affaires 1998. 1746, obs. A. L.* ♦ Sur le point de départ du délai, V. également • Com. 16 avr. 1996 : *cité note 1 bis ss. art. 73.*

3. Exclusion du droit commun. En matière de redressement judiciaire ou de liquidation judiciaire, les voies de recours restent soumises aux conditions de forme et de délai qui leur sont propres, sans qu'il y ait lieu de distinguer selon qu'elles tendent à la réformation, à l'annulation ou à la rétractation de la décision attaquée. • Com. 15 janv. 1991 : *Bull. civ. IV, n° 26 ; D. 1992. Somm. 91, obs. Derrida* ; *JCP E 1991. II. 165, note Barret ; Gaz. Pal. 1992. 1. 85, note Marchi* • 26 avr. 1994 : *Bull. civ. IV, n° 154 ; D. 1994. 542, note Derrida* (confirmant • Montpellier, 29 juill. 1992 : *D. 1992. Somm. 357, obs. Vasseur*) • 14 mars 1995 : *préc. note 1* • 3 juin 1997 : *Bull. civ. IV, n° 166.* ♦ Dans le même sens, pour la tierce opposition-nullité, V. note 9 ss. ancien art. L. 623-7 C. com. ♦ *Contra*, soumettant l'appel-nullité au délai de droit commun prévu par l'art. 538 NCPC : • Douai, 31 mars 1988 : *Gaz. Pal. 1988. 2. 584, note Soinne.*

En application de l'art. 157, al. 3, l'appel du procureur de la République doit être interjeté dans le délai de dix jours à compter de la réception de l'avis qui lui est donné du jugement, même s'il déclare agir comme partie principale sur le fondement de l'art. 423 NCPC. • Com. 8 juill. 2003 : *Bull. civ. IV, n° 127 ; D. 2003. AJ. 2173 ; Act. proc. coll. 2003, n° 204, obs. Cagnoli* ; *RTD com. 2003. 827, obs. Vallens* ; *Rev. proc. coll. 2005. 162, obs. O. Barret.*

4. Omission de l'indication du délai et des modalités d'appel dans la notification. Est nulle, conformément à l'art. 680 NCPC, la signification n'indiquant pas la possibilité d'appel ni le délai de cette voie de recours. • Paris, 9 mai 1997 : *RJ com. 1998. 203, obs. Legrand* • Com. 13 oct. 1998 : *RJDA 1998, n° 1392 ; Procédures 1999, n° 34, obs. Laporte ; Act. proc. coll. 1998, n° 148* (ordonnance de rejet d'une créance). ♦ Dans le même sens, pour un délai erroné, V. • Civ. 2e, 16 déc. 1999 : *RTD com. 2000. 462, obs. Vallens* • Com. 29 mai 2001 : *Bull. civ. IV, n° 107 ; Act. proc. coll. 2001, n° 160, obs. Regnaut-Moutier* • Paris, 28 mars 1997 : *Rev. proc. coll. 1998. 242, obs. Cadiou.*

5. En ce sens que la notification de l'ordonnance de rejet d'une créance doit indiquer devant quelle juridiction doit être formalisé l'acte d'appel, V. • Civ. 2e, 3 mai 2001 : *Bull. civ. II, n° 85 ; D. 2001. AJ. 1797, obs. Lienhard* .

6. La notification du jugement rejetant le recours, exercé contre une ordonnance du juge-commissaire, qui avait ordonné la cession globale d'une unité de production d'un débiteur en liquidation judiciaire n'étant lui-même, susceptible d'aucun recours, ne peut être considérée comme irrégulière du fait qu'elle ne mentionne pas qu'un appel-nullité pourrait être exceptionnellement ouvert contre le jugement, en cas d'excès de pouvoir ou de violation d'un principe fondamental de procédure. • Com. 9 juin 1998 : *Bull. civ. IV, n° 188 ; D. 1999. Somm. 70, obs. Honorat* ; *D. Affaires 1998. 1449, obs. A. L. ; JCP 1998. II. 10140, rapp. Rémery ; Procédures 1998, n° 262, obs. Croze ; RTD com. 1998. 951, obs. Vallens* . – Dans le même sens, V. • Com. 17 juill. 2001 : *RTD com. 2001. 981, obs. Vallens* .

158 (Abrogé par Décr. n° 2005-1677 du 28 déc. 2005, art. 354) ***L'appel du procureur de la République*** (Décr. n° 94-910 du 21 oct. 1994) ***« et du procureur général » est fait par une déclaration d'appel remise ou adressée au greffe de la cour d'appel.***

Lorsque cette déclaration est faite par voie postale, la date de l'acte d'appel est celle de l'expédition.

(Décr. n° 94-910 du 21 oct. 1994) ***« Lorsque l'appel du procureur de la République ou du procureur général est interjeté à l'encontre d'un jugement mentionné aux articles L. 623-6 et L. 623-9 du code de commerce, l'appelant en informe immédiatement, par tout moyen, le greffier du tribunal et les mandataires de justice. Le greffier de la cour d'appel notifie par lettre simple cet appel au débiteur et aux personnes mentionnées au IV de l'article 160 ci-dessous. »***

Forme de l'appel. Le procureur de la République est autorisé à faire appel par voie postale, notamment par télécopie, en respectant les dispositions de l'art. 158. • Amiens, 15 déc. 1989 : *Gaz. Pal. 1990. 1. Somm. 315* • Versailles, 9 juill. 1993 : *ibid. 1994. 2. Somm. 445.*

159 (Abrogé par Décr. n° 2005-1677 du 28 déc. 2005, art. 354) ***La personne exerçant une voie de recours au nom du comité d'entreprise ou des délégués du personnel ou le représentant des salariés dans le cas prévu au deuxième alinéa de l'article L. 621-135 du code de commerce, doit, à peine d'irrecevabilité, justifier de son habilitation.***

En l'absence dans les textes de précisions à ce sujet, l'habilitation est donnée dans les conditions prévues pour la désignation même du représentant des salariés. • Paris, 4 juill. 1997 : *JCP E 1997. Pan. 909.* ♦ V. ancien art. L. 621-8 C. com.

160 *(Abrogé par Décr. n° 2005-1677 du 28 déc. 2005, art. 354 ;* Décr. n° 88-430 du 21 avr. 1988) ***L'appel des jugements rendus en application des articles L. 623-1 et L. 623-6 du code de commerce est formé, instruit et jugé suivant les modalités de la procédure avec représentation obligatoire prévue par les articles 901 à 925 du Nouveau code de procédure civile, sous réserve des dispositions qui suivent :***

I. — Les mandataires de justice qui ne sont pas appelants doivent être intimés.

Dans tous les cas, le procureur général est avisé de la date de l'audience.

II. — L'appel des jugements arrêtant ou rejetant le plan de cession est soumis à la procédure à jour fixe.

(Décr. n° 2004-836 du 20 août 2004, art. 32) ***« III. — Dans les cas autres que ceux qui sont mentionnés au II ci-dessus et sauf s'il est recouru à la procédure à jour fixe, l'affaire est instruite selon les dispositions du deuxième alinéa de l'article 910 du nouveau code de procédure civile. Le président de la chambre peut toutefois décider que l'affaire sera instruite selon les modalités prévues au premier alinéa du même article. »*** — Cette disposition est applicable uniquement aux recours dirigés à l'encontre des décisions rendues à compter du 1er janv. 2005 (Décr. n° 2004-836 du 20 août 2004, art. 59, JO 22 août).

IV. — Lorsqu'ils ne sont pas parties à l'instance d'appel, les représentants du comité d'entreprise ou des délégués du personnel et, dans le cas prévu au deuxième alinéa de l'article L. 621-135 du code précité, le représentant des salariés ainsi que, le cas échéant, le cessionnaire, le co-contractant mentionné à l'article L. 621-88 du même code, (Décr. n° 94-910 du 21 oct. 1994) ***« les titulaires des sûretés mentionnées à l'article L. 621-96 » du même code ou le bénéficiaire de la location-gérance sont convoqués pour être entendus par la Cour. La convocation est faite par lettre simple du greffier.***

V. — Aucune intervention n'est recevable dans les dix jours qui précèdent la date de l'audience.

VI. — La cour d'appel doit statuer au fond dans les quatre mois suivant le prononcé des jugements mentionnés à l'article L. 623-6 du code de commerce.

1. Représentation obligatoire. L'appel du débiteur contre le jugement prononçant sa liquidation judiciaire est irrecevable dans la mesure où il a été formé par simple lettre déposée au greffe du tribunal sans mention de la constitution d'avoué, cette procédure, en vertu de l'art. 899, al. 1er, NCPC, étant obligatoire et ne pouvant être considérée comme contraire à l'art. 6 de la Conv. EDH. • Pau, 30 mars 2004 : *JCP E 2004, n° 41, p. 1568.* ♦ Comp., pour des arrêts ayant jugé que l'art. 160 n'incluant pas l'appel de l'art. 103 de la loi, la procédure d'appel d'une ordonnance du juge-commissaire est dispensée du ministère d'avoué : • Nancy, 1er oct. 1991 : *JCP 1992. II. 21902, note crit. Giverdon et Lecharny* • 25 oct. 1991 : *ibid.* – V. art. 899 NCPC. – **C. pr. civ.**

1 bis. Appel à l'instance de l'administrateur judiciaire. L'appel contre un jugement ouvrant une procédure de redressement judiciaire est irrecevable faute d'appel à l'instance de l'administrateur judiciaire désigné. • Com. 3 déc. 2003 : *Bull. civ. IV, n° 194 ; D. 2003. AJ. 139* . ♦ Mais à défaut d'avoir été appelé à l'instance, l'administrateur judiciaire, par son intervention volontaire, permet la régularisation de la procédure. • Même arrêt.

2. Procédure à jour fixe. L'art. 160-II s'impose également au ministère public. • Poitiers, 25 mars 1992 : *JCP 1992. IV. 2951.*

Aucune disposition légale ne dispense le ministère public de présenter au premier président, au plus tard dans les huit jours de la déclaration d'appel, la requête exigée par les art. 917 à 919 NCPC, imposée par le législateur pour limiter les retards procéduraux et favoriser la survie des entreprises. Si une telle requête n'a pas été déposée dans le délai imparti, la déclaration d'appel du ministère public devient caduque sans que puissent être invoquées les dispositions de l'art. 114 NCPC, la sanction de l'inobservation des délais de procédure ne relevant pas du régime des nullités pour vice de forme. • Poitiers, 2 févr. 1994 : *JCP 1994. IV. 1689.*

2 bis. Toutefois, l'emploi par le ministère public de la procédure ordinaire au lieu et place de la procédure à jour fixe n'affecte pas le lieu d'instance régulièrement formé par la déclaration, de sorte que l'appel est recevable. • Com. 14 mai 1996 : *Bull. civ. IV, n° 137 ; D. 1998. Somm. 1, obs. Derrida* ; *D. Affaires 1996. 751 ; Rev. huiss. 1997. 781, note Courtier.* ♦ L'irrégularité de la requête en fixation de la date d'audience présentée plus de huit jours après la déclaration d'appel par le ministère public au premier président n'a pas pour effet de vicier la déclaration d'appel elle-même et, par voie de conséquence, d'entraîner l'irrecevabilité du recours formé par déclaration au greffe de la cour d'appel dans les dix jours du prononcé du jugement arrêtant le plan de cession. L'irrégularité de la requête ne peut être sanctionnée que par le refus du premier président d'autoriser l'assignation à jour fixe et non par la cour d'appel à qui l'ordonnance de fixation s'impose, sauf rétractation. • Com. 20 janv. 1998 : *D. Affaires 1998. 340, obs. V. A.-R. ; JCP 1998. II. 10021, rapp. Rémery.* – V. aussi • Besançon, 13 févr. 2001 : *Rev. proc. coll. 2002. 166, obs. Gorrias.*

3. Convocation du cocontractant. La convocation du cocontractant devant la cour d'appel ne s'impose que lorsque la cession du contrat, dans le cadre d'un plan de cession d'entreprise, est envisagée ; aucune disposition ne prévoit la convocation du cocontractant au cas de prononcé de la liquidation judiciaire. • Com. 23 janv. 1996 : *Bull. civ. IV, n° 23 ; D. 1997. Somm. 6, obs. Derrida* ; *D. Affaires 1996. 328.*

4. Principe du contradictoire. Sur l'obligation de respecter le principe du contradictoire, V. • Com. 15 oct. 1991 : *D. 1991. IR. 280.*

5. Intervention d'un candidat repreneur évincé. V. note 13 ss. ancien art. L. 623-6 C. com.

161 (*Abrogé par Décr. n° 2005-1677 du 28 déc. 2005, art. 354* ; (Décr. n° 88-430 du 21 avr. 1988) ***Le greffier de la cour d'appel transmet dans les huit jours du prononcé de l'arrêt une copie de celui-ci au greffier du tribunal pour l'accomplissement des mesures de publicité prévues à l'article 21 lorsque l'arrêt infirme une décision soumise à la publicité.***

Il notifie l'arrêt aux parties par lettre recommandée avec demande d'avis de réception et au procureur général par remise contre récépissé. Il informe les personnes mentionnées au IV de l'article 160 du prononcé de l'arrêt.

La notification faite au représentant des créanciers par le greffier de la cour d'appel, en la forme ordinaire prévue par l'art. 161, al. 2, de l'arrêt retenant le plan de continuation d'une entreprise en redressement judiciaire est régulière, car il n'incombe pas au greffier de notifier au préalable l'arrêt à l'avoué du représentant des créanciers, bien que la procédure soit avec représentation obligatoire. Dès lors, la société débitrice ayant, dans le délai de deux mois pour former pourvoi (art. 612 NCPC) ouvert par cette notification, fait signifier l'arrêt au représentant des créanciers, après notification à son avoué, cette seconde notification par voie de signification faite dans le délai ouvert par la première a eu pour effet d'ouvrir un nouveau délai de deux mois à compter de sa date, rendant ainsi recevable le pourvoi dudit représentant formé après l'expiration du premier délai de deux mois. • Com. 6 févr. 1996 : *Bull. civ. IV, n° 38 ; RJDA 1996, n° 695.* – V. aussi • Com. 2 avr. 1996 : *Quot. jur. 2 juill. 1996, p. 6, note P. M.*

162 (Abrogé par Décr. n° 2005-1677 du 28 déc. 2005, art. 354) ***Le pourvoi en cassation du ministère public est fait par une déclaration au greffe de la Cour de cassation selon les règles prévues à l'article 158.***

TITRE V Dispositions particulières aux personnes morales et à leurs dirigeants

163 (Abrogé par Décr. n° 2005-1677 du 28 déc. 2005, art. 354) ***Le tribunal compétent pour statuer dans les cas prévus aux articles L. 624-3, L. 624-4 et L. 624-5 du code de commerce est celui qui a prononcé le redressement*** (Décr. n° 94-910 du 21 oct. 1994) ***« ou la liquidation » judiciaire de la personne morale.***

1. Pour la mise en œuvre des dispositions d'ordre public de l'art. L. 624-3 [ancien] C. com., seul le tribunal de la procédure collective a compétence pour déterminer si la personne poursuivie sur le fondement de ce texte a ou non dirigé en fait la personne morale en redressement ou en liquidation judiciaires. • Orléans, 8 mars 2001 : *RJDA 2001, n° 589 ; Rev. proc. coll. 2001. 262, obs. Martin-Serf.* ♦ Par conséquent, même si les différents contrats passés entre cette personne morale et la ou les personnes poursuivies en paiement de ses dettes contiennent une clause d'arbitrage, les arbitres n'ont pas compétence, fût-ce à titre préjudiciel, pour se prononcer sur la qualité de dirigeant de fait. • Même arrêt.

1 bis. L'action en comblement de passif relève de la compétence du tribunal qui a ouvert la procédure collective, même à l'égard du dirigeant de nationalité étrangère et dont le domicile est à l'étranger. • Com. 5 mai 2004 : *Bull. civ. IV, n° 82 ; D. 2004. 1796, note Vallens ; ibid. Somm. 2145, obs. Henry ; JCP E 2004, n° 36, p. 1350, note Reifegerste ; Act. proc. coll. 2004, n° 156, obs. Dom ; RTD com. 2004. 601, obs. Mascala ; Rev. sociétés 2004. 715, note Le Corre ; Bull. Joly 2004. 1349, note Monsèrié-Bon ; Dr. sociétés 2004, n° 211, note Legros ; Rev. proc. coll. 2005. 149, obs. Martin-Serf ; ibid. 233, obs. Dumont, et 243, obs. Menjucq.* ♦ Dans le même sens, pour l'action fondée sur l'art. L. 624-4 C. com., V. • Com. 14 mars 2000 : *Bull. civ. IV, n° 61 ; D. 2000. AJ. 241 ; Dr. sociétés 2000, n° 89, obs. Chaput ; Bull. Joly 2000. 600, note Menjucq ; RTD com. 2000. 468, obs. Vallens ; Rev. proc. coll. 2003. 165, obs. Martin-Serf.* ♦ Bien que non commerçant, l'ancien dirigeant d'une personne morale commerçante relève, pour la mise en œuvre de l'art. L. 624-4 [ancien] C. com., de la juridiction commerciale. • Paris, 6 nov. 2001 : *RJDA 2002, n° 289.*

1 ter. Les règles de compétence édictées par les art. 163 et 174 ne dérogent pas à l'application des dispositions de l'art. 47 NCPC [qui permet à un auxiliaire de justice partie à un litige relevant de la compétence de la juridiction dans le ressort de laquelle il exerce ses fonctions de demander un renvoi devant une juridiction limitrophe]. • Com. 26 juin 2001 : *Bull. civ. IV, n° 126 ; D. 2001. AJ. 2593, obs. Lienhard ; D. 2002. Somm. 82, obs. Sortais ; ibid. 1481, obs. Honorat ; RTD com. 2001. 777, obs. Vallens ; Procédures 2001, n° 217, note Laporte ; Dr. sociétés 2001, n° 159, note Legros ; Rev. proc. coll. 2003. 161, obs. Martin-Serf.*

2. En ce sens qu'il importe peu que la chambre du tribunal qui a statué sur l'action en comblement de passif ne soit pas celle qui s'était prononcée sur la procédure collective de la personne morale, V. • Versailles, 2 déc. 1999 : *RJDA 2000, n° 456.*

164 *(Abrogé par Décr. n° 2005-1677 du 28 déc. 2005, art. 354 ;* Décr. n° 94-910 du 21 oct. 1994) ***Pour l'application des articles L. 624-3 à L. 624-7 du code de commerce, le juge désigné par le tribunal peut se faire assister de toute personne de son choix dont les constatations sont consignées dans son rapport. Ce rapport est déposé au greffe et communiqué par le greffier au procureur de la République.***

Le ou les dirigeants mis en cause sont avertis par le greffier qu'ils peuvent prendre connaissance du rapport et sont convoqués huit jours au moins avant leur audition en chambre du conseil, par acte d'huissier de justice ou dans les formes prévues aux articles 8 et 9.

Le tribunal statue, sur rapport du juge désigné, par jugement prononcé en audience publique.

164 ancien [réd. antérieure au Décr. n° 94-910 du 21 oct. 1994] ***Pour l'application des articles 180 à 182 de la loi, le ou les dirigeants mis en cause sont convoqués huit jours au moins avant leur audition en chambre du conseil, par acte d'huissier de justice ou dans les formes prévues aux articles 8 ou 9.***

Les mandataires de justice mentionnés à l'article 183 de la loi du 25 janvier 1985 sont convoqués par le greffier lorsqu'ils ne sont pas demandeurs.

Le tribunal statue en audience publique, le juge-commissaire entendu en son rapport.

1. Dépôt du rapport au greffe. L'art. 164, tel que modifié par le décret du 21 oct. 1994, doit être compris comme exigeant désormais : que le juge-commissaire dépose au greffe un rapport ; que le dirigeant soit avisé par le greffier qu'il peut prendre connaissance de ce rapport. • Versailles, 30 sept. 1999 : *D. 1999. AJ. 95* ; *RJDA 2000, n° 75.*

La nécessité de porter le rapport à la connaissance des dirigeants préalablement à l'audience et celle de procéder à l'audition des intéressés en chambre du conseil répondent aux exigences de l'art. 6 de la Conv. EDH et s'imposent en conséquence dans tous les cas où le tribunal est appelé à faire application des dispositions de l'art. L. 624-3 [ancien] C. com., l'art. 164 du décret n'opérant aucune distinction selon que la procédure est mise en œuvre d'office par le juge ou à la demande du liquidateur par voie d'assignation. • Paris, 2 avr. 2002 : *BICC 2003, n° 300.* ♦ Pour un jugement écartant l'exception de nullité tirée de l'absence d'avertissement par le greffe du dépôt du rapport, dans l'hypothèse d'une saisine d'office de la juridiction, V. • T. com. Roubaix-Tourcoing, 10 nov. 1998 : *Rev. proc. coll. 2000. 114, obs. crit. Barret.* ♦ V. aussi, jugeant que sont sans application les dispositions des art. 184 de la loi [C. com., ancien art. L. 624-7] et 164 du décret dès lors que le juge-commissaire n'a pas établi son rapport à la demande du tribunal, mais de sa propre initiative, en vertu de son pouvoir de signalement, • Aix-en-Provence, 25 sept. 2001 : *JCP E 2002, n° 49, p. 1968, note Baldino.*

1 bis. Absence de rapport. L'art. 164, al. 3, ne trouve à s'appliquer qu'en cas d'usage de la faculté ouverte au tribunal par l'art. 184 de la loi du 25 janv. 1985, devenu l'art. L. 624-7 [ancien] C. com., de charger un juge aux fins d'enquête sur la situation patrimoniale des dirigeants de l'entreprise débitrice. • Com. 24 sept. 2003 : *Bull. civ. IV, n° 144 ; D. 2003. 2440, obs. Lienhard ; JCP E 2004, n° 6, p. 230, obs. Pétel ; Dr. sociétés 2004, n° 9, note Legros (1re esp.) ; RTD com. 2004. 603, obs. Mascala ; Rev. proc. coll. 2004. 270, obs. Dumont* • 18 janv. 2005 : *Gaz. Pal. 2005. Doctr. 1041, obs. Montéran ; Dr. sociétés 2005, n° 156,note Legros.* – En ce sens, V. déjà • Amiens, 19 nov. 1998 : *Rev. proc. coll. 2000. 66, obs. Bach* • Aix-en-Provence, 20 mars 2002 : *RTD com. 2002. 548, obs. Vallens* • Montpellier, 15 oct. 2002 : *Dr. sociétés 2004, n° 9, note Legros (2e esp.).*

1 ter. Convocation et comparution du dirigeant. En vue de la saisine du tribunal pour le prononcé de la faillite personnelle à la demande du liquidateur judiciaire, ce mandataire doit, en application de l'art. 164, procéder par voie d'assignation. A défaut, le tribunal n'est pas valablement saisi, sans qu'il y ait lieu de rechercher si, compte tenu de l'existence d'une convocation par voie de signification de l'ordonnance du président fixant la date d'audition en chambre du conseil, l'absence d'assignation avait causé un grief à la personne poursuivie. • Com. 6 juin 1995 : *Bull. civ. IV, n° 167 ; D. 1995. IR. 183 ; Quot. jur. 3 août 1995, p. 4, note P. M.* – V. aussi • Com. 28 janv. 2004 : *RJDA 2004, n° 875.*

L'ordonnance par laquelle le président du tribunal fixe la date d'audition en chambre du conseil d'un dirigeant (pour l'application de l'art. 182 de la loi du 25 janv. 1985 [C. com., art. L. 624-5 [ancien]]), notifiée à ce dirigeant, constitue une signification et non une assignation. • Com. 30 mars 1999 : *Procédures 1999, n° 155, obs. Laporte.*

La convocation des dirigeants aux fins de leur audition en chambre du conseil ne doit pas être faite nécessairement dans l'acte introductif d'instance. • Com. 6 févr. 2001 : *Bull. civ. IV, n° 33 ; D. 2001. AJ. 861 ; D. 2002. Somm. 81, obs. Sortais ; Procédures 2001, n° 150, note Laporte* • 25 févr. 2004 : *RTD com. 2004. 377, obs. Vallens.* ♦ Pour l'irrégularité d'une convocation par lettre recommandée émanant du greffe, V. • Orléans, 22 déc. 2005 : *BICC 2006, n° 705 ; RJDA 2006, n° 445.* ♦ Jugeant que cette irrégularité ne constitue qu'un vice de forme, V. • Rouen, 17 juin 2004 : *Dr. sociétés 2005, n° 27, note Legros.*

V. aussi note 1 *septies.*

1 quater. Mentions de l'assignation. Pour introduire à l'égard du dirigeant une action fondée sur les art. 180 s. de la loi du 25 janv. 1985 [C. com., anciens art. L. 624-3 s.], le liquidateur doit agir par voie d'assignation aux formes et avec les mentions prévues par les art. 56 et 855 NCPC. • Amiens, 19 févr. 1998 : *Gaz. Pal. 1998. 2. Somm. 705.* ♦ Dans le même sens, à propos d'une action tendant au prononcé d'une interdiction de gérer, V. • Com. 24 nov. 1998 : *RTD com. 1999. 206, obs. Vallens ; JCP E 2000, n° 10, p. 419, note Legros* • 4 oct. 2005 : *Dr. sociétés 2006, n° 4, note Legros.* ♦ V. aussi • Rennes, 26 oct. 2004 : *BICC 2005, n° 1229.*

1 quinquies. Délai. L'art. 643 NCPC, relatif à l'augmentation d'un mois des délais de comparution pour les personnes demeurant outre-mer, est applicable au délai de huit jours. • Paris, 19 févr. 1991 : *D. 1991. IR. 108 ; Gaz. Pal. 1991. 1. 363, note Marchi* • 13 janv. 1995 : *D. 1995. IR. 66* • Douai, 13 mars 1997 : *Rev. proc. coll. 1997. 413, obs. Cadiou.*

Sur le non-respect du délai de huit jours comme motif d'annulation de la procédure, V. les arrêts cités par F. Bach, *Rev. proc. coll. 2000.*

66. ♦ Comp., en l'absence de grief causé au dirigeant : • T. com. Bobigny, 11 mai 1998 : *Rev. proc. coll. 2000. 114, obs. Barret.*

1 sexies. Audition en chambre du conseil. V. note 1. ♦ Les art. 164 et 169 n'étant pas incompatibles avec l'art. 6 (1) de la Conv. EDH, aucun dirigeant ne peut être admis à réclamer, pour lui-même, la publicité des débats devant un tribunal, puisque cette publicité serait contraire, notamment, aux intérêts des codirigeants mis en cause. • Paris, 26 janv. 1996 : *D. 1997. 52, note Bernard* .

En ce sens qu'est mal fondé l'appel-nullité interjeté par des dirigeants contre le jugement ayant refusé qu'il soit procédé à l'audition de chacun en présence des autres, dès lors que chacun des dirigeants poursuivis a été entendu en présence de son conseil, par le tribunal en chambre du conseil, conformément aux dispositions de l'art. 164 et que les intéressés, qui ne sont pas recevables à élever une prétention contre un codirigeant, peuvent librement discuter les procès-verbaux d'audition lors des débats, V. • Com. 14 mars 2000 : *Bull. civ. IV, n° 60 ; D. 2000. AJ. 212 ; JCP E 2000, n° 25, p. 996, note Cagnoli ; RJDA 2000, n° 787 ; Petites affiches 21 nov. 2000, p. 15, note Gibirila.*

Sur la nécessité d'invoquer la nullité fondée sur l'inobservation des dispositions relatives à la publicité des débats devant la cour d'appel avant leur clôture, V. • Com. 27 oct. 1998 : *RTD com. 1999. 205, obs. Vallens* .

1 septies. Il résulte de l'art. 164 que le dirigeant n'a pas la faculté de se faire représenter lors de son audition en chambre du conseil et des art. 853 et 855 NCPC que l'acte introductif d'instance mentionne les conditions dans lesquelles le défendeur peut se faire assister ou représenter devant le tribunal hors cette audition. • Com. 19 févr. 2002 : *Bull. civ. IV, n° 38 ; D. 2002. AJ. 1485, obs. Lienhard ; Act. proc. coll. 2002, n° 133, obs. Regnaut-Moutier ; Procédures 2002, n° 119, note Laporte ; ibid., n° 139, note Croze ; Dr. sociétés 2002, n° 152, note Legros ; Rev. proc. coll. 2003. 163, obs. Martin-Serf.* ♦ L'assignation n'est pas entachée de nullité pour avoir mentionné la faculté de se faire représenter hors l'audience des plaidoiries. • Même arrêt. ♦ La procédure de l'action en paiement par les dirigeants sociaux de l'insuffisance d'actif se déroulant en audience publique, seule l'audition personnelle des dirigeants mis en cause ayant lieu en chambre du conseil, l'assignation aux fins de les faire comparaître à une audience publique n'est pas faite en méconnaissance de l'art. 164. • Montpellier, 10 août 1996 : *BICC 1997, n° 91.*

1 octies. L'audition en chambre du conseil du débiteur, à qui le tribunal entend imputer une faute de gestion ayant contribué à l'insuffisance d'actif, constitue une formalité substantielle. L'inobservation de cette formalité ne saurait être couverte par l'assignation devant le tribunal. • Toulouse, 22 janv. 1997 : *Rev. proc. coll. 1998. 249, obs. Cadiou.*

2. Nullité de procédure. Jugé que, si aux termes de l'art. 562, al. 2, NCPC, la dévolution de l'appel s'opère pour le tout lorsque l'appel tend à l'annulation du jugement, la cour d'appel ne peut cependant se déclarer saisie par l'effet dévolutif de l'appel et statuer au fond lorsqu'en raison de l'assignation introductive d'instance les premiers juges ont été irrégulièrement saisis du litige. • Paris, 10 mars 1992 : *D. 1992. IR. 149.* – Comp. : • Com. 18 avr. 1989 : *Rev. proc. coll. 1989. 593, obs. Chaput* (décret de 1967, art. 95) • 18 juill. 1989 : *Bull. civ. IV, n° 221.* ♦ V. aussi note 33 ss. ancien art. L. 623-6 C. com.

3. Présence du juge-commissaire (jurisprudence antérieure au décret du 21 oct. 1994). La présence, conformément aux art. 24, 164 [ancien] et 169, du juge-commissaire dans la juridiction qui statue sur l'ouverture d'une procédure de redressement judiciaire ou sur le prononcé de l'interdiction prévue à l'art. 192 de la loi du 25 janv. 1985 [C. com., ancien art. L. 625-8] à l'encontre du dirigeant d'une personne morale en redressement ou en liquidation judiciaires, n'est pas contraire aux dispositions de l'art. 6 (1) de la Conv. EDH • Com. 3 nov. 1992 : *Bull. civ. IV, n° 345 ; D. 1993. 538, note Vallens* • 16 mars 1993 : *ibid.* • 23 janv. 1996 : *Bull. civ. IV, n° 23 ; D. 1996. IR. 51* • Versailles, 18 nov. 1999 : *D. 2000. AJ. 49 ; RJDA 2000, n° 198 ; JCP E 2000, n° 25, p. 988, obs. Garaud* • Amiens, 23 janv. 2003 : *JCP 2003. IV. 2612 ; RJDA 2004, n° 208.* – V. aussi • CEDH 24 janv. 2002 : *RJDA 2002, n° 586.* ♦ Le dirigeant condamné au comblement du passif social n'ayant pas précisé en quoi la présidence, par le juge-commissaire, de la formation de jugement, justifiait objectivement ses appréhensions sur le défaut d'impartialité de la juridiction, l'arrêt d'appel n'encourt pas les griefs de la violation de l'art. 6 (1) de la Conv. EDH. • Com. 16 oct. 2001 : *Bull. civ. IV, n° 167 ; D. 2001. AJ. 3273, obs. Lienhard ; D. 2002. Somm. 80, obs. Derrida ; JCP E 2002, n° 3, p. 126, obs. Pétel ; ibid., n°s 18-19, p. 759, obs. Garaud ; Procédures 2002, n° 8, note Laporte ; Dr. sociétés 2002, n° 89, note Legros ; Rev. proc. coll. 2002. 113, obs. Martin-Serf.* ♦ Comp., annulant, sur le fondement de l'art. 6 (1), un jugement prononçant la faillite personnelle, au motif qu'un même magistrat avait siégé comme président et juge-commissaire : • Grenoble, 11 sept. 1997 : *D. 1998. 128, note Renucci* .

♦ Comp. aussi, désormais : art. 164, al. 3, dans sa rédaction issue du décret nº 94-910 du 21 oct. 1994.

3 bis. Impartialité du juge. Sur la nullité d'une citation à comparaître délivrée à un dirigeant pour le voir « condamner à supporter le passif de la société, prononcer son redressement judiciaire personnel et sa faillite personnelle, en fixer la durée et en ordonner l'exécution provisoire », au motif que le libellé de la citation et le contenu de la note jointe prévue à l'art. 8, al. 2, dans laquelle le président du tribunal de grande instance tenait pour établi le comportement fautif à ses yeux de la personne visée, pouvaient apparemment laisser penser que le président de la juridiction de jugement ne disposait pas de l'impartialité objective du juge, V. • Com. 3 nov. 1992 : *préc. note 3* • 16 mars 1993 : *préc. note 3.* – V. Eudier, *Mélanges Mercadal, Francis Lefebvre, 2002, spéc. p. 36.* ♦ De même, doit être annulée, sur le fondement de l'art. 6 (1) de la Conv. EDH (impartialité du tribunal), l'ordonnance de saisine d'office par laquelle le président du tribunal convoque le dirigeant « en vue d'une mesure de faillite personnelle ou d'interdiction de gérer ». • Metz, 9 sept. 1997 : *Petites affiches 15 déc. 1997, p. 21, note Vallens.* ♦ V. aussi • Grenoble, 11 sept. 1997 : *préc. note 3* • Dijon, 26 janv. 1999 : *RTD com. 1999. 989, obs. Vallens ; JCP E 2000, nº 25, p. 988, obs. Garaud* • 25 avr. 2000 : *Dr. sociétés 2000, nº 157, obs. Chaput.* ♦ Comp. : • Aix-en-Provence, 25 sept. 2001 : *préc. note 1.*

La référence à l'exercice d'une profession privée, à côté des fonctions judiciaires exercées, enlève à l'acte fait par le juge son caractère d'acte émis par une autorité indépendante et impartiale, et affecte ainsi sa validité intrinsèque (annulation du rapport du juge-commissaire et du jugement ayant statué au vu de ce rapport, le juge-commissaire, qui se trouvait être responsable du service contentieux d'une banque créancière de la société débitrice, ayant conclu au prononcé d'une sanction sur du papier à en-tête de la banque). • Colmar, 5 déc. 2000 : *RTD com. 2001. 247, obs. Vallens.*

3 ter. Délai raisonnable. Pour une annulation d'une décision, sur le fondement de l'art. 6 de la Conv. EDH en raison de la durée manifestement anormale (6 ans) du délibéré, V. • Paris, 7 nov. 1997 : *D. Affaires 1998. 80, obs. J. F. ; JCP E 1997. Pan. 1388 ; RJDA 1998, nº 633.*

4. Procédure devant la cour d'appel. Les dispositions de l'art. 164, relatives à l'audition du dirigeant en chambre du conseil, ne s'appliquent qu'à la procédure de première instance et ne concernent pas la procédure devant la cour d'appel. • Com. 9 mai 1995 : *Bull. civ. IV, nº 133 ; D. 1996. Somm. 83, obs. Honorat* • 20 juin 2000 : *RJDA 2000, nº 1148.*

5. Mesure d'instruction. BIBL. Rosenfeld et Sexer, *D. Affaires 1995. 145.* ♦ La mission confiée par le juge-commissaire à un expert en diagnostic d'entreprise ne constitue pas une mesure d'expertise au sens des art. 263 s. NCPC, mais une mission d'investigation dans le cadre d'une procédure collective. • Com. 23 juin 1998 : *Bull. civ. IV, nº 206 ; D. 1999. Somm. 71, obs. Honorat ; D. Affaires 1998. 1324, obs. A. L.* ♦ Dès lors qu'il n'est pas contesté que le rapport a été soumis à la libre discussion des parties, que ce technicien avait organisé une réunion contradictoire et qu'il s'était adjoint un expert-comptable de son choix avec l'autorisation du juge, tout motif de nullité de ces opérations doit être écarté. • Même arrêt. – V. aussi • Com. 25 juin 2002 : *Dr. sociétés 2003, nº 6, note Legros (1re esp.)* • 30 oct. 2000 : *Bull. civ. IV, nº 172 ; D. 2000. AJ. 438* • 26 avr. 2000 : *RJDA 2000, nº 785* • 24 nov. 1998 : *D. Affaires 1999. 177* • 9 juill. 1996 : *Rev. proc. coll. 1996. 325, obs. Soinne* • Paris, 25 janv. 2002 : *RTD com. 2002. 687, obs. Champaud et Danet* ♦ Sur le défaut d'intérêt légitime des dirigeants de la société en redressement judiciaire à discuter le bien-fondé de l'ordonnance du juge-commissaire désignant un « expert », V. • Com. 11 mai 1999 : *Bull. civ. IV, nº 97 ; D. 1999. IR. 153 ; D. Affaires 1999. 1043, obs. P. P. ; RJ com. 1999. 410, note Saintourens ; RTD com. 1999. 762, obs. Vallens ; JCP E 1999, nº 47, p. 1878, note Courtier ; Rev. proc. coll. 2000. 198, obs. Soinne.* ♦ Comp., jugeant que le juge-commissaire qui ordonne « l'assistance » d'un « expert » dans le seul but de réunir les éléments de preuve pour rechercher si deux sociétés sont les dirigeants de fait d'une troisième et si elles ont commis des fautes ayant contribué à l'insuffisance d'actif, dépasse les limites de ses attributions : • Versailles, 1er juin 1995 : *JCP 1995. IV. 2329.* ♦ V. aussi note 5 ss. ancien art. L. 623-4 C. com.

6. Les juges du fond sont souverains pour estimer que le liquidateur a un intérêt légitime à solliciter, en référé, une expertise *in futurum*, sur le fondement de l'art. 145 NCPC, pour rechercher la responsabilité des dirigeants de sociétés dans leur mise en liquidation judiciaire. • Com. 1er oct. 1997 : *Bull. civ. IV, nº 238 ; D. 1997. IR. 250 ; D. Affaires 1997. 1330 ; Bull. Joly 1998. 58, note Daigre ; RJ com. 1998. 201, obs. Legrand.* ♦ Le juge des référés peut, en vertu d'un pouvoir concurrent de celui du juge-commissaire, ordonner une expertise préventive, telle que prévue par l'art. 145 NCPC. • Com. 27 oct. 1998 : *Procédures 1999, nº 36, obs. Laporte.* ♦ En revanche, est irrecevable la demande de désignation d'un expert avec mission de donner son avis sur les responsabilités éventuelles. • Versailles, 10 mai 1996 : *Banque et Droit nov.-déc. 1996. 38, obs. Guillot.*

7. Sur la possibilité, pour les experts commis par le tribunal, d'accéder aux informations tirées d'une procédure pénale en cours à l'encontre des dirigeants, V. note ss. ancien art. L. 621-11 C. com., *supra.*

V. note 4 *quater* ss. ancien art. L. 621-8 C. com. et note 6 ss. ancien art. L. 621-12 C. com.

165 (Abrogé par Décr. n° 2005-1677 du 28 déc. 2005, art. 354) ***Lorsqu'un dirigeant d'une personne morale est déjà soumis à une procédure de redressement ou de liquidation judiciaire, le montant du passif mis à la charge de ce dirigeant est déterminé par le tribunal qui a prononcé le redressement*** (Décr. n° 94-910 du 21 oct. 1994) ***« ou la liquidation judiciaire » de la personne morale après mise en cause du représentant des créanciers ou du liquidateur désigné dans la procédure ouverte contre le dirigeant. La décision rendue est portée à la demande du mandataire de justice qui a exercé l'action, sur l'état des créances de la procédure de redressement*** (Décr. n° 94-910 du 21 oct. 1994) ***« ou la*** [de] ***liquidation judiciaire » du dirigeant.***

Il résulte de l'art. 165 que la créance consacrée par la décision rendue sur l'action, qui échappe à l'interdiction des poursuites individuelles, du mandataire de justice exercée contre le dirigeant déjà soumis à une procédure de redressement ou de liquidation judiciaire n'est pas soumise à la procédure de vérification et d'admission des créances. • Com. 14 mai 2002 : *Bull. civ. IV, n° 85 ; D. 2002. AJ. 1904 ; Act. proc. coll. 2002, n° 145, obs. Vallansan ; Procédures 2002, n° 232, note Laporte* (V. l'arrêt cassé : • Paris, 29 janv. 1999 : *D. Affaires 1999. 424, obs. P. P.*). ♦ Ce texte n'exige pas qu'il soit procédé à une déclaration des créances en pareil cas. • Com. 22 janv. 2002 : *Bull. civ. IV, n° 19 ; D. 2002. AJ. 724 ; JCP E 2002, n° 21, p. 855, obs. Pétel ; Dr. sociétés 2002, n° 194, note Legros. – Contra :* • Paris, 12 janv. 2001 : *Act. proc. coll. 2001, n° 112.* ♦ V. déjà, en ce sens que l'art. 165 déroge aux dispositions de l'art. 47 de la loi du 25 janv. 1985 [C. com., ancien art. L. 621-40], • Com. 19 janv. 1999 : *Act. proc. coll. 1999, n° 108.*

166 *(Abrogé par Décr. n° 2005-1677 du 28 déc. 2005, art. 354 ;* Décr. n° 94-910 du 21 oct. 1994) ***Lorsque le redressement ou la liquidation judiciaire sont prononcés en application de l'article L. 624-5 du code de commerce à l'encontre d'un dirigeant déjà soumis à l'une de ces procédures, le déroulement de la procédure se poursuit devant le tribunal qui a déjà prononcé le redressement ou la liquidation judiciaire du dirigeant. Toutefois, si par l'effet des dispositions de l'article L. 624-5 du code précité, le dirigeant se trouve simultanément soumis à une procédure de redressement judiciaire et à une procédure de liquidation judiciaire, la procédure se poursuit devant le tribunal qui a prononcé la liquidation judiciaire.***

Les créanciers admis dans le cadre de la procédure qui n'est pas poursuivie en application des dispositions de l'alinéa précédent sont admis de plein droit dans la procédure poursuivie.

La date de cessation des paiements du dirigeant ne peut être postérieure à celle prévue à l'avant-dernier alinéa de l'article L. 624-5 du code précité.

1. Admission de plein droit. V. note 11 *bis* ss. ancien art. L. 624-5 C. com.

2. Passif personnel et passif de la personne morale. V. note 11 *ter* et 11 *quater* ss. ancien art. L. 624-5 C. com.

167 (Abrogé par Décr. n° 2005-1677 du 28 déc. 2005, art. 354) ***Les jugements intervenus en application des articles L. 624-3 à L. 624-5 du code de commerce sont adressés par le greffier aux autorités citées à l'article 19. Ils sont mentionnés aux registres ou répertoires prévus à l'article 21.***

Seuls les jugements prononcés en application des articles L. 624-4 et L. 624-5 du code précité sont publiés par extrait dans un journal d'annonces légales et au BODACC dans les conditions prévues à l'article 21. La publication au BODACC est faite en ce qui concerne les associés ou dirigeants d'une personne morale immatriculée au registre du commerce et des sociétés sous le numéro d'immatriculation de cette personne morale et, s'ils sont eux-mêmes commerçants, elle est faite en outre sous leur numéro personnel d'immatriculation à ce registre.

1. La signification d'une décision prononçant une faillite personnelle peut être effectuée par le greffier du tribunal de commerce ; la signification est régulière bien qu'elle n'ait pas été faite à la requête du mandataire de justice. • Versailles, 6 mars 1997 : *Gaz. Pal. 1997. 2. Somm. 353.*

2. En ce sens que lorsqu'elle est entachée d'irrégularités, l'insertion au BODACC du jugement ouvrant le redressement judiciaire d'un dirigeant d'une personne morale sur le fondement de l'art. 182 de la loi [C. com., ancien art. L. 624-5] est nulle et ne peut faire courir le délai de déclaration des créances, V. • Paris, 20 nov. 1998 : *Act. proc. coll. 1999, n° 86.*

168 (Abrogé par Décr. n° 2005-1677 du 28 déc. 2005, art. 354) ***Lorsque les mandataires de justice mentionnés à l'article L. 625-7 du code de commerce ont connaissance de faits prévus aux articles L. 625-3 à L. 625-6 de ce code, ils en informent le procureur de la République et le juge-commissaire.***

169 (Abrogé par Décr. n° 2005-1677 du 28 déc. 2005, art. 354) ***Dans les cas prévus aux articles L. 625-3 à L. 625-6 du code de commerce, le tribunal se saisit d'office ou est saisi dans les conditions prévues à l'article 164. Il statue selon les modalités prévues à cet article.***

1. Délai. Lorsqu'un tribunal de commerce se saisit d'office, et cite à comparaître le dirigeant social pour l'entendre sur l'application à son encontre des dispositions des art. 187 et 189 de la loi du 25 janv. 1985 [C. com., anciens art. L. 625-3 et L. 625-5], alors que le délai légal de huit jours minimum n'a pas été respecté, il en résulte que ce dirigeant demande à bon droit l'annulation de l'intégralité de la procédure y compris la citation initiale en relevant que, par suite de l'irrégularité de cet acte, il a été jugé et condamné en première instance sans être en mesure de présenter ses moyens de défense puisqu'il n'était ni présent, ni représenté. • Paris, 10 mars 1992 : *D. 1992. IR. 149.*

2. Audition en chambre du conseil. V. note 1 *sexies* ss. art. 164.

3. Procès équitable. Pour une application de l'art. 6 (1) de la Conv. EDH, V. • Caen, 7 févr. 2002 : *RJDA 2002, n° 675 ; RD banc. fin. 2002, n° 147, obs. F.-X. Lucas.*

170 (Abrogé par Décr. n° 2005-1677 du 28 déc. 2005, art. 354) ***Indépendamment des mentions prévues au casier judiciaire par l'article 768 (5°) du code de procédure pénale, les jugements prononçant la faillite personnelle ou les autres sanctions prévues au*** (Décr. n° 94-910 du 21 oct. 1994) ***« titres V et VI » de la loi du 25 janvier 1985*** [chapitres IV et V du titre II du livre VI du code de commerce] ***font l'objet des publicités prévues à l'article 21 et sont adressés par le greffier aux autorités mentionnées à l'article 19.***

(Décr. n° 94-910 du 21 oct. 1994) ***« Ces décisions sont signifiées dans les quinze jours de leur date à la diligence, selon le cas, du greffier du tribunal ou de la cour d'appel aux personnes sanctionnées. En l'absence de fonds permettant la prise en charge des frais, ces décisions sont signifiées par le ministère public près la juridiction qui les a prononcées. »***

171 (Abrogé par Décr. n° 2005-1677 du 28 déc. 2005, art. 354) ***Toute demande en relevé des déchéances, interdictions et incapacités est adressée par requête*** (Décr. n° 94-910 du 21 oct. 1994) ***« à la juridiction qui les a prononcées ». Sont joints à la requête tous documents justifiant de la contribution au paiement du passif.***

(Décr. n° 94-910 du 21 oct. 1994) ***« La juridiction statue en audience publique après avoir entendu le demandeur et le ministère public en chambre du conseil. »***

TITRE VI **Dispositions diverses**

172 (Abrogé par Décr. n° 2005-1677 du 28 déc. 2005, art. 354) ***Si des fonds dus au débiteur ont été consignés à la Caisse des dépôts et consignations par des tiers, la caisse transfère ces fonds avec les droits, charges et inscriptions qui les grèvent sur le compte de dépôt ouvert par le mandataire de justice qui exerce les fonctions d'administrateur, de commissaire à l'exécution du plan ou de liquidateur. Le mandataire de justice est tenu vis-à-vis de l'acquéreur et des créanciers des obligations qui découlent de ces sûretés.***

V., sous l'empire de l'art. 25 du décret du 22 déc. 1967, • Amiens, 31 mars 1998 : *Gaz. Pal. 2000. Somm. 2113, obs. Peisse.*

173 *Abrogé par Ord. n° 2000-912 du 18 sept. 2000 et codifié ss. C. com., art. L. 627-1, supra.*

174 (Abrogé par Décr. n° 2005-1677 du 28 déc. 2005, art. 354 ; Décr. n° 94-910 du 21 oct. 1994) ***« Sans préjudice des pouvoirs attribués en premier ressort au juge-commissaire, » le tribunal saisi d'une procédure de redressement judiciaire connaît de tout ce qui concerne le redressement et la liquidation judiciaires, la faillite personnelle ou autres sanctions prévues par la loi du 25 janvier 1985*** [titre II du livre VI du code de commerce], ***à l'exception des actions en responsabilité civile exercées à l'encontre de l'administrateur, du représentant des créanciers, du commissaire à l'exécution du plan ou du liquidateur qui sont de la compétence du tribunal de grande instance.***

BIBL. ▸ LAGARDE, *Petites affiches 19 mars 2001, p. 4* (le juge commercial et le Trésor public) ; *Annonces de la Seine 5 févr. 2004* (procédures collectives et compétence juridictionnelle).

1. Tribunal de la procédure. Il résulte de l'art. 174 que le tribunal saisi d'une procédure de redressement judiciaire n'est compétent que pour connaître des contestations nées de la procédure collective ou sur lesquelles cette procédure exerce une influence juridique. • Com. 8 juin 1993 : *Bull. civ. IV, n° 233 ; Rev. huiss. 1994. 72, note Vidal.*

Le tribunal de la procédure est compétent pour ordonner les mesures conservatoires ou de remise en état qui s'imposent, soit pour prévenir un dommage imminent, soit pour faire cesser un trouble manifestement illicite. • Com. 6 févr. 1996 : *RJDA 1996, n° 828.*

1 bis. Relève de la compétence du tribunal saisi de la procédure collective l'action en nullité, exercée par le liquidateur, de l'acquisition d'un fonds par une personne dessaisie en vertu de l'art. 152. • Paris, 6 mars 1991 : *D. 1991. IR. 127.*

1 ter. Le tribunal de la procédure collective est seul compétent pour connaître des contestations nées du redressement ou de la liquidation judiciaires, même si les créances dont il s'agit sont de nature fiscale et concernent un impôt dont le contentieux relève de la compétence de la juridiction administrative. • T. confl. 26 mai 2003 : *Bull. civ. n° 16 ; D. 2003. AJ. 2010 ; Petites affiches 7 nov. 2003, p. 10, note Brandeau ; RTD com. 2004. 153, obs. Martin-Serf.* ♦ Il en résulte que la contestation soulevée par les débiteurs auxquels le trésorier a fait délivrer un commandement, invoquant la suspension des poursuites en se prévalant de l'absence de déclaration de créance, qui se rattache au déroulement de la procédure de redressement judiciaire, ressortit à la compétence de la juridiction de l'ordre judiciaire. • Même jugement. ♦ De même, la juridiction saisie du redressement judiciaire est seule compétente pour statuer sur une demande fondée sur le principe de la suspension des poursuites individuelles dirigées contre le débiteur en ce qui concerne les effets d'un avis à tiers détenteur, qu'il ait ou non acquis un caractère définitif avant le jugement d'ouverture de la procédure collective, une telle contestation n'entrant pas dans les prévisions de l'article L. 281 LPF. • Com. 2 oct. 1990 : *Bull. civ. IV, n° 224.*

1 quater. Le tribunal de la procédure collective est compétent pour connaître de la demande du liquidateur en mainlevée des saisies conservatoires, fondée sur la règle de l'arrêt des poursuites individuelles, propre à cette procédure collective et faite en vue de réaliser les actifs de la société en liquidation. • Com. 1er févr. 2000 : *RJDA 2000, n° 554.* ♦ Dans le même sens, pour la demande en mainlevée d'une saisie conservatoire pratiquée au cours de la période suspecte, V. • Versailles, 28 sept. 2000 : *RJDA 2001, n° 199.* – V. Lagarde, *Petites affiches 24 juill. 2001, p. 23.*

2. La demande du locataire-gérant, bénéficiaire d'un droit de préférence pour acquérir le fonds de commerce, tendant à faire juger que la vente du fonds était parfaite entre les parties avant que le jugement ayant ouvert le redressement judiciaire du vendeur ne soit intervenu est étroitement liée à la procédure en cours dès lors qu'au cas où il y serait fait droit, le plan arrêté par le tribunal et ordonnant la cession dudit fonds à un tiers se trouverait remis en cause. • Rouen, 13 nov. 1991 : *RJDA 1991, n° 1083.* ♦ Dans le même sens, s'agissant de la concurrence des droits sur la marque du loueur d'un fonds de commerce en redressement judiciaire, entre le locataire-gérant et le cessionnaire du fonds, V. • Com. 6 févr. 1996 : *préc. note 1.*

2 bis. L'action de l'administrateur judiciaire consistant en une demande de restitution du solde de comptes bancaires de ses administrées n'est diligentée qu'à raison et dans le cadre de la procédure collective, et comme telle relève bien de la compétence spéciale édictée par l'art. 174. • Versailles, 17 févr. 1995 : *Gaz. Pal. 1996. 1. Somm. 181.*

2 ter. La procédure collective exerce une influence juridique sur le litige qui tend à voir déclarer parfaite, en application du droit de préemption prévu par l'art. L. 213-1 C. urb., la vente d'un immeuble au profit d'une commune, alors qu'il est opposé, au vu notamment de l'art. 154 de la loi du 25 janv. 1985 [C. com., ancien art. L. 622-16], qu'une telle vente n'est pas soumise au droit de préemption urbain dès lors qu'elle est comprise dans un processus de liquidation de société. • Paris, 2 févr. 2000 : *D. 2000. AJ. 203*. ♦ V. note 2 ss. ancien art. L. 622-16 C. com.

2 quater. Un concessionnaire automobile mis en redressement judiciaire et son administrateur judiciaire invoquant, dans la procédure engagée postérieurement à l'ouverture de la procédure contre le constructeur automobile en résolution du contrat de concession, sur le fondement de l'art. 37 de la loi du 25 janv. 1985 [C. com., ancien art. L. 621-28], des griefs nés postérieurement à l'ouverture de la procédure collective, doit être écartée l'application de la clause attributive de compétence territoriale au profit de la compétence du tribunal de commerce saisi de la procédure collective, dès lors que l'état de redressement judiciaire exerce une influence juridique sur le litige né de l'exécution d'un contrat antérieur à l'ouverture de la procédure collective. • Com. 20 févr. 1996 : *D. 1996. IR. 102 ; D. Affaires 1996. 490.*

3. La résiliation du bail ayant été constatée par une ordonnance du juge-commissaire, la demande tendant à faire restituer les lieux par un occupant sans droit ni titre n'est pas une contestation née de la procédure collective et n'est pas soumise à l'influence directe de cette procédure, de sorte que la règle de compétence édictée par l'art. 174 n'est pas applicable. • Com. 6 mars 2001 : *Bull. civ. IV, n° 51 ; D. 2001. AJ. 1469 ; RTD com. 2001. 523, obs. Vallens ; Gaz. Pal. 8-9 août 2001, p. 16, note Brault.* ♦ Le juge des référés commerciaux est compétent pour connaître de la demande d'expulsion de l'immeuble commun, préalablement à sa réalisation, dirigée par le liquidateur contre l'épouse du débiteur à laquelle la jouissance du domicile conjugal avait été attribuée par ordonnance de non-conciliation postérieure au jugement d'ouverture. • Paris, 9 févr. 1990 : *Gaz. Pal. 1991. 1. Somm. 58.* ♦ V. aussi, sur la compétence du juge des référés pour statuer sur la demande d'un crédit-bailleur tendant à la constatation de l'acquisition d'une clause résolutoire pour défaut de règlement des loyers échus postérieurement au prononcé du redressement judiciaire du crédit-preneur et au paiement de ces loyers, note 35 ss. ancien art. L. 621-28 C. com.

3 bis. La procédure collective de l'un des indivisaires n'exerce pas d'influence sur l'action du liquidateur tendant à obtenir de l'autre indivisaire ou du notaire instrumentaire le reversement d'une quote-part du prix de vente d'un immeuble qui, au moment de l'ouverture de la procédure collective, n'était déjà plus un bien commun, mais un bien de l'indivision post-communautaire. • Orléans, 14 déc. 2000 : *RJDA 2001, n° 465 ; Rev. proc. coll. 2002. 175, obs. Lebel.*

3 ter. La procédure collective d'une SCI n'exerce aucune influence juridique sur le litige opposant cette société au syndicat des copropriétaires, lequel cherche à obtenir le paiement de charges de copropriété qui lui seraient dues, alors surtout que les dispositions de l'art. 62 du décret du 17 mars 1967 prévoient que tous les litiges nés de l'application de la loi du 10 juill. 1965 et du décret dans lequel sont incluses les actions en recouvrement des charges, sont de la compétence de la juridiction du lieu de la situation de l'immeuble. • Paris, 3 mai 2000 : *JCP E 2000, n° 24, p. 923.*

3 quater. Sur l'incompétence du tribunal saisi de la procédure collective pour connaître de la question préalable de la validité d'un contrat de sous-traitance conclu et partiellement exécuté avant l'ouverture du redressement judiciaire du sous-traitant, V. • Com. 21 janv. 2003 : *RJDA 2003, n° 611.*

3 quinquies. Le tribunal saisi de la procédure collective ne peut connaître du litige opposant des particuliers à une banque nonobstant la transaction conclue entre celle-ci et le liquidateur judiciaire d'une société liée aux deux parties en litige. • Paris, 20 nov. 2002 : *D. 2003. 1560, note Sortais*.

4. L'action en remboursement de prix, intentée avant l'ouverture de la procédure collective, par un acheteur de marchandises antérieurement payées par lui et reçues avariées, ne trouve pas sa cause juridique dans la liquidation judiciaire de cet acheteur, laquelle n'exerce aucune influence sur le procès et ne met en jeu aucune règle de la procédure collective. • Com. 14 avr. 1992 : *Bull. civ. IV, n° 157 ; D. 1992. Somm. 377, obs. Honorat*. ♦ De même, le tribunal de commerce saisi de la procédure de redressement judiciaire ouverte à l'égard d'une société n'est pas compétent pour connaître de la demande dirigée par cette société contre un non-commerçant, alors que le litige, portant sur des faits antérieurs à l'ouverture du redressement judiciaire, se serait présenté de la même manière si ladite société n'avait pas été soumise à une procédure collective. • Com. 8 juin 1993 : *préc. note 1.* ♦ Dans le même sens : pour des actions en réparation résultant de la résiliation d'un contrat de concession, intervenue avant l'ouverture du redressement judiciaire, intentées par le liquidateur, au nom collectif des créanciers, et par ceux-ci à titre individuel, V. • Com. 17 janv. 1995 : *Bull. civ. IV, n° 15 ; D. 1995. IR. 66 ; Rev. huiss. 1995. 585, note Vidal.* ♦ ... Pour une demande d'attribution judiciaire d'un gage, détenu par un tiers, V. • Com. 28 janv. 1997 : *Bull. civ. IV, n° 32 ; Quot. jur. 6 mars 1997, p. 3.* ♦ ... Pour une action en recouvrement de créances impayées, V. • Lyon, 19 févr. 2004 : *BICC 2005, n° 1638.*

V. aussi, sur le critère de l'antériorité des faits invoqués par rapport à la procédure collective, • Com. 19 nov. 1996 : *Rev. proc. coll. 1997. 409, obs. Cadiou* • 28 janv. 1997 : *ibid.*

4 bis. L'action principale introduite par un créancier contre la caution est radicalement indépendante de la procédure collective ouverte à l'encontre du débiteur principal en liquidation, la procédure collective étant par nature sans effet sur le cautionnement, à défaut de quoi cette garantie perdrait sa raison d'être. • Versailles, 1er févr. 1996 : *D. Affaires 1996. 585.* ♦ En ce sens que l'action contre la caution n'est pas soumise à l'influence juridique de la procédure collective ouverte à l'égard du créancier garanti, dans le cas d'un cautionnement pris après l'ouverture de cette procédure, au cours de l'élaboration du plan de redressement, V. • Com. 12 juin 2001 : *RJDA 2001, n° 1227 ; Rev. proc. coll. 2003. 106, obs. Gorrias.*

4 ter. S'agissant de déterminer si, à la suite de la résiliation du bail commercial par l'administrateur du bailleur, le preneur remplit ou non les conditions pour pouvoir bénéficier d'une indemnité d'éviction, la règle d'ordre public de l'art. 29 du décret du 30 sept. 1953, qui donne compétence au tribunal de grande instance du lieu de situation de l'immeuble, doit s'appliquer. • Paris, 5 mai 1999 : *Loyers et copr. 2000, n° 15, obs. Brault.* ♦ Sur la compétence d'attribution du tribunal de grande instance en matière de baux commerciaux, V. aussi • Versailles, 20 mars 1997 : *RJDA 1997, n° 1178.* ♦ En revanche, la demande tendant à ce que l'administrateur soit déclaré tenu de verser au preneur une somme d'argent à valoir sur l'indemnité d'éviction, sur les fonds qu'il détient issus du plan de cession, ne peut relever que de la compétence du tribunal de commerce qui a arrêté le plan, car elle est susceptible d'avoir une incidence sur l'exécution de ce plan. • Paris, 5 mai 1999 : *préc.*

4 quater. L'action en annulation d'un plan social formé par un syndicat étant fondée sur l'inexécution d'obligations résultant de l'art. L. 321-4-1 C. trav. et, par suite, pouvant être engagée en l'absence du redressement judiciaire qui en a été seulement l'occasion, c'est à bon droit qu'une cour d'appel, sans méconnaître l'autorité de la chose jugée attachée à l'ordonnance du juge-commissaire autorisant l'administrateur à procéder à des licenciements pour motif économique pendant la période d'observation, décide que le tribunal de commerce ne peut en connaître et qu'elle relève de la compétence du juge civil de droit commun. • Soc. 14 oct. 1997 : *Bull. civ. V, n° 312 ; D. 1997. IR. 229 ; JCP E 1998, n° 1-2, p. 32, obs. Pétel ; ibid. 1998, n° 11, p. 424, note Duquesne* (confirmant • Versailles, 20 juin 1996 : *D. 1996. IR. 216*).

Sur la compétence territoriale du tribunal qui a ouvert la procédure pour connaître d'une action en responsabilité pour rupture abusive de crédit, V. note 5 *quater* ss. ancien art. L. 621-39 C. com.

Sur la compétence du tribunal en matière de revendications, V. note 13 ss. art. 25.

4 quinquies. Juge de l'exécution. **BIBL.** Liénard, *Rev. proc. coll. 1995. 15.* ♦ Échappent, par exception, à la compétence générale du juge de l'exécution en matière de contestations dans le cadre d'une saisie vente, les incidents issus de la procédure collective et notamment la demande en distraction faite par l'ancien gérant d'une société en liquidation de biens, objets d'une vente aux enchères, autorisée par le juge-commissaire statuant en application des articles 156 de la loi du 25 janv. 1985 [C. com., ancien art. L. 622-18] et du décret du 27 déc. 1985, demande directement liée à la procédure collective sans laquelle le litige n'aurait pu prendre naissance. • Dijon, 4 oct. 1994 : *JCP 1995. IV. 35.* ♦ V. aussi note 3 *bis* ss. ancien art. L. 621-12 C. com.

4 sexies. Seul le juge de l'exécution, en application de l'art. L. 311-12-1 [L. 213-6] COJ, est compétent pour apprécier la régularité de la signification de l'arrêt de liquidation judiciaire, laquelle obéit, comme n'importe quelle autre décision judiciaire, aux règles de droit commun posées par le nouveau code de procédure civile : • Versailles, 5 févr. 1998 : *D. 1998. IR. 103.*

5. Conseil de prud'hommes. **BIBL.** Maggi-Germain, *Petites affiches 12 août 1998, p. 3.* ♦ Le conseil des prud'hommes est incompétent pour fixer l'ordre des paiements des sommes dues aux créanciers d'une société en redressement ou en liquidation judiciaire. • Soc. 3 oct. 1989 : *Bull. civ. V, n° 557 ; D. 1990. Somm. 216, obs. Honorat.*

6. Il a été jugé que justifie la compétence du tribunal de la procédure, le fait que la qualité même de salarié protégé soit contestée et que le contentieux soit survenu dans le cadre du plan de cession et porte sur une prétendue violation des art. 62 s. de la loi [C. com., anciens art. L. 621-63 s.], de sorte que les règles du redressement judiciaire influent sur les modalités du licenciement. • TGI Metz, 27 sept. 1989 : *Gaz. Pal. 1990. 2. Somm. 452.*

V. aussi note 9.

7. Tribunal des affaires de sécurité sociale. S'agissant de statuer, non sur le sort de la procédure de redressement judiciaire, mais sur celui des cotisations sociales afférentes aux sommes versées aux salariés licenciés, à l'effet de déterminer si une telle créance est née antérieurement ou postérieurement à l'ouverture du redressement judiciaire, le tribunal des affaires de sécurité sociale est compétent pour connaître du litige. • Com. 2 mai 1990 : *Bull. civ. IV, n° 130 ; D. 1991. 241, note crit. Pagès* • 9 juill. 1991 : *Bull. civ. IV, n° 255 ; D. 1992. Somm. 282, obs. Honorat ; JCP E 1991. I. 100, n° 1, obs. Pétel.*

8. Le tribunal des affaires de sécurité sociale est seul compétent pour connaître de l'opposition à une contrainte décernée par un organisme de sécurité sociale et, en cas d'ouverture d'une procédure de redressement judiciaire à l'égard du débiteur prétendu de cotisations, la juridiction de la sécurité sociale demeure saisie de l'opposition, sauf à constater, s'il y a lieu, la suspension de l'instance. • Soc. 14 juin 1990 : *Bull. civ. V, n° 288 ; D. 1990. IR. 194.*

9. Actions en responsabilité civile. Une action en responsabilité engagée par un salarié à l'encontre du liquidateur relève, non de la compétence du conseil de prud'hommes, mais de la compétence du tribunal de grande instance, par application de l'art. 174 ci-dessus. • Soc. 12 févr. 1992 : *RJDA 1992, n° 519.* ♦ V. aussi • Paris, 2 juill. 1996 : *Rev. proc. coll. 1998. 43, obs. Cadiou.*

La compétence du tribunal de grande instance pour connaître des actions en responsabilité civile exercées à l'encontre du représentant des créanciers n'est pas exclusive de celle du juge des référés statuant sur demande d'extension d'expertise ordonnée dans le cadre des art. 808 et 809 ou de l'art. 145 NCPC. • Paris, 24 sept. 1997 : *D. Affaires 1997. 1472.*

En ce sens que le tribunal saisi de la procédure collective n'est pas compétent pour connaître de l'action en responsabilité exercée contre un établissement financier à qui il est reproché une faute dans la mise en place d'une opération immobilière, V. • Com. 12 oct. 1999 : *RJDA 1999, n° 1349 ; Act. proc. coll. 1999, n° 261 ; Procédures 2000, n° 13, obs. Laporte ; Defrénois 2000. 993, obs. Gibirila.* ♦ Si l'on peut admettre que le tribunal de la procédure est compétent lorsque le dommage a été subi dans son ressort, et consiste dans l'ouverture même de la procédure collective, il en va différemment lorsque le dommage invoqué consiste en une aggravation du passif par le fait des concours apportés par un établissement financier, qui même si elle entraîne un retard à l'ouverture de la procédure, n'implique pas la mise en jeu des règles propres à la procédure collective. • Montpellier, 6 avr. 1999 : *RJ com. 2000. 83, obs. Mozas.* – Comp. : • Douai, 12 nov. 1998 : *Rev. proc. coll. 2002. 117, obs. Martin-Serf.*

Le tribunal de la procédure collective n'est pas compétent pour connaître de l'action intentée par le liquidateur judiciaire contre une société pour des faits de concurrence déloyale, commis après l'ouverture du redressement judiciaire, en violation d'un contrat de concession. • Com. 3 mars 1998 : *JCP E 1998, n° 19, p. 729 ; RJDA 1998, n° 881.* ♦ ... De l'action en responsabilité contre une société de financement, d'une part pour la résiliation du contrat de financement intervenue selon les modalités contractuelles en raison d'impayés et notifiée antérieurement au redressement judiciaire, d'autre part pour des faits de facturation et de compensation avec des créances qui ne correspondent pas aux prévisions des art. 100 à 110 de la loi du 25 janv. 1985 [C. com., anciens art. L. 621-103 à L. 621-110]. • Versailles, 10 sept. 1998 : *Rev. proc. coll. 2002. 117, obs. Martin-Serf.* ♦ ... De l'action en responsabilité civile intentée par le liquidateur contre le commissaire aux comptes de la société en liquidation judiciaire. • Toulouse, 22 févr. 2001 : *Rev. proc. coll. 2003. 104, obs. Gorrias.*

9 bis. Fraude du représentant des créanciers. L'appréciation d'un tel comportement relève de la compétence du tribunal de grande instance. • Com. 14 janv. 1997 : *D. 1997. IR. 39.*

9 ter. Clause d'arbitrage. Dès lors que le liquidateur, qui n'était pas partie au contrat stipulant la clause compromissoire, agit en responsabilité dans l'intérêt des créanciers contre le franchiseur pour soutien abusif apporté à la société franchisée, ce dont il résulte que ladite clause est étrangère au litige, il y a lieu de rejeter l'exception d'incompétence du tribunal de la procédure au profit du tribunal arbitral. • Com. 14 janv. 2004 : *Bull. civ. IV, n° 10 ; D. 2004. AJ. 278, obs. Lienhard ; JCP 2004. I. 119, n° 1, obs. Béguin ; Act. proc. coll. 2004, n° 77, obs. Fricero.* – Comp. : • Com. 4 mars 2003 : *JCP 2003. I. 164, n° 6, obs. Seraglini.*

10. Clause d'attribution de compétence. L'action exercée par le liquidateur judiciaire d'une société, qui n'est pas née de la procédure collective mais de l'exécution, ou de l'inexécution, d'engagements antérieurs aurait pu exister même s'il n'y avait pas eu ouverture d'une procédure collective. Dès lors, le juge compétent est celui de droit commun ou celui désigné par une clause d'attribution de compétence. • Bourges, 24 oct. 1990 : *Bull. Joly 1991. 504, note Sorensen* • Com. 14 avr. 1992 : *préc. note 4.* ♦ V. aussi • Douai, 25 févr. 1999 : *Gaz. Pal. 1999. 2. Somm. 779, obs. Heeraman.*

11. Règlement d'ordre entre créanciers. V. note 6 ss. ancien art. L. 622-16 C. com.

12. Renvoi après cassation. Pour des arrêts ayant écarté l'application de l'art. 174, V. • Com. 5 déc. 1995 : *D. 1996. 125, note Derrida* • 14 mai 1996 : *D. 1997. 160, note Perdriau et Derrida.*

13. Renvoi devant une juridiction limitrophe. V. note 1 *ter* ss. art. 163.

175 (Abrogé par Décr. n° 2005-1677 du 28 déc. 2005, art. 354) ***Les formes de procéder applicables devant le tribunal de grande instance dans les matières prévues par la loi du 25 janvier 1985*** [titre II du livre VI du code de commerce] ***sont déterminées par les articles 853 et suivants du Nouveau code de procédure civile pour tout ce qui n'est pas réglé par cette loi et par le présent décret.***

Toute partie qui ne se présente pas personnellement ne peut être représentée que par un avocat.

V. notes 25 s. ss. ancien art. L. 621-43, note 41 ss. ancien art. L. 621-46 et note 24 *bis* ss. ancien art. L. 621-115 C. com.

176 Les formes de procéder applicables devant les tribunaux de grande instance des départements du Bas-Rhin, du Haut-Rhin et de la Moselle dans les matières prévues par la loi du 25 janvier 1985 *[titre II du livre VI du code de commerce]* **sont déterminées par l'article 31 de la loi du 1er juin 1924 portant introduction des lois commerciales françaises dans ces départements et par les articles 37 à 39 de l'annexe du Nouveau code de procédure civile relative à l'application de ce code dans ces mêmes départements.**

Des dispositions combinées de l'art. 38 de l'annexe du NCPC relative à l'application de ce code dans les départements du Bas-Rhin, du Haut-Rhin et de la Moselle et de l'art. 31, al. 2, de la loi du 1er juin 1924 portant introduction des lois commerciales françaises dans ces départements, auxquelles renvoie l'art. 176 ci-dessus, il résulte que dans les matières prévues par la loi du 25 janv. 1985 [abrogée et codifiée aux anciens art. L. 620-1 s.], qu'elles relèvent de la compétence de la chambre commerciale du tribunal de grande instance ou de celle du juge-commissaire, la représentation par un avocat inscrit au tableau d'un barreau français est obligatoire. • Com. 14 janv. 1997 : *Bull. civ. IV, n° 14 ; D. 1997. IR. 52 ; JCP 1999. II. 10033, note Zimmermann.* ♦ La personne se déclarant « mandataire près les tribunaux de commerce » et qui présente au juge-commissaire une requête en revendication de marchandises, n'est pas avocat et est sans qualité pour présenter au juge-commissaire du redressement judiciaire une requête en revendication, laquelle constitue une demande en justice. • Même arrêt.

177 Dans les départements du Bas-Rhin, du Haut-Rhin et de la Moselle, le tribunal de l'exécution connaît :

1° Des difficultés d'exécution des décisions prises par le juge-commissaire en application de l'article L. 622-16 du code de commerce ;

2° Des contestations relatives au règlement de l'ordre par le liquidateur.

(Décr. n° 88-430 du 21 avr. 1988) **« Le tribunal d'exécution exerce les attributions conférées par le présent décret au juge des ordres du tribunal de grande instance. »**

Le liquidateur ne peut, ni en son nom personnel, ni en qualité de représentant des créanciers, être déclaré adjudicataire des immeubles du débiteur.

177-1 *(Décr. n° 88-430 du 21 avr. 1988)* **Dans les départements du Bas-Rhin, du Haut-Rhin et de la Moselle :**

1° L'ordonnance prévue à l'article 130 comporte, outre les indications mentionnées à l'article 125, les énonciations figurant à l'article 144 de la loi du 1er juin 1924 mettant en vigueur la législation civile française dans les départements du Bas-Rhin, du Haut-Rhin et de la Moselle ;

2° L'ordonnance prévue à l'article 132 comporte, outre les indications mentionnées à l'article 125, les énonciations figurant au deuxième alinéa de l'article 261 de la loi du 1er juin 1924 précitée ;

3° La vente par voie d'adjudication amiable est soumise aux dispositions des articles 249 à 254 de la loi du 1er juin 1924 précitée.

177-2 *(Décr. n° 88-430 du 21 avr. 1988)* Dans les départements du Bas-Rhin, du Haut-Rhin et de la Moselle, la répartition du produit des ventes et le règlement de l'ordre des créanciers par le liquidateur mentionnés au quatrième *[cinquième]* alinéa de l'article L. 622-16 du code de commerce sont exclusivement soumis aux dispositions prévues par le présent décret.

178 Pour l'application des dispositions du présent décret dans les départements du Bas-Rhin, du Haut-Rhin et de la Moselle, les mots : « bureau des hypothèques » ou « conservateur des hypothèques » doivent s'entendre comme signifiant « bureau foncier ».

179 Des remises, modérations ou transactions portant sur les créances fiscales peuvent être accordées aux entreprises soumises à la procédure de redressement ou de liquidation judiciaires dans les limites et conditions fixées par l'article L. 247 du Livre des procédures fiscales.

Dans le régime général du redressement judiciaire, l'administration statue sur les demandes écrites des représentants des créanciers dans le délai de six semaines suivant la date de leur présentation. Ce délai est porté à huit semaines lorsque l'administration doit consulter le comité du contentieux fiscal, douanier ou des changes. Dans la procédure simplifiée, elle statue dans un délai de quatre semaines qui est porté à six semaines en cas de consultation du comité.

Les délais de trente jours et de quinze jours prévus aux articles R. 247-12 et R. 247-13 du Livre des procédures fiscales ne sont pas applicables.

Le défaut de réponse de l'administration dans les délais impartis vaut rejet des demandes.

180 Les cessions de rang de privilège ou d'hypothèque ou l'abandon de ces sûretés prévus au troisième alinéa de l'article L. 621-60 du code de commerce peuvent, sans extinction préalable de la créance, être accordés après consultation de la commission des chefs des services financiers prévue par le décret n° 78-486 du 31 mars 1978. Les frais afférents à ces opérations sont à la charge du débiteur.

181 *(Décr. n° 87-243 du 3 avr. 1987)* « Ont compétence pour accorder des remises *(Décr. n° 94-910 du 21 oct. 1994)* « les comptables du Trésor et le ministre du budget » lorsqu'il s'agit de créances de l'État mentionnées à l'article 80 du décret n° 62-1587 du 29 décembre 1962 portant règlement général sur la comptabilité publique.

« Ils exercent cette compétence en tant que de besoin dans les conditions prévues par le décret » *(Décr. n° 94-910 du 21 oct. 1994)* « n° 62-1587 du 27 décembre 1962 modifié portant régime *[règlement]* général sur la comptabilité publique. »

Al. 3 à 6 abrogés par Décr. n° 2005-802 du 18 juill. 2005, art. 2-III.

« Dans le régime général du redressement judiciaire, il est statué sur les demandes écrites des représentants des créanciers dans les six semaines suivant la date de leur présentation *(Abrogé par Décr. n° 2005-802 du 18 juill. 2005, art. 2-III)* ***« Ce délai est porté à huit semaines en cas de consultation du comité en formation restreinte. »*** Dans la procédure simplifiée, il est statué sur les demandes dans le délai de quatre semaines *(Abrogé par Décr. n° 2005-802 du 18 juill. 2005, art. 2-III)* ***« qui est porté à six semaines en cas de consultation du comité ».***

Le défaut de réponse de l'administration dans les délais impartis vaut rejet des demandes.

182 *Modifie l'art. 425 NCPC.*

183 *Abrogé par Décr. n° 88-430 du 21 avr. 1988, art. 19.*

184 et 185 *V. Décr. n° 51-194 du 17 févr. 1951, art. 8 à 11, supra, ss. art. L. 525-20 C. com.*

186 *Modifie les art. 28 et 32 du décret n° 55-22 du 4 janv. 1955. —* ***C. civ.***

187 à 193 *V. Décr. n° 84-406 du 30 mai 1984, art. 7, 8, art. 36-1, 37, 42, 44-1-1 et 71, infra, v° Registre du commerce et des sociétés.*

194 *Modifiait l'art. 10 du décret n° 83-487 du 10 juin 1983, abrogé depuis.*

TITRE VII Dispositions transitoires

195 Lorsque dans une procédure de règlement judiciaire ou de liquidation des biens, le syndic fait, après le 1er janvier 1986, un versement en compte de dépôt à la Caisse des dépôts et consignations, les fonds précédemment consignés dans la même procédure sont virés sur le compte de dépôt après autorisation du juge-commissaire.

Néanmoins, si des fonds dus au débiteur ont été consignés par des tiers avant l'ouverture de la procédure de règlement judiciaire ou de liquidation des biens, ils demeureront sur le compte de consignation ouvert au nom du débiteur.

Les articles 25 et 86 du décret n° 67-1120 du 22 décembre 1967 ne sont pas applicables aux fonds versés au compte de dépôt ou consignés conformément au présent article.

TITRE VIII Dispositions finales

196 Sont abrogés :

1° Le décret n° 67-1120 du 22 décembre 1967 sur le règlement judiciaire, la liquidation des biens et la faillite personnelle ;

2° Le décret n° 67-1254 du 31 décembre 1967 déterminant les juridictions appelées à connaître de la procédure de suspension provisoire des poursuites et d'apurement collectif du passif instituée par l'ordonnance n° 67-820 du 23 septembre 1967 tendant à faciliter le redressement économique et financier de certaines entreprises, modifié par le décret n° 73-12 du 2 janvier 1973 ;

3° Le décret n° 67-1255 du 31 décembre 1967 tendant à faciliter le redressement économique et financier de certaines entreprises. *— V. ces textes aux éditions 1990-91 et antérieures du* ***C. com.***

197 Le présent décret à l'exception des dispositions relatives aux institutions mentionnées à l'article L. 143-11-4 du code du travail est applicable dans la collectivité territoriale de Mayotte *(Décr. n° 98-327 du 27 avr. 1998)* **« ainsi que dans le territoire de Wallis-et-Futuna ».** *— Sont également applicables à Mayotte le décret n° 88-430 du 21 avr. 1988 (art. 20 du décret) et le décret n° 89-339 du 29 mai 1989 (art. 18 du décret). — Pour l'application du décret n° 94-910 du 21 oct. 1994, V. Décr. n° 98-327 du 27 oct. 1998, art. 4 (JO 5 mai). — Pour l'application à Mayotte, dans les îles Wallis-et-Futuna et en Nouvelle-Calédonie du décret n° 2004-518 du 10 juin 2004, V. ce texte, art. 110 (JO 11 juin).*

198 Sous réserve des alinéas 2, 3 et 4 de l'article 240 de la loi du 25 janvier 1985 et à l'exception de l'article 195 ci-dessus, les dispositions du présent décret ne sont applicables qu'aux procédures ouvertes après leur entrée en vigueur.

199 Les dispositions de la loi n° 85-98 du 25 janvier 1985 et du présent décret entreront en vigueur le 1er janvier 1986.

Décret n° 85-1389 du 27 décembre 1985,

Relatif aux administrateurs judiciaires, mandataires judiciaires et experts en diagnostic d'entreprise (L. n° 2005-845 du 26 juill. 2005, art. 165-V)..

Les références contenues dans le décret n° 85-1389 du 27 décembre 1985 aux dispositions de la loi n° 85-99 du 25 janvier 1985 relative aux administrateurs judiciaires, mandataires judiciaires au redressement et à la liquidation des entreprises et experts en diagnostic d'entreprise sont remplacées par les références aux dispositions correspondantes du code de commerce (Décr. n° 2003-439 du 16 mai 2003, art. 2).

Dans tous les textes législatifs ou réglementaires, les références faites au « mandataire judiciaire au redressement et à la liquidation des entreprises » sont remplacées par des références au « mandataire judiciaire » (L. n° 2005-845 du 26 juill. 2005, art. 165-V).

BIBL. ▶ Olivier, *Gaz. Pal. 1999. 1. Doctr. 406* (commentaire du décret n° 98-1232 du 27 déc. 1998). – Froehlich, *Bull. d'actualité Lamy droit commercial oct. 2004* (commentaire du décret n° 2004-518 du 10 juin 2004). – Soinne, *Rev. proc. coll. 2004. 305, et 2005. 1* (même thème).

TITRE PREMIER Les administrateurs judiciaires

CHAPITRE PREMIER *Établissement de la liste des administrateurs judiciaires*

Art. 1er **La liste des administrateurs judiciaires est établie par la commission nationale instituée par les articles L. 811-2 et L. 811-4 du code de commerce.**

2 *(Décr. n° 2004-518 du 10 juin 2004, art. 6)* **Le magistrat du parquet, commissaire du Gouvernement auprès de la Commission nationale d'inscription et de discipline des administrateurs judiciaires, et son suppléant sont désignés par le garde des sceaux, ministre de la justice.**

Le mandat du président et des membres de la commission prend effet à la date de la première réunion qui suit leur désignation. Pour cette première réunion, la commission se réunit sur convocation de son secrétaire.

Lorsqu'un membre est définitivement empêché en cours de mandat, il est procédé à son remplacement. Les fonctions du nouveau membre expirent à la date à laquelle auraient cessé celles du membre qu'il remplace.

Le secrétariat de la commission est assuré par un fonctionnaire du ministère de la justice.

3 *(Décr. n° 2004-518 du 10 juin 2004, art. 7)* **L'élection des administrateurs judiciaires et de leurs suppléants, membres de la commission nationale, est organisée par le Conseil national des administrateurs judiciaires et des mandataires judiciaires. Elle a lieu au scrutin majoritaire plurinominal à un tour.**

Ne peuvent prendre part aux opérations électorales les administrateurs judiciaires qui, depuis la date à laquelle a été arrêtée la liste, ont fait l'objet d'une suspension provisoire, d'une interdiction temporaire, d'une radiation ou d'un retrait de la liste.

L'électeur vote pour trois candidats titulaires et leurs suppléants. Il barre sur le bulletin qui lui a été adressé le nom de ceux qu'il ne retient pas. *(Décr. n° 2005-1677 du 28 déc. 2005, art. 355-I)* **« Les bulletins sont valables même s'ils portent moins de noms qu'il y a de membres à élire. Lorsque les bulletins comportent plus de noms qu'il y a de membres à élire, seuls sont comptés les trois premiers noms inscrits, dans l'ordre de préférence indiqué par l'électeur. » Tout bulletin surchargé est nul.** – *Le décret n° 2005-1677 du 28 déc. 2005 entre en vigueur le 1er janv. 2006 (art. 360).*

Sont élus les trois candidats titulaires et leurs suppléants qui ont obtenu le plus grand nombre de voix. En cas d'égalité des voix, le plus âgé des candidats titulaires l'emporte.

3-1 *(Décr. n° 2004-518 du 10 juin 2004, art. 7)* **Tout administrateur judiciaire peut déférer les élections à la cour d'appel de Paris dans le délai de cinq jours à compter de**

la proclamation des résultats. La réclamation est adressée par lettre recommandée avec demande d'avis de réception au greffier en chef de la cour d'appel, qui en avise le commissaire du Gouvernement.

Le recours peut aussi être exercé par le commissaire du Gouvernement.

3-2 *(Décr. n° 2004-518 du 10 juin 2004, art. 7)* En cas de vacance du siège d'un titulaire et de son suppléant, il est pourvu à leur remplacement par le premier candidat et son suppléant non élus. S'il n'y a plus de candidat non élu, il est procédé à une élection au scrutin majoritaire à un tour selon les modalités prévues aux articles 3 et 3-1.

3-3 *(Décr. n° 2004-518 du 10 juin 2004, art. 7)* Les autres modalités de l'élection des administrateurs judiciaires à la commission nationale et notamment celles du vote par correspondance sont déterminées par le bureau du Conseil national des administrateurs judiciaires et des mandataires judiciaires selon des règles soumises à l'approbation du garde des sceaux, ministre de la justice.

SECTION I *Conditions d'inscription sur la liste des administrateurs judiciaires*

4 *(Décr. n° 2004-518 du 10 juin 2004, art. 8)* « Ne peuvent être admises à se présenter à l'examen d'accès au stage professionnel prévu à l'article L. 811-5 du code de commerce que les personnes titulaires de l'un des titres ou diplômes ci-après : »

(Décr. n° 91-1030 du 8 oct. 1991) « 1° Maîtrise en droit ;

« 2° Maîtrise ès sciences économiques ou maîtrise de sciences de gestion ;

« 3° Diplôme revêtu du visa du ministre chargé de l'éducation nationale, délivré par un établissement d'enseignement supérieur de commerce et de gestion reconnu par l'État et autorisé à délivrer un tel diplôme ;

« 4° Autres titres et diplômes sanctionnant un deuxième cycle d'enseignement supérieur ou d'un niveau équivalent ;

« 5° Examen d'aptitude aux fonctions de commissaire aux comptes ou diplôme d'expertise comptable ;

« 6° Diplôme d'études supérieures comptables et financières régi par le décret n° 88-80 du 22 janvier 1988 ; »

(Décr. n° 98-1232 du 29 déc. 1998) « 7° Diplôme d'études approfondies en droit ou en gestion des entreprises ;

« 8° Diplôme d'études supérieures spécialisées en droit ou diplôme d'études supérieures spécialisées en administration des entreprises (ancien certificat d'aptitude à l'administration des entreprises). »

(Décr. n° 91-1030 du 8 oct. 1991) « La liste des titres et diplômes prévus au 4° est fixée par arrêté conjoint du garde des sceaux, ministre de la justice, et du ministre chargé de l'éducation nationale. – *V. Arr. 19 janv. 1987 (JO 17 févr.).*

« Les titulaires du diplôme d'études comptables supérieures régi antérieurement par le décret n° 81-537 du 12 mai 1981 sont considérés pour l'application du présent décret comme titulaires du diplôme d'études supérieures comptables et financières. »

Sur la possibilité, pour les membres des anciennes professions d'avocat et de conseil juridique qui renoncent à entrer dans la nouvelle profession, d'accéder aux professions d'administrateur judiciaire ou de mandataire judiciaire, sans être titulaires des titres ou diplômes exigés à l'art. 4 ci-dessus, V. L. n° 71-1130 du 31 déc. 1971, art. 49, et Décr. n° 91-1197 du 27 nov. 1991, art. 273 (7°). – **C. pr. civ.**

4-1 *(Décr. n° 2004-518 du 10 juin 2004, art. 9)* L'examen d'accès au stage est organisé par le Conseil national des administrateurs judiciaires et des mandataires judiciaires selon un programme et des modalités fixés par arrêté du garde des sceaux, ministre de la justice. – *V. Arr. 31 août 2004 (JO 10 sept.).*

Nul ne peut se présenter plus de trois fois à l'examen.

4-2 *(Décr. n° 2004-518 du 10 juin 2004, art. 9)* Le jury de l'examen d'accès au stage est composé ainsi qu'il suit :

1° Un magistrat de l'ordre judiciaire, hors hiérarchie, président ;
2° Un magistrat de l'ordre judiciaire ;
3° Un professeur ou un maître de conférences de droit ;
4° Un professeur ou un maître de conférences de sciences économiques ou de gestion ;
5° Deux administrateurs judiciaires.
En cas de partage égal des voix, celle du président est prépondérante.

4-3 *(Décr. nº 2004-518 du 10 juin 2004, art. 9)* Les membres du jury sont nommés par arrêté du garde des sceaux, ministre de la justice, après avis, en ce qui concerne les administrateurs judiciaires, du Conseil national des administrateurs judiciaires et des mandataires judiciaires.
Des suppléants sont nommés en nombre égal dans les mêmes conditions.
Le président et les membres du jury sont nommés pour une période de deux ans, renouvelable une fois.

4-4 *(Décr. nº 2004-518 du 10 juin 2004, art. 9)* Lorsqu'un membre est définitivement empêché en cours de mandat, il est remplacé par une personne appartenant à la même catégorie pour la durée du mandat restant à courir.

4-5 *(Décr. nº 2004-518 du 10 juin 2004, art. 9)* En application des dispositions du huitième alinéa de l'article L. 811-5 du code de commerce, sont dispensés de l'examen d'accès au stage professionnel :
a) Les mandataires judiciaires ayant exercé leur profession pendant trois ans au moins ;
b) Les avocats, les notaires, les huissiers de justice, les greffiers des tribunaux de commerce, les experts-comptables et les commissaires aux comptes, ayant exercé leur profession pendant cinq ans au moins ;
c) Les juristes d'entreprise titulaires de l'un des titres ou diplômes mentionnés à l'article 4, justifiant de quinze ans au moins de pratique professionnelle.

5 Le secrétaire de la commission tient un registre sur lequel est inscrit le nom du stagiaire, le nom du ou des maîtres de stage, les dates de commencement et de fin de stage.
(Décr. nº 98-1232 du 29 déc. 1998) « Toute inscription sur le registre de stage est portée à la connaissance du conseil national dans le délai de huit jours. »

6 *(Décr. nº 2004-518 du 10 juin 2004, art. 10-I)* « La durée du stage est de trois ans au moins et de six ans au plus. »
(Décr. nº 98-1232 du 29 déc. 1998) « Le stage consiste dans la pratique d'activités permettant d'acquérir une expérience suffisante dans le domaine professionnel des administrateurs judiciaires, en qualité de collaborateur d'un administrateur judiciaire et sous son contrôle direct. »
(Décr. nº 91-1030 du 8 oct. 1991) Le stage peut être accompli pour une période n'excédant pas le tiers de sa durée auprès d'une personne exerçant *(Décr. nº 2004-518 du 10 juin 2004, art. 10-II)* « une autre profession juridique réglementée » ou auprès d'un expert-comptable ou d'un commissaire aux comptes sous réserve des dispositions de l'article 7, ou dans les services juridiques ou financiers d'un établissement de crédit régi par *(Décr. nº 2004-518 du 10 juin 2004, art. 10-II)* « le code monétaire et financier. » — *V. art. 110-1, al. 2.*

7 Il est passé entre le candidat stagiaire et le maître de stage une convention qui précise la durée du stage et la nature des tâches demandées au stagiaire, ainsi que les modalités de sa rémunération. Une copie en est adressée par le stagiaire au secrétariat de la commission.
Al. 2 abrogé par Décr. nº 2004-518 du 10 juin 2004, art. 11.

8 Le stage doit correspondre à la durée normale du travail telle qu'elle résulte des règlements, conventions collectives, accords ou usages en vigueur pour la catégorie professionnelle considérée ; il doit avoir été rémunéré conformément à ces mêmes règlements, conventions collectives, accords ou usages. Il ne doit pas avoir été interrompu pendant plus d'un an sauf motif légitime.

Al. 2 abrogé par Décr. n° 98-1232 du 29 déc. 1998, art. 8-I.

La commission peut *(Abrogé par Décr. n° 2004-518 du 10 juin 2004, art. 12)* « *, en outre,* » prendre en compte pour la moitié de la durée du stage les stages ou services antérieurs effectués en qualité de collaborateur d'une personne physique ou morale exerçant l'une des professions ou activités mentionnées à l'article 6. *(Décr. n° 98-1232 du 29 déc. 1998)* « Pour être pris en compte, ces stages ou services antérieurs doivent être d'au moins un an s'ils ont été effectués auprès d'un administrateur judiciaire ou d'un mandataire judiciaire, et d'au moins deux ans s'ils ont été effectués auprès d'une autre personne mentionnée à l'article 6. »

9 Le stage qui a été régulièrement accompli donne lieu à la délivrance d'une attestation établie par le maître de stage ; ce document précise les appréciations de ce dernier, la nature des tâches et la qualité du travail effectués par le stagiaire ; il est communiqué au stagiaire qui certifie en avoir pris connaissance et peut, le cas échéant, apporter ses observations manuscrites. Il est ensuite transmis par le maître de stage au secrétaire de la commission. Le commissaire du Gouvernement, le cas échéant après enquête, délivre le certificat de fin de stage. *(Décr. n° 98-1232 du 29 déc. 1998)* « Le refus de délivrance du certificat, qui doit être motivé, est notifié à l'intéressé par lettre recommandée avec demande d'avis de réception. L'intéressé peut le déférer dans les mêmes formes à la commission dans le délai d'un mois à compter de la notification qui lui en a été faite. La commission statue alors dans les conditions prévues aux articles 17 à 20. »

10 *(Décr. n° 2004-518 du 10 juin 2004, art. 13)* Le jury de l'examen d'aptitude prévu à l'article L. 811-5 du code de commerce est composé ainsi qu'il suit :

1° Un magistrat de l'ordre judiciaire, hors hiérarchie, président ;

2° Un magistrat de l'ordre judiciaire ;

3° Un membre d'une juridiction commerciale du premier degré ;

4° Une personne qualifiée en matière économique et sociale ;

5° Deux administrateurs judiciaires.

En cas de partage égal des voix, celle du président est prépondérante.

Les dispositions de l'art. 13 du décret n° 2004-518 du 10 juin 2004 relatives au jury de l'examen d'aptitude n'entreront en vigueur qu'à la date de désignation du nouveau jury. Les dispositions qui autorisent le renouvellement des membres de ce jury pour une période de deux ans sont applicables à ce renouvellement (texte préc., art. 108-II, JO 11 juin).

10-1 *(Décr. n° 2004-518 du 10 juin 2004, art. 13)* Les membres du jury sont nommés par arrêté du garde des sceaux, ministre de la justice, après avis, en ce qui concerne les administrateurs judiciaires, du Conseil national des administrateurs judiciaires et des mandataires judiciaires.

Des suppléants sont nommés en nombre égal dans les mêmes conditions.

Le président et les membres du jury sont nommés pour une période de deux ans, renouvelable une fois.

V. note ss. art. 10.

10-2 *(Décr. n° 2004-518 du 10 juin 2004, art. 13)* Lorsqu'un membre est définitivement empêché en cours de mandat, il est remplacé par une personne appartenant à la même catégorie pour la durée du mandat restant à courir.

V. note ss. art. 10.

11 *(Décr. n° 2004-518 du 10 juin 2004, art. 14)* L'examen d'aptitude est organisé par le Conseil national des administrateurs judiciaires et des mandataires judiciaires. Ne

peuvent être admises à s'y présenter que les personnes titulaires du certificat de fin de stage délivré dans les conditions fixées à l'article 9.

Les dispositions de l'art. 14 du décret n° 2004-518 du 10 juin 2004 relatives à l'examen d'aptitude n'entreront en vigueur qu'à compter de la date du renouvellement du jury chargé de cet examen (texte préc., art. 108-III, JO 11 juin).

11-1 *(Décr. n° 2004-518 du 10 juin 2004, art. 14)* **Le programme et les modalités de l'examen, comprenant des épreuves à caractère théorique et pratique et un rapport de stage, sont fixés par arrêté du garde des sceaux, ministre de la justice.** – *Arr. 22 mars 2006 (JO 31 mars), mod. par Arr. 2 juin 2006 (JO 15 juin).*

L'examen peut comprendre des épreuves à option permettant, le cas échéant, d'obtenir un certificat de spécialisation. La liste des certificats de spécialisation est fixée par arrêté du garde des sceaux, ministre de la justice.

V. note ss. art. 11.

Les administrateurs judiciaires inscrits sur la liste nationale à la date de publication du décret n° 2004-518 du 10 juin 2004 peuvent obtenir, sur décision de la commission nationale, le certificat de spécialisation mentionné au deuxième al. de l'art. 11-1 (texte préc., art. 108-IV, JO 11 juin).

L'examen d'aptitude subi par les personnes inscrites sur le registre de stage à la date de promulgation de la loi n° 2003-7 du 3 janv. 2003 ou ayant obtenu un certificat de fin de stage à la date de publication du décret n° 2004-518 du 10 juin 2004 comprend, outre les épreuves mentionnées à l'art. 11-1, des épreuves d'admissibilité à caractère théorique, dont le programme et les modalités sont fixés par arrêté du garde des sceaux, ministre de la justice. Le jury chargé des épreuves d'admissibilité est celui prévu à l'art. 10 du décret n° 85-1389 du 27 déc. 1985 dans sa réd. issue du décret n° 2004-518 du 10 juin 2004. Toutefois, en ce qui concerne les administrateurs judiciaires, le membre d'une juridiction commerciale du premier degré et la personne qualifiée en matière économique et sociale sont remplacés par un professeur ou un maître de conférences de sciences économiques ou de gestion. En ce qui concerne les mandataires judiciaires, le membre d'une juridiction commerciale du premier degré et la personne qualifiée en matière économique et sociale sont remplacés par deux professeurs ou maîtres de conférences de droit (Décr. n° 2004-518 du 10 juin 2004, art. 108-V, JO 11 juin, mod., à compter du 1er janv. 2006, par Décr. n° 2005-1677 du 28 déc. 2005, art. 356).

Les personnes titulaires d'un certificat de stage depuis plus d'un an à compter de la date de publication du décret n° 2004-518 du 10 juin 2004 sont dispensées du rapport de stage mentionné au premier al. de l'art. 11-1 (texte préc., art. 108-VI, JO 11 juin).

11-2 *(Décr. n° 2004-518 du 10 juin 2004, art. 14)* **En cas de premier échec à l'examen d'aptitude, le candidat peut poursuivre son stage. Le certificat de fin de stage initial demeure valide. Après un second échec, le candidat ne peut plus se présenter à l'examen d'aptitude.**

V. note ss. art. 11.

12 **Les demandes de dispense** *(Décr. n° 2004-518 du 10 juin 2004, art. 15)* **« d'une partie » du stage fondées sur les dispositions du** *(Décr. n° 2004-518 du 10 juin 2004, art. 15)* **« huitième alinéa » de l'article L. 811-5 du code de commerce sont examinées par la commission, qui statue dans les conditions prévues aux articles 17 à 20.**

13 *(Décr. n° 2004-518 du 10 juin 2004, art. 16)* **En application des dispositions du huitième alinéa de l'article L. 811-5 du code de commerce, les avocats, les notaires, les huissiers de justice, les greffiers des tribunaux de commerce, ayant exercé leur profession pendant cinq ans au moins, ainsi que les juristes d'entreprise, titulaires de l'un des titres ou diplômes mentionnés à l'article 4, justifiant de quinze ans au moins de pratique professionnelle peuvent être dispensés par la commission d'une partie du stage professionnel et de tout ou partie des épreuves à caractère juridique de l'examen d'aptitude, à l'exception de celle portant sur le statut et la déontologie de la profession d'administrateur judiciaire.**

Les experts-comptables et les commissaires aux comptes ayant exercé leur profession pendant cinq ans au moins peuvent être dispensés par la commission d'une partie du

stage professionnel et de tout ou partie des épreuves à caractère économique, comptable ou de gestion.

Les mandataires judiciaires peuvent être dispensés par la commission d'une partie du stage professionnel et sont dispensés de l'examen d'aptitude. Ils peuvent être inscrits sur la liste des administrateurs judiciaires sous condition suspensive d'avoir été retirés de la liste des mandataires judiciaires dans les conditions prévues aux articles 21 et 51.

La commission statue dans les conditions prévues aux articles 17 à 20.

1. Dispense de stage. Pour un exemple de dispense totale de stage accordée à un mandataire judiciaire, V. • Paris, 28 oct. 1998 : *Rev. proc. coll. 2000. 210, obs. Soinne.*

2. Pratique professionnelle. L'art. 13, al. 3 [ancien], n'imposait qu'une pratique professionnelle de quinze ans au moins dans les fonctions de direction ou d'encadrement, mais n'exigeait pas que cette activité soit exercée à plein temps. • Paris, 29 oct. 1986 : *D. 1987. Somm. 75, obs. Honorat.*

3. L'art. 13, al. 3 [ancien], ne demandait pas une justification tant théorique que pratique de nature à permettre en l'état d'assumer les fonctions de l'administrateur judiciaire dans les domaines juridique, fiscal et social ainsi que dans l'exercice d'un mandat judiciaire. • Paris, 29 oct. 1986 : *préc. note 2.*

13-1 *(Décr. n° 91-1030 du 8 oct. 1991)* **Peuvent être inscrites sur la liste des administrateurs judiciaires, en application du dernier alinéa de l'article L. 811-5 du code de commerce, les personnes qui ont suivi avec succès un cycle d'études** *(Décr. n° 2005-1677 du 28 déc. 2005, art. 355-II)* **« post-secondaires » d'une durée minimale de trois ans ou d'une durée équivalente à temps partiel dans une université ou un établissement d'enseignement supérieur ou dans un autre établissement** *(Décr. n° 2005-1677 du 28 déc. 2005, art. 355-II)* **« d'un niveau équivalent » de formation, et, le cas échéant, la formation professionnelle requise en plus de ce cycle d'études et qui justifient :**

1° De diplômes, certificats ou autres titres permettant l'exercice de la profession dans un État membre des communautés européennes *(Décr. n° 98-1232 du 29 déc. 1998)* **« ou dans un État partie à l'accord sur l'Espace économique européen » délivrés :**

***a)* Soit par l'autorité compétente de cet État et sanctionnant une formation acquise de façon prépondérante** *(Décr. n° 98-1232 du 29 déc. 1998)* **« dans l'un de ces États » ;**

***b)* Soit par un pays tiers, à condition que soit fournie une attestation émanant de l'autorité compétente de l'État membre** *(Décr. n° 2005-1677 du 28 déc. 2005, art. 355-II)* **« ou partie » qui a reconnu les diplômes, certificats ou autres titres certifiant que leur titulaire a une expérience professionnelle de trois ans au moins dans cet État ;**

2° Ou de l'exercice à plein temps de la profession pendant deux ans au moins au cours des dix années précédentes dans un État membre *(Décr. n° 2005-1677 du 28 déc. 2005, art. 355-II)* **« ou partie » qui ne réglemente pas l'accès ou l'exercice de cette profession, à condition que cet exercice soit attesté par l'autorité compétente de cet État.** *(Décr. n° 2005-1677 du 28 déc. 2005, art. 355-II)* **« Toutefois, la condition d'une expérience professionnelle de deux ans n'est pas exigée lorsque le ou les titres détenus par le demandeur sanctionnent une formation réglementée directement orientée vers l'exercice de la profession. »**

(Décr. n° 2004-518 du 10 juin 2004, art. 17-I et II ; Décr. n° 2005-1677 du 28 déc. 2005, art. 355-II) **« Sauf si les connaissances qu'il a acquises au cours de son expérience professionnelle sont de nature à rendre cette vérification inutile, l'intéressé doit subir devant le jury prévu à l'article 4-2 un examen de contrôle des connaissances, organisé par le Conseil national, dont le programme et les modalités sont fixés par arrêté du garde des sceaux, ministre de la justice :**

« 1° Lorsque sa formation porte sur des matières substantiellement différentes de celles qui figurent au programme des titres et diplômes mentionnés à l'article 4 et de l'examen de stage professionnel mentionné au 4-1 ; »

2° Ou lorsqu'une ou plusieurs des activités professionnelles dont l'exercice est subordonné à la possession de ces diplômes et de cet examen ne sont pas réglementées dans l'État membre d'origine ou de provenance ou sont réglementées de manière différente et que cette différence est caractérisée par une formation spécifique requise dans l'État

membre d'accueil portant sur des matières substantiellement différentes de celles couvertes par le diplôme dont le demandeur fait état.

A la réception du dossier complet de l'intéressé, un récépissé lui est délivré. La commission nationale se prononce par décision motivée dans un délai de quatre mois à compter de la délivrance du récépissé.

(Décr. nº 2004-518 du 10 juin 2004, art. 17-III) « La décision par laquelle la commission nationale arrête la liste des candidats soumis à l'examen de contrôle des connaissances précise, le cas échéant, les matières sur lesquelles chacun des candidats doit être interrogé compte tenu de sa formation initiale *(Décr. nº 2005-1677 du 28 déc. 2005, art. 355-II)* « et de leur *[son]* expérience professionnelle. »

La commission statue dans les conditions prévues aux articles 17 à 20.

Nul ne peut se présenter plus de trois fois à l'examen.

Le décret nº 2005-1677 du 28 déc. 2005 entre en vigueur le 1er janv. 2006 (art. 360).

14 *(Décr. nº 91-1030 du 8 oct. 1991)* Les sociétés civiles professionnelles et les sociétés d'exercice libéral d'administrateurs judiciaires prévues par l'article L. 811-7 du code de commerce sont inscrites sur la liste par la commission ainsi que chacun des associés. Le nom de chacun de ceux-ci est suivi de la mention de la raison sociale. — *Sur les sociétés civiles professionnelles, V. Décr. nº 86-1176 du 5 nov. 1986,* ***C. sociétés*** *; ... les sociétés d'exercice libéral, V. Décr. nº 93-892 du 6 juill. 1993,* ***C. sociétés.***

L'appartenance aux autres groupements ou sociétés prévus par l'article L. 811-7 du code de commerce doit être immédiatement portée à la connaissance de la commission. — *Entrée en vigueur le 1er janv. 1992 (art. 37 du décret).*

SECTION II *Procédure d'inscription sur la liste des administrateurs judiciaires*

15 La demande d'inscription sur la liste des administrateurs judiciaires est adressée par lettre recommandée avec demande d'avis de réception au secrétaire de la commission. Elle est accompagnée des pièces justificatives suivantes *(Abrogé par Décr. nº 2004-518 du 10 juin 2004, art. 18-I)* ***« pour les personnes autres que celles mentionnées aux articles 38 et 41 de la loi nº 85-99 du 25 janvier 1985 »*** :

1° Les documents établissant l'état civil et la nationalité du candidat ;

2° Une copie *(Abrogé par Décr. nº 2004-518 du 10 juin 2004, art. 18-II)* ***« certifiée conforme »*** des titres et diplômes dont il entend se prévaloir ou à défaut une attestation des autorités habilitées à les délivrer ;

3° Le cas échéant, l'attestation de réussite à l'examen d'aptitude.

(Décr. nº 2004-518 du 10 juin 2004, art. 18-III) « Le candidat indique en outre ses activités professionnelles antérieures et le lieu où il envisage d'établir son domicile professionnel. »

Le commissaire du Gouvernement demande le bulletin nº 2 du casier judiciaire de l'intéressé et fait diligenter une enquête de moralité.

Lorsque le dossier est complet, le président de la commission désigne un rapporteur parmi les membres titulaires ou suppléants de celle-ci.

16 *(Décr. nº 91-1030 du 8 oct. 1991)* « La demande d'inscription d'une société civile professionnelle ou d'une société d'exercice libéral doit en outre être accompagnée des pièces suivantes : »

1° Une expédition ou une copie de l'acte constitutif et des statuts ;

2° Un exemplaire de la délibération de l'assemblée des associés habilitant le représentant légal de la société à demander l'inscription ;

3° L'indication de la date d'inscription de chacun des associés sur la liste ou, le cas échéant, celle de la demande d'inscription. — *Les dispositions de l'art. 16 issues du décret du 8 oct. 1991 entrent en vigueur le 1er janv. 1992 (art. 37 du décret).*

17 *(Décr. nº 98-1232 du 29 déc. 1998)* Avant de statuer, la commission demande l'avis du conseil national par lettre recommandée avec demande d'avis de réception. Le conseil dispose d'un mois pour donner cet avis.

La commission prend, après avoir entendu le commissaire du Gouvernement, une décision d'inscription ou de refus d'inscription ; elle peut aussi ordonner un complément d'information. Les décisions de refus doivent être motivées.

18 La commission ne peut statuer, en matière d'inscription, qu'en présence du président et de cinq au moins de ses membres. *(Décr. n° 98-1232 du 29 déc. 1998)* **« Lorsque l'un des membres ou le président de la commission a autorité sur le demandeur ou a des liens de parenté ou d'alliance avec lui jusqu'au quatrième degré inclusivement, il doit s'abstenir de siéger. » Aucun refus d'inscription ne peut être prononcé par la commission sans que l'intéressé ait été entendu ou appelé quinze jours au moins à l'avance par lettre recommandée avec demande d'avis de réception.**

Il n'est pas exigé que toutes les catégories auxquelles appartiennent les membres de la commission soient représentées lors de l'examen des candidatures. • Civ. 1re, 28 janv. 1992 : *Bull. civ. I, n° 25 ; D. 1992. Somm. 375, obs. Honorat*.

19 *(Décr. n° 98-1232 du 29 déc. 1998)* **« La décision de la commission est notifiée à l'intéressé, au président du conseil national** *(Décr. n° 2004-518 du 10 juin 2004, art. 19)* **« , au garde des sceaux, ministre de la justice, et au commissaire du Gouvernement » par lettre recommandée avec demande d'avis de réception. Lorsqu'une décision d'inscription est prise, une copie en est adressée au président de la caisse de garantie. »**

(Décr. n° 91-1030 du 8 oct. 1991 ; Décr. n° 98-1232 du 29 déc. 1998) **« La lettre de notification fait mention, à peine de nullité, du délai de recours et des modalités suivant lesquelles ce recours peut être exercé. »** *– Disposition entrant en vigueur le jour de la publication du décret du 8 oct. 1991 (JO 9 oct.).*

20 *(Décr. n° 98-1232 du 29 déc. 1998)* **« Un recours contre la décision de la commission peut être exercé devant la cour d'appel de Paris par l'intéressé** *[,]* *(Décr. n° 2004-518 du 10 juin 2004, art. 20-I)* **« le garde des sceaux, ministre de la justice, » le commissaire du Gouvernement et le président du conseil national, dans le délai d'un mois à compter de la date de réception de la lettre de notification. »**

(Décr. n° 91-1030 du 8 oct. 1991) **« Le recours est formé soit par déclaration au secrétariat-greffe de la cour d'appel, soit par lettre recommandée avec demande d'avis de réception adressée au greffier en chef. »**

(Décr. n° 98-1232 du 29 déc. 1998) **« Le greffier en chef en avise, selon le cas, l'intéressé,** *(Décr. n° 2004-518 du 10 juin 2004, art. 20-II)* **« le garde des sceaux, ministre de la justice, » le commissaire du Gouvernement ou le président du conseil national. »**

(Décr. n° 91-1030 du 8 oct. 1991) **« Le recours est instruit et jugé selon les règles applicables à la procédure sans représentation obligatoire. »**

21 *(Décr. n° 98-1232 du 29 déc. 1998)* **« La commission procède à la mise à jour de la liste des administrateurs judiciaires au moins une fois par an. Elle tient compte des transferts de domicile professionnel, des changements d'adresse des locaux professionnels et de la création ou de la suppression des bureaux annexes. Elle supprime le nom de ceux qui sont décédés, ont démissionné, ont fait l'objet d'une mesure de radiation ou de retrait. Les modifications sont adressées par la commission au procureur général près la cour d'appel dans le ressort de laquelle l'administrateur judiciaire concerné a son domicile professionnel, ainsi qu'à celui ou à ceux près les cours d'appel dans le ressort desquelles l'administrateur judiciaire a un ou plusieurs bureaux annexes. »**

L'administrateur judiciaire dont le nom a été retiré de la liste peut solliciter à nouveau son inscription lorsque la cause du retrait a disparu.

(Décr. n° 2004-518 du 10 juin 2004, art. 21-I) **« La commission ne supprime de la liste le nom de l'administrateur judiciaire qui a démissionné qu'après avoir vérifié que ses dossiers ont été répartis entre les autres administrateurs judiciaires et qu'ils ont donné lieu à une reddition des comptes. »**

1. En ce sens que la commission est fondée à rejeter la demande de retrait de la liste des administrateurs lorsqu'elle constate que l'intéressé est encore en charge de plusieurs dossiers, V. • Com. 24 sept. 2003 : *Bull. civ. IV, n° 135 ; D. 2003. AJ. 2503* ; *Act. proc. coll. 2003, n° 226, obs. Regnaut-Moutier ; Rev. sociétés 2004. 153, note Bouloc* ; *Rev. proc. coll. 2004. 54, obs. Soinne.* ♦ Comp., pour un arrêt ayant jugé qu'il résulte de l'art. 21 que la commission, qui n'est pas investie du pouvoir d'accepter ou de refuser la démission d'un administrateur judiciaire, ne peut que tirer les conséquences de cet acte unilatéral en procédant à la mise à jour de la liste des administrateurs judiciaires. • Paris, 16 déc. 1998 : *Gaz. Pal. 1999. 2. Somm. 610 ; Rev. proc. coll. 2000. 214, obs. Soinne.*

2. Dans l'exercice de sa mission d'établissement de la liste des administrateurs judiciaires, la commission nationale agit non comme un organe juridictionnel, mais comme une commission administrative ; il en résulte que la constatation du retrait d'une candidature par simple mention au procès-verbal de la séance est régulière (inapplicabilité de l'art. 384 NCPC, relatif à l'extinction de l'instance). • Civ. 1re, 4 févr. 1997 : *Rev. proc. coll. 2000. 214, obs. Soinne.*

21-1 *(Décr. n° 2004-518 du 10 juin 2004, art. 21-II)* **Si l'administrateur judiciaire a été autorisé à poursuivre le traitement d'un ou de plusieurs dossiers, la commission doit s'assurer qu'une décision motivée a été rendue pour chacun d'entre eux et que l'intéressé respecte et est en mesure de respecter les dispositions des articles L. 811-10, L. 811-16 et L. 814-5 du code de commerce.**

21-2 *(Décr. n° 2004-518 du 10 juin 2004, art. 21-II)* **Chaque année, et au plus tard le 31 décembre, les administrateurs judiciaires retirés de la liste et autorisés à poursuivre le traitement d'un ou plusieurs dossiers en font la déclaration auprès du procureur de la République du lieu de leur domicile, du Conseil national des administrateurs judiciaires et des mandataires judiciaires, de la Caisse de garantie, du magistrat inspecteur régional compétent pour le ressort de la cour d'appel du lieu de son domicile ainsi que du magistrat chargé de coordonner l'activité des magistrats inspecteurs régionaux.**

CHAPITRE II *Discipline des administrateurs judiciaires*

SECTION I *Procédure disciplinaire*

22 La commission ne peut statuer en matière disciplinaire qu'en présence du président et de sept au moins de ses membres.

23 *(Abrogé par Décr. n° 2004-518 du 10 juin 2004, art. 22)* ***« La commission est saisie par le commissaire du Gouvernement. »*** *(Décr. n° 98-1232 du 29 déc. 1998)* **« Le président du conseil national est tenu de signaler au commissaire du Gouvernement les faits dont il a connaissance et qui pourraient justifier une poursuite disciplinaire. »**

24 L'administrateur judiciaire poursuivi disciplinairement est cité à comparaître *(Abrogé par Décr. n° 2004-518 du 10 juin 2004, art. 23)* ***« par le commissaire du Gouvernement »*** **par lettre recommandée avec demande d'avis de réception quinze jours au moins à l'avance. La citation précise, à peine de nullité, les faits qui la motivent.**

25 L'administrateur judiciaire cité à comparaître devant la commission peut prendre connaissance de son dossier auprès du secrétariat. Il comparaît en personne ; il peut se faire assister par un avocat de son choix et, s'il le désire, par un administrateur judiciaire inscrit.

26 La commission peut, le cas échéant, entendre l'auteur de la plainte. Elle peut faire recueillir tous renseignements et faire procéder à toutes auditions.

27 *(Décr. n° 2004-518 du 10 juin 2004, art. 24)* **Le président de la commission désigne pour chaque affaire en qualité de rapporteur l'un de ses membres. La commission**

siège hors la présence du public sauf si l'administrateur judiciaire poursuivi demande, avant leur ouverture, que les débats soient publics. Il en est fait mention dans la décision.

La commission statue publiquement après avoir entendu le rapporteur, le commissaire du Gouvernement *(Décr. n° 2005-1677 du 28 déc. 2005, art. 355-III)* « , le président du Conseil national ou son représentant » et, s'il y a lieu, l'autorité qui a engagé l'action disciplinaire, ainsi que l'administrateur judiciaire poursuivi, son conseil, et, le cas échéant, le professionnel qui l'assiste. — *Le décret n° 2005-1677 du 28 déc. 2005 entre en vigueur le 1er janv. 2006 (art. 360).*

Le commissaire du Gouvernement n'assiste pas au délibéré.

En ce sens que la participation des rapporteurs à la délibération de la commission ne constitue pas une violation de l'art. 6 (1) de la Conv. EDH dès lors qu'il ne résulte pas de la décision que les rapporteurs aient été chargés de procéder à une instruction sur les faits dont la commission était saisie, V. • Com. 14 mai 2002 : *Bull. civ. IV, n° 82 ; D. 2002. AJ. 2259*.

28 *(Décr. n° 2004-518 du 10 juin 2004, art. 25)* Le secrétaire de la commission notifie par lettre recommandée, avec demande d'avis de réception, la décision à l'intéressé, au garde des sceaux, ministre de la justice, au président du Conseil national, à la Caisse de garantie, au commissaire du Gouvernement, et au procureur général lorsqu'il a engagé l'action disciplinaire.

La notification indique le délai et les modalités du recours ouvert à l'encontre de la décision.

La décision est également portée à la connaissance du procureur général près la cour d'appel dans le ressort de laquelle l'administrateur judiciaire a son domicile professionnel et, le cas échéant, un bureau annexe.

Si l'action disciplinaire est consécutive à une plainte, l'auteur de celle-ci est informé par le commissaire du Gouvernement.

28-1 *(Décr. n° 2004-518 du 10 juin 2004, art. 25)* Un recours peut être exercé, dans le délai d'un mois à compter de la notification de la décision, par l'intéressé, le garde des sceaux, ministre de la justice, le commissaire du Gouvernement et le procureur général lorsqu'il a engagé l'action disciplinaire. Il est formé soit par déclaration remise contre récépissé au greffe de la cour d'appel de Paris, soit par lettre recommandée avec demande d'avis de réception adressée au greffier en chef.

Le recours est instruit et jugé selon les règles applicables en matière contentieuse à la procédure sans représentation obligatoire.

La décision de la cour d'appel est notifiée, par le greffe, par lettre recommandée avec demande d'avis de réception, aux personnes mentionnées à l'alinéa premier.

29 *(Décr. n° 2004-518 du 10 juin 2004, art. 26)* Dans les cas prévus à l'article L. 811-13 du code de commerce la suspension provisoire est prononcée par le tribunal de grande instance saisi soit par le procureur de la République, soit par le président du Conseil national des administrateurs judiciaires et des mandataires judiciaires, par assignation à jour fixe.

Lorsque l'action est engagée par le procureur de la République, celui-ci en informe le président du Conseil national. Lorsque l'action est engagée par le président du Conseil national, celui-ci notifie au ministère public une copie de l'assignation qu'il a fait délivrer.

29-1 *(Décr. n° 2004-518 du 10 juin 2004, art. 26)* L'audience a lieu en chambre du conseil sauf si l'administrateur judiciaire demande, avant leur ouverture, que les débats soient publics. Il en est fait mention dans la décision. La juridiction statue publiquement, après que le ministère public a prononcé ses conclusions et que l'administrateur judiciaire a été entendu ou appelé.

Le président du Conseil national peut présenter ses observations, le cas échéant, par l'intermédiaire d'un membre du conseil.

29-2 *(Décr. n° 2004-518 du 10 juin 2004, art. 26)* La décision est notifiée, par le greffe par lettre recommandée avec demande d'avis de réception, à l'intéressé et au président du Conseil national. Elle indique le délai et les modalités du recours ouvert à l'encontre de la décision.

29-3 *(Décr. n° 2004-518 du 10 juin 2004, art. 26)* La cessation de plein droit de la suspension provisoire en application de l'article L. 811-13 du code de commerce et les décisions mettant fin à la suspension provisoire sont immédiatement notifiées par le procureur de la République à l'administrateur judiciaire et à l'administrateur provisoire désigné.

La mission de l'administrateur provisoire prend fin dès réception de cette notification.

29-4 *(Décr. n° 2004-518 du 10 juin 2004, art. 26)* L'appel en matière de suspension provisoire est formé par simple déclaration au greffe de la cour d'appel. L'appelant notifie son appel aux autres parties par lettre recommandée avec demande d'avis de réception.

29-5 *(Décr. n° 2004-518 du 10 juin 2004, art. 26)* L'appel est formé dans un délai de quinze jours qui court, à l'égard du ministère public, du jour de la décision. Il en est de même pour l'administrateur judiciaire si la décision a été rendue en sa présence ou en présence de son défenseur. Dans les autres cas, le délai court à compter de la notification de la décision, et notamment lorsque le président du Conseil national a été à l'origine de la saisine du tribunal.

En cas d'appel d'une partie, un délai supplémentaire de huit jours est accordé à l'autre partie pour former un appel incident.

29-6 *(Décr. n° 2004-518 du 10 juin 2004, art. 26)* Le recours est instruit et jugé selon les règles applicables en matière contentieuse à la procédure sans représentation obligatoire.

La décision de la cour d'appel est notifiée, par lettre recommandée avec demande d'avis de réception, aux personnes mentionnées à l'article 29.

SECTION II *Exécution des peines disciplinaires et des mesures de suspension provisoire — Administration provisoire*

30 *(Décr. n° 2004-518 du 10 juin 2004, art. 27)* « La décision suspendant provisoirement de ses fonctions l'administrateur judiciaire est exécutoire par provision. »

(Décr. n° 91-1030 du 8 oct. 1991) « Le commissaire du Gouvernement assure l'exécution des peines disciplinaires et des mesures de suspension provisoire. Il informe les procureurs généraux près les cours d'appel des décisions passées en force de chose jugée prononçant une peine d'interdiction temporaire ou de radiation ou ordonnant une mesure de suspension provisoire ; ceux-ci portent ces décisions à la connaissance des juridictions de leur ressort. »

En outre, le commissaire du Gouvernement requiert, le cas échéant, l'administrateur provisoire désigné dans les conditions prévues à l'article 31 de procéder à l'information des présidents des juridictions ayant décerné des mandats à l'administrateur judiciaire.

31 Lorsque, pour quelque cause que ce soit, un administrateur judiciaire se trouve dans l'impossibilité d'exercer ses fonctions, le procureur de la République près le tribunal de grande instance dans le ressort duquel l'administrateur judiciaire a son domicile professionnel requiert le président du tribunal de grande instance, statuant sur requête, de désigner sans délai, pour accomplir les actes nécessaires à la gestion du cabinet, un administrateur provisoire choisi parmi les personnes inscrites sur la liste des administrateurs judiciaires ou parmi celles qui remplissent les conditions pour y être inscrites.

(Décr. n° 2004-518 du 10 juin 2004, art. 28) « L'administrateur provisoire est habilité à exercer les mandats de justice confiés à l'administrateur judiciaire empêché.

« Aucun mandat de justice ne peut être confié à l'administrateur judiciaire qui se trouve dans l'impossibilité d'exercer ses fonctions par l'effet d'une peine d'interdiction temporaire. »

32 L'administrateur provisoire désigné dans les conditions prévues à l'article précédent a droit à une rémunération fixée par le président du tribunal de grande instance qui a procédé à sa désignation.

Cette décision est susceptible de recours *(Décr. n° 2004-518 du 10 juin 2004, art. 29)* « selon les dispositions des articles 714 à 718 » du Nouveau code de procédure civile.

TITRE II Les mandataires judiciaires *(L. n° 2005-845 du 26 juill. 2005, art. 165-V).*

CHAPITRE PREMIER *Établissement de la liste des mandataires judiciaires* (L. n° 2005-845 du 26 juill. 2005, art. 165-V ; Décr. n° 2004-518 du 10 juin 2004, art. 30).

33 *(Décr. n° 2003-439 du 16 mai 2003, art. 3)* La liste des mandataires judiciaires est établie par la commission nationale instituée par l'article L. 812-2 du code de commerce.

Les procédures d'inscription en cours à la date de publication du décret n° 2003-439 du 16 mai 2003 devant les commissions régionales instituées sur le fondement de l'art. L. 812-2 C. com., dans sa rédaction antérieure à la loi n° 2003-7 du 3 janv. 2003, sont transmises à la commission nationale créée par l'art. L. 812-2 du même code dans sa rédaction issue de ladite loi (Décr. n° 2003-439 du 16 mai 2003, art. 20, JO 17 mai).

34 *(Décr. n° 2003-439 du 16 mai 2003, art. 4)* Le magistrat du parquet, commissaire du Gouvernement auprès de la commission nationale instituée par l'article L. 812-2 du code de commerce, et son suppléant sont désignés par le garde des sceaux, ministre de la justice.

La personne inscrite sur la liste des experts en diagnostic d'entreprise membre de la commission et son suppléant sont désignés par le garde des sceaux, ministre de la justice. Elle remplace le mandataire judiciaire dont l'inscription sur la liste est la plus récente. *(Décr. n° 2004-518 du 10 juin 2004, art. 31-I)* « En cas d'égalité d'ancienneté, elle remplace le mandataire judiciaire le moins âgé. »

(Décr. n° 2004-518 du 10 juin 2004, art. 31-II) « Le mandat du président et des membres de la commission prend effet à la date de la première réunion qui suit leur désignation. Pour cette première réunion, la commission se réunit sur convocation de son secrétaire.

« Lorsqu'un membre est définitivement empêché en cours de mandat, il est procédé à son remplacement. Les fonctions du nouveau membre expirent à la date à laquelle auraient cessé celles du membre qu'il remplace. »

Le secrétariat de la commission est assuré par un fonctionnaire du ministère de la justice.

35 *(Décr. n° 2004-518 du 10 juin 2004, art. 32)* Les dispositions prévues aux articles 3, 3-1, 3-2 et 3-3 relatives à l'élection à la commission nationale des administrateurs judiciaires et de leurs suppléants sont applicables à l'élection à la commission nationale des mandataires judiciaires et de leurs suppléants.

SECTION I *Conditions d'inscription sur la liste des mandataires judiciaires* (L. n° 2005-845 du 26 juill. 2005, art. 165-V ; Décr. n° 2004-518 du 10 juin 2004, art. 33).

36 *(Décr. n° 2004-518 du 10 juin 2004, art. 34)* Ne peuvent être admises à se présenter à l'examen d'accès au stage professionnel prévu à l'article L. 812-3 du code de commerce que les personnes titulaires des titres ou diplômes mentionnés à l'article 4.

36-1 *(Décr. n° 2004-518 du 10 juin 2004, art. 34)* Les règles relatives au stage professionnel définies aux articles 4-1, 4-2, 4-3, 4-4, 5 et 7 sont applicables aux mandataires judiciaires. — *Sur le programme et les modalités de l'examen d'accès au stage professionnel, V. Arr. 31 août 2004 (JO 10 sept.).*

36-2 *(Décr. n° 2004-518 du 10 juin 2004, art. 34)* Le jury de l'examen d'accès au stage est celui prévu à l'article 4-2. Toutefois, le professeur ou le maître de conférences de sciences économiques ou de gestion est remplacé par un professeur ou un maître de conférences de droit et les deux administrateurs judiciaires sont remplacés par deux mandataires judiciaires désignés dans les mêmes conditions.

37 *(Décr. n° 2004-518 du 10 juin 2004, art. 35)* En application des dispositions de l'article L. 812-3 du code de commerce, bénéficient de la dispense de l'examen d'accès au stage :

a) Les administrateurs judiciaires ayant exercé leur profession pendant trois ans au moins ;

b) Les avocats, notaires, commissaires-priseurs judiciaires, huissiers de justice, greffiers des tribunaux de commerce, experts-comptables, commissaires aux comptes ayant exercé leur profession pendant cinq ans au moins ;

c) Les courtiers-interprètes et conducteurs de navires bénéficiant des dispositions prévues à l'article 5 de la loi n° 2001-7 du 16 janvier 2001 portant diverses dispositions d'adaptation au droit communautaire dans le domaine des transports sous réserve que les demandes de ces derniers soient présentées dans les trois ans à compter du 20 mars 2003.

38 *(Décr. n° 2004-518 du 10 juin 2004, art. 36-I)* « La durée du stage est de trois ans au moins et de six ans au plus. »

(Décr. n° 98-1232 du 29 déc. 1998) « Le stage consiste dans la pratique d'activités permettant d'acquérir une expérience suffisante dans le domaine des procédures collectives, en qualité de collaborateur d'un mandataire judiciaire et sous son contrôle direct. »

Le stage peut être accompli pour une période n'excédant pas le tiers de sa durée auprès d'une personne exerçant une profession juridique réglementée ou auprès d'un expert-comptable ou d'un commissaire aux comptes sous réserve des dispositions de l'article 39, ou dans les services juridiques et financiers d'un établissement de crédit régi par *(Décr. n° 2004-518 du 10 juin 2004, art. 36-II)* « le code monétaire et financier. » — *V. art. 110-1, al. 2.*

39 *Abrogé par Décr. n° 2004-518 du 10 juin 2004, art. 37.*

40 *(Décr. n° 2004-518 du 10 juin 2004, art. 38)* Les dispositions du premier alinéa de l'article 8 relatives au stage sont applicables aux personnes inscrites sur le registre de stage. Le commissaire du Gouvernement adresse au garde des sceaux, ministre de la justice, dans les quinze jours de leur notification, les décisions de dispense fondées sur le second alinéa de l'article 8.

41 *(Décr. n° 2004-518 du 10 juin 2004, art. 39)* Les dispositions de l'article 9 relatives au certificat de stage ainsi qu'au refus de délivrance de ce certificat sont applicables aux personnes inscrites sur le registre de stage.

42 Le jury chargé de procéder à l'examen professionnel des mandataires judiciaires est celui prévu à l'article 10. *(Décr. n° 91-1030 du 8 oct. 1991)* « Toutefois, *(Décr. n° 98-1232 du 29 déc. 1998)* « les *(Décr. n° 2004-518 du 10 juin 2004, art. 40)* « deux » administrateurs judiciaires sont remplacés par *(Décr. n° 2004-518 du 10 juin 2004, art. 40)* « deux » mandataires judiciaires » nommés après avis du Conseil national des administrateurs judiciaires et des mandataires judiciaires. » — *La modification de l'art. 42* *résultant du décret n° 98-1232 du 29 déc. 1998 ne s'applique qu'aux jurys constitués après le 1er janv. 1999 (Décr. n° 98-1232 du 29 déc. 1998, art. 25-II).*

43 *(Décr. n° 2004-518 du 10 juin 2004, art. 41)* **Les dispositions de l'article 10 relatives à l'examen d'aptitude sont applicables aux candidats à la profession de mandataire judiciaire.**

L'examen est organisé dans les conditions définies à l'article 11.

44 *(Décr. n° 2004-518 du 10 juin 2004, art. 42)* **Les dispositions de l'article 12 relatives aux demandes de dispense d'une partie du stage sont applicables aux demandes de dispense fondées sur les dispositions du huitième alinéa de l'article L. 812-3 du code de commerce.**

45 *(Décr. n° 2004-518 du 10 juin 2004, art. 43)* **En application des dispositions du huitième alinéa de l'article L. 812-3 du code de commerce, les avocats, les notaires, les commissaires-priseurs judiciaires, les huissiers de justice ainsi que les greffiers des tribunaux de commerce, ayant exercé leur profession pendant cinq ans au moins, peuvent être dispensés par la commission d'une partie du stage professionnel et de tout ou partie des épreuves à caractère juridique de l'examen d'aptitude, à l'exception de celle relative au statut et à la déontologie de la profession de mandataire judiciaire.**

Les experts-comptables et les commissaires aux comptes ayant exercé leur profession pendant cinq ans au moins peuvent être dispensés par la commission d'une partie du stage professionnel et de tout ou partie des épreuves à caractère économique, comptable ou de gestion.

Les administrateurs judiciaires peuvent être dispensés par la commission d'une partie du stage professionnel et sont dispensés de l'examen d'aptitude. Ils peuvent être inscrits sur la liste des mandataires judiciaires sous la condition suspensive d'avoir été retirés de la liste des administrateurs judiciaires dans les conditions de l'article 21.

Les courtiers-interprètes et conducteurs de navires bénéficiant des dispositions prévues à l'article 5 de la loi n° 2001-43 du 16 janvier 2001 précitée peuvent être dispensés par la commission d'une partie du stage professionnel, dans la limite de la moitié de sa durée, et d'une partie des épreuves de l'examen d'aptitude.

La commission statue dans les conditions prévues aux articles 17 à 20.

45-1 *(Décr. n° 91-1030 du 8 oct. 1991)* **Peuvent être inscrites sur la liste des mandataires judiciaires, en application du dernier alinéa de l'article L. 812-3 du code de commerce, les personnes qui ont suivi avec succès un cycle d'études** *(Décr. n° 2005-1677 du 28 déc. 2005, art. 355-IV)* **« post-secondaires » d'une durée minimale de trois ans ou d'une durée équivalente à temps partiel dans une université ou un établissement d'enseignement supérieur ou dans un autre établissement** *(Décr. n° 2005-1677 du 28 déc. 2005, art. 355-IV)* **« d'un niveau équivalent » de formation et, le cas échéant, la formation professionnelle requise en plus de ce cycle d'études et qui justifient :**

1° De diplômes, certificats ou autres titres permettant l'exercice de la profession dans un État membre des communautés européennes délivrés :

***a*) Soit par l'autorité compétente de cet État et sanctionnant une formation acquise de façon prépondérante dans la Communauté ;**

***b*) Soit par un pays tiers, à condition que soit fournie une attestation émanant de l'autorité compétente de l'État membre** *(Décr. n° 2005-1677 du 28 déc. 2005, art. 355-IV)* **« ou partie » qui a reconnu les diplômes, certificats ou autres titres certifiant que leur titulaire a une expérience professionnelle de trois ans au moins dans cet État ;**

2° Ou de l'exercice à plein temps de la profession pendant deux ans au moins au cours des dix années précédentes dans un État membre *(Décr. n° 2005-1677 du 28 déc. 2005, art. 355-IV)* **« ou partie » qui ne réglemente pas l'accès ou l'exercice de cette profession, à condition que cet exercice soit attesté par l'autorité compétente de cet État.** *(Décr. n° 2005-1677 du 28 déc. 2005, art. 355-IV)* **« Toutefois, la condition d'une expérience professionnelle de deux ans n'est pas exigée lorsque le ou les titres détenus**

par le demandeur sanctionnent une formation réglementée directement orientée vers l'exercice de la profession. »

(Décr. nº 2004-518 du 10 juin 2004, art. 44-I et II ; Décr. nº 2005-1677 du 28 déc. 2005, art. 355-IV) « Sauf si les connaissances qu'il a acquises au cours de son expérience professionnelle sont de nature à rendre cette vérification inutile, l'intéressé doit subir devant le jury chargé de l'examen d'accès au stage un examen de contrôle des connaissances, organisé par le Conseil national des administrateurs judiciaires et des mandataires judiciaires, dont le programme et les modalités sont fixés par arrêté du garde des sceaux, ministre de la justice :

« 1° Lorsque sa formation porte sur des matières substantiellement différentes de celles qui figurent au programme des titres et diplômes mentionnés à l'article 4 et de l'examen de stage professionnel mentionné à l'article 4-1 ; »

2° Ou lorsqu'une ou plusieurs des activités professionnelles dont l'exercice est subordonné à la possession de ces diplômes et de cet examen ne sont pas réglementées dans l'État membre d'origine ou de provenance ou sont réglementées de manière différente et que cette différence est caractérisée par une formation spécifique requise dans l'État membre d'accueil portant sur des matières substantiellement différentes de celles couvertes par le diplôme dont le demandeur fait état.

A la réception du dossier complet de l'intéressé, un récépissé lui est délivré. La *(Décr. nº 2003-439 du 16 mai 2003, art. 6-I)* « commission nationale » se prononce par décision motivée dans un délai de quatre mois à compter de la délivrance du récépissé.

(Décr. nº 2004-518 du 10 juin 2004, art. 44-III et IV) « La décision par laquelle la commission nationale arrête la liste des candidats soumis à l'examen de contrôle des connaissances précise, le cas échéant, les matières sur lesquelles chacun des candidats doit être interrogé compte tenu de sa formation initiale *(Décr. nº 2005-1677 du 28 déc. 2005, art. 355-IV)* « et de leur *[son]* expérience professionnelle ».

« La commission statue dans les conditions prévues aux articles 17 à 20. »

Nul ne peut se présenter plus de trois fois à l'examen.

Le décret nº 2005-1677 du 28 déc. 2005 entre en vigueur le 1er janv. 2006 (art. 360).

45-2 *Abrogé par Décr. nº 2004-518 du 10 juin 2004, art. 45.*

46 *(Décr. nº 91-1030 du 8 oct. 1991, art. 20)* Les sociétés civiles professionnelles et les sociétés d'exercice libéral de mandataires judiciaires prévues par l'article L. 812-5 du code de commerce sont inscrites sur la liste par la commission ainsi que chacun des associés. Le nom de chacun de ceux-ci est suivi de la mention de la raison sociale de la société. — *Sur les sociétés civiles professionnelles, V. Décr. nº 86-1176 du 5 nov. 1986,* ***C. sociétés*** *; ... les sociétés d'exercice libéral, V. Décr. nº 93-1112 du 20 sept. 1993,* ***C. sociétés.***

L'appartenance aux autres groupements ou sociétés prévus par l'article L. 812-5 du code de commerce doit être immédiatement portée à la connaissance de la commission.

SECTION II *Procédure d'inscription sur la liste des mandataires judiciaires* *(L. nº 2005-845 du 26 juill. 2005, art. 165-V ; Décr. nº 2004-518 du 10 juin 2004, art. 33).*

47 *(Décr. nº 2003-439 du 16 mai 2003, art. 7-I)* Les dispositions relatives à la procédure d'inscription des administrateurs judiciaires prévues aux articles 15 à 20 sont applicables aux mandataires judiciaires.

48 à 50 *Abrogés par Décr. nº 2003-439 du 16 mai 2003, art. 7-II.*

51 Les dispositions *(Abrogé par Décr. nº 2004-518 du 10 juin 2004, art. 46) « des alinéas 1 et 2 »* de l'article 21 relatives à la tenue et à la mise à jour de la liste des administrateurs judiciaires sont applicables *(Décr. nº 2003-439 du 16 mai 2003, art. 8)* « à la commission nationale. »

CHAPITRE II *Discipline des mandataires judiciaires* (*L. n° 2005-845 du 26 juill. 2005, art. 165-V*).

SECTION I *Procédure disciplinaire*

52 *Abrogé par Décr. n° 2003-439 du 16 mai 2003, art. 9-I.*

53 (*Décr. n° 2004-518 du 10 juin 2004, art. 47*) **Les dispositions des articles 22 à 29-6 relatives à la procédure disciplinaire devant la commission nationale et à la procédure de suspension provisoire devant le tribunal de grande instance des administrateurs judiciaires sont applicables aux mandataires judiciaires.**

SECTION II *Exécution des peines disciplinaires et des mesures de suspension provisoire — Administration provisoire*

54 Les dispositions des articles 30 à 32 relatives à l'exécution des peines disciplinaires et des mesures de suspension provisoire et relatives à l'administration provisoire sont applicables aux mandataires judiciaires.

Toutefois, pour l'application de l'article 31, l'administrateur provisoire est choisi parmi les personnes inscrites sur (*Décr. n° 2003-439 du 16 mai 2003, art. 10*) **« la liste » des mandataires judiciaires ou parmi celles qui remplissent les conditions pour y être inscrites.**

TITRE III Dispositions communes aux administrateurs judiciaires et aux mandataires judiciaires (*L. n° 2005-845 du 26 juill. 2005, art. 165-V*).

CHAPITRE PREMIER *Le conseil national des administrateurs judiciaires et des mandataires judiciaires* (*L. n° 2005-845 du 26 juill. 2005, art. 165-V*).

(*Décr. n° 91-1030 du 8 oct. 1991*)

54-1 (*Décr. n° 98-1232 du 29 déc. 1998*) **I. — Le conseil national des administrateurs judiciaires et des mandataires judiciaires est chargé d'assurer la défense des intérêts collectifs de ces professions, d'organiser la formation professionnelle et de contrôler les études.**

II. — Le conseil national établit (*Abrogé par Décr. n° 2004-518 du 10 juin 2004, art. 48-I*) ***«, dans les six mois suivant la publication au Journal officiel du décret n° 98-1232 du 29 décembre 1998, »*** **un ensemble de règles professionnelles soumis à l'approbation du ministre de la justice.** — *V. Arr. 11 avr. 2001 (JO 20 avr.) et 3 août 2001 (JO 17 août).*

(*Décr. n° 2004-518 du 10 juin 2004, art. 48-II*) **« Le ministre de la justice peut demander au Conseil national d'actualiser ou de réviser ces règles dans un délai qu'il lui impartit. »**

Ces règles doivent prévoir notamment :

1° Les modalités d'organisation et de financement de la formation professionnelle ;

2° L'harmonisation des méthodes comptables utilisées par chaque professionnel, la tenue quotidienne obligatoire d'une comptabilité permettant de s'assurer de la représentation des fonds, effets, titres et autres valeurs appartenant à autrui, et l'agrément des systèmes informatiques de tenue de la comptabilité ;

3° Les conditions de délégation de signature au sein de l'étude et de conservation des pièces justificatives ainsi que les autres mesures propres à assurer la sécurité dans la gestion des dossiers ;

4° Les conditions dans lesquelles l'administrateur judiciaire ou le mandataire judiciaire fait connaître à l'autorité mandante les intérêts économiques et financiers qu'il détient, directement ou indirectement, et qui peuvent faire obstacle à l'attribution d'un mandat dans une affaire déterminée.

Ces règles sont portées à la connaissance des professionnels par lettre recommandée avec demande d'avis de réception. Leur non-respect peut entraîner des poursuites disciplinaires.

Si ces règles n'ont pas été *(Décr. nº 2004-518 du 10 juin 2004, art. 48-III)* « actualisées ou révisées » par le conseil national dans le délai imparti, elles *(Décr. nº 2004-518 du 10 juin 2004, art. 48-III)* « le sont » par le ministre de la justice.

III. — Pour l'exercice de ses attributions en matière de formation professionnelle, le conseil national constitue une commission de formation professionnelle, composée des membres suivants :

— le président et le vice-président du conseil national ;

— un administrateur judiciaire et un mandataire judiciaire désignés par le conseil national ;

— un administrateur judiciaire et un mandataire judiciaire désignés par la caisse de garantie ;

— un magistrat de l'ordre judiciaire désigné par le ministre de la justice ;

— un juge consulaire désigné par la conférence générale des tribunaux de commerce ;

— trois professeurs, maîtres de conférences ou chargés d'enseignement choisis par le conseil national.

Cette commission assiste le conseil national dans l'organisation de l'enseignement professionnel en vue de la préparation à l'examen d'aptitude aux fonctions d'administrateur judiciaire et de mandataire judiciaire. Elle met les candidats stagiaires en relation avec les professionnels, facilite la réalisation des stages et en assure le suivi. Elle recommande notamment l'affectation dans une étude des stagiaires qui n'ont pas trouvé de stage. Elle assiste le conseil national dans l'organisation de la formation continue des professionnels en activité. Le conseil national valide, après avis de la commission, les formations autres que celles qu'il organise.

Pour un arrêt écartant l'application des dispositions de l'arrêté du 11 avr. 2001 au profit du droit commun lors de perquisitions au domicile professionnel d'un mandataire judiciaire, V. • Crim. 18 juin 2003 : *Bull. crim. nº 129 ; Act. proc. coll. 2003, nº 234, obs. Cerf-Hollender ; RSC 2004. 422, obs. Buisson*.

54-2 *(Décr. nº 2004-518 du 10 juin 2004, art. 49)* Le Conseil national des administrateurs judiciaires et des mandataires judiciaires est composé de seize membres, huit membres représentant les administrateurs judiciaires et huit membres représentant les mandataires judiciaires.

Les membres sont élus au scrutin de liste à la représentation proportionnelle par deux collèges, l'un composé des personnes physiques inscrites sur la liste nationale des administrateurs judiciaires, l'autre composé des personnes physiques inscrites sur la liste nationale des mandataires judiciaires. Chaque collège élit huit membres. Le vote a lieu sans panachage ni vote préférentiel.

Les membres du Conseil national sont élus pour une période de quatre ans, renouvelable une fois. Ils ne sont rééligibles pour un mandat supplémentaire qu'après un intervalle de quatre ans, après l'expiration, le cas échéant, de leur second mandat.

54-3 *(Décr. nº 2004-518 du 10 juin 2004, art. 50)* Le bureau du Conseil national organise l'élection. Il détermine les modalités applicables et notamment celles du vote par correspondance, autres que celles prévues par le présent décret, selon des règles soumises à l'approbation du garde des sceaux, ministre de la justice.

Chaque déclaration de candidature indique le titre de la liste présentée. Elle comporte les nom et prénoms du candidat, son domicile professionnel, sa signature, la date à laquelle il a été inscrit sur la liste nationale, ou, lorsqu'il s'agit d'un mandataire judiciaire, la liste régionale si son inscription sur celle-ci est antérieure à l'établissement de la liste nationale.

Chaque liste doit comprendre au moins quatre candidats. Nul ne peut être candidat sur plus d'une liste.

54-4 et 54-5 *Abrogés par Décr. n° 2004-518 du 10 juin 2004, art. 51.*

54-6 *(Décr. n° 91-1030 du 8 oct. 1991)* Il est attribué à chaque liste autant d'élus que le nombre de suffrages lui revenant contient de fois le quotient électoral. Le quotient électoral est égal au nombre total des suffrages obtenus par les différentes listes divisé par le nombre de délégués à élire.

Au cas où aucun siège ne peut être pourvu ou s'il reste des sièges à pourvoir, les sièges restants sont attribués sur la base de la plus forte moyenne.

A cet effet, le nombre de voix obtenues par chaque liste est divisé par le nombre, augmenté d'une unité, des sièges attribués à la liste. Les différentes listes sont placées dans l'ordre décroissant des moyennes ainsi obtenues. Le premier siège non pourvu est attribué à la liste ayant la plus forte moyenne.

Il est procédé successivement à la même opération pour chacun des sièges non pourvus, jusqu'au dernier.

Dans le cas où deux listes ont la même moyenne et où il ne reste qu'un siège à pourvoir, il est attribué à la liste qui a obtenu le plus grand nombre de voix.

Si deux listes ont obtenu le même nombre de voix, le candidat le plus âgé est proclamé élu.

54-7 *Abrogé par Décr. n° 2004-518 du 10 juin 2004, art. 51.*

54-8 *(Décr. n° 2004-518 du 10 juin 2004, art. 52)* Si un membre du conseil national vient à cesser ses fonctions pour quelque cause que ce soit avant l'expiration de leur durée normale, il est pourvu à son remplacement, dans les trois mois, par le premier candidat non élu de la liste. S'il n'y a plus de candidat non élu sur la liste, il est procédé à une élection au scrutin majoritaire uninominal à un tour par le collège auquel appartenait l'intéressé.

Dans tous les cas, les fonctions du nouveau membre expirent à la date à laquelle auraient pris fin celles du membre qu'il remplace. Si la durée de son mandat est inférieure à deux ans, l'intéressé est éligible pour une période de quatre ans immédiatement renouvelable pour une durée égale.

54-9 *(Décr. n° 91-1030 du 8 oct. 1991)* Tout administrateur judiciaire ou tout mandataire judiciaire peut déférer l'élection des membres du Conseil national à la cour d'appel de Paris dans un délai de dix jours à compter de la proclamation des résultats. La réclamation est remise contre récépissé ou adressée par lettre recommandée avec demande d'avis de réception au greffier en chef de la cour d'appel. Le recours est instruit et jugé selon les règles applicables en matière contentieuse à la procédure sans représentation obligatoire.

54-10 *(Décr. n° 91-1030 du 8 oct. 1991)* Les membres du conseil national élisent en leur sein, de manière paritaire, un président, un vice-président et quatre membres, qui constituent le bureau.

Le bureau est élu au scrutin uninominal majoritaire à un tour pour une période de deux ans.

En cas d'égalité des voix, le plus âgé des candidats est proclamé élu.

Le président et le vice-président appartiennent, en alternance, l'un à la profession des administrateurs judiciaires, l'autre à la profession des mandataires judiciaires.

(Décr. n° 98-1232 du 29 déc. 1998) « Le président sortant n'est rééligible à cette fonction et à celle de vice-président qu'après un intervalle de quatre années au moins. »

54-11 *(Décr. n° 91-1030 du 8 oct. 1991)* Le mandat du président, du vice-président et des membres du bureau prend fin lorsqu'ils cessent de remplir les conditions pour être membres du conseil national. Il est alors pourvu à leur remplacement dans le délai de trois mois. En ce cas, les fonctions du nouveau membre expirent à l'époque où auraient cessé celles du membre qu'il a remplacé.

54-12 *(Décr. n° 91-1030 du 8 oct. 1991)* Les fonctions de membre du conseil national *(Décr. n° 98-1232 du 29 déc. 1998)* « et celles de membre du bureau de ce conseil » sont gratuites et ne peuvent donner lieu qu'au remboursement de frais de voyage et de séjour, dans les conditions fixées par le conseil national.

(Décr. n° 98-1232 du 29 déc. 1998) « Le président peut percevoir, pour frais de représentation, une indemnité dont le montant est fixé par le conseil national. »

54-13 *(Décr. n° 91-1030 du 8 oct. 1991)* Le conseil national ne peut valablement délibérer qu'en présence de cinq membres au moins de chaque collège, le bureau de deux membres au moins de chaque profession.

En cas de partage égal des voix, le président a voix prépondérante.

54-14 *(Décr. n° 91-1030 du 8 oct. 1991)* Le Conseil national des administrateurs judiciaires et des mandataires judiciaires établit son budget. *(Décr. n° 98-1232 du 29 déc. 1998)* « Il dresse, le 1er mars de chaque année, son bilan pour les opérations de l'année précédente. Ce bilan est certifié par un commissaire aux comptes choisi par le bureau *(Abrogé par Décr. n° 2004-518 du 10 juin 2004, art. 53-I)* ***« sur la liste prévue au deuxième alinéa de l'article 58 »***.

Il fixe le montant de la cotisation que doit verser annuellement au conseil national chaque administrateur judiciaire et chaque mandataire judiciaire *(Décr. n° 98-1232 du 29 déc. 1998)* « ainsi que la fraction de cette cotisation affectée à la formation professionnelle. »

(Abrogé par Décr. n° 2004-518 du 10 juin 2004, art. 53-II) ***« Le non-paiement des cotisations constitue une faute disciplinaire. »***

54-15 *(Décr. n° 91-1030 du 8 oct. 1991)* Le conseil national élabore un règlement intérieur qui régit son mode de fonctionnement et celui du bureau et fixe les prérogatives des organes du conseil. Ce règlement et ses modifications ultérieures doivent être adoptées *[adoptés]* par une majorité des deux tiers du conseil.

(Décr. n° 98-1232 du 29 déc. 1998) « Le président du conseil national convoque celui-ci au moins une fois par trimestre et chaque fois qu'il le juge utile. Il le convoque également sur un ordre du jour déterminé à la demande de quatre membres du conseil ou du ministre de la justice. »

Pour les dispositions transitoires, V. art. 113-1 à 113-3.

CHAPITRE II ***Contrôle, inspections et comptabilité*** *(Décr. n° 91-1030 du 8 oct. 1991)*.

SECTION I ***Contrôle***

(Décr. n° 91-1030 du 8 oct. 1991)

54-16 *(Décr. n° 98-1232 du 29 déc. 1998)* Chaque professionnel est soumis *(Décr. n° 2004-518 du 10 juin 2004, art. 54-I)* « tous les trois ans » à un contrôle qui porte sur l'ensemble de son activité. Il peut en outre, à tout moment, être soumis à un contrôle occasionnel qui porte soit sur une question particulière, soit sur l'ensemble de son activité. Peuvent également être soumis à un contrôle occasionnel les mandataires de justice retirés des listes professionnelles, qui sont autorisés à poursuivre un ou plusieurs dossiers en cours en vertu des articles L. 811-8 et L. 812-6 du code de commerce.

Le contrôle occasionnel est prescrit par le président du conseil national, le procureur de la République, le procureur général, le ministre de la justice, les commissaires du Gouvernement près les commissions d'inscription et de discipline, les magistrats inspecteurs régionaux ou le magistrat coordonnateur mentionné à l'article 55.

(Décr. n° 2004-518 du 10 juin 2004, art. 54-II) « Les contrôleurs peuvent recueillir les observations des présidents des juridictions civiles et commerciales du premier degré dans le ressort desquelles le mandataire de justice contrôlé a son domicile professionnel, le cas échéant un bureau annexe, et dans le ressort desquelles il s'est vu confier une mission. Ils peuvent recueillir les observations du procureur de la République près ces juridictions, du commissaire aux comptes chargé du contrôle de la comptabilité spéciale de l'intéressé, du trésorier-payeur général, ainsi que de l'association pour la gestion du régime d'assurance des créances des salariés. »

Les dispositions de l'art. 54 du décret n° 2004-518 du 10 juin 2004 instituant un contrôle triennal de l'activité des administrateurs judiciaires et des mandataires judiciaires en lieu et place d'un contrôle biennal entreront en vigueur à compter des contrôles prescrits au titre de l'année 2005 (texte préc., art. 108-VII, JO 11 juin).

54-17 *(Décr. n° 91-1030 du 8 oct. 1991)* Avant la fin de chaque année, le président du conseil national adresse au garde des sceaux, ministre de la justice, la liste des membres de l'une et l'autre professions que le bureau du conseil a désignés comme devant faire l'objet du contrôle périodique au cours de l'année suivante. *(Décr. n° 2003-439 du 16 mai 2003, art. 13)* « Cette liste est également adressée au commissaire du Gouvernement près de la commission d'inscription et de discipline qui a procédé à leur inscription, ainsi qu'au magistrat coordonnateur mentionné à l'article 55. » – *Pour l'année 1992, V. art. 113-3.*

54-18 *(Décr. n° 91-1030 du 8 oct. 1991)* Avant la fin du troisième trimestre de chaque année, le président du conseil national soumet à l'agrément du garde des sceaux, ministre de la justice, une liste des membres de l'une et l'autre des professions susceptibles de procéder aux contrôles au cours de l'année suivante. Cette liste comprend au moins vingt administrateurs judiciaires et au moins trente mandataires judiciaires.

Le garde des sceaux, ministre de la justice, peut refuser son agrément à l'un ou plusieurs des professionnels figurant sur la liste. Le président du conseil national dispose d'un délai de quinze jours à compter de la notification de la décision de refus d'agrément pour proposer une liste complémentaire. – *Pour l'année 1992, V. art. 113-3.*

(Décr. n° 2004-518 du 10 juin 2004, art. 55) « En outre, le garde des sceaux, ministre de la justice, agrée par arrêté les autres personnes spécialement habilitées à procéder à des contrôles occasionnels, dont les noms lui sont soumis par le conseil national. Cet agrément est donné pour une année. »

54-19 *(Décr. n° 98-1232 du 29 déc. 1998)* Le contrôle est effectué par trois contrôleurs :

1° Deux administrateurs judiciaires ou mandataires judiciaires, selon le cas, figurant sur la liste prévue à l'article 54-18 et n'exerçant pas leur activité dans le même ressort de cour d'appel que le professionnel contrôlé *(Décr. n° 2004-518 du 10 juin 2004, art. 56-I)* « , dont l'un peut être remplacé, dans le cas d'un contrôle occasionnel, par l'une des personnes spécialement habilitées à cette fin » ;

(Décr. n° 2004-518 du 10 juin 2004, art. 56-II) « 2° Un commissaire aux comptes figurant sur une liste établie pour six ans par le garde des sceaux, ministre de la justice, sur proposition du Conseil national des administrateurs judiciaires et des mandataires judiciaires après avis de la Compagnie nationale des commissaires aux comptes, qui ne peut être celui habituellement chargé du contrôle de la comptabilité du professionnel. »

Ces contrôleurs sont désignés dans le cas d'un *(Décr. n° 2004-518 du 10 juin 2004, art. 56-III)* « contrôle triennal » par le président du conseil national et dans le cas d'un contrôle occasionnel par l'autorité qui a prescrit celui-ci.

Un arrêté du ministre de la justice fixe l'étendue minimale des vérifications auxquelles les contrôleurs doivent procéder. – *V. Arr. 26 juin 2003 (JO 31 juill.).*

Les frais occasionnés par la présence lors des contrôles du commissaire aux comptes prévu au 2° du premier alinéa sont avancés par le conseil national. Ils sont recouvrés sur le professionnel contrôlé si celui-ci fait l'objet d'une sanction disciplinaire. – *La seconde phrase du dernier alinéa de l'art. 54-19, dans sa rédaction issue de l'art. 39 du décret n° 98-1232 du 29 déc. 1998, a été annulée par un arrêt du Conseil d'État du 29 déc. 1999 (D. 2000. AJ. 86).*

54-20 *(Décr. n° 2004-518 du 10 juin 2004, art. 57)* Les contrôles occasionnels peuvent être effectués de manière inopinée.

54-21 *(Abrogé par Décr. n° 2004-518 du 10 juin 2004, art. 58-I ; Décr. n° 91-1030 du 8 oct. 1991)* « ***Le professionnel contrôlé est tenu de fournir aux contrôleurs tous renseignements et de produire tous documents qu'ils estimeront utiles.*** » *(Décr. n° 2004-518 du 10 juin 2004, art. 58-II)* « Le professionnel contrôlé » peut demander à un confrère de son choix de l'assister lors du contrôle. Il peut également demander au commissaire aux comptes ayant procédé à la vérification de sa comptabilité en application de l'article 58 ou à un expert-comptable de son choix d'assister au contrôle.

54-22 *(Décr. n° 98-1232 du 29 déc. 1998)* Si les contrôleurs découvrent des irrégularités ayant trait à la gestion et à la représentation des fonds, titres, effets et autres valeurs détenus pour le compte de tiers, ils en avisent immédiatement le procureur général, le magistrat inspecteur régional, le commissaire du Gouvernement près la commission compétente, le magistrat coordonnateur mentionné à l'article 55 et le président du conseil national.

Dans un délai de *(Décr. n° 2004-518 du 10 juin 2004, art. 59-I)* « deux mois » à compter de l'achèvement des opérations de contrôle, les contrôleurs établissent un projet de rapport et l'adressent par lettre recommandée avec demande d'avis de réception au professionnel contrôlé. Celui-ci dispose d'un délai *(Décr. n° 2004-518 du 10 juin 2004, art. 59-I)* « d'un mois » à compter de la réception pour formuler ses observations.

A l'issue de ce délai, un rapport définitif est établi par les contrôleurs, auquel sont annexées les éventuelles observations du professionnel contrôlé. Ce rapport est adressé au président du conseil national et aux autorités mentionnées au premier alinéa. *(Abrogé par Décr. n° 2004-518 du 10 juin 2004, art. 59-II)* « ***Le défaut d'établissement de ce rapport constitue une faute disciplinaire.*** »

54-23 *(Décr. n° 91-1030 du 8 oct. 1991)* Lorsque les contrôleurs font preuve de négligence ou d'incapacité dans l'accomplissement de leur mission, ils sont passibles de retrait d'agrément sans préjudice, le cas échéant, de poursuites disciplinaires.

SECTION II ***Inspections*** *(Décr. n° 91-1030 du 8 oct. 1991).*

55 *(Décr. n° 98-1232 du 29 déc. 1998)* Un magistrat désigné par le ministre de la justice parmi les magistrats des parquets généraux est chargé, pour le ressort d'une ou plusieurs cours d'appel, de l'inspection des administrateurs judiciaires, y compris de ceux qui sont désignés dans les conditions du deuxième alinéa de l'article L. 811-2 du code de commerce, et des mandataires judiciaires. Un magistrat suppléant est désigné dans les mêmes conditions.

Un magistrat désigné par le ministre et placé auprès du directeur des affaires civiles et du sceau coordonne l'activité des magistrats inspecteurs régionaux.

56 *(Décr. n° 2004-518 du 10 juin 2004, art. 60)* « Les magistrats inspecteurs régionaux effectuent des inspections à la demande du commissaire du Gouvernement compétent ou du magistrat coordonnateur. Ils peuvent également en effectuer d'office. Le magistrat coordonnateur peut, d'office, effectuer toute inspection. »

(Décr. nº 98-1232 du 29 déc. 1998) « Le magistrat qui procède à une inspection peut demander à un ou plusieurs administrateurs judiciaires ou mandataires judiciaires de l'assister pendant l'inspection. Il peut aussi solliciter le concours des inspections générales de l'État. »

(Décr. nº 91-1030 du 8 oct. 1991) « Le professionnel inspecté peut demander à un confrère de son choix de l'assister lors de l'inspection. Il peut également demander au commissaire aux comptes ayant procédé à la vérification de sa comptabilité en application de l'article 58 ou à un expert-comptable de son choix d'assister à l'inspection. »

Aucun texte n'interdit que les fonctions de magistrat de l'ordre judiciaire, chargé, selon l'art. 55, de l'inspection des administrateurs et celles de commissaire du Gouvernement soient remplies par une même personne, l'alternative prévue par l'art. 56 ouvrant la possibilité au commissaire du Gouvernement, s'il ne se confond pas avec le magistrat chargé de l'inspection, de « requérir » celui-ci, alors que, si les fonctions sont cumulées par une même personne, celle-ci agit d'office. • Civ. 1re, 26 nov. 1991 : *Bull. civ. I, nº 333 ; D. 1992. IR. 12.*

57 Pour l'exercice de leurs attributions, ces magistrats disposent d'un pouvoir général d'investigation, de vérification et de contrôle. *(Décr. nº 91-1030 du 8 oct. 1991)* « Ils peuvent se faire assister pour procéder aux inspections de toutes personnes inscrites sur la liste des commissaires aux comptes établie en application de l'article 58 *(Décr. nº 98-1232 du 29 déc. 1998)* « ainsi que de tout expert de leur choix ». Les frais occasionnés par cette assistance sont avancés par le conseil national. Ils sont recouvrés sur le professionnel inspecté si celui-ci est l'objet d'une sanction disciplinaire. »

(Décr. nº 2004-518 du 10 juin 2004, art. 61) « Ils peuvent se faire assister pour procéder aux inspections d'un ou de plusieurs commissaires aux comptes ainsi que de toute personne de leur choix. Les frais occasionnés par cette assistance sont avancés par le Conseil national. »

SECTION III *Comptabilité* *(Décr. nº 91-1030 du 8 oct. 1991).*

SOUS-SECTION 1 *Tenue de la comptabilité* *(Décr. nº 98-1232 du 29 déc. 1998).*

58 *(Décr. nº 98-1232 du 29 déc. 1998)* « Les administrateurs judiciaires et les mandataires judiciaires ouvrent, pour chaque mandat reçu, dans le cadre d'une comptabilité spéciale, un compte qui enregistre l'ensemble des mouvements concernant ce mandat ainsi que les opérations liées à ces mouvements. »

(Décr. nº 2004-518 du 10 juin 2004, art. 62) « La comptabilité spéciale de chaque administrateur judiciaire et de chaque mandataire judiciaire, arrêtée au 30 juin et au 31 décembre, fait l'objet d'un contrôle effectué par un commissaire aux comptes. Le mandataire de justice avise par lettre recommandée avec demande d'avis de réception le commissaire aux comptes choisi qui doit donner sa réponse dans les mêmes formes.

« L'administrateur judiciaire et le mandataire judiciaire désignent un commissaire aux comptes suppléant dont les fonctions sont exercées dans les conditions prévues à l'article L. 225-228 du code de commerce.

« Le magistrat inspecteur régional et le magistrat coordonnateur mentionné à l'article 55 sont informés, dans les quinze jours, de toutes les décisions de nomination et de cessation de fonctions du commissaire aux comptes et de son suppléant. »

58-1 *(Décr. nº 98-1232 du 29 déc. 1998)* Le commissaire aux comptes a une mission permanente de contrôle qui porte sur l'ensemble des fonds, effets, titres et autres valeurs appartenant à autrui, dont l'administrateur judiciaire ou le mandataire judiciaire est seul détenteur en vertu d'un mandat reçu dans l'exercice de ses fonctions.

Ce contrôle porte également sur les comptes bancaires ou postaux ouverts pour les besoins de la poursuite d'activité au nom des débiteurs faisant l'objet de l'une des procédures prévues par la loi n° 85-98 du 25 janvier 1985 relative au redressement et à la liquidation judiciaires des entreprises *[titre II du livre VI du code de commerce]*, et qui fonctionnent sous la seule signature du mandataire de justice ou de ses délégués dûment habilités.

(Abrogé par Décr. n° 2004-518 du 10 juin 2004, art. 63-I) « Lorsque les comptes fonctionnent sous la double signature du mandataire de justice et du débiteur, le commissaire aux comptes peut cependant se faire communiquer par le débiteur, et, le cas échéant, par l'expert-comptable et le commissaire aux comptes de ce dernier, tous renseignements relatifs à leur fonctionnement. »

(Abrogé par Décr. n° 2004-518 du 10 juin 2004, art. 63-II) « Pour l'accomplissement de sa mission, le commissaire aux comptes se rapproche des greffes des juridictions afin de vérifier le nombre et la nature des mandats confiés et accéder aux dossiers correspondants. »

(Décr. n° 2004-518 du 10 juin 2004, art. 63-II) « Le commissaire aux comptes peut », en outre, aux fins de contrôle, avoir accès à la comptabilité générale de l'étude, aux procédures confiées au mandataire de justice et se faire communiquer par lui ou par les tiers détenteurs des fonds tous renseignements utiles à sa mission de contrôle.

58-2 *(Décr. n° 98-1232 du 29 déc. 1998)* Le commissaire aux comptes informe le magistrat inspecteur régional et le président du conseil national des anomalies ou irrégularités, affectant ou non la représentation des fonds, dont il a connaissance au cours de l'exécution de sa mission. Il révèle les faits délictueux dont il a connaissance aux procureurs de la République près les tribunaux de grande instance dans le ressort desquels le mandataire de justice a son domicile professionnel et, le cas échéant, son ou ses bureaux annexes.

Le commissaire aux comptes fait parvenir, avant le 15 mars et le 15 septembre de chaque année, au magistrat inspecteur régional, au procureur de la République près le tribunal de grande instance dans le ressort duquel le mandataire de justice a son domicile professionnel et au président du conseil national, une attestation de vérification de la comptabilité spéciale du mandataire de justice intéressé.

Cette attestation indique le montant des fonds, effets, titres et autres valeurs détenus par catégorie de mission et par établissement financier et mentionne toute anomalie ou irrégularité constatée.

Tout professionnel faisant l'objet d'une décision de retrait de la liste professionnelle, pour quelque motif que ce soit, en avise sans délai le commissaire aux comptes qu'il a désigné conformément à l'article 58. Celui-ci, dans le délai d'un mois à compter de la réception de cet avis, remet aux autorités mentionnées au deuxième alinéa une attestation de vérification de la comptabilité spéciale, établie au jour de la cessation des fonctions.

59 *(Décr. n° 98-1232 du 29 déc. 1998)* Chaque mandat, judiciaire ou amiable, reçu par l'administrateur judiciaire ou le mandataire judiciaire est inscrit par *(Décr. n° 2004-518 du 10 juin 2004, art. 64)* « ordre chronologique d'arrivée à l'étude » sur un répertoire mentionnant notamment le numéro d'ordre, le nom de la juridiction mandante ou la qualité du mandant, la date de la décision de désignation, le nom de l'affaire, la nature de la mission, l'identification des établissements financiers auprès desquels les fonds sont déposés, la date et les modalités de l'achèvement de la mission.

60 *(Décr. n° 2004-518 du 10 juin 2004, art. 65)* La comptabilité spéciale des administrateurs judiciaires et des mandataires judiciaires est tenue en partie double. Elle comprend obligatoirement un livre journal, des journaux auxiliaires, un grand livre, des grands livres auxiliaires des comptes individuels ouverts pour chaque mandat, une balance, un recueil des états périodiques et des reçus pour les versements d'espèces.

Elle respecte les règles professionnelles prévues au II de l'article 54-1.

61 Les journaux auxiliaires mentionnent par ordre chronologique l'ensemble des opérations mentionnées à l'article 58.

Ils indiquent pour chaque opération la date, le nom de l'affaire, le libellé de l'opération et son montant. S'il s'agit d'une recette en espèces, le numéro du reçu est indiqué au regard de celle-ci dans une colonne du livre journal réservée à cet effet.

Al. 3 abrogé par Décr. n° 2004-518 du 10 juin 2004, art. 66.

62 *Abrogé par Décr. n° 2004-518 du 10 juin 2004, art. 67.*

63 *(Décr. n° 98-1232 du 29 déc. 1998)* **Des états sont établis chaque trimestre par les administrateurs judiciaires et les mandataires judiciaires pour tous les mandats n'ayant pas fait l'objet d'une reddition des comptes.**

Ces états mentionnent pour chaque mandat : le numéro de l'affaire au répertoire, le nom de celle-ci, le nom de la juridiction mandante ou la qualité du mandant, la date de la décision de désignation, la nature de la mission concernée, les mouvements comptables enregistrés pour l'affaire depuis l'origine, les mouvements et le solde par compte ouvert à la Caisse des dépôts et consignations et dans d'autres établissements financiers, ainsi que l'ensemble des fonds, effets, titres ou valeurs appartenant à autrui et, le cas échéant, les espèces disponibles aux mains du professionnel.

64 *(Décr. n° 98-1232 du 29 déc. 1998)* **L'administrateur judiciaire ou le mandataire judiciaire adresse les états prévus à l'article précédent dans les quinze jours qui suivent l'achèvement du trimestre au greffe du tribunal de commerce et, s'il y a lieu, du tribunal de grande instance, ainsi qu'au procureur de la République près le tribunal de grande instance dans le ressort duquel il a son domicile professionnel, pour l'ensemble de ses mandats. Il adresse ces mêmes états au greffe du tribunal de commerce et, s'il y a lieu, du tribunal de grande instance, ainsi qu'aux procureurs de la République près les tribunaux de grande instance dans le ressort desquels il a son ou ses bureaux annexes, pour ses mandats concernant ces bureaux annexes.**

65 Un reçu numéroté est délivré pour toute remise de fonds en espèces. La série des numéros est ininterrompue, les reçus doivent être utilisés dans l'ordre numérique. Chaque reçu doit mentionner le nom et l'adresse du mandataire de justice, la date de la recette, son montant en lettres et en chiffres, le nom et l'adresse de la partie versante, le nom de l'affaire à laquelle ce règlement s'applique et la cause de celui-ci.

66 *(Décr. n° 98-1232 du 29 déc. 1998)* **A tout moment, le total des sommes dont l'administrateur judiciaire ou le mandataire judiciaire est comptable au titre d'un mandat doit être couvert par les fonds, effets, titres et autres valeurs appartenant à autrui déposés sur les comptes ouverts à la Caisse des dépôts et consignations et dans d'autres établissements financiers, et par les espèces en caisse.**

Les fonds détenus au titre d'un mandat ne peuvent en aucun cas être utilisés au bénéfice d'un autre mandat.

66-1 *(Décr. n° 98-1232 du 29 déc. 1998)* **Les dispositions des articles 58 à 69 s'appliquent également aux mandataires de justice autorisés à poursuivre un ou plusieurs dossiers en cours après leur retrait de la liste professionnelle, dans les conditions prévues aux articles L. 811-8 et L. 812-6 du code de commerce, ainsi qu'aux personnes physiques désignées par les tribunaux** *(Décr. n° 2004-518 du 10 juin 2004, art. 68)* **« dans les conditions prévues par le deuxième alinéa de l'article L. 811-2 et par le premier alinéa du II de l'article L. 812-2 du même code ».**

SOUS-SECTION 2 *Dépôt des fonds (Décr. n° 98-1232 du 29 déc. 1998).*

67 *Abrogé par Décr. n° 98-1232 du 29 déc. 1998, art 54.*

68 *(Abrogé par Décr. n° 2004-518 du 10 juin 2004, art. 69-I) « Toute somme reçue par le commissaire à l'exécution du plan est, dès sa réception, immédiatement versée en compte de*

dépôt à la Caisse des dépôts et consignations.* »** *(Décr. n° 98-1232 du 29 déc. 1998)* **Les sommes disponibles déposées sur les comptes bancaires ouverts au nom du débiteur ayant fait l'objet d'un jugement arrêtant un plan de cession doivent être versées à la Caisse des dépôts et consignations dans les quinze jours du prononcé de ce jugement. Ces comptes bancaires peuvent néanmoins continuer à fonctionner, pour la couverture des effets ou moyens de paiement émis avant la date du jugement** *(Abrogé par Décr. n° 2004-518 du 10 juin 2004, art. 69-I)* ***« , dans un délai maximum de quatre-vingt-dix jours ».

Al. 2 à 4 abrogés par Décr. n° 2004-518 du 10 juin 2004, art. 69-II.

Pour l'obligation de verser les sommes reçues à la Caisse des dépôts et consignations incombant au commissaire à l'exécution du plan, V. désormais art. L. 626-25 C. com., supra.

68-1 *(Décr. n° 98-1232 du 29 déc. 1998)* **Lorsqu'un administrateur judiciaire ou un mandataire judiciaire dépose des fonds à la Caisse des dépôts et consignations sur un compte global rémunéré, il fait apparaître une fois par trimestre et à la fin de sa mission, en comptabilité spéciale ainsi que sur les états prévus à l'article 63, les sommes provenant des intérêts produits au profit de chaque entreprise. Ces sommes sont calculées au prorata des soldes moyens de chaque entreprise tels qu'ils apparaissent dans la comptabilité spéciale.**

69 Les *(Décr. n° 2004-518 du 10 juin 2004, art. 70)* **« administrateurs judiciaires dans l'exercice des mandats qui leur sont confiés en matière civile » sont tenus de déposer à un compte ouvert à leur nom à la Caisse des dépôts et consignations, dès leur réception, tous les fonds qu'ils ont reçus dans le cadre de missions de justice, y compris les provisions pour frais et honoraires.**

Ces sommes ne peuvent faire l'objet d'un retrait à leur profit qu'après fixation de leurs honoraires ou provisions par le juge. De même, tous les titres dont ils assurent la gestion sont remis pendant la durée de leur mission à la Caisse des dépôts et consignations.

70 *Abrogé par Décr. n° 98-1232 du 29 déc. 1998, art. 58.*

CHAPITRE III ***Caisse de garantie*** *(Décr. n° 91-1030 du 8 oct. 1991).*

71 La caisse de garantie instituée à l'article L. 814-3 du code de commerce a son siège à Paris.

72 *(Décr. n° 2003-439 du 16 mai 2003, art. 14-1)* **« La caisse de garantie est gérée par un conseil d'administration composé de douze membres, dont six administrateurs judiciaires et six mandataires judiciaires, inscrits sur les listes nationales. »**

(Décr. n° 2004-518 du 10 juin 2004, art. 71-I) **« Ces membres sont élus pour cinq ans. Les six administrateurs judiciaires sont élus par les personnes physiques inscrites sur la liste nationale des administrateurs judiciaires et les six mandataires judiciaires par celles inscrites sur la liste nationale des mandataires judiciaires. »**

(Décr. n° 91-1030 du 8 oct. 1991) **« En cas de vacance d'un siège pour quelque cause que ce soit, et notamment lorsque le professionnel concerné a obtenu son transfert d'inscription de la liste nationale des administrateurs judiciaires sur** *(Décr. n° 2003-439 du 16 mai 2003, art. 14-II)* **« la liste nationale » des mandataires judiciaires ou réciproquement, le siège est pourvu par le premier candidat non élu dans la catégorie professionnelle concernée. »**

(Décr. n° 2004-518 du 10 juin 2004, art. 71-II) **« S'il n'y a plus de candidat non élu, il est procédé à une élection au scrutin uninominal majoritaire à un tour.**

« Dans tous les cas, les fonctions des nouveaux membres expirent à la date à laquelle auraient cessé celles des membres qu'ils remplacent. »

(Décr. n° 2004-518 du 10 juin 2004, art. 71-III) **« Les élections sont organisées par le conseil d'administration de la Caisse de garantie qui détermine les modalités qui leur**

sont applicables selon des règles soumises à l'approbation du ministre de la justice. Le bureau chargé du dépouillement des votes comprend le président, le vice-président, le secrétaire et le trésorier du conseil d'administration de la caisse. »

Les candidats qui, dans chaque *(Décr. n° 98-1232 du 29 déc. 1998)* « collège », ont obtenu le plus grand nombre de voix sont élus.

Les réclamations sont portées devant la cour d'appel de Paris.

Les membres de la caisse ne sont rééligibles qu'une fois.

Sous réserve des dispositions du présent article, les règles de l'article 3 sont applicables à l'élection des membres du conseil d'administration.

73 Le conseil d'administration élit parmi ses membres un président, un vice-président *(Décr. n° 2004-518 du 10 juin 2004, art. 72-I)* « , un secrétaire et un trésorier ».

Les décisions sont prises à la majorité des voix. En cas de partage égal des voix : celle du président est prépondérante.

Le magistrat du parquet chargé des fonctions de commissaire du Gouvernement auprès de la caisse de garantie *(Décr. n° 2004-518 du 10 juin 2004, art. 72-II)* « et son suppléant sont désignés » par le garde des sceaux, ministre de la justice.

(Décr. n° 98-1232 du 29 déc. 1998) « Le président et le vice-président du conseil national des administrateurs judiciaires et des mandataires judiciaires *(Décr. n° 2004-518 du 10 juin 2004, art. 72-III)* « ou leur représentant désigné parmi les membres du Conseil national » siègent au sein du conseil d'administration de la caisse avec voix consultative. »

74 Le conseil d'administration fixe les dépenses de gestion de la caisse de garantie et gère son actif.

(Décr. n° 98-1232 du 29 déc. 1998) « Il établit, *(Décr. n° 2004-518 du 10 juin 2004, art. 73)* « avant le **31** mars » de chaque année, le bilan de la caisse pour les opérations de l'année précédente. Ce bilan est certifié par un commissaire aux comptes choisi par le conseil d'administration de la caisse de garantie *(Abrogé par Décr. n° 2004-518 du 10 juin 2004, art. 73)* ***« sur la liste prévue au deuxième alinéa de l'article 58 »***.

« Le conseil d'administration réunit une assemblée générale des cotisants pour lui présenter ce bilan. »

75 Le montant des cotisations des administrateurs judiciaires et des mandataires judiciaires inscrits est fixé chaque année par le conseil d'administration de la caisse de garantie *(Décr. n° 98-1232 du 29 déc. 1998)* « sur la base du montant des fonds non distribués par le professionnel au **31** décembre de l'année précédente pour la garantie en matière de représentation des fonds et sur celle du chiffre d'affaires de l'étude pour la garantie concernant la responsabilité civile professionnelle ».

En cas de désaccord du commissaire du Gouvernement sur le montant des cotisations, celui-ci est fixé par arrêté conjoint du ministre de l'économie, des finances et du budget, et du garde des sceaux, ministre de la justice.

Al. 3 abrogé par Décr. n° 2004-518 du 10 juin 2004, art. 74.

V. notes ss. art. L. 814-3 C. com.

76 Les fonds disponibles de la caisse de garantie sont obligatoirement déposés à la Caisse des dépôts et consignations. *(Décr. n° 2004-518 du 10 juin 2004, art. 75)* « Ils peuvent être placés en obligations et autres valeurs émises ou garanties par un État membre de la Communauté européenne. »

77 *Abrogé par Décr. n° 2004-518 du 10 juin 2004, art. 76.*

78 Les contrats d'assurance de responsabilité civile professionnelle doivent prévoir une garantie minimale de *(Décr. n° 2004-518 du 10 juin 2004, art. 77-I)* « 800 000 € » par sinistre et par an pour chaque personne assurée.

Al. 2 abrogé par Décr. n° 2004-518 du 10 juin 2004, art. 77-II.

79 *(Décr. nº 2004-518 du 10 juin 2004, art. 78)* Les garanties dont doivent justifier l'administrateur judiciaire non inscrit sur la liste nationale, désigné dans les conditions prévues par le deuxième alinéa de l'article L. 811-2 et le mandataire judiciaire non inscrit sur la liste nationale, désigné dans les conditions prévues par le premier alinéa du II de l'article L. 812-2, doivent être au moins équivalentes à celles prévues à l'article 78.

Lorsque l'assurance a été souscrite par l'intermédiaire de la Caisse de garantie, ses modalités en sont fixées, après avis du commissaire du Gouvernement, par accord entre le professionnel non inscrit et la caisse.

79-1 *(Décr. nº 98-1232 du 29 déc. 1998)* Le président du conseil d'administration de la caisse de garantie informe le procureur général près la cour d'appel dans le ressort de laquelle l'intéressé a son domicile professionnel, le commissaire du Gouvernement près la commission d'inscription et de discipline, le magistrat coordonnateur mentionné à l'article 55, ainsi que le président du conseil national, de toute action en responsabilité civile professionnelle exercée contre un administrateur judiciaire ou un mandataire judiciaire.

80 La caisse de garantie peut souscrire des contrats d'assurance groupe permettant le service, au profit de ses adhérents qui souhaitent en bénéficier, de prestations en matière de retraite complémentaire et de prévoyance sociale.

81 Pour l'exécution des contrats d'assurance souscrits par l'association nationale des syndics administrateurs judiciaires de France, par la compagnie des administrateurs judiciaires liquidateurs de sociétés près le tribunal de commerce de Paris, ou par la compagnie des administrateurs judiciaires et séquestres près le tribunal de grande instance de Paris, afférents aux procédures ouvertes avant l'entrée en vigueur de la loi nº 85-99 du 25 janvier 1985, ainsi que pour l'exécution des contrats de retraite collectifs souscrits antérieurement à la date d'entrée en vigueur de cette loi par tout ou partie de ses membres : la caisse de garantie est substituée de plein droit à ces associations ou compagnies.

CHAPITRE IV *Bureaux annexes*

(Décr. nº 98-1232 du 29 déc. 1998)

82-1 *(Décr. nº 98-1232 du 29 déc. 1998)* L'administrateur judiciaire ou le mandataire judiciaire déjà inscrit et titulaire d'une étude doit déclarer toute ouverture d'un bureau annexe au commissaire du Gouvernement près la commission qui a procédé à son inscription ainsi qu'au président du conseil national.

Est considéré comme un bureau annexe tout local dans lequel l'administrateur judiciaire ou le mandataire judiciaire reçoit à titre professionnel des tiers et exerce ses missions légales, lorsqu'il est situé dans le ressort d'un tribunal de grande instance autre que celui dans lequel est situé son domicile professionnel. – *V. art. 82-4.*

82-2 *(Décr. nº 98-1232 du 29 déc. 1998)* La déclaration est adressée quatre mois au moins avant la date prévue pour l'ouverture du bureau, par lettre recommandée avec demande d'avis de réception. Elle indique :

1º Le lieu du domicile professionnel de l'intéressé et le lieu où il envisage d'ouvrir un bureau annexe ;

2º Les dispositions prises par l'intéressé pour assurer ses missions à son domicile professionnel et dans le bureau annexe, les conditions de fonctionnement de celui-ci ainsi que les mesures adoptées pour assurer toute liaison avec le bureau principal. – *V. art. 82-4.*

82-3 *(Décr. nº 98-1232 du 29 déc. 1998)* Le commissaire du Gouvernement fait diligenter une enquête. Il demande l'avis des procureurs de la République près les tribunaux dans le ressort desquels sont situés le domicile professionnel de l'intéressé et, le cas échéant, son ou ses bureaux annexes. Il demande également l'avis du conseil national par lettre recommandée avec demande d'avis de réception.

Il peut refuser l'ouverture du bureau annexe si celle-ci ne permet pas au professionnel d'exercer ses mandats conformément aux règles de la profession. La décision du commissaire du Gouvernement, qui doit intervenir dans les trois mois à compter de la réception de la déclaration et qui doit être motivée en cas de refus, est notifiée à l'intéressé, aux procureurs de la République dont l'avis a été sollicité et au président du conseil national par lettre recommandée avec demande d'avis de réception.

La décision du commissaire du Gouvernement peut être déférée à la commission par l'intéressé, les procureurs de la République dont l'avis a été sollicité et le président du conseil national, dans le délai d'un mois à compter de la notification, par lettre recommandée avec demande d'avis de réception. *(Décr. nº 2003-439 du 16 mai 2003, art. 15)* « La commission statue alors dans les conditions prévues aux articles 17 à 20. » – *V. art. 82-4.*

82-4 *(Décr. nº 98-1232 du 29 déc. 1998)* Les administrateurs judiciaires et les mandataires judiciaires ayant ouvert des bureaux annexes avant l'entrée en vigueur du décret nº 98-1232 du 29 décembre 1998 devront les déclarer à la commission qui a procédé à leur inscription sur la liste, dans les deux mois qui suivent l'entrée en vigueur de ce décret *[JO 30 déc.]*.

TITRE IV Les experts en diagnostic d'entreprise

83 *et* 84 *Abrogés par Décr. nº 2004-1463 du 23 déc. 2004, art. 40.*

85 *à* 90 *Abrogés par Décr. nº 2004-518 du 10 juin 2004, art. 80-III.*

TITRE V Dispositions diverses

CHAPITRE PREMIER *Honorariat, costume d'audience et serment des administrateurs judiciaires et des mandataires judiciaires* (*Décr. nº 98-1232 du 29 déc. 1998 ; L. nº 2005-845 du 26 juill. 2005, art. 165-V*).

91 Le titre d'administrateur judiciaire honoraire ou de mandataire judiciaire honoraire peut être conféré, *(Décr. nº 2003-439 du 16 mai 2003, art. 18)* « par la commission » ayant procédé à l'inscription du professionnel qui sollicite l'attribution de ce titre.

L'honorariat ne peut être conféré qu'aux personnes ayant exercé leur activité pendant vingt ans au moins. Sont prises en compte les périodes pendant lesquelles l'intéressé a exercé en qualité de syndic administrateur judiciaire, d'administrateur judiciaire et liquidateur de sociétés, d'administrateur judiciaire séquestre près le tribunal de grande instance de Paris, d'administrateur judiciaire, ou de mandataire judiciaire.

La demande est adressée par lettre recommandée avec demande d'avis de réception au commissaire du Gouvernement près la commission compétente.

Le commissaire du Gouvernement fait procéder à une enquête par les procureurs généraux près les cours d'appel dans le ressort desquelles l'intéressé a eu ses domiciles professionnels. La commission se prononce comme en matière disciplinaire.

La décision est notifiée à l'intéressé par lettre recommandée avec demande d'avis de réception.

La décision de la commission qui rejette la demande tendant à l'attribution de l'honorariat est susceptible de recours dans les conditions prévues *(Décr. nº 2004-518 du 10 juin 2004, art. 81)* « aux articles 19 et 20 ».

Le retrait de l'honorariat peut être prononcé par la commission sur la demande du commissaire du Gouvernement, selon les modalités prévues aux alinéas 4 à 6.

92 *(Décr. n° 2003-439 du 16 mai 2003, art. 19)* Dans l'exercice de leurs fonctions, les administrateurs judiciaires et les mandataires judiciaires inscrits sur les listes dressées par les commissions nationales portent le costume décrit à l'article 6 de l'arrêté du 2 nivôse an XI.

92-1 *(Décr. n° 98-1232 du 29 déc. 1998)* Dans le mois de leur inscription, les administrateurs judiciaires et les mandataires judiciaires prêtent serment devant la cour d'appel dans le ressort de laquelle est situé leur domicile professionnel, en ces termes : « Je jure d'exercer mes fonctions avec honneur, dignité, indépendance et probité, et de me conformer en toute occasion aux lois et règlements de ma profession. »

Ils ne peuvent exercer leurs fonctions qu'à compter du jour de leur prestation de serment.

Tout administrateur judiciaire ou mandataire judiciaire qui ne prête pas serment dans le mois de son inscription est déclaré démissionnaire de ses fonctions et retiré des listes par la commission qui a procédé à son inscription, sauf s'il peut justifier d'un motif valable.

Al. 4 abrogé par Décr. n° 2004-518 du 10 juin 2004, art. 82.

CHAPITRE II *Dispositions relatives à l'accès aux professions judiciaires et juridiques réglementées*

93 à 95 *Modifient l'art. 4 du décret n° 45-0118 du 19 déc. 1945 et les art. 4 et 17 du décret n° 57-43 du 14 janv. 1957.* — **C. pr. civ.**

96 *Modifie l'art. 5 du décret n° 69-810 du 12 août 1969.* — **C. sociétés.**

97 à 100 *Modifient ... l'art. 4 du décret n° 73-541 du 19 juin 1973, l'art. 4 du décret n° 73-609 du 5 juill. 1973, et l'art. 2 du décret n° 75-770 du 14 août 1975.* — **C. pr. civ.**

CHAPITRE III *Dispositions concernant les experts judiciaires*

101 et 102 *Modification des art. 31 à 35 du décret n° 74-1184 du 31 déc. 1974 [abrogé par le décret n° 2004-1463 du 23 déc. 2004].*

CHAPITRE IV *Dispositions communes aux experts judiciaires et à certaines professions judiciaires et juridiques réglementées*

103 Le 4° de l'article 1er du décret n° 45-0118 du 19 décembre 1945, le 4° de l'article 1er du décret n° 57-43 du 14 janvier 1957, le 4° de l'article 2 du décret n° 73-541 du 19 juin 1973, le 4° de l'article 3 du décret n° 73-609 du 5 juillet 1973, le 3° de l'article 2 du décret n° 74-1184 du 31 décembre 1974 *[abrogé]*, le 4° de l'article 1er du décret n° 75-770 du 14 août 1975 sont remplacés par les dispositions suivantes :

« N'avoir pas été frappé de faillite personnelle ou d'une autre sanction en application *(Décr. n° 2004-518 du 10 juin 2004, art. 83)* « du chapitre V du titre II du livre VI du code de commerce » ou, dans le régime antérieur *(Abrogé par Décr. n° 2004-518 du 10 juin 2004, art. 83) « à cette loi »*, en application du titre II de la loi n° 67-563 du 13 juillet 1967 sur le règlement judiciaire, la faillite personnelle et les banqueroutes. »

CHAPITRE V *Rémunération des administrateurs judiciaires au titre des mandats qui leur sont confiés en matière civile* (Décr. n° 2004-518 du 10 juin 2004, art. 84).

104 La rémunération des administrateurs judiciaires *(Décr. n° 2004-518 du 10 juin 2004, art. 85-I)* « au titre des mandats qui leur sont confiés en matière civile », est fixée sur justification de l'accomplissement de leur mission par le président de la juridiction les ayant désignés.

Cette décision est susceptible de recours *(Décr. n° 2004-518 du 10 juin 2004, art. 85-II)* « selon les règles des articles 714 à 718 » du Nouveau code de procédure civile.

105 *(Décr. n° 2004-518 du 10 juin 2004, art. 86)* Le président de la juridiction qui confie une mission à un administrateur judiciaire, en matière civile, peut fixer le montant d'une provision à valoir sur la rémunération de ce professionnel.

CHAPITRE VI *[ABROGÉ]* ***Disposition relative à la déontologie des administrateurs judiciaires et des mandataires judiciaires*** *(Abrogé par Décr. n° 2004-518 du 10 juin 2004, art. 87).*

106 *Abrogé par Décr. n° 2004-518 du 10 juin 2004, art. 87.*

CHAPITRE VII *[ABROGÉ]* ***Dispositions relatives à la publicité de la désignation des administrateurs judiciaires et des mandataires judiciaires*** *(Abrogé, à compter du 1er janv. 2006, par Décr. n° 2005-1677 du 28 déc. 2005, art. 355-V).*

106-1 *(Abrogé, à compter du 1er janv. 2006, par Décr. n° 2005-1677 du 28 déc. 2005, art. 355-V)* (Décr. n° 98-1232 du 29 déc. 1998) *Le greffe du tribunal de commerce et celui du tribunal de grande instance établissent chaque semestre la liste des administrateurs judiciaires et des mandataires judiciaires désignés par la juridiction pendant cette période. Ils y font figurer pour chacun des professionnels concernés l'ensemble des dossiers qui lui ont été attribués ainsi que le chiffre d'affaires et le nombre de salariés de chacune des entreprises en cause. Cette liste est adressée au procureur de la République, et au président du conseil national s'il en fait la demande.*

106-2 *(Abrogé, à compter du 1er janv. 2006, par Décr. n° 2005-1677 du 28 déc. 2005, art. 355-V)* (Décr. n° 2004-518 du 10 juin 2004, art. 88) *Le greffe du tribunal de commerce et celui du tribunal de grande instance établissent chaque année la liste des administrateurs judiciaires désignés dans les conditions prévues au deuxième alinéa de l'article L. 811-2 du code de commerce et des mandataires judiciaires désignés, dans les conditions prévues au II de l'article L. 812-2 du même code, par la juridiction pendant cette période. Ils y font figurer pour chacun des professionnels concernés la liste des dossiers qui lui ont été attribués. Ils adressent cette liste au procureur de la République, au magistrat inspecteur régional, au magistrat coordonnateur mentionné à l'article 55, ainsi qu'au Conseil national des administrateurs judiciaires et des mandataires judiciaires.*

TITRE VI Dispositions transitoires

CHAPITRE PREMIER ***Dispositions transitoires relatives à l'exercice des professions d'administrateur judiciaire ou de*** **mandataire liquidateur**

107 Pour l'application de l'article 47 de la loi n° 85-99 du 25 janvier 1985 *[abrogé par Ord. n° 2000-912 du 18 sept. 2000]*, les représentants des administrateurs judiciaires et des *mandataires liquidateurs* sont désignés par le garde des sceaux, ministre de la justice, sur proposition des organisations professionnelles représentatives de syndics administrateurs judiciaires, d'administrateurs judiciaires et liquidateurs de sociétés, d'avocats syndics, d'administrateurs judiciaires séquestres existant à la date de publication de la loi n° 85-99 du 25 janvier 1985.

Il en est de même pour les représentants des administrateurs judiciaires et des *mandataires liquidateurs* membres du conseil d'administration de la caisse de garantie.

Pour la constitution initiale des commissions régionales, les représentants des experts en diagnostic sont désignés sur proposition des organisations professionnelles représentatives des experts judiciaires existant à la date de publication de la loi n° 85-99 du 25 janvier 1985.

Les fonctions des administrateurs judiciaires et des *mandataires liquidateurs* élus à la fin de la première année de fonctionnement des commissions précitées prennent fin lors du renouvellement de l'ensemble des membres de ces commissions.

108 Le délai prévu au troisième alinéa de l'article 38 de la loi n° 85-99 du 25 janvier 1985 *[abrogé par Ord. n° 2000-912 du 18 sept. 2000]* prend fin le 31 décembre 1986.

109 L'option prévue au quatrième alinéa de l'article 38 de la loi n° 85-99 du 25 janvier 1985 *[abrogé par Ord. n° 2000-912 du 18 sept. 2000]* est faite par lettre recommandée avec demande d'avis de réception adressée au commissaire du Gouvernement auprès de la commission ayant procédé à l'inscription initiale ; celui-ci transmet la demande au commissaire du Gouvernement auprès de la commission qui devra procéder à la nouvelle inscription. Dès que cette nouvelle inscription est acquise, l'inscription initiale est retirée.

Le mandataire de justice informe de ce changement les présidents des juridictions lui ayant confié des missions.

110 Les anciens syndics et administrateurs judiciaires, les anciens administrateurs judiciaires liquidateurs de sociétés et les administrateurs judiciaires en matière civile qui n'auront pas demandé à être inscrits sur une liste pourront poursuivre jusqu'à leur achèvement les missions qu'ils avaient reçues antérieurement à l'entrée en vigueur de la loi n° 85-98 du 25 janvier 1985 *[abrogée et codifiée ss. art. L. 620-1 s.]* à moins que les activités professionnelles qu'ils exerceront postérieurement à cette date soient incompatibles avec un mandat de justice. Dans ce cas, leurs dossiers seront répartis par la juridiction comme il est dit aux articles L. 811-8 et L. 812-6 du code de commerce.

110-1 *(Décr. n° 91-1030 du 8 oct. 1991)* Le dernier alinéa de l'article 11 et le dernier alinéa de l'article 43 ne s'appliquent que pour les personnes qui subiront pour la première fois les épreuves de l'examen professionnel à compter de la session de 1992.

Le troisième alinéa de l'article 6 et le troisième alinéa de l'article 38 ne sont applicables qu'aux personnes dont le stage aura débuté après le 1er janvier 1992.

CHAPITRE II *Dispositions transitoires relatives à l'accès à certaines professions judiciaires et juridiques réglementées*

111 Dans un délai de cinq ans à compter de l'entrée en vigueur de la loi n° 85-99 du 25 janvier 1985 *[aujourd'hui abrogée]* les personnes précédemment inscrites sur les listes de syndics et administrateurs judiciaires et sur celle des administrateurs et séquestres près le tribunal de grande instance de Paris, les anciens administrateurs judiciaires et *mandataires liquidateurs* pourront accéder dans les conditions prévues au présent chapitre :

1° A la profession d'avocat sans être titulaires des diplômes exigés au 2° de l'article 11 de la loi n° 71-1130 du 31 décembre 1971 portant réforme de certaines professions judiciaires et juridiques ;

2° A la profession d'avoué près les cours d'appel sans être titulaires des titres ou diplômes exigés au 5° de l'article 1er du décret n° 45-0118 du 19 décembre 1945 portant règlement d'administration publique pour l'application du statut des avoués ;

3° A la profession de notaire sans être titulaires des titres ou diplômes exigés au 5° de l'article 3 du décret n° 73-609 du 5 juillet 1973 relatif à la formation professionnelle dans le notariat et aux conditions d'accès aux fonctions de notaire ;

4° A la profession de commissaire-priseur sans être titulaires des titres et diplômes exigés au 5° de l'article 2 du décret n° 73-541 du 19 juin 1973 relatif à la formation professionnelle des commissaires-priseurs et aux conditions d'accès à cette profession ;

5° A la profession d'huissier de justice sans être titulaires des titres ou diplômes exigés au 5° de l'article 1er du décret n° 75-770 du 14 août 1975 relatif aux conditions d'accès à la profession d'huissier de justice ;

6° A la profession de conseil juridique sans être titulaires des titres ou diplômes exigés au 1° de l'article 54 de la loi n° 71-1130 du 31 décembre 1971 portant réforme de certaines professions judiciaires et juridiques, et à l'article 2 du décret n° 72-670 du 13 juillet 1972 relatif à l'usage du titre de conseil juridique ;

7° A la profession de commissaire aux comptes sans être titulaires de l'un des diplômes d'enseignement supérieur exigés à l'article 3-1 du décret n° 69-810 du 12 août 1969 relatif à l'organisation de la profession et au statut des commissaires aux comptes de sociétés.

Le bénéfice des dispositions transitoires prévues par l'art. 111 est également accordé aux personnes précédemment inscrites sur les listes de syndics et d'administrateurs judiciaires, et c'est à la date de la demande de l'intéressé que doit s'apprécier si les conditions dudit art. sont réunies (à propos de l'art. 111 (1°)). • Civ. 1re, 2 févr. 1994 : ☎ *Bull. civ. I, n° 42.*

112 Les personnes mentionnées à l'article 111, si elles n'en sont dispensées par les textes en vigueur pour chacune des professions concernées, demeurent astreintes au stage et à l'examen professionnel.

113 Dans un délai de cinq ans à compter de l'entrée en vigueur de la loi n° 85-99 du 25 janvier 1985 *[aujourd'hui abrogée]*, les personnes précédemment inscrites sur les listes de syndics et administrateurs judiciaires et sur celles des administrateurs et séquestres près le tribunal de grande instance de Paris, les anciens administrateurs judiciaires et *mandataires liquidateurs* ayant exercé leurs fonctions pendant plus de cinq ans sont dispensés du stage et de l'examen professionnel en vue de l'accès à la profession de greffier de tribunal de commerce prévus par le décret n° 57-43 du 14 janvier 1957.

CHAPITRE III *Dispositions transitoires relatives au Conseil national des administrateurs judiciaires et des mandataires judiciaires à la liquidation des entreprises*

(Décr. n° 91-1030 du 8 oct. 1991)

113-1 *(Décr. n° 91-1030 du 8 oct. 1991)* L'organisation des élections du premier Conseil national des administrateurs judiciaires et des mandataires judiciaires à la liquidation des entreprises qui entrera en fonction le 1er janvier 1992 est confiée au conseil d'administration de la caisse de garantie instituée à l'article L. 814-3 du code de commerce. Le président de la caisse de garantie exerce à cette occasion les fonctions attribuées au président du conseil national.

113-2 *(Décr. n° 91-1030 du 8 oct. 1991)* L'organisation des examens professionnels d'administrateurs judiciaires et de mandataires judiciaires à la liquidation des entreprises est confiée au conseil national à compter de la session de 1992.

113-3 *(Décr. n° 91-1030 du 8 oct. 1991)* Par dérogation aux articles 54-16 et 54-17 *[54-17 et 54-18]*, la liste des études qui seront contrôlées au cours de l'année 1992 et la liste des contrôleurs sont arrêtées avant la fin du premier trimestre de cette même année.

TITRE VII Dispositions finales

113-4 *(Décr. n° 91-1030 du 8 oct. 1991)* Il est procédé comme en matière civile pour tout ce qui n'est pas réglé par le présent décret.

114 *(Décr. n° 91-1030 du 8 oct. 1991)* **Le présent décret est applicable dans la collectivité territoriale de Mayotte.**

Dans les territoires d'outre-mer, sont applicables les dispositions du présent décret en tant qu'elles concernent les administrateurs judiciaires à l'exception de l'article 13-1 et des alinéas 2 et 3 de l'article 45.

Les règles de procédure civile auxquelles se réfère le présent décret sont celles applicables dans les territoires d'outre-mer et à la collectivité territoriale de Mayotte. – *Pour l'application à Mayotte et à Wallis-et-Futuna du décret modificatif n° 98-1232 du 29 déc. 1998, V. art. 68 de ce texte (JO 30 déc.) ; ... du décret modificatif n° 2003-439 du 16 mai 2003, V. art. 21 de ce texte (JO 17 mai) ; ... du décret modificatif n° 2004-518 du 10 juin 2004, V. art. 110 de ce texte (JO 11 juin). – Dans toutes les dispositions législatives et réglementaires postérieures à l'entrée en vigueur de la loi n° 76-664 du 19 juillet 1976 relative à l'organisation de Saint-Pierre-et-Miquelon, la référence aux territoires d'outre-mer est remplacée par la référence à la Polynésie française, aux îles Wallis-et-Futuna et aux Terres australes et antarctiques françaises (L. n° 2003-660 du 21 juill. 2003, art. 61-II).*

115 Les dispositions de la loi n° 85-99 du 25 janvier 1985 *[aujourd'hui abrogée]* **et du présent décret entreront en vigueur le 1er janvier 1986.**

Le décret n° 91-1030 du 8 oct. 1991 entre en vigueur le jour de sa publication [JO 9 oct.], à l'exception des art. 8, 9, 21 [20] et 29 qui entrent en vigueur le 1er janv. 1992 (art. 37 du décret).

116 Le décret n° 56-608 du 18 juin 1956 portant application du décret n° 55-603 du 20 mai 1955 relatif aux syndics et aux administrateurs judiciaires, le décret n° 59-708 du 29 mai 1959 portant règlement d'administration publique pour l'application du décret n° 55-603 du 20 mai 1955 relatif aux syndics et aux administrateurs judiciaires à l'exception de ses articles 75 à 97 et le décret n° 68-699 du 18 juillet 1968 relatif à la désignation par les tribunaux de grande instance des syndics chargés du règlement judiciaire ou de la liquidation de biens sont abrogés.

Décret n° 85-1390 du 27 décembre 1985,

Fixant le tarif des administrateurs judiciaires en matière commerciale et des mandataires judiciaires au redressement et à la liquidation des entreprises (L. n° 2003-7 du 3 janv. 2003, art. 13-II).

BIBL. GÉN. ▸ LE CORRE, *D. 2004. Chron. 1790* (décret du 10 juin 2004). – FROEHLICH, *Bull. d'actualité Lamy droit commercial oct. 2004* (même thème). – SOINNE, *Rev. proc. coll. 2005. 35* (même thème).

CHAPITRE PREMIER *Rémunération des administrateurs judiciaires et des commissaires à l'exécution du plan*

Art. 1er Les émoluments dus aux administrateurs judiciaires sont, pour l'accomplissement des diligences résultant de l'application de la loi n° 85-98 du 25 janvier 1985 relative au redressement et à la liquidation judiciaires des entreprises *[titre II du livre VI du code de commerce]*, **fixés comme il est dit aux articles suivants.**

2 Il est alloué à l'administrateur judiciaire, pour toute procédure de redressement judiciaire pour laquelle il aura été désigné, un droit fixe de *(Décr. n° 2001-373 du 27 avr. 2001)* **« 2 287 € » ; ce droit est réduit d'un tiers, s'il a été désigné conformément aux dispositions de l'article L. 621-137 du code de commerce, dans une procédure simplifiée. Lorsque, en application de l'article L. 621-6 du même code, le tribunal prononce la liquidation judiciaire, et met fin à la mission de l'administrateur judiciaire, avant l'expiration de la période d'observation qu'il a fixée, le président du tribunal saisi peut, sur proposition du juge commissaire, fixer ce droit à un montant inférieur. En cas de remplacement de l'administrateur judiciaire, le président du tribunal saisi partage ce droit entre les administrateurs judiciaires.**

1. *Groupe de sociétés.* Lorsqu'une procédure concerne un groupe de sociétés, doit être accueillie la demande de l'administrateur et du liquidateur tendant à ce que les frais exposés par eux pour l'accomplissement de leur mission soient compris dans les frais privilégiés de la procédure concernant le groupe tout entier. • Paris, 12 mai 1987 : *D. 1989. Somm. 5, obs. Derrida.*

2. Même si un jugement prononçant le redressement judiciaire a été infirmé, les diligences accomplies jusqu'à la décision de la cour d'appel par l'administrateur judiciaire justifient le paiement de ses honoraires. • TGI Metz, 19 déc. 1991 : *BICC 1992, n° 731.* ♦ La charge de cette rémunération peut incomber au débiteur, dès lors que seule sa situation particulièrement difficile avait justifié l'ouverture contre lui de la procédure collective. • Même jugement.

3. *Extension de procédure.* En présence d'une procédure unique de redressement judiciaire prononcée par deux jugements distincts pour trois sociétés avec confusion de patrimoines, des actifs et du passif, la première procédure de redressement judiciaire étant étendue par le second jugement aux deux autres sociétés, il n'existe qu'un débiteur et un seul droit fixe. • Amiens, (ord.), 14 déc. 1995 : *Dr. sociétés 1997, n° 179, obs. Chaput.* ♦ V. aussi note 4 ss. art. 12.

4. V. notes ss. art. 12.

2-1 *(Décr. n° 2004-518 du 10 juin 2004, art. 91)* **En cas de désignation de plusieurs administrateurs, chacun d'entre eux perçoit le droit fixe prévu à l'article 2.**

Les dispositions de l'art. 2-1 sont applicables aux procédures en cours (Décr. n° 2004-518 du 10 juin 2004, art. 108-VIII, JO 11 juin).

3 **Pour l'élaboration du bilan économique et social prévu à l'article L. 621-54 du code de commerce et du plan de redressement prévu aux articles L. 621-54 et L. 621-139 (alinéa 2** *[1er]***) du même code, les administrateurs judiciaires reçoivent une rémunération exprimée en taux de base dont le montant est fixé à** *(Décr. n° 2001-373 du 27 avr. 2001)* **« 69 € ».**

Les diligences nécessaires à l'élaboration des documents précités font l'objet d'un programme prévisionnel de travail remis par l'administrateur judiciaire au juge-commissaire. La rémunération de ces diligences est normalement comprise pour la durée de la période d'observation dans les limites prévues dans le barème suivant :

NOMBRE DE SALARIÉS EMPLOYÉS lors de l'exercice précédant l'ouverture de la procédure	NOMBRE DE TAUX de base
De 0 à 19	15 à 25
De 20 à 49	25 à 40
De 50 à 99	50 à 80
De 100 à 199	60 à 100
De 200 à 299	90 à 150
De 300 à 499	120 à 200
De 500 à 749	190 à 400
De 750 à 999	380 à 600

Le nombre de salariés employés au cours de l'exercice précédant l'ouverture de la procédure doit s'entendre comme la moyenne arithmétique des effectifs liés à l'entreprise par un contrat à durée indéterminée. Cette moyenne est calculée à partir des effectifs observés à l'issue de chaque trimestre de l'année civile ou de l'exercice comptable lorsque celui-ci ne coïncide pas avec l'année civile.

Si le nombre de taux de base prévu au barème ci-dessus apparaît insuffisant en considération du travail à exécuter, l'administrateur judiciaire peut, sur justifications particulières et après avis du juge-commissaire, demander au président du tribunal saisi d'arrêter une rémunération comprise dans la tranche supérieure.

Si le nombre de taux de base apparaît au juge-commissaire excessif en considération du travail à exécuter, celui-ci propose au président du tribunal saisi d'arrêter une rémunération comprise dans la tranche inférieure.

4 Lorsque le nombre des salariés employés par l'entreprise au cours de l'exercice précédant l'ouverture de la procédure est égal ou supérieur à 1 000, la rémunération de l'administrateur judiciaire prévue pour les diligences mentionnées à l'article précédent est, à sa demande, sur justifications particulières et après avis du juge-commissaire, arrêtée par le président du tribunal saisi. Il en est de même lorsque, s'agissant d'une entreprise de plus de 750 salariés, l'administrateur judiciaire a obtenu du président du tribunal saisi l'application des dispositions du quatrième alinéa de l'article 3.

5 Lorsque l'administrateur judiciaire est assisté d'un expert en diagnostic d'entreprise pour l'établissement du bilan économique et social, le président du tribunal saisi, sur proposition du juge-commissaire, peut affecter la rémunération de l'administrateur judiciaire prévue aux articles 3 et 4 d'un coefficient compris entre 0,6 et 0,9. Il en est de même lorsque ce bilan a été établi par l'expert en diagnostic d'entreprise au cours de la procédure de règlement amiable ayant précédé l'ouverture de la procédure de redressement judiciaire dans le cas prévu à l'article L. 621-3 du code de commerce.

6 Lorsque, en application du 3° *[II, 3°]* **de l'article L. 621-22 du code de commerce, l'administrateur judiciaire a pour mission d'assurer entièrement l'administration de l'entreprise, ou lorsque, en application de l'article L. 621-137 du même code, le débiteur est, au cours d'une procédure simplifiée, dessaisi et représenté par un administrateur judiciaire, il est alloué à l'administrateur judiciaire pour les diligences relatives à la poursuite d'activité pendant la période d'observation un droit proportionnel calculé sur le chiffre d'affaires hors taxe au sens de l'article 17 du code de commerce** *[Décr. n° 83-1020 du 29 nov. 1983, art. 17]* **selon les tranches fixées par le barème ci-après :**

(Décr. n° 2004-518 du 10 juin 2004, art. 92) **« Tranche de 0 jusqu'à 150 000 € : 2 %.**
« Tranche au-delà de 150 000 et jusqu'à 450 000 €: 1 %.
« Tranche au-delà de 450 000 et jusqu'à 1 500 000 € : 0,65 %.
« Tranche au-delà de 1 500 000 € et jusqu'à 4 500 000 € : 0,50 %.
« Au-delà de 4 500 000 € : 0,35 %. »

Ce droit peut également être perçu, lorsque, après l'adoption du plan de cession totale et avant l'accomplissement des actes de cession, l'entreprise poursuit son activité à l'exclusion des cas dans lesquels la location-gérance ou la gestion est confiée au cessionnaire.

Lorsque, en application des 1° et 2° *[II, 1° et 2°]* **de l'article L. 621-22 du code de commerce, l'administrateur judiciaire se voit confier la mission de surveiller les opérations de gestion, ou d'assister le débiteur pour tous les actes concernant la gestion ou certains d'entre eux, le président du tribunal saisi affecte, sur proposition du juge-commissaire, le droit proportionnel obtenu par application du barème figurant au présent article d'un coefficient fixé par lui et compris entre 0,7 et 0,9 ; il en est de même lorsque, en application de l'article L. 621-137 du même code, le débiteur est, au cours d'une procédure simplifiée, assisté d'un administrateur et, lorsque l'administrateur judiciaire, en application du 3°** *[II, 3°]* **de l'article L. 621-22 du code de commerce, est chargé par le tribunal d'assurer en partie l'administration de l'entreprise.**

Si l'application de ce barème donne lieu à un droit supérieur à *(Décr. n° 2001-373 du 27 avr. 2001)* **« 68 602 € », la rémunération de l'administrateur judiciaire due au-delà de ce montant, pour les diligences prévues au présent article, est arrêtée, sur proposition du juge-commissaire, par le président du tribunal saisi.**

Les dispositions issues du décret n° 2004-518 du 10 juin 2004 sont applicables aux procédures ouvertes après la date de publication de ce décret (texte préc., art. 108-IX, JO 11 juin).

Notion de cession partielle. V. • Com. 11 juin 1996 : *cité note 5 ss. ancien art. L. 621-83 C. com., supra.*

7 **Lorsqu'il y a lieu à cession en application de l'article L. 621-83 du code de commerce, il est alloué à l'administrateur judiciaire un droit proportionnel calculé sur le montant total du prix de cession :**

Tranche de	**0**	**jusqu'à**	**15 245 €**	**: 5 p. 100**
[ancienne rédaction : de 0 à 100 000 F]				
Tranche au-delà de	**15 245**	**et jusqu'à**	**45 735 €**	**: 4 p. 100**
[ancienne rédaction : de 100 001 à 300 000 F]				
Tranche au-delà de	**45 735**	**et jusqu'à**	**152 450 €**	**: 3 p. 100**
[ancienne rédaction : de 300 001 à 1 000 000 F]				
Tranche au-delà de	**152 450**	**et jusqu'à**	**228 675 €**	**: 2 p. 100**
[ancienne rédaction : de 1 000 001 à 1 500 000 F]				
Tranche au-delà de	**228 675**	**et jusqu'à**	**457 350 €**	**: 1 p. 100**
[ancienne rédaction : de 1 500 001 à 3 000 000 F]				
Tranche au-delà de	**457 350**	**et jusqu'à**	**762 245 €**	**: 0,50 p. 100**
[ancienne rédaction : de 3 000 001 à 5 000 000 F]				
Tranche au-delà de	**762 245**	**et jusqu'à**	**1 524 490 €**	**: 0,30 p. 100**
[ancienne rédaction : de 5 000 001 à 10 000 000 F]				
Tranche au-delà de	**1 524 490**	**et jusqu'à**	**7 622 450 €**	**: 0,20 p. 100**
[ancienne rédaction : de 10 000 001 à 50 000 000 F]				
Au-delà de	**7 622 450 €**			**: 0,10 p. 100**
[ancienne rédaction : 50 000 000 F]				

Le droit ainsi obtenu est majoré dans les proportions suivantes, en fonction des montants comparés du prix total de cession et du passif admis :

+ 15 p. 100 si le prix représente de 10 à moins de 30 p. 100 du passif admis ;
+ 20 p. 100 si le prix représente de 30 à moins de 50 p. 100 du passif admis ;
+ 30 p. 100 si le prix représente de 50 à moins de 70 p. 100 du passif admis ;
+ 50 p. 100 si le prix représente de 70 à moins de 100 p. 100 du passif admis.

Si l'application de ce barème donne lieu à un droit supérieur à *(Décr. n° 2001-373 du 27 avr. 2001)* **« 38 112 € », la rémunération de l'administrateur judiciaire due au-delà de ce montant est arrêtée, sur proposition du juge-commissaire, par le président du tribunal saisi.**

Le droit proportionnel alloué à l'administrateur judiciaire en cas de cession ne lui est dû que sous la condition de la signature des actes de cession permettant la mise en œuvre du plan. • Com. 23 nov. 2004 : *Bull. civ. IV, n° 199 ; D. 2004. AJ. 3219*.

8 **Le commissaire à l'exécution du plan reçoit pour ses fonctions de contrôle et de surveillance, y compris celle consistant à s'assurer du respect par le locataire-gérant des engagements prévus par l'article L. 621-98 du code de commerce, une rémunération calculée selon le taux de base prévu à l'article 3.**

Les diligences nécessaires à l'exercice de ces fonctions font l'objet d'un programme prévisionnel de travail annuel remis par le commissaire à l'exécution du plan au juge commissaire.

La rémunération de ces diligences est normalement comprise dans les limites prévues dans le barème suivant : ***V. tableau ci-dessous.***

NOMBRE DE SALARIÉS employés dans l'entreprise à la date du jugement arrêtant le plan de redressement ou de cession	NOMBRE DE TAUX de base
De 0 à 19	5 à 10
De 20 à 49	7 à 15
De 50 à 99	12 à 25
De 100 à 199	20 à 40
De 200 à 299	30 à 60
De 300 à 499	40 à 80
De 500 à 749	60 à 100
De 750 à 999	80 à 120

Lorsque le nombre de salariés employés par l'entreprise à la date du jugement arrêtant le plan de redressement est égal ou supérieur à 1 000, la rémunération du commissaire à l'exécution du plan est à sa demande, sur justifications particulières et après avis du juge-commissaire, arrêtée par le président du tribunal saisi. Il en est de même si, pour une entreprise comprenant plus de 750 salariés, le commissaire à l'exécution du plan a obtenu du président du tribunal saisi l'application des dispositions de l'alinéa suivant.

Si le nombre de taux de base prévu au barème ci-dessus apparaît insuffisant en considération du travail à exécuter, le commissaire à l'exécution du plan peut, sur justifications particulières et après avis le cas échéant du juge-commissaire, demander au président du tribunal saisi d'arrêter une rémunération comprise dans la tranche supérieure.

Si le nombre de taux de base apparaît excessif, en considération du travail à exécuter, le président du tribunal saisi peut, après avis le cas échéant du juge-commissaire, arrêter une rémunération comprise dans la tranche inférieure.

9 Lorsque, en application de l'article L. 621-83 du code de commerce, le tribunal ordonne la cession totale de l'entreprise, ou lorsqu'il est procédé à la vente d'un bien grevé d'une sûreté en application des articles L. 621-25 et L. 621-80 du code de commerce, il est alloué au commissaire à l'exécution du plan pour la répartition du prix entre les créanciers une rémunération arrêtée, après avis le cas échéant du juge-commissaire, par le président du tribunal saisi.

10 Lorsque le commissaire à l'exécution du plan procède à la vente de biens non compris dans le plan de cession prévu à l'article L. 621-83 du code de commerce, conformément aux dispositions de l'article 104 du décret n° 1388 du 27 décembre 1985 relatif au redressement et à la liquidation judiciaires des entreprises, celui-ci est rémunéré par application du barème prévu à l'article 18.

11 Lorsque, en application de l'article L. 622-10 du code de commerce, le maintien de l'activité de l'entreprise est autorisé après le jugement prononçant la liquidation judiciaire par le tribunal pour une période ne pouvant excéder trois mois, il est alloué à l'administrateur judiciaire un droit proportionnel calculé selon le barème prévu à l'article 6.

Toutefois, il n'est perçu par l'administrateur judiciaire qu'un droit proportionnel calculé sur le chiffre d'affaires hors taxes réalisé pendant la période d'observation et, du fait du maintien d'activité, pendant la période de liquidation.

CHAPITRE II *Rémunération des représentants des créanciers et des liquidateurs*

12 *(Décr. n° 2004-518 du 10 juin 2004, art. 93)* Le représentant des créanciers reçoit pour l'ensemble de la procédure de redressement judiciaire le droit fixe prévu à l'arti-

cle 2. S'il est ensuite désigné comme liquidateur, il ne peut, à ce titre, prétendre au droit fixe.

Si, dans une même procédure, un représentant des créanciers et un liquidateur distinct sont désignés par le tribunal, le représentant des créanciers reçoit l'intégralité du droit fixe prévu à l'article 2 et le liquidateur en reçoit la moitié.

Les dispositions de l'art. 93 du décret n° 2004-518 du 10 juin 2004 sont applicables aux procédures en cours (texte préc., art. 108-VIII, JO 11 juin).

Jurisprudence antérieure au décret du 10 juin 2004

1. Ni la lettre ni l'esprit des art. 2 et 12 ne conduisent à admettre que le renvoi à l'art. 2 implique que les diverses modalités de rémunération que prévoit cet article soient applicables au représentant des créanciers. • Colmar, 17 févr. 1988 : *D. 1989. Somm. 78, obs. Honorat.*

2. Il résulte des art. 2, 12 et 21 que, hors le cas d'une désignation directe comme liquidateur, le droit fixe prévu à l'art. 2 n'est dû au représentant des créanciers que si, la procédure de redressement judiciaire étant convertie en liquidation, il est désigné comme liquidateur. • Cass., Ass. plén., 21 févr. 2003 : *Bull. civ. n° 4 ; BICC 15 mai 2003, p. 9, concl. Feuillard et rapp. Croze ; D. 2003. AJ. 695, obs. Lienhard ; ibid. Somm. 1622, obs. F.-X. Lucas ; Act. proc. coll. 2003, n° 64, obs. Canet ; RJ com. 2004. 27, note Sortais.* – V. déjà • Com. 3 déc. 1996 : *Bull. civ. IV, n° 298 ; D. 1997. Somm. 215, obs. Honorat ; RJDA 1997, p. 196, rapp. Tricot ; Quot. jur. 16 janv. 1997, p. 9, note P. M. ; Gaz. Pal. 1998. 2. 696, note Atias* • 25 févr. 1997 : *D. Affaires 1997. 420 ; Rev. proc. coll. 1998. 172, obs. Soinne* • 6 mars 2001 : *Act. proc. coll. 2001, n° 132.* – V. aussi Circ. civ. 98-08, 8 juill. 1998, *BOMJ 1998, n° 71* ; Rép. min. n° 25232, *JOAN Q, 19 avr. 1999, p. 2395.* ♦ Comp., désormais : art. 12 dans sa rédaction issue du décret du 10 juin 2004.

3. Jugé, sous l'empire de la loi de 1967, que le syndic nommé en remplacement de deux autres syndics ne peut prétendre au droit fixe d'ouverture de procédure. • Com. 5 janv. 1999 : *Act. proc. coll. 1999, n° 30.*

4. Le droit fixe prévu à l'art. 12 étant alloué au représentant des créanciers, s'il est ensuite désigné comme liquidateur, pour l'ensemble de la procédure de redressement et de liquidation judiciaires pour laquelle il aura été désigné, il en résulte qu'en cas d'extension d'une procédure sur le fondement d'une confusion des patrimoines, ce droit fixe ne peut être perçu qu'une seule fois, peu important le nombre de personnes physiques ou morales auxquelles la procédure déjà ouverte est étendue. • Com. 26 oct. 1999 : *Bull. civ. IV, n° 192 ; D. 1999. AJ. 80 ; Dr. et patr. janv. 2000. 100, obs. Monsèrié-Bon.* ♦ V. aussi note 3 ss. art. 2.

12-1 *(Décr. n° 2004-518 du 10 juin 2004, art. 94)* **Le liquidateur désigné en application des dispositions de l'article L. 622-2 du code de commerce perçoit pour l'ensemble de la procédure de liquidation judiciaire le droit fixe prévu à l'article 2.**

Les dispositions des articles 13, 14 et 16 lui sont applicables.

Les dispositions de l'art. 94 du décret n° 2004-518 du 10 juin 2004 sont applicables aux procédures en cours (texte préc., art. 108-VIII, JO 11 juin).

12-2 *(Décr. n° 2004-518 du 10 juin 2004, art. 94)* **En cas de désignation de plusieurs représentants des créanciers ou de plusieurs liquidateurs, chacun d'entre eux perçoit le droit fixe prévu à l'article 12 selon les modalités, le cas échéant, prévues par le deuxième alinéa de l'article 12.**

V. note ss. art. 12-1.

13 *(Décr. n° 2004-518 du 10 juin 2004, art. 95)* **Il est alloué au représentant des créanciers, pour la vérification des créances, un droit fixe par créance, autre que salariale, inscrite sur l'état des créances mentionné à l'article 103 de la loi n° 85-98 du 25 janvier 1985, de :**

30 € par créance dont le montant est compris entre 40 € et 150 € ;

50 € par créance dont le montant est supérieur à 150 €.

Les dispositions de l'art. 95 du décret n° 2004-518 du 10 juin 2004 sont applicables aux procédures ouvertes après la date de publication de ce décret (texte préc., art. 108-IX, JO 11 juin).

Sur l'absence du droit à rémunération au titre des créances déclarées ne figurant pas sur la liste des créances établie dans le délai fixé par le tribunal, V. art. L. 621-103 C. com., supra.

14 *(Décr. n° 2004-518 du 10 juin 2004, art. 96)* **Pour l'établissement des relevés des créances salariales, il est alloué au représentant des créanciers un droit de 120 € par salarié.**

Les dispositions de l'art. 96 du décret n° 2004-518 du 10 juin 2004 sont applicables aux procédures ouvertes après la date de publication de ce décret (texte préc., art. 108-IX, JO 11 juin).

Sur la condition de l'établissement des relevés de créances salariales, V. • TGI Nancy, 14 oct. 1996 : *Rev. proc. coll. 1998. 170, obs. Soinne.*

15 (Abrogé par Décr. n° 2004-518 du 10 juin 2004, art. 97) ***Il est alloué au représentant des créanciers pour toute créance contestée en application du deuxième alinéa de l'article 72 du décret n° 85-1388 du 27 décembre 1985 un droit proportionnel de 5 p. 100 calculé sur la différence entre le montant de la créance déclarée et celui de la créance définitivement admise.***

Les dispositions de l'art. 97 du décret n° 2004-518 du 10 juin 2004 sont applicables aux procédures ouvertes après la date de publication de ce décret (texte préc., art. 108-IX, JO 11 juin).

1. Créance contestée. Le droit proportionnel de 5 % s'applique dès qu'une créance est contestée dans les formes légales par le représentant des créanciers ; il appartient donc à la société en redressement judiciaire de faire la preuve que la renonciation de la société créancière à sa déclaration de créance était parvenue au représentant des créanciers avant la date à laquelle il avait procédé à ses vérifications. • Civ. 2e, 13 déc. 1989 : *Rev. proc. coll. 1990. 258, obs. Guillou.* – Rappr. : • Com. 8 oct. 2003 : *ibid. 2004. 61, obs. Soinne.* ♦ Le droit proportionnel prévu à l'art. 15 doit être alloué au représentant des créanciers qui, du fait de la négligence ou du retard d'un créancier à signaler spontanément qu'il a été payé, a dû contester la créance selon la procédure de l'art. 72 du décret n° 85-1388 du 27 déc. 1985. • Com. 30 oct. 2000 : *Act. proc. coll. 2000, n° 256.* ♦ En revanche, le représentant des créanciers ne peut pas prétendre au droit proportionnel lorsque la créance n'a été contestée qu'à la suite d'une erreur matérielle manifeste commise par le créancier dans sa déclaration. • Com. 23 nov. 2004 : *Act. proc. coll. 2005, n° 15.*

Une créance non contestée n'ouvre droit, qu'elle soit admise ou rejetée par le juge-commissaire, qu'à la seule perception du droit fixe mentionné à l'art. 13 (Rép. min. : *JOAN Q, 28 déc. 1992, p. 5859*).

1 bis. Créances fiscales. En vertu de l'art. 72 du décret n° 85-1388 du 27 déc. 1985, dans sa rédaction antérieure au décret n° 94-910 du 21 oct. 1994, les créances fiscales étaient exclues du droit commun des contestations de créances, dès lors que, aux termes de l'art. 106 de la loi n° 85-98 du 25 janv. 1985 [abrogé par L. n° 94-475 du 10 juin 1994], les créances visées au CGI ne pouvaient être contestées, en cas d'ouverture d'une procédure de redressement judiciaire, que dans les conditions prévues audit code. Il en résultait que le droit proportionnel ne s'appliquait pas à la remise d'une créance fiscale. • Com. 26 mai 1998 : *Bull. civ. IV, n° 169 ; D. 1998. IR. 167.*

2. Inscription à titre conservatoire. En ce sens que le représentant des créanciers peut percevoir son droit dès lors qu'une créance a été portée sur l'état dressé par le juge-commissaire, quel que soit son sort ultérieur, V. : Rép. min. : *JOAN Q, 9 déc. 1991, p. 5097.*

3. Calcul du droit proportionnel. Étant déterminé par le montant de la partie rejetée de la créance déclarée, le droit proportionnel doit être calculé sur l'intégralité de celle-ci lorsque le rejet en est prononcé pour la totalité ; sous réserve des dispositions de l'art. 16, le droit proportionnel alloué au représentant des créanciers est calculé sur la différence entre le montant de la créance déclarée et celui de la créance définitivement admise, fût-il nul. • Com. 3 déc. 1996 : *Bull. civ. IV, n° 297 ; D. 1997. Somm. 216, obs. Honorat ; Rev. proc. coll. 1998. 171, obs. Soinne.* – Dans le même sens, V. • Com. 12 juin 2001 : *Act. proc. coll. 2001, n° 187.*

16 Si l'ensemble des droits alloués au représentant des créanciers, en application des articles 13 à 15, excède *(Décr. n° 2001-373 du 27 avr. 2001)* **« 68 602 € », la rémunération due au-delà de ce montant est arrêtée, sur proposition du juge-commissaire, par le président du tribunal saisi.**

L'art. 16 confère au président du tribunal le pouvoir d'arrêter la rémunération du représentant des créanciers excédant 450 000 F sans être tenu d'appliquer le montant du droit fixe et le pourcentage du droit proportionnel prévus aux art. 13 et 15. • Com. 18 janv. 2000 : *Bull. civ. IV, n° 15 ; D. 2000. AJ. 106* • Paris, 19 déc. 2001 : *Rev. proc. coll. 2003. 120, obs. Soinne.*

17 **Lorsque le représentant des créanciers est désigné en qualité de commissaire à l'exécution du plan, il est rémunéré conformément aux dispositions des articles 8 à 10.**

18 **Il est alloué au liquidateur pour tout recouvrement d'actif provenant notamment des actions poursuivies ou introduites par lui en application de l'article L. 622-4 du code de commerce, et pour toutes réalisations d'actif prévues aux articles L. 622-16, L. 622-17 et L. 622-18 du même code, un droit proportionnel :**

(Décr. n° 2004-518 du 10 juin 2004, art. 98) **« Tranche de 0 jusqu'à 15 000 € : 7 %.**
« Tranche au-delà de 15 000 € et jusqu'à 50 000 € : 6 %.
« Tranche au-delà de 50 000 € et jusqu'à 150 000 € : 4 %.
« Tranche au-delà de 150 000 € et jusqu'à 300 000 € : 2 %.
« Au-delà de 300 000 € : 1 %. »

Lorsqu'il y a répartition au profit des créanciers, ce droit est majoré de :

15 p. 100 si la répartition libère entre 10 p. 100 et moins de 30 p. 100 des créances admises ;

20 p. 100 si la répartition libère entre 30 p. 100 et moins de 50 p. 100 des créances admises ;

30 p. 100 si la répartition libère entre 50 p. 100 et moins de 70 p. 100 des créances admises ;

50 p. 100 si la répartition libère entre 70 p. 100 et 100 p. 100 des créances admises.

Si l'application de ce barème donne lieu à un droit supérieur à *(Décr. n° 2001-373 du 27 avr. 2001)* **« 68 602 € », la rémunération due au liquidateur au-delà de ce montant est arrêtée, sur proposition du juge-commissaire, par le président du tribunal saisi.**

Les dispositions de l'art. 98 du décret n° 2004-518 du 10 juin 2004 sont applicables aux procédures ouvertes après la date de publication de ce décret (texte préc., art. 108-IX, JO 11 juin).

1. Recouvrement d'actif. Le terme de recouvrement implique l'existence d'une démarche amiable ou judiciaire, en vue de la récupération d'un élément d'actif, et l'art. 18, spécifiant que le droit proportionnel sera alloué, notamment, à raison des actions introduites ou poursuivies par le liquidateur, exclut les simples encaissements sans intervention de sa part. • Com. 14 oct. 1997 : *Bull. civ. IV, n° 261 ; D. 1998. Somm. 98, obs. Honorat ; D. Affaires 1997. 1291 ; Rev. proc. coll. 1998. 174, obs. Soinne ; JCP 1997. II. 22956, note R. Martin ; JCP E 1998, n° 3, p. 80, note Béhar-Touchais.* – Dans le même sens : • Com. 4 juill. 2000 : *Bull. civ. IV, n° 135 ; D. 2000. AJ. 414 ; RJDA 2000, n° 1141.* ♦ A l'évidence le liquidateur n'a droit à un émolument que sur l'actif réalisé ou recouvré par lui ; il n'est pas possible de dissocier le terme « actif » de la notion d'activité de liquidateur, l'émolument proportionnel devant avoir pour cause l'activité judiciaire du mandataire de justice. • Aix-en-Provence, 1er oct. 1991 : *Gaz. Pal. 1992. 1. Somm. 67.*

2. Les prêts consentis au débiteur ne sont pas des actifs recouvrés. • Com. 2 févr. 1999 : *Bull. civ. IV, n° 33 ; D. 1999. IR. 63 ; Rev. proc. coll. 2000. 215, obs. Soinne.*

3. En cas de remplacement du syndic, il y a lieu d'appliquer aux sommes recouvrées par le syndic suppléant le tarif dégressif en tenant compte de l'actif déjà recouvré par le prédécesseur. • Com. 5 janv. 1999 : *Act. proc. coll. 1999, n° 30 (loi de 1967).*

4. En ce sens que la base de calcul du droit proportionnel alloué au liquidateur en application de l'art. 18 ne peut être limitée à hauteur du passif apuré lorsque la valeur des actifs réalisés et recouvrés est supérieure à celui-ci, V. • Com. 18 janv. 2000 : *Bull. civ. IV, n° 13 ; D. 2000. AJ. 107.*

CHAPITRE II-1 *Dispositions relatives à l'indemnisation prévue par l'article L. 814-7 du code de commerce*

(Décr. n° 2004-518 du 10 juin 2004, art. 99)

Les dispositions de l'art. 99 du décret n° 2004-518 du 10 juin 2004 sont applicables aux procédures ouvertes après la date de publication de ce décret (texte préc., art. 108-IX, JO 11 juin).

18-1 *(Décr. n° 2004-518 du 10 juin 2004, art. 99)* **Le seuil mentionné à l'article L. 814-7 du code de commerce est fixé à la somme de 1 500 € (HT).**

18-2 *(Décr. n° 2004-518 du 10 juin 2004, art. 99)* **Le comité d'administration du fonds institué par l'article L. 814-7 du code de commerce est présidé par un magistrat de la Cour des comptes désigné par le premier président de cette juridiction. Il comprend un représentant du ministre de la justice et un membre du Conseil national des administrateurs judiciaires et des mandataires judiciaires au redressement et à la liquidation des entreprises, désignés, sur proposition de ce conseil, par le garde des sceaux, ministre de la justice. Un représentant de la Caisse des dépôts et consignations est entendu en tant que de besoin par le comité.**

18-3 *(Décr. n° 2004-518 du 10 juin 2004, art. 99)* **La Caisse des dépôts et consignations assure la gestion administrative, comptable et financière du fonds.**

A ce titre, elle est chargée :

***a)* D'effectuer les opérations de prélèvement sur les intérêts servis sur les dépôts mentionnés au troisième alinéa de l'article L. 814-7 du code de commerce ;**

***b)* De verser aux représentants des créanciers et aux liquidateurs les sommes qui leur sont attribuées en application du deuxième alinéa de l'article L. 814-7 du code de commerce ;**

***c)* De gérer la trésorerie excédentaire du fonds ;**

***d)* D'assurer la surveillance de son équilibre financier ;**

***e)* De tenir sa comptabilité ;**

***f)* De rendre compte de sa gestion.**

18-4 *(Décr. n° 2004-518 du 10 juin 2004, art. 99)* **La Caisse des dépôts et consignations ouvre dans ses livres un compte bancaire spécifique non rémunéré au nom du fonds.**

18-5 *(Décr. n° 2004-518 du 10 juin 2004, art. 99)* **La Caisse des dépôts et consignations précise la nomenclature des comptes bancaires rémunérés à vue et à terme ouverts dans ses livres, destinés à recevoir les fonds déposés en application des articles L. 621-33, L. 621-68 et L. 622-8 du code de commerce.**

Les intérêts des comptes bancaires sont imputés au crédit du compte ouvert au nom du fonds dans les livres de la Caisse des dépôts et consignations.

Le garde des sceaux, ministre de la justice, fixe par arrêté le taux du prélèvement sur les intérêts, sur proposition du comité d'administration du fonds. En cas de modification de ce taux, celui-ci s'applique à tous les intérêts servis à compter de la date d'effet de cette modification, quelle que soit la période au titre de laquelle ces intérêts ont été produits.

18-6 *(Décr. n° 2004-518 du 10 juin 2004, art. 99)* **Le versement des sommes aux représentants des créanciers et aux liquidateurs est effectué par la Caisse des dépôts et consignations sur un compte bancaire ouvert au nom du bénéficiaire au vu d'un extrait de la décision qui les accorde.**

18-7 *(Décr. n° 2004-518 du 10 juin 2004, art. 99)* **Une convention entre le garde des sceaux, ministre de la justice, agissant au nom de l'État et la Caisse des dépôts et consignations précise les modalités selon lesquelles les missions mentionnées aux arti-**

cles 18-3 et 18-6 sont assurées par la caisse, ainsi que les modalités de calcul des frais de gestion du fonds, qui sont imputés au débit du compte ouvert au nom de celui-ci.

18-8 *(Décr. n° 2004-518 du 10 juin 2004, art. 99)* **Lorsque la procédure de liquidation judiciaire est reprise après avoir été clôturée et qu'elle permet le versement d'une rémunération au liquidateur alors que ce dernier a bénéficié de l'indemnisation prévue à l'article L. 814-7 du code de commerce, le montant de l'indemnisation perçue est déduit de cette rémunération.**

CHAPITRE III *Dispositions communes à la rémunération des administrateurs judiciaires et commissaires à l'exécution du plan et à celle des représentants des créanciers et des liquidateurs*

19 Les émoluments prévus aux chapitres Ier et II du présent décret sont exclusifs de toute autre rémunération ou remboursement de frais pour les mêmes diligences.

Frais de copies. L'art. 19 ne doit pas être regardé comme excluant le remboursement des frais de copies et de lettres recommandées nécessités par l'accomplissement des formalités de la procédure collective. • Com. 23 janv. 1990 : *D. 1990. Somm. 219, obs. Honorat ; Bull. civ. IV, n° 18* • Amiens, 28 janv. 1994 : *Rev. proc. coll. 1998. 170, obs. Soinne.*

20 *(Décr. n° 2004-518 du 10 juin 2004, art. 100)* **Les administrateurs judiciaires, commissaires à l'exécution du plan, représentants des créanciers, liquidateurs, ont droit au remboursement des taxes et droits fiscaux payés par eux pour le compte de l'entreprise.**

Les dispositions de l'art. 100 du décret n° 2004-518 du 10 juin 2004 sont applicables aux procédures en cours (texte préc., art. 108-VIII, JO 11 juin).

21 Le montant intégral des droits fixes prévus aux articles *(Décr. n° 2004-518 du 10 juin 2004, art. 101)* **« 2 et 12 à 12-2 » est versé, sans délai, par le débiteur, à l'administrateur judiciaire s'il en a été désigné un et au représentant des créanciers ou au liquidateur.**

Les dispositions de l'art. 101 du décret n° 2004-518 du 10 juin 2004 sont applicables aux procédures en cours (texte préc., art. 108-VIII, JO 11 juin).

22 *(Décr. n° 2004-518 du 10 juin 2004, art. 102)* **Lors de la reddition de leurs comptes, les administrateurs judiciaires, commissaires à l'exécution du plan, représentants des créanciers et liquidateurs, sont tenus de remettre au président du tribunal saisi un compte détaillé de leurs émoluments. Ce compte doit faire ressortir distinctement les émoluments tarifés, les débours et les droits de toute nature payés au Trésor.**

Les émoluments sont arrêtés par le président du tribunal. A l'exception des droits fixes prévus aux articles 2 et 12 à 12-2, ils ne sont perçus qu'après avoir été arrêtés.

Les dispositions de l'art. 102 du décret n° 2004-518 du 10 juin 2004 sont applicables aux procédures en cours (texte préc., art. 108-VIII, JO 11 juin).

Dès lors que l'état des frais et débours présenté par l'administrateur comportait la moitié du droit fixe conformément à l'art. 2 du décret n° 85-1390 du 27 déc. 1985, le droit proportionnel calculé sur le montant du chiffre d'affaires pour la période correspondant à sa mission, et les frais de déplacement, en application de l'art. 27, devenu l'art. 22, du même décret, la rémunération de l'administrateur judiciaire peut être fixée avant la clôture de la procédure collective lors de la reddition de ses comptes à l'occasion de son remplacement. • Com. 4 oct. 2005 : *Bull. civ. IV, n° 194 ; D. 2005. AJ. 2742, obs. Lienhard ; Gaz. Pal. 10-11 févr. 2006, p. 18, obs. Bidan.*

23 *(Décr. nº 2004-518 du 10 juin 2004, art. 103)* **En cas de nécessité, par dérogation aux dispositions de l'article 22, le président du tribunal fixe, sur proposition du juge-commissaire, le montant de la provision à valoir sur la rémunération de l'administrateur judiciaire et du commissaire à l'exécution du plan. Cette provision ne peut excéder la moitié du montant des droits auxquels l'administrateur peut prétendre au titre de l'article 3 ou la moitié du montant des droits auxquels le commissaire à l'exécution du plan peut prétendre au titre de l'article 8.**

Les dispositions de l'art. 103 du décret nº 2004-518 du 10 juin 2004 sont applicables aux procédures en cours (texte préc., art. 108-VIII, JO 11 juin).

24 *(Décr. nº 2004-518 du 10 juin 2004, art. 104)* **En cas de nécessité, par dérogation aux dispositions de l'article 22, le président du tribunal fixe, sur proposition du juge-commissaire, le montant d'acomptes à valoir sur la rémunération du représentant des créanciers et du liquidateur.**

Ces acomptes sont fixés sur justification de l'accomplissement des diligences au titre desquelles leur droit à rémunération est acquis et au vu d'un compte provisoire détaillé de leurs émoluments.

Le montant total des acomptes ne peut excéder les deux tiers de la rémunération due au représentant des créanciers et au liquidateur. Il ne peut être autorisé plus d'un acompte par semestre.

Les dispositions de l'art. 104 du décret nº 2004-518 du 10 juin 2004 sont applicables aux procédures en cours (texte préc., art. 108-VIII, JO 11 juin).

25 *(Décr. nº 2004-518 du 10 juin 2004, art. 105)* **S'il advient que des sommes ont été perçues à titre de provision ou d'acomptes et qu'elles se révèlent excéder les montants fixés aux articles 23 et 24, elles sont immédiatement restituées.**

Les dispositions de l'art. 105 du décret nº 2004-518 du 10 juin 2004 sont applicables aux provisions et aux acomptes perçus après la date de publication de ce décret (texte préc., art. 108-X, JO 11 juin).

26 et 27 *Abrogés par Décr. nº 2004-518 du 10 juin 2004, art. 106.*

Les dispositions de l'art. 106 du décret nº 2004-518 du 10 juin 2004 sont applicables aux procédures en cours (texte préc., art. 108-VIII, JO 11 juin).

28 La décision *(Décr. nº 2004-518 du 10 juin 2004, art. 107)* **« autorisant le versement d'une provision ou d'un acompte ou arrêtant, conformément aux dispositions de l'article 22 » les émoluments des administrateurs judiciaires, commissaires à l'exécution du plan, représentants des créanciers et liquidateurs, est dans les quinze jours de sa date notifiée au ministère public, à la partie débitrice, et selon le cas à l'administrateur judiciaire ou au mandataire judiciaire concerné par le greffier en chef de la juridiction, par lettre recommandée avec demande d'avis de réception. La lettre de notification indique le délai et les modalités selon lesquelles la contestation peut être portée devant le président du tribunal de grande instance territorialement compétent.**

Les dispositions de l'art. 107 du décret nº 2004-518 du 10 juin 2004 sont applicables aux procédures en cours (texte préc., art. 108-VIII, JO 11 juin).

1. Dès lors qu'un tribunal de commerce a excédé ses pouvoirs en se prononçant sur la contestation de l'ordonnance d'un juge-commissaire, le recours contre la décision qu'il a rendue doit être porté devant la cour d'appel et le pourvoi formé contre cette décision est donc irrecevable. • Com. 31 mai 1994 : *D. 1994. IR. 221.*

2. Dans le cas où la compétence commerciale est dévolue au tribunal de grande instance, il appartient au vice-président de la chambre commerciale de statuer sur les contestations relatives à la rémunération des mandataires judiciaires, ainsi que sur les provisions à valoir sur ces rémunérations ; le président du tribunal de grande instance n'intervient qu'en deuxième degré de juridiction pour statuer sur les contestations qui peuvent lui être soumises en application des dispositions de l'art. 28 ci-dessus. • TGI Montbéliard, 26 juill. 2005 : *BICC 2005, nº 2072.*

29 La demande de taxe, présentée par tout intéressé, est faite, dans le délai d'un mois à compter de la notification prévue à l'article précédent, oralement ou par écrit au secrétaire du tribunal de grande instance ; elle doit être motivée.

Le président du tribunal de grande instance ou le magistrat délégué par lui à cet effet, statue sur la demande dans les conditions prévues par les articles 709 et 711 à 718 du Nouveau code de procédure civile.

Le défaut de motivation de la demande de taxe constitue une fin de non-recevoir d'ordre public qui doit être relevée d'office par le juge. • Com. 9 nov. 2004 : *Bull. civ. IV, n° 194 ; Act. proc. coll. 2004, n° 237, obs. Soinne.*

30 Les actions des administrateurs judiciaires, commissaires à l'exécution du plan, représentants des créanciers, liquidateurs, en matière de rémunération, se prescrivent par six mois à compter de la notification prévue à l'article 28.

En jugeant que l'art. 27 aurait autorisé un représentant des créanciers, plus de six mois après avoir reçu arrêté définitif de ses émoluments tarifés, à présenter un nouveau compte d'émoluments, un premier président d'une cour d'appel a méconnu les prescriptions des art. 27, 28 et 30. • Com. 17 nov. 1992 : *Bull. civ. IV, n° 360 ; D. 1993. Somm. 74, obs. Honorat.*

31 En cas de nécessité, les administrateurs judiciaires, commissaires à l'exécution du plan, représentants des créanciers et liquidateurs, peuvent, après avis du juge-commissaire, demander au président du tribunal saisi, de désigner telle personne autre qu'un expert pour accomplir les tâches techniques prévues à l'article L. 814-6 du code de commerce, n'entrant pas dans la compétence habituelle des administrateurs judiciaires ou des mandataires judiciaires au redressement et à la liquidation des entreprises.

Sur justification de l'accomplissement de la mission, le président du tribunal saisi fixe la rémunération des personnes désignées à l'alinéa précédent. Cette décision est susceptible de recours dans les conditions prévues aux alinéas 1 et 2 de l'article 714 et aux articles 715 à 718 du Nouveau code de procédure civile.

1. La désignation d'une personne autre qu'un expert pour l'accomplissement de tâches techniques, conformément à l'art. 31 du décret et à l'art. L. 814-6 C. com., étant une mesure d'investigation distincte de la procédure d'expertise prévue par les art. 263 s. NCPC, l'élaboration du rapport de ce technicien n'est pas soumis au même formalisme que la procédure d'expertise, notamment en ce qui concerne le principe du contradictoire. • Toulouse, 31 janv. 2002 : *JCP E 2002, n° 47, p. 1848 ; Dr. sociétés 2003, n° 6, note Legros (2e esp.).*

2. En ce sens qu'un avocat ne saurait être désigné, sur le fondement de l'art. 31, pour assister le liquidateur dans l'exercice d'une action en comblement de passif, V. • Aix-en-Provence, 13 déc. 2000 : *Rev. proc. coll. 2004. 58, obs. Soinne.*

3. V. note 3 ss. art. L. 812-1 C. com., *supra.*

32 (Abrogé par Décr. n° 2004-518 du 10 juin 2004, art. 106) ***Lorsque l'administrateur judiciaire, le commissaire à l'exécution du plan, le représentant des créanciers ou le liquidateur fait appel pour l'exécution de tâches relevant de la mission qui lui a été confiée par le tribunal, à des personnes extérieures, il lui appartient de les rémunérer sur le montant des émoluments qu'il perçoit en application des chapitres Ier et II du présent décret.***

Les dispositions de l'art. 106 du décret n° 2004-518 du 10 juin 2004 sont applicables aux procédures en cours (texte préc., art. 108-VIII, JO 11 juin).

1. Sur les frais et honoraires des mandataires de justice en cas de missions confiées à des tiers, V. Soinne, *Rev. proc. coll. 1998. 175.*

2. Doit être déclaré coupable de malversation l'administrateur qui a créé et accueilli, dans ses locaux, des sociétés « de façade » destinées à dissimuler les liens l'unissant à ses subordonnés qui en étaient les gérants de fait, et entretenu, dans l'esprit des dirigeants des entreprises en difficulté à qui il les recommandait, une confusion sur la nature de ses fonctions, en ayant conscience qu'en confiant à des tiers une partie de son mandat, il provoquait l'accroissement des charges de ces entreprises, l'intervention de ces tiers ayant eu pour but et pour effet d'alléger la charge de travail de son étude, de réduire le poids de ses frais généraux pour recevoir, nets de charge, les frais et honoraires dont il pouvait solliciter le paiement en application des barèmes légaux, auprès desdites entreprises. • Crim. 26 sept. 2001 : *Bull. crim. n° 190 ; D. 2001. AJ. 3198, obs. Lienhard ; D. 2002. Somm. 208, obs. Derrida ; JCP E 2002, n° 13, p. 573, note J.-H. Robert ; RTD com. 2002. 181, obs. Bouloc ; RSC 2002. 340, obs. Renucci ; RJ com. 2003. 76, note Gil ; Rev. proc. coll. 2003. 119, obs. Soinne.* – V. Saintourens, *www.droit21.com, 2001, AJ 406.* ♦ Un pacte de confiance [élaboré par un tribunal de commerce] conseillant aux administrateurs judiciaires le concours d'intervenants qualifiés lorsque la situation des entreprises le justifie ne saurait autoriser une quelconque dérogation aux prescriptions du décret n° 85-1390 du 27 déc. 1985. • Même arrêt. ♦ Comp. en ce sens que l'administrateur ne commet pas le délit de malversation en faisant supporter par le redressement judiciaire les honoraires d'un contrôleur de gestion désigné par le juge-commissaire, dès lors que ces honoraires ne relèvent pas de l'application de l'art. 32, les tâches de gestion d'entreprises assurées par le contrôleur de gestion (achats, réapprovisionnements, ventes, direction du personnel, contacts avec les banques) n'entrant pas dans la compétence habituelle de l'administrateur, V. • Aix-en-Provence, 4 mai 2000 : *D. 2000. 721, note Soinne ; Dr. pénal 2000, n° 88, obs. J.-H. Robert.*

CHAPITRE IV *Dispositions diverses*

33 Les diligences relatives aux missions confiées à des syndics administrateurs judiciaires exerçant soit à titre principal soit à titre accessoire, ou à des administrateurs judiciaires liquidateurs de sociétés, antérieurement à l'entrée en vigueur de la loi n° 85-98 du 25 janvier 1985, en application des dispositions de la loi n° 67-563 du 13 juillet 1967 sur le règlement judiciaire, la liquidation des biens, la faillite personnelle et les banqueroutes, sont, pour leur achèvement, rémunérées conformément aux dispositions des articles 75 à 97 du décret n° 59-708 du 29 mai 1959.

La loi n° 85-98 du 25 janv. 1985 a été abrogée par l'Ord. n° 2000-912 du 18 sept. 2000 relative à la partie législative du code de commerce.

34 Les administrateurs judiciaires sont, pour les procédures en cours ouvertes antérieurement à la date d'entrée en vigueur du présent décret concernant toutes exploitations commerciales et liquidations de personnes morales, à l'exception de celles intervenues en application de la loi n° 67-563 du 13 juillet 1967, rémunérés par application des dispositions des articles 86 à 93 du décret n° 59-708 du 29 mai 1959.

35 Lorsque, pour les procédures ouvertes postérieurement à la date d'entrée en vigueur du présent décret et n'entrant pas dans le champ d'application de la loi n° 85-98 du 25 janvier 1985, la rémunération des administrateurs judiciaires calculée selon les modalités prévues aux *a* et *b* de l'article 86 du décret n° 59-708 du 29 mai 1959 excède respectivement 91 469 € et 45 735 €, les sommes dues au-delà de ces montants sont, à défaut d'accord amiable, arrêtées par le président du tribunal saisi.

V. note ss. art. 33.

36 Lorsque, pour les procédures ouvertes postérieurement à la date d'entrée en vigueur du présent décret et n'entrant pas dans le champ d'application de la loi n° 85-98 du 25 janvier 1985, la rémunération des administrateurs judiciaires ou des mandataires liquidateurs calculée selon les modalités prévues à l'article 87 du décret n° 59-708 du 29 mai 1959, excède 91 469 €, la somme due au-delà de ce montant est, à défaut d'accord amiable, arrêtée par le président du tribunal saisi.

V. note ss. art. 33.

37 Le présent décret entrera en vigueur le 1er janvier 1986.

Sur l'application à Mayotte, aux îles Wallis-et-Futuna et à la Nouvelle-Calédonie du décret modificatif n° 2004-518 du 10 juin 2004, V. art. 110 de ce texte (JO 11 juin).

Décret nº 86-1176 du 5 novembre 1986,

*Portant application aux professions d'administrateur judiciaire et de mandataire judiciaire de la loi nº 66-879 du 29 novembre 1966 relative aux sociétés civiles professionnelles (L. nº 2005-845 du 26 juill. 2005, art. 165-V). — **C. sociétés** ou **C. proc. coll.***

Décret nº 93-892 du 6 juillet 1993,

*Pris pour l'application à la profession d'administrateur judiciaire de la loi nº 90-1258 du 31 décembre 1990 relative à l'exercice sous forme de sociétés des professions libérales soumises à un statut législatif ou réglementaire ou dont le titre est protégé. — **C. sociétés** ou **C. proc. coll.***

Décret nº 93-1112 du 20 septembre 1993,

*Pris pour l'application à la profession de mandataire judiciaire de la loi nº 90-1258 du 31 décembre 1990 relative à l'exercice sous forme de sociétés des professions libérales soumises à un statut législatif ou réglementaire ou dont le titre est protégé (L. nº 2005-845 du 26 juill. 2005, art. 165-V). — **C. sociétés** ou **C. proc. coll.***

Code général des impôts

(Décr. nº 50-478 du 6 avr. 1950)

Art. 1756 *(Ord. nº 2005-1512 du 7 déc. 2005, art. 16-II)* **I. — En cas de redressement ou de liquidation judiciaires, les frais de poursuite et les pénalités fiscales encourues en matière d'impôts directs et taxes assimilées, de taxes sur le chiffre d'affaires et taxes assimilées, de droits d'enregistrement, taxe de publicité foncière, droits de timbre et autres droits et taxes assimilés, dus à la date du jugement d'ouverture, sont remis, à l'exception des majorations prévues aux *b* et *c* du 1 de l'article 1728 et aux articles 1729 et 1732 et des amendes mentionnées aux articles 1737 et 1740 A.**

II. — En cas de mise en œuvre de la procédure de rétablissement personnel prévue à l'article L. 332-6 du code de la consommation, les majorations, frais de poursuites et pénalités fiscales encourus en matière d'impôts directs dus à la date du jugement d'ouverture sont remis, à l'exception des majorations prévues aux *b* et *c* du 1 de l'article 1728 et à l'article 1729.

*Ces dispositions entrent en vigueur le 1er janv. 2006 (Ord. nº 2005-1512 du 7 déc. 2005, art. 25). - Pour le régime antérieur, V. CGI, art. 1740 octies aux éd. 2006 et antérieures du **C. com.***

1929 *quater* 1. Donnent lieu à publicité, dans les conditions prévues aux 2 à 5, les sommes restant dues à titre privilégié par des commerçants et personnes morales de droit privé, même non commerçantes, au titre de l'impôt sur le revenu, de l'impôt sur les bénéfices des sociétés et autres personnes morales, de la taxe sur les salaires, de la taxe professionnelle et des taxes annexes, des taxes sur le chiffre d'affaires et des taxes annexes, et des contributions indirectes.

(L. nº 94-1162 du 29 déc. 1994) **« N'est pas soumise à la publicité la part de la taxe professionnelle correspondant à la réduction effectuée par le redevable au titre du plafonnement en fonction de la valeur ajoutée, en application des articles 1647 B *sexies* et 1679 *quinquies*. »**

2. La publicité est faite à la diligence de l'administration chargée du recouvrement.

3. L'inscription ne peut être requise, selon la nature de la créance, qu'à partir de la date à laquelle :

(L. nº 2003-1312 du 30 déc. 2003, art. 37-VIII) **« 1º Le redevable a encouru une majoration pour défaut de paiement pour les impôts directs recouvrés par les comptables de la direction générale de la comptabilité publique ;**

« 2º Un titre exécutoire a été émis, pour les taxes sur le chiffre d'affaires et assimilées et les contributions indirectes, ainsi que pour les impôts directs et taxes assimilées

recouvrés par les comptables de la direction générale des impôts. » – *Les dispositions du 1° et du 2° entrent en vigueur à des dates fixées par décret et au plus tard le 1er janv. 2005 (L. n° 2003-1312 du 30 déc. 2003, art. 37-B).*

(L. n° 2005-845 du 26 juill. 2005, art. 175-I) **« 4. La publicité est obligatoire lorsque les sommes dues, au titre d'un semestre civil, par un redevable à un même poste comptable ou service assimilé et susceptibles d'être inscrites demeurent impayées. »** – *A compter du 1er janv. 2007, pour l'application des dispositions du 4 de l'art. 1929 quater CGI, un décret fixe un seuil en fonction du chiffre d'affaires de l'entreprise (L. n° 2005-1720 du 30 déc. 2005, art. 102).*

5. En cas de paiement avec subrogation, le subrogé aux droits du Trésor est tenu des obligations et formalités mises par le présent article à la charge de l'administration, quel que soit le montant du paiement.

Si le paiement par le subrogé a lieu sans émission de titre exécutoire prévu au 3, l'inscription ne peut être requise que six mois au moins après le paiement.

6. *(L. n° 85-1403 du 30 déc. 1985)* **« Les frais de l'inscription du privilège sont à la charge du Trésor. »**

7. *(Décr. n° 86-1086 du 7 oct. 1986)* **« En cas** *(Décr. n° 2006-356 du 24 mars 2006)* **« de procédures de sauvegarde, » de redressement** *(L. n° 94-475 du 10 juin 1994)* **« ou de liquidation » judiciaire du redevable », ou d'un tiers tenu légalement au paiement des sommes visées au 1, le Trésor ou son subrogé ne peut exercer son privilège pour les créances qui étaient soumises à titre obligatoire à la publicité prévue aux 1 à 5 et dont l'inscription n'a pas été régulièrement requise à l'encontre du redevable.**

8. Les inscriptions prises en application des 1 à 5 se prescrivent par quatre ans, sauf renouvellement.

(L. n° 2005-845 du 26 juill. 2005, art. 175-II) **« 8 *bis*. Le comptable compétent demande, dans un délai d'un mois, la radiation totale de l'inscription devenue sans objet, dès lors que le débiteur s'est acquitté de sa dette. »**

9. Les modalités d'application du présent article et notamment les formes et délais des inscriptions et de leur radiation sont fixées par un décret en Conseil d'État pris sur le rapport du ministre de l'économie et des finances et du garde des sceaux, ministre de la justice. – *V. infra, art. 396 bis de l'Annexe II.*

ANNEXE II

396 bis 1. L'inscription des sommes privilégiées dues au Trésor prescrite à l'article 1929 *quater* -1 du code général des impôts est faite :

1° Si le redevable est une personne physique, au greffe du tribunal de commerce ou du tribunal de grande instance statuant commercialement, dans le ressort duquel se trouve son principal établissement commercial ;

2° Si le redevable est une *(Décr. n° 78-705 du 3 juill. 1978)* « personne morale de droit privé immatriculée au registre du commerce et des sociétés », au greffe du tribunal de commerce ou du tribunal de grande instance statuant commercialement, dans le ressort duquel se trouve son siège social ;

3° Si le redevable est une *(Décr. n° 78-705 du 3 juill. 1978)* « personne morale de droit privé non immatriculée au registre du commerce et des sociétés », au greffe du tribunal de grande instance dans le ressort duquel se trouve son siège.

Pour les redevables visés aux 2° et 3° dont le siège n'est pas situé sur le territoire métropolitain ou dans les départements d'outre-mer, l'inscription est requise, selon le cas, au greffe du tribunal de commerce ou du tribunal de grande instance statuant commercialement ou au greffe du tribunal de grande instance dans le ressort duquel se trouve le principal établissement du redevable.

2. *(Décr. n° 85-295 du 1er mars 1985)* « Lorsque la publicité est faite à titre obligatoire, en application de l'article 1929 *quater* -4 du code général des impôts, l'inscription des sommes déterminées dans les conditions fixées au 3 dudit article doit être requise au plus tard :

« *a)* le 28 ou 29 février pour les sommes dues au 31 décembre de l'année précédente ;

« *b)* le 31 mai pour les sommes dues au 31 mars de l'année courante ;

« *c)* le 31 août pour les sommes dues au 30 juin de l'année courante ;

« *d)* le 30 novembre pour les sommes dues au 30 septembre de l'année courante.

« L'octroi de délais de paiement ne fait pas obstacle à l'application des dispositions du présent article. »

3. Pour requérir l'inscription des sommes privilégiées dues au Trésor, le comptable public chargé du recouvrement remet ou adresse par lettre recommandée avec demande d'avis de réception, au greffier compétent, un bordereau établi en double exemplaire et comportant les indications suivantes :

a) Date à laquelle il est établi ;

b) Désignation du comptable public requérant ;

c) Nom, prénoms, raison ou dénomination sociale, adresse de l'établissement principal ou du siège du redevable ;

d) *(Décr. n° 85-295 du 1er mars 1985)* « Montant des sommes dues au Trésor au dernier jour du trimestre civil précédant l'inscription ».

Le comptable avise le contribuable qu'il a requis une inscription à son encontre.

4. Un des exemplaires du bordereau prévu au 3 est restitué ou renvoyé au comptable par le greffier, après avoir été revêtu de la mention d'inscription qui comprend la date de celle-ci et le numéro sous lequel elle a été faite. Le second exemplaire portant les mêmes mentions est conservé au greffe pour constituer le registre des inscriptions ; le greffier tient, en outre, un répertoire alphabétique.

5. Lorsqu'un redevable a contesté une imposition ayant fait l'objet d'une inscription et qu'il bénéficie du sursis de paiement dans les conditions prévues aux articles L. 277 à L. 279 du Livre des procédures fiscales, il peut faire mentionner par le greffier l'existence de la contestation ; cette mention est portée en marge de l'inscription.

Le redevable doit produire à cet effet une attestation délivrée par le comptable chargé du recouvrement de l'imposition contestée.

La fraction non encore payée d'une imposition contestée ayant fait l'objet d'une mention au registre public figure d'une manière distincte sur le bordereau établi par le comptable en vue d'une nouvelle inscription dans les conditions prévues au 6, premier alinéa.

6. Chaque nouvelle inscription requise par un même comptable à l'encontre du même redevable rend caduque l'inscription précédente.

En dehors du cas prévu au 7, une inscription peut faire l'objet à tout moment d'une radiation totale à la diligence du redevable, sur présentation au greffe d'une attestation constatant le paiement et établie par le comptable ayant requis l'inscription. Une radiation partielle ne peut être faite que pour une somme au moins égale au montant minimum prévu pour l'inscription.

Toute radiation consécutive à un dégrèvement est faite à l'initiative du comptable qui avait requis l'inscription. *(Décr. n° 92-37 du 7 janv. 1992)* « Il est de même procédé à radiation sur l'initiative du comptable en cas d'erreur commise par celui-ci sur le montant des sommes privilégiées ou sur l'identité du redevable. »

Le greffier mentionne les radiations en marge de l'inscription correspondante.

7. Pour inscrire son privilège, le subrogé dans les droits du Trésor produit au greffier un certificat établi par le comptable public chargé du recouvrement et attestant la subrogation. Si la créance ayant fait l'objet d'une subrogation est comprise dans une inscription, le certificat vaut radiation de cette inscription à due concurrence.

8. Les attestations ou certificats prévus aux 5, 6 et 7 sont remis en double exemplaire ou adressés aux greffiers par lettre recommandée avec demande d'avis de réception. L'un des exemplaires est rendu ou renvoyé à titre de récépissé au requérant, après avoir été revêtu, dès réception, d'une mention indiquant la date d'accomplissement de la formalité requise. Le deuxième exemplaire est conservé au greffe.

9. Les greffiers sont tenus de délivrer à tous ceux qui le requièrent et aux frais du requérant soit un état des inscriptions existantes, soit un certificat indiquant qu'il n'existe aucune inscription. Chaque réquisition ne peut viser qu'un redevable nommément désigné.

L'état des inscriptions délivré par le greffier doit comporter l'indication du comptable ou du tiers subrogé ayant requis l'inscription, la date de l'inscription, le montant des sommes inscrites et, le cas échéant, les mentions de contestations.

10. Le modèle des bordereaux, attestations, certificats, réquisitions et états des inscriptions prévus aux 3, 5, 6, 7 et 9 est fixé par arrêté conjoint du ministre de l'économie et des finances et du garde des sceaux, ministre de la justice. — *V. CGI, Annexe IV, art. 207 sexies.* — ***CGI.***

(Décr. n° 73-741 du 26 juill. 1973) « 11. En cas de destruction totale ou partielle ou de disparition, par suite d'un sinistre ou de tout autre fait, du registre de publicité des créances privilégiées du Trésor public mentionné à l'article 1er de la loi n° 71-1029 du 24 décembre 1971, quel que soit le greffe dans lequel ce registre était ou est conservé, il est procédé à sa reconstitution de la façon suivante :

« Les comptables publics qui avaient obtenu l'inscription de privilèges pour des sommes dues au Trésor demandent au greffier, par simple requête et sur présentation du second exemplaire du bordereau d'inscription prévu au 4, la réinscription du privilège du Trésor pour les sommes indiquées sur cet exemplaire.

« Les subrogés dans les droits du Trésor procèdent de la même manière sur production du deuxième exemplaire de l'attestation ou certificat prévu au 8.

« La réinscription du privilège du Trésor ou des subrogés est notifiée par le greffier au redevable par lettre recommandée avec demande d'avis de réception dans les huit jours de cette réinscription.

« Le redevable, s'il estime que la réinscription n'est pas conforme à l'inscription primitive, peut, dans le délai de quinze jours à compter de la date de réception de cette lettre, présenter une réclamation devant la commission visée à l'article 1er du décret n° 72-917 du 2 octobre 1972.

« Celle-ci statue dans les conditions prévues au chapitre Ier du même décret. »

Loi n° 75-1334 du 31 décembre 1975,

Relative à la sous-traitance (D. et BLD 1976. 64).

Art. 12 *V. infra, v° Sous-traitance.*

Code des assurances

PREMIÈRE PARTIE : ***LÉGISLATIVE***

(Décr. n° 76-666 du 16 juill. 1976)

Règles communes aux assurances de dommages non maritimes et aux assurances de personnes

Art. L. 113-6 *(Abrogé, à compter du 1er janv. 2006, par L. n° 2005-845 du 26 juill. 2005, art. 176 ; L. n° 89-1014 du 31 déc. 1989)* ***« L'assurance subsiste en cas de redressement ou de liquidation judiciaire de l'assuré. L'administrateur ou le débiteur autorisé par le juge commissaire ou le liquidateur selon le cas et l'assureur conservent le droit de résilier le contrat pendant un délai de trois mois à compter de la date du jugement de redressement ou de liquidation judiciaire. La portion de prime afférente au temps pendant lequel l'assureur ne couvre plus le risque est restituée au débiteur. »***

En cas de liquidation judiciaire d'une entreprise mentionnée à l'article L. 310-1, les contrats qu'elle détient dans son portefeuille sont soumis aux dispositions des articles L. 326-12 et L. 326-13, à compter de l'arrêté ou de la décision prononçant le retrait de l'agrément administratif. — *V. ces art. au* ***C. assur.***

Pour le contrat d'assurance maritime, V. C. assur., art. L. 172-22. - ***C. assur.***

BIBL. ▶ BIGOT, *JCP 2005. I. 180* (incidence de la loi de sauvegarde des entreprises sur le contrat d'assurance). – SALA, *Petites affiches, n° spéc., 17 févr. 2006, p. 30* (même thème).

1. Articulation de l'art. L. 113-6 avec l'art. 37 de la loi du 25 janv. 1985 [C. com., art. L. 621-28]. Pour tout ce qui n'est pas réglé par le texte dérogatoire de l'art. L. 113-6, ce sont les dispositions de l'art. 37 de la loi du 25 janv. 1985 [C. com., art. L. 621-28] qui trouvent à s'appliquer. • Com. 17 déc. 1996 : *Bull. civ. IV, n° 315 ; D. Affaires 1997. 225 ; JCP E 1997. I. 651, n° 18, obs. Pétel.* ♦ Dès lors un avenant modifiant les conditions d'exécution d'un contrat d'assurance en cours est soumis aux dispositions de l'art. 141 de la loi [C. com., art. L. 621-137] et le débiteur ne peut le conclure valablement sans l'autorisation du juge-commissaire. • Même arrêt.

1 bis. En cas de redressement judiciaire de l'assuré, l'assurance, dont la résiliation en vertu de l'art. L. 113-3 C. assur. n'a pas été antérieurement acquise, subsiste, sauf exercice par l'assureur du droit qu'il tient de l'art. L. 113-6 de résilier le contrat. • Com. 14 mars 2000 : *Rev. proc. coll. 2003. 239, obs. Roussel Galle.*

2. Régime de l'art. L. 113-6. Méconnaît l'étendue des pouvoirs du juge-commissaire la cour d'appel qui déclare irrecevable l'appel-nullité de la décision de celui-ci ordonnant la poursuite de l'ensemble des contrats d'assurance alors que, selon l'art. L. 113-6, l'assureur conserve le droit de résilier le contrat pendant un délai de trois mois à compter de la date de redressement ou de liquidation de l'assuré. • Com. 24 oct. 1995 : *D. 1996. 172, note J.-J. Barbièri*. ♦ Sur la nécessité d'une résiliation dans le délai de trois mois pour mettre fin au contrat, V. • Civ. 1re, 29 avr. 1997 : *Bull. civ. I, n° 130 ; D. 1998. Somm. 143, obs. Bonnard ; Rev. proc. coll. 1997. 448, obs. Mestre et Laude.* ♦ Sur le caractère discrétionnaire du droit de l'assureur de résilier le contrat, V. • Civ. 1re, 1er avr. 2003 : *Bull. civ. I, n° 90 ; D. 2003. AJ. 1165, obs. Lienhard ; JCP E 2003, n° 40, p. 1574, obs. Pétel ; Rev. proc. coll. 2003. 238, obs. Roussel Galle ; ibid. 2004. 234, obs. Macorig-Venier ; Dr. et patr. oct. 2003. 89, obs. Monsèrié-Bon ; Petites affiches 13 nov. 2003, p. 9, note Leguevaques et Sala.*

Sur l'art. L. 113-6, V. aussi : Rép. min. n° 4535 : *JO Sénat Q, 31 mars 1994, p. 727.*

Code de la sécurité sociale

PREMIÈRE PARTIE : ***LÉGISLATIVE***

(Décr. n° 85-1353 du 17 déc. 1985)

Art. L. 243-4 *(L. n° 99-641 du 27 juill. 1999)* **Le paiement des cotisations et des majorations et pénalités de retard est garanti pendant un an à compter de leur date d'exigibilité, par un privilège sur les biens meubles du débiteur, lequel privilège prend rang concurremment avec celui des gens de service et celui des salariés établis respectivement par l'article 2101 du code civil et les articles 128 et 129 de la loi n° 85-98 du 25 janvier 1985 relative au redressement et à la liquidation judiciaires des entreprises** *[C. com., art. L. 625-7 et L. 625-8]*.

(L. n° 2002-73 du 17 janv. 2002) **« Le paiement des cotisations et des majorations et pénalités de retard est également garanti, à compter du 1er janvier 1956, par une hypothèque légale en exécution des prescriptions applicables en matière de publicité foncière. »**

L. 243-5 *(L. n° 2005-845 du 26 juill. 2005, art. 184)* **« Les créances privilégiées en application du premier alinéa de l'article L. 243-4, dues par un commerçant** *(Ord. n° 2005-1528 du 8 déc. 2005, art. 7)* **« , un artisan » ou une personne morale de droit privé même non commerçante, doivent être inscrites à un registre public tenu au greffe du tribunal de commerce ou du tribunal de grande instance dans le délai de six mois suivant leur date limite de paiement ou, le cas échéant, la date de notification de l'avertissement ou de la mise en demeure prévus à l'article L. 244-2, lorsque la créance est constatée lors d'un contrôle organisé en application des dispositions de l'article L. 243-7. »**

(L. n° 94-475 du 10 juin 1994) **« En cas** *(L. n° 2005-845 du 26 juill. 2005, art. 165-II)* **« de sauvegarde, » de redressement ou de liquidation judiciaires du redevable ou d'un tiers tenu légalement au paiement de ces sommes, le privilège dont l'inscription n'a pas été régulièrement requise à l'encontre du redevable ne peut plus être exercé pour les créances qui étaient soumises à titre obligatoire à cette inscription. »**

L'inscription conserve le privilège *(L. n° 2003-1199 du 18 déc. 2003, art. 70-IV)* **« pendant deux années et six mois » à compter du jour où elle est effectuée. Elle ne peut être renouvelée.**

Une inscription peut faire l'objet à tout moment d'une radiation totale ou partielle à la diligence des organismes de sécurité sociale ou du redevable sur présentation au greffier d'un certificat délivré par l'organisme créancier ou d'un acte de mainlevée émanant du créancier subrogé. *(L. n° 2005-845 du 26 juill. 2005, art. 184)* **« Toutefois, lorsque l'inscription est devenue sans objet, dès lors que le débiteur s'est acquitté de sa dette et sous réserve du règlement, auprès de l'organisme créancier, des frais liés aux formalités d'inscription et de radiation, cet organisme en demande la radiation totale dans un délai d'un mois. »**

Toutefois, le privilège est conservé au-delà du délai prévu au deuxième alinéa sur les biens qui ont fait l'objet d'une saisie avant l'expiration de ce délai.

(L. n° 94-475 du 10 juin 1994) **« En cas** *(L. n° 2005-845 du 26 juill. 2005, art. 165-II)* **« de sauvegarde, » de redressement ou de liquidation judiciaires, les pénalités, majorations de retard et frais de poursuites dus par le redevable à la date du jugement d'ouverture sont remis. »** — *Pour l'entrée en vigueur, V. note ss. art. L. 620-1 C. com., supra.*

La loi n° 2005-845 du 26 juill. 2005 entre en vigueur le 1er juill. 2006 (texte préc., art. 190). Dans tous les textes législatifs et réglementaires, les références faites au redressement judiciaire sont remplacées par des références aux procédures de sauvegarde ou de redressement judiciaire (L. n° 2005-845 du 26 juill. 2005, art. 165-II).

Les dispositions des art. L. 243-4 et L. 243-5 ci-dessus sont applicables au paiement des cotisations sur les avantages de retraite et sur les allocations et revenus de remplacement [perçus en cas de chômage ou de préretraite] (CSS, art. L. 243-2 et L. 711-2) ; — ... des cotisations d'assurance maladie et maternité et d'assurance vieillesse des travailleurs non salariés non agricoles (CSS, art. L. 612-11, R. 612-4 et R. 612-5 ; art. L. 623-1) ; — ... des cotisations d'assurance volontaire des Français résidant à l'étranger (CSS, art. L. 764-4 et L. 765-9) ; — ... de la contribution des entreprises de préparation de médicaments au profit de la caisse nationale d'assurance maladie des travailleurs salariés (CSS, art. L. 245-6) ; — ... des cotisations dues aux institutions de retraite complémentaire (CSS, art. L. 922-7). — **CSS.** *— Sur l'application à Saint-Pierre-et-Miquelon des art. L. 243-4 et L. 243-5 CSS ci-dessus, V. L. n° 88-1264 du 30 déc. 1988, art. 3 (JO 4 janv. 1989).*

En ce qui concerne les cotisations d'assurances sociales agricoles, V. C. rur., art. L. 725-5 et L. 725-9. — ***C. rur.***

V. aussi différents textes au C. civ., ss. l'art. 2331.

L. 651-6 **Le paiement de la contribution sociale de solidarité** *[à la charge des sociétés et entreprises]* **est garanti par un privilège sur les biens, meubles et immeubles du débiteur dans les conditions prévues par les articles L. 243-4 et L. 243-5 du code de la sécurité sociale.**

(L. n° 2000-1257 du 23 déc. 2000) **« Les dispositions de l'article L. 243-3 et du premier alinéa de l'article L. 243-6 sont applicables à la contribution sociale de solidarité. »**

DEUXIÈME PARTIE : ***DÉCRETS EN CONSEIL D'ÉTAT***

R. 612-4 **Par application des dispositions combinées des articles L. 243-4 et L. 612-11, le paiement des cotisations est garanti, pendant un an à compter de leur date d'exigibilité, par un privilège sur les biens meubles du débiteur, qui prend rang concurremment avec celui des gens de service et celui des ouvriers, établis respectivement par l'article 2101 du code civil et l'article 50 de la loi n° 67-563 du 13 juillet 1967** *[abrogé ; V. C. com., art. L. 625-7]* **ainsi que par une hypothèque légale sur les immeubles du débiteur, soumise aux règles édictées par le code civil et par le décret n° 55-22 du 4 janvier 1955 portant réforme de la publicité foncière.**

R. 612-5 **Le privilège prévu à l'article R. 612-4 ne conserve ses effets à l'égard des sommes dues par des commerçants que s'il a fait l'objet d'une inscription à un registre public tenu au greffe du tribunal de commerce dans un délai de** *(Décr. n° 2006-375 du 29 mars 2006, art. 3-I)* **« six mois » suivant l'échéance desdites sommes.**

L'inscription conserve le privilège pendant deux ans et *(Décr. n° 2004-890 du 26 août 2004, art. 12)* **« six mois » à compter du jour où elle est effectuée. Elle ne peut être renouvelée.**

Une inscription peut faire l'objet à tout moment d'une radiation totale ou partielle à la diligence *(Décr. n° 2006-375 du 29 mars 2006, art. 3-I)* **« des caisses de base » ou du redevable sur présentation au greffier d'un certificat délivré par l'organisme créancier ou d'un acte de mainlevée émanant du créancier subrogé.**

Toutefois, le privilège est conservé au-delà du délai prévu au deuxième alinéa sur les biens qui ont fait l'objet d'une saisie avant l'expiration de ce délai.

Règlement CE n° 1346-2000 du 29 mai 2000,

Relatif aux procédures d'insolvabilité (JOCE n° L 160 du 30 juin).

Circulaire du 17 mars 2003,

Relative à l'entrée en vigueur du règlement n° 1346/2000 du 29 mai 2000 relatif aux procédures d'insolvabilité. .

ÉTRANGERS

RÉP. COM. v° *Carte d'identité de commerçant*, par RANC.

BIBL. GÉN. ▶ TAGER, *JDI 1939. 278.* - PEUCHOT, *RD publ. 1989. 1095* (carte d'identité de commerçant étranger).

Code de l'entrée et du séjour des étrangers et du droit d'asile

(*Ord. n° 2004-1248 du 24 nov. 2004*)

L'ord. n° 45-2658 du 2 nov. 1945, relative aux conditions d'entrée et de séjour des étrangers en France, a été codifiée au code de l'entrée et du séjour des étrangers et du droit d'asile, entrée en vigueur le 1er mars 2005. — ***C. pén.***, *App., v° Étrangers.*

....

Art. L. 313-4 Par dérogation aux articles L. 311-2 et L. 313-1, l'étranger titulaire d'une carte de séjour temporaire au titre de l'article L. 313-8 ou de l'article L. 313-10 depuis au moins un an peut, à l'échéance de la validité de cette carte, en solliciter le renouvellement pour une durée supérieure à un an et ne pouvant excéder quatre ans.

Cette dérogation est accordée en tenant compte de la qualification professionnelle du demandeur, de son activité professionnelle, ainsi que des raisons pour lesquelles le bénéfice d'un tel renouvellement est susceptible d'en faciliter l'exercice.

La nouvelle durée de validité de la carte est déterminée compte tenu de la durée prévue ou prévisible de la présence du demandeur en France dans le cadre de son activité professionnelle. Si celle-ci prend fin avant la date d'expiration du titre, ce dernier est retiré sans préjudice de la possibilité, pour l'étranger, de solliciter la délivrance d'un autre titre de séjour à laquelle il pourrait prétendre en application des dispositions du présent code. — *(Ord. n° 45-2658 du 2 nov. 1945, art. 13 bis).*

....

L. 313-10 La carte de séjour temporaire délivrée à l'étranger qui désire exercer en France une activité professionnelle soumise à autorisation et justifie avoir obtenu cette autorisation porte la mention de cette activité, conformément aux lois et règlements en vigueur. — *(Ord. n° 45-2658 du 2 nov. 1945, art. 12, al. 5).*

....

L. 314-4 Lorsqu'elle a été délivrée à un étranger résidant sur le territoire de la France métropolitaine, la carte de résident en cours de validité confère à son titulaire le droit d'exercer, sur ce territoire, la profession de son choix, dans le cadre de la législation en vigueur. Les titulaires de la carte de résident sont dispensés de l'autorisation prévue à l'article L. 122-1 du code de commerce. — *(Ord. n° 45-2658 du 2 nov. 1945, art. 17).*

....

L. 322-2 Des décrets en Conseil d'État peuvent soumettre à autorisation l'exercice par les étrangers de certaines activités professionnelles non salariées. — *(Ord. n° 45-2658 du 2 nov. 1945, art. 7, al. 2).*

L. 322-3 L'exercice en France de la profession de commerçant par un étranger est régi par les dispositions des articles L. 122-1, L. 122-2 et L. 122-3 du code de commerce ci-après reproduites : — *V. ces art., supra.*

....

L. 431-1 *(al. 2)* Le titre de séjour délivré à la personne autorisée à séjourner au titre du regroupement familial confère à son titulaire, dès la délivrance de ce titre, le droit

d'exercer toute activité professionnelle de son choix dans le cadre de la législation en vigueur. – *(Ord. n° 45-2658 du 2 nov. 1945, art. 30 bis).*

En ce qui concerne les conditions d'entrée et de séjour en France des ressortissants des États membres de la Communauté européenne bénéficiaires de la libre circulation des personnes et des services, V. Décr. n° 94-211 du 11 mars 1994 (D. et ALD 1994. 228), mod. par Décr. n° 98-864 du 23 sept. 1998 (JO 27 sept.), Décr. n° 2005-1332 du 24 oct. 2005 (JO 29 oct.).

Décret-loi du 17 juin 1938,

Tendant à assurer la protection du commerce français (DP 1938. 4. 337).

Art. 1er **Les étrangers autorisés à résider sur le territoire français qui voudront y exercer une** *(L. 8 oct. 1940)* **« profession industrielle, commerciale ou artisanale », jouiront, dans le cadre des lois et règlements, d'un traitement équivalent à celui qui s'applique dans leur pays d'origine aux étrangers et spécialement aux Français de la même profession.**

(L. 8 oct. 1940) **« Dans les différentes catégories d'industries, de commerce ou d'artisanat, un pourcentage du nombre des étrangers y exerçant leur activité pourra, s'il y a lieu, être fixé après avis des chambres de commerce, des groupements économiques et des chambres de métiers. »**

Des décrets contresignés par les ministres intéressés fixeront les conditions d'application des dispositions qui précèdent.

Dans la mesure où la réglementation fixée par ces décrets ne serait pas compatible avec les conventions internationales, des négociations seront engagées en vue d'adapter les conventions existantes aux dispositions du présent décret.

Toute infraction aux prescriptions des décrets prévues par le présent article sera punie d'une amende de 3 750 € et d'un emprisonnement de six mois ou d'une de ces deux peines seulement. En cas de récidive, les peines seront portées au double.

Le tribunal pourra, en outre, ordonner la fermeture de l'établissement.

5 *Abrogé par Ord. n° 2005-428 du 6 mai 2005, art. 3. – V. art. L. 128-3 C. com.*

Loi n° 54-404 du 10 avril 1954,

Portant réforme fiscale (D. 1954. 160 ; Rect. 209 ; BLD 1954. 363 ; Rect. 482).

Art. 38 **I. La délivrance ou, le cas échéant, le renouvellement de la carte de séjour des étrangers et de la carte spéciale des étrangers exerçant une profession industrielle ou commerciale ne peut être effectué que si les requérants justifient avoir satisfait aux obligations qui leur incombent en vertu de la législation fiscale et de celle relative à la sécurité sociale.**

II. Les modalités d'application du présent article seront fixées par arrêtés interministériels.

Loi n° 68-678 du 26 juillet 1968,

Relative à la communication de documents et renseignements d'ordre économique, commercial, industriel, financier ou technique à des personnes physiques ou morales étrangères (L. n° 80-538 du 16 juill. 1980).

Art. 1er *(L. n° 80-538 du 16 juill. 1980)* **Sous réserve des traités ou accords internationaux, il est interdit à toute personne physique de nationalité française ou résidant habituellement sur le territoire français et à tout dirigeant, représentant, agent ou préposé d'une personne morale y ayant son siège ou un établissement de communiquer**

par écrit, oralement ou sous toute autre forme, en quelque lieu que ce soit, à des autorités publiques étrangères, les documents ou les renseignements d'ordre économique, commercial, industriel, financier ou technique dont la communication est de nature à porter atteinte à la souveraineté, à la sécurité, aux intérêts économiques essentiels de la France ou à l'ordre public, précisés par l'autorité administrative en tant que de besoin. – *V. Arr. 20 nov. 1980 (D. et BLD 1981. 194) fixant la liste des documents et renseignements relatifs au transport et au travail aériens dont la communication est interdite à des autorités publiques étrangères lorsqu'ils sont de nature à compromettre les intérêts commerciaux essentiels des entreprises de transport et de travail aériens et de la France.*

1 *bis* *(L. n° 80-538 du 16 juill. 1980)* **Sous réserve des traités ou accords internationaux et des lois et règlements en vigueur, il est interdit à toute personne de demander, de rechercher ou de communiquer, par écrit, oralement ou sous toute autre forme, des documents ou renseignements d'ordre économique, commercial, industriel, financier ou technique tendant à la constitution de preuves en vue de procédures judiciaires ou administratives étrangères ou dans le cadre de celles-ci.**

2 *(L. n° 80-538 du 16 juill. 1980)* **Les personnes visées aux articles 1er et 1er *bis* sont tenues d'informer sans délai le ministre compétent lorsqu'elles se trouvent saisies de toute demande concernant de telles communications.** – *V. Décr. n° 81-550 du 12 mai 1981 (D. et BLD 1981. 262).*

3 *(L. n° 80-538 du 16 juill. 1980)* **Sans préjudice des peines plus lourdes prévues par la loi, toute infraction aux dispositions des articles 1er et 1er *bis* de la présente loi sera punie d'un emprisonnement de six mois et d'une amende de 18 000 € ou de l'une de ces deux peines seulement.**

Pour des dérogations aux lois nos 68-678 du 26 juill. 1968 et 80-538 du 16 juill. 1980, V. C. mon. fin. art. L. 612-6, L. 613-12 s., L. 613-20 et L. 511-25, supra, v° Code monétaire et financier (extraits) ; C. assur., art. L. 363-1, issu de L. n° 94-5 du 4 janv. 1994, art. 33 (D. et ALD 1994. 105).

Décret n° 98-58 du 28 janvier 1998,

Relatif aux conditions d'attribution de la carte d'identité de commerçant étranger.

BIBL. ► LEBOUCHÉ, *Petites affiches 8 juin 1998, p. 4 ; Dr. sociétés 1999. Chron. 1* (dirigeants étrangers de sociétés : quelles règles respecter pour exercer ?). – THEIMER, *JCP E 2002, n° 14, p. 604* (nomination des dirigeants étrangers après la loi sur la SAS et la loi NRE).

Art. 1er La carte d'identité portant la mention « commerçant » prévue par le décret-loi du 12 novembre 1938 *[abrogé et codifié aux art. L. 122-1 s. C. com.]* **susvisé est délivrée pour l'exercice sur le territoire de la France métropolitaine et des départements d'outre-mer d'une ou de plusieurs activités commerciales, industrielles ou artisanales conformément aux dispositions des décrets du 10 juin 1983** *[abrogé et remplacé par Décr. n° 98-247 du 2 avr. 1998, supra, v° Artisans]* **et du 30 mai 1984, susvisés, avec l'indication du ou des départements de leur localisation.** – *V. Décr. n° 84-406 du 30 mai 1984, infra, v° Registre du commerce et des sociétés.*

Ne sont pas soumis à l'obtention d'une carte d'identité de commerçant les ressortissants des États membres de l'Espace économique européen, les étrangers qui peuvent se prévaloir d'une convention qui les en dispense, ainsi que les étrangers titulaires de la carte de résident.

2 Tout étranger, désireux d'exercer en nom personnel une activité industrielle, commerciale ou artisanale, doit au préalable avoir obtenu la carte d'identité mentionnée à l'article 1er.

3 **Lorsque l'activité est exercée en France sous une forme sociale, doivent au préalable avoir obtenu la carte d'identité de commerçant les associés de nationalité étrangère tenus indéfiniment et solidairement des dettes sociales, de même que les associés et les tiers de nationalité étrangère ayant le pouvoir de diriger, gérer ou le pouvoir général d'engager à titre habituel la personne morale.**

Lorsque le pouvoir de diriger a été délégué à un tiers, le dirigeant légal de la personne morale présidente d'une SAS n'est pas tenu d'obtenir une carte d'identité de commerçant étranger, seul le délégataire ayant l'obligation d'être titulaire de la carte. • Paris, 28 juin 2002 : *JCP E 2002, n° 49, p. 1943 ; ibid. 2003, n° 2, p. 78, obs. Reinhard ; RTD com. 2002. 684, obs. Champaud et Danet* ; *RJDA 2002, n° 1284.*

4 **La personne physique soumise aux dispositions de l'article 1er ci-dessus ayant le pouvoir d'engager une personne morale de droit étranger au titre d'un établissement, d'une succursale ou d'une représentation commerciale implanté en France doit au préalable avoir obtenu, la carte d'identité de commerçant.**

5 **Les agents commerciaux sont assujettis à la possession de la carte d'identité de commerçant lorsqu'ils sont soumis aux dispositions de l'article 1er ci-dessus.**

6 **La demande de la carte d'identité de commerçant est déposée simultanément et au même lieu que celle du visa de long séjour requis pour résider en France.**

Si le demandeur ne souhaite pas résider sur le territoire français, ou s'il y réside déjà sous couvert d'une carte de séjour temporaire, la demande de délivrance de la carte d'identité est déposée directement par le requérant ou son mandataire auprès de la préfecture du département dans le ressort duquel il souhaite exercer son activité ou créer son premier établissement.

7 **Le préfet du département dans lequel l'entreprise ou l'établissement est ou sera implanté instruit la demande et délivre la carte d'identité de commerçant. A défaut d'installation du siège de l'entreprise en France, si plusieurs établissements sont ou doivent être implantés simultanément dans différents départements, la demande est instruite par le préfet du département d'installation de l'établissement principal.**

Les documents justificatifs établis dans une langue étrangère doivent être remis à l'administration accompagnés de leur traduction en français effectuée aux frais du demandeur. Le préfet accuse réception du dépôt de la demande, lorsque celle-ci comporte l'ensemble des pièces nécessaires à son instruction dont la liste est fixée par arrêté conjoint du ministre de l'intérieur, du ministre des affaires étrangères et du ministre chargé du commerce et de l'artisanat. — *V. Arr. 26 mars 1998 (JO 4 avr.).*

Lorsque le dossier ne comporte pas l'ensemble des pièces nécessaires, le préfet délivre un récépissé, transmis par l'intermédiaire des services diplomatiques ou consulaires lorsque la demande a été adressée par cette voie, et mentionnant les pièces manquantes ainsi que le délai dans lequel elles doivent être fournies.

Si le dossier n'est pas complété dans le délai imparti, la demande est caduque.

8 **Pour les ressortissants des pays qui peuvent se prévaloir du droit d'exercer l'une des activités visées à l'article 1er sur le territoire français en vertu d'un accord ou d'une convention conclu par la France, l'attribution de la carte d'identité de commerçant intervient après vérification de leur situation au regard :**

1° Des conditions générales requises pour l'exercice de l'une des activités visées à l'article 1er ci-dessus, à savoir :

— le respect des obligations imposées aux nationaux pour l'exercice de l'activité envisagée ;

— la compatibilité de l'activité projetée avec la sécurité, la salubrité et la tranquillité publiques ;

2° Des conditions ci-après tenant à la personne des demandeurs :

— l'absence de motif sérieux tiré de l'ordre public susceptible de faire obstacle à leur présence sur le territoire national, dans le cas où la délivrance d'un titre de séjour n'est pas sollicitée ;
— l'absence de condamnation ou de décision emportant en France l'interdiction d'exercer le commerce.

V. note ss. C. com., art. L. 123-2, supra.

9 Pour les étrangers qui ne peuvent se prévaloir d'un accord ou d'une convention conclu par la France, la délivrance de la carte d'identité de commerçant intervient après vérification de leur situation au regard des conditions visées aux 1° et 2° de l'article 8 ci-dessus.

Ils doivent, en outre, justifier :

1° D'un projet d'entreprise comportant au moins un budget prévisionnel pluriannuel ;

2° Soit d'un engagement écrit de cautionnement couvrant les besoins financiers inhérents au démarrage de l'activité projetée, pris par un établissement de crédit ou une entreprise d'assurance agréés pour se porter caution, soit d'une attestation d'un établissement de crédit ayant son siège social ou une succursale en France ou de La Poste indiquant qu'ils sont titulaires auprès de ceux-ci d'un compte dont le solde créditeur permet de couvrir ces mêmes besoins.

Le préfet apprécie au regard des éléments mentionnés ci-dessus la viabilité et la pérennité du projet d'entreprise. Il consulte à cet effet la chambre de commerce et d'industrie de la chambre des métiers *(Décr. n° 2004-1164 du 2 nov. 2004, art. 1er)* « et de l'artisanat » du lieu de l'implantation projetée. Elle donne un avis dans le délai de quinze jours. Passé ce délai l'avis est réputé favorable.

10 Dans le cas où le demandeur est mandaté par une personne morale étrangère pour exercer en France les fonctions de dirigeant d'une personne morale de droit français ou d'un établissement existant ou à créer, le préfet ne procède qu'aux vérifications prévues au 1° de l'article 8 du présent décret.

Dans le même cas, un avis motivé de l'autorité consulaire territorialement compétente pour le lieu de résidence du demandeur tient lieu des vérifications prévues au 2° de l'article 8 du présent décret.

Dans le même cas, un avis motivé du conseiller commercial près l'ambassade de France territorialement compétente pour le pays de résidence du demandeur tient lieu des vérifications prévues à l'article 9 du présent décret, s'il atteste que la personne morale étrangère mandante justifie de deux années d'existence au moins à la date du dépôt de la demande de carte d'identité de commerçant.

11 Une autorisation provisoire d'exercice est accordée, sur demande expresse, à l'issue d'un délai de deux semaines à compter de la réception du dossier complet, pour les personnes mandatées dans les conditions de l'article 10 ci-dessus.

L'autorisation provisoire est caduque lorsque la décision définitive expresse ou implicite intervient dans les conditions de l'article 12 ci-après.

12 Le préfet prend une décision définitive dans un délai maximum de trois mois à compter de la date de réception du dossier complet. La décision est notifiée au demandeur. La décision de refus est motivée.

L'absence de décision dans le délai ci-dessus vaut acceptation de la demande.

13 La carte d'identité de commerçant est tenue à la disposition du demandeur à la préfecture où la demande a été instruite.

A défaut de retrait de la carte d'identité de commerçant dans le délai de quatre mois à compter de la notification de la décision d'attribution, cette décision devient caduque. Dans ce cas, la carte ne pourra être délivrée qu'après instruction d'une nouvelle demande.

14 En cas de création d'une entreprise ou de la reprise d'une activité en nom propre, le titulaire de la carte d'identité de commerçant est tenu, dans le délai de trois mois à compter de la date de remise de cette carte, de déposer à la préfecture qui l'a délivrée un extrait de son immatriculation au registre du commerce et des sociétés ou au répertoire des métiers.

A défaut, la décision d'attribution de cette carte devient caduque.

15 L'extension à une nouvelle activité ou l'ouverture d'un nouvel établissement dans le département de la première implantation ou dans un autre département est déclarée auprès du préfet du département de premier établissement. Le transfert de l'activité hors du ressort du département de premier établissement est déclaré auprès du préfet du département dans lequel l'activité est poursuivie. Celui-ci est alors compétent pour contrôler la réalité de l'objet pour lequel la carte est délivrée.

Ces déclarations sont accompagnées de la production d'une inscription modificative au registre du commerce et des sociétés ou au répertoire des métiers.

L'autorité compétente porte sur la carte d'identité de commerçant la mention de chaque déclaration.

16 Si le titulaire de la carte d'identité de commerçant ne remplit plus les conditions nécessaires à l'exercice de l'une des activités mentionnées à l'article 1er ci-dessus, le préfet territorialement compétent lui notifie le retrait de cette carte.

17 Le titulaire de la carte d'identité de commerçant est tenu de restituer sa carte :

— lorsqu'il cesse définitivement, pour quelque cause que ce soit, l'ensemble de ses activités commerciales, industrielles ou artisanales ;

— lorsqu'il cesse temporairement ses activités industrielles, commerciales ou artisanales et que cette cessation temporaire qui emporte inscription modificative au registre du commerce et des sociétés ou au répertoire des métiers dure plus d'un mois.

18 Le décret du 2 février 1939 relatif à la délivrance des cartes d'identité de commerçant pour les étrangers est abrogé.

FACTURES

BIBL. GÉN. ▸ Bondiguel, *Gaz. Pal. 1993. 2. Doctr. 1300* (nouvelles règles en matière de facturation). – Kauffmann et Cannito, *ibid. 1994. 1. 246* (prestataires libéraux) ; *ibid. 2. 1384.*

Code général des impôts

(Décr. nº 50-478 du 6 avr. 1950)

Art. 237 *sexies* *(L. nº 2002-1576 du 30 déc. 2002)* **1. Les produits et charges correspondant aux pénalités de retard mentionnées aux articles L. 441-3 et L. 441-6 du code de commerce sont respectivement rattachés, pour la détermination du résultat imposable à l'impôt sur le revenu ou à l'impôt sur les sociétés, à l'exercice de leur encaissement et de leur paiement.**

(L. nº 2004-1484 du 30 déc. 2004, art. 35) **« 2. Les dispositions du 1 s'appliquent aux pénalités de retard afférentes à des créances et dettes nées à compter de la date d'entrée en vigueur de la loi nº 2001-420 du 15 mai 2001 relative aux nouvelles régulations économiques. »**

289 *(L. nº 92-677 du 17 juill. 1992)* **I. — Tout assujetti** *[à la taxe sur la valeur ajoutée]* **doit délivrer une facture ou un document en tenant lieu pour les biens livrés ou les services rendus à un autre assujetti ou à une personne morale non assujettie, ainsi que pour les acomptes perçus au titre de ces opérations lorsqu'ils donnent lieu à exigibilité de la taxe.**

(L. nº 93-1353 du 30 déc. 1993) **« Tout assujetti doit également délivrer une facture ou un document en tenant lieu pour les livraisons de biens visées aux articles 258 A et 258 B et pour les livraisons de biens exonérées en application du I de l'article 262 *ter* et du II de l'article 298 *sexies*, ainsi que pour les acomptes perçus au titre de ces opérations. »** — *Disposition applicable à compter du 1er janv. 1993 (L. nº 93-1353 du 30 déc. 1993, art. 1er, III).*

(L. nº 94-1163 du 29 déc. 1994) **« Tout assujetti doit délivrer une facture ou un document en tenant lieu pour les livraisons aux enchères publiques de biens d'occasion, d'œuvres d'art, d'objets de collection ou d'antiquité. »** — *Disposition applicable à compter du 1er janv. 1995 (L. nº 94-1163 du 29 déc. 1994, art. 16, XVI).*

L'assujetti doit conserver un double de tous les documents émis. — *V. infra, art. 289 bis.*

II. — La facture ou le document en tenant lieu doit faire apparaître :

— par taux d'imposition, le total hors taxe et la taxe correspondante mentionnés distinctement ;

— les numéros d'identification à la taxe sur la valeur ajoutée du vendeur et de l'acquéreur pour les livraisons désignées au I de l'article 262 *ter* et la mention « Exonération TVA, art. 262 *ter* I du code général des impôts » ;

— le numéro d'identification à la taxe sur la valeur ajoutée du prestataire ainsi que celui fourni par le preneur pour les prestations mentionnées aux 3°, *(L. nº 95-1347 du 30 déc. 1995)* **« 4° *bis*, » 5° et 6° de l'article 259 A ;**

— les caractéristiques du moyen de transport neuf telles qu'elles sont définies au III de l'article 298 *sexies* pour les livraisons mentionnées au II de ce même article.

III. — Un décret en Conseil d'État fixe les autres éléments d'identification des parties et données concernant les biens livrés ou les services rendus qui doivent figurer sur la facture. — *V. infra, Annexe II, art. 242 nonies. — La loi nº 92-677 du 17 juill. 1992 entre en vigueur le 1er janv. 1993 (art. 121).*

Sur les pouvoirs d'enquête de l'Administration pour rechercher les manquements aux règles de facturation, V. art. L. 80 F à L. 80 J LPF. — ***C. pr. fisc.***

BIBL. ▸ Pizzorno, *Cah. dr. entr. 1993, nº 6* (aspects fiscaux des escomptes et pénalités). – Donsimoni, *Petites affiches 9 févr. 1998, p. 7* (contradiction entre l'art. 289 CGI et l'art. 31 ord. 1er déc. 1986).

289 *bis* *(L. n° 2002-1576 du 30 déc. 2002)* « I. – Pour l'application des articles 286 et 289, seules les factures transmises par voie électronique qui se présentent sous la forme d'un message structuré selon une norme convenue entre les parties, permettant une lecture par ordinateur et pouvant être traité automatiquement et de manière univoque, constituent, sous réserve des dispositions ci-après, des documents tenant lieu de factures d'origine.

« Les informations émises et reçues doivent être identiques. Sur demande de l'administration, elles sont restituées en langage clair par l'entreprise chargée de s'assurer qu'une facture est émise au sens du I de l'article 289, quelle que soit la personne qui a matériellement émis les messages, en son nom et pour son compte. Elles doivent, en outre, être restituées dans les mêmes conditions par l'entreprise destinataire de ces factures, quelle que soit la personne qui les a reçues en son nom et pour son compte.

« Si l'administration le demande, la restitution des informations est effectuée sur support papier.

« II. – Les entreprises qui veulent transmettre leurs factures dans les conditions visées au I recourent à un système de télétransmission répondant à des normes équivalentes à celle définie à l'article 2 de la recommandation 1994/820/CE de la Commission, du 19 octobre 1994, concernant les aspects juridiques de l'échange de données informatisées lorsque l'accord relatif à cet échange prévoit l'utilisation de procédures garantissant l'authenticité de l'origine et l'intégrité des données.

« En cas de mise en œuvre d'un tel système, les entreprises en informent le service des impôts territorialement compétent. Le présent alinéa s'applique jusqu'au 31 décembre 2005.

« III. – L'entreprise doit s'assurer que les informations émises en application du I, par elle-même, ou par un tiers ou client mandaté à cet effet, sont accessibles et conservées dans leur contenu originel et dans l'ordre chronologique de leur émission dans les conditions et dans les délais fixés par l'article L. 102 B du livre des procédures fiscales.

« L'entreprise destinataire de ces informations doit, quelle que soit la personne qui les a reçues en son nom et pour son compte, s'assurer qu'elles sont accessibles et conservées dans leur contenu originel et dans l'ordre chronologique de leur réception dans les conditions et dans les délais fixés par l'article L. 102 B du livre des procédures fiscales.

« L'entreprise, qui émet ou reçoit des factures dans les conditions mentionnées au I, doit, quelle que soit la personne qui a matériellement émis ou reçu les messages, en son nom et pour son compte, s'assurer qu'est tenue et conservée sur support papier ou sur support informatique, pendant le délai fixé au premier alinéa du I de l'article L. 102 B du livre des procédures fiscales, une liste récapitulative séquentielle de tous les messages émis et reçus et de leurs anomalies éventuelles. » – *V. CGI, Annexe IV, art. 41 septies et 41 octies.* – ***CGI.***

IV. – Les agents de l'administration peuvent intervenir de manière inopinée dans les locaux professionnels des entreprises émettrices et réceptrices, et, s'il y a lieu, dans les locaux professionnels des prestataires de services de télétransmission, pour vérifier la conformité du fonctionnement du système de télétransmission aux exigences du présent article.

Lors de l'intervention mentionnée *(Décr. n° 2002-923 du 6 juin 2002, art. 4)* « au premier alinéa », *(L. n° 98-546 du 2 juill. 1998)* « l'administration » remet au contribuable, ou à son représentant, un avis d'intervention précisant les opérations techniques envisagées sur le système de télétransmission.

(L. n° 98-546 du 2 juill. 1998) « En cas d'impossibilité de procéder au contrôle du système ou de manquement aux conditions posées par le présent article, les agents de l'administration dressent un procès-verbal. Dans les trente jours de la notification de ce procès-verbal, le contribuable peut formuler ses observations, apporter des justifications ou procéder à la régularisation des conditions de fonctionnement du système. Au-delà de ce délai et en l'absence de justification ou de régularisation, les factures *(L.*

n° 2002-1576 du 30 déc. 2002) « mentionnées au I » ne sont plus considérées comme documents tenant lieu de factures d'origine.

« L'intervention, opérée par des agents de l'administration ou sous leur contrôle conformément au premier alinéa, ne relève pas des procédures de contrôle de l'impôt régies par les articles L. 10 à L. 54 A du Livre des procédures fiscales. Les procès-verbaux établis en application du présent article ne sont opposables au contribuable qu'au regard de la conformité de son système de télétransmission aux principes et normes prévus aux I, II et III. »

V. — Un décret fixe les conditions d'application du présent article, et notamment les modalités de restitution des informations ainsi que les conditions dans lesquelles les agents de l'administration sont habilités à procéder aux visites mentionnées au IV. — *V. CGI, Annexe III, art. 96 F à 96 I.* — ***CGI.***

Les dispositions des I, II et III de l'art. 289 bis sont entrées en vigueur le 1er juill. 2003 (L. n° 2002-1576 du 30 déc. 2002, art. 17, III).

BIBL. ▶ Piette-Coudol, *Gaz. Pal. 1992. 2. Doctr. 804 ; ibid. 1993. 1. Doctr. 62 et 397* (facture par message électronique). - Caprioli, *Cah. dr. entr. 1993, n° 1* (dématérialisation de la facture). - Caprioli et Roquilly, *ibid. 1994, n° 4* (dématérialisation des documents commerciaux). - Boulanger, *Gaz. Pal. 1999. Doctr. p. 1469* (contrôle des systèmes de télétransmission de factures) ; *ibid. 2004. Doctr. 84* (nouveau régime fiscal de la télétransmission des factures).

1737 *(Ord. n° 2005-1512 du 7 déc. 2005, art. 13-IV)* I. — Entraîne l'application d'une amende égale à 50 % du montant :

1. Des sommes versées ou reçues, le fait de travestir ou dissimuler l'identité ou l'adresse de ses fournisseurs ou de ses clients, les éléments d'identification mentionnés aux articles 289 et 289 B et aux textes pris pour l'application de ces articles ou de sciemment accepter l'utilisation d'une identité fictive ou d'un prête-nom ;

2. De la facture, le fait de délivrer une facture ne correspondant pas à une livraison ou à une prestation de service réelle ;

3. De la transaction, le fait de ne pas délivrer une facture. Le client est solidairement tenu au paiement de cette amende. Toutefois, lorsque le fournisseur apporte, dans les trente jours de la mise en demeure adressée par l'administration fiscale, la preuve que l'opération a été régulièrement comptabilisée, il encourt une amende réduite à 5 % du montant de la transaction ;

4. De la transaction, le fait de ne pas délivrer une note en violation des dispositions de l'article 290 *quinquies*.

Les dispositions des 1 à 3 ne s'appliquent pas aux ventes au détail et aux prestations de services faites ou fournies à des particuliers.

Les dispositions des 1 à 4 s'appliquent aux opérations réalisées dans le cadre d'une activité professionnelle.

II. — Toute omission ou inexactitude constatée dans les factures ou documents en tenant lieu mentionnés aux articles 289 et 290 *quinquies* donne lieu à l'application d'une amende de 15 €. Toutefois, le montant total des amendes dues au titre de chaque facture ou document ne peut excéder le quart du montant qui y est ou aurait dû y être mentionné.

1751 1. *Abrogé par Ord. n° 86-1243 du 1er déc. 1986, art. 60-IX.*

2. *(Ord. n° 86-1243 du 1er déc. 1986)* « Dans tous les cas où est relevée l'infraction aux règles de facturation telles que prévues » *(Décr. n° 2001-435 du 21 mai 2001)* « aux articles L. 441-3 à L. 441-5 du code de commerce », l'entreprise de l'auteur du délit peut être placée sous séquestre jusqu'à l'exécution de la décision définitive. La mesure de séquestre pourra être étendue à l'ensemble du patrimoine de l'auteur du délit.

La mise sous séquestre peut être ordonnée par le juge d'instruction ou par le tribunal correctionnel saisis, en tout état de la procédure, sur réquisition du procureur de la République. Elle peut l'être également, hors le cas de la saisine du juge d'instruction ou du tribunal correctionnel, par le président du tribunal statuant en référé dans les conditions prévues aux articles 485 et 486 du Nouveau code de procédure civile. Dans tous les cas, la décision ordonnant le séquestre est, de plein droit, exécutoire par provision et sur minute, avant enregistrement.

Le séquestre est confié au service des domaines dans les formes et conditions prévues par la loi validée du 5 octobre 1940, relative aux biens mis sous séquestre en conséquence d'une mesure de sûreté générale.

3. Un décret pris sur le rapport du garde des sceaux, ministre de la justice, du ministre de l'économie et des finances et du secrétaire d'État au budget détermine les conditions d'application du présent article. – *V. CGI, Annexe III, art. 406 A 12 à 406 A 16.* – **CGI.**

Annexe II — Dispositions revêtant la forme de décret en Conseil d'État

242 *nonies* *(Décr. n° 92-1244 du 27 nov. 1992)* Les factures ou les documents en tenant lieu établis par les assujettis doivent être datés et numérotés et faire apparaître :

– le nom du vendeur ou du prestataire et celui du client ainsi que leurs adresses respectives ;

– la date de l'opération ;

– pour chacun des biens livrés ou des services rendus, la quantité, la dénomination précise, le prix unitaire hors taxes et le taux de taxe sur la valeur ajoutée légalement applicable ;

– tous rabais, remises ou ristournes dont le principe est acquis et le montant chiffrable lors de l'opération. – *Entrée en vigueur le 1er janv. 1993 (art. 3 du décret).*

Livre des procédures fiscales

Art. L. 246 Les infractions aux règles de la facturation constatées dans les conditions prévues au premier alinéa de l'article L. 450-1 et aux articles L. 450-2 et L. 450-3 du code de commerce, sont poursuivies pénalement dans le délai le plus bref selon les procédures de la comparution immédiate, de l'information ou de la citation directe. – *[Ord. n° 86-1243 du 1er déc. 1986].*

Code de commerce

(Ord. n° 2000-912 du 18 sept. 2000)

Art. L. 441-3 à L. 441-5 *V. ces articles, supra.*

Art. L. 470-2 à L. 470-4 *V. ces articles, supra.*

Décret n° 2002-689 du 30 avril 2002,

Fixant les conditions d'application du livre IV du code de commerce relatif à la liberté des prix et de la concurrence.

TITRE III De la transparence, des pratiques restrictives de concurrence et d'autres pratiques prohibées

Art. 13 Pour l'application du deuxième alinéa de l'article L. 441-3 du code de commerce, les originaux ou les copies des factures sont conservés pendant un délai de trois ans à compter de la vente ou de la prestation de service.

Sur les factures de complaisance, V. CGI, art. 1737, supra.

Sur l'emploi obligatoire de la langue française dans les factures, V. L. n° 94-665 du 4 août 1994, art. 2, infra, v° Ventes commerciales (Dispositions générales), en note ss. C. consom., art. L. 114-1.

GARANTIE AUTONOME (OU INDÉPENDANTE)

RÉP. COM. v[is] *Garantie à première demande*, par S. PIEDELIÈVRE ; *Garanties financières professionnelles*, par MERLAND.

BIBL. ▶ GAVALDA et STOUFFLET, *RTD com. 1980. 1.* – BONTOUX, *Banque 1982. 171.* – MOULY, *ibid. 1987. 1166.* – RIVES-LANGE, *ibid. 1985. 902.* – STOUFFLET, *RJ com., n° spéc., févr. 1982. 76* ; *Rev. dr. bancaire 1995. 132* (convention des Nations unies sur les garanties indépendantes et les lettres de crédit *stand-by*). – COURTIER, *Petites affiches 23 mai 1994.* – S. PIEDELIÈVRE, *RTD com. 1993. 615* (règles uniformes de la CCI). – LEUDAIS, *Gaz. Pal. 1994. 2. Doctr. 853* (même thème). – GRELON et DAL FARRA, *Contrats Conc. Consom. 1994. Chron. 2* (sort des contrats en cas d'embargo) ; *Rev. dr. bancaire 1994. 98* (sort des garanties financières). – CERLES, *D. Affaires 1998. 747* (garanties bancaires : contre le mélange des genres). – BERNUT-POUILLET, *Banque et Droit mai-juin 2000. 12* (garanties internationales). – RAWACH, *RD banc. fin. 2000. 57* (licéité des garanties à première demande au regard du droit à la consommation). – CHAIGNE, DAI DO et CHANG, *Petites affiches 17 juill. 2002, p. 4* (garanties à première demande en droit français : recours du garant après le paiement). – MALEVILLE, *JCP E 2002, n° 29, p. 1233* (le point sur la confusion entre cautionnement et garantie indépendante). – AYNÈS, *Petites affiches 26 mai 2005, p. 8* (évolution des garanties financières). – CABOTTE, *ibid., p. 13* (garanties du financement de l'entreprise : aspects internationaux). – LACHIÈZE, *D. 2006. 234* (la délégation-sûreté). – RONTCHEVSKY, *Banque et Droit janv.-févr. 2006. 17* (les sûretés personnelles à l'épreuve de la loi de sauvegarde des entreprises). – DJOUDI, *RD banc. fin. mars-avr. 2006. 71* (la garantie à première demande et les risques du banquier garant).

▶ Ord. n° 2006-346 du 23 mars 2006 : RONTCHEVSKY, *D. 2006. 1303* (réception de la garantie autonome et de la lettre d'intention). – HOUTCIEFF, *JCP E 2006, suppl. au n° 20, p. 7* (les sûretés personnelles).

Code civil

Art. 2321 *(Ord. n° 2006-346 du 23 mars 2006, art. 6)* **La garantie autonome est l'engagement par lequel le garant s'oblige, en considération d'une obligation souscrite par un tiers, à verser une somme soit à première demande, soit suivant des modalités convenues.**

Le garant n'est pas tenu en cas d'abus ou de fraude manifestes du bénéficiaire ou de collusion de celui-ci avec le donneur d'ordre.

Le garant ne peut opposer aucune exception tenant à l'obligation garantie.

Sauf convention contraire, cette sûreté ne suit pas l'obligation garantie.

V. art. L. 313-10-1 C. consom., infra, v° Ventes commerciales. — V Crédit (vente à).

1. Validité de la garantie autonome. L'engagement contracté par la banque garante, s'il est à première demande, ne constitue pas un cautionnement mais une garantie autonome qui prive la banque de la faculté de se prévaloir, en l'état, des exceptions que le donneur d'ordre pouvait opposer au bénéficiaire tenant à l'inexécution du contrat les unissant. • Com. 20 déc. 1982 : *Bull. civ. IV, n° 417 ; D. 1983. 365, note Vasseur (1re esp.) ; RTD com. 1983. 446, obs. Cabrillac et Teyssié ; GAJC, 11e éd., T. 2, n° 279-280 (1re esp.).*

2. Délimitation contractuelle. L'engagement à première demande de la banque est régi par les seules dispositions de la lettre de garantie. • Com. 20 déc. 1982 : *préc. note 1 (2e esp.).* – V. note 24.

2 bis. Cause de l'engagement. L'engagement d'un garant à première demande est causé, dès lors que le donneur d'ordre a un intérêt économique à la conclusion du contrat de base, peu important qu'il n'y soit pas partie. • Com. 19 avr. 2005 : *Bull. civ. IV, n° 91 ; D. 2005. Pan. 2086, obs. Crocq ; ibid. AJ. 1285 ; RTD com. 2005. 582, obs. Legeais ; Petites affiches 18 mai 2005, p. 9, rapp. Cohen-Branche ; ibid. 21 mars 2006, p. 4, obs. Pimont ; JCP E 2005, n° 24, p. 1009, note Stoufflet ; JCP 2005. II. 10075, note S. Piedelièvre ; RD banc. fin. 2005, n° 133, obs. Cerles ; Banque et Droit mai-juin 2005. 63, obs. Jacob ; Dr. et patr. févr. 2006. 131, obs. Dupichot ; Bull. Joly 2005. 1221 ; RJDA 2006, n° 198.* ♦ Le garant ne peut prétendre se soustraire à son engagement en invoquant la nullité de son engagement pour défaut de cause, faute d'établir que le contrat commercial qu'il invoque aurait eu une relation directe avec la garantie offerte, laquelle a sa cause dans l'opération de financement bancaire. • Versailles, 8 avr. 2004 : *BICC 2005, n° 1634.*

I. QUALIFICATION DE GARANTIE AUTONOME

A. CRITÈRES DE L'AUTONOMIE

3. Autonomie de l'objet de l'obligation du garant et inopposabilité des exceptions. L'acte par lequel une banque s'engage à payer à une autre le montant d'effets avalisés par celle-ci, sans objections ni exceptions, constitue une garantie à première demande et non un cautionnement, peu important qu'il ait été fait référence dans l'engagement à l'opération juridique génératrice de l'obligation. • Com. 7 oct. 1997 : *Bull. civ. IV, n° 242 ; D. Affaires 1997. 1323 ; JCP E 1998, n° 6, p. 226, note Legeais ; RD bancaire et bourse 1998. 17, obs. Contamine-Raynaud ; RTD com. 1998. 189, obs. Cabrillac* ✐. ♦ Un engagement ne peut être qualifié de garantie autonome que s'il n'implique pas une appréciation des modalités d'exécution du contrat de base pour l'évaluation des montants garantis ou pour la détermination des durées de validité et s'il comporte une stipulation de l'inopposabilité des exceptions. • Com. 27 juin 2000 : *Contrats Conc. Consom. 2000, n° 155, obs. Leveneur ; RD banc. fin. 2000, n° 225, obs. Mattout.* ♦ Dans le même sens, précisant que ces références ne doivent impliquer aucune appréciation des modalités d'exécution du contrat de base pour évaluer les montants garantis ou déterminer la durée de validité de la garantie, V. • Com. 30 janv. 2001 : *Bull. civ. IV, n° 25 ; D. 2001. AJ. 1024 ; JCP E 2001, n° 13, p. 568, note Legeais ; Bull. Joly 2001. 484, note Le Nabasque ; Defrénois 2001. 1319, note Piedelièvre.* ♦ Ainsi, une garantie autonome n'est pas éteinte, en cas d'ouverture d'une procédure collective à l'encontre du donneur d'ordre même lorsque le créancier bénéficiaire de la garantie autonome ne déclare pas au passif sa créance. • Même arrêt. ♦ Des garanties stipulées irrévocables et inconditionnelles, nonobstant toute contestation du donneur d'ordre ou d'un tiers, dont l'étendue, fixée au moment de leurs conclusions, est indépendante, dans son exécution, d'éventuelles défaillances du débiteur, ne sont pas privées d'autonomie par de simples références au contrat de base. • Com. 18 mai 1999 : *Bull. civ. IV, n° 102 ; JCP E 2000, n° 27, p. 1088, obs. Gavalda et Stoufflet ; RD bancaire et bourse 1999. 127, obs. Contamine-Raynaud ; JCP 1999. II. 10199, note Stoufflet.* ♦ Dans le même sens, requalifiant un acte de cautionnement en garantie indépendante, V. • Com. 11 juin 2002 : *Bull. civ. IV, n° 101 ; D. 2002. Somm. 3332, obs. Aynès* ✐ *; ibid. 2003. Somm. 343, obs. Martin ; RD banc. fin. 2002, n° 176, obs. Legeais.* – V. aussi • Paris, 1er déc. 1998 : *RJDA 1999, n° 475 ; RD bancaire et bourse 1999. 103, obs. Contamine-Raynaud* • 12 mars 1999 : *JCP 1999. I. 156, n° 6, obs. Simler et Delebecque* • 28 avr. 2000 : *RD banc. fin. 2000, n° 196, obs. Legeais.* ♦ Mais la référence au contrat litigieux n'affecte pas le caractère autonome de l'engagement mais ne sert qu'à identifier la sûreté afin d'empêcher qu'elle ne soit mise en cause à propos d'une opération qui lui resterait totalement étrangère. • Paris, 2 avr. 2004 : *RD banc. fin. 2004, n° 232, obs. Cerles.*

4. Défaut d'autonomie de l'engagement ayant pour objet la propre dette du débiteur principal. Une garantie n'est pas autonome dès lors que l'engagement du garant a pour objet la propre dette du débiteur principal. • Com. 5 déc. 1995 : *RJDA 1996, n° 386* • 11 mars 1997 : *Bull. civ. IV, n° 67 ; D. Affaires 1997. 472 ; Rev. dr. bancaire 1997. 123, obs. Contamine-Raynaud* • 9 déc. 1997 : *D. Affaires 1998. 199, obs. S. P. ; Rev. dr. bancaire 1998. 66, obs. Contamine-Raynaud ; JCP E 1999, n° 17, p. 765, obs. Gavalda et Stoufflet.* – V. aussi • Civ. 1re, 13 mars 1996 : *Rev. dr. bancaire 1996. 123, obs. Contamine-Raynaud* • 6 juill. 2004 : ♖ *Bull. civ. I, n° 199 ; D. 2004. AJ. 2373* ✐ *; JCP E 2004, n° 39, p. 1462 ; RD banc. fin. 2004, n° 196, obs. Legeais ; RJDA 2005, n° 76.* ♦ V. aussi • Paris, 6 juill. 2001 : *D. 2001. AJ. 2820, obs. Avena-Robardet,* ✐ refusant de retenir la qualification de garantie autonome pour un engagement signé du garant faisant référence au contrat de base et à la dette du débiteur principal indiquée comme étant l'obligation garantie.

5. Mentions expresses. Le caractère de la garantie doit être expressément prévu par les parties et ne saurait être présumé. • Com. 20 déc. 1982 : *préc. note 1* • 27 oct. 1981 : *JCP 1981. II. 19702, note Bouloy* • 26 janv. 1993 : *Bull. civ. IV, n° 28 ; D. 1995. Somm. 13, obs. Vasseur* ✐ • 1er déc. 1998 : *JCP E 1999, n° 17, p. 765, obs. Gavalda et Stoufflet.* ♦ Le critère de la distinction entre un cautionnement et une garantie à première demande ne saurait reposer sur le seul intitulé de l'acte mais réside dans l'objet de l'obligation qui doit être, s'agissant d'une garantie autonome, indépendante du contrat de base tandis que le cautionnement porte sur l'obligation du débiteur principal. • Com. 16 juin 2004 : ♖ *RD banc. fin. 2004, n° 232, obs. Cerles.* ♦ Le terme caution n'exclut pas nécessairement la qualification de garantie, s'il est complété par une disposition expresse qui ne suppose aucune mention sacramentelle. • Com. 8 déc. 1987 :

Bull. civ. IV, n° 261 ; D. 1988. Somm. 240, obs. Vasseur ; ibid. 274, obs. Aynès • 2 févr. 1988 : *Bull. civ. IV, n° 55 ; D. 1988. Somm. 274, obs. Aynès* • 22 mai 1991 : *D. 1992. Somm. 233, obs. Vasseur* • 3 nov. 1992 : *Bull. civ. IV, n° 335 ; D. 1993. Somm. 96, obs. Vasseur ; JCP 1993. II. 22082, note Delebecque ; JCP E 1993. II. 454, note Jacob* • 1er févr. 1994 : *D. 1995. Somm. 11, obs. Vasseur* • Paris, 12 oct. 2001 : *RD banc. fin. 2002, n° 88, obs. Cerles.* ♦ Comp. : • Com. 5 déc. 1989 : *D. 1990. Somm. 208, obs. Vasseur (2 arrêts)* • Paris, 3 avr. 1990 : *D. 1990. Somm. 197, obs. Vasseur,* conf. par • Com. 28 janv. 1992 : *Bull. civ. IV, n° 35 ; D. 1992. Somm. 234, obs. Vasseur.* – V. aussi • Com. 19 mai 1992 : *Bull. civ. IV, n° 187 ; D. 1993. Somm. 103, obs. Vasseur ; Rev. dr. bancaire 1992. 214, obs. Contamine-Raynaud* • 18 avr. 2000 : *Banque et Droit nov.-déc. 2000. 46, obs. Prüm ; Dr. et patr. juin 2001. 91, obs. Saint-Alary.*

Sur la portée de l'expression « à première demande », V. • Paris, 3 avr. 1990 : *D. 1991. Somm. 191, obs. Vasseur* • Com. 10 mai 1994 : *Bull. civ. IV, n° 171 ; D. 1995. Somm. 12, obs. Vasseur* • 13 déc. 1994 : *D. 1995. 209, rapp. Le Dauphin, note Aynès* • Grenoble, 28 mai 2001 : *JCP 2002. IV. 3082* • Com. 5 nov. 2002 : *Bull. Joly 2003. 30, obs. Couret ; RJDA 2003, n° 217* • 6 mai 2003 : *JCP E 2004, n° 14, p. 574, note Guerchoun* • 8 oct. 2003 : *JCP E 2004, n° 36, p. 1341, obs. Simler ; RD banc. fin. 2004, n° 15, obs. Cerles ; RJDA 2004, n° 361* • Paris, 28 juin 2002 : *RD banc. fin. 2003, n° 72, obs. Cerles.* ♦ ... Du terme « garantie autonome », V. • Com. 14 juin 2000 : *RD banc. fin. 2000, n° 226, obs. Mattout* • Paris, 12 févr. 1993 : *D. 1993. IR. 121.* ♦ ... D'une mention manuscrite relative à une caution solidaire, et contredisant la mention dactylographiée se référant à une garantie à première demande, V. • Com. 8 juin 1993 : *Bull. civ. IV, n° 225 ; D. 1993. Somm. 313, obs. Aynès ; D. 1994. Somm. 11, obs. Vasseur.*

Sur le pouvoir souverain d'interprétation des juges du fond face aux mentions stipulées, V. • Com. 25 juin 2002 : *D. 2002. Somm. 3333, obs. Aynès ; JCP 2003. I. 124, n° 10, obs. Simler ; Banque et Droit janv.-févr. 2003. 53, obs. Prüm ; RD banc. fin. 2002, n° 183, obs. Cerles ; RJDA 2002, n° 1318* • 20 nov. 2001 : *JCP 2003. I. 124, n° 10, obs. Simler ; RJDA 2002, n° 431* • 2 juin 2004 : *RD banc. fin. 2004, n° 231, obs. Cerles.*

6. *Autonomie des contre-garanties.* La contre-garantie est une obligation autonome, tant par rapport à la garantie de premier rang que par rapport au contrat de base. • Com. 27 nov. 1984 : *D. 1985. 269, note Vasseur* • 8 nov. 1994 : *Bull. civ. IV, n° 322 ; D. 1995. IR. 3* • Paris, 8 nov. 1988 : *D. 1990. Somm. 206, obs. Vasseur* • 23 nov. 1990 : *D. 1991. IR. 30* • 19 févr. 1991 : *Bull. civ. IV, n° 76.* – Comp. : • Com. 3 avr. 1990 : *D. 1991. Somm. 195, obs. Vasseur.* ♦ Sur l'incidence de la disqualification de garanties indépendantes en cautionnement à l'égard des contre-garanties, V. • Paris, 3 avr. 2002 : *D. 2002. AJ. 1750, obs. Avena-Robardet ; Banque et Droit janv.-févr. 2003. 54, obs. Prüm.* ♦ Sur l'absence de lien de connexité entre la demande en annulation de la contre-garantie autonome d'un crédit à la consommation et la demande en réduction du contrat de crédit lui-même, V. • Civ. 1re, 27 juin 2000 : *Bull. civ. I, n° 197 ; RD banc. fin. 2000, n° 198, obs. Mattout ; Banque et Droit nov.-déc. 2000. 48, obs. Prüm.* – V. aussi note 36. ♦ Un engagement de contre-garantir des cautions doit être analysé comme un sous-cautionnement dès lors qu'il a pour objet la dette même du débiteur garanti, que son étendue est tributaire de celle de l'obligation du débiteur garanti ; ceci permet de le distinguer d'un engagement de garantie autonome dont l'objet est distinct de celui du débiteur principal. • Lyon, 24 mars 2005 : *BICC 2006, n° 324.*

B. DISTINCTION ENTRE GARANTIE AUTONOME ET CAUTIONNEMENT

7. *Requalification en cautionnement.* En dépit de l'intitulé de l'acte, l'engagement qui se réfère à la dette du débiteur principal n'est pas autonome. • Civ. 1re, 23 févr. 1999 : *Bull. civ. I, n° 64 ; D. 1999. IR. 80 ; D. Affaires 1999. 593, obs. J. F. ; Contrats Conc. Consom. 1999, n° 69, obs. Leveneur ; RD bancaire et bourse 1999. 102, obs. Contamine-Raynaud ; JCP E 1999, n° 40, p. 1584, obs. Delebecque et Simler ; JCP 1999. II. 10189, note Ginestet.* ♦ L'engagement de payer la propre dette du débiteur en cas de défaillance de celui-ci est un cautionnement, quelles que soient par ailleurs les clauses de renonciation, V. • Com. 25 juin 2002 : *préc. note 5.* ♦ N'est pas de nature à modifier la qualification en cautionnement la clause « sans pouvoir différer le paiement ou soulever de contestation pour quelque motif que ce soit », dès lors qu'il est constaté que la banque avait entendu garantir la dette de remboursement d'une société en cas de défaillance de celle-ci. • Com. 8 oct. 2003 : *JCP 2004. II. 10069, note Gutierrez-Lacour ; RD banc. fin. 2004, n° 15, obs. Cerles ; Petites affiches 17 mai 2004, p. 8, obs. Barthez.* ♦ Dès lors que l'acte litigieux est rédigé de manière imprécise et ambiguë et exige d'être interprété, le principe posé à l'art. 1162 C. civ., selon lequel la convention s'interprète contre celui qui a stipulé et en faveur de celui qui a contracté l'obligation, conduit à interpréter l'acte dans le sens du cautionnement plutôt que dans le sens de la garantie à première demande. • Versailles, 4 mars 1999 : *D. Affaires 1999. 940 ; RJDA 1999, n° 721.* ♦ Dès l'instant où l'acte par lequel une personne s'engage à garantir les engagements d'une société s'intitule « garantie à première demande, mais fait référence de façon précise aux conditions chiffrées du contrat de crédit-bail garanti, et prévoit que la mise en œuvre de la garantie sera subordonnée à la défaillance du débiteur, il convient de restituer à l'acte sa véritable qualification (cautionnement). • Aix-en-Provence, 23 mars 1995 : *JCP 1995. IV. 1981 ; Bull. Aix 1995, n° 1, p. 176, obs. Cayron.* – Dans le même sens : • Paris, 15 sept. 1995 : *D. Affaires 1995. 87 ; Gaz. Pal. 1996. 2. 435, note Piedelièvre.*

8. Requalification en garantie autonome. En s'obligeant à payer une certaine somme, dès la demande du créancier, et sans pouvoir soulever aucune contestation que ce soit, une société financière, professionnelle avertie, a contracté non un simple cautionnement mais une garantie autonome, en dépit de l'utilisation des termes « caution solidaire » qui ne traduisent nullement la volonté de la société, laquelle, transmettant son engagement, a, de nouveau, précisé qu'il s'agissait d'un acte de garantie à première demande. • Com. 20 nov. 2001 : *RJDA 2002, n° 431.* ♦ Pour la requalification en garantie indépendante d'une convention dite de participation aux risques d'une opération de crédit : • Com. 11 juin 2002 : *préc. note 3.* ♦ N'est pas un cautionnement au sens strict la garantie souscrite contenant la clause selon laquelle le garant s'engage irrévocablement et inconditionnellement au paiement de la somme de 800 000 F au maximum dans la seule mesure où le bénéficiaire attesterait que la somme demandée lui est due par la société débitrice principale, s'interdisant de discuter ou de différer l'exécution de sa garantie pour quelque motif que ce soit, V. • Lyon, 12 sept. 2002 : *RD banc. fin. 2003, n° 110, obs. Legeais.* ♦ L'exigence d'une demande « justifiée », qui ne confère pas au garant une quelconque faculté d'en discuter le bien fondé, ne suffit pas à exclure la qualification de garantie autonome. • Com. 12 juill. 2005 : *cité note 23.*

C. DISTINCTION ENTRE GARANTIE AUTONOME ET CRÉDIT DOCUMENTAIRE

RÉP. COM. v° *Crédit documentaire*, par Stoufflet.

9. Spécificité du crédit documentaire. Constitue non une garantie à première demande mais une garantie documentaire, l'engagement pris par une banque française de garantir, sous certaines conditions, le remboursement d'avances liées à un achat de munitions destinées à un acheteur irakien, dès lors qu'il résulte des actes de garantie que l'observation, par le garant, de son engagement, est liée à la production d'une sentence arbitrale énonçant que l'inexécution, par le vendeur, de ses obligations, est imputable à la politique du Gouvernement français. • Com. 16 mai 1995 : *JCP E 1995. II. 734, note Leveneur ; RJDA 1995, n° 1267.* ♦ Jugeant qu'il n'existe aucun lien de droit entre le banquier émetteur d'un crédit documentaire, fût-il irrévocable, et le vendeur tant que celui-ci n'a pas reçu de celui-là la notification du crédit ouvert, et qu'il n'était pas soutenu, ni démontré que le vendeur avait reçu du garant un accréditif, dont aurait pu découler son droit direct à l'égard de la banque. • Com. 3 juin 2003 : *Dr. et patr. nov. 2003. 100, obs. P. Mousseron ; RJDA 2003, n° 1233.* ♦ Jugeant que c'est la banque qui a ouvert un crédit documentaire qui est la débitrice de cette obligation entre les mains de laquelle une saisie peut être pratiquée : • Com. 3 juin 2003 : *RD banc. fin. 2003, n° 238, obs. Delleci ; RJDA 2004, n° 93.*

Sur le formalisme dans le crédit documentaire, V. • Com. 5 déc. 2000 : *Bull. civ. IV, n° 190 ; D. 2001. AJ. 374, obs. Avena-Robardet* • 7 janv. 2004 : *Bull. civ. IV, n° 1 ; D. 2004. AJ. 345 ; JCP E 2004, n° 10, p. 346 ; RTD com. 2004. 359, obs. Legeais ; RJDA 2004, n° 613 ; RTD civ. 2005. 357, obs. Remy-Corlay* • Paris, 11 mars 2003 : *Banque et Droit janv.-févr. 2004. 67, obs. Affaki et Stoufflet* • 6 févr. 2002 : *ibid. mai-juin 2004. 62, obs. Affaki et Stoufflet* • Aix-en-Provence, 8 avr. 2004 : *ibid. sept.-oct. 2004. 93, obs. Affaki et Stoufflet.* ♦ Sur les obligations de la banque confirmatrice, V. • Paris, 3 sept. 2002 : *JCP 2003. II. 10027, note Chabert* • Dijon, 14 mars 2003 : *JCP E 2003, n° 42, p. 1646.* ♦ Sur le principe d'autonomie du contrat de vente par rapport au crédit documentaire, V. • Versailles, 13 déc. 2002 : *RTD com. 2003. 351, obs. Legeais* • Com. 27 sept. 2005 : *RTD com. 2006. 174, obs. Legeais ; Banque et Droit janv.-févr. 2006. 79, obs. Stoufflet.* ♦ Dès lors que certaines des incohérences affectant les documents présentés par le bénéficiaire d'un crédit documentaire ne pouvaient être comprises et résolues par le simple examen formel incombant aux établissements émetteur ou confirmateur du crédit mais nécessitaient l'analyse des conditions d'exécution du contrat de base que ceux-ci n'avaient pas à connaître, une cour d'appel ne pouvait condamner solidairement les deux établissements de crédit aux sommes réclamées par le bénéficiaire. • Com. 28 mars 2006 : *D. 2006. AJ. 1284, obs. Delpech ; JCP E 2006, n° 18, p. 810* (lettre de crédit *stand by*). ♦ Sur l'exception de fraude en matière de crédit documentaire, V. note 31 *bis*. ♦ Sur l'application des règles et usances uniformes à une banque notificatrice d'un crédit documentaire, V. • Com. 12 mars 2002 : *Bull. civ. IV, n° 51 ; D. 2002. AJ. 2049* ; *Petites affiches 4 déc. 2002, p. 14, obs. Chanteloup* • 3 mars 2004 : *Bull. civ. IV, n° 43 ; JCP E 2004, n° 19, p. 738 ; Petites affiches 28 juill. 2004, p. 5, obs. E. C. ; RJDA 2004, n° 887 ; RTD com. 2004. 848, obs. Delebecque* ; *RTD civ. 2005. 357, obs. Remy-Corlay*. ♦ Sur le crédit documentaire, V. Hesbert, *Petites affiches 1er oct. 2001, p. 12* ; Chatraoui, *RD banc. fin. mars-avr. 2006. 63* (crédit documentaire électronique).

D. SPÉCIFICITÉ DE CERTAINES GARANTIES FINANCIÈRES ET PROFESSIONNELLES

10. *Autonomie des garanties des professionnels de l'immobilier.* En raison de son autonomie, la garantie financière exigée des personnes exerçant des activités relatives à certaines opérations portant sur les immeubles et les fonds de commerce et affectée au remboursement des fonds, effets et valeurs qu'elles ont reçus, n'est pas éteinte lorsqu'en cas de redressement ou de liquidation judiciaires de l'agent immobilier, le client ne déclare pas au passif sa créance de restitution de la somme versée et, en conséquence, ce client peut assigner directement le garant. • Cass., Ass. plén., 4 juin 1999 : *préc. note 27 ss. ancien art. L. 621-46 C. com.* ♦ Dans le même sens, • Civ. 3e, 12 déc. 1997 : *Bull. civ. III, n° 53* (garantie extrinsèque d'achèvement en matière de promotion immobilière) • 28 nov. 2001 : *ibid., n° 139* (garantie d'achèvement d'un lotissement) • 3 oct. 2001 : *ibid., n° 111 ; Banque et Droit mars-avr. 2002. 49, obs. Jacob* (« cautionnement solidaire » substitué à la retenue de garantie en matière de marché de travaux) • Com. 25 févr. 2004 : *RD banc. fin. 2004, n° 206, obs. Cerles* (garantie d'achèvement du code de l'urbanisme). ♦ Comp., jugeant que le cautionnement en remplacement de la retenue de garantie délivré en faveur d'une entreprise titulaire d'un marché de travaux privé, ayant pour objet de garantir l'obligation de bonne exécution par l'entrepreneur des travaux définis au contrat de base, ne constitue pas une garantie autonome : • Com. 6 mai 2003 : *RD banc. fin. 2003, n° 187, obs. Cerles ; RJDA 2003, n° 1124.* ♦ Jugeant que la garantie de livraison à prix et délais convenus d'une maison individuelle a un caractère accessoire de sorte que les garants sont libérés de toute obligation en raison du défaut de déclaration de la créance du maître de l'ouvrage au passif de la liquidation judiciaire du constructeur. • Civ. 3e, 23 juin 2004 : *Bull. civ. III, n° 127 ; JCP 2004. I. 188, n° 11, obs. Simler.*

11. *Autonomie des garanties prévues par le code des marchés publics.* Le cautionnement donné par une banque en faveur d'une commune pour garantir la bonne exécution d'un marché public conclu avec une entreprise constitue une garantie autonome de la situation de l'entreprise en redressement judiciaire... et constitutive d'une obligation autonome. • CE 14 juin 2000 : *préc. note 29 ss. art. L. 621-46 ancien C. com.*

II. RÉGIME DES GARANTIES AUTONOMES

12. *Validité dans les relations internes.* S'agissant de relations entre professionnels, la garantie indépendante est valablement contractée pour garantir un contrat de base qui n'est pas affecté d'extranéité. • Com. 13 déc. 1983 : *D. 1984. 420, note Vasseur* • 8 déc. 1987 : *préc. note 5* • 2 févr. 1988 : *ibid.* ♦ Pour une garantie autonome de droit interne consentie par un établissement de crédit, V. • Paris, 18 déc. 1991 : *D. 1993. Somm. 106, obs. Vasseur,* conf. par • Com. 1er févr. 1994 : *préc. note 3.*

13. *Validité des garanties autonomes souscrites par des personnes physiques.* BIBL. Simler, *JCP E 1991. I. 90.* – Delebecque, *Bull. Joly, 1992. 374 et 606.* – Daigre, *Cah. dr. entr. 1992, n° 6.* – Monachon-Duchene, *Gaz. Pal. 1994. 2. Doctr. 1410.* – Mouly, *Mélanges Breton-Derrida, p. 267.* – Leguevaques, *Dr. et patr. avr. 1997. 34.* ♦ La garantie à première demande peut être souscrite par une personne physique en dépit de son extrême rigueur. • Paris, 5e ch. A, 5 avr. 1994 : *D. 1994. IR. 136 ; JCP E 1994. II. 603, note S. Piedelièvre* • Paris, 5e ch. C, 12 févr. 1993 : *préc. note 3.* ♦ La mise en jeu d'une garantie autonome, par laquelle une personne physique, gérante de la société locataire, s'est portée garante de sommes dues à première demande écrite du loueur de voitures, n'est pas subordonnée à la défaillance du débiteur principal. • Civ. 1re, 12 déc. 2000 : *Contrats Conc. Consom. 2001, n° 54, obs. Leveneur.* ♦ Sur la validité d'une garantie à première demande exigée par une société de crédit-bail de l'épouse du gérant de la société locataire, V. déjà • Paris, 3e ch. B, 27 juin 1990 : *JCP E 1991. II. 119, note Hassler ; Gaz. Pal. 1990. 2. 691, note Robinot et Lafortune ; D. 1992. 30, note Blanc* ; *D. 1991. Somm. 193, obs. Vasseur.*

13 bis. *Transmissibilité.* Sur la cessibilité des garanties financières professionnelles, V. • Civ. 2e, 21 oct. 2004 : *D. 2005. 692, note S. Cabrillac* ; *JCP E 2004, n° 52-53, p. 2076, note Béhar-Touchais ; Defrénois 2005. 1226, note Barthez.*

A. FORMATION DE LA GARANTIE

1° CONSENTEMENT

14. Exigence d'un consentement éclairé du garant. Il est nécessaire, en raison du caractère particulièrement contraignant que la garantie autonome comporte pour le garant, que celui-ci soit parfaitement informé, à la date à laquelle il contracte, de la portée et de la nature de son engagement, cette exigence s'imposant quelle que soit la nature civile ou commerciale de cet engagement (à propos d'un gérant de société s'étant porté garant de l'exécution d'un contrat de crédit-bail) : V. • Paris, 3e ch. B, 5 févr. 1992 : *D. 1993. Somm. 107, obs. Vasseur* ; *Banque 1992. 844, obs. Rives-Lange* • TI Bauge, 20 août 1991 : *Gaz. Pal. 1994. 2. Somm. 728.* ♦ Il incombe au professionnel du crédit qui réclame, de façon inhabituelle, une garantie de cette nature à un particulier pour sûreté d'un contrat de prêt aussi courant que modeste, de veiller à ce que le garant ait une pleine connaissance de la portée de son engagement, notamment en le distinguant du cautionnement dont il entend éviter les contraintes destinées à protéger la caution. • Paris, 15e ch. A, 16 avr. 1996 : *D. 1996. IR. 165 ; D. Affaires 1996. 774 ; JCP E 1997. I. 633, n° 10, obs. Simler et Delebecque.* ♦ L'engagement souscrit par deux personnes physiques, non commerçantes, pour garantir vis-à-vis du crédit-bailleur les obligations de paiement contractées par le preneur en cas de carence de celui-ci dans leur exécution, constitue, quelle que soit la qualification donnée par le créancier dans le document soumis à l'adhésion des obligés, des actes de cautionnement et non des garanties à première demande, • Paris, 5e ch. A, 26 janv. 1993 : *D. 1993. IR. 93.* – Rappr. : • Paris, 5e ch. C, 12 févr. 1993 : *préc. note 6.* ♦ L'engagement personnel contracté par les associés d'une société locataire-gérant en vue de garantir le reversement des sommes encaissées par la société constitue une garantie à première demande mais dont la portée quant à la nature des obligations garanties est limitée à la seule période de location-gérance. • Com. 12 mai 1992 : *Bull. Joly 1992. 930, note Delebecque.*

15. Dol. La méconnaissance de l'obligation d'une banque, bénéficiaire d'une garantie, de renseigner le garant peut constituer une réticence dolosive ou fautive. • Com. 18 déc. 1990 : *D. 1991. Somm. 193, obs. Vasseur.* – Comp. : • Com. 26 janv. 1994 : *D. 1995. Somm. 14, obs. Vasseur* • Paris, 27 juin 1990 : *préc. note 13.*

16. Obligation de conseil. Sur l'absence de responsabilité d'une banque n'ayant pas pris l'initiative d'informer sa cliente des conséquences de sa demande de garantie, dès lors que celle-ci avait donné des instructions laissant présumer de sa part la connaissance de la portée des engagements, V. • Com. 3 mai 2000 : *Bull. civ. IV, n° 90 ; D. 2000. AJ. 286, obs. Faddoul* ; *RTD com. 2000. 996, obs. Cabrillac* ; *Banque et Droit juill.-août 2000. 55, obs. Prüm et Rontchevsky ; RD banc. fin. 2000, n° 155, obs. Mattout.*

2° CAPACITÉ ET POUVOIR

17. Époux communs en biens. En ce sens que l'art. 1415 C. civ., qui exige le consentement exprès des deux époux pour les cautionnements engageant les biens communs, doit être étendu aux garanties à première demande, V. • Versailles, 19 mai 1994 : *Bull. Joly 1994. 963, note Le Cannu* • Paris, 3 nov. 1994 : *D. 1995. 532, note Lecène-Marénaud*. – *Contra* : • Douai, 30 juin 1994 : *JCP 1996. I. 3908, n° 14, obs. Simler.* – V. S. Piedelièvre, *JCP N 1996. I. 1319.*

18. Autorisation du conseil d'administration. La garantie indépendante constitue une garantie au sens de l'art. 98 de la loi du 24 juill. 1966 sur les sociétés commerciales [C. com., art. L. 225-35] et doit donc être soumise à l'autorisation du conseil d'administration lorsqu'elle est souscrite par une société anonyme. • Com. 26 janv. 1993 : *D. 1995. Somm. 17, obs. Vasseur* ; *Bull. Joly 1993. 569, note Delebecque.*

19. Relations bancaires internationales. Peu importe que la banque ait été abusée par un ancien directeur ayant signé le télex et les divers documents nécessaires, dès lors que, dans le domaine des relations bancaires internationales, il est d'usage que les banques soient valablement engagées lorsque des télex testés ont été échangés, conformément aux règles de sécurité existant en la matière et, en particulier, en utilisant la clé télégraphique convenue. • Versailles, 9 juin 1994 : *BICC 1994, n° 1107 ; D. 1995. Somm. 15, obs. Vasseur.* – V. déjà • Paris, 29 juin 1990 : *D. 1993. Somm. 98, obs. Vasseur*.

3° PREUVE

20. Mention manuscrite du garant. La garantie à première demande constituant un acte unilatéral de la part du garant, les dispositions de l'art. 1326 C. civ., qui imposent la mention manuscrite de la somme garantie en toutes lettres et en chiffres, doivent être respectées. • Com. 22 oct. 1996 : *D. Affaires 1996. 1412* • Rouen, 19 févr. 1992 : *D. 1993. Somm. 108, obs. Vasseur* • Dijon, 26 févr. 1992 : *D. 1992. Somm. 399, obs. Fortis* • Paris, 28 janv. 1994 : *Dr. sociétés 1994, n° 128, note Bonneau.* – *Contra* : • Grenoble, 9 sept. 1996 : *JCP 1997. I. 4033, n° 10, obs. crit. Simler.*

21. Éléments extrinsèques. La preuve d'un engagement, serait-il autonome, peut résulter de la souscription d'un acte écrit, même imparfait au regard des exigences de l'art. 1326 C. civ., dès lors qu'en tant que commencement de preuve par écrit il est complété par un élément extrinsèque établissant que la personne engagée avait une exacte conscience de la nature et de la portée de l'obligation. • Com. 10 janv. 1995 : *Bull. civ. IV, n° 13 ; D. 1995. 201, note Aynès* ; *JCP 1995. II. 22397, note Billiau ; Bull. Joly 1995. 247, note Delebecque ; Gaz. Pal. 1996. 1. 144, note S. Piedelièvre.* ♦ La preuve parfaite d'actes intitulés « Garantie autonome » peut être déduite de l'intérêt patrimonial des actionnaires dont l'un se présente comme le représentant de la société débitrice et des caractéristiques du contrat de crédit-bail mentionnées dans l'*instrumentum* commun à la dette principale et au cautionnement : • Civ. 1re, 12 janv. 1999 : *Dr. sociétés 1999, n° 48, obs. Bonneau.*

B. MISE EN JEU DE LA GARANTIE

1° APPEL DE LA GARANTIE

22. Entrée en vigueur et caducité de la garantie. Une garantie autonome ne peut être mise en œuvre avant la date par elle prévue. • Com. 5 févr. 1985 : *Bull. civ. IV, n° 45.* ♦ Sur la caducité d'une demande présentée après la date d'expiration de l'engagement, V. • Paris, 2 avr. 1987 : *D. 1988. Somm. 248, obs. Vasseur.* ♦ Sur le terme extinctif, V. aussi • Com. 18 mars 1997 : *RJDA 1997, n° 937.*

23. Forme de l'appel en garantie. Au vu des stipulations de la garantie, une cour d'appel fait une exacte application de la loi du contrat en décidant que des conclusions prises par l'avocat devant les juges peuvent valoir appel en garantie. • Com. 24 mars 1992 : *Bull. civ. IV, n° 123 ; D. 1993. Somm. 99, obs. Vasseur* . ♦ Une demande de prorogation de la garantie (demande « prorogez ou payez ») ne saurait équivaloir, en l'absence de stipulations contraires, à un appel en garantie. • Com. 24 janv. 1989 : *D. 1989. Somm. 159, obs. Vasseur ; RTD com. 1990. 79, obs. Cabrillac et Teyssié* ; *JCP 1990. II. 21425, note Mattout et Prüm* • Paris, 23 juin 1995 : *JCP E 1995. II. 735, note Affaki,* conf. par • Civ. 1re, 24 févr. 1998 : *JCP 1998. I. 149, n° 10, obs. Simler et Delebecque. – Contra :* • Paris, 28 juin 1993 : *JCP E 1993. I. 302, n° 17, obs. Gavalda et Stoufflet.* – Comp., aussi : • Paris, 9 janv. 1991 : *D. 1991. Somm. 196, obs. Vasseur* . ♦ Pour une mise en œuvre de la garantie subordonnée à l'envoi d'une lettre recommandée, V. • Com. 12 juill. 2005 : *Bull. civ. IV, n° 161 ; D. 2005. AJ. 2214, obs. Delpech* ; *RTD com. 2005. 823, obs. Legeais* ; *JCP E 2005, n° 51-52, p. 2206, obs. Simler ; RD banc. fin. 2005, n° 172, obs. Cerles ; RJDA 2005, n° 1286 ; Dr. et patr. déc. 2005. 103, obs. Mattout et Prüm ; ibid. févr. 2006. 132, obs. Dupichot.*

24. Inopposabilité des exceptions. Le garant ne peut se prévaloir de l'exécution de ses obligations par le donneur d'ordre. • Com. 21 mai 1985 : *D. 1986. 213, note Vasseur ; Banque 1986. 87, obs. Rives-Lange.* ♦ Le caractère autonome de la garantie et de la contre-garantie données par des banques leur interdit, ainsi qu'à l'entrepreneur, d'exciper des exceptions que ce dernier peut opposer au maître de l'ouvrage, sauf dans le cas de fraude manifeste. • Com. 10 juin 1986 : *Bull. civ. IV, n° 117 ; D. 1987. 17, note Vasseur.* ♦ Le garant ne peut se prévaloir de la nullité du contrat de base, ni de sa résolution. • Paris, 13 févr. 1987 : *D. 1987. Somm. 172, obs. Vasseur.* ♦ S'agissant d'une garantie annexée à un contrat de location financière, le débiteur de la garantie ne peut se prévaloir du fait que la créance du bailleur n'a pas été déclarée dans la procédure collective du locataire, V. • Nancy, 22 sept. 1997 : *RTD com. 1998. 655, obs. Cabrillac* . ♦ Le garant ne peut bénéficier de l'exception de subrogation prévue à l'art. 2037 [2314] C. civ. en faveur de la caution ni de la règle de l'art. 48 de la loi du 1er mars 1984 relative à l'information annuelle de la caution [C. mon. fin., art. L. 313-22]. • Même arrêt. ♦ Une garantie autonome n'est pas éteinte, en cas d'ouverture d'une procédure collective à l'encontre du donneur d'ordre même lorsque le créancier bénéficiaire de la garantie autonome ne déclare pas au passif sa créance. • Com. 30 janv. 2001 : *préc. note 3.* – V. aussi les décisions citées notes 10 et 11. ♦ Une banque, qui a souscrit une garantie autonome, ne peut pas utilement faire valoir que le bénéficiaire de la garantie a commis une faute en ne déclarant pas sa créance au titre du contrat de base garanti dans le cadre de la procédure collective du donneur d'ordre ni prétendre avoir de ce fait subi un préjudice. • Com. 9 juin 2004 : *Bull. civ. IV, n° 118 ; JCP E 2004, n° 32-35, p. 1271 ; Banque et Droit sept.-oct. 2004. 77, obs. Rontchevsky ; RD banc. fin. 2004, n° 203, obs. Cerles ; Rev. sociétés 2004. 894, note Pariente* ; *Petites affiches 10 mai 2005, p. 8, obs. E. C. ; RJDA 2004, n° 1389.* ♦ Sur les différences avec le cautionnement, V. aussi C. civ., art. 2288 s. — **C. civ.**

25. Garantie documentaire. Le garant peut subordonner la mise en œuvre de la garantie à la remise de documents. • Com. 20 févr. 1985 : *D. 1986. IR. 153, obs. Vasseur* • Paris, 24 janv. 1984 : *D. 1984. IR. 203, obs. Vasseur.* ♦ ... A des justifications. • Paris, 24 nov. 1981 : *D. 1982. 296, note Vasseur ; JCP 1982. II. 19876, note Stoufflet* • 14 janv. 1993 : *JCP 1993. II. 22069, note*

Dumesnil-Rossi. ♦ ... A la production d'une transaction ou d'une décision de justice. • Paris, 27 mai 1991 : *JCP E 1992. Pan. 114.* – V. aussi • Com. 19 févr. 1991 : *JCP 1991. II. 21670, note Vasseur* • 21 févr. 1995 : *RJDA 1995, n° 883* • Com. 30 janv. 2001 : *BRDA 2001, n° 4, p. 7.* ♦ Lorsque la seule condition mise à l'exécution est l'envoi d'une copie de la correspondance du bénéficiaire réclamant l'exécution à hauteur des montants fixés, sa réalisation suffit à justifier l'action. • Com. 27 févr. 1990 : *D. 1990. Somm. 213, obs. Vasseur*. – Comp. : note 9.

26. Monnaie de paiement. Est régulier l'appel en dollars américains d'une garantie à première demande souscrite en dinars libyens, dès lors que cette dernière monnaie n'est pas convertible et que le paiement a été effectué à New York. • Com. 4 juill. 1995 : *Bull. civ. IV, n° 200 ; D. 1996. 249, note S. Piedelièvre ; D. Affaires 1995. 42 ; Rev. crit. DIP 1996. 452, note Libchaber ; Rev. dr. bancaire 1995. 222, obs. Contamine-Raynaud. – Contra* : • Paris, 24 oct. 1989 : *D. 1990. Somm. 203, obs. Vasseur ; JCP E 1990. II. 15700, note Vallens.* ♦ Mais le défaut de convertibilité d'une monnaie ne constitue pas un cas d'impossibilité avérée d'exécuter une contre-garantie dès lors que le débiteur de la garantie se dit à même d'en disposer pour effectuer le paiement auquel il est tenu. • Com. 5 oct. 2004 : *RD banc. fin. 2005, n° 13, obs. Cerles ; RJDA 2005, n° 1155.*

2° INEFFICACITÉ DES MOYENS PROCÉDURAUX INCONCILIABLES AVEC L'AUTONOMIE DE LA GARANTIE

27. Mise sous séquestre. Les garanties à première demande ayant un caractère autonome, qui interdit au garant de se prévaloir des exceptions que le donneur d'ordre serait en droit d'opposer, il n'y a lieu à référé relativement à la demande de séquestre chez la banque garante des fonds correspondant à la garantie formée par le donneur d'ordre. • Paris, 7 nov. 1983 : *D. 1984. IR. 205, obs. Vasseur* • 3 déc. 1984 : *Banque 1985. 93, obs. Rives-Lange ; RTD com. 1985. 342, obs. Cabrillac et Teyssié.* ♦ Comp. : • Paris, 13 oct. 1988 : *D. 1990. Somm. 211, obs. Vasseur*. – *Contra* : • Paris, 2 juin 1982 : *D. 1983. 437, note Vasseur.*

28. Saisie conservatoire ou saisie-attribution. Le donneur d'ordre ne saurait faire procéder à la saisie-arrêt de la créance du bénéficiaire sur la banque garante. • Paris, 25 mars 1982 : *D. 1982. IR. 497, obs. Vasseur ; RTD com. 1983. 103, obs. Cabrillac et Teyssié.* ♦ V. cependant, pour une créance ayant une origine étrangère au contrat de base, • Paris, 26 mars 1986 : *D. 1986. 374, note Vasseur.* ♦ Sur l'absence de validité d'une saisie conservatoire initiée par un donneur d'ordre sur les sommes versées par le contre-garant, V. • Com. 15 juin 1999 : *Bull. civ. IV, n° 126 ; D. 2000. 112, note Picod ; D. Affaires 1999. 1328, obs. J. F. ; JCP E 1999, n° 38, p. 1462, obs. Bouteiller, et 2000, n° 27, p. 1088, obs. Gavalda et Stoufflet.* – Rappr. • Paris, 23 juin 2004 : *Banque et Droit sept.-oct. 2004. 95, obs. Affaki et Stoufflet.*

3° SANCTION DE LA FRAUDE ET DE L'APPEL MANIFESTEMENT ABUSIF DE LA GARANTIE

29. Neutralisation de la garantie. L'exercice de la garantie peut être écarté par la démonstration d'une fraude ou d'un abus manifeste de son bénéficiaire. • Com. 10 juin 1986 : *Bull. civ. IV, n° 117 ; D. 1987. 17, note Vasseur* • 20 janv. 1987 : *Bull. civ. IV, n° 19 ; JCP 1987. II. 20764, note Stoufflet ; D. 1987. Somm. 117, obs. Vasseur ; RTD com. 1987. 234, obs. Cabrillac et Teyssié* • 7 juin 1994 : *Bull. civ. IV, n° 203 ; D. 1995. Somm. 20, obs. Vasseur ; JCP 1994. II. 22312, note Stoufflet* • Versailles, 10 oct. 1997 : *BICC 1998, n° 720.* ♦ Le juge ne pouvant que, soit suspendre le versement de la garantie en raison de la fraude, soit refuser la suspension, sans pouvoir assortir cette décision de modalités, doit être cassé l'arrêt qui, tout en retenant que l'appel d'une garantie à première demande est frauduleux, déboute le bénéficiaire de sa demande tendant au paiement immédiat de la garantie et subordonne le paiement à la délivrance par le bénéficiaire d'un cautionnement bancaire du même montant. • Com. 6 nov. 1990 : *Bull. civ. IV, n° 258 ; D. 1991. 109, concl. Jéol,* et *Somm. 201, obs. Vasseur ; JCP 1991. II. 21360, concl. Jéol.*

30. Illustration de l'abus manifeste. Il en est ainsi de la reconnaissance de l'exécution satisfaisante des travaux objet du contrat de base. • Com. 10 juin 1986 : *préc. note 29.* ♦ ... En cas d'inexécution de son obligation par le donneur d'ordre. • Com. 12 janv. 1993 : *Bull. civ. IV, n° 1 ; D. 1995. 24, note Vasseur* • Paris, 27 juin 1988 : *D. 1989. Somm. 151, obs. Vasseur.* ♦ ... Lorsque l'appel en garantie est fondé sur le refus par une société de souscrire un projet de contrat non conforme au cahier des charges. • Com. 2 déc. 1997 : *Bull. civ. IV, n° 312 ; D. Affaires 1998. 107, obs. V. A.-R. ; Contrats Conc. Consom. 1998, n° 41, note Leveneur ; JCP 1998. II. 10165, note Hanna ; ibid. E 1999, n° 17, p. 764, obs. Cabrillac et Stoufflet ; Gaz. Pal. 20-22 déc. 1998, p. 8, obs. Piedelièvre.* ♦ Est frauduleux l'appel en garantie pour des motifs autres que ceux prévus. • T. com. Paris, 1er août 1984 : *JCP 1984. II. 20526, note Azencot.*

31. Abus manifeste en matière de contre-

garantie. S'agissant de contre-garantie, il appartient au garant de rapporter la preuve d'une collusion frauduleuse entre le bénéficiaire et la banque garante de premier rang. • Com. 11 déc. 1985 : *D. 1986. 213, note Vasseur ; JCP 1988. II. 20593, note Stoufflet* • 9 oct. 2001 : *Bull. civ. IV, n° 158 ; D. 2001. AJ. 3193 ; Banque et Droit janv.-févr. 2002. 40, obs. Jacob ; RTD com. 2002. 144, obs. Cabrillac*. ♦ V. aussi • Paris, 14 déc. 1987 : *D. 1988. Somm. 249, obs. Vasseur* • Com. 10 janv. 1989 : *Bull. civ. IV, n° 9* • 29 mars 1994 : *D. 1995. Somm. 20, obs. Vasseur* • 12 déc. 1995 : *Bull. civ. IV, n° 289 ; D. Affaires 1996. 202.* ♦ Le concert frauduleux ne peut résulter de ce qu'une banque est nationalisée, la nationalisation ne pouvant suffire à faire considérer cet organisme comme une émanation de l'État. • Com. 6 avr. 1993 : *D. 1995. Somm. 20, obs. Vasseur* • 29 mars 1994 : *préc.* – V. aussi • Com. 4 juill. 1995 : *BRDA 1995, n° 17, p. 8.*

Il revient au juge de rechercher si l'appel de garantie formulé par le maître de l'ouvrage est manifestement abusif ou frauduleux et, à supposer qu'il le fût, si, à la date où l'avait appelé la contregarantie, le garant ne pouvait avoir lui-même aucun doute sur la réalité de ce caractère manifestement abusif ou frauduleux. • Com. 26 nov. 2003 : *Bull. civ. IV, n° 175 ; D. 2004. AJ. 133 ; JCP E 2004, n° 36, p. 1342, obs. Simler ; Gaz. Pal. 2004. Somm. 1993, obs. S. Piedelièvre ; RD banc. fin. 2004, n° 68, obs. Cerles ; Banque et Droit janv.-févr. 2004. 51, obs. Jacob ; ibid. 66, obs. Affaki et Stoufflet ; RTD com. 2004. 146, obs. Legeais ; RJDA 2004, n° 479.* ♦ Lorsqu'il est évident qu'en appelant la contre-garantie, la banque étrangère de premier rang avait manifestement connaissance de l'abus de droit commis par le bénéficiaire dans la mise en œuvre de la garantie de premier rang, il y a lieu de faire défense à la banque française d'exécuter sa contre-garantie, tant qu'une décision au fond ne sera pas intervenue. • Paris, 17 juin 1992 : *D. 1995. Somm. 19, obs. Vasseur*. ♦ Sur le sursis à statuer sur la demande en paiement d'une contre-garantie dès lors que le donneur d'ordre a déposé plainte avec constitution de partie civile pour faux contre la banque contre-garante, V. • Paris, 13 janv. 1989 : *D. 1990. Somm. 211, obs. Vasseur*.

31 bis. Abus manifeste en matière de crédit documentaire. Le droit pour le donneur d'ordre de se prévaloir d'une fraude affectant les documents d'un crédit documentaire avant son exécution pour en paralyser le paiement n'est pas subordonné à la condition que cette fraude soit décelable par la banque émettrice au terme d'un simple examen formel. • Com. 25 avr. 2006 : *D. 2006. AJ. 1366, obs. Delpech ; JCP 2006. IV. 2120.* ♦ Un crédit documentaire réalisable par acceptation étant seulement exécuté par le paiement de l'effet accepté, la fraude, découverte antérieurement à ce règlement, fait échec à l'obligation de paiement de la banque acceptante au titre du crédit documentaire, hors la circonstance ou cet effet serait présenté par un tiers porteur de bonne foi, non partie au crédit. • Com. 11 oct. 2005 : *Bull. civ. IV, n° 205 ; D. 2005. AJ. 2802, obs. Delpech ; RTD com. 2006. 172, obs. Legeais ; JCP E 2005, n° 47, p. 1980, note Stoufflet ; Banque et Droit janv.-févr. 2006. 71, obs. Affaki ; RJDA 2005, n° 1380 et p. 1139, rapp. Cohen-Branche.*

32. Abus manifeste non établi. Le risque manifeste de fraude ou d'abus n'autorise pas la suspension de l'obligation au paiement. • Com. 5 févr. 1991 : *Bull. civ. IV, n° 49 ; D. 1991. Somm. 199, obs. Vasseur*. ♦ L'existence d'un abus manifeste ne peut être retenu par une cour d'appel ayant relevé le caractère équivoque de la raison, tenant à la non-terminaison des travaux, invoquée pour appeler la garantie : • Com.18 déc. 1990 : *D. 1991. Somm. 198, obs. Vasseur*. ♦ Seuls la fraude ou l'abus manifeste dans la mise en œuvre de la garantie sont susceptibles de mettre en échec une garantie autonome et de rendre illicite son exécution ; tel n'est pas le cas de griefs tirés des conditions d'exécution du contrat de base : • Com. 25 mars 2003 : *JCP E 2004, n° 3, p. 79, obs. Simler ; RJDA 2003, n° 1021.* – V. aussi • Com. 28 nov. 1995 : *Bull. civ. IV, n° 270 ; D. Affaires 1996. 120 ; Rev. huiss. 1996. 604, note Courtier.* ♦ Ne peut invoquer le caractère abusif de la demande de garantie émise au profit d'un avaliste de billet à ordre, le garant qui fonde l'abus sur le fait que le bénéficiaire prétendait devant un juge que son engagement d'avaliste ne devait pas être mis en jeu, et non sur la certitude, judiciairement constatée, que cette prétention était fondée. • Com. 7 oct. 1997 : *préc. note 3.* ♦ Comp., décidant qu'il convient de surseoir à statuer en raison de la procédure pénale en cours devant se prononcer sur la suspicion de fraude caractérisant le contrat principal, fraude de nature à paralyser la mise en jeu de la garantie : • Paris, 20 mai 2005 : *Banque et Droit sept.-oct. 2005. 80, obs. Affaki et Stoufflet.* ♦ En ce sens que l'abus ne peut procéder du montant de la somme réclamée, V. • Paris, 2 mars 1990 : *D. 1990. Somm. 209, obs. Vasseur*. ♦ Sauf fraude ou abus, le créancier qui bénéficie d'une pluralité de sûretés (cautionnement et garantie à première demande) ne commet pas de faute en choisissant le moyen d'obtenir le paiement de sa créance. • Com. 2 juin 2004 : *Bull. civ. IV, n° 106 ; D. 2004. Somm. 2708, obs. Aynès ; ibid. AJ. 1807 ; JCP E 2005, n° 21, p. 871, obs. Mathey ; Gaz. Pal. 2004. 3245, note S. Piedelièvre ; RD banc. fin. 2004, n° 164, obs.*

Legeais ; Contrats Conc. Consom. 2004, n° 122, obs. Leveneur ; RJDA 2004, n° 1263. ♦ Pour des motifs politiques, • T. com. Paris, 12 févr. 1982 : *D. 1982. 504, note Vasseur.*

4° RECOURS

33. Recours du donneur d'ordre. Le donneur d'ordre d'une garantie à première demande est recevable à demander la restitution de son montant au bénéficiaire, à charge pour lui d'établir que le bénéficiaire en a reçu indûment le paiement, par la preuve de l'exécution de ses propres obligations contractuelles, ou par celle de l'imputabilité de l'inexécution du contrat à la faute du cocontractant bénéficiaire de la garantie ou par la nullité du contrat de base, et ce sans avoir à justifier d'une fraude ou d'un abus manifeste, comme en cas d'opposition préventive à l'exécution de la garantie par le garant. • Com. 7 juin 1994 : *Bull. civ. IV, n° 202 ; D. 1995. Somm. 19, obs. Vasseur* ; *JCP E 1994. II. 637, note Leveneur.* – V. aussi • Paris, 22 juin 1978 : *D. 1979. 259, note Vasseur* • T. com. Paris, réf., 6 mars 1987 : *D. 1988. Somm. 249, obs. Vasseur.* ♦ Comp. notes 27, 28 et 41.

Sur le recours du donneur d'ordre contre le garant ou le contre-garant, V. • Com. 7 juin 1995 : *D. 1995. Somm. 21, obs. Vasseur* (exigeant cette fois la preuve du caractère manifestement abusif de l'appel de la garantie) • 17 mars 2004 : *JCP 2004. I. 188, n° 12, obs. Simler* (concernant l'indemnisation du donneur d'ordre par le garant de premier rang qui avait connaissance de l'appel des garanties autonomes internationales en violation manifeste du contrat).

34. Recours du garant. Sur l'engagement du donneur d'ordre de rembourser à première demande le garant de toutes sommes qu'il aurait été amené à payer, V. • Riom, 14 mai 1980 : *D. 1981. 336 (1re esp.), note Vasseur.* ♦ Mais le donneur d'ordre n'est tenu d'aucune obligation de remboursement envers sa banque qui n'a pas respecté les termes de la garantie. • Com. 6 févr. 1990 : *D. 1990. 467, note D. Martin,* et *Somm. 213, obs. Vasseur* ; *Bull. civ. IV, n° 33* • Paris, 25 févr. 1985 : *D. 1985. IR. 244, obs. Vasseur.* ♦ Sur les conséquences d'un défaut de déclaration de créance du bénéficiaire à la procédure collective du donneur d'ordre, V. • Com. 9 juin 2004 : *préc. note 24.*

35. Recours du contre-garant. Pour la recevabilité de la tierce opposition formée par le garant de premier rang contre la décision du juge des référés qui, interdisant au contre-garant de payer le bénéficiaire, lui faisait courir le risque de devoir lui-même s'exécuter, V. • Com. 9 oct. 2001 : *préc. note 31.*

5° COMPÉTENCE

36. Loi applicable. En l'absence de désignation de la loi applicable, la loi régissant les relations donneur d'ordre-garant est la loi de la résidence du garant. • TGI Paris, 26 janv. 1983 : *D. 1983. IR. 297, obs. Vasseur.* ♦ Il convient de rechercher dans la loi que les parties ont voulu appliquer à leur engagement de garantie, si celui-ci doit être qualifié de garantie indépendante ou d'engagement accessoire au contrat principal. • Civ. 1re, 30 oct. 1993 : *Rev. crit. DIP 1997. 685, note Jobard-Bachellier.*

37. Compétence internationale. Sur la compétence internationale de la juridiction du domicile du garant, V. • Paris, 25 févr. 1988 : *D. 1989. Somm. 150, obs. Vasseur.* ♦ Sur la portée du règlement CEE n° 3541-92 du 7 déc. 1992, V. • Paris, 23 juin 1995 : *préc. note 23,* conf. par • Civ. 1re, 24 févr. 1998 : *ibid.* — V. aussi Vasseur, *D. 1995. Chron. 43.*

38. Compétence du juge judiciaire. V., s'agissant d'un litige entre une société et la COFACE : • Paris, 23 nov. 1990 : *D. 1991. Somm. 192, obs. Vasseur,* conf. par • Civ. 1re, 18 nov. 1992 : *Bull. civ. I, n° 279 ; D. 1995. Somm. 14, obs. Vasseur.*

39. Compétence du TGI. S'agissant d'une garantie indépendante donnée par le président-directeur général d'une société qui s'est porté garant de sommes dues par la société, elle ne saurait être considérée comme l'accessoire d'une opération commerciale, de sorte que le tribunal de grande instance est compétent pour connaître du litige opposant le garant au bénéficiaire de la garantie. • Versailles, 11 févr. 1993 : *D. 1993. IR. 97.* ♦ Dans le même sens, pour le gérant d'une SARL, V. • Aix-en-Provence, 15 avr. 1993 : *JCP E 1993. Pan. 1386.* – V. aussi • Dijon, 6 mai 1994 : *BICC 1994, n° 1254 ; JCP E 1995. Pan. 65.*

40. Compétence territoriale. Le tribunal territorialement compétent pour se prononcer sur la mise en œuvre d'une garantie autonome est, en application de l'art. 5 (1°) de la Convention de Bruxelles du 27 sept. 1968, le tribunal du lieu où se réalise la remise des fonds par le banquier ayant accordé sa garantie. • Poitiers, 11 mars 1992 : *Bull. Joly 1993. 779.*

41. Pouvoirs du juge des référés. Hors le cas de fraude ou d'abus manifeste, le juge des référés ne peut ordonner ni le sursis à exécution de la garantie indépendante. • Com. 5 mai 1988 : *D. 1988. 430, note Vasseur ; Rev. dr. bancaire 1989. 134, obs. Contamine-Raynaud.* ♦ ... Ni la restitution d'une somme payée par le donneur d'ordre au titre de la garantie. • Com. 7 juin 1994 : *D. 1995. Somm. 21, obs. Vasseur.*

♦ ... Ni une exonération partielle de la banque de son obligation de garantie. • Com. 25 mars 2003 : *préc. note 18.* ♦ V. aussi, même en présence d'une clause dans le contrat de base donnant compétence à un tribunal arbitral, pour apprécier sur le fond la régularité de la mise en œuvre de la garantie accordée, • Paris, 6 mars 1991 : *D. 1992. Somm. 241, obs. Vasseur* .

III. AUTRES GARANTIES PERSONNELLES

42. *Lettre d'intention ou de confort.* V., *infra*, art. 2322 C. civ.

43. *Codébiteur solidaire (C. civ., art. 1216).* Sur l'engagement de codébiteur solidaire non intéressé à la dette, V. • Civ. 1re, 17 nov. 1999 : *Bull. civ. I, n° 309 ; D. 2000. 407, note Ancel ; JCP 2000. II. 10403, note Picod, et I. 209, obs. Simler ; Defrénois 2000. 718, obs. Delebecque ; Banque et Droit mars-avr. 2000. 42, obs. Rontchevsky.*

44. *Engagement de payer la dette d'autrui.* En dehors de tout défaut de paiement ou de manquement à ses obligations par cet autrui, V. • T. com. Paris, 23 mars 1992 : *D. 1993. Somm. 95, obs. Vasseur* . – V. aussi • Com. 7 oct. 1997 : *préc. note 42.* – V. également note 2 ss. art. L. 621-91 ancien C. com.

45. *Engagement de racheter un bien.* Une banque ayant consenti un prêt à un emprunteur pour l'acquisition d'un matériel et une convention étant intervenue le même jour entre le prêteur, l'emprunteur et le fournisseur, aux termes de laquelle le fournisseur s'engage, sur première réquisition de la banque, à racheter à l'acquéreur le matériel vendu et à en verser directement le prix au prêteur, il n'y a pas eu constitution de gage, faute de dépossession du débiteur, l'engagement souscrit par l'acquéreur de revendre au fournisseur le matériel dont il conserve la possession ne pouvant constituer un pacte commissoire défini et prohibé par l'art. 2078 C. civ. • Civ. 1re, 4 janv. 1995 : *RJ com. 1996. 56, note Calendini.* ♦ Sur l'engagement d'une société mère de se substituer à sa filiale défaillante dans tous les droits et obligations nés d'un contrat de crédit-bail immobilier, V. • Paris, 4 oct. 2002 : *Bull. Joly 2003. 294, note Rontchevsky.*

46. *Garantie bancaire sui generis.* Pour la reconnaissance de garanties bancaires *sui generis* dont les conditions découlent de la seule volonté des parties, V. • T. féd. Suisse, 13 avr. 1993 : *D. 1995. Somm. 12, obs. Vasseur* .

Sur la paralysie des effets des garanties indépendantes se rapportant à des contrats dont l'exécution a été empêchée en raison des mesures d'embargo prises contre l'Irak, V. L. n° 91-716 du 26 juill. 1991, art. 45 (D. et ALD 1991. 355) ; Règl. CEE n° 3541-92 du 7 déc. 1992 (JOCE n° L. 361 du 10 déc.).

BIBL. ▶ Grelon et Dal Farra, *Contrats Conc. Consom. 1994. Chron. 2* (sort des contrats en cas d'embargo) ; *Rev. dr. bancaire 1994. 98* (sort des garanties financières).

2322 *(Ord. n° 2006-346 du 23 mars 2006, art. 7)* **La lettre d'intention est l'engagement de faire ou de ne pas faire ayant pour objet le soutien apporté à un débiteur dans l'exécution de son obligation envers son créancier.**

BIBL. ▶ De Laender, *RD banc. fin. mars-avr. 2006. 68* (les lettres d'intention et le risque du banquier).

Lettre d'intention. V. • Versailles, 5 mai 1988 : *JCP 1988. II. 21112, note Estoup* • Com. 23 oct. 1990 : *Bull. civ. IV, n° 256 ; D. 1992. Somm. 34, obs. Vasseur ; Rev. sociétés 1991. 86, note Delebecque ; JCP 1991. II. 21684, note Larroumet* • 7 oct. 1997 : *Bull. civ. IV, n° 248 ; D. Affaires 1997. 1421 ; JCP E 1998, n° 20-21, p. 810, note Legeais* • 26 janv. 1999 : *Bull. civ. IV, n° 31 ; D. 1999. 577, note Aynès ; D. Affaires 1999. 344, note M. B. ; JCP 1999. II. 10087, note Legeais* • 26 févr. 2002 : *Bull. civ. IV, n° 43 ; D. 2002. Somm. 3331, obs. Aynès ; ibid. AJ. 1273, obs. Lienhard ; Petites affiches 18 avr. 2002, p. 6, note E. C.* – V. aussi Vasseur, *RJ com., févr. 1982, n° spéc., p. 104* ; Najjar, *D. 1989. Chron. 217* ; Baillod, *RTD com. 1992. 547* ; B. Saint-Alary, *Dr. et patr. juill.-août 1995. 30* ; S. Piedelièvre : *ibid. janv. 1996. 56.* ♦ V. aussi, *supra*, v° *Contrats d'affaires (généralités)*, notes 24 et 242.

INJONCTION DE PAYER

RÉP. COM. v° *Injonction de payer*, par MAS.

BIBL. GÉN. ▶ TAISNE, *D. 1981. Chron. 319.* – INFOREG, *Cah. dr. entr. 2005, n° 5, p. 73* (cahier pratique).

Nouveau code de procédure civile

La procédure d'injonction de payer

(Décr. n° 81-500 du 12 mai 1981)

Les dispositions relatives à la procédure d'injonction de payer sont entrées en vigueur le 1er janv. 1982. — Après cette date, la procédure d'injonction de payer demeurera applicable au recouvrement des créances constatées par une facture protestable (Décr. n° 81-500 du 12 mai 1981, art. 52 et 54).

Art. 1405 Le recouvrement d'une créance peut être demandé suivant la procédure d'injonction de payer lorsque :

1° La créance a une cause contractuelle ou résulte d'une obligation de caractère statutaire et s'élève à un montant déterminé ; en matière contractuelle, la détermination est faite en vertu des stipulations du contrat y compris, le cas échéant, la clause pénale ;

2° *(Décr. n° 81-862 du 9 sept. 1981)* **« L'engagement résulte de l'acceptation ou du tirage d'une lettre de change, de la souscription d'un billet à ordre, de l'endossement ou de l'aval de l'un ou l'autre de ces titres ou de l'acceptation de la cession de créances conformément à la loi n° 81-1 du 2 janvier 1981 facilitant le crédit aux entreprises ».**

1406 *(Décr. n° 2003-542 du 23 juin 2003, art. 21)* **« La demande est portée, selon le cas, devant le tribunal d'instance, la juridiction de proximité ou devant le président du tribunal de commerce, dans la limite de la compétence d'attribution de ces deux juridictions. »**

Le juge territorialement compétent est celui du lieu où demeure le ou l'un des débiteurs poursuivis.

Les règles prescrites aux alinéas précédents sont d'ordre public. Toute clause contraire est réputée non écrite. *(Décr. n° 2003-542 du 23 juin 2003, art. 21)* **« Le juge doit relever d'office son incompétence, l'***(Décr. n° 2004-836 du 20 août 2004, art. 50)* **« article 847-5 » étant alors applicable. »**

Le Décr. n° 2003-542 du 23 juin 2003 est entré en vigueur le 15 sept. 2003. — Le Décr. n° 2004-836 est entré en vigueur le 1er janv. 2005.

1407 La demande est formée par requête remise ou adressée, selon le cas, *(Abrogé par Décr. n° 2004-836 du 20 août 2004, art. 52-II) « au secrétariat-greffe ou »* **au greffe par le créancier ou par tout mandataire.**

(Décr. n° 2005-1678 du 28 déc. 2005, art. 11) **« Outre les mentions prescrites par l'article 58, la requête contient l'indication précise du montant de la somme réclamée avec le décompte des différents éléments de la créance ainsi que le fondement de celle-ci. »** — *V. l'art. préc. au* ***C. pr. civ.***

Elle est accompagnée des documents justificatifs.

Le Décr. n° 2004-836 est entré en vigueur le 1er janv. 2005. — Le Décr. n° 2005-1678 est entré en vigueur le 1er mars 2006 ; il est applicable aux procédures en cours (art. 87 du décret).

1408 Le créancier peut, dans la requête en injonction de payer, demander qu'en cas d'opposition, l'affaire soit immédiatement renvoyée devant la juridiction qu'il estime compétente.

1409 Si, au vu des documents produits, la demande lui paraît fondée en tout ou partie, le juge rend une ordonnance portant injonction de payer pour la somme qu'il retient.

Si le juge rejette la requête, sa décision est sans recours pour le créancier, sauf à celui-ci à procéder selon les voies de droit commun.

Si le juge ne retient la requête que pour partie, sa décision est également sans recours pour le créancier, sauf à celui-ci à ne pas signifier l'ordonnance et à procéder selon les voies de droit commun.

1410 L'ordonnance portant injonction de payer et la requête sont conservées à titre de minute *(Abrogé par Décr. n° 2004-836 du 20 août 2004, art. 52-II)* ***« au secrétariat-greffe ou »*** au greffe. Les documents produits à l'appui de la requête sont provisoirement conservés *(Abrogé par Décr. n° 2004-836 du 20 août 2004, art. 52-II)* ***« au secrétariat-greffe ou »*** au greffe.

En cas de rejet de la requête, celle-ci et les documents produits sont restitués au requérant.

Le Décr. n° 2004-836 est entré en vigueur le 1er janv. 2005.

1411 Une copie certifiée conforme de la requête et de l'ordonnance est signifiée, à l'initiative du créancier, à chacun des débiteurs.

L'ordonnance portant injonction de payer est non avenue si elle n'a pas été signifiée dans les six mois de sa date.

1412 Le débiteur peut s'opposer à l'ordonnance portant injonction de payer.

1413 A peine de nullité, l'acte de signification de l'ordonnance portant injonction de payer contient, outre les mentions prescrites pour les actes d'huissier de justice, sommation d'avoir :

— soit à payer au créancier le montant de la somme fixée par l'ordonnance ainsi que les intérêts et frais de greffe dont le montant est précisé ;

— soit, si le débiteur a à faire valoir des moyens de défense, à former opposition, celle-ci ayant pour effet de saisir le tribunal de la demande initiale du créancier et de l'ensemble du litige.

Sous la même sanction, l'acte de signification :

— indique le délai dans lequel l'opposition doit être formée, le tribunal devant lequel elle doit être portée et les formes selon lesquelles elle doit être faite ;

— avertit le débiteur qu'il peut prendre connaissance *(Abrogé par Décr. n° 2004-836 du 20 août 2004, art. 52-II)* ***« au secrétariat-greffe ou »*** au greffe des documents produits par le créancier et qu'à défaut d'opposition dans le délai indiqué il ne pourra plus exercer aucun recours et pourra être contraint par toutes voies de droit de payer les sommes réclamées.

Le Décr. n° 2004-836 est entré en vigueur le 1er janv. 2005.

1414 Si la signification est faite à la personne du débiteur, l'huissier de justice doit porter verbalement à la connaissance du débiteur les indications mentionnées à l'article 1413 ; l'accomplissement de cette formalité est mentionné dans l'acte de signification.

1415 *(Décr. n° 2003-542 du 23 juin 2003, art. 22)* « L'opposition est portée, suivant le cas, devant le tribunal d'instance, la juridiction de proximité qui a rendu l'ordonnance d'injonction de payer ou le tribunal de commerce dont le président a rendu l'ordonnance. » *— Entrée en vigueur le 15 sept. 2003.*

Elle est formée *(Abrogé par Décr. n° 2004-836 du 20 août 2004, art. 52-II)* ***« au secrétariat-greffe ou »*** au greffe, soit par déclaration contre récépissé, soit par lettre recommandée. *— Entrée en vigueur le 1er janv. 2005.*

1416 L'opposition est formée dans le mois qui suit la signification de l'ordonnance.

Toutefois, si la signification n'a pas été faite à personne, l'opposition est recevable jusqu'à l'expiration du délai d'un mois suivant le premier acte signifié à personne ou, à défaut, suivant la première mesure d'exécution ayant pour effet de rendre indisponibles en tout ou partie les biens du débiteur.

1417 Le tribunal statue sur la demande en recouvrement.

Il connaît, dans les limites de sa compétence d'attribution, de la demande initiale et de toutes les demandes incidentes et défenses au fond.

En cas de décision d'incompétence, ou dans le cas prévu à l'article 1408, l'affaire est renvoyée devant la juridiction compétente selon les règles prévues à l'article 97.

1418 Le *secrétaire-greffier* ou le greffier convoque les parties à l'audience par lettre recommandée avec demande d'avis de réception.

La convocation est adressée à toutes les parties, même à celles qui n'ont pas formé opposition.

(Décr. n° 2005-1678 du 28 déc. 2005, art. 70) « La convocation contient :

« 1° Sa date ;

« 2° L'indication de la juridiction devant laquelle l'opposition est portée ;

« 3° L'indication de la date de l'audience à laquelle le défendeur est convoqué ;

« 4° L'indication que, faute pour le défendeur de comparaître, il s'expose à ce qu'un jugement soit rendu contre lui sur les seuls éléments fournis par son adversaire ;

« 5° Les conditions dans lesquelles le défendeur peut se faire assister ou représenter.

« Ces mentions sont prescrites à peine de nullité. »

Le Décr. n° 2005-1678 est entré en vigueur le 1er mars 2006 ; il s'applique aux procédures en cours (art. 87 du décret).

1419 Si aucune des parties ne se présente, le tribunal constate l'extinction de l'instance ; celle-ci rend non avenue l'ordonnance portant injonction de payer.

1420 Le jugement du tribunal se substitue à l'ordonnance portant injonction de payer.

1421 Le tribunal statue à charge d'appel lorsque le montant de la demande excède le taux de sa compétence en dernier ressort.

1422 En l'absence d'opposition dans le mois qui suit la signification de l'ordonnance portant injonction de payer, quelles que soient les modalités de la signification, ou en cas de désistement du débiteur qui a formé opposition, le créancier peut demander l'apposition sur l'ordonnance de la formule exécutoire. Le désistement du débiteur obéit aux règles prévues aux articles 400 à 405.

L'ordonnance produit tous les effets d'un jugement contradictoire. Elle n'est pas susceptible d'appel même si elle accorde des délais de paiement.

1423 La demande tendant à l'apposition de la formule exécutoire est formée *(Abrogé par Décr. n° 2004-836 du 20 août 2004, art. 52-II) « au secrétariat-greffe ou »* au greffe, soit par déclaration, soit par lettre simple.

L'ordonnance est non avenue si la demande du créancier n'a pas été présentée dans le délai d'un mois suivant l'expiration du délai d'opposition ou le désistement du débiteur.

Le Décr. n° 2004-836 est entré en vigueur le 1er janv. 2005.

1424 Les documents produits par le créancier et conservés provisoirement *(Abrogé par Décr. n° 2004-836 du 20 août 2004, art. 52-II) « au secrétariat-greffe ou »* au greffe lui sont restitués sur sa demande dès l'opposition ou au moment où l'ordonnance est revêtue de la formule exécutoire.

Le Décr. n° 2004-836 est entré en vigueur le 1er janv. 2005.

1425 Devant le tribunal de commerce, les frais de l'ordonnance portant injonction de payer sont avancés par le créancier et consignés au greffe au plus tard dans les quinze jours de la demande prévue à l'article 1405, faute de quoi celle-ci sera caduque.

L'opposition est reçue sans frais par le greffier. Celui-ci invite sans délai le créancier, par lettre recommandée avec demande d'avis de réception, à consigner les frais de l'opposition au greffe dans le délai de quinze jours à peine de caducité de la demande prévue à l'article 1405.

PRÊTS D'ARGENT — INTÉRÊTS DES CAPITAUX

Les dispositions des lois n° 56-760 du 2 août 1956, n° 66-1010 du 28 déc. 1966 relative à l'usure, aux prêts d'argent et à certaines opérations de démarchage, n° 75-619 du 11 juill. 1975 relative au taux d'intérêt légal et n° 78-741 du 13 juill. 1978 relative à l'orientation de l'épargne vers le financement des entreprises ont été abrogées par l'Ordonnance n° 2000-1223 du 14 déc. 2000 puis codifiées dans le code monétaire et financier.

Dans le souci de maintenir l'unité de cette nouvelle codification, les dispositions législatives codifiées relatives aux prêts d'argent et intérêts des capitaux (art. L. 312-3, L. 313-2 s., L. 341-1 s., L. 353-1 s., L. 571-12) sont désormais reproduites, supra, App., v° Code monétaire et financier (extraits).

RÉP. COM. v° *Intérêts des capitaux*, par S. PIEDELIÈVRE.

Code de la consommation

PARTIE LÉGISLATIVE

(*L. n° 93-949 du 26 juill. 1993*)

Portée de la codification. L'abrogation d'une loi à la suite de sa codification à droit constant ne modifiant ni la teneur des dispositions transférées, ni leur portée, il s'ensuit que les décrets pris en application de cette loi demeurent applicables. • Crim. 4 mai 1995 : *Bull. crim. n° 163 ; D. 1995. IR. 181* • 12 juin 1995 : *Bull. crim. n° 212 ; D. 1995. IR. 203.*

Le taux d'intérêt

Le taux effectif global

Art. L. 313-1 Dans tous les cas, pour la détermination du taux effectif global du prêt, comme pour celle du taux effectif pris comme référence, sont ajoutés aux intérêts les frais, commissions ou rémunérations de toute nature, directs ou indirects, y compris ceux qui sont payés ou dus à des intermédiaires intervenus de quelque manière que ce soit dans l'octroi du prêt, même si ces frais, commissions ou rémunérations correspondent à des débours réels.

Toutefois, pour l'application des articles L. 312-4 à L. 312-8, les charges liées aux garanties dont les crédits sont éventuellement assortis ainsi que les honoraires d'officiers ministériels ne sont pas compris dans le taux effectif global défini ci-dessus, lorsque leur montant ne peut être indiqué avec précision antérieurement à la conclusion définitive du contrat. — *V. ces art. au* **C. civ.**

En outre, pour les prêts qui font l'objet d'un amortissement échelonné, le taux effectif global doit être calculé en tenant compte des modalités de l'amortissement de la créance.

Un décret en Conseil d'État déterminera les conditions d'application du présent article. — *[L. n° 66-1010 du 28 déc. 1966, art. 3]. — V. art. R. 313-1 à R. 313-5, infra.*

BIBL. ▸ BEZ, *JCP N 1978. Prat. 6757.* – SALATS, *Defrénois 1978. 593.* – RAFFRAY, *JCP N 1986. Prat. 9631.* – SCHMIDT et LUTZ, *Banque 1986. 863.* – DEVÈZE, *RJ com. 1994. 295.* – CROZE, *ibid. 285* (stipulation de l'intérêt). – DELATOLLAS et MARTY, *RJDA 1997, p. 684* (même thème).

1. Méthode de détermination du TEG. Seuls doivent entrer en compte les éléments formant un tout avec l'acte de prêt. • Com. 3 oct. 1995 : *Rev. huiss. 1996. 1378, note Hesbert.* ♦ Il convient de rechercher en quoi la prestation est indépendante de l'opération de crédit, peu importe que le service comporte ou non un risque. • Crim. 10 sept. 2003 : *JCP E 2004, n° 20-21, p. 815, obs. Stoufflet ; RD banc. fin. 2003, n° 219, obs. Crédot et Gérard ; ibid. 2004, n° 191, obs. Crédot et Gérard ; RJDA 2004, n° 607* (et sur renvoi • Lyon, 30 juin 2004 : *Ban-*

que et Droit nov.-déc. 2005. 88, obs. Guillot, pour une commission d'encaissement des effets de commerce). ♦ V. aussi, sur la méthode de calcul du TEG, • Crim. 8 juin 1977 : *cité note 3.*

I. ÉLÉMENTS INCLUS DANS LE TEG

2. *Éléments intervenus dans l'octroi du crédit.* Il résulte de l'art. L. 313-1 que, pour la détermination du TEG, il y a lieu d'ajouter aux intérêts les frais, commissions ou rémunérations de toute nature, directs ou indirects, intervenus dans l'octroi du prêt. • Civ. 1re, 27 sept. 2005 : *Bull. civ. I, n° 347 ; D. 2005. AJ. 2670, obs. Delpech ; Gaz. Pal. 2005. 4097, concl. Sainte-Rose ; JCP E 2005, n° 44-45, p. 1872 ; Banque et Droit janv.-févr. 2006. 59, obs. Bonneau ; RJDA 2006, n° 178 ; Defrénois 2005. 2003, obs. Savaux ; ibid. 2006. 332, obs. S. Piedelièvre.* – V. aussi : • Civ. 1re, 23 nov. 2004 : *cité note 5.* ♦ ... Y compris ceux payés à des intermédiaires qui sont intervenus de quelque manière que ce soit dans l'octroi du prêt, même si ces frais, commissions ou rémunérations correspondent à des débours réels. • Com. 14 déc. 2004 : *D. 2005. AJ. 276, obs. Avena-Robardet ; RD banc. fin. 2005, n° 36, obs. Crédot et Gérard ; Banque et Droit mars-avr. 2005. 47, obs. Bonneau ; BRDA 2005, n° 3, p. 9.*

3. *Rémunération d'intermédiaires.* Sur la prise en compte de la rémunération versée à des intermédiaires, V. • Com. 14 déc. 2004 : *préc. note 2* • Crim. 8 juin 1977 : *D. 1977. IR. 423, obs. Puech ; JCP 1978. II. 18875, note Husset* • Civ. 1re, 12 juin 1990 : *D. 1990. IR. 180 ; RTD com. 1990. 618, obs. Cabrillac et Teyssié.* ♦ Ces sommes sont prises en compte qu'elles soient, ou non, stipulées par des actes distincts du prêt. • Crim. 5 juin 1989 : *Bull. crim. n° 237* • 12 nov. 1998 : *ibid. n° 297 ; D. 1999. IR. 42 ; D. Affaires 1999. 257, obs. X. D. ; RD bancaire et bourse 1999. 68, obs. Crédot et Gérard.* ♦ ... Fût-ce par un accord verbal. • Crim. 30 janv. 1975 : *Defrénois 1975. 696, note Morin.* ♦ ... Qu'elles soient intégralement payées au moment du prêt, ou qu'elles le soient ultérieurement, par versements échelonnés. • Crim. 5 juin 1989 : *préc.*

4. *Commissions.* Sur l'inclusion des commissions liées à l'opération de crédit, V. • Dijon, 27 janv. 2004 : *JCP E 2005, n° 21, p. 868, obs. Lassalas-Langlais.*

5. *Primes d'assurance.* Sur l'inclusion des frais d'assurance-incendie exigée par le prêteur, V. • Civ. 1re, 23 nov. 2004 : *Bull. civ. I, n° 289 ; JCP E 2005, n° 3, p. 61 ; RD banc. fin. 2005, n° 6, obs. Crédot et Gérard ; Banque et Droit mars-avr. 2005. 46, obs. Bonneau ; RJDA 2005, n° 746.* – Sur cet arrêt, V. aussi Lutz et Berg, *D. 2005. 841.* ♦ ... Des primes d'assurance-vie, lorsque la souscription en a été exigée par le prêteur, V. • Crim. 12 oct. 1976 : *D. 1976. IR. 288 ; RTD com. 1977. 144, obs. Cabrillac et Rives-Lange ; Gaz. Pal. 1976. 2. 762.* – V. cependant • Paris, 11 janv. 1982 : *D. 1982. IR. 413, obs. Vasseur ; Gaz. Pal. 1982. 1. 131, note Marchi.* ♦ V. aussi • Civ. 1re, 21 janv. 1992 : *Bull. civ. I, n° 22 ; D. 1992. IR. 72 ; RJDA 1992, n° 371 (2e et 3e esp.).*

6. *Frais de notaire et d'inscription hypothécaire.* Dès lors qu'à la date de l'acte, les frais de notaire et d'inscription hypothécaire étaient déterminables, ceux-ci doivent être compris dans le calcul du TEG. • Civ. 1re, 30 mars 2005 : *Bull. civ. I, n° 161 ; D. 2005. 2757, note Biardeaud et Flores ; ibid. AJ. 1148, obs. Chevrier ; D. 2006. Pan. 165, obs. Martin ; RTD com. 2005. 575, obs. Legeais ; JCP E 2005, n° 47, p. 1974, obs. Lassalas-Langlais ; Banque et Droit juill.-août 2005. 69, obs. Bonneau ; RJDA 2006, n° 176 ; RD imm. 2005. 435, obs. Heugas-Darraspen* (cassation de • Paris, 9 nov. 2001 : *D. 2002. AJ. 211, obs. Lienhard*). ♦ Jugeant que l'approximation est exclusive de la précision visée à l'art. L. 313-1, al. 2, V. • Nîmes, 28 janv. 2003 : *Banque et Droit sept.-oct. 2004. 88, obs. Guillot* (émoluments proportionnels du notaire et droits de timbre non déterminés avant la signature de l'acte notarié).

7. *Autres frais.* Sur l'inclusion des frais afférents à la souscription de parts sociales, V. • Civ. 1re, 23 nov. 2004 : *préc. note 5.* ♦ ... Des frais d'adhésion à une convention de cautionnement mutualiste, constituant elle-même un investissement avec le prêt garanti, ces frais étant par ailleurs parfaitement déterminables puisque d'un montant de 0,70 % du montant initial du prêt. • Paris, 6 oct. 2005 : *JCP E 2005, n° 46, p. 1915.* ♦ ... Des frais d'une franchise liée à la prise d'un risque par la banque du fait de la prorogation du terme de l'échéance du prêt consenti. • Versailles, 8 févr. 2005 : *RJDA 2006, n° 691.*

II. ÉLÉMENTS EXCLUS DU TEG

8. *Éléments étrangers à l'octroi du crédit.* N'ont pas à être pris en compte pour la détermination du TEG le prix de services, distincts du crédit, qui consistent, soit à tenir les comptes du client, soit à rémunérer le service de caisse assuré par le banquier et ne constituant pas la contrepartie du crédit. • Com. 14 déc. 2004 : *préc. note 2.* ♦ Sur l'exclusion : de l'indemnité de remboursement anticipé, dont la mise en œuvre est éventuelle et donc étrangère aux frais intervenus dans l'octroi du prêt, V. • Civ. 1re, 27 sept. 2005 : *préc. note 2.* ♦ ... De la TVA sur les agios, • Bordeaux, 22 janv. 1980 : *JCP*

1980. IV. 392. ♦ ... De la commission de compte, V. • Com. 14 déc. 2004 : *préc.* • Aix-en-Provence, 29 sept. 1990 : *JCP E 1991. I. 91, n° 27, obs. Gavalda et Stoufflet.* ♦ ... De la commission d'agrément, V. • Paris, 12 janv. 1996 : *D. 1996. IR. 72 ; D. Affaires 1996. 266.*

9. Indexation du capital prêté. L'indexation du capital prêté ne doit pas être prise en compte pour la détermination du TEG. • Civ. 1re, 21 janv. 1992 : *préc. note 5.*

10. Clauses pénales. Sur l'exclusion des clauses pénales motivées par la défaillance de l'emprunteur, V. • Com. 22 févr. 1977 : *D. 1977. IR. 244.*

L. 313-2 Le taux effectif global déterminé comme il est dit à l'article L. 313-1 doit être mentionné dans tout écrit constatant un contrat de prêt régi par la présente section.

Toute infraction aux dispositions du présent article sera punie d'une amende de 4 500 €. – *[L. n° 66-1010 du 28 déc. 1966, art. 4 et 16, al. 1er].*

V. C. civ., art. 1907, al. 2. – ***C. civ.***

BIBL. ▶ VASSEUR, *D. 1988. Chron. 157.* – D'ORNANO, *Gaz. Pal. 1988. 2. 610.* – SCHMIDT et LUTZ, *Rev. dr. bancaire 1988. 143.*

1. Intérêts et clause pénale. Le taux d'intérêt annuel d'un emprunt, qui est prévu contractuellement par les parties, constitue la rémunération du banquier et s'analyse en une des caractéristiques principales du prêt dont il fait partie intégrante ; il ne peut donc être assimilé à la majoration conventionnelle qui sanctionne le non-paiement des échéances et relève de la clause pénale qui seule est susceptible de réduction. • Versailles, 7 oct. 1999 : *BICC 2000, n° 934.* ♦ Mais la stipulation selon laquelle le taux sera majoré en cas de défaillance de l'emprunteur constitue une clause pénale. • Com. 18 mai 2005 : *Bull. civ. IV, n° 106* ♦ Sur la notion de clause pénale dans les contrats de prêt, V. • Com. 9 mai 2001 : *Bull. civ. IV, n° 86 ; D. 2001. AJ. 1945* (indemnité forfaitaire due en cas d'exigibilité anticipée d'un prêt qualifiée de clause pénale). ♦ Le transfert d'un plan d'épargne populaire dans un autre établissement bancaire constituant une faculté pour l'épargnant, la clause prévoyant que dans ce cas les intérêts ne seraient pas entièrement versés et qu'une reprise serait pratiquée sur les intérêts calculés ne sanctionne pas l'inexécution d'une obligation contractuelle et ne constitue pas une peine contractuelle. • Civ. 1re, 12 juill. 2005 : *Bull. civ. I, n° 320 ; D. 2005. AJ. 2218, obs. X. Delpech ; RTD civ. 2005. 781, obs. Mestre et Fages.*

2. Indexation et taux d'intérêt. Sur la validité de contrats internes (prêts immobiliers) stipulés en écus et comportant un taux d'intérêt variable, V. • Civ. 1re, 13 avr. 1999 : *Bull. civ. I, n° 135 ; D. 2000. Somm. 365, obs. Libchaber ; D. Affaires 1999. 870, obs. X. D.* ♦ Sur l'indexation des annuités de l'intérêt et de l'amortissement du capital d'un prêt, V. • Civ. 1re, 21 janv. 1992 : *Bull. civ. I, n° 22 ; D. 1992. IR. 72 ; RJDA 1992, n° 371 (3 arrêts).* ♦ Sur la distinction entre prêt bancaire de monnaie étrangère et prêt indexé sur une monnaie étrangère (validité d'une ouverture de crédit comportant une clause d'indexation sur une monnaie étrangère, qui était en relation directe avec l'activité de banquier de l'un des contractants), V. • Com. 22 mai 2001 : *Bull. civ. IV, n° 98 ; D. 2001. AJ. 2127 ; Defrénois 2001. 1068, obs. Libchaber.* ♦ Sur la réglementation de l'indexation, V. art. L. 112-3 C. mon. fin., *supra*, v° *Code monétaire et financier (extraits).* ♦ Sur la validité de la clause de variation du taux, V. note 9. ♦ La clause d'indexation prévue au contrat, faisant partie intégrante de la stipulation d'intérêts conventionnelle nulle, ne peut s'appliquer au taux légal substitué au taux conventionnel. • Civ. 1re, 22 juill. 1986 : *Bull. civ. I, n° 219.*

3. Dates de valeur. **BIBL.** Ferry, *Rev. dr. bancaire 1993. 106.* – Mouly, *RJDA 1993. 503 ; Rev. dr. bancaire 1994. 227.* – Le Calvez, *D. 2002. 1891* (dates de valeur et usure). ♦ En dehors des remises de chèques en vue de leur encaissement, la pratique des « dates de valeur » ne permet pas à une banque de faire naître à la charge du titulaire d'un compte courant une obligation de payer des intérêts dès lors que les opérations concernées (remises d'espèces ou retraits) n'impliquent pas que, même pour le calcul des intérêts, les dates de crédit ou de débit soient différées ou avancées. • Com. 6 avr. 1993 : *Bull. civ. IV, n° 138 ; D. 1993. 310, note Gavalda ; JCP 1993. II. 22062, note Stoufflet* • 29 mars 1994 : *Bull. civ. IV, n° 134 ; D. 1994. 611, note Gavalda ; RJ com. 1994. 234, note Grua ; Banque juill.-août 1994. 91, obs. Guillot* • 10 janv. 1995 : *Bull. civ. IV, n° 8 ; D. 1995. 229, note Gavalda ; D. 1996. Somm. 114, obs. Libchaber ; Banque févr. 1995. 93, obs. Guillot* • 15 oct. 1996 : *RJDA 1997, n° 80.* – V. aussi • Civ. 1re, 10 mars 1998 : *Bull. civ. I, n° 96 ; D. Affaires 1998. 761, obs. X. D.* ♦ Le titulaire d'un compte bancaire est en droit de disposer du montant d'un virement fait à son profit dès que la banque l'a reçu, sans devoir attendre l'écoulement d'un délai supplémentaire. • Com. 27 juin 1995 : *Bull. civ. IV, n° 192 ; D. 1996. 383, note Romani ; ibid. Somm. 114, obs. Libchaber ; D. Affaires 1995. 24 ; Banque janv. 1996. 80, obs. Guillot.* ♦ Commet, dès lors, une faute la banque qui rejette un effet tiré sur son client, en raison de l'insuffisance du solde du compte de celui-ci à la date de présentation de l'effet, alors qu'un virement d'un montant suffisant pour assurer le paiement de cet effet était parvenu antérieurement. • Même arrêt. ♦ V. également, en ce sens qu'il convient de distinguer, parmi les opérations effectuées sur le compte, entre celles qui impliquent que, même pour le calcul des intérêts, les dates de crédit ou de débit soient différées ou avancées, et celles pour lesquelles de tels décalages de date ne sont pas justifiés. • Com. 7 juin 1994 : *Banque, juill.-août 1994. 91, obs. Guillot ; D. 1994. IR. 183 ; RTD com. 1994. 758, obs. Cabrillac* • 21 mai 1996 : *RTD com. 1996. 507, obs. Cabrillac* (visant expressément, à titre d'exception, les remises de chèques en vue de leur encaissement). ♦ Pour un autre arrêt en ce sens, pris sous le visa de l'art. 1131 C. civ., V. • Com. 5 mai 1998 : *Bull. civ. IV, n° 148 ; RTD com. 1998. 904, obs. Cabrillac ; JCP E 1999, n° 17, p. 762, obs. Gavalda et Stoufflet ; RJDA 1998, n° 1146.* – V. aussi • Paris, 14 mars 2000 : *RD banc. fin. 2001, n° 9, obs. Crédot et Gérard.* ♦ Pour les mêmes solutions malgré l'instauration du système d'échange d'image-chèque (EIC), V. • TGI Paris, 18 mai 2004 : *D. 2004. 2288, note Boujeka ; Banque et Droit sept.-oct. 2004. 84, obs. Bonneau (4 arrêts) ; RJDA 2004, n° 1365 (2 arrêts).* ♦ ... Et depuis la mise en place du système interbancaire de télécompensation (SIT) : • Paris, 6 janv. 2006 : *BRDA 2006, n° 9, p. 7.* ♦ Comp., jugeant que, s'agissant de remise de chèques, le fait que les dates de crédit ou de débit soient différées ou avancées est justifié par le délai requis par le traitement des chèques et les nécessaires contrôles auxquels est tenu de procéder l'établissement teneur de compte, celui-ci étant en droit de payer les chèques lors de l'encaissement des sommes correspondantes : • Paris, 5 juill. 1996 : *JCP E 1996. Pan. 1235.* ♦ Dans le même sens, ne distinguant pas selon que le chèque est porté au crédit ou au débit du compte, V. Rép. min. n° 41027 : *JOAN Q, 30 sept. 1996, p. 5173.* ♦ Lorsque les parties ne contestent pas les délais retenus par une banque pour le calcul des dates de valeur, il n'y a pas lieu de soulever d'office la question de savoir si, en fait, l'usage de l'informatique permet de procéder aux opérations de présentation et de vérification des chèques dans des délais qui conduiraient à réduire l'espace de temps séparant leur remise et leur inscription au crédit ou au débit des comptes et à modifier en conséquence les dates de valeur. • Paris, 5 juill. 1996 : *préc.* ♦ En ce sens que le décalage ne constitue pas une condition potestative, au sens de l'art. 1174 C. civ., V. • Paris, 7 déc. 1994 : *RJDA 1995, n° 462.* ♦ ... Ni une clause abusive : • TGI Paris, 18 mai 2004 : *préc. (2e et 4e esp.).* – V. toutefois note 7 *bis* ss. art. R. 132-2 C. consom., *infra, v° Ventes commerciales [Dispositions générales].*

I. EXIGENCE D'UNE MENTION ÉCRITE DU TEG

4. Ordre public. Il importe peu, en l'absence de l'écrit prévu par la loi, que le titulaire du compte ait eu la possibilité de connaître, par d'autres modes, le taux appliqué par la banque dans des situations semblables à la sienne. • Com. 13 juin 1995 : *RJDA 1995, n° 1397.* ♦ En l'état d'un prêt contracté en Espagne entre une banque espagnole et des emprunteurs de nationalité française, le défaut de la mention du TEG qui a pour objet l'information du consommateur, alors que d'autres informations sont mentionnées dans l'acte espagnol, ne peut être considéré comme contraire aux fondements de l'ordre public français. • Pau, 1er mars 2001 : *D. 2002. Somm. 639, obs. Synvet.* ♦ Sur la sanction de l'absence d'écrit, V. notes 16 s.

A. CHAMP D'APPLICATION

5. Application générale. Le taux de l'intérêt conventionnel doit être fixé par écrit. Cette règle, prescrite pour la validité même de la stipulation d'intérêt, est d'application générale. • Civ. 1re, 9 févr. 1988 : *Bull. civ. I, n° 34 ; JCP 1988. II. 21026, note Gavalda et Stoufflet ; Banque 1988. 590, note Rives-Lange* ♦ Outre le fait que ces dispositions permettent le calcul du taux de l'usure, il ne peut être constaté que celles-ci feraient partie du dispositif protecteur des seuls consommateurs dont les dispositions sont regroupées spécifiquement à cette fin au sein de cet ensemble législatif et réglementaire ces dispositions, à portée générale, restent en conséquence applicables. • Paris, 26 févr. 1999 : *D. Affaires 1999. 631, obs. X. D. ; RD bancaire et bourse 1999. 119, obs. Crédot et Gérard.* – Dans le même sens, V. • Paris, 9 nov. 2001 : *D. 2002. AJ. 211, obs. Lienhard.* ♦ En se livrant sans agrément aucun à des opérations habituelles de banque, il est constant qu'en l'absence d'établissement d'un acte écrit à l'occasion des prêts consentis à des particuliers, le prévenu a violé les art. L. 313-1, L. 313-2 et R. 313-3 C. consom., infraction commise à chaque fois que le prévenu prêtait une somme d'argent, de quelque montant que fût le capital. • Pau, 8 juill. 2004 : *JCP 2004. IV. 3543.*

6. *Compte courant.* Il ne peut être dérogé à la règle selon laquelle le taux de l'intérêt conventionnel doit être fixé par écrit, même en matière d'intérêts afférents au solde débiteur d'un compte courant. • Civ. 1re, 9 févr. 1988 : *préc. note 5* • Com. 12 avr. 1988 : *D. 1988. 309, concl. Jéol ; RTD com. 1988. 475, obs. Cabrillac et Teyssié* • 12 févr. 1991 : *JCP 1991. II. 21740, note Amlon* • 4 mai 1993 : *Bull. civ. IV, n° 162 ; D. 1993. IR. 146 ; RJ com. 1993. 335, note Grua* • 11 juin 2003 : *Bull. civ. IV, n° 94 ; JCP E 2004, n° 20-21, p. 814, obs. Stoufflet ; RJDA 2003, n° 1223* • Paris, 24 févr. 1998 : *Gaz. Pal. 11-12 déc. 1998, Somm., p. 24, obs. Piedelièvre* • Rennes, 23 oct. 1998 : *JCP E 2000, n° 27, p. 1077, obs. Lucas ; RD banc. fin. 2000, n° 142, obs. Crédot et Gérard.* ♦ Si les dispositions de l'art. 4 de la loi du 28 déc. 1966 et du Décr. du 4 sept. 1985 relatives au TEG et à son calcul ont effectivement été intégrées, dans le cadre de l'œuvre de codification au code de la consommation, il ne peut en être pour autant conclu qu'elles ne seraient pas applicables à une convention d'ouverture de compte courant d'une société commerciale. • Paris, 26 févr. 1999 : *préc. note 5.* ♦ Mais la position débitrice d'un compte courant d'associé coopérateur, dont la vocation est de faciliter les échanges commerciaux de biens agricoles, ne peut pas être assimilée à un emprunt ; par suite, l'obligation de fixer par écrit le TEG n'est pas applicable au solde débiteur d'un compte courant d'associé coopérateur. • Civ. 1re, 21 févr. 2006 : *RJDA 2006, n° 552.* ♦ Sur les modalités de la stipulation du taux d'intérêt pour les découverts en compte courant, V. note 12.

7. *Prêts à finalité professionnelle.* Il ne résulte pas de l'art. L. 313-2, qui s'est borné à reprendre, dans le cadre de la codification à droit constant réalisée par la L. n° 93-949 du 26 juill. 1993, les règles générales, applicables à tous les prêts, figurant jusque-là dans les art. 1er à 7 de la L. n° 66-1010 du 28 déc. 1966 qu'elle abrogeait, que les prêts à finalité professionnelle soient exclus du champ d'application de ce texte. • Com. 5 oct. 2004 : *Bull. civ. IV, n° 180 ; D. 2004. AJ. 2711 ; RTD com. 2005. 153, obs. Legeais ; JCP E 2005, n° 4, p. 131, note S. Piedelièvre ; Contrats Conc. Consom. 2005, n° 2, obs. Leveneur ; Banque et Droit janv.-févr. 2005. 68, obs. Bonneau ; Petites affiches 11 mai 2005, p. 7, obs. E. C. ; RJDA 2005, n° 185 ;.* ♦ Une cour d'appel ajoute à l'art. L. 313-2 une restriction qu'il ne comporte pas en jugeant que l'acte notarié à finalité professionnelle n'est pas soumis à l'obligation légale de mentionner le TEG. • Civ. 1re, 22 janv. 2002 : *Bull. civ. I, n° 23 ; D. 2002. 2670, note Debet ; RTD civ. 2002. 287, obs. Mestre et Fages ; Banque et Droit mars-avr. 2002. 54, obs. Bonneau ; JCP N 2002, n° 39, p. 1341, note Leveneur ; JCP E 2003, n° 11, p. 466, obs. Stoufflet.* ♦ *Contra*, considérant que ces dispositions ne sauraient être invoquées pour un crédit consenti à une société civile immobilière dans le cadre de son activité habituelle d'achat et de revente d'immeubles : • Poitiers, 17 févr. 1998 : *RD bancaire et bourse 1999. 119, obs. Crédot et Gérard.*

8. *Cautionnement.* il importe peu que la mention manuscrite n'indique pas le taux des intérêts du prêt cautionné dès lors qu'en sa qualité de caution, l'épouse avait paraphé et signé l'acte de prêt dans lequel figurait ce taux. • Civ. 1re, 29 oct. 2002 : *JCP E 2002, n° 51-52, p. 2033 ; RD imm. 2003. 340, obs. Heugas-Darraspen .*

B. DÉTERMINATION DU TAUX D'INTÉRÊT

9. *Clause de variation du taux.* BIBL. Ghestin, *JCP 1993. I. 3714* (crédit à la consommation et nullité des clauses de révision des taux). – Lagarde, *D. 2004. 2702* (crédit à la consommation : licéité de la clause de variation du taux de l'intérêt ?). ♦ L'art. 1129 C. civ. n'étant pas applicable à la détermination du prix, le taux de l'intérêt convenu dans une convention d'ouverture de compte courant peut varier en fonction de l'évolution du taux de base bancaire. • Com. 9 juill. 1996 : *Bull. civ. IV, n° 205 ; D. 1996. IR. 191 ; D. Affaires 1996. 1029 ; JCP 1996. II. 22721, note Stoufflet ; Rect. JCP E 1996. II. 893 bis ; Rev. dr. bancaire 1996. 194, obs. Crédot et Gérard ; Contrats Conc. Consom. 1996, n° 182, note Leveneur.* ♦ Dans le même sens, précisant qu'une telle clause de variation est soumise aux règles générales de l'abus de droit, V. • Paris, 12 janv. 1996 : *D. 1996. Somm. 324, obs. D. Mazeaud ; D. Affaires 1996. 266 ; Defrénois 1996. 754, obs. D. Mazeaud.* – V. aussi • T. com. Nanterre, 27 oct. 1995 : *D. 1996. IR. 11 ; D. Affaires 1996. 17.* ♦ Sur l'inapplicabilité de l'art. 1129 C. civ. à la fixation du prix et la sanction de l'abus dans la fixation du prix, V. • Cass., Ass. plén., 1er déc. 1995 *(4 arrêts) cités notes 78 et 79, supra, v° Contrats d'affaires (généralités).* ♦ Sur la portée de ces arrêts en matière de prêt, V. Stoufflet, *Rev. dr. bancaire 1996. 2* ; Crédot et Gérard, *ibid. 46* ; Finel, *JCP 1996. I. 3957.* ♦ *Contra*, considérant qu'en application de l'art. 1129 C. civ., est nulle la clause d'une convention de crédit utilisable par fractions qui prévoit la variabilité du taux d'intérêt selon des données fixées unilatéralement par la banque : • Paris, 13 avr. 1998 : *RJDA 1999, n° 822.* ♦ En ce sens que lorsque le taux d'intérêt conventionnel est déterminé au moment de la formation du contrat, seule la clause de variation qui l'affecte doit être annulée, le taux déterminé à la conclusion du contrat se substituant alors au taux variable. • Même arrêt. ♦ V. aussi considérant que la banque qui consent un prêt dont le taux est fixé par référence à un taux variable doit donner à titre indicatif le montant du TEG calculé sur le taux en cours lors de la souscription du prêt augmenté des frais, et qu'à défaut il y a lieu de substituer au taux convenu le taux d'intérêt légal : • Paris, 22 déc. 2000 : *RJDA 2001, n° 494.* ♦ Sur la non-application de l'art. 1129 C. civ. à la clause d'un contrat de prêt prévoyant le paiement d'une indemnité financière de remboursement anticipé, V. • Civ. 1re, 14 juin 2000 : *Bull. civ. I, n° 184 ; D. 2001. Somm. 1136, obs. Mazeaud ; RTD civ. 2000. 830, obs. Mestre et Fages ; Dr. et patr. 2001. 86, obs. Chauvel.* – Dans le même sens, V. • Civ. 1re, 6 mars 2001 : *Bull. civ. I, n° 54 ; D. 2001. AJ. 1172, obs. Avena-Robardet ; Defrénois 2001. 696, obs. Savaux.*

V. note art. 1 ss. R. 311-6 C. consom., ss. art. L. 311-13, *infra*, v° *Ventes commerciales.* — V. *Crédit (ventes à).*

10. Application erronée du TEG indiqué. Sur l'assimilation de l'application d'un TEG erroné au défaut de mention du TEG, V. • Com. 17 janv. 2006 : *D. 2006. AJ. 439, obs. Avena-Robardet ; JCP E 2006, n° 9, p. 407 ; RD banc. fin. 2006, n° 55, obs. Crédot et Samin ; RJDA 2006, n° 692 ; RLDA avr. 2006. 31, obs. Chemin-Bomben.* ♦ Sur la prescription de l'action en nullité en cas de mention d'un TEG erroné, V. note 18.

C. LOCALISATION ET MODALITÉS DE LA STIPULATION DU TAUX D'INTÉRÊT

11. Offre de prêt. La mention du TEG pratiqué peut figurer sur l'offre qui fait corps avec le prêt. • Com. 18 mai 2005 : *RD banc. fin. 2005, n° 158, obs. Crédot et Gérard ; Banque et Droit sept.-oct. 2005. 71, obs. Bonneau.*

12. Découverts en compte courant. Le caractère automatique de la variation du TEG en fonction de la modification du taux de base décidée par la banque dans un acte notarié de prêt ne dispense pas celle-ci de faire figurer le taux effectif appliqué sur les relevés reçus par l'emprunteur. • Civ. 1re, 19 oct. 2004 : *Bull. civ. I, n° 229 ; D. 2004. AJ. 2932, obs. Avena-Robardet ; RTD com. 2005. 152, obs. Cabrillac ; JCP E 2004, n° 51, p. 2032, avis Cavarroc ; JCP 2004. II. 10194, note Raby ; Gaz. Pal. 2005. Somm. 2188, obs. S. Piedelièvre ; Contrats Conc. Consom. 2005, n° 26, obs. Leveneur ; RD banc. fin. 2005, n° 7, obs. Crédot et Gérard ; Banque et Droit janv.-févr. 2005. 67, obs. Bonneau ; RJDA 2005, n° 187 ; Defrénois 2005. 602, obs. Dagorne-Labbe.* – Sur cet arrêt, V. aussi Lutz et Berg, *D. 2005. 841* . ♦ Si, pour les découverts en compte, la mention du TEG doit être portée, à titre indicatif, dans la convention d'ouverture de compte ou de crédit ou tout autre document, celle du TEG appliqué doit aussi figurer sur les relevés périodiques du compte. • Com. 5 oct. 2004 : *préc. note 7.* ♦ V. aussi, exigeant qu'outre la mention, à titre indicatif, dans la convention d'ouverture de crédit ou dans tout autre document, du TEG correspondant à des exemples chiffrés, le TEG appliqué figure sur les relevés périodiques de compte, • Com. 9 juill. 1996 : *préc. note 9* • 21 oct. 1997 : *RD bancaire et bourse 1998. 10, obs. Crédot et Gérard* • 1er juin 1999 : *RJDA 1999, n° 983.* ♦ Le document en question doit avoir été reçu par le titulaire du compte préalablement à la perception d'agios. • Com. 24 juin 1997 : *D. Affaires 1997. 959 ; JCP E 1998, n° 6, p. 224, note Bertran de Balanda.*

Pour les intérêts échus après la date d'entrée en vigueur du Décr. du 4 sept. 1985, qui a déterminé le mode de calcul du TEG lorsqu'il s'agit d'un découvert en compte, un tel taux ne peut être appliqué qu'après qu'il a été préalablement mentionné par écrit, au moins à titre indicatif, par un ou plusieurs exemples chiffrés, soit dans la convention de crédit, soit dans un relevé d'opérations ou d'agios dont les calculs d'intérêts inclus peuvent valoir exemple pour l'avenir jusqu'à notification d'un nouveau TEG, soit dans tout autre document. Après la date d'entrée en vigueur du décret précité, la réception sans protestation ni réserve, par le bénéficiaire d'un découvert en compte, des relevés comportant indication du TEG appliqué pour le calcul des intérêts portés au débit ne peut suppléer l'absence de fixation préalable par écrit de ce taux et l'indication qui en est alors inscrite ne peut être retenue pour efficiente que pour les intérêts échus postérieurement. • Com. 6 avr. 1999 : *Bull. civ. IV, n° 82 ; D. 1999. IR. 121 ; D. Affaires 1999. 829, obs. J. F. ; Petites affiches 15 juin 1999, p. 6 ; JCP 1999. II. 10173, note Auckenthaler ; RD bancaire et bourse 1999. 97, obs. Crédot et Gérard* – V. aussi • Com. 4 juin 2002 : *Petites affiches 18 déc. 2002, p. 14, note Tchotourian.* ♦ Comp., imposant simplement des indications suffisamment exemplaires pour informer, exactement et préalablement, les titulaires du compte sur le TEG des opérations postérieures : • Com. 9 mars 1999 : *Bull. civ. IV, n° 54 ; D. Affaires 1999. 757, obs. X. D. ; Petites affiches 13 avr. 1999, p. 8 ; RD bancaire et bourse 1999. 97, obs. Crédot et Gérard* • Paris, 24 mai 2000 : *Banque et Droit 2000. 52, obs. Guillot.* ♦ V. aussi, considérant que la convention doit contenir des exemples concrets, fussent-ils indicatifs : • Paris, 19 mars 1999 : *JCP E 1999, n° 36, p. 1367.* ♦ V. encore, jugeant que les mentions figurant sur les « arrêtés de compte courant » valent exemples indicatifs pour l'avenir jusqu'à notification d'un nouveau TEG : • Com. 4 juin 2002 : *Petites affiches 18 déc. 2002, p. 14, note Tchotourian.*

Sur la restitution des intérêts indûment perçus en matière de découvert en compte courant, V. note 21.

13. Acceptation tacite du taux d'intérêt. La reconnaissance de l'obligation de payer des intérêts conventionnels afférents au solde débiteur d'un compte courant peut, en l'absence d'indication dans la convention d'ouverture de compte courant, résulter de la réception sans protestation ni réserve des relevés de compte par l'emprunteur, dès lors que les taux de ces intérêts y sont indiqués. • Com. 18 févr. 2004 : *Bull. civ. IV, n° 38 ; JCP E 2004, n° 17, p. 642 ; RD banc. fin. 2004, n° 111, obs. Crédot et Gérard ; Banque et Droit mai-juin 2004. 48, obs. Bonneau ; Petites affiches 27 juill. 2004, p. 8, obs. E. C. ; RJDA 2004, n° 880* • 14 déc. 2004 : *Bull. civ. IV, n° 228 ; D. 2005. AJ. 276, obs. Avena-Robardet ; JCP E 2005, n° 8, p. 330, note Raby ; Banque et Droit mars-avr. 2005. 47, obs. Bonneau ; Defrénois 2005. 602, obs. Dagorne-Labbe ; RJDA 2005, n° 608.* ♦ Il a été jugé qu'est valable le taux d'intérêt conventionnel, dès lors que la convention prévoyait que le taux d'intérêt serait stipulé dans un document correspondant au concours qui serait mis à la disposition du titulaire du compte, et que son mandataire avait reçu, en conséquence, une lettre fixant ce taux pour le crédit qui lui était consenti, et qu'il avait effectivement utilisé ce crédit dont les conditions avaient été ainsi précisées. • Com. 18 févr. 1997 : *Bull. civ. IV, n° 52 ; D. Affaires 1997. 474.* ♦ Considérant que la réception sans protestations ni réserves de relevés de compte comportant à la fois indication du taux d'intérêt conventionnel et du TEG vaut acceptation tacite des taux même en l'absence de fixation préalable, V. • Com. 3 mai 2000 : *Banque et Droit janv.-févr. 2001. 50, obs. Guillot.*

14. Acte de prorogation du prêt. Le TEG doit également être mentionné dans un avenant prévoyant une prorogation du délai d'exigibilité en contrepartie d'une augmentation de un point du taux d'intérêt stipulé à l'acte de prêt initial. • Com. 15 oct. 1996 : *Bull. civ. IV, n° 232 ; D. 1997. Somm. 171, obs. Aynès ; D. Affaires 1996. 1321 ; JCP E 1997. II. 921, note Pollaud-Dulian.* ♦ Comp., jugeant que dans le cas d'une convention d'ouverture de crédit ayant continué à produire ses effets après la date prévue initialement, aux conditions d'origine, en l'absence de toute modification du taux d'intérêt stipulé dans l'accord initial, dont il n'est pas discuté qu'il s'agissait d'un TEG, l'exigence d'un écrit mentionnant ce taux n'a pas lieu de s'appliquer aux accords de prorogations successivement intervenus. • Com. 9 juill. 2002 : *Bull. civ. IV, n° 118 ; D. 2002. AJ. 2735 ; RTD com. 2002. 713, obs. Cabrillac ; Banque et Droit nov.-déc. 2002. 52, obs. Bonneau ; Petites affiches 12 sept. 2002, p. 7, obs. E.C. ; RJDA 2003, n° 54.*

15. Forme de la mention du TEG. L'inscription au recto du contrat des lettres « TEG », dont le détail est donné au verso, est suffisante. • Civ. 1re, 9 janv. 1985 : *Bull. civ. I, n° 15 ; JCP 1986. II. 20532, note Pitou.* ♦ Comp., en ce sens que la seule indication par écrit des éléments composant le TEG, mais non du montant de ce taux, est insuffisante : • Com. 17 oct. 1995 : *RJDA 1996, n° 84.* ♦ V. aussi, pour l'insuffisance d'une simple référence au taux bancaire : • Paris, 8 janv. 1992 : *JCP E 1992. Pan. 187.* ♦ V. encore • Com. 13 déc. 1994 : *Quot. jur. 16 févr. 1995, p. 3.* ♦ V. aussi note 9.

II. SANCTION DE L'ABSENCE DE MENTION DU TEG

16. Nullité de la seule stipulation du taux d'intérêt. L'exigence d'un écrit mentionnant dans le contrat le TEG est une condition de validité de la stipulation d'intérêts (insuffisance d'une stipulation d'intérêts mentionnant le taux conventionnel et l'intérêt de retard). • Civ. 1re, 22 janv. 2002 : *Bull. civ. I, n° 22 ; Banque et Droit mai-juin 2002. 50, obs. Bonneau.* – V. aussi • Civ. 1re, 29 juin 2004 : *JCP E 2004, n° 47, p. 1838, note Leveneur ; Contrats Conc. Consom. 2004, n° 138, obs. Leveneur ; ibid., n° 165, obs. Raymond (1re esp.) ; Banque et Droit nov.-déc. 2004. 54, obs. Bonneau ; RJDA 2005, n° 69.* ♦ … Mais pas de la convention de prêt. • Com. 12 juill. 2005 : *RJDA 2005, n° 1269.* ♦ A défaut d'écrit mentionnant le TEG, le contrat n'est pas nul, mais le taux d'intérêt stipulé dans le contrat ne pouvant être appliqué, il convient de faire application du taux d'intérêt légal à compter de la date du prêt. • Civ. 1re, 24 juin 1981 : *D. 1982. 397, note Boizard ; JCP 1982. II. 19713, note Vasseur ; RTD com. 1981. 809, obs. Cabrillac et Teyssié.* – Dans le même sens : • Civ. 1re, 21 janv. 1992 : *Bull. civ. IV, n° 22 ; D. 1992. IR. 72. RJDA 1992, n° 371 (2e et 3e esp.)* • 6 mai 1997 : *RJDA 1997, n° 1062* • Com. 25 mars 2003 : *RJDA 2003, n° 995.* ♦ Une cour d'appel ne peut se borner à ordonner la restitution des sommes trop perçues par la banque en retenant que celle-ci a seulement commis une erreur dans l'application du taux d'intérêt en calculant les intérêts sur la base 360 jours au lieu de l'année civile, ce dont il se déduisait que le taux d'intérêt indiqué n'avait pas été effectivement appliqué de sorte que les exigences légales relatives à l'indication préalable et par écrit du TEG n'avaient pas été respectées. • Com. 17 janv. 2006 : *préc. note 10.* ♦ Sur l'application du taux légal, V. note 19.

17. Nullité relative. La méconnaissance des dispositions d'ordre public de l'art. 4 [C. consom., art. L. 313-2], édictées dans le seul intérêt de l'emprunteur, est sanctionnée par la nullité relative de la clause de stipulation des intérêts conventionnels. • Civ. 1re, 21 janv. 1992 : *Bull. civ. I, n° 22 ; D. 1992. IR. 72 ; RJDA 1992, n° 371 (1re esp.).* – Dans le même sens : • Com. 12 mars 2002 : *RJDA 2002, n° 796.* ♦ Le prêteur n'est pas recevable à se prévaloir des dispositions de l'art. 4 [C. consom., art. L. 313-2]. • Civ. 1re, 21 févr. 1995 : *Bull. civ. I, n° 97 ; D. 1995. IR. 98.* • Com. 3 mai 1995 : *Bull. civ. IV, n° 128 ; D. 1997. 124, note Eudier.* ♦ Il n'appartient pas au juge de soulever d'office une nullité relevant soit d'un intérêt privé, soit d'un ordre public de protection, comme tel est le cas de l'art. 4 [C. consom., art. L. 313-2] ci-dessus, édicté dans l'intérêt exclusif de l'emprunteur. • Paris, 20 juin 1991 : *Banque 1991. 872, obs. Rives-Lange* • Com. 3 mai 1995 : *préc.* – Comp. • TI Vienne, 22 sept. 2000 : *Contrats Conc. Consom., n° 181, obs. Raymond.*

18. Prescription de l'action en nullité. L'action en nullité de la clause de stipulation des intérêts conventionnels s'éteint si elle n'a pas été exercée pendant cinq ans à compter de la signature du contrat de prêt. • Civ. 1re, 21 janv. 1992 : *préc. note 17* • Com. 12 mars 2002 : *ibid.* ♦ Comp., jugeant que la reconnaissance de l'obligation de payer des intérêts conventionnels, point de départ de l'action en nullité, peut résulter de la réception sans protestation ni réserve des relevés de compte par l'emprunteur : • Com. 29 mars 1994 : *préc. note 3* • 11 juin 2003 : *préc. note 6.* ♦ Après avoir constaté que la mention du TEG figurant dans chacun des actes de prêt était erronée, une cour d'appel en déduit exactement que le délai de la prescription quinquennale de l'action en annulation des stipulations d'intérêts litigieuses commençait de courir à compter de la révélation à l'emprunteur d'une telle erreur, de sorte que ladite action engagée dans l'année de cette révélation était recevable : • Civ. 1re, 7 mars 2006 : *D. 2006. AJ. 913, obs. Avena-Robardet ; JCP E 2006, n° 16, p. 719 ; BRDA 2006, n° 8, p. 7 ; RLDA mai 2006, p. 34, obs. Chemin-Bomben.* ♦ L'exception de nullité peut seulement jouer pour faire échec à la demande d'exécution d'un acte juridique qui n'a pas encore été exécuté c'est dès lors à bon droit qu'une cour d'appel, saisie d'une demande de remboursement des sommes restant dues au titre d'une ouverture de crédit dont les intérêts conventionnels avaient déjà été payés par prélèvement sur le compte courant de la débitrice principale, a, après avoir relevé que la nullité de la clause de stipulation d'intérêts avait été soulevée pour la première fois en dehors du délai de prescription, déclaré la débitrice principale et la caution irrecevables en leur demande d'annulation de la clause. • Com. 6 juin 2001 : *Bull. civ. IV, n° 113.* ♦ Comp., jugeant que la nullité de la stipulation d'intérêts peut être soulevée par voie d'exception contre le prêteur, même si l'action en nullité est prescrite en vertu de l'art. 1304 C. civ. • Limoges, 19 sept. 1994 : *Rev. dr. bancaire 1996. 25, obs. Crédot et Gérard.*

19. Application du taux légal. En toute matière, le taux de l'intérêt légal est fixé pour la durée de l'année civile et en conséquence, le taux applicable est celui fixé par la loi en vigueur au moment où il est acquis et il doit, en conséquence, subir les modifications successives que la loi lui apporte. • Civ. 1re, 21 janv. 1992 : *préc. note 16.* ♦ V. aussi, pour l'application du taux légal au solde débiteur du compte courant, • Civ. 1re, 9 févr. 1988 : *préc. note 5* • Paris, 24 févr. 1998 : *préc. note 6.* ♦ En cas d'annulation de la stipulation d'intérêts conventionnelle, la clause d'indexation prévue au contrat, faisant partie intégrante de la stipulation d'intérêts nulle, ne peut s'appliquer au taux légal substitué au taux conventionnel. • Civ. 1re, 22 juill. 1986 : *préc. note 2.*

20. Restitution des intérêts indûment perçus. Les restitutions consécutives à une annulation ne relevant pas de la répétition de l'indu mais seulement des règles de la nullité, il en résulte que l'action en restitution de sommes indûment perçues au titre d'intérêts conventionnels non stipulés régulièrement à la convention de compte courant est la conséquence de l'action en nullité de la clause ou des conditions de compte relatives à la stipulation d'intérêts conventionnels laquelle ne peut être engagée que dans le délai de cinq ans à compter de la reconnaissance de l'obligation de payer les intérêts. • Civ. 1re, 24 sept. 2002 : *Bull. civ. I, n° 218 ; D. 2003. 369, note Aubert ; RTD civ. 2003. 284, obs. Mestre et Fages ; JCP 2002. IV. 2702 ; Banque et Droit janv.-févr. 2003. 59, obs. Bonneau ; Defrénois. 2003. 185, note Aubert ; RJDA 2004, n° 1368 (1re esp.).* ♦ Sur la restitution des intérêts indûment perçus, V. aussi • Com. 17 janv. 2006 : *préc. note 10,* et V. note 2 ss. art. L. 313-4 C. consom., *infra.* ♦ Sur la restitution des intérêts du solde débiteur d'un compte courant, V. note 21.

21. Restitution des intérêts afférents au solde débiteur d'un compte courant. A l'égard des intérêts afférents au solde débiteur d'un compte courant, les effets de la règle ne remontent pas au-delà de la date d'entrée en vigueur du Décr. du 4 sept. 1985 [C. consom., art. R. 313-1 s.], qui a déterminé le mode de calcul du TEG lorsqu'il s'agit d'un découvert en compte. • Com. 12 avr. 1988 : ♔ *préc. note 6* • 2 mai 1989 : *Gaz. Pal. 1990. 2. Somm. 344, obs. Tardieu-Naudet* • 9 avr. 1991 : ♔ *Bull. civ. IV, n° 134* • 10 mars 1992 : ♔ *Bull. civ. IV, n° 107* • 11 juin 2003 : *préc. note 6* • Versailles, 25 janv. 1996 : *JCP 1996. IV. 1088* ♦ *Contra*, jugeant que la répétition des intérêts indus ne doit pas être limitée à la période postérieure à l'entrée en vigueur du Décr. du 4 sept. 1985, le TEG institué par ce texte ne différant du précédent que par son mode de calcul et demeurant un intérêt conventionnel soumis à la formalité de l'écrit : • Paris, 28 juin 1989 : *D. 1989. 563, note D. Martin*. – V. aussi • Montpellier, 22 sept. 1988 : *D. 1989. 150, note Gavalda* • Versailles, 18 janv. 1990 : *JCP 1990. II. 21539, note Stoufflet.* ♦ La suspension de l'application de la loi du 28 déc. 1966 au Décr. d'application du 4 sept. 1985 ne concerne que les comptes courants, la loi étant par ailleurs immédiatement applicable aux autres conventions de crédit. • Com. 24 mai 1994 : ♔ *RJDA 1994, n° 1166.* ♦ Sur la stipulation d'intérêts en matière de découvert en compte courant V. notes 6 et 12.

Code de la consommation

PARTIE RÉGLEMENTAIRE

(Décret n° 97-298 du 27 mars 1997)

Art. R. 313-1 *(Décr. n° 2002-927 du 10 juin 2002)* « Sauf pour les opérations de crédit mentionnées au 3° de l'article L. 311-3 et à l'article L. 312-2 du présent code pour lesquelles le taux effectif global est un taux annuel, proportionnel au taux de période, à terme échu et exprimé pour cent unités monétaires, le taux effectif global d'un prêt est un taux annuel, à terme échu, exprimé pour cent unités monétaires et calculé selon la méthode d'équivalence définie par la formule figurant en annexe au présent code. Le taux de période et la durée de la période doivent être expressément communiqués à l'emprunteur. » – *Sur l'équation de base traduisant l'équivalence des prêts d'une part et des remboursements et des charges, d'autre part, V. Annexe au Décr. n° 2002-927 du 10 juin 2002 (JO 11 juin).*

Le taux de période est calculé actuariellement, à partir d'une période unitaire correspondant à la périodicité des versements effectués par l'emprunteur. Il assure, selon la méthode des intérêts composés, l'égalité entre, d'une part, les sommes prêtées et, d'autre part, tous les versements dus par l'emprunteur au titre de ce prêt, en capital, intérêts et frais divers, ces éléments étant, le cas échéant, estimés.

Lorsque la périodicité des versements est irrégulière, la période unitaire est celle qui correspond au plus petit intervalle séparant deux versements. Le plus petit intervalle de calcul ne peut cependant être inférieur à un mois.

(Décr. n° 2002-927 du 10 juin 2002) « Pour les opérations mentionnées au 3° de l'article L. 311-3 et à l'article L. 312-2 » lorsque les versements sont effectués avec une fréquence autre qu'annuelle, le taux effectif global est obtenu en multipliant le taux de période par le rapport entre la durée de l'année civile et celle de la période unitaire. Le rapport est calculé, le cas échéant, avec une précision d'au moins une décimale. – *[Décr. n° 85-944 du 4 sept. 1985, art. 1er].*

Les modifications apportées par le Décr. n° 2002-927 du 10 juin 2002 sont applicables à compter du 1er juill. 2002 (Décr. n° 2002-927 du 10 juin 2002, art. 2).

Sur les modalités de calcul du TEG déterminé à partir du taux de période selon la méthode équivalente, V. Décr. n° 2002-928 du 10 juin 2002 et son annexe (JO 11 juin).

1. Périodicité non annuelle. V. déjà, jugeant que, lorsque le TEG est exprimé par une périodicité non annuelle, seule la méthode proportionnelle, qui consiste à multiplier le taux par le nombre de périodes comprises dans l'année, peut être utilisée, • Civ. 1re, 9 janv. 1985 : ♔ *Bull. civ. I, n° 15 ; JCP 1986. II. 20532, note Pitou.*

2. Année bancaire. Le taux annuel de l'intérêt doit être déterminé par référence à l'année civile, laquelle comporte 365 ou 366 jours (et non pas 360, selon l'usage bancaire). • Com. 10 janv. 1995 : *Bull. civ. IV, n° 8 ; D. 1995. 229, note Gavalda ; Banque févr. 1995. 93, obs. Guillot ; JCP 1995. II. 22475, note Auckenthaler ; Rev. dr. bancaire 1995. 80, obs. Crédot et Gérard* • 18 mars 1997 : *D. Affaires 1997. 706 ; Contrats Conc. Consom. 1997, n° 124, obs. Raymond* • Paris, 12 janv. 1996 : *D. 1996. IR. 72 ; D. Affaires 1996. 266.* – V. Plateaux, *Gaz. Pal. 1996. 2. Doctr. 859.* ♦ Les juges du fond ne peuvent alors se contenter d'ordonner le paiement de la différence obtenue entre les deux calculs, l'un sur la base de l'année civile, l'autre sur celui de 360 jours, mais doivent considérer que le taux d'intérêt indiqué n'avait pas été effectivement appliqué de sorte que les exigences légales relatives à l'indication préalable et par écrit du TEG n'avaient pas été respectées. • Com. 17 janv. 2006 : *cité note 10 ss. art. L. 313-2 C. consom., supra.*

3. Portée de l'entrée en vigueur du décret du 4 sept. 1985. V. notes 1 s. ss. art. L. 313-2 C. consom., *supra.*

R. 313-2 Lorsqu'il s'agit d'un découvert en compte, le montant du crédit à prendre en considération pour le calcul du taux effectif global est rapporté, selon la méthode des nombres, à une période d'un jour à l'expiration de laquelle il est réputé remboursé en même temps que les agios y afférents. A cet effet, chacun des soldes débiteurs successivement inscrits en compte au cours de l'intervalle séparant deux arrêtés contractuels est multiplié par sa propre durée en jours.

Si le crédit prend la forme d'une ouverture de droits de tirage, le taux effectif global est calculé sur la totalité des droits mis à la disposition du client. — *[Décr. n° 85-944 du 4 sept. 1985, art. 2].*

Si pour les intérêts échus après la date d'entrée en vigueur du Décr. du 4 sept. 1985, qui a déterminé le mode de calcul du TEG lorsqu'il s'agit d'un découvert en compte, un tel taux ne peut être appliqué qu'après qu'il a été préalablement mentionné par écrit et si, en l'absence de toute indication de ce taux dans la convention de crédit, cette exigence suppose qu'il soit, à tout le moins, fixé dans un document postérieur, tels des relevés d'opérations ou d'agios, cette mention, qui n'est alors efficiente que pour les intérêts échus postérieurement, ne vaut toutefois jamais qu'à titre indicatif et de référence aux bases de calcul utilisées, le TEG étant susceptible de variations puisque incluant des éléments de calcul dépendant eux-mêmes des conditions d'utilisation du découvert, lesquelles ne peuvent être déterminées à l'avance. • Com. 8 nov. 2005 : *RTD com. 2006. 168, obs. Legeais ; JCP E 2005, n° 50, p. 2147 ; RD banc. fin. 2006, n° 5, obs. Crédot et Gérard ; Banque et droit mars-avr. 2006. 67, obs. Bonneau ; RJDA 2006, n° 317 ; RLDA janv. 2006. 36, obs. Chemin-Bomben.*

R. 313-3 Lorsqu'il s'agit d'une opération d'escompte, le taux de période s'entend du rapport qui s'établit entre les intérêts et frais divers dus par l'emprunteur au titre de l'escompte et le montant de l'effet escompté. La période est égale au nombre de jours de calendrier, de la date de négociation exclue jusqu'à la date réelle d'échéance de l'effet incluse ; cette période ne peut être retenue pour une durée inférieure à dix jours.

R. 313-4 Lorsque le montant des opérations mentionnées aux articles R. 313-2 et R. 313-3 est inférieur à un montant fixé par arrêté du ministre chargé de l'économie et des finances, il peut être perçu pour chaque opération un minimum forfaitaire qui n'est pas pris en compte pour déterminer le taux effectif global ; ce minimum doit être porté à la connaissance de l'emprunteur. — *[Décr. n° 85-944 du 4 sept. 1985, art. 4]. — V. Arr. 16 sept. 1986 (D. et ALD 1986. 483), mod. par Arr. 31 oct. 1996 (JO 8 nov.), et Arr. 3 sept. 2001 (JO 11 sept.), qui fixe respectivement les montants à 400 € en moyenne journalière calculée entre deux arrêtés de compte, lorsqu'il s'agit d'un découvert en compte, et à 800 € lorsqu'il s'agit d'une opération d'escompte.*

R. 313-5 Lorsque l'octroi d'un prêt est subordonné à une phase d'épargne préalable, le taux effectif global est calculé sans tenir compte de cette phase d'épargne. — *[Décr. n° 85-944 du 4 sept. 1985, art. 5].*

BIBL. GÉN. ▶ SCHMIDT et LUTZ, *Banque 1986. 863.* – RAFFRAY, *JCP N 1986. Prat. 9631.*

Le taux d'usure

RÉP. COM. v° *Usure*, par S. PIEDELIÈVRE.

L. 313-3 Constitue un prêt usuraire tout prêt conventionnel consenti à un taux effectif global qui excède, au moment où il est consenti, de plus du tiers, le taux effectif moyen pratiqué au cours du trimestre précédent par les établissements de crédit pour des opérations de même nature comportant des risques analogues, telles que définies par l'autorité administrative après avis du Conseil national du crédit.

Les crédits accordés à l'occasion de ventes à tempérament sont, pour l'application de la présente section, assimilés à des prêts conventionnels et considérés comme usuraires dans les mêmes conditions que les prêts d'argent ayant le même objet.

Les conditions de calcul et de publicité des taux effectifs moyens visés au premier alinéa sont fixées par la voie réglementaire. – *[L. n° 66-1010 du 28 déc. 1966, art. 1er]. – V. art. D. 313-6 à D. 313-9 C. consom.*

(L. n° 2003-721 du 1er août 2003, art. 32-I) **« Les dispositions du présent article et celles des articles L. 313-4 à L. 313-6 ne sont pas applicables aux prêts accordés** *(L. n° 2005-882 du 2 août 2005, art. 7-I)* **« à une personne physique agissant pour ses besoins professionnels ou » à une personne morale se livrant à une activité industrielle, commerciale, artisanale, agricole ou professionnelle non commerciale. »** - *V. art. L. 313-5-1 C. mon. fin., supra, v° Code monétaire et financier (extraits).*

Les conditions d'application du dernier al. de l'art. L. 313-3, tel que modifié par la L. n° 2005-882 du 2 août 2005, art. 7-III et par l'art. 32 de la L. n° 2003-721 du 1er août 2003, font l'objet d'un rapport de la Banque de France transmis à l'Assemblée nationale et au Sénat avant le 31 déc. 2006 afin d'apprécier l'impact de la suppression de la notion de taux d'usure sur les modalités de financement des petites et moyennes entreprises.

BIBL. ▸ LE CALVEZ, *D. 2002. 1891* (les dates de valeur et l'usure : touche pas à mon taux !). ▸ Loi n° 2003-721 pour l'initiative économique : BOULOC, *RD banc. fin. 2003. 387.* – CARAMALLI, *Petites affiches 25 août 2003, p. 4.* – ROBERT, *Dr. pénal. 2004, n° 26.* – PIEDELIÈVRE, *JCP E 2003, n° 42, p. 1658.* – LEGEAIS, *RTD com. 2003. 786.* – N. FERRIER, *ibid. 2005. 219* (incertitudes du régime de l'usure liées à sa codification).

1. Application de la loi dans le temps. Sur l'application dans le temps de la loi « Neiertz » du 31 déc. 1989, qui a modifié l'art. 1er de la loi du 28 déc. 1966, codifié à l'art. L. 313-3 C. consom., V. • Com. 26 mars 2002 : *Bull. civ. IV, n° 57 ; D. 2002. AJ. 1341, obs. Lienhard ; JCP E 2002, n° 22, p. 903, note Gourio ; Banque et Droit juill.-août 2002. 46, obs. Bonneau.* ♦ Sur l'application dans le temps de la loi « initiative économique » du 1er août 2003, qui a supprimé le délit d'usure à l'encontre des personnes morales, V. • Montpellier, 16 déc. 2003 : *cité note 2.*

I. CHAMP D'APPLICATION DU TAUX USURAIRE

2. Personne morale. Jugeant qu'en vertu de l'art. 32 de la loi n° 2003-721 du 1er août 2003, le délit d'usure ne s'applique plus aux découverts en compte et aux lignes d'escompte consentis aux personnes morales, V. • Montpellier, 16 déc. 2003 : *RD banc. fin. 2004. 136, note Bouloc.* ♦ Sur les sanctions civiles, V. C. mon. fin., art. L. 313-5-2, *supra*, v° *Code monétaire et financier (extraits).*

3. Prêt international. **BIBL.** Crédot et Gérard, *Petites affiches 15 mai 1989.* - Cafritz et Tene, *Bull. Joly Bourse 2003. 7.* ♦ Les offres de prêt émises à l'étranger proposées par des intermédiaires et acceptées en France, de sorte que les contrats ont été formés sur le territoire national, sont soumises à la loi française. • Crim. 28 nov. 1996 : *Bull. crim. n° 437* ♦ Pour le rejet de la demande en nullité d'un prêt contracté, à un taux usuraire, entre une banque espagnole et des emprunteurs de nationalité française, la banque ayant, en cours d'instance, renoncé au taux initial puis recalculé sa créance en fonction d'un taux inférieur au seuil de l'usure en France, V. • Pau, 1er mars 2001 : *D. 2002. Somm. 639, obs. Synvet.*

4. Emprunts obligataires. **BIBL.** Caramalli, *D. 2002. 1413 . – Dossier ANSA oct. 2002, n° 3158.*

5. Découvert en compte. Les dispositions de la loi s'appliquent à un découvert en compte. • Aix-en-Provence, 17 déc. 1986 : *JCP 1987. II. 20795, note Stoufflet,* conf. par • Com. 12 avr. 1988 : *D. 1989. 309, concl. Jéol ; JCP 1988. II. 21026, note Gavalda.* ♦ V. désormais art. L. 313-

5-1 C. mon. fin., *supra*, v° *Code monétaire et financier*. ♦ La position débitrice d'un compte courant d'associé coopérateur, dont la vocation est de faciliter les échanges commerciaux de biens agricoles, ne peut pas être assimilée à un emprunt ; par suite, les dispositions des art. L. 313-3 et L. 313-4 C. consom. relatives au taux d'usure ne sont pas applicables au solde débiteur d'un compte courant d'associé coopérateur. • Civ. 1re, 21 févr. 2006 : *cité note 6 ss. art. L. 313-2 C. consom., supra*. ♦ Sur les intérêts afférents au solde débiteur d'un compte courant, V. notes 6, 12 et 21 ss. art. L. 313-2 C. consom., *supra*.

6. Ouverture de crédit. La loi ne s'applique que si, dans une ouverture de crédit, les fonds mis à la disposition de l'emprunteur sont utilisés. • Com. 17 mai 1982 : *Bull. civ. IV, n° 181.*

7. Crédit-bail. Il a été jugé que les opérations de crédit-bail, par leur nature, ne relevaient pas des dispositions légales. • Rouen, 3 juill. 1970 : *D. 1971. 465, note Dessens* • Toulouse, 8 mai 1970 : *JCP 1970. II. 16481, note E.M.B.*

8. Opérations aléatoires. La loi est inapplicable aux prêts aléatoires, tels qu'une rémunération correspondant à un pourcentage d'une plus-value éventuelle dans la vente d'un fonds de commerce. • Paris, 11 mars 1967 : *JCP 1968. II. 15334, note H.B.* ♦ ... Ou un pourcentage de recettes du film financé par le prêt. • Com. 4 oct. 1977 : *Bull. civ. IV, n° 218 ; D. 1978. IR. 168, obs. Vasseur.*

9. Titres de créance. Pour l'avis du ministre de l'économie estimant que le taux de l'usure ne s'applique pas aux émissions de titres de créance visés à l'article L. 211-1, I-2 C. mon. fin., V. Rép. min. n° 1827 : *JO Sénat Q, 2 janv. 2003, p. 41 ; D. 2003. 259 ; Petites affiches 15 janv. 2003, p. 18, obs. Caramalli ; JCP E 2003, n° 5, p. 200 ; RD banc. fin. 2003, n° 90, obs. Portier ; Dr. sociétés 2003, n° 95, obs. Bonneau ; BRDA 2003, n° 2, p. 8 ; Bull. Joly Bourse 2003. 111.*

10. Clause pénale. La clause pénale, fixant les dommages et intérêts dus par le débiteur qui n'exécute pas son obligation, ne joue que comme sanction de cette inexécution et n'est donc pas soumise aux dispositions des textes réprimant l'usure. • Com. 22 févr. 1977 : *D. 1977. IR. 244.*

II. APPRÉCIATION DU CARACTÈRE USURAIRE DU TAUX

11. Date d'appréciation du caractère usuraire. Le caractère usuraire d'un prêt au sens de l'art. L. 313-3 s'apprécie au moment où ce prêt est consenti. Il en résulte que la cour d'appel qui écarte le caractère usuraire d'un prêt en comparant le TEG de ce prêt au taux d'usure en vigueur pour la période où il a été consenti justifie légalement sa décision. • Com. 26 mars 2002 : *préc. note 1.* ♦ V. aussi, jugeant que le délit d'usure doit s'apprécier au moment de la conclusion des différents contrats ou conventions (pour une convention de compte et un découvert en compte). • TGI Sarreguemines, 23 nov. 2001 : *Banque et Droit janv.-févr. 2003. 65, obs. Guillot*, conf. par • Metz, 21 mars 2002 : *ibid. mai-juin 2003. 64, obs. Guillot.* ♦ Pour caractériser le délit d'usure, le TEG doit être apprécié au moment où chaque prêt est consenti ; des prêts successifs, même consentis par la même société de crédit, ne peuvent donc être appréciés globalement. • Paris, 11 janv. 1982 : *D. 1982. IR. 413, obs. Vasseur ; Gaz. Pal. 1982. 1. 131, note Marchi.* ♦ Le délit d'usure n'est constitué qu'au moment où le prêt est consenti c'est-à-dire la date à laquelle le contrat devient parfait. S'agissant d'un crédit à la consommation, en l'absence de clause d'agrément de l'emprunteur, le contrat de prêt devient parfait à la date d'acceptation de l'offre préalable par l'emprunteur et dans le cas d'un crédit immobilier, il convient de retenir la même date (Rép. min. n° 27268 : *JO Sénat 8 févr. 2001, p. 523*).

12. Méthode d'appréciation du caractère usuraire. Il appartient aux juges du fond de rechercher le taux effectif global du prêt, puis de le comparer avec le taux de référence publié en application de la loi n° 66-1010 du 28 déc. 1966 [partiellement codifié aux art. L. 313-1 s. C. consom.]. • Civ. 1re, 22 avr. 1997 : *Bull. civ. I, n° 124 ; D. Affaires 1997. 698 ; Contrats Conc. Consom. 1997, n° 141, note Raymond.* ♦ Sur la nécessité de se référer au TEG pratiqué au cours du trimestre « précédent », V. • Crim. 14 janv. 1997 : *Contrats Conc. Consom. 1997, n° 108, obs. Raymond.* ♦ Sur les éléments inclus dans l'évaluation du TEG, V. notes ss. art. L. 313-1 C. consom., *supra*.

L. 313-4 Lorsqu'un prêt conventionnel est usuraire, les perceptions excessives au regard des articles L. 313-1 à L. 313-3 sont imputées de plein droit sur les intérêts normaux alors échus et subsidiairement sur le capital de la créance.

Si la créance est éteinte en capital et intérêts, les sommes indûment perçues doivent être restituées avec intérêts légaux du jour où elles auront été payées. – *[L. n° 66-1010 du 28 déc. 1966, art. 5].*

1. *Absence de nullité.* Une caution solidaire ne saurait invoquer un taux usuraire pour se prétendre libérée de l'obligation principale, laquelle n'est pas annulée de ce seul fait. • Civ. 1re, 19 juill. 1978 : *Gaz. Pal. 1978. 2. Somm. 417.* ♦ V. aussi notes 16 s. ss. art. L. 313-2 C. consom., *supra*.

2. *Restitution des excédents d'intérêts.* Le prêteur doit restituer les excédents d'intérêts indûment perçus, V. : • Com. 17 mai 1982 : *Bull. civ. IV, n° 181.* ♦ La banque qui a imputé unilatéralement au débit du compte de son client des intérêts que celui-ci n'avait pas payés volontairement ne peut invoquer à son encontre les dispositions de l'art. 1906 C. civ. • Com. 23 oct. 1990 : *D. 1991. 73, note Gavalda ; JCP E 1991. II. 106, note Stoufflet ; Bull. civ. IV, n° 249* (V. l'arrêt confirmé : • Montpellier, 22 sept. 1988 : *D. 1989. 150, note Gavalda*). ♦ Cet art. ne s'oppose pas à la répétition de la partie des intérêts illégalement perçue, au regard de l'art. 1907 C. civ. et de l'art. 4 de la loi du 28 déc. 1966 [C. consom., art. L. 313-2], selon lesquels le taux légal est seul applicable en l'absence de stipulation écrite. • Com. 9 avr. 1991 : *Bull. civ. IV, n° 134 ; D. 1991. 385, note Vasseur* • 10 mars 1992 : *RJDA 1992, n° 722* • 9 nov. 1993 : *D. 1993. IR. 257* • 18 juin 1996 : *D. Affaires 1996. 1030* • Civ. 1re, 8 juin 1994 : *Bull. civ. I, n° 205* • Poitiers, 6 mai 1992 : *JCP 1992. IV. 2943.* ♦ Sur la restitution des excédents d'intérêts, V. aussi note 20 ss. art. L. 313-2 C. consom., *supra*.

3. *Pouvoir d'appréciation du juge civil.* Sur le pouvoir d'appréciation du juge civil de fixer le taux d'usure dans la limite du taux maximal constaté par le juge pénal, V. • Reims, 29 oct. 1979 : *D. 1981. 355, note Boizard.*

L. 313-5 **Quiconque consent à autrui un prêt usuraire ou apporte sciemment à quelque titre et de quelque manière que ce soit, directement ou indirectement, son concours à l'obtention ou à l'octroi d'un prêt usuraire ou d'un prêt qui deviendrait usuraire au sens de l'article L. 313-3 du fait de son concours est puni d'un emprisonnement de deux ans et d'une amende de 45 000 € ou de l'une de ces deux peines seulement.**

En outre, le tribunal peut ordonner :

1° La publication intégrale, ou par extraits, de sa décision, aux frais du condamné, dans les journaux qu'il désigne, ainsi que l'affichage de cette décision dans les conditions prévues à l'article 131-35 du code pénal ;

2° La fermeture, provisoire ou définitive, de l'entreprise dont l'une des personnes chargées de l'administration ou de la direction est condamnée en application de l'alinéa premier du présent article, assortie éventuellement de la nomination d'un administrateur ou d'un liquidateur.

En cas de fermeture, le tribunal fixe la durée pendant laquelle le délinquant ou l'entreprise doit continuer à payer à son personnel les salaires, indemnités et rémunérations de toute nature auxquels celui-ci avait droit jusqu'alors ; cette durée ne saurait excéder trois mois.

La prescription de l'action publique en ce qui concerne le délit visé au premier alinéa ci-dessus court à compter du jour de la dernière perception, soit d'intérêt, soit de capital. – *[L. n° 66-1010 du 28 déc. 1966, art. 6].*

1. *Personnes punissables.* Pour la condamnation d'un conseil financier, V. • Paris, 29 mai 1976 : *Gaz. Pal. 1977. 1. 308, note Guth.* ♦ En revanche, un directeur d'agence bancaire ne peut pas être tenu pour responsable d'usure s'il n'a pas, en connaissance de cause, participé d'une manière quelconque, directement ou indirectement, à l'établissement ni au suivi des intérêts facturés par la banque. • Crim. 2 oct. 2002 : *JCP E 2002, n° 50, p. 1986 ; Dr. pénal 2003, n° 11, obs. Robert ; RTD com. 2003. 147, obs. Legeais ; ibid. 386, obs. Bouloc ; Gaz. Pal. 2003. Somm. 2569, et les obs. ; RJDA 2003, n° 297 ; RSC 2003. 109, obs. Renucci et Ambroise-Castérot.*

2. *Prescription.* Le délit d'usure commence à courir à compter du jour de la dernière perception, soit d'intérêts, soit de capital et le recouvrement de sommes en exécution d'une décision judiciaire ne peut être considéré comme la perception, soit d'intérêts, soit de capital au sens de l'art. L. 313-5. • Crim. 2 oct. 2002 : *préc. note 1* • 16 nov. 2005 : *Dr. pénal 2006, n° 43, obs. Robert.* ♦ L'action publique contre l'infraction de délit d'usure se prescrit par trois années à compter du jour de la perception des derniers intérêts relatifs aux opérations critiquées et/ou du dernier remboursement de capital de l'opération critiquée. • TGI Sarreguemines, 23 nov. 2001 : *Banque et Droit janv.-févr. 2003. 65, obs. Guillot,* conf. par • Metz, 21 mars 2002 : *ibid. mai-juin 2003. 64, obs. Guillot.* ♦ L'infraction est prescrite depuis la dénonciation de la convention de compte par la banque dès lors qu'il est constaté qu'à partir de cette date aucun remboursement de capital relatif aux opérations de crédit critiquées n'avait été perçu. • TGI Sarreguemines, 23 nov. 2001 : *préc.* ♦ La prescription n'est pas suspendue pendant la procédure de règlement judiciaire, le débiteur n'étant pas dans l'impossibilité d'agir en justice. • Crim. 15 mars 1994 : *Bull. crim. n° 98 ; D. 1994. IR. 124.* ♦ Lorsque des opérations d'escompte sont effectuées dans le cadre d'un compte courant à un taux éventuellement usuraire, la prescription du délit d'usure commence à courir à compter de la perception des derniers intérêts relatifs auxdites opérations d'escompte et non à compter de la date de la clôture du compte courant et de son apurement. • Crim. 26 sept. 1996 : *Bull. crim. n° 357 ; RJDA 1996, n° 1502 ; RTD com. 1997. 337, obs. Bouloc.*

L. 313-6 En tout état de la procédure d'enquête préliminaire ou de la procédure d'instruction ou de jugement, les autorités judiciaires compétentes pourront saisir, si elles l'estiment utile, une commission consultative dont la composition sera fixée par arrêté et qui donnera tous avis tant sur le taux effectif moyen visé à l'alinéa premier de l'article L. 313-3 que sur le taux effectif global pratiqué dans l'espèce considérée. — *[L. n° 66-1010 du 28 déc. 1966, art. 7]. — V. Arr. 8 août 1967 (JO 3 sept.), mod. par Arr. 29 mai 1968 (JO 9 juin), Arr. 30 oct. 1980 (JO 22 nov. NC).*

Sur l'application des art. L. 313-1 à L. 313-6 C. consom. aux territoires d'outre-mer, V. C. mon. fin., art. L. 733-3, L. 733-10, L. 743-3, L. 743-10, L. 753-3, L. 753-10, L. 763-3 et L. 763-10.

Code de la consommation

PARTIE RÉGLEMENTAIRE

(Décr. n° 97-298 du 27 mars 1997)

Art. D. 313-6 Les taux effectifs moyens qui ont été pratiqués au cours d'un trimestre civil par les établissements de crédit pour les catégories d'opérations de même nature comportant des risques analogues, telles que définies par l'arrêté du ministre chargé de l'économie et des finances prévu par l'article L. 313-3, sont calculés par la Banque de France. Le ministre chargé de l'économie et des finances fait procéder à la publication au *Journal officiel* de la République française de ces taux ainsi que des seuils de l'usure correspondant qui serviront de référence pour le trimestre suivant ; il procède, le cas échéant, aux corrections des taux observés, conformément aux dispositions du deuxième alinéa de l'article D. 313-7. — *[Décr. n° 90-506 du 25 juin 1990, art. 1er].*

Pour la détermination des seuils de l'usure applicables au troisième trimestre 2002 aux opérations de crédit pour lesquelles le taux effectif global est calculé selon la méthode équivalente, V. Décr. n° 2002-928 du 10 juin 2002 (JO 11 juin).

D. 313-7 La Banque de France procède chaque trimestre à une enquête, portant sur les prêts en *(Décr. n° 2005-1007 du 2 août 2005, art. 4-I)* « euros », destinée à collecter auprès des établissements de crédit les données nécessaires au calcul des taux effectifs moyens. Ce calcul est effectué selon une moyenne arithmétique simple des taux effectifs globaux observés. Les prêts dont les taux sont réglementés, administrés ou bonifiés par l'État ne sont pas pris en compte. Pour ce qui concerne les entreprises, les prêts ne sont pas pris en compte pour le calcul du taux effectif moyen lorsqu'ils sont supérieurs à des montants définis par arrêté du ministre chargé de l'économie et des finances. — *V. 1er Arr. 25 juin 1990 (D. et ALD 1990. 272), mod. par Arr. 19 juill. 1993 (JO 31 juill.), Arr. 20 juin 1994 (JO 25 juin), Arr. 3 sept. 2001 (JO 11 sept.).*

En cas de variation d'une ampleur exceptionnelle du coût des ressources des établissements de crédit, les taux effectifs moyens observés par la Banque de France peuvent être corrigés pour tenir compte de cette variation. Ces taux sont publiés au plus tard dans les quarante-cinq jours suivant la constatation de cette variation. — *[Décr. n° 90-506 du 25 juin 1990, art. 2].*

D. 313-8 Les prêteurs doivent porter à la connaissance des emprunteurs les seuils de l'usure correspondant aux prêts qu'ils leur proposent. Les établissements de crédit tiennent cette information à la disposition de leur clientèle comme pour les conditions générales de banque visées à l'article R. 312-1 du code monétaire et financier. – *[Décr. n° 90-506 du 25 juin 1990, art. 3]. – V. cet art. supra, v° Code monétaire et financier (extraits).*

D. 313-9 L'institut d'émission des départements d'outre-mer est chargé, dans ces départements, d'effectuer les missions confiées à la Banque de France par les articles D. 313-6 et D. 313-7. – *[Décr. n° 90-506 du 25 juin 1990, art. 4].*

Arrêté du 25 juin 1990, *fixant les catégories de prêts servant de base à l'application de la loi n° 66-1010 du 28 décembre 1966 relative à l'usure, aux prêts d'argent et à certaines opérations de démarchage et de publicité [C. consom., art. L. 313-3].* **Art. 1er** Les catégories d'opérations de même nature comportant des risques analogues visées à l'article 1er, premier alinéa *[C. consom., art. L. 313-3, al. 1er]*, de la loi du 28 décembre 1966 susvisée sont les suivantes :

Pour les prêts aux particuliers entrant dans le champ d'application de la loi du 13 juillet 1979 susvisée relative à l'information et à la protection des consommateurs dans le domaine immobilier *[C. consom., art. L. 312-1 s. ; V. au **C. civ.**] : – V. cette loi au **C. civ.***

— prêts à taux fixe ;
— prêts à taux variable ;
— prêts-relais.

Pour les prêts aux particuliers n'entrant pas dans le champ d'application de la loi du 13 juillet 1979 susvisée relative à l'information et à la protection des consommateurs dans le domaine immobilier *[C. consom., art. L. 312-1 s.]* :

— prêts d'un montant inférieur ou égal à *(Arr. 3 sept. 2001)* « 1524 € » ;
— découverts en compte, prêts permanents et financements d'achats ou de ventes à tempérament d'un montant supérieur à *(Arr. 3 sept. 2001)* « 1524 € » ;
— prêts personnels et autres prêts d'un montant supérieur à *(Arr. 3 sept. 2001)* « 1524 € ».

Pour les prêts aux entreprises :

— prêts consentis en vue d'achats ou de ventes à tempérament ;
— prêts d'une durée initiale supérieure à deux ans, à taux variable ;
— prêts d'une durée initiale supérieure à deux ans, à taux fixe ;
— découverts en compte ;
— autres prêts d'une durée initiale inférieure ou égale à deux ans.

1er-1 ....

Loi n° 98-657 du 29 juillet 1998,

Relative à la lutte contre les exclusions.

Art. 113 **L'établissement financier qui offre ou consent un prêt ou un crédit personnalisé à un mineur sans l'autorisation du juge des tutelles ou, s'agissant des actes de la vie courante, du représentant légal, est redevable d'une amende fiscale d'un montant égal au quintuple du montant de la créance figurant au contrat. Cette amende est recouvrée conformément aux dispositions prévues aux articles 1724 et 1724 A du code général des impôts.**

En cas de défaut, ou d'insuffisance de paiement, les dispositions de l'article 1727 du même code sont applicables.

Sur le crédit à la consommation, V. C. consom., art. L. 311-1 s., infra, v° Ventes commerciales, V. – Crédit (ventes à).

PUBLICITÉ COMMERCIALE

Loi n° 93-122 du 29 janvier 1993,

Relative à la prévention de la corruption et à la transparence de la vie économique et des procédures publiques.

RÉP. COM. v° *Contrat de publicité,* par MALAURIE-VIGNAL.

BIBL. GÉN. ▶ FABRE ET MAINGUY, *Cah. dr. entr. 1993, n° 27.* – BIOLAY, *JCP E 1993. I. 249.* – LUCAS DE LEYSSAC, *RJ com. 1993. 128.* – J.-L. FOURGOUX, *Gaz. Pal. 1994. 2. Doctr. 887.* – MISSE, *ibid. 18-20 avr. 1999, p. 32* (internet, un espace commercial). – PECNARD et COUSIN, *Petites affiches 23 mai 2003, p. 4* (droit de la concurrence et les nouveaux équilibres issus de la loi Sapin). – NOSSEREAU et PECNARD, *ibid., p. 10* (loi Sapin et perspectives dans le contexte européen). – CARITOUX et VOISSET, *ibid., p. 16* (loi Sapin à l'épreuve de l'imagination des publicitaires).

Art. 20 Tout achat d'espace publicitaire ou de prestation ayant pour objet l'édition ou la distribution d'imprimés publicitaires ne peut être réalisé par un intermédiaire que pour le compte d'un annonceur et dans le cadre d'un contrat écrit de mandat.

Ce contrat fixe les conditions de la rémunération du mandataire en détaillant, s'il y a lieu, les diverses prestations qui seront effectuées dans le cadre de ce contrat de mandat et le montant de leur rémunération respective. Il mentionne également les autres prestations rendues par l'intermédiaire en dehors du contrat de mandat et le montant global de leur rémunération. Tout rabais ou avantage tarifaire de quelque nature que ce soit accordé par le vendeur doit figurer sur la facture délivrée à l'annonceur et ne peut être conservé en tout ou partie par l'intermédiaire qu'en vertu d'une stipulation expresse du contrat de mandat.

Même si les achats mentionnés au premier alinéa ne sont pas payés directement par l'annonceur au vendeur, la facture est communiquée directement par ce dernier à l'annonceur. – *V. art. 25.*

BIBL. ▶ M. MALAURIE, *D. 1993. Chron. 215.* – BONNET-DESPLAN, *Cah. dr. entr. 1993, n° 6.*

1. Domaine d'application. Il ressort de l'art. 20 qu'une agence de publicité peut intervenir, soit comme intermédiaire, notamment lorsqu'elle fait réaliser par une autre entreprise l'édition d'imprimés publicitaires pour le compte d'un annonceur qui finance la prestation, auquel cas l'agence est soumise aux dispositions de la loi du 29 janv. 1993, soit comme prestataire, notamment, lorsqu'elle assure elle-même la prestation, auquel cas l'agence est soustraite à ces dispositions. • CE 10 juill. 1996 : *D. 1996. IR. 220.* ♦ Dans le même sens, V. : Rép. min. n° 3079 : *JOAN Q*, 13 sept. 1993, p. 2945.

1 bis. La société qui exerce l'activité « d'entreprise de publicité, placement d'éditions et d'impressions d'objets publicitaires », ainsi que « la prise en régie d'espaces publicitaires », laquelle n'est pas une agence de publicité, n'agit pas en tant qu'intermédiaire et n'est donc pas soumise aux dispositions de la loi du 29 janv. 1993. • Paris, 22 févr. 2001 : *Gaz. Pal. 21-22 nov. 2001, p. 28.*

2. Sur la situation du fabricant d'enveloppes pour courrier publicitaire, V. : Rép. min. n° 5510 : *JOAN Q*, 27 déc. 1993, p. 4749.

3. Portée du contrat de mandat. En application des dispositions des art. 20 et 21, le contrat de mandat exclut l'existence de tout contrat, notamment de commission, liant le mandataire au vendeur d'espaces publicitaires. • Paris, 6 oct. 1995 : *D. 1996. IR. 268 ; RJ com. 1996. 156, note Hassler.* ♦ Dès lors qu'un contrat de mandat prévoit expressément que l'annonceur réglera l'achat d'espace à l'agence et que celle-ci réglera, après vérification, les factures émises par le vendeur d'espace, l'annonceur ne peut invoquer un quelconque mandat apparent qu'aurait présenté l'agence, celle-ci ayant agi dans la seule application du contrat de mandat. C'est donc à juste titre qu'un tribunal de commerce condamne, à titre provisionnel, un annonceur à payer à un vendeur d'espaces publicitaires le montant du coût des insertions non réglées par l'agence de publicité mise en liquidation judiciaire à laquelle il avait fait appel afin de souscrire des ordres d'insertion relatifs aux espaces publicitaires dans les annuaires officiels de France Télécom. • Même arrêt. ♦ V. aussi • Versailles, 4 févr. 1999 : *JCP E 1999, n° 26, p. 1129.* ♦ Pour une décision rejetant la demande en paiement du solde des achats d'espaces restant dû au support en raison de l'impossibilité pour ce dernier de prouver que les prestations fournies pour l'annonceur avaient ou non été réglées par l'agence de publicité, celle-ci effectuant auprès du support des paiements globaux sans détail des annonceurs ayant payé et des sommes réglées pour chacun d'entre eux, V. • Com. 16 oct. 2001 : *RJDA 2002, n° 323.*

Une agence de publicité chargée par un annonceur, en vertu d'un mandat conçu en des termes généraux, d'effectuer un achat d'espace publicitaire, a valablement pu accepter pour le compte de ce dernier une clause attributive de compétence territoriale dans la mesure où cette clause n'emporte aucune conséquence juridique sur les droits dont disposait l'annonceur. • Paris, 22 mars 2000 : *BRDA 2000, n° 10, p. 12.*

4. Le contrat concernant une campagne publicitaire conclu par un annonceur avec une agence de publicité ne satisfait pas aux exigences de l'art. 20, dès lors qu'il prévoit de se référer à des documents extérieurs afin de fixer le détail des prestations proposées, le montant de la rémunération de l'agence et les précisions concernant les prestations d'achat d'espaces publicitaires. • Civ. 1re, 24 févr. 1998 : *Bull. civ. I, n° 75 ; D. Affaires 1998. 905, obs. E. P. ; Contrats Conc. Consom. 1998, n° 69, note Leveneur ; RJDA 1998, n° 917.* ♦ La loi du 29 janv. 1993 n'interdit pas aux parties de convenir que le prix sera facturé au mandataire. • Com. 30 nov. 2004 : *Gaz. Pal. 2005. Somm. 2209, obs. Biolay.*

5. *Mobilisation de créances.* La loi Sapin n'interdit pas à l'agence de publicité de mobiliser les factures émises sur l'annonceur. • Paris, 5 juin 1998 : *JCP E 1998, n° 27, p. 1073.* ♦ Jugeant que, la créance sur les annonceurs détenue par l'agence étant contractuellement certaine, elle pouvait être acceptée par l'affactureur sans qu'il puisse lui être reproché un manquement au devoir de contrôle, V. • Com. 29 oct. 2002 : *Bull. civ. IV, n° 156 ; D. 2002. AJ. 3269, obs. Chevrier ; JCP E 2002, n° 50, p. 1988 ; RTD com. 2003. 361, obs. Bouloc ; RJDA 2003, n° 330.*

6. *Personne publique.* Sur les règles de compétence s'agissant d'un contrat passé entre un EPIC et une régie publicitaire, V. • Civ. 1re, 17 juin 2003 : *JCP E 2003, n° 36, p. 1358 ; RJDA 2003, n° 1057.*

21 Le mandataire mentionné au premier alinéa de l'article 20 ne peut ni recevoir d'autre paiement que celui qui lui est versé par son mandant pour la rémunération de l'exercice de son mandat ni aucune rémunération ou avantage quelconque de la part du vendeur.

Il ne saurait être soutenu que les dispositions de l'art. 21 ont été détournées lorsqu'une régie publicitaire consent une remise à un annonceur qui recourt à l'intermédiaire d'une agence de publicité, dès lors que cette remise, dont bénéficie le seul annonceur, n'est que la contrepartie de l'économie de coût commercial réalisée par la régie et ne constitue donc pas la rémunération de l'agence de publicité, cette dernière, librement fixée par l'agence et l'annonceur, pouvant être valablement inférieure ou supérieure au montant de la remise. • Versailles, 4 févr. 1999 : *JCP E 1999, n° 26, p. 1129.*

22 Le prestataire qui fournit des services de conseil en plan média ou de préconisation de support d'espace publicitaire ne peut recevoir aucune rémunération ni avantage quelconque de la part du vendeur d'espace.

23 Le vendeur d'espace publicitaire en qualité de support ou de régie rend compte directement à l'annonceur dans le mois qui suit la diffusion du message publicitaire des conditions dans lesquelles les prestations ont été effectuées.

En cas de modification devant intervenir dans les conditions de diffusion du message publicitaire, le vendeur d'espace publicitaire avertit l'annonceur et recueille son accord sur les changements prévus. Il lui rend compte des modifications intervenues.

Dans le cas où l'achat d'espace publicitaire est effectué par l'intermédiaire d'un mandataire, les obligations prévues à l'alinéa précédent incombent tant au vendeur à l'égard du mandataire qu'au mandataire à l'égard de l'annonceur.

24 Toute personne qui fournit des services de conseil en plan média ou de préconisation de support d'espace publicitaire doit indiquer dans ses conditions générales de vente les liens financiers qu'elle entretient ou que son groupe entretient avec des vendeurs mentionnés à l'article 20, en précisant le montant de ces participations. – *V. art. 25.*

25 1° Est puni d'une amende de 30 000 € le fait :

a) Pour tout annonceur ou tout intermédiaire de ne pas rédiger de contrat écrit conforme aux dispositions des deux premiers alinéas de l'article 20 ;

b) Pour la personne qui fournit des services de conseil en plan média ou de préconisation de support d'espace publicitaire, de ne pas indiquer dans ses conditions générales de vente les informations prévues à l'article 24.

2° Est puni des sanctions prévues à l'article 31 de l'ordonnance n° 86-1243 du 1er décembre 1986 relative à la liberté des prix et de la concurrence, le fait pour un vendeur de ne pas communiquer directement la facture à l'annonceur conformément aux dispositions du troisième alinéa de l'article 20. – *[C. com., art. L. 441-3 à L. 441-5].*

3° Est puni d'une amende de 300 000 € le fait :

a) Pour toute personne qui fournit des services de conseil en plan média ou de préconisation de support d'espace publicitaire, de préconiser ou de réaliser un achat d'espace publicitaire, pour le compte d'un annonceur, auprès d'un vendeur d'espace publicitaire avec lequel elle entretient ou avec lequel son groupe entretient des liens financiers, en donnant sciemment à cet annonceur des informations fausses ou trompeuses sur les caractéristiques ou sur le prix de vente de l'espace publicitaire du support préconisé ou des supports qui lui sont substituables ;

b) Pour tout mandataire mentionné à l'article 20, de recevoir une rémunération ou un avantage quelconque d'autres personnes que son mandant ;

c) Pour tout vendeur mentionné à l'article 20, d'accorder une rémunération ou un avantage quelconque au mandataire ou au prestataire de l'annonceur ;

d) Pour toute personne qui fournit des services de conseil en plan média ou de préconisation de support d'espace publicitaire, de recevoir une rémunération ou un avantage quelconque de la part du vendeur d'espace publicitaire.

Pour les infractions prévues aux 1°, 2° et 3° ci-dessus, les personnes morales peuvent être déclarées responsables, conformément à l'article 121-2 du code pénal. Elles encourent également la peine d'exclusion des marchés publics, pour une durée de cinq ans au plus, en application du 5° de l'article 131-39 du code pénal.

Les fonctionnaires désignés par le premier alinéa de l'article 45 de l'ordonnance n° 86-1243 du 1er décembre 1986 précitée peuvent procéder aux enquêtes nécessaires à l'application du présent chapitre *[des art. 20 à 28 de la loi n° 93-122 du 29 janv. 1993]* selon les modalités prévues aux articles 46 à 48, 51 et 52 de la même ordonnance. – *[C. com., art. L. 450-1, L. 450-2 à L. 450-4, L. 450-7 et L. 450-8].*

Application dans le temps. Les dispositions de l'al. 2 du *d)* du 3° de l'art. 25, prévoyant, par référence expresse aux art. 121-2 et 131-39 C. pén., la responsabilité pénale des personnes morales qui exercent une activité d'intermédiaire en publicité sans passer de contrat de mandat écrit et qui encourent en ce cas la peine d'exclusion des marchés publics, ne peuvent recevoir application avant le 1er mars 1994, date du report de l'entrée en vigueur du code pénal initialement fixée au 1er sept. 1993. • Crim. 18 mai 1999 : *D. 1999. IR. 194 ; D. Affaires 1999. 1075 ; Dr. pénal 1999, n° 114, obs. J.-H. Robert.*

26 Pour l'application des articles 20 à 25 de la présente loi, la régie publicitaire est considérée comme vendeur d'espace.

Le mandataire mentionné à l'article 20 n'est pas considéré comme agent commercial au sens de l'article 1er de la loi n° 91-593 du 25 juin 1991 relative aux rapports entre les agents commerciaux et leurs mandants *[C. com., art. L. 134-1].*

L'expression « achat d'espace publicitaire » n'a pas pour effet de limiter la responsabilité du directeur de publication établie par la loi du 29 juillet 1881 sur la liberté de la presse.

27 Les dispositions du présent chapitre *[des art. 20 à 28 de la loi n° 93-122 du 29 janv. 1993]* s'appliquent quel que soit le lieu d'établissement de l'intermédiaire, dès lors que le message publicitaire est réalisé au bénéfice d'une entreprise française et qu'il est principalement reçu sur le territoire français.

Jugeant que les deux critères exposés à l'art. 27 sont cumulatifs et que le contrat écrit de mandat n'a donc pas lieu de s'appliquer lorsque l'annonceur est une société située à l'étranger, V. • Versailles, 6 mai 2003 : *Gaz. Pal. 2003. Somm. 3988, obs. Saya-Salvador ; RJDA 2003, n° 1133 ; Lettre distrib. oct. 2003, p. 2.*

Les dispositions de la loi n° 93-122 du 29 janv. 1993, art. 20 à 27, prennent effet à compter du 31 mars 1993, à l'exception de celles du 2e al. du d du 3° de l'art. 25, qui prennent effet à compter du 1er sept. 1993 (art. 28 de la loi). — V. toutefois L. n° 93-913 du 19 juill. 1993 reportant l'entrée en vigueur du nouveau code pénal au 1er mars 1994 (D. et ALD 1993. 394).

V. Circ. 19 sept. 1994 relative à la transparence et à la non-discrimination dans la publicité (JO 30 sept.).

V. Circ. 28 oct. 1993 relative aux modalités d'application de la loi n° 93-122 du 29 janv. 1993 à la publicité financière dans la presse écrite (JO 23 nov.).

Loi n° 2004-575 du 21 juin 2004,

Pour la confiance dans l'économie numérique.

BIBL. GÉN. ▶ Colloque, *Petites affiches 6 févr. 2004* (internet, commerce et droit). – GRUNBAUM, *D. 2004. 2213* (loi économie numérique). – SAUPHANOR-BROUILLAUD, *RD banc. fin. 2004. 284* (démarchage et publicité en ligne du crédit à la consommation). – Numéro spécial, *Comm. com. élec. sept. 2004*. – COBLENCE, *ibid. Chron. 25* (statut de la publicité dans la loi LCEN). – MATHEY, *Contrats Conc. Consom. 2004. Chron. 13*. – VERBIEST et WÉRY, *D. 2004. 2981* (commerce électronique par téléphonie mobile : m-commerce). – CAPRIOLI et AGOSTI, *Petites affiches 3 juin 2005, p. 4* (confiance dans l'économie numérique).

Art. 20 Toute publicité, sous quelque forme que ce soit, accessible par un service de communication au public en ligne, doit pouvoir être clairement identifiée comme telle. Elle doit rendre clairement identifiable la personne physique ou morale pour le compte de laquelle elle est réalisée.

L'alinéa précédent s'applique sans préjudice des dispositions réprimant la publicité trompeuse prévues à l'article L. 121-1 du code de la consommation.

21 *V. art. L. 121-15-1 à L. 121-15-3 C. consom., infra.*

22 I. — L'article L. 33-4-1 du code des postes et télécommunications *[code des postes et des communications électroniques]* **est ainsi rédigé :**

Art. L. 33-4-1 Est interdite la prospection directe au moyen d'un automate d'appel, d'un télécopieur ou d'un courrier électronique utilisant, sous quelque forme que ce soit, les coordonnées d'une personne physique qui n'a pas exprimé son consentement préalable à recevoir des prospections directes par ce moyen.

Pour l'application du présent article, on entend par consentement toute manifestation de volonté libre, spécifique et informée par laquelle une personne accepte que des données à caractère personnel la concernant soient utilisées à fin de prospection directe.

Constitue une prospection directe l'envoi de tout message destiné à promouvoir, directement ou indirectement, des biens, des services ou l'image d'une personne vendant des biens ou fournissant des services.

Toutefois, la prospection directe par courrier électronique est autorisée si les coordonnées du destinataire ont été recueillies directement auprès de lui, dans le respect des dispositions de la loi n° 78-17 du 6 janvier 1978 relative à l'informatique, aux fichiers et aux libertés, à l'occasion d'une vente ou d'une prestation de services, si la prospection directe concerne des produits ou services analogues fournis par la même personne physique ou morale, et si le destinataire se voit offrir, de manière expresse et dénuée d'ambiguïté, la possibilité de s'opposer, sans frais, hormis ceux liés à la transmission du refus, et de manière simple, à l'utilisation de ses coordonnées lorsque celles-ci sont recueillies et chaque fois qu'un courrier électronique de prospection lui est adressé.

Dans tous les cas, il est interdit d'émettre, à des fins de prospection directe, des messages au moyen d'automates d'appel, télécopieurs et courriers électroniques, sans indiquer de coordonnées valables auxquelles le destinataire puisse utilement transmettre une demande tendant à obtenir que ces communications cessent sans frais autres que ceux liés à la transmission de celle-ci. Il est également interdit de dissimuler l'identité de la personne pour le compte de laquelle la communication est émise et de mentionner un objet sans rapport avec la prestation ou le service proposé.

La Commission nationale de l'informatique et des libertés veille, pour ce qui concerne la prospection directe utilisant les coordonnées d'une personne physique, au respect des dispositions du présent article en utilisant les compétences qui lui sont reconnues par la loi n° 78-17 du 6 janvier 1978 précitée. A cette fin, elle peut notamment recevoir, par tous moyens, les plaintes relatives aux infractions aux dispositions du présent article.

Les infractions aux dispositions du présent article sont recherchées et constatées dans les conditions fixées par les premier, troisième et quatrième alinéas de l'article L. 450-1 et les articles L. 450-2, L. 450-3, L. 450-4, L. 450-7, L. 450-8, L. 470-1 et L. 470-5 du code de commerce.

Un décret en Conseil d'État précise en tant que de besoin les conditions d'application du présent article, notamment eu égard aux différentes technologies utilisées.

II. – *V. art. L. 121-20-5 C. consom., infra, v° Ventes commerciales – VII Distance (vente à).*

III. — Sans préjudice des articles L. 33-4-1 du code des postes et télécommunications *[code des postes et des communications électroniques]* **et L. 121-20-5 du code de la consommation tels qu'ils résultent des I et II du présent article, le consentement des personnes dont les coordonnées ont été recueillies avant la publication de la présente loi, dans les conditions prévues par la loi n° 78-17 du 6 janvier 1978 relative à l'informatique, aux fichiers et aux libertés, à l'utilisation de celles-ci à fin de prospection directe peut être sollicité, par voie de courrier électronique, pendant les six mois suivant la publication de la présente loi. A l'expiration de ce délai, ces personnes sont présumées avoir refusé l'utilisation ultérieure de leurs coordonnées personnelles à fin de prospection directe si elles n'ont pas manifesté expressément leur consentement à celle-ci.**

23 *V. dernier al. de l'art. L. 121-20-4 C. consom., infra, v° Ventes commerciales – VII Distance (ventes à).*

24 *V. dernière phrase de l'art L. 121-27 C. consom., infra, v° Ventes commerciales – VIII Domicile (ventes à).*

Code de la consommation

PARTIE LÉGISLATIVE

(L. n° 93-949 du 26 juill. 1993)

Publicité

RÉP. COM. v° *Publicité fausse ou de nature à induire en erreur – Publicité comparative,* par CARREAU.

BIBL. GÉN. ► C. CARREAU, *D. 1995. Chron. 225* (publicité et hyperbole) ; *D. 1996. Chron. 257* (publicité et escroquerie). – P. NUSS, *Gaz. Pal. 23-27 mai 1999, p. 3* (consommateur et marque). ► Dir. 11 mai 2005 sur les pratiques commerciales déloyales : TOUCHENT, *Petites affiches 1er août 2003, p. 3* (proposition de directive). – BIOLAY, *Gaz. Pal. 2005. Doctr. 3768.* – LUBY, *Europe 2005. Chron. 11.* – REMY-CORLAY, *RTD civ. 2005. 746*. – FENOUILLET, *RDC 2005. 1059.* – RAYMOND, *Contrats Conc. Consom. 2006. Chron. 1.*

Pour des annotations de jurisprudence et de bibliographie relatives à la publicité trompeuse, il convient de se reporter au code de la consommation Dalloz. — ***C. consom.***

Art. L. 121-1 **Est interdite toute publicité comportant, sous quelque forme que ce soit, des allégations, indications ou présentations fausses ou de nature à induire en**

erreur, lorsque celles-ci portent sur un ou plusieurs des éléments ci-après : existence, nature, composition, qualités substantielles, teneur en principes utiles, espèce, origine, quantité, mode et date de fabrication, propriétés, prix et conditions de vente de biens ou services qui font l'objet de la publicité, conditions de leur utilisation, résultats qui peuvent être attendus de leur utilisation, motifs ou procédés de la vente ou de la prestation de services, portée des engagements pris par l'annonceur, identité, qualités ou aptitudes du fabricant, des revendeurs, des promoteurs ou des prestataires. – *[L. n° 73-1193 du 27 déc. 1973, art. 44, I].*

V. aussi Dir. 2005/29/CE du Parlement européen et du Conseil du 11 mai 2005 relative aux pratiques commerciales déloyales des entreprises vis-à-vis des consommateurs (JOUE 11 juin, n° L. 149).

L. 121-2 Les agents de la direction générale de la concurrence, de la consommation et de la répression des fraudes, ceux de la direction générale de l'alimentation du ministère de l'agriculture et ceux du service de métrologie au ministère de l'industrie sont habilités à constater, au moyen de procès-verbaux *(Ord. n° 2005-1086 du 1er sept. 2005, art. 3)* « sur l'ensemble du territoire national », les infractions aux dispositions de l'article L. 121-1. Ils peuvent exiger de l'annonceur la mise à leur disposition de tous les éléments propres à justifier les allégations, indications ou présentations publicitaires. Ils peuvent également exiger de l'annonceur, de l'agence de publicité ou du responsable du support la mise à leur disposition des messages publicitaires diffusés.

Les procès-verbaux dressés en application du présent article sont transmis au procureur de la République. – *[L. n° 73-1193 du 27 déc. 1973, art. 44, II, al. 1er et 2].*

L. 121-3 La cessation de la publicité peut être ordonnée par le juge d'instruction ou par le tribunal saisi des poursuites, soit sur réquisition du ministère public, soit d'office. La mesure ainsi prise est exécutoire nonobstant toutes voies de recours. Mainlevée peut en être donnée par la juridiction qui l'a ordonnée ou qui est saisie du dossier. La mesure cesse d'avoir effet en cas de décision de non-lieu ou de relaxe.

Les décisions statuant sur les demandes de mainlevée peuvent faire l'objet d'un recours devant la chambre d'accusation ou devant la cour d'appel selon qu'elles ont été prononcées par un juge d'instruction ou par le tribunal saisi des poursuites.

La chambre d'accusation ou la cour d'appel statue dans un délai de dix jours à compter de la réception des pièces. – *[L. n° 73-1193 du 27 déc. 1973, art. 44, II, al. 3 à 5].*

L. 121-4 En cas de condamnation, le tribunal ordonne la publication du jugement. Il peut, de plus, ordonner la diffusion, aux frais du condamné, d'une ou de plusieurs annonces rectificatives. Le jugement fixe les termes de ces annonces et les modalités de leur diffusion et impartit au condamné un délai pour y faire procéder ; en cas de carence et sans préjudice des pénalités prévues à l'article L. 121-7, il est procédé à cette diffusion à la diligence du ministère public aux frais du condamné. – *[L. n° 73-1193 du 27 déc. 1973, art. 44, II, al. 6].*

L. 121-5 L'annonceur pour le compte duquel la publicité est diffusée est responsable, à titre principal, de l'infraction commise. Si le contrevenant est une personne morale, la responsabilité incombe à ses dirigeants. La complicité est punissable dans les conditions de droit commun.

Le délit est constitué dès lors que la publicité est faite, reçue ou perçue en France. – *[L. n° 73-1193 du 27 déc. 1973, art. 44, II, al. 7 et 8].*

L. 121-6 Les infractions aux dispositions de l'article L. 121-1 sont punies des peines prévues à l'article L. 213-1. – *V. cet art. au* ***C. consom.*** *ou au* ***C. pén.***

Le maximum de l'amende prévue à cet article peut être porté à 50 p. 100 des dépenses de la publicité constituant le délit. – *[L. n° 73-1193 du 27 déc. 1973, art. 44, II, al. 9 et 10].*

(L. n° 2001-504 du 12 juin 2001) « Les dispositions de l'article L. 213-6 prévoyant la responsabilité pénale des personnes morales sont applicables à ces infractions. »

L. 121-7 Pour l'application de l'article L. 121-6, le tribunal peut demander tant aux parties qu'à l'annonceur la communication de tous documents utiles. En cas de refus, il peut ordonner la saisie de ces documents ou toute mesure d'instruction appropriée. Il peut en outre prononcer une astreinte pouvant atteindre 4 500 € par jour de retard à compter de la date qu'il a retenue pour la production de ces documents.

Les pénalités prévues au premier alinéa de l'article L. 121-6 sont également applicables en cas de refus de communication des éléments de justification ou des publicités diffusées, demandés dans les conditions prévues au premier alinéa de l'article L. 121-2, de même qu'en cas d'inobservation des décisions ordonnant la cessation de la publicité ou de non-exécution dans le délai imparti des annonces rectificatives. – *[L. n° 73-1193 du 27 déc. 1973, art. 44, II, al. 11 et 12].*

Les art. L. 121-1 à L. 121-7 C. consom., sont applicables à la collectivité territoriale de Saint-Pierre-et-Miquelon (L. n° 88-1264 du 30 déc. 1988, art. 14).

Code de l'environnement *(Ord. n° 2000-914 du 18 sept. 2000).* **Art. L. 541-34** Lorsque l'absence de matériaux récupérés ou la faible teneur en matériaux de cette sorte n'est pas de nature à modifier les qualités substantielles d'un produit toute publicité fondée sur cette caractéristique est interdite. Elle est constatée et réprimée dans les conditions prévues aux articles L. 121-2 à L. 121-7 du code de la consommation.

L. 121-8 *(Ord. n° 2001-741 du 23 août 2001)* Toute publicité qui met en comparaison des biens ou services en identifiant, implicitement ou explicitement, un concurrent ou des biens ou services offerts par un concurrent n'est licite que si :

1° Elle n'est pas trompeuse ou de nature à induire en erreur ;

2° Elle porte sur des biens ou services répondant aux mêmes besoins ou ayant le même objectif ;

3° Elle compare objectivement une ou plusieurs caractéristiques essentielles, pertinentes, vérifiables et représentatives de ces biens ou services, dont le prix peut faire partie.

Toute publicité comparative faisant référence à une offre spéciale doit mentionner clairement les dates de disponibilité des biens ou services offerts, le cas échéant la limitation de l'offre à concurrence des stocks disponibles et les conditions spécifiques applicables.

RÉP. COM. v° *Publicité fausse ou de nature à induire en erreur – Publicité comparative,* par CARREAU.

V. notes 1 s. ss. art. L. 121-14.

L. 121-9 *(Ord. n° 2001-741 du 23 août 2001)* La publicité comparative ne peut :

1° Tirer indûment profit de la notoriété attachée à une marque de fabrique, de commerce ou de service, à un nom commercial, à d'autres signes distinctifs d'un concurrent ou à l'appellation d'origine ainsi qu'à l'indication géographique protégée d'un produit concurrent ;

2° Entraîner le discrédit ou le dénigrement des marques, noms commerciaux, autres signes distinctifs, biens, services, activité ou situation d'un concurrent ;

3° Engendrer de confusion entre l'annonceur et un concurrent ou entre les marques, noms commerciaux, autres signes distinctifs, biens ou services de l'annonceur et ceux d'un concurrent ;

4° Présenter des biens ou des services comme une imitation ou une reproduction d'un bien ou d'un service bénéficiant d'une marque ou d'un nom commercial protégé.

L. 121-10 *(Ord. n° 2001-741 du 23 août 2001)* Pour les produits bénéficiant d'une appellation d'origine ou d'une indication géographique protégée, la comparaison n'est

autorisée qu'entre des produits bénéficiant chacun de la même appellation ou de la même indication.

L. 121-11 Il est interdit de faire figurer des annonces comparatives telles que définies aux articles L. 121-8 et L. 121-9 sur des emballages, des factures, des titres de transport, des moyens de paiement ou des billets d'accès à des spectacles ou à des lieux ouverts au public. – *[L. nº 92-60 du 18 janv. 1992, art. 10, I, al. 4].*

L. 121-12 *(Ord. nº 2001-741 du 23 août 2001)* **Sans préjudice des dispositions de l'article L. 121-2, l'annonceur pour le compte duquel la publicité comparative est diffusée doit être en mesure de prouver dans un bref délai l'exactitude matérielle des énonciations, indications et présentations contenues dans la publicité.**

Communication préalable. V. notes 2 *bis* et 3 ss. art. L. 121-14.

L. 121-13 Les insertions réalisées dans la presse pour une publicité définie aux articles L. 121-8 et L. 121-9 ne donnent pas lieu à l'application de l'article 13 de la loi du 29 juillet 1881 sur la liberté de la presse et de l'article 6 de la loi nº 82-652 du 29 juillet 1982 sur la communication audiovisuelle *[V. ces art., relatifs au droit de réponse, au* ***C. pén.****]. – [L. nº 92-60 du 18 janv. 1992, art. 10, I, al. 6].*

L. 121-14 Sans préjudice de l'application de l'article 1382 du code civil, les infractions aux dispositions des articles L. 121-8 à L. 121-12 sont, le cas échéant, punies des peines prévues, d'une part, aux articles L. 121-1 à L. 121-7 et, d'autre part, aux articles *(L. nº 92-1336 du 16 déc. 1992)* **« L. 716-9 et L. 716-12 du code de la propriété intellectuelle ».** – *V. ces art. au* ***CPI.***

Un décret en Conseil d'État précise en tant que de besoin les modalités d'application des articles L. 121-8 à L. 121-13. – *[L. nº 92-60 du 18 janv. 1992, art. 10-II et 10, III, al. 2].*

L'ord. nº 2001-741 du 23 août 2001, modifiant les art. L. 121-8 à L. 121-12 C. consom., a été ratifiée par l'art. 80-XI de la L. nº 2004-1343 du 9 déc. 2004 (JO 10 déc.).

V. Dir. 97/55/CE du 6 oct. 1997, modifiant la dir. 84/450/CEE sur la publicité trompeuse afin d'y inclure la publicité comparative (délai de mise en œuvre : 30 mois après publication) (JOCE, 23 oct. 1997, p. 18 ; D. Affaires 1997. 1300).

BIBL. ▸ Réglementation de la publicité comparative : LUBY, *D. 1993. Chron. 53.* – FOURGOUX, *Gaz. Pal. 1992. 1. Doctr. 278.* – SERANDOUR, *JCP 1992. I. 3596 ; Cah. dr. entr. 1992, nº 3.* – BIOLAY, *Petites affiches 19 sept. 1994, p. 4.* – FILY, *BID 1995, nº 2, p. 39* (sanctions applicables). – MONTEIRO, *Gaz. Pal. 1996. 1. Doctr. 607* (droit des marques et publicité comparative). – CALVO, *Petites affiches 12 mai 1997, p. 4* (publicité comparative et médicaments). – DE CANDÉ, *D. 2000. Chron. 33* (même thème). – HÉNIN et DEVRED, *Gaz. Pal. 1998. 2. Doctr. 1442* (même thème). – PICOD, *D. 2001. 914* (obligation de communication préalable à l'épreuve de la directive communautaire sur la publicité comparative). – FOURGOUX, *Liber amicorum Calais-Auloy, Dalloz, 2004, p. 399* (information ou manipulation). ▸ Sur la dir. du 6 oct. 1997 : DÉRIEUX, *Petites affiches 30 janv. 1998, p. 9.* – GUNTHER, *Contrats Conc. Consom. 1998. Chron. 2.* – CALVO, *Petites affiches 13 avr. 1998, p. 4.* – LOLIVIER, *Gaz. Pal. 1998. 1. Doctr. 621.* – VEYSSIÈRE, *ibid., p. 8.* – FOURGOUX, *RSC 1998. 559.* – BINDER et BOINET, *Petites affiches 24 mai 1999, p. 4.* – FABRE, *Cah. dr. entr. 1999, nº 2, p. 13.* – BRUNET, *Gaz. Pal. 17-18 déc. 1999, p. 6.* ▸ Sur la transposition de la directive : LAURENT, *Contrats Conc. Consom. 2001. Chron. 16* (la publicité comparative harmonisée).

1. Publicités comparatives visées. Jugé que, même si une publicité comparative figure dans une revue principalement destinée aux professionnels, elle est soumise à la loi du 18 janv. 1992 [C. consom., art. L. 121-8 s.], l'intitulé de celle-ci ne limitant pas son champ d'application aux rapports entre professionnels et consommateurs. • TGI Paris, 18 nov. 1992 : *RJDA 1993, nº 73.* – *Contra* : • T. com. Paris, 14 sept. 1992 : *ibid. 1992, nº 1181* • T. com. Nanterre, réf., 21 avr. 1997 : *Quot. Jur. 26 févr. 1998, p. 8.* – V. aussi • T. com. Nanterre, 19 déc. 1997 : *Bull. act. Lamy droit économique févr. 1998, p. 5* • Versailles, 10 sept. 1998 : *D. Affaires 1998. 1895, obs.*

V. A.-R. ; Petites affiches 26 nov. 1999, p. 17, obs. Etner. – Comp. également : • T. com. Paris, 16 mai 1995 : *Contrats Conc. Consom. 1995, n° 214, obs. Raymond ; Gaz. Pal. 1996. 1. Somm. 51.*

La publication d'un guide de spécialités pharmaceutiques comparables ne constitue pas une publicité commerciale dès lors qu'elle ne vise qu'à présenter des informations sur des médicaments non au grand public mais aux seuls médecins. • Paris, 23 oct. 1996 : *Gaz. Pal. 1997. 1. 352, concl. Benas.* ♦ V. aussi, excluant de la réglementation une publicité parue exclusivement dans la presse médicale et s'adressant aux médecins en tant que prescripteurs, • T. com. Nanterre, réf., 21 avr. 1997 : *préc.* ♦ Dans le même sens, s'agissant de la reproduction dans une brochure publicitaire d'éléments scientifiques, • Paris, 15 mai 1998 : *D. Affaires 1998. 1311 ; Contrats Conc. Consom. 1998, n° 171, obs. Raymond ; Petites affiches 26 nov. 1999, p. 15, obs. Etner.* ♦ Comp., considérant qu'une publicité comparative se référant à la comparaison de l'efficacité de médicaments, caractéristique essentielle, significative, pertinente et vérifiable, est manifestement licite dès lors qu'elle repose sur une étude comparative, sur des éléments statistiques, et que la différence significative dont elle fait état a déjà fait l'objet d'une publication. • Versailles, 3 avr. 1998 : *D. Affaires 1998. 1168, obs. V. A.-R. ; Petites affiches 28 juin 1999, p. 8, obs. Etner* • 18 févr. 1999 : *JCP E 1999, n° 16, p. 697 ; Petites affiches 26 nov. 1999, p. 18, obs. Etner ; Contrats Conc. Consom. 2000, n° 72, obs. Raymond* • 15 nov. 2001 : *JCP E 2002, n° 8-9, 341 ; BRDA 2002, n° 3, p. 14* (mais jugeant la comparaison non objective). ♦ Sur la notion de caractéristique essentielle, V. • Versailles, 22 mai 1998 : *D. Affaires 1998. 1439, obs. V. A.-R. ; Petites affiches 28 juin 1999, p. 10, obs. Etner.*

1 bis. En ce sens que constitue une publicité comparative, au sens de la loi, le sondage faisant apparaître des chiffres comparés de parts de marché pour deux publications, dès lors qu'il n'est pas une simple étude technique mais qu'il reprend des données de cette étude et des commentaires qui y sont apportés, V. • T. com. Paris, 16 mai 1995 : *préc. note 1*, conf. par • Paris, 22 oct. 1997 : *D. Affaires 1997. 1458.* ♦ Il importe peu que le document n'ait pas eu d'objectif de promotion. • T. com. Paris, 3 oct. 1995 : *Gaz. Pal. 1996. 2. Somm. 535.* ♦ Ne peut être considérée comme une simple lettre d'information l'annonce qui, s'appuyant sur et exploitant les résultats de l'étude annexée, contient l'affirmation d'un meilleur rapport qualité/prix et d'une plus grande compétitivité des prestations de publicité du magazine de l'annonceur par rapport aux concurrents de celui-ci et ce même si son envoi a été limité à un certain nombre de professionnels faisant insérer des annonces dans le magazine dès lors qu'il est acquis que cette lettre a fait l'objet d'une large diffusion. • Versailles, 10 sept. 1998 : *préc. note 1.* ♦ Constituent une publicité des tableaux comparatifs des prix et caractéristiques d'imprimantes de marques concurrentes présentés à des revendeurs multimarques par les représentants commerciaux d'un des fabricants de ces produits, dans la mesure où loin d'être destinés à l'usage exclusivement interne de l'entreprise, ils avaient été présentés à certains revendeurs, peu important que la diffusion de ces tableaux n'eût pas été systématique. • Versailles, 9 déc. 2004 : *BRDA 2005, n° 9, p. 12.*

1 ter. Ne constitue pas une publicité comparative : l'apposition sur la devanture d'une pharmacie d'un bandeau annonçant « parapharmacie moins chère qu'une para » dès lors que l'emploi du terme « para » employé comme diminutif de parapharmacie, ne permet pas à lui seul d'identifier ou de reconnaître l'enseigne du magasin de parapharmacie situé à proximité de l'officine et que cette publicité ne s'appuie sur aucune opinion ou appréciation individuelle ou collective. • Versailles, 21 nov. 1997 : *BICC 1998, n° 857 ; JCP E 1998, n° 10, p. 350 ; Gaz. Pal. 1998. 1. Somm. 374.* ♦ ... Le message diffusé à l'adresse du grand public dans un film publicitaire en faveur de l'énergie nucléaire, et à l'évidence de fiction, dès lors que les personnes visées n'ignorent pas les inconvénients de l'énergie nucléaire, ni les inconvénients économiques et environnementaux de l'industrie pétrolière. • Paris, 17 mars 1998 : *D. 1998. IR. 119 ; Petites affiches 19 août 1998, p. 14, obs. Malaurie-Vignal.* ♦ ... L'affichage de listes de prix sur un stand d'information installé dans la galerie marchande d'un hypermarché dont l'objet est d'informer les clients de l'hypermarché de l'évolution des prix pratiqués au sein de celui-ci à l'occasion d'un changement d'enseigne, et non de procéder à une comparaison entre les prix pratiqués par l'hypermarché et ceux de magasins concurrents. • Paris, 19 mai 1999 : *RJDA 1999, n° 1262.* ♦ ... L'exposition par une grande surface d'un caddy rempli de produits provenant de son magasin et d'un autre caddy contenant les mêmes produits provenant de chez un concurrent avec indication des prix de l'un et de l'autre au motif que le concurrent n'est ni identifié, ni identifiable. • Aix-en-Provence, 21 déc. 2001 : *Contrats Conc. Consom. 2002, n° 83, obs. Raymond.* ♦ Sur la question de savoir si le fait de se dire « numéro un » peut être qualifié de publicité comparative, V. • Rennes, 6 sept. 1995 : *Gaz. Pal. 1996. 1. 535* • T. com. Paris, 6 nov. 2002 : *Contrats Conc. Consom. 2003, n° 101, obs. Raymond ; Gaz. Pal. 2003. Somm.*

3901, obs. Joseph. ♦ La loi n'interdit pas de citer dans une publicité un tiers, même s'il est concurrent ; cela ne suffit pas à conférer à une publicité le caractère de publicité comparative dès lors qu'elle n'énumère aucun produit ou service offert au consommateur en en citant les prix ou tarifs. • T. com. Paris, 3 nov. 2004 : *Comm. com. élec. 2005, n° 12, obs. Grynbaum.*

2. Identification du concurrent. Jugé qu'une publicité peut être qualifiée de comparative, même si l'entreprise visée par la comparaison n'est pas nommément désignée, dès lors que cette entreprise est aisément identifiable. • TGI Paris, 18 nov. 1992 : *préc. note 1.* – V. aussi • Versailles, 18 févr. 1999 : *JCP E 1999, n° 16, p. 697* • 27 juin 2002 : *Contrats Conc. Consom. 2003, n° 65, obs. Raymond* • T. com. Nanterre, 27 mai 2005 : *BRDA 2005, n° 20, p. 9 ; Lettre distrib. juill.-août 2005, p. 2* (allégation litigieuse suivi d'un astérisque renvoyant à une étude Sofrès portant sur la comparaison de 24 laboratoires pharmaceutiques dûment identifiés et nommés).

Une publicité générale visant la clientèle d'un marché donné ne répond pas à la définition de l'art. L. 121-8 C. consom., qui vise un concurrent identifié. • T. com. Nanterre, 6 févr. 2004 : *Contrats Conc. Consom. 2004, n° 117, obs. Raymond.* ♦ Constitue toutefois une publicité comparative, la campagne publicitaire menée par un opérateur privé, à propos des nouveaux tarifs d'une prestation, fondée sur la comparaison, présumée favorable, avec d'autres tarifs pratiqués mais dont la provenance n'est pas précisée, dès lors que, s'agissant du marché des télécommunications récemment ouvert à la concurrence mais encore largement dominé par l'opérateur public précédemment détenteur d'un monopole, cette comparaison renvoie nécessairement, dans l'esprit du public, aux tarifs de l'opérateur public, en raison de sa notoriété. • Versailles, 26 mars 1999 : *JCP E 1999, n° 44-45, p. 1753 ; Gaz. Pal. 17-18 nov. 1999, p. 33,* conf. par • Com. 27 mars 2001 : ♘ *Gaz. Pal. 21-22 nov. 2001, p. 67.* ♦ Comp., estimant que la situation particulière du marché de la téléphonie mobile qui ne comporte que trois opérateurs en France, ne permet pas de considérer que le message de l'un d'entre eux visant à séduire la clientèle des deux autres constituerait nécessairement une publicité comparative en l'absence de tout élément permettant d'identifier l'image, la marque, les services particuliers ou les caractéristiques spécifiques de l'un ou l'autre de ces concurrents : • T. com. Nanterre, 6 févr. 2004 : *préc.* ♦ V. également, dans d'autres affaires opposant des opérateurs téléphoniques, • Versailles, 27 juin 2002 : *JCP E 2003, n° 2, p. 56* • Aix-en-Provence, 21 déc. 2001 : *Contrats Conc. Consom. 2002, n° 83, obs. Raymond* • T. com. Nanterre, 19 oct. 1999 : *Gaz. Pal. 19-20 mai 2000, p. 26, obs. Grelier-Lenain* • Paris, 5 mars 2003 : *Gaz. Pal. 2003. Somm. 3990, obs. Biolay.*

La publication par un magazine d'un article représentant la photographie d'un mannequin portant des vêtements d'une marque de luxe à côté de celle d'un autre mannequin portant des vêtements du même genre, mais d'une marque de grande diffusion, dont les prix et les points de vente étaient indiqués, constitue une publicité comparative et non un article d'information dans la mesure où ces informations étaient manifestement destinées à inciter les lecteurs à acheter les produits dits de substitution. • Paris, 8 déc. 1999 : *BRDA 2000, n° 8, p. 11.* ♦ Comp. jugeant que ce type de présentation a un caractère incitatif à la vente qui ne saurait avoir pour effet de conférer à cette revue la qualité d'annonceur, et ne peut par conséquent être définie comme une publicité comparative illicite (condamnation pour usage illicite de marque). • TGI Paris, 19 sept. 1997 : *Gaz. Pal. 1998. 1. Somm. 372, obs. Staeffen.*

Pour un arrêt excluant les règles concernant la publicité comparative, de même que le dénigrement, s'agissant d'une annonce identifiant le concurrent direct et unique, d'une manière amusante et spirituelle, sans le nommer, V. • Versailles, 26 juin 1997 : *D. Affaires 1997. 1037 ; Gaz. Pal. 1997. 2, obs. A. C.*

3. Délai de communication (jurisprudence antérieure). Sur l'insuffisance d'un délai de soixante-douze heures (correspondant au délai d'annulation de l'ordre de publicité consenti par le support à l'annonceur), V. • Douai, 2 oct. 1995 : *D. 1996. 99, note J.-C. Fourgoux* ✎ *; D. 1996. Somm. 179, obs. Gavalda et Lucas de Leyssac* ✎ *; D. Affaires 1995. 83 ; Gaz. Pal. 1996. 1. 77, note Massoni ; Contrats Conc. Consom. 1995, n° 184, note Vogel ; ibid., n° 213, note Raymond,* confirmant • TGI Lille, réf., 9 août 1995 : *Légipresse 1994, n° 124, p. 128.* ♦ Comp., sur le caractère suffisant d'un délai de vingt-quatre heures, l'annonceur cumulant cette qualité avec celle de support : • T. com. Évreux, réf., 25 mars 1992 : *Lettre distrib. avril 1992.* ♦ Sur cette question, V. *Bull. act. Lamy droit économique août-sept. 1995, p. 5 ;* Fabre, *Cah. dr. entr. 1995, n° 6, p. 35.*

3 bis. Défaut de communication préalable (jurisprudence antérieure). Présente un caractère illicite la publicité comparative comportant des indications chiffrées dont l'annonceur pour le compte duquel cette publicité est diffusée n'est pas en mesure d'établir l'exactitude et n'ayant pas fait l'objet d'une communication préalable au professionnel visé. • Com. 14 juin 2000 : ♘ *Bull. civ. IV, n° 126 ; Contrats Conc.*

Consom. 2000, n° 135, obs. Raymond. ♦ Des annonceurs ne sauraient s'affranchir du respect des art. L. 121-8 et L. 121-12, en se fondant sur leur violation antérieure à leur préjudice par le concurrent, alors que ces agissements prétendument déloyaux pouvaient être sanctionnés conformément aux dispositions de l'art. L. 121-14. • Aix-en-Provence, 20 mars 1997 : *D. Affaires 1997. 789.* ♦ Dès lors, les annonceurs étaient tenus de communiquer, avant toute diffusion, l'annonce comparative à la société concurrente dans un délai au moins égal à celui exigé pour l'annulation d'un ordre de publicité ; loin de constituer une formalité dépourvue de sanction, l'absence de communication de l'annonce comparative au professionnel visé entache d'illicéité celle-ci, répondrait-elle aux autres conditions de fond édictées par l'art. L. 121-8. • Même arrêt. – V. aussi • Montpellier, 30 avr. 1998 : *Bull. act. Lamy droit économique juin 1998, p. 8.* ♦ *Contra*, estimant que ne commet pas de faute la société qui effectue une publicité comparative sans l'avoir au préalable communiquée au professionnel visé dès lors que, d'une part, celui-ci n'a pas subi un préjudice résultant du défaut de cette communication, la publicité comparative étant par ailleurs licite sur le fond, et que, d'autre part, l'art. 10 de la loi du 18 janv. 1992 [C. consom., art. L. 121-8 s.] ne prévoit pas de sanction civile propre au défaut d'accomplissement de cette formalité. • Paris, 5 avr. 1993 : *D. 1994. Somm. 282, obs. Hassler* ; *RJDA 1993, n° 669 ; Contrats Conc. Consom. 1993, n° 169, obs. Raymond ; RJ com. 1994. 208, note Hassler* • 15 mai 1998 : *préc. note 1.* ♦ Toutefois, une revue qui n'a pas respecté l'obligation qui lui incombait impérativement de communiquer l'annonce comparative à son concurrent, avant toute diffusion, ne saurait arguer du fait que cette disposition n'est assortie d'aucune sanction spécifique par l'art. L. 121-12 dès lors que la violation de ce texte a pour effet d'empêcher la société visée par la publicité comparative de s'opposer, au besoin par la voie judiciaire du référé, à une annonce inexacte laquelle, la présentant défavorablement, lui cause nécessairement un préjudice et s'analyse en une faute au sens de l'art. 1382 C. civ. engageant la responsabilité de son auteur. • Paris, 4e ch. A, 1er juill. 1998 : *D. 1998. IR. 197 ; D. Affaires 1998. 1636, obs. C. R. ; Petites affiches 28 juin 1999, p. 4, obs. Etner.* ♦ Comp. aussi, refusant de qualifier de publicité comparative, au sens de la loi, une publicité qui n'a pas été communiquée : • T. com. Paris, 14 sept. 1992 : *préc. note 1.* ♦ ... Ou sanctionnant le défaut de communication préalable par la condamnation à une amende pénale et à des dommages-intérêts : • T. corr. Chalons-sur-Saône, 24 juin 1994 : *RJDA 1994, n° 1229 ; Contrats Conc. Consom. 1995, n° 80, note Raymond ; BID 1994, n° 12, p. 8.*

Sur la communication à un concurrent d'une publicité comparative sous deux versions avec la possible retenue d'une seule, V. • Versailles, 22 mai 1998 : *préc. note 1.*

3 ter. Suppression légale de l'exigence de communication préalable. V. désormais, art. L. 121-12 C. consom. issu de l'Ord. du 31 août 2001, n'exigeant plus de communication préalable au concurrent visé par la publicité comparative. ♦ Jugeant que la suppression de l'obligation de communication préalable par l'ord. du 31 août 2001, n'a pas d'effet rétroactif, V. • Paris, 18 janv. 2002 : *D. 2002. AJ. 1345 ; Lettre distrib. mars 2002, p. 4* • Versailles, 27 juin 2002 : *préc. note 2.*

4. Responsabilité civile. La publication d'une publicité comparative qui ne satisfait pas aux conditions posées par l'art. 10 [C. consom., art. L. 121-8 s.] cause un préjudice à l'entreprise visée ouvrant droit à réparation. • TGI Paris, 18 nov. 1992 : *préc. note 1.* ♦ Le responsable du dénigrement est autant celui qui le réalise, sans être le concurrent, que celui qui en profite (le concurrent). • T. com. Paris, 3 oct. 1995 : *Gaz. Pal. 1996. 2. Somm. 495.* ♦ Pour des condamnations sur le fondement de la concurrence déloyale, V. • Orléans, 29 nov. 1994 : *JCP 1995. IV. 1214* • Versailles, 20 nov. 1997 : *RJDA 1998, n° 355.* ♦ Pour une condamnation pour contrefaçon par l'usage de la marque d'un concurrent dans une plaquette publicitaire comparative déclarée illicite en raison d'un défaut de loyauté et d'objectivité, V. • Versailles, 15 nov. 2001 : *JCP E 2002, n° 8-9, 345.*

5. Publicités comparatives illicites. N'est pas licite la publicité comparative résultant d'une étude non exhaustive applicable à un seul site et ne faisant apparaître d'effet d'économie qu'en négligeant le coût de l'investissement nécessaire pour la réalisation des installations indispensables à l'utilisation du gaz alors que la publicité litigieuse a étendu une appréciation à l'ensemble des locaux de la capitale pouvant être chauffés soit au gaz, soit à la vapeur. • TGI Paris, 18 nov. 1992 : *BICC 1993, n° 651.* ♦ ... La publicité comparative portant sur les prix, fondée sur la moyenne pondérée tirée de relevés de prix de produits regroupés selon les critères propres à chacun des instituts de mesure, ces produits ne retrouvant leur individualité que si l'on a accès au détail des relevés, communication dont ne bénéficie par hypothèse pas le consommateur lorsque la méthode indiciaire a pu être utilisée. • Aix-en-Provence, 20 mars 1997 : *préc. note 3 bis.* ♦ Par ailleurs, cet arrêt a jugé que la référence, en avril 1993, aux prix relevés durant le trimestre précédent ne répond pas, par son caractère rétrospectif et en raison de l'extrême variabilité des prix dans le secteur de la grande distribution, à cette exigence. • Même arrêt.

S'agissant de produits vendus en grande surface, une comparaison objective exige deux conditions qui sont cumulatives, à savoir d'une part que les produits choisis soient représentatifs des achats moyens en grande surface, d'autre part qu'ils soient suffisamment nombreux pour permettre la généralisation. Tel n'est pas le cas d'une campagne publicitaire comparative portant sur vingt-trois produits seulement, aucun d'entre eux ne concernant les liquides et les produits frais, ce qui ne correspond pas aux achats d'un consommateur ordinaire, et alors, d'autre part, que le nombre des produits retenus est insuffisant par rapport aux milliers de produits généralement référencés dans une grande surface. • TGI Chalons-sur-Saône, 24 juin 1994 : *Gaz. Pal. 1996. 1. Somm. 272.*

Ne satisfait pas à la condition de « produits identiques » la publicité qui compare des produits qui ne sont pas identiques quant à leur marque ou leur origine. • Crim. 16 oct. 1996 : *Bull. crim. n° 364 ; Contrats Conc. Consom. 1997, n° 36, obs. Raymond ; JCP 1997. IV. 433.* ♦ De la même façon, est illicite la publicité comparative qui ne concerne pas des produits identiques vendus dans des conditions semblables, qui ne se limite pas à une comparaison objective et dont la durée des offres tarifaires n'est pas précisée. • Même arrêt. ♦ Considérant qu'est illicite la publicité comparative sur le prix de produits vendus en grande surface prenant la forme d'un tract qui porte sur la comparaison du prix de produits génériques, sans précision ni de marque, ni de qualité, ni d'origine, V. • Orléans, 27 mai 1999 : *Contrats Conc. Consom. 2000, n° 36, obs. Raymond* • Agen, 23 mai 2005 : *ibid. 2006, n° 40, obs. Raymond* (caddy comparatif). ♦ Il en va de même des produits dits « d'appel ou de premier prix », identifiés par une appellation générale (Porto, Whisky, etc.), dont il n'est pas établi qu'ils aient eu le même fabricant, la même présentation ni les mêmes caractéristiques. • Nancy, 14 févr. 1996 : *JCP 1997. IV. 1181.* ♦ Jugeant qu'une publicité comparative n'est licite que lorsque les termes de la comparaison sont clairement énoncés, V. • T. com. Paris, 7 mai 2003 : *Contrats Conc. Consom. 2004, n° 31, obs. Raymond.* ♦ Sanctionnant une publicité comparative portant sur des prix de produits non identiques, V. • T. com. Nanterre, 19 oct. 1999 : *préc. note 2* • Versailles, 27 juin 2002 : *ibid.* ♦ V. désormais la nouvelle rédaction de l'art. L. 121-8, 2°, n'exigeant plus que des « biens ou services répondant aux mêmes besoins ou ayant le même objectif » ; et pour une application. • Paris, 4 déc. 2002 : *Contrats Conc. Consom. 2003, n° 65, obs. Raymond.* ♦ ... Une publicité comparative menée sur le marché des télécommunications et imputant à une société des pratiques tarifaires héritées d'une situation monopolistique révolue alors que la désuétude prêtée aux tarifs de cette société ne correspondait pas à la réalité. • Versailles, 26 mars 1999 : *préc. note 2,* conf. par • Com. 27 mars 2001 : *Gaz. Pal. 21-22 nov. 2001, p. 67.*

V. aussi, pour une comparaison entre des audiences de deux stations de radio, déformant les résultats d'un sondage, • Paris, 24 janv. 1995 : *D. 1996. Somm. 73, obs. Hassler.* – Comp. : • TGI Paris, 31 mai 1996 : *D. 1998. Somm. 131, obs. Hassler et Lapp ; RJDA 1996, n° 1409,* conf. par • Paris, 3 sept. 1999 : *D. 1999. AJ. 30 ; Gaz. Pal. 19-20 mai 2000, p. 42, obs. Grelier-Lenain.* ♦ ... Ou excluant alternativement d'un tableau comparatif certaines écoles lorsque, dans l'une ou l'autre des différentes matières enseignées, leur taux de réussite était meilleur que celui de l'établissement de formation. • Paris, 23 mai 2003 : *RJDA 2003, n° 1258.*

L'information relative à l'importance de la diffusion d'une revue constituant une caractéristique significative, pertinente et vérifiable, une revue informatique ne satisfait pas aux exigences de l'art. L. 121-8 dès lors qu'elle se présente dans une publicité comme le « numéro un » en diffusion, sans donner aucune information de cette nature sur la revue concurrente, et remplace le chiffre de diffusion de celle-ci par un point d'interrogation, lequel fait volontairement planer un doute sur la diffusion du concurrent et sur le fait que ses dirigeants pourraient être à l'origine de ce doute pour dissimuler un mauvais résultat. • Paris, 1er juill. 1998 : *préc. note 3 bis.*

Sur l'appréciation du caractère déloyal d'une publicité comparative, V. aussi • Com. 18 juin 1996 : *Bull. civ. IV, n° 185 ; D. 1997. Somm. 237, obs. Izorche* • Paris, 4 déc. 2002 : *préc.*

Le comparé, qui est en droit de vérifier le caractère loyal, véridique, objectif de la publicité, justifie d'un intérêt légitime au sens de l'art. 145 du NCPC à obtenir avant tout procès, la preuve des faits dont pourrait dépendre la solution du litige. • Paris, 8 oct. 1997 : *D. Affaires 1997. 1318.*

5 bis. Dénigrement. Une comparaison de prix n'entraîne le discrédit d'un concurrent, au sens de l'art. 3 *bis*, § 1, de la dir. modifiée du 10 sept. 1984, ni au motif que l'écart de prix entre les produits comparés est supérieur à l'écart de prix moyen ni en raison du nombre de comparaisons effectuées. • CJCE 8 avr. 2003 : *cité note 8.* ♦ Si l'exagération propre à toute publicité n'enfreint pas, en elle-même, les règles de loyauté de la concurrence, la revendication d'exclusivités ou de propriétés superlatives ne peut être admise si de telles insertions aboutissent, par un dénigrement indirect, à dépouiller les concurrents des mêmes vertus. • Douai, 2 oct. 1995 : *préc. note*

2 bis. ♦ Par ailleurs, l'outrance ayant ses limites, celles-ci interdisent de fabuler sur de prétendues supériorités, et la vérification objective de l'absence de telles ou telles qualités permet sans conteste de considérer que la publicité visée est fausse ou de nature à induire en erreur. • Même arrêt. ♦ V. aussi, pour des ajouts aux observations d'une étude scientifique de commentaires mettant en avant le produit objet de la publicité et des propos alarmistes sur les produits concurrents, créant une rumeur dénigrante • Versailles, 15 nov. 2001 : *JCP E 2002, n° 8-9, 341 ; RJDA 2002, n° 569.* ♦ S'agissant d'une campagne publicitaire par laquelle une société de vente à distance a vanté les mérites de son nouveau service de livraison rapide en rapprochant sa prestation dite le « 24 heures gratuit » de celle proposée par son concurrent dite « le 48 heures chrono », il y a lieu de resituer les deux prestations proposées dans le cadre général de l'ensemble des prestations offertes par les deux firmes qui, à côté du service de livraison à domicile sans garantie particulière de délai, proposent toutes deux un service de livraison sous 24 heures qui est payant et un service de livraison gratuit sur site sans supplément de prix sous 48 heures pour la Redoute, qui l'assortit d'une garantie de remboursement sous forme d'un chèque cadeau égal au montant des articles commandés dans l'hypothèse d'une non-livraison dans les délais, et sous 24 heures pour les 3 Suisses, qui n'offre aucune « garantie » équivalente, et qui limite l'accès de ce service aux titulaires de certaines cartes. • Même arrêt. – V. aussi Fabre, *Cah. dr. entr. 1995, n° 6, p. 35.*

Sur le dénigrement résultant, d'une publicité comportant le sigle Leclerc et la mention « A peine plus loin, mais tellement moins cher », placée à environ 15 mètres du parking « Géant Casino », à 30 mètres environ de l'entrée principale de la cafétéria « Géant Casino » et à 6 mètres de l'entrée, V. • T. com. Chalons-sur-Saône, 12 oct. 1995 : *Gaz. Pal. 1995. 2. Somm. 611.* – V. aussi • T. com. Paris, réf., 25 juill. 1995 : *ibid. 1996. 1. Somm. 35.*

S'agissant d'une publicité faite par une radio, représentant une radio concurrente comme quille sur le point de tomber sous le coup d'une boule symbolisant la première radio, V. • Paris, 10 sept. 1999 : *Contrats Conc. Consom. 2000, n° 89, obs. Raymond.*

5 ter. Le dénigrement résultant, pour une société concurrente, d'une publicité comparative illicite, est générateur d'un trouble commercial et entraîne nécessairement un préjudice. • Com. 14 juin 2000 : *Bull. civ. IV, n° 126 ; BRDA 2000, n° 15-16, p. 9.*

6. Décret d'application. La publication d'un décret d'application de l'art. 10 [C. consom., art. L. 121-8 s.] n'est pas prévue, V. : Rép. min. n° 22498, *JO Sénat Q, 5 nov. 1992, p. 2482.*

6 bis. Conflits de lois. La loi applicable à la responsabilité extra-contractuelle est celle du lieu où le fait dommageable s'est produit ; ce lieu s'entend aussi bien de celui du fait générateur du dommage que du lieu de réalisation de ce dernier (application de la loi française à une publicité émise aux États-Unis et diffusée en France). • Civ. 1re, 14 janv. 1997 : *Bull. civ. I, n° 14 ; D. 1997. 177, note Santa-Croce ; D. Affaires 1997. 215 ; JCP 1997. II. 22903, note Muir Watt.*

6 ter. Compatibilité avec la Convention européenne des droits de l'homme. Les art. L. 121-8 s. C. consom. ne sont pas inconciliables avec l'art. 10 de la Convention européenne de sauvegarde des droits de l'homme et des libertés fondamentales [V. cet art. au **Mégacode civ.**], dès lors que cette réglementation constitue une mesure nécessaire à la protection de la réputation ou des droits d'autrui, justifiant une restriction à la liberté d'expression. • Crim. 16 oct. 1996 : *préc. note 5.*

6 quater. Référé. En ce sens que le juge des référés ne peut intervenir en matière de publicité comparative que s'il existe à l'évidence dans le message publicitaire une comparaison visant une autre entreprise, V. • Paris, 2 juill. 1997 : *Contrats Conc. Consom. 1997, n° 185, obs. Raymond.* ♦ Pour un arrêt considérant que l'éventuelle nécessité d'un pluriel, s'agissant des « caractéristiques » mentionnées à l'art. L. 121-8 C. consom., nécessite une interprétation dépassant l'aptitude du juge des référés, V. • Versailles, 22 mai 1998 : *préc. note 1.* ♦ Dans un cadre de libre concurrence entre les différents opérateurs présents sur un marché, les publicités effectuées par l'un d'entre eux pour convaincre les consommateurs d'utiliser ses services plutôt que ceux de ses concurrents ne constituent pas un dommage imminent au sens de l'art. 873, al. 1er NCPC, permettant au juge des référés commerciaux d'interdire, pour ce seul motif, la diffusion des publicités incriminées. • Paris, 4 déc. 2002 : *préc. note 5.*

7. Jurisprudence antérieure. BIBL. Azéma, *RJ com., n° spéc., déc. 1980. 123.* – Calvo, *Rev. propr. ind. 1987, n° 14. 3.* – Fourgoux, *Gaz. Pal. 1976. 2. Doctr. 408 ; ibid. 1985. 1. Doctr. 135.* – Pirovano, *D. 1974. Chron. 279.* ♦ Avant l'intervention de la loi du 18 janv. 1992, n'avait pas été jugée illicite la publicité par laquelle un commerçant se bornait à la comparaison des prix auxquels des produits identiques étaient vendus dans les mêmes conditions. • Com. 22 juill. 1986 : *D. 1986. 436, note Cas ; ibid. Somm. 293, obs. Gavalda et Lucas de Leyssac.* ♦ V. aussi, sur la licéité d'une baisse des prix avant la publicité, à condition que ceux-ci n'aient pas été augmentés de nouveau par la suite, • Com. 29 mars 1989 : *Bull. civ. IV, n° 109,* et sur renvoi, • Bordeaux, 19 mars 1992 : *Gaz. Pal. 1992. 1. 25.* ♦ Il en allait différemment en cas de comparaison imprécise. • Crim. 22 déc. 1986 : *D. 1987. 286, note Cas.* ♦ Pour des exemples de publicité illicite pour le fioul, V. • Paris, 23 janv. 1990 : *D. 1990. IR. 68.* ♦ ... Entre les performances commerciales de deux marques de voitures, V. • TGI Paris, réf., 23 sept. 1991 : *Gaz. Pal. 1991. 2. 576, note J.-G. M.* ♦ ... Dénigrant la profession de pharmacien, V. • TGI Paris, réf., 8 janv. 1992 : *BICC 1992, n° 1317.*

8. Droit communautaire. Toute publicité qui met en comparaison des biens ou services en identifiant, implicitement ou explicitement, un concurrent n'est licite que si elle ne tire pas indûment profit de la notoriété attachée à une marque, à un nom commercial ou à d'autres signes distinctifs d'un concurrent, V. • CJCE 25 oct. 2001 : *RTD com. 2002. 402, obs. Luby.* ♦ L'art. 7, § 2, de la dir. du 10 sept. 1984 s'oppose à l'application à la publicité comparative de dispositions nationales plus strictes en matière de protection contre la publicité trompeuse en ce qui concerne la forme et le contenu de la comparaison, sans qu'il y ait lieu d'établir des distinctions entre les différents éléments de la comparaison, c'est-à-dire les indications relatives à l'offre de l'annonceur, les indications relatives à l'offre du concurrent et le rapport entre ces offres. • CJCE 8 avr. 2003 : *RTD com. 2003. 844, obs. Luby ; JCP E 2004, n° 43, p. 1682, n° 21, obs. Parléani ; Gaz. Pal. 2003. Somm. 3992, obs. Biolay ; ibid. 2004. Somm. 2027, obs. L.C.F. ; RJDA 2003, n° 787 ; Europe 2003, n° 223, obs. Rigaux et Idot.* ♦ L'art. 3 *bis*, § 1, de cette directive doit être interprété en ce sens que, si l'annonceur est en principe libre d'indiquer ou non dans une publicité comparative la marque des produits concurrents, il appartient toutefois au juge national de vérifier si, dans des circonstances particulières, caractérisées par l'importance de la marque dans le choix de l'acheteur et par l'importante différence, en terme de notoriété, entre les marques respectives des produits comparés, l'omission de la marque la plus renommée est susceptible de s'avérer trompeuse. • Même arrêt. ♦ Ce même article ne s'oppose pas à ce que les produits comparés soient achetés par des canaux de distribution différents, ni à ce que la publicité reproduise, outre le nom du concurrent, son sigle et une image de la façade de son magasin, si cette publicité respecte les conditions de licéité fixées par le droit communautaire. • Même arrêt.

Sur la charge de la preuve, V. • Com. 18 mai 1993 : *Bull. civ. IV, n° 199 ; D. 1994. Somm. 172, obs. Gavalda et Lucas de Leyssac ; JCP 1994. II. 22243, note Dekeuwer ; Contrats Conc. Consom. 1993, n° 168, note Raymond.*

L. 121-15 **Est, en outre, interdite toute publicité portant :**

1° Sur une opération commerciale soumise à autorisation au titre soit *(L. n° 96-603 du 5 juill. 1996)* **« des articles 26, 27, 28, 29 et 30 de la loi n° 96-603 du 5 juillet 1996 relative au développement et à la promotion du commerce et de l'artisanat** *[C. com., art. L. 310-1, L. 310-2, L. 310-3, L. 310-4 et L. 310-7]*, **soit des articles 29 et 32 » de la loi n° 73-1193 du 27 décembre 1973 d'orientation du commerce et de l'artisanat** *[C. com., art. L. 752-1 et L. 752-16], (Abrogé par Ord. n° 2004-274 du 25 mars 2004, art. 32-I)* ***« soit de l'ordonnance n° 45-2088 du 11 septembre 1945 relative aux foires et salons[,]*** **» et qui n'a pas fait l'objet de cette autorisation ;**

2° Sur une opération commerciale dont la réalisation nécessite l'emploi de personnel salarié requérant une autorisation au titre du chapitre Ier du titre II du livre II du code du travail *[relatif au repos hebdomadaire]* **et réalisée sans l'obtention préalable de cette autorisation, ou qui est en infraction avec les articles 41 *a* et 41 *b*, 105 *a* à 105 *i* du code des professions applicable dans les départements de la Moselle, du Bas-Rhin et du Haut-Rhin ;**

3° Sur une opération commerciale réalisée ou devant être réalisée en infraction avec les dispositions de l'article L. 221-17 du code du travail *[fermeture ordonnée par arrêté préfectoral pendant la durée du repos hebdomadaire]*.

(Ord. n° 2004-274 du 25 mars 2004, art. 32-II) **« 4° Sur une manifestation commerciale soumise à la déclaration prévue à l'article L. 762-2 du code de commerce et qui n'a pas fait l'objet de cette déclaration. »**

Tout annonceur qui effectue ou fait effectuer une publicité interdite en vertu des alinéas précédents est puni d'une amende de 37 500 €. Le maximum de l'amende peut être porté à 50 p. 100 du montant des dépenses consacrées à la publicité illégale.

Le tribunal peut ordonner la cessation de la publicité interdite aux frais des personnes reconnues coupables des infractions définies aux alinéas qui précèdent. – *[L. n° 89-1008 du 31 déc. 1989, art. 8, al. 1er à 3 et 5 et 6].*

Les infractions définies à l'art. L. 121-15 (1°) ci-dessus peuvent être constatées et poursuivies dans les conditions fixées par l'ord. n° 86-1243 du 1er déc. 1986, art. 45, al. 1er et 3, 46, 47, 51 et 52 [C. com., art. L. 450-1, L. 450-2, L. 450-3, L. 450-7 et L. 450-8] (L. n° 89-1008 du 31 déc. 1989, art. 9, al. 1er, mod. par L. n° 96-603 du 5 juill. 1996, art. 33).

Les modifications apportées à l'art. L. 121-15 par l'Ord. n° 2004-274 du 25 mars 2004 (JO 27 mars), ratifiée par l'art. 78-XV de la L. n° 2004-1343 du 9 déc. 2004 (JO 10 déc.), sont applicables à Mayotte (art. 47-I).

Pour une application de l'art. 8, al. 1er [C. consom., art. L. 121-15 (1°)], V. • Crim. 22 févr. 1993 : *Bull. crim. n° 85 ; D. 1993. IR. 152.*

L. 121-15-1 *(L. n° 2004-575 du 21 juin 2004, art. 21)* **Les publicités, et notamment les offres promotionnelles, telles que les rabais, les primes ou les cadeaux, ainsi que les concours ou les jeux promotionnels, adressés par courrier électronique, doivent pouvoir être identifiés de manière claire et non équivoque dès leur réception par leur destinataire, ou en cas d'impossibilité technique, dans le corps du message.**

BIBL. ▶ Passa, *Petites affiches 6 févr. 2004, p. 35* (règles générales du commerce électronique et leur application dans les rapports avec les consommateurs). – Penneau, *ibid. 13 mai 2004, p. 3* (contrat électronique et protection du cybercontractant).

L. 121-15-2 *(L. n° 2004-575 du 21 juin 2004, art. 21)* **Sans préjudice des dispositions réprimant la publicité trompeuse prévues à l'article L. 121-1, les conditions auxquelles sont soumises la possibilité de bénéficier d'offres promotionnels ainsi que celle de participer à des concours ou à des jeux promotionnels, lorsque ces offres, concours ou jeux sont proposés par voie électronique, doivent être clairement précisées et aisément accessibles.**

L. 121-15-3 *(L. n° 2004-575 du 21 juin 2004, art. 21)* **Les articles L. 121-15-1 et L. 121-15-2 sont également applicables aux publicités, offres, concours ou jeux à destination des professionnels.**

Les infractions aux dispositions des articles L. 121-15-1 et L. 121-15-2 sont passibles des peines prévues à l'article L. 121-6. Elles sont recherchées et constatées dans les conditions prévues à l'article L. 121-2. Les articles L. 121-3 et L. 121-4 sont également applicables.

Loteries publicitaires

BIBL. GÉN. ▶ Delga, *Gaz. Pal. 1996. 1. Doctr. 576* (loteries avec prétirage). – Ristori-Maria, *ibid. 1995. 2. Doctr. 1076.* – Lambert, *RJ com. 1995. 213.* – Fabre et J.-M. Mousseron, *Cah. dr. entr. 1995, n° 6, p. 37.* – Devésa, *ibid. 1996, n° 3, p. 21.* – Mouralis, *Bull. Aix 1995, n° 2, p. 158* (jurisprudence de la Cour d'Aix-en-Provence). – Bazin, *Rev. huiss. 1998. 524* (huissier de justice, la loterie commerciale et la protection des consommateurs). – Lecourt, *JCP 1999. I. 155* (loteries publicitaires, la déception a-t-elle un prix ?). – Autem, *Contrats Conc. Consom. 1999, Chron. 11* (quel fondement pour la responsabilité des sociétés de vente par correspondance en matière de loterie avec pré-tirage ?). – Le Tourneau et Zabalza, *ibid. 2002, Chron. n° 22* (le réveil des quasi-contrats à propos des loteries publicitaires). – Brun, *Liber amicorum Calais-Auloy, Dalloz, 2004, p. 191* (foire aux qualifications pour une introuvable sanction).

L. 121-36 Les opérations publicitaires réalisées par voie d'écrit qui tendent à faire naître l'espérance d'un gain attribué à chacun des participants, quelles que soient les modalités de tirage au sort, ne peuvent être pratiquées que si elles n'imposent aux participants aucune contrepartie financière ni dépense sous quelque forme que ce soit.

Le bulletin de participation à ces opérations doit être distinct de tout bon de commande de bien ou de service. – *[L. n° 89-421 du 23 juin 1989, art. 5, al. 1er et 2].*

1. Espérance d'un gain. BIBL. Benoît et Delbarre, *BRDA 1996, n° 4, p. 15.* ♦ N'entrent pas seulement dans les prévisions de l'art. L. 121-36 les loteries dans lesquelles chaque participant gagne un lot. • Crim. 30 oct. 1995 : *Bull. crim. n° 334 ; D. 1996. IR. 33 ; Gaz. Pal. 1996. 2. 440, note Misse* • 1er oct. 1997 : *Bull. crim. n° 323 ; D. 1997. IR. 257 ; D. Affaires 1997. 1417 ; Contrats Conc. Consom. 1998, nos 13 et 124, note Raymond.* – V. aussi Rép. min. n° 2220 : *JOAN Q 23 sept. 2002 ; BID 2002, n° 10, p. 42.*

1 bis. Participation financière. En ce sens que les dépenses exposées pour entrer en possession de ce qui n'est qu'une libéralité n'entrent pas dans le champ d'application de l'art. L. 121-36, dès lors qu'elles ne sont pas exigées pour participer au tirage, mais déboursées volontairement et postérieurement au tirage, V. • Paris, 9 mars 1995 : *Contrats Conc. Consom. 1995, n° 158, obs. crit. Raymond.* ♦ Pour la condamnation d'une entreprise de vente par correspondance, organisatrice d'une loterie avec prétirage, qui indiquait dans ses documents publicitaires des mentions s'analysant en une invitation pressante à passer plusieurs commandes, mais n'imposant toutefois aux participants aucune contrepartie financière, V. • Paris, 16 nov. 1999 : *BRDA 2000, n° 3, p. 10.* ♦ Pour une ambiguïté liée à la question de savoir si le gain d'un ordinateur était ou non soumis à la souscription d'un contrat d'abonnement à internet, V. • TGI Paris, 27 avr. 2001 : *Gaz. Pal. 2003. Somm. 1974, obs. Vray.*

2. Bulletin de participation distinct. L'appréciation du caractère distinctif des documents relève du pouvoir souverain du juge du fond. • Crim. 5 avr. 1995 : *Bull. crim. n° 151* (V. l'arrêt confirmé : • Paris, 10 mars 1994 : *Contrats Conc. Consom. 1994, n° 232, note Raymond)* • Crim. 30 oct. 1995 : *préc. note 1* • Crim. 14 nov. 2000 : *BID 2001, n° 11, p. 15.* – V. aussi • T. corr. Paris, 9 janv. 1998 : *RJDA 1998, n° 654 ; Gaz. Pal. 1998. 1. Somm. 346, obs. Pezé.*

En ce sens que le bon de commande ne doit pas nécessairement être séparé du bulletin de participation, qu'ils peuvent figurer sur une même page à condition qu'il soit clairement indiqué que la participation au jeu n'est pas subordonnée à une commande, V. • Crim. 5 oct. 1995 : *BID 1998, n° 9, p. 47.* ♦ V. aussi, jugeant qu'il n'est pas nécessaire que le bon de participation soit séparé du bon de commande d'une façon matérielle, ni qu'un prédécoupage soit effectué, V. • Paris, 13e ch. B, 30 juin 1995 : *RJDA 1996, n° 434* • Paris, 8e ch. B, 6 nov. 1996 : *D. Affaires 1997. 407.* – *Contra* : • Paris, 13e ch. A, 12 sept. 1994 : *INC Hebdo, n° 871, p. 12.*

2 bis. Loterie à « double entrée ». Les loteries à « double entrée » offrant cumulativement, au choix du consommateur, deux accès de participation, l'un gratuit (bon de participation remis gratuitement sur demande), l'autre onéreux (bon de participation dans le conditionnement d'un produit ou lié à un achat) ne peuvent être considérées comme illicites. • Paris, 14 nov. 2003 : *Gaz. Pal. 2004. Somm. 1345, obs. Elsen ; ibid. 3988, obs. Pezé ; RJDA 2004, n° 638 ; Lettre distrib. mars 2004, p. 4.* ♦ Il n'est nullement exigé une égalité des conditions d'accès entre la voie gratuite et la voie payante, laquelle est par nature impossible à définir, mais un accès réel et effectif à la voie gratuite permettant de bénéficier d'une équivalence de chance de gain. • Même arrêt. ♦ Le fait que l'accès gratuit n'ait été ouvert qu'à raison d'une possibilité de jeu par personne et par semaine ne peut suffire à rendre inégalitaire cette voie d'accès, étant observé que l'organisateur démontre que la fréquentation moyenne de ses établissements est d'environ une fois toutes les quatre semaines. • Même arrêt.

3. Document trompeur. En présentant de façon affirmative la simple éventualité du gain d'un lot important, une société de vente par correspondance commet une faute de nature à engager sa responsabilité, dès lors qu'il est justifié que le destinataire de cette information a subi un préjudice constitué par la personnalisation du document envoyé et la vaine croyance dans l'acquisition d'une somme importante. • Civ. 2e, 3 mars 1988 : *Bull. civ. II, n° 57 ; D. 1988. Somm. 405, obs. Aubert.* ♦ V. aussi, pour une omission de porter à la connaissance des participants certaines clauses du règlement, • Civ. 2e, 18 déc. 1996 : *Bull. civ. II, n° 307 ; D. Affaires 1997. 407.* ♦ ... Pour un document ne mentionnant un pré-tirage qu'au recto, en caractères infimes et dans un texte confus et sur plusieurs lignes, • Crim. 4 déc. 2001 : *BID 2001, n° 10, p. 29.* ♦ ... Pour une confusion volontairement entretenue entre les deux sens du mot « règlement », le destinataire étant persuadé recevoir le règlement du gain annoncé et non le règlement du jeu, • Paris, 7 avr. 2006 : *JCP 2006. IV. 2088.* ♦ Pour d'autres exemples, V. • Paris, 7 mars 1997 : *Gaz. Pal. 1997. 2. 408, obs. M. Vray* • 27 juin 1997 : *D. Affaires 1997. 1112* • Versailles, 11 janv. 1996 : *RJDA 1996, n° 563* • Caen, 24 mars 1998 : *JCP E 1998, n° 39, p. 1477* • TGI Paris, 13 nov. 2000 : *BID 2002, n° 2, p. 9.* ♦ V. aussi, pour : un document ne faisant pas allusion à une quelconque division du gain annoncé entre divers attributaires, • Civ. 2e, 28 juin 1995 : *Bull. civ. II, n° 225 ; D. 1996. 180, note Mouralis ; Contrats Conc. Consom. 1995, n° 195, note Raymond.* ♦ ... Un document trompeur quant au lot gagné, • Dijon, 12 mai 1995 : *JCP 1996. IV. 174* • Civ. 2e, 14 janv. 1998 : *Rev. huiss. 1998. 1127, obs. Bazin.* – Comp. : • Paris, 6 nov. 1996 : *préc. note*

2. ♦ Pour une appréciation *in concreto*, tenant compte du caractère « averti » du consommateur, V. • Aix-en-Provence, 30 avr. 1997 : *BID 1998, n° 2, p. 19.* ♦ V., considérant que le consommateur moyen ne peut plus être considéré comme l'homme actif, instruit, diligent, ainsi qu'était le « bon père de famille » dans le code Napoléon, mais comme un être plus vulnérable auquel doivent être présentés de façon claire tous les termes du marché et tous les risques auxquels il s'expose : • Bourges, 5 oct. 1998 : *Gaz. Pal. 23-27 mai 1999, p. 33, obs. Pezé.* ♦ Sur l'obligation pour le destinataire de documents invitant à la participation à une loterie, de lire l'ensemble des documents reçus et notamment les règlements de jeux, V. • Dijon, 8 déc. 1998 : *Gaz. Pal. 30 janv.-1er févr. 2000, p. 9, obs. Peisse ; JCP 1999. IV. 3092.*

Bien qu'aucun texte n'interdise de mettre en œuvre deux loteries en même temps, cette dualité crée un risque de confusion qui, dès lors que celle-ci est entretenue, ne peut résulter du hasard et relève de la malhonnêteté au moins intellectuelle, constituant ainsi une faute. • Toulouse, 15 déc. 1997 : *JCP 1998. IV, n° 2043.* ♦ Le fait de qualifier de gros chèque mis en jeu, un chèque d'un montant dérisoire, relève de l'abus de langage et par conséquent de la malhonnêteté. • Même arrêt.

Pour un jugement condamnant également l'huissier chargé de contrôler la régularité de l'opération, V. • TI Périgueux, 28 févr. 1997 : *Contrats Conc. Consom. 1997, n° 69, note Raymond.* – V. Bazin, *Rev. huiss. 1998. 524.*

Pour un arrêt refusant de retenir la complicité de publicité mensongère d'un huissier qui n'avait commis qu'une simple imprudence et non une faute professionnelle en laissant apposer son macaron et son sceau sur le règlement d'une loterie publicitaire et sur les documents envoyés au public, alors qu'il ignorait aussi bien l'envoi que la présentation définitive de ces documents, V. • Paris, 8 oct. 1997 : *Gaz. Pal. 17-19 mai 1998, p. 27, obs. Vray.* ♦ V. également • Reims, 21 avr. 1999 : *BICC 2000, n° 570.*

4. Préjudice. Le préjudice moral du consommateur est constitué par la profonde déception qu'il a ressentie à la suite de l'annonce qu'il n'avait pas gagné la somme promise, ce préjudice étant à la mesure de l'espérance du gain qu'il avait pu entretenir, déception d'autant plus grande que la tromperie dont il a été victime émane d'une grande entreprise à laquelle des millions de consommateurs font confiance. • Paris, 27 oct. 1995 : *D. 1995. IR. 251.* – V. aussi • TGI Paris, 31 janv. 1996 : *Gaz. Pal. 1996. 1. Somm. 266* • Bordeaux, 7 sept. 1995 : *Cah. jurispr. Aquitaine 1996, n° 1, p. 77* • 31 janv. 2001 : *BICC n° 1122.* ♦ En raison de ses attentes et de sa déception, la destinataire a subi un préjudice moral qui, certes, n'est pas égal à la perte du gain annoncé et ne peut donc être indemnisé par une somme équivalente. • Bordeaux, 18 nov. 2003 : *Gaz. Pal. 2004. Somm. 2071, obs. Vray.* ♦ Pour la réparation de la perte d'une chance de participer aux jeux proposés, V. • TI Paris, 23 nov. 1995 : *Contrats Conc. Consom. 1996, n° 92, obs. Raymond.*

5. Responsabilité quasi contractuelle. Les quasi-contrats étant des faits purement volontaires de l'homme dont il résulte un engagement quelconque envers un tiers, l'organisateur d'une loterie qui annonce un gain à une personne dénommée sans mettre en évidence l'existence d'un aléa s'oblige, par ce fait purement volontaire, à le délivrer. • Cass., Ch. mixte, 6 sept. 2002 : *Bull. civ., n° 4 ; D. 2002. 2963, note Mazeaud ; ibid. AJ. 2531, obs. Lienhard ; Cah. dr. entr. 2002, n° 5, p. 38, n° 20, obs. Mainguy ; Gaz. Pal. 15-16 nov. 2002, p. 5, concl. de Gouttes ; JCP 2002. II. 10173, note Reifegerste ; ibid. I. 186, n° 1, obs. Viney ; Contrats Conc. Consom. 2002, n° 151, obs. Raymond ; ibid., Chron. 22, note Le Tourneau et Zabalza ; RTD com. 2003. 355, obs. Bouloc ; Comm. com. élec. 2002, n° 156, obs. Stoffel-Munck ; Defrénois 2002. 1608, obs. Savaux ; Petites affiches, 24 oct. 2002, p. 16, obs. Houtcieff* (cassation pour violation de l'art. 1371 C. civ. d'un arrêt qui avait retenu une faute délictuelle) • Civ. 1re, 18 mars 2003 : *Bull. civ. I, n° 85 ; D. 2003. IR. 1009 ; JCP E 2003, n° 21-22, p. 882 ; Contrats Conc. Consom. 2003, n° 1000, obs. Raymond ; RDC 2003. 80, obs. Fenouillet ; Defrénois 2003. 1168, obs. Libchaber ; RJDA 2003, n° 656* • Montpellier, 18 oct. 2005 : *Contrats Conc. Consom. 2006, n° 58, obs. Raymond.* – V. aussi Rép. min. n° 3728 : *JOAN Q 25 nov. 2002 ; BID 2002, n° 12, p. 46 ;* Terrier, *D. 2004. 1179* (la fiction au secours des quasi-contrats). ♦ Auparavant, considérant qu'une entreprise de vente par correspondance devait être condamnée au paiement d'une somme d'argent à un client dont l'attribution lui était attestée par une lettre, celle-ci ayant pris l'engagement de payer au client le prix en espèces représenté par la somme révélée au grattage et correspondant au numéro certifié gagnant qui lui avait été attribué V. • Civ. 1re, 28 mars 1995 : *Bull. civ. I, n° 150 ; D. 1996. 180, note Mouralis ; D. 1995. Somm. 227, obs. Delebecque.* ♦ V. aussi • Paris, 18 juin 1999 : *préc. note 3 bis.* ♦ V. également sur la condamnation d'une société de vente par correspondance à exécuter son engagement contractuel du fait de la rencontre des volontés, dès lors qu'il se déduisait nécessairement des termes affirmatifs et non ambigus qu'elle avait utilisés, que celle-ci voulait faire entendre à sa cliente qu'elle avait gagné la somme promise, la société n'ayant pu se méprendre sur la portée d'un engagement aussi clairement affiché, • Civ. 2e, 11 févr. 1998 : *Bull. civ. II, n° 55 ; D. 1999. Somm. 109, obs. Libchaber ; JCP 1998. II. 10156, note Carducci ; Defrénois 2000. 1044, obs. Mazeaud* (confirmant • Toulouse, 14 févr. 1996 : *D. 1997. Somm. 168, obs. D. Mazeaud ; Contrats Conc. Consom. 1996, n° 133, note Raymond*). ♦ V. également • Civ. 1re, 12 juin 2001 : *Bull. civ. I, n° 174 ; D. 2002. Somm. 1316, obs. Mazeaud ; JCP 2002. II. 10104, note Houtcieff* • Grenoble, 28 oct. 1996 : *JCP 1997. IV. 2050* • Aix-en-Provence, 5 janv. 2000 : *JCP E 2000, n° 50, p. 1982.* ♦ Rappr. • TGI Paris, 13 févr. 2002 : *RJDA 2002, n° 824 ; Gaz. Pal. 2003. Somm. 1943, obs. Pezé*, conf. par • Paris, 19 déc. 2003 : *RJDA 2004, n° 639.* ♦ Comp. confirmant un arrêt qui, après avoir retenu le caractère équivoque des documents publicitaires adressés par une entreprise de correspondance à l'un de ses clients, retient une absence de volonté certaine de la société d'attribuer la maison litigieuse au destinataire du courrier en allouant à ce dernier, en réparation du préjudice, une somme inférieure à la valeur de la maison : • Civ. 1re, 19 oct. 1999 : *Bull. civ. I, n° 289 ; D. 2000. Somm. 357, obs. Mazeaud ; JCP 2000. II. 10347, note Mehrez ; ibid. I. 241, n° 1, obs. Viney.* ♦ V. aussi • Douai, 28 juin 1999 : *JCP 2000. I. 241, n° 1, obs. Viney.*

6. Avait également été retenue la responsabilité délictuelle d'une entreprise de vente par correspondance ayant, à l'occasion de l'organisation d'une loterie, envoyé des documents dont la lecture hâtive pouvait créer, en raison de leur présentation équivoque, l'espérance d'un gain : • Civ. 2e, 26 oct. 2000 : *Bull. civ. II, n° 148 ; Defrénois 2001. 693, obs. Savaux.* ♦ Pour un arrêt retenant la responsabilité délictuelle d'un vendeur par correspondance ayant présenté à son client de façon affirmative et délibérément trompeuse la simple éventualité de gain d'un lot important qui ne constituait qu'un événement hypothétique, V. • Paris, 18 juin 1999 : *D. 1999. AJ. 4, obs. C. R. ; JCP 2000. II. 322, note Psaume.*

7. Convention de Bruxelles. Les règles de compétence énoncées par la convention du 27 sept. 1968 concernant la compétence judiciaire et l'exécution des décisions en matière civile et commerciale doivent être interprétées en ce sens que l'action juridictionnelle par laquelle un consommateur vise à faire condamner, dans l'État contractant sur le territoire duquel il est domicilié et en application de la législation de cet État, une société de vente par correspondance établie dans un autre État contractant, à la remise d'un gain lorsque celle-ci lui avait adressé personnellement un envoi de nature à donner l'impression qu'un prix lui était attribué, est de nature contractuelle au sens de l'art. 13, al. 1er, point 3, de ladite convention. • CJCE 11 juill. 2002 : *JCP 2003. II. 10055, note Claret ; Petites affiches 30 oct. 2003, p. 10, obs. C. L.* – V. aussi • CJCE 20 janv. 2005 : *JCP E 2005, n° 5, p. 159 ; Contrats Conc. Consom. 2005, n° 100, obs. Raymond (2e esp.) ; Procédures 2005, n° 210, obs. Nourissat ; Dr. et patr. févr. 2006. 116, obs. Niboyet.*

8. Compétence territoriale. La loterie ne pouvant être regardée comme l'accessoire du contrat de vente conclu entre l'organisateur et le client, et l'obligation souscrite par l'organisateur de la loterie étant un paiement qui ne peut être assimilé à une livraison ou une prestation de service, il en résulte que les conditions d'application de l'art. 46 NCPC, qui permet de saisir, en matière contractuelle, la juridiction du lieu de la livraison effective de la chose ou du lieu d'exécution de la prestation de service, ne sont pas réunies et la détermination de la juridiction doit être effectuée selon les règles de droit commun. • Toulouse, 25 janv. 2005 : *JCP E 2005, n° 27-28, p. 1187.*

L. 121-37 Les documents présentant l'opération publicitaire ne doivent pas être de nature à susciter la confusion avec un document administratif ou bancaire libellé au nom du destinataire ou avec une publication de la presse d'information.

Ils comportent un inventaire lisible des lots mis en jeu précisant, pour chacun d'eux, leur nature, leur nombre exact et leur valeur commerciale.

Ils doivent également reproduire la mention suivante : « Le règlement des opérations est adressé, à titre gratuit, à toute personne qui en fait la demande. » Ils précisent, en outre, l'adresse à laquelle peut être envoyée cette demande ainsi que le nom de l'officier ministériel auprès de qui ledit règlement a été déposé en application de l'article L. 121-38. – *[L. n° 89-421 du 23 juin 1989, art. 5, al. 3 à 5].*

Document trompeur. Pour une loterie publicitaire annoncée par l'envoi d'un document intitulé notification officielle adressé à chaque destinataire sous une enveloppe à en-tête de la « Trésorerie Générale », V. • Crim. 18 févr. 1998 : *Bull. act. Lamy droit économique, mai 1998, p. 7.* ♦ V. notes 3 s. ss. art. L. 121-36.

L. 121-38 Le règlement des opérations ainsi qu'un exemplaire des documents adressés au public doivent être déposés auprès d'un officier ministériel qui s'assure de leur régularité. Le règlement mentionné ci-dessus est adressé, à titre gratuit, à toute personne qui en fait la demande. – *[L. n° 89-421 du 23 juin 1989, art. 5, al. 7].*

Responsabilité de l'huissier. V. • TI Périgueux, 28 févr. 1997 : *cité note 3 ss. art. L. 121-36.* – V. Rép. min. n° 2220 : *JOAN Q 23 sept. 2002 ; BID 2002, n° 10, p. 42.*

L. 121-39 Un décret en Conseil d'État précise, en tant que de besoin, les conditions de présentation des documents mentionnés au premier alinéa de l'article L. 121-37. – *[L. n° 89-421 du 23 juin 1989, art. 5, al. 6]. – V. art. R. 121-11 et R. 121-12, infra.*

L. 121-40 *Abrogé par Ord. n° 2005-1086 du 1er sept. 2005, art. 4-II. – V. art. L. 141-1 C. consom., infra, v° Ventes commerciales (Dispositions générales).*

L. 121-41 Seront punis d'une amende de 37 500 € les organisateurs des opérations définies au premier alinéa de l'article L. 121-36 qui n'auront pas respecté les conditions exigées par la présente section. Le tribunal peut ordonner la publication de sa décision, aux frais du condamné, par tous moyens appropriés. En cas d'infraction particulièrement grave, il peut en ordonner l'envoi à toutes les personnes sollicitées par lesdites opérations. Lorsqu'il en ordonne l'affichage, il y est procédé dans les conditions et sous les peines prévues par l'article 131-35 du code pénal. – *[L. n° 89-421 du 23 juin 1989, art. 5, al. 8].*

Dès lors que les faits sont distincts, puisque la publicité se présentait de manière individualisée, le dirigeant d'une société de vente par correspondance peut être poursuivi pour organisation de loterie publicitaire illicite, même s'il a déjà été condamné à l'occasion de la même campagne publicitaire. • Crim. 25 juin 1997 : *Bull. crim. n° 257 ; D. Affaires 1997. 1181.*

Code de la consommation

PARTIE RÉGLEMENTAIRE

(Décr. n° 97-298 du 27 mars 1997)

Art. R. 121-11 Lorsque les documents qui présentent une opération publicitaire par voie d'écrit tendant à faire naître l'espérance d'un gain attribué par tirage au sort aux participants comportent les éléments suivants ou certains d'entre eux :

1° Bon de commande ;
2° Extraits du règlement ;
3° Présentation des lots ;
4° Bulletin ou bon de participation.

Ces éléments doivent figurer chacun dans une partie distincte comportant en titre de manière particulièrement lisible celle des mentions sus-énumérées qui correspond à l'objet du document, à l'exclusion de toute autre mention. – *[Décr. n° 90-749 du 22 août 1990, art. 1er].*

R. 121-12 Les lots mis en jeu figurant dans l'inventaire prévus par l'article L. 121-37 sont présentés par ordre de valeur. – *[Décr. n° 90-749 du 22 août 1990, art. 2].*

Publicité et pratiques commerciales concernant les préparations pour nourrisson

L. 121-50 à L. 121-53 *V. L. n° 94-442 du 3 juin 1994, art. 7. –* ***C. consom.***

Appellation de boulanger et enseigne de boulangerie

L. 121-80 *(L. n° 98-405 du 25 mai 1998)* **Ne peuvent utiliser l'appellation de « boulanger » et l'enseigne commerciale de « boulangerie » ou une dénomination susceptible de porter à confusion, sur le lieu de vente du pain au consommateur final ou dans des publicités à l'exclusion des documents commerciaux à usage strictement professionnel, les professionnels qui n'assurent pas eux-mêmes, à partir de matières premières choisies, le pétrissage de la pâte, sa fermentation et sa mise en forme ainsi que la cuisson du pain sur le lieu de vente au consommateur final ; les produits ne peuvent à aucun stade de la production ou de la vente être surgelés ou congelés.**

BIBL. ▶ Le Briero, *JCP E 2000, n° 9, p. 558* (l'entreprise boulangère par rapport au droit).

L. 121-81 *(L. n° 98-405 du 25 mai 1998)* **Cette dénomination peut également être utilisée lorsque le pain est vendu de façon itinérante par le professionnel, ou sous sa responsabilité, qui remplit les conditions précisées à l'article L. 121-80.**

L. 121-82 *(L. n° 98-405 du 25 mai 1998)* **La recherche et la constatation des infractions aux dispositions des articles L. 121-80 et L. 121-81 sont exercées dans les conditions prévues à l'article L. 121-2 et punies des peines prévues à l'article L. 213-1 et, le cas échéant, au second alinéa de l'article L. 121-6.** — *V. art. L. 121-2 et L. 121-6 C. consom., supra, et art. L. 213-1 C. consom. au* ***C. consom.*** *ou* ***C. pén.***

Code de l'environnement

PARTIE LÉGISLATIVE

(Ord. n° 2000-314 du 18 sept. 2000)

Production et distribution de produits générateurs de déchets

....

Art. L. 541-10-1 *(L. n° 2003-1312 du 30 déc. 2003, art. 20-I)* **A compter du 1er janvier 2005, toute personne physique ou morale qui, gratuitement, met pour son propre compte à disposition des particuliers sans que ceux-ci en aient fait préalablement la demande, leur fait mettre à disposition, leur distribue pour son propre compte ou leur fait distribuer des imprimés** *[Dispositions déclarées non conformes à la Constitution par décision du Conseil constitutionnel n° 2003-488 DC du 29 décembre 2003]* **dans les boîtes aux lettres, dans les parties communes des habitations collectives, dans les locaux commerciaux, dans les lieux publics ou sur la voie publique, est tenue de contribuer à la collecte, la valorisation et l'élimination des déchets ainsi produits. Cette contribution peut prendre la forme de prestations en nature.** *(L. n° 2005-516 du 20 mai 2005, art. 23)* **« Toutefois, sont exclues de cette contribution la mise à disposition du public d'informations par un service public, lorsqu'elle résulte exclusivement d'une obligation découlant d'une loi ou d'un règlement, ou par une publication de presse, au sens de l'article 1er de la loi n° 86-897 du 1er août 1986 portant réforme du régime juridique de la presse, et la distribution d'envois de correspondance au sens de l'article L. 1 du code des postes et des communications électroniques. »**

Sous sa forme financière, la contribution est remise à un organisme agréé par les ministères chargés de l'environnement, des collectivités territoriales, de l'économie et de l'industrie, qui la verse aux collectivités territoriales au titre de participation aux coûts de collecte, de valorisation et d'élimination qu'elles supportent.

(L. n° 2004-1485 du 30 déc. 2004, art. 61) **« La contribution en nature repose sur le principe du volontariat des établissements publics de coopération intercommunale assu-**

rant l'élimination des déchets. Elle consiste en la mise à disposition d'espaces de communication au profit des établissements de coopération intercommunale assurant l'élimination des déchets ménagers qui le souhaitent. » Ces espaces de communication sont utilisés pour promouvoir la collecte, la valorisation et l'élimination des déchets.

Les contributions financières et en nature sont déterminées suivant un barème fixé par décret.

La personne ou l'organisme qui ne s'acquitte pas volontairement de cette contribution est soumis à la taxe prévue au 9 du I de l'article 266 *sexies* du code des douanes.

Les modalités d'application du présent article sont fixées par décret. — *V. Décr. n° 2006-239 du 1er mars 2006 (JO 2 mars). — V. C. douanes, art. 266 sexies à 266 undecies et 266 quaterdecies.*

Sur la publicité portant sur des opérations de crédit, V. infra, v° Ventes commerciales, V. — Crédit (ventes à), C. consom., art. L. 311-4 à L. 311-6 ; ... la publicité faite par les franchisés, V. Arr. 21 févr. 1991, supra, ss. art. L. 330-3 C. com. ; ... la publicité relative aux opérations de soldes, V. supra, C. com., art. L. 310-3-II et infra, v° Ventes commerciales, XV — Soldes, liquidations et ventes au déballage, Décr. n° 96-1097 du 16 déc. 1996 ss. art. L. 310-7 C. com. ; ... l'utilisation de marques dans les textes publicitaires, V. C. consom., art. L. 115-33 au ***C. consom.*** *; ... la publicité portant sur l'alcool, l'édition littéraire, le cinéma, la presse, la distribution, V. L. n° 86-1067 du 30 sept. 1986, art. 27 et 33, infra, v° Ventes commerciales, VII -Distance (ventes à) et Décr. n° 92-280 du 27 mars 1992, art. 8, mod. par Décr. n° 2003-960 du 7 oct. 2003 au* ***C. consom.*** *; ... les messages publicitaires télévisés ou radiodiffusés et les actions de promotion en faveur de boissons avec ajouts de sucre, de sel ou d'édulcorants de synthèse et de produits alimentaires manufacturés, V. CSS, art. L. 2133-1 au* ***CSS*** *ou au* ***C. consom.***

Sur l'emploi obligatoire de la langue française dans la publicité, V. L. n° 94-665 du 4 août 1994, art. 2, infra, v° Ventes commerciales (Dispositions générales), en note ss. C. consom., art. L. 114-1.

Sur les mentions obligatoires et notamment le numéro d'identification de l'entreprise, devant figurer sur les documents publicitaires, V. Décr. n° 84-406 du 30 mai 1984, art. 72, infra, v° Registre du commerce et des sociétés.

V. sur la publicité, les enseignes et préenseignes, C. envir., art. L. 581-1 s. — ***C. envir.***

REGISTRE DU COMMERCE ET DES SOCIÉTÉS

Dans tous les textes réglementaires, la référence aux mentions visées aux 1 et 2 de l'art. 72 du décret n° 84-406 du 30 mai 1984 relatif au registre du commerce et des sociétés est substituée à la référence au numéro d'immatriculation au registre du commerce et des sociétés (Décr. n° 98-550 du 2 juill. 1998, art. 35).

Sur le registre du commerce et des sociétés, V. aussi, supra, C. com., livre Ier, chapitre III, section I.

Décret n° 84-406 du 30 mai 1984,

Relatif au registre du commerce et des sociétés.

RÉP. COM. v° *Registre du commerce et des sociétés,* par BEDER.

BIBL. ▶ DERRUPPÉ, *RTD com. 1985. 84.* – A.P.S., *Gaz. Pal. 1984. 2. Doctr. 482.* – AZZOUZ, *JCP N 1988. Prat., p. 117.* – BOULOC, *Gaz. Pal. 1985. 2. Doctr. 419.* – LE CANNU, *Petites affiches 11 sept. 1984.* – DELEBECQUE, *Journ. not. 1986. 1031.* – ROTTY, *JCP E 1984. I. 13621.* ▶ Décr. 95-374 du 10 avr. 1995 : COUTANT, *Gaz. Pal. 1995. 2. Doctr. 1095.* ▶ Décr. et Arr. du 2 juill. 1998 : COUTANT, *Gaz. Pal. 1998. 2. Doctr. 1747.* ▶ Décr. n° 2005-77 du 1er févr. 2005 et n° 2005-530 du 24 mai 2005 : Greffe du T. com. Paris, *Bull. Joly 2005. 801* (publicité au RCS du régime matrimonial des commerçants). – SAINTOURENS, *RTD com. 2005. 475* (Décr. du 1er févr. 2005) ; *ibid. 480* (Décr. du 24 mai 2005). – GUÉRIN, *Administrer janv. 2006. 30* (déclaration des associés d'une SCI).

TITRE PRÉLIMINAIRE **Dispositions générales**

Art. 1er *(Décr. n° 2005-77 du 1er févr. 2005, art. 2)* **I. — Une demande d'inscription, un dépôt d'acte ou de pièce au registre du commerce et des sociétés peuvent être effectués par la voie électronique dès lors qu'ils peuvent être transmis et reçus par cette voie, à l'exception toutefois du dépôt des actes et pièces dont l'original doit être fourni et qui ont été établis sur support papier.**

II. — Pour toutes les transmissions par voie électronique mentionnées au I, il est fait usage d'une signature électronique sécurisée dans les conditions prévues à l'article 1316-4 du code civil et par le décret du 30 mars 2001 pris pour son application. Toutefois, pour les demandes d'immatriculation, cette signature électronique peut résulter de l'usage d'un procédé répondant aux conditions définies à la première phrase du second alinéa de l'article 1316-4 du code civil.

III. — Le greffier accuse réception, selon les modalités fixées par l'arrêté prévu à l'article 88, de toute transmission qui lui est faite dès que celle-ci lui parvient.

Les dispositions de l'ancien art. 1er ont été abrogées et codifiées par l'Ord. n° 2000-912 du 18 sept. 2000, à l'art. L. 123-1 C. com.

2 *Abrogé et codifié par Ord. n° 2000-912 du 18 sept. 2000, à l'art. L. 123-2 C. com.*

3 Le registre comprend :

1° Un fichier alphabétique des personnes immatriculées ;

2° Le dossier individuel constitué par la demande d'immatriculation : le cas échéant, complétée par les inscriptions subséquentes ;

3° En outre, pour toute personne morale, un dossier annexe où figurent les actes et pièces qu'elles sont tenues de déposer au registre du commerce et des sociétés par le présent décret et les dispositions législatives et réglementaires qui les régissent.

1. Caractères alphanumériques. Le Comité de coordination du registre du commerce et des sociétés (CCRCS) admet que la dénomination d'une société puisse être constituée à partir de caractères alphanumériques. • CCRCS, avis n° 00-27 du 26 sept. 2000 : *Bull. CCRS 9-10/2000, p. 29.*

2. Ordre alphabétique. En cas d'utilisation du signe @ dans une dénomination sociale, son inscription au registre est possible par assimilation à la lettre « a ». • CCRCS, avis n° 00-27 du 26 sept. 2000 : *préc. note 1.* ♦ Jugeant, cependant, que cette assimilation ne devait pas conduire à une identification pure et simple, l'intégrité propre du signe @ devant être maintenue dans la dénomination publiée au RCS, cette assimilation permettant seulement à ce signe d'être classé, d'un point de vue alphabétique, comme s'il était un « a », V. • Caen, 6 mars 2003 : *RJDA 2003, n° 834 ; Bull. Joly 2003. 783, note Scholer.* ♦ Comp., jugeant que le signe € que la société fait figurer en tête de sa dénomination sociale constitue un symbole représentant la monnaie unique, sans qu'il corresponde à une graphie usuelle ou ancienne de la lettre E, de sorte qu'il ne peut être assimilé à celle-ci pour permettre le classement alphabétique prévu à l'art. 3. • Amiens, 9 sept. 2004 : *D. 2005. AJ. 1355, obs. Lienhard ; RJDA 2005, n° 980.*

4 *(Décr. n° 2005-77 du 1er févr. 2005, art. 3)* **Les attributions relatives à la surveillance du registre du commerce et des sociétés et aux contestations afférentes, mentionnées à l'article L. 123-6 du code de commerce, sont, en ce qui concerne les personnes morales n'ayant pas la qualité de commerçant mentionnées aux 2° et 5° du I de l'article L. 123-1 du code de commerce, exercées par le président du tribunal de grande instance ou un juge commis à cet effet.**

L'ancien al. 1er de l'art. 4 a été abrogé et codifié par l'Ord. n° 2000-912 du 18 sept. 2000, à l'art. L. 123-6 C. com.

4-1 *(Décr. n° 95-374 du 10 avr. 1995)* **Hormis les mentions d'offices intervenant au cours des procédures** *(L. n° 2005-845 du 26 juill. 2005, art. 165-II)* **« de sauvegarde, » de redressement ou de liquidation judiciaires, le greffier qui procède à toute inscription, sur déclaration ou d'office, concernant le début ou la cessation d'activité, les modifications de la situation ou la radiation d'une personne physique ou morale en avise sans délai le centre de formalités des entreprises compétent.**

Il avise en outre le même centre de tout refus d'immatriculation ou d'enregistrement de déclarations modificatives. *– V. Décr. n° 96-650 du 19 juill. 1996, art. 1er, infra.*

5 Un registre national tenu par l'Institut national de la propriété industrielle centralise un second original des registres tenus dans chaque greffe.

Le greffier lui transmet à cet effet un exemplaire des inscriptions effectuées au greffe, et des actes et pièces qui y ont été déposés dans les délais et conditions fixés par l'arrêté prévu à l'article 88.

6 Un comité de coordination veille à l'harmonisation de l'application des dispositions législatives et réglementaires applicables en matière de registre du commerce et des sociétés.

(Décr. n° 98-550 du 2 juill. 1998) **« Il délivre des avis sur les questions dont il est saisi dans les conditions fixées à l'arrêté prévu à l'article 88 ci-après. »** *(Décr. n° 2005-77 du 1er févr. 2005, art. 4)* **« Il peut en outre, à la demande de l'un de ses membres, délibérer sur toute autre question relative au fonctionnement du registre et à l'application des dispositions législatives et réglementaires ayant des incidences sur ce fonctionnement. Le cas échéant, il peut faire appel à tout sachant sur une question particulière. » Il fait rapport au ministre compétent des difficultés ou anomalies dont il a connaissance.**

Ce comité est présidé par un magistrat de l'ordre judiciaire ; il comprend, outre le directeur des affaires civiles et du sceau et le directeur de l'institut national de la propriété industrielle ou leurs représentants, deux personnes chargées de la tenue du registre conformément *(Décr. n° 2005-77 du 1er févr. 2005, art. 4)* **« à l'article L. 123-6 du code de commerce et » aux articles 4 et 5, dont au moins un greffier de tribunal de commerce,** *(Décr. n° 2005-77 du 1er févr. 2005, art. 4)* **«** *[nommées]* **dans des conditions fixées par l'arrêté prévu à l'article 88. » Le comité fixe son règlement intérieur.** *– V. infra, Arr. 9 févr. 1988, art. 6 s.*

TITRE PREMIER Des déclarations incombant aux assujettis

CHAPITRE PREMIER *Déclarations incombant aux personnes physiques*

SECTION I *Déclaration aux fins d'immatriculation*

7 *(Décr. n° 85-1388 du 27 déc. 1985)* « Toute personne physique ayant la qualité de commerçant doit demander son immatriculation au plus tard dans le délai de quinze jours à compter de la date du début de son activité commerciale au greffe dans le ressort duquel est situé :

« 1° » *(Décr. n° 2005-77 du 1er févr. 2005, art. 5)* « Soit son principal établissement ; »

2° *(Décr. n° 2005-77 du 1er févr. 2005, art. 5)* « Soit, dans les cas prévus aux deuxième et troisième alinéas de l'article L. 123-10 du code de commerce, son local d'habitation ; »

3° *(Décr. n° 2005-77 du 1er févr. 2005, art. 5)* « Soit, à défaut d'établissement ou de local d'habitation déclaré dans les cas prévus à l'article L. 123-10 du code de commerce, » *(Décr. n° 97-1332 du 31 déc. 1977)* « sa commune de rattachement au sens des articles 23 et suivants du décret n° 70-708 du 31 juillet 1970 modifié portant application du titre Ier et de certaines dispositions du titre III de la loi n° 69-3 du 3 janvier 1969 relative à l'exercice des activités ambulantes et au régime applicable aux personnes circulant en France sans domicile ni résidence fixe, ou la commune mentionnée à la dernière phrase du premier alinéa de l'article 2 du même décret. »

La demande d'immatriculation est faite par le notaire dans le cas prévu au 2° de l'article 27 du présent décret.

(Décr. n° 87-970 du 3 déc. 1987) « L'immatriculation peut être demandée dans le mois qui précède la date déclarée du début de l'activité commerciale. »

Il n'y a pas lieu à immatriculation distincte de celle de la société en ce qui concerne les associés en nom.

V. note ss. art. L. 123-1 C. com.

8 Sont déclarés dans la demande d'immatriculation :

A. — En ce qui concerne la personne :

1° Son nom, *(Décr. n° 95-374 du 10 avr. 1995)* « [le] nom d'usage, » le pseudonyme, ses prénoms et domicile personnel ; *(Abrogé par Décr. n° 2005-77 du 1er févr. 2005, art. 6)* ***« le nom commercial, s'il en est utilisé un ; »***

(Abrogé par Décr. n° 2005-77 du 1er févr. 2005, art. 6) ***« 1° bis L'adresse du siège de son entreprise s'il est distinct de son principal établissement ; »***

2° Ses date et lieu de naissance ;

3° *(Décr. n° 98-550 du 2 juill. 1998)* « Sa nationalité ; » *(Abrogé par Décr. n° 2005-77 du 1er févr. 2005, art. 6)* ***« en outre, s'il est étranger, les titres et pièces l'habilitant à séjourner sur le territoire français et, le cas échéant, à exercer l'activité considérée, et énumérés à l'arrêté prévu à l'article 88 ci-dessous ; »***

4° *(Décr. n° 2005-530 du 24 mai 2005, art. 2)* « La date et le lieu de son mariage ; »

(Décr. n° 2005-77 du 1er févr. 2005, art. 6) « 4° *bis* L'information donnée à son conjoint commun en biens sur les conséquences des dettes contractées dans l'exercice de sa profession sur les biens communs. Le justificatif de délivrance de l'information est fourni conformément au modèle défini par arrêté du garde des sceaux, ministre de la justice ;

« 4° *ter* Le cas échéant, l'indication qu'elle a effectué une déclaration d'insaisissabilité de ses droits sur l'immeuble où est fixée sa résidence principale, en application des articles L. 526-1 et suivants du code de commerce, ainsi que la mention du lieu de publication de cette déclaration ; »

« 5° L'indication qu'elle est bénéficiaire d'un contrat d'appui au projet d'entreprise pour la création ou la reprise d'une activité économique conclu dans les conditions prévues au chapitre VII du titre II du livre Ier du code de commerce, dont une copie est déposée dans les formes prévues au titre III du présent décret relatives aux dépôts d'actes ; la dénomination sociale de la personne morale responsable de l'appui, l'adresse de son siège social, ainsi que, si elle est immatriculée dans un registre public, le lieu d'immatriculation et le numéro unique d'identification ; »

6° *(Décr. n° 86-464 du 14 mars 1986)* **« Les nom** *(Décr. n° 95-374 du 10 avr. 1995)* **« , nom d'usage, » et prénoms, date et lieu de naissance, domicile** *(Décr. n° 2005-77 du 1er févr. 2005, art. 6)* **« , lorsqu'il est différent de celui de l'assujetti, et nationalité du conjoint qui collabore » effectivement à l'activité commerciale de l'assujetti sans être rémunéré, sans exercer aucune autre activité professionnelle »** *(Décr. n° 95-374 du 10 avr. 1995)* **« , sous réserve de l'activité salariée à temps partiel visée à l'article L. 742-6 du code de la sécurité sociale ».** *[;]*

(Décr. n° 2005-77 du 1er févr. 2005, art. 6) **« 7° Le lieu et le numéro des immatriculations secondaires éventuellement souscrites et, le cas échéant, des établissements principaux ou secondaires situés et immatriculés dans un État membre de la Communauté européenne. En outre, la personne peut déclarer les mentions relatives à l'adresse et à l'activité principale de ces établissements sur présentation des justificatifs définis à l'arrêté prévu à l'article 88. »** – *V., infra, Arr. 9 févr. 1988.*

B. – *(Décr. n° 2005-77 du 1er févr. 2005, art. 7)* **« En ce qui concerne l'activité et l'établissement :**

« 1° La ou les activités exercées correspondant à la nomenclature d'activités définie par décret, éventuellement précisée par le déclarant ;

« 2° L'adresse de l'établissement ;

« 3° A défaut d'établissement, l'adresse de l'entreprise fixée au local d'habitation déclaré au titre de l'article L. 123-10 du code de commerce et pour les ressortissants de la Communauté européenne non domiciliés en France, qui exercent une activité ambulante, la commune où s'exerce le principal de l'activité ;

« 4° La date de commencement d'activité ;

« 4° ***bis*** **S'il en est utilisé, le nom commercial et l'enseigne ; »**

5° *(Décr. n° 87-970 du 3 déc. 1987 ; Décr. n° 95-374 du 10 avr. 1995 ; Décr. n° 98-550 du 2 juill. 1998)* **« L'indication qu'il s'agit soit de la création d'un fonds de commerce, soit de l'acquisition d'un fonds existant, soit d'une modification du régime juridique sous lequel il était exploité** *(Décr. n° 2005-77 du 1er févr. 2005, art. 7)* **« soit à défaut, l'origine de l'activité » ; sont indiqués** *(Décr. n° 2005-77 du 1er févr. 2005, art. 7)* **« en cas de reprise », le nom, nom d'usage, et les prénoms du précédent exploitant,** *(Décr. n° 2005-77 du 1er févr. 2005, art. 7)* **« son numéro unique d'identification » ; en cas d'achat, de licitation ou de partage** *(Décr. n° 2005-77 du 1er févr. 2005, art. 7),* **« d'un fonds de commerce », l'indication du titre et la date du journal d'annonces légales dans lequel a été publié***[e]* **l'insertion prescrite par la loi du 17 mars 1909 ; »**

6° *(Décr. n° 98-550 du 2 juill. 1998)* **« En cas de propriété indivise des éléments d'exploitation, les nom, nom d'usage, prénoms, domicile des personnes physiques ou dénomination sociale et adresse des personnes morales indivisaires.**

« 7° En cas de location-gérance, les nom, nom d'usage, prénoms et domicile ou dénomination sociale et adresse du siège du loueur de fonds ; les dates du début et du terme de la location-gérance avec, le cas échéant, l'indication que le contrat est renouvelable par tacite reconduction. » – *V. note ci-dessous.*

8° *(Décr. n° 95-374 du 10 avr. 1995)* **« Les nom, nom d'usage, prénoms, date et lieu de naissance, domicile et nationalité des personnes ayant le pouvoir d'engager à titre habituel par leur signature la responsabilité de l'assujetti. »**

Sur la présomption de mandat au bénéfice du conjoint collaborateur mentionné au registre du commerce et des sociétés, V. supra, art. L. 121-6 C. com.

Pour les mesures de publicité afférentes à la location-gérance d'un fonds, V. Décr. n° 86-465 du 14 mars 1986, ss. C. com., art. L. 144-13, supra.

Sur l'information donnée au conjoint commun en bien en cas de mariage d'un commerçant, V. supra, 1re note ss. art. L. 526-4 C. com.

SECTION II *Déclaration aux fins d'immatriculation secondaire et d'inscription modificative ou complémentaire*

9 L'immatriculation a un caractère personnel. Nul ne peut être immatriculé plusieurs fois à un même registre.

Tout commerçant immatriculé qui ouvre un établissement secondaire doit, dans le délai d'un mois, *(Décr. n° 95-374 du 10 avr. 1995)* **« avant ou après l'ouverture », demander au greffe du tribunal dans le ressort duquel est situé l'établissement :**

1. Une immatriculation secondaire, s'il n'est pas déjà immatriculé dans le ressort de ce tribunal ;

2. Une inscription complémentaire dans le cas contraire.

(Décr. n° 95-374 du 10 avr. 1995) **« Est un établissement secondaire au sens du présent décret tout établissement permanent, distinct du siège social ou de l'établissement principal et dirigé par l'assujetti, un préposé ou une personne ayant le pouvoir de lier des rapports juridiques avec les tiers. »**

1. Établissement secondaire. BIBL. A.P.S., *Gaz. Pal. 1985. 1. 140* (domiciliation).

2. Le fait pour un commerçant de faire appel à une agence de domiciliation dans le seul but de lui faire recevoir et expédier son courrier ne crée pas obligation d'immatriculation secondaire (Rép. min. n° 38028 : *JOAN Q, 10 sept. 1977 ; RTD com. 1977. 479, obs. Derruppé*).

3. Sur les éléments constitutifs de la notion d'établissement secondaire, V. • Douai, 11 sept. 1997 : *Gaz. Pal. 1999. 1. Somm. 343, obs. J J. A.* ♦ V. dans le cas d'un bureau de liaison d'une société étrangère, considérant que la requête en inscription doit être recueillie dès lors qu'il est permanent et que le dirigeant de la succursale a le pouvoir de lier des rapports juridiques avec des tiers concourant de ce fait à l'activité commerciale de la société. • Paris, 30 nov. 2001 : *JCP E 2003, n° 2, p. 77, obs. Reinhard ; Bull. Joly 2002. 406, note Bahans ; Banque et Droit mai-juin 2002. 38, note Urban.*

4. Sur l'exigence d'une immatriculation au RCS au titre des lieux loués indépendamment de l'immatriculation effectuée au titre du siège social, V. • Civ. 3e, 10 nov. 1999 : *Administrer févr. 2000. 35, obs. Boccara, Lipman-Boccara et Sainturat.* ♦ En ce sens que toute personne morale immatriculée qui ouvre un établissement secondaire doit, selon les cas, demander une inscription complémentaire ou une immatriculation secondaire, V. • Civ. 3e, 13 oct. 1999 : *Petites affiches 19 avr. 2000, p. 11, note Courtier.* ♦ Si le signataire d'un bail portant sur les locaux dans lesquels est exploité un fonds de commerce en cours d'acquisition se prévaut à juste titre de l'impossibilité de procéder à l'immatriculation de cet établissement secondaire avant la régularisation de l'acte de cession, il demeure que le délai d'un mois pour procéder à l'immatriculation court à compter de la date de régularisation de la cession. • Versailles, 15 janv. 2004 : *BICC 2004, n° 1461 ; JCP E 2004, n° 18, p. 693.*

5. Bail commercial. L'inscription au RCS tant principale que complémentaire ou secondaire est une condition objective du droit au renouvellement du bail. • Paris, 29 nov. 2002 : *AJDI 2003. 267, obs. Porcheron.* – V. aussi note 8 ss. art. L. 123-9 C. com.

10 Sont déclarés dans la demande d'immatriculation secondaire ou d'inscription complémentaire les renseignements *(Abrogé par Décr. n° 2005-77 du 1er févr. 2005, art. 8)* ***« relatifs à l'établissement secondaire »*** **prévus au B de l'article 8.**

(Décr. n° 98-550 du 2 juill. 1998) **« La demande d'immatriculation secondaire rappelle en outre le nom, le nom d'usage, le pseudonyme, les prénoms du commerçant,** *(Décr. n° 2005-77 du 1er févr. 2005, art. 8)* **« le nom commercial, s'il en est utilisé un, »** *(Abrogé par Décr. n° 2005-530 du 24 mai 2005, art. 3)* ***« le nom et le nom d'usage du conjoint commun en biens, »*** **ainsi que les renseignements visés aux 1 et 2 de l'article 72 ci-dessous. »**

11 Sous réserve des dispositions de l'article 27 (2°), toute modification rendant nécessaire une rectification ou une adjonction aux énonciations prévues aux articles 8 et 10

doit, dans le délai d'un mois, faire l'objet d'une demande d'inscription modificative par le commerçant ou, en cas de décès, par les personnes mentionnées à l'article 12 (7°).

Toutefois, ces dispositions ne sont pas applicables :

1. – A la mise à jour des références faites, dans l'immatriculation principale, aux immatriculations secondaires : la mention rectificative est dans ce cas effectuée d'office par le greffier de l'immatriculation principale sur notification du greffier de l'immatriculation secondaire ayant procédé à cette dernière ou à sa radiation ;

2. – A la mise à jour des renseignements relatifs à la situation personnelle de l'assujetti figurant dans l'immatriculation secondaire : la mention rectificative ou complémentaire est, dans ce cas, effectuée par le greffier de l'immatriculation secondaire sur notification du greffier ayant procédé à l'inscription modificative correspondante.

12 **L'obligation prévue au premier alinéa de l'article précédent inclut :**

1° Les décisions définitives plaçant un majeur sous tutelle ou sous curatelle au sens des articles 492, 508 et 508-1 du code civil, et celles qui en donnent mainlevée ou qui les rapportent ; lorsqu'il est fait application de ces articles l'obligation de déclaration incombe au tuteur ou au curateur ;

2° *(Décr. nº 2005-530 du 24 mai 2005, art. 4)* **« Les modifications relatives à la situation matrimoniale des époux ; »**

(Décr. nº 2005-77 du 1er févr. 2005, art. 9) **« 2° *bis* La déclaration d'insaisissabilité des droits de la personne physique immatriculée sur l'immeuble où est fixée sa résidence principale, lorsqu'il est fait application des articles L. 526-1 et suivants du code de commerce ; le cas échéant, la déclaration de remploi des fonds dans les conditions prévues à l'article L. 526-3 du même code ; et, le cas échéant, la renonciation à la déclaration d'insaisissabilité ou de remploi prévue à l'article L. 526-3 du même code ; »**

3° Le décès du conjoint ;

4° *(Décr. nº 95-374 du 10 avr. 1995)* **« La désignation et la cessation de fonctions de la personne ayant le pouvoir d'engager à titre habituel par sa signature l'assujetti ; »**

5° La cessation partielle de l'activité exercée ;

6° *(Décr. nº 98-550 du 2 juill. 1998)* **« La cessation totale d'activité, qu'elle soit temporaire ou définitive, avec possibilité de déclarer le maintien de l'immatriculation pour une période qui, lorsque la cessation est définitive, ne peut dépasser un an. »**

7° Le décès de l'assujetti avec possibilité de déclarer le maintien provisoire, pendant un délai maximum d'un an, de l'immatriculation et si l'exploitation se poursuit, les conditions d'exploitation, nom, *(Décr. nº 95-374 du 10 avr. 1995)* **« nom d'usage, » prénoms, domicile personnel et qualité des héritiers et ayants cause à titre universel, date et lieu de naissance, nationalité et qualité des personnes assurant l'exploitation ; dans ce cas la déclaration est faite par la ou les personnes poursuivant l'exploitation.**

8° Le renouvellement, limité à une période supplémentaire d'un an, du maintien provisoire de l'immatriculation dans les cas prévus aux 6° et 7° ci-dessus.

Jugement ouvrant une tutelle. V. • Com. 8 déc. 1998 : *cité note 2 ss. art. L. 624-1 ancien C. com.*

12-1 *(Décr. nº 98-550 du 2 juill. 1998 ; Décr. nº 2005-77 du 1er févr. 2005, art. 10)* **« En cas de transfert de l'établissement principal, secondaire ou de changement de l'adresse de l'entreprise fixée au local d'habitation, déclaré au titre de l'article L. 123-10 du code de commerce » dans le ressort d'un autre tribunal, les personnes physiques immatriculées doivent, dans le délai d'un mois à compter du transfert, demander :**

***a)* Une nouvelle immatriculation dans le ressort de ce tribunal si elles n'y étaient pas déjà immatriculées à titre principal ou secondaire ;**

***b)* Dans le cas contraire, la transformation de leur immatriculation, avec indication en tant que de besoin des renseignements prévus à l'article 8 ci-dessus.**

(Décr. nº 2005-77 du 1er févr. 2005, art. 10) **« Notification de la nouvelle immatriculation ou de la transformation est faite dans les quinze jours par le greffier du nouvel**

établissement ou de la nouvelle adresse de l'entreprise fixée au local d'habitation, au greffier de l'ancien établissement ou de l'ancienne adresse. Ce dernier procède d'office, dans le dossier en sa possession, soit à la radiation, soit à la mention correspondante selon le cas. Il notifie l'accomplissement de la formalité à l'assujetti et au greffier du nouvel établissement ou de la nouvelle adresse. »

12-2 (Abrogé par Décr. n° 2005-77 du 1er févr. 2005, art. 11) *La mention au registre des établissements situés et immatriculés dans un État membre de la Communauté européenne peut être demandée par la personne physique sur présentation des justificatifs définis par l'arrêté prévu à l'article 88 ci-dessous.*

SECTION III *Déclaration aux fins de radiation*

13 *(Décr. n° 95-374 du 10 avr. 1995)* « Tout commerçant immatriculé doit, dans le délai d'un mois avant la cessation totale de son activité commerciale dans le ressort d'un tribunal ou dans le délai d'un mois à compter de celle-ci, demander sa radiation en indiquant la date de cessation, sauf cas prévu à l'article 12 (6°). » En cas de décès, la demande est présentée par les héritiers ou ayants cause à titre universel du commerçant, sauf cas prévu à l'article 12 (7°).

Lorsque la cessation résulte du transfert d'activité dans le ressort d'un autre tribunal, la radiation est effectuée d'office sur notification du greffier ayant procédé à la nouvelle immatriculation.

Pour obtenir sa radiation, la personne titulaire de la carte permettant l'exercice d'activités non sédentaires, prévue par la loi n° 69-3 du 3 janv. 1969, doit produire ce document au greffe du tribunal de commerce ou au greffe du tribunal de grande instance statuant en matière commerciale. Le greffier appose sur le récépissé la mention de la radiation et la date de celle-ci. La validité du récépissé expire à la date de radiation (Décr. n° 70-708 du 31 juill. 1970, art. 6-1, aj. par Décr. n° 89-762 du 16 oct. 1989).

CHAPITRE II *Déclarations incombant aux personnes morales*

SECTION I *Déclaration aux fins d'immatriculation*

14 Toute personne morale assujettie à immatriculation dont le siège est situé dans un département doit demander cette immatriculation au greffe du tribunal dans le ressort duquel est situé son siège.

(Décr. n° 97-1332 du 31 déc. 1997) « Lorsque le siège est situé hors d'un département ou lorsqu'il est situé à l'étranger, l'immatriculation doit être demandée au greffe du tribunal dans le ressort duquel est ouvert le premier établissement ou dans le ressort duquel est située la commune mentionnée à la dernière phrase du premier alinéa de l'article 2 du décret n° 70-708 du 31 juillet 1970 modifié portant application du titre Ier et de certaines dispositions du titre III de la loi n° 69-3 du 3 janvier 1969 relative à l'exercice des activités ambulantes et au régime applicable aux personne*[s]* circulant en France sans domicile ni résidence fixe. »

L'immatriculation des sociétés et des groupements d'intérêt économique est demandée au plus tôt après l'accomplissement des formalités de constitution et notamment des formalités de publicité ; celle des autres personnes morales est demandée dans les quinze jours de l'ouverture du siège ou de l'établissement.

V. *supra*, notes ss. art. L. 123-1 C. com.

15 Sont déclarés dans la demande d'immatriculation des sociétés :

A. — En ce qui concerne la personne :

1° La raison sociale ou dénomination suivie, le cas échéant, du sigle ; *(Abrogé par Décr. n° 2005-77 du 1er févr. 2005, art. 12)* *« le nom commercial s'il en est utilisé un ; »*

2° *(Décr. n° 98-550 du 2 juill. 1998)* « La forme juridique en précisant, s'il y a lieu, le fait que la société est constituée d'un associé unique et, le cas échéant, l'indication du statut légal particulier auquel la société est soumise. »

3° *(Décr. n° 87-970 du 3 déc. 1987)* « Le montant du capital social » ; si le capital est variable, le montant au-dessous duquel il ne peut être réduit ;

4° L'adresse du siège social ; – *Sur la domiciliation, V. C. com., art. L. 123-4 et L. 123-10.*

***(Décr. n° 2005-77 du 1er févr. 2005, art. 12)* « 4° *bis* Le cas échéant, l'indication que la personne morale, dont le représentant légal a installé le siège social à son domicile, use de la faculté ouverte par les dispositions de l'alinéa 2 de l'article L. 123-11-1 du code de commerce ; »**

5° *(Décr. n° 87-970 du 3 déc. 1987)* « Les activités principales de *(Décr. n° 2005-77 du 1er févr. 2005, art. 12)* « la société » ; »

6° La durée de la société fixée par les statuts ;

7° Pour les sociétés soumises à publicité de leurs comptes et bilans annuels, la date de clôture de l'exercice social ;

8° *Abrogé par Décr. n° 87-970 du 3 déc. 1987, art. 15, III.*

9° Les nom, *(Décr. n° 95-374 du 10 avr. 1995)* « nom d'usage, » prénoms et domicile personnel des associés *(Décr. n° 2005-77 du 1er févr. 2005, art. 12)* « tenus indéfiniment ou » tenus indéfiniment et solidairement des dettes sociales, leurs date et lieu de naissance, les renseignements concernant leur nationalité et leur état matrimonial prévu au A (3° et 4°) de l'article 8 ;

10° Les nom, *(Décr. n° 95-374 du 10 avr. 1995)* « nom d'usage », prénoms, date et lieu de naissance, domicile personnel, *(Abrogé par Décr. n° 2005-77 du 1er févr. 2005, art. 12)* « *renseignements relatifs à la* » nationalité *(Abrogé par Décr. n° 2005-77 du 1er févr. 2005, art. 12)* « *prévus au A (3°) de l'article 8* » pour les :

***a*) *(Décr. n° 95-374 du 10 avr. 1995 ; Décr. n° 2002-803 du 3 mai 2002)* « Directeurs généraux, *(Décr. n° 2005-77 du 1er févr. 2005, art. 12)* « directeurs généraux délégués, » membres du directoire, associés et tiers ayant le pouvoir de diriger, gérer, ou le pouvoir d'engager à titre habituel la société avec l'indication, pour chacun d'eux lorsqu'il s'agit d'une société commerciale, qu'ils engagent seuls ou conjointement la société vis-à-vis des tiers ; »**

***b*) Le cas échéant, administrateurs, *(Décr. n° 2002-803 du 3 mai 2002)* « président du conseil d'administration », membres du conseil de surveillance et commissaire aux comptes ;**

11° *(Décr. n° 98-550 du 2 juill. 1998)* « Lorsque les personnes mentionnées aux 9° et 10° ci-dessus sont des personnes morales, la dénomination sociale, la forme juridique, l'adresse du siège *(Décr. n° 2005-77 du 1er févr. 2005, art. 12)* « , le cas échéant leur représentant permanent » ainsi que :

« – pour les personnes morales de droit français immatriculées au registre, les renseignements visés aux 1 et 2 de l'article 72 ci-dessous ;

« – pour les sociétés relevant de la législation d'un État membre de la Communauté européenne, le numéro *(Décr. n° 2005-77 du 1er févr. 2005, art. 12)* « et le lieu » d'immatriculation dans un registre public ;

« – pour les personnes morales non immatriculées ou relevant de la législation d'un État non membre de la Communauté européenne, *(Abrogé par Décr. n° 2005-77 du 1er févr. 2005, art. 12)* « *leurs statuts, ainsi que* » les nom, nom d'usage, prénoms et domicile des personnes ayant le pouvoir de les diriger, gérer ou engager à titre habitue ; »

12° Pour les sociétés résultant d'une fusion ou d'une scission, l'indication des raison sociale ou dénomination, forme juridique, siège social et *(Décr. n° 98-550 du 2 juill. 1998)* « renseignements visés aux 1 et 2 de l'article 72 ci-dessous » de toutes les sociétés y ayant participé ;

***(Décr. n° 2006-448 du 14 avr. 2006, art. 2)* « 12° *bis* Pour les sociétés européennes issues d'une fusion, l'indication de la dénomination sociale, la forme juridique, le siège social et les renseignements prévus aux 1 et 2 de l'article 72 de toutes les sociétés**

ayant participé à la fusion, ainsi que les lieu et numéro de l'immatriculation du registre public des sociétés participantes ayant leur siège dans un autre État membre de la Communauté européenne. »

(Décr. nº 2005-77 du 1er févr. 2005, art. 12) **« 13° Le lieu et le numéro des immatriculations secondaires éventuellement souscrites et, le cas échéant, des établissements principaux ou secondaires situés et immatriculés dans un État membre de la Communauté européenne. En outre, la personne morale peut déclarer les mentions relatives à l'adresse et à l'activité principale de ces établissements sur présentation des justificatifs définis à l'arrêté prévu à l'article 88 ;** – *V., infra, Arr. 9 févr. 1988.*

« 14° L'indication, le cas échéant, qu'elle est bénéficiaire d'un contrat d'appui au projet d'entreprise pour la création ou la reprise d'une activité économique conclu dans les conditions prévues au chapitre VII du titre II du livre Ier du code de commerce, dont une copie est déposée en annexe au registre ; la dénomination sociale de la personne morale responsable de l'appui, l'adresse de son siège social, ainsi que, si elle est immatriculée dans un registre public, le lieu d'immatriculation et le numéro unique d'identification. »

(Décr. nº 92-521 du 16 juin 1992) **« Toutefois, lorsqu'une société commerciale dont le siège est situé à l'étranger est soumise à la législation d'un État membre de la Communauté européenne et revêt une des formes juridiques dont la liste figure en annexe au présent décret, sont seuls déclarés les renseignements prévus aux 1°, 2°, 7°, 10°,** *(Décr. nº 98-550 du 2 juill. 1998)* **« 11° »** *(Décr. nº 2005-77 du 1er févr. 2005, art. 12)* **« , 13° » ainsi que le lieu et le numéro d'immatriculation de cette société sur un registre public.** – *V. cette annexe, infra.*

« Lorsqu'une société commerciale dont le siège est à l'étranger n'est pas soumise à la législation prévue à l'alinéa précédent, mais revêt une forme juridique comparable à celles qui sont visées dans cet alinéa, sont déclarés, outre les renseignements prévus aux 1° à 13°, la législation qui lui est applicable, ainsi que le lieu et le numéro de son immatriculation sur un registre public si la loi étrangère à laquelle cette société est soumise le prévoit. »

(Décr. nº 2005-77 du 1er févr. 2005, art. 13) **« B. – En ce qui concerne l'activité et l'établissement, les renseignements prévus au B de l'article 8, à l'exception de ceux prévus aux 4°, 5° et 7°, s'il s'agit d'une société commerciale dont le siège est à l'étranger visée à l'avant-dernier alinéa du A ci-dessus et de ceux prévus au 7°, s'il s'agit d'une société non commerciale. »**

Le CCRCS est d'avis qu'à défaut d'avoir déclaré spontanément les noms des associés, les sociétés civiles déjà immatriculées au 1er févr. 2005 puissent régulariser à l'occasion d'inscriptions modificatives ou dépôt d'actes (Avis CCRCS nº 05-33 bis du 17 oct. 2005 : BRDA 2006, nº 1, p. 3).

1. Associés tenus indéfiniment et solidairement. Pour un arrêt se fondant sur l'art. 15 (A, 9°) pour décider que l'acte de cession de parts sociales d'une société civile immobilière qui n'a pas été déposé en annexe au registre du commerce et des sociétés est inopposable au créancier nanti, V. • Paris, 13 mars 1997 : *Dr. sociétés 1997, nº 100, obs. crit. Bonneau.* ♦ Lorsqu'un mineur non émancipé est associé d'une société civile, la demande d'immatriculation ne doit pas faire référence à un administrateur légal (Avis CCRCS nº 05-26 du 12 sept. 2005 : BRDA 2006, nº 1, p. 3) ♦ En cas de démembrement de la propriété d'une part sociale, seul le nu-propriétaire à qui est reconnu la qualité d'associé doit être mentionné au RCS (Avis CCRCS nº 05-27 du 12 sept. 2005).

2. Adresse du dirigeant. Dès lors que l'administrateur, dont la famille figure parmi les premières fortunes mondiales, a été inquiété par des tentatives d'extorsion de fonds et de chantage, il y a lieu d'autoriser que l'adresse du siège social de la société soit mentionnée au RCS au lieu et place de son adresse personnelle, afin de protéger sa sécurité et celle de sa famille. • Paris, 21 mars 2000 : *Bull. Joly 2000. 732, note Bahans ; JCP E 2001, nº 19, p. 800, obs. Garaud.* ♦ Pour des arrêts ayant jugé qu'afin de protéger la sécurité d'un dirigeant, victime de menaces depuis de longues années à raison de ses fonctions au sein de sa société, et de garantir le respect de son domicile contre toute éventuelle atteinte violente, il convient d'autoriser que l'adresse du siège social de la société soit mentionnée au registre du commerce et des sociétés au lieu et place de son adresse personnelle, V. • Paris, 23 janv. 1998 : *D. Affaires 1998. 344, obs. V. A.-R. ; Bull. Joly 1998. 551, note Gibirila ; Rev. sociétés 1998. 437, obs. Bouloc.*

2 bis. Directeur général de SAS. Lorsque les associés d'une société anonyme par actions simplifiées ont désigné un « directeur général » investi des mêmes pouvoirs que le président, celui-ci doit être déclaré au RCS non pas en cette qualité mais en tant qu'associé ou tiers ayant le pouvoir de diriger, de gérer ou d'engager à titre habituel la société en application de l'art. 15-A, 10°, du décret de 1984, le titre de directeur général pouvant éventuellement être mentionné en observation (Avis CCRCS n° 00.64 : *JCP 2001. I. 326, obs. Viandier et Caussain*). ♦ V. aussi, estimant que le vice-président du conseil de surveillance n'a pas à être déclaré en cette qualité ; il est déclaré comme membre du conseil (Avis CCRCS n° 05-93 du 15 déc. 2005 : *Bull. Joly 2006. 662, obs. Baranger*).

2 ter. Personne morale dirigeante. Lorsqu'une personne morale est nommée dirigeante d'une société, seul son représentant permanent doit être mentionné. Le représentant légal de la personne morale dirigeante est déclaré au registre uniquement lorsque celle-ci n'est pas immatriculée au RCS ou lorsqu'elle est étrangère hors Union européenne (Avis CCRCS n° 05-64 *bis* du 17 oct. 2005).

3. Bail commercial. BIBL. Kéita, *Gaz. Pal. 4-6 juin 2000, p. 3.* ♦ Les prescriptions légales relatives à l'inscription d'une société au registre du commerce n'imposent pas, à peine d'irrecevabilité, l'existence d'un bail commercial dès lors qu'il est justifié d'un siège social en France, lequel peut être fixé, comme en l'espèce, dans un centre de domiciliation dans l'attente d'un développement des activités de la société en fonction de la nature de celles-ci. • Paris, 7 juill. 1995 : *JCP E 1995. Pan. 1178.*

4. Pour que le droit au renouvellement du bail commercial soit acquis, tous les copreneurs doivent être immatriculés au RCS sauf s'il s'agit d'héritiers indivis, ce que n'est pas la situation de l'usufruitier et du nu-propriétaire. • Civ. 3e, 31 oct. 2000 : *AJDI 2001. 139, obs. Blatter ; JCP E 2001, n° 22, p. 899, note Kéita ; Administrer févr. 2001. 27, obs. Boccara et Lipman-Boccara.* ♦ Lorsqu'il s'agit d'usufruitier et de nus-propriétaires, il suffit que l'un d'entre eux, au moins, soit immatriculé pour que le droit au statut soit acquis, mais encore faut-il que cette immatriculation existe. • Civ. 3e, 31 oct. 2000 : *ibid.* ♦ Comp. considérant que l'application de la législation sur les baux commerciaux, indispensable à l'activité de l'usufruitier commerçant, n'est possible que si le nu-propriétaire du fonds, qui n'a pas la qualité de commerçant, est inscrit au registre du commerce en qualité de nu-propriétaire non exploitant. • Paris, 30 janv. 1998 : *D. 1998. IR. 78 ; RTD com. 1998. 321, obs. Derruppé.* ♦ Dès lors qu'un fonds de commerce incluant un bail appartient à plusieurs personnes, chacune d'elles doit, en sa qualité de cotitulaire du bail, être immatriculée au registre du commerce, même si le fonds n'est exploité que par un seul de ses copropriétaires. • Paris, 3 juill. 1998 : *JCP E 1998, n° 39, p. 1474 ; ibid. 1999, n° 48, p. 1920, obs. Monéger* • 28 nov. 1997 : *Gaz. Pal. 4-5 juin 1997, p. 14, obs. J.J.A. ; JCP E 1999, n° 48, p. 1920, obs. Monéger* • Civ. 3e, 15 juin 2005 : *Bull. civ. III, n° 129 ; D. 2005. AJ. 1851, obs. Rouquet ; AJDI 2005. 902, obs. Dumont ; JCP E 2005, n° 35, p. 1373 ; JCP N 2006, n° 8, p. 410, note Arteil ; RJDA 2005, n° 1075 ; Loyers et copr. 2005, n° 180, obs. Brault ; Administrer août-sept. 2005. 43, obs. Boccara et Lipman-W. Boccara* (immatriculation en qualité de propriétaire non exploitant). ♦ Le refus de renouvellement du bail commercial pour défaut d'immatriculation de l'un des époux séparés de biens à la date de leur demande de renouvellement ne constitue pas une atteinte disproportionnée au droit à la « propriété commerciale » au regard de l'art. 1er du protocole additionnel à la Conv. EDH. • Civ. 3e, 18 mai 2005 : *Bull. civ. III, n° 109 ; D. 2006. Pan. 925, obs. Rozès ; D. 2005. AJ. 1477, obs. Rouquet ; AJDI 2005. 733, note Blatter ; RTD civ. 2005. 619, obs. Revet ; JCP E 2005, n° 48, p. 2039, obs. Kenfack ; JCP 2005. I. 163, n° 17, obs. Storck ; Dr. et patr. nov. 2005. 100, obs. Seube ; Defrénois 2006. 434, obs. Ruet ; Loyers et copr. 2005, n° 135, obs. Brault ; Rev. loyers 2005. 369, note Prigent ; RDC 2005. 1093, obs. Seube ; Dr. et procédures 2005. 336, obs. Schütz.* ♦ En ce sens que le défaut de qualité de commerçant constitue un obstacle à l'immatriculation du RCS du copropriétaire indivis d'un fonds de commerce, V. • Paris, 8 févr. 2002 : *RTD com. 2002. 263, obs. Saintourens.* ♦ V. aussi Rép. min. n° 20028 : *RTD com. 1999. 364, obs. Derruppé.*

5. Libération du capital. BIBL. Le Cannu, *Bull. Joly 1995. 1034.* – Bahans, *RJ com. 1999. 310.* ♦ L'art. 51 de la loi du 24 juill. 1867, relative aux sociétés à capital variable [C. com., art. L. 231-5], qui dispose que les statuts détermineront une somme en dessous de laquelle le capital ne pourra être réduit et que cette somme ne pourra être inférieure au dixième du capital social, dérogeant valablement à l'art. 38 de la loi du 24 juill. 1966 [C. com., art. L. 223-7], doit être infirmée l'ordonnance du juge commis à la surveillance du registre du commerce et des sociétés qui s'est opposé à l'immatriculation d'une SARL à capital variable dont le capital social n'avait été libéré qu'à hauteur de 40 % du capital souscrit. • Paris, 1er juin 1995 : *D. 1995. 567, note Coutant ; RJDA 1995, n° 861 ; JCP E 1995. Pan. 911 ; Dr. sociétés 1995, n° 154, note Bonneau* • Bordeaux, 3 févr. 1998 : *Gaz. Pal. 4-*

5 juin 1999 • Montpellier, 23 juin 1998 : *ibid.* ♦ *Contra,* jugeant qu'il n'est possible de créer une SARL à capital variable qu'à la condition de respecter les dispositions combinées des deux lois : • Aix-en-Provence, 14 juin 1996 : *RJDA 1996, n° 1216 ; Rev. sociétés 1996. 849, obs. Guyon ; RJ com. 1997. 270, note Gonzales.* ♦ Selon le Comité de coordination du registre du commerce et des sociétés, il résulte de la combinaison des art. 51 de la loi de 1867 [C. com., art. L. 231-5], 35 de la loi de 1966 [C. com., art. L. 223-2] et 15 du décret de 1984 que, lors de l'immatriculation au registre d'une SARL à capital variable, la demande doit mentionner, outre le montant du capital souscrit, l'indication du montant égal au dixième au-dessous duquel il ne peut être réduit ; le Comité recommande d'indiquer sur l'extrait du registre, en observation, le montant du capital libéré (Avis n° 98-15 : *RJ com. 1999. 321).* ♦ Considérant que le droit positif commande d'ordonner l'immatriculation de SARL à capital variable sans que soit exigée la libération totale du capital, V. • Douai, 23 sept. 1999 : *JCP 2000. IV. 1616.*

6. Autres mentions. Seules peuvent être portées sur le registre les inscriptions prévues par le décret du 30 mai 1984 et être déposés en annexe les actes et pièces désignés par ce texte (rejet d'une demande d'une personne tendant à mentionner qu'elle niait sa qualité d'associé, et à annexé aux statuts une plainte pour faux). • Paris, 21 mars 2000 : *Rev. sociétés 2000. 589, obs. Guyon ; Bull. Joly 2000. 818, note Bahans.*

16 Sont déclarés dans la demande d'immatriculation des groupements d'intérêt économique :

A. — En ce qui concerne la personne :

1° La dénomination du groupement, suivi, le cas échéant, du sigle *(Abrogé par Décr. n° 2005-77 du 1er févr. 2005, art. 14-I)* **«*, le nom commercial, s'il en est utilisé un* » ;**

2° L'adresse du siège ;

3° *(Décr. n° 87-970 du 3 déc. 1987)* **« Les activités principales du groupement et si leur nature est civile ou commerciale » ;**

4° La durée du groupement ;

5° *Abrogé par Décr. n° 87-970 du 3 déc. 1987, art. 16, II.*

6° *(Décr. n° 90-72 du 17 janv. 1990)* **« Pour chaque personne physique membre du groupement, les renseignements prévus au A (1°, 2°, 3° et 4°) de l'article 8 et, le cas échéant,** *(Décr. n° 98-550 du 2 juill. 1998)* **« les numéros d'identification de ces personnes avec l'indication du nom du greffe ou de la chambre des métiers** *(Décr. n° 2004-1164 du 2 nov. 2004, art. 1er)* **« et de l'artisanat » où elles sont immatriculées », ainsi que l'indication des personnes exonérées des dettes nées antérieurement à leur entrée dans le groupement ;**

« 7° Pour chaque personne morale membre du groupement, les renseignements prévus au A (1°, 2° et 4°) de l'article 15 et, le cas échéant, *(Décr. n° 98-550 du 2 juill. 1998)* **« les numéros d'identification de ces personnes avec l'indication du nom du greffe ou de la chambre des métiers** *(Décr. n° 2004-1164 du 2 nov. 2004, art. 1er)* **« et de l'artisanat » où elles sont immatriculées », ainsi que l'indication des personnes exonérées des dettes nées antérieurement à leur entrée dans le groupement ; »**

8° Pour les administrateurs et les personnes chargées du contrôle de la gestion et du contrôle des comptes, leurs nom, *(Décr. n° 95-374 du 10 avr. 1995)* **« nom d'usage, » prénoms, date et lieu de naissance, domicile personnel** *(Décr. n° 2005-77 du 1er févr. 2005, art. 14-I)* **« et nationalité ;**

« 9° Le lieu et le numéro des immatriculations secondaires éventuellement souscrites et, le cas échéant, des établissements principaux ou secondaires situés et immatriculés dans un État membre de la Communauté européenne. En outre, la personne morale peut déclarer les mentions relatives à l'adresse et à l'activité principale de ces établissements sur présentation des justificatifs définis à l'arrêté prévu à l'article 88. » — *V., infra, Arr. 9 févr. 1988.*

B. — *(Décr. n° 2005-77 du 1er févr. 2005, art. 14-II)* **« En ce qui concerne l'activité et l'établissement » :**

(Décr. n° 98-550 du 2 juill. 1998) **« Les renseignements du B de l'article 8, exception faite de ceux prévus** *(Décr. n° 2005-77 du 1er févr. 2005, art. 14-II)* **« au 7° », s'il s'agit d'un groupement à objet non commercial. »**

17 Sont déclarés dans la demande d'immatriculation des établissements publics mentionnés au 4 de l'article 1er :

A. – En ce qui concerne la personne :

1° Les renseignements prévus au A (1°, 4°, 5°, 10°) de l'article 15 ;

2° La forme de l'entreprise et l'indication de la collectivité par laquelle ou pour le compte de laquelle elle est exploitée ;

3° Le cas échéant, la date de publication au *Journal officiel* de l'acte qui a autorisé sa création, des actes qui ont modifié son organisation et des règlements ou des statuts qui déterminent les conditions de son fonctionnement ;

B. – *(Décr. nº 2005-77 du 1er févr. 2005, art. 15)* « En ce qui concerne l'activité et l'établissement : »

Les renseignements prévus au B de l'article 8.

18 Sont déclarés dans la demande d'immatriculation des personnes morales mentionnées au 5° de l'article *(Décr. nº 2005-77 du 1er févr. 2005, art. 39)* « L. 123-1 du code de commerce », les renseignements prévus à l'article 15. Les mentions précitées pourront faire l'objet d'adaptations prévues par arrêté du garde des sceaux, ministre de la justice, du ministre chargé de la propriété industrielle et du ministre chargé du contrôle de la personne morale. – *V. Arr. 20 juin 1989 relatif à l'immatriculation des GEIE, art. 1er (D. et ALD 1989. 215).*

19 *(Décr. nº 98-550 du 2 juill. 1998)* En cas de transfert de leur siège, de leur établissement principal ou d'un établissement secondaire dans le ressort d'un autre tribunal, les personnes morales immatriculées doivent, dans le délai d'un mois à compter du transfert, demander :

a) Une nouvelle immatriculation dans le ressort de ce tribunal si elles n'y étaient pas déjà immatriculées à titre principal ou secondaire ;

b) Dans le cas contraire, la transformation de leur immatriculation, avec indication en tant que de besoin des renseignements prévus selon le cas aux articles 15, 16 et 17 ci-dessus.

Notification de la nouvelle immatriculation ou de la transformation est faite dans les quinze jours par le greffier du nouveau siège ou du nouvel établissement au greffier de l'ancien siège ou de l'ancien établissement. Ce dernier procède d'office, dans le dossier en sa possession, soit à la radiation, soit à la mention correspondante selon le cas. Il notifie l'accomplissement de la formalité à l'assujetti et au greffier du nouveau siège ou du nouvel établissement.

Notification. V. note 8 ss. art. 1er ancien du Décr. nº 85-1388 du 27 déc. 1985, *supra*, vº *Difficultés des entreprises.*

19-1 *(Décr. nº 2006-448 du 14 avr. 2006, art. 2)* En cas de transfert en France du siège d'une société européenne immatriculée dans un autre État membre de la Communauté européenne, les dispositions de l'article 19 s'appliquent, à l'exception du quatrième alinéa.

Le greffier dans le ressort duquel le siège a été transféré notifie la nouvelle immatriculation, dans les quinze jours de celle-ci, à l'autorité chargée de l'immatriculation dans l'État où elle avait son siège.

SECTION II *Déclaration aux fins d'immatriculation secondaire, inscriptions modificatives et complémentaires*

20 Toute personne morale immatriculée qui ouvre un établissement secondaire doit, selon le cas, demander son immatriculation secondaire ou une inscription complémentaire dans les conditions prévues à l'article 9.

Toutefois, cette obligation n'est pas applicable aux personnes morales mentionnées aux 4° et 5° de l'article *(Décr. nº 2005-77 du 1er févr. 2005, art. 39)* « L. 123-1 du

code de commerce » qui sont désignées par arrêté du garde des sceaux, ministre de la justice, du ministre chargé de la propriété industrielle et du ministre chargé du contrôle de la personne morale. — *V. Arr. 31 juill. 1992 relatif à La Poste et France Télécom (JO 11 août) ; Arr. 12 oct. 1994 relatif à l'Union des groupements d'achats publics (JO 21 oct.).*

21 *(Décr. n° 98-550 du 2 juill. 1998)* **« Sont déclarés dans la demande d'immatriculation secondaire ou d'inscription complémentaire des personnes morales les renseignements relatifs à l'établissement prévus au B de l'article 8, exception faite de ceux prévus** *(Décr. n° 2005-77 du 1er févr. 2005, art. 16)* **« au 7° » pour les personnes morales à objet non commercial. »**

La demande d'immatriculation secondaire rappelle en outre *(Décr. n° 98-550 du 2 juill. 1998)* **« les renseignements visés aux 1 et 2 de l'article 72 ci-dessous », ainsi que les renseignements prévus au A (1°, 2° et 4°) de l'article 15 pour les sociétés, au A (1° et 2°) de l'article 16 pour les groupements d'intérêt économique, et au A (1° et 4°) de l'article 15 et au A (2°) de l'article 17 pour les autres personnes morales.**

22 Toute personne morale immatriculée doit demander une inscription modificative dans le mois de tout fait ou acte rendant nécessaire la rectification ou le complément des énonciations prévues aux articles précédents.

Toutefois, ces dispositions ne sont pas applicables :

1. A la mise à jour des références faites, dans l'immatriculation principale, aux immatriculations secondaires : la mention rectificative est dans ce cas effectuée d'office par le greffier de l'immatriculation principale sur notification du greffier de l'immatriculation secondaire ayant procédé à cette dernière ou à sa radiation ;

2. A la mise à jour des renseignements relatifs à la situation personnelle de l'assujetti figurant dans l'immatriculation secondaire : la mention rectificative ou complémentaire est, dans ce cas, effectuée par le greffier de l'immatriculation secondaire sur notification du greffier ayant procédé à l'inscription modificative correspondante.

1. Délai d'un mois. Sur l'irrecevabilité d'une demande de radiation avec effet rétroactif, le délai d'un mois n'ayant pas été respecté, V. • Aix-en-Provence, 28 sept. 1995 : *RJDA 1996, n° 228.*

2. Liquidation judiciaire. V. note 2 *bis* ss. art. 21 ancien du Décr. n° 85-1388 du 27 déc. 1985, *supra*, v° *Difficultés des entreprises.*

3. Transfert de siège. Le transfert de siège doit faire l'objet d'une rectification au registre du commerce et des sociétés. • Douai, 6 nov. 1997 : *Gaz. Pal. 4-5 juin 1997, p. 16.* ♦ Le juge commis à la surveillance du RCS peut dès lors enjoindre à une société de procéder à une telle mention. • Même arrêt.

4. Changement d'associé. Le greffe du tribunal de commerce de Paris considère que le Décr. n° 2005-77 du 1er févr. 2005, qui a introduit l'obligation de déclarer l'identité des associés de société civile au RCS, est d'application immédiate et ne prévoit pas de dispositions spécifiques relatives à un délai d'application, ni ne distingue s'il s'applique aux personnes déjà immatriculées au non (*BRDA 2005, n° 19, p. 2*).

5. Achat d'un fonds de commerce. L'achat d'un fonds de commerce dont l'exploitation n'est pas poursuivie par l'acquéreur ne donne pas lieu à immatriculation au RCS (Avis CCRCS n° 03-10 du 18 nov. 2005).

23 L'obligation prévue au 1er alinéa de l'article précédent inclut :

1. La cessation totale ou partielle d'activité dans le ressort du tribunal de l'immatriculation principale, même en l'absence de dissolution ;

2. La cessation totale ou partielle d'activité d'un établissement dans le ressort du tribunal d'une immatriculation secondaire ;

3. La dissolution ou la décision prononçant la nullité de la personne morale pour quelque cause que ce soit avec indication des noms, *(Décr. n° 95-374 du 10 avr. 1995)* **« nom d'usage, » prénoms, domicile des liquidateurs** *(Décr. n° 92-521 du 16 juin 1992)* **« , de l'étendue des pouvoirs de ceux-ci s'il s'agit d'une des sociétés visées au A de l'article 15, » et la référence du journal d'annonces légales dans lequel la nomination du liquidateur a été publiée** *(Décr. n° 98-550 du 2 juill. 1998)* **« ainsi que l'adresse de la liquidation » ;** — *Le décret du 16 juin 1992 entre en vigueur le 1er janv. 1993 (art. 6 du décret).*

4. En cas de fusion ou de scission de société, l'indication de la cause de dissolution ou d'augmentation de capital, ainsi que celle de la raison sociale ou dénomination, forme juridique et siège des personnes morales ayant participé à l'opération. *[;]*

(Décr. n° 2005-77 du 1er févr. 2005, art. 17) **« 5. Les décisions définitives plaçant l'une des personnes visées à l'article 15 A (10°) sous tutelle ou sous curatelle au sens des articles 492, 508 et 508-1 du code civil, et celles qui en donnent mainlevée ou qui les rapportent ; lorsqu'il est fait application de ces articles, l'obligation de déclaration incombe au tuteur ou au curateur. »**

BIBL. ▶ GUYÉNOT, *Gaz. Pal. 1987. 1. Doctr. 312.*

23-1 *Abrogé par Décr. n° 2005-77 du 1er févr. 2005, art. 18. – V. édition 2005 du C. com.*

23-2 *(Décr. n° 2001-474 du 30 mai 2001)* **Lorsqu'une société convertit en euros le montant de son capital en procédant à un arrondi limité à l'euro près, elle transmet la modification statutaire qui en résulte au greffe du tribunal auprès duquel elle est immatriculée.**

Le greffier, après avoir vérifié qu'il s'agit d'une conversion à l'euro près, fait connaître à la société qu'il n'y a pas lieu de procéder à une insertion dans un journal habilité à publier des annonces légales et à une publication au *Bulletin officiel des annonces civiles et commerciales*. *– Application à toutes les conversions à l'euro près donnant lieu à vérification par le greffier à compter du 3 juin 2001. – Application à Mayotte (Décr. n° 2001-474 du 30 mai 2001, art. 1er-II et 3-II).*

A compter du 1er janv. 2002, pour les sociétés n'ayant pas informé le greffier du tribunal auprès duquel la société est immatriculée de la conversion en euros de leur capital, le greffier inscrit d'office sur les extraits du registre du commerce et des sociétés qu'il délivre le montant du capital converti en euros arrondi au centime supérieur ou inférieur le plus proche. – Cette disposition est applicable à Mayotte (Décr. n° 2001-474 du 30 mai 2001, art. 2 et 3-II).

1. Dispense de publication. Sur la dispense de publication de la conversion du capital social en euros, V. précisant que cette dispense demeure applicable aux sociétés convertissant leur capital social après le 1er janv. 2002 (Avis CCRCS n° 02-01 : *Bull. RCS 2002, n° 18-19, p. 33*). ♦ La conversion automatique au centime le plus proche est assurée gratuitement par le greffier (Avis CCRCS n° 01-58 et 01-63 : *Bull. RCS 2001, n° 17, p. 39*). ♦ Cette conversion n'a pas pour effet d'obliger la société à procéder à la modification statutaire correspondante (Avis CCRCS n° 01-58 : *Bull. RCS 2001, n° 17, p. 43*).

2. Dépôt du procès-verbal de conversion. Le procès-verbal de l'assemblée ayant décidé la conversion du capital social doit être déposé directement au greffe du tribunal auprès duquel la société est immatriculée et non au Centre de formalités des entreprises (Avis CCRCS n° 01-58 : *Bull. RCS 2001, n° 17, p. 37*).

SECTION III *Déclaration aux fins de radiation*

24 La radiation de l'immatriculation principale des personnes morales qui font l'objet d'une dissolution est requise par le liquidateur dans le délai d'un mois à compter de la publication de la clôture de la liquidation.

La radiation de l'immatriculation principale des autres personnes morales doit être demandée dans le mois de la cessation d'activité dans le ressort du tribunal.

La radiation de l'immatriculation secondaire de toute personne morale doit être demandée dans le mois de la cessation d'activité dans le ressort du tribunal.

(Décr. n° 88-418 du 22 avr. 1988) **« En cas d'application des dispositions du troisième alinéa de l'article 1844-5 du code civil, la radiation de l'immatriculation est requise par l'associé unique dans le délai d'un mois à compter de la réalisation du transfert du patrimoine. »** *(Décr. n° 2005-77 du 1er févr. 2005, art. 19)* **« A l'issue de ce délai, le greffier délivre sur demande un certificat de non-opposition constatant que le tribunal n'a pas été saisi dans ce délai d'une opposition enrôlée. »**

1. Liquidateur. Sur l'obligation du liquidateur de demander la radiation dans le délai d'un mois à compter de la publication de la clôture de la liquidation, V. • Aix-en-Provence, 1er oct. 1986 : *Gaz. Pal. 1987. 1. 96 ; RF compt. sept. 1987. 23, obs. Mestre et Florès.*

2. Associé unique. Sur les conséquences de la radiation du registre du commerce et des sociétés, suite à la réunion de toutes les parts entre les mains d'un associé devenu unique, V. • Com. 12 janv. 1999 : *Bull. Joly 1999. 504, note Coquelet ; Dr. sociétés 1999, n° 70, note Bonneau.*

CHAPITRE III *Déclarations incombant aux représentations ou agences commerciales des États, collectivités ou établissements publics étrangers*

25 Les déclarations incombant aux États, collectivités ou établissements publics étrangers qui établissent une représentation ou une agence commerciale dans un département français sont soumises aux dispositions des articles 17, 20 à 24 du présent décret.

TITRE II Des inscriptions au registre

CHAPITRE PREMIER *Inscriptions sur déclaration*

SECTION I *Présentation des déclarations*

26 Sous réserve de la procédure prévue au *(Décr. n° 96-650 du 19 juill. 1996)* « décret n° 96-650 du 19 juillet 1996 relatif aux centres de formalités des entreprises », les demandes sont présentées en deux exemplaires au greffe du tribunal compétent sur des *(Décr. n° 2005-77 du 1er févr. 2005, art. 20)* « formulaires définis » par l'arrêté prévu à l'article 88. – *V. ledit décret, infra.*

(Décr. n° 95-374 du 10 avr. 1995) « Elles sont accompagnées des actes et pièces mentionnés aux articles 47 à 53 ci-dessous, ainsi que des pièces établissant que sont remplies les prescriptions visées à l'article » *(Décr. n° 2005-77 du 1er févr. 2005, art. 39)* « L. 123-2 du code de commerce ».

La liste des pièces justificatives est fixée par le même arrêté.

Toutefois, dispense d'une pièce peut être accordée par le juge, soit définitivement, soit provisoirement. Dans ce dernier cas, il est procédé à la radiation d'office si la pièce n'est pas produite dans le délai imparti.

Dispense de pièces. V., dispensant un ressortissant étranger de la production d'une des pièces exigées pour l'immatriculation au registre du commerce et des sociétés : • Paris, 27 nov. 1998 : *JCP E 1999, n° 1, p. 7.*

26-1 *(Décr. n° 85-1280 du 5 déc. 1985)* Toute personne *(Décr. n° 2005-77 du 1er févr. 2005, art. 21)* « morale » qui installe, dans des locaux occupés en commun par une ou plusieurs entreprises *(Décr. n° 2005-77 du 1er févr. 2005, art. 21)* « son siège, ou lorsque celui-ci » est situé à l'étranger, une agence, une succursale ou une représentation, présente à l'appui de sa demande d'immatriculation, le contrat de domiciliation conclu à cet effet avec le propriétaire ou le titulaire du bail de ces locaux.

Dans ce contrat, qui revêt la forme écrite et doit être stipulé pour une durée d'au moins trois mois renouvelable par tacite reconduction, sauf préavis de résiliation, les parties s'engagent à respecter les conditions suivantes :

1° Le domiciliataire doit, durant l'occupation des locaux, être immatriculé au registre du commerce et des sociétés ou au répertoire des métiers ; toutefois, cette condition n'est pas requise si le domiciliataire est une personne morale française de droit public. Le domiciliataire met à la disposition de la personne domiciliée des locaux permettant une réunion régulière des organes chargés de la direction, de l'administration ou de la surveillance de l'entreprise et l'installation des services nécessaires à la tenue, à la conservation et à la consultation des livres, registres et documents prescrits par les lois et règlements. Le domiciliataire s'oblige à informer le greffier du tribunal, à l'expiration du contrat ou en cas de résiliation de celui-ci, de la cessation de la domiciliation de l'entreprise dans ses locaux ; *– V. art. 42-2, infra.*

2° La personne domiciliée prend l'engagement d'utiliser effectivement et exclusivement les locaux, soit comme siège de l'entreprise, soit si le siège est situé à l'étranger comme agence, succursale ou représentation. Elle se déclare tenue d'informer le domiciliataire de toute modification concernant son activité. Elle prend en outre l'engagement de déclarer *(Abrogé par Décr. n° 2005-77 du 1er févr. 2005, art. 21)* « *, s'il s'agit d'une personne physique, tout changement relatif à son état civil et son domicile personnel, et s'il s'agit d'une personne morale,* » tout changement relatif à sa forme juridique et son objet, ainsi qu'au nom et au domicile personnel des personnes *(Décr. n° 98-550 du 2 juill. 1998)* « ayant le pouvoir de l'engager à titre habituel ». La personne domiciliée donne mandat au domiciliataire qui l'accepte de recevoir en son nom toute notification.

(Décr. n° 95-374 du 10 avr. 1995) « Le contrat visé aux alinéas précédents est mentionné au registre du commerce et des sociétés, » *(Décr. n° 2005-77 du 1er févr. 2005, art. 21)* « avec l'indication du nom ou de la dénomination sociale, du numéro unique d'identification et du lieu de l'immatriculation principale sur un registre public de l'entreprise domiciliataire ».

Les sociétés et leurs filiales qui installent leur siège dans le même local dont l'une a la jouissance ne sont pas tenues de conclure entre elles un contrat de domiciliation.

Une entreprise de domiciliation ne respecte pas les obligations légales dès lors qu'elle domicilie 58 sociétés dans des locaux ne comportant qu'une seule pièce de 40 m² environ, au sein de laquelle était aménagé un petit espace garni de mobilier de bureau, dont l'exiguïté était telle que ce mobilier suffisait à le remplir et que deux personnes ne pouvaient pas y prendre place sans se gêner mutuellement. • Paris, 25 oct. 2002 : *JCP E 2003, n° 13, p. 543 ; RJDA 2003, n° 493.* ♦ Comp., jugeant qu'une entreprise peut valablement domicilier des sociétés dans un local à usage de bureau de 38 m² dont elle est locataire. • Paris, 31 janv. 2003 : *JCP E 2003, n° 21-22, p. 883 ; RJDA 2003, n° 723 ; Bull. Joly 2003. 660, note Bahans.*

27 Les demandes d'inscription sont revêtues de la signature de l'assujetti ou de son mandataire qui doit justifier de son identité et, en ce qui concerne le mandataire, être muni d'une procuration signée de l'assujetti.

Toutefois :

1° *(Décr. n° 86-464 du 14 mars 1986)* « Les demandes d'inscription modificative et de radiation peuvent être signées par toute personne justifiant y avoir intérêt ; le greffier en informe l'assujetti ; la demande d'inscription comme conjoint collaborateur est faite par l'assujetti et son conjoint ou l'un d'eux dans les termes prévus à l'article 8 A (6°) ; lorsque la demande est faite par le conjoint, le greffier doit notifier dans les huit jours cette demande par lettre recommandée avec demande d'avis de réception à l'assujetti et ne procède à la mention que faute d'opposition écrite de la part de celui-ci dans le délai de quinze jours à compter de la réception de la lettre » ;

2° *(Décr. n° 95-374 du 10 avr. 1995)* « Le notaire qui rédige un acte comportant, pour les parties intéressées, une incidence quelconque en matière de registre est tenu *(Abrogé par Décr. n° 2005-530 du 24 mai 2005, art. 5)* « *[,] sauf s'il s'agit du contrat de mariage et de ses modifications [,]* » de procéder aux formalités correspondantes » à peine d'une amende civile de 15 à 750 € prononcée par le tribunal de grande instance sans préjudice de l'application de sanctions disciplinaires et de leur responsabilité, garantie dans les conditions prévues au chapitre III du décret n° 55-604 du 20 mai 1955 ;

3° Les demandes formées sur le fondement de l'article 1426 ou de l'article 1429 du code civil, *(Abrogé par Décr. n° 2005-530 du 24 mai 2005, art. 5)* « *ainsi que les demandes en séparation de biens ou en liquidation anticipée des acquêts,* » doivent être déclarées

au greffe par le conjoint demandeur dans le délai de trois jours. Le tribunal saisi de l'une de ces demandes ne peut statuer que s'il est justifié que cette mention a été portée au registre.

(Décr. nº 98-550 du 2 juill. 1998) **« 4º Une procuration spéciale n'est pas nécessaire lorsqu'il résulte des actes ou pièces déposés à l'appui de la demande que le mandataire dispose du pouvoir d'effectuer la déclaration. »**

(Décr. nº 2005-77 du 1er févr. 2005, art. 22) **« 5º La procuration mentionnée au premier alinéa peut être fournie en copie lorsqu'il est recouru à une transmission par voie électronique dans les conditions de l'article 1er. »**

BIBL. ▸ Dagot, *JCP N 2000, nº 42, p. 1507* (obligation pour le notaire de procéder aux formalités au registre du commerce et des sociétés).

1. Domaine. L'art. 27 s'applique aux avocats (Rép. min. nº 19090 : *JOAN Q, 30 janv. 1995, p. 594 ; Bull. Joly 1995. 253*).

2. Radiation d'un dirigeant démissionnaire. Jugé que, la société ne pouvant demeurer immatriculée sans indication de ses dirigeants, la radiation ne peut intervenir qu'après désignation de son remplaçant ou, à défaut d'accord entre les associés, après la nomination d'un administrateur chargé de représenter la société à l'égard des tiers. • Paris, 22 nov. 1996 : *Dr. sociétés 1997, nº 14, obs. Vidal.*

3. Notaire. Le notaire qui rédige un acte comportant, pour les parties intéressées, une incidence quelconque en matière de registre est tenu de procéder aux formalités correspondantes dont le client se trouve alors déchargé. • Civ. 1re, 13 déc. 2005 : *D. 2006. AJ. 231, obs. Chevrier ; RTD com. 2006. 46, obs. Monéger ; AJDI 2006. 226 ; JCP E 2006, nº 4, p. 190 ; Defrénois 2006. 616, obs. Libchaber ; RJDA 2006, nº 523 ; RLDA févr. 2006. 22, obs. Lefèvre et Vasa ; Administrer mars 2006. 37, obs. Boccara et Lipman-W. Boccara.*

28 Toute demande d'inscription complémentaire, d'inscription modificative et de radiation rappelle :

a) Pour les personnes physiques, leurs nom, *(Décr. nº 95-374 du 10 avr. 1995)* **« nom d'usage, » prénoms,** *(Décr. nº 2005-77 du 1er févr. 2005, art. 23)* **« date et lieu de naissance, ainsi que les »** *(Décr. nº 98-550 du 2 juill. 1998)* **« renseignements visés aux 1 et 2 de l'article 72 ci-dessous »** *(Abrogé par Décr. nº 2005-77 du 1er févr. 2005, art. 23)* **« *, activité principale exercée* » ;**

b) Pour les personnes morales, leur raison sociale ou dénomination, *(Décr. nº 98-550 du 2 juill. 1998)* **« renseignements visés aux 1 et 2 de l'article 72 ci-dessous », forme juridique, adresse du siège** *(Abrogé par Décr. nº 2005-77 du 1er févr. 2005, art. 23)* **« *, objet sommairement indiqué* ».**

SECTION II *Contrôle et enregistrement des demandes*

29 Le dépôt de toute demande d'inscription, qu'elle concerne l'immatriculation, la modification ou la radiation, est mentionné par le greffier dans un registre d'arrivée indiquant la date d'arrivée ou de dépôt au greffe, la nature de la demande, les nom, *(Décr. nº 95-374 du 10 avr. 1995)* **« nom d'usage, » prénoms, raison sociale ou dénomination du demandeur.**

Mention de la suite donnée y est faite ultérieurement par le greffier. — *V. infra, Arr. 9 févr. 1988, art. 20 s.*

29-1 *(Décr. nº 2005-77 du 1er févr. 2005, art. 24)* **Lorsque le dossier de demande d'immatriculation est complet, le greffier, saisi en application de l'alinéa 2 de l'article 3 du décret nº 96-650 du 19 juillet 1996 relatif aux centres de formalités des entreprises, délivre gratuitement le récépissé de dépôt de dossier de création d'entreprise institué par l'article L. 123-9-1 du code de commerce, dans les conditions prévues à l'article 6 de ce même décret.**

30 Le greffier, sous sa responsabilité, s'assure de la régularité de la demande.

Il vérifie que les énonciations sont conformes aux dispositions législatives et réglementaires, correspondent aux pièces justificatives et actes déposés en annexe et sont

compatibles, dans le cas d'une demande de modification ou de radiation, avec l'état du dossier. — *V. art. 62-1 s.*

(Décr. nº 95-374 du 10 avr. 1995) **« Il vérifie en outre que la constitution ou les modifications statutaires des sociétés commerciales sont conformes aux dispositions législatives et réglementaires qui les régissent. »**

(Décr. nº 98-550 du 2 juill. 1998) **« La vérification par le greffier de l'existence des déclaration, autorisation, titre ou diplôme requis par la réglementation applicable pour l'exercice de l'activité n'est effectuée que si les conditions d'exercice doivent être remplies personnellement par l'assujetti ou par l'une des personnes mentionnées au registre en application du présent décret.**

« Lorsque la réglementation particulière à l'activité exercée prévoit que la déclaration ou la demande d'autorisation est effectuée après l'immatriculation au registre, la pièce justificative doit être fournie au greffe dans les quinze jours de sa délivrance par l'autorité compétente. Faute pour l'assujetti de respecter ce délai, le greffier procède comme il est dit au deuxième alinéa de l'article 34 ci-après. »

BIBL. ▶ COUTANT, *Dr. sociétés 1996. Chron. 13* (contrôle du greffier en cas de constitutions ou de modifications statutaires des sociétés commerciales). — BARANGER, *Bull. Joly 1997. 103.*

Conformité à la loi. Le greffier peut exiger que les assujettis remplissent les conditions nécessaires à l'exercice de leur activité professionnelle. • Com. 11 févr. 1986 : *Rev. sociétés 1986. 432, note Chaput* • Montpellier, 27 mai 1997 : *Gaz. Pal. 4-5 juin 1999, p. 13, obs. J. J. A.* ♦ V. note 1 ss. art. 59.

31 *(Décr. nº 98-550 du 2 juill. 1998)* **« Le greffier procède à l'inscription dans le délai franc d'un jour ouvrable après réception de la demande. »**

(Décr. nº 95-374 du 10 avr. 1995) **Toutefois, lorsque le dossier est incomplet, il doit dans ce délai réclamer les renseignements ou pièces manquants qui doivent être fournis dans un délai de quinze jours à compter de cette réclamation. A la réception de ces renseignements ou pièces, le greffier procède à l'immatriculation dans le délai mentionné au premier alinéa.**

A défaut de régularisation de la demande dans les conditions indiquées ci-dessus ou lorsque le greffier estime que la demande n'est pas conforme aux dispositions applicables, le greffier prend une décision de refus d'inscription qu'il doit, dans le délai mentionné au premier alinéa, soit remettre au demandeur contre récépissé, soit lui adresser par lettre recommandée avec avis de réception. La décision de refus doit être motivée.

(Décr. nº 98-550 du 2 juill. 1998) **« Lorsque la complexité du dossier exige un examen particulier de celui-ci, le greffier avise le déclarant, dans le délai prévu au premier alinéa et par lettre motivée, que l'inscription sera faite ou que la décision de refus d'inscription sera remise ou notifiée au demandeur dans le délai franc de cinq jours ouvrables après réception de la demande. »**

Les notifications adressées par le greffier mentionnent la possibilité pour le demandeur de former les recours visés, selon les cas, par les articles 59 à 62 et 62-1 à 62-6 du présent décret et en précisent les modalités.

Faute par le greffier de respecter les délais qui lui sont impartis par le présent article, le demandeur peut saisir le juge commis à la surveillance du registre.

32 *(Décr. nº 84-1113 du 13 déc. 1984)* **Le greffier mentionne l'inscription dans un registre chronologique indiquant dans l'ordre ses dates et numéro d'ordre, nom, prénom, raison sociale ou dénomination de l'assujetti et la nature de la formalité ; il appose son visa sur chaque exemplaire de la demande et en délivre une copie au demandeur.**

Al. 2 Abrogé par Décr. nº 95-374 du 10 avr. 1995, art. 12.

33 *(Décr. nº 98-550 du 2 juill. 1998)* **Le numéro d'identité de l'entreprise attribué par l'Institut national de la statistique et des études économiques en application du décret**

du 14 mars 1973 susvisé est notifié au requérant par le greffe, dans les conditions fixées par l'arrêté prévu à l'article 88 ci-dessous. – *V. Décr. n° 73-314 du 14 mars 1973, supra, v° Commerce (organisation).*

34 Le greffier peut, à tout moment, vérifier la permanence de la conformité des inscriptions effectuées aux dispositions mentionnées à l'article 30.

En cas de non-conformité, invitation est faite à l'assujetti d'avoir à régulariser son dossier. Faute par l'assujetti de déférer à cette invitation dans le délai d'un mois à compter de la date de cette dernière, le greffier saisit le juge commis à la surveillance du registre.

(Décr. n° 95-374 du 10 avr. 1995) « Toute inscription effectuée par le greffier et entachée d'erreur matérielle peut être rapportée par lui sur ordonnance du juge commis à la surveillance du registre. »

CHAPITRE II *Inscriptions d'office*

SECTION I *Inscriptions modificatives*

35 Sont mentionnées d'office au registre les déclarations de cessation des paiements et les décisions intervenues dans les procédures de règlement judiciaire et de liquidation des biens en application de la loi n° 67-563 du 13 juillet 1967 :

1° Prononçant le règlement judiciaire ou la liquidation des biens ;

2° Autorisant la continuation de l'activité ou de l'exploitation ou révoquant cette autorisation ;

3° Modifiant la date de cessation des paiements ;

4° Statuant sur l'homologation du concordat ;

5° Prononçant l'annulation ou la résolution du concordat ;

6° Convertissant le règlement judiciaire en liquidation des biens ;

7° Prononçant la faillite personnelle ou autres sanctions prévues au chapitre Ier du titre II de la loi du 13 juillet 1967 susvisée ;

8° Prononçant la mise de tout ou partie du passif social à la charge des personnes mentionnées à l'article 99 de la loi précitée ;

9° Clôturant pour extinction du passif les opérations du règlement judiciaire et de la liquidation des biens, ou pour insuffisance d'actif celles de la liquidation des biens ; il en est de même du procès-verbal prévu à l'article 89 du décret du 22 décembre 1967 susvisé *[n° 67-1120]* ;

10° Rapportant un jugement déclaratif de règlement judiciaire ou de liquidation des biens ou rapportant un jugement de clôture ;

11° Prononçant la réhabilitation ;

12° Subordonnant l'homologation du concordat au remplacement d'un ou plusieurs dirigeants.

Sont également mentionnées d'office les décisions correspondantes intervenues dans les procédures relatives à la faillite et au règlement judiciaire antérieures au 1er janvier 1968.

36 Sont mentionnées d'office au registre les décisions intervenues dans les procédures ouvertes en application de l'ordonnance n° 67-820 du 23 septembre 1967 tendant à faciliter le redressement économique et financier de certaines entreprises et prononçant, sans préjudice des mesures mentionnées à l'article 35 ci-dessus :

1° La suspension provisoire des poursuites ;

2° Le dépôt du plan de redressement économique et financier et du plan d'apurement collectif du passif proposé par le débiteur ou le curateur avec, le cas échéant, l'indication de délais et remises accordés ainsi que le nom et l'adresse du commissaire à l'exécution du plan ;

3° Le rejet du plan de redressement économique et financier et du plan d'apurement du passif proposé par le débiteur ou le curateur avec, le cas échéant, le nom et l'adresse de l'administrateur provisoire nommé en application de l'article 29 de l'ordonnance du 23 septembre 1967 ;

4° La décision prise en application de l'article 31 de l'ordonnance du 23 septembre 1967 augmentant la durée de la période prévue à l'article 29 de la loi du 13 juillet 1967 ;

5° La modification du plan d'apurement du passif en vue d'en abréger ou d'en favoriser l'exécution, prévue à l'article 37 de l'ordonnance du 23 septembre 1967 ;

6° La résolution du plan d'apurement du passif et, le cas échéant, la mesure prévue à l'article 38 (alinéa 2) de l'ordonnance du 23 septembre 1967 ;

7° Les décisions subordonnant le plan au remplacement d'un ou plusieurs dirigeants.

36-1 *(Décr. n° 95-374 du 10 avr. 1995)* « Sont mentionnées d'office au registre les déclarations de cessation des paiements et les décisions suivantes intervenues dans les procédures de redressement ou de liquidation judiciaires des entreprises *(Décr. n° 2005-1677 du 28 déc. 2005, art. 353)* « ouvertes avant le 1er janvier 2006 » en application du livre VI du code de commerce » :

(Décr. n° 85-1388 du 27 déc. 1985) 1° Ouvrant la procédure de redressement judiciaire avec l'indication des pouvoirs conférés à l'administrateur ;

2° Prolongeant la période d'observation ;

3° Modifiant la date de cessation des paiements ;

4° Modifiant les pouvoirs de l'administrateur ;

5° Décidant la poursuite d'activité en vue de l'élaboration *(L. n° 2005-845 du 26 juill. 2005, art. 165-II)* « d'un plan de sauvegarde ou de redressement » en application de l'article *(Décr. n° 2005-77 du 1er févr. 2005, art. 39)* « L. 621-138 *[ancien]* du code de commerce » ;

6° Autorisant la conclusion d'un contrat de location-gérance au cours de la période d'observation ;

7° Autorisant des prêts ou accordant des délais de paiement en application de l'article L. 622-17, III (3°) du code de commerce ;

8° Subordonnant l'adoption *(L. n° 2005-845 du 26 juill. 2005, art. 165-II)* « d'un plan de sauvegarde ou de redressement » au remplacement d'un ou de plusieurs dirigeants ;

9° Ordonnant la cessation totale ou partielle de l'activité ;

10° Arrêtant le plan de continuation ou de cession ;

11° Modifiant le jugement qui arrête le plan de continuation ou de cession ;

12° Prononçant la liquidation judiciaire ;

13° Prononçant la clôture de la procédure pour extinction du passif ou insuffisance d'actif ;

14° Prononçant la clôture de la procédure en cas de cession totale de l'entreprise en application de l'article *(Décr. n° 2005-77 du 1er févr. 2005, art. 39)* « L. 621-95 du code de commerce » ;

15° Décidant que les dettes de la personne morale seront supportées en tout ou en partie par ses dirigeants ou certains d'entre eux ;

16° Prononçant la faillite personnelle ou l'interdiction prévue à l'article L. 653-8 du code de commerce *(Décr. n° 88-430 du 21 avr. 1988)* « avec l'indication de la durée pour laquelle ces mesures ont été prononcées » ;

(Décr. n° 95-374 du 10 avr. 1995) « 17° Modifiant les organes de la procédure ;

« 18° Décidant la reprise de la procédure de liquidation ;

« 19° Prononçant la suspension provisoire des poursuites en application de l'article *(Décr. n° 2005-77 du 1er févr. 2005, art. 39)* « L. 611-4 *[L. 611-10]* du code de commerce ». Cette mention est radiée d'office à l'expiration de la durée de la suspension. » *— V. aussi Décr. n° 85-295 du 1er mars 1985, art. 37-1 ancien, al. 3, supra, ss. art. L. 612-5 ancien C. com.*

Les dispositions de l'art. 36-1 (9°) font obstacle à l'initiative d'un assujetti à l'immatriculation au registre du commerce et des sociétés qui, soumis à une procédure de redressement judiciaire, demanderait lui-même sa radiation à la suite de la cessation d'activité (Rép. min. n° 17663 : *JO Sénat Q, 19 déc. 1991, p. 2863*).

36-1-1 *(Décr. n° 2005-1677 du 28 déc. 2005, art. 353)* **Sont mentionnées d'office au registre les décisions suivantes intervenues dans les procédures de sauvegarde, de redressement judiciaire ou de liquidation judiciaire des entreprises ouvertes à compter du 1er janvier 2006 :**

1° Ouvrant la procédure de sauvegarde ou de redressement judiciaire avec l'indication du nom des mandataires de justice désignés et, le cas échéant, des pouvoirs conférés à l'administrateur ;

2° Convertissant la procédure de sauvegarde en procédure de redressement judiciaire avec l'indication des pouvoirs conférés à l'administrateur ;

3° Prolongeant la période d'observation ;

4° Modifiant les pouvoirs de l'administrateur ;

5° Ordonnant la cessation partielle de l'activité en application des articles L. 622-10 ou L. 631-15 du code de commerce ;

6° Arrêtant le plan de sauvegarde ou de redressement avec l'indication du nom du commissaire à l'exécution du plan ;

7° Modifiant le plan de sauvegarde ou de redressement ;

8° Prononçant la résolution du plan de sauvegarde ou de redressement ;

9° Mettant fin à la procédure de sauvegarde ou de redressement judiciaire ou clôturant l'une de ces procédures ;

10° Modifiant la date de cessation des paiements ;

11° Ouvrant ou prononçant la liquidation judiciaire avec l'indication du nom du liquidateur ;

12° Autorisant une poursuite d'activité en liquidation judiciaire avec, le cas échéant, le nom de l'administrateur désigné ;

13° Appliquant à la procédure les règles de la liquidation judiciaire simplifiée ;

14° Mettant fin à l'application des règles de la liquidation judiciaire simplifiée ;

15° Arrêtant le plan de cession de l'entreprise au cours d'une procédure de redressement judiciaire ou de liquidation judiciaire ;

16° Modifiant le plan de cession ;

17° Prononçant la résolution du plan de cession ;

18° Prononçant la clôture de la procédure pour extinction du passif ou insuffisance d'actif ;

19° Prononçant la faillite personnelle ou l'interdiction prévue à l'article L. 653-8 du code de commerce avec l'indication de la durée pour laquelle ces mesures ont été prononcées ;

20° Remplaçant les mandataires de justice ;

21° Décidant la reprise de la procédure de liquidation judiciaire.

36-2 *(Décr. n° 2005-77 du 1er févr. 2005, art. 25)* **Le greffier mentionne la décision, rendue par une juridiction d'un État membre de la Communauté européenne soumis à l'application du règlement n° 1346-2000 du 29 mai 2000 du Conseil relatif aux procédures d'insolvabilité, ouvrant une procédure d'insolvabilité en application de l'article 3, paragraphe 1, de ce règlement, à l'égard d'une personne physique ou morale, immatriculée au registre du commerce et des sociétés, dont le centre des intérêts principaux ou le domicile est situé dans cet État. La mention est effectuée à la demande de la personne qui est désignée comme syndic, au sens de ce règlement, et qui justifie de ses pouvoirs.**

37 Lorsque la juridiction qui a prononcé une des décisions mentionnées *(Décr. n° 2005-1677 du 28 déc. 2005, art. 353)* **« aux articles 35, 36, 36-1 et 36-1-1 » ci-dessus n'est pas celle dans le ressort de laquelle est tenu le registre où figure**

l'immatriculation principale, le greffier de la juridiction qui a statué notifie la décision par lettre recommandée dans le délai de trois jours à compter de cette décision au greffier chargé de la tenue du registre. Celui-ci procède à la mention d'office.

38 **Sont mentionnés d'office au registre :**

1. *(Décr. n° 98-550 du 2 juill. 1998)* **« Les mesures d'incapacité ou d'interdiction d'exercer une activité commerciale ou professionnelle, de gérer, d'administrer ou de diriger une personne morale résultant d'une décision juridictionnelle passée en force de chose jugée ou d'une décision administrative définitive ; »**

2. *Abrogé par Décr. n° 98-550 du 2 juill. 1998.*

3. Les décisions judiciaires prononçant la dissolution ou la nullité de la personne morale ;

4. Le décès d'une personne immatriculée.

Le greffier est informé par le ministère public ou, le cas échéant, l'autorité administrative des décisions mentionnées au 1 et 2 ci-dessus. En ce qui concerne le décès d'une personne immatriculée, il en reçoit la preuve par tous moyens.

39 **Les décisions visées aux articles 23-3, 35, 36,** *(Décr. n° 95-374 du 10 avr. 1995)* **« 36-1 »** *(Décr. n° 2005-1677 du 28 déc. 2005, art. 353)* **« , 36-1-1 » et 38 sont également mentionnées d'office au lieu de l'immatriculation secondaire sur notification par le greffier de l'immatriculation principale ; cette notification doit être faite dans le délai de quinze jours à compter de celui où a été faite la mention à titre principal.**

40 *(Décr. n° 98-550 du 2 juill. 1998)* **Lorsque le greffier est informé qu'une personne immatriculée aurait cessé son activité à l'adresse déclarée, il lui rappelle par lettre recommandée avec demande d'avis de réception, transmise à cette même adresse, ses obligations déclaratives. Si la lettre est retournée avec une mention précisant que la personne ne se trouve plus à l'adresse indiquée, le greffier porte la mention de la cessation d'activité sur le registre.**

Lorsque le greffier est informé par une autorité administrative ou judiciaire du changement de l'une des adresses déclarées par la personne immatriculée, il mentionne d'office ces modifications et en avise la personne à la nouvelle adresse.

Le greffier procède de même s'il est informé d'un changement, résultant d'une décision de l'autorité administrative compétente, dans le libellé de l'une des adresses déclarées ; toutefois, il n'est pas, dans ce cas, tenu d'en aviser l'assujetti.

40-1 *(Décr. n° 2006-448 du 14 avr. 2006, art. 2)* **En cas de transfert dans un autre État membre de la Communauté européenne du siège d'une société européenne immatriculée en France, le greffier de l'ancien siège social procède d'office à la radiation, dès la notification de la nouvelle immatriculation par l'autorité chargée de la nouvelle immatriculation dans l'État où le siège a été transféré.**

Cette radiation est notifiée à l'autorité chargée de la nouvelle immatriculation dans l'État où le siège a été transféré.

SECTION II *Radiations*

41 **Est radié d'office tout commerçant :**

1. Frappé d'une interdiction d'exercer une activité commerciale en vertu d'une décision judiciaire passée en force de chose jugée ou d'une décision administrative exécutoire ;

2. Décédé depuis plus d'un an, sauf déclaration faite dans les conditions prévues à l'article 12, 7° et 8°. Dans ces cas, la radiation est faite dans le délai d'un an à compter de la mention de la déclaration ou de son renouvellement ; notification en est faite à l'exploitant avec invitation d'avoir à requérir son immatriculation.

V. note 2 ss. art. 59.

42 Est radié d'office tout commerçant ou personne morale :

1. *(Décr. n° 85-1388 du 27 déc. 1985)* « A compter de la clôture d'une procédure, soit de faillite, soit de liquidation des biens pour insuffisance d'actif ou dissolution de l'union, soit de liquidation judiciaire pour insuffisance d'actif, soit de règlement judiciaire par un concordat avec abandon total de l'actif de l'intéressé » ;

2. Au terme du délai d'un an après la mention au registre de la cessation totale de son activité, sauf en ce qui concerne les personnes morales pouvant faire l'objet d'une dissolution ;

3 et 4 *Abrogés par Décr. n° 98-550 du 2 juill. 1998.*

Conséquence de la radiation d'office. Considérant que la radiation d'office d'une société du registre du commerce et des sociétés n'a pas pour effet la perte de sa personnalité morale (radiation prononcée en application de l'art. 42 (4) du décret, abrogé par Décr. du 2 juill. 1998, qui sanctionnait le non-accomplissement des formalités de communication au greffe, du titre de jouissance des locaux affectés au siège de l'entreprise, en cas de domiciliation temporaire dans un local d'habitation). • Com. 20 févr. 2001 : *Bull. civ. IV, n° 44 ; D. 2001. AJ. 1472 ; RTD com. 2001. 405, obs. Derruppé ; Dr. sociétés 2001, n° 93, obs. Bonneau.*

42-1 *(Décr. n° 98-550 du 2 juill. 1998)* Lorsque le greffier qui a procédé à l'immatriculation principale d'une personne morale pouvant faire l'objet d'une dissolution constate, au terme d'un délai de deux ans après la mention au registre de la cessation totale d'activité de cette personne, l'absence de toute inscription modificative relative à une reprise d'activité, il saisit, après en avoir informé la personne morale par lettre recommandée avec demande d'avis de réception adressée à son siège social, le juge commis à la surveillance du registre, aux fins d'examen de l'opportunité d'une radiation.

Si la radiation est ordonnée par le juge, elle est portée à la connaissance du ministère public.

42-2 *(Décr. n° 2005-77 du 1er févr. 2005, art. 26)* Lorsque la personne morale immatriculée a installé son siège au domicile de son représentant légal en usant de la faculté ouverte par les dispositions des alinéas 2 à 4 de l'article L. 123-11-1 du code de commerce, le greffier lui adresse trois mois avant l'expiration du délai de cinq ans prévu par cet article une lettre l'invitant à lui communiquer l'adresse de son nouveau siège.

Faute pour l'assujetti d'avoir régularisé sa situation au regard des alinéas 2 à 4 de l'article L. 123-11-1 du code de commerce dans le délai imparti, le greffier procède à la radiation.

43 *(Décr. n° 98-550 du 2 juill. 1998)* « Est radiée d'office toute personne morale, après mention au registre de sa dissolution, au terme du délai fixé par les statuts pour la durée de la liquidation ou, à défaut, au terme d'un délai de trois ans après la date de cette mention. »

Toutefois, le liquidateur peut demander la prorogation de l'immatriculation par voie d'inscription modificative pour les besoins de la liquidation ; cette prorogation est valable un an sauf renouvellement d'année en année.

Sociétés commerciales. BIBL. Bouloc, *Rev. sociétés 1978. 419.* – Bonneau, *Dr. sociétés 1994. Chron. 12.* ♦ Une société conservant la personnalité morale malgré la mesure de radiation d'office dont elle a fait l'objet, ne peut être qualifiée de société de fait ; une procédure de redressement ou de liquidation judiciaire peut donc être ouverte à son encontre. • Paris, 13 sept. 1994 : *Dr. sociétés déc. 1994, p. 1 ; JCP E 1995. II. 655, note Bonneau.*

Radiée d'office du registre du commerce et des sociétés, selon l'art. 43, sans que les opérations de liquidation soient clôturées, une société garde sa personnalité morale pour les besoins de sa liquidation. Il en résulte que l'assignation en résolution de la vente d'immeubles pour non-paiement, ayant été valablement engagée et l'instance poursuivie par le liquidateur, la procédure ne saurait être annulée. • Com. 13 févr. 1996 : *Bull. civ. IV, n° 52 ; Bull. Joly 1996. 496, note Daigre ; Dr. sociétés 1996, n° 120, note Bonneau ; JCP 1996. IV. 814 ; Defrénois 1996. 670, obs. Hovasse* • 20 févr. 2001 : *BRDA 2001, n° 5, p. 6.*

Sur la liquidation judiciaire des sociétés, V. art. 1844-7, 7°, C. civ., *infra*, v° *Sociétés commerciales.* ♦ V. aussi Guyénot, *Gaz. Pal. 1987. 1. Doctr. 312.*

44 **Le greffier qui procède à la radiation d'une immatriculation requiert sans délai :**

1. S'il s'agit d'une immatriculation principale, la radiation des immatriculations secondaires correspondantes, sauf en cas de transfert du principal établissement pour les commerçants, du siège ou du premier établissement dans un département pour les personnes morales ;

2. S'il s'agit d'une immatriculation secondaire, la modification des mentions correspondantes portées à l'immatriculation principale.

44-1 *(Décr. n° 98-550 du 2 juill. 1998)* **Sont radiées d'office les mentions relatives aux mesures visées au 1 de l'article 38 :**

— lorsque intervient une décision de réhabilitation, de relevé d'incapacité ou d'amnistie faisant disparaître l'incapacité ou l'interdiction ;

— ou lorsque arrive le terme de l'interdiction fixé par la juridiction en application de l'article *(Décr. n° 2005-77 du 1er févr. 2005, art. 39)* **« L. 625-10** *[abrogé]* **du code de commerce ».** *— V. supra, art. préc.*

Ces radiations sont également effectuées d'office aux lieux des immatriculations secondaires sur notification par le greffier de l'immatriculation principale ; cette notification doit être faite dans le délai de quinze jours à compter de la date de la radiation à titre principal.

44-1-1 *(Décr. n° 2005-1677 du 28 déc. 2005, art. 353)* **Sont radiées d'office les mentions relatives aux décisions mentionnées à l'article 36-1-1 lorsque :**

1° Il a été mis fin à une procédure de sauvegarde en application de l'article L. 622-12 du code de commerce ;

2° Il a été mis fin à une procédure de redressement en application de l'article L. 631-16 du même code ;

3° Il a été constaté l'achèvement de l'exécution du plan de sauvegarde ou de redressement en application de l'article L. 626-28 du même code.

44-2 *(Décr. n° 98-550 du 2 juill. 1998)* **Lorsque le greffier a porté au registre une mention de cessation d'activité en application du premier alinéa de l'article 40 ci-dessus, il radie d'office la personne qui n'a pas régularisé sa situation, à l'expiration d'un délai de trois mois à compter de l'inscription de cette mention.**

SECTION III *Dispositions communes*

45 **Est rapportée par le greffier toute inscription d'office effectuée au vu de renseignements qui se révèlent erronés.**

46 *(Décr. n° 98-550 du 2 juill. 1998)* **Lorsqu'une personne a été radiée d'office en application des dispositions du présent décret, elle peut, dans un délai de six mois à compter de la radiation et dès lors qu'elle démontre qu'elle a régularisé sa situation, saisir le juge commis à la surveillance du registre aux fins de voir rapporter cette radiation.**

TITRE III Du dépôt en annexe au registre des actes et pièces se rapportant aux personnes morales de droit privé

CHAPITRE PREMIER *Personnes morales dont le siège social est situé sur le territoire français*

SECTION I *Dispositions générales*

47 *(Décr. n° 98-550 du 2 juill. 1998)* « Tout dépôt d'acte ou pièce en annexe au registre pour le compte d'une personne morale dont le siège social est situé sur le territoire français est fait au greffe du tribunal dans le ressort duquel est situé le siège social, en deux exemplaires certifiés conformes par le représentant légal ou par toute personne habilitée par les textes régissant la forme de société en cause à effectuer cette certification. »

Le dépôt est constaté par un procès-verbal établi par le greffier et donne lieu à la délivrance par le greffier d'un récépissé indiquant la raison sociale ou la dénomination, l'adresse du siège, pour les sociétés, leur forme, le nombre et la nature des actes et pièces déposés ainsi que la date du dépôt. Si le dépôt est effectué par une personne déjà immatriculée, le procès-verbal mentionne *(Décr. n° 98-550 du 2 juill. 1998)* « les renseignements visés aux 1 et 2 de l'article 72 ci-dessous. »

SECTION II *Dépôt des actes constitutifs*

48 Les actes constitutifs des personnes morales dont le siège social est situé sur le territoire français et qui sont désignées ci-après sont déposés au plus tard en même temps que la demande d'immatriculation. Ces actes sont :

1. Pour les sociétés ou groupements d'intérêt économique :

a) Deux expéditions des statuts ou du contrat de groupement, s'ils sont établis par acte authentique, ou deux originaux, s'ils sont établis par acte sous seing privé ; celui-ci indique le cas échéant le nom et la résidence du notaire au rang des minutes duquel il a été déposé ;

b) Deux copies des actes de nomination des organes de gestion, d'administration, de direction, de surveillance et de contrôle ;

2. En outre pour les sociétés :

a) *Abrogé par Décr. n° 95-374 du 10 avr. 1995, art. 16.*

b) Le cas échéant, deux exemplaires du rapport du commissaire aux apports sur l'évaluation des apports en nature ;

c) S'il s'agit d'une société par actions, deux exemplaires du certificat du dépositaire des fonds auquel est jointe la liste des souscripteurs mentionnant le nombre d'actions souscrites et les sommes versées par chacun d'eux ;

d) S'il s'agit d'une société faisant publiquement appel à l'épargne, deux copies du procès-verbal des délibérations de l'assemblée générale constitutive ;

3. Pour les personnes morales visées à l'article 1er, 5°, qui, en vertu des textes qui les régissent, sont tenues au dépôt de certains actes, une adaptation des règles fixées au présent article sera faite par arrêté du garde des sceaux, ministre de la justice, du ministre chargé de la propriété industrielle et du ministre chargé du contrôle de la personne morale. — *V. Arr. 20 juin 1989 relatif à l'immatriculation des groupements européens d'intérêt économique, art. 2 (D. et ALD 1989. 215).*

L'immatriculation de la société n'est pas subordonnée à la production du journal d'annonces légales dans lequel a dû être inséré l'avis prévu par l'art. 285 du décret n° 67-236 du 23 mars 1967. Le greffier doit, de toute façon, dans les huit jours qui suivent l'immatriculation, faire paraître au BODACC une insertion contenant les caractéristiques de la société (Rép. min. n° 27802 : *JOAN Q, 23 juill. 1990, p. 3544*).

48-1 *(Décr. n° 2005-77 du 1er févr. 2005, art. 27)* **Les actes constitutifs des personnes morales non immatriculées ou relevant de la législation d'un État non membre de la Communauté européenne visées au 11° du A de l'article 15 sont déposés au plus tard en même temps que la demande d'immatriculation ou, le cas échéant, de l'inscription modificative.**

Ces actes sont deux copies des statuts en vigueur au jour du dépôt, traduites le cas échéant en langue française et certifiées conformes par les déposants.

SECTION III *Dépôt des actes modificatifs*

49 Les actes, délibérations ou décisions modifiant les pièces déposées lors de la constitution, sont déposés en double exemplaire dans le délai d'un mois à compter de leur date après le cas échéant, publication de l'avis prévu à l'article 287 du décret n° 67-236 du 23 mars 1967 sur les sociétés commerciales ou à l'article 24 du décret n° 78-704 du 3 juillet 1978 relatif à l'application de la loi n° 78-9 du 4 janvier 1978 modifiant le titre IX du livre III du code civil.

Y sont joints :

1. *Abrogé par Décr. n° 95-374 du 10 avr. 1995, art. 16.*

2. Deux exemplaires mis à jour des statuts ou du contrat de groupement établis sur papier libre certifiés conformes par le représentant légal *(Décr. n° 98-550 du 2 juill. 1998)* **« ou par toute personne habilitée par les textes régissant la forme de la société en cause à effectuer cette certification ».**

(Décr. n° 2005-77 du 1er févr. 2005, art. 28) **« En outre, le rapport du commissaire à la transformation, ou selon le cas du commissaire aux comptes, relatif à la transformation d'une société en société par actions est déposé huit jours au moins avant la date de l'assemblée appelée à statuer sur la transformation ou, en cas de consultation écrite, huit jours avant la date limite prévue pour la réponse des associés. »**

50 L'obligation prévue au premier alinéa de l'article précédent inclut pour les sociétés à responsabilité limitée :

1. En cas d'augmentation ou de réduction du capital social, la copie du procès-verbal de la délibération des associés ;

2. En cas d'augmentation du capital par apports en nature, le rapport des commissaires aux apports ; toutefois ce rapport est déposé au moins huit jours avant la date de l'assemblée des associés appelée à décider l'augmentation.

51 Le dépôt prévu au premier alinéa de l'article 49 inclut pour les sociétés par actions et les sociétés civiles faisant publiquement appel à l'épargne :

1. La copie du procès-verbal de l'assemblée générale des actionnaires ou des associés ayant décidé ou autorisé soit une augmentation, soit une réduction du capital ;

2. La copie de la décision du conseil d'administration, du directoire ou des gérants, selon le cas, de réaliser une augmentation ou une réduction du capital autorisée par l'assemblée générale des actionnaires ou des associés ;

(Décr. n° 85-1280 du 5 déc. 1985) **« 3. En cas d'augmentation du capital par apports en nature, le rapport du commissaire aux apports ; ce rapport est déposé au moins huit jours avant la date de l'assemblée des actionnaires ou associés appelés à décider l'augmentation. »**

Fusions. Le comité de coordination du Registre du commerce et des sociétés est d'avis qu'il y a augmentation de capital en cas de fusion-absorption d'une société par une autre et que, par conséquent, en application des art. 50 et 51, le rapport du commissaire à la fusion doit être déposé au greffe (Avis CCRCS n° 98-02 *bis* : *Bull. RCS juin 1999. 7*). ♦ Toutefois, il n'y a pas d'augmentation de capital et la formalité du dépôt de rapport n'est pas requise : en cas de fusion par constitution d'une société nouvelle (même avis). ♦ … En cas de fusion-absorption d'une filiale à 100 % (Avis CCRCS n° 98-02 : *Bull. RCS juin 1999. 5*).

52 **Le dépôt prévu au premier alinéa de l'article 49 inclut également pour les seules sociétés par actions :**

1. La copie du procès-verbal de l'assemblée générale des actionnaires ayant autorisé l'émission d'obligations avec bon de souscription d'actions, d'obligations convertibles en actions, d'obligations échangeables contre des actions, ou de certificats d'investissement ;

2. La copie du procès-verbal de l'assemblée générale des actionnaires instituant un droit de vote double ;

3. La copie du procès-verbal de l'assemblée générale des actionnaires décidant le rachat des parts de fondateurs ou bénéficiaires ou leur conversion en actions et de l'assemblée générale des porteurs desdites parts ayant, le cas échéant, consenti à ce rachat ou à cette conversion.

52-1 *(Décr. n° 2002-803 du 3 mai 2002)* **Pour les sociétés anonymes à conseil d'administration, l'extrait du procès-verbal contenant la décision du conseil d'administartion relative au choix de l'une des deux modalités d'exercice de la direction générale prévues à l'article L. 225-51-1 du code de commerce fait l'objet d'un dépôt conformément aux dispositions de l'article 49.**

53 **En cas de transfert du siège hors du ressort du tribunal au greffe duquel la personne morale a été immatriculée, sont déposés dans les conditions et délais prévus au premier alinéa de l'article 49 :**

1. *Abrogé par Décr. n° 95-374 du 10 avr. 1995, art. 16.*

2. *(Décr. n° 95-374 du 10 avr. 1995)* **« Au greffe du tribunal du nouveau siège, deux exemplaires des statuts ou du contrat de groupement mis à jour conformément aux dispositions de l'article 49. »**

Mention est faite, dans une pièce annexée aux statuts ou au contrat, des sièges antérieurs et des greffes où sont classés, en annexe au registre, les actes visés aux articles *(Décr. n° 2005-77 du 1er févr. 2005, art. 29)* **« 47 à 49 » avec l'indication de la date du dernier transfert du siège.**

(Décr. n° 95-374 du 10 avr. 1995) **« Notification du dépôt est faite dans les quinze jours par le greffier du nouveau siège au greffier de l'ancien siège, qui porte une mention correspondante au dossier. »**

SECTION IV *Dépôt des documents comptables*

54 **Les sociétés commerciales sont tenues de déposer en double exemplaire, dans le délai d'un mois à compter de leur approbation par l'assemblée ordinaire, les documents comptables prévus aux articles** *(Décr. n° 2005-77 du 1er févr. 2005, art. 39)* **« L. 232-21, L. 232-22 et L. 232-23 du code de commerce ».** — *V. ces art., supra.*

Les documents comptables, que les autres personnes morales sont tenues de publier en annexe au registre, sont déposés en double exemplaire.

(Décr. n° 95-374 du 10 avr. 1995) **« Toutefois, le dépôt des documents comptables peut être effectué par voie électronique dans les conditions mentionnées à l'article 4 de la loi du 11 février 1994 relative à l'initiative et à l'entreprise individuelle. »**

(Décr. n° 98-550 du 2 juill. 1998) **« Par dérogation aux articles** *(Décr. n° 2005-77 du 1er févr. 2005, art. 39)* **« L. 232-21, L. 232-22 et L. 232-23 du code de commerce », lorsqu'il est fait usage de la faculté visée à l'alinéa précédent, la transmission est faite à un centre de dépôt électronique organisé en commun entre les greffes et l'Institut national de la propriété industrielle dans les conditions fixées par l'arrêté mentionné à l'article 88 ci-dessous. »**

Sociétés étrangères. L'obligation prévue à l'art. 54 est applicable à une entreprise dont le siège social est situé à l'étranger dès lors qu'elle ouvre un établissement sur le territoire national ou qu'elle fait appel à l'épargne publique en France. Rép. min. n° 31127, *JOAN Q, 13 déc. 1999, p. 7134.* ♦ V. aussi cette Rép. min. sur la mise en place, depuis le 1er janv. 1999, d'un registre européen du commerce.

CHAPITRE II *Dépôt des actes des sociétés dont le siège social est situé à l'étranger*

SECTION I *Sociétés ouvrant un premier établissement en France*

55 *(Décr. n° 92-521 du 16 juin 1992)* **Toute société commerciale dont le siège est situé à l'étranger et qui ouvre en France un premier établissement est tenue de déposer, au plus tard en même temps que la demande d'immatriculation, au greffe du tribunal de commerce dans le ressort duquel est situé cet établissement, deux copies de ses statuts en vigueur au jour du dépôt ; elle dépose en outre, chaque année, deux exemplaires des documents comptables qu'elle a établis, fait contrôler et publier dans l'État où elle a son siège.** – *Les dispositions, ajoutées par le décret du 16 juin 1992, relatives au dépôt des documents comptables ne s'applique qu'aux comptes de l'exercice commençant le 1er janv. 1993 ou au cours de l'année 1993 (art. 6 du décret), mod. par Décr. n° 94-663 du 2 août 1994, art. 8.*

(Décr. n° 95-374 du 10 avr. 1995) **« Le dépôt des documents comptables est effectué dans le délai prévu par la législation dont relève le siège de la société. »**

Tous actes ultérieurs modifiant les statuts doivent être déposés dans les conditions prévues à l'alinéa précédent.

Les pièces déposées sont traduites, le cas échéant, en langue française et les copies sont certifiées conformes par les déposants.

Sur les conséquences de l'immatriculation d'une société étrangère au greffe du tribunal de commerce dans le ressort duquel est situé son établissement en France, V. • Soc. 2 juill. 2002 : *JCP 2002. IV. 2495.*

55-1 *(Décr. n° 2005-77 du 1er févr. 2005, art. 30)* **Les actes constitutifs des personnes morales non immatriculées ou relevant de la législation d'un État non membre de la Communauté européenne visées au 11° du A de l'article 15 sont déposés au plus tard en même temps que la demande d'immatriculation ou, le cas échéant, de l'inscription modificative.**

Ces actes sont deux copies des statuts en vigueur au jour du dépôt, traduites le cas échéant en langue française et certifiées conformes par les déposants.

56 **En cas de transfert du premier établissement dans le ressort d'un autre tribunal, les statuts mis à jour doivent être déposés dans les mêmes conditions** *(Décr. n° 2005-77 du 1er févr. 2005, art. 31)* **« qu'aux articles 55 et 55-1 ».**

SECTION II *Sociétés faisant appel public à l'épargne en France*

57 **Avant toute émission en territoire français par appel public à l'épargne, d'actions, obligations ou autres titres négociables par une société étrangère n'ayant en territoire français ni succursale ni agence ou avant toute inscription à la cote officielle des bourses de valeurs de titres émis par une telle société, la société émettrice est tenue de déposer au greffe du tribunal de commerce de Paris deux copies de ses statuts en vigueur au moment du dépôt.**

Ces copies peuvent être déposées par le représentant de la société ou l'introducteur des titres en France. Les statuts doivent être traduits en langue française, s'il y a lieu.

Ces copies sont certifiées conformes par le déposant.

Aux actes déposés en application de l'alinéa 1 ci-dessus, doit être jointe en double exemplaire une fiche de renseignements indiquant :

1° La raison sociale ou la dénomination sociale suivie : le cas échéant, de son sigle ;

2° La forme de la société et la législation qui lui est applicable ;

3° Le montant du capital social ainsi que, le cas échéant, la valeur nominale des actions de chacune des catégories émises ;

4° L'adresse du siège social ;

5° L'objet social exercé à titre principal ;

6° Le cas échéant, si la loi étrangère à laquelle la société est soumise le prévoit, le lieu et le numéro d'immatriculation de cette société sur un registre public ;

7° La raison sociale ou dénomination et le siège des *banques ou établissements financiers* ou les nom, prénom usuel et domicile des agents de change *[prestataires de services d'investissement]* **qui prêtent leur concours à l'opération.**

Ces sociétés sont tenues au respect des obligations prévues à l'alinéa 1er de l'article 47. Leur sont également applicables les dispositions des articles 5, 47 alinéa 2, 67, 69 et 70.

CHAPITRE III *Dépôt d'actes spécifiques à la société européenne*

(Décr. n° 2006-448 du 14 avr. 2006, art. 2)

57-1 *(Décr. n° 2006-448 du 14 avr. 2006, art. 2)* **Outre les obligations prévues par le présent titre, les sociétés européennes doivent déposer, au plus tard dans les quinze jours de leur demande d'immatriculation, les actes et pièces suivants :**

1° En cas de constitution par fusion, deux exemplaires du certificat délivré par le notaire chargé du contrôle de légalité en application du deuxième alinéa de l'article L. 229-3 du code de commerce ;

2° En cas de société européenne holding, la copie du projet de constitution et du rapport des commissaires à la constitution mentionnés aux deuxième et troisième alinéas de l'article L. 229-5 du code de commerce.

57-2 *(Décr. n° 2006-448 du 14 avr. 2006, art. 2)* **En cas de transfert en France du siège d'une société européenne immatriculée dans un autre État membre de la Communauté européenne, les dispositions de l'article 53 s'appliquent à l'exception du cinquième alinéa.**

En outre, est déposé au greffe du nouveau siège social, dans les conditions et délais prévus au premier alinéa de l'article 49, le certificat délivré par le notaire chargé du contrôle de légalité en application du septième alinéa de l'article L. 229-2 du code de commerce.

Le greffier du nouveau siège social notifie le dépôt dans les quinze jours à l'autorité chargée du registre public des sociétés dans l'État où la société était immatriculée.

57-3 *(Décr. n° 2006-448 du 14 avr. 2006, art. 2)* **En cas de transfert dans un autre État membre de la Communauté européenne du siège d'une société européenne immatriculée en France, l'article 53 n'est pas applicable.**

TITRE IV Du contentieux et des effets attachés aux inscriptions et dépôts d'acte

CHAPITRE PREMIER *Contentieux*

58 *Al. 1er et 2 abrogés et codifiés par Ord. n° 2000-912 du 18 sept. 2000, à l'art. L. 123-3 C. com.*

Al. 3 abrogé par Décr. n° 2005-77 du 1er févr. 2005, art. 32. – V. édition 2005 du **C. com.**

V. supra, note ss. art. L. 123-3 C. com.

59 *(Décr. n° 95-374 du 10 avr. 1995)* **« Sous réserve des dispositions des articles 62-1 à 62-6 » toute contestation entre l'assujetti et le greffier est portée devant le juge commis à la surveillance du registre qui statue par ordonnance.**

1. Ordre public. Le juge commis à la surveillance du registre peut refuser une immatriculation au motif que le nom commercial adopté créerait une confusion avec un organisme officiel, en violation de l'ordre public. • Toulouse, 12 févr. 1987 : *JCP 1988. IV. 148 ; Gaz. Pal. 1988. 1. Somm. 94.* ♦ En revanche, il n'appartient pas au juge de juger de l'opportunité de l'immatriculation d'une société à partir du moment où ce juge ne relève pas le caractère incomplet du dossier d'immatriculation, ou une violation des règles impératives du droit des sociétés ou une violation d'une règle d'ordre public. • Douai, 8 févr. 1996 : *Gaz. Pal. 1996. 2. Somm. 509 ; RJDA 1996, n° 1476.*

2. Radiation. L'ordonnance de radiation d'un commerçant immatriculé au registre du commerce étant fondée sur un jugement du tribunal de commerce, par application des dispositions de l'art. 108 de la loi du 13 juill. 1967 (interdiction de diriger, gérer, administrer ou contrôler toute entreprise commerciale), le juge commis à la surveillance du registre du commerce n'est investi d'aucun pouvoir d'appréciation, sa compétence se bornant à contrôler la régularité des immatriculations. • Paris, 18 juin 1992 : *Gaz. Pal. 1993. 1. 157, note Marchi.*

Dès lors qu'un tribunal de commerce a été saisi du différend portant sur la qualification d'un contrat de location-gérance, une cour d'appel rappelle à bon droit, pour infirmer la décision du juge commis à la surveillance du registre du commerce et des sociétés par laquelle il a retenu que le contrat de location-gérance présentait toutes les apparences de validité certaine, que ce magistrat, qui n'est investi d'aucun pouvoir d'appréciation au fond quant à la validité des actes qui lui sont remis, a excédé ses pouvoirs en enjoignant au locataire-gérant de demander sa radiation du registre. • Com. 29 avr. 1997 : *Bull. civ. IV, n° 115 ; D. 1997. IR. 135 ; D. Affaires 1997. 753 ; RTD com. 1998. 132, obs. Derruppé ; RJ com. 1998. 273, note Vallasan.*

En matière de procédure de radiation d'office, dès lors qu'aucune irrégularité de saisine du premier juge n'est susceptible d'être encourue et que l'appelant a conclu au fond en invoquant la sévérité de la sanction prononcée, l'effet dévolutif de l'appel doit recevoir application. • Caen, 12 sept. 2002 : *BICC 2002, n° 1178.*

3. Nullité d'actes sociaux. Le juge n'a pas qualité pour prononcer la nullité des délibérations et des procès-verbaux d'assemblées générales des actionnaires et du conseil d'administration ; la régularisation des publications peut être effectuée à tout moment. • TI Strasbourg, 25 oct. 1985 : *Rev. sociétés 1986. 223, note J.-P. Storck.*

60 **Les ordonnances rendues par le juge commis à la surveillance du registre sont notifiées par lettre recommandée avec demande d'avis de réception à l'assujetti.**

La notification indique la forme et le délai du recours ainsi que les modalités suivant lesquelles il doit être exercé. *(Décr. n° 98-550 du 2 juill. 1998)* **« Mention y est faite des pénalités prévues à l'article »** *(Décr. n° 2005-77 du 1er févr. 2005, art. 39)* **« L. 123-4 du code de commerce ».**

Le greffier informe en outre par lettre simple l'assujetti, à son adresse de correspondance, de la décision rendue et du délai de recours.

61 **L'appel des ordonnances est formé, instruit et jugé comme en matière gracieuse selon les dispositions des articles 950 à 953 du Nouveau code de procédure civile. Toutefois, la partie est dispensée du ministère de l'avocat ou de l'avoué.**

Le secrétaire greffier de la cour d'appel adresse une copie de l'arrêt au greffier chargé de la tenue du registre.

L'appel d'une ordonnance rendue en matière de contentieux relatif aux inscriptions au registre du commerce et des sociétés, par le juge chargé de surveiller ce registre, étant soumis aux règles de la procédure gracieuse, la présence du ministère public à l'audience est obligatoire s'il y a des débats. • Civ. 2e, 16 juill. 1992 : *Bull. civ. II, n° 211.*

62 **Il est déféré à l'ordonnance du juge commis à la surveillance du registre ou à l'arrêt de la cour d'appel dans le délai de quinze jours à compter de la date à laquelle la décision est devenue définitive.**

Lorsque l'assujetti ne défère pas à une décision lui enjoignant de procéder à une formalité, le greffier en avise le procureur de la République et lui adresse une expédition de la décision.

La juridiction ayant rendu une décision de radiation peut enjoindre au greffier d'y procéder d'office à l'expiration du délai d'un mois à compter de l'envoi de la lettre recommandée notifiant l'ordonnance ou l'arrêt.

62-1 *(Décr. n° 95-374 du 10 avr. 1995)* **La décision de refus d'immatriculation ou d'enregistrement de modifications statutaires prise par le greffier en application du** *(Décr. n° 98-550 du 2 juill. 1998)* **« troisième alinéa » de l'article 30 du présent décret peut être contestée dans le délai de quinze jours à compter de la notification.**

(Décr. n° 98-550 du 2 juill. 1998) **« La demande est adressée par lettre recommandée avec demande d'avis de réception au président de la juridiction à laquelle est attaché le greffier qui a refusé l'immatriculation ou l'enregistrement des modifications statutaires. Elle est formée, selon le cas, par les fondateurs et les premiers membres des organes de gestion, d'administration, de direction et de surveillance ou l'un d'entre eux, ou par la société ou son représentant. »**

Elle est motivée et accompagnée de toutes pièces utiles.

62-2 *(Décr. n° 95-374 du 10 avr. 1995)* **Le président de la juridiction ou le magistrat délégué à cet effet statue en urgence par ordonnance, au vu de la décision et de tous autres documents utiles.**

Toutefois, il a la faculté de renvoyer la demande à une audience du tribunal dont il fixe la date.

Lorsqu'il est fait usage de la faculté mentionnée à l'alinéa précédent, le tribunal statue en urgence après avoir recueilli les observations du demandeur à la contestation ou les lui avoir demandées.

62-3 *(Décr. n° 95-374 du 10 avr. 1995)* **La décision juridictionnelle est revêtue sur minute de la formule exécutoire.**

Elle est notifiée au requérant par lettre recommandée avec demande d'avis de réception.

62-4 *(Décr. n° 95-374 du 10 avr. 1995)* **La notification d'une décision juridictionnelle de refus d'immatriculation ou d'enregistrement de modifications statutaires indique la forme et le délai du recours ainsi que les modalités suivant lesquelles il doit être exercé.**

La décision autorisant l'immatriculation ou l'enregistrement est immédiatement portée à la connaissance du greffe compétent pour y procéder.

62-5 *(Décr. n° 95-374 du 10 avr. 1995)* **La décision de refus d'immatriculation ou d'enregistrement rendue en première instance est susceptible d'appel par la société, dans les quinze jours de sa notification.**

L'appel est formé, instruit et jugé comme en matière gracieuse selon les dispositions des articles 950 à 953 du Nouveau code de procédure civile. Toutefois, la société appelante est dispensée du ministère de l'avocat ou de l'avoué.

62-6 *(Décr. n° 95-374 du 10 avr. 1995)* **Le secrétaire-greffier de la cour d'appel adresse une copie de l'arrêt au greffier chargé de la tenue du registre.**

63 (Abrogé par Décr. n° 98-550 du 2 juill. 1998) ***Toute personne intéressée ou le ministère public, qui a connaissance d'un événement entraînant la dissolution d'une personne morale inscrite au registre peut mettre en demeure, par voie de signification la personne morale ou, à défaut, le dernier dirigeant connu de celle-ci, de procéder à la dissolution. Si la régularisation n'intervient pas dans le délai de six mois, la personne intéressée ou le ministère public peut demander au tribunal de commerce lorsque la personne morale est commerçante, ou au tribunal de grande instance dans les autres cas, de constater la dissolution et, s'il y a lieu, d'ordonner la liquidation et la radiation du registre.***

CHAPITRE II *Effets attachés aux inscriptions et dépôts d'actes*

64 *Abrogé et codifié par Ord. n° 2000-912 du 18 sept. 2000, à l'art. L. 123-7 C. com.*

65 *Abrogé et codifié par Ord. n° 2000-912 du 18 sept. 2000, à l'art. L. 123-8 C. com.*

66 *Abrogé et codifié par Ord. n° 2000-912 du 18 sept. 2000, à l'art. L. 123-9 C. com.*

TITRE V De la publicité du registre

CHAPITRE PREMIER *Communication des inscriptions et des actes*

67 Les greffiers et l'institut national de la propriété industrielle sont astreints et seuls habilités à délivrer à toute personne qui en fait la demande des certificats, copies ou extraits des inscriptions portées au registre et actes déposés en annexe *(Décr. n° 87-970 du 3 déc. 1987)* « sauf en ce qui concerne les inscriptions radiées et les documents comptables qui sont communiqués » dans des conditions fixées par l'arrêté prévu à l'article 88.

68 Les demandes présentées aux greffiers ou à l'institut national de la propriété industrielle peuvent porter :

a) Sur des dossiers individuels ou un ensemble de dossiers ; elles doivent dans le second cas correspondre aux critères de recherche définis par l'arrêté prévu à l'article 88 ; – *V. infra, Arr. 9 févr. 1988, art. 31.*

b) Sur des inscriptions et des actes déposés, ou sur l'état futur des dossiers ; elles donnent lieu dans le second cas à délivrance de renseignements selon une périodicité définie par l'arrêté précité.

69 Les greffiers satisfont aux demandes visées à l'article 67 par délivrance soit de la copie intégrale des inscriptions portées au registre concernant une même personne ou d'un ou plusieurs actes déposés, soit d'un extrait indiquant l'état de l'immatriculation à la date à laquelle cet extrait est délivré, soit d'un certificat attestant qu'une personne n'est pas immatriculée. La copie, l'extrait ou le certificat est établi aux frais du demandeur.

70 L'institut national de la propriété industrielle satisfait moyennant le paiement de redevances aux demandes visées à l'article 67 par certificat, copie ou communication des renseignements figurant au registre national.

(Décr. n° 98-550 du 2 juill. 1998) « Des copies telles que figurant au registre peuvent être diffusées à titre de renseignement par voie électronique.

« L'Institut national de la propriété industrielle peut délivrer des certificats attestant qu'au jour de la demande une personne ne figure pas dans les immatriculations portées au registre national. »

71 *(Décr. n° 85-1388 du 27 déc. 1985)* Ne peuvent être communiqués :

(Décr. n° 2005-1677 du 28 déc. 2005, art. 353) « 1° Pour les procédures ouvertes à compter du 1er janvier 2006 :

« *a)* Les jugements rendus en matière de sauvegarde en cas de clôture de la procédure en application de l'article L. 622-12 du code de commerce judiciaire et en cas d'exécution du plan constaté en application de l'article L. 626-28 du même code ;

« *b)* Les jugements rendus en matière de redressement judiciaire en cas de clôture de la procédure en application de l'article L. 631-16 du code de commerce et en cas d'exécution du plan constaté en application des articles L. 631-21 et L. 626-28 du même code ;

« *c)* Les jugements rendus en matière de liquidation judiciaire en cas de clôture pour extinction du passif ;

« *d)* Les jugements ayant décidé que les dettes de la personne morale seront supportées en tout ou partie par les dirigeants de celle-ci ou certains d'entre eux en application des articles L. 651-2 ou L. 652-1 du même code, en cas de paiement par ceux-ci du passif mis à leur charge ;

« *e)* Les jugements prononçant la faillite personnelle ou l'interdiction prévue à l'article L. 653-8 du même code en cas de clôture pour extinction du passif, relèvement total des déchéances ou amnistie. »

(Décr. nº 2005-1677 du 28 déc. 2005, art. 353) « 2° Pour les procédures ouvertes entre le 2 janvier 1986 et le 31 décembre 2005 : »

a) Les jugements rendus en matière de redressement et de liquidation judiciaires en cas de clôture pour extinction du passif ;

b) Les jugements rendus en matière de redressement judiciaire en cas d'exécution du plan de continuation et d'apurement collectif du passif et en cas de clôture de la procédure en application de l'article *(Décr. nº 2005-77 du 1er févr. 2005, art. 39)* « L. 621-95 *[abrogé]* du code de commerce » ;

c) Les jugements ayant décidé que les dettes de la personne morale seront supportées en tout ou en partie par les dirigeants de celle-ci ou certains d'entre eux, en cas de paiement par ceux-ci du passif mis à leur charge ;

d) Les jugements prononçant la faillite personnelle ou l'interdiction prévue à l'article L. 653-8 du code de commerce en cas de clôture pour extinction du passif, relèvement total des déchéances ou amnistie. *[;]*

(Décr. nº 2005-1677 du 28 déc. 2005, art. 353) « 3° » Pour les procédures ouvertes entre le 1er janvier 1968 et le 1er janvier 1986 :

a) Les jugements rendus en matière de règlement judiciaire, liquidation des biens, ceux ayant prononcé la faillite personnelle ou d'autres sanctions prévues au chapitre premier du titre III de la loi nº 67-563 du 13 juillet 1967 en cas de clôture par extinction du passif, exécution du concordat, réhabilitation ou amnistie ;

b) Les jugements ayant mis tout ou partie du passif social à la charge des dirigeants sociaux, en cas de paiement par ceux-ci du passif mis à leur charge ;

c) Les jugements rendus en matière de suspension provisoire des poursuites en cas d'exécution du plan de redressement et d'apurement collectif du passif ;

(Décr. nº 2005-1677 du 28 déc. 2005, art. 353) « 4° » Pour les procédures antérieures au 1er janvier 1968 : les jugements rendus en matière de faillite, liquidation judiciaire, règlement judiciaire lorsqu'il y a eu clôture pour défaut d'intérêt de la masse, exécution du concordat, réhabilitation ou amnistie ;

(Décr. nº 2005-1677 du 28 déc. 2005, art. 353) « 5° » Les jugements autres que ceux prévus aux 1°, 2° et 3° ci-dessus et entraînant l'incapacité ou l'interdiction soit d'exercer une activité commerciale ou professionnelle, soit de gérer, d'administrer ou de diriger une personne morale lorsque l'intéressé a été relevé de cette incapacité ou a bénéficié d'une réhabilitation ou d'une amnistie ;

(Décr. nº 2005-1677 du 28 déc. 2005, art. 353) « 6° » Les jugements d'interdiction ou de nomination de conseil judiciaire lorsque ces mesures ont été rapportées ;

(Décr. nº 2005-1677 du 28 déc. 2005, art. 353) « 7° » *(Abrogé par Décr. nº 2005-530 du 24 mai 2005, art. 6)* « ***Les demandes en séparation de biens ou de liquidation anticipée des acquêts ainsi que*** » *[L]*es demandes formées sur le fondement de l'article 1426 ou de l'article 1429 du code civil lorsqu'elles ont été rejetées ainsi que les jugements de rejet de ces demandes. — *V. infra, Arr. 9 févr. 1988, art. 18.*

CHAPITRE II *Signalisation des inscriptions*

SECTION I *Mention sur les papiers d'affaires*

72 *(Décr. nº 97-497 du 16 mai 1997)* « Toute personne immatriculée indique sur ses factures, notes de commande, tarifs et documents publicitaires ainsi que sur toutes correspondances et tous récépissés concernant son activité et signés par elle ou en son nom :

« 1. Le numéro d'identification délivré conformément au décret n° 97-497 du 16 mai 1997 relatif au numéro unique d'identification des entreprises ;

« 2. La mention RCS suivie du nom de la ville où se trouve le greffe où elle est immatriculée ;

« 3. Si elle est une société commerciale dont le siège est à l'étranger, sa dénomination, sa forme juridique, le lieu de son siège social, s'il y a lieu son numéro d'immatriculation dans l'État où elle a son siège et, le cas échéant, qu'elle est en état de liquidation ;

« 4. Le cas échéant, la qualité de locataire-gérant. *[;]* **»**

(Décr. n° 2005-77 du 1er févr. 2005, art. 33) **« 5. Si elle est bénéficiaire d'un contrat d'appui au projet d'entreprise pour la création ou la reprise d'une activité économique au sens du chapitre VII du titre II du livre Ier du code de commerce, la dénomination sociale de la personne morale responsable de l'appui, le lieu de son siège social, ainsi que son numéro unique d'identification. »**

(Décr. n° 92-521 du 16 juin 1992) **« Toute contravention aux dispositions des deux alinéas précédents** *[des alinéas précédents]* **est punie de l'amende prévue pour les contraventions de la 4e classe. »** – *Le décret du 16 juin 1992 entre en vigueur le 1er janv. 1993 (art. 6 du décret).*

1. Énumération limitative. La liste des documents sur lesquels doit figurer le numéro du registre est limitative ; cette indication n'est donc pas exigée sur des enveloppes imprimées à en-tête ou sur des emballages. V. : Rép. min. n° 38214 : *JOAN Q, 26 janv. 1981, p. 374.*

2. Courrier électronique. S'agissant des courriers électroniques émis par une société commerciale, V. Vendeuil, *JCP E 2003, n° 49, p. 1958.*

SECTION II *Publication d'annonces*

73 **Toute immatriculation donne lieu à l'insertion d'un avis au *Bulletin officiel des annonces civiles et commerciales.***

L'avis contient :

A. – Pour les personnes physiques :

1° Les références de l'immatriculation ;

2° Les nom, *(Décr. n° 95-374 du 10 avr. 1995)* **« nom d'usage, » prénoms et pseudonyme de l'assujetti** *(Abrogé par Décr. n° 2005-530 du 24 mai 2005, art. 7)* ***« ainsi que le nom du conjoint s'il est commun en biens »*** **;**

3° La ou les activités effectivement exercées, le lieu d'exercice, la date du commencement d'exploitation ;

4° Le nom commercial.

B. – Pour les sociétés et les groupements d'intérêt économique :

1° Les références de l'immatriculation ;

2° La raison sociale ou la dénomination suivie, le cas échéant, du sigle et du nom commercial ;

3° Le montant du capital et, pour les sociétés à capital variable, le montant au-dessous duquel le capital ne peut être réduit ;

4° L'adresse du siège ;

5° La ou les activités exercées et, le cas échéant, la date du commencement d'activité ;

6° S'il s'agit d'une société, la forme et le cas échéant l'indication du statut particulier auquel elle est soumise, les nom *(Décr. n° 95-374 du 10 avr. 1995)* **« , nom d'usage, » et prénoms des associés** *(Décr. n° 2005-77 du 1er févr. 2005, art. 34)* **« tenus indéfiniment ou » tenus indéfiniment et solidairement des dettes sociales, les nom** *(Décr. n° 95-374 du 10 avr. 1995)* **« , nom d'usage, » et prénoms des associés ou des tiers ayant dans la société la qualité de gérant, administrateur, président du conseil d'administration, directeur général, membre du directoire, membre du conseil de surveillance ou commissaire aux comptes ; les nom** *(Décr. n° 95-374 du 10 avr. 1995)* **« , nom d'usage, » et prénoms des autres personnes** *(Décr. n° 98-550 du 2 juill. 1998)* **« ayant le pouvoir d'engager à titre habituel » la société envers les tiers ;**

7° *(Décr. nº 90-72 du 17 janv. 1990)* « S'il s'agit d'un groupement d'intérêt économique, les nom *(Décr. nº 95-374 du 10 avr. 1995)* « , nom d'usage, » et prénoms des administrateurs, des personnes chargées du contrôle de la gestion et de celles chargées du contrôle des comptes, ainsi que, le cas échéant, des membres exonérés des dettes nées antérieurement à leur entrée dans le groupement. »

C. – Pour les autres personnes morales :

Un arrêté du garde des sceaux, ministre de la justice, du ministre chargé de la propriété industrielle et du ministre chargé du contrôle de la personne morale adapte les indications prévues au B ci-dessus. – *V. Arr. 20 juin 1989 relatif à l'immatriculation des groupements européens d'intérêt économique, art. 3 (D. et ALD 1989. 215).*

74 Si l'une des mentions prévues à l'article précédent est modifiée, un avis modificatif est inséré au bulletin.

L'avis contient :

A. – Pour les personnes physiques :

1° Les références de l'immatriculation ;

2° Les nom, *(Décr. nº 95-374 du 10 avr. 1995)* « nom d'usage, » prénoms et pseudonyme de l'assujetti *(Abrogé par Décr. nº 2005-530 du 24 mai 2005, art. 8) « ainsi que le nom de son conjoint s'il est commun en biens »* ;

3° L'indication des modifications intervenues.

B. – Pour les personnes morales :

1° Les références de l'immatriculation ;

2° La raison sociale ou la dénomination suivie, le cas échéant, de son sigle ;

3° S'il s'agit d'une société, la forme et, le cas échéant, l'indication du statut légal particulier auquel elle est soumise ;

4° L'indication des modifications intervenues. *(Décr. nº 88-418 du 22 avr. 1988)* « En cas de fusion ou de scission de société, l'indication de l'opération qui est à l'origine de ces modifications ainsi que celle de la raison sociale, dénomination, forme juridique et siège des personnes morales ayant participé à cette opération ».

Le présent article est applicable à la dissolution et la nullité d'une personne morale.

75 Toute radiation donne lieu à l'insertion d'un avis au bulletin.

L'avis contient :

A. – Pour les personnes physiques :

1° Les références de l'immatriculation ;

2° Les nom, *(Décr. nº 95-374 du 10 avr. 1995)* « nom d'usage, » prénoms et pseudonyme de l'assujetti *(Abrogé par Décr. nº 2005-530 du 24 mai 2005, art. 9) « ainsi que le nom de son conjoint s'il est commun en biens »* ;

3° Le lieu de son exploitation ;

4° Le nom commercial ;

5° La date de la cessation de l'activité.

B. – Pour les personnes morales :

1° Les références de l'immatriculation ;

2° La raison sociale ou la dénomination suivie le cas échéant du sigle ;

3° S'il s'agit d'une société la forme et, le cas échéant, l'indication du statut légal particulier ;

4° L'adresse du siège.

76 *(Décr. nº 85-1388 du 27 déc. 1985)* Les avis prévus aux articles précédents sont établis et adressés par le greffier au bulletin dans les huit jours de l'inscription correspondante ou, s'il s'agit d'une immatriculation principale dès la notification du numéro d'identification par l'Institut national de la statistique et des études économiques.

(Décr. nº 2005-77 du 1er févr. 2005, art. 35) « Ces avis sont établis selon un modèle défini par arrêté du garde des sceaux, ministre de la justice. »

77 Le dépôt des documents comptables prévus au premier alinéa de l'article 54 donne lieu à l'insertion d'un avis au bulletin conformément aux dispositions des articles

(Décr. n° 98-550 du 2 juill. 1998) « 13-2, » 44-2 et 293-1 du décret du 23 mars 1967 modifié précité.

TITRE VI Dispositions finales

CHAPITRE PREMIER *Dispositions financières*

78 Les taxes, émoluments et dépens afférents aux formalités effectuées en application du présent décret sont à la charge des requérants.

Les greffiers perçoivent, en sus de leurs émoluments, pour le compte de l'Institut national de la propriété industrielle, les taxes instituées en faveur de cet établissement *[V. Arr. 24 déc. 2001, JO 30 déc.]*. Ils envoient à l'institut les fonds perçus par eux à ce titre dans les délais fixés par l'arrêté prévu à l'article 88.

79 Lorsque les décisions et les notifications prévues dans les procédures définies aux articles 58 à 63 donnent lieu à des frais, ceux-ci sont avancés par le greffier.

Le montant en est remboursé par l'assujetti lors des opérations de régularisation de sa situation.

Si l'assujetti est insolvable, s'il est impossible de le joindre ou s'il n'a pas été déféré à l'injonction du juge commis à la surveillance du registre, le montant des frais avancés par le greffier est remboursé à ce dernier par le Trésor public sur ordonnance du juge commis à la surveillance du registre rendue à la requête du greffier.

80 Les frais remboursés au greffier par le Trésor public en vertu du troisième alinéa de l'article 79 et ceux afférents aux procédures diligentées d'office par le procureur de la République ou le juge commis à la surveillance du registre sont assimilés à ceux qui résultent des poursuites d'office en matière civile au sens de l'article R. 93 (6°) du code de procédure pénale.

81 *(Décr. n° 2005-77 du 1er févr. 2005, art. 36)* Il est alloué aux membres du comité de coordination prévu à l'article 6 une indemnité forfaitaire pour les affaires dont ils ont à connaître. L'indemnité couvre le remboursement des frais divers de documentation, de secrétariat et de correspondance. Son taux et ses conditions d'attribution sont fixés par arrêté conjoint du garde des sceaux, ministre de la justice, du ministre chargé des finances et du ministre chargé de la propriété industrielle. Les dépenses occasionnées par les déplacements que les membres du comité peuvent être appelés à effectuer pour l'accomplissement de leur mission leur sont remboursées dans les conditions applicables aux fonctionnaires du groupe I.

Les frais de déplacement des sachants appelés par le comité de coordination sont remboursés dans les conditions applicables aux fonctionnaires du groupe I.

L'indemnité et les frais de déplacement des membres et des sachants sont imputés sur le budget de l'Institut national de la propriété industrielle.

CHAPITRE II *Dispositions diverses*

82 Le décret n° 62-1314 du 7 novembre 1962, le décret n° 67-237 du 23 mars 1967 et les articles 1er à 40 du décret n° 78-705 du 3 juillet 1978 sont abrogés.

83 Dans tous les textes réglementaires, les références générales au décret n° 67-237 du 23 mars 1967 sont remplacées par une référence au décret n° 84-406 du 30 mai 1984 relatif au registre du commerce et des sociétés.

83-1 *(Décr. n° 2002-1085 du 7 août 2002)* Les sociétés constituées avant le 1er juillet 1978 et tenues de s'immatriculer en application de l'article 44 de la loi n° 2001-420

du 15 mai 2001 sur les nouvelles régulations économiques déposent en annexe au registre deux exemplaires des statuts mis à jour de la société, établis sur papier libre. Ce dépôt doit être effectué au plus tard en même temps que la demande d'immatriculation.

Les sociétés procédant à la demande d'immatriculation dans les conditions mentionnées à l'alinéa ci-dessus sont dispensées des formalités de publication dans un journal d'annonces légales.

BIBL. ▶ Baranger, *Defrénois 2002. 1226* (immatriculation des sociétés civiles anciennes).

83-2 *(Décr. n° 2005-77 du 1er févr. 2005, art. 37)* **Lorsqu'il est fait usage de la faculté de transmission électronique visée à l'article 1er du présent décret, la transmission peut être faite à un centre de dépôt électronique organisé en commun entre les greffes et l'Institut national de la propriété industrielle dans les conditions fixées par l'arrêté mentionné à l'article 88.** – *V., infra, Arr. 9 févr. 1988.*

84 *V. infra, Décr. n° 67-238 du 23 mars 1967, art. 2 à 4, 7 et 8.*

....

86 *Ajoute au code de l'organisation judiciaire un art. R. 821-5. – V.* ***C. pr. civ.***

87 Les articles 47 à 57 et 66, alinéas 2 et 3, du présent décret sont applicables aux territoires d'outre-mer et à la collectivité territoriale de Mayotte. En outre, les actes et pièces mentionnés à ces articles sont communiqués par les greffiers dans les conditions prévues à l'article 67. Ces actes et pièces sont déposés en un seul exemplaire par dérogation aux dispositions de l'alinéa 1er de l'article 47 et ne sont pas transmis au registre national prévu à l'article 5.

(Décr. n° 2001-474 du 30 mai 2001) **« L'article 23-2 est applicable à Mayotte. »**

88 Un arrêté conjoint du garde des sceaux, ministre de la justice, et du ministre chargé de la propriété industrielle déterminera les modalités d'application du présent décret, et notamment les pièces à fournir à l'appui des demandes aux fins d'immatriculation, d'immatriculation secondaire, d'inscription modificative et de radiation ou de dépôt d'actes de sociétés. *(Décr. n° 2005-77 du 1er févr. 2005, art. 38)* **« Il précise notamment les pièces justificatives habilitant à séjourner sur le territoire français les personnes qui doivent en justifier et, le cas échéant, les autorisant à exercer l'activité considérée. »** – *V., infra, Arr. 9 févr. 1988.*

ANNEXE

(Décr. n° 92-521 du 16 juin 1992)

Pour l'Allemagne :

Die Aktiengesellschaft, die Kommanditgesellschaft auf Aktien, die Gesellschaft mit beschränkter Haftung.

Pour la Belgique :

De naamloze vennootschap ;	La société anonyme ;
De commanditaire vennootschap op aandelen ;	La société en commandite par actions ;
De personenvennootschap met beperkre aansprakelijheid ;	La société de personnes à responsabilité limitée.

Pour l'Italie :

Società per azióni, società in accomandita per azioni, società a responsabilità limitata.

Pour le Luxembourg :

La société anonyme, la société en commandite par actions, la société à responsabilité limitée.

Pour les Pays-Bas :

De naamloze vennootschap, de commanditaire vennootschap op aandelen.

Pour le Danemark :
Aktieselkaber ;
Kommanditaktieselkaber ;
Anpartsseltraber.

Pour l'Irlande :
The public company limited by shares ;
The public company limited by guarantee and having a share capital ;
The private company limited by shares or by guarantee.

Pour le Royaume-Uni :
The public company limited by shares ;
The public company limited by guarantee and having a share capital ;
The private company limited by shares or by guarantee.

Pour l'Espagne :
La sociedad anonima ;
La sociedad en comandita por acciones ;
La sociedad de responsabilidad limitada.

Pour le Portugal :
Sociedade anonima ;
Sociedade en commandita por acçoes ;
Sociedade por quotas.

Pour la Grèce :
η ανώνυμη εταιρια (Société anonyme) ;
η εταιρια περιορισμένηζ ενθυνηζ (Société en commandite par actions) ;
η ετερορρυθμη κατά μετοχέζ εταιρια (Société anonyme à responsabilité limitée).

Arrêté du 9 février 1988,

Relatif au registre du commerce et des sociétés.

BIBL. ► Azzouz, *JCP N 1988. Prat., p. 117.* ► Commentaire du décret et de l'arrêté du 2 juill. 1998 : Coutant, *Gaz. Pal. 1998. 2. Doctr. 1147.*

TITRE PRÉLIMINAIRE Dispositions générales

CHAPITRE PREMIER *Organisation du registre*

Art. 1er La tenue du registre par le greffier comprend la conservation et la mise à jour :

— du fichier alphabétique des personnes physiques et morales immatriculées dans le ressort du tribunal ;

— de la collection des dossiers individuels ;

— de la collection des dossiers annexes.

Le fichier alphabétique peut être tenu selon un procédé informatique.

2 Le fichier alphabétique indique :

***a*) *(Arr. 2 juill. 1998)* « Pour les personnes physiques, leurs nom, nom d'usage, prénoms, date et lieu de naissance, la nature de l'activité exercée et l'adresse du principal établissement. »**

***b*) Pour les sociétés, la forme juridique et, le cas échéant, le statut légal particulier, la raison sociale ou la dénomination sociale, la nature de l'activité exercée, l'adresse du siège social et, si ce siège n'est pas situé dans le ressort du tribunal, celui du principal établissement dans son ressort ;**

***c*) Pour les groupements d'intérêt économique et les autres personnes morales, la dénomination, l'objet et l'adresse du siège.**

3 *(Arr. 2 juill. 1998)* Chaque dossier individuel comprend un original des inscriptions faites soit sur déclaration, soit d'office, ainsi que les pièces conservées au greffe conformément aux dispositions de l'article 12.

4 Chaque dossier annexe ouvert au nom d'une personne morale comprend un exemplaire des actes et pièces déposés en application de l'article 47 du décret n° 84-406 du 30 mai 1984 relatif au registre du commerce et des sociétés.

5 *(Arr. 2 juill. 1998)* « Le registre national du commerce et des sociétés comprend un second original du registre tenu dans chaque greffe, à l'exclusion des pièces justificatives visées à l'article 12. »

Ces dossiers sont conservés et mis à jour dans les mêmes conditions que ceux tenus par les greffiers.

CHAPITRE II *Le comité de coordination*

6 *(Arr. 2 juill. 1998)* Le président du comité de coordination prévu à l'article 6 du décret précité ainsi que les deux personnes chargées de la tenue du registre sont nommés pour une période de cinq ans renouvelable. Des suppléants peuvent leur être désignés.

Le directeur des affaires civiles et du sceau et le directeur général de l'Institut national de la propriété industrielle peuvent se faire représenter par une ou plusieurs personnes.

Le comité se réunit sur décision de son président, en présence de l'ensemble de ses membres ou de leurs suppléants. Le cas échéant, il peut faire appel à tout sachant sur une question particulière.

Son secrétariat est assuré par l'Institut national de la propriété industrielle.

Le comité procède à l'examen des questions dont il est saisi, conformément à l'article 7 ci-dessous, inscrites à l'ordre du jour.

Il peut en outre, à la demande de l'un de ses membres, délibérer sur toute autre question relative au fonctionnement du registre et à l'application des dispositions législatives et réglementaires ayant des incidences sur ce fonctionnement.

7 *(Arr. 2 juill. 1998)* « Les greffiers chargés de la tenue du registre, ainsi que les centres de formalités des entreprises et le directeur général de l'Institut national de la propriété industrielle, peuvent saisir le comité. » — *Pour les centres de formalités créés par les chambres consulaires, la saisine du comité est faite par l'intermédiaire, selon le cas, de l'Assemblée des chambres françaises de commerce et d'industrie, de l'Assemblée permanente de la chambre des métiers et de l'artisanat et de l'Assemblée permanente des chambres d'agriculture (Arr. 2 juill. 1998, art. 5).*

Les lettres de saisine sont adressées au secrétariat qui les communique au président aux fins de désignation d'un rapporteur et d'une date de réunion.

8 *(Arr. 2 juill. 1998)* « Le comité rend des avis qui sont communiqués au demandeur et décide s'ils doivent être publiés.

« Dans ce dernier cas, les avis sont publiés au bulletin du registre du commerce et des sociétés, dont l'Institut national de la propriété industrielle assure la publication. »

Il peut, en outre, établir un rapport au ministre compétent, suggérant des solutions pour remédier aux difficultés ou anomalies dont il a eu à connaître ou des propositions de modification des dispositions législatives ou réglementaires applicables.

TITRE PREMIER Les déclarations au registre

9 Toute demande d'immatriculation à titre principal ou secondaire au registre du commerce et des sociétés, d'inscription complémentaire, modificative ou de radiation est établie dans les conditions déterminées aux articles 26 et 27 du décret précité sur les formules prévues à l'article 11 ci-dessous.

10 Une même déclaration peut comprendre plusieurs inscriptions modificatives dans la mesure où les informations déclarées dans les délais réglementaires sont concomitantes ou connexes et concernent la même immatriculation.

Une même déclaration peut comprendre une inscription complémentaire et des inscriptions modificatives concomitantes ou connexes déclarées dans les délais réglementaires.

TITRE II Les inscriptions au registre

CHAPITRE PREMIER *Les inscriptions sur déclaration*

11 Les déclarations sont faites en deux exemplaires sur des documents conformes aux modèles enregistrés par le centre d'enregistrement et de révision des formulaires administratifs.

12 *(Arr. 2 juill. 1998)* Toute demande d'immatriculation principale ou secondaire, d'inscription modificative et, le cas échéant, de radiation est accompagnée des pièces justifiant les renseignements contenus dans la demande.

Les pièces justificatives sont définies aux annexes du présent arrêté. – *V. annexes, infra.*

Elles sont conservées au greffe à moins qu'il n'en soit disposé autrement à l'annexe.

Elles ne font pas partie du registre public et ne peuvent être communiquées aux tiers, sauf dans les cas prévus aux annexes.

La validité des pièces justificatives est appréciée à la date de l'inscription.

13 et 14 *Abrogés par Arr. 2 juill. 1998, art. 8.*

15 *(Arr. 2 juill. 1998)* Lors d'une demande d'immatriculation résultant du transfert du siège ou d'un établissement du requérant dans le ressort d'un autre tribunal que celui de l'immatriculation précédente, le requérant est dispensé de la production des pièces justificatives concernant les mentions non modifiées de la nouvelle immatriculation s'il fournit un extrait de la précédente immatriculation.

En cas d'événements modificatifs concomitants à la décision de transfert de siège ou d'un établissement relatifs à ceux-ci, l'assujetti en fait la déclaration au lieu de la nouvelle immatriculation.

A la réception de la notification visée au dernier alinéa de l'article 53 du décret susvisé, le greffier de l'ancien siège mentionne d'office aux frais du déposant sur l'extrait du registre de l'assujetti : la date, la nature et l'objet des actes déposés au greffe du nouveau siège.

16 Lors d'une demande d'inscription modificative, le requérant doit fournir les pièces prévues aux annexes, dans la limite de celles établissant les changements et les adjonctions intervenus.

17 Le juge commis à la surveillance du registre du commerce et des sociétés demande le bulletin n° 2 du casier judiciaire :

(Arr. 2 juill. 1998) « 1° Des personnes physiques soumises à l'immatriculation ;

« 2° Des personnes physiques mentionnées à l'article 15 du décret précité, inscrites au registre du commerce et des sociétés en vertu de l'immatriculation des sociétés commerciales, à l'exclusion des associés et tiers ayant le pouvoir d'engager à titre habituel la société sans être dirigeant ou gérant, mentionnés au *a* du 10° de l'article précité, et des commissaires aux comptes ;

« 3° Des personnes physiques, membres des groupements d'intérêt économique, administrateurs et personnes chargées du contrôle de la gestion et du contrôle des comptes de ces groupements, à l'exclusion des commissaires aux comptes ; ainsi que des gérants des groupements européens d'intérêt économique. »

4° Des gérants des sociétés civiles ;

5° Des personnes physiques inscrites au registre du commerce et des sociétés en vertu de l'immatriculation d'une coopérative agricole, à l'exclusion des commissaires aux comptes.

Ces mêmes personnes souscrivent, au préalable, une déclaration affirmant qu'elles n'ont été l'objet d'aucune condamnation pénale ni de sanction civile ou administrative de nature à leur interdire de gérer, administrer ou diriger une personne morale et, s'il s'agit d'un commerçant, de nature à lui interdire d'exercer une activité commerciale.

(Arr. 2 juill. 1998) « Au cas où le casier judiciaire révèle l'existence d'une interdiction d'exercer le commerce ou d'une condamnation de nature à interdire l'exercice de l'activité entreprise, le juge ordonne la radiation de l'immatriculation ou de l'inscription après en avoir préalablement avisé la personne concernée.

« Lorsque la personne physique concernée par la radiation est l'une de celles visées aux 2°, 3°, 4° et 5° ci-dessus, le juge avise également la personne morale et lui demande de régulariser le cas échéant sa situation. »

Lorsqu'une autorisation administrative est accordée à titre provisoire et ne devient définitive qu'après l'immatriculation au registre du commerce et des sociétés, le greffier adresse à l'autorité administrative compétente un extrait de l'immatriculation dès vérification du casier judiciaire.

1. Fondés de pouvoir (art. 17 (2°)). Le gérant technique d'un salon de coiffure n'est pas le fondé de pouvoir de son employeur, à moins qu'il ne soit dit qu'il l'est effectivement. • Douai, 6 juill. 1993 : *Gaz. Pal. 1994. 2. Somm. 788, obs. Foucart.*

2. Injonction. La procédure de l'art. 17 indique que le juge commis ordonne la radiation de l'immatriculation ou de l'inscription après en avoir avisé préalablement la personne concernée, ainsi que la société, en l'invitant à régulariser éventuellement la situation, à l'exclusion de la voie de l'injonction faite au mandataire social, dont l'incapacité est constatée et par là même son défaut de qualité, d'avoir à solliciter une inscription modificative. • Versailles, 11 mars 2004 : *JCP E 2004, n° 24, p. 939.*

18 Pour l'application de l'article 71 du décret relatif au registre du commerce et des sociétés précité, l'assujetti doit produire :

1° En cas d'exécution du concordat, une attestation du commissaire à l'exécution du concordat, s'il en a été nommé un, ou, à défaut, une ordonnance du juge commis à la surveillance du registre ;

(Arr. 2 juill. 1998) « 2° En cas de paiement du passif mis à la charge des dirigeants d'une société, une attestation du syndic ou du liquidateur judiciaire ;

« 3° En cas d'exécution *(L. n° 2005-845 du 26 juill. 2005, art. 165-II)* « du plan de sauvegarde ou de redressement » et d'apurement collectif du passif, une attestation du commissaire à l'exécution du plan, ou, lorsque la mission de ce dernier à pris fin, la preuve par tous moyens du règlement de tous les créanciers dans les conditions fixées au jugement arrêtant le plan. »

19 *Abrogé par Arr. 2 juill. 1998, art. 12.*

CHAPITRE II *Le fonctionnement du registre*

20 *(Arr. 18 oct. 1988)* Le registre chronologique visé à l'article 32 du décret précité est tenu manuellement ou selon un procédé informatique.

(Arr. 2 juill. 1998) « Le déclarant peut demander au greffier la délivrance d'une attestation précisant la date inscrite au registre d'arrivée prévu à l'article 29 du décret précité. »

21 Le greffier appose sur chaque dossier d'immatriculation et pour la seule gestion de ces dossiers un numéro de gestion composé *(Arr. 2 juill. 1998)* « des chiffres de l'année en cours », suivi de la lettre A s'il s'agit d'une personne physique, de la lettre

B s'il s'agit d'une personne morale commerçante autre qu'un groupement d'intérêt économique, de la lettre C s'il s'agit d'un groupement d'intérêt économique, de la lettre D s'il s'agit d'une personne morale non commerçante autre qu'un groupement d'intérêt économique et d'un numéro d'ordre chronologique annuel.

Le numéro de gestion est porté sur les formules d'inscription modificative ou de radiation constituant le dossier, sur les actes des sociétés classés en annexe ainsi que sur le fichier du registre du commerce et des sociétés.

Ce numéro est utilisé dans les rapports entre les greffes et l'Institut national de la propriété industrielle.

22 Le greffier mentionne sur l'exemplaire de la déclaration d'immatriculation des personnes morales destiné à l'Institut national de la propriété industrielle la date de dépôt des statuts.

23 *(Arr. 2 juill. 1998)* Le greffier notifie au requérant le numéro d'identification délivré par l'Institut national de la statistique et des études économiques dès sa réception.

Il rappelle au requérant l'obligation de porter sur ses papiers d'affaires, outre les mentions obligatoires découlant des textes particuliers régissant la forme juridique de l'entreprise, les mentions visées à l'article 72 du décret du 30 mai 1984 précité.

24 *(Arr. 2 juill. 1998)* « Le greffier transmet un exemplaire complet et lisible de chaque demande et de chaque dépôt, visé par ses soins, à l'Institut national de la propriété industrielle, dans les quinze jours suivant l'inscription. »

Il envoie dans le même délai à l'Institut national de la propriété industrielle les émoluments perçus à ce titre, pour le compte de cet établissement.

25 Les mentions et radiations faites d'office ainsi que les inscriptions rapportées par le greffier font l'objet d'une transmission spéciale à l'Institut national de la propriété industrielle sur les documents prévus à cet effet et conformes aux modèles enregistrés par le centre d'enregistrement et de révision des formulaires administratifs.

26 *(Arr. 2 juill. 1998)* Les notifications faites aux centres de formalités des entreprises en application de l'article 4-1 du décret précité précisent le nom de l'assujetti, ou la dénomination sociale, le numéro d'identification, la date de l'inscription et son motif.

26-1 *(Arr. 2 juill. 1998)* Le greffier qui procède à l'immatriculation du nouvel exploitant du fonds de commerce et constate que le précédent exploitant n'a pas effectué la formalité correspondante de radiation ou de modification procède comme il est dit au deuxième alinéa de l'article 34 du décret du 30 mai 1984 précité.

27 Si l'activité entreprise ne peut être exercée sans autorisation administrative, à l'exception du cas du non-renouvellement de cette autorisation, le greffier informe l'autorité administrative compétente des radiations d'office auxquelles il procède.

TITRE III Le dépôt d'actes et pièces en annexe au registre

28 Le greffier transmet au registre national un exemplaire de chaque acte et pièce déposés dans les quinze jours de leur dépôt.

Il mentionne sur ces documents :

a) Le siège du tribunal au greffe duquel la pièce ou l'acte est déposé ;

b) La date et le numéro du dépôt, le numéro de dépôt des documents comptables faisant l'objet d'une série distincte de celle des autres actes et pièces ;

c) *(Décr. n° 98-550 du 2 juill. 1998)* « Les mentions visées aux 1 et 2 de l'article 72 du décret n° 84-406 du 30 mai 1984 relatif au registre du commerce et des sociétés », sauf pour les actes se rapportant à des sociétés non immatriculées.

Le greffier envoie dans le même délai à l'Institut national de la propriété industrielle les émoluments perçus à ce titre pour le compte de cet établissement.

28-1 *(Arr. 2 juill. 1998)* Pour effectuer la transmission des documents comptables visée aux troisième et quatrième alinéas de l'article 54 du décret précité, la société conclut un accord avec le greffe territorialement compétent.

Le modèle de cet accord est établi par le directeur des services judiciaires, le président du Conseil national des greffiers des tribunaux de commerce et le directeur général de l'Institut national de la propriété industrielle.

L'accord prévoit obligatoirement la transmission des documents auprès du centre de dépôt visé à l'article 54 du décret du 30 mai 1984 précité ainsi que les modalités visées à l'article 4 de la loi du 11 février 1994 susvisée. Ce centre est composé des personnes mentionnées au deuxième alinéa ou de leurs représentants, qui déterminent les modalités de son fonctionnement et de sa gestion.

Il est placé auprès de l'Institut national de la propriété industrielle, qui met à sa disposition les moyens nécessaires pour son fonctionnement.

La réception des documents est constatée par un récépissé envoyé par le centre au déclarant.

Si l'envoi est incomplet, son contenu ne peut être diffusé et le déclarant est invité par le greffe à fournir les pièces manquantes dans les conditions visées aux alinéas précédents.

Le dépôt est validé par le greffe lorsqu'il a constaté que l'envoi est complet et régulier. Le greffe adresse un certificat de dépôt au déclarant et en avise simultanément le centre, qui le transmet à l'Institut national de la propriété industrielle.

TITRE IV La publicité du registre

29 *(Arr. 2 juill. 1998)* « Les extraits du registre du commerce et des sociétés sont délivrés par les greffiers conformément à un modèle approuvé par le comité de coordination et publié au *Bulletin du registre du commerce et des sociétés*. » — *Les extraits, ainsi que les copies et les imprimés de déclaration portent, lorsqu'il y est indiqué, conformément à l'art. 8 (A. 4°) du décret du 30 mai 1984 précité, qu'il n'a pas été fait de contrat de mariage, la mention suivante : « La mention relative à l'absence de contrat de mariage ne signifie pas que le régime légal français est applicable » (Arr. 2 juill. 1998, art. 20).*

Ces formules peuvent être soit imprimées, soit éditées automatiquement avec les mêmes rubriques que l'imprimé disposées dans le même ordre, soit résulter de la duplication de la demande d'immatriculation.

30 *(Arr. 2 juill. 1998)* Les copies du registre du commerce et des sociétés peuvent être délivrées par voie électronique. Il doit alors être précisé que seul un document signé fait foi.

Pour cette délivrance, les greffiers se conforment aux dispositions de l'article R. 821-2-1 du code de l'organisation judiciaire, et l'Institut national de la propriété industrielle à celles de l'article 70 du décret du 30 mai 1984 précité.

31 Pour l'application de l'article 68 a du décret précité ne peuvent être utilisés comme critères de recherche :

— la situation matrimoniale et la capacité des personnes ;

— la déclaration de cessation des paiements et les décisions intervenues dans les procédures de redressement et d'apurement collectif du passif prononçant des sanctions personnelles ou patrimoniales à l'égard des commerçants ou des dirigeants de personne morale ainsi que les décisions prononçant le relevé de ces sanctions ;

— les mesures d'incapacité ou d'interdiction d'exercer une activité commerciale ou professionnelle, de gérer, d'administrer ou de diriger une personne morale résultant

d'une décision judiciaire ou administrative ainsi que les décisions faisant disparaître ces mesures ;
— les actes de poursuite pénale et les sanctions pénales.

32 Les demandes de renseignements relatives à l'état futur des dossiers peuvent être exécutées sur abonnement. Elles entraînent la délivrance d'un extrait ou d'une copie, soit à intervalle régulier dont la périodicité ne peut être inférieure à quinze jours, soit à l'occasion de toute inscription qu'elle soit portée d'office ou sur déclaration.

33 Les greffiers et l'Institut national de la propriété industrielle sont habilités à répondre à toute demande statistique.

34 Sous réserve des dispositions de l'article 71 du décret précité, les greffiers et l'Institut national de la propriété industrielle sont habilités à répondre à des demandes relatives à des inscriptions radiées.
(Arr. 2 juill. 1998) **« Toutefois, au terme d'un délai de cinq ans, l'Institut national de la propriété industrielle peut ne conserver les documents que sur un support de substitution fiable et durable. »**

35 L'Institut national de la propriété industrielle ne délivre pas de renseignements sur les immatriculations et autres inscriptions effectuées avant le 1er mars 1954.

35-1 *(Arr. 2 juill. 1998)* **L'Institut national de la propriété industrielle et les greffes délivrent les renseignements sur les documents comptables sous forme de copie ou en communication.**
Toutefois, pour les documents comptables antérieurs à ceux établis au titre des cinq derniers exercices, ces renseignements ne sont délivrés par l'Institut national de la propriété industrielle que sous forme d'extraits.

36 L'Institut national de la propriété industrielle délivre les renseignements sur les immatriculations et autres opérations s'y rapportant concernant les registres du commerce d'Algérie jusqu'au 30 juin 1962.

37 Le présent arrêté abroge l'arrêté du 24 septembre 1984.

Sur la répression de certaines infractions en matière de registre du commerce et des sociétés, V. art. L. 123-4, L. 123-5, L. 123-10 et L. 123-11 C. com., supra.

V. Circ. 6 mai 1988 relative à l'arrêté du 9 févr. 1988 (D. et ALD 1988. 315).

Sur l'accélération des procédures juridiques de création d'entreprises, V. Circ. 11 févr. 1985 (D. et ALD 1985. 196).

V. Circ. 13 févr. 1987 (D. et ALD 1987. 159) relative au registre du commerce et des sociétés (justification de l'immatriculation des sociétés en vue du retrait des fonds correspondant à leur capital social).

ANNEXE 0

DISPOSITIONS GÉNÉRALES APPLICABLES À TOUTES LES DEMANDES

1. Dans tous les cas où les formalités sont effectuées par un mandataire de l'assujetti, celui-ci doit justifier d'un pouvoir spécial, sauf disposition contraire du décret du 30 mai 1984 précité.

2. Lorsque le déclarant n'est pas en mesure de produire une ou plusieurs des pièces justificatives prévues par les annexes suivantes, il peut saisir par requête le juge commis à la surveillance du registre aux fins d'être dispensé, le cas échéant, de produire ces pièces.

3. Le greffe peut être amené à demander une pièce complémentaire en cas de nécessité dûment justifiée par une situation particulière notamment lorsque le bulletin n° 2 du casier judiciaire ne peut être obtenu avec les pièces fournies et que, soit une fiche d'état civil, soit un extrait de naissance est nécessaire.

4. Lorsque la pièce visée aux annexes suivantes est une décision définitive, il peut s'agir d'une ordonnance, d'un jugement ou d'un arrêt, et une copie de celui-ci doit être fournie accompagnée :
– d'un certificat de l'avocat ou de l'avoué attestant son caractère définitif,
ou
– d'un certificat de non appel ou de non pourvoi.

5. Les documents produits en vertu des annexes suivantes doivent être traduits en langue française lorsque le greffier n'est pas en mesure de les comprendre dans leur langue d'origine.

6. Des justificatifs non prévus dans les annexes suivantes sont parfois nécessaires en application de textes particuliers applicables à la personne considérée.

ANNEXE I

DEMANDE D'IMMATRICULATION DES PERSONNES PHYSIQUES

1. Renseignements relatifs à la personne

1. 1. IDENTIFICATION DE L'ASSUJETTI

1.1.1. Français

Extrait d'acte de naissance ou fiche d'état civil accompagnée s'il y a lieu d'un document justifiant la nationalité,
ou
Copie de la carte d'identité ou du passeport accompagnée d'une déclaration de l'intéressé faisant connaître sa filiation si celle-ci ne figure pas sur les documents fournis.

1.1.2. Étrangers

1 1.2.1. Personne astreinte à l'obligation d'être titulaire de la carte d'identité spéciale de commerçant étranger :
– copie de cette carte, même provisoire ;
– et, si elle réside sur le territoire français, copie du titre de séjour, même provisoire, y compris de long séjour.

1.1.2.2. Personne non astreinte à l'obligation visée ci-dessus.
Ressortissant d'un État membre de l'Espace économique européen ou d'un État avec lequel ont été conclus des accords particuliers *[Espace économique européen : Union européenne, république d'Islande, Principauté du Liechtenstein, Royaume de Norvège ; Accords particuliers : principautés d'Andorre et de Monaco, République populaire d'Algérie]* : tout document officiel établissant l'identité, accompagné le cas échéant d'une déclaration faisant connaître la filiation.
Titulaires de la carte de résident : copie de celle-ci même provisoire, accompagnée le cas échéant d'une déclaration faisant connaître la filiation.

1.2. SITUATION MATRIMONIALE

1.2. 1. Marié

1.2.1.1. Si les documents fournis au titre du 1. 1 ci-dessus ne font pas mention du mariage, extrait de l'acte de naissance ou de mariage ou document équivalent pour les étrangers.

1.2.1.2. S'il existe un contrat, copie datée, dont la conformité est attestée par le déclarant, du contrat de mariage ou des clauses de celui-ci opposables aux tiers et restrictives de la libre disposition des biens des époux.

1.2.1.3. En cas de demande fondée sur les articles 1426 et 1429 du code civil, de demande de séparation des biens ou de liquidation anticipée des acquêts :
– copie de l'assignation,
ou
– copie de la décision définitive ayant accueilli de telles demandes ou extrait de l'acte de mariage portant mention de la décision.

1.2.1.4. En cas de mesures restrictives à la libre disposition des biens pour manquements graves aux devoirs du mariage : copie de la décision définitive rendue en application de l'article 220-1 du code civil.

1.2.1.5. Dans les cas où il est fait application des articles 1397-2 et 1397-3 du code civil : copie de l'acte de désignation de la loi applicable au régime matrimonial. — *Le dernier al. de l'art. 1397-3 a été abrogé (Ord. n° 2005-428 du 6 mai 2005, art. 9).*

1.2.2. Annulation du mariage

Copie de la décision définitive.

1.2.3. Divorce ou séparation de corps

1.2.3. 1. Extrait de l'acte de naissance ou de l'acte de mariage portant la mention de la décision.

1.2.3.2. Si l'événement est survenu à l'étranger, document délivré par les autorités étrangères compétentes établissant que le divorce ou la séparation de corps est devenu définitif, accompagné de sa traduction en langue française.

1.2.4. Décès du conjoint

Extrait de l'acte de décès.

Nota. – Lorsque le mariage a été annulé ou dissous ou que le conjoint est décédé préalablement à toute immatriculation, les pièces mentionnées aux 1.2.2, 1.2.3 et 1.2.4 ci-dessus ne sont à fournir que si les autres justificatifs font apparaître le mariage.

1.3. CONDITIONS D'EXERCICE

1.3. 1. Attestation sur l'honneur relative à l'absence de condamnation ou de sanction prévue à l'article 17 de l'arrêté

1.3.2. Commerce ambulant

Attestation provisoire délivrée par l'autorité préfectorale.

1.3.3. Forain

(personne n'ayant ni domicile ni résidence fixe sur le territoire)

Attestation provisoire ou titre de circulation.

1.3.4. Activité réglementée

Copie de l'autorisation provisoire ou définitive, du diplôme ou du titre, conformément à l'article 30 du décret du 30 mai 1984.

1.3.5. Représentants de l'assujetti

Pour les personnes ayant le pouvoir dans l'établissement d'engager à titre habituel par leur signature l'assujetti : pièces prescrites par les rubriques 1. 1 et, le cas échéant, 1.3.4 de la présente annexe.

2. Renseignements relatifs à l'établissement

Dans tous les cas, justificatif de la jouissance des locaux où est situé le siège, par tous moyens.

Si le siège de l'entreprise est domicilié dans des locaux occupés en commun par une ou plusieurs entreprises : copie du contrat de domiciliation visé à l'article 26-1 du décret du 30 mai 1984 et extrait du RCS ou du répertoire des métiers du domiciliataire, sauf si celui-ci est immatriculé dans le même greffe ou s'il est une personne morale française de droit public.

2. 1. ACQUISITION D'UN FONDS DE COMMERCE

Par achat, licitation, attribution par voie de partage : copie de l'acte et attestation de parution dans un journal d'annonces légales ou copie de celui-ci.

Par voie de donation : copie de l'acte de donation.

Par dévolution successorale, sans partage ni licitation : copie de l'acte de notoriété ou de l'intitulé d'inventaire.

2.2. LOCATION-GÉRANCE D'UN FONDS DE COMMERCE

Copie du contrat de location-gérance et attestation de parution dans un journal d'annonces légales ou copie de celui-ci.

2.3. IMMATRICULATION SECONDAIRE

Extrait de l'immatriculation principale datant de moins de trois mois, lorsque l'établissement secondaire est situé dans le ressort d'un autre greffe.

Pièces requises ci-dessus en cas de création, acquisition ou location-gérance, à l'exclusion des pièces relatives à la jouissance des locaux et à la domiciliation en commun.

ANNEXE II

Demande d'inscription modificative des personnes physiques

Lors de la demande d'inscription modificative, les pièces devant être présentées sont celles établissant les changements et adjonctions intervenus.

1. Renseignements relatifs à la personne

1. 1. IDENTIFICATION DE L'ASSUJETTI

1. 1. 1. Changement de nationalité

Copie de la décision attributive de la nationalité française ou document équivalent en cas d'adoption d'une nationalité étrangère, ou copie du *Journal officiel.*

1.1.2. Changement de nom, de nom d'usage ou de prénom

Acte d'état civil ou copie de la carte nationale d'identité portant mention du nouveau nom.

1.2. SITUATION MATRIMONIALE

1.2. 1. Mariage

1.2.1.1. Extrait de l'acte de mariage ou document équivalent pour les étrangers.

1.2.1.2. S'il existe un contrat, copie datée, dont la conformité est attestée par le déclarant, du contrat de mariage ou des clauses de celui-ci opposables aux tiers et restrictives de la libre disposition des biens des époux.

1.2.1.3. En cas de demande fondée sur les articles 1426 et 1429 du code civil, de demande de séparation des biens ou de liquidation anticipée des acquêts :
- copie de l'assignation,

ou
- copie de la décision définitive ayant accueilli de telles demandes ou extrait de l'acte de mariage portant la mention de la décision.

1.2.1.4. En cas de mesures restrictives à la libre disposition des biens pour manquements graves aux devoirs du mariage : copie de la décision définitive rendue en application de l'article 220-1 du code civil.

1.2.1.5. En cas de changement de régime matrimonial : copie de la décision définitive homologuant l'acte notarié et, le cas échéant, copie dont la conformité est attestée par le déclarant, du nouveau contrat de mariage ou des clauses de celui-ci opposables aux tiers et restrictives de la libre disposition des biens des époux.

En outre, si le changement résulte de l'application des articles 1397-3 et 1397-5 du code civil, copie de l'acte ou de la décision modifiant le régime matrimonial. — *Le dernier al. de l'art. 1397-3 a été abrogé (Ord. n° 2005-428 du 6 mai 2005, art. 9).*

1.2.2. Annulation du mariage

Copie de la décision définitive.

1.2.3. Divorce ou séparation de corps

Extrait de l'acte de naissance ou de l'acte de mariage portant la mention de la décision.

Si l'événement est survenu à l'étranger, document délivré par les autorités étrangères compétentes établissant que le divorce ou la séparation de corps est devenu définitif, accompagné de sa traduction en langue française.

1.2.4. Tutelle ou curatelle de l'assujetti

Copie de la décision définitive ordonnant de telles mesures ou en donnant mainlevée.

1.2.5. Décès de l'assujetti ou de son conjoint

Extrait de l'acte de décès.

1.3. CONDITIONS D'EXERCICE

1.3. 1. Commerce ambulant

Attestation provisoire délivrée par l'autorité préfectorale.

1.3.2. Activité réglementée

Copie de l'autorisation provisoire ou définitive du diplôme ou du titre, conformément à l'article 30 du décret du 30 mai 1984.

1.3.3. Représentants de l'assujetti

Pour les personnes ayant le pouvoir dans l'établissement d'engager à titre habituel par leur signature l'assujetti : pièces prescrites par la rubrique 1. 1 de l'annexe I et le cas échéant le 1.3.2 ci-dessus.

2. Renseignements relatifs à l'établissement

2. 1. TRANSFERT DU SIÈGE OU D'UN ÉTABLISSEMENT

Dans tous les cas pour le siège : justificatif de la jouissance des locaux, par tous moyens.

Si le siège de l'entreprise est domicilié dans les locaux occupés en commun par une ou plusieurs entreprises : copie du contrat de domiciliation visé à l'article 26-1 du décret du 30 mai 1984 et extrait du RCS ou du répertoire des métiers du domiciliataire sauf si celui-ci est immatriculé dans le même greffe ou s'il est une personne morale française de droit public.

2.1.1. Transfert dans un autre ressort

Extrait datant de moins de trois mois de la précédente immatriculation.

2.2. ACQUISITION D'UN FONDS DE COMMERCE À LA SUITE D'UNE LOCATION-GÉRANCE

Copie de l'acte et attestation de parution dans un journal d'annonces légales ou copie de celui-ci.

2.3. INSCRIPTION COMPLÉMENTAIRE

2.3. 1. Création d'un fonds de commerce

Extrait de l'immatriculation principale, lorsque l'établissement secondaire est situé dans le ressort d'un autre greffe.

2.3.2. Acquisition d'un fonds de commerce

Par achat, licitation, attribution par voie de partage : copie de l'acte et attestation de parution dans un journal d'annonces légales ou copie de celui-ci.

Par voie de donation : copie de l'acte de donation.

Par dévolution successorale, sans partage ni licitation : copie de l'acte de notoriété ou de l'intitulé d'inventaire.

2.3.3. Location-gérance d'un fonds de commerce

Copie du contrat de location-gérance et attestation de parution dans un journal d'annonces légales ou copie de celui-ci.

2.3.4. Mention d'un établissement immatriculé dans un État membre de la Communauté européenne

Extrait d'immatriculation.

ANNEXE III

Demande d'immatriculation des sociétés en droit français

1. Renseignements relatifs à la personne

1.1. IDENTIFICATION DE LA SOCIÉTÉ

Lorsque le dépôt au greffe des actes constitutifs de la société a été effectué avant la demande d'immatriculation, copie du récépissé du dépôt.

Attestation de parution dans un journal d'annonces légales ou copie de celui-ci ; pour les sociétés en nom collectif ou en commandite simple, copie de l'insertion.

1.2. IDENTIFICATION DES DIRIGEANTS

1.2.1. Pour les associés et tiers ayant le pouvoir de diriger, de gérer ou d'engager à titre habituel la société, ainsi que les administrateurs, les membres du directoire, les membres du conseil de surveillance

1.2.1.1. Si la personne est immatriculée au RCS à titre personnel ou en qualité de dirigeant de personne morale : extrait de l'immatriculation datant de moins de trois mois.

1.2.1.2. Si la personne n'est pas immatriculée au RCS :

1.2.1.2.1. Français :

– extrait d'acte de naissance ou fiche d'état civil accompagnée s'il y a lieu d'un document justifiant la nationalité,

ou

– copie de la carte d'identité ou du passeport accompagnée d'une déclaration de l'intéressé faisant connaître sa filiation si celle-ci ne figure pas sur les documents fournis.

1.2.1.2.2. Étrangers :

– personne astreinte à l'obligation d'être titulaire de la carte d'identité spéciale de commerçant étranger : copie de cette carte, même provisoire et, si elle réside sur le territoire français, copie du titre de séjour, même provisoire, y compris de long séjour ;

– personne non astreinte à l'obligation visée ci-dessus :

- ressortissant d'un État membre de l'Espace économique européen ou d'un État avec lequel ont été conclus des accords particuliers *[Espace économique européen : Union européenne, République d'Islande, Principauté du Liechtenstein, Royaume de Norvège. Accords particuliers : principautés d'Andorre et de Monaco, République populaire d'Algérie]* : tout document officiel établissant l'identité accompagné le cas échéant d'une déclaration faisant connaître la filiation ;

- titulaires de la carte de résident : copie de celle-ci, même provisoire, accompagnée le cas échéant d'une déclaration faisant connaître la filiation.

1.2.2. Personnes morales

Extrait de l'immatriculation au RCS datant de moins de trois mois ou, pour les personnes morales non immatriculées au RCS, titre justifiant leur existence, le cas échéant traduit en langue française.

Pour le représentant permanent de la personne morale et les personnes mentionnées au second tiret du 11° de l'article 15 du décret du 30 mai 1984 s'ils ne figurent pas sur l'extrait de l'immatriculation de celle-ci : pièces prescrites par la rubrique 1.2.1 ci-dessus et copie de l'acte conférant la qualité de représentant permanent ou récépissé du dépôt de cet acte en annexe lorsque le dépôt a été effectué préalablement.

1.2.3. Pour les commissaires aux comptes

Justification de l'inscription sur la liste des commissaires aux comptes si celle-ci n'est pas encore publiée et lettre du commissaire aux comptes acceptant sa désignation.

1.2.4. Associés indéfiniment et solidairement responsables

1.2.4.1. Français :

– extrait d'acte de naissance ou fiche d'état civil accompagnée s'il y a lieu d'un document justifiant la nationalité, ou

– copie de la carte d'identité ou du passeport accompagnée d'une déclaration de l'intéressé faisant connaître sa filiation si celle-ci ne figure pas sur les documents fournis.

1.2.4.2. Etrangers :

1.2.4.2.1. Personne astreinte à l'obligation d'être titulaire de la carte d'identité spéciale de commerçant étranger :

– copie de cette carte, même provisoire ;

– et si elle réside sur le territoire français, copie du titre de séjour, même provisoire, y compris de long séjour.

1.2.4.2.2. Personnes non astreintes à l'obligation visée ci-dessus :

Ressortissant d'un État membre de l'Espace économique européen ou d'un État avec lequel ont été conclus des accords particuliers *[Espace économique européen : Union européenne, République d'Islande, Principauté du Liechtenstein, Royaume de Norvège. Accords particuliers : principautés d'Andorre et de Monaco, République populaire d'Algérie]* : tout document officiel établissant l'identité accompagné, le cas échéant, d'une déclaration faisant connaître la filiation ;

Titulaires de la carte de résident : copie de celle-ci même provisoire, accompagnée le cas échéant d'une déclaration faisant connaître la filiation.

1.2.4.3. Situation matrimoniale :

1.2.4.3.1. Marié :

1.2.4.3.1.1. Si les documents fournis au titre des 1.2.4. 1 et 1.2.4.2 ci-dessus ne font pas mention du mariage, extrait d'acte de mariage ou document équivalent pour les étrangers.

1.2.4.3.1.2. S'il existe un contrat, copie datée dont la conformité est attestée par le déclarant du contrat de mariage ou des clauses de celui-ci opposables aux tiers et restrictives de la libre disposition des biens des époux.

1.2.4.3.1.3. En cas de demande fondée sur les articles 1426 et 1429 du code civil, de demande de séparation des biens ou de liquidation anticipée des acquêts :

Copie de l'assignation,

ou

Copie de la décision définitive ayant accueilli de telles demandes ou extrait de l'acte de mariage portant la mention de la décision.

1.2.4.3.1.4. En cas de mesures restrictives à la libre disposition des biens pour manquements graves aux devoirs du mariage : copie de la décision définitive rendue en application de l'article 220-1 du code civil.

1.2.4.3.1.5. Dans les cas où il est fait application des articles 1397-2 et 1397-3 du code civil : copie de l'acte de désignation de la loi applicable au régime matrimonial. — *Le dernier al. de l'art. 1397-3 a été abrogé (Ord. nº 2005-428 du 6 mai 2005, art. 9).*

Dans le cas où un changement de régime matrimonial intervient en application de l'article 1397-5 du code civil : copie de l'acte ou de la décision modifiant le régime matrimonial.

1.2.4.3.2. Annulation du mariage :

Copie de la décision définitive.

1.2.4.3.3. Divorce ou séparation de corps :

Extrait de l'acte de naissance ou de l'acte de mariage portant la mention de la décision ;

Si l'événement est survenu à l'étranger, document délivré par les autorités étrangères compétentes établissant que le divorce ou la séparation de corps est devenu définitif, accompagné de sa traduction en langue française.

1.2.4.3.4. Décès du conjoint :

Extrait de l'acte de décès.

Nota. — Lorsque le mariage a été annulé ou dissous ou que le conjoint est décédé préalablement à toute immatriculation, les pièces mentionnées ci-dessus ne sont à fournir que si les autres justificatifs font apparaître le mariage.

1.2.4.4. Personnes morales :

Extrait de l'immatriculation au RCS datant de moins de trois mois ou, pour les personnes morales non immatriculées au RCS, titre justifiant leur existence, le cas échéant traduit en langue française.

Pour le représentant permanent de la personne morale et les personnes mentionnées au second tiret du 11° de l'article 15 du décret du 30 mai 1984 s'ils ne figurent pas sur l'extrait de l'immatriculation de celle-ci : pièces prescrites au 1.2. 1 ci-dessus, et copie de l'acte conférant la qualité de représentant permanent ou récépissé de dépôt de cet acte en annexe lorsque le dépôt a été effectué préalablement.

1.3. CONDITIONS D'EXERCICE

1.3. 1. Attestation sur l'honneur relative à l'absence de condamnation ou de sanction pour les personnes mentionnées à l'article 17 de l'arrêté

1.3.2. Commerce ambulant

Copie de l'attestation provisoire délivrée par l'autorité préfectorale.

1.3.3. Activité réglementée

Copie de l'autorisation provisoire ou définitive, du diplôme ou du titre conformément à l'article 30 du décret du 30 mai 1984.

2. Renseignements relatifs au siège et à l'établissement

Dans tous les cas pour le siège social : justificatif de la jouissance des locaux par tous moyens.

Si le siège social est situé dans des locaux occupés en commun par une ou plusieurs entreprises : copie du contrat de domiciliation visé à l'article 26-1 du décret du 30 mai 1984 et extrait du RCS ou du répertoire des métiers du domiciliaire, sauf si celui-ci est immatriculé dans le même greffe ou s'il est une personne morale française de droit public.

2. 1. ACQUISITION D'UN FONDS DE COMMERCE

Par achat, licitation : copie de l'acte et attestation de parution dans un journal d'annonces légales ou copie de celui-ci.

Par donation : copie de l'acte.

Par apport : copie de l'acte et attestation de parution dans un journal d'annonces légales ou copie de celui-ci.

2.2. LOCATION-GÉRANCE D'UN FONDS DE COMMERCE

Copie du contrat de location gérance et attestation de parution dans un journal d'annonces légales ou copie de celui-ci.

2.3. IMMATRICULATION SECONDAIRE

Extrait de l'immatriculation principale datant de moins de trois mois.

2.3. 1. Acquisition d'un fonds de commerce

Par achat, licitation : copie de l'acte et attestation de parution dans un journal d'annonces légales ou copie de celui-ci.

Par donation : copie de l'acte.

Par apport : copie de l'acte et attestation de parution dans un journal d'annonces légales ou copie de celui-ci.

2.3.2. Location-gérance d'un fonds de commerce

Copie du contrat de location-gérance et attestation de parution dans un journal d'annonces légales ou copie de celui-ci.

2.4. FUSION PAR CRÉATION D'UNE SOCIÉTÉ NOUVELLE, SCISSION AU PROFIT DE SOCIÉTÉS NOUVELLES, APPORT PARTIEL D'ACTIF, RÉGIME FUSION/SCISSION

Extrait du RCS des sociétés participant avec mention de l'opération et attestation de parution dans un journal d'annonces légales ou copie de celui-ci ; pour les sociétés en nom collectif ou en commandite simple, copie de l'insertion.

2.5. MENTION DES ÉTABLISSEMENTS IMMATRICULÉS DANS UN PAYS DE LA COMMUNAUTÉ EUROPÉENNE

Extrait d'immatriculation.

ANNEXE IV

Demande d'inscription modificative des sociétés de droit français

Lors de la demande d'inscription modificative, les pièces devant être présentées sont celles demandées dans l'annexe précédente et établissant les changements et adjonctions intervenus.

Le cas échéant, attestation de parution dans un journal d'annonces légales ou copie de celui-ci, ou, pour les sociétés en nom collectif ou en commandite simple, copie de l'insertion.

1. Renseignements relatifs à la personne

1. 1. Lorsque le dépôt au greffe des actes a été effectué avant la déclaration de modification, copie du récépissé du dépôt.

1.2. Extrait d'immatriculation datant de moins de trois mois de chacune des sociétés participant à l'opération de fusion et de scission.

1.3. Identification des dirigeants : pièces établissant les modifications de situation prévues à l'annexe précédente ou au 1 de l'annexe II.

2. Renseignements relatifs au siège ou à l'établissement

2. 1. TRANSFERT DU SIÈGE OU D'UN ÉTABLISSEMENT EN FRANCE

2. 1. 1. Dans tous les cas pour le siège

Justificatif de la jouissance du local où est situé le siège, par tous moyens.

Si le siège est situé dans des locaux occupés en commun par plusieurs entreprises : copie du contrat de domiciliation visé à l'article 26-1 du décret du 30 mai 1984 et extrait du RCS ou du répertoire des métiers du domiciliataire, sauf si celui-ci est immatriculé dans le même greffe ou s'il est une personne morale française de droit public.

2.1.2. Transfert du siège ou d'un établissement dans un autre ressort

Extrait datant de moins de trois mois de la précédente immatriculation.

Lorsque le dépôt des actes décidant le transfert a été effectué avant la déclaration de modification, copie du récépissé de dépôt.

2.2. ACHAT DU FONDS DE COMMERCE PAR LE LOCATAIRE-GÉRANT OU APPORT EN SOCIÉTÉ À CELUI-CI

Copie de l'acte d'achat ou du traité d'apport et attestation de parution dans un journal d'annonces légales ou copie de celui-ci.

2.3. INSCRIPTION COMPLÉMENTAIRE

2.3. 1. Acquisition d'un fonds de commerce

Par achat, licitation, attribution par voie de partage : copie de l'acte et attestation de parution dans un journal d'annonces légales ou copie de celui-ci ; pour les sociétés en nom collectif ou en commandite simple, copie de l'insertion.

Par donation : copie de l'acte.

Par apport : copie du traité d'apport et attestation de parution dans un journal d'annonces légales ou copie de celui-ci ; pour l'apport à une société en nom collectif ou en commandite simple, copie de l'insertion.

2.3.2. Location-gérance d'un fonds de commerce

Copie du contrat de location-gérance et attestation de parution dans un journal d'annonces légales ou copie de celui-ci.

2.3.3. Mention d'un établissement immatriculé dans un État membre de la Communauté européenne

Extrait d'immatriculation.

ANNEXE V

Demande d'immatriculation et d'inscription modificative des établissements situés en France des sociétés commerciales étrangères

1. Renseignements relatifs à la personne

1.1. IDENTIFICATION DE LA SOCIÉTÉ

Lorsque le dépôt au greffe des statuts traduits en langue française a été effectué avant la demande d'immatriculation, copie du récépissé du dépôt.

Extrait de l'immatriculation au registre des sociétés étranger ou titre justifiant l'existence, traduit, le cas échéant, en langue française.

1.2. IDENTIFICATION DES PERSONNES AYANT LE POUVOIR D'ENGAGER LA SOCIÉTÉ EN FRANCE

1.2.1. Français

Extrait d'acte de naissance ou fiche d'état civil accompagnée s'il y a lieu d'un document justifiant la nationalité,

ou

Copie de la carte d'identité ou du passeport accompagnée d'une déclaration de l'intéressé faisant connaître sa filiation si celle-ci ne figure pas sur les documents fournis.

1.2.2. Étrangers

1.2.2. 1. Personne astreinte à l'obligation d'être titulaire de la carte d'identité spéciale de commerçant étranger :

– copie de cette carte, même provisoire ;

– et, si elle réside sur le territoire français, copie du titre de séjour, même provisoire, y compris de long séjour.

1.2.2.2. Personne non astreinte à l'obligation visée ci-dessus :

Ressortissant d'un État membre de l'Espace économique européen ou d'un État avec lequel ont été conclus des accords particuliers *[Espace économique européen : Union européenne, République d'Islande, principauté du Liechtenstein, Royaume de Norvège. Accords particuliers : Principautés d'Andorre et de Monaco, République populaire d'Algérie]* : tout document officiel établissant l'identité accompagné le cas échéant d'une déclaration faisant connaître la filiation.

Titulaire de la carte de résident : copie de celle-ci, même provisoire, accompagnée le cas échéant d'une déclaration faisant connaître la filiation.

1.3. CONDITIONS D'EXERCICE

1.3. 1. Attestation sur l'honneur relative à l'absence de condamnation ou de sanction pour les personnes mentionnées à l'article 17 de l'arrêté

1.3.2. Commerce ambulant

Attestation provisoire délivrée par l'autorité préfectorale.

1.3.3. Activité réglementée

Copie de l'autorisation provisoire ou définitive, du diplôme ou du titre conformément à l'article 30 du décret du 30 mai 1984.

1.3.4. Représentants de l'assujetti

Pour les personnes ayant le pouvoir dans l'établissement d'engager à titre habituel par leur signature l'assujetti : pièces prescrites aux 1.2. 1 et 1.2.2 ci-dessus.

2. Renseignements relatifs au premier établissement en France

Justificatif de la jouissance des locaux, par tous moyens.

Si le siège de l'entreprise est domicilié dans des locaux occupés en commun par une ou plusieurs entreprises : copie du contrat de domiciliation visé à l'article 26-1 du décret du 30 mai 1984 et extrait du RCS ou du répertoire des métiers du domiciliataire, sauf si celui-ci est immatriculé dans le même greffe ou s'il est une personne morale française du droit public.

2.1. ACQUISITION D'UN FONDS DE COMMERCE

Par achat, licitation, attribution par voie de partage : copie de l'acte et attestation de parution dans un journal d'annonces légales ou copie de celui-ci.

Par voie de donation : copie de l'acte de donation.

Par apport : copie de l'acte et attestation de parution dans un journal d'annonces légales ou copie de celui-ci.

2.2. LOCATION-GÉRANCE D'UN FONDS DE COMMERCE

Copie du contrat de location-gérance et attestation de parution dans un journal d'annonces légales ou copie de celui-ci.

2.3. TRANSFERT DU PREMIER ÉTABLISSEMENT EN FRANCE

2.3. 1. Dans tous les cas pour cet établissement

Justificatif de la jouissance des locaux, par tous moyens.

Si le siège de l'entreprise est domicilié dans des locaux occupés en commun par une ou plusieurs entreprises : copie du contrat de domiciliation visé à l'article 26-1 du décret du 30 mai 1984 et extrait du RCS ou du répertoire des métiers du domiciliataire, sauf si celui-ci est immatriculé dans le même greffe ou s'il est une personne morale française de droit public.

2.3.2. Transfert dans le ressort d'un autre greffe

Extrait datant de moins de trois mois de la précédente immatriculation.

2.4. IMMATRICULATION SECONDAIRE

Extrait de l'immatriculation principale datant de moins de trois mois.

Pièces requises en cas de création, acquisition ou location-gérance, à l'exception des pièces relatives à la jouissance des locaux et à la domiciliation en commun.

2.5. MENTION D'UN ÉTABLISSEMENT IMMATRICULÉ DANS UN ÉTAT MEMBRE DE LA COMMUNAUTÉ EUROPÉENNE

Titre justifiant l'immatriculation.

ANNEXE VI

Demande d'immatriculation des groupements d'intérêt économique et des groupement européens d'intérêt économique

1. Renseignements relatifs à la personne

1. 1. IDENTIFICATION

Lorsque le dépôt au greffe des actes constitutifs du groupement a été effectué avant la demande d'immatriculation, copie du récépissé de dépôt.

1.2. MEMBRES DU GROUPEMENT

1.2. 1. Personnes physiques

1.2. 1. 1. Immatriculées au RCS : extrait de l'immatriculation datant de moins de trois mois.

1.2. 1.2. Non immatriculées au RCS :

1.2. 1.2. 1. Identification de l'assujetti.

Extrait d'acte de naissance ou fiche d'état civil accompagnée s'il y a lieu d'un document justifiant la nationalité,

ou

Copie de la carte d'identité ou du passeport accompagnée d'une déclaration de l'intéressé faisant connaître sa filiation si celle-ci ne figure pas sur les documents fournis.

1.2.1.2. Situation matrimoniale.

1.2.1.2.2.1. Marié.

1.2.1.2.2.1.1. Si les documents fournis au titre du 1.2.1.2.1 ci-dessus ne font pas mention du mariage, extrait d'acte de mariage ou document équivalent pour les étrangers.

1.2. 1.2.2. 1.2. S'il existe un contrat, copie datée, dont la conformité est attestée par le déclarant, du contrat de mariage ou des clauses de celui-ci opposables aux tiers et restrictives de la libre disposition des biens des époux.

1.2.1.2.2.1.3. En cas de demande fondée sur les articles 1426 et 1429 du code civil, de demande de séparation des biens ou de liquidation anticipée des acquêts :

– copie de l'assignation,

ou

– copie de la décision définitive ayant accueilli de telles demandes ou extrait de l'acte de mariage portant la mention de la décision.

1.2.1.2.2.1.4. En cas de mesures restrictives à la libre disposition des biens pour manquements graves aux devoirs du mariage : copie de la décision définitive rendue en application de l'article 220-1 du code civil.

1.2. 1.2.2.2. Annulation du mariage : copie de la décision définitive.

1.2.1.2.2.3. Divorce ou séparation de corps :

– extrait de l'acte de naissance ou de l'acte de mariage portant mention de la décision ;

– si l'événement est survenu à l'étranger, document délivré par les autorités étrangères compétentes établissant que le divorce ou la séparation de corps est devenu définitif, accompagné de sa traduction en langue française.

1.2.1.2.2.4. Décès du conjoint : extrait de l'acte de décès.

1.2.1.2.2.5. Dans le cas où il est fait application des articles 1397-2 et 1397-3 du code civil : copie de l'acte de désignation de la loi applicable au régime matrimonial. — *Le dernier al. de l'art. 1397-3 a été abrogé (Ord. nº 2005-428 du 6 mai 2005, art. 9).*

Dans le cas où un changement de régime matrimonial intervient en application de l'article 1397-5 du code civil : copie de l'acte ou de la décision modifiant le régime matrimonial.

Nota. — Lorsque le mariage a été annulé ou dissous ou que le conjoint est décédé préalablement à toute immatriculation, les pièces mentionnées ci-dessus ne sont à fournir que si les autres justificatifs font apparaître le mariage.

1.2.2. Personnes morales

Immatriculées au RCS : extrait de l'immatriculation datant de moins de trois mois.

Non immatriculées au RCS : titre établissant leur existence.

1.3. PERSONNES CHARGÉES D'ADMINISTRER OU DE CONTRÔLER LA GESTION ET LES COMPTES DU GROUPEMENT

1.3. 1. Immatriculées au RCS

Extrait d'immatriculation datant de moins de trois mois.

1.3.2. Non immatriculées au RCS

1.3.2.1. Personnes physiques :

1.3.2.1.1. Français :

– extrait d'acte de naissance ou fiche d'état civil accompagnée s'il y a lieu d'un document justifiant la nationalité ;

– copie de la carte d'identité ou du passeport accompagnée d'une déclaration de l'intéressé faisant connaître sa filiation si celle-ci ne figure pas sur les documents fournis.

1.3.2.1.2. Etrangers :

1.3.2.1.2.1. Personne astreinte à l'obligation d'être titulaire de la carte d'identité spéciale de commerçant étranger :

– copie de cette carte, même provisoire ;

– et, si elle réside sur le territoire français, copie du titre de séjour, même provisoire, y compris de long séjour.

1.3.2.1.2.2. Personne non astreinte à l'obligation visée ci-dessus :

Ressortissant d'un État membre de l'Espace économique européen ou d'un État avec lequel ont été conclus des accords particuliers *[Espace économique européen : Union européenne, République d'Islande, Principauté du Liechtenstein, Royaume de Norvège.Accords particuliers : Principautés d'Andorre et de Monaco, République populaire d'Algérie]* : tout document officiel établissant l'identité accompagné, le cas échéant, d'une déclaration faisant connaître la filiation.

Titulaires de la carte de résident : copie de celle-ci même provisoire, accompagnée, le cas échéant, d'une déclaration faisant connaître la filiation.

1.3.2.2. Personnes morales :

Titre établissant leur existence ;

Copie de la pièce portant désignation du représentant permanent.

1.4. CONDITIONS D'EXERCICE

1.4.1. Attestation sur l'honneur relative à l'absence de condamnation ou de sanction pour les personnes mentionnées à l'article 17 de l'arrêté.

1.4.2. Activité réglementée : copie de l'autorisation provisoire ou définitive, du diplôme ou du titre, conformément à l'article 30 du décret du 30 mai 1984.

2. Renseignements relatifs au siège et à l'établissement

Dans tous les cas, pour le siège : justificatif de la jouissance du local où est situé le siège par tous moyens.

Si le siège du groupement est situé dans des locaux occupés en commun par une ou plusieurs entreprises : copie du contrat de domiciliation visé à l'article 26-1 du décret du 30 mai 1984 et extrait de l'immatriculation du domiciliataire, sauf si celui-ci est immatriculé dans le même greffe ou s'il est une personne morale française de droit public.

2. 1. ACQUISITION D'UN FONDS DE COMMERCE PAR UN GROUPEMENT À OBJET COMMERCIAL

Par achat, licitation : copie de l'acte et attestation de parution dans un journal d'annonces légales ou copie de celui-ci.

Par voie de donation : copie de l'acte de donation.

Par apport : copie de l'acte et attestation de parution dans un journal d'annonces légales ou copie de celui-ci.

2.2. LOCATION-GÉRANCE D'UN FONDS DE COMMERCE PAR UN GROUPEMENT À OBJET COMMERCIAL

Copie du contrat de location-gérance et attestation de parution dans un journal d'annonces légales ou copie de celui-ci.

2.3. IMMATRICULATION SECONDAIRE

Extrait de l'immatriculation principale datant de moins de trois mois.

2.3.1. Acquisition d'un fonds de commerce par un groupement à objet commercial

Par achat, licitation : copie de l'acte et attestation de parution dans un journal d'annonces légales ou copie de celui-ci.

Par voie de donation : copie de l'acte de donation.

Par apport : copie de l'acte et attestation de parution dans un journal d'annonces légales ou copie de celui-ci.

2.3.2. Location-gérance d'un fonds de commerce par un groupement à objet commercial

Copie du contrat de location-gérance et attestation de parution dans un journal d'annonces légales ou copie de celui-ci.

ANNEXE VII

DEMANDE D'INSCRIPTION MODIFICATIVE DES GROUPEMENTS D'INTÉRÊT ÉCONOMIQUE ET DES GROUPEMENTS EUROPÉENS D'INTÉRÊT ÉCONOMIQUE

Lors de la demande d'inscription modificative, les pièces devant être présentées sont celles demandées dans l'annexe précédente et établissant les changements ou adjonctions intervenus.

1. Renseignements relatifs à la personne

Lorsque le dépôt au greffe des actes modificatifs du groupement a été effectué avant la demande d'inscription modificative, copie du récépissé de dépôt.

1.1. IDENTIFICATION DES DIRIGEANTS

Pièces établissant les modifications de situations prévues à l'annexe précédente ou au 1 de l'annexe II.

2. Renseignements relatifs au siège et à l'établissement

2. 1. DANS TOUS LES CAS POUR LE SIÈGE

Justificatif de la jouissance du local où est situé le siège par tous moyens.

Si le siège du groupement est situé dans des locaux occupés en commun par une ou plusieurs entreprises : copie du contrat de domiciliation visé à l'article 26-1 du décret du 30 mai 1984 et extrait de l'immatriculation du domiciliaire, sauf si celui-ci est immatriculé dans le même greffe ou s'il est une personne morale française de droit public.

2.2. ACQUISITION D'UN FONDS DE COMMERCE PAR UN GROUPEMENT À OBJET COMMERCIAL

Par achat, licitation : copie de l'acte et attestation de parution dans un journal d'annonces légales ou copie de celui-ci.

Par voie de donation : copie de l'acte de donation.

Par apport : copie de l'acte et attestation de parution dans un journal d'annonces légales ou copie de celui-ci.

2.3. LOCATION-GÉRANCE D'UN FONDS DE COMMERCE PAR UN GROUPEMENT À OBJET COMMERCIAL

Copie du contrat de location-gérance et attestation de parution dans un journal d'annonces légales ou copie de celui-ci.

2.4. TRANSFERT DU SIÈGE OU D'UN ÉTABLISSEMENT

2.4. 1. Dans tous les cas pour le siège

Justificatif de la jouissance des locaux, par tous moyens.

Si le siège est situé dans des locaux occupés en commun par une ou plusieurs entreprises : copie du contrat de domiciliation visé à l'article 26-1 du décret du 30 mai 1984 et extrait au RCS ou du répertoire des métiers du domiciliaire, sauf si celui-ci est immatriculé dans le même greffe ou s'il est une personne morale française de droit public.

2.4.2. Transfert dans le ressort d'un autre greffe

Extrait datant de moins de trois mois de la précédente immatriculation.

Copie du récépissé de dépôt au greffe du nouveau siège, des actes décidant le transfert du siège si la formalité n'est pas concomitante au dépôt.

2.5. IMMATRICULATION SECONDAIRE

Extrait de l'immatriculation principale datant de moins de trois mois.

2.5.1. Acquisition d'un fonds de commerce par un groupement à objet commercial

Par achat, licitation, attribution par voie de partage : copie de l'acte et attestation de parution dans un journal d'annonces légales ou copie de celui-ci.

Par voie de donation : copie de l'acte de donation.

Par apport : copie de l'acte et attestation de parution dans un journal d'annonces légales ou copie de celui-ci.

2.5.2. Location-gérance d'un fonds de commerce par un groupement à objet commercial

Copie du contrat de location-gérance et attestation de parution dans un journal d'annonces légales ou copie de celui-ci.

2.6. ACTIVITÉ RÉGLEMENTÉE

Copie de l'autorisation provisoire ou définitive, du diplôme ou du titre conformément à l'article 30 du décret du 30 mai 1984.

ANNEXE VIII

DEMANDE D'IMMATRICULATION ET D'INSCRIPTION MODIFICATIVE DES AUTRES PERSONNES MORALES

1. Renseignements relatifs à la personne

1. 1. ÉTABLISSEMENT PUBLIC FRANÇAIS

1.1.1. Situation juridique

Copie du *Journal officiel* mentionnant l'acte qui a autorisé sa création ou en a modifié l'organisation ou son fonctionnement,

ou

Copie de l'acte ayant créé l'établissement.

1.1.2. Personnes chargées de le représenter ou de l'administrer

Pour les personnes ayant le pouvoir général d'engager l'établissement :

– extrait d'acte de naissance ;

– ou fiche d'état civil ou copie de la carte d'identité ou du passeport accompagnée d'une déclaration de l'intéressé faisant connaître sa filiation si celle-ci ne figure pas sur le document fourni ;

– ou document équivalent pour les étrangers, s'il y a lieu tout document justifiant la nationalité et sa traduction en langue française.

1.2. REPRÉSENTATION OU AGENCE COMMERCIALE DES ÉTATS, COLLECTIVITÉS OU ÉTABLISSEMENTS PUBLICS ÉTRANGERS

Personnes chargées de le représenter : certificat de l'autorité diplomatique ou consulaire dont elles relèvent attestant la réalité et le caractère officiel de la représentation ou de l'agence indiquant les nom, prénoms et domicile des personnes physiques ayant le pouvoir général de l'engager.

1.3. AUTRES PERSONNES MORALES

1.3. 1. Titre établissant leur existence

1.3.2. Pour les personnes ayant le pouvoir de les engager à titre habituel

Extrait d'acte de naissance.

Ou fiche d'état civil, ou copie de la carte d'identité ou du passeport accompagnée d'une déclaration de l'intéressé faisant connaître sa filiation si celle-ci ne figure pas sur le document fourni.

Ou document équivalent pour les étrangers, s'il y a lieu tout document justifiant la nationalité et sa traduction en langue française.

2. Renseignements relatifs à l'établissement

Dans tous les cas, pour le siège : justificatif de la jouissance du local par tous moyens.

Si le siège est situé dans des locaux occupés en commun par une ou plusieurs entreprises : copie du contrat de domiciliation visé à l'article 26-1 du décret du 30 mai 1984 et extrait du RCS ou du répertoire des métiers du domiciliataire, sauf si celui-ci est immatriculé dans le même greffe ou s'il est une personne morale française de droit public.

2.1. ACQUISITION D'UN FONDS DE COMMERCE

Par achat, licitation : copie de l'acte.

Par voie de donation : copie de l'acte de donation.

2.2. ACTIVITÉ RÉGLEMENTÉE

Copie de l'autorisation provisoire ou définitive du diplôme ou du titre conformément à l'article 30 du décret du 30 mai 1984.

2.3. AUTRES PERSONNES MORALES

Pièces justifiant les renseignements exigés par la législation particulière.

ANNEXE IX

DEMANDE DE RADIATION

1. Radiation des personnes physiques

1.2. EN CAS DE DÉCÈS DE L'ASSUJETTI

Extrait de l'acte de décès.

Pour les ambulants ainsi que pour les forains n'ayant en France ni domicile, ni résidence fixe : original de la carte de commerçant ambulant ou du titre de circulation sur lequel le greffier porte la mention de la radiation ainsi que sa date.

2. Radiation des personnes morales

Si la formalité n'est pas concomitante au dépôt : récépissé du dépôt d'actes de nullité, de clôture des comptes de liquidation ou de fusion.

En cas de demande de radiation d'une immatriculation secondaire par suite de fusion et de scission prévues aux articles 371 et suivants de la loi du 24 juillet 1966 : extrait du registre du commerce et des sociétés du siège portant mention de l'opération.

Le cas échéant, attestation de parution dans un journal d'annonces légales ou copie de celui-ci.

Décret n° 67-238 du 23 mars 1967,

Instituant un Bulletin officiel des annonces civiles et commerciales.

Art. 1er Il est institué un bulletin annexe au *Journal officiel* de la République française sous le titre de *Bulletin officiel des annonces civiles et commerciales.*

Sont insérés dans ce bulletin les avis prévus par le présent décret, par le décret n° 84-406 du 30 mai 1984 relatif au registre du commerce et des sociétés et, le cas échéant, par tous autres textes législatifs ou réglementaires.

2 *(Décr. n° 84-406 du 30 mai 1984)* L'avis concernant l'immatriculation au registre du commerce et des sociétés contient les indications prévues à l'article 73 du décret n° 84-406 du 30 mai 1984 relatif au registre du commerce et des sociétés.

3 *(Décr. n° 84-406 du 30 mai 1984)* L'avis concernant une déclaration afférente à la vente, à la cession, à l'apport en société, à l'attribution par partage ou par licitation d'un fonds de commerce doit contenir les indications suivantes :

1° Le nom de l'ancien propriétaire et *(Décr. n° 98-550 du 2 juill. 1998)* « les mentions visées aux 1 et 2 de l'article 72 du décret n° 84-406 du 30 mai 1984 relatif au registre du commerce et des sociétés » ;

2° En ce qui concerne le nouveau propriétaire, les indications exigées à l'article 73 du décret n° 84-406 du 30 mai 1984 relatif au registre du commerce et des sociétés ;

3° Le prix stipulé, y compris les charges ou l'évaluation ayant servi de base à la perception des droits d'enregistrement ;

4° Le titre du journal habilité à recevoir les annonces légales dans lequel la première insertion a été effectuée ainsi que la date de cette insertion ;

5° Une élection de domicile dans le ressort du tribunal où est situé l'établissement.

La publication de cet avis doit être requise du greffier par le nouveau propriétaire du fonds de commerce dans les trois jours de la première insertion dans un journal d'annonces légales prévue à l'article 3 de la loi du 17 mars 1909 *[C. com., art. L. 141-12]*. Lorsque cette publication est requise en même temps que celle de l'avis relatif à l'immatriculation du nouveau propriétaire du fonds de commerce au registre du commerce et des sociétés ou à des inscriptions modificatives de cette immatriculation consécutives à la vente ou à la cession du fonds de commerce, un avis unique est publié. Cet avis comprend l'ensemble des indications que contiennent les avis qu'il remplace. Lorsque l'immatriculation au registre est faite postérieurement à la demande de publication de l'avis afférent à la vente ou cession du fonds de commerce, le greffier fait publier l'avis conformément à l'article 73 du décret n° 84-406 du 30 mai 1984 en mentionnant le premier avis.

4 *(Décr. n° 84-406 du 30 mai 1984)* L'avis relatif à la nouvelle immatriculation du donataire, du légataire, de l'héritier unique du titulaire d'un fonds de commerce comporte les indications exigées à l'article 73 du décret n° 84-406 du 30 mai 1984 relatif au registre du commerce et des sociétés et, en outre, le nom de l'ancien exploitant et *(Décr. n° 98-550 du 2 juill. 1998)* « les mentions visées aux 1 et 2 de l'article 72 du décret n° 84-406 du 30 mai 1984 relatif au registre du commerce et des sociétés ».

5 L'avis relatif à la nouvelle immatriculation, faisant suite à la mise d'un fonds de commerce ou d'un établissement artisanal en location-gérance comporte les mêmes indications concernant respectivement l'ancien et le nouvel exploitant.

6 Dans le cas où l'immatriculation serait requise pour toute autre cause que la création de l'établissement ou le changement de l'exploitant, mention doit en être faite dans l'avis qui indique la raison de la nouvelle immatriculation ainsi que le numéro antérieur.

7 *(Décr. n° 84-406 du 30 mai 1984)* L'avis relatif à une déclaration de radiation comporte les indications exigées à l'article 75 du décret n° 84-406 du 30 mai 1984 relatif au registre du commerce et des sociétés.

8 *(Décr. n° 84-406 du 30 mai 1984)* « Les inscriptions modificatives ainsi que la dissolution et la décision prononçant la nullité de la personne morale doivent être publiées dans les conditions prévues à l'article 74 du décret n° 84-406 du 30 mai 1984 relatif au registre du commerce et des sociétés. »

(Décr. n° 78-705 du 3 juill. 1978) Les inscriptions modificatives concernant les jugements relatifs à des procédures de règlement judiciaire et de liquidation des biens sont, dans tous les cas, publiées au bulletin par application des articles 13, 14, 100 et 104 du décret n° 67-1120 du 22 décembre 1967. Les inscriptions modificatives concernant les jugements relatifs à des procédures de suspension provisoire des poursuites et d'apurement collectif du passif sont, dans tous les cas, publiées par application des articles 12 et 13 du décret n° 67-1255 du 31 décembre 1967.

9 Les insertions prévues par les dispositions qui précèdent sont faites aux frais du nouvel exploitant du fonds de commerce ou de l'entreprise artisanale, à la diligence et sous la responsabilité du greffier qui reçoit les déclarations.

10 Dans tous les textes législatifs et réglementaires où elles figurent, les dénominations *Bulletin officiel des ventes et cessions de fonds de commerce* et *Bulletin officiel du registre du commerce et du registre des métiers* sont remplacées par la dénomination *Bulletin officiel des annonces civiles et commerciales.*

11 Un service gratuit du *Bulletin officiel des annonces civiles et commerciales* est fait par l'administration des Journaux officiels aux greffes des tribunaux de commerce et des tribunaux de grande instance statuant en matière commerciale.

12 Sont abrogés :

La loi n° 49-483 du 9 avril 1949 relative au *Bulletin officiel du registre du commerce et du registre des métiers* ;

Le décret du 4 août 1926 portant création d'un bulletin annexe au *Journal officiel* de la République française sous le titre du *Bulletin officiel des ventes et cessions de fonds de commerce* ;

Les articles 1er à 10 du décret nº 50-860 du 22 juillet 1950 portant règlement d'administration publique pour l'application de la loi du 9 avril 1949 relative au *Bulletin officiel du registre du commerce et du registre des métiers*.

13 Le présent décret ne pourra être modifié que par décret en Conseil d'État.

14 Le présent décret entrera en vigueur à la même date que la loi nº 66-537 du 24 juillet 1966 sur les sociétés commerciales.

V. Arr. 17 mai 1984 (D. et ALD 1984. 340) fixant les dispositions relatives à la constitution d'une banque de données télématique des informations contenues dans le BODACC.

Sur les tarifs des insertions au BODACC, V. Décr. nº 2004-1431 du 23 déc. 2004 (JO 30 déc.).

Sur l'adjonction d'une nouvelle rubrique au BODACC intitulée « Avis du jugement d'ouverture d'une procédure de rétablissement personnel », V. Décr. nº 2004-218 du 12 mars 2004 (JO 14 mars).

Loi du 1er juin 1923,

Rendant obligatoire sur tous les papiers de commerce, factures, etc., des commerçants l'indication de l'immatriculation au registre du commerce et des sociétés.

Art. 1er *Abrogé par Ord. nº 58-1352 du 27 déc. 1958.*

2 Les maires ne pourront accorder des autorisations de séjour ou de parcours aux marchands ambulants qu'à la condition qu'ils justifient de leur immatriculation au registre du commerce et des sociétés.

3 à 6 *Abrogés par Ord. nº 58-1352 du 27 déc. 1958.*

Loi de finances nº 51-598 du 24 mai 1951. **Art. 46** *(Fixation, par arrêtés ministériels, des taxes concernant, notamment, le registre du commerce). — V. CPI, art. R. 411-17 [mod. par art. 6 du Décr. nº 2004-199 du 25 févr. 2004] et Arr. 24 déc. 2001, modifié. - **CPI**.*

Décret nº 53-962 du 30 septembre 1953, *tendant à soumettre à certaines conditions techniques et financières la création, l'extension et le transfert d'établissements commerciaux. — V. supra, vº Commerce (organisation).* **Art. 2** L'immatriculation ou, le cas échéant, la déclaration modificative au registre du commerce et des sociétés, ne pourront être effectuées que sur présentation d'une justification attestant qu'il a été satisfait aux conditions fixées par l'article 1er ci-dessus *[conditions techniques d'installation ou d'équipement des fonds de commerce ayant pour objet la vente des produits alimentaires]*.

Décret n° 69-389 du 18 avril 1969,

Relatif aux modalités de transfert des registres du commerce et des sociétés et des registres des agents commerciaux et aux modalités d'indemnisation des greffiers des tribunaux de commerce et des auxiliaires de justice en cas de modification du ressort des juridictions commerciales (Décr. n° 88-38 du 13 janv. 1988).

Art. 1er Lorsque le ressort d'un tribunal de commerce ou d'un tribunal de grande instance statuant en matière commerciale est modifié par suite d'une nouvelle délimitation de circonscriptions administratives ou judiciaires, il est procédé conformément aux dispositions ci-après.

CHAPITRE PREMIER *Dispositions générales*

2 à 4 *Abrogés par Décr. n° 88-38 du 13 janv. 1988.*

CHAPITRE II *Dispositions particulières au registre du commerce et des sociétés et au registre des agents commerciaux*

5 Lorsqu'un établissement commercial, appartenant à une personne physique ou morale, est situé dans un canton, une commune ou une section de commune transférés dans un autre ressort, le greffier du tribunal antérieurement compétent adresse au greffier du tribunal désormais compétent le dossier complet d'immatriculation relatif à cet établissement, sous réserve que l'immatriculation n'ait pas été radiée avant la date de modification du ressort.

6 Si le dossier concerne une immatriculation à titre principal, le greffier du tribunal désormais compétent attribue un nouveau numéro d'immatriculation au registre du commerce et des sociétés ; ce numéro *(Décr. n° 85-880 du 22 août 1985)* « est notifié » par lettre recommandée accompagnée d'un extrait à la personne physique ou morale intéressée ; avis est également adressé à l'institut national de la propriété industrielle.

Si le dossier concerne une personne physique ou morale déjà titulaire à un titre quelconque d'un numéro d'immatriculation au greffe du tribunal désormais compétent, le greffier de ce tribunal classe sous ce numéro le dossier transféré.

Mention de ce classement *(Décr. n° 85-880 du 22 août 1985)* « est notifiée » dans les conditions prévues au premier alinéa.

7 Jusqu'à transmission du dossier au greffier du tribunal désormais compétent, les inscriptions modificatives qui devraient être apportées à l'immatriculation sont reçues par le greffier du tribunal antérieurement compétent qui doit également délivrer toutes copies ou extraits d'immatriculation au registre du commerce et des sociétés.

8 Sauf dérogation particulière prévue par le décret modifiant le ressort d'un tribunal de commerce ou d'un tribunal de grande instance statuant en matière commerciale, le transfert des dossiers prévu à l'article 5 doit être effectué dans le délai de trois mois à compter de la date de l'entrée en vigueur du décret modifiant la circonscription administrative ou judiciaire intéressée.

9 Sauf dérogation particulière prévue par le décret modifiant le ressort d'un tribunal de commerce ou d'un tribunal de grande instance statuant en matière commerciale, les diligences imparties par l'article 6 au greffier du tribunal désormais compétent doivent être accomplies dans le délai de six mois à compter de la réception des pièces prévues à l'article 5.

10 Les dispositions des articles 5 à 9 ci-dessus sont applicables, en tant que de besoin, au registre des agents commerciaux.

11 *(Décr. n° 85-880 du 22 août 1985)* Le montant des émoluments dus aux greffiers pour les radiations et réimmatriculations en matière de registre du commerce et des sociétés et du registre des agents commerciaux est imputé sur les crédits ouverts au ministère de la justice pour les frais de justice en matière commerciale.

Décret n° 78-705 du 3 juillet 1978,

Modifiant et complétant le décret n° 67-237 du 23 mars 1967 relatif au registre du commerce et modifiant certaines mesures de publicité.

Art. 1er à 40 *Abrogés par Décr. n° 84-406 du 30 mai 1984, art. 82.*

41 et 42 *V. supra, Décr. n° 67-238 du 23 mars 1967, art. 8.*

43 à 48 ....

49 A titre transitoire, toute société civile non immatriculée, en application de l'article 4 de la loi n° 78-9 du 4 janvier 1978, venant à acquérir, après sa constitution, le caractère commercial, soit, en raison de sa forme, soit, en raison de son objet doit requérir dans un délai de quinze jours son immatriculation au registre du commerce et des sociétés au greffe du tribunal dans le ressort duquel son siège est situé.

Faute par cette société de requérir son immatriculation, le juge commis à la surveillance du registre, soit, d'office, soit, sur requête du procureur de la République ou de toute autre personne justifiant y avoir intérêt rend une ordonnance enjoignant à l'intéressée de faire procéder à son immatriculation suivant les règles prévues aux articles 46 à 49 du décret n° 67-237 du 23 mars 1967 modifié.

50 En cas de dissolution de plein droit d'une société à responsabilité limitée ou d'une société par actions immatriculée qui n'a pas augmenté son capital au montant minimal prévu par les articles 35 et 71 de la loi n° 66-537 du 24 juillet 1966 sur les sociétés commerciales *[C. com., art. L. 223-2 et L. 224-2]* avant le 1er octobre 1970, le greffier invite la société à procéder à la déclaration prévue à l'article 38, alinéa 1er, du décret n° 67-237 du 23 mars 1967, par lettre recommandée avec demande d'avis de réception.

A défaut d'une régularisation dans le délai de trois mois à compter de la date d'envoi de la lettre recommandée, le greffier saisit le juge commis à la surveillance du registre pour être autorisé à procéder à une radiation d'office de la société.

51 *Modifie le code de l'organisation judiciaire, art. R. 915-3. – V. C. **pr. civ.***

52 Dans le décret n° 67-237 du 23 mars 1967, les dénominations « registre du commerce » et « registre national du commerce » sont remplacées par les dénominations « registre du commerce et des sociétés » et « registre national du commerce et des sociétés ».

53 Dans le décret n° 67-237 du 23 mars 1967 et dans le décret n° 67-238 du 23 mars 1967, la dénomination « bulletin officiel des annonces commerciales » est remplacée par la dénomination « bulletin officiel des annonces civiles et commerciales ».

Loi n° 94-126 du 11 février 1994,

Relative à l'initiative et à l'entreprise individuelle.

TITRE PREMIER Simplifications de formalités administratives imposées aux entreprises

Art. 1er Les dispositions du présent titre sont applicables aux relations entre, d'une part, les entreprises et, d'autre part, les administrations de l'État, les établissements publics de l'État à caractère administratif, les collectivités locales, leurs groupements et leurs établissements publics à caractère administratif, les personnes privées chargées d'un service public administratif, à l'exception des ordres professionnels, les organismes gérant des régimes de protection sociale relevant du code de la sécurité sociale et du code rural ou visés aux articles L. 223-16 et L. 351-21 du code du travail et les organismes chargés de la tenue d'un registre de publicité légale, y compris les greffes.

2 Sous réserve de l'application des dispositions relatives à l'exercice des professions ou activités réglementées, l'obligation pour une entreprise de déclarer sa création, la modification de sa situation ou la cessation de ses activités auprès d'une administration, personne ou organisme visés à l'article 1er est légalement satisfaite par le dépôt d'un seul dossier comportant les diverses déclarations que ladite entreprise est tenue de remettre aux administrations, personnes ou organismes visés à l'article 1er.

Ce dossier unique est déposé auprès d'un organisme désigné à cet effet, dans des conditions définies par décret en Conseil d'État, et vaut déclaration près du destinataire dès lors qu'il est régulier et complet à l'égard de celui-ci. — *V. infra, Décr. n° 96-650 du 19 juill. 1996.*

3 Dans ses relations avec les administrations, personnes ou organismes visés à l'article 1er, une entreprise ne peut être tenue d'indiquer un numéro d'identification autre que le numéro unique attribué dans des conditions fixées par décret. Un identifiant spécifique peut être utilisé à titre complémentaire, notamment pour certaines activités soumises à déclaration ou autorisation préalables, dans des conditions fixées par décret. — *V. infra, Décr. n° 97-497 du 16 mai 1997.*

L'entreprise ne peut être tenue de mentionner un autre numéro dans ses papiers d'affaires tels que factures, notes de commandes, tarifs, documents publicitaires et récépissés concernant ses activités.

4 I. — Toute déclaration d'une entreprise destinée à une administration, personne ou organisme visés à l'article 1er peut être faite par voie électronique, dans les conditions fixées par voie contractuelle.

Ce contrat précise notamment, pour chaque formalité, les règles relatives à l'identification de l'auteur de l'acte, à l'intégrité, à la lisibilité et à la fiabilité de la transmission, à sa date et à son heure, à l'assurance de sa réception ainsi qu'à sa conservation.

La réception d'un message transmis conformément aux dispositions du présent article tient lieu de la production d'une déclaration écrite ayant le même objet.

II. — Lorsque la transmission d'une déclaration écrite entre une entreprise et une administration, personne ou organisme visés à l'article 1er est soumise à une date limite d'envoi, le cachet de la poste fait foi de la date de cet envoi.

III. — *(L. n° 2003-721 du 1er août 2003, art. 4)* « Par exception au I, lorsqu'elles sont transmises par voie électronique, les déclarations relatives à la création de l'entreprise, à la modification de sa situation ou à la cessation de son activité sont faites dans des conditions fixées par décret en Conseil d'État. » — *V. infra, Décr. n° 96-650 du 19 juill. 1996, art. 6-IV et supra, Décr. n° 84-406 du 30 mai 1984, art. 54, al. 3.*

BIBL. ▶ Caprioli et Munoz, *RJ com. 1995. 10.*

4-1 *(Ord. n° 2005-43 du 20 janv. 2005, art. 11)* **Le présent titre est applicable à Mayotte, sous réserve du remplacement, à l'article 1er, des mots : « les organismes gérant des régimes de protection sociale relevant du code de la sécurité sociale et du code rural ou visés aux articles L. 223-16 et L. 351-21 du code du travail » par les mots : « les organismes gérant des régimes de protection sociale à Mayotte ou visés par l'article L. 327-7 du code du travail applicable à Mayotte ».** – *Entrée en vigueur le 1er févr. 2005 (Ord. préc., art. 17).*

Décret n° 96-650 du 19 juillet 1996,

Relatif aux centres de formalités des entreprises.

RÉP. COM. v° *Centres de formalités des entreprises,* par BEDER.

BIBL. ▶ COUTANT, *Gaz. Pal. 1996. 2. Doctr. 1485.*

Art. 1er **Les centres de formalités des entreprises reçoivent le dossier unique, mentionné à l'article 2 de la loi du 11 février 1994 susvisée** *[n° 94-126, relative à l'initiative et à l'entreprise individuelle, supra]* **et comportant les déclarations relatives à leur création, aux modifications de leur situation ou à la cessation de leur activité, que les entreprises sont tenues de remettre aux administrations, personnes ou organismes mentionnés à l'article 1er de la même loi.**

Ils reçoivent en outre les notifications effectuées par les greffes des tribunaux de commerce ou des tribunaux de grande instance statuant commercialement, en application de l'article 4-1 du décret du 30 mai 1984 susvisé *[n° 84-406, relatif au registre du commerce et des sociétés, supra]*. *(Décr. n° 2002-375 du 19 mars 2002)* **« Ils sont informés par les organismes destinataires lorsque les déclarations contiennent des demandes au sujet desquelles une décision doit être prise. »**

(Abrogé par Décr. n° 2006-679 du 9 juin 2006, art. 2) ***« Les centres transmettent les déclarations ainsi que les renseignements mentionnés à l'alinéa précédent aux administrations, personnes ou organismes concernés. »***

(Décr. n° 2002-375 du 19 mars 2002) **« Les centres de formalités remettent à tout déclarant un livret, approuvé par arrêté du ministre de la justice et des ministres chargés des affaires sociales, du travail, de l'économie, des finances, du budget, de l'industrie, du commerce et de l'artisanat, du transport et de l'agriculture et de la pêche, précisant les obligations du centre ainsi que les éléments que doit contenir le dossier de déclaration.**

« Ils transmettent les renseignements ou pièces à chacun des organismes destinataires selon sa compétence.

« Il leur est interdit de communiquer à des tiers les renseignements contenus dans les déclarations. »

2 **I. – 1° Sous réserve des dispositions des 2° et 3° ci-dessous, les chambres de commerce et d'industrie créent** *(Décr. n° 2002-375 du 19 mars 2002)* **« et gèrent » les centres de formalités des entreprises compétents pour :**

a) **Les commerçants ;**

b) **Les sociétés commerciales ;**

c) Abrogé par Décr. n° 2002-375 du 19 mars 2002, art. 3-III.

2° Les chambres de métiers *(Décr. n° 2004-1164 du 2 nov. 2004, art. 1er)* **« et de l'artisanat » créent** *(Décr. n° 2002-375 du 19 mars 2002)* **« et gèrent » les centres compétents pour les personnes physiques et les sociétés assujetties à l'immatriculation au répertoire des métiers, à l'exclusion de celles visées au 3° ci-dessous.**

3° La chambre nationale de la batellerie artisanale crée *(Décr. n° 2002-375 du 19 mars 2002)* **« et gère » le centre compétent pour les personnes physiques et les sociétés assujetties à l'immatriculation au registre des entreprises de la batellerie artisanale.**

4° Les greffes des tribunaux de commerce ou des tribunaux de grande instance statuant commercialement créent *(Décr. n° 2002-375 du 19 mars 2002)* « et gèrent » les centres compétents pour :

a) Les sociétés civiles et autres que commerciales ;

b) Les sociétés d'exercice libéral ;

c) Les personnes morales assujetties à l'immatriculation au registre du commerce et des sociétés autres que celles visées aux 1°, 2° et 3° du présent article ;

d) Les établissements publics industriels et commerciaux ;

e) Les agents commerciaux.

(Décr. n° 2002-375 du 19 mars 2002) « *f)* Les groupements d'intérêt économique et les groupements européens d'intérêt économique. »

5° Les unions de recouvrement des cotisations de sécurité sociale et d'allocations familiales (URSSAF) ou les caisses générales de sécurité sociale créent *(Décr. n° 2002-375 du 19 mars 2002)* « et gèrent » les centres compétents pour :

a) *(Décr. n° 2002-375 du 19 mars 2002)* « Les personnes exerçant, à titre de profession habituelle, une activité indépendante réglementée ou non autre que commerciale, artisanale ou agricole » ;

b) Les employeurs dont les entreprises ne sont pas immatriculées au registre du commerce et des sociétés, au répertoire des métiers ou au registre des entreprises de la batellerie artisanale *(Décr. n° 2002-375 du 19 mars 2002)* « , et qui ne relèvent pas des centres mentionnés au 6° ».

6° *(Décr. n° 98-326 du 27 avr. 1998)* « Les chambres d'agriculture créent *(Décr. n° 2002-375 du 19 mars 2002)* « et gèrent » les centres compétents pour les personnes physiques et morales exerçant à titre principal des activités agricoles ».

7° Les centres des impôts créent *(Décr. n° 2002-375 du 19 mars 2002)* « et gèrent » les centres compétents pour les personnes suivantes dès lors *(Décr. n° 2002-375 du 19 mars 2002)* « qu'elles exercent leur activité à titre de profession habituelle, » qu'elles ne relèvent pas des dispositions des 1° à 6° du présent article et qu'elles n'ont pas d'autres obligations déclaratives que statistiques et fiscales :

a) Les assujettis à la taxe sur la valeur ajoutée ;

b) Les assujettis à l'impôt sur le revenu au titre des bénéfices industriels et commerciaux ;

c) Les assujettis à l'impôt sur le revenu au titre des bénéfices non commerciaux ;

d) Les assujettis à l'impôt sur les sociétés.

II. – Chaque centre est compétent à l'égard des entreprises dont le siège social, l'établissement principal ou un établissement est situé dans le ressort territorial de l'administration, personne ou organisme qui le crée.

3 Le dépôt des déclarations prévues à l'annexe II du présent décret est obligatoirement effectué dans les centres de formalités des entreprises au terme d'un délai d'un an à compter de la création du centre.

(Décr. n° 2006-679 du 9 juin 2006, art. 3) « Toutefois, lorsque la déclaration comporte une demande d'immatriculation au registre du commerce et des sociétés, d'inscription modificative ou de radiation, le déclarant a la faculté de déposer le dossier de déclaration directement auprès du greffe du tribunal compétent pour y procéder. Dans ce cas, le greffe, qui conserve la demande d'inscription, transmet sans délai le dossier au centre de formalités des entreprises compétent.

« Lorsque la déclaration est effectuée par voie électronique, il est fait application des dispositions particulières prévues à l'article 9-1. »

1. Saisine du greffe (jurisprudence rendue en application de l'ancien décret du 18 mars 1981). La demande d'inscription au registre du commerce et des sociétés faite directement au greffe du tribunal de commerce suppose de justifier d'avoir préalablement saisi le centre de formalités des entreprises par la production d'un récépissé ou un mode de preuve au moins équivalent. • Civ. 2e, 9 oct. 1991 : *Bull. civ. II, n° 250 ; Rev. sociétés 1992. 717, note Randoux ; JCP 1992. II. 21811, note Derruppé.* – V. déjà • T. com. Paris, 9 juin 1988 et • T. com.

Valenciennes, 26 mai 1988 : *Gaz. Pal. 1988. 2. 497.* ♦ Comp., pour une interprétation restrictive, exigeant l'urgence : Rép. min. : n° 8642 *JOAN Q, 17 avr. 1989, p. 1749 ;* n° 3349 : *JO Sénat Q, 1er juin 1989, p. 847.* ♦ Sur cette question, V. aussi Circ. 2 févr. 1988 : *D. et ALD 1988. 150 ;* Circ. 6 mai 1988, II, c : *D. et ALD 1988. 316.*

2. Obligations du greffe (depuis le décret du 19 juill. 1996). Sur les obligations pesant sur le greffier ayant accepté le dossier d'un déclarant dans le cadre de la procédure édictée à l'art. 3, V. Circ. 16 mars 1998 : *BOMJ, n° 69, p. 92.*

4 **Les déclarations sont présentées au centre compétent en application de l'article 2 du présent décret. Si plusieurs centres se trouvent compétents, les déclarations sont présentées à l'un d'eux au choix du déclarant** *(Décr. n° 2002-375 du 19 mars 2002)* **« , le centre choisi étant tenu d'accepter le dossier ».**

Le dossier comprend :

1° *(Décr. n° 2002-375 du 19 mars 2002)* **« Les déclarations signées du déclarant ou de son mandataire, accompagnées, le cas échéant, du pouvoir du mandataire, »**

2° *(Décr. n° 2002-375 du 19 mars 2002)* **« Les pièces justificatives prescrites, selon les textes en vigueur, en original ou en copie dont la conformité à l'original est attestée par le déclarant. »**

3° Les actes qui doivent être remis aux organismes destinataires, dans la forme dans laquelle ce dépôt doit être effectué ;

4° Le titre de paiement des frais, droits ou redevances prescrits par les textes réglementaires particuliers.

(Décr. n° 2002-375 du 19 mars 2002) **« Les formulaires de déclaration et la liste des pièces justificatives font l'objet d'une homologation par la commission pour les simplifications administratives. »** *— V. Arr. 11 avr. 2002 (JO 13 avr.).*

5 **Le centre est réputé saisi lorsque les déclarations** *(Décr. n° 2002-375 du 19 mars 2002)* **« qui lui sont remises directement ou par voie postale ou électronique,** *(Abrogé par Décr. n° 2006-679 du 9 juin 2006, art. 4)* ***« dans les conditions prévues à l'article 4 de la loi du 11 février 1994 susvisée et selon les modalités définies à l'arrêté mentionné à l'article 1er, »*** **sont établies sur les formulaires homologués prévus à l'article 4 du présent décret », signées du déclarant ou de son mandataire et qu'elles comportent au moins les énonciations indispensables pour identifier :**

(Décr. n° 2002-375 du 19 mars 2002) **« I. — Pour les créations d'entreprises : »**

1° Les nom, nom d'usage et prénoms du déclarant pour les personnes physiques, la dénomination ou la raison sociale pour les personnes morales ;

2° La forme juridique de l'entreprise ;

3° Le siège de l'entreprise *(Décr. n° 2002-375 du 19 mars 2002)* **« , le domicile du déclarant » ou l'adresse de l'établissement ;**

4° L'objet de la formalité ;

5° Les activités générales de l'entreprise ou de l'établissement ;

6° L'existence de salariés dans l'entreprise ou dans l'établissement et, le cas échéant, leur nombre ;

7° La date d'effet de l'événement objet de la formalité ;

8° Les date et lieu de naissance des déclarants personnes physiques.

(Décr. n° 2002-375 du 19 mars 2002) **« II. — Pour les modifications de la situation de l'entreprise ainsi que pour sa cessation d'activité :**

« 1° Les nom, nom d'usage et prénoms du déclarant pour les personnes physiques, la dénomination ou la raison sociale pour les personnes morales ;

« 2° Le numéro unique d'identification de l'entreprise et, le cas échéant, le nom de la ville où se trouve le greffe où elle est immatriculée, ou la chambre des métiers *(Décr. n° 2004-1164 du 2 nov. 2004, art. 1er)* **« et de l'artisanat » où elle est inscrite au répertoire des métiers ;**

« 3° L'objet de la formalité, ainsi que la date d'effet de l'événement la justifiant. »

Le centre ne peut refuser les déclarations respectant les conditions ci-dessus énumérées, ni en apprécier le bien-fondé.

6 *(Décr. nº 2002-375 du 19 mars 2002)* I. — Le centre, compétemment saisi du dossier complet, transmet le jour même aux organismes destinataires les informations et pièces les concernant.

II. — Il remet ou transmet également, lors du dépôt, un récépissé au déclarant ou à son mandataire. Si le dépôt est effectué par voie postale, le récépissé est envoyé le jour même ou le premier jour ouvrable suivant.

Le récépissé indique :

1° Lorsque le centre s'estime incompétent, le centre auquel le dossier est transmis le jour même ;

2° Lorsque le centre s'estime compétent :

a) Si le dossier est incomplet, les compléments qui doivent être apportés dans les délais fixés au III ;

b) Si le dossier est complet, les organismes auxquels il est transmis le jour même.

III. — 1° Lorsque le centre compétent constate que le dossier est incomplet, le déclarant dispose d'un délai de quinze jours ouvrables à compter de la réception du récépissé pour produire les compléments à apporter. Toutefois, lorsque la déclaration comprend l'embauche d'un premier salarié, le dossier doit être complété dans un délai de huit jours.

A l'expiration de ce délai, le centre avise le déclarant par écrit des organismes destinataires auxquels le dossier est transmis en l'état.

2° Lorsque les éléments demandés en application du 1° ont été transmis par le déclarant ou à l'expiration du délai prévu au 1°, il transmet le jour même aux organismes destinataires la déclaration ainsi que, le cas échéant, les pièces annexées qui leur sont destinées.

IV. — A défaut de transmission par le centre à l'expiration des délais prévus au présent article, le déclarant peut obtenir la restitution immédiate de son dossier afin d'en saisir directement les organismes destinataires.

V. — Le centre transmet le jour même aux organismes destinataires compétents les notifications et les informations mentionnées au deuxième alinéa de l'article 1er.

VI. — Le centre peut transmettre par voie électronique aux organismes destinataires les informations et pièces les concernant.

La commission de coordination mentionnée à l'article 9-1 veille au respect de la confidentialité et de la sécurité des échanges ainsi organisés, ainsi qu'à la compatibilité des systèmes de communication par voie électronique.

(Décr. nº 2006-679 du 9 juin 2006, art. 5) « VII. — Dans les cas prévus à l'article L. 123-9-1 du code de commerce et à l'article 19-I de la loi nº 96-603 du 5 juillet 1996 relative au développement et à la promotion du commerce et de l'artisanat, le récépissé prévu au II lorsque le dossier est réputé complet par le centre compétent prend le nom de récépissé de dépôt de dossier de création d'entreprise. Délivré gratuitement et sans délai, ce récépissé est valable jusqu'à la notification de son immatriculation au déclarant et, au plus tard, jusqu'à l'expiration d'une durée d'un mois à compter de sa délivrance. Il indique :

« *a)* Le nom et l'adresse du centre ;

« *b)* La date de saisine du centre ;

« *c)* La date de délivrance du récépissé et la date d'expiration de sa validité ;

« *d)* La mention : « en attente d'immatriculation » ;

« *e)* Les mentions prévues aux 1°, 2° et 3° de l'article 5 ;

« *f)* Les organismes auxquels le dossier est transmis le jour même.

« Lorsqu'il s'est doté des équipements permettant l'échange des données informatisées nécessaires avec l'INSEE et, au plus tard, le 1er janvier 2007, le centre de formalités des entreprises indique sur le récépissé de dépôt de dossier de création d'entreprise le numéro unique d'identification que l'INSEE lui communique ainsi qu'au greffier du tribunal compétent, lorsque la déclaration comporte une demande d'immatriculation au registre du commerce et des sociétés.

« Lorsque la déclaration comporte une demande d'immatriculation au registre du commerce et des sociétés, une copie du récépissé de dépôt de dossier de création d'entreprise est transmise au greffier compétent avec le dossier du déclarant.

« Lorsqu'il est délivré en application de l'article L. 311-2-1 du code rural, le récépissé de dépôt de dossier de création d'entreprise, délivré gratuitement et sans délai, indique :

« *a)* Le nom et l'adresse du centre ;

« *b)* La date de saisine du centre ;

« *c)* La date de délivrance du récépissé ;

« *d)* Les mentions prévues aux 1°, 2° et 3° de l'article 5 ;

« *e)* Les organismes auxquels le dossier est transmis le jour même. »

7 La déclaration présentée ou transmise au centre compétent vaut déclaration auprès de l'organisme destinataire, dès lors qu'elle est régulière et complète à l'égard de ce dernier. Elle interrompt les délais à l'égard de cet organisme.

8 Les organismes destinataires des déclarations sont seuls compétents pour en contrôler la régularité ou en apprécier la validité. Leur transmission à ces organismes dessaisit le centre en ce qui concerne les formalités à accomplir.

(Abrogé par Décr. n° 2002-375 du 19 mars 2002, art. 7) « Lorsque les déclarations contiennent des demandes au sujet desquelles une décision doit être prise, les organismes destinataires en informent le centre en même temps que le déclarant. »

9 *(Décr. n° 2002-375 du 19 mars 2002)* Le support de la déclaration ainsi que les renseignements qu'elle contient et les pièces relatives à celles-ci ne peuvent être conservés par le centre. Toutefois, les renseignements destinés à être portés sur un registre de publicité légale peuvent être conservés par le centre pendant un délai de trois ans.

9-1 *(Décr. n° 2006-679 du 9 juin 2006, art. 7)* Les dispositions des articles précédents sont applicables à la déclaration d'entreprise par voie électronique sous réserve des dispositions qui suivent :

I. — Lorsqu'il est établi et transmis par voie électronique aux centres de formalités des entreprises, le dossier unique mentionné à l'article 2 de la loi du 11 février 1994 susvisée comprend les documents suivants :

1° Le formulaire électronique contenant l'ensemble des données déclarées ;

2° Les pièces numériques ou numérisées exigibles, y compris, le cas échéant, le mandat donné par le déclarant à une personne physique ou morale en vue d'effectuer la déclaration pour son compte, ainsi que les actes constitutifs devant être déposés, sauf s'il s'agit de pièces devant être fournies en original et établies sur support papier ;

3° Lorsque la déclaration de création ou de modification de situation donne lieu à la perception de frais légaux entraînés par l'inscription dans un registre légal, le justificatif de règlement de ces frais, selon des moyens communiqués au déclarant.

II. — Pour l'application des dispositions du présent article, lorsqu'une signature est requise, le recours à une signature électronique sécurisée est exigé dans les conditions prévues à l'article 1316-4 du code civil et au décret n° 2001-272 du 30 mars 2001 pris pour l'application de l'article 1316-4 du code civil et relatif à la signature électronique. Toutefois, pour la transmission par voie électronique des dossiers de création d'entreprise, est autorisé, y compris pour les demandes d'immatriculation au registre du commerce et des sociétés, le recours à une signature électronique présentant les caractéristiques prévues par la première phrase du second alinéa de l'article 1316-4 du code civil.

III. — Lorsqu'il doit déposer des actes authentiques ou actes sous seing privé en original ou s'il souhaite fournir sur support papier tout ou partie des pièces et justificatifs exigés, le déclarant joint à ces pièces une édition de l'accusé de réception électronique prévu au IV du présent article.

IV. — Dès réception d'un dossier conforme aux dispositions des I et II du présent article, le centre de formalités des entreprises compétent en accuse réception par voie électronique au déclarant ou à son mandataire.

Le centre de formalités des entreprises est responsable de la transmission aux organismes et administrations destinataires des éléments du dossier de déclaration d'entreprise qu'il a reçus par voie électronique.

V. — Lorsque le dossier mentionné au I du présent article est réputé complet, la transmission au déclarant ou à son mandataire des récépissés prévus aux II et VII de l'article 6 s'effectue par voie électronique, sauf si le déclarant ou son mandataire en demande la transmission par voie postale.

En cas de transmission électronique, le récépissé prévu au VII de l'article 6 comporte la signature électronique sécurisée de celui qui l'émet dans les conditions prévues par le décret du 30 mars 2001 précité.

VI. — Un arrêté ministériel fixe les caractéristiques électroniques des documents énumérés au I du présent article et les modalités de délivrance de l'accusé de réception électronique prévu au V.

VII. — Lorsqu'ils se sont dotés des équipements techniques nécessaires, les centres de formalités des entreprises, ou les services que les organismes gestionnaires de centres de formalités des entreprises mettent en commun à cette fin, fournissent un service informatique accessible par l'internet, sécurisé et gratuit, permettant au déclarant, selon son choix, de :

— transmettre un dossier unique tel que défini au I du présent article dès lors qu'il respecte les dispositions du II et du VI du présent article ;

— préparer un tel dossier de manière interactive et le transmettre.

Ce service peut également être proposé par les greffes.

VIII. — Lorsque la déclaration appelle inscription au registre du commerce et des sociétés, en application de l'article L. 123-1 du code de commerce, le service informatique visé au VII permet, conjointement :

— au déclarant de procéder à l'acquittement des frais légaux induits par cette inscription au registre du commerce et des sociétés auprès du greffe ;

— au greffe compétent de recevoir, par voie électronique, la partie du dossier unique qui lui est nécessaire pour procéder à cette inscription. Il en accuse réception, par voie électronique, au déclarant ;

— au centre de formalités des entreprises de recevoir, par voie électronique, le dossier unique.

IX. — Si le déclarant utilise un service de conservation provisoire des données proposé par le service de déclaration dans des conditions conformes à la loi du 6 janvier 1978 susvisée, il est procédé, à l'issue de la période de conservation provisoire d'une durée maximale d'un mois, à l'effacement de toutes les données et de tous les fichiers concernant le déclarant sur les supports informatiques où ils figurent. Le déclarant en est avisé préalablement par voie électronique ou, à défaut, par lettre simple.

9-2 *(Décr. n° 2006-679 du 9 juin 2006, art. 6)* La coordination des centres de formalités des entreprises est assurée par une commission qui veille à l'harmonisation de l'application des dispositions du présent décret.

Cette commission donne son avis sur toutes questions relatives au fonctionnement des centres, dont elle est saisie par ceux-ci ou par les organismes destinataires des formalités. Elle peut se saisir d'office.

Elle fait rapport aux ministres compétents des difficultés ou anomalies dont elle a connaissance. Elle propose les modifications de textes et les réformes de procédure qui en découlent.

La commission comprend un représentant de chacun des ministres assurant la tutelle des centres de formalités des entreprises et des organismes destinataires. La commission pour les simplifications administratives, représentée par son rapporteur général, participe en tant que de besoin aux réunions de la commission de coordination des centres de formalités des entreprises.

Un arrêté du Premier ministre fixe les conditions de fonctionnement de la commission, ainsi que les modalités de publication de ses avis.

Les dispositions de l'art. 9-2 reprennent celles de l'ancien art. 9-1, qui était issu du Décr. nº 2002-375 du 19 mars 2002.

10 En cas de difficulté grave de fonctionnement d'un centre, le Premier ministre prend, par arrêté, toutes mesures de nature à assurer la continuité du service.

11 Les annexes jointes au présent décret précisent les déclarations devant être déposées aux centres de formalités des entreprises et les administrations, personnes ou organismes destinataires de ces formalités selon leur compétence.

Ces annexes pourront être complétées par arrêté des ministres chargés de la justice, des transports, des affaires sociales, du travail, de l'économie, de l'industrie, de l'agriculture, du commerce et de l'artisanat, de la réforme administrative et du budget.

12 Le décret nº 81-257 du 18 mars 1981 modifié créant des centres de formalités des entreprises est abrogé.

Toutes les références au décret visé à l'alinéa précédent, figurant dans d'autres textes réglementaires, et notamment dans le décret du 30 mai 1984 susvisé, sont remplacées par des références au présent décret.

13 *Abrogé par Décr. nº 2002-375 du 19 mars 2002, art. 10.*

V. Circ. 30 mai 1997 relative au fonctionnement des centres de formalités des entreprises (JO 1er juin).

ANNEXE I

PRINCIPAUX ORGANISMES DESTINATAIRES DES FORMALITÉS DES ENTREPRISES SELON LEUR COMPÉTENCE

Greffe du tribunal de commerce ou de grande instance statuant commercialement, lequel transmet à l'Institut national de la propriété industrielle (INPI).

Service des impôts.

Unions de recouvrement des cotisations de sécurité sociale et d'allocations familiales (URSSAF) ou caisses générales de sécurité sociale.

Organismes du régime général chargés de la gestion de l'assurance vieillesse ainsi que de la tarification et de la prévention des accidents du travail et des maladies professionnelles.

Organismes d'assurance maladie et d'assurance vieillesse des professions artisanales, industrielles, commerciales et libérales.

Caisses départementales ou pluridépartementales de mutualité sociale agricole.

Inspection du travail.

Chambres des métiers et de l'artisanat, lesquelles retransmettent à l'Institut national de la propriété industrielle (INPI).

Institut national de la statistique et des études économiques (INSEE).

Chambre nationale de la batellerie artisanale.

ANNEXE II

FORMALITÉS DES ENTREPRISES DÉPOSÉES AUX CENTRES DE FORMALITÉS DES ENTREPRISES

Chaque centre est compétent pour recevoir les déclarations ci-dessous énumérées et les actes et pièces dont la remise est exigée par l'un des organismes destinataires.

I. — Personnes physiques exerçant une activité non salariée et entreprises individuelles

1. Création :

Immatriculation principale au registre du commerce et des sociétés.

Immatriculation au répertoire des métiers.

Immatriculation au registre des entreprises de la batellerie artisanale.

Immatriculation au registre des agents commerciaux.
Inscription au répertoire national des entreprises et des établissements.
Déclaration d'existence au service des impôts.
Affiliation aux URSSAF, aux caisses générales de sécurité sociale ou aux caisses de mutualité sociale agricole.
Déclaration à l'inspection du travail.

2. Transfert hors du ressort géographique de l'un des organismes ou administrations destinataires de la déclaration initiale.

3. Modifications :
Changement de nom lié ou non avec le mariage de la personne immatriculée ou du chef d'entreprise.
Changement de nom commercial.
Changement de l'enseigne.
Changement de l'adresse de correspondance.
Changement, extension ou cessation partielle de l'activité.
Cessation temporaire d'activité et reprise d'activité après cette cessation.
Mise en location-gérance soit du fonds de commerce de l'établissement principal, soit de l'établissement artisanal.
Reprise du fonds ou de l'établissement par le loueur après une location-gérance.
Renouvellement du contrat de location-gérance.
Changement du mode d'exploitation du fonds de commerce de l'établissement principal.
Mention du conjoint collaborateur.
Transfert de l'établissement principal ou de l'entreprise à l'intérieur du ressort géographique de l'un des organismes ou administrations destinataires de la déclaration initiale.

4. Cessation définitive de l'activité, décès, radiation.

II. — Personnes morales

1. Création :
Immatriculation principale au registre du commerce et des sociétés.
Immatriculation au répertoire des métiers.
Immatriculation au registre de la batellerie artisanale.
Inscription au répertoire national des entreprises et des établissements.
Déclaration d'existence au service des impôts.
Affiliation aux URSSAF, aux caisses générales de sécurité sociale ou aux caisses de mutualité sociale agricole.
Déclaration à l'inspection du travail.

2. Transfert du siège social hors du ressort géographique de l'un des organismes ou administrations destinataires de la déclaration initiale.

3. Modifications :
Changement de raison sociale ou de dénomination sociale.
Changement de l'enseigne.
Changement de l'adresse de correspondance.
Changement relatif à la forme juridique, au capital et à la durée de la personne morale.
Changement des dirigeants, gérants ou associés.
Changement, extension ou cessation partielle de l'activité de la personne morale.
Cessation temporaire d'activité et reprise d'activité après cette cessation.
Mise en location-gérance ou reprise après location-gérance du fonds de commerce.
Renouvellement du contrat de location-gérance.
Changement du mode d'exploitation du fonds de commerce de la société.
Transfert du siège social à l'intérieur du ressort de l'un des organismes ou administrations destinataires de la déclaration initiale.

4. Cessation définitive d'activité, fin de la personne morale, radiation.

III. — Établissements

1. Ouverture :
Mention au répertoire des métiers.
Mention au registre de la batellerie artisanale.

Immatriculation secondaire ou inscription complémentaire au registre du commerce et des sociétés.
Déclaration d'ouverture : au service des impôts, aux URSSAF ou aux caisses générales de sécurité sociale et à l'inspection du travail.

2. Modifications :
Changement de l'enseigne.
Changement de l'adresse de correspondance.
Changement, extension ou cessation partielle de l'activité.
Cessation temporaire d'activité ou reprise d'activité après cessation.
Mise en location-gérance du fonds de commerce ou de l'établissement artisanal ou reprise après location-gérance.
Renouvellement du contrat de location-gérance.
Changement du mode d'exploitation de l'activité.
Transfert.

3. Cessation définitive d'activité, radiation.
Ne relèvent pas de la compétence des centres :
Les déclarations fiscales concernant l'assiette ou le renouvellement des droits ou taxes.
Les déclarations relatives aux modifications de l'effectif des salariés pour fixer notamment le montant des contributions sociales.
Les déclarations relatives à des mesures de publicité autres que celles figurant au registre du commerce et des sociétés et au registre des agents commerciaux.
Les formalités prévues dans le cadre de la déclaration unique d'embauche.
Les déclarations concernant une personne morale de droit public non soumise à immatriculation au registre du commerce et des sociétés.

Décret n° 97-497 du 16 mai 1997,

Relatif au numéro unique d'identification des entreprises.

Art. 1er Le numéro unique d'identification qui seul peut être exigé d'une entreprise dans ses relations avec les administrations, personnes ou organismes énumérés à l'article 1er de la loi du 11 février 1994 susvisée est le numéro d'identité qui lui est attribué lors de son inscription au répertoire des entreprises et de leurs établissements en application du décret du 14 mars 1973 susvisé *[n° 73-314]*.

2 Les dispositions de l'article précédent ne font pas obstacle à ce qu'une entreprise puisse être tenue de porter, en complément du numéro unique d'identification et à titre d'identifiant spécifique :

a) Pour les activités soumises à immatriculation au registre du commerce et des sociétés, les mentions prévues par l'article 72 du décret du 30 mai 1984 susvisé ; *– V. ce texte, supra.*

b) Pour les relations avec une administration, personne ou organisme concernant plus particulièrement un des établissements de l'entreprise, le numéro complémentaire attribué à cet établissement dans les conditions prévues au décret du 14 mars 1973 susvisé ;

c) Pour les activités soumises à la directive du 16 décembre 1991 susvisée, l'indication du numéro de TVA intracommunautaire, selon les modalités arrêtées par le ministre chargé du budget et par le ministre chargé de la simplification des formalités incombant aux entreprises ;

d) Pour les activités soumises à une inscription à un autre registre ou répertoire que celui du commerce et des sociétés ou à une autorisation ou déclaration préalable, une mention afférente à l'accomplissement de la formalité, dans les conditions prévues par les dispositions applicables le jour de la publication du présent décret, ou dans celles prévues par un acte réglementaire conjoint du ministre concerné et du ministre chargé de la simplification des formalités incombant aux entreprises, imposant l'accomplissement et la mention de formalités nouvelles ;

e) **Une mention afférente à l'accomplissement d'une formalité administrative, lorsque cette obligation résulte d'un arrêté conjoint du ministre concerné et du ministre chargé de la simplification des formalités incombant aux entreprises.**

3 *V. Décr. n° 84-406 du 30 mai 1984, art. 72, supra.*

....

SOCIÉTÉS COMMERCIALES

Sont reproduits sous cette rubrique, dans l'ordre :

— le décret n° 67-236 du 23 mars 1967, décret d'application de la loi n° 66-537 du 24 juill. 1966, abrogée et codifiée par Ord. n° 2000-912 du 18 sept. 2000, aux art. L. 210-1 s. C. com. — V. ces art., supra ;

— quelques textes particuliers applicables aux sociétés commerciales ;

— les dispositions générales applicables à toutes les sociétés (code civil, art. 1832 à 1844-17) et celles applicables à la société en participation (code civil, art. 1871 à 1873), issues de la loi n° 78-9 du 4 janvier 1978. Le décret d'application n° 78-704 du 3 juillet 1978 est reproduit dans le code civil Dalloz et dans le code Dalloz des sociétés.

Tous ces textes, ainsi que d'autres relatifs aux sociétés, sont également reproduits dans le code Dalloz des sociétés, où d'importantes annotations de jurisprudence et de bibliographie les complètent.

RÉP. SOCIÉTÉS v° *Sociétés*, par P. DIDIER et B. SAINT-ALARY.

Décret n° 67-236 du 23 mars 1967,

Sur les sociétés commerciales. — Sur l'entrée en vigueur du décret modificatif n° 82-460 du 2 juin 1982, V. la note ss. art. 309.

CHAPITRE PRÉLIMINAIRE *Dispositions générales*

Art. 1er **Les sociétés commerciales sont immatriculées au registre du commerce et des sociétés dans les conditions définies par la réglementation relative audit registre.** — *V., supra, C. com., art. L. 123-1 s. et Décr. n° 84-406 du 30 mai 1984 relatif au registre du commerce et des sociétés, supra, v° Registre du commerce et des sociétés.*

La demande d'immatriculation est présentée après accomplissement des formalités de constitution de la société.

2 **La durée de la société court à dater de l'immatriculation de celle-ci au registre du commerce et des sociétés.**

Elle peut être prorogée une ou plusieurs fois, sans que chaque prorogation puisse excéder quatre-vingt-dix-neuf ans.

3 **L'action en régularisation de la constitution de la société ou de la modification des statuts, prévue à l'article** *(Décr. n° 2005-112 du 10 févr. 2005, art. 20)* **« L. 210-7 du code de commerce », est portée devant le tribunal de commerce.**

Le tribunal territorialement compétent est celui dans le ressort duquel est situé le siège de la société.

4 **Si une ou plusieurs énonciations exigées par la loi ou les règlements ne figurent pas dans les statuts, le tribunal ordonne que ceux-ci soient complétés dans les mêmes conditions que celles requises lors de la constitution de la société.**

Si une formalité prescrite par la loi ou les règlements pour la constitution de la société ou la modification des statuts a été omise ou irrégulièrement accomplie, le tribunal ordonne qu'elle soit accomplie ou refaite. Il peut en outre ordonner que toutes les formalités qui ont suivi celle omise ou entachée d'un vice, ou certaines d'entre elles seulement, soient également refaites.

5 **L'associé ou l'actionnaire entre les mains duquel sont réunies toutes les parts ou actions d'une société peut dissoudre cette société à tout moment, par déclaration au greffe du tribunal de commerce, en vue de la mention de la dissolution au registre du commerce et des sociétés.**

Le déclarant est liquidateur de la société, à moins qu'il ne désigne une autre personne pour exercer cette fonction. — *L'art. 9 de la loi du 24 juill. 1966, pour l'application duquel cet article a été pris, a été abrogé par la loi n° 81-1162 du 30 déc. 1981.*

5-1 (Abrogé par Décr. n° 95-374 du 10 avr. 1995) ***La déclaration établie en application du premier alinéa de l'article 6 de la loi sur les sociétés commerciales est signée par ses auteurs ou par l'un ou plusieurs d'entre eux ayant reçu mandat à cet effet.***

TITRE PREMIER Dispositions particulières aux diverses sociétés commerciales

CHAPITRE PREMIER *Sociétés en nom collectif*

6 Si les statuts sont établis par acte sous seing privé, il est dressé autant d'originaux qu'il est nécessaire pour le dépôt d'un exemplaire au siège social, l'exécution des diverses formalités requises et la remise d'un exemplaire à chaque associé.

7 *Abrogé par Décr. n° 87-970 du 3 déc. 1987, art. 12.*

8 *(Décr. n° 86-909 du 30 juill. 1986)* Les actes et documents émanant de la société et destinés aux tiers, notamment les lettres, factures, annonces et publications diverses, doivent indiquer la dénomination sociale, précédée ou suivie immédiatement en caractères lisibles des mots « société en nom collectif » ou des lettres « SNC ». — *V. art. 16.*

9 Toute délibération des associés est constatée par un procès-verbal qui indique la date et le lieu de réunion, les noms et prénoms des associés présents, les documents et rapports soumis à discussion, un résumé des débats, le texte des résolutions mises aux voix et le résultat des votes. Le procès-verbal doit être signé par chacun des associés présents.

Lorsque tous les associés sont gérants, seules les délibérations dont l'objet excède les pouvoirs reconnus aux gérants sont soumises aux dispositions de l'alinéa précédent.

En cas de consultation écrite, il en est fait mention dans le procès-verbal, auquel est annexée la réponse de chaque associé et qui est signé par les gérants. — *V. art. 16.*

10 Les procès-verbaux prévus à l'article précédent sont établis sur un registre spécial tenu au siège social et coté et paraphé soit par un juge du tribunal de commerce, soit par un juge du tribunal d'instance, soit par le maire de la commune *(Décr. n° 88-418 du 22 avr. 1988)* « du siège social » ou un adjoint au maire, dans la forme ordinaire et sans frais.

Toutefois, les procès-verbaux peuvent être établis sur des feuilles mobiles numérotées sans discontinuité, paraphées dans les conditions prévues à l'alinéa précédent et revêtues du sceau de l'autorité qui les a paraphées. Dès qu'une feuille a été remplie, même partiellement, elle doit être jointe à celles précédemment utilisées. Toute addition, suppression, substitution ou interversion de feuilles est interdite. — *V. art. 16.*

11 Les copies ou extraits des procès-verbaux des délibérations des associés sont valablement certifiés conformes par un seul gérant. Au cours de la liquidation de la société, leur certification est valablement effectuée par un seul liquidateur. — *V. art. 16.*

12 *(Décr. n° 85-295 du 1er mars 1985)* Pour l'application du deuxième alinéa de l'article *(Décr. n° 2005-112 du 10 févr. 2005, art. 20)* « L. 221-9 du code de commerce » relatif à la désignation d'un commissaire aux comptes, le total du bilan est fixé à 1 550 000 €, le montant hors taxe du chiffre d'affaires à 3 100 000 € et le nombre moyen de salariés à cinquante. Le total du bilan, le montant hors taxe du chiffre d'affaires et le nombre moyen de salariés sont déterminés conformément aux alinéas 2, 3 et 4 de l'article 17 du décret n° 83-1020 du 29 novembre 1983.

La société n'est plus tenue de désigner un commissaire aux comptes dès lors qu'elle n'a pas dépassé les chiffres fixés pour deux de ces trois critères pendant les deux exercices précédant l'expiration du mandat du commissaire aux comptes.

Dans le cas prévu au troisième alinéa de l'article *(Décr. n° 2005-112 du 10 févr. 2005, art. 20)* « L. 221-9 du code de commerce », le commissaire aux comptes est désigné par ordonnance du président du tribunal de commerce statuant en la forme des référés.

12-1 *(Décr. n° 85-295 du 1er mars 1985)* Les comptes annuels, le rapport de gestion ainsi que, le cas échéant, les comptes consolidés et le rapport sur la gestion du groupe sont tenus, au siège social, à la disposition des commissaires aux comptes un mois au moins avant la convocation de l'assemblée prévue à l'article *(Décr. n° 2005-112 du 10 févr. 2005, art. 20)* « L. 221-7 du code de commerce ». – *V. infra, Décr. n° 85-295 du 1er mars 1985, art. 56.*

12-2 *(Décr. n° 85-295 du 1er mars 1985)* Les comptes annuels, le rapport de gestion, le texte des résolutions proposées ainsi que, le cas échéant, les comptes consolidés, le rapport sur la gestion du groupe et les rapports des commissaires aux comptes sur les comptes annuels et sur les comptes consolidés sont adressés aux associés quinze jours au moins avant la réunion de l'assemblée prévue à l'article *(Décr. n° 2005-112 du 10 févr. 2005, art. 20)* « L. 221-7 du code de commerce ».

Pendant le délai de quinze jours qui précède l'assemblée, l'inventaire est tenu, au siège social, à la disposition des associés, qui peuvent en prendre copie.

Les dispositions du présent article ne sont pas applicables lorsque tous les associés sont gérants. – *V. art. 16.*

13 En application des dispositions de l'article *(Décr. n° 2005-112 du 10 févr. 2005, art. 20)* « L. 221-8 du code de commerce », l'associé non gérant a le droit de prendre par lui-même, au siège social, connaissance des livres de commerce et de comptabilité, des contrats, factures, correspondances, procès-verbaux et plus généralement de tout document établi par la société ou reçu par elle.

Le droit de prendre connaissance emporte celui de prendre copie.

Dans l'exercice de ces droits, l'associé peut se faire assister d'un expert choisi sur une des listes établies par les cours et tribunaux. – *V. art. 16.*

13-1 *Abrogé par Ord. n° 2000-912 du 18 sept. 2000, et codifié ss. C. com., art. L. 232-21, supra.*

13-2 *(Décr. n° 94-663 du 2 août 1994)* Dès le dépôt prévu à l'article 13-1 *[C. com., art. L. 232-21]*, le greffier du tribunal de commerce ou du tribunal de grande instance statuant en matière commerciale fait insérer au ***Bulletin officiel des annonces civiles et commerciales*** un avis ainsi rédigé :

« La SNC ... ayant son siège ... immatriculée sous le numéro ... a déposé au greffe du tribunal de commerce (ou du tribunal de grande instance statuant en matière commerciale) de ... les comptes annuels (les comptes consolidés) et les rapports de l'exercice clos le ... en application des dispositions de l'article 13-1 du décret n° 67-236 du 23 mars 1967 sur les sociétés commerciales *[C. com., art. L. 232-21]*. »

14 La publicité prescrite par l'article *(Décr. n° 2005-112 du 10 févr. 2005, art. 20)* « L. 221-14, alinéa 2, du code de commerce » est accomplie par le dépôt, en annexe au registre du commerce et des sociétés, de deux expéditions de l'acte de cession, s'il a été établi dans la forme authentique, ou de deux originaux, s'il est sous seing privé.

15 Le créancier ne peut poursuivre un associé, à défaut de paiement ou de constitution de garanties par la société, que huit jours au moins après mise en demeure de celle-ci.

Ce délai peut être prolongé par ordonnance du président du tribunal de commerce statuant en référé.

16 *(Décr. n° 85-295 du 1er mars 1985)* **Toute infraction aux dispositions des articles 8 à 11, 12-2, 13** *(Décr. n° 94-663 du 2 août 1994)* **« et 13-1 »** *[C. com., art. L. 232-21]* **sera punie de l'amende prévue pour les contraventions de la cinquième classe. En cas de récidive, l'amende applicable est celle prévue pour la récidive des contraventions de la cinquième classe.**

CHAPITRE II *Sociétés en commandite simple*

17 Les dispositions du chapitre précédent, relatives aux sociétés en nom collectif, sont applicables aux sociétés en commandite simple.

18 Les avis et conseils, les actes de contrôle et de surveillance de l'associé commanditaire ne constituent pas des actes de gestion externe au sens de l'article *(Décr. n° 2005-112 du 10 févr. 2005, art. 20)* **« L. 222-6 du code de commerce ».**

19 L'associé commanditaire exerce le droit ouvert par l'article *(Décr. n° 2005-112 du 10 févr. 2005, art. 20)* **« L. 222-7 du code de commerce », dans les conditions prévues à l'article 13 du présent décret.**

CHAPITRE III *Sociétés à responsabilité limitée*

20 Si les statuts sont établis par acte sous seing privé, il est dressé autant d'originaux qu'il est nécessaire pour le dépôt d'un exemplaire au siège social et l'exécution des diverses formalités requises.

En outre, un exemplaire des statuts établi sur papier libre doit être remis à chaque associé.

21 *Abrogé par Décr. n° 95-374 du 10 avr. 1995, art. 24.*

22 Dans les huit jours de leur réception, les fonds provenant de la libération des parts sociales sont déposés pour le compte de la société en formation et par les personnes qui les ont reçus à la caisse des dépôts et consignations, chez un notaire ou dans une banque *[un établissement de crédit]*.

Mention de la libération des parts et du dépôt des fonds est portée dans les statuts.

23 Le retrait des fonds est accompli par le mandataire de la société sur présentation du certificat du greffier attestant l'immatriculation de la société au registre du commerce et des sociétés.

24 L'autorisation de retirer les fonds, dans les conditions prévues à l'article 39, alinéa 2, de la loi sur les sociétés commerciales, est accordée par le président du tribunal de commerce du lieu du siège social, statuant sur requête.

25 Le commissaire aux apports est choisi parmi les commissaires aux comptes inscrits sur la liste prévue à l'article 219 de la loi sur les sociétés commerciales *[C. com., art. L. 822-1]* **ou parmi les experts inscrits sur l'une des listes établies par les cours et tribunaux.**

Il est désigné, le cas échéant, par ordonnance du président du tribunal de commerce, statuant sur requête, notamment dans le cas prévu à l'article *(Décr. n° 2005-112 du 10 févr. 2005, art. 20)* **« L. 223-33 du code de commerce ».**

26 L'état des actes accomplis pour le compte de la société en formation, avec l'indication, pour chacun d'eux, de l'engagement qui en résulterait pour la société, est présenté aux associés avant la signature des statuts.

Cet état est annexé aux statuts, dont la signature emportera reprise des engagements par la société, lorsque celle-ci aura été immatriculée au registre du commerce et des sociétés.

En outre, les associés peuvent, dans les statuts ou par acte séparé, donner mandat à l'un ou plusieurs d'entre eux ou au gérant non associé qui a été désigné, de prendre des engagements pour le compte de la société. Sous réserve qu'ils soient déterminés et que les modalités en soient précisées par le mandat, l'immatriculation de la société au registre du commerce et des sociétés emportera reprise de ces engagements par ladite société.

27 *Abrogé par Décr. n° 87-970 du 3 déc. 1987, art. 12.*

28 Les actes et documents émanant de la société et destinés aux tiers, notamment les lettres, factures, annonces et publications diverses, doivent indiquer la dénomination sociale, précédée ou suivie immédiatement et lisiblement des mots « société à responsabilité limitée » ou des initiales « SARL » et de l'énonciation du montant du capital social.

29 La notification du projet de cession ou de nantissement de parts sociales, prévue aux articles *(Décr. n° 2005-112 du 10 févr. 2005, art. 20)* « L. 223-14, alinéa 2, et L. 223-15 du code de commerce », est faite par acte extrajudiciaire ou par lettre recommandée avec demande d'avis de réception.

(Décr. n° 68-25 du 2 janv. 1968) « La désignation de l'expert prévue à *(Décr. n° 78-704 du 3 juill. 1978)* « l'article 1843-4 du code civil » est faite par le président du tribunal de commerce ; celui-ci statue par ordonnance sur requête dans le cas prévu à l'article *(Décr. n° 2005-112 du 10 févr. 2005, art. 20)* « L. 223-14 (alinéa 3) du code de commerce » et par ordonnance de référé dans le cas prévu à l'article *(Décr. n° 2005-112 du 10 févr. 2005, art. 20)* « L. 223-14 (alinéa 4) du code précité ». Ces ordonnances ne sont pas susceptibles de recours. »

30 Dans le délai de huit jours à compter de la notification qui lui a été faite en application de l'article précédent, le gérant doit convoquer l'assemblée des associés pour qu'elle délibère sur le projet de cession des parts sociales ou, si les statuts le permettent, consulter les associés par écrit sur ledit projet.

La décision de la société est notifiée au cédant par lettre recommandée avec demande d'avis de réception.

31 La cession de parts sociales est soumise aux formalités de publicité prévue par l'article 14.

32 Tout associé a le droit, à toute époque, d'obtenir, au siège social, la délivrance d'une copie certifiée conforme des statuts en vigueur au jour de la demande.

La société doit annexer à ce document la liste des gérants et, le cas échéant, des commissaires aux comptes en exercice et ne peut, pour cette délivrance, exiger le paiement d'une somme supérieure à 0,3 euro.

33 Tout associé a le droit, à toute époque, de prendre par lui-même et au siège social connaissance des documents suivants : *(Décr. n° 83-1020 du 29 nov. 1983)* « bilans, comptes de résultat, annexes », inventaires, rapports soumis aux assemblées et procès-verbaux de ces assemblées concernant les trois derniers exercices. Sauf en ce qui concerne l'inventaire, le droit de prendre connaissance emporte celui de prendre copie.

A cette fin, il peut se faire assister d'un expert inscrit sur une des listes établies par les cours et tribunaux.

34 Le gérant avise le commissaire aux comptes, s'il en existe un, des conventions visées à l'article *(Décr. n° 2005-112 du 10 févr. 2005, art. 20)* « L. 223-19 du code de commerce », dans le délai d'un mois à compter de la conclusion desdites conventions.

Lorsque l'exécution de conventions conclues au cours d'exercices antérieurs a été poursuivie au cours du dernier exercice, le commissaire aux comptes est informé de cette situation dans le délai d'un mois à compter de la clôture de l'exercice.

35 Le rapport prévu à l'article *(Décr. n° 2005-112 du 10 févr. 2005, art. 20)* « L. 223-19, alinéa 1er, du code de commerce » contient :

L'énumération des conventions soumises à l'approbation de l'assemblée des associés ;

Le nom des gérants ou associés intéressés ;

La nature et l'objet desdites conventions ;

Les modalités essentielles de ces conventions, notamment l'indication des prix ou tarifs pratiqués, des ristournes et commissions consenties, des délais de paiement accordés, des intérêts stipulés, des sûretés conférées et, le cas échéant, toutes autres indications permettant aux associés d'apprécier l'intérêt qui s'attachait à la conclusion des conventions analysées ;

L'importance des fournitures livrées ou des prestations de service fournies ainsi que le montant des sommes versées ou reçues au cours de l'exercice en exécution des conventions visées à l'article 34, alinéa 2.

36 *(Décr. n° 85-295 du 1er mars 1985)* « Les comptes annuels, le rapport de gestion ainsi que le texte des résolutions proposées, les comptes consolidés, le rapport sur la gestion du groupe et les rapports du commissaire aux comptes sur les comptes annuels et les comptes consolidés sont adressés aux associés quinze jours au moins avant la date de l'assemblée prévue par l'article » *(Décr. n° 2005-112 du 10 févr. 2005, art. 20)* « L. 223-26 du code de commerce ».

Pendant le délai de quinze jours qui précède l'assemblée, l'inventaire est tenu, au siège social, à la disposition des associés, qui ne peuvent en prendre copie.

37 En cas de convocation d'une assemblée autre que celle prévue à l'article *(Décr. n° 2005-112 du 10 févr. 2005, art. 20)* « L. 223-26, alinéa 1er, du code de commerce », le texte des résolutions proposées, le rapport des gérants ainsi que, le cas échéant, celui des commissaires aux comptes sont adressés aux associés quinze jours au moins avant la date de l'assemblée.

En outre, pendant le délai de quinze jours qui précède l'assemblée, les mêmes documents sont tenus, au siège social, à la disposition des associés, qui peuvent en prendre connaissance ou copie. *— V. art. 53.*

38 Les associés sont convoqués, quinze jours au moins avant la réunion de l'assemblée, par lettre recommandée. Celle-ci indique l'ordre du jour.

Sous réserve des questions diverses, qui ne doivent présenter qu'une minime importance, les questions inscrites à l'ordre du jour sont libellées de telle sorte que leur contenu et leur portée apparaissent clairement, sans qu'il y ait lieu de se reporter à d'autres documents.

Le mandataire chargé de convoquer l'assemblée, dans le cas prévu par l'article *(Décr. n° 2005-112 du 10 févr. 2005, art. 20)* « L. 223-37, alinéa 4, du code de commerce », est désigné par ordonnance du président du tribunal de commerce statuant en référé.

39 Le mandat de représentation d'un associé est donné pour une seule assemblée. Il peut cependant être donné pour deux assemblées tenues le même jour ou dans un délai de sept jours.

Le mandat donné pour une assemblée vaut pour les assemblées successives convoquées avec le même ordre du jour.

40 En cas de consultation écrite, le texte des résolutions proposées ainsi que les documents nécessaires à l'information des associés sont adressés à chacun de ceux-ci par lettre recommandée.

Les associés disposent d'un délai minimal de quinze jours, à compter de la date de réception des projets de résolution, pour émettre leur vote par écrit. *— V. art. 53.*

41 L'assemblée des associés est présidée par le gérant ou par l'un des gérants. Si aucun des gérants n'est associé, elle est présidée par l'associé présent et acceptant qui possède ou représente le plus grand nombre de parts sociales.

Si deux associés qui possèdent ou représentent le même nombre de parts sont acceptants, la présidence de l'assemblée est assurée par le plus âgé.

42 Toute délibération de l'assemblée des associés est constatée par un procès-verbal qui indique la date et le lieu de réunion, les nom, prénoms et qualité du président, les nom et prénoms des associés présents ou représentés avec l'indication du nombre de parts sociales détenues par chacun, les documents et rapports soumis à l'assemblée, un résumé des débats, le texte des résolutions mises aux voix et le résultat des votes.

En cas de consultation écrite, il en est fait mention dans le procès-verbal, auquel est annexée la réponse de chaque associé.

Les procès-verbaux sont établis et signés par les gérants et, le cas échéant, par le président de séance. Les dispositions des articles 10 et 11 leur sont applicables. *— V. art. 53.*

42-1 *(Décr. nº 86-909 du 30 juill. 1986)* Dans les sociétés qui comportent une seule personne et dont l'associé unique n'est pas le seul gérant, et en ce qui concerne les décisions d'approbation des comptes prises par l'associé unique en lieu et place de l'assemblée, le rapport de gestion, les comptes et, le cas échéant, le rapport des commissaires aux comptes sont adressés par le gérant à l'associé unique un mois au moins avant l'expiration du délai prévu au deuxième alinéa de l'article *(Décr. nº 2005-112 du 10 févr. 2005, art. 20)* « L. 223-31 du code de commerce ». Pendant ce délai, l'inventaire est tenu au siège social à la disposition de l'associé unique. *— V. art. 53.*

42-2 *(Décr. nº 86-909 du 30 juill. 1986)* Chaque décision prise par l'associé unique en lieu et place de l'assemblée est consignée par l'associé unique sur le registre prévu au troisième alinéa de l'article *(Décr. nº 2005-112 du 10 févr. 2005, art. 20)* « L. 223-31 du code de commerce ». Le registre est tenu au siège social. Il est coté et paraphé, soit par un juge du tribunal de commerce, soit par un juge du tribunal d'instance, soit par le maire de la commune *(Décr. nº 88-418 du 22 avr. 1988)* « du siège social » ou un adjoint du maire, dans la forme ordinaire et sans frais. La certification des copies ou extraits du registre est faite conformément aux dispositions de l'article 11.

Les conventions mentionnées à l'article *(Décr. nº 2005-112 du 10 févr. 2005, art. 20)* « L. 223-19 du code de commerce » sont portées au registre dans les mêmes conditions. *— V. art. 53.*

43 *(Décr. nº 85-295 du 1er mars 1985)* Les dispositions de l'article 12 sont applicables à la désignation ou à la nomination d'un commissaire aux comptes dans les sociétés à responsabilité limitée.

44 *(Décr. nº 86-909 du 30 juill. 1986)* Les comptes annuels, le rapport de gestion et, le cas échéant, les comptes consolidés et le rapport sur la gestion du groupe sont tenus, au siège social, à la disposition des commissaires aux comptes un mois au moins avant la convocation de l'assemblée prévue à l'article *(Décr. nº 2005-112 du 10 févr. 2005, art. 20)* « L. 223-26 du code de commerce » ou la date limite prévue pour leur envoi à l'associé unique par l'article 42-1. *— V. infra, Décr. nº 85-295 du 1er mars 1985, art. 56.*

44-1 *Abrogé par Ord. nº 2000-912 du 18 sept. 2000, et codifié ss. C. com., art. L. 232-22, supra.*

44-2 *(Décr. nº 86-221 du 17 févr. 1986)* Dès le dépôt prévu à l'article 44-1 *[C. com., art. L. 232-22]*, le greffier du tribunal de commerce ou du tribunal de grande instance statuant en matière commerciale fait insérer au ***Bulletin officiel des annonces civiles et commerciales*** un avis ainsi rédigé :

« La SARL ... ayant son siège ..., immatriculée sous le numéro ... a déposé au greffe du tribunal de commerce (ou du tribunal de grande instance statuant en matière

commerciale) de ... les comptes annuels (les comptes consolidés) et les rapports de l'exercice clos le ... en application des dispositions de l'article 44-1 du décret n° 67-236 du 23 mars 1967 modifié sur les sociétés commerciales *[C. com., art. L. 232-22]*. **»**

44-3 *(Décr. n° 85-295 du 1er mars 1985)* **Le gérant répond par écrit dans le délai d'un mois aux questions qui lui sont posées en application de l'article** *(Décr. n° 2005-112 du 10 févr. 2005, art. 20)* **« L. 223-36 du code de commerce ». Dans le même délai, il transmet copie de la question et de sa réponse au commissaire aux comptes.**

44-4 *(Décr. n° 85-295 du 1er mars 1985)* **L'expert chargé de présenter un rapport sur une ou plusieurs opérations de gestion dans les conditions prévues au premier alinéa de l'article** *(Décr. n° 2005-112 du 10 févr. 2005, art. 20)* **« L. 223-37 du code de commerce »** *(Décr. n° 85-665 du 3 juill. 1985)* **« est désigné par le président du tribunal de commerce » statuant en la forme des référés, après que le greffier ait convoqué le gérant à l'audience par lettre recommandée avec demande d'avis de réception.**

La demande d'expertise du procureur de la République est présentée par requête. Le greffier informe le procureur de la République de la date de l'audience.

Le rapport d'expertise est déposé au greffe. Le greffier en assure la communication.

45 S'ils représentent au moins le dixième du capital social, des associés peuvent, dans un intérêt commun, charger à leurs frais un ou plusieurs d'entre eux de les représenter pour soutenir, tant en demande qu'en défense, l'action sociale contre les gérants.

Le retrait en cours d'instance d'un ou plusieurs des associés visés à l'alinéa précédent, soit qu'ils aient perdu la qualité d'associé, soit qu'ils se soient volontairement désistés, est sans effet sur la poursuite de ladite instance.

46 Lorsque l'action sociale est intentée par un ou plusieurs associés, agissant soit individuellement, soit dans les conditions prévues à l'article précédent, le tribunal ne peut statuer que si la société a été régulièrement mise en cause par l'intermédiaire de ses représentants légaux.

47 Le projet de réduction du capital est communiqué aux commissaires aux comptes, s'il en existe, quarante-cinq jours au moins avant la date de réunion de l'assemblée des associés appelée à statuer sur ce projet.

48 Lorsque la réduction du capital a été décidée dans les conditions prévues à l'article *(Décr. n° 2005-112 du 10 févr. 2005, art. 20)* **« L. 223-34, alinéa 4, du code de commerce », l'achat des parts sociales doit être réalisé dans le délai de trois mois à compter de l'expiration du délai d'opposition prévu à l'article 49. Cet achat emporte annulation desdites parts.**

49 Le délai d'opposition des créanciers à la réduction du capital est d'un mois à compter de la date du dépôt au greffe du tribunal de commerce, du procès-verbal de la délibération qui a décidé la réduction.

L'opposition est signifiée à la société par acte extrajudiciaire et portée devant le tribunal de commerce.

50 *(Décr. n° 69-1226 du 24 déc. 1969)* **« Dans le cas où, du fait de pertes constatées dans les documents comptables,** *(Décr. n° 83-1020 du 29 nov. 1983)* **« les capitaux propres de la société deviennent inférieurs »** *(Décr. n° 82-460 du 2 juin 1982)* **« à la moitié » du capital social, la décision des associés prévue à l'article »** *(Décr. n° 2005-112 du 10 févr. 2005, art. 20)* **« L. 223-42 (alinéa 1er) modifié du code de commerce » est publiée dans un journal habilité à recevoir les annonces légales dans le département du siège social, déposée au greffe du tribunal de commerce du lieu de ce siège et inscrite au registre du commerce et des sociétés.**

51 *(Décr. n° 68-25 du 2 janv. 1968)* **La dissolution judiciaire de la société, pour quelque cause que ce soit, est de la compétence du tribunal de commerce.**

52 Lorsque le capital social a été réduit à un montant inférieur au minimum légal, l'action en dissolution de la société n'est recevable que deux mois après la mise en demeure de régulariser la situation, prévue à l'article *(Décr. n° 2005-112 du 10 févr. 2005, art. 20)* **« L. 223-2, alinéa 2, du code de commerce »** *[al. abrogé par la loi n° 2003-721 du 1er août 2003]*. **Cette mise en demeure est adressée à la société par acte extrajudiciaire.**

53 *(Décr. n° 86-909 du 30 juill. 1986)* **Toute infraction aux dispositions des articles 37, 40, 42, 42-1, 42-2 et 44-1 ci-dessus sera punie de l'amende prévue pour les contraventions de la cinquième classe. En cas de récidive, la peine applicable est celle de l'amende prévue pour la récidive des contraventions de la cinquième classe.**

CHAPITRE IV *Sociétés par actions*

SECTION I *Dispositions générales*

54 Si les statuts sont établis par acte sous seing privé, il est dressé autant d'originaux qu'il est nécessaire pour le dépôt d'un exemplaire au siège social et l'exécution des diverses formalités requises.

55 Outre les mentions énumérées à l'article *(Décr. n° 2005-112 du 10 févr. 2005, art. 20)* **« L. 210-2 du code de commerce », et sans préjudice de toutes autres dispositions utiles, les statuts de la société doivent contenir les indications suivantes :**

1° *(Décr. n° 99-257 du 1er avr. 1999)* **« Pour chaque catégorie d'actions émises, le nombre d'actions de cette catégorie et, selon le cas, la part de capital social qu'elle représente ou la valeur nominale des actions qui la composent ; »**

2° La forme, soit exclusivement nominative, soit nominative ou au porteur, des actions ;

3° En cas de restriction à la libre négociation ou cession des actions, les conditions particulières auxquelles est soumis l'agrément des cessionnaires ;

4° L'identité des apporteurs en nature, l'évaluation de l'apport effectué par chacun de ceux-ci et le nombre d'actions remises en contrepartie de l'apport ;

5° L'identité des bénéficiaires d'avantages particuliers et la nature de ceux-ci ;

6° Les stipulations relatives à la composition, au fonctionnement et aux pouvoirs des organes de la société ;

7° Les dispositions relatives à la répartition *(Décr. n° 83-1020 du 29 nov. 1983)* **« du résultat », à la constitution de réserves et à la répartition du boni de liquidation ;**

(Décr. n° 82-460 du 2 juin 1982) **« 8° L'identité de toutes personnes physiques ou morales qui ont signé ou au nom de qui ont été signés les statuts ou le projet de statuts. »** — *Les sociétés constituées avant l'entrée en vigueur du Décr. n° 82-460 du 2 juin 1982 ne sont pas tenues de modifier leurs statuts pour y faire figurer les mentions prévues à l'art. 55, 8° (art. 21 du décret).*

56 Les actes et documents émanant de la société et destinés aux tiers, notamment les lettres, factures, annonces et publications diverses, doivent indiquer la dénomination sociale, précédée ou suivie immédiatement et lisiblement des mots « société anonyme » ou des initiales « SA » ou, le cas échéant, des mots « société en commandite par actions », et de l'énonciation du montant du capital social *(Décr. n° 99-257 du 1er avr. 1999)* **« , qui peut être arrondi à la valeur entière inférieure ».**

En outre, si la société anonyme est dotée d'un directoire et d'un conseil de surveillance, la forme sociale doit être indiquée par les mots : *(Décr. n° 88-418 du 22 avr. 1988)* **« société anonyme à directoire et conseil de surveillance ».**

(Décr. n° 83-363 du 2 mai 1983) « Dans le cas d'augmentation de capital résultant de conversion d'obligations convertibles à tout moment, de levées d'option de souscription d'actions possibles à tout moment et du paiement de dividende en actions, et sauf si l'augmentation de capital dépasse 10 p. 100 du montant antérieur du capital, la société n'est tenue de mentionner le nouveau montant du capital dans les actes et documents visés à l'alinéa 1er qu'à l'expiration d'un délai de trois ans à compter de la constatation de l'augmentation de capital. »

56-1 *(Décr. n° 2002-803 du 3 mai 2002)* « Pour la mise en œuvre des dispositions de l'article L. 224-3 du code de commerce, les commissaires à la transformation sont désignés et accomplissent leur mission dans les conditions prévues à l'article 64. »

(Décr. n° 82-460 du 2 juin 1982) Le rapport des commissaires *(Décr. n° 88-418 du 22 avr. 1988)* « à la transformation » doit attester que le montant des capitaux propres est au moins égal au capital social. Il est tenu au siège social à la disposition des associés huit jours au moins avant la date de l'assemblée appelée à statuer sur la transformation. En cas de consultation écrite, le texte du rapport doit être adressé à chacun des associés et joint au texte des résolutions proposées.

57 La publicité prescrite par les lois et règlements ne constitue pas par elle-même, un appel public à l'épargne au sens de *(Décr. n° 99-257 du 1er avr. 1999)* « l'article 6 de l'ordonnance n° 67-833 du 28 septembre 1967 ». — *V. supra, C. mon. fin., art. L. 411-1 s., L. 412-1, v° Code monétaire et financier (extraits).*

SECTION II *Constitution des sociétés anonymes*

§ 1er *Constitution avec appel public à l'épargne*

58 L'exemplaire du projet de statuts déposé au greffe du tribunal de commerce du lieu du siège social est établi sur papier libre et revêtu de la signature des fondateurs. Il est communiqué à tout requérant qui peut en prendre connaissance ou obtenir, à ses frais, la délivrance d'une copie.

59 La notice prévue par l'article *(Décr. n° 2005-112 du 10 févr. 2005, art. 20)* « L. 225-2, alinéa 2, du code de commerce » est publiée au *Bulletin des annonces légales obligatoires*, avant le début des opérations de souscription et préalablement à toute mesure de publicité.

Elle contient les indications suivantes :

1° La dénomination sociale de la société à constituer, suivie le cas échéant de son sigle ;

2° La forme de la société ;

3° Le montant du capital social à souscrire ;

4° L'adresse prévue du siège social ;

5° L'objet social, indiqué sommairement ;

6° La durée prévue de la société ;

7° La date et le lieu du dépôt du projet de statuts ;

8° Le nombre des actions à souscrire contre numéraire et la somme immédiatement exigible comprenant, le cas échéant, la prime d'émission ;

9° *(Décr. n° 99-257 du 1er avr. 1999)* « La valeur nominale des actions à émettre, que cette valeur figure ou non dans les statuts, distinction étant faite, le cas échéant, entre chaque catégorie » ;

10° La description sommaire des apports en nature, leur évaluation globale et leur mode de rémunération, avec indication du caractère provisoire de cette évaluation et de ce mode de rémunération ;

11° Les avantages particuliers stipulés dans le projet de statuts au profit de toute personne ;

12° Les conditions d'admission aux assemblées d'actionnaires et d'exercice du droit de vote, avec, le cas échéant, indication des dispositions relatives à l'attribution du droit de vote double ;

13° Le cas échéant, les clauses relatives à l'agrément des cessionnaires d'actions ;

14° Les dispositions relatives à la répartition *(Décr. nº 83-1020 du 29 nov. 1983)* « du résultat », à la constitution de réserves et à la répartition du boni de liquidation ;

15° Le nom et la résidence du notaire ou la dénomination sociale et le siège de la banque qui recevra les fonds provenant de la souscription ; le cas échéant, l'indication que les fonds seront déposés à la caisse des dépôts et consignations ;

16° Le délai ouvert pour la souscription, avec l'indication de la possibilité de clôture anticipée, en cas de souscription intégrale avant l'expiration dudit délai ;

17° Les modalités de convocation de l'assemblée générale constitutive et le lieu de réunion.

La notice est signée par les fondateurs, qui indiquent soit leur nom, prénom usuel, domicile et nationalité, soit leur dénomination, leur forme, leur siège social et le montant de leur capital social.

60 Les prospectus et circulaires informant le public de l'émission d'actions reproduisent les énonciations de la notice prévue à l'article précédent et contiennent la mention de l'insertion de ladite notice au *Bulletin des annonces légales obligatoires* avec référence au numéro dans lequel elle a été publiée. Ils doivent en outre exposer sommairement les projets des fondateurs quant à l'emploi des fonds provenant de la libération des actions souscrites.

Les affiches et les annonces dans les journaux reproduisent les mêmes énonciations ou au moins un extrait de ces énonciations, avec référence à la notice et indication du numéro du *Bulletin des annonces légales obligatoires* dans lequel elle a été publiée.

61 Le bulletin de souscription est daté et signé par le souscripteur ou son mandataire qui écrit en toutes lettres le nombre de titres souscrits. Une copie sur papier libre lui est remise.

Le bulletin de souscription énonce :

1° La dénomination sociale de la société à constituer, suivie le cas échéant de son sigle ;

2° La forme de la société ;

3° Le montant du capital social à souscrire ;

4° L'adresse prévue du siège social ;

5° L'objet social, indiqué sommairement ;

6° La date et le lieu du dépôt du projet de statuts ;

7° Le cas échéant, la portion de capital à souscrire en numéraire et celle représentée par les apports en nature ;

8° Les modalités d'émission des actions souscrites en numéraire ;

9° Le nom ou la dénomination sociale et l'adresse de la personne qui reçoit les fonds ;

10° Les nom, prénom usuel et domicile du souscripteur et le nombre des titres souscrits par lui ;

11° La mention de la remise au souscripteur d'une copie du bulletin de souscription ;

12° La date de la publication au *Bulletin des annonces légales obligatoires*, de la notice prévue à l'article 59.

62 Les fonds provenant des souscriptions en numéraire et la liste comportant les nom, prénom usuel et domicile des souscripteurs avec l'indication des sommes versées par chacun d'eux, sont déposés, pour le compte de la société en formation et par les personnes qui les ont reçus, soit à la caisse des dépôts et consignations, soit chez un notaire, soit dans une *banque*, *(Décr. nº 99-257 du 1er avr. 1999)* « soit chez une entreprise d'investissement habilitée pour exercer l'activité de conservation et d'administration d'instruments financiers, » selon les indications portées à la notice.

Ce dépôt doit être fait dans le délai de huit jours à compter de la réception des fonds, à moins que ceux-ci ne soient reçus par des *banques, établissements financiers* et agents de change *[prestataires de services d'investissement]*.

Le dépositaire des fonds est tenu, jusqu'au retrait de ceux-ci, de communiquer la liste visée à l'alinéa 1er ci-dessus, à tout souscripteur qui justifiera de sa souscription. Le requérant peut en prendre connaissance et obtenir, à ses frais, la délivrance d'une copie.

63 *Abrogé par Décr. no 83-363 du 2 mai 1983, art. 2.*

64 Les commissaires aux apports sont choisis parmi les commissaires aux comptes inscrits sur la liste prévue à l'article 219 de la loi sur les sociétés commerciales *[C. com., art. L. 822-1]* ou parmi les experts inscrits sur une des listes établies par les cours et tribunaux.

Ils sont désignés par le président du tribunal de commerce, statuant sur requête.

Ils peuvent se faire assister, dans l'accomplissement de leur mission, par un ou plusieurs experts de leur choix. Les honoraires de ces experts sont à la charge de la société.

64-1 *(Décr. no 82-460 du 2 juin 1982)* Le rapport des commissaires aux apports décrit chacun des apports, indique quel mode d'évaluation a été adopté et pourquoi il a été retenu, affirme que la valeur des apports correspond au moins à la valeur au nominal des actions à émettre augmentée éventuellement de la prime d'émission.

65 Le rapport des commissaires aux apports est déposé huit jours au moins avant la date de l'assemblée générale constitutive à l'adresse prévue du siège social indiqué dans le bulletin de souscription et au greffe du tribunal de commerce dans le ressort duquel est situé ce siège.

Il est tenu à la disposition des souscripteurs qui peuvent en prendre connaissance ou obtenir la délivrance d'une copie intégrale ou partielle.

66 L'assemblée générale constitutive est convoquée au lieu indiqué par la notice prévue à l'article 59.

L'avis de convocation indique la dénomination sociale et la forme de la société, l'adresse prévue du siège social, le montant du capital social, les jour, heure, lieu et ordre du jour de l'assemblée.

Il est inséré au *Bulletin des annonces légales obligatoires* et dans un journal habilité à recevoir les annonces légales dans le département du siège social, huit jours au moins avant la date de l'assemblée.

67 Les actes accomplis pour le compte de la société en formation conformément à l'article *(Décr. no 2005-112 du 10 févr. 2005, art. 20)* « L. 210-6, alinéa 2, du code de commerce » sont soumis à l'assemblée générale constitutive, après qu'ont été désignés les premiers membres du conseil d'administration ou du conseil de surveillance et les premiers commissaires aux comptes.

Le rapport des fondateurs énumère chacun de ces actes et indique l'engagement qui en résulterait pour la société.

Si l'assemblée autorise la société à les reprendre à son compte, cette décision ne prendra effet, dans les conditions prévues à l'article *(Décr. no 2005-112 du 10 févr. 2005, art. 20)* « L. 210-6, alinéa 2, » précité, qu'après immatriculation de la société au registre du commerce et des sociétés.

L'assemblée peut également donner mandat à une ou plusieurs des personnes désignées en qualité de premiers membres du conseil d'administration ou du conseil de surveillance de prendre des engagements pour le compte de la société. Sous réserve qu'ils soient déterminés et que leurs modalités soient précisées par le mandat, l'immatriculation de la société au registre du commerce et des sociétés emportera reprise de ces engagements par ladite société.

68 *(Décr. n° 2002-803 du 3 mai 2002)* **« Les personnes désignées pour être administrateurs sont habilitées, dès leur nomination, à choisir l'une des modalités d'exercice de la direction générale prévues à l'article L. 225-51-1 du code de commerce et à désigner le président du conseil d'administration, le directeur général et, le cas échéant, les directeurs généraux délégués. »**

Il en est de même, le cas échéant, des personnes désignées pour être membres du conseil de surveillance, en ce qui concerne les membres du directoire ou le directeur général unique.

69 *Abrogé par Décr. n° 87-970 du 3 déc. 1987, art. 12.*

70 Le retrait des fonds provenant des souscriptions en numéraire est effectué par le mandataire de la société, sur présentation du certificat du greffier attestant l'immatriculation de la société au registre du commerce et des sociétés.

71 La société est réputée n'avoir pas été constituée dans le délai fixé par l'article *(Décr. n° 2005-112 du 10 févr. 2005, art. 20)* **« L. 225-11, alinéa 2, du code de commerce », lorsque les formalités prévues à l'article** *(Décr. n° 2005-112 du 10 févr. 2005, art. 20)* **« L. 225-7, alinéa 2, dudit code » n'ont pas été accomplies avant l'expiration dudit délai.**

Le mandataire chargé de retirer les fonds, pour les restituer aux souscripteurs, dans le cas visé à l'alinéa précédent, est nommé par le président du tribunal de commerce du lieu du siège social, statuant en référé.

§ 2 *Constitution sans appel public à l'épargne*

72 *(Décr. n° 83-363 du 2 mai 1983)* **Lorsqu'il n'est pas fait publiquement appel à l'épargne, sont seules applicables à la constitution de la société les dispositions des articles 62, 64, 64-1, 68 et 70.**

73 Le rapport des commissaires aux apports est tenu, à l'adresse prévue du siège social, à la disposition des futurs actionnaires, qui peuvent en prendre copie, trois jours au moins avant la date de la signature des statuts.

74 L'état des actes accomplis pour le compte de la société en formation, avec l'indication, pour chacun d'eux, de l'engagement qui en résulterait pour la société, est tenu à la disposition des actionnaires dans les conditions prévues à l'article précédent.

Cet état est annexé aux statuts, dont la signature emportera reprise des engagements par la société, lorsque celle-ci aura été immatriculée au registre du commerce et des sociétés.

En outre, les actionnaires peuvent, dans les statuts, ou par acte séparé, donner mandat à l'un ou plusieurs d'entre eux de prendre des engagements pour le compte de la société. Sous réserve qu'ils soient déterminés et que leurs modalités soient précisées par le mandat, l'immatriculation de la société au registre du commerce et des sociétés emportera reprise de ces engagements par ladite société.

75 *Abrogé par Décr. n° 87-970 du 3 déc. 1987, art. 12.*

76 Tout souscripteur peut exiger la restitution du montant de la somme qu'il a versée, six mois après le dépôt de celle-ci, si à cette date, la société n'est pas constituée.

SECTION III *Direction et administration des sociétés anonymes*

SOUS-SECTION 1 *Conseil d'administration et direction générale (Décr. n° 2002-803 du 3 mai 2002).*

77 Les fonctions d'un administrateur prennent fin à l'issue de la réunion de l'assemblée générale ordinaire des actionnaires ayant statué sur les comptes de l'exercice

écoulé et tenue dans l'année au cours de laquelle expire le mandat dudit administrateur.

78 *(Décr. n° 88-418 du 22 avr. 1988)* **« Le mandat du représentant permanent désigné par une personne morale nommée administrateur lui est donné pour la durée du mandat de cette dernière. »**

Si la personne morale révoque le mandat de son représentant permanent, elle est tenue de notifier sans délai à la société, par lettre recommandée, cette révocation ainsi que l'identité de son nouveau représentant permanent. Il en est de même en cas de décès ou de démission du représentant permanent.

79 La désignation du représentant permanent ainsi que la cessation de son mandat sont soumises aux mêmes formalités de publicité que s'il était administrateur en son nom propre.

80 La limitation du cumul de sièges d'administrateur, prévue par l'article *(Décr. n° 2005-112 du 10 févr. 2005, art. 20)* **« L. 225-21 du code de commerce », n'est applicable à l'administrateur d'une société d'études ou de recherches qu'à l'issue de l'assemblée générale ordinaire ayant statué sur les comptes de l'exercice au cours duquel la société est parvenue au stade de l'exploitation.**

81 Le mandataire prévu à l'article *(Décr. n° 2005-112 du 10 févr. 2005, art. 20)* **« L. 225-24, alinéa 5, du code de commerce » est désigné par le président du tribunal de commerce, statuant sur requête.**

82 *Abrogé par Décr. n° 88-418 du 22 avr. 1988, art. 14.*

83 *Abrogé par Décr. n° 2002-803 du 3 mai 2002, art. 58.*

83-1 *(Décr. n° 68-25 du 2 janv. 1968)* **Sauf clause contraire des statuts, un administrateur peut donner,** *(Décr. n° 2002-803 du 3 mai 2002)* **« par écrit », mandat à un autre administrateur de le représenter à une séance du conseil d'administration.**

Chaque administrateur ne peut disposer, au cours d'une même séance, que d'une seule des procurations reçues par application de l'alinéa précédent.

Les dispositions des alinéas précédents sont applicables au représentant permanent d'une personne morale administrateur.

84 Il est tenu un registre de présence qui est signé par les administrateurs participant à la séance du conseil d'administration *(Décr. n° 2002-803 du 3 mai 2002)* **« et qui mentionne le nom des administrateurs réputés présents au sens de l'article L. 225-37 du code de commerce ».**

84-1 *(Décr. n° 2002-803 du 3 mai 2002)* **Les moyens de visioconférence mentionnés au troisième alinéa de l'article L. 225-37 du code de commerce doivent satisfaire à des caractéristiques techniques garantissant une participation effective à la réunion du conseil dont les délibérations sont retransmises de façon continue.**

85 Les délibérations du conseil d'administration sont constatées par des procès-verbaux établis sur un registre spécial tenu au siège social et coté et paraphé soit par un juge du tribunal de commerce, soit par un juge du tribunal d'instance, soit par le maire de la commune *(Décr. n° 88-418 du 22 avr. 1988)* **« du siège social » ou un adjoint au maire, dans la forme ordinaire et sans frais.**

Toutefois, les procès-verbaux peuvent être établis sur des feuilles mobiles numérotées sans discontinuité, paraphées dans les conditions prévues à l'alinéa précédent et revêtues du sceau de l'autorité qui les a paraphées. Dès qu'une feuille a été remplie, même partiellement, elle doit être jointe à celles précédemment utilisées. Toute addition, suppression, substitution ou interversion de feuilles est interdite.

86 *(Décr. nº 2002-803 du 3 mai 2002)* « Le procès-verbal de la séance indique le nom des administrateurs présents, réputés présents au sens de l'article L. 225-37 du code de commerce, excusés ou absents. Il fait état de la présence ou de l'absence des personnes convoquées à la réunion du conseil d'administration en vertu d'une disposition légale et de la présence de toute autre personne ayant assisté à tout ou partie de la réunion. Il fait également état de la survenance éventuelle d'un incident technique relatif à une visioconférence lorsqu'il a perturbé le déroulement de la séance. »

Le procès-verbal est revêtu de la signature du président de séance et d'au moins un administrateur. En cas d'empêchement du président de séance, il est signé par deux administrateurs au moins.

87 Les copies ou extraits de procès-verbaux des délibérations sont valablement certifiés par le président du conseil d'administration, *(Décr. nº 2002-803 du 3 mai 2002)* « le directeur général, » « les directeurs généraux délégués, » l'administrateur délégué temporairement dans les fonctions de président ou un fondé de pouvoir habilité à cet effet.

Au cours de la liquidation de la société, ces copies ou extraits sont valablement certifiés par un seul liquidateur.

88 *(Décr. nº 68-25 du 2 janv. 1968)* Il est suffisamment justifié du nombre des administrateurs en exercice ainsi que de leur présence ou de leur représentation à une séance du conseil d'administration, par la production d'une copie ou d'un extrait du procès-verbal.

89 Le conseil d'administration peut, dans la limite d'un montant total qu'il fixe, autoriser le *(Décr. nº 2002-803 du 3 mai 2002)* « directeur général » à donner des cautions, avals ou garanties au nom de la société. Cette autorisation peut également fixer, par engagement, un montant au-delà duquel la caution, l'aval ou la garantie de la société ne peut être donné. Lorsqu'un engagement dépasse l'un ou l'autre des montants ainsi fixés, l'autorisation du conseil d'administration est requise dans chaque cas.

La durée des autorisations prévues à l'alinéa précédent ne peut être supérieure à un an, quelle que soit la durée des engagements cautionnés, avalisés ou garantis.

Par dérogation aux dispositions de l'alinéa 1er ci-dessus, le *(Décr. nº 2002-803 du 3 mai 2002)* « directeur général » peut être autorisé à donner, à l'égard des administrations fiscales et douanières, des cautions, avals ou garanties au nom de la société, sans limite de montant.

Le *(Décr. nº 2002-803 du 3 mai 2002)* « directeur général » peut déléguer le pouvoir qu'il a reçu en application des alinéas précédents.

(Décr. nº 68-25 du 2 janv. 1968) « Si les cautions, avals ou garanties ont été donnés pour un montant total supérieur à la limite fixée pour la période en cours, le dépassement ne peut être opposé aux tiers qui n'en ont pas eu connaissance, à moins que le montant de l'engagement invoqué n'excède, à lui seul, l'une des limites fixées par la décision du conseil d'administration prise en application de l'alinéa 1er ci-dessus. »

90 Le conseil d'administration peut conférer à un ou plusieurs de ses membres ou à des tiers, actionnaires ou non, tous mandats spéciaux pour un ou plusieurs objets déterminés.

Il peut décider la création de comités chargés d'étudier les questions que lui-même ou son président soumet, pour avis, à leur examen. Il fixe la composition et les attributions des comités qui exercent leur activité sous sa responsabilité.

91 Le président du conseil d'administration avise les commissaires aux comptes des conventions autorisées en application de l'article *(Décr. nº 2005-112 du 10 févr. 2005, art. 20)* « L. 225-38 du code de commerce », dans le délai d'un mois à compter de la conclusion desdites conventions.

Lorsque l'exécution de conventions conclues et autorisées au cours d'exercices antérieurs a été poursuivie au cours du dernier exercice, les commissaires aux comptes sont informés de cette situation dans le délai d'un mois à compter de la clôture de l'exercice.

92 Le rapport des commissaires aux comptes, prévu à l'article *(Décr. n° 2005-112 du 10 févr. 2005, art. 20)* « L. 225-40, alinéa 3, du code de commerce », contient :

L'énumération des conventions soumises à l'approbation de l'assemblée générale ;

Le nom des administrateurs intéressés ;

(Décr. n° 2002-803 du 3 mai 2002) « Le nom du directeur général ou des directeurs généraux délégués intéressés ;

« La désignation du ou des actionnaires intéressés disposant d'une fraction des droits de vote supérieure à 5 %, et, s'il s'agit d'une société actionnaire, de la société la contrôlant au sens de l'article L. 233-3 du code de commerce ; »

La nature et l'objet desdites conventions ;

Les modalités essentielles de ces conventions, notamment l'indication des prix ou tarifs pratiqués, des ristournes et commissions consenties, des délais de paiement accordés, des intérêts stipulés, des sûretés conférées et, le cas échéant, toutes autres indications permettant aux actionnaires d'apprécier l'intérêt qui s'attachait à la conclusion des conventions analysées ;

L'importance des fournitures livrées ou des prestations de service fournies ainsi que le montant des sommes versées ou reçues au cours de l'exercice, en exécution des conventions visées à l'article 91, alinéa 2.

92-1 *(Décr. n° 2002-803 du 3 mai 2002)* Le président du conseil d'administration communique, au plus tard le jour du conseil arrêtant les comptes de l'exercice écoulé, aux membres du conseil d'administration et aux commissaires aux comptes, la liste et l'objet des conventions mentionnées à l'article L. 225-39 du code de commerce.

93 Le conseil d'administration répartit librement entre ses membres les sommes globales allouées aux administrateurs sous forme de jetons de présence et de tantièmes ; il peut notamment allouer aux administrateurs, membres des comités prévus par l'article 90, alinéa 2, une part supérieure à celle des autres administrateurs. – *Les tantièmes ont été supprimés par la loi n° 75-1347 du 31 déc. 1975.*

Le conseil d'administration peut autoriser le remboursement des frais de voyage et de déplacement et des dépenses engagées par les administrateurs dans l'intérêt de la société.

94 Le conseil d'administration détermine la rémunération de la personne déléguée temporairement dans les fonctions de président, pendant la durée de la délégation et, le cas échéant, des membres non administrateurs des comités prévus par l'article 90, alinéa 2.

95 *Abrogé par Décr. n° 88-418 du 22 avr. 1988, art. 29.*

SOUS-SECTION 2 *Directoire et conseil de surveillance*

96 Le nombre des membres du directoire est fixé par les statuts ou, à défaut, par le conseil de surveillance.

97 Si un siège de membre du directoire est vacant, le conseil de surveillance doit le pourvoir dans le délai de deux mois.

A défaut, tout intéressé peut demander au président du tribunal de commerce, statuant en référé, de procéder à cette nomination, à titre provisoire. La personne ainsi nommée peut, à tout moment, être remplacée par le conseil de surveillance.

98 Si un membre du conseil de surveillance est nommé au directoire, son mandat au conseil prend fin dès son entrée en fonction.

99 Sauf clause contraire des statuts, les membres du directoire peuvent, avec l'autorisation du conseil de surveillance, répartir entre eux les tâches de la direction. Toutefois, cette répartition ne peut, en aucun cas, avoir pour effet de retirer au directoire son caractère d'organe assurant collégialement la direction de la société.

100 Lorsqu'une opération exige l'autorisation du conseil de surveillance et que celui-ci la refuse, le directoire peut soumettre le différend à l'assemblée générale des actionnaires qui décide de la suite à donner au projet.

101 Les fonctions d'un membre du conseil de surveillance prennent fin à l'issue de la réunion de l'assemblée générale ordinaire des actionnaires ayant statué sur les comptes de l'exercice écoulé et tenue dans l'année au cours de laquelle expire le mandat dudit membre du conseil de surveillance.

102 *(Décr. n° 88-418 du 22 avr. 1988)* « Le mandat de représentant permanent désigné par une personne morale nommée au conseil de surveillance lui est donné pour la durée du mandat de cette dernière. »

Si la personne morale révoque le mandat de son représentant permanent, elle est tenue de notifier sans délai à la société, par lettre recommandée, cette révocation ainsi que l'identité de son nouveau représentant permanent. Il en est de même en cas de décès ou de démission du représentant permanent.

103 La désignation du représentant permanent ainsi que la cessation de son mandat sont soumises aux mêmes formalités de publicité que s'il était membre du conseil de surveillance en son nom propre.

104 La limitation du cumul de sièges de membre du conseil de surveillance, prévue par l'article *(Décr. n° 2005-112 du 10 févr. 2005, art. 20)* « L. 225-77 du code de commerce », n'est applicable au membre du conseil de surveillance d'une société d'études ou de recherches qu'à l'issue de l'assemblée générale ordinaire ayant statué sur les comptes de l'exercice au cours duquel la société est parvenue au stade de l'exploitation.

105 Le mandataire prévu à l'article *(Décr. n° 2005-112 du 10 févr. 2005, art. 20)* « L. 225-78, alinéa 5, du code de commerce » est désigné par le président du tribunal de commerce, statuant sur requête.

106 *Abrogé par Décr. n° 88-418 du 22 avr. 1988, art. 14.*

107 Les statuts de la société déterminent les règles relatives à la convocation et aux délibérations du conseil de surveillance.

Toutefois, le président du conseil de surveillance doit convoquer le conseil à une date qui ne peut être postérieure à quinze jours, lorsqu'un membre au moins du directoire ou le tiers au moins des membres du conseil de surveillance lui présentent une demande motivée en ce sens.

Si la demande est restée sans suite, ses auteurs peuvent procéder eux-mêmes à la convocation, en indiquant l'ordre du jour de la séance.

107-1 *(Décr. n° 68-25 du 2 janv. 1968)* Sauf clause contraire des statuts, un membre du conseil de surveillance peut donner, *(Décr. n° 2002-803 du 3 mai 2002)* « par écrit », mandat à un autre membre de le représenter à une séance du conseil.

Chaque membre du conseil de surveillance ne peut disposer, au cours d'une même séance, que d'une seule des procurations reçues par application de l'alinéa précédent.

Les dispositions des alinéas précédents sont applicables au représentant permanent d'une personne morale membre du conseil de surveillance.

108 Il est tenu un registre de présence qui est signé par les membres du conseil de surveillance participant à la séance du conseil *(Décr. n° 2002-803 du 3 mai 2002)* « et qui mentionne le nom des membres du conseil de surveillance réputés présents au sens de l'article L. 225-82 du code de commerce ».

108-1 *(Décr. n° 2002-803 du 3 mai 2002)* Les moyens de visioconférence mentionnés au troisième alinéa de l'article L. 225-37 du code de commerce doivent satisfaire aux conditions posées par l'article 84-1.

109 Les délibérations du conseil de surveillance sont constatées par des procès-verbaux établis sur un registre spécial tenu au siège social et coté et paraphé soit par un juge du tribunal de commerce, soit par un juge du tribunal d'instance, soit par le maire de la commune *(Décr. n° 88-418 du 22 avr. 1988)* « du siège social » ou un adjoint au maire, dans la forme ordinaire et sans frais.

Toutefois, les procès-verbaux peuvent être établis sur des feuilles mobiles numérotées sans discontinuité, paraphées dans les conditions prévues à l'alinéa précédent et revêtues du sceau de l'autorité qui les a paraphées. Dès qu'une feuille a été remplie, même partiellement, elle doit être jointe à celles précédemment utilisées. Toute addition, suppression, substitution ou interversion de feuilles est interdite.

110 *(Décr. n° 2002-803 du 3 mai 2002)* « Le procès-verbal de la séance indique le nom des membres du conseil de surveillance présents *[,]* réputés présents, au sens de l'article L. 225-82 du code de commerce, excusés ou absents. Il fait état de la présence ou de l'absence des personnes convoquées à la réunion du conseil en vertu d'une disposition légale et de la présence de toute autre personne ayant assisté à tout ou partie de la réunion. Il fait également état de la survenance éventuelle d'un incident technique relatif à une visioconférence lorsqu'il a pertubé le déroulement de la séance. »

Le procès-verbal est revêtu de la signature du président de séance et d'au moins un membre du conseil de surveillance. En cas d'empêchement du président de séance, il est signé par deux membres du conseil au moins.

111 Les copies ou extraits de procès-verbaux des délibérations sont valablement certifiés par le président du conseil de surveillance, le vice-président de ce conseil, un membre du directoire ou un fondé de pouvoir habilité à cet effet.

Au cours de la liquidation de la société, ces copies ou extraits sont valablement certifiés par un seul liquidateur.

112 *(Décr. n° 68-25 du 2 janv. 1968)* Il est suffisamment justifié du nombre des membres du conseil de surveillance en exercice, ainsi que de leur présence ou de leur représentation à une séance du conseil, par la production d'une copie ou d'un extrait du procès-verbal.

113 Le conseil de surveillance peut, dans la limite d'un montant total qu'il fixe, autoriser le directoire à donner des cautions, avals ou garanties au nom de la société. Cette autorisation peut également fixer, par engagement, un montant au-delà duquel la caution, l'aval ou la garantie de la société ne peut être donné. Lorsqu'un engagement dépasse l'un ou l'autre des montants ainsi fixés, l'autorisation du conseil de surveillance est requise dans chaque cas.

La durée des autorisations prévues à l'alinéa précédent ne peut être supérieure à un an, quelle que soit la durée des engagements cautionnés, avalisés ou garantis.

Par dérogation aux dispositions de l'alinéa 1er ci-dessus, le directoire peut être autorisé à donner, à l'égard des administrations fiscales et douanières, des cautions, avals ou garanties au nom de la société, sans limite de montant.

Le directoire peut déléguer le pouvoir qu'il a reçu en application des alinéas précédents.

(Décr. n° 68-25 du 2 janv. 1968) « Si des cautions, avals ou garanties ont été donnés pour un montant total supérieur à la limite fixée pour la période en cours, le dépassement ne peut être opposé aux tiers qui n'en ont pas eu connaissance, à moins que le

montant de l'engagement invoqué n'excède, à lui seul, l'une des limites fixées par la décision du conseil de surveillance prise en application de l'alinéa 1er ci-dessus. »

113-1 *(Décr. n° 88-418 du 22 avr. 1988)* Le conseil de surveillance peut, dans la limite d'un montant qu'il fixe pour chaque opération, autoriser le directoire à céder des immeubles par nature, à céder totalement ou partiellement des participations et à constituer des sûretés. Lorsqu'une opération dépasse le montant ainsi fixé, l'autorisation du conseil de surveillance est requise dans chaque cas.

Le directoire peut déléguer le pouvoir qu'il a reçu en application de l'alinéa précédent.

L'absence d'autorisation est inopposable aux tiers, à moins que la société ne prouve que ceux-ci en avaient eu connaissance ou ne pouvaient l'ignorer.

114 Le délai prévu à l'article *(Décr. n° 2005-112 du 10 févr. 2005, art. 20)* « L. 225-68, alinéa 5, du code de commerce » est de trois mois à compter de la clôture de l'exercice.

115 Le conseil de surveillance peut conférer à un ou plusieurs de ses membres tous mandats spéciaux pour un ou plusieurs objets déterminés.

Il peut décider la création en son sein de commissions dont il fixe la composition et les attributions et qui exercent leur activité sous sa responsabilité, sans que lesdites attributions puissent avoir pour objet de déléguer à une commission les pouvoirs qui sont attribués au conseil de surveillance lui-même par la loi ou les statuts ni pour effet de réduire ou de limiter les pouvoirs du directoire.

116 Le président du conseil de surveillance avise les commissaires aux comptes des conventions autorisées en application de l'article *(Décr. n° 2005-112 du 10 févr. 2005, art. 20)* « L. 225-86 du code de commerce », dans le délai d'un mois à compter de la conclusion desdites conventions.

Lorsque l'exécution des conventions conclues et autorisées au cours d'exercices antérieurs a été poursuivie au cours du dernier exercice, les commissaires aux comptes sont informés de cette situation dans le délai d'un mois à compter de la clôture de l'exercice.

117 Le rapport des commissaires aux comptes, prévu à l'article *(Décr. n° 2005-112 du 10 févr. 2005, art. 20)* « L. 225-88, alinéa 3, du code de commerce », contient :

L'énumération des conventions soumises à l'approbation de l'assemblée générale ;

Le nom des membres du conseil de surveillance ou du directoire intéressés ;

(Décr. n° 2002-803 du 3 mai 2002) « La désignation du ou des actionnaires intéressés disposant d'une fraction des droits de vote supérieure à 5 % et, s'il s'agit d'une société actionnaire, de la société la contrôlant au sens de l'article L. 233-3 du code de commerce ; »

La nature et l'objet desdites conventions ;

Les modalités essentielles de ces conventions, notamment l'indication des prix ou tarifs pratiqués, des ristournes et commissions consenties, des délais de paiement accordés, des intérêts stipulés, des sûretés conférées et, le cas échéant, toutes autres indications permettant aux actionnaires d'apprécier l'intérêt qui s'attachait à la conclusion des conventions analysées ;

L'importance des fournitures livrées ou des prestations de service fournies ainsi que le montant des sommes versées ou reçues au cours de l'exercice, en exécution des conventions visées à l'article 116, alinéa 2.

117-1 *(Décr. n° 2002-803 du 3 mai 2002)* Le président du conseil de surveillance communique, au plus tard le jour du conseil vérifiant et contrôlant les comptes de l'exercice écoulé, aux membres du conseil de surveillance et aux commissaires aux comptes, la liste et l'objet des conventions mentionnées à l'article L. 225-87 du code de commerce.

118 Le conseil de surveillance répartit librement entre ses membres les sommes globales allouées à ceux-ci sous forme de jetons de présence et de tantièmes ; il peut notamment allouer aux membres du conseil qui font partie des commissions prévues par l'article 115, alinéa 2, une part supérieure à celle des autres. – *Les tantièmes ont été supprimés par la loi n° 75-1347 du 31 déc. 1975.*

Le conseil de surveillance peut autoriser le remboursement des frais de voyage et de déplacement et des dépenses engagées par ses membres dans l'intérêt de la société.

119 *(Décr. n° 2002-803 du 3 mai 2002)* Les sociétés dont les statuts permettent aux actionnaires de voter aux assemblées par des moyens électroniques de télécommunication doivent aménager un site exclusivement consacré à ces fins.

SECTION IV *Assemblées d'actionnaires*

120 Sous réserve des dispositions des articles 123 à 127, les statuts de la société fixent les règles de convocation des assemblées d'actionnaires.

120-1 *(Décr. n° 2002-803 du 3 mai 2002)* Les sociétés qui entendent recourir à la télécommunication électronique en lieu et place d'un envoi postal pour satisfaire aux formalités prévues aux articles 124, 125, 129, 131 et 138 doivent recueillir au préalable par écrit l'accord des actionnaires intéressés qui indiquent leur adresse électronique. Ces derniers peuvent à tout moment demander expressément à la société par lettre recommandée avec demande d'avis de réception que le moyen de télécommunication susmentionné soit remplacé à l'avenir par un envoi postal.

121 *(Décr. n° 68-25 du 2 janv. 1968)* « Le délai de six mois prévu pour la réunion de l'assemblée générale ordinaire » par l'article *(Décr. n° 2005-112 du 10 févr. 2005, art. 20)* « L. 225-100, alinéa 1er, du code de commerce » peut être prolongé, à la demande du conseil d'administration ou du directoire, selon le cas, par ordonnance du président du tribunal de commerce, statuant sur requête.

122 *(Décr. n° 2002-803 du 3 mai 2002)* « Pour la mise en œuvre des dispositions de l'article L. 225-103 du code de commerce, les actionnaires peuvent à leurs frais charger l'un d'entre eux de demander au président du tribunal de commerce statuant en référé la désignation du mandataire mentionné audit article. »

L'ordonnance fixe l'ordre du jour de l'assemblée.

123 L'avis de convocation indique la dénomination sociale, éventuellement suivie de son sigle, la forme de la société, le montant du capital social, l'adresse du siège social, les numéros d'immatriculation de la société au registre du commerce et des sociétés et à l'institut national de la statistique et des études économiques, les jour, heure et lieu de l'assemblée, ainsi que sa nature, extraordinaire, ordinaire ou spéciale, et son ordre du jour. Le cas échéant, il indique où doivent être déposés les actions au porteur *(Décr. n° 83-363 du 2 mai 1983)* « ou l'un des certificats visés à l'article 136, alinéa 1er », pour ouvrir le droit de participer à l'assemblée, ainsi que la date avant laquelle ce dépôt doit être fait. – *Dans tous les textes réglementaires, la référence aux mentions visées aux 1 et 2 de l'art. 72 du décret n° 84-406 du 30 mai 1984 relatif au registre du commerce et des sociétés est substituée à la référence au numéro d'immatriculation au registre du commerce et des sociétés (Décr. n° 98-550 du 2 juill. 1998, art. 35).*

Sous réserve des questions diverses qui ne doivent présenter qu'une minime importance, les questions inscrites à l'ordre du jour sont libellées de telle sorte que leur contenu et leur portée apparaissent clairement, sans qu'il y ait lieu de se reporter à d'autres documents. *(Décr. n° 86-584 du 14 mars 1986)* « L'avis de convocation indique les conditions dans lesquelles les actionnaires peuvent voter par correspondance et les lieux et les conditions dans lesquelles ils peuvent obtenir les formulaires nécessaires et les documents qui y sont annexés. »

124 L'avis de convocation est inséré dans un journal habilité à recevoir les annonces légales dans le département du siège social et, en outre, si la société fait publiquement appel à l'épargne, au *Bulletin des annonces légales obligatoires*.

Si toutes les actions de la société sont nominatives, les insertions prévues à l'alinéa précédent peuvent être remplacées par une convocation faite, aux frais de la société, par *(Décr. n° 88-418 du 22 avr. 1988)* « lettre simple ou recommandée » adressée à chaque actionnaire. *(Décr. n° 2002-803 du 3 mai 2002)* « Cette convocation peut également être transmise par un moyen électronique de télécommunication mis en œuvre dans les conditions mentionnées à l'article 120-1 à l'adresse indiquée par l'actionnaire. »

125 Les actionnaires, titulaires de titres nominatifs depuis un mois au moins à la date de l'insertion de l'avis de convocation prévue à l'article 124, alinéa 1er, sont convoqués à toute assemblée par lettre ordinaire. Sous la condition d'adresser à la société le montant des frais de recommandation, ils peuvent demander à être convoqués par lettre recommandée. *(Décr. n° 2002-803 du 3 mai 2002)* « Cette convocation peut également être transmise par un moyen électronique de télécommunication mis en œuvre dans les conditions mentionnées à l'article 120-1 à l'adresse indiquée par l'actionnaire. »

Tous les copropriétaires d'actions indivises sont convoqués dans les mêmes formes, lorsque leurs droits sont constatés, dans le délai prévu à l'alinéa précédent, par une inscription nominative.

(Décr. n° 88-418 du 22 avr. 1988) « Lorsque des actions sont grevées d'un usufruit, le titulaire du droit de vote est convoqué dans les mêmes formes et sous les mêmes conditions. »

126 *(Décr. n° 88-418 du 22 avr. 1988)* Le délai entre la date soit de l'insertion ou de la dernière des insertions contenant un avis de convocation, soit de l'envoi des lettres, *(Décr. n° 2002-803 du 3 mai 2002)* « soit de la transmission de la convocation par télécommunication électronique, » et la date de l'assemblée est au moins de quinze jours sur première convocation et de six jours sur convocation suivante. En cas d'ajournement de l'assemblée par décision de justice, le juge peut fixer un délai différent.

127 Lorsqu'une assemblée n'a pu délibérer régulièrement, faute du quorum requis, la deuxième assemblée est convoquée dans les formes prévues à l'article 124 et l'avis de convocation rappelle la date de la première.

Il en est de même pour la convocation d'une assemblée générale extraordinaire ou d'une assemblée spéciale, prorogée dans les conditions prévues aux articles *(Décr. n° 2005-112 du 10 févr. 2005, art. 20)* « L. 225-96, alinéa 2, et L. 225-99, alinéa 3, du code de commerce ».

128 La demande d'inscription de projets de résolution à l'ordre du jour de l'assemblée, par des actionnaires représentant au moins cinq pour cent du capital social, est adressée au siège social par lettre recommandée avec demande d'avis de réception *(Décr. n° 2002-803 du 3 mai 2002)* « , ou par télécommunication électronique ».

Toutefois, lorsque le capital de la société est supérieur à 750 000 €, le montant du capital à représenter en application de l'alinéa précédent est, selon l'importance dudit capital, réduit ainsi qu'il suit :

4 p. 100 pour les sept cent cinquante premiers milliers d'euros ;

2,50 p. 100 pour la tranche de capital comprise entre 750 000 et 7 500 000 € ;

1 p. 100 pour la tranche de capital comprise entre 7 500 000 et 15 000 000 € ;

0,50 p. 100 pour le surplus du capital.

La demande est accompagnée du texte des projets de résolution qui peuvent être assortis d'un bref exposé des motifs.

(Décr. n° 86-584 du 14 mars 1986) « Lorsque le projet de résolution porte sur la présentation d'un candidat au conseil d'administration ou de surveillance, il doit être accompagné des renseignements prévus au 5° de l'article 135. »

Les auteurs de la demande justifient de la possession ou de la représentation de la fraction du capital exigée, en procédant, avant l'envoi de cette demande, aux formalités prévues à l'article 136, alinéa 1er.

129 Tout actionnaire d'une société ne faisant pas publiquement appel à l'épargne, qui veut user de la faculté de requérir l'inscription de projets de résolution à l'ordre du jour d'une assemblée, peut demander à la société de l'aviser, par lettre recommandée *(Décr. n° 2002-803 du 3 mai 2002)* « ou par un moyen électronique de télécommunication mis en œuvre dans les conditions mentionnées à l'article 120-1 à l'adresse indiquée par lui », des lieux *(Décr. n° 83-363 du 2 mai 1983 ; Décr. n° 2002-803 du 3 mai 2002)* « où doivent être transmis un certificat constatant l'indisponibilité des actions au porteur inscrites en compte, ou, à défaut de clause statutaire, une attestation d'inscription en compte, » dans les conditions prévues à l'article 136 et de la date prévue pour la réunion des assemblées ou de certaines d'entre *(Décr. n° 2002-803 du 3 mai 2002)* « elles ». La société est tenue d'envoyer cet avis, si l'actionnaire lui a adressé le montant des frais d'envoi *(Décr. n° 2002-803 du 3 mai 2002)* « ou de le lui adresser par un moyen électronique de télécommunication mis en œuvre dans les conditions mentionnées à l'article 120-1 à l'adresse indiquée par lui ».

Les demandes d'inscription de projets de résolution à l'ordre du jour doivent être envoyées vingt-cinq jours au moins avant la date de l'assemblée réunie sur première convocation.

130 Les sociétés faisant publiquement appel à l'épargne sont tenues, avant la réunion de l'assemblée des actionnaires, de publier au *Bulletin des annonces légales obligatoires* un avis contenant les indications suivantes :

1° La dénomination sociale, suivie le cas échéant de son sigle ;

2° La forme de la société ;

3° Le montant du capital social ;

4° L'adresse du siège social ;

5° L'ordre du jour de l'assemblée ;

6° Le texte des projets de résolution qui seront présentés à l'assemblée par le conseil d'administration ou le directoire, selon le cas ;

7° Les lieux *(Décr. n° 83-363 du 2 mai 1983 ; Décr. n° 2002-803 du 3 mai 2002)* « où doivent être transmis un certificat constatant l'indisponibilité des actions au porteur inscrites en compte ou, à défaut de clause statutaire, une attestation d'inscription en compte », dans les conditions prévues à l'article 136 ;

(Décr. n° 86-584 du 14 mars 1986) « 8° Sauf dans les cas où la société adresse à tous ses actionnaires un formulaire de vote par correspondance, les lieux et les conditions dans lesquels peuvent être obtenus ces formulaires. »

(Décr. n° 2002-803 du 3 mai 2002) « 9° L'existence et l'adresse du site mentionné à l'article 119 ; *[.]* »

(Décr. n° 79-641 du 27 juill. 1979) « Lorsque la société a émis des actions à dividende prioritaire sans droit de vote, les avis publiés doivent également mentionner l'obligation de soumettre les résolutions à l'avis, à l'accord ou à l'approbation de l'assemblée spéciale des titulaires d'actions à dividende prioritaire sans droit de vote. »

Les demandes d'inscription de projets de résolution à l'ordre du jour doivent être envoyées dans le délai de dix jours à compter de la publication de l'avis prévu à l'alinéa précédent. Mention de ce délai est portée dans l'avis.

L'assemblée ne pourra être tenue moins de trente jours après la même publication.

131 Le président du conseil d'administration ou le directoire accuse réception des projets de résolution, par lettre recommandée, dans le délai de cinq jours à compter de cette réception. *(Décr. n° 2002-803 du 3 mai 2002)* « Cet accusé de réception peut également être transmis par un moyen électronique de télécommunication mis en œuvre dans les conditions mentionnées à l'article 120-1 à l'adresse indiquée par l'actionnaire. »

Ces projets de résolution sont inscrits à l'ordre du jour et soumis au vote de l'assemblée.

131-1 *(Décr. nº 2002-803 du 3 mai 2002)* A compter de la convocation de l'assemblée, tout actionnaire peut demander par écrit à la société de lui adresser, le cas échéant par voie électronique, dans les conditions définies à l'article 119, un formulaire de vote à distance. Cette demande doit être déposée ou reçue au siège social au plus tard six jours avant la date de la réunion.

131-2 *(Décr. nº 86-584 du 14 mars 1986)* Le formulaire de vote par correspondance doit permettre un vote sur chacune des résolutions, dans l'ordre de leur présentation à l'assemblée ; il doit offrir à l'actionnaire la possibilité d'exprimer sur chaque résolution un vote favorable ou défavorable à son adoption ou sa volonté de s'abstenir de voter.

Il doit informer l'actionnaire de manière très apparente que toute abstention exprimée dans le formulaire ou résultant de l'absence d'indication de vote sera assimilée à un vote défavorable à l'adoption de la résolution.

(Décr. nº 88-55 du 19 janv. 1988) « Le formulaire peut le cas échéant figurer sur le même document que la formule de procuration ; dans ce cas l'article 131-4 est applicable. »

Le formulaire comporte le rappel des dispositions au *[du]* deuxième alinéa de l'article 131-3 et l'indication de la date avant laquelle, conformément aux statuts, il doit être reçu par la société pour qu'il en soit tenu compte ; lorsqu'il a été convenu entre la société et les intermédiaires habilités par elle que ces derniers n'accepteraient plus de transmettre à la société des formulaires de vote reçus par eux après une date antérieure à celle fixée par la société, il est fait mention de cette date.

Sont annexés au formulaire :

1° Le texte des résolutions proposées accompagné d'un exposé des motifs et de l'indication de leur auteur ;

2° Une demande d'envoi des documents et renseignements visés à l'article 135 et informant l'actionnaire qu'il peut demander à bénéficier des dispositions du troisième alinéa de l'article 138 ;

3° S'il s'agit de l'assemblée générale ordinaire prévue à l'article *(Décr. nº 2005-112 du 10 févr. 2005, art. 20)* « L. 225-100 du code de commerce » l'exposé et les documents prévus à l'article 133-3 *[133 (3°)]*.

131-3 *(Décr. nº 86-584 du 14 mars 1986)* La date après laquelle il ne sera plus tenu compte des formulaires de vote reçus par la société ne peut être antérieure de plus de trois jours à la date de la réunion de l'assemblée, sauf délai plus court prévu par les statuts. *(Décr. nº 2002-803 du 3 mai 2002)* « Toutefois, les formulaires électroniques de vote à distance peuvent être reçus par la société jusqu'à la veille de la réunion de l'assemblée générale au plus tard à 15 heures, heure de Paris ».

Les formulaires de vote par correspondance reçus par la société doivent comporter :

1° Les nom, prénom usuel et domicile de l'actionnaire ;

2° Une mention constatant le respect de l'une des formalités prévues au premier alinéa de l'article 136, cette mention pouvant figurer sur un document annexé au formulaire ;

3° La signature *(Décr. nº 2002-803 du 3 mai 2002)* « , le cas échéant électronique » de l'actionnaire ou de son représentant légal ou judiciaire.

Le formulaire de vote par correspondance adressé à la société par une assemblée vaut pour les assemblées successives convoquées avec le même ordre du jour.

131-4 *(Décr. nº 88-55 du 19 janv. 1988)* Si la société utilise le document unique prévu au troisième alinéa de l'article 131-2 ce document, qui peut être établi sous la forme de l'imprimé annexé au présent décret, doit comporter outre les mentions prévues aux articles 131-2 et 131-3, et aux 5° et 6° de l'article 133 les indications suivantes :

1° Qu'il peut être utilisé pour chaque résolution soit pour un vote par correspondance, soit pour un vote par procuration ;

2° Qu'il peut être donné procuration pour voter au nom du signataire à un mandataire désigné dans les conditions de l'article *(Décr. n° 2005-112 du 10 févr. 2005, art. 20)* « L. 225-106 du code de commerce » dont les dispositions doivent être reproduites sur ce document ;

3° Que si des résolutions nouvelles étaient présentées à l'assemblée le signataire a la faculté soit d'exprimer dans ce document sa volonté de s'abstenir, soit de donner mandat au président de l'assemblée générale *[ou]* à un mandataire désigné dans les conditions de l'article *(Décr. n° 2005-112 du 10 févr. 2005, art. 20)* « L. 225-106 » précité.

V. l'imprimé annexé au décret n° 88-55 du 19 janv. 1988 (JO 20 janv. ; Rect., JO 30 janv.).

132 La procuration donnée pour se faire représenter à une assemblée par un actionnaire est signée *(Décr. n° 2002-803 du 3 mai 2002)* « le cas échéant par un procédé de signature électronique » par celui-ci et indique ses nom, prénom usuel et domicile. Elle peut désigner nommément un mandataire, qui n'a pas faculté de se substituer une autre personne.

Le mandat est donné pour une seule assemblée. Il peut cependant être donné pour deux assemblées, l'une ordinaire, l'autre extraordinaire, tenues le même jour ou dans un délai de *(Décr. n° 88-418 du 22 avr. 1988)* « quinze jours ».

Le mandat donné pour une assemblée vaut pour les assemblées successives convoquées avec le même ordre du jour.

132-1 *(Décr. n° 2002-803 du 3 mai 2002)* Les instructions données par la voie électronique dans les conditions définies à l'article 119 comportant procuration ou pouvoir peuvent valablement parvenir à la société jusqu'à 15 heures, heure de Paris, la veille de la réunion de l'assemblée générale. Dès la réception par la société de ces instructions, celles-ci sont irrévocables, hors le cas de cession de titres, à la suite desquels l'actionnaire aura recours à la procédure de révocation expresse de l'immobilisation, en vertu du troisième alinéa de l'article 136.

133 A toute formule de procuration adressée aux actionnaires *(Décr. n° 2002-803 du 3 mai 2002)* « , le cas échéant par voie électronique dans les conditions définies à l'article 119 » par la société ou par le mandataire qu'elle a désigné à cet effet, doivent être joints :

1° L'ordre du jour de l'assemblée ;

2° Le texte des projets de résolution présentés par le conseil d'administration ou le directoire, selon le cas, et par des actionnaires dans les conditions prévues aux articles 128 à 131 ;

3° Un exposé sommaire de la situation de la société pendant l'exercice écoulé, accompagné *(Décr. n° 85-295 du 1er mars 1985)* « d'un tableau faisant apparaître » les résultats de la société au cours de chacun des cinq derniers exercices ou de chacun des exercices clos depuis la constitution de la société *(Décr. n° 68-25 du 2 janv. 1968)* « ou l'absorption par celle-ci d'une autre société » si leur nombre est inférieur à cinq ;

4° Une formule de demande d'envoi des documents et renseignements visés à l'article 135, informant l'actionnaire qu'il peut demander à bénéficier des dispositions de l'article 138, alinéa 3 ;

(Décr. n° 86-584 du 14 mars 1986) « 5° Un formulaire de vote par correspondance comportant le rappel des dispositions de l'article *(Décr. n° 2005-112 du 10 févr. 2005, art. 20)* « L. 225-107 du code de commerce » ;

« 6° Le rappel de manière très apparente des dispositions de l'article *(Décr. n° 2005-112 du 10 févr. 2005, art. 20)* « L. 225-106, alinéa 4, du code de commerce » ;

« 7° L'indication que l'actionnaire, à défaut d'assister personnellement à l'assemblée, peut choisir entre l'une des trois formules suivantes :

« *a*) Donner une procuration à un autre actionnaire ou à son conjoint ;

« *b*) Voter par correspondance ;

« *c*) Adresser une procuration à la société sans indication de mandat ;

« 8° L'indication qu'en aucun cas l'actionnaire ne peut retourner à la société à la fois la formule de procuration et le formulaire de vote par correspondance. »

(Décr. n° 88-55 du 19 janv. 1988) « En cas de retour à la *[fois de la]* formule de procuration et du formulaire de vote par correspondance en violation des dispositions du 8° du présent article, la formule de procuration est prise en considération, sous réserve des votes exprimés dans le formulaire de vote par correspondance. »

134 *(Décr. n° 2002-803 du 3 mai 2002)* Les formulaires de procuration et de vote à distance transmis par voie électronique dans les conditions définies à l'article 119 doivent respecter les règles fixées aux articles 131-2 à 133 et 145 pour les formulaires de procuration et de vote par correspondance.

135 La société doit adresser aux actionnaires ou mettre à leur disposition, dans les conditions prévues aux articles 138 et 139, les renseignements suivants contenus dans un ou plusieurs documents :

1° *(Décr. n° 88-418 du 22 avr. 1988)* « Les nom, prénom usuel », soit des administrateurs et directeurs généraux, soit des membres du conseil de surveillance et du directoire, ainsi que, le cas échéant, l'indication des autres sociétés dans lesquelles ces personnes exercent des fonctions de gestion, de direction, d'administration ou de surveillance ;

2° Le texte des projets de résolution présentés par le conseil d'administration ou le directoire, selon le cas ;

3° Le cas échéant, le texte et l'exposé des motifs des projets de résolution présentés par des actionnaires ;

4° Le rapport du conseil d'administration ou du directoire, selon le cas, qui sera présenté à l'assemblée ainsi que, le cas échéant, les observations du conseil de surveillance ;

5° Lorsque l'ordre du jour comporte la nomination d'administrateurs ou de membres du conseil de surveillance :

a) Les nom, prénom usuel et âge des candidats, leurs références professionnelles et leurs activités professionnelles au cours des cinq dernières années, notamment les fonctions qu'ils exercent ou ont exercées dans d'autres sociétés ;

b) Les emplois ou fonctions occupés dans la société par les candidats et le nombre d'actions de la société dont ils sont titulaires ou porteurs ;

6° *(Décr. n° 85-295 du 1er mars 1985)* « S'il s'agit de l'assemblée générale ordinaire prévue à l'article 157 de la loi sur les sociétés commerciales :

« *a*) Les comptes annuels, les comptes consolidés, le rapport sur la gestion du groupe, un tableau des affectations de résultat précisant notamment l'origine des sommes dont la distribution est proposée ;

« *b*) Un tableau faisant apparaître les résultats de la société au cours de chacun des cinq derniers exercices ou de chacun des exercices clos depuis la constitution de la société ou l'absorption par celle-ci d'une autre société si leur nombre est inférieur à cinq ;

« *c*) Les rapports des commissaires aux comptes prévus aux articles *(Décr. n° 2005-112 du 10 févr. 2005, art. 20)* « L. 225-40 (alinéa 3), L. 225-88 (alinéa 3), L. 234-1 et L. 232-3 du code de commerce » et à l'article 193 ci-dessous ;

« *d*) Les observations du conseil de surveillance, s'il y a lieu ;

« *e*) Les sociétés mentionnées aux articles 294 à 298 adressent également aux actionnaires l'inventaire des valeurs mobilières détenues en portefeuille à la clôture de l'exercice » ;

7° *(Décr. n° 82-460 du 2 juin 1982)* **« S'il s'agit de l'assemblée générale ordinaire prévue à l'article** *(Décr. n° 2005-112 du 10 févr. 2005, art. 20)* **« L. 225-101 du code de commerce », le rapport des commissaires visé audit article ;**

« 8° S'il s'agit d'une assemblée générale extraordinaire *(Décr. n° 2005-112 du 10 févr. 2005, art. 19-I)* **« ou une assemblée spéciale prévue à l'article L. 225-99 du code de commerce », le rapport des commissaires aux comptes qui sera, le cas échéant, présenté à l'assemblée. »**

Aux termes de l'art. L. 438-7 du code du travail, le dernier bilan social accompagné de l'avis du comité d'entreprise est adressé aux actionnaires ou mis à leur disposition dans les mêmes conditions que les documents prévus par la loi du 24 juill. 1966, aux art. 162 et 168 [C. com., art. L. 225-108 à L. 225-115]. — Sur l'entrée en vigueur des dispositions concernant le bilan social, V. L. n° 77-769 du 12 juill. 1977, art. 3 (D. et BLD 1977. 315).

136 *(Décr. n° 2002-803 du 3 mai 2002)* **« Le droit de participer aux assemblées peut être subordonné soit à l'inscription de l'actionnaire ou de l'intermédiaire mentionné au troisième alinéa de l'article L. 228-1 du code de commerce, dans les comptes de titres nominatifs tenus par la société, soit à la transmission aux lieux indiqués par l'avis de convocation d'un certificat constatant l'indisponibilité des actions au porteur inscrites en compte jusqu'à la date de l'assemblée. S'agissant des actions au porteur, les teneurs de compte habilités par** *(L. n° 2003-706 du 1er août 2003, art. 46-V)* **« l'Autorité des marchés financiers » doivent, à la demande de tout actionnaire ou de tout intermédiaire inscrit ayant effectué la formalité, en attester, le cas échéant par voie électronique dans les conditions définies à l'article 119, sur le formulaire de vote à distance ou de procuration établi au nom de l'actionnaire ou pour le compte de l'actionnaire représenté par l'intermédiaire inscrit, ou sur un document séparé établi à la seule fin d'être annexé à ce formulaire. A compter de la délivrance de cette attestation, l'actionnaire ne peut choisir un autre mode de participation à l'assemblée sauf disposition contraire des statuts. »**

La date avant laquelle ces formalités doivent être accomplies est fixée par les statuts. Elle ne peut être antérieure de plus de cinq jours à la date de réunion de l'assemblée.

(Décr. n° 2002-803 du 3 mai 2002) **« Si les statuts prévoient l'obligation d'accomplir l'une des formalités mentionnées au premier alinéa, tout actionnaire ayant effectué cette formalité peut néanmoins céder tout ou partie de ses actions pendant la période minimale d'inscription nominative ou d'indisponibilité des titres au porteur en notifiant au teneur de compte habilité par** *(L. n° 2003-706 du 1er août 2003, art. 46-V)* **« l'Autorité des marchés financiers » la révocation de cette inscription ou de cette indisponibilité jusqu'à 15 heures, heure de Paris, la veille de l'assemblée générale, à la seule condition, s'il a demandé une carte d'admission ou déjà exprimé son vote à distance ou envoyé un pouvoir, de fournir au teneur de compte habilité par** *(L. n° 2003-706 du 1er août 2003, art. 46-V)* **« l'Autorité des marchés financiers » les éléments permettant d'annuler son vote ou de modifier le nombre d'actions et de voix correspondant à son vote. »**

137 Le créancier gagiste dépose les actions qu'il détient en gage, selon les modalités fixées par l'article 136, si le débiteur lui en fait la demande et en supporte les frais.

Le mandataire chargé de représenter les copropriétaires d'actions indivises dans les conditions prévues à l'article *(Décr. n° 2005-112 du 10 févr. 2005, art. 20)* **« L. 225-110, alinéa 2, du code de commerce »**, est désigné par ordonnance du président du tribunal de commerce, statuant en référé.

138 A compter de la convocation de l'assemblée et jusqu'au cinquième jour inclusivement avant la réunion, tout actionnaire titulaire de titres nominatifs peut demander à la société de lui envoyer à l'adresse indiquée, les documents et renseignements visés aux articles 133 et 135. La société est tenue de procéder à cet envoi avant la réunion et à ses frais. *(Décr. n° 2002-803 du 3 mai 2002)* **« Cet envoi peut être effectué par un moyen électronique de télécommunication mis en œuvre dans les conditions mentionnées à l'article 120-1 à l'adresse indiquée par l'actionnaire. »**

Le même droit est ouvert à tout actionnaire propriétaire de titres au porteur, qui justifie de cette qualité par l'accomplissement de la formalité prévue à l'article 136, alinéa 1er.

Les actionnaires mentionnés à l'alinéa 1er ci-dessus peuvent, par une demande unique, obtenir de la société l'envoi des documents et renseignements précités à l'occasion de chacune des assemblées d'actionnaires ultérieures.

Al. 4 abrogé par Décr. no 2002-803 du 3 mai 2002, art. 58.

139 A compter de la convocation de l'assemblée générale ordinaire annuelle et au moins pendant le délai de quinze jours qui précède la date de la réunion, tout actionnaire a le droit de prendre, au siège social ou au lieu de la direction administrative, connaissance des documents et renseignements énumérés aux articles *(Décr. no 2005-112 du 10 févr. 2005, art. 20)* « L. 225-115 du code de commerce » et 135 du présent décret. Toutefois, il n'a le droit de prendre, aux mêmes lieux, connaissance du rapport des commissaires aux comptes, que pendant le même délai de quinze jours.

(Décr. no 88-418 du 22 avr. 1988) « Il a également le droit, à compter de la convocation de l'assemblée générale extraordinaire ou de l'assemblée spéciale et au moins pendant le délai de quinze jours qui précède la date de la réunion, de prendre, aux mêmes lieux, connaissance du texte des résolutions présentées, du rapport du conseil d'administration ou du directoire, ainsi que, le cas échéant, du rapport des commissaires aux comptes. »

(Décr. no 82-460 du 2 juin 1982) « Il peut aussi, à compter de la convocation de l'assemblée générale prévue à l'article *(Décr. no 2005-112 du 10 févr. 2005, art. 20)* « L. 225-101 du code de commerce », prendre dans les conditions prévues à l'alinéa précédent connaissance du texte des résolutions proposées, du rapport du conseil d'administration ou du directoire et du rapport des commissaires visé à l'article » *(Décr. no 2005-112 du 10 févr. 2005, art. 20)* « L. 225-101 du code précité ».

Sauf en ce qui concerne l'inventaire, le droit de prendre connaissance emporte celui de prendre copie.

140 En application des dispositions de l'article *(Décr. no 2005-112 du 10 févr. 2005, art. 20)* « L. 225-116 du code de commerce », l'actionnaire a le droit, pendant le délai de quinze jours qui précède la réunion de l'assemblée générale, de prendre, aux lieux prévus à l'article précédent, connaissance ou copie de la liste des actionnaires.

A cette fin, la liste des actionnaires est arrêtée par la société, le seizième jour qui précède la réunion de l'assemblée. *(Décr. no 83-363 du 2 mai 1983)* « Elle contient les nom, prénom usuel et domicile de chaque titulaire d'actions nominatives ». Le nombre d'actions dont chaque actionnaire est titulaire ou porteur est en outre mentionné.

141 L'actionnaire exerce les droits reconnus par les articles 139 et 140, par lui-même ou par le mandataire qu'il a nommément désigné pour le représenter à l'assemblée.

142 En application des dispositions de l'article *(Décr. no 2005-112 du 10 févr. 2005, art. 20)* « L. 225-117 du code de commerce », l'actionnaire a le droit de prendre par lui-même ou par mandataire, au siège social ou au lieu de la direction administrative, connaissance des documents visés par ledit article.

Sauf en ce qui concerne l'inventaire, le droit de prendre connaissance emporte celui de prendre copie.

142-1 *(Décr. no 2002-803 du 3 mai 2002)* En application des dispositions du deuxième alinéa de l'article L. 225-51-1 du code de commerce, l'actionnaire peut, par lui-même ou par mandataire au siège social ou au lieu de la direction administrative, prendre connaissance de l'extrait du procès-verbal contenant la décision du conseil d'administration relative au choix de l'une des deux modalités d'exercice de la direction générale.

143 *Abrogé par Décr. no 2002-803 du 3 mai 2002, art. 58.*

144 Tout actionnaire exerçant le droit d'obtenir communication de documents et renseignements auprès de la société peut se faire assister d'un expert inscrit sur une des listes établies par les cours et tribunaux.

145 La feuille de présence aux assemblées d'actionnaires contient les mentions suivantes :

1° Les nom, prénom usuel et domicile de chaque actionnaire présent, *(Décr. n° 2002-803 du 3 mai 2002)* « ou réputé présent au sens de l'article L. 225-107 du code de commerce, » le nombre d'actions dont il est titulaire, ainsi que le nombre de voix attaché à ces actions ;

2° Les nom, prénom usuel et domicile de chaque actionnaire représenté, le nombre d'actions dont il est titulaire, ainsi que le nombre de voix attaché à ces actions ;

3° Les nom, prénom usuel et domicile de chaque mandataire, le nombre d'actions de ses mandants, ainsi que le nombre de voix attaché à ces actions ;

(Décr. n° 86-584 du 14 mars 1986) « 4° Les nom, prénom usuel et domicile de chaque actionnaire ayant adressé à la société un formulaire de vote par correspondance, ainsi que le nombre d'actions dont il est titulaire et le nombre de voix attaché à ces actions.

« Le bureau de l'assemblée peut annexer à la feuille de présence la procuration ou le formulaire de vote par correspondance portant les nom, prénom usuel et domicile de chaque actionnaire mandant ou votant par correspondance, le nombre d'actions dont il est titulaire et le nombre de voix attaché à ces actions. Dans ce cas, le bureau de l'assemblée indique le nombre des pouvoirs et des formulaires de vote par correspondance annexés à ladite feuille ainsi que le nombre des actions et des droits de vote correspondant aux procurations et aux formulaires. Les pouvoirs et les formulaires de vote par correspondance devront être communiqués en même temps et dans les mêmes conditions que la feuille de présence. »

La feuille de présence, dûment émargée par les actionnaires présents et les mandataires, est certifiée exacte par le bureau de l'assemblée.

145-1 *(Décr. n° 79-641 du 27 juill. 1979)* L'assemblée générale ne peut délibérer qu'après la fin de l'assemblée spéciale des titulaires d'actions à dividende prioritaire sans droit de vote prévue à la section IV *bis* lorsque celle-ci peut adopter un avis sur une résolution soumise à l'assemblée générale.

145-2 *(Décr. n° 2002-803 du 3 mai 2002)* Les moyens de visioconférence mentionnés au II de l'article L. 225-107 du code de commerce doivent satisfaire à des caractéristiques techniques garantissant la participation effective à l'assemblée, dont les délibérations sont retransmises de façon continue.

145-3 *(Décr. n° 2002-803 du 3 mai 2002)* Les actionnaires exerçant leurs droits de vote en séance par voie électronique dans les conditions de l'article 119 ne pourront accéder au site consacré à cet effet qu'après s'être identifiés au moyen d'un code fourni préalablement à la séance.

145-4 *(Décr. n° 2002-803 du 3 mai 2002)* Le procès-verbal des délibérations mentionné à l'article 149 fait état de la survenance éventuelle d'un incident technique relatif à la visioconférence ou à la télécommunication électronique lorsqu'il a perturbé le déroulement de l'assemblée.

146 Les assemblées d'actionnaires sont présidées par le président du conseil d'administration ou du conseil de surveillance, selon le cas, ou, en son absence, par la personne prévue par les statuts. A défaut, l'assemblée élit elle-même son président.

En cas de convocation par les commissaires aux comptes, par un mandataire de justice ou par les liquidateurs, l'assemblée est présidée par celui ou par l'un de ceux qui l'ont convoquée.

147 Sont scrutateurs de l'assemblée, les deux membres de ladite assemblée disposant du plus grand nombre de voix et acceptant cette fonction.

Le bureau de l'assemblée en désigne le secrétaire qui, sauf disposition contraire des statuts, peut être choisi en dehors des actionnaires.

148 Le conseil d'administration ou le directoire, selon le cas, notamment dans le rapport prévu à l'article *(Décr. n° 2005-112 du 10 févr. 2005, art. 20)* « L. 225-100 du code de commerce », doit exposer de manière claire et précise, l'activité de la société et, le cas échéant, de ses filiales au cours du dernier exercice écoulé, les résultats de cette activité, les progrès réalisés ou les difficultés rencontrées et les perspectives d'avenir. *(Décr. n° 2002-803 du 3 mai 2002)* « Le conseil d'administration indique le choix fait de l'une des deux modalités d'exercice de la direction générale prévues à l'article L. 225-51-1 du code de commerce. Sauf modification, cette indication n'est pas reproduite dans les rapports ultérieurs. »

Au rapport visé à l'alinéa précédent, est obligatoirement joint *(Décr. n° 85-295 du 1er mars 1985)* « un tableau faisant apparaître » les résultats de la société au cours de chacun des cinq derniers exercices ou de chacun des exercices clos depuis la constitution de la société ou l'absorption par celle-ci d'une autre société, s'ils sont inférieurs à cinq.

148-1 *(Décr. n° 82-460 du 2 juin 1982)* Les commissaires visés à l'article *(Décr. n° 2005-112 du 10 févr. 2005, art. 20)* « L. 225-101 du code de commerce » sont désignés et accomplissent leur mission dans les conditions prévues à l'article 64.

Le rapport décrit les biens à acquérir, indique les critères retenus pour la fixation du prix et apprécie la pertinence de ces critères.

148-2 *(Décr. n° 2002-221 du 20 févr. 2002)* Figurent en application du quatrième alinéa de l'article L. 225-102-1 du code de commerce, dans le rapport du conseil d'administration ou du directoire, les informations sociales suivantes :

1° *a)* L'effectif total, les embauches en distinguant les contrats à durée déterminée et les contrats à durée indéterminée et en analysant les difficultés éventuelles de recrutement, les licenciements et leurs motifs, les heures supplémentaires, la main-d'œuvre extérieure à la société ;

b) Le cas échéant, les informations relatives aux plans de réduction des effectifs et de sauvegarde de l'emploi, aux efforts de reclassement, aux réembauches et aux mesures d'accompagnement ;

2° L'organisation du temps de travail, la durée de celui-ci pour les salariés à temps plein et les salariés à temps partiel, l'absentéisme et ses motifs ;

3° Les rémunérations et leur évolution, les charges sociales, l'application des dispositions du titre IV du livre IV du code du travail, l'égalité professionnelle entre les femmes et les hommes ;

4° Les relations professionnelles et le bilan des accords collectifs ;

5° Les conditions d'hygiène et de sécurité ;

6° La formation ;

7° L'emploi et l'insertion des travailleurs handicapés ;

8° Les œuvres sociales ;

9° L'importance de la sous-traitance.

Le rapport expose la manière dont la société prend en compte l'impact territorial de ses activités en matière d'emploi et de développement régional.

Il décrit, le cas échéant, les relations entretenues par la société avec les associations d'insertion, les établissements d'enseignement, les associations de défense de l'environnement, les associations de consommateurs et les populations riveraines.

Il indique l'importance de la sous-traitance et la manière dont la société promeut auprès de ses sous-traitants et s'assure du respect par ses filiales des dispositions des conventions fondamentales de l'Organisation internationale du travail.

Il indique en outre la manière dont les filiales étrangères de l'entreprise prennent en compte l'impact de leurs activités sur le développement régional et les populations locales.

148-3 *(Décr. nº 2002-221 du 20 févr. 2002)* Figurent dans les mêmes conditions, dans le rapport du conseil d'administration ou du directoire, les informations suivantes relatives aux conséquences de l'activité de la société sur l'environnement, données en fonction de la nature de cette activité et de ses effets.

1º La consommation de ressources en eau, matières premières et énergie avec, le cas échéant, les mesures prises pour améliorer l'efficacité énergétique et le recours aux énergies renouvelables, les conditions d'utilisation des sols, les rejets dans l'air, l'eau et le sol affectant gravement l'environnement et dont la liste sera déterminée par arrêté des ministres chargés de l'environnement et de l'industrie, les nuisances sonores ou olfactives et les déchets ; – *V. Arr. 30 avr. 2002 (JO 5 mai).*

2º Les mesures prises pour limiter les atteintes à l'équilibre biologique, aux milieux naturels, aux espèces animales et végétales protégées ;

3º Les démarches d'évaluation ou de certification entreprises en matière d'environnement ;

4º Les mesures prises, le cas échéant, pour assurer la conformité de l'activité de la société aux dispositions législatives et réglementaires applicables en cette matière ;

5º Les dépenses engagées pour prévenir les conséquences de l'activité de la société sur l'environnement ;

6º L'existence au sein de la société de services internes de gestion de l'environnement, la formation et l'information des salariés sur celui-ci, les moyens consacrés à la réduction des risques pour l'environnement ainsi que l'organisation mise en place pour faire face aux accidents de pollution ayant des conséquences au-delà des établissements de la société ;

7º Le montant des provisions et garanties pour risques en matière d'environnement, sauf si cette information est de nature à causer un préjudice sérieux à la société dans un litige en cours ;

8º Le montant des indemnités versées au cours de l'exercice en exécution d'une décision judiciaire en matière d'environnement et les actions menées en réparation de dommages causés à celui-ci ;

9º Tous les éléments sur les objectifs que la société assigne à ses filiales à l'étranger sur les points 1º à 6º ci-dessus.

149 Le procès-verbal des délibérations de l'assemblée indique la date et le lieu de réunion, le mode de convocation, l'ordre du jour, la composition du bureau, le nombre d'actions participant au vote et le quorum atteint, les documents et rapports soumis à l'assemblée, un résumé des débats, le texte des résolutions mises aux voix et le résultat des votes. Il est signé par les membres du bureau.

Les procès-verbaux sont établis sur un registre spécial tenu au siège social, dans les conditions prévues aux articles 85 et 109.

150 Si, à défaut du quorum requis, une assemblée ne peut délibérer régulièrement, il en est dressé procès-verbal par le bureau de ladite assemblée.

151 Les copies ou extraits de procès-verbaux des assemblées d'actionnaires sont valablement certifiés, soit par le président du conseil d'administration ou par un administrateur exerçant les fonctions de directeur général, soit, le cas échéant, par le président ou le vice-président du conseil de surveillance ou par un membre du directoire. Ils peuvent également être certifiés par le secrétaire de l'assemblée.

En cas de liquidation de la société, ils sont valablement certifiés par un seul liquidateur.

151-1 *(Décr. nº 2002-803 du 3 mai 2002)* L'intermédiaire mentionné aux troisième et quatrième alinéas de l'article L. 228-1 du code de commerce doit déclarer sa qualité d'intermédiaire inscrit pour le compte de tiers, dès l'ouverture du compte, auprès de la société émettrice ou auprès de l'intermédiaire habilité par *(L. nº 2003-706 du 1er août 2003, art. 46-V)* « l'Autorité des marchés financiers », que celui-ci soit teneur de compte-conservateur ou dépositaire central lorsque l'intermédiaire inscrit a ouvert un compte titres dans les livres de ce dépositaire central.

151-2 *(Décr. nº 2002-803 du 3 mai 2002)* Lorsque les titres revêtent la forme de titres nominatifs administrés, l'intermédiaire habilité par *(L. nº 2003-706 du 1er août 2003, art. 46-V)* « l'Autorité des marchés financiers » doit transmettre immédiatement cette déclaration à la société émettrice.

151-3 *(Décr. nº 2002-803 du 3 mai 2002)* Lorsqu'en application des dispositions du II de l'article L. 228-2 et du I de l'article L. 228-3-1 du code de commerce, la société émettrice demande directement des informations aux personnes figurant sur la liste transmise par le dépositaire central des titres ou par l'intermédiaire inscrit, ces personnes sont tenues de répondre soit directement à la société, soit au teneur de compte-conservateur habilité qui transmet à son tour la réponse à la société.

151-4 *(Décr. nº 2002-803 du 3 mai 2002)* Le délai donné aux teneurs de compte-conservateurs mentionnés au deuxième alinéa du I de l'article L. 228-2 du code de commerce est de dix jours ouvrables à compter de la demande.

151-5 *(Décr. nº 2002-803 du 3 mai 2002)* Le délai donné à l'intermédiaire inscrit en vertu du premier alinéa de l'article L. 228-3 du code de commerce est de dix jours ouvrables à compter de la demande.

151-6 *(Décr. nº 2002-803 du 3 mai 2002)* L'intermédiaire inscrit bénéficiaire d'un mandat mentionné à l'article L. 228-3-2 du code de commerce peut transmettre ou émettre sous sa signature les votes des propriétaires d'actions. Les mandats et procurations sont conservés durant un délai de trois ans à compter de l'assemblée générale au cours de laquelle ont été exercés les droits de vote.

152 *(Décr. nº 83-363 du 2 mai 1983)* La société tient à jour la liste des personnes titulaires d'actions nominatives avec l'indication du domicile déclaré par chacune d'elles.

153 Toute personne a le droit, à toute époque, d'obtenir, au siège social, la délivrance d'une copie certifiée conforme des statuts en vigueur au jour de la demande.

La société doit annexer à ce document, la liste, comportant leur *(Décr. nº 88-418 du 22 avr. 1988)* « nom, prénom usuel », des administrateurs ou des membres du conseil de surveillance et du directoire, selon le cas, ainsi que des commissaires aux comptes en exercice.

Elle ne peut, pour cette délivrance, exiger le paiement d'une somme supérieure à 0,30 euro.

153-1 *(Décr. nº 71-615 du 23 juill. 1971)* Les personnes mentionnées à l'article *(Décr. nº 2005-112 du 10 févr. 2005, art. 20)* « L. 225-109 du code de commerce » sont tenues, dans le délai de un mois à compter de la date à laquelle elles acquièrent la qualité au titre de laquelle elles sont soumises à l'obligation prévue audit article, de faire mettre sous la forme nominative ou de déposer dans les conditions fixées par l'article 153-3 les actions visées à l'article *(Décr. nº 2005-112 du 10 févr. 2005, art. 20)* « L. 225-109 *[précité]* » dont elles sont propriétaires ou qui appartiennent à leurs enfants mineurs non émancipés.

153-2 *(Décr. nº 71-615 du 23 juill. 1971)* Les personnes mentionnées à l'article *(Décr. nº 2005-112 du 10 févr. 2005, art. 20)* « L. 225-109 du code de commerce » sont tenues, lorsqu'elles acquièrent des actions visées audit article, de faire mettre ces actions sous la forme nominative, ou de les déposer dans les conditions fixées par l'article 153-3 dans le délai de vingt jours à compter de l'entrée en possession des titres.

153-3 *(Décr. n° 71-615 du 23 juill. 1971)* Le dépôt prévu à l'article *(Décr. n° 2005-112 du 10 févr. 2005, art. 20)* « L. 225-109 du code de commerce » doit être fait soit dans une *banque*, soit dans un *établissement financier* enregistré par le *conseil national du crédit* *[établissement de crédit agréé par le comité des établissements de crédit et des entreprises d'investissement]* et habilité à recevoir des dépôts de titres du public, soit chez un agent de change *[prestataire de services d'investissement]*.

SECTION IV *bis* *Assemblées spéciales des titulaires d'actions à dividende prioritaire sans droit de vote*

(Décr. n° 79-641 du 27 juill. 1979)

153-4 *(Décr. n° 79-641 du 27 juill. 1979)* L'assemblée spéciale des titulaires d'actions à dividende prioritaire sans droit de vote, lorsqu'elle est réunie pour donner son avis sur toute décision des assemblées générales ordinaire ou extraordinaire, doit être convoquée en même temps que chacune de ces assemblées.

153-5 *(Décr. n° 79-641 du 27 juill. 1979)* L'assemblée spéciale est convoquée dans les mêmes formes que l'assemblée générale et doit se tenir le même jour. Le conseil ou le directoire lui présente un rapport sur les résolutions soumises à l'assemblée générale.

153-6 *(Décr. n° 79-641 du 27 juill. 1979)* L'assemblée spéciale statuant dans les conditions prévues à l'article *(Décr. n° 2005-112 du 10 févr. 2005, art. 20)* « L. 225-99 du code de commerce » sur les questions qui lui sont soumises pour approbation ou accord et composée, le cas échéant, des seuls titulaires d'actions prioritaires sans droit de vote concernés doit être réunie au plus tard dans le mois de la date de l'assemblée générale.

153-6-1 *(Décr. n° 83-363 du 2 mai 1983)* Le rapport du conseil d'administration ou du directoire à l'assemblée spéciale appelée à se prononcer sur la conversion prévue à l'article *(Décr. n° 2005-112 du 10 févr. 2005, art. 20)* « L. 228-12 du code de commerce » indique les conditions de celle-ci, les modalités de calcul du rapport de conversion et les modalités de sa réalisation.

Le commissaire aux comptes donne son avis sur l'offre de conversion et indique si les modalités de calcul du rapport de conversion sont exactes et sincères.

153-7 *(Décr. n° 79-641 du 27 juill. 1979)* Pour l'application du troisième alinéa de l'article *(Décr. n° 2005-112 du 10 févr. 2005, art. 20)* « L. 228-19 du code de commerce », la société fournit aux actionnaires vendeurs à l'appui de son offre de rachat les justifications et les modalités de calcul du prix proposé.

153-8 *(Décr. n° 79-641 du 27 juill. 1979)* Les convocations aux assemblées d'actionnaires à dividende prioritaire sans droit de vote sont faites dans les conditions prévues aux articles 120, *(Décr. n° 2002-803 du 3 mai 2002)* « 120-1, » 122 à 126 et, le cas échéant, 127.

L'ordre du jour figurant sur l'avis de convocation comprend l'indication qu'il pourra être procédé à la désignation du (ou des) mandataires prévus au quatrième alinéa de l'article *(Décr. n° 2005-112 du 10 févr. 2005, art. 20)* « L. 228-15 du code de commerce ».

153-9 *(Décr. n° 79-641 du 27 juill. 1979)* La représentation des actionnaires aux assemblées spéciales est régie par les articles 132 à 134 ci-dessus.

Cependant, le mandat prévu à l'article 132 peut être donné pour toutes les assemblées spéciales dont l'ordre du jour se rattache à celui de l'assemblée générale qui a nécessité leur convocation.

153-10 *(Décr. n° 79-641 du 27 juill. 1979)* Les articles 135 à 144 sont applicables aux titulaires d'actions à dividende prioritaire sans droit de vote.

153-11 *(Décr. n° 79-641 du 27 juill. 1979)* Les assemblées des titulaires d'actions à dividende prioritaire sans droit de vote sont soumises en tant que de besoin aux dispositions des articles 145 à 147 et 149 à 151.

SECTION V *Modifications du capital social et actionnariat des salariés*

(Décr. n° 74-319 du 23 avr. 1974)

§ 1er *Augmentation du capital et actionnariat des salariés*

(Décr. n° 74-319 du 23 avr. 1974)

154 *(Décr. n° 2005-112 du 10 févr. 2005, art. 2)* Le conseil d'administration ou le directoire donne, dans le rapport prévu à l'article L. 225-129 du code de commerce, toutes indications utiles sur les motifs de l'augmentation du capital proposée ainsi que sur la marche des affaires sociales depuis le début de l'exercice en cours et, si l'assemblée générale ordinaire appelée à statuer sur les comptes n'a pas encore été tenue, pendant l'exercice précédent. Le cas échéant, le conseil d'administration ou le directoire indique le montant maximal de l'augmentation de capital.

155 *(Décr. n° 91-153 du 7 févr. 1991)* Le rapport du conseil d'administration ou du directoire prévu à l'article *(Décr. n° 2005-112 du 10 févr. 2005, art. 20)* « L. 225-135 du code de commerce » indique le montant maximal et les motifs de l'augmentation de capital proposée, ainsi que les motifs de la proposition de suppression du droit préférentiel de souscription.

Il indique en outre :

(Décr. n° 2005-112 du 10 févr. 2005, art. 3) « 1° Dans les cas prévus à l'article L. 225-136 et au II de l'article L. 225-138 du code de commerce, les modalités de placement des nouveaux titres de capital ou des nouvelles valeurs mobilières donnant accès au capital et, avec leur justification, le prix d'émission ou les modalités de sa détermination ;

« 2° Dans le cas prévu au I de l'article L. 225-138 du code de commerce, le nom des attributaires des nouveaux titres de capital ou des nouvelles valeurs mobilières donnant accès au capital, ou les caractéristiques des catégories de personnes, le nombre de titres attribués à chacun d'eux ou les modalités d'attribution des titres.

« Le commissaire aux comptes donne son avis dans les cas prévus au 1° selon les modalités prévues au second alinéa de l'article 155-1. »

155-1 *(Décr. n° 91-153 du 7 févr. 1991)* Lorsque l'assemblée fixe elle-même toutes les modalités de l'augmentation de capital *(Décr. n° 2005-112 du 10 févr. 2005, art. 4)* « avec suppression du droit préférentiel de souscription », le rapport mentionné à l'article 155 indique également l'incidence sur la situation *(Décr. n° 2005-112 du 10 févr. 2005, art. 4)* « des titulaires de titres de capital et de valeurs mobilières donnant accès au capital » de l'émission proposée, en particulier en ce qui concerne sa quote-part des capitaux propres à la clôture du dernier exercice. Si la clôture est antérieure de plus de six mois à l'opération envisagée, cette incidence est appréciée au vu d'une situation financière intermédiaire établie selon les mêmes méthodes et suivant la même présentation que le dernier bilan annuel. Dans les sociétés *(Décr. n° 2005-112 du 10 févr. 2005, art. 4)* « dont les titres sont admis aux négociations sur un marché réglementé », est en outre indiquée l'incidence théorique sur la valeur boursière actuelle de l'action telle qu'elle résulte de la moyenne des vingt séances de bourse précédentes. Ces informations sont également données en tenant compte de l'ensemble des titres émis susceptibles de donner accès au capital.

Le commissaire aux comptes donne son avis sur la proposition de suppression du droit préférentiel, sur le choix des éléments de calcul du prix d'émission et sur son montant, ainsi que sur l'incidence de l'émission sur la situation *(Décr. n° 2005-112 du 10 févr. 2005, art. 4)* « des titulaires de titres de capital et de valeurs mobilières donnant accès au capital » appréciée par rapport aux capitaux propres et, le cas échéant, sur la valeur boursière de l'action. Il vérifie et certifie la sincérité des informations tirées des comptes de la société sur lesquelles il donne cet avis.

155-2 *(Décr. n° 2005-112 du 10 févr. 2005, art. 5)* « Lorsque l'assemblée générale a délégué ses pouvoirs ou sa compétence dans les conditions prévues aux articles L. 225-129-1, L. 225-129-2, L. 225-136 ou aux I et II de l'article L. 225-138 du code de commerce, le conseil d'administration, ou le directoire, établit, au moment où il est fait usage de l'autorisation, un rapport complémentaire décrivant les conditions définitives de l'opération établies conformément à l'autorisation donnée par l'assemblée. Le rapport comporte, en outre, les informations prévues à l'article 155-1. »

(Décr. n° 91-153 du 7 févr. 1991) « Le commissaire aux comptes vérifie notamment la conformité des modalités de l'opération au regard de l'autorisation donnée par l'assemblée et des indications fournies à celle-ci. Il donne également son avis sur le choix des éléments de calcul du prix d'émission et sur son montant définitif, ainsi que sur l'incidence de l'émission sur la situation *(Décr. n° 2005-112 du 10 févr. 2005, art. 5)* « des titulaires de titres de capital ou de valeurs mobilières donnant accès au capital » telle que définie à l'alinéa 2 de l'article 155-1 ci-dessus.

« Ces rapports complémentaires sont immédiatement mis à la disposition des actionnaires au siège social, au plus tard dans les quinze jours suivant la réunion du conseil d'administration ou du directoire, et portés à leur connaissance à la plus prochaine assemblée générale. »

155-3 *(Décr. n° 2005-112 du 10 févr. 2005, art. 6)* « Qu'il soit demandé ou non aux actionnaires et aux porteurs de certificats d'investissement de renoncer à leur droit préférentiel de souscription, le contenu des rapports du conseil d'administration ou du directoire et des commissaires aux comptes à l'assemblée générale appelée à autoriser une émission de valeurs mobilières visées aux articles L. 228-91 et L. 228-93 du code de commerce est régi par les articles 154 et 155 ainsi que, selon les cas, par les articles 155-1 ou 155-2. »

(Abrogé par Décr. n° 2005-112 du 10 févr. 2005, art. 6) ***« Les dispositions qui précèdent sont applicables à l'émission de valeurs mobilières mentionnées aux articles 339-1 et 339-5 de la loi sur les sociétés commerciales*** [C. com., art. L. 228-91 et L. 228-95]. »

(Décr. n° 91-153 du 7 févr. 1991) « Sont en outre indiquées *(Décr. n° 2005-112 du 10 févr. 2005, art. 6)* « les caractéristiques des valeurs mobilières donnant droit à l'attribution de titres de créances ou donnant accès au capital, les modalités d'attribution des titres de créances ou de capital » auxquels ces valeurs mobilières donnent droit, ainsi que les dates auxquelles peuvent être exercés les droits d'attribution. »

155-4 *(Décr. n° 2005-112 du 10 févr. 2005, art. 7)* Pour l'application de l'article L. 225-135-1 du code de commerce, l'assemblée peut prévoir que le nombre de titres pourra être augmenté dans les trente jours de la clôture de la souscription dans la limite de 15 % de l'émission initiale et au même prix que celui retenu pour l'émission initiale.

155-5 *(Décr. n° 2005-112 du 10 févr. 2005, art. 7)* Pour l'application du premier alinéa du 1° de l'article L. 225-136 du code de commerce, le prix est au moins égal à la moyenne pondérée des cours des trois dernières séances de bourse précédant sa fixation, éventuellement diminuée d'une décote maximale de 5 %.

156 Les actionnaires sont informés de l'émission d'actions nouvelles *(Décr. n° 2005-112 du 10 févr. 2005, art. 8-I)* « ou de valeurs mobilières donnant accès au capital, lorsque cette émission de valeurs mobilières est susceptible d'entraîner une augmentation de capital, » et de ses modalités par un avis contenant notamment les indications suivantes :

1° La dénomination sociale, suivie le cas échéant de son sigle ;

2° La forme de la société ;

3° Le montant du capital social ;

4° L'adresse du siège social ;

5° Les numéros d'immatriculation de la société au registre du commerce et à l'institut national de la statistique et des études économiques ; *— Dans tous les textes réglementaires, la référence aux mentions visées aux 1 et 2 de l'art. 72 du décret n° 84-406 du 30 mai 1984 relatif au registre du commerce et des sociétés est substituée à la référence au numéro d'immatriculation au registre du commerce et des sociétés (Décr. n° 98-550 du 2 juill. 1998, art. 35).*

6° Le montant de l'augmentation du capital *(Décr. n° 2005-112 du 10 févr. 2005, art. 8-II)* « et, le cas échéant, le montant supplémentaire de l'augmentation de capital autorisé sur le fondement de l'article L. 225-135-1 du code de commerce » ;

7° Les dates d'ouverture et de clôture de la souscription ;

8° L'existence, au profit des actionnaires, du droit préférentiel de souscription aux actions *(Décr. n° 2005-112 du 10 févr. 2005, art. 8-III)* « ou valeurs mobilières donnant accès au capital » nouvelles ainsi que les conditions d'exercice de ce droit ;

9° *(Décr. n° 99-257 du 1er avr. 1999)* « La valeur nominale des actions *(Décr. n° 2005-112 du 10 févr. 2005, art. 8-III)* « ou valeurs mobilières donnant accès au capital » à souscrire en numéraire, que cette valeur figure ou non dans les statuts, et, le cas échéant, le montant de la prime d'émission ; »

10° La somme immédiatement exigible par action *(Décr. n° 2005-112 du 10 févr. 2005, art. 8-IV)* « ou valeur mobilière donnant accès au capital » souscrite ;

11° *(Décr. n° 83-363 du 2 mai 1983)* « Le nom ou la dénomination sociale, l'adresse de la résidence ou du siège social du dépositaire ;

12° « Le cas échéant, la description sommaire, l'évaluation et le mode de rémunération des apports en nature compris dans l'augmentation de capital avec l'indication du caractère provisoire de cette évaluation et de ce mode de rémunération ;

13° « L'indication que si les actions non souscrites représentent plus de trois pour cent de l'augmentation de capital, la souscription sera soit ouverte au public, soit limitée au montant des souscriptions reçues. »

(Décr. n° 2005-112 du 10 févr. 2005, art. 8-V) « En cas d'émission de valeurs mobilières donnant accès au capital lorsque cette émission est susceptible d'entraîner une augmentation de capital, l'avis mentionne également les principales caractéristiques des valeurs mobilières, notamment les modalités d'attribution des titres de capital auxquels elles donnent droit, ainsi que les dates auxquelles les droits d'attribution peuvent être exercés.

« Les indications prévues au présent article sont portées à la connaissance des actionnaires par lettre recommandée avec demande d'avis de réception quatorze jours au moins avant la date prévue de clôture de la souscription.

« Si la société fait appel public à l'épargne ou si toutes ses actions ne revêtent pas la forme nominative, l'avis contenant ces indications est inséré, dans le même délai, dans une notice publiée au *Bulletin des annonces légales et obligatoires*. Toutefois, si la société fait appel public à l'épargne, l'information sur le prix définitif de l'émission peut être portée à la connaissance des actionnaires par un communiqué diffusé par la société selon les modalités prévues par le règlement général de l'Autorité des marchés financiers, au plus tard la veille de l'ouverture de la souscription. Dans ce cas, l'avis publié au *Bulletin des annonces légales et obligatoires* indique les conditions de fixation du prix et de diffusion du communiqué. »

157 Lorsque l'assemblée générale *(Décr. n° 2005-112 du 10 févr. 2005, art. 9)* « a supprimé le » droit préférentiel de souscription des actionnaires, les dispositions de l'article précédent ne sont pas applicables.

157-1 *(Décr. n° 83-363 du 2 mai 1983)* L'actionnaire qui renonce à titre individuel à son droit préférentiel de souscription doit en aviser la société par lettre recommandée.

Dans les sociétés dont les actions sont inscrites à la cote officielle ou à la cote du second marché, la renonciation ne peut être faite au profit de bénéficiaires dénommés.

La renonciation sans indication de bénéficiaire doit être accompagnée pour les actions au porteur des coupons correspondants ou d'une attestation du dépositaire des titres ou de l'intermédiaire habilité prévu par le décret n° 83-359 du 2 mai 1983 *[partiellement codifié aux art. R. 211-1 s. C. mon. fin., V. supra, v° Code monétaire et financier (extraits)]* constatant la renonciation de l'actionnaire.

La renonciation faite au profit de bénéficiaires dénommés doit être accompagnée de l'acceptation de ces derniers.

Pour l'application des dispositions des articles *(Décr. n° 2005-112 du 10 févr. 2005, art. 20)* « L. 225-133 et L. 225-134 du code de commerce », il est tenu compte pour le calcul du nombre d'actions non souscrites de celles qui correspondent aux droits préférentiels auxquels les actionnaires ont renoncé à titre individuel sans indication du nom des bénéficiaires. Toutefois, lorsque cette renonciation a été notifiée à la société au plus tard à la date de la décision de réalisation de l'augmentation de capital, les actions correspondantes sont mises à la disposition des autres actionnaires pour l'exercice de leur droit préférentiel de souscription.

158 Le nu-propriétaire d'actions est réputé, à l'égard de l'usufruitier, avoir négligé d'exercer le droit préférentiel de souscription aux actions nouvelles émises par la société, lorsqu'il n'a ni souscrit d'actions nouvelles ni vendu les droits de souscription, huit jours avant l'expiration du délai de souscription accordé aux actionnaires.

Il est réputé, à l'égard de l'usufruitier, avoir négligé d'exercer le droit à l'attribution d'actions gratuites, lorsqu'il n'a pas demandé cette attribution ni vendu les droits, trois mois après le début des opérations d'attribution.

159 La notice visée *(Décr. n° 2005-112 du 10 févr. 2005, art. 10)* « au dix-septième alinéa de l'article 156 », contient les indications suivantes :

1° L'objet social, indiqué sommairement ;

2° La date d'expiration normale de la société ;

3° Les catégories d'actions émises et leurs caractéristiques ;

4° Les avantages particuliers stipulés par les statuts au profit de toute personne ;

5° Les conditions d'admission aux assemblées d'actionnaires et d'exercice du droit de vote ainsi que, le cas échéant, les dispositions relatives à l'attribution du droit de vote double ;

6° Le cas échéant, les clauses statutaires restreignant la libre cession des actions ;

7° Les dispositions relatives à la répartition des bénéfices, à la constitution des réserves et à la répartition du boni de liquidation ;

8° *(Décr. n° 69-1226 du 24 déc. 1969)* « Le cas échéant, le montant des obligations convertibles en actions antérieurement émises, les délais d'exercice de l'option accordée aux porteurs ou l'indication que la conversion peut avoir lieu à tout moment, et les bases de conversion » ;

9° Le montant non amorti des autres obligations antérieurement émises et les garanties dont elles sont assorties ;

10° Le montant, lors de l'émission, des emprunts obligataires garantis par la société ainsi que, le cas échéant, la fraction garantie de ces emprunts.

La notice est revêtue de la signature sociale.

160 Une copie du dernier bilan, certifiée conforme par le représentant légal de la société, est publiée en annexe à la notice visée à l'article précédent.

(Décr. n° 68-25 du 2 janv. 1968) « Si le dernier bilan a déjà été publié au *Bulletin des annonces légales obligatoires*, la copie de ce bilan peut être remplacée par l'indication de la référence de la publication antérieure. Si aucun bilan n'a encore été établi, la notice en fait mention ».

161 Les prospectus et circulaires informant le public de l'émission d'actions reproduisent les énonciations de la notice prévue à l'article 159 et contiennent la mention de l'insertion de ladite notice au *Bulletin des annonces légales obligatoires* avec référence au numéro dans lequel elle a été publiée.

Les affiches et les annonces dans les journaux reproduisent les mêmes énonciations ou au moins un extrait de ces énonciations avec référence à la notice et indication du numéro du *Bulletin des annonces légales obligatoires* dans lequel elle a été publiée.

162 Les formalités prévues par les articles 156, 159 et 160 en cas d'augmentation du capital par émission d'actions nouvelles à souscrire en numéraire, sont accomplies par le mandataire du conseil d'administration ou du directoire, selon le cas.

163 Le bulletin de souscription est daté et signé par le souscripteur ou son mandataire qui écrit en toutes lettres le nombre de titres souscrits. Une copie de ce bulletin établie sur papier libre lui est remise.

Le bulletin de souscription énonce :

1° La dénomination sociale, suivie le cas échéant de son sigle ;

2° La forme de la société ;

3° Le montant du capital social ;

4° L'adresse du siège social ;

5° Le numéro d'immatriculation de la société au registre du commerce et des sociétés ; — *Dans tous les textes réglementaires, la référence aux mentions visées aux 1 et 2 de l'article 72 du décret n° 84-406 du 30 mai 1984 relatif au registre du commerce et des sociétés est substituée à la référence au numéro d'immatriculation au registre du commerce et des sociétés (Décr. n° 98-550 du 2 juill. 1998, art. 35).*

6° *Abrogé par Décr. n° 88-418 du 22 avr. 1988, art. 29 ;*

7° Le montant et les modalités de l'augmentation du capital ;

8° Le cas échéant, le montant à souscrire en actions de numéraire et le montant libéré par les apports en nature ;

9° Le nom ou la désignation sociale et l'adresse de la personne qui reçoit les fonds ;

10° Les nom, prénom usuel et domicile du souscripteur et le nombre des titres souscrits par lui ;

11° La mention de la remise au souscripteur d'une copie du bulletin de souscription ;

12° *Abrogé par Décr. n° 88-418 du 22 avr. 1988, art. 29.*

164 Les fonds provenant des souscriptions en numéraire sont déposés dans les conditions prévues à l'article 62.

Al. 2 abrogé par Décr. n° 83-363 du 2 mai 1983, art. 4.

165 *(Décr. n° 2005-112 du 10 févr. 2005, art. 11)* I. — L'assemblée générale prévue au second alinéa de l'article L. 225-129-6 du code de commerce doit se réunir au cours de la troisième année civile suivant la précédente assemblée générale ayant statué sur un projet de résolution tendant à réaliser une augmentation de capital dans les conditions prévues à l'article L. 443-5 du code du travail.

II. — Les sommes provenant de la vente prévue à l'article L. 225-130 du code de commerce sont allouées aux titulaires des droits au plus tard trente jours après la date d'inscription à leur compte du nombre entier de titres de capital attribués.

III. — La durée minimale du délai de priorité de souscription prévu à l'article L. 225-135 du même code est de trois jours de bourse.

IV. — Le président du directoire ou le directeur général peut procéder aux opérations prévues au dernier alinéa de l'article L. 225-149 du même code et au dernier alinéa de l'article L. 228-12 du même code au plus tard dans le mois qui suit la clôture de l'exercice.

165-1 *(Décr. n° 2005-112 du 10 févr. 2005, art. 12)* La durée maximale de suspension de la possibilité d'obtenir des titres de capital par l'exercice de droits attachés aux valeurs mobilières donnant accès au capital, prévue à l'article L. 225-149-1 du code de commerce, est de trois mois.

Les indications contenues dans l'avis par lequel le conseil d'administration, ou le directoire, suspend la possibilité d'obtenir des titres de capital sont portées à la connaissance des titulaires de valeurs mobilières donnant accès au capital par lettre recommandée avec demande d'avis de réception, sept jours au moins avant la date d'entrée en vigueur de la suspension. Si la société fait appel public à l'épargne ou si toutes ses valeurs mobilières donnant accès au capital ne revêtent pas la forme nominative, l'avis contenant ces indications est inséré, dans le même délai, dans une notice publiée au *Bulletin des annonces légales et obligatoires.*

Cet avis mentionne :

1° La dénomination sociale et, le cas échéant, le sigle de la société ;

2° La forme de la société ;

3° Le montant du capital social ;

4° L'adresse du siège social ;

5° Les mentions visées aux 1 et 2 de l'article 72 du décret n° 84-406 du 30 mai 1984 relatif au registre du commerce et des sociétés ;

6° Les dates d'entrée en vigueur et de cessation de la suspension.

166 *(Décr. n° 83-363 du 2 mai 1983)* En cas de libération d'actions par compensation de créances sur la société, ces créances font l'objet d'un arrêté de compte établi par le conseil d'administration ou le directoire et certifié exact par le commissaire aux comptes.

167 *(Décr. n° 83-363 du 2 mai 1983)* L'augmentation de capital par émission d'actions à souscrire en numéraire est réalisée selon le cas à la date du certificat du dépositaire ou à la date de la signature du contrat de garantie conclu dans les conditions prévues à l'article *(Décr. n° 2005-112 du 10 févr. 2005, art. 20)* « L. 225-145 du code de commerce ».

168 *(Décr. n° 83-363 du 2 mai 1983)* Seuls les établissements de crédit soumis aux dispositions du décret n° 79-561 du 5 juillet 1979 *[abrogé par Décr. n° 84-709 du 24 juill. 1984, art. 40]* instituant des règles de couverture et de division des risques pour les établissements de crédit peuvent donner leur garantie de bonne fin à une augmentation de capital.

169 En cas d'apports en nature ou de stipulation d'avantages particuliers, les commissaires aux apports sont désignés et accomplissent leur mission dans les conditions prévues à l'article 64. *(Décr. n° 82-460 du 2 juin 1982)* « Les dispositions de l'article 64-1 sont applicables » *(Décr. n° 2005-112 du 10 févr. 2005, art. 13-I)* « en cas d'apports en nature ».

(Décr. n° 2005-112 du 10 févr. 2005, art. 13-II) « En cas d'émission d'actions de préférence au profit d'actionnaires nommément désignés, les commissaires aux apports mentionnés à l'article L. 228-15 du code de commerce sont désignés et accomplissent leur mission dans les conditions prévues aux deuxième et troisième alinéas de l'article 64.

« En cas de stipulation d'avantages particuliers ou d'émission d'actions de préférence donnant lieu à l'application de l'article L. 228-15 du code de commerce, le rapport décrit et apprécie chacun des avantages particuliers ou des droits particuliers attachés aux actions de préférence. S'il y a lieu, il indique, pour ces droits particuliers, quel mode d'évaluation a été retenu et pourquoi il a été retenu, et justifie que la valeur des droits particuliers correspond au moins à la valeur nominale des actions de préférence à émettre augmentée éventuellement de la prime d'émission. »

Le rapport des commissaires aux apports est tenu au siège social, à la disposition des actionnaires, huit jours au moins avant la date de l'assemblée générale extraordinaire *(Décr. n° 2005-112 du 10 févr. 2005, art. 13-III)* « ou avant la date de la réunion du

conseil d'administration ou du directoire, en cas de délégation conformément au sixième alinéa de l'article L. 225-147 du code de commerce. Dans ce cas, le rapport est porté à la connaissance des actionnaires à la prochaine assemblée générale ».

(Décr. n° 2005-112 du 10 févr. 2005, art. 13-IV) **« En cas d'émission d'actions de préférence donnant lieu à l'application de l'article L. 228-15 du code de commerce, ce délai peut être réduit si tous les actionnaires y consentent, par écrit, préalablement à la désignation du commissaire aux apports. »**

a Dispositions applicables aux catégories de titres en voie d'extinction *(Décr. n° 2005-112 du 10 févr. 2005, art. 14-I).*

(Décr. n° 83-363 du 2 mai 1983)

169-1 *Abrogé par Décr. n° 2005-112 du 10 févr. 2005, art. 14-VIII.*

169-2 L'assemblée spéciale des titulaires de certificats d'investissement est convoquée en même temps et dans les mêmes formes que l'assemblée générale des actionnaires qui décide de l'augmentation de capital, *(Décr. n° 2005-112 du 10 févr. 2005, art. 14-II)* **« ou de l'émission de valeurs mobilières donnant accès au capital ».**

Les dispositions des articles 120, *(Décr. n° 2002-803 du 3 mai 2002)* **« 120-1, » 123 à 127, 130, alinéas 1 et 4, et 137 sont applicables à la convocation des titulaires de certificats d'investissement en assemblée spéciale.**

169-3 L'assemblée spéciale des titulaires de certificats d'investissement appelée à statuer sur la proposition de suppression du droit préférentiel de souscription doit être réunie avant l'assemblée générale des actionnaires et, le cas échéant, avant l'assemblée spéciale des porteurs d'actions à dividende prioritaire sans droit de vote prévue à l'article 145-1 *(Décr. n° 2005-112 du 10 févr. 2005, art. 14-III)* **« et avant les assemblées spéciales des porteurs d'actions de préférence ».**

Les dispositions des articles 145, 146, 147, 149 à 151 *(Décr. n° 2002-803 du 3 mai 2002)* **« , à l'exception de celles relatives à la visioconférence et au vote électronique, » sont applicables aux assemblées spéciales des titulaires de certificats d'investissement.**

169-4 *(Décr. n° 83-363 du 2 mai 1983)* **Le droit de participer à l'assemblée spéciale des titulaires de certificats d'investissement peut être subordonné aux mêmes conditions que celles qui peuvent être imposées par la société à ses actionnaires conformément à l'article 136** *(Décr. n° 2002-803 du 3 mai 2002)* **« , à l'exception des dispositions de cet article relatives au vote électronique ».**

169-5 *(Décr. n° 83-363 du 2 mai 1983)* **La représentation à l'assemblée spéciale d'un titulaire de certificats d'investissement est régie par les articles 132 et 134** *(Décr. n° 2002-803 du 3 mai 2002)* **« , à l'exception des dispositions de cet article relatives au vote électronique ». A toute formule de procuration adressée à un titulaire de certificats d'investissement par la société ou le mandataire qu'elle a désigné à cet effet doivent être joints l'ordre du jour de l'assemblée spéciale, le texte des résolutions qui y sont présentées et une formule de demande d'envoi des documents et renseignements visés à l'article 135.**

169-6 *(Décr. n° 83-363 du 2 mai 1983)* **Les titulaires de certificats d'investissement exercent leur droit de communication des documents sociaux dans les conditions prévues aux articles** *(Décr. n° 2005-112 du 10 févr. 2005, art. 20)* **« L. 225-115 à L. 225-119** *[abrogé]* **du code de commerce » et conformément aux dispositions prévues aux articles 138 à 144 ci-dessus.**

169-7 Toute renonciation à une offre d'attribution *(Décr. n° 2005-112 du 10 févr. 2005, art. 14-IV)* **« d'action de préférence sans droit de vote et assortie des mêmes**

droits que les certificats d'investissement » doit être effectuée dans le délai imparti à cet effet par la société et indiqué dans l'offre. A défaut de désignation des bénéficiaires, la renonciation est réputée faite au profit de l'ensemble des porteurs concernés par l'offre et les *(Décr. n° 2005-112 du 10 févr. 2005, art. 14-IV)* **« actions de préférence correspondantes sont attribuées » aux porteurs qui n'ont pas renoncé à cette attribution complémentaire. Les rompus sont répartis selon les règles fixées par l'assemblée générale.**

169-8 *(Décr. n° 88-418 du 22 avr. 1988)* **La déclaration visée au sixième alinéa de l'article** *(Décr. n° 2005-112 du 10 févr. 2005, art. 20)* **« L. 228-30 du code de commerce » est faite par lettre simple ou recommandée.**

170 *Abrogé par Décr. n° 91-153 du 7 févr. 1991, art. 8.*

171 à 174-6 *Abrogés par Décr. n° 2005-112 du 10 févr. 2005, art. 14-VIII.*

174-7 *Abrogé par Décr. n° 83-363 du 2 mai 1983, art. 13.*

Les art. 170 à 174-7 constituaient l'ancien b intitulé « Obligations convertibles en actions et obligations avec bons de souscription d'actions » abrogé par le Décr. n° 2005-112 du 10 févr. 2005, art. 14-VIII.

174-7 *bis* *Abrogé par Décr. n° 91-153 du 7 févr. 1991, art. 8.*

L'art. 174-7 bis constituait l'ancien c intitulé « Obligations échangeables » abrogé par le Décr. n° 2005-112 du 10 févr. 2005, art. 14-VIII.

b Options de souscription ou d'achat d'actions *(Décr. n° 2005-112 du 10 févr. 2005, art. 14-IX).*

(Décr. n° 71-418 du 7 juin 1971)

174-8 *(Décr. n° 71-418 du 7 juin 1971)* **Lorsqu'une société dont les actions sont inscrites à la cote officielle des bourses de valeurs** *[admises aux négociations sur un marché réglementé]* **procède à une augmentation de capital en numéraire réservée aux actionnaires, le prix de souscription ou d'achat des actions sous option, tel qu'il était fixé avant cette opération, est diminué d'une somme égale au produit de ce prix par le rapport entre la valeur du droit de souscription et la valeur de l'action avant détachement de ce droit.**

Les modalités de calcul des valeurs respectives du droit de souscription et de l'action sont précisées lors de l'ouverture de l'option. Elles doivent être conformes à l'une ou à l'autre des méthodes *(Décr. n° 88-418 du 22 avr. 1988)* **« prévues aux 1° et 3° »** *(Décr. n° 2005-112 du 10 févr. 2005, art. 14-V)* **« de l'article 242-12 ».**

174-9 A *(Décr. n° 99-257 du 1er avr. 1999)* **Lorsqu'il existe des options de souscription ou d'achat d'actions, la société qui procède à l'achat de ses actions admises aux négociations sur un marché réglementé doit, lorsque le prix d'acquisition est supérieur au cours de bourse, procéder à un ajustement du nombre d'actions que ces titres permettent d'obtenir.**

Cet ajustement doit garantir, au centième d'action près, que la valeur des actions qui seront obtenues en cas de levée d'option après la réalisation de l'opération sera identique à la valeur de celles qui auraient été obtenues en cas de levée d'option avant cette opération.

À cet effet, les nouveaux droits de souscription ou d'achat d'actions sont calculés en tenant compte du rapport entre, d'une part, le produit du pourcentage du capital racheté par la différence entre le prix de rachat et une moyenne *(Décr. n° 2005-112 du 10 févr. 2005, art. 14-VI)* **« pondérée des cours des trois dernières séances de bourse au moins » qui précèdent le rachat ou la faculté de rachat et, d'autre part, ladite**

moyenne. Les éventuels ajustements successifs sont effectués à partir de la parité qui précède immédiatement, arrondie comme il est dit à l'alinéa précédent.

Le conseil d'administration ou le directoire rend compte des éléments de calcul et des résultats de l'ajustement dans le rapport annuel suivant.

174-9 *(Décr. n° 71-418 du 7 juin 1971)* Lorsqu'une société dont les actions ne sont pas inscrites à la cote officielle des bourses de valeurs *[admises aux négociations sur un marché réglementé]* procède à une augmentation de capital en numéraire réservée aux actionnaires, il est opéré comme il est dit à l'article 174-8 (alinéa 1er).

S'il a été négocié des actions ou des droits de souscription pendant la période de souscription ou dans les trois mois précédant cette période, les prix moyens de négociation sont retenus comme base de calcul.

Dans le cas contraire, ou s'il en est ainsi décidé lors de l'ouverture de l'option, le calcul est effectué sur la base d'une évaluation de l'action et du droit de souscription par le conseil d'administration ou le directoire, sur le rapport spécial des commissaires aux comptes. Ce rapport indique si les éléments de calcul sont exacts et sincères. Tout bénéficiaire d'option peut en demander copie à la société.

174-10 *(Décr. n° 71-418 du 7 juin 1971)* Lorsqu'une société procède à une augmentation de capital par incorporation de réserves, bénéfices ou primes d'émission et distribution d'actions gratuites, le prix de souscription ou d'achat des actions sous option, tel qu'il était fixé avant cette opération, est ajusté en faisant le produit de ce prix par le rapport entre le nombre des actions anciennes et le nombre total des actions anciennes et nouvelles ; pour l'établissement de ce rapport, il est tenu compte, le cas échéant, de l'existence de plusieurs catégories d'actions anciennes et nouvelles.

174-11 Dans le cas d'émission *(Décr. n° 2005-112 du 10 févr. 2005, art. 14-VII)* « de valeurs mobilières donnant accès au capital » réservée aux actionnaires, il est procédé, suivant le cas, comme il est dit aux articles 174-8 et 174-9.

174-12 *(Décr. n° 71-418 du 7 juin 1971)* Lorsqu'une société distribue des réserves en espèces ou en titres de son portefeuille, le prix de souscription ou d'achat des actions sous option, fixé avant cette opération, est diminué d'une somme égale au produit de ce prix par le rapport entre la valeur des espèces ou des titres distribués et la valeur de l'action avant distribution.

Si les actions de la société ou les titres distribués par elle sont inscrits à la cote officielle des bourses de valeurs *[admis aux négociations sur un marché réglementé]*, la valeur des actions avant distribution et la valeur des titres distribués sont déterminées d'après la moyenne des premiers cours cotés pendant une période d'au moins un mois antérieure de deux mois au plus au début de la distribution.

Si les actions de la société ou les titres distribués par elle ne sont pas inscrits à la cote officielle *[admis aux négociations sur un marché réglementé]*, la valeur des actions avant distribution et celle des titres distribués sont fixées selon les modalités prévues à l'article 174-9.

174-13 *(Décr. n° 71-418 du 7 juin 1971)* Dans tous les cas mentionnés aux articles 174-8 à 174-12 ci-dessus, il est procédé à un ajustement du nombre des actions sous option, de telle sorte que le total des prix de souscription ou d'achat reste constant. Toutefois le nombre ajusté est arrondi à l'unité supérieure.

174-14 *(Décr. n° 71-418 du 7 juin 1971)* Dans le cas d'une augmentation du capital par incorporation de réserves et élévation du montant du nominal des actions, il n'est pas procédé à un ajustement du prix de souscription ou d'achat.

174-15 *(Décr. n° 71-418 du 7 juin 1971)* L'ajustement du prix de souscription ne peut jamais avoir pour effet de ramener ce prix au-dessous du montant du nominal de l'action.

174-16 *(Décr. nº 71-418 du 7 juin 1971)* Dans le cas d'une réduction du capital motivée par des pertes, le prix de souscription ou d'achat des actions sous option, fixé avant cette opération, est ajusté en faisant le produit de ce prix par le rapport entre le nombre des actions anciennes et le nombre des actions subsistant après réduction ; pour l'établissement de ce rapport il est tenu compte, le cas échéant, de l'existence de plusieurs catégories d'actions anciennes ou nouvelles.

Il est procédé à un ajustement du nombre des actions offertes de telle sorte que le total des prix de souscription ou d'achat reste constant. Toutefois, le nombre ajusté est arrondi à l'unité supérieure.

Dans le cas d'une réduction du capital *(Décr. nº 99-257 du 1er avr. 1999)* « sans modification du nombres d'actions », il n'y a pas lieu à ajustement.

174-17 *(Décr. nº 85-21 du 4 janv. 1985)* Sans préjudice de l'incidence des ajustements prévus aux articles 174-8 à 174-16 ci-dessus, le montant total des options ouvertes et non encore levées ne peut donner droit à souscrire un nombre d'actions excédant le tiers du capital social.

174-18 *Abrogé par Décr. nº 88-418 du 22 avr. 1988, art. 29.*

174-19 *(Décr. nº 71-418 du 7 juin 1971)* Le conseil d'administration ou le directoire, selon le cas, indique dans le rapport prévu à l'article *(Décr. nº 2005-112 du 10 févr. 2005, art. 20)* « L. 225-177 du code de commerce » les motifs de l'ouverture des options de souscription ou d'achat d'actions ainsi que les modalités proposées pour la fixation du prix de souscription ou d'achat. Les noms des bénéficiaires éventuels des options et le nombre des titres sur lesquels portent ces options peuvent ne pas être précisés.

Les commissaires aux comptes, dans le rapport prévu au même article, donnent leur avis sur les modalités proposées pour la fixation du prix de souscription ou d'achat.

174-20 *Abrogé par Décr. nº 2002-803 du 3 mai 2002, art. 58.*

174-21 *(Décr. nº 71-418 du 7 juin 1971)* Les augmentations du capital rendues nécessaires par les levées d'options de souscription d'actions sont réalisées sans publication de l'avis prévu à l'article 156 ni de la notice prévue à l'article 159 et sans que les mentions prévues aux 7º, 8º et 12º de l'article 163 figurent sur les bulletins de souscription. Les articles 164 à 168 ne sont pas applicables.

Les modifications statutaires apportées en application de l'article *(Décr. nº 2005-112 du 10 févr. 2005, art. 20)* « L. 225-178 (alinéa 3) du code de commerce » sont publiées dans le délai d'un mois dans les conditions prévues à l'article 287. Dans le même délai, la modification statutaire est déclarée au greffe du tribunal de commerce et publiée conformément à l'article 33 du décret relatif au registre du commerce et des sociétés *[Décr. nº 84-406 du 30 mai 1984, art. 22]*.

c Émission et achat en bourse d'actions réservées aux salariés *(Décr. nº 2005-112 du 10 févr. 2005, art. 14-IX)*.

(Décr. nº 74-319 du 23 avr. 1974)

174-22 *(Décr. nº 74-319 du 23 avr. 1974)* Toute société dont les actions sont admises à la négociation du marché hors cote d'une bourse française de valeurs peut proposer aux salariés mentionnés à l'article *(Décr. nº 2005-112 du 10 févr. 2005, art. 20)* « L. 225-187 *[abrogé]* du code de commerce » la souscription de ses actions dans les conditions prévues audit article si, au cours de l'année civile précédant la date de l'assemblée générale, la valeur a fait l'objet d'au moins cinquante cotations et les transactions ont porté sur au moins 1 200 titres dans le cas où la valeur est négociée à Paris et au moins 600 titres si la valeur est négociée sur une bourse de province. La chambre syndicale des agents de change *[l'Autorité des marchés financiers]* certifie que les transactions enregistrées sur les titres d'une société au cours de l'année précédente satisfont aux critères ci-dessus définis.

174-23 *(Décr. n° 74-319 du 23 avr. 1974)* Le montant maximum des augmentations de capital prévu à l'article *(Décr. n° 2005-112 du 10 févr. 2005, art. 20)* « L. 225-188, alinéa 2, *[abrogé]*du code de commerce » est fixé à 20 p. 100 du capital social compte tenu de l'augmentation envisagée.

174-24 *(Décr. n° 91-153 du 7 févr. 1991)* Le rapport du conseil d'administration ou du directoire et le rapport spécial des commissaires aux comptes prévus à l'article *(Décr. n° 2005-112 du 10 févr. 2005, art. 20)* « L. 225-188 *[abrogé]* du code de commerce » sont établis conformément aux dispositions des articles 155, 155-1 et 155-2 ci-dessus.

174-25 *(Décr. n° 74-319 du 23 avr. 1974)* Pour la détermination du prix de souscription, les cours à prendre en considération sont les premiers cours cotés du marché à terme si l'action est admise aux négociations à terme, et du marché au comptant dans le cas contraire.

La souscription doit être ouverte dans le délai maximum de deux mois à compter du jour de la décision du conseil d'administration ou du directoire prévue à l'article *(Décr. n° 2005-112 du 10 févr. 2005, art. 20)* « L. 225-188 (3e alinéa) *[abrogé]* du code de commerce ».

Dans le cas où les actions de la société sont négociées sur le marché hors cote, le conseil d'administration ou le directoire informe, préalablement à sa décision, *(L. n° 2003-706 du 1er août 2003, art. 46-V)* « l'Autorité des marchés financiers » des conditions envisagées pour l'émission.

Les dispositions des articles 156 et 159 ne sont pas applicables.

174-26 *(Décr. n° 74-319 du 23 avr. 1974)* La durée de présence dans la société exigée des salariés pour bénéficier de l'émission ne peut être inférieure à six mois ni supérieure à trois ans à la date de l'ouverture de la souscription.

Lorsque les salariés des filiales de la société émettrice et ceux des entreprises dont cette société est la filiale au sens de l'article *(Décr. n° 2005-112 du 10 févr. 2005, art. 20)* « L. 233-1 du code de commerce » sont admis à souscrire, ils sont soumis aux mêmes conditions d'ancienneté que les salariés de la société émettrice.

174-27 *(Décr. n° 74-319 du 23 avr. 1974)* Dans le délai d'un mois suivant la décision du conseil d'administration ou du directoire, la société émettrice informe, d'une part, *(L. n° 2003-706 du 1er août 2003, art. 46-V)* « l'Autorité des marchés financiers », et, d'autre part, le ou les comités d'entreprise des sociétés concernées des modalités de l'augmentation de capital et notamment du montant du versement complémentaire que l'employeur s'engage éventuellement à effectuer. Le projet de bulletin d'information et de souscription, prévu à l'article 174-28 ci-après, est également communiqué au comité d'entreprise.

Dans les entreprises qui ne sont pas tenues d'avoir un comité d'entreprise, les informations mentionnées ci-dessus sont communiquées aux délégués du personnel.

174-28 *(Décr. n° 74-319 du 23 avr. 1974)* Trente jours au moins avant l'ouverture de la souscription, chacune des sociétés concernées adresse à ses salariés admis à souscrire, ainsi qu'aux gestionnaires des fonds communs de placement, s'il y a lieu, un bulletin d'information et de souscription préalablement visé par *(L. n° 2003-706 du 1er août 2003, art. 46-V)* « l'Autorité des marchés financiers ».

Ce bulletin est envoyé par lettre recommandée. Il peut également être remis en main propre au salarié contre récépissé.

Il contient notamment les indications prévues à l'article précédent et à l'article 163, 1° à 7°, 10° et 11°. Il précise les modalités de consultation des documents sociaux énumérés à l'article *(Décr. n° 2005-112 du 10 févr. 2005, art. 20)* « L. 225-117 du code de commerce ».

Dans le cas où un délai est accordé pour la libération des actions, le bulletin comporte l'autorisation pour l'employeur d'opérer les prélèvements nécessaires à la libération des actions sur la portion cessible et saisissable de la rémunération.

(Décr. n° 83-357 du 2 mai 1983) « La souscription des actions par l'intermédiaire d'un fonds commun de placement est signée du gérant du fonds au vu des engagements de versements pris par les salariés. »

174-29 *(Décr. n° 74-319 du 23 avr. 1974)* Un commissaire aux comptes suit le dépouillement des bulletins de souscription et l'établissement de la liste des souscripteurs.

L'augmentation de capital est considérée comme réalisée dès l'établissement de la liste des souscripteurs. La modification statutaire corrélative est publiée dans le délai d'un mois à compter de cette date dans les conditions prévues à l'article 287. Dans le même délai la modification statutaire est déclarée au greffe du tribunal de commerce et publiée conformément à l'article 33 du décret n° 67-237 du 23 mars 1967 *[Décr. n° 84-406 du 30 mai 1984, art. 22]*.

Les dispositions des articles 164 à 168 ne sont pas applicables.

174-30 *(Décr. n° 74-319 du 23 avr. 1974)* Lorsque deux ou plusieurs demandes de souscription portent sur un même nombre d'actions, est considérée comme la moins élevée, pour l'application de l'article *(Décr. n° 2005-112 du 10 févr. 2005, art. 20)* « L. 225-191 *[abrogé]* du code de commerce », celle de ces demandes qui est présentée par le salarié dont le salaire mensuel est le moins élevé.

Il en est de même lorsque deux ou plusieurs demandes sont devenues égales par l'effet de réductions antérieures.

Les demandes présentées par l'intermédiaire d'un fonds commun de placement font l'objet des mêmes réductions que celles qui leur auraient été appliquées si elles avaient été présentées individuellement.

174-31 *(Décr. n° 74-319 du 23 avr. 1974)* Dans le délai d'un mois à compter de l'établissement de la liste des souscripteurs, la société émettrice notifie à chaque salarié le nombre d'actions souscrites et lui adresse un certificat nominatif mentionnant la date de négociabilité des actions souscrites et une copie du bulletin de souscription. Dans le même délai, la société émettrice notifie à chacune des sociétés concernées l'identité des salariés ayant souscrit en lui adressant une copie du bulletin de souscription.

(Décr. n° 83-357 du 2 mai 1983) « Lorsque les salariés souscrivent par l'intermédiaire d'un fonds commun de placement, la société émettrice notifie au gérant du fonds le nombre d'actions souscrites et lui adresse le certificat nominatif établi au nom du fonds commun. Le gérant informe chaque salarié du nombre de parts souscrites et lui adresse un relevé nominatif mentionnant la date de cessibilité de ces parts. »

174-32 *(Décr. n° 74-319 du 23 avr. 1974)* Les cas dans lesquels un salarié peut obtenir la résiliation ou la réduction de sa souscription, s'ils sont constatés avant la libération totale de ses titres, sont les suivants :

Mariage de l'intéressé ;

Licenciement ;

Mise à la retraite ;

Invalidité du bénéficiaire ou de son conjoint correspondant au classement dans la deuxième ou la troisième des catégories prévues à l'article L. 310 *[art. L. 341-4 nouv.]* du code de la sécurité sociale ;

Décès du bénéficiaire ou de son conjoint.

Si le salarié ou ses ayants droit demandent la résiliation, les sommes qui avaient été prélevées sur sa rémunération sont remboursées.

S'ils demandent la réduction de la souscription, ils reçoivent un nombre d'actions correspondant au montant des prélèvements effectués, augmenté, le cas échéant, des versements complémentaires correspondants. Les sommes restant disponibles après cette attribution sont restituées au salarié ou à ses ayants droit, dans la mesure où elles proviennent de prélèvements sur les salaires. Les actions non intégralement libérées sont négociées en bourse. Il est fait application de l'article 209, sans que les sommes attribuées au salarié ou à ses ayants droit puissent excéder le montant des prélèvements opérés sur ses rémunérations.

174-33 *(Décr. n° 74-319 du 23 avr. 1974)* Dans les cas prévus à l'article précédent, les actions entièrement libérées peuvent être transférées ou converties en titres au porteur *(Décr. n° 83-363 du 2 mai 1983)* « ou transmises dans les conditions prévues par le décret n° **83-359** du **2 mai 1983** » *[partiellement codifié aux art. R. 211-1 s. C. mon. fin., V. supra, v° Code monétaire et financier (extraits)]* avant l'expiration du délai prévu à l'article *(Décr. n° 2005-112 du 10 févr. 2005, art. 20)* « **L. 225-194** *[abrogé]* du code de commerce » et deviennent immédiatement négociables.

Les actions gratuites mentionnées au troisième *[quatrième]* alinéa du même article, obtenues sur présentation de droits d'attribution ayant des dates de négociabilité différentes, sont négociables à l'expiration d'un délai qui résulte de la moyenne pondérée des divers délais de non-négociabilité des actions dont les droits d'attribution sont détachés.

174-34 *(Décr. n° 74-319 du 23 avr. 1974)* Lorsque, en dehors des cas prévus à l'article 174-32, il est impossible de procéder aux prélèvements prévus pour libérer les actions, soit en raison de la rupture du contrat de travail, soit pour toute autre cause, le souscripteur est tenu de verser directement à la société émettrice, aux dates prévues pour les prélèvements, une somme égale au montant du prélèvement. Si l'employeur se trouve délié de l'engagement qu'il avait pu prendre d'effectuer des versements complémentaires, la société émettrice peut exiger que le salarié verse, en outre, aux mêmes dates, une somme égale au montant du versement complémentaire.

Faute de s'acquitter de cette obligation, le souscripteur est considéré comme défaillant et il lui est fait application des articles 208 et 209 du présent décret.

174-35 *(Décr. n° 74-319 du 23 avr. 1974)* La durée de présence dans la société exigée des salariés pour bénéficier de l'ouverture du compte spécial prévu à l'article *(Décr. n° 2005-112 du 10 févr. 2005, art. 20)* « **L. 225-196** *[abrogé]* du code de commerce » ne peut, à la date d'ouverture de ce compte, être inférieure à six mois ni supérieure à trois ans.

Ce compte, intitulé « Compte d'actionnariat », peut être géré par un des établissements énumérés à l'article 4 du décret n° **66-348** du **3 juin 1966** *[Comp. : CGI, ann. III, art. 41 N]*.

Il est alimenté par les prélèvements effectués par la société et, le cas échéant, par le versement complémentaire de celle-ci.

Les salariés peuvent, en outre, effectuer à ce compte des versements supplémentaires qui ne bénéficient d'aucun des avantages accordés aux sommes mentionnées à l'alinéa précédent.

174-36 *(Décr. n° 74-319 du 23 avr. 1974)* Dans le délai d'un mois suivant la décision du conseil d'administration ou du directoire proposant aux salariés d'acquérir en bourse des actions de la société dans les conditions prévues à l'article *(Décr. n° 2005-112 du 10 févr. 2005, art. 20)* « **L. 225-196** *[abrogé]* du code de commerce », la société informe, d'une part, *(L. n° 2003-706 du 1er août 2003, art. 46-V)* « l'Autorité des marchés financiers » et, d'autre part, le comité d'entreprise, des modalités de l'acquisition et notamment du versement complémentaire que l'employeur s'engage éventuellement à effectuer. Le projet de bulletin d'information et d'ouverture du compte d'actionnariat est également communiqué au comité d'entreprise.

Dans les entreprises qui ne sont pas tenues d'avoir un comité d'entreprise, les informations mentionnées ci-dessus sont communiquées aux délégués du personnel.

174-37 *(Décr. n° 74-319 du 23 avr. 1974)* **Dans le délai de deux mois suivant la décision mentionnée à l'article précédent, la société adresse à ses salariés admis à se faire ouvrir un compte d'actionnariat, ainsi qu'au gestionnaire du fonds commun de placement, s'il y a lieu, un bulletin d'information et d'ouverture de compte d'actionnariat préalablement visé par** *(L. n° 2003-706 du 1er août 2003, art. 46-V)* **« l'Autorité des marchés financiers » et qui indique notamment les modalités de l'acquisition en bourse proposée.**

Ce bulletin est envoyé par lettre recommandée. Il peut également être remis en main propre au salarié contre récépissé.

Il mentionne le montant et la périodicité des prélèvements que le salarié autorise la société à opérer sur la portion cessible et saisissable de la rémunération.

Les salariés qui achètent des actions en bourse par l'intermédiaire d'un fonds commun de placement ne sont pas dispensés de remplir personnellement un bulletin d'ouverture de compte d'actionnariat.

174-38 *(Décr. n° 74-319 du 23 avr. 1974)* **Chaque action est acquise par l'établissement mentionné au deuxième alinéa de l'article 174-35 ci-dessus lorsque le solde du compte d'actionnariat atteint le cours constaté. Cette acquisition est faite au nom du salarié bénéficiaire et lui est notifiée dans un délai de trois jours.** *(Décr. n° 83-357 du 2 mai 1983)* **« Toutefois, les salariés peuvent donner mandat à l'établissement de gérer collectivement leurs comptes d'actionnariat pour lui permettre d'acquérir dans le délai d'un mois les actions correspondantes et de les affecter proportionnellement au prix moyen d'achat. »**

Le délai d'indisponibilité court à compter du jour d'acquisition. Toutefois, les actions deviennent négociables avant l'expiration de ce délai dans les cas définis à l'article 174-32 ci-dessus.

Dans ces mêmes cas, le salarié ou ses ayants droit peuvent demander la résiliation de l'engagement et le versement à leur profit du solde du compte d'actionnariat, dans la mesure où il provient de prélèvements sur la rémunération.

Ce solde est versé, dans la même mesure, au salarié dont le contrat de travail prend fin pour une cause non prévue à l'article 174-32.

174-39 *(Décr. n° 74-319 du 23 avr. 1974)* **Lorsque, en dehors des cas prévus aux deux derniers alinéas de l'article précédent, il est impossible de procéder aux prélèvements prévus pour alimenter le compte, le salarié est tenu de verser directement au gestionnaire du compte, aux dates prévues pour les prélèvements, une somme égale au montant du prélèvement.**

Faute par le salarié d'avoir satisfait à cette obligation dans le délai d'un mois suivant la mise en demeure qui lui est adressée par lettre recommandée avec demande d'avis de réception, il est procédé à la clôture du compte d'actionnariat et au versement à l'intéressé du solde de ce compte, dans la mesure où il provient des prélèvements sur ses rémunérations.

174-40 *(Décr. n° 74-319 du 23 avr. 1974)* **Lorsque les actions sont acquises par l'intermédiaire du fonds commun de placement mentionné au** *(Décr. n° 2005-112 du 10 févr. 2005, art. 20)* **«** *[III]* **de l'article L. 225-196** *[abrogé]* **du code de commerce », les comptes d'actionnariat sont gérés par le gestionnaire du fonds.** *(Décr. n° 83-357 du 2 mai 1983)* **« L'acquisition des actions est faite au nom du fonds commun. »**

174-41 *(Décr. n° 74-319 du 23 avr. 1974)* **Dans les trois mois suivant la clôture de chaque exercice, les sociétés qui ont effectué des opérations au titre des articles** *(Décr. n° 2005-112 du 10 févr. 2005, art. 20)* **« L. 225-187 à L. 225-197 du code de commerce » adressent un compte rendu de ces opérations au service interministériel de**

l'intéressement et de la participation et à *(L. n° 2003-706 du 1er août 2003, art. 46-V)* « l'Autorité des marchés financiers ».

§ 2 *Amortissement du capital*

175 Les sommes prélevées sur les profits sociaux en application de l'article *(Décr. n° 2005-112 du 10 févr. 2005, art. 20)* « L. 225-200, alinéa 2, du code de commerce » sont inscrites à un compte de réserve.

Il en est de même des sommes versées par les actionnaires en application de l'article *(Décr. n° 2005-112 du 10 févr. 2005, art. 20)* « L. 225-201 du code précité ».

Lorsque les actions sont inégalement amorties, il est ouvert un compte de réserve pour chacune des catégories d'actions également amorties.

176 Lorsque le montant d'un compte de réserve visé au premier alinéa de l'article précédent est égal au montant amorti des actions ou de la catégorie d'actions correspondante, la conversion des actions amorties en actions de capital est réalisée et les statuts de la société doivent être modifiés conformément aux dispositions de l'article *(Décr. n° 2005-112 du 10 févr. 2005, art. 20)* « L. 225-203 du code de commerce ».

177 Lorsque la conversion des actions amorties en actions de capital a été réalisée dans les conditions prévues à l'article *(Décr. n° 2005-112 du 10 févr. 2005, art. 20)* « L. 225-201 du code de commerce », il est procédé, au plus tard lors de la clôture de chaque exercice, à la modification des statuts correspondant aux conversions d'actions réalisées au cours dudit exercice.

178 Les actions intégralement ou partiellement amorties dont la conversion en actions de capital a été décidée ont droit, pour chaque exercice, et jusqu'à réalisation de cette conversion, au premier dividende ou à l'intérêt en tenant lieu calculé sur le montant, à la clôture de l'exercice précédent, du compte de réserve prévu à l'article 175, alinéa 1er.

En outre, les actions partiellement amorties continuent à bénéficier du premier dividende ou de l'intérêt en tenant lieu calculé sur le montant non amorti desdites actions.

§ 3 *Réduction du capital*

179 *(Décr. n° 99-257 du 1er avr. 1999)* Quinze jours au moins avant la réunion de l'assemblée générale appelée à statuer sur l'opération envisagée en application des articles *(Décr. n° 2005-112 du 10 févr. 2005, art. 20)* « L. 225-204 ou L. 225-209 du code de commerce », la société adresse aux actionnaires ou met à leur disposition dans les conditions prévues aux articles 138 et 139 le rapport des commissaires aux comptes sur cette opération.

179-1 *(Décr. n° 99-257 du 1er avr. 1999)* Pour la détermination du plafond prévu à l'article *(Décr. n° 2005-112 du 10 févr. 2005, art. 20)* « L. 225-209 du code de commerce », l'assemblée générale fixe le nombre maximal de titres qui pourront être acquis ainsi que le montant maximal de l'opération.

180 Le délai d'opposition des créanciers à la réduction du capital, prévu par l'article *(Décr. n° 2005-112 du 10 févr. 2005, art. 20)* « L. 225-205, alinéa 1er, du code de commerce », est de *(Décr. n° 99-257 du 1er avr. 1999)* « vingt » jours à compter de la date du dépôt au greffe du procès-verbal de délibération de l'assemblée générale qui a décidé ou autorisé la réduction.

L'opposition est portée devant le tribunal de commerce.

181 Lorsque la société a décidé de procéder à l'achat de ses propres actions en vue de les annuler et de réduire son capital à due concurrence, elle doit faire cette offre d'achat à tous les actionnaires.

A cette fin, un avis d'achat est inséré dans un journal habilité à recevoir les annonces légales dans le département du siège social et, en outre si la société fait publiquement appel à l'épargne, au *Bulletin des annonces légales obligatoires*.

Toutefois, si toutes les actions de la société sont nominatives, les insertions prévues à l'alinéa précédent peuvent être remplacées par un avis adressé, par lettre recommandée et aux frais de la société, à chaque actionnaire.

182 L'avis prévu à l'article précédent indique la dénomination sociale et la forme de la société, l'adresse du siège social, le montant du capital social, le nombre d'actions dont l'achat est envisagé, le prix offert par action, le mode de paiement, le délai pendant lequel l'offre sera maintenue et le lieu où elle peut être acceptée.

Le délai visé à l'alinéa précédent ne peut être inférieur à *(Décr. n° 99-257 du 1er avr. 1999)* « vingt » jours.

183 Si les actions présentées à l'achat excèdent le nombre d'actions à acheter, il est procédé, pour chaque actionnaire vendeur, à une réduction proportionnelle au nombre d'actions dont il justifie être propriétaire ou titulaire.

Si les actions présentées à l'achat n'atteignent pas le nombre d'actions à acheter, le capital social est réduit à due concurrence des actions achetées. Toutefois, le conseil d'administration ou le directoire, selon le cas, peut décider de renouveler l'opération, dans les conditions prévues aux articles 181 et 182, jusqu'à complet achat du nombre d'actions initialement fixé, sous réserve d'y procéder dans le délai indiqué par la délibération de l'assemblée générale ayant autorisé la réduction du capital.

184 Les dispositions des articles 181 à 183 ne sont pas applicables lorsque l'assemblée générale, pour faciliter une augmentation du capital, une émission d'obligations convertibles en actions, une fusion ou une scission, a autorisé le conseil d'administration ou le directoire, selon le cas, à acheter un petit nombre d'actions en vue de les annuler.

L'achat réalisé dans les conditions prévues à l'alinéa précédent ne peut porter, au cours d'un même exercice, que sur un nombre d'actions représentant au plus 0,25 p. 100 du montant du capital social.

Les commissaires aux comptes donnent, dans leur rapport sur l'opération projetée, leur avis sur l'opportunité et les modalités de l'achat d'actions envisagé.

184-1 *(Décr. n° 99-257 du 1er avr. 1999)* Les dispositions des articles 181 à 183 ne sont pas applicables aux opérations réalisées en application de l'article *(Décr. n° 2005-112 du 10 févr. 2005, art. 20)* « L. 225-209 du code de commerce ».

185 *(Décr. n° 99-257 du 1er avr. 1999)* Les actions achetées, en vue d'une réduction du capital social, par la société qui les a émises sont annulées, s'il s'agit de titres au nominatif, par opposition *[apposition]* d'une mention sur le registre des actions nominatives de la société.

Lorsque les actions sont inscrites en compte conformément aux dispositions du décret n° 83-359 du 2 mai 1983 *[partiellement codifié aux art. R. 211-1 s. C. mon. fin., V. supra, v° Code monétaire et financier (extraits)]*, l'annulation des actions est constatée par un virement à un compte d'ordre ouvert au nom de la société, soit chez elle, soit chez un intermédiaire habilité.

Lorsque la réduction de capital est effectuée selon les modalités prévues à l'article *(Décr. n° 2005-112 du 10 févr. 2005, art. 20)* « L. 225-207 du code de commerce », les actions achetées par la société qui les a émises doivent être annulées un mois au plus tard après l'expiration du délai fixé à l'article 182 ou après l'achat réalisé dans les conditions prévues à l'article 184.

§ 4 *Achat par la société de ses actions sans réduction du capital*

185-1 *(Décr. n° 68-25 du 2 janv. 1968)* Le registre des achats *(Décr. n° 82-460 du 2 juin 1982)* « tenu en application de l'article *(Décr. n° 2005-112 du 10 févr. 2005, art. 20)* « L. 225-211 du code de commerce » pour relater les opérations effectuées en application de l'article » *(Décr. n° 2005-112 du 10 févr. 2005, art. 20)* « L. 225-208 du même code » indique, dans l'ordre des négociations réalisées :

1. La date de chaque opération ;
2. Le cours d'achat ;
3. Le nombre des actions achetées à chaque cours ;
4. Le coût total de l'achat, incluant le montant des frais.

Il indique également le nombre des actions détenues à la fin de chaque exercice et leur coût global ainsi que le nombre des actions attribuées aux salariés et la date de chaque attribution.

185-2 *(Décr. n° 82-460 du 2 juin 1982)* Le registre des achats et des ventes tenu en application de l'article *(Décr. n° 2005-112 du 10 févr. 2005, art. 20)* « L. 225-211 du code de commerce » pour relater les opérations effectuées en application de l'article *(Décr. n° 2005-112 du 10 févr. 2005, art. 20)* « L. 225-209 du même code », indique séparément les opérations d'achat et les opérations de vente.

Pour chacune de ces opérations, le registre indique, dans l'ordre, les négociations réalisées :

1. La date de l'opération ;
2. Le cours d'achat ou de vente ;
3. Le nombre des actions achetées ou vendues à chaque cours ;
4. Le coût total de l'achat, incluant le montant des frais ou le produit net de la vente ;
5. Le nombre total des actions achetées et leur coût global ;
6. Le nom de l'agent de change *[du prestataire de services d'investissement]* ayant exécuté l'ordre d'achat ou de vente ou le nom de la banque ou de l'établissement financier ayant transmis l'ordre ;
7. Le cas échéant, le nom de la personne ayant agi en son nom mais pour le compte de la société.

Le nombre et le coût total de l'achat des actions vendues sont déduits, au moins chaque semestre, du nombre des actions achetées et de leur coût global.

SECTION VI *Contrôle des sociétés anonymes*

186 *Abrogé par Décr. n° 85-665 du 3 juill. 1985, art. 61.*

187 Dans le cas prévu par l'article *(Décr. n° 2005-112 du 10 févr. 2005, art. 20)* « L. 225-229, alinéa 3, du code de commerce », le commissaire aux comptes est désigné par le président du tribunal de commerce, statuant en référé.

188 *(Décr. n° 85-295 du 1er mars 1985)* Dans les cas prévus aux articles *(Décr. n° 2005-112 du 10 févr. 2005, art. 20)* « L. 225-230 et L. 225-233 du code de commerce », le tribunal de commerce statue en la forme des référés sur la récusation ou le relèvement de fonctions d'un commissaire aux comptes. La demande de récusation ou de relèvement de fonctions est formée contre le commissaire aux comptes et la société. La demande de récusation du commissaire aux comptes est présentée dans les trente jours de sa désignation.

Lorsque la demande émane du procureur de la République, elle est présentée par requête ; lorsqu'elle émane de *(L. n° 2003-706 du 1er août 2003, art. 46-V)* « l'Autorité des marchés financiers », elle est faite par lettre recommandée avec demande d'avis de réception. Les parties autres que le procureur de la République sont convoquées à la diligence du greffier par lettre recommandée avec demande d'avis de réception.

Le délai d'appel est de quinze jours. L'appel est formé et jugé selon les règles applicables à la procédure abrégée ou à la procédure à jour fixe.

Lorsque le commissaire aux comptes est relevé de ses fonctions, il est remplacé par le commissaire aux comptes suppléant.

189 Si plusieurs commissaires aux comptes sont en fonctions, ils peuvent procéder séparément à leurs investigations, vérifications et contrôles, mais ils établissent un rapport commun.

En cas de désaccord entre les commissaires, le rapport indique les différentes opinions exprimées.

190 La communication aux commissaires aux comptes des documents détenus par les tiers, prévue à l'article *(Décr. n° 2005-112 du 10 févr. 2005, art. 20)* « L. 225-236, alinéa 4, du code de commerce », est autorisée par le président du tribunal de commerce, statuant en référé.

191 *(Décr. n° 85-295 du 1er mars 1985)* Les commissaires aux comptes doivent établir et déposer au siège social le rapport spécial prévu aux articles *(Décr. n° 2005-112 du 10 févr. 2005, art. 20)* « L. 225-40 (alinéa 3) et L. 225-88 (alinéa 3) du code de commerce » quinze jours au moins avant la réunion de l'assemblée générale ordinaire.

192 Les commissaires aux comptes sont convoqués à toute assemblée d'actionnaires au plus tard lors de la convocation des actionnaires eux-mêmes.

Ils sont convoqués, s'il y a lieu, à une réunion du conseil d'administration ou du conseil de surveillance, selon le cas, en même temps que les administrateurs ou les membres du conseil de surveillance eux-mêmes.

Ils sont convoqués, s'il y a lieu, à une réunion du directoire, trois jours au moins avant ladite réunion.

La convocation des commissaires aux comptes est faite par lettre recommandée avec demande d'avis de réception.

193 *(Décr. n° 83-1020 du 29 nov. 1983)* Dans leur rapport à l'assemblée générale ordinaire, les commissaires aux comptes :

1. Déclarent :

a) Soit certifier que les comptes de l'exercice et *(Décr. n° 85-295 du 1er mars 1985)* « les comptes consolidés sont réguliers » et sincères et qu'ils donnent une image fidèle du résultat des opérations de l'exercice écoulé ainsi que de la situation financière et du patrimoine de la société et de l'ensemble des entreprises comprises dans la consolidation à la fin de l'exercice, en formulant, s'il y a lieu, toutes observations utiles ;

b) Soit assortir la certification de réserves ;

c) Soit refuser la certification des comptes,

dans ces deux derniers cas ils précisent les motifs de leurs réserves ou de leur refus ;

2. Font état de leurs observations sur la sincérité et la concordance avec les comptes annuels des informations données dans le rapport de gestion de l'exercice et dans les documents adressés aux actionnaires sur la situation financière de la société et de l'ensemble des entreprises comprises dans la consolidation ainsi que sur les comptes annuels et les comptes consolidés.

194 Le commissaire aux comptes ne peut convoquer l'assemblée des actionnaires qu'après avoir vainement requis sa convocation du conseil d'administration ou du directoire, selon le cas, par lettre recommandée avec demande d'avis de réception.

Lorsqu'il procède à cette convocation, il fixe l'ordre du jour et peut, pour des motifs déterminants, choisir un lieu de réunion autre que celui éventuellement prévu par les statuts, mais situé dans le même département. Il expose les motifs de la convocation, dans un rapport lu à l'assemblée.

En cas de pluralité de commissaires aux comptes, ils agissent d'accord entre eux. S'ils sont en désaccord sur l'opportunité de convoquer l'assemblée, l'un d'eux peut demander au président du tribunal de commerce statuant en référé, l'autorisation de procéder à cette convocation, les autres commissaires et le président du conseil d'administration ou du directoire dûment appelés. L'ordonnance du président, qui fixe l'ordre du jour, n'est susceptible d'aucune voie de recours.

Dans tous les cas, les frais entraînés par la réunion de l'assemblée sont à la charge de la société.

195 *(Décr. n° 85-295 du 1er mars 1985)* L'expert chargé de présenter un rapport sur une ou plusieurs opérations de gestion dans les conditions prévues à l'article *(Décr. n° 2005-112 du 10 févr. 2005, art. 20)* « L. 225-231 du code de commerce » est désigné par le président du tribunal de commerce statuant en la forme des référés, après que le greffier a convoqué le président du conseil d'administration ou du directoire à l'audience par lettre recommandée avec demande d'avis de réception.

Lorsque la demande d'expertise émane du procureur de la République, elle est présentée par requête ; lorsqu'elle émane de *(L. n° 2003-706 du 1er août 2003, art. 46-V)* « l'Autorité des marchés financiers », elle est faite par lettre recommandée avec demande d'avis de réception. Les parties autres que le procureur de la République sont convoquées à la diligence du greffier par lettre recommandée avec demande d'avis de réception.

Le rapport d'expertise est déposé au greffe. Le greffier en assure la communication.

195-1 *(Décr. n° 85-295 du 1er mars 1985)* Le président du conseil d'administration ou le directoire répond par écrit dans le délai d'un mois aux questions qui lui sont posées en application de l'article *(Décr. n° 2005-112 du 10 févr. 2005, art. 20)* « L. 225-232 du code de commerce ». Dans le même délai, il adresse copie de la question et de sa réponse au commissaire aux comptes.

SECTION VII *Transformation des sociétés anonymes*

196 La transformation de la société est publiée dans les conditions prévues au cas de modification des statuts.

SECTION VIII *Dissolution des sociétés anonymes*

197 *(Décr. n° 69-1226 du 24 déc. 1969)* « Dans le cas où, du fait de pertes constatées dans les documents comptables, *(Décr. n° 83-1020 du 29 nov. 1983)* « les capitaux propres de la société deviennent inférieurs » *(Décr. n° 82-460 du 2 juin 1982)* « à la moitié » du capital social, la décision de l'assemblée générale prévue à l'article » *(Décr. n° 2005-112 du 10 févr. 2005, art. 20)* « L. 225-248 (alinéa 1er) modifié du code de commerce » est déposée au greffe du tribunal de commerce du lieu du siège social et inscrite au registre du commerce et des sociétés.

En outre, elle est publiée dans un journal d'annonces légales conformément aux dispositions de l'article 287.

198 *(Décr. n° 68-25 du 2 janv. 1968)* La dissolution judiciaire de la société pour quelque cause que ce soit, est de la compétence du tribunal de commerce.

SECTION IX *Responsabilité civile*

199 *(Décr. n° 88-56 du 19 janv. 1988)* Les actionnaires qui, sur le fondement des dispositions de l'article *(Décr. n° 2005-112 du 10 févr. 2005, art. 20)* « L. 225-251 du code de commerce », entendent demander aux administrateurs *(Décr. n° 2002-803 du 3 mai 2002)* « ou au directeur général » la réparation du préjudice qu'ils ont subi personnellement en raison de mêmes faits peuvent donner à un ou plusieurs d'entre eux le mandat d'agir en leur nom devant les juridictions civiles, sous les conditions suivantes :

1° Le mandat doit être écrit et mentionner expressément qu'il donne au ou aux mandataires le pouvoir d'accomplir au nom du mandant tous les actes de procédure ; il précise, s'il y a lieu, qu'il emporte le pouvoir d'exercer les voies de recours ;

2° La demande en justice doit indiquer les nom, prénoms et adresse de chacun des mandants ainsi que le nombre des actions qu'ils détiennent. Elle précise le montant de la réparation réclamée par chacun d'eux.

199-1 *(Décr. n° 88-56 du 19 janv. 1988)* Les actes de procédure et de notification sont réputés valablement accomplis à l'égard du ou des seuls mandataires.

200 S'ils représentent au moins le vingtième du capital social, des actionnaires peuvent, dans un intérêt commun, charger à leurs frais, un ou plusieurs d'entre eux de les représenter, pour soutenir, tant en demande qu'en défense, l'action sociale soit contre les administrateurs, *(Décr. n° 2002-803 du 3 mai 2002)* « soit contre le directeur général, » soit contre les membres du directoire et du conseil de surveillance.

(Décr. n° 88-56 du 19 janv. 1988) « Toutefois, lorsque le capital de la société est supérieur à 5 millions de francs, le montant du capital à représenter en application de l'alinéa précédent est, selon l'importance dudit capital, réduit ainsi qu'il suit :

« 4 p. 100 pour les premiers sept cent cinquante mille euros ;

« 2,50 p. 100 pour la tranche de capital comprise entre 750 000 et 7 500 000 € ;

« 1 p. 100 pour la tranche de capital comprise entre 7 500 000 et 15 000 000 € ;

« 0,50 p. 100 pour le surplus du capital. »

Le retrait en cours d'instance d'un ou plusieurs des actionnaires visés à l'alinéa précédent, soit qu'ils aient perdu la qualité d'actionnaire, soit qu'ils se soient volontairement désistés, est sans effet sur la poursuite de ladite instance.

201 Lorsque l'action sociale est intentée par un ou plusieurs actionnaires, agissant soit individuellement, soit dans les conditions prévues à l'article précédent, le tribunal ne peut statuer que si la société a été régulièrement mise en cause par l'intermédiaire de ses représentants légaux.

SECTION X *Sociétés en commandite par actions*

202 Dans la mesure où elles sont compatibles avec les dispositions particulières prévues par *(Décr. n° 2005-112 du 10 févr. 2005, art. 20)* « le chapitre VI du titre II du livre II du code de commerce », les règles édictées par le présent décret et concernant les sociétés en commandite simple et les sociétés anonymes, à l'exception des articles 77 à 119, sont applicables aux sociétés en commandite par actions.

203 *Abrogé par Décr. n° 87-970 du 3 déc. 1987, art. 12.*

203-1 *(Décr. n° 68-25 du 2 janv. 1968)* Les dispositions des articles 91 et 92 sont applicables aux conventions visées à l'article *(Décr. n° 2005-112 du 10 févr. 2005, art. 20)* « L. 226-10 du code de commerce ».

L'avis prévu à l'article 91 (alinéa 1) est donné par le président du conseil de surveillance.

203-2 *(Décr. n° 71-615 du 23 juill. 1971)* Les dispositions des articles 153-1 à 153-3 sont applicables aux gérants et membres du conseil de surveillance.

SECTION XI *Société européenne*

(Décr. n° 2006-448 du 14 avr. 2006, art. 1er)

SOUS-SECTION 1 *Dispositions générales*

203-3 *(Décr. n° 2006-448 du 14 avr. 2006, art. 1er)* Les sociétés européennes immatriculées en France sont régies par les dispositions de la présente section et celles applicables aux sociétés anonymes qui ne leur sont pas contraires.

203-4 *(Décr. nº 2006-448 du 14 avr. 2006, art. 1er)* Les actes et documents émanant de la société européenne et destinés aux tiers, notamment les lettres, factures, annonces et publications diverses, indiquent la dénomination sociale, précédée ou suivie immédiatement et lisiblement du sigle « SE » et de l'énonciation du montant du capital social, qui peut être arrondi à la valeur entière inférieure.

203-5 *(Décr. nº 2006-448 du 14 avr. 2006, art. 1er)* Le notaire qui procède aux contrôles prévus au dernier alinéa de l'article L. 229-2 et au deuxième alinéa de l'article L. 229-3 du code de commerce ne peut avoir ni instrumenté, ni rédigé d'actes sous seing privé, ni donné des consultations juridiques à l'occasion de l'opération pour laquelle le contrôle est effectué.

SOUS-SECTION 2 *Transfert du siège social*

§ 1er *Publicité et protection des droits des tiers*

203-6 *(Décr. nº 2006-448 du 14 avr. 2006, art. 1er)* Le projet de transfert dans un autre État membre de la Communauté européenne du siège social d'une société européenne immatriculée en France, prévu au premier alinéa de l'article L. 229-2 du code de commerce, fait l'objet d'un avis inséré dans un journal habilité à recevoir des annonces légales dans le département du siège social ainsi qu'au *Bulletin des annonces légales obligatoires* lorsque la société européenne fait appel public à l'épargne ou lorsque ses actions ne revêtent pas toutes la forme nominative.

Cet avis comporte, outre les mentions prévues pour la modification des statuts, les indications suivantes :

1° La dénomination sociale suivie, le cas échéant, de son sigle, l'adresse du siège social, le montant du capital social ainsi que les mentions prévues aux 1 et 2 de l'article 72 du décret nº 84-406 du 30 mai 1984 ;– *V. cet art., supra, vº Registre du commerce et des sociétés.*

2° L'État dans lequel le transfert est envisagé ainsi que l'adresse prévisible du siège social ;

3° Le calendrier prévisible du transfert ;

4° Les modalités d'exercice des droits relatifs au rachat d'actions et à l'opposition des créanciers ;

5° La date du projet ainsi que la date et le lieu de son dépôt au greffe du tribunal dans le ressort duquel la société est immatriculée.

Il est procédé à ce dépôt et à la publicité prévue par le présent article au moins deux mois avant la date de la première assemblée générale appelée à statuer sur le transfert.

203-7 *(Décr. nº 2006-448 du 14 avr. 2006, art. 1er)* Les dispositions de l'article 289 ne sont pas applicables au transfert du siège d'une société européenne immatriculée en France dans un autre État membre de la Communauté européenne.

203-8 *(Décr. nº 2006-448 du 14 avr. 2006, art. 1er)* La décision de l'assemblée générale extraordinaire prise en application du deuxième alinéa de l'article L. 229-2 du code de commerce fait l'objet d'un avis inséré dans un journal habilité à recevoir des annonces légales dans le département du siège social ainsi qu'au *Bulletin des annonces légales obligatoires* lorsque la société fait appel public à l'épargne ou lorsque ses actions ne revêtent pas toutes la forme nominative.

Cet avis comporte la date de l'assemblée générale extraordinaire et l'adresse du siège social.

203-9 *(Décr. nº 2006-448 du 14 avr. 2006, art. 1er)* L'opposition des actionnaires et leur demande de rachat, prévues au troisième alinéa de l'article L. 229-2 du code de commerce, sont formées dans un délai d'un mois à compter de la dernière publication en date prescrite par l'article 203-8.

Elles sont portées à la connaissance de la société par lettre recommandée avec demande d'avis de réception.

203-10 *(Décr. nº 2006-448 du 14 avr. 2006, art. 1er)* La société adresse à chacun des actionnaires mentionnés à l'article précédent, dans un délai de quinze jours suivant la réception de sa demande, une offre de rachat par lettre recommandée avec demande d'avis de réception.

Le prix proposé par la société aux actionnaires détenant des actions d'une même catégorie doit être identique.

Cette offre comporte le prix offert par action et le mode de paiement proposé ainsi que le délai pendant lequel l'offre est maintenue et le lieu où elle peut être acceptée.

Le délai mentionné à l'alinéa précédent ne peut être inférieur à vingt jours.

Lorsque les titres de la société européenne sont admis aux négociations sur un marché réglementé, leur évaluation est faite conformément au II de l'article L. 433-4 du code monétaire et financier. – *V. cet art., supra, vº Code monétaire et financier (extraits).*

203-11 *(Décr. nº 2006-448 du 14 avr. 2006, art. 1er)* Toute contestation sur le prix offert est portée devant le tribunal dans le ressort duquel est situé le siège de la société, dans le délai mentionné au troisième alinéa de l'article 203-10.

Tous les actionnaires intéressés par le rachat des actions sont mis en cause par la société dans les conditions prévues à l'article 331 du nouveau code de procédure civile ; ils procèdent alors conformément à l'article 333 de ce code.

Le prix est fixé selon les modalités prévues aux articles 1843-4 du code civil et 17 du décret nº 78-704 du 3 juillet 1978. – *V. ces textes au* ***C. sociétés.***

203-12 *(Décr. nº 2006-448 du 14 avr. 2006, art. 1er)* L'offre d'acquisition des certificats d'investissement, prévue au quatrième alinéa de l'article L. 229-2 du code de commerce, fait l'objet d'un avis inséré dans un journal habilité à recevoir des annonces légales dans le département du siège social ainsi qu'au *Bulletin des annonces légales obligatoires* lorsque la société fait appel public à l'épargne ou lorsque ses actions ne revêtent pas toutes la forme nominative.

Cet avis comporte :

1° La dénomination sociale et la forme de la société, l'adresse du siège social et le montant du capital social ;

2° Le nombre de certificats d'investissement dont l'acquisition est envisagée ;

3° Le prix offert par certificat d'investissement et accepté par l'assemblée spéciale des porteurs de certificats d'investissement ;

4° Le délai pendant lequel l'offre d'acquisition est maintenue ainsi que le lieu où elle peut être acceptée.

Le délai mentionné à l'alinéa précédent ne peut être inférieur à vingt jours.

La publicité prévue au premier alinéa est remplacée pour les porteurs de certificats d'investissement nominatifs par l'envoi à chacun d'eux d'une lettre recommandée avec demande d'avis de réception, aux frais de la société. Cette lettre comporte les mêmes mentions que celles de l'avis.

Le délai dans lequel les porteurs de certificats d'investissement peuvent céder leurs titres est de trente jours à compter de la formalité de publicité dernière en date.

203-13 *(Décr. nº 2006-448 du 14 avr. 2006, art. 1er)* L'offre de remboursement des obligataires, prévue au cinquième alinéa de l'article L. 229-2 du code de commerce, fait l'objet d'un avis donnant lieu à deux insertions successives, espacées d'au moins dix jours, dans deux journaux d'annonces légales du département du siège social ainsi qu'au *Bulletin des annonces légales obligatoires* lorsque la société fait appel public à l'épargne ou que ses obligations ne revêtent pas toutes la forme nominative.

La publicité prévue à l'alinéa précédent est remplacée, pour les titulaires d'obligations nominatives, par l'envoi à chacun d'eux d'une lettre recommandée avec demande d'avis de réception, aux frais de la société.

Le délai dans lequel les obligataires peuvent demander le remboursement de leurs titres est de trois mois à compter, selon le cas, de la formalité de publicité dernière en date ou de la réception de la dernière lettre recommandée.

Ce délai est indiqué dans l'avis et la lettre mentionnés aux premier et deuxième alinéas.

203-14 *(Décr. nº 2006-448 du 14 avr. 2006, art. 1er)* L'opposition d'un créancier non obligataire, prévue au sixième alinéa de l'article L. 229-2 du code de commerce, est formée dans un délai de trente jours à compter de la dernière publication en date de l'insertion mentionnée à l'article 203-6.

§ 2 *Contrôle de légalité du transfert de siège social*

203-15 *(Décr. nº 2006-448 du 14 avr. 2006, art. 1er)* Aux fins de délivrance du certificat mentionné au septième alinéa de l'article L. 229-2 du code de commerce, la société européenne produit au notaire chargé d'effectuer le contrôle de légalité un dossier contenant au moins les éléments suivants :

1° Les statuts de la société ;

2° Le projet de transfert du siège social ;

3° Une copie des avis relatifs aux publicités prévues par la présente section ;

4° Une copie du procès-verbal des assemblées mentionnées au quatrième alinéa de l'article L. 229-2 du code de commerce ;

5° Des indications relatives aux conséquences du transfert sur l'implication des travailleurs au sens des articles L. 439-25 à L. 439-50 du code du travail.

SOUS-SECTION III *Constitution de la société européenne*

§ 1er *Constitution par fusion*

203-16 *(Décr. nº 2006-448 du 14 avr. 2006, art. 1er)* Aux fins d'immatriculation de la société européenne constituée par voie de fusion, chaque société immatriculée en France qui participe à l'opération remet au notaire chargé du contrôle de légalité, outre le certificat mentionné au troisième alinéa de l'article L. 229-3 du code de commerce, un dossier contenant au moins les documents suivants :

1° Les statuts de la société européenne ;

2° Le projet de fusion ;

3° Une copie des avis relatifs aux publicités prévues par le présent décret ;

4° Une copie du procès-verbal des assemblées mentionnées aux articles L. 236-9 et L. 236-13 du code de commerce ;

5° Un document attestant de la fixation des modalités relatives à l'implication des travailleurs conformément aux articles L. 439-25 à L. 439-50 du code du travail.

203-17 *(Décr. nº 2006-448 du 14 avr. 2006, art. 1er)* La dissolution de la société européenne pour l'un des motifs mentionnés au sixième alinéa de l'article L. 229-3 du code de commerce peut être demandée en justice par tout intéressé.

La publicité de la décision judiciaire qui prononce la dissolution de la société européenne est faite par insertion au *Bulletin officiel des annonces civiles et commerciales* et dans un journal habilité à recevoir des annonces légales dans le département du siège social ainsi qu'au *Bulletin des annonces légales obligatoires* lorsque la société fait appel public à l'épargne ou lorsque ses actions ne revêtent pas toutes la forme nominative.

§ 2 *Constitution d'une société européenne holding*

203-18 *(Décr. nº 2006-448 du 14 avr. 2006, art. 1er)* Le projet de constitution d'une société européenne holding fait l'objet, par chaque société immatriculée en France qui participe à l'opération, d'un avis inséré dans un journal habilité à recevoir des annonces légales dans le département du siège social ainsi qu'au *Bulletin des annonces légales obligatoires* lorsque l'une au moins de ces sociétés fait appel public à l'épargne ou lorsque ses actions ne revêtent pas toutes la forme nominative.

Cet avis comporte les indications suivantes :

1° La dénomination de la société promotrice suivie, le cas échéant, de son sigle, l'adresse de son siège social, le montant de son capital social, les mentions prévues aux 1 et 2 de l'article 72 du décret n° 84-406 du 30 mai 1984 et, le cas échéant, son numéro d'immatriculation dans l'État où elle a son siège ; *– V. cet art., supra, v° Registre du commerce et des sociétés.*

2° La dénomination sociale suivie, le cas échéant, de son sigle, l'adresse du siège social et le montant du capital envisagés de la société européenne holding ;

3° La mention du pourcentage minimal des actions ou parts de chacune des sociétés promouvant l'opération que les actionnaires ou porteurs devront apporter pour que la société soit constituée ;

4° Le rapport d'échange de parts sociales ou d'actions et, le cas échéant, le montant de la soulte due ;

5° La date du projet ainsi que la date et le lieu de son dépôt au greffe du tribunal dans le ressort duquel chaque société promotrice est immatriculée.

Il est procédé à ce dépôt et à la publicité prévue au premier alinéa un mois au moins avant la date de la première assemblée appelée à statuer sur l'opération.

203-19 *(Décr. n° 2006-448 du 14 avr. 2006, art. 1er)* Les commissaires à la constitution de la société européenne holding sont désignés et accomplissent leur mission dans les conditions prévues par l'article 64.

203-20 *(Décr. n° 2006-448 du 14 avr. 2006, art. 1er)* Outre les mentions du paragraphe 5 de l'article 32 du règlement (CE) n° 2157/2001, les commissaires à la constitution précisent, dans le rapport visé au troisième alinéa de l'article L. 229-5 du code de commerce, la date à laquelle ont été arrêtés les comptes qui ont servi à l'évaluation des parts ou actions concourant à la formation de la société européenne holding. *– V. le règl. préc. au **C. sociétés**.*

203-21 *(Décr. n° 2006-448 du 14 avr. 2006, art. 1er)* La décision de l'assemblée générale de chaque société immatriculée en France qui participe à la constitution de la société européenne holding fait l'objet d'un avis inséré, par chacune d'entre elles, dans un journal habilité à recevoir des annonces légales dans le département de leur siège respectif ainsi qu'au *Bulletin des annonces légales obligatoires* lorsque la société fait appel public à l'épargne ou lorsque ses actions ne revêtent pas toutes la forme nominative.

Cet avis comporte les indications suivantes :

1° La date de l'assemblée générale extraordinaire ;

2° L'adresse du siège social ;

3° Les modalités suivant lesquelles les actionnaires et porteurs de parts communiquent aux sociétés promotrices leur intention d'apporter leurs actions ou parts en vue de la constitution de la société européenne et le délai de trois mois qui leur est conféré à compter de la publication de l'avis pour y procéder.

203-22 *(Décr. n° 2006-448 du 14 avr. 2006, art. 1er)* Lorsque les conditions de constitution de la société européenne holding sont réunies, chaque société immatriculée en France qui participe à l'opération fait insérer un avis le constatant dans un journal habilité à recevoir des annonces légales au niveau national ainsi qu'au *Bulletin officiel des annonces civiles et commerciales*.

Cet avis comporte, pour la société promotrice, les indications suivantes :

1° La date du projet et de sa publication ;

2° La date de l'assemblée générale ayant approuvé le projet de constitution ;

3° La date à laquelle les actionnaires ou associés ont apporté le pourcentage de parts ou d'actions en vue de la constitution de la société européenne.

§ 3 *Constitution par transformation d'une société anonyme*

203-23 (*Décr. n° 2006-448 du 14 avr. 2006, art. 1er*) Le projet de transformation de la société anonyme, prévu au deuxième alinéa de l'article L. 225-245-1 du code de commerce, fait l'objet d'un avis inséré dans un journal habilité à recevoir des annonces légales dans le département du siège social ainsi qu'au *Bulletin des annonces légales obligatoires* lorsque la société fait appel public à l'épargne ou lorsque ses actions ne revêtent pas toutes la forme nominative.

Cet avis comporte les indications suivantes :

1° La dénomination sociale suivie, le cas échéant, de son sigle, l'adresse du siège social, le montant du capital social, les mentions prévues aux 1 et 2 de l'article 72 du décret n° 84-406 du 30 mai 1984 ; – *V. cet art., supra, v° Registre du commerce et des sociétés.*

2° La mention que la société anonyme envisage de se transformer en société européenne ;

3° La date du projet ainsi que la date et le lieu de son dépôt au greffe du tribunal dans le ressort duquel la société est immatriculée.

Il est procédé à ce dépôt et à la publicité prévue au premier alinéa un mois au moins avant la date de la première assemblée appelée à statuer sur l'opération.

203-24 (*Décr. n° 2006-448 du 14 avr. 2006, art. 1er*) Les commissaires à la transformation sont désignés et accomplissent leur mission dans les conditions prévues par l'article 64.

203-25 (*Décr. n° 2006-448 du 14 avr. 2006, art. 1er*) La transformation d'une société anonyme en société européenne immatriculée en France est publiée dans les conditions prévues par l'article 196.

SOUS-SECTION IV *Administration de la société européenne*

203-26 (*Décr. n° 2006-448 du 14 avr. 2006, art. 1er*) Le membre du conseil de surveillance, qui assure, en application du deuxième alinéa de l'article L. 229-7 du code de commerce, les fonctions de membre du directoire en cas de vacance au sein de celui-ci, est nommé pour le temps restant à courir jusqu'au renouvellement du directoire sans que ce délai puisse excéder six mois.

SOUS-SECTION V *Transformation d'une société européenne en société anonyme*

203-27 (*Décr. n° 2006-448 du 14 avr. 2006, art. 1er*) Le projet de transformation de la société européenne, prévu au deuxième alinéa de l'article L. 229-10 du code de commerce, fait l'objet d'un avis inséré dans un journal habilité à recevoir des annonces légales dans le département du siège social ainsi qu'au *Bulletin des annonces légales obligatoires* lorsque la société européenne fait appel public à l'épargne ou lorsque ses actions ne revêtent pas toutes la forme nominative.

Cet avis comporte les indications suivantes :

1° La dénomination sociale suivie, le cas échéant, de son sigle, l'adresse du siège social, le montant du capital social, les mentions prévues aux 1 et 2 de l'article 72 du décret n° 84-406 du 30 mai 1984 ; – *V. cet art., supra, v° Registre du commerce et des sociétés.*

2° La mention que la société européenne envisage de se transformer en société anonyme ;

3° La date du projet ainsi que la date et le lieu de son dépôt au greffe du tribunal dans le ressort duquel la société est immatriculée.

Il est procédé à ce dépôt et à la publicité prévue au premier alinéa un mois au moins avant la date de la première assemblée appelée à statuer sur l'opération.

203-28 (*Décr. n° 2006-448 du 14 avr. 2006, art. 1er*) Les commissaires à la transformation sont désignés et accomplissent leur mission dans les conditions prévues par l'article 64.

203-29 *(Décr. n° 2006-448 du 14 avr. 2006, art. 1er)* **La transformation d'une société européenne immatriculée en France en société anonyme est publiée dans les conditions prévues à l'article 196.**

CHAPITRE V *Valeurs mobilières émises par les sociétés par actions*

SECTION I *Dispositions communes*

204 **Les registres de titres nominatifs émis par une société sont établis par cette société ou par une personne qu'elle habilite à cet effet.**

Ils peuvent être constitués par la réunion, dans l'ordre chronologique de leur établissement, de feuillets identiques utilisés sur une seule face. Chacun de ces feuillets doit être réservé à un titulaire de titres à raison de sa propriété ou à plusieurs titulaires à raison de leur copropriété, de leur nue-propriété ou de leur usufruit sur lesdits titres.

En outre, il peut être tenu des fichiers contenant, par ordre alphabétique, les noms et adresses des titulaires de titres, ainsi que l'indication du nombre, de la catégorie et, le cas échéant, des numéros des titres de chaque titulaire. Les mentions de ces fichiers ne peuvent faire preuve contre celles contenues dans les registres.

205 **Les registres visés à l'article précédent contiennent les indications relatives aux opérations de transfert et de conversion des titres, et notamment :**

1° La date de l'opération ;

2° Les nom, prénoms et domicile de l'ancien et du nouveau titulaire des titres, en cas de transfert ;

3° Les nom, prénoms et domicile du titulaire des titres, en cas de conversion de titres au porteur en titres nominatifs ;

4° *(Décr. n° 99-257 du 1er avr. 1999)* **« La valeur nominale et le nombre de titres transférés ou convertis. Toutefois, lorsque ces titres sont des actions, le capital social et le nombre de titres représenté par l'ensemble des actions de la même catégorie peuvent être indiqués en lieu et place de leur valeur nominale ; »**

5° Le cas échéant, si la société a émis des actions de différentes catégories et s'il n'est tenu qu'un seul registre des actions nominatives, la catégorie et les caractéristiques des actions transférées ou converties ;

6° Un numéro d'ordre affecté à l'opération.

En cas de transfert, le nom de l'ancien titulaire des titres peut être remplacé par un numéro d'ordre permettant de retrouver ce nom dans les registres.

205-1 *(Décr. n° 87-93 du 11 févr. 1987)* **La mise en vente par la société des titres non réclamés par les ayants droit, prévue à l'article** *(Décr. n° 2005-112 du 10 févr. 2005, art. 20)* **« L. 228-6 du code de commerce », doit être précédée de la publication d'un avis dans un journal financier à grand tirage ; cet avis les met en demeure de faire valoir leurs droits dans un délai de deux ans et les informe que la société procédera à la vente à l'expiration de ce délai.**

Ce même avis informe les ayants droit que la société tiendra le produit net de la vente des titres à leur disposition pendant dix ans à un compte bloqué dans un établissement de crédit.

205-2 *(Décr. n° 87-93 du 11 févr. 1987)* **La vente des titres par la société a lieu à la Bourse où ils sont cotés.**

A défaut, la vente est faite aux enchères publiques par un agent de change *[une société de bourse]* **ou un notaire.**

SECTION II *Actions*

206 *(Décr. n° 2005-112 du 10 févr. 2005, art. 15)* **En cas de conversion d'actions de préférence en actions aboutissant à une réduction de capital non motivée par des pertes, les dispositions de l'article 180 s'appliquent.**

Une décision de justice rejette l'opposition ou ordonne soit le remboursement des créances, soit la constitution de garanties si la société en offre et si elles sont jugées suffisantes.

Si le juge de première instance accueille l'opposition, la procédure de conversion est immédiatement interrompue jusqu'à la constitution de garanties suffisantes ou jusqu'au remboursement des créances. S'il la rejette, les opérations de conversion peuvent commencer.

206-1 *(Décr. nº 2005-112 du 10 févr. 2005, art. 16)* L'assemblée spéciale, statuant dans les conditions prévues à l'article L. 225-99 du code de commerce sur les questions qui lui sont soumises pour approbation et composée des titulaires d'actions de préférence intéressés, doit être convoquée dans les mêmes formes et se tenir au plus tard le même jour que l'assemblée générale.

206-2 *(Décr. nº 2005-112 du 10 févr. 2005, art. 16)* En cas d'émission d'actions de préférence dans les conditions prévues à l'article L. 228-12 du code de commerce, le rapport du conseil d'administration ou du directoire indique les caractéristiques des actions de préférence et précise l'incidence de l'opération sur la situation des titulaires de titres de capital et de valeurs mobilières donnant accès au capital. Il est conforme aux règles posées par les articles 154 et 155, ainsi que, selon les cas, par les articles 155-1 ou 155-2.

Le commissaire aux comptes donne son avis sur l'augmentation de capital envisagée, les caractéristiques des actions de préférence et l'incidence de l'opération sur la situation des titulaires de titres de capital et de valeurs mobilières donnant accès au capital telle que définie au premier alinéa de l'article 155-1. Le cas échéant, ce rapport est conforme aux règles posées par l'article 155, ainsi que, selon les cas, par les articles 155-1 ou 155-2.

206-3 *(Décr. nº 2005-112 du 10 févr. 2005, art. 16)* Le rapport du conseil d'administration ou du directoire à l'assemblée générale extraordinaire appelée à se prononcer sur la conversion prévue aux articles L. 228-12 et L. 228-14 du code de commerce indique les conditions de celle-ci, les modalités de calcul du rapport de conversion et les modalités de sa réalisation. Il précise l'incidence de l'opération sur la situation des titulaires de titres de capital et de valeurs mobilières donnant accès au capital telle que définie au premier alinéa de l'article 155-1. Le cas échéant, il indique les caractéristiques des actions de préférence issues de la conversion.

Le commissaire aux comptes donne son avis sur la conversion ainsi que sur l'incidence de l'opération sur la situation des titulaires de titres de capital et de valeurs mobilières donnant accès au capital telle que définie au premier alinéa de l'article 155-1 et indique si les modalités de calcul du rapport de conversion sont exactes et sincères.

206-4 *(Décr. nº 2005-112 du 10 févr. 2005, art. 16)* Pour l'application du premier alinéa de l'article L. 228-12 et de l'article L. 228-20 du code de commerce, le rapport du conseil d'administration ou du directoire précise les conditions du rachat ou du remboursement, ainsi que les justifications et les modalités de calcul du prix proposé.

Il précise l'incidence de l'opération sur la situation des titulaires de titres de capital et de valeurs mobilières donnant accès au capital telle que définie au premier alinéa de l'article 155-1.

Le commissaire aux comptes donne son avis sur l'offre de rachat ou de remboursement ainsi que sur l'incidence de l'opération sur la situation des titulaires de titres de capital et de valeurs mobilières donnant accès au capital telle que définie au premier alinéa de l'article 155-1 et indique si les modalités de calcul du prix de rachat sont exactes et sincères.

206-5 *(Décr. nº 2005-112 du 10 févr. 2005, art. 16)* Lorsque l'assemblée générale extraordinaire se prononce sur l'inscription dans les statuts des modalités de conversion, de rachat ou de remboursement des actions de préférence, le rapport du conseil d'administration ou du directoire indique les modalités de conversion, de rachat ou de remboursement, ainsi que les modalités de mise à disposition des actionnaires des rapports du conseil d'administration ou du directoire, et du commissaire aux comptes prévus aux articles 206-3 ou 206-4. Le cas échéant, il précise les critères d'appréciation de l'absence de liquidité du marché mentionnée à l'article L. 228-20 du code de commerce. Ces indications doivent être portées dans les statuts.

Le commissaire aux comptes donne son avis sur ces modalités de conversion, de rachat ou de remboursement.

206-6 *(Décr. n° 2005-112 du 10 févr. 2005, art. 16)* Les rapports mentionnés aux articles 206-2 à 206-5 sont transmis aux assemblées spéciales des titulaires d'actions de préférence intéressés lorsqu'elles doivent approuver ces modifications. Ils sont tenus à la disposition de ces derniers au siège de la société à compter de la date de la convocation de l'assemblée spéciale dans les conditions prévues à l'article 138 et au deuxième alinéa de l'article 139.

206-7 *(Décr. n° 2005-112 du 10 févr. 2005, art. 16)* Le rapport spécial du commissaire aux comptes de la société établi en application de l'article L. 228-19 du code de commerce comprend son avis sur le respect par la société des droits particuliers attachés aux actions de préférence et indique, le cas échéant, la date à partir de laquelle ces droits ont été méconnus.

Les frais relatifs à l'établissement du rapport sont à la charge de la société.

Le rapport est tenu au siège social, à la disposition des actionnaires, quinze jours au moins avant la date de l'assemblée spéciale au cours de laquelle il doit être présenté.

207 La demande d'agrément du cessionnaire prévue à l'article *(Décr. n° 2005-112 du 10 févr. 2005, art. 20)* « L. 228-24, alinéa 1er, du code de commerce » est notifiée à la société par acte extrajudiciaire ou par lettre recommandée avec demande d'avis de réception.

(Décr. n° 68-25 du 2 janv. 1968) « La désignation de l'expert prévue *(Décr. n° 2005-112 du 10 févr. 2005, art. 17)* « à l'article 1843-4 du code civil » est faite par le président du tribunal de commerce ; celui-ci accorde par ordonnance de référé, l'actionnaire cédant et le cessionnaire dûment appelés, la prolongation de délai prévue à l'article *(Décr. n° 2005-112 du 10 févr. 2005, art. 20)* « L. 228-24 (alinéa 3) du code de commerce ». Ces ordonnances ne sont pas susceptibles de recours. »

208 Pour l'application de l'article *(Décr. n° 2005-112 du 10 févr. 2005, art. 20)* « L. 228-27 du code de commerce », l'actionnaire défaillant est mis en demeure par lettre recommandée avec demande d'avis de réception.

La vente des actions non cotées est effectuée aux enchères publiques par un agent de change *[prestataire de services d'investissement]* ou par un notaire. A cet effet, la société publie dans un journal d'annonces légales du département du siège social, trente jours au moins après la mise en demeure prévue à l'alinéa précédent, les numéros des actions mises en vente. Elle avise le débiteur et, le cas échéant, ses codébiteurs de la mise en vente, par lettre recommandée contenant l'indication de la date et du numéro du journal dans lequel la publication a été effectuée. Il ne peut être procédé à la mise en vente des actions moins de quinze jours après l'envoi de la lettre recommandée.

209 L'inscription de l'actionnaire défaillant est rayée de plein droit dans le registre des actions nominatives de la société. Si les titres délivrés doivent revêtir la forme nominative, l'acquéreur est inscrit et de nouveaux certificats indiquant la libération des versements appelés et portant la mention « duplicatum » sont délivrés.

(Décr. n° 83-363 du 2 mai 1983) « Lorsque les actions étaient inscrites en compte chez l'émetteur conformément aux dispositions du décret n° 83-359 du 2 mai 1983 *[partiellement codifié aux art. R. 211-1 s. C. mon. fin., V. supra, v° Code monétaire et financier*

(extraits)], l'inscription en compte de l'actionnaire défaillant est annulée de plein droit. L'acquéreur est inscrit et de nouvelles attestations indiquant la libération des versements appelés et portant la mention « duplicatum » sont délivrées. »

Le produit net de la vente revient à la société à due concurrence et s'impute sur ce qui est dû en principal et intérêts par l'actionnaire défaillant et ensuite sur le remboursement des frais exposés par la société pour parvenir à la vente. L'actionnaire défaillant reste débiteur ou profite de la différence.

210 Le délai visé à l'article *(Décr. nº 2005-112 du 10 févr. 2005, art. 20)* « L. 228-29, alinéa 1er, du code de commerce » est de trente jours à compter de la mise en demeure prévue par l'article *(Décr. nº 2005-112 du 10 févr. 2005, art. 20)* « L. 228-27, alinéa 1er, dudit code ».

SECTION III *Obligations*

211 La notice prévue à l'article *(Décr. nº 2005-112 du 10 févr. 2005, art. 20)* « L. 228-43 du code de commerce » est insérée au *Bulletin des annonces légales obligatoires* avant le début des opérations de souscription et préalablement à toute mesure de publicité.

Elle contient les indications suivantes :

1° La dénomination sociale, suivie, le cas échéant, de son sigle ;

2° La forme de la société ;

3° Le montant du capital social ;

4° L'adresse du siège social ;

5° Les numéros d'immatriculation de la société au registre du commerce et à l'institut national de la statistique et des études économiques ; *— Dans tous les textes réglementaires, la référence aux mentions visées aux 1 et 2 de l'art. 72 du décret nº 84-406 du 30 mai 1984 relatif au registre du commerce et des sociétés est substituée à la référence au numéro d'immatriculation au registre du commerce et des sociétés (Décr. nº 98-550 du 2 juill. 1998, art. 35).*

6° L'objet social, indiqué sommairement ;

7° La date d'expiration normale de la société ;

8° Le cas échéant, le montant des obligations convertibles en actions émises par la société ;

9° Le montant non amorti des autres obligations antérieurement émises ainsi que les garanties qui leur ont été conférées ;

10° Le montant, lors de l'émission, des emprunts obligataires garantis par la société et le cas échéant, la fraction garantie de ces emprunts ;

11° Le montant de l'émission ;

12° La valeur nominale des obligations à émettre ;

13° Le taux et le mode de calcul des intérêts et autres produits ainsi que les modalités de paiement ;

14° L'époque et les conditions de remboursement ainsi qu'éventuellement les conditions de rachat des obligations ;

15° Les garanties conférées, le cas échéant, aux obligations ;

16° S'il s'agit d'obligations convertibles en actions, le ou les délais d'exercice de l'option accordée aux porteurs pour convertir leurs titres ainsi que les bases de cette conversion ;

17° S'il s'agit d'obligations échangeables contre des actions, les modalités et conditions fixées pour l'échange.

La notice est revêtue de la signature sociale.

212 Sont annexés à la notice visée à l'article précédent :

1° Une copie du dernier bilan approuvé par l'assemblée générale des actionnaires, certifiée conforme par le représentant légal de la société ;

2° Si ce bilan a été arrêté à une date antérieure de plus de dix mois à celle du début de l'émission, un état de la situation active et passive de la société datant de dix mois au plus et établi sous la responsabilité du conseil d'administration, du directoire ou des gérants, selon le cas ;

3° Des renseignements sur la marche des affaires sociales depuis le début de l'exercice en cours et, le cas échéant, sur le précédent exercice si l'assemblée générale ordinaire appelée à statuer sur les comptes n'a pas encore été réunie.

En cas d'application des dispositions de l'article *(Décr. nº 2005-112 du 10 févr. 2005, art. 20)* « L. 228-39, alinéa 2, du code de commerce », et si aucun bilan n'a encore été établi, la notice en fait mention.

(Décr. nº 68-25 du 2 janv. 1968) « Les annexes prévues aux 1° et 2° ci-dessus peuvent être remplacées, selon le cas, par la référence de la publicité au *Bulletin des annonces légales obligatoires* du dernier bilan ou d'une situation provisoire du bilan arrêtée à une date antérieure de dix mois au plus à celle de l'émission, lorsque ce bilan ou cette situation a déjà été publié. »

213 Les prospectus et circulaires informant le public de l'émission d'obligations reproduisent les énonciations de la notice prévue à l'article 211, indiquent le prix d'émission et contiennent la mention de l'insertion de ladite notice au *Bulletin des annonces légales obligatoires* avec référence au numéro dans lequel elle a été publiée.

Les affiches et les annonces dans les journaux reproduisent les mêmes énonciations ou au moins un extrait de ces énonciations avec référence à la notice et indication du numéro du *Bulletin des annonces légales obligatoires* dans lequel elle a été publiée.

214 Les titres d'emprunt obligataire remis aux souscripteurs contiennent les indications suivantes :

1° La dénomination sociale, suivie, le cas échéant, de son sigle ;

2° La forme de la société émettrice ;

3° Le montant du capital social ;

4° L'adresse du siège social ;

5° La date et le numéro d'immatriculation de la société au registre du commerce et des sociétés ; — *Dans tous les textes réglementaires, la référence aux mentions visées aux 1 et 2 de l'article 72 du décret nº 84-406 du 30 mai 1984 relatif au registre du commerce et des sociétés est substituée à la référence au numéro d'immatriculation au registre du commerce et des sociétés (Décr. nº 98-550 du 2 juill. 1998, art. 35).*

6° La date d'expiration normale de la société ;

7° Le montant, lors de l'émission, des obligations garanties par la société ;

8° Le montant de l'émission ;

9° La valeur nominale et, sous réserve des dispositions réglementaires en dispensant, le numéro d'ordre du titre ;

10° Le taux et l'époque du paiement de l'intérêt et des autres produits ;

11° L'époque et les conditions de remboursement ainsi que les conditions de rachat du titre ;

12° Le cas échéant, les garanties attachées aux titres ;

13° Le montant non amorti, lors de l'émission, des obligations ou des titres d'emprunt antérieurement émis ;

14° S'il s'agit d'obligations convertibles en actions, le ou les délais d'exercice de l'option accordée aux porteurs pour convertir leurs titres ainsi que les bases de cette conversion ;

15° S'il s'agit d'obligations échangeables, les modalités et conditions fixées pour l'échange, avec l'indication des personnes qui se sont obligées à assurer cet échange ;

16° Le tableau d'amortissement de l'emprunt.

L'indication prévue au 12° ci-dessus n'est pas exigée lorsque les titres d'emprunt bénéficient de la garantie de l'État, de départements, de communes ou d'établissements publics, ni lorsqu'ils sont émis par le Crédit foncier de France ou le Crédit national.

215 Dans les cas prévus par les articles *(Décr. nº 2005-112 du 10 févr. 2005, art. 20)* « L. 228-50 et L. 228-51, alinéa 2, du code de commerce », les représentants de la masse sont désignés par le président du tribunal de grande instance statuant en référé.

Les fonctions des représentants de la masse désignés en application de l'alinéa précédent prennent fin lors de la première réunion de l'assemblée générale ordinaire des obligataires. Celle-ci peut nommer les mêmes représentants.

216 Toute décision de l'assemblée générale des obligataires relative à la désignation ou au remplacement des représentants de la masse est notifiée par ces derniers à la société débitrice et publiée, à la diligence de celle-ci, dans le délai d'un mois à compter de la délibération de l'assemblée, dans un journal d'annonces légales du département du siège social et, en outre, si la société fait publiquement appel à l'épargne, au *Bulletin des annonces légales obligatoires*.

L'ordonnance du président du tribunal de grande instance nommant un représentant de la masse est publiée dans les mêmes conditions et délais.

Lorsque le mandat de représentant de la masse est confié à une association ou à une société, les nom, prénoms et domicile des personnes habilitées à agir au nom de l'association ou de la société sont indiqués dans la notification et la publication prévues aux alinéas précédents.

217 Le représentant de la masse notifie sa démission à la société débitrice par lettre recommandée avec demande d'avis de réception.

218 *(Décr. n° 88-418 du 22 avr. 1988)* « Lorsqu'elle n'a été déterminée ni par le contrat d'émission ni par l'assemblée générale des obligataires, la rémunération des représentants de la masse est fixée par le président du tribunal de grande instance, statuant sur requête, à la demande de la société ou du représentant de la masse intéressé. »

Le montant de la rémunération allouée par l'assemblée générale des obligataires peut être réduit, à la demande de la société, par le président du tribunal de grande instance statuant en référé.

219 Tout intéressé a le droit d'obtenir, au siège de la société débitrice, les noms et adresses des représentants de la masse.

220 La demande tendant à la convocation de l'assemblée générale des obligataires, dans les conditions prévues à l'article *(Décr. n° 2005-112 du 10 févr. 2005, art. 20)* « L. 228-58, alinéa 2, du code de commerce », est effectuée par acte extrajudiciaire ou par lettre recommandée avec demande d'avis de réception. Elle indique l'ordre du jour à soumettre à l'assemblée.

Le délai prévu à l'article *(Décr. n° 2005-112 du 10 févr. 2005, art. 20)* « L. 228-58, alinéa 3, du code précité » est de deux mois à compter de la demande de convocation. Le mandataire prévu au même alinéa est désigné par le président du tribunal de grande instance statuant en référé, qui fixe l'ordre du jour de l'assemblée.

221 Outre les mentions prévues à l'article 123, l'avis de convocation de l'assemblée générale des obligataires contient les indications suivantes :

1° L'indication de l'emprunt souscrit par les obligataires dont la masse est convoquée en assemblée ;

2° Le nom et le domicile de la personne qui a pris l'initiative de la convocation et la qualité en laquelle elle agit ;

3° Le cas échéant, la date de la décision de justice désignant le mandataire chargé de convoquer l'assemblée. – *V. art. 242.*

222 L'avis de convocation est inséré dans un journal habilité à recevoir les annonces légales dans le département du siège social et, en outre, si la société fait publiquement appel à l'épargne, au *Bulletin des annonces légales obligatoires*.

(Décr. n° 88-418 du 22 avr. 1988) « Si toutes les obligations émises par la société sont nominatives, les insertions prévues à l'alinéa précédent peuvent être remplacées

par une convocation faite aux frais de la société, par lettre simple ou recommandée adressée à chaque obligataire. *(Décr. n° 2002-803 du 3 mai 2002)* **« Cette convocation peut également être transmise par un moyen électronique de télécommunication mis en œuvre dans les conditions mentionnées à l'article 120-1 à l'adresse indiquée par l'obligataire. » Dans le cas d'obligations indivises, les convocations sont adressées à tous les co-indivisaires. Lorsque les obligations sont grevées d'un usufruit, la convocation est adressée au nu-propriétaire. »** – *V. art. 242.*

223 *(Décr. n° 2002-803 du 3 mai 2002)* **Les dispositions relatives à la visioconférence et au vote électronique prévues à la section IV du chapitre IV du titre Ier ne sont pas applicables à la présente section.**

224 **Les dispositions des articles 126 et 127 sont applicables aux convocations des assemblées générales d'obligataires.**

224-1 *(Décr. n° 69-1226 du 24 déc. 1969)* **Les dispositions des articles 129 à 131 ne sont pas applicables aux assemblées d'obligataires.**

225 *(Décr. n° 2002-803 du 3 mai 2002)* **Le droit de participer aux assemblées d'obligataires peut être subordonné aux mêmes conditions que celles qui peuvent être imposées par la société à ses actionnaires en application de l'article 136, à l'exception des dispositions de cet article relatives au vote électronique.**

226 **Sauf clause contraire du contrat d'émission, l'assemblée générale des obligataires est réunie au siège de la société débitrice ou en tout autre lieu du même département.**

227 **Les dispositions des articles 145, 147, 149 et 150 sont applicables aux assemblées d'obligataires.**

228 **L'assemblée générale des obligataires fixe le lieu où sont déposés, avec la feuille de présence, les pouvoirs des obligataires représentés et les procès-verbaux.**

Les copies ou extraits de procès-verbaux sont valablement certifiés par un représentant de la masse ou le secrétaire de l'assemblée.

229 **Les dispositions de l'article 132 sont applicables aux procurations données par les obligataires pour être représentés aux assemblées.**

230 *Abrogé par Décr. n° 88-418 du 22 avr. 1988, art. 14.*

231 **En application des dispositions de l'article 318, alinéa 1er, de la loi sur les sociétés commerciales** *[C. com., art. L. 228-69, al. 1er]*, **l'obligataire a le droit, pendant le délai de quinze jours qui précède la réunion de l'assemblée générale de la masse à laquelle il appartient, de prendre par lui-même ou par mandataire, au siège de la société débitrice, au lieu de la direction administrative ou, le cas échéant, en tout autre lieu fixé par la convocation, connaissance ou copie du texte des résolutions qui seront proposées et des rapports qui seront présentés à l'assemblée générale.**

Le droit pour tout obligataire de prendre connaissance ou copie des procès-verbaux et feuilles de présence des assemblées générales de la masse à laquelle il appartient s'exerce au lieu de dépôt choisi par l'assemblée. – *V. art. 242.*

232 **Tout intéressé a le droit, à toute époque, d'obtenir de la société débitrice, l'indication du nombre des obligations émises et celui des titres non encore remboursés.**

233 **Dans le cas prévu par l'article** *(Décr. n° 2005-112 du 10 févr. 2005, art. 20)* **« L. 228-71 du code de commerce », il est statué par ordonnance sur requête, non susceptible de recours, du président du tribunal de grande instance.**

234 Dans le cas prévu à l'article *(Décr. n° 2005-112 du 10 févr. 2005, art. 20)* « L. 228-72 du code de commerce », la décision du conseil d'administration, du directoire ou des gérants de passer outre au refus d'approbation par l'assemblée générale des obligataires, est publiée dans le journal d'annonces légales dans lequel a été inséré l'avis de convocation de l'assemblée et, si la société fait publiquement appel à l'épargne, au *Bulletin des annonces légales obligatoires.* Cette dernière insertion mentionne le titre et le lieu de publication du journal d'annonces légales dans lequel a été effectuée la première insertion, ainsi que la date de celle-ci.

Le remboursement doit être demandé par l'obligataire, dans le délai de trois mois à compter de l'insertion ou de la dernière des insertions prévues à l'alinéa précédent.

La société doit rembourser les obligations dans le délai de trente jours à compter de la demande de chaque obligataire.

234-1 *(Décr. n° 68-25 du 2 janv. 1968)* Dans les cas prévus à l'article *(Décr. n° 2005-112 du 10 févr. 2005, art. 20)* « L. 228-73 du code de commerce », la décision du conseil d'administration, du directoire ou des gérants de passer outre est publiée dans les conditions prévues à l'article 234 (alinéa 1er).

235 A la diligence de la société, et dans le délai de trente jours à compter de l'acte authentique visé à l'article *(Décr. n° 2005-112 du 10 févr. 2005, art. 20)* « L. 228-79, alinéa 2, du code de commerce », il est fait mention en marge de l'inscription de la sûreté, soit de la souscription intégrale, soit de la souscription partielle des obligations émises et de la réduction des effets de la sûreté au montant effectivement souscrit, soit de la non-réalisation de l'émission pour défaut ou insuffisance de souscription. Cette dernière mention fait cesser les effets de l'inscription et entraîne sa radiation définitive.

236 Le renouvellement de l'inscription prise est effectué aux frais de la société, sous la responsabilité du président du conseil d'administration, du directoire ou des gérants, selon le cas.

237 Hors les cas de réduction ou de radiation définitive prévue à l'article 235, la mainlevée des inscriptions doit émaner des représentants de la masse intéressée.

Les représentants de la masse peuvent donner mainlevée des inscriptions, même sans constatation de remboursement de l'emprunt, s'ils ont été habilités à cet effet par une décision dûment homologuée de l'assemblée générale extraordinaire des obligataires.

Hors le cas prévu à l'alinéa précédent, la mainlevée totale ou partielle des inscriptions ne peut être donnée par les représentants de la masse, qu'au cas de remboursement ou de versement entre leurs mains de l'intégralité du prix d'aliénation des biens à dégrever.

Les représentants de la masse ne sont pas tenus de donner mainlevée partielle des garanties, en cas d'amortissement normal par tirage au sort ou rachat des obligations.

238 *(Décr. n° 88-430 du 21 avr. 1988)* En cas de règlement judiciaire, de liquidation des biens, *(L. n° 2005-845 du 26 juill. 2005, art. 165-II)* « de sauvegarde, » de redressement ou de liquidation judiciaire de la société débitrice, les avis et convocations destinés aux obligataires sont adressés aux représentants de la masse selon le cas par le syndic, l'administrateur judiciaire ou le liquidateur.

239 Le mandataire chargé d'assurer la représentation de la masse dans le cas prévu à l'article *(Décr. n° 2005-112 du 10 févr. 2005, art. 20)* « L. 228-85 du code de commerce », est désigné par le président du tribunal de commerce, statuant sur requête.

Il doit produire la créance de la masse, dans le délai de quinze jours à compter de sa désignation.

240 *(Décr. n° 88-430 du 21 avr. 1988)* « En cas de liquidation des biens ou de liquidation judiciaire, les obligations au porteur sont déposées entre les mains du syndic ou du liquidateur selon les cas dans le délai imparti par le juge-commissaire. »

(Décr. n° 83-363 du 2 mai 1983) **« Lorsqu'il s'agit de titres inscrits en compte conformément aux dispositions du décret n° 83-359 du 2 mai 1983** *[partiellement codifié aux art. R. 211-1 s. C. mon. fin., V. supra, v° Code monétaire et financier (extraits)]*, **les certificats d'inscription en compte sont déposés comme prévu à l'alinéa précédent. »**

241 *(Décr. n° 88-430 du 21 avr. 1988)* **La répartition des dividendes convenus dans le concordat ou arrêtés dans le** *(L. n° 2005-845 du 26 juill. 2005, art. 165-II)* **« plan de sauvegarde ou de redressement judiciaire » d'une part, versés en cas de liquidation des biens, de liquidation judiciaire ou de plan de cession de l'entreprise d'autre part, est effectuée par le paiement direct à chaque obligataire.**

242 **Toute infraction aux dispositions des articles 221, 222 et 231 du présent décret sera punie de l'amende prévue pour les contraventions de la 5e classe.**

SECTION III *bis* *Titres participatifs*

(Décr. n° 83-363 du 2 mai 1983)

242-1 *(Décr. n° 83-363 du 2 mai 1983)* **L'assiette de la partie variable de la rémunération des titres participatifs ne peut être supérieure à 40 p. 100 du montant nominal du titre.**

Les éléments retenus pour le calcul de la partie variable de la rémunération doivent être tirés des comptes annuels approuvés ou, s'il y a lieu, des comptes consolidés.

242-2 *(Décr. n° 83-363 du 2 mai 1983)* **L'assemblée générale des porteurs de titres participatifs se réunit au moins une fois par an, le jour où se réunit l'assemblée générale des actionnaires ou, dans les entreprises publiques qui n'en sont pas pourvues, du conseil d'administration qui statue sur les comptes de l'exercice écoulé, ou dans les quinze jours qui précèdent.**

242-3 *(Décr. n° 83-363 du 2 mai 1983)* **La société qui émet des titres participatifs doit procéder à la publication d'une notice dans les conditions prévues aux articles 211 et 212. Les renseignements prévus aux 12°, 13°, 14° et 15° de l'article 211 sont donnés pour les titres participatifs émis. En outre la notice contient l'indication du montant non amorti des titres participatifs antérieurement émis ainsi que les garanties éventuelles qui leur ont été accordées.**

L'article 213 est applicable aux prospectus, circulaires, affiches et annonces diffusés par la société à l'occasion de l'émission de titres participatifs.

242-4 *(Décr. n° 83-363 du 2 mai 1983)* **Les titres participatifs remis aux souscripteurs contiennent les indications prévues à l'article 214.**

242-5 *(Décr. n° 83-363 du 2 mai 1983)* **Les articles 215 à 230, 232, 233 et 234-1 à 242 sont applicables en cas d'émission de titres participatifs. A cet effet les règles prévues auxdits articles et concernant la société débitrice de l'emprunt obligataire, l'émission des obligations et les obligataires sont applicables respectivement à la société émettrice des titres participatifs, à l'émission de tels titres et à leurs porteurs.**

242-6 *(Décr. n° 83-363 du 2 mai 1983)* **Le droit des porteurs de titres participatifs d'obtenir la communication des documents sociaux s'exerce conformément aux articles 142 à 144.**

242-7 *(Décr. n° 83-363 du 2 mai 1983)* **Une société peut racheter en bourse les titres participatifs qu'elle a émis selon les modalités prévues aux articles 185-1 et 185-2. Ces titres doivent être cédés dans un délai d'un an. A l'expiration de ce délai, ils doivent être annulés.**

SECTION IV *Valeurs mobilières donnant accès au capital*

(Décr. nº 2005-112 du 10 févr. 2005, art. 18)

242-8 *(Décr. nº 2005-112 du 10 févr. 2005, art. 18)* **Pour l'application du 1° de l'article L. 228-99 du code de commerce, lorsqu'il existe des valeurs mobilières donnant accès au capital, la société qui émet de nouveaux titres de capital avec droit préférentiel de souscription réservé à ses actionnaires, si les droits attachés aux valeurs mobilières donnant accès au capital ne peuvent s'exercer qu'à certaines dates, ouvre une période exceptionnelle pour permettre aux titulaires des droits attachés à des valeurs mobilières donnant accès au capital qui exerceraient ces droits, de souscrire des titres nouveaux.**

Elle prend, si l'exercice des droits attachés aux valeurs mobilières donnant accès au capital peut être exercé à tout moment, les dispositions nécessaires pour permettre aux titulaires qui exerceraient ces droits de souscrire des titres nouveaux.

242-9 *(Décr. nº 2005-112 du 10 févr. 2005, art. 18)* **Pour l'application du 2° de l'article L. 228-99 du code de commerce, lorsqu'il existe des valeurs mobilières donnant accès au capital, la société qui procède à l'attribution d'actions gratuites vire à un compte de réserve indisponible la somme nécessaire pour attribuer les actions gratuites aux titulaires des droits attachés aux valeurs mobilières donnant accès au capital qui exerceraient leur droit ultérieurement, en nombre égal à celui qu'ils auraient reçu s'ils avaient été actionnaires au moment de l'attribution principale.**

242-10 *(Décr. nº 2005-112 du 10 févr. 2005, art. 18)* **Pour l'application du 2° de l'article L. 228-99 du code de commerce, lorsqu'il existe des valeurs mobilières donnant accès au capital, la société qui procède à la distribution de réserves, en espèces ou en nature, ou de primes d'émission, vire à un compte de réserve indisponible la somme et, le cas échéant, conserve les biens en nature pour remettre aux titulaires des droits attachés aux valeurs mobilières donnant accès au capital qui exerceraient leur droit ultérieurement la somme ou les biens qu'ils auraient reçus s'ils avaient été actionnaires au moment de la distribution.**

242-11 *(Décr. nº 2005-112 du 10 févr. 2005, art. 18)* **Lorsqu'il existe des valeurs mobilières donnant accès au capital, la société qui procède à l'achat de ses actions admises aux négociations sur un marché réglementé doit, lorsque le prix d'acquisition est supérieur au cours de bourse, procéder à un ajustement du nombre d'actions que ces titres permettent d'obtenir.**

Cet ajustement doit garantir, au centième d'action près, que la valeur des actions qui seront obtenues en cas d'exercice des droits attachés aux valeurs mobilières donnant accès au capital après la réalisation de l'opération sera identique à la valeur de celles qui auraient été obtenues en cas d'exercice des droits avant cette opération.

A cet effet, les nouvelles bases d'exercice des droits sont calculées en tenant compte du rapport entre, d'une part, le produit du pourcentage du capital racheté par la différence entre le prix de rachat et une moyenne pondérée des cours des trois dernières séances de bourse au moins qui précèdent le rachat ou la faculté de rachat et, d'autre part, ladite moyenne. Les éventuels ajustements successifs sont effectués à partir de la parité qui précède immédiatement, arrondie comme il est dit à l'alinéa précédent.

Le conseil d'administration ou le directoire rend compte des éléments de calcul et des résultats de l'ajustement dans le rapport annuel suivant.

242-12 *(Décr. nº 2005-112 du 10 févr. 2005, art. 18)* **Pour l'application du 3° de l'article L. 228-99 du code de commerce, l'ajustement doit égaliser, au centième d'action près, la valeur des titres qui seront obtenus en cas d'exercice des droits attachés aux valeurs mobilières donnant accès au capital après la réalisation de l'opération et la valeur des titres qui auraient été obtenus en cas d'exercice de ces droits avant la réalisation de l'opération.**

A cet effet, les nouvelles bases d'exercice des droits attachés aux valeurs mobilières donnant accès au capital sont calculées en tenant compte :

1° En cas d'opération comportant un droit préférentiel de souscription et, selon les stipulations du contrat d'émission :

a) Soit du rapport entre, d'une part, la valeur du droit préférentiel de souscription et, d'autre part, la valeur de l'action après détachement de ce droit telles qu'elles ressortent de la moyenne des premiers cours cotés pendant toutes les séances de bourse incluses dans la période de souscription ;

b) Soit du nombre de titres émis auxquels donne droit une action ancienne, du prix d'émission de ces titres et de la valeur des actions avant détachement du droit de souscription. Cette valeur est égale à la moyenne pondérée des cours des trois dernières séances de bourse au moins qui précèdent le jour du début de l'émission ;

2° En cas d'attribution d'actions gratuites, du nombre d'actions auquel donne droit une action ancienne ;

3° En cas de distribution de réserves en espèces ou en nature, ou de primes d'émission, du rapport entre le montant par action de la distribution et la valeur de l'action avant la distribution. Cette valeur est égale à la moyenne pondérée des cours des trois dernières séances de bourse au moins qui précèdent le jour de la distribution ;

4° En cas de modification de la répartition des bénéfices, du rapport entre la réduction par action du droit aux bénéfices et la valeur de l'action avant cette modification. Cette valeur est égale à la moyenne pondérée des cours des trois dernières séances de bourse au moins qui précèdent le jour de la modification ;

5° En cas d'amortissement du capital, du rapport entre le montant par action de l'amortissement et la valeur de l'action avant l'amortissement. Cette valeur est égale à la moyenne pondérée des cours des trois dernières séances de bourse au moins qui précèdent le jour de l'amortissement.

Lorsque les actions de la société ne sont pas admises aux négociations sur un marché réglementé, le contrat d'émission prévoit les modalités d'ajustement, et notamment les modalités de détermination de la valeur de l'action à prendre en compte pour l'application des alinéas ci-dessus.

Le conseil d'administration ou le directoire rend compte des éléments de calcul et des résultats de l'ajustement dans le rapport annuel suivant.

242-13 *(Décr. n° 2005-112 du 10 févr. 2005, art. 18)* Si une société procède à une opération nécessitant l'application de l'article L. 228-99 du code de commerce, elle doit en informer les titulaires des droits attachés aux valeurs mobilières donnant accès au capital intéressées par un avis.

Cet avis mentionne :

1° La dénomination sociale et, le cas échéant, le sigle de la société ;

2° La forme de la société ;

3° Le montant du capital social ;

4° L'adresse du siège social ;

5° Les mentions visées aux 1 et 2 de l'article 72 du décret n° 84-406 du 30 mai 1984 relatif au registre du commerce et des sociétés ;

6° La nature de l'opération et, le cas échéant, de la catégorie des titres à émettre, le prix de souscription, la quotité du droit de souscription et les conditions de son exercice, les dates d'ouverture et de clôture de la souscription ;

7° Les dispositions prises par la société en application des articles 242-8 à 242-12.

Les indications prévues au présent article sont portées à la connaissance des titulaires des droits attachés à ces valeurs mobilières donnant accès au capital, par lettre recommandée avec demande d'avis de réception, quatorze jours au moins avant la date prévue de clôture de la souscription en cas d'émission de titres, ou dans les quinze jours suivant la décision relative à l'opération envisagée, dans les autres cas.

Si la société fait appel public à l'épargne ou que toutes ses valeurs mobilières donnant accès au capital ne revêtent pas la forme nominative, l'avis contenant ces indications est inséré, dans le même délai, dans une notice publiée au *Bulletin des annonces légales et obligatoires*.

242-14 *(Décr. n° 2005-112 du 10 févr. 2005, art. 18)* Les augmentations de capital rendues nécessaires par l'exercice de droits attachés à des valeurs mobilières donnant accès au capital ne donnent pas lieu à la publicité prévue à l'article 156. Les bulletins de souscription sont établis selon les modalités de l'article 163, à l'exception des mentions prévues aux 7° et 8°. Les articles 164 à 168 ne sont pas applicables aux augmentations de capital réalisées par exercice de droits attachés à des valeurs mobilières donnant accès au capital.

La publication prévue à l'article 287 intervient dans le délai d'un mois.

242-15 *(Décr. n° 2005-112 du 10 févr. 2005, art. 18)* Lorsque, conformément à l'article L. 225-149 du code de commerce, l'exercice des droits attachés aux valeurs mobilières donnant accès au capital fait apparaître un rompu, celui-ci est versé en espèces. Ce versement est égal au produit de la fraction d'action formant rompu par la valeur de l'action.

Dans les sociétés dont les actions sont admises aux négociations sur un marché réglementé, cette valeur est celle du cours coté lors de la séance de bourse du jour qui précède celui du dépôt de la demande d'exercice des droits.

Dans les autres sociétés, cette valeur est fixée conformément aux stipulations du contrat d'émission, soit sur la base des cours figurant au relevé quotidien des valeurs non admises aux négociations sur un marché réglementé, soit sur la base des capitaux propres de la société.

Le contrat d'émission peut prévoir que le titulaire des droits attachés aux valeurs mobilières donnant accès au capital a le droit de demander la délivrance du nombre entier d'actions à condition de verser à la société la valeur de la fraction d'action supplémentaire demandée, fixée conformément aux règles posées dans les deux alinéas précédents.

242-16 *(Décr. n° 2005-112 du 10 févr. 2005, art. 18)* Le droit de communication prévu à l'article L. 228-105 du code de commerce s'exerce dans les mêmes conditions que celles prévues par les articles 142 à 144.

TITRE II Dispositions communes aux diverses sociétés commerciales dotées de la personnalité morale

CHAPITRE PREMIER *Comptes sociaux*

243 *(Décr. n° 85-295 du 1er mars 1985)* « Les comptes annuels, le rapport de gestion ainsi que, le cas échéant, les comptes consolidés et le rapport sur la gestion du groupe sont tenus, au siège social, à la disposition des commissaires aux comptes, un mois au moins avant la convocation de l'assemblée des associés ou des actionnaires appelés à statuer sur les comptes annuels de la société. » — *V. infra, Décr. n° 85-295 du 1er mars 1985, art. 56.*

Les documents visés aux alinéas précédents *[à l'alinéa précédent]* sont délivrés, en copie, aux commissaires aux comptes qui en font la demande.

244 *(Décr. n° 85-295 du 1er mars 1985)* Les sociétés commerciales qui, à la clôture d'un exercice social, comptent *(Décr. n° 87-169 du 13 mars 1987)* « trois cents salariés » ou plus ou dont le montant net du chiffre d'affaires, à la même époque, est égal ou supérieur à *(Décr. n° 87-169 du 13 mars 1987 ; Décr. n° 2001-373 du 27 avr. 2001)* « 18 000 000 € », sont tenues d'établir les documents mentionnés à l'article *(Décr. n° 2005-112 du 10 févr. 2005, art. 20)* « L. 232-2 du code de commerce ».

Elles cessent d'être assujetties à cette obligation lorsqu'elles ne remplissent aucune de ces conditions pendant deux exercices successifs.

Les salariés pris en compte sont ceux qui, par un contrat de travail à durée indéterminée, sont liés à la société et aux sociétés dont cette dernière détient directement ou indirectement plus de la moitié du capital. Le nombre de salariés est égal à la moyenne arithmétique des effectifs à la fin de chaque trimestre de l'année civile ou de l'exercice comptable lorsque celui-ci ne coïncide pas avec l'année civile.

Le montant net du chiffre d'affaires est égal au montant des ventes de produits et services liés à l'activité courante diminué des réductions sur ventes, de la taxe sur la valeur ajoutée et des taxes assimilées.

244-1 *(Décr. n° 85-295 du 1er mars 1985)* Le conseil d'administration, le directoire ou les gérants, selon le cas, établissent :

1° Semestriellement, la situation de l'actif réalisable et disponible, valeurs d'exploitation exclues, et du passif exigible *(Décr. n° 87-169 du 13 mars 1987)* « dans les quatre mois » qui suivent la clôture de chacun des semestres de l'exercice ;

2° Annuellement :

a) Le tableau de financement en même temps que les comptes annuels, dans les quatre mois qui suivent la clôture de l'exercice écoulé ;

b) Le plan de financement prévisionnel ;

c) Le compte de résultat prévisionnel. Le plan de financement et le compte de résultat prévisionnels sont établis au plus tard *(Décr. n° 87-169 du 13 mars 1987)* « à l'expiration du quatrième mois » qui suit l'ouverture de l'exercice en cours ; le compte de résultat prévisionnel est, en outre, révisé *(Décr. n° 87-169 du 13 mars 1987)* « dans les quatre mois » qui suivent l'ouverture du second semestre de l'exercice.

244-2 *(Décr. n° 85-295 du 1er mars 1985)* Les rapports prévus aux articles *(Décr. n° 2005-112 du 10 févr. 2005, art. 20)* « L. 232-3 et L. 232-4 du code de commerce » sont joints aux documents mentionnés à l'article précédent.

Ces rapports complètent et commentent l'information donnée par ces documents. Ils décrivent les conventions comptables, les méthodes utilisées et les hypothèses retenues et en justifient la pertinence et la cohérence.

244-3 *(Décr. n° 85-295 du 1er mars 1985)* Les règles de présentation et les méthodes utilisées pour l'élaboration des documents mentionnés à l'article 244-1 ne peuvent être modifiées d'une période à l'autre sans qu'il en soit justifié dans les rapports mentionnés à l'article précédent : ces derniers décrivent l'incidence de ces modifications.

Les postes du tableau de financement, du plan de financement prévisionnel et du compte de résultat prévisionnel comportent l'indication du chiffre relatif au poste correspondant de l'exercice précédent.

Les postes de la situation de l'actif réalisable et disponible, valeurs d'exploitation exclues, et du passif exigible comportent l'indication des chiffres relatifs aux postes correspondants des deux semestres précédents.

Les documents mentionnés à l'article 244-1 font apparaître, chacun en ce qui le concerne, la situation de trésorerie de la société, ses résultats prévisionnels ainsi que ses moyens et prévisions de financement. S'il y a lieu, des informations complémentaires sont fournies en vue de permettre le rapprochement des données qu'ils contiennent de celles des comptes annuels.

Le compte de résultat prévisionnel peut comporter une ou plusieurs variantes lorsque des circonstances particulières le justifient.

244-4 *(Décr. n° 85-295 du 1er mars 1985)* Dans les huit jours de leur établissement, les documents et rapports mentionnés aux articles 244-1 et 244-2 sont communiqués au commissaire aux comptes, au comité d'entreprise et au conseil de surveillance.

244-5 *(Décr. n° 85-295 du 1er mars 1985)* Lorsqu'en application des articles *(Décr. n° 2005-112 du 10 févr. 2005, art. 20)* « L. 232-3 et L. 232-4 du code de commerce », le commissaire aux comptes formule des observations, il les consigne dans un rapport écrit adressé au conseil d'administration, au directoire ou aux gérants ainsi qu'au comité d'entreprise dans le mois qui suit l'expiration des délais prévus à l'article 244-1 ci-dessus.

Lorsqu'en application de l'article *(Décr. n° 2005-112 du 10 févr. 2005, art. 20)* « L. 232-4 du code de commerce », le commissaire aux comptes demande que son rapport soit communiqué aux associés, les gérants procèdent à cette communication dans le délai de huit jours à compter de la réception du rapport.

245 *(Décr. n° 86-221 du 17 févr. 1986)* Une société consolidante au sens du premier alinéa de l'article *(Décr. n° 2005-112 du 10 févr. 2005, art. 20)* « L. 232-5 du code de commerce » effectue, lorsqu'elle exerce l'option prévue audit article, les retraitements conformes aux règles de la consolidation sur les éléments des comptes des sociétés qu'elle contrôle directement ou indirectement.

Ces retraitements peuvent être effectués, pour l'application de l'alinéa 3 de l'article *(Décr. n° 2005-112 du 10 févr. 2005, art. 20)* « L. 232-5 précité », sous la responsabilité de la société consolidante par les sociétés contrôlées.

Pour l'application de cette méthode, la société inscrit distinctement, à l'actif du bilan, la somme des quotes-parts des capitaux propres avant répartition du résultat, qu'elles soient positives ou négatives, et du montant net de l'écart non affecté de première consolidation.

La différence entre cette somme et le prix d'acquisition des titres est portée dans les capitaux propres à un poste d'écart d'équivalence.

Lors de la première application de cette méthode d'évaluation, les provisions portées en déduction des valeurs des titres sont transférées au poste d'écart d'équivalence.

Si l'écart d'équivalence devient négatif, une *(Décr. n° 2005-1757 du 30 déc. 2005, art. 1er)* « dépréciation » globale du portefeuille est dotée par le débit du compte de résultat.

Les dispositions du Décr. n° 2005-1757 du 30 déc. 2005 sont applicables aux comptes ouverts au 1er janv. 2005 et approuvés postérieurement à sa publication (JO 31 déc. ; art. 3 du décret).

245-1 *(Décr. n° 69-1226 du 24 déc. 1969)* Dans les cas prévus à l'article *(Décr. n° 2005-112 du 10 févr. 2005, art. 20)* « L. 232-12 (alinéa 2) du code de commerce », le conseil d'administration, le directoire ou les gérants, selon le cas, ont qualité pour décider de répartir un acompte à valoir sur le dividende et pour fixer le montant et la date de la répartition.

Al. 2 abrogé par Décr. n° 2002-803 du 3 mai 2002, art. 58.

246 Le délai de neuf mois à compter de la clôture de l'exercice, prévu à l'article *(Décr. n° 2005-112 du 10 févr. 2005, art. 20)* « L. 232-13 du code de commerce », peut être prolongé par ordonnance du président du tribunal de commerce statuant sur requête, à la demande des gérants, du conseil d'administration ou du directoire selon le cas.

CHAPITRE II *Filiales et participations*

247 *(Décr. n° 99-257 du 1er avr. 1999)* « L'information des actionnaires prévue à l'article *(Décr. n° 2005-112 du 10 févr. 2005, art. 20)* « L. 233-8 du code de commerce » est exigée des sociétés dont les actions sont admises aux négociations sur un marché réglementé. »

(Décr. n° 89-888 du 14 déc. 1989) L'information prend la forme d'un avis publié au *Bulletin des annonces légales obligatoires*. Cet avis doit être adressé audit bulletin avant l'expiration d'un délai de quinze jours à compter de la date de l'assemblée générale ordinaire annuelle ou de la date à laquelle la société a eu connaissance, entre deux assemblées générales, d'une variation du nombre total des droits de vote au moins

égale au pourcentage fixé par l'arrêté ministériel *(Décr. nº 99-257 du 1er avr. 1999)* « prévu à l'article » *(Décr. nº 2005-112 du 10 févr. 2005, art. 20)* « L. 233-8 du code de commerce ».

L'information doit être assurée lors de chacune de ces variations.

(Décr. nº 99-257 du 1er avr. 1999) « Cette information est transmise dans le délai fixé au deuxième alinéa *(L. nº 2003-706 du 1er août 2003, art. 46-V)* « à l'Autorité des marchés financiers » qui la publie. »

247-1 *(Décr. nº 2005-112 du 10 févr. 2005, art. 19-II)* Pour l'application du premier alinéa de l'article L. 233-7 du code de commerce, le délai d'information de la société est de cinq jours de bourse à compter du franchissement du seuil de participation.

248 *(Décr. nº 86-221 du 17 févr. 1986)* L'établissement des comptes consolidés prévu par *(Décr. nº 2005-112 du 10 févr. 2005, art. 20)* « le livre II du code de commerce » s'effectue par intégration globale, par intégration proportionnelle ou par mise en équivalence.

Dans l'intégration globale, le bilan consolidé reprend les éléments du patrimoine de la société consolidante, à l'exception des titres des sociétés consolidées à la valeur comptable desquels est substitué l'ensemble des éléments actifs et passifs constitutifs des capitaux propres de ces sociétés déterminés d'après les règles de consolidation.

Dans l'intégration proportionnelle est substituée à la valeur comptable de ces titres la fraction représentative des intérêts de la société ou des sociétés détentrices dans les éléments actifs et passifs constitutifs des capitaux propres de ces sociétés déterminés d'après les règles de consolidation.

Dans la mise en équivalence est substituée à la valeur comptable de ces titres la part des capitaux propres de ces sociétés déterminés d'après les règles de consolidation.

248-1 *(Décr. nº 86-221 du 17 févr. 1986)* Le compte de résultat consolidé reprend :

1° Les éléments constitutifs :

a) du résultat de la société consolidante ;

b) du résultat des sociétés consolidées par intégration globale ;

c) de la fraction du résultat des sociétés consolidées par intégration proportionnelle, représentative des intérêts de la société ou des sociétés détentrices ;

2° La fraction du résultat des sociétés consolidées par mise en équivalence, représentative soit des intérêts directs ou indirects de la société consolidante, soit des intérêts de la société ou des sociétés détentrices.

248-2 *(Décr. nº 86-221 du 17 févr. 1986)* Lorsque, au sein d'un ensemble d'entreprises répondant aux conditions des *(Décr. nº 2005-112 du 10 févr. 2005, art. 20)* « II et III de l'article L. 233-16 du code de commerce », coexistent des entreprises dont les comptes annuels présentent les différences mentionnées à l'article *(Décr. nº 2005-112 du 10 févr. 2005, art. 20)* « L. 233-18 du même code », celles d'entre elles qui ont la même structure de comptes et qui constituent le sous-ensemble le plus important sont consolidées par intégration, les autres par mise en équivalence.

Les comptes annuels éventuellement abrégés ou les éléments significatifs des comptes annuels des principales entreprises ainsi mises en équivalence sont présentés dans l'annexe consolidée. Toutefois, lorsque l'importance relative du ou des sous-ensembles à structure de comptes homogène dont relèvent ces entreprises le justifie, des comptes consolidés éventuellement abrégés ou les éléments significatifs de ceux-ci sont présentés en lieu et place des comptes ou éléments précités.

248-3 *(Décr. nº 86-221 du 17 févr. 1986)* L'écart de première consolidation d'une société est réparti dans les postes appropriés du bilan consolidé ; la partie non affectée de cet écart est inscrite à un poste particulier d'actif ou de passif du bilan consolidé.

L'écart non affecté est rapporté au compte de résultat, conformément à un plan d'amortissement, ou de reprise de provisions.

Dans des cas exceptionnels dûment justifiés à l'annexe, l'écart de première consolidation non affecté d'une entreprise peut être inscrit dans les capitaux propres ou imputé sur ceux-ci.

248-4 *(Décr. n° 86-221 du 17 févr. 1986)* Les titres représentatifs du capital de la société consolidante détenus par les sociétés consolidées sont classés selon la destination qui leur est donnée dans ces sociétés.

Les titres immobilisés sont portés distinctement en diminution des capitaux propres consolidés.

Les titres de placement sont maintenus dans l'actif consolidé.

248-5 *(Décr. n° 86-221 du 17 févr. 1986)* Le chiffre d'affaires consolidé est égal au montant des ventes de produits et services liés aux activités courantes de l'ensemble constitué par les sociétés consolidées par intégration. Il comprend, après élimination des opérations internes :

1° Le montant net, après retraitements éventuels, du chiffre d'affaires réalisé par les sociétés consolidées par intégration globale ;

2° La quote-part de la société ou des sociétés détentrices dans le montant net, après retraitements éventuels, du chiffre d'affaires réalisé par les sociétés consolidées par intégration proportionnelle.

248-6 *(Décr. n° 86-221 du 17 févr. 1986)* La consolidation impose :

a) Le classement des éléments d'actif et de passif ainsi que des éléments de charge et de produit des entreprises consolidées par intégration selon le plan de classement retenu pour la consolidation ;

b) L'évaluation au moyen des retraitements nécessaires des éléments d'actif et de passif ainsi que des éléments de charge et de produit des entreprises consolidées selon les méthodes d'évaluation retenues pour la consolidation ;

c) L'élimination de l'incidence sur les comptes des écritures passées pour la seule application des législations fiscales et notamment pour ce qui concerne les subventions d'investissement, les provisions réglementées et l'amortissement des immobilisations ;

d) L'élimination des résultats internes à l'ensemble consolidé, y compris les dividendes ;

e) La constatation de charges lorsque les impositions afférentes à certaines distributions prévues entre des entreprises consolidées par intégration ne sont pas récupérables ainsi que la prise en compte de réductions d'impôt lorsque des distributions prévues en font bénéficier des entreprises consolidées par intégration ;

f) L'élimination des comptes réciproques des entreprises consolidées par intégration.

Toutefois, par dérogation au *f* ci-dessus et sous réserve d'en justifier dans l'annexe, un actif immobilisé peut être maintenu à la nouvelle valeur résultant d'une opération entre les sociétés consolidées par intégration lorsque cette opération a été conclue conformément aux conditions normales du marché et que l'élimination du supplément de valeur d'actif entraînerait des frais disproportionnés ; dans ce cas, l'écart qui en résulte est inscrit directement dans les réserves.

La société consolidante peut omettre d'effectuer certaines des opérations décrites au présent article, lorsqu'elles sont d'incidence négligeable sur le patrimoine, la situation financière et le résultat de l'ensemble constitué par les entreprises comprises dans la consolidation.

248-7 *(Décr. n° 86-221 du 17 févr. 1986)* L'écart constaté d'un exercice à l'autre et qui résulte de la conversion en francs français des comptes d'entreprises étrangères est inscrit distinctement soit dans les capitaux propres consolidés, soit au compte de résultat consolidé, selon la méthode de conversion retenue.

248-8 *(Décr. n° 86-221 du 17 févr. 1986)* L'établissement des comptes consolidés peut s'effectuer en utilisant, outre les méthodes d'évaluation prévues aux articles 12 à 15 du code de commerce *[C. com., art. L. 123-18 à L. 123-22]*, les méthodes d'évaluation suivantes :

a) Les comptes consolidés peuvent être établis sur la base du franc français avec son pouvoir d'achat à la clôture de l'exercice ; tous les éléments initialement libellés soit dans une autre monnaie, soit en francs de pouvoir d'achat différent sont convertis dans l'unité commune ; les incidences de cette méthode d'évaluation sur les actifs, sur les passifs et sur les capitaux propres apparaissent distinctement dans les capitaux propres consolidés ;

b) Les immobilisations corporelles amortissables et les stocks peuvent être inscrits à leur valeur de remplacement à la clôture de l'exercice ; les contreparties de ces retraitements sont isolées dans des postes appropriés ;

c) Les éléments fongibles de l'actif circulant peuvent être évalués en considérant que, pour chaque catégorie, le premier bien sorti est le dernier bien entré ; l'application de cette méthode d'évaluation peut être limitée à certaines branches d'activité ou à certaines zones géographiques ; les modalités de regroupement de ces éléments en catégories sont indiquées et justifiées dans l'annexe ;

d) Les intérêts des capitaux empruntés pour financer la fabrication d'un élément de l'actif circulant peuvent être inclus dans son coût lorsqu'ils concernent la période de fabrication ;

e) Les biens dont les entreprises consolidées ont la disposition par contrat de crédit-bail ou selon des modalités analogues, peuvent être traités au bilan et au compte de résultat consolidés comme s'ils avaient été acquis à crédit ;

f) Les biens mis, par les entreprises consolidées, à la disposition de clients par contrat de crédit-bail ou selon des modalités analogues peuvent être traités comme s'ils avaient été vendus à crédit, si la réalisation de la vente future peut être considérée comme raisonnablement assurée ;

g) Les écarts d'actif ou de passif provenant de la conversion, dans la monnaie d'établissement des comptes annuels d'une entreprise consolidée, de dettes et de créances libellées dans une autre monnaie peuvent être inscrits au compte de résultat consolidé ;

h) Lorsque des capitaux sont reçus en application de contrats d'émission ne prévoyant ni de remboursement à l'initiative du prêteur, ni de rémunération obligatoire en cas d'absence ou d'insuffisance de bénéfice, ceux-ci peuvent être inscrits au bilan consolidé à un poste de capitaux propres ;

i) Les biens détenus par des organismes qui sont soumis à des règles d'évaluation fixées par des lois particulières peuvent être maintenus dans les comptes consolidés à la valeur qui résulte de l'application de ces règles.

248-9 *(Décr. nº 86-221 du 17 févr. 1986)* Le bilan consolidé est présenté soit sous forme de tableau, soit sous forme de liste. Il fait au moins apparaître de façon distincte :

a) Les immobilisations incorporelles, les immobilisations corporelles, les immobilisations financières, les stocks, les créances, les valeurs mobilières de placement et les disponibilités ;

b) Les capitaux propres, les provisions *(Abrogé par Décr. nº 2005-1757 du 30 déc. 2005, art. 1er) « pour risques et charges »* et les dettes ;

c) La part des actionnaires ou associés minoritaires.

Les dispositions du Décr. nº 2005-1757 du 30 déc. 2005 sont applicables aux comptes ouverts au 1er janv. 2005 et approuvés postérieurement à sa publication (JO 31 déc. ; art. 3 du décret).

248-10 *(Décr. nº 86-221 du 17 févr. 1986)* Le compte de résultat consolidé fait au moins apparaître le montant net du chiffre d'affaires consolidé, le résultat après impôts de l'ensemble des entreprises consolidées par intégration, la quote-part des résultats des entreprises consolidées par mise en équivalence. La part des actionnaires ou associés minoritaires et la part de l'entreprise consolidante apparaissent distinctement.

Les produits et les charges sont classés selon leur nature ou leur destination. Ils sont présentés soit sous forme de tableau, soit sous forme de liste.

248-11 *(Décr. n° 86-221 du 17 févr. 1986)* Sont enregistrées au bilan et au compte de résultat consolidés les impositions différées résultant :

1° Du décalage temporaire entre la constatation comptable d'un produit ou d'une charge et son inclusion dans le résultat fiscal d'un exercice ultérieur ;

2° Des aménagements et éliminations imposés à l'article 248-6, des retraitements prévus au *c* de cet article et notamment de ceux induits par l'utilisation des règles d'évaluation de l'article 248-8 ;

3° De déficits fiscaux reportables des entreprises comprises dans la consolidation dans la mesure où leur imputation sur des bénéfices fiscaux futurs est probable.

248-12 *(Décr. n° 86-221 du 17 févr. 1986)* Outre les informations prévues par les articles *(Décr. n° 2005-112 du 10 févr. 2005, art. 20)* « L. 233-19, L. 233-23, L. 233-25 du code de commerce » et par les articles 248-2, 248-3, 248-6 et 248-8 du présent décret, l'annexe doit comporter toutes les informations d'importance significative permettant aux lecteurs d'avoir une juste appréciation du patrimoine, de la situation financière et du résultat de l'ensemble constitué par les entreprises comprises dans la consolidation. Ces informations portent notamment sur les points suivants :

1° Les principes comptables et les méthodes d'évaluation appliqués aux divers postes du bilan et du compte de résultat consolidés, en précisant celles de ces méthodes qui ont été retenues en application de l'article 248-8 ci-dessus ;

2° Les principes et les modalités de consolidation retenues ;

3° Les méthodes de conversion utilisées pour la consolidation d'entreprises étrangères ;

4° Les circonstances qui empêchent de comparer, d'un exercice à l'autre, certains postes du bilan et du compte de résultat consolidés ainsi que, le cas échéant, les moyens qui permettent d'en assurer la comparaison, en précisant notamment les effets des variations du périmètre de consolidation ;

5° Le nom, le siège et, pour les entreprises françaises, le numéro SIREN des entreprises consolidées par intégration globale ainsi que la fraction du capital détenue directement ou indirectement ;

6° Le nom, le siège et, pour les entreprises françaises, le numéro SIREN des entreprises consolidées par mise en équivalence ainsi que la fraction du capital détenue directement ou indirectement et, lorsque certaines entreprises contrôlées sont, en application des dispositions de l'article *(Décr. n° 2005-112 du 10 févr. 2005, art. 20)* « L. 233-18 du code de commerce », consolidées par mise en équivalence, l'indication et la justification de cette méthode de consolidation ;

7° Le nom, le siège et, pour les entreprises françaises, le numéro SIREN des entreprises consolidées par intégration proportionnelle ainsi que la fraction de capital détenue directement ou indirectement ;

8° La liste des principales entreprises composant le poste « titres de participations » au bilan consolidé, en précisant leur nom et leur siège, la fraction de leur capital détenue directement ou indirectement, le montant de leurs capitaux propres, celui du résultat du dernier exercice ainsi que la valeur nette comptable des titres concernés ;

9° Le montant global de celles des dettes figurant au bilan consolidé dont la durée résiduelle est supérieure à cinq ans et celui des dettes couvertes par des sûretés réelles données par des entreprises comprises dans la consolidation, avec l'indication de leur nature et de leur forme ;

10° Le montant global des engagements financiers qui ne figurent pas au bilan consolidé, pris envers les tiers par l'ensemble des entreprises consolidées par intégration, le montant des engagements en matière de pensions et indemnités assimilées d'une part, le montant des engagements financiers à l'égard des entreprises liées au sens du 9° de l'article 24 du décret n° 83-1020 du 29 novembre 1983, mais non consolidées par intégration d'autre part, sont mentionnés distinctement ;

11° Le montant des rémunérations allouées au titre de l'exercice aux membres des organes d'administration, de direction et de surveillance de la société consolidante, à raison de leurs fonctions dans les entreprises contrôlées au sens de l'article *(Décr.*

n° 2005-112 du 10 févr. 2005, art. 20) « L. 233-16 du code de commerce ». Ces informations sont données de façon globale pour les membres de chacun de ces organes ; il en est de même du montant des engagements en matière de pensions et indemnités assimilées dont bénéficient les anciens membres de ces organes ;

12° Le montant des avances et des crédits accordés aux membres des organes d'administration, de direction et de surveillance de la société consolidante par cette société et par les entreprises placées sous son contrôle avec l'indication des conditions consenties ; ce montant est indiqué de façon globale pour les membres de chacun de ces organes ;

13° La ventilation du chiffre d'affaires consolidé par secteurs d'activité et par zones géographiques ;

14° L'effectif moyen employé, au cours de l'exercice, dans les entreprises consolidées par intégration ainsi que les charges de personnel correspondantes si elles n'apparaissent pas distinctement au compte de résultat consolidé ; il est procédé à la ventilation par catégories de cet effectif ;

15° Les montants d'impositions différées et la variation de ces montants au cours de l'exercice si ces informations n'apparaissent pas distinctement au bilan et au compte de résultat consolidés ;

16° Le montant net des éléments du compte de résultat qui présentent un caractère exceptionnel pour l'ensemble consolidé s'ils n'apparaissent pas distinctement au compte de résultat consolidé.

Si certaines des indications prévues aux 5°, 6°, 7°, 8° ou 13° ci-dessus sont omises en raison du préjudice grave qui pourrait résulter de leur divulgation, il est fait mention du caractère incomplet des informations données.

248-13 *(Décr. n° 86-221 du 17 févr. 1986)* Sous réserve d'en justifier dans l'annexe prévue à l'article 8 du code de commerce *[C. com., art. L. 123-12]*, les sociétés mentionnées au 1° de l'article *(Décr. n° 2005-112 du 10 févr. 2005, art. 20)* « L. 233-17 du code de commerce » sont exemptées de l'obligation d'établir des comptes consolidés et un rapport sur la gestion du groupe lorsque sont réunies les conditions suivantes :

1° Les comptes consolidés de l'ensemble plus grand d'entreprises, dans lequel ces sociétés sont incluses, sont établis en conformité avec les mesures prises pour l'application de la directive n° 83-349 du 13 juin 1983 du Conseil des communautés européennes, ou de façon équivalente à celle-ci ;

2° Ils sont, selon la législation applicable à la société qui les établit, certifiés par les professionnels indépendants chargés du contrôle des comptes et publiés ;

3° Ils sont mis à la disposition des actionnaires ou des associés de la société exemptée dans les conditions et dans les délais prévus aux articles 138 et 139 ci-dessus ; s'ils sont établis dans une langue autre que le français, ils sont accompagnés de leur traduction en langue française.

Lorsque les comptes consolidés sont établis par une entreprise qui a son siège en dehors de la Communauté européenne, ceux-ci sont complétés de toutes les informations d'importance significative concernant la situation patrimoniale et financière ainsi que le résultat de l'ensemble constitué par la société exemptée, ses filiales et ses participations ; ces informations portent notamment sur le montant de l'actif immobilisé, le montant net du chiffre d'affaires, le résultat de l'exercice, le montant des capitaux propres et le nombre des membres du personnel employés en moyenne au cours de l'exercice ; ces informations sont données soit dans l'annexe des comptes consolidés mentionnés au 1° ci-dessus, soit dans l'annexe des comptes annuels de la société exemptée. Dans ce dernier cas, elles sont établies selon les principes et les méthodes prévues par les articles *(Décr. n° 2005-112 du 10 févr. 2005, art. 20)* « L. 233-16 à L. 233-25 du code de commerce ».

248-14 *(Décr. n° 90-72 du 17 janv. 1990)* Pour l'application du 2° de l'article *(Décr. n° 2005-112 du 10 févr. 2005, art. 20)* « L. 233-17 du code de commerce », les seuils que ne doit pas dépasser, dans les conditions fixées à cet article, l'ensemble constitué par une société et les entreprises qu'elle contrôle sont fixés ainsi qu'il suit :

1° Total du bilan : 15 millions d'euros ;
2° Montant net du chiffre d'affaires : 30 millions d'euros ;
(Décr. n° 2002-312 du 26 févr. 2002) **« 3° Nombre moyen de salariés permanents : 250. »**

Ces chiffres sont calculés globalement pour l'ensemble des entreprises concernées selon la méthode définie aux deuxième, troisième et quatrième alinéas de l'article 17 du décret n° 83-1020 du 29 novembre 1983. – *V. ce texte, supra, ss. C. com., art. L. 123-28.*

249 *(Décr. n° 86-909 du 30 juill. 1986)* **Le délai prévu au dernier alinéa de l'article** *(Décr. n° 2005-112 du 10 févr. 2005, art. 20)* **« L. 233-29 du code de commerce » est d'un an à compter de l'information faite en application du premier alinéa de l'article** *(Décr. n° 2005-112 du 10 févr. 2005, art. 20)* **« L. 233-7 de ce code ».**

250 Le délai prévu à l'article *(Décr. n° 2005-112 du 10 févr. 2005, art. 20)* **« L. 233-30, alinéas 2 et 4, du code de commerce », est d'un an à compter de la date à laquelle les actions que la société est tenue d'aliéner sont entrées dans son patrimoine.**

251 L'avis adressé à une société, en application de l'article 249, est porté à la connaissance des actionnaires par le rapport du conseil d'administration, du directoire ou des gérants, selon le cas, et par celui des commissaires aux comptes, lors de l'assemblée générale ordinaire suivante.

Toute aliénation d'actions, effectuée par une société en application des articles *(Décr. n° 2005-112 du 10 févr. 2005, art. 20)* **« L. 233-29 et L. 233-30 du code de commerce », est portée à la connaissance des associés ou des actionnaires, par les rapports visés à l'alinéa précédent, lors de l'assemblée suivante.**

CHAPITRE II *bis* ***Procédure d'alerte***

(Décr. n° 85-295 du 1er mars 1985)

251-1 *(Décr. n° 2005-1677 du 28 déc. 2005, art. 352)* **Dans les sociétés anonymes, l'information prévue au premier alinéa de l'article L. 234-1 du code de commerce porte sur tout fait que le commissaire aux comptes relève lors de l'examen des documents qui lui sont communiqués ou sur tout fait dont il a connaissance à l'occasion de l'exercice de sa mission. Cette information est faite sans délai, par lettre recommandée avec demande d'avis de réception.**

Le président du conseil d'administration ou le directoire répond par lettre recommandée avec demande d'avis de réception dans les quinze jours qui suivent la réception de l'information mentionnée ci-dessus.

L'invitation du commissaire aux comptes à faire délibérer le conseil d'administration ou le conseil de surveillance prévue au deuxième alinéa de l'article L. 234-1 du code de commerce est formulée par lettre recommandée avec demande d'avis de réception dans les huit jours qui suivent la réponse du président du conseil d'administration ou du directoire, ou la constatation de l'absence de réponse dans les délais prévus à l'alinéa précédent. Une copie de cette invitation est adressée sans délai par le commissaire aux comptes au président du tribunal par lettre recommandée avec demande d'avis de réception.

Le président du conseil d'administration ou le directoire convoque, dans les huit jours qui suivent la réception de la lettre du commissaire aux comptes, le conseil d'administration ou le conseil de surveillance, en vue de le faire délibérer sur les faits relevés. Le commissaire aux comptes est convoqué à cette séance dans les mêmes conditions. La délibération intervient dans les quinze jours qui suivent la réception de cette lettre.

Un extrait du procès-verbal des délibérations du conseil d'administration ou du conseil de surveillance est adressé au président du tribunal, au commissaire aux comp-

tes, au comité d'entreprise ou, à défaut, aux délégués du personnel, par lettre recommandée avec demande d'avis de réception, dans les huit jours qui suivent la réunion du conseil.

A défaut de réponse par le président du conseil d'administration ou du directoire ou lorsque la continuité de l'exploitation demeure compromise en dépit des décisions arrêtées, le commissaire aux comptes les invite à faire délibérer une assemblée générale sur les faits relevés. Cette invitation est faite par lettre recommandée avec demande d'avis de réception dans le délai de quinze jours à compter de la réception de la délibération du conseil ou de l'expiration du délai imparti pour celle-ci. Elle est accompagnée du rapport spécial du commissaire aux comptes, qui est communiqué au comité d'entreprise ou, à défaut, aux délégués du personnel, par le président du conseil d'administration ou du directoire, dans les huit jours qui suivent sa réception.

Le conseil d'administration ou le directoire procède à la convocation de l'assemblée générale dans les huit jours suivant l'invitation faite par le commissaire aux comptes, dans les conditions prévues par les articles 120 et suivants du décret du 23 mars 1967 susvisé. L'assemblée générale doit, en tout état de cause, être réunie au plus tard dans le mois suivant la date de notification faite par le commissaire aux comptes.

En cas de carence du conseil d'administration ou du directoire, le commissaire aux comptes convoque l'assemblée générale dans un délai de huit jours à compter de l'expiration du délai imparti au conseil d'administration ou au directoire et en fixe l'ordre du jour. Il peut, en cas de nécessité, choisir un lieu de réunion autre que celui éventuellement prévu par les statuts, mais situé dans le même département. Dans tous les cas, les frais entraînés par la réunion de l'assemblée sont à la charge de la société.

Lorsque, en application du dernier alinéa de l'article L. 234-1, le commissaire aux comptes informe de ses démarches le président du tribunal, cette information est faite sans délai par lettre recommandée avec demande d'avis de réception. Elle comporte la copie de tous les documents utiles à l'information du président du tribunal ainsi que l'exposé des raisons qui l'ont conduit à constater l'insuffisance des décisions prises.

251-2 *(Décr. n° 2005-1677 du 28 déc. 2005, art. 352)* Dans les sociétés autres que les sociétés anonymes, la demande d'explications prévue à l'article L. 234-2 du code de commerce porte sur tout fait que le commissaire aux comptes relève lors de l'examen des documents qui lui sont communiqués ou sur tout fait dont il a connaissance à l'occasion de l'exercice de sa mission. *(Décr. n° 2006-448 du 14 avr. 2006, art. 3)* « Cette demande est adressée sans délai par lettre recommandée avec demande d'avis de réception. »

Le dirigeant répond par lettre recommandée avec demande d'avis de réception dans les quinze jours qui suivent la réception de la demande d'explication et adresse copie de la demande et de sa réponse, dans les mêmes formes et les mêmes délais, au comité d'entreprise ou, à défaut, aux délégués du personnel et au conseil de surveillance, s'il en existe. Dans sa réponse, il donne une analyse de la situation et précise, le cas échéant, les mesures envisagées. Le commissaire aux comptes informe sans délai le président du tribunal de l'existence de cette procédure par lettre recommandée avec demande d'avis de réception.

L'invitation à faire délibérer l'assemblée sur les faits relevés prévue au deuxième alinéa de l'article L. 234-2 est adressée par le commissaire aux comptes au dirigeant, par lettre recommandée avec demande d'avis de réception, dans les quinze jours qui suivent la réception de la réponse du dirigeant ou la date d'expiration du délai imparti pour celle-ci. Elle est accompagnée du rapport spécial du commissaire aux comptes. Une copie de cette invitation est adressée sans délai au président du tribunal, par lettre recommandée avec demande d'avis de réception.

Dans les huit jours de leur réception, le dirigeant communique l'invitation et le rapport du commissaire aux comptes au comité d'entreprise ou, à défaut, aux délégués du personnel et procède à la convocation de l'assemblée. Il procède à la convocation de l'assemblée générale dans les huit jours. L'assemblée générale doit, en tout état de cause, être réunie au plus tard dans le mois suivant la date de l'invitation faite par le commissaire aux comptes.

En cas de carence du dirigeant, le commissaire aux comptes convoque l'assemblée générale dans un délai de huit jours à compter de l'expiration du délai imparti au dirigeant. Il fixe l'ordre du jour de l'assemblée et peut, en cas de nécessité, choisir un lieu de réunion autre que celui éventuellement prévu par les statuts, mais situé dans le même département. Dans tous les cas, les frais entraînés par la réunion de l'assemblée sont à la charge de la société.

Lorsque, dans les conditions prévues au dernier alinéa de l'article L. 234-2, le commissaire aux comptes informe de ses démarches le président du tribunal, cette information est faite sans délai par lettre recommandée avec demande d'avis de réception. Elle comporte la copie de tous les documents utiles à l'information du président du tribunal ainsi que l'exposé des raisons qui l'ont conduit à constater l'insuffisance des décisions prises.

CHAPITRE III *Nullités*

252 Les mises en demeure prévues par les articles *(Décr. n° 2005-112 du 10 févr. 2005, art. 20)* « L. 235-6, alinéa 1er, et L. 235-7 du code de commerce » sont faites par acte extrajudiciaire ou par lettre recommandée avec demande d'avis de réception.

253 Le délai prévu à l'article *(Décr. n° 2005-112 du 10 févr. 2005, art. 20)* « L. 235-7 du code de commerce » est de trente jours à compter de la mise en demeure visée audit article.

Le mandataire chargé d'accomplir la formalité de publicité dans les conditions prévues à l'article *(Décr. n° 2005-112 du 10 févr. 2005, art. 20)* « L. 235-7 » précité est désigné par le président du tribunal de commerce, statuant en référé.

253-1 *(Décr. n° 69-1177 du 24 déc. 1969)* La tierce opposition contre les décisions prononçant la nullité d'une société n'est recevable que pendant un délai de six mois à compter de la publication de la décision judiciaire au *Bulletin officiel des annonces civiles et commerciales*.

CHAPITRE IV *Fusion et scission*

254 *(Décr. n° 88-418 du 22 avr. 1988)* Le projet de fusion ou de scission est arrêté par le conseil d'administration, le directoire, le ou les gérants de chacune des sociétés participant à l'opération de fusion ou de scission projetée.

Il doit contenir les indications suivantes :

1° La forme, la dénomination et le siège social de toutes les sociétés participantes ;

2° Les motifs, buts et conditions de la fusion ou de la scission ;

3° La désignation et l'évaluation de l'actif et du passif dont la transmission aux sociétés absorbantes ou nouvelles est prévue ;

4° Les modalités de remise des parts ou actions et la date à partir de laquelle ces parts ou actions donnent droit aux bénéfices, ainsi que toute modalité particulière relative à ce droit, et la date à partir de laquelle les opérations de la société absorbée ou scindée seront, du point de vue comptable, considérées comme accomplies par la ou les sociétés bénéficiaires des apports ;

5° Les dates auxquelles ont été arrêtés les comptes des sociétés intéressées utilisés pour établir les conditions de l'opération ;

6° Le rapport d'échange des droits sociaux et, le cas échéant, le montant de la soulte ;

7° Le montant prévu de la prime de fusion ou de scission ;

8° Les droits accordés aux associés ayant des droits spéciaux et aux porteurs de titres autres que des actions ainsi que, le cas échéant, tous avantages particuliers.

255 *(Décr. n° 68-25 du 2 janv. 1968)* « Le projet de fusion ou de scission fait l'objet d'un avis inséré dans un journal d'annonces légales du département du siège social, par chacune des sociétés participant à l'opération ; au cas où l'une au moins de ces sociétés fait publiquement appel à l'épargne, un avis doit en outre être inséré au *Bulletin des annonces légales obligatoires.* »

Cet avis contient les indications suivantes :

1° La raison sociale ou la dénomination sociale suivie, le cas échéant, de son sigle, la forme, l'adresse du siège, le montant du capital et les numéros d'immatriculation au registre du commerce et à l'institut national de la statistique et des études économiques de chacune des sociétés participant à l'opération ; – *Dans tous les textes réglementaires, la référence aux mentions visées aux 1 et 2 de l'art. 72 du décret n° 84-406 du 30 mai 1984 relatif au registre du commerce et des sociétés est substituée à la référence au numéro d'immatriculation au registre du commerce et des sociétés (Décr. n° 98-550 du 2 juill. 1998, art. 35).*

2° La raison sociale ou la dénomination sociale suivie, le cas échéant, de son sigle, la forme, l'adresse du siège et le montant du capital des sociétés nouvelles qui résulteront de l'opération ou le montant de l'augmentation du capital des sociétés existantes ;

3° *(Décr. n° 68-25 du 2 janv. 1968)* « L'évaluation de l'actif et du passif dont la transmission aux sociétés absorbantes ou nouvelles est prévue » ;

4° Le rapport d'échange des droits sociaux ;

5° Le montant prévu de la prime de fusion ou de scission ;

6° La date du projet ainsi que les date et lieu des dépôts prescrits par l'article *(Décr. n° 2005-112 du 10 févr. 2005, art. 20)* « L. 236-6, alinéa 1er, du code de commerce ».

(Décr. n° 88-418 du 22 avr. 1988) « Le dépôt au greffe prévu à l'article *(Décr. n° 2005-112 du 10 févr. 2005, art. 20)* « L. 236-6 du code de commerce » et la publicité prévue au présent article doivent avoir lieu un mois au moins avant la date de la première assemblée générale appelée à statuer sur l'opération. »

256 *(Décr. n° 88-418 du 22 avr. 1988)* Le rapport du conseil d'administration ou du directoire prévu à l'article *(Décr. n° 2005-112 du 10 févr. 2005, art. 20)* « L. 236-9 du code de commerce » explique et justifie le projet de manière détaillée, du point de vue juridique et économique, notamment en ce qui concerne le rapport d'échange des actions et les méthodes d'évaluation utilisées, qui doivent être concordantes pour les sociétés concernées ainsi que, le cas échéant, les difficultés particulières d'évaluation.

En cas de scission, pour les sociétés bénéficiaires du transfert de patrimoine, il mentionne également l'établissement du rapport prévu à l'article *(Décr. n° 2005-112 du 10 févr. 2005, art. 20)* « L. 225-147 du même code » et indique qu'il sera déposé au greffe du tribunal de commerce du siège de ces sociétés.

La publicité de l'offre d'acquisition des certificats d'investissement est faite conformément aux dispositions de l'article 181 du présent décret.

Le porteur de certificats d'investissement conserve cette qualité dans la société absorbante s'il n'a pas cédé ses titres dans les trente jours de la dernière mesure de publicité.

257 *(Décr. n° 88-418 du 22 avr. 1988)* Les commissaires à la fusion ou à la scission sont désignés et accomplissent leur mission dans les conditions prévues à l'article 64.

S'il n'est établi qu'un seul rapport pour l'ensemble de l'opération, la désignation a lieu sur requête conjointe de toutes les sociétés participantes.

258 *(Décr. n° 88-418 du 22 avr. 1988)* Toute société par actions participant à une opération de fusion ou de scission doit mettre à la disposition de ses actionnaires, au siège social, un mois au moins avant la date de l'assemblée générale appelée à se prononcer sur le projet les documents suivants :

1° Le projet de fusion ou de scission ;

2° Les rapports mentionnés aux articles *(Décr. n° 2005-112 du 10 févr. 2005, art. 20)* « L. 236-9 et L. 236-10 du code de commerce » ;

3° Les comptes annuels approuvés par les assemblées générales ainsi que les rapports de gestion des trois derniers exercices des sociétés participant à l'opération ;

4° Un état comptable établi selon les mêmes méthodes et suivant la même présentation que le dernier bilan annuel, arrêté à une date qui, si les derniers comptes annuels se rapportent à un exercice dont la fin est antérieure de plus de six mois à la date du projet de fusion ou de scission, doit être antérieure de moins de trois mois à la date de ce projet.

(Décr. n° 91-153 du 7 févr. 1991) « Pour l'application du 3° ci-dessus, si l'opération doit être décidée avant que les comptes annuels du dernier exercice clos aient été approuvés, ou moins d'un mois après leur approbation, doivent être mis à la disposition des actionnaires les comptes arrêtés et certifiés relatifs à cet exercice et les comptes annuels approuvés des deux exercices précédents ainsi que les rapports de gestion. Dans le cas où le conseil d'administration ne les a pas encore arrêtés, l'état comptable visé au 4° ci-dessus et les comptes annuels approuvés des deux exercices précédents ainsi que les rapports de gestion doivent être mis à la disposition des actionnaires. »

Tout actionnaire peut obtenir sur simple demande et sans frais copie totale ou partielle des documents susvisés.

En outre, toute société à responsabilité limitée à laquelle l'article *(Décr. n° 2005-112 du 10 févr. 2005, art. 20)* « L. 236-10 du code de commerce » est applicable doit mettre à la disposition de ses associés, dans les conditions susvisées, le rapport prévu audit article. En cas de consultation par écrit, ce rapport est adressé aux associés avec le projet de résolution qui leur est soumis. — *Cette disposition n'est applicable qu'aux fusions ou scissions dont le projet a été déposé au greffe postérieurement à l'entrée en vigueur du décret n° 88-418 du 22 avr. 1988 (art. 33 du décret).*

259 *Abrogé par Décr. n° 88-418 du 22 avr. 1988, art. 6.*

260 Les commissaires aux apports vérifient notamment que le montant de l'actif net apporté par les sociétés absorbées est au moins égal au montant de l'augmentation du capital de la société absorbante ou au montant du capital de la société nouvelle issue de la fusion.

La même vérification est faite en ce qui concerne le capital des sociétés bénéficiaires de la scission.

261 L'opposition d'un créancier à la fusion ou à la scission, dans les conditions prévues par les articles *(Décr. n° 2005-112 du 10 févr. 2005, art. 20)* « L. 236-14 et L. 236-21 du code de commerce », doit être formée dans le délai de trente jours à compter de la dernière insertion prescrite par l'article 255.

(Décr. n° 68-25 du 2 janv. 1968) « L'opposition des représentants de la masse des obligataires à la fusion, prévue à l'article *(Décr. n° 2005-112 du 10 févr. 2005, art. 20)* « L. 236-15 du code de commerce », doit être formée dans le même délai.

« Dans tous les cas, l'opposition est portée devant le tribunal de commerce. »

261-1 *(Décr. n° 68-25 du 2 janv. 1968)* Dans le cas prévu à l'article *(Décr. n° 2005-112 du 10 févr. 2005, art. 20)* « L. 228-73 (alinéa 3) du code de commerce », l'opposition des représentants de la masse des obligataires à la fusion ou à la scission doit être formée dans le délai de trente jours à compter de la publication visée à l'article 234-1.

L'opposition est portée devant le tribunal de commerce.

262 *(Décr. n° 68-857 du 3 oct. 1968)* Les bailleurs de locaux loués aux sociétés absorbées ou scindées peuvent également former opposition à la fusion ou à la scission dans les conditions prévues à l'article 261 (alinéa 1er). — *V. C. com., art. L. 145-16, supra.*

263 L'offre de remboursement des titres sur simple demande des obligataires prévue aux articles *(Décr. n° 2005-112 du 10 févr. 2005, art. 20)* « L. 236-13, alinéa 1er, et

L. 236-18, alinéa 1er, du code de commerce » est publiée au *Bulletin des annonces légales obligatoires*, et à deux reprises, dans deux journaux d'annonces légales du département du siège social. Le délai entre les deux insertions est de dix jours au moins.

Les titulaires d'obligations nominatives sont informés de l'offre de remboursement, par *(Décr. n° 88-418 du 22 avr. 1988)* « lettre simple ou recommandée ». Si toutes les obligations sont nominatives, la publicité prévue à l'alinéa précédent est facultative.

264 Le délai prévu à l'article *(Décr. n° 2005-112 du 10 févr. 2005, art. 20)* « L. 236-13, alinéa 3, du code de commerce » est de trois mois à compter de la dernière formalité de publicité ou de l'envoi de la *(Décr. n° 88-418 du 22 avr. 1988)* « lettre simple ou recommandée », prévu à l'article précédent.

265 *(Décr. n° 88-418 du 22 avr. 1988)* La déclaration prévue à l'article *(Décr. n° 2005-112 du 10 févr. 2005, art. 20)* « L. 236-6 du code de commerce » est déposée avec la demande d'inscription modificative au registre du commerce et des sociétés du siège de l'une des sociétés bénéficiaires.

Elle est signée par au moins un membre du directoire, administrateur ou gérant de chacune des sociétés participantes ayant reçu mandat à cet effet.

Une copie est déposée au greffe du siège social de chaque société participante qui fait l'objet d'une inscription modificative.

CHAPITRE V *Liquidation*

SECTION I *Dispositions générales*

266 La mention « société en liquidation » ainsi que le nom du ou des liquidateurs doivent figurer sur tous les actes et documents émanant de la société et destinés aux tiers, notamment sur toutes lettres, factures, annonces et publications diverses.

Toute infraction aux dispositions de l'alinéa précédent sera punie de l'amende prévue pour les contraventions de la 5e classe.

267 Dans le cas prévu par l'article *(Décr. n° 2005-112 du 10 févr. 2005, art. 20)* « L. 237-5, alinéa 2, du code de commerce », il est statué, en référé, par le président du tribunal de grande instance du lieu de la situation de l'immeuble.

268 Le mandataire prévu par l'article *(Décr. n° 2005-112 du 10 févr. 2005, art. 20)* « L. 237-9, alinéa 2, du code de commerce » est désigné par le président du tribunal de commerce, statuant en référé.

269 Dans le cas prévu à l'article *(Décr. n° 2005-112 du 10 févr. 2005, art. 20)* « L. 237-10 du code de commerce », le liquidateur dépose ses comptes au greffe du tribunal de commerce où tout intéressé peut en prendre connaissance et obtenir à ses frais délivrance d'une copie.

Le tribunal de commerce statue sur ces comptes et, le cas échéant, sur la clôture de la liquidation, au lieu et place de l'assemblée des associés ou des actionnaires.

270 Les comptes définitifs établis par le liquidateur sont déposés au greffe du tribunal de commerce en annexe au registre du commerce. Il y est joint la décision de l'assemblée des associés statuant sur ces comptes, sur le quitus de la gestion du liquidateur et la décharge de son mandat, ou à défaut, la décision de justice visée à l'article précédent.

271 *(Décr. n° 68-25 du 2 janv. 1968)* La société est radiée du registre du commerce sur justification de l'accomplissement des formalités prévues par les articles 270 et 292.

SECTION II *Dispositions applicables sur décision judiciaire*

272 La liquidation de la société dans les conditions prévues aux articles *(Décr. n° 2005-112 du 10 févr. 2005, art. 20)* « L. 237-15 à L. 237-31 du code de commerce » est ordonnée par le président du tribunal de commerce, statuant en référé, à la demande des personnes visées à l'article *(Décr. n° 2005-112 du 10 févr. 2005, art. 20)* « L. 237-14 (II) du code précité ».

273 Les contrôleurs de la liquidation sont désignés par le président du tribunal de commerce, statuant sur requête, à la demande du liquidateur, ou en référé, à la demande de tout intéressé, le liquidateur dûment appelé.

Les contrôleurs peuvent être choisis parmi les commissaires aux comptes inscrits sur la liste visée à l'article 219 de la loi sur les sociétés commerciales [*C. com., art. L. 822-1*].

Dans tous les cas, l'acte de nomination des contrôleurs est publié dans les mêmes conditions et délais, prévus à l'article 290, que celui des liquidateurs.

274 Dans le cas prévu à l'article *(Décr. n° 2005-112 du 10 févr. 2005, art. 20)* « L. 237-19 du code de commerce », le liquidateur est désigné par ordonnance du président du tribunal de commerce, statuant sur requête.

Tout intéressé peut former opposition à l'ordonnance dans le délai de quinze jours à dater de sa publication dans les conditions prévues à l'article 290. Cette opposition est portée devant le tribunal de commerce qui peut désigner un autre liquidateur.

275 Sauf disposition contraire de l'acte de nomination, si plusieurs liquidateurs ont été nommés, ils peuvent exercer leurs fonctions séparément. Toutefois ils établissent et présentent un rapport commun.

276 La rémunération des liquidateurs est fixée par la décision qui les nomme. A défaut, elle l'est postérieurement, par le président du tribunal de commerce, statuant sur requête, à la demande du liquidateur intéressé.

277 Le président du tribunal de commerce, statuant sur requête, est compétent pour prendre les décisions prévues par les articles *(Décr. n° 2005-112 du 10 févr. 2005, art. 20)* « L. 237-21, alinéa 2, » *(Décr. n° 88-148 du 22 avr. 1988)* « L. 237-23 », L. 237-24, alinéa 3, L. 237-25, alinéa 2 et L. 237-27, alinéa 2, du code de commerce ».

Le président du tribunal de commerce, statuant en référé, est compétent pour prendre les décisions prévues par les articles *(Décr. n° 2005-112 du 10 févr. 2005, art. 20)* « L. 237-28 et L. 237-31, alinéa 2, du code de commerce ».

278 Toute décision de répartition de fonds est publiée dans le journal d'annonces légales dans lequel a été effectuée la publicité prévue à l'article 290 et en outre, si la société a fait publiquement appel à l'épargne, au *Bulletin des annonces légales obligatoires*.

La décision est notifiée individuellement aux titulaires de titres nominatifs.

279 Les sommes affectées aux répartitions entre les associés et les créanciers sont déposées dans le délai de quinze jours à compter de la décision de répartition, à un compte ouvert dans une banque [*un établissement de crédit*] au nom de la société en liquidation. Elles peuvent être retirées sur la signature d'un seul liquidateur et sous sa responsabilité.

280 Si les sommes attribuées à des créanciers ou à des associés n'ont pu leur être versées, elles sont déposées, à l'expiration du délai d'un an à compter de la clôture de la liquidation, à la caisse des dépôts et consignations.

CHAPITRE VI *Publicité*

Sur la dispense des formalités de publicité des sociétés de participations financières des professions libérales soumises à un statut législatif ou réglementaire ou dont le titre est protégé, V. les Décr. n° 93-492 du 25 mars 1993, art. 48-6 (avocat), n° 93-362 du 16 mars 1993, art. 84 (avoué), n° 92-1449 du 30 déc. 1992, art. 86 (commissaire-priseur judiciaire), n° 92-1448 du 30 déc. 1992, art. 78-7 (huissier de justice) et n° 93-78 du 13 janv. 1993, art. 79-7 (notaire).

SECTION I *Dispositions générales*

281 La publicité au moyen d'avis ou annonces est faite, selon le cas, par insertions au *Bulletin officiel des annonces civiles et commerciales* ou dans un journal habilité à recevoir les annonces légales dans le département du siège social ou au *Bulletin des annonces légales obligatoires.*

282 La publicité par dépôt d'actes ou de pièces est faite au greffe du tribunal de commerce, en annexe au registre du commerce, dans les conditions prévues par la réglementation relative audit registre.

283 Les formalités de publicité sont effectuées à la diligence et sous la responsabilité des représentants légaux des sociétés.

Lorsqu'une formalité de publicité ne portant ni sur la constitution de la société ni sur la modification de ses statuts a été omise ou irrégulièrement accomplie et si la société n'a pas régularisé la situation dans le délai d'un mois à compter de la mise en demeure qui lui a été adressée, tout intéressé peut demander au président du tribunal de commerce, statuant en référé, de désigner un mandataire chargé d'accomplir la formalité.

283-1 *(Décr. n° 94-663 du 2 août 1994)* La publication des comptes annuels et des comptes consolidés établis en francs, conformément aux dispositions de l'article 16 du code de commerce *[C. com., art. L. 123-22]*, peut être accompagnée d'une publication des comptes établis en écus *[euros]*, en utilisant le taux de conversion à la date de clôture du bilan : ce taux est alors indiqué dans l'annexe.

284 Dans tous les cas où le présent décret dispose qu'il est statué par ordonnance du président du tribunal, soit sur requête, soit en référé, une copie de ladite ordonnance est déposée par le greffier au dossier de la société, en annexe au registre du commerce et des sociétés.

SECTION II *Constitution de la société*

285 Lorsque les autres formalités de constitution de la société ont été accomplies, un avis est inséré dans un journal habilité à recevoir les annonces légales dans le département du siège social.

Cet avis est signé par le notaire qui a reçu l'acte de société ou au rang des minutes duquel il a été déposé ; dans les autres cas, il est signé par l'un des fondateurs ou des premiers associés ayant reçu un pouvoir spécial à cet effet.

Il contient les indications suivantes :

1° La raison sociale ou la dénomination sociale suivie, le cas échéant, de son sigle ;
2° La forme de la société ;
3° Le montant du capital social ;
4° L'adresse du siège social ;
5° L'objet social, indiqué sommairement ;
6° La durée pour laquelle la société a été constituée ;
7° *et* 8° *Abrogés par Décr. n° 88-418 du 22 avr. 1988, art. 29 ;*

9° Les nom, prénom usuel et domicile des associés tenus indéfiniment des dettes sociales ;

10° Les nom, prénom usuel et domicile des associés ou des tiers ayant, dans la société, la qualité de gérant, administrateur, président du conseil d'administration, directeur général, membre du directoire, membre du conseil de surveillance ou commissaire aux comptes ;

11° *(Décr. n° 68-25 du 2 janv. 1968)* « Les nom, prénom usuel et domicile des personnes ayant le pouvoir général d'engager la société envers les tiers » ;

12° L'indication du greffe du tribunal où la société sera immatriculée au registre du commerce et des sociétés.

S'il s'agit d'une société par actions, l'avis contient en outre les autres indications suivantes :

1° à 5° *Abrogés par Décr. n° 88-418 du 22 avr. 1988, art. 29 ;*

6° Les conditions d'admission aux assemblées d'actionnaires et d'exercice du droit de vote, notamment les conditions d'attribution du droit de vote double ;

7° *(Décr. n° 68-25 du 2 janv. 1968)* « Le cas échéant, l'existence de clauses relatives à l'agrément des cessionnaires d'actions et la désignation de l'organe social habilité à statuer sur les demandes d'agrément. »

Si la société est à capital variable, l'avis doit en faire mention et indiquer le montant au-dessous duquel le capital ne peut être réduit.

286 Après immatriculation au registre du commerce et des sociétés, la constitution de la société fait l'objet d'une publicité au *Bulletin officiel des annonces civiles et commerciales*.

SECTION III *Modification des statuts*

287 *(Décr. n° 68-25 du 2 janv. 1968)* « Si l'une des mentions de l'avis prévu à l'article 285 est frappée de caducité par suite de la modification des statuts ou d'un autre acte, délibération ou décision, la modification intervenue est publiée dans les conditions prévues par cet article ».

L'avis est signé par le notaire qui a reçu l'acte ou au rang des minutes duquel il a été déposé ; dans les autres cas, il est signé par les représentants légaux de la société.

Il contient les indications suivantes :

1° La raison sociale ou la dénomination sociale suivie, le cas échéant, de son sigle ;

2° La forme de la société ;

3° Le montant du capital social ;

4° L'adresse du siège social ;

5° Les numéros d'immatriculation de la société au registre du commerce et à l'institut national de la statistique et des études économiques ; — *Dans tous les textes réglementaires, la référence aux mentions visées aux 1 et 2 de l'art. 72 du décret n° 84-406 du 30 mai 1984 relatif au registre du commerce et des sociétés est substituée à la référence au numéro d'immatriculation au registre du commerce et des sociétés (Décr. n° 98-550 du 2 juill. 1998, art. 35).*

6° *(Décr. n° 82-460 du 2 juin 1982)* « L'indication des modifications intervenues, reproduisant l'ancienne mention à côté de la nouvelle. »

7° *Abrogé par Décr. n° 82-460 du 2 juin 1982, art. 14.*

288 Le nom des premiers gérants, administrateurs, membres du conseil de surveillance et commissaires aux comptes mentionnés dans les statuts peut être omis dans les statuts mis à jour et déposés en annexe au registre du commerce et des sociétés, sans qu'il y ait lieu, sauf disposition statutaire contraire, de les remplacer par le nom des personnes qui leur ont succédé dans ces fonctions.

Les mentions visées *(Décr. n° 82-460 du 2 juin 1982)* « à l'article 55 (4° et 8°) » peuvent être également omises des statuts mis à jour, sous la condition que la société soit immatriculée au registre du commerce et des sociétés depuis plus de cinq ans.

289 En cas de transfert du siège social hors du ressort du tribunal au greffe duquel la société a été immatriculée, l'avis publié dans un journal d'annonces légales du département du nouveau siège, indique que le siège social a été transféré et reproduit les mentions visées du 1° au 9° de l'article 285, alinéa 3, et en outre :

Le lieu et le numéro d'immatriculation au registre du commerce et des sociétés de l'ancien siège social ; — *V. note à la suite du 5° de l'art. 287, supra.*

L'indication du registre du commerce et des sociétés où la société sera immatriculée en raison de son nouveau siège social.

SECTION IV *Liquidation*

290 L'acte de nomination des liquidateurs, quelle que soit sa forme, est publié dans le délai d'un mois, dans un journal habilité à recevoir les annonces légales dans le département du siège social et, en outre, si la société a fait publiquement appel à l'épargne, au *Bulletin des annonces légales obligatoires*.

Il contient les indications suivantes :

1° La raison sociale ou la dénomination sociale suivie, le cas échéant, de son sigle ;

2° La forme de la société, suivie de la mention « en liquidation » ;

3° Le montant du capital social ;

4° L'adresse du siège social ;

5° Les numéros d'immatriculation de la société au registre du commerce et des sociétés et à l'institut national de la statistique et des études économiques ; — *V. note à la suite du 5° de l'art. 287, supra.*

6° La cause de la liquidation ;

7° Les nom, prénom usuel et domicile des liquidateurs ;

8° Le cas échéant, les limitations apportées à leurs pouvoirs.

Sont en outre indiqués dans la même insertion :

1° Le lieu où la correspondance doit être adressée et celui où les actes et documents concernant la liquidation doivent être notifiés ;

2° Le tribunal de commerce au greffe duquel sera effectué, en annexe au registre du commerce et des sociétés, le dépôt des actes et pièces relatifs à la liquidation.

A la diligence du liquidateur, les mêmes indications sont portées, par simple lettre, à la connaissance des porteurs d'actions et d'obligations nominatives.

291 Au cours de la liquidation de la société, le liquidateur accomplit, sous sa responsabilité, les formalités de publicité incombant aux représentants légaux de la société.

Notamment, toute décision entraînant modification des mentions publiées en application de l'article 290 est publiée dans les conditions prévues par cet article.

292 L'avis de clôture de la liquidation, signé par le liquidateur, est publié, à la diligence de celui-ci, dans le journal d'annonces légales ayant reçu la publicité prescrite par l'article 290, alinéa 1er, et, si la société a fait publiquement appel à l'épargne, au *Bulletin des annonces légales obligatoires*.

Il contient les indications suivantes :

1° La raison sociale ou la dénomination sociale suivie, le cas échéant, de son sigle ;

2° La forme de la société, suivie de la mention « en liquidation » ;

3° Le montant du capital social ;

4° L'adresse du siège social ;

5° Les numéros d'immatriculation de la société au registre du commerce et des sociétés et à l'institut national de la statistique et des études économiques ; — *V. note à la suite du 5° de l'art. 287, supra.*

6° Les nom, prénom usuel et domicile des liquidateurs ;

7° La date et le lieu de réunion de l'assemblée de clôture, si les comptes des liquidateurs ont été approuvés par elle ou, à défaut, la date de la décision de justice prévue par l'article 269, ainsi que l'indication du tribunal qui l'a prononcée ;

8° L'indication du greffe du tribunal où sont déposés les comptes des liquidateurs.

SECTION V *Dispositions particulières aux sociétés par actions*

293 *Al. 1er et 2 abrogés par Ord. n° 2000-912 du 18 sept. 2000, et codifiés ss. C. com., art. L. 232-23. – V. cet art. supra.*

(Décr. n° 86-221 du 17 févr. 1986) **« Les sociétés mentionnées à l'article 298 et les sociétés dont les actions sont inscrites à la cote officielle des bourses de valeurs y déposent simultanément** *[au greffe du tribunal de commerce ou du TGI]*, **aux mêmes fins, en double exemplaire, l'inventaire des valeurs mobilières détenues en portefeuille à la clôture de l'exercice. »**

(Décr. n° 85-295 du 1er mars 1985) **« Toute infraction aux dispositions du présent article sera punie de l'amende prévue pour les contraventions de la cinquième classe. En cas de récidive, l'amende applicable est celle prévue pour la récidive des contraventions de la cinquième classe. »** *– Sur le dépôt par voie électronique, V. Décr. n° 84-406 du 30 mai 1984, art. 54, al. 4, supra, v° Registre du commerce et des sociétés.*

293-1 *(Décr. n° 86-221 du 17 févr. 1986)* **Dès le dépôt prévu à l'article 293** *[C. com., art. L. 232-23]*, **le greffier du tribunal de commerce ou du tribunal de grande instance statuant en matière commerciale, fait insérer au** ***Bulletin officiel des annonces civiles et commerciales*** **un avis ainsi rédigé :**

« La SA (ou la SCA) ... ayant son siège à..., immatriculée sous le numéro... a déposé au greffe du tribunal de commerce (ou du tribunal de grande instance statuant en matière commerciale) de... les comptes annuels (les comptes consolidés) (l'inventaire des valeurs mobilières détenues en portefeuille) et les rapports de l'exercice clos le... en application des dispositions de l'article 293 du décret n° 67-236 du 23 mars 1967 modifié sur les sociétés commerciales *[C. com., art. L. 232-23]*. **»**

SECTION VI *Dispositions particulières aux sociétés dont les actions sont inscrites à la cote officielle des bourses de valeurs et à certaines de leurs filiales*

(Décr. n° 83-1020 du 29 nov. 1983)

294 *(Décr. n° 83-1020 du 29 nov. 1983)* **Les dispositions des articles 295 à 299 sont applicables aux sociétés dont les actions sont inscrites, en tout ou en partie, à la cote officielle des bourses de valeurs.**

295 *(Décr. n° 83-1020 du 29 nov. 1983)* **Dans les quatre mois de la clôture de l'exercice et quinze jours au moins avant la réunion de l'assemblée générale ordinaire des actionnaires, les sociétés visées à l'article 294 publient au** ***Bulletin des annonces légales obligatoires*** **les documents suivants, relatifs à l'exercice écoulé, sous un titre faisant clairement apparaître qu'il s'agit de projets non vérifiés par les commissaires aux comptes :**

1. Les comptes annuels ;

(Décr. n° 86-221 du 17 févr. 1986) **« 2. Le projet d'affectation du résultat ;**

« 3. *(Décr. n° 85-295 du 1er mars 1985)* **« Les comptes consolidés, s'ils sont disponibles ». Les informations prévues aux 5°, 6°, 7° et 8° de l'article 248-12 peuvent être omises à condition d'être disponibles au siège de la société. »**

296 *(Décr. n° 83-1020 du 29 nov. 1983)* **Les sociétés visées à l'article 294 publient au** ***Bulletin des annonces légales obligatoires*** **dans les quarante-cinq jours qui suivent l'approbation des comptes par l'assemblée générale ordinaire des actionnaires les documents suivants :**

1. Les comptes annuels approuvés, revêtus de l'attestation des commissaires aux comptes ;

2. La décision d'affectation du résultat ;

3. *(Décr. n° 85-295 du 1er mars 1985)* **« Les comptes consolidés » revêtus de l'attestation des commissaires aux comptes.** *(Décr. n° 86-221 du 17 févr. 1986)* **« Les infor-**

mations prévues aux 5°, 6°, 7° et 8° de l'article 248-12 peuvent être omises si elles figurent dans les comptes consolidés déposés au greffe du tribunal dans les délais fixés à l'article 293 *[C. com., art. L. 232-23]*.

« Lorsque la publicité des comptes consolidés, effectuée soit en application des dispositions de l'article 295, soit en application du présent article, n'inclut pas les 5°, 6°, 7° et 8° de l'article 248-12, il est fait mention du dépôt au greffe du tribunal des comptes consolidés comprenant ces informations. »

Elles sont dispensées de la publication des documents visés à l'alinéa précédent si les projets correspondants ont été approuvés sans modification par l'assemblée générale ordinaire des actionnaires, et si elles font insérer dans le même délai au *Bulletin des annonces légales obligatoires* un avis mentionnant la référence de la publication effectuée en application des dispositions de l'article 295 et contenant l'attestation des commissaires aux comptes.

297 *(Décr. n° 85-295 du 1er mars 1985)* Dans les quarante-cinq jours qui suivent chacun des trimestres de l'exercice, les sociétés mentionnées à l'article 294 publient au *Bulletin des annonces légales obligatoires*, par branches d'activités, le montant net du chiffre d'affaires du trimestre écoulé et, le cas échéant, de chacun des trimestres précédents de l'exercice en cours et de l'ensemble de cet exercice, ainsi que l'indication des chiffres d'affaires correspondants de l'exercice précédent. Celles d'entre elles qui établissent et publient des comptes consolidés publient le montant de leur chiffre d'affaires consolidé selon les mêmes méthodes. Si l'une de ces indications est de nature à porter gravement préjudice à la société, la publicité de cette indication peut être écartée.

(L. n° 2003-706 du 1er août 2003, art. 46-V) « L'Autorité des marchés financiers » peut prescrire l'adaptation de ces données pour tenir compte du caractère particulier de certaines sociétés ou catégories de sociétés.

297-1 *(Décr. n° 85-295 du 1er mars 1985)* Dans les quatre mois qui suivent la fin du premier semestre de l'exercice, les sociétés mentionnées à l'article 294 publient au *Bulletin des annonces légales obligatoires* un tableau d'activité et de résultats du semestre écoulé et le rapport prévu au troisième alinéa de l'article *(Décr. n° 2005-112 du 10 févr. 2005, art. 20)* « L. 232-7 du code de commerce ».

Le tableau indique notamment le montant net du chiffre d'affaires et le résultat courant avant impôt établi sur la base des éléments prévus aux articles 14 à 16 du décret n° 83-1020 du 29 novembre 1983 relatif aux obligations comptables des commerçants et de certaines sociétés. Chacun des postes du tableau comporte l'indication du chiffre relatif au poste correspondant de l'exercice précédent et du premier semestre de cet exercice. L'adaptation de ce tableau ou la modification de la période à laquelle il s'applique peut être autorisée par *(L. n° 2003-706 du 1er août 2003, art. 46-V)* « l'Autorité des marchés financiers » pour tenir compte du caractère particulier de l'activité de certaines sociétés ou catégories de sociétés.

La proposition ou le versement d'acomptes sur dividende doit être justifié dans le rapport mentionné au premier alinéa par référence au résultat net du semestre et au report à nouveau antérieur.

Le tableau et le rapport sont accompagnés de l'attestation des commissaires aux comptes sur la sincérité des informations données.

Le rapport est publié soit avec le tableau au *Bulletin des annonces légales obligatoires*, soit dans un journal d'annonces légales avec la référence de la publicité du tableau au *Bulletin des annonces légales obligatoires*.

Le délai de publication du rapport peut être prolongé par *(L. n° 2003-706 du 1er août 2003, art. 46-V)* « l'Autorité des marchés financiers » si la situation de la société ou de l'ensemble consolidé le justifie.

(L. n° 2003-706 du 1er août 2003, art. 46-V) « L'Autorité des marchés financiers » peut prescrire aux sociétés qui établissent des comptes consolidés de publier le tableau d'activité et de résultats ainsi que le rapport correspondant sous forme consolidée, éventuellement complétés d'informations sur la société prise isolément.

298 *(Décr. n° 86-221 du 17 févr. 1986)* Les sociétés qui ne revêtent pas la forme de sociétés par actions et les sociétés par actions dont les actions ne sont pas inscrites à la cote officielle des bourses de valeurs, dont le bilan dépasse 3 048 980,3 € ou dont la valeur d'inventaire ou la valeur boursière du portefeuille excède 304 898,03 € et dont la moitié du capital social est détenue par une ou plusieurs sociétés visées à l'article 294, publient dans un journal habilité à recevoir les annonces légales et dans les délais de l'article 296 :

1. Les comptes annuels approuvés, revêtus, le cas échéant, de l'attestation des commissaires aux comptes ;

2. La décision d'affectation des résultats.

Elles font insérer au *Bulletin des annonces légales obligatoires* un avis comportant la référence de cette publication. L'insertion et la publication mentionnent l'identité des sociétés ci-dessus visées.

299 *(Décr. n° 83-1020 du 29 nov. 1983)* Les sociétés qui, en application de dispositions législatives ou réglementaires, publient au *Journal officiel* ou dans un journal d'annonces légales un ou plusieurs des documents visés aux articles 294 à 297 peuvent se dispenser de les publier à nouveau, à condition d'indiquer au *Bulletin des annonces légales obligatoires* la référence de la publication antérieure.

Al. 2 et 3 abrogés par Décr. n° 84-708 du 24 juill. 1984, art. 18.

Les sociétés d'assurance, de réassurance et de capitalisation publient leurs comptes annuels suivant des modèles types fixés par la réglementation relative à la comptabilité de ces sociétés. Elles sont dispensées de publier le tableau d'activité et de résultats du premier semestre de l'exercice et disposent d'un délai de cinq mois à compter de la clôture de l'exercice pour se conformer aux dispositions de l'article 295.

Al. 5 abrogé par Décr. n° 84-708 du 24 juill. 1984, art. 18.

299-1 *(Décr. n° 85-295 du 1er mars 1985)* Seront punis de l'amende prévue pour les contraventions de la cinquième classe les présidents, les administrateurs, les directeurs généraux ou les gérants des sociétés mentionnées aux articles 294 et 298 qui n'auront pas procédé aux publications prévues aux articles 295 à 298.

En cas de récidive, l'amende applicable est celle prévue pour la récidive des contraventions de cinquième classe.

299-2 *(Décr. n° 85-295 du 1er mars 1985)* Seront punis de l'amende prévue pour les contraventions de la cinquième classe les présidents, les administrateurs, les directeurs généraux ou les gérants de sociétés qui auront émis des valeurs mobilières offertes au public :

1° Sans que soit insérée au *Bulletin des annonces légales obligatoires*, préalablement à toute mesure de publicité, une notice établie conformément à l'article 59 concernant l'émission d'actions lors de la constitution de la société, au *(Décr. n° 2005-112 du 10 févr. 2005, art. 19-III)* « dix-septième » alinéa de l'article 156 concernant les augmentations de capital, aux articles 211, 212 et 242-3 concernant l'émission d'obligations ou de titres participatifs ;

2° Sans que les prospectus et circulaires reproduisent les énonciations de la notice prévue au 1° ci-dessus, et contiennent la mention de l'insertion de cette notice au *Bulletin des annonces légales obligatoires* avec référence au numéro dans lequel elle a été publiée ;

3° Sans que les affiches et les annonces dans les journaux reproduisent les mêmes énonciations, ou tout au moins un extrait de ces énonciations avec référence à ladite notice, et indication du numéro du *Bulletin des annonces légales obligatoires* dans lequel elle a été publiée ;

4° Sans que les affiches, prospectus et circulaires mentionnent la signature de la personne ou du représentant de la société dont l'offre émane et précisent si les valeurs offertes sont cotées ou non, et, dans l'affirmative, à quelle bourse.

La même peine sera applicable aux personnes qui auront servi d'intermédiaires à l'occasion de la cession de valeurs mobilières sans qu'aient été respectées les prescriptions du présent article.

En cas de récidive, l'amende applicable est celle prévue pour la récidive des contraventions de la cinquième classe.

SECTION VII *Dispositions particulières aux sociétés anonymes*

(Décr. n° 2002-803 du 3 mai 2002)

299-3 Pour les sociétés anonymes à conseil d'administration, l'extrait du procès-verbal contenant la décision du conseil d'administration relative au choix de l'une des deux modalités d'exercice de la direction générale prévues à l'article L. 225-51-1 du code de commerce fait l'objet d'un avis inséré dans un journal habilité à recevoir les annonces légales dans le département du siège social.

TITRE III Dispositions diverses et transitoires

300 *(Décr. n° 83-363 du 2 mai 1983)* Les cours de Bourse à retenir pour l'application du présent décret sont les premiers cours cotés à terme si les actions de la société sont admises aux opérations à terme, au comptant dans le cas contraire.

301 La disposition de l'article 21 n'est pas applicable aux sociétés à responsabilité limitée constituées avant l'entrée en vigueur de la loi sur les sociétés commerciales.

(Décr. n° 68-25 du 2 janv. 1968) « Dans chacune de ces sociétés, la valeur nominale des parts sociales ne pourra être fixée à un montant inférieur à celui des parts existant lors de cette entrée en vigueur, lorsque ce dernier montant est lui-même inférieur à 15,24 €. »

302 *Abrogé par Décr. n° 88-418 du 22 avr. 1988, art. 14.*

303 Si une société se trouve dans une situation prohibée par l'article *(Décr. n° 2005-112 du 10 févr. 2005, art. 20)* « L. 233-30, alinéas 1er et 3, du code de commerce » à la date à laquelle ladite loi lui sera applicable, les actions qu'elle est tenue d'aliéner devront l'être dans le délai d'un an à compter de cette date.

304 Les sociétés par actions ne faisant pas publiquement appel à l'épargne, visées à l'article 495, alinéa 1er (2°) et alinéa 2 (2°), de la loi sur les sociétés commerciales *[abrogé par Ord. n° 2000-912 du 18 sept. 2000]*, sont celles dont le montant du capital excède 762 245,09 €.

305 Jusqu'à la publication du règlement d'administration publique prévu à l'article *(Décr. n° 2005-112 du 10 févr. 2005, art. 20)* « L. 225-219 *[abrogé]* du code de commerce », les commissaires aux comptes demeureront régis, quant aux conditions d'inscription sur les listes établies dans les ressorts des cours d'appel et à l'organisation professionnelle, par les dispositions antérieures, notamment par le décret du 29 juin 1936.

306 Le présent décret est applicable aux sociétés qui seront constituées sur le territoire de la République française à dater de son entrée en vigueur. Toutefois, les formalités constitutives accomplies antérieurement n'auront pas à être renouvelées.

Il sera applicable aux sociétés constituées antérieurement, dans les conditions prévues aux articles 499, alinéas 2 et suivants, 500, 501 et 502 de la loi sur les sociétés commerciales *[art. abrogés par Ord. n° 2000-912 du 18 sept. 2000]*. Toutefois, pour la mise en harmonie de ses statuts avec les dispositions du présent décret, la société n'est pas tenue d'y insérer les indications visées à l'article 55 (4°).

306-1 *(Décr. n° 68-25 du 2 janv. 1968)* **Pour assurer la publicité de l'acte modifiant les statuts aux fins de leur mise en harmonie avec** *(Décr. n° 2005-112 du 10 févr. 2005, art. 20)* **« le livre II du code de commerce » et le présent décret, ces sociétés doivent successivement :**

1. Déposer cet acte au greffe du tribunal de commerce, dans le délai de un mois à compter de sa date, sans être tenues d'y joindre la déclaration prévue à l'article *(Décr. n° 2005-112 du 10 févr. 2005, art. 20)* **« L. 210-7 du code de commerce » ;**

2. Le cas échéant, faire publier, dans le département du lieu du siège social, selon les conditions et dans les délais prévus par la réglementation antérieure au présent décret, un extrait de l'acte modificatif contenant les mentions soumises à publication ;

3. Faire une demande d'inscription modificative, conformément aux dispositions des articles 26, 33 et 79 (alinéa 3) du décret modifié n° 67-237 du 23 mars 1967 relatif au registre du commerce et des sociétés *[Décr. n° 84-406 du 30 mai 1984, art. 22]*.

S'il n'y a lieu de modifier les statuts aux fins de la mise en harmonie ci-dessus visée, la délibération des associés ou des actionnaires en prenant acte est déposée au greffe du tribunal de commerce, dans le délai d'un mois à compter de sa date ; ce dépôt est mentionné par voie d'inscription modificative au registre du commerce et des sociétés conformément aux dispositions de l'article 79 (alinéa 3) du décret susvisé du 23 mars 1967.

306-2 *Abrogé par Décr. n° 88-418 du 22 avr. 1988, art. 6.*

307 **Toute société à laquelle sont applicables** *(Décr. n° 2005-112 du 10 févr. 2005, art. 20)* **« le livre II du code de commerce » et le présent décret sera tenue, jusqu'à l'expiration du délai de dix-huit mois prévu à l'article 499, alinéa 2, de ladite loi** *[n° 66-537 du 24 juill. 1966 sur les sociétés commerciales ; art. abrogé par Ord. n° 2000-912 du 18 sept. 2000]*, **d'indiquer sur ses actes et documents destinés aux tiers, notamment sur les lettres, factures, annonces et publications diverses : « Société régie par** *(Décr. n° 2005-112 du 10 févr. 2005, art. 20)* **« le livre II du code de commerce » et le décret du 23 mars 1967 sur les sociétés commerciales ».**

Toute infraction aux dispositions de l'alinéa précédent sera punie d'une amende de 400 F à 2 000 F. — *La contravention prévue par l'art. 307 ne pouvant plus être commise après l'expiration du délai de dix-huit mois précité, à ce taux d'amende n'ont pas été appliquées les majorations résultant de décrets ultérieurs augmentant le taux des amendes pénales en matière de contraventions, ni la conversion à l'euro.*

308 **Le présent décret est applicable dans les territoires d'outre-mer.** — *V. aussi Décr. n° 68-25 du 2 janv. 1968, art. 37 (D. 1968. 81 ; BLD 1968. 143), Décr. n° 68-857 du 3 oct. 1968, art. 7 (D. 1968. 291 ; BLD 1968. 515), Décr. n° 69-1177 du 24 déc. 1969, art. 3 (D. et BLD 1970. 18), Décr. n° 69-1226 du 24 déc. 1969, art. 10 (D. et BLD 1970. 26), Décr. n° 71-418 du 7 juin 1971, art. 6 (D. et BLD 1971. 231), Décr. n° 71-615 du 23 juill. 1971, art. 5 (D. et BLD 1971. 327), Décr. n° 73-224 du 22 févr. 1973, art. 4 (D. et BLD 1973. 145), Décr. n° 73-985 du 18 oct. 1973, art. 2 (D. et BLD 1973. 414), Décr. n° 79-641 du 27 juill. 1979, art. 4 (D. et BLD 1979. 283), Décr. n° 82-460 du 2 juin 1982, art. 22 (D. et BLD 1982. 265), Décr. n° 83-1020 du 29 nov. 1983, art. 54 (D. et ALD 1983. 538), Décr. n° 88-418 du 22 avr. 1988, art. 34 (D. et ALD 1988. 258) ; Décr. n° 90-72 du 17 janv. 1990, art. 5 (D. et ALD 1990. 104) ; Décr. n° 91-153 du 7 févr. 1991, art. 9 (D. et ALD 1991. 151) ; Décr. n° 98-327 du 27 avr. 1998, art. 3 à 5 (JO 5 mai).*

309 *(Entrée en vigueur).*

Le décret modificatif n° 82-460 du 2 juin 1982 est applicable à compter de sa publication (JO 4 juin) aux sociétés constituées postérieurement à l'entrée en vigueur de la loi n° 81-1162 du 30 déc. 1981. — Il est applicable à compter du 1er juill. 1982 aux sociétés constituées antérieurement à l'entrée en vigueur de la loi du 30 déc. 1981 précitée. Toutefois, les formalités déjà accomplies n'ont pas à être renouvelées. — Les sociétés constituées avant l'entrée en vigueur du décret n° 82-460 du 2 juin 1982 ne sont pas tenues de modifier leurs statuts pour y faire figurer les mentions prévues par le décret n° 67-236 du

23 mars 1967, art. 55 (8°). – Les sociétés autres que les sociétés par actions ne sont pas tenues de modifier leurs statuts lorsque certaines de leurs dispositions sont devenues caduques du fait de l'entrée en vigueur de la loi n° 81-1162 du 30 déc. 1981, ni de constater qu'il y a lieu de les modifier (Décr. n° 82-460 du 2 juin 1982, art. 21, al. 1er à 4).

Loi n° 65-566 du 12 juillet 1965,

Modifiant l'imposition des entreprises et des revenus des capitaux mobiliers (D. 1965. 227 ; BLD 1965. 400).

Art. 47 Les rapports présentés et les propositions de résolution soumises aux assemblées générales d'associés ou d'actionnaires en vue de l'affectation des résultats de chaque exercice, doivent mentionner le montant des dividendes qui ont été mis en distribution au titre des trois exercices précédents et celui du crédit d'impôt ou de l'avoir fiscal correspondant. – *Comp. : CGI, art. 243 bis.* – ***CGI.***

Ordonnance n° 67-833 du 28 septembre 1967,

Instituant une commission des opérations de bourse et relative à l'information des porteurs de valeurs mobilières et à la publicité de certaines opérations de bourse. – Abrogée par Ord. n° 2000-1223 du 14 déc. 2000 et codifiée ss. C. mon. fin., art. L. 411-1 s., L. 465-1 s. et L. 621-1 s., supra, v° Code monétaire et financier (extraits).

Décret n° 69-810 du 12 août 1969,

*Portant règlement d'administration publique et relatif à l'organisation de la profession et au statut professionnel des commissaires aux comptes (D. et BLD 1969. 320 ; Rect. 345). – Mod. par Décr. n° 76-1141 du 7 déc. 1976 (D. et BLD 1977. 4), Décr. n° 78-203 du 27 févr. 1978 (D. et BLD 1978. 155), Décr. n° 81-1170 du 30 déc. 1981 (D. et BLD 1982. 40), Décr. n° 84-1290 du 31 déc. 1984 (D. et ALD 1985. 78), Décr. n° 85-665 du 3 juill. 1985 (D. et ALD 1985. 364), Décr. n° 85-1389 du 27 déc. 1985, art. 96 (D. et ALD 1986. 105), Décr. n° 87-1036 du 24 déc. 1987, art. 5 (D. et ALD 1988. 37), Décr. n° 92-764 du 3 août 1992 (D. et ALD 1992. 474), Décr. n° 93-9 du 4 janv. 1993 (D. et ALD 1993. 169), Décr. n° 2002-300 du 28 févr. 2002 (JO 3 mars), Décr. n° 2003-1121 du 25 nov. 2003 (JO 27 nov.). – **C. sociétés.***

Loi n° 80-834 du 24 octobre 1980,

*Créant une distribution d'actions en faveur des salariés des entreprises industrielles et commerciales (D. et BLD 1980. 381). – V., pour application, Décr. n° 80-935 du 26 nov. 1980 (D. et BLD 1980. 419). – **C. sociétés.***

Loi n° 83-675 du 26 juillet 1983,

*Relative à la démocratisation du secteur public (D. et ALD 1983. 412). – Mod. par L. n° 84-103 du 16 févr. 1984 (D. et ALD 1984. 205), L. n° 85-10 du 3 janv. 1985, art. 10, 11 et 23 (D. et ALD 1985. 82), L. n° 85-772 du 25 juill. 1985, art. 70 (D. et ALD 1985. 448), L. n° 86-1067 du 30 sept. 1986, art. 89 (D. et ALD 1986. 501), L. n° 87-39 du 27 janv. 1987, art. 31 (D. et ALD 1987. 112), L. n° 87-588 du 30 juill. 1987, art. 74 (D. et ALD 1987. 341), L. n° 90-474 du 5 juin 1990 (D. et ALD 1990. 257), L. n° 90-1084 du 5 déc. 1990, art. 2 (D. et ALD 1991. 4), L. n° 91-1385 du 31 déc. 1991, art. 1er-V (D. et ALD 1992. 79), L. n° 93-923 du 19 juill. 1993, art. 19 (D. et ALD 1993. 399), L. n° 95-1251 du 28 nov. 1995, art. 16 (D. et ALD 1995. 514), L. n° 96-151 du 26 févr. 1996, art. 30 (D. 1996. 98), L. n° 96-314 du 12 avr. 1996, art. 54 (D. 1996. 161). – **C. sociétés.** – V., pour application, Décr. n° 83-1160 du 26 déc. 1983 (D. et ALD 1984. 45 ; Rect. 233) et Circ. 17 févr. 1984 (D. et ALD 1984. 233).*

Loi n° 84-148 du 1er mars 1984,

Relative à la prévention et au règlement amiable des difficultés des entreprises — V. aussi art. L. 611-1 s. C. com., supra.

CHAPITRE XI *Dispositions diverses*

Art. 57 Les dispositions de l'article 219-3 *[C. com., art. L. 822-10]*, troisième alinéa, de la loi du 24 juillet 1966 précitée ne sont pas applicables aux personnes occupant un emploi salarié qui étaient inscrites sur la liste des commissaires aux comptes à la date de la promulgation de la présente loi.

....

59 Un décret en Conseil d'État adaptera, pour les banques et les entreprises de réassurance, les dispositions des articles 340-1, 341-1 et 341-2 de la loi du 24 juillet 1966 précitée *[C. com., art. L. 232-2, L. 232-7 et L. 232-8]*, en particulier la forme et le contenu des documents qui doivent être établis.

L'application de la présente loi aux entreprises d'assurance et de capitalisation s'effectue dans les conditions prévues par l'article L. 310-3 du code des assurances. — *V. infra, Décr. n° 85-295 du 1er mars 1985.*

Décret n° 85-295 du 1er mars 1985,

Pris pour l'application de la loi n° 84-148 du 1er mars 1984 relative à la prévention et au règlement amiable des difficultés des entreprises. — V. aussi, supra, art. L. 611-1 s. C. com.

CHAPITRE VIII *Dispositions diverses et transitoires*

....

Art. 51 Dans les sociétés à responsabilité limitée et dans les sociétés mentionnées au troisième alinéa de l'article 223 de la loi sur les sociétés commerciales dans sa rédaction antérieure à la loi du 1er mars 1984 relative à la prévention et au règlement amiable des difficultés des entreprises, il est vérifié, lors de la prochaine assemblée générale appelée à statuer sur les comptes, que ces sociétés sont tenues, en application des nouvelles dispositions des articles 64, alinéa 2, et 223, alinéa 3, de la loi du 24 juillet 1966 précitée *[C. com., art. L. 223-35, al. 2 et L. 225-228, al. 4]* et de l'article 12 du décret du 23 mars 1967 précité, soit de désigner un ou plusieurs commissaires aux comptes, soit de maintenir ceux dont le mandat est en cours ; dans ce dernier cas, le mandat expire au terme initialement prévu.

Dans toutes les sociétés, la première assemblée, qui se réunit postérieurement à l'entrée en vigueur de la loi du 1er mars 1984 précitée, nomme, le cas échéant, un ou plusieurs commissaires aux comptes suppléants, dont la durée du mandat est celle du commissaire aux comptes titulaire.

....

56 Les sociétés qui, antérieurement à la promulgation de la loi n° 84-148 du 1er mars 1984 relative à la prévention et au règlement amiable des difficultés des entreprises, communiquaient des comptes consolidés à leurs commissaires aux comptes dans des délais plus brefs que ceux qui sont prévus aux articles 12-1, 44 et 243 du décret n° 67-236 du 23 mars 1967 modifié sur les sociétés commerciales, pourront, par dérogation aux articles précités, maintenir leurs pratiques antérieures jusqu'à l'approbation des comptes de l'exercice clos au plus tard le 31 décembre 1985, à condition toutefois de tenir les comptes consolidés et le rapport sur la gestion du groupe, au

siège social, à la disposition des commissaires aux comptes un mois au moins avant la réunion de l'assemblée appelée à statuer sur les comptes annuels.

57 Le présent décret est applicable dans la collectivité territoriale de Mayotte.

(Décr. n° 98-327 du 27 avr. 1998) **« Les dispositions du présent décret sont également applicables à la Nouvelle-Calédonie et dans les territoires des îles Wallis-et-Futuna à l'exception, d'une part, des deuxième et septième alinéas de l'article R. 524-10 du code rural institué par l'article 27, de l'article 31, de l'article R. 531-6 du code rural institué par l'article 32, du chapitre VI et des articles 42, 43, 52 et 53, d'autre part, pour le seul territoire de la Nouvelle-Calédonie, du chapitre V. »**

Loi n° 90-1258 du 31 décembre 1990,

Relative à l'exercice sous forme de sociétés des professions libérales soumises à un statut législatif ou réglementaire ou dont le titre est protégé. — ***C. sociétés.***

Code civil

LIVRE III

TITRE IX De la société

(L. n° 78-9 du 4 janv. 1978)

CHAPITRE PREMIER *Dispositions générales*

(L. n° 78-9 du 4 janv. 1978)

Art. 1832 *(L. n° 85-697 du 11 juill. 1985)* **La société est instituée par deux ou plusieurs personnes qui conviennent par un contrat d'affecter à une entreprise commune des biens ou leur industrie en vue de partager le bénéfice ou de profiter de l'économie qui pourra en résulter.**

Elle peut être instituée, dans les cas prévus par la loi, par l'acte de volonté d'une seule personne.

Les associés s'engagent à contribuer aux pertes. *— V. art. 1844-10.*

1832-1 *(L. n° 82-596 du 10 juill. 1982)* **« Même s'ils n'emploient que des biens de communauté pour les apports à une société ou pour l'acquisition de parts sociales, deux époux seuls ou avec d'autres personnes peuvent être associés dans une même société et participer ensemble ou non à la gestion sociale. »** *(Abrogé, à compter du 1er juill. 1986, par L. n° 85-1372 du 23 déc. 1985)* ***« Toutefois, cette faculté n'est ouverte que si les époux ne doivent pas, l'un et l'autre, être indéfiniment et solidairement responsables des dettes sociales ».*** *— V. art. 1844-10.*

Les avantages et libéralités résultant d'un contrat de société entre époux ne peuvent être annulés parce qu'ils constitueraient des donations déguisées, lorsque les conditions en ont été réglées par un acte authentique.

1832-2 *(L. n° 82-596 du 10 juill. 1982)* **Un époux ne peut, sous la sanction prévue à l'article 1427** *[la nullité]*, **employer des biens communs pour faire un apport à une société ou acquérir des parts sociales non négociables sans que son conjoint en ait été averti et sans qu'il en soit justifié dans l'acte.**

La qualité d'associé est reconnue à celui des époux qui fait l'apport ou réalise l'acquisition.

La qualité d'associé est également reconnue, pour la moitié des parts souscrites ou acquises, au conjoint qui a notifié à la société son intention d'être personnellement associé. Lorsqu'il notifie son intention lors de l'apport ou de l'acquisition, l'acceptation ou l'agrément des associés vaut pour les deux époux. Si cette notification est postérieure à l'apport ou à l'acquisition, les clauses d'agrément prévues à cet effet par les statuts sont opposables au conjoint ; lors de la délibération sur l'agrément, l'époux associé ne participe pas au vote et ses parts ne sont pas prises en compte pour le calcul du quorum et de la majorité.

Les dispositions du présent article ne sont applicables que dans les sociétés dont les parts ne sont pas négociables et seulement jusqu'à la dissolution de la communauté.

Lorsque les parts ont été souscrites ou acquises par un époux avant la date d'entrée en vigueur de la loi nº 82-596 du 10 juill. 1982, la notification faite par le conjoint d'un associé en application de l'art. 1832-2 C. civ. est soumise aux mêmes conditions d'agrément que celles qui régissent à la date d'entrée en vigueur de la loi nº 82-596 du 10 juill. 1982 la transmission des parts d'un associé à son conjoint (art. 20 de la loi).

1833 *(L. nº 78-9 du 4 janv. 1978)* Toute société doit avoir un objet licite et être constituée dans l'intérêt commun des associés. – *V. art. 1844-10.*

1834 *(L. nº 78-9 du 4 janv. 1978)* Les dispositions du présent chapitre sont applicables à toutes les sociétés, s'il n'en est autrement disposé par la loi en raison de leur forme ou de leur objet.

1835 *(L. nº 78-9 du 4 janv. 1978)* Les statuts doivent être établis par écrit. Ils déterminent, outre les apports de chaque associé, la forme, l'objet, l'appellation, le siège social, le capital social, la durée de la société et les modalités de son fonctionnement.

1836 *(L. nº 78-9 du 4 janv. 1978)* Les statuts ne peuvent être modifiés, à défaut de clause contraire, que par l'accord unanime des associés.

En aucun cas, les engagements d'un associé ne peuvent être augmentés sans le consentement de celui-ci.

1837 *(L. nº 78-9 du 4 janv. 1978)* Toute société dont le siège est situé sur le territoire français est soumise aux dispositions de la loi française.

Les tiers peuvent se prévaloir du siège statutaire, mais celui-ci ne leur est pas opposable par la société si le siège réel est situé en un autre lieu.

1838 *(L. nº 78-9 du 4 janv. 1978)* La durée de la société ne peut excéder quatre-vingt-dix-neuf ans.

1839 *(L. nº 78-9 du 4 janv. 1978)* Si les statuts ne contiennent pas toutes les énonciations exigées par la législation ou si une formalité prescrite par celle-ci pour la constitution de la société a été omise ou irrégulièrement accomplie, tout intéressé est recevable à demander en justice que soit ordonnée, sous astreinte, la régularisation de la constitution. Le ministère public est habile à agir aux mêmes fins.

Les mêmes règles sont applicables en cas de modification des statuts.

L'action aux fins de régularisation prévue à l'alinéa premier se prescrit par trois ans à compter de l'immatriculation de la société ou de la publication de l'acte modifiant les statuts.

1840 *(L. nº 78-9 du 4 janv. 1978)* Les fondateurs, ainsi que les premiers membres des organes de gestion, de direction ou d'administration, sont solidairement responsables du préjudice causé soit par le défaut d'une mention obligatoire dans les statuts, soit par l'omission ou l'accomplissement irrégulier d'une formalité prescrite pour la constitution de la société.

En cas de modification des statuts, les dispositions de l'alinéa précédent sont applicables aux membres des organes de gestion, de direction ou d'administration alors en fonction.

L'action se prescrira par dix ans, à compter du jour où l'une ou l'autre, selon le cas, des formalités visées à l'alinéa 3 de l'article 1839 aura été accomplie.

1841 *(L. n° 78-9 du 4 janv. 1978)* Il est interdit aux sociétés n'y ayant pas été autorisées par la loi de faire publiquement appel à l'épargne ou d'émettre des titres négociables, à peine de nullité des contrats conclus ou des titres émis.

1842 *(L. n° 78-9 du 4 janv. 1978)* Les sociétés autres que les sociétés en participation visées au chapitre III jouissent de la personnalité morale à compter de leur immatriculation.

Jusqu'à l'immatriculation, les rapports entre les associés sont régis par le contrat de société et par les principes généraux du droit applicable aux contrats et obligations.

1843 *(L. n° 78-9 du 4 janv. 1978)* Les personnes qui ont agi au nom d'une société en formation avant l'immatriculation sont tenues des obligations nées des actes ainsi accomplis, avec solidarité si la société est commerciale, sans solidarité dans les autres cas. La société régulièrement immatriculée peut reprendre les engagements souscrits, qui sont alors réputés avoir été dès l'origine contractés par celle-ci.

1843-1 *(L. n° 78-9 du 4 janv. 1978)* L'apport d'un bien ou d'un droit soumis à publicité pour son opposabilité aux tiers peut être publié dès avant l'immatriculation et sous la condition que celle-ci intervienne. A compter de celle-ci, les effets de la formalité rétroagissent à la date de son accomplissement.

1843-2 *(L. n° 78-9 du 4 janv. 1978)* Les droits de chaque associé dans le capital social sont proportionnels à ses apports lors de la constitution de la société ou au cours de l'existence de celle-ci.

(L. n° 82-596 du 10 juill. 1982) « Les apports en industrie ne concourent pas à la formation du capital social mais donnent lieu à l'attribution de parts ouvrant droit au partage des bénéfices et de l'actif net, à charge de contribuer aux pertes. »

1843-3 *(L. n° 78-9 du 4 janv. 1978)* Chaque associé est débiteur envers la société de tout ce qu'il a promis de lui apporter en nature, en numéraire ou en industrie.

Les apports en nature sont réalisés par le transfert des droits correspondants et par la mise à la disposition effective des biens.

Lorsque l'apport est en propriété, l'apporteur est garant envers la société comme un vendeur envers son acheteur.

Lorsqu'il est en jouissance, l'apporteur est garant envers la société comme un bailleur envers son preneur. Toutefois, lorsque l'apport en jouissance porte sur des choses de genre ou sur tous autres biens normalement appelés à être renouvelés pendant la durée de la société, le contrat transfère à celle-ci la propriété des biens apportés, à charge d'en rendre une pareille quantité, qualité et valeur ; dans ce cas, l'apporteur est garant dans les conditions prévues à l'alinéa précédent.

L'associé qui devait apporter une somme dans la société et qui ne l'a point fait devient de plein droit et sans demande, débiteur des intérêts de cette somme à compter du jour où elle devait être payée et ce sans préjudice de plus amples dommages-intérêts, s'il y a lieu. *(L. n° 2001-420 du 15 mai 2001)* « En outre, lorsqu'il n'a pas été procédé dans un délai légal aux appels de fonds pour réaliser la libération intégrale du capital, tout intéressé peut demander au président du tribunal statuant en référé soit d'enjoindre sous astreinte aux administrateurs, gérants et dirigeants de procéder à ces appels de fonds, soit de désigner un mandataire chargé de procéder à cette formalité. »

L'associé qui s'est obligé à apporter son industrie à la société lui doit compte de tous les gains qu'il a réalisés par l'activité faisant l'objet de son apport.

Les modifications apportées par la loi nº 2001-420 du 15 mai 2001 sont applicables en Nouvelle-Calédonie et à Wallis-et-Futuna (Ord. nº 2004-604 du 24 juin 2004, art. 57-I et 58-I).

1843-4 *(L. nº 78-9 du 4 janv. 1978)* Dans tous les cas où sont prévus la cession des droits sociaux d'un associé, ou le rachat de ceux-ci par la société, la valeur de ces droits est déterminée, en cas de contestation, par un expert désigné, soit par les parties, soit à défaut d'accord entre elles, par ordonnance du président du tribunal statuant en la forme des référés et sans recours possible.

1843-5 *(L. nº 88-15 du 5 janv. 1988)* Outre l'action en réparation du préjudice subi personnellement, un ou plusieurs associés peuvent intenter l'action sociale en responsabilité contre les gérants. Les demandeurs sont habilités à poursuivre la réparation du préjudice subi par la société ; en cas de condamnation, les dommages-intérêts sont alloués à la société.

Est réputée non écrite toute clause des statuts ayant pour effet de subordonner l'exercice de l'action sociale à l'avis préalable ou à l'autorisation de l'assemblée ou qui comporterait par avance renonciation à l'exercice de cette action.

Aucune décision de l'assemblée des associés ne peut avoir pour effet d'éteindre une action en responsabilité contre les gérants pour la faute commise dans l'accomplissement de leur mandat.

1844 *(L. nº 78-9 du 4 janv. 1978)* Tout associé a le droit de participer aux décisions collectives.

Les copropriétaires d'une part sociale indivise sont représentés par un mandataire unique, choisi parmi les indivisaires ou en dehors d'eux. En cas de désaccord, le mandataire sera désigné en justice à la demande du plus diligent.

Si une part est grevée d'un usufruit, le droit de vote appartient au nu-propriétaire, sauf pour les décisions concernant l'affectation des bénéfices, où il est réservé à l'usufruitier.

Les statuts peuvent déroger aux dispositions des deux alinéas qui précèdent.

1844-1 *(L. nº 78-9 du 4 janv. 1978)* La part de chaque associé dans les bénéfices et sa contribution aux pertes se déterminent à proportion de sa part dans le capital social et la part de l'associé qui n'a apporté que son industrie est égale à celle de l'associé qui a le moins apporté, le tout sauf clause contraire.

Toutefois, la stipulation attribuant à un associé la totalité du profit procuré par la société ou l'exonérant de la totalité des pertes, celle excluant un associé totalement du profit ou mettant à sa charge la totalité des pertes sont réputées non écrites. – *V. supra, art. L. 235-1 C. com.*

1844-2 *(L. nº 78-753 du 17 juill. 1978)* Il peut être consenti hypothèque ou toute autre sûreté réelle sur les biens de la société en vertu de pouvoirs résultant de délibérations ou délégations établies sous signatures privées alors même que la constitution de l'hypothèque ou de la sûreté doit l'être par acte authentique.

1844-3 *(L. nº 78-9 du 4 janv. 1978)* La transformation régulière d'une société en une société d'une autre forme n'entraîne pas la création d'une personne morale nouvelle. Il en est de même de la prorogation ou de toute autre modification statutaire.

1844-4 *(L. nº 78-9 du 4 janv. 1978)* Une société, même en liquidation, peut être absorbée par une autre société ou participer à la constitution d'une société nouvelle, par voie de fusion.

Elle peut aussi transmettre son patrimoine par voie de scission à des sociétés existantes ou à des sociétés nouvelles.

Ces opérations peuvent intervenir entre des sociétés de forme différente.

Elles sont décidées, par chacune des sociétés intéressées, dans les conditions requises pour la modification de ses statuts.

Si l'opération comporte la création de sociétés nouvelles, chacune de celles-ci est constituée selon les règles propres à la forme de société adoptée.

1844-5 *(L. n° 81-1162 du 30 déc. 1981)* « La réunion de toutes les parts sociales en une seule main n'entraîne pas la dissolution de plein droit de la société. Tout intéressé peut demander cette dissolution si la situation n'a pas été régularisée dans le délai d'un an. Le tribunal peut accorder à la société un délai maximal de six mois pour régulariser la situation. Il ne peut prononcer la dissolution si, au jour où il statue sur le fond, cette régularisation a eu lieu. »

L'appartenance de l'usufruit de toutes les parts sociales à la même personne est sans conséquence sur l'existence de la société.

(L. n° 88-15 du 5 janv. 1988) « En cas de dissolution, celle-ci entraîne la transmission universelle du patrimoine de la société à l'associé unique, sans qu'il y ait lieu à liquidation. Les créanciers peuvent faire opposition à la dissolution dans le délai de trente jours à compter de la publication de celle-ci. Une décision de justice rejette l'opposition ou ordonne soit le remboursement des créances, soit la constitution de garanties si la société en offre et si elles sont jugées suffisantes. La transmission du patrimoine n'est réalisée et il n'y a disparition de la personne morale qu'à l'issue du délai d'opposition ou, le cas échéant, lorsque l'opposition a été rejetée en première instance ou que le remboursement des créances a été effectué ou les garanties constituées. »

(L. n° 2001-420 du 15 mai 2001) « Les dispositions du troisième alinéa ne sont pas applicables aux sociétés dont l'associé unique est une personne physique. »

Les dispositions de l'art. 1844-5 relatives à la dissolution judiciaire ne sont pas applicables en cas de réunion en une seule main de toutes les parts d'une SARL (V. supra, C. com., art. L. 223-4). Pour les sociétés civiles dénommées « exploitations agricoles à responsabilité limitée », V. C. rur., art. L. 324-1, al. 1er. — ***C. sociétés.***

Les modifications apportées par la loi n° 2001-420 du 15 mai 2001 sont applicables en Nouvelle-Calédonie et à Wallis-et-Futuna (Ord. n° 2004-604 du 24 juin 2004, art. 57-I et 58-I).

1844-6 *(L. n° 78-9 du 4 janv. 1978)* La prorogation de la société est décidée à l'unanimité des associés, ou, si les statuts le prévoient, à la majorité prévue pour la modification de ceux-ci.

Un an au moins avant la date d'expiration de la société, les associés doivent être consultés à l'effet de décider si la société doit être prorogée.

A défaut, tout associé peut demander au président du tribunal, statuant sur requête, la désignation d'un mandataire de justice chargé de provoquer la consultation prévue ci-dessus.

1844-7 *(L. n° 78-9 du 4 janv. 1978)* La société prend fin :

1° Par l'expiration du temps pour lequel elle a été constituée, sauf prorogation effectuée conformément à l'article 1844-6 ;

2° Par la réalisation ou l'extinction de son objet ;

3° Par l'annulation du contrat de société ;

4° Par la dissolution anticipée décidée par les associés ;

5° Par la dissolution anticipée prononcée par le tribunal à la demande d'un associé pour justes motifs, notamment en cas d'inexécution de ses obligations par un associé, ou de mésentente entre associés paralysant le fonctionnement de la société ;

6° Par la dissolution anticipée prononcée par le tribunal dans le cas prévu à l'article 1844-5 ;

7° *(L. n° 88-15 du 5 janv. 1988)* « Par l'effet d'un jugement ordonnant la liquidation judiciaire *(Abrogé par L. n° 2005-845 du 26 juill. 2005, art. 189)* « ***ou la cession totale des actifs de la société*** » ;

8° *(L. n° 85-98 du 25 janv. 1985)* « Pour toute autre cause prévue par les statuts ». — *Les dispositions de la loi n° 85-98 du 25 janv. 1985 sont entrées en vigueur le 1er janv. 1986 (Décr. n° 85-1388 du 27 déc. 1985, art. 199).*

BIBL. ▶ Le Nabasque, *Actes pratiques avr. 1998, p. 24* (pouvoirs des dirigeants des sociétés dissoutes). – Lienhard, *D. 2002. 380* (liquidation judiciaire des sociétés : vers la fin de la dualité de liquidateurs ?). – Deleneuville, *D. 2006. 1233* (constitution de partie civile de la victime en liquidation judiciaire).

[Jurisprudence relative à l'art. 1844-7 (7°)]

1. Liquidation judiciaire ou cession totale des actifs. Dès lors que l'art. 1844-7 (7°) dispose, notamment, que la société prend fin par l'effet d'un jugement ordonnant la liquidation judiciaire, que la société est en liquidation dès l'instant de sa dissolution pour quelque cause que ce soit, et que les pouvoirs du conseil d'administration et du directoire ou des gérants prennent fin à la date de la dissolution de la société, un arrêt ne peut retenir que le jugement de liquidation n'a pas pour effet la dissolution de la société et que le conseil d'administration et le directoire sont seulement dessaisis dans les conditions prévues à l'art. 152 de la loi du 25 janv. 1985 [C. com., art. L. 622-9]. • Com. 3 juin 1997 : *D. 1998. 348, note Kenfack ; D. Affaires 1997. 838 ; Bull. Joly 1997. 768, note Calendini ; RJ com. 1998. 190, note Granier.* ♦ Selon l'art. 391 de la loi du 24 juill. 1966 [C. com., art. L. 237-2], la personnalité morale d'une société dissoute subsiste aussi longtemps que les droits et obligations à caractère civil ne sont pas liquidés. Il résulte de l'art. 403 de la même loi [C. com., art. L. 237-15] que les pouvoirs du Conseil d'administration, du directoire ou des gérants prennent fin à la date de la dissolution de la société. • Paris, 2 juill. 1999 : *D. Affaires 1999. 1462, obs. A. L.* ♦ En raison du prononcé de la liquidation judiciaire de la société, la personne agissant comme ancien gérant n'a plus qualité pour convoquer l'assemblée des associés. • Com. 17 juill. 2001 : *Bull. civ. IV, n° 152 ; D. 2001. AJ. 2519, obs. Lienhard ; D. 2002. Somm. 3261, obs. Hallouin ; Petites affiches 24 sept. 2001, p. 10, note Cerati-Gauthier ; Dr. sociétés 2001, n° 158, note Bonneau ; Bull. Joly 2001. 1108, note Chazal ; JCP E 2002, 121, n° 7, obs. Pétel ; Rev. sociétés 2002. 52, note Saintourens.*

En ce sens que la société ne peut être représentée que par son liquidateur amiable, et non par le représentant des créanciers et le commissaire à l'exécution du plan, V. • Versailles, 27 mars 1997 : *Rev. sociétés 1997. 626, obs. Guyon ; RJDA 1997, n° 1208.* – V. aussi • Aix-en-Provence, 12 juin 1997 : *Gaz. Pal. 1998. I. 94, note Latil.*

2. Une société ne perd pas son existence légale en application de l'art. 1844-7 du seul fait qu'elle a été l'objet d'un plan de cession dans le cadre d'un redressement judiciaire, dès lors que la cession était partielle et que la société est redevenue *in bonis* à la suite de la cession. • Paris, 6 mai 1993 : *Dr. sociétés 1993, n° 203, obs. Chaput.* ♦ Sur la désignation d'un liquidateur en cas de plan de cession totale, V. • Poitiers, 7 déc. 1993 : *Rev. proc. coll. 1994. 220, obs. Soinne.*

2 bis. Il y a lieu à désignation d'un liquidateur conformément à l'art. 1844-7 (7°) dès lors qu'il est relevé que le plan de cession constituait un plan de cession totale « à caractère économique », qui excluait pour les débiteurs la possibilité de toute continuation même partielle de leurs entreprises, ce dont il résultait que les biens non compris dans la cession étaient indifférents à la poursuite de l'activité. • Com. 26 nov. 2002 : *RJDA 2003, n° 412.* ♦ V. l'arrêt cassé refusant la désignation d'un liquidateur au motif que si le tribunal a ordonné un plan de cession totale à caractère économique, il n'a pas pour autant statué sur la cession de tous les actifs des sociétés. • Douai, 18 févr. 1999 : *D. Affaires 1999. 599, obs. P. P. ; Bull. Joly 1999. 769, note Le Cannu ; Act. proc coll. 2000, n° 69, obs. Regnaut-Moutier.*

3. Il résulte de l'art. 1844-7 (7°) que les contrats non repris par le plan de cession prennent nécessairement fin au jour de la décision de cession. • Paris, 17 mai 1994 : *RJ com. 1995. 73, note X. Vincent* • T. com. Paris, 29 sept. 1993 : *ibid. 1995. 119, note X. Vincent ; Rev. proc. coll. 1996. 479, obs. crit. Soinne.*

4. Lors d'une procédure de redressement judiciaire, le fait qu'il y ait eu cession des actifs, ce qui entraîne la disparition de la société pour l'avenir, n'enlève rien à ses droits et obligations préexistants et ne fait pas disparaître en l'espèce l'intérêt qu'elle a à agir avec l'assistance de son administrateur devenu commissaire à l'exécution du plan de cession. En conséquence, la demande de ladite société n'est donc pas irrecevable pour défaut de qualité à agir en paiement de la créance. • Paris, 3 nov. 1994 : *Dr. sociétés 1995, n° 99, obs. Chaput.* ♦ V. art. 1844-8, al. 3. ♦ La personne morale dissoute reste habile à exercer ses droits propres, dont celui de se constituer partie civile dans le but d'établir la culpabilité de l'auteur d'un crime ou d'un délit dont elle serait victime, tandis que le liquidateur judiciaire exerce les droits et actions du débiteur concernant son patrimoine pendant toute la durée de la liquidation judiciaire. • Douai, 2 mars 2006 : *D. 2006. AJ. 981, obs. Lienhard.*

4 bis. L'assignation délivrée à la demande de la société débitrice après le prononcé de sa liquidation judiciaire est nulle, l'art. 1844-7 (7°) ayant emporté dissolution de celle-ci et perte de sa capacité d'agir en justice. • Paris, 18 déc. 1996 : *Dr. sociétés 1998, n° 43, obs. Chaput.* ♦ L'irrégularité de fond affectant, pour défaut de capacité à agir en justice, la validité d'une telle assignation, est couverte par la décision qui, avant que le juge ne statue, en arrête l'exécution provisoire. • Com. 3 juin 1998 : *Bull. civ. IV, n° 177 ; D. 1998. IR. 180 ; D. Affaires 1998. 1136, obs. A. L. ; Dr. sociétés 1998, n° 137, note Bonneau.* ♦ Comp., jugeant que la régularisation de la nullité de fond affectant l'appel formé au nom de la société en liquidation par une personne autre que son liquidateur doit intervenir avant l'expiration du délai d'appel : • Com. 14 déc. 1999 : *D. 2000. AJ. 65* ♦ V. aussi : • Paris, 7 oct. 2003 : *D. 2003. AJ. 2768* • 7 mars 2003 : *ibid. 1038, obs. Lienhard ; Dr. sociétés 2003, n° 128, obs. Legros ; RD banc. fin. 2003, n° 145, obs. Lucas.*

4 ter. Est irrecevable le pourvoi formé au nom d'une société par son dirigeant, contre le jugement ayant prononcé la mise en liquidation judiciaire de celle-ci, seul un liquidateur amiable ou un mandataire *ad hoc* ayant le pouvoir d'exercer ce recours. • Com. 16 mars 1999 : *Bull. civ. IV, n° 66 ; D. 2000. 513, note Kenfack ; Bull. Joly 1999. 1118, note Randoux ; RTD com. 2000. 130, obs. Champaud et Danet* • 11 juin 2003 : *RJDA 2003, n° 962* (1re esp.) • 12 avr. 2005 : *Bull. civ. IV, n° 87 ; D. 2005. AJ. 1150, obs. Lienhard ; Dr. sociétés 2005, n° 157, obs. Legros ; RD banc. fin. 2005, n° 99, obs. Lucas ; Bull. Joly 2005. 1218, obs. Le Cannu ; Procédures 2005, n° 254, obs. Laporte.* ♦ Dans le même sens • Aix-en-Provence, 14 oct. 1999 : *D. 1999. AJ. 102* • Paris, 9 nov. 1999 : *RJDA 2000, n° 275.* ♦ Comp., en ce sens que les art. 1844-7 (7°) C. civ., 391 et 403 de la loi de 1966 [C. com., art. L. 237-2 et L. 237-15] ne peuvent avoir pour effet, sauf dispositions statutaires en ce sens, de priver les mandataires sociaux de représenter la personne morale en appel en vue, précisément, de l'anéantissement de la décision qui est à l'origine de la perte de leur pouvoir : • Paris, 2 juill. 1999 : *préc. note 1.*

Pour les besoins de l'instance en révision à laquelle elle est partie, la société débitrice dissoute à la suite du jugement arrêtant le plan de cession totale de ses actifs et dont la personnalité morale subsiste doit être représentée à l'instance par un administrateur *ad hoc* désigné à la demande des auteurs du recours en révision. • Civ. 2e, 6 mai 1999 : *Bull. civ. II, n° 88 ; D. 1999. IR. 160 ; D. Affaires 1999. 908 ; Dr. sociétés 1999, n° 125, note Bonneau ; Bull. Joly 1999. 990, note Le Cannu ; Rev. sociétés 1999. 817, note Chartier.* ♦ L'ancien président légal de la société, bien que privé de ses pouvoirs de représentation dès le prononcé de la liquidation judiciaire de la société, demeure une personne habilitée à recevoir la signification de l'arrêt confirmant le jugement de liquidation judiciaire. • Com. 30 juin 2004 : *D. 2004. 2429, note Derrida, Julien et Renucci ; ibid. AJ. 2043, obs. Lienhard ; JCP E 2005, n° 1-2, p. 27, obs. Pétel ; Dr. et patr. janv. 2005. 107, obs. Lissarague ; RJDA 2004, n° 1218 ; Dr. sociétés 2005, n° 8, obs. Legros ; Petites affiches 8 mars 2005, p. 9, note Derrida, Julien et Renucci ; Procédures 2004, n° 212, obs. Laporte* • 12 avr. 2005 : *préc.* – Rappr. : • Paris, 16 sept. 2003 : *D. 2004. 130, note Derrida et Julien ; Petites affiches 14 juin 2004, p. 23, note Derrida et Julien* (délai des voies de recours).

4 quater. La dissolution d'une société induite par la cession totale de ses actifs, ayant pour effet de mettre un terme au mandat de ses organes sociaux, celle-ci ne peut à ce stade être représentée que par un administrateur *ad hoc*, même si conformément à l'art. 1844-8, al. 3°, C. civ., la personnalité morale de la société survit pour les besoins de la liquidation. • Versailles, 30 nov. 2000 : *BICC 2001, n° 612.* ♦ V. aussi • Com. 12 juill. 2004 : *D. 2004. AJ. 2154 ; JCP E 2004, n° 40, p. 1520.*

La désignation d'un mandataire chargé de représenter la société peut intervenir à tout moment au cours de l'instance. • Civ. 3e, 31 mai 2000 : *Bull. civ. III, n° 120 ; D. 2000. AJ. 355, obs. Boizard ; RTD com. 2000. 680, obs. Monsèrié-Bon ; Dr. sociétés 2000, n° 134, obs. Bonneau.* ♦ Peut être saisi d'une demande de désignation d'un mandataire *ad hoc* chargé de représenter une société dissoute par l'effet d'un jugement ordonnant la liquidation judiciaire ou la cession totale de ses actifs, soit le tribunal compétent pour statuer sur l'action exercée par cette société, soit le tribunal de la procédure collective. • Com. 21 mars 2006 : *D. 2006. AJ. 1043, obs. Lienhard ; JCP E 2006, n° 19, p. 873* (action en responsabilité contre le liquidateur). ♦ L'ancien représentant légal de la société dissoute par l'effet d'un plan de cession totale a qualité, comme tout intéressé, pour demander la désignation d'un mandataire *ad hoc* chargé de représenter cette société pour l'exercice de ses droits propres. • Com. 2 juin 2004 : *D. 2004. AJ. 1815, obs. Lienhard ; JCP E 2004, n° 43, p. 1690, note Vinckel ; Dr. et patr. oct. 2004. 118, obs. Monsèrié-Bon ; RJDA 2004, n° 986 ; Dr. sociétés 2005, n° 8, obs. Legros ; Bull. Joly 2004. 1368, note Pétel.* ♦ Dans le cas où le jugement désignant le liquidateur amiable d'une société est annulé, le pourvoi formé par la société qu'il représentait est irrecevable dès lors que la situation n'a pas été régularisée par l'intervention d'un autre liquidateur amiable ou d'un mandataire *ad hoc.* • Com. 19 nov. 2003 : *RJDA*

2004, n° 825. ♦ Pour l'irrecevabilité de l'appel formé par le gérant d'une société en liquidation judiciaire contre la décision du juge-commissaire admettant les créances déclarées, V. • Civ. 3e, 17 nov. 2004 : *D. 2004. AJ. 3143 ; Rev. sociétés 2005. 690, note Le Corre ; JCP E 2004, n° 52-53, p. 2051 ; Dr. sociétés 2005, n° 42, obs. Trébulle ; Bull. Joly 2005. 362, note Lucas.* ♦ La mission du mandataire *ad hoc* désigné à l'effet de représenter la société au cours des opérations de liquidation judiciaire inclut la représentation de la société dans le suivi et l'exécution des opérations de liquidation judiciaire mais également la représentation de la société pour exercer les pouvoirs propres du débiteur afin d'interjeter appel du jugement prononçant la liquidation judiciaire. • Com. 24 janv. 2006 : *RD banc. fin. 2006, n° 72, obs. Lucas ; Dr. Sociétés 2006, n° 74, obs. Legros.*

4 quinquies. Article 534 NCPC. Sur le recours du dirigeant de la société à l'art. 534 NCPC, V. • Com. 28 janv. 2004 : *Dr. sociétés 2004, n° 103, obs. Legros ; Act. proc. coll. 2004, n° 6* • Paris, 26 mars 2004 : *D. 2004. AJ. 1168 ; Act. proc. coll. 2004, n° 61, obs. Vallansan* • 7 mars 2003 : *D. 2003. AJ. 1038, obs. Lienhard.* ♦ *Contra* : • Paris, 24 mai 2002 : *D. 2002. AJ. 2055, obs. Lienhard.*

5. Association. Une association ne prend pas fin par l'effet du jugement ordonnant sa liquidation judiciaire ; il en résulte que l'appel est valablement formé par l'association, laquelle peut exercer, en vertu de son droit propre, un recours contre l'ordonnance du juge-commissaire ayant relevé l'un de ses créanciers de la forclusion, pourvu qu'elle le fasse contre le liquidateur ou en sa présence. • Com. 8 juill. 2003 : *D. 2003. AJ. 2173 ; JCP E 2003, n° 40, p. 1554 ; Rev. sociétés 2003. 887, note Le Cannu ; Dr. sociétés 2003, n° 187, obs. Lucas ; Bull. Joly 2004. 103, note Neau-Leduc ; RJDA 2004, n° 60 ; RDC 2004. 399, obs. Lucas* • 14 déc. 2004 : *JCP E 2005, n° 17, p. 713, note Lucas ; Dr. sociétés 2005, n° 67, obs. Legros (1re esp.).*

6. Rapatrié surendetté. Les conséquences de la dissolution de la société en application de l'art. 1844-7, 7° doivent être écartées s'agissant d'une SCI cogérée par deux rapatriés ayant déposé un dossier auprès de la commission nationale de désendettement des rapatriés dans le délai fixé par le décret du 4 juin 1999. • Com. 10 mars 2004 : *Dr. sociétés 2004, n° 122, obs. Lucas.*

7. Extinction du passif. V. note 1 ss. art. L. 625-10 ancien, C. com.,.

8. Prescription. Jugeant que la prescription applicable en matière de dissolution (C. civ., art. 1859) doit être étendue à la liquidation judiciaire dans la mesure où, en application de l'art. 1844-7, 7°, le jugement ordonnant la liquidation judiciaire emporte dissolution de la société et que le jugement de liquidation judiciaire et la dissolution sont tous deux soumis à des formalités de publicité, V. • Civ. 3e, 13 nov. 2003 : *D. 2004. AJ. 64 ; RJDA 2004, n° 172 ; RTD com. 2004. 114, obs. Monsèrié-Bon ; Bull. Joly 2004. 212, note Le Cannu ; Rev. sociétés 2004. 149, obs. Barbiéri.*

9. Situation antérieure à la loi du 5 janv. 1988. Aucune disposition antérieure à l'art. 1844-7, 7°, dans sa rédaction résultant de la loi du 4 janv. 1978, ne prévoyait que la liquidation des biens d'une société entraînait de plein droit sa dissolution ; dès lors, dans le cas où une telle procédure collective avait été clôturée pour extinction de passif avant que ledit texte ne fût en vigueur, la personne morale n'avait pas pris fin par l'effet du jugement ayant ordonné sa liquidation des biens, et l'attribution en nature de ses actions à des cohéritiers constituait une modalité valable de partage de la succession de leur auteur. • Com. 16 nov. 1993 : *Bull. civ. IV, n° 413 ; JCP 1994. IV. 173 ; Bull. Joly 1994. 89.* ♦ Avant l'intervention de la loi n° 88-15 du 5 janv. 1988, la cession totale des actifs n'entraînant pas la dissolution de la société, les dirigeants de celle-ci avaient le pouvoir de la représenter en justice. • Cass., Ass. plén., 31 mars 1995 : *Bull. civ., n° 2 ; D. 1995. 321, concl. Jéol, note Derrida ; Quot. jur. 2 mai 1995, p. 3, note P. M. ; BICC 15 mai 1995, p. 7, concl. Jéol, note Borra ; Gaz. Pal. 1995. 2. 410, concl. Jéol ; Bull. Joly 1995. 780, concl. Jéol, note Jeantin.*

1844-8 *(L. n° 78-9 du 4 janv. 1978)* **La dissolution de la société entraîne sa liquidation, hormis les cas prévus à l'article 1844-4** *(L. n° 88-15 du 5 janv. 1988)* **« et au troisième alinéa de l'article 1844-5 ». Elle n'a d'effet à l'égard des tiers qu'après sa publication.**

Le liquidateur est nommé conformément aux dispositions des statuts. Dans le silence de ceux-ci, il est nommé par les associés ou, si les associés n'ont pu procéder à cette nomination, par décision de justice. Le liquidateur peut être révoqué dans les mêmes conditions. La nomination et la révocation ne sont opposables aux tiers qu'à compter de leur publication. Ni la société ni les tiers ne peuvent, pour se soustraire à leurs

engagements, se prévaloir d'une irrégularité dans la nomination ou dans la révocation du liquidateur, dès lors que celle-ci a été régulièrement publiée.

La personnalité morale de la société subsiste pour les besoins de la liquidation jusqu'à la publication de la clôture de celle-ci.

Si la clôture de la liquidation n'est pas intervenue dans un délai de trois ans à compter de la dissolution, le ministère public ou tout intéressé peut saisir le tribunal, qui fait procéder à la liquidation ou, si celle-ci a été commencée, à son achèvement.

1844-9 *(L. nº 78-9 du 4 janv. 1978)* Après paiement des dettes et remboursement du capital social, le partage de l'actif est effectué entre les associés dans les mêmes proportions que leur participation aux bénéfices, sauf clause ou convention contraire.

Les règles concernant le partage des successions, y compris l'attribution préférentielle, s'appliquent aux partages entre associés.

Toutefois, les associés peuvent valablement décider, soit dans les statuts, soit par une décision ou un acte distinct, que certains biens seront attribués à certains associés. A défaut, tout bien apporté qui se retrouve en nature dans la masse partagée est attribué, sur sa demande, et à charge de soulte s'il y a lieu, à l'associé qui en avait fait l'apport. Cette faculté s'exerce avant tout autre droit à une attribution préférentielle.

Tous les associés, ou certains d'entre eux seulement, peuvent aussi demeurer dans l'indivision pour tout ou partie des biens sociaux. Leurs rapports sont alors régis, à la clôture de la liquidation, en ce qui concerne ces biens, par les dispositions relatives à l'indivision.

1844-10 *(L. nº 78-9 du 4 janv. 1978)* La nullité de la société ne peut résulter que de la violation des dispositions des articles 1832, 1832-1, alinéa 1er, et 1833, ou de l'une des causes de nullité des contrats en général.

Toute clause statutaire contraire à une disposition impérative du présent titre, dont la violation n'est pas sanctionnée par la nullité de la société, est réputée non écrite.

La nullité des actes ou délibérations des organes de la société ne peut résulter que de la violation d'une disposition impérative du présent titre ou de l'une des causes de nullité des contrats en général.

1844-11 *(L. nº 78-9 du 4 janv. 1978)* L'action en nullité est éteinte lorsque la cause de la nullité a cessé d'exister le jour où le tribunal statue sur le fond en première instance, sauf si cette nullité est fondée sur l'illicéité de l'objet social.

1844-12 *(L. nº 78-9 du 4 janv. 1978)* En cas de nullité d'une société ou d'actes ou délibérations postérieurs à sa constitution, fondée sur un vice de consentement ou l'incapacité d'un associé, et lorsque la régularisation peut intervenir, toute personne, y ayant intérêt, peut mettre en demeure celui qui est susceptible de l'opérer, soit de régulariser, soit d'agir en nullité dans un délai de six mois à peine de forclusion. Cette mise en demeure est dénoncée à la société.

La société ou un associé peut soumettre au tribunal saisi dans le délai prévu à l'alinéa précédent, toute mesure susceptible de supprimer l'intérêt du demandeur notamment par le rachat de ses droits sociaux. En ce cas, le tribunal peut, soit prononcer la nullité, soit rendre obligatoires les mesures proposées si celles-ci ont été préalablement adoptées par la société aux conditions prévues pour les modifications statutaires. Le vote de l'associé dont le rachat des droits est demandé est sans influence sur la décision de la société.

En cas de contestation, la valeur des droits sociaux à rembourser à l'associé est déterminée conformément aux dispositions de l'article 1843-4.

1844-13 *(L. nº 78-9 du 4 janv. 1978)* Le tribunal, saisi d'une demande en nullité, peut, même d'office, fixer un délai pour permettre de couvrir les nullités. Il ne peut prononcer la nullité moins de deux mois après la date de l'exploit introductif d'instance.

Si, pour couvrir une nullité, une assemblée doit être convoquée, ou une consultation des associés effectuée, et s'il est justifié d'une convocation régulière de cette assemblée ou de l'envoi aux associés du texte des projets de décision accompagné des documents qui doivent leur être communiqués, le tribunal accorde par jugement le délai nécessaire pour que les associés puissent prendre une décision.

1844-14 *(L. n° 78-9 du 4 janv. 1978)* Les actions en nullité de la société ou d'actes et délibérations postérieurs à sa constitution se prescrivent par trois ans à compter du jour où la nullité est encourue.

1844-15 *(L. n° 78-9 du 4 janv. 1978)* Lorsque la nullité de la société est prononcée, elle met fin, sans rétroactivité, à l'exécution du contrat.

A l'égard de la personne morale qui a pu prendre naissance, elle produit les effets d'une dissolution prononcée par justice.

1844-16 *(L. n° 78-9 du 4 janv. 1978)* Ni la société ni les associés ne peuvent se prévaloir d'une nullité à l'égard des tiers de bonne foi. Cependant, la nullité résultant de l'incapacité ou de l'un des vices du consentement est opposable même aux tiers par l'incapable et ses représentants légaux, ou par l'associé dont le consentement a été surpris par erreur, dol ou violence.

1844-17 *(L. n° 78-9 du 4 janv. 1978)* L'action en responsabilité fondée sur l'annulation de la société ou des actes et délibérations postérieurs à la constitution se prescrit par trois ans à compter du jour où la décision d'annulation est passée en force de chose jugée.

La disparition de la cause de nullité ne met pas obstacle à l'exercice de l'action en dommages-intérêts tendant à la réparation du préjudice causé par le vice dont la société, l'acte ou la délibération était entaché. Cette action se prescrit par trois ans à compter du jour où la nullité a été couverte.

V., pour l'application des articles ci-dessus, Décr. n° 78-704 du 3 juill. 1978, art. 1er à 29. — ***C. civ.*** *ou* ***C. sociétés.***

CHAPITRE II *De la société civile*

1845 à 1870-1 *V., pour application des art. 1845 à 1870-1, Décr. n° 78-704 du 3 juill. 1978, art. 30 à 57. —* ***C. civ.*** *ou* ***C. sociétés.***

CHAPITRE III *De la société en participation*

(L. n° 78-9 du 4 janv. 1978)

Pour des annotations de jurisprudence, V. ***C. sociétés.***

1871 *(L. n° 78-9 du 4 janv. 1978)* Les associés peuvent convenir que la société ne sera point immatriculée. La société est dite alors « société en participation ». Elle n'est pas une personne morale et n'est pas soumise à publicité. Elle peut être prouvée par tous moyens.

Les associés conviennent librement de l'objet, du fonctionnement et des conditions de la société en participation, sous réserve de ne pas déroger aux dispositions impératives des articles 1832, 1832-1, 1833, 1836 (2e alinéa), 1841, 1844 (1er alinéa) et 1844-1 (2e alinéa).

Sur l'exercice sous forme de sociétés en participation des professions libérales soumises à un statut législatif ou réglementaire ou dont le titre est protégé, V. L. n° 90-1258 du 31 déc. 1990, art. 22 et 23. — V. aussi, pris en application de ces dispositions, les Décr. n° 2004-852 (avocat), n° 2004-853 (avoué), n° 2004-854 (commissaire-priseur judiciaire), n° 2004-855 (huissier de justice) et n° 2004-856 (notaire) du 23 août 2004 (JO 25 août). — ***C. sociétés.***

BIBL. ▶ Bertrel, *Dr. et patr. oct. 2004. 26.* – Maury, *D. 2005. 645* (sociétés holdings dans le domaine juridique et judiciaire).

1871-1 *(L. nº 78-9 du 4 janv. 1978)* **A moins qu'une organisation différente n'ait été prévue, les rapports entre associés sont régis, en tant que de raison, soit par les dispositions applicables aux sociétés civiles, si la société a un caractère civil, soit, si elle a un caractère commercial, par celles applicables aux sociétés en nom collectif.**

1872 *(L. nº 78-9 du 4 janv. 1978)* **A l'égard des tiers, chaque associé reste propriétaire des biens qu'il met à la disposition de la société.**

Sont réputés indivis entre les associés les biens acquis par emploi ou remploi de deniers indivis pendant la durée de la société et ceux qui se trouvaient indivis avant d'être mis à la disposition de la société.

Il en est de même de ceux que les associés auraient convenu de mettre en indivision.

Il peut en outre être convenu que l'un des associés est, à l'égard des tiers, propriétaire de tout ou partie des biens qu'il acquiert en vue de la réalisation de l'objet social.

1872-1 *(L. nº 78-9 du 4 janv. 1978)* **Chaque associé contracte en son nom personnel et est seul engagé à l'égard des tiers.**

Toutefois, si les participants agissent en qualité d'associés au vu et au su des tiers, chacun d'eux est tenu à l'égard de ceux-ci des obligations nées des actes accomplis en cette qualité par l'un des autres, avec solidarité, si la société est commerciale, sans solidarité dans les autres cas.

Il en est de même de l'associé qui, par son immixtion, a laissé croire au cocontractant qu'il entendait s'engager à son égard, ou dont il est prouvé que l'engagement a tourné à son profit.

Dans tous les cas, en ce qui concerne les biens réputés indivis en application de l'article 1872 (alinéas 2 et 3), sont applicables dans les rapports avec les tiers, soit les dispositions du chapitre VI *[VII]* **du titre Ier du livre III du présent code, soit, si les formalités prévues à l'article 1873-2 ont été accomplies, celles du titre IX *bis* du présent livre, tous les associés étant alors, sauf convention contraire, réputés gérants de l'indivision.**

1872-2 *(L. nº 78-9 du 4 janv. 1978)* **Lorsque la société en participation est à durée indéterminée, sa dissolution peut résulter à tout moment d'une notification adressée par l'un d'eux à tous les associés, pourvu que cette notification soit de bonne foi, et non faite à contretemps.**

A moins qu'il n'en soit autrement convenu, aucun associé ne peut demander le partage des biens indivis en application de l'article 1872 tant que la société n'est pas dissoute.

1873 *(L. nº 78-9 du 4 janv. 1978)* **Les dispositions du présent chapitre sont applicables aux sociétés créées de fait.**

SOUS-TRAITANCE

RÉP. COM. v° *Sous-traitance*, par ABBATUCCI.

BIBL. GÉN. ▶ DJOUDI, *D. 1992. Chron. 215* (sous-traitance dans le contexte européen). – PANSIER, *Petites affiches 14 déc. 2001, p. 4* (modifications apportées par la loi MURCEF du 11 déc. 2001). – ABBATUCCI, *RD imm. 2002. 488* (responsabilité du maître de l'ouvrage à l'égard des sous-traitants). – ROULET, *Gaz. Pal. 2003. Doctr. 1463* (responsabilités et assurances en opération de sous-traitance) ; *ibid. 2005. Doctr. 1504* (quelques évolutions significatives de la protection des sous-traitants).

Loi n° 75-1334 du 31 décembre 1975,

Relative à la sous-traitance.

TITRE PREMIER Dispositions générales

Art. 1er Au sens de la présente loi, la sous-traitance est l'opération par laquelle un entrepreneur confie par un sous-traité, et sous sa responsabilité, à une autre personne appelée sous-traitant *(L. n° 2001-1168 du 11 déc. 2001)* **« l'exécution de tout ou partie du contrat d'entreprise ou d'une partie du marché public conclu avec le maître de l'ouvrage. »**

(L. n° 98-69 du 6 févr. 1998) **« Les dispositions de la présente loi sont applicables aux opérations de transport, le donneur d'ordre initial étant assimilé au maître d'ouvrage, et le cocontractant du transporteur sous-traitant qui exécute les opérations de transport étant assimilé à l'entrepreneur principal. »** — *Sur la sous-traitance dans le domaine du transport routier de marchandises, V. L. n° 92-1445 du 31 déc. 1992, infra.*

BIBL. ▶ PÉRINET-MARQUET, *JCP 1989. I. 3399.* – ROULET, *Gaz. Pal. 2003. Doctr. 1467* (le « contrat de sous-traitance »).

1. Définition. N'est pas un contrat de sous-traitance le contrat par lequel un fournisseur s'engage à livrer une chose sans accomplir un acte de production ou de service se rattachant à l'ouvrage. • Civ. 3e, 21 avr. 1982 : *Bull. civ. III, n° 102 ; RTD civ. 1983. 552, obs. Rémy.* ♦ En revanche, dès lors que le contrat ne prévoit que des services effectués selon les instructions reçues, il n'a pas la nature d'une vente mais d'une sous-traitance. • Civ. 3e, 5 févr. 1985 : *Bull. civ. III, n° 23 ; D. 1986. 499, note Huet* • 3 juin 1992 : *Bull. civ. III, n° 187* • Versailles, 24 avr. 2003 : *RD imm. 2004. 102, obs. Périnet-Marquet*. ♦ Est un sous-traitant la société qui se voit confier des travaux portant sur la finition de l'ouvrage, soumis à des spécifications et non compatibles avec une production en série. • Com. 5 févr. 1991 : *Bull. civ. IV, n° 53 ; D. 1992. Somm. 112, obs. Bénabent*. ♦ V. conf. pour une fabrication, • Com. 4 juill. 1989 : *Bull. civ. IV, n° 210 ; D. 1990. 246, note Virassamy* • 17 mars 1998 : *Bull. civ. IV, n° 104 ; D. Affaires 1998. 841, obs. J. F. ; Contrats Conc. Consom. 1998, n° 88, note Leveneur ; RJDA 1998, n° 859 ; Petites affiches 18 nov. 1998, p. 26, obs. Lehman* • Civ. 3e, 30 oct. 1991 : *Bull. civ. III, n° 257 ; D. 1992. Somm. 112, obs. Bénabent* • 3 janv. 1995 : *Bull. civ. IV, n° 2 ; D. 1995. IR. 47 ; JCP 1995. I. 3880, n° 1, obs. Labarthe.* – Comp. : • Civ. 3e, 18 janv. 1983 : *Bull. civ. III, n° 15 ; RTD civ. 1983. 552, obs. Rémy.* ♦ ... Et aussi, estimant que le critère de l'absence de stock n'est pas en lui-même déterminant, V. • Civ. 3e, 20 nov. 2002 : *BRDA 2002, n° 24, p. 7.* ♦ Pour la fourniture par un constructeur d'enrobés spécifiques à un chantier déterminé et comportant une mise en œuvre particulière sous sa seule responsabilité, V. • Civ. 3e, 9 juin 1999 : *Bull. civ. III, n° 135 ; D. Affaires 1999. 1396, obs. J. F. ; Dr. et patr. janv. 2000. 94, obs. Chauvel.* ♦ V. note 6 ss. art. 3.

V. aussi • Com. 7 juin 1994 : *Bull. civ. IV, n° 203 ; D. 1994. IR. 182.* ♦ Sur la question de savoir si la fourniture et la pose d'éléments de menuiserie constituent un contrat d'entreprise, V. • Civ. 3e, 31 janv. 1996 : *Bull. civ. I, n° 28 ; D. Affaires 1996. 351 ; JCP 1996. I. 3983, n° 10, obs. Labarthe* • 20 nov. 2002 : *préc.* – V. aussi • Basse-Terre, 18 juin 1997 : *Gaz. Pal. 1998. 1. Somm. 325, obs. Vray.* ♦ Est un contrat de sous-traitance le contrat qui confère au fournisseur une participation active à l'exécution du contrat d'entreprise (réalisation de panneaux avec des éléments présentant de nombreuses caractéristiques spécifiques, permettant une adaptation spécifique à la structure et à la configuration du bâtiment). • Rennes, 20 sept. 2001 : *JCP 2002. IV. 2263.*

2. Sur la distinction par rapport au contrat de travail, V. • Soc. 27 févr. 1992 : *RJDA 1992, n° 702* • 8 juill. 2003 : *D. 2004. Somm. 383, obs. Pasquier ; JCP E 2003, n°40, p. 1557 ; RJDA 2004, n° 40* (l'inscription au RCS ne constitue qu'une simple présomption de non-salariat). ♦ ... Au prêt de main-d'œuvre illicite, V. • Crim. 3 déc. 1991 : *D. 1994. Somm. 147, obs. Bénabent* • 17 juin 2003 : *JCP E 2004, n° 3, p. 90, note Robert* • 17 févr. 2004 : *RJDA 2004, n° 975* • Paris, 21 mai 1999 : *RD imm. 1999. 651, obs. Malinvaud et Boubli* • 2 mai 2002 : *ibid. 2003. 62, obs. Périnet-Marquet* • Rouen, 25 avr. 2002 : *RJDA 2003, n° 133* (le contrôle exercé par le donneur d'ordre n'est pas en lui-même exclusif de la qualification de sous-traitance). ♦ ... A la prestation de services, V. • Com. 12 mars 1991 : *Bull. civ. IV, n° 101 ; D. 1992. Somm. 112, obs. Bénabent*. ♦ ... Au louage de matériel avec mise à la disposition du personnel apte à le faire fonctionner, V. • Com. 1er déc. 1992 : *Contrats Conc. Consom. 1993, n° 70, note Leveneur ; D. 1994. Somm. 147, obs. Bénabent*. ♦ ... A l'étude et au montage d'échafaudages mis à la disposition d'un locateur d'ouvrage, V. • Civ. 3e, 23 janv. 2002 : *Bull. civ. III, n° 10 ; Defrénois 2002. 1027, obs. Périnet-Marquet ; Gaz. Pal. 2003. Somm. 1909, obs. Peisse.* • Versailles, 13 déc. 1999 : *D. 2000. AJ. 95, obs. Faddoul ; RD imm. 2000. 178, obs. Boubli et Malinvaud* • 2 mai 2000 : *RD imm. 2001. 573, obs. Boubli* • Civ. 3e, 28 mai 2002 : *ibid. 2003. 62, obs. Périnet-Marquet* ♦ ... A la société créée de fait, V. • Com. 17 nov. 1970 : *Bull. civ. IV, n° 308.*

2 bis. Sur l'application de la loi aux contrats de sous-traitance conclus dans le cadre d'un contrat à forfait de construction navale, quelle que soit la qualification retenue pour ce dernier, contrat d'entreprise ou contrat de vente à livrer, V. • Rouen, 14 mai 1998 : *JCP E 1999, n° 26, p. 1129.*

3. Sur le pouvoir souverain d'appréciation des juges du fond, V. • Crim. 29 oct. 1985 : *Bull. crim. n° 335.* ♦ Mais la seule affirmation des juges du fond selon laquelle la société sous-traitante a fourni un travail spécifique conforme aux exigences du marché ne suffit pas à caractériser l'existence d'un contrat d'entreprise. • Civ. 3e, 11 mai 2005 : *Bull. civ. III, n° 102 ; D. 2005. IR. 1507 ; RD imm. 2005. 287, obs. Périnet-Marquet ; JCP E 2005, n° 26, p. 1119 ; RJDA 2005, n° 1179 ; RDC 2005. 1111, note Puig ; Defrénois 2006. 56, obs. Périnet-Marquet.*

3 bis. Nature du contrat principal. Dès lors que le contrat principal n'est pas un contrat d'entreprise, conclu entre un maître d'ouvrage et un entrepreneur, mais un contrat de fourniture de marchandise, conclu entre un acheteur et un fournisseur, le cocontractant du fournisseur ne peut, quelle que soit la nature de ses relations contractuelles, se prévaloir des dispositions de la loi du 31 déc. 1975. • Civ. 3e, 4 juin 2003 : *Bull. civ. III, n° 121 ; Contrats Conc. Consom. 2003, n° 138, obs. Leveneur ; JCP E 2003, n° 32-35, p. 1313 ; Gaz. Pal. 2004. Somm. 1290, obs. Peisse ; RJDA 2003, n° 1173 ;*

4. Ordre public. Les parties ne sont pas libres de soumettre un contrat de louage de chose à la loi du 31 déc. 1975. • Paris, 22 mai 1990 : *D. 1990. IR. 159.* ♦ Comp. considérant que les parties à un contrat n'entrant pas dans le champ d'application de la loi du 31 déc. 1975 peuvent néanmoins l'y soumettre volontairement : • Rouen, 14 mai 1998 : *RJDA 1999, n° 39.*

5. Responsabilité de l'entrepreneur principal. V. note 22 ss. art. 3.

6. Marché public. Sur l'obligation de ne pas sous-traiter entièrement un marché public, V. Rép. min. n° 5145, *JOAN Q 27 janv. 2003, p. 537 ; BRDA 2003, n° 3, p. 8.* ♦ Sur la distinction entre sous-traitance et marché de fournitures, V. • CAA Nantes, 30 déc. 1999 : *RJDA 2000, n° 653* • CAA Douai, 3 juin 2002 : *RJDA 2003, n° 717.*

7. Preuve. La preuve du contrat de sous-traitance, comme celle du contrat d'entreprise, n'est soumise à aucun formalisme par la loi et peut donc être faite par tout moyen. • Toulouse, 11 avr. 2005 : *BICC 2005, n° 2096.* ♦ Le contrat de sous-traitance étant un contrat d'entreprise de droit privé, il ne nécessite aucune forme particulière et peut être purement verbal ; il se forme dès que l'offre faite par l'entrepreneur principal est acceptée par le sous-traitant, sachant que cet accord de volonté peut être tacite et résulter de l'exécution du contrat par le sous-traitant. • Douai, 29 juin 2005 : *JCP E 2006, n° 4, p. 203.*

2 Le sous-traitant est considéré comme entrepreneur principal à l'égard de ses propres sous-traitants.

V. note 1 ss. art. 13-1.

3 **L'entrepreneur qui entend exécuter un contrat ou un marché en recourant à un ou plusieurs sous-traitants doit, au moment de la conclusion et pendant toute la durée du contrat ou du marché, faire accepter chaque sous-traitant et agréer les conditions de paiement de chaque contrat de sous-traitance par le maître de l'ouvrage ; l'entrepreneur principal est tenu de communiquer le ou les contrats de sous-traitance au maître de l'ouvrage lorsque celui-ci en fait la demande.**

Lorsque le sous-traitant n'aura pas été accepté ni les conditions de paiement agréées par le maître de l'ouvrage dans les conditions prévues à l'alinéa précédent, l'entrepreneur principal sera néanmoins tenu envers le sous-traitant mais ne pourra invoquer le contrat de sous-traitance à l'encontre du sous-traitant.

Sur la sous-traitance dans la construction de maison individuelle, V. CCH, art. L. 231-13 et L. 241-9. – **CCH.**

BIBL. ▸ BERLY, *RD imm. 1995. 483* (situation du maître de l'ouvrage privé en cas de sous-traitance irrégulière). – DEVAUX, *Petites affiches 7 sept. 1998, p. 4* (acceptation et agrément tacite du sous-traitant). – ROULET, *Gaz. Pal. 2004. Doctr. 848* (le maître de l'ouvrage doit-il motiver son refus d'acceptation du sous-traitant ?).

A. ACCEPTATION DU SOUS-TRAITANT ET AGRÉMENT DES CONDITIONS DE PAIEMENT

1. Modalités de l'agrément. L'acceptation par le maître de l'ouvrage ne suppose pas un agrément exprès et peut être tacite. • Civ. 3e, 18 juill. 1984 : *Bull. civ. III, n° 142.* ♦ Cependant, l'acceptation tacite ne peut résulter que d'actes manifestant sans équivoque la volonté du maître de l'ouvrage d'accepter le sous-traitant. • Com. 14 juin 1988 : *Bull. civ. IV, n° 200* • 27 févr. 1990 : *ibid., n° 53* • Civ. 3e, 30 oct. 1991 : *Bull. civ. III, n° 257 ; D. 1992. Somm. 114, obs. Bénabent* • 7 oct. 1998 : *Bull. civ. III, n° 190 ; D. Affaires 1998. 1902 ; RJDA 1998, n° 1218* • 3 mars 1999 : *Bull. civ. III, n° 56 ; D. 1999. IR. 91 ; D. Affaires 1999. 755, obs. J. F. ; Contrats Conc. Consom. 1999, n° 89, obs. Leveneur ; Defrénois 1999. 1129, obs. Périnet-Marquet.* – V. également • Versailles, 30 mai 1996 : *BICC 1996, n° 1329* • Rouen, 18 mars 1999 : *BRDA 1999, n° 15-16, p. 6* • Versailles, 21 nov. 2005 : *RJDA 2006, n° 408.* ♦ La seule présence du sous-traitant sur le chantier, même au vu et au su du maître de l'ouvrage, ne peut constituer une preuve formelle de l'acceptation du sous-traitant. • Versailles, 17 mars 1994 : *Gaz. Pal. 1994. 2. Somm. 582* • 5 nov. 1999 : *RD imm. 2000. 53, obs. Malinvaud et Boubli.* – Dans le même sens : • Orléans, 12 avr. 1995 : *JCP 1996. IV. 1660.* – V. aussi • Paris, 29 sept. 1992 : *D. 1993. IR. 39* • Civ. 3e, 11 janv. 1995 : *RJDA 1995, n° 281.* ♦ La volonté d'accepter le sous-traitant ne saurait résulter de l'envoi par celui-ci au maître de l'ouvrage d'une copie de la mise en demeure qu'il avait adressée à l'entrepreneur principal. • Civ. 3e, 8 nov. 2000 : *RD imm. 2001. 57, obs. Périnet-Marquet ; BRDA 2000, n° 23, p. 8.* ♦ Ne donne pas de base légale à sa décision au regard de l'art. 3, la cour d'appel qui pour accueillir l'action directe du sous-traitant, retient qu'il résulte de la signature des procès-verbaux de réception, que le maître de l'ouvrage a non seulement agréé tacitement la présence du sous-traitant sur les chantiers, mais également les conditions de paiement des travaux exécutés par lui. • Civ. 3e, 3 mars 1999 : *préc.* ♦ En revanche, le maître de l'ouvrage qui donne directement des ordres au sous-traitant, sans passer par l'intermédiaire de l'entrepreneur principal a accepté sans équivoque ledit sous-traitant. • Com. 29 avr. 1997 : *D. 1998. 326, note Chenut ; BRDA 1997, n° 10, p. 10* • Versailles, 16 déc. 1994 : *RD imm. 1995. 750, obs. Malinvaud et Boubli.* ♦ V. aussi, dès lors que la signature du contrat de sous-traitance démontre que le maître de l'ouvrage a agréé le sous-traitant, même si cela n'a pas été formalisé par un écrit, que l'agrément a été imposé par l'entrepreneur principal dans une lettre comme une des conditions préalables à la régularisation de la commande et que, en outre, l'établissement de tous les documents techniques et d'exécution, établis sous la direction et le contrôle du maître d'œuvre, mandataire direct du maître de l'ouvrage, démontre que, dès le début du chantier et au cours de son avancement, le sous-traitant a été agréé par le maître de l'ouvrage, • Versailles, 16 janv. 1997 : *D. 1997. IR. 88 ; D. Affaires 1997. 373.* – V. également • Com. 17 mars 1998 : *Bull. civ. IV, n° 104 ; D. Affaires 1998. 841, obs. J. F. ; Contrats Conc. Consom. 1998, n° 88, note Leveneur ; RJDA 1998, n° 859.* ♦ Mais le fait qu'un maître d'œuvre ait suivi et coordonné le chantier n'implique pas que celui-ci ait reçu mandat du maître de l'ouvrage d'accepter pour son compte les sous-traitants et d'accepter les conditions de paiement du sous-traité. • Civ. 3e, 13 sept. 2005 : *Bull. civ. III, n° 162 ; JCP 2005. IV. 3174 ; Contrats Conc. Consom. 2006, n° 5, obs. Leveneur ; RJDA 2006, n° 137.*

2. Conditions de paiement. L'exercice, par le sous-traitant, de l'action directe contre le maître de l'ouvrage suppose non seulement que ce dernier ait accepté le sous-traitant, mais encore qu'il ait agréé les conditions de paiement du contrat de sous-traitance. • Civ. 3e, 1er avr. 1992 : *Bull. civ. III, no 110 ; D. 1994. Somm. 148, obs. Bénabent*. ♦ L'acceptation des conditions de paiement doit être réputée acquise lorsque celles-ci sont conformes aux conditions habituelles en la matière et admises ordinairement par le maître de l'ouvrage. • Versailles, 4 janv. 1996 : *BICC 1996, no 629*. ♦ En acceptant de régler le sous-traitant dans le cadre de l'action directe sans remettre en cause les conditions de forme de sa mise en œuvre, le maître de l'ouvrage est réputé avoir régulièrement agréé les conditions de paiement. • Versailles, 3 sept. 1999 : *RD imm. 2000. 53, obs. Malinvaud et Boubli*.

3. Marché public. Pour les marchés publics, V. art. 112 s. C. marchés publics (nouveau), résultant du Décr. no 2004-15 du 7 janv. 2004 (JO 8 janv.) – V. aussi • CE 2 juin 1989 : *D. 1990. 229, note crit. Bénabent*. ♦ Sur le privilège dit « de Pluviôse » (art. 109 C. marchés publics), V. • Paris, 25 janv. 1977 : *D. 1977. 401, note D. Martin* • Com. 4 févr. 1992 : *Bull. civ. IV, no 62 ; D. 1994. Somm. 151, obs. Bénabent*.

4. Date de l'agrément. L'art. 3 n'exige pas que l'acceptation et l'agrément soient préalables ou concomitants à la conclusion du contrat de sous-traitance. • Cass., Ch. mixte, 13 mars 1981 : *D. 1981. 309, note Bénabent ; JCP 1981. II. 19568, concl. Toubas et note Flécheux*. ♦ L'acceptation du sous-traitant par le maître de l'ouvrage et l'agrément des conditions de paiement peuvent intervenir lors de l'exercice de l'action directe, c'est-à-dire encore après le jugement d'ouverture d'une procédure collective à l'encontre de l'entrepreneur principal. • Civ. 3e, 31 mars 1993 : *Bull. civ. III, no 48 ; D. 1994. Somm. 148, obs. Bénabent* • 4 janv. 1996 : *RJDA 1996, no 783*.

5. Refus d'agrément. Le maître de l'ouvrage n'est pas tenu d'accepter le sous-traitant ni d'agréer ses conditions de paiement. • Civ. 3e, 25 sept. 2002 : *Bull. civ. III, no 177 ; RJDA 2003, no 134*. ♦ Le refus d'agrément peut être discrétionnaire et n'a pas à être motivé, sous réserve de l'application de la théorie de l'abus de droit. • Paris, 25 mars 1993 : *D. 1994. Somm. 149, obs. Bénabent*. ♦ Ainsi, le maître de l'ouvrage n'engage pas sa responsabilité lorsque, le sous-traitant lui ayant été présenté, il refuse de l'accepter et d'agréer ses conditions de paiement. • Civ. 3e, 25 sept. 2002 : *préc.* ♦ Mais les juges du fond doivent rechercher si les motifs du refus d'agréer un sous-traitant, dont le caractère discrétionnaire est limité par un éventuel abus de droit, ne sont pas fallacieux et fabriqués avec des moyens frauduleux. • Civ. 3e, 2 févr. 2005 : *Bull. civ. III, no 24 ; RD imm. 2005. 291, obs. Périnet-Marquet ; JCP 2005. II. 10077, avis Guérin ; Gaz. Pal. 2005. 4270, obs. Peisse ; RJDA 2005, no 550*.

6. Conséquences du défaut d'agrément. L'absence de contrat écrit de sous-traitance et d'agrément ne suffit pas à écarter la qualification de sous-traitance pour retenir l'existence d'un contrat de vente. • Versailles, 14 janv. 1988 : *D. 1988. IR. 41*.

7. La sanction du défaut d'agrément est l'interdiction pour l'entrepreneur d'invoquer le contrat de sous-traitance à l'encontre du sous-traitant. • Versailles, 27 oct. 1988 : *D. 1989. 375, note Dubois* • Com. 4 juill. 1989 : *Bull. civ. IV, no 212*. ♦ Il ne peut, par conséquent, prétendre que celui-ci a commis des infractions aux stipulations contractuelles. • Paris, 1er mars 1988 : *D. 1988. 521, note Dubois*. ♦ Toutefois, le sous-traitant est tenu envers l'entrepreneur principal de l'obligation contractuelle de livrer exempts de vices les ouvrages dont il a reçu ou dont il réclame le paiement, alors même que le maître de l'ouvrage ne l'aurait pas accepté et n'aurait pas agréé les conditions de paiement. • Civ. 3e, 13 avr. 1988 : *Bull. civ. III, no 73 ; D. 1988. 521, note Dubois ; JCP 1989. II. 21302, note D. Martin ; Gaz. Pal. 1988. 2. 606, note Caro et Sablier* • 3 juin 1992 : *Bull. civ. III, no 188 ; D. 1994. Somm. 153, obs. Bénabent*. ♦ Le sous-traitant qui n'a pas été agréé ne peut à la fois se prévaloir du contrat de sous-traitance pour obtenir le paiement des travaux qu'il a exécutés et le rejeter pour échapper à ses obligations contractuelles. • Civ. 3e, 13 avr. 1988 : *Bull. civ. III, no 72 ; D., JCP et Gaz. Pal., préc.* • 10 janv. 1990 : *Bull. civ. III, no 17* • 23 avr. 1992 : *ibid., no 135 ; D. 1994. Somm. 153, obs. Bénabent*. – V. aussi note 7 *bis*. ♦ Lorsque le sous-traitant est accepté mais que ses conditions de paiement ne sont pas agréées, la sanction de l'inopposabilité du sous-traité est applicable. • Paris, 29 mai 1992 : *RD imm. 1994. 249, obs. Malinvaud et Boubli* • 27 mai 1993 : *ibid.* ♦ Comp., jugeant que l'entrepreneur principal qui n'a pas fait agréer les conditions de paiement du sous-traitant ne peut se prévaloir des clauses du contrat instituant des pénalités de retard : • Paris, 29 mai 1992 : *préc.* ♦ ... Ou rejetant une demande de l'entrepreneur principal qui reprochait au sous-traitant des malfaçons et un retard dans les travaux exécutés : • Paris, 27 mai 1993 : *préc.* ♦ V. note 13.

7 bis. Si la sanction de la sous-traitance irrégulière déduite de l'art. 3 réside dans la faculté de résiliation unilatérale ouverte au sous-traitant pendant toute la durée du contrat, cette faculté ne peut plus être exercée par un sous-traitant qui a exécuté le sous-traité et a accepté le règlement du prix convenu. • Civ. 3e, 24 avr. 2003 : *JCP 2004. II. 10042, note Caro, Sablier et Abbatucci ; AJDA 2003. 1486, note Dreyfus* ; *RJDA 2003, n° 1060 ; RD imm. 2003. 463, obs. Degoffe et Dreyfus*.

8. Si le maître de l'ouvrage peut opposer au sous-traitant exerçant l'action directe à son encontre l'absence de l'acceptation et de l'agrément, il n'en est de même ni de l'entrepreneur principal qui a manqué à son obligation de faire accepter le sous-traitant et agréer les conditions de paiement du contrat de sous-traitance, ni des créanciers de cet entrepreneur. • Cass., Ch. mixte, 13 mars 1981 : *préc. note 4* • Civ. 3e, 1er juin 1988 : *Bull. civ. III, n° 101* • 25 févr. 1998 : *ibid., n° 47 ; D. Affaires 1998. 618, obs. J. F. ; Contrats Conc. Consom. 1998, n° 71, note Leveneur ; Gaz. Pal. 20-22 déc. 1998, p. 19, obs. Peisse* • Com. 12 févr. 1991 : *Bull. civ. IV, n° 63.* ♦ En matière de marchés publics, V. • CE 2 juin 1989 : *préc. note 3.*

8 bis. Sur le rejet de la demande en paiement, formée par une banque pour une créance qui lui a été cédée par un entrepreneur et au règlement de laquelle le débiteur cédé a opposé les paiements exécutés par lui au profit de sous-traitants ayant exercé l'action directe, les sous-traitants ayant été agréés et leurs conditions de paiement acceptées par le débiteur cédé, V. • Com. 22 mai 2001 : *Bull. civ. IV, n° 95 ; RJDA 2001, n° 1210.*

9. En ce sens que les dirigeants d'une société entrepreneur principal sont personnellement responsables du défaut de présentation du sous-traitant à l'agrément du maître de l'ouvrage, V. • Douai, 16 avr. 1992 : *D. 1994. Somm. 149, obs. Bénabent*.

10. L'action du sous-traitant contre le maître de l'ouvrage ne peut être fondée sur l'enrichissement sans cause. • Civ. 3e, 9 déc. 1992 : *Bull. civ. IV, n° 319 ; D. 1994. Somm. 152, obs. Bénabent* (Cass., rép., *BICC 1er mai 1996, p. 34*) • 4 déc. 2002 : *Bull. civ. III, n° 247 ; JCP E 2003, n° 5, p. 201 ; RJDA 2003, n° 379.* ♦ V., dans le même sens, en cas de marché public, • Amiens, 8 janv. 1987 : *D. 1987. 336, note Dubois* • CE 9 mars 1984 : *AJDA 1984. 400, note Sablier et Caro.* ♦ Comp., rejetant le pourvoi contre un arrêt ayant admis l'action *de in rem verso* du sous-traitant non agréé : • Civ. 3e, 11 juin 1985 : *D. 1986. 456, note Dubois.*

11. L'inobservation des art. 2 C. marchés publics [abrogé] et 3 ci-dessus ne saurait, en soi, constituer des pratiques prohibées par l'art. 7 de l'ord. n° 86-1243 du 1er déc. 1986 [C. com., art. L. 420-1], mais seulement dans la mesure où elle fausserait le jeu de la concurrence en induisant en erreur le maître de l'ouvrage sur la réalité et l'étendue du champ de ses choix. • Paris, 5 juill. 1994 : *D. 1994. IR. 220 ; BOCC 29 juill. 1994.* – V. désormais art. 112 s. C. marchés publics.

11 bis. Initiative du sous-traitant. V. note 6 ss. art. 14-1.

12. Sous-traitance en chaîne. En ce sens que le sous-traitant de premier rang n'est pas obligé de faire accepter le sous-traitant de second rang par l'entreprise principale, qui ne possède pas la qualité de maître de l'ouvrage au sens de l'art. 12, V. • Civ. 3e, 17 juill. 1987 : *Bull. civ. III, n° 148.* ♦ Viole l'art. 3, l'arrêt qui, pour déclarer irrecevable la demande en paiement formée par un sous-traitant de second rang, retient que le comportement fautif de l'entrepreneur principal ne peut résulter du non-respect de la procédure à l'égard du sous-traitant de premier rang, alors que ce fait a mis le sous-traitant de second rang dans l'impossibilité de se faire agréer par le maître de l'ouvrage. • Civ. 3e, 9 déc. 1998 : *Bull. civ. III, n° 236 ; D. Affaires 1999. 792, obs. J. F. ; Gaz. Pal. 18-19 août 1999, Somm., p. 19, obs. Peisse.* ♦ V. aussi, considérant qu'il appartient au premier entrepreneur principal qui a traité avec le maître de l'ouvrage de soumettre à son acceptation chaque sous-traitant et de faire agréer les conditions de paiement de chaque sous-traité par le maître de l'ouvrage. • Versailles, 16 janv. 1997 : *D. Affaires 1997. 376.* ♦ Tout entrepreneur principal, à quelque niveau qu'il se situe dans la chaîne de sous-traitance, est pleinement responsable de la soumission de la demande d'acceptation, qui doit être effectuée à sa diligence en application des art. 2 et 3, al. 1er. • Même arrêt.

12 bis. Groupement momentané d'entreprises. Le mandataire commun d'un groupement momentané d'entreprises n'est tenu, en vertu de la loi du 31 déc. 1975, d'aucune obligation vis-à-vis des sous-traitants de ses cotraitants, sans constater l'existence d'un mandat spécial donné par les entrepreneurs regroupés au mandataire commun à l'effet de procéder lui-même, en cette qualité, aux formalités nécessaires à l'acceptation de ces sous-traitants et à l'agrément des conditions de paiement de leur contrat par le maître de l'ouvrage. • Civ. 3e, 28 sept. 2005 : *Bull. civ. III, n° 179 ; RD imm. 2005. 442, obs. Boubli* ; *JCP E 2005, n° 44-45, p. 1872 ; RJDA 2006, n° 20 ; RLDA janv. 2006. 16, obs. Alves.*

B. OBLIGATIONS DU SOUS-TRAITANT

13. Obligation de résultat. L'obligation de résultat du sous-traitant à l'égard de l'entrepreneur principal ne concerne que la réalisation de sa propre prestation contractuelle à l'exclusion d'éventuels dommages aux tiers (trouble de voisinage), sauf stipulation spéciale du contrat. • Civ. 3e, 26 avr. 2006 : *D. 2006. IR. 1251, obs. Delpech ; JCP 2006. IV. 2096.* ♦ Le sous-traitant est tenu à l'égard de l'entrepreneur principal d'une obligation de résultat qui inclut l'exécution d'un ouvrage exempt de vices cachés lors de la réception et sera responsable des malfaçons, s'il ne justifie d'une cause étrangère qui ne peut lui être imputée. • Civ. 3e, 3 déc. 1980 : *Bull. civ. III, n° 188 ; RD imm. 1981. 224, obs. Malinvaud et Boubli* • 14 janv. 1987 : *JCP 1987. IV. 94* • 17 déc. 1997 : *D. Affaires 1998. 291, obs. J. F.* • 4 nov. 1999 : *RD imm. 2000. 55, obs. Malinvaud et Boubli* • 6 déc. 2000 : *BRDA 2001, n° 1, p. 7.* ♦ ... Et ce, même lorsque le maître de l'ouvrage n'a pas formellement accepté le sous-traitant, ni agréé les conditions de paiement. • Versailles, 14 janv. 1999 : *JCP E 1999, n° 14, p. 601.* ♦ Ainsi, même si le contrat de sous-traitance ne comporte pas les garanties prévues par la loi du 31 déc. 1975, le sous-traitant reste tenu envers celui avec lequel il a contracté dans la mesure où il ne peut se prévaloir à la fois du contrat de sous-traitance pour obtenir le paiement du prix des travaux réalisés et le rejeter pour échapper à ses obligations contractuelles. • Montpellier, 14 déc. 2000 : *JCP 2002. IV. 1255.* ♦ Même en cas d'absence d'acceptation par le maître de l'ouvrage ou d'agrément des conditions de paiement, le sous-traitant d'un sous-traitant est tenu, à l'égard de ce dernier, d'une obligation contractuelle de livrer, exempts de vices, les ouvrages dont il a reçu paiement. • Civ. 3e, 15 janv. 1992 : *Bull. civ. III, n° 21 ; D. 1994. Somm. 153, obs. Bénabent.* ♦ Sur la possibilité, pour le maître de l'ouvrage, d'invoquer cette obligation de résultat, V. • Chambéry, 18 janv. 1988 : *D. 1988. 380, note Dubois.*

Lorsque le sous-traitant lui-même, dans un courrier adressé à l'entrepreneur principal, a reconnu que des reprises devaient être effectuées, et qu'il n'établit pas avoir satisfait à son obligation de résultat de livrer un ouvrage achevé exempt de vices en rapportant la preuve de la réalisation des travaux d'achèvement demandés, l'entrepreneur principal peut valablement lui réclamer le remboursement des frais exposés pour l'achèvement de l'ouvrage. • Versailles, 14 janv. 1999 : *préc.* ♦ Dès lors que les produits fabriqués par le sous-traitant se sont révélés défectueux, celui-ci ne saurait invoquer un manquement de l'entrepreneur principal à son obligation de contrôle pour échapper au remboursement des frais de réparations que ce dernier avait engagés. • Com. 25 juin 2002 : *BRDA 2002, n° 14, p. 8.* ♦ Une cour d'appel ne saurait limiter le recours de l'entrepreneur principal à l'encontre de son sous-traitant en se basant sur le fait que le sous-traité ne porte, en pourcentage de coût, que sur 65 % des travaux prévus par le marché principal. • Civ. 3e, 10 déc. 2003 : *Bull. civ. III, n° 227 ; JCP E 2004, n° 7, p. 253 ; Defrénois 2005. 58, obs. Périnet-Marquet (3e esp.) ; Gaz. Pal. 2004. Somm. 3356, obs. Peisse.* ♦ Mais l'entrepreneur principal est tenu de rembourser le sous-traitant dès lors que ce dernier a dû faire face à des dépenses imprévues du fait du comportement de l'entrepreneur principal. • Poitiers, 8 févr. 2005 : *JCP 2005. IV. 3262.* – Comp., en matière de garde du chantier, • Paris, 1er oct. 2004 : *RD imm. 2005. 48, obs. Boubli.*

13 bis. Devoir de conseil. Un sous-traitant, spécialiste de la fabrication et de la pose de charpentes, étant tenu en cette qualité d'une obligation de conseil envers l'entrepreneur principal, ne peut faire valoir, pour s'exonérer de sa responsabilité à la suite de désordres, qu'il n'a fait que suivre les instructions données par l'entrepreneur principal. • Civ. 3e, 12 mars 1997 : *D. 1997. IR. 94* • 23 févr. 2000 : *BRDA 2000, n° 8, p. 6.* ♦ Un sous-traitant manque à son obligation de conseil en n'avertissant pas les intervenants des risques encourus du fait du choix d'un procédé inadapté. • Civ. 3e, 10 déc. 2003 : *JCP E 2004, n° 7, p. 252* • Paris, 15 janv. 2004 : *BICC 2004, n° 1533* (travaux supplémentaires nécessaires à la bonne tenue de l'ouvrage). ♦ V. aussi, obligeant le sous-traitant à clairement informer le maître de l'ouvrage des risques inhérents à l'absence de réalisation de peintures anticorrosion, sans qu'il puisse se retrancher sur le fait qu'il avait proposé en option la réalisation de telles peintures : • Civ. 3e, 3 mars 2004 : *JCP E 2004, n°19, p. 741 ; Administrer août-sept. 2005. 55, obs. Artz.* ♦ Ainsi, le sous-traitant doit, soit refuser d'effectuer les travaux, soit faire expressément des réserves écrites après avoir conseillé et informé le maître de l'ouvrage sur les risques présentés. • Civ. 3e, 9 juin 2004 : *RD imm. 2004. 448, obs. Périnet-Marquet.* ♦ Mais la responsabilité du sous-traitant n'est pas engagée dès lors qu'il n'est pas démontré qu'il avait une compétence supérieure à celle de l'entreprise conceptrice impliquant un devoir de conseil à l'égard de l'entreprise principale. • Civ. 3e, 16 sept. 2003 : *RD imm. 2003. 583, obs. Malinvaud.*

Il appartient à l'entrepreneur sous-traitant de se renseigner lui-même sur les contraintes spécifiques que va avoir à supporter le matériel qu'il installe. • Civ. 3e, 14 déc. 2004 : *RJDA 2005, n° 694.*

14. Nature de l'action. BIBL. Jamin, *D. 1991. Chron. 263.* – Jourdain, *D. 1992. Chron. 149.* – Larroumet, *JCP 1991. I. 3531.* – Laronde-Clérac, *Contrats Conc. Consom. 2003. Chron. 6.* ♦ Le *sous-traitant* n'étant pas contractuellement lié au *maître de l'ouvrage*, viole l'art. 1165 C. civ. l'arrêt qui retient que le maître de l'ouvrage ne dispose contre le sous-traitant que d'une action nécessairement contractuelle dans la limite de ses droits et de l'engagement du débiteur substitué. • Cass., Ass. plén., 12 juill. 1991 : *Bull. civ., n° 5 ; D. 1991. 549, note Ghestin,* *et Somm. 321, obs. Aubert* *; JCP 1991. II. 21743, note Viney ; Defrénois 1991. 1301, note Aubert* • Civ. 3e, 22 juin 1988 : *Bull. civ. III, n° 115 ; JCP 1988. II. 21225, note Jourdain* • 28 mars 1990 : *D. 1991. 25, note Kullmann* • 18 nov. 1992 : *JCP 1993. IV. 240* • 22 mai 1997 : *Gaz. Pal. 18-19 août 1999, Somm., p. 17, obs. Peisse* • 10 janv. 2001 : *JCP 2001. IV. 1378* • Civ. 1re, 7 juill. 1992 : *ibid. I, n° 221 ; D. 1994. Somm. 153, obs. Bénabent* • 23 juin 1992 : *Bull. civ. I, n° 195* • Com. 4 mai 1993 : *ibid. IV, n° 173.* – *Contra* : • Civ. 1re, 8 mars 1988 : *Bull. civ. I, n° 202 ; JCP 1988. II. 21007, note Jourdain* • Com. 17 févr. 1987 : *Bull. civ. IV, n° 44 ; D. 1987. 543, note Jourdain ; JCP 1987. II. 20892, note Dubois.* ♦ Le maître de l'ouvrage qui n'est pas lié par un contrat de louage d'ouvrage avec le sous-traitant ne dispose contre celui-ci que d'une action en responsabilité délictuelle pour faute prouvée. • Civ. 3e, 10 janv. 2001 : *RD imm. 2001. 166, obs. Périnet-Marquet et 179, obs. Malinvaud* . ♦ Le sous-traitant n'étant pas contractuellement lié au maître de l'ouvrage, le délai de prescription de l'action en responsabilité du maître de l'ouvrage contre le sous-traitant court, conformément à l'art. 2270-1 C. civ., à compter de la manifestation du dommage ou de son aggravation, et non à compter de la réception de l'ouvrage. • Montpellier, 9 déc. 2003 : *BICC 2004, n° 249.*

14 bis. Si le maître de l'ouvrage qui agit contre le sous-traitant exerce l'action que le vendeur intermédiaire lui a transmise avec la propriété de la chose livrée, le sous-traitant qui n'est pas lié contractuellement au maître de l'ouvrage ne peut invoquer les limitations éventuellement prévues dans le contrat principal passé entre le maître de l'ouvrage et le vendeur intermédiaire. • Com. 22 mai 2002 : *Bull. civ. IV, n° 89 ; D. 2002. Somm. 2843, obs. Delebecque* *; RTD com. 2003. 156, obs. Bouloc* *; RTD civ. 2003. 94, obs. Jourdain* *; Gaz. Pal. 2003. 1. Somm. 554, obs. Peisse.*

15. L'action qu'exerce le maître de l'ouvrage à l'encontre du sous-traitant d'un constructeur n'est pas l'*action oblique*, puisque ce constructeur ne pourrait tout au plus exercer à l'encontre de ses sous-traitants qu'une action en garantie, secondaire et subsidiaire par rapport à l'action principale qu'exerce le maître de l'ouvrage à son encontre, directement subordonnée à celle-ci et qui n'a pas pour objet de sauvegarder ce droit faisant partie de son patrimoine. • Versailles, 25 mars 1994 : *BICC 1994, n° 606 ; RD imm. 1994. 661, obs. Malinvaud et Boubli* .

16. Sur l'action propre quasi délictuelle d'un *architecte contre le sous-traitant* pour défaut de conformité des produits livrés, V. • Civ. 3e, 9 janv. 1991 : *JCP 1991. IV. 83.*

17. Sur l'absence de lien contractuel entre l'*entrepreneur principal* et le *sous-traitant de son sous-traitant,* V. • Civ. 3e, 13 déc. 1989 : *D. 1991. 25, note Kullmann* *; JCP 1990. II. 21554, note Bouilloux-Lafont.*

17 bis. Dès lors que le sous-traitant engage sa responsabilité vis-à-vis du maître de l'ouvrage sur le fondement délictuel, le fournisseur de ce sous-traitant doit, à l'égard du maître de l'ouvrage, répondre de ses actes sur le même fondement : • Civ. 3e, 28 nov. 2001 : *Bull. civ. III, n° 137 ; D. 2002. 1442, note Karila* *; JCP 2002. II. 10037, note Mainguy ; ibid. I. 186, n° 1, obs. Viney ; Defrénois 2002. 255, obs. Libchaber.* – *Contra :* • Cass., Ass. plén., 7 févr. 1986 : *D. 1986. Jur. 293, note Bénabent ; JCP 1986. II. 20616, note Malinvaud.* ♦ V. également retenant que le maître de l'ouvrage dispose contre le fournisseur de matériaux d'une action contractuelle, celui-ci pouvant alors lui opposer la prescription décennale applicable entre commerçants ou entre commerçant et non commerçant dont le délai a commencé à courir à compter de la livraison des matériaux à l'entrepreneur, • Civ. 3e, 26 juin 2002 : *Contrats Conc. Consom. 2002, n° 173, obs. Leveneur ; RJDA 2002, n° 125 ; RTD civ. 2003. 103, obs. Jourdain* • 12 déc. 2001 : *RTD civ. 2002. 303, obs. Jourdain* . ♦ Comp. • Paris, 10 janv. 2002 : *JCP 2002. I. 186, n° 1, obs. Viney.*

18. Le sous-traitant est tenu vis-à-vis de l'entrepreneur principal d'une obligation de résultat soumise à la prescription de droit commun. • Civ. 3e, 13 juin 1990 : *D. 1992. Somm. 119, obs. Bénabent* *; JCP 1991. II. 21715, note Bloch.* ♦ Pour un entrepreneur agissant en garantie contre un sous-traitant, le délai de prescription ne peut courir que du jour où lui-même a été assigné par le maître de l'ouvrage. • Civ. 3e, 29 janv. 1992 : *Bull. civ. III, n° 32 ; D. 1994. Somm. 153, obs. Bénabent* . ♦ L'action en garantie exercée par l'entrepreneur principal à l'encontre de son sous-traitant n'est pas enfermée dans le délai de dix ans à compter de la réception à laquelle il est étranger. • Civ. 3e, 26 avr. 2006 : *Dalloz Actualités du 10 mai 2006 ; JCP 2006. IV. 2095.*

19. Clauses de non-garantie. Lorsque les parties sont des professionnels de même spécialité, les clauses de non-garantie des vices cachés sont licites. • Com. 8 oct. 1973 : *JCP 1975. II. 17297, note Ghestin.*

20. Contrôle technique. Sur la détermination conventionnelle des obligations de contrôle technique, V. • Paris, 18 févr. 1977 : *JCP 1977. II. 18675, note Malinvaud.*

21. Pénalités de retard. Sur une condamnation motivée par les pénalités de retard dues par l'entrepreneur principal au maître de l'ouvrage, V. • Paris, 20 janv. 1988 : *JCP 1988. II. 21045, note Robine et Viandier.*

C. RESPONSABILITÉ DE L'ENTREPRENEUR PRINCIPAL

22. Les fautes d'exécution du sous-traitant engagent la responsabilité de l'entrepreneur principal envers le maître de l'ouvrage. • Civ. 3e, 13 mars 1991 : *Bull. civ. III, n° 91 ; D. 1992. Somm. 118, obs. Bénabent.* ♦ La démonstration d'une faute du sous-traitant suffit à entraîner la responsabilité de l'entrepreneur principal sans que la faute personnelle de ce dernier n'ait à être démontrée. • Civ. 3e, 23 juin 1999 : *Bull. civ. III, n° 148 ; Defrénois 1999. 1135, obs. Périnet-Marquet.*

23. Sur la responsabilité encourue par l'entrepreneur principal en raison de dommages causés par le sous-traitant à des tiers, V. • Civ. 3e, 17 mars 1999 : *JCP 2000. II. 10427, note Lasbordes.* ♦ L'entrepreneur principal ne peut exercer de recours subrogatoire contre les sous-traitants que pour la fraction de la dette dont il ne doit pas assumer la charge définitive ; et il lui incombe d'établir la faute contractuelle éventuelle de ses sous-traitants. • Civ. 3e, 26 avr. 2006 : *préc. note 13.*

TITRE II **Du paiement direct**

4 Le présent titre s'applique aux marchés passés par l'État, les collectivités locales, les établissements et entreprises publics.

Sur la sous-traitance des marchés publics, V. art. 112 s. C. marchés publics (Décr. n° 2004-15 du 7 janv. 2004 ; JO 8 janv.).

BIBL. ▶ GOHON, *RD imm. 1996. 139.* – ABATUCCI, *Dr. adm. 1999. Chron. 11* (sous-traitance dans les marchés publics). – OLIVIER, *Contrats et marchés publics 2001, Chron. 2* (paiement direct du sous-traitant).

1. Notion d'entreprise publique. V. • Com. 5 févr. 1991 : *Bull. civ. IV, n° 52 ; Rev. sociétés 1991. 741, note Debène* • 27 févr. 1990 : *ibid. IV, n° 54* • 12 janv. 1988 : *ibid., n° 16.* – Comp. : • Civ. 3e, 21 févr. 1984 : *Bull. civ. III, n° 45* • 2 oct. 2002 : *ibid., n° 198 ; RD imm. 2003. 63, obs. Périnet-Marquet ; RJDA 2003, n° 135* • Paris, 30 mai 2002 : *RD imm. 2003. 63, obs. Périnet-Marquet* • CE 19 nov. 2004 : *cité note 2 ss. art. 9, infra.*

2. Compétence juridictionnelle. Les litiges auxquels peuvent donner lieu les contrats de sous-traitance, relèvent des juridictions judiciaires s'agissant des conflits s'élevant entre le sous-traitant et l'entrepreneur principal ayant la qualité de personnes privées. • CE 20 oct. 1982 : *Dr. adm. 1982, n° 425* • T. confl. 26 sept. 2005 : *Bull. civ. n° 29.* ♦ L'action en paiement directe introduite par le sous-traitant à l'encontre du maître de l'ouvrage, SA d'économie mixte, qui l'a acceptée, relève de la compétence de la juridiction judiciaire. • T. confl. 20 juin 2005 : *Bull. civ. n° 23 ; RFD adm. 2005. 1055 ; JCP E 2005, n° 37, p. 1476 ; RJDA 2006, n° 27.* ♦ Sur la compétence des juridictions administratives pour déterminer l'étendue des droits du sous-traitant au paiement direct d'un marché de travaux publics, V. • CE 17 mars 1982 : *AJDA 1982. 727.* ♦ ... Pour l'exercice de l'action directe, V. • Versailles, 6 juin 1984 : *Gaz. Pal. 1985. 2. Somm. 319.*

3. Paiement direct. **BIBL.** Téboul, *JCP E 1989. II. 15588* (aspects de droits administratifs). ♦ La stipulation d'une clause de paiement direct dans un contrat de sous-traitance, lorsque le maître de l'ouvrage n'appartient pas à l'une des catégories définies par l'art. 4, n'a pas pour effet de soumettre la convention au titre II de la loi et, partant, de priver le sous-traitant de l'exercice de l'action directe prévue au titre III. • Com. 15 oct. 1996 : *Bull. civ. IV, n° 234 ; D. 1996. IR. 252 ; D. Affaires 1996. 1386 ; Gaz. Pal. 20-22 déc. 1998, p. 19, obs. Peisse.* ♦ Sur le paiement direct du sous-traitant pour les travaux supplémentaires qu'il a exécutés et qui étaient indispensables à la réalisation de l'ouvrage et pour les dépenses résultant des sujétions imprévues qui ont bouleversé l'économie générale du marché, V. • CE 24 juin 2002 : *BRDA 2002, n° 18, p. 7.*

4. Stipulation conventionnelle. Aucune disposition ne prohibe une stipulation conventionnelle qui permette au sous-traitant ayant conclu un contrat n'entrant pas dans le champ d'application du titre II d'être payé de ses travaux directement par le maître de l'ouvrage. • Civ. 3e, 3 févr. 1988 : *Bull. civ. III, n° 30.*

5 Sans préjudice de l'acceptation prévue à l'article 3, l'entrepreneur principal doit, lors de la soumission, indiquer au maître de l'ouvrage la nature et le montant de chacune des prestations qu'il envisage de sous-traiter *(L. n° 2001-1168 du 11 déc. 2001)* « ainsi que les sous-traitants auxquels il envisage de faire appel ».

(L. n° 2001-1168 du 11 déc. 2001) « En cours d'exécution du marché, l'entrepreneur principal peut faire appel à de nouveaux sous-traitants, à la condition de les avoir déclarés préalablement au maître de l'ouvrage. »

L'absence de mention du nom ou de la dénomination sociale du sous-traitant, lors de la soumission de l'offre, ne constitue pas une irrégularité substantielle de nature à entraîner la nullité du marché conclu. • TA Nice, 4 mars 2005 : *AJDA 2005. 1253* .

6 Le sous-traitant *(L. n° 2001-1168 du 11 déc. 2001)* « direct du titulaire du marché » qui a été accepté et dont les conditions de paiement ont été agréées par le maître de l'ouvrage, est payé directement par lui pour la part du marché dont il assure l'exécution.

Toutefois les dispositions de l'alinéa précédent ne s'appliquent pas lorsque le montant du contrat de sous-traitance est inférieur à un seuil qui, pour l'ensemble des marchés prévus au présent titre, est fixé à *(Ord. n° 2000-916 du 19 sept. 2000)* « 600 € » ; ce seuil peut être relevé par décret en Conseil d'État en fonction des variations des circonstances économiques. En deçà de ce seuil, les dispositions du titre III de la présente loi sont applicables.

En ce qui concerne les marchés industriels passés par le ministère de la défense, un seuil différent peut être fixé par décret en Conseil d'État.

Ce paiement est obligatoire même si l'entrepreneur principal est en état de liquidation des biens *[liquidation judiciaire]*, de règlement judiciaire *[sauvegarde ou redressement judiciaire]* ***ou de suspension provisoire des poursuites.***

(L. n° 2001-1168 du 11 déc. 2001) « Le sous-traitant qui confie à un autre sous-traitant l'exécution d'une partie du marché dont il est chargé est tenu de lui délivrer une caution ou une délégation de paiement dans les conditions définies à l'article 14. »

1. Agrément du sous-traitant. Le maître de l'ouvrage n'a pas l'obligation d'informer le sous-traitant de son acceptation et de l'agrément des conditions de paiement. • Civ. 3e, 7 mai 1997 : *Bull. civ. III, n° 97 ; D. 1997. IR. 145 ; D. Affaires 1997. 731 ; Gaz. Pal. 18-19 août 1999, Somm., p. 20, obs. Peisse.* ♦ Le juge administratif, statuant en application des dispositions de l'art. L. 521-1 CJA (référé-suspension) ne saurait faire droit à la demande présentée par l'entreprise principale à l'effet d'obtenir la suspension de la décision par laquelle une société d'économie mixte, maître de l'ouvrage délégué, a refusé d'accepter une entreprise en qualité de sous-traitant. • CE 4 déc. 2002 : *RJDA 2003, n° 257.*

2. Effets du paiement direct. L'institution, dans les marchés passés par l'État, les collectivités locales, les établissements et entreprises publics, d'un paiement direct du sous-traitant par le maître de l'ouvrage n'a pas pour effet de décharger l'entrepreneur principal de son obligation contractuelle au paiement des travaux réalisés. • Civ. 3e, 10 mai 1991 : *Bull. civ. III, n° 131 ; D. 1992. Somm. 115, obs. Bénabent* .

Le droit au paiement direct du sous-traitant agréé fait obstacle à ce que le titulaire du marché obtienne le paiement intégral de toutes les prestations effectuées en exécution du marché. • CE 21 févr. 2003 : *JCP E 2003, n° 38, p. 1484, obs. Guibal.*

3. Recevabilité de la demande. La procédure de paiement direct ne faisant pas disparaître le contrat de sous-traitance et laissant au sous-traitant la faculté d'agir contre l'entrepreneur principal, sans être contraint d'épuiser auparavant les voies de recours contre le maître de l'ouvrage, est recevable la demande d'un sous-traitant qui, admis au bénéfice du paiement direct et ayant reçu des acomptes du maître de l'ouvrage, assigne l'entrepreneur principal en paiement du solde du marché. • Civ. 3e, 15 janv. 1992 : *Bull. civ. III, n° 20 ; D. 1994. Somm. 150, obs. Bénabent* .

4. Mais, dès lors qu'un contrat de sous-traitance stipule que l'entrepreneur principal est dégagé de toute obligation de paiement vis-à-vis du sous-traitant à concurrence des sommes dont le paiement direct par le maître de l'ouvrage est prévu, la demande en paiement dirigée par le sous-traitant contre l'entrepreneur principal doit être rejetée puisque la clause constitue une délégation parfaite par laquelle le créancier a expressément déchargé son débiteur, que cette délégation a été acceptée par le maître de l'ouvrage et qu'elle était exclusive de toute action en paiement contre l'entrepreneur principal. • Civ. 3e, 15 déc. 1993 : *Bull. civ. IV, n° 169 ; D. 1994. Somm. 150, obs. Bénabent, et 215, obs. Penneau.*

5. La demande de paiement direct doit être rejetée, dès lors qu'à la date de la réception de la copie de la mise en demeure adressée à l'entrepreneur principal, le maître de l'ouvrage n'était plus redevable d'aucune somme envers cet entrepreneur. • Civ. 3e, 7 mai 1997 : *préc. note 1.*

6. V. notes ss. art. 11.

7. Portée du paiement direct en cas de cession de la créance du sous-traitant. V. note 8 ss. art. L. 313-28 C. mon. fin., *supra*, v° *Code monétaire et financier (extraits).*

8. Privilège de pluviôse. La revendication du « privilège de pluviôse » par le fournisseur d'une entreprise titulaire d'un marché de travaux publics, a un autre objet et un autre fondement que la demande en paiement direct. • CE 3 juin 2005 : *cité note 1 quater ss. art. 8.*

7 **Toute renonciation au paiement direct est réputée non écrite.**

8 **L'entrepreneur principal dispose d'un délai de quinze jours, comptés à partir de la réception des pièces justificatives servant de base au paiement direct, pour les revêtir de son acceptation ou pour signifier au sous-traitant son refus motivé d'acceptation.**

Passé ce délai, l'entrepreneur principal est réputé avoir accepté celles des pièces justificatives ou des parties de pièces justificatives qu'il n'a pas expressément acceptées ou refusées.

Les notifications prévues à l'alinéa 1er sont adressées par lettre recommandée avec accusé de réception.

1. Portée. L'art. 8 ne crée pas, à la charge de l'entrepreneur principal, une obligation de payer les travaux à la place du maître de l'ouvrage qui s'est refusé à le faire. • Civ. 3e, 31 mars 1993 : *Bull. civ. III, n° 49 ; D. 1994. Somm. 150, obs. Bénabent* • Versailles, 28 mars 2002 : *RD imm. 2003. 64, obs. Périnet-Marquet.*

1 bis. La mise en œuvre de la procédure de paiement direct par le maître de l'ouvrage au sous-traitant oblige le sous-traitant, qu'il ait ou non expressément déchargé l'entrepreneur principal de toute obligation de paiement à concurrence des sommes dont le paiement direct par le maître de l'ouvrage était prévu, à notifier à l'entrepreneur principal les pièces justificatives servant de base à ce paiement. • Civ. 3e, 4 janv. 2006 : *RJDA 2006, n° 529.* ♦ La présomption de l'art. 8, al. 2, ne s'applique qu'aux pièces justificatives de l'exécution des prestations sous-traitées et pas à d'autres éléments telles des pénalités de retard. • Civ. 3e, 30 mars 1994 : *Bull. civ. IV, n° 71.* ♦ L'acceptation des pièces justificatives pour le paiement direct n'implique pas, de la part de l'entrepreneur principal, renonciation dans ses rapports avec le sous-traitant à invoquer le bénéfice du contrat qui les lie et, notamment, à se prévaloir de l'inexécution des travaux ou de leur mauvaise exécution. • Versailles, 28 mars 2002 : *préc. note 1.*

1 ter. Si les dispositions de l'art. 8 et celles de l'art. 186 *ter* du code des marchés publics permettent au sous-traitant de s'adresser directement au maître d'ouvrage pour obtenir le paiement direct des sommes qui lui sont dues au titre du contrat de sous-traitance, lorsque le titulaire du marché ne s'est pas acquitté de ses obligations dans un délai de quinze jours, elles n'ont ni pour objet, ni pour effet de rendre irrecevable une demande adressée par le sous-traitant au maître d'ouvrage avant l'expiration de ce délai. • CE 31 oct. 1999 : *RJDA 2000, n° 654. Petites affiches 12 juill. 2004, p. 6, obs. Vidal.* ♦ Si l'entrepreneur principal n'a ni opposé un refus motivé à la demande de paiement du sous-traitant dans le délai de quinze jours suivant la réception, ni transmis cette demande au maître de l'ouvrage, le sous-traitant doit lui-même envoyer « en temps utile » sa demande de paiement au maître de l'ouvrage. • CE 10 déc. 2003 : *RJDA 2004, n° 556 ; Petites affiches 12 juill. 2004, p. 6, obs. Vidal.*

1 quater. Sur le contrôle de la créance du sous-traitant par le maître de l'ouvrage, V. • CE 28 avr. 2000 : *AJDA 2000. 844, obs. Caro ; Coll. terr. 2000, n° 243, obs. Célérier.* ♦ S'il est loisible au maître de l'ouvrage de soumettre au maître d'œuvre les demandes d'acompte et les pièces justificatives présentées par un sous-traitant au titre du paiement direct, aux fins de contrôler le montant de la créance de ce dernier, aucune disposition législative ou réglementaire alors en vigueur n'imposait leur transmission au maître d'œuvre par le sous-traitant ou le titulaire du marché à peine d'irrecevabilité de la demande de paiement direct. • CE 3 juin 2005 : *RJDA 2005, n° 1103.*

2. Responsabilité de l'entrepreneur principal. En refusant de transmettre le décompte au maître de l'ouvrage, l'entrepreneur cause un préjudice, dont il doit réparation, au sous-traitant qui ne peut obtenir paiement du maître de l'ouvrage. • Versailles, 31 janv. 1991 : *D. 1992. Somm. 118, obs. Bénabent* ✐. ♦ En revanche, la responsabilité contractuelle de l'entrepreneur principal ne peut être engagée, dès lors que celui-ci a transmis toutes les réclamations de son sous-traitant au maître de l'ouvrage, organisé une réunion avec lui sur les travaux en litige et indiqué par écrit au sous-traitant que les travaux supplémentaires n'étaient pris en compte qu'à la condition d'avoir été commandés par le maître de l'ouvrage. • Civ. 3e, 31 mars 1993 : *préc. note 1.*

3. Il ne peut pas utilement être reproché à l'entrepreneur d'avoir transmis au maître de l'ouvrage une situation qu'il avait vérifiée dès lors que le sous-traitant bénéficiait du paiement direct sur remise de situations mensuelles présentées à l'entrepreneur principal (à propos d'un entrepreneur informé de la cession de sa créance par le sous-traitant, celle-ci lui ayant été notifiée). • Com. 4 avr. 1995 : *Bull. civ. IV, n° 112 ; RJDA 1995, n° 1131.*

9 La part du marché pouvant être nantie par l'entrepreneur principal est limitée à celle qu'il effectue personnellement.

Lorsque l'entrepreneur envisage de sous-traiter une part du marché ayant fait l'objet d'un nantissement, l'acceptation des sous-traitants prévue à l'article 3 de la présente loi est subordonnée à une réduction du nantissement à concurrence de la part que l'entrepreneur se propose de sous-traiter.

1. Réduction du nantissement. Un entrepreneur principal ayant sous-traité une part du marché à un sous-traitant qui a été accepté par le maître de l'ouvrage, mais le nantissement de l'ensemble du marché n'ayant fait l'objet d'aucune réduction en conséquence, il s'ensuit que l'acceptation en qualité de sous-traitant ne pouvait légalement intervenir et que le sous-traitant ne saurait bénéficier de la procédure de paiement direct. • CE 2 juin 1989 : *D. 1990. 229, note crit. Bénabent* ✐.

2. Cession de créance. La limitation de la part de marché pouvant être nantie par l'entrepreneur principal doit être regardée comme concernant également les cessions consenties par celui-ci en application de la loi du 2 janv. 1981 [C. mon. fin., art. L. 313-23 s.]. • CE 19 nov. 2004 : *JCP E 2004, n° 51, p. 1998 ; RJDA 2005, n° 125.* ♦ Si le maître de l'ouvrage (société d'économie mixte) fait valoir que les travaux auxquels se rapportent les créances cédées à la banque par l'entreprise ont été en partie sous-traités par cette dernière, cette circonstance n'est pas de nature à justifier le rejet de la demande en paiement présentée par le cessionnaire, dès lors qu'il n'est pas contesté que les travaux ainsi sous-traités ne sont pas au nombre de ceux pour l'exécution desquels le sous-traitant a été accepté en cette qualité en vertu d'une annexe à l'acte d'engagement du marché et n'ont fait, préalablement à la cession des créances litigieuses, l'objet d'aucune acceptation de la part du maître de l'ouvrage. • Même décision.

10 Le présent titre s'applique :

Aux marchés sur adjudication ou sur appel d'offres dont les avis ou appels sont lancés plus de trois mois après la publication de la présente loi ;

Aux marchés de gré à gré dont la signature est notifiée plus de six mois après cette même publication.

TITRE III De l'action directe

BIBL. ▶ COURTIER, *Petites affiches 31 juill. 1996, p. 26.* – LISANTI-KALCZYNSKI, *JCP 2003. I. 102.* – LARONDE-CLERAC, *Contrats Conc. Consom. 2003, Chron. n° 6.*

11 Le présent titre s'applique à tous les contrats de sous-traitance qui n'entrent pas dans le champ d'application du titre II.

1. Montant du contrat. L'action directe n'est accordée aux sous-traitants de marchés passés par l'État, les collectivités locales, les établissements et entreprises publics, que si, leur contrat de sous-traitance étant inférieur à 4 000 F (600 €), la procédure du paiement direct leur est fermée. • Civ. 3e, 12 janv. 1982 : *D. 1982. 384, note Bénabent* • CE 17 mars 1982 : *D. 1983. IR. 238, obs. Delvolvé ; JCP 1983. II. 20100, note Flécheux.*

2. Clause de paiement direct. V. note 3 ss. art. 4.

12 **Le sous-traitant a une action directe contre le maître de l'ouvrage si l'entrepreneur principal ne paie pas, un mois après en avoir été mis en demeure, les sommes qui sont dues en vertu du contrat de sous-traitance ; copie de cette mise en demeure est adressée au maître de l'ouvrage.**

Toute renonciation à l'action directe est réputée non écrite.

Cette action directe subsiste même si l'entrepreneur principal est en état de liquidation des biens *[liquidation judiciaire]*, **de règlement judiciaire** *[sauvegarde ou redressement judiciaire]* ***ou de suspension provisoire des poursuites.***

(L. n° 94-475 du 10 juin 1994) **« Les dispositions du deuxième alinéa de l'article 1799-1 du code civil sont applicables au sous-traitant qui remplit les conditions édictées au présent article. »** – *La loi n° 94-475 du 10 juin 1994 entre en vigueur à une date fixée par décret et au plus tard le 1er oct. 1994 (art. 99).*

A. CONDITIONS D'OUVERTURE DE L'ACTION DIRECTE

1. Agrément du sous-traitant. V. notes 4 et 8 ss. art. 3 et note 1 ss. art. 6.

2. Sous-traitance en chaîne. L'action directe est accordée aux sous-traitants du sous-traitant sans distinction selon leur rang, à l'encontre du maître de l'ouvrage, qui reste toujours le même quelle que soit la succession des sous-traitants. • Civ. 3e, 29 mai 1980 : *D. 1980. 443, note Bénabent* • Cass., Ch. mixte, 18 juin 1982 : *JCP 1982. II. 19858, concl. Sadon et note G. F.* ♦ V. aussi • Com. 19 mai 1998 : *Bull. civ. IV, n° 158 ; D. Affaires 1998. 1315, obs. J. F. ; RJDA 1998, n° 1108 ; JCP E 1999, n° 5, p. 217, obs. Mainguy.* ♦ Sur l'irrecevabilité d'une action directe contre l'entrepreneur principal, V. • Civ. 3e, 12 juill. 1989 : *Bull. civ. III, n° 167.* ♦ V. aussi note 10 ss. art. 3.

3. Mise en demeure. Sur l'inefficacité de simples lettres d'opposition, même recommandées, V. • Civ. 3e, 8 juin 1982 : *Bull. civ. III, n° 144* • 4 janv. 1996 : *ibid., n° 2 ; D. 1996. IR. 44 ; D. Affaires 1996. 175 ; JCP 1996. II. 22696, note Ammar* • Com. 12 mai 1992 : *Bull. civ. IV, n° 178 ; D. 1994. Somm. 152, obs. Bénabent* • 12 mars 1996 : *RJDA 1996, n° 917.* ♦ Comp., désormais, disposant que la mise en demeure peut résulter d'une lettre missive, s'il en ressort une interpellation suffisante : C. civ., art. 1139, 1146 et 1153, mod. par L. n° 91-650 du 9 juill. 1991 (applicable à compter du 1er janv. 1993). ♦ Considérant comme étant une interpellation suffisante la lettre recommandée avec accusé de réception par laquelle le sous-traitant a demandé à l'entrepreneur principal de lui régler promptement un certain nombre de factures pour un montant déterminé, et l'a informé de la mise en œuvre de la procédure d'action directe, V. • Versailles, 3 févr. 2000 : *BRDA 2000, n° 10, p. 7.* ♦ Sur l'inefficacité de la présentation au paiement d'une lettre de change, V. • Com. 3 juill. 1990 : *Bull. civ. IV, n° 199.* ♦ En revanche, équivalent à la mise en demeure : la production au passif de la procédure collective de l'entrepreneur principal. • Com. 12 mai 1992 : *préc.* • 9 mai 1995 : *Bull. civ. IV, n° 131 ; D. 1995. IR. 163.* ♦ ... La dénonciation d'une saisie-arrêt au mandataire liquidateur de l'entrepreneur principal et la déclaration du solde de la créance du sous-traitant. • Paris, 13 mars 1992 : *RJDA 1992, n° 584.* ♦ ... L'assignation de l'entrepreneur principal. • Versailles, 16 déc. 1993 : *RD imm. 1994. 249, obs. Malinvaud et Boubli.* ♦ ... La déclaration de créance à la procédure collective ouverte à l'encontre de l'entrepreneur principal. • Paris, 21 oct. 1998 : *JCP E 1998, n° 47, p. 1809.*

Le défaut de respect des formalités prévues par l'art. 12 peut faire l'objet d'une régularisation. • Paris, 13 mars 1992 : *préc.* ♦ Mais dès lors que ces formalités n'ont pas été respectées, le maître de l'ouvrage ne peut valablement opposer au mandataire-liquidateur de l'entrepreneur principal le paiement qu'il a pris l'initiative d'effectuer entre les mains du sous-traitant. • Civ. 3e, 13 déc. 1995 : *Bull. civ. III, n° 256 ; D. 1996. IR. 36 ; D. Affaires 1996. 199.*

3 bis. La dénonciation de la mise en œuvre au maître de l'ouvrage résulte non seulement d'une lettre recommandée avec accusé de réception mais également d'assignations en référé et au fond. • Versailles, 16 déc. 1993 : *préc. note 3.*

3 ter. Inutilité d'une mise en cause. Les art. 12 et 13 ne subordonnent pas la recevabilité de l'action directe à la mise en cause de l'entrepreneur principal ou de son représentant dans l'instance opposant le sous-traitant au maître de l'ouvrage. • Com. 6 mai 1996 : *RJDA 1996, n° 1192.*

4. Redressement et liquidation judiciaires. BIBL. Gatsi, *JCP E 2000, n° 8, p. 308.* ♦ La mise en demeure adressée à un entrepreneur principal dessaisi par l'effet d'un jugement de liquidation des biens [liquidation judiciaire] est inopérante. • Civ. 3e, 3 juill. 1996 : *Bull. civ. III, n° 170 ; D. Affaires 1996. 1123 ; Petites affiches 25 oct. 1996, p. 19, note Coffy de Boisdeffre ; Gaz. Pal. 20-22 déc. 1998, p. 19, obs. Peisse.*

Sur l'absence de nécessité d'une déclaration des créances des sous-traitants au passif de la procédure collective ouverte à l'encontre de l'entrepreneur principal, V. note 22 ss. art. L. 621-43 ancien et note 29 *bis* ss. art. L. 621-46 ancien. – V. déjà • Civ. 3e, 29 févr. 1984 : *Bull. civ. III, n° 56.* ♦ Sur la possibilité, cependant, de produire concomitamment à titre conservatoire, V. • Versailles, 29 sept. 1988 : *D. 1988. IR. 262.* ♦ V. aussi note 3.

Sur la possibilité d'adresser une mise en demeure malgré l'ouverture d'une procédure collective, V. note 43 ss. art. L. 621-40 ancien C. com., *supra*.

La créance produite pour un montant inférieur à celui de la demande présentée dans l'action directe laisse subsister les droits du sous-traitant contre le maître de l'ouvrage. • Com. 11 avr. 1995 : *Bull. civ. IV, n° 120 ; D. 1995. IR. 124 ; BRDA 1995, n° 9, p. 8 ; Quot. jur. 30 mai 1995, p. 2.*

Sur l'absence de droit de priorité du sous-traitant sur les sommes que l'entrepreneur a reçues du maître de l'ouvrage, V. • Civ. 3e, 9 janv. 1991 : *D. 1992. Somm. 116, obs. Bénabent*.

5. Sur l'exclusion de la règle de l'arrêt du cours des intérêts en cas d'action directe, V. • Paris, 18 déc. 1990 : *D. 1991. IR. 48* (loi de 1967, art. 39).

5 bis. Rétrocession d'honoraires par l'entrepreneur principal. L'usage consistant à subordonner la rétribution des missions sous-traitées au versement par le maître de l'ouvrage des honoraires dus à l'architecte, n'est pas de nature à priver le sous-traitant de la mise en œuvre de l'action directe contre le maître de l'ouvrage, en cas de non-paiement de la rémunération par l'architecte ; par conséquent, le recours par le sous-traitant à cette procédure ne peut en soi être considéré comme fautif même si les parties étaient jusqu'alors dans une relation d'affaires qui semblait l'exclure, sous réserve toutefois d'un comportement particulier révélant l'intention de nuire par le truchement de cette procédure. • Colmar, 17 déc. 1998 : *BICC 1999, n° 776 ; RD imm. 2000. 54, obs. Malinvaud et Boubli*.

6. Renonciation. Sur la nullité d'une renonciation à l'action directe, V. • Civ. 3e, 27 sept. 1983 : *Bull. civ. III, n° 170* • 4 déc. 1984 : *ibid., n° 204.*

6 bis. Enrichissement sans cause. L'action du sous-traitant en paiement du solde du prix sur le fondement de l'enrichissement sans cause est irrecevable dès lors qu'il est établi qu'il avait disposé d'une action directe qu'il n'avait pu exercer qu'en raison de son absence d'agrément par le maître de l'ouvrage. • Civ. 3e, 4 déc. 2002 : *Bull. civ. III, n° 247 ; JCP E 2003, n° 5, p. 201 ; RJDA 2003, n° 379.* – V. aussi note 10 ss. art. 3.

B. OBJET DE L'ACTION DIRECTE

7. Prestations contractuellement prévues. Sur l'exclusion du paiement correspondant à des travaux supplémentaires non approuvés par le maître de l'ouvrage, V. • Civ. 3e, 13 mai 1992 : *Bull. civ. III, n° 149 ; D. 1994. Somm. 151, obs. Bénabent*. ♦ V. aussi • Civ. 3e, 5 juin 1996 : *Gaz. Pal. 1998. 2. Somm. 523, obs. Peisse* • Paris, 9 févr. 2000 : *RD imm. 2000. 179, obs. Boubli et Malinvaud*.

7 bis. Totalité des sommes dues. Les obligations du maître de l'ouvrage sont limitées à ce qu'il doit encore à l'entrepreneur principal à la date de la réception de la copie de la mise en demeure. • Civ. 3e, 15 févr. 1983 : *D. 1983. 483, note Bénabent* • 29 mai 1991 : *Bull. civ. III, n° 159 ; D. 1992. Somm. 117, obs. Bénabent* • 3 juin 1992 : *Bull. civ. III, n° 187.* ♦ Sur les conditions d'opposabilité au sous-traitant des créances de pénalité ou d'indemnité, V., exigeant que ces créances soient certaines, • Civ. 3e, 10 juill. 1996 : *Bull. civ. III, n° 179 ; D. Affaires 1996. 1161.* ♦ Comp., sur la nécessité également de créances liquides et exigibles : • Civ. 3e, 18 mars 1992 : *Bull. civ. III, n° 97 ; D. 1994. Somm. 151, obs. Bénabent*. ♦ Cependant, l'art. 12 n'impose pas que les sommes dont le paiement est demandé à l'entrepreneur soient exigibles à la date de la mise en demeure. • Civ. 3e, 13 déc. 1983 : *Bull. civ. III, n° 259.* ♦ V. aussi, jugeant que si deux dettes sont connexes, le juge ne peut pas, pour écarter la demande de compensation entre les sommes dues par le maître de l'ouvrage et celles dues par le sous-traitant, retenir que l'une des dettes ne réunit pas les conditions de liquidité et d'exigibilité : • Civ. 3e, 6 mai 2003 : *Petites affiches 8 déc. 2003, p. 11, obs. Claret ; RJDA 2004, n° 304 ; RD imm. 2003. 454, obs. Boubli et Périnet-Marquet*. ♦ En ce sens que la recevabilité de l'action directe suppose que la créance ne corresponde pas à des prestations nécessaires à l'achèvement du chantier, V. • Civ. 3e, 3 juill. 1996 : *Bull. civ. III, n° 169 ; Contrats Conc. Consom. 1996, n° 201, note Leveneur.*

8. Le sous-traitant peut réclamer au maître de l'ouvrage la totalité des sommes dont celui-ci reste redevable à l'égard de l'entrepreneur principal, sans distinction suivant l'origine des prestations fournies au titre du marché principal, d'où résulte cette dette. • Cass., Ch. mixte, 18 juin 1982 : *préc. note 2* • Civ. 3e, 29 mai 1991 : *préc. note 7 bis* • Paris, 13 oct. 1993 : *RJDA 1994, n° 158.* ♦ Si les obligations du maître de l'ouvrage à l'égard du sous-traitant sont limitées à ce qu'il doit à l'entrepreneur principal, la loi ne faisant aucune distinction suivant l'origine des prestations fournies au titre du marché principal d'où résulte cette dette, il en résulte que l'action du sous-traitant n'est pas limitée aux sommes dues par le maître de l'ouvrage à l'entrepreneur principal sur les seuls travaux exécutés par le sous-traitant, mais qu'il doit être tenu compte de l'ensemble des dettes du maître de l'ouvrage vis-à-vis de l'entrepreneur principal pour le chantier en cause. • Lyon, 15 juin 2000 : *BICC 2000, n° 1404.* ♦ Mais les art. 1er, 12 et 13 de la loi ne conférant d'action directe au sous-traitant que sur les sommes dues au titre du contrat d'entreprise dont l'exécution lui a été confiée, l'assiette de cette action ne s'étend pas aux sommes susceptibles d'être dues par le maître de l'ouvrage au même entrepreneur au titre d'autres marchés. • Com. 10 déc. 2003 : *Bull. civ. IV, n° 203 ; D. 2004. AJ. 212 ; JCP E 2004, n° 7, p. 253 ; Defrénois 2005. 58, obs. Périnet-Marquet ; Gaz. Pal. 2004. Somm. 3355, obs. Peisse ; RJDA 2004, n° 420 ; RD imm. 2004. 442, obs. Périnet-Marquet .*

8 bis. Le sous-traitant n'a pas à démontrer que la facture dont il réclame paiement n'a pas déjà été réglée à l'entrepreneur principal par le maître de l'ouvrage. • Versailles, 22 sept. 1994 : *JCP E 1995. Pan. 486.*

8 ter. Décharge de l'entrepreneur. L'action directe du sous-traitant contre le maître de l'ouvrage n'a pas pour effet de décharger l'entrepreneur principal de son obligation contractuelle au paiement des travaux réalisés par le sous-traitant. • Civ. 3e, 25 nov. 1998 : *Bull. civ. III, n° 222 ; D. 1999. 500, note D. R. Martin ; Gaz. Pal. 18-19 août 1999, Somm., p. 19, obs. Peisse.*

9. Intérêts. Aucune disposition de la loi du 31 déc. 1975 ne fait obstacle au paiement d'intérêts suivant les règles du droit commun sur les créances concernées par l'action directe. • Paris, 18 déc. 1990 : *D. 1991. IR. 48.* ♦ Mais l'envoi de la copie de la mise en demeure notifiée à l'entrepreneur principal ne constitue pas, à l'égard du maître de l'ouvrage, une sommation de payer au sens de l'art. 1153 C. civ. • Civ. 3e, 29 mai 1991 : *préc. note 7 bis* • Com. 16 juill. 1991 : *Bull. civ. IV, n° 259 ; D. 1992. Somm. 117, obs. Bénabent* • Civ. 3e, 30 oct. 1991 : *Bull. civ. III, n° 256 ; D. 1992, préc.*

9 bis. Séquestre. En ce sens que viole les art. 12 et 13 de la loi, ainsi que les art. 1956 et 1963 C. civ., l'arrêt retenant que le séquestre des fonds susceptibles de représenter le solde de la créance de l'entrepreneur principal fait échapper ces fonds à l'action directe du sous-traitant engagée postérieurement à la décision ordonnant ce séquestre, alors que le séquestre n'équivaut pas à un paiement, V. • Civ. 3e, 6 janv. 1999 : *Bull. civ. III, n° 1 ; D. 1999. IR. 41 ; D. Affaires 1999. 512, obs. J. F.*

9 ter. Paiement en vertu d'un jugement. Le maître de l'ouvrage est tenu, envers le sous-traitant, au titre de l'action directe, alors même qu'il a payé l'entrepreneur principal en exécution d'un jugement assorti de l'exécution provisoire, ce paiement n'étant pas libératoire du maître de l'ouvrage à l'égard du sous-traitant qui exerce l'action directe. • Paris, 26 sept. 2002 : *RD imm. 2003. 263, obs. Périnet-Marquet* .

C. CONFLITS DE DROITS

BIBL. Romani, *D. 1990. Chron. 179.*

10. Concours entre sous-traitants. La loi du 31 déc. 1975 n'ayant établi ni droit de priorité, ni privilège au profit de l'un des sous-traitants, en cas de concours entre eux, ils doivent être traités à égalité, dès lors qu'ils s'étaient manifestés avant paiement par le maître de l'ouvrage de certains d'entre eux ou décision judiciaire consacrant l'exercice à leur profit de l'action directe. • Civ. 3e, 11 févr. 1987 : *Bull. civ. III, n° 26 ; D. 1987. 256, note Bénabent.*

10 bis. La « transaction » passée par un maître de l'ouvrage avec des sous-traitants, prévoyant un paiement préférentiel à leur profit peut être annulée sur demande d'un autre sous-traitant ayant rempli les obligations mises à sa charge par l'art. 12. • Civ. 3e, 9 juin 1999 : *Bull. civ. III, n° 134.*

11. Créanciers nantis. Aucun texte ne confère au créancier, bénéficiaire d'un nantissement sur un marché entrant dans le champ d'application du titre III, une action directe sur la créance de l'entrepreneur principal à l'égard du maître de l'ouvrage. • Com. 19 mai 1980 : *D. 1980. 443, note Bénabent ; JCP 1980. II. 19440, note Flécheux.* ♦ Même si le sous-traitant n'a pas été agréé, il peut exciper de l'inopposabilité à son égard des privilèges résultant des nantissements consentis sur la créance de l'entrepreneur principal contre le maître de l'ouvrage. • Même arrêt. ♦ V. aussi note 8 ss. art. 3.

12. Porteur d'une lettre de change. V. note 10 ss. art. L. 511-7 C. com. ♦ En l'absence de mauvaise foi du banquier, l'art. 13-1 ne s'oppose pas à l'opération d'escompte au profit d'une banque, effectuée par un entrepreneur principal qui n'avait pas obtenu préalablement le cautionnement prévu par ce texte (à propos d'un billet à ordre). • Com. 5 mars 1991 : *Bull. civ. IV, n° 95 ; D. 1992. Somm. 28, obs. Vasseur ; JCP 1992. II. 21888, note Crionnet ;*

Gaz. Pal. 1992. 2. 445, note Montout. – Comp. : • Com. 12 févr. 1991 : *Bull. civ. IV, n° 63.*

13. Cessionnaire d'un « bordereau Dailly ». V. notes 24 s. ss. art. L. 313-27 C. mon. fin., *supra,* v° *Code monétaire et financier (extraits).*

14. Affacturage. La société d'affacturage ne peut opposer au sous-traitant exerçant l'action directe la subrogation dans la partie de la créance relative aux travaux qu'il a exécutés. • Com. 5 févr. 1991 : *Bull. civ. IV, n° 53 ; Rev. dr. bancaire 1991. 100, obs. Crédot* et *Gérard.* – V. déjà • Com. 22 nov. 1988 : *Bull. civ. IV, n° 318 ; D. 1989. 212, note Bénabent.* ♦ Sur la responsabilité du maître de l'ouvrage ayant agi de façon trompeuse à l'égard de l'affactureur subrogé dans les droits de l'entrepreneur principal, V. • Com. 7 juin 1994 : *RJDA 1994, n° 1140.*

15. Compte courant. Sur la possibilité pour la banque cessionnaire de la créance d'un sous-traitant de poursuivre l'entreprise principale, à laquelle elle avait notifié la cession, en paiement de la créance, lorsque le contrat liant l'entrepreneur principal et le sous-traitant prévoit que toutes les opérations résultant de son exécution sont comptabilisées dans le compte courant unique et indivisible ouvert au nom du sous-traitant, V. • Com. 9 oct. 2001 : *Bull. civ. IV, n° 159 ; JCP E 2001, n° 47, p. 1840.*

13 L'action directe ne peut viser que le paiement correspondant aux prestations prévues par le contrat de sous-traitance et dont le maître de l'ouvrage est effectivement bénéficiaire.

Les obligations du maître de l'ouvrage sont limitées à ce qu'il doit encore à l'entrepreneur principal à la date de la réception de la copie de la mise en demeure prévue à l'article précédent.

V. notes 6 *bis* à 9 ss. art. 12.

13-1 *(L. n° 81-1 du 2 janv. 1981)* **L'entrepreneur principal ne peut céder ou nantir les créances résultant du marché ou du contrat passé avec le maître de l'ouvrage qu'à concurrence des sommes qui lui sont dues au titre des travaux qu'il effectue personnellement.**

(L. n° 84-46 du 24 janv. 1984) **« Il peut, toutefois, céder ou nantir l'intégralité de ces créances sous réserve d'obtenir, préalablement et par écrit, le cautionnement personnel et solidaire visé à l'article 14 de la présente loi vis-à-vis des sous-traitants. »**

1. Domaine d'application. Le sous-traitant de premier rang, considéré, aux termes de l'art. 2, comme un entrepreneur principal à l'égard de son sous-traitant, ne peut, selon l'art. 13-1, céder les créances résultant du marché que pour le prix des travaux qu'il a effectués personnellement. • Com. 4 janv. 1994 : *RJDA 1994, n° 649 ; Rev. dr. bancaire 1994. 127, obs. Crédot et Gérard.* ♦ La cession de créance consentie par un entrepreneur principal à un tiers est inopposable au sous-traitant, même occulte, dès lors que la créance de l'entrepreneur principal sur le maître de l'ouvrage ne correspond pas à des travaux effectués personnellement par cet entrepreneur. • Civ. 3e, 9 juin 1999 : *Bull. civ. III, n° 135 ; D. Affaires 1999. 1396, obs. J. F. ; Dr. et patr. 2000. 94, obs. Chauvel.* ♦ La cession étant intervenue en fraude des droits du sous-traitant, l'entrepreneur principal ne peut opposer à ce dernier aucun droit sur les sommes payées à ce titre par le maître de l'ouvrage. • Même arrêt.

1 bis. Les dispositions de l'art. 13-1, par lesquelles le législateur a entendu préserver le droit d'action directe du sous-traitant, n'ont pas vocation à s'appliquer dans un litige ne concernant que les rapports entre l'entrepreneur principal, créancier cédant, le maître de l'ouvrage, débiteur cédé et la banque cessionnaire de la créance. • Paris, 23 févr. 2000 : *D. 2000. AJ. 178, obs. Faddoul.* ♦ En l'absence de tout conflit entre les sous-traitants et le banquier cessionnaire, le débiteur cédé n'est pas fondé à se prévaloir des dispositions de l'art. 13-1, al. 2 de la loi du 31 déc. 1975. • Com. 18 juin 2002 : *RD banc. fin. 2002, n° 174, obs. Crédot et Gérard.*

En l'absence d'exercice de son action directe par le sous-traitant, le débiteur cédé n'est pas fondé à se prévaloir à l'encontre du cessionnaire de la violation de l'art. 13-1, le bénéfice de cette inopposabilité étant réservé au seul sous-traitant. • Com. 3 déc. 2002 : *RTD civ. 2003. 130, obs. Crocq ; RJDA 2003, n° 533.*

2. Sanction. En l'absence du cautionnement personnel et solidaire prévu par l'art. 14, la cession par l'entrepreneur principal de créances correspondant à des travaux qu'il a sous-traités est inopposable au sous-traitant. Peu importe qu'une telle cession et le paiement effectué pour en assurer l'exécution soient intervenus antérieurement à l'exercice de l'action directe du sous-traitant contre le maître de l'ouvrage. • Com. 16 mai 1995 : *Bull. civ. IV, n° 141 ; Rev. huiss. 1996. 84, note Courtier ; RTD civ. 1995. 937, obs. Croq ; D. 1995. IR. 155.* ♦ Les cessions de créance pratiquées en contravention à l'interdiction édictée par l'art. 13-1 ne sont pas nulles mais seulement inopposables aux sous-traitants concernés. • Com. 3 déc. 2002 : *préc. note 1 bis.*

3. Tribunal compétent. Sur le point de savoir si le litige relève des tribunaux judiciaires ou administratifs, V. • Civ. 1re, 18 juill. 2000 : *RJDA 2001, n° 108.* ♦ Comp. • Civ. 1re, 25 févr. 2003 : *RJDA 2003, n° 668.*

V. aussi notes 24 s. ss. L. 313-27 C. mon. fin., *supra*, v° *Code monétaire et financier (extraits).* ♦ V. notes 11 à 13 ss. art. 12 et note ss. art. 15.

14 A peine de nullité du sous-traité, les paiements de toutes les sommes dues par l'entrepreneur au sous-traitant, en application de ce sous-traité, sont garantis par une caution personnelle et solidaire obtenue par l'entrepreneur d'un établissement qualifié, agréé dans des conditions fixées par décret. Cependant, la caution n'aura pas lieu d'être fournie si l'entrepreneur délègue le maître de l'ouvrage au sous-traitant dans les termes de l'article 1275 du code civil, à concurrence du montant des prestations exécutées par le sous-traitant.

A titre transitoire, la caution pourra être obtenue d'un établissement figurant sur la liste fixée par le décret pris en application de la loi n° 71-584 du 16 juillet 1971 concernant les retenues de garantie.

BIBL. ▶ SIMLER, *RD imm. 1996. 149* (délégation du maître de l'ouvrage).

1. Ordre public. Le sous-traitant ne peut renoncer aux droits que lui confère l'art. 14, et sont nuls et de nul effet, quelle qu'en soit la forme, les clauses, stipulations et arrangements qui auraient pour effet de faire échec à ces dispositions. • Civ. 3e, 11 oct. 1989 : *Bull. civ. III, n° 189 ; D. 1990. 119, note Caro et Sablier* • 4 févr. 2004 : *cité note 9* • Versailles, 22 févr. 1990 : *D. 1992. Somm. 113, obs. Bénabent*. ♦ Un sous-traitant ne pouvant renoncer aux dispositions d'ordre public de la loi du 31 déc. 1975, une cour d'appel ne peut retenir qu'ayant eu communication du cahier des clauses administratives particulières stipulant que le maître de l'ouvrage n'accepterait pas de délégation de paiement et ayant été informé de l'absence de cautionnement, le sous-traitant avait ainsi accepté l'absence de garantie de paiement si bien qu'il ne pouvait pas arguer de ses propres erreurs pour agir contre le maître de l'ouvrage. • Civ. 3e, 9 juill. 2003 : *Bull. civ. III, n° 153 ; JCP E 2003, n° 40, p. 1553 ; Dr. et patr. nov. 2003. 87, obs. Chauvel ; Gaz. Pal. 2004. Somm. 1293, obs. Peisse ; Defrénois 2004. 448, obs. Périnet-Marquet ; RJDA 2004, n° 553 ; RD imm. 2004. 105, obs. Périnet-Marquet*.

L'obligation pour l'entrepreneur principal d'obtenir une caution pour les contrats de sous-traitance relevant du titre III de la loi du 31 déc. 1975 n'est pas subordonnée à l'exercice de l'action directe ou à l'acceptation du sous-traitant par le maître de l'ouvrage. • Civ. 3e, 14 oct. 1992 : *Bull. civ. III, n° 273 ; D. 1994. Somm. 148, obs. Bénabent*. ♦ De même, l'obligation d'obtenir préalablement un cautionnement ne se limite pas aux seuls cas où l'entrepreneur principal cède ou nantit l'intégralité des créances résultant du contrat passé avec le maître de l'ouvrage. • Civ. 3e, 18 juill. 2001 : *RJDA 2001, n° 1211 ; RD imm. 2002. 56, obs. Périnet-Marquet*.

Viole l'art. 14 l'arrêt qui, pour rejeter le moyen tiré de la nullité du sous-traité concernant un chantier, opposée par le sous-traitant à la demande de l'entrepreneur principal, tendant à faire constater la résolution de ce sous-traité et obtenir le paiement de dommages et intérêts, retient que l'entrepreneur n'est pas tenu de fournir caution avant le début des travaux et que le sous-traitant ne pouvait plus invoquer la nullité d'un contrat qu'il n'avait pas exécuté et qui était résolu avant qu'il ne puisse se prévaloir du défaut de caution. • Civ. 3e, 30 mars 1994 : *Bull. civ. IV, n° 71 ; D. 1994. IR. 105.*

V. aussi note 6 ss. art. 14-1.

2. Nature du cautionnement. Malgré les termes utilisés, le cautionnement de l'art. 14, imposé par la loi et dont la conclusion intervient entre le débiteur et le garant, ne constitue pas une caution au sens des art. 2011 s. [2288 s.] C. civ. • Paris, 27 sept. 2002 : *RD imm. 2003. 263, obs. Périnet-Marquet*. ♦ La garantie de livraison de l'ouvrage, prise en application de l'art. L. 231-6 CCH, s'analyse en un cautionnement d'un caractère particulier stipulé en faveur du maître de l'ouvrage en cas de défaillance du constructeur, et en aucun cas en une garantie de paiement en faveur des sous-traitants. • Civ. 3e, 15 janv. 2003 : *Bull. civ. III, n° 1 ; Gaz. Pal. 2003. Somm. 3905, obs. Peisse ; RD imm. 2003. 268, obs. Périnet-Marquet*.

3. *Champ d'application.* L'art. 14 n'est pas applicable à un contrat de sous-traitance intervenu pour l'exécution d'un marché public. • Civ. 3e, 24 avr. 2003 : *JCP 2004. II. 10042, note Caro, Sablier et Abbatucci ; AJDA 2003. 1486, note Dreyfus* ; *RJDA 2003, no 1060.*

4. *Forme du cautionnement.* BIBL. Guerchoun, *D. 2005. 1154* (interdiction des cautions-flottes en matière de sous-traitance). ♦ Viole les art. 14 et 15 de la loi du 31 déc. 1975 la cour d'appel qui, pour rejeter la demande en nullité du sous-traité, retient que ce contrat comporte en annexe un modèle de caution établi par une banque (caution-flotte), sans relever l'existence d'un engagement de caution personnel et solidaire, pour l'entrepreneur principal, signé par l'établissement bancaire. • Civ. 3e, 11 oct. 1989 : *préc. note 1.* – V. dans la même affaire • Rouen, 10 sept. 1991 : *inédit* • Civ. 3e, 20 oct. 1993 : *RD imm. 1994. 52, obs. Malinvaud et Boubli*. ♦ La caution personnelle et solidaire, garantissant le paiement de toutes les sommes dues par l'entrepreneur principal au sous-traitant en application du sous-traité, doit comporter le nom de ce sous-traitant et le montant du marché garanti. • Civ. 3e, 18 déc. 2002 : *Bull. civ. III, no 267 ; D. 2003. 1158, note Caro et Sablier* ; *Gaz. Pal. 2003. Somm. 3917, obs. Peisse ; RD imm. 2003. 85, obs. Berly* ; *ibid. 264, obs. Périnet-Marquet ; JCP E 2003, no 7-8, p. 297 ; Defrénois 2003. 1270, obs. Périnet-Marquet ; RJDA 2003, no 381* (et sur renvoi • Paris, 30 juin 2004 : *RD imm. 2005. 288, obs. Périnet-Marquet*) • 15 déc. 2004 : *Bull. civ. III, no 242 ; D. 2005. IR. 460* ; *RD imm. 2005. 288, obs. Périnet-Marquet* ; *JCP E 2005, no 6, p. 210 ; RJDA 2005, no 256.* ♦ ... Ce qui exclut l'existence d'une stipulation pour autrui. • Civ. 3e, 18 déc. 2002 : *D. 2003. 1158, note Caro et Sablier* ; ♦ Sur les obligations du maître de l'ouvrage s'agissant de l'identité de l'organisme caution, V. • Civ. 3e, 18 juin 2003 : *cité note 10 ss. art. 14-1, infra.*

5. *Action en nullité.* L'action en nullité est soumise à la prescription quinquennale prévue à l'art. 1304 C. civ. et le délai court – hormis les exceptions édictées par ce texte – à compter de la date de conclusion du sous-traité et non à compter de la date du complet paiement du marché. • Civ. 3e, 20 févr. 2002 : *Bull. civ. III, no 43 ; D. 2002. AJ. 1347, obs. Chevrier* ; *Defrénois 2002. 1027, obs. Périnet-Marquet ; Gaz. Pal. 2003. Somm. 1908, obs. Peisse ; RD imm. 2003. 64, obs. Périnet-Marquet*. ♦ Comp., jugeant que la loi de 1975 ne prévoit aucun délai de forclusion pour invoquer la nullité qui peut l'être même après la levée des réserves, dans le délai de prescription de droit commun. • Versailles, 22 févr. 1990 : *préc. note 1.* ♦ *Contra*, jugeant que l'entreprise ne peut agir en nullité qu'au cours de l'exécution du contrat, soit qu'elle n'ait pas encore achevé son travail, soit que le prix n'en ait pas été entièrement soldé par l'entrepreneur principal, • Rouen, 14 juin 1990 : *ibid.*

6. *Nature de la nullité.* Le contrat est nul, dès lors que le cautionnement n'a pas été fourni lors de la conclusion et il importe peu qu'un acte de cautionnement ait été obtenu par l'entrepreneur après que le sous-traitant eut invoqué la nullité dans une lettre de mise en demeure. • Civ. 3e, 17 juill. 1996 : *Bull. civ. III, no 192 ; D. Affaires 1996. 1191.* ♦ Dans le même sens, lorsque l'acte de cautionnement a été obtenu par l'entrepreneur concomitamment à la délivrance de l'assignation en nullité du sous-traité. • Civ. 3e, 7 févr. 2001 : *Bull. civ. III, no 15 ; RD imm. 2001. 163, obs. Périnet-Marquet*. ♦ En revanche, la nullité du contrat ne peut être prononcée alors que l'entrepreneur principal avait mis en demeure le sous-traitant de venir signer le contrat et que seul le refus du sous-traitant de signer les documents avait empêché l'entrepreneur de justifier du cautionnement. • Civ. 3e, 14 nov. 2001 : *Bull. civ. III, no 130 ; RD imm. 2002. 55, obs. Périnet-Marquet* . – Comp. • Com., 12 juill. 2005 : *Bull. civ. IV, no 164 ; D. 2005. AJ. 2380, obs. Chevrier* ; *JCP E 2005, no 40, p. 1637 ; RJDA 2005, no 1213.*

De même, il importe que le sous-traitant ait reçu de l'entrepreneur principal le paiement intégral de ses prestations telles que contractuellement prévues. • Civ. 3e, 12 mars 1997 : *Bull. civ. III, no 55 ; D. Affaires 1997. 504.* ♦ Comp., en ce sens que la nullité prévue par l'art. 14 n'étant que relative, le sous-traitant ne peut plus s'en prévaloir dès lors qu'il a donné *quitus* à l'entrepreneur principal des paiements reçus par une reconnaissance de paiement sous réserve, laquelle vaut effectivement confirmation du marché de sous-traitance exécuté : • Orléans, 12 déc. 1994 : *JCP 1995. IV. 1215.*

7. *Effets de la nullité.* Lorsqu'un contrat de sous-traitance a été annulé le sous-traitant qui a réalisé les travaux est fondé à réclamer au titre de l'évaluation de ses prestations, dont la restitution est devenue impossible, le montant des sommes déboursées et les charges supportées. • Paris, 9 nov. 2001 : *RD imm. 2002. 51, obs. Périnet-Marquet*. ♦ En cas d'annulation du sous-traité, la rémunération du sous-traitant doit se faire non en fonction du prix qui avait été convenu entre les parties mais en fonction du juste coût des prestations réalisées. • Paris, 29 janv. 2004 : *RD imm. 2004. 443, obs. Périnet-Marquet (2e esp.)*.

8. *Effets de la nullité sur une garantie à première demande.* V. • Paris, 14 janv. 1993 : *JCP 1993. II. 22069, note Dumesnil-Rossi.*

9. Délégation. Pour un arrêt exigeant l'accord du maître de l'ouvrage lors de la conclusion du sous-traité pour la délégation de paiement proposée par l'entrepreneur principal, V. • Civ. 3e, 4 févr. 2004 : *Bull. civ. III, n° 30 ; JCP E 2004, n° 14, p. 540 ; RJDA 2004, n° 703 ; Defrénois 2005. 58, obs. Périnet-Marquet ; Gaz. Pal. 2004. Somm. 3356, obs. Peisse ; RD imm. 2004. 441, obs. Périnet-Marquet*.

14-1 *(L. n° 86-13 du 6 janv. 1986)* **Pour les contrats de travaux de bâtiment et de travaux publics :**

— le maître de l'ouvrage doit, s'il a connaissance de la présence sur le chantier d'un sous-traitant n'ayant pas fait l'objet des obligations définies à l'article 3, *(L. n° 2001-1168 du 11 déc. 2001)* **« ou à l'article 6, ainsi que celles définies à l'article 5, mettre l'entrepreneur principal ou le sous-traitant en demeure de s'acquitter de ces obligations. Ces dispositions s'appliquent aux marchés publics et privés ; »**

— si le sous-traitant accepté, et dont les conditions de paiement ont été agréées par le maître de l'ouvrage dans les conditions définies par décret en Conseil d'État, ne bénéficie pas de la délégation de paiement, le maître de l'ouvrage doit exiger de l'entrepreneur principal qu'il justifie avoir fourni la caution.

Les dispositions ci-dessus concernant le maître de l'ouvrage ne s'appliquent pas à la personne physique construisant un logement pour l'occuper elle-même ou le faire occuper par son conjoint, ses ascendants, ses descendants ou ceux de son conjoint.

(L. n° 2005-845 du 26 juill. 2005, art. 186) **« Les dispositions du deuxième alinéa s'appliquent également au contrat de sous-traitance industrielle lorsque le maître de l'ouvrage connaît son existence, nonobstant l'absence du sous-traitant sur le chantier. Les dispositions du troisième alinéa s'appliquent également au contrat de sous-traitance industrielle. »**

BIBL. ▸ Périnet-Marquet, *JCP 1994. I. 3745.* – Berly, *RD imm. 1995. 483.* – Roulet, *Gaz. Pal. 1er-4 nov. 2000, p. 19.* – Houtcieff, *D. 2002. 1506.* – Abbatucci, *RD imm. 2002. 488* (responsabilité du maître de l'ouvrage à l'égard des sous-traitants). – Guérin, *Rapport 2002 de la Cour de cassation, p. 237* (même thème). – Gareau, *AJDI 2004. 271* (le maître de l'ouvrage et la garantie de paiement du sous-traitant). – Périnet-Marquet, *RD imm. 2005. 376* (sécurisation financière du sous-traitant).

1. Entrée en vigueur. L'art. 14-1 est d'application immédiate. • Civ. 3e, 13 juin 1990 : *Bull. civ. III, n° 144 ; D. 1990. 465, note Dubois,* et *1992. Somm. 115, obs. Bénabent*.

1 bis. Ordre public. Le maître de l'ouvrage ne peut, par le bien d'une stipulation contractuelle interdisant la sous-traitance, se dégager de l'application de la loi d'ordre public du 31 déc. 1975 et notamment des obligations découlant de son art. 14-1. • Paris, 23 avr. 2003 : *RD imm. 2004. 103, obs. Périnet-Marquet*.

2. Marché principal. En ce sens que seuls les travaux de bâtiments ou de travaux publics réalisés au titre de marché principal entrent dans le champ d'application de l'art. 14-1, V. • Civ. 3e, 2 oct. 2002 : *cité note 3.* ♦ Le maître de l'ouvrage n'est pas tenu des obligations de l'art. 14-1 à l'égard du locateur d'ouvrage qui, n'ayant pas exécuté une partie du marché principal, mais des travaux de réfection imputables à une faute de l'entrepreneur, n'avait pas agi en qualité de sous-traitant pour les travaux supplémentaires. • Civ. 3e, 15 déc. 2004 : *Bull. civ. III, n° 243 ; JCP E 2005, n° 6, p. 210 ; RJDA 2005, n° 257 ; Gaz. Pal. 2005. 4269, obs. Peisse ; Defrénois 2006. 56, obs. Périnet-Marquet.*

3. Travaux de bâtiment. Ne constituent pas des travaux de bâtiment l'installation et la modification de machines. • Com. 12 mars 1996 : *RJDA 1996, n° 917.* ♦ Dans le même sens, s'agissant de marchés d'achat de matériel à usage industriel, V. • Civ. 3e, 20 déc. 2000 : *RD imm. 2001. 164, obs. Périnet-Marquet* • Versailles, 8 janv. 1998 : *RJDA 1998, n° 590.* ♦ Le contrat de maîtrise d'œuvre, bien que portant sur une prestation intellectuelle, et dont partie était sous-traitée, dès lors qu'il a été conclu pour l'exécution d'un programme de construction immobilière, peut entrer dans la catégorie des travaux de bâtiment. • Civ. 3e, 26 mai 2004 : *D. 2004. IR. 1866 ; JCP E 2004, n° 30, p. 1177 ; Gaz. Pal. 2005. Somm. 2133, obs. Peisse ; Contrats Conc. Consom. 2004, n° 124, obs. Leveneur ; RJDA 2004, n° 1117 ; Defrénois 2005. 58, obs. Périnet-Marquet ; RD imm. 2004. 444, obs. Périnet-Marquet ; Administrer août-sept. 2005. 54, obs. Artz.* ♦ *Contra,* jugeant que le contrat de l'architecte avec le maître de l'ouvrage a pour objet une prestation intellectuelle et non une opération matérielle de « travaux » au sens du texte, V. • Paris, 3 juill. 2002 : *RD imm. 2003. 66, obs. Périnet-Marquet*.

Sur l'application de l'art. 14-1 à des travaux de

construction d'un atelier pour la réalisation d'une unité industrielle, V. • Civ. 3e, 9 déc. 1998 : *Bull. civ. III, n° 236 ; D. Affaires 1999. 792, obs. J. F. ; Gaz. Pal. 18-19 août 1999, Somm., p. 18, obs. Peisse.* ♦ Sur la notion de travaux de bâtiment, V. aussi • Civ. 3e, 2 oct. 2002 : *Bull. civ. III, n° 197 ; D. 2002. IR. 2989 ; RD imm. 2003. 65, obs. Périnet-Marquet ; RJDA 2002, n° 1269 ; Defrénois. 2003. 321, obs. Périnet-Marquet.*

4. Travaux publics. L'expression « travaux publics » figurant à l'art. 14-1 concerne les travaux de génie civil. • Civ. 3e, 4 juin 1997 : *Bull. civ. III, n° 127 ; D. Affaires 1997. 1144 ; Gaz. Pal. 1998. 2. Somm. 522, obs. Peisse.* ♦ Jugeant que les travaux de génie civil dont se prévalait le sous-traitant n'étaient pas extérieurs mais intérieurs au bâtiment et ne pouvaient pas correspondre à des travaux publics, V. • Com. 26 mai 2004 : *JCP E 2004, n° 30, p. 1176 ; Gaz. Pal. 2005. Somm. 2133, obs. Peisse ; RJDA 2004, n° 12.*

5. Office du juge. Les juges du fond ne sont pas tenus de rechercher d'office si le maître de l'ouvrage a rempli les obligations mises à sa charge par l'art. 14-1, al. 3. • Civ. 3e, 25 sept. 2002 : *Bull. civ. III, n° 177 ; RJDA 2003, n° 134. 6 ; RD imm. 2003. 69, obs. Périnet-Marquet.*

6. Connaissance de la présence sur le chantier. L'appréciation de la connaissance du sous-traitant par le maître de l'ouvrage résulte d'une appréciation souveraine des juges du fond. • Civ. 3e, 12 févr. 2003 : *RD imm. 2003. 266, obs. Périnet-Marquet.* ♦ Le sous-traitant ayant effectué sur le chantier des travaux se chiffrant à près de 200 000 F [3 049 €], son intervention n'a pu ainsi être passée inaperçue au maître de l'ouvrage, d'autant que ce dernier a réceptionné sans aucune objection des matériaux livrés sur ledit chantier pour le compte du sous-traitant. • Bourges, 23 janv. 1996 : *JCP 1996. IV. 1661.* ♦ V. aussi, pour d'autres indices et éléments de preuve (ampleur et durée du chantier, présence sur le chantier de matériel, baraques et pancartes, émission de factures, attestations...), • Civ. 3e, 4 juin 1997 : *préc. note 4* • 1er déc. 2000 : *RD imm. 2000. 56, obs. Périnet-Marquet.* ♦ En revanche, une délégation de paiement du maître de l'ouvrage au profit du sous-traitant pour des travaux lui ayant été confiés à l'origine ne permet pas de déduire que le maître de l'ouvrage avait connaissance de la présence du sous-traitant sur le chantier pour la réalisation de nouveaux travaux. • Civ. 3e, 12 juin 2002 : *Bull. civ. III, n° 136 ; D. 2002. IR. 2778 ; JCP E 2003, n° 9, p. 369, note Lutun ; Defrénois 2003. 323, obs. Périnet-Marquet ; Gaz. Pal. 2003. Somm. 1908, obs. Peisse ; Administrer févr. 2004. 39, note Valdès.* ♦ Même solution en présence d'un simple accord donné par le maître de l'ouvrage, dans le marché le liant à l'entrepreneur principal, à la réalisation de travaux en sous-traitance, dès lors qu'il n'est pas justifié de l'acceptation d'un sous-traitant particulier. • Civ. 3e, 12 juin 2002 : *RJDA 2002, n° 1270 ; RD imm. 2003. 67, obs. Périnet-Marquet.* ♦ En ce sens que l'action en réparation engagée par le sous-traitant contre le maître de l'ouvrage ne saurait être rejetée du seul fait que celui-ci n'avait pas eu connaissance de la présence du sous-traitant dès le premier jour de son intervention. • Civ. 3e, 9 juill. 2003 : *cité note 1 ss. art. 14, supra.* ♦ ... Ou n'a eu connaissance de la présence du sous-traitant qu'après la fin des travaux, V. • Civ. 3e, 2 oct. 2002 : *Bull. civ. III, n° 199 ; RJDA 2003, n° 22.* ♦ Un sous-traitant qui ne fait état que de correspondances avec un bureau de contrôle, soit antérieures à la conclusion du contrat de sous-traitance, soit ne permettant pas de déterminer son intervention effective en cette qualité, soit largement postérieures à la fin de la mission de contrôle, ne rapporte pas la preuve que le maître de l'ouvrage savait que l'entrepreneur principal ne réalisait pas lui-même la prestation confiée à ce sous-traitant. • Versailles, 6 sept. 2001 : *JCP E 2002, n° 1, 8.* ♦ Les comptes rendus de chantier signalant la présence du sous-traitant mais qui n'ont pas été signés par les participants aux réunions ne sauraient constituer la preuve que le maître de l'ouvrage a effectivement été informé de ladite présence. • Rennes, 20 sept. 2001 : *JCP 2002. IV. 2263.* ♦ Jugeant que le texte ne comporte aucune condition relative au moment de la connaissance de l'intervention du sous-traitant par le maître de l'ouvrage, V. • Civ. 3e, 2 oct. 2002 : *Bull. civ. III, n° 199 ; D. 2002. IR. 2917 ; Gaz. Pal. 2003. Somm. 3917, obs. Peisse ; RJDA 2003, n° 22 ; RD imm. 2003. 67, obs. Périnet-Marquet ; Defrénois 2003. 323, obs. Périnet-Marquet.*

Sur la question de savoir qui, du maître de l'ouvrage personne morale ou de ses dirigeants ou actionnaires, doit avoir connaissance de la présence du sous-traitant sur le chantier, V. • Civ. 3e, 2 févr. 2005 : *Bull. civ. III, n° 23 ; RD imm. 2005. 290, obs. Périnet-Marquet ; Gaz. Pal. 2005. 4269, obs. Peisse ; JCP E 2005, n° 12, p. 500 ; RJDA 2005, n° 693.* ♦ En cas de mandat, c'est en la personne de la SCI mandante, tenue, en sa qualité de maître de l'ouvrage, d'exécuter l'obligation légale imposée par l'art. 14-1, qu'il convient d'apprécier la connaissance de la présence du sous-traitant sur le chantier. • Civ. 3e, 4 févr. 2004 : *RD imm. 2004. 446, obs. Périnet-Marquet.*

7. Chaîne de contrat. L'art. 14-1 ne crée d'obligation qu'à l'égard du maître de l'ouvrage qui reste toujours le même quelle que soit la succession des sous-traitants. En conséquence, doit être cassé l'arrêt qui, pour accueillir la demande du sous-traitant de second rang en paiement du solde du prix, retient que l'entrepreneur principal avait nécessairement connaissance de l'existence du contrat de sous-traitance conclu par le sous-traitant de premier rang et que l'entrepreneur principal commet une faute en s'abstenant de mettre l'entreprise directement liée à ce sous-traitant en demeure de faire procéder à son acceptation par le maître de l'ouvrage. • Civ. 3e, 15 janv. 2003 : *Bull. civ. III, n° 2 ; JCP E 2003, n° 10, p. 394 ; Gaz. Pal. 2004. Somm. 1294, obs. Peisse ; RJDA 2003, n° 718 ; RD imm. 2003. 268, obs. Périnet-Marquet* • 21 janv. 2004 : *RD imm. 2004. 445, obs. Périnet-Marquet*.

8. Mise en demeure de l'entrepreneur principal. L'art. 14-1 n'édictant aucun formalisme, ne commet pas de faute le maître de l'ouvrage qui, par courrier, a mis en demeure l'entrepreneur principal de s'acquitter de ses obligations. • Metz, 12 févr. 1997 : *JCP 1998. IV. 1407.* ♦ Si le législateur n'exige pas expressément que la mise en demeure prenne la forme d'une lettre recommandée, encore faut-il en cas d'envoi d'une lettre simple, outre la mention d'une interpellation suffisante pour constituer une telle mise en demeure, que la réception de ladite lettre par l'entreprise principale soit, non pas possible ou probable, mais certaine, preuve à défaut de laquelle il est impossible de retenir l'existence d'une mise en demeure. • Paris, 10 avr. 2002 : *RD imm. 2003. 68, obs. Périnet-Marquet*. ♦ Comp., pour une analyse de la mise en demeure en une injonction personnelle donnée par le maître d'ouvrage à l'entrepreneur imposant, d'une part, que celle-ci soit adressée par lettre recommandée avec AR et, d'autre part, qu'elle vise nommément le sous-traitant concerné, seul un tel visa permettant de rendre effective la mise en demeure : • Paris, 30 janv. 1998 : *JCP E 1998, n° 15-16, p. 585.* ♦ Si la mise en demeure n'est soumise à aucun formalisme, encore faut-il qu'il s'agisse d'une véritable mise en demeure présentant un caractère comminatoire certain, et non pas d'une simple invitation laissée à la discrétion de l'entrepreneur principal. • Versailles, 16 mai 2002 : *RD imm. 2003. 68, obs. Périnet-Marquet ; BICC 2003, n° 176.* ♦ Ne satisfait pas à l'obligation légale le maître de l'ouvrage qui se borne à mentionner, même à plusieurs reprises, dans des comptes rendus de chantier à l'adresse de l'entrepreneur principal, le nom d'une entreprise sous-traitante, en indiquant « agréments de sous-traitants : à transmettre rapidement ». • Même arrêt. ♦ De même, ne vaut pas mise en demeure la lettre du maître de l'ouvrage « demandant » ou « exigeant » que l'entrepreneur fournisse caution. • Paris, 27 nov. 1996 : *RJDA 1997, n° 352.* ♦ Considérant que le maître de l'ouvrage qui doit exiger de l'entrepreneur principal une justification de la fourniture de caution prévue à l'art. 14-1 se conforme à cette obligation en subordonnant la poursuite des travaux sous-traités à la fourniture du cautionnement et en retenant, sur les sommes qu'il doit à l'entrepreneur, le prix correspondant à ces travaux, le simple envoi d'une lettre recommandée de mise en demeure étant insuffisant, V. • Paris, 15 sept. 2000 : *AJDI 2000. 958 ; BRDA 2000, n° 23, p. 8.* – V. aussi • Paris, 3 févr. 2003 : *RD imm. 2003. 456, obs. Boubli et Périnet-Marquet*. ♦ Le respect des exigences légales impose que le maître de l'ouvrage veille à être en mesure de pouvoir vérifier par lui-même de l'existence et du contenu de la caution prise, sans se contenter sur ce point des affirmations de l'entreprise générale. • Paris, 4 juin 2004 : *RD imm. 2005. 291, obs. Périnet-Marquet*.

9. Action en responsabilité autonome. Ajoute à l'art. 14-1 une condition relative au recouvrement préalable infructueux de la créance qu'il ne comporte pas une cour d'appel qui, pour rejeter sur le fondement de ce texte une demande en dommages-intérêts, retient que le sous-traitant ne justifie ni même n'allègue qu'il serait dans l'impossibilité de recouvrer sa créance auprès de l'entrepreneur principal, et ne fait notamment pas état d'une suspension des poursuites à l'encontre de cet entrepreneur qui l'empêcherait d'exercer une action en recouvrement, qu'il n'établit donc pas que la faute du maître de l'ouvrage, qui n'a pas mis en demeure l'entrepreneur principal de faire agréer les conditions de paiement du sous-traité, lui a causé un préjudice. • Civ. 3e, 26 nov. 2003 : *Bull. civ. III, n° 209 ; D. 2004. IR. 190 ; JCP 2004. II. 10179, note Le Gars ; Defrénois 2004. 448, obs. Périnet-Marquet ; RJDA 2004, n° 419 ; RD imm. 2004. 106, obs. Périnet-Marquet*.

10. Responsabilité du maître de l'ouvrage. BIBL. Périnet-Marquet, *RD imm. 1996. 159.* ♦ L'obligation pesant sur le maître de l'ouvrage d'exiger de l'entrepreneur principal qu'il justifie avoir fourni la caution incluait la vérification non seulement de l'obtention par cet entrepreneur d'une caution bancaire, mais encore de la communication par lui au sous-traitant de l'identité de l'organisme caution et des termes de cet engagement. • Civ. 3e, 18 juin 2003 : *Bull. civ. III, n° 131 ; D. 2003. IR. 1881 ; JCP E 2003, n° 36, p. 1361 ; Gaz. Pal. 2005. Somm. 2133, obs. Peisse ; RD banc. fin. 2003, n° 185, obs. Legeais ; Defrénois 2003. 1271, obs. Périnet-Marquet ; AJDI 2004. 320 ; RJDA 2003, n° 1061 ; RD imm. 2004. 105, obs. Périnet-Marquet*. – Sur la forme du cautionnement, V. note 4 ss. art. 14, *supra*. ♦ Commet une faute engageant sa responsabilité extracontractuelle le maître de l'ouvrage qui, ayant connaissance de l'existence du sous-traitant et de sa présence sur le chantier, s'abstient de mettre l'entrepreneur en demeure de faire procéder à l'acceptation du sous-traitant et à l'agrément des conditions de paiement de celui-ci. • Paris, 22 janv. 1991 : *D. 1992. 500, note Morvan,* *et Somm. 115, obs. Bénabent* • 12 févr. 1991 : *ibid.* ♦ Le maître de l'ouvrage doit ainsi réparer le préjudice subi par le sous-traitant, qui a été privé du droit d'exercer l'action directe, du fait du non-respect des dispositions de l'art. 14-1. • Mêmes arrêts. – Dans le même sens : • Versailles, 7 févr. 1992 : *JCP 1994. I. 3745 (annexe I)* • Toulouse, 26 mai 1997 : *BICC 1998, n° 202* • Basse-Terre, 18 juin 1997 : *Gaz. Pal. 1998. 1. Somm. 325, obs. Vray.* ♦ V. aussi, condamnant le maître de l'ouvrage à payer au sous-traitant l'intégralité des sommes dues, • Versailles, 12e ch., 17 mars 1994 : *Gaz. Pal. 1994. 2. Somm. 582* • 16 janv. 1997 : *D. 1997. IR. 88 ; D. Affaires 1997. 373* • Bourges, 23 janv. 1996 : *préc. note 6.* ♦ La Cour de cassation s'est également prononcée en faveur de la réparation intégrale du préjudice : V. • Civ. 3e, 5 juin 1996 : *Bull. civ. III, n° 134 ; D. 1996. IR. 163 ; D. Affaires 1996. 836 ; JCP 1996. II. 22715, note Périnet-Marquet* • 29 janv. 1997 : *ibid.* – V. aussi • Civ. 3e, 26 févr. 1997 : *D. Affaires 1997. 415* • 14 avr. 1999 : *Bull. civ. III, n° 94 ; D. Affaires 1999. 938 ; Defrénois 1999. 1130, obs. Périnet-Marquet ; Administrer août-sept. 2000. 30, note Valdes.* ♦ Dans le même sens, V. • Civ. 3e, 4 nov. 1999 : *RD imm. 2000. 54, obs. Malinvaud et Boubli* • 10 janv. 2001 : *RD imm. 2001. 165, obs. Périnet-Marquet*. ♦ La Cour de Paris a considéré que le préjudice du sous-traitant résultant de la faute commise par le maître d'ouvrage est, outre la perte de l'action directe, la perte du recours contre la caution, recours qui lui aurait assuré une quasi-certitude de paiement et constitue sa garantie principale. • Paris, 30 janv. 1998 : *préc. note 8.* ♦ Comp., limitant le préjudice à la perte d'une chance certaine d'avoir le droit d'exercer l'action directe et jugeant que la réparation peut équivaloir au montant de la facture impayée par le sous-traité admis à la procédure collective lorsqu'il ressort des circonstances que l'acceptation du sous-traitant par le maître de l'ouvrage eût été certaine : • Bordeaux, 23 nov. 1993 : *BICC 1994, n° 293 ; Gaz. Pal. 1994. 2. 613, note Caro et Sablier.* ♦ V. également, appliquant la théorie de la perte d'une chance, • Montpellier, 8 oct. 1992 : *JCP 1994. I. 3745 (annexe II)* • Versailles, (4e ch.), 10 déc. 1993 : *RD imm. 1994. 250, obs. Malinvaud et Boubli* • Paris, 17 janv. 2001 : *RD imm. 2001. 166, obs. Périnet-Marquet* • 31 déc. 2001 : *RD imm. 2003. 69, obs. Périnet-Marquet*.

Pour un arrêt retenant que le non-respect des prescriptions de l'art. 14-1 n'est pas la cause du préjudice du sous-traitant dès lors que l'action directe se serait avérée infructueuse, V. • Civ. 3e, 26 janv. 2000 : *Bull. civ. III, n° 15 ; D. 2000. IR. 77 ; RD imm. 2000. 179, obs. Boubli et Malinvaud* ; *BRDA 2000, n° 6, p. 9.*

En ce sens que le sous-traitant conserve un recours qui doit produire les mêmes effets qu'une acceptation forcée du sous-traitant, V. • Toulouse, 22 nov. 1994 : *BICC 1995, n° 540 ; RD imm. 1995. 549, obs. Malinvaud et Boubli*.

Le maître d'ouvrage soumis aux obligations prévues à l'art. 14-1, qui ne met pas en demeure l'entrepreneur principal de fournir au sous-traitant agréé ne bénéficiant pas d'une délégation de paiement la caution prévue à l'art. 14, prive ce dernier d'une garantie sûre de paiement intégral et lui cause, par sa faute, un préjudice égal à la somme qu'il n'a pas recouvrée et dont il lui doit réparation en application des art. 1382 et 1383 C. civ. • Paris, 21 oct. 1998 : *JCP E 1998, n° 47, p. 1810.*

Sur la possibilité pour le maître de l'ouvrage de se retourner contre son prestataire de service chargé d'une mission d'assistance, en cas de mise en œuvre de sa responsabilité fondée sur l'inobservation des dispositions de l'art. 14-1, V. • Paris, 12 avr. 2002 : *RD imm. 2003. 67, obs. Périnet-Marquet*.

11. Manque de base légale, au regard de l'art. 14-1, l'arrêt qui, pour rejeter la demande d'une entreprise sous-traitante ayant assigné en paiement d'un solde de travaux le maître de l'ouvrage et l'entrepreneur principal, retient que si le maître de l'ouvrage a eu connaissance de la présence du sous-traitant sur le chantier, le sous-traitant n'a pas adressé de mise en demeure préalable à l'action directe à l'entrepreneur principal et qu'il n'est pas contesté que le maître de l'ouvrage a payé l'ensemble des travaux dus à l'entrepreneur principal, sans rechercher à quelle date le maître de l'ouvrage avait eu connaissance de la présence du sous-traitant sur le chantier et avait payé l'intégralité des sommes dues à l'entrepreneur principal. • Civ. 3e, 5 juin 1996 : *Bull. civ. III, n° 135 ; D. 1996. IR. 163* • 4 juin 1997 : *Bull. civ. III, n° 127 ; RJDA 1997, n° 1488.* ♦ V. aussi, jugeant que la cour d'appel ne pouvait rejeter la demande en paiement du sous-traitant, alors qu'elle avait constaté que l'entrepreneur principal avait été réglé postérieurement à la connaissance, par le maître de l'ouvrage, de la présence du sous-traitant sur le chantier, • Civ. 3e, 14 nov. 2001 : *Bull. civ. III, n° 131 ; RJDA 2002, n° 254 ; RD imm. 2002. 55, obs. Périnet-Marquet*.

12. Les dispositions de la loi du 31 déc. 1975 n'imposant d'obligation qu'à l'entrepreneur principal et non au maître de l'ouvrage, à l'exception de l'art. 14-1 inapplicable en l'espèce, et la société sous-traitante ne pouvant donc reprocher au maître de l'ouvrage de n'avoir pas mis l'entrepreneur principal en demeure de remplir ses obligations, la faute du maître de l'ouvrage n'était pas démontrée. • Civ. 3e, 4 déc. 2002 : *Bull. civ. III, n° 246 ; JCP E 2003, n° 5, p. 201 ; Gaz. Pal. 2004. Somm. 1294, obs. Peisse ; RJDA 2003, n° 380 ; RD imm. 2003. 265, obs. Périnet-Marquet* .

13. Absence de responsabilité partielle du sous-traitant. La loi du 31 déc. 1975 n'impose pas au sous-traitant de susciter son acceptation et l'agrément de ses conditions de paiement par le maître de l'ouvrage, ni d'exiger de l'entrepreneur principal une délégation de paiement ou la fourniture d'une caution (pas de partage de responsabilité). • Civ. 3e, 5 juin 1996 : *préc. note 10* • 14 avr. 1999 : *ibid.* • Versailles, 24 avr. 2003 : *BICC 2004, n° 169.* ♦ Le sous-traitant n'est pas obligé de se manifester auprès du maître de l'ouvrage. • Civ. 3e, 29 janv. 1997 : *Bull. civ. III, n° 25 ; D. 1997. IR. 54 ; D. Affaires 1997. 310 ; Gaz. Pal. 20-22 déc. 1998, p. 19, obs. Peisse.* ♦ Non seulement un sous-traitant ne peut pas renoncer par avance à se prévaloir, à l'égard du maître de l'ouvrage, du non-respect par celui-ci de ses obligations légales, mais la loi de 1975 ne lui impose aucune obligation de déclarer sa présence ou d'exiger son agrément à l'égard du maître de l'ouvrage. • Toulouse, 7 juin 2004 : *BICC 2005, n° 1086.*

14. Appel en garantie. Jugeant que le maître de l'ouvrage, actionné par le sous-traitant sur le fondement de l'art. 14-1, peut se retourner contre celui avec lequel il avait signé une convention d'assistance : • Civ. 3e, 22 oct. 2002 : *RD imm. 2003. 267, obs. Périnet-Marquet* . ♦ ... Mais pas contre son assureur, dès lors qu'une clause de la police d'assurance exclut des garanties les responsabilités constitutives d'une violation délibérée par l'assuré des règles régissant l'exercice de sa profession. • Paris, 11 sept. 2002 : *RD imm. 2003. 267, obs. Périnet-Marquet* . ♦ Sur la mise en œuvre de la responsabilité du maître d'œuvre à l'égard du maître de l'ouvrage n'ayant pas respecté les obligations découlant de l'art. 14-1, V. • Civ. 3e, 18 juin 2003 : *RD imm. 2003. 457, obs. Boubli et Périnet-Marquet* . ♦ Sur la responsabilité d'un maître d'ouvrage délégué apparent à l'égard du sous-traitant, V. • Civ. 3e, 12 janv. 2005 : *RD imm. 2005. 293, obs. Périnet-Marquet* .

TITRE IV Dispositions diverses

15 **Sont nuls et de nul effet, quelle qu'en soit la forme, les clauses, stipulations et arrangements qui auraient pour effet de faire échec aux dispositions de la présente loi.**

Il résulte de l'art. 15 qu'une cession opérée au mépris des droits des sous-traitants (art. 13-1) leur est inopposable, même si elle a été acceptée par le cédé. • T. com. Paris, 2 mai 1995 : *RJ com. 1996. 137, note d'Ambra.* ♦ V. aussi • Com. 3 déc. 2002 : *RTD civ. 2003. 130, obs. Crocq* .

V. note 1 ss. art. 14.

15-1 *(L. n° 94-638 du 25 juill. 1994)* **La présente loi est applicable à Mayotte. Elle s'applique aux contrats de sous-traitance conclus à partir du premier jour du douzième mois qui suit la publication de la loi n° 94-638 du 25 juillet 1994 tendant à favoriser l'emploi, l'insertion et les activités économiques dans les départements d'outre-mer, à Saint-Pierre-et-Miquelon et à Mayotte** *[JO 27 juill.]*.

Pour son application à la collectivité territoriale de Mayotte, il y a lieu de lire au premier alinéa de l'article 14 : « agréé dans les conditions fixées par arrêté du représentant du Gouvernement à Mayotte », au lieu de : « agréé dans des conditions fixées par décret ».

15-2 *(L. n° 96-609 du 5 juill. 1996)* **La présente loi est applicable à la collectivité territoriale de Saint-Pierre-et-Miquelon. Elle s'applique aux contrats de sous-traitance conclus à partir du 1er janvier 1997.**

Pour son application à la collectivité territoriale de Saint-Pierre-et-Miquelon, il y a lieu de lire, au premier alinéa de l'article 14 : « agréé dans les conditions fixées par arrêté du préfet » au lieu de : « agréé dans des conditions fixées par décret ».

15-3 *(L. nº 96-609 du 5 juill. 1996)* **La présente loi, à l'exception du dernier alinéa de l'article 12, est applicable à la Nouvelle-Calédonie et dans les territoires de la Polynésie française sous réserve des dispositions suivantes :**

I. – Il y a lieu de lire, au premier alinéa de l'article 14 : « agréé dans les conditions fixées par arrêté du haut-commissaire de la République » au lieu de : « agréé dans des conditions fixées par décret ».

II. – Elle s'applique aux contrats de sous-traitance conclus à partir du 1er janvier 1997.

16 **Des décrets en Conseil d'État précisent les conditions d'application de la présente loi.**

Loi nº 92-1445 du 31 décembre 1992,

Relative aux relations de sous-traitance dans le domaine du transport routier de marchandises.

Art. 1er **Entrent dans le champ d'application de la présente loi :**

– les contrats par lesquels un transporteur routier de marchandises ou un commissionnaire de transport confie à un transporteur routier de marchandises l'exécution d'une ou plusieurs opérations de transport de marchandises nécessitant l'utilisation intégrale d'au moins un véhicule ;

– les contrats par lesquels un transporteur routier de marchandises ou un loueur de véhicules confie à un loueur de véhicules industriels l'exécution d'une ou plusieurs opérations de mise à disposition d'un véhicule avec conducteur.

2 **Chacun des contractants doit être en mesure de produire un document justifiant du prix conclu pour l'exécution des opérations visées à l'article 1er.**

Le fait, pour toute personne qui a passé un contrat en vue de l'exécution des opérations mentionnées à l'art. 1er, de ne pas présenter un document justifiant du prix conclu est puni de la peine d'amende prévue pour les contraventions de la 5e classe (Décr. nº 93-824 du 18 mai 1993).

3 *(L. nº 96-603 du 5 juill. 1996)* **Est puni d'une amende de 90 000 € le fait pour le donneur d'ordres de rémunérer les contrats visés à l'article 1er par un prix qui ne permet pas de couvrir à la fois :**

– les charges entraînées par les obligations légales et réglementaires, notamment en matière sociale et de sécurité ;

– les charges de carburant et d'entretien des véhicules ;

– les amortissements ou loyers des véhicules ;

– les frais de route des conducteurs des véhicules ;

– les frais de péage ;

– les frais de documents de transport et les timbres fiscaux ;

– et, pour les entreprises unipersonnelles, la rémunération du chef d'entreprise.

Les personnes morales peuvent être déclarées pénalement responsables dans les conditions prévues par l'article 121-2 du code pénal de l'infraction prévue au présent article.

La peine encourue par les personnes morales est l'amende suivant les modalités prévues à l'article 131-38 du code pénal.

L'action est engagée par le ministère public, le ministre chargé de l'économie ou son représentant.

Le transporteur ou le loueur évincé en raison d'un prix trop bas et les organisations professionnelles de transporteurs routiers, de commissionnaires de transports et de loueurs de véhicules industriels, représentatives au niveau national, peuvent se porter partie civile.

Le ministre chargé de l'économie ou son représentant peut, devant la juridiction compétente, déposer des conclusions et les développer oralement à l'audience. Il peut également produire les procès-verbaux et les rapports d'enquête.

L'action est prescrite dans le délai d'un an à compter de la date de fin d'exécution du contrat.

V. Circ. 21 août 1996 relative aux modalités de mise en œuvre des nouvelles dispositions législatives relatives à la sous-traitance et aux prix trop bas dans le transport routier de marchandises (JO 12 sept.).

V. Décr. nº 99-752 du 30 août 1999, art. 15 s., supra, ss. C. com., art. L. 133-7.

La loi du 31 déc. 1992, destinée à individualiser les situations des sous-traitants, ne justifie pas la diffusion générale d'un même barème à un ensemble d'entreprises. • Paris, 25 janv. 1994 : *BOCC 9 févr.* – V. Magnan de Bornier, *Contrats Conc. Consom. 1994. Chron. 10.*

4 Outre les officiers et agents de police judiciaire agissant conformément aux dispositions du code de procédure pénale, les fonctionnaires mentionnés au premier alinéa de l'article 45 de l'ordonnance nº 86-1243 du 1er décembre 1986 relative à la liberté des prix et de la concurrence *[C. com., art. L. 450-1, al. 1er]* **peuvent rechercher et constater les infractions aux dispositions de l'article 2 et des quatre premiers alinéas de l'article 3 de la présente loi dans les conditions fixées par les articles 46 à 48, 51 et 52 de l'ordonnance précitée** *[C. com., art. L. 450-2 à L. 450-4, L. 450-7 et L. 450-8]. – V. ces art. infra.*

Les agents de contrôle des transports terrestres relevant du ministre des transports sont également habilités à rechercher et à constater, par procès-verbal, les infractions aux dispositions de l'article 2.

(L. nº 95-96 du 1er févr. 1995) **« Le refus de leur communiquer le document mentionné à cet article est puni d'une peine de six mois d'emprisonnement et d'une peine d'amende de 3 750 €. »**

Pour accomplir leur mission, les agents visés au deuxième alinéa ci-dessus ont accès aux locaux de l'entreprise, à l'exclusion des locaux servant de domicile, entre huit heures et vingt heures.

Le procureur de la République est préalablement avisé des opérations envisagées. Les procès-verbaux, qui font foi jusqu'à preuve du contraire, lui sont transmis sans délai. Copie en est adressée à l'intéressé.

5 Les dispositions de la présente loi s'appliquent aux contrats concernant les transports intérieurs ainsi qu'aux contrats comportant à la fois des opérations de transport intérieur et de transport international.

Des décrets précisent, en tant que de besoin, les modalités d'application de la présente loi.

....

6 Les dispositions de la présente loi entrent en vigueur le premier jour du troisième mois suivant celui de sa publication *[JO 1er janv. 1993].*

7 *(L. nº 96-609 du 5 juill. 1996)* **Les articles 1er, 2, 3, 4 et les deux premiers alinéas de l'article 5 de la présente loi sont applicables à la Nouvelle-Calédonie, sous réserve des adaptations suivantes :**

I. — A l'article 3, il y a lieu de lire : « le haut-commissaire de la République ou son représentant » au lieu de : « le ministre chargé de l'économie ou son représentant ».

Pour l'application du présent article à la Nouvelle-Calédonie, les valeurs exprimées en francs sont remplacées par les valeurs en francs CFP ci-après :

— au premier alinéa : 10 800 000 F CFP ;

— au cinquième alinéa : 21 600 000 F CFP.

II. — L'article 4 est complété par deux alinéas ainsi rédigés :

En Nouvelle-Calédonie, les officiers et agents de police judiciaire recherchent et constatent les infractions aux dispositions de l'article 2 et des quatre premiers alinéas de l'article 3 de la présente loi.

Pour l'application du présent article à la Nouvelle-Calédonie, la valeur : « 3 750 € » est remplacée par la valeur : « 450 000 F CFP ».

III. — Au début du deuxième alinéa de l'article 5, il y a lieu de lire : « Des délibérations du congrès » au lieu de : « Des décrets ».

IV. — La présente loi s'applique dans ce territoire aux contrats de sous-traitance conclus à partir du 1er janvier 1997.

Pour les règles de conversion en euros des montants exprimés en F CFP, V. Ord. n° 2000-916 du 19 sept. 2000, art. 17 (JO 22 sept.).

Sur le contrat type applicable aux transports publics routiers de marchandises exécutés par les sous-traitants, V. Décr. n° 2003-1295 du 26 déc. 2003 (JO 30 déc.), pris en application de l'art. 8 de la loi n° 82-1153 du 30 déc. 1982. - V. cet art., supra, ss. art. L. 133-7 C. com.

V. aussi, sur l'application aux opérations de transport de la loi n° 75-1334 du 31 déc. 1975 relative à la sous-traitance, L. n° 75-1334 du 31 déc. 1975, art. 1er, supra.

TRIBUNAUX DE COMMERCE

Code de commerce (ancien)

BIBL. ▶ LE BARS, *JCP 2000. Actualités, p. 2163* (nouvelles observations sur la codification à « droit constant » du code de commerce : l'art. 631 abrogé depuis 1991). – DOUVRELEUR, *D. 2001. 530* (de la compétence des tribunaux de commerce). – CROZE, *Procédures 2000, n° 12* (tribunaux de commerce : conséquence de l'abrogation de l'ancien code de commerce).

LIVRE IV **De la juridiction commerciale**

TITRE II **De la compétence des tribunaux de commerce**

V. désormais art. L. 721-3 C. com., supra.

Art. 631 *Abrogé par Décr. n° 78-329 du 16 mars 1978, validé par L. n° 91-1258 du 17 déc. 1991.*

631-1 *Abrogé par Ord. n° 2000-912 du 18 sept. 2000.*

634 à 638 *Abrogés par Décr. n° 78-329 du 16 mars 1978, validé par L. n° 91-1258 du 17 déc. 1991.*

639 *(Abrogé par Ord. n° 2000-912 du 18 sept. 2000 ;* Décr. n° 88-216 du 4 mars 1988) ***Les tribunaux de commerce jugent en dernier ressort les demandes dont le principal n'excède pas la valeur de 13 000 F.***

Sur les effets de l'abrogation de l'art. 639, V. note ss. art. L. 621-106 ancien C. com., supra.

640 (Abrogé par Décr. n° 78-329 du 16 mars 1978, validé par L. n° 91-1258 du 17 déc. 1991) ***Dans les arrondissements où il n'y aura pas de tribunaux de commerce, les juges du tribunal de grande instance exerceront les fonctions et connaîtront des matières attribuées aux juges de commerce par la présente loi.*** — L'art. L. 311-3 COJ a codifié cet article auquel il se substitue.

641 *(Abrogé par Ord. n° 2000-912 du 18 sept. 2000)* ***L'instruction,*** (Décr. n° 78-329 du 16 mars 1978) ***« dans le cas prévu à l'article L. 311-3 du code de l'organisation judiciaire », aura lieu dans la même forme que devant les tribunaux de commerce, et les jugements produiront les mêmes effets.***

Code de l'organisation judiciaire

PARTIE RÉGLEMENTAIRE

(Décr. n° 78-330 du 16 mars 1978)

TITRE PREMIER **Le tribunal de commerce**

CHAPITRE PREMIER *Institution et compétence*

(Décr. n° 88-38 du 13 janv. 1988)

Les dispositions du décret n° 88-38 du 13 janv. 1988 entrent en vigueur le 1er janv. 1988 (art. 14 du décret).

Art. R. 411-1 Le siège et le ressort des tribunaux de commerce sont fixés conformément au tableau VII annexé au présent code. — *V. le tableau annexé au décret n° 88-38 du 13 janv. 1988 (JO 15 janv.).*

Pour l'application de l'article *(Décr. n° 2005-1756 du 30 déc. 2005, art. 15)* « L. 610-1 » du code de commerce, le siège et le ressort des juridictions commerciales compétentes en métropole sont fixés conformément au tableau IX annexé au présent code. — *V. note ss. art. L. 610-1 C. com.*

(Décr. n° 2005-1756 du 30 déc. 2005, art. 4) « Pour l'application de l'article L. 420-7 du code de commerce, le siège et le ressort des juridictions commerciales compétentes en métropole sont fixés conformément au tableau XI *ter* annexé au présent code. » — *V. note ss. art. L. 420-7 C. com.*

Le Décr. n° 2005-1756 du 30 déc. 2005 est entré en vigueur le 1er janv. 2006 (art. 23 du décret). La juridiction compétente primitivement saisie demeure compétente pour statuer sur les procédures introduites antérieurement à la date d'entrée en vigueur du décret précité (art. 22 du décret).

R. 411-2 Le nombre des juges et le nombre des chambres de chaque tribunal de commerce sont fixés par décret. — *V. Décr. n° 91-692 du 18 juill. 1991 (JO 20 juill.), mod. par Décr. n° 92-756 du 3 août 1992 (JO 5 août), Décr. n° 93-1008 du 18 août 1993 (JO 19 août), Décr. n° 94-692 du 12 août 1994 (JO 14 août), Décr. n° 95-859 du 27 juill. 1995 (JO 29 juill.), Décr. n° 96-566 du 23 juill. 1996 (JO 25 juill.), Décr. n° 97-64 du 21 janv. 1997 (JO 28 janv.), Décr. n° 99-660 du 30 juill. 1999 (JO 31 juill.), Décr. n° 2003-690 du 28 juill. 2003 (JO 30 juill.), Décr. n° 2005-625 du 27 mai 2005 (JO 31 mai), Décr. n° 2005-1189 du 19 sept. 2005 (JO 21 sept.).*

R. 411-3 Lorsqu'une juridiction commerciale est créée ou lorsque le ressort d'un tribunal de commerce ou d'un tribunal de grande instance statuant en matière commerciale est modifié par suite d'une nouvelle délimitation des circonscriptions administratives ou judiciaires, le tribunal compétent primitivement saisi demeure compétent pour statuer sur les procédures introduites antérieurement à la date de création du tribunal ou de modification du ressort ainsi que sur toutes les procédures qui découlent d'un règlement judiciaire, *(L. n° 2005-845 du 26 juill. 2005, art. 165-II)* « d'une procédure de sauvegarde ou de redressement judiciaire », d'une liquidation judiciaire, d'une liquidation de biens, d'une faillite personnelle ou d'autres sanctions prononcées par ce tribunal.

R. 411-4 *(Décr. n° 2002-1436 du 3 déc. 2002)* Le tribunal de commerce connaît en dernier ressort des demandes jusqu'à la valeur de *(Décr. n° 2005-460 du 13 mai 2005, art. 19)* « 4 000 € ». — *L'art. R. 411-4 est applicable aux instances introduites à compter du 1er janv. 2003 (Décr. n° 2002-1436 du 3 déc. 2002, art. 30).*

Sur le tribunal mixte de commerce dans les départements d'outre-mer, V. COJ, art. R. 921-6 s. - ***C. pr. civ.***

Abrogation de l'art. 639 C. com. Jugeant que l'ancien taux de compétence en dernier ressort, qui était fixé par l'art. 639 de l'ancien code de commerce, n'était plus applicable au jour de l'ouverture de la procédure (30 janv. 2001), dès lors que ce texte avait été abrogé par l'ord. n° 2000-912 du 18 sept. 2000 et qu'aucune disposition similaire n'a été reprise jusqu'au Décr. du 3 déc. 2002. • Paris, 1er oct. 2004 : *D. 2004. AJ. 2717* • 9 oct. 2001 : *D. 2001. AJ. 3196, obs. Lienhard ; Dr. et procédures 2002. 100, obs. Douchy.* ♦ Conf. par • Com. 1er févr. 2005 : *Bull. civ. IV, n° 19 ; D. 2005. AJ. 492, obs. Lienhard ; RJDA 2005, n° 641* • Civ. 3e, 13 sept. 2005 : *Bull. civ. III, n° 163 ; D. 2005. AJ. 2381, obs. Lienhard ; JCP 2005. IV. 3179.*

CHAPITRE II *Organisation et fonctionnement*

(Décr. n° 88-38 du 13 janv. 1988)

....

R. 412-16 Le ministère public est représenté devant le tribunal de commerce dans les conditions fixées aux articles L. 412-5 *[L. 122-2]* et R. 311-34 à R. 311-37.

....

CHAPITRE III *Élection des juges des tribunaux de commerce*

(Décr. nº 2005-808 du 18 juill. 2005)

SECTION I *Électorat*

R. 413-1 *(Décr. nº 2005-808 du 18 juill. 2005, art. 2)* **Dans le mois qui suit l'élection des délégués consulaires, la commission mentionnée à l'article L. 413-2** *[C. com., art. L. 723-3]* **établit la liste des membres du collège électoral du tribunal de commerce. Cette commission comprend, outre son président, un juge du tribunal de commerce désigné au début de l'année judiciaire par ordonnance du président du tribunal de commerce prise après avis de l'assemblée générale du tribunal de commerce et un représentant du préfet.**

La commission se réunit à l'initiative de son président.

Le secrétariat de la commission est assuré par le greffier du tribunal de commerce.

R. 413-2 *(Décr. nº 2005-808 du 18 juill. 2005, art. 2)* **Pour établir la liste des membres du collège électoral, la commission se fait remettre une copie, certifiée par le préfet, du procès-verbal de l'élection des délégués consulaires et, par le président du tribunal de commerce, une expédition de l'ordonnance fixant le tableau des juges composant la juridiction.**

La commission procède à la radiation des membres du collège électoral qui sont décédés, qui ont démissionné, qui ont été déclarés déchus de leurs fonctions ou qui ont été condamnés à l'une des peines, déchéances ou sanctions prévues aux alinéas 4 à 7 de l'article L. 413-1 *[C. com., art. L. 723-2]*. **La commission procède en outre à l'inscription des juges dont l'élection est intervenue postérieurement à celle des délégués consulaires ainsi qu'à celle des anciens membres des tribunaux de commerce qui demandent à être inscrits en application de l'article L. 413-1** *[C. com., art. L. 723-1]*.

V. note ss. art. L. 723-3 C. com., supra.

R. 413-3 *(Décr. nº 2005-808 du 18 juill. 2005, art. 2)* **Au plus tard le 15 juillet de chaque année, la commission arrête la liste électorale qui sera utilisée lors de l'élection prévue à l'article L. 413-8** *[C. com., art. L. 723-11]*. **Cette liste est aussitôt affichée au greffe du tribunal de commerce et le demeure jusqu'au dépouillement du scrutin. Une copie est transmise au préfet. La liste est rectifiée à la diligence du greffier du tribunal de commerce en cas de notification par tout intéressé d'un jugement intervenu dans les conditions fixées par les articles L. 25 et L. 34 du code électoral. Ces rectifications sont aussitôt portées à la connaissance du préfet et, avant le commencement des opérations de dépouillement et de recensement des votes, du président de la commission mentionnée à l'article L. 413-10** *[C. com., art. L. 723-13]*.

R. 413-4 *(Décr. nº 2005-808 du 18 juill. 2005, art. 2)* **En cas de modification du ressort de deux ou plusieurs juridictions commerciales, la liste des membres du collège électoral de chacun des tribunaux de commerce concernés par cette modification est rectifiée dans les conditions prévues à l'article R. 413-2. Les greffiers desdites juridictions procèdent entre eux à toutes les communications utiles en vue des inscriptions ou radiations qu'implique cette mise à jour.**

SECTION II *Éligibilité*

Néant.

SECTION III *Scrutin et opérations électorales*

SOUS-SECTION 1 *Candidatures*

R. 413-5 *(Décr. nº 2005-808 du 18 juill. 2005, art. 2)* **Les candidatures aux fonctions de juge d'un tribunal de commerce sont déclarées au préfet. Nul ne peut se porter simultanément candidat dans plusieurs tribunaux de commerce.**

Les déclarations de candidature sont recevables jusqu'à 18 heures le vingtième jour précédant celui du dépouillement du premier tour de scrutin. Les déclarations doivent être faites par écrit et signées par les candidats. Elles peuvent être individuelles ou collectives.

Chaque candidat accompagne sa déclaration de candidature de la copie d'un titre d'identité et d'une déclaration écrite sur l'honneur qu'il remplit les conditions d'éligibilité fixées à l'article L. 413-3 *[C. com., art. L. 723-4]*, qu'il n'est pas frappé de l'une des incapacités, incompatibilités, déchéances ou inéligibilités prévues aux alinéas 4 à 7 de l'article L. 413-1 et aux articles L. 413-3-1, L. 413-3-2, L. 413-4 et L. 413-5 *[C. com., art. L. 723-2, L. 723-5 à L. 723-8]* et qu'il n'est pas candidat dans un autre tribunal de commerce.

Le préfet enregistre les candidatures et en donne récépissé. Il refuse celles qui ne sont pas assorties de la déclaration exigée à l'alinéa précédent et en avise les intéressés par écrit.

Aucun retrait ou remplacement d'une candidature n'est accepté après son enregistrement.

Les candidatures enregistrées sont affichées à la préfecture le lendemain de la date limite de dépôt des candidatures et portées à la connaissance du procureur général près la cour d'appel.

SOUS-SECTION 2 *Opérations préalables au scrutin*

R. 413-6 *(Décr. n° 2005-808 du 18 juill. 2005, art. 2)* Le collège électoral est informé, par un arrêté du préfet pris un mois avant la date du dépouillement du premier tour de scrutin, de la date, de l'heure et du lieu fixés pour les opérations de dépouillement et de recensement des votes des premier et deuxième tours de scrutin. Une copie de cet arrêté est adressée à chaque électeur.

Un délai de dix jours ouvrables sépare les dates de dépouillement des deux tours de scrutin.

R. 413-7 *(Décr. n° 2005-808 du 18 juill. 2005, art. 2)* La commission prévue à l'article L. 413-10 *[C. com., art. L. 723-13]* comprend, outre son président, deux juges d'instance. Ces trois magistrats sont désignés par le premier président après avis de l'assemblée générale de la cour d'appel.

Le secrétariat de la commission est assuré par le greffier du tribunal de commerce.

SOUS-SECTION 3 *Vote par correspondance*

R. 413-8 *(Décr. n° 2005-808 du 18 juill. 2005, art. 2)* Les plis contenant les votes par correspondance sont admis en franchise au sens du *b* du 2° de l'article 38 du cahier des charges de La Poste annexé au décret n° 90-1214 du 29 décembre 1990.

R. 413-9 *(Décr. n° 2005-808 du 18 juill. 2005, art. 2)* Le préfet adresse aux électeurs, douze jours au moins avant la date du dépouillement du premier tour de scrutin, deux enveloppes électorales destinées, pour chaque tour de scrutin, à recevoir le bulletin de vote et deux enveloppes d'envoi portant les mentions « Élection des juges du tribunal de commerce. - Vote par correspondance », « Juridiction : » et « Nom, prénoms et signature de l'électeur : ». L'une des deux enveloppes d'envoi porte en outre la mention « Premier tour de scrutin », la seconde enveloppe porte la mention « Second tour de scrutin ».

Chaque électeur vote à l'aide d'un bulletin qu'il rédige lui-même. Il peut aussi utiliser l'un des bulletins imprimés envoyés par certains candidats après l'avis de la commission prévue à l'article L. 413-10 *[C. com., art. L. 723-13]*. Ce bulletin imprimé peut être modifié de façon manuscrite. Chaque électeur ne met sous enveloppe qu'un seul bulletin. Le nombre des candidats désignés par chaque électeur sur son bulletin doit être égal ou inférieur à celui des juges à élire. Les suffrages exprimés en faveur des personnes dont la candidature n'a pas été enregistrée et affichée conformément aux dispositions de l'article R. 413-5 ne sont pas comptés lors du recensement des votes.

Un arrêté du garde des sceaux, ministre de la justice, fixe le format, le libellé et les modalités d'impression des bulletins ainsi que les modalités de présentation des candidatures sur les bulletins de vote. – *V. Arr. 29 juill. 2005 (JO 6 août).*

Pour chaque tour de scrutin, l'électeur place son bulletin de vote dans l'enveloppe électorale et place cette enveloppe dans l'enveloppe d'envoi prévue pour le tour de scrutin considéré. Il adresse cette deuxième enveloppe au préfet sous pli fermé.

Le préfet dresse une liste des électeurs dont il a reçu l'enveloppe d'acheminement des votes. La liste est close la veille du dépouillement du premier tour de scrutin à dix-huit heures. Les plis parvenant ultérieurement portent la mention de la date et l'heure auxquelles ils sont parvenus à la préfecture et sont conservés par le préfet. La liste est remise avec les enveloppes cachetées contenant les enveloppes électorales au président de la commission prévue à l'article L. 413-10 *[C. com., art. L. 723-13]* avant le début des opérations de dépouillement.

Entre le premier et le second tour de scrutin, le préfet dresse la liste des électeurs dont il a reçu l'enveloppe d'acheminement des votes pour le second tour. Il clôt la liste la veille du dépouillement du second tour de scrutin à dix-huit heures et procède ensuite conformément à l'alinéa précédent.

La liste d'émargement du vote par correspondance est constituée par la liste d'émargement prévue à l'article R. 413-13. A défaut, une copie de la liste des électeurs prévue au présent article tient lieu de liste d'émargement.

A la clôture du scrutin, le secrétaire de la commission prévue à l'article L. 413-10 *[C. com., art. L. 723-13]* porte sur la liste d'émargement, en face du nom de chaque électeur, la mention « vote par correspondance ». Le président de la commission ouvre ensuite chaque pli, énonce publiquement le nom de l'électeur, émarge et place dans une urne l'enveloppe contenant le bulletin de vote pour être dépouillé avec les autres.

Les membres de la commission prévue à l'article L. 413-10 *[C. com., art. L. 723-13]* procèdent au dépouillement des bulletins contenus dans l'urne. Les enveloppes d'acheminement des votes et la liste des électeurs ayant voté par correspondance sont annexées à la liste d'émargement et conservées dans les conditions fixées par l'article R. 413-17.

R. 413-10 *(Décr. nº 2005-808 du 18 juill. 2005, art. 2)* Les dispositions des articles R. 49, R. 52, R. 54, alinéa 1, R. 59, alinéa 1, R. 62, R. 63, alinéa 1, et R. 68 du code électoral s'appliquent aux opérations électorales organisées en vue de la désignation des membres des tribunaux de commerce. Pour l'application de ces dispositions, la commission prévue à l'article L. 413-10 *[C. com., art. L. 723-13]* est substituée au bureau de vote.

SOUS-SECTION 4 *Vote électronique*

Les dispositions relatives au vote électronique issues du Décr. nº 2005-808 du 18 juill. 2005 entreront en vigueur pour les opérations électorales qui se dérouleront au cours de l'année 2007 (Décr. préc., art. 5).

R. 413-11 *(Décr. nº 2005-808 du 18 juill. 2005, art. 2)* Le préfet adresse aux électeurs, en même temps que les documents prévus à l'article R. 413-9, une instruction relative aux modalités d'accès au système de vote électronique auquel l'électeur doit se relier pour voter ainsi que les instruments permettant l'expression du vote selon des modalités garantissant sa confidentialité.

Ces instruments permettent l'authentification de l'électeur et la vérification de l'unicité de son vote selon des exigences de sécurité et des modalités définies par arrêté conjoint du garde des sceaux, ministre de la justice, et du ministre de l'intérieur, pris après avis de la Commission nationale de l'informatique et des libertés.

R. 413-12 *(Décr. nº 2005-808 du 18 juill. 2005, art. 2)* Pour voter par voie électronique, l'électeur, après connexion au site internet ou à tout autre réseau accessible à tous les électeurs, s'identifie, exprime son vote et le valide au moyen des instruments d'authentification qui lui ont été attribués. Il vérifie l'inscription sécurisée de son vote par le système de vote électronique. La transmission du vote et l'émargement de l'électeur font l'objet d'un accusé de réception électronique sur lequel figure la date de ladite réception.

R. 413-13 *(Décr. nº 2005-808 du 18 juill. 2005, art. 2)* Le jour du dépouillement des votes, le président de la commission prévue à l'article L. 413-10 *[C. com., art. L. 723-13]* imprime la liste d'émargement à partir du traitement « fichier des électeurs ».

Le président et l'un des membres de la commission reçoivent du préfet chacun une clé de dépouillement distincte, selon des modalités en garantissant la confidentialité, permettant d'accéder aux données du fichier dénommé « contenu de l'urne électronique ». Le président reçoit également les éléments permettant la vérification de l'intégrité du système de vote électronique.

Après clôture des opérations de vote et vérification de l'intégrité du fichier dénommé « contenu de l'urne électronique », le président de la commission prévue à l'article L. 413-10 *[C. com., art. L. 723-13]* et le membre de celle-ci mentionné à l'alinéa précédent procèdent publiquement au dépouillement.

Les décomptes des voix par candidat doivent apparaître lisiblement à l'écran et faire l'objet d'une édition sécurisée qui est portée au procès-verbal de l'élection.

Le système de vote électronique est verrouillé après le dépouillement de sorte qu'il soit impossible de reprendre ou de modifier le résultat après la décision de clôture du dépouillement prise par la commission.

La commission prévue à l'article L. 413-10 *[C. com., art. L. 723-13]* vérifie que le nombre total de votes exprimés par voie électronique correspond au nombre de votants figurant sur la liste d'émargement. Mention des difficultés est portée au procès-verbal.

Le nombre total des suffrages exprimés par voie électronique ainsi que le nombre de voix obtenues par chaque candidat sont portés au procès-verbal.

SOUS-SECTION 5 *Fichiers*

R. 413-14 *(Décr. nº 2005-808 du 18 juill. 2005, art. 2)* Les données relatives aux électeurs inscrits sur les listes électorales ainsi que celles relatives à l'expression du vote font l'objet, selon des modalités fixées par arrêté conjoint du garde des sceaux, ministre de la justice, et du ministre de l'intérieur, pris après avis de la Commission nationale de l'informatique et des libertés, de traitements automatisés d'information effectués sur des systèmes informatiques distincts dénommés « fichier des électeurs » et « contenu de l'urne électronique ».

Le traitement « fichier des électeurs » est établi à partir des listes électorales dressées par la commission mentionnée à l'article L. 413-2 *[C. com., art. L. 723-3]*. Le fichier des électeurs permet au préfet d'adresser à chaque électeur les instruments d'authentification mentionnés à l'article R. 413-11, d'identifier les électeurs ayant pris part au vote électronique et d'éditer la liste d'émargement. L'émargement indique l'heure du vote. Les listes d'émargement doivent être enregistrées sur un support distinct de celui de l'urne électronique, scellé, non réinscriptible, rendant son contenu inaltérable et probant.

Le fichier dénommé « contenu de l'urne électronique » recense les votes exprimés par voie électronique. Les données de ce fichier font l'objet d'un chiffrement et ne doivent pas comporter de lien permettant l'identification des électeurs.

R. 413-15 *(Décr. nº 2005-808 du 18 juill. 2005, art. 2)* Jusqu'à l'expiration des délais de recours contentieux, les fichiers supports comprenant la copie des programmes sources et des programmes exécutables, les matériels de vote, les fichiers d'émargement, de résultats et de sauvegarde doivent être conservés sous scellés sous le contrôle de la commission prévue à l'article L. 413-10 *[C. com., art. L. 723-13]*. La procédure de décompte des votes enregistrés doit, si nécessaire, pouvoir être exécutée de nouveau.

A l'expiration des délais de recours, et si aucun recours n'a été exercé, il est procédé à la destruction des fichiers supports sous le contrôle de la commission prévue à l'article L. 413-10 *[C. com., art. L. 723-13]*.

SOUS-SECTION 6 *Proclamation des résultats et contentieux de l'élection des juges consulaires*

R. 413-16 *(Décr. n° 2005-808 du 18 juill. 2005, art. 2)* **Les votes sont recensés par la commission prévue à l'article L. 413-10** *[C. com., art. L. 723-13]*. **Les résultats sont proclamés publiquement par le président de cette commission. La liste des candidats élus, établie dans l'ordre décroissant du nombre de voix obtenu par chacun d'entre eux, est immédiatement affichée au greffe du tribunal de commerce.**

Le procès-verbal des opérations électorales est dressé en trois exemplaires revêtus de la signature des membres de la commission. Le premier exemplaire est adressé au procureur général, le deuxième au préfet et le troisième est conservé au greffe du tribunal de commerce.

R. 413-17 *(Décr. n° 2005-808 du 18 juill. 2005, art. 2)* **La liste d'émargement signée par le président de la commission prévue à l'article L. 413-10** *[C. com., art. L. 723-13]* **demeure déposée pendant huit jours au greffe du tribunal de commerce où elle est communiquée à tout électeur qui en fait la demande.**

R. 413-18 *(Décr. n° 2005-808 du 18 juill. 2005, art. 2)* **Dans un délai de huit jours à compter de la proclamation des résultats, tout électeur peut contester la régularité des opérations électorales devant le tribunal d'instance dans le ressort duquel se trouve situé le siège du tribunal de commerce.**

Le recours est également ouvert au préfet et au procureur de la République qui peuvent l'exercer dans un délai de quinze jours à compter de la réception du procès-verbal mentionné à l'article R. 413-16.

R. 413-19 *(Décr. n° 2005-808 du 18 juill. 2005, art. 2)* **Le recours est formé par déclaration orale ou écrite faite, remise ou adressée au greffe du tribunal d'instance. La déclaration indique les nom, prénoms et adresse du requérant, la qualité en laquelle il agit et l'objet du recours. La déclaration mentionne les nom, prénoms et adresse de la ou des personnes dont l'élection est contestée.**

Le recours est porté à la connaissance du président du tribunal de commerce et du procureur de la République par le greffe du tribunal d'instance.

R. 413-20 *(Décr. n° 2005-808 du 18 juill. 2005, art. 2)* **Dans les dix jours du recours, le tribunal d'instance statue sans formalité, sans frais et sur simple avertissement donné trois jours à l'avance à toutes les parties en cause.**

R. 413-21 *(Décr. n° 2005-808 du 18 juill. 2005, art. 2)* **La décision du tribunal d'instance est notifiée dans les trois jours par le greffe aux parties par lettre recommandée avec demande d'avis de réception. Le greffe en donne avis au préfet et au procureur de la République dans le même délai.**

La décision du tribunal n'est pas susceptible d'opposition.

R. 413-22 *(Décr. n° 2005-808 du 18 juill. 2005, art. 2)* **Le pourvoi en cassation est formé et instruit dans les conditions fixées aux articles 999 à 1008 du nouveau code de procédure civile. Le délai de pourvoi court à compter de la notification prévue à l'article R. 413-21.**

R. 413-23 *(Décr. n° 2005-808 du 18 juill. 2005, art. 2)* **Les juges dont l'élection est contestée peuvent valablement prêter serment, être installés et siéger tant qu'il n'a pas été définitivement statué sur le recours.**

R. 413-24 *(Décr. n° 2005-808 du 18 juill. 2005, art. 2)* **Les délais mentionnés au présent chapitre sont calculés et prorogés dans les conditions fixées aux articles 640 à 647 du nouveau code de procédure civile.**

CHAPITRE IV *Discipline des membres des tribunaux de commerce*

(Décr. n° 88-38 du 13 janv. 1988)

R. 414-1 à R. 414-21 – *V. C. pr. civ.*

Nouveau code de procédure civile

(Décr. n° 75-1123 du 5 déc. 1975)

LIVRE PREMIER **Dispositions communes à toutes les juridictions**

....

TITRE VII **L'administration judiciaire de la preuve**

....

SOUS-TITRE II **Les mesures d'instruction**

CHAPITRE PREMIER *Dispositions générales*

SECTION I *Décisions ordonnant les mesures d'instruction*

Art. 145 **S'il existe un motif légitime de conserver ou d'établir avant tout procès la preuve de faits dont pourrait dépendre la solution d'un litige, les mesures d'instruction légalement admissibles peuvent être ordonnées à la demande de tout intéressé, sur requête ou en référé.**

I. COMPÉTENCE

1. Compétence matérielle. Le juge judiciaire des référés peut ordonner une mesure d'instruction, avant tout procès, dès lors que le fond du litige est de nature à relever, ne serait-ce qu'en partie, de la compétence des juridictions de l'ordre auquel il appartient. • Civ. 1re, 19 févr. 1991 : *Bull. civ. I, n° 70.* ♦ Le juge des référés ne peut ordonner de mesures d'instruction sur le fondement de l'art. 145 que si, à la date où il se prononce, le juge du fond n'est pas déjà saisi du procès en vue duquel la mesure est sollicitée. • Com. 15 nov. 1983 : *Bull. civ. IV, n° 307 ; Gaz. Pal. 1984. 1. Pan. 74, obs. Guinchard ; RTD civ. 1984. 561, obs. Perrot.* – V. aussi • Civ. 2e, 15 janv. 2004 : *D. 2004. 2172, note Foulon et Strickler* • Versailles, 19 oct. 2005 : *Dr. et procédures 2006. 116.* ♦ Echappe à la compétence territoriale française la demande de mesure d'instruction qui, quoique dissociée de l'instance principale, n'est pas une demande précontentieuse sur laquelle il pourrait être statué par application de l'art. 145, dès lors qu'une juridiction étrangère se trouve saisie du litige ayant pour objet la qualité des produits vendus qu'il s'agit de vérifier. • Orléans, 27 mai 2004 : *Rev. crit. DIP 2005. 309, note Ancel.* ♦ Ayant relevé qu'une contre-expertise avait été ordonnée par la juridiction saisie de l'instance au fond, il n'appartient pas à une cour d'appel, en référé, d'étendre la nouvelle décision d'expertise. • Civ. 2e, 23 sept. 2004 : *Bull. civ. II, n° 421. D. 2004. IR. 3039 ; JCP 2005. I. 125, n° 9, obs. Serinet.* ♦ En revanche, une instance en référé ne peut faire obstacle à l'application de l'art. 145. • Civ. 2e, 17 juin 1998 : *Bull. civ. II, n° 200 ; D. 1998. IR. 194 ; D. Affaires 1998. 708, obs. S.P.*

Aucun texte relatif au bail commercial ne s'oppose à l'exercice par le juge des référés des pouvoirs que lui confère l'art. 145 NCPC dès lors qu'aucun juge du fond n'était saisi de la demande en cause. • Civ. 3e, 18 déc. 2002 : *Bull. civ. III, n° 271 ; JCP E 2003, n° 7-8, p. 295 ; Loyers et copr. 2003, n° 66, obs. Brault ; RJDA 2003, n° 240 ; Rev. loyers 2003. 152, obs. Gallet ; Administrer avr. 2003. 34, obs. Boccara et Lipman-Boccara.* ♦ Jugeant qu'un actionnaire minoritaire d'une SA peut valablement former une demande d'expertise en application de l'art. 145 NCPC, alors même qu'il dispose également du droit de solliciter une expertise de gestion sur le fondement de l'art. L. 225-231 C. com. : • Paris, 25 oct. 2002 : *cité note 9.* ♦ Même solution pour un associé d'une SARL, alors qu'il dispose de l'expertise régie par l'art. L. 223-37 C. com. • Nancy, 30 août 2005 : *Dr. sociétés 2006, n° 6, obs. Monnet* • Pau, 13 déc. 2005 : *Bull. Joly 2006. 601, note Lecourt.* ♦ Les dispositions spéciales et d'ordre public des art. 306 et 314 NCPC excluant l'application de l'art. 145, une expertise sollicitée sur le fondement de ce texte, qui a pour effet de mettre en cause la force probante d'un acte authentique, ne peut être ordonnée même préalablement à une procédure d'inscription de faux. • Civ. 1re, 11 juin 2003 : *Bull. civ. I, n° 139 ; D. 2003. IR. 1808 ; RTD civ. 2003. 539, obs. Normand ; Defrénois 2003. 1174, obs. Aubert ; Procédures 2003, n° 216, obs. Perrot ; JCP 2003. IV. 2377 ; RTD civ. 2003. 503, obs. Mestre et Fages,* *et 539, obs. Normand ; RJDA 2004, n° 771.*

Une décision consécutive à une ordonnance de référé, prescrivant une expertise avant tout procès, constitue en elle-même une décision de référé soumise au régime de l'art. 145. • Versailles, 9 déc. 2004 : *Dr. et procédures 2005. 163, note Vinckel.* ♦ Le juge des référés qui a épuisé sa saisine lorsqu'il a ordonné cette expertise ne peut plus être saisi sur le fondement de l'art. 145 dès lors que le juge du fond connaît du litige en vue duquel la mesure d'instruction *in futurum* a été sollicité. • Même arrêt. ♦ L'exception de nullité du rapport d'expertise doit être soulevée dans l'instance au fond dans la perspective de laquelle la mesure d'instruction a été ordonnée ; dès lors, une action en nullité du rapport d'expertise exercée à titre principal n'est pas recevable. • Civ. 2e, 2 déc. 2004 : *Bull. civ. II, n° 513 ; D. 2005. Pan. 339, obs. Julien et Fricero ; Procédures 2005, n° 59, obs. Perrot.*

2. *Compétence territoriale.* Une clause attributive de compétence territoriale est inopposable à la partie qui saisit le juge des référés. • Civ. 2e, 17 juin 1998 : *Bull. civ. II, n° 200 ; D. 1998. IR. 194 ; D. Affaires 1998. 708, obs. S.P.* ♦ Si le juge territorialement compétent pour statuer sur une demande de mesure d'instruction est le président de la juridiction appelée à connaître d'un litige éventuel sur le fond, il n'est pas interdit au demandeur de saisir en référé le président de la juridiction du lieu où doit être exécutée le mesure demandée. • Même arrêt. ♦ Une cour d'appel ne peut déclarer le président du tribunal de commerce de Paris incompétent pour ordonner une mesure d'expertise portant sur la comptabilité d'une société dont le siège social est à Paris au motif que ce tribunal étant incompétent pour statuer au fond, comme n'étant ni le tribunal du défendeur, ni celui de la prestation de services, l'est par voie de conséquence pour ordonner l'expertise sans répondre aux conclusions par lesquelles la partie demandant l'expertise faisait valoir que l'objet des vérifications réclamées se trouvait à Paris et que la compétence invoquée présentait donc une opportunité qui ne préjudiciait pas aux droits des parties. • Com. 1er juill. 1980 : *Bull. civ. IV, n° 284.*

3. *Ordonnance sur requête.* Des mesures d'instruction urgentes ne peuvent être ordonnées par voie de requête que lorsque les circonstances exigent qu'elles ne soient pas prises contradictoirement. Par suite, ne donne pas de base légale à sa décision, la cour d'appel qui, pour accueillir la demande d'une société en désignation, par la procédure de l'ordonnance sur requête, d'un huissier de justice pour assister aux réunions d'un comité d'entreprise, retient que la procédure d'ordonnance sur requête est « parfaitement légale », bien que non contradictoire, la voie de la rétractation étant ouverte à tout intéressé, sans rechercher si la mesure sollicitée exigeait une dérogation à la règle du contradictoire. • Civ. 2e, 13 mai 1987 : *Bull. civ. II, n° 112 ; RTD civ. 1988. 181, obs. R. Perrot.*

II. CONDITIONS DE MISE EN ŒUVRE

4. *Autonomie.* Lorsqu'il statue en application de l'art. 145, le juge des référés n'est pas soumis aux conditions posées par l'art. 872 NCPC. • Cass., Ch. mixte, 7 mai 1982 : *Bull. civ., n° 2 (1re esp.) ; D. 1982. 541, concl. J. Cabannes ; RTD civ. 1982. 788, obs. R. Perrot.* ♦ Les dispositions de l'art. 146 relatives aux mesures d'instruction ordonnées au cours d'un procès ne s'appliquent pas lorsque le juge est saisi d'une demande fondée sur l'art. 145 du même code. • Cass., Ch. mixte, 7 mai 1982 : *Bull. civ. n° 2 (2e et 3e esp.)* • Civ. 2e, 8 mars 2006 : *D. 2006. IR. 886 ; JCP 2006. IV. 1747.* ♦ Mais l'art. 145, sous prétexte que les dispositions de l'art. 146, al. 2 NCPC ne sont pas applicables dans ce cas, ne doit pas devenir le moyen commode d'établir la preuve de faits qu'on allègue. • Versailles, 4 nov. 2004 : *RJ com. 2005. 80, note Travier.* ♦ Les dispositions de l'art. 226 de la loi du 24 juill. 1966 [C. com., art. L. 225-231] ne rendent pas irrecevables la demande de désignation d'un expert formée par des actionnaires d'une société anonyme sur le fondement de l'art. 145 NCPC. • Com. 7 déc. 1981 : *Bull. civ. IV, n° 425 ; Rev. sociétés 1982. 521, note S. Michelin-Finielz.* ♦ L'existence de contestations sérieuses tirées des stipulations contractuelles ne constitue pas un obstacle à la mise en œuvre des dispositions de l'art. 145 ; l'application de ce texte n'exige aucun examen préalable de la recevabilité d'une éventuelle action ni des chances de succès du procès au fond. • Versailles, 22 janv. 2004 : *JCP 2004. IV. 2399.*

5. Exigence d'un motif légitime. Ne donne pas de base légale à sa décision, au regard de l'art. 145, la cour d'appel qui, pour ordonner en référé une expertise, se borne à énoncer que la partie qui la demande a un motif légitime suffisant en l'état pour justifier pareille mesure, sans caractériser aucunement ce motif légitime. • Com. 18 oct. 1988 : *Bull. civ. IV, n° 280.* ♦ La procédure prévue par l'art. 145 n'est pas limitée à la conservation des preuves et peut tendre aussi à leur établissement. • Civ. 2e, 17 juin 1998 : *Bull. civ. II, n° 200 ; D. 1998. IR. 194 ; D. Affaires 1998. 708, obs. S. P.*

Une cour d'appel peut rétracter une ordonnance sur requête dès lors qu'ayant constaté une absence de motif, tant de l'ordonnance sur requête que de la requête elle-même, sur les circonstances qui justifiaient que la mesure d'instruction demandée sur le fondement de l'art. 145 ne soit pas prise contradictoirement, elle n'a à procéder à aucune autre recherche ni à statuer sur les mérites d'une requête qui ne pouvait saisir régulièrement le juge. • Civ. 2e, 30 janv. 2003 : *Bull. civ. II, n° 25 ; D. 2003. IR. 604 ; JCP 2002. IV. 1500.* ♦ Le recours à l'art. 145 n'est justifié que par la recherche ou la conservation des preuves pour un litige potentiel dont l'objet et le fondement sont suffisamment caractérisés. • Paris, 6 août 2003 : *cité note 6* • 30 juin 2004 : *RJDA 2005, n° 279.* ♦ Une demande de complément de l'expertise de gestion, précédemment demandée par une société actionnaire minoritaire (C. com., art. L. 225-231), par une mesure d'instruction *in futurum* concernant une opération effectuée par la filiale, doit être accueillie sans que la société soit tenue de justifier d'un intérêt distinct de son intérêt d'actionnaire minoritaire. • Com. 21 sept. 2004 : *Bull. Joly 2005. 73, note Godon.*

6. Illustrations du motif légitime. Dès lors que les allégations du demandeur présentaient un certain intérêt et que le rapport de l'expert l'ayant assisté démontrait des anomalies dans la gestion sociale, le caractère légitime de la demande d'instruction sollicitée, sur le fondement de l'art. 145, en vue d'examiner les relations commerciales, juridiques ou financières pouvant exister entre la société, la gérante et l'un des associés, est démontré. • Com. 5 nov. 1985 : *Bull. civ. IV, n° 260.* ♦ Le motif légitime est constitué par le souci d'éviter d'intenter à tort une procédure ou celui de se trouver éclairé sur la meilleure action à engager et à bien diriger, le tout en fonction d'une connaissance plus approfondie des éléments de fait, de sorte qu'est justifiée la demande de désignation de deux experts ayant pour mission de constater divers éléments relatifs aux formulaires de vote par correspondance rejetés lors de l'assemblée générale des actionnaires d'une société ayant décidé une augmentation de capital. • T. com. Versailles, réf., 3 août 1998 : *Bull. Joly Bourse 1998. 627, note S. Robineau.* ♦ En l'absence d'accord des parties concernant l'indemnité d'éviction offerte par le bailleur et l'indemnité d'occupation due par le locataire qui se maintient dans les lieux, les juges peuvent souverainement en déduire que le bailleur disposait d'un motif légitime pour solliciter une expertise aux fins d'évaluation de ces indemnités. • Civ. 3e, 18 déc. 2002 : *préc. note 1* • 18 déc. 2002 : *AJDI 2003. 115.* ♦ Jugeant que la diversité des voies de droit évoquées par les appelants montre que le cadre et les limites d'une éventuelle saisine des juges du fond ne sont ni clairement établis, ni aisément déterminables, de sorte qu'en réalité la demande tend, dans des conditions que n'autorise pas l'art. 145, à la recherche d'un fondement juridique pour une demande en justice ultérieure, V. • Paris, 6 août 2003 : *D. 2003. IR. 2412.* ♦ Mais une controverse jurisprudentielle et doctrinale récente peut être constitutive d'un fondement juridique susceptible de caractériser le motif légitime au sens de l'art. 145. • Versailles, 14 avr. 2005 : *Dr. et procédures 2005. 347, obs. Lefort.*

7. Illustrations du défaut de motif légitime. Ne fait qu'user des pouvoirs qu'elle tient de l'art. 145, une cour d'appel qui, statuant en référé, rejette une demande d'expertise portant sur la marchandise livrée en exécution d'une vente, au motif que les défauts de cette marchandise n'autoriseraient pas l'acquéreur à refuser le paiement de la créance contestée par lui. • Com. 17 mars 1987 : *Bull. civ. IV, n° 73.* ♦ Une cour d'appel justifie sa décision, estimant qu'il n'y avait pas de motif légitime pouvant autoriser l'établissement de la preuve avant tout procès, en retenant que le demandeur avait déjà fait faire plusieurs constats et interrogé plusieurs personnes et qu'il lui était aisé de réunir lui-même les éléments de preuve supplémentaires. • Com. 18 févr. 1986 : *Bull. civ. IV, n° 26.* ♦ Le créancier d'un débiteur en redressement judiciaire non habilité à exercer les actions spécifiques des art. 107 et 108 de la loi du 25 janv. 1985 [C. com., art. L. 632-1 et L. 632-2] ne justifie pas d'un motif légitime au sens de l'art. 145 NCPC pour demander l'institution d'une mesure d'instructions destinée à établir l'irrégularité alléguée d'actes préjudiciables aux créanciers accomplis par le débiteur au cours de la période suspecte et la connaissance de son état de cessation des paiements par ses cocontractants. • Com. 26 avr. 2000 : *Bull. civ. IV, n° 83 ; D. 2000. AJ. 267, obs. Lienhard ; JCP 2000. I.*

267, n° 6, obs. Cadiet. ♦ Jugeant qu'une demande qui ne repose que sur la seule impossibilité d'exclure la survenance d'un préjudice éventuel ne constitue pas un motif légitime, V. • Paris, 31 oct. 2003 : *JCP E 2004, n° 11, p. 394 ; Banque et Droit sept.-oct. 2005. 40, obs. Daigre et de Vauplane.*

8. Secret des affaires. BIBL. Pierre-Maurice, *D. 2002. 3131.* ♦ Le secret des affaires ne constitue pas en lui-même un obstacle à l'application des dispositions de l'art. 145, dès lors que le juge constate que les mesures qu'il ordonne procèdent d'un motif légitime et sont nécessaires à la protection des droits de la partie qui les a sollicitées. • Civ. 2e, 7 janv. 1999 : *Bull. civ. II, n° 4 ; D. 1999. IR. 34 ; D. Affaires 1999. 294, obs. V. A.-R. ; Procédures 1999, n° 60, note Perrot ; Bull. Joly 1999. 666, note F.-X. Lucas.* ♦ Mais justifie son refus d'ordonner une expertise sollicitée, en application de l'art. 145 pour établir des faits constitutifs d'une concurrence déloyale commis par une société créée par deux anciens employés de la société demanderesse, la cour d'appel qui, appréciant l'opportunité de cette mesure, constate l'absence d'intérêt légitime de cette dernière société après avoir relevé que la diminution du chiffre d'affaires invoquée avait commencé avant le début de l'activité de l'entreprise concurrente, rejeté l'allégation que celle-ci aurait pratiqué des marges commerciales réduites et estimé que l'expertise demandée lui permettrait de connaître, malgré le secret des affaires, la structure commerciale de sa concurrente. • Com. 5 janv. 1988 : *Bull. civ. IV, n° 7 ; D. 1989. 354, note Virassamy.* ♦ Il ne peut être fait droit à une demande d'expertise *in futurum*, dès lors qu'elle implique la divulgation d'informations confidentielles concernant des tiers avant que tout agissement de nature à engager la responsabilité soit établi. • Limoges, 28 mars 2001 : *JCP 2001. II. 10614, note Puigelier.*

8 bis. Secret bancaire. BIBL. Chemla et Bouretz, *RD banc. fin. 2004. 205* (référé probatoire et secret bancaire). ♦ Si la mesure d'expertise demandée est relative au fonctionnement de la banque (gestionnaire d'un fonds commun de créances), elle est également afférente à de nombreux points relevant du secret bancaire (identité des entités faisant partie du portefeuille) qui constitue un empêchement légitime pour le juge civil qui ne peut ordonner qu'une mesure légalement admissible. • Paris, 31 oct. 2003 : *préc. note 7.* ♦ Sur le secret bancaire, V. art. L. 511-33 C. mon. fin., *supra,* v° *Code monétaire et financier (extraits).*

8 ter. Secret professionnel. Sur le secret professionnel de l'expert-comptable se heurtant à la communication forcée de rapports d'audit ordonnée sur le fondement de l'art. 145 NCPC, V. • Com. 8 févr. 2005 : *Bull. civ. IV, n° 22 ; D. 2005. AJ. 774, obs. Avena-Robardet ; JCP 2005. I. 183, n° 9, obs. Serinet ; Bull. Joly 2005. 937, note Barbièri.* ♦ Sur le secret professionnel qui couvre les enquêtes de la COB, V. • Com. 31 mai 2005 : *Banque et Droit sept.-oct. 2005. 42, obs. Daigre et de Vauplane* (solution transposable aux enquêtes de l'AMF).

III. MESURES D'INSTRUCTIONS

9. Mesures légalement admissibles. Les mesures d'instruction légalement admissibles, au sens de l'art. 145 NCPC, sont celles prévues par les art. 232 à 284-1 de ce code. • Civ. 2e, 8 févr. 2006 : *D. 2006. IR. 532.* ♦ Il doit exister entre la mesure sollicitée et le litige futur un lien certain et suffisamment étroit pour en caractériser l'utilité. • Paris, 6 août 2003 : *préc. note 6.* ♦ Il résulte de la combinaison des art. 10 C. civ., et 11 et 145 NCPC, qu'il peut être ordonné à des tiers de produire tous documents qu'ils détiennent s'il existe un motif légitime de conserver ou d'établir avant tout procès la preuve des faits dont pourrait dépendre la solution du litige. • Civ. 1re, 31 mai 1988 : *Bull. civ. I, n° 168* (communication par une caisse primaire d'assurance maladie du nombre de clients ayant consulté un médecin auquel deux confrères reprochaient le non-respect d'une clause de non-rétablissement). ♦ Il entre dans les pouvoirs du juge des référés, saisi sur le fondement de l'art. 145, d'ordonner, aux conditions prévues par ce texte, une communication de pièces, et c'est sans violer les dispositions de l'art. 6 Conv. EDH qu'une cour d'appel a apprécié la légitimité des motifs invoqués par l'administrateur judiciaire et le représentant des créanciers d'une entreprise en redressement judiciaire au soutien de leur demande de communication, avant tout procès, de documents internes à une banque de nature à établir que celle-ci, tenue d'apporter son concours à cette mesure d'instruction, avait soutenu abusivement l'entreprise en difficulté. • Com. 11 avr. 1995 : *Bull. civ. IV, n° 121.* ♦ Les dispositions de l'art. 17 [C. com., art. L. 123-23] ont trait à la communication de l'ensemble des documents comptables et ne peuvent pas être invoquées pour faire échec au pouvoir du juge d'ordonner, sur le fondement de l'art. 145, les productions utiles. • Civ. 2e, 6 mai 1999 : *Bull. civ. II, n° 81 ; D. Affaires 1999. 1080, obs. V. A.-R.* ♦ Sur l'obligation faite à un fournisseur d'accès à internet de communiquer, sur le fondement de l'art. 145, des données permettant l'identification de l'utilisateur frauduleux d'une carte bancaire, V. • TGI Paris, réf., 1er févr. 2002 : *Comm. com. élec. 2003, n° 26, obs. Grynbaum.* ♦ ... Ou à l'éditeur d'un site internet de communiquer l'adresse IP d'un internaute auteur de propos dénigrants : • Paris, 11 juin 2004 : *D. 2004. IR. 2893 ; JCP E 2004, n° 50, p. 1958.* ♦ Jugeant que les dispositions de l'art. 145 ne peuvent pas être utilisées pour procéder à une recherche d'informations sur les biens d'un débiteur par le biais d'une mesure d'instruction, V. • Civ. 2e, 13 févr. 2003 : *Bull. civ. II, n° 38 ; Gaz. Pal. 2003. Somm. 3259, obs. du Rusquec ; Procédures 2003, n° 116, obs. Perrot.* ♦ Sur une demande d'expertise *in futurum* présentée par des actionnaires, V. • T. com. Paris, 27 juin 2002 : *Dr. sociétés 2003, n° 2, obs. Trébulle ;* • Paris, 4 oct. 2002 : *ibid., n° 62, obs. Trébulle ; RTD com. 2004. 520, obs. Champaud et Danet* • 25 oct. 2002 : *Bull. Joly 2003. 213, note Couret ; RJDA 2004, n° 176.*

10. Mesures non légalement admissibles. Ayant relevé que la mesure d'instruction demandée s'analysait en une mesure générale d'investigation portant sur l'ensemble de l'activité d'une société et tendant à apprécier cette activité et à la comparer avec celle de sociétés ayant le même objet, une cour d'appel n'a fait qu'user des pouvoirs qu'elle tient de l'art. 145 en décidant que la mesure demandée excédait les prévisions de cet article. • Civ. 2e, 7 janv. 1999 : *Bull. civ. II, n° 3.* ♦ Si le président du tribunal, statuant en référé sur le fondement de l'art. 145, peut imposer à une partie la production de pièces sous astreinte, en vue de permettre la solution d'un litige, il ne saurait ordonner de façon générale et en dehors des cas prévus par la loi, l'appréhension de ces documents par voie de confiscation ou de saisie. • Com. 16 juin 1998 : *Bull. civ. IV, n° 192 ; D. 1998. IR. 179 ; D. Affaires 1998. 1213, obs. S. P.* ♦ Doit être rétractée l'ordonnance sur requête qui confère à un huissier de justice une mission générale d'investigation et un pouvoir d'enquête, alors que cet officier ministériel ne peut se voir conférer le droit de saisir certains documents, mais seulement celui d'en solliciter la communication et de recueillir, sans pouvoir de contrainte, les déclarations de personnes nominativement désignées. • Paris, 14 nov. 2001 : *BICC 2002, n° 1239.* ♦ V. aussi : • Paris, 27 févr. 2002 : *BICC 2003, n° 64.* ♦ Le juge des référés, qui n'a pas le pouvoir d'ordonner des investigations générales sur les comptes bancaires d'une partie, peut en revanche ordonner une mesure d'instruction tendant à la recherche de documents déterminés et à leur examen si leur existence, sans être certaine, est au moins vraisemblable. • Paris, 20 févr. 2002 : *BICC 2003, n° 244.*

IV. RECOURS

11. Recours immédiat. L'art. 150 NCPC (écartant le recours immédiat contre une décision ordonnant ou modifiant une mesure d'instruction) n'est pas applicable lorsque le juge des référés a épuisé sa saisine en prescrivant avant tout procès et en vertu de l'art. 145 du même code, les mesures destinées à établir la preuve de faits dont pourrait dépendre la solution d'un litige. • Cass., Ch. mixte, 7 mai 1982 (3 arrêts) : *Bull. civ. n° 2 ; D. 1982. 541, concl. J. Cabannes ; RTD civ. 1982. 788, obs. Perrot.*

LIVRE II Dispositions particulières à chaque juridiction

....

TITRE III Dispositions particulières au tribunal de commerce

Pour des annotations de jurisprudence et de bibliographie relatives aux articles 853 s. du Nouveau code de procédure civile ci-dessous reproduits, V. ***C. pr. civ.***

RÉP. PR. CIV. v° *Procédure commerciale,* par JULIEN.

853 Les parties se défendent elles-mêmes.

Elles ont la faculté de se faire assister ou représenter par toute personne de leur choix.

Le représentant, s'il n'est avocat, doit justifier d'un pouvoir spécial.

CHAPITRE PREMIER *La procédure devant le tribunal de commerce*

SECTION I *L'introduction de l'instance*

854 La demande en justice est formée par assignation, par la remise au greffe d'une requête conjointe ou par la présentation volontaire des parties devant le tribunal.

SOUS-SECTION 1 *L'assignation*

855 L'assignation contient, à peine de nullité, outre les mentions prescrites par l'article 56 :

1° Les lieu, jour et heure de l'audience à laquelle l'affaire sera appelée ;

2° Si le demandeur réside à l'étranger, les nom, prénoms et adresse de la personne chez qui il élit domicile en France.

L'acte introductif d'instance mentionne en outre les conditions dans lesquelles le défendeur peut se faire assister ou représenter ainsi que, s'il y a lieu, le nom du représentant du demandeur.

856 L'assignation doit être délivrée quinze jours au moins avant la date de l'audience.

857 Le tribunal est saisi, à la diligence de l'une ou l'autre partie, par la remise au greffe d'une copie de l'assignation.

Cette remise doit avoir lieu au plus tard huit jours avant la date de l'audience *(Décr. n° 2005-1678 du 28 déc. 2005, art. 21)* « , sous peine de caducité de l'assignation constatée d'office par ordonnance, selon le cas, du président ou du juge rapporteur, ou, à défaut, à la requête d'une partie. »

Le Décr. n° 2005-1678 est entré en vigueur le 1er mars 2006 ; il s'applique aux procédures en cours (art. 87 du décret).

858 En cas d'urgence, les délais de comparution et de remise de l'assignation peuvent être réduits par autorisation du président du tribunal.

Dans les affaires maritimes et aériennes, l'assignation peut être donnée, même d'heure à heure, sans autorisation du président, lorsqu'il existe des parties non domiciliées ou s'il s'agit de matières urgentes et provisoires.

SOUS-SECTION 2 *La requête conjointe et la présentation volontaire des parties*

859 Les parties peuvent exposer leurs prétentions par requête conjointe ; elles peuvent aussi se présenter volontairement devant le tribunal pour les faire juger.

860 Le tribunal est saisi soit par la remise de la requête conjointe, soit par la signature d'un procès-verbal constatant que les parties se présentent volontairement pour faire juger leurs prétentions.

Le procès-verbal contient les mentions prévues pour la requête conjointe à l'article 57.

SECTION II ***L'instance***

861 Si l'affaire n'est pas en état d'être jugée, la formation de jugement la renvoie à une prochaine audience ou confie à l'un de ses membres le soin de l'instruire en qualité de juge rapporteur.

SOUS-SECTION 1 *Le juge rapporteur*

862 Le juge rapporteur peut entendre les parties.

Il peut les inviter à fournir les explications qu'il estime nécessaires à la solution du litige et les mettre en demeure de produire, dans le délai qu'il détermine, tous documents ou justifications propres à éclairer le tribunal, faute de quoi il peut passer outre et renvoyer l'affaire devant la formation de jugement qui tirera toute conséquence de l'abstention de la partie ou de son refus.

863 Le juge rapporteur constate la conciliation, même partielle, des parties.

864 Le juge rapporteur procède aux jonctions et disjonctions d'instance.

865 Le juge rapporteur peut ordonner, même d'office, toute mesure d'instruction.
Il tranche les difficultés relatives à la communication des pièces.
Il constate l'extinction de l'instance. En ce cas, il statue, s'il y a lieu, sur les dépens.

866 Les mesures prises par le juge rapporteur sont l'objet d'une simple mention au dossier ; avis en est donné aux parties.
Toutefois, dans les cas prévus à l'article précédent, le juge rapporteur statue par ordonnance motivée, sous réserve des règles particulières aux mesures d'instruction.

867 Les ordonnances du juge rapporteur n'ont pas, au principal, l'autorité de la chose jugée.

868 Les ordonnances du juge rapporteur ne sont susceptibles d'aucun recours indépendamment du jugement sur le fond.
Toutefois, elles peuvent être frappées d'appel, soit dans les cas et conditions prévus en matière d'expertise, soit dans les quinze jours de leur date lorsqu'elles constatent l'extinction de l'instance.

869 Le juge rapporteur peut, si les parties ne s'y opposent pas, tenir seul l'audience pour entendre les plaidoiries. Il en rend compte au tribunal dans son délibéré.
Dans les autres cas, il renvoie l'affaire devant le tribunal dès que l'état de l'instruction le permet.

SOUS-SECTION 2 *Dispositions générales*

870 A moins que l'affaire ne soit jugée dès la première audience, le greffier avise par lettre simple les parties qui ne l'auraient pas été verbalement de la date des audiences ultérieures.

871 La procédure est orale.
Les prétentions des parties ou la référence qu'elles font aux prétentions qu'elles auraient formulées par écrit sont notées au dossier ou consignées dans un procès-verbal.

CHAPITRE II *Les pouvoirs du président*

SECTION I *Les ordonnances de référé*

RÉP. COM. v° *Référé commercial,* par AMIEL-DONAT.

RÉP. PR. CIV. v° *Référé commercial,* par BRUSCHI.

872 Dans tous les cas d'urgence, le président du tribunal de commerce peut, dans les limites de la compétence du tribunal, ordonner en référé toutes les mesures qui ne se heurtent à aucune contestation sérieuse ou que justifie l'existence d'un différend.

Sur la possibilité, en référé, pour le président de la juridiction saisie de pratiques restrictives de vente d'enjoindre la cessation des agissements en cause ou d'ordonner toute autre mesure provisoire, V. supra, C. com., art. L. 442-6.

A. COMPÉTENCE

1. Compétence matérielle. Le juge des référés commerciaux n'est pas compétent pour statuer sur les difficultés d'exécution de ses propres décisions. • Com. 21 janv. 1992 : *Bull. civ. IV, n° 31.*

2. Compétence territoriale. Si, en principe,

le juge des référés doit appartenir territorialement à la juridiction appelée à statuer sur le fond, cette compétence n'exclut pas celle du juge dans le ressort duquel est né l'incident ou celui dans le ressort duquel les mesures d'urgence doivent être prises. • Civ. 2e, 10 juill. 1991 : *Bull. civ. II, n° 223.*

B. URGENCE

3. Office du juge. Il incombe au juge, tenu de trancher le litige conformément aux règles de droit qui lui sont applicables, de relever d'office le défaut d'urgence là où la mesure requise est subordonnée à cette condition. • Com. 22 avr. 1966 : *Bull. civ. III, n° 189.* ♦ L'urgence de la mesure demandée peut résulter implicitement des constatations des juges du fond. • Com. 8 mars 1988 : *Bull. civ. IV, n° 98.*

4. Illustration. Dès lors qu'elle a relevé que les faits imputés au gérant d'une société étaient de nature à porter un préjudice irrémédiable aux intérêts de celle-ci et qu'ils induisaient une suspicion qui paralysait son administration, c'est à bon droit qu'une cour d'appel, statuant en matière de référé, a nommé un administrateur provisoire, ayant fait ressortir le péril menaçant la société et caractérisé l'urgence de cette nomination. • Com. 17 oct. 1989 : *Bull. civ. IV, n° 250.*

C. CONTESTATION SÉRIEUSE

5. Notion. L'absence de contestation sérieuse implique l'évidence de la solution qu'appelle le point contesté. • Com. 20 juill. 1971 : *Bull. civ. IV, n° 220.*

6. Contrôle de la Cour de cassation. L'existence d'une contestation sérieuse est soumise au contrôle de la Cour de cassation. V. considérant qu'il existe une contestation sérieuse si celle-ci porte sur le point de savoir si l'avocat d'une banque, ayant délivré une garantie de restitution d'acompte, peut, sans être muni d'un pouvoir spécial, former dans les conclusions déposées pour celle-ci une demande constituant un appel de la contre-garantie : • Com. 21 juin 1988 : *Bull. civ. IV, n° 213.*

7. Illustrations. La cour d'appel qui, ayant constaté qu'un acheteur mis en règlement judiciaire conteste devant la juridiction des référés la validité de la clause de réserve de propriété sur laquelle son vendeur s'est fondé pour obtenir la restitution des fournitures livrées, déclare à bon droit cette juridiction incompétente en retenant qu'en présence d'une contestation portant sur l'acceptation de ladite clause, la juridiction des référés ne pouvait trancher le litige sans excéder les limites de sa compétence. • Com. 21 févr. 1984 : *Bull. civ. IV, n° 73.* ♦ Viole l'art. 872 NCPC la cour d'appel qui, saisie d'une demande dirigée par un entrepreneur principal contre un sous-traitant et fondée sur les clauses d'un contrat de sous-traitance, retient la compétence du juge des référés alors que les énonciations de l'arrêt faisaient apparaître l'existence d'une contestation sérieuse tenant à l'absence de la double acceptation exigée par l'art. 3 de la loi du 31 déc. 1975, à défaut de laquelle l'entrepreneur principal ne peut invoquer le contrat de sous-traitance à l'encontre du sous-traitant. • Com. 4 juill. 1989 : *Bull. civ. IV, n° 212.* ♦ Ayant constaté que les deux chèques déposés par le bénéficiaire avaient été égarés et relevé que ce dernier ne subissait aucun préjudice puisqu'ils avaient été portés au crédit de son compte, tandis que la banque ne pouvant identifier les comptes du ou des tireurs, n'avait pu obtenir paiement de ceux-ci, la cour d'appel a pu en déduire, sans trancher une contestation sérieuse, que le bénéficiaire ne pouvait, de bonne foi, s'opposer à la demande de renseignements de la banque, limitée aux noms et adresses des tireurs des deux chèques. • Com. 8 juill. 2003 : *RJDA 2004, n° 113.*

D. MESURES QUE JUSTIFIE L'EXISTENCE D'UN DIFFÉREND

8. Principe. Il résulte de l'art. 808 [872] NCPC que dans tous les cas d'urgence, le juge des référés peut, même en présence d'une contestation sérieuse, ordonner les mesures justifiées par l'existence d'un différend. • Civ. 1re, 20 mars 1978 : *Bull. civ. I, n° 116.*

9. Illustrations. Sur la nomination d'un administrateur provisoire à une société anonyme, par une cour d'appel qui, statuant en matière de référé, constate que la mésentente existant entre les associés rendait anormal le fonctionnement de la société et considère que l'annulation, prévisible à brève échéance, de la désignation des dirigeants sociaux entraînerait de très graves conséquences pour la société auxquelles il fallait immédiatement porter remède. • Com. 17 janv. 1989 : *Bull. civ. IV, n° 28.* ♦ S'agissant d'actionnaires minoritaires d'une société holding qui invoquaient l'existence d'une action en nullité du protocole constitutif de cette dernière, et demandaient une mesure de séquestre des actions détenues par la société holding dans une filiale afin de garantir le maintien du *statu quo* pendant la durée de l'instance, en raison de l'urgence et en présence d'un litige grave, une telle mesure est de la compétence du juge des référés, dès lors qu'elle a pour but de prévenir un danger immédiat et demeure sans influence sur le fond du droit, et le droit de vote attaché aux actions entre dans les pouvoirs d'administration du séquestre, lorsque son exercice a un but conservatoire, dès lors, les intérêts des actionnaires étant en péril, il convient de désigner un séquestre ayant mission de prendre part aux assemblées générales de la filiale et par son vote, d'éviter la création d'une situation irréversible en attendant la décision des juges du fond. • Com. 15 févr. 1983 : *Bull. civ. IV, n° 67.* ♦ Dès lors que la vente des actions d'une société se trouvait parfaitement réalisée, la somme représentant le prix de vente étant provisoirement détenue par un séquestre, le différend provoqué quant à la vente des titres ne justifie pas la demande en référé d'ajournement de l'assemblée extraordinaire de la société émettrice, jusqu'à ce qu'il ait été statué sur la propriété des actions formée par la société cessionnaire. • Com. 19 mai 1987 : *Bull. civ. IV, n° 122.*

873 **Le président peut, dans les mêmes limites,** *(Décr. n° 87-434 du 17 juin 1987)* **« et même en présence d'une contestation sérieuse », prescrire en référé les mesures conservatoires ou de remise en état qui s'imposent, soit pour prévenir un dommage imminent, soit pour faire cesser un trouble manifestement illicite.**

Dans les cas où l'existence de l'obligation n'est pas sérieusement contestable, il peut accorder une provision au créancier, *(Décr. n° 85-1330 du 17 déc. 1985)* **« ou ordonner l'exécution de l'obligation même s'il s'agit d'une obligation de faire ».** — *Modification entrée en vigueur le 1er janv. 1986.*

I. RÉFÉRÉ AUX FINS DE PRÉVENIR UN DOMMAGE IMMINENT OU DE FAIRE CESSER UN TROUBLE MANIFESTEMENT ILLICITE (ART. 873, AL. 1, NCPC)

A. PRÉVENTION D'UN DOMMAGE IMMINENT

1. *Appréciation souveraine.* L'existence et l'imminence du dommage relèvent de l'appréciation souveraine du juge des référés. Dès lors que l'existence d'un dommage imminent auquel se trouvait exposé le chargeur est constaté, dommage tenant à l'impossibilité pour celui-ci de vérifier contradictoirement si les réserves exprimées par le capitaine du navire sur l'état de la marchandise étaient légitimes, une cour d'appel peut, sans excéder les pouvoirs qu'elle tenait de l'art. 873, applicable même en cas de contestation sérieuse, imposer au transporteur non de délivrer des documents de transport sans réserve, mais au cas où il s'y refuserait, de rester au port le temps nécessaire pour permettre à l'expert désigné de vérifier si des réserves avaient été émises au cours du chargement. • Com. 12 nov. 1985 : *Bull. civ. IV, n° 271.*

2. *Indifférence de l'existence d'une contestation sérieuse.* L'existence d'une contestation sérieuse ne fait pas obstacle à ce que le juge des référés prenne les mesures conservatoires ou de remise en état destinées à prévenir un dommage imminent pouvant résulter de la situation dont il est saisi. Dès lors, viole par fausse application, l'art. 873, al. 1er, l'arrêt qui, pour débouter un commerçant d'une demande tendant à faire défense à un autre commerçant d'importer et de vendre en France des produits d'une certaine marque, retient que le droit d'exclusivité invoqué et partant la concurrence déloyale reprochée, faisait l'objet d'une contestation sérieuse. • Com. 24 mars 1981 : *Bull. civ. IV, n° 161.*

3. *Illustrations.* Une cour d'appel n'a fait qu'user des pouvoirs qu'elle tenait des art. 808 et 809 NCPC (872 et 873) en ordonnant qu'il soit sursis à la vente de meubles saisis par l'Administration fiscale après avoir relevé que le report de la vente était justifié par l'urgence à arrêter cette mesure d'exécution en raison du différend existant et pour prévenir le dommage imminent susceptible d'être subi par le redevable. • Com. 22 mars 1988 : *Bull. civ. IV, n° 121.* ♦ Le juge des référés, après avoir constaté l'existence d'une difficulté sérieuse ressortissant à la compétence du juge du fond, ne fait qu'user des pouvoirs qui lui sont conférés par l'art. 873, al. 1er, en ordonnant, à titre conservatoire, les mesures qu'il estime s'imposer pour prévenir le dommage imminent qu'il constate, ces mesures pouvant consister en l'exécution du contrat, en l'espèce la livraison des appareils par une partie à son cocontractant. • Com. 26 févr. 1991 : *Bull. civ. IV, n° 87.* ♦ En adoptant comme mesure conservatoire la poursuite des effets du contrat, fût-il dénoncé, le juge des référés ne fait qu'user du pouvoir que lui confère l'art. 873, al. 1er ; il ne peut cependant le faire qu'en fixant à sa mesure un terme certain. • Civ. 1re, 7 nov. 2000 : *Bull. civ. I, n° 286 ; D. 2001. 256, note Billiau et Jamin* *et Somm. 1137, obs. D. Mazeaud* *; Contrats Conc. Consom. 2001, n° 19, note Leveneur ; Defrénois 2001. 437, obs. E. Savaux.* ♦ ... Et si le principe du maintien des relations contractuelles par le juge du fond, parallèlement saisi, n'est pas d'ores et déjà exclu. • Versailles, 15 déc. 2004 : *BICC 2005, n° 1097 ; JCP E 2005, n° 14, p. 600.* ♦ Si l'art. 873 donne pouvoir au juge des référés d'ordonner la reprise des relations contractuelles, c'est seulement lorsque le contractant a mis en œuvre l'exception d'inexécution dans des conditions constitutives d'un trouble manifestement illicite ou si le droit du contractant au maintien des effets du contrat n'est pas sérieusement contestable. • Paris, 2 mai 2001 : *BICC 2001, n° 1221.*

B. CESSATION D'UN TROUBLE MANIFESTEMENT ILLICITE

4. Office du juge. Si l'existence d'une contestation sérieuse n'interdit pas au juge des référés de prendre les mesures prévues par l'art. 809, al. 1er (873, al. 1er) NCPC, le juge doit apprécier le caractère manifestement illicite du trouble causé. • Com. 17 nov. 1998 : *Bull. civ. IV, n° 275 ; D. 1999. IR. 15.* ♦ Saisi par une société commercialisant des produits de luxe au moyen d'un réseau de distribution sélective, d'une demande tendant à voir prescrire des mesures conservatoires pour faire cesser le trouble manifestement illicite que lui aurait causé la mise en vente de ces produits par un intermédiaire non agréé, le juge des référés est tenu de rechercher, afin de vérifier l'existence de ce trouble, si la société, à qui incombe la charge de la preuve, démontre, au moyen des éléments tirés de l'analyse de ses contrats, la licéité de son réseau de distribution considérée dans l'ensemble des conventions s'y rapportant. • Com. 27 oct. 1992 : *Bull. civ. IV, n° 330 ; D. 1992. 505, note A. Bénabent.* ♦ Jugeant qu'une cour d'appel, qui n'a pas recherché, comme cela lui était demandé, si la dépose de l'enseigne d'un franchiseur par l'acquéreur d'un fonds de commerce et l'apposition d'une enseigne concurrente ne constituaient pas un trouble manifestement illicite, n'a pas donné de base légale à sa décision, V. • Com. 23 avr. 2003 : *Lettre distrib. sept. 2003, p. 4.* ♦ C'est dans l'exercice de son pouvoir souverain qu'une cour d'appel a, en l'absence de trouble manifestement illicite, estimé qu'il n'y avait pas lieu d'ordonner la mesure sollicitée. • Civ. 2e, 21 juill. 1986 : *Bull. civ. II, n° 119.* ♦ Jugeant que le juge des référés n'a pas le pouvoir d'ordonner la résiliation d'un contrat de travail (pour violation d'une clause de non-concurrence), V. • Soc. 13 mai 2003 : *Bull. civ. V, n° 161 ; D. 2004. Somm. 1154, obs. Bugada ; Gaz. Pal. 2004. Somm. 1403, obs. du Rusquec.*

5. Illustrations. Constituent un trouble manifestement illicite : la publicité d'une société fondée sur la publication tronquée des résultats d'enquêtes sur les prix dans les grandes surfaces de vente effectuées par une association de consommateurs. • Com. 19 janv. 1988 : *Bull. civ. IV, n° 44.* ♦ ... La publicité mettant en scène un acteur qui vantait la marque d'un café et dénonçait le caractère médiocre et dépassé des cafés expresso traditionnels en s'adressant à un supposé serveur portant le prénom d'une autre marque qui, elle, jouait la carte de la tradition. • Poitiers, 27 févr. 2001 : *JCP 2002. IV. 2213.* ♦ ... Le refus par un producteur de communiquer ses tarifs et ses conditions générales de vente. • Com. 13 févr. 1990 : *Bull. civ. IV, n° 43.* ♦ Mais dès lors que les relations commerciales entre les parties sont de nature à faire douter que les demandes de l'acheteur ont été faites de bonne foi, le juge des référés retient que le refus de vente ne constitue pas un trouble manifestement illicite. • Com. 9 mai 1990 : *Bull. civ. IV, n° 144.* ♦ Dès lors que, malgré l'apparente précipitation de la décision de vente des actions d'autocontrôle d'une société cotée, aucun fait ou acte susceptible de constituer un trouble manifestement illicite n'a été accompli par les dirigeants de ladite société, que les circonstances et incertitudes relevées quant aux modalités de la cession envisagée privent le péril invoqué de son caractère d'imminence requis pour la mise en œuvre de mesures de référé, la demande d'interdiction de la cession des actions d'autocontrôle doit être rejetée et le séquestre provisoire doit être levé. • Paris, 15 mars 2000 : *D. 2000. AJ. 303, obs. Boizard ; JCP E 2000. 1046, note Viandier ; Bull. Joly Bourse 2000. 323, note Rontchevsky.* ♦ Doit être cassé l'arrêt rendu en référé qui a fait défense aux distributeurs d'une marque de dentifrice, dont l'emballage comportait des mentions prétendument constitutives de dénigrement à l'égard du café, en ce qu'elles faisaient référence à son pouvoir tachant, de poursuivre la distribution du produit en cause dans les emballages litigieux et de procéder à la diffusion d'annonces publicitaires comportant cette référence, alors que l'information, non arguée de caractère mensonger, est donnée en termes mesurés au consommateur sur les propriétés objectives qu'il peut attendre d'un produit, fussent-elles destinées à remédier aux conséquences de l'usage d'un autre produit non concurrent, n'est pas, en l'absence d'autres circonstances, constitutive d'un trouble manifestement illicite. • Com. 15 janv. 2002 : *RJDA 2002, n° 580.*

En retenant qu'il importait peu qu'une société ait engagé une action judiciaire en contestation de la validité de son engagement dès lors qu'elle était tenue de se conformer au principe selon lequel le contrat conclu doit être exécuté par chacune des parties tant qu'il n'a pas été statué sur la validité par les juges du fond compétents et que nul ne peut se faire justice à soi-même, une cour d'appel, caractérisant ainsi l'existence d'un trouble manifestement illicite, n'a fait qu'user des pouvoirs qui lui sont conférés par l'al. 1er de l'art. 873 en prescrivant à cette société, à titre de mesure conservatoire ou de remise en état, l'obligation d'exécuter ses obligations contractuelles. • Civ. 1re, 15 juin 2004 :

Bull. civ. I, n° 172 ; RTD civ. 2004. 508, obs. Mestre et Fages ; *RJDA 2004, n° 1283.*

II. RÉFÉRÉ PROVISION (ART. 873, AL. 2, NCPC)

A. COMPÉTENCE

6. Pouvoirs du juge des référés commerciaux. Sauf cas limitativement prévus par la loi, le juge des référés commerciaux reste compétent pour accorder une provision même lorsque le juge du fond est saisi. • Com. 11 mai 1993 : *JCP 1994. II. 20275, note L. Lévy.*

7. Compétence territoriale. Le juge des référés compétent pour allouer une provision est celui du siège social du défendeur, quelle que soit la juridiction saisie par le demandeur pour connaître du fond du litige, compte tenu du lieu où le dommage a été constaté. • Com. 2 juill. 1989 : *Gaz. Pal. 1989. 2. Pan., p. 154.*

B. CONDITIONS

8. Urgence non requise. L'octroi d'une provision n'est pas subordonné à la constatation de l'urgence, mais seulement à celle de l'existence d'une obligation non sérieusement contestable. • Civ. 1re, 4 nov. 1976 : *Bull. civ. I, n° 330.* ♦ Statuant sur le fondement de l'art. 873, al. 2, une cour d'appel n'a pas à rechercher si la demande est fondée sur l'urgence. • Com. 7 mars 1995 : *Bull. civ. IV, n° 67.*

9. Tempérament : existence d'une convention d'arbitrage. Sur l'absence de base légale d'un arrêt de cour d'appel qui, statuant en référé, accueille une demande de provision fondée sur une promesse synallagmatique de cession de droits sociaux assortie d'une clause d'arbitrage, en retenant que les conditions de règlement du prix sont remplies et qu'aucune contestation sérieuse ne s'oppose au paiement de la provision, sans toutefois constater l'urgence, V. • Com. 29 juin 1999 : *Bull. civ. IV, n° 147 ; D. 1999. 649, note I. Najjar* ; *JCP 2000. II. 10228, note Vuitton ; RTD com. 2001. 56, obs. Dubarry et Loquin* . ♦ V. dans le même sens, • Civ. 1re, 6 mars 1990 : *Rev. arb. 1990. 633, note Gaudemet-Tallon* (arbitrage international) • 2 avr. 1997 : *D. Affaires 1997. 573 ; RTD com. 1997. 434, obs. Dubarry et Loquin* (arbitrage interne).

10. Obligation non sérieusement contestable : contrôle de la Cour de cassation. En énonçant, pour allouer une provision, que quel que soit le fondement contractuel ou quasi-délictuel de la responsabilité de la partie mise en cause, son obligation n'est pas sérieusement contestable, la cour d'appel ne met pas la Cour de cassation en mesure d'exercer son contrôle sur l'existence d'une obligation non sérieusement contestable. • Cass., Ass. plén., 16 nov. 2001 : *Bull. civ. n° 13 ; D. 2002. 598, note Puigelier* .

11. Obligation non sérieusement contestable : illustrations. Dès lors que le principe même de l'obligation n'est pas sérieusement contestable, une provision peut être allouée même si le montant de l'obligation est encore sujet à controverse. • Civ. 2e, 10 nov. 1998 : *Procédures 1999, n° 4, note Perrot.* ♦ Viole les art. 1315 C. civ. et 873, al. 2, NCPC, l'arrêt statuant en matière de référé qui rejette la demande de provision formée par le tireur de lettres de change à l'encontre du tiré accepteur de ces effets au motif que le premier ne démontre pas que l'obligation du second n'est pas sérieusement contestable. • Com. 22 nov. 1994 : *Bull. civ. IV, n° 748.* ♦ Il appartient au juge des référés d'apprécier si l'éventualité d'une compensation est de nature à rendre sérieusement contestable la créance invoquée. • Civ. 1re, 11 mars 1986 : *Gaz. Pal. 1986. 1. Somm. 124.* ♦ Le juge des référés, saisi d'un incident de vérification d'écriture portant sur l'une des pièces produites à l'appui d'un référé-provision, a le pouvoir de se prononcer sur cette contestation dès lors qu'elle n'est pas sérieuse. • Civ. 2e, 21 janv. 1999 (2 arrêts) : *Bull. civ. II, n° 18* • 27 juin 2000 : *Procédures 2000, n° 211, obs. Perrot.* ♦ Les signatures apposées sur des bons de commande, dont l'authenticité était déniée, étant identiques à celle figurant sur une lettre adressée par l'acheteur à son fournisseur et les factures produites aux débats attestant tant de la réalité que de la date de la livraison des marchandises, l'obligation invoquée n'est pas sérieusement contestable. • Civ. 2e, 21 janv. 1999 : *Bull. civ. II, n° 18 (2e esp.).* ♦ En matière de lutte contre le blanchiment des capitaux, V. *supra*, note ss. art. L. 563-1 C. mon. fin.

C. DÉCISION DU JUGE DES RÉFÉRÉS

12. Nature de la décision. Selon l'interprétation donnée à l'art. 24 de la Convention de Bruxelles du 27 sept. 1968 par la CJCE dans son arrêt du 17 nov. 1998, le paiement à titre de provision d'une contre-prestation contractuelle ne constitue pas une mesure provisoire, à moins que, d'une part, le remboursement au défendeur de la somme allouée soit garanti dans l'hypothèse où le demandeur n'obtiendrait pas gain de cause au fond de l'affaire et, d'autre part, la mesure sollicitée ne porte que sur des avoirs déterminés du défendeur se situant, ou devant se situer, dans la sphère de la compétence territoriale du juge saisi. • Civ. 1re, 13 avr. 1999 : *Bull. civ. I, n° 133.*

13. Montant de la provision. Le montant de la provision allouée en référé n'a d'autre limite que le montant non sérieusement contestable de la dette alléguée. • Com. 20 janv. 1980 : *Bull. civ. IV, n° 40 ; RTD civ. 1982. 679, obs. J. Normand.* ♦ Encourt la censure l'arrêt qui accorde une provision égale à la quasi-totalité de la créance invoquée tout en relevant que l'exception d'inexécution opposée par le défendeur, constituait, au moins pour partie une contestation sérieuse. • Civ. 1re, 18 janv. 1989 : *Bull. civ. I, n° 31.*

D. EFFETS DE LA CONDAMNATION AU PAIEMENT D'UNE PROVISION

14. Ouverture d'une procédure collective. L'inexécution d'une condamnation à provision peut fonder l'ouverture d'une procédure collective. • Com. 6 nov. 1979 : *Bull. civ. IV, n° 273.*

♦ Les créances constatées par des décisions de référé provisoires dont le sort définitif étant lié à une instance pendante devant les juges du fond sont litigieuses et ne peuvent être prises en compte pour déterminer le passif exigible. • Com. 22 févr. 1994 : *JCP 1994. I. 3799, n° 1, obs. Ph. Petel ; ibid. 1995. II. 699, note L. Lévy.*

15. Absence d'inscription sur l'état des créances. L'art. 873, al. 2, NCPC ne donne pas au juge des référés le pouvoir, en cas d'arrêt des poursuites individuelles résultant d'une procédure collective, de constater la créance et d'en fixer le montant et les décisions rendues à titre provisoire par le juge des référés et accordant une provision, ne sont pas susceptibles d'être inscrites comme telles sur l'état des créances. • Versailles, 7 juin 1991 : *D. 1992. Somm. 252, obs. F. Derrida.*

873-1 *(Décr. n° 2005-1678 du 28 déc. 2005, art. 74)* **A la demande de l'une des parties, et si l'urgence le justifie, le président saisi en référé peut renvoyer l'affaire à une audience dont il fixe la date pour qu'il soit statué au fond. Il veille à ce que le défendeur dispose d'un temps suffisant pour préparer sa défense. L'ordonnance emporte saisine du tribunal.**

Le Décr. n° 2005-1678 est entré en vigueur le 1er mars 2006 ; il s'applique aux procédures en cours (art. 87 du décret).

SECTION II *Les ordonnances sur requête*

874 Le président du tribunal de commerce est saisi par requête dans les cas spécifiés par la loi.

En matière de mesures conservatoires, V., notamment, L. n° 91-650 du 9 juill. 1991, art. 69, et Décr. n° 92-755 du 31 juill. 1992, art. 211. — ***C. pr. civ.***

875 Le président peut ordonner sur requête, dans les limites de la compétence du tribunal, toutes mesures urgentes lorsque les circonstances exigent qu'elles ne soient pas prises contradictoirement.

1. Compétence territoriale. Sauf disposition légale contraire, le juge territorialement compétent pour rendre une ordonnance sur requête est le président de la juridiction saisie au fond ou celui du tribunal du lieu où la mesure demandée doit être exécutée. • Civ. 2e, 18 nov. 1992 : *Bull. civ. II, n° 266 ; D. 1993. 91, note Y. Chartier ; RTD civ. 1993. 648, obs. Perrot ; JCP 1993. I. 3678, n° 10, obs. L. Cadiet.*

2. Clause compromissoire. L'existence d'une clause compromissoire ne prive pas le président du tribunal de commerce du pouvoir qu'il tient de l'art. 875 NCPC, d'ordonner sur requête toutes les mesures urgentes dont les circonstances exigent qu'elles ne soient pas prises contradictoirement. • Com. 10 mars 1998 : *Bull. civ. IV, n° 102 ; D. 1998. IR. 101 ; RTD com. 1998. 834, obs. J.-C. Dubarry et E. Loquin.*

3. Exigence de circonstances justifiant une dérogation au principe de la contradiction. Les mesures urgentes prévues par l'art. 875 ne peuvent être ordonnées que lorsque les circonstances exigent qu'elles ne soient pas prises contradictoirement. Sur l'absence de base légale d'un arrêt qui, pour confirmer une ordonnance ayant refusé la rétractation d'une précédente ordonnance sur requête, retient que la procédure utilisée ainsi par un membre du conseil de surveillance d'une société anonyme pour obtenir le registre des procès-verbaux des réunions du conseil, a pris une « allure contradictoire » devant le juge des référés, sans rechercher si la mesure sollicitée exigeait une dérogation à la règle du contradictoire, V. • Com. 26 janv. 1999 : *Bull. civ. IV, n° 28 ; D. 1999. Somm. 213, obs. P. Julien ; Procédures 1999,* *p. 121, obs. Perrot.* ♦ Des mesures urgentes ne peuvent être ordonnées sur requête que lorsque les circonstances exigent qu'elles ne soient pas prises contradictoirement. Par suite, ne donne pas de base légale à sa décision la cour d'appel qui, pour accueillir la demande d'une société en désignation, par la procédure de l'ordonnance sur requête, d'un huissier de justice pour assister aux réunions d'un comité d'entreprise, retient que la procédure d'ordonnance sur requête est « parfaitement légale », bien que non contradictoire, la voie de la rétractation étant ouverte à tout intéressé, sans rechercher si la mesure sollicitée exigeait une dérogation à la règle du contradictoire. • Civ. 2e, 13 mai 1987 : *Bull. civ. II, n° 112 ; RTD civ. 1988. 181, obs. Perrot.* ♦ Mais après avoir énoncé que, par application de l'art. 875 NCPC, le président peut ordonner sur requête toutes mesures urgentes lorsque les circonstances exigent qu'elles ne soient pas prises contradictoirement, la cour d'appel qui constate que ces conditions étaient remplies pour la désignation d'un huissier chargé d'assister à l'assemblée générale d'une société, compte tenu de la date de convocation des associés et de celle prévue de l'assemblée, en déduit exactement que l'ordonnance dont la rétractation était demandée avait été prise régulièrement. • Com. 22 mars 1988 : *Bull. civ. IV, n° 123.*

876 **En cas d'urgence, la requête peut être présentée au domicile du président ou au lieu où il exerce son activité professionnelle.**

CHAPITRE III *Dispositions diverses*

877 **Les tribunaux de commerce ne connaissent pas l'exécution forcée de leurs jugements.**

878 **Le président du tribunal de commerce peut déléguer à un ou plusieurs membres de ce tribunal tout ou partie des pouvoirs qui lui sont dévolus par le présent titre.**

Loi n° 87-550 du 16 juillet 1987,

Relative aux juridictions commerciales et au mode d'élection des délégués consulaires et des membres des chambres de commerce et d'industrie.

TITRE IV Dispositions diverses et transitoires

Art. 19 Dans toute disposition législative relative à la composition, l'organisation et le fonctionnement des tribunaux de commerce, les mots : « juge titulaire » ou : « juge suppléant » sont remplacés par le mot : « juge ».

20 *Mod. L. n° 85-98 du 25 janv. 1985, art. 215 A, devenu art. L. 663-4 C. com.*

21 Les dispositions du titre Ier, du titre II et de l'article 19 de la présente loi entrent en vigueur le 1er janvier 1988.

Sont abrogées à cette date les dispositions de l'article 1er du titre XII de la loi des 16-24 août 1790 sur l'organisation judiciaire, de l'article 1er de l'ordonnance n° 59-61 du 3 janvier 1959 relative aux tribunaux de commerce et aux chambres de commerce et d'industrie, de l'article 17 de la loi du 30 août 1883 sur la réforme de l'organisation judiciaire en tant que ces dispositions concernent les membres des tribunaux de commerce, des articles 1er et 3 de la loi du 15 avril 1890 concernant l'organisation judiciaire dans les colonies de la Guadeloupe, de la Martinique et de la Réunion, des articles 26 et 28 et du premier alinéa de l'article 29 de la loi du 1er juin 1924 portant introduction des lois commerciales françaises dans les départements du Haut-Rhin, du Bas-Rhin et de la Moselle, des premier et deuxième alinéas de l'article 109 de la loi locale du 27 janvier 1877 relative à l'organisation judiciaire ainsi que des articles 1er et 2 de la loi n° 54-229 du 3 mars 1954 concernant le statut disciplinaire des greffiers titulaires de charge.

22 Les élections pour le premier renouvellement général des membres des tribunaux de commerce, des assesseurs des chambres commerciales des tribunaux des départements du Bas-Rhin, du Haut-Rhin et de la Moselle et des juges élus des tribunaux mixtes de commerce doivent intervenir entre le 15 novembre et le 15 décembre 1987. Par dérogation aux dispositions de l'article 21, l'article L. 413-4 du code de l'organisation judiciaire *[C. com., art. L. 723-7]* entre en vigueur à la date de la publication de la présente loi.

Le mandat des nouveaux élus est de quatre ou de deux ans, selon qu'ils ont ou non exercé auparavant un mandat. Ils sont installés entre le 15 et le 31 janvier 1988.

23 Le mandat des membres des tribunaux de commerce, des assesseurs des chambres commerciales des tribunaux de grande instance des départements du Bas-Rhin, du Haut-Rhin et de la Moselle et des juges des tribunaux mixtes de commerce qui sont en fonctions à la date de publication de la présente loi prend fin à la date d'installation des nouveaux élus mentionnés à l'article 22.

Les délégués consulaires et les membres des chambres de commerce et d'industrie en fonctions à la date de publication de la présente loi exercent leurs fonctions jusqu'à expiration de leur mandat.

24 *Abrogé par Ord. n° 2000-912 du 18 sept. 2000, art. 4-I-37°.*

25 Les articles 624, 627 à 629 et 644 du code de commerce sont abrogés.

L'intitulé des titres Ier, III et IV du livre IV du code de commerce est supprimé.

UNITÉS DE MESURE

RÉP. COM. v° *Instruments de mesure réglementés,* par RANC.

Décret n° 61-501 du 3 mai 1961,

Relatif aux unités de mesure et au contrôle des instruments de mesure (D. 1961. 179 ; BLD 1961. 347).

Art. 1er *(Décr. n° 75-1200 du 4 déc. 1975)* Le système de mesures obligatoire en France est, sous réserve des dispositions du troisième alinéa ci-dessous, le système métrique décimal à sept unités de base appelé, par la conférence générale des poids et mesures, système international d'unités (SI).

(Décr. n° 2003-165 du 27 févr. 2003) « Il comporte les unités SI de base dénommées et définies à l'article 2 et les unités SI dérivées dénommées et définies à l'article 3. »

Est autorisé l'emploi d'unités hors système dénommées et définies à l'article 4.

Les unités définies dans les articles susmentionnés, les multiples ou sous-multiples décimaux de ces unités formés conformément à l'annexe du présent décret et les unités dites composées constituées en combinant ces diverses unités sont les seules unités légales.

....

5 La division décimale des unités est seule admise, sous réserve, toutefois, des dispositions de l'article 4 qui, outre la division décimale, prévoient d'autres divisions pour les unités d'angle et pour les unités de temps.

Pour les masses marquées, les mesures de capacité et la graduation de tout instrument de mesure, chaque unité et chaque multiple ou sous-multiple décimal ne peuvent avoir que leur double ou leur moitié.

6 La dénomination des multiples et sous-multiples des unités de mesure, ainsi que les symboles qui représentent les unités, leurs multiples et sous-multiples, sont fixés dans le tableau général des unités de mesure légales annexé au présent décret.

Les unités de mesure, leurs multiples et sous-multiples ne peuvent être désignés que par leurs noms ou leurs symboles tels qu'ils sont déterminés dans le présent décret et son tableau annexe ci-dessus visé.

Le tableau général des unités légales de mesure annexé au décret n° 61-501 du 3 mai 1961, a été modifié en dernier lieu par le décret n° 2003-165 du 27 févr. 2003 (JO 1er mars).

7 *Abrogé par Décr. n° 75-1200 du 4 déc. 1975.*

8 *(Décr. n° 2003-165 du 27 févr. 2003)* Il est interdit, sous réserve des nécessités du commerce international hors de l'Union européenne et des dérogations prévues au présent article et à l'article 13, d'employer des unités de mesure autres que les unités légales mentionnées au présent décret et dans son annexe pour la mesure des grandeurs dans les domaines de l'économie, de la santé et de la sécurité publique ainsi que dans les opérations à caractère administratif.

Toutefois, sans préjudice des dispositions de l'article 12, les indications exprimées en d'autres unités peuvent être ajoutées à l'indication en unité de mesure légale, à condition qu'elles soient exprimées en caractères de dimensions au plus égales à l'indication exprimée dans l'unité de mesure légale.

Les dispositions du présent article ne font pas obstacle à l'impression et à l'emploi de tables de concordance entre les unités.

9 L'interdiction d'emploi d'unités de mesure différentes des unités légales est applicable aux textes ou contrats administratifs établis par des autorités françaises et aux publications officielles. Il est procédé, à la demande du ministre de l'industrie, à la rectification des textes et contrats où ont été employées d'autres mesures que celles autorisées par le présent décret. Cette rectification peut, au cas où elle n'est pas opérée par l'autorité qui a établi le texte ou le contrat, être faite d'office par le ministre dont elle relève ou qui exerce sur elle la tutelle.

10 Pour les grandeurs mentionnées au tableau annexé au présent décret, les unités de mesure qui y sont définies sont les unités enseignées et utilisées dans les établissements scolaires.

11 *Abrogé par Décr. n° 88-682 du 6 mai 1988, art. 50.*

12 Il est interdit à toute personne publique ou privée :

1° De mettre en vente, livrer, commander, mettre en service, employer ou introduire en France des instruments de mesure qui ne sont pas conformes aux textes réglementaires et qui, notamment, comportent des inscriptions ou graduations autres que celles résultant de l'emploi des unités légales ;

2° De détenir de tels instruments dans ses magasins, boutiques, ateliers, établissements industriels ou commerciaux, sur la voie publique ou dans les chantiers, ports, gares, aéroports, halles, foires ou marchés.

(Décr. n° 2003-165 du 27 févr. 2003) « Les interdictions édictées au présent article ne s'appliquent pas aux objets destinés à des fins scientifiques ou présentant un caractère historique ou artistique sous réserve, dans ce cas, qu'ils ne puissent prêter à confusion avec les instruments soumis aux dispositions du décret du 3 mai 2001 susvisé.

« L'emploi d'unités de mesure qui ne sont plus légales est autorisé pour les produits et équipements mis sur le marché avant le 1er mars 1982 ou en service à cette date, ainsi que pour les pièces et parties de produits et d'équipements nécessaires pour compléter ou remplacer les produits ou les équipements ; cette autorisation n'est pas

applicable aux dispositifs indicateurs des instruments de mesure, qui devront être gradués en unités légales. »

13 **Des arrêtés du ministre de l'industrie, pris après avis ou sur proposition des autres ministres intéressés, pourront autoriser, quand un intérêt public le rendra nécessaire, des dérogations aux dispositions des articles 8, 9 et 12.**

Ces arrêtés seront pris après avis de la commission technique des instruments de mesure.

14 *(Décr. n° 2003-165 du 27 févr. 2003)* **Les infractions aux dispositions des articles 5, 6, 8, 10 et 12 du présent décret et à celles des textes pris pour son application sont punies de la peine d'amende prévue pour les contraventions de la 3e classe.**

Les personnes coupables des infractions aux dispositions des articles 5, 6, 8, 10 et 12 du présent décret encourent également la peine complémentaire de la confiscation de la chose qui a servi ou était destinée à commettre l'infraction.

Les personnes morales peuvent être déclarées responsables pénalement, dans les conditions prévues par l'article 121-2 du code pénal, des infractions aux dispositions des articles 5, 6, 8, 10 et 12.

Les peines encourues par les personnes morales sont :

1° L'amende suivant les modalités prévues par l'article 131-41 du code pénal ;

2° La peine complémentaire de confiscation de la chose qui a servi ou était destinée à commettre l'infraction, conformément aux dispositions de l'article 131-43 du code pénal.

15 *(Décr. n° 75-1200 du 4 déc. 1975)* **Les unités légales de mesure sont définies par décret en Conseil d'État après avis du bureau national de métrologie et de l'académie des sciences.**

16 **Sont abrogés les lois du 1er août 1793, 18 germinal an III, 19 frimaire an VIII, les articles 2 à 6 de la loi du 4 juillet 1837 modifiée par celle du 15 juillet 1944, les lois du 11 juillet 1903, 22 juin 1909, les articles 1er, 2, 3, 5 et 7 de la loi du 2 avril 1919 modifiée par celle du 14 janvier 1948 et le décret du 28 février 1948 relatifs aux unités de mesure et à la vérification des poids et mesures.**

Dans tous les textes législatifs ou réglementaires en vigueur, les références aux unités de mesure définies par la loi du 2 avril 1919 ou en application de cette loi sont remplacées par des références aux unités de mesure prévues et définies par le présent décret et les textes subséquents.

17 **Le présent décret est applicable dans les départements de la Guadeloupe, de la Guyane, de la Martinique et de la Réunion.**

(Décr. n° 2003-165 du 27 févr. 2003) **« Le présent décret est applicable en Nouvelle-Calédonie, en Polynésie française, à Wallis-et-Futuna, dans les Terres australes et antarctiques et à Mayotte. »**

18 **Le présent décret entrera en vigueur le 1er janvier 1962.**

V. Décr. n° 2006-447 du 12 avr. 2006 (JO 16 avr.) relatif à la mise sur le marché et à la mise en service de certains instruments de mesure, applicable aux compteurs d'eau, aux compteurs de gaz et aux dispositifs de conversion associés, aux compteurs d'énergie électrique active, aux compteurs d'énergie thermique, aux ensembles de mesurage continu et dynamique de quantités de liquides autres que l'eau, aux instruments de pesage à fonctionnement automatique, aux taximètres, aux mesures matérialisées, aux instruments de mesure dimensionnelle et aux analyseurs de gaz d'échappement. – Arr. 28 avr. 2006, fixant les modalités d'application du Décr. n° 2006-447 du 12 avr. 2006.

Ces instruments de mesure qui satisfont aux règles qui étaient applicables avant l'entrée en vigueur du décret précité (30 oct. 2006) peuvent être mis sur le marché ou mis en service jusqu'à l'expiration du terme de la validité de leur certificat d'examen de type ou, dans le cas d'une approbation de modèle à durée indéfinie, jusqu'au 30 oct. 2016 ; ces instruments reçoivent, selon le cas, le marquage de conformité relatif au contrôle d'effet national ou au contrôle CEE institué par le Décr. n° 73-788 du 4 août 1973 (Décr. n° 2006-447, 12 avr. 2006, art. 22). Sans préjudice de ces dispositions :

— sont notamment abrogés : le Décr. du 12 avr. 1955 (instruments mesureurs volumétriques de liquides autres que l'eau), le Décr. n° 72-145 du 18 févr. 1972 (ensemble à compteur turbine), le Décr. n° 73-791 du 4 août 1973 (contrôle des compteurs volumétriques de liquides autres que l'eau), le Décr. n° 75-906 du 16 sept. 1975 (mesures de longueur), le Décr. n° 75-1202 du 11 déc. 1975 (instruments de pesage) ;

— cessent notamment d'être applicables, en tant qu'elles concernent les instruments précédemment énumérés, les dispositions relatives à la mise sur le marché et à la mise en service des catégories d'instruments de mesure réglementées par les Décr. n° 65-487 du 18 juin 1965 (instruments de pesage), n° 72-388 du 4 mai 1972 (mesureurs de longueur) et n° 72-390 du 4 mai 1972 (machines planimétriques).

Sur la réglementation et le contrôle des instruments de mesure, V. Décr. n° 88-682 du 6 mai 1988 (D. et ALD 1988. 337), mod. par Décr. n° 89-625 du 31 août 1989 (D. et ALD 1989. 304), Décr. n° 96-441 du 22 mai 1996 (D. 1996. 238) ; Décr. n° 95-292 du 16 mars 1995, art. 3 (JO 17 mars) ; Arr. 1er mars 1990 (D. et ALD 1990. 192) ; Décr. 30 nov. 1944, art. 12, al. 1er, 17, al. 3 à 5, 24 à 26 (BLD 1944. 296), mod. par Décr. n° 88-682 du 6 mai 1988, art. 49 (D. et ALD 1988. 337) ; Décr. n° 2001-387 du 3 mai 2001 (JO 6 mai), mod. par Décr. n° 2003-330 du 7 avr. 2003 (JO 12 avr), Décr. n° 2006-447 du 12 avr. 2006 (JO 16 avr.) ; spécialement : — 1° instruments de pesage : Arr. 22 mars 1993 (JO 28 mars), mod. par Arr. 17 sept. 1998 (JO 2 oct.) ; Décr. n° 65-487 du 18 juin 1965 (BLD 1965. 340 ; JO 29 juin), mod. par Décr. n° 71-717 du 31 août 1971 (JO 5 sept.) ; Décr. n° 76-279 du 19 mars 1976 (JO 30 mars) ; Arr. 14 févr. 1975 (JO 26 févr.) ; Arr. 9 janv. 1987 (JO 31 janv.) ; Arr. 24 févr. 1988 (JO 4 mars) ; — ... pour les personnes : L. 15 mai 1942 (DA 1942. L. 111 ; BLD 1942. 292) ; Arr. 25 nov. 1942 (JO 30 déc.) ; — 2° mesures de longueur : Décr. n° 72-388 du 4 mai 1972 (JO 14 mai) ; — 3° machines planimétriques : Décr. n° 72-390 du 4 mai 1972 (JO 14 mai) ; — 4° instruments de mesurage du volume des liquides : Ord. n° 45-2405 du 18 oct. 1945 (BLD 1945. 408 ; JO 19 oct. ; Rect., JO 24 oct.), mod. par Décr. n° 88-682 du 6 mai 1988, art. 50 (D. et ALD 1988. 337) ; Décr. n° 46-25 du 2 janv. 1946 (JO 5 janv. ; Rect., JO 16 janv.) ; — ... bouteilles servant de récipients-mesures : Décr. n° 63-295 du 19 mars 1963 (BLD 1963. 164 ; JO 23 mars) ; Décr. n° 76-342 du 6 avr. 1976 (D. et BLD 1976. 205) ; — ... jaugeurs : Décr. n° 72-389 du 4 mai 1972 (JO 14 mai) ; — 5° mesures de capacité pour grains : Décr. n° 46-26 du 3 janv. 1946 (JO 5 janv. ; Rect., JO 16 janv.) ; — 6° mesures de masse : Décr. n° 75-312 du 9 avr. 1975 (JO 4 mai). — Ces décrets cessent d'avoir effet dès l'entrée en vigueur des arrêtés ministériels correspondant à chacune des catégories ci-avant énumérées, pris en application du Décr. n° 88-682 du 6 mai 1988 (art. 51 du décret). — Sur l'entrée en vigueur du régime issu du décret du 6 mai 1988 préc., V. aussi Arr. 8 sept. 1988 (JO 27 sept.).

V. aussi Décr. n° 78-166 du 31 janv. 1978 (D. et BLD 1978. 141) relatif au contrôle métrologique de certains préemballages, mod. par Décr. n° 90-83 du 17 janv. 1990 (D. et ALD 1990. 107).

Sur la taxe de vérification des instruments de mesure, V. L. n° 45-0195 du 31 déc. 1945, art. 86 (D. 1946. L. 38 ; BLD 1946. 29), mod. par L. n° 53-76 du 6 févr. 1953, art. 15 (D. 1953. 44 ; BLD 1953. 79).

V. Décr. n° 73-788 du 4 août 1973 portant application des prescriptions de la Communauté économique européenne relatives aux dispositions communes aux instruments de mesurage et aux méthodes de contrôle métrologique (JO 11 août), mod. par Décr. n° 84-1107 du 6 déc. 1984 (JO 11 déc.). — Décr. n° 91-330 du 27 mars 1991 relatif aux instruments de pesage à fonctionnement non automatique (JO 3 avr.), mod. par Décr. n° 93-973 du 27 juill. 1993 (JO 3 août), Décr. n° 96-442 du 22 mai 1996 (JO 24 mai) ; Arr. 22 juin 1992 relatif aux procédures d'attestation de la conformité de ces instruments (JO 29 juill.), mod. par Arr. 25 juin 1996 (JO 6 août).

La législation relative au contrôle des instruments de mesure a été rendue applicable dans les départements du Bas-Rhin, du Haut-Rhin et de la Moselle par Ord. n° 45-1404 du 26 juin 1945 (JO 27 juin).

Sur la sanction pénale de poids ou mesures différents de ceux établis par les lois et règlements en vigueur, V. C. pén., art. R. 643-2, applicable à compter du 1er mars 1994. — ***C. pén.***

USAGES COMMERCIAUX

RÉP. COM. v° *Usages commerciaux*, par MOHAMED SALAH.

Loi du 13 juin 1866,

Concernant les usages commerciaux (DP 1866. 4. 67).

Art. 1er Dans les ventes commerciales, les conditions, tares et autres usages indiqués dans le tableau annexé à la présente loi sont applicables dans toute l'étendue de l'*empire*, à défaut de convention contraire.

TABLEAU ANNEXÉ À LA LOI CONCERNANT LES USAGES COMMERCIAUX

1re PARTIE. RÈGLES GÉNÉRALES

I. Toute marchandise pour laquelle la vente est faite au poids se vend au poids brut ou au poids net.

Le poids brut comprend le poids de la marchandise et de son contenant. Le poids net est celui de la marchandise à l'exclusion du poids de son contenant.

La tare représente, à la vente, le poids présumé du contenant. La tare s'applique à certaines marchandises que, pour les facilités du commerce, il est d'usage de ne pas déballer.

II. Tout article se vendant au poids et non mentionné au tableau est vendu au poids net.

III. L'acheteur a le droit, en renonçant à la tare d'usage, de réclamer le poids net, même pendant le cours de la livraison.

IV. Pour la marchandise vendue au poids brut, l'emballage doit être conforme aux habitudes du commerce.

V. L'emballage (toile, fût, barrique, caisse, etc.) reste à l'acheteur, sauf les exceptions portées au tableau.

VI. Lorsqu'il y a deux emballages, l'emballage intérieur, en tant qu'il est considéré dans l'usage comme marchandise et qu'il est conforme aux habitudes du commerce, est compris dans le poids net.

VII. Le tonneau de mer s'entend du tonneau d'affrètement tel qu'il est réglé pour l'exécution des articles 3 et 6 de la loi du 3 juillet 1861. — *V. Décr. 25 août 1861 (Bull. des lois, n° 9477).*

VIII. Sauf les exceptions portées au tableau ci-après, il n'est accordé ni dons, ni surdons, ni tolérance. *[On entend par* don *une réfaction pour altération ou déchet en quelque sorte forcé de la marchandise. Le* surdon *est un forfait facultatif pour l'acheteur, à raison d'avaries ou mouillures accidentelles. La* tolérance, *accordée en général pour le déchet nommé* pousse *ou* poussière, *a pour objet de limiter la réclamation de l'acheteur contre le vendeur.]*

IX. Dans les ports maritimes, toutes les marchandises autres que les articles manufacturés se vendent sur le pied de 2 pour 100 d'escompte au comptant, et, lorsque le vendeur consent à convertir tout ou partie de l'escompte en terme, l'escompte se règle à raison de 1/2 pour 100 par mois.

Sur le régime juridique de la consignation des emballages de liquides alimentaires, V. L. n° 89-421 du 23 juin 1989, art. 7 (D. et ALD 1989. 213).

2e PARTIE. RÈGLES SPÉCIALES À CERTAINES MARCHANDISES

V. tableaux (DP 1866. 4. 67).

....

Décret du 15 juin 1867,

Qui fixe la tare légale sur certaines marchandises (DP 1867. 4. 61).

VENTES COMMERCIALES

RÉP. COM. v° *Ventes commerciales*, par Bihl.

Dispositions générales

V. aussi supra, C. com., art. L. 441-6 et L. 442-6 relatifs à la communication des barèmes et conditions de vente et à la réparation civile des pratiques discriminatoires.

Code de la consommation

PARTIE LÉGISLATIVE

(L. n° 93-949 du 26 juill. 1993)

Une table de concordance entre les dispositions législatives du nouveau code de la consommation et les dispositions abrogées et codifiées par la loi n° 93-949 du 26 juill. 1993 est publiée en annexe à cette loi au Journal officiel du 27 juill. 1993 (D. et ALD 1993. 434) et reproduite au ***C. consom.*** *– La partie réglementaire du code de la consommation, quant à elle, résulte du décret n° 97-298 du 27 mars 1997, en annexe duquel figure également une table de concordance (JO 3 avr. 1997 ; D. 1997. 226).*

Le code de la consommation Dalloz comporte l'ensemble des textes, codifiés ou non, régissant la matière, assortis d'annotations de jurisprudence et de bibliographie.

RÉP. PÉN. v° *Consommation*, par Bihl.

BIBL. GÉN. ▶ Raymond, *Contrats Conc. Consom. 1993. Chron. 8.* – Beauchard, *Écrits en hommage à G. Cornu, 1995, p. 9.* – Bureau, *D. 1994. Chron. 291.* – Sinay-Cytermann, *JCP 1994. I. 3804* (protection ou surprotection du consommateur ?). – Calais-Auloy, *RTD civ. 1994. 239* (influence du droit de la consommation sur le droit civil des contrats) ; *ibid. 1998. 115* (même thème). – Delebecque, *RJ com., n° spéc., nov. 1997. 21* (formation de la vente entre professionnel et consommateur). – Fourgoux, *ibid. 39* (obligations spécifiques du vendeur). – Raymond, *ibid. 55* (techniques de vente au consommateur). – Pizzio, *RTD com. 1998. 53* (protection des consommateurs par le droit commun des obligations). – D. Mazeaud, *ibid. 95* (attraction du droit de la consommation). – Grégoire, *Contrats Conc. Consom. 1998. Chron. 13* (offre d'accès à internet et protection des consommateurs). – Luby, *ibid. 2000. Chron. 1* (notion de consommateur en droit communautaire). – Flores et Biardeaud, *D. 2000. Chron. 191* (protection de l'emprunteur : une notion menacée). – Cramier, *Petites affiches 12, 13 et 14 juin 2000, p. 4, 7 et 4* (essai sur la protection du contractant professionnel). – Huet, *ibid. 8 nov. 2001, p. 4* (éléments de réflexion sur le droit de la consommation). – Delebecque, *Dr. et patr. mai 2002, p. 46* (arbitrage et droit de la consommation). – Vigneau, *Gaz. Pal. 2002. 2. Doctr. 1279* (trente ans de jurisprudence sur la notion de consommateur). – DOSSIER « Protection du consommateur dans l'espace européen », *Dr. et patr. oct. 2002, p. 43.* – Serverin, *ibid. févr. 2003, p. 30* (procédures amiables dans le traitement des litiges en droit européen de la consommation). – Paisant, *JCP 2003. I. 121* (à la recherche du consommateur : pour en finir avec la confusion née du critère du « rapport direct »). – Amar, *Contrats Conc. Consom. 2003. Chron. 5* (une cause perdue : la protection des personnes morales par le droit de la consommation ?). – Touchent, *Petites affiches 1er août 2003, p. 3* (proposition de directive sur les pratiques commerciales déloyales). – D. Mazeaud, *Liber amicorum Calais-Auloy, Dalloz, 2004, p. 697* (droit commun du contrat et droit de la consommation). – Detraz, *Contrats Conc. Consom. 2004. Chron. 7* (plaidoyer pour une analyse fonctionnelle du droit de rétractation en droit de la consommation). – Luby, *Europe 2005. Chron. 11* (directive 2005-29 sur les pratiques commerciales déloyales). – Mel, *Petites affiches 31 janv. 2006, p. 5* (notion de consommateur européen).

Portée de la codification. L'abrogation d'une loi à la suite de sa codification à droit constant ne modifie ni la teneur des dispositions transférées, ni leur portée. • Crim. 4 mai 1995 : *Bull. crim. n° 163 ; D. 1995. IR. 181* (à propos de la loi du 1er août 1905 sur les fraudes) • 12 juin 1995 : *Bull. crim. n° 212 ; D. 1995. IR. 203* (à propos de l'art. 30 de l'ord. n° 86-1243 du 1er déc. 1986) • 16 oct. 1996 : *Bull. crim. n° 367 ; D. 1997. IR. 24 ; D. Affaires 1997.*

114 (à propos de l'art. 5 de la loi n° 89-421 du 6 janv. 1989 et de l'art. 44 de la loi n° 73-1193 du 27 déc. 1973). ♦ Il s'ensuit que les décrets pris en application d'une loi codifiée demeurent applicables. • Mêmes arrêts.

Information des consommateurs

BIBL. GÉN. ▸ Commentaires de la loi n° 92-60 du 18 janv. 1992 : PIZZIO, *ALD 1992. 181.* – J. HUET, *JCP N 1992. I. 316.* – G. RAYMOND, *JCP E 1992. I. 144.* – FABRE et MAINGUY, *Cah. dr. entr. 1992, n° 3.* – GRALL, *Petites affiches 12 et 14 août 1992.* ▸ Vente de voyages : BATTEUR, *D. 1996. Chron. 82.* ▸ Crédits au consommateur : POLLAUD-DULIAN, *RD banc. fin. 2002, p. 341.*

Obligation générale d'information

Art. L. 111-1 Tout professionnel vendeur de biens ou prestataire de services doit, avant la conclusion du contrat, mettre le consommateur en mesure de connaître les caractéristiques essentielles du bien ou du service. – *[L. n° 92-60 du 18 janv. 1992, art. 2, al. 1er].*

1. Contenu de l'obligation. S'agissant d'un catalogue de vente par correspondance, le professionnel vendeur de biens meubles doit faire en sorte que les photographies qui illustrent la présentation du produit offert à la vente le reproduisent fidèlement et surtout ne comportent pas d'ambiguïtés, d'équivoques de nature à induire en erreur le client sur les caractéristiques et composants du bien • Orléans, 15 nov. 1995 : *Contrats Conc. Consom. 1996, n° 118, obs. Raymond.* ♦ V. aussi, prononçant la nullité d'une vente de mobilier pour non-respect de l'obligation d'information, • Paris, 4 oct. 1996 : *Contrats Conc. Consom. 1997, n° 33, obs. Raymond ; RJDA 1997, n° 629.* ♦ Pour la même sanction, en vertu de l'art. 6 C. civ., V. : • Civ. 1re, 7 déc. 2004 : *D. 2005. AJ. 75, obs. Rondey ; JCP E 2005. n° 30, p. 1291, note Constantin ; JCP 2005. II. 10160, note Rzepecki ; Petites affiches 7 sept. 2005, note Bazin ; Contrats Conc. Consom. 2005, n° 59, obs. Raymond ; Bull. act. Lamy droit économique janv. 2005, p. 1, obs. Marchand ; RJDA 2005, n° 469 ; Dr. et patr. mars 2005. 85, obs. Chauvel ; RTD civ. 2005. 389, obs. Mestre et Fages ; RDC 2005. 323, note Fenouillet.*

Pour un jugement condamnant au remboursement d'un pantalon ayant rétréci anormalement, alors que l'étiquette de lavage n'interdisait pas le sèche-linge, V. • TI Tours, 9 oct. 1992 : *Contrats Conc. Consom. 1994, n° 35, note Raymond.* ♦ Jugeant que n'est pas une caractéristique essentielle du produit nécessitant une information le fait de ne pas pouvoir réaliser une copie privée d'un DVD, V. • TGI Paris, 30 avr. 2004 : *JCP E 2004, n° 30, p. 1204, note Maillard ; JCP 2004. II. 10135, note Geiger ; Comm. com. élec. 2004, n° 85, obs. Caron ; RTD com. 2004. 486, obs. Pollaud-Dulian.* – *Contra :* • Versailles, 30 sept. 2004 : *Comm. com. élec. 2004, n° 163, obs. Grynbaum.* – Sur cette question : Sardain, *ibid. Chron. 12.* ♦ Un consommateur n'a pas été suffisamment informé sur des caractéristiques essentielles d'un support DVD sur lequel figure la mention « CP », cette mention étant susceptible de recevoir d'autres acceptions que « copie prohibée ». • Paris, 22 avr. 2005 : *D. 2005. 1573, note Castets-Renard ; RTD com. 2006. 102, obs. Pollaud-Dulian ; JCP E 2005, n° 27-28, p. 1177, note Vilmart ; JCP 2005. II. 10126, note Geiger ; Comm. com. élec. 2005, n° 98, obs. Caron ; Gaz. Pal. 2005. 1853 ; Dr. patr. juill.-août 2005. 107, obs. Caprioli ; RJDA 2006, n° 74.* – Sur cet arrêt, V. aussi Goldsmith, *Comm. com. élec. 2005. Chron. 26.*

2. Réticence dolosive. Sur la distinction entre le manque d'information prévu à l'art. L. 111-1 et la réticence dolosive, V. • Rennes, 17 oct. 2003 : *Contrats Conc. Consom. 2004, n° 85, obs. Raymond.*

3. Internet. **BIBL.** Sauphanor-Brouillaud et Cermolacce, *Comm. com. élec. 2003. Chron. 6* (image électronique et consommateur).

L. 111-2 Le professionnel vendeur de biens meubles doit, en outre, indiquer au consommateur la période pendant laquelle il est prévisible que les pièces indispensables à l'utilisation du bien seront disponibles sur le marché. Cette période est obligatoirement portée à la connaissance du professionnel par le fabricant ou l'importateur. – *[L. n° 92-60 du 18 janv. 1992, art. 2, al. 2].*

L. 111-3 Les dispositions des deux articles précédents s'appliquent sans préjudice des dispositions plus favorables aux consommateurs qui soumettent certaines activités à des règles particulières en ce qui concerne l'information du consommateur. – *[L. n° 92-60 du 18 janv. 1992, art. 2, al. 3].*

Sur l'information préalable aux opérations de vente de voyages ou de séjours, V. C. tourisme, art. L. 211-8 s. (anciennement L. n° 92-645 du 13 juill. 1992, art. 14 s.) ; Décr. n° 94-490 du 15 juin 1994, art. 95 s. (D. et ALD 1994. 336) au ***C. consom.*** *– Sur l'information préalable à la vente ou à la location d'objets ou de dispositifs de protection contre le bruit et sur la nullité de plein droit des contrats portant sur des objets ou des dispositifs ne répondant pas aux prescriptions légales et réglementaires, V. C. envir., art. L. 571-2 à L. 571-4 au* ***C. envir.*** *– Sur les conventions de compte de dépôt, V. supra, C. mon. fin., art. L. 312-1-1, v° code monétaire et financier (extraits).*

Prix et conditions de vente

L. 113-1 Les règles relatives à la détermination des prix sont fixées par les dispositions de l'article 1er de l'ordonnance n° 86-1243 du 1er décembre 1986 relative à la liberté des prix et de la concurrence *[C. com., art. L. 410-2]*, reproduites ci-après : – *V. art. L. 410-2 C. com., supra.*

L. 113-2 Les règles relatives au champ d'application de l'ordonnance n° 86-1243 du 1er décembre 1986 précitée sont fixées par l'article 53 de cette ordonnance *[C. com., art. L. 410-1]*, reproduit ci-après : – *V. art. L. 410-1 C. com., supra.*

L. 113-3 Tout vendeur de produit ou tout prestataire de services doit, par voie de marquage, d'étiquetage, d'affichage ou par tout autre procédé approprié, informer le consommateur sur les prix, les limitations éventuelles de la responsabilité contractuelle et les conditions particulières de la vente, selon des modalités fixées par arrêtés du ministre chargé de l'économie, après consultation du Conseil national de la consommation. – *V. les Arr. cités ss. ce même art. L. 113-3 au* ***C. consom.***

Cette disposition s'applique à toutes les activités visées au dernier alinéa de l'article L. 113-2. – *[Ord. n° 86-1243 du 1er déc. 1986, art. 28 originel].*

(L. n° 2001-1168 du 11 déc. 2001) « Les règles relatives à l'obligation de renseignements par les établissements de crédit et les organismes mentionnés à l'article L. 518-1 du code monétaire et financier sont fixées par les I et II de l'article L. 312-1-1 du même code. » – *V. cet art., supra, v° Code monétaire et financier (extraits).*

Les infractions aux arrêtés prévus à l'art. L. 113-3 ainsi qu'aux arrêtés ayant le même objet pris en application de l'Ord. n° 45-1483 du 30 juin 1945 sont punies de la peine d'amende prévue pour les contraventions de la 5e classe ; en cas de récidive, les peines d'amende prévues pour la récidive des contraventions de la 5e classe sont applicables (C. consom., art. R. 113-1, issu du Décr. n° 99-513 du 16 juin 1999, art. 1er, JO 23 juin). – V. art. L. 141-1, infra.

V. Arr. 21 févr. 1991 relatif à l'information du consommateur dans le secteur de la franchise, supra, ss. art. L. 330-3 C. com.

V. aussi, pour les experts en automobile, Décr. n° 91-1315 du 27 déc. 1991, art. 1er (D. et ALD 1992. 37).

En ce qui concerne la constatation et la répression des infractions en matière de publicité et de prix des hôtels et restaurants, V. L. n° 66-965 du 26 déc. 1966, abrogée et insérée au code du tourisme par l'Ord. n° 2004-1391 du 20 déc. 2004 (JO 24 déc.). – ***C. pén.*** *ou* ***C. consom.***

Sur la publicité relative aux ventes en solde, Décr. n° 96-1097 du 16 déc. 1996, art. 13, supra, ss. art. L. 310-7 C. com.

En prévision des crises conjoncturelles affectant les productions de produits agricoles périssables ou de produits issus de cycles courts de production ou, les productions de la pêche maritime ou des cultures marines, sur la possibilité, pour le ministère de l'agriculture et de la pêche, sur proposition des organisations syndicales ou de consommateurs et en concertation avec l'Observatoire des prix, de rendre obligatoire l'affichage du prix d'achat au producteur et du prix de vente au consommateur sur les lieux de vente, V. L. n° 99-574 du 9 juill. 1999, art. 71 (JO 10 juill.).

V. Dir. n° 99/44/ CE du 25 mai 1999 (JOCE n° L 171 du 7 juill. 1999) sur certains aspects de la vente et des garanties des biens de consommation.

BIBL. ▸ CALAIS-AULOY, *D. 1987. Chron. 137.* – LAMBERT, *RJ com. 1997. 41* (prix d'appel). – ARNAUD-FARAUT, *JCP E 1999, n° 12, p. 523* (prix et moyens de paiement en euros : subtile combinaison entre textes et pratique). – GALLOT, *Administration juill. 1999. 129* (euro et protection des consommateurs).

▸ Sur la directive n° 99/44/CE : GRYNBAUM, *Contrats Conc. Consom. 2000. Chron. 7.* – TOURNAFOND, *D. 2000. Chron. 159.* – RAYNARD, *RTD civ. 2000. 440* (transposition). – TROCHU, *D. 2000. Chron. 119.* – PAISANT et LEVENEUR, *JCP 2002. I. 135.* – VINEY, *ibid. II. 158* (même thème) ; *D. 2002. 3162.* – TOURNAFOND, *ibid. 2883* ; *D. 2003. 427.* – MAINGUY, *JCP 2002. I. 183.* – JOURDAIN, *D. 2003. 4.* – MAZEAU, *ibid. 6.* – MARGUÉNAUD et RAYNARD, *RTD civ. 2002. 871.* – Colloque du 8 nov. 2002, *Cah. dr. entr. 2003, n° 1.* – PIMONT, *RJ com. 2003. 393.* – BERG, *ibid. 252* (transposition en droit allemand).

1. Non-abrogation des art. 1er et 2 de la loi du 3 avr. 1942. L'art. 28 de l'ord. du 1er déc. 1986 [C. consom., art. L. 113-3], relatif à l'obligation de renseignement des prestataires de services, n'a pu avoir pour effet d'abroger les art. 1er et 2 de la loi du 3 avr. 1942, portant interdiction d'offrir aux victimes d'accidents, moyennant émoluments convenus au préalable, le bénéfice d'accords amiables ou de décisions judiciaires. • Crim. 3 juin 1992 : *D. 1992. IR. 229.*

2. Légalité de l'arrêté du 17 oct. 1996. L'obligation d'information du consommateur instituée à l'art. L. 113-3, al. 1er, est mise à la charge de tous les prestataires de services, sans considération du caractère commercial ou libéral de leur activité et concerne notamment les prestations à caractère médical. • CE 27 avr. 1998 : *D. 1998. IR. 182 ; BID 1998, n° 9, p. 21 ; Contrats Conc. Consom. 1999, n° 15, obs. Raymond.* ♦ En revanche, l'obligation faite par l'arrêté du 17 oct. 1996 au chirurgien esthétique et à la personne examinée de respecter un délai de réflexion avant la décision éventuelle d'intervention porte atteinte au principe de la liberté contractuelle et excède l'habilitation donnée par l'art. L. 113-3 au ministre chargé de l'Économie. Aucune autre disposition législative n'autorisant ce ministre à prendre de telles dispositions, celles-ci seront par suite entachées d'illégalité. • Même arrêt. – V. aussi, Cathelineau, *Contrats Conc. Consom. 1999. Chron. 13.*

2 bis. Non-respect de l'affichage des prix. La société « l'Office des locataires » méconnaît les dispositions de l'arr. du 29 juin relatif à la publicité des prix pratiqués par des professionnels intervenant dans les transactions immobilières et commet ainsi l'infraction prévue par l'art. L. 113-3 et 33 du décret du 29 déc. 1986 en n'affichant pas le prix de ses prestations à l'entrée de son établissement et en ne le mentionnant pas dans les annonces. • Crim. 19 févr. 1997 : *Bull. crim. n° 71 ; D. Affaires 1997. 727.* ♦ Mais il ne paraît pas opportun de renforcer la réglementation actuelle en imposant aux agences immobilières l'affichage du taux moyen des commissions pratiqué dans la zone géographique concernée : Rép. min. n° 22887 : *JOAN Q 13 oct. 2003, p. 7838 ; AJDI 2004. 144.* ♦ Pour une absence d'indication du coût de la communication téléphonique à la suite de la mention d'un numéro de téléphone à composer, V. • Paris, 13 oct. 2000 : *BID 2002, n° 2, p. 8.* ♦ ... Le défaut de remise de notes indiquant la liste détaillée des prestations rendues par l'auto-école • T. pol. Lyon, 25 sept. 1998 : *ibid., p. 27.* ♦ La circonstance que le prix avait fait l'objet d'une publicité par un autre procédé ne permet pas au vendeur de se dispenser de l'obligation de marquage du prix de façon lisible pour le consommateur. • Paris, 13 mai 2002 : *ibid., n° 12, p. 24.* ♦ L'art. L. 113-3 n'édictant aucune sanction civile, la nullité d'un contrat de prestations de services ne peut résulter du seul manquement aux exigences d'informations. • Civ. 1re, 15 déc. 1998 : *Bull. civ. I, n° 366 ; D. 2000. Somm. 40, obs. Pizzio*. ♦ Jugeant que l'information sur les prix donnée exclusivement en euros avant le 1er janv. 2002 méconnaît les dispositions de l'arr. du 3 déc. 1987 modifié, est susceptible d'induire en erreur le consommateur et caractérise une publicité trompeuse. • TGI Rennes, réf., 24 oct. 2001 : *D. 2001. AJ. 3531, obs. Rondey*. ♦ La circonstance que le prix de vente soit en réalité négocié de façon très notable avec les acheteurs ne permet pas au vendeur de se dispenser de l'obligation d'affichage des prix. • Paris, 2 mars 2001 : *BID 2002, n° 2, p. 13.*

Pour un contrat aléatoire, V. • Nîmes, 6 mars 2003 : *Contrats Conc. Consom. 2004, n° 16, obs. Raymond.* ♦ Pour un site internet, V. • T. pol. Boissy-Saint-Léger, 3 févr. 2004 : *Rev. Conc. consom. juill.-sept. 2004, p. 5 ; Lettre distrib. juill.-août 2004, p. 4.*

3. Arrêtés antérieurs maintenus en vigueur. Il avait été jugé que l'art. R. 113-1, al. 2, version codifiée de l'art. 33 du décret n° 86-1309 du 29 déc. 1986, ne faisant plus référence aux arrêtés pris en application de l'ord. du 30 juin 1945, la violation de l'arrêté du 2 sept.

1977 relatif aux annonces de réduction de prix n'était plus réprimée, V. • Dijon, 23 sept. 1998 : *D. 2000. Somm. 42, obs. Pizzio* ; *D. Affaires 1998. 1807, obs. E. P.* ♦ V. désormais art. R. 113-1, al. 2, issu du Décr. n° 99-513 du 16 juin 1999, note ss. art. L. 113-3, *supra*.

L. 113-4 *Tarification en matière de téléphonie mobile. — V. cet art. au* **C. consom.**

Information sur les délais de livraison

L. 114-1 Dans tout contrat ayant pour objet la vente d'un bien meuble ou la fourniture d'une prestation de services à un consommateur, le professionnel doit, lorsque la livraison du bien ou la fourniture de la prestation n'est pas immédiate et si le prix convenu excède des seuils fixés par voie réglementaire, indiquer la date limite à laquelle il s'engage à livrer le bien ou à exécuter la prestation. — *Seuil fixé à 500 € (C. consom., art. R. 114-1).*

Le consommateur peut dénoncer le contrat de vente d'un bien meuble ou de fourniture d'une prestation de services par lettre recommandée avec demande d'avis de réception en cas de dépassement de la date de livraison du bien ou d'exécution de la prestation excédant sept jours et non dû à un cas de force majeure.

Ce contrat est, le cas échéant, considéré comme rompu à la réception, par le vendeur ou par le prestataire de services, de la lettre par laquelle le consommateur l'informe de sa décision, si la livraison n'est pas intervenue ou si la prestation n'a pas été exécutée entre l'envoi et la réception de cette lettre. Le consommateur exerce ce droit dans un délai de soixante jours ouvrés à compter de la date indiquée pour la livraison du bien ou l'exécution de la prestation.

Sauf stipulation contraire du contrat, les sommes versées d'avance sont des arrhes, ce qui a pour effet que chacun des contractants peut revenir sur son engagement, le consommateur en perdant les arrhes, le professionnel en les restituant au double. — *[L. n° 92-60 du 18 janv. 1992, art. 3-I]. — Sur la réglementation des arrhes, V. C. civ., art. 1590 et C. consom., art. L. 131-1 à L. 131-3. —* **C. civ.**

BIBL. ▶ TRICKLIN, *JCP 1994. I. 3732* (art. L. 114-1, al. 4, relatif aux arrhes).

1. Notion de consommateur. Est un consommateur et peut par conséquent bénéficier de l'art. L. 114-1, un syndicat de copropriété qui, ayant pour objet la conservation d'un immeuble bâti en copropriété et l'administration des parties communes, n'a pas d'activités professionnelles à proprement parler. • Paris, 13 nov. 1997 : *D. 1998. IR. 11* ; *D. Affaires 1998. 60, obs. E.P.*

2. Mention du délai de livraison. Les mentions d'une livraison « fin juillet » et « début septembre » satisfont aux prescriptions légales de l'art. L. 114-1, les précisions apportées étant suffisantes pour assurer la légitime protection du consommateur au regard du respect par le professionnel des délais de livraison convenus par les parties. • Paris, 3 juill. 2001 : *D. 2001. AJ. 2740, obs. Rondey*. ♦ Même solution s'agissant d'une livraison devant intervenir « au plus tard deuxième quinzaine du mois de mars ». • Paris, 2 oct. 2003 : *RJDA 2004, n° 152* ; *Lettre distrib. janv. 2004, p. 4* (solution implicite). ♦ En ce sens que le consommateur qui n'a pas été livré dans le délai prévu, majoré de sept jours, peut résilier son contrat sauf si le défaut de livraison est consécutif à un cas de force majeure, V. • Besançon, 15 janv. 2002 : *Contrats Conc. Consom. 2002, n° 149, obs. Raymond.*

2 bis. Délai de prévenance. La mention « délai de prévenance de deux mois » laisse les acquéreurs maîtres de décider de la date de la livraison, le fournisseur disposant alors d'un délai minimal de deux mois, constituant la date limite pour y procéder. • Rennes, 25 mars 2005 : *Contrats Conc. Consom. 2006, n° 11, obs. Raymond.* ♦ Une telle mention ne peut cependant valoir date de livraison ; en l'absence de celle-ci, le consommateur ne peut cependant obtenir la résolution de la vente que s'il a mis en demeure le vendeur d'exécuter et que celui-ci n'y a pas satisfait dans un délai raisonnable. • Même arrêt.

3. Dépassement du délai de livraison. Jugeant que le délai prévu par l'art. L. 114-1 a un fondement contractuel et qu'aucun texte ne prévoit sa prorogation, contrairement au délai de renonciation prévu en matière de démarchage par l'art. L. 121-25 C. consom., V. • Paris, 2 oct. 2003 : *préc. note 2* (indifférence qu'un jour férié se soit trouvé au début et à la fin de la période de dépassement de la date de livraison prévue). ♦ Pour une résiliation, faute de livraison dans le délai prévu, d'un meuble conforme à la commande, V. • Paris, 21 janv. 1997 : *RJDA 1997, n° 630 ; Contrats Conc. Consom. 1997, n° 104, obs. Raymond.* ♦ La lettre recommandée avec AR, adressée au vendeur, dans laquelle l'acheteur déclarait que, faute de livraison, il lui demandait la restitution de son acompte, vaut clairement dénonciation du contrat de vente par l'acheteur, pour non-respect du délai de livraison, de sorte que le contrat doit être considéré comme rompu à la date de réception de ce courrier. • Versailles, 5 juin 1998 : *BICC 1999, n° 358 ; D. Affaires 1998. 1355, obs. S. P.*

Pour une dénonciation prématurée du contrat de vente alors que le délai de livraison fixé n'était pas encore dépassé et que, de plus, il n'y avait pas encore eu dépassement de cette date de livraison de plus de sept jours, V. • Versailles, 22 sept. 2000 : *D. 2002. Somm. 998, obs. Pignarre*. ♦ Il appartient au vendeur de s'assurer de l'accord du client de manière à respecter le délai de livraison prévu au contrat. • Versailles, 8 mars 2002 : *BRDA 2002, n° 9, p. 10.*

4. Absence d'indication de délai. En l'absence d'indication de délai de livraison dans le contrat de vente d'un bien meuble, l'acheteur peut obtenir la résolution du contrat sur le fondement de l'art. L. 114, dès lors que le délai de livraison qu'il avait exigé et dont la durée était raisonnable, n'a pas été respecté par le vendeur. • Paris, 13 nov. 1997 : *préc. note 1.*

5. Renonciation. Le fait de ne pas résilier le contrat de vente losqu'il a eu connaissance du retard de livraison, ainsi que l'art. L. 114-1 le lui permet, et de confirmer sans réserve la commande, ne sauraient, à eux seuls, constituer pour l'acquéreur une renonciation au droit de demander réparation de ce préjudice. • Civ. 1re, 12 mai 2004 : *RJDA 2004, n° 1309 ; ibid. 2005, n° 113 ; Lettre distrib. oct. 2004, p. 4.*

6. Droit de revenir sur son engagement. Jugé qu'en application de l'art. 3, al. 4, de la loi du 18 janv. 1992 [C. consom., art. L. 114-1, al. 4], dont se prévaut l'acheteur d'un véhicule ayant signé le bon de commande, celui-ci a la faculté de revenir sur son engagement en perdant les 10 000 F versés d'avance à titre d'arrhes, de sorte qu'il convient de débouter le vendeur de ses demandes en paiement de la somme principale, sauf à préciser que les 10 000 F lui sont acquis (ledit acheteur, en réponse à une lettre recommandée avec accusé de réception du vendeur, avait fait savoir qu'il ne prendrait pas livraison « pour des raisons personnelles »). • Orléans, 13 avr. 1994 : *D. 1996. Somm. 11, obs. Paisant*.

7. Force majeure. Le retard de fabrication d'un constructeur automobile étant un événement prévisible, pour un arrêt retenant la responsabilité du concessionnaire automobile qui ne rapportait pas la preuve qu'il avait pris les mesures destinées à éviter le retard de livraison : • Versailles, 22 sept. 2000 : *BRDA 2000, n° 21, p. 12.* ♦ Le choix du coloris par l'acheteur du meuble acheté et non livré dans le délai prévu, ne saurait constituer un cas de force majeure, car il n'est ni imprévisible ni irrésistible. • Versailles, 8 mars 2002 : *préc. note 3.*

Dans la désignation, l'offre, la présentation, le mode d'emploi ou d'utilisation, la description de l'étendue et des conditions de garantie d'un bien, d'un produit ou d'un service, ainsi que dans les factures et quittances, l'emploi de la langue française est obligatoire. — Les mêmes dispositions s'appliquent à toute publicité écrite, parlée ou audiovisuelle.

Les dispositions du présent art. ne sont pas applicables à la dénomination des produits typiques et spécialités d'appellation étrangère connus du plus large public. — La législation sur les marques ne fait pas obstacle à l'application des premier et troisième al. du présent art. aux mentions et messages enregistrés avec la marque (L. n° 94-665 du 4 août 1994, art. 2 ; applicable à compter de la date de publication du décret n° 95-240 du 3 mars 1995 [JO 5 mars]).

La loi n° 94-665 du 4 août 1994 est d'ordre public et s'applique aux contrats conclus postérieurement à son entrée en vigueur (art. 20). — Sur l'application de la loi, V. Circ. 19 mars 1996 (JO 20 mars ; D. Affaires 1996. 467).

Sur les sanctions pénales (contraventions de la 4e classe), V. Décr. n° 95-240 du 3 mars 1995 (D. et ALD 1995. 230).

Sur l'action civile des associations de défense de la langue française, V. C. pr. pén., art. 2-14, aj. par L. n° 94-665 du 4 août 1994, art. 19. — ***C. pr. pén.***

Sur la constatation et la poursuite des infractions, V. art. 16 à 18 de la loi (D. et ALD 1994. 416).

BIBL. ► PONTIER, *D. 1994. Chron. 195.* — BIGOT, *Gaz. Pal. 1995. 1. Doctr. 262* (publicité et usage de la langue française). — STAEFFEN et VEYSSIÈRE, *ibid. 1995. 2. Doctr. 1299* (même thème). — LE COHENNEC, *Petites affiches 1er mars 1996* (choix comme marque d'un terme étranger).

Pratiques commerciales illicites

Refus et subordination de vente ou de prestation de services

L. 122-1 Il est interdit de refuser à un consommateur la vente d'un produit ou la prestation d'un service, sauf motif légitime, et de subordonner la vente d'un produit à l'achat d'une quantité imposée ou à l'achat concomitant d'un autre produit ou d'un autre service ainsi que de subordonner la prestation d'un service à celle d'un autre service ou à l'achat d'un produit.

Cette disposition s'applique à toutes les activités visées au dernier alinéa de l'article L. 113-2. – *[Ord. nº 86-1243 du 1er déc. 1986, art. 30].*

(L. nº 2001-1168 du 11 déc. 2001) « Pour les établissements de crédit et les organismes mentionnés à l'article L. 518-1 du code monétaire et financier, les règles relatives aux ventes subordonnées sont fixées par le 1 du I de l'article L. 312-1-2 du même code. » – *V. cet art., supra, vº Code monétaire et financier (extraits). — Les infractions à l'art. L. 122-1 sont punies des peines d'amende prévues pour les contraventions de la 5e classe ; en cas de récidive, les peines d'amende prévues pour la récidive des contraventions de la 5e classe sont applicables (C. consom., art. R. 121-13). — V. art. L. 141-1, infra.*

Sur la sanction pénale du refus discriminatoire de fourniture d'un bien ou d'un service fondé sur une distinction entre les personnes à raison de leur origine, de leur sexe, de leur situation de famille, de leur état de santé, de leur handicap, de leurs mœurs, de leurs opinions politiques, de leurs activités syndicales, de leur appartenance, vraie ou supposée, à une ethnie, une nation, une race ou une religion déterminée, ou de la subordination de la fourniture d'un bien ou d'un service à une condition fondée sur l'un de ces éléments, V. C. pén., art. 225-1 et 225-2, applicables à compter du 1er mars 1994. — ***C. pén.***

BIBL. ▶ CALAIS-AULOY, *D. 1987. Chron. 137*. — SERNA, *Mélanges Breton et Derrida, Dalloz, 1991*. – BOSQUET-DENIS, *D. 1991. Chron. 21* (localisation du refus de vente). – RAYMOND, *Contrats Conc. Consom. 2002, nº 34* (loi MURCEF : modifications intéressant le droit de la consommation). – TABAKA, *D. 2005. 1218* (ordinateurs et logiciels pré-installés : le spectre de la vente liée).

1. Refus de vente. Doit être relaxé le pharmacien qui a refusé de vendre un stérilet qu'il n'avait pas en stock, le pharmacien pouvant se prévaloir de l'art. L. 162-8 CSP [devenu l'art. L. 2212-8], aux termes duquel il ne serait pas tenu de concourir à une interruption de grossesse. • Paris, 8 déc. 1993 : *BID 1994, nº 11, p. 37.* ♦ Sur la condamnation de pharmaciens poursuivis pour avoir, sans motif légitime, refusé à des consommateurs la vente de produits contraceptifs, un tel refus ne procédant nullement d'une impossibilité matérielle de satisfaire la demande en raison d'une indisponibilité des produits en stock mais étant opposé au nom de convictions éthiques et personnelles, V. • Crim. 21 oct. 1998 : *Bull. crim. nº 273 ; D. 1999. IR. 16 ; D. Affaires 1999. 252, obs. C. R. ; Contrats Conc. Consom. 1999, nº 33, obs. Raymond ; JCP 1999. II. 10163, note Freund ; JCP E 2000, nº 25, p. 990, obs. Garaud.* – V. dans le même sens • CEDH, 2 oct. 2001 : *JCP E 2002, nº 27, p. 1149, note Raynaud.*

2. Est coupable de refus de prestation de service le restaurateur qui refuse de servir un croque-monsieur à une table au motif que cette consommation n'est servie qu'au bar, alors que le client était accompagné d'une personne ayant commandé un plat du jour. • Paris, 24 sept. 1991 : *JCP 1992. IV. 199.* ♦ Tout consommateur peut commander des plats ou un menu sans pour autant être obligé de commander une boisson avec ces prestations et il appartient à chaque professionnel d'apprécier s'il accepte qu'un consommateur de l'un de ses services apporte sa boisson (Avis DGCCRF, BID 1997, nº 9, p. 3).

3. Sur l'inapplicabilité de l'art. L. 122-1 aux opérations de crédit, V. note 1 ss. art. L. 511-4 C. mon. fin., *supra*, vº *Code monétaire et financier (extraits).*

3 bis. Notion de motif légitime. Est justifié le refus de prestation de services (accueil dans un établissement de cure) motivé par le fait que le client ne correspond pas à la catégorie de personnes pour lesquelles l'établissement est agréé. • Paris, 30 mai 2002 : *Contrats Conc. Consom. 2002, nº 181, obs. Raymond.* ♦ Sur la condamnation d'un commerçant, pour avoir refusé de procéder à la réparation d'un scooter en soutenant qu'il s'agissait d'un modèle vendu en supermarché pour lequel il était difficile de se procurer les pièces nécessaires à la réparation, alors qu'en réalité le fabricant pouvait assurer la livraison des pièces de rechange, V. • T. pol. Paris, 5 mai 2000 : *BRDA 2000, n° 18, p. 10.* ♦ Constitue en revanche un motif légitime le comportement insultant et l'impolitesse d'un consommateur : • Versailles, 7 mars 2003 : *Lettre distrib. mai 2003, p. 4.*

4. Ventes ou prestations subordonnées. L'art. L. 122-1 C. consom. s'applique à la personne qui contracte en qualité de consommateur et non en qualité de professionnel, tel n'est pas le cas de celle qui réserve des nuits d'hôtel pour ses clients, le contrat de location ayant alors un rapport direct avec l'activité professionnelle exercée. • T. pol. Nantes, 16 mai 2000 : *BID 2002, n° 3, p. 14.* ♦ Sur la subordination : de l'admission au bénéfice d'une cure thermale à la qualité de curiste en traitement dans l'établissement, V. • Crim. 14 mai 1990 : *D. 1990. IR. 180* • Paris, 21 mai 1991 : *Gaz. Pal. 1991. 2. 523, note Marchi.* ♦ ... De la conclusion d'un contrat avec une agence de voyage à la souscription d'une assurance garantissant les risques d'annulation du contrat et l'assistance aux personnes et aux biens. • Crim. 12 juin 1995 : *Bull. crim. n° 212 ; D. 1995. IR. 203.* ♦ ... Du rachat, par un abonné internet, du modem jusque-là utilisé pour obtenir un nouveau modem permettant un accès haut débit. • TGI Paris, réf., 23 juill. 2004 : *Comm. com. élec. 2004, n° 143, obs. Grynbaum.* ♦ ... De l'obligation faite à tous les banlieusards usagers désirant se rendre à Paris d'acheter un titre de transport comprenant non seulement le trajet effectué entre la banlieue et Paris mais aussi un trajet sur le réseau ferré de la zone urbaine exploité par la RATP ou la SNCF, justifiée pour mettre fin à la disparité des tarifs jusque-là existant. • CE 13 mars 2002 : *Rec. CE 94 ; RTD com. 2002. 669, obs. Orsoni ; RFD adm. 2003. 772, note Deffigier*. – V. aussi note 4 ss. art. L. 121-35 C. consom.

5. Doit être condamné le patron d'hôtel qui inclut dans le prix d'une chambre d'hôtel le prix du petit déjeuner. • T. pol. Paris, 2 juill. 1993 : *BID 1994, n° 11, p. 31.* ♦ Si l'art. L. 122-1 s'oppose à ce qu'un hôtelier subordonne la location d'une chambre à la prise d'un repas, l'administration tolère néanmoins cette pratique à titre exceptionnel lorsque, notamment en période de pointe, l'hôtelier est manifestement assuré de pouvoir louer l'intégralité des chambres disponibles à une clientèle qui prendra également son repas dans l'établissement. Toutefois, cette tolérance, qui peut toujours être remise en cause par l'appréciation souveraine des tribunaux, cesse d'avoir cours dès lors que l'hôtelier dispose de chambres en quantité suffisante pour répondre normalement aux demandes d'hébergement simple, sans être conduit à refuser ultérieurement le gîte à des clients souhaitant également prendre leur repas dans l'établissement (Rép. min. n° 10389 : *JO Sénat Q 22 oct. 1998, p. 3380*).

5 bis. En ce sens qu'est illicite le fait de proposer deux contrats présentés comme étant dépendants l'un de l'autre : • Grenoble, 4 févr. 2002 : *BRDA 2002, n° 7, p. 13 ; Cah. dr. entr. 2002, n° 5, p. 37, n° 18, obs. Mainguy.* ♦ Sur l'interdiction faite à France Télécom de commercialiser des téléphones mobiles avec la fonction WAP qui ne comportaient pas la possibilité, clairement indiquée, de remplacer la préprogrammation du fournisseur d'accès à internet de l'opérateur – « déWAPlockage » – par un autre fournisseur d'accès au gré de l'utilisateur moyennant quelques manœuvres simples, V. • T. com. Paris, réf., 30 mai 2000 : *D. 2000. AJ. 349, obs. Manara*. – Rappr. en matière de « déSIMlockage » • Versailles, 4 oct. 2002 : *JCP E 2003, n° 9, p. 344.* ♦ Sur l'interdiction de la vente jumelée d'un hebdomadaire et d'un livre, V. • TGI Paris, 13 mai 2003 : *Gaz. Pal. 2004. 1068, note Louvier.*

5 ter. Un commerçant ne peut imposer la vente d'une certaine quantité de tissu au prétexte que la quantité restante est insuffisante pour qu'il puisse réaliser une vente ultérieure. • Paris, 6 mai 1997 : *Contrats Conc. Consom. 1998, n° 16, obs. Raymond ; Gaz. Pal. 17-19 mai 1998.*

6. Personnes publiques. Sur l'application de l'art. L. 122-1 aux prestations offertes par les mutuelles d'assurances, V. note 6 ss. art. L. 410-1 C. com., *supra*. ♦ ... Aux services de la RATP et de la SNCF, V. note 4.

7. Sanction pénale. L'abrogation de l'art. 30 de l'ord. du 1er déc. 1986 à la suite de sa codification à l'art. L. 122-1 C. consom., par la loi du 26 juill. 1993, ne modifiant ni la teneur des dispositions transférées, ni leur portée, il s'ensuit que l'art. 33 du Décr. du 29 déc. 1986 [C. consom., art. R. 121-13], pris en application de cette ordonnance et réprimant ladite infraction des peines d'amende prévues pour les contraventions de 5e classe, demeure applicable. • Crim. 12 juin 1995 : *préc. note 4.*

8. Refus discriminatoire en raison d'un handicap (art. 225-1 et 225-2 C. pén.). Se rend coupable du délit de discrimination à l'égard d'une personne physique en raison de son handicap, le directeur d'un restaurant qui refuse l'accès de son établissement à un client handicapé. • T. corr. Paris, 4 sept. 1995 : *RJDA 1996, n° 286.*

Ventes et prestations de services sans commande préalable *(Ord. nº 2005-648 du 6 juin 2005, art. 1er-II).*

BIBL. ► V. la note de bibliographie précédant l'art. L. 111-1, *supra*.

L. 122-2 *Abrogé par Ord. nº 2005-1086 du 1er sept. 2005, art. 4-II. – V. art. L. 141-1, infra.*

L. 122-3 *(Ord. nº 2001-741 du 23 août 2001)* **La fourniture de biens ou de services sans commande préalable du consommateur est interdite lorsqu'elle fait l'objet d'une demande de paiement. Aucune obligation ne peut être mise à la charge du consommateur qui reçoit un bien ou une prestation de service en violation de cette interdiction.**

Le professionnel doit restituer les sommes qu'il aurait indûment perçues sans engagement exprès et préalable du consommateur. Ces sommes sont productives d'intérêts au taux légal calculé à compter de la date du paiement indu et d'intérêts au taux légal majoré de moitié à compter de la demande de remboursement faite par le consommateur.

L'ord. nº 2001-741 du 23 août 2001 a été ratifiée par l'art. 80-XI de la L. nº 2004-1343 du 9 déc. 2004 (JO 10 déc.).

BIBL. ► FERNANDEZ, *Petites affiches 9 mai 1997, p. 11* (contractualisation des conditions de facturation de services bancaires).

En subordonnant seulement à deux démarches préalables d'information des abonnés par les opérateurs de télécommunication l'extension de leur contrat au nouveau service des appels locaux, ce qui impliquait que le silence des abonnés vaudrait acceptation tacite de cette modification contractuelle, l'Autorité de régulation des télécommunications a méconnu les dispositions de l'art. L. 122-3. • CE 15 oct. 2003 : *RFD adm. 2003. 1259.*

L. 122-4 Les dispositions de l'article L. 122-3 ne font pas obstacle à la perception d'intérêts, de commissions ou de frais au titre de facilités de caisse ou de découverts bancaires prévus *(L. nº 2001-1168 du 11 déc. 2001)* **« par la convention de compte instituée à l'article L. 312-1-1 du code monétaire et financier qui précise » le montant ou le mode de calcul de ces rémunérations.** – *V. l'art. L. 312-1-1 C. mon. fin., supra, vº Code monétaire et financier (extraits).*

Il en est de même dans le cas où une modification des conditions initiales du contrat résulte de la mise en œuvre d'une clause de révision dont les modalités ont été expressément définies et ont recueilli l'accord des parties au moment de la signature du contrat. – *[L. nº 92-60 du 18 janv. 1992, art. 7, al. 2 et 3].*

Rémunération du banquier. Sur l'information du client par la banque ayant affiché dans ses agences les principales commissions de service et lui ayant adressé des relevés de comptes sur lesquels figuraient un message qui faisait état de l'envoi d'une lettre d'information fournissant des précisions sur la perception des commissions contestées en cas de dépassement de découvert, V. • TI Lille, 2 mai 2001 : *Banque et Droit mai-juin 2002, p. 55, obs. Guillot.*

L. 122-5 Le paiement résultant d'une obligation législative ou réglementaire n'exige pas d'engagement exprès et préalable. – *[L. nº 92-60 du 18 janv. 1992, art. 7, al. 4].*

Code de la consommation

PARTIE RÉGLEMENTAIRE

(Décr. nº 97-298 du 27 mars 1997)

Art. R. 122-1 Les règles relatives à la prohibition des envois forcés sont définies par l'article R. 635-2 du code pénal reproduit ci-après :

Art. R. 635-2. Le fait d'adresser à une personne, sans demande préalable de celle-ci, un objet quelconque accompagné d'une correspondance indiquant que cet objet peut être accepté contre verse-

ment d'un prix fixé ou renvoyé à son expéditeur, même si ce renvoi peut être fait sans frais pour le destinataire, est puni de l'amende prévue pour les contraventions de la 5e classe.

Les personnes coupables de la contravention prévue au présent article encourent également les peines complémentaires suivantes :

1° L'interdiction, pour une durée de trois ans au plus, d'émettre des chèques autres que ceux qui permettent le retrait de fonds par le tireur auprès du tiré ou ceux qui sont certifiés ;

2° La confiscation de la chose qui a servi ou était destinée à commettre l'infraction ou de la chose qui en est le produit.

Les personnes morales peuvent être déclarées responsables pénalement, dans les conditions prévues par l'article 121-2, de l'infraction définie au présent article.

Les peines encourues par les personnes morales sont :

1° L'amende, suivant les modalités prévues par l'article 131-41 ;

2° L'interdiction, pour une durée de trois ans au plus, d'émettre des chèques autres que ceux qui permettent le retrait de fonds par le tireur auprès du tiré ou ceux qui sont certifiés ;

3° La confiscation de la chose qui a servi ou était destinée à commettre l'infraction ou de la chose qui en est le produit.

La récidive de la contravention prévue au présent article est réprimée conformément aux articles 132-11 et 132-15.

Ventes ou prestations « à la boule de neige »

L. 122-6 et L. 122-7 *V. infra, I — Boule de neige (Ventes à la).*

Abus de faiblesse

L. 122-8 Quiconque aura abusé de la faiblesse ou de l'ignorance d'une personne pour lui faire souscrire, par le moyen de visites à domicile, des engagements au comptant ou à crédit sous quelque forme que ce soit sera puni d'un emprisonnement de cinq ans et d'une amende de 9 000 € ou de l'une de ces deux peines seulement, lorsque les circonstances montrent que cette personne n'était pas en mesure d'apprécier la portée des engagements qu'elle prenait ou de déceler les ruses ou artifices déployés pour la convaincre à y souscrire, ou font apparaître qu'elle a été soumise à une contrainte. — *[L. no 72-1137 du 22 déc. 1972, art. 7, al. 1er].*

V. aussi Dir. 2005/29/CE du Parlement européen et du Conseil du 11 mai 2005 relative aux pratiques commerciales déloyales des entreprises vis-à-vis des consommateurs (JOUE 11 juin, no L. 149). – Sur ce texte, V. aussi Luby, Europe 2005. Chron. 11.

1. Éléments constitutifs du délit. Le fait qu'une facture présentée par un prestataire paraisse manifestement très élevée au regard de la prestation n'est pas une circonstance suffisante pour caractériser le délit d'abus de faiblesse. • Paris, 24 janv. 1994 : *BID 1994, no 11, p. 24.* ♦ Pour que l'infraction d'abus de faiblesse soit constituée, il est nécessaire que l'état de faiblesse psychologique soit apparente et que le vendeur ait conscience du préjudice occasionné. • Paris, 10 janv. 2005 : *Contrats Conc. Consom. 2005, no 195, obs. Raymond (2e esp.).*

2. En ce sens que le délit d'abus de faiblesse suppose la souscription d'un engagement et que tel n'est pas le cas lorsqu'une mineure remet une fontaine en cuivre à un adulte contre la remise d'un chèque, V. • Bordeaux, 13 mai 1998 : *Contrats Conc. Consom. 1999, no 29, obs. Raymond.* ♦ Il en va en revanche ainsi d'une procuration sur comptes bancaires et de la signature d'un acte par lequel la victime cédait ses biens immobiliers en rente viagère alors que celle-ci n'a par la suite jamais été payée. • Crim. 7 nov. 2001 : *BID 2002, no 10, p. 30.*

2 bis. Considérant que pour être caractérisé, le délit d'abus de faiblesse suppose l'existence d'un état de faiblesse ou d'ignorance de la victime préalable à la sollicitation et indépendamment des circonstances dans lesquelles elle a été placée pour souscrire l'engagement, V. • Crim. 18 mai 1999 : *Gaz. Pal. 19-21 sept. 1999, p. 126, obs. Doucet* (cassant • Toulouse, 9 oct. 1997 : *BID 1998, no 6, p. 62*) • Douai, 7 nov. 2002 : *Contrats Conc. Consom. 2003, no 117, obs. Raymond.* ♦ En ce sens que la faiblesse de la victime doit s'entendre non seulement d'une faiblesse définitive due à un état de santé physique ou psychique déficient mais aussi d'une faiblesse passagère due à un état de fatigue, V. • Paris, 15 juin 1999 : *RJDA 1999, n° 1260.*

3. Exemples. Pour un arrêt ayant pris en compte la méconnaissance de la langue française et l'état de nécessité, V. • Paris, 13 mai 1996 : *Contrats Conc. Consom. 1996, n° 178, obs. Raymond,* conf. par • Crim. 5 août 1997 : *BID 1998, n° 4, p. 48 ; RSC 1999. 102, obs. Ottenhof.* ♦ Jugeant coupable du délit d'abus de faiblesse, le prévenu qui a obtenu, lors d'une visite à domicile, le paiement en espèces d'une valise de linge par une personne qui n'était pas en mesure d'apprécier la portée de ses engagements, V. • TGI La Roche-sur-Yon, 15 janv. 1996 : *BID 1997, n° 11, p. 34.* ♦ Même solution pour avoir fait souscrire un bon de commande pour l'installation d'un système d'alarme sans rapport avec le modeste habitat du souscripteur, par le moyen de visite à domicile alors que la personne n'était pas en mesure d'apprécier la portée des engagements qu'elle prenait. • TGI Villefranche-sur-Saône, 5 janv. 1999 : *BID 2002, n° 1, p. 21.* – V. aussi • Crim. 19 avr. 2005 : *Bull. crim. n° 138 ; RTD com. 2005. 860, obs. Bouloc ; Contrats Conc. Consom. 2005, n° 156, obs. Raymond ; RJDA 2005, n° 1160.* ♦ Le délit d'abus de faiblesse n'est pas constitué lorsqu'aucun élément de la personnalité d'un locataire, jeune étudiant de province venu poursuivre ses études à Paris, n'établit qu'il ait été particulièrement vulnérable. • Paris, 7 oct. 1998 : *BID 1999, n° 12, p. 51.* – V. aussi : • Paris, 28 févr. 2001 : *BID 2002, n° 2, p. 13.* ♦ De la même façon, l'âge de la victime (66 ans) n'est pas à lui seul une preuve de vulnérabilité pas plus que le taux d'incapacité de travail de 60 % indiqué sans autre précision, dès lors qu'il n'est pas établi que ses capacités intellectuelles seraient diminuées. • Pau, 26 juin 2001 : *BID 2002, n° 12, p. 31* • Rennes, 17 oct. 2003 : *Contrats Conc. Consom. 2004, n° 85, obs. Raymond.* ♦ ... Ni le fait d'être atteint de surdimutité. • Douai, 7 nov. 2002 : *préc. note 2 bis.* ♦ Sur l'appréciation du degré de vulnérabilité de l'éventuelle victime d'un abus de faiblesse, V. s'agissant de personnes âgées : • Crim. 7 nov. 2001 : *BID 2002, n° 10, p. 32* • Aix-en-Provence, 18 janv. 2000 : *Contrats Conc. Consom. 2001, n° 49, obs. Raymond* • Dijon, 10 févr. 2000 : *ibid.* • Grenoble, 23 févr. 2001 : *BID 2002, n° 12, p. 31* • Crim. 29 avr. 2003 : *RJDA 2003, n° 887* (personne âgée et illettrée) • Riom, 11 juin 2003 : *Contrats Conc. Consom. 2004, n° 48, obs. Raymond* (personne âgée et atteinte de la maladie d'Alzheimer) • Rennes, 16 avr. 2003 : *Rev. Conc. consom. 2004, n° 138, p. 5* (mémoire déficiente). ♦ ... Et s'agissant de l'intervention d'une société de dépannage en urgence précédant un départ imminent en congé : • Paris, 12 févr. 2001 : *BID 2002, n° 2, p. 12.* ♦ ... Ou de la conclusion d'un contrat de travaux suite à l'explosion de l'usine AZF : • TGI Toulouse, 11 sept. 2003 : *Rev. Conc. consom. 2004, n° 138, p. 4.*

4. Pour une hypothèse de mise en scène destinée à convaincre des personnes invitées à une exposition de contracter à un prix élevé, ne constituant pas un abus de faiblesse, V. • Crim. 19 févr. 1997 : *Bull. crim. n° 70 ; D. Affaires 1997. 567 ; Rev. huiss. 1997. 1367, note Bazin.* ♦ Pour l'usage de ruses, d'artifices et de pressions à seule fin de vendre de multiples extincteurs en quantité bien supérieure aux besoins de la victime qui n'était pas en mesure d'apprécier la portée de ses engagements, V. • Caen, 11 déc. 2000 : *BID 2002, n° 2, p. 10* • TGI Paris, 15 janv. 2002 : *BID 2002, n° 12, p. 32.* ♦ Pour des pratiques de harcèlement et de pression sur une personne âgée et atteinte de handicaps physiques, V. • Crim. 19 déc. 2001 : *BID 2002, n° 10, p. 31* • 21 nov. 2001 : *ibid., p. 30.* ♦ La peur qu'éprouve un couple anxieux, faible et suggestible, liée au manque de justification acceptable du vendeur, autorise une condamnation de celui-ci pour abus de faiblesse. • Paris, 11 janv. 2005 : *Contrats Conc. Consom. 2005, n° 195, obs. Raymond (1re esp.).*

5. Responsabilité pénale des dirigeants. Pour un arrêt retenant la responsabilité du dirigeant d'une société comme auteur d'un délit d'abus de faiblesse dans la mesure où l'agent commercial, seule personne avec qui la victime ait été en contact, s'était conformé aux directives de la société et avait exécuté le travail qui lui était attribué. • Crim. 1er févr. 2000 : *Bull. crim. n° 52 ; D. 2000. AJ. 199, obs. Rondey ; Dr. pénal 2000, n° 59, obs. Robert ; Contrats Conc. Consom. 2001, n° 14, obs. Raymond ; RTD com. 2000. 741, obs. Bouloc.* ♦ La délégation de responsabilité consentie à un directeur commercial n'exclut pas la responsabilité pénale du chef d'entreprise dès lors qu'il est à l'origine de la politique commerciale agressive mise en œuvre, sur ses directives, par des commerciaux encouragés par lui et motivés par un système d'intéressement. • Crim. 17 sept. 2002 : *RJDA 2003, n° 30 ; Dr. pénal 2003, n° 9, obs. Robert.*

Doit être infirmé le jugement condamnant pour abus de faiblesse le gérant d'une SARL, dans la mesure où n'était pas établie la participation personnelle du prévenu, à titre d'auteur principal ou de complice, les opérations de démarchage et de vente à domicile ayant été menées par des préposés. • Paris, 9 nov. 1994 : *BID 1995, n° 10, p. 22.* ♦ Comp., jugeant que le dirigeant de droit d'une société est responsable de ses préposés : • Paris, 12 févr. 2001 : *préc. note 3.* ♦ V. aussi, jugeant que des faits constitutifs de l'infraction prévue à l'art. L. 121-26 (obtention d'une contrepartie avant l'expiration du délai de réflexion en cas de démarchage) ne sont pas constitutifs d'abus de faiblesse de la part du gérant, faute de preuve qu'il ait dicté leur comportement aux représentants. • Aix-en-Provence, 30 janv. 1997 : *JCP 1997. IV. 2309.*

L. 122-9 **Les dispositions de l'article L. 122-8 sont applicables, dans les mêmes conditions, aux engagements obtenus :**

1° Soit à la suite d'un démarchage par téléphone ou télécopie ;

2° Soit à la suite d'une sollicitation personnalisée, sans que cette sollicitation soit nécessairement nominative, à se rendre sur un lieu de vente, effectuée à domicile et assortie de l'offre d'avantages particuliers ;

3° Soit à l'occasion de réunions ou d'excursions organisées par l'auteur de l'infraction ou à son profit ;

4° Soit lorsque la transaction a été faite dans des lieux non destinés à la commercialisation du bien ou du service proposé ou dans le cadre de foires ou de salons ;

5° Soit lorsque la transaction a été conclue dans une situation d'urgence ayant mis la victime de l'infraction dans l'impossibilité de consulter un ou plusieurs professionnels qualifiés, tiers ou *[au]* contrat. – *[L. n° 72-1137 du 22 déc. 1972, art. 7, al. 2 à 7].*

Est puni de trois ans d'emprisonnement et de 375 000 € d'amende l'abus frauduleux de l'état d'ignorance ou de la situation de faiblesse soit d'un mineur, soit d'une personne dont la particulière vulnérabilité, due à son âge, à une maladie, à une infirmité, à une déficience physique ou psychique ou à un état de grossesse, est apparente et connue de son auteur, soit d'une personne en état de sujétion psychologique ou physique résultant de l'exercice de pressions graves ou réitérées ou de techniques propres à altérer son jugement, pour conduire ce mineur ou cette personne à un acte ou à une abstention qui lui sont gravement préjudiciables.

Lorsque l'infraction est commise par le dirigeant de fait ou de droit d'un groupement qui poursuit des activités ayant pour but ou pour effet de créer, de maintenir ou d'exploiter la sujétion psychologique ou physique des personnes qui participent à ces activités, les peines sont portées à cinq ans d'emprisonnement et à 750 000 € d'amende (C. pén., art. 223-15-2).

BIBL. ▶ Pizzio, *ALD 1992. 189.* – Bihl, *Gaz. Pal. 1992. 2. Doctr. 891.* – Chabrux, *Contrats Conc. Consom. 1994. Chron. 6* (sollicitation personnalisée).

1. Exemples. V., avant l'intervention de la loi du 18 janv. 1992 (dispositions reprises par l'art. L. 122-9), • Crim. 26 févr. 1979 : *Bull. crim. n° 85* • T. corr. Albi, 11 juill. 1985 : *Gaz. Pal. 1985. 2. 588, note J.-P. D.* • Lyon, 19 sept. 1990 : *D. 1991. 250, note Ruellan* • Paris, 17 janv. 1992 : *Contrats Conc. Consom. 1992, n° 170, note Raymond* • TGI Poitiers, 24 juin 1992 : *ibid., n° 193, note Raymond.*

Depuis la nouvelle loi, V. • Crim. 1er févr. 2000 : *préc. note 5 ss. art. L. 122-8* (vente à des personnes âgées de matériel en vue du soulagement des rhumatismes dans le cadre d'une excursion organisée dans ce seul but). ♦ V. aussi • T. corr. Paris, 1er juin 1993 : *RTD com. 1994. 139, obs. Bouzat* • Grenoble, 2 nov. 1995 : *Contrats Conc. Consom. 1996, n° 74, obs. Raymond* (grand âge de la personne, répétition, pour des sommes importantes, d'achats d'appareils identiques) • Paris, 17 déc. 1996 : *BID 1997, n° 12, p. 27* (dépannage à domicile d'un chauffe-eau) • TGI Paris, 7 janv. 1998 : *BID 1998, n° 12, p. 27* (dépannage à domicile à une heure tardive et réalisation de travaux non sollicités par des personnes âgées) • Paris, 5 nov. 1997 : *ibid., p. 28.*

2. Dès lors que les prévenus se sont fait remettre par la victime des bons au porteur et un contrat d'assurance et lui ont fait signer une demande de rachat de ses bons, sans mentionner leur nombre, leur montant, ni leurs numéros, et sans lui délivrer aucun reçu, que d'autre part la contrepartie offerte reste incertaine, le remboursement des valeurs n'ayant pas été demandé au nom de la victime, et que les prévenus ont profité de la solitude et de l'affaiblissement des facultés de la victime, le délit d'abus de faiblesse est constitué. • Crim. 26 oct. 1999 : *Bull. crim. n° 232 ; Contrats Conc. Consom. 2000, n° 102, obs. Raymond.*

L. 122-10 **Les dispositions des articles L. 122-8 et L. 122-9 sont applicables à quiconque aura abusé de la faiblesse ou de l'ignorance d'une personne pour se faire remettre, sans contreparties réelles, des sommes en numéraire ou par virement, des chèques bancaires ou postaux, des ordres de paiement par carte de paiement ou carte de cré-**

dit, ou bien des valeurs mobilières, au sens de l'article 529 du code civil. – *[L. n° 72-1137 du 22 déc. 1972, art. 7, al. 8].*

L. 122-11 *Abrogé par Ord. n° 2005-1086 du 1er sept. 2005, art. 4-II. – V. art. L. 141-1, infra.*

Les dispositions du C. consom., art. L. 122-8 à L. 122-11, sont applicables à la Nouvelle-Calédonie, dans les territoires de la Polynésie française, de Saint-Pierre-et-Miquelon et des îles Wallis-et-Futuna (L. n° 72-1137 du 22 déc. 1972, art. 10 ; L. n° 93-949 du 26 juill. 1993, art. 6).

Conditions générales des contrats

Arrhes et acomptes

L. 131-1 à L. 131-3 *V. C. civ.*

Clauses abusives

Protection des consommateurs contre les clauses abusives

RÉP. COM. v° *Clauses abusives*, par CHAZAL.

L. 132-1 *(L. n° 95-96 du 1er févr. 1995)* Dans les contrats conclus entre professionnels et non-professionnels ou consommateurs, sont abusives les clauses qui ont pour objet ou pour effet de créer, au détriment du non-professionnel ou du consommateur, un déséquilibre significatif entre les droits et obligations des parties au contrat.

Des décrets en Conseil d'État, pris après avis de la commission instituée à l'article L. 132-2, peuvent déterminer des types de clauses qui doivent être regardées comme abusives au sens du premier alinéa. – *V. art. R. 132-1 et R. 132-2, infra.*

Une annexe au présent code comprend une liste indicative et non exhaustive de clauses qui peuvent être regardées comme abusives si elles satisfont aux conditions posées au premier alinéa. En cas de litige concernant un contrat comportant une telle clause, le demandeur n'est pas dispensé d'apporter la preuve du caractère abusif de cette clause. – *V. cette annexe, infra.*

Ces dispositions sont applicables quels que soient la forme ou le support du contrat. Il en est ainsi notamment des bons de commande, factures, bons de garantie, bordereaux ou bons de livraison, billets ou tickets, contenant des stipulations négociées librement ou non ou des références à des conditions générales préétablies.

Sans préjudice des règles d'interprétation prévues aux articles 1156 à 1161, 1163 et 1164 du code civil, le caractère abusif d'une clause s'apprécie en se référant, au moment de la conclusion du contrat, à toutes les circonstances qui entourent sa conclusion, de même qu'à toutes les autres clauses du contrat. Il s'apprécie également au regard de celles contenues dans un autre contrat lorsque la conclusion ou l'exécution de ces deux contrats dépendent juridiquement l'une de l'autre. – *V. ces art. au C. civ.*

Les clauses abusives sont réputées non écrites.

L'appréciation du caractère abusif des clauses au sens du premier alinéa ne porte ni sur la définition de l'objet principal du contrat ni sur l'adéquation du prix ou de la rémunération au bien vendu ou au service offert *(Ord. n° 2001-741 du 23 août 2001)* « pour autant que les clauses soient rédigées de façon claire et compréhensible ».

Le contrat restera applicable dans toutes ses dispositions autres que celles jugées abusives s'il peut subsister sans lesdites clauses.

Les dispositions du présent article sont d'ordre public.

La commission peut être saisie pour avis lorsque à l'occasion d'une instance le caractère abusif d'une clause contractuelle est soulevé. — Le juge compétent demande à la commission, par décision non susceptible de recours, son avis sur le caractère abusif de cette clause tel que défini à l'art. L. 132-1. L'avis ne lie pas le juge. — La commission fait connaître son avis dans un délai maximum de trois mois à compter de sa saisine. — Il est sursis à toute décision sur le fond de l'affaire jusqu'à réception de l'avis de la commission ou, à défaut, jusqu'à l'expiration du délai de trois mois susmentionné. Toutefois, les mesures urgentes ou conservatoires nécessaires peuvent être prises (C. consom., art. R. 132-6).

V. art. L. 421-2 et L. 421-7, infra.

*Sur la protection des consommateurs dans les opérations de vente de voyages ou de séjours, V. C. tourisme, art. L. 211-8 s. (anciennement L. nº 92-645 du 13 juill. 1992, art. 14 s.) ; Décr. nº 94-490 du 15 juin 1994, art. 95 s. (D. et ALD 1994. 336), au **C. consom.***

BIBL. ▶ RAYMOND, *Contrats Conc. Consom. 1992. Chron. 1* (consommateur-touriste). – KULLMANN, *D. 1993. Chron. 59* (clauses réputées non écrites). – COTTEREAU, *JCP 1993. I. 3691* (même thème). – KARIMI, *Gaz. Pal. 1995. 2. Doctr. 1163* (examen de vingt-six décisions judiciaires). ▶ Loi nº 95-96 du 1er févr. 1995 : PAISANT, *D. 1995. Chron. 99* et *223* (clauses pénales et clauses abusives). – DANGLEHAUT, *ALD 1995. 127.* – TESTU, *D. Affaires 1996. 372.* – RAYMOND, *Contrats Conc. Consom. 1995, nº 56.* – BAZIN, *Rev. huiss. 1995. 523.* – KARIMI, *Petites affiches 5 mai 1995, p. 4.* – D. MAZEAUD, *Dr. et patr. juin 1995. 42.* – GHESTIN et MARCHESSAUX-VAN MELLE, *JCP 1995. I. 3854* (transposition de la directive). – GELOT, *Defrénois 1995. 1201* (incidences de la loi du 1er févr. 1995 sur la rédaction des contrats). – CHEMEL, *Contrats Conc. Consom. 1996. Chron. 2* (consommateur-touriste). – KARIMI, *JCP 1996. I. 3918* (application du droit commun en matière de clauses abusives après la loi du 1er févr. 1995). – Actes de la journée d'étude du 29 mai 1998, *Rev. Conc. consom. sept.-oct. 1998* (protection du consommateur contre les clauses abusives). – MESTRE, *in Mélanges Terré, Dalloz, PUF, Juris-Classeur, 1999, p. 677* (vingt ans de lutte contre les clauses abusives). – AMAR, *Contrats Conc. Consom. 2002. Chron. 2* (plaidoyer en faveur de la soumission des services publics administratifs au droit de la consommation). – LACHIEZE, *Petites affiches 2 juill. 2002, p. 4* (clauses abusives et lésion). – HENRY, *D. 2003. 2557* (appréciation du rapport direct avec l'activité). – LUBY, *Contrats Conc. Consom. 2004. Chron. 1* (quand la CJCE ébranle le régime juridique des clauses abusives). – GHESTIN, *Liber amicorum Calais-Auloy, Dalloz, 2004, p. 447* (élimination des clauses abusives en l'absence de décret d'interdiction : un peu d'histoire). – PERDU, *AJDA 2004. 481* (juge administratif et protection des consommateurs). – LOKIEC, *RD banc. fin. 2004. 221* (clauses abusives et crédit à la consommation). – POISSONNIER, *D. 2006. 370* (clauses résolutoires abusives dans les contrats de crédit à la consommation). – LAGARDE, *JCP E 2006, nº 17, p. 776* (qu'est-ce qu'une clause abusive ?).

A. DOMAINE D'APPLICATION

1. Droit commun. Pour un arrêt montrant qu'il n'est pas besion d'avoir recours à l'article L. 132-1 pour déclarer nulle une clause contraire à l'ordre public, V. • Civ. 1re, 13 déc. 2005 : *Contrats Conc. Consom. 2006, nº 35, obs. Raymond.*

1 bis. Contrats administratifs. **BIBL.** Pellinghelli-Steichen, *Petites affiches 14 juill. 1997, p. 11.* – J. Huet, *ibid. 6 févr. 1998, p. 7* (détermination des clauses abusives dans les contrats de service public et moyens de leur élimination). – Amar, *Contrats Conc. Consom. 2002. Chron. 2.* ♦ Jugé que les dispositions d'un cahier des charges type approuvé par décret avaient un caractère réglementaire, de sorte que les tribunaux de l'ordre judiciaire ne pouvaient, sans méconnaître le principe de la séparation des pouvoirs, déclarer que des clauses figurant dans ledit décret ou reprises dans un règlement du service d'eau sont abusives au sens de l'art. 35 [C. consom., art. L. 132-1]. • Civ. 1re, 31 mai 1988 : *Bull. civ. I, nº 161 ; D. 1988. Somm. 406, obs. Aubert* • Dijon, 2 juill. 1992 : *RJDA 1993, nº 970.* ♦ Comp., sur la soumission à la législation sur les clauses abusives d'un contrat d'assurance soumis au contrôle du ministère de l'économie et des finances, pour être offert à une clientèle sans possibilité de modification au seul gré du souscripteur (contrat d'adhésion) : • Paris, 3 avr. 1996 : *D. 1996. IR. 142.* ♦ V. aussi pour l'intégration du droit des clauses abusives dans le corps des normes soumis au contrôle du juge administratif (à propos d'un contrat de distribution d'eau), • CE 11 juill. 2001 : *RTD civ. 2001. 878, obs. Mestre et Fages ; AJDA 2001. 853, obs. Guyomar et Collin ; RTD com. 2002. 51, obs. Orsoni ; JCP 2001. I. 370, nº 1, obs. Sauphanor-Brouillaud ; Petites affiches 24 avr. 2002, p. 14, obs. Moulin.*

2. Loterie commerciale. Sur l'application de la législation des clauses abusives à un règlement de loterie, V. • TGI Paris, 13 févr. 2002 : *RJDA 2002, nº 824 ; Gaz. Pal. 2003. Somm. 1943, obs. Pezé,* conf. par • Paris, 19 déc. 2003 : *RJDA*

2004, n° 639 (jugeant que le lien contractuel se forme par le renvoi du bon de participation).

3. Notion de professionnel. Les dispositions de l'art. L. 132-1, dans sa rédaction antérieure à la loi n° 95-96 du 1er févr. 1995, selon lesquelles sont réputées non écrites, parce qu'abusives, certaines clauses des contrats conclus entre professionnels et non-professionnels ou consommateurs ne s'appliquent pas aux contrats de fourniture de biens ou de services (en l'espèce une assurance décès-invalidité) qui ont un rapport direct avec l'activité professionnelle exercée par le cocontractant. • Civ. 2e, 18 mars 2004 : *Bull. civ. II, n° 136 ; D. 2004. AJ. 1018, obs. Rondey ; JCP 2004. II. 10106, note Bakouche ; Contrats Conc. Consom. 2004, n° 76, obs. Leveneur ; ibid., n° 100, obs. Raymond ; RTD com. 2004. 802, obs. Bouloc ; RJDA 2004, n° 1395* (l'objet du contrat principal influence le contrat accessoire). – Comp. • Civ. 1re, 21 janv. 2003 : *cité ss. art. L. 133-2 C. consom.*

Peut être considérée comme un professionnel, pour l'application de la loi du 10 janv. 1978 [C. consom., art. L. 132-1], l'association intermédiaire définie par l'art. L. 128 C. trav. • Douai, 7 nov. 1994 : *Petites affiches 16 août 1995, p. 16, note Gain.* ♦ Un comité d'entreprise ne saurait être qualifié de professionnel de l'organisation de voyages, dès lors qu'il n'agit qu'en tant que mandataire des bénéficiaires du voyage, clients de l'agence contactée, et que son intervention ne dépasse pas le choix des prestations parmi celles que l'agence propose, et la négociation du prix. • Paris, 21 nov. 1996 : *D. Affaires 1997. 147.* ♦ Un syndicat de copropriétaires, personne morale – ce qui n'est pas incompatible avec la qualité de consommateur –, a pour objet la conservation de l'immeuble et l'administration des parties communes, ce qui ne saurait constituer une activité professionnelle à proprement parler. • Paris, 4 sept. 2003 : *Loyers et copr. 2004, n° 59, obs. Vigneron.* – V. aussi, appliquant l'art. L. 114-1 C. consom. à un syndicat de copropriété, note 1 ss. cet art., *supra*.

Le vendeur d'une chatte ne peut être considéré comme un professionnel dès lors qu'il exerçait par ailleurs une activité professionnelle, qu'il n'était pas immatriculé au RCS, que la pratique d'une passion ne peut se confondre avec l'exercice professionnel d'une activité, alors même que le contrat le désignait comme « éleveur » cette qualification ne suffisant pas à établir qu'il était éleveur professionnel. • Versailles, 4 oct. 2002 : *BICC 2003, n° 939 ; RTD civ. 2003. 292, obs. Mestre et Fages ; RJDA 2004, n° 671.*

Celui qui, lors de la conclusion d'une opération, se prévaut de la qualité de professionnel dans un document extérieur au contrat contenant les clauses litigieuses ne peut dans cette même opération se prévaloir des dispositions de l'art. L. 132-1 C. consom., et les juges du fond ne sont pas tenus de vérifier les compétences professionnelles qui ont été déclarées par l'intéressé. • Civ. 1re, 22 mai 2002 : *Bull. civ. I, n° 143 ; D. 2002. AJ. 2052 ; RTD com. 2003. 154, obs. Bouloc ; RTD civ. 2003. 90, obs. Mestre et Fages ; Petites affiches 25 mars 2003, p. 7, note Robine ; Gaz. Pal. 2003. 1. Somm. 1188, obs. Guével.* ♦ V., élaborant un critère ayant vocation à s'appliquer aux associations qui mènent une double activité, à la fois bénévole et commerciale : • Civ. 1re, 27 sept. 2005 : *Bull. civ. I, n° 347 ; D. 2006. 238, note Picod ; D. 2005. AJ. 2670, obs. Delpech ; Gaz. Pal. 2005. 4097, concl. Sainte-Rose ; JCP 2006. I. 123, n° 1, obs. Sauphanor-Brouillaud ; Contrats Conc. Consom. 2005, n° 215, obs. Raymond (1re esp.) ; ibid. 2006, n° 2, obs. Leveneur ; RD banc. fin. 2005, n° 202, obs. Crédot et Gérard ; RJDA 2006, n° 178 ; Defrénois 2005. 2003, obs. Savaux ; ibid. 2006. 332, obs. S. Piedelièvre ; RDC 2006. 359, obs. Bruschi.*

4. Notion de consommateur. BIBL. Leveneur, *Contrats Conc. Consom. 1996. Chron. 4 ; ibid. 1994. Chron. 3.* – Paisant, *JCP 1993. I. 3655.* – Chazal, *D. 1997. Chron. 260.* – Paisant, *JCP 2003. I. 121.* – Amar, *Contrats Conc. Consom. 2003, Chron. 5.* – Boujeka, *Petites affiches 23 août 2004, p. 6.* ♦ Les dispositions des art. L. 132-1 et L. 133-1 C. consom., et de l'art. 2 du Décr. du 24 mars 1978 [C. consom., art. R. 132-1], ne s'appliquent pas aux contrats de fourniture de biens ou de services qui ont un rapport direct avec l'activité professionnelle exercée par le cocontractant. • Civ. 1re, 24 janv. 1995 : *Bull. civ. I, n° 54 ; D. 1995. 327, note Paisant ; ibid. Somm. 229, obs. Delebecque, et 310, obs. Pizzio ; Contrats Conc. Consom. 1995, n° 84, note Leveneur* • 3 janv. 1996 : *Bull. civ. I, n° 9 ; D. 1996. 228, note Paisant ; ibid. Somm. 325, obs. D. Mazeaud ; JCP 1996. II. 22654, note Leveneur* • 30 janv. 1996 : *Bull. civ. I, n° 55 ; D. 1996, préc. ; D. Affaires 1996. 258 ; JCP 1996. II. 22654, note Leveneur* • 17 nov. 1998 : *Bull. civ. I, n° 322 ; D. 2000. Somm. 46, obs. Pizzio ; D. Affaires 1999. 372 ; Contrats Conc. Consom. 1999, n° 21, obs. Leveneur ; Petites affiches 6 oct. 1999, p. 16, obs. Martin.* ♦ V. aussi • Com. 23 nov. 1999 : *Bull. civ. IV, n° 210 ; JCP E 2000, n° 11, p. 263, note Neau-Leduc ; Contrats Conc. Consom. 2000, n° 40, obs. Leveneur ; ibid., n° 69, obs. Raymond ; JCP 2000. II. 10326, note Chazal ; Defrénois 2000. 245, obs. Mazeaud* • 5 mars 2002 : *Bull. civ. I, n° 78 ; JCP 2002. II. 10123, note Paisant ; Contrats Conc. Consom. 2002, n° 118, obs. Leveneur ; RTD civ. 2002. 291, obs. Mestre et Fages.* ♦ Comp., ayant jugé que le caractère prétendument abusif d'une clause ne peut, aux termes des art. 35, al. 3, de la loi du 10 janv. 1978 [C. consom., art. L. 132-1], et 2 du Décr. du 24 mars 1978 [C. consom., art. R. 132-1], être invoqué à propos d'un contrat de vente conclu entre professionnels : • Civ. 1re, 24 nov. 1993 : *D. 1994. Somm. 236, obs. Paisant* ; *Defrénois 1994. 818, obs. D. Mazeaud* • 21 févr. 1995 : *Contrats Conc. Consom. 1995, n° 84, note Leveneur ; JCP 1995. II. 22502, note Paisant* (exclusion des contrats signés par un commerçant « pour les besoins de son commerce ») • Com. 10 mai 1994 : *D. 1995. Somm. 89, obs. Mazeaud* ; *Contrats Conc. Consom. 1994, n° 155, note Leveneur* • Paris, 13 oct. 1994 : *D. 1995. 264, note Dagorne-Labbe*. – Dans le même sens : • Comm. clauses abusives, avis, 14 sept. 1993 : *Contrats Conc. Consom. 1994, n° 92, note Leveneur ; Defrénois 1994. 1132, obs. D. Mazeaud.*

5. Illustrations négatives. A titre d'exemple, des contrats de crédit-bail portant notamment sur l'acquisition d'un logiciel, ayant pour objet la gestion du fichier de la clientèle d'une société, ont un rapport direct avec l'activité professionnelle exercée par celle-ci (à propos d'une clause pénale). • Civ. 1re, 30 janv. 1996 : *préc. note 4.* ♦ De même, l'objet d'un contrat de location de matériel téléphonique a un rapport direct avec l'activité professionnelle exercée par une société, fabricant de bracelets de cuir. • Civ. 1re, 5 nov. 1996 : *Bull. civ. I, n° 377 ; D. 1997. IR. 4 ; D. Affaires 1997. 20 ; Contrats Conc. Consom. 1997, n° 23, obs. Leveneur.* ♦ Dans le même sens, considérant que la police d'assurance, dite « navigation de plaisance », souscrite par une société pour les besoins de son activité professionnelle de location et, qui garantit, entre autres, sous certaines conditions, le risque de détournement du bateau par un locataire, ne relève pas de l'art. L. 132-1, V. • Civ. 1re, 23 févr. 1999 : *Bull. civ. I, n° 59 ; D. 1999. IR. 82.* ♦ V. aussi • Rouen, 1er févr. 1996 : *RJDA 1996, n° 712* (location d'une friteuse par un restaurateur) • Paris, 14 juin 1996 : *BRDA 1996, n° 18, p. 11* (alimentation en eau de mer, par EDF, d'une entreprise piscicole) • Versailles, 19 juin 1997 : *D. Affaires 1997. 1387* (distribution par la poste, de dépliants publicitaires pour le compte d'un commerçant) • Lyon, 18 sept. 1998 : *Contrats Conc. Consom. 1999, n° 119, obs. Raymond* • Dijon, 28 févr. 2006 : *JCP E 2006, n° 20-21, p. 924* (location de matériel de télésurveillance pour un magasin) • Rouen, 10 nov. 1999 : *RJDA 2000, n° 722* (le contrat de location d'un terminal de paiement par carte et d'un lecteur de chèque souscrit par un commerçant) • Versailles, 9 nov. 2001 : *BRDA 2002, n° 3, p. 12 ; Lettre distrib. mars 2002, p. 2* (location de matériel informatique pour les seuls besoins de l'activité professionnelle d'un chirurgien-dentiste). ♦ Le contrat conclu par un agent d'assurance avec une société de publicité, pour réaliser une opération de publicité de son cabinet, n'entre pas dans le domaine d'application de la loi : • Civ. 1re, 15 avr. 1986 : *Bull. civ. I, n° 90 ; D. 1986. IR. 393, obs. Aubert.* ♦ V. également, ayant jugé qu'une SCI ne peut être tenue pour un consommateur au sens de la loi n° 78-23 du 10 janv. 1978 [C. consom., art. L. 132-1], • Civ. 1re, 26 mai 1993 : *Contrats Conc. Consom. 1993, n° 159, note Raymond.* ♦ Dans le même sens, pour un groupement agricole d'exploitation en commun : • Civ. 1re, 10 juill. 1996 : *Bull. civ. I, n° 318 ; D. 1996. IR. 191 ; D. Affaires 1996. 1158 ; Contrats Conc. Consom. 1996, n° 157, note Raymond.* ♦ ... Une SARL prestataire de services : • Besançon, 3 juin 1994 : *JCP 1995. IV. 568.*

6. Illustrations positives. En revanche, faisant bénéficier une association de l'art. L. 132-1 : • Paris, 4 juill. 1996 : *D. Affaires 1996. 1057.* ♦ ... Un comité d'entreprise : • Paris, 21 nov. 1996 : *préc. note 3.* ♦ ... Un curé d'une paroisse pour l'acquisition d'un photocopieur : • Civ. 1re, 8 juill. 2003 : *JCP 2004. II. 10107, note Duvert et Sauphanor-Brouillaud.* ♦ ... Une union syndicale : • Paris, 28 mai 1999 : *Gaz. Pal. 18-19 févr. 2000, Somm., p. 23,* infirmant • TGI Paris, 26 mai 1997 : *BICC 1997, n° 1408 ; D. Affaires 1997. 1075 ; Gaz. Pal. 1997. 2. Somm. 340.* ♦ V. aussi, appliquant l'art. L. 114-1 à un syndicat de copropriété, note 1 ss. cet art., *supra.* ♦ Comp. encore, ayant jugé la loi applicable au contrat d'installation d'un système d'alarme qui échappe à la compétence professionnelle du client, dont l'activité d'agent immobilier était étrangère à la technique très spéciale des systèmes d'alarme, et qui était donc dans le même état d'ignorance que n'importe quel autre consommateur : • Civ. 1re, 28 avr. 1987 : *Bull. civ. I, n° 134 ; D. 1988. 1, note Delebecque ; JCP 1987. II. 20893, note Paisant.* – Dans le même sens : • Besançon, 10 juin 1994 : *Contrats Conc. Consom. 1995, n° 23, note Raymond ; RJ com. 1995. 286, note Karimi.* ♦ V. aussi s'agissant de contrats de mise à disposition de matériel de sécurité avec télésurveillance et maintenance, et de location de ce matériel souscrits par un exploitant du domaine viticole pour protéger ce domaine contre les vols, • Dijon, 23 mars 2000 : *BICC 2001, n° 149.*

Jugé que le commerçant qui exerce à titre personnel le commerce de joaillerie et n'a aucune compétence en matière d'édition ni d'imprimerie doit être considéré comme un non-professionnel dans ses rapports avec un éditeur, s'agissant d'une « vente d'espaces publicitaires ».

• Paris, 22 mars 1990 : *D. 1990. IR. 98.* ♦ Comp., refusant d'appliquer la loi à un annonceur traitant en qualité de professionnel, depuis plusieurs années, avec le publicitaire pour les besoins de son entreprise : • Paris, 6 oct. 1995 : *D. 1995. IR. 268.* ♦ Jugé, de même, que ne possède pas la qualité de professionnel du crédit bancaire, un bijoutier, s'agissant d'un différend l'opposant au GIE Cartes bancaires. • T. com. Fréjus, 1er mars 1993 : *JCP 1994. II. 22194, note Coutant et J.-J. Alexandre.*

V. et Comp. notes 2 à 4 ss. art. L. 311-3, *infra*, V – *Crédit (ventes à)* et notes 5 s. ss. art. L. 121-22, *infra, VIII – Domicile (ventes à).*

7. Usage mixte. L'usage mixte par un salarié d'un véhicule loué à des fins privées, mais utilisé également dans l'exercice de sa profession, ne suffit pas à faire perdre à l'intéressé la qualité de consommateur. • Grenoble, 13 juin 1991 : *JCP 1992. II. 21819, note Paisant.* ♦ V. aussi pour une application du code de la consommation à un avocat ayant contracté avec une société de télésurveillance pour la sécurité de l'immeuble dans lequel il a son domicile mais aussi son cabinet professionnel : • Aix-en-Provence, 26 mai 2005 : *Contrats Conc. consom. 2006, n° 54, obs. Raymond.*

8. Personne morale. La notion de consommateur telle que définie à l'art. 2, *b)*, de la dir. n° 93/13 du 5 avr. 1993 concernant les clauses abusives dans les contrats conclus avec les consommateurs, doit être interprétée en ce sens qu'elle vise exclusivement les personnes physiques. • CJCE 22 nov. 2001 : *D. 2002. Somm. 2929, obs. Pizzio et Franck* ; *ibid. AJ. 90, obs. Rondey* ; *RTD civ. 2002. 291, obs. Mestre et Fages* ; *RTD com. 2002. 404, obs. Luby* ; *JCP 2002. II. 10047, note Paisant ; Contrats Conc. Consom. 2002, n° 18, obs. Raymond.* – V. aussi Luby, *ibid. Chron. 14 ; ibid. 2004. Chron. 1.* ♦ Si, par arrêt du 22 nov. 2001, la CJCE réserve l'application de la dir. n° 93/13 aux personnes physiques, la notion distincte de non-professionnel utilisée par le législateur français n'exclut pas les personnes morales de la protection contre les clauses abusives. • Civ. 1re, 15 mars 2005 : *Bull. civ. I, n° 135 ; D. 2005. 1948, note Boujeka* ; *ibid. AJ. 887, obs. Rondey* ; *JCP E 2005, n° 21, p. 855, note Bakouche ; JCP 2005. II. 10114, note Paisant ; Contrats Conc. Consom. 2005, n° 100, obs. Raymond (1re esp.) ; Petites affiches 12 mai 2005, p. 12, note Bert ; RTD com. 2005. 401, obs. Legeais* ; *Defrénois 2005. 2009, obs. Savaux ; Lettre distrib. avr. 2005, p. 1, obs. Lafont ; Bull. act. Lamy droit économique juin 2005, p. 1, note Mear ; RDC 2005. 718, note Fenouillet ; RJDA 2006, n° 70* • Reims, 19 mai 2005 : *JCP 2006. IV. 1864* • Versailles, 10 nov. 2005 : *RJDA 2006, n° 468.*

B. SANCTION DES CLAUSES ABUSIVES

9. Nullité. BIBL. Kullmann, *D. 1993. Chron. 59* (clause réputée non écrite). – Cottereau, *JCP 1993. I. 3691* (même thème). ♦ Une clause abusive étant « réputée non écrite » et non « nulle », la prescription par cinq ans de l'action en nullité relative prévue par l'art. 1304 C. civ. n'est pas applicable à l'action tendant à la constatation du caractère abusif d'une clause. • Versailles, 9 nov. 2001 : *BRDA 2002, n° 3, p. 12.*

10. Recevabilité du moyen. Est irrecevable pour la première fois devant la Cour de cassation, comme mélangé de fait et de droit, le moyen tiré du caractère abusif d'une clause au regard de l'art. 35 [C. consom., art. L. 132-1]. • Civ. 1re, 3 déc. 1991 : *Bull. civ. I, n° 342* • 21 nov. 1995 : *ibid. I, n° 422.*

11. Pouvoir judiciaire. BIBL. J. Huet, *JCP 1992. I. 3592.* – Testu, *JCP 1993. I. 3673.* ♦ Sur la possibilité, pour le juge, avant l'intervention de la loi du 1er févr. 1995, d'annuler une clause répondant à la définition de l'art. L. 132-1, même si elle n'a pas été interdite par décret, V. les arrêts cités aux notes 1 *bis* s. ss. l'art. R. 132-2, *infra* (en particulier : • Civ. 1re, 14 mai 1991 • Civ. 1re, 26 mai 1993 et • Civ. 1re, 6 janv. 1994). ♦ Jugeant que le pouvoir du juge de se saisir d'office du caractère abusif de clauses contenues dans un contrat de crédit à la consommation même après l'expiration du délai de forclusion, est conditionné par l'influence que le caractère abusif de la clause peut avoir sur la liquidation de la créance, V. • TI Vienne, 14 mars 2003 : *Contrats Conc. Consom. 2003, n° 118, obs. Raymond* • TI Roubaix, 16 oct. 2003 : *ibid. 2004, n° 14, obs. Raymond* • 11 juin 2004 : *cité note 9 bis ss. art. R. 132-2, infra.* ♦ La protection des consommateurs contenue dans l'art. L. 132-1 implique que le juge puisse apprécier d'office le caractère abusif d'une clause du contrat de crédit à la consommation qui lui est soumis lorsqu'il examine la recevabilité d'une demande introduite par un professionnel pour l'exécution d'un contrat de crédit à la consommation. • TI Bourganeuf, 8 déc. 2004 : *D. 2005. AJ. 277, obs. Avena-Robardet* . – V. aussi • CJCE 21 nov. 2002 : *cité note 12.*

12. Droit communautaire. La protection accordée par la Dir. n° 93/13 du 5 avr. 1993 concernant les clauses abusives implique que le juge national puisse apprécier d'office le caractère abusif d'une clause d'un contrat qui lui est soumis. • CJCE 27 juin 2000 : *BICC n° 1013 ; JCP E 2001, n° 30, p. 1281, note Carballo, Fidalgo et Paisant ; RTD civ. 2001. 878, obs. Mestre et Fages* . ♦ ... Il ne saurait donc être interdit au juge national, à l'expiration d'un délai de forclusion, de relever d'office le caractère abusif d'une clause insérée dans un contrat. • CJCE 21 nov. 2002 : *D. 2003. 486, note Nourissat* ; *ibid. 2002. AJ. 3339, obs. Avena-Robardet* ; *Contrats Conc. Consom. 2003, n° 31, obs. Raymond ; JCP E 2003, n° 7-8, p. 321, obs. Baude-Texidor et Fadlallah ; JCP 2003. II. 10082, note Paisant ; Gaz. Pal. 2003. 1711, note Flores et Biardeaud ; RTD com. 2003. 345, obs. Legeais* ; *ibid. 410, obs. Luby ; Europe 2003, n° 4, obs. Rigaux.* – V. sur cet arrêt, Fadlallah et Baude-Texidor, *D. 2003. 750* ; Luby, *Contrats Conc. Consom. 2004. Chron. 1.* ♦ Pour une application en droit internet V. • TI Vienne, 14 mars 2003 : *préc. note 11.* ♦ V. aussi *infra*, note 8 *bis* ss. art. L. 311-37 C. consom. ♦ Il appartient au juge national de déterminer si une clause contractuelle réunit les critères requis pour être qualifiée d'abusive au sens de l'art. 3, § 1 de la dir. CEE n° 93/13 du 5 avr. 1993. • CJCE 1er avr. 2004 : *D. 2004. AJ. 1812* ; *RJ com. 2004. 264, obs. Raynouard ; JCP 2004. I. 159, n° 10, obs. Rueda ; RTD com. 2004. 838, obs. Luby* ; *Procédures 2004, n° 157, obs. Nourissat.* ♦ Sur l'application dans l'espace de la dir. n° 93/13 du 5 avr. 1993, V. • CJCE 9 sept. 2004 : *D. 2005. Pan. 610, obs. Nourissat* ; *Rev. crit. DIP 2005. 451, note Audit ; RDC 2005. 857, note Deumier.*

13. Action des associations. V. *infra*, art. L. 421-2, L. 421-6 et L. 421-7.

14. Avis de la commission des clauses abusives. V. 1re note rédactionnelle ss. l'art. L. 132-1 ci-dessus. ♦ Sur la possibilité, pour la commission, de refuser de donner son avis sur une clause liant deux professionnels, V. • Comm. clauses abusives, avis, 14 sept. 1993 : *préc. note 4.*

15. Compétence. L'appréciation du caractère abusif d'une clause contenue dans un modèle réglementaire appartient au seul juge administratif et constitue une condition préalable à l'appréciation du caractère abusif de la clause contractualisée par les contractants privés par application du modèle réglementaire, dont la validité au regard de la législation sur les clauses abusives reste cependant soumise à l'appréciation du juge judiciaire qui reste seul compétent après que le juge administratif se soit prononcé. • TI Bourganeuf, 8 déc. 2004 : *préc. note 11.*

Code de la consommation

PARTIE RÉGLEMENTAIRE

(Décr. n° 97-298 du 27 mars 1997)

Art. R. 132-1 Dans les contrats de vente conclus entre des professionnels, d'une part, et des non-professionnels ou des consommateurs, d'autre part, est interdite comme abusive au sens de l'alinéa 1er de l'article L. 132-1 la clause ayant pour objet ou pour effet de supprimer ou de réduire le droit à réparation du non-professionnel ou consommateur en cas de manquement par le professionnel à l'une quelconque de ses obligations. – *[Décr. n° 78-464 du 24 mars 1978, art. 2].*

R. 132-2 Dans les contrats conclus entre professionnels et non-professionnels ou consommateurs, est interdite la clause ayant pour objet ou pour effet de réserver au professionnel le droit de modifier unilatéralement les caractéristiques du bien à livrer ou du service à rendre.

Toutefois, il peut être stipulé que le professionnel peut apporter des modifications liées à l'évolution technique, à condition qu'il n'en résulte ni augmentation des prix ni altération de qualité et que la clause réserve au non-professionnel ou consommateur la possibilité de mentionner les caractéristiques auxquelles il subordonne son engagement. – *[Décr. n° 78-464 du 24 mars 1978, art. 3].*

A. NÉCESSITÉ D'UNE VENTE

1. Contrat complexe. Lorsqu'un contrat présente, fût-ce partiellement, le caractère d'une vente, l'art. 2 [C. consom., art. R. 132-1] lui est applicable, dès lors que l'acte juridique présente, selon l'appréciation souveraine des juges du fond, un caractère indivisible. • Civ. 1re, 25 janv. 1989 : *Bull. civ. I, n° 43 ; D. 1989. 253, note Malaurie ; ibid. Somm. 303, obs. Hassler, et 337, obs. Aubert ; JCP 1989. II. 21357, note Paisant* • 6 juin 1990 : *Bull. civ. I, n° 145 ; JCP 1991. II. 21594, note Hassler.* ♦ En revanche, il a été jugé, par exemple, que la clause stipulant que France

Télécom ne saurait être tenu pour responsable des conséquences résultant pour l'abonné de l'altération et du fonctionnement défectueux de son matériel ou de la mauvaise utilisation de celui-ci, ne relève pas de l'art. 2 [C. consom., art. R. 132-1], qui ne concerne que la vente. • Civ. 1re, 13 nov. 1996 : *Bull. civ. I, n° 399 ; D. 1997. Somm. 174, obs. Delebecque ; D. Affaires 1997. 46 ; Contrats Conc. Consom. 1997, n° 32, note Raymond* (V. l'arrêt d'appel : • Paris, 10 mai 1994 : *Contrats Conc. Consom. 1994, n° 175, note Raymond ; RJDA 1994, n° 967*).

B. CLAUSES VISÉES

1 bis. Clause figurant dans les conditions générales. N'est pas abusive la clause limitative de garantie, figurant aux conditions générales d'un contrat d'assurance, dont l'assuré a pris connaissance. • Civ. 1re, 10 avr. 1996 : *Bull. civ. I, n° 177 ; D. Affaires 1996. 739 ; JCP 1996. II. 22694, note Paisant et Claret ; Contrats Conc. Consom. 1996, n° 113, note Raymond.* ♦ Pour une solution inverse lorsque les conditions générales n'ont pas été communiquées au consommateur, V. • Paris, 29 avr. 2003 : *Contrats Conc. Consom. 2003, n° 190, obs. Raymond.* ♦ V. note 12 *sexies*.

1 ter. Suppression ou réduction du droit à réparation. Doit être déclarée abusive la clause insérée dans des contrats de location de véhicules qui dégage le loueur de toute responsabilité, d'une part, « dans le cadre des limites légales », pour les dommages concernant le locataire et, d'autre part, en cas de préjudice indirect consécutif à des retards de livraison, à des défauts mécaniques ou à « toute autre cause ». • Versailles, 2 juin 1994 : *RJDA 1994 n° 1220 ; BID 1995 ; n° 10, p. 21.* ♦ Pour une clause dégageant la responsabilité d'une association intermédiaire à l'égard des consommateurs recourant à ses services, V. • Douai, 7 nov. 1994 : *Petites affiches 16 août 1995, p. 16 note Gain.* ♦ La clause d'une police d'assurance de véhicule qui subordonne la garantie vol à une soustraction frauduleuse par effraction caractérisée, définie comme nécessitant la trace d'effraction tant pour l'accès au véhicule que pour sa mise en route n'est pas abusive dès lors que la mise en route du véhicule n'a pu se faire, à défaut d'être en possession des clefs de contact, que par une détérioration des appareils électriques et du dispositif de blocage. • Versailles, 6 sept. 2002 : *BICC 2003, n° 743.*

2. Perte de films. Est abusive la clause prévoyant que tout film accepté pour traitement est réputé avoir une valeur qui n'excède pas son prix de tarif et que, par conséquent, la responsabilité du professionnel est limitée au remplacement du film perdu ou détérioré. • Civ. 1re, 25 janv. 1989 : *préc. note 1* • 6 juin 1990 : *ibid.* ♦ De même, doit être réputée non écrite, la clause figurant sur un bulletin de dépôt de diapositives exonérant le laboratoire de toute responsabilité en cas de perte des diapositives, une telle clause procurant un avantage excessif à l'entrepreneur dépositaire, celui-ci, du fait de sa position économique, se trouvant en mesure de l'imposer à sa clientèle. • Civ. 1re, 14 mai 1991 : *Bull. civ. I, n° 153 ; D. 1991. 449, note Ghestin,* et *Somm. 320, obs. Aubert ; JCP 1991. II. 21763, note Paisant.* ♦ Il en va différemment lorsque le contrat offre la possibilité au client de signaler au moment de l'envoi des pellicules, moyennant une somme supplémentaire, la valeur exceptionnelle qu'il leur attachait, et d'obtenir alors une indemnisation non forfaitaire. • Civ. 1re, 17 juill. 1990 : *D. 1990. IR. 209 ; JCP 1991. II. 21674, note Paisant.* ♦ V. aussi • Paris, 1er déc. 1998 : *D. 1999. IR. 64.* ♦ Comp., lorsque le client n'a pas été informé, au moment de la conclusion du contrat, de cette faculté : • Aix-en-Provence, 20 sept. 1995 : *Bull. Aix, 1995, n° 2, p. 277, obs. Agostinelli ; Contrats Conc. Consom. 1996, n° 172, note Raymond.*

Est abusive la clause limitant la garantie d'un laboratoire photographique, en cas de non-exécution de développement et de tirage, à la remise d'une pellicule vierge et à son tirage gratuit, faute pour le client d'avoir déclaré que les travaux avaient une importance exceptionnelle « afin de faciliter une négociation de gré à gré », expression susceptible de laisser croire au consommateur que seule est autorisée la négociation du prix de la prestation. • Civ. 1re, 19 juin 2001 : *Bull. civ. I, n° 181 ; JCP E 2001, n° 49, p. 1958, note Paisant ; RJDA 2001, n° 1273.* – Comp., considérant que ce type de clause ne confère pas un avantage excessif et ne revêt pas de caractère abusif : • Versailles, 8 juin 2001 : *D. 2001. IR. 3172.* – V. aussi • Civ. 1re, 5 févr. 2002 : *Bull. civ. I, n° 43 ; JCP E 2002, n° 12. 467.*

V. aussi, cassant, pour violation de l'art. 1134 C. civ., le jugement qui a accordé à l'intéressé 4 000 F de dommages-intérêts au motif que la clause limitative de responsabilité ne serait valable que si la perte était liée au travail de développement et de reproduction, et non lorsque le film a été égaré, alors que l'application d'une telle clause ne peut, en règle générale, être écartée qu'en cas de dol ou de faute lourde du débiteur, • Civ. 1re, 24 févr. 1993 : *Bull. civ. I, n° 88 ; D. 1994. 6, note Agostinelli ; JCP 1993. II. 22166, note Paisant ; Defrénois 1994. 354, obs. D. Mazeaud ; Contrats Conc. Consom. 1993, n° 116, obs. Raymond.* – V. aussi J. Huet, *D. 1993. Chron. 331.*

2 bis. Condition suspensive. Est abusive la clause stipulant que toute commande ne devient définitive qu'après confirmation par la direction, dès lors qu'elle fait dépendre la conclusion du contrat de la seule volonté du vendeur qui se trouve pourtant en état de pollicitation permanente. • Toulouse, 6 déc. 1995 : *D. 1996. IR. 87 ; RJDA 1996, n° 840.* – Dans le même sens : Recommandation de la commission des clauses abusives, n° 80-03 *(BOCC 8 août 1980).*

3. Délais de livraison. Est abusive la clause mentionnant que le délai de livraison n'est donné qu'à titre indicatif et supprimant ou réduisant le droit à réparation du consommateur en cas de dépassement du délai. • Civ. 1re, 16 juill. 1987 : *Bull. civ. I, n° 226 ; D. 1988. 49, note Calais-Auloy ; JCP 1988. II. 21001, note Paisant* • TI Metz, 4 janv. 1983 : *D. 1984. 591, note Pizzio* • Toulouse, 6 déc. 1995 : *préc. note 2 bis.* ♦ Est abusive et réputée non écrite la clause figurant au bon de commande qui impose, après un délai de sept ou huit mois à l'acquéreur non professionnel de ne pouvoir rompre son engagement qu'après un délai supplémentaire de trois mois, intervenant lui-même après une mise en demeure du vendeur ; elle confère au vendeur professionnel un avantage excessif dès lors qu'il peut contraindre son cocontractant à accepter la livraison durant une période anormalement longue, manquant ainsi à l'obligation de délivrance. • Bordeaux, 7 avr. 1994 : *Cah. jurispr. Aquitaine 1995, n° 1, p. 134, note Prud'homme.*

Sur le maintien du prix de vente des automobiles entre la commande et la livraison, V. • Paris, 3 mai 1996 : *D. 1996. Somm. 326, obs. Delebecque.*

3 bis. Retour de marchandises. N'est pas abusive la clause incluse dans les conditions générales de vente aux termes de laquelle aucun retour de marchandises pour examen ne peut être effectué sans avoir été autorisé par le vendeur. • Paris, 28 juin 1996 : *BRDA 1996, n° 17, p. 11.*

3 ter. Faculté de résiliation. Doit être considérée comme abusive une clause comportant, au seul bénéfice de l'un des contractants, un droit de résiliation à charge d'indemnité, alors que ce droit est expressément refusé à l'autre partie. • Besançon, 10 juin 1994 : *Contrats Conc. Consom. 1995, n° 23, note Raymond ; RJ com. 1995. 286, note Karimi.* ♦ Est abusive la clause de résiliation d'un contrat de télésurveillance imposant au consommateur de rembourser la remise consentie lors de la signature du contrat dès lors que ce remboursement fait peser sur l'exercice de la faculté de résiliation une contrainte excessive. • Civ. 1re, 29 oct. 2002 : *Bull. civ. I, n° 254 ; JCP E 2004, n° 11, p. 424, note Abravanel-Jolly ; JCP 2003. I. 122, n° 25, obs. Sauphamor-Brouillaud ; Contrats Conc. Consom. 2003, n° 46, obs. Raymond ; RTD com. 2003. 357, obs. Bouloc ; RDC 2003. 92, obs. Bruschi ; RJDA 2003, p. 88, concl. Sainte-Rose.* ♦ Imposant une proportionnalité entre l'indemnité de résiliation et le préjudice réel subi par le professionnel, V. aussi : • Rennes, 17 oct. 2003 : *Contrats Conc. Consom. 2004, n° 85, obs. Raymond.*

4. Indemnité de résiliation. Est abusive la clause d'un contrat d'enseignement par laquelle l'établissement prévoit que, le contrat devenu définitif dès sa signature, le montant des frais de scolarité reste dû en totalité, aucun motif ne pouvant être retenu pour une éventuelle annulation, dès lors que cette clause procure à l'établissement un avantage excessif puisque le paiement doit être effectué même en cas d'inexécution imputable à l'établissement ou causé par un cas fortuit ou de force majeure. • Civ. 1re, 10 févr. 1998 : *Bull. civ. I, n° 53 ; D. 1998. 539, note Mazeaud ; D. Affaires 1998. 710, obs. S. P. ; Contrats Conc. Consom. 1998, n° 70, note Leveneur ; JCP 1998. I. 155, n° 12, obs. Jamin ; ibid. II. 10124, note Paisant ; JCP E 1999, n° 5, p. 219, obs. Mousseron.* ♦ V. déjà • Civ. 1re, 31 janv. 1995 : *Bull. civ. I, n° 64 ; D. 1995. Somm. 229, obs. Delebecque.* ♦ Comp., cassant un jugement ayant refusé d'appliquer une clause claire et précise obligeant un contractant à payer dans son entier une année scolaire à peine commencée, sans caractériser en quoi cette clause qui dérogeait à l'usage établissant un paiement trimestriel des scolarités, serait constitutive d'un abus de nature à la priver d'effet : • Civ. 1re, 6 déc. 1989 : *Bull. civ. I, n° 379 ; D. 1990. 289, note Ghestin ; JCP 1990. II. 21534, note Delebecque.* ♦ V. également, jugeant abusive la clause selon laquelle le droit d'inscription annuel reste dû au cas de rupture du fait de l'élève, • Bordeaux, 4 nov. 1993 : *JCP 1994. IV. 502.* ♦ ... Ou, au contraire, refusant de considérer comme abusive la clause permettant d'échapper au paiement intégral en cas de maladie, accident ou décès de l'élève, • Orléans, 4 mai 1994 : *Rev. jur. Centre-Ouest 1995. 129, note Guelfucci.* ♦ Jugeant que si la clause selon laquelle l'élève doit payer les frais de scolarité en toute hypothèse est abusive, le retrait en cours d'année de l'élève pour manquement à la qualité de l'enseignement ne dispense pas du paiement dès lors que cette qualité était effectivement assurée. • Lyon, 6 juin 2001 : *Contrats Conc. Consom. 2002, n° 17, obs. Raymond.* – V. aussi Recommandation de la commission des clauses abusives n° 91-01 *(BOCC 6 sept. 1991).*

La clause qui fait supporter au preneur, dans un contrat de location de longue durée, la totalité des risques de perte ou de détérioration de la chose louée, même lorsque ceux-ci sont dus à un événement imprévisible et irrésistible constitutif de la force majeure et qu'aucune faute ne peut être imputée audit preneur, confère au bailleur un avantage excessif. • Civ. 1re, 6 janv. 1994 : *Bull. civ. I, n° 8 ; D. 1994. Somm. 209, obs. Delebecque ; Defrénois 1994. 821, obs. D. Mazeaud ; JCP 1994. II. 22237, note Paisant ; Contrats Conc. Consom. 1994, n° 58, note Raymond.* ♦ Est également abusive la clause prévoyant, à titre de clause pénale, le paiement d'une indemnité en cas de résiliation du contrat par suite de défaillance du locataire et définissant cette indemnité comme la différence entre, d'une part, la somme des loyers encore dus et la valeur résiduelle du véhicule, et, d'autre part le prix de revente de ce dernier. Cette clause confère, en effet, à la société de location un avantage excessif en privant le preneur, tenu de restituer d'abord le véhicule, de toute possibilité de rechercher lui-même un acquéreur ou d'exercer un contrôle sur les conditions de la revente. • Même arrêt. ♦ En revanche une telle clause n'est pas abusive dès lors que le contrat prévoit que le locataire a la possibilité de présenter un acquéreur faisant une offre écrite et obtenir ainsi un prix de revente le satisfaisant. • Versailles, 12 janv. 2001 : *BRDA 2001, n° 7, p. 11.* ♦ Comp., décidant que la clause aux termes de laquelle, dans un contrat de location à durée déterminée d'un véhicule automobile, le locataire qui résilie unilatéralement le contrat avant le terme convenu devra verser au loueur une indemnité compensatrice, ne révèle pas un abus de puissance économique de la part de ce dernier, lui conférant un avantage excessif et ne revêt pas un caractère abusif au sens de l'art. 35 de la loi du 10 janv. 1978 [C. consom., art. L. 132-1], même si le loyer global final initialement convenu excédait le prix d'acquisition du véhicule : • Paris, 20 sept. 1991 : *D. 1992. Somm. 268, obs. Kullmann ; JCP 1992. II. 21866, note Sinay-Cytermann ; Gaz. Pal. 1993. 1. 211, note crit. D. Mazeaud.*

Pour un arrêt considérant comme non abusive la clause d'un contrat de location de véhicule de longue durée aux termes de laquelle en cas de résiliation anticipée pour défaut de paiement des loyers, le locataire reste tenu de verser le montant des échéances jusqu'à la fin du contrat, V. • Versailles, 9 juin 2000 : *BRDA 2000, n° 18, p. 10.*

S'agissant de l'applicabilité de l'art. 1152, al. 2, C. civ., relatif au pouvoir modérateur du juge en cas de clause pénale, la Cour de cassation a jugé que la stipulation prévoyant que le droit d'inscription à une école restant intégralement dû s'analyse en une évaluation conventionnelle de dommages-intérêts pour le cas de rupture de la convention contraignant le débiteur à s'exécuter. • Civ. 1re, 10 oct. 1995 : *Bull. civ. I, n° 347 ; D. 1996. 486, note Fillion-Dufouleur ; ibid. Somm. 116, obs. Delebecque ; D. Affaires 1995. 131 ; JCP 1996. II. 22580, note Paisant.* – Comp. : • Aix-en-Provence, 18 oct. 1995 : *Bull. Aix 1995, n° 2, p. 252, obs. Bandot-Ricœur.* ♦ Sur l'articulation des dispositions du code civil relatives aux clauses pénales et de l'art. L. 132-1 C. consom., depuis l'intervention de la loi du 1er févr. 1995, V. Paisant, *D. 1995. chron. 223.*

4 bis. En ce sens qu'il résulte de l'art. L. 132-1, dans sa rédaction antérieure à la loi n° 95-96 du 1er févr. 1995, qu'est abusive la clause mettant à la charge du preneur le risque de perte ou de détérioration de la chose louée, même pour cas fortuit ou de force majeure et conférant ainsi au bailleur un avantage excessif. • Civ. 1re, 17 mars 1998 : *Bull. civ. I, n° 116 ; D. 1998. IR. 99 ; D. Affaires 1998. 662, obs. S. P. ; Contrats Conc. Consom. 1998, n° 104, obs. Raymond ; JCP E 1999, n° 5, p. 219, obs. Mousseron.* ♦ V. sur renvoi, • Bourges, 23 févr. 2000 : *Contrats Conc. Consom. 2001, n° 15, obs. Raymond.*

5. Systèmes d'alarme. Pour des clauses abusives, V. • Civ. 1re, 28 avr. 1987 : *cité supra, ss. art. L. 132-1 C. consom., note 6.*

6. Publicité. Est abusive la clause qui interdit au souscripteur d'un contrat de vente d'espaces publicitaires toute réclamation après la signature de l'ordre de publicité et dégage l'éditeur de toute responsabilité quant à l'exécution technique de la publicité. • Paris, 22 mars 1990 : *D. 1991. IR. 98.*

6 bis. Convention de compte bancaire. Pour des clauses jugées abusives dans une convention de compte bancaire, V. • TGI Paris, 9 nov. 2005 : *D. 2006. AJ. 295, obs. Avena-Robardet ; RJDA 2006, n° 469* (cité notes 1 ss. art. L. 131-35, 1 ss. art. L. 131-71, 10 ss. art. L. 132-2, 4 ss. art. L. 312-1, 2 ss. art. L. 312-1-1 C. mon. fin., 1 et 2 ss. Arr. 8 mars 2005, *supra*, v° *Code monétaire et financier (extraits)*.

7. Frais de tenue de compte. **BIBL.** Routier, *D. 2006. 985* (multiplication des frais et commissions de banque). ♦ V. • Paris, 17 déc. 1990 : *D. 1991. 350, note crit. D. Martin* • TGI Paris, 15 nov. 1993 : *JCP E 1994. I. 376, n° 11, obs. Gavalda et Stoufflet* • TGI Niort, 9 janv. 2006 : *D. 2006. 985, note Routier ; Contrats Conc. Consom. 2006, n° 75, obs. Raymond.* ♦ N'est pas abusive la clause par laquelle une banque met en place, en cours d'exécution d'une convention de compte, une commission en cas d'opérations entraînant une irrégularité de fonctionnement du compte, aux motifs que ces frais sanctionnent une anomalie et des erreurs commises par le client. • Paris, 12 oct. 2001 : *RJDA 2002, n° 318 ; Banque et Droit nov.-déc. 2002. 58, obs. Guillot.*

7 bis. Dates de valeur. V. note 3 ss. art. L. 313-2 C. consom., *supra*, v° *Prêts d'argent – Intérêts des capitaux.* ♦ Compte tenu de la subsistance des délais nécessaires à l'encaissement des chèques, la pratique des dates de valeur pour ce type d'opération ne crée pas un déséquilibre significatif entre les droits et obligations des parties au contrat, l'application d'intérêts aux comptes débiteurs pendant le délai d'encaissement du chèque étant justifiée par le crédit ainsi consenti à son client par la banque dès la remise du chèque. • TGI Paris, 18 mai 2004 : *D. 2004. 2288, note Boujeka (2e et 4e esp.)* ; *Banque et Droit sept.-oct. 2004. 84, obs. Bonneau* ; *RJDA 2004, n° 1365.* ♦ Il convient de ne pas faire de différence entre la remise de chèques internes ou les remises de chèques provenant d'un autre établissement bancaire. • Paris, 6 janv. 2006 : *BRDA 2006, n° 9, p. 7.* ♦ Pour les opérations autres que l'encaissement de chèques déposés ou de paiement de chèques étrangers ou les relations avec l'étranger ou en devises et chèques de voyage, l'institution des dates de valeur se trouvant sans cause, elle crée un déséquilibre significatif, la banque percevant, sur les comptes débiteurs de ses clients, des intérêts qui ne sont justifiés par aucune contrepartie. • TGI Paris, 18 mai 2004 : *(1re et 3e esp.) ; préc.*

8. Dépôt de garantie. La clause d'un bail qui prévoit un dépôt de garantie de six mois, même si elle fait peser sur le preneur une obligation relativement lourde, au demeurant atténuée par le fait qu'aucun terme n'est prévu pour le versement, n'est pas abusive au sens des art. 2, 3 et 4 du décret du 24 mars 1978. • Paris, 22 mars 1991 : *Loyers et copr. 1991, n° 291.* – V. recommandation n° 2000-01 relative aux clauses abusives dans les contrats de location de locaux à usage d'habitation *(BOCC 22 juin).* – Sur ce texte, V. aussi Canu, *Rev. Loyers 2000. 400* ; Martin, *Ann. Loyers 2000. 1875.*

9. Révision des taux d'intérêt. BIBL. Ghestin, *JCP 1993. I. 3714.*

9 bis. Crédit à la consommation. BIBL. Lokiec, *RD banc. fin. 2004. 221* (clauses abusives et crédit à la consommation). – Poissonnier, *D. 2006. 370* (clauses résolutoires abusives dans les contrats de crédit à la consommation). ♦ Déclarant abusive une clause de résiliation anticipée de l'offre de crédit en cas de décès de la caution ou de l'un des co-emprunteurs et en cas de liquidation judiciaire de l'emprunteur ou du coemprunteur : • TI Rennes, 27 juin 2000 : *Banque et Droit nov.-déc. 2001. 46, obs. Guillot.* ♦ Rappr. : • Bordeaux, 31 mai 2001 : *BICC 2002, n° 61.* ♦ Même solution pour une clause de nature à induire le consommateur en erreur sur la gratuité d'un prêt. • TI Vienne, 14 mars 2003 : *Contrats Conc. Consom. 2003, n° 118, obs. Raymond.* ♦ ... Pour celle subordonnant le remboursement anticipé du prêt à l'envoi d'une lettre recommandée moyennant un préavis de deux mois. • TI Roubaix, 16 oct. 2003 : *Contrats Conc. Consom. 2004, n° 14, obs. Raymond.* ♦ ... Ou pour celle dite de « défaut croisé » selon laquelle le prêteur peut se prévaloir de la déchéance du terme lorsque l'emprunteur n'honore pas ses engagements dans un autre contrat de crédit ou une facilité de paiement consenti par le prêteur ou une autre société de son groupe. • TI Roubaix, 11 juin 2004 : *Contrats Conc. consom. 2004, n° 132, obs. Raymond.* ♦ Sont également abusives la clause qui stipule que la délivrance de l'information exigée par l'art. L. 311-9 C. consom. sera établie par la production de l'enregistrement informatique de l'envoi, et celle qui impose la résiliation du contrat avec paiement d'une indemnité égale au plus à 8 % du capital dû pour un motif autre que celui visé par l'art. L. 311-30 du même code, lequel n'envisage que la seule défaillance de la part de l'emprunteur. • Civ. 1re, 1er févr. 2005 : *Bull. civ. I, n° 60 ; D. 2005. AJ. 640, obs. Avena-Robardet* ; *JCP E 2005, n° 11, p. 456 ; Contrats Conc. Consom. 2005, n° 99, obs. Raymond ; BRDA 2005, n° 8, p. 14 ; RDC 2005. 718, note Fenouillet.* ♦ Est abusive la clause relative à l'assurance chômage dans un contrat de crédit à la consommation, qui consiste à simplement reporter en fin de prêt les mensualités venant à échéance pendant la période de chômage, laquelle est au demeurant sans avantage pour l'assuré de telle sorte qu'elle crée un déséquilibre significatif entre le professionnel et le consommateur. • Paris, 15 juin 2001 : *Contrats Conc. Consom. 2002, n° 15, obs. Raymond.* ♦ Sur les clauses résolutoires dans les contrats de crédit permanent, V. note 2 *bis* ss. art. L. 311-30 C. consom., *infra.*

Sur les clauses de variation du taux de l'intérêt, V. Recommandation de la Commission des clauses abusives n° 2004-3 *(BOCC 30 sept. 2004)* et note 1 ss. art. R. 311-6 C. consom., *infra*, ss. art. L. 311-13.

10. Cartes bancaires. Il résulte du quasimonopole du GIE Cartes bancaires et des dispositions de la clause de résiliation à caractère unilatéral, un avantage excessif au profit de celui-ci, ainsi qu'un abus de puissance économique. • T. com. Fréjus, 1er mars 1993 : *JCP 1994. II. 22194, note Coutant et J.-J. Alexandre.* ♦ Cependant, même en présence d'une telle clause réputée non écrite, il apparaît nécessaire de sanctionner le comportement du bijoutier qui n'a pas respecté certaines obligations du contrat, notamment en fractionnant le paiement des transactions refusées. • Même jugement.

10 bis. La clause du contrat « porteur » de cartes de paiement prévoyant la responsabilité du porteur pour les opérations de retrait comportant le contrôle du code confidentiel antérieures à l'opposition crée une présomption simple de responsabilité du porteur qu'il peut renverser en rapportant la preuve d'une utilisation frauduleuse de sa carte antérieurement à la date de réception de son opposition. Cette clause, qui n'est pas contraire à la recommandation n° 94-02 de la Commission des clauses abusives (*BOCC 27 sept. 1994*), n'est pas abusive. • Paris, 2 mai 1995 : *BRDA 1995, n° 12, p. 13.* – V. aussi • Douai, 19 févr. 1998 : *Contrats Conc. Consom. 1998, n° 120, obs. Raymond.*

10 ter. N'est pas abusive, la clause prévoyant la possibilité pour une banque de modifier unilatéralement le contrat de carte bancaire, dès lors que ces modifications sont annoncées clairement aux clients, et qu'il est stipulé qu'elles ne produiront effet qu'à l'issu d'un délai raisonnable (en l'espèce un mois), et suffisant pour que le porteur puisse renoncer au bénéfice de ce contrat s'il ne souhaite pas se voir imposer ces modifications. • T. com. Paris, 2 sept. 1997 : *Banque et Droit janv.-févr. 1998. 41, obs. Guillot.* ♦ *Contra*, jugeant ce même délai d'un mois nettement insuffisant, V. • TGI Paris, 9 nov. 2005 : *cité note 2 ss. art. L. 312-1-1 C. mon. fin., supra, v° Code monétaire et financier (extraits).*

11. Mandats de gestion de portefeuille. N'est pas démontré, au sens de l'art. 35 de la loi n° 78-23 du 10 janv. 1978 [C. consom., art. L. 132-1], le caractère abusif d'une clause exonératoire de responsabilité figurant dans un contrat de mandat de gestion de portefeuille ; il n'est pas excessif pour les sociétés de gestion de se prémunir contre les aléas des marchés financiers et ces clauses doivent être admises dès lors qu'elles sont librement acceptées par les clients. • Paris, 23 sept. 1993 : *D. 1994. Somm. 213, obs. Delebecque* ; *D. 1995. Somm. 199, obs. Bon-Garcin* ; *Rev. dr. bancaire 1994. 79, obs. Crédot et Gérard.* ♦ Cependant, ces sociétés engagent leur responsabilité par une simple faute de gestion. • Même arrêt. ♦ Pour une clause attestant la connaissance par l'investisseur des règles de fonctionnement des marchés, de la couverture des positions et des risques inhérents, V. • Paris, 27 oct. 2003 : *Gaz. Pal. 2004. Somm. 1253, obs. Vray.*

11 bis. Contrats « multirisque-habitation ». Ne sont pas abusives les clauses d'un contrat multirisque-habitation mettant à la charge de l'assuré la preuve qu'un vol a eu lieu dans les conditions de la garantie, dès lors que la souscription d'un tel contrat n'est pas obligatoire et que le consommateur est libre de ne pas y adhérer si les garanties offertes lui paraissent insuffisantes. L'assureur est en droit de déterminer exactement le risque qu'il garantit et son obligation a pour contrepartie le paiement par l'assuré de primes dont le montant est calculé en fonction de l'importance du risque assuré. • TGI Paris, 29 juin 1994 : *BICC 1994, n° 994 ; RJDA 1994, n° 1379 ; Petites affiches 4 sept. 1995, p. 7, note Karimi,* conf. par • Paris, 3 avr. 1996 : *D. 1996. IR. 142 ; RJDA 1996, n° 1271,* puis par • Civ. 1re, 7 juill. 1998 : *Bull. civ. I, n° 240 ; D. 1999. Somm. 111, obs. Mazeaud* ; *D. Affaires 1998. 1389, obs. V. A.-R. ; Contrats Conc. Consom. 1998, n° 120, obs. Raymond ; RJDA 1998, n° 1425.*

11 ter. Contrats d'assurance-décès et invalidité. N'est pas abusive la clause d'un contrat d'assurance-décès et invalidité se bornant à décrire la nature, le montant et la durée de la garantie assurés, dans la mesure où elles ne s'analysent pas comme des clauses relatives à la charge du risque, imposées aux non-professionnels ou consommateurs par un abus de puissance économique de l'autre partie et conférant à cette dernière un avantage excessif, et que les primes réglées avaient pour contrepartie les garanties offertes par l'assureur, garanties dont le souscripteur pouvait avoir une parfaite connaissance au moment de la formation du contrat par la seule lecture des documents contractuels. • Chambéry, 22 nov. 1994 : *JCP 1995. IV. 2066.*

Sur l'influence de l'objet du contrat principal sur le contrat accessoire que constitue l'assurance groupe décès-invalidité, V. • Civ. 2e, 18 mars 2004 : *préc. note 3 ss. art. L. 132-1 C. consom.*

11 quater. Contrats d'assurance accessoires à des contrats de prêt. Sur l'influence de l'objet du contrat principal sur le contrat accessoire, V. • Civ. 2e, 18 mars 2004 : *préc. note 3 ss. art. L. 132-1 C. consom.* ♦ Sur la validité : des clauses stipulant un délai de carence, s'agissant de l'assurance « perte d'emploi », V. • TGI Paris, 1er mars 1995 : *RJDA 1995, n° 772* • Nîmes, 19 mars 1998 : *JCP 1999. IV. 1315.* ♦ ... Des clauses subordonnant la mise en jeu d'une garantie d'incapacité temporaire totale à l'écoulement d'un délai de latence, V. • Versailles, 21 nov. 2003 : *BICC 2005, n° 1641.* ♦ ... Des limitations dans la durée des indemnisations au titre de la garantie « perte d'emploi » qui apparaissent raisonnables, qui ont été formellement prévues dès l'origine et librement souscrites sans protestations ni réserves, V. • Versailles, 23 nov. 2001 : *RJDA 2002, n° 442.* ♦ ... De la clause permettant une révision tarifaire des cotisations d'assurance « chômage », V. • Colmar, 16 juin 1995 : *JCP 1995. II. 22532, note Bigot.* ♦ ... Des clauses prévoyant la nullité de l'assurance, en cas de fausse déclaration, s'agissant de l'assurance « décès-invalidité », V. • TGI Paris, 1er mars 1995 : *RJDA, préc.* ♦ ... Des clauses conditionnant la garantie au défaut de reprise d'une activité rémunérée ou au versement des allocations uniques dégressives par les ASSEDIC. • Toulouse, 22 sept. 1998 : *Cah. Jurispr. d'Aquitaine 1999, n° 1, p. 120.*

En revanche, est abusive en ce qu'elle dénature la garantie-chômage du contrat, la clause prévoyant une franchise de dix-huit mois ininterrompus en cas de chômage, le délai étant exagéré du fait que les indemnités de chômage ne sont perçues que pendant une durée de douze mois. • Nîmes, 19 mars 1998 : *préc.* ♦ Un juge, ayant déclaré cette clause abusive, ne peut juger la garantie franchise applicable dans la limite de douze mois, dans la mesure où lorsqu'une clause est déclarée abusive, elle est réputée non écrite et de ce fait inapplicable au contrat, sans qu'il puisse lui être substitué une autre clause. • Même arrêt. ♦ Est abusive, en raison de son caractère abscons pour un lecteur profane et de la difficulté de mesurer de façon claire et non équivoque sa portée, la clause relative à l'assurance chômage dans un contrat de crédit à la consommation, qui consiste à simplement reporter en fin de prêt les mensualités venant à échéance pendant la période de chômage, car elle crée un déséquilibre significatif entre le professionnel et le consommateur. • Paris, 15 juin 2001 : *Contrats Conc. Consom. 2002, n° 15, obs. Raymond.* ♦ De la même façon, est abusive la clause résolutoire prévue au contrat de prêt en cas de renonciation de l'emprunteur à la souscription d'un contrat d'assurance décès-incapacité, dans la mesure où elle aggrave la situation de l'emprunteur par rapport au contenu du modèle type et aux dispositions légales obligatoires auxquels il ne peut être dérogé. • TI Roubaix, 11 sept. 2003 : *D. 2005. 443, note Tricoit (2e esp.)* ✎.

Le seul fait qu'un contrat relève de la catégorie des contrats d'adhésion ne suffit pas à démontrer que la clause d'exclusion de garantie en cas de chômage qui surviendrait après l'expiration d'un contrat de travail à durée déterminée, a été imposée par un abus de puissance économique et, la référence aux seuls désavantages subis par l'assuré, sans que soit opérée une comparaison avec les avantages recueillis par l'assureur, ne permet pas, par conséquent, de caractériser l'avantage excessif obtenu par celui-ci au sens de l'art. L. 132-1 dans sa rédaction antérieure à la loi du 1er févr. 1995. • Civ. 1re, 12 mars 2002 : ⚖ *Bull. civ. I, n° 92 ; D. 2003. Somm. 2927, obs. Willmann* ✎ *; JCP 2002. II. 16163, note Paisant ; RTD com. 2002. 716, obs. Bouloc* ✎ *; RTD civ. 2003. 90, obs. Mestre et Fages* ✎.

11 quinquies. Contrats d'assurance-groupe pour maladie. Constitue une clause abusive et doit être supprimée d'un contrat d'assurance-groupe garantissant le remboursement de la dette en cas de maladie la clause prévoyant qu'en cas de désaccord entre le médecin de l'assuré et le médecin de l'assureur les parties doivent choisir, à leurs frais, un troisième médecin pour les départager avant d'avoir recours à la voie judiciaire pour le règlement des indemnités. • TGI Paris, 18 oct. 1995 : *RJDA 1995, n° 282.*

Pour apprécier si le délai de franchise prévu au contrat d'assurance-groupe auquel un emprunteur avait adhéré à l'occasion d'une ouverture de crédit d'un an renouvelable, avait un caractère excessif, il convient de se référer à la durée convenue du remboursement du crédit et non à la durée réelle de l'ouverture de crédit, la reconduction n'étant qu'éventuelle à la date de formation du contrat, V. • Civ. 1re, 26 févr. 2002 : ⚖ *Bull. civ. I, n° 71 ; D. 2002. AJ. 1346* ✎ *; RTD civ. 2003. 90, obs. Mestre et Fages* ✎.

12. Charges des risques mutualistes. N'est pas abusive la disposition du règlement intérieur d'un organisme mutualiste de crédit aux fonctionnaires prévoyant une retenue d'un montant égal à la part du risque supporté par les adhérents, cette somme étant retenue en vertu d'un contrat fondé sur le principe de mutualisation des risques constitués par les prêts non remboursés par les emprunteurs. • Civ. 1re, 26 mai 1993 : ⚖ *Bull. civ. I, n° 192 ; D. 1993. 568, note Paisant* ✎ *; D. 1994. Somm. 12, obs. Delebecque* ✎ *; JCP 1993. II. 22158, note Bazin ; Contrats Conc. Consom. 1993, n° 181, note Raymond ; Defrénois 1994. 351, obs. D. Mazeaud* • 27 avr. 1994 : ⚖ *Petites affiches 3 mars 1995, p. 14, note Bazin.*

12 bis. Contrats d'abonnement à un club sportif. BIBL. Boedels, *Gaz. Pal. 2000. Doctr. 1160.* ♦ V. • Rennes, 26 sept. 2002 : *RJDA 2003, n° 77* • TGI Brest, 21 déc. 1994 : *D. 1995. Somm. 310, obs. Pizzio* ✎ *; JCP E 1995. Pan. 200 ; BID 1995, n° 6, p. 21* • TGI Bourges, 30 nov. 1995 : *RJDA 1996, n° 979.* – V. aussi Recommandation de la Commission des clauses abusives n° 87-03 *(BOCC 16 déc. 1987).*

12 ter. Règlements intérieurs des maisons de retraite. V. • Aix-en-Provence, 18 sept. 1995 : *Contrats Conc. Consom. 1995, n° 190, note Raymond ; Bull. Aix 1995, n° 2, p. 25, note Agostinelli* (illicéité des clauses relatives à : la variabilité du prix ; l'interdiction d'introduire des boissons venant de l'extérieur ; la suppression du droit à réparation). ♦ V. L. n° 90-600 du 6 juill. 1990 (fixation des prix des prestations des établissements assurant l'hébergement des personnes âgées) ; Recommandation de la Commission des clauses abusives n° 85-03 *(BOCC 9 nov. 1985).* – **C. consom.**

12 quater. Contrat de location saisonnière. Sur l'illicéité de clauses insérées dans les contrats de locations saisonnières, V. • Paris, 7 mai 1998 : *D. Affaires 1998. 1082, obs. S. P.* ♦ V. aussi, s'agissant de clauses relatives au délai de remboursement du dépôt de garantie et aux présomptions résultant du non-établissement de l'état des lieux, • TGI Grenoble, 22 mai 1997 : *RJDA 1997, n° 1553.* ♦ V. Recommandation de la Commission des clauses abusives n° 94-04 *(BOCC 27 oct. 1994).*

12 quinquies. Contrat de séjour linguistique. Sur le caractère abusif d'une clause insérée dans un contrat de séjour linguistique par laquelle le professionnel prévoyait la possibilité de changer, dans un même pays, le lieu de séjour linguistique choisi par l'adhérent sans aucun dédommagement, V. • Paris, 2 oct. 1998 : *D. 1998. IR. 238 ; D. Affaires 1998. 1851, obs. V. A.-R. ; RJDA 1998, n° 1424.*

12 sexies. Agence de voyages. Sont abusives les clauses figurant dans les conditions générales d'une agence de voyages et prévoyant : l'exonération de responsabilité de l'agence en cas de retour ne s'effectuant pas au même aéroport qu'au départ. • TGI Paris, 7 nov. 2000 : *RJDA 2001, n° 1274.* ♦ ... Que la remise de renseignements bancaires, tout paiement ou toute acceptation de documents émanant de l'agence implique l'approbation et la ratification des conditions générales. • Même décision. ♦ ... De limitation au double du forfait payé par le client les dommages et intérêts pouvant être sollicités en réparation du préjudice subi en cas de modification substantielle du contrat. • Même décision. ♦ La clause d'annulation (dans un contrat passé avec une agence de voyages) qui stipule que, dans tous les cas, si le contrat vient à être annulé dans sa totalité par le client, l'acompte versé sera retenu, ne met pas à la charge du non-professionnel une obligation sans contrepartie de l'agence de voyages. • Paris, 21 nov. 1996 : *cité note 3 ss. art. L. 132-1, supra.*

12 septies. Contrats de syndics de copropriété. Pour des exemples de clauses ayant été jugées abusives, V. • TGI Paris, 7 sept. 1999 : *D. 1999. AJ. 89, obs. Y. R.* ; *RJDA 1999, n° 1257.* ♦ En revanche, ne sont pas abusives la clause qui contraint un copropriétaire à un préliminaire de conciliation et celle qui a pour objet, sans décision judiciaire, d'imputer aux copropriétaires pris individuellement des frais de recouvrement. • Civ. 1re, 1er févr. 2005 : *Bull. civ. I, n° 64 ; D. 2005. AJ. 565, obs. Avena-Robardet ; ibid. Pan. 2840, obs. Amrani Mekki ; AJDI 2005. 742, note Capoulade ; JCP E 2005, n° 31-34, p. 1333, note Sauphanor-Brouillaud ; Contrats Conc. Consom. 2005, n° 97, obs. Raymond ; BRDA 2005, n° 7, p. 12 ; Defrénois 2005. 1178, obs. Atias ; RDC 2005. 718, note Fenouillet ; Loyers et copr. 2005, n° 78, obs. Vigneron* (cassation de • Paris, 4 sept. 2003 : *Loyers et copr. 2004, n° 59, obs. Vigneron).* ♦ V. Recommandation de la Commission des clauses abusives n° 96-01 *(BOCC 24 janv. 1996).* ♦ V. aussi, appliquant l'art. L. 114-1 C. consom. à un syndicat de copropriété, note 1 ss. cet art., *supra.*

13. Services publics. Sur le caractère abusif d'une clause d'un contrat d'abonnement de fourniture d'électricité, excluant totalement la responsabilité d'une régie, V. • Bordeaux, 2 juin 1997 : *BICC 1997, n° 1490.* ♦ ... D'une clause d'un contrat d'abonnement de fourniture d'électricité limitant la responsabilité d'EDF, V. • TGI Angers, 11 mars 1986 : *JCP 1987. II. 20789, note Gridel.* ♦ ... D'une clause du règlement des eaux exonérant le service des eaux de sa responsabilité relative aux branchements défectueux, V. • TGI Paris, 17 janv. 1990 : *D. 1990. 289, note Ghestin.* ♦ Refusant de retenir le caractère abusif d'une clause figurant dans un contrat d'abonnement d'eau par laquelle était exclue toute réclamation de l'abonné en cas de fuite d'eau dans les installations, au motif que n'est pas établie l'absence de rapport direct dudit contrat avec l'activité professionnelle de l'abonné, V. • Civ. 1re, 5 mars 2002 : *RTD com. 2002. 716, obs. Bouloc ; JCP 2002. IV. 1662 ; Gaz. Pal. 2003. 1. Somm. 1188, obs. Guével,* cassant • Pau, 10 mai 2000 : *JCP 2001. IV. 1241.* – V. aussi • TGI Mâcon, 25 févr. 1991 : *Gaz. Pal. 1992. 2. Somm. 515.*

14. La clause de confidentialité du code d'utilisation d'une carte téléphonique, loin de constituer une clause abusive, apparaît comme la contrepartie, nécessaire pour la sauvegarde des intérêts des abonnés, de la commodité d'utilisation du réseau téléphonique aménagé par le service proposé. De même, la clause stipulant que la responsabilité de l'utilisation et de la conservation de la carte incombe à son titulaire, qui n'emporte aucune dispense de l'obligation de garantie au bénéfice de France Télécom, qui s'oblige à remplacer les cartes défectueuses, n'est pas entachée d'abus. • Civ. 1re, 13 nov. 1996 : *préc. note 1.* ♦ V. aussi note 1.

14 bis. Contrats de téléphonie mobile. BIBL. De Benalcazar, *Petites affiches 4 juin 2003, p. 4* (hausse tarifaire). ♦ Est abusive et réputée non écrite la clause d'un contrat de téléphonie mobile prévoyant une indemnisation forfaitaire sur demande écrite de l'abonné, en cas de service inaccessible sur la zone de couverture. En effet, même si la clause n'en fait pas mention, une lettre recommandée avec AR est préférable pour des raisons de sécurité or le coût de ce courrier, étant supérieur à l'indemnisation prévue, aboutit à une exclusion de l'indemnisation. • TGI Grenoble, 7 sept. 2000 : *D. 2000. AJ. 395, obs. V. A.-R.* ♦ Pour d'autres exemples, V. • TGI Paris, 20 oct. 1998 : *D. Affaires 1999. 860, obs. V. A.-R. ; RJDA 1999, n° 729* • 16 mars 1999 : *ibid.* • TGI Nanterre, 3 mars 1999 : *ibid.* • 17 mars 1999 : *ibid.* • 10 sept. 2003 : *Contrats Conc. Consom. 2004, n° 13, obs. Raymond ; JCP E 2003, n° 43, p. 1694 ; Comm. com. élec. 2003, n° 107, obs. Grynbaum,* et sur appel : • Versailles, 4 févr. 2004 : *D. 2004. AJ. 635, obs. Avena-Robardet ; Gaz. Pal. 2004. Somm. 3335, obs. Misse et Avignon ; JCP E 2004, n° 27, p. 1083 ; Contrats Conc. Consom. 2004, n° 99, obs. Raymond ; Comm com. élec. 2004, n° 57, obs.*

Stoffel-Munck ; RJDA 2004, n° 1055. ♦ Jugeant que le corps de caractère huit, qui n'est exigé par le Code de la consommation que pour les contrats de crédit, ne s'applique pas aux CGV des contrats de téléphonie mobile : • Rennes, 13 nov. 2003 : *JCP E 2004, n° 24, p. 849.* ♦ Ni le maintien du contrat en cas de vol, ni la nécessité pour le client d'acquérir un nouveau portable ne crée un déséquilibre significatif. • Même arrêt.

14 ter. Contrat d'abonnement à une télévision par satellite. Pour des exemples de clauses jugées abusives dans les contrats d'abonnement à la télévision par satellite, V. • TGI Paris, 10 oct. 2000 : *BRDA 2000, n° 20, p. 11.* – V. aussi Recommandation de la Commission des clauses abusives n° 98-01 *(BOCC 31 déc. 1998).* ♦ Pour les contrats d'abonnement à la télévision par câble et à internet, V. Comm. des clauses abusives, avis n° 05-05 du 29 sept. 2005, *Comm. com. élec. 2005, n° 188, obs. Grynbaum.*

14 quater. Contrat de location de véhicule. La clause d'un contrat de location de véhicule prévoyant que « sauf motif légitime, tout acte de négligence prouvé engagera la responsabilité du preneur auquel sera facturée la valeur du véhicule volé au prix du catalogue diminué de l'amortissement de base mensuel » n'est pas abusive car elle n'entraîne pas de déséquilibre significatif entre les parties dès lors qu'elle permet au preneur de se dégager de sa responsabilité en arguant d'un motif légitime. • Versailles, 21 déc. 2001 : *JCP E 2002, n° 20, p. 786.* ♦ La clause pénale insérée dans un contrat de location de véhicule imposant au locataire de continuer à payer les loyers, même si le véhicule est immobilisé, ne revêt pas un caractère abusif lorsque le loueur s'est engagé à pourvoir au remplacement du véhicule ou à procéder à une diminution de loyer lorsque l'immobilisation est imputable à ses propres faute ou négligence. • Versailles, 4 mars 2003 : *BICC 2003, n° 1423.*

14 quinquies. Contrat de vente via internet. Pour un jugement éradiquant d'un contrat de vente via internet les stipulations par lesquelles le professionnel s'autorisait à modifier unilatéralement les termes du contrat sans raison valable et spécifiée, à s'affranchir de son obligation pré-contractuelle d'information, à ne fixer qu'un délai indicatif de livraison, à restreindre la faculté du consommateur de se rétracter, de vérifier la conformité du produit commandé ou d'obtenir droit à réparation en cas de retard de livraison, V. • TGI Paris, 4 févr. 2003 : *D. 2003. AJ. 762, obs. Manara* ; *JCP 2003. II. 10079, note Stoffel-Munck ; Comm. com. élec. 2003, n° 42, obs. Stoffel-Munck ; Gaz. Pal. 2003. Somm. 2618, obs. Charpentier ; Defrénois 2004. 56, obs. Raynouard ; Dr. et patr. juill.-août 2004. 101, obs. Caprioli.* ♦ N'est en revanche pas illicite la clause d'acceptation figurant en préambule des conditions générales de vente via internet, celle relative à l'obligation de conformité exonérant de sa responsabilité le vendeur en cas de variations minimes dans la représentation des articles, et celle exonératrice de responsabilité s'agissant des difficultés techniques que les clients pourraient rencontrer sur le site. • Même arrêt.

14 sexies. Contrats d'accès à internet. Pour des exemples de clauses jugées abusives dans les contrats de fourniture d'accès à internet, V. • Versailles, 15 sept. 2005 : *JCP 2006. II. 10029, note Fages ; Comm. com. élec. 2005, n° 171, obs. Stoffel-Munck* • TGI Nanterre, 2 juin 2004 : *D. 2004. 2021 ; JCP 2005. II. 10022, note Fages ; Lettre distrib. juill.-août 2004, p. 1, obs. Lafont ; Comm. com. élec. 2004, n° 121, obs. Grynbaum ; Gaz. Pal. 2005. Somm. 1334, obs. Misse* • TGI Paris, 5 avr. 2005 : *Comm. com. élec. 2005, n° 104, obs. Stoffel-Munck* • 21 févr. 2006 : *D. 2006. 1102, obs. Rondey ; BRDA 2006, n° 9, p. 11* • TGI Nanterre, 9 févr. 2006 : *ibid.* – V. aussi Recommandation de la Commission des clauses abusives n° 03-1 *(BOCC 31 janv. 2003).*

15. Compétence. BIBL. Pataut, *Liber amicorum Calais-Auloy, Dalloz, 2004, p. 807.* ♦ Est abusive la clause qui attribue compétence au tribunal de commerce, dès lors qu'elle apporte une dérogation aux règles normales de compétence dont le consommateur peut sous-estimer l'importance, et en ce qu'elle apporte un avantage excessif au professionnel, lequel vise à dissuader le consommateur d'agir devant le juge civil. • Toulouse, 6 déc. 1995 : *préc. note 2 bis* • Versailles, 2 juin 1994 : *BID 1995, n° 6, p. 19.* ♦ V. art. 48 NCPC. — **C. pr. civ.**

R. 132-2-1 *(Décr. n° 2005-1450 du 25 nov. 2005, art. 1er)* Dans les contrats mentionnés à l'article L. 121-20-8, est interdite comme abusive au sens du premier alinéa de l'article L. 132-1 la clause ayant pour objet ou pour effet de prévoir qu'incombe au consommateur la charge de la preuve du respect par le fournisseur de tout ou partie des obligations que lui imposent les dispositions des articles L. 121-20-8 à L. 121-20-16 du présent code, L. 112-2-1 du code des assurances, L. 221-18 du code de la mutualité, L. 932-15-1 du code de la sécurité sociale et L. 341-12 du code monétaire et financier. — *V. ce dernier art. supra, v° Code monétaire et financier (extraits).*

ANNEXE AU CODE DE LA CONSOMMATION (CLAUSES VISÉES AU TROISIÈME ALINÉA DE L'ARTICLE L. 132-1)

1. Clauses ayant pour objet ou pour effet :

a) D'exclure ou de limiter la responsabilité légale du professionnel en cas de mort d'un consommateur ou de dommages corporels causés à celui-ci, résultant d'un acte ou d'une omission de ce professionnel ;

b) D'exclure ou de limiter de façon inappropriée les droits légaux du consommateur vis-à-vis du professionnel ou d'une autre partie en cas de non-exécution totale ou partielle ou d'exécution défectueuse par le professionnel d'une quelconque des obligations contractuelles, y compris la possibilité de compenser une dette envers le professionnel avec une créance qu'il aurait contre lui ;

c) De prévoir un engagement ferme du consommateur, alors que l'exécution des prestations du professionnel est assujettie à une condition dont la réalisation dépend de sa seule volonté ;

d) De permettre au professionnel de retenir des sommes versées par le consommateur lorsque celui-ci renonce à conclure ou à exécuter le contrat, sans prévoir le droit, pour le consommateur, de percevoir une indemnité d'un montant équivalent de la part du professionnel lorsque c'est celui-ci qui renonce ;

e) D'imposer au consommateur qui n'exécute pas ses obligations une indemnité d'un montant disproportionnellement élevé ;

f) D'autoriser le professionnel à résilier le contrat de façon discrétionnaire si la même faculté n'est pas reconnue au consommateur, ainsi que de permettre au professionnel de retenir les sommes versées au titre de prestations non encore réalisées par lui, lorsque c'est le professionnel lui-même qui résilie le contrat ;

g) D'autoriser le professionnel à mettre fin sans un préavis raisonnable à un contrat à durée indéterminée, sauf en cas de motif grave ;

h) De proroger automatiquement un contrat à durée déterminée en l'absence d'expression contraire du consommateur, alors qu'une date excessivement éloignée de la fin du contrat a été fixée comme date limite pour exprimer cette volonté de non-prorogation de la part du consommateur ;

i) De constater de manière irréfragable l'adhésion du consommateur à des clauses dont il n'a pas eu, effectivement, l'occasion de prendre connaissance avant la conclusion du contrat ;

j) D'autoriser le professionnel à modifier unilatéralement les termes du contrat sans raison valable et spécifiée dans le contrat ;

k) D'autoriser les professionnels à modifier unilatéralement sans raison valable des caractéristiques du produit à livrer ou du service à fournir ;

l) De prévoir que le prix des biens est déterminé au moment de la livraison, ou d'accorder au vendeur de biens ou au fournisseur de services le droit d'augmenter leurs prix sans que, dans les deux cas, le consommateur n'ait de droit correspondant lui permettant de rompre le contrat au cas où le prix final est trop élevé par rapport au prix convenu lors de la conclusion du contrat ;

m) D'accorder au professionnel le droit de déterminer si la chose livrée ou le service fourni est conforme aux stipulations du contrat ou de lui conférer le droit exclusif d'interpréter une quelconque clause du contrat ;

n) De restreindre l'obligation du professionnel de respecter les engagements pris par ses mandataires ou de soumettre ses engagements au respect d'une formalité particulière ;

o) D'obliger le consommateur à exécuter ses obligations lors même que le professionnel n'exécuterait pas les siennes ;

p) De prévoir la possibilité de cession du contrat de la part du professionnel, lorsqu'elle est susceptible d'engendrer une diminution des garanties pour le consommateur sans l'accord de celui-ci ;

q) De supprimer ou d'entraver l'exercice d'actions en justice ou des voies de recours par le consommateur, notamment en obligeant le consommateur à saisir exclusivement une juridiction d'arbitrage non couverte par des dispositions légales *(L. n° 2005-67 du 28 janv. 2005, art. 6)* « ou à passer exclusivement par un mode alternatif de règlement des litiges », en limitant indûment les moyens de preuves à la disposition du consommateur ou en imposant à celui-ci une charge de preuve qui, en vertu du droit applicable, devrait revenir normalement à une autre partie au contrat. *— Les dispositions introduites par la L. n° 2005-67 du 28 janv. 2005 s'appliquent aux contrats en cours et à leur reconduction à la date de promulgation de la loi (art. 7-II de la loi).*

2. Portée des points *g, j* et *l* :

a) Le point *g* ne fait pas obstacle à des clauses par lesquelles le fournisseur de services financiers se réserve le droit de mettre fin au contrat à durée indéterminée unilatéralement, et ce, sans préavis en cas de raison valable, pourvu que soit mise à la charge du professionnel l'obligation d'en informer la ou les autres parties contractantes immédiatement ;

b) Le point *j* ne fait pas obstacle à des clauses selon lesquelles le fournisseur de services financiers se réserve le droit de modifier le taux d'intérêt dû par le consommateur ou dû à celui-ci, ou le montant de toutes autres charges afférentes à des services financiers, sans aucun préavis en cas de raison valable, pourvu que soit mise à la charge du professionnel l'obligation d'en informer la ou les autres parties contractantes dans les meilleurs délais et que celles-ci soient libres de réaliser immédiatement le contrat.

Le point *j* ne fait pas non plus obstacle à des clauses selon lesquelles le professionnel se réserve le droit de modifier unilatéralement les conditions d'un contrat de durée indéterminée pourvu que soit mis à sa charge le devoir d'en informer le consommateur avec un préavis raisonnable et que celui-ci soit libre de résilier le contrat ;

c) Les points *g, j* et *l* ne sont pas applicables aux :

— transactions concernant les valeurs mobilières, instruments financiers et autres produits ou services dont le prix est lié aux fluctuations d'un cours ou d'un indice boursier ou d'un taux de marché financier que le professionnel ne contrôle pas ;

— contrats d'achat ou de vente de devises, de chèques de voyage ou de mandats-poste internationaux libellés en devises ;

d) Le point *l* ne fait pas obstacle aux clauses d'indexation de prix pour autant qu'elles soient licites et que le mode de variation du prix y soit explicitement décrit.

La commission des clauses abusives

BIBL. GÉN. ▶ Sinay-Cytermann, *RTD civ. 1985. 471* (la commission et le droit commun des obligations). – Actes de la journée d'étude du 29 mai 1998 : *Rev. Con. Consom. sept.-oct. 1998* (protection du consommateur contre les clauses abusives).

L. 132-2 La commission des clauses abusives, placée auprès du ministre chargé de la consommation, connaît des modèles de conventions habituellement proposés par les professionnels à leurs contractants non professionnels ou consommateurs. Elle est chargée de rechercher si ces documents contiennent des clauses qui pourraient présenter un caractère abusif. – *[L. n° 78-23 du 10 janv. 1978, art. 36, al. 1er, et 37, al. 1er]. – V. C. consom., art. R. 132-3 à R. 132-6 (Décr. n° 97-298 du 27 mars 1997, JO 3 avr. 1997).*

L. 132-3 Elle peut être saisie à cet effet soit par le ministre chargé de la consommation, soit par les associations agréées de défense des consommateurs, soit par les professionnels intéressés. Elle peut également se saisir d'office. – *[L. n° 78-23 du 10 janv. 1978, art. 37, al. 2].*

V. art. L. 421-6, infra.

L. 132-4 La commission recommande la suppression ou la modification des clauses qui présentent un caractère abusif. Le ministre chargé de la consommation peut soit d'office, soit à la demande de la commission, rendre publiques ces recommandations qui ne peuvent contenir aucune indication de nature à permettre l'identification de situations individuelles. – *[L. n° 78-23 du 10 janv. 1978, art. 38, al. 1er].*

BIBL. ▶ Calais-Auloy et Bihl, *JCP E 1981. II. 9517*. – Caprioli, *Contrats Conc. Consom. 1996. Chron. 6* (contrats informatiques). – Grynbaum, *Comm. com. élec. 2003, n° 25* (contrats de fourniture d'accès à internet).

V. la recommandation de synthèse n° 91-02 (BOCC 6 sept. 1991).

V., aussi, notamment, les recommandations relatives : à la garantie des vices cachés (n° 79-01 ; BOCC 13 juin 1979). — ... à une clause relative à la formation du contrat (n° 80-03 ; BOCC 8 août 1980). — ... aux délais de livraison (n° 80-06 ; BOCC 26 nov. 1980). — ... à l'équilibre des obligations au cas d'inexécution des contrats (n° 81-01 ; BOCC 16 janv. 1981). — ... aux contrats d'achat de véhicules automobiles de tourisme (n° 85-02 ; BOCC 4 sept. 1985). — ... aux contrats de location avec option d'achat ou promesse de vente de biens de consommation (n° 86-01 ; BOCC 11 mars 1986). — ... aux contrats proposés par les établissements d'enseignement (n° 91-01 ; BOCC 6 sept. 1991). — ... aux contrats de location de certains biens mobiliers autres que les véhicules automobiles (n° 91-04 ;

BOCC 6 sept. 1991). — ... aux clauses dites de consentement implicite (n° 94-01 ; BOCC 27 sept. 1994). — ... aux contrats conclus par les porteurs des cartes de paiement (n° 94-02 ; BOCC 27 sept. 1994). — ... aux contrats de séjours linguistiques (n° 94-03 ; BOCC 27 sept. 1994). — ... aux contrats de locations saisonnières (n° 94-04 ; BOCC 27 oct. 1994). — ... aux bons de commande et aux contrats de garantie des véhicules d'occasion (n° 94-05 ; BOCC 28 déc. 1994). — ... aux contrats d'abonnement autoroutier (n° 95-01 ; BOCC 18 mai 1995). — ... aux contrats proposés par les éditeurs ou distributeurs de logiciels ou progiciels destinés à l'utilisation sur micro-ordinateurs (n° 95-02 ; BOCC 25 août 1995). — ... aux contrats proposés par les syndics de copropriété (n° 96-01 ; BOCC 24 janv. 1996). — ... aux locations de véhicules automobiles (n° 96-02 ; BOCC 3 sept. 1996). — ... aux contrats de révélation de succession proposés par les généalogistes (n° 96-03 ; BOCC 6 nov. 1996). — ... aux contrats concernant la télésurveillance (n° 97-01 ; BOCC 11 juin 1997). — ... aux contrats de maintenance de certains équipements d'immeubles (n° 97-02 ; BOCC 12 déc. 1997). — ... aux contrats d'abonnement au câble et à la télévision à péage (n° 98-01 ; BOCC 31 déc. 1998). — ... aux contrats de dépôt-vente (n° 99-01 ; BOCC 31 mars 1999). — ... aux contrats de radiotéléphones portables (n° 99-02 ; BOCC 27 juill. 1999). — ... aux contrats de location de locaux à usage d'habitation (n° 2000-01 ; BOCC 22 juin 2000). — ... aux contrats de distribution d'eau complémentaire à la recommandation n° 85-01 du 19 nov. 1982 (n° 2001-01 ; BOCC 23 mai 2001). — ... à la durée des contrats conclus entre professionnels et consommateurs (n° 2001-02 ; BOCC 23 mai 20001). — ... aux contrats de vente de listes en matière immobilière (n° 2002-01 ; BOCC 26 févr. 2002). — ... aux formules d'accès au cinéma donnant droit à des entrées multiples (n° 2002-02 ; BOCC 30 mai 2002). — ... aux contrats d'assurance de protection juridique (n° 2002-03 ; BOCC 30 mai 2002). — ... aux contrats de fourniture d'accès à Internet (BOCC 31 janv. 2003). — ... aux mandats de vente, de location ou de recherche d'un bien immobilier (n° 2003-02 ; BOCC 12 mars 2004). — ... aux contrats de traitement contre les termites et autres insectes xylophages (n° 2004-01 ; BOCC 6 sept. 2004). - ... aux contrats de vente de véhicules automobiles neufs (n° 2004-02 ; BOCC 6 sept. 2004). - ... aux contrats de prêt immobilier (n° 2004-3 ; BOCC 30 sept. 2004). - ... aux contrats d'hôtellerie de plein air et aux contrats de locations d'emplacements de résidence mobile (n° 05-01 ; BOCC 23 juin 2005). - ... aux conventions de compte de dépôt (n° 2005-02 ; BOCC 20 sept. 2005). - ... aux contrats de formation à titre onéreux à la conduite automobile proposés par les établissements d'enseignement agréés (n° 2005-03 ; BOCC 16 déc. 2005).

1. Cassation. Les recommandations de la Commission des clauses abusives ne sont pas génératrices de règles dont la méconnaissance ouvre la voie à la cassation. • Civ. 1re, 13 nov. 1996 : *Bull. civ. I, n° 399 ; D. 1997. Somm. 174, obs. Delebecque ; D. Affaires 1997. 46.*

2. Excès de pouvoir. La Commission des clauses abusives, lorsqu'elle émet des recommandations, n'édicte pas des règles qui s'imposeraient aux particuliers ou aux autorités publiques, mais se borne à inviter les professionnels concernés à supprimer ou modifier les clauses dont elle estime qu'elles présentent un caractère abusif. • CE 16 janv. 2006 : *D. 2006. AJ. 576, obs. Avena-Robardet ; AJDA 2006. 828, concl. Guyomar ; BRDA 2006, n° 4, p. 12 ; RLDA mars 2006. 46, obs. Méar.* ♦ Il n'appartient qu'au juge compétent, en cas de litige, de prononcer la nullité de telles clauses ; par suite, les recommandations émises par la commission ne constituant pas des décisions administratives susceptibles de faire l'objet d'un recours pour excès de pouvoir, le demandeur n'est pas recevable à en demander l'annulation. • Même arrêt.

3. Publication. La décision par laquelle le ministre de l'Economie décide de publier une recommandation est susceptible de faire l'objet d'un recours devant le juge administratif, qui, saisi de moyens en ce sens, peut vérifier qu'elle n'est pas entachée d'illégalité externe, d'erreur de fait, d'erreur de droit ou de détournement de pouvoir ; toutefois il ne lui appartient pas de se prononcer sur des moyens par lesquels serait mis en cause le contenu de la recommandation et, notamment, sa légalité. • CE 16 janv. 2006 : *préc. note 2.* ♦ Sous réserve de la condition relative au risque d'identification de situations individuelles, l'appréciation à laquelle se livre le ministre pour décider une telle publication n'est pas susceptible d'être discutée devant le juge de l'excès de pouvoir. • Même arrêt.

L. 132-5 La commission établit chaque année un rapport de son activité et propose éventuellement les modifications législatives ou réglementaires qui lui paraissent souhaitables. Ce rapport est rendu public. – *[L. n° 78-23 du 10 janv. 1978, art. 38, al. 2].*

V. Règlement intérieur de la Commission des clauses abusives (BOCC 28 janv. 1994).

V. Dir. CEE nº 93-13 du Conseil du 5 avr. 1993 concernant les clauses abusives dans les contrats conclus avec les consommateurs (délai de mise en œuvre : 31 déc. 1994) (D. et ALD 1993. 360). – Dir. transposée par la loi nº 95-96 du 1er févr. 1995, dont est issu le nouvel art. L. 132-1.

BIBL. ▶ TROCHU, *D. 1993. 315*. – J. HUET, *JCP E 1994. I. 309*. – TENREIRO, *Contrats Conc. Consom. 1993. Chron. 7*. – SAGE, *Gaz. Pal. 1994. 2. Doctr. 1189*. – PAISANT, *JCP 1994. I. 3772* (proposition pour une réforme à la suite de la directive). – GHESTIN et MARCHESSAUX-VAN MELLE, *JCP 1995. I. 3854* (transposition). – FROMONT, *D. Affaires 1997. 1105* (transposition en droit allemand). – LAFONT, *Cah. dr. entr. 2004, nº 3, p. 24* (rapport d'activité 2003).

La protection, que la Dir. CEE nº 93-13 assure aux consommateurs, implique que le juge national puisse apprécier d'office le caractère abusif d'une clause du contrat qui lui est soumis lorsqu'il examine la recevabilité d'une demande introduite devant les juridictions nationales. • CJCE 27 juin 2000 : *JCP 2001. II. 10513, note Carballo Fidalgo et Paisant ; RTD civ. 2001. 878, obs. Mestre et Fages*. ♦ Il ne saurait donc être interdit au juge national, à l'expiration d'un délai de forclusion, de relever d'office le caractère abusif d'une clause insérée dans un contrat. • CJCE 21 nov. 2002 : *D. 2002. AJ. 3339, obs. Avena-Robardet ; JCP E 2002, nº 50, p. 1989.* – V. *infra*, note 8 *bis* ss. art. L. 311-37 C. consom. ♦ Sur le caractère abusif d'une clause attributive de juridiction donnant, pour tous les litiges découlant du contrat, compétence à la juridiction dans laquelle le professionnel a son siège, V. • CJCE 27 juin 2000 : *préc.* ♦ Sur ces arrêts, V. Luby, *Contrats Conc. Consom. 2004. Chron. 1.*

Interprétation et forme des contrats

L. 133-1 **En vue d'assurer l'information du contractant non professionnel ou consommateur, les décrets prévus à l'article L. 132-1 peuvent réglementer la présentation des écrits constatant les contrats visés au même article.** – *[L. nº 78-23 du 10 janv. 1978, art. 35, al. 5]. – V. C. consom., art. R. 211-1 à R. 211-3 (Décr. nº 97-298 du 27 mars 1997, JO 3 avr.), et Arr. 22 déc. 1987, relatifs à la présentation des écrits constatant les contrats de garantie et de service après vente (D. et ALD 1988. 38).*

L. 133-2 *(L. nº 95-96 du 1er févr. 1995)* **Les clauses des contrats proposés par les professionnels aux consommateurs ou aux non-professionnels doivent être présentées et rédigées de façon claire et compréhensible.**

Elles s'interprètent en cas de doute dans le sens le plus favorable au consommateur ou au non-professionnel. Le présent alinéa n'est toutefois pas applicable aux procédures engagées sur le fondement de l'article L. 421-6. – *Comp. C. civ., art. 1162. – V. l'art. L. 421-6, infra.*

BIBL. ▶ ROCHFELD, *Liber amicorum Calais-Auloy, Dalloz, 2004, p. 981* (les clairs-obscurs de l'exigence de transparence appliquée aux clauses abusives).

Jugeant que la clause définissant le risque invalidité d'un contrat d'assurance de groupe était bien ambiguë de sorte qu'elle devait être interprétée dans le sens le plus favorable au non-professionnel, V. • Civ. 1re, 21 janv. 2003 : *Bull. civ. I, nº 19 ; D. 2003. 2600, note Claret ; ibid. AJ. 693, obs. Avena-Robardet ; Dr. et patr. mai 2003, p. 112, obs. Chauvel ; JCP E 2003, nº 25, p. 1043, obs. Courtieu ; RTD com. 2003. 559, obs. Bouloc ; RTD civ. 2003. 292, obs. Mestre et Fages ; RDC 2003. 91, obs. Bruschi.* ♦ Comp., à propos d'une clause similaire, s'agissant de la réglementation des clauses abusives : • Civ. 2e, 18 mars 2004 : *cité note 3 ss. art. L. 132-1 C. consom.*

Remise des contrats

L. 134-1 **Les professionnels vendeurs ou prestataires de services doivent remettre à toute personne intéressée qui en fait la demande un exemplaire des conventions qu'ils proposent habituellement.** – *[L. nº 78-23 du 10 janv. 1978, art. 35,al. 4]. – Les infractions à l'art. L. 1341 sont punies des peines d'amendes prévues pour les contraventions de la 5e classe ; en cas de récidive, les peines d'amendes prévues pour la récidive des contraventions de la 5e classe sont applicables (C. consom., art. R. 134-1). – V. art. L. 141-1, infra.*

L. 134-2 *(L. n° 2004-575 du 21 juin 2004, art. 27)* **Lorsque le contrat est conclu par voie électronique et qu'il porte sur une somme égale ou supérieure à un montant fixé par décret, le contractant professionnel assure la conservation de l'écrit qui le constate pendant un délai déterminé par ce même décret et en garantit à tout moment l'accès à son cocontractant si celui-ci en fait la demande.** – *V. Décr. n° 2005-137 du 16 févr. 2005 (JO 18 févr.) qui fixe à 120 € et 10 ans les montant et délai susvisés.*

BIBL. ▶ GRYNBAUM, *Comm. com. élec. 2005, n° 69* (Décr. n° 2005-137 du 16 févr. 2005). – REYNAUD, *ibid. Chron. 23* (conservation des données engendrées par les communications électroniques). ▶ Décr. n° 2005-137 du 16 févr. 2005 : FENOUILLET, *RDC 2005. 1067.*

Conflit des lois relatives aux clauses abusives

L. 135-1 *(L. n° 95-96 du 1er févr. 1995)* **Nonobstant toute stipulation contraire, les dispositions de l'article L. 132-1 sont applicables lorsque la loi qui régit le contrat est celle d'un État n'appartenant pas à l'Union européenne, que le consommateur ou le non-professionnel a son domicile sur le territoire de l'un des États membres de l'Union européenne et que le contrat y est proposé, conclu ou exécuté.**

Reconduction des contrats

L. 136-1 *(L. n° 2005-67 du 28 janv. 2005, art. 1er)* **Le professionnel prestataire de services informe le consommateur par écrit, au plus tôt trois mois et au plus tard un mois avant le terme de la période autorisant le rejet de la reconduction, de la possibilité de ne pas reconduire le contrat qu'il a conclu avec une clause de reconduction tacite.**

Lorsque cette information ne lui a pas été adressée conformément aux dispositions du premier alinéa, le consommateur peut mettre gratuitement un terme au contrat, à tout moment à compter de la date de reconduction. Les avances effectuées après la dernière date de reconduction ou, s'agissant des contrats à durée indéterminée, après la date de transformation du contrat initial à durée déterminée, sont dans ce cas remboursées dans un délai de trente jours à compter de la date de résiliation, déduction faite des sommes correspondant, jusqu'à celle-ci, à l'exécution du contrat. A défaut de remboursement dans les conditions prévues ci-dessus, les sommes dues sont productives d'intérêts au taux légal.

Les dispositions du présent article s'appliquent sans préjudice de celles qui soumettent légalement certains contrats à des règles particulières en ce qui concerne l'information du consommateur.

Les dispositions de l'art. L. 136-1 entrent en vigueur six mois à compter de la date de promulgation de la présente loi ; elles s'appliquent aux contrats en cours et à leur reconduction à ladite date de promulgation (L. n° 2005-67, 28 janv. 2005, art. 7).

BIBL. ▶ GAUTIER, *Bull. act. Lamy droit économique mars 2005, p. 1.* – STOFFEL-MUNCK, *Comm. com. élec. 2005, n° 45 ; JCP 2005. I. 129* (encadrement de la tacite reconduction depuis la loi Chatel). – CLARET, *JCP 2005. I. 140.* – COELHO, *Petites affiches 6 sept. 2005, p. 3.* – MALLET-BRICOUT, *Dr. et patr. sept. 2005. 38.*

Pouvoirs des agents et actions juridictionnelles

L. 141-1 *(Ord. n° 2005-1086 du 1er sept. 2005, art. 2)* **I. — Sont recherchées et constatées dans les conditions fixées par les articles L. 450-1, L. 450-2, L. 450-3 L. 450-4, L. 450-7, L. 450-8, L. 470-1 et L. 470-5 du code de commerce, les infractions aux dispositions prévues au code de la consommation par :**

1° La section II « ventes de biens et fournitures de prestations de services à distance » du chapitre Ier du titre II du livre Ier ;

2° La section III « démarchage » du chapitre Ier du titre II du livre Ier ;

3° La section IX « contrat de jouissance d'immeuble à temps partagé » du chapitre Ier du titre II du livre Ier ;

4° La section III « ventes ou prestations à la boule de neige » du chapitre II du titre II du livre Ier ;

5° La section IV « abus de faiblesse » du chapitre II du titre II du livre Ier ;

6° La section VII « sanctions » du chapitre Ier intitulé « crédit à la consommation » du titre Ier du livre III ;

7° La section VII « sanctions » du chapitre II intitulé « crédit immobilier » du titre Ier du livre III ;

8° La sous-section 2 « taux d'usure » de la section I du chapitre III intitulé « dispositions communes » du titre Ier du livre III ;

9° Le chapitre II « dispositions diverses » du titre II du livre III ;

(Ord. n° 2006-346 du 23 mars 2006, art. 35) **« 10° La section VI : « Crédit hypothécaire garanti par une hypothèque rechargeable » du chapitre III intitulé : « Dispositions communes » du titre Ier du livre III ;**

« 11° La section VII : « Sanctions » du chapitre IV intitulé : « Prêt viager hypothécaire » du titre Ier du livre III. »

II. — Sont recherchées et constatées dans les conditions fixées par les articles L. 450-1, L. 450-2, L. 450-3, L. 450-7 et L. 450-8, L. 470-1 et L. 470-5 du code de commerce les infractions aux dispositions prévues au code de la consommation à :

1° L'article L. 113-3 ;

2° La section V « ventes ou prestations avec primes » du chapitre Ier du titre II du livre Ier ;

3° La section VI « loteries publicitaires » du chapitre Ier du titre II du livre Ier ;

4° La section I « refus et subordination de vente ou de prestation de services » du chapitre II du titre II du livre Ier ;

5° La section II « ventes sans commande préalable » du chapitre II du titre II du livre Ier et l'article R. 122-1 ;

6° La section I « protection des consommateurs contre les clauses abusives » du chapitre II du titre III du livre Ier ;

7° La section XI « contrats de services de communication électronique » du chapitre Ier du titre II du livre Ier.

III. — Le secret professionnel ne peut être opposé aux agents agissant dans le cadre des pouvoirs qui leur sont conférés par le présent article.

IV. — Les agents habilités à constater les infractions mentionnées au présent article peuvent enjoindre au professionnel, en lui impartissant un délai raisonnable, de se conformer aux obligations résultant des livres Ier et III du code de la consommation ou de faire cesser les agissements illicites ou abusifs mentionnés aux I et II du présent article.

V. — L'autorité administrative chargée de la concurrence et de la consommation peut demander à la juridiction civile ou, s'il y a lieu, à la juridiction administrative, d'ordonner, s'il y a lieu sous astreinte, la suppression d'une clause illicite ou abusive dans tout contrat ou type de contrat proposé ou destiné au consommateur. Elle peut, après en avoir avisé le procureur de la République, agir devant la juridiction civile, pour demander au juge d'ordonner, s'il y a lieu sous astreinte, toute mesure de nature à mettre un terme aux agissements illicites mentionnés au I et au II du présent article. Les modalités de mise en œuvre de ces procédures sont fixées par décret en Conseil d'État.

Les litiges civils nés de l'application du code de la consommation relèvent, lorsque le montant de la demande n'excède pas le taux de compétence en dernier ressort du tribunal d'instance, des règles relatives à la saisine simplifiée du tribunal d'instance fixées par les art. 847-1 et 847-2 NCPC ; ils peuvent faire l'objet de la procédure d'injonction de faire définis par les art. 1425-1 à 1425-9 NCPC (C. consom., art. R. 142-1 et R. 142-2). — V. ces dispositions au ***C. pr. civ.*** *ou au* ***C. consom.***

BIBL. ► Ord. du 1er sept. 2005 : CHEYNEL, *RLC 2005, n° 5, p. 63* (refonte des pouvoirs d'enquête de la DGCCRF en matière de protection du consommateur).

L. 141-2 *(Ord. n° 2005-1086 du 1er sept. 2005, art. 1er-II)* **Pour les contraventions prévues aux livres Ier et III du présent code, l'autorité administrative chargée de la concurrence et de la consommation a droit, tant que l'action publique n'a pas été mise en mouvement, de transiger, après accord du procureur de la République, selon les modalités fixées par décret en Conseil d'État.**

L'acte par lequel le procureur de la République donne son accord à la proposition de transaction est interruptif de la prescription de l'action publique.

L'action publique est éteinte lorsque l'auteur de l'infraction a exécuté dans le délai imparti les obligations résultant pour lui de l'acceptation de la transaction.

Code de la consommation

PARTIE RÉGLEMENTAIRE

(Décr. n° 97-298 du 27 mars 1997)

Art. R. 141-3 *(Décr. n° 2006-513 du 4 mai 2006, art. 2)* I. — L'autorité administrative, au sens de l'article L. 141-2 du code de la consommation, est, au sein de la direction générale de la concurrence, de la consommation et de la répression des fraudes, le directeur régional ou le chef d'unité départementale territorialement compétents.

II. — L'autorité administrative mentionnée au I transmet la proposition de transaction au procureur de la République dans un délai de trois mois à compter de la clôture du procès-verbal de constatation de l'infraction. Cette proposition précise la somme que l'auteur de l'infraction sera invité à payer au Trésor public, le délai imparti pour son paiement et, s'il y a lieu, les autres obligations résultant pour lui de l'acceptation de la transaction.

III. — Lorsque le procureur de la République a donné son accord sur la proposition de transaction, le chef de service notifie cette dernière en double exemplaire à l'auteur de l'infraction. Cette notification comporte une mention précisant que si la personne ne paie pas, dans le délai imparti, la somme indiquée dans la proposition ou qu'elle ne satisfait pas aux autres obligations le cas échéant souscrites par elle, le procureur de la République décidera, sauf élément nouveau, d'engager les poursuites à son égard.

L'auteur de l'infraction dispose d'un mois, à compter de cette notification, pour y répondre. En cas d'acceptation, l'auteur de l'infraction retourne à l'autorité administrative un exemplaire signé de la proposition.

Dans l'hypothèse où, au terme du délai mentionné à l'alinéa ci-dessus, l'auteur de l'infraction a refusé la proposition ou n'y a pas répondu, l'autorité administrative en informe sans délai le procureur de la République. Ce dernier est également informé par l'autorité administrative du cas où l'auteur de l'infraction n'aurait pas acquitté la somme indiquée dans la proposition, au terme du délai imparti, ou n'aurait pas satisfait aux autres obligations le cas échéant souscrites par lui.

L. 141-3 *(Ord. n° 2005-1086 du 1er sept. 2005, art. 5)* **I. — Les dispositions de l'article 11 du code de procédure pénale ou celles relatives au secret professionnel ne font pas obstacle à la communication, par les agents de la direction générale de la concurrence, de la consommation et de la répression des fraudes, selon les conditions et modalités du règlement CE n° 2006/2004 du Parlement européen et du Conseil du 27 octobre 2004, aux autorités compétentes des États membres de l'Union européenne d'informations et de documents détenus et recueillis dans l'exercice de leurs missions par les agents habilités à constater et rechercher des infractions aux dispositions entrant dans le champ d'application dudit règlement.**

II. — Les agents habilités à constater les infractions mentionnées à l'article L. 141-1 et à l'article L. 121-1 du code de la consommation peuvent également coopérer avec les autorités compétentes des pays membres de l'Organisation de coopération et de développement économiques (OCDE), non-membres de l'Union européenne, en vue

de prévenir ou de faire cesser des pratiques commerciales transfrontières illicites. Cette coopération consiste en l'établissement de contacts, d'échanges d'informations non couvertes par le secret professionnel ou le secret de l'instruction, et en l'orientation des plaintes des consommateurs dans des pays tiers.

Actions en justice des associations de consommateurs

BIBL. GÉN. ▶ CALAIS-AULOY, *D. 1988. Chron. 193.* – PAISANT, *ibid. 253.* – PIZZIO, *ALD 1988. 181.* – VINEY, *JCP 1988. I. 3355.* – R. MARTIN, *Contrats Conc. Consom. 1994. Chron. 8.* – NANA, *Cah. dr. entr. 1995, nº 6, p. 41.* – BAZIN, *D. 2001. 2395* (exercice du droit par les associations de consommateurs). – PENNEAU, *Petites affiches 29 avr. 2005, p. 5* (regards croisés sur l'action en défense de l'intérêt collectif des syndicats de salariés et des associations de consommateurs).

Actions exercées dans l'intérêt collectif des consommateurs

Action civile

L. 421-1 *(Agrément des associations).* — ***C. pr. pén.*** *et* ***C. consom.***

L. 421-2 Les associations de consommateurs mentionnées à l'article L. 421-1 et agissant dans les conditions précisées à cet article peuvent demander à la juridiction civile, statuant sur l'action civile, ou à la juridiction répressive, statuant sur l'action civile, d'ordonner au défenseur ou au prévenu, le cas échéant sous astreinte, toute mesure destinée à faire cesser des agissements illicites ou à supprimer dans le contrat ou le type de contrat proposé aux consommateurs une clause illicite. — *[L. nº 88-14 du 5 janv. 1988, art. 3].*

BIBL. ▶ *Class action :* MAINGUY, *D. 2005. 1282* (introduction de la *class action* en droit français). – LIPSKIER, *JCP E 2005, nº 18-19, p. 746* (les entreprises peuvent-elles profiter de l'introduction des *class actions* ?). – TEMPLE, *JCP 2005, nº 22, p. 992* (*class action* et économie de marché). – Colloque, *Petites affiches 10 juin 2005* (les « class actions » devant le juge français : rêve ou cauchemar ?). – GUINCHARD, *D. 2005. 2180* (une *class action* à la française ?).

1. Jugé que le terme de « demande » employé dans l'art. 3 [C. consom., art. L. 421-2] est un terme général, et ne restreint nullement le droit d'action des associations de consommateurs en ne leur permettant d'agir que si elles ont pris l'initiative du procès, puisque le vocable employé inclut l'intervention, principale ou accessoire. • Grenoble, 13 juin 1991 : *JCP 1992. II. 21819, note Paisant ; Err. ibid. 1992. II. 21834 bis.*

2. Sur la recevabilité de l'action intentée par la Fédération du logement, de la consommation et de l'environnement (association agréée) pour non-respect, notamment, des prescriptions de l'art. 1er de l'arrêté du 3 déc. 1987 relatif à l'information des consommateurs sur les prix, V. • TGI Rennes, réf., 24 oct. 2001 : *D. 2001. AJ. 3531, obs. Rondey*. ♦ Sur la recevabilité d'une action intentée par une association agréée de consommateurs pour voir déclarer illicite une publicité par voie d'affiche relative à un crédit à la consommation, V. • Rennes, 19 déc. 2003 : *Contrats Conc. Consom. 2004, nº 115, obs. Raymond.*

3. Sur les critères retenus pour l'évaluation du préjudice à l'intérêt collectif des consommateurs, V. • Nancy, 6 sept. 2001 : *D. 2002. AJ. 484*.

……………………………………………………………………………………

Action en cessation d'agissements illicites *(Ord. nº 2001-741 du 23 août 2001).*

L. 421-6 *(Ord. nº 2001-741 du 23 août 2001)* **Les associations mentionnées à l'article L. 421-1 et les organismes justifiant de leur inscription sur la liste publiée au *Journal officiel des Communautés européennes* en application de l'article 4 de la directive 98/27/CE du Parlement européen et du Conseil relative aux actions en cessation en**

matière de protection des consommateurs peuvent agir devant la juridiction civile pour faire cesser ou interdire tout agissement illicite au regard des dispositions transposant les directives mentionnées à l'article 1er de la directive précitée.

Le juge peut à ce titre ordonner, le cas échéant sous astreinte, la suppression d'une clause illicite ou abusive dans tout contrat ou type de contrat proposé ou destiné au consommateur.

L'ord. n° 2001-741 du 23 août 2001 a été ratifiée par l'art. 80-XI de la L. n° 2004-1343 du 9 déc. 2004 (JO 10 déc.).

BIBL. ► CHABOT, *Petites affiches 10 oct. 2000, p. 16.* – FRANCK, *Liber amicorum Calais-Auloy, Dalloz, 2004, p. 409* (pour une véritable réparation du préjudice causé à l'intérêt collectif des consommateurs).

1. Clauses abusives et pas seulement « illicites ». Le fait que l'art. 6 [C. consom., art. L. 421-6] emploie le terme « d'abusives » pour désigner les clauses dont les associations peuvent demander la suppression, et non le terme « d'illicites » indique clairement que l'action a pour but, non pas de faire assurer le respect d'un texte législatif ou réglementaire précis qui aurait interdit telle ou telle clause, ainsi devenue illicite, mais bien de faire constater le caractère abusif, au regard de l'art. 35 de la loi du 10 janv. 1978 [C. consom., art. L. 131-2], de certaines dispositions des contrats. • Grenoble, 13 juin 1991 : *JCP 1992. II. 21819, note Paisant ; Err. ibid. 21834 bis.*

2. Contrat ou clause actuels. Jugé qu'un professionnel ne saurait soutenir que l'action en suppression des clauses abusives dans les modèles de conventions habituellement proposés par des professionnels aux consommateurs, prévue par l'art. L. 421-6, ne pourrait viser que les contrats futurs, et non les contrats en cours. • Toulouse, 6 déc. 1995 : *D. 1996. IR. 87 ; D. Affaires 1996. 386.* ♦ *Contra,* jugeant que l'art. L. 421-6 ne permet pas aux associations de consommateurs de poursuivre l'annulation des clauses d e contrats déjà conclus : • Paris, 23 mai 2003 : *JCP E 2004, n° 4, p. 129, obs. Bruguière ; Comm. com. élec. 2003, n° 96, obs. Grynbaum.*

Cependant, dès lors qu'elle a, dans l'exercice de son pouvoir souverain d'appréciation, constaté qu'il était établi que le type de contrat, présenté par un constructeur automobile et mis en œuvre par un garage, n'était plus proposé aux consommateurs, une cour d'appel en déduit exactement que l'action de l'association de consommateurs visant à faire déclarer abusives certaines clauses de ce contrat, recevable initialement par voie d'intervention, est devenue sans objet. • Civ. 1re, 13 mars 1996 : *Bull. civ. I, n° 134 ; D. 1996. IR. 95 ; D. Affaires 1996. 610* (rejet du pourvoi contre • Grenoble, 6 oct. 1993 : *JCP 1994. II. 22237, note Paisant*). ♦ Est irrecevable à agir l'association dès lors que le type de contrat présenté par la société défenderesse n'était plus proposé au consommateur à la date de l'introduction de l'assignation en première instance, l'association ne pouvant poursuivre au moyen de cette action préventive l'annulation des clauses de contrats individuels déjà conclus. • Civ. 1re, 1er févr. 2005 : *Bull. civ. I, n° 62 ; D. 2005. AJ. 487, obs. Rondey (3e esp.) ; JCP E 2005, n° 11, p. 457 ; Comm. com. élec. 2005, n° 85, obs. Stoffel-Munck.* ♦ Une cour d'appel qui constate, d'une part, qu'à la date à laquelle elle statuait le contrat litigieux initialement destiné aux particuliers n'était plus proposé qu'à des professionnels et, d'autre part, que preuve n'était pas apportée que le contrat eût été proposé à des particuliers postérieurement à l'introduction de l'instance, en déduit justement que l'action de l'association, initialement recevable, était devenue sans objet. • Civ. 1re, 1er févr. 2005 : *Bull. civ. I, n° 59 ; D. préc. (4e esp.) ; JCP 2005. II. 10057, note Paisant (1re esp.) ; Contrats Conc. Consom. 2005, n° 95, obs. Raymond (1re esp.) ; Dr. et patr. juin 2005. 99, obs. Chauvel.* – V. aussi • Civ. 1re, 1er févr. 2005 : *Bull. civ. I, n° 61 ; D. préc. (1re esp.) ; JCP E 2005, n° 11, p. 455 ; Contrats Conc. Consom. 2005, n° 95, obs. Raymond (2e esp.).*

3. Action individuelle des consommateurs. L'action collective afin de suppression préventive et générale de clauses abusives est recevable indépendamment de toute action individuelle d'un consommateur et de la signature effective d'un contrat. • TGI Albertville, 17 janv. 1997 : *JCP 1997. IV. 2501.* ♦ Aucune disposition ne soumet cette action à l'existence de réclamations émanant de consommateurs. • Paris, 2 oct. 1998 : *D. Affaires 1998. 1851, obs. V. A.-R.* ♦ L'art. L. 421-6 ne subordonne pas les actions introduites par une association de consommateurs en suppression des clauses abusives à une action parallèle d'un consommateur ou à la démonstration d'un préjudice individuel. • Rennes, 28 janv. 2005 : *JCP 2005. II. 10156, note Corgas-Bernard ; Contrats Conc. Consom. 2005, n° 154, obs. Raymond.*

4. Action conjointe ou intervention. L'action de l'association de consommateurs, aux côtés d'un emprunteur, est recevable sans que puisse lui être opposée l'absence d'une intervention au sens de l'art. 66 NCPC, dès lors que cette association a introduit par le même acte une action dont elle dispose personnellement. • Colmar, 16 juin 1995 : *JCP 1995. II. 22932, note Bigot.* ♦ Mais, l'art. 6 [C. consom., art. L. 421-6] n'exigeant pas que la demande soit faite par voie de demande initiale, au sens de l'art. 53 NCPC, l'intervention d'une association en première instance à titre principal pour demander la suppression de clauses abusives dans les modèles de conventions est recevable. • Civ. 1re, 6 janv. 1994 : *Bull. civ. I, n° 8 ; D. 1994. IR. 27 ; JCP 1994. II. 22237, note Paisant ; Contrats Conc. Consom. 1994, n° 58, note Raymond* (rejet du pourvoi contre : • Grenoble, 13 juin 1991 : *préc. note 1).*

5. Contrat destiné au consommateur. Les dispositions concernant les clauses abusives ayant pour objectif de protéger le consommateur contre des clauses qui lui sont imposées par un professionnel et qui confèrent à ce dernier un avantage excessif, lorsque l'acte litigieux n'a pas été conclu entre un professionnel et un consommateur, le vendeur et l'acquéreur étant des non-professionnels, les associations de consommateurs sont irrecevables à intervenir pour demander la suppression des clauses qui seraient abusives dans cet acte. • Civ. 1re, 4 mai 1999 : *Bull. civ. I, n° 147 ; D. 2000. Somm. 48, obs. Pizzio ; D. Affaires 1999. 985, obs. V. A.-R. ; Defrénois 1999. 1004, obs. Mazeaud ; JCP 1999. I. 171, n° 1, obs. Jamin ; ibid. II. 10205, note Paisant ; Contrats Conc. Consom. 1999, nos 124, obs. Leveneur, et 134, obs. Raymond ; Petites affiches 24 mars 2000, p. 16, note Lawson-Body.* ♦ Est également irrecevable l'action d'associations de consommateurs à l'encontre d'un éditeur de modèles de conventions contenant des clauses abusives, cet éditeur n'ayant conclu aucun contrat avec un consommateur. • Même arrêt.

5 bis. En revanche, les personnes avec lesquelles un médecin conclut un contrat médical doivent être considérées comme consommateurs de services (à propos de l'art. L. 421-1). • Crim. 6 juill. 1994 : *Bull. crim. n° 267 ; D. 1994. IR. 201 ; Dr. sociétés 1994, n° 199, obs. Bonneau.* ♦ En ce sens que le règlement intérieur d'une maison de retraite constitue un modèle de conventions habituellement proposées aux consommateurs, au sens de l'art. L. 421-6, V. • Aix-en-Provence, 18 sept. 1995 : *Bull. Aix 1995, n° 2, p. 25, note Agostinelli.* ♦ Pour la suppression de clauses abusives contenues dans des contrats remis par un franchiseur à ses franchisés et destinés à la clientèle, V., déjà avant la modification de l'art. L. 421-6 par la loi du 1er févr. 1995, • TGI Brest, 21 déc. 1994 : *D. 1995. Somm. 310, obs. Pizzio ; BID 1995, n° 6, p. 21.*

6. Pour d'autres applications des art. 5 et 6 [C. consom., art. L. 421-6 et L. 421-7], V. • Paris, 17 déc. 1990 : *D. 1991. 350, note crit. D. Martin* • Civ. 1re, 6 janv. 1994 : *préc. note 4.*

7. Droit communautaire. Jugeant que la nature préventive et l'objectif dissuasif des actions en suppression des clauses abusives impliquent que de telles actions puissent être exercées alors même que les clauses dont l'interdiction est réclamée n'auraient pas été utilisées dans des contrats déterminés, V. • CJCE 24 janv. 2002 : *D. 2002. AJ. 1065, obs. Chevrier ; Europe 2002, n° 84 ; RTD com. 2003. 195, obs. Luby.* ♦ L'action juridictionnelle préventive, introduite par une association de protection des consommateurs en vue de faire interdire l'utilisation par un commerçant de clauses jugées abusives dans des contrats avec des particuliers, est de nature délictuelle ou quasi délictuelle au sens de l'art. 5, point 3, de la Convention de Bruxelles du 27 sept. 1968. • CJCE 1er oct. 2002 : *D. 2002. 3200, note Kobina Gaba ; JCP 2003. I. 107, n° 9, obs. Jazottes ; Europe 2002, n° 433, obs. Idot ; RTD com. 2003. 204, obs. Marmisse ; Petites affiches 4 déc. 2002, p. 20, obs. Legros ; Rev. crit. DIP 2003. 682, note Rémy-Corlay.* – V. aussi note 12 ss. art. L. 132-1 C. consom.

8. Réparation du préjudice collectif. La stipulation de clause abusive constitue en elle-même une faute de nature à porter atteinte à l'intérêt collectif des consommateurs. • Civ. 1re, 1er févr. 2005 : *préc. note 2 (2e esp.) ;JCP 2005. II. 10057, note Paisant (2e esp.) ; Contrats Conc. Consom. 2005, n° 96, obs. Raymond.* ♦ Une association agréée de défense des consommateurs exerçant l'action prévue à l'art. L. 421-6, est en droit de demander devant les juridictions civiles, outre la suppression des clauses abusives, la réparation, notamment par l'octroi de dommages-intérêts, de tout préjudice direct ou indirect à l'intérêt collectif des consommateurs. • Civ. 1re, 5 oct. 1999 : *Bull. civ. I, n° 260 ; D. 2000. 110, note Paisant ; ibid. 1999. AJ. 52, obs. C. R. ; RJDA 1999, p. 943, concl. Sainte-Rose ; Petites affiches 24 mars 2000, p. 9, note Gaba ; Contrats Conc. Consom. 1999, n° 182, obs. Raymond* (V. l'arrêt cassé • Grenoble, 3 juin 1997 : *Contrats Conc. Consom. 1997, n° 139, obs. crit. Raymond)* • 21 oct. 2003 : *Contrats Conc. Consom. 2004, n° 65, obs. Raymond* • 1er févr. 2005 : *préc. note 2 (1re et 4e esp.).* ♦ Dans le même sens, V. déjà • Grenoble, 13 juin 1991 : *préc. note 1* • TGI Brest, 21 déc. 1994 : *préc. note 5 bis.* ♦ *Contra,* au motif que l'art. L. 421-6 ne prévoit pas cette réparation : • Versailles, 2 juin 1994 : *BID 1995, n° 6, p. 19* • Grenoble, 3 juin 1997 : *préc.* • TGI Nanterre, 17 mars 1999 : *D. Affaires 1999. 860, obs. V. A.-R.*

L'action d'une association de consommateurs

en réparation du préjudice causé par une opération de liquidation effectuée sans autorisation préalable est recevable. • Rennes, 24 nov. 2000 : *BRDA 2001, n° 8, p. 9.*

Interventions en justice

L. 421-7 Les associations mentionnées à l'article L. 421-1 peuvent intervenir devant les juridictions civiles et demander notamment l'application des mesures prévues à l'article L. 421-2, lorsque la demande initiale a pour objet la réparation d'un préjudice subi par un ou plusieurs consommateurs à raison de faits non constitutifs d'une infraction pénale. – *[L. n° 88-14 du 5 janv. 1988, art. 5].*

1. Surendettement. Une association de consommateurs n'est pas recevable à intervenir volontairement dans une procédure de règlement amiable, dans le cadre de la loi n° 89-1010 du 31 déc. 1989 [C. consom., art. L. 331-1s.], dès lors que celle-ci n'a pas pour objet la réparation d'un préjudice que les débiteurs auraient subi et que l'association ne justifie pas autrement avoir intérêt, pour la conservation de ses droits, à soutenir les prétentions des demandeurs. • Civ. 1re, 4 avr. 1991 : *Bull. civ. I, n° 123 ; D. 1991. 307, note Bouloc.*

2. Intervention. L'art. L. 421-7 lui donnant le droit d'intervenir devant les juridictions civiles pour demander réparation du préjudice collectif subi par les usagers qu'elle représente, une association se trouve recevable à se joindre à l'action individuelle engagée par trois de ces usagers (action contre la SNCF). • Paris, 4 oct. 1996 : *D. Affaires 1996. 1284 ; RJDA 1997, n° 355.* ♦ Pour une action d'une association de consommateurs intervenant conjointement avec un consommateur qui intente, sur le fondement de l'art. 1641 C. civ., une action rédhibitoire et en réparation du préjudice subi, V. • Versailles, 15 avr. 2005 : *Contrats Conc. Consom. 2005, n° 101, obs. Raymond ; Comm. com. élec. 2005, n° 173, obs. Chabert.*

3. Introduction. De la combinaison des art. L. 421-7 C. consom., 66 et 68 NCPC, il résulte que si les associations agréées de consommateurs peuvent intervenir à l'instance introduite sur la demande initiale en réparation du préjudice subi par un ou plusieurs consommateurs, en raison de faits non constitutifs d'une infraction pénale, à l'effet notamment d'obtenir réparation du préjudice causé à l'intérêt collectif des consommateurs, en revanche elles ne peuvent, à cette fin, introduire l'instance. • Civ. 1re, 21 févr. 2006 : *D. 2006. AJ. 781, obs. Rondey ; AJDI 2006. 373 ; JCP E 2006, n° 13, p. 621 ; BRDA 2006, n° 6, p. 11 ; RLDA avr. 2006. 46, obs. Méar.*

Action en représentation conjointe

BIBL. ▶ Boré, *D. 1995. Chron. 267.*

L. 422-1 Lorsque plusieurs consommateurs, personnes physiques, identifiés ont subi des préjudices individuels qui ont été causés par le fait d'un même professionnel, et qui ont une origine commune, toute association agréée et reconnue représentative sur le plan national en application des dispositions du titre Ier peut, si elle a été mandatée par au moins deux des consommateurs concernés, agir en réparation devant toute juridiction au nom de ces consommateurs.

Le mandat ne peut être sollicité par voie d'appel public télévisé ou radiophonique, ni par voie d'affichage, de tract ou de lettre personnalisée. Il doit être donné par écrit par chaque consommateur. – *[L. n° 88-14 du 5 janv. 1988, art. 8-1].* – *V. C. consom., art. R. 422-1 à R. 422-10 (Décr. n° 97-298 du 27 mars 1997, JO 3 avr.).*

Pour un exemple d'action en représentation conjointe d'une association agréée, jugée recevable, V. • TI Rennes, 17 avr. 1997 : *Contrats Conc. Consom. 1997, n° 168, obs. Raymond.* ♦ Jugeant que l'offre faite à un internaute de s'inscrire à une action collective sur le site classaction.fr constitue un acte de démarchage juridique prohibé par l'article 66-5 de la loi du 31 déc. 1971 relative aux professions juridiques et judiciaires, V. • TGI Paris, 6 déc. 2005 : *D. 2006. AJ.*

141, obs. Avena-Robardet ; JCP 2006. II. 10019, note ; Martin ; Contrats Conc. Consom. 2006, n° 38, obs. Raymond ; Comm. com. élec. 2006, n° 50, obs. Lécuyer ; Dr. et patr. janv. 2006. 96, obs. Amrani Mekki ; RJDA 2006, n° 336.

I Boule de neige (ventes à la)

Code de la consommation

PARTIE LÉGISLATIVE

(L. n° 93-949 du 26 juill. 1993)

Ventes ou prestations « à la boule de neige »

BIBL. ▸ TOULEMON, *RTD com. 1953. 53. – Gaz. Pal. 1995. 1. Doctr. 60* (vente en réseaux). – PUECH, *D. 1995. Chron. 117* (vente multiniveau). – DESURVIRE, *Rev. huiss. 1995. 657 ; Contrats Conc. Consom. 1995. Chron. 6* (même thème). – BADENAS CARPIO, *Liber amicorum Calais-Auloy, Dalloz, 2004, p. 45* (droit espagnol).

Art. L. 122-6 **Sont interdits :**

1° La vente pratiquée par le procédé dit « de la boule de neige » ou tous autres procédés analogues consistant en particulier à offrir des marchandises au public en lui faisant espérer l'obtention de ces marchandises à titre gratuit ou contre remise d'une somme inférieure à leur valeur réelle et en subordonnant les ventes au placement de bons ou de tickets à des tiers ou à la collecte d'adhésions ou inscriptions ;

2° Le fait de proposer à une personne de collecter des adhésions ou de s'inscrire sur une liste en lui faisant espérer des gains financiers résultant d'une progression géométrique du nombre des personnes recrutées ou inscrites. – *[L. n° 53-1090 du 5 nov. 1953, art. 1er].*

(L. n° 95-96 du 1er févr. 1995) **« Dans le cas de réseaux de vente constitués par recrutement en chaîne d'adhérents ou d'affiliés, il est interdit d'obtenir d'un adhérent ou affilié du réseau le versement d'une somme correspondant à un droit d'entrée ou à l'acquisition de matériels ou de services à vocation pédagogique, de formation, de démonstration ou de vente ou tout autre matériel ou service analogue, lorsque ce versement conduit à un paiement ou à l'attribution d'un avantage bénéficiant à un ou plusieurs adhérents ou affiliés du réseau.**

« En outre, il est interdit, dans ces mêmes réseaux, d'obtenir d'un adhérent ou affilié l'acquisition d'un stock de marchandises destinées à la revente, sans garantie de reprise du stock aux conditions de l'achat, déduction faite éventuellement d'une somme n'excédant pas 10 p. 100 du prix correspondant. Cette garantie de reprise peut toutefois être limitée à une période d'un an après l'achat. »

1. Ventes à la boule de neige. Pour des exemples, V. • Crim. 7 mai 1951 : *D. 1951. 489, note Vouin* (décision antérieure à la loi de 1953) (vente de montres) ; *S. 1952. 1. 21, note Legal* • 27 janv. 1966 : *Bull. crim. n° 26* (pelotes de laine à prix réduit) • 4 mai 1966 : *ibid. n° 138* (paires de bas à prix réduit).

1 bis. Constitue une vente à la boule de neige le fait pour un commerçant de proposer à ses clients la remise gratuite de deux vêtements, le troisième, réglé au moyen de plusieurs chèques, leur étant remboursé par restitution d'une mensualité en contrepartie de chaque nouveau client se présentant de la part du client initial. • T. corr. Versailles, 16 oct. 2000 : *BRDA 2001, n° 9, p. 9.*

2. Chaînes d'argent. Se rend coupable du délit prévu à l'art. L. 122-6 (2°) celui qui propose à d'autres personnes, en même temps qu'une opération de vente de produits de nettoyage à un prix inférieur à leur valeur réelle, la remise de vingt exemplaires « complets et originaux » d'un ouvrage avec leurs noms et adresses imprimés afin qu'elles les envoient à vingt personnes de leur choix et puissent ainsi, dans un premier temps, se voir verser par chacune de celles-ci la somme de 50 F (7,62 €), dans un deuxième temps, la même somme par les vingt personnes que chacune de celles-ci auront à leur tour recrutées. • T. corr. Bourg-en-Bresse, 7 juin 1995 : *RJDA 1996, nº 285.*

Jugé également que constitue une infraction à l'art. L. 122-6 (2°), le fait, pour une société, d'organiser la distribution de produits en recrutant des revendeurs par voie d'annonces dans la presse, chacun de ces revendeurs devant, d'une part, revendre les produits à des particuliers et, d'autre part, recruter lui-même d'autres personnes sur les ventes desquelles il perçoit une commission. Cette commission évoluant proportionnellement à la croissance du réseau, l'activité de parrainage constitue non pas une source de revenus complémentaires mais un élément primordial de la rémunération des distributeurs. • T. corr. Brest, 20 sept. 1994 : *RJDA 1994, nº 1382.* ♦ V. aussi, sur ce jugement, Puech, *Gaz. Pal. 1995. 1. Doctr. 102* (décision annexée).

3. Pour une « chaîne d'argent » sanctionnée sur le fondement de l'escroquerie, V. • TGI Angers, 29 mai 1991 : *Contrats Conc. Consom. 1992, nº 191, obs. Raymond.*

4. Parrainage. Pour un parrainage sur internet assimilé à une vente à la boule de neige ou pyramidale au sens de l'art. L. 122-6 (2°), V. • Paris, 15 juin 2001 : *Contrats Conc. Consom. 2002, nº 19, obs. Raymond ; RJDA 2002, nº 444 ; JCP E 2003, nº 4, p. 176, obs. S. A.-D.*

L. 122-7 Sans préjudice de l'application, le cas échéant, des peines prévues aux articles 313-1, 313-7 et 313-8 du code pénal, toute infraction à la présente section sera punie d'une amende de 4 500 € et d'un emprisonnement de un an. – *Avant la codification de l'art. 2 de la loi du 5 nov. 1953, le taux maximum de l'amende avait été relevé à 6 000 € (40 000 F) par la loi nº 77-1468 du 30 déc. 1977.*

Le délinquant pourra être, en outre, condamné à rembourser à ceux de ses clients qui n'auront pu être satisfaits les sommes versées par eux, sans qu'il puisse avoir recours contre ceux qui ont obtenu la marchandise. – *[L. nº 53-1090 du 5 nov. 1953, art. 2]. – V. art. L. 141-1, supra, Dispositions générales.*

Les art. L. 122-6 et L. 122-7 C. consom. sont applicables dans les territoires d'outre-mer (L. nº 53-1090 du 5 nov. 1953, art. 4 ; L. nº 93-949 du 26 juill. 1993, art. 6).

II Commissaires-priseurs

*V. **C. pr. civ.**, App., Officiers publics ou ministériels, Commissaires-priseurs ; Frais et dépens en matière civile (tarif).*

III Condition illicite (ventes sous)

Loi du 27 mai 1942,

Portant interdiction pour les fabricants et commerçants de subordonner la vente des produits à une fourniture d'objets.

Art. 1er Hors le cas où cette remise est ou sera rendue obligatoire par une loi, par un décret, par un arrêté du secrétaire d'État à la production industrielle ou par une décision du répartiteur chef de la section compétente de l'office central de répartition des produits industriels, nul ne peut subordonner la vente d'un produit à la remise par l'acheteur d'un produit industriel, d'un emballage, d'un objet usagé, de déchets et vieilles matières quelconques.

2 Toute infraction à l'interdiction édictée par la présente loi entraînera l'application des sanctions prévues en matière de répartition des produits industriels. Les infractions aux lois, décrets, arrêtés ou décisions visés à l'article 1er seront punies des mêmes peines, à moins que d'autres sanctions ne soient applicables en vertu de ces textes ou des lois en application desquelles ils sont pris.

Peuvent dresser procès-verbal de ces infractions les officiers de police judiciaire, les personnes habilitées conformément à la loi du 9 mars 1941 précitée *[sic]*, à la loi du 18 août 1941 sur la récupération des déchets et vieilles matières, à la loi du 31 décembre 1941 portant création du service général de contrôle économique et à la loi du 25 janvier 1941 relative aux agents du contrôle du ravitaillement, ainsi que toutes personnes prévues par les lois, décrets et arrêtés visés à l'article 1er.

V. aussi, supra, Dispositions générales, C. consom., art. L. 122-1, relatif au refus et à la subordination de vente ou de prestation de services.

IV Courtiers assermentés

V. Décr. nº 64-399 du 29 avr. 1964, ss. art. L. 131-11 C. com., supra.

V Crédit (ventes à)

Décret nº 55-585 du 20 mai 1955,

Relatif aux ventes à crédit.

Art. 1er I. — Les dispositions du présent article s'appliquent aux conditions des crédits consentis par les entreprises et personnes effectuant des ventes à crédit soit directement, soit par l'intermédiaire de groupements de commerçants, de sociétés ou d'organismes. Cette obligation s'impose aussi bien pour les ventes à crédit qui sont faites par des entreprises ou des personnes qui sont assujetties à la déclaration d'activité prévue par l'article 5, dernier alinéa, de la loi du 14 juin 1941 *[abrogé par L. nº 84-46 du 24 janv. 1984, art. 94-I]*, que pour celles qui sont faites par des entreprises ou des personnes qui n'y sont pas assujetties.

II. — Des décrets pris sur le rapport du ministre des finances, du ministre chargé des affaires économiques et du ministre de l'industrie et du commerce, après avis du conseil national du crédit, pourront fixer le montant maximum du crédit susceptible d'être consenti par rapport au prix au comptant du bien vendu ainsi que la durée maximum du crédit. — *V. infra, Décr. nº 56-775 du 4 août 1956. — Sur les sanctions et les poursuites pénales, V. C. consom., art. L. 311-36 (L. nº 93-949 du 26 juill. 1993), infra.*

2 *Abrogé.*

Décret nº 56-775 du 4 août 1956,

Portant application des dispositions de l'article 1er du décret nº 55-585 du 20 mai 1955 relatif aux ventes à crédit.

Art. 1er Le montant et la durée maximum du crédit susceptible d'être consenti par les entreprises et personnes visées à l'article 1er du décret du 20 mai 1955 à l'occasion de leurs ventes ne peuvent pas dépasser le montant et la durée maximum du crédit

susceptible d'être consenti par les *banques* et les *établissements financiers,* en application des décisions de caractère général du conseil national du crédit *[comité de la réglementation bancaire et financière]* **et des instructions de la Banque de France relatives au financement des ventes et achats à crédit.**

Toutefois, un arrêté conjoint du ministre des affaires économiques et financières, du secrétaire d'État à l'industrie et au commerce et du secrétaire d'État aux affaires économiques pourra disposer que des règles particulières seront applicables en ce qui concerne les vendeurs ou les fabricants de certains biens ou matériels, lorsqu'il apparaîtra que ces biens ou matériels ont une valeur familiale ou éducative qui justifie une mesure d'exception. – *V. Arr. 11 janv. 1957 (D. 1957. 42 ; BLD 1957. 72).*

2 Les décisions du conseil national du crédit *[comité de la réglementation bancaire]* **et les instructions de la Banque de France concernant les conditions de montant et de durée visées à l'article 1er ci-dessus sont publiées au *Journal officiel* au fur et à mesure de leur mise en vigueur.** – *V. Avis 29 avr. 1979 (D. et BLD 1979. 189). – Pour les départements d'outre-mer, V. Avis 10 oct. 1975 (JO 21 oct.).*

En ce qui concerne le démarchage en matière de financement de ventes à tempérament, V. L. n° 66-1010 du 28 déc. 1966, art. 12, supra, v° Prêts d'argent – Intérêts des capitaux.

Sur les ventes à tempérament en droit local d'Alsace et Moselle, V. ***Rép. com.,*** *v° Alsace et Moselle, par Schwob et Haegel, 6 s.*

Code de la consommation

PARTIE LÉGISLATIVE

(L. n° 93-949 du 26 juill. 1993)

TITRE PREMIER (du Livre III) Crédit

BIBL. GÉN. ▶ Gourio, *RD banc. fin. 2001. 50* (responsabilité civile du prêteur au titre de l'octroi d'un crédit à un particulier) ; *ibid. 2003. 128* (nouveau cadre juridique du crédit aux particuliers en Europe). – X. Lagarde, *JCP 2002. I. 163* (prévenir le surendettement des particuliers). – Pollaud-Dulian, *RD banc. fin. 2002. 341* (devoir d'information du banquier et crédits au consommateur). – Barret-Barnay, *D. 2003. 1082* (les systèmes d'enregistrement des crédits dans les États membres de l'Union européenne). – Gourio, *RD fin. banc. 2003. 128* (nouveau cadre juridique du crédit aux particuliers en Europe). – Djoudi (ss. la dir.), *RD banc. fin. 2004. 282* (commerce électronique et opérations bancaires). – de Laender, *ibid. 288* (conclusion du contrat de crédit en ligne). – S. Piedelièvre, *JCP E 2005, n° 30, p. 1268* (nouvelles relations contractuelles entre banquiers et consommateurs).

CHAPITRE PREMIER *Crédit à la consommation*

RÉP. COM. v° *Crédit à la consommation,* par S. Piedelièvre.

BIBL. GÉN. ▶ Commentaires de la loi n° 78-22 du 10 janv. 1978 : Bihl, *JCP 1978. I. 2909.* – Nguyen Thanh-Bourgeais, *D. 1984. Chron. 91.* – Gavalda, *D. 1978. Chron. 189 ; D. 1979. Chron. 277.* – Ferrier, *D. 1980. Chron. 177.* – Hémard, *RTD com. 1978. 154.* – D. Martin, *ibid. 1977. 619.* – Bey, *JCP E 1972. II. 12845.* – Raymond, *Gaz. Pal. 1978. 2. Doctr. 556.* – Roubach, *ibid. 382.* ▶ Réforme du 23 juin 1989 : Vassaux-Vanoverschelde, *ALD 1990. 51.* – Bouloc, *RTD com. 1990. 81*. ▶ Réforme du 31 déc. 1989 : Paisant, *JCP 1990. I. 3457.* ▶ Coordination entre parties législative et réglementaire : J.-L. Raynaud, *Contrats Conc. Consom. 1998. Chron. 3.* – Lagarde, *Petites affiches 16 oct. 2003, p. 5* (actualité jurisprudentielle du crédit aux particuliers). – Danis-Fatôme, *RD banc. fin. 2004. 217* (l'absence de consentement et le crédit à la consommation). – Lokiec, *ibid. 221* (clauses abusives et crédit à la consommation).

SECTION I *Champ d'application*

BIBL. ▸ ROCHE-DAHAN, *RTD com. 1996. 1.*

Art. L. 311-1 Au sens du présent chapitre, est considérée comme :

1° Prêteur, toute personne qui consent les prêts, contrats ou crédits visés à l'article L. 311-2 ;

2° Emprunteur, l'autre partie aux mêmes opérations. – *[L. n° 78-22 du 10 janv. 1978, art. 1er].*

1. Organismes de droit public. Les dispositions de la loi du 10 janv. 1978 [C. consom., art. L. 311-1 s.] sont d'ordre public et ne prévoient aucune exception au profit des organismes prêteurs de droit public. • Paris, 12 oct. 1990 : *D. 1990. IR. 258.*

2. Caisses de crédit municipal. V. note 6 *ter* ss. art. L. 311-2.

L. 311-2 Les dispositions du présent chapitre s'appliquent à toute opération de crédit, ainsi qu'à son cautionnement éventuel, consentie à titre habituel par des personnes physiques ou morales, que ce soit à titre onéreux ou gratuit.

Pour l'application du présent chapitre, la location-vente et la location avec option d'achat, ainsi que les ventes ou prestations de services dont le paiement est échelonné, différé ou fractionné, sont assimilées à des opérations de crédit. – *[L. n° 78-22 du 10 janv. 1978, art. 2].*

1. Notion de crédit. L'application de la loi n° 78-22 du 10 janv. 1978 [C. consom., art. L. 311-1 s.] suppose l'existence d'une opération de crédit par laquelle le prêteur consent à l'emprunteur un délai pour rembourser le prêt ou payer le prix de la vente ou de la prestation de service après livraison du bien ou exécution de cette prestation. • Civ. 1re, 15 déc. 1993 : *Bull. civ. IV, n° 370 ; D. 1994. 297, note Davo ; Contrats Conc. Consom. 1994, n° 38, note Raymond.* ♦ Viole les art. 1er et 2 de cette loi [C. consom., art. L. 311-1 et L. 311-2] la cour d'appel qui, pour annuler un contrat signé par des époux aux fins d'inscription de leur fils à des cours d'enseignement parce que contraire aux dispositions de ce texte, retient qu'il s'agissait d'une prestation de service dont le paiement était échelonné, la cour constatant que les époux avaient payé une partie des frais de scolarité au moment de l'inscription, le solde étant payable en trois versements par trimestre et d'avance, alors qu'il résultait de ces constatations qu'aucun crédit n'était consenti aux époux, même si les prestations étaient payables par versements échelonnés. • Même arrêt • Versailles, 31 mai 1995 : *BICC 1995, n° 1256 ; JCP E 1995. Pan. 1433.*

Dans le même sens, à propos du prix d'un mobilier et de son installation qui, bien que payable par versements échelonnés, devait être intégralement versé au plus tard le jour de cette installation, de sorte qu'aucun crédit n'était consenti à l'acheteur, V. • Civ. 1re, 26 mai 1994 : *Bull. civ. I, n° 188 ; Contrats Conc. Consom. 1994, n° 211, note Raymond ; Rev. huiss. 1995. 76, note Bazin ; D. 1994. IR. 153* • 13 févr. 1996 : *Contrats Conc. Consom. 1996, n° 70, note Raymond ; Rev. huiss. 1996. 983, note Bazin.* ♦ Comp., jugeant que le contrat de vente de mobilier prévoyant un paiement échelonné, mais acquis en totalité à la livraison reportée à deux ans, s'il est attirant par l'économie d'intérêts qu'il permet, prive l'acheteur du droit de repentir que comporte le recours à une opération de crédit et constitue une fraude à la loi du 10 janv. 1978 [C. consom., art. L. 311-1 s.] : • Colmar, 22 mars 1996 : *BICC 1996, n° 740.*

Ne constitue pas une opération de crédit le paiement mensuel d'un contrat d'abonnement à des salles de gymnastique, ledit contrat s'analysant comme un contrat successif dont le paiement est la condition de l'exécution des prestations de services proposées. • Paris, 30 juin 1994 : *JCP 1994. IV. 2450.* – V. aussi • Paris, 24 mai 1994 : *Contrats Conc. Consom. 1995, n° 20, note Raymond.* ♦ De même, en raison de leur vocation sociale et de l'absence d'objectif de rentabilité, les aides financières accordées par les CAF à leurs allocataires ne peuvent être qualifiées d'opérations de crédit. • Civ. 1re, 10 juill. 2001 : *Contrats Conc. Consom. 2001, n° 166, note Raymond.*

Doit être assimilée à une opération de crédit la vente de mobilier dont le prix, payable par un billet à ordre émis le 29 mars mais à échéance du 20 déc. 1992 et par le versement d'une somme au moment de la livraison du mobilier prévue dix-huit mois après la souscription du contrat, était à la fois différé et fractionné et ne dépassait pas le plafond fixé par le décret n° 88-293 du 25 mars 1988 [C. consom., art. D. 311-1] [portant application de l'art. L. 311-3 (2°)]. • Paris, 13 sept. 1994 : *D. 1994. IR. 233.* ♦ Dans le même sens, pour un paiement échelonné sans frais en douze mensualités à compter de la livraison, V. • Montpellier, 11 déc. 1996 : *JCP 1997. IV. 2169.* ♦ Comp., s'agissant d'un paiement fractionné par chèques : • TGI Lyon, 12 févr. 1997 : *D. 1998. Somm. 284, obs. Boutelet-Blocaille et Bourrier* . ♦ Comp., en ce sens que l'opération par laquelle l'acquéreur d'un mobilier, qui a versé près de la moitié du prix d'acquisition le jour de l'acte de vente, s'engage à compléter dans son intégralité le paiement, le jour même de la livraison, ne constitue pas une vente à crédit soumise aux dispositions de la loi du 10 janv. 1978 [C. consom., art. L. 311-1 s.], dès lors que la remise de l'objet et la transmission de son usage ne sont pas intervenues avant l'exécution par l'acquéreur de ses obligations, successives dans le temps, de règlement du prix : • TGI Créteil, 15 mars 1991 : *BICC 1991, n° 1194.*

L'art. 2 [C. consom., art. L. 311-2] n'exige pas, pour que la loi soit applicable, que le crédit émane d'un établissement proposé par le vendeur. • Paris, 27 oct. 1992 : *Gaz. Pal. 1993. 1. 92, note Marchi.*

Le cautionnement de la dette d'un fils par son père, avec ces circonstances particulières de l'existence entre eux de liens familiaux très proches, et du caractère ponctuel de l'opération destinée à garantir le financement de l'achat d'un véhicule, n'entre pas dans le champ de l'art. L. 311-2. • Paris, 8 oct. 1999 : *D. 2000. AJ. 45, obs. C. R.*

1 bis. Carte à débit différé. Pour un arrêt considérant que la mise à disposition d'une carte accréditive à débit différé n'est pas une opération de crédit soumise aux art. L. 311-1 s. du code de la consommation, V. • Paris, 20 oct. 2000 : *D. 2001. AJ. 229, obs. crit. Delpech* .

1 ter. Requalification. Sur la requalification d'un contrat de prêt en contrat de cautionnement, V. • TI Lons-le-Saunier, 18 nov. 1997 : *Contrats Conc. Consom. 1998, n° 64, obs. Raymond.*

2. Découvert bancaire et compte courant. Lorsqu'une banque consent à son client des avances de fonds pendant plus de trois mois, ce découvert en compte constitue une ouverture de crédit soumise aux dispositions d'ordre public de la loi du 10 janv. 1978 [C. consom., art. L. 311-1 s.], sous réserve des exceptions prévues à son art. 3 [art. L. 311-3]. • Cass., avis, 9 oct. 1992 : *Bull. civ., n° 1 ; D. 1993. Somm. 188, obs. Julien* ; *JCP 1993. II. 22024, note Morgan de Rivery-Guillaud* • Civ. 1re, 30 mars 1994 : *Bull. civ. I, n° 126 ; JCP 1995. II. 22405, note Gramaize ; D. 1994. IR. 101* • 16 janv. 1996 : *Bull. civ. I, n° 31 ; D. 1996. IR. 39 ; D. Affaires 1996. 171 ; RJ com. 1996. 232, note Bruschi* • Paris, 13 févr. 1996 : *D. 1996. IR. 126* • TI Montpellier, 2 sept. 1997 : *D. 1997. 561, note Pasqualini* • Versailles, 27 oct. 1994 : *BICC 1995, n° 434.* ♦ Dans le même sens, pour un compte courant ayant présenté un solde débiteur pendant une période où son titulaire exerçait une activité commerciale, qu'il avait cessé d'exercer ensuite, V. • Paris, 6 mars 1996 : *BICC 1996, n° 688.* ♦ Comp., considérant qu'un découvert en compte bancaire n'est pas soumis aux dispositions de la loi du 10 janv. 1978 [C. consom., art. L. 311-1 s.] : • Paris, 7 sept. 1999 : *D. 1999. AJ. 20* . ♦ V. note 4 ss. art. L. 311-33.

Pour un découvert consenti tacitement pendant plus de trois mois, la banque n'ayant pas demandé au titulaire d'une carte bancaire de cesser d'utiliser celle-ci dès l'apparition du solde débiteur, V. • Versailles, 17 nov. 1995 : *D. Affaires 1996. 259 ; JCP E 1996. Pan. 248.*

V. note 1 *ter* ss. art. L. 311-3.

3. La circonstance qu'une ouverture de crédit ait fonctionné comme un compte courant n'est pas de nature à faire obstacle à l'application de la loi du 10 janv. 1978 [C. consom., art. L. 311-1 s.]. • Paris, 13 juin 1991 : *D. 1991. IR. 196.* ♦ Comp. • Paris, 7 sept. 1999 : *préc. note 2.* ♦ V. note 23 ss. art. L. 311-37 C. consom. ♦ Le fait qu'un document intitulé « compte-courant » ne vise à aucun moment la possibilité de remises réciproques, la transformation de toutes les opérations en simple articles de crédit et de débit générateurs, lors de la clôture, d'un solde créditeur ou débiteur, établi qu'il s'agit en réalité d'une ouverture de crédit indéterminée consentie à des particuliers et par suite soumises aux dispositions des art. L. 311-1 s. C. consom. • Riom, 11 sept. 2002 : *JCP E 2003. IV. 1541.*

En ce sens que, pour bénéficier des art. L. 311-1 s., le client doit prouver que son découvert lui a été accordé par le biais d'une convention distincte de celle afférente à l'ouverture du compte, V. • Civ. 1re, 27 févr. 1996 : *JCP E 1997. I. 616 (annexe I), note Riffard* • 7 janv. 1997 : *Contrats Conc. Consom. 1997, n° 52, note Raymond* • 18 févr. 1997 : *Bull. civ. I, n° 66* • 26 nov. 2002 : *Bull. civ. I, n° 287 ; JCP E 2003, n° 25, p. 1049, note Bonhomme ; RTD com. 2003. 346, obs. Legeais* ; *Banque et Droit mars-avr. 2003. 60, obs. Bonneau ; RD banc. fin. 2003, n° 132, obs. Crédot et Gérard ; RJDA 2003, n° 300* • Lyon, 7 mai 1997 : *Contrats Conc. Consom. 1998, n° 50, obs. Raymond* • Versailles, 22 juin 2001 : *RJDA 2002, n° 83.* ♦ L'existence d'une convention de découvert est établie lorsque le compte, sur lequel les prélèvements des échéances d'un prêt sont régulièrement effectuées, était débiteur avant même la conclusion de ce prêt. • Civ. 1re, 17 mars 1998 : *Bull. civ. I, n° 118 ; D. Affaires 1998. 757, obs. V. A.-R. ; RTD com. 1998. 906, obs. Bouloc* . ♦

V., jugeant qu'un solde débiteur maintenu pendant plus de trois mois et résultant de la remise et de l'encaissement d'un chèque sans provision ne peut être assimilé à une ouverture de crédit. • Versailles, 17 janv. 1997 : *BICC 1997, n° 869 ; D. Affaires 1997. 439 ; RD bancaire et bourse 1997. 163, obs. Crédot et Gérard.* ♦ Pour une hypothèse de prélèvement fictif des mensualités d'un prêt en débit d'un compte dont le solde reste durablement débiteur, sans qu'aucune opération n'y soit enregistrée, l'augmentation du débit du compte étant due aux prélèvements des échéances par la banque, V. • Grenoble, 2 sept. 1997 : *JCP E 1998, n° 11, p. 395.*

3 bis. Découvert bancaire et opération de bourse. Sur la distinction entre autorisation de découvert et opération d'achat sur le marché à règlement mensuel, V. • Paris, 11 mars 2003 : *Banque et Droit sept.-oct. 2003. 51, obs. de Vauplane et Daigre.*

4. Opération habituelle. N'entre pas dans le champ d'application de la loi, en l'absence de caractère habituel, la vente d'un véhicule d'occasion à crédit consentie par un particulier à l'acquéreur. • TI Soissons, 19 janv. 1979 : *D. 1980. IR. 228, obs. Larroumet, et 383, obs. Vasseur.* ♦ Pour un arrêt jugeant que, malgré leur multiplicité, des prêts consentis entre particuliers sont, en raison de leur forme simpliste, de la nature des relations existant entre les parties et de la période limitée au cours de laquelle ils sont intervenus, des opérations circonstancielles ne relevant pas à ce titre des art. L. 311-1 s., V. • Rennes, 21 févr. 1997 : *Contrats Conc. Consom. 1997, n° 181, obs. Raymond ; RJDA 1998, n° 328.* ♦ A l'inverse, en raison de la multiplicité des prêts consentis par un particulier sur une période de 5 ans et en raison de leur forme – prêts dactylographiés sur la base d'un modèle type dont les blancs sont remplis à la main – il faut considérer que l'intimé avait la qualité de prêteur habituel, ce que ne contredit pas le fait que les bénéficiaires soient tous apparentés. • Colmar, 2 juin 2004 : *JCP E 2005, n° 47, p. 1978, obs. Lassalas-Langlais.*

5. Location-vente. Sur l'inapplicabilité de la loi à une location de longue durée d'un « mobil home » ne comportant pas d'option d'achat en fin de bail, V. • Civ. 1re, 11 oct. 1989 : *Bull. civ. I, n° 327 ; D. 1991. 225, note Ancel ; RTD com. 1990. 244, obs. Bouloc.* ♦ *Contra*, jugeant qu'une location mobilière de longue durée est susceptible de constituer une opération de crédit au sens de l'art. L. 311-2 si cette durée correspond à la durée normale d'utilisation du bien et si le montant total des loyers est au moins équivalent au prix du bien, augmenté des intérêts : • Paris, 9 oct. 1996 : *Rev. dr. bancaire 1997. 162, obs. Crédot et Gérard.* ♦ Comp., rejetant l'application du code de la consommation, du fait que le véhicule, loué pour une durée de deux ans, avait conservé une valeur marchande à l'issue de la location, le montant total des loyers étant inférieur au prix d'acquisition du véhicule par le loueur : • Paris, 27 mars 1996 : *BICC 1996, n° 738 ; Rev. dr. bancaire 1997. 162, obs. Crédot et Gérard.* ♦ V. aussi, sur la notion de location-vente, • Rouen, 21 nov. 1989 : *Gaz. Pal. 1992. 2. Somm. 551.*

6. Un contrat de location de véhicule automobile, conclu en même temps qu'est signé un bon de commande de véhicule d'occasion concernant le même véhicule à l'expiration de la période de location, s'analyse en une opération de crédit liée à la vente du véhicule, entrant dans le champ d'application de la loi. • Civ. 1re, 19 juin 1990 : *Bull. civ. I, n° 173 ; D. 1990. IR. 198 ; RTD com. 1991. 85, obs. Bouloc.* ♦ V. *infra*, note 1 *quinquies* ss. art. L. 311-3.

6 bis. Crédit-bail. L'opération de crédit-bail n'entre pas dans le champ d'application de la loi. • Paris, 17 janv. 1996 : *BICC 1996, n° 739.*

6 ter. Contrat de prêt sur gage. Les contrats de prêts sur gage consentis par les caisses de crédit municipal sont des contrats de droit privé dont le contentieux relève des tribunaux judiciaires, mais ne sont pas soumis au code de la consommation. • Paris, 7 sept. 2000 : *D. 2000. AJ. 425, obs. Avena-Robardet ; RTD com. 2001. 198, obs. Cabrillac.*

7. Paiement échelonné. Pour des exemples, V. • Crim. 24 févr. 2004 : *Contrats Conc. Consom. 2004, n° 131, obs. Raymond* • Paris, 20 déc. 1991 : *D. 1992. IR. 84.* ♦ V. aussi notes 1 et 1 *sexies* ss. art. L. 311-3.

8. Cautionnement. La loi du 23 juin 1989, qui avait étendu le champ d'application de la loi du 10 janv. 1978 au cautionnement garantissant une opération de crédit, était une loi interprétative, de sorte qu'elle s'appliquait à un contrat antérieur, même si l'incident qui avait donné naissance à l'action était lui-même antérieur à l'entrée en vigueur de la loi nouvelle. • Civ. 1re, 7 mars 1995 : *Bull. civ. I, n° 117 ; D. 1995. IR. 81. – Contra :* • Versailles, 15 mai 1992 : *RJDA 1992, n° 935* • 9 juill. 1992 : *D. 1992. IR. 248.* ♦ Sur l'application du délai de forclusion, V. note 40 ss. art. L. 311-37.

9. Rachat de crédit. Le rachat de crédit concernant des opérations de crédits visées par les art. L. 311-2 et L. 312-2 C. consom. réaménagées en un contrat de crédit, est soumis aux mêmes dispositions. • TI Saint-Malo, 18 déc. 2001 : *Contrats Conc. Consom. 2002, n° 131, obs. Raymond ; Comm. com. élec. 2002, n° 142, obs. Grynbaum.*

L. 311-3 **Sont exclus du champ d'application du présent chapitre :**

1° Les prêts, contrats et opérations de crédit passés en la forme authentique *(Ord. nº 2006-346 du 23 mars 2006, art. 36)* **« sauf s'il s'agit de crédits hypothécaires » ;**

2° Ceux qui sont consentis pour une durée totale inférieure ou égale à trois mois, ainsi que ceux dont le montant est supérieur à une somme qui sera fixée par décret ; *– Montant fixé à 21 500 € (C. consom., art. D. 311-1).*

3° Ceux qui sont destinés à financer les besoins d'une activité professionnelle, ainsi que les prêts aux personnes morales de droit public ;

4° Les opérations de crédit portant sur des immeubles, notamment les opérations de crédit-bail immobilier et celles qui sont liées :

a) **A l'acquisition d'un immeuble en propriété ou en jouissance ;**

b) **A la souscription ou à l'achat de parts ou d'actions de sociétés donnant vocation à une attribution en jouissance ou en propriété d'un immeuble ;**

c) **A des dépenses de construction, de réparation, d'amélioration ou d'entretien d'un immeuble, lorsque le montant de ces dépenses est supérieur à un chiffre fixé par décret.** *— Montant fixé à 21 500 € (C. consom., art. D. 311-2).*

Les dispositions du présent article n'ont pas pour effet d'exclure les prêts, contrats et opérations de crédit passés en la forme authentique et les prêts, contrats et opérations de crédit d'un montant excédant le seuil fixé en application du présent article du champ d'application de l'article L. 311-5. — *[L. nº 78-22 du 10 janv. 1978, art. 3].*

Sur la protection des emprunteurs dans le domaine immobilier, V. C. consom., art. L. 312-1 s. — ***C. civ.*** *ou* ***C. consom.***

1. Seuil d'application de la loi. Le Décr. du 25 mars 1988 qui a élevé, à compter du 1er juin 1988, à 140 000 F (21 500 €) le seuil d'application de la loi ne s'applique pas aux conventions passées antérieurement. • Paris, 12 mars 1993 : *JCP E 1993. Pan. 870* • Civ. 1re, 4 janv. 1995 : *Bull. civ. I, nº 13* • 1er juin 1999 : *Bull. civ. I, nº 187 ; JCP E 1999, nº 35, p. 1315 ; RTD com. 2000. 162, obs. Bouloc.*

1 bis. Le terme « ceux » figurant au 3e al. de l'art. 3 [C. consom., art. L. 311-3] désigne l'ensemble des prêts, contrats et opérations de crédit prévus à l'al. précédent et l'art. 1er du Décr. nº 78-322 du 17 mars 1978 [remplacé par le Décr. du 25 mars 1988] doit être interprété par référence à la loi dont il fixe les modalités. • Civ. 1re, 30 mars 1994 : *Bull. civ. I, nº 127 ; D. 1994. IR. 101.*

1 ter. En cas d'ouverture de crédit indéterminée, le montant du crédit qu'il convient d'apprécier au regard du plafond de 140 000 F (21 500 €) est celui du découvert atteint à l'issue des trois premiers mois d'utilisation de la faculté ouverte au client, peu important que le découvert ait excédé, à la date de la clôture du compte, ce plafond. • Civ. 1re, 17 juill. 1996 : *Bull. civ. I, nº 331 ; Defrénois 1997. 347, obs. Aubert ; JCP E 1996. Pan. 1083, obs. Bouteiller* • 27 mai 1997 : *Bull. civ. I, nº 174 ; D. Affaires 1997. 791 ; Rev. dr. bancaire 1997. 162, obs. Crédot et Gérard.* – V. aussi • Civ. 1re, 30 sept. 1997 : *Contrats Conc. Consom. 1997, nº 183, obs. Raymond* • 7 oct. 1998 : *Bull. civ. I, nº 289 ; D. 1998. IR. 247 ; D. Affaires 1999. 26, obs. C. R. ; RJDA 1998, nº 1403* • 9 oct. 2001 : *Bull. civ. I, nº 250 ; JCP E 2001, nº 46, p. 1790 ; Contrats Conc. Consom. 2002, nº 35, note Raymond.*

1 quater. Si l'ouverture de crédit en compte n'est pas continue, chaque autorisation de découvert doit être considérée comme un nouveau contrat pour lequel il convient d'apprécier si le seuil d'application de la réglementation sur le crédit à la consommation est atteint. • Civ. 1re, 14 nov. 2001 : *Bull. civ. I, nº 279 ; RTD com. 2002. 359, obs. Bouloc ; Contrats Conc. Consom. 2002, nº 53, obs. Raymond.* ♦ Il n'y a pas lieu de prendre en compte le coût global du crédit, la loi ne visant que le montant de la somme prêtée. • Toulouse, 2 avr. 1996 : *BICC 1996, nº 962.* ♦ Dès lors que l'application de la loi est subordonnée au montant du crédit et non au coût total de l'opération, la location d'un véhicule, avec promesse de vente, dont le montant est inférieur à 140 000 F (21 500 €), bénéficie des dispositions protectrices des consommateurs. • Civ. 1re, 28 avr. 1998 : *Bull. civ. I, nº 156 ; D. Affaires 1998. 994, obs. V. A.-R. ; RTD com. 1999. 176, obs. Bouloc ; Contrats Conc. Consom. 1998, nº 121, obs. Raymond.* ♦ Jugeant qu'en application de l'art. L. 311-3-4° une cour d'appel peut refuser de soumettre un prêt immobilier de 100 000 F destiné à financer des travaux d'aménagement d'une maison d'habitation, dans la mesure où devait être pris en considération, en référence au plafond de 140 000 F (21 500 €) établi à l'art. D. 311-2 C. consom., l'ensemble des dépenses, chiffrées à 174 536 F, que le prêt avait pour objet de financer, V. • Civ. 1re, 29 oct. 2002 : *JCP E 2002, nº 51-52, p. 2035.* ♦ Jugeant qu'il faut, pour savoir si la limite prévue à l'art. L. 311-2, 2° est ou non dépassée, se référer au montant des dépenses et non au montant du prêt : • Reims, 16 oct. 2003 : *JCP 2004. IV. 2229.*

1 quinquies. En ce sens qu'en cas de cautionnement de deux opérations de crédit distinctes, il convient de rechercher si chaque opération a été consentie pour un montant inférieur ou égal au seuil réglementaire, peu important que le cautionnement ait été donné pour un montant global, V. • Civ. 1re, 13 nov. 1996 : *Bull. civ. I, n° 395 ; D. 1996. IR. 265 ; D. Affaires 1997. 149.*

1 sexies. Durée. Une convention de facilité de caisse qui n'a pas donné lieu à un découvert continu et permanent supérieur à trois mois ne peut être assimilée à une ouverture de crédit au sens de la loi du 10 janv. 1978. • Versailles, 12 janv. 2001 : *Gaz. Pal. 2002. 1. Somm. 192.* ♦ Un découvert tacite ne relève des dispositions du crédit à la consommation que dans la mesure où le compte demeure à découvert pendant trois mois consécutifs ; tel n'est pas le cas lorsque le compte a été débiteur pendant une durée de trois mois, interrompue par des périodes où il a été créditeur. • Versailles, 22 févr. 2002 : *BICC 2002, n° 1285.* ♦ En présence d'un compte ouvert en déc. 1989, présentant un solde débiteur à compter de juill. 1990 et dont la banque a interrompu les avances de fonds à compter de sept. 1990, une cour d'appel ne peut exclure l'application de la réglementation relative au crédit à la consommation en retenant que l'augmentation du solde débiteur au-delà du 30 sept. est due aux intérêts de retard et frais de rejet et non d'avance de fonds, dès lors qu'il résulte de ses constatations que le crédit consenti s'était poursuivi pendant une durée supérieure à trois mois. • Civ. 1re, 13 nov. 2002 : *Bull. civ. I, n° 269. JCP E 2003, n° 1, p. 7 ; Contrats Conc. Consom. 2003, n° 47, obs. Raymond ; RJDA 2003, n° 299.* ♦ En cas de vente avec paiement échelonné ou différé, le point de départ du délai de trois mois est constitué par la livraison du bien objet du contrat. • Civ. 1re, 4 mars 2003 : *RJDA 2003, n° 762* • Metz, 25 mars 2004 : *Contrats Conc. Consom. 2005, n° 16, obs. Raymond.*

2. Activité professionnelle. BIBL. Paisant, *JCP 1993. I. 3655 ; Err. 3663 bis.* – Vigneau, *Gaz. Pal. 30 août-3 sept. 2002, p. 3* (trente ans de jurisprudence sur la notion de consommateur). ♦ Un achat à crédit effectué par un commerçant pour son commerce, fût-ce en vue d'en étendre les formes d'activité, ne relève pas du régime spécial de la loi. • Civ. 1re, 23 juin 1987 : *Bull. civ. I, n° 209.* ♦ V. aussi, pour l'exclusion de la loi, s'agissant : de l'acquisition d'un matériel informatique par un agent d'assurance pour la gestion de son entreprise, • Com. 10 mai 1989 : *Bull. civ. IV, n° 148.* ♦ ... De la commande, par un hôtelier, d'une pompe à chaleur destinée à équiper son établissement, dès lors que l'essentiel de ses prestations, particulièrement en montagne, consiste à procurer un accueil chaleureux à ses hôtes en leur ouvrant un gîte correctement chauffé et que l'installation d'un système de chauffage est indispensable à son activité et a un rapport direct avec celle-ci. • Nancy, 15 avr. 1993 : *JCP 1993. IV. 2443.* ♦ ... D'un « prêt conventionné artisan » destiné à l'achat de matériel et d'un véhicule. • Bordeaux, 24 juin 1997 : *Gaz. Pal. 1998. 1. Somm. 24.* ♦ ... D'un prêt destiné à l'acquisition d'un véhicule à usage professionnel pour l'un des époux débiteurs, le couple se servant également de ce véhicule pour leur usage privé. • Civ. 1re, 4 mai 1999 : *Bull. civ. I, n° 148 ; D. 1999. IR. 170 ; D. Affaires 1999. 1073 ; RD bancaire et bourse 1999. 122, obs. Crédot et Gérard ; Contrats Conc. Consom. 1999, n° 165, obs. Raymond ; RTD com. 2000. 161, obs. Bouloc.* ♦ Jugeant que dès lors qu'il est constaté que le prêt a été consenti pour les besoins de l'activité professionnelle d'un époux, le prêt est exclu du champ d'application de la législation relative au crédit à la consommation, peu important que cette activité professionnelle ne corresponde pas à celle de l'autre emprunteur : • Civ. 1re, 18 févr. 2003 : *RJDA 2004, n° 357.*

3. En revanche, est soumis à la loi le contrat d'installation d'un système d'alarme conclu entre un commerçant et une société, ce système échappant à la compétence professionnelle du client qui se trouve dès lors dans le même état d'ignorance que n'importe quel autre consommateur. • Civ. 1re, 25 mai 1992 : *Bull. civ. I, n° 162 ; D. 1993. 87, note Nicolau ; D. 1992. Somm. 401, obs. Kullmann.* ♦ Dans le même sens, pour la location d'un radio-téléphone par un artisan-vitrier : • Riom, 18 janv. 1995 : *Contrats Conc. Consom. 1995, n° 172, obs. Raymond.* – *Contra* : • TI Paris, 4 oct. 1979 : *D. 1980. IR. 383, obs. Vasseur ; Gaz. Pal. 1980. 1. 120, note Vincent et Cloarec.*

4. Est soumis à la loi l'achat d'un véhicule de tourisme par une entreprise personne physique exerçant l'activité de débit de boissons. • Rouen, 3 févr. 1993 : *JCP 1993. IV. 1993.*

V. et Comp. notes 4 s., ss. art. L. 132-1 C. consom., *supra, Dispositions générales,* et notes 5 s. ss. art. L. 121-22 C. consom., *infra, VIII – Domicile (ventes à).*

5. Sont exclus du champ d'application de la loi des prêts bancaires consentis personnellement à deux emprunteurs associés d'une SARL, à charge pour eux de réinvestir les fonds dans la société. • Com. 20 nov. 1990 : *Bull. civ. IV, n° 283 ; RTD com. 1991. 429, obs. Bouloc.* – Comp. : • Civ. 1re, 30 mars 1994 : *Bull. civ. I, n° 128 ; D. 1994.*

IR. 129 ; Contrats Conc. Consom. 1994, n° 127, note Raymond. ♦ En revanche, l'exclusion ne joue pas s'agissant d'un prêt à titre personnel consenti à l'emprunteur pour lui permettre de financer l'acquisition de parts de SCPI et non à ladite société pour les besoins de son activité professionnelle. • Pau, 13 mai 2002 : *JCP E 2002, n° 49, p. 1938.*

5 bis. L'application de la loi est déterminée par l'objet du prêt et non par la personnalité de ceux qui s'y engagent ; dès lors qu'un prêt a été consenti à une commerçante pour les besoins exclusifs de son activité professionnelle, le conjoint de celle-ci, poursuivi en tant que coemprunteur en remboursement du prêt litigieux, ne peut pas utilement invoquer sa qualité de non-commerçant pour prétendre que ce prêt est soumis à la réglementation sur le crédit à la consommation. • Civ. 1re, 8 juill. 1997 : *D. Affaires 1997. 1319 ; Rev. dr. bancaire 1997. 163, obs. Crédot et Gérard ; BRDA 1997, n° 15/17, p. 11* • 18 févr. 2003 : *préc. note 2* (co-emprunteur fonctionnaire). – V. déjà • Nancy, 29 oct. 1996 : *JCP 1998. IV. 2357.* ♦ *Contra* : • Agen, 5 avr. 1995 : *Contrats Conc. Consom. 1995, n° 171, obs. Raymond.* ♦ Pour déterminer si un crédit relève des art. L. 311-1 s., à la destination contractuelle du crédit, il convient de se référer à la destination contractuelle du prêt. • Civ. 1re, 22 mai 2002 : *Contrats Conc. Consom. 2002, n° 147, obs. Raymond.* ♦ La simple mention « avocate » sous la rubrique profession de l'intéressée n'implique pas, à défaut d'autres précisions, que les prêts consentis étaient destinés à financer les besoins de l'activité professionnelle de l'emprunteur. • Versailles, 1er déc. 1995 : *JCP E 1996. Pan. 247.*

6. N'est pas une activité professionnelle au sens de la loi, l'activité d'un parti politique. • Paris, 5 juill. 1991 : *JCP E 1991. Pan. 988.* ♦ ... Ni celle d'un syndicat de copropriétaires. • Paris, 2 déc. 1994 : *JCP 1995. IV. 657.* ♦ V. aussi note 1 ss. art. L. 114-1 C. consom, *supra, Dispositions générales.*

Sur l'application de la loi à un comité d'établissement, V. • Paris, 22 oct. 1991 : *Contrats Conc. Consom. 1992, n° 63, note Raymond.* ♦ ... A une association, V. • Civ. 1re, 10 juin 1997 : *D. Affaires 1997. 954 ; Contrats Conc. Consom. 1997, n° 157, note Raymond.* ♦ En ce sens que ne relève pas de la loi relative au crédit à la consommation, le crédit consenti par une banque à une association exerçant une activité professionnelle alors même que celle-ci est dépourvue de but lucratif, V. • Civ. 1re, 23 mars 1999 : *Bull. civ. I, n° 106 ; D. 2000. Somm. 41, obs. Pizzio ; RD bancaire et bourse 1999. 71, obs. Crédot et Gérard ; Contrats Conc. Consom. 1999, n° 166, obs. Raymond ; Dr. sociétés 1999, n° 109, note Bonneau ; Bull. Joly 1999. 796, note Alfandari ; Petites affiches 4 mai 2000, p. 9, obs. Amlon.*

7. Un prêt d'études accordé à l'élève d'une école de commerce ne peut être assimilé à un prêt destiné au financement des besoins d'une activité professionnelle. • Civ. 1re, 17 nov. 1993 : *Bull. civ. I, n° 333.* ♦ Comp., pour un prêt souscrit par un étudiant, sollicité et obtenu par l'intéressé en sa qualité de fondateur et de président d'une SA en cours d'immatriculation et pour permettre à celle-ci de faire face à ses premiers besoins en trésorerie, V. • Com. 28 févr. 2006 : *RJDA 2006, n° 570.*

7 bis. Le prêt ayant servi à financer pour une part importante un bien personnel sans lien avec une activité professionnelle ne peut être considéré comme destiné à financer les besoins d'une telle activité. • Paris, 9 nov. 1994 : *Contrats Conc. Consom. 1995, n° 40, obs. Raymond.* ♦ En ce sens qu'un prêt ayant indistinctement servi à satisfaire les besoins personnels et professionnels d'un avocat ne bénéficie pas des art. L. 311-1 s., V. • Versailles, 9 mai 1997 : *D. Affaires 1997. 828.* ♦ Le caractère professionnel du découvert afférent à un compte joint est déterminé à partir du volume des opérations professionnelles faites sur ce compte. • Orléans, 22 juill. 1997 : *Contrats Conc. Consom. 1998, n° 48, obs. Raymond.*

7 ter. Destination contractuelle. En présence de découverts sur les comptes tant professionnels que personnels de l'emprunteur et de transferts de fonds du compte personnel au compte professionnel, il faut rechercher la destination contractuelle de chaque opération de crédit pour apprécier l'application de la législation relative au crédit à la consommation. • Civ. 1re, 18 déc. 2001 : *Bull. civ. I, n° 323 ; RTD com. 2002. 354, obs. Cabrillac ; Contrats Conc. Consom. 2002, n° 100, obs. Raymond ; RD banc. fin. 2002, n° 82, obs. Crédot et Gérard ; Banque et Droit mars-avr. 2003. 63, obs. Guillot.* ♦ Pour déterminer si un crédit relève des art. L. 311-1 s., à la destination contractuelle du crédit, il convient de se référer à la destination contractuelle du prêt. • Civ. 1re, 22 mai 2002 : *ibid. 2002, n° 147, obs. Raymond.* ♦ Jugeant que la destination formelle d'un crédit, même affecté à un compte professionnel, ne peut résulter que d'une stipulation expresse, V. • Civ. 1re, 21 oct. 2003 : *Bull. civ. I, n° 208 ; D. 2003. AJ. 2829, obs. Rondey ; JCP E 2003, n° 49, p. 1939 ; Contrats Conc. Consom. 2004, n° 15, obs. Raymond ; RTD com. 2004. 136, obs. Legeais ; Petites affiches 24 juin 2004, p. 20, note Dagorne-Labbe ; ibid. 11 oct. 2004, obs. Paisant ; Gaz. Pal. 2004. Somm. 2049, obs. Piedelièvre ; RJDA 2004, n° 358 ; RDC 2004. 300, obs. Bruschi ; Dr. et procédures 2004. 110, obs. Bazin* • Versailles, 24 mars 2005 : *BICC 2006, n° 1233.* ♦ La destination professionnelle d'un crédit ne peut résulter que d'une stipulation expresse. • Civ.

1re, 27 mai 2003 : *Bull. civ. I, n° 130 ; JCP 2004. II. 10050, note Bonnet ; Contrats Conc. Consom. 2003, n° 170, obs. Raymond ; Banque et Droit sept.-oct. 2003. 74, obs. Bonneau ; RTD com. 2003. 802, obs. Bouloc ; RJDA 2003, n° 1232 ; Procédures 2003, n° 259, obs. Croze* • 23 mars 2004 : *RD banc. fin. 2004, n° 157, obs. Crédot et Gérard.* ♦ Comp., jugeant que la destination doit s'apprécier compte tenu de la volonté des parties lors de la conclusion du contrat, peu important, s'agissant de l'ouverture d'un compte bancaire professionnel, qu'il ait été aussi utilisé pour les besoins personnels de son titulaire. • Paris, 29 oct. 1996 : *RJDA 1997, n° 238.* ♦ V. aussi, s'agissant d'un prêt destiné, notamment, à l'acquisition de matériel informatique par un avocat, • Versailles, 19 juin 1998 : *D. Affaires 1998. 1390, obs. V. A.-R.*

7 quater. Sur la compatibilité de la qualité de salarié de l'emprunteur avec le caractère professionnel du prêt, V. • Civ. 1re, 17 juill. 1996 : *Contrats Conc. Consom. 1996, n° 158, note Raymond.*

8. Opérations portant sur des immeubles. Ne constitue pas une opération de crédit portant sur un immeuble le prêt accordé dans l'attente de la vente d'un immeuble. • Paris, 6 juill. 1994 : *BICC 1994, n° 1175.*

N'est pas une opération portant sur un immeuble l'achat de jouissance en temps partagé d'appartements, dès lors que les associés ont des obligations proches de celles de locataires, ou de bénéficiaires de services hôteliers, que la société reste propriétaire de l'immeuble et que le droit de jouissance ne peut faire l'objet que d'un nantissement, et non d'une hypothèque. • Paris, 9 mars 1995 : *Contrats Conc. Consom. 1995, n° 155, obs. Raymond ; RJDA 1995, n° 1408.*

Viole la loi [C. consom., art. L. 311-3, 4°, c] la décision qui, pour déclarer ce texte applicable à l'opération de crédit liée à des dépenses visées à cet art., se fonde sur le montant des prêts consentis et non sur celui de la dépense dont ces prêts étaient destinés à financer le complément. • Civ. 1re, 15 déc. 1993 : *Bull. civ. I, n° 371 ; D. 1994. 217, note Davo ; Contrats Conc. Consom. 1994, n° 39, note Raymond* • 29 oct. 2002 : *Contrats Conc. Consom. 2003, n° 48, obs. Raymond.*

Dès lors que les sommes remises à l'emprunteur sont versées à titre de prêt immobilier, ce prêt n'est pas soumis à la réglementation applicable aux crédits à la consommation, peu important l'utilisation faite des sommes versées et ce qui a pu être convenu entre les parties. • Civ. 1re, 26 janv. 1999 : *ibid. 1999, n° 62, note Raymond.* ♦ N'est pas davantage un crédit portant sur un immeuble le prêt accordé pour financer l'acquisition de parts d'une SCPI dans la mesure où l'emprunteur ne retire de l'opération aucun droit personnel de propriété ou de jouissance sur les biens de la société, l'actif social appartenant exclusivement à celle-ci, les droits sociaux seuls acquis demeurant toujours de nature mobilière. • Pau, 13 mai 2002 : *préc. note 5.*

9. Cautionnement des opérations exclues. La caution d'un prêt consenti pour les besoins exclusifs d'une activité professionnelle ne peut se prévaloir des art. L. 311-1 s. • Civ. 1re, 23 mai 2000 : *Bull. civ. I, n° 154.* ♦ La loi du 10 janv. 1978 [C. consom., art. L. 311-1 s.] ne s'applique pas au cautionnement garantissant un prêt consenti pour l'achat d'un véhicule destiné à l'activité d'une société, cette activité ne pouvant être que professionnelle au sens de l'art. 3 [C. consom., art. L. 311-3]. • Com. 4 févr. 1992 : *Bull. civ. IV, n° 61 ; D. 1992. IR. 90.* – V. aussi • Paris, 4 juin 1993 : *D. 1993. IR. 243.*

10. Application conventionnelle. Les parties peuvent valablement convenir de soumettre aux dispositions de la loi : une opération normalement exclue en raison de son montant. • Civ. 1re, 6 juill. 1988 : *JCP 1989. II. 21194, note Taisne* • 3 mars 1993 : *Contrats Conc. Consom. 1993, n° 98, note Raymond* • 3 janv. 1996 : *RJDA 1996, n° 660* • Paris, 5 juill. 1995 : *D. 1995. IR. 190* • Versailles, 3 déc. 1998 : *D. 1999. IR. 45.* ♦ ... Un prêt destiné à financer les besoins d'une activité professionnelle. • Civ. 1re, 30 mars 1994 : *préc. note 5* • Versailles, 17 mai 1991 : *RJDA 1991, n° 827.*

Le juge ayant constaté que les parties avaient fait clairement référence aux dispositions de la loi du 10 janv. 1978 dans le contrat, en a justement déduit que la loi était applicable en toutes ses dispositions. • Civ. 1re, 9 déc. 1997 : *Bull. civ. I, n° 364 ; D. Affaires 1998. 192, obs. S. P. ; Rev. dr. bancaire 1998. 59, obs. Crédot et Gérard.*

Sur les éléments permettant de déduire la volonté des parties, V. • Versailles, 13 mars 1997 : *RJDA 1998, n° 94* (utilisation d'un imprimé type d'offre de crédit, indication des mentions légales obligatoires...) : • 3 déc. 1998 : *préc.* (offre préalable et document intitulé « détail de créance » mentionnant les intérêts de retard par référence expresse à l'art. 20 de la loi du 10 janv. 1978, devenu art. L. 311-30 C. consom.).

SECTION II *Publicité*

L. 311-4 *(L. n° 2003-706 du 1er août 2003, art. 87-I)* **Toute publicité faite, reçue ou perçue en France qui, quel que soit son support, porte sur l'une des opérations de cré-**

dit à la consommation visées à l'article L. 311-2, est loyale et informative. A ce titre, elle doit :

1° Préciser l'identité du prêteur, la nature, l'objet et la durée de l'opération proposée ainsi que le coût total et, s'il y a lieu, le taux effectif global annuel du crédit, à l'exclusion de tout autre taux, ainsi que les perceptions forfaitaires ;

2° Préciser le montant, en euros, des remboursements par échéance ou, en cas d'impossibilité, le moyen de le déterminer. Ce montant inclut le coût de l'assurance lorsque celle-ci est obligatoire pour obtenir le financement et, le cas échéant, le coût des perceptions forfaitaires ;

3° Indiquer, pour les opérations à durée déterminée, le nombre d'échéances.

Dans toute publicité écrite, quel que soit le support utilisé, les informations relatives à la nature de l'opération, à sa durée, au taux effectif global, s'il y a lieu, et, s'il s'agit d'un taux promotionnel, à la période durant laquelle ce taux s'applique, au caractère « fixe » ou « révisable » du taux effectif global et au montant des remboursements par échéance doivent figurer dans une taille de caractères au moins aussi importante que celle utilisée pour indiquer toute autre information relative aux caractéristiques du financement et s'inscrire dans le corps principal du texte publicitaire.

Il est interdit, dans toute publicité, quel que soit le support utilisé, d'indiquer qu'un prêt peut être octroyé sans élément d'information permettant d'apprécier la situation financière de l'emprunteur, ou de suggérer que le prêt entraîne une augmentation de ressources ou accorde une réserve automatique d'argent immédiatement disponible, sans contrepartie financière identifiable.

L'offre préalable de crédit doit être distincte de tout support ou document publicitaire. – *Sur les sanctions pénales, V. art. L. 311-34, infra.*

La nouvelle rédaction de l'art. L. 311-4 est applicable aux publicités faites, reçues ou perçues en France ainsi qu'aux contrats de crédit consentis ou renouvelés six mois après la promulgation de la L. n° 2003-706 du 1er août 2003 (JO 2 août).

BIBL. ▸ Loi n° 2003-706 du 1er août 2003 : CRÉDOT et GÉRARD, *RD banc. fin. 2003, n° 213.* – LEGEAIS, *RTD com. 2003. 790.* – BOUTEILLER, *JCP E 2004, n° 5, p. 163.* – JALADE, *Gaz. Pal. 2004. Doctr. 951.* – SAUPHANOR-BROUILLAUD, *RD banc. fin. 2004. 284* (démarchage et publicité en ligne du crédit à la consommation).

Ancien art. L. 311-4 *Toute publicité faite, reçue ou perçue en France qui, quel que soit son support, porte sur l'une des opérations de crédit visées à l'article L. 311-2, doit :*

1° Préciser l'identité du prêteur, la nature, l'objet et la durée de l'opération proposée ainsi que le coût total et, s'il y a lieu, le taux effectif global (L. n° 98-657 du 29 juill. 1998) *« mensuel et annuel » du crédit et les perceptions forfaitaires ;*

2° Préciser le montant, en francs, des remboursements par échéance ou, en cas d'impossibilité, le moyen de le déterminer. Ce montant inclut le coût de l'assurance lorsque celle-ci est obligatoire pour obtenir le financement et, le cas échéant, le coût des perceptions forfaitaires ;

3° Indiquer, pour les opérations à durée déterminée, le nombre d'échéances. – [L. n° 78-22 du 10 janv. 1978, art. 4, al. 1er].

BIBL. ▸ POLLAUD-DULIAN, *RD banc. fin. nov.-déc. 2002, p. 341* (devoir d'information du banquier et crédits au consommateur).

1. Internet. L'internet constituant un support publicitaire même si l'internaute a une démarche active pour la consultation du site, le message publicitaire diffusé sur ce support doit par conséquent respecter les prescriptions de l'art. L. 311-4. • Rennes, 31 mars 2000 : *D. 2000. AJ. 358, obs. Manara ; RD banc. fin. 2000, n° 104, obs. Caprioli* • TI Saint-Malo, 18 déc. 2001 : *Contrats Conc. Consom. 2002, n° 131, obs. Raymond ; JCP E 2003, n° 4, p. 175, obs. V. N. ; Comm. com. élec. 2002, n° 142, obs. Grynbaum.*

2. Informations du consommateur. Ne respecte pas l'obligation d'information du consommateur l'annonceur qui, dans le cadre d'une campagne par voie d'affichage et télévisuelle destinée à promouvoir un crédit permanent, utilise, pour les mentions informatives obligatoires de l'art. L. 311-4, des caractères de petite taille ou une vitesse de défilement du texte ne permettant pas au consommateur d'attention moyenne, d'une part, de prendre immédiatement connaissance des conditions véritablement offertes relatives à l'accès et à l'octroi de ce crédit, et d'autre part, d'en appréhender d'emblée le sens. • TGI Paris, réf., 13 mars 1998 : *Gaz. Pal. 1998. 1. Somm. 331, obs. Antoine-Lalance.* ♦ Les informations prescrites par l'art. L. 311-4 doivent pouvoir être lues par ceux à qui elles sont destinées, leur lisibilité et leur compréhension s'appréciant en fonction du support de leur diffusion et des caractéristiques techniques du message. • Paris, 19 févr. 1999 : *D. 1999. IR. 96 ; D. Affaires 1999. 706, obs. C. R. ; Gaz. Pal. 23-27 mai 1999, p. 20, obs. Grelier-Lenain ; Comm. com. élec. 1999, n° 10, obs. Galloux.* ♦ V. aussi, jugeant que la régularité formelle ne suffit pas, mais qu'il convient de s'assurer que les messages sont reçus dans des conditions normales de lecture, d'audition ou de visualisation, cette appréciation se faisant *in concreto* en fonction du support utilisé et de la cible visée : • Rennes, 19 déc. 2003 : *Contrats Conc. Consom. 2004, n° 115, obs. Raymond.*

3. Bureau de vérification de la publicité. L'avis favorable émis par le Bureau de vérification de la publicité à la diffusion d'un film publicitaire ne peut valoir certificat de respect de la loi ni décharger l'annonceur de sa responsabilité. • Paris, 19 févr. 1999 : *préc. note 2.*

4. Crédit à la consommation. Sanctionné pénalement, l'art. L. 311-4 doit être appliqué strictement, ce qui exclut que l'action promotionnelle en cause (publicité pour une carte de fidélité) puisse être assimilée, même de manière implicite, à une opération de crédit à la consommation. • Rennes, 11 mars 2005 : *Contrats Conc. Consom. 2005, n° 210, obs. Raymond.*

L. 311-5 *(L. n° 2005-67 du 28 janv. 2005, art. 5-I)* **Toute publicité relative aux opérations visées à l'article L. 311-2 proposant une période de franchise de paiement de loyers ou de remboursement des échéances du crédit supérieure à trois mois est interdite hors des lieux de vente.** — *Sur les sanctions pénales, V. art. L. 311-34, infra.*

(L. n° 2006-10 du 5 janv. 2006, art. 14) **« Ces dispositions ne sont pas applicables aux prêts aidés par l'État destinés au financement d'une formation à la conduite et à la sécurité routière. »**

SECTION III *Crédit gratuit*

BIBL. ► ROUBACH, *Gaz. Pal. 1984. 1. Chron. 298.* – GAVALDA, *D. 1984. Chron. 181.* – SOINNE, *ALD 1985. 125.* – LARAIZE, *Gaz. Pal. 1984. 2. Chron. 319.*

L. 311-6 Toute publicité *(Abrogé par L. n° 2005-67 du 28 janv. 2005, art. 5-II)* ***« sur les lieux de vente »*** **comportant la mention « crédit gratuit » ou proposant un avantage équivalent doit indiquer le montant de l'escompte consenti en cas de paiement comptant** *(L. n° 2005-67 du 28 janv. 2005, art. 5-II)* **« et préciser qui prend en charge le coût du crédit consenti gratuitement au consommateur ».** — *[L. n° 78-22 du 10 janv. 1978, art. 4, al. 4]. — Sur les sanctions pénales, V. art. L. 311-34, infra.*

(L. n° 2006-10 du 5 janv. 2006, art. 14) **« Ces dispositions ne sont pas applicables aux prêts aidés par l'État destinés au financement d'une formation à la conduite et à la sécurité routière. »**

L. 311-7 Lorsqu'une opération de financement comporte une prise en charge totale ou partielle des frais au sens des articles L. 311-4 à L. 311-6, le vendeur ne peut demander à l'acheteur à crédit ou au locataire une somme d'argent supérieure au prix le plus bas effectivement pratiqué pour l'achat au comptant d'un article ou d'une prestation similaire, dans le même établissement de vente au détail, au cours des trente derniers jours précédant le début de la publicité ou de l'offre. Le vendeur doit, en outre, proposer un prix pour paiement comptant inférieur à la somme proposée pour l'achat à crédit ou la location et calculé selon des modalités fixées par décret. — *[L. n° 78-22 du 10 janv. 1978, art. 4-1]. — V. art. R. 311-4 et R. 311-5, infra. — Sur les sanctions pénales, V. art. L. 311-34, infra.*

(L. n° 2006-10 du 5 janv. 2006, art. 14) **« Ces dispositions ne sont pas applicables aux prêts aidés par l'État destinés au financement d'une formation à la conduite et à la sécurité routière. »**

Code de la consommation

PARTIE RÉGLEMENTAIRE

(Décr. n° 97-298 du 27 mars 1997)

Art. R. 311-4 Le prix pour paiement comptant visé à l'article L. 311-7 ne peut être supérieur à la somme :

1° De l'acompte éventuel sur le prix à crédit payable au jour de la vente ou de la prestation de services ;

2° De la valeur actuelle, à la même date, des versements périodiques exigés de l'acheteur à crédit, calculée selon la méthode des intérêts composés, le taux annuel servant de référence pour ce calcul étant le taux moyen de rendement des obligations émises au cours du semestre précédent majoré de 50 %.

Dans le cas de prêts remboursables selon une périodicité différente de l'année, le taux utilisé pour le calcul des valeurs actuelles est obtenu en multipliant le taux annuel de référence par le rapport qui s'établit entre la durée de la période et celle d'une année civile. — *[Décr. n° 84-709 du 24 juill. 1984, art. 38].*

R. 311-5 Un avis publié au *Journal officiel* de la République française indique, pour chaque semestre civil, le taux annuel à retenir ainsi que, pour des durées comprises entre trois et vingt-quatre mois, la valeur actuelle des remboursements mensuels correspondant à *(Décr. n° 2001-95 du 2 févr. 2001)* « 10 € *[100 F avant le 1er janv. 2002]* » de crédit selon que le vendeur ou le prestataire de services prend en charge tout ou partie des frais de crédit. — *[Décr. n° 84-709 du 24 juill. 1984, art. 39].*

Sur la publicité du prix pour paiement comptant et du prix pour paiement à crédit, V. Arr. n° 84-64/A du 20 sept. 1984 (D. et ALD 1984. 538).

Sur la conversion en euros des seuils du code de la consommation, V. Avis CNC n° 7 du 9 nov. 1999 (BOCC 11 déc.).

L. 311-7-1 *(L. n° 2005-67 du 28 janv. 2005, art. 5-III)* **Toute opération de crédit à titre onéreux proposée concomitamment à une opération de crédit gratuit ou promotionnel est conclue dans les termes d'une offre préalable de crédit distincte, conforme aux dispositions des articles L. 311-8 et L. 311-10 et suivants.**

SECTION IV *Le contrat de crédit*

L. 311-8 Les opérations de crédit visées à l'article L. 311-2 sont conclues dans les termes d'une offre préalable, remise en double exemplaire à l'emprunteur et, éventuellement, en un exemplaire aux cautions. La remise de l'offre oblige le prêteur à maintenir les conditions qu'elle indique pendant une durée minimale de quinze jours à compter de son émission. — *[L. n° 78-22 du 10 janv. 1978, art. 5, al. 1er]. — Sur les sanctions, V. art. L. 311-33 et L. 311-34, infra.*

1. Nullité d'ordre public. La nullité résultant de l'inobservation de la règle d'ordre public édictée par l'art. 5 [C. consom., art. L. 311-8 s.] ne peut être couverte par la renonciation, même expresse, des parties. • Civ. 1re, 19 janv. 1994 : *Contrats Conc. Consom. 1994, n° 85, note Raymond.* ♦ V. aussi note 6 ss. art. L. 311-37, *infra.*

1 bis. Ordre public de protection. L'inobservation des dispositions d'ordre public des art. L. 311-2, L. 311-8 et L. 311-10, ne pouvant être invoquée que par la personne que ces dispositions tendent à protéger, les juges du fond ne peuvent valablement relever d'office que la preuve de la régularité de l'offre préalable n'est pas rapportée. • Civ. 1re, 15 févr. 2000 : *Bull. civ. I, n° 49 ; D. 2000. AJ. 275, obs. Rondey ; JCP 2000. II. 10477, note Gout ; Contrats Conc. Consom. 2000, n° 116, obs. Raymond ; RD banc. fin. 2000, n° 52, obs. Crédot et Gérard.* – V. sur cet arrêt, Masquefa, *Cah. dr. entr. 2001, n° 2, p. 23 ;* Fadlallah et Baude-Texidor, *D. 2003. 750.* – V. aussi • Douai, 3 avr. 2003 : *BICC 2003,* *n° 1484.* ♦ Même solution à l'égard du juge de l'exécution effectuant une vérification des créances dans le cadre d'une procédure de surendettement : • Civ. 2e, 4 déc. 2003 : *Bull. civ. II, n° 367 ; JCP E 2004, n° 6, p. 200 ; RTD com. 2004. 362, obs. Bouloc ; RJDA 2004, n° 359.* ♦ V. aussi note 1 *ter.*

1 ter. Droit communautaire. Sur la compatibilité de la jurisprudence de la Cour de cassation, qui refuse au juge de soulever d'office le non-respect des règles d'ordre public relatives au crédit à la consommation, avec les directives communautaires en la matière, V. • TI Vienne, 19 oct. 2001 : *Contrats Conc. Consom. 2001, n° 181, obs. Raymond.* ♦ Sur la compatibilité des art. L. 311-8 à L. 311-10 C. consom. avec les directives communautaires en matière de crédit à la consommation, V. • TI Vienne, 5 juill. 2002 : *ibid. 2003, n° 32, obs. Raymond.* – V. aussi note 8 *bis* ss. art. L. 311-37 C. consom.

2. Répétition de l'indu. Par application de l'art. 1377, al. 2, C. civ., ne peut être accueillie la demande en répétition engagée contre une banque par une caution qui, après avoir payé la dette de l'emprunteur, conteste la validité de son engagement, au regard de l'art. 5 de la loi du 10 janv. 1978 [C. consom., art. L. 311-8 s.], dès lors qu'une offre de prêt a été adressée à la caution, que celle-ci a réglé la dette de l'emprunteur après avoir reconnu que la somme qui lui était demandée était bien due et que le créancier affirme avoir supprimé son titre par suite du paiement. • Civ. 1re, 22 juin 1994 : *Bull. civ. I, n° 221 ; D. 1994. IR. 189.*

3. Modalités de remboursement. Les parties peuvent convenir du remboursement d'un crédit à la consommation par prélèvements sur un compte bancaire ou postal ; ces prélèvements opèrent paiement lorsque le compte fonctionne à découvert conformément à une convention distincte, expresse ou tacite, entre le prêteur et l'emprunteur. • Cass., avis, 9 oct. 1992 : *Bull. civ., n° 1 ; JCP 1993. II. 22024, note Morgan de Rivery-Guillaud ; JCP E 1993. I. 207, chron. D. Martin* • Civ. 1re, 30 mars 1994 : *Bull. civ. I, n° 126 ; JCP 1995. II. 22405, note Gramaize.*

4. Cautionnement. BIBL. Barret-Barnay, *Gaz. Pal. 19-20 nov. 1999* (sort du cautionnement en cas de non-conformité de l'offre de crédit à la consommation). Une caution n'ayant pas été informée du prêt personnel consenti à son père par une banque, le cautionnement qu'elle a consenti ne peut s'étendre, en application de l'art. 2015 [2292] C. civ. et de l'art. L. 311-8 C. consom., au prêt relevant des dispositions de la loi du 10 janv. 1978 [C. consom., art. L. 311-1 s.]. • Civ. 1re, 20 déc. 1994 : *Bull. civ. I, n° 381 ; D. 1995. IR. 21.*

L. 311-9 Lorsqu'il s'agit d'une ouverture de crédit qui, assortie ou non de l'usage d'une carte de crédit, offre à son bénéficiaire la possibilité de disposer de façon fractionnée, aux dates de son choix, du montant du crédit consenti, *(L. n° 2005-67 du 28 janv. 2005, art. 4-I)* « l'offre préalable est obligatoire pour le contrat initial et pour toute augmentation du crédit consenti ».

Elle précise que la durée du contrat est limitée à un an renouvelable et que le prêteur devra indiquer, trois mois avant l'échéance, les conditions de reconduction du contrat. Elle fixe également les modalités du remboursement, qui doit être échelonné, sauf volonté contraire du débiteur, des sommes restant dues dans le cas où le débiteur demande à ne plus bénéficier de son ouverture de crédit.

(L. n° 2003-706 du 1er août 2003, art. 87-I) « L'emprunteur doit pouvoir s'opposer aux modifications proposées, lors de la reconduction du contrat, jusqu'au moins vingt jours avant la date où celles-ci deviennent effectives, en utilisant un bordereau-réponse annexé aux informations écrites communiquées par le prêteur. Un décret précisera les caractéristiques de ce bordereau ainsi que les mentions devant y figurer. *(L. n° 2005-67 du 28 janv. 2005, art. 4-I)* « L'emprunteur peut également demander à tout moment la réduction de sa réserve de crédit, la suspension de son droit à l'utiliser ou la résiliation de son contrat. Dans ce dernier cas, il est tenu de rembourser, aux conditions du contrat, le montant de la réserve d'argent déjà utilisé. » – *V. Décr. n° 2004-202 du 4 mars 2004 (JO 5 mars).*

« En cas de refus des nouvelles conditions de taux ou de remboursement proposées lors de la reconduction du contrat, l'emprunteur est tenu de rembourser aux conditions précédant les modifications proposées le montant de la réserve d'argent déjà utilisé, sans pouvoir, toutefois, procéder à une nouvelle utilisation de l'ouverture de crédit. »

(L. n° 2005-67 du 28 janv. 2005, art. 4-I) « Si, pendant trois années consécutives, le contrat d'ouverture de crédit ou tout moyen de paiement associé n'ont fait l'objet

d'aucune utilisation, le prêteur qui entend proposer la reconduction du contrat adresse à l'emprunteur, à l'échéance de la troisième année, un document annexé aux conditions de cette reconduction. Ce document indique l'identité des parties, la nature de l'opération, le montant du crédit disponible, le taux annuel effectif global ainsi que le montant des remboursements par échéance et par fractions de crédit utilisées. A défaut pour l'emprunteur de retourner ce document, signé et daté, au plus tard vingt jours avant la date d'échéance du contrat, ce dernier est résilié de plein droit à cette date. »

(L. n° 2003-706 du 1er août 2003, art. 87-I) **« La mention « carte de crédit » est spécifiée en caractères lisibles au recto de la carte. »** — *[L. n° 78-22 du 10 janv. 1978, art. 5, al. 2]. — Sur les sanctions, V. art. L. 311-33 et L. 311-34, C. consom., infra.*

Les modifications apportées à l'art. L. 311-9 par l'art. 87-I de la L. n° 2003-706 du 1er août 2003 sont applicables aux contrats de crédit consentis ou renouvelés six mois après la promulgation de la loi précitée (JO 2 août). — Les dispositions issues de la loi n° 2005-67 du 28 janv. 2005 entrent en vigueur six mois à compter de la date de promulgation de la loi et s'appliquent aux contrats en cours et à leur reconduction à ladite date de promulgation (L. n° 2005-67, 28 janv. 2005, art. 7).

Le dernier alinéa de l'art. L. 311-9 est applicable aux cartes de crédit émises un an après la promulgation de cette loi (JO 2 août).

Les opérations mentionnées à l'art. L. 311-9 ne peuvent donner lieu à un crédit garanti par une hypothèque rechargeable (C. consom., art. L. 313-14, al. 2). - Sur les crédits garantis par une hypothèque rechargeable, V. infra, art. L. 313-14 s.

Ancien art. L. 311-9 ***Lorsqu'il s'agit d'une ouverture de crédit qui, assortie ou non de l'usage d'une carte de crédit, offre à son bénéficiaire la possibilité de disposer de façon fractionnée, aux dates de son choix, du montant du crédit consenti, l'offre préalable n'est obligatoire que pour le contrat initial.***

Elle précise que la durée du contrat est limitée à un an renouvelable et que le prêteur devra indiquer, trois mois avant l'échéance, les conditions de reconduction du contrat. Elle fixe également les modalités du remboursement, qui doit être échelonné, sauf volonté contraire du débiteur, des sommes restant dues dans le cas où le débiteur demande à ne plus bénéficier de son ouverture de crédit.

(L. n° 2001-1168 du 11 déc. 2001) ***« La mention « carte de crédit » est spécifiée sur la carte. »***

Les dispositions issues de la loi n° 2001-1168 du 11 déc. 2001 entrent en vigueur à l'issue d'un délai de six mois à compter de la publication de cette loi (JO 12 déc.). Elles s'appliquent aux cartes émises ou renouvelées postérieurement à ce délai (L. n° 2001-1168 du 11 déc. 2001, art. 14-II).

BIBL. ▶ FLORES, *Contrats Conc. Consom. 1999. Chron. 3* (information du consommateur lors du renouvellement du compte permanent). – POLLAUD-DULIAN, *RD banc. fin. nov.-déc. 2002, p. 341* (devoir d'information du banquier et crédits au consommateur). – CRÉDOT et GÉRARD, *RD banc. fin. 2003, n° 214* (loi sécurité financière). ▶ Loi n° 2005-67 du 28 janv. 2005 : STOFFEL-MUNCK, *Comm. com. élec. 2005, n° 45*. – Dossier spécial, *RD banc. fin. juill.-août 2005. 75* (discussion sur le crédit renouvelable). – COELHO, *Petites affiches 6 sept. 2005, p. 3*. – MALLET-BRICOUT, *Dr. et patr. sept. 2005. 38*. – GAUTIER, *Petites affiches 17 oct. 2005, p. 3* (crédit permanent : martyr des juges du fond).

1. Dispense de réitération. La dispense de réitération de l'offre préalable, prévue à l'art. L. 311-9, al. 1er, ne s'étend pas aux nouvelles ouvertures de crédit, lesquelles doivent être conclues dans les termes d'une offre préalable (à propos d'un relèvement du découvert autorisé). • Civ. 1re, 3 juill. 1996 : *D. 1996. IR. 191 ; D. Affaires 1996. 1122 ; Contrats Conc. Consom. 1996, n° 160, note Raymond* • 17 mars 1998 : *Bull. civ. I, n° 119 ; D. 2000. Somm. 49, obs. Pizzio ; D. Affaires 1998. 840, obs. C. R. ; Contrats Conc. Consom. 1998, n° 122, obs. Raymond ; RTD com. 1998. 907, obs. Bouloc* • 26 oct. 2004 : *RJDA 2005, n° 315*. – V. aussi • Versailles, 10 oct. 1997 : *Gaz. Pal. 1998. 1. Somm. 331.*

1 bis. En matière de crédit à la consommation, toute modification du montant ou du taux d'un crédit précédemment accordé doit être conclue dans les termes d'une offre préalable comportant les mentions prescrites par l'art. L. 311-10, le défaut d'indication de celles-ci, entraînant, en application de l'art. L. 311-33, la déchéance du droit aux intérêts pour le prêteur sur l'ouverture de crédit renégociée. • Civ. 1re, 18 janv. 2000 : *Bull. civ. I, n° 14 ; D. 2000. AJ. 134, obs. Rondey ; RD banc. fin. 2000, n° 53, obs. Crédot et Gérard.* ♦ V. déjà, considérant que l'acte par lequel le plafond d'un crédit est augmenté, le taux d'intérêt est réduit et l'un des coemprunteurs se désengage ne constitue pas un avenant au premier contrat d'ouverture de crédit mais un nouveau contrat et doit par conséquent faire l'objet d'une nouvelle offre préalable. • Versailles, 12 juin 1998 : *BICC 1999, n° 77 ; D. Affaires 1998. 1309, obs. V. A.-R.* ♦ Comp., retenant qu'un avenant n'est en aucune façon nécessaire lorsque le découvert, consenti à l'emprunteur qui peut en disposer de façon fractionnée, aux dates de son choix, a été majoré : • Paris, 9 mars 1999 : *D. 1999. IR. 109 ; D. Affaires 1999. 827.* ♦ L'avenant à une convention de découvert autorisé, aux termes duquel le solde débiteur d'un compte correspondant à une somme déterminée serait apuré par des versements mensuels, porte sur une somme fixée à l'avance et intégralement débloquée et ne concerne pas la mise à disposition fractionnée de fonds, de sorte qu'il n'est pas assujetti aux dispositions de l'art. L. 311-9. • Colmar, 24 avr. 2002 : *BICC 2003, n° 122.*

2. Application dans le temps de l'al. 2. L'obligation d'information résultant, pour le prêteur, des dispositions de l'art. L. 311-9, al. 2, s'impose pour les renouvellements ou reconductions, intervenus après l'entrée en vigueur de la L. n° 89-1010 du 31 déc. 1989 [dont est issu le texte de l'art. 5, al. 2, de la L. n° 78-22 du 10 janv. 1978, désormais codifié à l'art. L. 311-9, al. 2], des ouvertures de crédit souscrites avant cette loi. • Cass., avis, 4 oct. 1996 : *Bull. civ. n° 7 ; D. 1996. IR. 246 ; Contrats Conc. Consom. 1997, n° 15, obs. Raymond ; Rev. dr. bancaire 1997. 66, obs. Crédot et Gérard* • Civ. 1re, 16 mars 2004 : *D. 2004. AJ. 947, obs. Avena-Robardet (4e esp.) ; RDC 2004. 667, note Fenouillet ; RJDA 2004, n° 886 (1re esp.)*. – V. aussi • Versailles, 18 sept. 1998 : *D. Affaires 1998. 1947, obs. C. R.* • 2 mars 2001 : *Gaz. Pal. 30-31 janv. 2002, p. 9.* ♦ *Contra*, limitant l'application des dispositions de l'al. 2 aux contrats conclus postérieurement au 1er mars 1990, date d'entrée en vigueur de la loi du 31 déc. 1989 : • Dijon, 21 oct. 1994 : *Rev. huiss. 1995. 230.* ♦ En vertu de son art. 32, la loi du 31 déc. 1989 n'est entrée en vigueur que le 1er mars 1990, de sorte qu'elle n'a vocation à s'appliquer qu'aux reconductions et renouvellements à intervenir à compter du 1er juin 1990. • Civ. 1re, 13 mai 2003 : *Bull. civ. I, n° 116 ; JCP E 2003, n° 28-29, p. 1167 ; RTD com. 2003. 801, obs. Bouloc ; RJDA 2003, n° 1001.*

3. Champ de l'information - TAEG. Jugeant que la Dir. CEE n° 87-102 du 22 déc. 1986, modifiée, n'impose pas que, préalablement à chaque renouvellement, à des conditions inchangées, d'un crédit reconstituable dont le taux d'intérêt est stipulé variable, le prêteur soit obligé d'informer par écrit l'emprunteur du taux annuel effectif global en vigueur ainsi que des conditions auxquelles ce dernier pourra être modifié : • CJCE 4 mars 2004 : *D. 2004. AJ. 1083 ; JCP E 2004, n° 13, p. 491 ; RTD com. 2004. 356, obs. Legeais ; ibid. 631, obs. Luby ; Petites affiches 16 mai 2005, p. 12, obs. Claret ; RJDA 2004, n° 885 ; RJ com. 2004. 261, obs. Raynouard ; BEEI 2004, n° 3, p. 9.*

4. Modalités de l'information. Un établissement de crédit étant, en tant que professionnel des opérations de crédit, tenu d'un devoir de conseil et d'information envers ses cocontractants profanes, tenu de rapporter la preuve qu'il a informé les coemprunteurs, par écrit et de manière complète et explicite au sujet des conditions de reconduction de leur contrat. Cette information peut se faire par l'envoi d'une lettre simple ou recommandée dont l'établissement de crédit devra démontrer qu'elle a été envoyée, preuve qui n'est pas rapportée lorsque le prêteur fait seulement état de son système informatique ayant enregistré un envoi de « message Neiertz ». • Versailles, 18 sept. 1998 : *préc. note 2.* ♦ Un procès-verbal de constat d'huissier à partir de documents informatiques postérieurs aux faits à établir ne suffit pas à démontrer l'envoi à l'emprunteur de courriers personnels comportant les conditions de reconduction du contrat. • Versailles, 8 déc. 2000 : *RJDA 2001, n° 496.* ♦ En revanche, la production d'un listing informatique peut valoir preuve de l'envoi automatisé de l'information et de son indication sur les relevés destinés à l'emprunteur. • Versailles, 1er déc. 2000 : *ibid.* — Comp. note 5.

Ne saurait constituer une information suffisante sur les conditions de reconduction du contrat, la mention figurant sur les relevés de compte selon laquelle le contrat serait reconduit « aux conditions indiquées ci-dessus ». • Paris, 25 mars 2005 : *Gaz. Pal. 2005. 2745, note Tricoit.* ♦ L'information délivrée doit porter notamment sur le montant du découvert autorisé, le montant du découvert utilisé, le TEG, le taux conventionnel, le taux de période et la durée, les modalités du remboursement sur la période d'un an en cas de reconduction, et les modalités de remboursement si le contrat n'était pas renouvelé. • Même jugement.

5. Preuve de l'information. Il incombe au prêteur d'apporter la preuve qu'il a satisfait à l'obligation d'information exigée par l'art. L. 311-9. • Civ. 1re, 28 sept. 2004 : *RJDA 2005, n° 70.* ♦ En raison de l'automaticité de la déchéance d'ordre public, il appartient au prêteur d'établir que l'offre préalable écrite a satisfait aux conditions imposées par les art. L. 311-8 à L. 311-13. • Bordeaux, 30 avr. 1998 : *BICC 1998, n° 1328 ; Contrats Conc. Consom. 1998, n° 138, obs. Raymond.* ♦ La clause qui stipule que, « de convention expresse la délivrance de l'information [exigée par l'art. L. 311-9] sera établie par la production de l'enregistrement informatique de l'envoi », inverse, au détriment du consommateur, la charge de la preuve et crée, à l'encontre de ce dernier, un déséquilibre significatif entre les droits et obligations des parties. • Civ. 1re, 1er févr. 2005 : préc. note 9 bis ss. art. R. 132-1, supra.

6. ***Sanction.*** La méconnaissance de l'obligation d'informer l'emprunteur n'est pas sanctionnée par la nullité mais par la déchéance du droit aux intérêts sur les sommes prêtées en exécution du contrat reconduit, telle qu'elle est édictée par l'art. L. 311-33. • Cass., avis, 4 oct. 1996 : *préc. note 2.* ♦ V. aussi • Civ. 1re, 18 janv. 2000 : *préc. note 1 bis.*

S'agissant du solde débiteur formé à partir d'une seconde convention d'ouverture qui ne satisfait pas aux conditions fixées par les dispositions des art. L. 311-8 s., le prêteur est en vertu de l'art. L. 311-33 déchu du droit aux intérêts et l'emprunteur n'est tenu qu'au remboursement du capital. • Versailles, 12 juin 1998 : *préc. note 1 bis.* ♦ V. aussi sanctionnant la méconnaissance par une banque de son obligation légale d'informer son emprunteur par la déchéance de tout droit aux intérêts, • Versailles, 11 déc. 1998 : *D. Affaires 1999. 511.* ♦ Comp., considérant qu'une société de crédit qui ne démontre pas qu'elle a informé ses emprunteurs sur les conditions de reconduction d'un contrat d'ouverture de crédit doit être sanctionnée par la déchéance du droit aux intérêts sur les sommes dues à compter de l'échéance annuelle : • Limoges, 22 juill. 1998 : *BICC 1999, n° 487.*

7. Pour un arrêt déduisant des dispositions de l'art. L. 311-33 que la sanction civile particulière de la déchéance du prêteur du droit aux intérêts s'applique de plein droit à l'instant même où le contrat de crédit a été formé dès lors que l'offre préalable écrite n'est pas rédigée suivant les conditions de forme prescrites par les art. L. 311-8 à L. 311-13, et que dès cet instant la stipulation d'intérêts convenus par application de l'art. 1205 C. civ. mentionnée dans l'offre préalable est, par dérogation aux dispositions de l'art. 1134, al. 1er du même code, réputée *ipso facto* non écrite, et les sommes ultérieurement versées par l'emprunteur au titre des intérêts échus sont indues et doivent lui être intégralement restituées sous la condition d'intérêts moratoires, V. • Bordeaux, 30 avr. 1998 : *BICC 1998, n° 1328 ; Contrats Conc. Consom. 1998, n° 138, obs. Raymond.*

8. ***Ordre public de protection.*** BIBL. Soltner, *RD banc. fin. 2004. 224* (office du juge). ♦ La méconnaissance des exigences des art. L. 311-2 et L. 311-9 C. consom., même d'ordre public, ne peut être opposée qu'à la demande de celui que ces dispositions ont pour objet de protéger. • Civ. 1re, 10 juill. 2002 : *Bull. civ. I, n° 195 ; D. 2003. 549, note Gout ; RTD com. 2003. 356, obs. Bouloc ; RJDA 2003, n° 426* • 16 mars 2004 : *Bull. civ. I, n° 91 ; D. 2004. AJ. 947, obs. Avena-Robardet (1re et 2e esp.) ; JCP E 2004, n° 41, p. 1596, note Dagorne-Labbe ; RTD com. 2004. 358, obs. Legeais ; Petites affiches 30 juin 2004, p. 12, note Tellier ; RDC 2004. 679, note Fenouillet ; RJDA 2004, n° 886 (2e esp.) ; Dr. et procédures 2004. 286, obs. Bazin.* ♦ Dès lors le juge ne peut pas relever d'office l'éventuelle inobservation des dispositions de l'art. L. 311-9 relatives au crédit fractionné pour déclarer le prêteur déchu du droit aux intérêts. • Paris, 21 nov. 2001 : *RJDA 2002, n° 294* • Civ. 1re, 10 juill. 2002 : *préc.* • Versailles, 6 mai 2003 : *BICC 2004, n° 252* • 27 avr. 2004 : *BICC 2005, n° 846 ; RDC 2005. 1069, obs. Fenouillet.*

L. 311-9-1 *(L. n° 2003-706 du 1er août 2003, art. 87-I)* **S'agissant de l'opération de crédit visée à l'article L. 311-9, le prêteur est tenu d'adresser à l'emprunteur, mensuellement et dans un délai raisonnable avant la date de paiement, un état actualisé de l'exécution du contrat de crédit, faisant clairement référence à l'état précédent et précisant :**

— la date d'arrêté du relevé et la date du paiement ;

— la fraction du capital disponible ;

— le montant de l'échéance, dont la part correspondant aux intérêts ;

— le taux de la période et le taux effectif global ;

— le cas échéant, le coût de l'assurance ;

— la totalité des sommes exigibles ;

— le montant des remboursements déjà effectués depuis le dernier renouvellement, en faisant ressortir la part respective versée au titre du capital emprunté et celle versée au titre des intérêts et frais divers liés à l'opération de crédit ;

(L. n° 2005-67 du 28 janv. 2005, art. 4-II) **« — la possibilité pour l'emprunteur de demander à tout moment la réduction de sa réserve de crédit, la suspension de son droit à l'utiliser ou la résiliation de son contrat ; »**

— le fait qu'à tout moment, l'emprunteur peut payer comptant tout ou partie du montant restant dû, sans se limiter au montant de la seule dernière échéance.

Les dispositions de l'art. L. 311-9-1, issues de l'art. 87 de la loi n° 2003-706 du 1er août 2003 sont applicables aux contrats de crédit consentis ou renouvelés six mois après la promulgation de cette loi (JO 2 août). — Les dispositions issues de la loi n° 2005-67 du 28 janv. 2005 entrent en vigueur six mois à compter de la date de promulgation de la loi et s'appliquent aux contrats en cours et à leur reconduction à ladite date de promulgation (L. n° 2005-67, 28 janv. 2005, art. 7).

BIBL. ▶ Crédot et Gérard, *RD banc. fin. 2003, n° 215* (loi 1er août 2003 de sécurité financière).

L. 311-10 **L'offre préalable :**

1° Mentionne l'identité des parties et, le cas échéant, des cautions ;

2° Précise le montant du crédit et éventuellement de ses fractions périodiquement disponibles, la nature, l'objet et les modalités du contrat, y compris, le cas échéant, les conditions d'une assurance ainsi que le coût total ventilé du crédit et, s'il y a lieu, son taux effectif global ainsi que le total des perceptions forfaitaires demandées en sus des intérêts en ventilant celles correspondant aux frais de dossiers et celles correspondant aux frais par échéance ;

3° Rappelle les dispositions des articles L. 311-15 à L. 311-17 et L. 311-32 et, s'il y a lieu, des articles L. 311-20 à L. 311-31, L. 313-13, et reproduit celles de l'article L. 311-37 ;

4° Indique, le cas échéant, le bien ou la prestation de services financé. — *[L. n° 78-22 du 10 janv. 1978, art. 5, al. 3]. — Sur les sanctions, V. art. L. 311-33 et L. 311-34, infra.*

1. Charge de la preuve. Il appartient au prêteur d'établir qu'il a satisfait aux formalités prescrites par l'art. L. 311-10. • Civ. 1re, 10 avr. 1996 : *D. 1996. 527, note Hassler.*

1 bis. Ordre public. V. note 1 *bis* ss. art. L. 311-8.

1 ter. Nécessité d'un grief ? Il importe peu de vérifier, en cas d'omission d'une des mentions, si le consommateur en a subi personnellement un préjudice. • Paris, 27 oct. 1987 : *D. 1987. IR. 249.*

2. Offres non valides. Pour la sanction d'une offre de crédit en blanc, V. • TI Château-Thierry, 21 juin 1994 : *Contrats Conc. Consom. 1994, n° 16, note Raymond.*

2 bis. Mention du taux effectif global. Doit être cassé, pour violation des art. L. 311-10 et L. 311-33, l'arrêt qui, pour juger que le taux effectif global applicable à un contrat est celui de 10,45 %, retient que l'offre préalable indique un taux effectif global variable de 10,45 % à 19,75 %, que le contrat stipule que le taux effectif global résulte de l'addition d'un taux fixe propre à chaque tranche d'utilisation et d'un taux de référence variable, et qu'aucun document contractuel ne permet de connaître la valeur du taux fixe, en sorte que le taux effectif global du contrat doit être ramené au taux initialement conclu dans l'offre préalable, alors qu'il résulte des propres constatations de la cour que l'offre préalable ne comportait pas l'indication du taux effectif global. • Com. 9 déc. 1997 : *D. 1998. IR. 29 ; D. Affaires 1998. 194, obs. J.F. ; Gaz. Pal. 20-22 déc. 1998, p. 20, obs. Piedelièvre.* ♦ En application de l'art. L. 311-10, une offre préalable de crédit doit notamment préciser, outre son montant, le coût total ventilé de l'opération de crédit et s'il y a lieu, le taux effectif global ainsi que le total des perceptions forfaitaires demandées en sus des intérêts, en ventilant les sommes correspondant aux frais de dossiers et celles se rapportant aux frais par échéance. Dès lors, n'est pas conforme à ces dispositions, l'offre préalable qui ne comporte pas les modalités de calcul du taux effectif global « révisable et dégressif », mais seulement l'indication d'un taux minimum et d'un taux maximum, et renvoie pour son calcul à une annexe qui ne permet pas d'effectuer un calcul précis et rigoureux de celui-ci. • Versailles, 6 mars 1998 : *Gaz. Pal. 24-26 oct. 1999, p. 23.*

3. Reproduction des dispositions de l'art. L. 311-37. Sur l'obligation faite au prêteur d'établir une offre préalable de crédit tenant compte des modifications législatives, V. • Civ. 1re, 17 juill. 2001 : *Bull. civ. I, n° 233 ; D. 2002. 71, note Mazeau ; RD banc. fin. 2001, n° 218, obs. Crédot et Gérard ; JCP E 2002, n° 2, p. 74, note Lutun ; Petites affiches 16 janv. 2002, p. 15, note Lasbordes ; Gaz. Pal. 7-9 avr. 2002, p. 17, note Perret-Richard ; RTD civ. 2002. 91, obs. Mestre.* ♦ Dans le même sens, V. considérant que ne respecte pas l'art. L. 311-10 (3°), le contrat qui ne contient qu'une reproduction incomplète de l'art. L. 311-37 (c'est-à-dire antérieure à la rédaction issue de la loi du 31 déc. 1989, qui a ajouté à l'art. 27 de la loi du 10 janv. 1978, devenu l'art. L. 311-37, la mention « à peine de forclusion »), peu important qu'ait été utilisé l'un des modèles-types établis par le pouvoir réglementaire en application de ladite loi de 1978 (et non actualisé), dès lors qu'en vertu du principe de hiérarchie des normes juridiques, un règlement ne saurait déroger à une loi. • Amiens, 26 nov. 1996 : *Gaz. Pal. 1997. 1. 288, note Vindreau.* – V. aussi • TI Périgueux, 30 août 1996 : *Contrats Conc. Consom. 1996, n° 207, note Raymond ; RJDA 1997, n° 802* • Bordeaux, 30 avr. 1998 : *Contrats Conc. Consom. 1998, n° 138, obs. Raymond* • Rouen, 27 mai 1998 : *RJDA 1999, n° 86 ; JCP 1999. IV. 2188. – Contra* : • Amiens, 14 févr. 1995 : *Gaz. Pal. 1995. 2. 495, note Vindreau ; RJDA 1995, n° 1409.*

4. Réitération de l'offre préalable. V. notes 1 et 1 *bis* ss. ancien art. L. 311-9.

5. Sanctions. V. art. L. 311-33 et L. 311-34.

6. Crédit affecté. V. note 1 ss. art. L. 311-20.

L. 311-11 Pour les opérations à durée déterminée, l'offre préalable précise en outre pour chaque échéance, le coût de l'assurance et les perceptions forfaitaires éventuellement demandées ainsi que l'échelonnement des remboursements ou, en cas d'impossibilité, le moyen de les déterminer. – *[L. n° 78-22 du 10 janv. 1978, art. 5, al. 3]. – Sur les sanctions, V. art. L. 311-33 et L. 311-34, infra.*

L. 311-12 *(L. n° 2003-706 du 1er août 2003, art. 87-I)* **Lorsque l'offre préalable est assortie d'une proposition d'assurance, une notice doit être remise à l'emprunteur, qui comporte les extraits des conditions générales de l'assurance le concernant, notamment les nom et adresse de l'assureur, la durée, les risques couverts et ceux qui sont exclus. Si l'assurance est obligatoire pour obtenir le financement, l'offre préalable rappelle que l'emprunteur peut souscrire une assurance équivalente auprès de l'assureur de son choix. Si l'assurance est facultative, l'offre préalable rappelle les modalités suivant lesquelles l'emprunteur peut ne pas y adhérer.** – *Sur les sanctions, V. art. L. 311-33 et L. 311-34, infra.*

Les dispositions de l'art. L. 311-12, issues de l'art. 87-I de la L. n° 2003-706 du 1er août 2003, sont applicables aux contrats de crédit consentis ou renouvelés six mois après la promulgation de cette loi (JO 2 août).

BIBL. ▶ Crédot et Gérard, *RD banc. fin. 2003, n° 216* (loi n° 2003-706 de sécurité financière). – Barety, *Banque et Droit janv.-févr. 2004. 28* (assurance groupe : risques encourus par le banquier souscripteur).

Ancien art. L. 311-12 ***Lorsque l'offre préalable est assortie d'une proposition d'assurance, une notice doit être remise à l'emprunteur, qui comporte les extraits des conditions générales de l'assurance le concernant, notamment les nom et adresse de l'assureur, la durée, les risques couverts et ceux qui sont exclus.*** – [L. n° 78-22 du 10 janv. 1978, art. 5, al. 3].

Lorsque l'offre préalable est assortie d'une proposition d'assurance, l'établissement de crédit remplit son obligation d'information envers l'emprunteur par la simple remise de la notice prévue par l'art. L. 311-12 C. consom. et sans qu'aucune autre formalité ne puisse être exigée. • Civ. 1re, 27 févr. 2001 : *BRDA 2001, n° 6, p. 10* • Angers, 24 mai 2005 : *JCP 2005. IV. 3160.* ♦ Comp., jugeant que l'obligation de conseil et d'information de l'établissement de crédit, souscripteur d'une assurance groupe, envers l'emprunteur qui adhère à cette assurance ne se limite pas à la remise de la notice lorsque celle-ci ne définit pas de façon claire et précise les risques garantis ainsi que les modalités de mise en jeu de l'assurance. • Civ. 2e, 3 juin 2004 : *Bull. civ. II, n° 261 ; JCP E 2004, n° 48, p. 1884, note Leveneur ; Contrats Conc. Consom. 2004, n° 137, obs. Leveneur ; Dr. et patr. nov. 2004. 86, obs. Saint-Alary ; Banque et Droit nov.-déc. 2005. 87, obs. Guillot ; RJDA 2004, n° 1030 ; RDC 2005. 321, obs. Bruschi.* – V. aussi • Civ. 2e, 13 janv. 2005 : *Bull. civ. II, n° 4 ; D. 2005. IR. 456 ; JCP 2005. I. 149, n° 12, obs. Viney ; RJDA 2005, n° 610.* ♦ Sur la responsabilité du banquier à l'égard de la caution, V. • Com. 3 nov. 2004 : *RD banc. fin. 2005, n° 44, obs. Legeais.*

L. 311-13 L'offre préalable est établie en application des conditions prévues aux articles précédents selon l'un des modèles types fixés par le comité de réglementation bancaire, après consultation du Conseil national de la consommation. – *[L. n° 78-22 du 10 janv. 1978, art. 5, al. 4]. – V. art. R. 311-6 et R. 311-7, infra. – Sur les sanctions, V. art. L. 311-33 et L. 311-34, infra.*

BIBL. ▶ Comptes permanents : Biardeaud, *Rev. dr. bancaire 1994. 244 ; ibid. 1995. 55.* – Leibovici, *ibid. 50.* – Nasse, *ibid. 53.*

1. Conformité au modèle type. L'offre préalable doit seulement comporter les indications figurant au modèle type, sans qu'il y ait lieu à reproduction du modèle en la forme. • Reims, 29 janv. 1987 : *Gaz. Pal. 1987. 1. Somm. 110.* ♦ Lorsque l'offre de crédit a été établie sur le modèle type n° 1 annexé au décret du 24 mars 1978 [C. consom., art. R. 311–6], dont toutes les rubriques ont été remplies et signées par l'emprunteur, il ne peut être reproché à l'établissement de crédit d'avoir omis d'aviser son client de la poursuite du contrat de prêt en cas de vol, dès lors que le législateur lui-même n'avait pas jugé utile de faire figurer cet avertissement sur le modèle type. • Civ. 1re, 14 juin 1989 : *Bull. civ. I, n° 240 ; D. 1989. Somm. 338, obs. Aubert ; JCP 1991. II. 21632, note Virassamy.*

2. Ne satisfait pas aux dispositions impératives de la loi, l'offre qui contient des clauses, ajoutées aux mentions imposées par le modèle type, qui aggravent la situation de l'emprunteur en cas de défaillance de celui-ci. • Civ. 1re, 1er déc. 1993 : *Bull. civ. I, n° 354 ; D. 1994. IR. 10* • Riom, 18 janv. 1995 : *Contrats Conc. Consom. 1995, n° 172, obs. Raymond.* ♦ Il en va notamment ainsi de clauses de résiliation anticipée de l'offre de crédit, non prévues par les modèles types, et qui peuvent ainsi constituer des clauses abusives. • TI Rennes, 27 juin 2000 : *Banque et Droit nov.-déc. 2001. 46, obs. Guillot.* ♦ Rappr. : • Bordeaux, 31 mai 2001 : *BICC 2002, n° 61.*

V. aussi notes ss. art. R. 311-7, *infra.*

3. Divergences entre les modèles types et les modifications législatives ultérieures. V. note 3 ss. art. L. 311-10.

4. Choix du modèle type. V. notes 1 *bis* et 2 ss. art. R. 311-6, *infra.*

Code de la consommation

PARTIE RÉGLEMENTAIRE

(Décr. n° 97-298 du 27 mars 1997)

Art. R. 311-6 L'offre préalable de prêt prévue à l'article L. 311-8 comporte les indications figurant dans celui des modèles types annexés au présent code qui correspond à l'opération de crédit proposée. — *V. cette annexe au JO 3 avr. 1997 ou au* ***C. consom.***

Cet acte doit être présenté de manière claire et lisible. Il est rédigé en caractères dont la hauteur ne peut être inférieure à celle du corps huit. — *[Décr. n° 78-509 du 24 mars 1978, art. 1er].*

BIBL. ▶ Choix du modèle type : Biardeaux, *Rev. dr. bancaire 1994. 244 ; ibid. 1995. 55.* – Leibovici, *ibid. 1995. 50.* – Nasse, *ibid. 1995. 53.* ▶ Hauteur des caractères : Biardeaux, *Rev. dr. bancaire 1995. Chron. 55.*

1. Validité des clauses de variation du TEG. **BIBL.** Lagarde, *D. 2004. 2702* (crédit à la consommation : licéité de la clause de variation du taux de l'intérêt ?) ♦ Pour les contrats d'ouverture de crédit soumis aux seules dispositions de la L. n° 78-22 du 10 janv. 1978 (C. consom., art. L. 311-1 s.), le Décr. n° 78-509 du 24 mars 1978 (C. consom., art. R. 311-6 ; modèle type n° 4) prévoit que le taux effectif global suit les variations en plus ou en moins du taux de base que le prêteur applique aux opérations de même nature et qui figure dans les barèmes qu'il diffuse auprès du public. Il ne peut donc être valablement soutenu que le coût du crédit est indéterminé dès lors qu'il est constaté que l'offre préalable de crédit acceptée reproduisait les indications ci-dessus et énonçait clairement les modalités de détermination du montant des échéances de remboursement et du taux effectif global. • Civ. 1re, 22 oct. 1996 : *Bull. civ. I, n° 364 ; D. Affaires 1996. 1383 ; Contrats Conc. Consom. 1997, n° 13, obs. Raymond.* ♦ L'art. 1129 C. civ. n'étant pas applicable à la détermination du prix, est valable la clause de variation du taux d'intérêt figurant dans une ouverture de crédit, conforme au modèle type établi en exécution de l'art. 5, dern. al., de la loi du 10 janv. 1978 (C. consom., art. L. 311-13). • Civ. 1re, 17 nov. 1998 : *Bull. civ. I, n° 323 ; D. 1999. IR. 45 ; D. Affaires 1999. 163, obs. C. R. ; RD bancaire et bourse 1998. 70, obs. Crédot et Gérard ; Contrats Conc. Consom. 1999, n° 31, obs. Raymond.* ♦ Pour deux arrêts ayant admis la validité d'une clause de variation du TEG, V. • Paris, 5 déc. 1996 : *RD bancaire et bourse 1997. 234, obs. Crédot et Gérard* • 10 déc. 1996 : *ibid.* ♦ V. aussi, jugeant que l'interdiction dans les prêts d'un taux d'intérêt variable est édictée par le décret du 24 mars 1978 (C. consom., art. R. 311-6), l'art. 1129 C. civ. n'étant pas d'application, • Civ. 1re, 10 déc. 1996 : *Bull. civ. I, n° 446 ; D. 1997. 303, note Fadlallah ; D. Affaires 1997. 246 ; JCP E 1997. Pan. 93, obs. Bouteiller ; Rev. dr. bancaire 1997. 66, obs. Crédot et Gérard.* ♦ Comp., en ce sens que ce décret, en ce qu'il définit neuf modèles types d'offre préalable, n'est pas contraire à l'art. 1129 C. civ. et à l'application jurisprudentielle de ce texte aux taux variables : • Paris, 22 févr. 1996 : *D. Affaires 1996. 482.* ♦ Comp. aussi • Paris, 13 avr. 1998 : *RJDA 1999, n° 822.* ♦ Sur cette jurisprudence, V. notes 9 s. ss. art. L. 313-2 C. consom., *supra*, v° *Prêts d'argent*.

1 bis. Choix entre le modèle type 1 et le modèle type 6. Pour des arrêts ayant jugé licite le choix du modèle type n° 6 (offre préalable d'ouverture de crédit accessoire à des contrats de vente, utilisable par fractions et assortie d'une carte de crédit) plutôt que du modèle type n° 1 (offre préalable de crédit accessoire à une vente), s'agissant d'un prêt affecté à un achat déterminé, V. • Civ. 1re, 27 mai 1998 : *RD bancaire et bourse 1998. 140, obs. Crédot et Gérard* • Rouen, 18 sept. 1991 : *Rev. dr. bancaire 1992. 116, obs. Crédot et Gérard* • Montpellier, 8 mars 1995 : *ibid. 1995. 144, obs. Crédot et Gérard* • Amiens, 24 oct. 1994 : *ibid. 217, obs. Crédot et Gérard. – Contra* : • Agen, 17 mai 1995 : *ibid. 216, obs. Crédot et Gérard ; Contrats Conc. Consom. 1995, n° 176, obs. Raymond* • Nancy, 21 févr. 1996 : *JCP 1996. IV. 2190.*

2. Modèle type n° 5. Le modèle type n° 5 (offre préalable de crédit utilisable par fractions et assortie d'une carte de crédit) laisse le choix, pour le paragraphe I, relatif au coût total du crédit, entre la rédaction du modèle type n° 1 ou du modèle type n° 4. • Limoges, 21 juin 1994 : *Rev. dr. bancaire 1994. 264, obs. Crédot et Gérard.* ♦ V. notes ss. art. L. 311-13 C. consom., *supra*.

3. Hauteur des caractères. En ce sens qu'il résulte de l'art. R. 311-6, al. 2, que la hauteur des caractères de l'offre préalable ne doit pas être inférieure à trois millimètres, V. • Rennes, 24 avr. 1998 : *D. Affaires 1998. 1040, obs. V. A.-R. ; Contrats Conc. Consom. 1998, n° 105, obs. Raymond ; RJDA 1998, n° 1405* • 5 nov. 1998 : *D. Affaires 1999. 27.* – Comp., jugeant suffisante une hauteur de deux millimètres : • Rennes, 8 mars 1998 : *Gaz. Pal. 1998. 2. 720, note Bey.* ♦ Sur la méthode de mesure de la hauteur des caractères, V. • Rennes, 25 juin 1999 : *Gaz. Pal. 19-20 nov. 1999, p. 33* • TI Vienne, 14 mars 2003 : *Contrats Conc. Consom. 2003, n° 118, obs. Raymond.* ♦ Sur la sanction du non-respect de l'art. R. 311-6, V. note 3 ss. art. L. 311-33 C. consom., *infra*.

3 bis. L'offre préalable dont les mentions obligatoires sont rédigées avec une hauteur de caractère inférieure à huit millimètres et au moyen d'une encre pâle tendant à se confondre avec la couleur du papier ne présente pas la clarté et la lisibilité exigée par l'art. R. 311-6. • Orléans, 27 mars 2000 : *Contrats Conc. Consom. 2001, n° 50, obs. Raymond.*

4. Divergences entre les modèles types et les modifications législatives ultérieures. V. note 3 ss. art. L. 311-10 C. consom., *supra*.

R. 311-7 Le formulaire détachable de rétractation prévu à l'article L. 311-15 est établi conformément au modèle type joint en annexe. — *V. cette annexe au JO 3 avr. 1997 ou au* **C. consom.**

Il ne peut comporter au verso aucune mention autre que le nom et l'adresse du prêteur.

1. Mentions du formulaire de rétractation. L'art. R. 311-7 qui interdit, au verso du bordereau, toute autre mention que le nom et l'adresse du prêteur, n'impose pas pour autant que ces mentions doivent y figurer. • Civ. 1re, 17 juill. 2001 : *Bull. civ. I, n° 233 ; D. 2001. AJ. 2676, obs. Rondey ; ibid. 2002. 71, note Mazeaud ; JCP 2002. II. 10097, note Bazin ; Petites affiches 16 janv. 2002, p. 15, note Lasbordes* • 13 nov. 2002 : *Bull. civ. I, n° 267 ; JCP E 2003, n° 1, p. 8 ; Contrats Conc. Consom. 2003, n° 49, obs. Raymond ; RJDA 2003, n° 301* • Angers, 31 mai 2005 : *JCP E 2005, n° 40, p. 1633.* ♦ En sens contraire, V. • Civ. 1re, 8 juill. 1997 : *Bull. civ. I, n° 240 ; D. 1997. IR. 180 ; D. Affaires 1997. 928 ; RD bancaire et bourse 1997. 21, obs. crit. Crédot et Gérard ; Defrénois 1997. 1354, obs. Mazeaud ; Banque oct. 1997. 92, obs. Guillot* • Rennes, 24 avr. 1998 : *D. Affaires 1998. 1040, obs. V. A.-R. ; RJDA 1998, n° 1405* • 5 nov. 1998 : *D. Affaires 1999. 27.* ♦ V. aussi • Rennes, 25 juin 1999 : *Gaz. Pal. 19-20 nov. 1999, p. 33.* ♦ N'est pas régulière l'offre préalable qui n'indique pas, en son verso, les nom et adresse du prêteur mais seulement un slogan de l'établissement de crédit. • Civ. 1re, 8 juill. 1997 : *préc.*

2. Sanction. N'est pas recevable à prétendre au paiement des intérêts conventionnels, dont il est déchu, le prêteur de deniers qui, ayant poursuivi l'emprunteur du chef d'une offre préalable de crédit, n'est pas en mesure de produire son exemplaire du formulaire de rétractation détachable et ne permet donc pas au juge de vérifier que, conformément aux dispositions combinées des art. L. 311-8, L. 311-13, R. 311-6 et R. 311-7, ce document contient, au recto et au verso, les mentions requises en totalité, et à l'exclusion de toute autre mention. • Bordeaux, 11 mai 1999 : *BICC 1999, n° 1147.*

L. 311-14 **Aucun vendeur ni prestataire de services ne peut, pour un même bien ou une même prestation de services, faire signer par un même client une ou plusieurs offres préalables, visées aux articles L. 311-8 à L. 311-13 et L. 311-15 à L. 311-17, d'un montant total en capital supérieur à la valeur payable à crédit du bien acheté ou de la prestation de services fournie.**

Cette disposition ne s'applique pas aux offres préalables d'ouverture de crédit permanent définies à l'article L. 311-9. – *[L. n° 78-22 du 10 janv. 1978, art. 6].*

L. 311-15 **Lorsque l'offre préalable ne comporte aucune clause selon laquelle le prêteur se réserve le droit d'agréer la personne de l'emprunteur, le contrat devient parfait dès l'acceptation de l'offre préalable par l'emprunteur. Toutefois, l'emprunteur peut, dans un délai de sept jours à compter de son acceptation de l'offre, revenir sur son engagement. Pour permettre l'exercice de cette faculté de rétractation, un formulaire détachable est joint à l'offre préalable. L'exercice par l'emprunteur de sa faculté de rétractation ne peut donner lieu à enregistrement sur un fichier.** – *[L. n° 78-22 du 10 janv. 1978, art. 7, al. 1er]. – V. art. R. 311-7, supra, ss. art. L. 311-13. – Sur la computation du délai, V. art. L. 311-19, et sur les sanctions pénales, V. art. L. 311-34 et L. 311-35, infra.*

BIBL. ▶ DETRAZ, *Contrats Conc. Consom. 2004. Chron. 7* (plaidoyer pour une analyse fonctionnelle du droit de rétractation). – BOUJEKA, *RD banc. fin. 2004. 219* (délai de réflexion et délai de rétractation). – AVENA-ROBARDET, *D. 2005. 354* (proposition de loi tendant à prévenir le surendettement).

1. Acceptation de l'offre. Aucune disposition de la loi n'interdit que l'offre de prêt soit faite et acceptée le même jour alors qu'en tout état de cause le bénéficiaire n'est pas privé de la possibilité de la rétractation prévue à l'art. 7 [C. consom., art. L. 311-15]. • Versailles, 10 mars 1995 : *RJDA 1995, n° 871.* ♦ Lorsque l'offre préalable de crédit ne comporte comme seule date que celle de présentation du contrat, ce dernier, conformément aux règles de droit commun du prêt, est réputé accepté et donc définitivement formé, le jour de la remise effective des fonds intervenue durant le délai légal de validité de l'offre. • Bordeaux, 26 juin 1997 : *BICC 1997, n° 1409.*

Sur la preuve de l'authenticité de la signature de l'emprunteur, V. • TI Reims, 13 sept. 1994 : *Contrats Conc. Consom. 1994, n° 212, obs. Raymond.* ♦ Un majeur atteint de schizophrénie peut malgré sa maladie disposer du discernement suffisant pour contracter des contrats de crédits à la consommation au moins avant qu'une mesure de tutelle ou de curatelle ne soit prise à son égard. • Bordeaux, 1er avr. 2004 : *Contrats Conc. Consom. 2004, n° 164, obs. Raymond.*

2. Exercice du droit de rétractation. L'emprunteur peut exercer son droit de rétractation auprès du vendeur s'il a la croyance légitime que celui-ci a pouvoir d'engager l'organisme de crédit et que les circonstances l'autorisent à ne pas vérifier les limites exactes de ce pouvoir. • Civ. 1re, 12 févr. 1991 : ☎ *Bull. civ. I, n° 62 ; D. 1992. Somm. 269, obs. A. Penneau* ✎ • 2 févr. 1994 : ☎ *Contrats Conc. Consom. 1994, n° 84, note Raymond.* ♦ L'emprunteur peut exercer ce droit par d'autres moyens que le formulaire détachable, lequel a pour but tant d'attirer son attention sur ce droit que de lui en faciliter l'exercice. • Civ. 1re, 12 févr. 1991 : ☎ *préc.*

3. Le bénéfice du délai de rétractation ne peut profiter qu'à l'emprunteur et non à la caution. • Douai, 15 sept. 1994 : *Gaz. Pal. 1996. 1. Somm. 150.*

4. Vice du consentement. Jugeant que le droit commun des contrats s'applique au contrat de crédit à la consommation et que l'engagement de l'emprunteur suppose, pour qu'il soit licite, qu'il comprenne la teneur et la portée du contrat qu'il signe ; que tel n'est pas le cas d'un co-emprunteur ne parlant pas et ne comprenant pas le français ce dont il résulte que son consentement n'a pas été donné de manière valable au sens de l'art. 1109 C. civ., V. • Reims, 15 févr. 2001 : *Contrats Conc. Consom. 2002, n° 37, note Raymond.* ♦ Lorsque le curateur a eu connaissance des relevés de compte du majeur pendant un an, il ne peut prétendre que le prêt qui a été accordé est entaché de nullité pour défaut d'assistance de son curateur et il ne saurait être reproché à la banque une quelconque faute dès lors qu'il n'est ni allégué ni démontré qu'elle ait eu connaissance de la curatelle de l'emprunteur. • Aix-en-Provence, 13 mai 2002 : *Contrats Conc. Consom. 2002, n° 178, obs. Raymond.* ♦ Un majeur atteint de schizophrénie peut malgré sa maladie disposer du discernement suffisant pour contracter des contrats de crédits à la consommation au moins avant qu'une mesure de tutelle ou de curatelle ne soit prise à son égard. • Bordeaux, 1er avr. 2004 : *Contrats Conc. Consom. 2004, n° 164, obs. Raymond.*

L. 311-16 Lorsque l'offre préalable stipule que le prêteur se réserve le droit d'agréer la personne de l'emprunteur, le contrat accepté par l'emprunteur ne devient parfait qu'à la double condition que, dans ce même délai de sept jours, ledit emprunteur n'ait pas usé de la faculté de rétractation visée à l'article L. 311-15 et que le prêteur ait fait connaître à l'emprunteur sa décision d'accorder le crédit. L'agrément de la personne de l'emprunteur est réputé refusé si, à l'expiration de ce délai, la décision d'accorder le crédit n'a pas été portée à la connaissance de l'intéressé. L'agrément de la personne de l'emprunteur parvenu à sa connaissance après l'expiration de ce délai reste néanmoins valable si celui-ci entend toujours bénéficier du crédit. — *[L. n° 78-22 du 10 janv. 1978, art. 7, al. 2]. — Sur la computation du délai, V. art. L. 311-19, infra.*

V. bibl. ss. art. L. 311-15, supra.

1. Formation du contrat. **BIBL.** Denis-Fatôme, *RD banc. fin. 2004. 217* (l'absence de consentement et le crédit à la consommation). – De Laender, *ibid. 288* (conclusion du contrat de crédit en ligne). – Pain-Masbrenier, *Contrats Conc. Consom. 2006. Chron. 3* (réflexions sur la notion de contrat de prêt et son incidence sur la qualification de l'ouverture de crédit). ♦ L'emprunteur ayant accepté et utilisé les fonds mis à sa disposition, bien que la banque ne lui ait pas manifesté son agrément dans le délai de sept jours, le contrat de crédit s'est valablement formé dès lors que l'emprunteur a entendu en bénéficier : • Civ. 1re, 28 nov. 1995 : *Bull. civ. I, n° 439 ; Rev. dr. bancaire 1996. 50, obs. Crédot et Gérard.* ♦ Le caractère consensuel d'un contrat n'imposant pas que les volontés contractuelles soient formulées de manière expresse, le contrat de crédit est valablement formé dès lors qu'en versant les fonds à l'emprunteur, le prêteur a manifesté son agrément et qu'en remboursant les échéances, l'emprunteur a entendu bénéficier du contrat. • Civ. 1re, 4 juin 2002 : *Bull. civ. I, n° 159 ; JCP E 2003, n° 11, p. 466, obs. Stoufflet ; RD banc. fin. 2002, n° 128, obs. Crédot et Gérard ; RTD com. 2003. 154, obs. Bouloc.* ♦ Dans le même sens, V. • Civ. 1re, 9 déc. 1997 : *Bull. civ. I, n° 364 ; D. Affaires 1998. 142, obs. S. P. ; Contrats Conc. Consom. 1998, n° 49, obs. Raymond ; Rev. dr. bancaire 1998. 61, obs. Crédot et Gérard.* – V. déjà, en faveur de l'agrément tacite, • Paris, 23 sept. 1994 : *RJDA 1995, n° 52* • Douai, 15 sept. 1994 : *Gaz. Pal. 1996. 1. Somm. 150.* ♦ V. aussi, jugeant qu'aucune règle n'est imposée au prêteur pour notifier à l'emprunteur son agrément, lequel peut revêtir la forme de tout acte positif non équivoque, telle la mise à disposition des fonds à l'emprunteur qui en a usé librement sans objections ni réserves : • Versailles, 2 mars 2001 : *Gaz. Pal. 2002. 1. Somm. 192.* ♦ Comp., en ce sens que l'agrément de la personne de l'emprunteur doit être notifié à celui-ci sous une forme quelconque, mais de manière expresse, par le prêteur qui doit pouvoir en justifier pour que le contrat de crédit soit valablement formé : • Civ. 1re, 7 févr. 1995 : *Bull. civ. I, n° 78 ; D. 1995. Somm. 313, obs. Pizzio.* – V. aussi • Versailles, 19 févr. 1993 : *Contrats Conc. Consom. 1994, n° 15, obs. Raymond* • TI Périgueux, 30 août 1996 : *RJDA 1997, n° 802.*

L'ouverture de crédit, qui constitue une promesse de prêt, donne naissance à un prêt, à concurrence des fonds utilisés par le client. • Com. 21 janv. 2004 : *Bull. civ. IV, n° 13 ; D. 2004. 1149, note Jamin ; ibid. AJ. 498, obs. Avena-Robardet ; Petites affiches 9 févr. 2004, p. 5, rapp. Cohen-Branche ; JCP E 2004, n° 18, p. 720, note Salati ; JCP 2004. II. 10062, note S. Piedelièvre ; RD banc. fin. 2004. 134, note Martin ; ibid., n° 108, obs. Crédot et Gérard ; Banque et Droit mai-juin 2004. 50, obs. Bonneau ; RTD com. 2004. 352, obs. Legeais ; RD imm. 2004. 367, obs. Heugas-Darraspen.* – Sur cet arrêt, V. aussi Tchotourian, *RJDA 2004, p. 731.* ♦ Rappr., jugeant que l'ouverture de crédit en compte courant, à concurrence de sa partie non utilisée, ne constitue qu'une promesse de prêt à une personne dénommée : • Civ. 2e, 18 nov. 2004 : *cité note 21 ss. art. L. 511-33 C. mon. fin., supra, v° Code monétaire et financier (extraits).* ♦ Rappr. aussi, jugeant que l'ouverture de crédit ne peut revêtir le caractère de prêt qu'à compter de la mise en jeu de la garantie (cautionnement), soit du jour de la mise à disposition des fonds : • Civ. 1re, 28 sept. 2004 : *Bull. civ. I, n° 214 ; D. 2004. AJ. 2786 ; RD banc. fin. 2005, n° 9, obs. Legeais ; Bull. Joly 2005. 586, note Coquelet ; RDC 2005. 691, obs. Dauriac ; Rev. sociétés 2005. 371, note Legeais.*

2. *Renonciation.* Si les dispositions de la loi sont d'ordre public, aux termes de l'art. 28 [C. consom., art. L. 313-16], les nullités sanctionnant les irrégularités sont des nullités relatives qui peuvent être confirmées. • Paris, 16 mai 1986 : *D. 1986. 465, concl. Paire.* ♦ Ainsi, il a été jugé que vaut renonciation à se prévaloir des irrégularités résultant du versement d'un acompte avant l'expiration du délai de sept jours, la mise en demeure par le client du vendeur, après expiration dudit délai, de lui livrer la marchandise. • Même arrêt. ♦ Comp. : note 5 ss. art. L. 311-33 et note ss. art. R. 311-8, *infra*, ss. art. L. 311-24.

3. *Notification tardive de l'agrément.* L'agrément de l'emprunteur porté à la connaissance de celui-ci plus de sept jours après son acceptation de l'offre de prêt suppose, pour produire effet, que celui dont l'agrément était réputé refusé, manifeste s'il entend toujours bénéficier du crédit. • Toulouse, 15 nov. 1994 : *BICC 1994, n° 1265.*

L. 311-17 **Tant que l'opération n'est pas définitivement conclue, aucun paiement, sous quelque forme et à quelque titre que ce soit, ne peut être fait par le prêteur à l'emprunteur ou pour le compte de celui-ci, ni par l'emprunteur au prêteur. Pendant ce même délai, l'emprunteur ne peut non plus faire, au titre de l'opération en cause, aucun dépôt au profit du prêteur ou pour le compte de celui-ci. Si une autorisation du prélèvement sur son compte bancaire ou postal est signée par l'emprunteur, sa validité et sa prise d'effet sont subordonnées à celles du contrat de crédit.** – *[L. n° 78-22 du 10 janv. 1978, art. 7, al. 3]. – Sur la computation du délai, V. art. L. 311-19, et sur les sanctions pénales, V. art. L. 311-35, infra.*

BIBL. ▸ RAYMOND, *Contrats Conc. Consom. 1997. Chron. 4* (prélèvements bancaires).

L. 311-18 **Lorsqu'un acte de prêt, établi en application des articles L. 311-8 à L. 311-13, est passible du droit de timbre de dimension, seul l'exemplaire conservé par le prêteur est soumis à ce droit.** – *[L. n° 78-22 du 10 janv. 1978, art. 18]. – Comp. : CGI, art. 901 A. –* ***CGI.***

L. 311-19 **Les délais, fixés au présent chapitre, qui expireraient normalement un samedi, un dimanche ou un jour férié ou chômé, sont prorogés jusqu'au premier jour ouvrable suivant.** – *[L. n° 89-421 du 23 juin 1989, art. 10, II].*

SECTION V *Les crédits affectés*

BIBL. GÉN. ▸ GRUA et VIRATELLE, *JCP 1995. I. 3826* (affectation d'un crédit ou d'un dépôt en banque). – PAIRAULT, *Petites affiches 18 juill. 1997, p. 15* (interdépendance du contrat de prêt et du contrat principal).

L. 311-20 **Lorsque l'offre préalable mentionne le bien ou la prestation de services financé, les obligations de l'emprunteur ne prennent effet qu'à compter de la livraison du bien ou de la fourniture de la prestation ; en cas de contrat de vente ou de prestation de services à exécution successive, elles prennent effet à compter du début de la livraison ou de la fourniture et cessent en cas d'interruption de celle-ci. Le vendeur ou le prestataire de services doit conserver une copie de l'offre préalable remise à l'emprunteur et la présenter sur leur demande aux agents chargés du contrôle.** – *[L. n° 78-22 du 10 janv. 1978, art. 9, al. 1er].*

BIBL. ▸ M.-TH. CALAIS-AULOY, *JCP 1984. I. 3144.*

1. *Ordre public.* Aucune stipulation d'un contrat de location avec option d'achat ne peut faire obstacle à l'action en résolution de la vente pour vices cachés engagée par le locataire, en raison du caractère d'ordre public de l'art. 9 [C. consom., art. L. 311-20 et L. 311-21]. • Civ. 1re, 11 févr. 1986 : ☎ *Bull. civ. I, n° 27 ; D. 1986. 541, note Gross.* ♦ De même, l'emprunteur ne peut renoncer au bénéfice de l'art. 9, al. 1er [C. consom., art. L. 311-20]. • Civ. 1re, 17 mars 1993 : ☎ *Bull. civ. I, n° 116 ; D. 1993. IR. 87.* ♦ L'organisme doit en vertu de l'art. L. 311-10, 4°, C. consom., mentionner sur le contrat la prestation financée de sorte qu'il ne peut se retrancher derrière l'absence de cette mention pour faire obstacle à l'application de l'art. L. 311-20, ce d'autant que la prestation apparaît indirectement dans l'offre, ce qui ne laisse aucun doute sur l'utilisation du prêt et plus précisément sur son affectation. • TI Montpellier, 3 sept. 2004 : *D. 2004. 2565, note Auby (2e esp.)*.

1 bis. La restitution du capital emprunté malgré le défaut de délivrance du bien financé ne peut être ordonnée aux motifs que l'acheteur à crédit avait toujours la possibilité de se faire garantir par le vendeur fautif. • Civ. 1re, 7 févr. 1995 : *Bull. civ. I, n° 70 ; D. 1995. Somm. 314, obs. Pizzio ; Rev. huiss. 1995. 934, note Bazin ; Contrats Conc. Consom. 1995, n° 156, note Raymond.* ♦ Comp. : note 7, *infra*, et notes 6, 8 et 9 ss. art. L. 311-21.

2. Crédit affecté. V. note 2 ss. art. L. 311-21.

2 bis. Bien ou prestation de services déterminés. L'offre qui concerne un prêt personnel en vue de l'achat d'un véhicule automobile dont les caractéristiques sommaires ne sont pas indiquées dans l'acte n'est pas soumise aux dispositions de l'art. 9 [C. consom., art. L. 311-20 et L. 311-21], qui ne visent que l'offre préalable d'un crédit accessoire à l'achat d'un bien déterminé. • Civ. 1re, 26 nov. 1991 : *Bull. civ. I, n° 336.* ♦ Dans le même sens, s'agissant d'une offre préalable de crédit ne mentionnant pas expressément la prestation de services financée (abonnement à un club de gymnastique), V. • Civ. 1re, 17 févr. 1998 : *RD bancaire et bourse 1998. 142, obs. Crédot et Gérard.* ♦ Un prêt n'est soumis aux dispositions relatives aux prêts affectés que si l'offre préalable mentionne le bien ou la prestation de service financé. • Civ. 1re, 29 juin 2004 : *Bull. civ. I, n° 188 ; D. 2004. 2565, note Auby (1re esp.) ; JCP 2004. IV. 2803 ; Contrats Conc. Consom. 2004, n° 165, obs. Raymond (2e esp.) ; RTD com. 2004. 795, obs. Legeais ; RJDA 2004, n° 1257 ; RDC 2005. 319, obs. Bruschi* (l'affectation ne saurait être déduite de la simple connaissance qu'a le prêteur de l'utilisation des fonds).

3. Suspension des obligations de l'emprunteur. La livraison est assimilable à la délivrance de la chose, prévue par l'art. 1615 C. civ., et comprend également l'obligation de livrer ses accessoires et tout ce qui est destiné à son usage (en l'espèce, la carte grise d'un véhicule). • Paris, 29 avr. 1987 : *D. 1987. IR. 132.*

4. Les acheteurs d'un salon à crédit ne peuvent être condamnés à payer le solde dès lors qu'ils contestent la réalité de la livraison et que le vendeur ne produit qu'un « certificat de livraison », document sur lequel il est mentionné expressément qu'il est établi sous la seule responsabilité du vendeur alors qu'il est d'usage qu'au moment d'une livraison le livreur fasse attester par le livré que l'opération a été effectuée. • Douai, 8 sept. 1994 : *BICC 1994, n° 1176 ; Rev. huiss. 1995. 116.*

5. La remise, avant la livraison du bien ou la fourniture du service, par les acquéreurs à crédit au fournisseur d'un « bon à payer » permettant à celui-ci d'obtenir le déblocage des fonds prêtés sur ses seules déclarations est de nature à faire obstacle à l'application du principe d'ordre public de l'interdépendance du contrat principal et du contrat de crédit et à permettre au second de produire ses effets sans tenir compte de l'inexécution du premier. • Civ. 1re, 7 juill. 1992 : *Bull. civ. I, n° 224 ; D. 1992. IR. 214* • Nîmes, 28 févr. 2005 : *Contrats Conc. Consom. 2005, n° 158, obs. Raymond.* ♦ Comp. : • Civ. 1re, 14 nov. 2001 : *cité note 6.*

6. Ne commet pas de faute le prêteur qui, ayant consenti à l'acheteur d'un bien un crédit destiné à l'acquisition de ce bien, adresse les fonds au vendeur après signature par l'acheteur d'un bon attestant que la livraison a été effectuée, en sorte que, la livraison ayant été effectuée, l'acheteur est tenu de régler les échéances du crédit sans pouvoir invoquer des malfaçons et non-conformités. • Civ. 1re, 9 juin 1993 : *Bull. civ. I, n° 212 ; D. 1993. IR. 204.* ♦ De même, l'emprunteur qui a signé le « certificat de livraison » du bien n'est pas recevable à soutenir ensuite, au détriment du prêteur, que le bien ne lui a pas été livré, dès lors qu'en signant le certificat, il a déterminé le prêteur à verser les fonds au vendeur. • Civ. 1re, 14 nov. 2001 : *Bull. civ. I, n° 280 ; JCP 2002. II. 10078, concl. Jerry-Sainte-Rose ; RTD com. 2002. 359, obs. Bouloc*. ♦ Comp. : notes 6 et 9 ss. art. L. 311-21.

7. Il incombe au prêteur, lequel ne peut délivrer les fonds au vendeur ou au prestataire de services qu'au reçu d'un document attestant l'exécution, au moins partielle, du contrat principal, de démontrer cette exécution. • Civ. 1re, 3 mai 1995 : *Contrats Conc. Consom. 1995, n° 175, obs. Raymond* • Paris, 21 nov. 1995 : *D. Affaires 1996. 139* • Douai, 8 sept. 1994 : *Gaz. Pal. 19-20 avr. 1996* (insuffisance d'un « certificat de livraison » établi sous la seule responsabilité du vendeur) • Versailles, 11 sept. 2001 : *RJDA 2002, n° 84* (insuffisance d'une « attestation de livraison » non signée par le vendeur, non datée et ne comportant aucune mention sur les modalités de règlement du prix par l'emprunteur). ♦ Mais il ne peut être reproché au prêteur d'avoir commis une faute en délivrant les fonds sans attestation d'acceptation du bien, l'emprunteur ne justifiant pas s'être opposé au déblocage du crédit dès la livraison des éléments de cuisine dont l'installation restait à faire. • Civ. 1re, 10 juill. 1995 : *Bull. civ. I, n° 316 ; Contrats Conc. Consom. 1995, n° 192, note Raymond.* ♦ Comp., jugeant que le seul fait que le prêteur ait pu prélever certaines échéances du prêt sur le compte de l'emprunteur, sans protestation immédiate de la part de celui-ci, n'impliquait pas, à lui seul, que l'intéressé reconnaissait avoir reçu livraison du bien convenu et devoir rembourser le prêt. • Versailles, 7 janv. 2003 : *BICC 2003, n° 1273 ; RJDA 2004, n° 213.* ♦ V. aussi note 6 ss. art. L. 311-21 C. consom.

7 bis. En cas de contrat à exécution successive, il incombe à l'emprunteur de justifier la suspension du remboursement du crédit en rapportant la preuve de l'interruption des livraisons. • Civ. 1re, 31 mars 1998 : *Contrats Conc. Consom. 1998, n° 93, obs. Raymond.*

7 ter. Sur l'inapplicabilité du délai de forclusion prévu par l'art. L. 311-37, V. note 6 ss. art. L. 311-37.

8. Fait de l'emprunteur. Si, en application de l'art. 9 [C. consom., art. L. 311-20], les obligations de l'emprunteur ne prennent effet qu'à compter de la livraison du bien commandé, il en est autrement dans le cas où l'absence de livraison est imputable au fait de l'emprunteur. • Civ. 1re, 16 avr. 1991 : *Bull. civ. I, n° 140 ; D. 1991. IR. 139.*

L. 311-21 En cas de contestation sur l'exécution du contrat principal, le tribunal pourra, jusqu'à la solution du litige, suspendre l'exécution du contrat de crédit. Celui-ci est résolu ou annulé de plein droit lorsque le contrat en vue duquel il a été conclu est lui-même judiciairement résolu ou annulé.

Les dispositions de l'alinéa précédent ne seront applicables que si le prêteur est intervenu à l'instance ou s'il a été mis en cause par le vendeur ou l'emprunteur. – *[L. n° 78-22 du 10 janv. 1978, art. 9, al. 2 et 3].*

BIBL. ► *V. ss. art. L. 311-20.*

1. Ordre public. V. note 1 ss. art. L. 311-20.

Est sans effet la clause d'un contrat de crédit-bail qui prévoit, en cas de résolution de la vente pour vice caché, la restitution du bien au vendeur contre reversement, par celui-ci, après remboursement du prix d'achat au bailleur, de la valeur du bien financé amortie par les termes du loyer déjà versés, sans déduction de toute somme restant due. • Nancy, 13 sept. 1994 : *Gaz. Pal. 1995. 2. Somm. 500.*

2. Crédit affecté. Les dispositions de l'art. L. 311-21, ne pouvant être appliquées qu'aux crédits affectés c'est-à-dire aux crédits destinés à financer un achat préalable, elles ne peuvent pas par conséquent concerner l'ouverture d'un compte de crédit permanent. • Paris, 18 nov. 1997 : *D. Affaires 1998. 59, obs. E.P.* – V. aussi • Aix-en-Provence, 7 juin 2005 : *Contrats Conc. Consom. 2006, n° 10, obs. Raymond.* ♦ Le crédit, bien que qualifié de revolving, est bien « affecté », dès lors qu'il est lié indivisément à l'abonnement au club de sport et que les emprunteurs ne l'ont pas utilisé à autre chose. • Montpellier, 26 nov. 2003 : *D. 2004. 2565, note Auby (3e esp.)*. ♦ Commet une fraude à la loi le prêteur, professionnel du crédit à la consommation, qui fait souscrire une offre de crédit renouvelable à la place d'un crédit affecté en vue d'un abonnement à un club de sport, ce dont il avait parfaitement connaissance. • Civ. 1re, 7 févr. 2006 : *D. 2006. AJ. 649, obs. Rondey ; JCP E 2006, n° 11, p. 516 ; Contrats Conc. Consom. 2006, n° 55, obs. Raymond ; RJDA 2006, p. 446, avis Sainte-Rose ; RLDA avr. 2006. 47, obs. Méar* (confirmation de • Montpellier, 26 nov. 2003 : *préc.*). — V. *supra*, note 2 *bis* ss. art. L. 311-20.

2 bis. Suspension du crédit. Le juge civil saisi d'une action en paiement d'un emprunt doit, en vertu de l'art. 4, al. 2, C. pr. pén., surseoir à statuer si une action publique est exercée contre le vendeur, pouvant aboutir à mettre en cause la validité du contrat de vente, et par voie de conséquence celle du contrat de prêt. • Civ. 1re, 20 déc. 1988 : *Bull. civ. I, n° 371 ; D. 1989. Somm. 341, obs. Aubert.*

3. L'acquéreur, n'ayant pas mis le vendeur en cause, ne peut opposer l'absence de livraison du bien financé pour faire échec à la demande en paiement de l'emprunt. • Civ. 1re, 10 mai 1995 : *Bull. civ. I, n° 204 ; D. 1995. IR. 142 ; Contrats Conc. Consom. 1995, n° 174, obs. Raymond.* ♦ Comp., jugeant que le prêteur ne peut se prévaloir, par analogie, de l'art. 9, al. 3 [C. consom., art. L. 311-21, al. 2], pour estimer obligatoire la mise en cause du vendeur à l'instance en suspension engagée contre lui, cet art. n'interdisant pas l'existence d'instances distinctes dès lors que la demande en suspension du contrat de crédit est formée postérieurement à celle portant sur le contrat principal : • Reims, 24 janv. 1991 : *JCP 1992. IV. 1217.* ♦ V. aussi cet arrêt, sur la compétence du juge des référés pour prononcer la suspension.

3 bis. La circonstance que l'emprunteur n'ait pas recouru aux possibilités offertes par les art. L. 311-21 et L. 311-22, notamment l'annulation ou la résolution judiciaire du contrat principal, ne saurait le priver de la possibilité de se prévaloir des dispositions de l'art. L. 311-20 du même code à l'égard du prêteur qui a payé sans s'assurer de la complète exécution du contrat principal. • Versailles, 9 mars 2001 : *Gaz. Pal. 30-31 janv. 2002, p. 9.*

4. Résolution ou annulation de plein droit du contrat de crédit. La résolution du contrat principal entraîne celle du contrat de crédit dès lors que les deux opérations ont été présentées comme liées à l'acheteur, même en l'absence de mention au contrat de crédit. • Com. 19 janv. 1993 : *Bull. civ. IV, n° 26 ; RTD com. 1993. 707, obs. Bouloc*.

5. Sur l'extension de la nullité du contrat de vente au contrat de prêt, V. • Com. 18 mai 1993 : *Contrats Conc. Consom. 1993, n° 182, note Raymond* • Besançon, 27 juin 1995 : *BICC 1996, n° 905.*

6. Le prêteur qui a délivré les fonds au vendeur ou au prestataire de services sans s'assurer que celui-ci avait exécuté son obligation, commet une faute qui le prive de la possibilité de se prévaloir, à l'égard de l'emprunteur, des effets de la résolution du contrat de prêt, conséquence de la résolution du contrat principal. • Civ. 1re, 8 juill. 1994 : *Contrats Conc. Consom. 1994, n° 213, note Raymond* • Lyon, 3 mai 1995 : *ibid. 1996, n° 32, note Raymond.* ♦ Comp. : note 7 ss. art. L. 311-20.

7. En revanche, une personne ayant, à la suite d'un démarchage, valablement renoncé à sa commande dans le délai de sept jours prévu à l'art. 3 de la loi n° 72-1137 du 22 déc. 1972 [C. consom., art. L. 121-25] sans user de la même faculté de rétractation à l'égard de l'établissement de crédit, l'annulation du contrat principal entraîne de plein droit celle du contrat de crédit, et le prêteur, qui n'a commis aucune faute, est donc fondé à demander à l'emprunteur le remboursement de la somme prêtée, conséquence de l'annulation du contrat de crédit. • Civ. 1re, 8 nov. 1994 : *Bull. civ. I, n° 324 ; D. 1995. Somm. 313, obs. Pizzio*.

8. La résolution ou l'annulation d'un contrat de crédit en conséquence de l'annulation du contrat constatant la vente qu'il finançait emporte pour l'emprunteur, hors le cas d'absence de livraison du bien vendu ou de faute du prêteur dans la remise des fonds prêtés, l'obligation de rembourser au prêteur le capital prêté, sauf la faculté, pour le prêteur, d'appeler le vendeur en garantie, peu important que le capital eût été versé directement au vendeur par le prêteur et que la faculté ouverte à celui-ci par l'art. L. 311-22 C. consom. n'eût pu être exercée. • Civ. 1re, 9 nov. 2004 : *Bull. civ. I, n° 263 ; D. 2005. AJ. 76 ; JCP E 2004, n° 51, p. 2000 ; Banque et Droit mars-avr. 2006. 75, obs. Guillot ; RJDA 2005, n° 316 ; RTD com. 2005. 156, obs. Legeais*. ♦ La résolution du prêt, en conséquence de la résolution de la vente, doit entraîner la restitution des prestations reçues de part et d'autre, et la protection du consommateur tient à la possibilité pour l'emprunteur de se faire garantir par le vendeur du remboursement du capital prêté auquel il est tenu. • Civ. 1re, 2 mai 1989 : *Bull. civ. I, n° 181 ; D. 1989. Somm. 338, obs. Aubert* • Colmar, 7 févr. 1997 : *BICC 1997, n° 1002.* ♦ V. aussi note 1 *bis* ss. art. L. 311-20. ♦ Sur cette garantie de remboursement, V. art. L. 311-22. ♦ En revanche, la faute du prêteur peut l'empêcher de réclamer la restitution des capitaux prêtés : V. note 9.

V. aussi, jugeant que la demande tendant à la restitution par l'emprunteur du capital versé ne saurait prospérer à son encontre dans la mesure où les sommes correspondant au prix du matériel ont été directement versées au vendeur, • Dijon, 17 juin 1994 : *Contrats Conc. Consom. 1994, n° 147, note Raymond.* – V. aussi • Versailles, 27 juin 1997 : *BICC 1998, n° 613.* ♦ Pour un arrêt subordonnant le remboursement par l'acheteur au remboursement par le vendeur lui-même à cet acheteur du prix de l'objet acheté : • Limoges, 2 nov. 1995 : *ibid. 1996, n° 33, obs. Raymond.*

En l'absence d'une demande expresse du vendeur, les emprunteurs doivent mettre à la disposition le bien financé en vue d'une restitution, et attendre une éventuelle demande du vendeur dirigée contre les acquéreurs pour l'utilisation de ce bien pendant plusieurs années. • Besançon, 14 mars 1995 : *JCP 1996. IV. 633.*

8 bis. Sur la nécessité, pour le juge, de rechercher si la résolution du contrat principal a été judiciairement prononcée et si le prêteur est intervenu à l'instance ou a été mis en cause, V. • Civ. 1re, 31 janv. 1995 : *Bull. civ. I, n° 65 ; D. 1995. IR. 58.* ♦ V. aussi, considérant que l'emprunteur reste tenu par le contrat de crédit dès lors qu'il ne peut pas se prévaloir d'une contestation de l'exécution du contrat de vente faute d'avoir mis en cause le vendeur, son insatisfaction résidant dans le fait que le produit acheté était en vente sur le marché à un prix dix fois inférieur à celui payé par lui : • Versailles, 1er mars 2002 : *BRDA 2002, n° 9, p. 11.*

8 ter. Sur l'inapplicabilité du délai de forclusion prévu par l'art. L. 311-37, V. note 6 ss. cet art.

9. Résolution du contrat de crédit aux torts du prêteur. En cas d'exécution du contrat de crédit, et sauf faute imputable au prêteur, prêteur et emprunteur doivent se restituer mutuellement les prestations échangées. • Civ. 1re, 16 janv. 1996 : *Contrats Conc. Consom. 1996, n° 47, obs. Raymond.* ♦ Ainsi, dès lors que l'exécution de la prestation en vue de laquelle a été consenti un prêt n'a pas été assurée par la société qui en avait la charge, la faute qu'a commise l'organisme prêteur en versant à cette société la somme prêtée, au vu d'un document établi le jour de l'acceptation de l'offre de crédit attestant que les travaux avaient été exécutés, l'empêche de réclamer à l'emprunteur l'exécution de son obligation de remboursement du prêt, à laquelle il n'est pas tenu avant l'exécution de la prestation. Celle-ci étant devenue impossible à la suite de l'ouverture d'une procédure collective à l'encontre de ladite société, le contrat de prêt doit être considéré comme résolu aux torts de l'organisme prêteur. • Civ. 1re, 28 janv. 1992 : *Bull. civ. I, n° 34.* ♦ Le fait pour le prêteur de se faire remettre un « bon à payer », avant la livraison du bien vendu (cuisine) et son installation, permettant ainsi au vendeur d'obtenir sur ses seules déclarations, le déblocage des fonds, constitue un obstacle à l'application du principe d'ordre public d'interdépendance du contrat principal et du contrat de crédit. Par conséquent, le prêteur ne peut, suite à la résolution du crédit en application de l'art. L. 311-21, prétendre au remboursement des sommes prêtées par les emprunteurs : • Versailles, 6 juin 1997 : *D. Affaires 1997. 1143.* – V. aussi • Agen, 22 mai 1995 : *Contrats Conc. Consom. 1995, n° 173, obs. Raymond* • Rennes, 6 juill. 1995 : *ibid.* • Douai, 23 oct. 1995 : *ibid. 1995, n° 210, obs. Raymond* • Lyon, 3 mai 1995 : *ibid. 1996, n° 32, obs. Raymond* • Bordeaux, 23 févr. 1998 : *BICC 1998, n° 1249* • Versailles, 11 sept. 2001 : *RJDA 2002, n° 84.*

10. État de santé. En l'absence d'interruption de la fourniture des prestations, l'état de santé du débiteur ne lui permettant pas de continuer de bénéficier de ces prestations, ne peut justifier l'interruption du paiement des mensualités. • Civ. 1re, 15 mai 1990 : *D. 1990. IR. 142.*

11. Vol de l'objet vendu. Ne constitue ni un dol, ni une erreur de droit le fait que l'emprunteur ne fût pas informé par le prêteur que le prêt qu'il avait conclu pour l'acquisition d'un véhicule survivrait, le cas échéant, à la disparition de celui-ci. • Civ. 1re, 14 juin 1989 : *Bull. civ. I, n° 240 ; D. 1989. Somm. 338, obs. Aubert ; JCP 1991. II. 21632, note Virassamy.*

L. 311-22 Si la résolution judiciaire ou l'annulation du contrat principal survient du fait du vendeur, celui-ci pourra, à la demande du prêteur, être condamné à garantir l'emprunteur du remboursement du prêt, sans préjudice de dommages et intérêts vis-à-vis du prêteur et de l'emprunteur. – *[L. n° 78-22 du 10 janv. 1978, art. 10].*

1. Fait du vendeur. L'art. L. 311-22 constitue le vendeur, défaillant dans l'exécution de ses obligations, garant tant à l'égard de l'acquéreur qui doit rembourser le montant du prêt alors qu'il n'a pu obtenir la prestation promise, qu'à l'égard du prêteur dont le contrat est résolu alors qu'il a fidèlement exécuté ses obligations. • Colmar, 7 févr. 1997 : *BICC 1997, n° 1002 ; D. Affaires 1997. 1388.* ♦ Pour une autre application de l'art. L. 311-22, V. • Amiens, 20 sept. 1994 : *Gaz. Pal. 1995. 1. 152, note Vindreau.* ♦ V. aussi note 1 *bis* ss. art. L. 311-20 et note 8 ss. art. L. 311-21.

2. Créance de l'emprunteur. La créance de l'emprunteur à l'encontre du vendeur au titre de son obligation à le garantir envers le prêteur du remboursement du prêt par application de l'art. L. 311-22 trouve son origine, non pas dans la conclusion des contrats, mais dans la résolution du contrat de vente par le fait du vendeur et la résiliation consécutive du contrat de crédit. • Civ. 1re, 6 avr. 2004 : *RJDA 2004, n° 1155.*

L. 311-23 Chaque fois que le paiement du prix sera acquitté, en tout ou partie, à l'aide d'un crédit, et sous peine des sanctions prévues à l'article L. 311-34, le contrat de vente ou de prestation de services doit le préciser. Aucun engagement ne peut valablement être contracté par l'acheteur à l'égard du vendeur tant qu'il n'a pas accepté l'offre préalable du prêteur. Lorsque cette condition n'est pas remplie, le vendeur ne peut recevoir aucun paiement, sous quelque forme que ce soit, ni aucun dépôt. – *[L. n° 78-22 du 10 janv. 1978, art. 11].*

V. note 2 ss. art. L. 311-16.

L. 311-24 Tant que le prêteur ne l'a pas avisé de l'octroi du crédit, et tant que l'emprunteur peut exercer sa faculté de rétractation, le vendeur n'est pas tenu d'accomplir son obligation de livraison ou de fourniture. Toutefois, lorsque par une demande expresse rédigée, datée et signée de sa main même, l'acheteur sollicite la livraison ou la fourniture immédiate du bien ou de la prestation de services, le délai de rétractation ouvert à l'emprunteur par les articles L. 311-15 à L. 311-17 expire à la

date de la livraison ou de la fourniture, sans pouvoir ni excéder sept jours ni être inférieur à trois jours. Toute livraison ou fourniture anticipée est à la charge du vendeur qui en supporte tous les frais et risques. — *[L. n° 78-22 du 10 janv. 1978, art. 12]. — V. art. R. 311-8 et R. 311-9, infra.*

1. Livraison anticipée. Sur la portée de l'obligation du vendeur d'en assumer les risques, V. • Civ. 1re, 22 juill. 1987 : *Bull. civ. I, n° 259 ; D. 1987. IR. 186.* ♦ V. aussi note ss. art. R. 311-8, *infra.*

2. Sanction. Il résulte de l'art. L. 311-24 que le défaut de demande expresse, rédigée, datée et signée de la main même de l'acheteur, entraîne la nullité de la vente en cas de livraison anticipée par rapport à la date d'expiration du délai de rétractation de trois à sept jours. • Versailles, 29 janv. 1999 : *D. Affaires 1999. 549, obs. C. R.* ♦ V. aussi note ss. art. R. 311-8, *infra.*

Code de la consommation

PARTIE RÉGLEMENTAIRE
(Décr. n° 97-298 du 27 mars 1997)

Art. R. 311-8 L'acheteur qui sollicite la livraison ou la fourniture immédiate du bien ou de la prestation de services en application de l'article L. 311-24 doit apposer sur le contrat de vente une demande rédigée de sa main dans les termes suivants :

« Je demande à être livré immédiatement (ou à bénéficier immédiatement de la prestation de services).

« Je reconnais avoir été informé que cette demande a pour effet de réduire le délai légal de rétractation. Celui-ci expirera le jour de la livraison du bien (ou de l'exécution de la prestation), sans pouvoir être inférieur à trois jours ni supérieur à sept jours. » — *[Décr. n° 78-509 du 24 mars 1978, art. 3].*

Livraison immédiate. Sur le caractère impératif des conditions de rédaction de la demande expresse de livraison immédiate, V. • Civ. 1re, 31 mai 1988 : *Bull. civ. I, n° 166 ; D. 1988. Somm. 405, obs. Aubert.* ♦ En ce sens que le défaut de mention particulière relative à la livraison immédiate entraîne la nullité de la vente, V. • Civ. 1re, 19 mai 1992 : *Contrats Conc. Consom. 1992, n° 189, obs. Raymond.* ♦ En l'absence de la mention réglementaire, et alors que l'emprunteur s'est rétracté dans le délai légal, le contrat de crédit doit être considéré comme caduc ; le paiement de quelques échéances ne valant pas validation du contrat. • Dijon, 20 févr. 2004 : *Contrats Conc. Consom. 2005, n° 17, obs. Raymond.*

R. 311-9 Le vendeur ou le prestataire de services qui fera souscrire lui-même ou par un préposé agissant pour son compte une demande de livraison ou de fourniture immédiate par l'acheteur, en méconnaissance des dispositions de l'article R. 311-8, sera puni de la peine d'amende prévue pour les contraventions de la troisième classe. — *[Décr. n° 78-509 du 24 mars 1978, art. 4].*

L. 311-25 Le contrat de vente ou de prestation de services est résolu de plein droit, sans indemnité :

1° Si le prêteur n'a pas, dans le délai de sept jours prévu aux articles L. 311-15 à L. 311-17, informé le vendeur de l'attribution du crédit ;

2° Si l'emprunteur a, dans les délais qui lui sont impartis, exercé son droit de rétractation.

Dans les deux cas, le vendeur ou le prestataire de services doit, sur simple demande, rembourser alors toute somme que l'acheteur aurait versée d'avance sur le prix. A compter du huitième jour suivant la demande de remboursement, cette somme est productive d'intérêts, de plein droit, au taux légal majoré de moitié.

Le contrat n'est pas résolu si, avant l'expiration du délai de sept jours prévu ci-dessus, l'acquéreur paie comptant. – *[L. nº 78-22 du 10 janv. 1978, art. 13]. – Sur les sanctions pénales, V. art. L. 311-35, infra.*

Charge de la preuve. Il incombe au vendeur de prouver que l'emprunteur, dûment informé de l'obtention du crédit, a laissé passer le délai imparti sans exercer son droit de rétractation. • Paris, 30 janv. 1981 : *D. 1981. IR. 346.* V. aussi note 1 ss. art. L. 311-24.

L. 311-25-1 *(Ord. nº 2001-741 du 23 août 2001)* **Lorsque le paiement du prix du bien ou du service est totalement ou en partie financé par un crédit consenti par le fournisseur ou par un tiers sur la base d'un accord conclu entre ce tiers et le fournisseur, l'exercice par le consommateur de son droit de rétractation emporte résiliation de plein droit du contrat de crédit destiné à en assurer le financement, sans frais ni indemnité, à l'exception éventuelle des frais engagés pour l'ouverture du dossier de crédit.**

L'ord. nº 2001-741 du 23 août 2001 a été ratifiée par l'art. 80-XI de la L. nº 2004-1343 du 9 déc. 2004 (JO 10 déc.).

L. 311-26 L'engagement préalable de payer comptant en cas de refus de prêt est nul de plein droit. – *[L. nº 78-22 du 10 janv. 1978, art. 14].*

L. 311-27 Le vendeur ou le prestataire de services ne peut recevoir, de la part de l'acheteur, aucun paiement sous quelque forme que ce soit, ni aucun dépôt, en sus de la partie du prix que l'acheteur a accepté de payer au comptant, tant que le contrat relatif à l'opération de crédit n'est pas définitivement conclu.

Si une autorisation de prélèvement sur compte bancaire ou postal est signée par l'acquéreur, sa validité et sa prise d'effet sont subordonnées à celles du contrat de vente.

En cas de paiement d'une partie du prix au comptant, le vendeur ou prestataire de services doit remettre à l'acheteur un récépissé valant reçu et comportant la reproduction intégrale des dispositions de l'article L. 311-25. – *[L. nº 78-22 du 10 janv. 1978, art. 15]. – Sur les sanctions pénales, V. art. L. 311-35, infra.*

BIBL. ► V. bibl. ss. art. L. 311-17.

Le prévenu qui est coassocié à 50 % avec le gérant statutaire de l'entreprise, directeur commercial de celle-ci, qui a conduit personnellement l'affaire et qui a exigé le versement d'un acompte sur le prix de vente, puis sur rétractation de l'acquéreur, a refusé de le restituer, a la qualité de vendeur au sens de l'art. 15 [C. consom., art. L. 311-27]. • Crim. 12 déc. 1991 : *JCP 1992. IV. 1039 ; Bull. crim. nº 476.* ♦ La simple remise d'un chèque constitue un « paiement sous quelque forme que ce soit ». • Même arrêt. V. aussi • TGI Poitiers, 12 mars 1992 : *Contrats Conc. Consom. 1992, nº 107, note Raymond.*

Jugeant que l'interdiction faite au démarcheur d'obtenir du client une autorisation de prélèvement, qui résulte de l'art. L. 121-26 C. consom., n'est pas en contradiction avec les dispositions de l'art. L. 311-27 du même code, qui ne concernent pas les ventes à domicile. • Crim. 17 sept. 2002 : *Dr. pénal 2003. Comm. nº 9, obs. Robert.*

L. 311-28 En cas de vente ou de démarchage à domicile, le délai de rétractation est de sept jours quelle que soit la date de livraison ou de fourniture du bien ou de la prestation de services. Aucun paiement comptant ne peut intervenir avant l'expiration de ce délai. – *[L. nº 78-22 du 10 janv. 1978, art. 16].*

SECTION VI *Remboursement anticipé du crédit et défaillance de l'emprunteur*

SOUS-SECTION 1 *Remboursement anticipé*

L. 311-29 L'emprunteur peut toujours, à son initiative, rembourser par anticipation sans indemnité, en partie ou en totalité, le crédit qui lui a été consenti. Toutefois, le

prêteur peut refuser un remboursement partiel anticipé inférieur à un montant fixé par décret. – *Montant fixé à trois fois le montant contractuel de la première échéance non échue, par C. consom., art. D. 311-10.*

Le premier alinéa ne s'applique pas aux contrats de location, sauf si ces contrats prévoient que le titre de propriété sera finalement transféré au locataire. – *[L. n° 78-22 du 10 janv. 1978, art. 19].*

BIBL. ▸ MIRBEAU-GAUVIN, *D. 1995. Chron. 46.*

Les dispositions de l'art. L. 311-29 ne soumettent pas le remboursement anticipé au respect par le consommateur d'un délai entre le moment où il informe l'établissement de crédit de son intention et le moment où il est autorisé à procéder à ce remboursement. Imposer au consommateur un délai de préavis de trois mois constitue dès lors une restriction de nature temporelle à la possibilité qui lui est reconnue par la loi de rembourser le prêt de manière anticipée ; une telle clause doit être déclarée abusive. • TI Roubaix, 15 avr. 2004 : *Gaz. Pal. 2004. 2591, note Tricoit.*

SOUS-SECTION 2 *Défaillance de l'emprunteur*

L. 311-30 En cas de défaillance de l'emprunteur, le prêteur pourra exiger le remboursement immédiat du capital restant dû, majoré des intérêts échus mais non payés. Jusqu'à la date du règlement effectif, les sommes restant dues produisent les intérêts de retard à un taux égal à celui du prêt. En outre, le prêteur pourra demander à l'emprunteur défaillant une indemnité qui, dépendant de la durée restant à courir du contrat et sans préjudice de l'application des articles 1152 et 1231 du code civil, sera fixée suivant un barème déterminé par décret. – *[L. n° 78-22 du 10 janv. 1978, art. 20]. – V. art. D. 311-11 et D. 311-12, infra, ss. art. L. 311-32.*

BIBL. ▸ MONET, *JCP E 1991. I. 20* (décomptes types).

1. Déchéance du terme. Même s'il est établi que le litige entre les parties résulte d'une erreur de compte commise par l'établissement de crédit, la déchéance du terme doit être prononcée pour défaut de paiement des échéances par l'emprunteur, celui-ci ayant consigné les échéances sur le compte CARPA de son avocat sans y avoir été autorisé conformément aux art. 1426 à 1429 C. proc. civ. • Douai, 6 nov. 2003 : *JCP 2004. IV. 3215.* ♦ Sur le caractère facultatif de la déchéance, V. note 19 *bis* ss. art. L. 311-37.

1 bis. Intérêts de retard. Un emprunteur n'ayant pu payer qu'une partie des échéances, l'organisme de crédit ayant alors fait jouer la clause de déchéance du terme prévue dans le contrat, c'est à tort qu'un juge a fixé, par une référence inappropriée au texte de l'art. 1153 C. civ., le taux des intérêts selon des modalités différentes de celles qui sont prévues par l'art. 20 [C. consom., art. L. 311-30] dont l'application était pourtant expressément demandée. • Paris, 25 oct. 1991 : *D. 1992. IR. 25.* ♦ La Cour de cassation a confirmé cette interprétation : • Civ. 1re, 10 janv. 1995 : *Bull. civ. I, n° 28 ; D. 1995. IR. 27* (cassant • Paris, 29 sept. 1992 : *D. 1992. IR. 276*).

2. Clauses pénales. Il ne peut être fait application des art. 1152 et 1231 C. civ., dès lors que le taux contractuel n'apparaît pas abusif et qu'il est prévu par les dispositions mêmes de l'art. L. 311-30 que les sommes restant dues produisent jusqu'à la date du règlement effectif des intérêts de retard à un taux égal à celui du prêt et que ceux-ci peuvent se cumuler avec une indemnité fixée par le Décr. n° 78-372 du 17 mars 1978 à 8 % du capital restant dû à la date de la défaillance, qui tient compte de l'exécution partielle de l'engagement, telle que prévue par l'art. 1231 C. civ. • Paris, 20 juin 1995 : *D. 1995. IR. 187.* – V. aussi • Rouen, 9 févr. 1994 : *JCP 1994. IV. 1976* • Versailles, 18 nov. 2003 : *Banque et Droit mai-juin 2005. 76, obs. Guillot.* ♦ Jugeant que l'indemnité légale de 8 % en cas de non-paiement des échéances s'ajoute aux intérêts de retard si elle est stipulée au contrat, mais qu'elle vaut dommages-intérêts pour le prêteur non désintéressé : • Rennes, 18 sept. 2003 : *Contrats Conc. Consom. 2004, n° 66, obs. Raymond.*

Mais la clause énonçant qu'« au cas où le prêteur serait obligé de recouvrer sa créance par quelque moyen que ce soit et, notamment par voie judiciaire, il aurait droit, outre les frais et dépens éventuels, à une indemnité », n'ayant pas pour objet de faire assurer par l'une des parties l'exécution de son obligation, n'a pas le caractère d'une clause pénale. • Com. 30 mars 2005 : *RD banc. fin. 2005, n° 161, obs. Crédot et Gérard.*

2 bis. Clauses abusives. La clause qui prévoit que le contrat de prêt peut être résilié après envoi par le prêteur d'une mise en demeure dans le cas de deux mensualités impayées sur l'un quelconque des crédits de l'emprunteur auprès du prêteur, cette résiliation, entraînant le paiement de l'indemnité de résiliation, est abusive en ce que, prévoyant l'application d'une clause pénale à une défaillance extra-contractuelle, elle crée un déséquilibre significatif entre les droits et obligations des parties et est illicite en ce qu'elle impose une sanction financière à l'emprunteur qui ne se justifie, au regard de l'art. L. 311-30, qu'en cas de défaillance de sa part, et non dans le cas d'un crédit qui serait régulièrement honoré. • Civ. 1re, 1er févr. 2005 : ⌂ *préc. note 9 bis, ss. art. R. 132-1, supra.* ♦ Sur les clauses résolutoires et leur conformité avec la législation sur les clauses abusives, V. aussi : • Comm. clauses abusives, avis nos 05-01, 05-02 et 05-03 du 24 févr. 2005 : *D. 2005. AJ. 1285, obs. Avena-Robardet* ; *JCP E 2005, n° 47, p. 1978, obs. Mathey.*

3. Délais de paiement. L'art. L. 311-30 qui permet d'exiger le remboursement immédiat des sommes qu'il précise n'écarte pas les dispositions de l'art. 1244-1 C. civ. qui permet au juge, compte tenu de la situation du débiteur et en considération des besoins du créancier, de reporter ou échelonner le paiement des sommes dues, dans la limite de deux années. • Paris, 20 juin 1995 : *préc. note 2.*

4. Assurance. Dès lors que la police d'assurance souscrite par l'emprunteur, accessoirement à l'acceptation de l'offre préalable de crédit, prévoit la prise en charge de tout ou partie des mensualités que l'assuré s'est engagé à payer en exécution de l'opération de financement, il ne peut être réclamé à l'assureur de régler le capital restant dû après la déchéance du terme, si celle-ci a été acquise à la suite de la défaillance de l'emprunteur, indépendamment du fait de l'assureur, l'objet d'une telle assurance étant de garantir le règlement des échéances du prêt. • Versailles, 17 avr. 1992 : *JCP 1992. IV. 2258.*

L. 311-31 En cas de défaillance dans l'exécution, par l'emprunteur, d'un contrat de location assorti d'une promesse de vente ou d'un contrat de location-vente, le prêteur est en droit d'exiger, outre la restitution du bien et le paiement des loyers échus et non réglés, une indemnité qui, dépendant de la durée restant à courir du contrat et sans préjudice de l'application de l'article 1152 du code civil, sera fixée suivant un barème déterminé par décret. — *[L. n° 78-22 du 10 janv. 1978, art. 21].— V. C. consom., art. D. 311-13, infra, ss. art. L. 311-32.*

BIBL. ▶ A.-S. et G. Guglielmi, *Gaz. Pal. 1989. 2. Doctr. 379.*

1. Défaillance de l'emprunteur. En ce sens que ne peut être condamné au paiement d'une indemnité de résiliation, le bénéficiaire d'une offre de location avec promesse de vente d'un véhicule, volé moins d'un an après la signature du contrat, dès lors qu'aucune défaillance dans l'exécution de ses obligations n'a été relevée. • Civ. 1re, 16 juill. 1998 : ⌂ *Bull. civ. I, n° 257 ; D. 1998. IR. 206 ; D. Affaires 1998. 1561, obs. C. R.*

2. Intérêts de retard. Ce n'est pas la date de la « défaillance » dans l'exécution par l'emprunteur qui doit être prise comme date pour calculer les « loyers échus et non réglés », mais bien celle de la « résiliation du contrat ». • Douai, 16 juin 1994 : *Gaz. Pal. 1. Somm. 156.* ♦ V. art. D. 311-13, *infra*, ss. art. L. 311-32.

3. Les dispositions de l'art. 21 de la loi [C. consom., art. L. 311-31] et de l'art. 3 du décret du 17 mars 1978 [C. consom., art. D. 311-13] ne dérogent pas aux dispositions du code civil relatives aux intérêts de droit attachés aux créances de sommes d'argent. • Civ. 1re, 12 nov. 1987 : ⌂ *Bull. civ. I, n° 289 ; D. 1988. Somm. 406, obs. Aubert ; RTD com. 1988. 669, obs. Bouloc.* ♦ La faculté donnée au juge de modérer une peine convenue ne fait pas perdre à celle-ci son caractère d'indemnité forfaitaire contractuellement prévue en cas d'inexécution, de sorte que les intérêts au taux légal de la somme retenue par le juge sont dus du jour de l'assignation valant sommation de payer. • Même arrêt.

4. Clauses pénales. V. note 2 ss. art. L. 311-30.

L. 311-32 Aucune indemnité ni aucun coût autres que ceux qui sont mentionnés aux articles L. 311-29 à L. 311-31 ne peuvent être mis à la charge de l'emprunteur dans les cas de remboursement par anticipation ou de défaillance prévus par ces articles.

Toutefois, le prêteur pourra réclamer à l'emprunteur, en cas de défaillance de celui-ci, le remboursement des frais taxables qui lui auront été occasionnés par cette défaillance, à l'exclusion de tout remboursement forfaitaire de frais de recouvrement.
— *[L. n° 78-22 du 10 janv. 1978, art. 22].*

(Ord. nº 2006-346 du 23 mars 2006, art. 37) **« En cas de défaillance de l'emprunteur, seuls les modes de réalisation du gage autorisés par les articles 2346 et 2347 du code civil sont ouverts aux créanciers gagistes, à l'exclusion du pacte commissoire prévu à l'article 2348 qui est réputé non écrit. »**

1. Frais de gardiennage. Encourt la cassation l'arrêt qui met à la charge de l'emprunteur défaillant les frais de gardiennage d'un véhicule entre la date de sa restitution à l'établissement de crédit et sa mise en vente. • Civ. 1re, 12 nov. 1987 : *Bull. civ. I, nº 289 ; D. 1988. Somm. 406, obs. Aubert* • Versailles, 10 oct. 1997 : *D. Affaires 1998. 103, obs. V. A-R.*

2. Frais de recouvrement. Jugé que l'exclusion de tout remboursement forfaitaire de recouvrement ne vise pas l'exclusion de l'art. 700 NCPC. • Nîmes, 19 févr. 1987 : *Gaz. Pal. 1987. 2. 506, note Bey.*

3. Assurance-vie. En ce sens que l'art. L. 311-32 ne faisant pas obstacle à ce que le prêteur réclame à l'emprunteur défaillant le paiement d'une créance qu'il peut détenir sur lui à un autre titre, il en résulte que l'emprunteur qui a adhéré au moment de la souscription du prêt à un contrat d'assurance-vie est redevable des cotisations afférentes à ce contrat auprès de l'établissement de crédit chargé de recouvrer cette somme pour le compte de l'assureur. • Civ. 1re, 20 oct. 1998 : *Bull. civ. I, nº 308 ; D. 1998. IR. 243 ; D. Affaires 1998. 1894, obs. C. R.*

Code de la consommation

PARTIE RÉGLEMENTAIRE

(Décr. nº 97-298 du 27 mars 1997)

Art. D. 311-11 Lorsque le prêteur exige le remboursement immédiat du capital restant dû en application de l'article L. 311-30, il peut demander une indemnité égale à 8 % du capital restant dû à la date de la défaillance. — *[Décr. nº 78-373 du 17 mars 1978, art. 2, al. 1er].*

V. note 2 ss. art. L. 311-30 C. consom., *supra.*

D. 311-12 Lorsque le prêteur n'exige pas le remboursement immédiat du capital restant dû, il peut demander à l'emprunteur défaillant une indemnité égale à 8 % des échéances échues impayées. Cependant, dans le cas où le prêteur accepte des reports d'échéances à venir, le montant de l'indemnité est ramené à 4 % des échéances reportées. — *[Décr. nº 78-373 du 17 mars 1978, art. 2, al. 2].*

D. 311-13 En cas de défaillance dans l'exécution d'un contrat de location assorti d'une promesse de vente ou de location-vente le bailleur est en droit d'exiger, en application de l'article L. 311-31, une indemnité égale à la différence entre, d'une part, la valeur résiduelle hors taxes du bien stipulée au contrat augmentée de la valeur actualisée, à la date de la résiliation du contrat, de la somme hors taxes des loyers non encore échus et, d'autre part, la valeur vénale hors taxes du bien restitué.

La valeur actualisée des loyers non encore échus est calculée selon la méthode des intérêts composés en prenant comme taux annuel de référence le taux moyen de rendement des obligations émises au cours du semestre civil précédant la date de conclusion du contrat majoré de la moitié. La valeur vénale mentionnée ci-dessus est celle obtenue par le bailleur s'il vend le bien restitué ou repris. Toutefois, le locataire a la faculté, dans le délai de trente jours à compter de la résiliation du contrat, de présenter au bailleur un acquéreur faisant une offre écrite d'achat. Si le bailleur n'accepte pas cette offre et s'il vend ultérieurement à un prix inférieur, la valeur à déduire devra être celle de l'offre refusée par lui.

Si le bien loué est hors d'usage, la valeur vénale est obtenue en ajoutant le prix de vente et le montant du capital versé par la compagnie d'assurance.

A défaut de vente ou à la demande du locataire, il peut y avoir évaluation de la valeur vénale à dire d'expert. Le locataire doit être informé de cette possibilité d'évaluation.

Lorsque le bailleur n'exige pas la résiliation du contrat, il peut demander au locataire défaillant une indemnité égale à 8 % des échéances échues impayées.

Cependant, dans le cas où le bailleur accepte des reports d'échéances à venir, le montant de l'indemnité est ramené à 4 % des échéances reportées.

Le montant de l'indemnité est majoré des taxes fiscales applicables. – *[Décr. n° 78-373 du 17 mars 1978, art. 3].*

1. Valeur vénale. L'indemnité de résiliation est calculée en fonction, notamment, de la valeur vénale hors taxes du bien restitué. • Civ. 1re, 17 févr. 1993 : *Bull. civ. I, n° 78.* ♦ C'est par une exacte application de l'art. 3 qu'une cour d'appel retient comme valeur vénale d'un véhicule le montant du prix de vente de ce véhicule. • Civ. 1re, 12 nov. 1987 : *Bull. civ. I, n° 289.*

1 bis. Valeur actualisée des loyers non encore échus. Il résulte des art. L. 311-31 et D. 311-13 que pour le calcul de l'indemnité de résiliation, il convient de prendre en considération la valeur actualisée des loyers non encore échus, laquelle doit être calculée pour chaque loyer, selon la méthode des intérêts composés en prenant comme taux annuel de référence le taux moyen de rendement des obligations émises au cours du semestre civil précédant la date de conclusion du contrat, majoré de moitié. • Civ. 1re, 6 juin 2001 : *Bull. civ. I, n° 163 ; Contrats Conc. Consom. 2001, n° 143, obs. Raymond.* ♦ L'intention du législateur dans le cadre de l'art. L. 311-13 [D. 311-13] étant de permettre la reconstitution du capital restant dû au prêteur par l'emprunteur défaillant, il en résulte que la « valeur actualisée de la somme des loyers hors taxes non encore échus » prévue à cet article doit s'entendre comme la somme de la valeur actualisée de chaque loyer hors taxes non encore échu, selon son rang propre dans l'échéancier de la location, afin que la totalité des loyers dus à des dates différentes soit ramenée à leur valeur actualisée à la date de réalisation du contrat. • Paris, 13 avr. 1999 : *D. 1999. IR. 149.* ♦ En ce sens que c'est chaque loyer qui doit être actualisé, l'indemnité étant alors la somme des loyers ainsi actualisés, V. Rép. min. n° 40441 : *JOAN Q, 23 sept. 1996, p. 5059 ; Rev. dr. bancaire 1996. 237, obs. Crédot et Gérard.*

2. TVA. Sur l'inclusion de la TVA dans le montant de l'indemnité, V., déjà avant l'intervention du décret du 21 mai 1987 (dont est issu le texte ci-dessus codifié à l'art. D. 311-13), • Civ. 1re, 15 janv. 1991 : *Bull. civ. I, n° 20 ; RTD com. 1991. 632, obs. Bouloc.*

3. Clause reproduisant l'art. 3 (art. D. 311-13). Dès lors qu'une clause, insérée dans une offre préalable conforme au modèle type n° 8, est la reproduction littérale de l'art. 3 du décret du 17 mars 1978 (C. consom., art. D. 311-13), une cour ne peut la déclarer inopposable à l'emprunteur au motif qu'elle apparaîtrait obscure et inintelligible. • Civ. 1re, 4 avr. 1995 : *RJDA 1995, n° 743.*

SECTION VII *Sanctions*

L. 311-33 Le prêteur qui accorde un crédit sans saisir l'emprunteur d'une offre préalable satisfaisant aux conditions fixées par les articles L. 311-8 à L. 311-13 est déchu du droit aux intérêts et l'emprunteur n'est tenu qu'au seul remboursement du capital suivant l'échéancier prévu. Les sommes perçues au titre des intérêts, qui sont productives d'intérêts au taux légal à compter du jour de leur versement, seront restituées par le prêteur ou imputées sur le capital restant dû. – *[L. n° 78-22 du 10 janv. 1978, art. 23].*

BIBL. ▶ GHELFI-TASTEVIN, *D. Affaires 1998. 1626* (nouveaux aspects de la déchéance du droit aux intérêts). – LEMAÎTRE, *Petites affiches 27 juill. 1999, p. 11* (sanction de l'offre irrégulière de crédit). – BARRET-BARNAY, *Gaz. Pal. 19-20 nov. 1999* (sort du cautionnement en cas de non-conformité de l'offre de crédit). – POLLAUD-DULIAN, *RD banc. fin. nov.-déc. 2002, p. 341* (sanction de l'irrégularité de l'offre de crédit et devoir d'information du banquier). – BOULOC, *Liber amicorum Calais-Auloy, Dalloz, 2004, p. 81* (la perte du droit aux intérêts). – MAGNIER, *JCP 2004. I. 106* (les sanctions du formalisme informatif).

1. ***Domaine d'application.*** La sanction de la déchéance du droit aux intérêts, prévue à l'art. L. 311-33, ne s'applique qu'au non-respect des dispositions prévues aux art. L. 311-8 à L. 311-13 ; dès lors il ne saurait être fait application de cette sanction en raison d'irrégularités affectant le versement du crédit mis à la disposition de l'emprunteur. • Civ. 1re, 10 mai 2000 : *Bull. civ. I, n° 139 ; D. 2000. AJ. 317, obs. Rondey ; Contrats Conc. Consom. 2000, n° 166, obs. Raymond.* ♦ V. déjà • Limoges, 15 févr. 1994 : *JCP 1995. IV. 831.* ♦ N'est pas sanctionné par l'art. L. 311-33, le défaut de mention de la date d'acceptation de l'offre préalable. • Bordeaux, 26 juin 1997 : *BICC 1997, n° 1409.* ♦ Dans le même sens, en cas de différence entre le montant de la mensualité avec assurance mentionnée dans l'offre et celui indiqué dans le tableau d'amortissement. • Civ. 1re, 4 juin 2002 : *Contrats Conc. Consom. 2002, n° 148, obs. Raymond ; RD banc. fin. 2002, n° 127, obs. Crédot et Gérard.* ♦ Un découvert bancaire consenti pour une durée de plus de trois mois doit faire l'objet d'une offre préalable, à peine de déchéance du droit aux intérêts. • Versailles, 22 févr. 2002 : *BICC 2002, n° 1285.*

2. L'art. 23 [C. consom., art. L. 311-33] s'applique aux contrats de location avec promesse de vente. • Civ. 1re, 1er déc. 1993 : *Bull. civ. I, n° 354 ; D. 1994. IR. 10 ; Contrats Conc. Consom. 1994, n° 40, note Raymond.*

3. La sanction prévue à l'art. 23 [C. consom., art. L. 311-33] est applicable à un prêteur dont l'offre de prêt est rédigée en caractère d'une hauteur inférieure à celle du corps huit prescrite par l'art. 1er du Décr. n° 78-509 du 24 mars 1978 [C. consom., art. R. 311-6]. • Lyon, 9 juill. 1992 : *Rev. huiss. 1995. 1144* • Rennes, 8 mars 1988 : *Gaz. Pal. 1988. 2. 720, note Bey.* ♦ V. aussi • Rennes, 5 nov. 1998 : *D. Affaires 1999. 27 ; Contrats Conc. Consom. 1999, n° 13, obs. Raymond* • 25 juin 1999 : *Gaz. Pal. 19-20 nov. 1999, p. 33.*

4. La Cour de cassation est d'avis que la déchéance du droit aux intérêts prévue par l'art. 23 [C. consom., art. L. 311-33] s'applique à l'ensemble des intérêts courus sur le solde débiteur d'un compte bancaire ayant fonctionné à découvert pendant plus de trois mois. • Cass., avis, 8 oct. 1993 : *Bull. civ., n° 13 ; D. 1993. IR. 248.* ♦ Cependant la déchéance n'est pas encourue lorsque la banque, avant l'expiration du délai de trois mois, présente une offre conforme à l'art. 5 [C. consom., art. L. 311-8 s.]. • Même avis. – Dans le même sens • Civ. 1re, 30 mars 1994 : *Bull. civ. I, n° 126 ; JCP 1995. II. 22405, note Gramaize ; D. 1994. IR. 101* • 16 janv. 1996 : *Bull. civ. I, n° 31 ; D. 1996. IR. 39 ; D. Affaires 1996. 171 ; RJ com. 1996. 232, note Bruschi.*

4 bis. La disposition d'ordre public de l'art. L. 311-33 doit recevoir application même dans le cas où un coemprunteur a régulièrement payé les intérêts convenus. • Civ. 1re, 18 févr. 1997 : *Bull. civ. I, n° 66 ; D. 1997. IR. 111 ; D. Affaires 1997. 372.*

5. ***Sanction.*** L'irrégularité de l'offre préalable, surchargée et remaniée, ne saurait entraîner la nullité du prêt, mais simplement la déchéance du prêteur du droit aux intérêts, l'emprunteur et la caution n'étant tenus qu'aux intérêts au taux légal depuis la mise en demeure. • Civ. 1re, 28 nov. 1995 : *Bull. civ. I, n° 439.* ♦ Si, pour le prêteur, l'absence d'offre préalable entraîne la déchéance du droit aux intérêts, l'emprunteur n'en reste pas moins tenu aux intérêts au taux légal depuis la mise en demeure. • Civ. 1re, 26 nov. 2002 : *Bull. civ. I, n° 288 ; D. 2003. AJ. 273 ; JCP E 2003, n° 4, p. 151 ; Defrénois 2003. 261, obs. Aubert ; RJDA 2003, n° 302* • 27 mai 2003 : *Bull. civ. I, n° 131 ; JCP E 2003, n° 31, p. 1261 ; Contrats Conc. Consom. 2003, n° 169, obs. Raymond ; Petites affiches 8 déc. 2003, p. 6, obs. Paisant ; RJDA 2003, n° 999.* ♦ Jugeant, sur le fondement de l'art. L. 312-33 C. consom. mais la solution paraît être transposable à l'art. L. 311-33, que la déchéance du droit aux intérêts ne s'étend pas aux frais, ni aux intérêts légaux dus après mise en demeure, V. • Civ. 1re, 18 mars 2003 : *Bull. civ. I, n° 84 ; D. 2003. AJ. 1036, obs. Rondey ; JCP E 2003, n° 21-22, p. 879 ; Contrats Conc. Consom. 2003, n° 97, obs. Raymond ; RTD com. 2003. 554, obs. Legeais ; Petites affiches 8 déc. 2003, p. 6, obs. Paisant ; RDC 2003. 95, obs. Bruschi ; RJDA 2003, n° 764 ; RD imm. 2004. 94, obs. Heugas-Darraspen .*

5 bis. Nullité du contrat. L'art. 5 [C. consom., art. L. 311-8] est une disposition d'ordre public, et la nullité résultant de son inobservation ne peut être couverte par la renonciation, même expresse, des parties. • Civ. 1re, 3 mars 1993 : *Bull. civ. IV, n° 95 ; D. 1993. IR. 74 ; Contrats Conc. Consom. 1993, n° 98, note Raymond* • 10 avr. 1996 : *D. 1996. 527, note Hassler ; D. Affaires 1996. 578.* ♦ Pour un arrêt prononçant la nullité d'un contrat pour défaut de conformité aux dispositions légales, V. • Paris, 4 déc. 1991 : *Contrats Conc. Consom. 1992, n° 89, note Raymond.*

6. ***Applicabilité de l'art. L. 311-37.*** La déchéance du droit aux intérêts, qui sanctionne les irrégularités commises par le prêteur et, en l'espèce, l'absence de notification du renouvellement du contrat de crédit, trois mois avant l'échéance du contrat initial, s'applique non à compter de la date de formation du contrat, dès lors que la forclusion acquise s'oppose à la remise en question de la régularité de l'offre, mais à compter de celle de son renouvellement. • Montpellier, 29 févr. 2000 : *BICC n° 1121.* ♦ Jugé que, faute pour le prêteur d'avertir l'emprunteur que ses actions étaient soumises à la forclusion, il ne saurait se prévaloir lui-même de ladite forclusion à l'encontre de l'action de l'emprunteur en déchéance du droit aux intérêts. • TI Sarreguemines, 26 sept. 1996 : *BICC 1997, n° 479.* ♦ Comp. art. L. 311-37, dans sa rédaction issue de L. n° 2001-1168 du 11 déc. 2001.

V. notes ss. art. L. 311-8 à L. 311-13.

L. 311-34 Le prêteur qui omet de respecter les formalités prescrites aux articles L. 311-8 à L. 311-13 et de prévoir un formulaire détachable dans l'office *[offre]* de crédit, en application de l'article L. 311-15, sera puni d'une amende de 1 500 €. – *V. Crim. 10 janv. 1996, en note ci-dessous.*

La même peine est applicable à l'annonceur pour le compte duquel est diffusée une publicité non conforme aux dispositions des articles L. 311-4 à L. 311-6. Si le contrevenant est une personne morale, la responsabilité incombe à ses dirigeants. La complicité est punissable dans les conditions du droit commun.

Le tribunal pourra également ordonner la publication du jugement et la rectification de la publicité aux frais du condamné ou l'une de ces deux peines seulement.

Les peines prévues au premier alinéa du présent article sont également applicables au vendeur qui contrevient aux dispositions de l'article L. 311-7. – *[L. n° 78-22 du 10 janv. 1978, art. 24]. – V. art. L. 313-14, infra.*

Nature de l'infraction. **BIBL.** Bouloc, *ALD 1989. 1.* ♦ L'infraction prévue par l'art. L. 311-34, punie d'une peine de 12 000 F d'amende, constitue une contravention, en application de l'art. 381 C. pr. pén. • Crim. 10 janv. 1996 : *Bull. crim. n° 12 ; D. Affaires 1996. 577* (application de la loi d'amnistie du 3 août 1995). ♦ V. aussi, se prononçant en faveur de la nature contraventionnelle et déclarant le tribunal correctionnel incompétent, • TGI Angoulême, 15 nov. 1989 : *D. 1990. 351, note Bouloc.*

L. 311-35 Sera puni d'une amende de 30 000 € :

1° Le prêteur ou le vendeur qui, en infraction aux dispositions de l'article L. 311-17 et de l'article L. 311-27, réclame ou reçoit de l'emprunteur ou de l'acheteur un paiement sous quelque forme que ce soit ;

2° Celui qui fait signer des formules de prélèvements sur comptes bancaires ou postaux contenant des clauses contraires aux dispositions des articles susvisés ;

3° Celui qui fait souscrire, ou accepter, ou avaliser par l'emprunteur ou l'acheteur des lettres de change ou des billets à ordre ;

4° Celui qui persiste indûment à ne pas payer les sommes visées à l'avant-dernier alinéa de l'article L. 311-25 ;

5° Celui qui, en infraction aux dispositions de l'article L. 311-15, enregistre ou fait enregistrer sur un fichier le nom des personnes usant de la faculté de rétractation ;

6° Celui qui fait signer par un même client plusieurs offres préalables d'un montant total en capital supérieur à la valeur payable à crédit du bien acheté ou de la prestation de services fournie. – *[L. n° 78-22 du 10 janv. 1978, art. 25]. – V. art. L. 313-14, infra.*

L. 311-36 *(Ord. n° 2005-1086 du 1er sept. 2005, art. 4-I)* Les infractions aux dispositions des décrets mentionnés au deuxième alinéa de l'article 1er du décret n° 55-585 du 20 mai 1955 relatif aux ventes à crédit seront punies d'une amende de 30 000 €.

SECTION VIII *Procédure*

L. 311-37 Le tribunal d'instance connaît des litiges nés de l'application du présent chapitre. Les actions *(L. n° 2001-1168 du 11 déc. 2001)* « en paiement » engagées devant lui *(L. n° 2001-1168 du 11 déc. 2001)* « à l'occasion de la défaillance de l'emprunteur » doivent être formées dans les deux ans de l'événement qui leur a donné naissance à peine de forclusion, *(Abrogé par L. n° 2001-1168 du 11 déc. 2001) « y compris lorsqu'elles sont nées de contrats conclus antérieurement au 1er juillet 1989 ».*

Lorsque les modalités de règlement des échéances impayées ont fait l'objet d'un réaménagement ou d'un rééchelonnement, le point de départ du délai de forclusion est le premier incident non régularisé intervenu après le premier aménagement ou rééchelonnement conclu entre les intéressés ou après adoption *(L. n° 95-125 du 8 févr. 1995)* **« du plan conventionnel de redressement prévu à l'article L. 331-6 ou après décision du juge de l'exécution sur les mesures mentionnées à l'article L. 331-7 ».** — *[L. n° 78-22 du 10 janv. 1978, art. 27]. — V. lesdits art. L. 331-6 et L. 331-7, relatifs aux situations de surendettement, au* ***C. pr. civ.*** *ou au* ***C. consom.*** *- Les dispositions issues de la loi n° 2001-1168 du 11 déc. 2001 s'appliquent aux contrats conclus à compter de sa promulgation (L. préc., art. 16-II).*

BIBL. ▶ RUHLMANN et PÉGUET, *Gaz. Pal. 1994. 1. Doctr. 391.* - MONACHON-DUCHÊNE, *JCP 1995. I. 3814.* - DRUESNE-GARNIER, *Banque et Droit juill.-août 1996. 8.* - FLORES et BIARDEAUD, *D. 2000. Chron. 191* (protection de l'emprunteur : une notion menacée). - GOURIO, *RD banc. fin. 2000. 201* (dossier : délai de forclusion en matière de crédit à la consommation).

▶ Loi MURCEF du 11 déc. 2001 : X. LAGARDE, *JCP 2002. I. 106* (la réforme de l'art. L. 311-37 C. consom.). - FLORES et BIARDEAUD, *D. 2002. 876* (vers une restauration du régime de protection de l'emprunteur). - RAYMOND, *Contrats Conc. Consom. 2002, n° 34.* - LAGARDE, *Petites affiches 8 janv. 2003, p. 4* (mouvement sur la forclusion). - S. PIEDELIÈVRE, *Gaz. Pal. 2003. Doctr. 3628* (point de départ du délai de forclusion). - SOLTNER, *RD banc. fin. 2004. 224* (office du juge et règles protectrices de l'emprunteur). - BAZIN, *Dr. et procédures 2005. 268* (du délai de forclusion en matière de crédit à la consommation). - GAUTIER, *Petites affiches 17 oct. 2005, p. 3* (crédit permanent : martyr des juges du fond).

I. COMPÉTENCE DU TRIBUNAL D'INSTANCE

1. Domaine. Relèvent de la compétence du tribunal d'instance tous les litiges concernant les opérations de crédit soumises à la loi et à ses décrets d'application, en particulier le contentieux né de la défaillance de l'emprunteur. • Civ. 1re, 11 juin 1985 : *Bull. civ. I, n° 184 ; D. 1986. 138, note Warembourg-Auque ; Gaz. Pal. 1985. 2. 746, note Moussa* • 9 déc. 1986 : *Bull. civ. I, n° 293.* ♦ Tout litige né de l'interdépendance du contrat principal et du contrat de crédit fait partie de la compétence attribuée par l'art. 27 [C. consom., art. L. 311-37] au tribunal d'instance pour les litiges nés de l'application de la loi. • TGI Limoges, réf., 12 juill. 1991 : *BICC 1991, n° 1889.* ♦ L'art. L. 311-37 confère au tribunal d'instance une compétence exclusive en matière de litiges nés des contrats de crédit à la consommation ; dès lors et par application de l'art. R. 321-4, 3°, COJ, ce tribunal est compétent pour connaître des demandes en validité de saisies-arrêts. • Civ. 1re, 8 juill. 1997 : *Bull. civ. I, n° 235 ; D. Affaires 1997. 1142.*

S'agissant de deux contrats de location de matériel de télésurveillance conclus par un même commerçant avec la même entreprise mais visant respectivement pour l'un, à assurer la sécurité d'un fonds de commerce et pour l'autre, celle du domicile, les litiges ne présentent pas de lien de connexité suffisant justifiant la seule compétence du tribunal d'instance désigné par l'art. L. 311-37, ce dont il résulte que le tribunal de commerce est compétent en ce qui concerne le premier contrat de location sus-mentionné. • Lyon, 30 avr. 1999 : *Petites affiches 15 mai 2001, p. 8, note Pigache.* ♦ Sur la compétence du tribunal d'instance en cas d'action contre la caution, V. note 5.

2. Compétence territoriale. Jugeant que le tribunal d'instance compétent, au regard de l'art. L. 311-37, est celui du lieu de la remise des fonds, V. • Rennes, 19 sept. 1997 : *Contrats Conc. Consom. 1997, n° 170, note Raymond.* ♦ Pour une application des règles de compétence territoriale des art. 42 et 46 NCPC en matière de crédit à la consommation, V. • TI Grenoble, 19 juin 2001 : *Contrats Conc. Consom. 2001, n° 165, note Raymond.* ♦ *Contra*, excluant l'application de l'option de compétence ouverte par l'art. 46, al. 2, NCPC, à propos d'un cautionnement commercial : • Com. 22 oct. 1996 : *Bull. civ. IV, n° 245 ; JCP 1997. II. 22821, note Chazal et Vicente.*

3. Juge de l'exécution. Sur la question de la compétence éventuelle du juge de l'exécution, V. • TGI Nancy, JEX, 20 avr. 1993 : *D. 1994. Somm. 336, obs. Julien.*

4. Ordre public. Il résulte de l'art. 92 NCPC que le tribunal de grande instance peut se déclarer d'office incompétent, en cas de méconnaissance de la compétence du tribunal d'instance, le texte ne distinguant nullement les notions d'ordre public de direction ou d'ordre public de protection. • Versailles, 5 oct. 1995 : *BICC 1996, n° 421.*

II. DÉLAI DE DEUX ANS

4 bis. Loi applicable. La loi du 11 déc. 2001 ne s'applique qu'aux contrats conclus à compter de sa promulgation. • Angers, 24 mai 2005 : *JCP 2005. IV. 3160.*

A. SOLUTIONS MAINTENUES APRÈS LA LOI DU 11 DÉC. 2001

1° DOMAINE DU DÉLAI

5. Actions soumises au délai biennal. V. note 1. ♦ Le délai biennal de forclusion fait obstacle à l'action comme à l'exception ; il s'applique à l'emprunteur comme au prêteur et s'impose au juge. • Versailles, 18 mai 2004 : *BICC 2005, n° 1768.* ♦ Le délai s'applique au litige né de la défaillance de l'emprunteur. • Civ. 1re, 24 nov. 1987 : *Bull. civ. I, n° 307 ; D. 1987. IR. 250.* ♦ Il s'applique aussi bien en ce qui concerne le débiteur principal que la caution. • Même arrêt • 30 oct. 1995 : *Contrats Conc. Consom. 1995, n° 209, note Raymond* • 26 févr. 2002 : *Bull. civ. I, n° 72 ; D. 2002. AJ. 1277 ; JCP E 2002, n° 15, p. 603.* ♦ ... Même au recours personnel de la caution qui a payé le prêteur, contre l'emprunteur. • Civ. 1re, 17 nov. 1993 : *Bull. civ. I, nos 333 et 334* • Toulouse, 7 juin 1994 : *BICC 1994, n° 995.* – *Contra* : • Metz, 19 nov. 1992 : *JCP 1993. IV. 1704.* ♦ ... A l'exception de nullité pour dol invoquée par la caution. • Civ. 1re, 15 déc. 1998 : *Bull. civ. I, n° 365 ; D. Affaires 1999. 330, obs. C. R. ; JCP 1999. II. 10098, note Monachon-Duchêne ; RTD civ. 1999. 619, obs. Mestre*. ♦ Jugeant que l'irrégularité de l'offre préalable distincte de la clause abusive reste soumise au délai de forclusion : • Civ. 1re, 23 nov. 2004 : *Bull. civ. I, n° 287 ; D. 2005. 443, note Tricoit ; D. 2004. AJ. 3217 ; JCP E 2005, n° 3, p. 60 ; Gaz. Pal. 2005. Somm. 2139, obs. S. Piedelièvre ; Contrats Conc. Consom. 2005, n° 35, obs. Raymond ; RTD com. 2005. 157, obs. Legeais ; Banque et Droit mars-avr. 2006. 74, obs. Guillot ; RJDA 2005, n° 752.* – V. sur cet arrêt, Lagarde, *D. 2005. 2222* (distinction entre clause abusive et irrégularité formelle). – Comp. note 8 *bis*.

6. Actions échappant au délai biennal. L'action engagée en vue de contester l'existence du consentement donné à la souscription d'un emprunt s'analyse, non en une action relative aux opérations de crédit régies par les art. L. 311-1 s. C. consom., mais en une action en contestation de l'existence même d'une convention soumise, en tant que telle, à la prescription de droit commun. • Civ. 1re, 1er avr. 2003 : *Bull. civ. I, n° 94 ; D. 2003. AJ. 1229, obs. Rondey ; JCP 2003. II. 10109, note Monachon-Duchêne ; RTD com. 2003. 552, obs. Legeais ; Defrénois 2003. 859, obs. Savaux ; ibid. 861, obs. Aubert ; RJDA 2003, n° 763.* – V. aussi • Rouen, 11 juin 1997 : *BICC 1998, n° 81.* ♦ Les actions en nullité qui peuvent être intentées par les débiteurs ne sont régies que par les dispositions de droit commun relatives à la prescription des actions. • Paris, 27 nov. 1991 : *D. 1992. IR. 60.* ♦ Ainsi, l'emprunteur, qui fonde son action sur une dénégation de signature, fait porter la contestation sur le principe même des relations contractuelles et non sur une irrégularité de l'offre de crédit, et ne peut donc se voir opposer le délai de forclusion. • Montpellier, 3 juin 2003 : *Contrats Conc. Consom. 2004, n° 29, obs. Raymond* • Versailles, 28 janv. 2003 : *BICC 2003, n° 1113.*

De même, il résulte de l'art. L. 311-21 que la résolution ou l'annulation du contrat de crédit consécutive à celle du contrat principal n'est pas soumise au délai de forclusion prévu par l'art. L. 311-37. • Civ. 1re, 27 févr. 1996 : *Bull. civ. I, n° 112 ; D. 1996. IR. 79 ; D. Affaires 1996. 385 ; Contrats Conc. Consom. 1996, n° 69, note Raymond* • 18 juin 1996 : *Bull. civ. I, n° 261 ; D. Affaires 1996. 894 ; Contrats Conc. Consom. 1996, n° 161, note Raymond* • 18 mars 1997 : *D. Affaires 1997. 600* • Versailles, 6 juin 1997 : *ibid. 1143.* – Dans le même sens, V. Cass., rép., *BICC 1er mai 1996, p. 27.* ♦ Comp. : note 25. ♦ Comp. considérant que l'action en nullité du contrat principal et du contrat de crédit doit être introduite dans le délai de deux ans, par voie d'action ou d'exception : • Amiens, 18 juin 1996 : *Gaz. Pal. 23-24 déc. 1998. Pan. 7.* ♦ Dans le même sens, V. aussi, s'agissant de l'annulation d'un contrat de crédit consécutive à celle de la vente pour non-respect du formalisme imposé par l'art. L. 311-24, en cas de livraison anticipée, • Versailles, 29 janv. 1999 : *D. Affaires 1999. 549, obs. C. R.* ♦ Les emprunteurs peuvent invoquer, pour leur défense, en cas d'action intentée contre eux par le créancier, la nullité du contrat principal, sans encourir la forclusion prévue par cet art. • Besançon, 14 mars 1995 : *JCP 1996. IV. 633.* – *Contra* : • Rouen, 5 juin 1996 : *JCP 1997. IV. 1801.*

L'exception de non-livraison opposée par l'emprunteur en défense à la demande de paiement formée par le prêteur, n'est pas soumise à la forclusion biennale. • Civ. 1re, 12 janv. 1999 : *Bull. civ. I, n° 16 ; D. 1999. IR. 37 ; D. Affaires 1999. 287, obs. V. A.-R. ; Contrats Conc. Consom. 1999, n° 45, obs. Raymond ; RD bancaire et bourse 1999. 71, obs. Crédot et Gérard.*

Le prêteur ne pouvant réclamer à l'emprunteur l'exécution de son obligation de remboursement du prêt avant l'exécution de la prestation et le départ d'exécution de cette prestation constituant un simple moyen de défense au fond à l'action du prêteur, le délai biennal ne peut s'appliquer dans ce cas. • Civ. 1re, 7 janv. 1997 : *Bull. civ. I, n° 8 ; D. 1997. IR. 34 ; D. Affaires 1997. 181 ; Contrats Conc. Consom. 1997, n° 86, obs. Raymond.* ♦ Comp. : • Cass., avis, 9 oct. 1992 et • Civ. 1re, 30 oct. 1995 : *cités note 14.* ♦ Dans le même sens, faute de délivrance de la carte grise, V. • Civ. 1re, 4 févr. 1997 : ♔ *D. Affaires 1997. 305 ; Contrats Conc. Consom. 1997, n° 123, note Raymond.*

La forclusion instaurée par l'art. 27 [C. consom., art. L. 311-37] n'est applicable ni au recouvrement du solde débiteur d'un compte de dépôt. • Paris, 7 juill. 1992 : *JCP E 1993. Pan. 88.* ♦ ... Ni à l'action en revendication de la chose louée exercée par le crédit-bailleur. • Civ. 1re, 20 déc. 1994 : ♔ *Bull. civ. I, n° 384 ; D. 1995. IR. 23 ; JCP 1995. II. 22423, note Monachon-Duchêne ; Contrats Conc. Consom. 1995, n° 93, note Raymond.* ♦ ... Ni aux crédits immobiliers régis par les art. L. 312-1 s. C. consom. • Civ. 1re, 21 oct. 2003 : *Contrats Conc. Consom. 2004, n° 86, obs. Raymond ; RJDA 2004, n° 610.*

La vérification de la preuve de l'existence du droit aux intérêts du prêteur qui s'inscrit dans l'objectif légal d'ordre public de protection du consommateur ne pouvant avoir pour seul cadre que le débat de fond sur la preuve de l'existence des obligations au sens de l'art. 1315 C. civ., la déchéance automatique du droit aux intérêts, telle qu'elle résulte de l'art. L. 311-33 C. consom., ne peut être classée au rang des événements donnant naissance à une action au sens de l'art. L. 311-37 et le délai biennal de forclusion ne saurait donc être opposé à l'examen de la régularité formelle de l'offre préalable et y faire obstacle. • Bordeaux, 30 avr. 1998 : *cité note 38.* ♦ Les dispositions d'ordre public de l'art. L. 311-37 s'imposent au juge qui ne peut faire application des dispositions de l'art. 1315 C. civ. • Versailles, 30 mars 2004 : *BICC 2005, n° 550.* ♦ V. aussi considérant que l'absence d'offre préalable ne constitue pas une contestation de formalisme du contrat de crédit, laquelle contestation aurait été soumise au délai de forclusion : • Versailles, 19 mars 1999 : *D. Affaires 1999. 895, obs. V. A.-R.*

Considérant que les irrégularités, qui ne concernent pas la formation du contrat de crédit mais son exécution, à travers l'absence de renouvellement d'offre préalable ou l'obligation de proposer une nouvelle offre suite à une augmentation du montant de l'ouverture de crédit, ne sont pas soumises au délai de forclusion, V. • Amiens, 6 janv. 2000 : *JCP 2000. IV. 2116.*

6 bis. L'absence d'acte notifiant le renouvellement trois mois avant l'échéance du contrat de crédit initial, par application de l'art. L. 311-9, ne constitue pas un événement susceptible de donner naissance à une action en contestation, et n'est pas de ce fait de nature à ouvrir un nouveau délai biennal de forclusion. • Montpellier, 29 févr. 2000 : *BICC n° 1121.* ♦ Dès lors que la forclusion acquise s'oppose à la remise en question de la régularité de l'offre de prêt, la déchéance du droit aux intérêts qui sanctionne les irrégularités commises par le prêteur s'applique non à compter de la date de formation du contrat mais à compter de celle de son renouvellement. • Même arrêt.

7. L'établissement public communal qui émet un titre exécutoire pour le recouvrement d'une créance soumise aux dispositions de la L. n° 78-22 du 10 janv. 1978 [C. consom., art. L. 311-1 s.] n'est pas tenu d'engager une action devant le tribunal d'instance dans le délai de deux ans institué par l'art. 27 de cette loi [C. consom., art. L. 311-37]. • Cass., avis, 14 juin 1993 : ♔ *Bull. civ. n° 6* • Douai, 23 déc. 1993 : *Rev. huiss. 1995. 207, note Dahan* • Versailles, 1er juill. 1994 : *ibid. 580, note Dahan* • TGI Dijon, JEX, 7 nov. 1995 : *ibid. 1996. 588, note Dahan.* ♦ Toutefois, l'établissement public demeure tenu, en raison du caractère d'ordre public de l'art. L. 311-37, d'émettre son titre dans le délai de deux ans prescrit par ce texte, à peine de forclusion. • Civ. 1re, 13 mars 1996 : ♔ *Bull. civ. I, n° 135 ; D. 1996. IR. 124 ; D. Affaires 1996. 513* • 10 avr. 1996 : ♔ *Defrénois 1996. 1032, obs. Aubert* • Nancy, 6 nov. 1995 : *JCP 1996. IV. 2191* • Paris, 17 sept. 1997 : *D. Affaires 1997. 1215.* ♦ ... Mais les poursuites faites contre l'un des débiteurs solidaires, fût-ce sur le fondement d'un titre distinct, interrompent la prescription à l'égard de tous. • Civ. 2e, 24 juin 2004 : ♔ *Bull. civ. II, n° 324 ; JCP E 2004, n° 37, p. 1368.* ♦ V. aussi, s'agissant d'une action contre la caution solidaire d'un crédit à la consommation, considérant que si l'établissement public doit émettre son titre exécutoire tous les deux ans, il n'est pas tenu de le notifier dans ce même délai, • Civ. 1re, 23 mars 1999 : ♔ *Bull. civ. I, n° 107 ; D. 1999. IR. 113 ; D. Affaires 1999. 864, obs. C. R.* • 4 déc. 2001 : ♔ *Bull. civ. I, n° 308.* ♦ Mais tout titre exécutoire émis par une personne morale de droit public (en l'occurrence un crédit municipal) ne peut donner lieu à mesure d'exécution forcée s'il n'a été notifié au débiteur. • Civ. 1re, 18 mars 2003 : ♔ *Bull. civ. I, n° 82 ; D. 2003. IR. 1010 ; JCP E 2003, n° 21-22, p. 881 ; AJDA 2003. 640.* – V. art. R. 2342-4 CGCT. – **CGCT.**

8. Fraude. Des organismes de crédit ayant monté une opération illégale et commis une fraude, ne peuvent se prévaloir du délai de forclusion de deux ans. • Civ. 1re, 3 nov. 1993 : ♔ *Bull. civ. I, n° 312.* – V. aussi • TI Périgueux, 9 févr. 1996 : *Contrats Conc. Consom. 1996, n° 48, note Raymond.*

8 bis. Droit communautaire. Sur la compatibilité du délai de forclusion de l'art. L. 311-37 avec la dir. du 5 avr. 1993 relative au crédit à la consommation, V. • TI Vienne, 17 nov. 2000 : *Contrats Conc. Consom. 2001, n° 16, obs. Raymond* • Lyon, 18 déc. 2002 : *BICC 2003, n° 597.* ♦ La dir. du 5 avr. 1993 s'oppose à une réglementation interne qui, dans une action intentée par un professionnel à l'encontre d'un consommateur, interdit au juge national à l'expiration d'un délai de forclusion de relever, d'office ou à la suite d'une exception soulevée par le consommateur, le caractère abusif d'une clause insérée dans ce contrat. • CJCE 21 nov. 2002 : *D. 2003. 486, note Nourissat* ; *ibid. 2002. AJ. 3339, obs. Avena-Robardet* ; *Contrats Conc. Consom. 2003, n° 31, obs. Raymond ; JCP E 2003, n° 7-8, p. 321, note Baude-Texidor et Fadlallah ; JCP 2003. II. 10082, note Paisant ; Gaz. Pal. 2003. 1711, note Flores et Biardeaud ; RTD com. 2003. 345, obs. Legeais* ; *Europe 2003, n° 4, obs. Rigaux*. – V., sur l'office du juge en matière de crédit à la consommation, Fadlallah et Baude-Texidor, *D. 2003. 750* ; Soltner, *RD banc. fin. 2004. 224*. ♦ V. aussi *supra* notes 11 et 12 ss. art. L. 132-1 C. consom.

2° NATURE DU DÉLAI

a. Affirmation du caractère préfix

9. Affirmation jurisprudentielle. Sur la position de la Cour de cassation avant la réforme de la loi du 23 juin 1989, V. • Civ. 1re, 9 déc. 1986 : *Bull. civ. I, n° 293 ; D. 1988. 84, note Paire ; JCP 1987. II. 20862, note Bey.*

10. Affirmation législative. La loi du 23 juin 1989, d'où résulte le caractère préfix du délai, s'applique immédiatement même aux contrats conclus avant son entrée en vigueur sans poser la condition que l'incident qui a donné naissance à l'action lui soit postérieur. • Civ. 1re, 3 févr. 1993 : *Bull. civ. I, n° 63 ; D. 1993. IR. 60.* – Dans le même sens : • Civ. 1re, 17 juill. 1996 : *Bull. civ. I, n° 330 ; Defrénois 1997. 347, obs. Aubert ; Contrats Conc. Consom. 1996, n° 159, note Raymond.* ♦ V., décidant déjà que la loi nouvelle a un caractère interprétatif, • Civ. 1re, 10 déc. 1991 : *Bull. civ. I, n° 348* • 22 avr. 1992 : *ibid., nos 130 à 133 ; D. 1993. 77, note Sultana* . ♦ *Contra*, concluant au caractère modificatif de la loi : • Douai, 12 oct. 1989 : *Gaz. Pal. 1990. 1. 208, note Vindreau.* ♦ V. aussi note 8 ss. art. L. 311-2.

Les modifications apportées à l'art. 27 de la loi du 10 janv. 1978 [C. consom., art. L. 311-37] par la loi du 23 juin 1989, soumettant à la forclusion biennale les actions nées de conventions conclues antérieurement au 1er juill. 1989, n'ont pas eu pour effet d'y soumettre les contrats conclus avant le 1er juill. 1978, date d'entrée en vigueur de la loi de 1978. • Civ. 1re, 18 déc. 2001 : *Bull. civ. I, n° 322.*

11. Sur l'incidence de la nouvelle rédaction de l'art. 27 de la loi du 10 janv. 1978, après les réformes de 1989, sur l'obligation de reproduire les dispositions de l'art. L. 311-37 dans l'offre préalable de prêt, V. note 3 ss. art. L. 311-10.

12. Ordre public. Les dispositions de l'art. 27 [C. consom., art. L. 311-37] étant d'ordre public, l'emprunteur ne peut, même de façon expresse, renoncer à leur application. • Civ. 1re, 17 nov. 1993 : *Bull. civ. I, n° 333.*

13. Viole l'art. 125 NCPC l'arrêt qui s'abstient de relever d'office la fin de non-recevoir tirée de la forclusion instituée par l'art. 27 [C. consom., art. L. 311-37]. • Civ. 1re, 9 juin 1993 : *Bull. civ. I, n° 211.* ♦ Sur l'obligation, toutefois, d'inviter au préalable les parties à présenter leurs observations, afin de respecter le principe du contradictoire, V. • Civ. 1re, 30 oct. 1995 : *Contrats Conc. Consom. 1996, n° 12, note Raymond.* ♦ En ce sens que la décision du juge du surendettement rééchelonnant une créance n'a pas d'autorité de chose jugée et ne peut couvrir l'omission de recours au délai de forclusion, V. • TI Niort, 18 mars 1998 : *Contrats Conc. Consom. 1998, n° 80, obs. Raymond.*

13 bis. Une cour d'appel, saisie d'une requête en omission de statuer sur la demande en paiement formée par un établissement de crédit, retient à bon droit, dès lors qu'il ne résulte pas des énonciations de sa décision complétée que la demande était forclose, que le moyen opposé par l'emprunteur tiré de la forclusion de cette demande est irrecevable faute d'avoir été présenté dans l'instance principale. • Civ. 1re, 20 janv. 1998 : *Bull. civ. I, n° 23.*

b. Conséquences du caractère préfix

14. Ni interruption, ni suspension. Le délai biennal n'est susceptible ni d'interruption, ni de suspension. • Civ. 1re, 20 oct. 1992 : *Contrats Conc. Consom. 1993, n° 18, obs. Raymond* • 20 janv. 1993 : *Bull. civ. I, n° 28* • 17 nov. 1993 : *préc. note 5.* ♦ ... Et une assignation en référé est sans incidence à cet égard. • Civ. 1re, 23 juin 1993 : *Bull. civ. I, n° 230 ; RJDA 1993, n° 934.* ♦ ... Comme une assignation devant une juridiction incompétente. • Civ. 1re, 10 déc. 1996 : *Bull. civ. I, n° 446 ; D. 1997. IR. 17 ; D. Affaires 1997. 244* • 8 juill. 1997 : *préc. note 1* • 17 mars 1998 : *Bull. civ. I, n° 117 ; D. Affaires 1998. 711 ; RTD com. 1998. 906, obs. Bouloc* • 7 oct. 1998 : *Bull. civ. I, n° 288 ; D. Affaires 1999. 65, obs. S. P. ; RJDA 1998, n° 1282* • Versailles, 7 nov. 1997 : *Gaz. Pal. 1998. 1. Somm. 331* • Besançon, 8 janv. 1998 : *Contrats Conc. Consom. 1998, n° 136, obs. Raymond* • TI Grenoble, 19 juin 2001 : *Contrats Conc. Consom. 2001, n° 165, note Raymond.* – V. déjà • Civ. 1re, 20 oct. 1992 : *préc.* ♦ Comp. : note 30 *bis.* – V. aussi • Besançon, 8 déc. 1994 : *BICC 1995, n° 262* (assignation dans le délai sans être valablement mise au rôle). ♦ Mais la forclusion n'est pas acquise lorsque la juridiction compétente est saisie avant l'expiration du délai de deux ans par la décision lui renvoyant la connaissance de l'affaire, prononcée par le tribunal incompétent devant lequel le créancier avait initialement porté son action. • Civ. 1re, 18 janv. 2005 : *Bull. civ. I, n° 30 ; RTD com. 2005. 585, obs. Bouloc ; JCP E 2005, n° 8, p. 303.* ♦ S'agissant d'un délai de forclusion, la règle selon laquelle l'exception survit à l'action ne lui est pas applicable. • Cass., avis, 9 oct. 1992 : *Bull. civ., n° 4 ; D. 1992. IR. 268 ; JCP E 1993. I. 207, note D. Martin* • Civ. 1re, 30 oct. 1995 : *préc. note 5* • Paris, 21 nov. 1995 : *D. Affaires 1996. 139* • Metz, 27 mars 1997 : *JCP 1998. IV. 3304.* – *Contra* : • Limoges, 21 juin 1994 : *Rev. dr. bancaire 1994. 263, obs. Crédot et Gérard.* – Comp. : • Civ. 1re, 7 janv. 1997 : *préc. note 6.* ♦ La saisine du tribunal d'instance par le débiteur en vue de bénéficier d'une mesure de redressement judiciaire civil interrompt le délai de forclusion • Civ. 1re, 5 déc. 2000 : *Bull. civ. I, n° 316 ; Contrats Conc. Consom. 2001, n° 64, obs. Raymond ; RTD com. 2001. 497, obs. Bouloc.* ♦ V. aussi, jugeant que la décision du juge saisi d'une procédure de redressement judiciaire civil de suspension provisoire des poursuites individuelles constitue un obstacle de droit à l'action du crédit-bailleur avant que ne soit acquise la forclusion ; que, bien que le délai de l'art. 27 [C. consom., art. L. 311-37] soit prescrit à peine de forclusion, il a été suspendu par l'effet de l'ordonnance du juge en application de l'adage « *contra non valentem...* » : • Pau, 17 févr. 1992 : *JCP 1992. IV. 1925.* – V. également • Nancy, 29 janv. 1997 : *JCP 1998. IV. 2355.*

S'agissant d'un délai de forclusion, la reconnaissance de dette pouvant être déduite de la reprise des paiements par voie de prélèvements automatiques effectués sur le compte de l'emprunteur demeure sans effet sur le cours du délai. • Civ. 1re, 17 juill. 1996 : *Bull. civ. I, n° 329.*

14 bis. L'établissement d'un procès-verbal de recherches ayant ultérieurement révélé le nouveau domicile du débiteur ne peut être assimilé à celui dressé en application de l'art. 659 NCPC (personne sans domicile connu) équivalent à une signification permettant la saisine du tribunal. • Dijon, 30 juin 1995 : *JCP 1996. IV. 177.*

V. aussi notes 29 et 30.

14 ter. Si le délai de forclusion prévu par l'art. L. 311-37 peut être interrompu par une demande reconventionnelle, les conclusions pour avoir cet effet, doivent acquérir date certaine et à cette fin doivent être signifiées ou présentées à l'audience avant l'expiration du délai de deux ans. • Civ. 1re, 22 mai 2001 : *Bull. civ. I, n° 147 ; Procédures 2001, n° 194, obs. Croze.*

14 quater. Référé-provision. L'assignation en référé-provision délivrée devant le tribunal d'instance satisfait à l'exigence de l'art. L. 311-37, al. 1er, selon laquelle les actions engagées devant ce tribunal, qui connaît des litiges en matière de crédit à la consommation, doivent être formées dans le délai de deux ans qui leur a donné naissance sous peine de forclusion. • Civ. 1re, 1er juin 1999 : *Bull. civ. I, n° 185 ; D. 1999. IR. 170 ; D. Affaires 1999. 1105, obs. V. A.-R. ; RTD com. 2000. 162, obs. Bouloc ; Contrats Conc. Consom. 1999, n° 164, obs. Raymond.*

15. Injonction de payer. BIBL. Bazin et Roussel, *Gaz. Pal. 1995. 2. Doctr. 956.* – Bazin, *Rev. huiss. 1997. 1393.* ♦ Au sens de l'art. 27 [C. consom., art. L. 311-37], l'action ne pouvant être tenue pour engagée devant le tribunal d'instance par la présentation d'une requête en injonction de payer, un créancier doit être déclaré forclos dès lors que plus de deux ans se sont écoulés entre la première échéance impayée et non régularisée et la signification de l'ordonnance d'injonction de payer. • Civ. 1re, 3 oct. 1995 : *Bull. civ. I, n° 343 ; D. 1995. IR. 225 ; D. Affaires 1995. 82 ; Rev. dr. bancaire 1995. 215, obs. Crédot et Gérard* • Reims, 21 sept. 1995 : *JCP 1996. IV. 1166* • Paris, 27 mai 1997 : *D. 1997. IR. 150 ; D. Affaires 1997. 1182* • Versailles, 21 nov. 1997 : *BICC 1998, n° 856* • Chambéry, 8 sept. 1997 : *JCP 1999. IV. 2822.*

Dès lors que la signification d'une injonction de payer et de son titre exécutoire sont intervenus dans le délai de deux ans à compter de la première échéance impayée, la forclusion de l'action de l'organisme de crédit ne peut être utilement invoquée. • Versailles, 7 mai 1998 : *Gaz. Pal. 4-5 nov. 1998, p. 15.*

Le délai de forclusion ne peut être interrompu par la signification de l'ordonnance d'injonction de payer rendue par une juridiction incompétente (tribunal de commerce). • Civ. 1re, 22 oct. 1996 : *Bull. civ. I, n° 363 ; Contrats Conc. Consom. 1997, n° 14, obs. Raymond.*

16. Effet suspensif de l'appel. L'action d'un prêteur ne peut être déclarée éteinte au motif que le rejet de la demande en paiement a mis fin à la suspension du délai de forclusion opérant durant l'instance, alors que, l'action ayant été engagée en temps utile, le litige se poursuit entre les parties tant que le jugement n'a pas été signifié, en raison de l'effet suspensif du délai d'appel et de l'appel. • Civ. 1re, 3 oct. 1995 : *Bull. civ. I, n° 342 ; D. 1995. IR. 234 ; D. Affaires 1995, p. 106.*

16 bis. Procédure devant la commission de surendettement. Il résulte de la combinaison des art. L. 331-7, dern. al., et L. 311-37, al. 1er, que la demande du débiteur adressée à la commission de surendettement de recommander des mesures de redressement, après échec de la tentative de conciliation, interrompt le délai de forclusion prévu au second de ces textes. • Civ. 1re, 19 mai 1999 : *Bull. civ. I, n° 169 ; D. 1999. IR. 156 ; D. Affaires 1999. 1150, obs. C. R. ; Contrats Conc. Consom. 1999, n° 170, obs. Raymond ; RTD com. 1999. 991, obs. Paisant*. – Comp., considérant que la saisine de la commission n'a aucune incidence sur le délai de forclusion : • Besançon, 25 oct. 2000 : *Contrats Conc. Consom. 2001, n° 64, obs. Raymond.*

17. Déclaration de créance au redressement judiciaire civil. L'effet interruptif des délais pour agir résultant, en matière de redressement judiciaire civil, de la déclaration par un créancier du montant des sommes qui lui sont dues, laquelle équivaut à une demande en paiement, subsiste après le jugement tant que celui-ci n'est pas devenu irrévocable. Il s'ensuit que, dès lors que la demande était recevable devant le premier juge, elle ne peut être déclarée irrecevable en appel au motif de l'expiration du délai de deux ans. • Civ. 1re, 28 nov. 1995 : *Bull. civ. I, n° 440 ; D. 1996. IR. 8 ; D. Affaires 1996. 73 ; Contrats Conc. Consom. 1996, n° 31, note Raymond.* ♦ L'effet interruptif se prolonge jusqu'à ce qu'une décision irrévocable ait statué sur la vérification des créances. • Civ. 1re, 23 mars 1999 : *Bull. civ. I, n° 109 ; D. Affaires 1999. 865 ; Gaz. Pal. 9-11 mai 1999, p. 18.*

17 bis. Admission de créance par le juge-commissaire. En ce sens que le créancier ne peut être irrecevable en sa demande, au motif de l'expiration du délai de deux ans, dès lors que la créance avait été admise, par une décision irrévocable du juge-commissaire de la procédure collective du débiteur, ayant autorité de la chose jugée, V. • Com. 20 juin 1995 : *Rev. huiss. 1996. 321, note Vidal.*

18. Jugement non avenu. S'agissant d'une action engagée dans le délai légal, qui a donné lieu à un premier jugement de condamnation considéré comme non avenu en application de l'art. 478 NCPC, à défaut d'avoir été signifié dans les six mois de sa date, dès lors que la procédure a été reprise, par réitération de l'assignation primitive délivrée dans le délai imparti, l'action est recevable. • Dijon, 3 juin 1993 : *Gaz. Pal. 1994. 2. Somm. 738.*

18 bis. Incidence à l'égard de la caution. La caution solidaire étant privée du bénéfice de discussion ne peut invoquer la forclusion de l'action à l'encontre du débiteur. • Civ. 1re, 8 oct. 1996 : *Bull. civ. I, n° 340 ; D. 1997. Somm. 163, obs. Aynès ; Rev. dr. bancaire 1996. 239, obs. Contamine-Raynaud ; Contrats Conc. Consom. 1996, n° 206, note Raymond.* ♦ La déclaration de créance par la caution à la commission de surendettement saisie par le débiteur principal est inopérante, au regard du calcul du délai de forclusion dans la mesure où la procédure devant la commission n'a pas pour finalité de délivrer un titre exécutoire. • Versailles, 15 janv. 1999 : *JCP 1999. IV. 1957.*

18 ter. Extinction du droit d'agir mais pas de la créance. La forclusion n'a pas pour effet d'éteindre la créance qui peut toujours être légitimement honorée par le débiteur. • Rouen, 22 janv. 1997 : *JCP 1997. IV. 1802.* ♦ Toutefois, le créancier ne peut opposer à son débiteur un deuxième contrat de prêt qu'il lui a fait souscrire de mauvaise foi comme une simple modalité d'exécution du premier prêt dans le but manifeste de tourner les dispositions de la loi en effaçant artificiellement, par une réitération des conventions d'origine, la date initiale des impayés non régularisés, point de départ du délai de forclusion. • Même arrêt. ♦ Comp. : note 5 *ter.*

3° POINT DE DÉPART DU DÉLAI

19. Premier incident de paiement non régularisé. Le point de départ d'un délai à l'expiration duquel ne peut plus s'exercer une action se situe nécessairement à la date d'exigibilité de l'obligation qui lui a donné naissance. • Civ. 1re, 9 déc. 1986 : *préc. note 9* • Paris, 9 janv. 1991 : *JCP 1991. IV. 208* • Cass., avis, 9 oct. 1992 : *préc. note 14.* ♦ Le délai de forclusion court à compter du premier incident de paiement non régularisé. • Civ. 1re, 22 avr. 1992 : *préc. note 10* • 25 oct. 1994 : *Bull. civ. I, n° 307 ; D. 1994. IR. 259* • 15 févr. 2000 : *JCP E 2000, n° 6, p. 14.* ♦ V. aussi • Paris, 6 févr. 1992 : *D. 1992. IR. 132.* ♦ Dès lors qu'une échéance n'est pas honorée mais que les prélèvements périodiques continuent d'être opérés, le délai de forclusion ne commence à courir qu'à compter de l'arrêt définitif desdits prélèvements. • Civ. 1re, 5 oct. 1999 : *Contrats Conc. Consom. 1999, n° 183, obs. Raymond.* ♦ S'agissant d'une ouverture de crédit utilisable par fractions et remboursable par prélèvements mensuels, la date du premier incident de paiement non régularisé doit être fixée au jour de la tentative infructueuse de prélèvement sur le compte du débiteur à la date où celui-ci est opéré. • Versailles, 2 mars 2001 : *Gaz. Pal. 30-31 janv. 2002, p. 9.* ♦ Compte tenu de la règle d'imputation des paiements énoncée par l'art. 1256 C. civ., cette date peut être fixée à celle de la plus ancienne mensualité demeurant impayée. • Civ. 1re, 17 mars 1993 : *Bull. civ. I, n° 117 ; D. 1993. IR. 98.* ♦ Ayant constaté que les sommes versées postérieurement au 6 févr. 1993 avaient été affectées, par les parties, au règlement des intérêts de retard et des mensualités échues de mars à sept. 1993, sans que la mensualité de février soit régularisée, une cour d'appel peut décider que l'action, introduite par acte du 3 mai 1995, était irrecevable comme forclose. • Civ. 1re, 29 oct. 2002 : *JCP E 2002, n° 51-52, p. 2034.* ♦ Comp., appliquant l'art. 1254 C. civ. (selon lequel le débiteur d'une dette qui porte intérêt ne peut pas, sans le consentement du créancier, imputer le paiement qu'il fait sur le capital par préférence aux intérêts et le paiement fait sur le capital et les intérêts, qui n'est pas intégral, s'impute d'abord sur les intérêts) : • Civ. 1re, 10 déc. 1996 : *Bull. civ. I, n° 446 ; D. 1997. Somm. 178, obs. Aynès*. – V. aussi • Bordeaux, 22 avr. 1997 : *BICC 1997, n° 1195 ; JCP E 1997. Pan. 1184.* ♦ Pour la validité d'une clause prévoyant le prélèvement des échéances sur un compte de dépôt, V. • Besançon, 8 févr. 1996 : *Banque et Droit juill.-août 1996. 45, obs. Guillot.* ♦ Toutefois, la régularisation ne joue pas lorsque le prêteur s'est, conformément aux stipulations contractuelles, prévalu de la déchéance du terme avant les paiements effectués par l'emprunteur, parce que la totalité des sommes dues est devenue immédiatement exigible. • Civ. 1re, 7 févr. 1995 : *Bull. civ. I, n° 77 ; D. 1995. IR. 62* • 4 févr. 2003 : *Bull. civ. I, n° 42 ; JCP E 2003, n° 13, p. 539 ; Defrénois 2003. 862, obs. Aubert ; RJDA 2003, n° 629.* – V. aussi • Rouen, 15 févr. 1995 : *JCP 1996. IV. 399* • TI Sarreguemines, 10 oct. 1996 : *BICC 1997, n° 326.* ♦ Un prêteur qui s'est prévalu de la déchéance du terme rendant ainsi exigible l'intégralité de sa créance n'est plus fondé à invoquer un rééchelonnement du prêt pour échapper à la forclusion édictée par l'art. L. 311-37. • Civ. 1re, 26 janv. 1999 : *Bull. civ. I, n° 31 ; D. 1999. IR. 53 ; D. Affaires 1999. 510, obs. C. R.*

19 bis. La sanction prévue par l'art. L. 311-30 étant facultative pour le prêteur et ne se produisant que si celui-ci décide de s'en prévaloir, sont dépourvues de toute valeur les stipulations de l'offre de crédit aux termes desquelles le contrat est résilié de plein droit et sans aucune formalité à l'échéance impayée, ce dont il résulte que les règlements faits par le débiteur après cette échéance impayée permettent une régularisation reportant le premier incident de paiement non régularisé. • Civ. 1re, 7 juill. 1998 : *Bull. civ. I, n° 241 ; D. Affaires 1998. 1527, obs. V. A.-R. ; RJDA 1998, n° 1147.*

19 ter. Le jugement d'ouverture du redressement judiciaire civil, d'arrêt des créances et d'établissement du plan de remboursement, rendu par le juge de l'exécution, ne constituant pas un titre exécutoire mais ayant pour effet de reporter le point de départ du délai de forclusion au premier incident de paiement non régularisé survenant après son prononcé, le créancier a intérêt à agir en justice en vue de la délivrance d'un titre exécutoire établissant sa créance telle qu'elle résulte du jugement de redressement. • Versailles, 27 juin 1997 : *BICC 1998, n° 612 ; Gaz. Pal. 1998. 2. Somm. 524.*

19 quater. Le point de départ du délai de forclusion étant reporté au premier incident non régularisé après l'adoption du plan conventionnel de redressement ou après décision du juge fixant les modalités du plan, dès lors qu'un tel plan a été mis en place par un jugement et qu'un jugement postérieur n'a fait que constater la défaillance des débiteurs survenus antérieurement, le délai de forclusion part du jour du premier incident de paiement non régularisé intervenu après rééchelonnement de la dette, et non au jour du jugement ayant prononcé la caducité du plan. • Versailles, 2 oct. 1998 : *BICC 1999, n° 913.* ♦ V. déjà, jugeant qu'à la suite d'un plan de redressement, le point de départ du délai de forclusion est le dernier incident de paiement non régularisé après le plan, • TI Niort, 3 juin 1998 : *Contrats Conc. Consom. 1998, n° 123, obs. Raymond.*

20. Le prêteur ne peut se prévaloir utilement d'exigibilités successives dès lors qu'il a lui-même et précédemment invoqué la déchéance du terme, et admettre qu'il puisse agir par une réduction de sa demande à des échéances postérieures conduirait à lui laisser la maîtrise arbitraire du délai de forclusion. • Civ. 1re, 23 juin 1993 : *Bull. civ. I, n° 231.*

Un créancier ne peut modifier à sa guise la date d'exigibilité de sa créance pour échapper au délai de forclusion biennal ; lorsque le débiteur est assigné moins de deux ans après la sommation de payer, mais plus de deux ans après une mise en demeure valant déchéance du terme, la sommation se référant expressément à cette déchéance, c'est à la date de la mise en demeure que se situe le point de départ du délai de forclusion. • Versailles, 25 sept. 1998 : *BICC 1999, n° 486.*

20 bis. Les documents produits ne permettant pas de déterminer la date de la première échéance impayée non régularisée, point de départ du délai de forclusion, il appartenait aux cautions, qui invoquaient la fin de non-recevoir, de démontrer que, comme elles le soutenaient, la première échéance impayée et non régularisée se situait à la date qu'elles avançaient. • Civ. 1re, 9 déc. 1997 : *D. Affaires 1998. 142, obs. S. P.* ♦ Comp., faisant peser sur le banquier la charge de la preuve de la date : • Rennes, 19 sept. 1997 : *JCP 1998. IV. 2169* • Versailles, 12 nov. 1999 : *BICC 2000, n° 1005.*

21. Découvert en compte. Ce délai court,

dans le cas d'un crédit consenti sous forme de découvert en compte, à compter de la date à laquelle le solde débiteur devient exigible. • Cass., avis, 9 oct. 1992 : *Bull. civ., n° 1 ; D. 1992. IR. 258 ; JCP 1993. II. 22024, note Morgan de Rivery-Guillaud ; JCP E 1993. I. 207, chron. D. Martin* • Civ. 1re, 30 mars 1994 : *Bull. civ. I, n° 126 ; JCP 1995. II. 22405, note Gramaize ; D. 1994. IR. 101* • 4 juin 1996 : *Bull. civ. I, n° 238 ; D. 1996. IR. 159 ; D. Affaires 1996. 1000* • 17 mars 1998 : *Bull. civ. I, n° 118* • Paris, 2 juin 1994 : *Rev. dr. bancaire 1994. 264, obs. Crédot et Gérard* (à propos d'un compte permanent). ♦ Comp., considérant qu'un découvert en compte bancaire n'est pas soumis aux dispositions de la loi du 10 janv. 1978 [C. consom., art. L. 311-1 s.] et donc au délai de forclusion de deux ans prévu par l'art. L. 311-37 : • Paris, 7 sept. 1999 : *D. 1999. AJ. 20*. ♦ Dans le cas d'un découvert consenti tacitement et par conséquent, dépourvu de terme, le délai de forclusion ne court qu'à compter de la date à laquelle le solde débiteur devient exigible. • Civ. 1re, 23 mai 2000 : *Bull. civ. I, n° 156* • 1er oct. 2002 : *ibid., n° 222* • 24 févr. 2004 : *Bull. civ. I, n° 62 ; D. 2004. AJ. 876, obs. Avena-Robardet ; JCP E 2004, n° 18, p. 692 ; RTD com. 2004. 357, obs. Legeais ; RJDA 2004, n° 1031.* ♦ L'existence d'une convention tacite de découvert étant incompatible avec la conclusion préalable d'une convention expresse de découvert d'un montant déterminé sur un même compte, le défaut de remboursement au terme convenu manifeste la défaillance de l'emprunteur et constitue le point de départ du délai biennal de forclusion. • Civ. 1re, 21 févr. 2006 : *D. 2006. AJ. 981, obs. Rondey ; RLDA mai 2006. 52, obs. Méar.* ♦ Le point de départ du délai à l'expiration duquel une action ne peut plus être exercée, se situant à la date d'exigibilité de l'obligation qui lui a donné naissance, dans le cas d'un crédit tacitement consenti sous forme de découvert en compte, le délai de forclusion prévu à l'art. L. 311-37 court à partir de la date à laquelle le solde débiteur est devenu exigible, un tel crédit ne pouvant prendre fin que par l'effet de la résiliation à l'initiative de l'une ou l'autre des parties. • Civ. 1re, 1er juin 1999 : *Bull. civ. I, n° 186 ; RTD com. 2000. 162, obs. Bouloc*. ♦ ... Alors même qu'aucune opération n'avait été enregistrée sur le compte bien avant la résiliation de la convention d'ouverture de crédit. • Civ. 1re, 10 déc. 2002 : *Bull. civ. I, n° 305 ; JCP 2003, n° 6, p. 248 ; RJDA 2003, n° 427.* ♦ Considérant que la date à laquelle le solde débiteur devient exigible est la date de clôture du compte, V. • Versailles, 30 avr. 1998 : *BICC 1998, n° 1247* • 22 mai 1998 : *ibid., n° 1248* • 6 mars 1998 : *Gaz. Pal. 24-26 oct. 1999, p. 23.*

21 bis. Lorsque les parties sont convenues du remboursement d'un crédit à la consommation par prélèvements sur un compte bancaire ou postal, ceux-ci opèrent paiement lorsque le compte fonctionne à découvert conformément à une convention distincte, expresse ou tacite, entre le prêteur et l'emprunteur. • Civ. 1re, 30 mars 1994 : *préc.* • 27 janv. 1998 : *Contrats Conc. Consom. 1998, n° 63, obs. Raymond* • 9 juin 1998 : *Bull. civ. I, n° 206 ; D. 1998. IR. 171 ; D. Affaires 1998. 1438, obs. S. P. ; JCP E 1998, n° 31, p. 1233, obs. Bouteiller ; RJDA 1998, n° 1281.* – Comp. : • Civ. 1re, 7 janv. 1997 : *Contrats Conc. Consom. 1997, n° 52, note Raymond.* (♦ En l'absence de terme, pour les découverts consentis tacitement avant l'entrée en vigueur de l'art. 5, al. 2, mod. par la loi du 31 déc. 1989 [C. consom., art. L. 311-9], le délai courait à compter de la résiliation de la convention d'ouverture de crédit à l'initiative de l'une des parties. • Cass., avis, 9 oct. 1992 : *préc. note 21* • Civ. 1re, 30 mars 1994 : *préc.* • TI Saint-Quentin, 25 juin 1993 : *Gaz. Pal. 1994. 2. 761, note Donnette* • Rouen, 10 janv. 1996 : *JCP 1996. IV. 2040.* – Rappr. : • Versailles, 20 juin 1997 : *BICC 1998, n° 538* • 12 juin 1998 : *D. Affaires 1998. 1309, obs. V. A.-R.* ♦ L'ouverture d'un redressement judiciaire à l'égard du débiteur n'emportait donc pas, par elle-même, résiliation des concours bancaires, en raison de l'art. 37 de la loi du 25 janv. 1985. • Civ. 1re, 6 janv. 1998 : *Bull. civ. I, n° 4 ; D. Affaires 1998. 286, obs. S. P.*). – V. aussi Bazin, *Rev. huiss. 1995. 9.*

21 ter. En raison de la conclusion d'une convention de découvert, dont le montant est limité, le dépassement du découvert maximum convenu doit être tenu pour une échéance impayée manifestant la défaillance de l'emprunteur et constitue le point de départ du délai biennal de forclusion. • Civ. 1re, 23 mai 2000 : *Bull. civ. I, n° 157 ; D. 2001. 1164, note Flores et Biardeaud ; ibid. 2000. AJ. 306, obs. Rondey ; ibid. 2002. Somm. 641, obs. Martin ; JCP 2000. II. 10419, note Clément ; RTD com. 2000. 999, obs. Bouloc ; RD banc. fin. 2000, n° 144, obs. Crédot et Gérard.* – Sur cet arrêt, V. également Bonhomme, *Petites affiches 21 juin 2001, p. 4* (proposition d'analyse de l'effet de règlement des comptes bancaires). – V. aussi l'arrêt statuant sur renvoi : • Amiens, 10 sept. 2001 : *Banque et Droit nov.-déc. 2002. 59, obs. Guillot*, et • Civ. 1re, 4 juin 2002 : *Bull. civ. I, n° 160 ; D. 2002. AJ. 2120, obs. Rondey ; JCP E 2003, n° 31-35, p. 1340, note Vigneau* • 7 déc. 2004 : *Bull. civ. I, nos 304 et 305 ; D. 2005. AJ. 141, obs. Avena-Robardet ; D. 2006. Pan. 165, obs. Martin ; JCP E 2005, n° 41, p. 1684, note Clément ; Contrats Conc. Consom. 2005, n° 54, obs. Raymond ; RJDA 2005, n° 615 ; RTD com. 2005. 158, obs. Legeais ; Dr. et procédures*

2005. 148, note Salati (2 arrêts) • 18 janv. 2005 : *Bull. civ. I, n° 31 ; RTD com. 2005. 585, obs. Bouloc ; JCP E 2005, n° 8, p. 303 ; Contrats Conc. Consom. 2005, n° 55, obs. Raymond.*

21 quater. Conformément à la règle selon laquelle le point de départ d'un délai à l'expiration duquel une action ne peut plus s'exercer se situe à la date de l'exigibilité de l'obligation qui lui a donné naissance, le délai biennal prévu par l'art. L. 311-37 court, dans le cas d'une ouverture de crédit reconstituable et assortie d'une obligation de remboursement à échéances convenues, à compter de la première échéance impayée non régularisée. • Cass. Ass. plén., 6 juin 2003 : *Bull. civ., n° 6 ; D. 2003. 1905, note Lagarde ; ibid. AJ. 1692, obs. Avena-Robardet ; RJDA 2003, p. 799, rapp. Gabet ; JCP E 2004, n° 1-2, p. 41, note Fadlallah ; JCP 2003. II. 10137, note François ; Gaz. Pal. 2004. 3178, note Bigot ; Contrats Conc. Consom. 2003, n° 132, obs. Raymond ; RD banc. fin. 2003, n° 133, obs. Crédot et Gérard ; RTD com. 2003. 549, obs. Legeais.* – Sur cet arrêt, V. aussi Bigot, *RD banc. fin. 2004. 55* • Civ. 1re, 12 oct. 2004 : *RJDA 2005, n° 1028* • Rennes, 18 sept. 2003 : *Contrats Conc. Consom. 2004, n° 66, obs. Raymond* • Versailles, 1er juin 2004 : *BICC 2005, n° 1896.* ♦ Le délai biennal de forclusion court, dans le cas d'une ouverture de crédit, d'un montant déterminé et reconstituable, assortie d'une obligation de remboursement à échéances convenues, à compter du moment où le montant du dépassement maximum convenu n'est pas régularisé, cette situation constituant un incident qui caractérise la défaillance de l'emprunteur. • Civ. 1re, 30 mars 2005 : *Bull. civ. I, n° 159 ; RTD com. 2005. 575, obs. Legeais ; Contrats Conc. Consom. 2005, n° 141, obs. Raymond ; Gaz. Pal. 2005. 2657, concl. Sainte-Rose.* ♦ V. aussi, retenant que le crédit utilisable par fractions ne peut être qualifié de compte courant, mais constitue un relevé comptable d'ouvertures de crédit successives faisant l'objet d'un paiement échelonné et qu'en conséquence, le point de départ du délai de forclusion est le premier incident de paiement non régularisé et non la clôture du compte : • TI Paris, 6 juin 2001 : *Contrats Conc. Consom. 2001, n° 144, obs. Raymond.* – V. encore • TI Paris, 8 mars 2001 : *D. 2001. AJ. 1723, obs. Avena-Robardet ; Petites affiches 15 mars 2002, p. 15, note Flores et Biardeaud.* – V. aussi • Civ. 1re, 18 janv. 2005 : *préc. note 14.* ♦ ... Jugeant qu'un accord de rééchelonnement des créances impayées a pour conséquence de repousser le point de départ du délai de forclusion biennal à la date du premier incident de paiement non régularisé postérieur à l'accord de rééchelonnement : • Rennes, 31 janv. 2003 : *Contrats Conc. Consom. 2003, n° 146, obs. Raymond.* ♦ *Contra*, jugeant que le délai biennal de forclusion prévu à l'art. L. 311-37 court à compter de la date à laquelle prend fin l'ouverture de crédit et non, lorsque des remboursements mensuels fixes sont prévus, à compter de la dernière mensualité impayée non régularisée, V. • Civ. 1re, 9 mars 1999 : *Bull. civ. I, n° 85 ; D. Affaires 1999. 663, obs. V. A.-R. ; RD bancaire et bourse 1999. 71, obs. Crédot et Gérard* • 4 févr. 2003 : *préc. note 19.* ♦ Dans le cas d'une ouverture de crédit permanent utilisable par fractions, lorsqu'à une certaine date, un prélèvement revient impayé et que la somme correspondant à son montant est réintégrée au débit du compte de crédit, cette dette spéciale constitue celle que l'emprunteur a le plus intérêt à payer, dès lors qu'elle peut, en application des dispositions contractuelles, entraîner la déchéance immédiate du terme annuel et l'exigibilité anticipée du solde débiteur du crédit utilisé ; il en résulte qu'elle est nécessairement imputée sur les échéances mensuelles immédiatement postérieures et effectivement prélevées, qu'elle est réputée régularisée dès que ces échéances, qui sont sans imputation précise, couvrent son montant, et qu'elle ne peut plus alors donner lieu à une action en paiement et constituer, par voie de conséquence, le point de départ du délai biennal de forclusion. • Bordeaux, 26 janv. 1998 : *BICC 1998, n° 1032.*

21 quinquies. Lorsque l'ouverture de crédit s'analyse en un prêt d'un montant déterminé qui doit être intégralement remboursé avant que son bénéficiaire puisse en disposer de nouveau, et alors seulement sous forme de crédit reconductible, le délai biennal de forclusion prévu par l'art. L. 311-37 court à compter de la première échéance impayée non régularisée. • Civ. 1re, 4 oct. 2000 : *Bull. civ. I, n° 236 ; D. 2002. Somm. 641, obs. Martin ; JCP 2001. II. 10492, note Monachon-Duchêne ; Defrénois 2001. 245, obs. Libchaber ; Contrats Conc. Consom. 2001, n° 31, obs. Raymond.*

22. Si un compte ouvert par un client reste chronologiquement débiteur jusqu'à sa clôture, l'ouverture d'un crédit bancaire tacite ne saurait retarder le point de départ du délai de forclusion, la banque ne pouvant fixer à sa guise le point de départ d'un délai préfix. • Rennes, 30 sept. 1993 : *BICC 1994, n° 81* • Nancy, 2 avr. 1997 : *JCP 1998. IV. 2356.*

23. Les mensualités de remboursement d'un prêt, prélevées sur un compte courant perdant leur spécificité par fusion dans les opérations de débit et de crédit passées entre la banque et son client, le point de départ du délai de deux ans de l'art. 27 mod. [C. consom., art. L. 311-37] court à compter de la clôture du compte courant, en cas de défaillance de l'emprunteur. • Douai, 20 déc. 1990 : *BICC 1991, n° 833.*

24. Un découvert en compte constituant, dès lors qu'il excède une durée de trois mois, une ouverture de crédit, l'établissement de crédit, qui de manière tacite et durant plusieurs années consécutives a autorisé à son client ce type de découvert, sans formaliser une offre préalable selon les modalités prévues par l'art. L. 311-9, ne peut se prévaloir de l'existence d'un contrat d'ouverture de crédit, ce dont il résulte que la date d'exigibilité du solde débiteur se trouve fixée à l'expiration du délai de trois mois, à compter duquel court donc le délai biennal de forclusion. • Versailles, 31 oct. 1997 : *BICC 1998, n° 667* • 5 déc. 1997 : *Gaz. Pal. 1998. 2. Somm. 524.*

25. Action contre la caution. L'événement qui donne naissance à l'action du créancier contre la caution est l'impossibilité pour le débiteur principal de remplir ses propres obligations. • Toulouse, 18 oct. 1994 : *BICC 1995, n° 139 ; RJDA 1995, n° 1128.* ♦ Ainsi, lorsque le débiteur a cessé d'honorer ses remboursements lors de sa mise en liquidation judiciaire, l'obligation de la caution naît de la première échéance impayée, et ce indépendamment de la nécessité pour le créancier de déclarer parallèlement sa créance et de la faire admettre par le juge-commissaire. • Même arrêt.

26. Il résulte de la combinaison des art. L. 311-37 et L. 313-10 que l'événement, qui fait courir le délai avant l'expiration duquel la caution peut opposer au créancier l'impossibilité de se prévaloir de la garantie, à raison de la disproportion manifeste de celle-ci à ses biens et revenus, est la demande d'exécution du cautionnement faite par le créancier. • Civ. 1re, 23 mai 2000 : *Bull. civ. I, n° 155 ; D. 2001. Somm. 698, obs. Aynès ; RTD com. 2000. 998, obs. Bouloc ; RD banc. fin. 2000, n° 150, obs. Legeais.*

27. De même que la caution ne peut se prévaloir à l'encontre du créancier des mesures prises en faveur du débiteur principal par un plan judiciaire de redressement, de même le créancier forclos ne peut invoquer ce plan pour prétendre qu'un nouveau délai de forclusion lui serait ouvert à compter du premier incident affectant l'exécution dudit plan. • Civ. 1re, 18 oct. 2000 : *Bull. civ. I, n° 258 ; D. 2000. AJ. 442, obs. Rondey ; RTD com. 2001. 257, obs. Bouloc ; Defrénois 2001. 251, obs. Savaux.*

28. Délais de paiement. Lorsqu'une ordonnance de référé a accordé des délais de paiement à un emprunteur, le point de départ du délai de forclusion est reporté à la date de cessation des effets de l'ordonnance. • Civ. 1re, 4 avr. 1995 : *Bull. civ. I, n° 160 ; D. 1995. IR. 136 ; Defrénois 1995. 754, obs. Aubert ; Contrats Conc. Consom. 1995, n° 154, note Raymond.*

4° EXPIRATION DU DÉLAI

29. C'est la date de l'assignation elle-même qu'il convient de prendre en considération pour apprécier si l'action a été engagée dans le délai de deux ans (Cass., rép., *BICC 1er nov. 1992, p. 26*). • Paris, 3 févr. 1998 : *Banque et Droit mai-juin 1998. 37, obs. Guillot.* ♦ Dès lors que l'assignation a été délivrée avant l'expiration du délai biennal, l'action ne peut être déclarée forclose au simple motif que la mise au rôle n'a été effectuée qu'après l'expiration de ce délai : V. • Civ. 1re, 20 oct. 1998 : *Bull. civ. I, n° 307 ; JCP E 1998, n° 49, p. 1901 ; RJDA 1998, n° 1404* • 31 mai 2000 : *Contrats Conc. Consom. 2000, n° 132, obs. Raymond ; RD banc. fin. 2000, n° 145, obs. Crédot et Gérard.* ♦ Considérant que l'action est formée par l'assignation, sans qu'il y ait lieu de distinguer entre la date de délivrance de cet acte et sa date de remise au tribunal, V. • Versailles, 20 nov. 1998 : *BICC 1999, n° 1306.* ♦ V. aussi note 14 *bis*.

30. Lorsque la juridiction compétente est saisie de la demande en paiement d'un organisme de crédit par le jugement d'un tribunal incompétent qui ordonne le renvoi devant elle, à une date antérieure à l'expiration du délai de 2 ans, l'action est valablement formée. • Civ. 1re, 17 mars 1993 : *Bull. civ. I, n° 118.* ♦ V. aussi • Versailles, 11 déc. 1998 : *BICC 1999, n° 1384.*

30 bis. Une cour d'appel qui, sur une action relative à un crédit à la consommation, constate que le point de départ du délai de forclusion se situe au 15 mars 1991, date de la résiliation des conventions d'ouvertures de compte, et qui relève que la banque a fait signifier devant elle des conclusions le 19 janv. 1993, tendant à voir confirmer le jugement de grande instance qui avait fait droit à ses prétentions, retient à bon droit qu'une telle demande, contenue dans un acte de procédure déposé devant la cour d'appel compétente pour connaître le fond du litige, manifeste la volonté de son auteur de saisir le juge pour qu'il tranche le litige et s'analyse comme une action en justice, de sorte que l'action, engagée devant la juridiction compétente, moins de deux ans après le point de départ du délai de forclusion, est recevable. • Civ. 1re, 10 déc. 1996 : *Bull. civ. I, n° 446 ; D. 1997. IR. 16 ; D. Affaires 1997. 244.* – V. aussi • Civ. 1re, 31 mars 1998 : *Bull. civ. I, n° 136 ; D. 1998. IR. 118 ; D. Affaires 1998. 840 ; RTD com. 1998. 906, obs. Bouloc.* ♦ Considérant qu'il appartient aux juges avant de déclarer forclose l'action en remboursement formée par un prêteur, de rechercher si la date du premier incident de paiement non régularisé est antérieure de moins de deux ans à la date de l'acte introductif d'instance, V. • Civ. 1re, 15 févr. 2000 : *JCP E 2000, n° 6, p. 14.*

5° RÉAMÉNAGEMENT OU RÉÉCHELONNEMENT DU DÉLAI

31. Réaménagement. Le terme de réaménagement, au sens de la loi du 31 déc. 1989 [C. consom., art. L. 331-1 s.], ne peut s'entendre que d'un accord intervenant à la suite de la défaillance d'un débiteur pour régler toutes les conséquences de cette défaillance quant à la poursuite du contrat. Il ne concerne pas des accords intervenus entre un créancier et son débiteur faisant suite à de nouvelles défaillances du débiteur, dès lors que le versement prévu ne peut permettre au débiteur de se libérer, puisque la somme prévue ne représente même pas l'intérêt sur l'arriéré, augmenté chaque mois d'une somme correspondant à la différence entre le montant des échéances initiales et la somme prélevée. • Paris, 27 nov. 1991 : *D. 1992. IR. 67.* ♦ Pour un arrêt ayant retenu que le terme de « réaménagements » s'entend d'un accord, ayant pour but de régler toutes les conséquences de la défaillance du débiteur y compris la déchéance du terme, que la résiliation maintient l'obligation principale de restitution des fonds prêtés sans novation et qu'en cas de surendettement, le non-respect des plans d'apurement fait revivre les effets du contrat d'origine un temps suspendus, V. • Paris, 17 févr. 1998 : *Banque et Droit mai-juin 1998. 38, obs. Guillot.*

31 bis. Une reconnaissance de dette qui ne précise pas le montant de la somme que l'emprunteur s'engage à verser mensuellement jusqu'à parfait paiement et qui se borne à renvoyer sur ce point à la procédure de redressement judiciaire civil alors en cours ne constitue pas un réaménagement ou rééchelonnement du règlement des échéances impayées. • Civ. 1re, 13 nov. 1996 : ☎ *RJDA 1997, n° 239.*

31 ter. Un réaménagement ou un rééchelonnement de dette implique un accord des parties permettant réellement au débiteur de se libérer de la totalité de sa dette en principal, intérêts et frais, selon un plan d'amortissement défini et annexé à l'accord des parties. Tel n'est pas le cas d'un accord passé entre une banque et son client débiteur dont il ressort que les mensualités ne permettent pas à celui-ci, non seulement de se libérer, lesdites mensualités étant inférieures aux intérêts, mais ont, au surplus, pour effet d'augmenter sa dette. • Versailles, 19 déc. 1997 : *Gaz. Pal. 1998. 2. Somm. 523.* ♦ V. aussi • Versailles, 20 févr. 1998 : *BICC 1998, n° 1397.* ♦ Pour un arrêt considérant que constitue un réaménagement, l'avenant par lequel un organisme de crédit consent un nouvel échéancier de règlement des échéances impayées, V. • Versailles, 7 mai 1998 : *BICC 1999, n° 211.*

31 quater. Il ne saurait y avoir réaménagement ou rééchelonnement convenu entre les parties lorsque le nouvel échéancier a été établi unilatéralement par le prêteur, la circonstance que des prélèvements se soient poursuivis au-delà de la date initialement fixée ne signifiant pas que l'emprunteur a clairement exprimé son accord sur le nouvel échéancier. • Versailles, 22 mars 2002 : *RJDA 2003, n° 179.* ♦ Le report d'une mensualité impayée en fin de crédit n'est pas constitutive d'un « réaménagement » au sens de l'art. L. 311-37 lorsqu'il résulte d'une décision unilatérale du créancier exclusive de l'accord du débiteur. • Versailles, 6 avr. 2004 : *BICC 2005, n° 644.* ♦ L'établissement d'un plan conventionnel de redressement est dépourvu d'effet novatoire ; il s'ensuit que lorsque le créancier assigne en paiement le débiteur défaillant après mise en demeure emportant caducité du plan et exigibilité de la créance, il n'a pas à justifier du bien-fondé de sa créance par la production d'un historique du compte depuis l'origine mais seulement de celui résultant du plan conventionnel de redressement qui constitue le point de référence à partir duquel peut être caractérisé le premier incident de paiement non régularisé constitutif du point de départ du délai de forclusion biennal. • Versailles, 19 avr. 2005 : *BICC 2006, n° 1044.*

32. Le règlement intégral d'un solde débiteur par l'emprunteur à un moment donné du prêt, qui ne constitue ni un réaménagement, ni un rééchelonnement de ce prêt, ne peut permettre à un débiteur de se prévaloir d'incidents antérieurs de paiement, l'art. 27 [C. consom., art. L. 311-37] ne pouvant dans ce cas être invoqué par celui-ci dès lors que l'événement qui a donné naissance à l'action est différé du fait de la suppression du solde débiteur. • Paris, 5 févr. 1992 : *D. 1992. IR. 132.* ♦ Il n'en serait autrement que si le compte était resté en permanence débiteur depuis la date de la première défaillance, auquel cas le créancier ne pourrait que s'en prendre à sa propre négligence s'il n'a pas intenté son action dans le délai de deux ans à compter de la première défaillance. • Même arrêt.

33. Peut constituer un accord valant aménagement du paiement de l'intégralité des sommes dues, la télécopie de l'emprunteur acceptant la proposition de remboursement de la banque. • Civ. 1re, 4 juin 1996 : ☎ *Bull. civ. I, n° 237 ; D. Affaires 1996. 835 ; Rev. dr. bancaire 1996. 174, obs. Crédot et Gérard.* ♦ Dès lors que le prêteur, qui se prévaut d'un réaménagement, doit justifier de l'envoi de celui-ci au débiteur et rapporter la preuve de l'accord de ce dernier sur les nouvelles modalités de remboursement, le simple envoi d'un courrier électronique est insuffisant. • Versailles, 20 mars 1998 : *D. Affaires 1998. 800, obs. C. R.*

34. L'art. L. 311-37, al. 2, ne vise pas seulement la restructuration complète du crédit, s'applique aussi en cas de report du règlement d'une échéance impayée en fin de contrat. Ce texte est donc applicable à un accord prévoyant à la fois un tel report et l'augmentation du montant des mensualités afin de prendre en compte le surcroît d'intérêts engendré par le report. • TI Périgueux, 30 août 1996 : *RJDA 1997, n° 802.*

35. Pour d'autres exemples de rééchelonnement reportant le point de départ du délai, V. • Civ. 1re, 22 avr. 1992 : ♔ *Bull. civ. I, n° 130 ; Gaz. Pal. 1994. 2. 422, note Monachon-Duchêne* • 27 oct. 1993 : ♔ *Bull. civ. I, n° 303 ; D. 1994. IR. 4.*

36. Sur le pouvoir souverain des juges du fond pour apprécier l'existence d'un rééchelonnement, V. • Civ. 1re, 26 janv. 1999 : ♔ *préc. note 19.*

B. SOLUTIONS ANTÉRIEURES À LA LOI DU 11 DÉC. 2001

1° DOMAINE DU DÉLAI

37. Actions de l'emprunteur. Avant la loi du 11 déc. 2001, le délai de deux ans s'appliquait à l'action de l'emprunteur contre le prêteur. • Civ. 1re, 19 mai 1992 : ♔ *Bull. civ. I, n° 148 ; D. 1992. IR. 193* • 30 oct. 1995 : ♔ *Contrats Conc. Consom. 1995, n° 209, note Raymond.* ♦ ... Ainsi qu'aux litiges relatifs aux mesures conservatoires telles que les saisies-arrêts. • Dijon, 22 sept. 1992 : *JCP 1993. IV. 1590.* ♦ L'emprunteur, destinataire d'un titre exécutoire, disposait d'un délai de deux ans à compter de la date où il avait eu connaissance de ce titre pour s'y opposer en saisissant le tribunal. • Civ. 1re, 9 mai 1996 : ♔ *Bull. civ. I, n° 195 ; D. Affaires 1996. 708 ; Defrénois 1996. 1032, obs. Aubert ; Contrats Conc. Consom. 1996, n° 130, note Raymond.* ♦ Le délai de deux ans s'imposait au juge saisi d'une demande de redressement judiciaire civil lorsqu'il vérifiait les créances. • Civ. 1re, 3 janv. 1996 : ♔ *Bull. civ. I, n° 11 ; D. 1996. IR. 47 ; D. Affaires 1996. 260 ; Rev. dr. bancaire 1996. 49, obs. Crédot et Gérard* • Paris, 17 sept. 1997 : *D. Affaires 1997. 1280.* ♦ La contestation, par l'emprunteur, de la clause de variabilité du taux d'intérêt était également soumise au délai de forclusion. • Civ. 1re, 10 déc. 1996 : ♔ *Bull. civ. I, n° 446 ; D. 1997. 303, note Fadlallah* ✐ *; D. Affaires 1997. 246 ; Rev. dr. bancaire 1997. 66, obs. Crédot et Gérard.*

38. La Cour de cassation considérait que violait l'art. L. 311-37 le juge de l'exécution qui, après avoir constaté le défaut de régularité de l'offre de crédit, relevait que la fin de non-recevoir tirée de la forclusion, opposée par le prêteur au moyen pris de la déchéance du droit aux intérêts, ne pouvait qu'éteindre le droit d'action processuel de l'emprunteur, mais ne modifiait en rien les droits subjectifs substantiels de chaque partie, et ne pouvait permettre à la société de crédit de se prévaloir d'un fondement juridique erroné pour obtenir la consécration d'un droit subjectif, le droit aux intérêts, qu'elle n'avait jamais détenu, alors que plus de deux ans s'étaient écoulés depuis que le contrat de crédit s'était définitivement formé. • Civ. 1re, 9 déc. 1997 : ♔ *Bull. civ. I, n° 364 ; D. Affaires 1998. 142, obs. S. P. ; Rev. dr. bancaire 1998. 60, obs. Crédot et Gérard.* – V. sur cet arrêt, Ancel, *Gaz. Pal. 1er - 2 sept. 1999, p. 5.* ♦ V. aussi, • Versailles, 21 nov. 1997 : *BICC 1998, n° 780* • 25 sept. 1998 : *D. Affaires 1999. 119.* – *Contra* : • Bourges, 21 févr. 1994 : *JCP 1994. IV. 1218* • Bordeaux, 21 oct. 1997 : *BICC 1998, n° 539 ; Contrats Conc. Consom. 1998, n° 52, note Raymond* • 30 avr. 1998 : *BICC 1998, n° 1328 ; Contrats Conc. Consom. 1998, n° 138, obs. Raymond.* – V. aussi • Limoges, 16 janv. 1996 : *Contrats Conc. Consom. 1996, n° 68, note Raymond.*

Cette jurisprudence est désormais caduque : V. art. L. 311-37, dans sa rédaction issue de L. n° 2001-1168 du 11 déc. 2001.

39. Actions de la caution et du coemprunteur. BIBL. Farge, *JCP 2001. I. 310* (application au cautionnement du bref délai prévu en matière de crédit mobilier à la consommation). ♦ L'événement qui donnait naissance à l'action de la caution contre le débiteur principal devait s'entendre du paiement fait par elle, puisque c'est ce paiement qui faisait naître à son profit son droit de recours, sans qu'elle eût nécessairement à attendre d'être en possession d'une quittance subrogative dont elle pouvait, en ne la sollicitant pas, retarder à son gré la remise. • Toulouse, 7 juin 1994 : *préc. note 5* (Cass., rép., *BICC 1er mai 1996, p. 27*). ♦ Le point de départ était constitué par la date du premier payement fait par la caution pour le compte du débiteur principal défaillant. • Versailles, 31 janv. 1997 : *D. Affaires 1997. 531* • Civ. 1re, 9 déc. 1997 : ♔ *D. 1998. IR. 37 ; D. Affaires 1998. 239, obs. S. P.* ♦ V. aussi • Versailles, 15 janv. 1999 : *JCP 1999. IV. 1957.* ♦ Comp. : • Civ. 1re, 17 juill. 2001 : ♔ *RJDA 2001, n° 1247.*

40. La loi du 23 juin 1989, qui, en modifiant la loi du 10 janv. 1978 (C. consom., art. L. 311-1 s.), avait étendu les dispositions de ce texte au cautionnement, étant applicable aux incidents de paiement antérieurs à son entrée en vigueur, le délai de forclusion, s'agissant du recours de la caution qui avait payé le prêteur contre l'emprunteur, avait commencé à courir à compter de l'entrée en vigueur de ladite loi du 23 juin 1989.

• Civ. 1re, 27 mai 1997 : ⚖ *Bull. civ. I, n° 173 ; D. 1997. IR. 143 ; D. Affaires 1997. 1074.*

41. Le délai de forclusion s'appliquant à tous les litiges concernant les opérations de crédit et leur cautionnement, le point de départ de ce délai, pendant lequel la caution pouvait, par voie d'action ou d'exception, contester la validité de son engagement était la date à laquelle le cautionnement a été consenti. • Civ. 1re, 15 déc. 1998 : ⚖ *Bull. civ. I, n° 365 ; D. Affaires 1999. 330, obs. C. R. ; JCP 1999. II. 10098, note Monachon-Duchêne ; RTD civ. 1999. 619, obs. Mestre* ; *Contrats Conc. Consom. 2000, n° 49, obs. Raymond* • 15 juill. 1999 : ⚖ *Bull. civ. I, n° 246 ; D. 1999. IR. 208 ; D. Affaires 1999. 1326 ; RTD com. 2000. 429, obs. Bouloc* • 26 févr. 2002 : ⚖ *Bull. civ. I, n° 72 ; D. 2002. AJ. 1277* ; *JCP E 2002, n° 15, p. 603.*

42. Le délai de deux ans s'appliquait au recours formé par un emprunteur à l'encontre de son coemprunteur. • Orléans, 17 nov. 1997 : *JCP 1998. II. 10075, note Monachon-Duchêne.*

En ce sens que cette jurisprudence est rendue caduque par la nouvelle rédaction de l'art. L. 311-37, issue de la loi du 11 déc. 2001, V. Flores et Biardeaud, *D. 2002. 876.*

2° POINT DE DÉPART DU DÉLAI

43. Irrégularité de l'offre préalable. BIBL. Lemaître, *Petites affiches 27 juill. 1999, p. 11* (sanction de l'offre irrégulière de crédit). – Ancel, *Gaz. Pal. 1er- 2 sept. 1999, p. 5* (emprunteur et délai de forclusion ou l'abandon d'un formalisme protecteur du consommateur). ♦ Avant la loi du 11 déc. 2001, le point de départ du délai de forclusion opposable à l'emprunteur qui contestait la régularité de l'offre préalable, par voie d'action ou d'exception, était la date à laquelle le contrat de crédit était définitivement formé. • Cass., avis, 9 oct. 1992 : ⚖ *préc. note 14* • Civ. 1re, 10 avr. 1996 : ⚖ *Bull. civ. I, n° 178 ; D. 1996. 527, note Hassler* ; *D. Affaires 1996. 578 ; Contrats Conc. Consom. 1996, n° 115, note Raymond* • 9 déc. 1997 : ⚖ *Bull. civ. I, n° 364 ; D. Affaires 1998. 142, obs. S. P.* • 7 oct. 1998 : ⚖ *RJDA 1998, n° 1280* • 7 nov. 2000 : ⚖ *Bull. civ. I, n° 284 ; RTD com. 2001. 496, obs. Bouloc* • 2 oct. 2002 : ⚖ *Bull. civ. I, n° 229 ; JCP 2002. IV. 2797* • 18 mars 2003 : *JCP E 2003, n° 21-22, p. 879 ; RJDA 2003, n° 1112* • Paris, 17 sept. 1997 : *préc. note 37* • Versailles, 21 nov. 1997 : *BICC 1998, n° 780.* ♦ Toutefois cette règle ne s'appliquait pas à l'emprunteur qui déniait sa signature et, de ce fait, contestait non seulement la validité du contrat mais également l'existence même de son consentement. • Rouen, 11 juin 1997 : *BICC 1998, n° 81.* – V. aussi Riffard, *JCP E 1997. I. 616* • Civ. 1re, 1er avr. 2003 : ⚖ *préc. note 6.* ♦ Sur cette date, V. note 1 ss. art. L. 311-15 C. consom.

44. Le point de départ du délai de forclusion, en ce qui concerne l'emprunteur qui contestait la régularité de l'offre préalable se situait au jour de la prise d'effet du contrat, c'est-à-dire à la date d'expiration du délai de rétraction. • Versailles, 27 mars 1998 : *BICC 1998, n° 1161.* ♦ Le délai de forclusion opposable à l'emprunteur qui conteste la régularité des conditions de la reconduction ou du renouvellement de l'offre préalable court à compter de chaque reconduction ou renouvellement. • Civ. 1re, 16 mars 2004 : ⚖ *Bull. civ. I, n° 90 ; D. 2004. AJ. 947, obs. Avena-Robardet (3e esp.)* ; *JCP E 2004, n° 22, p. 835 ; RTD com. 2004. 356, obs. Legeais* ; *RJDA 2004, n° 886 (3e esp.).*

Cette jurisprudence est désormais caduque : V. art. L. 311-37, dans sa rédaction issue de L. n° 2001-1168 du 11 déc. 2001.

Sur l'application dans le temps de la loi du 11 déc. 2001, V. X. Lagarde, *JCP 2002. I. 106.*

CHAPITRE II *Crédit immobilier*

L. 312-1 à L. 312-36 *V. C. civ. et C. consom.*

CHAPITRE III *Dispositions communes aux chapitres Ier et II*

SECTION I *Le taux d'intérêt*

L. 313-1 à L. 313-6 *V. supra, v° Prêts d'argent.*

SECTION II *Les sûretés personnelles*

BIBL. ▶ Defossez, *RD banc. fin. 2003. 247* (cautionnement et protection du consommateur). – Loiseau et Djoudi, *ibid. 256* (fonction de la mention manuscrite). – Albiges, *Liber amicorum*

Calais-Auloy, Dalloz, 2004, p. 1 (influence du droit de la consommation sur l'engagement de la caution). – Raby, *JCP N 2004, n° 52-53, p. 1940* (la mention manuscrite et le cautionnement notarié).

L. 313-7 La personne physique qui s'engage par acte sous seing privé en qualité de caution pour l'une des opérations relevant des chapitres Ier ou II du présent titre doit, à peine de nullité de son engagement, faire précéder sa signature de la mention manuscrite suivante, et uniquement de celle-ci :

« En me portant caution de X..., dans la limite de la somme de... couvrant le paiement du principal, des intérêts et, le cas échéant, des pénalités ou intérêts de retard et pour la durée de..., je m'engage à rembourser au prêteur les sommes dues sur mes revenus et mes biens si X... n'y satisfait pas lui-même. » – *[L. n° 78-22 du 10 janv. 1978, art. 7-1].*

1. Pouvoir des juges. En ce sens qu'en cas d'insuffisance de la mention, la nullité est encourue sans qu'un pouvoir d'appréciation soit reconnu aux juges, V. • Lyon, 21 juin 1995 : *JCP 1997. I. 3991, p. 23, obs. Simler et Delebecque* • Agen, 17 janv. 1996 : *ibid.* • Besançon, 23 janv. 1996 : *ibid.* ♦ Pour d'autres exemples, V. • Versailles, 30 janv. 1998 : *D. Affaires 1998. 571 ; Rev. huiss. 1999. 471, obs. Teilliais* • Toulouse, 5 mai 1998 : *Banque et Droit mars-avr. 2000. 51, obs. Guillot.* ♦ Comp., jugeant que l'omission de la conjonction de coordination « et » entre, d'une part la formule définissant le montant et la teneur de l'engagement, d'autre part celle relative à la durée de celui-ci, n'affecte ni le sens, ni la portée de la mention manuscrite de telle sorte que la sanction édictée par l'art. L. 313-7 n'était pas encourue : • Civ. 1re, 9 nov. 2004 : *Bull. civ. I, n° 254 ; D. 2005. Pan. 2840, obs. Amrani-Mekki ; JCP E 2005, n° 5, p. 183, note Legeais ; Petites affiches 28-29 mars 2005, p. 5, obs. D. H. ; Banque et Droit mars-avr. 2006. 73, obs. Guillot ; RJDA 2005, n° 442 ; RDC 2005. 403, obs. Houtcieff ; Defrénois 2005. 1035, note Piedelièvre.*

2. Nature de la nullité. En ce sens que la caution qui a confirmé son obligation, par son exécution volontaire, ne peut plus invoquer la nullité, V. • Paris, 17 mai 1996 : *JCP 1997. I. 3991, p. 23, obs. Simler et Delebecque.* ♦ *Contra*, jugeant que le fait d'avoir réglé quelques mensualités ne vaut pas ratification ; • Limoges, 20 mai 1997 : *Contrats Conc. Consom. 1998, n° 12, obs. Raymond.*

3. Plafond du cautionnement. Viole les art. 1134 et 2015 [2292] C. civ., ensemble l'art. L. 313-7 C. consom. une cour d'appel qui, pour condamner une caution à une dette d'un montant supérieur à celui indiqué dans l'acte de cautionnement, considère que la caution ne s'est pas obligée pour une somme déterminée au principal et que son engagement s'étend également aux intérêts et accessoires inclus dans la dette du débiteur principal, alors que la clause de l'acte de cautionnement, stipulée conformément aux exigences de l'art. L. 313-7, assignait à l'engagement de la caution un plafond pour la couverture des sommes dues par le débiteur garanti en principal, intérêts et, le cas échéant, pénalités ou intérêts de retard. • Civ. 1re, 7 juill. 1998 : *Bull. civ. I, n° 241 ; RJDA 1998, n° 1147.*

4. Garantie à première demande. Sur l'utilisation de ce type de garantie en matière de crédit à la consommation, V. *supra,* v° *Garantie autonome (ou indépendante),* notes 13 s.

L. 313-8 Lorsque le créancier demande un cautionnement solidaire pour l'une des opérations relevant des chapitres Ier ou II du présent titre, la personne physique qui se porte caution doit, à peine de nullité de son engagement, faire précéder sa signature de la mention manuscrite suivante :

« En renonçant au bénéfice de discussion défini à l'article *(Ord. n° 2006-346 du 23 mars 2006, art. 54)* **« 2298 » du code civil et en m'obligeant solidairement avec X..., je m'engage à rembourser le créancier sans pouvoir exiger qu'il poursuive préalablement X... ».** – *[L. n° 78-22 du 10 janv. 1978, art. 7-2].*

Acte authentique. Les art. L. 313-7 et L. 313-8 C. consom. sont seulement applicables aux cautionnements consentis par acte sous seing privé. • Civ. 1re, 24 févr. 2004 : *Bull. civ. I, n° 60 ; D. 2004. AJ. 805, obs. Avena-Robardet ; JCP E 2004, n° 36, p. 1340, obs. Simler ; Contrats Conc. Consom. 2004, n° 100, obs. Raymond (2e esp.) ; RD banc. fin. 2004, n° 112, obs. Legeais ; Petites affiches 17 mai 2004, p. 4, obs. Houtcieff ; RJDA 2004, n° 1029 ; Defrénois 2004. 709, note S. Piedelièvre ; ibid. 1073, note Dagorne-Labbe ; AJDI 2004. 648, obs. Cohet-Cordey ; Dr. et procédures 2004. 205, obs. Picod.* ♦ Dès lors, l'absence de référence à « l'acte sous seing privé » dans l'art. L. 313-8 alors que cet acte est expressément visé à l'art. L. 313-7 C. consom., n'a pas pour effet d'imposer la rédaction de la mention manuscrite prévue à l'art. 313-8 dans un acte notarié. • Paris, 1er févr. 2002 : *RJDA 2002, n° 681.*

♦ V. dans le même sens l'avis du Conseil supérieur du notariat, 4 mai 1990 : *JCP N 1990. Prat. 1471* (similitude de régime entre le cautionnement simple et solidaire).

L. 313-9 Toute personne physique qui s'est portée caution à l'occasion d'une opération de crédit relevant des chapitres Ier ou II du présent titre doit être informée par l'établissement prêteur de la défaillance du débiteur principal dès le premier incident de paiement caractérisé susceptible d'inscription au fichier institué à l'article L. 333-4. Si l'établissement prêteur ne se conforme pas à cette obligation, la caution ne saurait être tenue au paiement des pénalités ou intérêts de retard échus entre la date de ce premier incident et celle à laquelle elle en a été informée. — *[L. n° 78-22 du 10 janv. 1978, art. 7-3].*

Sans préjudice de dispositions particulières, toute personne physique qui s'est portée caution est informée par le créancier professionnel de la défaillance du débiteur principal dès le premier incident de paiement non régularisé dans le mois de l'exigibilité de ce paiement. Si le créancier ne se conforme pas à cette obligation, la caution ne saurait être tenue au paiement des pénalités ou intérêts de retard échus, entre la date de ce premier incident et celle à laquelle elle en a été informée (C. consom., art. L. 341-1, issu de la loi n° 98-657 du 29 juill. 1998, art. 102, JO 31 juill.). — Le champ d'application de cette nouvelle disposition, insérée dans un Titre IV (nouveau), du Livre III du code de la consommation, relatif à l'endettement, est plus étendu que celui de l'art. L. 313-9 C. consom. qui ne concerne que les opérations de crédit à la consommation ou de crédit immobilier.

BIBL. ▶ LEGEAIS, *JCP E 1998, n° 44, p. 1725* (réforme du cautionnement par la loi du 29 juill. 1998 relative à la lutte contre les exclusions). – CERLES, *Banque et Droit mars-avr. 1999. 3* (même thème). – SEIGNEUR, *Petites affiches 7 mai 1999, p. 12* (même thème). – CRÉDOT, *ibid. 21 mai 1999, p. 27 ; Banque et Droit nov.-déc. 1998, p. 3.* – B. AUBERT, *Contrats Conc. Consom. 1999. Chron. 7.* – GÉRARDIN, *Petites affiches 31 mars 2000, p. 5* (créancier, caution et débiteur surendetté). – S. PIEDELIÈVRE, *Defrénois 2000. 1073* (surendettement et cautionnement). – AVENA-ROBARDET, *D. 2003. 2083* (réforme du cautionnement par la loi du 1er août 2003 pour l'initiative économique). – LUTUN, *RD banc. fin. 2003. 262* (information de la caution).

L'établissement prêteur a l'obligation, sous peine de déchéance du droit de percevoir des intérêts, d'aviser la caution de la défaillance du débiteur principal, dès le premier incident de paiement susceptible d'entraîner l'inscription au fichier de la Banque de France. Seuls sont inscrits à ce fichier les incidents de paiement caractérisés (transmission du dossier litigieux au conseil de la banque). • Versailles, 23 janv. 1998 : *D. Affaires 1998. 369, obs. S. P.* ♦ Aussi longtemps que la banque est en pourparlers amiables avec le débiteur, les échéances impayées ne peuvent être inscrites au fichier. • Même arrêt.

L. 313-10 Un établissement de crédit ne peut se prévaloir d'un contrat de cautionnement d'une opération de crédit relevant des chapitres Ier ou II du présent titre, conclu par une personne physique dont l'engagement était, lors de sa conclusion, manifestement disproportionné à ses biens et revenus, à moins que le patrimoine de cette caution, au moment où celle-ci est appelée, ne lui permette de faire face à son obligation. — *[L. n° 78-22 du 10 janv. 1978, art. 7-4].*

BIBL. ▶ BRÉMOND et JOBARD-BACHELLIER, *RTD com. 1999. 327* (droit de la responsabilité et cautionnement d'activités professionnelles). – ARLIE, *Petites affiches 3 oct. 2001, p. 3* (négligence du prêteur, règle de l'accessoire attachée au cautionnement et libération de la caution). – DE LAENDER, *RD banc. fin. 2003. 259* (exigence de proportionnalité). – PICOD, *Liber amicorum Calais-Auloy, Dalloz, 2004, p. 843* (proportionnalité et cautionnement). – PESENTI, *Petites affiches 11 mars 2004, p. 12* (principe de proportionnalité en droit des sûretés). – BAKOUCHE, *Contrats Conc. Consom. 2004. Chron. 5* (proportionnalité dans le cautionnement à l'épreuve de la loi et de la jurisprudence). – PIETTE, *Dr. et patr. juin 2004. 44* (sanction du cautionnement disproportionné).

1. Application dans le temps. Les dispositions de la loi du 31 déc. 1989 dont est issu l'art. 7-4 de la loi du 10 janv. 1978 (codifié à l'art. L. 313-10) ne sont pas applicables à un acte conclu avant son entrée en vigueur. • Grenoble, 20 févr. 1996 : *JCP 1997. I. 3991, p. 22, obs. Simler et Delebecque.*

1 bis. Domaine d'application. Considérant que l'art. L. 313-10, qui vise aussi bien le crédit à la consommation que le crédit immobilier, se heurte aux dispositions de l'art. L. 312-3, excluant du champ d'application du chapitre relatif au crédit immobilier les prêts destinés au financement d'une activité professionnelle, et notamment celle des personnes morales qui, à titre habituel, procure en propriété ou en jouissance, V. • Paris, 9 avr. 1999 : *Contrats Conc. Consom. 2000, n° 115, obs. Raymond.* ♦ L'art. L. 313-10 ne s'applique pas au contrat de cautionnement d'une dette professionnelle consentie au bénéfice d'un entrepreneur individuel. • Versailles, 17 déc. 1999 : *BICC n° 1246.* ♦ Une épouse qui s'est engagée à garantir, en qualité de caution solidaire, le solde débiteur du compte courant de son mari, agent commercial, ne peut pas invoquer les dispositions de l'art. L. 313-10 C. consom., dès lors qu'elle ne démontre pas que le compte aurait essentiellement servi aux besoins personnels du couple et non à l'activité professionnelle de son mari. • Grenoble, 25 oct. 2000 : *JCP 2002. IV. 3081.* ♦ *Contra*, retenant qu'un établissement de crédit n'est pas fondé à soutenir que l'art. L. 313-10 n'est pas applicable en raison du caractère professionnel du prêt dès lors que les cautionnements souscrits par les cautions n'avaient aucune finalité commerciale. • Douai, 21 nov. 2000 : *D. 2001. AJ. 2127, obs. Rondey* 🖉. ♦ *Contra*, également, pour une application de l'art. L. 313-10 au cautionnement d'un prêt à caractère professionnel, V. • TGI Saintes, 25 oct. 1996 : *BICC 1997, n° 1475 ; Gaz. Pal. 1er-2 sept. 1999, p. 21, obs. Vray.*

2. Cautionnement solidaire. Le caractère manifestement disproportionné de l'engagement des cautions solidaires doit être apprécié au regard des revenus de chacune d'elles. • Civ. 1re, 22 oct. 1996 : ⌂ *Bull. civ. I, n° 362 ; D. 1997. 515, note Wacongne* 🖉 *; ibid. Somm. 166, obs. Aynès* 🖉 *; JCP 1997. I. 3991, p. 22, obs. Simler et Delebecque ; ibid. II. 22826, note S. Piedelièvre ; Contrats Conc. Consom. 1997, n° 11, obs. Raymond* • 29 oct. 2002 : ⌂ *RJDA 2003, n° 191.* – Rappr. : • Paris, 27 juin 2000 : *D. 2001. 1382, note Grignon-Derenne* 🖉 *; JCP 2001. I. 315, obs. Simler et Delebecque.* ♦ Comp., en ce sens que le caractère manifestement disproportionné du cautionnement solidaire garantissant un prêt immobilier s'apprécie par référence à l'équilibre général du contrat et doit prendre en considération les autres garanties existantes : • Paris, 7 nov. 2000 : *ibid.* ♦ V. aussi, jugeant que lorsque des époux communs en biens se sont simultanément portés cautions solidaires d'une même dette, le caractère manifestement disproportionné de leur engagement est apprécié, non au regard des revenus de chacun d'eux, mais eu égard aux biens et revenus de la communauté qu'ils ont engagés : • Civ. 1re, 27 mai 2003 : ⌂ *Bull. civ. I, n° 132 ; RJDA 2003, n° 1000.*

2 bis. Preuve. Conformément à l'art. 1315 C. civ., il appartient à la caution qui entend opposer à la banque créancière les dispositions de l'art. L. 313-10, de rapporter la preuve du caractère manifestement disproportionné de son engagement par rapport à ses biens. • Bordeaux, 26 août 1997 : *JCP E 1998, n° 13, p. 486* • Com. 10 mars 2004 : *RD banc. fin. 2004, n° 116, obs. Legeais.* ♦ Le caractère manifestement disproportionné de l'engagement de la caution doit s'apprécier objectivement, sans égard à la bonne ou mauvaise foi de celle-ci, sauf fraude dont la preuve incombe alors à l'établissement de crédit. • Bordeaux, 26 août 1997 : *préc.* ♦ Afin d'établir l'existence de la fraude, la banque doit justifier qu'elle a, préalablement à la signature du contrat, expressément questionné la caution et qu'elle s'est vu fournir des réponses mensongères et des justificatifs trompeurs sur sa situation de fortune. • Même arrêt.

2 ter. Diligence du banquier. La banque, étant tenue de respecter la proportionnalité de l'engagement de la caution par rapport à ses ressources à la date de conclusion du contrat, doit s'informer activement des capacités financières de celle-ci avant de l'inviter à s'engager (insuffisance des simples déclarations de l'emprunteur ou des réponses à un questionnaire succinct sur la situation de fortune de la caution). • Bordeaux, 26 août 1997 : *préc. note 2 bis.* ♦ L'art. L. 313-10 C. consom. oblige l'établissement de crédit à interroger la caution sur sa situation financière personnelle et à procéder à une vérification de la proportionnalité de l'engagement de la caution par rapport à ses ressources propres connues de l'établissement de crédit. • Paris, 2 avr. 2002 : *Contrats Conc. Consom. 2002, n° 165, obs. Raymond.* ♦ La banque doit procéder à une vérification objective de la situation de la caution et à une obligation de justification de cette vérification qui doit être réalisée par des moyens qui ne ressortent toutefois pas d'une enquête à caractère inquisitorial. • Même arrêt.

3. Exemples. Pour des applications de l'art. L. 313-10, V. • Paris, 30 janv. 1996 : *D. Affaires 1996. 229* (disproportion manifeste entre la somme due par la caution, représentant environ 50 % de son revenu disponible, et les biens et les revenus de celle-ci) • 27 mai 1997 : *Contrats Conc. Consom. 1998, n° 47, obs. Raymond* (engagement représentant trois fois le revenu annuel de la caution) • 27 sept. 1996 : *RD* *bancaire et bourse 1997. 114, obs. Crédot et Gérard* • Douai, 15 sept. 1994 : *Gaz. Pal. 1996. 2. Somm. 150* (caution pour la somme de 155 422 F avec des revenus de 3 500 F par mois) • Civ. 1re, 22 oct. 1996 : *préc. note 2* (caution pour un montant de 137 150 F avec des revenus mensuels respectifs de 6 380 F et 4 730 F).

4. *Généralisation du principe de proportionnalité ? (jurispr. antérieure à la loi du 1er août 2003).* BIBL. Legeais, *Petites affiches 30 sept. 1998, p. 38.* – Molfessis, *Banque et Droit mai-juin 2000. 4.* – Cerles, *Dr. et patr. juill.-août 2003. 54.* ♦ Ne sont pas fondées à rechercher la responsabilité de l'établissement de crédit les cautions qui, ayant respectivement la qualité de président du conseil d'administration et de directeur général de la société bénéficiaire du prêt cautionné, n'ont jamais prétendu ni démontré que le prêteur aurait eu sur leurs revenus, leurs patrimoines et leurs facultés de remboursement raisonnablement prévisibles, des informations qu'elles-mêmes auraient ignorées. • Com. 8 oct. 2002 : *Bull. civ. IV, n° 136 ; D. 2003. 414, note Kœring ; ibid. Somm. 1284, obs. Brémond ; JCP E 2002, n° 48, p. 1920, note Legeais ; JCP 2003. II. 10017, note Picod ; RD banc. fin. 2002, n° 231, obs. Legeais ; Banque et Droit janv.-févr. 2003. 52, obs. Jacob ; Bull. Joly 2003. 133, note Devèze ; Contrats Conc. Consom. 2003, n° 20, obs. Leveneur ; RTD civ. 2003. 125, obs. Crocq ; Defrénois 2003. 456, note Piedelièvre ; ibid. 411, obs. Théry ; RJ com. 2003. 267, note Pohe ; RJDA 2003, n° 439* • 18 mars 2003 : *RJDA 2003, n° 1109 (2e esp.)* • 17 déc. 2003 : *Bull. civ. IV, n° 206 ; D. 2004. AJ. 208 ; JCP E 2004, n° 30, p. 1201, note Casey ; RD banc. fin. 2004, n° 65, obs. Legeais ; Bull. Joly 2004. 496, note Barbièri ; BRDA 2004, n° 2, p. 8* (qui distingue toutefois entre la caution dirigeante et son épouse). ♦ Comp., retenant la responsabilité d'une banque ayant demandé un aval « sans aucun rapport » avec le patrimoine et les revenus de l'avaliste : • Com. 17 juin 1997 : *Bull. civ. IV, n° 188 ; D. 1998. 208, note Casey ; D. Affaires 1997. 929 ; RTD civ. 1998. 157, obs. Crocq ; Bull. Joly 1997. 866, note Le Cannu ; JCP E 1997. II. 1007, note Legeais ; Dr. sociétés 1997, n° 152, note Bonneau.* ♦ V. aussi, jugeant qu'un établissement de crédit peut engager sa responsabilité pour non-respect du principe de proportionnalité envers une caution extérieure à la société dont les obligations sont garanties : • Com. 25 mars 2003 : *RD banc. fin. 2003, n° 135, obs. Legeais ; JCP E 2004, n° 3, p. 76, obs. Simler ; RTD civ. 2004. 124, obs. Crocq*. ♦ Sur l'appréciation du principe de proportionnalité à l'égard d'emprunteurs avertis : • Civ. 1re, 12 juill. 2005 : *Bull. civ. I, n° 324 ; D. 2005. 3094, note Parance (2e esp.) ; ibid. AJ. 2276, obs. Delpech (1re esp.) ; JCP E 2005, n° 38, p. 1521, note Legeais (4e esp.) ; JCP 2005. II. 10140, note Gourio (2e esp.) ; RD banc. fin. 2005, n° 203, obs. Crédot et Gérard ; Banque et Droit nov.-déc. 2005. 82, obs. Bonneau ; RJDA 2006, n° 319.* ♦ ... D'emprunteurs profanes : • Civ. 1re, 12 juill. 2005 : *Bull. civ. I, n° 327 ; D. 2005. 3094, note Parance (3e esp.) ; ibid. AJ. 2276, obs. Delpech (2e esp.) ; JCP E 2005, n° 38, p. 1521, note Legeais (1re esp.) ; JCP 2005. II. 10140, note Gourio (2e esp.).* ♦ Sur l'appréciation de l'application de ce principe, V. décisions citées au *RD banc. fin. 2000, n° 58, obs. Legeais.* ♦ En demandant une garantie manifestement disproportionnée par rapport aux facultés financières de celui qui s'engage, une banque commet une faute dont elle doit réparation au garant. • Aix-en-Provence, 8 oct. 1998 : *BICC 1999, n° 1021.* ♦ V. aussi • Lyon, 16 janv. 1998 : *JCP 1999. I. 116, obs. Simler* • Paris, 27 nov. 1998 : *JCP 1999. II, 10092, note Casey.* ♦ V. déjà dans le cas d'un crédit destiné à financer une activité professionnelle : • Paris, 25 févr. 2000 : *D. 2000. AJ. 262, obs. Rondey* • Douai, 21 nov. 2000 : *D. 2001. AJ. 2127, obs. Rondey*. ♦ V., également jugeant que la caution ne saurait faire état de la disproportion de ses moyens par rapport à l'engagement contracté dès lors que ces dispositions ne peuvent être invoquées que par le créancier, qui se verrait offrir des garanties insuffisantes, et en aucun cas par la caution : • Versailles, 31 oct. 1997 : *D. Affaires 1998. 106, obs. X.D.* ♦ Jugeant qu'il ne peut être reproché à une cour d'appel d'avoir déclaré recevable la demande de crédit-bailleurs contre les cautions, dès lors que celles-ci s'étaient bornées à se prétendre insolvables sans alléguer que la charge de la dette était manifestement disproportionnée avec leur patrimoine et leurs ressources à l'époque des cautionnements, V. • Com. 11 juin 2003 : *D. 2003. AJ. 2094 ; Banque et Droit juill.-août 2003. 61, obs. Jacob ; RD banc. fin. 2003, n° 222, obs. Cerles ; JCP E 2004, n° 3, p. 76, obs. Simler ; Petites affiches 9 avr. 2004, p. 12, note Guerchoun ; Bull. Joly 2003. 1024, note Barbièri ; RD imm. 2003. 566, obs. Heugas-Darraspen* (pour des cautions associées).

V. désormais art. L. 341-4 C. consom., *supra*, v° *Code monétaire et financier (extraits)*, ss. art. L. 313-22 C. mon. fin.

5. *Délai de forclusion.* V. note 26 *bisss.* art. L. 311-37.

6. *Sanction.* BIBL. de Laender, *RD banc. fin. 2003. 259* (exigence de proportionnalité). ♦ Jugeant qu'en application de l'art. L. 313-10 les juges doivent seulement décider que l'établissement de crédit ne peut se prévaloir des cautionnements et non annuler ceux-ci, V. • Civ. 1re, 22 oct. 1996 : *préc. note 2.* ♦ Comp., s'agissant du cautionnement de droit commun :

• Civ. 1re, 9 juill. 2003 : *Bull. civ. I, n° 167 ; D. 2004. 204, note Picod ; JCP E 2003, n° 45-46, p. 1821, note Casey ; ibid. 2004, n° 3, p. 76, obs. Simler ; Gaz. Pal. 2004. Somm. 1999, obs. Piedelièvre ; Bull. Joly 2003. 1275, note Scholer* • 6 avr. 2004 : *Bull. civ. I, n° 110 ; D. 2004. AJ. 1232 ; JCP E 2004, n° 24, p. 934 ; Banque et Droit juill.-août 2004. 58, obs. Bonneau ; Petites affiches 10 nov. 2004, p. 8, note Raby ; RJDA 2004, n° 1045 ; Bull. Joly 2004. 948 ; Defrénois 2005. 339, obs. Théry* • 29 juin 2004 : *Bull. civ. I, n° 185 ; D. 2004. Somm. 2707, obs. Aynès ; JCP E 2004, n° 38, p. 1416 ;* Dr. et patr. nov. 2004. *85, obs. Saint-Alary ; Banque et Droit nov.-déc. 2004. 56, obs. Bonneau ; RJDA 2004, n° 1164 ; Bull. Joly 2004. 1478, obs. Scholer ; RD imm. 2005. 205, obs. Heugas-Darraspen*. – V. sur cet arrêt, M.-E. Mathieu, *RD banc. fin. 2004. 345* (la banque créancière et le cautionnement disproportionné).

L. 313-10-1 *(Ord. n° 2006-346 du 23 mars 2006, art. 39)* **La garantie autonome définie à l'article 2321 du code civil ne peut être souscrite à l'occasion d'un crédit relevant des chapitres Ier et II du présent titre.** – *V. art. préc., supra, v° Garantie autonome (ou indépendante) et au* **C. civ.**

SECTION III *Rémunération du vendeur*

L. 313-11 Tout vendeur, salarié ou non d'un organisme bancaire ou de crédit, ne peut, en aucun cas, être rémunéré en fonction du taux du crédit qu'il a fait contracter à l'acheteur d'un bien mobilier ou immobilier. – *[L. n° 78-22 du 10 janv. 1978, art. 22-1]. – Les sanctions pénales en cas d'infraction à l'art. L. 313-11, visant celui qui rémunère ou fait rémunérer le vendeur ainsi que le vendeur rémunéré, sont la peine d'amende prévue pour les contraventions de la 5e classe et, en cas de récidive, la peine d'amende prévue pour la récidive des contraventions de la 5e classe (C. consom., art. R. 313-10).*

SECTION IV *Délais de grâce*

L. 313-12 L'exécution des obligations du débiteur peut être, notamment en cas de licenciement, suspendue par ordonnance du juge d'instance dans les conditions prévues aux articles 1244-1 à 1244-3 du code civil. L'ordonnance peut décider que, durant le délai de grâce, les sommes dues ne produiront point intérêt.

En outre, le juge peut déterminer dans son ordonnance les modalités de paiement des sommes qui seront exigibles au terme du délai de suspension, sans que le dernier versement puisse excéder de plus de deux ans le terme initialement prévu pour le remboursement du prêt ; il peut cependant surseoir à statuer sur ces modalités jusqu'au terme du délai de suspension. – *[L. n° 78-22 du 10 janv. 1978, art. 8].*

1. Ordre public. Sur l'inefficacité d'une clause du prêt stipulant l'exigibilité immédiate des sommes restant dues en cas de défaillance de l'emprunteur, V., à propos d'un crédit immobilier, • Civ. 1re, 24 févr. 1987 : *Bull. civ. I, n° 71.* ♦ Fait une exacte application de l'art. L. 313-12, al. 2, le juge qui ordonne au profit d'un débiteur la suspension pendant deux ans du remboursement des échéances, l'amortissement des sommes restant dues avant le terme initialement prévu, nonobstant la déchéance du terme dont les effets se trouvent par là même suspendus. • Civ. 1re, 7 janv. 1997 : *Bull. civ. I, n° 9 ; Contrats Conc. Consom. 1997, n° 53, obs. Raymond.* ♦ *Contra*, jugeant que l'art. L. 313-12 ne peut être appliqué lorsque la déchéance du terme est acquise et que la totalité du prêt est devenue exigible, V. • Paris, 12 oct. 1994 : *D. 1995. IR. 36.* ♦ V. aussi, considérant que la suspension des obligations du débiteur en cas de licenciement peut être ordonnée même lorsque la déchéance du terme est intervenue : • Amiens, 2 mars 1998 : *Gaz. Pal. 1er- 2 sept. 1999, p. 15.*

2. Domaine d'application. Les dispositions de l'art. L. 313-12 ne sont applicables qu'en matière de crédit à la consommation et de crédit immobilier, et non au débiteur des ASSEDIC dans le cadre d'une restitution d'indemnités de chômage. • Soc. 27 févr. 2002 : *Gaz. Pal. 19-20 juill. 2002. Pan. 21.*

SECTION V *Lettres de change et billets à ordre*

L. 313-13 Les dispositions de l'article 114 du code de commerce *[C. com., art. L. 511-5]* sont applicables aux lettres de change et billets à ordre souscrits ou avalisés par les emprunteurs même majeurs à l'occasion des opérations de crédit régies par le présent titre à l'exception des sections 2, 4, 6 et 7 du chapitre II et des sections 1, 3 et 4 à 8 du présent chapitre. – *[L. nº 78-22 du 10 janv. 1978, art. 17]. – Sur les sanctions pénales, V. art. L. 311-35, supra.*

Il résulte de l'art. L. 313-13 C. consom. que la nullité prévue par l'art. L. 511-5 C. com. applicable aux lettres de change et billets à ordre souscrits ou avalisés par les emprunteurs à l'occasion des opérations de crédit régies par le titre I du livre III du code de la consommation n'est pas applicable aux effets souscrits ou avalisés à l'occasion du contrat principal financé par un crédit soumis au chapitre II de ce titre. • Civ. 1re, 4 févr. 2003 : *D. 2004. Somm. 2038, obs. Boujeka ; RJDA 2003, nº 1115.* ♦ Par suite, ayant relevé qu'une banque avait demandé, en sa qualité de tiers porteur, le paiement de traites émises pour le remboursement de travaux escompté par elle et non pas pour le remboursement des prêts consentis, une cour d'appel a légalement justifié sa décision de rejeter la demande en nullité de ces lettres formée par le client. • Même arrêt. ♦ Pour une lettre de change souscrite à l'occasion d'une opération de construction et non d'une opération de crédit, V. • Com. 23 juin 2004 : *RJDA 2005, nº 71.*

Pour l'application de l'art. L. 313-13, il importe peu que la souscription d'une lettre de change par un consommateur en remboursement de l'intégralité ou du solde de l'opération de crédit soit contemporaine ou non de l'ouverture de crédit ou du prêt consentis. • Civ. 1re, 30 sept. 1997 : *Bull. civ. I, nº 260 ; D. 1997. IR. 215 ; D. Affaires 1997. 1214 ; JCP E 1997. Pan. 1183, obs. Bouteiller ; Contrats Conc. Consom. 1997, nº 182, obs. Raymond ; RTD com. 1998. 181, obs. Cabrillac ; Rev. dr. bancaire 1998. 61, obs. Crédot et Gérard.* ♦ La nullité de cette lettre de change prive, en vertu de l'art. L. 311-37, le tribunal de commerce de toute compétence. • Même arrêt.

SECTION VI *Crédit garanti par une hypothèque rechargeable*

BIBL. ▶ GRIMALDI, *D. 2006. 1294* (hypothèque rechargeable et prêt viager hypothécaire).

L. 313-14 *(Ord. nº 2006-346 du 23 mars 2006, art. 40)* Les dispositions de la présente section s'appliquent aux opérations de crédit consenties à titre habituel par toute personne physique ou morale relevant soit des dispositions du chapitre Ier relatif au crédit à la consommation, soit des dispositions du chapitre II relatif au crédit immobilier du présent titre et garanties par une hypothèque rechargeable au sens de l'article 2422 du code civil.

Les opérations mentionnées à l'article L. 311-9 ne peuvent donner lieu à un crédit garanti par une hypothèque rechargeable. – *V. cet art., supra.*

L. 313-14-1 *(Ord. nº 2006-346 du 23 mars 2006, art. 40)* Est annexé à l'offre préalable de crédit un document intitulé « situation hypothécaire » dont un exemplaire est remis à l'emprunteur dans les mêmes conditions que le contrat de crédit lui-même.

Ce document comporte :

1º La mention de la durée de l'inscription hypothécaire ;

2º L'identification du bien immobilier, objet de la garantie, et sa valeur estimée à la date de la convention constitutive d'hypothèque ;

3º Le montant maximal garanti prévu par la convention constitutive d'hypothèque ;

4º Le montant de l'emprunt initial souscrit ;

5º Le cas échéant, le montant du ou des emprunts ultérieurement souscrits ;

6º Une évaluation par le prêteur du coût du rechargement de l'hypothèque garantissant le ou les nouveaux crédits ;

7º Une évaluation par le prêteur du coût total de l'hypothèque ;

8º La mention que, sans préjudice de l'application des articles L. 311-30 et L. 311-32, s'il s'agit d'un crédit à la consommation, ou des articles L. 312-22 et L. 312-23, s'il s'agit d'un crédit immobilier, la défaillance de l'emprunteur peut entraîner la vente du bien hypothéqué selon les dispositions des articles 2464 et suivants du code civil.

L. 313-14-2 *(Ord. n° 2006-346 du 23 mars 2006, art. 40)* **Le fait pour le prêteur d'accorder un prêt garanti par une hypothèque rechargeable sans saisir l'emprunteur d'une offre préalable de crédit accompagnée d'un document satisfaisant aux conditions fixées par l'article L. 313-14-1 est puni d'une amende de 3 750 €.**

En outre, le prêteur est déchu du droit aux intérêts et l'emprunteur n'est tenu qu'au seul remboursement du capital suivant l'échéancier prévu. Les sommes perçues au titre des intérêts sont restituées par le prêteur ou imputées sur le capital restant dû ; elles sont productives d'intérêt au taux légal du jour de leur versement.

SECTION VII *Textes d'application*

L. 313-15 Les conditions d'application du présent titre à l'exception de celles de la section 1 du présent chapitre, sont fixées par décret en Conseil d'État. Toutefois le modèle de l'offre visée aux articles L. 312-7, L. 312-8 et L. 312-26 pourra, en tant que de besoin, être fixé par le comité de la réglementation bancaire et financière. – *[L. n° 78-22 du 10 janv. 1978, art. 30]. – V. art. R. 311-4 et R. 311-5, supra, ss. art. L. 311-7 ; art. R. 311-6 et R. 311-7, supra, ss. art. L. 311-13 ; art. R. 311-8 et R. 311-9, supra, ss. art. L. 311-24 ; art. D. 311-11 à D. 311-13, supra, ss. art. L. 311-32.*

SECTION VIII *Dispositions d'ordre public*

L. 313-16 Les dispositions des chapitres Ier et II et des sections 2 à 8 du chapitre III du présent titre sont d'ordre public. – *[L. n° 78-22 du 10 janv. 1978, art. 28].*

V. note 1 ss. art. L. 311-8, note 2 ss. art. L. 311-16, note 1 ss. art. L. 311-20, notes 5 ss. art. L. 311-33, note 4, 12 et 13 ss. art. L. 311-37 et note ss. art. L. 313-12.

Les art. L. 311-1 à L. 311-37 et L. 313-7 à L. 313-16 C. consom. sont applicables dans les territoires d'outre-mer, sous réserve de la consultation de leurs assemblées territoriales, et à Mayotte (L. n° 78-22 du 10 janv. 1978, art. 33 ; L. n° 93-949 du 26 juill. 1993, art. 6).

CHAPITRE IV *Prêt viager hypothécaire*

L. 314-1 à L. 314-20 *V. C. civ. et **C. consom.***

VI Denrées alimentaires (droit d'acquisition prioritaire de l'État)

Loi n° 46-2140 du 4 octobre 1946,

Accordant à l'État un droit d'acquisition prioritaire sur les denrées alimentaires.

Art. 1er A titre exceptionnel et jusqu'à une date qui sera fixée ultérieurement par décret, le ministre du ravitaillement ou ses délégués, agissant pour le compte de l'État, peuvent acquérir par priorité tous animaux, produits et denrées destinés à la consommation, d'origine métropolitaine ou d'importation, pendant leur circuit commercial et également chez les fabricants, transformateurs ou conditionneurs, s'il s'agit de denrées subissant une préparation, une transformation ou un conditionnement. Ces dispositions ne sont applicables qu'aux denrées dont le prix aura fait préalablement l'objet, au stade commercial où ce pouvoir s'exerce, soit d'une taxation, soit d'une fixation dans les conditions prévues par l'article 3 ci-après.

Le consentement du propriétaire des marchandises ou de son mandataire n'est pas nécessaire à la validité de la cession. Le détenteur ne peut en refuser la livraison.

Les denrées qui, d'après les lois et règlements, doivent être obligatoirement livrées pour le ravitaillement de la nation, sont considérées comme introduites dans le circuit commercial dès leur récolte.

Tous animaux de boucherie et de charcuterie sont considérés comme introduits dans le circuit commercial dès qu'ils sont amenés sur les foires et marchés.

2 Notification de l'acquisition prioritaire sera faite au détenteur et au propriétaire de la marchandise par un agent assermenté, commis par le ministre du ravitaillement. Si le propriétaire ne peut être touché, la notification sera faite valablement à son préposé ou représentant ; s'il est inconnu, la notification sera faite au procureur de la République.

En même temps que la notification, l'agent assermenté dressera un procès-verbal constatant la quantité de denrées sur lesquelles portera l'acquisition prioritaire. Si la qualité ou l'é tat du produit constitue un élément d'appréciation de sa valeur, le propriétaire ou le détenteur, d'une part, l'agent assermenté commis par le ministre du ravitaillement, d'autre part, pourront se faire assister chacun d'un expert.

Dès notification de l'acquisition prioritaire, la propriété des marchandises est transférée à l'État. Les contrats d'assurance ayant pu être souscrits par le prioritaire conservent de plein droit leur plein effet au profit de l'État.

3 Lorsqu'une denrée a fait l'objet d'une décision de mise hors taxation à la production ou à l'importation, le ministre de l'économie nationale, en accord avec le ministre du ravitaillement et, éventuellement, le ministre de l'agriculture, peut, après consultation des organismes les plus représentatifs des négociants et des consommateurs et des producteurs, constater par arrêté, les cours normaux de la denrée considérée aux différents stades de commercialisation ou à la fabrication.

Les arrêtés de cette nature seront publiés soit au *Journal officiel* en cas d'urgence, soit conformément à la procédure suivie en matière de publication d'arrêtés portant fixation des prix.

4 Si les denrées faisant l'objet d'une acquisition prioritaire sont taxées, le propriétaire reçoit de l'État un prix égal au prix taxé au stade commercial où l'acquisition prioritaire a été pratiquée.

Si le prix de la denrée est libre et si un arrêté de constatation des cours normaux est intervenu, le propriétaire reçoit un prix égal au prix d'achat qu'il a lui-même payé, augmenté des frais normaux qu'il a supportés, sans que le total du prix payé augmenté des éléments accessoires puisse excéder les cours constatés correspondant à l'échelon commercial où a été pratiquée l'acquisition prioritaire.

5 Si la marchandise sur laquelle porte l'acquisition prioritaire a été warrantée ou si elle est affectée d'un privilège ou d'un droit de rétention, le prix en sera consigné, en cas de litige, à la Caisse des dépôts et consignations, et sera subrogé à la marchandise elle-même pour l'exercice des droits des créanciers intéressés.

6 Dans les cas exceptionnels, et sous réserve d'accord avec les organisations intéressées, un décret pris en conseil des ministres pourra étendre, au stade de la production, le droit d'acquisition prioritaire prévu aux articles précédents.

Dans ce dernier cas, l'exécution des mesures d'acquisition prioritaire sera faite en accord avec les organismes de producteurs groupés dans leurs syndicats.

La constatation des cours normaux prévue à l'article 3 ci-dessus intervient après consultation, en ce qui concerne les prix à la production, des organismes les plus représentatifs des producteurs intéressés.

7 Les contestations sont portées devant les juridictions prévues par la loi du 3 juillet 1877 *[abrogée par l'ord. n° 2004-1374 du 20 déc. 2004 relative à la partie législative du code de la défense]*.

8 **Les dépenses et les recettes résultant de l'achat et de la revente des marchandises acquises par le ministère du ravitaillement en application de la présente loi sont imputables au compte spécial « Ravitaillement général de la nation en temps de guerre » créé par le décret du 1er septembre 1939.**

9 **Quiconque met obstacle ou tente de mettre obstacle, soit matériellement, soit par des manœuvres ou fausses déclarations à l'exercice du droit d'acquisition prioritaire défini par la présente loi, est puni d'un emprisonnement de cinq ans et d'une amende de 3 750 € ou de l'une de ces deux peines seulement.**

V. aussi supra, C. com., art. L. 443-1 et L. 470-2 à L. 470-4 relatifs au délai de paiement des achats de produits alimentaires périssables, des produits congelés et de boissons alcooliques.

VII Distance (ventes à)

V. Directive CE n° 97-7 du 20 mai 1997 concernant la protection des consommateurs en matière de contrats à distance (délai de mise en œuvre : trois ans après son entrée en vigueur) (JOCE 4 juin 1997 ; D. Affaires 1997. 803). — V. Directive CEE n° 2000-31 du 8 juin 2000 relative au commerce électronique (JOCE n° L. 178 du 17 juill. 2000). — V. Directive CE n° 2002-65 du 23 sept. 2002 relative à la commercialisation à distance des services financiers auprès des consommateurs (JOCE n° L. 271 du 9 oct. 2002 ; D. 2002. 2742 ; BEEI 2002, n° 6, p. 11).

BIBL. ► GATSI, *D. Affaires 1997. 1378.* – LOLIVIER, *Gaz. Pal. 1998. 1. Doctr. 621.* – TROCHU, *D. 1999. Chron. 179.* – V. aussi *infra*, bibl. ss. VIII Domicile (ventes à).

Code de la consommation

PARTIE LÉGISLATIVE

(L. n° 93-949 du 26 juill. 1993)

Ventes à distance

BIBL. ► PAISANT, *JCP 1988. I. 3350.* – VAN GOETHEM-DEVOLUET, *Petites affiches 15 août 1994, p. 4* (télépaiement) ; *Gaz. Pal. 1993. 1. 173* (numéro spécial : vente par correspondance et à distance). – ESPAGNON, *JCP 1999. I. 131* (paiement d'une somme d'argent sur internet) ; *RD bancaire et bourse 1999. 7* (ordre de paiement sur internet). – BOUILHOL, *Banque et Droit juill.-août 1998. 16* (aspects juridiques du commerce électronique). – HUET, *Comm. com. élec. 1999. Chron. 4* (problématique du commerce électronique au regard du projet de directive du 23 déc. 1998). – Colloque du 13 mai 1998, *Gaz. Pal. 1998. 2. Doctr. 1323* (même thème). – MISSE, *ibid. 18-20 avr. 1999, p. 32* (Internet, un espace commercial). – CAPARROS et LOLIVIER, *ibid. 17-18 nov. 1999, p. 4* (pays d'origine et commerce électronique). – SCHWERER, *Contrats Conc. Consom. 2000. Chron. 16* (réflexions sur la preuve et la signature dans le commerce électronique). – GRYNBAUM, *JCP 2001. I. 307* (directive du 8 juin 2000). – DE BROUWER ET MARTY, *Banque et Droit mars-avr. 2001. 8* (commerce électronique et services financiers). – PASSA, *D. 2002. 555* (commerce électronique et protection du consommateur). – MOREAU, *Petites affiches 20 mars 2002, p. 4* (transposition des textes communautaires). – LUTZ, *RD banc. fin. 2002. 87* (suites de la directive sur le commerce électronique : la nécessaire refonte du droit français du crédit à la consommation). – LE DOUJET-THOMAS, *Contrats Conc. Consom. 2002. Chron. 10* (même thème). – PARLÉANI, *RD banc. fin. 2002, n° 247* (commercialisation à distance des services financiers). – PORTIER, *ibid., n° 236* (même thème). – VIVANT, *D. 2003. 674* (le commerce électronique, défi pour le juge). – RONDEAU, *Gaz. Pal. 2003. 1. Doctr. 901* (impact de « l'erreur » dans les contrats de vente passés sur Internet). – SAUPHANOR-BROUILLAUD et CERMOLACCE, *Comm. com. élec. 2003. Chron. 6* (image électronique et consommateur). – GRYNBAUM, *ibid. 15* (commercialisation à distance de services financiers) ; *D. 2003. 1706* (contrats entre absents). – PENNEAU, *Petites affiches 13 mai 2004, p. 3* (contrat électronique et protection du cybercontractant). – GRIMAUX, *Comm. com. élec. 2004. Chron. 10* (détermination de la date de conclusion du contrat par voie électronique). – Defossez, *RD banc. fin. 2004. 282* (droit communautaire, protection du consommateur de crédit et promotion du commerce électronique).

▶ Sur la loi pour la confiance dans l'économie numérique : Verbiest, *Comm. com. élec. 2003. Chron. 4.* – Grynbaum, *D. 2003. 746.* – Verbiest et Wéry, *D. 2004. 2981* (commerce électronique par téléphonie mobile : m-commerce). – V. aussi bibl. ss. L. n° 2004-575 du 21 juin 2004, v^is *Commerce (organisation)* et *Publicité commerciale, supra.*

SOUS-SECTION 1 (de la section 2, du chapitre Ier, du titre II, du livre Ier) *Dispositions relatives aux contrats ne portant pas sur des services financiers (Ord. n° 2005-648 du 6 juin 2005, art. 1er-I).*

Art. L. 121-16 *(Ord. n° 2001-741 du 23 août 2001)* **Les dispositions de la présente** *(L. n° 2006-387 du 31 mars 2006, art. 25-III)* **« sous-section » s'appliquent à toute vente d'un bien ou toute fourniture d'une prestation de service conclue, sans la présence physique simultanée des parties, entre un consommateur et un professionnel qui, pour la conclusion de ce contrat, utilisent exclusivement une ou plusieurs techniques de communication à distance.** *(L. n° 2006-387 du 31 mars 2006, art. 25-IV)* **« Toutefois, elles ne s'appliquent pas aux contrats portant sur des services financiers. »**

Sur le stockage et l'utilisation du numéro de carte bancaire dans le secteur de la vente à distance, V. Délibération CNIL n° 2003-034 du 19 juin 2003 (JO 7 août).

1. Prestation de service. Pour une application, par le détour de l'art. L. 121-27 C. consom., de l'art. 121-16 C. consom. à la fourniture à distance d'une prestation de service alors que sa rédaction antérieure à l'ord. du 23 août 2001 ne visait que la vente à distance de produit, V. • Civ. 1re, 29 oct. 2002 : *Bull. civ. I, n° 256 ; Contrats Conc. Consom. 2003, n° 18, obs. Raymond ; RTD com. 2003. 356, obs. Bouloc ; Dr. et patr. févr. 2003, p. 108, obs. Chauvel ; RJDA 2003, n° 329.*

2. Initiative. L'art. L. 121-16 ne réserve pas la qualification de contrat à distance au cas où l'initiative des contacts entre le consommateur et le professionnel revient au seul professionnel. • Rouen, 19 mai 2005 : *Contrats Conc. Consom. 2005, n° 176, obs. Raymond.*

3. Communication à distance. Il suffit que soit mise en œuvre une technique de commercialisation à distance entre un professionnel et un consommateur ; tel est le cas lorsque le téléphone puis la voie postale a été utilisé, les parties n'ayant jamais été mises physiquement en présence l'une de l'autre. • Rouen, 19 mai 2005 : *préc. note 2.*

L. 121-17 *(Ord. n° 2001-741 du 23 août 2001 ; L. n° 2006-387 du 31 mars 2006, art. 25-V)* **Ne sont pas soumis aux dispositions de la présente section les contrats :**

1° Conclus par le moyen de distributeurs automatiques ou pour des prestations fournies dans des locaux commerciaux automatisés ;

2° Conclus avec les opérateurs de télécommunications pour l'utilisation des cabines téléphoniques publiques ;

3° Conclus pour la construction et la vente des biens immobiliers ou portant sur d'autres droits relatifs à des biens immobiliers, à l'exception de la location ;

4° Conclus lors d'une vente aux enchères publiques.

Les dispositions issues de la L. n° 2006-387 du 31 mars 2006 sont entrées en vigueur le 1er déc. 2005 (L. préc., art. 25-XII).

Sur la commercialisation à distance des services financiers auprès des consommateurs, V. C. consom., art. L. 121-20-8 s. infra, et Dir. CE n° 2002-65 du 23 sept. 2002 (JOCE n° L 271 du 9 oct. 2002 ; D. 2002. 2742 ; BEEI 2002, n° 6, p. 11).

L. 121-18 *(Ord. n° 2001-741 du 23 août 2001)* **Sans préjudice des informations prévues par les articles L. 111-1 et L. 113-3 ainsi que de celles prévues pour l'application de l'article L. 214-1, l'offre de contrat doit comporter les informations suivantes :**

1° Le nom du vendeur du produit ou du prestataire de service, son numéro de téléphone, son adresse ou, s'il s'agit d'une personne morale, son siège social et, si elle est différente, l'adresse de l'établissement responsable de l'offre ;

2° Le cas échéant, les frais de livraison ;

3° Les modalités de paiement, de livraison ou d'excution ;

4° L'existence d'un droit de rétractation, sauf dans les cas où les dispositions de la pésente section excluent l'exercice de ce droit ;

5° La durée de la validité de l'offre et du prix de celle-ci ;

6° Le coût de l'utilisation de la technique de communication à distance utilisée lorsqu'il n'est pas calculé par référence au tarif de base ;

7° Le cas échéant, la durée minimale du contrat proposé, lorsqu'il porte sur la fourniture continue ou périodique d'un bien ou d'un service.

Ces informations, dont le caractère commercial doit apparaître sans équivoque, sont communiquées au consommateur de manière claire et compréhensible, par tout moyen adapté à la technique de communication à distance utilisée.

En cas de démarchage par téléphone ou par toute autre technique assimilable, le professionnel doit indiquer explicitement au début de la conversation son identité et le caractère commercial de l'appel.

L. 121-19 *(Ord. nº 2001-741 du 23 août 2001)* I. — Le consommateur doit recevoir, par écrit ou sur un autre support durable à sa disposition, en temps utile et au plus tard au moment de la livraison :

1° Confirmation des informations mentionnées aux 1° à 4° de l'article L. 121-18 et de celles qui figurent en outre aux articles L. 111-1 et L. 113-3 ainsi que de celles prévues pour l'application de l'article L. 214-1, à moins que le professionnel n'ait satisfait à cette obligation avant la conclusion du contrat ;

2° Une information sur les conditions et les modalités d'exercice du droit de rétractation ;

3° L'adresse de l'établissement du fournisseur où le consommateur peut présenter ses réclamations ;

4° Les informations relatives au service après vente et aux garanties commerciales ;

5° Les conditions de résiliation du contrat lorsque celui-ci est d'une durée indéterminée ou supérieure à un an.

II. — Les dispositions du présent article ne sont pas applicables aux services fournis en une seule fois au moyen d'une technique de communication à distance et facturés par l'opérateur de cette technique à l'exception du 3°.

L. 121-20 *(Ord. nº 2001-741 du 23 août 2001)* Le consommateur dispose d'un délai de sept jours francs pour exercer son droit de rétractation sans avoir à justifier de motifs ni à payer de pénalités, à l'exception, le cas échéant, des frais de retour. *(L. nº 2005-841 du 26 juill. 2005, art. 3)* « Le consommateur peut déroger à ce délai au cas où il ne pourrait se déplacer et où simultanément il aurait besoin de faire appel à une prestation immédiate et nécessaire à ses conditions d'existence. Dans ce cas, il continuerait à exercer son droit de rétractation sans avoir à justifier de motifs ni à payer de pénalités. »

Le délai mentionné à l'alinéa précédent court à compter de la réception pour les biens ou de l'acceptation de l'offre pour les prestations de services.

Lorsque les informations prévues à l'article L. 121-19 n'ont pas été fournies, le délai d'exercice du droit de rétractation est porté à trois mois. Toutefois, lorsque la fourniture de ces informations intervient dans les trois mois à compter de la réception des biens ou de l'acceptation de l'offre, elle fait courir le délai de sept jours mentionné au premier alinéa.

Lorsque le délai de sept jours expire un samedi, un dimanche ou un jour férié ou chômé, il est prorogé jusqu'au premier jour ouvrable suivant.

BIBL. ▶ DETRAZ, *Contrats Conc. Consom. 2004. Chron. 7* (plaidoyer pour une analyse fonctionnelle du droit de rétractation). – CHABERT, *Comm. com. élec. 2006, nº 47* (contrat-type de commerce électronique).

1. Point de départ. Le point de départ du délai de rétractation de sept jours n'est pas la date de l'offre, mais le jour auquel le destinataire de l'offre exprime de façon non équivoque son acceptation. • TI Vanves, 13 janv. 2004 : *D. 2004. AJ. 697*.

1 bis. Frais de retour. L'acheteur n'est tenu qu'aux frais de retour, à l'exclusion de toute autre somme (à propos d'une indemnité réclamée au motif que l'article retourné n'était plus dans son état d'origine). • Civ. 1re, 23 juin 1993 : *Bull. civ. I, n° 232 ; Contrats Conc. Consom. 1993, n° 202, note Raymond ; Defrénois 1994. 360, obs. Delebecque.*

2. Paiement. BIBL. Gavalda, *Petites affiches 29 mai 1996, p. 15.* ♦ Sur le paiement par carte bancaire des achats par correspondance, V. note 19 ss. art. L. 132-2 C. mon. fin., *supra*, v° *Code monétaire et financier (extraits).*

3. Démarchage par téléphone. V. note 1 ss. art. L. 121-27 C. consom., *infra, VIII – Domicile (ventes à).*

4. Prestations de services. Lors de la fourniture d'une prestation de service, le délai de 7 jours commence à courir à compter de la signature du contrat. • Civ. 1re, 29 oct. 2002 : *Contrats Conc. Consom. 2003, n° 18, obs. Raymond ; RTD com. 2003. 356, obs. Bouloc ; Dr. et patr. févr. 2003, p. 108, obs. Chauvel ; BRDA 2002, n° 22, p. 11.*

L. 121-20-1 *(Ord. n° 2001-741 du 23 août 2001)* **Lorsque le droit de rétractation est exercé, le professionnel est tenu de rembourser sans délai le consommateur et au plus tard dans les trente jours suivant la date à laquelle ce droit a été exercé. Au-delà, la somme due est, de plein droit, productive d'intérêts au taux légal en vigueur.**

L. 121-20-2 *(Ord. n° 2001-741 du 23 août 2001)* **Le droit de rétractation ne peut être exercé, sauf si les parties en sont convenues autrement, pour les contrats :**

1° De fourniture de services dont l'exécution a commencé, avec l'accord du consommateur, avant la fin du délai de sept jours francs ;

2° De fourniture de biens ou de services dont le prix est fonction de fluctuations des taux du marché financier ;

3° De fourniture de biens confectionnés selon les spécifications du consommateur ou nettement personnalisés ou qui, du fait de leur nature, ne peuvent être réexpédiés ou sont susceptibles de se détériorer ou de se périmer rapidement ;

4° De fourniture d'enregistrements audio ou vidéo ou de logiciels informatiques lorsqu'ils ont été descellés par le consommateur ;

5° De fourniture de journaux, de périodiques ou de magazines ;

6° De service de paris ou de loteries autorisés.

Pour s'appliquer, l'exception prévue au 4° de l'art. L. 121-20-2 suppose que la vente concerne non du matériel informatique mais des logiciels, et que ceux-ci aient été « descellés » par le consommateur ; que si l'on peut admettre le jeu de l'exception à l'égard d'un logiciel, installé et configuré, fourni avec un scanner et permettant sa mise en fonction, rien ne permettait en revanche de refuser le retour et le remboursement du scanner. • T. pol. Les Andelys, 10 déc. 2004 : *Comm. com. élec. 2005, n° 43, obs. Tabaka.*

L. 121-20-3 *(Ord. n° 2001-741 du 23 août 2001)* **Sauf si les parties en sont convenues autrement, le fournisseur doit exécuter la commande dans le délai de trente jours à compter du jour suivant celui où le consommateur a transmis sa commande au fournisseur du produit ou de service.**

En cas de défaut d'exécution du contrat par un fournisseur résultant de l'indisponibilité du bien ou du service commandé, le consommateur doit être informé de cette indisponibilité et doit, le cas échéant, pouvoir être remboursé sans délai et au plus tard dans les trente jours du paiement des sommes qu'il a versées. Au-delà de ce terme, ces sommes sont productives d'intérêts au taux légal.

Toutefois, si la possibilité en a été prévue préalablement à la conclusion du contrat ou dans le contrat, le fournisseur peut fournir un bien ou un service d'une qualité et d'un prix équivalents. Le consommateur est informé de cette possibilité de manière claire et compréhensible. Les frais de retour consécutifs à l'exercice du droit de rétractation sont, dans ce cas, à la charge du fournisseur et le consommateur doit en être informé.

(L. n° 2004-575 du 21 juin 2004, art. 15-II) **« Le professionnel est responsable de plein droit à l'égard du consommateur de la bonne exécution des obligations résultant du contrat conclu à distance, que ces obligations soient à exécuter par le professionnel qui a conclu ce contrat ou par d'autres prestataires de services, sans préjudice de son droit de recours contre ceux-ci.**

« Toutefois, il peut s'exonérer de tout ou partie de sa responsabilité en apportant la preuve que l'inexécution ou la mauvaise exécution du contrat est imputable soit au consommateur, soit au fait, imprévisible et insurmontable, d'un tiers au contrat, soit à un cas de force majeure. »

BIBL. ▶ PASSA, *Petites affiches 6 févr. 2004, p. 35* (règles générales du commerce électronique et leur application dans les rapports avec les consommateurs). – STOFFEL-MUNCK, *JCP E 2004, n° 38, p. 1428* (réforme des contrats du commerce électronique). – HUGON, *Contrats Conc. Consom. 2004. Chron. 15* (responsabilité des acteurs de l'internet).

L. 121-20-4 *(Ord. n° 2001-741 du 23 août 2001)* **Les dispositions des articles L. 121-18, L. 121-19, L. 121-20 et L. 121-20-1 ne sont pas applicables aux contrats ayant pour objet :**

1° La fourniture de biens de consommation courante réalisée au lieu d'habitation ou de travail du consommateur par des distributeurs faisant des tournées fréquentes et régulières ;

2° La prestation de services d'hébergement, de transport, de restauration, de loisirs qui doivent être fournis à une date ou selon une périodicité déterminée.

(L. n° 2004-575 du 21 juin 2004, art. 23) **« Les dispositions des articles L. 121-18 et L. 121-19 sont toutefois applicables aux contrats conclu par voie électronique lorsqu'ils ont pour objet la prestation des services mentionnés au 2°. »**

Prestation de transport. L'art. 3, § 2, de la dir. 97/7/CE du 20 mai 1997, concernant la protection des consommateurs en matière de contrats à distance, doit être interprété en ce sens que la notion de « contrats de fourniture de services de transports » inclut les contrats de fourniture de services de location de voitures. • CJCE 10 mars 2005 : *JCP 2005. II. 10059, note Zarka ; Petites affiches 20 mars 2006, p. 6, obs. Claret ; RJDA 2005, n° 800 ; Europe 2005, n° 179, obs. Idot ; BEEI 2005, n° 2, p. 12.*

L. 121-20-5 *(L. n° 2004-575 du 21 juin 2004, art. 22-II)* **Sont applicables les dispositions de l'article L. 33-4-1 du code des postes et télécommunications, ci-après reproduites :** — *V. cet art., supra, à l'art. 22 de la L. n° 2004-575 du 21 juin 2004, v° Publicité commerciale.*

BIBL. ▶ PASSA, *Petites affiches 6 févr. 2004, p. 35* (règles générales du commerce électronique et leur application dans les rapports avec les consommateurs). – PENNEAU, *ibid. 13 mai 2004, p. 3* (contrat électronique et protection du cybercontractant). – BARBRY, *Gaz. Pal. 2004. Doctr. 934* (spam et prospection commerciale).

Sur le démarchage par courrier électronique ou SMS, V. Dir. n° 2002/58 du 12 juill. 2002 (JOCE L 201 du 31 juill.).

L. 121-20-6 Les règles relatives à la responsabilité du dirigeant de droit ou de fait d'un service de radiodiffusion sonore ou de télévision sont définies par le II de l'article 3 de la loi n° 88-21 du 6 janvier 1988 relative aux opérations de télépromotion avec offre de vente dites de « téléachat » *[abrogée]* **reproduit ci-après :**

(Abrogé par L. n° 2000-719 du 1er août 2000, art. 25-II) ***« II. — Le dirigeant de droit ou de fait d'un service de radiodiffusion sonore ou de télévision défini à l'article 2 de la présente loi qui aura programmé et fait diffuser ou distribuer une émission en violation des règles fixées en vertu du même article sera puni d'une amende de 75 000 €.***

« Dans le cas de récidive, l'auteur de l'infraction pourra être puni d'une amende de 150 000 €. » — *V. infra, notes ss. art. L. 121-20.*

Cet art. est l'ancien art. L. 121-20-8 ; l'ancien art. L. 121-20-6 est devenu l'art. L. 121-20-15, modifié (Ord. n° 2005-648, 6 juin 2005, art. 1er-I, 4° et 5°).

L. 121-20-7 **Les règles relatives à la fixation des règles de programmation des émissions sont définies par l'article 2 de la loi n° 88-21 du 6 janvier 1988 précitée** *[abrogée]* **reproduit ci-après :**

Art. 2 *(Abrogé par L. n° 2000-719 du 1er août 2000, art. 25-II)* *Le Conseil supérieur de l'audiovisuel fixe les règles de programmation des émissions consacrées en tout ou partie à la présentation ou à la promotion d'objets, de produits ou de services offerts directement à la vente par des services de radiodiffusion sonore et de télévision autorisés en vertu de la loi n° 86-1067 du 30 septembre 1986 relative à la liberté de communication.* — *V. Décis. n° 88-36 du 4 févr. 1988 (D. et ALD 1988. 154), mod. par Décis. n° 88-261 du 3 juin 1988 (JO 18 juin), Décis. n° 90-922 du 11 déc. 1990 (JO 19 janv. 1991), Décis. n° 92-972 du 20 oct. 1992 (JO 11 nov.), Décis. n° 94-227 du 3 mai 1994 (JO 31 mai), Décis. n° 98-49 du 17 févr. 1998 (JO 7 mars).*

Cet art. est l'ancien art. L. 121-20-9 ; l'ancien art. L. 121-20-7 est devenu l'art. L. 121-20-16 (Ord. n° 2005-648, 6 juin 2005, art. 1er-I, 4° et 5°).

Les dispositions de la L. n° 88-21 du 6 janv. 1988 relative aux opérations de télépromotion avec offre de vente dites de « télé-achat » ont été abrogées par la L. n° 2000-719 du 1er août 2000 relative à la liberté de communication, art. 25-II (JO 2 août). Sur la fixation des règles de compétence, V. désormais, L. n° 86-1067 du 30 sept. 1986, art. 27 et 33, infra.

Loi n° 86-1067 du 30 septembre 1986,

Relative à la liberté de communication.

Art. 27 *(L. n° 89-25 du 17 janv. 1989)* Compte tenu des missions d'intérêt général des organismes du secteur public et des différentes catégories de services de communication audiovisuelle diffusés par voie hertzienne terrestre ou par satellite, des décrets en Conseil d'État fixent les principes généraux définissant les obligations concernant :

1° *(L. n° 2000-719 du 1er août 2000, art. 25-I)* « La publicité, le télé-achat et le parrainage ;

« 1° *bis* Les services consacrés exclusivement à l'autopromotion ou au télé-achat » ;

....

33 *(L. n° 2000-719 du 1er août 2000, art. 55)* Un décret en Conseil d'État, pris après avis du Conseil supérieur de l'audiovisuel, fixe, pour chaque catégorie de services de radiodiffusion sonore ou de télévision distribués *(L. n° 2004-669 du 9 juill. 2004, art. 59)* « par les réseaux n'utilisant pas des fréquences assignées par le Conseil supérieur de l'audiovisuel » :

....

« 3° Les règles applicables à la publicité, au télé-achat et au parrainage ;

« 4° Les règles applicables aux services consacrés exclusivement à l'autopromotion ou au télé-achat ; »

....

(L. n° 2004-669 du 9 juill. 2004, art. 60) « Sous réserve des engagements internationaux de la France, il peut également autoriser les services exclusivement diffusés en dehors du territoire national à déroger aux dispositions qui figurent aux 3° à 10° ».

Sur les règles applicables aux émissions de télé-achat, V. Décr. n° 92-882 du 1er sept. 1992, art. 8-1 à 8-7, 14-1 à 14-5, ajoutés par Décr. n° 95-77 du 24 janv. 1995 (D. et ALD 1995. 97), mod. par Décr. n° 2001-610 du 9 juill. 2001 (JO 11 juill.).

BIBL. ► RETTERER, *Contrats Conc. Consom.* 1998. *Chron.* 4 (télé-achat : contrat de vente à distance au regard du droit communautaire) ; *ibid. Chron.* 5 (télé-achat : une vente aux apparences publicitaires protégée des réglementations nationales).

Sur l'utilisation du terme « télé-achat », V. note 32 ss. art. 2 de la loi du 2 juill. 1963, *supra*, v° *Concurrence*.

SOUS-SECTION 2 *Dispositions particulières aux contrats portant sur des services financiers (Ord. n° 2005-648 du 6 juin 2005, art. 1er-I)*

Les dispositions issues de l'Ord. n° 2005-648 du 6 juin 2005 sont entrées en vigueur le 1er déc. 2005 (Ord. préc., art. 6). L'Ord. préc. a été ratifiée par l'art. 25-I de la L. n° 2006-387 du 31 mars 2006 (JO 1er avr.).

BIBL. GÉN. ▶ GRYNBAUM, *Comm. com. élec. 2005, n° 138*. – S. PIEDELIÈVRE, *RD banc. fin. 2005. Chron. 18*. – GRYNBAUM et LEPLAT, *JCP 2005. I. 193* (de la relativité du code de la consommation comme code... pilote). – STORCK, *RTD com. 2005. 787*. – FENOUILLET, *RDC 2005. 1052*. – BOUTEILLER, *JCP E 2005, n° 51-52, p. 2197*. – GRANIER, *Bull. Joly Bourse 2006. 7* (rencontre entre le droit de la consommation et le droit financier). – PATUREAU, *RLDA févr. 2006. 29* (sécurité juridique et commercialisation à distance de services financiers). – JOUFFRIN, *D. 2006. 1534* (principes généraux).

L. 121-20-8 *(Ord. n° 2005-648 du 6 juin 2005, art. 1er-I)* **La présente sous-section régit la fourniture de services financiers à un consommateur dans le cadre d'un système de vente ou de prestation de services à distance organisé par le fournisseur ou par un intermédiaire qui, pour ce contrat, utilise exclusivement une ou plusieurs techniques de communication à distance jusqu'à, et y compris, la conclusion du contrat.**

Elle s'applique aux services mentionnés aux livres Ier à III et au titre V du livre V du code monétaire et financier ainsi que les opérations pratiquées par les entreprises régies par le code des assurances, par les mutuelles et unions régies par le livre II du code de la mutualité et par les institutions de prévoyance et unions régies par le titre III du livre IX du code de la sécurité sociale sans préjudice des dispositions spécifiques prévues par ces codes.

L. 121-20-9 *(Ord. n° 2005-648 du 6 juin 2005, art. 1er-I)* **Pour les contrats portant sur des services financiers comportant une première convention de service suivie d'opérations successives ou d'une série d'opérations distinctes, de même nature, échelonnées dans le temps, les dispositions de la présente sous-section ne s'appliquent qu'à la première convention de service. Pour les contrats renouvelables par tacite reconduction, les dispositions de la présente sous-section ne s'appliquent qu'au contrat initial.**

En l'absence de première convention de service, lorsque des opérations successives ou distinctes, de même nature, échelonnées dans le temps, sont exécutées entre les mêmes parties, les dispositions de l'article L. 121-20-10 ne sont applicables qu'à la première opération. Cependant, lorsqu'aucune opération de même nature n'est effectuée pendant plus d'un an, ces dispositions s'appliquent à l'opération suivante, considérée comme une première opération.

L. 121-20-10 *(Ord. n° 2005-648 du 6 juin 2005, art. 1er-I)* **En temps utile et avant qu'il ne soit lié par un contrat, le consommateur reçoit des informations fixées par décret en Conseil d'État, portant notamment sur :** *— V. art. R. 121-2-1 s. ss. art. L. 121-20-14, infra.*

1° Le nom, l'adresse professionnelle du fournisseur et, s'il y a lieu, de son représentant et de son intermédiaire ;

2° Les documents d'information particuliers relatifs aux produits, instruments financiers et services proposés requis par les dispositions législatives et réglementaires en vigueur ou, en l'absence de tels documents, une note d'information sur chacun des produits, instruments financiers et services proposés et indiquant, s'il y a lieu, les risques particuliers que peuvent comporter les produits proposés ;

3° Les conditions de l'offre contractuelle, notamment le prix total effectivement dû par le consommateur, ou, lorsqu'un prix exact ne peut être indiqué, la base de calcul du prix permettant au consommateur de vérifier ce dernier, les modalités selon lesquelles sera conclu le contrat et en particulier le lieu et la date de signature de celui-ci ;

4° *(L. n° 2006-387 du 31 mars 2006, art. 25-VI)* « L'existence ou l'absence » du droit de rétractation, ainsi que ses modalités d'exercice ;

5° La loi applicable aux relations précontractuelles ainsi qu'au contrat, et l'existence de toute clause concernant le choix d'une juridiction.

Les informations communiquées par le fournisseur au consommateur sur les obligations contractuelles sont conformes à la loi applicable au contrat en cas de conclusion de celui-ci.

Ces informations, dont le caractère commercial doit apparaître sans équivoque, sont fournies de manière claire et compréhensible par tout moyen adapté à la technique de communication à distance utilisée.

Les dispositions du présent article sont applicables sans préjudice de l'application des obligations législatives et réglementaires spécifiques à chaque produit, instrument financier ou service proposé.

Le décret en Conseil d'État mentionné au premier alinéa fixe également les modalités particulières applicables en cas de communication par téléphonie vocale.

L'ancien art. L. 121-20-10 est devenu l'art. L. 121-20-17, modifié (Ord. n° 2005-648, 6 juin 2005, art. 1er-I, 4° et 9°).

L. 121-20-11 *(Ord. n° 2005-648 du 6 juin 2005, art. 1er-I)* Le consommateur doit recevoir, par écrit ou sur un autre support durable à sa disposition et auquel il a accès en temps utile et avant tout engagement, les conditions contractuelles ainsi que les informations mentionnées à l'article L. 121-20-10. Le fournisseur peut remplir ses obligations au titre de l'article L. 121-20-10 et du présent article par l'envoi au consommateur d'un document unique, à la condition qu'il s'agisse d'un support écrit ou d'un autre support durable et que les informations mentionnées ne varient pas jusqu'à et y compris la conclusion du contrat.

Le fournisseur exécute ses obligations de communication immédiatement après la conclusion du contrat, lorsque celui-ci a été conclu à la demande du consommateur en utilisant une technique de communication à distance ne permettant pas la transmission des informations précontractuelles et contractuelles sur un support papier ou sur un autre support durable.

A tout moment au cours de la relation contractuelle, le consommateur a le droit, s'il en fait la demande, de recevoir les conditions contractuelles sur un support papier. En outre, le consommateur a le droit de changer les techniques de communication à distance utilisées, à moins que cela ne soit incompatible avec le contrat à distance conclu ou avec la nature du service financier fourni. *- Sur les sanctions pénales, V. art. R. 121-2-4 ss. art. L. 121-20-14, infra.*

L. 121-20-12 *(Ord. n° 2005-648 du 6 juin 2005, art. 1er-I)* I. — Le consommateur dispose d'un délai de quatorze jours calendaires révolus pour exercer son droit de rétractation, sans avoir à justifier de motif ni à supporter de pénalités. *— V. art. R. 121-2-2 ss. art. L. 121-20-14, infra.*

Le délai pendant lequel peut s'exercer le droit de rétractation commence à courir :

1° Soit à compter du jour où le contrat à distance est conclu ;

2° Soit à compter du jour où le consommateur reçoit les conditions contractuelles et les informations, conformément à l'article L. 121-20-11, si cette dernière date est postérieure à celle mentionnée au 1°.

II. — Le droit de rétractation ne s'applique pas :

1° A la fourniture d'instruments financiers mentionnés à l'article L. 211-1 du code monétaire et financier ainsi qu'aux services de réception-transmission et exécution d'ordres pour le compte de tiers mentionnés à l'article L. 321-1 du même code ;

2° Aux contrats exécutés intégralement par les deux parties à la demande expresse du consommateur avant que ce dernier n'exerce son droit de rétractation ;

3° Aux contrats de crédit immobilier définis à l'article L. 312-2.

III. — Le présent article ne s'applique pas aux contrats mentionnés à l'article L. 121-60.

IV. — Pour les contrats de crédit affecté définis à l'article L. 311-20 conclus selon une technique de communication à distance, et par dérogation aux dispositions de l'article L. 311-24, le délai de rétractation de quatorze jours ne peut pas être réduit.

Par dérogation aux dispositions de l'article L. 311-25, l'exercice du droit de rétractation n'emporte résolution de plein droit du contrat de vente ou de prestation de services que s'il intervient dans un délai de sept jours à compter de la conclusion du contrat de crédit. De plus, lorsque le consommateur, par une demande expresse, sollicite la livraison ou la fourniture immédiate du bien ou de la prestation de services, l'exercice du droit de rétractation n'emporte résolution de plein droit du contrat de vente ou de prestation de services que s'il intervient dans un délai de trois jours à compter de la conclusion du contrat de crédit. Toute livraison ou fourniture anticipée est à la charge du vendeur qui en supporte tous les risques.

L. 121-20-13 *(Ord. nº 2005-648 du 6 juin 2005, art. 1er-I)* I. — Les contrats pour lesquels s'applique le délai de rétractation mentionné à l'article L. 121-20-12 ne peuvent recevoir de commencement d'exécution par les parties avant l'arrivée du terme de ce délai sans l'accord du consommateur. Lorsque celui-ci exerce son droit de rétractation, il ne peut être tenu qu'au paiement proportionnel du service financier effectivement fourni, à l'exclusion de toute pénalité.

Le fournisseur ne peut exiger du consommateur le paiement du service mentionné au premier alinéa que s'il peut prouver que le consommateur a été informé du montant dû, conformément à l'article L. 121-20-10. Toutefois, il ne peut pas exiger ce paiement s'il a commencé à exécuter le contrat avant l'expiration du délai de rétractation sans demande préalable du consommateur.

Pour les contrats de crédit à la consommation prévus au chapitre Ier du titre Ier du livre III, même avec l'accord du consommateur, ils ne peuvent recevoir de commencement d'exécution durant les sept premiers jours, sauf s'agissant des contrats de crédit affecté mentionnés au IV de l'article L. 121-20-12, qui ne peuvent recevoir de commencement d'exécution durant les trois premiers jours.

II. — Le fournisseur est tenu de rembourser au consommateur dans les meilleurs délais et au plus tard dans les trente jours toutes les sommes qu'il a perçues de celui-ci en application du contrat, à l'exception du montant mentionné au premier alinéa du I. Ce délai commence à courir le jour où le fournisseur reçoit notification par le consommateur de sa volonté de se rétracter. Au-delà du délai de trente jours, la somme due est, de plein droit, productive d'intérêts au taux légal en vigueur. — *Sur les sanctions pénales, V. art. R. 121-2-5 ss. art. L. 121-20-14, infra.*

Le consommateur restitue au fournisseur dans les meilleurs délais et au plus tard dans les trente jours toute somme et tout bien qu'il a reçus de ce dernier. Ce délai commence à courir à compter du jour où le consommateur communique au fournisseur sa volonté de se rétracter.

L. 121-20-14 *(Ord. nº 2005-648 du 6 juin 2005, art. 1er-I)* Les dispositions de l'article L. 34-5 du code des postes et communications électroniques, reproduites à l'article L. 121-20-5, sont applicables aux services financiers.

Les techniques de communication à distance destinées à la commercialisation de services financiers autres que celles mentionnées à l'article L. 34-5 du code des postes et communications électroniques ne peuvent être utilisées que si le consommateur n'a pas manifesté son opposition.

Les mesures prévues au présent article ne doivent pas entraîner de frais pour le consommateur.

Code de la consommation

PARTIE RÉGLEMENTAIRE

(Décr. nº 2005-1450 du 25 nov. 2005)

BIBL. ▶ GRYNBAUM, *Comm. com. élec. 2006, nº 28.*

Art. R. 121-2-1 *(Décr. nº 2005-1450 du 25 nov. 2005, art. 1er)* Pour l'application de l'article L. 121-20-10, le fournisseur communique au consommateur des informations concernant :

1º Son identité : l'identité, l'activité principale, l'adresse géographique à laquelle le fournisseur de services financiers est établi, ainsi que toute autre adresse nécessaire au suivi des relations entre le consommateur et le fournisseur. Lorsque le fournisseur utilise les services d'un représentant ou d'un intermédiaire, il communique également au consommateur l'identité de ce dernier ainsi que celle de ses adresses devant être prise en compte pour les relations avec le consommateur.

Lorsque le fournisseur est inscrit au registre du commerce et des sociétés, il communique au consommateur son numéro d'immatriculation. En outre, les personnes soumises à agrément communiquent au consommateur les coordonnées des autorités chargées de leur contrôle.

2º Le service financier : le fournisseur informe le consommateur du prix total dû, y compris l'ensemble des commissions, charges et dépenses y afférentes et toutes les taxes acquittées par l'intermédiaire du fournisseur. Le fournisseur informe également le consommateur de l'existence de toute autre taxe ou frais qui ne sont pas acquittés ou facturés par lui.

Le cas échéant, le fournisseur précise au consommateur, d'une part, que le service financier est lié à des instruments qui impliquent des risques particuliers du fait de leurs spécificités ou des opérations à exécuter ou dont le prix dépend de fluctuations des marchés financiers sur lesquelles le fournisseur n'a aucune influence et, d'autre part, que les performances passées ne laissent pas présager des performances futures.

Le fournisseur informe le consommateur de toute limitation de la durée pendant laquelle les informations fournies sont valables, des modes de paiement et d'exécution et enfin, s'il y a lieu, de l'existence de tout coût supplémentaire spécifique pour le consommateur afférent à l'utilisation de la technique de communication à distance.

3º Le contrat à distance : le fournisseur informe le consommateur de l'existence du droit de rétractation mentionné à l'article L. 121-20-12, de sa durée, des conséquences pécuniaires éventuelles de sa mise en œuvre, ainsi que de l'adresse à laquelle le consommateur doit notifier sa décision. En cas d'absence d'un tel droit, le fournisseur en informe le consommateur ainsi que des conséquences de cette absence.

Pour les contrats pour lesquels s'applique le délai de rétractation mentionné à l'article L. 121-20-12, le fournisseur informe le consommateur du fait que, sauf accord exprès de ce dernier, le contrat ne peut commencer à être exécuté qu'à l'expiration du délai de rétractation. Pour les contrats de crédit à la consommation prévus au chapitre Ier du titre Ier du livre III, le fournisseur informe le consommateur du fait que, même avec son accord, le contrat ne peut commencer à être exécuté durant les sept premiers jours, sauf s'agissant des contrats de crédit affecté, qui ne peuvent commencer à être exécutés durant les trois premiers jours.

Le fournisseur informe le consommateur des droits contractuels que peuvent avoir les parties de résilier le contrat, sans omettre les éventuelles pénalités imposées par le contrat dans ce cas.

Lorsque le contrat est à exécution successive, le fournisseur porte à la connaissance du consommateur sa durée minimale.

Le consommateur est informé de la langue ou des langues qui seront utilisées entre les parties durant la relation pré-contractuelle, ainsi que de la langue ou des langues dans lesquelles le contrat sera rédigé. La langue utilisée durant la relation contractuelle est choisie en accord avec le consommateur.

4° Les recours : le fournisseur informe le consommateur de l'existence ou de l'absence de procédures extrajudiciaires de réclamation et de recours accessibles et, si de telles procédures existent, de leurs modalités d'exercice. Le consommateur est également informé de l'existence de fonds de garantie ou d'autres mécanismes d'indemnisation, tels que les mécanismes d'indemnisation des déposants, des investisseurs et des cautions, respectivement mentionnés aux articles L. 312-4, L. 313-50 et L. 322-1 du code monétaire et financier.

5° En cas de communication par téléphonie vocale, l'identité du fournisseur et le caractère commercial de l'appel dont le fournisseur a pris l'initiative sont indiqués sans équivoque au début de toute conversation avec le consommateur.

Sous réserve de l'accord formel du consommateur, seules les informations ci-après doivent être fournies :

a) L'identité de la personne en contact avec le consommateur et le lien de cette personne avec le fournisseur ;

b) Une description des principales caractéristiques du service financier ;

c) Le prix total dû par le consommateur au fournisseur pour le service financier, qui comprend toutes les taxes acquittées par l'intermédiaire du fournisseur ou, lorsqu'un prix exact ne peut être indiqué, la base de calcul du prix permettant au consommateur de vérifier ce dernier ;

d) L'indication de l'existence éventuelle d'autres taxes ou frais qui ne sont pas acquittés par l'intermédiaire du fournisseur ou facturés par lui ;

e) L'existence ou l'absence du droit de rétractation mentionné à l'article L. 121-20-12 et, si ce droit existe, sa durée et les modalités de son exercice, y compris des informations sur le montant que le consommateur peut être tenu de payer en vertu de l'article L. 121-20-13.

Le fournisseur informe le consommateur sur, d'une part, le fait que d'autres informations peuvent être fournies sur demande et, d'autre part, la nature de ces informations.

R. 121-2-2 *(Décr. n° 2005-1450 du 25 nov. 2005, art. 1er)* Lorsque l'acte par lequel le consommateur a communiqué au fournisseur sa volonté de se rétracter a été envoyé sur un support papier ou sur un autre support durable avant l'expiration du délai mentionné à l'article L. 121-20-12, le consommateur est réputé avoir respecté ce délai.

R. 121-2-3 *(Décr. n° 2005-1450 du 25 nov. 2005, art. 1er)* Est puni de la peine d'amende prévue pour les contraventions de la cinquième classe le fait de ne pas communiquer au consommateur les informations mentionnées aux 1°, 2°, 3° et 5° de l'article R. 121-2-1 et celles mentionnées au 5° de l'article L. 121-20-10 ou de les lui communiquer sans faire apparaître de manière claire le caractère commercial de sa démarche.

R. 121-2-4 *(Décr. n° 2005-1450 du 25 nov. 2005, art. 1er)* Est puni de la peine d'amende prévue pour les contraventions de la cinquième classe le fait de ne pas communiquer au consommateur, dans les conditions prévues à l'article L. 121-20-11, les informations mentionnées à cet article.

R. 121-2-5 *(Décr. n° 2005-1450 du 25 nov. 2005, art. 1er)* Est puni de la peine d'amende prévue pour les contraventions de la cinquième classe le fait de ne pas rembourser le consommateur dans les conditions fixées au II de l'article L. 121-20-13.

SOUS-SECTION 3 *Dispositions communes*

(Ord. n° 2005-648 du 6 juin 2005, art. 1er-I)

L. 121-20-15 *(Ord. n° 2005-648 du 6 juin 2005, art. 1er-I)* **Lorsque les parties ont choisi la loi d'un État non membre de la Communauté européenne pour régir le contrat, le juge devant lequel est invoquée cette loi est tenu d'en écarter l'application au profit des dispositions plus protectrices de la loi de la résidence habituelle du consommateur assurant la transposition de la directive 97/7/CE du Parlement européen et du Conseil du 20 mai 1997 concernant la protection des consommateurs en**

matière de contrats à distance et de la directive 2002/65/CE du Parlement européen et du Conseil du 23 septembre 2002 concernant la commercialisation à distance de services financiers auprès des consommateurs, lorsque le contrat présente un lien étroit avec le territoire d'un ou plusieurs États membres de la Communauté européenne ; cette condition est présumée remplie si la résidence des consommateurs est située dans un État membre.

Cet art. est l'ancien art. L. 121-20-6, modifié (Ord. n° 2005-648, 6 juin 2005, art. 1er-I, 4° et 8°).

BIBL. ▶ DEUMIER, *RDC 2005. 1192* (application dans l'espace du droit de la consommation).

L. 121-20-16 *(Ord. n° 2001-741 du 23 août 2001)* **Les dispositions de la présente section sont d'ordre public.**

Cet art. est l'ancien art. L. 121-20-7 (Ord. n° 2005-648, 6 juin 2005, art. 1er-I, 4°).

L. 121-20-17 *Abrogé par Ord. n° 2005-1086 du 1er sept. 2005, art. 4-II. — V. art. L. 141-1, supra.*

VIII Domicile (ventes à)

Code de la consommation

PARTIE LÉGISLATIVE

(L. n° 93-949 du 26 juill. 1993)

Démarchage

BIBL. GÉN. ▶ CALAIS-AULOY, *D. 1973. Chron. 266.* – PIZZIO, *RTD com. 1976. 66.* – FERRIER, *D. 1980. Chron. 177.* – DOLL et GUÉRIN, *JCP 1973. I. 2524.* – VASSAUX-VANOVERSCHELDE, *ALD 1990. 51* (réforme du 23 juin 1989). – Numéro spécial, *Gaz. Pal. 1993. 1. Doctr. 179* (vente par correspondance et à distance) ; *ibid. 1995. 1. Doctr. 60* (vente directe à domicile). – Colloque du 13 mai 1998, *Gaz. Pal. 1998. 2. Doctr. 1323* (commerce électronique). – CAPARROS et LOLIVIER, *ibid. 17-18 nov. 1999, p. 4* (pays d'origine et commerce électronique). – HUET, *Comm. com. élec. 1999. Chron. 4* (problématique du commerce électronique au regard du projet de directive du 23 déc. 1998). – SCHWERER, *Contrats Conc. Consom. 2000. Chron. 16* (réflexions sur la preuve et la signature dans le commerce électronique). – NOTTÉ, *JCP 2000, n° 38, Actualité* (directive du 8 juin 2000 sur le commerce électronique). – GRYNBAUM, *JCP 2001. I. 307* (même thème). – PASSA, *D. 2002. 555* (commerce électronique et protection du consommateur). – LUTZ, *RD banc. fin. 2002. 87* (suites de la directive sur le commerce électronique : la nécessaire refonte du droit français du crédit à la consommation). – DÉFOSSEZ, *ibid. 2004. 282* (droit communautaire, protection du consommateur de crédit et promotion du commerce électronique). – SAUPHANOR-BROUILLAUD, *ibid. 284* (démarchage et publicité en ligne du crédit à la consommation). – MÜLLER-IBOLD, *Banque et Droit nov.-déc. 2005. 45* (du paiement des intérêts en cas de révocation d'un contrat de crédit conclu par démarchage à domicile).

Art. L. 121-21 Est soumis aux dispositions de la présente section quiconque pratique ou fait pratiquer le démarchage, au domicile d'une personne physique, à sa résidence ou à son lieu de travail, même à sa demande, afin de lui proposer l'achat, la vente, la location, la location-vente ou la location avec option d'achat de biens ou la fourniture de services.

Est également soumis aux dispositions de la présente section le démarchage dans les lieux non destinés à la commercialisation du bien ou du service proposé et notamment l'organisation par un commerçant ou à son profit de réunions ou d'excursions afin de

réaliser les opérations définies à l'alinéa précédent. – *[L. n° 72-1137 du 22 déc. 1972, art. 1er].*

1. Ordre public. Il ne peut être renoncé au bénéfice de la loi du 22 déc. 1972 [C. consom., art. L. 121-21 s.], dont les dispositions sont d'ordre public. • Civ. 1re, 16 mars 1994 : *Contrats Conc. Consom. 1994, n° 152, note Raymond.* ♦ Comp. : note 5 ss. art. L. 121-23. ♦ Sur l'application de la loi française dès lors que le client avait été démarché en tant que consommateur à son domicile en France, lieu où il avait signé le contrat. • Civ. 1re, 12 juill. 2005 : *Bull. civ. I, n° 322 ; D. 2006. Pan. 1498, obs. Courbe ; JCP E 2005, n° 47, p. 1991 ; Dr. et patr. nov. 2005. 113, obs. Ancel ; Comm. com. élec. 2005, n° 189, obs. Chabert.*

2. Démarcheurs visés. Peut être condamné pour infraction à la loi du 22 déc. 1972 [C. consom., art. L. 121-21 s.], le dirigeant d'une société au profit de laquelle un représentant indépendant a irrégulièrement démarché une personne, ladite loi ne supposant pas nécessairement l'existence d'un contrat de travail dans le rapport entre le démarcheur et la société pour laquelle il travaille. • Crim. 11 janv. 1990 : *Bull. crim. n° 20 ; D. 1990. Somm. 360, obs. Roujou de Boubée* • 21 sept. 1994 : *JCP E 1995. Pan. 11* • Paris, 20 févr. 1995 : *Contrats Conc. Consom. 1995, n° 95, obs. Raymond.* ♦ Rappr. • Crim. 26 févr. 1998 : *Bull. crim. n° 77 ; D. Affaires 1998. 1045, obs. V. A.-R. ; RSC 1999. 113, obs. Giudicelli*. ♦ Dans le même sens, s'agissant d'un fournisseur pratiquant un démarchage par l'intermédiaire de marchands forains, V. • Crim. 18 janv. 2000 : *Bull. crim. n° 27 ; JCP 2001. II. 10502, note Rebut ; Dr. et patr. juin 2000. 115, obs. Renucci ; RTD com. 2000. 742, obs. Bouloc*. ♦ ... Ou d'un dirigeant de droit d'une société à l'origine d'un démarchage effectué par des sociétés tierces. • Grenoble, 21 avr. 2004 : *JCP 2005. IV. 1581.* ♦ Le fait d'agir comme organe ou représentant d'une personne morale ne peut exclure les poursuites liées à l'inobservation des règles du démarchage à domicile. • Rennes, 23 juin 2005 : *JCP 2006. IV. 1633.* ♦ Se rendent complices des infractions aux règles de démarchage à domicile commises par des démarcheurs ambulants les dirigeants d'une société qui leur fournissent les produits à vendre, les bons de garanties et leur accordent des facilités de paiement. • Paris, 13 sept. 1999 : *Contrats Conc. Consom. 2000, n° 118, obs. Raymond.* ♦ V. aussi, pour la condamnation d'un gérant de fait, • Crim. 22 janv. 1997 : *D. Affaires 1997. 503.*

Les commerçants ambulants sont soumis aux dispositions des art. L. 121 s. • Crim. 2 déc. 1998 : *BID 1999, n° 3, p. 43.*

2 bis. Sont soumis à l'art. L. 121-21, non seulement les démarcheurs eux-mêmes, mais également leurs mandants. • Paris, 28 sept. 1999 : *D. 2000. AJ. 70*. ♦ Sur la condamnation d'une gérante de société pour démarchage irrégulier alors que celle-ci n'avait pas remis personnellement au vendeur les bons de commande irréguliers. • Même arrêt. ♦ Jugeant que le dirigeant d'une entreprise doit veiller personnellement à ce que ses subordonnés disposent des documents contractuels adaptés aux exigences légales en matière de démarchage, V. • Paris, 10 janv. 2001 : *BID 2002, n° 2, p. 11.*

2 ter. Sur la condamnation pour démarchage à domicile illicite du délégataire d'un chef d'entreprise, V. • Crim. 6 mars 2001 : *Dr. pénal 2001, n° 75, obs. Robert.*

3. Personnes protégées. Les dispositions des art. L. 121-1 s. sont sans effet au regard du démarchage accompli auprès d'une personne morale. • Civ. 1re, 15 déc. 1998 : *D. 2000. Somm. 40, obs. Pizzio ; D. Affaires 1999. 413, obs. C. R. ; Contrats Conc. Consom. 1999, n° 80, obs. Raymond* • Toulouse, 19 juin 2003 : *ibid. 2003, n° 171, obs. Raymond.* – Sur cette question, V. aussi Amar, *ibid. Chron. 5.* ♦ ... Serait-elle à but non lucratif. • Dijon, 24 mai 2005 : *Contrats Conc. Consom. 2005, n° 214, obs. Raymond.* ♦ Ainsi une coopérative est, en raison de sa qualité de personne morale, exclue du champ d'application de la réglementation sur le démarchage au domicile. • Crim. 4 août 1998 : *BID 1999, n° 1, p. 30.* ♦ Dans le même sens, considérant qu'une société ne saurait se prévaloir des dispositions de la loi, V. • Com. 8 mars 1977 : *Bull. civ. IV, n° 78 ; JCP 1977. II. 18649 ; RTD com. 1977. 873, obs. Houin* • Crim. 15 mars 1978 : *Bull. crim. n° 99* • Lyon, 14 avr. 2000 : *BICC n° 1299.* ♦ Le fait que la société soit composée de deux associés, personnes physiques, ne saurait suffire à faire entrer le contrat dans le champ d'application de la réglementation excluant les démarchages de personnes morales. • Paris, 17 sept. 1999 : *D. 1999. AJ. 66.* ♦ Comp., soumettant à la loi l'acquisition d'un extincteur par un GAEC : • Civ. 1re, 6 janv. 1993 : *D. 1993. Somm. 237, obs. Paisant ; Contrats Conc. Consom. 1993, n° 62, note Raymond.* ♦ V. aussi, en ce sens que certaines associations pourraient être considérées comme de simples regroupements de personnes physiques, • DGCCRF avis, n° 95-343, 27 oct. 1995 : *BID 1995, n° 12, p. 8. – Contra :* • Paris, 7 nov. 2001 : *RJDA 2002, n° 319.*

Jugeant inapplicable l'art. L. 121-21 C. consom. à la signature, au domicile des promettants, d'une promesse synallagmatique de vente d'une parcelle de bois, alors que les acquéreurs entretenaient avec les promettants des relations régulières et bonnes, que l'opération faisait suite à une promesse de vente non critiquée et concrétisait l'option d'acquérir de son bénéficiaire, V. • Civ. 3e, 15 janv. 2003 : *JCP E 2003, n° 10, p. 395.*

3 bis. Application conventionnelle. En l'absence de disposition contraire de la loi, les parties sont libres de soumettre, par une manifestation de volonté dépourvue d'équivoque, aux dispositions du code de la consommation relatives au démarchage à domicile, les opérations de commercialisation d'un bien ou d'un service qui n'en relèvent pas. • Civ. 1re, 7 déc. 2004 : *RJDA 2006, n° 71.* ♦ Un contrat de location (de matériel de surveillance) destiné uniquement au professionnel qui porte intégralement le texte de divers articles du code de la consommation, dont l'art. L. 121-23, ainsi qu'un formulaire de rétractation visant l'art. L. 121-23, 7°, constitue la preuve que les parties ont entendu volontairement et sans ambiguïté soumettre leur convention aux dispositions protectrices du code de la consommation. • Bordeaux, 3 janv. 2005 : *JCP 2005. IV. 3046.* ♦ Bien qu'aux termes de l'art. L. 121-21 seul le démarchage d'une personne physique soit visé par la loi, les personnes morales peuvent convenir de placer leurs relations contractuelles dans le cadre de cette réglementation (reprise des dispositions de la loi dans les conditions générales de vente et établissement de la commande au nom du gérant de la société). • Paris, 27 nov. 1997 : *RJDA 1998, n° 524* • Rouen, 7 déc. 2000 : *RJDA 2001, n° 513.*

4. Notion de démarchage au domicile. Dès lors que la vente a déjà été conclue, la seule rédaction de l'acte de vente au domicile de l'acheteur n'entre pas dans le champ d'application de la loi. • T. corr. Paris, 13 oct. 1981 : *Gaz. Pal. 1981. 2. 805, note Marchi.* ♦ Mais un contrat de commande conclu consécutivement à la réception d'une offre portant sur l'établissement d'un devis gratuit et à son acceptation suivie d'une visite d'un agent commercial à domicile relève des art. L. 121-21 s., sans qu'importe la circonstance qu'un nouveau bon de commande ait été substitué au bon de commande initial dès lors que cette substitution ne constitue qu'une modification du premier contrat. • Versailles, 20 févr. 2004 : *BICC 2006, n° 127 ; JCP E 2004, n° 42, p. 1614.*

5. La loi du 22 déc. 1972 [C. consom., art. L. 121-21 s.] est applicable alors même que le démarchage a été effectué à la demande d'un éventuel client, a été accepté au préalable par ce dernier, ou a été précédé de pourparlers au cours desquels aucun engagement n'a été contracté par l'intéressé. • Civ. 1re, 30 mars 1994 : *Bull. civ. I, n° 132 ; D. 1994. IR. 108.*

6. Le fait, pour un serrurier, d'avoir été appelé au domicile d'une personne en vue d'une réparation n'ôte pas le caractère de démarchage à sa proposition de vente d'une nouvelle serrure. • Civ. 1re, 3 mars 1993 : *Bull. civ. I, n° 96 ; D. 1993. Somm. 238, obs. Paisant ; Contrats Conc. Consom. 1993, n° 101, note Raymond* • Paris, 9 nov. 1993 : *BID 1994, n° 11, p. 22* • 11 mars 2002 : *BRDA 2002, n° 12, p. 10.* ♦ Comp., refusant d'appliquer la loi s'agissant de la signature à domicile d'un devis pour la pose d'un volet roulant par un installateur contacté par le consommateur parce qu'il lui avait déjà posé sa véranda : • Bordeaux, 26 janv. 1993 : *Contrats Conc. Consom. 1993, n° 226, obs. Raymond.*

7. Sur l'application de la loi du 22 déc. 1972, même en cas de démarchage à la demande de la personne démarchée : • Civ. 1re, 15 déc. 1993 : *Contrats Conc. Consom. 1994, n° 64, note Raymond.* ♦ V. déjà avant l'intervention de la loi du 23 juin 1989, • Crim. 14 févr. 1991 : *Bull. crim. n° 75.*

7 bis. L'opération publicitaire par laquelle une société sollicite un client en lui annonçant le gain d'un avoir à valoir sur l'achat d'un ensemble de meubles constitue un acte de démarchage soumis aux art. L. 121-21 s. • Pau, 6 mai 1998 : *Cah. jurispr. Aquitaine 1998, n° 3, p. 40.*

7 ter. Démarchage au domicile d'un tiers. Pour une application de la législation sur le démarchage à une vente conclue non pas au domicile de la personne démarchée, mais d'un tiers au contrat, dans la mesure où la sollicitation de la personne démarchée s'était déroulée dans un lieu non destiné à la commercialisation du bien proposé au sens du second al. de l'art. L. 121-21, V. • Civ. 1re, 9 juill. 2003 : *Bull. civ. I, n° 171 ; D. 2003. AJ. 2236, obs. Rondey ; JCP E 2003, n° 39, p. 1512 ; Contrats Conc. Consom. 2003, n° 172, note Raymond ; Dr. et patr. nov. 2003. 86, obs. Chauvel ; RTD com. 2004. 361, obs. Bouloc ; RJDA 2004, n° 106 ; RDC 2004. 302, obs. Bruschi.*

8. Démarchage sur le lieu de travail. Il n'importe, pour l'application de l'art. L. 121-21, al. 1er, que le démarchage de la personne physique ait été effectué de façon indirecte par le démarcheur (à propos d'un démarcheur qui avait laissé en dépôt à un salarié une mallette de démonstration et revenait ultérieurement recueillir les commandes et remettre les articles contre paiement). • Crim. 4 oct. 1995 : *Bull. crim. n° 294 ; D. Affaires 1996. 36 ; Contrats Conc. Consom. 1996, n° 53, note Raymond.*

9. Démarchage dans les lieux non destinés à la commercialisation. Ne sont pas des « lieux non destinés à la commercialisation », au sens de l'art. L. 121-21, al. 2 : des foires et salons. • Civ. 1re, 10 juill. 1995 : *Bull. civ. I, n° 317 ; D. 1995. IR. 191 ; D. Affaires 1995. 65 ; Contrats Conc. Consom. 1995, n° 194, note Raymond ; Defrénois 1995. 1415, obs. Aubert ; Rev. huiss. 1995. 1211, note Bazin* • Chambéry, 16 févr. 1999 : *JCP 1999. IV. 2822* • Lyon, 24 juin 2004 : *Contrats Conc. Consom. 2005, n° 21, obs. Raymond.* ♦ ... Le stand implanté au centre d'une allée de la galerie commerciale d'un supermarché. • Paris, 5 mai 1998 : *D. Affaires 1998. 1042.* ♦ En revanche, la vente conclue dans un lieu non habituellement affecté au commerce (exposition de porcelaine dans la salle des fêtes d'une commune) avec des personnes invitées à s'y rendre par voie postale ou téléphonique est soumise à la réglementation du démarchage, par application de l'art. L. 121-21, al. 2. • Crim. 18 sept. 1995 : *Bull. crim. n° 271 ; D. Affaires 1996. 11 ; Rev. huiss. 1996. 471, note Bazin ; Contrats Conc. Consom. 1996, n° 54, note Raymond* • Limoges, 7 mai 1998 : *BICC 1998, n° 1162* • TGI Chalons-sur-Saône, 11 déc. 2000 : *BID 2002, n° 2, p. 10.* ♦ De même, les consommateurs ayant été attirés hors de leur domicile par l'annonce publicitaire reçu dans leur courrier, fût-elle non nominative, pour se rendre dans un lieu non habituellement destiné à la commercialisation du bien proposé, il y a bien démarchage au sens de l'art. L. 121-21, al. 2. • Crim. 4 oct. 2005 : *Bull. crim. n° 249 ; D. 2005. AJ. 2941, obs. Chevrier ; Contrats Conc. Consom. 2006, n° 12, obs. Raymond ; RJDA 2006, n° 204 ; Dr. pénal 2005, n° 180, obs. Robert ; RDC 2006. 362, obs. Bruschi.* ♦ Pour une application de l'art. L. 121-21 à une opération de remise de prospectus dans la rue, suivie d'une vente dans un lieu que rien ne destinait à la commercialisation, V. • Pau, 4 juin 1996 : *BID 1997, n° 12, p. 21.* ♦ ... A une vente conclue au domicile d'un tiers au contrat de démarchage, V. • Civ. 1re, 9 juill. 2003 : *préc. note 7 ter.*

9 bis. Invitation téléphonique. BIBL. Bazin, *Rev. huiss. 1997. 409.* ♦ La vente conclue dans un magasin avec un consommateur invité par téléphone à s'y rendre sous prétexte de retirer un cadeau est soumise à la réglementation du démarchage à domicile par application de l'art. L. 121-21. • Crim. 10 janv. 1996 : *Bull. crim. n° 12 ; D. 1996. IR. 120 ; D. Affaires 1996. 577 ; Rev. huiss. 1996. 1141, note Bazin* • 26 oct. 1999 : *JCP E 2000, n° 20, p. 804, note J.-H. Robert* • 12 déc. 2000 : *BID 2002, n° 10, p. 32.* – Dans ce sens aussi, V. • Agen, 18 févr. 1993 : *RJDA 1993, n° 1094 ; Contrats Conc. Consom. 1993, n° 165, obs. Raymond* • Rouen, 13 sept. 1995 : *RJDA 1996, n° 283* • 13 mai 1996 : *BID 1997, n° 11, p. 32* • TI Rennes, 17 avr. 1997 : *Contrats Conc. Consom. 1997, n° 168, obs. Raymond* • Paris, 19 mars 1999 : *D. 1999. IR. 150* • Aix-en-Provence, 10 oct. 2001 : *Contrats Conc. Consom. 2002, n° 83, obs. Raymond* • TGI Mâcon, 12 sept. 2001 : *BID 2002, n° 1, p. 58 ; Lettre distrib. févr. 2002, p. 4* • 19 sept. 2001 : *ibid.* – Rép. min. n° 3743 : *JOAN Q, 11 oct. 1993, p. 3458.* – Comp. : • T. corr. Le Mans, 24 avr. 1995 : *BRDA 1995, n° 13, p. 14.* ♦ Sur cette interprétation du démarchage, V. Chabrux, *Contrats Conc. Consom. 1994. Chron. 6.* ♦ V. aussi, sur cette question : *BID 1996, n° 3, p. 11.*

9 ter. « Boîtage ». En ce sens que la distribution en boîtes aux lettres de documents publicitaires non personnalisés contenant une invitation à venir retirer un cadeau ne peut être assimilée à une opération de démarchage à domicile, V. • Montpellier, 12 janv. 1999 : *Contrats Conc. Consom. 1999, n° 99, obs. Raymond.* ♦ En revanche, l'opération publicitaire par laquelle une société sollicite un client en lui annonçant le gain d'un avoir à valoir sur l'achat d'un ensemble de meubles constitue un acte de démarchage soumis aux art. L. 121-1 s. • Pau, 6 mai 1998 : *Cah. jurispr. Aquitaine 1998, n° 3, p. 40.*

10. Fourniture de services. Le contrat ayant pour objet le ravalement d'une façade constitue une prestation de service au sens de l'art. 1er [C. consom., art. L. 121-21]. • Civ. 1re, 7 févr. 1990 : *Bull. civ. I, n° 40 ; D. 1990. IR. 51.* ♦ De même, la fourniture et la pose d'une véranda sur un immeuble constituent la vente d'un bien et la fourniture d'un service entrant dans les prévisions de l'art. L. 121-21. • Crim. 19 janv. 1994 : *Bull. crim. n° 28 ; D. 1994. IR. 77.* ♦ V. aussi, pour le démarchage ayant pour objet la détection de fuites de gaz, • Paris, 4 juin 1987 : *D. 1987. IR. 196.* ♦ Sur l'application de l'art. L. 121-21 aux activités de dépannage à l'exclusion des interventions limitées à ce qui est strictement nécessaire pour faire cesser le trouble, V. • Paris, 5 nov. 1997 : *BID 1998, n° 12, p. 28* • 19 nov. 1997 : *ibid., p. 29* • TGI Paris, 5 janv. 1998 : *ibid., p. 28.* ♦ Un contrat de maîtrise d'œuvre, convention de louage d'ouvrage qui a pour objet de confier à un professionnel une mission de conception et de suivi d'un projet architectural constitue une prestation de service, dès lors qu'il ne fait l'objet d'aucune réglementation particulière au sens de l'art. L. 121-22 et est, par conséquent susceptible d'entrer dans le champ d'application des dispositions sur le démarchage à domicile. • Rennes, 30 mars 2000 : *Contrats Conc. Consom. 2001, n° 32, obs. Raymond.*

10 bis. Le généalogiste qui a fait proposer au domicile de son cocontractant la fourniture d'un service est soumis aux dispositions des art. L. 121-21 s., peu important que le client potentiel soit unique et déterminé à l'avance (à propos d'un contrat de révélation de succession). • Crim.

30 oct. 1996 : *Bull. crim. n° 386 ; D. 1997. IR. 44 ; D. Affaires 1997. 306 ; Contrats Conc. Consom. 1997, n° 54, obs. Raymond ; RSC 1998. 122, obs. Giudicelli* (V. l'arrêt d'appel • Riom, 8 juin 1995 : *BICC 1996, n° 680*) • Civ. 1re, 9 juill. 2003 : *Contrats Conc. Consom. 2004, n° 67, obs. Raymond.* – V. Sion, *JCP N 1998, n° 10, p. 354.* – V. également • TGI Paris, 2 déc. 1996 : *BICC 1997, n° 399* • Paris, 18 juin 1997 : *RSC 1998. 122, obs. Giudicelli* • 19 mars 1998 : *D. 1998. IR. 118 ; D. Affaires 1998. 758 ; Contrats Conc. Consom. 1998, n° 169, obs. Raymond* • 18 avr. 2000 : *Contrats Conc. Consom. 2001, n° 51, obs. Raymond.* ♦ Jugeant qu'il importe peu que les recherches ayant amené la découverte de l'héritier aient été accomplies avant la signature du contrat, la réalisation d'autres prestations devant être postérieure à sa conclusion, V. • TGI Rennes, 2 juill. 1998 : *BICC 1999, n° 282.* – V. aussi • Crim. 4 févr. 1998 : *Bull. act. Lamy droit économique mai 1998, p. 6.*

11. Vente d'immeubles. Sur l'application de la législation du démarchage à domicile à un compromis de vente signé par une personne physique avec un agent immobilier, l'échange de consentement entre les parties sur la chose et le prix s'étant opéré, après la visite du bien vendu, au domicile de l'acquéreur qui a alors signé l'acte, V. • Crim. 28 nov. 2000 : *Bull. crim. n° 355 ; D. 2001. AJ. 856, obs. Rouquet ; RTD com. 2001. 529, obs. Bouloc ; Administrer janv. 2003. 58, obs. Duhail.* ♦ Les trois actes portant mandats et promesse synallagmatique de vente d'immeuble sont soumis aux dispositions relatives au démarchage dès lors qu'ils ont été signés au domicile des mandants, nonobstant la circonstance que ce fût à la demande de ceux-ci. • Lyon, 27 oct. 2005 : *Contrats Conc. Consom. 2006, n° 56, obs. Raymond.* ♦ Les immeubles sont désormais inclus dans le champ d'application de la loi (Rép. min. n° 56134 : *JOAN Q, 12 oct. 1992, p. 4732*). ♦ *Contra*, antérieurement à la réforme du 23 juin 1989 : • Civ. 1re, 24 mai 1989 : *Bull. civ. I, n° 215 ; D. 1990. Somm. 360, obs. Roujou de Boubée.* – Comp. : • Paris, 10 janv. 1994 : *D. 1994. IR. 38.*

12. En ce qui concerne l'art. 1er de la loi du 22 déc. 1972 [C. consom., art. L. 121-21], la loi du 23 juin 1989 avait un caractère interprétatif et s'appliquait donc rétroactivement. • Paris, 10 janv. 1994 : *préc. note 11.*

13. La loi du 22 déc. 1972 [C. consom., art. L. 121-21 s.] s'applique aux agents immobiliers venant proposer leurs services au domicile des particuliers, s'agissant d'une offre de prestations de services. • Paris, 30 juin 1994 : *Contrats Conc. Consom. 1994, n° 19, note Raymond.* – V. aussi • Paris, 26 févr. 1996 : *ibid. 1996, n° 90, obs. Raymond* • Chambéry, 23 mai 1995 : *ibid., n° 174, obs. Raymond* • Toulouse, 16 mai 2005 : *ibid. 2005, n° 213, obs. Raymond.*

14. Construction de maison individuelle. Dans le cas où le contrat de construction a été établi à domicile, les dispositions de l'art. 20 de la L. n° 89-1010 du 31 déc. 1989 [V. désormais CCH, art. L. 271-1 et L. 271-2] (V. ces textes au C. civ.) accordant un délai de rétractation de sept jours à l'acquéreur non professionnel, sont applicables aussi bien que la loi de 1972 [C. consom., art. L. 121-21 s.] ; le délai de l'art. 20 préc. ainsi que le délai de l'art. 3 de la loi de 1972 [C. consom., art. L. 121-25] peuvent donc être utilisés l'un et l'autre, de même qu'ils peuvent partiellement se confondre (Rép. min. n° 56134 : *préc. note 11*). – V. aussi • TGI Strasbourg, 10 mars 1994 : *BID 1995, n° 10, p. 22.* ♦ Comp., refusant l'application de la loi de 1972, au motif de son incompatibilité avec la réglementation spéciale applicable au contrat de construction de maison individuelle : • Paris, 19 juin 1985 : *Gaz. Pal. 1985. 2. 628, note Marchi.*

15. Contrat de jouissance à temps partiel. Sur l'application de la dir. n° 85/577 du Conseil du 20 déc. 1985 concernant la protection des consommateurs dans le cas de contrats négociés en dehors des établissements commerciaux aux contrats portant sur l'acquisition d'un droit d'utilisation à temps partiel d'un bien immobilier et sur la fourniture de services ayant une valeur supérieure à celle du droit d'utilisation du bien immobilier, V. • CJCE 22 avr. 1999 : *D. 1999. IR. 134.* – Sur cet arrêt, V. Bernardeau, *JCP E 2000, n° 14, p. 623.*

16. Location d'emplacement publicitaire. Jugeant que le contrat de location d'emplacement publicitaire est un contrat de location de bien soumis aux dispositions des art. L. 121-21 s., V. • Montpellier, 16 déc. 2003 : *Contrats Conc. Consom. 2004, n° 116, obs. Raymond.*

17. Implantation d'une station-relais de téléphonie mobile. Le démarchage au domicile du propriétaire en vue de lui proposer de donner à bail un emplacement afin d'y installer une antenne-relais de téléphonie mobile constitue un démarchage en vue de la location d'un bien. • Civ. 1re, 30 mars 2005 : *Bull. civ. I, n° 160 ; D. 2005. AJ. 1081, obs. Rondey ; JCP E 2005, n° 23, p. 975 ; Contrats Conc. consom. 2005, n° 120, obs. Raymond ; RJDA 2006, n° 72 ; RDC 2005. 1056, obs. Fenouillet ; ibid. 1090, obs. Seube ; Gaz. Pal. 2005. 3416, note Bazin* (cassation de • Aix-en-Provence, 20 janv. 2004 : *JCP E 2004, n° 45-46, p. 1761*).

L. 121-22 Ne sont pas soumises aux dispositions des articles L. 121-23 à L. 121-29 les activités pour lesquelles le démarchage fait l'objet d'une réglementation par un texte législatif particulier.

Ne sont pas soumis aux dispositions des articles L. 121-23 à L. 121-28 :

1° Les ventes à domicile de denrées ou de produits de consommation courante faites par des professionnels ou leurs préposés au cours de tournées fréquentes ou périodiques dans l'agglomération où est installé leur établissement ou dans son voisinage, *(Abrogé par L. n° 95-96 du 1er févr. 1995)* *« ainsi que par les personnes titulaires de l'un des titres de circulation prévus par la loi n° 69-3 du 3 janvier 1969 relative à l'exercice des activités ambulantes et au régime applicable aux personnes circulant en France sans domicile ni résidence fixe ;*

« 2° La vente des produits provenant exclusivement de la fabrication ou de la production personnelle du démarcheur ou de sa famille ainsi que les prestations de services liées à une telle vente et effectuées immédiatement par eux-mêmes ;

« 3° Le service après-vente constitué par la fourniture d'articles, pièces détachées ou accessoires, se rapportant à l'utilisation du matériel principal ; »

4° Les ventes, locations ou locations-ventes de biens ou les prestations de services lorsqu'elles ont un rapport direct avec les activités exercées dans le cadre d'une exploitation agricole, industrielle, commerciale ou artisanale ou de toute autre profession. – *[L. n° 72-1137 du 22 déc. 1972, art. 8, I].*

1. Réglementation particulière. Le démarchage au domicile du propriétaire pour lui proposer de donner à bail un emplacement afin d'y apposer un panneau publicitaire constituant un démarchage en vue de la location d'un bien visé par l'art. 1er [C. consom., art. L. 121-21], ne faisant l'objet d'aucune réglementation par un texte particulier au sens de l'art. 8-I [C. consom., art. L. 121-22], tombe sous le coup des dispositions de la loi de 1972 [C. consom., art. L. 121-21 s.]. • Crim. 16 juin 1993 : *Bull. crim. n° 215* • Montpellier, 16 déc. 2003 : *Contrats Conc. Consom. 2004, n° 116, obs. Raymond.* *Contra*, excluant le contrat de louage d'emplacement publicitaire, en raison de la loi du 29 déc. 1979 [C. envir., art. L. 581-1 s.] : • Paris, 20 sept. 1989 : *D. 1989. IR. 255.* – V. ladite loi au **C. envir.** et spécifiquement l'art. L. 581-25 C. envir. également au **C. baux.** Comp., pour le contrat de construction de maison individuelle : note 14 ss. art. L. 121-21.

Pour les ventes à crédit, V. note 2 *ter* ss. art. L. 121-23.

1 bis. Le démarchage en vue de donner des consultations ou de rédiger des actes en matière juridique, défini à l'art. 1er du Décr. du 25 août 1972, est pénalement sanctionné par l'art. 66-4 de la loi du 31 déc. 1971 et non par les dispositions du C. consom. relatives au démarchage à domicile. • Crim. 23 janv. 2001 : *Bull. crim. n° 20 ; Dr. pénal 2001, n° 62, obs. Robert.* Sur le démarchage funéraire, V. CGCT, art. L. 2223-33 et • Crim. 29 juin 2004 : *Bull. crim. n° 175 ; D. 2004. IR. 2088 ; JCP 2004. IV. 2784 ; Gaz. Pal. 2005. 1122, note F. A. ; Dr. pénal 2004, n° 148, obs. Robert ; AJ pénal 2004. 368 ; Contrats Conc. Consom. 2004, n° 184, obs. Raymond ; RJDA 2004, n° 1397.* – **CGCT.**

2. Produits de consommation courante. N'entrent pas dans cette catégorie des reproductions de tableaux par sérigraphie, quel que soit leur prix. • Crim. 29 oct. 1985 : *Bull. crim. n° 333.* – V. aussi • Paris, 11 juin 1996 : *Contrats Conc. Consom. 1996, n° 175, obs. Raymond.* ... Ni des services de table et des ménagères (en porcelaine de Limoges). • Crim. 18 sept. 1995 : *D. Affaires 1996. 11* • Besançon, 12 déc. 1996 : *BID 1998, n° 1, p. 20.* ... Ni des tapis. • Rennes, 8 juin 1995 : *BID 1997, n° 3, p. 27.*

2 bis. Tournée de voisinage. L'art. L. 121-22, 1°, ne peut être invoqué alors qu'il est constaté que les prévenus géraient la société, dont le siège était en Isère, depuis leur domicile personnel situé dans les Hautes-Alpes et que les employés effectuaient des tournées à partir d'un dépôt situé près du siège social de la société, avec des camions immatriculés dans les Hautes-Alpes, pour vendre des denrées alimentaires dans les départements de la Savoie, de la Haute-Savoie, de l'Isère, de la Drôme, du Rhône et de l'Ain. • Crim. 22 mars 2005 : *Bull. crim. n° 99 ; D. 2005. AJ. 1349, obs. Chevrier ; RTD com. 2005. 620, obs. Bouloc ; JCP 2005. IV. 2081 ; RJDA 2005, n° 896 ; RDC 2005. 1057, obs. Fenouillet.*

3. Fabrication personnelle (jurisprudence antérieure à la loi du 1er févr. 1995). Dès lors que la société dont le représentant a effectué le démarchage à domicile et la société fabriquant les produits sont deux personnes morales distinctes, il ne pouvait être argué de l'exception prévue par l'art. 8-I (c) [C. consom., art. L. 121-22 (2°)], peu important que le même dirigeant fût à la fois président-directeur général d'une société et gérant de l'autre. • Civ. 1re, 16 févr.

1994 : ♔ *Bull. civ. I, n° 71 ; Contrats Conc. Consom. 1994, n° 91, note Raymond.*

Sur la condition d'immédiateté, V. • Crim. 5 janv. 1978 : ♔ *Bull. crim. n° 9.*

4. Service après-vente (jurisprudence antérieure à la loi du 1er févr. 1995). L'exception de l'art. 8-I *d* [C. consom., art. L. 121-22 (3°)] ne pouvait bénéficier à une société dont l'activité principale consistait à offrir des prestations de services au sens de l'art. 1er [C. consom., art. L. 121-21], et non des articles, pièces détachées ou accessoires se rapportant à l'utilisation d'un matériel principal qu'elle ne faisait pas profession de vendre. • Crim. 6 oct. 1977 : ♔ *D. 1978. IR. 112, obs. Puech.*

4 bis. Contrats en rapport direct avec l'activité exercée. Un contrat, conclu par un commerçant, pour lui permettre d'exercer une activité commerciale, fût-elle complémentaire, relève de l'exclusion prévue par l'art. L. 121-22 (4°). • Civ. 1re, 9 mai 1996 : ♔ *Bull. civ. I, n° 197 ; D. 1996. IR. 179 ; D. Affaires 1996. 674 ; Contrats Conc. Consom. 1996, n° 117, note Raymond ; Defrénois 1996. 1375, obs. Aubert* • 2 juill. 1996 : ♔ *Contrats Conc. Consom. 1996, n° 176, obs. Raymond.* – V. aussi • Paris, 4 juill. 1997 : *D. Affaires 1997. 1110.* ♦ Le rapport direct peut être apprécié au regard des activités même secondaires du professionnel. • Civ. 1re, 1er févr. 2000 : ♔ *BRDA 2000, n° 7, p. 12.* ♦ V. déjà, sous l'empire du droit antérieur à la loi du 31 déc. 1989, note 6 *bis*.

Il a été jugé que ne peut bénéficier de la protection de la loi : le commerçant qui s'est vu proposer un service de recouvrement de ses factures, dès lors que cette prestation ne présente pas un caractère exceptionnel et est en rapport direct avec son activité commerciale. • Paris, 15 mars 1996 : *D. Affaires 1996. 802.* ♦ ... L'agent d'assurances qui souscrit un contrat de location de journaux lumineux. • Civ. 1re, 18 mars 1997 : ♔ *RJDA 1997, n° 850.* ♦ ... L'achat d'un ensemble informatique médical et de prestations associées par un médecin. • Nîmes, 23 mars 1999 : *Gaz. Pal. 19-20 juill. 2000, p. 47, obs. Depadt.* ♦ ... L'achat d'un lecteur de chèques par un gérant de stations-service. • Toulouse, 28 juin 1999 : *Contrats Conc. Consom. 2000, n° 119, obs. Raymond* • Rouen, 20 févr. 2003 : *RJDA 2003, n° 784 ; Lettre distrib. juin 2003, p. 4.* ♦ *Contra,* au motif que le lecteur de chèques n'est pas suceptible à lui seul d'entraîner un accroissement de la clientèle voire une amélioration de la qualité des prestations fournies : • Aix-en-Provence, 16 mars 2005 : *Contrats Conc. Consom. 2005, n° 215, obs. Raymond (2e esp.).*

Les contrats de prestation de services publicitaires conclus par des commerçants ou artisans afin de faire connaître leur activité commerciale ou artisanale, accroître leur clientèle et augmenter leur marge bénéficiaire, destinés par conséquent à promouvoir et développer une activité professionnelle sont en rapport direct avec celle-ci et ne sont donc pas soumis à la législation sur le démarchage. • Crim. 29 juin 1999 : ♔ *Bull. crim. n° 159 ; D. Affaires 1999. 1326 ; RTD com. 2000. 200, obs. Bouloc* ✎ *; JCP 2000. I. 235, n° 7, obs. J.-H. Robert* • Civ. 1re, 26 nov. 2002 : ♔ *Bull. civ. I, n° 290 ; JCP E 2003, n° 4, p. 152 ; Contrats Conc. Consom. 2003, n° 80, obs. Raymond ; RTD com. 2003. 358, obs. Bouloc* ✎ *; RJDA 2003, n° 199.* ♦ Dans le même sens : s'agissant d'un contrat de crédit-bail souscrit par un pharmacien portant sur du matériel informatique destiné à diffuser dans l'officine des publicités de produits parapharmaceutiques, V. • Com. 16 mai 2000 : ♔ *BRDA 2000, n° 18, p. 10 ; Contrats Conc. Consom. 2000, n° 168, obs. Raymond.* ♦ ... De la location d'un publiphone par l'exploitant d'un bar, une telle installation constituant un moyen de s'assurer des recettes complémentaires. • Rouen, 23 nov. 2000 : *BRDA 2001, n° 2, p. 11* • Agen, 6 mai 2002 : *BICC 2003, n° 65.*

En revanche, il a été considéré que l'acquisition d'un photocopieur couleur par l'exploitant d'un commerce de location de vidéo-cassettes n'a pas de rapport direct avec l'activité exercée. • Civ. 1re, 17 juill. 1996 : ♔ *Bull. civ. I, n° 331 ; D. Affaires 1996. 1025 ; JCP 1996. II. 22747, note Paisant ; Defrénois 1997. 346, obs. Aubert.* ♦ Dans le même sens, pour un restaurateur : • Aix-en-Provence, 9 mai 1996 : *BRDA 1996, n° 19, p. 15.* ♦ De même, il a été jugé que le contrat de télésurveillance conclu par une société exploitant une pompe à essence échappe à la compétence professionnelle de cette société et n'a pas de rapport direct avec l'activité qu'elle exerce. • Paris, 30 oct. 1996 : *BICC 1997, n° 327.* ♦ Dans le même sens, V. • Rennes, 7 mars 1998 : *RJDA 1998, n° 915* (garagiste), conf. par • Crim. 9 nov. 1999 : ♔ *BRDA 2000, n° 3, p. 10* • Chambéry, 24 sept. 2002 : *Contrats Conc. Consom. 2003, n° 80, obs. Raymond* (pressing) • Aix-en-Provence, 25 sept. 2002 : *JCP 2003. IV. 1916* (maçon). – *Contra* : • Versailles, 4 oct. 2002 : *BICC 2003, n° 826 ; RJDA 2003, n° 327* • Rennes, 19 mars 1997 : *ibid. 1997, n° 1060* • T. com. Paris, 3 mars 1997 : *Gaz. Pal. 1998. 1. Somm. 185* (installation d'un système d'alarme dans une pharmacie) • Toulouse, 6 févr. 2001 : *JCP E 2001, n° 48, p. 1890* (*idem* chez un artisan boucher). ♦ V. aussi, sur l'absence de rapport direct : entre l'activité commerciale de toilettage pour chiens et la vente d'accessoires pour animaux et l'installation de volets roulants destinés à la boutique. • Paris, 24 mai 2002 : *BRDA 2002, n° 13, p. 11.* ♦ ... Entre la vente d'un logiciel de comptabilité et l'activité de kinésithérapeute, • Civ. 1re, 1er déc. 1998 : *Bull. civ. I, n° 339 ; D. 2000. Somm. 39, obs. Pizzio ; D. Affaires 1999. 117, obs. C. R.* • Toulouse, 9 janv. 1997 : *Contrats Conc. Consom. 1997, n° 106, obs. Raymond.* ♦ ... Entre l'activité commerciale d'un commerçant et la location d'un lecteur de chèques. • Crim. 4 août 1998 : *BID 1999, n° 1, p. 30. – Contra*, V. • Toulouse, 28 juin 1999 : *préc.*

Le rapport direct existant entre le contrat et l'activité professionnelle du contractant relève de l'appréciation souveraine des juges du fond. • Civ. 1re, 17 juill. 1996 : *préc.* • 1er déc. 1998 : *D. Affaires 1999. 117, obs. C. R.* • Crim. 29 juin 1999 : *préc.*

Les juges du fond peuvent alors, en tenant compte de la technicité et du coût du matériel, estimer que l'acquisition faite a un rapport direct avec l'activité professionnelle, même future, de l'acheteur. • Civ. 1re, 10 juill. 2001 : *Bull. civ. I, n° 209 ; D. 2002. Somm. 932, obs. Tournafond ; RTD civ. 2001. 873, obs. Mestre et Fages ; JCP E 2002, n° 37, p. 1432, note Dagorne-Labbe.*

5. Besoins d'une activité professionnelle (jurisprudence antérieure à la loi du 31 déc. 1989 ayant modifié l'art. 8 e de la loi, devenu art. L. 121-22 (4°)). BIBL. Paisant, *JCP 1993. I. 3655 ; Err. 3663 bis.* ♦ La loi du 22 déc. 1972 s'applique s'agissant d'un contrat concernant l'installation d'un système d'alarme échappant à la compétence professionnelle du commerçant contractant, qui se trouve dès lors dans le même état d'ignorance que n'importe quel autre consommateur. • Civ. 1re, 25 mai 1992 : *Bull. civ. I, n° 162 ; D. 1993. 87, note Nicolau, et 1992. Somm. 401, obs. Kullmann.* ♦ Il en va de même : pour la souscription, par un artisan plombier chauffagiste, d'un contrat d'assurance juridique par l'intermédiaire d'un professionnel. • Civ. 1re, 20 oct. 1992 : *JCP 1993. II. 22007, note Paisant.* ♦ ... Pour l'acquisition d'un extincteur par un agriculteur. • Civ. 1re, 6 janv. 1993 : *ibid. ; Bull. civ. I, n° 4.* ♦ ... Même s'il s'agit d'un GAEC. • Civ. 1re, 6 janv. 1993 : *D. 1993. Somm. 237, obs. Paisant ; Contrats Conc. Consom. 1993, n° 62, note Raymond. – Contra* : • Civ. 1re, 10 juill. 1996 : *Bull. civ. I, n° 318 ; D. 1996. IR. 191 ; D. Affaires 1996. 1158 ; Contrats Conc. Consom. 1996, n° 157, note Raymond.* ♦ ... Ou par un débitant de boissons. • Crim. 30 oct. 1979 : *D. 1980. IR. 144.* ♦ ... Pour le démarchage d'un agriculteur pour expertise, après un incendie dans son exploitation. • Civ. 1re, 15 avr. 1982 : *Bull. civ. I, n° 118 ; D. 1984. 439, note Pizzio.* ♦ ... Pour l'acquisition d'un logiciel informatique de gestion par un masseur-kinésithérapeute. • Toulouse, 9 janv. 1996 : *BICC 1996, n° 578 ; JCP 1996. II. 22747, note Paisant.* ♦ Comp., abandonnant aux juges du fond le pouvoir souverain d'apprécier, au vu des éléments de l'espèce, si des ventes sont proposées pour les besoins d'une activité professionnelle (jugeant en l'espèce qu'échappe à la loi la vente de marchandises de nature à faciliter l'exploitation commerciale de l'acquéreur, même si elles sont sans rapport avec son activité économique habituelle, ainsi l'achat d'un extincteur par un commerçant en bijoux de fantaisie) : • Crim. 27 juin 1989 : *Bull. crim. n° 276 ; D. 1990. Somm. 360, obs. Roujou de Boubée ; Gaz. Pal. 1990. 1. 44.*

6. Le seul fait que l'achat d'un photocopieur par un ecclésiastique a été fait pour les besoins de la paroisse est insuffisant pour considérer qu'il a été effectué « pour les besoins d'une activité professionnelle » au sens de l'art. 8-I e (ancienne rédaction). • Civ. 1re, 3 mai 1988 : *Bull. civ. I, n° 125 ; D. 1990. 61, note Karila de Van ; D. 1988. Somm. 407, obs. Aubert.* ♦ Les juges du fond n'ont pas à rechercher si l'acheteur était ou non un consommateur expérimenté, condition qui ne figure pas dans la loi. • Même arrêt.

6 bis. La loi ne s'applique pas, s'agissant d'un achat effectué pour étendre le champ d'activité professionnelle de l'intéressé (à propos d'une machine automatique de distribution de glaces achetée par un boulanger). • Civ. 1re, 2 févr. 1994 : *Bull. civ. I, n° 48 ; Contrats Conc. Consom. 1994, n° 131, obs. Raymond ; D. 1994. Somm. 236, obs. Paisant.* ♦ V. aussi • Civ. 1re, 2 févr. 1994 : *Bull. civ. I, n° 48 ; Contrats Conc. Consom. 1994, n° 90, note Raymond* (extension d'une activité de bar-tabac à la location de cassettes-vidéo).

7. Les prestations proposées à des commerçants ayant pour but de leur permettre de cesser leur activité en vendant leur fonds de commerce ne répondent pas aux besoins normaux d'une exploitation commerciale et entrent en conséquence dans le champ d'application de la réglementation sur le démarchage à domicile. • Crim. 5 nov. 1998 : *BID 1999, n° 7-8, p. 61.* ♦ Dans le même sens, V. • Crim. 23 mars 1999 : *BRDA 1999, n° 8, p. 11.* ♦ V. aussi considérant que les contrats de publicité pour la vente d'un fonds de commerce ne sont pas compris dans les exceptions prévues par l'art. 8-I e. • Crim. 14 juin 1988 : *Bull. crim. n° 271* • 4 déc. 1989 : *ibid. n° 461 ; D. 1990. Somm. 360, obs. Roujou de Boubée* • 26 mai 1993 : *Bull. crim. n° 193.*

7 bis. Toutefois, le commerçant démarché en vue de la conclusion d'un contrat de publicité relatif à la vente de son fonds de commerce ne doit pas être considéré comme un consommateur protégé par la directive n° 85/577 du Conseil du 20 déc. 1985 concernant la protection des consommateurs dans le cas de contrats négociés en dehors des établissements commerciaux. • CJCE 14 mars 1991 : *D. 1991. IR. 100.* ♦ Cependant, la directive ne s'oppose pas à ce qu'une législation nationale sur le démarchage étende la protection qu'elle établit à des commerçants lorsque ceux-ci accomplissent des actes en vue de la vente de leur fonds de commerce. • Même arrêt. – V. aussi • Crim. 26 mai 1993 : *préc. note 7.*

8. En revanche, jugé que les achats d'animaux et de matériel effectués en vue de la création d'une exploitation de nature professionnelle ne sont pas soumis aux dispositions des art. 1er à 6 de la loi. • TGI Cahors, 15 sept. 1988 : *D. 1988. Somm. 408, obs. Aubert.* ♦ V. aussi, pour la vente à domicile de matériel de remise en forme pour la création d'une telle activité par un profane en la matière, • Orléans, 19 sept. 1995 : *JCP 1996. IV. 1664.* V. et Comp. notes 4 s., ss. art. L. 132-1, *supra, Dispositions générales,* et notes 2 à 4 ss. art. L. 311-3, *supra, V – Crédit (ventes à).*

9. Cautionnement. Le cautionnement conclu par une personne physique n'agissant pas dans le cadre d'une activité professionnelle, dès lors qu'il garantit le remboursement d'une dette contractée par une autre personne agissant, quant à elle, dans le cadre de son activité, est exclu du champ d'application de la directive n° 85-577 du 20 déc. 1985 concernant la protection des consommateurs dans le cas de contrats négociés en dehors des établissements commerciaux. • CJCE 17 mars 1998 : *D. Affaires 1998. 708, obs. V. A.-R.*

9 bis. Crédit foncier. La directive n° 85/577 du 20 déc. 1985 sur les contrats négociés en dehors des établissements commerciaux s'applique à un contrat de crédit foncier. • CJCE 13 déc. 2001 : *Europe 2002, n° 70.* – Sur cet arrêt, V. Bernardeau, *JCP 2002. I. 168.*

L. 121-23 **Les opérations visées à l'article L. 121-21 doivent faire l'objet d'un contrat dont un exemplaire doit être remis au client au moment de la conclusion de ce contrat et comporter, à peine de nullité, les mentions suivantes :**

1° Noms du fournisseur et du démarcheur ;

2° Adresse du fournisseur ;

3° Adresse du lieu de conclusion du contrat ;

4° Désignation précise de la nature et des caractéristiques des biens offerts ou des services proposés ;

5° Conditions d'exécution du contrat, notamment les modalités et le délai de livraison des biens, ou d'exécution de la prestation de services ;

6° Prix global à payer et modalités de paiement ; en cas de vente à tempérament ou de vente à crédit, les formes exigées par la réglementation sur la vente à crédit, ainsi que le taux nominal de l'intérêt et le taux effectif global de l'intérêt déterminé dans les conditions prévues à l'article L. 313-1 ; — *V. ce texte, supra, v° Prêts d'argent — Intérêts.*

7° Faculté de renonciation prévue à l'article L. 121-25, ainsi que les conditions d'exercice de cette faculté et, de façon apparente, le texte intégral des articles L. 121-23, L. 121-24, L. 121-25 et L. 121-26. — *[L. n° 72-1137 du 22 déc. 1972, art. 2, al. 1er à 8]. — Sur les sanctions pénales, V. art. L. 121-28.*

1. Conditions d'exécution du contrat. Doit être annulé le contrat de vente avec démarchage à domicile qui n'a pas fait l'objet d'une rétractation dans le délai légal, mais ne faisait pas mention des modalités et du délai de livraison, mention prescrite à peine de nullité par l'art. 2, al. 6 [C. consom., art. L. 121-23, 5°], alors que le matériel vendu était détenu à titre de dépositaire par l'acheteur à la suite de la mise à néant d'un précédent contrat consécutive à sa rétractation intervenue dans le délai légal, au cours duquel le matériel avait été livré. • Bordeaux, 20 mars 1995 : *Gaz. Pal. 1995. 2. Somm. 533, obs. Vray.* ♦ V. aussi note 3 ss. art. L. 121-25 et note 3 ss. art. L. 121-26. ♦ Ne satisfait pas aux obligations légales le contrat qui ne porte pas d'indication claire sur le délai de livraison, indiquant simplement que si la livraison n'est pas intervenue dans les 60 jours suivants la signature, le contrat sera réputé refusé par le bailleur, et qui pose simplement les obligations du locataire après que cette livraison a été effectuée. • Bordeaux, 3 janv. 2005 : *cité note 3 bis ss. art. L. 121-21.*

1 bis. Nom du démarcheur. Pour une sanction du non-respect de cette formalité, V. • Civ. 1re, 9 juill. 2003 : *cité note 7 ter ss. art. L. 121-21.*

2. Prix global à payer. Jugé que doit être annulée en sa totalité la vente à domicile pour un prix global, sans référence à un prix unitaire, de meubles différents, dès lors, d'une part, que le prix unitaire de chacun des meubles constituait une caractéristique essentielle des marchandises et que, d'autre part, l'absence de référence à un prix unitaire interdisait toute comparaison de prix dans le délai légal de rétractation de l'art. 3 [C. consom., art. L. 121-25]. • Colmar, 3 févr. 1995 : *Gaz. Pal. 1995. 2. Somm. 532, obs. Vray.* ♦ Sur la nullité d'un contrat de vente conclu à domicile, le bon de commande n'indiquant pas le prix unitaire de chaque matériel commandé de sorte que toute comparaison des prix était interdite, V. • Pau, 6 mai 1999 : *Contrats Conc. Consom. 2000, n° 33, obs. Raymond.*

2 bis. Modalités de paiement. Dès lors que l'exemplaire du contrat remis à l'acheteur ne fait mention que d'un seul crédit pour le financement d'une alarme, alors que postérieurement à la commande un second crédit a été souscrit par celui-ci, affecté aussi au financement de l'alarme, le contrat ne répond pas aux exigences de l'art. 2 [C. consom., art. L. 121-23], prescrites à peine de nullité. • Lyon, 5 juill. 1995 : *BICC 1996, n° 349 ; Rev. huiss. 1996. 630.*

2 ter. Vente à crédit. Un contrat de crédit à la consommation, proposé par démarchage à domicile à l'occasion d'une vente de meubles, doit être conforme, non seulement aux dispositions des art. L. 311-1 s. C. consom., mais aussi aux art. L. 121-21 s. • Bordeaux, 25 mars 1996 : *BICC 1996, n° 799.* ♦ Ainsi, par exemple, si le bon de commande ne précise pas le taux effectif global qui sera pratiqué, bien que l'offre préalable de crédit remise aux acheteurs mentionne le montant du crédit et des mensualités, lesdits acheteurs sont en droit de réclamer la nullité de la vente, même si le bon de commande n'a pas été rétracté dans le délai légal de sept jours. • Versailles, 12 avr. 1996 : *Bull. act. Lamy droit économique, oct. 1996, p. 6 ; BICC 1996, n° 1026.* ♦ V. aussi, pour un contrat ne mentionnant ni l'identité de l'organisme prêteur, ni le TEG, ni les conditions d'assurance, ni le coût total du crédit et ne respectant pas les mentions obligatoires sur la nature et les caractéristiques des biens offerts, • TGI Lille, 7 avr. 2000 : *BID 2002, n° 2, p. 8.*

2 quater. Les dispositions de l'art. L. 121-23 (6°) ne distinguent pas selon que l'organisme de crédit est, ou non, le vendeur. • Crim. 21 mai 1997 : *Bull. crim. n° 194 ; D. Affaires 1997. 1215.*

3. Reproduction des textes. Pour une reproduction de façon insuffisamment apparente du texte des art. 2, 3 et 4 [C. consom., art. L. 121-23, L. 121-24, L. 121-25 et L. 121-26], V. • Com. 23 oct. 1984 : *Bull. civ. IV, n° 279* • Pau, 6 mai 1999 : *Contrats Conc. Consom. 2000, n° 33, obs. Leveneur.*

3 bis. Les contrats de démarchage à domicile autres que ceux ayant pour objet la souscription d'abonnement à une publication quotidienne ou assimilée ne sont pas soumis à l'exigence de reproduction des al. 2 et 3 de l'art. L. 121-26 qui ne les concerne pas. • Civ. 1re, 27 févr. 2001 : *Bull. civ. I, n° 49 ; D. 2001. AJ. 1098, obs. Rondey ; RTD com. 2001. 755, obs. Bouloc.* ♦ Tel est le cas d'un contrat de fourniture et d'installation d'un dispositif de réception d'ondes hertziennes. • Civ. 1re, 18 déc. 2002 : *cité note 4 ss. art. L. 121-26, infra.*

4. Charge de la preuve. Il appartient à celui qui réclame l'exécution d'un contrat d'établir sa régularité. • Civ. 1re, 17 févr. 1993 : *Bull. civ. I, n° 79 ; JCP 1994. II. 22217, note Dagorne-Labbe ; Contrats Conc. Consom. 1993, n° 100, note Raymond.*

5. Sanction. En ce sens que la méconnaissance des dispositions de la loi est sanctionnée par une nullité relative, V. • Civ. 1re, 28 nov. 1995 : *Contrats Conc. Consom. 1996, n° 34, note Raymond.* ♦ Jugeant que l'annulation du contrat principal doit nécessairement conduire à l'annulation du contrat accessoire, ce dernier contrat se trouvant dépourvu de cause du fait de l'annulation du contrat principal, V. • Toulouse, 6 févr. 2001 : *JCP E 2001, n° 48, p. 1890* (installation d'un système d'alarme et location du matériel).

L'action en nullité est recevable bien que la personne démarchée ait signé le procès de réception sans avoir reçu le matériel, l'adage *nemo auditur* ne s'opposant pas à la demande en annulation mais seulement, le cas échéant, à l'exercice des actions en restitution subséquentes. • Civ. 1re, 17 juill. 1996 : *Bull. civ. I, n° 331 ; D. Affaires 1996. 1025.* ♦ ... Ou sans qu'il puisse être utilement opposé l'absence de rétractation de l'acquéreur dans le délai de sept jours. • Versailles, 20 févr. 2004 : *cité note 4 ss. art. L. 121-21.*

En ce sens que le seul défaut de remise du contrat ne constitue pas une cause de nullité de la convention, V. • Paris, 30 nov. 1994 : *D. 1995. Somm. 311, obs. Pizzio ; RJDA 1995, n° 365* (annulant, en l'espèce, le contrat pour dol). ♦ Comp. : note 1 ss. art. L. 121-21.

6. La sanction de nullité prévue par l'art. L. 121-23 doit s'appliquer également au cas où le démarcheur ne respecte pas l'interdiction légale de recevoir une contrepartie quelconque avant l'expiration du délai de réflexion (art. L. 121-26). • Aix-en-Provence, 1er mars 1995 : *BICC 1995, n° 918 ; Rev. huiss. 1995. 1399.* ♦ ... Et le juge doit prononcer la nullité de l'acte pour infraction à l'art. L. 121-26 C. consom. et ce, même si cet argument n'avait pas été soulevé par le client. • Civ. 1re, 18 déc. 2002 : *préc. note 3 bis.* ♦ V. aussi note 4 ss. art. L. 121-26.

L. 121-24 **Le contrat visé à l'article L. 121-23 doit comprendre un formulaire détachable destiné à faciliter l'exercice de la faculté de renonciation dans les conditions prévues à l'article L. 121-25. Un décret en Conseil d'État précisera les mentions devant figurer sur ce formulaire.** – *V. C. consom., art. R. 121-3 à R. 121-6, reprenant Décr. n° 73-784 du 9 août 1973 (D. et BLD 1973. 347 ;* ***C. consom.****).*

Ce contrat ne peut comporter aucune clause attributive de compétence.

Tous les exemplaires du contrat doivent être signés et datés de la main même du client. – *[L. n° 72-1137 du 22 déc. 1972, art. 2, al. 9 à 11]. – Sur les sanctions pénales, V. art. L. 121-28.*

Formulaire détachable. Sur sa forme, V. • Angers, 24 sept. 1986 : *Gaz. Pal. 1987. 1. Somm. 143* • Nîmes, 14 mai 1998 : *Contrats Conc. Consom. 1998, n° 168, obs. Raymond* • TGI Lille, 7 avr. 2000 : *BID 2002, n° 2, p. 8.* ♦ Jugeant que le formulaire de rétractation n'est pas facilement détachable de l'ensemble du document remis dans la mesure où son découpage implique une amputation du corps du contrat, V. • Paris, 13 mai 2002 : *BID 2002, n° 12, p. 29.*

L. 121-25 **Dans les sept jours, jours fériés compris, à compter de la commande ou de l'engagement d'achat, le client a la faculté d'y renoncer par lettre recommandée avec accusé de réception. Si ce délai expire normalement un samedi, un dimanche ou un jour férié ou chômé, il est prorogé jusqu'au premier jour ouvrable suivant.**

Toute clause du contrat par laquelle le client abandonne son droit de renoncer à sa commande ou à son engagement d'achat est nulle et non avenue.

Le présent article ne s'applique pas aux contrats conclus dans les conditions prévues à l'article L. 121-27. – *[L. n° 72-1137 du 22 déc. 1972, art. 3 ; L. n° 89-421 du 23 juin 1989, art. 10, II]. – Sur les sanctions pénales, V. art. L. 121-28.*

BIBL. ► CHRISTIANOS, *D. 1993. Chron. 28.* – DETRAZ, *Contrats Conc. Consom. 2004. Chron. 7* (plaidoyer pour une analyse fonctionnelle du droit de rétractation).

1. Point de départ. Sauf disposition législative contraire, lorsqu'un délai est exprimé en jours, celui de l'acte qui le fait courir ne compte pas. • Crim. 5 oct. 1987 : *Bull. crim. n° 334.*

2. Nature du délai. Le contrat étant formé dès la commande et la faculté de renonciation étant limitée à sept jours à compter de celle-ci, un tribunal ne peut valablement admettre la renonciation à une commande de photos au-delà de ce délai au motif que l'annulation du contrat était parvenue dans un délai suffisamment bref pour permettre au photographe d'éviter d'engager des frais inutiles. • Civ. 1re, 10 juin 1992 : *Bull. civ. I, n° 178 ; Contrats Conc. Consom. 1992, n° 195, note Raymond.*

3. Nouveau contrat. Lorsqu'une société de démarchage à domicile a livré et installé au domicile des acquéreurs un matériel dont la commande a fait ultérieurement l'objet d'une rétractation régulière, et qu'elle a obtenu aussitôt, dans les mêmes conditions, une seconde commande concernant ce même matériel, c'est à bon droit que les acquéreurs invoquent la nullité de cette seconde vente pour violation des art. 2, al. 6, et 3 [C. consom., art. L. 121-23 (5°) et L. 121-25], car la signature du second contrat a placé les candidats-acquéreurs devant une situation non prévue et génératrice de problèmes de droit liés à l'acceptation ou au refus, et qu'ils auraient à résoudre immédiatement sans en connaître les conséquences, et susceptible d'affecter leur libre réflexion durant le nouveau délai légal de rétractation. • Bordeaux, 20 mars 1995 : *Gaz. Pal. 1995. 2. Somm. 533 ; BICC 1995, n° 727.*

4. Preuve. Il appartient au consommateur de prouver qu'il a exercé sa faculté de rétractation dans les formes et délais prévus par le texte pour pouvoir prétendre à l'annulation de la commande. • Civ. 1re, 13 mars 1996 : *RJDA 1996, n° 1551.*

L. 121-26 **Avant l'expiration du délai de réflexion prévu à l'article L. 121-25, nul ne peut exiger ou obtenir du client, directement ou indirectement, à quelque titre ni sous quelque forme que ce soit une contrepartie quelconque ni aucun engagement ni effectuer des prestations de services de quelque nature que ce soit.** – *[L. n° 72-1137 du 22 déc. 1972, art. 4].*

(L. n° 95-96 du 1er févr. 1995) **« Toutefois, la souscription à domicile d'abonnement à une publication quotidienne et assimilée, au sens de l'article 39 *bis* du code général des**

impôts, n'est pas soumise aux dispositions de l'alinéa précédent dès lors que le consommateur dispose d'un droit de résiliation permanent, sans frais ni indemnité, assorti du remboursement, dans un délai de quinze jours, des sommes versées au prorata de la durée de l'abonnement restant à courir.

« En outre, les engagements ou ordres de paiement ne doivent pas être exécutés avant l'expiration du délai prévu à l'article L. 121-25 et doivent être retournés au consommateur dans les quinze jours qui suivent sa rétractation. »

(L. n° 2005-841 du 26 juill. 2005, art. 4) **« Les dispositions du deuxième alinéa s'appliquent aux souscriptions à domicile proposées par les associations et entreprises agréées par l'État ayant pour objet la fourniture de services mentionnés à l'article L. 129-1 du code du travail sous forme d'abonnement. »** — *Sur les sanctions pénales, V. art. L. 121-28.*

1. Acompte. L'infraction résulte du versement d'acomptes par les clients avant l'expiration du délai que la loi leur donne pour renoncer éventuellement à leur commande. • Crim. 16 déc. 1986 : *Bull. crim. n° 373 ; D. 1987. Somm. 457, obs. Aubert* • TGI Mâcon, 12 sept. 2001 : *BID 2002, n° 1, p. 58* • 19 sept. 2001 : *ibid.* ♦ L'émission d'un chèque d'acompte est prohibée même s'il est démontré que le démarcheur ne l'a pas sollicitée. • Civ. 1re, 22 nov. 1994 : *Bull. civ. I, n° 341 ; D. 1995. Somm. 311, obs. Pizzio*. ♦ ... Et quand bien même le chèque n'aurait pas été encaissé avant l'expiration du délai de réflexion. • Civ. 1re, 18 juin 1996 : *Bull. civ. I, n° 263 ; D. 1996. IR. 171 ; Contrats Conc. Consom. 1996, n° 177, note Raymond* • Aix-en-Provence, 1er mars 1995 : *BICC 1995, n° 918 ; Rev. huiss. 1995. 1399.* ♦ V. également • Crim. 5 août 1997 : *Dr. pénal 1998, n° 37, note Robert* (rejetant le pourvoi contre • Paris, 13 mai 1996 : *Contrats Conc. Consom. 1996, n° 178, note Raymond*). – V. aussi • Crim. 5 oct. 1987 : *Bull. crim. n° 334* • Pau, 28 janv. 1993 : *JCP 1993. IV. 888* • Crim. 21 avr. 1998 : *BID 1998, n° 12, p. 40* • 23 sept. 2003 : *cité note ss. art. L. 121-31.* ♦ *Contra*, jugeant que la mention acompte « à percevoir » suffit aux exigences de l'art. L. 121-26 : • Montpellier, 17 déc. 2002 : *Contrats Conc. Consom. 2003, n° 147, obs. Raymond ; JCP 2004. IV. 2345.* ♦ Comp. : Atias, *D. 1995. Chron. 247.*

2. Autorisation de prélèvement. Entre dans le champ d'application de la loi et se trouve interdite l'autorisation de prélèvement sur un compte bancaire, qui serait donnée avant l'expiration du délai de rétractation. • Crim. 6 mars 1984 : *D. 1984. 552, note Pizzio ; Gaz. Pal. 1984. 2. Somm. 344, obs. Doucet* • 7 déc. 1999 : *Contrats Conc. Consom. 2000, n° 134, obs. Raymond.* ♦ ... Alors même que la vente est assortie d'un crédit affecté, l'art. L. 311-27 ne validant la signature d'autorisations de prélèvement qu'à la condition qu'elles ne prennent effet que lorsque la vente est parfaite. • Crim. 17 sept. 2002 : *Dr. pénal 2003, n° 9, obs. Robert.* ♦ Tel est le cas, lorsque l'autorisation de prélèvement est donnée au jour de la réception de la marchandise ou de l'engagement d'achat, malgré la possibilité de révocation de cette autorisation. • Aix-en-Provence, 30 janv. 1997 : *JCP 1997. IV. 2309.* ♦ Ces agissements ne sont, cependant, pas constitutifs d'abus de faiblesse de la part du gérant de la société, dès lors qu'il n'est pas rapporté, qu'il a dicté le comportement de ses représentants. • Même arrêt. ♦ Comp. : note 2 ss. art. L. 121-21, *supra*, et note 2 ss. art. L. 122-8, *supra, Dispositions générales.*

2 bis. Acceptation d'un crédit. L'art. L. 121-26 ne fait pas obstacle à l'acceptation d'une offre de crédit, assortissant le contrat principal dans les conditions fixées par l'art. L. 121-23, 6°, C. com. • Crim. 22 mars 2005 : *Bull. crim. n° 98 ; RTD com. 2005. 620, obs. Bouloc ; JCP 2006. I. 113, n° 15, obs. Robert ; Contrats Conc. Consom. 2005, n° 177, obs. Raymond ; RJDA 2005, n° 897 ; AJ pénal 2005. 286, obs. Girault ; Dr. pénal 2005, n° 109, obs. Robert ; RDC 2005. 1058, obs. Fenouillet.* ♦ L'acceptation d'une offre de crédit ne constitue pas, à elle seule, un commencement d'exécution, dès lors qu'une telle offre n'est pas accompagnée de la délivrance d'une autorisation de prélèvement bancaire. • Même arrêt. ♦ Une demande de crédit antidatée, privant son signataire de sa faculté de se rétracter dans le délai de sept jours, constitue un engagement au sens de l'art. L. 121-26. • Douai, 24 mai 2005 : *D. 2005. AJ. 1694, obs. Rondey* .

3. Livraison anticipée. Dès lors qu'un contrat de vente et d'installation d'un conditionneur d'eau conclu par démarchage à domicile ne prévoyait pas la livraison avant l'expiration du délai de réflexion, et que la livraison et l'installation effectuées par le vendeur la veille de l'expiration de ce délai ont placé le client dans une situation non prévue et génératrice de problèmes de droit liés à l'acceptation ou au refus, problèmes qu'il devait résoudre immédiatement sans en connaître les conséquences, le comportement du vendeur doit être sanctionné par la nullité du contrat, conformément aux dispositions des art. 2, al. 6, et 4 [C. consom., art. L. 121-

23 (5°) et L. 121-26]. • Civ. 1re, 25 nov. 1992 : *Bull. civ. IV, n° 292 ; D. 1993. IR. 10.* ♦ Pour une remise, le jour même du démarchage, de la marchandise en contrepartie de la remise des chèques de paiement par les clients démarchés, V. • TGI Grasse, 11 mars 2003 : *Rev. Conc. consom. 2004, n° 138, p. 4.*

4. Sanction civile. Il résulte de l'art. 6 C. civ. que la méconnaissance des dispositions d'ordre public de l'art. L. 121-26 C. consom. est sanctionnée non seulement pénalement mais encore par la nullité du contrat. • Civ. 1re, 7 oct. 1998 : *Bull. civ. I, n° 290 ; D. 2000. Somm. 45, obs. Pizzio ; D. Affaires 1998. 1850, obs. C. R. ; Rev. huiss. 1999. 417, obs. Bazin ; JCP 1999. II. 1039, note Gervais.* ♦ En sens contraire, V. • TI Épernay, 5 févr. 1999 : *Contrats Conc. Consom. 1999, n° 120, obs. Raymond.* ♦ Le juge doit prononcer la nullité de l'acte pour infraction à l'art. L. 121-26 et ce, même si cet argument n'avait pas été soulevé par le client (qui fondait son action sur l'art. L. 121-23 pour défaut de mentions obligatoires. • Civ. 1re, 18 déc. 2002 : *Bull. civ. I, n° 315 ; JCP E 2003, n° 7-8, p. 297 ; Contrats Conc. Consom. 2003, n° 79, obs. Raymond ; RTD com. 2003. 358, obs. Bouloc ; RTD civ. 2003. 704, obs. Mestre et Fages ; RDC 2003. 86, obs. Fenouillet ; RJDA 2003, n° 328.* ♦ V. aussi note 6 ss. art. L. 121-23.

5. Abonnement à une publication. V. note 3 *bis* ss. art. L. 121-23.

6. Preuve. Il appartient au consommateur de rapporter la preuve du non-respect du délai sans qu'il puisse se contenter d'invoquer des délais non respectés. • Rennes, 17 oct. 2003 : *Contrats Conc. Consom. 2004, n° 85, obs. Raymond.*

L. 121-27 A la suite d'un démarchage par téléphone ou par tout moyen technique assimilable, le professionnel doit adresser au consommateur une confirmation de l'offre qu'il a faite. Le consommateur n'est engagé que par sa signature. Il bénéficie alors des dispositions prévues *(L. n° 2004-575 du 21 juin 2004, art. 24)* **« aux articles L. 121-18, L. 121-19, L. 121-20, L. 121-20-1 et L. 121-20-3 ».** — *[L. n° 72-1137 du 22 déc. 1972, art. 2 bis]. — V. lesdits art. supra, VII — Distance (ventes à).*

BIBL. ▸ RAYMOND, *Contrats Conc. Consom. 1995. Chron. 1.*

Les personnes physiques ou morales peuvent demander à ne pas faire l'objet de démarchage publicitaire effectué par télex ou télécopie en se faisant inscrire dans un fichier public rassemblant les personnes qui ne souhaitent pas recevoir de telles correspondances. L'inscription dans le fichier est gratuite (L. n° 89-1008 du 31 déc. 1989, art. 10). — Sur l'organisation et le fonctionnement du fichier, V. Décr. n° 91-638 du 9 juill. 1991 (D. et ALD 1991. 305).

1. Démarchage par téléphone. Est légalement justifiée la décision d'un tribunal qui, ayant relevé qu'il ressortait de l'original du bon de commande, sur lequel la case « phoning » avait été cochée et des déclarations des acquéreurs que ceux-ci avaient été démarchés par téléphone, ayant encore constaté que les acquéreurs s'étaient désistés de la commande le 14 sept. 1989 alors que le mobilier n'avait pas été livré, en a déduit, sans dénaturer le bon de commande, que les acquéreurs, dont l'engagement avait été provoqué par l'appel téléphonique, étaient fondés à demander le remboursement de l'acompte versé en application de l'art. 2 *bis* de la loi n° 72-1137 du 22 déc. 1972 [C. consom., art. L. 121-27] et des art. 1er et 3-1 de la loi n° 88-21 du 6 janv. 1988 [C. consom., art. L. 121-16, al. 1er, et L. 121-19, *supra, VII. – Distance (ventes à)*]. • Civ. 1re, 30 mars 1994 : *Bull. civ. I, n° 131 ; D. 1994. Somm. 235, obs. Paisant ; JCP 1994. II. 22302, note Raymond.* – V. aussi • TI Castres, 3 nov. 1994 : *Contrats Conc. Consom. 1995, n° 45, obs. Raymond.*

1 bis. Par application de l'art. L. 121-27, la vente réalisée, après commande verbale, au domicile de l'acheteur, démarché au téléphone, par le vendeur qui livre la marchandise et fait viser le bon de livraison, n'est, en l'absence d'acceptation écrite du client, pas soumise aux art. L. 121-16 et L. 121-19 relatifs à la vente à distance, mais relève de la législation sur le démarchage à domicile. • Crim. 12 oct. 1999 : *Bull. crim. n° 214 ; JCP E 2000, n° 20, p. 804, note J.-H. Robert ; Contrats Conc. Consom. 2000, n° 104, obs. Raymond.*

2. Fichier public. V. : Rép. min. n° 2467 : *JOAN Q, 16 août 1993, p. 2570.*

3. Contact téléphonique suivi d'une vente hors du domicile. V. note 9 *bis* ss. art. L. 121-21 C. consom.

4. Envoi d'un courrier. Pour un arrêt considérant qu'une proposition de contrat par lettre constitue un démarchage « par tout autre moyen technique assimilable » au téléphone au sens de l'art. L. 121-27, V. • Civ. 1re, 29 oct. 2002 : *Bull. civ. I, n° 256 ; Contrats Conc. Consom. 2003, n°18, obs. Raymond ; Dr. et patr. févr. 2003, p. 108, obs. Chauvel ; RJDA 2003, n° 329.*

5. Acceptation formelle. En l'absence d'acceptation formelle – écrite ou électronique – des nouvelles conditions contractuelles proposées par démarchage, et *a fortiori* après l'opposition écrite du client, le fournisseur d'accès à internet n'est pas fondé à modifier les conditions d'un abonnement à internet. • TI Vanves, 13 janv. 2004 : *D. 2004. AJ. 697*.

L. 121-28 **Toute infraction aux dispositions des articles L. 121-23, L. 121-24, L. 121-25 et L. 121-26 sera punie d'une peine d'emprisonnement de un an et d'une amende de 3 750 € ou de l'une de ces deux peines seulement.** – *[L. n° 72-1137 du 22 déc. 1972, art. 5].* – *V. art. L. 121-41.*

Sur le délit d'abus de faiblesse, V. art. L. 122-8 et L. 122-9, supra, Dispositions générales.

1. Nature de l'infraction. Jugé qu'il s'agit d'un délit n'exigeant pas l'élément intentionnel. • Paris, 22 oct. 1975 : *Gaz. Pal. 1975. 2. 775, note D.S.*

2. Action des groupements. Sur l'action civile des associations de consommateurs, V. C. consom., art. L. 421-1 s. – **C. pr. pén.** ♦ Sur l'action civile des syndicats professionnels, V. • Paris, 30 nov. 1976 : *JCP E 1976. II. 12761, note Guérin.*

3. Responsabilité des dirigeants. V. note 2 ss. art. L. 121-21.

4. La responsabilité civile du commettant peut être engagée sur le fondement de l'art. 1384, al. 5, C. civ., s'agissant d'un préposé ayant falsifié un bon de commande qu'il avait fait souscrire dans l'exercice de ses fonctions. • Civ. 2e, 8 nov. 1993 : *Bull. civ. II, n° 321 ; Contrats Conc. Consom. 1994, n° 42, note Raymond.*

L. 121-29 **Les dispositions de la loi n° 47-1635 du 30 août 1947** *[abrogée]* **relative à l'assainissement des professions commerciales et industrielles sont applicables aux personnes qui effectuent des opérations de vente à domicile.** – *V. désormais, C. com., art. L. 128-1 s., supra.*

L'entreprise est civilement responsable des démarcheurs, même indépendants, qui agissent pour son compte. – *[L. n° 72-1137 du 22 déc. 1972, art. 6, al. 1er et 2].*

Responsabilité pénale. V. note 2 ss. art. L. 121-21.

L. 121-30 *Abrogé par Ord. n° 2005-1086 du 1er sept. 2005, art. 4-II.* – *V. art. L. 141-1, supra.*

L. 121-31 **A l'occasion des poursuites pénales exercées en application de la présente section contre le vendeur, le prestataire de services ou le démarcheur, le client qui s'est constitué partie civile est recevable à demander devant la juridiction répressive une somme égale au montant des paiements effectués ou des effets souscrits, sans préjudice de tous dommages-intérêts.** – *[L. n° 72-1137 du 22 déc. 1972, art. 6, al. 3].*

BIBL. ▸ ATIAS, *D. 1996. Chron. 247.*

Dommages-intérêts. Jugé que méconnaît les art. L. 121-26 et L. 121-31 une cour d'appel qui, pour dire non fondées les demandes de restitution d'acompte et de dommages-intérêts présentées par la partie civile, retient que le préjudice invoqué ne résultait pas de l'infraction sanctionnée dès lors que le chèque d'acompte n'avait pas été encaissé avant l'expiration du délai légal de réflexion, durant lequel la cliente ne s'était pas rétractée. • Crim. 23 sept. 2003 : *Bull. crim. n° 169 ; D. 2003. AJ. 2765, obs. Chevrier ; JCP E 2003, n° 48, p. 1894 ; Dr. pénal 2004, n° 9, obs. Robert ; RTD com. 2004. 169, obs. Bouloc ; RJDA 2004, n° 248 ; RSC 2004. 105, obs. Ambroise-Castérot*. ♦ Méconnaît le sens et la portée de l'art. L. 121-31 une cour d'appel qui, pour écarter les demandes d'indemnisation des parties civiles, relève l'absence de lien de causalité entre l'infraction et le préjudice, dès lors qu'aucun des demandeurs n'a allégué avoir eu l'intention de renoncer à son engagement d'achat dans le délai de rétractation prévu par l'art. L. 121-25 C. consom., alors que les demandes des parties civiles étaient nécessairement fondées sur les dispositions de l'art. L. 121-31. • Crim. 4 avr. 2006 : *D. 2006. AJ. 1444, obs. Rondey*. ♦ Comp., refusant d'accorder des dommages-intérêts dès lors qu'il ne s'est ensuivi aucun préjudice résultant de l'encaissement des chèques délivrés en méconnaissance des dispositions de l'art. L. 121-26 C. consom. : • Metz, 25 mars 2004 : *JCP E 2005, n° 4, p. 111.*

L. 121-32 Des décrets en Conseil d'État pourront régler, en tant que de besoin, les modalités d'application de la présente section. – *[L. n° 72-1137 du 22 déc. 1972, art. 9].*

L. 121-33 Il est interdit de se rendre au domicile d'une personne physique, à sa résidence ou à son lieu de travail pour proposer la vente, la location ou la location-vente de documents ou matériels quelconques tendant à répondre aux mêmes besoins que des prestations de services pour lesquelles le démarchage est prohibé en raison de son objet par un texte particulier.

Toute infraction aux dispositions de l'alinéa précédent entraîne, outre la nullité de la convention, l'application des sanctions prévues à l'article L. 121-28. – *[L. n° 72-1137 du 22 déc. 1972, art. 8, II].*

(L. n° 94-442 du 3 juin 1994) « Ne sont pas visés par les dispositions des alinéas précédents les supports matériels de connaissance des langues étrangères ou régionales destinés à leur libre apprentissage, sans assistance ou suivi pédagogique, dont la présentation ne fait pas référence à un niveau scolaire, à une activité d'enseignement, à la réussite scolaire, à une formation, à l'obtention d'un diplôme ou d'une situation professionnelle. Dans ce cas, le délai de réflexion de sept jours est prolongé d'un délai supplémentaire expirant quinze jours après la réception du produit par le client pour faire retour de ce produit pour remboursement. En cas d'exercice de ce droit de retour, le matériel est restitué au vendeur sans frais ou indemnités autres que les frais de réexpédition. Le contrat prévu à l'article L. 121-23 doit reproduire en outre le texte du présent alinéa concernant la faculté de résiliation de la commande.

« Les résultats des tests d'aptitude à l'emploi des méthodes de langues effectués par le vendeur ou le fabricant sous le contrôle d'un tiers indépendant doivent être communiqués au consommateur avant la conclusion du contrat. »

1. Matériel pédagogique (jurisprudence antérieure à la loi du 3 juin 1994). L'art. 8, II [C. consom., art. L. 121-33, al. 1er et 2] interdisait le démarchage en vue de la vente à domicile de documents ou de matériels tendant à répondre aux mêmes besoins que les prestations fournies par un organisme d'enseignement à distance pour le compte duquel le démarchage est prohibé par la loi n° 71-556 du 12 juill. 1971 [abrogée]. • Crim. 14 juin 1984 : *Bull. crim. n° 223.* ♦ Il importait peu que la méthode adoptée pour cet enseignement ne comportât pas une assistance pédagogique personnalisée, dès lors qu'elle avait le même objet que l'enseignement à distance. • Même arrêt. ♦ Comp., désormais : art. L. 121-33, al. 3 et 4, ajoutés par L. n° 94-442 du 3 juin 1994.

2. Sur la conformité au Traité de Rome de l'interdiction du démarchage pour la vente de matériel pédagogique, V. • CJCE 16 mai 1989 : *D. 1990. Somm. 93, obs. Cartou ; JCP 1990. II. 21428, note Boutard-Labarde et Vogel.*

3. Méthodes d'auto-apprentissage des langues. La loi n° 94-442 du 3 juin 1994, dont sont issus les al. 3 et 4 de l'art. L. 121-33, s'applique aux faits commis avant son entrée en vigueur et non définitivement jugés. • Crim. 30 nov. 1994 : *Bull. crim. n° 391.*

Les dispositions des art. L. 121-29 et L. 121-31 C. consom. sont applicables à la Nouvelle-Calédonie, dans les territoires de la Polynésie française, de Saint-Pierre-et-Miquelon et des îles Wallis-et-Futuna (L. n° 72-1137 du 22 déc. 1972, art. 10 ; L. n° 93-949 du 26 juill. 1993, art. 6).

Les personnes effectuant par démarchage de personne à personne ou par réunions, à l'exclusion du démarchage par téléphone ou par tout moyen technique assimilable, auprès de particuliers la vente de produits ou de services dans les conditions prévues par les art. L. 121-21 s. du code de la consommation, qu'elles soient ou non inscrites au registre du commerce ou au registre spécial des agents commerciaux, sont des travailleurs indépendants lorsqu'elles exercent leur activité pour leur propre compte, soit en leur nom propre, soit dans le cadre d'une convention de mandataire, de commissionnaire, de revendeur ou de courtier, les liant aux entreprises qui leur confient la vente de leurs produits ou de leurs services.

Les vendeurs à domicile indépendants qui ont exercé l'activité de vente à domicile durant une période fixée par arrêté et dont le revenu tiré de cette activité a atteint un montant déterminé par le même arrêté sont tenus de s'inscrire au registre du commerce ou au registre spécial des agents commerciaux à compter du 1er janv. qui suit cette période (L. n° 93-121 du 27 janv. 1993, art. 3-I, applicable à compter du 1er janv. 1993 ; al. 2 aj. par L. n° 94-637 du 25 juill. 1994).

IX Objets mobiliers usagés (vente ou échange d')

Code pénal

Les dispositions des art. 321-7 et 321-8 du livre III de la partie législative du code pénal ainsi que celles des art. R. 321-1 à R. 321-12 et R. 633-1 à R. 633-5 de la partie réglementaire de ce code, ci-dessous reproduites, entrent en vigueur le 1er mars 1994. Elles reprennent respectivement, avec quelques modifications, les dispositions de la loi n° 87-962 du 30 nov. 1987 et des décrets n°s 88-1039 et 88-1040 du 14 nov. 1988, abrogées à compter de cette même date (L. n° 92-1336 du 16 déc. 1992, art. 372 et 373 ; Décr. n° 93-726 du 29 mars 1993, art. 9 et 10).

PREMIÈRE PARTIE : ***LÉGISLATIVE***

(L. n° 92-685 du 22 juill. 1992)

BIBL. GÉN. ▶ CULIOLI, *ALD 1988. 121.*

Art. 321-7 **Est puni de six mois d'emprisonnement et de 30 000 € d'amende le fait, par une personne dont l'activité professionnelle comporte la vente d'objets mobiliers usagés ou acquis à des personnes autres que celles qui les fabriquent ou en font le commerce,** *(L. n° 92-1336 du 16 déc. 1992)* **« d'omettre, y compris par négligence, de tenir » jour par jour, dans des conditions prévues par décret en Conseil d'État, un registre contenant une description des objets acquis ou détenus en vue de la vente ou de l'échange et permettant l'identification de ces objets ainsi que celle des personnes qui les ont vendus ou apportés à l'échange.**

Est puni des mêmes peines le fait, par une personne, à l'exception des officiers publics ou ministériels, qui organise, dans un lieu public ou ouvert au public, une manifestation en vue de la vente ou de l'échange d'objets visés à l'alinéa précédent, *(L. n° 92-1336 du 16 déc. 1992)* **« d'omettre, y compris par négligence, de tenir » jour par jour, dans des conditions prévues par décret en Conseil d'État, un registre permettant l'identification des vendeurs.**

Lorsque l'activité professionnelle définie au premier alinéa est exercée par une personne morale, ou que l'organisateur de la manifestation prévue au deuxième alinéa est une personne morale, l'obligation de tenir le registre incombe aux dirigeants de cette personne morale. — *V. infra, art. R. 321-1 s. et R. 633-1 s.*

1. *Tenue irrégulière.* Pour un exemple, V. • Crim. 24 nov. 1992 : ⚖ *Contrats Conc. Consom. 1993, n° 99, note Raymond.*

2. *Enregistrement au jour le jour.* Sur la nécessité de cette condition, V. • Crim. 18 sept. 1990 : ⚖ *D. 1990. IR. 262.*

3. *Lieu public ou ouvert au public.* Par ces termes, le législateur a entendu viser les foires à la brocante, kermesses, braderies, bourses d'échanges, au sein desquelles les particuliers comme les professionnels offrent à la vente ou à l'échange des biens qui leur appartiennent (Rép. min. n° 27658 : *JOAN Q, 31 juill. 1995 ; BID 1995, n° 10, p. 29*).

4. *Particuliers.* Les particuliers peuvent être autorisés, à titre exceptionnel, à vendre dans les lieux publics des objets mobiliers personnels usagés à l'occasion de marchés aux puces et de foires à la brocante. Ils doivent demander au maire une autorisation qui est accordée à titre individuel et non sous la forme d'une autorisation générale ou collective (Rép. min. n° 27658 : *préc. note 3*).

5. *Procédure.* Les vérifications effectuées sur le fondement des art. L. 321-7 et L. 321-8 C. pén. ne sont pas soumises aux dispositions du C. pr. pén. relatives aux perquisitions et saisies. • Crim. 13 oct. 1998 : ⚖ *Bull. crim. n° 254.*

321-8 **Est puni de six mois d'emprisonnement et de 30 000 € d'amende le fait, par une personne visée à l'article précédent, d'apposer sur le registre prévu par cet article des mentions inexactes.**

Est puni des mêmes peines le fait, par cette personne, de refuser de présenter ce registre à l'autorité compétente.

DEUXIÈME PARTIE : ***RÉGLEMENTAIRE***
(Décr. nº 93-726 du 29 mars 1993)

Dispositions relatives aux personnes dont l'activité professionnelle comporte la vente ou l'échange de certains objets mobiliers

R. 321-1 et R. 321-2 *(déclaration administrative préalable).*

R. 321-3 Le registre d'objets mobiliers prévu au premier alinéa de l'article 321-7 doit comporter, outre la description des objets acquis ou détenus en vue de la vente ou de l'échange :

1° Les nom, prénoms, qualité et domicile de chaque personne qui a vendu, apporté à l'échange ou remis en dépôt en vue de la vente un ou plusieurs objets, ainsi que la nature, le numéro et la date de délivrance de la pièce d'identité produite par la personne physique qui a réalisé la vente, l'échange ou le dépôt, avec l'indication de l'autorité qui l'a établie ;

2° Lorsqu'il s'agit d'une personne morale, la dénomination et le siège de celle-ci ainsi que les nom, prénoms, qualité et domicile du représentant de la personne morale qui a effectué l'opération pour son compte, avec les références de la pièce d'identité produite.

La description de chaque objet comprend ses principales caractéristiques apparentes ainsi que les noms, signatures, monogrammes, lettres, chiffres, numéros de série, emblèmes et signes de toute nature apposés sur lui et qui servent à l'identifier.

Les objets dont la valeur unitaire n'excède pas un montant fixé par un arrêté conjoint du garde des sceaux, ministre de la justice, du ministre de l'intérieur et du ministre chargé du commerce et qui ne présentent pas un intérêt artistique ou historique peuvent être regroupés et faire l'objet d'une mention et d'une description communes sur le registre. – *Montant fixé à 400 F par Arr. 29 déc. 1988 (D. et ALD 1989. 74).*

R. 321-4 Chaque objet exposé à la vente ou détenu en stock est affecté d'un numéro d'ordre.

Les objets mentionnés au dernier alinéa de l'article R. 321-3 peuvent faire l'objet d'un numéro d'ordre commun.

Le numéro d'ordre est porté sur le registre et figure de manière apparente sur chaque objet ou lot d'objets. – *V. infra, art. R. 633-2.*

R. 321-5 Le registre comporte également :

1° Le prix d'achat ou, en cas d'échange, d'acquisition à titre gratuit ou de dépôt en vue de la vente, une estimation de la valeur vénale de chaque objet ou lot d'objets ;

2° Le cas échéant, l'indication du classement ou de l'inscription de l'objet en application de la loi du 31 décembre 1913 sur les monuments historiques *[C. patr., art. L. 611-1 s.]*, lorsqu'il en est donné connaissance au revendeur d'objets mobiliers.

R. 321-6 Les mentions figurant sur le registre sont inscrites à l'encre indélébile, sans blanc, rature ni abréviation.

Le registre est coté et paraphé par le commissaire de police ou, à défaut, par le maire de la commune où est situé l'établissement ouvert au public.

Lorsque les personnes mentionnées à l'article R. 321-1 possèdent plusieurs établissements ouverts au public, un registre est tenu pour chaque établissement.

Lorsque ces mêmes personnes ne possèdent pas d'établissement fixe ouvert au public, le registre est coté et paraphé par un commissaire de police ou un maire.

Le registre est conservé pendant un délai de cinq ans à compter de sa date de clôture. – *V. infra, art. R. 633-3.*

R. 321-7 Lorsque la personne mentionnée à l'article R. 321-1 est une personne morale, les obligations prévues par la présente sous-section incombent aux dirigeants de celle-ci.

R. 321-8 Le modèle du registre d'objets mobiliers est déterminé par arrêté conjoint du ministre de l'intérieur et du ministre chargé du commerce. – *V. Arr. 29 déc. 1988, art. 1er (JO 5 janv. 1989).*

Dispositions concernant les manifestations publiques en vue de la vente ou de l'échange de certains objets mobiliers

R. 321-9 Le registre tenu à l'occasion de toute manifestation mentionnée au deuxième alinéa de l'article 321-7 doit comprendre :

1° Les nom, prénoms, qualité et domicile de chaque personne qui offre à la vente ou à l'échange des objets mobiliers usagés ou acquis de personnes autres que celles qui les fabriquent ou en font commerce ainsi que la nature, le numéro et la date de délivrance de la pièce d'identité produite par celle-ci avec l'indication de l'autorité qui l'a établie ;

2° Lorsqu'il s'agit d'une personne morale, la dénomination et le siège de celle-ci ainsi que les nom, prénoms, qualité et domicile du représentant de la personne morale à la manifestation, avec les références de la pièce d'identité produite.

R. 321-10 Le registre doit être coté et paraphé par le commissaire de police ou, à défaut, par le maire de la commune du lieu de la manifestation.

Il est tenu à la disposition des services de police et de gendarmerie, des services fiscaux, des douanes ainsi que des services de la concurrence, de la consommation et de la répression des fraudes pendant toute la durée de la manifestation.

Au terme de celle-ci et au plus tard dans le délai de huit jours, il est déposé à la préfecture ou à la sous-préfecture du lieu de la manifestation. – *V. infra, art. R. 633-5 et R. 635-5.*

R. 321-11 Lorsque l'organisateur de la manifestation est une personne morale, les obligations prévues par la présente sous-section incombent aux dirigeants de celle-ci.

R. 321-12 Le modèle du registre est déterminé par arrêté conjoint du ministre de l'intérieur et du ministre chargé du commerce. – *V. Arr. 21 juill. 1992 (JO 31 juill.).*

L'arrêté du 21 juill. 1992, qui a abrogé l'arrêté du 29 déc. 1988, permet l'édition du registre sous la forme de « listing » en supprimant l'exigence de la reliure (Rép. min. n° 10948 : *JOAN Q, 13 juin 1994, p. 3029.*)

Violation des dispositions relatives à la vente ou l'échange de certains objets mobiliers

R. 633-1 *(sanction pénale des obligations prévues à l'art. R. 321-1).*

R. 633-2 Le fait, par une personne mentionnée à l'article R. 321-1, d'omettre de faire figurer de manière apparente sur un objet ou lot d'objets exposé à la vente ou détenu en stock le numéro d'ordre correspondant, conformément aux prescriptions de l'article R. 321-4, est puni de l'amende prévue pour les contraventions de la 3e classe.

R. 633-3 Le fait, par une personne mentionnée à l'article R. 321-1, d'omettre de faire parapher le registre d'objets mobiliers prévu à l'article R. 321-3, conformément aux prescriptions de l'article R. 321-6, est puni de l'amende prévue pour les contraventions de la 3e classe.

R. 633-4 Les personnes morales peuvent être déclarées responsables pénalement, dans les conditions prévues par l'article 121-2, des infractions définies aux articles R. 633-1, R. 633-2 et R. 633-3.

La peine encourue par les personnes morales est l'amende, suivant les modalités prévues par l'article 131-41.

R. 633-5 Le fait, par une personne mentionnée au deuxième alinéa de l'article 321-7, d'omettre de faire parapher le registre prévu par l'article R. 321-9, conformément aux prescriptions de l'article R. 321-10, est puni de l'amende prévue pour les contraventions de la 3e classe.

Les personnes morales peuvent être déclarées responsables pénalement, dans les conditions prévues par l'article 121-2, de l'infraction définie au présent article.

La peine encourue par les personnes morales est l'amende, suivant les modalités prévues par l'article 134-41.

....

R. 635-3 *(Sanction pénale des obligations prévues aux art. R. 321-1 et R. 321-2).*

R. 635-4 ....

R. 635-5 Le fait, par une personne mentionnée au deuxième alinéa de l'article 321-7, d'omettre de déposer le registre prévu par l'article R. 321-9 auprès des services compétents dans les conditions prévues à l'article R. 321-10 est puni de l'amende prévue pour les contraventions de la 5e classe.

R. 635-6 Les personnes morales peuvent être déclarées responsables pénalement, dans les conditions prévues par l'article 121-2, des infractions définies aux articles R. 635-3, R. 635-4 et R. 635-5.

La peine encourue par les personnes morales est l'amende, suivant les modalités prévues par l'article 131-41.

R. 635-7 La récidive des contraventions prévues aux articles R. 635-3, R. 635-4 et R. 635-5 est réprimée conformément aux articles 132-11 et 132-15.

X Perte (reventes à ; prix de vente abusivement bas)

Sur la revente à perte, l'art. 1er de la loi no 63-628 du 2 juill. 1963 étant abrogé par l'art. 11 de la loi no 96-588 du 1er juill. 1996 (avec effet au 1er janv. 1997), V. désormais, vo Concurrence, dans lequel est reproduit ledit art. 1er abrogé avec la jurisprudence rendue pour son application.

Sur la prohibition des offres de prix ou pratiques de prix de vente aux consommateurs abusivement bas, V. supra, art. L. 420-5, C. com.

XI Primes ou cadeaux (ventes avec)

Code de la consommation

(L. n° 93-949 du 26 juill. 1993)

PARTIE LÉGISLATIVE

Ventes ou prestations avec primes

Art. L. 121-35 **Est interdite toute vente ou offre de vente de produits ou de biens ou toute prestation ou offre de prestation de services faites aux consommateurs et donnant droit, à titre gratuit, immédiatement ou à terme, à une prime consistant en produits, biens ou services sauf s'ils sont identiques à ceux qui font l'objet de la vente ou de la prestation.**

Cette disposition ne s'applique pas aux menus objets ou services de faible valeur ni aux échantillons. – *[Ord. n° 86-1243 du 1er déc. 1986, art. 29]. – V. art. R. 121-8 à R. 121-10, infra.*

Cette disposition s'applique à toutes les activités visées au dernier alinéa de l'article L. 113-2 *[C. com., art. L. 410-1]*.

(L. n° 2001-1168 du 11 déc. 2001) **« Pour les établissements de crédit et les organismes mentionnés à l'article L. 518-1 du code monétaire et financier, les règles relatives aux ventes avec primes sont fixées par le 2 du I de l'article L. 312-1-2 du même code. »** – *V. cet art., supra, v° Code monétaire et financier (extraits).*

Les infractions aux dispositions des art. L. 121-35 ci-dessus ainsi qu'aux art. R. 121-8 et R. 121-10, infra, sont punies des peines d'amende prévues pour les contraventions de la 5e classe ; en cas de récidive, les peines d'amende prévues pour la récidive des contraventions de la 5e classe sont applicables (C. consom., art. R. 121-13).

BIBL. ► GREFFE et BOESPFLUG, *Gaz. Pal. 1987. 1. Doctr. 160.* – CALAIS-AULOY, *D. 1987. Chron. 137.* – RAYMOND, *Contrats Conc. Consom. 2002, n° 34* (loi MURCEF : modifications intéressant le droit de la consommation). – SERINET, *D. 2002. 3252* (ventes ou prestations de services avec primes : d'une prohibition à l'autre). – PÉDAMON, *Liber amicorum Calais-Auloy, Dalloz, 2004, p. 823* (entre droit de la consommation et droit de la concurrence).

1. Primes interdites. Sur l'illicéité de l'offre d'une vidange gratuite pour tout changement d'échappement, V. • T. com. Nanterre, 6 mars 1991 : *Gaz. Pal. 1991. 2. 639, note Guyot-Sionnest.* ♦ ... Ou l'achat d'un bidon d'huile : • TI Dreux, 7 juin 2002 : *Rev. Conc. consom. 2004, n° 138, p. 7.* ♦ ... De l'offre d'une cuillère doseur ou d'une cuillère dorée à l'or fin, par une société de vente par correspondance, aux acheteurs de certaines catégories de café, V. • Douai, 8 juin 1993 : *BID 1994, n° 11, p. 28.* ♦ ... De l'offre d'un appareil-photo jetable pour l'achat de trois pellicules photos, V. • Nancy, 15 oct. 1996 : *Contrats Conc. Consom. 1997, n° 142, obs. Raymond.* ♦ ... De l'opération promotionnelle consistant en l'attribution à certaines personnes tirées au sort de deux billets d'avion vers une destination de leur choix, les frais de séjour dans des hôtels sélectionnés par l'organisateur restant à la charge de ces personnes, V. • TGI Rennes, (réf.), 23 sept. 1992 : *RJDA 1993, n° 16,* conf. par • Rennes, 14 janv. 1993 : *ibid., n° 849.* ♦ ... Du jeu-concours, organisé par une grande surface, consistant à offrir des bons d'achat de 500 F (76,22 €) à 1 500 F (228,67 €) aux trois personnes ayant acheté le plus grand nombre de produits portant une certaine mention, V. • TGI Pontoise, 6 juill. 1994 : *RJDA 1994, n° 1380.*

Il n'importe, pour l'application de l'art. L. 121-35, que l'attribution de la prime à laquelle donne droit la vente soit limitée à un nombre restreint de consommateurs. • Crim. 5 avr. 1995 : *Bull. crim. n° 151.*

2. Primes autopayantes. En ce sens que l'attribution d'une prime autopayante doit s'analyser, quelle que soit la qualification retenue par les parties, en un contrat de vente, peu important que cette vente soit consécutive à la conclusion préalable d'un autre contrat, V. • Versailles, 28 janv. 1999 : *D. 1999. IR. 71 ; D. Affaires 1999. 449, obs. E. P. ; Cah. dr. entr. 1999, n° 2, p. 36, note Genty et Becquart ; Petites affiches 8 nov. 1999, p. 12, obs. Etner,* conf. par • Com. 29 janv. 2002 : *D. 2002. AJ. 885, obs. Chevrier ; Petites affiches 3 juill. 2003, p. 48, obs. Etner ; RJDA 2002, n° 696.* ♦ Sur la distinction entre la *prime différée* (produit ou service gratuit pour l'acheteur qui a cumulé un nombre suffisant de preuves d'achat), illicite, et la *prime autopayante* (proposition d'un article à prix avantageux à tout acheteur d'un produit d'une autre marque), licite, V. • Paris, 3 mars 1992 : *Contrats Conc. Consom. 1992, n° 169, obs. Raymond* • T. com. Paris, 26 juill. 1995 : *RJDA 1996, n° 139.* ♦ Le fait de vendre deux produits, l'un à prix « normal » et l'autre au prix symbolique de 1 F (0,15 €), ne constitue pas une vente avec prime illicite, la vente du produit principal ne donnant pas droit à une prime remise « à titre gratuit », interdite par l'art. L. 121-35, texte de nature pénale et par conséquent d'interprétation stricte (Rép. min. n° 15532 : *JOAN Q, 16 nov. 1998, p. 6306*).

3. Prime payante. L'offre de temps de communication gratuit à l'occasion d'un nouvel abonnement s'analyse en une prime payante pour un service identique à celui du contrat principal ; une telle prime n'est pas prohibée par le code de la consommation. • T. com. Nanterre, 6 févr. 2004 : *Contrats Conc. Consom. 2004, n° 117, obs. crit. Raymond.*

4. Produits ou prestations indispensables. Ne sont pas considérés comme des primes les biens, produits ou prestations indispensables à l'utilisation normale du produit, bien ou service faisant l'objet de la vente, à condition que le prix de ce dernier ne soit pas inférieur au seuil de la revente à perte (à propos de l'offre de l'abonnement à l'acheteur d'un téléphone mobile) : Rép. min. n° 34906 : *JOAN Q, 6 mai 1996, p. 2494.* ♦ Et il n'y a pas de revente à perte lorsque le deuxième produit est offert pour un franc dès lors que globalement l'opération n'est pas inférieure au prix de revient (opération combinant un abonnement au réseau internet et la fourniture de modem) : • Crim 7 mai 2002 : *Bull. crim., n° 109 ; D. 2002. AJ. 2050 ; Contrats Conc. Consom. 2002, n° 166, obs. Raymond ; JCP 2003. I. 103, n° 15, obs. Robert ; RTD com. 2002. 738, obs. Bouloc ; RJDA 2003, n° 197.* – V. aussi Serinet, *D. 2002. 3252* ; Courtois-Champenois, *JCP 2003. II. 10047.* – V. *supra,* C. com., art. L. 442-2 et les notes ss. art. L. 442-4.

5. Remise. Sur la distinction entre une prime illicite et une réduction de prix, V. • Com. 24 oct. 2000 : *BRDA 2000, n° 21, p. 13.*

6. Personne responsable. Le champ d'application de la réglementation des ventes avec primes s'étend à tout producteur qui propose un produit au consommateur, fût-ce par l'intermédiaire d'un revendeur. • Com. 11 mars 2003 : *Bull. civ. IV, n° 45 ; JCP E 2003, n° 20, p. 832 ; Contrats Conc. Consom. 2003, n° 119, obs. Raymond ; Gaz. Pal. 2004. Somm. 4055, obs. Boulet ; RTD com. 2003. 559, obs. Bouloc ; RJDA 2003, n° 889.* ♦ Sur la responsabilité d'un chef de rayon ayant reçu délégation de pouvoirs du chef d'entreprise, V. • Agen, 17 févr. 1994 : *Contrats Conc. Consom. 1995, n° 15, obs. crit. Raymond.* ♦ Sur la délégation de pouvoirs, V. Dreyer, *D. 2004. 937* (les pouvoirs délégués afin d'exonérer pénalement le chef d'entreprise).

7. Droit transitoire. V. note 2 ss. art. 61 de l'Ord. n° 86-1243 du 1er déc. 1986, reproduit, *supra,* ss. art. L. 470-8 C. com.

8. Sanctions. Pour une décision jugeant que l'art. 33, al. 1er du Décr. du 29 déc. 1986, qui réprimait l'infraction de vente illégale avec prime visée aujourd'hui à l'art. L. 121-35, a « échappé » à la codification de la partie réglementaire du code de la consommation, V. • T. pol. Limoges, 8 oct. 1998 : *D. Affaires 1998. 1807, obs. E. P.*

Code de la consommation

PARTIE RÉGLEMENTAIRE

(Décr. n° 97-298 du 27 mars 1997)

Art. R. 121-8 La valeur maximale des échantillons, objets et services visés au deuxième alinéa de l'article L. 121-35 est déterminée en fonction du prix de vente net, toutes taxes comprises, des produits, des biens ou des services faisant l'objet de la vente dans les conditions suivantes : 7 % du prix net défini ci-dessus si celui-ci est inférieur ou égal à *(Décr. n° 2001-95 du 2 févr. 2001)* « 80 € ; 5 € » plus 1 % du prix net défini ci-dessus si celui-ci est supérieur à *(Décr. n° 2001-95 du 2 févr. 2001)* « 80 € ».

Cette valeur ne doit en aucun cas dépasser *(Décr. nº 2001-95 du 2 févr. 2001)* « 60 € » et s'entend, toutes taxes comprises, départ production pour des objets produits en France, et franco et dédouanés à la frontière française pour les objets importés. – *[Décr. nº 86-1309 du 29 déc. 1986, art. 23]. – V. note ss. C. consom., art. L. 121-35, supra.*

1. Valeur de la prime. L'art. 23 [C. consom., art. R. 121-8] n'impose pas de calculer le prix de vente par rapport à celui de la prime, mais seulement de limiter la valeur de cette dernière en fonction du prix de vente du produit considéré toutes taxes comprises. • Com. 21 mars 1995 : *BRDA 1995, nº 10, p. 14.* – Dans la même affaire, V. • T. com. Nanterre, réf., 10 avr. 1992 : *Gaz. Pal. 1992. 2. 707, note Nemo.*

Pour la détermination de la valeur de la prime, il y a lieu de prendre en compte le coût intrinsèque de l'objet ou du service offert en prime, ainsi que l'ensemble des coûts nécessaires à l'offre de cet objet ou de ce service au consommateur qui ne seraient pas exposés si cette offre n'était pas consentie (coût du nouveau conditionnement, coût du message d'information...). • Com. 11 mars 2003 : *cité note 6 ss. art. L. 121-35, supra.*

2. Pour un exemple de détermination de la valeur d'une prime, V. • Lyon, 17 déc. 1999 : *RJDA 2000, nº 725,* conf. par • Com. 11 mars 2003 : *préc. note 1* • T. com. Lyon, 2 mars 1999 : *D. Affaires 1999. 1321, obs. E. P. ; Gaz. Pal. 17-18 nov. 1999, p. 49, obs. Vray.*

R. 121-9 Ne sont pas considérés comme primes :

1º le conditionnement habituel du produit, les biens, produits ou prestations de services qui sont indispensables à l'utilisation normale du produit, du bien ou du service faisant l'objet de la vente ;

2º les prestations de service après-vente et les facilités de stationnement offertes par les commerçants à leurs clients ;

3º les prestations de services attribuées gratuitement si ces prestations ne font pas ordinairement l'objet d'un contrat à titre onéreux et sont dépourvues de valeur marchande. – *[Décr. nº 86-1309 du 29 déc. 1986, art. 24]. – V. note ss. C. consom., art. L. 121-35, supra.*

Sur le régime juridique de la consignation des emballages de liquides alimentaires, V. L. nº 89-421 du 23 juin 1989, art. 7 (D. et ALD 1989. 213).

R. 121-10 Les objets mentionnés à l'article R. 121-8 doivent être marqués d'une manière apparente et indélébile du nom, de la dénomination [,] de la marque, du sigle ou du logo de la personne intéressée à l'opération de publicité.

XII Vente internationale de marchandises

Convention de Vienne du 11 avril 1980,

Sur les contrats de vente internationale de marchandises.

La Convention des Nations Unies, faite à Vienne, le 11 avr. 1980, a été publiée au Journal officiel le 27 déc. 1987 par le décret nº 87-1034 du 22 déc. 1987. Elle est entrée en vigueur en France le 1er janv. 1988.

BIBL. ▸ Plantard, *JDI 1988. 311.* – Mouly, *D. 1991. Chron. 77.* – Fadlallah, *JDI 1979. 755.* – Zénati, *RTD civ. 1988. 194.* – Rémery, *Gaz. Pal. 1992. 1. Doctr. 426* (relations avec la Convention de Rome du 19 juin 1980). – Vida, *RTD com. 1994. 21* (« vices juridiques » dans la vente internationale de marchandises). – Witz, *D. 1995. Chron. 143* (Convention de Vienne à l'épreuve de la jurisprudence naissante) ; *Cah. dr. entr. 1997, nº 6, p. 5* (droit matériel de la vente internationale : droit national et droit conventionnel) ; *RJ com., nº spéc. nov. 1997. 79* (champ d'application de la Convention de Vienne). – Audit, *ibid. 112* (ventes internationales hors la Convention de Vienne). – Jacquet, *Cah. dr. entr. 1997, nº 6, p. 8* (contentieux de la vente internationale).

PREMIÈRE PARTIE Champ d'application et dispositions générales

CHAPITRE PREMIER *Champ d'application*

Art. 1er **1. La présente Convention s'applique aux contrats de vente de marchandises entre des parties ayant leur établissement dans des États différents :**

a) Lorsque ces États sont des États contractants ; ou

b) Lorsque les règles du droit international privé mènent à l'application de la loi d'un État contractant.

2. Il n'est pas tenu compte du fait que les parties ont leur établissement dans des États différents lorsque ce fait ne ressort ni du contrat, ni de transactions antérieures entre les parties, ni de renseignements donnés par elles à un moment quelconque avant la conclusion ou lors de la conclusion du contrat.

3. Ni la nationalité des parties ni le caractère civil ou commercial des parties ou du contrat ne sont pris en considération pour l'application de la présente Convention.

L'établissement au sens des art. 1 et 10 est le lieu à partir duquel l'activité d'affaires est effectivement et essentiellement exercée, étant précisé que l'établissement doit pouvoir disposer d'une certaine durée et stabilité ainsi que d'une certaine liberté d'action. • T. régional sup. Stuttgart, 28 févr. 2000 : *D. 2002. Somm. 315, obs. Limbach* . ♦ Sur l'application de la Convention à des contrats antérieurs à la date d'entrée en vigueur de la CVIM des pays contractants, V. • Amiens, 30 janv. 2001 : *D. 2002. Somm. 323, obs. Witz* • Colmar, 24 oct. 2000 : *ibid. 393, obs. Witz*.

Pour un arrêt admettant l'application implicite de la convention par le juge dans le cadre du contentieux du provisoire, V. • Civ. 1re, 8 janv. 2002 : *JCP 2002. IV. 1267 ; ibid. 2003. I. 107, obs. Poillot-Peruzzetto.*

2 **La présente Convention ne régit pas les ventes :**

a) De marchandises achetées pour un usage personnel, familial ou domestique, à moins que le vendeur, à un moment quelconque avant la conclusion ou lors de la conclusion du contrat, n'ait pas su et n'ait pas été censé savoir que ces marchandises étaient achetées pour un tel usage ;

b) Aux enchères ;

c) Sur saisie ou de quelque autre manière par autorité de justice ;

d) De valeurs mobilières, effets de commerce et monnaies ;

e) De navires, bateaux, aéroglisseurs et aéronefs ;

f) D'électricité.

3 **1. Sont réputés ventes les contrats de fourniture de marchandises à fabriquer ou à produire, à moins que la partie qui commande celle-ci n'ait à fournir une part essentielle des éléments matériels nécessaires à cette fabrication ou production.**

2. La présente Convention ne s'applique pas aux contrats dans lesquels la part prépondérante de l'obligation de la partie qui fournit les marchandises consiste en une fourniture de main-d'œuvre ou d'autres services.

En application de l'art. 3, al. 2, échappent au droit uniforme les contrats de distribution, de franchise et autres accords contractuels qui sont conçus pour fixer les obligations globales de livraison et d'approvisionnement. • T. sup. du canton de Lucerne, 8 janv. 1997 : *D. 1998. Somm. 315, obs. Witz* . ♦ En revanche, sont régis par la Convention les contrats individuels de livraison conclus en exécution de ces conventions-cadre. • Même décision. ♦ S'agissant d'une obligation de livraison conforme de marchandises, c'est l'art. 3 de la Convention qui s'applique, le requérant n'étant pas fondé à prétendre que la livraison se trouve réalisée par la remise des marchandises au premier transporteur pour acheminement à l'acheteur. • Lyon, 24 juill. 2002 : *JCP E 2003, n° 6, p. 248.* ♦ Sur la non-application de la CVIM à un accord de distribution, V. aussi • US district court, Southern district of New York, 23 juill. 1997 : *D. 1998. Somm. 316, obs.*

Papandréou-Deterville. ♦ Sur le caractère prépondérant d'une prestation de service (contrat de fourniture et d'installation de logiciel), V. • Gand, 24 nov. 2004 : *D. 2005. Pan. 2282, obs. Witz*.

4 La présente Convention régit exclusivement la formation du contrat de vente et les droits et obligations qu'un tel contrat fait naître entre le vendeur et l'acheteur. En particulier, sauf disposition contraire expresse de la présente Convention, celle-ci ne concerne pas :

a) La validité du contrat ni celle d'aucune de ses clauses non plus que celle des usages ;

b) Les effets que le contrat peut avoir sur la propriété des marchandises vendues.

BIBL. ► MISSAOUI, *JCP 1996. I. 3927* (validité des clauses aménageant la garantie des vices cachés).

1. Champ d'application. En ce sens que la Convention de Vienne ne règle pas la validité des contrats de livraison (art. 4, al. 2) conclus en application d'un contrat de franchise, V. • C. féd. de justice allemande, 23 juill. 1997 : *D. 1998. Somm. 308, obs. Witz*. ♦ Elle ne s'applique pas aux rapports contractuels entre un fabricant de système frigorifique et un transporteur utilisateur dès lors que, la Convention supposant le transfert de propriété d'une chose moyennant le paiement d'un prix, l'existence d'un contrat de vente n'est pas établie entre les parties. • Civ. 1re, 5 janv. 1999 : *Bull. civ. I, n° 6 ; D. Affaires 1999. 334, obs. S. B. T. ; D. 1999. 383, note Witz ; Contrats Conc. Consom. 1999, n° 53, obs. Leveneur ; JCP E 1999, n° 22, p. 963, note Leveneur ; JCP 2000. I. 199, n° 19, obs. Viney.*

Les règles de la Convention de Vienne sur la preuve ne s'étendent pas au-delà du champ d'application matériel du droit uniforme. Dès lors, la question de savoir quels effets probatoires découlent d'une reconnaissance de fait ne fait pas partie du champ d'application de la CVIM car elle est sans rapport interne avec les aspects de fait et de droit du commerce international de marchandises qui forment l'objet de la réglementation de la CVIM. • C. féd. de justice allemande, 9 janv. 2002 : *D. 2003. Somm. 2362, obs. Limbach*.

2. En raison d'une garantie conventionnelle assumée par un vendeur au profit de l'utilisateur final de l'équipement vendu, qui traduit la volonté du vendeur américain de se placer dans un rapport contractuel direct avec le sous-acquéreur français, il y a lieu d'appliquer la Convention de Vienne à l'action diligentée par le sous-acquéreur contre le vendeur initial. • Grenoble, 15 mai 1996 : *D. 1997. Somm. 221, obs. Witz*.

3. Pour la mise en œuvre des dispositions du droit national applicable en matière d'annulation d'un contrat de vente internationale pour erreur en l'absence de compétence de la CVIM, V. • T. féd. suisse, 22 déc. 2000 : *D. 2002. Somm. 396, obs. Rosch et Spiegel*.

4. Sur la distinction entre le délai de prescription non soumis à la CVIM et le délai de dénonciation des vices, V. *infra* note 2 *bis* ss. art. 39.

5 La présente Convention ne s'applique pas à la responsabilité du vendeur pour décès ou lésions corporelles causés à quiconque par les marchandises.

6 Les parties peuvent exclure l'application de la présente Convention ou, sous réserve des dispositions de l'article 12, déroger à l'une quelconque de ses dispositions ou en modifier les effets.

BIBL. ► WITZ, *D. 1990. Chron. 107* (exclusion de la convention par la volonté des parties). – BERTRAND, CALVO, CLARET et SLEIGH, *Gaz. Pal. 1992. 1. Doctr. 263 et 266* (clauses limitatives de responsabilité, points de vue français et anglais). – SINAY-CYTERMANN, *ibid. 2003. 1. Doctr. 234* (l'application d'office de la Convention de Vienne et le respect du principe du contradictoire).

1. Exclusion. La Convention de Vienne constitue le droit substantiel français de la vente internationale de marchandises et à ce titre, s'impose au juge français, qui doit en faire application sous réserve de son exclusion, même tacite, selon l'art. 6, dès lors que les parties se sont placées sous l'empire d'un droit déterminé. • Civ. 1re, 25 oct. 2005 : *Bull. civ. I, n° 381 ; D. 2005. AJ. 2872, obs. Chevrier ; RTD com. 2006. 249, obs. Delebecque ; JCP E 2005, n° 48, p. 2055 ; BRDA 2006, n° 2, p. 8 ; RDC 2006. 515, obs. Deumier.* ♦ Comp., jugeant que l'art. 6 s'interprète comme permettant aux parties d'éluder tacitement la Convention, en s'abstenant de l'invoquer devant le juge français. • Civ. 1re, 26 juin 2001 : *Bull. civ. I, n° 189 ;*

D. 2001. AJ. 2591, obs. Avena-Robardet ; *ibid. jur. 3607, note Witz* ; *RTD com. 2001. 1052, obs. Jacquet* ; *Petites affiches 8 févr. 2002, p. 17, note Malan.* ♦ Une cour d'appel a violé l'art. 16 NCPC en appliquant d'office la Convention de Vienne, sans inviter les parties à un débat contradictoire sur ce point, • Civ. 1re, 2 oct. 2001 : *Bull. civ. I, no 237* ; *D. 2001. AJ. 3195* ; *Contrats Conc. Consom. 2002, no 5, obs. Leveneur* ; *Petites affiches 30 mai 2002, p. 18, obs. F. J.*

2. Exclusion consciente. Pour un arrêt considérant implicitement que l'application de la convention n'est pas écartée par le choix des parties de la loi française, sans autre précision, V. • Com. 17 déc. 1996 : *D. 1997. 337, note Witz* ; *Rev. crit. DIP 1997. 72, note Rémery.* ♦ Dans le même sens, V. • C. féd. de justice allemande, 23 juill. 1997 : *D. 1998. Somm. 308, obs. Witz*. ♦ V. aussi, considérant qu'une clause contractuelle de droit applicable ne vaut pas exclusion implicite du droit uniforme, • C. féd. de justice allemande, 25 nov. 1998 : *D. 1999. Somm. 356, obs. Witz*. ♦ En ce sens que le choix du droit applicable ne vaut exclusion de la Convention de Vienne que si la volonté des parties est certaine, V. • Cour suprême Autriche, 12 févr. 1998 : *D. 1999. Somm. 359, obs. Niessen*. ♦ En invoquant et en discutant sans réserve la garantie de la chose vendue définie par les art. 1641 s. C. civ., toutes les parties ont, en connaissance du caractère international des ventes qu'elles avaient conclues, volontairement placé la solution de leurs différends sous le régime du droit interne français de la vente. • Civ. 1re, 25 oct. 2005 : *préc. note 1.* ♦ Jugeant que la simple référence des parties au droit interne en cours de procès ne suffit pas pour admettre une exclusion tacite de la Convention, V. • T. Vigevano, 12 juill. 2000 : *D. 2002. Somm. 395, obs. Spiegel* T. Padoue, 25 févr. 2004 : *D. 2005. Pan. 2283, obs. Witz*.

La mention unilatérale d'une soumission du contrat au droit français apposée sur des bons de commande ne suffit pas à démontrer la commune intention des parties d'user de la faculté d'exclure l'application de la convention de Vienne. • Paris, 6 nov. 2001 : *D. 2002. 2795, note Witz*.

CHAPITRE II *Dispositions générales*

7 **1. Pour l'interprétation de la présente Convention, il sera tenu compte de son caractère international et de la nécessité de promouvoir l'uniformité de son application ainsi que d'assurer le respect de la bonne foi dans le commerce international.**

2. Les questions concernant les matières régies par la présente Convention et qui ne sont pas expressément tranchées par elle seront réglées selon les principes généraux dont elle s'inspire ou, à défaut de ces principes, conformément à la loi applicable en vertu des règles du droit international privé.

1. Clauses pénales. Aucune disposition de la CVIM, pas même celles contenues aux articles 8 et 77, ne fournit de base légale à la réduction d'une clause pénale. • CA Arnhem, 22 août 1995 : *D. 1997. Somm. 223, obs. Papandréou-Deterville*.

2. Compensation. N'étant pas réglée par la convention, la question de la compensation doit être tranchée selon la loi désignée par les règles de droit international privé. • T. arrondissement Middelburg, 25 janv. 1995 : *D. 1997. Somm. 223, obs. Papandréou-Deterville*. ♦ V. aussi • T. régional sup. Munich, 11 mars 1998 : *D. 1999. Somm. 356, obs. Witz*.

3. Restitution du prix de vente. La question du lieu de restitution du prix par le vendeur, après résolution de la vente, n'étant pas réglée par la Convention, et ne pouvant être réglée selon les principes généraux dont s'inspire ce texte, doit être tranchée en se référant à la loi désignée en vertu des règles de droit international privé. • Paris, 14 janv. 1998 : *D. 1998. Somm. 288, obs. Audit*. ♦ Pour un arrêt jugeant que le lieu d'exécution de l'obligation de restitution doit être déterminé grâce à la transposition des obligations primaires par un effet de miroir aux obligations de restitution, ce qui correspond à un principe général de la Convention et ne nécessite pas le recours au droit national, V. • Cour Suprême Autriche, 29 juin 1999 : *D. 2002. Somm. 318, obs. Babusiaux*.

4. Bonne foi. La bonne foi est l'un des principes directeurs du commerce international, dont la portée s'apprécie en fonction de son caractère international, indépendamment de la loi du for et les parties ne peuvent ni l'exclure ni le modifier. • Comm. pour la protection du comm. ext., 30 nov. 1998 : *D. 2000. Somm. 449, obs. Rosch*. ♦ L'intégration efficace de conditions d'affaires implique non seulement que la volonté du stipulant soit discernable par le destinataire, mais aussi, eu égard au principe de bonne foi et du devoir de coopération et d'information pesant sur les parties, que le stipulant adresse au destinataire le texte des conditions générales ou les rende accessible d'une autre manière. • C. féd. de justice allemande, 31 oct. 2001 : *D. 2003. Somm. 2362, obs. Limbach* .

5. Procédure. Sur l'application de la CVIM à la charge de la preuve de l'existence des défauts de conformité au moment du transfert des risques, V. • T. appel Lugano, 15 janv. 1998 : *D. 2000. Somm. 445, obs. Spiegel* .

6. Frais d'avocat. Il n'existe pas de principe au sens de l'art. 7, al. 2, dont il pourrait être déduit que la perte subie [au sens de l'art. 74 CVIM] inclut les frais d'avocat ; aussi cette question doit être laissée à la compétence du droit national déterminé par les règles du droit international privé. • US circuit court of appeal, 19 nov. 2002 : *D. 2003. Somm. 2372, obs. Papandréou-Deterville* .

8 **1. Aux fins de la présente Convention, les indications et les autres comportements d'une partie doivent être interprétés selon l'intention de celle-ci lorsque l'autre partie connaissait ou ne pouvait ignorer cette intention.**

2. Si le paragraphe précédent n'est pas applicable, les indications et autres comportements d'une partie doivent être interprétés selon le sens qu'une personne raisonnable de même qualité que l'autre partie, placée dans la même situation, leur aurait donné.

3. Pour déterminer l'intention d'une partie ou ce qu'aurait compris une personne raisonnable, il doit être tenu compte des circonstances pertinentes, notamment des négociations qui ont pu avoir lieu entre les parties, des habitudes qui se sont établies entre elles, des usages et de tout comportement ultérieur des parties.

1. Intention subjective des parties. En raison de relations commerciales se poursuivant depuis au moins plusieurs mois, un vendeur italien lié à un acheteur français savait que les marchandises devaient être commercialisées en France et cette connaissance l'obligeait, ainsi que le stipule l'art. 8, § 1, à interpréter la commande comme portant sur des marchandises devant satisfaire aux règles de commercialisation sur le marché français. • Grenoble, 13 sept. 1995 : *JCP 1996. IV. 712.* ♦ Interprétant les éléments de preuve qui lui étaient soumis au regard de l'art. 8 et notamment de celui selon lequel les contrats doivent s'interpréter de bonne foi, une cour d'appel a pu en déduire que l'accord comportait des obligations réciproques de livrer et d'acheter une marchandise déterminée, à un prix convenu, de sorte qu'il constituait une vente soumise à la CVIM, sans avoir à constater expressément l'obligation pour le fournisseur de transférer la propriété. • Civ. 1re, 30 juin 2004 : *cité note 3 ss. art. 79.*

2. En ce sens que, la règle de droit américain *(parole evidence rule)* selon laquelle une partie à un contrat ne peut chercher à établir que les termes de l'accord sont différents de ceux inscrits dans le contrat écrit n'est pas applicable à un contrat régi par la Convention, • US circuit court of appeal, 29 juin 1998 : *D. 1999. Somm. 367, obs. Papandréou-Deterville* . ♦ V. aussi, jugeant que l'art. 8 qui prévaut sur la *parole evidence rule* veut que le juge prenne en considération les preuves orales relatives aux négociations antérieures dans la mesure ou ces preuves révèlent l'intention subjective des parties : • Nothern district Illinois, 28 oct. 1998 : *ibid.*

3. Les caractéristiques de la marchandise convenues par les parties et devenues partie intégrante du contrat nécessitent, le cas échéant, une interprétation objective de la volonté des parties selon les règles de l'art. 8. • T. féd. suisse, 22 déc. 2000 : *D. 2002. Somm. 396, obs. Rosch et Spiegel* .

4. Sur l'intégration de conditions générales dans un contrat et le principe de bonne foi, V. *supra* note 4 ss. art. 7.

9 **1. Les parties sont liées par les usages auxquels elles ont consenti et par les habitudes qui se sont établies entre elles.**

2. Sauf convention contraire des parties, celles-ci sont réputées s'être tacitement référées dans le contrat et pour la formation à tout usage dont elles avaient connaissance ou auraient dû avoir connaissance et qui, dans le commerce international, est largement connu et régulièrement observé par les parties à des contrats de même type dans la branche commerciale considérée.

1. Un usage du commerce international est considéré comme étant connu et régulièrement observé s'il est respecté par la majorité des commerçants actifs dans la branche commerciale considérée et établis dans la zone de diffusion de cette branche ou actifs dans ce lieu et dans la branche concernée. • Cour suprême Autriche, 21 mars 2000 : *D. 2002. Somm. 320, obs.*

Babusiaux. ♦ Sous l'empire de la CVIM, l'absence de protestation à une lettre de confirmation ne saurait valoir acquiescement que si celle-ci correspond à une habitude entre les parties ou à des usages internationaux, à la différence de la solution retenue en droit suisse. • Fribourg, 11 oct. 2004 : *D. 2005. Pan. 2285, obs. Witz.*

2. Constitue une rupture abusive des relations commerciales le fait pour un fournisseur de refuser de livrer son client au motif qu'il n'était pas agréé par l'entreprise d'affacturage qu'il avait chargée de recouvrer ses créances, alors qu'il avait honoré ses commandes pendant plusieurs mois, sans exiger que sa solvabilité fût établie. • Grenoble, 13 sept. 1995 : *JCP 1996. IV. 712.* ♦ Jugeant que les parties étant liées par les habitudes qui se sont établies entre elles, selon l'art. 9 CVIM, la clause d'arbitrage contenue dans plusieurs contrats antérieurs continue à régir leur relation d'affaires ultérieure. • Lietuvos apeliacinio teismo Civiliniu, 27 mars 2000 : *D. 2003. Somm. 2369, obs. Foght et Rosch*.

10 Aux fins de la présente Convention :

***a*) Si une partie a plus d'un établissement, l'établissement à prendre en considération est celui qui a la relation la plus étroite avec le contrat et son exécution eu égard aux circonstances connues des parties ou envisagées par elles à un moment quelconque avant la conclusion ou lors de la conclusion du contrat ;**

***b*) Si une partie n'a pas d'établissement, sa résidence habituelle en tient lieu.**

Sur la notion d'« établissement », V. note ss art. 1er. ♦ Constatant que les confirmations de commande du vendeur, les factures ainsi que les livraisons de marchandises ont été faites à partir du siège de la société venderesse en Allemagne et qu'il convient en conséquence de prendre en considération l'établissement dont le siège est dans ce pays, V. • Colmar, 24 oct. 2000 : *D. 2002. Somm. 393, obs. Witz*. ♦ Jugeant au vu des circonstances (déclarations relatives à la description des marchandises faites depuis le Canada, composants fabriqués dans ce pays, quartier général et entrepôts également dans ce pays) que l'établissement qui a la relation la plus étroite avec le contrat et son exécution est le Canada et non la Californie où, pourtant, nombre de ses ingénieurs travaillent, V. • US district court, Northern district of California, 27 juill. 2001 : *D. 2003. Somm. 2370, obs. Papandréou-Deterville*.

11 Le contrat de vente n'a pas à être conclu ni constaté par écrit et n'est soumis à aucune autre condition de forme. Il peut être prouvé par tous moyens, y compris par témoins.

Contrairement à *l'Uniform Commercial Code* qui l'a incorporé, le *Statute of Frauds* ne s'applique pas à la CVIM et les preuves orales sont admissibles pour établir qu'un contrat a été conclu entre les parties. • US district court, Southern district of New York, 8 août 2000 : *D. 2002. Somm. 398, obs. Papandréou-Deterville*. ♦ V. aussi • US district court, Southern district of New York, 6 avr. 1998 : *D. 1999. Somm. 367, obs. Papandréou-Deterville*.

12 Toute disposition de l'article 11, de l'article 29 ou de la deuxième partie de la présente Convention autorisant une forme autre que la forme écrite, soit pour la conclusion ou pour la modification ou la résiliation amiable d'un contrat de vente soit pour toute offre, acceptation ou autre manifestation d'intention, ne s'applique pas dès lors qu'une des parties a son établissement dans un État contractant qui a fait une déclaration conformément à l'article 96 de la présente Convention. Les parties ne peuvent déroger au présent article ni en modifier les effets.

13 Aux fins de la présente Convention, le terme « écrit » doit s'entendre également des communications adressées par télégramme ou par télex.

DEUXIÈME PARTIE Formation du contrat

14 1. Une proposition de conclure un contrat adressée à une ou plusieurs personnes déterminées constitue une offre si elle est suffisamment précise et si elle indique la volonté de son auteur d'être lié en cas d'acceptation. Une proposition est suffisamment précise lorsqu'elle désigne les marchandises et, expressément ou implicitement, fixe la quantité et le prix ou donne des indications permettant de les déterminer.

2. Une proposition adressée à des personnes indéterminées est considérée seulement comme une invitation à l'offre, à moins que la personne qui a fait la proposition n'ait clairement indiqué le contraire.

Sur la nécessité d'un prix « déterminable », V. • Civ. 1re, 4 janv. 1995 : *D. 1995. 289, note Witz*.

15 1. Une offre prend effet lorsqu'elle parvient au destinataire ;

2. Une offre, même si elle est irrévocable, peut être rétractée si la rétractation parvient au destinataire avant ou en même temps que l'offre.

16 1. Jusqu'à ce qu'un contrat ait été conclu, une offre peut être révoquée si la révocation parvient au destinataire avant que celui-ci ait expédié une acceptation.

2. Cependant, une offre ne peut être révoquée :

a) Si elle indique, en fixant un délai déterminé pour l'acceptation, ou autrement, qu'elle est irrévocable ; ou

b) S'il était raisonnable pour le destinataire de considérer l'offre comme irrévocable et s'il a agi en conséquence.

17 Une offre, même irrévocable, prend fin lorsque son rejet parvient à l'auteur de l'offre.

18 1. Une déclaration ou autre comportement du destinataire indiquant qu'il acquiesce à une offre constitue une acceptation. Le silence ou l'inaction à eux seuls ne peuvent valoir acceptation.

2. L'acceptation d'une offre prend effet au moment où l'indication d'acquiescement parvient à l'auteur de l'offre. L'acceptation ne prend pas effet si cette indication ne parvient pas à l'auteur de l'offre dans le délai qu'il a stipulé ou, à défaut d'une telle stipulation, dans un délai raisonnable, compte tenu des circonstances de la transaction et de la rapidité des moyens de communication utilisés par l'auteur de l'offre. Une offre verbale doit être acceptée immédiatement, à moins que les circonstances n'impliquent le contraire.

3. Cependant, si, en vertu de l'offre, des habitudes qui se sont établies entre les parties ou des usages, le destinataire de l'offre peut indiquer qu'il acquiesce en accomplissant un acte se rapportant, par exemple, à l'expédition des marchandises ou au paiement du prix, sans communication à l'auteur de l'offre, l'acceptation prend effet au moment où cet acte est accompli, pour autant qu'il le soit dans les délais prévus par le paragraphe précédent.

Pour une application du principe selon lequel le silence de l'acheteur, à lui seul, ne vaut pas acceptation d'une offre de vente internationale de marchandises, V. • Civ. 1re, 27 janv. 1998 : *D. 1998. Somm. 312, obs. Witz ; D. Affaires 1998. 337, obs. S. P.* ♦ Jugeant que la question de la formation du contrat de vente par le jeu d'une lettre de confirmation ne relève pas de la convention, V. • T. régional de l'Est, 23 avr. 1998 : *D. 1999. Somm. 360, obs. Morten Midtgaard Fogt*. ♦ Considérant que dans le cas où le fabricant avait exécuté des commandes sans exprimer son acceptation, l'exécution de nouvelles commandes vaut formation du contrat sans qu'il puisse invoquer à son profit l'art. 18, al. 1er, selon lequel le silence ou l'inaction à eux seuls ne peuvent valoir acceptation, V. • Grenoble, 21 oct. 1999 : *D. 2000. Somm. 441, obs. Witz*. ♦ La Convention de Vienne excluant tout formalisme tant pour la validité que pour la preuve du contrat de vente, il importe peu que l'ensemble des contrats versés aux débats ne soient pas revêtus de la signature du représentant de la société française. • Grenoble, 28 nov. 2002 : *JCP E 2003, no 30, p. 1215 ; JCP 2004. I. 111, no 1, obs. Poillot-Peruzzetto.*

19 1. Une réponse qui tend à être l'acceptation d'une offre, mais qui contient des additions, des limitations ou autres modifications, est un rejet de l'offre et constitue une contre-offre.

2. Cependant, une réponse qui tend à être l'acceptation d'une offre, mais qui contient des éléments complémentaires ou différents n'altérant pas substantiellement les termes de l'offre, constitue une acceptation, à moins que l'auteur de l'offre, sans retard injustifié, n'en relève les différences verbalement ou n'adresse un avis à cet effet. S'il ne le fait pas, les termes du contrat sont ceux de l'offre, avec les modifications comprises dans l'acceptation.

3. Des éléments complémentaires ou différents relatifs notamment au prix, au paiement, à la qualité et à la quantité des marchandises, au lieu et au moment de la livraison, à l'étendue de la responsabilité d'une partie à l'égard de l'autre ou au règlement des différends, sont considérés comme altérant substantiellement les termes de l'offre.

1. Contre-offre. La confirmation de commande du vendeur, qui contient les conditions générales de vente, étant postérieure à la date de formation du contrat, ne peut s'analyser comme une contre-offre au sens de l'art. 19 (1). • Paris, 13 déc. 1995 : *JCP 1997. II. 22772, note de Vareilles-Sommières.* ♦ V. aussi, jugeant qu'après la formation du contrat, l'acheteur ne saurait unilatéralement se rétracter, toute proposition émanant de sa part pour renégocier le prix ayant alors la valeur non pas d'une contre-offre, mais d'une offre de novation de contrat sous des conditions modifiées : • T. suprême Espagne, 28 janv. 2000 : *D. 2002. Somm. 322, obs. Rosch*.

2. Acceptation de l'offre. Pour faire droit à la demande en paiement d'un vendeur allemand des marchandises livrées à un acheteur français, une cour d'appel retient souverainement que les parties étaient d'accord sur la chose et sur le prix, y compris sur une révision du prix initial en fonction du marché et sur les modifications apportées à une commande qui avaient fait l'objet de la réponse du vendeur. • Civ. 1re, 4 janv. 1995 : *D. 1995. 289, note Witz*. ♦ La réponse tendant à l'acceptation d'une offre, mais qui contient une stipulation divergente sur le règlement des différends, contient selon l'art. 19 (3°) des éléments différents altérant substantiellement les termes de l'offre ; il en résulte qu'elle ne vaut pas acceptation et n'entraîne pas l'application de la clause attributive de compétence contenue dans l'offre initiale. • Civ. 1re, 16 juill. 1998 : *D. 1999. 117, note Witz ; D. Affaires 1998. 1694, obs. S. B.-T. ; RJDA 1998, n° 1203 ; Rev. crit. DIP 1999. 122, obs. Muir Watt ; Gaz. Pal. 19-20 nov. 1999, p. 31, note Mauro.* ♦ Sur des dissentiments partiels ne mettant pas en danger la formation du contrat, V. • C. féd. de justice allemande, 9 janv. 2002 : *D. 2003. Somm. 2362, obs. Limbach*.

20 **1. Le délai d'acceptation fixé par l'auteur de l'offre dans un télégramme ou une lettre commence à courir au moment où le télégramme est remis pour expédition ou à la date qui apparaît sur la lettre ou, à défaut, à la date qui apparaît sur l'enveloppe. Le délai d'acceptation que l'auteur de l'offre fixe par téléphone, par télex ou par d'autres moyens de communication instantanés commence à courir au moment où l'offre parvient au destinataire.**

2. Les jours fériés ou chômés qui tombent pendant que court le délai d'acceptation sont comptés dans le calcul de ce délai. Cependant, si la notification ne peut être remise à l'adresse de l'auteur de l'offre le dernier jour du délai, parce que celui-ci tombe un jour férié ou chômé au lieu d'établissement de l'auteur de l'offre, le délai est prorogé jusqu'au premier jour ouvrable suivant.

21 **1. Une acceptation tardive produit néanmoins effet en tant qu'acceptation si, sans retard, l'auteur de l'offre en informe verbalement le destinataire ou lui adresse un avis à cet effet.**

2. Si la lettre ou autre écrit contenant une acceptation tardive révèle qu'elle a été expédiée dans des conditions telles que, si sa transmission avait été régulière, elle serait parvenue à temps à l'auteur de l'offre, l'acceptation tardive produit effet en tant qu'acceptation à moins que, sans retard, l'auteur de l'offre n'informe verbalement le destinataire de l'offre qu'il considère que son offre avait pris fin ou qu'il ne lui adresse un avis à cet effet.

22 **L'acceptation peut être rétractée si la rétractation parvient à l'auteur de l'offre avant le moment où l'acceptation aurait pris effet ou à ce moment.**

Pour une rétractation inopérante de l'acceptation, V. • T. suprême Espagne : 28 janv. 2000 : *préc. note 1 ss. art. 19.*

23 Le contrat est conclu au moment où l'acceptation d'une offre prend effet conformément aux dispositions de la présente Convention.

24 Aux fins de la présente partie de la Convention, une offre, une déclaration d'acceptation ou toute autre manifestation d'intention « parvient » à son destinataire lorsqu'elle lui est faite verbalement ou est délivrée par tout autre moyen au destinataire lui-même, à son établissement, à son adresse postale ou, s'il n'y a pas d'établissement ou d'adresse postale, à sa résidence habituelle.

TROISIÈME PARTIE Vente de marchandises

CHAPITRE PREMIER *Dispositions générales*

25 Une contravention au contrat commise par l'une des parties est essentielle lorsqu'elle cause à l'autre partie un préjudice tel qu'elle la prive substantiellement de ce que celle-ci était en droit d'attendre du contrat, à moins que la partie en défaut n'ait pas prévu un tel résultat et qu'une personne raisonnable de même qualité placée dans la même situation ne l'aurait pas prévu non plus.

Contravention essentielle. Constitue une contravention essentielle, au sens de l'art. 25, le défaut de livraison à la date fixée par le contrat alors que le vendeur ne pouvait pas avoir de doutes quant à l'importance d'une livraison ponctuelle pour l'acheteur eu égard aux ventes de fin d'année. • CA Milan, 20 mars 1998 : *D. 1999. Somm. 364, obs. Spiegel*. ♦ Le refus d'établir une lettre de crédit au moment prévu par le contrat, à savoir lorsque le vendeur indique à l'acheteur les détails quant au navire affrété, est une contravention essentielle au sens de l'art. 25. • Cour suprême Queensland, 17 nov. 2000 : *D. 2002. Somm. 399, obs. Papandréou-Deterville*.

26 Une déclaration de résolution du contrat n'a d'effet que si elle est faite par notification à l'autre partie.

27 Sauf disposition contraire expresse de la présente partie de la Convention, si une notification, demande ou autre communication est faite par une partie au contrat conformément à la présente partie et par un moyen approprié aux circonstances, un retard ou une erreur dans la transmission de la communication ou le fait qu'elle n'est pas arrivée à destination ne prive pas cette partie au contrat du droit de s'en prévaloir.

28 Si, conformément aux dispositions de la présente Convention, une partie a le droit d'exiger de l'autre l'exécution d'une obligation, un tribunal n'est tenu d'ordonner l'exécution en nature que s'il le ferait en vertu de son propre droit pour des contrats de vente semblables non régis par la présente Convention.

29 1. Un contrat peut être modifié ou résilié par accord amiable entre les parties.

2. Un contrat écrit qui contient une disposition stipulant que toute modification ou résiliation amiable doit être faite par écrit ne peut être modifié ou résilié à l'amiable sous une autre forme. Toutefois, le comportement de l'une des parties peut l'empêcher d'invoquer une telle disposition si l'autre partie s'est fondée sur ce comportement.

CHAPITRE II *Obligations du vendeur*

30 Le vendeur s'oblige, dans les conditions prévues au contrat et par la présente Convention, à livrer les marchandises, à en transférer la propriété et, s'il y a lieu, à remettre les documents s'y rapportant.

SECTION I *Livraison des marchandises et remise des documents*

31 Si le vendeur n'est pas tenu de livrer les marchandises en un autre lieu particulier, son obligation de livraison consiste :

a) Lorsque le contrat de vente implique un transport des marchandises, à remettre les marchandises au premier transporteur pour transmission à l'acheteur ;

b) Lorsque, dans les cas non visés au précédent alinéa, le contrat porte sur un corps certain ou sur une chose de genre qui doit être prélevée sur une masse déterminée ou qui doit être fabriquée ou produite et lorsque, au moment de la conclusion du contrat, les parties savaient que les marchandises se trouvaient ou devaient être fabriquées ou produites en un lieu particulier, à mettre les marchandises à la disposition de l'acheteur en ce lieu ;

c) Dans les autres cas, à mettre les marchandises à la disposition de l'acheteur au lieu où le vendeur avait son établissement au moment de la conclusion du contrat.

32 1. Si, conformément au contrat ou à la présente Convention, le vendeur remet les marchandises à un transporteur et si les marchandises ne sont pas clairement identifiées aux fins du contrat par l'apposition d'un signe distinctif sur les marchandises, par des documents de transport ou par tout autre moyen, le vendeur doit donner à l'acheteur avis de l'expédition en désignant spécifiquement les marchandises.

2. Si le vendeur est tenu de prendre des dispositions pour le transport des marchandises, il doit conclure les contrats nécessaires pour que le transport soit effectué jusqu'au lieu prévu par les moyens de transport appropriés aux circonstances et selon les conditions usuelles pour un tel transport.

3. Si le vendeur n'est pas tenu de souscrire lui-même une assurance de transport, il doit fournir à l'acheteur, à la demande de celui-ci, tous renseignements dont il dispose qui sont nécessaires à la conclusion de cette assurance.

33 Le vendeur doit livrer les marchandises :

a) Si une date est fixée par le contrat ou déterminable par référence au contrat, à cette date ;

b) Si une période de temps est fixée par le contrat ou déterminable par référence au contrat, à un moment quelconque au cours de cette période, à moins qu'il ne résulte des circonstances que c'est à l'acheteur de choisir une date ; ou

c) Dans tous les autres cas, dans un délai raisonnable à partir de la conclusion du contrat.

1. Défaut de livraison à la date fixée. V. note ss. art. 25.

2. Délai raisonnable. Lorsqu'en application de l'art. 33 c), la livraison doit intervenir dans un délai raisonnable à partir de la conclusion du contrat, l'acheteur a intérêt à dénoncer une prétendue tardiveté lors de la réception de la marchandise. • C. provinciale Barcelone, 20 juin 1997 : *D. 1999. Somm. 361, obs. Rosch*.

34 Si le vendeur est tenu de remettre les documents se rapportant aux marchandises, il doit s'acquitter de cette obligation au moment, au lieu et dans la forme prévus au contrat. En cas de remise anticipée, le vendeur conserve, jusqu'au moment prévu pour la remise, le droit de réparer tout défaut de conformité des documents, à condition que l'exercice de ce droit ne cause à l'acheteur ni inconvénients ni frais déraisonnables. Toutefois, l'acheteur conserve le droit de demander des dommages-intérêts conformément à la présente Convention.

SECTION II *Conformité des marchandises et droits ou prétentions des tiers*

35 1. Le vendeur doit livrer des marchandises dont la quantité, la qualité et le type répondent à ceux qui sont prévus au contrat, et dont l'emballage ou le conditionnement correspond à celui qui est prévu au contrat.

2. A moins que les parties n'en soient convenues autrement, les marchandises ne sont conformes au contrat que si :

***a*) Elles sont propres aux usages auxquels serviraient habituellement des marchandises du même type ;**

***b*) Elles sont propres à tout usage spécial qui a été porté expressément ou tacitement à la connaissance du vendeur au moment de la conclusion du contrat, sauf s'il résulte des circonstances que l'acheteur ne s'en est pas remis à la compétence ou à l'appréciation du vendeur ou qu'il n'était pas raisonnable de sa part de le faire ;**

***c*) Elles possèdent les qualités d'une marchandise que le vendeur a présentée à l'acheteur comme échantillon ou modèle ;**

***d*) Elles sont emballées ou conditionnées selon le mode habituel pour les marchandises du même type ou, à défaut de mode habituel, d'une manière propre à les conserver et à les protéger.**

3. Le vendeur n'est pas responsable, au regard des alinéas *a* et *d* du paragraphe précédent, d'un défaut de conformité que l'acheteur connaissait ou ne pouvait ignorer au moment de la conclusion du contrat.

1. Appréciation de la conformité. L'on ne saurait en principe attendre du vendeur, dans le cadre de l'appréciation de la conformité contractuelle d'une marchandise au sens de l'art. 35, al. 2 (*a* et *b*), qu'il respecte des règles déterminées de droit public du pays de l'acheteur et de celui de commercialisation affectant le caractère revendable de la marchandise. • C. féd. de justice allemande, 8 mars 1995 : *D. 1997. Somm. 217, obs. Witz*. ♦ V. aussi • Eastern district Louisiane, 17 mai 1999 : *D. 1999. Somm. 369, obs. Papandréou-Deterville* • Cour suprême Autriche, 13 avr. 2000 : *D. 2002. Somm. 317, obs. Babusiaux*. ♦ Pour une application implicite de la convention de Vienne sans que les juges n'aient à déterminer plus avant le droit applicable au fond, V. • Civ. 1re, 8 janv. 2002 : *Bull. civ. I, n° 6 ; Petites affiches 4 déc. 2002, p. 19, obs. Chanteloup.*

1 bis. Applications. En livrant du vin chaptalisé, une société n'a pas exécuté son obligation de livrer une marchandise conforme au contrat. • Civ. 1re, 23 janv. 1996 : *Bull. civ. I, n° 38 ; D. 1996. 334, note Witz ; D. Affaires 1996. 205 ; JCP 1996. II. 22734, note Muir Watt ; Contrats Conc. Consom. 1996, n° 77, note Leveneur.* ♦ Cette manipulation ayant, à elle seule, rendu le vin impropre à la consommation, est légalement justifiée la décision prononçant aux torts de cette société la résiliation de la vente. • Même arrêt.

2. En omettant de placer sur les sachets les mentions relatives à la composition et à la date de péremption, le vendeur a livré une marchandise non conforme, au sens de l'art. 35, qui vise spécialement l'emballage. • Grenoble, 13 sept. 1995 : *JCP 1996. IV. 712.*

3. Manque à son obligation de livrer une marchandise conforme au contrat le vendeur qui fait livrer des tissus qui ne sont pas conformes aux échantillons agréés et dont la texture, la largeur et le poids ne correspondent pas aux caractéristiques contractuelles initialement prévues. • T. com. Paris, 4 févr. 1998 : *Gaz. Pal. 15-16 oct. 1999, p. 9.*

4. Preuve. L'acheteur qui réclame des dommages-intérêts pour défaut de conformité doit prouver l'existence du défaut de conformité, le lien de causalité avec le dommage intervenu ainsi que la promptitude de la dénonciation. • Vigevano, 12 juill. 2000 : *D. 2002. Somm. 395, obs. Spiegel*. ♦ Jugeant que c'est sans inversion de la charge de la preuve qu'une cour d'appel, après avoir procédé à une analyse concrète des éléments de fait qui lui ont été soumis, a retenu qu'il était impossible, en l'état des éléments techniques divergents et parcellaires, d'imputer au vendeur les défauts apparus sur la marchandise livrée, V • Com. 24 sept. 2003 : *Bull. civ. IV, n° 139 ; D. 2005. Pan. 2286, obs. Witz ; ibid. 2003. AJ. 2502 ; JCP 2004. I. 111, n° 1, obs. Rueda ; RTD com. 2004. 362, obs. Bouloc ; Petites affiches 9 juin 2004, p. 20, obs. Brière.* ♦ *Contra,* jugeant qu'en cas de défaut de conformité de la marchandise, il appartient au vendeur, présumé responsable, de prouver la cause de ce défaut : • Grenoble, 15 mai 1996 : *D. 1997. Somm. 221, obs. Witz*.

36 1. Le vendeur est responsable, conformément au contrat et à la présente Convention, de tout défaut de conformité qui existe au moment du transfert des risques à l'acheteur, même si ce défaut n'apparaît qu'ultérieurement.

2. Le vendeur est également responsable de tout défaut de conformité qui survient après le moment indiqué au paragraphe précédent et qui est imputable à l'inexécution

de l'une quelconque de ses obligations, y compris à un manquement à une garantie que, pendant une certaine période, les marchandises resteront propres à leur usage normal ou à un usage spécial ou conserveront des qualités ou caractéristiques spécifiées.

La survenance d'une panne intervenue dans un court délai après la livraison établit, nonobstant toute connaissance plus précise du vice, le défaut de conformité du bien voulu. • Grenoble, 15 mai 1996 : *D. 1997. Somm. 221, obs. Witz*. ♦ Comp. : • Com. 24 sept. 2003 : *préc. note 4 ss. art. 35.*

37 En cas de livraison anticipée, le vendeur a le droit, jusqu'à la date prévue pour la livraison, soit de livrer une partie ou une quantité manquante, ou des marchandises nouvelles en remplacement des marchandises non conformes au contrat, soit de réparer tout défaut de conformité des marchandises, à condition que l'exercice de ce droit ne cause à l'acheteur ni inconvénients ni frais déraisonnables. Toutefois, l'acheteur conserve le droit de demander des dommages-intérêts conformément à la présente Convention.

38 1. L'acheteur doit examiner les marchandises ou les faire examiner dans un délai aussi bref que possible eu égard aux circonstances.

2. Si le contrat implique un transport des marchandises, l'examen peut être différé jusqu'à leur arrivée à destination.

3. Si les marchandises sont déroutées ou réexpédiées par l'acheteur sans que celui-ci ait eu raisonnablement la possibilité de les examiner et si, au moment de la conclusion du contrat, le vendeur connaissait ou aurait dû connaître la possibilité de ce déroutage ou de cette réexpédition, l'examen peut être différé jusqu'à l'arrivée des marchandises à leur nouvelle destination.

1. Portée de l'obligation. L'obligation qui incombe à l'acheteur d'examiner les marchandises n'est pas une véritable obligation (à ce titre elle ne comporte pas l'engagement de découvrir notamment les vices cachés). • T. com. Ypres, 29 janv. 2001 : *D. 2003. Somm. 2365, obs. Papandréou-Deterville* (l'art. 38-1 impose moins une obligation qu'une incombance).

2. Délai d'examen. Sur la durée moyenne du délai prescrit pour l'examen des marchandises, V. note 3 ss. art. 39.

39 1. L'acheteur est déchu du droit de se prévaloir d'un défaut de conformité s'il ne le dénonce pas au vendeur, en précisant la nature de ce défaut, dans un délai raisonnable à partir du moment où il l'a constaté ou aurait dû le constater.

2. Dans tous les cas, l'acheteur est déchu du droit de se prévaloir d'un défaut de conformité, s'il ne le dénonce pas au plus tard dans un délai de deux ans à compter de la date à laquelle les marchandises lui ont été effectivement remises, à moins que ce délai ne soit incompatible avec la durée d'une garantie contractuelle.

BIBL. ▶ WITZ, *D. 2002. Chron. 2860* (nouveaux délais de prescription du droit allemand applicables aux ventes internationales de marchandises régies par la Convention de Vienne). – V. aussi bibl. ss. art. 4.

1. Responsabilité délictuelle. L'acheteur d'une marchandise défectueuse peut agir contre le vendeur sur le terrain de la responsabilité délictuelle alors que la vente est régie par la Convention de La Haye portant loi uniforme sur la vente internationale des objets mobiliers corporels (LUVI). • T. régional sup. Munich, 9 août 1995 : *D. 1997. Somm. 219, obs. Witz*. ♦ Il n'y a pas lieu d'appliquer à l'action en responsabilité délictuelle les dispositions du droit uniforme relatives à la dénonciation des défauts. • Même arrêt.

2. Délai raisonnable. La réclamation écrite de l'acheteur concernant le défaut de conformité des marchandises étant intervenue dans le mois suivant la livraison des fromages doit être considérée comme ayant été faite dans un délai raisonnable au sens de l'art. 39. • Grenoble, 13 sept. 1995 : *JCP 1996. IV. 712* • Colmar, 24 oct. 2000 : *D. 2002. Somm. 393, obs. Witz*. ♦ Pour un arrêt jugeant que n'est plus raisonnable le délai d'une durée de plus d'un mois entre l'échéance du délai d'examen des marchandises et la dénonciation des défauts, V. • T. régional sup. Oldenbourg, 5 déc. 2000 : *D. 2002. Somm. 314, obs. Schneider* . ♦ Même solution pour une dénonciation intervenue quatre mois après la livraison. • T. Vigevano, 12 juill. 2000 : *D. 2002. Somm. 395, obs. Spiegel* . ♦ ... Ou dans le délai de six semaines. • T. com. Hasselt, 6 janv. 2004 : *D. 2005. Pan. 2282, obs. Witz* . ♦ V., semblant concevoir le délai d'un mois de manière intangible (« un mois maximum ») : • Landgericht Saarbrücken, 2 juill. 2002 : *D. 2003. Somm. 2363, obs. Witz* .

2 bis. Sur la distinction entre délai de dénonciation et délai de prescription, V. • Paris, 6 nov. 2001 : *D. 2002. 2795, note Witz* ; *RTD com. 2002. 210, obs. Jacquet et Delebecque* .

3. Délai global de dénonciation. Le délai d'examen des marchandises et le délai de dénonciation des défauts se suivent l'un l'autre et forment ensemble le délai global de dénonciation. • T. régional sup. Cologne, 21 août 1997 : *D. 1998. Somm. 311, obs. Witz* . ♦ Dans un souci d'interprétation uniforme de la Convention, il convient de prendre en compte la tradition des États contractants, qui, comme la France, accordent un délai plus long et devrait donc être retenu un délai ayant une durée globale d'un mois. • Même arrêt. ♦ Dans le même sens, V. • C. féd. de justice allemande, 3 nov. 1999 : *D. 2000. Somm. 434, obs. Witz* . ♦ Rappr., considérant que pour déterminer le délai raisonnable de la notification des défauts par l'acheteur, il faut tenir compte de l'obligation à la charge de l'acheteur d'examiner les marchandises dans un délai aussi bref que possible eu égard aux circonstances : • T. civ. Coni, 31 janv. 1996 : *D. 1997. Somm. 222, obs. Spiegel* . ♦ Si les défauts de la marchandise sont facilement décelables lors d'un examen correct, le délai de notification se trouve par conséquent réduit. • Même jugement. ♦ V. aussi, considérant que le délai raisonnable de dénonciation des défauts de la marchandise livrée, incluant le délai d'examen desdites marchandises, par un acheteur qui aurait pu aisément déceler les défauts grâce à des essais par sondage est au maximum d'un mois. • T. régional sup. Sarrebruck, 3 juin 1998 : *D. 1999. Somm. 356, obs. Witz* . ♦ Comp., s'agissant des défauts de fleurs naturelles, jugeant qu'ils doivent être dénoncés le jour de la réception des marchandises par une description détaillée de la contravention contractuelle : • T. régional sup. Munich, 11 mars 1998 : *ibid.* ♦ V. également, prenant en considération pour apprécier le délai prescrit par l'art. 38, la nature des marchandises, leur empaquetage et leur quantité, • T. sup. du canton de Lucerne, 8 janv. 1997 : *D. 1998. Somm. 315, obs. Witz* . ♦ Comp., retenant comme durée moyenne pour l'examen prescrit par l'art. 38, al. 1er, un délai de trois à quatre jours, et considérant que le délai de dénonciation des défauts prévu par l'art. 39, al. 1er, est d'environ huit jours lorsqu'il s'agit de denrées non périssables, • T. régional sup. Karlsruhe, 25 juin 1997 : *D. 1998. Somm. 310, obs. Witz* . ♦ V. aussi, jugeant que si le délai d'examen de biens durables est, en principe, de trois à quatre jours, ce délai peut être plus court selon les circonstances ; il en est ainsi pour les animaux vivants dont l'examen doit se faire dès la livraison ou, au plus tard, le lendemain : • Oberlandesgericht Schleswig, 22 août 2002 : *D. 2003. Somm. 2363, obs. Witz* .

3 bis. Il résulte des dispositions de l'art. 39 que l'obligation de dénonciation des défauts de conformité dans un délai raisonnable n'est pas subordonnée à l'introduction d'une action en justice par l'acquéreur, mais requiert seulement de sa part une information claire et précise, donnée au vendeur, des contestations qu'appelle la délivrance de la chose vendue. • Versailles, 29 janv. 1999 : *JCP E 1999, n° 25, p. 1081.* ♦ Comp., jugeant que l'action en justice introduite par l'assureur de l'acheteur, subrogé dans les droits de celui-ci, a été intentée à temps, le délai écoulé entre la dénonciation du sinistre et la mise en œuvre de l'action judiciaire apparaissant raisonnable. • Colmar, 24 oct. 2000 : *préc. note 2.*

L'acheteur est déchu du droit de se prévaloir d'un défaut, lorsque tout en ayant connaissance de l'existence du défaut, il ne l'invoque qu'au moment où le vendeur lui réclame le paiement du prix de vente. • C. provinciale Barcelone, 20 juin 1997 : *D. 1999. Somm. 361, obs. Rosch* • Orléans, 21 juill. 2005 : *RJDA 2006, n° 19.*

Pour un arrêt laissant à l'appréciation souveraine des juges du fond la détermination de la durée du délai de dénonciation prévu à l'art. 39, al. 1er, de la CVIM, V. • Civ. 1re, 26 mai 1999 : *D. 2000. 788, note Witz* . ♦ Ne peuvent tenir lieu de dénonciation : l'assignation donnée en référé à l'établissement de crédit ayant accordé le crédit documentaire pour lui interdire de payer le vendeur dès lors que celui-ci n'en a pas été informé et n'a pas été mis en cause. • Orléans, 21 juill. 2005 : *préc.* ♦ ... Les réserves portées à la connaissance du transporteur, sauf stipulations contraires, en raison de l'interdépendance du contrat de vente et du contrat de transport. • Même arrêt.

4. Point de départ du délai de dénonciation. Lorsque le bien livré est atteint d'un défaut caché, le point de départ du délai d'examen et de dénonciation ne commence pas à courir dès le jour de la survenance du dommage dans l'hypothèse où celui-ci a pu avoir d'autres causes que le défaut caché du bien. • C. féd. de justice allemande, 3 nov. 1999 : *préc. note 3.*

5. Renonciation du vendeur. En ce sens que la renonciation du vendeur à se prévaloir du caractère tardif de la dénonciation par l'acheteur du défaut de conformité de la marchandise est en principe admissible selon le droit uniforme de la vente internationale de marchandises, V. • C. féd. de justice allemande, 25 juin 1997 : *D. 1998. Somm. 309, obs. Witz* • 25 nov. 1998 : *D. 1999. Somm. 356, obs. Witz*. ♦ La simple ouverture de négociations au sujet des défauts constatés par l'acheteur ne saurait valoir renonciation du vendeur à se prévaloir du caractère tardif de la dénonciation des défauts. • T. régional sup. Oldenbourg, 5 déc. 2000 : *préc. note 2.*

40 **Le vendeur ne peut pas se prévaloir des dispositions des articles 38 et 39 lorsque le défaut de conformité porte sur des faits qu'il connaissait ou ne pouvait ignorer et qu'il n'a pas révélés à l'acheteur.**

1. Mauvaise foi du vendeur. Doit être considéré de mauvaise foi, en vertu de l'art. 40, le vendeur qui, lors de la livraison d'une machine en pièces détachées, alors qu'il ne pouvait ignorer l'éventualité d'une installation incorrecte par l'acquéreur et le risque évident qu'une défaillance sérieuse de la machine se produise, n'accompagne cette livraison d'aucune mise en garde. • Institut d'arbitrage Ch. com. Stockholm, 5 juin 1998 : *D. 1999. Somm. 365, obs. Limbach*. ♦ Jugeant qu'il ressortait de la nature des défauts constatés que le vendeur professionnel devait non seulement avoir connu les défauts, mais encore qu'il les connaissait ou ne pouvait les ignorer, V. • Anvers, 27 juin 2001 : *D. 2003. Somm. 2365, obs. Papandréou-Deterville*. ♦ Concluant à la mauvaise foi du vendeur qui, en sa qualité de producteur, ne pouvait pas ignorer les vices du produit et qui les avait même délibérément dissimulés à l'acquéreur en ne lui fournissant pas le certificat d'analyse pourtant prévu au contrat : • Civ. 1re, 4 oct. 2005 : *Bull. civ. I, n° 360 ; JCP E 2005, n° 47, p. 1992 ; RJDA 2006, n° 128.*

2. Garantie conventionnelle. La stipulation d'une garantie conventionnelle de dix-huit mois, susceptible d'être interprétée comme portant dérogation aux art. 38 et 39, n'entraîne pas la mise à l'écart de l'art. 40. • Institut d'arbitrage Ch. com. Stockholm, 5 juin 1998 : *préc. note 1*.

3. Charge de la preuve. Jugeant que l'art. 40 a pour fonction entre autres d'alléger la charge de la preuve par l'acquéreur de la mauvaise foi du vendeur, V. • Institut d'arbitrage Ch. com. Stockholm, 5 juin 1998 : *préc. note 1*. ♦ Comp., jugeant qu'il appartient à l'acquéreur d'établir que le vendeur avait la connaissance tant de l'usage et de la destination du produit acquis que de la non conformité alléguée, V. • Paris, 25 févr. 2005 : *RTD com. 2005. 639, obs. Delebecque*.

41 **Le vendeur doit livrer les marchandises libres de tout droit ou prétention d'un tiers, à moins que l'acheteur n'accepte de prendre les marchandises dans ces conditions. Toutefois, si ce droit ou cette prétention est fondé sur la propriété industrielle ou autre propriété intellectuelle, l'obligation du vendeur est régie par l'article 42.**

42 **1. Le vendeur doit livrer les marchandises libres de tout droit ou prétention d'un tiers fondé sur la propriété industrielle ou autre propriété intellectuelle, qu'il connaissait ou ne pouvait ignorer au moment de la conclusion du contrat, à condition que ce droit ou cette prétention soit fondé sur la propriété industrielle ou autre propriété intellectuelle :**

a) En vertu de la loi de l'État où les marchandises doivent être revendues ou utilisées, si les parties ont envisagé au moment de la conclusion du contrat que les marchandises seraient revendues ou utilisées dans cet État ; ou

b) Dans tous les autres cas, en vertu de la loi de l'État où l'acheteur a son établissement.

2. Dans les cas suivants, le vendeur n'est pas tenu de l'obligation prévue au paragraphe précédent :

a) Au moment de la conclusion du contrat, l'acheteur connaissait ou ne pouvait ignorer l'existence du droit ou de la prétention ; ou

b) Le droit ou la prétention résulte de ce que le vendeur s'est conformé aux plans techniques, dessins, formules ou autres spécifications analogues fournis par l'acheteur.

Dès lors que l'acheteur ne pouvait, en sa qualité de professionnel, ignorer le caractère contrefaisant d'un élément du produit acheté à une société étrangère, et qu'il a agi en connaissance du droit de la propriété intellectuelle, le vendeur n'est plus tenu à l'obligation de livrer des marchandises libres de tout droit de propriété intellectuelle. • Civ. 1re, 19 mars 2002 : *Bull. civ. I, nº 98 ; D. 2003. Somm. 2366, obs. Witz ; ibid. 2002. AJ. 1348 ; JCP 2003. II. 10016, note Raynard ; RTD com. 2002. 717, obs. Bouloc ; Petites affiches 4 déc. 2002, p. 19, obs. Chanteloup* • Colmar, 13 nov. 2002 : *D. 2003. Somm. 2367, obs. Witz*.

43 **1. L'acheteur perd le droit de se prévaloir des dispositions des articles 41 et 42 s'il ne dénonce pas au vendeur le droit ou la prétention du tiers, en précisant la nature de ce droit ou de cette prétention, dans un délai raisonnable à partir du moment où il en a eu connaissance ou aurait dû en avoir connaissance.**

2. Le vendeur ne peut pas se prévaloir des dispositions du paragraphe précédent s'il connaissait le droit ou la prétention du tiers et sa nature.

44 **Nonobstant les dispositions du paragraphe 1 de l'article 39 et du paragraphe 1 de l'article 43, l'acheteur peut réduire le prix conformément à l'article 50 ou demander des dommages-intérêts, sauf pour le gain manqué, s'il a une excuse raisonnable pour n'avoir pas procédé à la dénonciation requise.**

SECTION III *Moyens dont dispose l'acheteur en cas de contravention au contrat par le vendeur*

45 **1. Si le vendeur n'a pas exécuté l'une quelconque des obligations résultant pour lui du contrat de vente ou de la présente Convention, l'acheteur est fondé à :**

a) Exercer les droits prévus aux articles 46 à 52 ;

b) Demander les dommages-intérêts prévus aux articles 74 à 77.

2. L'acheteur ne perd pas le droit de demander des dommages-intérêts lorsqu'il exerce son droit de recourir à un autre moyen.

3. Aucun délai de grâce ne peut être accordé au vendeur par un juge ou par un arbitre lorsque l'acheteur se prévaut d'un des moyens dont il dispose en cas de contravention au contrat.

Le droit de demander des dommages-intérêts subsiste, en principe, en cas d'exercice du droit de réduire le prix de vente, mais ce droit est exclu en ce qui concerne le dommage résultant directement du défaut de la chose. • T. féd. suisse, 28 oct. 1998 : *D. 2000. Somm. 443, obs. Schneider*.

46 **1. L'acheteur peut exiger du vendeur l'exécution de ses obligations, à moins qu'il ne soit prévalu d'un moyen incompatible avec cette exigence.**

2. Si les marchandises ne sont pas conformes au contrat, l'acheteur ne peut exiger du vendeur la livraison de marchandises de remplacement que si le défaut de conformité constitue une contravention essentielle au contrat et si cette livraison est demandée au moment de la dénonciation du défaut de conformité faite conformément à l'article 39 ou dans un délai raisonnable à compter de cette dénonciation.

3. Si les marchandises ne sont pas conformes au contrat, l'acheteur peut exiger du vendeur qu'il répare le défaut de conformité, à moins que cela ne soit déraisonnable compte tenu de toutes les circonstances. La réparation doit être demandée au moment de la dénonciation du défaut de conformité faite conformément à l'article 39 ou dans un délai raisonnable à compter de cette dénonciation.

47 **1. L'acheteur peut impartir au vendeur un délai supplémentaire de durée raisonnable pour l'exécution de ses obligations.**

2. A moins qu'il n'ait reçu du vendeur une notification l'informant que celui-ci n'exécuterait pas ses obligations dans le délai ainsi imparti, l'acheteur ne peut, avant l'expiration de ce délai, se prévaloir d'aucun des moyens dont il dispose en cas de contravention au contrat. Toutefois, l'acheteur ne perd pas, de ce fait, le droit de demander des dommages-intérêts pour retard dans l'exécution.

Délai supplémentaire. L'attitude d'un acheteur consistant à faire preuve d'une grande tolérance à l'égard des retards du vendeur peut être assimilée à la stipulation d'un délai supplémentaire au sens de l'art. 47. • C. provinciale Barcelone, 3 nov. 1997 : *D. 1999. Somm. 363, obs. Rosch*.

48 **1. Sous réserve de l'article 49, le vendeur peut, même après la date de la livraison réparer à ses frais tout manquement à ses obligations, à condition que cela n'entraîne pas un retard déraisonnable et ne cause à l'acheteur ni inconvénients déraisonnables ni incertitude quant au remboursement par le vendeur des frais faits par l'acheteur. Toutefois, l'acheteur conserve le droit de demander des dommages-intérêts conformément à la présente Convention.**

2. Si le vendeur demande à l'acheteur de lui faire savoir s'il accepte l'exécution et si l'acheteur ne lui répond pas dans un délai raisonnable, le vendeur peut exécuter ses obligations dans le délai qu'il a indiqué dans sa demande. L'acheteur ne peut, avant l'expiration de ce délai, se prévaloir d'un moyen incompatible avec l'exécution par le vendeur de ses obligations.

3. Lorsque le vendeur notifie à l'acheteur son intention d'exécuter ses obligations dans un délai déterminé, il est présumé demander à l'acheteur de lui faire connaître sa décision conformément au paragraphe précédent.

4. Une demande ou une notification faite par le vendeur en vertu des paragraphes 2 ou 3 du présent article n'a d'effet que si elle est reçue par l'acheteur.

49 **1. L'acheteur peut déclarer le contrat résolu :**

***a*) Si l'inexécution par le vendeur de l'une quelconque des obligations résultant pour lui du contrat ou de la présente Convention constitue une contravention essentielle au contrat ; ou**

***b*) En cas de défaut de livraison, si le vendeur ne livre pas les marchandises dans le délai supplémentaire imparti par l'acheteur conformément au paragraphe 1 de l'article 47 ou s'il déclare qu'il ne les livrera pas dans le délai ainsi imparti.**

2. Cependant, lorsque le vendeur a livré les marchandises, l'acheteur est déchu du droit de déclarer le contrat résolu s'il ne l'a pas fait :

***a*) En cas de livraison tardive, dans un délai raisonnable à partir du moment où il a su que la livraison avait été effectuée ;**

***b*) En cas de contravention autre que la livraison tardive, dans un délai raisonnable :**

i) A partir du moment où il a eu connaissance ou aurait dû avoir connaissance de cette contravention ;

ii) Après l'expiration de tout délai supplémentaire imparti par l'acheteur conformément au paragraphe 1 de l'article 47 ou après que le vendeur a déclaré qu'il n'exécuterait pas ses obligations dans ce délai supplémentaire ;

ou

iii) Après l'expiration de tout délai supplémentaire indiqué par le vendeur conformément au paragraphe 2 de l'article 48 ou après que l'acheteur a déclaré qu'il n'accepterait pas l'exécution.

1. Le système des remèdes prévu par la Convention de Vienne du 11 avr. 1980 ne consacre pas, en principe, la distinction classique entre la violation de l'obligation de délivrance et la garantie pour les défauts de la chose. • C. féd. de justice allemande, 3 avr. 1996 : *D. 1997. Somm. 218, obs. Spiegel*. ♦ L'acheteur auquel a été livrée une marchandise non conforme doit établir, pour résoudre le contrat, que les conditions de l'art. 49, al. 1er (*a*), sont réunies. • Même arrêt. ♦ Il appartient à l'acheteur, avant de déclarer le contrat résolu, de déterminer, lorsque la contravention résulte de la non-conformité des qualités de la marchandise, si une autre transformation ou revente de cette marchandise dans des conditions normales, même avec réduction du prix, reste possible sans trop de difficultés et dans les limites de l'acceptable. • T. féd. suisse, 28 oct. 1998 : *D. 2000. Somm. 443, obs. Schneider*.

Pour un arrêt considérant qu'il y a lieu à résolution du contrat, dès lors que le manquement du vendeur à son obligation de délivrance est établi et qu'il est démontré que l'acquéreur n'a pu faire l'usage attendu et spécifié du matériel, V. • Versailles, 29 janv. 1998 : *JCP E 1999, n° 25, p. 1081*.

2. En ce sens que, une déclaration de résolution, opérée 7 jours après la livraison, doit être considérée comme tardive faute d'avoir été faite dans le délai raisonnable de l'art. 49, al. (b), eu égard à la rapide déperdition de valeur du bien, V. • T. régional de l'Ouest danois, 10 nov. 1999 : *D. 2000. Somm. 438, obs. Fogt*.

50 En cas de défaut de conformité des marchandises au contrat, que le prix ait été ou non déjà payé, l'acheteur peut réduire le prix proportionnellement à la différence entre la valeur que les marchandises effectivement livrées avaient au moment de la livraison et la valeur que des marchandises conformes auraient eue à ce moment. Cependant, si le vendeur répare tout manquement à ses obligations conformément à l'article 37 ou à l'article 48 ou si l'acheteur refuse d'accepter l'exécution par le vendeur conformément à ces articles, l'acheteur ne peut réduire le prix.

51 1. Si le vendeur ne livre qu'une partie des marchandises ou si une partie seulement des marchandises livrées est conforme au contrat, les articles 46 à 50 s'appliquent en ce qui concerne la partie manquante ou non conforme.

2. L'acheteur ne peut déclarer le contrat résolu dans sa totalité que si l'inexécution partielle ou le défaut de conformité constitue une contravention essentielle au contrat.

52 1. Si le vendeur livre les marchandises avant la date fixée, l'acheteur a la faculté d'en prendre livraison ou de refuser d'en prendre livraison.

2. Si le vendeur livre une quantité supérieure à celle prévue au contrat, l'acheteur peut accepter ou refuser de prendre livraison de la quantité excédentaire. Si l'acheteur accepte d'en prendre livraison en tout ou en partie, il doit la payer au tarif du contrat.

CHAPITRE III *Obligations de l'acheteur*

53 L'acheteur s'oblige, dans les conditions prévues au contrat et par la présente Convention, à payer le prix et à prendre livraison des marchandises.

SECTION I *Paiement du prix*

54 L'obligation qu'a l'acheteur de payer le prix comprend celle de prendre les mesures et d'accomplir les formalités destinées à permettre le paiement du prix qui sont prévues par le contrat ou par les lois et les règlements.

En ce sens qu'en refusant d'établir une lettre de crédit au moment prévu par le contrat, l'acheteur ne respecte pas son obligation de payer le prix telle que décrite à l'art. 54, V. • Cour suprême Queensland, 17 nov. 2000 : *D. 2002. Somm. 399, obs. Papandréou-Deterville*.

55 Si la vente est valablement conclue sans que le prix des marchandises vendues ait été fixé dans le contrat expressément ou implicitement ou par une disposition permettant de le déterminer, les parties sont réputées, sauf indications contraires, s'être tacitement référées au prix habituellement pratiqué au moment de la conclusion du contrat, dans la branche commerciale considérée, pour les mêmes marchandises vendues dans des circonstances comparables.

56 Si le prix est fixé d'après le poids des marchandises, c'est le poids net qui, en cas de doute, détermine ce prix.

57 1. Si l'acheteur n'est pas tenu de payer le prix en un autre lieu particulier, il doit payer le vendeur :

a) A l'établissement de celui-ci ; ou

b) Si le paiement doit être fait contre la remise des marchandises ou des documents, au lieu de cette remise.

2. Le vendeur doit supporter toute augmentation des frais accessoires au paiement qui résultent de son changement d'établissement après la conclusion du contrat.

1. Pour une décision considérant que la cession du prix de vente entraîne le transfert du lieu de paiement à l'établissement du cessionnaire, V. • T. régional sup. Celle, 11 nov. 1998 : *D. 2000. Somm. 437, obs. crit. Rosch*.

2. Sur l'application combinée des art. 5, 1°, de la Convention de Bruxelles fixant la compétence judiciaire territoriale au lieu d'exécution de l'obligation servant de base à la demande et l'art. 57 de la Convention de Vienne, V. • Civ. 1re, 26 juin 2001 : *Bull. civ. I, n° 188 ; D. 2001. AJ. 2593*. ♦ V. aussi, • Civ. 1re, 26 juin 2001 : *D. 2001. Jur. 3607, note Witz ; ibid. AJ. 2592* • T. régional sup. Stuttgart, 28 févr. 2000 : *D. 2002. Somm. 315, obs. Limbach*.

58 1. Si l'acheteur n'est pas tenu de payer le prix à un autre moment déterminé, il doit le payer lorsque, conformément au contrat et à la présente Convention, le vendeur met à sa disposition soit les marchandises soit des documents représentatifs des marchandises. Le vendeur peut faire du paiement une condition de la remise des marchandises ou des documents.

2. Si le contrat implique un transport des marchandises, le vendeur peut en faire l'expédition sous condition que celles-ci ou les documents représentatifs ne seront remis à l'acheteur que contre paiement du prix.

3. L'acheteur n'est pas tenu de payer le prix avant d'avoir eu la possibilité d'examiner les marchandises, à moins que les modalités de livraison ou de paiement dont sont convenues les parties ne lui en laissent pas la possibilité.

59 L'acheteur doit payer le prix à la date fixée au contrat ou résultant du contrat et de la présente Convention, sans qu'il soit besoin d'aucune demande ou autre formalité de la part du vendeur.

SECTION II *Prise de livraison*

60 L'obligation de l'acheteur de prendre livraison consiste :

***a)* A accomplir tout acte qu'on peut raisonnablement attendre de lui pour permettre au vendeur d'effectuer la livraison ; et**

***b)* A retirer les marchandises.**

SECTION III *Moyens dont dispose le vendeur en cas de contravention au contrat par l'acheteur*

61 1. Si l'acheteur n'a pas exécuté l'une quelconque des obligations résultant pour lui du contrat de vente ou de la présente Convention, le vendeur est fondé à :

***a)* Exercer les droits prévus aux articles 62 à 65 ;**

***b)* Demander les dommages-intérêts prévus aux articles 74 à 77.**

2. Le vendeur ne perd pas le droit de demander des dommages-intérêts lorsqu'il exerce son droit de recourir à un autre moyen.

3. Aucun délai de grâce ne peut être accordé à l'acheteur par un juge ou par un arbitre lorsque le vendeur se prévaut d'un des moyens dont il dispose en cas de contravention au contrat.

62 Le vendeur peut exiger de l'acheteur le paiement du prix, la prise de livraison des marchandises ou l'exécution des autres obligations de l'acheteur, à moins qu'il ne se soit prévalu d'un moyen incompatible avec ces exigences.

63 1. Le vendeur peut impartir à l'acheteur un délai supplémentaire de durée raisonnable pour l'exécution de ses obligations.

2. A moins qu'il n'ait reçu de l'acheteur une notification l'informant que celui-ci n'exécuterait pas ses obligations dans le délai ainsi imparti, le vendeur ne peut, avant

l'expiration de ce délai, se prévaloir d'aucun des moyens dont il dispose en cas de contravention au contrat. Toutefois, le vendeur ne perd pas, de ce fait, le droit de demander des dommages-intérêts pour retard dans l'exécution.

64 1. Le vendeur peut déclarer le contrat résolu :

a) Si l'inexécution par l'acheteur de l'une quelconque des obligations résultant pour lui du contrat ou de la présente Convention constitue une contravention essentielle au contrat ; ou

b) Si l'acheteur n'exécute pas son obligation de payer le prix ou ne prend pas livraison des marchandises dans le délai supplémentaire imparti par le vendeur conformément au paragraphe 1 de l'article 63 ou s'il déclare qu'il ne le fera pas dans le délai ainsi imparti.

2. Cependant, lorsque l'acheteur a payé le prix, le vendeur est déchu du droit de déclarer le contrat résolu s'il ne l'a pas fait :

a) En cas d'exécution tardive par l'acheteur, avant d'avoir su qu'il y avait eu exécution ; ou

b) En cas de contravention par l'acheteur autre que l'exécution tardive, dans un délai raisonnable ;

i) A partir du moment où le vendeur a eu connaissance ou aurait dû avoir connaissance de cette contravention ; ou

ii) Après l'expiration de tout délai supplémentaire imparti par le vendeur conformément au paragraphe 1 de l'article 63 ou après que l'acheteur a déclaré qu'il n'exécuterait pas ses obligations dans ce délai supplémentaire.

1. Contrats à livraisons successives. En l'absence d'exécution satisfaisante du premier contrat, un vendeur est fondé à rompre les relations contractuelles pour les opérations suivantes assorties des mêmes obligations, alors que l'art. 73, al. 2, de la Convention autorise en effet, dans les contrats à livraisons successives, une partie, victime d'une contravention essentielle pour une livraison, qui a de sérieuses raisons de penser que la méconnaissance des obligations se reproduira, à déclarer le contrat résolu pour l'avenir si elle le fait dans un délai raisonnable permettant au cocontractant de trouver un fournisseur de remplacement. • Grenoble, 22 févr. 1995 : *D. 1995. IR. 100.*

2. Notion de contravention essentielle. Dans le cadre d'une vente internationale de marchandises à livraisons successives, la télécopie du vendeur faisant état d'un manque de produit, éclairée le surlendemain d'un message reprochant à l'acheteur de ne pas avoir pris livraison de la marchandise livrée fin août, s'analyse une résolution de contrat, laquelle constitue une rupture fautive, l'acheteur n'ayant pu comprendre qu'un retard de quelques jours à prendre livraison constituerait de sa part, une contravention essentielle. • Grenoble, 4 févr. 1999 : *D. 1999. Somm. 363, obs. Witz*. ♦ Le refus d'établir une lettre de crédit au moment prévu par le contrat, à savoir lorsque le vendeur indique à l'acheteur les détails quant au navire affrété, est une contravention essentielle au sens de l'art. 64, al. 1er, l'acheteur, par ce refus, ne respectant pas son obligation de payer le prix telle que décrite à l'art. 54. • Cour suprême Queensland, 17 nov. 2000 : *D. 2002. Somm. 399, obs. Papandréou-Deterville*.

65 1. Si le contrat prévoit que l'acheteur doit spécifier la forme, la mesure ou d'autres caractéristiques des marchandises et si l'acheteur n'effectue pas cette spécification à la date convenue ou dans un délai raisonnable à compter de la réception d'une demande du vendeur, celui-ci peut, sans préjudice de tous autres droits qu'il peut avoir, effectuer lui-même cette spécification d'après les besoins de l'acheteur dont il peut avoir connaissance.

2. Si le vendeur effectue lui-même la spécification, il doit en faire connaître les modalités à l'acheteur et lui impartir un délai raisonnable pour une spécification différente. Si, après réception de la communication du vendeur, l'acheteur n'utilise pas cette possibilité dans le délai ainsi imparti, la spécification effectuée par le vendeur est définitive.

CHAPITRE IV *Transfert des risques*

66 **La perte ou la détérioration des marchandises survenue après le transfert des risques à l'acheteur ne libère pas celui-ci de son obligation de payer le prix, à moins que ces événements ne soient dus à un fait du vendeur.**

Lorsqu'un contrat de vente internationale contient la clause C & F (coût et fret), le vendeur n'est tenu que de remettre la marchandise à bord, de payer les frais de transport et de remettre les documents y afférents, tandis qu'il incombe à l'acheteur de supporter les risques du transport. • Chambre nat. argentine des appels commerciaux, 31 oct. 1995 : *D. 1997. Somm. 225, obs. Rosch* . ♦ Il y a lieu d'appliquer de surcroît les dispositions de la Convention de Vienne sur le transfert des risques (art. 66 s.). • Même décision.

67 **1. Lorsque le contrat de vente implique un transport des marchandises et que le vendeur n'est pas tenu de les remettre en un lieu déterminé, les risques sont transférés à l'acheteur à partir de la remise des marchandises au premier transporteur pour transmission à l'acheteur conformément au contrat de vente. Lorsque le vendeur est tenu de remettre les marchandises à un transporteur en un lieu déterminé, les risques ne sont pas transférés à l'acheteur tant que les marchandises n'ont pas été remises au transporteur en ce lieu. Le fait que le vendeur soit autorisé à conserver les documents représentatifs des marchandises n'affecte pas le transfert des risques.**

2. Cependant, les risques ne sont pas transférés à l'acheteur tant que les marchandises n'ont pas été clairement identifiées aux fins du contrat, que ce soit par l'apposition d'un signe distinctif sur les marchandises, par des documents de transport, par un avis donné à l'acheteur ou par tout autre moyen.

68 **En ce qui concerne les marchandises vendues en cours de transport, les risques sont transférés à l'acheteur à partir du moment où le contrat est conclu. Toutefois, si les circonstances l'impliquent, les risques sont à la charge de l'acheteur à compter du moment où les marchandises ont été remises au transporteur qui a émis les documents constatant le contrat de transport. Néanmoins, si, au moment de la conclusion du contrat de vente, le vendeur avait connaissance ou aurait dû avoir connaissance du fait que les marchandises avaient péri ou avaient été détériorées et qu'il n'en a pas informé l'acheteur, la perte ou la détérioration est à la charge du vendeur.**

69 **1. Dans les cas non visés par les articles 67 et 68, les risques sont transférés à l'acheteur lorsqu'il retire les marchandises ou, s'il ne le fait pas en temps voulu, à partir du moment où les marchandises sont mises à sa disposition et où il commet une contravention au contrat en n'en prenant pas livraison.**

2. Cependant, si l'acheteur est tenu de retirer les marchandises en un lieu autre qu'un établissement du vendeur, les risques sont transférés lorsque la livraison est due et que l'acheteur sait que les marchandises sont mises à sa disposition en ce lieu.

3. Si la vente porte sur des marchandises non encore individualisées, les marchandises ne sont réputées avoir été mises à la disposition de l'acheteur que lorsqu'elles ont été clairement identifiées aux fins du contrat.

70 **Si le vendeur a commis une contravention essentielle au contrat, les dispositions des articles 67, 68 et 69 ne portent pas atteinte aux moyens dont l'acheteur dispose en raison de cette contravention.**

CHAPITRE V *Dispositions communes aux obligations du vendeur et de l'acheteur*

SECTION I *Contravention anticipée et contrats à livraisons successives*

71 **1. Une partie peut différer l'exécution de ses obligations lorsqu'il apparaît, après la conclusion du contrat, que l'autre partie n'exécutera pas une partie essentielle de ses obligations du fait :**

a) D'une grave insuffisance dans la capacité d'exécution de cette partie ou sa solvabilité ; ou

b) De la manière dont elle s'apprête à exécuter ou exécute le contrat.

2. Si le vendeur a déjà expédié les marchandises lorsque se révèlent les raisons prévues au paragraphe précédent, il peut s'opposer à ce que les marchandises soient remises à l'acheteur, même si celui-ci détient un document lui permettant de les obtenir. Le présent paragraphe ne concerne que les droits respectifs du vendeur et de l'acheteur sur les marchandises.

3. La partie qui diffère l'exécution, avant ou après l'expédition des marchandises, doit adresser immédiatement une notification à cet effet à l'autre partie, et elle doit procéder à l'exécution si l'autre partie donne des assurances suffisantes de la bonne exécution de ses obligations.

Le paiement tardif du prix des marchandises ne justifie pas la suspension du contrat car il ne relève pas une grave insuffisance de solvabilité. • Cour Suprême Autriche, 12 févr. 1998 : *D. 1999. Somm. 359, obs. Niessen* .

72 1. Si, avant la date de l'exécution du contrat, il est manifeste qu'une partie commettra une contravention essentielle au contrat, l'autre partie peut déclarer celui-ci résolu.

2. Si elle dispose du temps nécessaire, la partie qui a l'intention de déclarer le contrat résolu doit le notifier à l'autre partie dans des conditions raisonnables pour lui permettre de donner des assurances suffisantes de la bonne exécution de ses obligations.

3. Les dispositions du paragraphe précédent ne s'appliquent pas si l'autre partie a déclaré qu'elle n'exécuterait pas ses obligations.

73 1. Dans les contrats à livraisons successives, si l'inexécution par l'une des parties d'une obligation relative à une livraison constitue une contravention essentielle au contrat en ce qui concerne cette livraison, l'autre partie peut déclarer le contrat résolu pour ladite livraison.

2. Si l'inexécution par l'une des parties d'une obligation relative à une livraison donne à l'autre partie de sérieuses raisons de penser qu'il y aura contravention essentielle au contrat en ce qui concerne des obligations futures, elle peut déclarer le contrat résolu pour l'avenir, à condition de le faire dans un délai raisonnable.

3. L'acheteur qui déclare le contrat résolu pour une livraison peut, en même temps, le déclarer résolu pour les livraisons déjà reçues ou pour les livraisons futures si, en raison de leur connexité, ces livraisons ne peuvent être utilisées aux fins envisagées par les parties au moment de la conclusion du contrat.

V. note ss. art. 64.

SECTION II *Dommages-intérêts*

74 Les dommages-intérêts pour une contravention au contrat commise par une partie sont égaux à la perte subie et au gain manqué par l'autre partie par suite de la contravention. Ces dommages-intérêts ne peuvent être supérieurs à la perte subie et au gain manqué que la partie en défaut avait prévus ou aurait dû prévoir au moment de la conclusion du contrat, en considérant les faits dont elle avait connaissance ou aurait dû avoir connaissance, comme étant des conséquences possibles de la contravention au contrat.

1. Préjudice réparable. Seule la détérioration de l'image commerciale ayant entraîné un préjudice pécuniaire est réparable en vertu de l'art. 74. • Grenoble, 21 oct. 1999 : *D. 2000. 441, obs. Witz* .

2. Est réparable le préjudice lié au *goodwill* ou résultant de la perte définitive d'un client en raison d'une livraison défectueuse dans la mesure où il peut être prévisible pour le vendeur même en l'absence d'avertissement exprès lorsque l'acheteur agit manifestement en tant qu'intermédiaire dans un marché « sensible », et qu'il lui est, par ailleurs, impossible de livrer à ses clients, à temps et par d'autres moyens, une marchandise conforme. • T. féd. suisse, 28 oct. 1998 : *D. 2000. Somm. 443, obs. Schneider*.

3. La convention ne prévoyant rien quant au calcul du manque à gagner, peut être appliquée la formule standard employée par la plupart des juridictions américaines, qui consiste à déduire seulement les coûts variables. • CA États-Unis, 6 déc. 1995 : *D. 1997. Somm. 226, obs. Papandréou-Deterville*.

4. Frais d'avocat. Rien dans le contexte de la Convention ne suggère que la perte visée par l'art. 74 est destinée à inclure les frais d'avocat. • US circuit court of appeal, 19 nov. 2002 : *D. 2003. Somm. 2372, obs. Papandréou-Deterville*. – V. aussi, *supra*, note 6 ss. art. 7.

75 Lorsque le contrat est résolu et que, d'une manière raisonnable et dans un délai raisonnable après la résolution, l'acheteur a procédé à un achat de remplacement ou le vendeur à une vente compensatoire, la partie qui demande des dommages-intérêts peut obtenir la différence entre le prix du contrat et le prix de l'achat de remplacement ou de la vente compensatoire ainsi que tous autres dommages-intérêts qui peuvent être dus en vertu de l'article 74.

Pour une application de l'art. 75, V. • Grenoble, 4 févr. 1999 : *D. 1999. Somm. 363, obs. Witz*.

76 1. Lorsque le contrat est résolu et que les marchandises ont un prix courant, la partie qui demande des dommages-intérêts peut, si elle n'a pas procédé à un achat de remplacement ou à une vente compensatoire au titre de l'article 75, obtenir la différence entre le prix fixé dans le contrat et le prix courant au moment de la résolution ainsi que tous autres dommages-intérêts qui peuvent être dus au titre de l'article 74. Néanmoins, si la partie qui demande des dommages-intérêts a déclaré le contrat résolu après avoir pris possession des marchandises, c'est le prix courant au moment de la prise de possession qui est applicable et non pas le prix courant au moment de la résolution.

2. Aux fins du paragraphe précédent, le prix courant est celui du lieu où la livraison des marchandises aurait dû être effectuée ou, à défaut de prix courant en ce lieu, le prix courant pratiqué en un autre lieu qu'il apparaît raisonnable de prendre comme lieu de référence, en tenant compte des différences dans les frais de transport des marchandises.

77 La partie qui invoque la contravention au contrat doit prendre les mesures raisonnables, eu égard aux circonstances, pour limiter la perte, y compris le gain manqué, résultant de la contravention. Si elle néglige de le faire, la partie en défaut peut demander une réduction des dommages-intérêts égale au montant de la perte qui aurait dû être évitée.

BIBL. ► WITZ, *Petites affiches 20 nov. 2002, p. 50* (l'obligation de minimiser son propre dommage dans les conventions internationales : l'exemple de la Convention de Vienne).

Retenant qu'il appartient au juge de faire application d'office du principe obligeant la victime à minimiser le dommage prévu à l'art. 77, V. • C. féd. de justice allemande, 24 mars 1999 : *D. 2000. Somm. 435, obs. Witz*. ♦ Pour une application de ce principe et jugeant qu'en cas d'inexécution du contrat par l'acheteur, la proposition de celui-ci d'acquérir la marchandise à moindre prix doit être prise en considération par le vendeur, désireux de se séparer de la marchandise par vente compensatoire, V. • T. suprême Espagne, 28 janv. 2000 : *D. 2002. Somm. 322, obs. Rosch*.

SECTION III *Intérêts*

78 Si une partie ne paie pas le prix ou toute autre somme due, l'autre partie a droit à des intérêts sur cette somme, sans préjudice des dommages-intérêts qu'elle serait fondée à demander en vertu de l'article 74.

SECTION IV *Exonération*

79 1. Une partie n'est pas responsable de l'inexécution de l'une quelconque de ses obligations si elle prouve que cette inexécution est due à un empêchement indépendant de sa volonté et que l'on ne pouvait raisonnablement attendre d'elle qu'elle le prenne en considération au moment de la conclusion du contrat, qu'elle le prévienne ou le surmonte ou qu'elle en prévienne ou surmonte les conséquences.

2. Si l'inexécution par une partie est due à l'inexécution par un tiers qu'elle a chargé d'exécuter tout ou partie du contrat, cette partie n'est exonérée de sa responsabilité que dans le cas :

a) Où elle l'est en vertu des dispositions du paragraphe précédent ; et

b) Où le tiers serait lui aussi exonéré si les dispositions de ce paragraphe lui étaient appliquées.

3. L'exonération prévue par le présent article produit effet pendant la durée de l'empêchement.

4. La partie qui n'a pas exécuté doit avertir l'autre partie de l'empêchement et de ses effets sur sa capacité d'exécuter. Si l'avertissement n'arrive pas à destination dans un délai raisonnable à partir du moment où la partie qui n'a pas exécuté a connu ou aurait dû connaître l'empêchement, celle-ci est tenue à des dommages-intérêts du fait de ce défaut de réception.

5. Les dispositions du présent article n'interdisent pas à une partie d'exercer tous ses droits autres que celui d'obtenir des dommages-intérêts en vertu de la présente Convention.

1. Livraison défectueuse. L'art. 79, al. 1er ou 2, ne permet au vendeur, qui supporte les risques de fabrication, de s'exonérer, dans l'hypothèse où les origines de la défectuosité de la marchandise se trouve dans le domaine du fournisseur, uniquement si la défectuosité repose sur des circonstances se situant en dehors de son propre domaine d'influence et de celui de chacun de ses fournisseurs. • C. féd. de justice allemande, 24 mars 1999 : *D. 2000. Somm. 435, obs. Witz* ✎.

2. État de nécessité. Le cocontractant défaillant qui entend se prévaloir de l'exonération prévue par l'art. 79 est tenu d'établir l'état de nécessité dans lequel il se trouve de rompre le contrat ; il n'en va pas ainsi de la baisse significative de 50 % du prix de revente invoquée par l'acheteur défaillant, cette baisse n'équivalant pas nécessairement à une réduction insurmontable ou que l'on ne pouvait raisonnablement attendre et n'est ni exceptionnelle, ni imprévisible. • Colmar, 12 juin 2001 : *D. 2003. Somm. 2367, obs. Schneider* ✎.

3. Imprévision. Jugeant que dès lors qu'il n'est pas établi le caractère imprévisible d'une modification des conditions de vente – alors qu'il appartient au professionnel, rompu à la pratique des marchés internationaux, de prévoir des mécanismes contractuels de garantie ou de révision – une cour d'appel a pu en déduire qu'à défaut de telles prévisions, il appartient au professionnel d'assumer le risque d'inexécution sans pouvoir se prévaloir des dispositions de l'art. 79 CVIM : • Civ. 1re, 30 juin 2004 : *Bull. civ. I, n° 192 ; D. 2005. Pan. 2289, obs. Witz* ✎ *; JCP 2005. I. 110, n° 1, obs. Rueda ; Dr. et patr. nov. 2004. 101, obs. P. Mousseron ; RTD com. 2004. 847, obs. Delebecque* ✎ *; RJDA 2005, n° 24 ; RTD civ. 2005. 354, obs. Remy-Corlay* ✎ *; RDC 2005. 456, note Deumier.*

80 Une partie ne peut pas se prévaloir d'une inexécution par l'autre partie dans la mesure où cette inexécution est due à un acte ou à une omission de sa part.

SECTION V *Effets de la résolution*

81 1. La résolution du contrat libère les deux parties de leurs obligations, sous réserve des dommages-intérêts qui peuvent être dus. Elle n'a pas d'effet sur les stipulations du contrat relatives au règlement des différends ou aux droits et obligations des parties en cas de résolution.

2. La partie qui a exécuté le contrat totalement ou partiellement peut réclamer restitution à l'autre partie de ce qu'elle a fourni ou payé en exécution du contrat. Si les deux parties sont tenues d'effectuer des restitutions, elles doivent y procéder simultanément.

82 **1. L'acheteur perd le droit de déclarer le contrat résolu ou d'exiger du vendeur la livraison de marchandises de remplacement s'il lui est impossible de restituer les marchandises dans un état sensiblement identique à celui dans lequel il les a reçues.**

2. Le paragraphe précédent ne s'applique pas :

***a*) Si l'impossibilité de restituer les marchandises ou de les restituer dans un état sensiblement identique à celui dans lequel l'acheteur les a reçues n'est pas due à un acte ou à une omission de sa part ;**

***b*) Si les marchandises ont péri ou sont détériorées, en totalité ou en partie, en conséquence de l'examen prescrit à l'article 36 ; ou**

***c*) Si l'acheteur, avant le moment où il a constaté ou aurait dû constater le défaut de conformité, a vendu tout ou partie des marchandises dans le cadre d'une opération commerciale normale ou a consommé ou transformé tout ou partie des marchandises conformément à l'usage normal.**

En ce sens que l'acheteur conserve le droit de déclarer le contrat résolu lorsque la marchandise a été transformée et que cette transformation a été rendue nécessaire par l'examen prescrit par l'art. 38 de la Convention (défaut de conformité), V. • C. féd. de justice allemande, 25 juin 1997 : *D. 1998. Somm. 309, obs. Witz*.

83 **L'acheteur qui a perdu le droit de déclarer le contrat résolu ou d'exiger du vendeur la livraison de marchandises de remplacement en vertu de l'article 82 conserve le droit de se prévaloir de tous les autres moyens qu'il tient du contrat et de la présente Convention.**

84 **1. Si le vendeur est tenu de restituer le prix, il doit aussi payer des intérêts sur le montant de ce prix à compter du jour du paiement.**

2. L'acheteur doit au vendeur l'équivalent de tout profit qu'il a retiré des marchandises ou d'une partie de celles-ci :

***a*) Lorsqu'il doit les restituer en tout ou partie, ou**

***b*) Lorsqu'il est dans l'impossibilité de restituer tout ou partie des marchandises ou de les restituer en tout ou en partie dans un état sensiblement identique à celui dans lequel il les a reçues et que néanmoins il a déclaré le contrat résolu ou a exigé du vendeur la livraison de marchandises de remplacement.**

SECTION VI *Conservation des marchandises*

85 **Lorsque l'acheteur tarde à prendre livraison des marchandises ou qu'il n'en paie pas le prix, alors que le paiement du prix et la livraison doivent se faire simultanément, le vendeur, s'il a les marchandises en sa possession ou sous son contrôle, doit prendre les mesures raisonnables, eu égard aux circonstances, pour en assurer la conservation. Il est fondé à les retenir jusqu'à ce qu'il ait obtenu de l'acheteur le remboursement de ses dépenses raisonnables.**

86 **1. Si l'acheteur a reçu les marchandises et entend exercer tout droit de les refuser en vertu du contrat ou de la présente convention, il doit prendre les mesures raisonnables, eu égard aux circonstances, pour en assurer la conservation. Il est fondé à les retenir jusqu'à ce qu'il ait obtenu du vendeur le remboursement de ses dépenses raisonnables.**

2. Si les marchandises expédiées à l'acheteur ont été mises à sa disposition à leur lieu de destination et si l'acheteur exerce le droit de les refuser, il doit en prendre possession pour le compte du vendeur à condition de pouvoir le faire sans paiement du prix et sans inconvénients ou frais déraisonnables. Cette disposition ne s'applique pas si le vendeur est présent au lieu de destination ou s'il y a en ce lieu une personne ayant qualité pour prendre les marchandises en charge pour son compte. Les droits et obligations de l'acheteur qui prend possession des marchandises en vertu du présent paragraphe sont régis par le paragraphe précédent.

Pour une application de l'art. 86, V. • Civ. 1re, 4 janv. 1995 : *D. 1995. 289, note Witz*.

87 **La partie qui est tenue de prendre des mesures pour assurer la conservation des marchandises peut les déposer dans les magasins d'un tiers aux frais de l'autre partie, à condition que les frais qui en résultent ne soient pas déraisonnables.**

88 **1. La partie qui doit assurer la conservation des marchandises conformément aux articles 85 ou 86 peut les vendre par tous moyens appropriés si l'autre partie a apporté un retard déraisonnable à prendre possession des marchandises ou à les reprendre ou à payer le prix ou les frais de leur conservation, sous réserve de notifier à cette autre partie, dans des conditions raisonnables, son intention de vendre.**

2. Lorsque les marchandises sont sujettes à une détérioration rapide ou lorsque leur conservation entraînerait des frais déraisonnables, la partie qui est tenue d'assurer la conservation des marchandises conformément aux articles 85 ou 86 doit raisonnablement s'employer à les vendre. Dans la mesure du possible, elle doit notifier à l'autre partie son intention de vendre.

3. La partie qui vend les marchandises a le droit de retenir sur le produit de la vente un montant égal aux frais raisonnables de conservation et de vente des marchandises. Elle doit le surplus à l'autre partie.

QUATRIÈME PARTIE Dispositions finales

....

90 **La présente Convention ne prévaut pas sur un accord international déjà conclu ou à conclure qui contient des dispositions concernant les matières régies par la présente Convention, à condition que les parties au contrat aient leur établissement dans des États parties à cet Accord.**

....

100 **1. La présente Convention s'applique à la formation des contrats conclus à la suite d'une proposition intervenue après l'entrée en vigueur de la Convention à l'égard des États contractants visés à l'alinéa *a* du paragraphe 1 de l'article 1er ou de l'État contractant visé à l'alinéa *b* du paragraphe 1 de l'article 1er.**

2. La présente Convention s'applique uniquement aux contrats conclus après son entrée en vigueur à l'égard des États contractants visés à l'alinéa *a* du paragraphe 1 de l'article 1er ou de l'État contractant visé à l'alinéa *b* du paragraphe 1 de l'article 1er.

La convention sur la loi applicable aux ventes à caractère international d'objets mobiliers corporels du 15 juin 1955 a été publiée par le décret no 64-839 du 6 août 1964 (D. 1964. 279 ; Rect. 324 ; BLD 1964. 490 ; Rect. 557).

La convention sur la loi applicable à la responsabilité du fait des produits, faite à La Haye le 2 oct. 1973, a été publiée par le décret no 77-1210 du 10 oct. 1977 (D. et BLD 1977. 461).

La convention sur la loi applicable aux obligations contractuelles, signée à Rome le 19 juin 1980, a été publiée par le décret no 91-242 du 28 févr. 1991 (D. et ALD 1991. 171). — V. aussi Décr. no 91-312 du 20 mars 1991 (JO 27 mars), portant publication de la convention relative à l'adhésion de la République hellénique ; ... Décr. no 96-223 du 15 mars 1996 (JO 22 mars), portant publication de la convention relative à l'adhésion du Royaume d'Espagne et de la République portugaise.

TABLES

TABLE DE CONCORDANCE

DES TEXTES D'ORIGINE ET DES ARTICLES DE LA PARTIE LÉGISLATIVE DU CODE DE COMMERCE

ANCIENS TEXTES	C. COM.	ANCIENS TEXTES	C. COM.
Code de commerce		Art. 103	L. 133-1
		Art. 104	L. 133-2
		Art. 105	L. 133-3
Art. 1er	L. 121-1	Art. 106	L. 133-4
Art. 2	L. 121-2	Art. 107	L. 133-5
Art. 4	L. 121-3	Art. 108	L. 133-6
Art. 8	L. 123-12	Art. 108-1	L. 133-7
Art. 9, al. 1er à 4	L. 123-13	Art. 109	L. 110-3
Art. 9, al. 5 à 7	L. 123-14	Art. 110	L. 511-1
Art. 10, al. 1er et 2	L. 123-15	Art. 111	L. 511-2
Art. 10, al. 3	L. 123-16	Art. 112	L. 511-3
Art. 11	L. 123-17	Art. 113	L. 511-4
Art. 12	L. 123-18	Art. 114	L. 511-5
Art. 13	L. 123-19	Art. 115	L. 511-6
Art. 14	L. 123-20	Art. 116	L. 511-7
Art. 15	L. 123-21	Art. 117	L. 511-8
Art. 16	L. 123-22	Art. 118	L. 511-9
Art. 17	L. 123-23	Art. 119	L. 511-10
Art. 17-1	L. 123-25	Art. 120	L. 511-11
Art. 17-2	L. 123-26	Art. 121	L. 511-12
Art. 17-3	L. 123-27	Art. 122	L. 511-13
Art. 17-4	L. 123-28	Art. 123	L. 511-14
Art. 76	L. 131-5	Art. 124	L. 511-15
Art. 77	L. 131-1	Art. 125	L. 511-16
Art. 80	L. 131-2	Art. 126	L. 511-17
Art. 81	L. 131-4	Art. 127	L. 511-18
Art. 82	L. 131-3	Art. 128	L. 511-19
Art. 84	L. 131-6	Art. 129	L. 511-20
Art. 85	L. 131-7	Art. 130	L. 511-21
Art. 87	L. 131-8	Art. 131	L. 511-22
Art. 88	L. 131-9	Art. 132	L. 511-23
Art. 90	L. 131-10	Art. 133	L. 511-24
Art. 91	L. 521-1	Art. 134	L. 511-25
Art. 92	L. 521-2	Art. 135	L. 511-26
Art. 93	L. 521-3	Art. 136	L. 511-27
Art. 94	L. 132-1	Art. 137	L. 511-28
Art. 95	L. 132-2	Art. 138	L. 511-29
Art. 96	L. 132-3	Art. 139	L. 511-30
Art. 97	L. 132-4	Art. 140	L. 511-31
Art. 98	L. 132-5	Art. 141	L. 511-32
Art. 99	L. 132-6	Art. 142	L. 511-33
Art. 100	L. 132-7	Art. 143	L. 511-34
Art. 101	L. 132-8	Art. 144	L. 511-35
Art. 102	L. 132-9		

ANCIENS TEXTES	C. COM.
Art. 145	L. 511-36
Art. 146	L. 511-37
Art. 147	L. 511-38
Art. 148 A	L. 511-39
Art. 148 B, al. 1er à 3	L. 511-40
Art. 148 B, al. 4 à 7	L. 511-41
Art. 149	L. 511-42
Art. 150	L. 511-43
Art. 151	L. 511-44
Art. 152	L. 511-45
Art. 153	L. 511-46
Art. 154	L. 511-47
Art. 155	L. 511-48
Art. 156	L. 511-49
Art. 157	L. 511-50
Art. 158	L. 511-51
Art. 159	L. 511-52
Art. 160	L. 511-53
Art. 161	L. 511-54
Art. 162	L. 511-55
Art. 163	L. 511-62
Art. 164	L. 511-63
Art. 165	L. 511-64
Art. 166	L. 511-65
Art. 167	L. 511-66
Art. 168	L. 511-67
Art. 169	L. 511-68
Art. 170	L. 511-69
Art. 171	L. 511-70
Art. 172	L. 511-71
Art. 173	L. 511-72
Art. 174	L. 511-73
Art. 175	L. 511-74
Art. 176	L. 511-75
Art. 177	L. 511-76
Art. 178	L. 511-77
Art. 179	L. 511-78
Art. 180	L. 511-79
Art. 181	L. 511-80
Art. 182	L. 511-81
Art. 183	L. 512-1
Art. 184, al. 1er	L. 512-2
Art. 184, al. 2 à 4	L. 512-1
Art. 185	L. 512-3
Art. 187	L. 512-4
Art. 188	L. 512-6
Art. 189	L. 512-7
Art. 189 *bis*	L. 110-4
Art. 189 *bis* A	L. 512-8
Art. 433	L. 110-4
Art. 433-1	L. 110-4
Art. 632	L. 110-1
Art. 633	L. 110-2

ANCIENS TEXTES	C. COM.
***L. du 25 juin 1841** (réglementation des enchères publiques)*	
Art. 1er	L. 320-1
Art. 2	L. 320-2
Art. 3	L. 322-1
Art. 4	L. 322-2
Art. 5	L. 322-3
Art. 6 *(en partie) – V. rapport*	L. 322-4
Art. 7, al. 1er et 2	L. 322-5
Art. 7, al. 3 – V. rapport	*abrogé*
Art. 8	L. 322-6
Art. 9	*abrogé*
Art. 10	L. 322-7
***L. du 28 mai 1858** (ventes publiques de marchandises en gros)*	
Art. 1er, al. 1er	L. 322-8
Art. 1er, al. 2	*abrogé à compter de l'entrée en vigueur de la partie réglementaire*
Art. 2	L. 322-9
Art. 3	L. 322-10
Art. 5	L. 322-11
Art. 6	L. 322-12
Art. 7	L. 322-13
Art. 8	*abrogé*
***L. du 3 juill. 1861** (ventes publiques de marchandises en gros)*	
Art. 1er	L. 322-14
Art. 2	L. 322-15
Art. 3	L. 322-16
***L. du 18 juill. 1866** (courtiers de marchandises)*	
Art. 7	L. 131-11
***L. du 24 juill. 1867** (sociétés)*	
Art. 48	L. 231-1
Art. 49	L. 231-3
Art. 50	L. 231-4
Art. 51	L. 231-5
Art. 52	L. 231-6
Art. 53	L. 231-7

ANCIENS TEXTES	C. COM.
Art. 54	L. 231-8
Art. 64, al. 2	L. 225-259
Art. 64, al. 1er	L. 231-2
Art. 64, al. 2 et 3	L. 242-31
Art. 64, al. 1er et 3	L. 247-10
Art. 72	L. 225-258
Art. 73	L. 225-260
Art. 74	L. 225-261
Art. 75	L. 225-262
Art. 76	L. 225-263
Art. 76-1	L. 225-264
Art. 76-2	L. 225-265
Art. 76-3	L. 225-266
Art. 77	L. 225-267
Art. 78	L. 225-268
Art. 79	L. 225-269
Art. 79-1	L. 225-270
Art. 80	*non repris*
L. du 9 avr. 1898 (chambres de commerce et d'industrie)	
Art. 1er, al. 1er et 2	L. 711-1
Art. 1er, al. 3	*abrogé à compter de l'entrée en vigueur de la partie réglementaire*
Art. 2	*abrogé à compter de l'entrée en vigueur de la partie réglementaire*
Art. 4	*abrogé à compter de l'entrée en vigueur de la partie réglementaire*
Art. 8	*abrogé à compter de l'entrée en vigueur de la partie réglementaire*
Art. 10	*abrogé à compter de l'entrée en vigueur de la partie réglementaire*
Art. 11	L. 711-2
Art. 12	L. 711-3
Art. 13	L. 711-4
Art. 14	L. 711-6
Art. 15	L. 711-8
Art. 16	*abrogé à compter de l'entrée en vigueur de la partie réglementaire*
Art. 17	*abrogé à compter de l'entrée en vigueur de la partie réglementaire*
Art. 18, al. 1er	*abrogé à compter de l'entrée en vigueur de la partie réglementaire*
Art. 18, al. 2 à 4	L. 711-10
Art. 19	*abrogé à compter de l'entrée en vigueur de la partie réglementaire*
Art. 20	*abrogé*
Art. 21, al. 1er	L. 712-1
Art. 21, al. 2	*abrogé à compter de l'entrée en vigueur de la partie réglementaire*
Art. 22	*abrogé à compter de l'entrée en vigueur de la partie réglementaire*
Art. 23	*abrogé à compter de l'entrée en vigueur de la partie réglementaire*
Art. 24	*abrogé à compter de l'entrée en vigueur de la partie réglementaire*
Art. 25	*abrogé à compter de l'entrée en vigueur de la partie réglementaire*
Art. 26, al. 1er	*abrogé à compter de l'entrée en vigueur de la partie réglementaire*
Art. 26, al. 2	L. 712-2
Art. 27	*abrogé*

ANCIENS TEXTES	C. COM.
L. du 17 mars 1909 (vente et nantissement des fonds de commerce)	
Art. 1er	L. 141-5
Art. 2, al. 1er et 2	L. 141-6
Art. 2, al. 3	L. 141-7
Art. 2, al. 4	L. 141-8
Art. 2, al. 5	L. 141-9
Art. 2, al. 6	L. 141-10
Art. 2, al. 7	L. 141-11
Art. 3, al. 1er	L. 141-12
Art. 3, al. 2	L. 141-13
Art. 3, al. 3	*abrogé à compter de l'entrée en vigueur de la partie réglementaire*
Art. 3, al. 4	L. 141-14
Art. 3, al. 5 et 6	L. 141-15
Art. 3, al. 7	L. 141-16
Art. 3, al. 8	L. 141-17
Art. 4, al. 1er, 1re phrase	L. 141-18
Art. 4, al. 1er, 2e phrase et al. 2	*abrogé à compter de l'entrée en vigueur de la partie réglementaire*
Art. 5	L. 141-19
Art. 6	L. 141-20
Art. 7, al. 1er à 3	L. 141-21
Art. 7, al. 4 à 6	L. 141-22
Art. 8	L. 142-1
Art. 9	L. 142-2
Art. 10	L. 142-3
Art. 11	L. 142-4
Art. 12	L. 142-5
Art. 13	L. 143-1
Art. 14	L. 143-2
Art. 15, al. 1er à 4	L. 143-3
Art. 15, al. 5 à 8	L. 143-4
Art. 16	L. 143-5
Art. 17, al. 1er à 5	L. 143-6
Art. 17, al. 6	L. 143-7
Art. 18	L. 143-8
Art. 19	L. 143-9
Art. 20	L. 143-10
Art. 21	L. 143-11
Art. 22, al. 1er et 2	L. 143-12
Art. 22, al. 3 et 4	*abrogé à compter de l'entrée en vigueur de la partie réglementaire*
Art. 23, al. 1er et 2	L. 143-13
Art. 23, al. 3 à 6	L. 143-14
Art. 23, al. 7 à 10	L. 143-15
Art. 24, al. 1er et 2	*abrogé à compter de l'entrée en vigueur de la partie réglementaire*
Art. 24, al. 3 et 4	L. 143-17
Art. 25	*abrogé à compter de l'entrée en vigueur de la partie réglementaire*
Art. 26	*abrogé à compter de l'entrée en vigueur de la partie réglementaire*
Art. 27	L. 143-18
Art. 28	L. 143-19
Art. 29	L. 143-20
Art. 30	*abrogé à compter de l'entrée en vigueur de la partie réglementaire*
Art. 31	*abrogé à compter de l'entrée en vigueur de la partie réglementaire*
Art. 32	*abrogé à compter de l'entrée en vigueur de la partie réglementaire*
Art. 33	*abrogé à compter de l'entrée en vigueur de la partie réglementaire*
Art. 34	L. 143-22
Art. 36	*abrogé*
Art. 37	L. 143-23
Art. 38	*abrogé*
L. du 27 janv. 1910 (prorogation des délais de prôtets et des actes destinés à conserver les recours en matière de valeurs négociables)	
Art. 1er	L. 511-61

ANCIENS TEXTES	C. COM.
L. du 8 août 1913 (warrant hôtelier)	
Art. 1er	L. 523-1
Art. 2	L. 523-2
Art. 3, al. 1er, 2 à l'exception des 1° à 7° et al. 3	L. 523-3
Art. 3, al. 2 (1° à 7°)	*abrogé à compter de l'entrée en vigueur de la partie réglementaire*
Art. 4	L. 523-4
Art. 5	L. 523-5
Art. 6	L. 523-6
Art. 7	L. 523-7
Art. 8	L. 523-8
Art. 9	L. 523-9
Art. 10	L. 523-10
Art. 11	L. 523-11
Art. 12	L. 523-12
Art. 13	L. 523-13
Art. 14	L. 523-14
Art. 15	*non repris*
Art. 16, al. 1er	*non repris*
Art. 16, al. 2	L. 523-15
L. du 1er juin 1924 (introduction des lois commerciales françaises dans les départements du Bas-Rhin, du Haut-Rhin et de la Moselle)	
Art. 22	L. 628-1
Art. 24	L. 628-2
Art. 38-1	*abrogé à compter de l'entrée en vigueur de la partie réglementaire*
L. du 21 avr. 1932 (warrant pétrolier)	
Art. 1er	L. 524-1
Art. 2, al. 1er	L. 524-2
Art. 2, al. 2	*abrogé à compter de l'entrée en vigueur de la partie réglementaire*
Art. 3	L. 524-3
Art. 4	L. 524-4
Art. 5	L. 524-5
Art. 6	L. 524-6
Art. 7	L. 524-7
Art. 8	L. 524-8
Art. 9, al. 1er et 2	L. 524-9
Art. 9, al. 3	L. 524-10
Art. 9, al. 4 et 6	L. 524-11
Art. 9, al. 5	L. 524-12
Art. 10	L. 524-13
Art. 11	L. 524-14
Art. 12	L. 524-15
Art. 13	L. 524-16
Art. 14	L. 524-17
Art. 15	L. 524-18
Art. 16	L. 524-19
Art. 17	*non repris*
Art. 18	*non repris*
Art. 19	L. 524-20
Art. 20	L. 524-21
L. du 29 juin 1935 (règlement du prix des ventes du fonds de commerce)	
Art. 12	L. 141-1
Art. 13	L. 141-3
Art. 14	L. 141-4
Art. 15	L. 141-2
Art. 17	*non repris*
Art. 18	*non repris*
Art. 19	L. 143-21
Art. 20	*abrogé*
Décr.-L. du 12 nov. 1938 (carte d'identité de commerçant pour les étrangers)	
Art. 1er, al. 1er	L. 122-1
Art. 1er, al. 2	L. 122-2
Art. 2	L. 122-3
Art. 4	L. 122-4
L. du 22 oct. 1940 (règlements par chèques et virements)	
Art. 6, 1re phrase	L. 123-24
Art. 6, 2e phrase	*abrogé à compter de l'entrée en vigueur de la partie réglementaire*
L. du 14 oct. 1943 (clause d'exclusivité)	
Art. 1er	L. 330-1
Art. 2	L. 330-2

ANCIENS TEXTES	C. COM.
Art. 3	*abrogé*
Ord. n° 45-1744 du 6 août 1945 (magasins généraux)	
Art. 1er	L. 522-1
Art. 2	L. 522-2
Art. 3	L. 522-3
Art. 4	L. 522-4
Art. 5	L. 522-14
Art. 6	L. 522-15
Art. 7	L. 522-5
Art. 8	L. 522-6
Art. 9	L. 522-11
Art. 10	L. 522-12
Art. 11	L. 522-13
Art. 12	L. 522-16
Art. 13	L. 522-17
Art. 14	L. 522-18
Art. 15	L. 522-19
Art. 16	L. 522-20
Art. 17	L. 522-21
Art. 18	L. 522-22
Art. 19	L. 522-23
Art. 20	L. 522-24
Art. 21	L. 522-25
Art. 22	L. 522-26
Art. 23	L. 522-27
Art. 24	L. 522-28
Art. 25	L. 522-29
Art. 26	L. 522-30
Art. 27	L. 522-31
Art. 28	L. 522-32
Art. 29	L. 522-33
Art. 30	L. 522-34
Art. 31	L. 522-35
Art. 32	L. 522-36
Art. 33	L. 522-37
Art. 34	L. 522-38
Art. 35	L. 522-39
Art. 36	*abrogé*
Art. 37	L. 522-7
Art. 38	L. 522-8
Art. 39	L. 522-12
Art. 40	L. 522-9
Art. 41	L. 522-10
Art. 42	*abrogé*
Art. 43	*abrogé*
Art. 44	L. 522-40

ANCIENS TEXTES	C. COM.
Loi n° 47-1635 du 30 août 1947 (assainissement des professions commerciales)	
Art. 1er	L. 128-1
Art. 2	*abrogé*
Art. 3	L. 128-3
Art. 4	L. 128-2
Art. 5	L. 128-4
Art. 6	L. 128-5
Art. 7	L. 128-6
L. n° 49-1093 du 2 août 1949 (publicité des protêts)	
Art. 3, al. 1er	L. 511-56
Art. 3, al. 2	*abrogé à compter de l'entrée en vigueur de la partie réglementaire*
Art. 4	L. 511-57
Art. 5	L. 511-58
Art. 6	L. 511-59
Art. 7	L. 511-60
L. n° 51-59 du 18 janv. 1951 (nantissement d'outillage et du matériel d'équipement)	
Art. 1er	L. 525-1
Art. 2	L. 525-2
Art. 3	L. 525-3
Art. 4	L. 525-4
Art. 5	L. 525-5
Art. 6	L. 525-6
Art. 7	L. 525-7
Art. 8	L. 525-8
Art. 9	L. 525-9
Art. 10	L. 525-10
Art. 11	L. 525-11
Art. 12	L. 525-12
Art. 13	L. 525-13
Art. 14	L. 525-14
Art. 15	L. 525-15
Art. 16	L. 525-16
Art. 17	*abrogé*
Art. 18	L. 525-17
Art. 19	L. 525-18
Art. 20	L. 525-20
Art. 21	L. 525-19
Art. 23	*abrogé*
Art. 24	*abrogé*

ANCIENS TEXTES	C. COM.
Décr. n° 53-960 du 30 sept. 1953 (baux commerciaux)	
Art. 1er	L. 145-1
Art. 2	L. 145-2
Art. 3	L. 145-3
Art. 3-1	L. 145-4
Art. 3-2	L. 145-5
Art. 4	L. 145-8
Art. 5	L. 145-9
Art. 6	L. 145-10
Art. 6-1	L. 145-11
Art. 7	L. 145-12
Art. 8	L. 145-14
Art. 9	L. 145-17
Art. 10	L. 145-18
Art. 11	L. 145-19
Art. 12	L. 145-20
Art. 13	L. 145-21
Art. 14	L. 145-22
Art. 15	L. 145-24
Art. 16	L. 145-25
Art. 17	L. 145-26
Art. 19	L. 145-27
Art. 20, al. 1er et 2	L. 145-28
Art. 20, al. 3 et 4	L. 145-29
Art. 20, al. 5 et 6	L. 145-30
Art. 21	L. 145-31
Art. 22	L. 145-32
Art. 23, al. 1er	L. 145-33
Art. 23, al. 2	*non repris*
Art. 23-1	*non repris*
Art. 23-2	*non repris*
Art. 23-3	*non repris*
Art. 23-4	*non repris*
Art. 23-5	*non repris*
Art. 23-6	L. 145-34
Art. 23-6-1	L. 145-35
Art. 23-7	*non repris*
Art. 23-8	*non repris*
Art. 23-9	*non repris*
Art. 24	L. 145-40
Art. 25	L. 145-41
Art. 26, al. 1er	L. 145-37
Art. 26, al. 2 s.	*non repris*
Art. 27	L. 145-38
Art. 28, al. 1er	L. 145-39
Art. 28, al. 2 s.	*non repris*
Art. 29	*non repris*
Art. 29-1	*non repris*
Art. 29-2	*non repris*
Art. 30	*non repris*
Art. 30-1	*non repris*

ANCIENS TEXTES	C. COM.
Art. 31	L. 145-57
Art. 32	L. 145-58
Art. 32-1	L. 145-59
Art. 33, al. 1er	L. 145-60
Art. 33, al. 2	*non repris*
Art. 33-1	*non repris*
Art. 33-2	*non repris*
Art. 34	L. 145-47
Art. 34-1	L. 145-48
Art. 34-2	L. 145-49
Art. 34-3	L. 145-50
Art. 34-3-1	L. 145-51
Art. 34-4	L. 145-52
Art. 34-5	L. 145-53
Art. 34-6	L. 145-54
Art. 34-7	L. 145-42
Art. 34-8	L. 145-55
Art. 35	L. 145-15
Art. 35-1	L. 145-16
Art. 36	L. 145-45
Art. 37	L. 145-46
Art. 38, al. 1er, 2 et 4	L. 145-13
Art. 38, al. 3	L. 145-23
Art. 38-1, al. 1er et 2	L. 145-6
Art. 38-1, al. 3 à 5	L. 145-7
Art. 38-2	L. 145-4
	L. 145-51
Art. 40	*abrogé*
Art. 41	*abrogé*
Art. 42	*abrogé*
Art. 43	*abrogé*
Art. 44	*abrogé*
Art. 46	*abrogé*
Art. 47	*abrogé*
L. n° 56-277 du 20 mars 1956 (location-gérance des fonds de commerce et des établissements artisanaux)	
Art. 1er	L. 144-1
Art. 2	L. 144-2
Art. 4	L. 144-3
Art. 5	L. 144-4
Art. 6	L. 144-5
Art. 7	L. 144-6
Art. 8	L. 144-7
Art. 9	L. 144-8
Art. 10	L. 144-9
Art. 11	L. 144-10
Art. 12	L. 144-11
Art. 13	L. 144-12
Art. 13-1	L. 144-13

ANCIENS TEXTES	C. COM.	ANCIENS TEXTES	C. COM.
Ord. n° 58-1352 du 27 déc. 1958 (infractions en matière de registre de commerce)		Art. 38	L. 223-7
		Art. 39	L. 223-8
		Art. 40	L. 223-9
Art. 1er	L. 123-4	Art. 41	L. 223-10
Art. 1er *bis*	L. 123-10	Art. 42	L. 223-11
Art. 1er *ter*	L. 123-11	Art. 43	L. 223-12
Art. 2	L. 123-5	Art. 44	L. 223-13
Art. 5	*abrogé*	Art. 45	L. 223-14
		Art. 46	L. 223-15
L. n° 66-537 du 24 juill. 1966 (sociétés commerciales)		Art. 47	L. 223-16
		Art. 48	L. 223-17
		Art. 49	L. 223-18
Art. 1er	L. 210-1	Art. 50	L. 223-19
Art. 2	L. 210-2	Art. 50-1	L. 223-20
Art. 3	L. 210-3	Art. 51	L. 223-21
Art. 4	L. 210-4	Art. 52	L. 223-22
Art. 4-1	L. 210-5	Art. 53	L. 223-23
Art. 5	L. 210-6	Art. 54	L. 223-24
Art. 6	L. 210-7	Art. 55	L. 223-25
Art. 7	L. 210-8	Art. 56	L. 223-26
Art. 8	L. 210-9	Art. 57	L. 223-27
Art. 10	L. 221-1	Art. 58	L. 223-28
Art. 11	L. 221-2	Art. 59	L. 223-29
Art. 12	L. 221-3	Art. 60	L. 223-30
Art. 13	L. 221-4	Art. 60-1	L. 223-31
Art. 14	L. 221-5	Art. 61	L. 223-32
Art. 15	L. 221-6	Art. 62	L. 223-33
Art. 16	L. 221-7	Art. 63	L. 223-34
Art. 17	L. 221-8	Art. 64	L. 223-35
Art. 17-1	L. 221-9	Art. 64-1	L. 223-36
Art. 17-2	L. 221-10	Art. 64-2	L. 223-37
Art. 17-3	L. 221-11	Art. 65	L. 223-38
Art. 18	L. 221-12	Art. 66	L. 223-39
Art. 19	L. 221-13	Art. 67	L. 223-40
Art. 20	L. 221-14	Art. 67 *bis*	L. 223-41
Art. 21	L. 221-15	Art. 68	L. 223-42
Art. 22	L. 221-16	Art. 69	L. 223-43
Art. 23	L. 222-1	Art. 70	L. 224-1
Art. 24	L. 222-2	Art. 71	L. 224-2
Art. 25	L. 222-3	Art. 72-1	L. 224-3
Art. 26	L. 222-4	Art. 73	L. 225-1
Art. 27	L. 222-5	Art. 74	L. 225-2
Art. 28	L. 222-6	Art. 75	L. 225-3
Art. 29	L. 222-7	Art. 76	L. 225-4
Art. 30	L. 222-8	Art. 77	L. 225-5
Art. 31	L. 222-9	Art. 78	L. 225-6
Art. 32	L. 222-10	Art. 79	L. 225-7
Art. 33	L. 222-11	Art. 80	L. 225-8
Art. 34	L. 223-1	Art. 81	L. 225-9
Art. 35	L. 223-2	Art. 82, al. 2 et 3	L. 225-10
Art. 36	L. 223-3	Art. 83	L. 225-11
Art. 36-1	L. 223-4	Art. 84	L. 225-12
Art. 36-2	L. 223-5	Art. 85	L. 225-13
Art. 37	L. 223-6	Art. 86	L. 225-14

ANCIENS TEXTES	C. COM.	ANCIENS TEXTES	C. COM.
Art. 87	L. 225-15	Art. 129	L. 225-69
Art. 88	L. 225-16	Art. 129-1	L. 225-70
Art. 89	L. 225-17	Art. 129-2	L. 225-71
Art. 90	L. 225-18	Art. 130	L. 225-72
Art. 90-1	L. 225-19	Art. 132	L. 225-73
Art. 91	L. 225-20	Art. 133	L. 225-74
Art. 92	L. 225-21	Art. 134	L. 225-75
Art. 93	L. 225-22	Art. 135	L. 225-76
Art. 93-1	L. 225-23	Art. 136	L. 225-77
Art. 94	L. 225-24	Art. 137	L. 225-78
Art. 95	L. 225-25	Art. 137-1	L. 225-79
Art. 97	L. 225-26	Art. 137-2	L. 225-80
Art. 97-1	L. 225-27	Art. 138	L. 225-81
Art. 97-2	L. 225-28	Art. 139	L. 225-82
Art. 97-3	L. 225-29	Art. 140	L. 225-83
Art. 97-4	L. 225-30	Art. 141	L. 225-84
Art. 97-5	L. 225-31	Art. 142	L. 225-85
Art. 97-6	L. 225-32	Art. 143	L. 225-86
Art. 97-7	L. 225-33	Art. 144	L. 225-87
Art. 97-8	L. 225-34	Art. 145	L. 225-88
Art. 98	L. 225-35	Art. 146	L. 225-89
Art. 99	L. 225-36	Art. 147	L. 225-90
Art. 100	L. 225-37	Art. 148	L. 225-91
Art. 101	L. 225-38	Art. 149	L. 225-92
Art. 102	L. 225-39	Art. 150	L. 225-93
Art. 103	L. 225-40	Art. 151	L. 225-94
Art. 104	L. 225-41	Art. 152, al. 1er	L. 225-95
Art. 105	L. 225-42	Art. 152, al. 2	*abrogé*
Art. 106	L. 225-43	Art. 153	L. 225-96
Art. 107	L. 225-44	Art. 154	L. 225-97
Art. 108	L. 225-45	Art. 155	L. 225-98
Art. 109	L. 225-46	Art. 156	L. 225-99
Art. 110	L. 225-47	Art. 157	L. 225-100
Art. 110-1	L. 225-48	Art. 157-1	L. 225-101
Art. 111	L. 225-49	Art. 157-2	L. 225-102
Art. 112	L. 225-50	Art. 158	L. 225-103
Art. 113	L. 225-51	Art. 159	L. 225-104
Art. 114	L. 225-52	Art. 160	L. 225-105
Art. 115	L. 225-53	Art. 161	L. 225-106
Art. 115-1	L. 225-54	Art. 161-1	L. 225-107
Art. 116	L. 225-55	Art. 162	L. 225-108
Art. 117	L. 225-56	Art. 162-1	L. 225-109
Art. 118	L. 225-57	Art. 163	L. 225-110
Art. 119	L. 225-58	Art. 164	L. 225-111
Art. 120	L. 225-59	Art. 165	L. 225-112
Art. 120-1	L. 225-60	Art. 166	L. 225-113
Art. 121	L. 225-61	Art. 167	L. 225-114
Art. 122	L. 225-62	Art. 168	L. 225-115
Art. 123	L. 225-63	Art. 169	L. 225-116
Art. 124	L. 225-64	Art. 170	L. 225-117
Art. 125	L. 225-65	Art. 171	L. 225-118
Art. 126	L. 225-66	Art. 172	L. 225-119
Art. 127	L. 225-67	Art. 172-1	L. 225-120
Art. 128	L. 225-68	Art. 173	L. 225-121

ANCIENS TEXTES	C. COM.	ANCIENS TEXTES	C. COM.
Art. 174	L. 225-122	Art. 208	L. 225-176
Art. 175	L. 225-123	Art. 208-1	L. 225-177
Art. 176	L. 225-124	Art. 208-2	L. 225-178
Art. 177	L. 225-125	Art. 208-3	L. 225-179
Art. 177-1	L. 225-126	Art. 208-4	L. 225-180
Art. 178	L. 225-127	Art. 208-5	L. 225-181
Art. 179	L. 225-128	Art. 208-6	L. 225-182
Art. 180	L. 225-129	Art. 208-7	L. 225-183
Art. 181	L. 225-130	Art. 208-8	L. 225-184
Art. 182	L. 225-131	Art. 208-8-1	L. 225-185
Art. 183	L. 225-132	Art. 208-8-2	L. 225-186
Art. 184	L. 225-133	Art. 208-9	L. 225-187
Art. 185	L. 225-134	Art. 208-10	L. 225-188
Art. 186	L. 225-135	Art. 208-11	L. 225-189
Art. 186-1	L. 225-136	Art. 208-12	L. 225-190
Art. 186-2	L. 225-137	Art. 208-13	L. 225-191
Art. 186-3	L. 225-138	Art. 208-14	L. 225-192
Art. 186-4	L. 225-139	Art. 208-15	L. 225-193
Art. 187	L. 225-140	Art. 208-16	L. 225-194
Art. 188	L. 225-141	Art. 208-17	L. 225-195
Art. 189	L. 225-142	Art. 208-18	L. 225-196
Art. 190	L. 225-143	Art. 208-19	L. 225-197
Art. 191	L. 225-144	Art. 209	L. 225-198
Art. 191-1	L. 225-145	Art. 210	L. 225-199
Art. 192	L. 225-146	Art. 211	L. 225-200
Art. 193	L. 225-147	Art. 212	L. 225-201
Art. 193-1	L. 225-148	Art. 213	L. 225-202
Art. 194	L. 225-149	Art. 214	L. 225-203
Art. 194-1	L. 225-150	Art. 215	L. 225-204
Art. 194-2	L. 225-151	Art. 216	L. 225-205
Art. 194-3	L. 225-152	Art. 217	L. 225-206
Art. 194-4	L. 225-153	Art. 217-1	L. 225-208
Art. 194-5	L. 225-154	Art. 217-1A	L. 225-207
Art. 194-6	L. 225-155	Art. 217-2	L. 225-209
Art. 194-7	L. 225-156	Art. 217-3	L. 225-210
Art. 194-8	L. 225-157	Art. 217-4	L. 225-211
Art. 194-9	L. 225-158	Art. 217-5	L. 225-212
Art. 194-10	L. 225-159	Art. 217-6	L. 225-213
Art. 194-11	L. 225-160	Art. 217-7	L. 225-214
Art. 195	L. 225-161	Art. 217-8	L. 225-215
Art. 196	L. 225-162	Art. 217-9	L. 225-216
Art. 196-1	L. 225-163	Art. 217-10	L. 225-217
Art. 197	L. 225-164	Art. 218, al. 2 à 5	L. 822-9
Art. 198	L. 225-165	Art. 219	L. 225-219
Art. 198-1	L. 225-166	Art. 219-1	L. 225-220
Art. 199	L. 225-167	Art. 219-2	L. 225-221
Art. 200	L. 225-168	Art. 219-3	L. 822-10
Art. 201	L. 225-169	Art. 219-4	L. 225-223
Art. 202	L. 225-170	Art. 220	L. 225-224
Art. 203	L. 225-171	Art. 221	L. 225-225
Art. 204	L. 225-172	Art. 221-1	L. 225-226
Art. 205	L. 225-173	Art. 222	L. 225-227
Art. 206	L. 225-174	Art. 223	L. 225-228
Art. 207	L. 225-175	Art. 224	L. 225-229

ANCIENS TEXTES	C. COM.	ANCIENS TEXTES	C. COM.
Art. 225	L. 225-230	Art. 262-11	L. 227-10
Art. 226	L. 225-231	Art. 262-12	L. 227-11
Art. 226-1	L. 225-232	Art. 262-13	L. 227-12
Art. 227	L. 225-233	Art. 262-14	L. 227-13
Art. 227-1	L. 225-234	Art. 262-15	L. 227-14
Art. 228	L. 225-235	Art. 262-16	L. 227-15
Art. 229	L. 225-236	Art. 262-17	L. 227-16
Art. 230	L. 225-237	Art. 262-18	L. 227-17
Art. 230-1	L. 234-1	Art. 262-19	L. 227-18
Art. 230-2	L. 234-2	Art. 262-20	L. 227-19
Art. 230-3	L. 234-3	Art. 262-21	L. 227-20
Art. 231	L. 225-238	Art. 263	L. 228-1
Art. 232	L. 225-239	Art. 263-1	L. 228-2
Art. 233	L. 225-240	Art. 263-2	L. 228-3
Art. 234	L. 225-241	Art. 264	L. 228-4
Art. 235	L. 225-242	Art. 266	L. 228-5
Art. 236	L. 225-243	Art. 266-1	L. 228-6
Art. 237	L. 225-244	Art. 267	L. 228-7
Art. 238	L. 225-245	Art. 268	L. 228-8
Art. 239	L. 225-246	Art. 269, al. 1er	L. 228-35-1
Art. 240	L. 225-247	Art. 269, al. 2	L. 228-35-2
Art. 241	L. 225-248	Art. 269-1	L. 228-35-3
Art. 242	L. 225-249	Art. 269-2	L. 228-4
Art. 243	L. 225-250	Art. 269-3	L. 228-5
Art. 244	L. 225-251	Art. 269-4	L. 228-6
Art. 245	L. 225-252	Art. 269-5	L. 228-7
Art. 246	L. 225-253	Art. 269-6	L. 228-8
Art. 247	L. 225-254	Art. 269-7	L. 228-9
Art. 248	L. 225-255	Art. 269-8	L. 228-10
Art. 249	L. 225-256	Art. 269-9	L. 228-11
Art. 250	L. 225-257	Art. 270	L. 228-9
Art. 251	L. 226-1	Art. 271	L. 228-10
Art. 252	L. 226-2	Art. 272	L. 228-21
Art. 252-1	L. 226-3	Art. 273	L. 228-22
Art. 253	L. 226-4	Art. 274	L. 228-23
Art. 253-1	L. 226-5	Art. 275	L. 228-24
Art. 254	L. 226-6	Art. 276	L. 228-25
Art. 255	L. 226-7	Art. 277	L. 228-26
Art. 256	L. 226-8	Art. 281	L. 228-27
Art. 257	L. 226-9	Art. 282	L. 228-28
Art. 258	L. 226-10	Art. 283	L. 228-29
Art. 259	L. 226-11	Art. 283-1	L. 228-30
Art. 260	L. 226-12	Art. 283-1-1	*non repris*
Art. 261	L. 226-13	Art. 283-1-2	L. 228-31
Art. 262	L. 226-14	Art. 283-2	L. 228-32
Art. 262-1	L. 227-1	Art. 283-3	L. 228-33
Art. 262-3	L. 227-2	Art. 283-4	L. 228-34
Art. 262-4	L. 227-3	Art. 283-5	L. 228-35
Art. 262-5	L. 227-4	Art. 283-6	L. 228-36
Art. 262-6	L. 227-5	Art. 283-7	L. 228-37
Art. 262-7	L. 227-6	Art. 284	*non repris*
Art. 262-8	L. 227-7	Art. 285	L. 228-39
Art. 262-9	L. 227-8	Art. 286	L. 228-40
Art. 262-10	L. 227-9	Art. 287	L. 228-41

ANCIENS TEXTES	C. COM.	ANCIENS TEXTES	C. COM.
Art. 288	L. 228-42	Art. 339-5	L. 228-95
Art. 289	L. 228-43	Art. 339-6	L. 228-96
Art. 290	L. 228-44	Art. 339-7	L. 228-97
Art. 291	L. 228-45	Art. 340	L. 232-1
Art. 292	*non repris*	Art. 340-1	L. 232-2
Art. 293	L. 228-46	Art. 340-2	L. 232-3
Art. 294	L. 228-47	Art. 340-3	L. 232-4
Art. 295	L. 228-48	Art. 340-4	L. 232-5
Art. 296	L. 228-49	Art. 341	L. 232-6
Art. 297	L. 228-50	Art. 341-1	L. 232-7
Art. 298	L. 228-51	Art. 341-2	L. 232-8
Art. 299	L. 228-52	Art. 343	L. 232-9
Art. 300	L. 228-53	Art. 345	L. 232-10
Art. 301	L. 228-54	Art. 346	L. 232-11
Art. 302	L. 228-55	Art. 347	L. 232-12
Art. 303	L. 228-56	Art. 347-1	L. 232-13
Art. 304	L. 228-57	Art. 347-2	L. 232-14
Art. 305	L. 228-58	Art. 348	L. 232-15
Art. 306	L. 228-59	Art. 349	L. 232-16
Art. 307	L. 228-60	Art. 350	L. 232-17
Art. 308	L. 228-61	Art. 351	L. 232-18
Art. 309	L. 228-62	Art. 352	L. 232-19
Art. 310	L. 228-63	Art. 353	L. 232-20
Art. 311	L. 228-64	Art. 354	L. 233-1
Art. 313	L. 228-65	Art. 355	L. 233-2
Art. 314	L. 228-66	Art. 355-1	L. 233-3
Art. 315	L. 228-67	Art. 355-2	L. 233-4
Art. 317	L. 228-68	Art. 355-3	L. 233-5
Art. 318	L. 228-69	Art. 356	L. 233-6
Art. 319	L. 228-70	Art. 356-1	L. 233-7
Art. 320	L. 228-71	Art. 356-1-1	L. 233-8
Art. 321	L. 228-72	Art. 356-1-2	L. 233-9
Art. 321-1	L. 228-73	Art. 356-1-3	L. 233-10
Art. 322	L. 228-74	Art. 356-1-4	L. 233-11
Art. 323	L. 228-75	Art. 356-2	L. 233-12
Art. 324	L. 228-76	Art. 356-3	L. 233-13
Art. 325	L. 228-77	Art. 356-4	L. 233-14
Art. 326	L. 228-78	Art. 357	L. 233-15
Art. 327	L. 228-79	Art. 357-1	L. 233-16
Art. 328	L. 228-80	Art. 357-2	L. 233-17
Art. 329	L. 228-81	Art. 357-3	L. 233-18
Art. 330	L. 228-82	Art. 357-4	L. 233-19
Art. 331	L. 228-83	Art. 357-5	L. 233-20
Art. 332	L. 228-84	Art. 357-6	L. 233-21
Art. 333	L. 228-85	Art. 357-7	L. 233-22
Art. 335	L. 228-86	Art. 357-8	L. 233-23
Art. 336	L. 228-87	Art. 357-8-1, al. 1er ...	L. 233-24
Art. 337	L. 228-88	Art. 357-8-1, al. 2	*abrogé à compter du 1er janv. 2003*
Art. 338	L. 228-89		
Art. 339	L. 228-90		
Art. 339-1	L. 228-91	Art. 357-9	L. 233-25
Art. 339-2	L. 228-92	Art. 357-10	L. 233-26
Art. 339-3	L. 228-93	Art. 357-11	L. 233-27
Art. 339-4	L. 228-94	Art. 358	L. 233-29

ANCIENS TEXTES	C. COM.	ANCIENS TEXTES	C. COM.
Art. 359	L. 233-30	Art. 404	L. 237-16
Art. 359-1	L. 233-31	Art. 405	L. 237-17
Art. 360	L. 235-1	Art. 406	L. 237-18
Art. 361	L. 235-2	Art. 407	L. 237-19
Art. 362	L. 235-3	Art. 408	L. 237-20
Art. 363	L. 235-4	Art. 409	L. 237-21
Art. 364	L. 235-5	Art. 410	L. 237-22
Art. 365	L. 235-6	Art. 411	L. 237-23
Art. 366	L. 235-7	Art. 412	L. 237-24
Art. 366-1	L. 235-8	Art. 413	L. 237-25
Art. 367	L. 235-9	Art. 414	L. 237-26
Art. 368	L. 235-10	Art. 415	L. 237-27
Art. 368-1	L. 235-11	Art. 416	L. 237-28
Art. 369	L. 235-12	Art. 417	L. 237-29
Art. 370	L. 235-13	Art. 417-1	L. 237-30
Art. 371	L. 236-1	Art. 418	L. 237-31
Art. 372	L. 236-2	Art. 423	L. 241-1
Art. 372-1	L. 236-3	Art. 424	L. 241-2
Art. 372-2	L. 236-4	Art. 425	L. 241-3
Art. 373	L. 236-5	Art. 426	L. 241-4
Art. 374	L. 236-6	Art. 427	L. 241-5
Art. 375	L. 236-8	Art. 428	L. 241-6
Art. 376	L. 236-9	Art. 429	L. 241-7
Art. 377	L. 236-10	Art. 430	L. 241-8
Art. 378-1	L. 236-11	Art. 431	L. 241-9
Art. 379	L. 236-12	Art. 432	L. 242-1
Art. 380	L. 236-13	Art. 433	L. 242-2
Art. 381	L. 236-14	Art. 434	L. 242-3
Art. 381 *bis*	L. 236-15	Art. 435	L. 242-4
Art. 382	L. 236-16	Art. 436	L. 242-5
Art. 383	L. 236-17	Art. 437	L. 242-6
Art. 384	L. 236-18	Art. 438	L. 242-7
Art. 384-1	L. 236-19	Art. 439	L. 242-8
Art. 385	L. 236-20	Art. 440	L. 242-9
Art. 386	L. 236-21	Art. 441	L. 242-10
Art. 387	L. 236-22	Art. 442	L. 242-11
Art. 388	L. 236-23	Art. 443	L. 242-12
Art. 388-1	L. 236-24	Art. 444	L. 242-13
Art. 389	L. 236-2	Art. 445	L. 242-14
Art. 389-1	L. 236-7	Art. 447	L. 242-15
Art. 390	L. 237-1	Art. 448	L. 242-16
Art. 391	L. 237-2	Art. 449	L. 242-17
Art. 392	L. 237-3	Art. 450	L. 242-18
Art. 393	L. 237-5	Art. 451	L. 242-19
Art. 394	L. 237-6	Art. 452	L. 242-20
Art. 395	L. 237-7	Art. 452-1	L. 242-21
Art. 396	L. 237-8	Art. 453	L. 242-22
Art. 397	L. 237-9	Art. 454	L. 242-23
Art. 398	L. 237-10	Art. 454-1	L. 242-24
Art. 399	L. 237-11	Art. 455	L. 242-25
Art. 400	L. 237-12	Art. 456	L. 242-26
Art. 401	L. 237-13	Art. 457	L. 242-27
Art. 402	L. 237-14	Art. 458	L. 242-28
Art. 403	L. 237-15	Art. 459	L. 242-29

ANCIENS TEXTES	C. COM.
Art. 460	L. 243-1
Art. 461	L. 243-2
Art. 462	L. 246-1
Art. 463	L. 246-2
Art. 464	L. 242-30
Art. 464-1	L. 244-1
Art. 464-2	L. 244-2
Art. 464-3	L. 244-3
Art. 464-4	L. 244-4
Art. 465	L. 245-1
Art. 467	L. 245-2
Art. 467-1	L. 245-3
Art. 467-2	L. 245-4
Art. 467-3	L. 245-5
Art. 468	L. 245-6
Art. 469	L. 245-7
Art. 470	L. 245-8
Art. 471	L. 245-9
Art. 472	L. 245-10
Art. 473	L. 245-11
Art. 474	L. 245-12
Art. 475	L. 245-13
Art. 476	L. 245-14
Art. 477	L. 245-15
Art. 478	L. 245-16
Art. 479	L. 245-17
Art. 480	*abrogé*
Art. 481	L. 247-1
Art. 481-1	L. 247-2
Art. 482	L. 247-3
Art. 485-1	L. 247-4
Art. 486	L. 247-6
Art. 487	L. 247-7
Art. 488	L. 247-8
Art. 489	L. 247-9
Art. 490	L. 223-1
Art. 490 *bis*	L. 221-17
Art. 491, al. 2	L. 223-2
Art. 491, al. 1er	L. 223-25
Art. 491, al. 3	L. 224-2
Art. 492	L. 225-122
Art. 493	*abrogé*
Art. 494	*abrogé*
Art. 495	*abrogé*
Art. 496	*abrogé*
Art. 496-1	*abrogé*
Art. 497	*abrogé*
Art. 498, al. 1er	L. 237-4
Art. 498, al. 2 et 3	L. 247-5
Art. 499	*abrogé*
Art. 500	*abrogé*
Art. 501	*abrogé*
Art. 502	*abrogé*

ANCIENS TEXTES	C. COM.
Art. 503	*abrogé*
Art. 504	L. 228-4
Art. 505	*abrogé*
Art. 506	*abrogé*
Art. 507	*abrogé*
Art. 509	*abrogé*
Décr. n° 67-236 du 23 mars 1967 (sociétés commerciales)	
Art. 13-1	L. 232-21
Art. 44-1	L. 232-22
Art. 293, al. 1er et 2	L. 232-23
Ord. n° 67-808 du 22 sept. 1967 (marchés d'intérêt national)	
Art. 1er	L. 730-1
Art. 2	L. 730-2
Art. 3	L. 730-3
Art. 4	L. 730-4
Art. 5	L. 730-5
Art. 6	L. 730-6
Art. 7	L. 730-7
Art. 8	L. 730-8
Art. 9	L. 730-9
Art. 10	L. 730-10
Art. 11	L. 730-11
Art. 12	L. 730-12
Art. 13	L. 730-13
Art. 14	L. 730-14
Art. 15	L. 730-15
Art. 16	L. 730-16
Art. 17	*abrogé*
Art. 18	L. 730-17
Art. 19	*abrogé*
Ord. n° 67-821 du 23 sept. 1967 (groupements d'intérêt économique)	
Art. 1er	L. 251-1
Art. 1-1	L. 251-2
Art. 2	L. 251-3
Art. 3	L. 251-4
Art. 3-1	L. 251-5
Art. 4	L. 251-6
Art. 5	L. 251-7
Art. 6	L. 251-8
Art. 7	L. 251-9
Art. 8	L. 251-10
Art. 9	L. 251-11
Art. 10	L. 251-12
Art. 10-1	L. 251-13

ANCIENS TEXTES	C. COM.
Art. 10-2	L. 251-14
Art. 10-3	L. 251-15
Art. 10-4	L. 251-16
Art. 11	L. 251-17
Art. 12	L. 251-18
Art. 13	L. 251-19
Art. 14	L. 251-20
Art. 15	L. 251-21
Art. 16	L. 251-22
Art. 17	L. 251-23
Art. 18	*non repris*
Art. 19	*non repris*
Art. 20	*non repris*
Art. 21	*non repris*
Art. 22	*abrogé*
L. n° 72-651 du 11 juill. 1972 (magasins collectifs de commerçants indépendants)	
Art. 1er	L. 125-1
Art. 2	L. 125-2
Art. 3	L. 125-3
Art. 4	L. 125-4
Art. 5	L. 125-5
Art. 6	L. 125-6
Art. 7	L. 125-7
Art. 8	L. 125-8
Art. 9	L. 125-10
Art. 10	L. 125-11
Art. 11	L. 125-12
Art. 12	L. 125-13
Art. 13	L. 125-14
Art. 14	L. 125-15
Art. 15	L. 125-16
Art. 16	L. 125-17
Art. 17	L. 125-18
Art. 18	L. 125-19
Art. 19, al. 1er à 3	L. 125-9
Art. 19, al. 4	*abrogé*
L. n° 72-652 du 11 juill. 1972 (sociétés coopératives de commerçants détaillants)	
Art. 1er	L. 124-1
Art. 2	L. 124-2
Art. 3	L. 124-3
Art. 4	L. 124-4
Art. 5	L. 124-5
Art. 7	L. 124-6
Art. 8	L. 124-7
Art. 9	L. 124-8
Art. 10	L. 124-9
Art. 11	L. 124-10
Art. 12	L. 124-11
Art. 14	L. 124-12
Art. 15	L. 124-13
Art. 16	L. 124-14
Art. 17	L. 124-15
Art. 18, al. 1er	*abrogé*
Art. 18, al. 2 et 3	L. 124-16
L. n° 73-1193 du 27 déc. 1973 (orientation du commerce et de l'artisanat)	
Art. 1er, al. 1er à 3	*non repris*
Art. 1er, al. 4 et 5	L. 720-1
Art. 1er, al. 6	*non repris*
Art. 4	L. 720-2
Art. 27	L. 711-9
Art. 28	L. 720-3
Art. 28-1	L. 720-4
Art. 29	L. 720-5
Art. 29-1	L. 720-6
Art. 29-2	L. 720-7
Art. 30	L. 720-8
Art. 31	L. 720-9
Art. 32	L. 720-10
Art. 33	L. 720-11
Art. 34	*abrogé*
Art. 35	*non repris*
Art. 53	L. 145-43
Art. 55	L. 145-44
Art. 60	L. 711-7
Art. 63	*abrogé*
L. n° 82-596 du 10 juill. 1982 (conjoints d'artisans et de commerçants travaillant dans l'entreprise commerciale)	
Art. 1er	L. 121-4
Art. 2	L. 121-5
Art. 5-II	*non repris*
Art. 9	L. 121-6
Art. 20	*non repris*
L. n° 84-148 du 1er mars 1984 (prévention et règlement amiable des difficultés des entreprises)	
Art. 27	L. 612-1
Art. 28	L. 612-2
Art. 29	L. 612-3
Art. 29 *bis*	L. 612-4
Art. 32 *bis*	L. 712-3
Art. 33	L. 611-1

ANCIENS TEXTES	C. COM.
Art. 34	L. 611-2
Art. 35	L. 611-3
Art. 36	L. 611-4
Art. 37	L. 611-5
Art. 38	L. 611-6
Décr. n° 84-406 du 30 mai 1984 (registre du commerce et des sociétés)	
Art. 1er	L. 123-1
Art. 2	L. 123-2
Art. 4, al. 1er	L. 123-6
Art. 58	L. 123-3
Art. 64	L. 123-7
Art. 65	L. 123-8
Art. 66	L. 123-9
L. n° 85-11 du 3 janv. 1985 (comptes consolidés de certaines sociétés commerciales et entreprises publiques)	
Art. 14	L. 233-28
L. n° 85-98 du 25 janv. 1985 (redressement et liquidation judiciaires des entreprises)	
Art. 1er	L. 620-1
Art. 2	L. 620-2
Art. 3	L. 621-1
Art. 4	L. 621-2
Art. 5	L. 621-3
Art. 6	L. 621-4
Art. 7, al. 1er et 2	L. 621-5
Art. 7, al. 3	*abrogé à compter de l'entrée en vigueur de la partie réglementaire*
Art. 8	L. 621-6
Art. 9	L. 621-7
Art. 10	L. 621-8
Art. 11	L. 621-9
Art. 12	L. 621-10
Art. 13	L. 621-11
Art. 14	L. 621-12
Art. 15	L. 621-13
Art. 16	L. 621-14
Art. 17	L. 621-15
Art. 18	L. 621-54
Art. 19	L. 621-55
Art. 20	L. 621-56
Art. 21	L. 621-57

ANCIENS TEXTES	C. COM.
Art. 22	L. 621-58
Art. 23	L. 621-59
Art. 24	L. 621-60
Art. 25	L. 621-61
Art. 26	L. 621-16
Art. 27	L. 621-18
Art. 28	L. 621-19
Art. 29	L. 621-20
Art. 30	L. 621-21
Art. 31	L. 621-22
Art. 32	L. 621-23
Art. 33	L. 621-24
Art. 34	L. 621-25
Art. 35	L. 621-26
Art. 36	L. 621-27
Art. 37	L. 621-28
Art. 38	L. 621-29
Art. 38-1	L. 621-30
Art. 39	L. 621-31
Art. 40	L. 621-32
Art. 41	L. 621-33
Art. 42	L. 621-34
Art. 43	L. 621-35
Art. 44	L. 621-36
Art. 45	L. 621-37
Art. 45-1	L. 621-38
Art. 46	L. 621-39
Art. 47	L. 621-40
Art. 48	L. 621-41
Art. 49	L. 621-42
Art. 50	L. 621-43
Art. 51	L. 621-44
Art. 52	L. 621-45
Art. 53	L. 621-46
Art. 54	L. 621-47
Art. 55	L. 621-48
Art. 56	L. 621-49
Art. 57	L. 621-50
Art. 58	L. 621-51
Art. 59	L. 621-52
Art. 60	L. 621-53
Art. 61	L. 621-62
Art. 62	L. 621-63
Art. 63	L. 621-64
Art. 64	L. 621-65
Art. 65	L. 621-66
Art. 66	L. 621-67
Art. 67	L. 621-68
Art. 68	L. 621-69
Art. 69	L. 621-70
Art. 69-1	L. 621-71
Art. 70	L. 621-72
Art. 71	L. 621-73
Art. 72	L. 621-74

ANCIENS TEXTES	C. COM.
Art. 73	L. 621-75
Art. 74	L. 621-76
Art. 75	L. 621-77
Art. 76	L. 621-78
Art. 77	L. 621-79
Art. 78	L. 621-80
Art. 79	L. 621-81
Art. 80	L. 621-82
Art. 81	L. 621-83
Art. 82	L. 621-84
Art. 83	L. 621-85
Art. 84	L. 621-86
Art. 85	L. 621-87
Art. 86	L. 621-88
Art. 87	L. 621-89
Art. 88	L. 621-90
Art. 89	L. 621-91
Art. 89-1	L. 621-92
Art. 90	L. 621-93
Art. 91	L. 621-94
Art. 92	L. 621-95
Art. 93	L. 621-96
Art. 94	L. 621-97
Art. 95	L. 621-98
Art. 96	L. 621-99
Art. 97	L. 621-100
Art. 98	L. 621-101
Art. 99	L. 621-102
Art. 100	L. 621-103
Art. 101, al. 1er	L. 621-104
Art. 101, al. 2	*abrogé à compter de l'entrée en vigueur de la partie réglementaire*
Art. 102, al. 1er, 2e phrase et al. 2	L. 621-105
Art. 102, al. 1er, 1re phrase et al. 3	*abrogé à compter de l'entrée en vigueur de la partie réglementaire*
Art. 103	*abrogé à compter de l'entrée en vigueur de la partie réglementaire*
Art. 104	*abrogé à compter de l'entrée en vigueur de la partie réglementaire*
Art. 105	L. 621-106
Art. 107	L. 621-107
Art. 108	L. 621-108

ANCIENS TEXTES	C. COM.
Art. 109	L. 621-109
Art. 110	L. 621-110
Art. 111	L. 621-111
Art. 112	L. 621-112
Art. 113	L. 621-113
Art. 114	L. 621-114
Art. 115	L. 621-115
Art. 115-1	L. 621-116
Art. 116	L. 621-117
Art. 117	L. 621-118
Art. 118	L. 621-119
Art. 119	L. 621-120
Art. 120	L. 621-121
Art. 121	L. 621-122
Art. 121-1	L. 621-123
Art. 122	L. 621-124
Art. 123	L. 621-125
Art. 124	L. 621-126
Art. 125	L. 621-127
Art. 126	L. 621-128
Art. 127	L. 621-129
Art. 128	L. 621-130
Art. 129	L. 621-131
Art. 137	L. 621-133
Art. 138	L. 621-134
Art. 139	L. 621-135
Art. 140	L. 621-136
Art. 141	L. 621-137
Art. 142	L. 621-138
Art. 143	L. 621-139
Art. 144	L. 621-140
Art. 145	L. 621-141
Art. 146	L. 621-142
Art. 147	L. 621-143
Art. 148	L. 622-1
Art. 148-1	L. 622-2
Art. 148-2	L. 622-3
Art. 148-3	L. 622-4
Art. 148-4	L. 622-5
Art. 149	L. 622-6
Art. 150	L. 622-7
Art. 151	L. 622-8
Art. 152	L. 622-9
Art. 153	L. 622-10
Art. 153-1	L. 622-11
Art. 153-2	L. 622-12
Art. 153-3	L. 622-13
Art. 153-4	L. 622-14
Art. 154	L. 622-16
Art. 155	L. 622-17
Art. 156	L. 622-18
Art. 157	L. 622-19
Art. 158	L. 622-20
Art. 159	L. 622-21

ANCIENS TEXTES	C. COM.
Art. 160	L. 622-22
Art. 161	L. 622-23
Art. 161-1	L. 622-24
Art. 162	L. 622-25
Art. 163	L. 622-26
Art. 164	L. 622-27
Art. 165	L. 622-28
Art. 166	L. 622-29
Art. 167	L. 622-30
Art. 168	L. 622-31
Art. 169	L. 622-32
Art. 169-1	L. 622-33
Art. 170	L. 622-34
Art. 171	L. 623-1
Art. 171-1	L. 623-2
Art. 172	L. 623-3
Art. 173	L. 623-4
Art. 173-1	L. 623-5
Art. 174	L. 623-6
Art. 175	L. 623-7
Art. 176	L. 623-8
Art. 177	L. 623-9
Art. 178	L. 624-1
Art. 179	L. 624-2
Art. 180	L. 624-3
Art. 181	L. 624-4
Art. 182	L. 624-5
Art. 183	L. 624-6
Art. 184	L. 624-7
Art. 185	L. 625-1
Art. 186	L. 625-2
Art. 187	L. 625-3
Art. 188	L. 625-4
Art. 189	L. 625-5
Art. 190	L. 625-6
Art. 191	L. 625-7
Art. 192	L. 625-8
Art. 193	L. 625-9
Art. 194	*abrogé*
Art. 195	L. 625-10
Art. 196	L. 626-1
Art. 197	L. 626-2
Art. 198	L. 626-3
Art. 199	L. 626-4
Art. 200	L. 626-5
Art. 201	L. 626-6
Art. 202	L. 626-7
Art. 203	L. 626-8
Art. 204	L. 626-9
Art. 205	L. 626-10
Art. 206	L. 626-11
Art. 207	L. 626-12
Art. 208	L. 626-13
Art. 209	L. 626-14

ANCIENS TEXTES	C. COM.
Art. 210	L. 626-15
Art. 211	L. 626-16
Art. 212	L. 626-17
Art. 213	L. 626-18
Art. 214	L. 626-19
Art. 215	L. 627-3
Art. 215 A	L. 627-2
Art. 216	L. 627-4
Art. 226	L. 623-10
Art. 228	L. 627-5
Art. 234	*abrogé*
Art. 234-1	L. 628-3
Art. 239	*abrogé*
Art. 240	*non repris*
L. n° 85-99 du 25 janv. 1985 (administrateurs judiciaires, mandataires liquidateurs et experts en diagnostic d'entreprise)	
Art. 1er	L. 811-1
Art. 2	L. 811-2
Art. 3	L. 811-3
Art. 4	L. 811-4
Art. 5	L. 811-5
Art. 6	L. 811-6
Art. 8	L. 811-7
Art. 9	L. 811-8
Art. 10	L. 811-9
Art. 11	L. 811-10
Art. 12	L. 811-11
Art. 13	L. 811-12
Art. 14	L. 811-13
Art. 16	L. 811-14
Art. 17	L. 811-15
Art. 18	L. 811-16
Art. 19	L. 812-1
Art. 20	L. 812-2
Art. 21	L. 812-3
Art. 22	L. 812-4
Art. 23	L. 812-5
Art. 24	L. 812-6
Art. 26	L. 812-7
Art. 27	L. 812-8
Art. 28	L. 812-9
Art. 29	L. 812-10
Art. 30	L. 813-1
Art. 31	L. 813-2
Art. 32	L. 814-1
Art. 33	L. 814-2
Art. 34	L. 814-3
Art. 35	L. 814-4
Art. 36	L. 814-5
Art. 37	L. 814-6

ANCIENS TEXTES	C. COM.
Art. 38	*abrogé*
Art. 39, al. 1er	*non repris*
Art. 39, al. 2	*abrogé*
Art. 45	*non repris*
Décr. n° 85-1388 du 27 déc. 1985 (redressement et liquidation judiciaires des entreprises)	
Art. 46, al. 2	L. 621-17
Art. 119-3	L. 622-15
Art. 173	L. 627-1
Ord. n° 86-1243 du 1er déc. 1986 (liberté des prix et de la concurrence)	
Art. 1er	L. 410-2
Art. 2	L. 461-1
Art. 3	L. 461-2
Art. 4	L. 461-3
Art. 5	L. 462-1
Art. 6	L. 462-2
Art. 7	L. 420-1
Art. 8	L. 420-2
Art. 9	L. 420-3
Art. 10	L. 420-4
Art. 10-1	L. 420-5
Art. 11, al. 1er	L. 462-5
Art. 11, al. 2 et 3	L. 462-6
Art. 12, al. 1er à 3 et 6	L. 464-1
Art. 12, al. 4 et 5	L. 464-7
Art. 13	L. 464-2
Art. 14	L. 464-3
Art. 15	L. 464-8
Art. 16	L. 464-4
Art. 17	L. 420-6
Art. 18	L. 463-1
Art. 19	L. 462-8
Art. 20	L. 464-6
Art. 21	L. 463-2
Art. 22, al. 1er	L. 463-3
Art. 22, al. 2	L. 464-5
Art. 23	L. 463-4
Art. 24	L. 463-6
Art. 25 – *V. rapport*	L. 463-7
Art. 26, al. 1er	L. 463-5
Art. 26, al. 2 à 4	L. 462-3
Art. 27	L. 462-7
Art. 28	L. 441-2
Art. 31, al. 1er à 4	L. 441-3
Art. 31, al. 5 et 6	L. 441-4
Art. 31, al. 7	L. 441-5
Art. 32 (I), al. 1er et 2	L. 442-2
Art. 32 (I), al. 3 et 4	L. 442-3
Art. 32 (II) et (III)	L. 442-4
Art. 33	L. 441-6
Art. 34	L. 442-5
Art. 35	L. 443-1
Art. 36	L. 442-6
Art. 37	L. 442-7
Art. 37-1	L. 442-8
Art. 38	L. 430-1
Art. 39	L. 430-2
Art. 40	L. 430-3
Art. 41	L. 430-4
Art. 42	L. 430-5
Art. 43	L. 430-6
Art. 44	L. 430-7
Art. 45	L. 450-1
Art. 46	L. 450-2
Art. 47	L. 450-3
Art. 48	L. 450-4
Art. 49	L. 450-5
Art. 50	L. 450-6
Art. 51	L. 450-7
Art. 52	L. 450-8
Art. 52-1	L. 443-2
Art. 52-2	L. 443-3
Art. 53	L. 410-1
Art. 54	L. 470-1
Art. 55, al. 1er	L. 470-2
Art. 55, al. 2	L. 470-3
Art. 55, al. 3	L. 470-4
Art. 56	L. 470-5
Art. 56 *bis*	L. 470-6
Art. 56 *ter*	L. 470-7
Art. 57 – *V. rapport*	*abrogé*
Art. 58, al. 1er et 2 – *V. rapport*	*abrogés*
Art. 58, al. 3	*non repris*
Art. 59	*abrogé*
Art. 60	*abrogé*
Art. 61	*non repris*
Art. 62	L. 470-8
L. n° 87-550 du 16 juill. 1987 (juridictions commerciales et mode d'élection des délégués consulaires et des membres de chambres de commerce et d'industrie)	
Art. 6, al. 1er et 2	L. 713-1
Art. 6, al. 3 à 5	L. 713-2
Art. 6, al. 6 et 7	L. 713-3
Art. 7	L. 713-6
Art. 8	L. 713-11
Art. 9	L. 713-12

ANCIENS TEXTES	C. COM.
Art. 10	L. 713-13
Art. 11	L. 713-14
Art. 12	L. 713-10
Art. 13	L. 713-4
Art. 14	L. 713-15
Art. 15	L. 713-16
Art. 16	L. 713-17
Art. 17	L. 713-15
Art. 18	L. 713-18
Art. 24	*abrogé*
***L. n° 89-377 du 13 juin 1989** (groupements européens d'intérêt économique)*	
Art. 1er	L. 252-1
Art. 2	L. 252-2
Art. 3	L. 252-3
Art. 4	L. 252-4
Art. 5	L. 252-5
Art. 6	L. 252-6
Art. 7	L. 252-7
Art. 8	L. 252-8
Art. 9	L. 252-9
Art. 10	L. 252-10
Art. 11	L. 252-11
Art. 12	L. 252-12
Art. 13	L. 252-13
***L. n° 89-1008 du 31 déc. 1989** (développement des entreprises commerciales et artisanales et amélioration de leur environnement économique et social)*	
Art. 1er	L. 330-3
***L. n° 91-593 du 25 juin 1991** (rapports entre les agents commerciaux et leurs mandants)*	
Art. 1er	L. 134-1
Art. 2	L. 134-2
Art. 3	L. 134-3
Art. 4	L. 134-4
Art. 5	L. 134-5
Art. 6	L. 134-6
Art. 7	L. 134-7
Art. 8	L. 134-8
Art. 9	L. 134-9
Art. 10	L. 134-10
Art. 11	L. 134-11
Art. 12	L. 134-12
Art. 13	L. 134-13

ANCIENS TEXTES	C. COM.
Art. 14	L. 134-14
Art. 15	L. 134-15
Art. 16	L. 134-16
Art. 19	L. 134-17
Art. 20	*abrogé*
Art. 21	*abrogé*
***L. n° 96-603 du 5 juill. 1996** (développement et promotion du commerce et de l'artisanat)*	
Art. 26	L. 310-1
Art. 27	L. 310-2
Art. 28	L. 310-3
Art. 29	L. 310-7
Art. 30	L. 310-4
Art. 31 (I)	L. 310-5
Art. 31 (II)	L. 310-6
Art. 32	L. 310-7
***L. n° 98-546 du 2 juill. 1998** (dispositions d'ordre économique et financier)*	
Art. 16 *(comptabilité en euros)*	*non repris*
***L. n° 2000-642 du 10 juill. 2000** (ventes volontaires de meubles aux enchères publiques)*	
Art. 1er	L. 321-1
Art. 2	L. 321-2
Art. 3	L. 321-3
Art. 4	L. 321-4
Art. 5	L. 321-5
Art. 6	L. 321-6
Art. 7	L. 321-7
Art. 8	L. 321-8
Art. 9	L. 321-9
Art. 10	L. 321-10
Art. 11	L. 321-11
Art. 12	L. 321-12
Art. 13	L. 321-13
Art. 14	L. 321-14
Art. 15	L. 321-15
Art. 17	L. 321-16
Art. 18	L. 321-18
Art. 19	L. 321-19
Art. 20	L. 321-20
Art. 21	L. 321-21
Art. 22	L. 321-22
Art. 23	L. 321-23
Art. 24	L. 321-24

ANCIENS TEXTES	C. COM.	ANCIENS TEXTES	C. COM.
Art. 25	L. 321-25	Art. 33	L. 321-31
Art. 26	L. 321-26	Art. 34	L. 321-32
Art. 27	L. 321-27	Art. 35	L. 321-33
Art. 28	L. 321-28	Art. 36	L. 321-34
Art. 29	*non repris*	Art. 37	L. 321-35
Art. 30	L. 321-17	Art. 58, al. 2 et 3	L. 321-36
Art. 31	L. 321-29	Art. 61	L. 321-37
Art. 32	L. 321-30	Art. 66	L. 321-38

ANNEXE À LA LOI DE SAUVEGARDE DES ENTREPRISES

LIVRE VI DU CODE DE COMMERCE	SORT DES ARTICLES	LIVRE VI DU CODE DE COMMERCE	SORT DES ARTICLES
L. 611-3	Abrogation	L. 621-36	L. 625-2
L. 611-4	Abrogation	L. 621-37	Abrogation
L. 611-5	Abrogation	L. 621-38	L. 622-19
L. 611-6	Abrogation	L. 621-39	L. 622-20
L. 620-1	Abrogation	L. 621-40	L. 622-21
L. 620-2	Abrogation	L. 621-41	L. 622-22
L. 621-1	Abrogation	L. 621-42	L. 622-23
L. 621-2	Abrogation	L. 621-43	L. 622-24
L. 621-3	Abrogation	L. 621-44	L. 622-25
L. 621-4	Abrogation	L. 621-45	Abrogation
L. 621-5	L. 621-2	L. 621-46	Abrogation
L. 621-6	L. 621-3	L. 621-47	L. 622-27
L. 621-7	Abrogation	L. 621-48	L. 622-28
L. 621-8	Abrogation	L. 621-49	L. 622-29
L. 621-9	L. 621-6	L. 621-50	L. 622-30
L. 621-10	L. 621-7	L. 621-51	L. 622-31
L. 621-11	L. 621-8	L. 621-52	L. 622-32
L. 621-12	L. 621-9	L. 621-53	L. 622-33
L. 621-13	Abrogation	L. 621-54	L. 623-1
L. 621-14	Abrogation	L. 621-55	L. 623-2
L. 621-15	Abrogation	L. 621-56	L. 623-3
L. 621-16	L. 622-4	L. 621-57	Abrogation
L. 621-17	L. 622-5	L. 631-58	L. 626-3
L. 621-18	Abrogation	L. 621-59	L. 626-4
L. 621-19	L. 631-10	L. 621-60	Abrogation
L. 621-20	Abrogation	L. 621-61	L. 626-8
L. 621-21	L. 631-11	L. 621-62	Abrogation
L. 621-22	L. 622-1	L. 621-63	L. 626-10
L. 621-22-1	L. 622-2	L. 621-64	Abrogation
L. 621-23	L. 622-3	L. 621-65	L. 626-11
L. 621-24	L. 622-7	L. 621-66	Abrogation
L. 621-25	L. 622-8	L. 621-67	L. 626-24
L. 621-26	L. 622-9	L. 621-68	L. 626-25
L. 621-27	Abrogation	L. 621-69	L. 626-26
L. 621-28	L. 622-13	L. 621-70	Abrogation
L. 621-29	Abrogation	L. 621-71	L. 626-13
L. 621-30	L. 622-15	L. 621-72	L. 626-14
L. 621-31	L. 622-16	L. 621-73	L. 626-15
L. 621-32	L. 622-17	L. 621-74	Abrogation
L. 621-33	L. 622-18	L. 621-75	L. 626-17
L. 621-34	Abrogation	L. 621-76	L. 626-18
L. 621-35	Abrogation	L. 621-77	L. 626-19

LIVRE VI DU CODE DE COMMERCE	SORT DES ARTICLES	LIVRE VI DU CODE DE COMMERCE	SORT DES ARTICLES
L. 621-78	L. 626-20	L. 621-131	L. 625-8
L. 621-79	L. 626-21	L. 621-132	L. 625-9
L. 621-80	L. 626-22	L. 621-133	Abrogation
L. 621-81	L. 626-23	L. 621-134	Abrogation
L. 621-82	Abrogation	L. 621-135	Abrogation
L. 621-83	Abrogation	L. 621-136	Abrogation
L. 621-84	Abrogation	L. 621-137	Abrogation
L. 621-85	Abrogation	L. 621-138	Abrogation
L. 621-86	Abrogation	L. 621-139	L. 627-3
L. 621-87	Abrogation	L. 621-140	Abrogation
L. 621-88	Abrogation	L. 621-141	Abrogation
L. 621-89	Abrogation	L. 621-142	Abrogation
L. 621-90	Abrogation	L. 621-143	Abrogation
L. 621-91	Abrogation	L. 622-1	Abrogation
L. 621-92	Abrogation	L. 622-2	Abrogation
L. 621-93	Abrogation	L. 622-3	Abrogation
L. 621-94	Abrogation	L. 622-4	Abrogation
L. 621-95	Abrogation	L. 622-5	L. 641-5
L. 621-96	Abrogation	L. 622-6	L. 641-6
L. 621-97	Abrogation	L. 622-7	Abrogation
L. 621-98	Abrogation	L. 622-8	L. 641-8
L. 621-99	Abrogation	L; 622-9	L. 641-9
L. 621-100	Abrogation	L. 622-10	L. 641-10
L. 621-101	Abrogation	L. 622-11	Abrogation
L. 621-102	Abrogation	L. 622-12	Abrogation
L. 621-103	L. 624-1	L. 622-13	L. 641-12
L. 621-104	L. 624-2	L. 622-14	Abrogation
L. 621-105	L. 624-3	L. 622-15	Abrogation
L. 621-106	L. 624-4	L. 622-16	L. 642-18
L. 621-107	L. 632-1	L. 622-17	Abrogation
L. 621-108	L. 632-2	L. 622-18	L. 642-19
L. 621-109	L. 632-3	L. 622-19	L. 642-23
L. 621-110	L. 632-4	L. 622-20	L. 642-24
L. 621-111	L. 624-5	L. 622-21	L. 642-25
L. 621-112	L. 624-6	L. 622-22	L. 643-1
L. 621-113	L. 624-7	L. 622-23	L. 643-2
L. 621-114	Abrogation	L. 622-24	L. 643-3
L. 621-115	L. 624-9	L. 622-25	L. 643-4
L. 621-116	L. 624-10	L. 622-26	L. 643-5
L. 621-117	L. 624-11	L. 622-27	L. 643-6
L. 621-118	L. 624-12	L. 622-28	L. 643-7
L. 621-119	L. 624-13	L. 622-29	L. 643-8
L. 621-120	L. 624-14	L. 622-30	Abrogation
L. 621-121	L. 624-15	L. 622-31	L. 643-10
L. 621-122	L. 624-16	L; 622-32	Abrogation
L. 621-123	L. 624-17	L. 622-33	L. 643-12
L. 621-124	L. 624-18	L. 622-34	Abrogation
L. 621-125	L. 625-1	L. 623-1	L. 661-1
L. 621-126	L. 625-3	L. 623-2	L. 661-2
L. 621-127	L. 625-4	L. 623-3	Abrogation
L. 621-128	L. 625-5	L. 623-4	L. 661-4
L. 621-129	L. 625-6	L. 623-5	L. 661-5
L. 621-130	L. 625-7	L. 623-6	L. 661-6

LIVRE VI DU CODE DE COMMERCE	SORT DES ARTICLES	LIVRE VI DU CODE DE COMMERCE	SORT DES ARTICLES
L. 623-7	L. 661-7	L. 626-7	L. 654-7
L. 623-8	L. 661-8	L. 626-8	L. 654-8
L. 623-9	L. 661-9	L. 626-9	L. 654-9
L. 623-10	L. 661-10	L. 626-10	L. 654-10
L. 624-1	Abrogation	L. 626-11	L. 654-11
L. 624-2	L. 651-1	L. 626-12	L. 654-12
L. 624-3	L. 651-2	L. 626-13	L. 654-13
L. 624-4	Abrogation	L. 626-14	L. 654-14
L. 624-5	Abrogation	L. 626-15	L. 654-16
L. 624-6	Abrogation	L. 626-16	L. 654-17
L. 624-7	L. 651-4	L. 626-17	L. 654-18
L; 625-1	L. 653-1	L. 626-18	L. 654-19
L. 625-2	L. 653-2	L. 626-19	L. 654-20
L. 625-3	L. 653-3	L. 627-1	L. 662-1
L. 625-4	L. 653-4	L. 627-2	L. 663-4
L. 625-5	Abrogation	L. 627-3	L. 663-1
L. 625-6	L. 653-6	L. 627-4	L. 654-15
L. 625-7	Abrogation	L. 627-5	L. 662-4
L. 625-8	L. 653-8	L. 627-6	L. 662-5
L. 625-9	L. 653-9	L. 628-1	L. 670-1
L. 625-10	Abrogation	L. 628-2	L. 670-2
L. 626-1	L. 654-1	L. 628-3	L. 670-3
L. 626-2	L. 654-2	L. 628-4	L. 670-4
L. 626-3	L. 654-3	L. 628-5	L. 670-5
L. 626-4	L. 654-4	L. 628-6	L. 670-6
L. 626-5	L. 654-5	L. 628-7	L. 670-7
L. 625-6	Abrogation	L. 628-8	L. 670-8

TABLE DE CONCORDANCE

DES TEXTES D'ORIGINE ET DES ARTICLES DE LA PARTIE LÉGISLATIVE DU CODE MONÉTAIRE ET FINANCIER REPRODUITS DANS LE CODE DE COMMERCE

ANCIENS TEXTES	C. MON. FIN.
Code des caisses d'épargne	
Art. 4, al. 1er	L. 512-103
Art. 4, al. 2 et 3	L. 571-11
Art. 11	L. 221-2
Art. 13	L. 221-4
Art. 22	L. 518-4
Art. 26	L. 221-6
Art. 27	L. 221-10
Art. 28	L. 221-9
Art. 34	L. 518-28
Art. 39	L. 518-26
Art. 40	L. 418-27
Art. 44	L. 221-7
Art. 52, 1re phrase	L. 512-101
Art. 54	L. 512-101
Art. 57	L. 512-100
Décr. 22 avr. 1790	
Art. 7	L. 112-5
L. 28 mars 1885 (marchés à terme)	
Art. 10	*Abrogé*
Art. 11	*Abrogé*
Art. 12	*Abrogé*
Art. 13, al. 1er, 3 à 6	*Abrogé*
Art. 14	*Abrogé*
Art. 14 *bis*	*Abrogé*
Art. 15	L. 622-20
Art. 16	L. 353-6
Art. 18, al. 2 (1re phrase)	L. 423-1
Art. 18, al. 2 (2e phrase)	L. 422-1
Art. 42	L. 733-11
L. 12 mars 1900 (abus dans les ventes à crédit des valeurs de bourse)	
Art. 1er	L. 432-1
Art. 2	*Non repris*
Art. 3	L. 432-1
Art. 4	L. 432-2
Art. 5	L. 463-1
Art. 6	*Non repris*
Art. 7	L. 432-3
L. 13 mars 1917 (crédit au petit et moyen commerce, à la petite et moyenne industrie)	
Art. 1er	L. 515-4
Art. 2	L. 515-6
Art. 3	L. 515-7
Art. 4	L. 515-8
Art. 5	L. 515-9
Art. 6	L. 515-5
Art. 7	L. 512-4 L. 515-10
Art. 8	*Non repris*
Art. 9, al. 1er	L. 515-11
Art. 10 (1°, 2° et dern. al.)	L. 512-3
Art. 10, 4°	*Abrogé à compter de l'entrée en vigueur de la partie réglementaire*
Art. 10 (3°)	L. 512-2
Art. 13	*Non repris*
Art. 14	*Non repris*
Art. 15	L. 515-12
L. 1er août 1917 (répertoire des opérations de change)	
Art. 1er	*Abrogé*
Art. 4	*Abrogé*
Art. 5	*Abrogé*
L. 7 août 1920 (crédit au petit et moyen commerce)	
Art. 3 (partie)	L. 512-19

ANCIENS TEXTES	C. MON. FIN.
Art. 3 (partie)	L. 571-10
L. 14 déc. 1926 (interdiction de la vente à tempérament des valeurs à lots)	
Art. 1er	L. 432-4
Art. 2	*Non repris*
Art. 3	L. 463-2
L. 24 juill. 1929 (crédit au petit et moyen commerce)	
Art. 2	L. 512-10
Art. 3	L. 512-11
Art. 8	*Non repris*
Art. 9	L. 512-17
Art. 10, al. 1er	L. 512-12
Art. 10, al. 2	*Non repris*
Art. 11	L. 512-13
L. du 17 mars 1934 (crédit au petit et moyen commerce)	
Art. 1er	L. 512-18
Art. 2, al. 3	*Non repris*
Art. 2, sauf al. 3	L. 512-14
Art. 3	*Abrogé*
Art. 8	*Non repris*
Décr.-L. du 30 oct. 1935 (chèques et cartes de paiement)	
Art. 1er	L. 131-2
Art. 2	L. 131-3
Art. 3	L. 131-4
Art. 4	L. 131-5
Art. 5	L. 131-6
Art. 6	L. 131-7
Art. 7	L. 131-8
Art. 8	L. 131-9
Art. 9	L. 131-10
Art. 10	L. 131-11
Art. 11	L. 131-12
Art. 12	L. 131-13
Art. 12-1, al. 1er et 2	L. 131-14
Art. 12-2	L. 131-15
Art. 13	L. 131-16
Art. 14	L. 131-17
Art. 15	L. 131-18
Art. 16	L. 131-19
Art. 17	L. 131-20
Art. 18	L. 131-21
Art. 19	L. 131-22
Art. 20	L. 131-23
Art. 21	L. 131-24
Art. 22	L. 131-25
Art. 23	L. 131-26
Art. 24	L. 131-27
Art. 25	L. 131-28
Art. 26	L. 131-29
Art. 27	L. 131-30
Art. 28	L. 131-31
Art. 29	L. 131-32
Art. 30	L. 131-33
Art. 31	L. 131-34
Art. 32	L. 131-35
Art. 33	L. 131-36
Art. 34	L. 131-37
Art. 35	L. 131-38
Art. 36	L. 131-39
Art. 36-a	L. 131-40
Art. 36-b	L. 131-41
Art. 36-c	L. 131-42
Art. 36-d	L. 131-43
Art. 37	L. 131-44
Art. 38	L. 131-45
Art. 39	L. 131-46
Art. 40	L. 131-47
Art. 41	L. 131-48
Art. 42	L. 131-49
Art. 43	L. 131-50
Art. 44	L. 131-51
Art. 45	L. 131-52
Art. 46	L. 131-53
Art. 47	L. 131-54
Art. 48	L. 131-55
Art. 49	L. 131-56
Art. 50	L. 131-57
Art. 51	L. 131-58
Art. 52	L. 131-59
Art. 53	L. 131-60
Art. 54	L. 131-61
Art. 55	L. 131-62
Art. 56	L. 131-63
Art. 57	L. 131-64
Art. 57-1	L. 132-1
Art. 57-2	L. 132-2
Art. 58	L. 131-1
Art. 59	*Non repris*
Art. 60	*Non repris*
Art. 61	L. 131-66
Art. 62	L. 131-67
Art. 63	L. 131-68
Art. 64	L. 131-69
Art. 65	L. 131-70
Art. 65-1-A	L. 163-1

ANCIENS TEXTES	C. MON. FIN.	ANCIENS TEXTES	C. MON. FIN.
Art. 65-1, al. 1er à 3 (sauf 3e phrase), al. 4 et 5	L. 131-71	Art. 6	L. 223-4
Art. 65-2	L. 131-72	***Décr.-L. 12 nov. 1938 (démarchage et opérations à terme sur bourses de marchandises)***	
Art. 65-3	L. 131-73	Art. 4, al. 1er et 2	L. 344-1
Art. 65-3-1	L. 131-75	Art. 4, al. 3 et 4	L. 344-2
Art. 65-3-2	L. 131-76	Art. 5	L. 344-3
Art. 65-3-3	L. 131-77	Art. 6	L. 353-6
Art. 65-3-4	L. 131-78	***L. 22 oct. 1940 (règlements par chèques et virements)***	
Art. 65-3-5	L. 131-79	Art. 1er	L. 112-6
Art. 65-4	L. 131-80	Art. 2	L. 112-6
Art. 66	L. 163-2	Art. 3	L. 112-7
Art. 67	L. 163-3	Art. 7	*Abrogé*
Art. 67-1	L. 163-4	***L. nº 290 du 14 févr. 1942 (organisation et fonctionnement des bourses de valeurs)***	
Art. 67-2	L. 163-5	Art. 20 *bis*	L. 432-5
Art. 68	L. 163-6	Art. 22	L. 462-1
Art. 69	L. 163-7	Art. 23	*Non repris*
Art. 70	L. 163-8	***L. nº 785 du 18 août 1942 (banques populaires)***	
Art. 71	L. 163-9	Art. 1er, al. 1er	L. 512-7
Art. 72	L. 163-10	Art. 1er, al. 2 et 3	*Non repris*
Art. 73	L. 131-81	Art. 2	L. 512-8
Art. 73-1	L. 131-82	Art. 3	L. 512-9
Art. 73-2, al. 1er et 2	L. 131-83	***L. nº 56-760 du 2 août 1956***	
Art. 73-2, al. 3	*Non repris*	Art. 17	L. 312-3
Art. 73-3	L. 131-84	***Ord. nº 58-966 du 16 oct. 1958 (dispositions concernant le Trésor)***	
Art. 74, al. 5	L. 163-11	Art. 5 (1º)	L. 512-55
Art. 74, sauf al. 5	L. 131-85	Art. 5 (2º)	L. 512-56
Art. 74-1, al 1er	L. 131-86	Art. 5 (3º)	L. 512-57
Art. 74-1, al. 2	L. 163-12	Art. 5 (4º)	*Non repris*
Art. 74-2, al. 2	*Non repris*	Art. 5 (5º, al. 1er)	L. 512-59
Art. 75	L. 163-2 L. 163-7	Art. 5 (5º, al. 2)	L. 512-58
L. du 13 août 1936 (crédit au petit et moyen commerce)		***Ord. nº 58-1374 du 30 déc. 1958 (loi de finances pour 1959)***	
Art. 6, 1)	*Non repris*	Art. 79 (3., al. 5)	L. 112-3
Art. 6, sauf 1)	L. 512-16		
Art. 7	L. 512-15		
Art. 8, al. 1er et 2	*Non repris*		
Art. 8, al. 3 et 4	*Non repris*		
Art. 10	*Non repris*		
Décr.-L. 21 déc. 1936 (banques populaires)			
Art. 1er	L. 512-5		
Art. 2	L. 512-6		
Décr.-L. 25 août 1937 (bons de caisse)			
Art. 1er	L. 223-1		
Art. 2	L. 223-2		
Art. 3	L. 223-3		
Art. 4	L. 232-1		
Art. 5	L. 232-2		

ANCIENS TEXTES	C. MON. FIN.
Décr. nº 65-1158 du 24 déc. 1965 (régime caisses d'épargne)	
Art. 1er, sauf dernier al.	L. 221-1
L. nº 66-455 du 2 juill. 1966 (crédit-bail)	
Art. 1er	L. 313-7
Art. 1er-1	L. 313-8
Art. 1er-2	L. 313-9
Art. 1er-3	L. 313-10
Art. 1er-4	L. 313-11
Art. 2, al. 1er et 3	L. 515-2
Art. 2	*Abrogé*
Art. 3	*Non repris*
Art. 4	L. 571-13
Art. 5	L. 515-3
L. nº 66-537 du 24 juill. 1966 (sociétés commerciales)	
Art. 283-1-1	L. 212-12
Art. 284	L. 213-5
Art. 289	*Non repris*
Art. 292	L. 213-6
L. nº 66-1008 du 28 déc. 1966 (relations financières avec l'étranger)	
Art. 1er	L. 151-1
Art. 2	*Non repris*
Art. 3	L. 151-2
Art. 4	*Non repris*
Art. 5-1 (I)	L. 151-3
Art. 5-1 (II)	L. 151-4
Art. 6	L. 731-2 L. 741-3 L. 751-3 L. 761-2
Art. 7 (I et II)	*Non repris*
L. nº 66-1010 du 28 déc. 1966 (usure, prêts d'argent et opérations de démarchage et de publicité)	
Art. 8	L. 341-1
Art. 9	L. 341-2
Art. 10	L. 341-3
Art. 11	L. 341-4
Art. 12	L. 341-5
Art. 13	L. 341-6
Art. 14	*Non repris*
Art. 15	L. 353-1
Art. 16	L. 353-2
Art. 16-1	L. 571-12

ANCIENS TEXTES	C. MON. FIN.
Art. 17	*Non repris*
Art. 18	*Non repris*
Art. 19	*Non repris*
Ord. nº 67-833 du 28 sept. 1967 (COB)	
Art. 1er, al. 1er à 2	L. 621-1
Art. 1er, dern. al.	*Non repris*
Art. 2, al. 1er à 3	L. 621-2
Art. 2, 4 et 5	L. 621-3
Art. 2, 6 et 7	L. 621-2
Art. 2, al. 8, 1re phrase	L. 621-3
Art. 2, al. 8, 2e phrase	L. 621-5
Art. 2 *bis*	L. 621-3
Art. 2 *ter*	L. 621-4
Art. 3	L. 621-18
Art. 4	L. 621-19
Art. 4-1	L. 621-6
Art. 5	L. 621-11
Art. 5, dern. al.	L. 642-1
Art. 5-A	L. 621-9
Art. 5-B	L. 621-10
Art. 5 *bis*	L. 621-21
Art. 5 *ter*	L. 621-12
Art. 6 (I, al. 1er à 3)	L. 411-1
Art. 6 (I, al. 4 et II)	L. 411-2
Art. 6 (III et IV)	L. 412-1
Art. 7, al. 1er à 3	L. 621-8
Art. 8-1	L. 621-13
Art. 9-1	L. 621-14
Art. 9-2	L. 621-15
Art. 9-3	L. 621-16
Art. 10	L. 642-3
Art. 10-1	L. 465-1
Art. 10-3	L. 465-2
Art. 10-4	L. 465-3
Art. 10-5	*Abrogé*
Art. 12	L. 621-30
Art. 12-1, al. 1er	L. 466-1
Art. 12-1, al. 2	L. 621-20
Art. 12-2	L. 621-17
Art. 13	L. 621-3
Ord. nº 67-838 du 28 sept. 1967 (réforme du crédit aux entreprises)	
Art. 25	L. 313-36
Art. 26	L. 313-37
Art. 27	L. 313-38
Art. 28	L. 313-39
Art. 29	L. 313-40
Art. 30	L. 313-41

ANCIENS TEXTES	C. MON. FIN.
L. nº 67-1172 du 22 déc. 1967 (loi de finances rectificative pour 1967)	
Art. 22	L. 512-57
L. nº 69-1263 du 31 déc. 1969 (dispositions d'ordre économique et financier)	
Art. 16 (I)	L. 313-42
Art. 16 (II)	L. 313-43
Art. 16 (III)	L. 313-44
Art. 16 (IV)	L. 313-45
Art. 16 (V)	L. 313-46
Art. 16 (VI)	L. 313-47
Art. 16 (VI *bis* et VII) ..	L. 313-48
Art. 16 (VIII)	L. 313-49
Art. 16-1	L. 571-12
L. nº 72-6 du 3 janv. 1972 (démarchage financier et opérations de placement et d'assurance)	
Art. 1er	L. 342-1
Art. 2	L. 342-2
Art. 3	L. 342-3
Art. 4	*Abrogé*
Art. 5	*Abrogé*
Art. 6	*Abrogé*
Art. 7	*Abrogé*
Art. 8, al. 8	*Abrogé*
Art. 8, sauf al. 5 et 8	*Abrogé*
Art. 9	*Abrogé*
Art. 10	L. 353-4
Art. 11	*Abrogé*
Art. 12	*Abrogé*
Art. 13	*Non repris*
Art. 14	*Abrogé*
Art. 15	*Abrogé*
Art. 16	*Abrogé*
Art. 17	*Abrogé*
Art. 18	*Abrogé*
Art. 19	*Abrogé*
Art. 20	*Abrogé*
Art. 21	*Abrogé*
Art. 22	*Abrogé*
Art. 23	*Non repris*
Art. 32	*Abrogé*
Art. 33	L. 353-5
Art. 35	*Abrogé*

ANCIENS TEXTES	C. MON. FIN.
L. nº 75-4 du 3 janv. 1975 (infractions en matière de chèques)	
Art. 12	*Non repris*
L. nº 75-619 du 11 juill. 1975 (taux d'intérêt légal)	
Art. 1er	L. 313-2
Art. 3	L. 313-3
Art. 5	*Non repris*
Art. 6	*Non repris*
L. nº 75-628 du 11 juill. 1975 (crédit maritime mutuel)	
Art. 1er	L. 512-68
Art. 2	L. 512-69
Art. 3	L. 512-70
Art. 4	L. 512-71
Art. 7	L. 512-72
Art. 8	L. 512-73
Art. 9	L. 512-74
Art. 10	L. 512-75
Art. 11	L. 512-76
Art. 12	L. 512-77
Art. 13	L. 512-78
Art. 14	L. 512-79
Art. 16	L. 512-80
Art. 17	L. 512-81
Art. 18	L. 512-82
Art. 19	L. 512-83
Art. 20	L. 512-84
Art. 21	*Non repris*
Art. 22	*Non repris*
L. nº 75-1242 du 27 déc. 1975 (loi de finances rectificative pour 1975)	
Art. 9 (I, 2e phrase et III)	L. 221-12
Art. 9 (I, 1re phrase) ...	L. 221-11
Art. 12	L. 213-22
L. nº 78-741 du 13 juill. 1978 (orientation de l'épargne vers le financement des entreprises)	
Art. 24	L. 313-13
Art. 25	L. 313-14
Art. 26	L. 313-15
Art. 27, al. 1er	L. 313-16

ANCIENS TEXTES	C. MON. FIN.
Art. 27, al. 2	*Non repris*
Art. 28	L. 313-17
Art. 29	*Non repris*
Art. 30	*Non repris*
Art. 31	L. 313-18
Art. 32	L. 313-19
Art. 33, al. 1er	L. 313-20
L. nº 81-1 du 2 janv. 1981 (crédit aux entreprises)	
Art. 1er	L. 313-23
Art. 1er-1	L. 313-24
Art. 2	L. 313-25
Art. 3	L. 313-26
Art. 4	L. 313-27
Art. 5	L. 313-28
Art. 6	L. 313-29
Art. 8	L. 313-30
Art. 9	L. 313-31
Art. 10	L. 313-32
Art. 11	L. 313-33
Art. 12	L. 313-34
Art. 13, 1re phrase	*Non repris*
Art. 13, 2e phrase	L. 313-35
Art. 14	*Non repris*
Art. 16	*Non repris*
L. nº 81-1160 du 30 déc. 1981 (forme nominative et inscription en compte de valeurs mobilières)	
Art. 94 (I, al. 1er, 3, dern. phrase, al. 4 à 7)	L. 212-3
Art. 94 (I, al. 2)	*Abrogé*
Art. 94 (I, al. 3, sauf dern. phrase)	*Non repris*
Art. 94 (I, al. 8)	*Non repris*
Art. 94 (II)	L. 211-4
Art. 96 (I)	L. 112-9
L. nº 82-155 du 11 févr. 1982 (nationalisation)	
Art. 53 (II)	L. 614-7
L. nº 82-357 du 27 avr. 1982 (épargne populaire)	
Art. 1er	L. 221-13
Art. 2	L. 221-14
Art. 3, dern. al.	*Non repris*
Art. 3, sauf dern. al.	L. 221-15
Art. 4	L. 221-16
Art. 5	L. 221-17
Art. 7	L. 312-3
L. nº 82-409 du 17 mai 1982 (sociétés coopératives de banques)	
Art. 1er	L. 512-61
Art. 2	L. 512-62
Art. 3	L. 512-64
Art. 4	L. 512-63
Art. 5	L. 512-65
Art. 6	L. 512-66
Art. 7	L. 512-67
Art. 8	*Non repris*
L. nº 83-1 du 3 janv. 1983 (développement des investissements et protection de l'épargne)	
Art. 29	L. 431-4
Art. 29-1	L. 431-5
Art. 30	L. 211-6
Art. 36	L. 550-1
Art. 36-1	L. 550-2
Art. 37	L. 550-3
Art. 38	L. 550-4
Art. 39	L. 550-5
Art. 40	L. 573-8
Art. 47 *bis*, al. 1er à 3 et al. 5 et 6	L. 431-2
Art. 47 *bis*, al. 4	*Non repris*
Art. 47 *ter*	L. 431-3
L. nº 83-607 du 8 juill. 1983 (fiscalité des entreprises et épargne industrielle)	
Art. 5	L. 221-27
Art. 7, al. 1er	L. 221-27
Art. 8	L. 221-28
L. nº 84-46 du 24 janv. 1984 (activité et contrôle des établissements de crédit)	
Art. 1er, al. 1er	L. 511-1
Art. 1er, al. 2	L. 311-1
Art. 2	L. 312-1
Art. 3	L. 313-1
Art. 4	L. 311-3
Art. 5	L. 311-2
Art. 6	L. 511-2
Art. 7	L. 511-3
Art. 8	L. 518-1
Art. 9	L. 511-19

ANCIENS TEXTES	C. MON. FIN.
Art. 9-1	L. 511-20
Art. 10	L. 511-5
Art. 11	L. 511-6
Art. 12	L. 511-7
Art. 13	L. 500-1
Art. 14	L. 511-8
Art. 15, al. 1er à 6	L. 511-10
Art. 15, al. 8	L. 612-2
Art. 15, al. 7 et 8	L. 511-14
Art. 15-1	L. 511-12
Art. 16, al. 1er	L. 511-11
Art. 16, al. 2 et 3	L. 511-40
Art. 17	L. 511-13
Art. 18, al. 1er à 4	L. 511-9
Art. 18, al. 5	L. 516-2
Art. 18, al. 5 et 6	L. 515-1
Art. 18, al. 8	L. 516-1
Art. 19 (I, II et III)	L. 511-15
Art. 19 (IV et V)	L. 511-16
Art. 19-1	L. 511-17
Art. 19-2	L. 511-18
Art. 20	L. 511-30
Art. 21	L. 511-31
Art. 22	L. 511-32
Art. 23	L. 511-29
Art. 24, al. 1er	*Non repris*
Art. 24, sauf al. 1er	L. 614-1
Art. 25	L. 614-2
Art. 26	L. 614-3
Art. 27	L. 614-4
Art. 28	L. 614-5
Art. 29	L. 612-3
Art. 29 (extrait)	L. 611-7
Art. 30, al. 1er	L. 611-1
Art. 30, al. 2 et 3	L. 611-7
Art. 30, al. 4	L. 611-8
Art. 31, al. 1er	L. 612-1
Art. 31, al. 4, 1re phrase	L. 612-5
Art. 31, al. 2	L. 612-3
Art. 31, al. 3 et al. 4, 3e et 4e phrase	L. 612-4
Art. 31-1	L. 612-6
Art. 31-1, al. 1er	L. 641-1
Art. 32, al. 1er (extraits)	L. 612-7
Art. 32, al. 1er	*Abrogé à compter de l'entrée en vigueur de la partie réglementaire*
Art. 32, al. 2	L. 611-9
Art. 33, al. 1er à 11	L. 611-1
Art. 33, al. 2	L. 611-2
Art. 33-1	L. 611-3
Art. 34	L. 611-6
Art. 35	L. 611-5
Art. 36	*Non repris*
Art. 37	L. 613-1
Art. 37, al. 3 et 4	L. 613-33
Art. 37-1	L. 613-2
Art. 38, al. 1er	L. 613-3
Art. 38, dern. al.	L. 613-5
Art. 38-1	L. 613-34
Art. 39, al. 1er	L. 613-6
Art. 39, al. 2	L. 613-7
Art. 40	L. 613-8
Art. 41, al. 1er	L. 613-11
Art. 41, al. 2	L. 613-10
Art. 41-1	L. 613-12
Art. 41-2	L. 613-13
Art. 41-3	L. 613-14
Art. 42	L. 613-15
Art. 43	L. 613-16
Art. 44	L. 613-18
Art. 45	L. 613-21
Art. 46	L. 613-22
Art. 46-1	L. 613-25
Art. 46-2	L. 613-26
Art. 46-3	L. 613-27
Art. 46-4	L. 613-28
Art. 46-5	L. 613-29
Art. 46-6	L. 613-30
Art. 47	L. 613-17
Art. 47, al. 1er et 2	L. 613-11
Art. 47, al. 3	L. 613-19
Art. 48 (I et II)	L. 613-23
Art. 48 (III)	L. 613-4
Art. 49, al. 1er à 3	L. 613-20
Art. 49, al. 1er, 1re phrase	L. 641-2
Art. 50	L. 615-1
Art. 51, dern. al.	*Non repris*
Art. 51, sauf dern. al.	L. 511-41
Art. 52	L. 511-42
Art. 52-1	L. 312-4
Art. 52-2	L. 312-5
Art. 52-3	L. 312-6
Art. 52-4	L. 312-6
Art. 52-5	L. 312-7
Art. 52-6	L. 312-8
Art. 52-7	L. 312-9
Art. 52-8	L. 312-10
Art. 52-9	L. 312-11
Art. 52-10	L. 312-12
Art. 52-11	L. 312-13
Art. 52-12	L. 312-14 L. 352-1
Art. 52-13	L. 312-15
Art. 52-14	L. 312-16

ANCIENS TEXTES	C. MON. FIN.
Art. 52-15	L. 313-50
Art. 52-16	L. 313-51
Art. 53, al. 1er	L. 511-35
Art. 53, al. 2 à 4	L. 511-38
Art. 53-1	L. 613-9
Art. 53-2	L. 613-9
Art. 54	L. 511-36
Art. 55	L. 511-37
Art. 56	L. 511-39
Art. 57	L. 511-33 L. 571-4
Art. 57, al. 1er	L. 351-1
Art. 57-1	L. 511-34
Art. 58, al. 1er à 6	L. 312-1
Art. 58, al. 7 (partie)	L. 131-73
Art. 58, al. 7, dern. phrase	L. 131-74
Art. 59	L. 614-6
Art. 60	L. 313-12
Art. 60-1	L. 313-21
Art. 65	L. 519-1
Art. 65, al. 2	L. 519-2
Art. 66	L. 519-3
Art. 67	L. 519-4
Art. 68	L. 519-1
Art. 70	L. 519-5
Art. 71	*Abrogé*
Art. 71-1, 1° à 4°	L. 511-21
Art. 71-2	L. 511-22
Art. 71-3	L. 511-23
Art. 71-4	L. 511-24
Art. 71-5	L. 511-25
Art. 71-6, al. 1er	L. 511-26 L. 613-33
Art. 71-6, al. 2 à 4	L. 613-33
Art. 71-7	L. 511-27
Art. 71-8	L. 511-28
Art. 71-9	L. 511-21
Art. 72	L. 517-1
Art. 73	L. 517-1
Art. 74	L. 613-32
Art. 75	L. 571-3
Art. 76	*Abrogé*
Art. 77	L. 571-15
Art. 78	L. 571-16
Art. 79	L. 571-4
Art. 79-1	L. 571-5
Art. 80	L. 571-6
Art. 81	L. 571-7
Art. 82	L. 571-8
Art. 83	L. 571-9
Art. 84	L. 571-14
Art. 84-1	L. 571-1
Art. 85, al. 1er	L. 571-2
Art. 85, al. 2	L. 613-24
Art. 89	L. 511-4
Art. 93-1	L. 330-1
Art. 93-2	L. 330-2
Art. 93-3	L. 133-1
Art. 95	*Non repris*
Art. 100 (I)	L. 753-9
Art. 100-1, al. 1er	L. 312-17
Art. 100-1, al. 2	*Non repris*
Art. 100-2	*Non repris*

L. n° 84-148 du 1er mars 1984 (prévention et règlement amiable des difficultés des entreprises)

ANCIENS TEXTES	C. MON. FIN.
Art. 48	L. 313-22

L. n° 87-416 du 17 juin 1987 (transfert de propriétés de titres)

ANCIENS TEXTES	C. MON. FIN.
Art. 55-I	L. 431-1

L. n° 88-14 du 5 janv. 1988 (actions en justice des associations de consommateurs et information des consommateurs)

ANCIENS TEXTES	C. MON. FIN.
Art. 12	L. 452-1
Art. 13	L. 452-2
Art. 14	L. 452-3
Art. 15	L. 452-4

L. n° 88-1201 du 23 déc. 1988 (OPCVM et FCP)

ANCIENS TEXTES	C. MON. FIN.
Art. 1er	L. 211-2
Art. 24, al. 4	L. 231-3
Art. 33-1	L. 623-2
Art. 33-2	L. 623-1
Art. 33-2, dern. al.	L. 642-6
Art. 33-3	L. 623-3
Art. 33-4	L. 623-4
Art. 39	L. 231-7
Art. 46	L. 231-4
Art. 47	L. 231-5
Art. 48	L. 231-6

L. n° 89-935 du 29 déc. 1989 (loi de finances pour 1990)

ANCIENS TEXTES	C. MON. FIN.
Art. 98, 1	L. 152-1
Art. 98, 2	L. 152-2
Art. 98, 3	L. 152-3

ANCIENS TEXTES	C. MON. FIN.
Art. 98, 4	L. 152-5
Art. 98, 5	L. 152-6
Art. 107	L. 112-8
Art. 109 (I, al. 2)	L. 221-22
Art. 109 (I, sauf al. 2)	L. 221-18
Art. 109 (II)	L. 221-19
Art. 109 (III, al. 1er)	L. 221-20
Art. 109 (IV)	L. 221-20
Art. 109 (VIII)	L. 221-23
L. n° 90-614 du 12 juill. 1990 (blanchiment des capitaux)	
Art. 1er	L. 562-1
Art. 2	L. 561-1
Art. 3	L. 562-2
Art. 4	L. 562-3
Art. 5	L. 562-4
Art. 6	L. 562-5
Art. 6 *bis*	L. 562-6
Art. 7	L. 562-7
Art. 8	L. 562-8
Art. 9	L. 562-8
Art. 10	L. 574-1
Art. 11	L. 562-9
Art. 12	L. 563-1
Art. 13, al. 1er à 3	L. 563-2
Art. 13, al. 4 et 5	*Non repris*
Art. 14	L. 563-3
Art. 15	L. 563-4
Art. 16	L. 563-5
Art. 16, al. 2	L. 574-2
Art. 17	L. 563-6
Art. 18	L. 654-1
Art. 22	L. 564-2
Art. 23 (partie)	L. 161-1
Art. 23 (II) (partie)	L. 152-4
Art. 23 (III)	*Non repris*
Art. 24	L. 564-3
Art. 25 (I, sauf al. 3)	L. 520-1
Art. 25 (II)	L. 520-2
Art. 25 (III)	L. 520-3
Art. 25 (IV, al. 1er)	L. 572-1
Art. 25 (IV, al. 2)	L. 572-2
Art. 25 (IV, al. 3)	L. 572-3
Art. 25 *bis*	L. 520-4
Art. 25 *bis* (V) (partie)	L. 572-4
L. n° 91-716 du 26 juill. 1991 (dispositions d'ordre économique et financier)	
Art. 19 (I)	L. 213-1
Art. 19 (II)	L. 213-2
Art. 19 (III)	L. 213-3
Art. 19 (IV)	L. 213-4
Art. 19 (VI à VIII)	*Non repris*
L. n° 91-1382 du 30 déc. 1991 (sécurité des chèques et des cartes de paiement)	
Art. 24	L. 131-87
Art. 25	*Non repris*
Art. 26	*Non repris*
L. n° 92-643 du 13 juill. 1992 (entreprises coopératives)	
Art. 60	L. 512-1
Art. 62	L. 512-60
L. n° 92-665 du 16 juill. 1992 (adaptation au marché unique européen de la législation applicable en matière d'assurance et de crédit)	
Art. 45	L. 631-1
Art. 45-1	L. 631-2
L. n° 93-980 du 4 août 1993 (statut de la banque de France)	
Art. 1er	L. 141-1
Art. 2	L. 141-2
Art. 3	L. 141-3
Art. 4	L. 141-4
Art. 5	L. 122-1
Art. 5, al. 1er, 3 et 4	L. 141-5
Art. 6	L. 142-1
Art. 7	L. 142-2
Art. 8	L. 142-3
Art. 9	L. 142-4
Art. 10 (I)	L. 142-5 L. 164-1
Art. 10 (II)	*Non repris*
Art. 11	L. 142-6
Art. 12	L. 142-7
Art. 13	L. 142-8
Art. 14, al. 1er	L. 164-2
Art. 14 (I et II)	L. 142-9
Art. 15	L. 141-6
Art. 16	L. 141-7
Art. 17	L. 141-8
Art. 18	L. 141-9
Art. 19	L. 143-1

ANCIENS TEXTES	C. MON. FIN.
Art. 20	L. 144-1
Art. 20 (I)	L. 142-10
Art. 21	L. 144-2
Art. 22	L. 144-3
Art. 32	*Non repris*
Art. 33	L. 144-4
Art. 34	L. 144-5
Art. 35	*Non repris*
L. n° 96-597 du 2 juill. 1996 (modernisation des activités financières)	
Art. 1er	L. 211-1
Art. 3	L. 211-1
Art. 4	L. 321-1
Art. 5	L. 321-2
Art. 5, al. 2	L. 611-4
Art. 6	L. 531-1
Art. 7	L. 531-4
Art. 8 (partie)	L. 611-4
Art. 8 (I)	L. 531-5
Art. 8 (II, partie)	L. 531-6
Art. 9	L. 531-7
Art. 11	L. 532-1
Art. 12	L. 532-2
Art. 13	L. 532-3
Art. 14	L. 532-4
Art. 15	L. 532-9
Art. 16 (I)	L. 621-28
Art. 16 (I, dern. al.)	L. 642-2
Art. 16 (II)	L. 621-29
Art. 18 (I)	L. 532-6
Art. 18 (II)	L. 532-7
Art. 18 (III)	L. 532-8
Art. 19 (I, dern. al.)	L. 532-11
Art. 19 (I, sauf dern. al.)	L. 532-10
Art. 19 (II)	L. 532-12
Art. 19 (III)	L. 532-13
Art. 21	L. 531-10
Art. 22	L. 500-1
Art. 23	L. 531-11
Art. 24 (I)	L. 531-8
Art. 25	L. 531-2
Art. 26	L. 531-3
Art. 27, al. 1er à 5	L. 622-1
Art. 27, al. 6 à 10	L. 622-2
Art. 27-1	L. 622-2
Art. 28	L. 622-3
Art. 29	L. 622-4
Art. 30	L. 622-5
Art. 31	L. 622-6 L. 642-4
Art. 32	L. 622-7

ANCIENS TEXTES	C. MON. FIN.
Art. 33 (1° et 2°)	L. 433-3
Art. 33, al. 1er	L. 433-1
Art. 33, (3° et 4°)	L. 433-4
Art. 35, al. 1er	L. 622-22
Art. 35, al. 2	L. 622-2
Art. 35, al. 3	L. 622-23
Art. 36	L. 622-8
Art. 37	L. 621-18-1
Art. 38	L. 622-24
Art. 39	L. 622-25
Art. 40, al. 1er	L. 441-1
Art. 40, al. 2 et 3	L. 411-2
Art. 41	L. 421-1
Art. 42 (I)	L. 421-3
Art. 42 (II)	L. 421-4
Art. 42 (III)	L. 421-5
Art. 43 (I)	L. 421-6
Art. 43 (II)	L. 421-7
Art. 44 (I)	L. 421-8
Art. 44 (II)	L. 421-9
Art. 44 (III)	L. 421-10
Art. 44 (IV)	L. 421-11
Art. 45	L. 421-12
Art. 46 (I)	L. 432-20
Art. 46 (II)	L. 432-21
Art. 47 (I)	L. 442-1
Art. 47 (II)	L. 442-2
Art. 47 (III)	L. 442-3 L. 464-1
Art. 48 (I)	L. 442-4
Art. 48 (II)	L. 442-5
Art. 49	L. 442-6
Art. 50	L. 442-7
Art. 51 (I, 1° et 2°)	L. 442-8
Art. 51 (II)	L. 442-9
Art. 52	L. 431-7
Art. 54	L. 533-1
Art. 57	L. 533-2
Art. 58	L. 533-4
Art. 59	L. 533-5
Art. 60	L. 533-6
Art. 61	L. 533-13
Art. 62	L. 322-1
Art. 62-1	L. 322-2
Art. 62-2	L. 322-3
Art. 62-3	L. 322-4
Art. 63 (I)	L. 533-7
Art. 63 (II)	L. 533-8
Art. 63 (III)	L. 533-9
Art. 64 (I)	L. 533-10
Art. 64 (II)	L. 533-11
Art. 65	L. 533-12
Art. 66	L. 533-3
Art. 67 (I et II)	L. 622-9

ANCIENS TEXTES	C. MON. FIN.
Art. 67 (II, al. 2)	L. 642-5
Art. 67 (III)	L. 622-10
Art. 67 (IV)	L. 621-24
Art. 67 (V)	L. 621-25
Art. 68	L. 631-1
Art. 69 (I)	L. 622-15
Art. 69 (II)	L. 622-16
Art. 69 (III)	L. 622-17
Art. 69 (IV)	L. 622-18
Art. 69-1	L. 622-19
Art. 70, al. 1er	L. 621-7
Art. 70, al. 2	L. 621-22
Art. 70-1	L. 621-22
	L. 642-7
Art. 71 (I)	L. 621-24
Art. 71 (II)	L. 621-25
Art. 71 (III)	L. 621-26
Art. 71 (IV)	L. 621-27
Art. 71 (V, extraits)	L. 621-31
Art. 71 (V)	*Abrogé à compter de l'entrée en vigueur de la partie réglementaire*
Art. 71-1	L. 621-23
Art. 73 (I)	L. 532-16
Art. 73 (II)	L. 532-17
Art. 74	L. 532-18
Art. 75 (I, 1°)	L. 532-23
Art. 75 (I, 1°, dern. al.)	L. 532-25
Art. 75 (I, 2°, sauf dern. al.)	L. 532-24
Art. 75 (II)	L. 532-26
Art. 76	L. 612-2
Art. 77	L. 532-27
Art. 78	L. 422-1
Art. 79 (I)	L. 532-19
Art. 79 (II)	L. 532-20
	L. 622-13
Art. 79 (III)	L. 532-21
Art. 79 (IV)	L. 532-22
	L. 622-14
Art. 80	L. 632-1
Art. 81 (I)	L. 532-14
Art. 81 (II)	L. 532-15
Art. 82	L. 573-1
Art. 83	L. 573-2
Art. 84	L. 573-3
Art. 85	L. 573-4
Art. 86	L. 573-5
Art. 87	L. 573-6
Art. 88	L. 573-7
Art. 90	*Non repris*
Art. 97 (I, al. 1er et 3)	L. 532-5
Art. 97 (I, al. 2 et 4)	*Non repris*

ANCIENS TEXTES	C. MON. FIN.
Art. 97 (II et III)	*Non repris*
Art. 97 (IV)	*Non repris*
Art. 97 (VII)	L. 421-2
Art. 97 (VIII)	*Non repris*
Art. 98	*Non repris*
Art. 106	L. 622-7
L. n° 96-1181 du 30 déc. 1996 (loi de finances pour 1997)	
Art. 128 (V)	L. 221-21
Règl. CE n° 1103/97 du Conseil du 17 juin 1997	
Art. 1er	L. 113-8
Règl. CE n° 974/98 du Conseil du 3 mai 1998	
Art. 1er, al. 1er et 6	L. 111-1
Art. 2	L. 111-1
Art. 3	L. 111-1
Art. 6, al. 1er et 2	L. 111-1
L. n° 98-546 du 2 juill. 1998 (dispositions d'ordre économique et financier)	
Art. 24	L. 113-1
L. n° 98-1266 du 30 déc. 1998 (loi de finances pour 1999)	
Art. 102	L. 112-8
L. n° 99-532 du 25 juin 1999 (épargne et sécurité financière)	
Art. 1er	L. 512-85
Art. 2	L. 512-86
Art. 3, al. 1er	L. 512-87
Art. 3, al. 2	L. 512-88
Art. 4	L. 512-89
Art. 5	L. 512-90
Art. 6	L. 512-91
Art. 7	L. 221-8
Art. 8	L. 512-92
Art. 9	L. 512-93
Art. 10	L. 512-94
Art. 11	L. 512-95
Art. 12	L. 512-96
Art. 13	L. 512-97
Art. 14	L. 512-98

ANCIENS TEXTES	C. MON. FIN.	ANCIENS TEXTES	C. MON. FIN.
Art. 15	L. 512-99	Art. 95, al. 1er et 3	L. 515-18
Art. 18	L. 571-11	Art. 96	L. 515-20
Art. 18, début phrase	L. 512-102	Art. 98	L. 515-19
Art. 21	L. 512-104	Art. 99	L. 515-22
Art. 23	*Non repris*	Art. 100	L. 515-23
Art. 24	*Non repris*	Art. 101	L. 515-25
Art. 26	*Non repris*	Art. 102	L. 515-26
Art. 29 (II, al. 1er et 2)	*Non repris*	Art. 103	L. 515-27
Art. 72 (II)	L. 313-51	Art. 104	L. 515-28
Art. 75 (VIII)	L. 312-18	Art. 105	L. 515-21
Art. 92 (I)	L. 613-31	Art. 106	L. 515-24
Art. 93	L. 515-13	Art. 107, al. 1er	L. 515-29
Art. 94 (I)	L. 515-14	Art. 107, al. 2 à 9	L. 515-30
Art. 94 (II)	L. 515-15	Art. 107, al. 10 à 12	L. 515-31
Art. 94 (III)	L. 515-16	Art. 108	*Non repris*
Art. 94 (IV)	L. 515-17	Art. 109	L. 515-33
		Art. 116	L. 515-32

TABLE DE CONCORDANCE

DES TEXTES D'ORIGINE ET DES ARTICLES DE LA PARTIE RÉGLEMENTAIRE DU CODE MONÉTAIRE ET FINANCIER REPRODUITS DANS LE CODE DE COMMERCE

ANCIENS TEXTES	C. MON. FIN.
Code des caisses d'épargne	
Art. 5, al. 1er, 1re phrase (1)	R. 221-1
Art. 5, al. 1er, 1re phrase (2)	D. 221-3
Art. 5, al. 2	R. 221-20
Art. 6, al. 1er et al. 2, 1re phrase	R. 221-5
Art. 6, al. 2, 2e phrase	R. 221-2
Art. 10, al. 1er	R. 221-10
Art. 10, al. 2	R. 221-12
Art. 10, al. 3	R. 221-9
Art. 12	R. 221-15
Art. 16	R. 221-16
Art. 17 (3)	R.* 221-7
Art. 17, al. 1er et 2 (4)	R. 221-6
Art. 17, al. 3	R. 221-8
Art. 19	R. 221-19
Art. 19, 1re phrase	R. 518-49
Art. 21	R. 518-50
Art. 23	R. 221-18
Art. 29	R. 221-26
Art. 30, al. 2	R. 221-25
Art. 31	R. 518-51
Art. 35, II, III et IV	R. 518-52
Art. 35-1	R. 518-53
Art. 35-2	R. 518-54
Art. 35-3	R. 518-55
Art. 42	R. 221-21
Art. 44	R. 221-22
Art. 51	R. 221-24
Art. 52	R. 512-59
Art. 53 (5)	R. 512-60
Art. 53-1	R. 512-61
Art. 67	R. 512-62
Code général des impôts	
Art. 91 *quater* E de l'annexe II	R. 221-111
L. du 13 mars 1917 (crédit au petit et au moyen commerce, à la petite et à la moyenne industrie)	
Art. 9	R. 571-2
Décr.-L. du 30 oct. 1935 (chèques et cartes de paiement)	
Art. 59	R. 131-4
Art. 60	R. 131-3
L. nº 42-785 du 18 août 1942 (banques populaires)	
Art. 1er	R. 512-1
Décr. nº 56-1071 du 23 oct. 1956 (application de l'art. 17 de la L. nº 56-760 du 2 août 1956)	
Art. 4	D. 351-1
Art. 5	D. 351-2
Art. 6 (6)	D. 351-3
Art. 6 (7)	D.* 351-4
Décr. nº 66-1067 du 31 déc. 1966 (caisses d'épargne)	
Art. 4	R. 518-56
Décr. nº 67-1035 du 25 nov. 1967 (caisses de crédit mutuel)	
Art. 1er	R. 512-19
Art. 2	R. 512-20
Art. 3	R. 512-21
Art. 4, al. 3 (8)	R. 512-22
Art. 5	R. 512-23
Art. 8	R. 512-24
Art. 10	R. 512-25

ANCIENS TEXTES	C. MON. FIN.	ANCIENS TEXTES	C. MON. FIN.
Décr. nº 72-665 du 4 juill. 1972 (publicité des opérations de crédit-bail en matière mobilière et immobilière)		Art. 17	R. 512-41
		Art. 20	R. 512-42
		Art. 21	R. 512-43
		Art. 22	R. 512-44
		Art. 24, al. 1er (11)	R. 512-45
Art. 1er	R. 313-3	Art. 24, al. 2 (12)	R. 571-1
Art. 2	R. 313-4	Art. 26	R. 512-46
Art. 3	R. 313-5		
Art. 4	R. 313-6	***Décr. nº 81-862 du 9 sept. 1981 (crédit aux entreprises)***	
Art. 5	R. 313-7		
Art. 6	R. 313-8		
Art. 7	R. 313-9	Art. 2, al. 1er et annexe I	R. 313-15
Art. 8	R. 313-10		
Art. 9	R. 313-11	Art. 2, al. 2 et annexe II	R. 313-16
Art. 10	R. 313-12		
Art. 11	R. 313-13	Art. 2, al. 3 et annexe III	R. 313-17
Art. 12	R. 313-14	Art. 2, al. 4	R. 313-18
Art. 13	R. 351-4	Art. 3	R. 313-19
Décr. nº 74-304 du 10 avr. 1974 (caisses d'épargne)		***Décr. nº 83-358 du 2 mai 1983 (surveillance des placements en biens divers)***	
Art. 3	R. 221-17		
Art. 4	R. 221-23	Art. 1er	R. 550-1
Art. 10, al. 2	R. 221-13	Art. 2	R. 550-3
		Art. 3	R. 550-2
Décr. nº 76-19 du 26 janv. 1976 (application de l'art. 19 de la L. nº 75-1242 du 27 déc. 1975)		***Décr. nº 83-359 du 2 mai 1983 (valeurs mobilières)***	
		Art. 1er	R. 211-1
Art. 2, al. 1er et 2 (9)	R. 221-6	Art. 2	R. 211-2
Art. 2, al. 1er et 2 (10)	R.* 221-7	Art. 3	R. 211-3
Art. 2, al. 3	R. 221-8	Art. 4	R. 211-4
Art. 3, al. 1er	D. 221-31	Art. 5	R. 211-5
Art. 3, al. 2	R. 221-5	Art. 6	R. 211-6
		Art. 7	R. 211-7
Décr. nº 76-1011 du 19 oct. 1976 (crédit maritime mutuel)		Art. 8	R. 211-8
		Art. 9	R. 213-16
		Décr. nº 83-872 du 30 sept. 1983 (fiscalité des entreprises et épargne industrielle)	
Art. 2	R. 512-27		
Art. 3	R. 512-28		
Art. 4	R. 512-29		
Art. 6	R. 512-30	Art. 1er, al. 1er	D. 221-103
Art. 7	R. 512-31	Art. 1er, al. 2	D. 221-104
Art. 9	R. 513-32	Art. 2	D. 221-105
Art. 10	R. 513-33	Art. 3	D. 221-106
Art. 11	R. 512-34	Art. 4	D. 221-107
Art. 12	R. 512-35		
Art. 13	R. 512-36	***Décr. 83-1189 du 30 déc. 1983 (fonds collectés par les caisses d'épargne et de prévoyance)***	
Art. 13 *bis*	R. 512-37		
Art. 14	R. 512-38		
Art. 15	R. 512-39		
Art. 16	R. 512-40	Art. 3 (13)	R. 512-63

ANCIENS TEXTES	C. MON. FIN.
Décr. nº 84-46 du 24 janv. 1984 (activité et contrôle des établissements de crédit)	
Art. 32	R. 612-5
Décr. nº 84-411 du 13 juin 1984 (comptes spéciaux sur livret du Crédit mutuel)	
Art. 1er, 1re phrase (14)	R. 221-2
Art. 1er, 1re phrase (15)	R. 221-3
Art. 1er, sauf 2e phrase (16)	D. 221-28
Art. 1er, 2e phrase (17)	D. 221-29
Art. 1er, 2e phrase (18)	D. 221-30
Art. 1er et 3 (19)	R. 221-1
Art. 2	R. 221-5
Décr. nº 84-708 du 24 juill. 1984 (activité et contrôle des établissements de crédit)	
Art. 2	R. 611-1
Art. 3	R. 611-2
Art. 4	R. 611-3
Art. 5	R. 312-3
Art. 7	R. 312-1
Art. 8, al. 1er et 2 (20)	R. 511-6
Art. 8, al. 1er et 2 (21)	R. 533-1
Art. 9	R. 613-4
Art. 10	R. 613-5
Art. 10-1	R. 613-7
Art. 10-2	R. 613-8
Art. 10-2-1	R. 613-6
Art. 10-3	R. 613-10
Art. 10-4	R. 613-11
Art. 10-5	R. 613-12
Art. 10-6	R. 613-13
Art. 11	R. 613-2
Art. 12	R. 613-9
Art. 12-1	R. 613-14
Art. 12-1-1	R. 613-15
Art. 12-2	R. 613-16
Art. 12-2-1	R. 613-17
Art. 12-3, I	R. 613-19
Art. 12-3, II	R. 613-20
Art. 12-3, III	R. 613-21
Art. 12-3, IV	R. 613-22
Art. 12-3, V	R. 613-23
Art. 12-4	R. 613-18
Art. 14 (22)	R. 511-3
Art. 14 (23)	R. 515-1
Art. 15	R. 616-1
Art. 16 (24)	R. 511-1
Art. 16 (25)	R. 533-9
Art. 17 (26)	R. 511-2
Art. 17 (27)	R. 533-10
Art. 17-1	R. 533-2
Art. 17-3 (28)	R. 511-14
Art. 17-3 (29)	R. 517-4
Art. 17-3 (30)	R. 533-8
Décr. nº 84-709 du 24 juill. 1984 (activité et contrôle des établissements de crédit)	
Art. 27, al. 1er et 2 (31)	D. 511-8
Art. 27, al. 1er et 2 (32)	D. 517-1
Art. 27, al. 1er et 2 (33)	D. 533-3
Art. 27, al. 3	D. 517-7
Art. 28	D. 511-9
Art. 29, al. 1er, 2, 4 et 5 (34)	D. 511-10
Art. 29, al. 1er, 2, 4 et 5 (35)	D. 517-2
Art. 29, al. 1er, 2, 4 et 5 (36)	D. 533-4
Art. 29, al. 3, 4, 6 et 7 (37)	D. 511-11
Art. 29, al. 3, 4, 6 et 7 (38)	D. 517-3
Art. 30 (39)	D. 511-11
Art. 30 (40)	D. 533-5
Art. 31 (41)	D. 511-12
Art. 31 (42)	D. 517-5
Art. 31 (43)	D. 533-6
Art. 32 (44)	R. 511-13
Art. 32 (45)	D. 517-6
Art. 32 (46)	D. 533-7
Art. 38-1	D. 613-3
Décr. nº 90-948 du 25 oct. 1990 (application de l'art. 18 de la L. du 28 mars 1885)	
Art. 1er	D. 423-1
Art. 2	D. 423-2
Art. 3	D. 423-3
Art. 4	D. 423-4
Décr. nº 90-1119 du 18 déc. 1990 (application du § 1 de l'art. 98 de la L. de finances pour 1990)	
Art. 1er	R. 152-6

ANCIENS TEXTES	C. MON. FIN.
Art. 3	R. 152-7
Art. 4	R. 152-8
Décr. n° 90-1214 du 29 déc. 1990 (La Poste)	
Annexe, art. 11	R. 518-46
Annexe, art. 12, al. 2 et 3 [47]	R. 518-43
Annexe, art. 12 [48]	R.* 518-44
Annexe, art. 12, al. 4	R. 518-45
Annexe, art. 38, 6°, a), al. 1er	R. 518-47
Annexe, art. 38, b)	R. 518-48
Décr. n° 91-160 du 13 févr. 1991 (blanchiment des capitaux)	
Art. 2	R. 562-1
Art. 3	R. 563-1
Art. 4	R. 563-2
Art. 5	R. 562-2
Art. 6	R. 563-3
Art. 7	R. 564-1
Art. 8	D. 564-2
Décr. n° 91-1101 du 23 oct. 1991 (caisses d'épargne et de prévoyance)	
Art. 4	R. 512-48
Décr. n° 92-137 du 13 févr. 1992 (titres de créances négociables)	
Art. 1er, I et II	D. 213-1
Art. 1er, III et IV	D. 213-7
Art. 2	D. 213-8
Art. 4	D. 213-2
Art. 6 [49]	D. 213-3
Art. 6 [50]	D.* 213-4
Art. 8	D. 213-9
Art. 10	D. 213-5
Art. 11	D. 213-10
Art. 12	D. 213-11
Art. 13	D. 213-12
Art. 14	D. 213-13
Art. 15	D. 213-6
Art. 16	D. 213-14
Décr. n° 92-362 du 1er avr. 1992 (blanchiment des capitaux)	
Art. 1er	D. 564-2
Décr. n° 92-456 du 22 mai 1992 (chèques)	
Art. 1er	R. 131-1
Art. 2	R. 131-11
Art. 3	R. 131-12
Art. 4	R. 131-13
Art. 5	R. 131-14
Art. 6	R. 131-15
Art. 7	R. 131-16
Art. 8	R. 131-17
Art. 9	R. 131-18
Art. 10	R. 131-19
Art. 11	R. 131-20
Art. 12	R. 131-21
Art. 13	R. 131-22
Art. 14	R. 131-23
Art. 15	R. 131-24
Art. 16	R. 131-26
Art. 17	R. 131-27
Art. 17-1	R. 131-28
Art. 17-2	R. 131-29
Art. 17-3	R. 131-30
Art. 18	R. 131-31
Art. 19	R. 131-32
Art. 20	R. 131-33
Art. 21	R. 131-34
Art. 22	R. 131-35
Art. 23	R. 131-36
Art. 24	R. 131-37
Art. 25	R. 131-38
Art. 26	R. 131-40
Art. 27	R. 131-41
Art. 28	R. 131-42
Art. 29	R. 131-43
Art. 30	R. 131-44
Art. 31	R. 131-45
Art. 32	R. 131-2
Art. 33	R. 312-2
Art. 34	R. 131-46
Art. 35	R. 131-47
Art. 36	R. 131-48
Art. 37	R. 131-49
Art. 38	R. 131-39
Art. 39	R. 131-50
Art. 40	R. 163-1
Art. 41	R. 131-51
Art. 42 [51]	R. 131-52
Art. 42 [52]	R. 132-1
Décr. n° 92-467 du 26 mai 1992 (chèques)	
Art. 1er	R. 131-5
Art. 2	R. 131-6

ANCIENS TEXTES	C. MON. FIN.	ANCIENS TEXTES	C. MON. FIN.
Art. 3	R. 131-7	Art. 13	R. 532-29
Art. 4	R. 131-8	Art. 15	R. 532-17
Art. 5	R. 131-9	Art. 16	R. 532-18
Art. 6	R. 163-2	Art. 17	R. 532-19
		Art. 18	R. 612-1
Décr. n° 92-797 du 17 août 1992 (plan d'épargne en actions)		*Décr. n° 97-509 du 21 mai 1997 (développement des investissements et protection de l'épargne)*	
Art. 1er	D. 221-109	Art. 1er	D. 431-1
Art. 3	D. 221-110	Art. 2	D. 431-2
Art. 7 (53)	D. 221-112	Art. 3	D. 431-3
Décr. n° 93-381 du 15 mars 1993 (crédit)		Art. 4	D. 431-4
		Art. 5	D. 431-5
Art. 1er	R. 511-7	*Décr. n° 98-816 du 11 sept. 1998 (instruments financiers)*	
Art. 2	R. 511-5		
Art. 3	R. 511-4		
Décr. n° 96-582 du 28 juin 1996 (commission bancaire)		Art. 1er	D. 112-1
Art. 1er	R. 613-1	*Décr. n° 99-655 du 29 juill. 1999 (épargne et sécurité financière)*	
Décr. n° 96-880 du 8 oct. 1996 (prestataire de services d'investissement)		Art. 1er	D. 515-10
		Art. 2	D. 515-11
Art. 1er, I (54)	R. 532-1	*Décr. n° 99-710 du 3 août 1999 (sociétés de crédit foncier)*	
Art. 1er, I (55)	R. 532-10		
Art. 1er, I (56)	R. 542-1		
Art. 1er, I, al. 6 (57)	R. 532-7	Art. 1er	R. 515-8
Art. 1er, I, al. 6 (58)	R. 532-14	Art. 2	R. 515-2
Art. 1er, II (59)	R. 532-2	Art. 3	R. 515-3
Art. 2, I (60)	R. 532-3	Art. 4	R. 515-4
Art. 2, I (61)	R. 532-11	Art. 5	R. 515-5
Art. 2, II (62)	R. 532-8	Art. 6	R. 515-6
Art. 2, II (63)	R. 532-15	Art. 7	R. 515-7
Art. 3, I	R. 532-12	Art. 8	R. 515-12
Art. 3, II	R. 532-4	Art. 9	R. 515-13
Art. 3, III	R. 632-5	Art. 10	R. 515-14
Art. 4 (64)	R. 532-9	Art. 11	R. 515-9
Art. 4 (65)	R. 532-16		
Art. 5, I et III (66)	R. 532-6	*Décr. n° 99-776 du 8 sept. 1999 (activité et contrôle des établissements de crédit)*	
Art. 5, II et III (67)	R. 532-13		
Art. 6, I	R. 532-20		
Art. 6, II	R. 532-21		
Art. 6, III	R. 532-22		
Art. 7	R. 532-23		
Art. 8	R. 532-26	Art. 1er	D. 313-26
Art. 8, al. 4	R. 532-28	Art. 2	D. 313-27
Art. 9	R. 532-27	Art. 3	D. 313-28
Art. 10	R. 532-24	Art. 4	D. 313-29
Art. 11	R. 532-25	Art. 5	D. 313-30
Art. 12	R. 532-28	Art. 6	D. 313-31

ANCIENS TEXTES	C. MON. FIN.
Décr. nº 99-1113 du 21 déc. 1999 (CECEI)	
Art. 1er	R. 612-2
Art. 2	R. 612-3
Décr. nº 2000-123 du 9 févr. 2000 (caisse nationale des caisses d'épargne et de prévoyance)	
Art. 1er	R. 512-56
Art. 2	R. 512-57
Art. 3	R. 512-58
Décr. nº 2000-664 du 17 juill. 2000 (dispositions d'ordre économique et financier)	
Art. 1er	R. 313-20
Art. 2	R. 313-21
Art. 3	R. 313-22
Art. 4	R. 313-23
Art. 5	R. 313-24
Art. 7	R. 313-25
Décr. nº 2001-45 du 17 janv. 2001 (compte bancaire)	
Art. 1er	D. 312-5
Décr. nº 2002-694 du 30 avr. 2002 (opérations de prêts)	
Art. 1er	D. 131-25
Décr. nº 2003-195 du 7 mars 2003 (opérations sur titres)	
Art. 1er	R. 330-1
Art. 2	R. 330-2
Art. 3	R. 330-3
Décr. nº 2003-196 du 7 mars 2003 (relations financières avec l'étranger)	
Art. 1er	R. 151-1
Art. 2	R. 152-1
Art. 3	R. 152-2
Art. 4	R. 152-3
Art. 5	R. 152-4
Art. 6	R. 152-5
Décr. nº 2004-1018 du 28 sept. 2004 (démarchage bancaire ou financier)	
Art. 1er	D. 341-9
Art. 2	D. 341-10
Art. 3	D. 341-11
Art. 4	D. 341-12
Art. 5	D. 341-13
Art. 6	D. 341-14
Art. 7	D. 341-15
Décr. nº 2004-1019 du 28 sept. 2004 (démarchage bancaire ou financier)	
Art. 1er	D. 341-1
Art. 2	D. 341-2
Art. 3	D. 341-3
Art. 4	D. 341-4
Art. 5	D. 341-5
Art. 6	D. 341-6
Art. 7	D. 341-7
Art. 9 et annexe	D. 341-8
Décr. nº 2004-1023 du 29 sept. 2004 (conseillers en investissements financiers	
Art. 1er	D. 541-1
Art. 2	D. 541-2
Art. 3	D. 541-3
Art. 4	D. 541-4
Art. 5	D. 541-5
Art. 6	D. 541-6
Art. 7	D. 541-7
Art. 8	D. 541-8
Art. 9	D. 541-9
Décr. du 12 mai 2005 (jeux)	
Art. 1er	D. 564-3
Décr. nº 2005-468 du 12 mai 2005 (assainissement et liquidation des établissements de crédit communautaires)	
Art. 1er	R. 613-24
Art. 2	R. 613-25
Art. 3	R. 613-26
Art. 4	R. 613-27
Décr. nº 2005-487 du 18 mai 2005 (recyclage des pièces et billets en euros)	
Art. 1er	R. 122-4
Art. 2	R. 122-5
Art. 3	R. 122-6
Art. 4	R. 122-7
Art. 5	R. 122-8

ANCIENS TEXTES	C. MON. FIN.	ANCIENS TEXTES	C. MON. FIN.
Art. 6	R. 122-9	Art. 11	R. 123-1
Art. 7	R. 122-10	Art. 12	R. 132-2
Art. 8	R. 122-11	Art. 13	R. 162-5

(1) En ce qui concerne le principe du plafond.
(2) En ce qui concerne le montant du plafond de droit commun.
(3) En ce qui concerne la décision du ministre.
(4) Sauf en ce qui concerne la décision du ministre.
(5) Sauf dernier alinéa.
(6) Sauf en ce qui concerne la décision du ministre.
(7) En ce qui concerne la décision du ministre.
(8) Sauf référence au ministre chargé de l'économie.
(9) Sauf en ce qui concerne la décision du ministre.
(10) En ce qui concerne la décision du ministre.
(11) En ce qui concerne les dispositions non pénales.
(12) En ce qui concerne les dispositions pénales.
(13) Sauf dispositions relatives au décr. n° 54-1080 du 6 nov. 1954 (caisses d'épargne du Bas-Rhin, du Haut-Rhin et de la Moselle.
(14) En ce qui concerne les dispositions de droit commun.
(15) En ce qui concerne le montant du plafond de droit commun.
(16) En ce qui concerne les dispositions particulières.
(17) En ce qui concerne le montant du plafond particulier.
(18) En ce qui concerne la capitalisation.
(19) En ce qui concerne les dispositions de droit commun.
(20) En ce qui concerne les établissements de crédit.
(21) En ce qui concerne les entreprises d'investissement.
(22) En ce qui concerne le droit commun.
(23) En ce qui concerne les sociétés de caution mutuelle.
(24) En ce qui concerne les établissements de crédit.
(25) En ce qui concerne les entreprises d'investissement.
(26) En ce qui concerne les établissements de crédit.
(27) En ce qui concerne les entreprises d'investissement.
(28) En ce qui concerne les établissements de crédit.
(29) En ce qui concerne les compagnies financières
(30) En ce qui concerne les entreprises d'investissement.
(31) En ce qui concerne les établissements de crédit.
(32) En ce qui concerne les compagnies financières.
(33) En ce qui concerne les entreprises d'investissement.
(34) En ce qui concerne les établissements de crédit.
(35) En ce qui concerne les compagnies financières.
(36) En ce qui concerne les entreprises d'investissement.
(37) En ce qui concerne les établissements de crédit.
(38) En ce qui concerne les compagnies financières.
(39) En ce qui concerne les établissements de crédit.
(40) En ce qui concerne les entreprises d'investissement.
(41) En ce qui concerne les établissements de crédit.
(42) En ce qui concerne les compagnies financières.
(43) En ce qui concerne les entreprises d'investissement.
(44) En ce qui concerne les établissements de crédit.
(45) En ce qui concerne les compagnies financières.
(46) En ce qui concerne les entreprises d'investissement.
(47) Sauf en ce qui concerne la décision des ministres.
(48) En ce qui concerne les décisions des ministres.
(49) Sauf en ce qui concerne la décision du ministre.
(50) En ce qui concerne la décision du ministre.
(51) En ce qui concerne les chèques.
(52) En ce qui concerne les cartes bancaires.
(53) En ce qui concerne les dispositions permanentes.
(54) En ce qui concerne les autres PSI que les sociétés de gestion de portefeuille.
(55) En ce qui concerne les sociétés de gestion de portefeuille.
(56) En ce qui concerne les teneurs de compte conservateurs.
(57) En ce qui concerne les PSI de droit commun.
(58) En ce qui concerne les sociétés de gestion de portefeuille.
(59) En ce qui concerne la procédure de droit commun.
(60) En ce qui concerne le droit commun.
(61) En ce qui concerne les sociétés de gestion de portefeuille.
(62) En ce qui concerne la procédure de droit commun.
(63) En ce qui concerne les sociétés de gestion de portefeuille.
(64) En ce qui concerne les PSI de droit commun.
(65) En ce qui concerne les sociétés de gestion de portefeuille.
(66) En ce qui concerne les PSI de droit commun.
(67) En ce qui concerne les sociétés de gestion de portefeuille.

TABLE CHRONOLOGIQUE

NOTA. Les différents codes reproduits en extraits dans le Code de commerce et son appendice figurent dans la table chronologique à la date de leur décret (ou loi) de codification, indiquée dans la liste ci-dessous.

Le picto signale que le texte est accessible intégralement ou partiellement en lien contextuel sur Dalloz. fr.

Code de l'artisanat *(Décr. n° 52-849 du 16 juill. 1952).*

Code des assurances *(Décr. n° 76-666 du 16 juill. 1976).*

Code de l'aviation civile *(Décr. nos 67-333 et 67-334 du 30 mars 1967).*

Code civil (Livre III, Titre IX) *(L. n° 78-9 du 4 janv. 1978).*

Code de la consommation *(L. n° 93-949 du 26 juill. 1993 ; Décr. n° 97-298 du 27 mars 1997).*

Code de la défense *(Ord. n° 2004-1374 du 20 déc. 2004).*

Code du domaine de l'État *(Décr. n° 62-298 du 14 mars 1962).*

Code des douanes *(Décr. n° 48-1985 du 8 déc. 1948).*

Code de l'entrée et du séjour des étrangers et du droit d'asile *(Ord. n° 2004-1248 du 24 nov. 2004).*

Code de l'environnement *(Ord. n° 2000-914 du 18 sept. 2000 ; Décr. nos 2005-934 et 2005-935 du 2 août 2005).*

Code général des impôts *(Décr. n° 50-478 du 6 avr. 1950).*

Code minier *(Décr. n° 56-838 du 16 août 1956).*

Code monétaire et financier *(Ord. n° 2000-1223 du 14 déc. 2000 ; Décr. n° 2005-1007 du 2 août 2005).*

Code de l'organisation judiciaire *(Décr. nos 88-38 du 13 janv. 1988 et 2005-808 du 18 juill. 2005).*

Code pénal (Livre III) *(L. n° 92-685 du 22 juill. 1992 ; Décr. n° 93-726 du 29 mars 1993).*

Code des postes et des communications électroniques *(Décr. nos 62-274 et 62-275 du 12 mars 1962).*

Code de la propriété intellectuelle *(L. n° 92-597 du 1er juill. 1992).*

Code rural (nouveau Livre III) *(L. n° 93-934 du 22 juill. 1993).*

Code de la santé publique *(Ord. n° 2000-548 du 15 juin 2000).*

Code de la sécurité sociale *(Décr. n° 85-1353 du 17 déc. 1985).*

Code du travail *(L. n° 73-4 du 2 janv. 1973 ; Décr. n°s 73-1046 et 73-1047 du 15 nov. 1973 ; Décr. n° 74-808 du 19 sept. 1974).*

Code du travail maritime *(L. 13 déc. 1926).*

Code de l'urbanisme *(Décr. n° 73-1022 du 8 nov. 1973).*

Livre des procédures fiscales *(Décr. n° 81-859 du 15 sept. 1981).*

Nouveau Code de procédure civile (Livres II et IV) *(Décr. n° 81-500 du 12 mai 1981).*

1791	2-17 mars	Loi. Suspension de tous les droits d'aides, de toutes les maîtrises et jurandes et établissement des droits de patente. - Art. 7, **p. 2093.**
An III	6 therm.	Décret. Billets à ordre et autres effets négociables. - Art. 2 à 4, ss. L. 511-30.
1858	28 mai	Loi. Ventes publiques de marchandises en gros. - Art. 1er, ss. L. 322-8.
1866	13 juin	Loi. Usages commerciaux, **p. 2707.**
1867	15 juin	Décret. Tare légale sur certaines marchandises, **p. 2707.**
1867	24 juill.	Loi sur les sociétés. - Art. 80, **p. 332.**
1885	28 mars	Loi Marchés à terme. Abrogée et codifiée au C. mon. fin. - V. Table de concordance.
1898	9 avr.	Loi. Chambres de commerce et chambres consultatives des arts et manufactures, **p. 1519.**
1900	12 mars	Loi. Vente à crédit des valeurs de bourse. - Art. 6, **p. 1835.**
1904	23 déc.	Loi. Fêtes légales *(protêts)*, ss. L. 511-81.
1905	13 juill.	Loi. Fêtes légales *(protêts)*, ss. L. 511-81.
1907	30 janv.	Loi. Budget général de l'exercice 1907. - Art. 3 *(émission, mise en vente de titres de sociétés françaises ou étrangères, publicité au Journal officiel)*, **p. 2067.**
1909	17 mars	Loi. Vente et nantissement des fonds de commerce : – Art. 3, ss. L. 141-13. – Art. 4, ss. L. 141-18. – Art. 22, ss. L. 143-12. – Art. 24 à 26 et 30 à 33, ss. L. 143-20.
1909	28 août	Décret. Règlement d'administration publique pour l'exécution des lois des 17 mars et 1er avr. 1909 *(vente et nantissement des fonds de commerce)*, ss. L. 143-23.
1909	29 oct.	Loi. Prorogation de date d'échéances, ss. L. 511-81.
1913	8 août	Loi. Warrant hôtelier. - Art. 3, ss. L. 523-3.
1917	13 mars	Loi. Crédit au petit et au moyen commerce, à la petite et à la moyenne industrie. Abrogée et codifiée au C. mon. fin. — V. Table de concordance.
1923	1er juin	Loi. Indication de l'immatriculation au registre du commerce sur les papiers de commerce. - Art. 2, **p. 2539.**
1924	1er juin	Loi. Introduction des lois commerciales françaises dans les départements du Bas-Rhin, du Haut-Rhin et de la Moselle. - Art. 23, ss. L. 628-3.

1924	11 déc.	Loi. Éligibilité des femmes commerçantes aux chambres de commerce, **p. 1522.**
1925	7 juill.	Loi. Report d'échéance des effets de commerce, ss. L. 511-81.
1928	10 juill.	Loi. Banques populaires *(avances aux artisans)*, **p. 2068.**
1928	30 sept.	Décret. Carte d'identité spéciale pour les personnes se livrant à des transactions dans les foires et marchés de bétail, **p. 2093.**
1935	8 août	Décret-loi. Interdiction et déchéance du droit de gérer et d'administrer une société. - Art. 6, ss. L. 128-1.
1935	30 oct.	Décret-loi unifiant le droit en matière de chèques et relatif aux cartes de paiement. Abrogé et codifié au C. mon. fin. — V. table de concordance.
1937	31 août	Décret-loi. Échéances des effets de commerce. - Art. 1er et 2, ss. L. 511-81.
1938	9 mars	Décret. Caisse centrale de crédit hôtelier, commercial et industriel, **p. 2068.**
1938	14 juin	Décret-loi. Récépissés et lettres de voiture des chemins de fer, art. 1er, ss. L. 132-9.
1939	29 juill.	Décret-loi. Payement des effets de commerce par chèques et mandats de virement, ss. L. 511-41.
1940	10 sept.	Loi. Nomination d'administrateurs provisoires des entreprises privées de leurs dirigeants, **p. 2094.**
1940	22 oct.	Loi. Règlements par chèques et virements. - Art. 6, ss. L. 123-24.
1940	29 oct.	Loi. Forclusion en matière civile, commerciale et administrative et délai de présentation et de protêt des effets de commerce. - Art. 3, ss. L. 511-26.
1941	2 févr.	Loi. Pouvoirs des administrateurs provisoires des entreprises privées de leurs dirigeants, **p. 2095.**
1942	14 févr.	Loi. Bourses de valeurs. - Art. 23 et 24, **p. 1785.**
1942	27 mai	Loi. Interdiction de subordonner la vente des produits à une fourniture d'objets, **p. 2747.**
1942	18 août	Loi. Banques populaires, **p. 1822.**
1943	17 nov.	Loi. Gestion des intérêts professionnels, **p. 2095.**
1945	20 juin	Ordonnance n° 45-1355. Sociétés de caution mutuelle, banques populaires et caisse centrale de crédit hôtelier, commercial et industriel, **p. 2068.**

1945	6 août	Décret n° 45-1754. Règlement d'administration publique pour l'application de l'ordonnance relative aux magasins généraux, ss. L. 522-40.
1945	13 oct.	Ordonnance n° 45-2339. Spectacles. - Art. 3, ss. L. 143-23.
1945	18 oct.	Ordonnance n° 45-2440. Marché financier. - V. L. 14 févr. 1942, art. 23, **p. 1785.**
1945	2 nov.	Ordonnance n° 45-2658. Entrée et séjour des étrangers en France, codifiée au Code de l'entrée et du séjour des étrangers et du droit d'asile. - V. C. étrangers, art. L. 313-4, L. 313-10, L. 314-4, L. 322-2, L. 322-3 et L. 431-1, **p. 2415.**
1945	2 déc.	Loi n° 45-015. Nationalisation de la Banque de France et des grandes banques et organisation du crédit. - Art. 6 et 7, **p. 2069.**
1945	31 déc.	Loi n° 45-0195. Budget général pour l'exercice 1946. - Art. 42 et 43 *(création et extension de commerce)*, **p. 2095.**
1946	4 oct.	Loi n° 46-2140. Droit d'acquisition prioritaire de l'État sur les denrées alimentaires, **p. 2802.**
1947	30 août	Loi n° 47-1635. Assainissement des professions commerciales. — V. L. 128-1 s.
1948	30 oct.	Décret n° 48-1683. Caractéristiques des valeurs mobilières, **p. 2069.**
1948	8 déc.	Décret n° 48-1985. Code des douanes. - Art. 451, 459 *(réglementation des changes)*, **p. 1629.**
1949	2 août	Loi n° 49-1093. Publicité des protêts, ss. art. L. 511-56.
1949	10 nov.	Décret n° 49-1470. Forme des valeurs mobilières, **p. 2070.**
1949	31 déc.	Loi n° 49-1652. Courtiers en vins, ss. L. 131-11.
1950	6 avr.	Décret n° 50-478. Code général des impôts : — Art. 237 *sexies*, 289, 289 *bis*, 1751 et Annexe II, art. 242 *nonies*, **p. 2421** s. — Art. 238 *bis* OA-7. — V. note ss. L. 621-124. — Art. 302 *octies* et 1788, **p. 2095.** — Art. 978, 979, 982, 985, **p. 2065.** — Art. 1743, ss. L. 123-16. — Art. 1756, **p. 2409.** — Art. 1840 T *bis [abrogé]*, ss. L. 511-38. — Art. 1929 *quater*, **p. 2409.**
1950	24 juin	Décret n° 50-737. Règlement d'administration publique pour l'application de la loi n° 49-1093 du 2 août 1949, ss. L. 511-60.
1951	17 févr.	Décret n° 51-194. Règlement d'administration publique pour l'application de la loi du 18 janv. 1951, ss. L. 525-20.
1951	24 mai	Loi de finances pour l'exercice 1951 (n° 51-598). - Art. 46 *(registre du commerce, répertoire des métiers, propriété industrielle)*, **p. 2539.**

1951	10 sept.	Loi n° 51-1082. Suppression du cautionnement des courtiers maritimes, ss. L. 131-2.
1952	16 juill.	Décret n° 52-849. Code de l'artisanat, **p. 1459.**
1953	15 août	Décret n° 53-744. Conseil supérieur du commerce, **p. 2096.**
1953	30 sept.	Décret n° 53-933. Organismes d'intervention économique de caractère privé, **p. 2096.**
1953	30 sept.	Décret n° 53-960. Baux de locaux à usage commercial, industriel ou artisanal : – Art. 23 à 23-5, ss. L. 145-33. – Art. 23-7 à 23-9, ss. L. 145-36. – Art. 26, ss. L. 145-37. – Art. 28, ss. L. 145-39. – Art. 29 à 30-1 et 33 à 33-2, ss. L. 145-60.
1953	30 sept.	Décret n° 53-962. Extension et transfert d'établissements commerciaux, **p. 2099** et **p. 2539.**
1954	10 avr.	Loi n° 54-404. Réforme fiscale. - Art. 38 *(étranger, cartes)*, **p. 2416.**
1955	5 janv.	Décret n° 55-36. Meilleure répartition des industries sur l'ensemble du territoire, **p. 2099.**
1955	20 mai	Décret n° 55-585. Ventes à crédit. - Art. 1er, **p. 2748.**
1955	20 mai	Décret n° 55-602. Modification de la loi du 17 mars 1909 *(vente et nantissement des fonds de commerce)* et de la loi du 18 janv. 1951 *(nantissement de l'outillage et du matériel d'équipement)*. - Art. 1er. – V. L. 17 mars 1909, art. 24 et 25, ss. L. 143-20.
1955	26 juill.	Loi n° 55-982. Modification de la loi du 17 mars 1909 *(vente et nantissement des fonds de commerce)*. — V. L. mod., art. 3, ss. L. 141-13 et art. 4, ss. L. 141-18.
1955	7 déc.	Décret n° 55-1595. Régime des titres nominatifs, **p. 2070.**
1955	26 déc.	Décret n° 55-1670. Modification du décret du 28 août 1909 *(vente et nantissement des fonds de commerce)* et du décret du 17 févr. 1951 *(nantissement de l'outillage et du matériel d'équipement)* : – Art. 1er. — V. Décr. 28 août 1909, art. 2, ss. art. L. 143-23. – Art. 2. — V. Décr. n° 51-194 du 17 févr. 1951, art. 2, 3, 4 et 7, ss. art. L. 525-20.
1956	19 mai	Convention relative au contrat de transport international de marchandises par route (CMR), ss. L. 132-9.
1956	20 juin	Décret n° 56-612. Application aux entreprises de transports publics et de location de véhicules industriels de la loi n° 56-277 du 20 mars 1956 *(location-gérance des fonds de commerce et des établissements artisanaux)*, ss. L. 144-13.

1956	4 août	Décret n° 56-775. Application de l'art. 1er du décret n° 55-585 du 20 mai 1955 *(ventes à crédit)*, **p. 2748.**
1956	16 août	Décret. Code minier. - Art. 23, ss. L. 110-1.
1956	12 nov.	Loi n° 56-1119. Usage des dénominations « Chambre de commerce », « Chambre de commerce et d'industrie », « Chambre de métiers » et « Chambre d'agriculture », **p. 1522.**
1957	25 mars	Traité de Rome. - Art. 81, 82 et 234, **p. 2156.**
1958	23 sept.	Ordonnance n° 58-896. Dispositions d'ordre financier. - Art. 28 *(interruption des services bancaires)*, ss. L. 511-81.
1958	23 déc.	Décret n° 58-1345. Agents commerciaux, ss. L. 134-17.
1959	13 févr.	Décret n° 59-296. Transferts à titre de garantie intéressant les rentes sur l'État : – Art. 2, 3 et 4. – V. Décr. n° 55-1595 du 7 déc. 1955, art. 36, 37 et 39, **p. 2074.** – Art. 5, ss. L. 521-1.
1959	3 juill.	Décret n° 59-790. Révision des loyers commerciaux, ss. L. 145-38.
1959	7 sept.	Décret n° 59-1053. Simplification de la gestion des titres nominatifs d'emprunts, **p. 2078.**
1959	28 déc.	Loi n° 59-1483. Révision des loyers commerciaux, ss. L. 145-38.
1961	3 mai	Décret n° 61-501. Unités de mesure et contrôle des instruments de mesure, **p. 2703.**
1961	5 juill.	Décret n° 61-725. Publication de la convention relative au contrat de transport international de marchandises par route (CMR) du 19 mai 1956. – V. convention, ss. L. 132-9.
1961	30 oct.	Décret n° 61-1168. Modification de la loi du 14 févr. 1942 *(bourses de valeurs)* : – Art. 4 à 7. – V. L. 14 févr. 1942, art. 24, **p. 1785.**
1962	6 févr.	Règlement CEE n° 17-62. - Art. 9, **p. 2164.**
1962	12 mars	Décret n° 62-274. Code des postes et des communications électroniques (2e partie : règlements d'administration publique et décrets en Conseil d'État). - Art. R. 52-10 *(chèques postaux)*, V. note ss. art. R. 131-53 C. mon. fin., **p. 1963.**
1962	12 mars	Décret n° 62-275. Code des postes et des communications électroniques (3e partie : décrets). - Art. D. 488 à D. 522 *(chèques postaux)*, V. note ss. art. R. 131-53 C. mon. fin., **p. 1963.**
1962	14 mars	Décret n° 62-298. Code du domaine de l'État (1re partie : législative). - Art. L. 27, **p. 2066.**

1963	2 juill.	Loi de finances n° 63-628 rectificative pour 1963 : – Art. 1er *[abrogé]*, ss. L. 442-4. – Art. 2, **p. 2123.**
1964	29 avr.	Décret n° 64-399. Codification et modification des dispositions concernant les courtiers de marchandises assermentés, ss. L. 131-11.
1964	4 déc.	Décret n° 64-1200. Assemblée permanente des chambres de commerce et d'industrie, **p. 1523.**
1964	23 déc.	Loi n° 64-1278. Loi de finances rectificative pour 1964. - Art. 8 *(locaux à usage commercial et industriel, travaux)*, ss. L. 145-33.
1964	30 déc.	Décret n° 64-1357. Application de l'art. 8 de la loi n° 64-1278 du 23 déc. 1964, ss. L. 145-33.
1964	30 déc.	Décret n° 64-1362. Chambres de métiers, **p. 1466.**
1965	4 févr.	Décret n° 65-97. Règlement des dépenses des organismes publics. - Art. 11, **p. 1556.**
1965	12 mai	Loi n° 65-356. Modification du décret n° 53-960 du 30 sept. 1953 *(baux commerciaux)*. - Art. 17, ss. L. 145-38.
1965	12 juill.	Loi n° 65-566. Imposition des entreprises et des revenus des capitaux mobiliers. - Art. 47, **p. 2644.**
1965	5 nov.	Décret n° 65-961. Dépôt et gestion des fonds et des valeurs mobilières des mineurs, **p. 2079.**
1966	3 janv.	Décret n° 66-12. Modification du décret n° 53-960 du 30 sept. 1953 *(baux commerciaux)*. - Art. 8 (note), ss. L. 145-60.
1967	23 mars	Décret n° 67-236. Sociétés commerciales, **p. 2553.**
1967	23 mars	Décret n° 67-238. Institution d'un *Bulletin officiel des annonces civiles et commerciales*, **p. 2537.**
1967	30 mars	Décrets nos 67-333 et 67-334. Code de l'aviation civile : – Art. L. 321-1 à L. 321-7, L. 322-3 à L. 322-5, R. 321-1 et R. 322-2 *(transport de voyageurs et de marchandises, responsabilité)*, ss. L. 132-9. – Art. L. 422-4 *(litiges opposant l'exploitant et le commandant de bord)*, **p. 1348.**
1968	2 janv.	Décret n° 68-25. Modification du décret n° 67-236 du 23 mars 1967 *(sociétés commerciales)*. — V. Décr. mod., **p. 2633.**
1968	13 janv.	Décret n° 68-47. Élection aux chambres de métiers, **p. 1468.**
1968	26 juill.	Loi n° 68-678. Communication de documents et renseignements d'ordre économique, commercial, industriel, financier ou technique à des personnes étrangères, **p. 2416.**
1968	3 oct.	Décret n° 68-857. Modification du décret n° 67-236 du 23 mars 1967 *(sociétés commerciales)*. - V. Décr. mod., art. 262, **p. 2633.**

1969	18 avr.	Décret n° 69-389. Transfert des registres du commerce et des sociétés et des registres des agents commerciaux. - Art. 1er, 5 à 11, **p. 2540.**
1969	12 août	Décret n° 69-810. Commissaires aux comptes de sociétés, **p. 2644.**
1969	24 déc.	Décret n° 69-1177. Modification du décret n° 67-236 du 23 mars 1967 *(sociétés commerciales)*. - V. Décr. mod., art. 253-1, **p. 2631.**
1969	24 déc.	Décret n° 69-1226. Modification du décret n° 67-236 du 23 mars 1967 *(sociétés commerciales)*. — V. Décr. mod., art. 50, 159, 197, 224-1, 245-1, **p. 2560.**
1970	7 févr.	Conventions internationales concernant le transport des marchandises par chemins de fer (CIM) et le transport des voyageurs et des bagages par chemins de fer (CIV), ss. L. 132-9.
1971	7 juin	Décret n° 71-418. Options de souscription ou d'achat d'actions au bénéfice du personnel des sociétés. — V. Décr. n° 67-236 du 23 mars 1967, art. 174-8 à 174-17 et 174-19 à 174-21, **p. 2592.**
1971	23 juill.	Décret n° 71-615. Modification du décret n° 67-236 du 23 mars 1967 *(sociétés commerciales)*. — V. Décr. mod., art. 153-1 à 153-3, 203-2, **p. 2583.**
1972	3 janv.	Loi n° 72-6. Démarchage financier et opérations de placement et d'assurance. Abrogée et codifiée au C. mon. fin., à l'exception de l'art. 23, **p. 1755.** — V. Table de concordance.
1972	3 juill.	Décret n° 72-561. Modification du décret n° 53-960 du 30 sept. 1953 *(baux commerciaux)*. — V. Décr. mod., art. 23 à 23-5 ss. L. 145-33, 23-7 à 23-9 ss. L. 145-36, 29 à 30-1 ss. L. 143-60.
1972	4 juill.	Décret n° 72-665. Publicité des opérations de crédit-bail. Abrogé et codifié au C. mon. fin. — V. Table de concordance.
1972	3 oct.	Décret n° 72-950. Groupements interconsulaires, **p. 1523.**
1973	2 janv.	Loi n° 73-4. Code du travail. - Art. L. 751-1 à L. 751-15, L. 795-1 et L. 762-4, ss. L. 134-17.
1973	14 mars	Décret n° 73-314. Système national d'identification et répertoire des entreprises et de leurs établissements, **p. 2100.**
1973	8 nov.	Décret n° 73-1022. Code de l'urbanisme (1re partie : législative) : — Art. L. 213-9 s., L. 313-5 s. et L. 314-1 s., ss. L. 145-60.
1973	15 nov.	Décret n° 73-1046. Code du travail : — V. C. trav., art. L. 324-9 à L. 324-15, **p. 2101.** — V. C. trav., art. L. 751-2 et L. 751-9, ss. L. 134-17.
1973	15 nov.	Décret n° 73-1047. Code du travail. — V. C. trav., art. L. 795-1, ss. L. 134-17.
1973	27 déc.	Loi n° 73-1193. Orientation du commerce et de l'artisanat. - Art. 36-1 à 36-5, 47 et 52, **p. 2106.**

1974	23 avr.	Décret n° 74-319. Modification du décret n° 67-236 du 23 mars 1967 *(sociétés commerciales)*. – V. Décr. mod., art. 174-22, 174-23, 174-25 à 174-41, **p. 2594.**
1975	3 janv.	Loi n° 75-4. Infractions en matière de chèques. - Art. 12, **p. 2080.**
1975	11 juill.	Loi n° 75-619. Taux d'intérêt légal. Abrogée et codifiée au C. mon. fin. – V. Table de concordance.
1975	11 juill.	Loi n° 75-628. Crédit maritime mutuel. Abrogée et codifiée au C. mon. fin. – V. Table de concordance.
1975	7 août	Décret n° 75-786. Publication des conventions internationales concernant le transport des marchandises par chemins de fer (CIM) et le transport des voyageurs et des bagages par chemins de fer (CIV). – V. conventions, ss. L. 132-9.
1975	5 déc.	Décret n° 75-1123. Nouveau code de procédure civile. - Art. 145, 853 à 878 *(procédure devant le tribunal de commerce)*, **p. 2690.**
1975	31 déc.	Loi n° 75-1334. Sous-traitance, **p. 2412.**
1976	15 juin	Loi n° 76-519. Transmission des créances, **p. 2080.**
1976	16 juill.	Décret n° 76-666. Code des assurances (1re partie : législative). - Art. L. 113-6, **p. 2412.**
1976	19 oct.	Décret n° 76-1011. Crédit maritime mutuel. Abrogé et codifié au C. mon. fin. – V. Table de concordance.
1977	3 janv.	Loi n° 77-4. Modification de l'art. 189 *bis* C. com. *(prescription)*. - Art. 2 à 4, ss. L. 110-4.
1977	29 déc.	Loi n° 77-1457. Dispositions en matière de prix. - Art. 11, ss. L. 145-40.
1978	4 janv.	Loi n° 78-9. Modification du titre IX du livre III du Code civil : – Art. 1er. – V. C. civ., art. 1832 à 1844-17, 1871 à 1873, **p. 2646.**
1978	16 mars	Décret n° 78-330. Code de l'organisation judiciaire (2e partie : réglementaire). - V. COJ, art. R. 411-1 s., R. 412-16, R. 413-1 s., **p. 2683.**
1978	3 juill.	Décret n° 78-704. Application de la loi n° 78-9 du 4 janv. 1978 modifiant le titre IX du livre III du code civil. – V. Décr. n° 67-236 du 23 mars 1967, art. 29, **p. 2557.**
1978	3 juill.	Décret n° 78-705. Publicité : – Art. 41 et 42. – V. Décr. n° 67-238 du 23 mars 1967, art. 8, **p. 2554.** – Art. 48. – V. CGI, Annexe II, art. 396 *bis*, **p. 2410.** – Art. 49 à 53, **p. 2541.**
1978	13 juill.	Loi n° 78-741. Orientation de l'épargne vers le financement des entreprises *(prêts participatifs)*. Abrogée et codifiée au C. mon. fin. – V. Table de concordance.

1979	27 juill.	Décret n° 79-641. Modification du décret n° 67-236 du 23 mars 1967 *(sociétés commerciales)*. – V. Décr. mod., art. 130, 145-1, 153-4 à 153-11, **p. 2574.**
1980	18 janv.	Loi de finances pour 1980 (n° 80-30). - Art. 67 *(publicité relative aux bons de caisse et titres analogues)*, **p. 2080.**
1980	10 avr.	Décret n° 80-268. Prêts aux artisans mis en place par les banques populaires, **p. 2080.**
1980	11 avr.	Convention des Nations Unies sur les contrats de vente internationale de marchandises, **p. 2836.**
1980	9 mai	Convention relative aux transports internationaux ferroviaires, ss. L. 132-9.
1980	24 oct.	Loi n° 80-834. Distribution d'actions en faveur des salariés des entreprises industrielles et commerciales, **p. 2644.**
1981	2 janv.	Loi n° 81-1. Facilitant le crédit aux entreprises. Abrogée et codifiée au C. mon. fin. – V. Table de concordance.
1981	12 mai	Décret n° 81-500. Livres III et IV du nouveau code de procédure civile : – Art. 5. – V. NCPC, art. 1405 s., **p. 2437.**
1981	10 août	Loi n° 81-766. Prix du livre, **p. 2151.**
1981	9 sept.	Décret n° 81-862. Application de la loi n° 81-1 du 2 janv. 1981 facilitant le crédit aux entreprises. Abrogé et codifié au C. mon. fin. – V. Table de concordance : – Art. 5. – V. NCPC, art. 1405, **p. 2437.**
1981	15 sept.	Décret n° 81-859. Livre des procédures fiscales. - Art. L. 246, **p. 2424.**
1981	30 déc.	Loi n° 81-1162. Mise en harmonie du droit des sociétés commerciales avec la deuxième directive du conseil des communautés européennes du 13 déc. 1976 : – Art. 1er. – V. C. civ., art. 1844-5, **p. 2650.** – Art. 32 *(fonds communs de placement)* ss. L. 231-6.
1982	11 févr.	Loi de nationalisation (n° 82-155). - Art. 12 à 14, 25, 27, 28, 40, 50 et 52, **p. 2081.**
1982	2 juin	Décret n° 82-460. Harmonisation des dispositions réglementaires du droit français des sociétés anonymes avec la deuxième directive des communautés européennes en matière de droit des sociétés : – Art. 1er à 15. – V. Décr. n° 67-236 du 23 mars 1967, art. 50, 55, 56-1, 64-1, 135, 139, 148-1, 169, 185-1, 185-2, 197, 199, 246, 287 et 288, **p. 2560.** – Art. 21 *(entrée en vigueur)*. – V. la note, **p. 2643.**
1982	10 juill.	Loi n° 82-596. Conjoints d'artisans et de commerçants : – Art. 12 à 14. – V. C. civ., art. 1832-1, 1832-2 et 1843-2, **p. 2644.** – Art. 20. – V. la note ss. art. 1832-2 C. civ., **p. 2647.**

1982	30 déc.	Loi n° 82-1153. Orientation des transports intérieurs. - Art. 8, 9, al. 3, 32 à 34, ss. L. 133-7.
1983	15 avr.	Décret n° 83-316. Crédit à l'artisanat, **p. 2220.** – Art. 18 *(entrée en vigueur)*. – V. la note, ss. L. 123-23.
1983	2 mai	Décret n° 83-357. Application de la loi n° 79-594 du 13 juill. 1979 *[abrogée] (fonds communs de placement)* : – Art. 36 à 39. – V. Décr. n° 67-236 du 23 mars 1967, art. 174-28, 174-31, 174-38 et 174-40, **p. 2595.**
1983	2 mai	Décret n° 83-358. Application des art. 36 à 39 de la loi n° 83-1 du 3 janv. 1983 *(surveillance des placements en biens divers)*. Abrogé et codifié au C. mon. fin. – V. Table de concordance.
1983	2 mai	Décret n° 83-359. Application de l'art. 94-II de la loi de finances pour 1982 (n° 81-1160 du 30 déc. 1981) *(régime des valeurs mobilières)*. Abrogé et codifié au C. mon. fin. (V. Table de concordance), à l'exception des art. 20 à 23, **p. 2083.** – Art. 21. – V. Décr. n° 55-1595 du 7 déc. 1955 *(titres nominatifs)*, art. 1er, 10 à 22, 45 à 48 et la note ss. art. 59, **p. 2070.**
1983	2 mai	Décret n° 83-363. Application de la loi n° 83-1 du 3 janv. 1983 *(développement des investissements et protection de l'épargne)* : – Art. 2 à 14, 16 à 29, 32 et 33. – V. Décr. n° 67-236 du 23 mars 1967 *(sociétés commerciales)*, art. 56, 63, 72, 123, 129, 130, 136, 140, 152, 153-6-1, 156, 157-1, 164, 166 à 168, 169-2 à 169-8, 174-7, 174-33, 185, 209, 225, 240, 242-1 à 242-7 et 300, **p. 2561.**
1983	20 juill.	Loi n° 83-657. Développement de certaines activités d'économie sociale. - Art. 1er à 34 *(coopératives artisanales)*, **p. 1478.**
1983	26 juill.	Loi n° 83-675. Démocratisation du secteur public, **p. 2644.**
1983	30 août	Arrêté. Répertoire des métiers, **p. 1470.**
1983	29 nov.	Décret n° 83-1020. Application de la loi n° 83-353 du 30 avr. 1983 *(obligations comptables)* : – Art. 1er à 27, ss. L. 123-28. – Art. 28 à 47. – V. Décr. n° 67-236 du 23 mars 1967, art. 33, 44-2, 50, 55, 59, 155-1, 193, 197, 245, 248, 293 à 299, **p. 2557.**
1984	24 janv.	Loi n° 84-46. Activité et contrôle des établissements de crédit. Abrogée et codifiée au C. mon. fin. – V. Table de concordance.
1984	1er mars	Loi n° 84-148. Prévention et règlement amiable des difficultés des entreprises : – Art. 30 à 32, ss. L. 612-5. – Art. 48 *[abrogé]*. – V. C. mon. fin., art. L. 313-22, **p. 1699.** – Art. 57 et 59, **p. 2645.**
1984	30 mai	Décret n° 84-406. Registre du commerce et des sociétés, **p. 2479.**

1984	24 juill.	Décret n° 84-708. Application de la loi n° 84-46 du 24 janv. 1984 *(établissements de crédit)*, art. 1er, **p. 2084.**
1984	24 juill.	Décret n° 84-709. Application de la loi n° 84-46 du 24 janv. 1984 *(établissements de crédit)*, art. 38 et 39. - V. C. consom., art. R. 311-4 et R. 311-5, **p. 2759.**
1984	13 déc.	Décret n° 84-1113. Modification du décret n° 84-406 du 30 mai 1984 *(registre du commerce et des sociétés)*. – V. Décr. mod., art. 32, **p. 2496.**
1985	4 janv.	Décret n° 85-21. Modification du décret n° 67-236 du 23 mars 1967 *(sociétés commerciales)*. – V. Décr. mod., art. 174-17, **p. 2594.**
1985	25 janv.	Loi n° 85-98. Redressement et liquidation judiciaires des entreprises : – Art. 7, al. 3, ss. L. 621-5. – Art. 101, al. 2, ss. L. 621-104. – Art. 102, al. 1er, 1re phrase et al. 3, art. 103 et 104, ss. L. 621-105. – Art. 106 *[abrogé]*, ss. L. 621-106. – Art. 194 *[abrogé]*, ss. L. 625-9. – Art. 240, ss. L. 628-3.
1985	1er mars	Décret n° 85-295. Application de la loi n° 84-148 du 1er mars 1984 *(prévention et règlement amiable)*, ss. L. 612-5 : – Art. 19 à 21, ss. L. 251-16. – Art. 51, 56 et 57, **p. 2645.**
1985	26 mars	Arrêté. Modification de l'arrêté du 30 août 1983 *(répertoire des métiers)*. – V. Arr. mod., art. 6, 9 *ter*, 10, 12, **p. 1471.**
1985	11 juill.	Loi n° 85-695. Dispositions d'ordre économique et financier. – Art. 13-II et III, **p. 2084.**
1985	11 juill.	Loi n° 85-697. Entreprise unipersonnelle à responsabilité limitée : – Art. 1er. – V. C. civ., art. 1832, **p. 2646.**
1985	12 juill.	Loi n° 85-703. Activités d'économie sociale : – Art. 17 et 18. – V. L. n° 83-657 du 20 juill. 1983, art. 6 et 32, **p. 1479.**
1985	18 juill.	Loi n° 85-729. Principes d'aménagement : – Art. 8, 17 et 26-XIII et XIV. – V. C. urb., art. L. 213-9, L. 213-10, L. 313-5, L. 313-8, L. 313-9, L. 314-1 à L. 314-8, ss. L. 145-60.
1985	25 juill.	Règlement CEE n° 2137-85. Groupement européen d'intérêt économique (GEIE), ss. L. 252-13.
1985	3 oct.	Arrêté. Répertoire informatique des métiers, **p. 1485.**
1985	5 déc.	Décret n° 85-1280. Modification du décret n° 84-406 du 30 mai 1984 *(registre du commerce)* relative à la domiciliation des entreprises. – V. Décr. mod., art. 26-1 et 51, **p. 2493.**
1985	14 déc.	Loi n° 85-1321. Valeurs mobilières, titres de créances négociables, sociétés et opérations de bourse : – Art. 4. – V. note ss. Décr. 9 mars 1938, note, **p. 2068.**

1985	17 déc.	Décret n° 85-1353. Code de la sécurité sociale : – Art. L. 243-4, L. 243-5 et L. 651-6, **p. 2413.** – Art. R. 612-4 et R. 612-5, **p. 2414.**
1985	23 déc.	Loi n° 85-1372. Egalité des époux dans les régimes matrimoniaux : – Art. 50. – V. C. civ., art. 1832-1, **p. 2646.**
1985	27 déc.	Décret n° 85-1388. Redressement et liquidation judiciaires des entreprises, **p. 2277.** – Art. 184 et 185. – V. Décr. n° 51-194 du 17 févr. 1951, art. 9 à 11, ss. art. L. 525-20. – Art. 187 à 193. – V. Décr. n° 84-406 du 30 mai 1984, art. 7, 8, 36-1, 37, 42, 71 et 76, **p. 2481.**
1985	27 déc.	Décret n° 85-1389. Administrateurs judiciaires, mandataires judiciaires à la liquidation des entreprises et experts en diagnostic d'entreprise, **p. 2364.**
1985	27 déc.	Décret n° 85-1390. Tarif des administrateurs judiciaires en matière commerciale et des mandataires judiciaires à la liquidation des entreprises, **p. 2396.**
1986	17 févr.	Décret n° 86-221. Application de la loi n° 85-11 du 3 janv. 1985 *(comptes consolidés)* : – Art. 1er à 8 et 11. – V. Décr. n° 67-236 du 23 mars 1967, art. 44-2, 245, 248 à 248-13, 293, 293-1, 295, 296 et 298, **p. 2559.** – Art. 12. – V. Décr. n° 83-1020 du 29 nov. 1983, art. 17, ss. L. 123-28.
1986	14 mars	Décret n° 86-464. Mention du conjoint collaborateur au registre du commerce et des sociétés. – V. Décr. n° 84-406 du 30 mai 1984, art. 8 et 27, **p. 2481.**
1986	14 mars	Décret n° 86-465. Publicité de la location-gérance d'un fonds de commerce ou d'un établissement artisanal, ss. L. 144-13.
1986	14 mars	Décret n° 86-584. Modification du décret n° 67-236 du 23 mars 1967 *(sociétés commerciales)*. – V. Décr. mod., art. 123, 128, 131-1 à 131-3, 133, 134, 136 et 145, **p. 2572.**
1986	7 juill.	Arrêté. Modification de l'arrêté du 30 août 1983 *(répertoire des métiers)*. – V. Arr. mod., art. 9 *bis*, 9 *ter*, 18 et 19 *bis*, **p. 1473.**
1986	11 juill.	Loi n° 86-824. Loi de finances rectificative : – Art. 26 *(bon anonyme, moyen de paiement)*. – V. la note, **p. 1550.**
1986	30 juill.	Décret n° 86-909. Modification du décret n° 67-236 du 23 mars 1967 *(sociétés commerciales)*. – V. Décr. mod., art. 8, 42-1, 42-2, 44, 53 et 249, **p. 2554.**
1986	30 sept.	Loi n° 86-1067. Liberté de communication : – Art. 27 et 33, **p. 2477** (renvoi) et **p. 2809** (renvoi).

1986	5 nov.	Décret n° 86-1176. Application aux professions d'administrateur judiciaire et de mandataire judiciaire à la liquidation des entreprises de la loi n° 66-879 du 29 nov. 1966 *(sociétés civiles professionnelles)*, **p. 2409.**
1986	1er déc.	Ordonnance n° 86-1243. Liberté des prix et de la concurrence, codifiée ss. art. L. 410-1 s. - Art. 58 et 61, ss. L. 470-8.
1987	11 févr.	Décret n° 87-93. Modification du décret n° 67-236 du 23 mars 1967 *(sociétés commerciales)*. – V. Décr. mod., art. 205-1 et 205-2, **p. 2610.**
1987	13 mars	Décret n° 87-169. Modification du décret n° 67-236 du 23 mars 1967 *(sociétés commerciales)* et du décret n° 85-295 du 1er mars 1985 *(prévention et règlement amiable)* : – Art. 1er à 4. – V. Décr. n° 67-236 du 23 mars 1967, art. 244 et 244-1, **p. 2621.** – Art. 5 et 6. – V. Décr. n° 85-295 du 1er mars 1985, art. 25, 34 et 50, ss. L. 612-4.
1987	3 avr.	Décret n° 87-243. Modification du décret n° 85-1388 du 27 déc. 1985 *(redressement et liquidation judiciaires)*. – V. Décr. mod., art. 181, **p. 2362.**
1987	6 juill.	Loi n° 87-499. Transfert du contentieux des décisions du Conseil de la concurrence à la juridiction judiciaire, ss. L. 464-8.
1987	19 oct.	Décret n° 87-849. Recours contre les décisions du Conseil de la concurrence, ss. L. 464-8.
1987	3 déc.	Décret n° 87-970. Formalités incombant aux entreprises : – Art. 11 et 12. – V. Décr. n° 67-236 du 23 mars 1967, art. 5-1, 7, 27, 69, 75, 203, **p. 2554.** – Art. 13 à 19. – V. Décr. n° 84-406 du 30 mai 1984, art. 8, 15, 16, 67, **p. 2481.**
1988	5 janv.	Loi n° 88-15. Développement et transmission des entreprises : – Art. 1er à 3. – V. C. civ., art. 1843-5, 1844-5 et 1844-7, **p. 2649.** – Art. 13. – V. L. n° 83-657 du 20 juill. 1983, art. 18, **p. 1482.** – Art. 40. – V. Ord. n° 45-1355 du 20 juin 1945, art. 1er, **p. 2068.**
1988	13 janv.	Décret n° 88-38. Juridictions commerciales et greffiers des tribunaux de commerce : – Art. 2. – V. COJ, art. R. 411-1 s., **p. 2683.** – Art. 9. – V. art. L. 621-5 C. com. *(note)*.
1988	19 janv.	Décret n° 88-55. Modification du décret n° 67-236 du 23 mars 1967 *(sociétés commerciales)* relative au vote par correspondance. – V. Décr. mod., art. 131-1, 131-2, 131-4, 133 et 148-2, **p. 2575.**
1988	19 janv.	Décret n° 88-56. Modification du décret n° 67-236 du 23 mars 1967 *(sociétés commerciales)* relative aux actions en responsabilité contre les dirigeants sociaux. – V. Décr. mod., art. 199 à 200, **p. 2603.**

1988	2 févr.	Arrêté. Modification de l'arrêté du 30 août 1983 *(répertoire des métiers)*. – V. Arr. mod., art. 1er à 3, 5 à 7, 9 *ter*, 9 *quater* et 18, **p. 1470.**
1988	9 févr.	Arrêté. Registre du commerce et des sociétés, **p. 2516.**
1988	21 avr.	Décret n° 88-430. Redressement et liquidation judiciaires : – Art. 2 à 14 et 19. – V. Décr. n° 85-1388 du 27 déc. 1985, art. 18, 21, 66, 97, 118, 155, 157, 160, 161, 170, 177 à 177-2, 183, **p. 2290.** – Art. 15. – V. Décr. n° 84-406 du 30 mai 1984, art. 36-1, **p. 2498.** – Art. 16 à 18. – V. Décr. n° 67-236 du 23 mars 1967, art. 238, 240 et 241, **p. 2617.**
1988	22 avr.	Décret n° 88-418. Sociétés commerciales : – Art. 1er à 8, 10 à 27, 29. – V. Décr. n° 67-236 du 23 mars 1967, art. 10, 42-1, 56, 56-1, 78, 82, 85, 95, 102, 106, 109, 113-1, 119, 124 à 126, 132, 135, 155, 163, 169-8, 174-8, 174-18, 218, 222, 223, 230, 254 à 259, 263 à 265, 277, 285, 302, 306-2, **p. 2554.** – Art. 9 et 32. – V. Décr. n° 84-406 du 30 mai 1984, art. 24 et 74, **p. 2492.** – Art. 28. – V. Décr. n° 85-295 du 1er mars 1985, art. 20, ss. L. 251-16. – Art. 30. – V. Décr. n° 83-1020 du 29 nov. 1983, art. 6, ss. L. 123-28.
1988	6 mai	Décret n° 88-682. Contrôle des instruments de mesure. – V. Décr. n° 61-501 du 3 mai 1961, art. 11, **p. 2704.**
1988	9 mai	Décret n° 88-694. Commissions départementales de conciliation *(baux commerciaux)*. - Art. 4 et 5, ss. L. 145-35.
1988	18 oct.	Arrêté. Modification de l'arrêté du 9 févr. 1988 *(registre du commerce)*. – V. Arr. mod., art. 20, **p. 2519.**
1988	23 déc.	Loi n° 88-1201. OPCVM et FCP. Abrogée et codifiée au C. mon. fin. – V. Table de concordance.
1988	28 déc.	Décret n° 88-1192. Modification de l'art. 24 du décret n° 85-295 du 1er mars 1985 *(prévention et règlement amiable)*. – V. art. mod., ss. L. 612-4.
1989	29 mai	Décret n° 89-339. Application de la loi abrogée n° 88-1202 du 30 déc. 1988 *(exploitation agricole)* et modification du décret n° 85-1388 du 27 déc. 1985 *(redressement et liquidation judiciaires)*. – V. Décr. mod., art. 1er, 7, 61, 124-1 et 157, **p. 2493.**
1989	10 juill.	Loi n° 89-467. Code de l'aviation civile. – V. C. aviat., art. L. 322-3, ss. L. 132-9.
1989	2 août	Loi n° 89-549. Prévention du licenciement économique et droit à la conversion. - Art. 9, ss. L. 611-1 (note).

1989	14 déc.	Décret n° 89-888. Application des art. 356-1 et 356-1-1 de la loi n° 66-537 du 24 juill. 1966 *(sociétés commerciales)* : – Art. 1er. – V. Décr. n° 67-236 du 23 mars 1967, art. 247, **p. 2623.**
1989	31 déc.	Loi n° 89-1008. Entreprises commerciales et artisanales : – Art. 9, **p. 453** (note). – Art. 10, **p. 2827** (note). – Art. 14-I, ss. L. 121-6.
1989	31 déc.	Loi n° 89-1014. Adaptation du code des assurances à l'ouverture du marché européen : – Art. 36-I et II. – V. C. assur., art. L. 113-6, **p. 2412.**
1990	2 janv.	Loi n° 90-9. Droit à la conversion dans les entreprises en redressement ou liquidation judiciaires. - Art. 5, ss. L. 621-132 (note).
1990	17 janv.	Décret n° 90-72. Dispositions de droit commercial : – Art. 1er, ss. L. 252-13 (note). – Art. 2 et 3. – V. Décr. n° 84-406 du 30 mai 1984, art. 16 et 73, **p. 2489.** – Art. 4. – V. Décr. n° 67-236 du 23 mars 1967, art. 248-14, **p. 2628.**
1990	15 févr.	Décret n° 90-145. Développement économique dans l'artisanat, **p. 1486.**
1990	11 mai	Loi n° 90-396. Transports terrestres : – Art. 1er. – V. L. n° 82-1153 du 30 déc. 1982, art. 8-I, ss. L. 133-7.
1990	25 juin	Arrêté. Catégories de prêts servant de base à l'application de la loi n° 66-1010 du 28 déc. 1966 *(usure, prêts d'argent, démarchage et publicité)*, **p. 2455.**
1990	12 juill.	Loi n° 90-614. Blanchiment des capitaux provenant du trafic des stupéfiants. Abrogée et codifiée au C. mon. fin. – V. Table de concordance.
1990	31 déc.	Loi n° 90-1258. Sociétés d'exercice libéral, **p. 2646.**
1991	7 févr.	Décret n° 91-153. Modification du décret n° 67-236 du 23 mars 1967 *(sociétés commerciales)*. – V. Décr. mod., art. 155 à 155-3, 170, 174-7 *bis*, 174-24, 258, **p. 2585.**
1991	13 févr.	Décret n° 91-160. – Application de la loi n° 90-614 *(blanchiment des capitaux)*. Abrogé et codifié au C. mon. fin. – V. Table de concordance.
1991	21 févr.	Arrêté. Information du consommateur dans le secteur de la franchise, ss. L. 330-3.
1991	4 avr.	Décret n° 91-337. Application de l'art. 1er de la loi n° 89-1008 du 31 déc. 1989 *(entreprises commerciales et artisanales)*, ss. L. 330-3.
1991	9 juill.	Loi n° 91-650. Réforme des procédures civiles d'exécution. - Art. 59, 60, 74, 75, al. 2, 76, al. 1er, 77 à 79 et 97, **p. 2085.**

1991	18 juill.	Décret n° 91-739. Chambres de commerce et d'industrie, **p. 1523.**
1991	26 juill.	Loi n° 91-716. Diverses dispositions d'ordre économique et financier. - Art. 45, **p. 2435** (note).
1991	8 oct.	Décret n° 91-1030. Modification du décret n° 85-1389 du 27 déc. 1985 *(administrateurs judiciaires et mandataires judiciaires à la liquidation des entreprises)*. – V. Décr. mod., art. 4, 6, 14, 16, 19, 20, 30, 38, 42, 46, 54-6, 54-9 à 54-15, 54-17, 54-18, 54-21, 54-23, 57, 72, 110-1, 113-1 à 114, **p. 2364.**
1992	13 févr.	Décret n° 92-137. Titres de créances négociables. Abrogé et codifié au C. mon. fin. – V. Table de concordance.
1992	22 mai	Décret n° 92-456. Application du décret-loi du 30 oct. 1935 mod. par la loi n° 91-1382 du 30 déc. 1991 *(chèques)*. Abrogé et codifié au C. mon. fin. – V. Table de concordance.
1992	26 mai	Décret n° 92-467. Application de l'art. 74-1 du décret-loi du 30 oct. 1935 *(informations données par la Banque de France sur la régularité des chèques)*. Abrogé et codifié au C. mon. fin. – V. Table de concordance.
1992	10 juin	Décret n° 92-506. Modification du décret n° 58-1345 du 23 déc. 1958 *(agents commerciaux)*. – V. Décr. mod., art. 1er à 3-1, 7 et 12, ss. L. 134-17.
1992	16 juin	Décret n° 92-521. Mise en harmonie du décret n° 84-406 du 30 mai 1984 *(registre du commerce et des sociétés)* avec la onzième directive du conseil des communautés européennes du 21 déc. 1989. – V. Décr. mod., art. 15, 23, 55, 72 et l'annexe, **p. 2485.**
1992	1er juill.	Loi n° 92-597. Code de la propriété intellectuelle : – Art. L. 621-1 *(secrets de fabrique)*, **p. 2117.**
1992	13 juill.	Loi n° 92-643. Modernisation des entreprises coopératives : – Art. 33 à 40. – V. L. n° 83-657 du 20 juill. 1983, art. 3, 6, 9, 11, 12, 23, 26 et 28, **p. 1478.**
1992	17 juill.	Loi n° 92-677. Mise en œuvre de directives communautaires relatives à la taxe sur la valeur ajoutée : – Art. 30. – V. CGI, art. 289, **p. 2421.**
1992	22 juill.	Loi n° 92-685. Livre III du code pénal : – Art. 314-5, ss. art. L. 521-2 (note). – Art. 321-7 et 321-8, **p. 2830.**
1992	24 juill.	Arrêté. Traitement automatisé des informations sur la régularité des chèques, **p. 1951.**
1992	31 juill.	Décret n° 92-755. Application de la loi n° 91-650 du 9 juill. 1991 *(procédures civiles d'exécution)* : – Art. 178 à 193, 220 et 244 à 265, **p. 2086.** – Art. 298, **p. 1591** (note).

1992	16 déc.	Loi n° 92-1336. Code pénal : – Art. 204. – V. CPI, art. L. 621-1, **p. 2117.** – Art. 243. – V. C. trav., art. L. 795-1, ss. L. 134-17. – Art. 362. – V. C. pén., art. 321-7, **p. 2830.**
1992	31 déc.	Loi n° 92-1445. Sous-traitance dans le domaine du transport routier de marchandises, **p. 2679.**
1993	27 janv.	Loi n° 93-121. Diverses mesures d'ordre social. - Art. 3-I, **p. 2829** (note).
1993	29 janv.	Loi n° 93-122. Prévention de la corruption et transparence de la vie économique et des procédures publiques. - Art. 20 à 28, **p. 2457.**
1993	15 mars	Décret n° 93-381. Adaptation au Marché unique européen de diverses réglementations applicables en matière de crédit. Abrogé et codifié au C. mon. fin. – V. Table de concordance.
1993	29 mars	Décret n° 93-726. Réforme du Code pénal. – V. Art. R. 321-3 à R. 321-12, R. 633-1 à R. 633-5 et R. 635-3 à R. 635-7, **p. 2831.**
1993	6 juill.	Décret n° 93-892. Application à la profession d'administrateur judiciaire de la loi n° 90-1258 du 31 déc. 1990 *(sociétés d'exercice libéral)*, **p. 2409.**
1993	19 juill.	Loi n° 93-923. Privatisation. - Art. 19-II, **p. 2082** (note).
1993	22 juill.	Loi n° 93-934. Partie législative du livre III (nouveau) du code rural : – Art. L. 311-1 *(activités agricoles à caractère civil)*, ss. L. 110-1. – Art. L. 351-1 à L. 351-7 *(règlement amiable de l'exploitation agricole)*, ss. L. 612-5.
1993	26 juill.	Loi n° 93-949. Code de la consommation (1re partie : législative) : – Art. L. 111-1 à L. 114-1, L. 122-1 à L. 122-11, L. 132-1 à L. 211-2 et L. 421-2, L. 421-6, L. 421-7 et L. 422-1 *(dispositions générales)*, **p. 2710.** – Art. L. 121-1 à L. 121-7, L. 121-11, L. 121-13 à L. 121-15 et L. 121-36 à L. 121-41 *(publicité et loteries publicitaires)*, **p. 2461.** – Art. L. 121-21 à L. 121-33 *(démarchage et vente à domicile)*, **p. 2815.** – Art. L. 121-35 *(ventes avec primes)*, **p. 2834.** – Art. L. 311-1 à L. 311-37 et L. 313-7 à L. 313-16 *(crédit à la consommation)*, **p. 2750.** – Art. L. 313-1 à L. 313-6 *(taux d'intérêt)*, **p. 2441.**
1993	4 août	Loi n° 93-980. Statut de la Banque de France. Abrogée et codifiée au C. mon. fin. – V. Table de concordance.
1993	20 sept.	Décret n° 93-1112. Application à la profession de mandataire judiciaire à la liquidation des entreprises de la loi n° 90-1258 du 31 déc. 1990 *(sociétés d'exercice libéral)*, **p. 2409.**

1993	20 déc.	Loi quinquennale n° 93-1313. Travail, emploi et formation professionnelle : – Art. 33. – V. C. trav., art. L. 362-3 à L. 362-6, **p. 2105.**
1993	30 déc.	Loi n° 93-1353. Loi de finances rectificative pour 1993 : – Art. 1er-I-E. – V. CGI, art. 289 *(factures)*, **p. 2421.**
1993	31 déc.	Loi n° 93-1420. Mise en œuvre de l'accord sur l'Espace économique européen et du traité sur l'Union européenne : – Art. 1er. – V. L. n° 81-766 du 10 août 1981, art. 1er, **p. 2151.**
1994	11 févr.	Loi n° 94-126. Initiative et entreprise individuelle : – Art. 1er à 4, **p. 2542.** – Art. 47-II, **p. 1710.**
1994	3 juin	Loi n° 94-442. Certification des produits industriels et des services : – Art. 6. – V. C. consom., art. L. 121-33 *(démarchage à domicile de méthodes d'apprentissage des langues)*, **p. 2829.**
1994	10 juin	Loi n° 94-475. Prévention et traitement des difficultés des entreprises : – Art. 1er-I, 31-I et 94. – V. CGI, art. 1929 *quater*, **p. 2409.** – Art. 1er-II et 30-I. – V. CSS, art. L. 243-5, **p. 2413.** – Art. 5-II. – V. L. n° 75-1334 du 31 déc. 1975, art. 12, **p. 2412.** – Art. 10. – V. C. rur., art. L. 351-5, ss. L. 612-4. – Art. 11 à 29, 32 à 89, 92 et 97-I. – V. L. n° 85-98 du 25 janv. 1985, art. 7, al. 3, art. 106 et 240, ss. L. 621-5, L. 621-106 et L. 628-3. – Art. 90. – V. C. pr. pén., art. 702-1, en note ss. L. 626-6. – Art. 98. – V. L. 1er juin 1924, art. 23, ss. L. 628-3.
1994	25 juill.	Loi n° 94-638. Saint-Pierre-et-Miquelon et Mayotte : – Art. 33. – V. L. n° 75-1334 du 31 déc. 1975, art. 15-1, **p. 2678.**
1994	2 août	Décret n° 94-663. Application des directives nos 90/604 et 90/605 CEE du 8 nov. 1990 *(comptes annuels et comptes consolidés)* : – Art. 1er à 4. – V. Décr. n° 67-236 du 23 mars 1967, art. 13-2, 16 et 283-1, **p. 2555.** – Art. 5 à 7. – V. Décr. n° 83-1020 du 29 nov. 1983, art. 17, 24 et 26, ss. L. 123-28.
1994	4 août	Loi n° 94-665. Emploi de la langue française. - Art. 2 et 20, **p. 2714** (note).
1994	19 août	Décret n° 94-728. Modification du décret n° 64-399 du 29 avr. 1964 *(courtiers de marchandises assermentés)*. – V. Décr. mod., art. 1er à 4, 6 à 9, 11, 14, 16, 19, 21, 22 et 24 à 29, ss. L. 131-11.
1994	30 août	Décret n° 94-750. Modification du décret n° 83-1020 du 29 nov. 1983 *(obligations comptables)*. – V. Décr. mod., art. 6-1 et 7, ss. L. 123-28.
1994	21 oct.	Décret n° 94-910. Application de la loi n° 94-475 du 10 juin 1994 *(prévention et traitement des difficultés des entreprises)* : – Art. 3 à 11. – V. Décr. n° 85-295 du 1er mars 1985, art. 21, 26, 35-1 à 35-4, 36, 37-1 à 38, 39-1 et 39-2 ss., L. 251-16 et L. 612-4.

		– Art. 12 à 123. – V. Décr. n° 85-1388 du 27 déc. 1985, art. 1er, 3, 6, 7 à 10, 13 à 15, 19 à 22, 25, 27 à 32, 44, 46, 48, 50 à 52, 55, 55-1, 57, 60 à 61-1, 65 à 66, 68 à 70-1, 72 à 78, 81, 82, 84 à 87-1, 90, 95, 96-1, 101 à 106, 108, 111 à 113, 116, 118-1 à 119-2, 122, 123, 126-1, 129, 133, 136, 138-1, 139 à 140, 142, 144, 145, 151 à 151-2, 152-1, 154 à 155, 157, 158, 160, 163 à 166, 170, 171, 174 et 181, **p. 2278.** – Art. 125. – V. Décr. n° 51-194 du 17 févr. 1951, art. 8 à 11, ss. L. 525-20. – Art. 134, **p. 429** (note).
1994	29 déc.	Loi n° 94-1162. Loi de finances pour 1995 : – Art. 69. – V. CGI, art. 1929 *quater*, **p. 2409.**
1994	29 déc.	Loi n° 94-1163. Loi de finances rectificative pour 1994 : – Art. 16-VII. – V. CGI, art. 289, **p. 2421.**
1995	1er févr.	Loi n° 95-96. Clauses abusives, présentation des contrats et diverses activités d'ordre économique et commercial : – Art. 1er à 6. – V. C. consom., art. L. 132-1, L. 133-2, L. 135-1 et L. 421-6 *(clauses abusives, présentation des contrats)*, **p. 2721.** – Art. 7 et 8. – V. C. consom., art. L. 121-22 et L. 121-26 *(démarchage)*, **p. 2820.** – Art. 13. – V. C. consom., art. L. 122-6 *(ventes pyramidales)*, **p. 2746.** – Art. 22. – V. L. n° 92-1445 du 31 déc. 1992, art. 4, **p. 2680.** – Art. 23-1 à 28 *(opérations de transport routier)*, ss. L. 133-7.
1995	8 févr.	Loi n° 95-125. Organisation des juridictions et procédure civile, pénale et administrative : – Art. 27. – V. C. consom., art. L. 311-37, **p. 2782.**
1995	2 mars	Décret n° 95-237. Participation des salariés, ss. L. 225-23.
1995	10 avr.	Décret n° 95-374. Modification du décret n° 84-406 du 30 mai 1984 *(registre du commerce et des sociétés)* et du décret n° 67-236 du 23 mars 1967 *(sociétés commerciales)* : – Art. 1er à 23. – V. Décr. 30 mai 1984, art. 4-1, 8 à 10, 12, 13, 15, 16, 23, 26 à 29, 31, 32, 34, 36-1, 39, 48, 49, 53 à 55, 59, 62-1 à 62-6 et 73 à 75, **p. 2480.** – Art. 24. – V. Décr. 23 mars 1967, art. 5-1 et 21, **p. 2554.**
1995	18 avr.	Arrêté. Modification de l'arrêté du 30 août 1983 *(répertoire des métiers)*. – V. Arr. mod., art. 4, 6, 13 et 15, **p. 1471.**
1995	2 mai	Décret n° 95-541. Opérations de transport impliquant plusieurs opérations successives de chargement et de déchargement, ss. L. 133-7.
1995	30 déc.	Loi de finances rectificative pour 1995 : – Art. 19-XI. – V. CGI, art. 289, **p. 2421.**
1996	26 févr.	Loi n° 96-151. Transports : – Art. 28-III-A. – V. C. aviat., art. L. 321-7, ss. L. 132-9.

1996	31 mai	Décret n° 96-488. Courtier de fret fluvial, ss. L. 131-11.
1996	2 juill.	Loi n° 96-597. Modernisation des activités financières. Abrogée et codifiée au C. mon. fin. – V. Table de concordance.
1996	5 juill.	Loi n° 96-603. Développement et promotion du commerce et de l'artisanat : – Art. 4 à 11, 13 et 14. – V. L. n° 73-1193 du 27 déc. 1973, art. 36-1 à 36-5 *(urbanisme commercial)*, **p. 2106.** – Art. 16, 17, 19 à 21 et 24 *(qualification professionnelle et artisanat)*, **p. 1486.** – Art. 22 *(nantissement du fonds artisanal)*, **p. 1489.** – Art. 33. – V. C. consom., art. L. 121-15, **p. 2470.** – Art. 36. – V. C. trav., art. L. 324-11-2 *(travail dissimulé)*, **p. 2102.** – Art. 37. – V. L. n° 92-1445 du 31 déc. 1992, art. 3, **p. 2679.** – Art. 38. – V. L. n° 95-96 du 1er févr. 1995, art. 23-1, ss. L. 133-7.
1996	5 juill.	Loi n° 96-609. Dispositions relatives à l'outre-mer : – Art. 7. – V. L. n° 75-1334 du 31 déc. 1975, art. 15-2 et 15-3, **p. 2678.** – Art. 8. – V. L. n° 92-1445 du 31 déc. 1992, art. 7, **p. 2680.**
1996	19 juill.	Décret n° 96-650. Centres de formalités des entreprises, **p. 2543.**
1996	8 oct.	Décret n° 96-880. Accès à l'activité de prestataire de services d'investissement. Abrogé et codifié au C. mon. fin. – V. Table de concordance.
1996	14 nov.	Loi n° 96-987. Pacte de relance pour la ville. - Art. 28 *(urbanisme commercial)*, ss. L. 752-1 (note).
1996	16 déc.	Décret n° 96-1097. Application de la loi n° 96-603 du 5 juill. 1996 (titre III, chap. Ier), ss. L. 310-7.
1996	18 déc.	Décret n° 96-1130. Modification du décret n° 92-755 du 31 juill. 1992 *(procédures civiles d'exécution)*. – V. Décr. mod., art. 257, **p. 2091.**
1996	30 déc.	Loi n° 96-1181. Loi de finances pour 1997 : – Art. 38. – V. CGI, art. 1840 T *bis*, ss. L. 511-38.
1997	11 mars	Loi n° 97-210. Lutte contre le travail illégal : – Art. 4, 6, 8, 10, 12 à 15, 25, 26, 28 et 29. – V. C. trav., art. L. 324-9 s., **p. 2101.**
1997	27 mars	Décret n° 97-298. Code de la consommation (2e partie : réglementaire) : – Art. R. 121-8 à R. 121-10 *(ventes avec primes)*, **p. 2835.** – Art. R. 121-11 et R. 121-12 *(loteries publicitaires)*, **p. 2475.** – Art. R. 122-1 *(ventes sans commande préalable)*, **p. 2717.** – Art. R. 132-1 et R. 132-2 *(clauses abusives)*, **p. 2726.** – Art. R. 311-4 et R. 311-5 et D. 311-11 à D. 311-13 *(crédit à la consommation)*, **p. 2759.** – Art. R. 313-1 à R. 315-5 et D. 313-6 à D. 313-9 *(taux d'intérêt)*, **p. 2449.**

1997	16 mai	Décret n° 97-497. Numéro unique d'identification des entreprises : – Art. 1er et 2, **p. 2551.** – Art. 3. – V. Décr. n° 84-406 du 30 mai 1984, art. 72, **p. 2388.**
1997	21 mai	Décret n° 97-509. Application des art. 29 et 29-1 de la loi n° 83-1 du 3 janv. 1983 *(gage de compte d'instruments financiers)*. Abrogé et codifié au C. mon. fin. – V. Table de concordance.
1997	10 nov.	Loi n° 97-1026. Mesures urgentes à caractère fiscal et financier. – Art. 7 *(dispositions applicables à la Banque du développement des PME)*, **p. 2069** (note).
1997	31 déc.	Décret n° 97-1332. Application de l'art. 9 de la loi n° 69-3 du 3 janv. 1969 *(exercice des activités et professions ambulantes)* : – Art. 2. – V. Décr. n° 84-406 du 30 mai 1984, art. 7 (3°) et 14, **p. 2481.**
1998	28 janv.	Décret n° 98-58. Carte d'identité de commerçant étranger, **p. 2417.**
1998	6 févr.	Loi n° 98-69. Amélioration des conditions d'exercice de la profession de transport routier : – Art. 2, 3 et 12. – V. L. n° 82-1153 du 30 déc. 1982, art. 34, 36 et 37, ss. L. 133-7. – Art. 5, 13. – V. L. n° 95-96 du 1er févr. 1995, art. 23-2 et 26, ss. L. 133-7. – Art. 11. – V. L. n° 75-1334 du 31 déc. 1975, art. 1er, **p. 2657.** – Art. 14 (note), **p. 122.**
1998	2 avr.	Décret n° 98-246. Qualification professionnelle exigée pour l'exercice des activités professionnelles prévues à l'art. 16 de la loi n° 96-603 du 5 juill. 1996, **p. 1490.**
1998	2 avr.	Décret n° 98-247. Qualification artisanale et répertoire des métiers, **p. 1491.**
1998	27 avr.	Décret n° 98-326. Modification du décret n° 96-650 du 19 juill. 1996 *(centre de formalités des entreprises)*. – V. Décr. mod., art. 2, **p. 2543.**
1998	27 avr.	Décret n° 98-327. Extension de textes aux territoires d'outre-mer *(règlement amiable et procédures collectives)* : – Art. 1er. – V. Décr. n° 85-295 du 1er mars 1985, art. 26 (note), ss. L. 612-4. – Art. 2. – V. Décr. n° 85-1388 du 27 déc. 1985, art. 197, **p. 2363.**
1998	25 mai	Loi n° 98-405. Exercice de la profession d'artisan boulanger *(appellation de boulanger et enseigne de boulangerie)*. – V. art. L. 121-80 à L. 121-82 C. consom., **p. 2476.**
1998	2 juill.	Loi n° 98-546. Diverses dispositions d'ordre économique et financier : – Art. 2. – V. art. 289 *bis* CGI, **p. 2422.** – Art. 10. – V. art. L. 243-5 CSS, **p. 2413.** – Art. 16 *(comptabilité en euros)*, ss. L. 123-22. – Art. 17-II et III *(conversion du capital social en euros)*, ss. L. 223-30. – Art. 79. – V. L. n° 73-1193 du 27 déc. 1973, art. 36-1, **p. 2106.**

1998	2 juill.	Décret n° 98-550. Modification du décret n° 84-406 du 30 mai 1984 *(registre du commerce et des sociétés)* : – Art. 1er à 32. – V. Décr. mod., art. 6, 8, 10, 12, 12-1, 15, 16, 19, 21, 23, 26-1 à 28, 30, 31, 33, 38, 40, 42, 42-1, 43, 44-1 à 44-2, 46, 47, 49, 54, 60, 62-1, 63, 70, 73 et 77, **p. 2480.** – Art. 35 (note), **p. 2572.**
1998	2 juill.	Arrêté. Modification de l'arrêté du 9 février 1988 *(registre du commerce et des sociétés)*. - V. Arr. mod., art. 2, 3, 5 à 8, 12 à 15, 17 à 21, 23, 24, 26, 26-1, 28-1 à 30, 34 et 35-1, **p. 2516.**
1998	29 juill.	Loi n° 98-657. Lutte contre les exclusions : – Art. 84. – V. art. L. 311-4 (ancien) C. consom., **p. 2757.** – Art. 102. – V. art. L. 341-1 C. consom., **p. 2797** (note). – Art. 104. – V. L. n° 94-126 du 11 févr. 1994, art. 47-II, **p. 1710.** – Art. 113 *(prêt à un mineur)*, **p. 2455.**
1998	1er oct.	Décret n° 98-880. Application des dispositions de l'art. 6 de l'ordonnance n° 67-833 du 28 sept. 1967 *(appel public à l'épargne)*. Abrogé et codifié au C. mon. fin. – V. Table de concordance.
1998	29 déc.	Décret n° 98-1232. Modification des décrets n° 85-1388 *(redressement et liquidation judiciaires des entreprises)* et n° 85-1389 *(administrateurs judiciaires, mandataires judiciaires à la liquidation des entreprises et experts en diagnostic d'entreprise)* du 27 déc. 1985 : – Art. 1er à 3. – V. Décr. n° 85-1388 du 27 déc. 1985, art. 62-1, 121-1 et 123, **p. 2307.** – Art. 4 à 67. – V. Décr. n° 85-1389 du 27 déc. 1985, art. 4 à 9, 13-1, 17 à 23, 39, 42, 54-1, 54-10, 54-12, 54-14 à 54-16, 54-19, 54-22, 55 à 59, 63, 64, 66 à 68-1, 70, 72 à 75, 79-1, 82-1 à 82-4, 92-1 et 106-1, **p. 2365.**
1998	30 déc.	Loi n° 98-1267. Loi de finances rectificative de 1998 : – Art. 27-XIV. – V. CGI, art. 979 *[abrogé]*, **p. 2065.**
1999	18 mars	Loi n° 99-198. Modification de l'ordonnance n° 45-2339 du 13 oct. 1945 *(spectacles)*. – V. Ord. mod., art. 3, ss. L. 143-23.
1999	1er avr.	Décret n° 99-257. Application de la loi n° 98-546 du 2 juill. 1998 portant diverses dispositions d'ordre économique et financier et modification du décret n° 67-236 du 23 mars 1967 sur les sociétés commerciales. – V. Décr. mod., art. 55, 56, 57, 59, 62, 156, 174-9 A, 174-16, 179, 179-1, 180, 182, 184-1, 185, 205, 247, **p. 2561.**
1999	27 mai	Décret n° 99-433. Relatif à la composition des chambres de métiers et à leur élection, **p. 1502.** – Art. 37. – V. C. artisanat, art. 16, **p. 1460.**
1999	18 juin	Loi n° 99-505. Mesures relatives à la sécurité routière et aux infractions sur les agents des exploitants de réseau de transport public de voyageurs. – V. L. n° 82-1153 du 30 déc. 1982, art. 36, ss. L. 133-7.

1999	21 juill.	Arrêté. Homologation des règlements n°s 99-05 et 99-09 du Comité de la réglementation bancaire et financière : – Règl. CRB n° 99-05 *(garantie des dépôts)*, **p. 1658.** – Règl. CRB n° 99-09 *(virements transfrontaliers)*, **p. 1609.**
1999	27 juill.	Loi n° 99-641. Création d'une couverture maladie universelle : – Art. 14-I. – V. CSS, art. L. 243-4 *(recouvrement des cotisations)*, **p. 2413.**
1999	29 juill.	Décret n° 99-656. Application de l'art. 112 de la loi n° 98-657 du 29 juill. 1998 *(lutte contre les exclusions)* : – Art. 1er. – V. Décr. n° 85-1388 du 27 déc. 1985 *(redressement et liquidation judiciaires)*, art. 68-1, 153-1, 153-2 et 154-2, **p. 2314.**
1999	30 août	Décret n° 99-752. Transports routiers de marchandises, ss. L. 133-7.
1999	8 sept.	Décret n° 99-776. Application de l'art. 52-15 de la loi n° 84-46 du 24 janv. 1984. Abrogé et codifié au C. mon. fin. – V. Table de concordance.
1999	8 sept.	Arrêté. Homologation du règlement n° 99-12 du Comité de la réglementation bancaire et financière *(modalités et délais d'indemnisation par le mécanisme de garantie des cautions)*, **p. 1998.**
1999	29 sept.	Arrêté. Homologation du règlement n° 99-14 du Comité de la réglementation bancaire et financière *(mécanisme de garantie des investisseurs)* : – Art. 1er à 13 et 15 à 16, **p. 1739.** – Art. 14. – V. Règl. CRB n° 99-05, art. 2, **p. 1658.**
1999	22 déc.	Règlement CE n° 2790-1999. Application de l'art. 81 § 3 du traité à des catégories d'accords verticaux et de pratiques concertées 🏛.
2000	29 mai	Règlement CE n° 1346-2000. Procédures d'insolvabilité 🏛.
2000	15 juin	Ordonnance n° 2000-348. Code de la santé publique (1re partie : législative) : – Art. 4-II. – V. CSP, art. L. 3331-6 *(changement de commerce, cession du débit de boissons)* et L. 3335-6 *(suppression du débit de boissons)*, ss. L. 145-60.
2000	10 juill.	Loi n° 2000-642. Réglementation des ventes volontaires de meubles aux enchères publiques. - Art. 51 à 54, ss. L. 321-38.
2000	17 juill.	Décret n° 2000-664. Pris pour application de l'art. 16 de la loi n° 69-1263. Abrogé et codifié au C. mon. fin. – V. Table de concordance.
2000	1er août	Loi n° 2000-719. Modifiant la loi n° 86-1067 relative à la liberté de communication : – Art. 25-II. - V. L. 121-20-8 et L. 121-20-9 C. consom, **p. 2808.** – Art. 55 et 71-X. - V. L. n° 86-1067 du 30 sept. 1986, art. 27 et 33, **p. 2809.**

2000	18 sept.	Ordonnance n° 2000-912. Code de commerce (partie : législative). - Ratifiée par L. n° 2003-7 du 3 janv. 2003. – V. Table de concordance.
2000	18 sept.	Ordonnance n° 2000-914. Code de l'environnement (partie : législative). – V. C. envir., art. L. 541-34, **p. 2463.**
2000	13 déc.	Loi n° 2000-1208. Solidarité et renouvellement urbains : – Art. 1er, IV à VII. – V. C. com., art. L. 711-5 et C. urb., art. L. 121-4, **p. 1322.** – Art. 88 et 89, **p. 2108.** – Art. 183. – V. C. urb., art. L. 314-1, **p. 242.** – Art. 202-III. – V. C. urb., art. L. 314-5, **p. 243.** – Art. 97. – V. C. com., art. L. 752-6.
2000	14 déc.	Ordonnance n° 2000-1223. Code monétaire et financier (partie : législative). – V. C. mon. fin., **p. 1547**. - Ratifiée par L. n° 2003-591 du 2 juill. 2003. – V. Table de concordance.
2000	23 déc.	Loi n° 2000-1257. Financement de la sécurité sociale : – Art. 12-I. – V. CSS, art. L. 651-6, **p. 2414.**
2001	16 janv.	Loi n° 2001-43. Portant diverses dispositions d'adaptation au droit communautaire dans le domaine des transports : – Art. 1er-I et 7. – V. C. com., art. L. 131-2, L. 131-4, L. 131-6 à L. 131-10. – Art. 1er-II, 2, 5 et 6, ss. L. 131-11.
2001	17 janv.	Décret n° 2001-45. Application de l'art. L. 312-1 C. mon. fin. *(droit au compte)*. Abrogé et codifié au C. mon. fin. – V. Table de concordance.
2001	19 févr.	Loi n° 2001-152. Epargne salariale : – Art. 10-III et 16-VII, 17, 24 à 27, 29. – V. C. com., art. L. 225-23, L. 225-71, L. 225-102, L. 225-106, L. 225-187 à L. 225-197, L. 225-216.
2001	19 avr.	Ordonnance n° 2001-350. Code de la mutualité et transposition des directives 92/49/CEE et 92/96/CEE du Conseil des 18 juin et 10 nov. 1992 : – Art. 6-XXVII. – V. C. mon. fin., art. L. 313-13, **p. 1696.**
2001	15 mai	Loi n° 2001-420. Nouvelles régulations économiques : – Art. 1er, 31, 32, 48, 49, 51 à 53, 56, 64 à 84, 86 à 93, 100 à 102, 104 à 120 (I), 121 à 123 (II), 124, 125, 127, 128 et 132. – V. C. com., art. L. 123-5-1, L. 124-1, L. 223-7, L. 224-3, L. 225-17, L. 225-21, L. 225-23, L. 225-25, L. 225-30, L. 225-35, L. 225-36-1 à L. 225-43, L. 225-45, L. 225-49, L. 225-51-1, L. 225-53 à L. 225-56, L. 225-61, L. 225-67, L. 225-69, L. 225-72, L. 225-77, L. 225-82, L. 225-83, L. 225-86 à L. 225-88, L. 225-94-1 à L. 225-95-1, L. 225-102, L. 225-102-1, L. 225-103, L. 225-107, L. 225-107-1, L. 225-112, L. 225-115, L. 225-119, L. 225-177, L. 225-179, L. 225-180, L. 225-184 à L. 225-186, L. 225-231, L. 225-232, L. 225-251 à L. 225-254, L. 226-10, L. 227-1, L. 227-9 à L. 227-11, L. 228-1 à

		L. 228-3-4, L. 228-39, L. 231-5, L. 233-3, L. 233-7, L. 233-10, L. 233-11, L. 238-1, L. 241-4 (2° et 3°), L. 242-2 (1° à 3°), L. 242-3 (3°), L. 242-14, L. 242-22, L. 243-2, L. 244-2, L. 245-1, L. 245-2, L. 245-6 à L. 245-8, L. 247-7 (3°), L. 248-1, L. 420-1, L. 420-2, L. 420-4, L. 420-6, L. 430-1 à L. 430-10, L. 440-1 à L. 441-3, L. 441-6, L. 441-7, L. 442-6, L. 450-1, L. 450-3 à L. 450-6, L. 461-3, L. 462-8, L. 462-9, L. 463-2, L. 463-8, L. 464-1, L. 464-2, L. 464-5, L. 464-6, L. 470-6, L. 612-5 ancien, L. 721-1, L. 721-3 à L. 721-6, L. 820-1 à L. 820-7. – Art. 2, 3, 4, 5, 6, 7 (II), 8, 10 (3° et 4°), 15, 24, 25, 26, 29 (I). – V. C. mon. fin., art. L. 213-3, L. 421-13, L. 433-1-1, L. 531-4, L. 531-7, L. 532-2, L. 532-3, L. 532-3-1, L. 532-4, L. 532-6, L. 532-9, L. 532-9-1, L. 532-10, L. 621-2, L. 621-5, L. 621-8, L. 621-18, L. 622-20-1, L. 631-2, **p. 1636.** – Art. 7 (I), 9, 10 (1° et 2°), 18, 20, 21, 22, 23, 27 (II, III et V), 28, 29 (IV et V), 30, 33, 34, 35, 36, 38, 39, 40, 41, 43, 143. – V. C. mon. fin., art. L. 131-78, L. 330-1, L. 330-2, L. 511-6, L. 511-7, L. 511-10, L. 511-12-1, L. 511-13, L. 511-15, L. 511-31, L. 611-7, L. 612-3, L. 612-4, L. 612-6, L. 613-20, L. 613-21, L. 512-10, L. 512-11, L. 512-12, L. 518-1, L. 562-1 à L. 562-10, L. 563-1-1, L. 563-4, L. 563-5, L. 574-1, **p. 1594.** – Art. 27 (I et IV), **p. 1807** (notes). – Art. 94, **p. 661** (note). – Art. 96. – V. L. n° 73-1193 du 27 déc. 1973, art. 36-1 et 36-4, **p. 2106.** – Art. 103, 123 (I) – V. C. civ., art. 1844-5, 1843-3, **p. 2650.** – Art. 131 (I, II et III), **p. 270**, **p. 279** et, **p. 279** et (notes).
2001	21 mai	Décret n° 2001-435. Incorporation au CGI de divers textes modifiant et complétant certaines dispositions de ce code : – Art. 1er. – V. CGI, art. 985, **p. 2065**, 1743, **p. 36** et 1751, **p. 2423**, .
2001	30 mai	Décret n° 2001-474. Conversion en euros du capital social et modification du décret n° 84-406 du 30 mai 1984 *(registre du commerce et des sociétés)*. – V. Décr. mod., art. 23-2 et 87, **p. 2492.**
2001	12 juin	Loi n° 2001-504. Renforcement de la prévention et répression des mouvements sectaires portant atteinte aux droits de l'homme et aux libertés fondamentales : – Art. 3 (II). – V. C. consom., art. L. 121-6, **p. 2462.** – Art. 20. – V. C. pén., art. L. 223-15-2, **p. 2720.**
2001	25 juin	Décret n° 2001-544. Création de la Chambre de commerce et d'industrie Paris-Ile-de-France et modification du décret n° 91-739 du 18 juill. 1991 *(chambres régionales de commerce)* : – Art. 5 et 6. – V. Décr. mod. art. 38 (note) et 39, **p. 1532.**
2001	9 juill.	Loi n° 2001-602. Orientation sur la forêt : – Art. 9. – V. C. mon. fin., art. L. 533-4, **p. 1867.** – Art. 23. – V. C. trav., art. L. 324-11-3, **p. 2102.**

2001	11 juill.	Loi n° 2001-616. Relative à Mayotte. – Art. 3-II, **p. 1421** (note).
2001	17 juill.	Loi n° 2001-624. Portant diverses dispositions d'ordre social, éducatif et culturel : – Art. 36. – V. C. com., art. L. 228-36. – Art. 38. – V. C. trav., art. L. 143-11-7, **p. 1177.**
2001	19 juill.	Décret n° 2001-650. Application des art. L. 321-1 à L. 321-38 C. com et relatif aux ventes volontaires de meubles aux enchères, **p. 464.**
2001	23 août	Ordonnance n° 2001-741. Transposition de directives communautaires et adaptation au droit communautaire en matière de droit à la consommation. – Ratifiée par L. n° 2004-1343 du 9 déc. 2004 : – Art. 1er à 4, 6 à 16, 20. – V. C. consom., art. L. 121-8 à L. 121-10, L. 121-12 *(publicité comparative)* **p. 2463**, L. 121-16 à L. 121-20-4, L. 121-20-16 *(ventes à distance)*, **p. 2805**, L. 122-3 *(vente sans commande préalable)*, **p. 2717**, L. 132-1 *(clause abusive)*, **p. 2721**, L. 311-25-1 *(vente à crédit)*, **p. 2776** et L. 421-6 *(association de consommateurs)*, **p. 2742.**
2001	15 nov.	Loi n° 2001-1062. Sécurité quotidienne : – Art. 33-VIII, 34 à 40, 42 et 43. – V. C. mon. fin., art. L. 132-2 à L. 132-6, L. 141-4, L. 163-4-1 à L. 163-6, L. 163-10-1, L. 465-1, **p. 1786.**
2001	11 déc.	Loi n° 2001-1168. Mesures urgentes de réformes à caractère économique et financier : – Art. 6 et 7. – V. L. n° 75-1334 du 31 déc. 1975, art. 1er, 5, 6 et 14-1, **p. 2657.** – Art. 13-I à III, 15, 27, 29 et 31. – V. C. mon. fin., art. L. 131-73, L. 131-75, L. 141-4, L. 312-1-1 à L. 312-1-4, L. 351-1, L. 412-1, L. 421-1, L. 421-4, L. 431-1, L. 441-1 à L. 441-3, L. 442-1, L. 442-2, L. 464-2, L. 512-90, L. 512-92, L. 515-14 à L. 515-16, L. 532-4, L. 613-33-1, **p. 1591.** – Art. 13-IV. – V. C. consom., art. L. 113-3, L. 121-35, L. 122-1 et L. 122-4, **p. 2711** et **p. 2834.** – Art. 14 et 16-II. – V. C. consom., art. L. 311-9 (ancien) et L. 311-37, **p. 2761.** – Art. 26 à 28 et 33. – V. C. com., art. L. 145-33, L. 145-34, L. 145-38, L. 225-22, L. 225-71, L. 225-145, L. 233-3, L. 233-10 et L. 464-8.
2001	28 déc.	Loi n° 2001-1275. Loi de finances pour 2002 : – Art. 152. – V. C. com., art. L. 627-3 ancien.
2001	28 déc.	Loi n° 2001-1276. Loi de finances rectificative pour 2001 : – Art. 51-III et 62-III. – V. C. mon. fin., art. L. 112-6, L. 112-8, L. 131-82, L. 152-1, L. 515-4 et L. 621-10, **p. 1548.** – Art. 73. – V. art. 451 *bis* et 459 C. douanes, **p. 1629.** – Art. 85. – V. C. com., art. L. 461-3.
2002	3 janv.	Loi n° 2002-3. Sécurité des infrastructures et systèmes de transport : – Art. 9-III. – V. art. L. 321-7 C. aviat., **p. 91.**

2002	17 janv.	Loi n° 2002-73. Modernisation sociale : – Art. 25. – V. CSS, art. L. 243-4, **p. 2413.** – Art. 122 et 217. – V. C. com., art. L. 225-23, L. 225-71 et L. 621-8 ancien. – Art. 214. – V. C. trav., art. L. 143-11-1, L. 143-11-7-1, L. 143-11-8 ss. C. com., art. L. 621-132 ancien.
2002	20 févr.	Décret n° 2002-221. Application de l'art. L. 225-102-1 C. com. – V. Décr. n° 67-236 du 23 mars 1967, art. 148-2, 148-3, **p. 2581.**
2002	26 févr.	Décret n° 2002-312. Modification de diverses dispositions relatives aux obligations comptables des commerçants et de certaines sociétés : – Art. 1er. – V. Décr. n° 83-1020 du 29 nov. 1983, art. 2, 3, 5, 6-3, **p. 40.** – Art. 2. – V. Décr. n° 67-236 du 23 mars 1967, art. 248-14, **p. 2628.**
2002	19 mars	Décret n° 2002-375. Modification du décret n° 96-650 du 19 juill. 1996 *(centres de formalités des entreprises)*. – V. Décr. mod., art. 1er, 2, 4 à 6, 8 à 9-1, 13, **p. 2543.**
2002	30 avr.	Décret n° 2002-689. Conditions d'application du livre IV C. com. *(liberté des prix et de la concurrence)*, **p. 676.**
2002	30 avr.	Décret n° 2002-694. Plafonnement des frais bancaires applicables aux chèques sans provision d'un montant inférieur à 50 euros. Abrogé et codifié au C. mon. fin. – V. Table de concordance.
2002	3 mai	Décret n° 2002-803. Application de la troisième partie de la loi n° 2001-420 du 15 mai 2001 *(nouvelles régulations économiques)* : – Art. 1er à 6, 10 à 47, 49 à 52, 55, 56 et 58. – V. Décr. n° 67-236 du 23 mars 1967, art. 56-1, 68, 83, 83-1, 84, 84-1, 86, 87, 89, 92, 92-1, 107-1, 108, 108-1, 110, 117, 117-1, 119, 120-1, 122, 124, 125, 126, 128, 129, 130, 131, 131-1, 131-3, 132, 132-1, 133, 134, 136, 138, 142-1, 143, 145, 145-2, 145-3, 145-4, 148, 151-1 à 151-6, 153-8, 169-2, 169-3, 169-4, 169-5, 174-20, 199, 200, 222, 223, 225, 245-1, 299-3, **p. 2562.** – Art. 7 à 9 et 57. – V. Décr. n° 84-406 du 30 mai 1984, art. 15 et 52-1, **p. 2485.** – Art. 53 et 54. – V. Décr. n° 85-295 du 1er mars 1985, art. 25-1 et 25-2, **p. 884.**
2002	6 juin	Décret n° 2002-923. Modification du CGI. – V. ce code, art. 289 *bis*, **p. 2422.**
2002	10 juin	Décret n° 2002-927. Calcul du TEG applicable au crédit à la consommation et modification du C. consom. – V. C. consom., art. R. 313-1, **p. 2441.**
2002	31 juill.	Règlement CE n° 1400-2002. Application de l'art. 81 § 3 du traité à des catégories d'accords verticaux et de pratiques concertées dans le secteur automobile, **p. 2166.**

2002	7 août	Décret n° 2002-1085. Application de l'art. 44 de la loi NRE et modification du décret n° 84-406 du 30 mai 1984 relatif au RCS. – V. Décr. mod., art. 83-1, **p. 2514.**
2002	22 août	Arrêté. Homologation des règlements n°s 2002-02, 2002-03, 2002-04, 2002-05, 2002-06 du CRB. – V. Règl. mod. n° 99-05 et n° 99-12, **p. 1658** et, **p. 1998.**
2002	29 oct.	Loi n° 2002-1303. Modification de certaines dispositions du code de commerce relatives aux mandats sociaux : – Art. 1er et 2. – V. C. com., art. L. 225-21, L. 225-54-1, L. 225-67, L. 225-77, L. 225-94, L. 225-94-1 et L. 225-95-1. – Art. 4. – V. C. mon. fin., art. L. 511-31, **p. 1807.**
2002	3 déc.	Décret n° 2002-1436. Modification du code de l'organisation judiciaire : – Art. 1er – V. COJ, art. R. 411-4, **p. 2684.**
2002	16 déc.	Règlement CE n° 1-2003. Mise en œuvre des règles de concurrence prévues aux art. 81 et 82 du traité. - Art. 1er à 3, 5 et 6, 11 à 13, 15 et 16, 22, 34 et 35, 45, **p. 2159.**
2002	30 déc.	Loi n° 2002-1575. Loi de finances pour 2003 : – Art. 116. – V. L. n° 81-766, art. 10, **p. 2155.**
2002	30 déc.	Loi n° 2002-1576. Loi de finances rectificative pour 2002 : – Art. 17 et 20. – V. CGI, art. 237 *sexies*, 289 *bis*, **p. 2421.** – Art. 82. – V. L. n° 2001-43, art. 6, **p. 66.**
2003	3 janv.	Loi n° 2003-7. Modification du livre VIII du code de commerce. – V. C. com., art. L. 123-24, L. 125-18, L. 141-14, L. 145-23, L. 222-12, L. 226-5, L. 231-1, L. 232-11, L. 251-5, L. 442-6, L. 525-16, L. 621-8 ancien, L. 621-10 ancien, L. 621-22-1 ancien, L. 621-43 ancien, L. 621-44 ancien, L. 621-68 ancien, L. 621-137 ancien, L. 622-2 ancien, L. 622-5 ancien, L. 627-6 ancien, L. 628-1 ancien, L. 811-1 à L. 811-6, L. 811-8, L. 811-10 à L. 811-12, L. 811-16, L. 812-1 à L. 812-10, L. 813-1, L. 813-2, L. 814-1 à L. 814-11, L. 936-13, L. 946-13, L. 956-9. - Ratification de l'Ord. n° 2000-912 du 18 sept. 2000 (partie législative du code de commerce).
2003	27 févr.	Décret n° 2003-165. Modification du décret n° 61-501 du 3 mai 1961 *(unité de mesure)*. – V. Décr. mod., art. 1er, 8, 12, 14 et 17, **p. 2703.**
2003	7 mars	Décret n° 2003-195. Transposition des art. 6 et 10 de la directive n° 98/26/CE du 19 mai 1998 *(systèmes de paiement et de règlement des opérations sur titres)*. Abrogé et codifié au C. mon. fin. – V. Table de concordance.
2003	7 mars	Décret n° 2003-196. Relations financières avec l'étranger. Abrogé et codifié au C. mon. fin. – V. Table de concordance.

2003	13 mars	Décret n° 2003-247. Application du chapitre Ier du titre Ier de la loi n° 2001-43 du 16 janv. 2001 *(courtiers interprètes et conducteurs de navires)*. - V. L. n° 2001-43 du 16 janv. 2001, **p. 65.**
2003	17 mars	Circulaire. Entrée en vigueur du Règlement n° 1346/2000 du 29 mai 2000 *(procédures d'insolvabilité)* 🏛.
2003	18 mars	Loi n° 2003-239. Sécurité intérieure. – V. C. aviat., art. L. 322-5, **p. 93.**
2003	16 mai	Décret n° 2003-439. Modification du décret n° 85-1389 du 27 déc. 1985 *(administrateurs judiciaires, mandataires judiciaires au redressement et à la liquidation des entreprises et experts en diagnostic d'entreprise)*. – V. Décr. mod., art. 33, 34, 45-1, 47 à 52, 54-2, 54-3, 54-17, 72, 82-3, 91, 92, **p. 2375.**
2003	12 juin	Loi n° 2003-495. Lutte contre la violence routière. – V. L. n° 82-1153 du 30 déc. 1982, art. 8, 9, 37, **p. 114.**
2003	18 juin	Loi n° 2003-517. Rémunération au titre du prêt en bibliothèque. – V. L. n° 81-766 du 10 août 1981, art. 3, **p. 2153.**
2003	23 juin	Décret n° 2003-542. Juridiction de proximité : – Art. 21 et 22. - V. NCPC, art. 1406 et 1415, **p. 2437.**
2003	2 juill.	Loi n° 2003-590. Urbanisme et habitat. – V. L. n° 73-1193 du 27 déc. 1973, art. 36-1, **p. 2106.**
2003	2 juill.	Loi n° 2003-591. Habilitant le gouvernement à simplifier le droit. - Ratification de l'Ord. n° 2000-1223 du 14 déc. 2000 *(partie législative du code monétaire et financier)*, (note) **p. 1547.**
2003	21 juill.	Loi n° 2003-660. Loi de programme pour l'outre-mer : – Art. 56 et 59. – V. C. com., art. L. 430-2 et L. 752-10.
2003	30 juill.	Loi n° 2003-699. Prévention des risques technologiques et naturels : – Art. 23 et 24. – V. C. com., art. L. 225-102 et L. 621-54 ancien.
2003	1er août	Loi n° 2003-706. Sécurité financière : – Art. 61, 63, 98 à 112, 114 à 121, 123 à 125, 128 à 134, 138. – V. C. com., art. L. 224-3, L. 225-17, L. 225-21 (note), L. 225-35, L. 225-37 à L. 225-39, L. 225-51, L. 225-68, L. 225-86, L. 225-87, L. 225-94-1, L. 225-95-1, L. 225-102-1, L. 225-105, L. 225-115, L. 225-212, L. 225-218 à L. 225-226, L. 225-228, L. 225-235, L. 226-10, L. 227-6, L. 227-10, L. 227-11, L. 228-3-4, L. 228-56, L. 228-97, L. 233-7, L. 233-8, L. 233-11, L. 233-14, L. 233-16, L. 238-2, L. 242-9, L. 242-11, L. 242-15, L. 242-16, L. 242-18, L. 242-19, L. 245-10, L. 245-14, L. 247-7, L. 612-4, L. 612-5, L. 820-1 à L. 820-3, L. 821-1 à L. 821-12, L. 822-1 à L. 822-16. – Art. 2 à 14, 16 à 28, 34 à 43, 46, 49, 50, 51, 53 à 60, 62 à 79, 86, 91 à 96, 113, 122, 126, 134. – V. C. mon. fin., art. L. 133-1, L. 144-1, L. 144-5, L. 211-1, L. 213-3, L. 213-4, L. 213-6, L. 312-1-1, L. 312-1-2, L. 312-1-3, L. 312-3, L. 312-4, L. 312-6 (note), L. 312-7,

		L. 312-10, L. 312-16 à L. 312-18, L. 313-6, L. 313-27, L. 313-51, L. 321-2, L. 322-1, L. 322-3, L. 322-4, L. 341-1 à L. 341-11, L. 341-13 à L. 341-17, L. 342-1 à L. 342-3, L. 353-1 à L. 353-6, L. 421-1, L. 421-3, L. 421-4, L. 432-21, L. 441-2, L. 452-1, L. 452-2, L. 511-2, L. 511-3, L. 511-4, L. 511-6, L. 511-7, L. 511-11, L. 511-12-1, L. 511-16, L. 511-18, L. 511-22 à L. 511-24, L. 511-27, L. 511-28, L. 511-30, L. 511-34 à L. 511-38, L. 511-40, L. 511-41, L. 512-60, L. 512-68, L. 512-69, L. 512-72, L. 512-74, L. 512-80, L. 515-1, L. 515-13 à L. 515-16, L. 515-18 à L. 515-24, L. 515-28, L. 515-30 et L. 515-31, L. 516-2, L. 517-1, L. 518-1, L. 519-5, L. 520-1 à L. 520-3, L. 531-2, L. 531-5 à L. 531-7, L. 532-1 à L. 532-4, L. 532-6, L. 532-8 à L. 532-13, L. 532-15, L. 532-18 à L. 532-22, L. 533-1, L. 533-3-1, L. 533-4, L. 541-1 à L. 541-7, L. 542-1, L. 544-1 à L. 544-4, L. 550-1, L. 562-1, L. 565-3, L. 573-9 à L. 573-11, L. 611-1 à L. 611-6, L. 611-8, L. 611-9, L. 612-2, L. 612-3, L. 613-2, L. 613-3, L. 613-14, L. 613-18, L. 613-22, L. 614-1 à L. 614-3, L. 621-1 à L. 621-7, L. 621-9 à L. 621-17, L. 621-18-1, L. 621-18-3, L. 621-19 à L. 621-22, L. 621-24, L. 621-25, L. 621-30, L. 631-1, L. 631-2, L. 632-1, L. 642-1, L. 642-2, L. 642-3, **p. 1607.** – Art. 87. – V. C. consom., art. L. 311-4, L. 311-9, L. 311-9-1, L. 311-12, **p. 2756.** – Art. 135. – V. L. n° 84-148 du 1er mars 1984, art. 30, ss L. 612-5. – Art. 136. – V. L. n° 85-11 du 3 janv. 1985, art. 13, **p. 798** (note).
2003	1er août	Loi n° 2003-710. Orientation et programmation pour la ville et la rénovation urbaine : – Art. 35. – V. C. mon. fin., art. L. 313-22 (note), **p. 1700.** – Art. 37 à 42. – V. C. com., art. L. 628-1 à L. 628-8 anciens, L. 920-1, L. 930-1, L. 940-1, L. 950-1.
2003	1er août	Loi n° 2003-721. Initiative économique : – Art. 1er à 3, 6, 8 à 10, 20, 53, 54, 58. – V. C. com., art. L. 123-9-1 à L. 123-11-1, L. 127-1 à L. 127-7, L. 143-20, L. 223-2, L. 223-7 (note), L. 223-8, L. 223-14, L. 223-42, L. 238-3, L. 241-1, L. 241-7, L. 241-9, L. 242-30, L. 244-2, L. 246-1, L. 246-2, L. 420-4 (note), L. 420-5 (note), L. 526-1 à L. 526-4, L. 611-1. – Art. 24, 32. – V. C. mon. fin., art. L. 313-4, L. 313-5-1, L. 313-5-2, L. 313-12, **p. 1668.** – Art. 2, 5. – V. L. n° 96-603 du 5 juill. 1996, art. 19, 19-1, **p. 1487.** – Art. 4. – V. L. n° 94-126 du 11 févr. 1994, art. 4, **p. 2542.** – Art. 11 – V. C. consom., art. L. 341-2 à L. 341-6 ss., art. L. 312-22 C. com. fin., **p. 1711.** – Art. 23. – V. C. trav., art. L. 120-3, **p. 2100.** – Art. 32. – V. C. consom., art. L. 313-3, **p. 2451.**
2003	11 août	Arrêté. Seuil de la valeur des primes visées au I de l'art. L. 312-1-2 C. mon. fin., **p. 1654.**

2003	12 nov.	Ordonnance n° 2003-1067. Élection des membres des chambres de commerce et d'industrie. – V. C. com., art. L. 713-1 à L. 713-6, L. 713-12, L. 713-15, L. 713-18. - Ratifiée par L. n° 2004-1343 du 9 déc. 2004.
2003	18 déc.	Loi n° 2003-1199. Financement de la sécurité sociale pour 2004 : – Art. 70-IV. – V. CSS, art. L. 243-5, **p. 2413.**
2003	30 déc.	Loi n° 2003-1311. Loi de finances pour 2004 : – Art. 60. – V. C. mon. fin., art. L. 512-61 (note) et L. 512-91, **p. 1824.**
2003	30 déc.	Loi n° 2003-1312. Loi de finances rectificative pour 2003 : – Art. 20. – V. C. envir., art. L. 541-10-1, **p. 2476.** – Art. 37-VIII. – V. CGI, art. 1929 *quater*, **p. 2409.** – Art. 100. – V. C. mon. fin., art. L. 512-94, **p. 1832.**
2004	2 janv.	Loi n° 2004-1. Accueil et protection de l'enfance : – Art. 8. – V. C. trav., art. L. 362-3, **p. 2105.**
2004	7 janv.	Décret n° 2004-15. Code des marchés publics : – Art. 106 s. – V. C. com., art. L. 521-1 (note). – Art. 106-II. – V. C. mon. fin., art. R. 313-17 (note), **p. 1994.** – Art. 112 s. – V. L. n° 75-1334 du 31 déc. 1975, art. 3 (note 3) et 4 (note), **p. 2660.**
2004	20 janv.	Règlement CE n° 139-2004. Concentration entre entreprises 🏛, **p. 2167.**
2004	11 févr.	Loi n° 2004-130. Réforme du statut de certaines professions judiciaires ou juridiques : – Art. 53, 57, 58 et 69. – V. C. com., art. L. 321-17, L. 321-31, L. 321-35, L. 321-35-1, L. 811-13, L. 812-1, L. 812-2, L. 812-2-2, L. 813-1, L. 813-2, L. 814-1 et L. 950-1. – Art. 70. – V. C. mon. fin., art. L. 562-1, L. 562-2, L. 562-2-1, L. 563-1, L. 563-3, L. 563-4, L. 563-6, L. 565-3 et L. 574-1, **p. 1877.**
2004	9 mars	Loi n° 2004-204. Adaptation de la justice aux évolutions de la criminalité : – Art. 23-V. – V. C. com., art. L. 450-8 (note). – Art. 33-V à X. – V. C. mon. fin., art. L. 152-4, L. 562-1, L. 562-2, L. 562-4 à L. 562-6, L. 563-5 et L. 565-1, **p. 1622.**
2004	25 mars	Ordonnance n° 2004-274. Simplification du droit et des formalités pour les entreprises. - Ratifiée par L. n° 2004-1343 du 9 déc. 2004 : – Art. 1er à 5, 10 à 30, 34 à 49. – V. C. com., art. L. 124-1, L. 124-4, L. 124-6, L. 124-9, L. 124-11, L. 144-3, L. 144-5, L. 223-3, L. 223-8, L. 223-11, L. 223-13, L. 223-14, L. 223-18, L. 223-25, L. 223-27, L. 235-14, L. 238-4, L. 238-5, L. 241-2, L. 242-7, L. 242-12, L. 242-13, L. 242-15, L. 245-9, L. 245-13, L. 310-1 à L. 310-3, L. 310-5, L. 430-2, L. 464-6 à L. 464-6-2, L. 464-8, L. 761-1 à

		L. 761-11, L. 762-1 à L. 762-3, L. 912-1, L. 920-1 (note), L. 922-2, L. 930-1 (note), L. 932-7, L. 950-1, L. 950-2, L. 952-2, L. 953-1 à L. 953-3. – Art. 6 à 9 et 46. - V. L. n° 83-657 du 20 juill. 1983, art. 6, 6-1, 7, 18 et 27, **p. 1479.**
2004	25 mars	Ordonnance n° 2004-279. Simplification et adaptation des conditions d'exercice de certaines activités professionnelles. - Ratifiée par L. n° 2004-1343 du 9 déc. 2004 : – Art. 1er-I, 3, 6, 7 et 7-II. – V. C. com., art. L. 122-1, L. 322-8, L. 911-1, L. 921-2. – Art. 3. - V. L. du 28 mai 1858, art. 1er, **p. 474.** – Art. 4. – V. C. trav., art. L. 751-13 et L. 795-1, **p. 143.**
2004	15 avr.	Ordonnance n° 2004-328. Élection des délégués consulaires et des juges des tribunaux de commerce. - Ratifiée par L. n° 2004-1343 du 9 déc. 2004 : – Art. 2 à 8, 10 à 16. – V. C. com., art. L. 713-3 à L. 713-18, L. 722-6, L. 723-1, L. 723-2, L. 723-4, L. 723-6, L. 723-7, L. 723-9, L. 723-14 et L. 910-1.
2004	4 mai	Loi n° 2004-391. Formation professionnelle tout au long de la vie et dialogue social : – Art. 57. – V. C. trav., art. L. 143-11-3 ss. C. com., art. L. 621-132.
2004	3 juin	Ordonnance n° 2004-482. Complétant la transposition des directives 93/22/CE du Conseil du 10 mai 1993 *(services d'investissement dans le domaine des valeurs mobilières)* et 97/9/CE du Parlement européen et du Conseil du 3 mars 1997 *(systèmes d'indemnisation des investisseurs)*. – V. C. mon. fin., art. L. 322-1, L. 442-2, L. 532-2, L. 532-3, L. 532-9, L. 533-6, L. 542-1, **p. 1738.**
2004	10 juin	Décret n° 2004-518. Portant diverses dispositions relatives aux administrateurs judiciaires et aux mandataires judiciaires au redressement et à la liquidation judiciaires : – Art. 1er à 4. – V. Décr. n° 85-1388 du 27 déc. 1985, art. 25, 25-1, 51, **p. 2292.** – Art. 5 à 88. – V. Décr. n° 85-1389 du 27 déc. 1985, art. 2 à 4-5, 6 à 8, 10 à 13-1, 15, 19 à 21-2, 23, 24, 27 à 32, 34 à 45-2, 51, 53, 54-1 à 54-8, 54-14, 54-16, 54-18 à 54-22, 56 à 62, 66-1, 68, 69, 72 à 79, 84 à 91, 92-1, 103 à 105, 106-2, **p. 2364.** – Art. 89 à 107. – V. Décr. n° 85-1390 du 27 déc. 1985, art. 2-1, 6, 12 à 15, 18 à 18-8, 20 à 28, 32, **p. 2397.**
2004	14 juin	Décret n° 2004-548. Commissions régionales des sanctions administratives dans le domaine du transport routier : – Art. 5. – V. Décr. n° 99-752 du 30 août 1999, art. 9 et 18, **p. 125.**
2004	17 juin	Ordonnance n° 2004-559. Contrats de partenariat : – Art. 28. – V. C. mon. fin., art. L. 313-29-1, **p. 1731.**

2004	21 juin	Loi n° 2004-575. Confiance dans l'économie numérique : – Art. 14 à 19 et 28, **p. 2807.** – Art. 15-II, 20, 22-II, 23, 24 et 27. – V. C. consom., art. L. 121-15-1 à L. 121-15-3, L. 121-20-3 à L. 121-20-5, L. 121-27 et L. 134-2, **p. 2471**, **p. 2807**, **p. 2827** et **p. 2739.** – Art. 20 à 24, **p. 2460.** – Art. 56. – V. C. mon. fin., art. L. 621-10, **p. 1886.**
2004	21 juin	Décret n° 2004-576. Modification du décret n° 91-739 du 18 juill. 1991 *(chambre de commerce et d'industrie)*. – V. Décr. mod., art. 1er à 60 : – Art. 12. – V. L. du 9 avr. 1898, art. 4, **p. 1519.**
2004	24 juin	Ordonnance n° 2004-604. Réforme du régime des valeurs mobilières émises par les sociétés commerciales et extension à l'outre-mer de dispositions ayant modifié la législation commerciale. - Ratifiée par L. n° 2004-1343 du 9 déc. 2004 : – Art. 2 à 51, 53, 55, 56 à 66. – V. C. com., art. L. 225-100, L. 225-102-1, L. 225-107-1, L. 225-115, L. 225-126 à L. 225-141, L. 225-143, L. 225-147 à L. 225-176, L. 225-181, L. 225-209, L. 228-1 à L. 228-4, L. 228-6-1 à L. 228-7, L. 228-10 à L. 228-20, L. 228-23 à L. 228-25, L. 228-29-1 à L. 228-29-10, L. 228-33 à L. 228-35-11, L. 228-40 à L. 228-42, L. 228-60 à L. 228-61, L. 228-65, L. 228-68, L. 228-91 à L. 228-96, L. 228-98 à L. 228-106, L. 233-7, L. 233-14, L. 235-9, L. 236-15, L. 238-1, L. 238-6, L. 242-4, L. 245-3 et L. 245-4, L. 245-11 et L. 245-12, L. 245-15, L. 912-4 et L. 912-5, L. 920-1 (note), L. 922-1, L. 922-4 et L. 922-5, L. 930-1, L. 932-1 à L. 932-6, L. 932-9, L. 932-11, L. 932-13, L. 938-1, L. 940-1, L. 950-1 (note), L. 951-12, L. 952-1, L. 952-4 et L. 952-5, L. 958-2. – Art. 52 et 53. – V. C. mon. fin., art. L. 211-3 et L. 211-4, L. 212-3, L. 212-5 à L. 212-6-4, L. 212-7, L. 562-1, **p. 1632.**
2004	9 juill.	Loi n° 2004-669. Communications électroniques et services de communication audiovisuelle : – Art. 1er, 10, 119 et 124. - V. C. mon. fin., art. L. 621-10, **p. 1886.** – Art. 18, 35 et 77. - V. C. com., art. L. 420-1 (note), L. 420-2 (note), L. 430-1 (note) et L. 462-1 (note). – Art. 34. - V. L. n° 81-766 du 10 août 1981, art. 11 (note), **p. 2155.** – Art. 59 et 60. - V. L. n° 86-1067 du 30 sept. 1986, art. 33, **p. 2809.**
2004	29 juill.	Décret n° 2004-799. Élection des délégués consulaires, **p. 1538.**
2004	6 août	Loi n° 2004-801. Protection des personnes physiques à l'égard des traitements de données à caractère personnel : – Art. 18-IX. - V. C. mon. fin., art. L. 313-6, **p. 1669.**
2004	9 août	Loi n° 2004-804. Soutien à la consommation et à l'investissement : – Art. 3, 4 et 23. - V. C. mon. fin., art. L. 112-3, L. 341-2 et L. 562-1, **p. 1548.** – Art. 18. - V. C. com., art. L. 750-1 et L. 752-6.

2004	9 août	Loi n° 2004-806. Politique de santé publique : – Art. 30. - V. L. 2-17 mars 1791, art. 7 (note), **p. 2739.** – Art. 41. - V. C. consom., art. L. 141-1, **p. 2739.**
2004	19 août	Ordonnance n° 2004-823. Actualisation et adaptation du droit économique et financier applicable à Mayotte, en Nouvelle-Calédonie, en Polynésie française et dans les îles Wallis-et-Futuna : – Art. 3. - V. C. com., art. L. 924-1 à L. 924-6, L. 954-1 à L. 954-7.
2004	20 août	Décret n° 2004-836. Portant modification de la procédure civile : – Art. 32. - V. Décr. n° 85-1388 du 27 déc. 1985, art. 160, **p. 2349.** – Art. 50 et 52. - V. NCPC, art. 1406, 1407, 1410, 1415, 1423 et 1424, **p. 2437.** – Art. 58. - V. C. com., art. L. 143-21 (note).
2004	26 août	Décret n° 2004-890. Portant diverses dispositions relatives au recouvrement des cotisations et contributions des employeurs, aux régimes des travailleurs indépendants, aux relations financières entre le régime général de sécurité sociale des salariés et le régime des salariés agricoles et modifiant le code de la sécurité sociale (deuxième partie : Décrets en Conseil d'État). - Art. 12. - V. CSS, art. R. 612-5, **p. 2414.**
2004	27 août	Décret n° 2004-896. Modification du décret n° 99-433 du 27 mai 1999 *(composition et élection des chambres de métiers)*. - V. Décr. mod., art. 1er, 2, 4 à 6, 8 à 33, 37, **p. 1502.**
2004	28 sept.	Décret n° 2004-1018. Fichier des personnes habilitées à exercer une activité de démarchage bancaire ou financier. Abrogé et codifié au C. mon. fin. — V. Table de concordance.
2004	28 sept.	Décret n° 2004-1019. Démarchage bancaire ou financier. Abrogé et codifié au C. mon. fin. — V. Table de concordance.
2004	29 sept.	Décret n° 2004-1023. Conseillers en investissements financiers. Abrogé et codifié au C. mon. fin. — V. Table de concordance.
2004	21 oct.	Ordonnance n° 2004-1127. Transposition de la directive 2001/24/CE du 4 avr. 2001 *(l'assainissement et la liquidation des établissements de crédit)*. - Ratifiée par L. n° 2004-1343 du 9 déc. 2004. - V. C. mon. fin., art. L. 613-25 s., **p. 1911.**
2004	2 nov.	Décret n° 2004-1164. Fonctionnement des chambres de métiers et de l'artisanat : – Art. 1er à 11. - V. C. artisanat, art. 6, 15, 17 à 21, 23, 25 et 26, **p. 1459.** – Art. 12. - V. Décr. n° 98-247 du 2 avr. 1998, art. 29, **p. 1501.** – Art. 13 à 17. - V. Décr. n° 64-1362 du 30 déc. 1964, art. 6 à 12, **p. 1467.** – Art. 18. - V. Décr. n° 68-47 du 13 janv. 1968, art. 31, **p. 1469.**
2004	2 nov.	Décret n° 2004-1165. Chambres régionales de métiers et de l'artisanat, **p. 1514.**

2004	4 nov.	Ordonnance n° 2004-1173. Adaptation de certaines dispositions du code de commerce au droit communautaire. - V. C. com., art. L. 420-7, L. 450-1, L. 450-4, L. 462-3, L. 462-6 à L. 462-9, L. 463-1, L. 463-2, L. 463-4, L. 464-2 à L. 464-4, L. 464-8, L. 470-6.
2004	12 nov.	Ordonnance n° 2004-1201. Surveillance complémentaire des établissements de crédit, des entreprises d'assurance et des entreprises d'investissement appartenant à un conglomérat financier : – Art. 5 à 12. - V. C. mon. fin., art. L. 511-10, L. 511-20, L. 511-34, L. 511-41 et L. 511-41-1, L. 517-1 à L. 517-9, L. 533-1-1 et L. 533-1-2, L. 611-1, L. 612-6, L. 613-10, L. 613-12, L. 633-1 à L. 633-14.
2004	24 nov.	Ordonnance n° 2004-1248. Code de l'entrée et du séjour des étrangers et du droit d'asile (partie : législative). - V C. étrangers, art. L. 313-4, L. 313-10, L. 314-4, L. 322-2, L. 322-3 et L. 431-1, **p. 2415.**
2004	9 déc.	Loi n° 2004-1343. Simplification du droit. - Ratification des Ord. n° 2001-741 du 23 août 2001, n° 2003-1067 du 12 nov. 2003, nos 2004-274 et 2004-279 du 25 mars 2004, n° 2004-328 du 15 avr. 2004, n° 2004-604 du 24 juin 2004 et n° 2004-1127 du 21 oct. 2004 : – Art. 8 et 30. - V. C. mon. fin., art. L. 151-3 et L. 562-2-1. – Art. 78 et 83. - V. C. com., art. L. 223-11, L. 223-13, L. 225-129-6, L. 225-149-1, L. 228-13, L. 228-103, L. 233-7, L. 233-14, L. 430-3, L. 441-7, L. 464-8, L. 470-6, L. 713-3, L. 713-9, L. 713-10, L. 713-14, L. 713-16, L. 723-2, L. 723-4, L. 723-5 et L. 910-1.
2004	20 déc.	Ordonnance n° 2004-1374. Partie législative du code de la défense. - V. C. défense, art. L. 2213-5 à L. 2213-8 (*transports maritimes d'intérêt national*), .
2004	20 déc.	Ordonnance n° 2004-1382. Adaptation de dispositions législatives relatives à la comptabilité des entreprises aux dispositions communautaires dans le domaine de la réglementation comptable : – Art. 1er à 7. - V. C. com., art. L. 221-7, L. 223-26, L. 225-100 à L. 225-100-2, L. 233-24. – Art. 8. - V. C. mon. fin., art. L. 515-32, **p. 1844.**
2004	23 déc.	Décret n° 2004-1463. Relatif aux experts judiciaires : – Art. 40. - V. Décr. n° 85-1389 du 27 déc. 1985, art. 83 et 84, **p. 2391.**
2004	30 déc.	Loi n° 2004-1484. Loi de finances pour 2005 : – Art. 35. - V. CGI, art. 237 *sexies*, **p. 2421.** – Art. 38-II. - V. CGI, art. 982, **p. 2065.** – Art. 83. - V. C. com., art. L. 225-129-2, L. 225-197-1 à L. 225-197-5, L. 225-208, L. 225-209. – Art. 106. - V. C. mon. fin., art. L. 312-1-1, L. 312-1-2, L. 312-1-4, L. 351-1, **p. 1649.** – Art. 110. - V. L. n° 84-148 du 1er mars 1984, art. 30, **p. 798.**

2004	30 déc.	Loi n° 2004-1485. Loi de finances rectificative pour 2004 : – Art. 61. - V. C. envir., art. L. 541-10-1, **p. 2476.** – Art. 95. - V. CGI, art. 990 J, **p. 2065.**
2005	18 janv.	Loi n° 2005-32. Programmation pour la cohésion sociale : – Art. 71-I. - Abrogation des art. L. 239-1 et L. 239-2 *[anciens]* C. com. *(licenciements)*.
2005	18 janv.	Décret n° 2005-39. Modification du décret n° 96-1097 du 16 décembre 1996 *(vente en liquidation)*. - V. Décr. mod., art. 1er à 6 et 15, **p. 449.**
2005	20 janv.	Ordonnance n° 2005-43. Relative à la chambre de l'agriculture, de la pêche et de l'aquaculture, à la chambre de commerce et d'industrie et à la chambre de métiers et de l'artisanat de Mayotte : – Art. 3. - V. C. com., art. L. 920-1, L. 920-6 et L. 927-1. – Art. 4. - V. L. du 9 avr. 1898, art. 27, **p. 1519.** – Art. 5. - V. C. artisanat, art. 81 *bis*, **p. 1466.** – Art. 11. - V. L. n° 94-126 du 11 févr. 1994, art. 4-1, **p. 2543.** – Art. 12. - V. L. n° 96-603 du 5 juill. 1996, art. 22-1 et 24, **p. 1489.**
2005	26 janv.	Arrêté. Application du décret n° 2005-39 du 18 janv. 2005 modifiant le décret n° 96-1097 du 16 déc. 1996 pris pour application du titre Ier du livre III du code de commerce et relatif aux ventes en liquidation, **p. 453.**
2005	28 janv.	Loi n° 2005-67. Tendant à conforter la confiance et la protection du consommateur. - V. C. consom., art. L. 132-1 (annexe), L. 136-1, L. 311-5, L. 311-6, L. 311-7-1, L. 311-9, L. 311-9-1, **p. 2735.**
2005	1er févr.	Décret n° 2005-77. Modification des décrets n° 84-406 du 30 mai 1984 (RCS) et n° 58-1345 du 23 déc. 1958 *(registre des agents commerciaux)* : – Art. 1er à 39. - V. Décr. n° 84-406 du 30 mai 1984, art. 1er, 4, 6 à 8, 10, 12 à 12-2, 15 à 18, 20, 21, 23, 23-1, 24, 26 à 29-1, 36-2, 42-2, 44-1, 48 à 49, 53, 54, 55-1, 56, 58, 60, 71 à 73, 76, 81, 83-1, 88, **p. 2479.** – Art. 40 à 42. - V. Décr. n° 58-1345 du 23 déc. 1958, art. 4-1 et 10-1, ss. art. L. 134-17 C. com.
2005	10 févr.	Décret n° 2005-112. Modification du décret n° 67-236 du 23 mars 1967 sur les sociétés commerciales et relatif aux valeurs mobilières émises par ces sociétés. - V. Décr. mod., art. 135, 154 à 157, 159, 165, 165-1, 169 à 169-3, 169-7, 171 à 174-6, 174-8, 174-9 A, 174-11, 206 à 207, 242-8 à 242-16, 247-1, 299-2, **p. 2577.**
2005	23 févr.	Loi n° 2005-157. Développement des territoires ruraux : – Art. 32 à 34, 40 et 49. - V. C. com., art. L. 441-2, L. 441-2-1, L. 442-9 et L. 752-1. – Art. 35 et 38. - V. C. rur., art. L. 311-1, ss. L. 110-1 et art. L. 611-4, ss. L. 442-9. – Art. 63. - V. C. trav., art. L. 120-3, **p. 2100.**

2005	24 févr.	Ordonnance n° 2005-171. Simplification des procédures de constitution et de réalisation des contrats de garantie financière. – V. C. mon. fin., art. L. 141-4, L. 311-4, L. 330-2, L. 431-4, L. 431-5, L. 431-7 à L. 431-7-5, **p. 1612.**
2005	8 mars	Arrêté. Principales stipulations devant figurer dans les conventions de compte de dépôt. – V. C. mon. fin., art. L. 312-1-1, **p. 1649.**
2005	31 mars	Ordonnance n° 2005-303. Simplification des règles de transfert de propriété des instruments financiers admis aux opérations d'un dépositaire central ou livrés dans un système de règlement et de livraison. – V. C. mon. fin., art. L. 431-2 et L. 431-3, **p. 1768.**
2005	4 avr.	Arrêté. Modalités d'information de la clientèle et du public sur les conditions générales et tarifaires applicables aux opérations relatives à la gestion d'un compte de dépôt. – V. C. mon. fin., art. L. 312-1-1, **p. 1649.**
2005	3 mai	Loi n° 2005-412. Création du registre international français, .
2005	6 mai	Ordonnance n° 2005-428. Incapacités en matière commerciale et publicité du régime matrimonial des commerçants. – V. C. com., art. L. 128-1 s. : — Art. 4. – V. Décr. n° 64-399, 29 avr. 1964, art. 2, ss. art. L. 131-11 ; C. trav., art. L. 751-14, ss. art. L. 134-17.
2005	6 mai	Ordonnance n° 2005-429. Modification du code monétaire et financier (partie législative). — Ratifiée par L. n° 2006-387 du 31 mars 2006 : — Art. 1er, 2, 3, 5, 6, 8, 12, 14 à 22, 29 à 35, 40 à 56, 59 à 66, 68 à 84. – V. C. mon. fin., art. L. 111-12, L. 112-8, L. 112-9, L. 113-7, L. 123-1, L. 131-39, L. 162-1, L. 211-4-1, L. 211-6, L. 221-1 à L. 221-3, L. 221-5, L. 221-8, L. 221-8-1, L. 221-12, L. 221-27, L. 221-30 à L. 221-32, L. 231-1, L. 311-2, L. 312-1, L. 312-1-2, L. 312-9, L. 313-42, L. 322-4, L. 351-2, L. 351-3, L. 353-2, L. 441-1, L. 431-6, L. 500-1, L. 511-12, L. 511-24, L. 511-30, L. 511-31, L. 512-1, L. 512-83-1, L. 512-91, L. 512-95, L. 515-15, L. 515-16, L. 515-31, L. 518-1, L. 520-1, L. 531-6, L. 532-21, L. 541-7, L. 565-3, L. 570-1, L. 570-2, L. 571-15, L. 573-9, L. 611-1, L. 611-3, L. 613-31, L. 613-33, L. 621-9, L. 621-15, L. 621-21.
2005	12 mai	Décret n° 2005-468. Application des articles L. 613-31-1 à L. 613-31-10 C. mon. fin. et relatif à l'assainissement et à la liquidation des établissements de crédit communautaires. Abrogé et codifié au C. mon. fin. — V. Table de concordance.
2005	13 mai	Décret n° 2005-460. Relatif à la compétence des juridictions civiles, à la procédure civile et à l'organisation judiciaire. – V. COJ, art. R. 411-4, **p. 2684.**
2005	18 mai	Décret n° 2005-487. Recyclage des pièces et des billets en euros. Abrogé et codifié au C. mon. fin. — V. Table de concordance.

2005	19 mai	Décret n° 2005-505. Contrat d'appui au projet d'entreprise pour la création ou la reprise d'une activité économique. – V. ss. art. L. 127-7 C. com.
2005	20 mai	Loi n° 2005-516. Régulation des activités postales : – Art. 14. – V. Décr. n° 2002-689 du 30 avr. 2002, Annexe IV, **p. 692.** – Art 16. – V. C. mon. fin., art. L. 131-40, L. 131-85 à L. 131-87, L. 133-1, L. 141-8, L. 163-11, L. 221-10, L. 312-1, L. 313-6, L. 518-1, L. 518-25, L. 518-26, L. 565-3. – Art. 19. – V. CPCE, art. L. 7, L. 8 et L. 10, en notes ss. C. com., art. L. 133-1, L. 133-2 et L. 133-6. – Art. 23. – V. C. envir., art. L. 541-10-1, **p. 2476.**
2005	20 mai	Décret n° 2005-524. Liste des produits agricoles mentionnés à l'art. L. 441-2-1 C. com. – V. cet art. (note).
2005	24 mai	Décret n° 2005-530. Modification du décret n° 84-406 du 30 mai 1984 (RCS). – V. Décr. mod., art. 8, 10, 12, 27, 71, 73, 74 et 75, **p. 2481.**
2005	27 mai	Décret n° 2005-582. Bulletin des annonces légales obligatoires : – Art. 1er. – V. L. du 30 janv. 1907, art. 3, **p. 2067.**
2005	30 mai	Décret n° 2005-626. Conditions d'accès à certaines professions judiciaires ou juridiques : – Art. 8. – V. Décr. n° 2001-650 du 19 juill. 2001, art. 47 et 48, **p. 469.**
2005	6 juin	Ordonnance n° 2005-648. Commercialisation à distance de services financiers auprès des consommateurs. – Ratifiée par L. n° 2006-387 du 31 mars 2006 : – Art. 1er. – V. C. consom., art. L. 121-20-6 à L. 121-20-17, **p. 2805.** – Art. 5. – V. C. mon. fin., art. L. 341-11, L. 341-12, L. 343-1 et L. 343-2, **p. 1752.**
2005	1er juill.	Décret n° 2005-747. Modification des décrets n° 85-295 du 1er mars 1985 et n° 86-221 du 17 févr. 1986. – Art. 1er. – V. Décr. n° 85-295 du 1er mars 1985, art. 33, **p. 799.**
2005	18 juill.	Décret n° 2005-808. Élection des juges des tribunaux de commerce. – V. COJ, art. R. 413-1 à R. 413-24, **p. 2685.**
2005	20 juill.	Loi n° 2005-811. Adaptation au droit communautaire dans le domaine des marchés financiers. – V. C. mon. fin., art. L. 421-12 (note), L. 421-13 (note), L. 431-2, L. 532-18, L. 621-7 (note), L. 621-17-2 à L. 621-17-7, L. 621-18-2 et L. 621-18-4.
2005	26 juill.	Loi n° 2005-841. Développement des services à la personne et mesures en faveur de la cohésion sociale : – Art. 3 et 4. – V. C. consom., art. L. 121-20 et L. 121-26, **p. 2806.**

		– Art. 24. - V. C. trav., art. L. 143-10, L. 143-11-1 et L. 143-11-7, ss. art. L. 625-9. – Art. 35. - V. C. mon. fin., art. L. 112-3, **p. 1548.**
2005	26 juill.	Loi n° 2005-842. Pour la confiance et la modernisation de l'économie : – Art. 5 à 9, 11, 24, 27, 33, 42. - V. C. com., art. L. 225-22-1, L. 225-37, L. 225-42-1, L. 225-68, L. 225-79-1, L. 225-82, L. 225-90-1, L. 225-96, L. 225-98, L. 225-99, L. 225-102-1, L. 225-129-6, L. 225-209, L. 225-235, L. 225-245-1, L. 228-65, L. 228-73, L. 229-1 à L. 229-15, L. 233-3, L. 233-7 à L. 233-9, L. 233-13, L. 233-14, L. 238-3, L. 238-3-1, L. 244-5, L. 246-2, L. 248-1, L. 525-1 (note), L. 910-1, L. 920-1, L. 930-1, L. 950-1. – Art. 13, 18, 25, 26, 29 à 32, 34, 51. - V. C. mon. fin., art. L. 153-1, L. 313-21-1, L. 411-2, L. 412-1, L. 431-7, L. 433-3, L. 451-1-1 à L. 451-1-5, L. 451-3, L. 465-1, L. 465-2, L. 511-6, L. 511-13-1, L. 512-105, L. 532-3-2, L. 532-9-2, L. 621-7, L. 621-8 à L. 621-8-3, L. 621-14, L. 621-15, L. 621-17-1, L. 621-18, L. 621-21, L. 621-22, L. 621-31 à L. 621-35.
2005	26 juill.	Loi n° 2005-845. Sauvegarde des entreprises. – V. C. com., art. L. 610-1 s : – Art. 155, 158, 161, 162, 164, 165, 194 à 196. – V. C. com., art. L. 141-12, L. 141-19, L. 221-16, L. 234-1, L. 234-2, L. 234-4, L. 442-4, L. 811-1, L. 811-10, L. 811-11, L. 812-1, L. 812-8, L. 814-6, L. 814-7, L. 822-15, L. 916-1, L. 926-1 à L. 926-7, L. 930-1, L. 936-1, L. 936-2, L. 936-5 à L. 936-12, L. 950-1, L. 956-1 à L. 956-9, L. 958-1. – Art. 172 à 174. – V. C. mon. fin., art. L. 312-5, L. 613-26, L. 613-29, L. 613-31-2. – Art. 175. – V. CGI, art. 1929 *quater*, **p. 2409.** – Art. 176. – V. C. assur., art. L. 113-6, **p. 2412.** – Art. 183. – V. C. rur., art. L. 351-7, **p. 801.** – Art. 184. – V. CSS, art. L. 243-5, **p. 2413.** – Art. 186. – V. L. n° 75-1334 du 31 déc. 1975, art. 14-1, **p. 2674.** – Art. 189. – V. C. civ., art. 1844-7, **p. 2650.**
2005	28 juill.	Ordonnance n° 2005-856. Simplification du régime des libéralités consenties aux associations, fondations et congrégations, de certaines déclarations administratives incombant aux associations, et modification des obligations des associations et fondations relatives à leurs comptes annuels : – Art. 5. - V. C. com., art. L. 612-4.
2005	28 juill.	Ordonnance n° 2005-861. Établissement des comptes consolidés des entreprises d'assurance et des établissements de crédit : – Art. 2. - V. C. mon. fin., art. L. 511-36, **p. 1816.**
2005	2 août	Loi n° 2005-882. En faveur des petites et moyennes entreprises : – Art. 7. - V. C. consom., art. L. 313-3, **p. 1667.** – Art. 7, 11, 27, 39. - V. C. mon. fin., art. L. 112-6, L. 313-5-1, L. 313-7, L. 313-13 à L. 313-15, L. 313-17.

		– Art. 12, 14, 19, 21, 24, 26, 30 à 35, 40 à 42, 44 à 53, 55 à 58, 61 à 66. - V. C. com., art. L. 121-4, L. 121-7, L. 123-11-1, L. 124-6, L. 129-1, L. 141-2, L. 145-2, L. 146-1 à L. 146-4, L. 223-1, L. 223-18, L. 223-30, L. 223-31, L. 239-1 à L. 239-5, L. 310-2, L. 420-2, L. 420-5, L. 430-6, L. 440-1, L. 441-6, L. 441-7, L. 442-2, L. 442-6, L. 442-10, L. 443-2, L. 470-2, L. 470-4-1 à L. 470-4-3, L. 710-1, L. 711-1 à L. 711-12, L. 712-1 à L. 712-10. – Art. 16. - V. L. n° 89-1008 du 31 déc. 1989, art. 14, **p. 21.** – Art. 17, 38. - V. L. n° 96-603 du 5 juill. 1996, art. 16, **p. 1486.** – Art. 23, **p. 1516.** – Art. 25, ss. L. 129-1 C. com. – Art. 36, 99, 100. - V. L. n° 83-657 du 20 juill. 1983, art. 7, **p. 1480** et 35 à 35 *quinquies*, **p. 118.** – Art. 58. - V. C. urb., art. L. 214-1 à L. 214-3, ss. art. L. 145-60 C. com. – Art. 60, **p. 2112.** – Art. 72, ss. C. artisanat, art. 23, **p. 1464.** – Art. 86, 88. - V. C. trav., art. L. 324-12, L. 324-13, L. 324-13-2, **p. 2102.** – Art. 93, 94. - V. L. n° 82-1153 du 30 déc. 1982, art. 6-1 et 6-2, **p. 113.**
2005	2 août	Décret n° 2005-1007. Code monétaire financier (partie : réglementaire). – V. Table de concordance : – Art. 4. – V. C. consom., art. D. 313-7, **p. 2454.** – Art. 5. – Décr. n° 55-1595 du 7 déc. 1955, art. 2, 3, 4, 6 à 9, **p. 2070.**
2005	26 août	Ordonnance n° 2005-1039. Modification du régime de reconnaissance de la capacité professionnelle des transporteurs routiers et simplification des procédures d'établissement de contrats types. – V. L. n° 82-1153 du 30 déc. 1982, art. 8 et 34, **p. 114.**
2005	30 août	Décret n° 2005-1068. Pris pour l'application de l'art. 16 de la loi n° 2005-516 du 20 mai 2005 *(régulation des activités postales)* : – Art. 1er à 12. – V. ss. art. L. 518-26 C. mon. fin., **p. 1849.** – Art. 14. – V. note ss. art. R. 131-53 C. mon. fin., **p. 1963.** – Art. 15. – V. C. mon. fin., art. R. 221-26, R. 221-27-1, R. 518-43, R. 518-48, R. 518-51 à R. 518-56, R. 611-1 à R. 611-3, **p. 1982.** – Art. 17. – V. Décr. n° 84-708 du 24 juill. 1984, art. 1er, **p. 2084.**
2005	1er sept.	Ordonnance n° 2005-1086. Instauration d'un règlement transactionnel pour les contraventions au code de commerce et au code de la consommation, adaptation des pouvoirs d'enquête et renforcement de la coopération administrative en matière de protection des consommateurs : – Art. 1er. – V. C. com., art. L. 470-4-1. – Art. 1er, 2, 4 et 5. – V. C. consom., art. L. 121-20-17, L. 121-30, L. 122-2, L. 122-11, L. 141-1 à L. 141-3, L. 311-36, L. 313-14, **p. 2815.** – Art. 3 et 4. – V. C. consom., art. L. 121-2 et L. 121-40, **p. 2462.**

2005	8 sept.	Ordonnance n° 2005-1126. Commissariat aux comptes : – Art. 2 à 19, 20, 22. – V. C. com., art. L. 221-10, L. 221-11, L. 223-38, L. 223-39, L. 225-100, L. 225-120, L. 225-227 à L. 225-230, L. 225-233 à L. 225-242, L. 233-38, L. 252-13, L. 811-1-1, L. 811-1-2, L. 820-1 à L. 820-4, L. 821-1, L. 821-3, L. 821-3-1, L. 821-5-1, L. 821-5-2, L. 822-1-1, L. 822-1-2, L. 822-11 à L. 822-14, L. 822-16 à L. 822-18, L. 823-1 à L. 823-18, L. 922-5, L. 932-11, L. 942-9, L. 942-11, L. 952-5. – Art. 21 et 22. – V. C. mon. fin., art. L. 511-38, L. 512-82, L. 515-31, L. 550-5, L. 613-9, L. 621-22, **p. 1817.**
2005	19 sept.	Décret n° 2005-1186. Surveillance complémentaire des établissements de crédit et des entreprises d'investissement appartenant à un conglomérat financier. – V. C. mon. fin., art. R. 511-3-1, R. 517-4, R. 532-8, R. 532-15, R. 613-8, R. 613-13-1, R. 631-1 à R. 631-4, **p. 2015.**
2005	19 sept.	Décret n° 2005-1187. Surveillance complémentaire des établissements de crédit et des entreprises d'investissement appartenant à un conglomérat financier. – V. C. mon. fin., art. D. 517-8, **p. 2031.**
2005	21 sept.	Décret n° 2005-1211. Conditions d'agrément d'association de défense des investisseurs. - V. C. mon. fin., art. D. 452-1 s., **p. 2012.**
2005	13 oct.	Ordonnance n° 2005-1278. Organismes de placement collectif immobilier : – Art. 5. – V. C. mon. fin., art. L. 211-1, L. 211-2, L. 211-4, L. 212-3, L. 231-4, L. 231-7-1, L. 511-6 et L. 621-9.
2005	28 oct.	Décret n° 2005-1335. Rapports entre les caisses d'épargne et de prévoyance et la Caisse des dépôts et consignations. – V. C. mon. fin., art. R. 221-24, **p. 1981.**
2005	10 nov.	Décret n° 2005-1400. Définition des personnes publiques mentionnées à l'art. L. 515-15 C. mon. fin. – V. C. mon. fin., art. R. 515-6-1, **p. 2027.**
2005	25 nov.	Décret n° 2005-1450. Commercialisation à distance de services financiers auprès des consommateurs : – Art. 1er. – V. C. consom., art. R. 121-2-1 à R. 121-2-5, R. 132-2-1, **p. 2813.** – Art. 5. – V. C. mon. fin., art. R. 341-16 et R. 353-1, **p. 2004.**
2005	29 nov.	Décret n° 2005-1469. Modification du décret n° 85-1388 du 27 déc. 1985 *(redressement et liquidation judiciaires des entreprises)* et relatif au bilan environnemental prévu par l'art. L. 651-54 C. com. – V. Décr. mod., art. 41-1, **p. 2300.**
2005	7 déc.	Ordonnance n° 2005-1512. Simplification en matière fiscale, harmonisation et aménagement du régime des pénalités : – Art. 13, 16, 18. - V. CGI, art. 1737, **p. 2423**, 1756, **p. 2409** et 1788, **p. 2096.**

		– Art. 24-I. - V. C. civ., art. 1321-1 et 1589-2, **p. 202.** – Art. 24-III. - V. C. mon. fin., art. L. 152-4, **p. 1622.**
2005	8 déc.	Ordonnance n° 2005-1527. Permis de construire et autorisations d'urbanisme : – Art. 6. – V. C. urb., art. L. 111-6-1, ss. art. L. 752-1. – Art. 15. – V. C. urb., art. L. 425-7 et L. 425-8, ss. L. 752-17. – Art. 29. – V. C. com., art. L. 145-6, L. 145-18, L. 911-9, L. 921-9, L. 931-12, L. 941-12 et L. 951-8. – Art. 37. – V. C. mon. fin., art. L. 341-2, **p. 2413.**
2005	8 déc.	Ordonnance n° 2005-1528. Création du régime social des indépendants. - Art. 7. - V. CSS, art. L. 243-5, **p. 1550.**
2005	8 déc.	Circulaire. Relations commerciales. – V. ss. art. L. 441-3, .
2005	15 déc.	Loi n° 2005-1564. Adaptation au droit communautaire dans le domaine de l'assurance : – Art. 14. – V. C. mon. fin., art. L. 613-3, L. 621-15, L. 631-1, L. 631-2 et L. 633-1, **p. 1901.**
2005	19 déc.	Loi n° 2005-1579. Loi de financement de la sécurité sociale pour 2006 : – Art. 25. – V. C. com., art. L. 123-11.
2005	19 déc.	Décret n° 2005-1595. Marchés d'intérêt national, **p. 2112.**
2005	27 déc.	Décret n° 2005-1667. Modification du décret n° 87-849 du 19 oct. 1987 *(recours contre les décisions du Conseil de la concurrence)*. – V. Décr. mod., art. 1er-1, 2, 4, 5, 8 à 12, 14, 16, 18, 19, 21, ss. L. 464-8.
2005	27 déc.	Décret n° 2005-1668. Modification du décret n° 2002-689 du 30 avr. 2002 *(application du livre IV C. com.)*. – V. Décr. mod., art. 2, 4, 15, 30-1, 36-1, 37, 40, 42-1 à 44, 46, 48-1 à 48-3, ss. L. 470-8.
2005	28 déc.	Décret n° 2005-1677. Application de la loi n° 2005-845 du 26 juill. 2005 *(sauvegarde des entreprises)*, **p. 2223.** – Art. 352. – V. Décr. n° 67-236 du 23 mars 1967, art. 251-1 et 251-2, **p. 2629.** – Art. 353. – V. Décr. n° 84-406 du 30 mai 1984, art. 36-1, 36-1-1, 37, 39, 44-1-1 et 71, **p. 2498.** – Art. 355, 356. – V. Décr. n° 85-1389 du 27 déc. 1985, art. 3, 11-1 (note), 13-1, 27, 45-1, 106-1, 106-2, **p. 2364.** – Art. 357. – V. NCPC, art. 425 (2°), en note ss. L. 661-8.
2005	28 déc.	Décret n° 2005-1678. Relatif à la procédure civile et à certaines procédures d'exécution : – Art. 11, 21, 70 et 74. – V. NCPC, art. 857, 873-1, **p. 2695** et 1407, 1418, **p. 2437.** – Art. 82. - V. Décr. n° 92-755 du 31 juill. 1992, art. 183-1 et 185, **p. 2087.**

2005	30 déc.	Loi n° 2005-1720. Loi de finances rectificative pour 2005 : – Art. 73. – V. CGI, art. 990 J, **p. 2065.** – Art. 87. – V. C. envir., art. L. 541-10-2, **p. 2117.**
2005	30 déc.	Décret n° 2005-1738. Infractions pénales concernant les paiements transfrontaliers en euros. – V. C. mon. fin., art. R. 163-3 et R. 351-5, **p. 1972.**
2005	30 déc.	Décret n° 2005-1739. Relations financières avec l'étranger. – V. C. mon. fin., art. R. 153-1 s., R. 165-1 et R. 165-2, **p. 1966.**
2005	30 déc.	Décret n° 2005-1743. Application de l'art. L. 313-12 C. mon. fin. – V. C. mon. fin., art. D. 313-14-1, **p. 1992.**
2005	30 déc.	Décret n° 2005-1744. Application de l'art. L. 441-1 C. mon. fin. et relatif à l'actionnariat des entreprises de marché. – V. C. mon. fin., art. D. 441-1 s., **p. 2012.**
2005	30 déc.	Décret n° 2005-1756. Liste et ressort des juridictions spécialisées en matière de concurrence, de propriété industrielle et de difficultés des entreprises : – Art. 2 à 10. – V. C. com., art. L. 420-7 (note). – Art. 4 et 15. – V. COJ, art. R. 411-1, **p. 2683.**
2005	30 déc.	Décret n° 2005-1757. Modification des décrets n° 67-236 du 23 mars 1967 *(sociétés commerciales)* et n° 83-1020 du 29 nov. 1983 *(obligations comptables des commerçants et de certaines sociétés)* : – Art. 1er. – V. Décr. n° 67-236 du 23 mars 1967, art. 245 et 248-9, **p. 2623.** – Art. 2. – V. Décr. n° 83-1020 du 29 nov. 1983, art. 8, 13, 15, 17, 18 et 24, ss. L. 123-28.
2006	5 janv.	Loi n° 2006-10. Sécurité et développement des transports : – Art. 14. – V. C. consom., art. L. 311-5 à L. 311-7, **p. 2758.** – Art. 23. – V. L. n° 95-96 du 1er févr. 1995, art. 24, ss. L. 133-7. – Art. 24 et 52. – V. L. n° 82-1153 du 30 déc. 1982, art. 8 et 36., ss. L. 133-7. – Art. 26 et 37. – V. C. com., art. L. 441-6 et L. 752-2. – Art. 44 et 46. – V. L. n° 2005-412 du 3 mai 2005 *(registre international français)*, art. 2 et 27, . – Art. 46. – V. C. trav., art. L. 324-12, **p. 2102.**
2006	5 janv.	Loi n° 2006-11. D'orientation agricole : – Art. 1er. – V. C. rur., art. L. 311-3, ss. L. 142-1. – Art. 47, **p. 2118.** – Art. 53. – V. C. com., art. L. 441-2-1. – Art. 95. – V. C. mon. fin., art. L. 112-9, **p. 1550.**
2006	5 janv.	Décret n° 2006-22. Notification aux comptables publics assignataires des cessions de créances relatives aux contrats de partenariat. – V. C. mon. fin., art. R. 313-17-1 et R. 313-17-2, **p. 1995.**

2006	19 janv.	Ordonnance n° 2006-60. Actualisation et adaptation du droit économique et financier applicable à Mayotte, en Nouvelle-Calédonie, en Polynésie française et dans les îles Wallis et Futuna : – Art. 6. – V. C. mon. fin., art. L. 562-2-1.
2006	23 janv.	Loi n° 2006-64. Lutte contre le terrorisme : – Art. 23. – V. C. mon. fin., art. L. 562-10, L. 563-1, L. 563-4, L. 564-1 à L. 564-6, L. 565-1 à L. 565-3, L. 574-3, **p. 1881.** – Art. 26. – V. C. aviat., art. L. 321-8, ss. L. 132-9.
2006	25 janv.	Décret n° 2006-80. Modification du décret n° 98-247 du 2 avr. 1998 *(qualification artisanale et répertoire des métiers)*. – V. Décr. mod., art. 1er, 2, 9, 10 *bis* à 24, 26, **p. 1491.**
2006	27 janv.	Décret n° 2006-85. Régime de déclaration préalable des manifestations commerciales, ss. L. 762-3.
2006	3 mars	Décret n° 2006-259. Informations devant être fournies au gérant-mandataire, ss. L. 146-2.
2006	23 mars	Ordonnance n° 2006-344. Retraites professionnelles supplémentaires : – Art. 8 et 10. – V. C. mon. fin., art. L. 542-1, L. 621-9, L. 621-15 et L. 621-15-2.
2006	23 mars	Ordonnance n° 2006-346. Sûretés : – Art. 6 et 7. – V. C. civ., art. 2321 et 2322, **p. 2425.** – Art. 35 à 37, 39 à 41. – V. C. consom., art. L. 141-1, L. 311-3, L. 311-32, L. 313-10-1, L. 313-14 s., L. 314-1 s., **p. 2739.** – Art. 43 à 49, 56. – V. C. com., art. L. 521-1 à L. 521-3, L. 526-5, L. 527-1 s, L. 622-7, L. 624-16 à L. 624-18, L. 632-1. – Art. 54. – V. L. n° 89-1008 du 31 déc. 1989, art. 14, ss. L. 121-7 ; C. com., art. L. 526-1 ; C. consom., art. L. 341-3, **p. 1711** et L. 313-8, **p. 2796** ; C. mon. fin., art. L. 313-47. – Art. 55. – V. l'*Avertissement* en début d'ouvrage. – Art. 57. – V. notes ss. L. 925-6, L. 935-9 et L. 955-7. – Art. 58. – V. note ss. L. 525-18.
2006	24 mars	Décret n° 2006-356. Incorporation au code général des impôts de divers textes modifiant et complétant certaines dispositions de ce code. – V. CGI, art. 1929 *quater*, **p. 2409.**
2006	27 mars	Décret n° 2006-379. Chambre de commerce et d'industrie et chambre des métiers et de l'artisanat de Mayotte : – Art. 4. – V. Décr. n° 91-739 du 18 juill. 1991, art. 58 à 60, **p. 1536.** – Art. 5. – V. L. du 9 avr. 1898, art. 22 (note), **p. 1520.** – Art. 7. – V. C. artisanat, art. 81 *bis*, **p. 1466.** – Art. 8. – V. Décr. n° 64-1362 du 30 déc. 1964, art. 13, **p. 1468.** – Art. 9. – V. Décr. n° 68-47 du 13 janv. 1968, art. 31, **p. 1469.** – Art. 10. – V. Décr. n° 98-247 du 2 avr. 1998, art. 29, **p. 1501.** – Art. 11. – V. Décr. n° 99-433 du 27 mai 1999, art. 36 à 37, **p. 1512.**

2006	29 mars	Décret n° 2006-375. Application de l'Ord. n° 2005-1528 du 8 déc. 2005 (*régime social des indépendants*) et modification du code de la sécurité sociale. – Art. 3. – V. CSS, art. R. 612-5, **p. 2414.**
2006	31 mars	Loi n° 2006-387. Offres publiques d'acquisition. – Ratification des Ord. n° 2005-429 du 6 mai 2005 et n° 2005-648 du 6 juin 2005 : – Art. 1er à 3, 5, 22, 25, 26. – V. C. mon. fin., art. L. 131-1, L. 213-6-1, L. 213-6-2, L. 312-10, L. 312-12, L. 341-15, L. 341-16, L. 343-2, L. 353-1, L. 432-1 à L. 432-4, L. 433-1 à L. 433-4, L. 452-1, L. 463-1, L. 463-2, L. 511-32, L. 512-5, L. 512-55, L. 512-60, L. 512-75, L. 611-7, L. 615-1, L. 621-8. – Art. 4, 6, 11 à 23. – V. C. com., art. L. 225-100-3, L. 225-125, L. 225-129-3, L. 225-146-3, L. 233-10-1, L. 233-32 à L. 233-40, L. 235-2-1. – Art. 25. – V. C. consom., art. L. 121-16, L. 121-17, L. 121-20-10, **p. 2805.**
2006	31 mars	Loi n° 2006-396. Egalité des chances : – Art. 36. – V. C. com., art. L. 752-16 et L. 752-17.
2006	14 avr.	Loi n° 2006-436. Parcs nationaux, parcs naturels marins et parcs naturels régionaux. – Art. 25. – V. C. urb., art. L. 121-4, ss. L. 711-2.
2006	14 avr.	Loi n° 2006-437. Portant diverses dispositions relatives au tourisme. – Art. 7. – V. C. com., art. L. 128-1 ; C. mon. fin., art. L. 500-1, **p. 1788** ; L. n° 2005-412 du 3 mai 2005 *(registre international français)*, art. 33, 🏛.
2006	14 avr.	Décret n° 2006-448. Société européenne : – Art. 1er et 3. – V. Décr. n° 67-236 du 23 mars 1967, art. 203-3 à 203-29 et 251-2, **p. 2604.** – Art. 2. – V. Décr. n° 84-406 du 30 mai 1984, art. 15, 19-1, 40-1, 57-1 s., **p. 2485.**
2006	21 avr.	Ordonnance n° 2006-460. Code général de la propriété des personnes publiques (partie : législative), Art. L. 1126-1 s., L. 2222-21 et L. 2222-22, **p. 2065**. : – Art. 2 et 7. – L. n° 77-4 du 3 janv. 1977, art. 2, ss. L. 110-4. – Art. 3. – V. C. mon. fin., art. L. 144-2-1, **p. 1618.**
2006	21 avr.	Ordonnance n° 2006-461. Réformant la saisie immobilière : – Art. 14. – V. C. com., art. L. 642-18. – Art. 15. – V. C. mon. fin., art. L. 313-3, **p. 1667.**
2006	27 avr.	Règlement CE n° 694-2006. Modification des listes des procédures d'insolvabilité, des procédures de liquidation et des syndics figurant aux annexes A, B et C du règlement n° 1346-2000 du 29 mai 2000 *(procédures d'insolvabilité)*. – V. Règl. mod. 🏛.
2006	4 mai	Décret n° 2006-513. Application des art. L. 470-4-1 C. com., L. 141-2 et L. 216-11 C. consom : – Art. 1er. – V. ss. art. L. 470-4-1.

		– Art. 2. – V. C. consom., art. R. 141-3, ss. art. L. 141-2 C. consom., **p. 2741.**
2006	15 mai	Arrêté. Activités de conservation ou d'administration d'instruments financiers et de compensation d'instruments financiers définies aux art. L. 442-2 et L. 542-1 C. mon. fin : – Art. 19 à 22. – V. Règl. CRBF n° 99-14 du 23 sept. 1999, art. 1er-1 à 4, **p. 1740.**
2006	16 mai	Décret n° 2006-557. Modification du chapitre Ier du titre Ier du livre IV de la partie réglementaire du code monétaire et financier *(investisseurs qualifiés)*. – V. C. mon. fin., art. D. 411-1 s., **p. 2007.**
2006	23 mai	Ordonnance n° 2006-594. Adaptation de la législation relative aux céréales : – Art. 3. – V. C. mon. fin., art. L. 112-9, **p. 1550.**
2006	23 mai	Décret n° 2006-595. Attribution du label « entreprise du patrimoine vivant », **p. 1516.**
2006	8 juin	Ordonnance n° 2006-673. Portant refonte du code de l'organisation judiciaire et modifiant le code de commerce. – V. Livre VII du code de commerce, **p. 1319.** – Art. 2, 9. – C. com., art. L. 713-3, L. 713-4, L. 713-9, L. 713-15, L. 721-1 à L. 762-3, L. 910-1, L. 920-1, L. 930-1, L. 937-1 à L. 937-13, L. 940-1, L. 947-1 à L. 947-13, L. 950-1.
2006	9 juin	Décret n° 2006-679. Modification du décret n° 96-650 du 19 juill. 1996 *(centres de formalités des entreprises)*. – V. Décr. mod., art. 1er, 3, 5, 6, 9-1, 9-2, **p. 2543.**
2006	14 juin	Décret n° 2006-697. Application de l'art. L. 313-13 C. mon. fin. – V. C. mon. fin., art. R. 313-14-1, **p. 1992.**
2006	23 juin	Loi n° 2006-728. Réforme des successions et des libéralités : – Art. 35. – V. C. com., art. L. 321-2.
2006	26 juin	Décret n° 2006-736. Lutte contre le blanchiment de capitaux : – Art. 1er à 3. – V. C. mon. fin., art. R. 562-1 à R. 564-1, R. 564-2-1, R. 564-4, **p. 2048.**
2006	7 juill.	Décret n° 2006-817. Titres de créances négociables : – Art. 1er à 4. – V. C. mon. fin., art. D. 213-2, D. 213-3, D. 213-13, D. 213-14, **p. 1975.**

TABLE ALPHABÉTIQUE

NOTA. Les nombres renvoient aux articles du code, non aux pages. Les nombres précédés du mot « art. » renvoient aux articles d'un texte non codifié. Quand il est renvoyé à une page, le nombre est précédé de la lettre « p. ».
La lettre J. entre parenthèses indique que l'on renvoie aux annotations de JURISPRUDENCE (sur deux colonnes). Exemples : L. 442-6 (J. 3 s.) signifie que l'on renvoie aux numéros 3 et suivants des annotations de jurisprudence situées sous l'article L. 442-6 du code de commerce ; L. n° 93-122 du 29 janv. 1993, art. 20 (J. 3), correspond au numéro 3 des annotations de jurisprudence figurant sous l'article 20 de la loi n° 93-122 du 29 janv. 1993.
Les caractères italiques indiquent un mot de renvoi. Ceux de ces mots qui sont en caractères gras et précédés d'une flèche rouge renvoient à un autre mot en caractères gras de la table, les autres, en caractères maigres et sans flèche rouge, renvoient à une autre subdivision du même mot en caractères gras.
Le picto signale que le texte est accessible intégralement ou partiellement en lien contextuel sur Dalloz.fr.
Il est rappelé qu'un tableau explicatif des abréviations figure au début de l'ouvrage.

A

D

F

G

I

J

L

M

N

O

Redressement et liquidation judiciaires (régime antérieur à L. 26 juill. 2005) *(suite)*

Redressement et liquidation judiciaires (régime antérieur à L. 26 juill. 2005) *(suite)*

U

V

W

Z

Photocomposé, traite sur ordinateur par
JOUVE, 11 BOULEVARD DE SEBASTOPOL 75001 PARIS

Achevé d'imprimer sur le presses de Rotolito Lombarda

Dèpôt légal : juillet 2006

706818/01 OFM. P JOU

Imprimé en Italie